Das Buch

Wer wissen will, wie alt ein Wort ist, woher es stammt, welche Bedeutung es ursprünglich hatte und mit welchen anderen Wörtern es zusammenhängt, findet in diesem Nachschlagewerk präzise Angaben über "tó étymon (τὸ ἔτυμον)", den "wahren Sinn eines Wortes".
In über 8000 Einträgen gibt das 'Etymologische Wörterbuch des Deutschen' Auskunft über den Grundwortschatz der deutschen Sprache: Herkunft, Entwicklung, Bedeutung und Verwandtschaft von rund 22000 Wörtern werden erschlossen. Verzeichnet sind das erste Auftreten eines Wortes im Deutschen, verwandte Formen innerhalb des Germanischen, indoeuropäische Wurzeln, kurz die Ursprungsform. Überregionale Ausdrücke der Umgangssprache fehlen ebensowenig wie fachsprachliche Begriffe oder geläufige Fremdwörter, die in ihre Ursprungssprache zurückverfolgt werden. Bedeutungshinweise verdeutlichen die semantischen Bezüge zwischen Sprach- und Gesellschaftsgeschichte. Ableitungen und Zusammensetzungen eines Stichworts sind mit Angabe ihres Erstbelegs aufgeführt. Innersprachliche Zusammenhänge und lauthistorische Gesetzmäßigkeiten eröffnen sich dadurch dem an Sprache interessierten Leser.

Die Autoren

Unter der Leitung von Dr. Wolfgang Pfeifer, geb. 1922, entstand in Zusammenarbeit mit Mitarbeitern des Berliner Zentralinstituts für Sprachwissenschaft das 'Etymologische Wörterbuch des Deutschen' (1. Auflage 1989). Nach dem Studium (Historische Sprachwissenschaft, Germanistik, Nordistik, Anglistik, Geschichte) war Wolfgang Pfeifer seit 1949 wissenschaftlicher Mitarbeiter und Forschungsgruppenleiter an der Akademie der Wissenschaften in Berlin. Er ist Verfasser zahlreicher Publikationen zur Sprachwissenschaft, Sprach- und Wortgeschichte und Lexikographie.

Etymologisches Wörterbuch des Deutschen

Erarbeitet im Zentralinstitut für Sprachwissenschaft, Berlin,
unter der Leitung von Wolfgang Pfeifer

Deutscher
Taschenbuch
Verlag

dtv

Autoren:
Wilhelm Braun (zeitweilig), Gunhild Ginschel †, Gustav Hagen, Anna Huber (zeitweilig), Klaus Müller, Heinrich Petermann, Gerlinde Pfeifer, Wolfgang Pfeifer, Dorothee Schröter, Ulrich Schröter (zeitweilig)

Ungekürzte, durchgesehene Ausgabe
März 1995
Deutscher Taschenbuch Verlag GmbH & Co. KG, München

1. Aufl. 1989, 2. Aufl. 1993, durchgesehen und ergänzt von Wolfgang Pfeifer
ISBN 3-05-000626-9
Umschlaggestaltung: Klaus Meyer und Jorge Schmidt
Gesamtherstellung: C.H. Beck'sche Buchdruckerei, Nördlingen
Printed in Germany · ISBN 3-423-03358-4

Vorwort

Zur 1. Auflage

Das Interesse an Etymologie ist alt und bis heute unvermindert groß. Sobald man beginnt, über Sprache nachzudenken, werden auch Überlegungen nach der Entstehung, nach der Herkunft, nach der Entwicklung der Wörter angestellt mit dem Wunsche, den „Ursprung" einer derartigen elementaren Erscheinung kennenzulernen. Immer wieder kann man daher hören: „Was heißt denn dieses oder jenes Wort eigentlich?" Damit hat der nachdenkliche Sprachbenutzer unwissentlich drei Fragen gleichzeitig gestellt und zu einer verschmolzen. Er möchte wissen: Wie alt ist das Wort und woher stammt es? Was ist als die älteste, als die ursprüngliche Bedeutung anzusehen? Mit welchen Wörtern unserer Sprache und anderer Sprachen hängt es zusammen?

Fragen nach Alter, Bedeutung, Verwandtschaft oder (wissenschaftlich ausgedrückt) nach Grundwort, Benennungsmotiv, systematischer Bedeutung, Bildungstyp sind letztlich Fragen nach der Etymologie, und einem solchen Fragebedürfnis will ein etymologisches Wörterbuch Rechnung tragen. Es will über Entstehung, Verwandtschaft und Entwicklung der Wörter Auskunft geben, es will vorhandene Kenntnisse über sprachliches Geschehen und über den gängigen Wortschatz erweitern, und es will, wenn möglich, sprachgeschichtliches Interesse wecken.

Das vorliegende *Etymologische Wörterbuch des Deutschen* ist für den praktischen Gebrauch bestimmt; es erhofft sich einen großen Benutzerkreis. Es will umfassend sein, ist (soweit möglich) auf Vollständigkeit bedacht und versucht, benutzerfreundliche Gliederungseinheiten anzubieten. Das heißt, die Stichwortansätze sind Wörter der gegenwärtigen Sprache, jene sprachlichen Einheiten also, die sich die Mehrzahl der Benutzer erklärt zu sehen wünscht. (Das ist durchaus nicht selbstverständlich, denn gerade für ein etymologisches Wörterbuch sind auch andere Gliederungsprinzipien denkbar und praktikabel.) Von daher gesehen ist allein zweckmäßig die alphabetische Anordnung des zu erklärenden Wortschatzes. Für alle Wörterbücher jedoch gilt: Das Alphabet ist die unwissenschaftlichste, wohl aber (für den Benutzer, nicht für den Bearbeiter) die praktischste Art der Darstellung. Der alphabetischen Anordnung ist, wenn man eine schnelle Orientierung geben und einen möglichst großen Benutzerkreis ansprechen will, unbedingt der Vorzug zu geben.

Etymologische Forschung vollzieht sich freilich weithin nicht innerhalb der Spalten eines Wörterbuchs. Sie sucht vielmehr innersprachliche (dem Alphabet zuwiderlaufende) Zusammenhänge zu erweisen; sie will auf Grund von lauthistorischen Gesetzmäßigkeiten in Verbindung mit semantisch erkennbaren (oder auch postulierten) Grundmotivationen Anknüpfungs- und Vergleichsmöglichkeiten aufdecken, deren Grundlagen (im Falle des Deutschen) nicht in gegenwartssprachlichen Wörtern, sondern vielmehr in vorauszusetzenden rekonstruierten Stammformen oder indoeuropäischen Wurzeln sichtbar gemacht werden, aus denen lautliche und semantische Ableitungen und Weiterentwicklungen bis zu heute üblichen Wörtern mit Gründen (oder Zweifeln) anzugeben und zu erläutern sind. Etymologische Forschung untersucht an eine Grundform (oder Wurzel) anzuschließende Komplexe; sie befaßt sich mit bestimmten Wortgruppen, die dasselbe Suffix, denselben Kompositionstyp aufweisen; sie stellt die Bildungsreihen der starken oder der schwachen Verben mit ihren Abhängigkeitsverhältnissen zusammen; – kurz, sie beschäftigt sich mit dem, was in einem inneren Zusammenhang steht oder (bei unterschiedlicher Auffassung) zu stehen scheint.

Das in gegenwartssprachliche Wörter aufgespaltene, dem Alphabet unterworfene Lexikon scheint fürs erste dieser etymologischen Forschung zu widersprechen, indem es Zusammengehöriges auseinanderreißt und Etymologie gleichsam aus zweiter Hand anbietet. Ausgleichungen in Gestalt von Wiederholungen und immer wieder anzubringenden Verweisen, über deren Umfang stets unterschiedliche Meinungen bestehen, können (von der Forschung aus: notdürftig, vom Benutzer aus: erfreulicherweise) die Zusammenhänge wiederherstellen.

Wer wie auch immer Etymologie betreibt, hat von folgenden Überlegungen auszugehen:

(1) Er kann aus dem Wortschatz herausgelöste Komplexe untersuchen, deren Zusammengehörigkeit und Entwicklung auf Grundmotive und rekonstruierte Grundformen erläuternd zurückführen. Genau das ist – in äußerst knapper Formulierung – Etymologie. Seitdem es eine wissenschaftliche Etymologie gibt, die sich von alten, rein spekulativen Vorstellungen über eine der Menschheit gemeinsame Ursprache und darauf beruhenden vermeintlichen Sprachverwandtschaften gelöst hat,* ist dieses Verfahren die wissenschaftlich-legitime Aufgabe der Etymologie. Daher bezieht sie ihre wesentlichen Erkenntnisse. Es handelt sich dabei um eine einem begrenzten Kreis von Gelehrten zugängige Form etymologischer Einzelforschung.

(2) Er kann sich, und das ist ebenfalls wissenschaftlich legitim, für eine benutzerfreundliche, von der alphabetischen Anordnung des heutigen Wortschatzes ausgehende Darstellung entscheiden, in die von der Forschung erarbeitete Ergebnisse, nach Einzelwörtern gegliedert, eingehen. Wer sich zu diesem Verfahren entschließt, steht unversehens vor der Tatsache, daß die von der etymologischen Einzelforschung bereitgestellten Ergebnisse nicht ausreichen, um sich auf den in ein Wörterbuch aufzunehmenden Gesamtwortschatz übertragen zu lassen. Mißt man die Forschungsresultate am Lexikon, dann stößt man auf Lücken, da viele Wörter bisher nicht in etymologische Untersuchungen einbezogen wurden. Für erhebliche Teile eines etymologischen Wörterbuchs stehen von der Einzelforschung erarbeitete Resultate aus.

Nun wird, wie die Geschichte der Lexikographie und die Beurteilung von Wörterbüchern zeigt, ein Wörterbuch (abgesehen von Inhalt und Darstellungsweise) stets an seiner vermeintlichen Vollständigkeit gemessen.** Ankündigungen von Wörterbüchern wetteifern in der Zahl der aufgenommenen Stichwörter. Die Vorstellung der Vollständigkeit bewegt nicht nur die Lexikographen, sie scheint ebenso eine immerwährende Erwartung zu sein, mit der alle Rat und Auskunft suchenden Benutzer einem Wörterbuch gegenübertreten. Eine absolute Vollständigkeit kann es nicht geben, wohl aber eine den Benutzer zufriedenstellende optimale Vollständigkeit, die ihn nicht dazu führt, das Wörterbuch ärgerlich beiseite zu legen, weil er jedes zweite Wort, das er sucht, nicht behandelt findet. Man kennt das rasche Urteil: Alles, was ich suche und brauche, steht nicht drin. Ein solches Ungenügen wäre geeignet, sogar über Gebühr den Wert dessen zu schmälern, was tatsächlich geboten wird.

Es scheint, daß eine Stichwortzahl von rund 8000 Wörtern etwa dem entspricht, was man sich als etymologisch relevanten Gesamtwortschatz behandelt zu sehen wünscht.*** Das *Etymologische Wörterbuch des Deutschen* geht auf Grund eigener Überlegungen von einer Stichwortliste aus, die sich in den Grundwörtern natürlich nicht von seinen Vorläufern unterscheidet, die aber in Besonderheiten, zumal von den Ansätzen des bisherigen etymologischen Standardwörterbuchs von Kluge, abweicht. Auf die Behandlung von mundartlich und provinziell gebundenen Wörtern wird verzichtet. Dafür werden, im Hinblick auf die derzeitige Sprachsituation, sogenannte Fremdwörter, die zum heutigen Gebrauchswortschatz gehören und nicht durch andere (einheimische) Wörter ohne weiteres ersetzbar sind, einbezogen.

Das *Etymologische Wörterbuch des Deutschen* setzt als Stichwörter (Lemmata) die in ihrer Semantik als selbständig empfundenen Wörter der heutigen deutschen Sprache an; Ableitungen, Zusammensetzungen, Präfixbildungen werden nur dann als Stichwörter gegeben, wenn sie sich für das moderne Sprachempfinden in irgendeiner Weise (auf Grund ihrer Geschichte, einer Sonderentwicklung, der Art ihrer Entlehnung, Wortbildung, ihrer lautlichen, semantischen, terminologischen Entwicklung u. dgl.) verselbständigt haben. Das Wörterbuch soll als Stichwörter enthalten

* Vgl. dazu W. Pfeifer Adelungs Stellung zur Etymologie in seinem Wörterbuch. In: Abhandlungen d. Sächs. Akademie d. Wiss. Phil.-Hist. Klasse. Bd. 70. Heft 4. Berlin 1984. S. 233–238.

** Vgl. W. Pfeifer Geschichtliches und Kritisches zur Lexikographie an der Akademie. In: Erbe – Vermächtnis und Verpflichtung. Berlin 1977. S. 119–131.

*** Vergleichszahlen bei etymologischen Wörterbüchern ergeben: Das Wörterbuch von Kluge bringt etwa 8500 Stichwörter/Artikel; das Herkunftswörterbuch des Mannheimer Duden enthält ca. 7500 Artikel; das vergleichsweise schmale Bändchen von Wasserzieher/Betz erfaßt immerhin knapp 9000 Stichwörter.

- den Grundwortschatz der Literatursprache,
- die überlandschaftlichen Ausdrücke der Umgangssprache,
- die dem Allgemeinwissen bzw. der Bildungssprache angehörenden Begriffe der Fachsprachen,
- die der Gegenwartssprache als unabdingbarer Bestandteil angehörenden Wörter fremder (nicht deutscher) Herkunft.

Das Wörterbuch bringt **8054 Stichwörter/Artikel,** wobei innerhalb der Artikel (in Anlehnung an Walde-Hofmann, Frisk und den Mannheimer Duden, jedoch im Unterschied zum Kluge) Hinweise auf durch ihr Alter, ihre Bildungsweise, ihre semantische Eigenentwicklung u. dgl. bedeutsame, mit dem Stichwort im Zusammenhang stehende Weiterbildungen (Ableitungen, Zusammensetzungen, Präfixbildungen) angegeben werden, so daß die Gesamtmenge der im Wörterbuch behandelten Wörter mit etwa 21600 zu veranschlagen ist.
Es enthält, wie schon gesagt, eine reiche Auswahl an **Entlehnungen,** an sogenannten **Fremdwörtern.** Denn einmal ist eine Sprache nach jahrhundertelangen Berührungen mit anderen Völkern, nach der allgemeinen industriellen und wissenschaftlich-technischen Revolution und im Zeitalter intensiver internationaler Kommunikation ohne Entlehnungen nicht denkbar. Zum anderen darf davon ausgegangen werden, daß das Frage- und Informationsbedürfnis der allgemeinen Benutzer gerade nach solchen Wörtern als besonders hoch zu veranschlagen ist. Ferner ist daran zu erinnern, daß die existierenden Fremdwörterbücher wohl eine Erklärung (oder Definition) des heutigen Wortgebrauchs liefern, jedoch kaum etwas aussagen über Bildung, Herleitung und Entwicklung des Wortes.
Etymologie ist immer Sprachgeschichte und auf frühere Entwicklungsstufen der Sprache ausgerichtet. Im Wörterbuchartikel wird also stets **das erste erkennbare Auftreten eines Wortes** im Deutschen anzugeben sein, und zwar durch Angabe des Jahrhunderts seiner nachweislichen (oder mutmaßlichen) ersten Verwendung, soweit es das Althochdeutsche oder Neuhochdeutsche betrifft. Für das Mittelhochdeutsche mußte eine Jahrhundertangabe angesichts der katastrophalen Situation der mhd. Lexikographie vielfach unterbleiben.****
Etymologie ist immer auch Sprachvergleichung. Daher werden die wichtigsten **verwandten Formen innerhalb des Germanischen** angegeben. Auf eine lückenlose Aufzählung sämtlicher germanischer Zeugnisse (etwa altfriesische, altniederfränkische, mittelenglische, färöische u. a.) sowie auf Verzeichnung mundartlicher Varianten des Deutschen mußte in der Regel verzichtet werden.
Den germanischen Wortformen werden vergleichbare außergermanische Verwandte beigegeben (in größerem Maße als bisher auch slawische Wortformen), so daß eine Rückführung auf eine rekonstruierte indoeuropäische Form oder Wurzel verdeutlicht werden kann. Eine derartige Rekonstruktion ist zwar ein abstraktes Gebilde, erweist sich aber als ein auf Grund der bekannten Lautgesetzmäßigkeiten möglicher Ansatz, der hinter allen einzelsprachlichen Realisationen gestanden haben kann. Die ihm zugeordnete, wiederum konstruierte Bedeutungsangabe, so lapidar und vage sie auch sein mag, ist zugleich der Versuch einer Annäherung an das „Benennungsmotiv“ (was man darunter im einzelnen auch verstehen will).
Oft wird gesagt, daß die einer Wurzel zugeordnete Bedeutung keine Benennungsmotivation erkennen lasse. Dem Wörterbuchbenutzer aber dürfte durch die Wurzelangabe manche Einsicht zu vermitteln sein. Wenn z. B. aus Wörtern wie *Leim, Lehm, Schleim* und ihren germ. und außergerm. Entsprechungen eine Wurzel (mit *s* mobile) ie.**(s)lei-* erschlossen und dieser eine Bedeutung ‘schleimig, durch Nässe glitschiger Boden, ausgleiten, worüber hinschleifen und hinstreichen’ beigegeben wird, kann in umgekehrter Weise dem Wörterbuchbenutzer verdeutlicht werden, daß mit Wurzel und Wurzelbedeutung ein Motiv für verschiedene sich anschließende Stammformen und Suffixableitungen, z. B. *Schleie* (als schleimiger Fisch) und *Schlick,* gegeben ist.

**** Ein unter zeitlicher Begrenzung zu erarbeitendes Wörterbuch ist für das Mhd. vornehmlich auf die (über ein Jahrhundert alten) Angaben des Wörterbuchs von Matthias Lexer angewiesen. Alle nach dessen Erscheinen edierten mhd. Texte (auch jener kleinere Teil, dem ein Glossar beigegeben ist) konnten in der verfügbaren Zeit nicht vollständig erfaßt werden. Infolgedessen ist allein schon die Angabe „mhd. (d. h. bei Lexer) nicht bezeugt“ eine beunruhigende Aussage.

Insofern sind die von Walde-Pokorny und Pokorny gesammelten und aufgestellten Angaben durchaus brauchbar – und, versteht sich, jederzeit modifizierbar. Ein indoeuropäischer Ansatz ist für ein Wörterbuch dieser Art auch deshalb geeignet, weil er sich aus verwandtschaftlichen Zusammenhängen ergibt und schließlich in der Lage ist, dem allgemeinen Benutzer zu bedeuten, daß im Lemma die weiterentwickelte Gestalt eines alten Erbworts vorliegt. Aus diesen Gründen sieht das *Etymologische Wörterbuch des Deutschen* in einem ie. (Wurzel)ansatz eine wesentliche sprachgeschichtliche Information. Wenn wissenschaftlich nur irgend vertretbar, wird ein derartiger Ansatz vorausgesetzt, selbst wenn ihm keine sprachliche Realität (denn eine ie. Sprache besteht nun einmal nicht aus Wurzeln) zuerkannt werden kann. Eine ie. Wurzel ist nichts anderes als ein rekonstruiertes sprachliches Grundelement, aus dem (von einzelnen ie. Imperativformen abgesehen) durch stammbildende Suffixe entstandene Worteinheiten erklärbar sind. Von dieser Überzeugung ausgehend, versucht das *Etymologische Wörterbuch des Deutschen,* soweit wie möglich (oft im Unterschied zu seinen Vorgängern) an ie. Wurzelansätzen festzuhalten.

Natürlich ist ein Wurzelansatz vielfach strittig. Man weiß (und auch die Bearbeiter dieses Wörterbuches wissen es), daß manche der bisher aufgestellten sog. indoeuropäischen Wurzeln (bzw. Ansätze) als problematisch anzusehen sind, wenn die zugrunde liegenden, die Wurzel (den Ansatz) ermöglichenden Anknüpfungs- und Vergleichsmöglichkeiten innerhalb des Indoeuropäischen in Frage gestellt werden können. Hierbei gehen die Meinungen der etymologischen Einzelforschung oft auseinander. Diesen Meinungsstreit wiederzugeben, ist das Wörterbuch aus Platzmangel kaum in der Lage. Dort, wo ein indoeuropäischer Ansatz gegeben wird, wird er stets durch außergerm. Wortformen gestützt. Da es sich hier jedoch um ein kurzgefaßtes etymologisches Wörterbuch der deutschen Sprache (nicht um ein Wörterbuch des Indoeuropäischen) handelt, kann auch hierbei Vollständigkeit in der Angabe verwandter Wörter nicht erwartet werden, und die Notierung von Beispielen aus einzelnen der Allgemeinheit nicht (oder kaum) bekannten Sprachen (etwa dem Tocharischen, Altpersischen u. dgl.) unterbleibt bis auf wenige Ausnahmen. Ein Wurzelansatz wird möglichst in der Form fixiert, die der von Pokorny in seinem *Indogermanischen etymologischen Wörterbuch* entspricht, kann also gleichsam als Verweis auf dieses (bis heute durch nichts zu ersetzende) Wörterbuch aufgefaßt werden. Der Interessierte wird dort weitere Vergleichsformen (auch aus entlegenen Sprachen) finden.

Dem Entschluß, rekonstruierte ie. Ansätze bzw. Wurzeln in das für große Benutzerkreise gedachte Wörterbuch aufzunehmen, sind lange Erwägungen vorausgegangen. Die Entscheidung ist (aus oben genannten Gründen) zugunsten der Angabe ie. Ansätze ausgefallen. Auf die Einbeziehung der Laryngaltheorie wurde hingegen verzichtet in der Annahme, daß in Laryngalsymbolen dargestellte ie. Formen für den im wesentlichen anzusprechenden Benutzerkreis ohne raumfüllenden erläuternden Begleittext entweder nichtssagend oder verwirrend sind. Doch sei nicht verschwiegen, daß diese am Anfang getroffene Entscheidung in den Jahren der Ausarbeitung der Redaktion bedenklich erschien.

Soweit möglich, wird also in jedem Fall die Ursprungsform verzeichnet, die aus einem erschlossenen Ansatz oder aus einem Wort jeder beliebigen Sprache bestehen kann. Anders wird bei Entlehnungen (bei sog. Fremdwörtern) verfahren, sofern sie nicht aus einer germ. Sprache stammen. Sie werden bis in ihre Ursprungssprache zurückverfolgt; auf Angabe von Vorstufen (z. B. des Griechischen, Lateinischen, Arabischen u. dgl.) wird verzichtet. Dafür stehen Spezialwörterbücher der betreffenden Sprachen zur Verfügung.

Ein etymologisches Wörterbuch ist **kein Bedeutungswörterbuch.** Andererseits ist die Darstellung der Etymologie eines Wortes ohne Berücksichtigung semantischer Beziehungen und Entwicklungen nicht möglich. Stichwörter und Wortformen werden darum mit Bedeutungshinweisen versehen. Darunter sind knappe Angaben zu verstehen, die einen solchen Allgemeinheitsgrad besitzen, daß sie mehrere Bedeutungspunkte zusammenfassend abdecken. Dabei wird nach der derzeit üblichen lexikographischen Praxis verfahren und die Bedeutung teils in einer semantischen Definition, teils in einer Begriffs- oder Sachbeschreibung, teils in Synonymen gegeben. Derartige erinnernde Hinweise appellieren lediglich an das semantische Wissen des Lesers. Außerdem werden – bei entsprechenden Stichwörtern – die Hauptlinien der Bedeutungsentwicklung verfolgt und die semantischen Bezüge deutlich gemacht, die zwischen Sprachgeschichte und Gesellschaftsge-

schichte bestehen. Die Ausarbeitung und Aufstellung exakter, der wissenschaftlichen Semantikforschung folgender Bedeutungsangaben (die bisher leider noch kein Wörterbuch, auch kein sog. „Bedeutungswörterbuch“ zu liefern versucht hat) sowie die ausführliche Darstellung einer reichen Bedeutungsentfaltung in verschiedene Verwendungsmöglichkeiten unter Einschluß metaphorischen Gebrauchs kann nicht Aufgabe eines etymologischen Wörterbuchs sein.
Die konsequente Angabe von Bedeutungshinweisen ist für deutsche etymologische Wörterbücher ein Novum. Bisher wurde semantisches Wissen vorausgesetzt, eine Bedeutung nur bei wenigen, der Allgemeinsprache fernerstehenden Stichwörtern gegeben. Wenn man sich jedoch wie dieses etymologische Wörterbuch entschließt, einem Stichwort/einem Artikel auch die als Ableitungen oder Zusammensetzungen zugehörigen Wörter mit Angabe ihres Erstbelegs anzufügen, dann vermögen die beigegebenen semantischen Hinweise die von der Sprache benutzten Bildungsmöglichkeiten zu erläutern und die Beziehungen zum Grundwort zu verdeutlichen.
Grundlage der Artikel bilden einschlägige (nicht nur etymologische) Wörterbücher, eine Vielzahl etymologischer und wortgeschichtlicher Spezialliteratur, umfangreiches, im Zentralinstitut für Sprachwissenschaft der Akademie der Wissenschaften der DDR vorhandenes Archivmaterial (z. B. die Archive zum *Deutschen Wörterbuch* von Jacob und Wilhelm Grimm, Neubearbeitung, zum *Goethe-Wörterbuch,* zum *Wörterbuch der deutschen Gegenwartssprache* sowie die Sammlungen zum Wortschatz von Marx und Engels) und nicht zuletzt die Überlegungen und Ansichten der Redaktionsgruppe und der Bearbeiter. Doch es erwies sich als unmöglich, in jedem Artikel Rechenschaft über alle Gründe zu geben, die zur Übernahme, Modifizierung oder Ablehnung bisheriger oder zur Erarbeitung neuer Etymologien oder Wortgeschichten geführt haben. Mit der Maßgabe, rasch ein kurzes Wörterbuch zu schreiben, waren der Ausführlichkeit der Artikel, den Angaben sprachlichen Materials und der Zitierung wissenschaftlicher Literatur von vornherein Grenzen gesetzt. Die Bearbeiter wissen, daß es wünschenswert wäre, mit Literaturangabe den Autor einer Etymologie, ebenso, wiederum mit Literaturangabe, die Befürworter und die Gegner zitiert zu sehen. Ein solches Verfahren haben die Bearbeiter nach anfänglichen Versuchen aufgegeben; seine Durchführung hätte den Umfang des Wörterbuchs wenigstens um einen Band vermehrt und die Bearbeitungszeit verdoppelt; das Wörterbuch wäre Gefahr gelaufen, bereits (wie manche anderen unternommenen Versuche) in den Anfangsbuchstaben des Alphabets steckenzubleiben. Mit Zitierung des Autors erscheinen nur bemerkenswerte oder noch wenig bekannte Herleitungsversuche. Zuweilen werden auch mehrere Autoren mit unterschiedlichen Ansichten zitiert, wenn eine Entscheidung zugunsten des einen oder anderen nicht möglich schien. Nach Meinung der Redaktion nicht überzeugende Etymologien werden meist stillschweigend beiseite gelassen; eine Polemik gehört nicht in ein Wörterbuch dieser Art.
Hinsichtlich der **Schreibweise historischer Wortformen** schien es geboten, möglichste Einheitlichkeit, am besten normalisierte Angaben, anzustreben. Auch hier wissen die Bearbeiter, daß überlieferte, meist mundartlich bedingte Notierungen (z. B. im Althochdeutschen oder Altenglischen) unter Umständen erkenntnisfördernde Einsichten in die Etymologie eines Wortes geben können. Und in der Tat: Die etymologische Einzelforschung hat derartige Schreibweisen zu berücksichtigen. Ein kurzes Wörterbuch dagegen muß sich normalisierter Formen bedienen bzw. hat für seine Darstellung bestimmte Wörterbücher, die eine vereinheitlichte Schreibweise praktizieren, zum verbindlichen Kodex zu erklären, nach dem vorgegangen wird. Da die Schreibregelung (Orthographie) für die Sprachen der Gegenwart im allgemeinen festliegt, ergeben sich Probleme nur für alle vor der Gegenwart liegenden Wortformen.

Dazu einige Informationen:

Die Schreibweise des *Althochdeutschen* folgt (nach alter Praxis) dem ostfrk. Lautstand der ahd. Tatianübersetzung. Alle (mundartlichen) Eigentümlichkeiten, alle überlieferten Varianten sind auf diesen ostfrk. Lautstand hin vereinheitlicht. Das heißt, jedes in diesem Wörterbuch angegebene ahd. Wort zeigt die Form, die im *Althochdeutschen Wörterbuch,* Berlin 1968ff., als Stichwort angesetzt ist oder angesetzt werden wird, ist also gleichsam ein Verweis auf das Ahd. Wb., wo man alle Besonderheiten der Schreibung mit Quellenangabe finden kann. Diesen Ansatz sowie die Datierung des Erstbelegs hat über viele Jahre hin in mühevoller Arbeit und unter zeitaufwendiger

Durchsicht des Belegarchivs Dr. Heinrich Götz, Leipzig, Leiter der Arbeitsstelle des Ahd. Wbs., geliefert. Das *Etymologische Wörterbuch des Deutschen* ist Herrn Götz zu großem Dank verpflichtet. Unter anderem führten seine Angaben dazu, verschiedene in der etymologischen Literatur herumgeisternde, immer wieder ohne Nachprüfung abgeschriebene und als ahd. bezeichnete Wörter als nicht belegt auszumerzen, andererseits bisher der Forschung entgangene ahd. Wörter in die Artikel aufzunehmen. Für die Verwertung und etymologische Zuordnung der ahd. Wörter tragen jedoch allein Redaktion und Bearbeiter die Verantwortung. Die Zeitangaben für ahd. Wortformen beziehen sich stets auf das Alter der Handschrift, nicht auf das Alter der Bildung. Es begegnet daher nicht selten, daß der Erstbeleg mit „Hs. 13. Jh.“ oder „Hs. 14. Jh.“ datiert ist, obgleich die Wortform auf Grund ihres Lautstandes ganz sicher als älter gelten muß. Es kann also vorkommen, daß ein mhd. Lautstand aufweisender Beleg früher bezeugt ist als ein in späterer Überlieferung auftretender ahd. Beleg.
Für das *Mittelhochdeutsche* ist die bei Lexer *Mhd. Handwörterbuch* (1872ff.), gelegentlich auch Lexer *Mhd. Taschenwörterbuch*, 35. Aufl. (1978) angesetzte normalisierte Schreibweise übernommen. Mundartliche bzw. landschaftliche Formen werden, sofern sie für das Nhd. bedeutsam sind, zusätzlich angegeben.

Ferner gilt (so daß die Angaben wiederum gleichsam als Verweise auf Spezialwörterbücher betrachtet werden können) für
Altsächsisch Sehrt Vollständiges Wörterbuch zum Heliand (1925);
Mittelniederdeutsch Lasch-Borchling Mnd. Handwörterbuch (1956ff.) und für die noch nicht erschienenen Teile Schiller-Lübben Mnd. Wörterbuch (1875ff.) sowie Lübben-Walther Mnd. Handwörterbuch (1888);
Mittelniederländisch de Vries Nederlands etymologisch Woordenboek (1971);
Altenglisch Onions The Oxford Dictionary of English Etymology (1979);
Altnordisch de Vries Anord. etymol. Wörterbuch (1961);
Gotisch Feist Vergleichendes Wörterbuch der got. Sprache (1939);
Altindisch Mayrhofer Kurzgefaßtes etymol. Wörterbuch des Altindischen (1956ff.);
Awestisch Bartholomae Altiranisches Wörterbuch (1961);
Griechisch Frisk Griech. etymol. Wörterbuch (1960ff.);
Lateinisch Walde-Hofmann Lat. etymol. Wörterbuch (1938ff.);
Altslawisch Sadnik-Aitzetmüller Handwörterbuch zu den altkirchenslav. Texten (1955);
Kirchenslawisch bzw. *Russ.-kirchenslaw.* Vasmer Russ. etymol. Wörterbuch (1953ff.);
Keltisch (altirisch, kornisch, kymrisch, bretonisch) Pokorny Indogerm. etymol. Wörterbuch (1959ff.);
Altfranzösisch/Mittelfranzösisch v. Wartburg Frz. Etymol. Wörterbuch (1928ff.); Tobler-Lommatzsch Altfrz. Wörterbuch (1925ff.);
Indianersprachen Friederici Amerikanistisches Wörterbuch (1947).
Die Transliteration des *Arabischen* folgt den Richtlinien der Deutschen Morgenländischen Gesellschaft.
Zu danken ist Dr. Gotthard Strohmaier (Zentralinstitut für Alte Geschichte und Archäologie), der den *hebräischen* Ansätzen eine einheitliche Umschrift gab, und Dr. Wilfried Fiedler (Zentralinstitut für Sprachwissenschaft), der stets zu Auskünften über *albanische* und *armenische* Wortformen bereit war.

Es ist wohl begreiflich, daß ein Wörterbuch dieser Art nicht von einem einzelnen geschrieben werden kann, gleich gar nicht in einer so kurz bemessenen Zeit von neuneinhalb Jahren. Die Endfassungen sämtlicher Artikel sind aus einer echten redaktionellen Gemeinschaftsarbeit hervorgegangen, so daß kein Mitglied des Autorenkollektivs die alleinige Autorschaft für einen Artikel beanspruchen kann.

Berlin, im Mai 1986

Wolfgang Pfeifer

Zur 2. Auflage

Bald nach Erscheinen des Wörterbuchs, das auftragsgemäß für einen großen Benutzerkreis gedacht war, schien es geboten, eine neue Auflage vorzubereiten. Die Arbeit begann insofern unter schwierigen Bedingungen, als nach Vorgabe des Verlags, der zunächst an einen photomechanischen Nachdruck gedacht hatte, kein neuer Seiten- und Spaltenumbruch entstehen, also die äußere Gestalt der ersten Auflage unangetastet bleiben sollte. Daß schließlich doch ein Neusatz erfolgte, ist den technischen Möglichkeiten zu verdanken, die 1990 nach der deutschen Wirtschafts- und Währungsunion dem Verlag zu Gebote standen. Diese Technik und das großzügige Entgegenkommen der neuen Leitung des Akademie Verlags gestatteten, in den Neusatz nachträglich weitere Änderungen und Einfügungen einzutragen, so daß die zweite Auflage – nicht als völlige Neubearbeitung (was in einer Zeit von 2 bis 3 Jahren nicht möglich ist), wohl aber – als verbessert und ergänzt bezeichnet werden darf.

Nicht verändert wurde das Literaturverzeichnis. Doch es scheint mir im Hinblick auf mehrere Rezensionen angemessen, darauf hinzuweisen, daß es sich dabei nicht handelt um ein Quellenverzeichnis, nicht um eine allgemeine Bibliographie zur Etymologie, auch nicht um eine vollständige Zusammenstellung aller benutzten Literatur, sondern um ein (so steht geschrieben) *Literaturverzeichnis der häufig benutzten, meist abgekürzt zitierten Werke*. Da alle in die zweite Auflage neu aufgenommenen Titel in einer Weise dargestellt werden, nach der sie (wie viele in der ersten Auflage angeführten Angaben) nicht als „abgekürzt zitiert", sondern als ohne Mühe auflösbar gelten können, war eine Erweiterung des Literaturverzeichnisses nicht erforderlich.

Bei der Erarbeitung der zweiten Auflage wurde ich unterstützt von meiner Frau Gerlinde Pfeifer und gelegentlich von Heinrich Petermann.

Berlin, im Mai 1992 Wolfgang Pfeifer

Literaturverzeichnis

der häufig benutzten, meist abgekürzt zitierten Werke. (Auf Darstellungen zu einzelnen Wörtern wird in den entsprechenden Artikeln ausführlich hingewiesen.)

Adelung, Johann Christoph, Versuch eines vollständigen grammatisch-kritischen Wörterbuches Der Hochdeutschen Mundart, mit beständiger Vergleichung der übrigen Mundarten, besonders aber der oberdeutschen. Bd. 1–5. Leipzig 1774–86.

– Grammatisch-kritisches Wörterbuch der Hochdeutschen Mundart, mit beständiger Vergleichung der übrigen Mundarten, besonders aber der Oberdeutschen. 2. vermehrte u. verbesserte Ausgabe. Bd. 1–4. Leipzig 1793–1801.

Ahd. Gl. = Die althochdeutschen Glossen. Gesammelt u. bearb. v. Elias Steinmeyer u. Eduard Sievers. Bd. 1–5. Berlin 1879–1922.

Ahd. Wb. = Althochdeutsches Wörterbuch. Auf Grund der v. Elias v. Steinmeyer hinterlassenen Sammlungen im Auftrag der Sächsischen Akademie der Wissenschaften zu Leipzig bearb. u. hg. v. Elisabeth Karg-Gasterstädt u. Theodor Frings, (später) v. Rudolf Große. Bd. 1ff. Berlin 1968ff.

Bartholomae, Christian, Altiranisches Wörterbuch. 2. unveränderte Aufl. Berlin 1961. (Photomechanischer Nachdruck der 1. Aufl. 1904.)

Baetke, Walter, Wörterbuch zur altnordischen Prosaliteratur. Bd. 1–2. Berlin 1965–68.

Battisti, Carlo u. Giovanni Alessio, Dizionario etimologico italiano. Bd. 1–5. Firenze 1950–57.

Bellmann, Günter, Slavoteutonica. Lexikalische Untersuchungen zum slawisch-deutschen Sprachkontakt im Ostmitteldeutschen. Berlin, New York 1971.

Benecke, Georg Friedrich, Wilhelm Müller u. Friedrich Zarncke, Mittelhochdeutsches Wörterbuch. Bd. 1–3. Leipzig 1854–66.

Berneker, Erich, Slavisches etymologisches Wörterbuch. Bd. 1 (Lfg. 1–10). Heidelberg 1908–13. Lfg. 11. Heidelberg o. J.

Bielfeldt, Hans Holm, Die Entlehnungen aus den verschiedenen slavischen Sprachen im Wortschatz der neuhochdeutschen Schriftsprache. Berlin 1965. Sitzungsberichte der Deutschen Akademie der Wissenschaften zu Berlin. Klasse für Sprachen, Literatur und Kunst, Jg. 1965, Nr. 1.

– Die tschechischen Lehnwörter im Deutschen. In: Acta Universitatis Carolinae. Slavica Pragensia 8 (1966) 123ff.

Bloch, Oscar u. Walther v. Wartburg, Dictionnaire étymologique de la langue française. 6. Aufl. Paris 1975.

Bosworth, Joseph u. T. Northcote Toller, An Anglo-Saxon Dictionary. Oxford, London o. J. (2. Druck der 1. Aufl. 1898). Supplement by T. Northcote Toller. Oxford (1921).

Campe, Joachim Heinrich, Wörterbuch zur Erklärung und Verdeutschung der unserer Sprache aufgedrungenen fremden Ausdrücke. Bd. 1–2. Braunschweig 1801.

– dass. Neue stark vermehrte und durchgängig verbesserte Ausgabe. Braunschweig 1813.

– Wörterbuch der Deutschen Sprache. Bd. 1–5. Braunschweig 1807–11.

Chantraine, Pierre, Dictionnaire étymologique de la langue grecque. Bd. 1ff. Paris (1968ff.).

Clark Hall, John R., A Concise Anglo-Saxon Dictionary ... With a Supplement by Herbert D. Meritt. 4. Aufl. Cambridge (1975).

Cleasby, Richard u. Gudbrand Vigfusson, An Icelandic-English Dictionary. Oxford 1874.

Corominas, Joan, Breve diccionario etimológico de la lengua castellana. (Madrid 1961).

– Diccionario crítico etimológico de la lengua castellana. Bd. 1–4. Bern (1954–57).
Cortelazzo, Manlio u. Paolo Zolli, Dizionario etimologico della lingua italiana. Bd. 1ff. (Bologna 1979ff.).

Deutsches Fremdwörterbuch. Bd. 1 v. Hans Schulz. Bd. 2 begonnen v. Hans Schulz, fortgeführt v. Otto Basler. Bd. 3–7 weitergeführt im Institut für deutsche Sprache. Bd. 1 Straßburg, Bd. 2 Berlin, Bd. 3–7 Berlin, New York 1913ff.
Diefenbach, Lorenz, Glossarium Latino-Germanicum mediae et infimae aetatis. Frankfurt/M. 1857.
– Novum Glossarium Latino-Germanicum mediae et infimae aetatis. Frankfurt/M. 1867.
Dt. Rechtswb. = Deutsches Rechtswörterbuch (Wörterbuch der älteren deutschen Rechtssprache). Hg. v. der Preußischen Akademie der Wissenschaften, (später) In Verbindung mit der Deutschen Akademie der Wissenschaften zu Berlin, (später) mit der Akademie der Wissenschaften der DDR hg. v. d. Heidelberger Akademie der Wissenschaften. Bd. 1ff. Weimar 1914ff.
Du Cange, Charles Dufresne, Glossarium mediae et infimae Latinitatis ... editio nova. Bd. 1–10. Niort 1883–87.
– Glossarium ad scriptores mediae et infimae Graecitatis. Bd. 1–2. Graz 1958. (Unveränderter Abdruck der Ausgabe Lyon 1688.)
¹DWB = Grimm, Jacob u. Wilhelm Grimm, Deutsches Wörterbuch. Bd. 1–16. Leipzig 1854–1960.
²DWB = dass. Neubearbeitung. Bd. 1ff. Leipzig. 1983ff.

Eichler, Ernst, Etymologisches Wörterbuch der slawischen Elemente im Ostmitteldeutschen. Bautzen 1965.
Ėtimologičeskij slovar' slavjanskich jazykov. Praslavjanskij leksičeskij fond. Pod red. ... O. N. Trubačova. Bd. 1ff. Moskva 1974ff.

Falk, Hjalmar S. u. Alf Torp, Norwegisch-dänisches etymologisches Wörterbuch. Bd. 1–2. Heidelberg 1910–11.
Feist, Sigmund, Vergleichendes Wörterbuch der gotischen Sprache. 3. neubearb. u. vermehrte Aufl. Leiden 1939.
FEW = Wartburg, Walther v., Französisches Etymologisches Wörterbuch. Eine Darstellung des galloromanischen Sprachschatzes. Bd. 1ff. Bonn, (später) Basel 1928ff. Bd. 24f. (Neubearbeitung des Buchstaben A). Basel 1969ff.
Franck, Johannes u. Nicolaas van Wijk, Franck's Etymologisch Woordenboek der Nederlandsche Taal. Twede druk door N. van Wijk. 's-Gravenhage 1949.
Fraenkel, Ernst, Litauisches etymologisches Wörterbuch. Bd. 1–2. Heidelberg, Göttingen 1962–65.
Friederici, Georg, Amerikanistisches Wörterbuch. Hamburg 1947.
Frings/M. Germania Romana = Frings, Theodor, Germania Romana. Bd. 1. 2. Aufl. besorgt v. Gertraud Müller. Halle 1966. Mitteldeutsche Studien 19/1.
Müller, Gertraud u. Theodor Frings, Germania Romana. Bd. 2. Halle 1968. Mitteldeutsche Studien 19/2.
Frisk, Hjalmar, Griechisches etymologisches Wörterbuch. Bd. 1–3. Heidelberg 1960–72.

Gallée, Johan Hendrik, Vorstudien zu einem altniederdeutschen Wörterbuche. Leiden 1903.
Gamillscheg, Ernst, Etymologisches Wörterbuch der französischen Sprache. 2. vollständig neu bearb. Aufl. Heidelberg 1969.
Ganz, Peter F., Der Einfluß des Englischen auf den deutschen Wortschatz 1640–1815. (Berlin 1957.)
Gebauer, Jan, Slovník staročeský. 2. Aufl. Bd. 1ff. Praha 1970ff.
Götze, Alfred, Frühneuhochdeutsches Glossar. 6. Aufl. Berlin 1960.
GWB = Goethe Wörterbuch. Hg. v. d. Akademie der Wissenschaften der DDR, der Akademie

der Wissenschaften in Göttingen und der Heidelberger Akademie der Wissenschaften. Bd. 1ff. Stuttgart, Berlin, Köln, Mainz 1978ff.

Hellquist, Elof, Svensk etymologisk ordbok. Bd. 1–2. 3. Aufl. Lund (1948).
Holthausen, Ferdinand, Altsächsisches Wörterbuch. Münster, Köln 1954.

IF = Indogermanische Forschungen.

JEGP = Journal of English and Germanic Philology.
Jelinek, Franz, Mittelhochdeutsches Wörterbuch zu den deutschen Sprachdenkmälern Böhmens und der mährischen Städte Brünn, Iglau und Olmütz (XIII. bis XVI. Jahrhundert). Heidelberg 1911.
Jóhannesson, Alexander, Isländisches etymologisches Wörterbuch. Bern (1956).
Junker, Heinrich F. J. u. Bozorg Alavi, Wörterbuch Persisch-Deutsch. (4. unveränderte Aufl.) Leipzig (1981).

Klein, Ernest, A Comprehensive Etymological Dictionary of the English Language. Amsterdam, Oxford, New York 1971.
Kluge, Friedrich, Seemannssprache. Halle 1911.
– Nominale Stammbildungslehre der altgermanischen Dialekte. 3. Aufl. Halle 1926.
– Etymologisches Wörterbuch der deutschen Sprache. 21. Aufl. Berlin, New York 1975.
Krahe, Hans, Germanische Sprachwissenschaft. I. Einleitung und Lautlehre. 5. überarb. Aufl. Berlin 1963. Sammlung Göschen Bd. 238.
– Indogermanische Sprachwissenschaft. I. Einleitung und Lautlehre. 5. Aufl. Berlin 1966. Sammlung Göschen Bd. 59.
– Indogermanische Sprachwissenschaft. II. Formenlehre. 5. Aufl. Berlin 1969. Sammlung Göschen Bd. 64.
Krahe, Hans u. Wolfgang Meid, Germanische Sprachwissenschaft. II. Formenlehre. 7. Aufl. bearb. v. Wolfgang Meid. Berlin 1969. Sammlung Göschen Bd. 780, 780a, 780b.
– Germanische Sprachwissenschaft. III. Wortbildungslehre. Von Wolfgang Meid. Berlin 1967. Sammlung Göschen Bd. 1218, 1218a, 1218b.
Küpper, Heinz, Handliches Wörterbuch der deutschen Alltagssprache. (Hamburg, Düsseldorf 1968.)
– Wörterbuch der deutschen Umgangssprache. Hamburg (2. Aufl. 1956).
– dass. Bd. 2. 10000 neue Ausdrücke von A–Z. (2. Aufl. Hamburg 1966.)
– dass. Bd. 3. Hochdeutsch-Umgangsdeutsch. Gesamtstichwortverzeichnis. (2. Aufl. Hamburg 1965.)
– dass. Bd. 4. Berufsschelten und Verwandtes. (Hamburg 1966.)

Ladendorf, Otto, Historisches Schlagwörterbuch. Straßburg, Berlin 1906.
Lasch, Agathe u. Conrad Borchling, Mittelniederdeutsches Handwörterbuch. Fortgeführt v. Gerhard Cordes. Bd. 1ff. Neumünster 1956ff.
Latham, Ronald Edward, Revised Medieval Latin Word-List from British and Irish Sources. London 1965.
Levy, Emil, Petit dictionnaire provençal-français. Heidelberg 1909.
Lewy, Heinrich, Semitische Fremdwörter im Griechischen. Berlin 1895.
Lexer, Matthias, Mittelhochdeutsches Handwörterbuch. Zugleich als Supplement und alphabetischer Index zum Mittelhochdeutschen Wörterbuche v. Benecke – Müller – Zarncke. Bd. 1–3. Leipzig 1872–78.
– Mittelhochdeutsches Taschenwörterbuch. 35. Aufl. (u. Nachträge zum Mittelhochdeutschen Taschenwörterbuch unter Mithilfe v. Dorothea Hannover u. Rena Leppin neubearb. u. aus den Quellen ergänzt v. Ulrich Pretzel). Leipzig 1978.
Lexicon linguae Palaeoslovenicae. Slovník jazyka staroslověnského. Bd. 1ff. Praha 1966ff.

Liddell, Henry George u. Robert Scott, A Greek-English Lexicon. (9. Aufl.) Bd. 1–2. Oxford (1951).
Littmann, Enno, Morgenländische Wörter im Deutschen. 2. Aufl. Tübingen 1924.
Lokotsch, Karl, Etymologisches Wörterbuch der amerikanischen (indianischen) Wörter im Deutschen. Heidelberg 1926.
– Etymologisches Wörterbuch der europäischen (germanischen, romanischen und slavischen) Wörter orientalischen Ursprungs. Heidelberg 1927.
Lübben, August, Mittelniederdeutsches Handwörterbuch. Nach dem Tode des Verfassers vollendet v. Christoph Walther. Norden, Leipzig 1888.

Machek, Václav, Etymologický slovník jazyka českého a slovenského. Praha 1957.
– Etymologický slovník jazyka českého. 2. Aufl. Praha 1968.
A magyar nyelv történeti-etimológiai szótára. (Hg. v. d. Ungarischen Akademie der Wissenschaften.) Bd. 1–3. Budapest 1967–76.
Marzell, Heinrich, Wörterbuch der deutschen Pflanzennamen ... bearb. v. Heinrich Marzell unter Mitwirkung v. Wilhelm Wissmann. Bd. 1–5. Leipzig, (später) Stuttgart, Wiesbaden 1943–79.
Materialy dlja slovarja drevne-russkogo jazyka po pis'mennym pamjatnikam – trud I. I. Sreznevskogo. Bd. 1–3 (u.) Dopolnenija. Moskva 1893–1912.
Mayrhofer, Manfred, Kurzgefaßtes etymologisches Wörterbuch des Altindischen. Bd. 1–4. Heidelberg 1956–80.
Meyer-Lübke, Wilhelm, Romanisches etymologisches Wörterbuch. 3. vollständig neubearb. Aufl. Heidelberg 1935.
Migliorini, Bruno u. Aldo Duro, Prontuario etimologico della lingua italiana. (4. Aufl.) Torino u. a. (1965).
Miklosich, Franz, Lexicon Palaeoslovenico-Graeco-Latinum. Vindobonae 1862–65.
Mittellateinisches Wörterbuch bis zum ausgehenden 13. Jahrhundert ... hg. v. d. Bayerischen Akademie der Wissenschaften u. der Deutschen Akademie der Wissenschaften zu Berlin, (später) Akademie der Wissenschaften der DDR. Bd. 1ff. Berlin 1967ff.
Möller, Paul, Fremdwörter aus dem Lateinischen im späteren Mittelhochdeutschen und Mittelniederdeutschen. Gießen 1915. Phil. Diss.
Mongolian-English Dictionary. Compiled by Mattai Haltod, John Gombojab Hangin, Serge Kassatkin and Ferdinand D. Lessing. Berkeley, Los Angeles 1960.
Mühlenbach, Karl, Lettisch-deutsches Wörterbuch. Redigiert, ergänzt u. fortgesetzt v. J. Endzelin. 2. unveränderte Aufl. Bd. 1–4. Chicago 1955. Bd. 5–6. Endzelin, Janis u. E. Hausenberg, Ergänzungen und Berichtigungen zu K. Mühlenbachs Lettisch-deutschem Wörterbuch. Chicago 1956.

NED = A New English Dictionary on Historical Principles ... edited by James A. H. Murray. Bd. 1–10. Oxford 1888–1928. Introduction, Supplement, and Bibliography. Oxford 1933.
Niedermann, Max, Alfred Senn u. Franz Brender, Wörterbuch der litauischen Schriftsprache. Litauisch-Deutsch. Bd. 1–5. Heidelberg 1932–68.
Niermeyer, Jan Frederik, Mediae Latinitatis lexicon minus. Leiden 1976.

OED = The Oxford English Dictionary. Being a Corrected Re-Issue with an Introduction, Supplement, and Bibliography of A New English Dictionary on Historical Principles. Bd. 1ff. Oxford (1933ff.).
OED Supplement = A Supplement to the Oxford English Dictionary. Edited by R. W. Burchfield. Bd. 1ff. Oxford 1972ff.
Onions, Charles T., The Oxford Dictionary of English Etymology. With the Assistance of G. W. S. Friedrichsen and R. W. Burchfield. (8. Aufl.) Oxford (1979).
Opel'baum, E. V., Vostočno-slavjanskie leksičeskie ėlementy v nemeckom jazyke. Kiev 1971.
Ordbok öfver svenska språket. Utgifven af Svenska Akademien. Bd. 1ff. Lund (1898ff.).

Palmer, Philip Motley, Neuweltwörter im Deutschen. Heidelberg 1939.
Partridge, Eric, A Dictionary of Slang and Unconventional English. 4. Aufl. London (1951).
Paul, Hermann, Deutsches Wörterbuch. 5. Aufl. bearb. v. Alfred Schirmer. Halle 1956.
– dass. 5., völlig neubearb. u. erweiterte Aufl. v. Werner Betz. Tübingen (1966).
PBB, PBB (H), PBB (T) = Beiträge zur Geschichte der deutschen Sprache und Literatur. Hg. v. Hermann Paul u. Wilhelm Braune. Halle, ab Bd. 77 (1955) Halle (H), auch Tübingen (T).
Pedersen, Holger, Vergleichende Grammatik der keltischen Sprachen. Bd. 1–2. Göttingen 1909–13.
Persson, P., Beiträge zur indogermanischen Wortforschung. Bd. 1–2. Uppsala, Leipzig (1912).
Pokorny, Julius, Indogermanisches etymologisches Wörterbuch. Bd. 1–2. Bern, München (1959–69).

Radloff, W., Versuch eines Wörterbuches der Türk-Dialecte (Opyt slovarja tjurkskich narečij). Bd. 1–4. 's.-Gravenhage 1960.
Räsänen, M., Versuch eines etymologischen Wörterbuchs der Türksprachen. Helsinki 1969.
Raven, Frithjof, Die schwachen Verben des Althochdeutschen. Bd. 1–2. Gießen 1963–67. Beiträge zur germanischen Philologie Bd. 18. 36.
Richthofen, Karl v., Altfriesisches Wörterbuch. Göttingen 1840.
Ritz, Johan Ernst, Ordbok öfver svenska allmoge-språket. Bd. 1–2. Lund 1867.
Robert, Paul, Dictionnaire alphabétique et analogique de la langue française. Paris (1981).
Rosenquist, Arvid, Der französische Einfluß auf die mittelhochdeutsche Sprache in der ersten Hälfte des XIV. Jahrhunderts. Helsinki 1932.
– Der französische Einfluß auf die mittelhochdeutsche Sprache in der 2. Hälfte des XIV. Jahrhunderts. Helsinki 1942.
Rot, Simon, Ein Teutscher Dictionarius. Augsburg 1571.

Sadnik, Linda u. Rudolf Aitzetmüller, Handwörterbuch zu den altkirchenslavischen Texten. Heidelberg, 's-Gravenhage 1955.
– Vergleichendes Wörterbuch der slavischen Sprachen. Bd. 1. Wiesbaden 1975.
Sanders, Daniel, Femdwörterbuch. Bd. 1–2. Leipzig 1871.
Schiller, Karl u. August Lübben, Mittelniederdeutsches Wörterbuch. Bd. 1–6. Bremen 1875–81. Photomechanischer Neudruck. Münster (1931).
Schirmer, Alfred, Wörterbuch der deutschen Kaufmannssprache. Straßburg 1911.
– Der Wortschatz der Mathematik. Straßburg 1912. ZfdWf., Beiheft zum 14. Bd.
Schulze, Wilhelm, Kleine Schriften. 2., durchgesehene Aufl. mit Nachträgen hg. v. Wilhelm Wissmann. Göttingen (1966).
Schützeichel, Rudolf, Althochdeutsches Wörterbuch. 2., durchgesehene u. ergänzte Aufl. Tübingen 1974.
Schweiz. Id. = Staub, Friedrich u. Ludwig Tobler, Schweizerisches Idiotikon. Wörterbuch der schweizerdeutschen Sprache. Bd. 1ff. Frauenfeld 1881ff.
Seebold, Elmar, Vergleichendes und etymologisches Wörterbuch der germanischen starken Verben. The Hague, Paris 1970.
Sehrt, Edward Henry, Vollständiges Wörterbuch zum Heliand und zur altsächsischen Genesis. Göttingen 1925.
Skok, Petar, Etimologijski rječnik hrvatskoga ili srpskoga jezika. Bd. 1–4. Zagreb 1971–74.
Slovar' russkogo jazyka XI–XVII vv. Bd. 1ff. Moskva 1975ff.
Słownik staropolski. (Hg. Polska Akademia Nauk.) Bd. 1ff. Warszawa 1953ff.
Sommer, Ferdinand, Zum Zahlwort. München 1951. Sitzungsberichte der Bayerischen Akademie der Wissenschaften. Philosophisch-historische Klasse. Jg. 1950, Heft 7.
Sophocles, Evangelinus Apostolicles, Greek Lexicon of the Roman and Byzantine Periods. (From B. C. 146 to A. D. 1100.) New York, Leipzig 1888.
Souter, Alexander, A Glossary of Later Latin to 600 A. D. (3. Aufl.) Oxford (1964).
Specht, Franz, Der Ursprung der Indogermanischen Deklination. Göttingen 1944.

Sperander, A la Mode-Sprach der Teutschen, Oder Compendieuses Hand-Lexicon, In welchem die meisten aus fremden Sprachen entlehnte Wörter und gewöhnliche Redens-Arten ... erkläret werden. Nürnberg 1728.
Stark, Taylor u. J. C. Wells, Althochdeutsches Glossenwörterbuch. Lfg. 1–10. Heidelberg (1971–84).
Steinhauser, Walter, Slawisches im Wienerischen. 2. Aufl. Wien 1978.
Strömberg, Reinhold, Griechische Pflanzennamen. Göteborg 1940.
Suolahti, Hugo, Der französische Einfluß auf die deutsche Sprache im dreizehnten Jahrhundert. Bd. 1–2. Helsinki 1929–33. Mémoires de la société néo-philologique de Helsingfors 8.10.
– Die deutschen Vogelnamen. Eine wortgeschichtliche Untersuchung. Straßburg 1909.

Teuchert, Hermann, Die Sprachreste der niederländischen Siedlungen des 12. Jahrhunderts. Neumünster 1944.
Thesaurus Linguae Latinae. Bd. 1ff. Leipzig 1900ff.
Tobler, Adolf u. Erhard Lommatzsch, Altfranzösisches Wörterbuch. Bd. 1ff. Berlin 1925ff.
Toporov, Vladimir Nikolaevič, Prusskij jazyk. Slovar'. Bd. 1ff. Moskva 1975ff.
Trautmann, Reinhold, Die altpreussischen Sprachdenkmäler. Göttingen 1910.
– Baltisch-slavisches Wörterbuch. Göttingen 1923.
Trübners Deutsches Wörterbuch ... hg. v. Alfred Götze, (später) v. Walther Mitzka. Bd. 1–8. Berlin 1939–57.

Vasmer = Vasmer, Max, Russisches etymologisches Wörterbuch. Bd. 1–3. Heidelberg 1953–58.
Vasmer/T. = derselbe, Etimologičeskij slovar' russkogo jazyka. Perevod s nemeckogo i dopolnenija O. N. Trubačova. Bd. 1–4. Moskva 1964–73.
Verdam, Jacob, Middelnederlandsch Handwoordenboek. Onveranderde herdruk en van het woord *sterne* af opnieuw bewerkt door C. H. Ebbinge Wubben. 's-Gravenhage 1949.
Verwijs, E. u. Jacob Verdam, Middelnederlandsch Woordenboek. Bd. 1ff. 's-Gravenhage 1885ff.
Vries, Jan de, Altnordisches etymologisches Wörterbuch. Leiden 1961.
– Nederlands etymologisch Woordenboek. Leiden 1971.

Walde, Alois u. Johann Baptist Hofmann, Lateinisches etymologisches Wörterbuch. 3., neubearb. Aufl. v. J. B. Hofmann. Bd. 1–2 u. Registerband. Heidelberg 1938–56.
Walde, Alois u. Julius Pokorny, Vergleichendes Wörterbuch der indogermanischen Sprachen. Bd. 1–3. Berlin 1927–32.
Wasserzieher, Ernst, Kleines etymologisches Wörterbuch der deutschen Sprache. Leipzig 1977. (Gekürzte Lizenzausgabe des ... Werkes Wasserzieher „Woher?“ Ableitendes Wörterbuch der deutschen Sprache. 17., von W. Betz bearb. Auflage. Bonn 1966.)
Weigand, Friedrich Ludwig Karl, Deutsches Wörterbuch. 5. Aufl. ... vollständig neu bearb. v. Karl v. Bahder, Herman Hirt, Karl Kant. Hg. v. Herman Hirt. Bd. 1–2. Gießen 1909–10.
Windekens, A. J. van, Lexique étymologique des dialectes tokhariens. Louvain 1941.
Wis, Marjatta, Ricerche sopra gli italianismi nella lingua tedesca. Dalla metà del secolo XIV alla fine del secolo XVI. Helsinki 1955.
Wolf, Siegmund A., Großes Wörterbuch der Zigeunersprache. Mannheim (1960).
– Wörterbuch des Rotwelschen. Mannheim (1956).
Woordenboek der Nederlandsche Taal. Bd. 1ff. 's-Gravenhage, Leiden 1882ff.

ZfdA = Zeitschrift für deutsches Altertum
ZfdPh = Zeitschrift für deutsche Philologie
ZfdSpr. = Zeitschrift für deutsche Sprache
ZfdWf. = Zeitschrift für deutsche Wortforschung
ZfrPh = Zeitschrift für romanische Philologie
ZfSl. = Zeitschrift für Slawistik
ZfslPh = Zeitschrift für slavische Philologie

Abkürzungen

abret.	altbretonisch
abulg.	altbulgarisch
adän.	altdänisch
Adj.	Adjektiv
Adv.	Adverb
aengl.	altenglisch
afghan.	afghanisch
afläm.	altflämisch
afries.	altfriesisch
afrikan.	afrikanisch
afrk.	altfränkisch
afrz.	altfranzösisch
agaskogn.	altgaskognisch
agerm.	altgermanisch
agriech.	altgriechisch
ägypt.	ägyptisch
ahd.	althochdeutsch
aind.	altindisch
air.	altirisch
aisl.	altisländisch
aital.	altitalienisch
Akk.	Akkusativ
akkad.	akkadisch
akorn.	altkornisch
alat.	altlateinisch
alban.	albanisch
alem.	alemannisch
alit.	altlitauisch
altägypt.	altägyptisch
altarmen.	altarmenisch
altiran.	altiranisch
altmailänd.	altmailändisch
altnordfrz.	altnordfranzösisch
altnorm.	altnormannisch
altoberital.	altoberitalienisch
altvenezian.	altvenezianisch
amerik.	amerikanisch
amerik.-engl.	amerikanisch-englisch
amhar.	amharisch
amongol.	altmongolisch
anfrk.	altniederfränkisch
angl.	anglisch
angloind.	angloindisch

(anglo)lat.	(anglo)lateinisch
(anglo)mlat.	(anglo)mittellateinisch
anglonorm.	anglonormannisch
anord.	altnordisch
anorw.	altnorwegisch
äol.	äolisch
aostnfrk.	altostniederfränkisch
apers.	altpersisch
apikard.	altpikardisch
apolab.	altpolabisch
apoln.	altpolnisch
apomoran.	altpomoranisch
apreuß.	altpreußisch
aprov.	altprovenzalisch
arab.	arabisch
aram.	aramäisch
argentin.	argentinisch
armen.	armenisch
aröm.	altrömisch
Art.	Artikel
aruss.	altrussisch
asächs.	altsächsisch
aschwed.	altschwedisch
asiat.	asiatisch
aslaw.	altslawisch
aslowen.	altslowenisch
asorb.	altsorbisch
aspan.	altspanisch
assyr.	assyrisch
atschech.	alttschechisch
att.	attisch
Attr., attr.	Attribut, attributiv
austral.	australisch
awest.	awestisch
aztek.	aztekisch
babyl.-assyr.	babylonisch-assyrisch
bair.	bairisch (= bayerisch)
bair.-öst.	bairisch-österreichisch
balkangerm.	balkangermanisch
balkan-lat.	balkan-lateinisch
balt.	baltisch
baltoslaw.	baltoslawisch
Bantu-Spr.	Bantu-Sprache
bask.	baskisch
bask.-iberisch	baskisch-iberisch
beloruss.	belorussisch
berlin.	berlinisch
bes.	besonders
binnend.	binnendeutsch
birm.	birmanisch
botan.-lat.	botanisch-lateinisch
brabant.	brabantisch

brandenburg.	brandenburgisch
brasilian.	brasilianisch
bret.	bretonisch
bulg.	bulgarisch
burgund.	burgundisch
byzant.	byzantinisch
bzw.	beziehungsweise
ca.	circa
chin.	chinesisch
dalmat.	dalmatinisch
dän.	dänisch
Dat.	Dativ
Dem.pron.	Demonstrativpronomen
dgl.	dergleichen
d.h.	das heißt
d.i.	das ist
dor.	dorisch
drawid.	drawidisch
dt.	deutsch
eigentl.	eigentlich
elsäss.	elsässisch
engadin.	engadinisch
engl.	englisch
Erzgeb.	Erzgebirge
eskim.	eskimoisch
estn.	estnisch
etrusk.	etruskisch
europ.	europäisch
evt.	eventuell
f.	femininum (beim Stichwort)
Fem.	Femininum
fem.	feminin
finn.	finnisch
finn.-ugr.	finnisch-ugrisch
fläm.	flämisch
flandr.	flandrisch
fries.	friesisch
frk.	fränkisch
frühmhd.	frühmittelhochdeutsch
frühnhd.	frühneuhochdeutsch
frz.	französisch
Fut.	Futur
gäl.	gälisch
gall.	gallisch
gall.-lat.	gallisch-lateinisch
galloroman.	galloromanisch
gaskogn.	gaskognisch
Gen.	Genitiv

germ.	germanisch
gleichbed.	gleichbedeutend
got.	gotisch
griech.	griechisch
griech.-byzant.	griechisch-byzantinisch
grönländ.	grönländisch
hd.	hochdeutsch
hebr.	hebräisch
hess.	hessisch
hethit.	hethitisch
hindust.	hindustanisch
hispano-arab.	spanisch-arabisch
hochchin.	hochchinesisch
holl.	holländisch
holst.	holsteinisch
hottent.	hottentottisch
Hs.	Handschrift
iberoroman.	iberoromanisch
ie.	indoeuropäisch (= indogermanisch)
illyr.	illyrisch
Imperf.	Imperfekt
Ind.	Indikativ
ind.	indisch
Indef.pron.	Indefinitpronomen
indekl.	indeklinabel
indian.	indianisch
indones.	indonesisch
Inf.	Infinitiv
insbes.	insbesondere
Instr.	Instrumental
Interj.	Interjektion
Interr.pron.	Interrogativpronomen
intrans.	intransitiv
ion.	ionisch
ion.-att.	ionisch-attisch
ir.	irisch
iran.	iranisch
isl.	isländisch
ital.	italienisch
italo-alban.	italo-albanisch
jakut.	jakutisch
jap.	japanisch
Jb., Jbb.	Jahrbuch, -bücher
Jh., Jhs.	Jahrhundert(s)
jidd.	jiddisch
jmdm., jmdn., jmds.	jemandem, jemanden, jemandes
karib.	karibisch
kaschub.	kaschubisch
kastil.	kastilisch

katalan.	katalanisch
kelt.	keltisch
kirchenlat.	kirchenlateinisch
klass.	klassisch
klass.lat.	klassischlateinisch
Komp.	Komparativ
Konj.	Konjunktion
kopt.	koptisch
korean.	koreanisch
korn.	kornisch
kreolisch-amerik.	kreolisch-amerikanisch
krimgot.	krimgotisch
krimtatar.	krimtatarisch
kroat.	kroatisch
kurd.	kurdisch
kymr.	kymrisch
langobard.	langobardisch
lat.	lateinisch
lett.	lettisch
lit.	litauisch
lombard.	lombardisch
m.	maskulinum (beim Stichwort)
mal.	malaiisch
mansfeld.	mansfeldisch
Mask.	Maskulinum
mask.	maskulin
mbulg.	mittelbulgarisch
md.	mitteldeutsch
mecklenb.	mecklenburgisch
medizin.-lat.	medizinisch-lateinisch
melan.	melanesisch
mengl.	mittelenglisch
messap.	messapisch
mfrk.	mittelfränkisch
mfrz.	mittelfranzösisch
mgriech.	mittelgriechisch
mhd.	mittelhochdeutsch
mind.	mittelindisch
mir.	mittelirisch
mitteleurop.	mitteleuropäisch
mittelital.	mittelitalienisch
mittelrhein.	mittelrheinisch
mkorn.	mittelkornisch
mkymr.	mittelkymrisch
mlat.	mittellateinisch
mnd.	mittelniederdeutsch
mnl.	mittelniederländisch
mongol.	mongolisch
moselfrk.	moselfränkisch
mpers.	mittelpersisch
mruss.	mittelrussisch

n.	neutrum (beim Stichwort)
nd.	niederdeutsch
neapolitan.	neapolitanisch
Neutr.	Neutrum
neutr.	neutral
nfrk.	niederfränkisch
ngriech.	neugriechisch
nhd.	neuhochdeutsch
nhebr.	neuhebräisch
nicht-ie.	nichtindoeuropäisch
niederhess.	niederhessisch
niederrhein.	niederrheinisch
nl.	niederländisch
nlat.	neulateinisch
Nom.	Nominativ
nord.	nordisch
nordafrz.	nordaltfranzösisch
nordamerik.	nordamerikanisch
nordbair.	nordbairisch
nordd.	norddeutsch
nordfries.	nordfriesisch
nordgerm.	nordgermanisch
nordmfrz.	nordmittelfranzösisch
nordostd.	nordostdeutsch
nordpomoran.	nordpomoranisch
nordwestd.	nordwestdeutsch
nordwestgerm.	nordwestgermanisch
nordwestmd.	nordwestmitteldeutsch
norm.	normannisch
norm.-pikard.	normannisch-pikardisch
norw.	norwegisch (meist mundartlich)
npers.	neupersisch
nsächs.	niedersächsisch
nsorb.	niedersorbisch
Num.	Numerale
Num.adj.	Numeraladjektiv
Num. Ord.	Numerale Ordinale
obd.	oberdeutsch
oberpfälz.	oberpfälzisch
obfrk.	oberfränkisch
obhess.	oberhessisch
obital.	oberitalienisch
obsächs.	obersächsisch
obsorb.	obersorbisch
ofries.	ostfriesisch
omd.	ostmitteldeutsch
osk.	oskisch
osman.	osmanisch
osset.	ossetisch
öst.	österreichisch
ostasiat.	ostasiatisch
ostbair.	ostbairisch

ostd.	ostdeutsch
osteurop.	osteuropäisch
ostfäl.	ostfälisch
ostfläm.	ostflämisch
ostfrk.	ostfränkisch
ostfrz.	ostfranzösisch
ostgerm.	ostgermanisch
ostgot.	ostgotisch
ost-ie.	ostindoeuropäisch
ostind.	ostindisch
ostlit.	ostlitauisch
ostmnl.	ostmittelniederländisch
ostnd.	ostniederdeutsch
ostnl.	ostniederländisch
ostobd.	ostoberdeutsch
ostpreuß.	ostpreußisch
oströmr.	oströmisch
ostslaw.	ostslawisch
Part.	Partizip
Part.adj.	Partizipialadjektiv
Part. Perf.	Partizip Perfekt
Part. Präs.	Partizip Präsens
Part. Prät.	Partizip Präteritum
Part.subst.	Partizipialsubstantiv
Pass.	Passiv
Perf.	Perfekt
Pers.	Person
pers.	persisch
Pers.pron.	Personalpronomen
pfälz.	pfälzisch
phön.	phönikisch
phryg.	phrygisch
pikard.	pikardisch
Plur.	Plural
polab.	polabisch
polabopomoran.	polabopomoranisch
poln.	polnisch
polynes.	polynesisch
pomoran.	pomoranisch
port.	portugiesisch
Poss.pron.	Possessivpronomen
Präd., präd.	Prädikat, prädikativ
Präp.	Präposition
Präs.	Präsens
Prät.	Präteritum
Prät.-Präs.	Präteritopräsens
preuß.	preußisch
Pron.	Pronomen
Pron.adj.	Pronominaladjektiv
prov.	provenzalisch
rät.	rätisch

rätoroman.	rätoromanisch
refl.	reflexiv
Refl.pron.	Reflexivpronomen
Rel.pron.	Relativpronomen
rhein.	rheinisch
rheinfrk.	rheinfränkisch
rhein.-westfäl.	rheinisch-westfälisch
röm.	römisch
roman.	romanisch
rotw.	rotwelsch
rumän.	rumänisch
russ.	russisch
russ.-kslaw.	russisch-kirchenslawisch
s.	siehe
savoyard.	savoyardisch
schles.	schlesisch
schott.	schottisch
schwäb.	schwäbisch
schwäb.-alem.	schwäbisch-alemannisch
schwed.	schwedisch
schweiz.	schweizerisch
s. d.	siehe dort
semit.	semitisch
serb.	serbisch
serb.-kslaw.	serbisch-kirchenslawisch
serbokr.	serbokroatisch
Sing.	Singular
singhal.	singhalesisch
skyth.	skythisch
slaw.	slawisch
slowak.	slowakisch
slowen.	slowenisch
sog.	sogenannt
sorb.	sorbisch
span.	spanisch
spätgriech.	spätgriechisch
spätlat.	spätlateinisch
spätmhd.	spätmittelhochdeutsch
steir.	steirisch
Subst.	Substantiv
subst.	substantivisch, substantiviert
südamerik.	südamerikanisch
südchin.	südchinesisch
südd.	süddeutsch
südhess.	südhessisch
südmnl.	südmittelniederländisch
südnl.	südniederländisch
südostd.	südostdeutsch
südschwed.	südschwedisch
südthür.	südthüringisch
südwestd.	südwestdeutsch
südwestfrz.	südwestfranzösisch

sumer.	sumerisch
sumer.-akkad.	sumerisch-akkadisch
Superl.	Superlativ
syr.	syrisch
tatar.	tatarisch
thaichin.	thaichinesisch
thrak.	thrakisch
thür.	thüringisch
tibet.	tibetisch
tirol.	tirolisch
toch.	tocharisch
tosk.	toskanisch
trans.	transitiv
tschech.	tschechisch
tungus.	tungusisch
turkotatar.	turkotatarisch
u.a.	unter anderem; und andere
u.ä.	und ähnlich
ugr.	ugrisch
ukrain.	ukrainisch
umbr.	umbrisch
ungar.	ungarisch
urnord.	urnordisch
usw.	und so weiter
Vb.	Verb
venezian.	venezianisch
vgl.	vergleiche
vietnames.	vietnamesisch
vlat.	vulgärlateinisch
vogtländ.	vogtländisch
vulgärarab.	vulgärarabisch
wal.	walisisch
wallon.	wallonisch
Wb., Wbb.	Wörterbuch, -bücher
westafrikan.	westafrikanisch
westd.	westdeutsch
westfäl.	westfälisch
westfläm.	westflämisch
westfries.	westfriesisch
westgerm.	westgermanisch
west-ie.	westindoeuropäisch
westind.	westindisch
westmd.	westmitteldeutsch
westmnd.	westmittelniederdeutsch
westnd.	westniederdeutsch
westobd.	westoberdeutsch
westruss.	westrussisch
westsächs.	westsächsisch
westslaw.	westlawisch

z. B.	zum Beispiel
zoolog.-lat.	zoologisch-lateinisch
Zs.	Zeitschrift
z. T.	zum Teil

D. Schlöpke

Aal m. wendiger langgestreckter Fisch. Der Name begegnet nur in den germ. Sprachen, ahd. (10. Jh.), mhd. asächs. mnd. *āl*, mnl. *ael*, nl. *aal*, aengl. *ǣl*, engl. *eel*, anord. *āll*, schwed. *ål* setzen germ. **ēla-* voraus. Vielleicht eine germ. Neubildung. Oder als 'Ahleförmiger' (zu *Ahle* f., s.d.) aufzufassen? Der auf Grund der länglichen Gestalt mögliche Anschluß an aind. *āliḥ* 'Streifen, Linie' und an die Wurzel ie. **ēl-* 'Streifen, Strich' ist zweifelhaft. – aalen Vb. refl. 'sich wohlig rekeln und erholen'(2. Hälfte 19. Jh.); älter *aalen* in den nicht mehr üblichen Bedeutungen 'eine verschlammte Röhre lüften' (indem man einen Aal an einem Strick durch die Röhre zieht oder einen lebendigen Aal durchschlüpfen läßt) und 'Aale fangen' (beide Mitte 17. Jh.). aalglatt Adj. 'wendig, listig' (Mitte 19. Jh.). Aalquappe f. (Mitte 16. Jh.) und Aalraupe f., älter *aalruppe* (Mitte 14. Jh.) schlanker, wendiger Dorsch des Süßwassers; zu *Quappe* 'weiches, schleimhäutiges Tier'(s.d.) bzw. mhd. *rūpe*, das auf lat. *rubēta* 'Kröte, Frosch' zurückgeht. Nicht verwandt ist *Raupe* 'Schmetterlingslarve' (s.d.).

Aar m. 'Adler', ahd. *aro, arn* (8. Jh.), mhd. *ar, arn*, asächs. *arn*, mnd. *ārn(e), ār(e)nt*, mnl. *aren(t), a(e)rn*, nl. *arend*, aengl. *earn*, anord. *ǫrn*, schwed. *örn*, dän. *ørn*, got. *ara*, germ. **arn-* führt mit griech. *órnis* (*ὄρνις*) 'Vogel, Hahn, Huhn', (mit *r-* bzw. *l-* Erweiterung) armen. *oror* 'Möwe, Weihe', air. *irar*, lit. *erēlis* 'Adler', aslaw. *orьlъ*, russ. *orël* (*орёл*) 'Adler' auf ie. **er-*, **or-* 'Adler, großer Vogel'. Schon im 12. Jh. wird mit der Entwicklung der Falknerei das Tier zu den edlen Jagdvögeln gezählt und der Name von mhd. *adelar*, nhd. *Adler* (s.d.), eigentl. 'Edelaar', verdrängt. Als Simplex *Aar* 'Weihe, Milan' bleibt die alte Bezeichnung bis ins 16. Jh. und in Zusammensetzungen, z.B. *Fischaar* (s. auch *Sperber*, eigentl. 'Sperlingsaar'), bis heute erhalten. In der Mitte des 18. Jhs. wird *Aar* 'Adler' in poetischer Sprache erneuert.

Aas n. 'Fleisch eines toten Körpers, Köder'. Mhd. (11. Jh.), mnd. *ās*, mnl. *aes*, nl. *aas*, aengl. *ǣs* (ie. **ēdsom* oder **ēdtom*) ist wie lat. *ēsca* 'Speise, Futter, Köder' (ie. **ēdskā*) Weiterbildung eines dehnstufigen *es*-Stammes der im Verb *essen* (s.d.) enthaltenen Wurzel ie. **ed-* 'essen'. Dazu gehört als weiteres Verbalnomen ahd. (8. Jh.), mhd. *āʒ*, asächs. mnd. *āt*, mnl. *aet*, aengl. *ǣt*, anord. *āt* 'Speise, Nahrung, Viehfutter' (s. *äsen*), das die gleiche Stammbildung (ie. **ēdo-*) aufweist wie das Grundwort in aslaw. *obědъ* 'Mahlzeit, Frühstück', russ. *obéd* (*обед*) 'Mittagessen'. In frühnhd. *as* 'Tiernahrung, Kadaver' fallen beide Bildungen in eine zusammen. Als Schimpfwort begegnet *Aas* bereits im 12. Jh. – aasen Vb. 'Felle abschaben' zum Gerben (18. Jh.), 'in der Nahrung sudeln' (von Aasfressern), bildlich 'leichtfertig vergeuden' (19. Jh.).

ab Präp., Adv. 'von ... weg, herab von, los, fort, herunter, nieder', ahd. *aba* (8. Jh.), *ab*, mhd. *abe, ab*, asächs. *af*, mnd. *af, āve*, mnl. *af, ave*, nl. *af*, aengl. engl. *of*, anord. got. *af* weisen auf germ. **aƀa*. Außergerm. vergleichen sich aind. *ápa* 'weg, fort, ab', griech. *apó, ápo* (*ἀπό, ἄπο*) 'fern, weg, (fern) von', lat. *ab* 'von ... her, von ... weg', so daß von ie. **apo* 'ab, weg' auszugehen ist. Der präpositionale Gebrauch, der im jüngeren Nhd. durch *von* übernommen wird, reicht in den meisten Bedeutungen nur bis ins 16./17. Jh., mundartlich, bes. alem., und in mundartnaher Sprache auch bis ins 18./19. Jh. (vgl. [2]DWB 1, 18 ff.). Danach fehlt die Präposition in der Literatursprache, sie wird jedoch (aus der Kaufmannssprache) gegen Ende des 19. Jhs. vor Orts- und Zeitangaben wieder aufgenommen, vgl. *ab Leipzig, ab 8 Uhr.* Adverbieller Gebrauch ist im Ahd. vereinzelt, im Mhd. geläufig in enger Verbindung mit der Verwendung von *ab* als Kompositionselement in Präfixbildungen. – abhanden Adv. ‘nicht vorhanden, abwesend’ (14. Jh.), Zusammenrükkung aus der Präp. *ab* ‘von’ und dem Dat. Plur. von *Hand* (s.d.), mhd. (md.) *abhanden* (umlautlos als Rest eines alten *u*-Stammes) und *ab(e)henden*. Die Fügung geht vom Mitteldeutschen aus und wird fast ausschließlich in Verbindung mit bestimmten Verben wie *bringen, sein*, in jüngerer Sprache nur noch mit *kommen* verwendet.

Abc n. ‘Alphabet, Anfangsgründe’, mhd. *abc, ābēcē* (seit etwa 1230). Die vierteilige Buchstabenfolge *abcd*, oft in der vokalisierten Form *ābēcēdē*, ist bereits ahd. (8. Jh.) sowie aengl. (11. Jh.) bezeugt und gilt vereinzelt bis ins 18. Jh. Sie ist beeinflußt von spätlat. *abecedārium* ‘Alphabet’. Selten begegnet (seit 1250) die zweiteilige Fügung *ab* (gesprochen *ābē*). – Abc-Schütze m. ‘Schulanfänger’ (2. Hälfte 16. Jh., *ein jung a.b.c. schützigen*), zu schülersprachlich *Schütze* ‘Anfänger, junger Schüler’ (Anfang 15. Jh.), nach lat. *tīro* ‘Rekrut, Anfänger, Neuling’, das fälschlich mit frz. *tirer*, ital. *tirare* ‘schießen, abfeuern’ verbunden wird.

Abend m. ‘Tageszeit um den Sonnenuntergang, Tagesende’, ahd. *āband* (9. Jh.), mhd. *ābent*, asächs. *āƀand*, mnd. *āvent*, mnl. *avont, avent,* nl. *avond*, aengl. *æfen* (und abgeleitetes *æfnung*), engl. *eve* ‘Vorabend’, *evening*, (dichterisch und mundartlich) *even* ‘Abend’ lassen sich auf eine westgerm. Form **āfanþija*, **āfanðija* zurückführen, die sich durch Länge des vokalischen Anlauts und Fehlen eines Dentals von den nordgerm. Entsprechungen anord. *aptann*, schwed. *afton*, dän. *aften* (doch auch aengl. *æftentīd* ‘Abendzeit’) unterscheidet. Für das Got. ist keine vergleichbare Form belegt, der Begriff wird durch got. *andanahti* (eigentl. ‘Vornacht’) bzw. durch Umschreibung mit got. *seiþus* ‘spät’ wiedergegeben. Als gemeinsame Vorstufe der west- und nordgerm. Bezeichnungen ist entweder ie. **ēponto-* (in diesem Falle vielleicht Einwirkung von anord. *aptan* ‘danach’ auf die nordischen Formen?) oder ie. **āptanto-* (mit dissimilatorischem Schwund des ersten Dentals im Westgerm. und möglicherweise erst nachfolgender Dehnung eines ursprünglich kurzen Anlautvokals?) anzunehmen. Dieses ist wohl eine Bildung mit *nt*-Sufix für Zeitbezeichnungen. Als wahrscheinlich gilt die Verwandtschaft mit griech. *epí* (ἐπί) ‘auf’, *opsé* (ὀψέ) ‘spät’, denen ie. **epi, *opi* ‘nahe hinzu, darauf, hinter’ zugrunde liegt. *Abend* im Sinne von ‘Westen, Okzident’ (nach dem Stand der Sonne zu dieser Tageszeit), vereinzelt schon Ende des 14. Jhs. im Md., wird seit Anfang des 16. Jhs. bes. durch Luther geläufig. – abendlich Adj. ‘zum Abend gehörig, am Abend geschehend’, ahd. *ābandlīh* (9. Jh.), mhd. *ābentlich*; die wie mnl. *avontlike*, aengl. *ǣfenlīc* als Übersetzung für lat. *vespertīnus* gebildete Ableitung ist in älterer Zeit nur schwach bezeugt und erst seit Ende des 18. Jhs. allgemein verbreitet; vom 17. bis ins 19. Jh. kommt auch die Bedeutung ‘westlich’ vor. abends Adv. ‘am Abend’, mhd. *ābendes, ābents*, mnd. *āvendes*, zunächst Genitivform des Substantivs, verselbständigt sich bereits um 1200 in adverbiellem Gebrauch. Abendland n. ‘im Westen gelegenes Land’, im Anschluß an die Bedeutung ‘Westen, Okzident’ von *Abend* seit dem 16. Jh. üblich, bis ins 18. Jh. vorwiegend im Plur. *die Abendländer, -lande*; vom Ende des 18. Jhs. an wird der Sing. als zusammenfassender Begriff für die historisch und kulturgeschichtlich enger verbundenen europäischen Länder dem älteren *Morgenland* gegenübergestellt und in neuerer Zeit vielfach auch als politisches Schlagwort benutzt. Abendmahl n. ‘Altarssakrament der evangelischen Kirche’; spätmhd. *ābentmāl*, mnd. *āventmāl* ‘Abendmahlzeit’ (s. *Mahl*) tritt (vielleicht nach mnl. *avontmael* ‘Abendzeit, Abendmahlzeit’) neben älteres mhd. *ābenteȝȝen*, das nicht nur die abendliche Mahlzeit allgemein, sondern vom 13./14. Jh. an auch Christi Abschiedsmahl und das von diesem ausgehende kirchliche Sakrament bezeichnet. Seit Beginn des 16. Jhs., namentlich unter Luthers Einfluß, setzt sich im kirchlichen Sprachgebrauch *Abendmahl* für die letzte Mahlzeit Christi mit seinen Jüngern durch, bleibt aber als Bezeichnung für das Altarssakrament auf die evangelische Kirche beschränkt. Abendrot n., Abendröte f. ‘rötliche Färbung des Himmels bei Sonnenuntergang’; ahd. *ābandrōto* m. (Hs. 13. Jh.), mhd. *ābentrōt* m. und n. (12. Jh.) und daneben mhd. *ābentrœte* f., mnd. *āventrōde* schließen sich entsprechend vorausgehendem ahd. *morganrōto* ‘Morgenröte’ (s. *Morgenrot*) als Zusammensetzungen an das Adjektiv ahd. mhd. *rōt* ‘rot’ und das davon abgeleitete Substantiv ahd. *rōtī*, mhd. *rœte* 'Röte' (s. *rot*) an. V o r a b e n d m. 'Abend vor einem Ereignis, bes. vor einem Fest'. Das verdeutlichende Kompositum kommt um 1700 in Gebrauch (mnd. *vōrāvent* schon im 15. Jh.), während vorher seit dem Ahd. das Grundwort allein diese Bedeutung haben kann, die auf der jüdisch-christlichen, aber auch germanischen Vorstellung beruht, daß der neue Tag mit dem Abend beginne. Wie mlat. *vigilia*, frz. *veille* bezieht *Vorabend* und *Abend* in älterer Zeit oft den ganzen Tag vor einem kirchlichen Fest mit ein (vgl. noch jetzt *Heiliger Abend* und *Sonnabend*). Heute ist vor allem die metaphorische Verwendung 'Zeitabschnitt, in dem sich ein bedeutendes historisches Ereignis vorbereitet' üblich.

Abenteuer n. 'erregendes Erlebnis, mutwillig eingegangenes Wagnis, Liebesaffäre'. Mhd. *āventiure, ābentiur* 'Begebenheit, gewagtes Beginnen mit ungewissem Ausgang, Schicksal' wird Ende des 12. Jhs. aus gleichbed. afrz. *aventure* entlehnt, dem vlat. **adventūra* 'Ereignis, Geschehnis' vorausgeht. Dies ist eigentl. Plur. Neutr. des substantivierten Part. Fut. von lat. *advenīre* 'herankommen, ankommen', also als das, 'was sich ereignen wird, das sich Ereignende' zu erklären. Die Bedeutung 'Liebesaffäre' (seit Mitte des 16. Jhs. üblich) klingt vereinzelt schon in mhd. Zeugnissen an. – a b e n t e u e r l i c h Adj. 'voller Abenteuer, außergewöhnlich, gewagt', mhd. *āventiurlich*, spätmhd. *ābenturlich* 'voll ungewöhnlicher Dinge'. a b e n t e u e r n Vb. 'auf Abenteuer ausgehen, Abenteuer suchen', mhd. *āventiuren*. A b e n t e u r e r m. 'wer auf Abenteuer ausgeht, Glücksritter', mhd. (selten) *āventiurœre* 'wer auf ritterliche Wagnisse auszieht' (Anfang 13. Jh.), auch 'Krämer, Wanderhändler, Gaukler, Spielmann, Schausteller' (Ende 14. bis 16. Jh., vereinzelt bis Anfang 18. Jh.); die neuere Bedeutung 'Glücksritter' (18. Jh.) steht unter Einfluß von engl. *adventurer*, frz. *aventurier*.

aber Adv. und Konj.; drückt als stets betontes Adv. mehrfache Wiederholung aus 'wieder(um), abermals, noch einmal', seit dem 16. Jh. allmählich durch *wieder* (s. d.) verdrängt, heute nur noch in bestimmten Verbindungen wie *aber und aber(mals)* ('immer wieder'), *tausend und abertausend* ('viele tausend'), *Hunderte und aber Hunderte*, bezeichnet als Konj. den Gegensatz '(je)doch, dagegen', schränkt eine Behauptung ein 'allerdings, freilich, immerhin', verstärkt eine Behauptung, Aufforderung 'wirklich', drückt Verwunderung, einen Vorwurf aus *aber, aber!* ('nicht doch!, was soll das?'). Ahd. (Adv. und Konj.) *avur* (auch *afa, afar*, 8. Jh.), mhd. *aber, aver*, mnd. *āver, ōver, ēver* 'abermals, wiederum, von neuem; aber, dagegen' sind wie verwandtes got. *afar* Präp. 'nach', Adv. in *afaruh þan* 'nachher, später', anord. norw. (mundartlich) *aur-* 'unter, hinter' (nur in Zusammensetzungen), z. B. anord. *aurborð* 'Schiffsplanke vom Kiel', norw. (mundartlich) *aurbenk* 'hinterste Bank in der Stube', und wohl auch anord. *afar-* 'besonders, sehr' alte Komparativbildungen zu den unter *ab* und *von* (s. d.) angeführten Ansätzen ie. **apo*, **apu* 'ab, weg', ebenso aind. *aparám* 'später, künftig', eine adverbial gebrauchte Flexionsform von aind. *áparaḥ* 'hinterer, späterer', awest. *apara-* Adj. (örtlich) 'hinterer', (der Reihenfolge nach) 'folgender, zweiter', (zeitlich) 'späterer, künftiger' und die (der Deklination der *n*-Stämme folgenden) germ. Formen asächs. *aƀaro*, aengl. *eafora* 'Nachkomme'. *aber* bedeutet danach ursprünglich 'weiter entfernt, später', woraus sich im Dt. die Bedeutung 'wieder, noch einmal' entwikkelt. Aus dieser Verwendung im Sinne einer Wiederholung konnte die einen Gegensatz bezeichnende Funktion entstehen. Beides ist bereits im Ahd. ausgebildet, der Gebrauch als Konjunktion endgültig allerdings erst im Spätahd. – A b e r n. 'Einwand, Bedenken, Schwierigkeit' (16. Jh.), Substantivierung der adversativen Konjunktion *aber*. A b e r g l a u b e m., (selten) *Aberglauben* 'in falschen Vorstellungen wurzelnder Glaube, Irrglaube, trügerische Vorstellung, Einbildung, Vorurteil', spätmhd. *abergloube*, doch geläufig erst seit Ende des 15. Jhs. In Zusammensetzungen dieses Typs (s. auch unten *Aberwitz*) bezeichnet *aber-*, ausgehend von der wiederholenden Funktion, das Gegenteil oder unechte Gegenstück des im Grundwort genannten Begriffs. a b e r g l ä u b i s c h Adj. 'im Aberglauben befangen, dem Aberglauben entspringend' (Anfang 16. Jh.), älter (heute ungebräuchlich) *abergläubig* (Ende 15. Jh.); vgl. mnd. *āver(ge)lōvich*, (häufiger) *āver(ge)lōvisch*. a b e r m a l s Adv. 'noch einmal, von neuem, wiederum'; zusammengezogen aus gleichbed. *aber ein(e)s mal(e)s* (2. Hälfte 15. Jh.). A b e r w i t z m. 'völliger Unsinn, Unsinnigkeit, Irrsinn', zunächst (14. bis 17. Jh.) Fem., dann (17. Jh.) Mask., gebildet mit *aber-* (s. oben *Aberglaube*) zu *Witz* im Sinne von 'Vernunft, Verstand, Klugheit' (s. d.); voraus geht mhd. *abewitze* f. 'Unverstand, Wahnsinn', vgl. mnd. *āwit(te)*.

abgefeimt Adj. 'raffiniert, durchtrieben'. Seit der 2. Hälfte des 15. Jhs. bezeugtes Part.-adj. zu dem bis 1700 in der Allgemeinsprache geläufigen Verb *abfeimen* 'den Schaum (Feim) von einer Flüssigkeit abschöpfen, sie dadurch reinigen'; fachsprachlich wird *abfeimen, abfehmen* in der Glastechnologie bis in die jüngste Zeit verwendet für 'die Unreinheiten an der Oberfläche einer Glasschmelze entfernen'. Das zugrundeliegende, heute ungebräuchliche Simplex *feimen* '(ab)schäumen, reinigen', ahd. *feimen* (8. Jh.), mhd. *veimen* '(ab)schäumen', aengl. *fæman* 'schäumen' ist abgeleitet von heute nur noch mundartlich üblichem *Feim* 'Schaum', ahd. *feim* (um 800), mhd. *veim*, aengl. *fām*, engl. *foam* (germ. **faima-*), das mit den außergerm. Verwandten aind. *phḗnaḥ* 'Schaum', lat. *spūma* 'Schaum, Gischt', *pūmex* 'Bimsstein' (wegen seiner schaumartig porösen Beschaffenheit), lit. *spaĩnė* 'Schaum, Gischt', aslaw. *pěna* 'Schaum, Speichel', russ. *péna (пена)* 'Schaum, Gischt' auf ie. **(s)poimno-, -ā* 'Schaum, Gischt' zurückgeführt wird.

Abgeordneter m. 'entsandter, bevollmächtigter Vertreter', bes. 'Mitglied einer ständischen, parlamentarischen Körperschaft bzw. einer Volksvertretung'. Das seit Anfang des 17. Jhs. bezeugte Wort ist das substantivierte Part. Prät. von *abordnen* 'Bevollmächtigte, Vertreter entsenden, delegieren' (Anfang 16. Jh.), das zum Simplex *ordnen* (s. d.) in seiner frühen Bedeutung 'mit einem Amt, einem Auftrag betrauen' gebildet ist, also eigentl. 'jmdn. mit einer Aufgabe entsenden' bedeutet, vergleichbar mit *abschicken, absenden*.

Abgott m. aus der Sicht monotheistischer Religionen 'falscher (heidnischer) Gott, Götze', dann auch 'vergöttertes Wesen, Gegenstand blinder Verehrung'. Die auf das festländische Westgerm. beschränkten Formen ahd. *abgot* m. n., dazu die Ableitung *abguti* n. Plur. (um 800), mhd. *abgot*, asächs. mnl. nl. *afgod*, mnd. *afgot*, afries. *ofgod, afgod* entstehen bei der Bekehrung der Germanen zum Christentum. Zur Funktion des Präfixes *ab-*, die Negation bzw. das Gegenteil des durch das Grundwort bezeichneten Begriffs ausdrückend oder etwas als schlecht, minderwertig bezeichnend, vgl. WILMANNS 2 (^{2}1899) 574. Nicht hierher gehört das nach Wortbildung und Bedeutung verschiedene got. *afguþs* 'gottlos'. Als Possessivkompositum übersetzt es griech. *asebḗs (ἀσεβής)* 'gottlos, ruchlos, frevelhaft' und bedeutet wörtlich 'wessen Gott weg ist, keinen Gott habend'. Gleicher Art sind die Bildungen westfläm. *afgod*, norw. (mundartlich) *avgud* 'gottloser Mensch'. – A b g ö t t e r e i f. 'Götzendienst' (Ende 14. Jh.), 'übertriebener Kult mit angebeteten Personen, auch Dingen' (2. Hälfte 17. Jh.). a b g ö t t i s c h Adj. 'götzendienerisch' (2. Hälfte 14. Jh.), 'wie einen Abgott, übertrieben' (2. Hälfte 17. Jh.).

Abgrund m. 'unermeßliche Tiefe, steil abfallende Gebirgsschlucht', übertragen 'unergründliche Tiefe, Untergang, Verderben, unüberbrückbare Kluft', ahd. *abgrunti* n. (8. Jh.), *abgrunt* m. (um 800), mhd. *abgrunde, abgründe, abgrunt* n. (spätmhd. m.), asächs. *afgrundi* n., mnd. *afgründ(e)* n., *afgrunt* f., mnl. *afgrond* m., *afgronde* f., nl. *afgrond* m., aengl. *æfgrynde* n. Neben dem ursprünglichen neutralen *ja*-Stamm tritt das Maskulinum im Ahd. nur vereinzelt auf und setzt sich erst im 16. Jh. (in Anlehnung an *Grund*, s. d.) durch. Ihrer Bildungsweise nach würden die westgerm. Substantive ebenso wie gleichbed. got. *afgrundiþa* ein Adjektiv voraussetzen, wie es in ahd. *abgrunti* 'abgründig, unermeßlich tief' (um 800), eigentl. 'wo der Grund weg ist, keinen Grund habend, bodenlos', vorliegt. Möglicherweise aber war für die germ. Präfixbildungen entscheidend das Vorbild von griech. *ábyssos (ἄβυσσος)*, kirchenlat. *abyssus* 'große, unermeßliche Tiefe', auch 'Hölle', als dessen Übersetzung die frühen (got. ahd. aengl.) Belege erscheinen. – a b g r ü n d i g Adj. 'tiefgründig, rätselhaft, unermeßlich', mhd. *abgründec*, mnd. *afgründich*; vgl. ahd. *abgrunti* (s. oben).

Abiturient m. 'Oberschüler kurz vor, im und nach dem Abitur, Schulabgänger mit Hochschulreife' (80er Jahre 18. Jh.). **Abitur** n. 'Abschlußprüfung an einer (erweiterten) Oberschule, einem Gymnasium, Reifeprüfung' (90er Jahre 19. Jh.), gekürzt aus wenig älterem, nach dem Vorbild von *Physikum* gebildetem *Abiturium* (80er Jahre 19. Jh.; eigentl. *examen abiturium*), älter (Ende 18. Jh.) *Abiturienten-Examen*. *Abiturient* und *Abitur(ium)* gehen aus vom Part. Fut. lat. *abitūrus* (zu lat. *abīre* 'ab-, fort-, weggehen', vgl. lat. *ab-* 'weg, fort' und lat. *īre* 'gehen'). Ein in der Schulsprache des 16. Jhs. bezeugtes nlat. *abiturire* ergibt das Part. Präs. nlat. *abituriens* (Gen. *abiturientis*), eigentl. 'wer (von der Schule) abgehen wird' (17. Jh.), eingedeutscht *Abiturient*. Dagegen beruht *Abitur(ium)* auf einer nlat. Adjektivableitung vom lat. Part. Fut. (s. oben).

Ablaß m. 'Nachlaß zeitlicher Sündenstrafen', ahd. *ablāʒ, ablāʒi* (9. Jh.), mhd. *abelāʒ, aplāʒ*, mnd. *aflāt(e)*, mnl. *aflaet, aflate*, nl. *aflaat*, got. *aflēt* oder *aflēts* sind Ableitungen von den unter *ablassen* (s. *lassen*) angeführten Verben sowie mnd. *af-, āvelāten*, nl. *aflaten*, got. *aflētan* ('ent-, ver-, erlassen'). *Ablaß* steht ahd. ausschließlich, mhd. vorwiegend für 'Nachlaß der Sündenschuld, Vergebung der Sünden'. Die jüngere Bedeutung 'Nachlaß zeitlicher Sündenstrafen gegen Vollbringung bestimmter guter Werke' entwickelt sich seit der 2. Hälfte des 13. Jhs. im Zusammenhang mit der Verkündung großer päpstlicher Ablässe anläßlich der Kreuzzüge. Nhd. *Ablaß* ist bekannt als Bezeichnung für die kirchliche Institution des Ablaßwesens, die insbesondere seit Luther und der Reformation heftig umstritten ist; dazu die Zusammensetzungen *Ablaßbrief* 'Urkunde über Sündenstraferlaß' (15. Jh.), *Ablaßkram* 'Ablaßhandel' (um 1520, oft seit 1530 bei Luther), *Ablaßkrämer* 'Händler mit Ablaßbriefen' (Hutten 1520), *Ablaßprediger* (Luther 1518). Von weiteren Bedeutungen wie 'Erlaß von Forderungen' (Mitte 13. Jh.), 'das Unterlassen, Aufhören' (14. Jh.), '(erster) Abstich des Weines' (Mitte 15. Jh.) sind in der Sprache der Gegenwart nur 'Abflußvorrichtung' und 'das Abfließenlassen, Entleeren von Gewässern' (beide 15. Jh.) erhalten.

Ablativ m. Die Bezeichnung des im Dt. (wie auch in den übrigen germ. Sprachen) nicht vorhandenen, in anderen ie. Sprachen, vor allem im Lat. erhaltenen Kasus, der ursprünglich eine Trennung oder Entfernung, eine Bewegung 'von ... weg' ausdrückt und auch als Instrumentalis gebraucht wird, ist entlehnt aus lat. *(cāsus) ablātīvus* (sechster Kasus der lat. Deklination), zu lat. *ablātus*, dem Part. Perf. von lat. *auferre* 'forttragen, entfernen, trennen', einer präfigierten, die Trennung ausdrückenden Bildung von lat. *ferre* 'tragen, bringen, verbreiten'. Zunächst (seit etwa 1400) und bis ins 18. Jh. in der lat. Form *Ablativus* auftretend, dann (Antesperg 1747) zunehmend als *Ablativ* bezeugt.

Ablaut m. aus dem Indoeuropäischen ererbter, nach bestimmten Gesetzmäßigkeiten sich vollziehender Vokalwechsel in etymologisch zusammengehörigen Wörtern und Wortformen. Als sprachwissenschaftlicher Terminus wird das Wort gültig seit Jacob Grimm (1819), doch ist es vereinzelt bereits im 17. und 18. Jh. bezeugt in der Bedeutung 'von der Regel abweichender Laut', auch 'mißtönender Laut' (vgl. frühnhd. *ablawtig* 'mißtönend', 15. Jh.). Zur Etymologie s. *ab* und *laut* Adj.

abnorm Adj. 'nicht normal, gegen die Regel, ungewöhnlich, krankhaft', entlehnt (um 1800) aus lat. *abnōrmis* 'von der Regel abweichend'; zu lat. *nōrma* 'Winkelmaß, Richtschnur, Regel, Vorschrift' (s. *Norm*). Dazu gleichbed. a b n o r m a l Adj. (Mitte 19. Jh.). – A b n o r m i t ä t f. 'Regelwidrigkeit, ungewöhnliche Erscheinung, krankhaftes Verhalten, Mißbildung' (um 1800), aus spätlat. *abnōrmitās* (Gen. *abnōrmitātis*) 'Abweichung von der Regel, das Ungewöhnliche'.

abonnieren Vb. 'auf Dauer vorausbestellen', entlehnt (Mitte 18. Jh.) aus frz. *abonner* 'für jmdn. vorausbestellen', ursprünglich 'einen auf der Zahlung einer festgesetzten Summe basierenden Vertrag schließen'; voraus geht afrz. *abon(n)er* 'begrenzen, durch rechtliche Bestimmung festsetzen', das von den unter *borniert* (s. d.) angeführten Formen afrz. *bon(n)e, bodne, bosne, borne* 'Grenzstein, Grenze' (vermutlich aus gall. **bodina* 'Grenzzeichen'; vgl. mlat. *bodina* 'Grenze, Grenzstein') abgeleitet ist. – A b o n n e m e n t n. 'durch Vorausbestellung gesichertes Anrecht' (Mitte 18. Jh.), frz. *abonnement*. Ohne frz. Vorbild A b o n n e n t m. 'Inhaber eines Abonnements' (2. Hälfte 18. Jh.).

[1]**Abort** m. 'Ort zur Verrichtung der Notdurft, Abtritt, Klosett' (vereinzelt Mitte 18. Jh., öfter seit Mitte 19. Jh.), verhüllend für *Abtritt* (s. d.); zuvor (Mitte 16. bis ins 19. Jh.) sporadisch im eigentl. Sinne 'abgelegener Ort' (s. *ab* und *Ort*) bezeugt.

²**Abort** m. 'Fehlgeburt' (17. Jh.), spätmhd. *abpurt*, neben betont fachsprachlichem *Abortus* (16. Jh.), nach gleichbed. lat. *abortus*; zu lat. *aborīrī* 'vergehen, untergehen, (von der Leibesfrucht) abgehen' (vgl. lat. *orīrī* 'sich erheben, aufgehen, entstehen, geboren werden').

Abrakadabra Zauberwort ungeklärter Herkunft, jünger (18. Jh.) auch (n.) 'verworrene, unverständliche Äußerung'. Das bereits bei dem Mediziner Quintus Serenus Sammonicus (3. Jh.) erwähnte *abracadabra* soll als Zauberformel gegen Fieber, Zahnschmerzen u.ä. schützen, wenn man es, nach Art eines Analogiebildzaubers auf einen Zettel geschrieben, bei sich trägt (d.h., das Wort wird bei Weglassung jeweils des letzten Buchstabens so oft untereinandergeschrieben, bis nur das *A* übrigbleibt). Im Deutschen zuerst bei Thurneysser (1583) belegt, der sich auf Sammonicus beruft. Es gibt viele Deutungsversuche; Brandenstein in: Studies presented to J. Whatmough (1957) 26 f. vermutet thrak. Herkunft und eine ursprüngliche Bedeutung 'Schaum und Asche'; weitere Literatur bei Biedermann Handlexikon d. magischen Künste (1973). Frühere Deutungen leiten das Wort u.a. von *Abraxas* ab, einer spätantiken (gnostischen) Gottesbezeichnung, griech. *Abrasáx ('Αβρασάξ)*, spätlat. *Abraxās*. Andere nehmen hebr. Ursprung an und erklären die Abkürzung *abr.* aus *a* für *āw* 'Vater', *b* für *ben* 'Sohn', *r* für *ruaḥ* 'Geist'.

abrupt Adj. (meist adverbiell) 'abgerissen, zusammenhangslos, plötzlich, unvermittelt', entlehnt (2. Hälfte 18. Jh.) aus gleichbed. lat. *abruptus* (bzw. *abruptē* Adv.), Part. Perf. von *abrumpere* 'ab-, losreißen, mit Gewalt trennen' (vgl. lat. *rumpere* 'brechen, zerreißen, zersprengen').

Abscheu m. f. 'heftiger Widerwille, Abneigung, Unwille, Ekel' (1. Hälfte 16. Jh.), gebildet zu *Scheu* f. (s. d.) oder zu dem seit dem 15. Jh. bezeugten, im 19. Jh. durch *verabscheuen* verdrängten *abscheuen* 'zurückscheuen, sich entsetzen, verabscheuen'. Zu vergleichen ist ferner das vom 15. bis 17. Jh. in gleichen Verwendungen wie *Abscheu* gebräuchliche *Abscheuen* n. Das mask. Genus bei *Abscheu* überwiegt von Anfang an; daneben im 16./17. Jh. gebräuchliches fem. Genus fehlt vom 18. bis zum Ende des 19. Jhs., tritt aber in jüngerer Sprache unter dem Einfluß von *Scheu* f. wieder auf. – abscheulich Adj. 'ekelhaft, scheußlich, verwerflich' (Anfang 16. Jh.).

Abschied m. 'Aufbruch, Trennung, Entlassung aus einem Dienstverhältnis', übertragen 'Tod', (bis zum 18. Jh.) 'Beschluß, Vereinbarung, Entscheidung' (vgl. *Reichsabschied, ein Gesetz verabschieden*). Das gegen Ende des 14. Jhs. aufkommende Substantiv ist (wahrscheinlich in Analogie zu Ableitungen von anderen starken Verben, vgl. *Abstieg* zu *absteigen*) die Konkurrenzform von dem aus dem reduplizierenden Verb *abscheiden* '(sich) trennen' gebildeten, nur wenig jüngeren *Abscheid* m., das im 18. Jh. durch *Abschied* verdrängt wird. Von dem heute vorwiegend fachsprachlich verwendeten Verb *abscheiden* '(sich) absondern, abtrennen', veraltet 'weggehen, Abschied nehmen', übertragen 'verscheiden, sterben' (mhd. *abescheiden* 'lostrennen, entfernen, entlassen, verabschieden', vgl. asächs. *ofskīðan*, mnd. *afschēden*, got. *afskaidan* 'trennen') ist vor allem das zugehörige abgeschieden Part.adj. 'entlegen, einsam, zurückgezogen, verstorben, tot' gebräuchlich, das die im Sprachgebrauch der Mystik (um 1300) entstandene ältere Form *abgescheiden* 'losgelöst von irdischen Dingen, weltabgewandt' im 17. Jh. ablöst. Zur Etymologie s. *scheiden*. Dazu Abgeschiedenheit f. 'Entlegenheit, Einsamkeit' (18. Jh.), in religiösem Sprachgebrauch 'Weltabgewandtheit' (17. Jh.), nach älterem, in der Mystik geprägtem *Abgescheidenheit* (um 1300). – verabschieden Vb. '(aus dem Dienst) entlassen, in den Ruhestand versetzen, ein Gesetz annehmen und für rechtsgültig erklären', (refl.) 'auf Wiedersehen sagen, sich empfehlen' (18. Jh.).

abseits Adv. 'beiseite, weg, fern', speziell in Verbindung mit bestimmten Verben wie *stehen, liegen, sich halten, stellen* u.ä. (Anfang 17. Jh.), als Präp. 'nicht in unmittelbarer Nähe, entfernt' (Ende 17. Jh.), wohl durch Umkehrung des früher daneben üblichen *seitab* Adv. 'zur Seite weg, ab' (17. Jh.) entstanden. In der Sportsprache übersetzt *abseits* Adv., *Abseits* n. engl. *offside* Adv. und Subst. (vgl. engl. *off* 'fort, weg' und *side* 'Seite'), eine regelwidrige Position eines Spielers vor dem gegnerischen Tor bei verschiedenen Ballspielen kennzeichnend. Die Übersetzung, bereits Ende des 19. Jhs. vorgeschlagen, wird

Anfang des 20. Jhs. im Dt. üblich, im Bewußtsein der Sprecher wohl mit älterem *abseits* 'beiseite, fern' identifiziert.

Absicht f. 'Intention, zielgerichtetes Bestreben, Vorhaben' (Mitte 17. Jh.), 'Zweck, Ziel' (Anfang 18. Jh.), Verbalabstraktum zu *absehen* (s. *sehen*) in der Bedeutung 'sein Bestreben auf etw. richten, auf etw. abzielen' gebildet und (seit Anfang des 18. Jhs.) älteres substantiviertes *Absehen* ablösend. – a b s i c h t l i c h Adj. 'mit Absicht, vorsätzlich' (Mitte 18. Jh.); a b s i c h t s l o s Adj. 'ohne besondere Absicht' (2. Hälfte 18. Jh.).

Absinth m. aromatische Pflanze, 'Wermut' (1. Hälfte 19. Jh.), grünlicher Trinkbranntwein auf Wermutbasis (2. Hälfte 19. Jh.); der Pflanzenname im Dt. (seit 14. Jh.) zunächst in lat. Form; vgl. lat. *absinthium*, griech. *apsínthion* (*ἀψίνθιον*).

absolut Adj. 'uneingeschränkt, nicht bedingt, unumschränkt, völlig', entlehnt (16. Jh.) aus lat. *absolūtus* (Adv. *absolūtē*) 'in sich abgeschlossen, vollständig, vollkommen, unbedingt, ohne Einschränkung', eigentl. Part. Perf. von lat. *absolvere* 'ab-, loslösen, los-, freisprechen, vollenden' (s. *absolvieren*), daneben (bis ins frühe 19. Jh.) auch als Adverb in lat. Form *absolute*. Zuerst (um 1520) bei Paracelsus in der Bedeutung 'befreit, erlöst', seit Ende des 16. Jhs. 'uneingeschränkt, nicht bedingt', danach 'unumschränkt' (Anfang 17. Jh.) im Sinne der politischen Herrschaft (unter Einfluß von frz. *absolu*) und 'vollkommen, ganz und gar, durchaus' (2. Hälfte 17. Jh.). Seit Anfang des 18. Jhs. ist *absolut* im Sinne von 'unabhängig, losgelöst, an (und für) sich' im philosophischen wie auch im allgemeinen Sprachgebrauch (im Gegensatz zu *relativ*) üblich, auch fachsprachlich in Verbindungen wie *absolute Höhe* 'Höhe über dem Meeresspiegel' (1706), *absolute Mehrheit* 'Mehrheit von über 50 % der Gesamtstimmenzahl' (1790), *absoluter Mehrwert* 'durch Verlängerung des Arbeitstages produzierter Mehrwert' (Marx 1857/58), *absoluter Nullpunkt* 'tiefste Temperatur überhaupt' (1894), *absolute Zahl* 'ohne Vorzeichen betrachtete Zahl' (1803). – A b s o l u t i o n f. 'Los-, Freisprechung' (von Bann, Acht), vor allem im religiösen und kirchlichen Sinne 'Freisprechung von Sünden, Sündenvergebung' (zuerst *absolutie* Mitte 14. Jh.), aus gleichbed. mlat. *absolutio*, lat. 'Los-, Freisprechung (vor Gericht)', ferner 'Trennung, Scheidung, Befreiung, Vollendung'. A b s o l u t i s m u s m. 'unumschränkte Herrschaft eines Alleinherrschers, Willkürherrschaft, Staatsform in der letzten Phase des Feudalismus' (1832), nach frz. *absolutisme* (1796), älter 'Unbedingtheit, Uneingeschränktheit', in der Philosophie 'Lehre, Auffassung vom Absoluten' (1. Hälfte 19. Jh.), nlat. Bildung zu lat. *absolūtus* (s. oben).

absolvieren Vb. '(eine Schule) bis zum Abschluß durchlaufen, (erfolgreich) beenden, eine vorgeschriebene Zeit ableisten' (1. Hälfte 16. Jh.), auch (schon mhd.) 'los-, freisprechen' (von Acht, Bann), 'von Sünden freisprechen, Sünden vergeben', entlehnt aus lat. *absolvere* 'ab-, loslösen, befreien, los-, freisprechen (vor Gericht), abfertigen, bezahlen, vollenden', zu lat. *solvere* 'lösen, öffnen, bezahlen, befreien, aufheben'. – A b s o l v e n t m. 'wer etw. (eine Schule, ein Studium, eine Ausbildung) beendet, zum Abschluß bringt, erfolgreich vollendet hat' (um 1900), aus lat. *absolvēns* (Gen. *absolventis*), Part. Präs. von lat. *absolvere* (s. oben).

absorbieren Vb. 'auf-, einsaugen, aufzehren', entlehnt (2. Hälfte 17. Jh.) aus lat. *absorbēre* 'hinunterschlürfen, verschlingen, aufsaugen' (vgl. lat. *sorbēre, sorbere* 'zu sich nehmen, hinunterschlucken, schlürfen'). *absorbieren* findet sich zuerst im naturwissenschaftlichen Bereich, bes. in der medizinischen Fachsprache, seit der 2. Hälfte des 18. Jhs. auch allgemeinsprachlich im Sinne von 'voll in Anspruch nehmen, auslasten'. – A b s o r p t i o n f. 'Auf-, Einsaugung, Aufzehrung' (2. Hälfte 18. Jh.), 'Inanspruchnahme' (um 1800), den Verwendungen des Verbs folgend im Anschluß an spätlat. *absorptio* (Gen. *absorptiōnis*) 'das Verschlingen, Gefräßigkeit'.

abspenstig Adj. zuerst und dann fast ausschließlich in der Wendung *abspenstig machen* 'weglocken, abwerben' (Mitte 16. Jh.), zu *abspannen*, mhd. *abespanen, -spenen* 'weglokken', einer präfigierten Bildung zu dem im Nhd. untergegangenen Simplex ahd. *spanan* (9. Jh.), mhd. *spanen* 'locken, reizen'; vgl. ahd. *spenstīg* 'ablockend, verführbar' (um 1000) und s. *Gespenst*. Zur Etymologie s. *spannen*. Neben *abspenstig* gelten (vom 14. bis 19. Jh.) auch Formen wie *abspännig, abspennig, abspendig*, die die Verwandtschaft mit dem Verb deutlich erkennen lassen.

Abstinenz f. 'Enthaltsamkeit', mhd. *absti-*

nencia, abstinencien, entlehnt aus gleichbed. lat. *abstinentia*, zu lat. *abstinēns* (Gen. *abstinentis*) ‘enthaltsam, uneigennützig’, dem Part. Präs. von lat. *abstinēre* ‘fern-, ab-, zurückhalten, sich enthalten, fasten’, einer Bildung zu lat. *tenēre* ‘halten, fassen, begreifen, besitzen, festhalten’. Bis ins 19. Jh. vor allem kirchensprachlicher und medizinischer Ausdruck für ‘Mäßigung im Essen und Trinken, Fasten’, seitdem (wohl unter Einfluß von engl. *(total) abstinence*) meist ‘Enthaltsamkeit vom Alkoholgenuß’. – a b s t i n e n t Adj. ‘enthaltsam’ (um 1600), heute meist in bezug auf alkoholische Getränke. *Abstinenzler* m. ‘Antialkoholiker’ (um 1900).

abstrahieren Vb. ‘das Wesentliche vom Zufälligen ab-, herleiten, verallgemeinern, zum Begriff erheben’. Lat. *abstrahere* (*abstrāctum*) ‘wegziehen, fortschleppen, gewaltsam trennen, abziehen, abhalten’, zu lat. *trahere* ‘ziehen, schleppen’ (s. *trachten*), entwickelt in mlat. philosophischen Texten die übertragene Bedeutung ‘ableiten’, dringt von dort wahrscheinlich in die lat. Wissenschaftssprache ein und wird in der 2. Hälfte des 16. Jhs. in dem oben angeführten Sinne für die Tätigkeit im philosophischen Erkenntnisprozeß ins Dt. entlehnt. Dazu kommen um 1700 die allgemeineren Bedeutungen ‘absehen, verzichten, außer acht lassen’ und ‘absondern, loslösen’.

abstrakt Adj. ‘vom Gegenständlichen, Einzelnen absehend, losgelöst und daher unanschaulich, begrifflich’ (Gegensatz *konkret*), entlehnt (2. Hälfte 15. Jh.) aus gleichbed. mlat. *abstractus*, Part. Perf. von lat. *abstrahere* ‘wegziehen, fortschleppen’ (s. *abstrahieren*). Aus ‘nicht sinnlich’ entwickelt sich (um 1800) ‘nur gedacht, vorgestellt, nicht wirklich’. Vgl. Fügungen wie *abstrakte Zahl* ‘unbenannte, reine Zahl’ (1803), *abstrakte Arbeit* ‘den (Tausch)wert schaffende Arbeit’ (Marx 1859), *abstrakte Kunst* ‘ungegenständliche Kunst’ (1899). In der Bedeutung ‘losgelöst, für sich stehend, beziehungslos’ ist *abstrakt* seit der Mitte des 18. Jhs. bezeugt. – A b s t r a k t u m n. ‘(allgemeiner, ungegenständlicher) Begriff’ (2. Hälfte 16. Jh.), in der Sprachwissenschaft ‘Substantiv mit begrifflichem, nichtgegenständlichem, unsinnlichem Inhalt’ (Ende 17. Jh.; Gegensatz *Konkretum*), von gleichbed. mlat. *abstractum*, dem substantivierten Neutr. Sing. von mlat. *abstractus* (s. oben). A b s t r a k t i o n f. ‘Begriffsbildung, Verallgemeinerung, allgemeiner Begriff’ (1. Hälfte 18. Jh.), älter ‘Abziehung, Hinführung’ (2. Hälfte 16. Jh.), aus gleichbed. spätlat. *abstrāctio* (Gen. *abstrāctiōnis*), zu lat. *abstrahere* (s. oben). Seltener begegnet *Abstraktion* in den Bedeutungen ‘das Außerachtlassen’ und ‘Loslösung, Abwendung (von Unerwünschtem, Störendem)’ (2. Hälfte 18. Jh.).

abstrus Adj. ‘verworren, schwer verständlich, absonderlich’, entlehnt (Mitte 17. Jh.) aus lat. *abstrūsus* Part.adj. ‘verborgen, versteckt’, zu *abstrūdere* ‘wegstoßen, verbergen’; vgl. lat. *trūdere* ‘stoßen, drängen’ (s. *verdrießen*).

absurd Adj. ‘widersinnig, der Vernunft widersprechend’, entlehnt (Anfang 17. Jh.) aus gleichbed. lat. *absurdus* Adj. (*absurdē* Adv.), eigentl. ‘mißtönend, unrein klingend, grell’, zu lat. *surdus* ‘taub, unempfindlich, dumpf (tönend)’. Früher bezeugt *absurde Zahl* ‘negative Zahl’ bei M. Stifel (Anfang 16. Jh.). Geläufig ist die lat. Flexion bewahrende Wendung *ad absurdum führen* ‘beweisen, daß etw. widersinnig ist’. – A b s u r d i t ä t f. ‘Widersprüchlichkeit, Unsinnigkeit’ (Mitte 16. Jh.), spätlat. *absurditās* (Gen. *absurditātis*) ‘Mißklang, Ungereimtheit’.

Abszeß m. ‘Eiteransammlung im Gewebe’, entlehnt (um 1700) als medizinisches Fachwort aus gleichbed. lat. *abscessus*, eigentl. ‘Weg-, Fortgang, Entfernung’, zu lat. *abscēdere* (*abscessum*) ‘weg-, fortgehen, sich entfernen, sich ablagern’ (hier von in Eiter übergehenden und Geschwüre bildenden Säften); vgl. lat. *cēdere* ‘gehen, schreiten, passieren, sich zurückziehen, ausscheiden, weichen’.

Abszisse f. Abschnitt der horizontalen Achse eines Koordinatensystems. Als mathematischer Terminus erscheint nlat. *abscissa* ‘die abgetrennte (Linie)’ Mitte des 17., mit dt. Endung *Abscisse* Anfang des 18. Jhs. Das zugrundeliegende Verb lat. *abscindere* ‘abreißen, abtrennen’ gehört zu lat. *scindere (scissum)* ‘zerreißen, spalten’.

Abt m. Vorsteher eines Mönchsklosters, früher auch eines Stifts. Ahd. *abbat* (9. Jh.), mhd. *ab(b)et, abt*, mnd. mnl. *ab(be)t*, nl. *abt*, aengl. *abbad, abbod, abbud*, engl. *abbot* ‘Abt’ ist entlehnt aus den obliquen Kasus von gleichbed., seit dem 4. Jh. bezeugtem kirchenlat. *abbās* (Gen. *abbātis*), das über spätgriech. *ábbās* (*ἄββας*), in der biblischen Anrede *abbâ* (ἀββᾶ) 'Vater' auf gleichbed. aram. *abbā*, ein altes Lallwort für 'Vater', zurückgeht. Anord. *abbāti*, auch in der volksetymologisch als 'Sittenverbesserer' umgedeuteten Form *ābōti*, schwed. *abbot*, dän. *abbed* beruhen auf Entlehnungen aus westgerm. Sprachen. – Ä b t i s s i n f. Vorsteherin eines Nonnenklosters bzw. Stifts; spätmhd. *ebtissīn* ist eine verdeutlichende Erweiterung von mhd. *eppetisse* durch die fem. Endung *-īn*; vorauf geht ahd. *abbatissa* (Hs. 12. Jh., aus kirchenlat. *abbatissa*, zu *abbās*, s. oben); vgl. asächs. *a(be)diska*, mnd. *abbedische*, *ab(be)disse*, mnl. *ab(b)edisse, abdisse*, nl. *abdis*, aengl. *abbodisse, abbodesse*, engl. *abbes*. A b t e i f. einem Abt (einer Äbtissin) unterstehendes Kloster (Stift), ahd. *abbateia* (Hs. 12. Jh.), mhd. *abbeteie*, mnd. *ab(be)dīe*, mnl. *ab(e)dīe*, nl. *abdij*, entlehnt aus gleichbed. kirchenlat. *abbatia*.

Abteil n. 'abgetrennter Raum in Eisenbahnwagen', von Sarrazin (1886) als Ersatz für älteres, aus dem Frz. übernommenes *Coupé* vorgeschlagen. *Abteil*, das aus gleichbed. *Abteilung* (s. *Teil*) gekürzt zu sein scheint, setzt sich auch nach Aufnahme in den amtlichen Sprachgebrauch (Ende 19. Jh.) erst seit den 20er Jahren unseres Jhs. durch. Das neutrale Genus des Wortes, das in der Gegenwart allein gilt (anfangs vereinzelt auch m.), ist auf den Einfluß des Konkurrenzwortes zurückzuführen.

Abtritt m. 'Weggang, Rücktritt, primitiver Abort', in unterschiedlichen Auffassungen zu *abtreten* (s. d.) gebildet, mhd. *ab(e)trit* 'das Zurücktreten, Widerruf'. In der Bedeutung 'Abort' vereinzelt seit dem 16. Jh., geläufig seit der 2. Hälfte des 17. Jhs.; zunächst verhüllender Ausdruck, der „niedrig zu werden anfängt" (Adelung 1774) und in jüngerer Sprache durchweg als grob empfunden wird.

abtrünnig Adj. '(der bisherigen Bindung) untreu', ahd. *ab(a)trunnīg* (um 800), daneben *abtrunni* (Hs. 12. Jh.), mhd. *abetrünnic* und (bis 15. Jh.) *abetrünne* sind abgeleitet von einem starken Verb ahd. *-trinnan* (in *intrinnan* 'fliehend entkommen, sich flüchten, abtrünnig sein', 10. Jh., *abaintrinnan*, Hs. 13. Jh.), mhd. *trinnen* 'davongehen, sich absondern, entlaufen', eigentl. also 'wer sich absondert'; vgl. ahd. *anttrunn(e)o* 'Heimatloser, Verbannter', wohl auch schon 'vom christlichen Glauben Abgefallener' (8. Jh.), mhd. *trünne* 'abgesonderte Schar, Schwarm, Rudel'. Zur Herkunft s. *trennen*. *abtrünnig* wird zunächst vor allem in kirchlich-religiösem Sinne, später auch verallgemeinert verwendet; im Ahd. und Mhd. oft substantiviert für lat. *apostata* 'vom (christlichen) Glauben Abgefallener'.

abwesend Adj. 'nicht zugegen, nicht vorhanden, nicht da (wo erwartet)', Gegensatz *anwesend* (s. d.). Das seit der 2. Hälfte des 15. Jhs. bezeugte Adjektiv, vgl. auch mnd. *afwēsende*, ist das Part. Präs. des im 17. Jh. untergegangenen, überwiegend auf nd. Sprachgebiet bezeugten Verbs *abwesen*, mhd. *abewesen*, mnd. *afwēsen*, ahd. *abawesan* 'fehlen, nicht da sein' (9. Jh.), einer Übersetzung von lat. *abesse*. Zum Verb *wesen*, das mit *sein* konkurriert, s. *Wesen*. Die Übertragung 'geistig nicht zugegen, mit den Gedanken nicht bei der Sache, zerstreut' ist seit der 2. Hälfte des 17. Jhs. bezeugt. – A b w e s e n h e i t f. 'das Nichtzugegensein, Nichtvorhandensein, Fehlen' (omd. ostobd. 1. Hälfte 16. Jh.), eine lat. *absentia* wiedergebende Bildung zum substantivierten Infinitiv *Abwesen* n.; vgl. mnd. *afwēsen* 'das Fehlen, Abwesendsein'.

ach Interj. Ausdruck unterschiedlicher Empfindungen (Betroffenheit, Verwunderung, Bedauern, Klage), ahd. *ah* (10. Jh.), mhd. mnd. mnl. nl. *ach*, schwed. *ack*, dän. *ak*. Zu vergleichen sind außergerm. Formen wie aind. *ahō*, lat. *ā, āh, aha*, lit. *àk*, russ. *ach, och* (*ах, ох*), poln. *ach, och*, ohne daß etymologische Verwandtschaft angenommen werden muß. Dazu die Substantivierung A c h n. 'Klage, Leid, Weh', mhd. *ach*; bes. in den Verbindungen *Weh und Ach* (mhd. *ach unde wē*, 12. Jh.), *Ach und Krach* (16. Jh.), *mit Ach und Krach* 'mit Mühe und Not, gerade noch' (18. Jh.). – ä c h z e n Vb. 'stöhnen, seufzen, (weh)klagen' steht intensiv und iterativ (den Suffixbildungen auf ahd. *-az(z)en, -ezen, -izen* folgend) zu *ach*, eigentl. 'vielmals *ach* sagen', mhd. *ach(z)en, echzen*. Vgl. ahd. *ahhizōt* n. 'das Ächzen' (Hs. 12. Jh.), ferner ähnliche Ableitungen wie russ. *áchat'*, *óchat'* (*ахать, охать*,), griech. *aiázein* (αἰάζειν, zur Interjektion αἴ) 'ächzen'.

Achat m. ein Schmuckstein, mhd. *achātes, achāt*, verdeutlichend *achātstein, achstein* ist entlehnt aus gleichbed. lat. *achātēs*, griech. *achátēs* (ἀχάτης). Daneben stehen ahd. *agat* (10. Jh.), mhd. *agāthes*, mnd. *āget* sowie ahd. *agatstein* (11. Jh.), mhd. *agestein, agetstein*, mnd. *āgetstēn*, die auf spätlat. *acātēs*, mlat. *acates, agates* beruhen. Für das Mhd. ist mit Einfluß von (ebenfalls aus dem Griech.-Lat. entlehntem) afrz. *acate, agate* zu rechnen. Der griech. Name ist möglicherweise semitischen Ursprungs, so daß der Stein nicht nach dem gleichnamigen altsizilianischen Fluß (wie Plinius angibt), sondern vielmehr der Fluß nach dem Stein benannt sein dürfte, vgl. LEWY Semit. Fremdw. 56.

Achse f. 'Aufhängevorrichtung und Drehpunkt der Räder'. Mit ahd. (um 800), asächs. *ahsa*, mhd. *ahse*, mnd. mnl. *asse*, nl. *as*, aengl. *eax, æx* (germ. **ahsō*), mit *l*-Suffix anord. *ǫxull* (woraus engl. *axle*), schwed. *axel* 'Achse' sind verwandt gleichbed. aind. *ákṣaḥ*, griech. *áxōn* (*ἄξων*), lat. *axis*, aslaw. *osь*, russ. *os'* (*ось*), lit. *ašìs* (auch 'Klafter'), die sich sämtlich an ie. **ak̂s-* aus **aĝs-* 'Achsel, Drehpunkt der beweglichen Arme' anschließen, eine *s*-Erweiterung der Wurzel ie. **aĝ-* '(mit geschwungenen Armen) treiben' (s. *Achsel*). Bereits in ie. Zeit wird **ak̂s-* auf die Radachse als 'Drehpunkt der Räder' übertragen. Schon früh gilt das Wort auch für Achse und Räder gemeinsam, vgl. bereits griech. *hámaxa* (*ἅμαξα*) 'vierrädriger Wagen' und die Wendungen mhd. *ūf der ahse* 'auf dem Wagen' (13. Jh.), nhd. *auf (der) Achse* 'unterwegs, auf Reisen', *(Lieferung) per Achse* 'durch ein Fahrzeug' (19. Jh.). In der Übersetzung von lat. *axis* bezeichnet ahd. *ahsa* auch die 'Achse kreisender Himmelskörper', die 'Himmelsgegend' (11. Jh.), woran die mathematische Bedeutung 'Mittellinie von Umdrehungskörpern, die bei deren Rotation ihre Lage nicht verändert' (14. Jh.) anknüpft. – a x i a l Adj. 'auf eine Achse bezogen', Neubildung (um 1900) zu lat. *axis* 'Achse'.

Achsel f. 'Schulter, Höhlung unterhalb des Schultergelenks'. Das germ. Substantiv ahd. *ahsla* (8. Jh., dehnstufig *uohsala*, 11. Jh.), mhd. *ahsel*, asächs. *ahsla*, mnd. *assel, asle*, mnl. *assel(e)*, anord. *ǫxl*, schwed. *axel*, dazu ablautend mnl. *ocsel(e), oecsel(e)*, nl. *oksel*, 'Achsel' und (mit anderem Suffix) ahd. *uohhisa* (um 900), mhd. *uohse, üehse*, ahd. *uohsana* (9. Jh.) sowie aengl. *ōxn* f., *ōxta* m. (engl. mundartlich *oxter*) 'Achselhöhle' vergleicht sich außergerm. mit lat. *āla* (aus **agslā*) 'Achsel', danach 'Flügel', dazu das Deminutivum lat. *axilla* 'Achselhöhle, kleiner Flügel', ferner mit awest. *ašayå* (Gen. des Duals) 'der beiden Achseln', und führt mit diesen zu der unter *Achse* (s. d.) entwickelten Form ie. **ak̂s-* aus **aĝs-* 'Achsel', die mit lat. *agere* 'treiben, handeln, tätig sein' und griech. *ágein* (*ἄγειν*) 'treiben, leiten, führen, ziehen, gehen' (s. *agieren*) auf die Verbalwurzel ie. **aĝ-* '(mit geschwungenen Armen) treiben, schwingen, in Bewegung setzen, führen' zurückgeht. *Achsel* ist also der Körperteil, dem als Drehpunkt die beweglichen Arme ansitzen. Dazu stellt sich lat. *exigere* 'heraus-, wegtreiben, wägen, abmessen' (mit lat. *exāctus*, eigentl. 'genau abgewogen', s. *exakt*), was ursprünglich als ausbalancierende bzw. abmessende Bewegung der Arme zu verstehen ist. Vgl. REICHELT in: Wörter und Sachen 12 (1929) 112 ff.

acht Num., ahd. (8. Jh.), asächs. *ahto*, mhd. *aht, eht*, mnd. *acht(e)*, mnl. *achte*, nl. *acht*, aengl. *ehta, eahta, ahta*, engl. *eight*, anord. *ātta*, schwed. *åtta*, got. *ahtau* führt mit aind. *aṣṭā́, aṣṭáu*, awest. *ašta*, toch. B *ok(t)*, A *okät*, griech. *oktṓ* (*ὀκτώ*), lat. *octō*, air. *ocht*, lit. *aštuonì*, aslaw. *osmь* (gebildet zur Ordinalzahl *osmъ* 'der achte'), russ. *vósem'* (*восемь*) auf ie. **ok̂tō(u)* 'acht', offensichtlich eine Dualform, die auf Grund einer alten Viererrechnung als 'zweimal vier' aufzufassen ist und vielleicht (bei awest. *ašti-* 'Breite von vier Fingern') als 'zweimal vier Finger' (die 'Knöchelreihe' jeder Hand ohne Daumen) gedeutet werden darf; vgl. MULLER in: IF 44 (1927) 137. Alle weiteren Anknüpfungen jedoch, z. B. an die Wurzel ie. **ak̂-*, **ok̂-* 'spitz' (im Hinblick auf die vier Fingerspitzen) oder an ie. **kuetu̯ōr* 'vier', bleiben unsicher. – a c h t e r Num. Ord., ahd. *ahtŏdo* (9. Jh.), mhd. *ahtode, ahtede, ahte*, asächs. *ahtodo*, mnd. *achte(de)*, mnl. *acht(t)e*, nl. *achtste*, aengl. *e(a)htoþa*, engl. *eighth*, anord. *ātti*, got. *ahtuda*. A c h t e l n., mhd. *ahteil* (im Ahd. noch unverbunden *ahto teila* 'der achte Teil'); vgl. mnd. *achtedēl*. a c h t z e h n Num., ahd. *ahtozehan* (9. Jh.), mhd. *ahzehen*. a c h t z i g Num., ahd. *ahtozo* (8. Jh.), *ahtozug* (9. Jh.), mhd. *ah(t)zec* (s. *-zig*).

[1]**Acht** f. 'Recht- und Friedlosigkeit', d. h. 'Ausschluß aus der Gesellschaft' (der Ausgeschlossene konnte von jedermann verfolgt und straflos getötet werden), ahd. *āhta* (11. Jh.), mhd. *āhte, æhte*, mnd. mnl. *achte*, nl. *acht*, aengl. *ōht* '(durch Rechtsspruch angeordnete) Verfolgung, Friedlosigkeit' läßt

sich mit ir. *ēcht* 'Totschlag (aus Rache)' verknüpfen. Außerhalb des Westgerm. (**anhtō*?) und des Kelt. sind weitere Verwandte nicht mit Sicherheit feststellbar, so daß die Herkunft des Wortes ungeklärt bleibt. Im Mittelalter ist die von der weltlichen Gerichtsbarkeit ausgesprochene *Acht* oft verbunden mit dem von der Kirche verhängten *Bann* (s. d.), dem Ausschluß aus der religiösen Gemeinschaft; daher die Wendung *Acht und Bann* (Anfang 14. Jh.). – ächten Vb. 'in die Acht erklären, als rechtlos ausstoßen'. Von den verschiedenen Formen des Substantivs *Acht* sind abgeleitet die (z.T. früher belegten) westgerm. Verben ahd. *āhten* (8. Jh.), mhd. *āhten, æhten*, asächs. *āhtian*, mnd. *achten, echten*, mnl. *echten*, aengl. *ēht(i)an* 'verfolgen'. Ächtung f. 'Verhängung der Acht, Ausstoßung aus der Gemeinschaft, Verdammung, Verfemung', ahd. *āhtunga* (um 800), mhd. *āhtunge, æhtunge*; vgl. mnd. *echtinge*, aengl. *ēhtung* 'Verfolgung'.

[2]**Acht** f. 'Aufmerksamkeit, Beachtung', heute vornehmlich in Wendungen wie *(sich) in acht nehmen, außer acht lassen, achtgeben, achthaben*, in denen der substantivische Charakter des Wortes verblaßt ist. Ahd. *ahta* 'Überlegung, Meinung, Ansehen' (um 800), mhd. *aht(e)*, mnd. mnl. *acht(e)*, nl. *acht*, aengl. *eaht* sind verwandt mit got. *aha* 'Sinn, Verstand', *ahjan* 'meinen' und lassen eine Verbalwurzel germ. **ah-* 'denken, meinen' erkennen. Ob sich die germ. Gruppe mit außergerm. Formen wie griech. *óknos* (*ὄκνος*) 'Bedenklichkeit, Zaudern', *oknḗin* (*ὀκνεῖν*) 'zögern, Bedenken tragen', toch. B *āks-* 'wach sein' verbinden und der Wurzel ie. **ok-* 'überlegen' zuordnen läßt, ist nicht mit Sicherheit zu erweisen. – Vom Substantiv abgeleitet ist achten Vb. 'schätzen, aufpassen, Rücksicht nehmen', ahd. *ahtōn* (um 800), mhd. *ahten* 'erwägen, beachten, schätzen', asächs. *ahton*, mnd. mnl. nl. *achten*, aengl. *eahtian* 'schätzen, achten, erwägen'; vgl. anord. *ætla* (aus **ahtilōn*) 'meinen, glauben, vorhaben, beabsichtigen'; dazu Achtung f. 'Aufmerksamkeit, Wertschätzung, Ansehen', ahd. *ahtunga* (9. Jh.), mhd. *ahtunge* 'Überlegung, Wertschätzung'. Imperativisches *habt* bzw. *gebt Achtung!* wird verkürzt zum Kommando- und Warnungsruf *Achtung!* (Ende 18. Jh.). achtbar Adj. 'geachtet, angesehen, achtenswert, anerkennenswert, beachtlich', mhd. *aht(e)bære*, zu mhd. *ahte* im Sinne von 'Schätzung, Stand, Rang', danach eigentl. 'rangtragend'. achtsam Adj. 'aufmerksam, wachsam, behutsam' (16. Jh.); früher bezeugt ist unachtsam Adj. 'nicht auf das achtend, worauf man achten sollte', mhd. *unahtsam*. beachten Vb. 'achten auf, berücksichtigen, Aufmerksamkeit schenken', ahd. *biahtōn* (10. Jh.), mhd. *beahten*; beachtlich Adj. 'bemerkenswert, wichtig', geläufig seit 19. Jh., spätmhd. *beahtlich*. erachten Vb. 'wofür halten, ansehen', ahd. *irahtōn* (9. Jh.), mhd. *erahten*. verachten Vb. 'als schlecht, minderwertig ansehen, geringschätzen, verschmähen', mhd. *verahten*; verächtlich Adj. 'Verachtung ausdrükkend, abfällig, verachtenswert' (15. Jh.); Verachtung f. 'Geringschätzung, Abscheu', spätmhd. *verahtunge*.

achter Adj. 'hinter', die nd. Form für hd. *after* 'hinter' (s. *After*), mnd. mnl. nl. *achter*. Aus der Seemannssprache ins Hd. übernommen, bes. als Adverb achtern 'hinten' und in Zusammensetzungen wie achteraus Adv. '(nach) hinten, rückwärts' (19. Jh.; vgl. mnd. *achterūt* 'hintenaus'), Achterdeck n. 'Hinterdeck' (19. Jh.), Achterschiff n. 'Hinterschiff (17. Jh.), mnd. *achterschip*.

Acker m. 'landwirtschaftlich genutzter Boden, Feld'. Ahd. *ackar* (8. Jh.), asächs. *akkar*, mhd. mnd. mnl. *acker*, aengl. *æcer*, engl. *acre* ('Feldmaß', älter 'Acker, Feld'), anord *akr*, schwed. *åker*, got. *akrs* führt auf germ. **akra-* und mit den außergerm. Verwandten aind. *ájraḥ* 'Fläche, Flur', griech. *agrós* (*ἀγρός*) 'Feld, Flur' (s. *agro-*), lat. *ager* (s. *agrar-*, *Agrikultur*) auf ie. **aĝros* 'Flur, Gefilde', das als Bildung zur Wurzel ie. **aĝ-* 'treiben (mit geschwungenen Armen)' angesehen werden darf (s. *Achsel*). Danach ist ie. **aĝros* als die unbebaute Flur, wohin das Vieh getrieben wird, als 'Trift, Weide' zu verstehen. – ackern Vb. 'das Feld für die Bestellung vorbereiten, pflügen', mhd. *ackern, eckern*; auch 'hart arbeiten, sich plagen' (Ende 18. Jh.). Ackerbau m. 'Landarbeit, Feldbau' (14. Jh.); älter frühnhd. *ackergang*, mhd. *akkerganc*, ahd. *ackargang* (10./11. Jh.). Gottesacker m. 'Friedhof' (14. Jh., heute vorwiegend südd.), ursprünglich die Begräbnisstätte außerhalb der Siedlung im Unterschied zum Kirchhof.

adagio Adv. 'langsam, ruhig, gemäßigt'. Das Adverb ital. *adagio* 'langsam, gemächlich', zusammengewachsen aus ital. *ad agio* 'in Gemächlichkeit', wird 1619 von Prätorius für die betreffende Tempoangabe in der Musik ins Dt. übernommen. Ital. *agio* 'Bequemlichkeit, Gemütlichkeit, Ruhe, günstige Gelegenheit' ist entlehnt aus afrz. *aise* 'Behagen, Bequemlichkeit, Wohlergehen, Gelegenheit' oder aprov. *aize, aitz* 'Annehmlichkeit, Gelegenheit, (Wohn)ort, Gefäß'; beide gehen zurück auf vlat. **adjacēs* 'was danebenliegt, umgibt (und deshalb bequem zu erreichen ist)', lat. *adiacēns* (vgl. substantiviertes lat. *adiacentia* Plur. 'Umgebung'), Part. Präs. von lat. *adiacēre* 'danebenliegen'. Dazu die Substantivierung A d a g i o n. 'Musiksatz, -stück in langsamem Tempo' (1. Hälfte 18. Jh.), ital. *adagio*.

adäquat Adj. 'angemessen, entsprechend'. Die Wissenschaftssprache der 2. Hälfte des 17. Jhs. entlehnt das Wort aus gleichbed. lat. *adaequātus*, dem Part. Perf. von lat. *adaequāre* 'gleichmachen, gleichkommen', zu lat. *aequus* 'eben, gleich, angeglichen' (s. *egal*). Bereits Gottsched schlägt als Verdeutschung *angemessen* vor.

addieren Vb. 'hinzufügen, zusammenzählen', als mathematischer Terminus in der Mitte des 15. Jhs. das gleichbed. lat. *addere* (vgl. lat. *dare* 'geben' und *ad-* 'zu, an, hin(zu), heran, herbei') der lat. Wissenschaftssprache ablösend; dazu A d d i t i o n f. (Mitte 15. Jh.), lat. *additio* (Gen. *additiōnis*).

ade, adieu Grußformel, 'lebe wohl'. Der Abschiedsgruß afrz. *a dieu, a deu*, dem lat. *ad Deum* '(ich empfehle dich) Gott' (lat. *deus* 'Gott') voraufgeht, entwickelt die Kurzform *a dé*, übernommen in mhd. *adē* 'Gott befohlen'. Daneben wird zu Beginn des 17. Jhs. gleichbed. frz. *adieu* entlehnt, das verschiedentlich landschaftlicher Umgangssprache angepaßt wird; es begegnen Formen wie *atjē, t(s)chö*. Bildungen mit *-s* (seit dem 18. Jh.) wie *adjes, adjüs, atschüs* und in heutiger Sprache häufiges *tschüs, tschüsing* schließen vielleicht an span. *adiós* an und verbreiten sich über die nordd. Hafenstädte. *adieu* wird in der Zeit des ersten Weltkriegs in seiner Gebrauchshäufigkeit stark eingeschränkt, während das ältere *ade* als Grußformel durch das Volkslied bewahrt wird.

Adebar m. landschaftlich (bes. nordd., westmd.) verbreiteter Name des Storches. Ahd. *ōtibero* (11./12. Jh.) mit den Varianten *ōdobero, ōdoboro, ōdofaro*, mhd. *odebar, odevare, ödeber, odibere, edebar, adebar*, mnd. *ādebār, ēdebār, ēdebēr(e)*, mnl. *odevare, oudevaer, oid(e)ver* machen eine Grundform germ. **odabaro* wahrscheinlich, die durch grammatischen Wechsel wohl aus älterem **uda-faro* entstanden ist. Wenn sich das erste Glied dieser Zusammensetzung mit aengl. *waþum(a)* 'Woge, Flut, Strom' verbinden und an eine dentale Variante auf *-t* von ie. **aud-, *u̯ed-, *ŭd-* (s. *Wasser*) anschließen läßt, so ergibt sich eine Bedeutung 'sumpfige Stelle, Wiese'. Das zweite Glied gehört zu ahd. *faran* 'gehen, fahren', so daß *Adebar* als der „Sumpfgänger" zu verstehen ist. Vgl. Krogmann in: Korrespondenzbl. d. Vereins f. nd. Sprachforschg. 51 (1938) 71 f. Volksetymologisch wird der Name früh als **ōdaboro* 'Segenbringer, Glücksträger' gedeutet und mit ahd. *ōt* (9. Jh.), asächs. *ōd* 'Glück, Reichtum' sowie ahd. *-boro* 'Träger' verbunden, vgl. J. Grimm Dt. Mythol. ²2, 638.

Adel m. 'Abstammung, Geschlecht, landbesitzende und herrschende Klasse im Feudalismus', ahd. *adal* n. (8. Jh.), mhd. *adel* n. m. 'edles Geschlecht', mnd. *ādel* m. n., mnl. nl. *adel*, anord. *aðal* n. 'Art, Begabung, Hof, Erbgut, Eigentum' sowie (als Bestimmungswort in Zusammensetzungen) asächs. *aðal-*, aengl. *æþel-*, got. *aþala-*. In den spätmittelalterlichen Schriften der Mystiker gewinnt das Wort auch die Bedeutung 'edle, tugendhafte Gesinnung, Vollkommenheit'. Von *Adel* abgeleitet ist das Adjektiv *edel* (s. d.). Eng verwandt ist das dehnstufig ablautende, inzwischen untergegangene germ. **ōþala* 'in der Familie (Sippe) erblicher Besitz', vgl. ahd. *uodil*, asächs. *ōðil*, aengl. *ōþel, ēþel*, anord. *ōðal* 'Erbgut, Eigentum, Heimat' (nach dem letzteren ist nhd. *Odal* 'Familieneigentum an Grund und Boden' neugebildet). Da sich verwandte Formen außerhalb des Germ. nicht mit Sicherheit nachweisen lassen, bleibt die Herkunft von *Adel* schwierig. Von einigen wird auf Grund der germ. Zeugnisse als ursprüngliche Bedeutung 'Klasse mit erblichem Grundbesitz' angenommen, vgl. Neckel in: PBB 41 (1916) 385 ff. Dagegen möchten andere mit Schrader Reallex. 2 (1929) 466 und neuerdings wieder Pokorny 1, 71 eine Verbindung zu ahd. *atto* 'Vorfahre, Ahn' (10. Jh.), got. *atta*

'Vater' herstellen und an ie. **ătos*, **atta* 'Vater, Mutter' anschließen, das als Lallwort der Kindersprache weit verbreitet ist, vgl. lat. *atta* 'Vater', griech. *átta* (*ἄττα*) 'Väterchen', aind. *attā* 'Mutter, ältere Schwester', aslaw. *otьсь*, russ. *otéc (отец)* 'Vater', und auch in nicht-ie. Sprachen anzutreffen ist, z.B. ungar. *atya*, türk. *ata* 'Vater'. Doch vgl. dazu Betz in: Festgabe Hammerich (1962) 9ff. Die beste Erklärung bietet Szemerényi in: Word 8 (1952) 42 ff., der germ. **aþala-* 'vornehme Abstammung' auf ie. **atalo-* 'Nachkommenschaft' zurückführt, eine Bildung mit der Präposition ie. **at(i)* 'über etw. hinaus' zur Wurzel ie. **al-* 'wachsen, nähren' (s. *alt*). – adeln Vb. 'in den Adelsstand erheben', auch 'hervorheben, auszeichnen', mhd. *adelen* 'auszeichnen' (vgl. ahd. *intadelen* 'entarten', 11. Jh.); frühnhd. daneben auch *edelen* (15. Jh.). ad(e)lig Adj. 'aus edlem, aus altem Geschlecht, tugendhaft', ahd. *adallīh* (8. Jh.), mhd. *adellich*.

Ader f. 'Blutgefäß'. Ursprünglich bezeichnet das Wort jeden Rohrgang im Körper sowohl für Blut (daneben verdeutlichendes ahd. *bluotādra*) als auch für Luft, Speise, Wasser, Kot (daher auch 'Darm, Eingeweide') sowie röhrenähnliche Stränge im Körper ('Sehne, Muskel') und in anderen Stoffen (in Blättern, Holz u. dgl.; ahd. bereits im Sinne von 'Wurzelfaser' und 'Wasserader'). Im Nhd. wird im Zusammenhang mit dem von der älteren Medizin häufig verordneten Aderlaß die Bedeutung 'Blutgefäß' vorherrschend. Die germ. Formen ahd. *ādra* (8. Jh.), mhd. *āder*, asächs. *-āðara*, mnd. *āder(e)*, mnl. *ādere, ādre*, nl. *ader*, aengl. *ǽdre*, schwed. *åder*, anord. (ohne *r*-Suffix) *æðr* (aus **āðī*) sind verwandt mit griech. *ḗtor* (*ἦτορ*) 'Herz' und *ḗtron* (*ἦτρον*) 'Bauch, Unterleib', (ablautend) air. *inathar* (aus **enōtro-*) 'Eingeweide' und führen auf einen *r*-Stamm ie. **ēter-* bzw. **ētr̥-* 'Eingeweide'. Mit der Bedeutung 'Wesenszug, Veranlagung' (z.B. *eine poetische Ader haben*) folgt *Ader* lat. Gebrauch und übersetzt lat. *vēna*. – ädern Vb. 'mit Adern, mit einem aderähnlichen Muster versehen', mhd. *ǽdern*. aderig, adrig Adj. 'mit Adern versehen, durchsetzt', älter *aderecht*, mhd. *ādereht*; Zusammensetzungen wie *zwei-, drei-, mehradrig* schließen an *Ader* 'stromführender Kabelstrang' (Ende 19. Jh.) an. Aderlaß m. 'Öffnung einer Vene zum Ablassen von Blut' (15. Jh.).

Adjektiv n. 'Beiwort, Eigenschaftswort', Entlehnung von lat. *(nōmen) adiectīvum* 'hinzufügbares Wort', zu *adicere* (*adiectum*) 'hinzutun, beifügen' (vgl. lat. *iacere* 'werfen, schleudern'). Der lat. Terminus ist nach dem Vorbild von griech. (*ónoma*) *epitheton* (*ὄνομα ἐπίθετον*) gebildet, das jedoch im Unterschied zu jenem nicht nur adjektivische Attribute bezeichnet. In lat. Form und Flexion (*Adjektivum*, Plur. *Adjektiva*) ist das Wort seit dem Anfang des 18. Jhs. bezeugt und bis in jüngste Zeit gebräuchlich; daneben findet sich (seit Adelung 1781) zunehmend *Adjektiv*, Plur. *Adjektive*. – adjektivisch Adj. (Anfang 19. Jh.).

Adjutant m. 'dem Kommandeur einer militärischen Einheit beigeordneter Offizier', während des Dreißigjährigen Krieges aus gleichbed. span. *ayudante* entlehnt, dem substantivierten Part. Präs. von span. *ayudar* 'helfen, beistehen'. Das span. Verb geht auf lat. *adiūtāre* 'mit allem Eifer unterstützen, zu fördern suchen' zurück, eine Intensivbildung von lat. *adiuvāre* 'unterstützen, fördern'. Durch Anlehnung an das lat. Verb entsteht im Dt. die Form *Adjutant* (entsprechend frz. *adjudant*, das gelegentlich auf das Dt. eingewirkt haben mag). Als Grundwort in Zusammensetzungen *Generaladjutant* (um 1700), *Flügeladjutant* (2. Hälfte 18. Jh.).

Adler m. großer heimischer Greifvogel, mhd. *adelar(n), adlar, adler* (vgl. mnd. *ādelărn(e), ad(d)eler*, mnl. *adelaer, adeler*, nl. *adelaar*) ist eine (im Nhd. nicht mehr erkennbare) Zusammensetzung von mhd. *adel* (s. *Adel*) und *ar* (s. *Aar*), eigentl. 'edler Aar'. Der Name entsteht, als mit der im 12. Jh. zur Blüte gelangenden Falknerei der Adler von den übrigen niederen Jagdvögeln unterschieden wird.

administrieren Vb. 'verwalten, anordnen, regieren', entlehnt (2. Hälfte 15. Jh.) aus lat. *administrāre* 'hilfreich an die Hand gehen, beistehen, leiten, verwalten'; vgl. lat. *ministrāre* 'bedienen, aufwarten, handhaben', zu lat. *minister* 'Gehilfe, Diener' (s. *Minister*). – Administrator m. 'Verwalter, Bevollmächtigter' (2. Hälfte 14. Jh.), lat. *administrātor* 'Verwalter, Leiter'. Administration f. 'Verwaltung, Verwaltungsbehörde, Anweisung (zur Durchführung von Leitungsentscheidungen)' (Anfang 16. Jh.), lat. *administrātio* (Gen. *administrātiōnis*) 'Dienstleistung, Verwaltung'. administrativ Adj. 'auf dem Verwaltungswege, zur Verwaltung gehörend'

(Anfang 19. Jh.), nach gleichbed. frz. *administratif*, das sich an das Adjektiv lat. *administrātīvus* 'zum Ausführen geeignet, praktisch' anschließt.

Admiral m. 'Offizier der Seestreitkräfte im Generalsrang' geht auf arab. *amīr* 'Befehlshaber, Fürst' zurück (vgl. *Emir*). Der arab. Titel erscheint zunächst in latinisierter Form (*admiratus, ammiratus*) in einer mlat. Quelle (um 800); über afrz. *amirail, amiral, amirault*, das möglicherweise auf arab. *amīr al-ʿālī* 'hoher Führer' beruht (falls *-ail, -al* nicht nur eine von zahlreichen im Frz. und in den anderen roman. Sprachen sowie im Mlat. belegten Suffixvarianten ist), wird er als *amiral, emeral, amiralt, amiralde* 'Kalif, Fürst' ins Mhd. entlehnt. In der Bedeutungsverengung 'Kommandant der Flotte' erfolgt die Aufnahme des arab. Wortes zuerst am normannischen Hof in Sizilien im 12. Jh. (mlat. *admiratus, ammiratus*). Der Titel gelangt in latinisierter und in romanisierter Form über Genua um 1300 nach Frankreich. Im 16./17. Jh. wird die damals im Frz. übliche Form *admiral* (heute *amiral*) ins Dt. übernommen. Zuvor und daneben (Ende 14. Jh. bis Anfang 18. Jh.) erscheinen in dt. Texten viele Varianten roman. Herkunft wie *Am(m)iral, Admirallo, Admiralle, Admiralde, Almirant(e)* (vgl. span. port. *almirante), Admirant(e)* u.a. Die Form *Admiral* setzt sich im 18. Jh. endgültig durch. Das schon früh in den latinisierten Formen (s. oben) auftretende *d* ist auf das Verb lat. *admīrārī* 'bewundern' zurückzuführen, an das das Substantiv wegen der hohen Stellung des Titelinhabers angeschlossen wird. Vgl. FEW 19, 4 ff.

adoptieren Vb. 'an Kindes Statt annehmen' (16. Jh.), mnd. *adoptēren* (15. Jh.), aus gleichbed. lat. *adoptāre*, eigentl. 'hinzuwählen, hinzuwünschen' (vgl. lat. *optāre* 'wählen, wünschen'). – A d o p t i o n f. 'Annahme an Kindes Statt' (Anfang 16. Jh.), aus gleichbed. lat. *adoptio* (Gen. *adoptiōnis*). Zusammensetzungen von A d o p t i v - (nach lat. *adoptīvus* 'zur Adoption gehörig, durch Adoption') mit Verwandtschaftsbezeichnungen (*Adoptivvater, -bruder, -mutter, -sohn*) werden durch Jean Paul gegen Ende des 18. Jhs. verbreitet.

Adresse f. 'Anschrift, Wohnungsangabe', bis ins 18. Jh. auch, dem Frz. entsprechend, 'Zugang, Gelegenheit' und 'Geschicklichkeit', Entlehnung (17. Jh.) von gleichbed. frz. *adresse*, afrz. *adrece* 'Richtung, Richtweg, richtige Gelegenheit', gebildet zu afrz. *adrecier* (s. unten). Die Bedeutung 'schriftliche Willensbekundung, offizielles, feierliches Schreiben' (im Dt. um 1700 aufkommend, später vor allem 'Glückwunsch-, Grußschreiben') stammt aus der engl. Parlamentssprache, vgl. engl. *address* 'Bittschrift des Parlaments an den König' (nach frz. *adresse* im früh veralteten Sinne von 'Anrede, Hinwendung'). Unter engl. Einfluß begegnet im Dt. anfangs die Schreibung *Address(e)* auch in den anderen Verwendungen des Wortes. – a d r e s s i e r e n Vb. 'mit einer Anschrift versehen, an jmdn. richten' (Ende 16. Jh.), nach gleichbed. mfrz. frz. *adresser*, afrz. *adrecier* 'in eine Richtung, in Ordnung bringen, ausführen, ausstatten, zurechtweisen, helfen', aus vlat. **addīrēctiāre* 'in gerade Richtung bringen, ausrichten', einer Ableitung von lat. *dīrēctus* 'geradegerichtet', dem Part. Perf. von *dīrigere* 'geraderichten, hinlenken' (s. *dirigieren*). A d r e s s a t m. 'Empfänger einer Sendung' (2. Hälfte 18. Jh.). A d r e ß b u c h n. 'Anschriften-, Auskunftsbuch' (2. Hälfte 18. Jh., zuvor *Adreßkalender*, Anfang 18. Jh.).

adrett Adj. 'von netter, gefälliger Erscheinung, sauber und ordentlich im Äußeren', Entlehnung des 17. Jhs. von afrz. frz. *adroit* 'geschickt, gewandt', älter auch 'wohlgestaltet'; anfangs unter Beibehaltung der frz. Schriftform *adroit*, seit dem frühen 18. Jh. *adrett* (mit Annäherung an die damalige frz. Aussprache). Das frz. Wort setzt ein vlat. **addīrēctus* 'ausgerichtet, wohlgelenkt' voraus, dem lat. *dīrigere (dīrēctum)* 'geraderichten, hinlenken' zugrunde liegt (s. *dirigieren*).

Advent m. 'Zeit vor Weihnachten, einer der vorweihnachtlichen Sonntage', mhd. mnd. *advent(e)*, entlehnt aus lat. *adventus* 'Ankunft', zu lat. *advenīre* 'ankommen'; vgl. lat. *venīre (ventum)* 'kommen'. Lat. *adventus* nimmt im 5./6. Jh. mit den Festlegungen im Kalender des Kirchenjahres die Bedeutung 'Buß- und Vorbereitungszeit auf das Fest der Geburt (der ersten Ankunft) Christi' an. – A d v e n t i s t m. Angehöriger einer Gruppe von christlichen Sekten. Die Bezeichnung, die sich ebenfalls von lat. *adventus* herleitet, geht auf den Gebrauch des Wortes in der Bibel zurück, die die 'Ankunft, Wiederkunft' Christi verheißt. Die Neubildung ist wie die Glaubensrichtung amerik.-engl. Ursprungs. In Deutschland beginnt das Wirken der Adventisten und damit auch die Bezeugung der Neubildung gegen Ende des 19. Jhs.

Adverb, A d v e r b i u m n. 'Umstandswort', das Verben, Adjektive oder Adverbien näher bestimmt, Entlehnung von gleichbed. lat. *adverbium*, einer mit lat. *ad* 'zu' zusammengesetzten Ableitung von lat. *verbum* 'Wort, Ausdruck, Verb', also eigentl. 'das zu einem Verb gehörige Wort', entsprechend griech. *epírrhēma* (*ἐπίρρημα*) 'Adverb', wörtlich 'das Dazugesprochene', vgl. griech. *rhēma* (*ῥῆμα*) 'das Gesagte, Wort' und s. *epi-*. *Adverbium* (Plur. *Adverbia*) ist im Dt. seit dem 16. Jh. bezeugt und wird im 17. Jh. übersetzt mit *Beiwort, Zuwort*. Die Eindeutschung *Adverb*, Plur. *Adverbien*, kommt Anfang des 18. Jhs. auf, setzt sich aber erst in jüngster Zeit durch. – a d v e r b i a l Adj. 'umstandswörtlich, zum Adverb gehörig' (19. Jh.), älter *adverbialisch* (Ende 17. Jh. bis Mitte 19. Jh.), aus gleichbed. lat. *adverbiālis*.

Advokat m. 'Rechtsbeistand, (Rechts)anwalt', spätmhd. *advocate* (Ende 14. Jh.), entlehnt aus gleichbed. lat. *advocātus*, eigentl. 'der in einem Rechtsstreit zur Hilfe Herbeigerufene', Stubstantivierung des Part. Perf. von lat. *advocāre* 'herbeirufen' (s. *Vogt*). Bis ins 18. Jh. begegnet in der rechtssprachlichen Literatur oft die lat. Form *Advocatus*. Als Berufsbezeichnung wird *Advokat* durch die Rechtsanwaltsordnung von 1878 zugunsten von *Rechtsanwalt* (s. *Anwalt*) abgeschafft.

Aero- Bestimmungswort in gelehrten Zusammensetzungen im Sinne von 'Luft-, Gas-', entsprechend der Kompositionsform griech. *āero-* (*ἀερο-*) von griech. *āēr*, Gen. *āéros* (*ἀήρ, ἀέρος*) 'Luft(schicht), Dunstkreis, Nebel, Gewölk'; vgl. griech. *āeroskopía* (*ἀεροσκοπία*) 'Beobachtung der Luft (zur Weissagung)', *āeropóros* (*ἀεροπόρος*) 'luftdurchwandelnd'. Dazu im Dt. A e r o n a u t m. 'Ballonfahrer, Flieger', eigentl. 'Luftschiffer' (2. Hälfte 18. Jh.), älter *Aero-Nauta* (Anfang 18. Jh.), s. *Nautik* und *Astronautik*. A e r o d r o m m. 'Flughafen, -platz' (1. Hälfte 20. Jh.), zuvor 'Flugobjekt, Luftschiff' (1. Hälfte 19. Jh.), vgl. griech. *drómos* (*δρόμος*) 'Lauf, Rennbahn, Übungsplatz'. A e r o d y n a m i k f. 'Lehre von den strömenden Gasen in ihrem Verhalten gegenüber festen Körpern' (1. Hälfte 19. Jh.); a e r o d y n a m i s c h Adj. 'die Aerodynamik betreffend, auf ihr beruhend' (Mitte 19. Jh.); s. *Dynamik*. A e r o p l a n m. frühere Bezeichnung für 'Flugzeug' (Ende 19. Jh.), wohl aus frz. *aéroplane*; vgl. griech. *āeróplanos* (*ἀερόπλανος*) 'in der Luft umherschweifend'. A e r o b u s m. 'Hubschrauber im Zubringerdienst, Großraumflugzeug zur Personenbeförderung' (2. Hälfte 20. Jh.), s. *Omnibus*; auch *Airbus*, engl. *air bus*.

Affäre f. 'Angelegenheit, Vorfall, unangenehmer Zwischenfall', Übernahme (1. Hälfte 17. Jh.) von frz. *affaire* 'Geschäft, Sache, Angelegenheit, Vorfall, Gefecht', das aus afrz. *a*, frz. *à* 'zu' und afrz. frz. *faire* 'machen, tun' schon im Afrz. zu *afaire* 'Angelegenheit, Geschäft' zusammengerückt ist, bes. in den Verbindungen afrz. *estre afaire* 'nötig sein' und *avoir afaire* 'nötig haben'. Afrz. frz. *faire* geht auf gleichbed. lat. *facere* zurück. Frz. Schreibweise ist im Dt. bis ins 19. Jh. üblich. Dazu Wendungen wie *sich aus der Affäre ziehen* 'sich aus einer mißlichen Situation herauswinden' (Mitte 18. Jh.), frz. *se tirer d'affaire; in eine Affäre verwickelt sein* (um 1700); *auswärtige Affären* 'auswärtige (Staats)angelegenheiten' (Ende 17. Jh.), frz. *affaires étrangères*. – L i e b e s a f f ä r e f. 'Liebschaft, Verhältnis' (Anfang 18. Jh.), frz. *affaire (d'amour, de cœur)*. S t a a t s a f f ä r e f. 'Staatsangelegenheit' (2. Hälfte 17. Jh.), frz. *affaires d'État* (Plur.).

Affe m. exotisches Tier, dem durch seine mehr oder minder große Menschenähnlichkeit schon früh besondere Aufmerksamkeit entgegengebracht wird. Durch reisende Kaufleute wird es den Germanen bekannt. Sein Name, den germ. und slaw. Sprachen gemeinsam, ist unbekannten Ursprungs. Ahd. *affo* (9. Jh.) mit den femininen Formen *affa, affin, affinna*, mhd. *affe*, asächs. *apo*, mnd. *āpe*, mnl. *āpe, aep*, nl. *aap*, aengl. *apa*, engl. *ape*, anord. *api*, schwed. *apa*, daneben tschech. *opice*, serbokr. *ȍpica*. Einige halten für das Germ. keltische (SCHRADER Reallex. 1, 1917/23, 17), andere slawische Vermittlung (DE VRIES Nl. 4) für wahrscheinlich, während VASMER 2, 271 für die Entlehnung von ahd. *affo* ins Slawische eintritt. – ä f f e n Vb. 'nachahmen, irreführen, zum Narren halten', mhd. frühnhd. (bis ins 17. Jh.) *effen* 'zum Narren machen'; vgl. mhd. *affen* 'zum Narren werden' und mnd. *āpen* 'zum besten haben, verspotten'. affig Adj. 'eitel, albern' (Mitte 19. Jh.); vgl. mhd. *affeht, affehtic, affenlich, effenlich* 'töricht' (zu mhd. *affe* 'Affe', übertragen 'Tor'). äffisch Adj., älter *affisch* 'affenartig, eitel, albern' (Ende 15. Jh.); vgl. mnd. *āpisch* 'töricht, närrisch'. Affenliebe f. 'blinde, übertriebene Liebe' (Anfang 17. Jh.).

Affekt m. 'heftige Gemütsbewegung, Erregung, Angespanntheit, Verlangen, Begierde', entlehnt (Anfang 16. Jh., geläufig seit 18. Jh.) aus lat. *affectus* 'Gemütszustand, Gemütsbewegung, Leidenschaft, Verlangen', zu lat. *afficere* (*affectum*) 'hinzutun, einwirken, in eine Stimmung versetzen, anregen'; vgl. lat. *facere* 'machen, tun, bewirken' und *ad-* 'zu, an, hin(zu), heran, herbei'. Früher oft in lat. Form *Affectus*; von Zesen 1671 mit *Gemütsbewegung* verdeutscht. – affektiert Adj. 'geziert, gekünstelt, unnatürlich' (1. Hälfte 17. Jh.) ist das in adjektivischen Gebrauch übergegangene Part. Prät. des heute veralteten Verbs *affektieren* 'sich anstellen, zieren, nach etw. streben, trachten' (um 1600), aus lat. *affectāre* 'erfassen, erstreben, nach etw. trachten, erkünsteln'; dazu Affektiertheit f. 'affektiertes Benehmen, Geziertheit, Verstellung' (Mitte 19. Jh.), für älteres *Affektation* (Anfang 17. Jh.). Affekthandlung f. 'im Affekt begangene, unbesonnene Handlung' (Mitte 19. Jh.).

Affront m. 'Beschimpfung, Beleidigung, Kränkung', Übernahme (1. Hälfte 17. Jh., vereinzelt schon Mitte 15. Jh. in einer oberelsäss. Urkunde) von gleichbed. mfrz. frz. *affront*, einem Deverbativum von frz. *affronter* 'die Stirn bieten, trotzen, beschimpfen, beleidigen' (bis Ende 18. Jh. auch 'betrügen'), afrz. *afronter* 'vor Scham erröten machen, mit Schande bedecken', eigentl. '(durch Hieb auf die Stirn) niederschlagen, mit der Stirn stoßen'. Zugrunde liegt afrz. frz. *front*, lat. *frōns* (Gen. *frontis*) 'Stirn' (s. *Front*), doch ist wohl bereits von einem abgeleiteten Verb vlat. **affrontāre* auszugehen.

After m. 'Ausgang des Mastdarmes'; gilt als anstößig (nicht in der Medizin) und wird daher gemieden. Ahd. *aftero* m. 'Hintern, Podex' (11. Jh.), mhd. *after* ist Substantivierung des Komparativs ahd. *aftero* 'hinter, nachstehend, nachfolgend' (8. Jh.; aus *aftero teil* 'Hinterteil'), der zu ahd. *after* Adv. 'hinten, danach, später', Präp. 'nach, hinter, gemäß, entlang' (8. Jh.) gebildet ist, vgl. die ebenfalls als Adverb und Präposition gebrauchten Entsprechungen mhd. *after*, asächs. *aftar*, mnd. *achter(e)*, mnl. nl. *achter*, aengl. *æfter*, engl. *after*, anord. *eptir* 'nach' sowie die Adverbien anord. *aptr* 'zurück, wiederum', got. *aftarō* 'von hinten' und *aftra* 'wiederum, rückwärts'. Diese führen mit aind. *apataram* 'weiter weg', griech. *apōtérō* (ἀπωτέρω) 'weiter entfernt' als Bildungen mit dem ursprünglich einen räumlichen Kontrast bezeichnenden Suffix ie. *-tero-* (ablautend *-toro-, -tro-*) auf ie. **apo* 'ab, weg' (s. *ab*). Wenig wahrscheinlich ist Verwandtschaft mit griech. (poetisch) *ópithen, ópithe* (ὄπιϑεν, ὄπιϑε) '(von) hinten, hinter, später', griech. *epí, épi* (ἐπί, ἔπι) 'auf, an, bei, darauf, darüber', so daß sich *After*, wie vielleicht auch *Abend* (s. d.), an ie. **epi*, **opi* 'nahe hinzu, darauf, hinter, nach' anschließen würde. Während sich in der Seemannssprache nd. *achter* (s. d.) erhalten hat (Wandel von *-ft-* zu *-cht-* zeigt sich schon im Mnd.), wird die hd. Entsprechung *after* Adv. und Präp. durch den störenden Gedanken an die Bedeutung des Substantivs *After* schon im höfischen Mhd. gemieden und im Nhd. (1. Hälfte 17. Jh.) aufgegeben. Nur in Zusammensetzungen wird *after-* als Bestimmungswort noch gebraucht wie in Afterrede f. 'üble Nachrede, Verleumdung', mhd. *afterrede*, Aftermieter m. landschaftlich 'Untermieter' (Ende 18. Jh.). Gelegentlich auch zur Charakterisierung des Unechten, Falschen für *pseudo-* (s. d.), vgl. *Afterwissenschaft* (2. Hälfte 18. Jh.) für *Pseudowissenschaft*.

Agent m. 'wer im Auftrage eines anderen handelt', entlehnt (Mitte 16. Jh.) aus ital. *agente* 'Vertreter, Geschäftsträger, Geschäftsführer', das auf lat. *agēns* (Gen. *agentis*) 'Sachwalter, Anwalt, Beauftragter', substantiviertes Part. Präs. von lat. *agere* 'treiben, in Bewegung setzen, handeln, tätig sein' (s. *agieren*) zurückgeht. *Agent* bedeutet zunächst 'Geschäftsträger, Bevollmächtigter eines Regenten', im 16. bis 18. Jh. auch 'Schauspieler'. Als 'kaufmännischer Vertreter, Geschäftsvermittler' ist es seit etwa 1600 belegt, seit Mitte 17. Jh. begegnet es auch als 'gedungene Person zur Ausführung von politischen Geheimaufträgen, Spion, Spitzel'; in beiden Bedeutungen als Grundwort in Zusammensetzungen wie *Handels-*, *Versicherungs-* oder *Geheim-*, *Polizeiagent*. – A g e n t u r f. 'Geschäftsstelle eines Agenten, Vertretung' (1. Hälfte 19. Jh.), von *Agent* abgeleitete latinisierende Bildung, die älteres *Agentschaft* (Anfang 18. Jh.) und *Agentie* (Mitte 18. Jh.) verdrängt. Für die schnelle Verbreitung des Wortes sprechen auch zahlreiche Komposita wie *Handels-*, *Nachrichten-*, *Versicherungs-*, *Werbe-*, *Künstleragentur*.

Aggregat n. 'Anhäufung, Vereinigung von Teilen zu einem Ganzen', entlehnt aus lat. *aggregātum*, dem substantivierten Neutrum des Part. Perf. von lat. *aggregāre* 'beigesellen, hinzunehmen, auf-, zusammenhäufen', einer Bildung zu lat. *grex* (Gen. *gregis*) 'Herde, Schar'. In der Mathematik 'Summe von Zahlen, durch + oder – gekennzeichnete mehrgliedrige Größe' (Ende 15. Jh.), später in allgemeinem Sinne auch 'quantitative Verknüpfung von Objekten, Erscheinungen, Gegebenheiten ohne notwendigen inneren Zusammenhang' (Mitte 18. Jh.). In der Technik versteht man unter *Aggregat* die 'Vereinigung, Koppelung mehrerer zusammenwirkender Maschinen (bes. Kraft- und Arbeitsmaschinen), Maschinenpotential, -satz' (Anfang 20. Jh.). – A g g r e g a t z u s t a n d m. von Druck und Temperatur abhängige 'Zustandsform eines Stoffes', die durch die unterschiedliche 'Zusammenhäufung' der Moleküle bedingt ist (Ende 18. Jh.).

Aggression f. 'Angriff, bewaffneter Überfall', entlehnt (1. Hälfte 18. Jh., häufig seit Mitte 20. Jh.) aus lat. *aggressio* (Gen. *aggressiōnis*) 'Angriff', zu lat. *aggredī* (*aggressus sum*) 'auf jmdn. oder etw. zugehen, losgehen, angreifen, überfallen', vgl. lat. *gradī* '(einher)schreiten' und *ad-* 'zu, an, hin(zu), heran, herbei'. In der Psychologie 'affektbedingtes Angriffsverhalten des Menschen, Reizzustand' (Anfang 20. Jh.). – A g g r e s s o r m. 'Angreifer' (Mitte 17. Jh.), spätlat. *aggressor*. a g g r e s s i v Adj. 'auf bewaffneten Angriff gerichtet, kriegslüstern' (1. Hälfte 19. Jh.), 'streitsüchtig, herausfordernd' (Mitte 19. Jh.), latinisierende Bildung nach frz. *agressif* im Anschluß an lat. *aggressus* (s. oben). A g g r e s s i v i t ä t f. 'Streitsucht, Gereiztheit' (Anfang 20. Jh.), 'Kriegsbereitschaft, Angriffslust' (20er Jahre 20. Jh.); vgl. frz. *agressivité*.

agieren Vb. 'handeln, tätig sein, eine Rolle spielen', entlehnt (Mitte 15. Jh.) aus gleichbed. lat. *agere* (*āctum*), dessen Grundbedeutung 'treiben, in Bewegung setzen' ist (s. *Achse, Achsel, Acker*). Vgl. verwandtes griech. *ágein* (ἄγειν) 'treiben, leiten, führen, ziehen, gehen'. Das lat. Verb ist Ausgangspunkt zahlreicher Ableitungen und Komposita wie *agil, Agitator, Akt, Akteur, Aktion, aktiv, aktuell, Axiom, exakt, Examen, reagieren, Reaktion, redigieren* (s. d.).

agil Adj. '(körperlich, geistig) beweglich, wendig', in der Mitte des 17. Jhs. aus gleichbed. frz. *agile* entlehnt, das auf lat. *agilis* 'leicht beweglich, lenksam, behend' zurückgeht, eine Adjektivbildung zum Verb lat. *agere* 'treiben, in Bewegung setzen, handeln' (s. *agieren*). – A g i l i t ä t f. 'Beweglichkeit, Gewandtheit' (Frühbeleg Ende des 16. Jhs., geläufig seit Ende 18. Jh.), nach gleichbed. frz. *agilité*, lat. *agilitās* (Gen. *agilitātis*).

Agitator m. 'Aufklärer, der auf das politische Denken und die Stimmung der Volksmassen aktiv einwirkt' ist eine Entlehnung (90er Jahre 18. Jh., in frz. Schreibweise) von (aus engl. *agitator* stammendem) frz. *agitateur*, zunächst in der Bedeutung 'Aufwiegler', bleibt aber ohne nachhaltige Wirkung. Zu Beginn der 30er Jahre des 19. Jhs. wird *Agitator* nach engl. *agitator* 'Volksredner' (zuvor 'Soldatenvertreter, Agent') ein zweites Mal entlehnt, anfangs mit ausdrücklicher Beziehung auf *the great agitator*, den Iren O'Connell. Zugrunde liegt lat. *agitātor* 'Viehtreiber, Wagenlenker', auch (spätlat.) 'Anstifter, Verführer' (zu lat. *agitāre*, s. unten). Die heutigen Bedeutungen von *Agitator, Agitation, agitieren* beruhen vielfach auf einer durch Lenin vorgenommenen begrifflichen Präzisierung. – A g i t a t i o n f. 'politisches Einwirken auf Bewußtsein und Stimmung der Volksmassen'; seit Mitte der 30er Jahre des 19. Jhs. als politisches Schlagwort in Umlauf nach engl. *agitation* 'lebhafte politische Wirksamkeit' (zuerst 1828 in dieser Bedeutung), das auf lat. *agitātio* (Gen. *agitātiōnis*) 'Bewegung, unablässige Beschäftigung' beruht. Im Dt. werden die neuen Begriffe anfangs durch *Volksagitation* und *Volksagitator* verdeutlicht. In der heute veralteten Bedeutung 'Bewegung, Gemütsbewegung, Aufregung' ist *Agitation* wie auch *Agitator* für 'Treiber, Beweger' schon seit dem 16. Jh. als direkte Entlehnung aus lat. *agitātio* bzw. *agitātor* nachweisbar. a g i t i e -

r e n Vb. 'politische Aufklärung betreiben', entlehnt (Mitte 40er Jahre 19. Jh.) aus engl. *to agitate* 'politisch werben und wirken', das zum Part.adj. lat. *agitātus* 'erregt, geweckt, lebhaft' gebildet ist; vgl. lat. *agitāre* 'in Bewegung setzen, (an)treiben, an-, auf-, erregen, in Verwirrung bringen, eifrig betreiben', Intensivum zu lat. *agere* (s. *agieren*). Das engl. Verb ist zunächst im Sinne von '(die Gedanken, Gefühle) stören', dann 'in Bewegung sein, tätig sein' bezeugt, woraus im 17. Jh. die Bedeutung 'als Vertreter, Agent wirken' entsteht, die zu engl. *agitator* 'Vertreter, Agent' führt. Die Bedeutung 'politische Agitation treiben' ist seit 1822 belegt. Zuvor begegnet im Dt. als direkte Entlehnung aus dem Lat. *agitieren* im Sinne von 'an-, auf-, erregen' (seit 16. Jh.).

Agnostiker m. 'wer die völlige Erkennbarkeit der objektiven Realität leugnet', entlehnt (80er Jahre 19. Jh.) aus gleichbed. engl. *agnostic*, das von Thomas H. Huxley 1869 mit negierendem *a-* (*ἀ-* privativum) zu griech. *gnōstikós* (*γνωστικός*) 'zum Erkennen, Einsehen geschickt, erkenntnisfähig, einsichtig' gebildet ist; vgl. griech. *gignṓskein*, auch *gnṓskein* (*γιγνώσκειν, γνώσκειν*) 'erkennen, kennenlernen'. Bereits viel eher werden frühchristliche Sektenanhänger, die ihrer Lehre die *Gnōsis* (griech. *γνῶσις*), d. h. die 'Erkenntnis' Gottes, zugrunde legen, im Dt. (18. Jh.) *Gnostiker* und ihre Anschauung *Gnostizismus* genannt, im Engl. (17. Jh.) *Gnostics* (Plur.) bzw. *gnosticism*. Beide Bezeichnungen können auf die Bildung der philosophischen Termini von Einfluß gewesen sein. – A g n o s t i z i s m u s m. 'Lehre von der Unerkennbarkeit der objektiven Realität' (Ende 19. Jh.) aus gleichbed. engl. *agnosticism* (1870).

Agonie f. 'Todeskampf, Todesangst', entlehnt (Anfang 18. Jh.), wohl unter Einfluß von gleichbed. frz. *agonie*, aus kirchenlat. *agōnia* 'äußerste Angst, Todeskampf', griech. *agōnía* (*ἀγωνία*) 'Kampf, Anstrengung, Angst', zu griech. *agṓn* (*ἀγών*) 'Kampf(platz), Wettkampf, Anstrengung', eigentl. 'Versammlung', *ágein* (*ἄγειν*) 'treiben, leiten, führen, ziehen' (s. *agieren*). In der griech.-lat. Form ist *Agonia* bereits seit dem 16. Jh. in dt. Texten bezeugt.

agrar- 'landwirtschaftlich, Landwirtschafts-', Bestimmungswort in zahlreichen Zusammensetzungen (s. auch *agro-*), und gleichbed. **agrarisch** Adj. kommen Anfang des 19. Jhs. in Zusammenhang mit den Steinschen Reformen in Umlauf. Beide Formen stehen unter Einfluß des Adjektivs frz. *agraire*, das durch die Diskussionen über ein Agrargesetz zur Aufteilung des Grundbesitzes (frz. *loi agraire*, nach lat. *lēx agrāria*) während der frz. Revolution weite Verbreitung findet. Zugrunde liegt das Adjektiv lat. *agrārius* 'zu den Äckern gehörig, Acker-, Feld-', das von lat. *ager* 'Akker, Feld' (s. *Acker*) abgeleitet ist; vgl. *agrarisches Gesetz, agrarische Gesetzgebung, agrarische Verfassung, Agrarverfassung* (Anfang 19. Jh.). – A g r a r p o l i t i k f. 'Maßnahmen, mit denen der Staat auf die Entwicklung der Landwirtschaft einwirkt', A g r a r r e f o r m f. 'Reform der gesellschaftlichen Besitzverhältnisse auf dem Lande, Bodenreform' (2. Hälfte 19. Jh.). A g r a r s t a a t m. 'Staat mit überwiegend landwirtschaftlicher Produktion' (Ende 19. Jh.). A g r a r w i s s e n s c h a f t f. 'Landwirtschaftswissenschaft' (1. Hälfte 20. Jh.). A g r a r b i o l o g i e f. (Mitte 20. Jh., s. auch *Agrobiologie*).

Agreement n. 'Vereinbarung, Übereinkunft', anfangs und dann vorwiegend in der aus dem Engl. übernommenen Wendung *Gentleman's* oder (Plur.) *Gentlemen's Agreement* 'bindendes, nicht schriftlich niedergelegtes Übereinkommen auf der Grundlage gegenseitigen Vertrauens' (zuerst im Amerik.-Engl. 1886), seit Anfang des 20. Jhs. in der Geschäftssprache, seit den 20er Jahren auch in der Diplomaten- und Journalistensprache üblich. Engl. *agreement* geht auf mfrz. frz. *agrément* zurück (s. *Agrément*).

Agrément n. 'Zustimmung einer Regierung zur Ernennung eines ausländischen Diplomaten in ihrem Lande' (20er Jahre 20. Jh.), 'kunstvolle Ausstattung', in der Musik (meist Plur. *Agréments*) 'Verzierungen, Triller' (1. Hälfte 18. Jh.), veraltet 'Annehmlichkeit, Vergnügen, Anmut, Zerstreuung' (2. Hälfte 18. Jh.), übernommen von gleichbed. frz. *agrément* (bzw. *agréments* Plur.), mfrz. 'Zustimmung, Billigung', einem Deverbativum von afrz. *agreer*, frz. *agréer* 'genehmigen, gutheißen, bestätigen, willkommen sein, gefallen', zu afrz. frz. *gré* 'Gefallen, Belieben, Neigung, Wunsch' (hervorgegangen aus dem substantivierten Neutr. von lat. *grātus* 'anmutig, angenehm, wohlgeneigt, erwünscht, willkommen, dankbar'); vgl. afrz. *a gré* 'zu Gefallen, nach Wunsch'.

Agrikultur f. 'Landwirtschaft, Ackerbau' (Anfang 18. Jh.), aus gleichbed. lat. *agrīcultūra*, zu lat. *ager* (Gen. *agrī*) 'Acker, Feld' (s. *Acker*) und lat. *cultūra* 'Pflege, Bearbeitung, Anbau' (s. *Kultur*). – Agrikulturchemie f. 'Chemie, die sich mit Pflanzen- und Tierernährung, Düngung und Bodenkunde befaßt' (1814), nach engl. *agricultural chemistry*, von H. Davy 1814 geprägt; dafür heute *Agrochemie*. Agrikultursystem n. (in der älteren politischen Ökonomie) Ansicht, daß die Landwirtschaft die alleinige Quelle des Volksreichtums und der öffentlichen Wohlfahrt sei (Anfang 19. Jh.), nach engl. *agricultural system*, von A. Smith 1776 verwendet, bald auch als *physiokratisches System* bezeichnet und heute vor allem unter diesem Namen bekannt.

Agro- Bestimmungswort in zahlreichen modernen Zusammensetzungen mit der Bedeutung 'landwirtschaftlich, Landwirtschafts-', Kompositionsform von griech. *agrós* (*ἀγρός*) 'Acker, Feld' (s. *Acker*). Agrobiologie f. 'Lehre von den biologischen Gesetzmäßigkeiten in der Landwirtschaft' (s. auch *Agrarbiologie*), nach russ. *agrobiológija* (*агробиология*). Agrotechnik f. 'Lehre von der Technisierung der Landwirtschaft, Gesamtheit der technischen Einrichtungen in der Landwirtschaft', nach russ. *agrotéchnika* (*агротехника*); Agrotechniker m.; agrotechnisch Adj. (alle Mitte 20. Jh.). Agronom m. 'Landwirt, Landwirtschaftswissenschaftler' (2. Hälfte 18. Jh.), formal griech. *agronómos* (*ἀγρονόμος*) 'Aufseher über die Stadtländereien' entsprechend (s. dazu *-nom, -nomie*); unter Einfluß von russ. *agronóm* (*агроном*) geläufige Berufsbezeichnung für die wissenschaftlich ausgebildete Fachkraft in der sozialistischen Landwirtschaft (Mitte 20. Jh.). Agronomie f. 'Lehre vom Ackerbau, Landwirtschaftswissenschaft', vgl. griech. *agronomía* (*ἀγρονομία*) 'Verwaltung, Verteilung der Stadtäcker'; agronomisch Adj. 'die Agronomie betreffend, landwirtschaftlich' (beide Anfang 19. Jh.).

Ahle f. 'Pfriem, spitzes Werkzeug zum Vorstechen', ahd. *āla* (9. Jh.), mhd. *āle*, mnd. *āl*, nl. *aal* (vermutlich aus dem Hd. entlehnt), aengl. *æl*, anord. (ablautend) *alr* sind verwandt mit aind. *ā́rā* 'Ahle', so daß sich ie. **ēlā* 'Ahle' erschließen läßt. Das zuerst aus Horn oder Knochen gefertigte Instrument zum Stechen von Löchern in Häute ist bereits für die jüngere Steinzeit nachweisbar.

Ahn m. 'Vorfahr', ahd. *ano* (9. Jh.), mhd. *an(e), ene*, mnd. *āne* 'Vorfahr, Großvater, Urgroßvater'. Das im germ. Sprachbereich nur im Dt. gebräuchliche Wort hat eine vereinzelte Entsprechung in dem Kompositum mnl. *aenhete* '(Ur)großvater'; außergerm. Verwandte sind griech. *annís* (*ἀννίς*) 'Großmutter', lat. *anna* 'Pflegemutter', *anus* 'alte Frau, Greisin', so daß sich eine Wurzel ie. **an-* 'männlicher oder weiblicher Vorfahr' erschließen läßt, wohl ein Lallwort der Kindersprache. Eine Deminutivbildung zu *Ahn* ist *Enkel* (s. d.). – Ahne f. '(Ur)großmutter', ahd. *ana* (9./10. Jh.), mhd. *ane*. Ahnherr m. 'Stammvater eines Geschlechts, Vorfahr', mhd. *anherre*. Ahnfrau f., mhd. *anvrou(we)*. Urahn m. 'männlicher Vorfahr, Urgroßvater', ahd. *urano* (Hs. 12. Jh.), mhd. *urane, urene*. Ahnenkult m. 'kultische Verehrung der Vorfahren' (Ende 19. Jh.).

ahnden Vb. 'strafen, rächen, eine Sühne verhängen', ahd. *antōn* 'in heftige Gemütsbewegung geraten, eifern, Unrecht strafen, ahnden' (um 800), mhd. *anden* 'eifern, seinen Zorn auslassen, ärgern, rügen, rächen', asächs. *andon*, mnd. mnl. *anden*, aengl. *andian* sind Ableitungen von einem Substantiv, belegt in ahd. *anto* 'Mißgunst, Ereiferung, Verdruß, Zorn' (8. Jh.), asächs. *ando*, mhd. mnd. mnl. *ande*, aengl. *anda*, das wohl mit einem um *n* erweiterten Suffix ie. *-to-* zur Wurzel ie. **an(ə)-* 'atmen, hauchen' (über eine vermittelnde Bedeutung 'vor Erregung schwer atmen, keuchen') gebildet ist. Nebenformen mit Zwischenvokal begegnen in ahd. *anado* (9. Jh., mit dem Verb ahd. *anadōn*, 10. Jh.) und aengl. *anoþa, onoþa*. Zur genannten Wurzel gehören mit Sicherheit anord. *ǫnd* 'Seele, Atem', *andi* 'Atem, Wind, Geist', anord. *anda*, aengl. *ōþian, ēþian* 'atmen' und ohne Dentalsuffix got. *uzanan* 'aushauchen' sowie außergerm. aind. *ániti* 'atmet', *ánilaḥ* 'Wind', griech. *ánemos* (*ἄνεμος*) 'Hauch, Wind' (s. *Anemone*), lat. *animus* 'Geist, Seele, Gesinnung, Mut', *anima* 'Lufthauch, Atem, Seele, Leben' (s. *animieren*), air. *anāl* 'Atem', *animm* 'Seele'. Die Schreibung mit *-h-* tritt im 17. Jh. auf und setzt sich im 18. Jh.

durch; über mundartliche Zusammenhänge und Entwicklungen vgl. DE GRAUWE in: Studia Germanica Gandensia 21 (1980/81) 247 ff. – Ahndung f. 'Bestrafung, (rechtliche) Verfolgung von Vergehen', ahd. *antunga* 'Erregung über geschehenes Unrecht' (10. Jh.), mhd. *andunge* 'Gemütsbewegung'.

ahnen Vb. 'Zukünftiges dunkel empfinden, voraussehen, eine vage Vorstellung haben, gefühlsmäßig vermuten'. Wahrscheinlich zur Präp. *an* gebildet, anfangs vorwiegend belegt in der unpersönlichen Wendung mhd. *mir, mich anet* 'es kommt an mich heran', d.h. 'ich sehe voraus', mnd. *it heft mī (ge)ānet*. Formen mit *d*-Einschub (*ahnden*, vereinzelt schon mhd. *anden*) sind im 18. Jh. (bes. bei Klopstock) häufig, gehen jedoch im 19. Jh. wieder zurück. Das Verb ist nur im Dt. nachweisbar (schwed. *ana*, dän. *ane* sind Entlehnungen aus dem Nd.). – Ahnung f. 'Vorgefühl, Vermutung, vage Vorstellung' (Ende 15. Jh.); *keine Ahnung haben* 'nicht wissen' (18. Jh.).

ähnlich Adj. 'in wesentlichen Merkmalen übereinstimmend'. Ahd. *anagilīh* 'ähnlich, angeglichen, gleich' (8. Jh.) und **analīh* (wozu *analīhhī* 'Gleichheit', 9. Jh., und *analīhhida* 'Abbild', 8. Jh.), mhd. *anelich, enlich, ellich*, mnd. *an(ge)līk, ānelīk, āntlīk*, mnl. *aengelijc*, aengl. *angelic*, anord. *ālīkr* und das Adverb got. *analeikō* 'auf gleiche Weise' sind gemeingerm. Bildungen aus germ. **ana* (s. *an*) und dem Adjektiv germ. **galīka*- 'gleich' bzw. **līka*- (s. *gleich*). Es läßt sich nicht ausschließen, daß nhd. *ähnlich* als Mischform aus mhd. *anelich* und omd. *ainlich, einlich* (16. Jh.) entstanden ist; jedoch ist eine vielfach angenommene Herleitung des omd. *einlich* von *ein* nicht zwingend; vgl. WENZLAU in: ZfdWf. 6 (1904/05) 99 f. Die Bedeutung 'gleich' verliert sich zu Beginn des 17. Jhs. – Ähnlichkeit f. 'ähnliches Aussehen, ähnlicher Zug' (2. Hälfte 14. Jh.; geläufig seit 16. Jh.). ähneln Vb. 'ähnlich sein' (Mitte 17. Jh.), nach älterem *ähnlichen* (bis Anfang 19. Jh.), mhd. *anelīchen*.

Ahorn m. Laubbaum mit eingeschnittenen, spitz zulaufenden Blättern. Der nur im Dt. begegnende Baumname ahd. *ăhorn* (um 800), mhd. asächs. *ahorn*, mnd. *āhōrn*, auch mhd. *ahornboum*, mnd. *āhōrnbōm* (nl. dän. *ahorn* sind aus dem Dt. entlehnt) setzt wahrscheinlich ein adjektivisches **ahurna*- (vgl. mhd. *ahornenboum*, 13. Jh., mnd. *āhōrnenbōm*) voraus. Vergleichbar sind lat. *acernus* (aus **acerinos*) 'aus Ahornholz', griech. *ákarna* (ἄκαρνα) 'Lorbeer' sowie (ohne Nasalsuffix) griech. *ákastos* (ἄκαστος, wohl aus *ἄκαρστος) 'Ahorn, Ulme', lat. *acer* 'Ahorn', die sich mit griech. *ákros* (ἄκρος) 'äußerst, oberst, spitz, scharf', aslaw. *ostrъ*, russ. *óstryj* (*острый*) 'scharf, spitz', auch (langvokalisch) lat. *ācer* 'scharf, schneidend, spitz' an die unter *Ähre, Ecke* (s. d.) aufgeführte Wurzel ie. **ak̂*-, **ok̂*- 'scharf, spitz, kantig' anschließen, so daß *Ahorn* nach seiner Blattform benannt wäre. Aslaw. *avorovъ* Adj. 'Platanen-' ist vermutlich aus dem Ahd. entlehnt und setzt sich in russ. *jávor* (*явор*) 'Bergahorn, Platane' fort.

Ähre f. Blüten- und Fruchtstand des Getreides und verschiedener Gräser, ahd. *ahir* (8. Jh.), *ehir* (9. Jh.), mhd. *eher, äher*, asächs. *ehir*, mnd. *ār(e)*, mnl. *aer*, nl. *aar*, aengl. *ēar* (nordhumbrisch *æhher, eher*), engl. *ear*, dazu mit grammatischem Wechsel anord. schwed. *ax*, got. *ahs* 'Ähre' sind verwandt mit lat. *acus* 'Granne, Spreu', griech. *áchnē* (ἄχνη, aus **ak̂snā*), *akostḗ* (ἀκοστή) 'Gerste' (eigentl. 'die Grannige'), russ. *ost'* (*ость*) 'Spitze, Granne' und führen auf ie. **ak̂es*-, **ak̂s*-, eine *s*-Erweiterung der unter *Ecke* (s. d.) aufgeführten Wurzel ie. **ak̂*-, **ok̂*- 'scharf, spitz, kantig' (s. auch *Ahorn*).

[1]**Air** n. 'äußere Erscheinung, Haltung, Benehmen, Ansehen', Übernahme (um 1700) von gleichbed. mfrz. frz. *air*. Im Frz. hat sich die Bedeutung wohl aus 'Atmosphäre, Umgebung, Milieu' entwickelt (vgl. frz. *l'air de la cour* 'die Atmosphäre, Stimmung bei Hofe'), so daß von afrz. *air* 'Luft', lat. *āēr*, griech. *āḗr* (ἀήρ) 'Luft(schicht), Dunstkreis' auszugehen ist. Dazu die Wendung *sich ein Air geben* 'vornehm tun, sich wichtig machen, angeben' (1. Hälfte 18. Jh.), nach frz. *se donner des airs*, auch *se donner un air de grandeur* u.ä.

[2]**Air** n. 'Melodie, liedartiges Instrumentalstück', Übernahme (um 1700) von frz. *air* 'Melodie, Weise, Arie, Lied', das auf Bedeutungserweiterung von mfrz. frz. *air* 'Luft, äußere Erscheinung, Ansehen, Rede-, Handlungsweise', afrz. *air* 'Luft' (s. [1]*Air*) unter dem semantischen Einfluß von ital. *aria* (s. *Arie*) beruht.

Akademie f. 'Stätte zur Förderung der Wissenschaft und Forschung, Vereinigung von Gelehrten, Künstlern, Dichtern'. Aus lat. *Acadēmīa*, griech. *Akadḗmeia* (Ἀκαδήμεια), auch *Akadēmía* (*Ἀκαδημία*), dem nach dem Heros *Akadēmos* benannten Hain bei Athen, der 385 vor bis 523 nach u. Z. Sitz der platonischen Schule war. Der ital. Humanismus greift die griech.-lat. Bezeichnung auf. Im 15. Jh. begegnet sie im Dt., im 16. Jh. in bezug auf Universitäten wie Wittenberg und Marburg. Im 17./18. Jh. entwickelt sich unter dem Einfluß von frz. *académie* die Bedeutung 'gelehrte Gesellschaft' in Konkurrenz mit (*gelehrte*) *Gesellschaft* und *Sozietät*, vgl. die 1700 als *Brandenburgische Societät der Wissenschaften* gegründete, 1744 als *Akademie der Wissenschaften* fortgeführte Akademie in Berlin. – Akademiker m. 'an einer Hochschule Ausgebildeter, Akademiemitglied' (in beiden Bedeutungen 18. Jh.). Älter sind gleichbed. *Akademist* (aus frz. *académiste*), geläufig vom 17. bis 19. Jh., zuerst im Sinne von 'Zögling einer Akademie', sowie *Akademikus* (lat. *Acadēmicus*), das sporadisch und meist in lat. Flexion seit etwa 1600 bezeugt ist. akademisch Adj. 'eine Akademie betreffend, zu einer Akademie gehörig' (1. Hälfte 16. Jh.); doch vgl. bereits den vereinzelten Frühbeleg ahd. *akadēmisc* (um 1000), nach lat. *Acadēmicus*, griech. *Akadēmaïkós* (*Ἀκαδημαϊκός*) 'zur Akademie (bei Athen) gehörig'.

Akazie f. in tropischen und subtropischen Gebieten beheimateter Baum (oder Strauch) aus der Familie der Mimosengewächse, im Dt. vielfach für 'Robinie'. Der Name wird Anfang des 18. Jhs. (doch vgl. schon vereinzeltes *die Dornstaude Acatia*, 1582) aus lat. *acacia* entlehnt. Das diesem voraufgehende griech. *akakía* (*ἀκακία*) ist möglicherweise ägypt. Ursprungs.

Akelei f. Staude der Hahnenfußgewächse mit auffällig gespornten Blüten. Ahd. *agaleia*, auch *akileia* (9./10. Jh.) bezeichnet mit Dornen versehene Bäume und Sträucher, dann (Hs. 12. Jh.) 'Akelei', mhd. *ageleie, akelei*, mnd. *ak(e)leye*, mnl. *a(c)keleye, acoleie*, nl. *akelei, akolei*. Entlehnung aus mlat. *aquileia*. Dieses aus mlat. *ack-*, *acoleia*; wohl zu lat. *aculeus* 'Stachel'.

akklimatisieren Vb. 'veränderten (klimatischen) Verhältnissen, ungewohnten Lebensumständen anpassen', vorwiegend in refl. Verwendung, um 1800 gebildet in Anlehnung an gleichbed. frz. *acclimater*, eine präfigierte (vgl. lat. *ad-* 'zu, an, hin(zu), heran, herbei') verbale Ableitung von afrz. frz. *climat* 'Klima, Gegend' (entlehnt aus lat. *clima*, s. *Klima*). – Akklimatisation f. 'Anpassung, Eingewöhnung' (Anfang 19. Jh.).

[1]**Akkord** m. 'Arbeit bei Entgelt nach der geleisteten Stückzahl', eigentl. 'Vereinbarung des Entgelts bei Arbeit im Stücklohn' (im Unterschied zum Tage- oder Stundenlohn), bes. in der Wendung *im Akkord arbeiten*. Diese Bedeutung, die sich nur im Dt. entwickelt hat, wird zu Beginn des 19. Jhs. üblich, ältere Bezeichnungen wie *Stückarbeit* (17. Jh.) und in der Bergmannssprache *Gedinge* (16. Jh.) ablösend. Als 'Übereinstimmung, Vertrag, Abkommen, Vergleich' wird das Wort in der 2. Hälfte des 15. Jhs. in die Kaufmannssprache aus gleichbed. ital. *accordo*, im 16. Jh. erneut in die politische und militärische Fachsprache aus gleichbed. mfrz. frz. *accord*, afrz. *acort* entlehnt. Zugrunde liegen die Verben ital. *accordare* und mfrz. frz. *accorder*, afrz. *acorder* 'in Übereinstimmung bringen'; sie gehen auf gleichbed. vlat. **accordāre*, eine Analogiebildung (mit Präfix lat. *ad-*) zu lat. *concordāre* 'in Einklang stehen, harmonieren', zurück und gehören zu lat. *cor* (Gen. *cordis*) 'Herz, Stimmung, Einsicht'. – Akkordarbeit f. 'Arbeit im Stücklohn', Akkordarbeiter m. 'nach Akkord bezahlter Arbeiter' (beide Anfang 19. Jh.). Akkordlohn m. 'Lohn, der nach der Anzahl der in einer festgelegten Zeiteinheit hergestellten Erzeugnisse gezahlt wird, Stücklohn' (Mitte 19. Jh.).

[2]**Akkord** m. 'harmonischer Zusammenklang mehrerer Töne' (15. Jh.), auch 'Stimmung der Saiten eines Instruments' (Anfang 17. Jh.), entlehnt aus gleichbed. mfrz. frz. *accord*, Deverbativum von frz. *accorder*, afrz. *acorder* 'in Übereinstimmung bringen' (s. [1]*Akkord*), das, wohl unter Einwirkung von afrz. frz. *corde*, lat. *chorda*, griech. *chordḗ* (*χορδή*) '(Darm)saite' schon im Afrz. auch die für den Bereich der Musik geltende Bedeutung 'die Saiten, Instrumente stimmen' entwickelt. – Akkordeon n. 'chromatische Handharmonika', künstliche Bildung des Wiener Instrumentenbauers Demian, der das Modell seiner Ziehharmonika, das durch Hinzufügen von in Akkorden zusammengefaßten Bässen verbessert war, unter dem Namen *Accordion* (1829) patentieren ließ; im 20. Jh. *Akkordion*, dann *Akkordeon*, beeinflußt

durch frz. *accordéon*, das nach frz. *orphéon* 'Drehleier' umgebildet ist.

akkreditieren Vb. 'beglaubigen, bevollmächtigen' (insbes. ausländische diplomatische Vertreter oder Journalisten bei der Regierung eines Landes; 1. Hälfte 18. Jh.), zuvor 'Ansehen verschaffen, empfehlen' (um 1700), entlehnt aus mfrz. frz. *accréditer*, dessen Verwendung im diplomatischen Verkehr ebenfalls die allgemeine Bedeutung 'in Ansehen bringen' vorausgeht. Das Verb ist eine denominative Präfixbildung zu mfrz. frz. *crédit* 'Ansehen, Vertrauen', s. *Kredit*.

akkumulieren Vb. 'anhäufen, ansammeln', entlehnt (Mitte 16. Jh.) aus gleichbed. lat. *accumulāre*, vgl. lat. *cumulāre* 'häufen' (zu lat. *cumulus* 'Haufen, aufgetürmte Masse', s. *Kumulus*) und *ad-* 'zu, an, hin(zu), heran, herbei'. In der Wirtschaft 'Geld, Kapital, Gewinn, Arbeit, Produktionsmittel anhäufen' (1821, Wiedergabe von engl. *to accumulate*), dann speziell 'Mehrwert in Kapital rückverwandeln' (Marx 1844). Dazu Akkumulation f. 'Anhäufung, Ansammlung, Speicherung' (1. Hälfte 19. Jh.), aus gleichbed. lat. *accumulātio* (Gen. *accumulātiōnis*); vgl. *Akkumulation des Kapitals* (1821, Wiedergabe von engl. *accumulation of capital*, von A. Smith 1776 geprägt), dann speziell 'Rückverwandlung eines möglichst großen Teils des Mehrwerts in konstantes und in variables Kapital' (Marx 1844). – Akkumulator m. 'auf elektrochemischer Basis arbeitender Stromspeicher, hydraulischer Druckspeicher' (80er Jahre 19. Jh.; vgl. wenig älteres frz. *accumulateur* und engl. *accumulator*), von lat. *accumulātor* 'Anhäufer'; dazu das Kurzwort Akku m. (20er Jahre 20. Jh.).

akkurat Adj. 'sorgfältig, ordentlich, exakt, genau', als Adverb (landschaftlich) 'gerade, genau', entlehnt (2. Hälfte 17. Jh.) aus lat. *accūrātus* Part.adj. (Adv. *accūrātē*) 'sorgfältig, genau', zu lat. *accūrāre* 'mit Sorgfalt betreiben, pünktlich besorgen', vgl. lat. *cūrāre* 'sich bekümmern, sorgen' (lat. *cūra* 'Sorge, Fürsorge', s. *Kur*) und *ad-* 'zu, an, hin(zu), heran, herbei'. Adjektivische Verwendung zeigt *akkurat* auch mit der im Lat. unüblichen Bedeutung 'gewissenhaft, ordnungsliebend'. – Akkuratesse f. 'Genauigkeit, Sorgfalt, Ordnungsliebe' (um 1700), mit frz. Endung *-esse* hinzugebildet; ital. Einfluß ist trotz vereinzelter früher Schreibung *Accuratezza* nicht mit Sicherheit zu erweisen.

Akkusativ m. 'Wenfall', vierter Fall der dt. Deklination, entlehnt aus gleichbed. lat. *(cāsus) accūsātīvus* 'die Anklage betreffender Fall', zu lat. *accūsāre* (*accūsātum*) 'anklagen'. Dies eine Fehlübersetzung von mißverstandenem griech. *(ptōsis) aitiatikḗ* (πτῶσις αἰτιατική) 'Ursache und Wirkung betreffender Fall', das nicht zu griech. *aitiā́sthai* (αἰτιᾶσθαι) 'beschuldigen, anklagen' (entsprechend lat. *accūsāre*, s. oben) gehört, sondern Adjektivableitung von *aítion* (αἴτιον) 'Ursache, Grund' ist. Demnach bedeutet griech. *aitiatikós* (αἰτιατικός) 'verursacht, bewirkt', und *ptṓsis aitiatikḗ* bezeichnet exakt die Größe, auf die der Verbalbegriff am entschiedensten einwirkt oder die er verursacht. Dem Wortsinn von lat. *accūsātīvus* folgen Verdeutschungsversuche wie *Klagendung* (Gueinz 1641), *Klagefall* (Lessing 1759), die sich jedoch nicht durchsetzen können. Der Terminus erscheint lange Zeit nur in lat. Form und Flexion (seit etwa 1400), eingedeutschtes *Akkusativ* (zuerst *Accusatif* bei Antesperg 1747, *Accusativ* bei Adelung 1787) setzt sich erst im 19. Jh. durch.

Akribie f. 'peinliche Genauigkeit, äußerste Sorgfalt' (bes. in wissenschaftlichen Arbeiten), entlehnt (1. Hälfte 19. Jh.) aus gleichbed. spätlat. *acrībīa*, griech. *akríbeia* (ἀκρίβεια), zu griech. *akrībḗs* (ἀκριβής) 'genau, sorgfältig'.

Akrobat m. 'Zirkuskünstler, Artist' (mit besonderen Kraft- und Geschicklichkeitsleistungen) geht zurück auf griech. *akróbatos* (ἀκρόβατος) 'auf Zehen (Fußspitzen) gehend' bzw. *akrobátēs* (ἀκροβάτης) 'Akrobat'. Beides sind Nominalbildungen zu griech. *baínein* (βαίνειν) 'gehen, schreiten' in der Zusammensetzung mit griech. *ákros* (ἄκρος) 'äußerst, oberst, höchst, an der Spitze befindlich'. Ins Dt. gelangt das Wort zu Anfang des 19. Jhs. als 'Seiltänzer' (über älteres frz. *acrobate*?) und entwickelt (um 1830) mit der Entstehung des Zirkuswesens seine heutige Bedeutung.

Akt m. 'Handlung, Vorgang, Geschehen', entlehnt (*Actus* Mitte 15. Jh., *Act* Mitte 16. Jh., *Akt* 18. Jh.) aus lat. *āctus* 'Bewegung, Handlung, Darstellung, Abschnitt', einer Substantivbildung zu lat. *agere* (*āctum*) 'in Bewegung setzen, treiben, handeln, tätig sein' (s. *agieren*). *Akt* begegnet anfangs in der Bedeutung 'bedeutsamer (auch gerichtlicher) Vorgang', die noch in Zusammensetzungen wie *Staatsakt, Weiheakt* (18. Jh.) und *Gewaltakt, Gnadenakt* (19. Jh.) deutlich wird, sowie in der ebenfalls aus dem Lat. übernommenen Bedeutung 'Aufzug eines Bühnenwerks' (um 1600). In der 2. Hälfte des 18. Jhs. wird *Akt* ein Fachwort der bildenden Kunst und bezeichnet die Stellung des nackten lebenden Modells, die danach zu Studienzwecken gefertigte Zeichnung (*Aktstudie*, 2. Hälfte 19. Jh.) und die künstlerische Darstellung des nackten menschlichen Körpers. In der Verwaltungssprache steht *Akt* landschaftlich (bes. südd.) auch im Sinne von 'schriftlich festgehaltener Vorgang, über Vorgänge (und Personen) angefertigter Schriftsatz' (1. Hälfte 17. Jh.), wohl Rückbildung aus dem Plural *Akten* (s. unten). – A k t e f. (landschaftlich *Akt* m., s. oben) 'schriftliche Unterlage zu einem bestimmten Vorgang, Schriftstück', bes. im Gerichts- und Verwaltungswesen (1. Hälfte 15. Jh.), rückgebildet aus dem häufiger belegten Plur. *Acta, Akta* bzw. *Akten*, aus lat. *ācta* 'Vorgänge, Ausführungen', eigentl. 'das Verhandelte', dem substantivierten Neutr. Plur. des Part. Perf. von lat. *agere* (s. oben); vgl. die Wendung *ad acta* ('zu den Akten') *legen* (1. Hälfte 17. Jh.).

Akteur m. 'Handelnder, Schauspieler', Übernahme (Mitte 18. Jh.) von gleichbed. frz. *acteur*, entlehnt aus lat. *āctor* 'handelnde Person, Schauspieler, Redner, Sachwalter', Nomen agentis zu lat. *agere (āctum)* 'in Bewegung setzen, treiben, handeln, tätig sein, eine Rolle spielen' (s. *agieren*). *Akteur* wird lange Zeit als fremdsprachlicher Ausdruck empfunden (die Pluralform *Acteurs, Akteurs* findet sich vereinzelt noch bis zu Anfang des 20. Jhs.). *Akteur* (sowie *Aktrice* f. 'Schauspielerin', 1. Hälfte 18. Jh., nach gleichbed. frz. *actrice*, spätlat. *āctrīx*, Gen. *āctrīcis*) ersetzt weithin das pejorativ empfundene *Komödiant* (s. d.), wird jedoch zu Beginn des 19. Jhs. von *Schauspieler* (s. d.) zurückgedrängt.

Aktie f. 'Anteil am Grundkapital einer Aktiengesellschaft, Anteilschein, Wertpapier', Übernahme (Mitte 17. Jh.) von nl. *actie* (älter *action*) 'Aktion, Tätigkeit, Rechtsanspruch, Anteilschein'. Daneben begegnet im 17. und 18. Jh. nicht selten die frz. Form *Action*. Beide gehen auf lat. *āctio* (Gen. *āctiōnis*) 'Bewegung, Handlung, Tätigkeit, Gerichtsverhandlung, Klage, Rechtsanspruch' zurück, zu lat. *agere* 'in Bewegung setzen, treiben, handeln, klagen' (s. *agieren, Aktion*). Die zuvor im Nordwestd. (nach nl. Vorbild) bezeugte Bedeutung 'einklagbarer Anspruch, Anrecht' (2. Häfte 15. Jh.) bleibt räumlich und zeitlich (bis Ende 16. Jh.) begrenzt; dagegen setzt sich die Bedeutung 'Anteilschein, Wertpapier' nach 1700 schnell durch. – A k t i e n g e s e l l s c h a f t f. 'Handelsgesellschaft, Unternehmen, dessen Stammkapital durch Einlagen, durch den Verkauf von Aktien aufgebracht wird' (1. Hälfte 19. Jh.), älter *Aktienhandlung* (Anfang 18. Jh.). A k t i e n k a p i t a l n. 'Grundkapital einer Aktiengesellschaft' (2. Hälfte 18. Jh.). A k t i o n ä r m. 'Besitzer von Aktien, Mitglied einer Aktiengesellschaft' (Mitte 18. Jh.), aus gleichbed. frz. *actionnaire*; älter *Aktionist* (Ende 17. Jh. bis Mitte 19. Jh.), nl. *actionist*.

Aktion f. 'Handlung, Tätigkeit, Unternehmung, gezieltes Vorgehen, Ereignis', entlehnt (16. Jh.) aus lat. *āctio* (Gen. *āctiōnis*) 'Bewegung, Handlung, Tätigkeit, Gerichtsverhandlung, Klage, klagbarer Anspruch', zu lat. *agere* (*āctum*) 'in Bewegung setzen, treiben, handeln, tätig sein, verfahren, verhandeln, vor Gericht betreiben, sein Recht geltend machen, klagen' (s. *agieren, Aktie, Reaktion*); früher auch (dem Lat. folgend) 'Klage, einklagbarer Anspruch' (2. Hälfte 15. Jh. bis Ende 18. Jh.).

aktiv Adj. 'tatkräftig, tätig, geschäftig, unternehmend', entlehnt (16. Jh.) aus gleichbed. lat. *āctīvus*, einer Bildung zu lat. *agere* (*āctum*) 'in Bewegung setzen, treiben, handeln, tätig sein', bis ins 18. Jh. vorwiegend adverbial verwendet entsprechend lat. *āctīvē*. Sehr geläufig seit Ende des 18. Jhs. in unterschiedlichen Bedeutungen wie 'im Beruf, im Dienst stehend' und in in jüngerer Sprache entwickelten Auffassungen wie 'rührig, zielstrebig'; in der Chemie 'stark reaktionsfähig' (*aktive Körper*), 'Strahlen aussendend' (s. *radioaktiv*); in der Medizin 'fortschreitend' (*aktive Tbc*), 'in besonderer Weise wirksam' (*biologisch aktives Insulin*). In der Grammatik bedeutet *aktiv* 'transitiv' (18./19. Jh.) und 'als Aktiv gebraucht, das Aktiv betreffend', wofür jünger *aktivisch* sich durchsetzt. Einige Verwendungen erklären sich aus der Opposition zu *passiv* (s. d.), so *aktives Wahlrecht, aktive Bestechung*. – [1] A k t i v n. 'Tätigkeitsform' (18. Jh.), eines der Genera verbi; aus spätlat. *(verbum) āctīvum* substantiviert und bis in die jüngste Zeit in der Form *Aktivum* verwendet. Endungsloses *Aktiv* tritt im 19. Jh. auf und setzt sich in der Gegenwart durch. [2] A k t i v n. 'aktivste Gruppe einer gesellschaftlichen Organisation, Arbeitsgruppe, die für die Bewältigung bestimmter Aufgaben gebildet wird' (Mitte 20. Jh.), nach gleichbed. russ. *aktív* (*актив*); vgl. Zusammensetzungen wie *Eltern-, Lern-, Parteiaktiv*. a k t i v i e r e n Vb. 'in Gang bringen, in Tätigkeit setzen' (1. Hälfte 19. Jh.), aus gleichbed. frz. *activer*. A k t i v i s t m. 'zielbewußt Handelnder, tatkräftiger Mensch' und 'anerkannter Neuerer'. Zu Anfang des 20. Jhs. auftretend im Sinne von 'aktiv Tätiger', auch 'Vertreter des *Aktivismus*', einer philosophischen Richtung, die die Beantwortung der Lebensfragen durch selbstgesetzte Normen vertritt. In der zweiten Bedeutung, die von russ. *aktivíst* (*активист*) 'Angehöriger eines Aktivs' mitgeprägt ist, wurde das Wort seit 1948 im östl. Dt. auch als verliehener Titel gebraucht. A k t i v i t ä t f. 'Tätigkeit, Geschäftigkeit, Tatbereitschaft, Wirksamkeit', entlehnt (2. Hälfte 17. Jh.) unter Einfluß von frz. *activité* aus mlat. *activitas* (Gen. *activitatis*) 'Wirkungskraft'.

aktuell Adj. 'für die Gegenwart bedeutsam, zeitgemäß, zeitnah, vordringlich' (Mitte 19. Jh.), zuvor 'wirklich, wahrhaftig, gegenwärtig' (1. Hälfte 18. Jh.), Entlehnung von frz. *actuel* 'wirklich, gegenwärtig, wirksam' (heute auch 'zeitgemäß, gegenwartsbezogen'). Diesem geht spätlat. *āctuālis* 'tätig, wirksam, tatsächlich' voraus, das zum Verb lat. *agere* (*āctum*) 'treiben, handeln' (s. *agieren*) gebildet ist. Anfangs nach frz. Vorbild im Sinne von 'wirklich' gebraucht, wird *aktuell* in der Bedeutung 'neu, zeitgemäß' in der 2. Hälfte des 19. Jhs. zu einem von der Publizistik bevorzugten Modewort. – A k t u a l i t ä t f. 'Gegenwartsbezug, Zeitnähe', anfangs 'Gegenwärtigkeit' (19. Jh.), latinisierende Bildung nach frz. *actualité* 'Wirklichkeit, Gegenwärtigkeit, Zeitnähe, Neuigkeit', mlat. *actualitas* (Gen. *actualitatis*) 'Wirksamkeit'.

Akupunktur f. 'Nadellehre', Heilbehandlung durch Einstechen feiner Nadeln in vorbestimmte Körperstellen (19. Jh.), nach nlat. *acupunctura* (17. Jh.) zur Bezeichnung einer jahrtausendalten chines.-japan. Spezialwissenschaft, die in neuerer Zeit auch allgemein angewendet wird. Aus lat. *acus* 'Nadel' (Kompositionsform *acū-*) und lat. *pūnctūra* 'das Stechen, Stich', eine Bildung zu lat. *pungere* (*pūnctum*) 'stechen' (s. *Punkt*).

akustisch Adj. 'den Schall, das Gehör betreffend, klanglich', entlehnt (1. Hälfte 18. Jh.) aus griech. *akūstikós* (*ἀκουστικός*) 'zum Hören, zum Gehör gehörig, hörend', einer Ableitung von griech. *akúein* (*ἀκούειν*) 'hören', dies wahrscheinlich verwandt mit dt. *hören* (s. d.). – A k u s t i k f. 'Lehre vom Schall, von den Tönen' (1. Hälfte 18. Jh.), nach griech. *akūstikḗ (téchnē)* (*ἀκουστικὴ τέχνη*). Die Bedeutung 'Klangwirkung, Schallverhältnisse' entwickelt sich im 19. Jh.

akut Adj. 'vordringlich, brennend', in der Medizin 'plötzlich auftretend', ist eine Entlehnung von lat. *acūtus* Part.adj. 'scharf, schneidend', zu lat. *acuere* 'schärfen, spitzen'. Die römischen Ärzte übersetzen mit *acūtus* griech. *oxýs* (*ὀξύς*) 'scharf, schnell, heftig' und nennen eine plötzlich auftretende, heftig und schnell verlaufende Krankheit *morbus acūtus* (Gegensatz *morbus longus* oder *chronicus*, s. *chronisch*). Bereits Paracelsus bildet dazu das Adjektiv *acutisch* (16. Jh.), die endungslose Form wird gegen Ende des 18. Jhs. üblich. Die Bedeutung 'vordringlich, brennend' ist zuerst in der 2. Hälfte des 19. Jhs. nachweisbar. – A k u t m. diakritisches Zeichen zur Kennzeichnung der Betonung (lat. *accentus acūtus* 'scharfe Betonung'), der geschlossenen Aussprache eines Vokals (frz. *accent aigu*), der Vokallänge (Anfang 19. Jh.).

Akzent m. 'Betonung, Nachdruck, Aussprache', entlehnt (Anfang 16. Jh.) aus lat. *accentus*, eigentl. 'das Beitönen', gebildet zu lat. *accinere* 'dazu singen, dazu tönen'; vgl. lat. *canere* (*cantum*) 'singen' (s. *Kantate, Kantor*) und *ad-* 'zu, an, hin(zu), heran, herbei'. Lat. *accentus* im Sinne des grammatischen Terminus ist eine Übersetzung von griech. *prosōdía* (*προσῳδία*) 'Wortbetonung' (wörtlich 'Zugesang', s. *Ode*), das als *Prosodie* 'Lehre von der Messung der Sprache im Vers und von dem Verhältnis von Ton und Wort' in die Fachsprachen der Metrik und Musik übernommen wird. *Akzent* wird unter Ausweitung seines Verwendungsbereichs ('Tonfall, Ausspracheart, Akzentzeichen', 16. Jh., später auch 'Nachdruck', 18. Jh.) allgemein üblich. – a k z e n t u i e r e n Vb. 'mit einem Akzent versehen, betonen, hervorheben'; aus gleichbed. mlat. *accentuare*; vereinzelt bezeugt seit Anfang des 18. Jhs., geläufig seit etwa 1800.

akzeptieren Vb. 'annehmen, anerkennen, einwilligen', entlehnt (um 1400) aus lat. *acceptāre* 'empfangen, annehmen, zulassen', einem Intensivum zu gleichbed. lat. *accipere*, vgl. lat. *capere* 'nehmen, fassen, ergreifen, empfangen'. Kaufmännische Verwendung im Sinne von '(einen Wechsel) annehmen' ist seit Mitte des 16. Jhs. gebräuchlich. – a k z e p t a b e l Adj. 'annehmbar' (Ende 17. Jh.), afrz. frz. *acceptable*, spätlat. *acceptābilis* 'annehmbar, wohlgefällig'.

Akzise f. 'Verbrauchssteuer', heute oft irrtümlich für 'Produktionsabgabe'. Mhd. *assīse* ist wie mlat. *assisa* 'Abgabe, Steuer' eine Entlehnung von afrz. *assise*, dem substantivierten Part. Perf. von afrz. *asseoir* 'festsetzen' (lat. *assidēre*). Dissimiliertes *assijsse* (14. Jh.), *ascise, azise* sowie die Verkürzungen *zcise, zijse, zeise* (15. Jh.) führen über die lautliche (und semantische) Nähe von *Zins* zu *aczins* (16. Jh.), das in nl. *accijns* erhalten bleibt, während sich das dt. Sprachgebiet für *axise, accise* (16. Jh.) entscheidet. Parallel dazu entwickelt sich afrz. *assise* unter dem Einfluß von frz. *cens* 'Zins' zu frz. *accise* (16. Jh.).

Alabaster m. marmorähnliche, feinkörnige, durchscheinende Gipsart, mhd. *alabaster* 'Alabaster, daraus verfertigtes Gefäß, die darin enthaltene Salbe' geht über lat. *alabaster*, got. (mit zusätzlichem *l*) *alabalstraún* dagegen unmittelbar auf griech. *alábast(r)os*, *-bastron* (*ἀλάβαστ(ρ)ος*, *-βαστρον*) 'Salbengefäß (aus Alabaster)' zurück, das wahrscheinlich ägypt. Ursprungs ist.

Alarm m. 'Warnsignal bei Gefahr, Zustand der Gefahr, Beunruhigung, Bereitschaft'. Frühnhd. *Al(l)erma, Al(l)erm, Al(l)arm* (durch Wegfall des unbetonten Anlauts auch *Lermen, Lerma(n)*, woraus *Lärm*, s. d.) sind entlehnt (15. Jh.) aus dem militärischen Weck- und Waffenruf ital. *all'arme*, auch *all'armi* 'zur Waffe, zu den Waffen', wobei das ebenfalls dem Ital. entstammende mfrz. *al(l)arme*, frz. *alarme* 'Notruf, Beunruhigung, Schrecken' gelegentlich vermittelt haben kann. Das zugrundeliegende Substantiv ital. *arme, arma* 'Waffe' (Plur. *armi*) setzt gleichbed. spätlat. *arma* f. fort, das aus lat. *arma* Plur. 'Rüstung, Waffen' hervorgeht. – a l a r m i e r e n Vb. 'zu Hilfe, zum Einsatz rufen, warnen, aufschrecken, beunruhigen' (2. Häfte 17. Jh.), nach gleichbed. frz. *alarmer*.

Alaun m. wasserhaltiges Doppelsulfat. Mit *Alaun* schlechthin ist das 'Bittersalz' (in der Chemie Kalium-Aluminium-Sulfat) gemeint. Ahd. *alūne* (Hs. 12. Jh.), mhd. *alūn, alūm*, mnd. *alūn, allūn(e)*, mnl. *aluun*, nl. *aluin* sind entlehnt aus afrz. frz. *alun*, das auf lat. *alūmen* 'bitteres Tonerdesalz' beruht.

Alb m. niederer, unterirdischer Naturgeist. Nach dem germ. Volksglauben stehen die *Alben, Elben, elbischen Wesen* den Kobolden und Zwergen nahe (vgl. den Namen des Zwergkönigs *Alberich* 'der die Macht und den Reichtum der Elben besitzt'; afrz. *Alberon*, frz. *Oberon*). Sie können die Menschen bedrängen und müssen daher versöhnlich gestimmt werden, so daß sie teils als feindlich, teils als freundlich angesehen werden. Ahd. *alb* (11. Jh.), mhd. *alp*, asächs. mnd. mnl. nl. *alf*, aengl. *ælf*, engl. *elf*, anord. *alfr* gehen möglicherweise wie ahd. *elbiȝ*, anord. *elptr, ǫlpt*, russ.-kslaw. *lebedь*, russ. *lébed'* (*лебедь*) 'Schwan' und lat. *albus* 'weiß' auf ie. **albh-* 'weiß' zurück, so daß das Wort als 'weiße Nebelgestalt' zu deuten ist. Doch auch eine Verbindung zu aind. *ṛbhúḥ* 'geschickt, kunstfertig, Künstler, Schmied' ist denkbar, da Zwerge und Elben als kunstfertige Schmiede gelten. Die christliche Kirche interpretiert die Elben als Dämonen, die mit dem Teufel im Bunde stehen. Die wenigen ahd. Belege verstehen unter *alb* bereits ein gespenstisches, heimtückisches Wesen, einen Nachtmahr, der später als Druckgeist aufgefaßt wird und durch seine drückende Last auf der Brust des Schlafenden Atembeklemmung verursacht, dafür heute meist A l p m.; vgl. *Alpdrücken* (um 1700), *Alpdruck* (um 1800), *Alptraum* (19. Jh.). Engl. *elf* wird im 18. Jh. als *Elfe, Elf* (s. d.) ins Deutsche entlehnt; es setzt die den Menschen freundliche Einstellung elbischer Wesen fort, und die *Elfen* werden in der Romantik zu lieblichen Lichtgestalten idealisiert.

albern Adj. 'kindisch, töricht, unseriös'. Ahd. *alawāri* 'freundlich, wohlwollend' (10. Jh.), mhd. *al(e)wære* 'schlicht, einfältig', anord. *ǫlværr* 'freundlich' sind Zusammensetzungen des unter *wahr* (s. d.) behandelten Adjektivs mit verstärkendem germ. **ala-* (s. *all*); vgl. got. *allawērei* 'Redlichkeit'. Das nicht mehr als Kompositum empfundene Wort unterliegt dem Wandel von *lw* zu *lb* und führt zu frühnhd. *alber*, das bis zum 18. Jh. neben dem aus den flektierten Formen sich herausbildenden *albern* (Ende 16. Jh.) fortbesteht. – a l b e r n Vb. 'sich kindisch, unernst benehmen' (16. Jh.); dafür im 20. Jh. häufig *herumalbern*. A l b e r n h e i t f. 'unernstes, kindisches Benehmen', auch 'unseriöse, unqualifizierte Äußerung' (z. B. *Albernheiten sagen*), löst (Mitte 17. Jh.) Bildungen wie *Alberkeit* (Ende 16. Jh.), *Alberheit* (1. Hälfte 17. Jh.), *Albertät* (1. Hälfte 17. Jh.) ab.

Albino m. Mensch, Tier ohne Pigmente in Haut, Haar und Augen, Übernahme (1. Hälfte 18. Jh.) von span. port. *albino* 'Weißling', Substantivierung (vielleicht über die Fügung span. *negros albinos* für pigmentlose Neger der westafrikanischen Küstengebiete) von span. *albino* 'weißlich', aus mlat. *albinus* 'weiß' (zu lat. *albus* 'weiß'). – A l b i n i s m u s m. 'Pigmentanomalie' (Mitte 19. Jh.), span. *albinismo*, frz. *albinisme*.

Album n. 'repräsentatives, unbedrucktes Buch'. Lat. *album*, substantiviertes Neutrum von lat. *albus* 'weiß', bedeutet 'das Weiß, weiße Farbe', speziell 'weiße Tafel zum Eintragen öffentlicher Verordnungen, Namenlisten' und ist in dieser Bedeutung im Dt. zuerst bezeugt (Mitte 16. Jh.), danach (17. Jh.) 'Buch für Aufzeichnungen' (Matrikel, Stammbuch, Protokollbuch u. ä.). In jüngerer Sprache steht *Album* für jede Art eines (auch bedruckten) Sammel-, Gedenkbuches, häufig in Verbindung mit Kompositionsgliedern, die den Verwendungszweck näher charakterisieren, vgl. *Briefmarken-, Foto-, Poesiealbum*.

Alchimie, auch A l c h e m i e f. Die Bezeichnung für die mittelalterliche Chemie, insbes. die 'Goldmacherkunst, Schwarze Kunst', mhd. *alchimīe*, frühnhd. *Alchamie, Alchimey, Alchimy* ist teils über afrz. *alkimie, alquemie* bzw. über latinisiertes mlat. *alchimia*, teils unmittelbar entlehnt aus span. *alquimia*, das auf arab. *al-kīmiyā'* 'Stein der Weisen' beruht. Letzteres geht wohl zurück auf griech. *chēmeía* (χημεία), *chymeía* (χυμεία) 'Kunst der Metallverwandlung' (s. *Chemie*). – A l c h i m i s t , *Alchemist* m. 'mittelalterlicher Chemiker, Goldmacher, Schwarzkünstler', mhd. *alchimiste* (mlat. *alchimista*, span. *alquimista*). a l c h i m i s t i s c h , *alchemistisch* Adj. 'die Alchimie (Alchemie) betreffend' (Paracelsus um 1520).

Alge f. niedere, ein- oder mehrzellige Pflanze, die fast ausschließlich im Wasser vorkommt. Lat. *alga* 'Seegras, Seetang' übernimmt Linné im Plur. *Algae* in das botanische System (1737), bei Oken mit dt. Pluralendung *Algen* (1815); zuvor *Algen* bei Goethe (ca. 1790) und *Schwerdt-Alge* bei Haller (1732).

Algebra f. Gleichungslehre als Teilgebiet der Mathematik, Buchstabenrechnung, im modernen Sinne Lehre von den formalen Rechenbereichen (Ring, Körper u. a.), Übernahme (Mitte 15. Jh.) von gleichbed. mlat. *algebra*, gebildet (12. Jh.) in Anlehnung an arab. *al-ǧabr*, eigentl. 'Wiederherstellung, Einrenkung (getrennter, gebrochener Teile)', in mathematischem Sinne die Umwandlung eines negativen Wertes in einen positiven dadurch, daß er auf die andere Seite einer Gleichung gebracht wird. Das arab. Wort ist enthalten in dem Titel *'ilm al-ǧabr wa l-muqâbala* 'Wissenschaft von den Wiederherstellungen und von den Vergleichungen' eines von dem pers.-arab. Mathematiker Al-Ḫwārizmī (s. *Algorithmus*) um 825 geschriebenen Werkes (vgl. FEW 19, 54 f.). Anfangs neben *Algebra* (teils in lat. flektierter Form) auch *Algobre, Algebre*; vgl. (später bezeugtes) gleichbed. mfrz. frz. *algèbre*, span. port. *álgebra*, ital. *algebra*. Neben der mathematischen bewahrt das Arab., Mlat., Span. und Port. die medizinische Bedeutung 'Wiederherstellung von Knochenbrüchen'. – a l g e b r a i s c h Adj. 'die Algebra betreffend' (1600, *algebreisch*).

Algorithmus m. System von Regeln zur schrittweisen Umformung von Zeichenreihen, Anweisung zur formalen Verarbeitung von Informationen. Mhd. *algorismus* 'Rechenkunst', speziell 'das Rechnen mit dem dezimalen Stellenwertsystem' (Mitte 13. Jh.) ist Entlehnung von gleichbed. mlat. *algorismus*, durch Verstümmelung aus arab. *Al-Ḫwārizmī* 'der Ḫwārizmier, aus Ḫwārizm stammend', dem Beinamen des von dort stammenden Mathematikers Abdallāh Muhammad ibn Mūsā (9. Jh.), entstanden (s.

Algebra). Seit dem 16. Jh. findet sich die Form *Algorithmus*, die das Wort an griech. *arithmós* (ἀριθμός) ‘Zahl’ anlehnt. Vgl. aspan. *alguarismo* (span. *guarismo* ‘Ziffer’), daraus entlehnt afrz. mfrz. *algorisme*.

alias Adv. ‘anders, eigentlich ...’, steht in der Regel bei alternativen Namensangaben (z. B. *Kunze alias Krause*) und begegnet seit Mitte des 15. Jhs. in deutschen Texten. Als Ausgangspunkt dient das Adverb lat. *aliās* ‘ein andermal, anders’ (zu *alius* ‘ein anderer’).

Alibi n. ‘Nachweis eines Verdächtigten, daß er sich zur Tatzeit anderswo als am Tatort befand’. Das substantivierte Adverb lat. *alibī* ‘anderswo, anderwärts’, zusammengesetzt aus dem Stamm des Pronominaladjektivs lat. *alius* ‘ein anderer’ und lat. *ibī̆* ‘da, dort’, ist im Deutschen seit der 2. Hälfte des 18. Jhs. üblich, wahrscheinlich vermittelt durch gleichbed. mfrz. frz. *alibi*.

Alimente Plur. ‘Lebensunterhaltskosten, pflichtgemäße Unterhaltszahlung, bes. für außerhalb einer Ehe geborene Kinder’. Das seit Anfang des 16. Jhs. bezeugte, vorwiegend im Plural (Sing. *Aliment* n.) gebräuchliche Substantiv ist entlehnt aus gleichfalls meist pluralisch gebrauchtem lat. *alimenta* (Sing. *alimentum*) ‘Nahrungsmittel, Nahrung, Unterhalt, Unterhaltskosten’, zu lat. *alere* (*altum*) ‘(er)nähren, unterhalten, großziehen’ (s. *alt*), anfangs in lat. Form *Alimenta*, eingedeutschtes *Alimente* seit der 2. Hälfte des 16. Jhs., zuerst im Sinne von ‘Nahrung, Kost, Kleider’, dann ‘Betrag, Kosten zum Lebensunterhalt’ (Anfang 17. Jh.). Die heutige Bedeutung ‘Unterhaltsgelder’ nimmt das Wort in der Rechtssprache an (1. Hälfte 18. Jh.), älteres *Alimentation* f. ‘(Gewährung von) Lebensunterhalt, Alimente’ (2. Hälfte 16. Jh.), aus mlat. *alimentatio* (Gen. *alimentationis*) ‘Ernährung, Nahrung, Lebensunterhalt’, zu mlat. *alimentare* ‘ernähren’, ablösend.

Alkali n. Bezeichnung für Hydroxid, Oxid oder Karbonat der Alkalimetalle, auch ‘Laugensalz’, Übernahme (Anfang 16. Jh.) von mlat. *alkali, alcalia* ‘Pottasche’, das gleichbed. arab. *al-qalī* fortsetzt; wörtlich ‘das Ausgelaugte’ nach der ursprünglichen Art der Gewinnung durch Auskochen von Pflanzenasche mit Wasser; s. auch *Kali*. – alkalisch Adj. ‘laugenhaft, basisch’ (16. Jh.).

Alkohol m. ‘Spiritus, Weingeist, daraus hergestellte Getränke’. Arab. *kuḥl* bezeichnet ein fein pulverisiertes kosmetisches Färbemittel, ‘Antimon’, ferner andere durch Sublimierung oder Destillation gewonnene Substanzen und Essenzen. Auf gleichbed. hispano-arab. (mit Artikel) *al-kuḥúl* beruhendes span. *alcohol*, akatalan. *alcofoll* wird von den Alchimisten (mlat. *alcohol, alcofol*) übernommen; Paracelsus verwendet (1526/27) *alcool vini, alcohol vini* ‘Essenz des Weines’, speziell auf den Weingeist (Äthylalkohol) bezogen, woraus die heutige Bedeutung resultiert. Daneben hält sich bis ins 18. Jh. der allgemeinere Sinn ‘reine Substanz, Essenz’. – Alkoholiker m. ‘alkoholsüchtiger Mensch, Trinker’, alkoholisch Adj. ‘alkoholhaltig’, meist bezogen auf Getränke, Alkoholismus m. ‘Alkoholabhängigkeit, Trunksucht’ (alle 2. Hälfte 19. Jh.).

Alkoven m. ‘von einem größeren Raum abgehende Schlafnische’. Aus arab. (mit Artikel) *al-qubba* ‘Kuppel, kleines, an ein größeres angegliedertes Zimmer’ stammt span. *alcoba* f., woraus frz. *alcôve*. Dieses wird um 1700 ins Dt. entlehnt, zunächst vorwiegend in der Form *Alkove* f. Das anfangs nur vereinzelt bezeugte, sich aber schließlich durchsetzende *Alkoven* wird meist als Bildung aus den flektierten Formen erklärt; denkbar ist auch eine Aanalogie zu nd. *Koven, Kaven* m. ‘Hütte, Verschlag für Kleinvieh’.

all Adj. Indef.pron. ‘umfassend, ganz’, ahd. *al* (8. Jh.), mhd. mnd. mnl. nl. *al*, asächs. aengl. (auch *eall*), engl. schwed. *all*, anord. *allr*, got. *alls* (germ. **alla-*) leiten sich her aus einer zur Wurzel ie. **al-* ‘wachsen’ (s. *alt*) gebildeten Partizipialform ie. **alnos* ‘ausgewachsen, vollständig, komplett’; durch Assimilation von *n* an *l* entsteht germ. **alla-*. Daneben ist eine zweite Form germ. **ala-* anzusetzen, wie sie durch ahd. *alawāri* ‘freundlich’ (nhd. *albern*, s. d.), got. *alamans* ‘Menschheit’ (wörtlich ‘jedermann’) gefordert wird. Doch ist bei Verwandtschaft mit air. *oll* ‘groß, umfassend’, eigentl. ‘über das Gewöhnliche hinaus’, lat. *alers, allers* ‘gelehrt’ auch ein Anschluß der germ. Bildungen an ie. **al-*, **ol-* ‘darüber hinaus’ erwägenswert. Substantiviert All n. ‘das Gesamte, Universum’, zunächst für etwas von allumfassender Wichtigkeit, mhd. *daȝ all* für Gott, dann für einen geliebten Menschen (17. Jh.), für ‘Universum’ im heutigen Sinne (Lohenstein, 2. Hälfte 17. Jh.); dafür seit Mitte des 18. Jhs. auch verdeutlichend

Weltall. a l l e r e r s t Adj. (15. Jh., zuvor Adv.), ahd. *allero ērist* (9. Jh.), mhd. *allerērst*; das Adverb ahd. *ērist* 'erst' (s. *erst*) wird verstärkt durch den Gen. Plur. von *al*. Nach gleichem Prinzip sind gebildet a l l e r m e i s t Adj., ahd. *allero meist(e)* Adv. (9. Jh.), mhd. *allermeist*; a l l e r l e t z t Adj. (um 1300); a l l e r d i n g s Adv. 'in allen Dingen, in jeder Hinsicht' (Mitte 16. Jh.), Zusammenrükkung der genitivischen Fügung *aller dings* (15. Jh.), im 15./16. Jh. auch (Gen. Plur.) *allerding(e)*, nach mhd. *aller dinge* und *allerdinge*; seit dem 18. Jh. zunehmend in der Bedeutung 'jedoch, freilich'; a l l e r h a n d (indeklinabel) 'von verschiedener Art', Zusammenrückung (vereinzelt bereits mhd.) des Gen. Plur. mhd. *aller hande*, zu mhd. *hant* in der Bedeutung 'Art, Weise'; in neuerer Umgangssprache (19. Jh.) 'ziemlich viel, unerhört' (meist prädikativ). A l l e r h e i l i g e n n. katholisches Kirchenfest, zunächst in der Kombination *aller heiligen tag (abend)* oder *tag aller heiligen* (13. Jh.), seit dem 15. Jh. setzt sich *Allerheiligen* durch; vgl. (Kirchensprache) mlat. *festum omnium sanctorum*; entsprechend A l l e r s e e l e n n. katholischer Gedenktag für die Verstorbenen (18. Jh.; doch vgl. schon *up aller sielen*, Köln 1526), älter *Allerseelentag* (15. Jh.) aus der genitivischen Fügung *aller seelen tag* (13. Jh.); vgl. (Kirchensprache) mlat. *dies* bzw. *commemoratio (omnium) animarum*. a l l g e m e i n Adj. 'allseitig, generell', mhd. *algemeine* Adv., selten Adj. 'gemeinsam, insgesamt', verstärkte Bildung zu *gemein* (s. d.) in dessen alter Bedeutung 'gemeinsam, gemeinschaftlich'. a l l m ä c h t i g Adj. 'im Besitz uneingeschränkter Macht', ahd. *al(a)mahtīg* (8. Jh.), mhd. *almehtec*, zunächst als Attribut Gottes Wiedergabe von kirchenlat. *omnipotēns* (s. *mächtig*); A l l m a c h t f. 'uneingeschränkte Gewalt' (15. Jh.), rückgebildet aus *allmächtig*, wie schon ahd. *alamaht* (um 1000) aus *al(a)mahtīg*. A l l t a g m. 'gewöhnlicher Wochentag, Nichtfeiertag', heute auch 'tägliches Einerlei'. Ausgehend von mhd. *altac* Adv., später *all(e)tag*, mnd. *al(le)dāgelīk* Adj. 'täglich, gewöhnlich' entstehen zunächst Komposita wie mnd. *al(le)dāgesklēt, al(le)dāgesrok*, nhd. *Alltagskleid, Alltagshose* (17. Jh.), aus denen das Substantiv *Alltag* 'gewöhnlicher Wochentag' rückgebildet wird (um 1900); a l l t ä g l i c h Adj. 'alle Tage, Tag für Tag' (16. Jh.) heute auch 'gewöhnlich, durchschnittlich' zum Adverb *altac, all(e)tag* (s. oben); vgl. mhd. *allertegelich*, mnd. *al(le)dāgelīk*.

Allee f. 'beidseitig von Bäumen gesäumter Weg, baumbestandene Straße'. Das substantivierte Part. Perf. mfrz. frz. *allée*, afrz. *alee* 'das Gehen, Gang, Korridor, Weg', seit dem Mfrz. auch 'Gartenweg, breiter, seitlich von Rasen, Steinen oder Bäumen begrenzter Spazierweg', vom Verb afrz. *aler*, frz. *aller* 'gehen', wird vereinzelt im 16. Jh. (am Oberrhein), dann unter dem Einfluß der frz. Gartenkunst seit Anfang des 17. Jhs. ins Dt. übernommen, zunächst als Bezeichnung für schattige Gänge in Gartenanlagen, danach allgemein für baumbestandene Wege. Afrz. *aler* setzt lat. *ambulāre* 'zwanglos umhergehen, wandeln' fort, wobei ein durch häufigen Gebrauch (vielleicht in der Heeressprache) gekürztes vlat. **alāre* (vgl. mlat. *alare*) als Übergangsform anzunehmen ist.

Allegorie f. 'Sinnbild, Gleichnis', Darstellung eines abstrakten Begriffs, einer allgemeinen Wahrheit in einem Bilde, häufig in einer Personifikation, entlehnt (Anfang 16. Jh.) aus gleichbed. lat. *allēgoria*, griech. *allēgoría* (*ἀλληγορία*); vgl. griech. *állos* (*ἄλλος*) 'ein anderer' und *agoreúein* (*ἀγορεύειν*) 'öffentlich reden, verkünden, kund tun'. – a l l e g o r i s c h Adj. 'sinnbildlich, gleichnishaft' (Anfang 16. Jh.), entsprechend gleichbed. kirchenlat. *allēgoricus*, griech. *allēgorikós* (*ἀλληγορικός*).

allegro Adv. als musikalische Tempo- und Vortragsbezeichnung im Sinne von 'schnell, lebhaft' Übernahme (17. Jh.) von ital. *allegro*, eigentl. 'munter, heiter, lustig', aus gleichbed. vlat. **alecrus* oder (als Entlehnung von afrz. *haliegre, (h)alegre*, mfrz. *allegre* bzw. aprov. *alegre*?) aus vlat. **alicer*, Gen. **alecris*, beides Umbildungen von lat. *alacer*, Gen. *alacris* 'aufgeregt, freudig erregt, munter, lustig'. Dazu die Substantivierung A l l e g r o n. Musiksatz entsprechenden Charakters und Tempos (1. Hälfte 18. Jh.). a l l e g r e t t o Adv. 'ein wenig allegro' (18. Jh.), entsprechend deminutivem ital. *allegretto* 'mäßig schnell, mäßig lebhaft'.

allein Adj. 'abgesondert, ganz für sich, als einziger' (nur prädikativ, landschaftlich oft *alleine*), in adverbieller Verwendung 'nur, ausschließlich' (daher seit frühnhd. Zeit auch nebenordnende Konjunktion mit einschränkendem oder entgegensetzendem Sinn 'jedoch, aber, nur'), mhd. *alein(e)* Adj. Adv. (als Konjunktion konzessive Gliedsätze einleitend), zusammengewachsen aus der Verbindung von ahd. *ein*, mhd. *eine, ein* (s. *ein* Num.) mit verstärkendem ahd. mhd. *al* 'ganz und gar'; vgl. mnd. mnl. *allēne*, nl. *alleen*, aengl. *all āna*, mengl. *al ane, al one*, engl. *alone*. – a l l e i n i g Adj. 'einzig, ausschließlich' (14. Jh.). A l l e i n h e r r s c h e r m. 'absoluter Herrscher' (18. Jh.), Übersetzung von *Monarch* (s. d.), A l l e i n h e r r s c h a f t f. 'unumschränkte Herrschaft eines einzelnen' (17. Jh.), älter *Alleinherrschung* (16. Jh.).

Allergie f. 'krankhafte Überempfindlichkeit, Reizbarkeit' als Reaktion des Körpers auf bestimmte körperfremde Stoffe, gelehrte Bildung (1906) des öst. Mediziners v. Pirquet zu griech. *állos (ἄλλος)* 'ein anderer' und *érgon (ἔργον)* 'Werk, Tätigkeit' (mit formaler Anlehnung an griech. *ἐνέργεια* 'Wirksamkeit', s. *Energie*), demnach eigentl. etwa 'Tätigkeit fremder Stoffe, Fremdeinwirkung', ursprünglich für die durch eine Injektion veränderte Reaktionsfähigkeit des Organismus gegen einen Reiz. – a l l e r g i s c h Adj. 'auf einer Allergie beruhend, überempfindlich' (ebenfalls Pirquet 1906).

Allianz f. 'Bündnis, Verbindung, Staatenbund', älter auch 'eheliche Verbindung, Heirat', entlehnt (*Alliancie*, Anfang 16. Jh., *Alliance, Alliantz, Allianz*, 17. Jh.) aus gleichbed. mfrz. frz. *alliance*, afrz. *aliance*, einer Ableitung von afrz. *(soi) aliier, aloiier*, frz. *(s')allier* '(sich) vereinigen, verbünden, (durch Heirat) verbinden', dem lat. *alligāre* 'an-, festbinden, festhalten, verbinden' voraufgeht, vgl. lat. *ligāre* 'binden' (s. *Ligatur, legieren*) und *ad-* 'zu, an, hin(zu), heran, herbei', – M e s a l l i a n c e f. 'Mißheirat' (Anfang 18. Jh.), frz. *mésalliance*, gebildet mit dem Präfix frz. *més-*, (vor Konsonant) *mé-*, afrz. *mes-* 'miß-, un-', aus afrk. **missi-* (s. *miß-*). In feudalen Kreisen für eine Ehe mit einer Person niedrigeren Standes; heute (meist scherzhaft) 'ungleiche Verbindung' (von in irgendeiner Beziehung nicht zueinander passenden Partnern). a l l i i e r e n Vb. refl. 'sich verbünden, vereinigen', entlehnt (1. Hälfte 17. Jh.) aus gleichbed. frz. *s'allier* (s. oben), meist im Part. Perf. *alliiert* 'verbündet', substantiviert A l l i i e r t e r m. (meist im Plur.) 'Verbündeter, Bundesgenosse' (Mitte 17. Jh.).

Alligator m. amerikanisches Krokodil. Der Name geht zurück auf span. *el lagarto (de Indias)* 'die (west)indische Eidechse', vgl. span. *lagarto* 'Eidechse', das auf einer im Iberoroman. fortlebenden (dialektalen?) Variante **lacartus* von lat. *lacertus*, häufiger *lacerta* 'Eidechse' beruht. In dt. Reise- und Naturbeschreibungen des 16. Jhs. begegnen zunächst Namensformen wie *Lagarto, Allegarden, Aligarta* u. dgl. Die in der 1. Hälfte des 17. Jhs. aufkommende Bezeichnung *Alligator*, ebenso wie etwas später bezeugtes frz. *alligator* entlehnt aus engl. *alligator*, einer Umbildung des span. Wortes (unter Einbeziehung des Artikels span. *el*; vielleicht in formaler Anlehnung an lat. *alligāre* 'anbinden', *alligātor* 'wer die Weinreben anbindet'), setzt sich im 18. Jh. im Dt. wie auch in anderen europ. Sprachen durch.

Alliteration f. 'Stabreim', Gleichheit im Anlaut mehrerer Wörter oder betonter Silben (Ende 18. Jh., Jean Paul; älter engl. *alliteration* und schwed. *allitteration*, 17. Jh.), gelehrte Bildung zu lat. *littera* 'Buchstabe'. Nach Adelung Styl (1787) 1, 289 wird nlat. *alliteratio* (Gen. *alliterationis*) zuerst von dem ital. Humanisten Pontanus (gest. 1505) verwendet.

allmählich Adj. 'langsam und stetig, nach und nach', mhd. *almechlich*. Durch *all* 'ganz' (s. d.) verstärktes *mählich* 'langsam', das zu *gemach, gemächlich* 'ruhig, langsam' gehört; vgl. gleichbed. älteres *allgemach, allgemächlich*, mhd. *algemechlīche* Adv. sowie ahd. *gimahlīhho* Adv. (s. *gemach*).

Allotria Plur., doch häufig als Sing. n. aufgefaßt, 'vergnüglicher Unfug'. Griech. *allótria* (*ἀλλότρια*) Plur. 'fremdartige, nicht zur Sache gehörige Dinge', zu griech. *allótrios* (*ἀλλότριος*) 'anderen gehörig, ausländisch, fremd(artig)', vgl. griech. *állos* (*ἄλλος*) 'ein anderer, verschieden, fremd', wird in die Gelehrtensprache des 17. Jhs. aufgenommen und gewinnt im 18. Jh. an Verbreitung, gelegentlich mit dt. Pluralendung *Allotrien*.

Allüre f., häufiger A l l ü r e n Plur. 'Gewohnheiten, auffallende Umgangsformen', entlehnt (Anfang 19. Jh.) aus mfrz. frz. *allures* (Plur.), auch frz. *allure* (Sing.) 'Gewohnheiten, Manieren, Benehmen, Verlauf'; voraus geht mfrz. *allure*, afrz. *aleure* 'Gang(art),

Lauf' (zu frz. *aller*, afrz. *aler* 'gehen', s. *Allee*).

Almanach m. '(mit poetischen Beigaben und Bildern versehenes) Jahrbuch', ursprünglich 'Kalender mit astronomischen und meteorologischen Angaben'. Das Wort beruht wahrscheinlich auf ibero-arab. *almanāḫ* 'Kalender', einem im Arab. sonst unbekannten Wort. Man verweist auf ein möglicherweise zugrundeliegendes syr. *l·manḥaï* 'im nächsten Jahr', das semantisch zu 'Kalender, Zeittafel' umgedeutet und dessen *l·* als arab. Artikel *al-* aufgefaßt werden konnte; vgl. FEW 19, 119f. Der ibero-arab. Ausdruck führt über die der Astronomie kundigen Araber Spaniens zu mlat. *almanac, almanachus,* woraus afrz. frz. *almanach* (um 1300), ital. *almanacco* (Mitte 14. Jh.), span. *almanaque* (um 1410), engl. *almanac* (Ende 14. Jh.) und fläm. *almanag* (1426 in Handelsrechnungen), danach dt. *Almanach* (16. Jh.).

Almosen n. 'milde Gabe, gönnerhaft gegebenes Geschenk', ahd. *alamuosan* n. (8. Jh.) neben *alamuosa* f. (10. Jh.), mhd. *almuosen* n. neben *almuose* f., asächs. *alamōsna* f., mnd. *ālmose, ālmisse* f., mnl. *aelmoes(s)ene, al(e)moes(s)ene, aelmoes(s)e, aelmisse* f., nl. *aalmoes* f. m., aengl. *ælmysse, ælmesse* f. engl. *alms*, anord. (aus dem Asächs.) *ǫlmusa, almusa* f., schwed. *allmosa* sowie afrz. *almosne, aumosne*, frz. *aumône*, span. *limosna* (älter *alimosna, almosna*) beruhen auf roman. **al(e)mos(i)na*, kirchenlat. *elēmosina, eleēmosyna*, griech. *eleēmosýnē* (ἐλεημοσύνη) 'Mitleid, Erbarmen', in den Texten des Neuen Testaments 'Almosen, Werk der Barmherzigkeit', zu griech. *eleḗmōn* (ἐλεήμων) 'mitleidig, barmherzig', *éleos* (ἔλεος) 'Jammer, Klage, Rührung'. Zu erwartendes frühnhd. *Almusen* wird von der dem Nd. folgenden Form *Almosen*, die Luther bevorzugt, verdrängt.

Alp, A l p e f. 'Weideplatz im Gebirge, Hochweide', ahd. *alba* (10. Jh.), mhd. *albe*, dazu die Gebirgsnamen *Alb* und der Plural *Alpen* (lat. *Alpēs*) gehen wahrscheinlich auf ein altes Wort **alb-* 'hoher Berg' zurück, das einer nicht-ie. Sprache angehört. Gebirgsbewohner verbinden mit *Alp* die Vorstellung grüner Weideplätze, während entfernt Wohnende an die rauhe Unwirtlichkeit und den ewigen Schnee der Gipfel denken. Daher wird schon in antiken Berichten der Name *Alpen* volksetymologisch mit ie. **albh-* 'weiß' (vgl. lat. *albus* 'weiß' und s. *Alb*) verknüpft. Dem Nominativ mhd. *albe* steht in den übrigen Kasus die Form *alben* gegenüber, die durch Zusammenziehung und Angleichung zu gleichbed. A l m f. entwickelt wird (Ende 15. Jh.).

Alphabet n. festgelegte Abfolge der Buchstaben einer Sprache, 'Abc', mhd. *alfabēte* ist aus kirchenlat. *alphabētum* entlehnt, das auf griech. *alphábētos* (ἀλφάβητος) zurückgeht. Das griech. Wort ist aus den Bezeichnungen der beiden ersten Buchstaben *álpha* (ἄλφα) und *bē̆ta* (βῆτα) gebildet, die zusammen mit der Buchstabenschrift durch phönikische Vermittlung aus dem Semit. übernommen wurden; vgl. hebr. *āleph* und *bēth*. – a l p h a b e t i s c h Adj. 'nach dem Alphabet geordnet' (Anfang 18. Jhd.). A n a l p h a b e t m. 'des Lesens und Schreibens Unkundiger' (um 1800), griech. *analphábētos* (ἀναλφάβητος), gebildet mit dem verneinenden Präfix *a-*, vor Vokal *an-* (ἀ- privativum).

Alraune f., A l r a u n m. Wurzel der Alraunepflanze (Mandragora); sie hat menschenähnliches Aussehen und gilt seit dem Altertum als Zaubermittel für Reichtum und Glück. Mandragora kommt nur im Mittelmeergebiet vor, der Zauberglaube ist offensichtlich orientalischen Ursprungs. In Deutschland wurde die Wurzel gehandelt bzw. durch menschenähnliche Wurzeln einheimischer Pflanzen (bes. der Zaunrübe) ersetzt. Der Volksglaube unterscheidet männliche und weibliche Wurzelgestalten und bildet danach grammatisch maskuline und feminine Formen. Ahd. *alrūn* m., *alrūna* f. (Hs. 12. Jh.), mhd. *alrūn* m., *alrūne* f., mnd. *alrūne*, mnl. *alrune*, nl. *alruin* machen ein älteres **albrūn-* wahrscheinlich, das dem Namen einer bei Tacitus genannten germ. Seherin *Albrūna* entspräche, zusammengesetzt aus dem unter *Alb* 'Kobold, Mahr' (s. d.) behandelten Substantiv und dem in ahd. *rūnēn* 'heimlich und leise reden, Zauberworte sprechen' (s. *raunen*) belegten Verb. Oder man deutet ahd. *alrūn(a)* als 'besonders zauberkräftiges Wesen' (s. *all* und *Rune*).

als Konj. zur Bezeichnung namentlich der Gleichsetzung zweier Größen, des Vergleichs der Ungleichheit (nach dem Komparativ) und zur Einleitung von Nebensätzen der Gleichzeitigkeit und der Folge. Mhd. nhd. mnd. *als* ist die abgeschwächte, auf eine Silbe reduzierte Form von mhd. mnd. *alse* (neben *alsō*, s. *also*). Bereits ahd. und mhd. finden sich die Formen *alse* und *als* (anfangs nur vor vokalisch anlautendem Folgewort) im Sinne von '(eben)so, als, als ob, weil'.

also Adv., Konj. 'so, auf diese Weise' und 'folglich, infolgedessen', ahd. *alsŏ* (9. Jh.), mhd. *alsō*, eigentl. 'ganz so', ist zusammengesetzt aus verstärkendem ahd. *al* 'ganz' (s. *all*) und *sō* (s. *so*); vgl. entsprechend gebildetes mnd. *alsō*, mnl, *also*, aengl. *eallswā*.

Alt m. 'tiefe Frauenstimme', zweithöchste Stimme im vierstimmigen Satz; musikalischer Terminus seit dem 15. Jh., vgl. mlat. *contratenor altus* bzw. lat. *vōx alta* 'hohe Stimme' (zu lat. *altus* 'hoch', s. *alt*). Vor Einführung des Soprans ist *Alt* die höhere, über den Tenor hinausgehende Stimmlage und gilt zunächst für die 'hohe Männerstimme', während der Diskant mit Kopfstimme bzw. von Kastraten gesungen wird; später, als auch Frauen als Solistinnen auftreten, bezeichnet *Alt*, nach dem Vorbild von ital. (älter) *alto* (jetzt ital. *contralto*), die 'tiefe Frauen- bzw. Knabenstimme'. – Altistin f. Sängerin mit einer Altstimme (Anfang 19. Jh.), nach älterem *Altist* m. (Anfang 16. Jh.).

alt Adj. 'hoch an Jahren, vorausliegend, längere Zeit bestehend'. Mit ahd. (8. Jh.), mhd. *alt*, asächs. *ald*, mnd. *ōlt*, mnl. *out*, nl. *oud*, aengl. *ald* (*eald*), engl. *old*, schwed. (Komparativ) *äldre* (germ. **alda-*, vgl. auch die *j*-Ableitung got. *alþeis* 'alt' und das Part. Prät. anord. *aldinn* 'gealtert') sind eng verwandt die Verben got. aengl. *alan*, anord. *ala* 'nähren, hervorbringen'. Als außergerm. Verwandte sind vergleichbar lat. *alere* 'nähren, aufziehen' mit dem Adjektiv *altus* 'hoch' (eigentl. 'emporgewachsen') und griech. *ánaltos* (ἄναλτος) 'unersättlich', *neal̄ḗs* (νεαλής) 'munter, stark', die sich mit den germ. Bildungen an die Wurzel ie. **al-* 'wachsen, nähren' anschließen (s. auch *Alter* und *Welt*). Einem dazu mit *t*-Formans gebildeten Verbaladjektiv ie. **altos* 'auf-, herangewachsen' folgt das Adjektiv *alt*, dessen drei Bedeutungen 'reich an Lebensjahren, gealtert' (Gegensatz 'jung'), 'vorausliegend, früher' (Gegensatz 'später'), 'längere Zeit bestehend' (Gegensatz 'neu') bereits im Ahd. voll entwickelt sind. – ältlich Adj. 'sich dem Alter nähernd, alt wirkend', ahd. *altlīh* (um 800), mhd. *altlich* 'greisenhaft'. veralten Vb. '(zu) alt werden, alt und untauglich werden', ahd. *firaltēn* (8. Jh.), mhd. *veralten*. altklug Adj. 'aufdringlich klug' (Anfang 18. Jh.). Altmeister m. 'Obermeister einer Zunft' (in Kölner Zunfturkunden des 15. Jhs.), 'erfahrener alter Meister, Senior' (14. Jh.).

Altan m., daneben bis ins 19. Jh. auch älteres *Altan(e)* f., 'auf einem Unterbau ruhender Balkon, Söller'. Als Fachwort der Architektur wird gleichbed. ital. (venezian.) *altana* (zu ital. *alto* 'hoch', daher eigentl. 'oberer Teil des Hauses', vgl. lat. *altus* 'hoch') im 15. Jh. ins Bair.-Öst. entlehnt und verbreitet sich von dort aus über das gesamte deutsche Sprachgebiet.

Altar m. 'Opferstätte, Opfertisch'. Ahd. *altāri* (8. Jh.), mhd. *altære, altāre*, asächs. *altari*, mnd. *altăr*, mnl. *outer*, nl. *altaar*, aengl. *altar, alter*, engl. *altar* setzen spätlat. *altāre* der Kirchensprache fort. Voraus geht lat. *altāria* Plur. 'Opferherd' (zum Verbrennen der Opfertiere), das mit aind. *alātam* 'Feuerbrand, Kohle' verwandt ist, doch bereits in klass. Zeit als 'erhöhter Aufsatz auf der Opferstätte, Erhebung' aufgefaßt und als Bildung zu lat. *altus* 'hoch' empfunden wird.

Alter n. 'Lebenszeit, Lebensabend', ahd. *altar* (um 800), mhd. *alter*, asächs. *aldar*, mnd. *ōlder*, mnl. *ouder*, aengl. *ealdor*, anord. *aldr*, schwed. *ålder* führen auf germ. **aldra-*, ie. **altro-*, zur Wurzel ie. **al-* 'wachsen, nähren', die auch dem Adjektiv *alt* (s. d.) zugrunde liegt. In Zusammensetzungen hat *Alter* auch die Bedeutung 'Zeit, langer Zeitabschnitt' wie in *Welt-, Zeitalter*. – altern Vb. 'alt werden' (seit 15. Jh.); bis ins 17. Jh. hinein konkurriert *altern* mit älterem, untergegangenem *alten* (ahd. *altēn*); eine Nebenform *ältern* bleibt auf das 17. und 18. Jh. beschränkt. Altertum n. 'hohes Alter, das Altsein' (vom 16. bis ins 19. Jh.), 'alte Zeit der Geschichte' (um 1500). Dazu Altertümer Plur. 'aus dem Altertum stammende Gegenstände und Aufzeichnungen' (1. Hälfte 18. Jh.); altertümlich Adj. (Ende 18. Jh.); altertümeln Vb. 'Gepflogenheiten der Vergangenheit aufnehmen, nachahmen' (Anfang 19. Jh.).

alternativ Adj. 'wechselweise'. In lateinischer Form begegnet das Adverb *alternative* (vgl. mlat. *alternativus* Adj.) seit dem 15. Jh. in deutschen Texten. Erst mit beginnendem

18. Jh. wird das auslautende *-e* aufgegeben und adjektivischer Gebrauch möglich. Zugrunde liegt lat. *alternus* 'abwechselnd', Ableitung von lat. *alter* 'der eine von zweien, der andere'. – Alternative f. 'Entscheidungszwang zwischen zwei Möglichkeiten'. Zuerst in lat. Form *Alternativa* (Leibniz 1670); danach gewinnt das Wort mit deutscher Endung (wohl unter Einfluß von gleichbed. frz. *alternative*) rasch an Verbreitung. alternieren Vb. 'zwischen zweien abwechseln' (1600), aus gleichbed. lat. *alternāre*.

Altruismus m. 'Selbstlosigkeit, Uneigennützigkeit'. A. Comte führt den Begriff frz. *altruisme* zur Bezeichnung einer dem *Egoismus* entgegengesetzten ethischen Grundhaltung ein (1830), offensichtlich in Anlehnung an frz. *autrui* 'jemand anderes, ein anderer', z.B. in Wendungen wie *vivre pour autrui* 'für den anderen leben' bzw. in der alten frz. Rechtsformel *l'autrui* 'das (Recht) des anderen' (eine neben afrz. *autre, altre* 'der andere, zweite' bezeugte Obliquusform afrz. *autrui, altrui* fortsetzend) sowie an das letztlich zugrundeliegende lat. *alter* 'der eine von zweien, der andere'. Der Begriff wird, ebenso wie *Altruist* m. und *altruistisch* Adj. (frz. *altruiste*), in der Mitte des 19. Jhs., als man sich mit der Lehre Comtes beschäftigt, ins Dt. (und in andere Sprachen) entlehnt.

Aluminium n. silbrigweißes Leichtmetall. In Anlehnung an lat. *alūmen* 'bitteres Tonerdesalz, aluminiumhaltige Tonerde' (s. *Alaun*), mlat. (vereinzelt) *alumium*, nennt der engl. Chemiker H. Davy 1808 das Metall *alumium*, ändert 1812 den Namen in *aluminum*, wie er bis heute in den USA üblich ist. In Angleichung an Bezeichnungen anderer chemischer Elemente mit der Endung *-ium* kommt noch im gleichen Jahr in einer anonymen Rezension zur Veröffentlichung Davys der Name *aluminium* auf. Diese Form ist seitdem allgemein gültig.

Alumne m. 'Internatsschüler', Entlehnung (1. Hälfte 17. Jh.) aus lat. *alumnus* 'Pflegekind, Zögling' (zu lat. *alere* 'nähren, aufziehen, pflegen'); anfangs (bis ins 18. Jh.) in lat. Flexion (vgl. *discipuli oder alumni, Stipendiaten und Alumni*). Eindeutschung zu *Alumne* erfolgt gegen Ende des 18. Jhs. – Alumnat n. 'einer Schule angegliedertes Schülerheim, Internat' (auch 'Wohnheim für Theologiestudenten eines Priesterseminars'). In der 1. Hälfte des 17. Jhs. wird zu lat. *alumnus* in Analogie zu den einen Zustand oder ein Amt bzw. eine Einrichtung bezeichnenden lat. Abstrakta auf *-ātus* (vgl. *episcopātus, magistrātus*, s. *Episkopat, Magistrat*) nlat. *alumnātus* gebildet. Daraus (im 18. Jh.) die Eindeutschung *Alumnat*. Vgl. auch gleichbed. *Alumneum* (18./19. Jh.).

Amalgam n. Legierung aus einem Metall und Quecksilber, übertragen 'Verquickung, Gemisch'. Vom Anfang des 16. bis Anfang des 19. Jhs. in der Form *Amalgama* als Entlehnung des gleichbed. mlat. *amalgama* der Alchimisten des 13. Jhs. bezeugt. Letzteres geht wohl zurück auf arab. *'amal al-ǧamā'a* 'Durchführung, Werk der Vereinigung'. Vgl. FEW 19, 3f. – amalgamieren Vb. 'eine Quecksilberlegierung herstellen' (Anfang 16. Jh.), später auch 'Gold, Silber mit Hilfe von Quecksilber aus Erzen gewinnen', übertragen 'verquicken, verbinden, vereinigen', aus mlat. *amalgamare*, einer Ableitung von mlat. *amalgama* (s. oben). Amalgamierung f. (16. Jh.).

Amateur m. 'Kunstliebhaber, Kunstfreund'. Übernahme (18. Jh.) von gleichbed. mfrz. frz. *amateur* (mfrz. auch 'Liebender, Freund'), entlehnt aus lat. *amātor* 'Liebhaber, Verehrer, Freund', zu lat. *amāre* 'lieben, Gefallen an etw. finden', als zunächst fremdsprachlicher Ausdruck (Plur. *Amateurs*) mit dem geringschätzigen Nebensinn 'Dilettant'. Das Wort gewinnt jedoch in der 2. Hälfte des 19. Jhs. an Verbreitung (Plur. *Amateure*) und bezeichnet einen Menschen, der sich intensiv, aber nicht beruflich einer Sache widmet.

Amazone f. In der griechischen Sage 'Angehörige eines kriegerischen, berittenen Frauenvolkes in Kleinasien', mhd. *amazōne*, eine Entlehnung von lat. *Amāzōn*, griech. *Amāzṓn* (*'Αμαζών*). Die Etymologie ist ungeklärt. Die Herleitung aus griech. *mazós* (*μαζός*) 'Brustwarze, Mutterbrust' mit negierendem *a-* (*ἀ-* privativum) 'brustlos' oder 'einbrüstig', die auf der Vorstellung von der verstümmelten rechten Brust der Amazonen beruht, um so ungehindert den Bogen spannen zu können, ist die volksetymologische Erklärung eines unbekannten Wortes, vielleicht des Namens eines iranischen Volksstammes. In der übertragenen Bedeutung 'männlich wirkende Frau' wird *Amazone* schon im 16. Jh. verwendet; im modernen Reitsport versteht man darunter die 'Turnierreiterin'.

Ambiguität f. 'Zweideutigkeit, Doppelsinn', gelehrte Entlehnung (1. Hälfte 18. Jh.) wohl unter Einfluß von frz. *ambiguïté* aus gleichbed. lat. *ambiguitās* (Gen. *ambiguitātis*). *Ambiguität* begegnet vor allem in den Lexika des 19. Jhs. (z. B. Campe 1801); von der modernen Sprachwissenschaft im Sinne von 'Mehrdeutigkeit sprachlicher Äußerungen' (Mitte 20. Jh.) wieder aufgenommen. Vgl. lat. *ambiguus* 'zweifelhaft, ungewiß, zweideutig, doppelsinnig', *ambigere* 'bezweifeln, unschlüssig sein, schwanken', aus lat. *amb(i)-* 'ringsum, um ... herum, auf beiden Seiten' (verwandt mit *bei*, s. d.) und lat. *agere* 'in Bewegung setzen, treiben, handeln', demnach eigentl. 'etw. nach zwei Seiten hin treiben, über etw. von zwei Seiten denken'.

Ambition f. 'Ehrgeiz', Entlehnung (1. Hälfte 17. Jh.) von gleichbed. frz. *ambition*, afrz. *ambicion*, nach lat. *ambitio* (Gen. *ambitiōnis*) 'Ehrgeiz, eifrige Bemühung, Eitelkeit', abgeleitet von lat. *ambīre* 'um etw. herumgehen, als Bittsteller herumgehen'; vgl. lat. *īre* 'gehen' und *amb(i)-* 'herum, von zwei, mehreren oder allen Seiten her'; lat. *ambitio* ist demnach das 'Umhergehen als Bittsteller', die 'Bewerbung um ein Amt', dann das 'Streben nach Ehre und Rang, Ehrgeiz'. – ambitiös Adj. 'ehrgeizig' (2. Hälfte 17. Jh.), aus gleichbed. frz. *ambitieux*, lat. *ambitiōsus* 'um etw. herumgehend, nach Ämtern, nach Gunst strebend, ehrgeizig'.

Ambivalenz f. 'Doppelwertigkeit von Gefühlen', gelehrte Neubildung (1910/11) des Psychiaters E. Bleuler, der unter *affektiver Ambivalenz* das 'Nebeneinanderbestehen von entgegengesetzten Gefühlen' (Zu- und Abneigung zugleich) versteht. Das Wort ist wahrscheinlich nach dem Vorbild von *Äquivalenz* (s. d.) gebildet aus *Valenz* (s. d.) in Verbindung mit lat. *amb(i)-* (s. *Ambiguität*). – ambivalent Adj. 'doppelwertig (von Gefühlen), zwiespältig' (Freud 1916), in der Sprachwissenschaft 'doppel-, mehrdeutig' (2. Hälfte 20. Jh.).

Amboß m. 'blockartige Unterlage aus Stahl zum Hämmern, Bearbeiten von Werkstükken'. Das Wort ist allein auf den dt. Sprachraum beschränkt. Ahd. *anabōȝ* (9. Jh.), mhd. *an(e)bōȝ* ist eine mit ahd. *ana-* 'an, zu, auf' präfigierte Bildung zu ahd. *bōȝen* 'stoßen, schlagen' (8. Jh.) und bedeutet eigentl. 'woran, worauf man schlägt'. Es ist ein überwiegend hd. Wort (vereinzelt mnd. *anebot, ambot*). Vgl. Karg-Gasterstädt in: PBB 62 (1938) 57. Ahd. *bōȝen* ist verwandt mit nhd. *bosseln* 'kleine Arbeiten machen, formen, basteln'. Zur Etymologie s. *Butt*. Ob ahd. *anabōȝ* als Lehnübersetzung von lat. *incūs* (Gen. *incūdis*) 'Amboß' (zu lat. *in* 'in, auf' und *cūdere* 'schlagen, klopfen') anzusehen ist, bleibt ungewiß.

ambulant Adj. 'umhergehend, umherziehend, wandernd', im Bereich des Handels 'nicht ortsgebunden' (*ambulanter Handel, ambulantes Gewerbe*), in der Medizin 'nicht stationär' (*ambulante Behandlung*), entlehnt (2. Hälfte 18. Jh.) aus gleichbed. frz. *ambulant*, das auf lat. *ambulāns* (Gen. *ambulantis*), Part. Präs. von lat. *ambulāre* 'umhergehen', zurückgeht. – Ambulanz f. Entsprechend seinem Vorbild frz. *ambulance* bedeutet das Wort bei seinem Aufkommen zur Zeit der Napoleonischen Kriege (Anfang 19. Jh.) 'bewegliches Lazarett, Feldlazarett', später 'Krankentransportwagen' (1. Hälfte 19. Jh.). In neuerer Zeit (Mitte 20. Jh.) ist *Ambulanz* vor allem die 'medizinische Einrichtung für die Behandlung gehfähiger Patienten' wie schon älteres gleichbed. Ambulatorium n. (2. Hälfte 19. Jh.), substantiviertes Neutrum von lat. *ambulātōrius* 'beweglich'.

Ameise f. sozial lebendes Insekt mit hoch entwickelter Brutpflege. In ahd. *ămeiȝa* (8. Jh.), mhd. *āmeiȝe*, mnd. *āmete, ēmete*, mnl. *āmete*, aengl. *æmet(t)e*, engl. *ant, emmet* ist das Präfix westgerm. *ā-* 'fort, weg' (s. *Ohnmacht*) mit einem Verbalstamm verbunden, den die Verben ahd. *meiȝan*, mhd. *meiȝen*, anord. *meita* 'schneiden', got. *maitan* 'hauen, schneiden' enthalten (s. *Meißel*), so daß der Name des Tieres als 'Abschneiderin' (von Pflanzenteilen) zu verstehen ist, falls er sich nicht auf die deutliche Segmentierung zwischen Kopf, Thorax und Hinterleib bezieht. Ein aus mundartlichen Formen entwickeltes *Emse* versucht Oken (1815) vergeblich in die Literatursprache einzuführen.

amen bekräftigende Schlußformel nach Gebet und Predigt. Hebr. *'amēn* 'so sei es, wahrlich, gewiß' dient schon im synagogalen Gebrauch des Altertums als Ausdruck der Anerkennung und Bestätigung eines vorgelesenen Textes oder Gebets. Die Formel gelangt über griech. *āmḗn* (ἀμήν) (Neues Testament) und kirchenlat. *āmēn* ins Ahd. (um 800).

Amethyst m. Halbedelstein von violetter Farbe. Mhd. *ametiste, amatist*, mnd. *ammatist, ammetiste*, mnl. *ametist*, nl. *amethist* gehen über Vermittlung von gleichbed. afrz. *ametiste, amatiste* (frz. *améthyste*) auf lat. *amethystus*, griech. *améthystos* (ἀμέθυστος) zurück. Das griech. Wort ist die substantivierte Form des negierten Verbaladjektivs 'nicht trunken machend, dem Rausch widerstehend, nicht berauscht' zu griech. *methýein* (μεθύειν) 'vom Weine berauscht, trunken sein' bzw. *methýskein* (μεθύσκειν) 'berauschen', die sich an griech. *méthy* (μέθυ) 'Wein' anschließen, das mit *Met* (s. d.) verwandt ist. Benannt ist der Amethyst nach der hellvioletten Farbe eines stark verdünnten und deshalb unschädlichen Rotweins. Hieraus ergab sich der Aberglaube, daß er, am Körper getragen, gegen Trunkenheit schütze.

Amme f. 'ein fremdes Kind stillende Frau, Nährmutter', ahd. *amma* (um 1000), mhd. mnd. mnl. *amme*; vgl. anord. *amma* 'Großmutter'. schwäb. *Amm* 'Mutter'. *Amme* ist ein kindersprachliches Lallwort, das Entsprechungen in vielen anderen Sprachen hat, die sowohl 'Mutter' als auch 'Amme' bedeuten; vgl. aind. *ambā* 'Mutter'. griech. *ammá(s)* und *ammía* (ἀμμά(ς), ἀμμία) 'Mutter, Amme', span. port. *ama* 'Herrin, Hausfrau, Amme'. Bei *Hebamme* (s. d.) handelt es sich um eine lautliche Angleichung an *Amme*; beide Wörter sind nicht miteinander verwandt. – Ammenmärchen n. 'unwahre, unglaubwürdige Geschichte' (1. Hälfte 18. Jh.).

Ammoniak n. Die im 16. Jh. aufkommende Bezeichnung für die farblose, stechend riechende, gasförmige Stickstoff-Wasserstoff-Verbindung geht zurück auf lat. *sāl Ammōniacum*, eigentl. 'ammonisches Salz, Ammonssalz', griech. *Ammōniakón* (Ἀμμωνιακόν) 'Küchen- oder Steinsalz' (ein Gemisch aus dem Karbonat und dem Chlorid des Natriums), nach der im Altertum *Ammōnía* (Ἀμμωνία) genannten Landschaft in Libyen (heute Oase Siwa in Ägypten), wo in der Nähe eines dem ägypt. Gott *Ammon* geweihten Tempels das Salz gefunden wurde. Nicht verwandt mit *Salmiak* (s. d.).

Amnestie f. 'Begnadigung, Straferlaß' (für bestimmte Gruppen von Verurteilten), entlehnt (Anfang 17. Jh.) aus lat. *amnēstia*, griech. *amnēstía* (ἀμνηστία) 'das Vergessen, bes. des begangenen Unrechts, Vergebung', einer Ableitung vom Adjektiv griech. *ámnēstos* (ἄμνηστος) 'uneingedenk, vergessend'. Älter ist im Dt. die griech.-lat. Form *Amnestia* und die griech.-byzant. Form *Amnistia* (16./17. Jh.). Der meist einen 'allgemeinen Straferlaß' ausdrückende Begriff *Amnestie* wird schon sehr früh durch *General Amnestia* (1621) und *General Amnestie* (um 1700) verdeutlicht. – amnestieren Vb. (einer Gruppe von Verurteilten) 'durch Gesetz Straferlaß zubilligen' (um 1800).

Amöbe f. 'Wechseltierchen', einzelliger Wurzelfüßer von sehr einfachem Bau und veränderlicher Körpergestalt, gelehrte Bildung der Biologie (zoolog.-lat. *Amoeba* 1830) zu griech. *amoibḗ* (ἀμοιβή) 'Wechsel, Tausch, Veränderung' bzw. *amoibós* (ἀμοιβός) 'wechselnd, veränderlich'; vgl. griech. *ameíbein* (ἀμείβειν) 'wechseln, tauschen'. Benennungsmotiv ist die bei der Fortbewegung sich stets verändernde Gestalt.

Amok m. 'blindwütige Mordsucht', meist in der verbalen Verbindung *Amok laufen* 'in plötzlich auftretender Geistesgestörtheit mit einer Waffe umherrasen und jeden Entgegenkommenden angreifen und zu töten versuchen', substantiviert Amoklaufen n., zu mal. *amok* 'rasend, wütend, verzweifelt (im Kampf)', im 19. Jh. vor allem in Lexika bezeugt, im 20. Jh. auch häufiger in literarischen Werken. Ein Frühbeleg findet sich (um 1660) in einer Reisebeschreibung („*Amoc* welches so viel ist als courage, oder schlag todt"). – Amoklauf m., Amokläufer m. (Anfang 20. Jh.).

amortisieren Vb. im Rechtswesen 'eine Urkunde vernichten, ein Recht außer Kraft setzen', entlehnt (18. Jh.) aus mlat. *admortizare* 'er-, absterben, tilgen, auslöschen, eine Schuld abtragen'; in der Finanzwirtschaft 'Schulden allmählich (nach festgelegtem Plan) tilgen' (18. Jh.), auch 'die Anschaffungskosten wieder einbringen' (20. Jh.), entlehnt aus frz. *amortir* 'töten, schwächen, dämpfen, (Schulden) abtragen', daher anfangs auch ohne Endungserweiterung *amortieren*, das jedoch bald durch (rechtssprachlich gestütztes) *amortisieren* verdrängt wird. Afrz. *amortir* 'töten, in tote Hand geben' (dazu s. unten) beruht auf vlat. **admortīre* 'ertöten, abtöten', das wie mlat. *admortizare* zu vlat. *mortus* (lat. *mortuus*) 'tot', vgl. lat. *morī* 'sterben', gebildet ist. *amortieren, amortisieren* steht zunächst für 'einen Wechsel, Schuldschein für ungültig erklären', die oben angeführte kaufmännische Bedeutung wird Mitte des 19. Jhs. geläufig; die sozialistische Wirtschaft versteht darunter 'den Verschleiß der Grundmittel in der Produktion abschreiben' (Mitte 20. Jh.). – Amortisation f. 'Nichtigkeitserklärung einer (Schuld)urkunde' (1. Hälfte 18. Jh.), 'Tilgung einer Schuld in Raten, Abschreibung' (um 1800), 'Deckung der Anschaffungskosten aus dem erwirtschafteten Ertrag' (20. Jh.), in der sozialistischen Wirtschaft 'Abschreibung des Verschleißes, dem die Grundmittel in der Produktion ausgesetzt sind' (Mitte 20. Jh.). Daneben im 19. Jh. in den entsprechenden Verwendungsweisen auch *Amortissement*. Entlehnt aus mlat. *admortizatio* (Gen. *admortizationis*) 'Absterbung, Tilgung' bzw. frz. *amortissement* 'Schuldentilgung, Abschreibung'. Voraufgehendes afrz. *amortissement* bezeichnet wie mlat. *admortizatio* vor allem das 'Veräußern weltlicher Güter an die Kirche, an die tote Hand (*manus mortua*)', da der Besitz durch die Überführung in das Eigentum der Kirche der Welt abstirbt. Vom 13. Jh. an haben sich zuerst die Städte, ein Jh. später auch die Territorien gegen das Anwachsen des Kirchengutes durch *Amortisationsgesetze* (*leges de non amortizando*) gewehrt. Der kirchenrechtliche Begriff *Amortisation* ist zuerst 1717, *Amortisationsgesetz* Mitte des 18. Jhs. belegt.

Ampel f. '(schalenförmige) Hängelampe'. Ahd. *amp(ul)la* (10. Jh.), mhd. *ampulle, ampel*, mnd. *ap(p)olle, appulle*, mnl. *ampulle, appulle*, nl. *ampul* bezeichnen ein 'kleines Gefäß für Öl oder andere Flüssigkeiten', meist zu geweihtem Gebrauch bestimmt, im Mittelalter vor allem die 'Ewige Lampe' in der Kirche (ein von der Decke herabhängendes, fortwährend brennendes Öllämpchen), vom 14. Jh. an auch die Lichtquelle im Hause, seit dem 16. Jh. mit *Lampe* (s. d.) konkurrierend. Eine Neubelebung erfährt *Ampel* als Kurzwort für *Verkehrsampel* 'Lichtanlage (anfangs hängend über einer Kreuzung angebracht) zur Regelung des Straßenverkehrs' (20er Jahre 20. Jh.). Es handelt sich um eine Entlehnung aus lat. *ampulla* (eigentl. **amp(h)orula*, dann **amporla, *ampurla*) 'kolbenförmiges Gefäß mit zwei Henkeln, kleine Flasche' (s. auch *Ampulle* und *Pulle*), einem Deminutivum von lat. *amphora* 'Tongefäß mit zwei Henkeln' (s. auch *Eimer*). Lat. *amphora* wiederum ist aus gleichbed. griech. *amphoreũs* (ἀμφορεύς) entlehnt, zusammengezogen aus *amphiphoreũs* (ἀμφιφορεύς), das sich aus *amphí* (ἀμφί) 'auf beiden Seiten, ringsum' und *phoreũs* (φορεύς) 'Träger', zu griech. *phérein* (φέρειν) 'tragen, heben', zusammensetzt, eigentl. also 'Zweiträger', d. h. ein Krug, der beiderseits getragen wird.

Amphibie f., Amphibium n. 'Lurch', d. i. wechselwarmes, zu Beginn seines Lebens (mit Kiemen atmend) im Wasser, später (mit Lungen atmend) auf dem Lande lebendes Wirbeltier, gelehrte Entlehnung (1. Hälfte 18. Jh.) von lat. *amphibion* n. 'im Wasser schwimmendes und auf dem Lande kriechendes Tier', einer Substantivierung des Adjektivs griech. *amphíbios* (ἀμφίβιος) 'doppellebig, auf dem Lande und im Wasser lebend', das zu griech. *amphí* (ἀμφί) 'um ... herum, zweifach' und griech. *bíos* (βίος) 'Leben' gebildet ist. Den lat. Plural *Amphibia* übernimmt Linné (1748) als klassifizierende Bezeichnung der sowohl auf dem Lande wie im Wasser lebenden Tiere (Reptilien, Frösche u. dgl.); später wird der Name im obigen Sinne eingeengt und gilt lediglich für die Klasse der Blindwühlen, Molche, Frösche. Oken (1815) bildet dafür den deutschen Namen *Lurche* (s. d.). – amphibisch Adj. 'doppellebig, auf dem Lande und im Wasser lebend', sowohl von Tieren als auch von Pflanzen (1. Hälfte 18. Jh.). Amphibienfahrzeug n. 'zu Lande und zu Wasser sich fortbewegendes Kraftfahrzeug' (Mitte 20. Jh.).

Amphitheater n. antikes Freilichttheater mit stufenförmig ansteigenden, rings um die Arena laufenden Sitzreihen; heute jedes Theater, das eine in Halbkreisform ansteigende Sitzordnung des Zuschauerraumes hat. Entlehnt (Mitte 16. Jh.) aus lat. *amphitheātrum*, griech. *amphithéātron* (ἀμφιθέατρον), das eine in Anlehnung an *théātron* (θέατρον) 'Zuschauerraum, Theater' vorgenommene Substantivierung der neutralen Form des Adjektivs griech. *amphithéātros* (ἀμφιθέατρος) 'ringsum einen Zuschauerraum habend' ist. (Zum ersten Kompositionsglied s. *Ampel*.)

Bis gegen Mitte des 18. Jhs. überwiegt die lat. Form *Amphitheatrum*.

Amplitude f. in der Physik die Weite mechanischer, elektrischer oder akustischer Schwingungen, gelehrte Entlehnung (Mitte 19. Jh.) aus lat. *amplitūdo* 'Weite, Größe, der große, ansehnliche Umfang', das vom Adjektiv lat. *amplus* 'umfangreich, weit, ansehnlich, groß' abgeleitet ist.

Ampulle f. 'bauchiges Gefäß, bauchige Flasche', ursprünglich ein Wein-, Öl oder Wasserbehälter für liturgische Zwecke. Zugrunde liegt lat. *ampulla* 'kolbenförmiges Gefäß, kleine Flasche', das über ahd. *amp(ul)la* (10. Jh.), mhd. *ampulle, ampel* zu nhd. *Ampel* (s. d.) führt, das aber auch als *Ampulle* in Anlehnung an die ursprüngliche Bedeutung im obigen Sinne weiterlebt. Eine Neubelebung erfährt *Ampulle* als Fachwort der Anatomie, die darunter eine 'bauchige Erweiterung eines röhrenförmigen Hohlorgans' (2. Hälfte 19. Jh.) versteht, und der Medizin, die damit das 'keimfrei zugeschmolzene Glasröhrchen zur Aufbewahrung injizierbarer Arzneimittel' bezeichnet (Anfang 20. Jh.).

amputieren Vb. 'einen endständigen Körperteil operativ entfernen, abtrennen' wird als medizinischer Ausdruck seit der 2. Hälfte des 18. Jhs. verwendet. Entlehnt aus lat. *amputāre* 'abschneiden, beschneiden', in der Medizin 'kranke Gliedmaßen wegschneiden', gebildet aus lat. *amb(i)-* 'ringsum, um... herum, auf beiden Seiten' und *putāre* 'putzen, reinigen, (Bäume) beschneiden', also eigentl. 'durch ringsum gemachte Schnitte unnütze oder schädliche Teile wegschneiden'. In der nichtmedizinischen, heute unüblichen Bedeutung 'abschneiden, abhauen' begegnet das Verb schon in der 1. Hälfte des 17. Jhs. – A m p u t a t i o n f. (1. Hälfte 18. Jh.), aus lat. *amputātio* (Gen. *amputātiōnis*) 'das Abschneiden (von Gliedmaßen)'.

Amsel f. zu den Drosseln zählender Singvogel, 'Schwarzdrossel', ahd. *amsla* (9. Jh.), *amsala* (Hs. 12. Jh.), mhd. mnd. *amsel*, aengl. *ōsle* (mit Schwund des Nasals vor *-s*), engl. *ousel, ouzel* lassen sich auf ie. **ams-* oder **oms-* 'Amsel', dagegen lat. *merula*, kymr. *mwyalch* 'Amsel' auf ablautendes ie. **mes-* zurückführen (s. aber auch *Meise*). Lat. *merula* (bzw. die synkopierte vlat. Form) lebt in afrz. frz. *merle* weiter, ist aber auch ins Dt. und Nl. entlehnt worden, ahd. *merla* (11. Jh.), mhd. *merl, merle, merlīn*, mnd. *merle, merlinc*, mnl. *merle, meerle*, nl. *merel*. Vornehmlich in rhein. und angrenzenden Mundarten wird *Meerel, Merle, Merdel* bewahrt und setzt sich gegenüber dem germ. Namen durch.

Amt n. 'Dienststelle, Behörde (und deren Sitz), Dienststellung, Aufgabe, Verpflichtung', veraltet 'Verwaltungs-, Amtsbezirk'. Ahd. *ambahti, ambath* n. (8. Jh.), mhd. *ambahte* (mit vielen Nebenformen wie *ambehte, amb(e)t, ammet*), asächs. *ambaht, ammaht*, mnd. mnl. *ambacht*, nl. *ambacht* und *ambt*, aengl. *ambiht*, anord. *embætti*, got. *andbahti* im Sinne von 'Aufgabe, Dienst, Dienstleistung, Amt als öffentliche Einrichtung' gehören zu einem untergegangenen Maskulinum ahd. *ambaht* (8. Jh.), aengl. *ambiht*, got. *andbahts* 'Diener, Gefolgsmann', dem germ. **ambaht(j)a-* 'Gefolgsmann' zugrunde liegt, wozu als *jan*-Stamm auch asächs. *ambahteo* 'Amtmann, Diener'. Dieses ist entlehnt aus dem bei lat. Schriftstellern bezeugten gall. *ambactus* 'Dienstmann, Höriger', kelt. **amb(i)aktos* 'Bote, Diener', eigentl. 'Herumgesandter'. Die Kompositionsglieder des kelt. Wortes entsprechen lat. *amb(i)-* 'ringsum, auf beiden Seiten' und lat. *āctus*, Part. Perf. von lat. *agere* 'in Bewegung setzen, treiben, handeln'. – a m t i e r e n Vb. 'ein Amt versehen' (Anfang 18. Jh.) ersetzt das heute veraltete, im Südd. und Schweiz. noch gebräuchliche *amten*, ahd. *ambahten* 'dienen, ein Amt verwalten, etw. ausführen' (8. Jh.), mhd. *ambahten, ambehten*. a m t l i c h Adj. 'dienstlich, behördlich, offiziell', ahd. *ambahtlīh* 'priesterlich' (11. Jh.), mhd. *ambetlich* 'dem Amte gemäß, rechtmäßig'. A m t m a n n m. 'Verwaltungsbeamter in gehobener Stellung', ahd. *ambahtman* (um 800), mhd. *ambetman, amtman* 'wer ein Amt zu verwalten hat, Diener'; vgl. asächs. *ambahtman*, mnd. *ambacht(es)man, amtman*, mnl. *ambachtsman, amptman*, aengl. *ambihtmann*. Daneben schweiz. *Ammann* 'Vorsitzender einer Verwaltungsbehörde, Gemeinde-, Bezirksvorsteher', mhd. *amman*, verkürzte Nebenform von mhd. *ambetman*. b e a m t e t Part.adj. 'im Beamtenverhältnis angestellt', frühnhd. *beamptet* 'im öffentlichen Dienst, bes. in der Verwaltung, tätig im Auftrag eines Herrn, Fürsten, Gemeinwesens', zu einem außerhalb des Part. Prät. nur selten auftretenden Verb *beamten* 'mit einem öffentlichen Amt betrauen, als Beamten anstellen' (15. Jh.). Schon eher erscheint *beampt* (14. Jh.), eine verkürzte (gelegentlich noch im 17. Jh. verwendete) Form des Part.adj. Aus der gleichfalls seit dem 14. Jh. bezeugten Substantivierung dieser Kurzform entsteht nhd. B e a m t e r m. als Bezeichnung für den im spätfeudalen und bürgerlichen Staat auf die Repräsentanz der Staatsgewalt verpflichteten, mit bestimmten Privilegien ausgestatteten Angestellten im Staatsdienst.

Amtsschimmel m. 'umständliches bürokratisches Handeln, bürokratischer Trott', bes. in der Wendung *den Amtsschimmel reiten* 'die Dienstvorschriften übertrieben peinlich einhalten'. Die Herkunft des in der 2. Hälfte des 19. Jhs. aufkommenden Ausdrucks ist unklar. Wahrscheinlich handelt es sich bei dem Grundwort um eine volksetymologische Umgestaltung von *Simile* (substantiviertem Neutrum von lat. *similis* 'ähnlich'), das ein in den Kanzleien des alten Österreich verwendetes vorgedrucktes Musterformular bezeichnet, nach dem ein Fall 'in ähnlicher Weise' zu behandeln war. Einen nach diesem vorgeschriebenen Schema arbeitenden Kanzlisten nannte man daher spöttisch einen *Schimmelreiter*, eigentlich *Similereiter*, vgl. STORFER Wörter (1935) 312f. Eine andere Bedeutung führt in die Schweiz, wo die Wendung *auf dem obrigkeitlichen Schimmel herumreiten* schon 1824 bezeugt ist, in Anspielung auf die Amtsboten der Eidgenossen, die ehemals in Ausübung ihres Dienstes auf Schimmeln reitend schriftliche Unterlagen zu überbringen hatten (vgl. Schweiz. Id. 8, 774).

Amulett n. 'Talisman', Gegenstand, der nach abergläubischer Vorstellung Unheil, Gefahren abwendet, entlehnt (2. Hälfte 16. Jh.) aus gleichbed. lat. *amulētum*. Die Herkunft des Wortes ist nicht geklärt; volksetymologisch wird es mit lat. *āmōlīrī* 'beseitigen, entfernen, abwenden' in Beziehung gebracht, vgl. dazu auch lat. *āmōlīmentum* 'Abwendungsmittel, Amulett'. Lat. *amulētum* bedeutet ursprünglich wohl 'Speise aus Kraftmehl', von lat. *amulum, amylum* 'Kraftmehl, Stärke', griech. *ámylon* (*ἄμυλον*), vielleicht 'das Ungemahlene'. Bis ins 18. Jh. hinein ist die lat. Form *Amuletum* vorherrschend.

amüsieren Vb. 'unterhalten, die Zeit vertreiben, belustigen'. Seit Anfang des 17. Jhs. ist *amusieren* 'aufhalten, hinhalten, zum Nichtstun veranlassen' belegt; die heutige, zuerst als umgangssprachlich empfundene Bedeutung setzt sich in der 1. Hälfte des 18. Jhs. durch, bald in eingedeutschter Schreibweise *amüsieren*. Das Verb ist in beiden Verwendungen entlehnt aus gleichbed. frz. *amuser*, afrz. *amuser* 'mit leeren Versprechungen hinhalten, foppen', Präfixbildung zu afrz. *muser* 'nachdenken, mit offenem Munde schauen, seine Zeit verschwenden', dem seinem Ursprung nach ungeklärtes, vielleicht aus dem Kelt. stammendes mlat. *mūsus* 'Maul' (8. Jh.) zugrunde liegt (vgl. aprov. *mus* 'Gesicht', ital. *muso* und die Ableitung afrz. *musel*, frz. *museau* 'Schnauze'). Der heute vorherrschende refl. Gebrauch im Dt. entspricht frz. *s'amuser* 'sich unterhalten, sich vergnügen'. – a m ü s a n t Adj. 'unterhaltsam, belustigend' und A m ü s e m e n t n. 'Zeitvertreib, Belustigung, Vergnügen' (beide Anfang 18. Jh., anfangs auch in frz. Schreibung), nach gleichbed. frz. *amusant* (Part. Präs. von *amuser*, s. oben) bzw. *amusement* m.

an Präp. und Adv. 'dicht bei, nahe, in, ungefähr, etwa', ahd. *an(a)* (8. Jh.), mhd. *an(e)*, asächs. *an*, mnd. *an, āne*, mnl. *ane, aen*, nl. *aan*, aengl. engl. *on*, anord. *ā*, got. *ana* ist verwandt mit griech. *aná* (*ἀνά*) 'darauf, auf, nach oben (hinauf), entlang' (s. *ana-*), aind. *ánu* 'nach, entlang, gemäß', awest. *ana* 'über... hin, entlang, längs, auf', aslaw. (schwundstufig) *na*, russ. *na* (*на*) 'auf, an' sowie mit dem Präfix lat. *an-* 'auf, hinan' in *anhēlāre* 'stark und mühsam atmen, keuchen, schnauben', *antestārī* 'zum Zeugen anrufen', so daß von ie. **an, *anu, *anō, *nō* 'hinan, entlang' auszugehen ist. Die wahrscheinlich ursprüngliche Bedeutung 'aufwärts, in die Höhe' ist im Germ. kaum noch erkennbar, doch vgl. heutiges *bergan, himmelan*. Als Adverb wird *an* durch die Verbindungen *heran, hinan* ersetzt, ist aber in den unfest zusammengesetzten Verben (*ankommen, anwachsen* u. dgl.) und in Wörtern wie *anbei, hintenan* enthalten.

ana-, vor Vokalen *an-*, Präfix mit der Bedeutung 'oben, hinauf, aufwärts, auf, hindurch, rückwärts, zurück, wieder, gemäß, entsprechend'. Zugrunde liegt das unter *an* (s. d.) aufgeführte griech. *aná* (*ἀνά*) Präp. und Adv. 'darauf, auf, nach oben (hinauf), entlang', aus dessen adverbiellem Gebrauch das im Griech. zahlreiche Zusammensetzungen bildende Präfix hervorgegangen ist, vgl. *anabállein* (*ἀναβάλλειν*) 'aufwerfen, zurückwerfen, auf sich nehmen', zu griech. *bállein* (*βάλλειν*) 'werfen' (s. [2]*Ball*), *analégein* (*ἀναλέγειν*) 'auflesen, sammeln', zu griech. *légein* (*λέγειν*) 'auflesen, sammeln, sagen, sprechen'. Dazu gehören die ins Dt. aufgenommenen Bildungen *Anachronismus, Analogie, Analyse, Anatomie, Anode* (s. d.), ferner A n a g r a m m n. 'durch Vertauschung der Buchstaben eines Wortes oder Satzes entstandenes neues Wort oder neuer Satz' (Mitte 18. Jh., älter *Anagramma*, 1. Hälfte 17. Jh.), griech. *anágramma* (*ἀνάγραμμα*), zu *anagráphein* (*ἀναγράφειν*) 'auf-, niederschreiben, aufzeichnen, eintragen in ein Register', griech. *gráphein* (*γράφειν*) 'schreiben' (s. *-gramm*); A n a m n e s e f. 'Vorgeschichte einer Krankheit' (1. Hälfte 19. Jh., zuvor *Anamnesis*, 1. Hälfte 18. Jh.), lat. *anamnēsis*, griech. *anámnēsis* (*ἀνάμνησις*) '(Wieder)-erinnerung, das Erinnern an etw.', zu *anamimnḗskein* (*ἀναμιμνήσκειν*) 'jmnd. an etw. erinnern, sich erinnern', *mimnḗskein* (*μιμνήσκειν*) '(sich) erinnern, erwähnen'.

Anachronismus m. 'widersprüchliche zeitliche Einordnung, durch die Zeit überholte Einrichtung', Entlehnung des 18. Jhs. von gleichbed. griech. *anachronismós* (*ἀναχρονισμός*), auch 'Austausch, Verwechslung der Quantitäten (zweier Silben)', dem Abstraktum zu griech. *anachronízein* (*ἀναχρονίζειν*) 'in Verzug sein', daneben 'in eine andere Silbenquantität versetzen, Quantitäten vertauschen', einem Präfixverb (s. *ana-*) zu griech. *chrónos* (*χρόνος*) 'Zeit, Zeitdauer, Zeitverlauf' (s. *Chronik*); anfangs zuweilen mit verkürzter Endung *Anachronism*, bald aber mit dt. Pluralbildung *Anachronismen*.

Analogie f. 'Entsprechung, Ähnlichkeit, Gleichheit von Verhältnissen', entlehnt (1. Hälfte 16. Jh.) aus lat. *analogia*, griech. *analogía* (*ἀναλογία*) 'entsprechendes, richtiges Verhältnis, Übereinstimmung' (gebildet zum Adjektiv griech. *análogos*, s. unten); neben frühen Formen wie *Analogy, Analogi* anfangs vor allem in griech.-lat. Form *Analogia* (bis Mitte 17. Jh.). Zum Substantiv bildet sich die Wissenschaftssprache a n a l o g i s c h Adj. 'entsprechend, ähnlich, sinngemäß' und, unter dem Einfluß von frz. *analogue*, gleichbed. a n a l o g Adj. (beide Mitte 18. Jh.), die durch lat. *analogos*, griech. *análogos* (*ἀνάλογος*), entstanden aus der häufigen präpositionalen Wendung *aná lógon* (*ἀνὰ λόγον*) 'dem richtigen Verhältnis entsprechend', zu griech. *lógos* (*λόγος*), hier im Sinne von 'Berechnung, Verhältnis' (s. *Logarithmus* und *Logik*) und die Weiterbildung *analogikós* (*ἀναλογικός*), spätlat. *analogicus* gestützt werden.

Analyse f. 'Auflösung, Zergliederung, Untersuchung', gelehrte Entlehnung aus gleichbed. mlat. *analysis*, griech. *análysis* (*ἀνάλυσις*), das zum Verb *analýein* (*ἀναλύειν*) 'auflösen', zusammengesetzt aus *ana-* (s. d.) und griech. *lýein* (*λύειν*) 'lösen', gebildet ist. In wissenschaftlichen dt. Texten findet sich *analysis* bereits im 15. Jh.; gegen Mitte des 18. Jhs. wird die Endung (wohl unter dem Einfluß der seit Ende des 16. Jhs. im Frz. bezeugten Form *analyse*) dem im Dt. üblichen Lautstand angeglichen. – a n a l y s i e r e n Vb. 'auf einzelne Merkmale hin untersuchen, zergliedern und dadurch klarlegen, eine chemische Analyse vornehmen' (2. Hälfte 17. Jh.), von *Analysis* abgeleitet. a n a l y t i s c h Adj. 'methodisch zergliedernd' (Ende 17. Jh.), vgl. spätlat. *analyticus*, griech. *analytikós* (*ἀναλυτικός*) 'auflösend, zum Lösen gehörig'. A n a l y t i k e r m. (Ende 18. Jh.).

Ananas f. Die tropische, vorwiegend in Brasilien und Westindien heimische Frucht heißt in südamerik. Indianersprachen (im Tupí, Guaraní und im Karib.) *naná* und *ananá*. Mit dem port. Artikel *a* und dem Pluralzeichen *-s* entwickelt sich der Name zu port. *ananás* und gelangt im 16. Jh. ins Frz., Dt. und in andere europ. Sprachen.

Anarchie f. 'Gesetzlosigkeit, politische Unordnung, Führungslosigkeit', Entlehnung (1. Hälfte 17. Jh.) aus griech. *anarchía* (*ἀναρχία*) 'Herrschaftslosigkeit, Zügellosigkeit', das von griech. *ánarchos* (*ἄναρχος*) 'ohne Oberhaupt, führerlos' abgeleitet ist, einer Bildung mit verneinendem *a-* bzw. *an-* vor Vokal (*ἀ-* privativum) zu griech. *árchein* (*ἄρχειν*) 'der erste sein, vorangehen, anfangen, herrschen'. Anfangs neben vereinzeltem *Anarchey* meist *Anarchia*, seit Anfang des 18. Jhs. (unter dem Einfluß von älter bezeugtem frz. *anarchie*?) in der heutigen Form *Anarchie*. – a n a r c h i s c h Adj. 'gesetzlos, zügellos' (Mitte 18. Jh.). A n a r c h i s m u s m. 'utopische, jede staatliche und politische Organisation ablehnende Anschauung' (Anfang

19. Jh.). Anarchist m. 'Anhänger des Anarchismus' (Ende 18. Jh.), wie frz. *anarchiste* eine Bildung aus der Zeit der frz. Revolution; älter *Anarch* (Mitte 18. Jh.). anarchistisch Adj. (1. Hälfte 19. Jh.).

Anästhesie f. '(Schmerz)unempfindlichkeit, künstliche Schmerzausschaltung' (Mitte 19. Jh.), wohl über die in der medizinischen Fachsprache latinisierte Form *anaesthesia* (im Engl. 1721, im Dt. 1793) entlehnt. Griech. *anaisthēsía* (ἀναισθησία) 'Gefühllosigkeit, Unempfindlichkeit' ist Adjektivabstraktum zu *anáisthētos* (ἀναίσθητος) 'gefühllos, unempfindlich', dies ein negiertes Verbaladjektiv von *aisthánesthai* (αἰσθάνεσθαι) 'durch die Sinne wahrnehmen, empfinden, fühlen', das an griech. *aíein* (ἀΐειν) 'wahrnehmen, hören' anzuschließen ist; s. *Ästhetik*. – anästhesieren Vb. 'schmerzunempfindlich machen' (Mitte 19. Jh.). Anästhesist m. 'Facharzt für Anästhesie' (Mitte 20. Jh.).

Anatomie f. 'Lehre von der Zergliederung der Lebewesen sowie von Form und Bau ihrer Organe', dann auch 'Körperbau', entlehnt (Anfang 16. Jh.) aus spätlat. *anatomia, anatomē*, griech. *anatomḗ* (ἀνατομή) 'das Aufschneiden, Zergliedern (von Körpern)', zu griech. *anatémnein* (ἀνατέμνειν) 'aufschneiden, zergliedern, sezieren', einer präfigierten Bildung (s. *ana-*) zu griech. *témnein* (τέμνειν) 'schneiden, zerteilen, ab-, durchschneiden' (s. *Atom*). Zuerst in den Formen *Anathomy, Anatomey, Anatome, Anatomia* bezeugt, *Anatomie* seit 2. Hälfte 18. Jh. Seit 1800 auch 'wissenschaftliches Institut für anatomische Studien'. – anatomisch Adj. 'die Anatomie betreffend' (2. Hälfte 17. Jh.). Anatom m. 'Wissenschaftler auf dem Gebiet der Anatomie' (2. Hälfte 17. Jh.), älter *Anatomicus, Anatomist* (beide 2. Hälfte 16. Jh.) und *Anatomiker* (2. Hälfte 17. Jh.), nach spätlat. *anatomicus* 'anatomisch; Anatom', griech. *anatomikós (ἀνατομικός)*.

anberaumen Vb. 'an-, festsetzen'. Die Herkunft des Grundworts ahd. *rāmēn* 'worauf zielen, beabsichtigen' (9. Jh.), mhd. mnd. *rāmen* 'streben, trachten', das auch in mnl. *rāmen* 'worauf zielen, ins Auge fassen, mutmaßen', nl. *ramen* 'veranschlagen, schätzen' sowie in ablautendem asächs. *rōmon* 'streben' begegnet, ist unsicher. Vielleicht sind die genannten Verben von einem (allerdings erst spät bezeugten) Substantiv abgeleitet, das in mhd. mnd. *rām* 'Ziel' auftritt. Setzt man einen Sinn 'geistig zurechtlegen, berechnen' voraus, so ist eine Verbindung mit den unter *Rede* (s. d.) genannten Formen und Anschluß an die dort genannte Wurzel erwägenswert. Mhd. *rāmen* entwickelt die Präfixbildung mhd. *berāmen*, nhd. *berahmen* 'festsetzen'. Die Erweiterung *anberahmen* findet sich im 16. Jh. Mundartliche Wandlung des *-ā-* in *-au-*, gefördert durch Angleichung (in der Kanzleisprache?) an *Raum*, bildet daneben *beraumen* und *anberaumen* (16. Jh.), die mit den voraufgehenden Formen konkurrieren. Im 17. Jh. wird *berahmen*, im 19. Jh. *anberahmen* und *beraumen* allmählich aufgegeben.

Andacht f. 'religiöse Versenkung, kurzer Gebetsgottesdienst'. Ahd. *anathāht* (10. Jh.), mhd. *andāht* 'Denken an etw., Aufmerksamkeit, Hingabe' ist Abstraktbildung zu ahd. *anathenken* 'an etw. denken' (9. Jh.); s. *denken*. Der religiöse Bezug 'Hinwendung zu Gott' wird im Mhd. des 12. Jhs. vorherrschend und bleibt im Nhd. erhalten (anders nl. *aandacht* 'Aufmerksamkeit'), doch entwickelt sich aus diesem Gebrauch auch der (sich ahd. mhd. Verwendung wieder nähernde) allgemeinere Sinn 'Hingabe, innere Sammlung'. – andächtig Adj. 'ergriffen, versunken, hingebungsvoll', ahd. *anathāhtīg* (11. Jh.), mhd. *andæhtec* 'an etw. denkend, eingedenk, andächtig'.

andante Adv. als musikalische Tempo- und Vortragsbezeichnung im Sinne von 'ruhig, mäßig bewegt' aus dem Ital. im 18. Jh. übernommen. Ital. *andante*, eigentl. 'gehend', ist Part. Präs. von ital. *andare* 'gehen', dessen Herkunft umstritten ist (am wahrscheinlichsten wohl aus vlat. **ambitāre*, einer Intensivbildung zu lat. *ambīre* '(herum)gehen'). – Andante n. Musiksatz entsprechenden Charakters (2. Hälfte 18. Jh.). andantino Adv. 'etw. schneller als andante', entsprechend deminutivem ital. *andantino*; Andantino n. (beide 2. Hälfte 18. Jh.).

ander Num. Ord. 'der zweite', heute nur (mit Flexionsendung *der andere, ein anderer*) Pron.adj. 'einer (von zweien), nicht derselbe'. Ahd. (8. Jh.), mhd. mnd. mnl. nl. *ander*, asächs. *ōðar*, aengl. *ōþer*, engl. *other*, anord. *annarr*, got. *anþar*, außergerm. aind. *ántaraḥ*, lit. *añtras* bestehen aus einer Verbindung des Suffixes ie. *-tero-/ -toro-* mit dem Pronominalstamm ie. **eno-, *ono-* oder mit der Demonstrativpartikel ie. **an* 'dort'. Dazu vgl. auch (jedoch mit anderem Suffix) aind. *anyáḥ*, awest. *anya-*. Als Ordnungszahlwort der Zweizahl wird *ander* im Nhd. durch die junge Bildung *der zweite* abgelöst. – a n d e r t h a l b Adj. 'einundeinhalb', eigentl. 'das andere (zweite) halb', ahd. *anderhalb* (8. Jh.), mhd. *anderhalp*, spätmhd. *anderthalp* mit unorganischem *-t-* nach dem Muster der übrigen Ordinalien. a n d e r w e i t Adv. 'in anderer Hinsicht, sonstig, sonstwie', mhd. *anderweide, anderweit* 'zum zweiten Male, wiederum', zu mhd. *weid(e)* 'Futter, Speise, Nahrungserwerb, Weide(platz), Tagereise', mit Zahlwörtern verbunden (vgl. mhd. *drīweide, -weit*) '-mal' (s. ²*Weide*). Die heutige Bedeutung entwickelt sich in der Kanzleisprache unter volksetymologischer Anlehnung an *weit*; dazu a n d e r w e i t i g Adj. 'sonstig, weiter, anderswo' (1. Hälfte 17. Jh.). a n d e r m a l Adv. 'ein anderes Mal, zu einem anderen Zeitpunkt' (15. Jh.). s e l b a n d e r Adv. 'zu zweien', mhd. *selbe ander, selbander*, d. h. 'er selbst als zweiter'; im Mhd. und Frühnhd. verbreitet. a n d e r s Adv. 'gegenteilig, unterschiedlich, außerdem', ahd. *anderes* (9. Jh.), mhd. *anders*, erstarrter, adverbiell gebrauchter Genitiv. ä n d e r n Vb. 'umgestalten, anders machen', mhd. *endern, andern*, mnd. *anderen, enderen*, mnl. *anderen*.

Anekdote f. 'Geschichtchen', kurze unbeglaubigte Erzählung über eine bekannte Persönlichkeit. Mitte 18. Jh. wird über gleichbed. frz. *anecdote* das griech. *anékdota* (ἀνέκδοτα) 'nicht Herausgegebenes' übernommen. Es ist Neutr. Plur. eines Verbaladjektivs, das mit verneinendem *a-* bzw. *an-* vor Vokal (ἀ- privativum) zum Verb *ekdidónai* (ἐκδιδόναι) 'herausgeben' gebildet ist und als Titel einer Geschichtensammlung von Prokop (6. Jh.) begegnet, die, auf Gerüchten und Hofklatsch basierend, über bisher nicht veröffentlichte byzantinische Zeitereignisse und Zeitgenossen berichtet.

Anemone f. '(Busch)windröschen', Frühlingsblume aus der Familie der Hahnenfußgewächse. Griech.-lat. *anemṓnē* (ἀνεμώνη) ist wahrscheinlich zu griech. *ánemos* (ἄνεμος) 'Wind' gebildet, wie bereits Plinius vermutet, da sich die Blüte nur beim Wehen des Windes öffne (vgl. die dt. Übertragung *Windrößlein* durch Tabernaemontanus 1613). Richtiger erklärt STRÖMBERG Griech. Pflanzennamen 77 das Wort als 'vom Winde gebogene Pflanze'. Der wissenschaftliche griech.-lat. Name wird in der Mitte des 16. Jhs. in dt. Texte übernommen (vgl. auch *Feld-, Ackeranemone, Anemoneröβlein*, ebenfalls Mitte 16. Jh.).

anfangen Vb. 'beginnen, zustande bringen', ahd. *anafāhan* (9. Jh.), mhd. *anevāhen*, eine Präfixbildung zu ahd. *fāhan* (s. *fangen*); vgl. mnd. *ăn(e)vān*, mnl. *aenvangen*, nl. *aanvangen*, aengl. *onfōn*. Ursprünglich wohl 'angreifen, anfassen' (vgl. *fangen* 'fassen, ergreifen'), doch schon im Ahd. ist die Bedeutung 'beginnen' voll ausgebildet. In der 2. Hälfte des 16. Jhs. dringt der Konsonantismus der Präteritalformen allmählich auch in das Präsens (und in den Infinitiv) ein (analog *fahen* zu *fangen*). – A n f a n g m. 'Beginn', ahd. *anafang* 'Beginn' (9. Jh.), aber auch noch vereinzelt 'das Anfassen, Ergreifen', mhd. *an(e)vanc*. a n f a n g s Adv., a n f ä n g l i c h Adj. 'zu Anfang, zuerst' (beide 2. Hälfte 15. Jh.). A n f ä n g e r m. 'Lernender, Neuling' (15. Jh.), zunächst 'Urheber, Gründer', nach voraufgehendem spätmhd. *anvāher* (14. Jh.).

Angel f. Rute mit Schnur und Haken zum Fischfang, ahd. (9. Jh.), asächs. aengl. *angul*, mhd. mnd. nl. *angel*, mnl. *anghel*, engl. *angle*, anord. *ǫngull* gehören als *l*-Ableitungen zu einem (im Nhd. untergegangenen) Substantiv ahd. (8. Jh.), asächs. *ango*, mhd. *ange*, mnl. *anghe*, aengl. *anga*, anord. *angi* 'Spitze, Stachel'. Diese stellen sich mit verwandten lat. *uncus* 'gekrümmt, Haken', griech. *ónkos* (ὄγκος) 'Biegung, Krümmung, Widerhaken', *ankýlos* (ἀγκύλος) 'krumm, gekrümmt', aind. *aṅkáḥ* 'Biegung, Haken' zur Wurzel ie. **ank-, *ang-* 'biegen, krümmen', zu der auch *Anger* und *Anker* (s. d.) gehören. *Angel* bezeichnet zunächst den gekrümmten Fanghaken (aus Knochen oder Metall) zum Fischfang, später das gesamte Fanggerät, so daß das Kompositum *Angelhaken* (Mitte 16. Jh.) nötig wird. Bereits im Ahd. ist daneben die Verwendung als 'Stachel, Spitze' sowie 'Holz- oder Metallstift, um den sich die Türflügel drehen, Türangel' belegt. – a n g e l n Vb. 'mit der Angel fischen', mhd. *angeln*; vgl. ahd. *angulōn* 'mit Haken, mit Stacheln versehen' (um 800).

A n g l e r m. (15. Jh.). A n g e l p u n k t m. 'Drehpunkt', um den sich die Tür (metaphorisch: alles) dreht, daher 'Kernpunkt, Hauptsache' (vereinzelt Anfang 18. Jh., häufiger im 19. Jh.).

angenehm Adj. 'erfreulich, wohltuend, willkommen'. Der Bildung spätmhd. (md.) *angenēme* gehen ahd. *nāmi* (9. Jh.), *ginārni* (Hs. 12. Jh.), mhd. *genæme*, (md.) *genēme* (s. *genehm*) und gleichbed. mhd. *annæme* 'annehmbar, angenehm' (vgl. nhd. *(Un)annehmlichkeit*) voraus, Verbaladjektive zu dem unter *nehmen* (s. d.) behandelten Verb bzw. zu präfigiertem *annehmen*, eigentl. 'was zu nehmen ist, annehmbar, was man gern (an)nimmt'. Das Adjektiv findet, begünstigt durch die Kanzleisprache und durch häufiges Vorkommen in Luthers Bibelübersetzung, schnell Verbreitung. In der Kaufmannssprache entwickelt sich *angenehm* im 17. Jh. zu 'gesucht, begehrt' in bezug auf Waren. Die heutige Bedeutung ist wesentlich beeinflußt von Kant; nach ihm ist *angenehm* 'was den Sinnen in der Empfindung gefällt'.

Anger m. 'grasbewachsener Dorfplatz, Gemeindeweide', ahd. (8. Jh.), asächs. *angar*, mhd. mnd. mnl. *anger* führen auf germ. **angra-* 'ungepflügtes, wildgrünes Grasland', das sich (wie *Angel*, *Anker*, s. d.) der Wurzel ie. **ank-*, **ang-* 'biegen, krümmen' anschließt, also eigentl. 'der Flußkrümmung folgender Grasstreifen' bedeutet. Dazu gehört auch das Kollektivum **angria-* im Namen des westgerm. Stammes der *Angrivarīī* (nach Tacitus), eigentl. 'Bewohner des Angerlandes', d. h. der Weiden und Flußauen an der Weser. Eng verwandt mit dem westgerm. Wort sind Bildungen ohne *r* wie mnl. *enc*, nl. *eng, enk* 'gemeinschaftliches Ackerland', mengl. *eng, ing*, engl. (mundartlich) *ing*, anord. *eng*, schwed. *äng* 'Wiese', die auf germ. **angjō* 'Wiese' beruhen. Entsprechungen außerhalb des Germ. sind lat. *ancrae* (Plur.) 'bepflanzter Streifen an Flüssen, Bucht', griech. *ánkos* (ἄγκος) 'Tal, Schlucht' und *ankṓn* (ἀγκών) 'Biegung, Krümmung, Vorgebirge, Schlucht'. – S c h i n d a n g e r m. 'Platz zum Verscharren von Tierkadavern, Abdeckerei' (Luther 1540), zu *schinden* 'abhäuten' (s. d.).

Angina f. 'infektiöse Entzündung des Rachens, insbes. der Mandeln', Übernahme (1. Hälfte 16. Jh.) von gleichbed. lat. *angina*, das wohl aus griech. *anchónē* (ἀγχόνη) 'das Erdrosseln, Erwürgen, quälende Angst, Strick', zu griech. *ánchein* (ἄγχειν) 'zuschnüren, (er)würgen, erdrosseln, ängstigen', entlehnt ist, wobei der inlautende Konsonant den Bildungen lat. *angere*, gleichbed. mit griech. *ánchein* (s. oben), und lat. *angor* 'Beklemmung, Angst' angeglichen wird. Die genannten griech.-lat. Formen sind verwandt mit nhd. *eng* (s. d.). Die Bezeichnung für die infektiöse Entzündung bezieht sich auf die für diese Krankheit charakteristische Verengung der Kehle (mit Schluckbeschwerden). Das Griech. hat dafür andere, aber die gleiche Wurzelsilbe *anch-* (ἀγχ-) enthaltende medizinische Fachwörter wie *synánchē* (συνάγχη) und *kynánchē* (κυνάγχη). – A n g i n a p e c t o r i s f. medizinischer Terminus des 19. Jhs. für die anfallartig auftretenden Schmerzen um die Brust (lat. *pectus*, Gen. *pectoris*) als Folge der Erkrankung der Herzkranzgefäße, eigentl. 'Enge der Brust'.

Anglist m. 'Lehrer, Forscher auf dem Gebiet der Anglistik', gelehrte Bildung der Philologie (analog zu *Germanist* und *Romanist*, s. d.) in der 2. Hälfte des 19. Jhs. zu dem latinisierten germ. Volksnamen *Anglī* Plur. (bei Tacitus *Angliī*), aengl. *Angle, Engle* Plur., worunter die 'Angeln' zu verstehen sind, ein germanisches Volk aus Schleswig, das im 5. Jh. mit den Sachsen nach England übersetzte. Der Volksname ist vom Namen des Heimatlandes (aengl. *Angel, Engel* f. 'Angeln') abgeleitet. Man nimmt an, daß dieser sich aus der Bezeichnung der 'gekrümmten' Küstenlinie herleitet und darum (wie *Angel* und *Anger*, s. d.) an die Wurzel ie. **ank-*, **ang-* 'biegen, krümmen' angeschlossen werden kann. – A n g l i s t i k f. 'Wissenschaft von der englischen Sprache und Literatur' (Anfang 20. Jh.).

Angst f. 'beklemmendes Gefühl des Bedrohtseins, Furcht'. Die nur im Festländisch-Westgerm. bezeugten ahd. *angust* f. (8. Jh.), mhd. *angest* f. m., mnd. *angest, anxt* m., mnl. *anxt* m., *anxte* f., nl. *angst* m., afries. *ongost, angst* gehen auf germ. **angusti-* bzw. **angustu-* zurück, Abstraktbildungen zum Adjektiv germ. **angu-* (s. *eng*). Die mit dem Zugehörigkeitssuffix ie. *-st-* gebildeten Abstrakta bezeichnen das, „was mit der Eigenschaft 'eng' verbunden ist", 'das Engsein, den Zustand der Enge (Beklemmung)'; vgl. Krahe in: PBB 71 (1949) 238. Eine andere Bildungsweise zeigen die im folgenden genannten außergerm. Verwandten. Aind. *áṁhaḥ* (Stamm *áṁhas-*) 'Angst, Bedrängnis', awest. *ązah-* 'Ein-, Zusammenschnürung (der Kehle), Bedrängung, Not, Enge, Gefangenschaft', lat. *angustus* (aus **angostos*) 'eng, schmal', *angustia*, meist im Plur. *angustiae* 'Enge, Beklemmung, Schwierigkeiten' gehören zu einem von der gleichen Wurzel ie. **anĝh-* 'eng, einengen, schnüren' gebildeten *es-/os-* Stamm ie. **anĝhes-*, **anĝhos-* 'Beklemmung, Bedrängnis'. Im Nhd. wird *Angst* in bestimmten festen Wendungen nicht mehr als Substantiv empfunden: *mir ist, wird angst (und bange)*; vgl. auch *angst machen*. – ängstigen Vb. 'angst machen, in Angst versetzen' (16. Jh.). Abgeleitet vom Adjektiv frühnhd. *engstig* 'sorgsam, eifrig, bange' für älteres, heute meist nur in gehobener Sprache verwendetes *ängsten*, ahd. *angusten* (8. Jh.), mhd. *angesten*, mnd. *ang(e)sten*, mnd. mnl. *anxten*. ängstlich Adj. 'furchtsam, voll Angst, besorgt', ahd. *angustlīh* (9. Jh.), mhd. *angestlich, engestlich*, mnd. *ang(e)stlīk*, mnl. *anxtelijc*.

anheim- verdeutlichende Form des Akk. *heim* 'nach Hause', die in frühnhd. Zeit zur Unterscheidung vom gleichlautenden Dat. *heim* 'zu Hause' gebildet wird. Im Mhd. sind beide Formen noch getrennt: *heim* 'nach Hause', *heime* 'zu Hause' (s. *heim*). Die ursprüngliche Bedeutung verblaßt, als im 16./17. Jh. der adverbiale Akkusativ (bes. in der Kanzleisprache) mit zahlreichen Verben verbunden wird, von denen anheimfallen Vb. 'in Besitz übergehen, zufallen', anheimgeben Vb. 'übergeben, anvertrauen' und anheimstellen Vb. 'jmds. Entscheidung überlassen' in gehobener Stilsicht noch gebräuchlich sind.

anheischig Adv. nur noch in der Verbindung *sich anheischig machen* 'sich erbieten, sich verpflichten' (Anfang 17. Jh.). Die heute nicht mehr gebräuchliche Wendung *anheischig werden* ist schon ein Jahrhundert früher in Umlauf. Mhd. *antheiʒec* Adj. 'durch ein Versprechen gebunden, verpflichtet', das gleichbed. ahd. *antheiʒi* (8. Jh.), mhd. *antheiʒe* fortsetzt, wird mit *heischen* (s. d.) verknüpft und zu *anheischig* (ältere Form *anheißig*) umgebildet. Das ahd. mhd. Adjektiv ist von ahd. *antheiʒ* m. (8. Jh.), mhd. *antheiʒ, entheiʒ* 'Gelübde, Versprechen', eigentl. 'das Entgegenrufen', abgeleitet (vgl. mnd. *anthēt*, got. *andahait* 'Bekenntnis'), einem Verbalabstraktum zu ahd. *antheiʒōn* (um 800), *giantheiʒōn* (8. Jh.) 'geloben' (vgl. asächs. *anthētan* 'heißen, befehlen', aengl. *andhettan*, got. *andhaitan* 'bekennen'), einer mit der Partikel ahd. *ant-* 'entgegen' (s. *ent-*) präfigierten Bildung zu ahd. *heiʒan* '(be)nennen, rufen, befehlen, auffordern' (s. *heißen*).

Anilin n. farblose, ölige Flüssigkeit, Ausgangsprodukt für zahlreiche Arzneimittel, Farb- und Kunststoffe. Die chemische Verbindung wurde 1826 bei der Trockendestillation von Indigo entdeckt, 1840 von C. J. Fritzsche durch Destillation von Indigo mit Kalilauge dargestellt und *Anilin* genannt. Die gelehrte Bildung knüpft an das über port. *anil* vermittelte arab. (mit assimiliertem Artikel) *an-nīl* 'Indigopflanze' an, dem pers. *nil*, aind. *nīlī* als heimische Bezeichnungen der Indigopflanze voraufgehen (zu aind. *nīlaḥ* 'dunkelblau', der Farbe des Indigos).

animalisch Adj. 'tierhaft, wild, ungebärdig', gelehrte Bildung (1. Hälfte 16. Jh.) zu lat. *animal* 'Lebewesen, Tier', das von lat. *anima* 'Lufthauch, Atem, Seele, Leben' abgeleitet ist (s. *animieren*) und in seiner umfassenden Bedeutung jedes lebende Wesen, jeden lebenden Organismus einschließlich der Pflanzen bezeichnet.

animieren Vb. 'beleben, anregen, in Stimmung bringen', entlehnt (Ende 16. Jh.) aus frz. *animer* 'beleben, beseelen, erregen', dem lat. *animāre* 'beleben, beseelen' vorausgeht, zu lat. *animus* 'Geist, Seele, Mut' und *anima* 'Lufthauch, Atem, Seele, Leben' (davon lat. *animal* 'Lebewesen, Tier', s. *animalisch*). Zugrunde liegt die unter *ahnden* (s. d.) behandelte Wurzel ie. **an(ə)-* 'atmen, hauchen'. Die heute dem Verb gelegentlich anhaftende abwertende Bedeutung wird in Zusammenhängen deutlich, die den auf Profit eingestellten Amüsierbetrieb zu Anfang dieses Jhs. kennzeichnen, wie *Animiermädchen* und *Animierkneipe* (um 1900), *Animierdame* (20er Jahre).

Anis m. Gewürz- und Arzneipflanze aus den östlichen Mittelmeerländern, mhd. *anīʒ, anīs*, im Frühnhd. auch umgelautet *Änis* und wie noch heute in obd. Mundarten *Enis* mit Anfangsbetonung, gehen über lat. *anīsum, anīsus, anēsum* auf gleichbed. griech. *ánīson* (ἄνισον), *ánnēson* (ἄννησον) zurück. Die weitere Herkunft ist nicht bekannt.

Anker m. Der mehrarmig gekrümmte Eisenhaken zum Festmachen von Wasserfahrzeugen ist vermutlich eine Erfindung der Griechen, griech. *ánkȳra* (ἄγκυρα), eigentl. 'Gerät mit gekrümmten Enden', dem wie bei *Angel* und *Anger* (s. d.) die Wurzel ie. **ank-*, **ang-* 'biegen, krümmen' zugrunde liegt. Mit dem Gerät übernehmen die Germanen an Niederrhein und Nordsee, später auch die Nordgermanen, die bis dahin schwere Steine (ahd. *senkil, sinkila, senkilstein*) zum Festmachen der Schiffe gebrauchten, von den Römern auch die Bezeichnung lat. *ancora* in ahd. *anker, ankero* (Hs. 12. Jh.), mhd. mnd. mnl. *anker*, aengl. *ancor, ancer, ancra*, anord. *akkeri*. Die bildliche Verwendung von *Anker* als Symbol des Glaubens und der Hoffnung ist schon in mhd. Zeit üblich. In nhd. Fachsprache werden entsprechend der Form und Funktion verschiedene technische Vorrichtungen mit *Anker* bezeichnet, so u. a. der Eisenhaken, Bolzen, die Klammer zum Zusammenhalten, Befestigen von Bauteilen, der zweiarmige Teil der Hemmung einer Uhr oder das die Pole eines Magneten verbindende Eisenstück. – a n k e r n Vb. 'vor Anker gehen, liegen', mhd. *ankern*; v e r a n k e r n Vb. 'durch Anker, Eisenhaken, befestigen' und entsprechend V e r a n k e r u n g f. (18. Jh.); in übertragener Bedeutung wird *verankern* 'festlegen' in der 1. Hälfte des 20. Jhs. ein häufig gebrauchter Ausdruck.

Anmut f. 'Liebreiz, Grazie'. Das Wort ist allein auf den dt. Sprachraum beschränkt. Mhd. *anemuot* m. ist nur einmal in Grimms Weistümern (1338) belegt und bleibt nach Bildung und Bedeutung unsicher (vgl. ²DWB Probeheft 1963, 69); es ist am ehesten als Rückbildung von mhd. *anemuoten* (s. unten) aufzufassen. Um 1500 kommt *Anmut* m., diesmal vermutlich als Rückbildung zu dem schon im 14. Jh. bezeugten Adjektiv *anemuotec* (s. unten), teils als 'Verlangen, Begierde' (bis ins 18. Jh.), teils (entsprechend der Bedeutung des Adjektivs) als 'Liebreiz' in Umlauf. Das ursprüngliche mask. Genus hält sich vereinzelt bis ins 18. Jh., wird aber schon von der Mitte des 16. Jhs. an allmählich vom fem. verdrängt. – a n m u t e n Vb. 'Wohlgefallen erwecken, angenehm berühren, einen Eindruck erwecken' (18. Jh.), zuvor (heute unüblich) 'zumuten', mhd. *anemuoten* 'anfordern, verlangen, begehren, zumuten', seit dem 14. Jh. neben einfachem, im Nhd. untergegangenem *muten* (zur Etymologie s. *Mut*); vgl. auch *etw. an jmdn. muten.* a n m u t i g Adj. Das vom Verb mhd. *anemuoten* ausgehende Adjektiv mhd. *anemuotec, anemüetic* 'Lust, Verlangen erweckend' geht um 1500 in die Bedeutung 'gefällig, liebreizend, lieblich' über. Im 17. Jh. wird die im Frühnhd. übliche umgelautete Form *anmütig* aufgegeben.

Annalen Plur. 'Jahrbücher, nach Jahren geordnete Aufzeichnungen'. Gleichbed. lat. *annālēs* (zu ergänzen: *librī* 'Bücher') ist der substantivierte Plural des Adjektivs lat. *annālis* 'ein Jahr dauernd, das Jahr betreffend' (zu lat. *annus* 'Jahr'; s. *Anno*). Die lat. Bezeichnung wird in der 1. Hälfte des 16. Jhs. unverändert in dt. Texte übernommen. Vereinzelt erscheint gleichzeitig die eingedeutschte Form *Annalen*, die im 18. Jh. allein üblich ist.

annektieren Vb. 'gewaltsam und widerrechtlich in Besitz nehmen, sich aneignen, einverleiben'. Dieser zuerst bei Marx und Engels (1850) nachgewiesenen Bedeutung geht historisch die Annexion des Staates Texas durch die USA voraus, verbal durch engl. *to annex*, frz. *annexer* ausgedrückt, daher unter engl.-frz. Einfluß auch *annexieren*. Im heute veralteten Sinne von 'anhängen, anknüpfen' ist *annektieren* schon seit der 1. Hälfte des 16. Jhs. bezeugt und aus gleichbed. lat. *annectere* (*annexum*) entlehnt, vgl. lat. *nectere* 'binden, knüpfen' und *ad-* 'zu, an, hin(zu), heran, herbei'. – A n n e x i o n f. 'Aneignung, gewaltsame Einverleibung fremden Staatsgebiets', zuerst vereinzelt 1858, semantisch beeinflußt durch amerik.-engl. *annexation of Texas* (1845). Als Napoleon III. Savoyen 1860 annektiert und diesen Vorgang in bewußter Anlehnung an das amerikanische Beispiel mit frz. *annexion* bezeichnet, wird dieses Wort in Europa allgemein bekannt. Rasche Verbreitung erfahren *Annexion*, seine Ableitungen und Zusammensetzungen nach Preußens Annexion einzelner norddeutscher Staaten (seit 1864), vgl. *Annexionist* 'Anhänger der Annexionspolitik' (1864), *annexionistisch* (1865), *Annexionspolitik* (1865), *Annexierung* (1860) und *Annektierung* (1866). Die dem Amerik.-Engl. angelehnten *Annexation* (1860) und *Annexationist* (vgl. Sanders, Fremdwb. 1871) haben sich nicht durchzusetzen vermocht. Allen Formen zugrunde liegt spätlat. *annexio* (Gen. *annexiōnis*) 'Verknüpfung', mlat. 'das Anhängen, Hinzufügung'.

Anno, anno 'im Jahre'. Aus der lat. Datumsangabe in mittelalterlichen Urkunden stammendes lat. *anno* 'im Jahre' (Ablativ von lat. *annus* 'Jahr') wird von der 2. Hälfte des 15. Jhs. an häufig auch dt. Datierungen vorangesetzt. Die umgangssprachlichen Ausdrücke *Anno Tobak* und *Anno dazumal* 'vor langer Zeit, einstmals' (beide 2. Hälfte 19. Jh.) sind scherzhafte Umgestaltungen von *Anno* (oder *anno*) *Domini* 'im Jahre des Herrn' (lat. *dominus* 'Herr, Gebieter, Gott').

annoncieren Vb. 'ankündigen, bekanntmachen, eine Zeitungsanzeige aufgeben', entlehnt (2. Hälfte 18. Jh.) aus frz. *annoncer* 'bekanntmachen, verkünden, ankündigen, voraussagen', afrz. *anoncier* 'verkündigen, ankündigen, berichten', dem gleichbed. lat. *annūntiāre* vorausgeht, eine Präfixbildung mit lat. *ad-* 'zu, an, hin(zu), heran, herbei' zu lat. *nūntiāre* 'verkündigen, melden, anzeigen, hinterbringen' (abgeleitet von lat. *nūntium* 'Nachricht, Anzeige'). Die Bedeutung 'eine Anzeige aufgeben, inserieren' (frz. *insérer une annonce*) entwickelt *annoncieren* um 1900 im Anschluß an A n n o n c e f. 'Ankündigung, Zeitungsanzeige, Inserat' (Ende 18. Jh.), frz. *annonce* 'mündliche oder schriftliche Mitteilung, Vorankündigung, Zeitungsanzeige'.

annullieren Vb. 'für ungültig, (null und) nichtig erklären, außer Kraft setzen' ist als juristisch-politischer Terminus Anfang des 16. Jhs. aus spätlat. *annūllāre* 'zunichte machen' entlehnt, einer präfigierten Ableitung von *nūllum* 'nichts', Neutrum von lat. *nūllus* 'keiner' (s. *null*).

Anode f. mit dem Pluspol der Stromquelle verbundene Elektrode, daher Eintrittsstelle ('Eingang') für den Elektronenstrom, der durch ein Medium hindurchgegangen ist. Der engl. Physiker Faraday bildet die Bezeichnung engl. *anode* 1834 im Anschluß an griech. *ánodos* (ἄνοδος) 'Aufweg, Eingang', das sich aus griech. *aná* (ἀνά) 'auf, hinauf' (s. *ana-*) und *hodós* (ὁδός) 'Weg, Gang' zusammensetzt. Mitte des 19. Jhs. ins Dt. übernommen (s. auch *Kathode, Elektrode*).

anomal Adj. 'von der Regel abweichend' wird Anfang des 19. Jhs. wie auch schon älteres *anomalisch* (2. Hälfte 17. Jh. bis Anfang 20. Jh.) zunächst als grammatischer Terminus verwendet. Beide sind aus spätlat. *anōmalos, anōmalus* 'der Form nach mit der Regel nicht übereinstimmend, unregelmäßig' entlehnt, nach griech. *anṓmalos* (ἀνώμαλος) 'uneben, ungleichartig, ungleichmäßig', aus verneinendem *a-* bzw. *an-* vor Vokal (*ἀ-* privativum) und griech. *homalós* (ὁμαλός) 'gleich, eben(mäßig), glatt', einer *l*-Bildung zu griech. *homós* (ὁμός) 'gemeinsam, ein und derselbe, gleich, ähnlich, eben' (s. *homo-*). Das ähnlich lautende a n o r m a l Adj. 'nicht normal, von der Regel abweichend, ungewöhnlich, abnorm' (2. Hälfte 19. Jh.) ist unter Einfluß von gleichbed. frz. *anormal* (vgl. schon mlat. *anormalus* 'von der Regel abweichend') vermutlich das Ergebnis einer Kreuzung aus *anomal* und *normal* (s. d.), vielleicht auch eine späte Neubildung mit negierendem griech. *a(n)-* 'nicht, un-' und lat. *nōrmālis* 'nach dem Winkelmaß gemacht, der Regel entsprechend', von lat. *nōrma* 'Winkelmaß, Richtschnur, Regel' (s. *Norm*). – A n o m a l i e f. 'Abweichung von der Regel, vom Normalen, Ausnahme, Abnormität', gelehrte Entlehnung (um 1700) aus gleichbed. lat. *anōmalia*, nach dem von griech. *anṓmalos* (s. oben) abgeleiteten *anōmalía* (ἀνωμαλία) 'Unebenheit, Ungleichförmigkeit, Ungleichheit'. Anfangs bes. als grammatischer Terminus und in der Astronomie im Sinne von 'Amplitude' gebraucht.

anonym Adj. 'ohne Namensangabe, namenlos, ungenannt', bes. vom Verfasser eines Schriftwerkes. Anfang des 18. Jhs. werden zu dem in der Gelehrtensprache schon ein Jh. früher geläufigen Substantiv *Anonymus* m. 'Ungenannter' die Adjektive *anonymisch* (nur 18. Jh.) und, wohl von frz. *anonyme* beeinflußt, *anonym* hinzugebildet. Sie alle sind über gleichbed. spätlat. *anōnymos, anōnymus* aus griech. *anṓnymos* (ἀνώνυμος) entlehnt, das, mit verneinendem *a-* bzw. *an-* vor Vokal (*ἀ-* privativum) zu griech. *ónyma* (ὄνυμα), einer Nebenform von *ónoma* (ὄνομα) 'Name' (s. *Name*), gebildet, wörtlich 'nicht Namen habend' bedeutet. Dazu A n o n y m i t ä t f. 'Verschweigen des Namens, Namenlosigkeit' (2. Hälfte 18. Jh.).

Anorak m. Kajakbluse, Windjacke mit Kapuze, Übernahme (1. Hälfte 20. Jh.) von eskim. (grönländ.) *anorak*.

anrüchig Adj. 'übel beleumdet, berüchtigt,

verrufen'. Im Anschluß an mnd. *anruchtich* (13. Jh.) steht *anrüchtig*, vereinzelt auch *anrüchig* seit dem 15. Jh. in hd. Rechtsquellen für gleichbed. lat. *īnfāmis* (s. *infam*). Die heute übliche Form *anrüchig* setzt sich in Anlehnung an *Geruch, riechen* in der ersten Hälfte des 19. Jhs. durch. *anrüchtig* ist (wie *Gerücht, berüchtigt* und *ruchbar*, s. d.) von mnd. *ruchte* 'Ruf, Leumund' abgeleitet, das (mit nd. *cht* für hd. *ft*, s. *echt, Nichte, Schlucht* u. a.) mhd. *ruoft* entspricht, bedeutet daher eigentl. 'wer anfängt, in schlechten Ruf zu geraten'. Zu Herkunft und Verwandtschaft s. *rufen*. – A n r ü c h i g k e i t f. (Mitte 19. Jh.), voraus gehen mnd. *anruchticheit* (15. Jh.), hd. *Anrüchtigkeit* (16. Jh.).

ansässig Adj. 'wohnhaft'. Das seit dem 15. Jh. bezeugte Adjektiv gehört zu frühnhd. *ansesse* 'Anwohner, Nachbar' (15. Jh.), nhd. (bes. alem.) *Ansasse* (zur Bildungsweise s. *Insasse*). Sofern die Bedeutung nicht zu bloßem 'wohnhaft' abgeschwächt ist, bezieht sich *ansässig* in neuerer Zeit auf denjenigen, dessen fester Wohnsitz an einem Ort auf Haus- und Grundbesitz oder bestimmter Berufsausübung beruht. In älterer Zeit überwiegen spezielle Bedeutungen, indem *Ansasse* und *ansässig* ein Verhältnis bezeichnen, das sowohl den Untertan einer Grundherrschaft charakterisiert, der im eigenen Hause wohnt, als auch denjenigen, der sich an einem Ort niedergelassen hat, aber dort noch nicht das Bürgerrecht besitzt.

anschnauzen Vb. 'heftig anfahren, grob zurechtweisen' (1. Hälfte 16. Jh.) gehört für das nhd. Sprachgefühl zu *Schnauze* (s. d.), obwohl das Substantiv selbst seine heutige Lautgestalt erst im 16. Jh. gewonnen hat und das davon abgeleitete Simplex *schnauzen* im Gegensatz zu den Präfixverben *an-, be-, überschnauzen* noch Ende des 17. Jhs. von Stieler als ungebräuchlich bezeichnet wird. Seit J. GRIMM wird *anschnauzen* daher meist als Frequentativ- bzw. Intensivbildung auf *-(e)zen* betrachtet und zu gleichbed. *anschnauen* (Anfang 16. bis 19. Jh., heute noch mundartlich), Präfixbildung zu mhd. *snāwen* 'schwer atmen, schnauben', oder (über ein zu erschließendes **anschnaub(e)zen*) zu ebenfalls gleichbed., heute unüblichem *anschnauben* (15. Jh.) und damit zum Simplex *schnauben* (s. d.) gestellt.

Anstalt f. 'bestimmten öffentlichen Zwekken dienende Einrichtung'. Das seit mhd. Zeit belegte Wort (mhd. *anstalt*) folgt als Verbalabstraktum zu *anstellen* (s. *stellen*) den unterschiedlichen Bedeutungen des Verbs. Vorherrschend wird die der verbalen Verwendung 'anordnen, einrichten' entsprechende Bedeutung 'Anordnung, Unternehmung, Bemühung', speziell 'Vorbereitung, Vorkehrung', spätestens im 17. Jh., d. h. zu der Zeit, da *Anstalt* sehr häufig gebraucht wird. Die genannten Bedeutungen liegen auch der bis heute üblichen Wendung *Anstalt(en) machen* 'an etw. gehen, etw. ins Werk setzen, Vorkehrungen treffen' (15. Jh.) zugrunde. Die Übertragung des Wortes *Anstalt* auf institutionalisierte, räumlich und rechtlich faßbare Einrichtungen erfolgt in der 2. Hälfte des 18. Jhs. Sie schlägt sich in vielen Zusammensetzungen für Einrichtungen des öffentlichen und gewerblichen Lebens nieder (*Verlags-, Heil- und Pflege-, Bade-, Strafanstalt*). – v e r a n s t a l t e n Vb. 'stattfinden lassen, organisieren, durchführen' (1. Hälfte 18. Jh.) ersetzt älteres *anstellen* 'organisieren' (*ein Fest anstellen*).

Anstand m. in verschiedenen Verwendungsweisen dem Präfixverb *anstehen* (s. *stehen*) folgend. Anfangs (mhd. *anstant*) 'das Anstehen-Lassen', insbes. 'Aufschub der Kampfhandlungen, Waffenstillstand, Friede', in dem allgemeinen Sinne 'Aufschub, Einwand' noch im 19. Jh.; dazu die Wendung *(keinen) Anstand nehmen* '(keine) Bedenken tragen'; 'das Anstehen', um zum Schuß zu kommen (18. Jh.), daraus 'An-, Hochsitz' des Jägers; 'was wohl ansteht, der guten Sitte entsprechendes Benehmen' (Ende 17. Jh.). – a n s t a n d s l o s Adj. 'ohne Einwände, ohne weiteres' (19. Jh.). b e a n s t a n d e n Vb. nur vereinzelt 'anstehen lassen, aufschieben', sonst 'Einwände erheben, rügen' (19. Jh.). a n s t ä n d i g Adj. 'zuständig, geziemend' (Ende 15. Jh.), 'schicklich, höflich' (17. Jh.); u n a n s t ä n d i g Adj. 'anstößig' (17. Jh.).

anstellig Adj. 'geschickt, willig', dazu A n s t e l l i g k e i t f. Beide schweizerdt. Wörter (zum Verbum *anstellen*, s. *stellen*) empfiehlt Lavater zur Aufnahme in die dt. Literatursprache (1776). Danach werden sie bald aufgegriffen und verbreitet (Nicolai 1783, Schiller 1804, Campe 1807).

Antagonismus m. 'Gegensatz, Gegnerschaft', wörtlich 'Widerstreit', denn das zugrundeliegende Verb griech. *antagōnízesthai* (ἀνταγωνίζεσθαι) bedeutet 'gegeneinander kämpfen, miteinander rivalisieren'. Es ist eine Präfixbildung (s. *anti-*) zu dem von griech. *agṓn* (ἀγών) 'Kampf(platz), Wettkampf' (wozu auch *Agonie*, s. d.) abgeleiteten Verbum *agōnízesthai* (ἀγωνίζεσθαι) 'um etw. kämpfen'. Als Verbalabstraktum auf *-ism-* (-ισμ-) kennt das Griechische zu diesem Verb nur das Neutrum *antagṓnisma* (ἀνταγώνισμα) 'Widerstreit', während das Simplex gleich anderen Verben auf *-ízein* (-ίζειν) auch das Maskulinum *agōnismós* (ἀγωνισμός) 'das Kämpfen, Streben' bildet. Das Deutsche nimmt in der 2. Hälfte des 18. Jhs. latinisiertes *Antagonismus* auf, bezieht es seit der Mitte des 19. Jhs. vornehmlich auf geschichtliche, gesellschaftliche Gegensätze und schafft dadurch die Voraussetzung für die terminologische Bedeutung, die das Wort in der marxistisch-leninistischen Philosophie angenommen hat: 'dialektischer Widerspruch, der auf dem unversöhnlichen Interessengegensatz verschiedener gesellschaftlicher Klassen beruht'. – Älter ist die Entlehnung des Nomen agentis Antagonist m. 'Gegner, Widersacher, Rivale' (2. Hälfte 16. Jh., häufiger erst seit dem 18. Jh.) aus gleichbed. griech. *antagōnistḗs* (ἀνταγωνιστής) bzw. dessen spätlat. Entsprechung *antagōnista* m., anfangs gelegentlich mit lat. (*-ista*) oder frz. Endung (*-iste*). Auch die bis heute in der Physiologie gültige Verwendung 'Träger einer entgegengesetzten Wirkung, Funktion' setzt (auf entgegengesetzt wirkende Muskeln bezogen) Anfang des 18. Jhs. ein. antagonistisch Adj. 'widerstreitend, gegensätzlich, unversöhnlich' (um 1800).

Antenne f. Vorrichtung zum Senden und Empfangen elektromagnetischer Wellen. Lat. *antemna*, spätlat. *antenna* ist in viele europäische Sprachen eingegangen. Es bedeutet ursprünglich 'Segelstange, Rahe', nimmt aber in der lat. Wissenschaftssprache des ausgehenden 15. Jhs. die Bedeutung 'Fühler, Fühlhorn' an. Im Dt. ist *Antenne* seit dem ausgehenden 18. und beginnenden 19. Jh. in beiden Bedeutungen nachweisbar. Ende des 19. Jhs. gibt der Italiener Marconi, der Erfinder der drahtlosen Telegraphie, dem ital. *antenna* ('Segelstange, Rahe, Fühlhorn') seine heutige funktechnische Bedeutung; vgl. Trier in: Festschr. H. Moser (1969) 198. In diesem Sinne wird das Wort um 1900 zum zweiten Mal ins Dt. entlehnt und Bestandteil der Allgemeinsprache.

Anthologie f. 'Sammlung ausgewählter Gedichte, Sprüche, Prosastücke'. Das Adjektiv griech. *anthológos* (ἀνθολόγος) setzt sich zusammen aus griech. *ánthos* (ἄνθος) 'Blüte, Blume' und dem Nomen agentis zu griech. *légein* (λέγειν) 'auflesen, sammeln' (s. *-loge*), bedeutet also 'Blüten sammelnd'. Das abgeleitete Substantiv *anthología* (ἀνθολογία) 'Blütenlese' ist als literarischer Titel (einer Sammlung von Epigrammen) zuerst in byzantinischer Zeit (um 1300) bezeugt. Neuzeitliche Herausgeber antiker Texte übernehmen *anthologia* auch in lateinische Titel. Im Dt. erscheinen *Anthologie* und das Adjektiv *anthologisch* seit der Mitte des 18. Jhs.

Anthrazit m. harte, glänzende Steinkohle mit hohem Heizwert. Zugrunde liegt griech. *ánthrax*, Gen. *ánthrakos* (ἄνθραξ, ἄνθρακος) 'Glutkohle, Kohle, Karfunkel, Karbunkel'. Unter den zahlreichen schon in der Antike gebildeten Ableitungen findet sich bereits bei Plinius lat. *anthracītis* f. zur Bezeichnung einer Art Kohle. Fachsprachlich bleibt der Nominalstamm griech. *anthrak-*, latinisiert *anthrac-* bis in die Neuzeit produktiv. In der heutigen Bedeutung erscheint frz. *anthracite* in der Mitte des 18., engl. *anthracite* und dt. *Anthracit* zu Beginn des 19. Jhs.

Anthropologie f. 'Wissenschaft vom Menschen und seiner Entwicklung'. Zu griech. *ánthrōpos* (ἄνθρωπος) 'Mensch' wird mit dem unter *-logie* (s. d.) behandelten Kompositionsglied, wohl ohne direkten Bezug auf das Adjektiv griech. *anthrōpológos* (ἀνθρωπολόγος) 'über den Menschen, über Menschliches sprechend', im 16. Jh. frz. *anthropologie*, engl. *anthropology* und nlat. *anthropologia* als Bezeichnung für die wissenschaftliche Beschäftigung mit dem Menschen gebildet. Nach diesen Vorbildern begegnet *Anthropologie* zu Anfang des 18. Jhs. im Dt. Der Wortinhalt erfährt unterschiedliche Ausprägungen, die der von der jeweiligen Wissenschaftsrichtung bevorzugten Auffassung des Menschen folgen. Das 18. Jh. versteht darunter eine Verbindung von Physiologie, Anatomie und Psychologie, die von Kant („Anthropologie in pragmatischer Hinsicht") um die philosophische Betrachtung des menschlichen Handelns erweitert wird. Im 19. Jh. steht die naturwissenschaftliche Betrachtungsweise des Menschen (Anatomie, Genetik, Entwicklungsgeschichte) unter Einbeziehung der Ethnologie im Vordergrund. Zu Anfang des 20. Jhs. wird die Bezeichnung *Anthropologie* von einer speziellen philosophischen Disziplin in Anspruch genommen, die den Menschen aus der objektiven Realität herauslösen und als „geistiges Wesen" in einer idealen Wirklichkeit ansiedeln will. Im wesentlichen aber bleibt *Anthropologie* weithin auf den naturwissenschaftlichen Bereich orientiert. – a n t r h o p o l o g i s c h Adj. (2. Hälfte 18. Jh.).

anti- 'gegen etw. (selten: jmdn.) gerichtet'. Das im Griech. bes. bei Verben häufige Präfix *anti-* (*ἀντι-*) '(da-, ent)gegen', vor Vokalen und *h* (nach griech., nicht nach heutiger Regelung) *ant-* (*ἀντ-*) (*Antagonismus*), ist verwandt mit *ent-* (s. d.). Es gelangt in Zusammensetzungen mit Substantiven und Adjektiven griech. Ursprungs ins Dt. (*Antinomie, Antipathie, Antithese, Antichrist*) und wird, wie in anderen modernen Sprachen, als Nominalpräfix produktiv, bes. im politischen und wissenschaftlich-fachsprachlichen Bereich (in der pharmazeutischen Terminologie meist mit lat. Endung): *antifaschistisch, antiimperialistisch, Antikommunismus, Antikörper, Antiasthmatikum* (älter *Antasthmaticum*), *Antibiotikum, Antialkoholiker, antiautoritär, Antibabypille*. Gelegentlich hat *anti-* die Bedeutung 'das strukturelle Gegenstück zu etw. darstellend': *Antiteilchen, Antimaterie*. Im Gegensatz zum Griech. tritt *anti-* im Dt. nicht als Verbalpräfix auf.

antik Adj. 'das Altertum betreffend, altertümlich', entlehnt (Ende 17. Jh.) aus gleichbed. frz. *antique*, dem lat. *antīquus* 'vormalig, alt', zu lat. *ante* 'vor, vorher', zugrunde liegt. Als direkte Entlehnung aus lat. *antīquus* steht daneben älteres *antiquisch, antikisch* Adj. (Anfang 16. Jh.). – A n t i k e f. 'das klassische Altertum', seltener (dann meist Plural) 'aus dem Altertum stammendes Kunstwerk' (Ende 17. Jh.).

Antilope f. kleiner bis pferdegroßer, gehörnter Wiederkäuer der tropischen und subtropischen Gebiete Afrikas und Asiens. Eine spätgriech. Version des Physiologus beschreibt (4. Jh.) ein Fabeltier *anthólops* (*ἀνθόλοψ*), vielleicht gebildet aus griech. *ánthos* (*ἄνθος*) 'Blüte, Blume' und *ṓps* (*ὤψ*) 'Auge', also 'Blumenauge' (oder 'blumensüchtig'?). Man wird unter dem Namen, falls er nicht unmittelbar als Ausdruck eines bestimmten Symbolgehalts gebildet wurde, eine volksetymologische Umdeutung eines Wortes unbekannter (nordafrikan.) Herkunft vermuten dürfen. Er gelangt über mlat. *ant(h)alopus* in verschiedene Sprachen, und zuerst wird dem engl. *antelope* im 17. Jh. der heutige Sinn beigegeben. *Antilope* wird (1743) als zoologische Bezeichnung eingeführt, durch Pallas (1766) als nomenklatorisch gültiger Name festgelegt und bald danach über Naturbeschreibungen ins Deutsche übernommen.

Antipathie f. 'starke Abneigung, Widerwille', entlehnt aus lat. *antipathīa*, griech. *antipátheia* (*ἀντιπάθεια*) 'Gegensatz, Gegenwirkung, Gefühl der Abneigung', einer Substantivbildung zu griech. *antipathḗs* (*ἀντιπαθής*) 'entgegengesetzte Gefühle, Eigenschaften besitzend, entgegenwirkend', einer präfigierten Bildung (s. *anti-*) zu griech. *páthos* (*πάθος*) 'Gemütsbewegung, Zustand' (s. *Pathos*). Der Übernahme der lat. Form *Antipathia* (2. Hälfte 16. Jh., gelegentlich noch Anfang des 18. Jhs. so gebraucht) folgt die Eindeutschung *Antipathie* (2. Hälfte 17. Jh.). Das Substantiv bezeichnet zunächst eine „natürliche Feindschafft unterschiedlicher Cörper, die gar nicht miteinander bestehen können" (Marperger 1712), meint also sowohl die feindselige Abneigung als auch (wie heute nicht mehr üblich) den schädigenden Einfluß, den Dinge oder Lebewesen aufeinander ausüben können, die Unverträglichkeit, die zwischen ihnen besteht.

Antipode m. 'auf entgegengesetztem Standpunkt stehender Mensch, Widersacher', nur noch selten 'Bewohner des gegenüberliegenden Punktes der Erde', als geographischer Begriff entlehnt (Mitte 16. Jh.) aus lat. *antipodes* (Plur.), griech. *antípodes* (*ἀντίποδες*) 'Gegenfüßler', einer Substantivierung des Adjektivs *antípūs* (*ἀντίπους*) 'mit entgegengekehrten Füßen'; vgl. griech. *pūs* (*πούς*) 'Fuß' und s. *anti-*. Im Dt. anfangs oft in der lat. flektierten Pluralform *Antipodes*; seit Anfang des 18. Jhs. zunehmend in übertragenem Sinne gebraucht. Der ursprünglichen Bedeutung liegt die Vorstellung zugrunde, daß bei Kugelgestalt der Erde die Bewohner des gegenüberliegenden Punktes 'mit den Füßen entgegen' stehen.

Antiquar m. 'Händler mit altertümlichen

Gegenständen, insbes. alten Büchern'. Das seit Ende des 16. Jhs. bezeugte *Antiquarius* 'Kenner der alten Zeit' setzt das gleichbed. lat. *antīquārius* (aus *antīquus* 'alt', s. *antik*) fort. Die lat. Endung wird im 18. Jh. aufgegeben; neben 'Altertumsforscher' tritt die neue Bedeutung 'Altbuchhändler, Antiquitätenhändler', die heute allein gültig ist. Dazu Antiquariat n. 'Handel mit gebrauchten (wertvollen) Büchern, Geschäft eines Antiquars' (1. Hälfte 19. Jh.). antiquarisch Adj. 'auf das Altertum bezogen, die Antike betreffend' (Mitte 18. Jh.), 'gebraucht, alt (gekauft)' (19. Jh.). – Antiquität f. (meist Plural) 'Kunstgegenstand einer vergangenen Epoche' (Anfang 16. Jh.), aus lat. *antīquitātēs* (Plur.) 'Überlieferungen der Vorzeit'. antiquiert Adj. 'veraltet, altmodisch' (2. Hälfte 18. Jh.), eigentl. Part. Prät. des selten bezeugten Verbs *antiquieren* 'veralten (lassen), historisch überholen' (1. Hälfte 16. Jh.); vgl. lat. *antīquāre* 'etw. beim alten lassen'.

Antlitz n. 'Gesicht', ahd. *antlizzi* (Hs. 12. Jh.), mhd. *antlitze*, mnd. *antlitte*, aengl. *andwlita, andwlite,* anord. *andlit, annlit* schwed. *anlete* führen ebenso wie die Bildungen ohne die Vorsilbe *ant-, and-* '(ent)gegen' (s. *ent-*) asächs. *wliti*, aengl. *wlita, wlite*, anord. *litr*, got. *wlits* 'Aussehen, Gestalt, Angesicht' und die Verben aengl. *wlītan, wlātian* 'blicken, starren', anord. *līta* 'schauen, sehen', *leita* 'suchen', got. *wlaitōn* 'umherblikken, spähen' auf ie. **u̯leid-*. Dieser nur aus germanischen Formen erschlossene Ansatz ist wohl als Erweiterung der Wurzel ie. **u̯el-* 'sehen' aufzufassen, zu der auch lat. *vultus, voltus* 'Gesicht, Miene', air. *fili* (aus **u̯elēts*) 'Seher, Dichter' gehört. Wörtlich ist *Antlitz* also das 'Entgegenblickende'. Häufiger als ahd. *antlizzi*, mhd. *antlitze* begegnen die Formen ahd. *antluzzi* (8. Jh.), mhd. *antlütze*, die aus der Kontamination mit gleichbed., aber etymologisch nicht verwandtem (sondern zu der unter *Leute*, s. d., behandelten Wurzel ie. **leudh-* gehörigem) ahd. *antlutti* (8. Jh.), mhd. *antlütte* hervorgegangen sind. Luthers Bibelübersetzung entscheidet sich für *Andlitz* und beeinflußt dadurch die lautliche Gestalt des nhd. Wortes. *Antlitz* ist seither der gehobene Ausdruck neben dem erst in nhd. Zeit in dieser Bedeutung sich durchsetzenden *Gesicht* (s. d.).

Antwort f. 'Erwiderung' (auf eine Frage, auf das an jmdn. gerichtete Wort), ahd. *antwurti* (8. Jh.), mhd. *antwürte, antwurt* ist eine Kollektivbildung zu dem unter *Wort* (s. d.) behandelten Substantiv mit dem Präfix *ant-* '(ent)gegen' (s. *ent-*). Ursprünglich ist *Antwort* also 'Gegenrede'. Von Haus aus ein Neutrum, folgt es schon in ahd. und mhd. Zeit teilweise der Deklination ähnlich gebildeter Feminina. In seiner Lautform lehnt es sich seit spätmhd. Zeit an *Wort* an. Asächs. *andwordi*, mnd. *antwōrde, antwōrt,* mnl. *antwo(o)rde*, nl. *antwoord*, aengl. *andwyrde,* anord. *andyrði* (Plur.), got. *andawaúrdi* erweisen die heute nur noch im Dt. und Nl. lebendige Bildung als gemeingerm. Auch das zugehörige Verb hat sich endgültig nur auf dt. und nl. Sprachgebiet durchgesetzt: antworten, ahd. *antwurten* (9. Jh.), mhd. *antwürten*, asächs. *andwordian*, mnd. *antwōrden*, mnl. *antwo(o)rden*, nl. *antwoorden*, aengl. *andwyrdan*, got. *andwaúrdjan* 'widersprechen'. In den übrigen west- und nordgerm. Sprachen haben konkurrierende Bildungen gesiegt, vor allem Zusammensetzungen mit den Verwandten von *schwören* (s. d.), vgl. aengl. *andswarian,* engl. *to answer* 'antworten' bzw. aengl. *andswaru*, engl. *answer* 'Antwort', anord. *svar* (meist Plur.) 'Antwort, Verteidigung', *svara* 'antworten, verteidigen', schwed. dän. *svar* 'Antwort', schwed. *svara*, dän. *svare* 'antworten'. Wie *schwören* stehen *antworten* und *verantworten* (s. unten) in unmittelbarer Beziehung zur Rechtssprache. Mhd. *antwürten* bedeutet speziell 'sich, jmdn. vor Gericht gegen eine Klage verteidigen'. – verantworten Vb. 'die Folgen für etw. tragen, für etw. einstehen', refl. 'sich (als Angeklagter) rechtfertigen, sich gegen einen Vorwurf verteidigen', mhd. *verantwürten, -wurten, -worten* '(be)antworten, (vor Gericht) rechtfertigen, verteidigen, vertreten' (auch refl.); vgl. mnd. *vorantwōrden, -wērden*, mnl. *verantwo(o)rden*, nl. *verantwoorden*. Dazu Verantwortung f. 'Verpflichtung, Bereitschaft, für seine Handlungen einzustehen', veraltet 'Rechtfertigung, Verteidigung' (2. Hälfte 15. Jh.), vgl. mnl. *verantwordinge*, nl. *verantwoording*; verantwortlich Adj. (17. Jh.), ursprünglich 'was sich verteidigen läßt' (diese passivische Bedeutung lebt heute noch in *unverantwortlich* Adj. 'nicht zu verantworten, nicht zu verteidigen', Mitte 17. Jh.), erst später aktivisch 'für eine Handlung, Entscheidung einstehend, Verantwortung tragend' (18. Jh.).

Anwalt m. 'Rechtsberater, bevollmächtigter Rechtsvertreter, Fürsprecher', ahd. *anawalto*, nur Plur. 'Schutzgeister, göttliche Kräfte' (um 1000), mhd. *anwalte* 'Anstifter, Anwalt', zu ahd. *anawaltan* (bezeugt nur im Part. Präs. *anawaltanti* 'machtvoll, gewaltig, mächtig', 8. Jh.; vgl. ahd. *anawalt* 'Macht, Gewalt über etw.', 8. Jh.); vgl. entsprechendes aengl. *onwealda* 'Herrscher, Monarch, Gott'. Zur Herkunft s. *walten*. Der Ausdruck bezeichnet zunächst den, der über etw. Macht, Gewalt hat, den aus eigener Kraft Waltenden, dann den Beauftragten, der Gewalt von einem anderen hat, also den 'Bevollmächtigten, Abgeordneten, Gesandten, Stellvertreter', schließlich (15. Jh.) den 'Vertreter einer Partei vor Gericht'. Ins Mnd. (*anwalde*) gelangt das Wort erst mit hd. Urkunden des 15. Jhs.; Entsprechungen im Nl. fehlen. Im Sinne von 'bevollmächtigter Vertreter vor Gericht, Rechtsberater' hat *Anwalt* Ausdrücke wie *Advokat, Konsulent, Prokurator* verdrängt. – R e c h t s a n w a l t m. 'staatlich befugter Rechtsvertreter' (1804). S t a a t s a n w a l t m. 'Jurist, der die Interessen des Staates vertritt, öffentlicher Ankläger' (2. Hälfte 19. Jh.).

Anwärter m. 'Bewerber, mit Anspruch Wartender' (1. Hälfte 16. Jh.) und älteres mnd. *anwārder* (Mitte 14. Jh.) sind Bildungen zum Verb frühnhd. *anwarten*, mnd. *anwārden* 'auf etw. warten, die Anwartschaft haben', ahd. *anawartēn* 'beobachten, bedacht sein, achten' (um 800). Um 1900 tritt *Anwärter* öfter verdeutschend für *Aspirant* (s. d.) ein. – A n w a r t s c h a f t f. 'Anspruch, Nachfolgerecht (auf Besitz, Amt)' (1. Hälfte 17. Jh.), als Rechtswort wenig älteres *Anwartung* verdrängend; vgl. mnd. *ān(e)wārdinge* 'Anwartschaft auf ein künftig zu erlangendes Gut, Erbanwartschaft'.

anwesend Adj. 'zugegen, gegenwärtig'; Gegensatz *abwesend* (s. d.). Das seit Ende des 15. Jhs. bezeugte Adjektiv ist eigentl. Part. Präs. des nur noch mundartlich erhaltenen Verbs *anwesen*, ahd. *anawesan* 'zugegen sein, dasein, vorhanden sein' (9. Jh.), einer Übersetzung von lat. *adesse*; vgl. das mit *sein* (s. d.) konkurrierende Simplex *wesen* (s. *Wesen*). – A n w e s e n n. substantivierter Infinitiv von *anwesen* (s. oben), daher zunächst 'Gegenwart, Aufenthalt, Anwesenheit' (15. Jh.); im Obd. entwickelt sich daraus 'Grundstück mit Wohnhaus' (Ende 15. Jh.). A n w e s e n h e i t f. 'das Zugegensein, Dabeisein' (1. Hälfte 17. Jh.), gebildet nach dem Vorbild des älteren *Abwesenheit* (s. d.), daneben (bis ins 18. Jh.) gleichbed. *Anwesen* (s. oben).

Aorta f. 'Hauptschlagader' (16. Jh.), nach gleichbed. mlat. *aorta*, griech. *aortḗ* (*ἀορτή*), eigentl. Nomen actionis ('das Anbinden, das Anhängen') zu griech. *aeírein* (*ἀείρειν*) 'anbinden, anhängen', in konkreter Bedeutung 'angebundener, angehängter Gegenstand', insofern auch 'die am Herzen gleichsam angebundene oder angehängte Ader' (s. auch *Arterie*). Bis ins 19. Jh. begegnet neben *Aorta* auch *Aorte*.

apart Adj. 'reizvoll durch seine besondere Art'. Die adverbielle Fügung afrz. *a part*, frz. *à part* 'beiseite, (ab)gesondert' (zu afrz. frz. *part*, lat. *pars*, Gen. *partis*, 'Teil, Anteil, Seite'; vgl. entsprechendes mlat. *ad partem* 'besonders, gesondert' mehrfach in dt. Urkunden des 16./17. Jhs.) wird vereinzelt im 16., häufiger im 17. Jh. in den Schreibungen *à part, a part* und *apart* ins Dt. übernommen (daneben vom 17. bis ins 19. Jh. *à parte, aparte, a parte*, wohl unter Einfluß von ital. *a parte*, s. *Appartement*). In der 2. Hälfte des 17. Jhs. setzt adjektivischer Gebrauch im Sinne von 'besonder, gesondert' ein, anfangs oft wie beim Adverb mit Getrenntschreibung, selbst in flektierten Formen. Die oben angegebene, im 20. Jh. allein geltende Bedeutung entwickelt sich zu Beginn des 18. Jhs. (vgl. selten attributiv verwendetes frz. *à part* 'eine Ausnahme bildend, ungewöhnlich').

Apathie f. 'Teilnahmslosigkeit, Stumpfheit'. Griech. *apátheia* (*ἀπάθεια*), lat. *apathīa* 'Unempfindlichkeit, stoische Gelassenheit, Leidenschaftslosigkeit', abgeleitet von dem mit verneinendem *a-* (*ἀ-* privativum) zu griech. *páthos* (*πάθος*) 'Gemütsbewegung, Leidenschaft, Leid' (s. *Pathos*) gebildeten Adjektiv griech. *apathḗs* (*ἀπαθής*) 'keinen Eindruck erleidend, leidenschaftslos, empfindungslos', wird in der 2. Hälfte des 18. Jhs. als Begriff der stoischen Ethik im Dt. bekannt und (vielleicht vermittelt durch frz. *apathie*) als *Apathie* übernommen. Im 19. Jh. zur Bezeichnung krankhafter Teilnahmslosigkeit im Wortschatz der Medizin. – a p a t h i s c h

Adj. 'teilnahmslos, gleichgültig, abgestumpft' (Anfang 19. Jh.), wohl in Anlehnung an frz. *apathique* für das medizinische Fachwort nlat. *apathicus*.

Aperitif m. 'appetitanregendes, vor der Mahlzeit genossenes alkoholisches Getränk'. Durch Substantivierung des zu lat. *aperīre* 'öffnen' gebildeten Adjektivs mlat. *aperitivus* 'öffnend' (vgl. gleichbed. spätlat. *apertīvus*) entsteht als Fachwort der Medizin mlat. *aperitivum* (woraus *Aperitif* in dt. Texten seit Paracelsus 1525/26), frz. *apéritif* 'eröffnendes, Unreinigkeiten abführendes Heilmittel'. Das frz. Wort erhält im 19. Jh. seine neue Bedeutung 'appetitanregendes Getränk' und kommt im 20. Jh. (zunächst noch als fremdsprachlicher Ausdruck und mit Bezug auf frz. Verhältnisse) ins Dt.

Apfel m. Der Name des zu den Rosengewächsen gehörigen Obstbaums sowie seiner kugeligen Frucht tritt, wenn auch mit abweichender Stammbildung, in allen germ. Sprachen auf, ahd. *aphul* (9. Jh.), mhd. *apfel*, asächs. (in Zusammensetzungen) *appul*, mnd. mnl. nl. *appel*, aengl. *æppel*, engl. *apple*, anord. *epli*, schwed. *äpple*, krimgot. *apel*. Dazu stellen sich die kelt. sowie balt. und slaw. Verwandten air. *ubull* (neben mir. *aball* 'Apfelbaum'), lit. *obuolȳs, óbuolas, óbalas* (neben *obelìs* 'Apfelbaum'), kslaw. *(j)ablъko*, russ. *jábloko* (*яблоко*) und der osk. Name der wegen ihrer Apfelzucht berühmten antiken kampanischen Stadt *Abella*. Eine einheitliche ie. Grundform läßt sich nicht erschließen. Die germ. und kelt. Formen führen im wesentlichen auf ie. **ab(a)l-*, **ablu-*, während die balt. und slaw. Formen Länge des Anlauts, zum Teil auch des zweiten Vokals zeigen, also auf ie. **āb ŏl-*, **ābel-*, **āblu-* weisen. Zugrunde liegt ein alter konsonantischer *l*-Stamm. Im Gegensatz zu den Bezeichnungen für andere Früchte, die mit der römischen Kultur des Obstanbaus aus dem Lateinischen übernommen werden (s. *Birne, Kirsche, Pflaume*), ist hier (vielleicht wegen des Vorhandenseins veredelter Sorten in Nordeuropa bereits in vorrömischer Zeit) das germ. Wort erhalten geblieben; vgl. Hoops Waldbäume (1905) 477ff. – Apfelbaum m., mhd. *apfelboum* (13. Jh.) löst die ältere Bezeichnung ahd. *affaltar* m. (8. Jh.), *affoltra* f. (9. Jh.), mhd. *apfalter, affalter* ab, vgl. auch asächs. *apuldra*, aengl. *apulder, apuldre* f. m., anord. *apaldr* (zu dem in Baumnamen auftretenden Suffix germ. *-ðra-*, *-ðrō* s. *Holunder* und *Teer*). Der Übergang wird in ahd. *affalterboum* (11. Jh.) sichtbar. Apfelschimmel m. 'weißes Pferd mit grauen, apfelähnlichen Flecken', seit Ende des 17. Jhs. bezeugt; voraus geht die Umschreibung *apfelgraues Roß, Pferd* mit Hilfe des Adjektivs ahd. *aphulgrāo* (Hs. 12. Jh.), mhd. *apfelgrā*, asächs. *appulgrē*, anord. *apalgrār*.

Apfelsine f. Die süße Varietät der Zitrusfrucht gelangt im 16. Jh. durch die Portugiesen aus China nach Europa, wo die aus Indien stammende bittere Varietät bereits seit dem Mittelalter bekannt ist (s. *Orange, Pomeranze*). Zur Unterscheidung nennt man die über Nordseehäfen ins dt. Sprachgebiet kommende neue Orangensorte zu Anfang des 18. Jhs. nd. *Apel de Sina* (entsprechend zeitgenössischem frz. *pomme de Sine*, *pomme de Chine*, engl. *China orange*) und *Appelsina* nach nl. *appelsien* (heute noch landschaftlich statt nl. *sinaasappel*), auch verhochdeutscht *Äpffelsina* (Plur.). Daneben kommen Bezeichnungen wie *Apfel von Sina, Chinaapfel, Sineser Apfel* vor. *Sina* ist um 1700 der übliche dt. Name für *China*. Von der 2. Hälfte des 18. Jhs. an setzt sich die hd. Form *Apfelsine* im Nordd., dann auch im Md. durch, während im Südd. *Orange* vorherrschend bleibt.

Aphorismus m. 'geistreiche in sich geschlossene und prägnant formulierte Äußerung eines Gedankens, Sinnspruch'. Zu griech. *aphorízein* (*ἀφορίζειν*) 'abgrenzen, festsetzen, definieren' (vgl. griech. *horízein, ὁρίζειν* 'die Grenzen bestimmen, festsetzen, definieren' und *apó-, ἀπό-* 'weg-, ab-') gebildetes griech. *aphorismós* (*ἀφορισμός*) 'einen Hauptgedanken zusammenfassender kurzer Satz' ergibt gleichbed. spätlat. *aphorismus*, das seit dem 15. Jh. (anfangs in der Nebenform mlat. *amphorismus*) in dt. Texten nachweisbar ist. Es bezeichnet zunächst die medizinischen Lehrsätze einer unter dem Namen des Hippokrates überlieferten Sammlung, dann auch andere medizinisch-naturwissenschaftliche Thesen, zeigt aber bis ins 18. Jh. lat. Flexion. In der 2. Hälfte des 18. Jhs. wird es nach Bekanntwerden der in Frankreich entwickelten literarischen Gattung (frz. *aphorisme*), die besonders Lichtenberg weiterführt, in seiner neuen Bedeutung ins Deutsche übernommen. – aphoristisch

Adj. 'in kurzen, treffenden Kernsätzen formuliert, geistreich und prägnant' (2. Hälfte 18. Jh.), wie frz. *aphoristique* nach griech. *aphoristikós* (*ἀφοριστικός*) 'in kurzen und bestimmenden Sätzen'.

apodiktisch Adj. 'keinen Widerspruch zulassend, nicht widerlegbar, unumstößlich'. Das seit der 1. Hälfte des 18. Jhs. gebräuchliche, vornehmlich der Sprache der Philosophie angehörende Adjektiv beruht auf lat. *apodīcticus* 'schlüssig beweisend', dem gleichbed. griech. *apodeiktikós* (*ἀποδεικτικός*) vorausgeht, das zum Verb griech. *apodeiknýnai* (*ἀποδεικνύναι*) 'vorzeigen, nachweisen' gebildet ist; vgl. griech. *deiknýnai* (*δεικνύναι*) 'zeigen' und *apó-* (*ἀπό-*) 'weg-, ab-'. Zuvor findet sich in dt. Texten schon das Adverb in lat. Form *apodictice* (2. Hälfte 17. Jh.).

Apologie f. 'Rechtfertigung, Verteidigungsrede, -schrift'. Auf griech. *apología* (*ἀπολογία*) 'in Worten vorgetragene Verteidigung' (vgl. griech. *apó-, ἀπό-* 'weg-, ab-' und s. *-logie*) beruht gleichbed. spätlat. *apologia*, das im 16. Jh. zugleich mit der lat. Form *Apologia* auch als *Apologi, Apologey*, dann (1. Hälfte 17. Jh.) *Apologie* im Dt. üblich wird. – A p o l o g e t m. 'Verteidiger einer Lehre oder Anschauung' (1. Hälfte 18. Jh.), Neubildung im Anschluß an substantiviertes spätlat. (bes. bei Kirchenschriftstellern) *apologēticus, apologēticum* 'Verteidigungsschrift' (mlat. *apologeticus* auch in adjektivischer Verwendung), dieses entlehnt aus griech. *apologētikós* (*ἀπολογητικός*) 'zur Verteidigung, Rechtfertigung geeignet', zu griech. *apologeĩsthai* (*ἀπολογεῖσθαι*) 'eine Verteidigung, Rechtfertigung vortragen'; ohne Fortsetzung bleibt von Wieland gebrauchtes *Apologist, Apologistin* (1766/67), nach frz. *apologiste.* a p o l o g e t i s c h Adj. 'rechtfertigend, der Verteidigung dienend' (2. Hälfte 18. Jh.).

Apostel m. 'Sendbote, Verkünder einer Lehre', ahd. *apostol(o), postul* (9. Jh.), mhd. mnd. mnl. nl. *apostel*, mnl. auch *postel*, aengl. *apostol, postol*, engl. *apostle*, anord. *postoli*, got. *apaústaúlus* werden mit der Ausbreitung des Christentums in der Bedeutung 'Jünger Jesu, Glaubensbote' aus kirchenlat. *apostolus* übernommen (spätlat. *apostolus* auch 'Abgesandter' und 'schriftliche Bestätigung der Appellation'); voraus geht griech. *apóstolos* (*ἀπόστολος*) 'Abgesandter, Bote', das zu griech. *apostéllein* (*ἀποστέλλειν*) 'abschikken, entsenden' gehört, vgl. griech. *stéllein* (*στέλλειν*) 'zum Reisen veranlassen, (ent)senden' und *apó-* (*ἀπό-*) 'weg-, ab-. Während im Mhd. *zwelfbote* (aus der Zusammenrükkung der Pluralform *die zwelf boten*) vorherrscht, setzt sich *Apostel* mit Luthers Bibelübersetzung durch. Es wird in der reformatorischen Polemik auch in Wendungen wie *Apostel des Teufels, Antichrists* gebraucht und seit dem 17. Jh. allgemein auf eifrige Verfechter einer Lehre oder Ansicht übertragen. – a p o s t o l i s c h Adj. 'die Apostel oder ihre Lehre betreffend, in der Tradition der Apostel stehend, päpstlich', mhd. *apostolisch* (vgl. *der apostolische stuol*, 13. Jh.), aus gleichbed. kirchenlat. *apostolicus*, griech. *apostolikós* (*ἀποστολικός*) 'den Abgesandten, Glaubensboten betreffend'.

Apostroph m. 'Auslassungszeichen', entlehnt aus gleichbed. spätlat. *apostrophos, apostrophus*, griech. *apóstrophos* (*ἀπόστροφος*), einem substantivierten Adjektiv (mit der Bedeutung 'abgewandt, weg-, entfallend'), das zu griech. *apostréphein* (*ἀποστρέφειν*) 'sich abkehren, abwenden' gehört; vgl. griech. *stréphein* (*στρέφειν*) 'drehen, wenden' (s. *Strophe*). Im Dt. zunächst in der lat. Form *Apostrophus* und (wohl unter frz. Einfluß) *Apostrophe* (Mitte 17. Jh.), dann *Apostroph* (18. Jh). – A p o s t r o p h e f. in der Rhetorik von der überraschenden Abwendung des Redners vom Thema und der Hinwendung zu einer anderen Person oder Sache, insbes. 'an jmdn. gerichtete feierliche Ansprache, Anrede' (1. Hälfte 18. Jh.), aus spätlat. *apostropha, apostrophē*, griech. *apostrophḗ* (*ἀποστροφή*), eigentl. 'Abwendung, Abkehr'. a p o s t r o p h i e r e n Vb. 'erwähnen, anführen, als etw. bezeichnen, ansprechen' (1. Hälfte 18. Jh.), zu *Apostrophe*.

Apotheke f. 'Geschäft für den Verkauf und die Bereitung von Arzneimitteln', mhd. *apotēke* 'Spezereiladen, Apotheke' (13. Jh.) ist entlehnt aus gleichbed. mlat. *apotheca*. Lat. *apothēca* bezeichnet allgemein einen Ort, an dem etwas aufbewahrt wird, und folgt damit griech. *apothḗkē* (*ἀποθήκη*) 'Aufbewahrungsort, Niederlage', einer Ableitung von griech. *apotithénai* (*ἀποτιθέναι*) 'weg-, ablegen', vgl. griech. *tithénai* (*τιθέναι*) 'setzen, stellen, legen' (s. *Theke*) und *apó-* (*ἀπό-*) 'weg-, ab-'. – A p o t h e k e r m. 'Fachmann für Arzneimittel, Pharmazeut', mhd. *apotēker* 'Spezereienhändler, Apotheker' (13. Jh.), entsprechend der mlat. Bedeutung des zugrundeliegenden lat. *apothēcārius* 'Lagerverwalter'.

Apparat m. 'für einen bestimmten Zweck entwickeltes Gerät'. Das zu lat. *apparāre* 'das Erforderliche herbeischaffen, zubereiten' (vgl. lat. *parāre* 'bereiten, Vorkehrungen treffen', s. *parat*, und *ad-* 'zu, an, hin(zu), heran, herbei') gehörende Substantiv lat. *apparātus* 'Zubereitung, Zurüstung, Ausstattung' wird in mehreren seiner bereits im Mlat. vorhandenen Bedeutungsvarianten wie 'Zubehör, Vorrat, Aufwand' vom 15. Jh. an in der Form *Apparat* übernommen. Mit Bezug auf Rechtsglossen ist es im Mnd. (*apparāt*) schon im 14. Jh. in der bis heute in der Wissenschaft üblichen Verwendung 'Kommentar, Lesartenverzeichnis' nachzuweisen. Vereinzelt seit dem 16. und verbreitet vom 18. Jh. an bezeichnet es eine Gerätesammlung für naturwissenschaftliche Experimente oder medizinische Behandlung, das einzelne Gerät jedoch erst seit dem 18. Jh. Die sich hieran anschließende Übertragung 'Gesamtheit von Personen und Einrichtungen zur Erfüllung bestimmter Aufgaben' (vgl. *Staats-, Verwaltungsapparat*) läßt sich direkt vom Sprachgebrauch des 16. Jhs. ('Aufwand, Zurüstung, Zubehör') herleiten. Im 17./18. Jh. findet sich, offensichtlich unter gelehrtem Einfluß, häufig die lat. Wortform *Apparatus*. – A p p a r a t u r f. 'Gesamtheit zusammenwirkender Apparate' (Anfang 20. Jh.), formal an lat. *apparātūra* 'Aufwand, Zurüstung', mlat. 'Schmuck' angelehnte latinisierende Bildung.

Appartement n. 'abgeschlossene, gut ausgestattete Wohnung', namentlich 'mehrere miteinander verbundene Hotelzimmer', Übernahme (Anfang 17. Jh.) von frz. *appartement* 'abgeschlossene Wohnung', dem gleichbed. ital. *appartamento* und früher bezeugtes span. *apartamiento* 'Absonderung, abgelegener Ort, Zimmer' voraufgehen; diese sind Bildungen zu den Verben ital. *appartare* und span. *apartar* 'absondern, trennen', die wiederum abgeleitet sind von den Adverbien ital. *a parte*, span. *aparte* 'für sich, abgesondert, getrennt' (vgl. mlat. *ad partem* 'besonders, gesondert'), zu ital. span. *parte*, lat. *pars* 'Teil, Anteil, Seite' (s. *apart*). Neben 'Wohnung' bedeutet *Appartement* anfangs auch 'eingerichtetes Einzelzimmer' (18./19. Jh.) und euphemistisch 'Abort' (Campe 1801). Auf amerik.-engl. *apartment*, das gleichfalls frz. Herkunft ist, beruht A p a r t m e n t n. 'komfortable Kleinstwohnung' (Mitte 20. Jh.).

appellieren Vb. 'auf-, anrufen, sich an jmdn. wenden', mhd. *appellieren* 'bei einer höheren Instanz Berufung einlegen' (12. Jh.) als juristischer Terminus geht auf lat. *appellāre* '(um Hilfe) ansprechen, auffordern' zurück, das (wie lat. *appellere* 'herantreiben', jedoch mit Konjugationswechsel) mit lat. *ad-* 'zu, an, hin(zu), heran, herbei' zu lat. *pellere* 'stoßen, berühren, einen Eindruck hervorrufen, treiben' gebildet ist. Im 18. Jh. setzt der metaphorische Gebrauch 'eindringlich ermahnen, aufrufen' ein. Dazu das ebenfalls der Rechtssprache angehörende Verbalsubstantiv A p p e l l a t i o n f. 'Berufung', mhd. *appellacion* (13. Jh.), *appelaz* (14. Jh. bis Anfang 16. Jh.), aus gleichbed. lat. *appellātio* (Gen. *appellātiōnis*). – A p p e l l m. 'Aufruf, Aufforderung', übernommen (18. Jh.) von gleichbed. frz. *appel*, das von dem aus lat. *appellāre* (s. oben) entlehnten Verb frz. *appeler* 'rufen, auffordern' abgeleitet ist; im 18. Jh. zunächst im militärischen Bereich 'Ruf, Signal zum Sammeln' (daher auch 'das Antreten zur Überprüfung, Befehlsausgabe', 19. Jh.), im Rechtswesen 'Berufung' sowie in der Jägersprache 'Gehorsam des Hundes auf Zuruf'. Die Übertragung 'eindringlich mahnender Aufruf' ist seit dem Ende des 18. Jhs. nachweisbar, aber erst im 19. Jh. allgemein verbreitet.

Appetit m. 'Eßlust', entlehnt (Anfang 15. Jh.) aus afrz. mfrz. *apetit* 'heftiges Verlangen, Gelüsten, Eßlust' (frz. *appétit*) oder unmittelbar aus dessen Vorstufe lat. *appetītus* 'Verlangen, Begierde' (spätlat. mlat. auch 'Eßlust'), zu lat. *appetere* 'Verlangen haben, begehren' (vgl. lat. *petere* 'nach etw. langen, verlangen, begehren' und *ad-* 'zu, an, hin(zu), heran, herbei'). Im Dt. herrscht anfangs die allgemeine Bedeutung 'Verlangen, Begierde' vor, die spezielle Verwendung 'Verlangen nach angenehmer Speise, Lust am Essen' setzt sich erst im 17. Jh. durch und wird vorher (vereinzelt noch bis ins 18. Jh.) durch im Kontext enthaltene Hinweise oder erklärende Zusätze (*Appetit der Speise, zum Essen* u. ä.) verdeutlicht. – a p p e t i t l i c h Adj. 'verlockend, den Appetit anregend'; zunächst 'Verlangen habend' (Fischart 1575), vom

17. Jh. an 'Verlangen bewirkend', seit dem 18. Jh. häufiger auf Speisen bezogen.

applaudieren Vb. 'Beifall spenden'. Im Anschluß an lat. *applaudere* 'anschlagen, Beifall klatschen' (vgl. lat. *plaudere, plausum* 'schlagen, (Beifall) klatschen', s. *plausibel*, und *ad-* 'zu, an, hin(zu), heran, herbei') erscheint die mit dem für Verben fremder Herkunft gebräuchlichen Suffix *-ieren* gebildete, durch mfrz. frz. *applaudir* gestütze Form im Dt. des 16. Jhs., zunächst allgemein für 'Zustimmung bekunden', seit dem 18. Jh. vorwiegend mit Bezug auf das Theater. – A p p l a u s m. 'Beifall' (Mitte 18. Jh.), aus spätlat. *applausus* 'das Beifallklatschen', lat. 'das Anschlagen', zu lat. *applaudere* (s. oben), zuvor (17. bis Ende 18. Jh.) in lat. Form *Applausus*.

apportieren Vb. 'herbeibringen'. Die in der Jägersprache seit dem 18. Jh. übliche Bezeichnung für den Vorgang des Herantragens geschossenen Niederwilds oder geworfener Gegenstände durch einen abgerichteten Hund schließt sich an frz. *apporter*, afrz. *aporter* 'herbeibringen' und diesem vorausgehendes gleichbed. lat. *apportāre* (vgl. lat. *portāre* 'tragen, bringen' und *ad-* zu, an, hin(zu), heran, herbei') an, übernimmt seine Sonderbedeutung aber von frz. *rapporter*, afrz. *raporter*, einer mit afrz. frz. *re-* 'zurück-' (s. *re-*) nochmals präfigierten Bildung im Sinne von lat. *reportāre* 'zurücktragen, -bringen' (daneben jedoch frz. *apporte!* als Zuruf an den Hund). Vereinzelt ist *apportieren* als Eindeutschung von lat. *apportāre* in dessen allgemeiner Bedeutung schon im 17. Jh. bezeugt.

Apposition f. bezeichnet als grammatischer Terminus ein attributives Substantiv im gleichen Kasus wie das Bezugswort. Entlehnt (1. Hälfte 18. Jh.) aus gleichbed. mlat. *appositio* (Gen. *appositionis*), lat. 'Zusatz' (eigentl. 'das Hinsetzen'), zu lat. *appōnere* (*appositum*) 'hinstellen, dazusetzen, hinzufügen', vgl. lat. *pōnere* 'setzen, stellen, legen' und *ad-* 'zu, an, hin(zu), heran, herbei'.

appretieren Vb. 'einem Gewebe Glanz und Festigkeit verleihen'. Das seit der 2. Hälfte des 18. Jhs. im Textilgewerbe gebräuchliche Fachwort folgt gleichbed. frz. *apprêter*, doch wird dieses in seiner allgemeinen Bedeutung 'zubereiten' (namentlich von Speisen) schon Anfang des 18. Jhs. entlehnt. Das frz. Verb führt über afrz. *aprester* 'in Bereitschaft setzen, vorbereiten' auf ein vlat. **appraestāre* zurück, das sich an das Adverb lat. *praestō* 'gegenwärtig, da' (vorwiegend in der Wendung *praestō esse* 'dienen, förderlich, zur Hand sein') und das dazu gebildete Adjektiv spätlat. *praestus* 'gegenwärtig, bereit' anschließt. – A p p r e t u r f. 'Glanz und Festigkeit eines Gewebes sowie der diese Eigenschaften hervorrufende Bearbeitungsvorgang' (1. Hälfte 18. Jh.), zu *appretieren*, anstelle des zunächst übernommenen gleichbed. frz. *apprêt*.

approbiert Adj. 'zur Berufsausübung zugelassen'. Das die in einer Prüfung nachgewiesene und staatlich anerkannte Qualifikation als Arzt oder Apotheker kennzeichnende Part.adj., das sich in dieser Verwendung seit dem 17. Jh. findet, gehört zu dem vom 15. Jh. an geläufigen, heute nicht mehr gebräuchlichen Verb *approbieren* 'billigen, anerkennen', einer Entlehnung des gleichbed. lat. *approbāre*, vgl. lat. *probāre* 'prüfen, gutheißen, billigen' und *ad-* 'zu, an, hin(zu), heran, herbei'. – A p p r o b a t i o n f. 'Billigung, Zulassung', namentlich 'staatliche Anerkennung als Arzt oder Apotheker', entlehnt (15. Jh.; anfangs *approbacie*) von lat. *approbātio* (Gen. *approbātiōnis*) 'Zustimmung, Anerkennung'.

Aprikose f. aus China stammendes Steinobst, das im 1. Jh. in Italien bekannt und angebaut wird und den Namen lat. *(Persicum) praecoquum* 'frühreifer (Pfirsich)', dann *praecoca* (Plur.) erhält (zu lat. *coquere* 'kochen, reifen', *praecoquere* 'vorher kochen, völlig reifen'). Aus der Pluralform entsteht spätgriech. *brekókkia* (*βρεκόκκια*) mit vielen abgewandelten Formen (vgl. STRÖMBERG Griech. Pflanzennamen 160) wie *beríkoka, beríkūka* (*βερίκοκα, βερίκουκα*) sowie singularisch *prekýkkion, berékekkon, berýkokkon* (*πρεκύκκιον, βερέκεκκον, βερύκοκκον*), aus denen arab. *al-barqūq* gebildet wird. In span. *albaricoque*, katalan. *albercoc, abercoc* setzt sich die Kette der Entlehnung fort; letzteres führt zu frz. *abricot*, dessen Plural *abricots* das nl. *abrikoos* veranlaßt. Aus der nl. Form stammt dt. *Aprikose* (17. Jh.) sowie russ. *abrikós* (*абрикос*).

April m. Name des vierten Monats im Kalenderjahr, ahd. *abrello* (Hs. 12. Jh.), mhd. *aberelle, abrille, aprille*, mnd. *Ap(p)ril*, mnl. *april(le), aprel*, nl. *April*, mengl. *averil*, engl. *April* gehen zurück auf lat. *Aprīlis (mēnsis)*, das den 2. Monat des ursprünglich mit dem

März beginnenden Jahres bezeichnet. Die Herkunft des lat. Wortes ist nicht sicher geklärt; am ehesten wohl im Sinne von 'der zweite, folgende (Monat)' verwandt mit *aber* (s. d.) und komparativische Bildung zum dort dargestellten ie. **apo-* 'ab, weg'. *April*, das seit mhd. Zeit in mannigfachen Formvarianten (obd. überwiegt *abrelle* bis ins 16. Jh.) und z. T. noch lange als fremdes Wort (*mensis Aprilis* u. ä.) in deutschem Kontext verwendet wird, setzt sich gegen das ältere einheimische ahd. *ōstarmānōd* (11. Jh.), mhd. *ōstermānōt* nur allmählich, endgültig erst im 18./19. Jh. durch.

apropos Adv. 'übrigens, nebenbei (bemerkt)'. Anfang des 17. Jhs. wird mfrz. frz. *à propos* 'zur Sache, (der Zeit, dem Ort, Gegenstande) angemessen, gelegen, passend' entlehnt, eine Fügung aus mfrz. frz. *à* 'zu' (afrz. *a*, lat. *ad*) und afrz. frz. *propos* 'Vorsatz, Entschluß, Anlaß, Gesprächsgegenstand, Rede', einem Deverbativum von afrz. frz. *proposer* 'vorschlagen, vorbringen, sich vornehmen'. Dieses ist eine Präfixbildung zu afrz. frz. *poser* (aus spätlat. *pausāre* 'innehalten, ruhen', s. [1]*Pause*), das im Galloroman. die Bedeutung von lat. *pōnere* 'setzen, stellen, legen' übernimmt, und entspricht dem Vorbild lat. *propōnere* (*propositum*) 'aufstellen, vortragen, vorschlagen'. Anfangs im wörtlichen Sinne und als Ausruf 'zur Sache' gebraucht, wird das Wort gegen Ende des 17. Jhs. zu einer inhaltsarmen Formel beim Übergang zu einem neuen Gesprächsgegenstand. *apropos* im Sinne von 'gelegen' ist auf eine im 17./18. Jh. häufige Wendung *apropos kommen* beschränkt, der man gelegentlich noch in neuerer Zeit, so bei G. Hauptmann, begegnet.

Apsis oder **Apside** f. (Plur. *Apsiden*), auch *Absis, Abside*. In der Baukunst 'halbrunder, meist mit einer Halbkuppel überwölbter Raum, Altarnische', Entlehnung (1. Hälfte 19. Jh.) von gleichbed. mlat. *apsis, absis*, kirchenlat. 'Kirchenchor', lat. (auch *hapsis*) 'Bogen, Segment eines Kreises' (als mathematischer Begriff), von griech. *hapsís, apsís* (ἁψίς, ἀψίς) 'Verknüpfung, Rundung, Bogen, Wölbung, Kuppel', zu griech. *háptein* (ἅπτειν) 'heften, (an)knüpfen'. Der in der Astronomie mit eingedeutschter Endung verwendete Terminus *Apsiden* (Plur.), worunter man jene zwei Punkte der elliptischen Bahn eines Himmelskörpers versteht, in denen er dem Körper, den er umläuft, am entferntesten bzw. am nächsten ist, ist seit dem 18. Jh. gebräuchlich; voraus gehen die aus dem Lat. übernommenen Formen *Apsides, Absides*, Plural von lat. *apsis, absis* '(Planeten)bahn'.

Aquamarin m. Edelstein von meerblauer bis meergrüner Farbe, blauer Beryll. Lat. *aqua marīna* 'Meerwasser' wird in der 2. Hälfte des 16. Jhs. als frz. *aigue-marine*, ital. *acquamarina*, engl. *aquamarine* zur Bezeichnung des meerblauen Edelsteins, der 'Meerwasserfarbene'. Im Dt. gilt zunächst die lat. Form *Aqua Marina*; Zusammenschreibung mit Aufgabe der lat. Endung wird zu Anfang des 18. Jhs. üblich.

Aquarell n. mit Wasserfarben gemaltes Bild, entlehnt (zunächst als Fem., Goethe 1787) aus ital. *acquerella* f. (dann *acquerello* m.), frz. *aquarelle* f. 'Wasserfarbe, Wasserfarbengemälde', in Anlehnung an lat. *aquārius* 'zum Wasser gehörig' gebildet zu ital. *acqua*, lat. *aqua* 'Wasser'. – Aquarellist m. 'Aquarelle malender Künstler' (1. Hälfte 19. Jh.), frz. *aquarelliste*, ital. *acquerellista*. aquarellieren Vb. 'mit Wasserfarben malen' (2. Hälfte 19. Jh.).

Aquarium n. Glasbehälter, Bassin zur Haltung von Wassertieren und -pflanzen, Ausstellungsgebäude für Wassertiere. Wort und Gegenstand werden von England aus in den 50er Jahren des 19. Jhs. übernommen. *Aquarium* ist eine gelehrte Bildung zu lat. *aquārius* 'zum Wasser gehörig'; vgl. lat. *aquārium* (substantiviertes Neutr. Sing.) 'Tränke, Wasserkrug'. Zugrunde liegt (wie auch bei *Aquamarin, Aquarell* und *Aquavit*, s. d.) lat. *aqua* 'Wasser'.

Äquator m. größter Breitenkreis der Erdkugel (17. Jh.). Spätlat. *aequātor* 'wer die Münzen eicht', im Mlat. Terminus der Astronomie zur Bezeichnung des Himmelsäquators, von lat. *aequāre* 'gleichmachen' (zu lat. *aequus* 'gleich'), eigentl. der 'Gleichmacher', und zwar der 'Gleichmacher des Tages und der Nacht' (mlat. *aequator diei et noctis*). Steht die Sonne im Himmelsäquator, ruft sie für die gesamte Erde Tagundnachtgleiche hervor. Die Übertragung auf den Erdäquator erfolgt, weil alle Punkte auf diesem Kreis stets Tagundnachtgleiche haben. Hierauf allein beruht die Bedeutung von *Äquator*, nicht auf der Teilung der Erde in zwei gleiche Halbkugeln. Die dt. Bezeichnung *Gleicher* für den Himmels- oder den Erdäquator kann schon zu Anfang des 16. Jhs. belegt werden. Während im 17. Jh. *Gleicher* und *Äquator* unterschiedslos nebeneinander stehen, gewinnt im 18. Jh., bes. in fachsprachlicher Anwendung, *Äquator* den Vorrang, kann aber, vor allem in poetischer Sprache, *Gleicher* nicht ganz verdrängen. Als Konkurrenzwort tritt im 17. Jh. noch *Linie* (auch *Gleicher-, Äquinoktiallinie*) auf, das Eingang in die Seemannssprache findet (*die Linie passieren, kreuzen*).

Aquavit m. mit Gewürzen und Kräuterextrakten (bes. Kümmel) zubereiteter Branntwein. Der seit der Entdeckung der Destillation (12. Jh.) in der Heilkunde verwendete Äthylalkohol wird mlat. *aqua vitae* 'Lebenswasser' genannt, vgl. lat. *aqua* 'Wasser' und *vīta* 'Leben' (vermutlich, weil der Branntwein als Arznei betrachtet wurde). Im 16. Jh. erscheinen in deutschen Texten Übergangsformen wie *Aquavitte, Aquavite* zur Bezeichnung von alkoholhaltigen Heilgetränken verschiedener Rezeptur. *Aquavit* ist seit etwa 1600 üblich und wird bereits im Laufe des 17. Jhs. in der heutigen Bedeutung gebraucht.

Äquivalent n. 'Gegenwert, gleichwertiger Ersatz, Ausgleich'. Der gegen Ende des Dreißigjährigen Krieges bes. in der Diplomatensprache in Zusammenhang mit Länder- oder Gebietsabtretungen aufkommende Ausdruck ist in Anlehnung an lat. Schreibweise aus gleichbed. frz. *équivalent* entlehnt, zu mlat. *aequivalens* (Gen. *aequivalentis*) Part.adj. 'gleichwertig', Subst. 'entsprechender Wert, Ersatz', vgl. lat. *aequus* 'gleich' und *valēre* 'stark sein, vermögen, geeignet, imstande, wert sein'. – ä q u i v a l e n t Adj. 'gleichwertig' und Ä q u i v a l e n z f. 'Gleichwertigkeit' (Mitte 19. Jh.; ein Frühbeleg von *äquivalent* aus den oberrhein. Stadtrechten datiert aus dem Jahre 1731).

Ar n., auch m. Das 1868 amtlich eingeführte Flächenmaß von 100 Quadratmetern ist aus gleichbed. frz. *are* entlehnt, das in Frankreich 1793 durch Dekret in Anlehnung an lat. *ārea* 'Fläche, freier Platz' geschaffen wurde (s. auch *Hektar*).

Ära f. 'Zeitalter, -abschnitt' wird Anfang des 18. Jhs. aus gleichbed. mlat. *aera* f. entlehnt. Voraus geht spätlat. *aera* f. 'gegebene Zahl, Reihenfolge der von einem festen Ausgangspunkt an gezählten Jahre, Epoche', das sich aus dem Neutr. Plur. lat. *aera* 'die einzelnen Posten einer Summe', Sing. *aes* 'Erz, Kupfer, Geld', entwickelt hat.

Arabeske f. 'stilisiertes Blatt- und Rankenornament der islamischen Kunst, Verzierung, Schnörkel' wird Anfang des 18. Jhs. aus gleichbed. frz. *arabesque* (bis gegen Ende des Jhs. in der frz. Form *Arabesque*) entlehnt, das seinerseits auf ital. *arabesco* Adj. 'arabisch, in arabischem Stil', Subst. 'Arabeske', eine Ableitung von ital. *arabo* Adj. 'arabisch', Subst. 'Araber' und schließlich auf arab. *'arab* (Plur.) 'Araber', eigentl. die 'Wüstenbewohner', zurückgeht. In der Musik bezeichnet *Arabeske* ein heiteres Musikstück in freier Form (19. Jh.).

Arbeit f. 'zweckgerichtete körperliche und geistige Tätigkeit des Menschen, Produkt dieser Tätigkeit, Werk', ahd. *arbeit* f., *arbeiti* n. 'Mühsal, Plage, Anstrengung, Ertrag der Arbeit' (8. Jh.), mhd. *ar(e)beit* f. n., asächs. *arƀed, arƀid* f., *arƀedi* n., mnd. *arƀēt* m. n. f. (daraus schwed. *arbete* und dän. *arbejde*), mnl. *arbeit* m. f., nl. *arbeid* m., aengl. *earfoþe, earfeþe* n., anord. *erfiði* n., got. *arbaiþs* f. lassen sich, soweit es das ursprüngliche (mehrfach zu einem neutralen Stamm umgebildete) Femininum betrifft, zurückführen auf germ. **arƀējiðiz* 'Mühsal', das als Abstraktbildung zu einem untergegangenen germ. *ēn*-Verb **arƀējō* 'bin verwaistes und daher aus Not zu harter Arbeit gezwungenes Kind' angesehen werden kann. Damit ist eine Verbindung zu ie. **orbh-* 'verwaist, Waise' (s. *Erbe*) hergestellt, von dem sich vermutlich auch *arm* (s. d.) herleitet sowie außerhalb des Germ. aslaw. *rabъ* 'Knecht, Diener, Sklave', *rabota* 'Knechtschaft, Sklaverei', russ. *rabóta (работа)* 'Arbeit' (s. *Roboter*). Die Ausgangsbedeutung der germ. Bildung 'schwere körperliche Anstrengung, Mühsal' reicht bis ins Nhd. (zuweilen durch Zusammensetzungen wie *Mords-, Riesenarbeit* veranschaulicht); im Mhd. tritt der Begriff 'Mühsal, Not, die man leidet oder freiwillig übernimmt' besonders hervor. Danach tritt der Sinn von 'mühseliger, qualvoller Tätigkeit' zurück, und *Arbeit* erstreckt sich auf jede zweckgerichtete, zunächst körperliche, später auch geistige Tätigkeit des Menschen. Die positive Bewertung der Arbeit (zuerst bei Luther) vollzieht sich unter dem Einfluß des aufsteigenden Bürgertums und der zunehmenden Entwicklung kapitalistischer Produktionsverhältnisse. Sie entspricht der wachsenden Erkenntnis von der Rolle und Bedeutung der menschlichen Arbeit für die Entwicklung der Gesellschaft. Marx und Engels schließlich bestimmen sie als „eine von allen Gesellschaftsformen unabhängige Existenzbedingung des Menschen". Der daneben bestehende konkrete Sinn ('Produkt der Tätigkeit'), im Ahd. vereinzelt schon angedeutet, entwickelt sich vollends im Nhd. Vom Substantiv abgeleitet arbeiten Vb. 'Arbeit leisten, tätig sein', ahd. *arbeiten* (*arbeitōn* nur im Frk. belegt) 'plagen, bedrängen, sich abmühen' (9. Jh.), mhd. *ar(e)beiten*, mnd. *arbēden* (daraus schwed. *arbeta*, dän. *arbejde* entlehnt), mnl. *arbeiden, arbeiten*, nl. *arbeiden*, anord. *erfiða*, got. *arbaidjan*. arbeitsam Adj. 'fleißig, emsig, arbeitswillig', ahd. (8. Jh.), mhd. *arbeitsam* 'mühsam, beschwerlich, leidvoll', auch mit Übergang zu 'fleißig, arbeitswillig'; vgl. asächs. *arbetsam*, mnd. *arbētsam*, mnl. *arbeitsam*, nl. *arbeidzaam*. arbeitslos Adj. 'trotz Arbeitsfähigkeit und Bereitschaft ohne berufliche Arbeit, ohne Erwerbsmöglichkeit' (2. Hälfte 18. Jh., vereinzelt schon im 16. Jh.), älter in der Bedeutung 'ohne Anstrengung, mühelos' (Anfang 16. Jh. bis 19 Jh.); dazu Arbeitslosigkeit f. 'Mangel an Erwerbsmöglichkeit' (1. Hälfte 19. Jh.), älter 'Untätigkeit' (Ende 18. Jh.). Arbeitsteilung f. 'Trennung und Verselbständigung verschiedener Arbeiten im Produktionsprozeß'; engl. *division of labour* (von A. Smith 1776 geprägt) wird im Dt. zuerst mit *Verteilung der Arbeit* (1776) und *Teilung der Arbeit(en)* (1796), dann (1808) mit dem Kompositum *Arbeitsteilung* wiedergegeben. Während Smith und seine Nachfolger *Arbeitsteilung* vorwiegend unter dem Aspekt betrachten, mehr Waren mit demselben Quantum Arbeit zu produzieren, stellt Marx dieser manufakturmäßigen Arbeitsteilung die *gesellschaftliche Arbeitsteilung* (1867) gegenüber.

Arbeiter m. 'wer körperlich oder geistig tätig ist', mhd. *arbeiter, arbeitman* 'Tagelöhner, Handwerker'. Seit dem 19. Jh. vorwiegend Bezeichnung für den abhängigen (da ohne Anteil an den Produktionsmitteln) Arbeitnehmer, der für seine Arbeitskraft entlohnt wird. Bei Marx und Engels wird *Arbeiter* seit 1860, *Proletarier* (s. d.) zurückdrängend, zum bevorzugten Terminus für den Angehörigen der Arbeiterklasse. Sie bezeichnen damit den ausgebeuteten Lohnarbeiter unter kapitalistischen Verhältnissen als auch den von Ausbeutung befreiten und der herrschenden Arbeiterklasse angehörenden Werktätigen nach der sozialistischen Revolution. Wohl unter Einfluß von engl. *those who live by wages*, wie A. Smith die Klasse der den Reichtum der Gesellschaft vermehrenden Arbeiter nennt, entstehen im Dt. die Komposita *Lohnarbeitsleute* (1776) und später *Lohnarbeiter* (1796), das in dt. ökonomischen Schriften seit den 20er Jahren des 19. Jhs. geläufig wird. – Arbeiterklasse f. Nach dem Muster von engl. *class of labourers* und *labouring class, working class* bildet das Dt. *arbeitende Klasse* (2. Hälfte 18. Jh.) und *Arbeiterklasse* (30er Jahre 19. Jh.). Diese bezeichnen sowohl einzelne Berufsgruppen von Arbeitern als auch die Klasse der Lohnarbeiter insgesamt, das *Proletariat* (s. d.). Durch Marx, der der Klasse der modernen Lohnarbeiter im Kampf um die Befreiung von Ausbeutung eine führende Rolle zuerkennt, findet *Arbeiterklasse* schnell Verbreitung, im Sozialismus definiert als 'Klasse, die im Bündnis mit den Genossenschaftsbauern, der Intelligenz und anderen werktätigen Schichten die politische Macht ausübt'. Mit direktem Bezug auf engl. Verhältnisse wird in den 40er Jahren des 19. Jhs. Arbeiterbewegung f. gebildet, nach dem Vorbild von engl. *working-men's movement*; engl. *movement* im Sinne einer 'politischen Massenbewegung' lehnt sich an frz. *parti du mouvement* an. Gleichzeitig wird die Zusammensetzung Arbeiterpartei f. geprägt. – Zum gesamten Komplex *Arbeit, Arbeiter* vgl. G. Hagen Zum sachlichen und sprachlichen Einfluß der engl. polit. Ökonomie auf die deutsche im 18. u. 19. Jh. (masch.-schriftl. Diss. Berlin 1968) und E. Adelberg in: Zum Einfluß von Marx u. Engels auf die dt. Literatursprache (1978) 113ff.

Archaismus m. 'altertümliche Redewendung und Sprachform', in der Kunst 'Nachahmung archaischer Formen', Entlehnung (Mitte 18. Jh.) von spätlat. *arc(h)aismos*, griech. *archaïsmós* (ἀρχαϊσμός) 'Altväterlichkeit, Nachahmung der Alten, veralteter Sprachgebrauch', dem Verbalabstraktum von *archaïzein* (ἀρχαΐζειν) 'altertümlich sein, altertümeln', einem Denominativum zu griech. *archāios* (s. unten). Frz. *archaïsme* und engl.

archaism sind bereits im 17. Jh. bezeugt und können die Aufnahme der dt. Entsprechung befördert haben. – a r c h a i s c h Adj. 'altertümlich, frühzeitlich, aus der Frühstufe der Kunstentwicklung, bes. der griech. Kunst, stammend', entlehnt (Mitte 19. Jh.) unter Einfluß von gleichbed. frz. *archaïque* aus spätlat. *archaicus* 'alt', griech. *archaïkós* (*ἀρχαϊκός*) 'altertümlich, altväterlich', zu griech. *archaĩos* (*ἀρχαῖος*) 'ursprünglich, altertümlich, alt', das zu griech. *archḗ* (*ἀρχή*) 'Anfang, Ursache, Ursprung, Herrschaft, Regierung' gebildet ist. Voraus gehen das seltener verwendete a r c h a i s t i s c h Adj. 'archaische Formen nachahmend' (1. Hälfte 19. Jh.) und gleichbed. a r c h a i s i e r e n d Part. Präs. (2. Hälfte 18. Jh.). A r c h ä o l o g i e f. 'Wissenschaft von den Überresten einer alten Kultur, Altertumskunde' (2. Hälfte 18. Jh.), unter Einfluß von frz. *archéologie* (um 1600) aus griech. *archaiología* (*ἀρχαιολογία*) 'Erzählung alter Geschichten, Altertumskunde', vgl. griech. *archaĩos* (s. oben) und s. *-logie*; dazu a r c h ä o l o g i s c h Adj. (2. Hälfte 18. Jh.) und A r c h ä o l o g e m. (Ende 18. Jh.).

Arche f. im Nhd. vornehmlich (nach biblischem Gebrauch) als *Arche Noah* geläufig, d. i. 'kastenartiges Schiff, in dem Noah mit seiner Familie und je einem Tierpaar Zuflucht vor der Sintflut fand'. Durch römische Händler gelangt gleichzeitig mit *Kiste* und *Sack* (s. d.) auch lat. *arca* 'Behältnis zum Verschließen, Kasten, Kiste, (Toten)lade', eigentl. 'Verschluß', das mit dem Adjektiv lat. *arcānus* 'verschlossen, verschwiegen, geheim' zum Verb lat. *arcēre* 'verschließen, einhegen' gehört, zu den Germanen als ahd. *arka, archa* (nur bei Otfrid, Tatian, Notker und nur in den biblischen Bedeutungen 'Arche Noah' und 'Bundeslade' als Heiligtum des jüdischen Volkes), mhd. *arke, arc, arch(e)*, mnd. mnl. *arke*, nl. *ark*, aengl. *ærc (earc)*, engl. *ark*, anord. *ǫrk, arka*, got. *arka*. Die ursprüngliche Bedeutung 'Kasten' wird in die Mundarten abgedrängt, als mit der Bibel für Noahs Schiff lat. *arca* und seine germ. Entsprechungen Verbreitung finden. In Baden, Schwaben und der Steiermark, zum Teil auch noch im Rheinland, lebt die Bedeutung 'Kasten, Truhe, Schrank' weiter.

Archipel m. Kurzwort für heute unübliches *Archipelagus* oder *Archipelagos* 'Inselgruppe', ursprünglich auf die Inselwelt zwischen Griechenland und Kleinasien (des Ägäischen Meeres) bezogen. Vielleicht eine entstellende Wiedergabe von griech. *Aigaĩon pélagos* (*Αἰγαῖον πέλαγος*), dem Namen des nach der Insel *Aigaí* (*Αἰγαί*) benannten Meeres. In der ersten Hälfte des 18. Jhs. wird *Archipelagus* mit latinisierter Endung aus ital. *arc(h)ipelago* (seit dem 13. Jh. in venezianischen Quellen) entlehnt, das auf griech.-byzant. **archipélagos* (**ἀρχιπέλαγος*) 'Hauptmeer, Meer der Meere' zurückgeht, gebildet aus griech. *arch(i)-* (*ἀρχ(ι)-*) 'Ober-, Haupt-, Erz-' und *pélagos* (*πέλαγος*) 'Meer, See' (vgl. gleichbed. lat. *pelagus*, das bes. im Mlat. sehr gebräuchlich ist). Die Kurzform *Archipel* setzt sich Mitte des 19. Jhs. wohl unter Einfluß von frz. *archipel* durch.

Architekt m. 'Baumeister, Fachmann auf dem Gebiet der Baukunst'. In der 1. Hälfte des 16. Jhs. wird lat. *architectus* (anfangs noch häufig in lat. flektierter Form) entlehnt, das gleichbed. griech. *architéktōn* (*ἀρχιτέκτων*) fortsetzt, eine Zusammensetzung aus griech. *arch(i)-*, (*ἀρχ(ι)-*) 'Ober-, Haupt-, Erz-', zu griech. *árchein* (*ἄρχειν*) 'der erste sein, vorangehen, anfangen, herrschen' (s. *Archiv*), und *téktōn* (*τέκτων*) 'Zimmermann, Handwerker', verwandt mit *téchnē* (*τέχνη*) 'Kunst, Geschick, Handwerk' (s. *Technik*); danach eigentl. 'Oberzimmermann'. – A r c h i t e k t u r f. 'künstlerische Gestaltung eines Bauwerks, Baukunst' (1. Hälfte 16. Jh.), aus gleichbed. lat. *architectūra*. a r c h i t e k t o n i s c h Adj. 'den Gesetzen der Architektur entsprechend, baukünstlerisch' (1. Hälfte 17. Jh.), nach gleichbed. lat. *architectonicus*, griech. *architektonikós* (*ἀρχιτεκτονικός*).

Archiv n. 'Sammlung von Schriftstücken, Urkunden, Akten, Aufbewahrungsort einer solchen Sammlung', entlehnt (15. Jh.) aus gleichbed. spätlat. *archīvum*, einer Nebenform von lat. *archīum*, anfangs noch häufig in lat. Form. Zusammensetzungen wie *Landesarchiv* und *Stadtarchiv* sind im 17. Jh., *Reichsarchiv* im 18. Jh. bezeugt. Lat. *archīum* führt auf griech. *archeĩon* (*ἀρχεῖον*) 'Regierungsgebäude, Behörde, Amt', das von griech. *archḗ* (*ἀρχή*) 'Anfang, Ursache, Ursprung, Herrschaft, Regierung', einem Verbalnomen zu griech. *árchein* (*ἄρχειν*) 'der erste sein, vorangehen, anfangen, herrschen', abgeleitet ist (s. *Archaismus, Architekt, Hierarchie* sowie die

Vorsilbe *Erz-*). – Archivar m. 'Betreuer eines Archivs'; nach *Archivarius* (1. Hälfte 17. Jh.), gebildet aus *Archiv* mit der lat. Endung *-ārius*, setzt sich *Archivar* von der Mitte des 18. Jhs. an mehr und mehr durch. archivalisch Adj. 'die Archivalien betreffend, urkundlich' (2. Hälfte 18. Jh.). Archivalien Plur. 'in einem Archiv aufbewahrte Schriftstücke' (Anfang 19. Jh.), gebildet mit der Pluralendung *-alien* (aus lat. *-ālia*) nach Mustern wie *Naturalien* (s. d.). archivieren Vb. 'Schriftstücke in ein Archiv aufnehmen' (Mitte 19. Jh.).

Areal n. 'Fläche, abgegrenztes Gebiet, Verbreitungsgebiet (bes. von Tieren, Pflanzen)' wird in der 2. Hälfte des 18. Jhs. aus der substantivierten Form des Adjektivs mlat. *arealis, areale* 'den Flächeninhalt betreffend, Grundflächen-' (zu lat. *ārea* 'Fläche') gebildet.

Arena f. 'Platz für Wettkämpfe und Vorführungen, Sportplatz, Manege', ursprünglich 'sandbestreuter Kampfplatz im altrömischen Amphitheater'. In der 1. Hälfte des 18. Jhs. wird lat. *(h)arēna* 'Sand, Sandfläche, Küste, (mit Sand bestreuter) Kampfplatz des Amphitheaters' aufgenommen, bleibt zunächst Bezeichnung für die Kampfstätten im alten Rom, wird aber in der Mitte des 19. Jhs. auch auf moderne Vorführungs- und Kampfplätze übertragen.

arg Adj. 'schlimm, böse, bösartig', als Verstärkung 'sehr, groß, stark', ahd. *arg* '(moralisch) verderbt, schlecht, böse', auch 'feige, unzüchtig, geizig' (8. Jh.), mhd. *arc* 'nichtswürdig, böse', mnd. mnl. *arch* 'böse, schlimm', aengl. *earg* 'feige, träge, böse', anord. *argr*, daneben mit Metathese *ragr* 'feige, unmännlich, unsittlich', sowie langobard. *arg*. Ausgangspunkt ist die Bedeutung 'feige', in der germ. **arga-* als *arka* bzw. *arg* ins Finnische und Estnische entlehnt wird. Für die Ausgangsbedeutung 'feige' spricht auch die etymologische Herleitung. Im Sinne von 'angstbebend, zitternd' gehört das Adjektiv zu ie. **ergh-* 'schütteln, erregen, beben', Erweiterung der Wurzel ie. **er-* 'sich in Bewegung setzen, erregen' (s. *reiten, Ernst*); vgl. griech. *orchéisthai* (*ὀρχεῖσθαι*) 'beben, hüpfen, tanzen', aind. *ṛghāyáti* 'bebt, tobt, rast'. Heute begegnet *arg* vornehmlich als Ausdruck der Verstärkung (*eine arge Enttäuschung, es hat mich arg gefreut*). – Arg n. 'Böses, Schlimmes, Falschheit', nur noch in negativen Wendungen wie *ohne Arg sein, kein Arg finden* gebräuchlich. Ahd. *arg* bedeutet entsprechend dem Adjektiv (s. oben) 'das (moralisch) Schlechte, Böse, Verworfenheit, Schlechtigkeit' (9. Jh.), mhd. *arc* 'Böses, Übel', mnd. mnl. *arch* 'Böses, Unheil, Bosheit, Schaden'. Arglist f. 'Hinterlist, Heimtücke', ahd. *arglist* 'Arglist, Schlauheit, Bosheit' (um 1000), mhd. *arclist*, dazu arglistig Adj. 'hinterlistig, heimtückisch', mhd. *arclistec*. Argwohn m. 'Verdacht, Mißtrauen', ahd. *argwān* (Hs. 12. Jh.), mhd. *arcwān*; zum Grundwort s. *Wahn*; davon abgeleitet argwöhnen Vb. (früher auch *argwohnen*) 'Argwohn hegen, Schlimmes vermuten', ahd. *argwānen* (Hs. 12. Jh.), mhd. *arcwœnen*; argwöhnisch Adj. 'mißtrauisch, voller Argwohn', ahd. *argwānig* (Hs. 12. Jh.), mhd. *arcwœnec*. verargen Vb. 'übelnehmen', mhd. *verargen* 'arg werden'; vgl. mhd. *argen* 'arg sein'. arglos Adj. 'nichts Böses ahnend, ohne Argwohn, ahnungslos' und Arglosigkeit f. (2. Hälfte 18. Jh.).

ärgern Vb. 'erzürnen, foppen', (refl.) 'Verdruß empfinden', ahd. *argorōn, ergirōn* 'zum Bösen verführen' (um 1000), mhd. *argern, ergern* 'verschlechtern, schlechter werden', mnd. *arger(e)n, erger(e)n*, mnl. *argheren, ergheren*, nl. *ergeren*, aengl. *eargian* 'sich fürchten, feige sein, erschrecken' ist eine Bildung zum Komparativ von dem unter *arg* (s. d.) behandelten Adjektiv, eigentl. also 'ärger, schlechter machen', danach 'Anstoß erregen' (16. Jh.) und (refl.) 'Anstoß nehmen' (15. Jh.), woraus sich die gegenwärtige Bedeutung entwickelt. – ärgerlich Adj. 'Verdruß verursachend bzw. empfindend', mhd. *ergerlich* 'Anstoß erregend'. Ärgernis n. 'Anstoß Erregendes, Verdruß', mhd. *ergernis*; gelegentlich als Femininum (Goethe, J. Paul). Ärger m. 'Unwille, Entrüstung, Verdruß', im 18. Jh. aus dem Verb rückgebildet.

Argument n. 'Beweis, Beweismittel', bis ins 18. Jh. auch 'Darstellung', mhd. *argument*, entlehnt aus gleichbed. lat. *argūmentum*, eigentl. 'was der Erhellung und Veranschaulichung dient', zu lat. *arguere* 'deutlich zu erkennen geben, klarmachen, erhellen, beweisen', eigentl. 'im hellen Lichte zeigen'. – argumentieren Vb. '(als) Beweis (an)-

führen' (Anfang 16. Jh.), nach gleichbed. lat. *argūmentārī.* A r g u m e n t a t i o n f. 'Beweisführung, Begründung' (Anfang 16. Jh.), *argūmentātio* (Gen. *argūmentātiōnis*).

Arie f. 'kunstvolles Sologesangstück' (mit Instrumentalbegleitung in Oper, Oratorium oder selbständig als Konzertarie). Zugrunde liegt ital. *aria* 'Erscheinungsform, Art', dann (mit ähnlicher Bedeutungsentwicklung wie dt. *Weise*, s. d.) 'Melodie, Lied'. Zu Anfang des 17. Jhs. wird *aria* in ital. Lautform, die bis zur 1. Hälfte des 18. Jhs. überwiegt, ins Dt. übernommen und gilt zunächst für jede singbare Melodie von geschlossener Form (z. B. Spielarien für Instrumente), als Gesangsform hat es die gleiche Bedeutung wie *Lied*. Mit der Entwicklung der Oper (Mitte 17. Jh.) bezeichnet ital. *aria* und danach (18. Jh.) dt. *Arie* die großangelegte Musizierform für Singstimme mit Orchester. Dem virtuosen Gesang dienen die *Bravour-* und die *Koloraturarie*.

Aristokratie f. 'Herrschaft einer durch Geburt und Besitz privilegierten Minorität, Adel als herrschende Klasse bzw. privilegierte Oberschicht'. Das griech. Kompositum *aristokratía* (ἀριστοκρατία) ist nach dem Vorbild des sprachlich älteren *dēmokratía* (δημοκρατία) 'Volksherrschaft' entstanden; vgl. DEBRUNNER in: Festschr. Tièche (1947) 14f. *aristokratia* bezeichnet eine für das antike Griechenland typische Staatsform, und zwar die der Demokratie entgegengesetzte Oligarchie, d. h. Ausübung der Staatsmacht durch Angehörige einiger weniger privilegierter Familien. Als 'Herrschaft der Besten, der Edelsten' stellt *aristokratía* die regierende Schicht als besonders befähigt dar; griech. *áristos* (ἄριστος) ist Superlativ zu *agathós* (ἀγαθός) 'gut, edel'. Der Ausdruck, im Interesse einer regierenden Adelspartei geprägt, tritt idealisierend an die Stelle des in Mißkredit geratenen *oligarchía* (ὀλιγαρχία), wörtlich 'Herrschaft der Wenigen' (s. *Oligarchie*). Über spätlat. *aristocratia* gelangt das griech. Wort ins Deutsche (Anfang 16. Jh.), erscheint hier in theoretisierenden Erörterungen über Staatsformen und wird daneben seit spätfeudalistischer Zeit (17. Jh.) eine Bezeichnung für die Gesamtheit des Adels. Davon abgeleitet a r i s t o k r a t i s c h Adj. 'die Aristokratie betreffend', als 'vornehm, edel' auch in bezug auf Gesinnung und Wesen (17. Jh.), entsprechend gleichbed. griech. *aristokratikós* (ἀριστοκρατικός); A r i s t o k r a t m. 'Angehöriger der Aristokratie' (18. Jh.).

Arithmetik f. das die verschiedenen Zahlenarten und ihre Rechengesetze behandelnde Teilgebiet der Mathematik, entlehnt (Anfang 16. Jh.) aus lat. *arithmētica*, griech. *arithmētikḗ (téchnē)* (ἀριθμητικὴ τέχνη) 'Rechenkunst'. Das zugrundeliegende Adjektiv griech. *arithmētikós* (ἀριθμητικός) 'zur Arithmetik gehörig' stellt sich zu *arithmeín* (ἀριθμεῖν) 'zählen, rechnen' und zu *arithmós* (ἀριθμός) 'Zahl'. – a r i t h m e t i s c h Adj. (Mitte 16. Jh.).

Arkade f. 'auf Säulen oder Pfeilern ruhender Bogen', meist im Plural für 'Bogengang', Übernahme (Anfang 17. Jh.) von gleichbed. frz. *arcade*, das aus ital. *arcata* (zu ital. *arco* 'Bogen') entlehnt ist. Vorauf geht mlat. *arcata*, Substantivierung der femininen Form des Adjektivs mlat. *arc(u)atus*, lat. *arcuātus* 'bogenförmig, gekrümmt, gewölbt' (zu lat. *arcus* 'Bogen, Wölbung, Krümmung'). *Arkade* erscheint zunächst als Fachausdruck der Gartenbaukunst im Sinne von 'Laubengang', seit Anfang des 18. Jhs. als Terminus der Architektur.

arktisch Adj. 'zum Nordpolargebiet gehörig', **antarktisch** Adj. 'zum Südpolargebiet gehörig', entlehnt (Mitte 18. Jh.) aus lat. *arcticus*, griech. *arktikós* (ἀρκτικός) 'nördlich' bzw. lat. *antarcticus*, griech. *antarktikós* (ἀνταρκτικός) 'dem Norden gegenüber, südlich'. Zugrunde liegt griech. *árktos* (ἄρκτος) 'Bär(in)', dann 'Sternbild des Großen bzw. Kleinen Bären' (s. *Bär*), das am nördlichen Himmel steht, daher auch 'Norden'. Im 19. Jh. werden dazu die Substantive A r k t i s f. und A n t a r k t i s f. 'Gebiet um den Nord- bzw. Südpol' gebildet.

Arm m. Die germ. Bezeichnungen für die menschlichen Vordergliedmaßen ahd. (8. Jh.), mhd. asächs. mnd. mnl. nl. *arm* (mnl. auch *aerm, arem*), aengl. *arm* (*earm*), anord. *armr*, engl. schwed. *arm*, got. *arms* (germ. **arma-*) führen wie die außergerm. Verwandten aslaw. *ramo*, russ. (älter) *rámo* (*рамо*) 'Schulter', lat. *armus* 'Oberarm, Schulterblatt, Vorderbug der Tiere', aind. *īrmáḥ* 'Arm' als Bildungen mit *mo*-Suffix und unterschiedlichen Ablautstufen im ersten Wortteil auf die Wurzel ie. **ar(ə)-* 'zusammenfügen, passen'. *Arm* entwickelt vielfältigen übertragenen Gebrauch; ahd. bereits für die Querbalken des Kreuzes, aber auch als Symbol von 'Macht, Stärke', mhd. für 'Ranke, Zweig' und 'Abzweigung eines Wasserlaufs', später allgemein für armähnliche Teile von Gegenständen und technischen Geräten sowie für armähnlich sich bewegende Maschinenteile. – Ärmel m. 'armbedeckender Teil eines Kleidungsstücks', ahd. *armilo* 'was zum Arm gehört, am Arm getragen wird', d. i. 'Armreif, Armfessel' (10. Jh.), mhd. mnd. *ermel* 'Ärmel', aengl. *earmella*. umarmen Vb. 'mit den Armen umfassen' (1. Hälfte 17. Jh.).

arm Adj. 'mittellos, dürftig, bedauernswert'. Die Herkunft von ahd. (8. Jh.), mhd. *arm*, asächs. mnd. mnl. nl. *arm* (mnl. auch *aerm, arem*), aengl. *earm*, anord. *armr*, schwed. dän. *arm*, got. *arms* 'beklagenswert, elend, besitzlos' ist umstritten. Meist wird Verwandtschaft mit *Arbeit* und *Erbe* (s. d.) angenommen und germ. **arbma-* im Sinne von 'vereinsamt, verlassen' als Bildung mit *m*-Suffix an das dort behandelte ie. **orbh-* 'verwaist, Waise' angeschlossen. Weisweiler in: IF 41 (1923) 304 ff. nimmt eine Bedeutungsentwicklung von 'vereinsamt, verlassen' über 'friedlos, rechtlos, schutzlos' zu 'beklagenswert' und 'arm' an; unter dieser Voraussetzung wäre eine Verwandtschaft von *arm* mit griech. *erḗmos* (ἐρῆμος) 'einsam, verlassen' erwägenswert. – Armut f. 'Mittellosigkeit, Not', ahd. *armuoti* n., *armuotī* f. 'Elend, Mangel, Not' (8. Jh.), mhd. *armuote* n., *armout* f. 'Armut, ärmliches Besitztum'; vgl. asächs. *armōdi* n., mnd. *armōde* n. f., *armōt* m. f., mnl. *armoet, armoede* m. f. n., nl. *armoede* f.; zu ahd. *-uotī* (nach ahd. *muot*) aus *-ōti*, s. *Einöde*. ärmlich Adj. 'dürftig, kümmerlich', ahd. *armalīh* 'erbärmlich, böse, gottlos' (9. Jh.), mhd. *ermelich* 'dürftig'; vgl. asächs. *armlīk*, mnl. *armelijc*, aengl. *earmlic*. armselig Adj. 'kümmerlich, dürftig', abgeleitet (15. Jh.) von mhd. *armsal* n. 'Armut, Elend'. verarmen Vb. 'arm werden', mhd. *verarmen* 'in Armut, in Not geraten', Präfixbildung zu ahd. *armēn* (9. Jh.), mhd. *armen* 'arm sein, werden'; vgl. ahd. *firermen* 'jmdn. in Armut, in Not bringen' (10. Jh.).

Armatur f. 'Ausrüstungs- und Bedienungsteile technischer Geräte'. Lat. *armātūra* 'militärische Ausrüstung, Bewaffnung' (zu lat. *armāre* 'ausrüsten') wird Anfang des 16. Jhs. ins Dt. entlehnt, bleibt bis ins 19. Jh. als militärsprachliches Fachwort erhalten und wird danach auf technische Ausrüstungen verschiedener Art übertragen. – Armaturenbrett n. 'Kontroll- und Bedienungstafel', bes. in Kraftfahrzeugen (1. Hälfte 20. Jh.).

Armbrust f. 'Bogenschleuder', Handwaffe zum Abschießen von Pfeilen, Bolzen u. dgl., ahd. (Hs. 12. Jh.), mhd. *armbrust* ist eine volksetymologische Umdeutung und Eindeutschung von mlat. *arbalista*, lat. *arcuballista* 'Bogenschleuder' (zu lat. *arcus* 'Bogen' und lat. *ballista* 'Wurf-, Schleudermaschine'; s. *ballistisch*). Von welchen Vorstellungen die Anlehnung an *Arm* und *Brust*, die die fremdsprachliche Lautgestalt mit deutschen Wörtern nachzuahmen sucht, begleitet wird, läßt sich, da Übergangsformen fehlen, nicht ausmachen. Gottscheds Versuch, mit *Armrust* n. (1748) eine nachträgliche Motivation (im Hinblick auf *rüsten, Rüstung*) herzustellen, bleibt ohne Nachfolge.

Armee f. 'Gesamtheit der Streitkräfte', Übernahme (Anfang 16. Jh.) von gleichbed. frz. *armée*, afrz. *armee* 'bewaffnete Schar', gebildet zu afrz. *armer* 'bewaffnen', dem gleichbed. lat. *armāre* (zu lat. *arma* Plur. 'Kriegsgerät, Waffen') voraufgeht.

Aroma n. 'würziger Duft, Wohlgeruch', bei Speisen 'Wohlgeschmack', Übernahme (Ende 18. Jh.) von lat. *arōma*, griech. *árōma* (ἄρωμα) 'wohlriechendes Kraut, Gewürz'. Aus den Pluralformen lat. *arōmata*, griech. *arṓmata* (ἀρώματα) hervorgegangenes mlat. *aromatum* wird bereits als mhd. *arōmāt, arōmatā* 'duftendes Kraut' entlehnt; hierzu gehöriger pluralischer Gebrauch wie *Arumaten, Aromaten* 'stark duftende Kräuter, Spezereien' gilt bis ins 17. Jh. – aromatisch Adj. 'würzig duftend, wohlriechend' (16. Jh.), vgl. lat. *arōmaticus*, griech. *arōmatikós* (ἀρωματικός) 'aus Gewürz bestehend, würzig'.

Arrak m. Der aus Ostindien stammende, aus gegorenem Reis, Zuckerrohrmelasse und Palmwein hergestellte Branntwein erhält seine Bezeichnung durch die Araber. Arab. *ʿaraq* 'aus Dattelsaft bereitetes alkoholisches Getränk', eigentl. *ʿaraq at-tamr* 'Schweiß der Dattelpalme', gelangt im 16. Jh. über port. *ar(r)aca* (älter *orraca, urraca*), frz. *ara(c)k*, auch *rack*, nach Europa und zu Beginn des 17. Jhs. mit dem Ostindienhandel ins Dt.

arrangieren Vb. 'gestalten, anordnen, einrichten', entlehnt (1. Hälfte 18. Jh.) aus gleichbed. frz. *arranger*, afrz. *arengier* 'reihen, ordnen' (bes. Soldaten), einer Präfixbildung von afrz. *rengier*, frz. *ranger* 'aufstellen, einreihen, (ein)ordnen, verschieben' (s. *rangieren*); seit der 2. Hälfte des 18. Jhs. auch 'ein Musikstück bearbeiten, instrumentieren' (im Frz. erst Mitte 19. Jh. belegt) sowie in refl. Verwendung 'sich einrichten, seine Verhältnisse ordnen, übereinkommen' (nach gleichbed. frz. *s'arranger*). – Arrangement n. 'Anordnung' (1. Hälfte 18. Jh.), 'Einrichtung eines Musikstücks' (um 1800), 'Übereinkunft' (19. Jh.), frz. *arrangement*. Arrangeur m. 'wer etw. (Veranstaltungen, Musikstücke) arrangiert' (1. Hälfte 19. Jh.), frz. *arrangeur*.

arrestieren Vb. 'festhalten, festnehmen, festsetzen', mhd. (westmd.) *arrestieren* (14. Jh.), entlehnt wohl aus mnl. *arrestēren* (13. Jh.), das seinerseits (unter Einfluß von afrz. *arester*, mfrz. *arrester* 'anhalten, mit Beschlag belegen'?) auf mlat. *arrestare* 'zurück-, festhalten, beschlagnahmen' beruht (vgl. lat. *restāre* 'zurückstehen, zurückbleiben' und *ad-* 'zu, an, hin(zu), heran, herbei'). Im Dt. bezeichnet das Verb zunächst die Beschlagnahme bzw. Pfändung von Waren und Gütern (bis ins 19. Jh.). Die Ausdehnung des Wortinhalts auf Personen im Sinne von 'festnehmen, festsetzen' beginnt im 15. Jh.; heute dafür *arretieren* (s. unten). – Arrest m. 'Beschlagnahme, Freiheitsentzug'. Vom 15. Jh. an sowohl 'Beschlagnahme' (von Geld und Sachwerten, gemäß mlat. *arrestum* 'das Beschlagnahmte, Beschlagnahmung') als auch 'Festsetzung' (von Personen, entsprechend dem Gebrauch von *arrestieren*), und zwar als 'Haft' oder 'leichte, kurzfristige Freiheitsstrafe'. Arrestant m. 'wer unter Arrest steht, Festgenommener'. Im 16. bis 18. Jh. (als Entlehnung von mlat. *arrestans*, Gen. *arrestantis*, Part. Präs. von mlat. *arrestare*, s. oben) 'wer eine Beschlagnahme, eine Festnahme vornimmt', erst vom 18. Jh. an in der heutigen (dem mlat. *arrestatus* 'Häftling' entsprechenden) Bedeutung. arretieren Vb. '(sich) verweilen, aufhalten' (nur 17./18. Jh.), 'festnehmen, verhaften' (seit 18. Jh., das ältere *arrestieren* verdrängend), 'festhalten, -machen' (19. Jh.), in allen Bedeutungen entlehnt aus frz. *arrêter*, afrz. *arester* (s. oben). In der Fachsprache der Technik 'sperren, blockieren' (von beweglichen Geräteteilen) mit dem Substantiv Arretierung f. 'Sperr-, Hemmvorrichtung' (20. Jh.), letzteres auch älter im Sinne von 'Festnahme' (1. Hälfte 18. Jh.).

arrivieren Vb. 'empor-, vorwärtskommen', entlehnt (Ende 16. Jh.) aus mfrz. frz. *arriver* 'ankommen' (dann 'sich ereignen, weiterkommen'), afrz. *ariver* 'landen, ankommen', das auf vlat. **arrīpāre* (aus **adrīpāre*) 'ans Ufer kommen' zurückgeht; vgl. lat. *rīpa* 'Ufer'. In der Bedeutung folgt das Verb seiner frz. Vorlage: 'ankommen' (16. bis 19. Jh.), 'geschehen, sich ereignen' (18. bis Anfang 20. Jh.), 'zu etw. kommen, Erfolg haben' (seit 19. Jh., bes. im Part. Prät. *arriviert*).

Arroganz f. 'Anmaßung, Dünkel' wird im 16. Jh. aus gleichbed. lat. *arrogantia* entlehnt, während arrogant Adj. 'anmaßend, dünkelhaft' um 1700 über gleichbed. frz. *arrogant*, Entlehnung aus lat. *arrogāns* (Gen. *arrogantis*) 'anmaßend, anspruchsvoll', ins Dt. gelangt. Lat. *arrogāns* ist Part.adj. von lat. *arrogāre* 'Fremdes für sich beanspruchen, sich anmaßen, aneignen' (vgl. lat. *rogāre* 'holen, fragen, ersuchen' und *ad-* 'zu, an, hin(zu), heran, herbei').

Arsch m. 'Hintern, Gesäß', ahd. (um 1000), mhd. asächs. *ars*, mnd. *ārs, ērs*, mnl. *aers, eers, ers*, nl. *aars, naars*, aengl. *ærs, ears*, engl. *arse*, anord. *ars, rass* führen mit griech. *órrhos* (ὄρρος, aus **órsos*) 'Hintern, Steiß', air. *err* (aus **ersā*) 'Schwanz, Ende' auf ie. **ers-*, **ors-* 'Hintern, Schwanz', das als *s*-Erweiterung zur Wurzel ie. **er-* 'sich bewegen, emporstehen' gestellt wird. Ob dabei von einer Grundvorstellung 'sich bewegender Schwanz' (de Vries Nl. 6) oder 'Erhebung, vorstehender Körperteil' (Frisk 2,427) auszugehen ist, bleibt ungewiß. – Arschloch n. 'After', ahd. *arsloh* (11. Jh.), mhd. *arsloch*, mnd. *ārslok*. Arschkriecher m., Arschlecker m. 'unterwürfiger, widerlicher Schmeichler', beide 1839 lexikalisch verzeichnet, doch vermutlich älter, vgl. *in den Arsch kriechen* (um 1800), *am (im) Arsch lecken* (16. Jh.). arschklar Adj. 'völlig einleuchtend' (Ende 19. Jh.); zweifelhaft, ob entstellend aus *arg klar* 'ganz klar', obwohl eine derartige Zersprechung aus dem Reiz, etwas vermeintlich Anstößiges bedenkenlos aussprechen zu dürfen, erklärbar wäre. verarschen Vb. 'veralbern, zum Narren halten' (Anfang 20. Jh.).

Arsen n. chemischer Grundstoff, gebildet (2. Hälfte 19. Jh.) aus älterem Arsenik n., womit heute die (sehr giftigen) Arsenoxide bezeichnet werden. *Arsenik* übernimmt das Dt. in der 1. Hälfte des 16. Jhs. als Name für arsenhaltige Verbindungen aus spätlat. *arsenicum*, dem lat. *arrhenicum* voraufgeht. Die lat. Formen setzen griech. *arsenikón* (*ἀρσενικόν*) und *arrhenikón* (*ἀρρενικόν*) fort, die über semit. Vermittlung (hebr. *zarnīk*, syr. *zarnīkā*) aus mpers. **zarnīk* 'golden, goldfarben' stammen. Die antiken Bezeichnungen werden volksetymologisch, wohl im Gedanken an die Stärke des Giftes, als zu griech. *arsenikós* (*ἀρσενικός*), *arrhenikós* (*ἀρρενικός*) 'männlich' gehörig empfunden.

Arsenal n. 'Rüstkammer, Zeughaus'. Die frühesten dt. Belege (vom Ende des 15. Jhs. an) stehen in Reisebeschreibungen und beziehen sich auf die Fabrikations- und Lagerstätte für Waffen und Gerät in Venedig. Gegen Ende des 16. Jhs. erweitert sich die Bedeutung zu 'Zeughaus' schlechthin. Ital. *arsenale* ist eine Entlehnung von arab. *dār aṣ-ṣināʿa* 'Haus, wo etw. hergestellt wird', bes. 'Werft'.

Art f. 'Eigentümlichkeit, Wesen, Gewohnheit, Verhalten'. Die Etymologie des Wortes ist ungewiß. Möglicherweise ist von ahd. *art* 'das Pflügen, Ackerbau' (Hs. 12. Jh.) auszugehen, dem asächs. *ard* 'Wohnplatz', aengl. *eard* 'bebauter Grund, Wohnplatz, Heimat' und aengl. *earþ, yrþ* 'das Pflügen, Bodenbearbeitung, Ernte', anord. *ǫrð* 'Ertrag, Ernte, Saat' sowie die abgeleiteten Verben ahd. *artōn* 'den Boden bearbeiten, pflügen, wohnen' (um 800), asächs. *ardon*, aengl. *eardian* '(be)wohnen, leben' zur Seite stehen. Für das Substantiv läßt sich eine Ausgangsbedeutung 'bebautes, bearbeitetes Land' annehmen, die als 'bebautes Land mit Wohnsitz, das sich vom Vater auf den Sohn vererbt' zu verstehen ist. Daraus entwickelt sich 'Herkunft, Abstammung', schließlich '(angeborene) Beschaffenheit, Eigenart', vgl. mhd. *art*, mnd. *ārt*, mnl. *aert* 'Ackerbau, Land, Abkunft, Eigentümlichkeit, Natur', woran sich die weitverzweigte Verwendungsweise von nhd. *Art* anschließt. Alle Formen sind Dentalableitungen der Wurzel ie. **ar(ə)-* 'pflügen', zu der auch ahd. *erien, erren* (um 800), mhd. *ern, eren*, mnd. *ēren*, mnl. *eren*, aengl. *erian*, anord. *erja*, got. *arjan* 'ackern, pflügen' und als außergerm. Verwandte lat. *arāre*, griech. *arū́n* (*ἀροῦν*), aslaw. *orati*, russ. *orát'* (*орать*) 'ackern, pflügen' gehören. Oder der Komplex stellt sich mit aengl. *eard* 'Fügung', anord. *einarðr* 'einfach', aind. *ṛtiḥ* 'Art und Weise' zur Wurzel ie. **ar(ə)-* 'fügen, passen' (s. *Arm*). – artig Adj. 'folgsam, gut erzogen', älter 'höflich, hübsch', mhd. *ertec* 'von angestammter guter Beschaffenheit'. arten Vb. 'in die Art schlagen, geraten nach, sich entwickeln', ahd. *artōn* (s. oben), mhd. *arten* 'das Land bebauen, abstammen, beschaffen sein'. Dazu abarten Vb. 'aus der Art schlagen, abweichen' (Ende 16. Jh.); abartig Adj. 'aus der Art geschlagen, verderbt' (1. Hälfte 16. Jh.); Abart f. 'abweichende Art, Spielart' (2. Hälfte 18. Jh.), älter 'minderwertige Art' (1. Hälfte 18. Jh.). ausarten Vb. 'die angestammte, die gute Art verlieren' (Mitte 17. Jh.). entarten Vb. 'seine Art, Beschaffenheit verlieren, degenerieren', mhd. *entarten* 'aus der Art schlagen'.

Arterie f. 'Schlag-, Pulsader' (1. Hälfte 15. Jh.), von gleichbed. lat. *artēria*, griech. *artēría* (*ἀρτηρία*). Dieses ist wahrscheinlich, unter Annahme einer Vorstufe **aertēría* (**ἀερτηρία*), von griech. *aeírein* (*ἀείρειν*) 'anbinden, anhängen' herzuleiten (s. *Aorta*).

Artikel m. 'Warengattung, Abhandlung, Gesetzesabschnitt, Geschlechtswort' gelangt in seinen Hauptverwendungen durch mehrfache Entlehnung ins Dt. Lat. *articulus* 'kleines Gelenk, (Finger)glied, Abschnitt', Deminutivum zu lat. *artus* 'Gelenk, Glied', wird in mhd. Zeit im Sinne von 'Gesetzes-, Vertragsabschnitt' übernommen. Über Zwischenstufen wie 'Abschnitt, Teil eines Textes', auch '(Streit)punkt, Verhandlungsgegenstand' (geläufig vom 16. bis 18. Jh.), entwickelt sich im 18. Jh. die Bedeutung '(kleinere) Abhandlung, (Zeitungs-, Zeitschriften)aufsatz'. Im 16. Jh. wird der grammatische Terminus aus lat. *articulus* 'Rede-, Satzteilchen' (eigentl. 'syntaktisches Gelenkstück') entlehnt, der sich seit dem 17. Jh. als Bezeichnung für den Substantivbegleiter durchsetzt. Die Abhängigkeit vom Lateinischen dauert über Jahrhunderte an. Neben bereits eingedeutschtem mhd. *artikel* (1291 *artikeln* Dat. Plur.) begegnen bis ins 18. Jh. Formen (z. T. in lat. Flexion) wie *Articul* (Sing. und Plur.), *Articulen* (Dat. Plur.), *Articulos* (Akk. Plur.). Schließlich wird im 17. Jh. die kaufmannssprachliche Verwendung 'Warengattung' aus gleichbed.

frz. *article* entlehnt, das ebenfalls auf lat. *articulus* zurückgeht. – Artikulation f. 'deutliche, gegliederte Aussprache, Lautbildung'; nur fachsprachlich bzw. veraltet sind Verwendungen wie 'Abgrenzung der Töne gegeneinander' (Musik), 'Gelenk' (Anatomie), 'Stellung der Zahnreihen zueinander' (Zahnmedizin). Entlehnt (vereinzelt 17. Jh., geläufig seit 2. Hälfte 18. Jh.) aus lat. *articulātio* (Gen. *articulātiōnis*) 'Knotenansatz' (an Bäumen), spätlat. 'gegliederter Vortrag'. artikulieren Vb. 'deutlich aussprechen, in Worte fassen' (2. Hälfte 16. Jh.), älter 'gliedern, (in Artikel) einteilen' (um 1500), aus lat. *articulāre* 'gliedern, deutlich aussprechen'.

Artillerie f. 'mit Geschützen ausgerüstete Waffengattung der Streitkräfte'. Im 17. Jh. setzt sich das Wort in der frz. Lautform *artillerie* 'Gesamtheit der großen Feuerwaffen, Geschützwesen' gegenüber zahlreichen, im 15. und 16. Jh. üblichen Formen wie *artalarei, artolerei, artellerei, artellari, artigleria* allmählich durch. Der Formenreichtum beruht auf dem Einfluß von ital. *artiglieria* und span. *artillería*. Afrz. frz. *artillerie*, das anfangs wie seine dt. Entsprechungen 'Gesamtheit des Kriegsgeräts', später 'Geschützwesen' bedeutet, im 17. Jh. dann auf die Waffengattung eingeschränkt wird, ist abgeleitet vom Verb afrz. *artillier* 'mit Maschinen, (Kriegs)gerät ausrüsten'; dieses, wahrscheinlich in Anlehnung an afrz. frz. *art* 'Kunst, Geschicklichkeit', umgebildet aus älterem afrz. *atillier* 'schmücken, ausstatten, ausrüsten, sich bewaffnen', wohl aus gleichbed. vlat. **apticulāre*, lat. *aptāre* 'anpassen, instand setzen, rüsten', Intensivum zu lat. *apere* 'anpassen'. – Artillerist m. 'Soldat bei der Artillerie' (1773).

Artischocke f. Korbblütler, dessen Blütenboden und Hüllblätter als Gemüse verwendet werden (Anbau vorwiegend in romanischen Ländern). Der Name ist eine Entlehnung (Mitte 16. Jh.) von nordital. *articiocco* (ital. *carciofo*), das vermutlich über span. (älter) *alcarchofa, carchofa* (heute *alcachofa*) auf hispano-arab. *ḫaršūfa* zurückgeht.

Artist m. 'gewandter, kunstfertiger Mensch', heute bes. 'Schaukünstler in Zirkus und Varieté, Akrobat'. Das Wort begegnet zuerst zu Beginn des 15. Jhs. als Entlehnung von mlat. *artista* (gebildet zu lat. *ars* 'Geschicklichkeit, Kunst, Wissenschaft') und bezeichnet wie dieses den Angehörigen der facultas artium (Vorläuferin der philosophischen Fakultät), den Kenner der freien Künste, später (vereinzelt bis ins 19. Jh.) den Gelehrten, der sein Fach vorzüglich beherrscht. Seit dem 16. Jh. wird auch der die Kunst Fördernde und der sie Ausübende, der Künstler, *Artist* genannt. Erst in der Mitte des 19. Jhs. entwickelt sich (nach frz. *artiste* 'Schauspieler') die Bedeutung 'Schaukünstler', die alle früheren Verwendungsweisen zurückdrängt. – artistisch Adj. 'künstlerisch, virtuos, akrobatisch' (2. Hälfte 18. Jh.).

Arznei f. 'Medikament'. Mhd. *arzenīe, erzenīe* 'Heilmittel, Heilkunde', das gleichbed. mhd. *arzātīe* ablöst, ist abgeleitet von mhd. *arzen, erzen(en)* 'behandeln, heilen'. Diesen gehen (als Ableitungen von ahd. *arzāt*) ahd. *giarzătōn* und *giarzenōn* 'als Arzt behandeln, verarzten, heilen' (11. Jh.) vorauf, wobei sich die *n*-Form wohl in Anlehnung an älteres ahd. *lāhhinōn* (8. Jh.; zu ahd. *lāhhi* 'Heilkundiger', s. *Arzt*), mhd. *lāchenen* 'mit Heilmitteln bestreichen, ärztlich behandeln' entwickelt hat. – Arzneimittel n. (Ende 16. Jh.).

Arzt m. 'Fachmann auf dem Gebiet der Medizin, der Kranke heilt', ahd. *arzāt* (9. Jh.), mhd. *arzāt, arzet*, mnd. *arste*, mnl. *arsatere* (nl. *arts* aus hd. *Arzt*) sind Entlehnungen aus mlat. *arciater*, spätlat. *archiāter, archiātrus*, griech. *archiātrós* (ἀρχιατρός) 'Ober-, Leibarzt', aus griech. *arch(i)-* (ἀρχ(ι)-) 'Ober-, Haupt-, Erz-' (s. *Architekt*) und *iātrós* (ἰατρός) '(Wund)arzt'. Letzteres ist Berufsbezeichnung für den Heilkundigen schlechthin und gleichbed. mit lat. *medicus*, während *archiātrós* und spätlat. *archiāter* (wie heute *Oberarzt*) Titel sind. *Archiater* heißen die Hof- und Leibärzte bei den Seleukiden in Antiochia, später die Stadt- und Hofärzte in der römischen Kaiserzeit, dann auch die Ärzte am fränkischen Köngishof der Merowinger; vgl. G. Richter Bezeichnungen f. d. Heilkundigen, in: PBB (H) 88 (1967) 262 f. Ahd. *arzāt* verdrängt ahd. *lāhhi*, dem aengl. *lǣce*, anord. *læknari, læknir*, schwed. *läkare*, got. *lēkeis* entsprechen, und wird zur allgemeinen Bezeichnung. Russ. (älter) *lékar'* (*лекарь*) kann aus dem Germ. entlehnt, aber auch slaw. Neubildung auf *-arь* zu entlehntem **lěkъ* 'Heilmittel' (vgl. kslaw. *lěkъ*, tschech. *lék*, poln. *lek*) sein. – ärztlich Adj., mhd. *arzātlich*. verarzten Vb. 'ärztlich behandeln' (1. Hälfte 20. Jh.); vgl. ahd. *giarzātōn, giarzenōn* (s. *Arznei*) und mit der Bedeutung 'Kosten für Arzt und Arznei aufbringen' mhd. *vererzenīen*, spätmhd. *verarznen*, nhd. *verarzeneyen* und *verarzten* (Stieler 1691).

As n. 'Daus', Spielkarte mit höchstem Wert, die ihr Farbsymbol nur einmal aufweist, ist eine Entlehnung (18. Jh.) von gleichbed. frz. *as*, das lat. *as* 'Einheit' (bei Münze, Maß und Gewicht) fortsetzt. Da die höchste Karte im Spiel in der Regel einen Stich macht, bezeichnet *As* im 20. Jh. in übertragenem Sinne einen gelungenen Aufschlagball mit Punktgewinn (beim Tennis), einen Spitzenkönner in seinem Fach (bes. im Sport) und auch eine Sache mit durchschlagendem Erfolg. Mhd. *esse*, nhd. *Äß* 'Eins auf dem Würfel' (bis ins 18. Jh. bezeugt) ist Entlehnung von lat. *assis*, einer Nebenform zu lat. *as*.

Asbest m. unverbrennbares Material, das zu feuerfestem Gewebe verarbeitet wird. Das Verbaladjektiv griech. *ásbestos* (*ἄσβεστος*) 'unlöschbar, ungelöscht', mit verneinendem *a-* (*ἀ-* privativum) zu *sbennýnai* (*σβεννύναι*) 'löschen', bezeichnet als Substantiv den 'ungelöschten Kalk'. Den Sinn 'unbrennbarer Stoff' gewinnt *Asbest* über fehlerhafte Lesarten lat. Texte, z. B. lat. *asbeston, asbestinon* statt vermutlich *acuestinon*, vgl. griech. *ákaustos* (*ἄκαυστος*) 'unverbrennlich' (Diels in: Zs. f. vgl. Sprachforsch. 47, 1916, 203 ff.), aus denen es im 17. Jh. unter Aufgabe der Endung ins Dt. übernommen wird. Russ. *ízvest'* (*известь*) zeigt die alte Bedeutung 'ungelöschter Kalk'.

Asche f. 'Rückstand eines Brandes', ahd. *asca* (8. Jh.), mhd. *asche, esche*, mnd. *asche*, mnl. *assce*, nl. *as*, aengl. *æsce, æxe*, engl. (Plur.) *ashes*, anord. schwed. *aska* führen auf eine Gutturalerweiterung ie. **azg-* der Wurzel ie. **ās-* 'brennen, glühen', zu der auch nhd. *Esse* (s. d.) sowie als außergerm. Verwandte aind. *āsaḥ* 'Asche, Staub', lat. *āra* 'Brandaltar, Opferstätte', *ārēre* 'trocken, dürr sein', *āridus* 'trocken, dürr', *ārea* 'freier Platz, Fläche, Tenne' (eigentl. 'ausgebrannte, trockene Stelle') sowie (über eine Dentalerweiterung) griech. *ázein* (*ἄζειν*) 'trocknen, dörren', *azaléos* (*ἀζαλέος*) 'dürr, trocken' (s. *Azalee*) gehören. – einäschern Vb. 'in Asche legen, niederbrennen' und Einäscherung f. (beide 16. Jh.; im 16. Jh. auch *einäschigen*); seit Anfang des 20. Jhs. bezeichnen Verb und Substantiv vornehmlich den Vorgang der Feuerbestattung. Aschenbrödel, landschaftlich Aschenputtel n. 'wer niedrige Arbeit tut und nicht beachtet wird', mhd. *aschenbrodele* m. 'Küchenjunge', zu *brodeln* bzw. *putteln, buddeln* (s. d.) in der mundartlichen Bedeutung 'wühlen, stauben'. Aschermittwoch m. 'Tag nach Fastnacht und Beginn der Fastenzeit', wo den katholischen Gläubigen Asche als Symbol der Vergänglichkeit und Buße aufs Haupt gestreut oder auf die Stirn gestrichen wird. Die Zusammensetzung bewahrt einen alten Plural *Ascher* und tritt im 14. Jh. neben gleichbed. mhd. *aschtac*, das die Literatursprache im 16. Jh. aufgibt.

äsen Vb. 'fressen' (von Rot- und Rehwild), mhd. *æȝen*, eine Ableitung von mhd. *āȝ* 'Fressen, Speise' (s. *Aas*). In der Fachsprache der Jagd sind dazu gebildet Äsung f. 'Nahrung, Nahrungsaufnahme' (Mitte 16. Jh.), Äser m. 'Maul', Geäse n. 'Maul, Nahrung' (beide 1. Hälfte 18. Jh.), mhd. *geæȝe* 'Futter', bes. 'Vogelfutter' (14. Jh.).

Asket m. 'wer sich einer strengen, enthaltsamen Lebensführung unterwirft', entlehnt (Mitte 18. Jh.) aus griech. *askētḗs* (*ἀσκητής*) 'wer sich einer Sache befleißigt', bes. 'der sich übende Athlet', dann, wie auch entlehntes spätlat. *ascētēs*, 'wer sich entsagungsvoll in Frömmigkeit und Tugend übt, Eremit', zu griech. *askeı̃n* (*ἀσκεῖν*) 'sich befleißigen, üben'. Gleichzeitig wird asketisch Adj. gebildet, entsprechend griech. *askētikós* (*ἀσκητικός*) 'enthaltsam, entsagungsvoll', im 18./19. Jh. auch (in Wendungen wie *asketische Schriften*) 'erbaulich, zu Frömmigkeit und Tugend führend'. Da frz. *ascète* m. bereits im 16. Jh., frz. *ascétique* und engl. *ascetic* Adj. in gelehrten Werken des 17. Jhs. bezeugt sind, können sie die Entwicklung der dt. Entsprechungen befördert haben. Das zugehörige Substantiv Askese f. 'enthaltsame Lebensweise, Entsagung', gemäß griech. *áskēsis* (*ἄσκησις*), spätlat. *ascēsis*, ist (wie frz. *ascèse*) erst in der 1. Hälfte des 19. Jhs. nachweisbar.

Aspekt m. 'Ansicht, Gesichtspunkt, Betrachtungsweise'. Lat. *aspectus* 'Anblick, Aussehen, Aussicht, Gesichtskreis', eigentl. 'das Hinsehen', zu lat. *aspicere* 'hinsehen, ansehen, anblicken', wird zum Fachwort der mittelalterlichen Astronomie und bezeichnet in mlat. Zeit das 'Aussehen', d. h. den Stand von Sonne, Mond und Planeten, ihre Konstellation, der Einfluß auf irdisches Geschehen zugeschrieben wird. Mit dieser Bedeutung wird *Aspect* im 15. Jh. ins Dt. übernommen, bildet dazu bald (16. Jh.) übertragenen Gebrauch im Sinne von 'An-, Vorzeichen, Aussicht', steht aber auch in Anlehnung an das lat. Vorbild allgemein für 'Anblick, Aussehen'. Aus diesen Verwendungsweisen entwikkelt sich im 18. Jh. allmählich der heutige Wortinhalt, ohne daß die vorausgehenden Bedeutungen völlig aufgegeben werden. Der Plural lautet zunächst *Aspecten* (bis ins 19. Jh.), die heute übliche Form *Aspekte* kommt im 18. Jh. auf.

Asphalt m. 'Erdpech', heute bes. aus Teer- und Erdölrückständen bestehender 'Straßenbelag'. Als Bezeichnung für 'Erdpech, Erdharz' bereits in dt. Texten seit dem 15. Jh. nach gleichbed. spätlat. *asphaltus*, griech. *ásphaltos* (*ἄσφαλτος*), einem substantivierten, mit negierendem *a-* (*ἀ-* privativum) gebildeten Verbaladjektiv zu griech. *sphállein* (*σφάλλειν*) 'zum Fallen bringen, stürzen', danach also 'unzerstörbar'. *Asphalt* ist ursprünglich „dasjenige Bindemittel, das die Mauern vor... dem Umgestoßenwerden schützt" (Diels in: Zs. f. vgl. Sprachforsch. 47, 1916, 209). Im 19. Jh. werden nach frz. Vorbild Asphaltmischungen zum Straßenbau benutzt, und der Ausdruck gewinnt über frz. *asphalte* an Verbreitung.

Aspik m. n. 'säuerliches Gelee als Überzug von Fleisch-, Fisch- u. a. Speisen' (2. Hälfte 19. Jh.). Als Terminus der Kochkunst Übernahme von gleichbed. frz. *aspic*. Hundert Jahre zuvor ist das frz. Wort bezeugt für „eine Art Gelee oder Gallert, die mit vielen bunten Farben ausgelegt und geziert ist" (Schmidlin, Catholicon, 1771); entsprechend heißen in damaliger Zeit bunt angerichtete Soßen und Ragouts *sauces, ragoûts à l'aspic*. Ob, wie immer wieder erwogen wird, der auf die farbigen Muster der Gerichte zielende Ausdruck sich von frz. *aspic* 'Schlange' und damit letztlich von gleichbed. lat. *aspis* und griech. *aspís* (*ἀσπίς*), dem Namen der ägyptischen Kobra, herleitet, bleibt fraglich.

Aspirant m. 'Anwärter, Kandidat, Bewerber', Übernahme (2. Hälfte 18. Jh.) von gleichbed. frz. *aspirant*, dem substantivierten Part. Präs. von frz. *aspirer* 'an-, einhauchen, etw. anstreben'. Zugrunde liegt lat. *aspīrāre* 'hinhauchen', übertragen 'sich zu nähern suchen', mlat. 'etw. erstreben'; vgl. lat. *spīrāre* 'hauchen, atmen' und *ad-* 'zu, an, hin(zu), heran, herbei'. Im Bildungssystem der Sowjetunion bezeichnet gleichfalls aus dem Frz. stammendes russ. *aspiránt* (*аспирант*) seit dem Beginn der 30er Jahre des 20. Jhs. einen Nachwuchswissenschaftler in einer bestimmten Ausbildungsphase, eine Verwendung, die nach 1945 auch in das östliche Dt. Eingang findet. Der Ausbildungsweg, an dessen Ende eine Promotion steht, heißt (1951 durch Gesetz eingeführt) Aspirantur f., nach dem Vorbild von russ. *aspirantúra* (*аспирантура*).

Assel f. Isopode, d. i. kleines, graues, lichtscheues Tier aus der Klasse der Krebstiere, vorwiegend in Mauerritzen, unter Holz, Laub, Steinen, in Kellern. In Vokabularien des frühen 16. Jhs. übersetzen *assel* und verschärftes *atzel* (neben *schabeworm*) lat. *oniscus* 'Assel', griech. *oniskos* (*ὀνίσκος*) 'Eselchen' sowie (wegen der grauen Färbung?) 'Assel', Deminutivum von griech. *ónos* (*ὄνος*) 'Esel'. Die dt. Namen stehen zugleich für 'Ohrwurm', für 'Hundert-' und 'Tausendfüßler', bezeichnen also Kleingetier, das als schabend, nagend, fressend vorgestellt wird; *Assel* und *Atzel* sind (wie auch *Assel* für die als zehrender Wurm im Finger gedachte 'Nagelfäule', 17. Jh.) als ablautende *l*-Ableitungen zu germ. **et-* 'essen' auf die Wurzel ie. **ed-* 'essen' zurückzuführen. Die lat. Fachsprache der Zoologie gibt (im 17. Jh.) dem Tier nach griech. Vorbild den Namen *asellus* 'Eselchen' (Deminutivum von lat. *asinus* 'Esel'), der in *Oniscus asellus* durch Linné nomenklatorische Gültigkeit erhält; die Lautähnlichkeit mit dt. *Assel* ist zufällig. Die ebenfalls im 16. Jh. auftretenden Namen *eselin, eselwurm, kelleresel* sind gelehrte Übertragungen, die (wie zoolog.-lat. *asellus*) der Vorlage griech.-lat. *oniscus* in seiner deminutiven Bedeutung 'Eselchen' folgen. Vgl. Pfeifer in: Philologus 123 (1979) 172 f.

Assessor m. Titel innerhalb der höheren Beamtenlaufbahn, Übernahme (Anfang 16. Jh.) von lat. *assessor* 'Beisitzer, Gehilfe im Amt', gebildet zu lat. *assidēre* (*assessum*) 'bei jmdm. sitzen, zur Seite stehen, beiwohnen'; vgl. lat. *sedēre* 'sitzen' und *ad-* 'zu, an, hin(zu), heran, herbei'. Es bezeichnet zunächst den 'Beisitzer bei Gerichtsverhandlungen', entwickelt sich im 18. Jh. zum Titel und wird in der 2. Hälfte des 19. Jhs. zur Rangbezeichnung für Anwärter auf feste Anstellung im höheren Staatsdienst (vgl. *Gerichts-, Regierungs-, Studienassessor*).

assimilieren Vb. 'angleichen, anpassen, verschmelzen', entlehnt (2. Hälfte 18. Jh.) aus lat. *assimilāre* (häufiger *assimulāre*), einer mit *ad-* 'zu, an, hin(zu), heran, herbei' präfigierten Intensivform von lat. *similāre* (*simulāre*) 'ähnlich machen, angleichen, nachahmen, vortäuschen' (s. *simulieren*). Der allgemeinen Bedeutung folgen mehrere fachsprachliche Verwendungen; in der Sprachwissenschaft 'einen Laut an einen benachbarten angleichen', in der Biologie 'aufgenommene Substanz in körpereigene Stoffe verwandeln', in der Psychologie 'neue Vorstellungen mit vorhandenen verschmelzen'. – Assimilation f. 'Angleichung, Anpassung' (2. Hälfte 18. Jh.), lat. *assimilātio* (neben *assimulātio*, Gen. *assimulātiōnis*) 'Ähnlichmachung'; in allgemeiner und fachsprachlicher Verwendung entsprechend dem Verb.

assistieren Vb. 'zur Hand gehen, helfen, mitarbeiten', entlehnt (Ende 16. Jh.) aus lat. *assistere* 'beistehen, unterstützen', eigentl. 'hintreten, sich hinstellen', vgl. lat. *sistere* 'stehen machen, (hin)stellen, (hin)bringen'. Möglicherweise hat gleichbed. frz. *assister* die Entlehnung ins Dt. befördert. – Assistent m. 'Gehilfe, Mitarbeiter, Nachwuchswissenschaftler', im Anschluß an das Part. Präs. lat. *assistēns* (Gen. *assistentis*) 'helfend, Helfender', daher zunächst 'Helfer, Freund' (2. Hälfte 16. Jh.). Assistenz f. 'Beistand, Mitwirkung' (Ende 16. Jh.), nach spätlat. *assistentia* 'Hilfe, Unterstützung'.

assoziieren Vb. refl. 'sich zusammenschließen, verbinden', entlehnt (Mitte 16. Jh.) aus gleichbed. mfrz. frz. *s'associer*, dem lat. *associāre* 'vereinigen, verbinden', eigentl. 'beigesellen', zugrunde liegt; vgl. lat. *sociāre* 'vergesellschaften, vereinigen' (zu lat. *socius* 'gemeinsam; Gefährte, Teilnehmer', s. *Sozius*) und *ad-* 'zu, an, hin(zu), heran, herbei'. Nach der Verwendung des Substantivs *Assoziation* (s. unten) und dem Vorbild von engl. *to associate* bildet die Psychologie des 20. Jhs. dazu transitiven Gebrauch 'Vorstellungen mit etw. verknüpfen, zu einem Bewußtseinsinhalt einen anderen spontan reproduzieren'. – Assoziation f. 'Verbindung, Zusammenschluß' (Anfang 17. Jh.), nach gleichbed. frz. *association*. In den politischen Auseinandersetzungen der 1. Hälfte des 19. Jhs. schließen sich in England und Frankreich die Arbeiter in *associations* zusammen; danach im Sinne von 'Vereinigung' dt. *Associationen der Arbeiter* (W. Schulz 1843). Engl. *association* 'Verbindung von Vorstellungen (engl. *ideas*, Locke 1690) wird zum Terminus der sog. *Assoziationspsychologie* und gelangt als 'Verbindung von Bewußtseinsinhalten' im 19. Jh. ins Dt. Assoziierung f. 'vertraglicher Zusammenschluß' (2. Hälfte 18. Jh.).

Ast m. 'stärkerer Zweig eines Baumes, Strauches', ahd. *ast* 'Ast, Zweig' (8. Jh.), mhd. asächs. mnd. mnl. *ast*, got. *asts* und die dehnstufigen Formen mnd. aengl. *ōst*, nl. *oest* 'Knorren, Baumstumpf' sind (wie ähnlich gebildetes *Nest*, s. d.) ihrem Ursprung nach Komposita. Sie führen mit griech. *ózos* (ὄζος), armen. *ost* 'Ast, Zweig' auf eine Form ie. **ŏz-dos* (*z* = stimmhaftes *s*), die das Präfix *ŏ-* 'nahe an' und die Schwundstufe der Wurzel **sed-* (s. *sitzen*) enthält, also wörtlich 'was (am Stamm) ansitzt' bedeutet. An die Vorstellung des aus dem Stamm herauswachsenden Astes oder an die spezielle Bedeutung 'Knorren, Auswuchs im Holz' anknüpfend, findet sich *Ast* seit etwa 1800 auch in der Bedeutung 'Buckel', daher die Wendung *sich einen Ast lachen* 'sich vor Lachen krümmen' (Mitte 19. Jh.), vgl. *sich bucklig lachen*. – asten Vb. 'etw. Schweres (auf der Schulter, dem Rücken) tragen' (Ende 19. Jh.), vgl. *buckeln*.

Aster f. Korbblütler mit sternartigen Blütenköpfchen, seit dem 18. Jh. in deutschen Gärten als Zierpflanze gezogen. Griech. *astḗr* (ἀστήρ) 'Stern' (als Pflanzenname in der Verbindung ἀστὴρ Ἀττικός, lat. *astēr Atticus*) wird von Tournefort (1700) und Linné (1737) als botanische Bezeichnung *Aster* der oben beschriebenen Pflanze zugeordnet. Gegen Ende des 18. Jhs. wird der Name in die Allgemeinsprache übernommen, anfangs nach griech. Vorbild als Maskulinum (Adelung, Goethe).

Ästhetik f. 'Lehre von den angewandten Gesetzen der Schönheit', geprägt von dem Philosophen A. G. Baumgarten und verbreitet durch sein Werk „Aesthetica" (1750). Gebildet in Anlehnung an die Ausdrücke der griech. Philosophie *aisthētós* (*αἰσθητός*) 'wahrnehmbar' und *aisthētikós* (*αἰσθητικός*) 'der Wahrnehmung fähig', die zu griech. *aisthánesthai* (*αἰσθάνεσθαι*) 'durch die Sinne wahrnehmen, empfinden, fühlen' (s. *Anästhesie*) gehören. Der neue Begriff, nach Baumgarten den Bereich der „Gesetze der sinnlichen und lebhaften Erkenntnis" (1741) umfassend, bürgert sich rasch ein und wird noch im 18. Jh. fester Bestandteil der philosophischen Terminologie, mit jedoch unterschiedlicher Interpretation. – ä s t h e t i s c h Adj. 'geschmackvoll, schön' (Mitte 18. Jh.), in philosophischen Schriften auch 'den Gesetzen der Ästhetik entsprechend'. Erst das 20. Jh. kennt Ä s t h e t m. 'Mensch mit besonders stark ausgeprägtem Sinn für das Schöne'; möglicherweise haben hier gleichbed. frz. *esthète*, engl. *aesthete* (2. Hälfte 19. Jh.) als Vorbild gedient; vgl. griech. *aisthētḗs* (*αἰσθητής*) 'wer empfindet, wahrnimmt'.

Asthma n. 'in Anfällen auftretende Kurzatmigkeit, Atemnot', Entlehnung (1. Hälfte 16. Jh.) von griech. *ásthma* (*ἆσθμα*) 'schweres, kurzes Atemholen, Beklemmung'. Die griech. Nominalableitung mit dem seltenen, hier um *s*- erweiterten Suffix -*thma* (-*θμα*) gehört wohl zu ie. **an(ə)*- 'atmen, hauchen', wie in griech. *ánemos* (*ἄνεμος*) 'Hauch, Wind' (s. *ahnden*), so daß eine Ausgangsform **ánsthma* (**ἄνσθμα*) anzusetzen ist. – a s t h m a t i s c h Adj. 'durch Asthma bedingt, an Asthma leidend' (2. Hälfte 18. Jh.), nach gleichbed. griech. *asthmatikós* (*ἀσθματικός*). A s t h m a t i k e r m. 'an Asthma Leidender' (2. Hälfte 19. Jh.).

Astrologe m. 'wer sich auf Astrologie versteht, Sterndeuter'. Griech. *astrológos* (*ἀστρολόγος*) ist ein Kompositum aus dem zum kollektiven neutralen Plural *ástra* (*ἄστρα*), zu *astḗr* (*ἀστήρ*) m. (s. *Aster*), rückgebildeten sekundären Singular *ástron* (*ἄστρον*) 'Gestirn, Stern' und -*lógos* (s. -*loge*). Es ist die im älteren Griech. allein übliche Bezeichnung für den Sternkundigen. Die aus dem Orient stammende Sterndeutung hat in Griechenland nur langsam Eingang gefunden (vgl. Capelle in: Hermes 60, 1925, 373 ff.) und zunächst zu einer eigenen Bezeichnung geführt, z. B. *astromantḗa* (*ἀστρομαντεία*) 'Sterndeuterei', *astrómantis* (*ἀστρόμαντις*) 'Sterndeuter'. Erst in hellenistischer Zeit bezeichnet griech. *astrológos* nicht nur den 'Sternkundigen', sondern übernimmt auch die Bedeutung 'Sterndeuter'. Dieser Doppelsinn haftet ebenso lat. *astrologus* an wie, lange Zeit hindurch, den Entlehnungen des lat. Wortes in einzelnen europäischen Sprachen. In mhd. Zeit ins Dt. aufgenommen (*astrologī*, Plur.), behält das Maskulinum *Astrologus* diese zweifache Bedeutung bis ins 17. Jh., erst dann wird inhaltlich zwischen *Astrologe* und *Astronom* (s. d.) unterschieden. Die lat. Flexionsendung verliert sich endgültig in der Mitte des 18. Jhs.; die moderne Form *Astrologe* setzt sich gegenüber älterem *Astrolog* im 20. Jh. durch. – A s t r o l o g i e f. irrige 'Lehre vom Einfluß der Gestirne auf irdisches Geschehen'. Das von *astrológos* abgeleitete griech. *astrología* (*ἀστρολογία*) 'Sternkunde' gehört zu den ältesten griech. Benennungen einer Fachwissenschaft auf -*logía* (s. -*logie*). Es teilt wie lat. *astrologia* die Bedeutungsentwicklung des zugrundeliegenden Maskulinums. In mhd. Zeit als *astrologī(e)* entlehnt, gewinnt das Substantiv seine heutige Bedeutung im 17. Jh. (s. *Astronomie*). Während des 16. bis 18. Jhs. tritt es häufig in lat. (oft auch lat. flektierter) Form auf (*Astrologia*); Mitte des 18. Jhs. setzt sich die moderne Lautung und Schreibung der Endsilbe definitiv durch. a s t r o l o g i s c h Adj. (1. Hälfte 16. Jh.) wird nach dem Vorbild von griech. *astrologikós* (*ἀστρολογικός*), lat. *astrologicus* zunächst unterschiedslos in den Bedeutungen 'zur Astrologie, zur Astronomie gehörig' gebraucht.

Astronautik f. '(Wissenschaft von der) Raumfahrt'. Gleichbed. frz. *astronautique* f. (1910 bei Rosny, 1917 bei Esnauld-Pelterie, doch wohl vereinzelt schon im 19. Jh.) und zugehöriges frz. *astronaute* m. 'wer sich mit Astronautik beschäftigt', dann 'Weltraumfahrer' (wörtlich 'Sternschiffer') sind künstliche Bildungen aus griech. Elementen (s. *Astrologe* und *Nautik*). Voraufgegangen ist beispielgebendes frz. *aéronaute* m. 'Ballonfahrer' (18. Jh., eigentl. 'Luftschiffer') bzw. frz. *aéronautique* f. 'Luft(schiff)fahrt' (1. Hälfte 19. Jh.); s. *aero*-. Die Zusammensetzungen mit *astro*- finden (wie die mit *aero*-) internationale Verbreitung. Ins Dt. gelangen die *astro*-Komposita in den 50er Jahren des 20. Jhs. vornehmlich unter amerik.-engl. Einfluß. A s t r o n a u t m. bezeichnet hier vor allem den amerikanischen Weltraumfahrer (engl. *astronaut*) im Unterschied zum sowjetischen *Kosmonauten* (s. d.). Dagegen behält *Astronautik* (engl. *astronautics* Plur.) seine umfassende Bedeutung (s. oben), ebenso a s t r o n a u t i s c h Adj. 'die Astronautik betreffend'.

Astronom m. 'Fachmann auf dem Gebiet der Astronomie'; **Astronomie** f. 'wissenschaftliche Stern-, Himmelskunde'. Griech. *astronómos* (ἀστρονόμος) m. 'Sternkundiger', *astronomía* (ἀστρονομία) f. 'Sternkunde' sind jüngere Bildungen als die zunächst gleichbed. griech. Komposita *astrológos, astrología* (s. *Astrologe* sowie *-nom, -nomie*). In der Antike bleiben die griech. Bezeichnungen auf *-nómos, -nomía* ebenso wie ihre lat. Entlehnungen auf die mit exakten Methoden betriebene Sternkunde beschränkt. Im Mittelalter umfassen auch sie den Bereich der Sterndeutung. Das heißt, von nun an können beide Wörter, lat. *astronomia* und lat. *astrologia*, wie alle ihnen zugehörenden Bildungen unterschiedslos sowohl auf die Sternkunde wie auf die Sterndeutung bezogen werden; sie gelangen in dieser Ambiguität in eine Reihe europäischer Sprachen und finden im Dt. erst während des 17. Jhs. zu ihrer heutigen inhaltlichen Trennung. Der Sprachgebrauch Keplers dürfte von maßgeblichem Einfluß darauf gewesen sein. Die lautliche Entwicklung verläuft ähnlich wie bei den Komposita auf *-loge, -logie*: Entlehnung in mhd. Zeit als *astronomus* (älter *astronomierre*) m. und *astronomīe* f. Bis ins 18. Jh. hinein absolute Vorherrschaft der lat. Endungen und der lat. Flexion beim Maskulinum, häufiges Vorkommen lat. Endungen beim Femininum. – a s t r o n o m i s c h Adj. (Anfang 16. Jh.), nach dem Vorbild von griech. *astronomikós* (ἀστρονομικός), lat. *astronomicus* und wie *astrologisch* (s. d.) zunächst in doppelter Bedeutung gebraucht.

Asyl n. 'Zufluchtsort für Verfolgte, Bedrängte' bezeichnet ursprünglich den unverletzlichen Ort, das Heiligtum, in dessen Schutz der Zufluchtsuchende vor jedem Zugriff sicher ist. Griech. *ásȳlon* (ἄσυλον) wird durch Entlehnung zu lat. *asȳlum* und gelangt in dieser Form zu Beginn des 16. Jhs. ins Deutsche, verliert die lat. Endung aber erst gegen Ende des 18. Jhs. Zu griech. *ásȳlos* (ἄσυλος) 'unberaubt, sicher', *sȳ́lon* (σῦλον) 'Raub'. *Asyl* bezeichnet seit der 2. Hälfte des 19. Jhs. auch öffentliche Einrichtungen zur (vorübergehenden) Unterkunft Obdachloser (s. *obdachlos*).

Atelier n. 'Werkstatt eines bildenden Künstlers', Übernahme (18. Jh.) von frz. *atelier*, afrz. mfrz. *astelier*, abgeleitet von afrz. *astele* 'Span, Splitter', aus gleichbed. spätlat. *astella*, lat. *astula*. Das frz. Substantiv bezeichnet seiner Bildung nach einen Ort, wo viele Späne sind, bedeutet daher 'Haufen Späne', dann 'Arbeitsplatz der Zimmerleute und Maurer', schließlich allgemein 'Werkstatt'. Dem frz. Vorbild folgend, findet sich diese umfassende Bedeutung gelegentlich auch im Dt. des 19. Jhs. Allgemein wird *Atelier* auf Foto-, Mode- (19. Jh.) und Filmwerkstätten (20. Jh.) übertragen.

Atem m. 'vom Körper zur Aufrechterhaltung der Lebensvorgänge aufgenommene und wieder abgegebene Luft, Hauch'. Ahd. *ātum* (8. Jh.), mhd. *ātem, āten* hat Entsprechungen in asächs. *āđom*, mnd. mnl. *ādem*, nl. *adem*, aengl. *ǣþm* (germ. **ēđma-, *ēþma-*). Außerhalb des Westgerm. läßt sich mit Sicherheit nur aind. *ātmá* 'Hauch, Seele, Selbst' (Stamm *ātmán-*) vergleichen, ein Zentralwort der aind. Philosophie. Luthers Bibelübersetzung bevorzugt die landschaftliche Form O d e m m., die zum feierlichen Ausdruck gehobener, dichterischer Sprache wird. Sie zeigt die in dt. Mundarten häufige, durch einzelne Wörter (*Argwohn, Woge, Brodem*, s. d.) auch in die Schriftsprache eingedrungene Wandlung von mhd. *ā* zu nhd. *ō*; auch inlautendes *-d-* statt *-t-* dürfte am ehesten als mundartliche Erweichung aufzufassen sein. – a t m e n Vb. 'Luft einziehen und ausstoßen', ahd. *ātamōn* (10. Jh.), mhd. *ātemen, ætemen*, vom Substantiv abgeleitet.

Atheismus m. 'Ablehnung jeder Art von Gottesglauben, Gottesvorstellung' als weltanschauliche Grundhaltung. Zugrunde liegt griech. *átheos* (ἄθεος) 'gottlos, die (öffentlich verehrten) Götter leugnend, verachtend', als Possessivkompositum gebildet aus verneinendem *a-* (ἀ- privativum) und griech. *theós* (θεός) 'Gott', daher wörtlich 'nicht Gott habend'. In deutschen Texten erscheint *Atheismus* seit dem Ende des 16. Jhs. als lateinische Bildung, wird bis zum Beginn des 18. Jhs. lateinisch flektiert, kann also erst danach als eingedeutscht gelten. Häufig begegnet während des 17. und bes. des 18. Jhs. statt *Atheismus* die vom Substantiv *Atheist* abgeleitete pejorative Bildung *Atheisterey.* – Atheist m. (Anfang 17. Jh.), daneben zeitweise (Ende 17. bis Mitte 18. Jh.) die dem Frz. entsprechende Form *Atheiste.* atheistisch Adj. (2. Hälfte 17. Jh.).

Äther m. 'die reine Himmelsluft, der weite Himmelsraum'. Griech. *aithḗr* (*αἰθήρ*) 'obere, reine Luft, Himmel' wird über gleichbed. lat. *aethēr* in der 1. Hälfte des 16. Jhs. von Paracelsus entlehnt. Es meint in antiker Vorstellung das über einer unteren unreinen, unklaren Luftzone (griech. *āḗr, ἀήρ*) liegende höhere, reine, klare, in den Mittelmeerländern bes. hell und strahlend erscheinende Firmament und ist eine Ableitung vom Verb griech. *aíthein* (*αἴθειν*) 'anzünden, brennen, leuchten', danach eigentl. 'das Leuchtende, Brennende'. Die Bedeutung 'Narkose-, Lösungsmittel' geht auf Frobenius (1730) zurück und schließt sich semantisch an die der älteren Bedeutung zukommenden Merkmale 'rein, farblos, durchsichtig' an. – ätherisch Adj. 'himmlisch' (Paracelsus, um 1520), dann 'engelhaft, zart, duftig, vergeistigt' (1. Hälfte 18. Jh., Bodmer, wohl unter Einfluß von engl. *ethereal*), 'ätherartig, leicht verdunstend, angenehm riechend' (18. Jh.).

Athlet m. 'Wettkämpfer, Sportler, kraftvoller, muskulöser Typ', entlehnt (1. Hälfte 16. Jh.) aus lat. *āthlēta* m., griech. *āthlētḗs* (*ἀθλητής*) 'Wettkämpfer, Wettringer', dem griech. *āthlḗin* (*ἀθλεῖν*) 'dulden, sich mühen', später auch 'kämpfen, wettkämpfen', zugrunde liegt. – athletisch Adj. 'muskulös, kräftig' (Paracelsus 1527), lat. *āthlēticus* 'kräftig, athletisch', griech. *āthlētikós* (*ἀθλητικός*) 'zum Wettkampf gehörig, tauglich'. Athletik f. 'Wettkämpfe der Athleten im antiken Griechenland, Wettkampflehre' (Mitte 18. Jh.), lat. *āthlētica* (ergänze *ars* 'Kunst, Fertigkeit'); heute nur noch in den Zusammensetzungen *Leicht-* und *Schwerathletik.* Athletiker m. in der Fachsprache der Medizin und Psychologie der dem Körperbautyp nach 'starkknochige, muskulöse Mensch' (20. Jh.).

¹Atlas m. 'Kartenwerk', bes. der Erd- und Himmelskunde. Der Ausdruck erscheint in dieser Verwendung zum ersten Mal im Titel eines großen kartographischen Werks (1595) des Geographen G. Kremer, genannt Mercator. Er ist ursprünglich der Name einer Gestalt der griech. Mythologie, des Titanen *Átlas*, Gen. *Átlantos* (*Ἄτλας, Ἄτλαντος*), lat. *Atlās*, der das Himmelsgewölbe auf seinen Schultern trägt und später zu einem mythischen König von Mauretanien umgedeutet wird. Die Figur des Himmelsträgers ist auf dem Titelblatt von Mercators Kartensammlung abgebildet. Der Plural *Atlanten* folgt der griech.-lat. Form des Wortstammes wie auch vereinzelte Singularbildungen *Atlant.* – Atlantik m. 'atlantischer Ozean'. Nach dem in antiker Vorstellung im äußersten Westen der Welt stationierten Titanen benennen die Griechen das Meer an der Westküste Afrikas *Átlas* und *Atlantikós pélagos* bzw. *Atlantikḗ thálassa* (*Ἀτλαντικὸς πέλαγος, Ἀτλαντικὴ θάλασσα*), woraus lat. *Atlanticus oceanus.* Danach zunächst *atlantisches Meer* (2. Hälfte 15. Jh.), erst in neuerer Zeit *Atlantik* (zuerst in der nd. Seemannssprache, etwa Mitte 19. Jh.), wohl nach engl. *Atlantic* bzw. *Atlantic Ocean.*

²Atlas m. (Seiden)stoff, dessen Oberseite durch eine spezielle Webtechnik stark glänzend ist. Die Bezeichnung beruht auf arab. *aṭlas* Adj. 'kurzhaarig, glatt' und ist bereits um 1400 in dt. Handelsrechnungen belegt.

Atmosphäre f. 'Lufthülle der Erde'. Der gelehrten Bildung (2. Hälfte 17. Jh.), die bis ins 18. Jh. in der Form nlat. *atmosphaera* vorkommt, liegen griech. *atmós* (*ἀτμός*) 'Dunst, Dampf' und *sphaĩra* (*σφαῖρα*) 'Kugel, Ball, Himmelskugel' (s. *Sphäre*) zugrunde. Die Dichtung des Sturm und Drang überträgt das Wort auf den einen Menschen umgebenden Lebenskreis oder die an einem Orte herrschende Stimmung. In der Physik bezeichnet es seit der 2. Hälfte des 19. Jhs. die Maßeinheit des Druckes.

Atoll n. 'ringförmige, eine Lagune umschließende Koralleninsel'. Im Maldivischen (einer dem Singhal. nahestehenden Sprache des ind. Sprachzweigs) bezeichnet *atoḷu* die einzelnen Koralleninseln des Archipels der Lakkadiven und Malediven. Dieses Wort (vielleicht verwandt mit singhal. *étuḷa* 'darin', was durch die Form der Inseln und die Lagune im Innern naheliegend scheint; vgl. FEW 20, 90f.) gelangt über engl. *atoll* im 19. Jh. in die europ. Sprachen und ist in dieser Form von der 2. Hälfte des 19. Jhs. an auch im Dt. bezeugt.

Atom n. 'kleinstes Teilchen eines chemischen Elements'. Die antike materialistische Naturphilosophie (Leukipp, Demokrit) nennt die von ihr als kleinsten Baustein der Materie angenommene, nicht weiter teilbare Einheit griech. *hē átomos* (ἡ ἄτομος). Diese Substantivierung der femininen Form (neben *tó átomon, τὸ ἄτομον* n.) des Adjektivs griech. *átomos* (ἄτομος) m. und f., *átomon* (ἄτομον) n. 'ungeschnitten, unteilbar', das mit negierendem *a-* (ἀ- privativum) zum Verb griech. *témnein* (τέμνειν) 'schneiden' (s. *Anatomie*) gebildet ist, gelangt als *atomus* f. (mlat. auch m.) 'das Unteilbare' ins Lat. Das Maskulinum findet sich von der Mitte des 16. Jhs. an in dt. Texten, bis zur Mitte des 18. Jhs. stets mit lat. Flexion, danach zunächst mit dem Plural *Atomen* (bis ins 1. Drittel des 19. Jhs.), seit dem Ende des 18. Jhs. mit dem Plural *Atome*. Um 1800 kommt neutrales Genus auf. Anfang des 19. Jhs. wird der philosophische Terminus in die Sprache der Chemie übernommen und erhält dort seinen neuen Inhalt. In der Physik wird Ende des 19. Jhs. die weitere Spaltbarkeit des Atoms nachgewiesen, das nun nicht mehr motivierte Fachwort aber bis heute beibehalten. Das 20. Jh. bringt eine große Zahl von Zusammensetzungen hervor, z. B. *Atomkern, Atomenergie, Atomphysik* (bald durch *Kernenergie, -physik* zurückgedrängt), *Atombombe* (nach engl. *atomic bomb*). – atomar Adj. 'das Atom betreffend', von chemischen Elementen auch 'aus einzelnen, nicht zu Molekülen verbundenen Atomen bestehend'; seit den 20er Jahren des 20. Jhs. nachgewiesene latinisierende Neubildung, Mitte des 20. Jhs. auch mit Bezug auf Kernwaffen verwendet.

Atrophie f. 'starke Abmagerung, Auszehrung' bzw. 'Schwund von Zellen, Geweben, Organen' auf Grund chronischer Ernährungsstörung und anderer zehrender Krankheiten, entlehnt (2. Hälfte 18. Jh.) aus gleichbed. lat. *atrophia*, griech. *atrophía* (ἀτροφία), zunächst 'Mangel an Nahrung', zu *átrophos* (ἄτροφος) 'nicht genährt, schlecht genährt, an Auszehrung krankend' (eigentl. 'nicht Nahrung habend'), einer Bildung mit negierendem *a-* (ἀ- privativum) zu griech. *trophḗ* (τροφή) 'Ernährung, Nahrung'. – atrophisch Adj. 'an Atrophie leidend, im Schwinden begriffen' (2. Hälfte 18. Jh.). atrophieren Vb. 'auf Grund einer Atrophie schrumpfen, schwinden' (2. Hälfte 19. Jh.).

ätsch Interj. der Schadenfreude. Der besonders in mundartlich gefärbter Sprache verschiedener Gegenden verwurzelte, häufig als Doppelung *ätsch, ätsch!* vorkommende Ausruf (seit dem 17. Jh.) begleitet ursprünglich die sicherlich alte und verbreitete (vgl. ital. *far lima lima*) Spottgeste, bei der der eine Zeigefinger am anderen entlangfährt (daher vergleichend *Schaberübgen* genannt, Stieler 1691). Er ist als lautmalend anzusehen, wobei der verschärfte Zischlaut Spott und Verachtung unterstreicht.

Attaché m. 'einem Botschafter beigeordneter Diplomat', auch 'Leiter eines Fachbereichs der Auslandsvertretung'. In den 20er Jahren des 19. Jhs. wird frz. *attaché (d'ambassade)* '(Gesandtschafts)attaché', substantiviertes Part. Perf. von frz. *attacher* 'befestigen, anbinden, verbinden, zuordnen', als Amtsbezeichnung für bestimmte Mitarbeiter diplomatischer Vertretungen in den dt. Sprachgebrauch übernommen. Das frz. Verb, afrz. *atachier* 'festbinden', ist durch Wechsel des vermeintlichen Präfixes hervorgegangen aus gleichbed. afrz. *estachier*, einer Ableitung vom Substantiv afrz. *estache* 'Pfahl' (s. *Staket*).

attackieren Vb. 'angreifen' ist zu Beginn des 17. Jhs. im Dt. nachweisbar, anfangs in der Schreibung *attaquiren*, die vereinzelt noch bis Mitte des 19. Jhs. vorkommt, während daneben seit Ende des 18. Jhs. *attacki(e)ren* geläufig wird. Der Ausdruck des Kriegswesens schließt sich an das im 16. Jh. aus ital. *attaccare* entlehnte gleichbed. mfrz. frz. *attaquer* an. Das ital. Verb geht wahrscheinlich, falls es nicht selbst aus dem Afrz. stammt, über ein vorliterarisches **estaccare* (mit Wechsel des vermeintlichen Präfixes) wie frz. *attacher* 'befestigen, anbinden, verbinden, zuordnen', afrz. *atachier* (s. *Attaché*) auf ein etymologisch zu *Stake* (s. d.) gehörendes germ. Substantiv, wohl auf got. **stakka* 'Pfahl' (s. *Staket*), zurück. Ital. *attaccare* bedeutet zunächst 'anbinden', entwickelt aber im 16. Jh. die Bedeutung 'angreifen' (aus ital. *attacare una scaramuccia, la battaglia* 'ein Scharmützel, die Schlacht beginnen'). Die dt. Gegenwartssprache kennt nur noch den übertragenen Gebrauch 'Angriffe gegen eine Person oder Sache richten'. – Attacke f. 'Angriff', auch 'anfallartiges Auftreten einer Krankheit', nach frz. *attaque* 'Sturmangriff' (abgeleitet vom Verb mfrz. frz. *attaquer*, s. oben), seit Anfang des 17. Jhs. als *Attaque* (so noch bis Mitte des 19. Jhs.) gebräuchlich, in der 2. Hälfte des 18. Jhs. auch in eingedeutschter Form. Die sich im Frz. herausbildende Übertragung 'Krankheitsanfall' findet sich im Dt. seit dem letzten Drittel des 18. Jhs.

Attentat n. 'Mordanschlag, Gewalttat aus politischen Motiven', in der Rechtssprache des 15. bis 19. Jhs. (zunächst im Plural *Attentaten*) 'Frevel, Übergriff, Gewalttat', auch 'Versuch eines Verbrechens', entlehnt aus gleichbed. mlat. *attentatum*, dem substantivierten Part. Perf. von lat. *attentāre*, einer Nebenform von lat. *attemptāre* 'antasten, versuchen, jmdm. beizukommen suchen'; vgl. lat. *temptāre* 'betasten, berühren, angreifen' und *ad-* 'zu, an, hin(zu), heran, herbei'. Unter dem Einfluß von frz. *attentat* 'Anschlag auf eine Person' (mfrz. *attemptas* 'Rechtsbruch, Benachteiligung', gebildet zu seinerseits aus dem Lat. entlehnten afrz. *atempter, atenter* 'versuchen, sich vergehen', frz. *attenter* 'einen Anschlag ausführen') setzt sich seit Anfang des 19. Jhs. die heutige Bedeutung durch. – A t t e n t ä t e r m. 'Person, die einen Mordanschlag verübt'; nach dem mißglückten Attentat 1844 auf den preuß. König Friedrich Wilhelm IV. in einem Drehorgellied (in Anlehnung an *Übel-, Missetäter*) als Reimwort zu *Hochverräter* gebildet (dort auch *attentaten* Vb.); in der 2. Hälfte des 19. Jhs. bereits allgemein.

attestieren Vb. 'bescheinigen', entlehnt (17. Jh.) aus lat. *attestārī* 'bezeugen, bestätigen', vgl. lat. *testārī* 'bezeugen, bekunden, versichern, beweisen' (zu lat. *testis* 'Zeuge') und *ad-* 'zu, an, hin(zu), heran, herbei'. – A t t e s t n. 'schriftliches Zeugnis', bes. 'ärztliche Bescheinigung' tritt im frühen 18. Jh. (vielleicht unter Einfluß von engl. *attest*) als kürzere Variante neben das seit dem 16. Jh. (und bis ins 19. Jh.) nachweisbare gleichbed. *Attestat*, eine Eindeutschung von (bis Ende des 18. Jhs. ebenfalls im dt. Kontext vorkommendem) nlat. *attestātum*. Anstatt dieser jungen Substantivierung des Part. Perf. von lat. *attestārī* (s. oben) kennt das klass. Lat. die Ableitung *attestātio* (Gen. *attestātiōnis*) 'Bezeugung, Bescheinigung', an die das im Dt. des 17. und 18. Jhs. öfter belegte *Attestation* (vgl. frz. engl. *attestation*) anknüpft.

Attitüde f. 'Stellung, Haltung'. Der zunächst die Körperhaltung, dann auch allgemeiner die Art des Auftretens bezeichnende Ausdruck wird im Bereich der bildenden Kunst in der zweiten Hälfte des 18. Jhs. aus dem Frz. übernommen. Das gleichbed. frz. *attitude* ist entlehnt aus ital. *attitudine* 'natürliche Anlage, Befähigung, Stellung, Haltung', das wohl spätlat. *aptitūdo* (Gen. *aptitūdinis*) 'Brauchbarkeit' (zu lat. *aptus* Part.adj. 'passend, geeignet, tauglich, brauchbar') und ein vlat. **āctitūdo* (Gen. **āctitūdinis*, zu lat. *āctus* 'Bewegung', s. *Akt*; vgl. auch lat. *āctitāre* 'gewöhnlich betreiben') in sich vereinigt.

Attraktion f. 'Darbietung oder Sache von großer Anziehungskraft'. Lat. *attractio* (Gen. *attractiōnis*) 'das Ansichziehen' als Nomen actionis zu lat. *attrahere* (*attractum*) 'heran-, herbeiziehen' (vgl. lat. *trahere* 'ziehen' und *ad-* 'zu, an, hin(zu), heran, herbei') gelangt Anfang des 16. Jhs. (Paracelsus) als medizinisches Fachwort in der Form *Attraction* ins Dt. und wird bes. im 18. und 19. Jh. (seit Ende des 18. Jhs. *Attraktion* geschrieben) terminologisch in mehreren Wissenschaften für Erscheinungen verwendet, die man als Anziehung auffaßt (z. B. Gravitation, Magnetismus, Kohäsion, Affinität, Lautassimilation). Die heute übliche Bedeutung hingegegen entwickelt sich im 19. Jh. bei (über frz. *attraction* ebenfalls auf lat. *attractio* zurückzuführendem) engl. *attraction*, von wo sie, namentlich für zirzensische Glanznummern, um die Wende zum 20. Jh. ins Dt. übernommen wird. – a t t r a k t i v Adj. 'anziehend'. Zu lat. *attrahere* (s. oben) gebildetes spätlat. *attractīvus* 'zum Anziehen dienlich' (so in der Fügung *virtūs attractīva* 'Anziehungskraft') erscheint in dt. naturwissenschaftlichen Texten des 16. bis 18. Jhs. gelegentlich als *attractivisch*, vom Beginn des 19. Jhs. an, vermittelt durch frz. *attractif*, in der Form *attraktiv*. Seit Ende des 19. Jhs. und vor allem im 20. Jh. setzt sich die schon im Frz. bezeugte, auch durch engl. *attractive* gestützte Bedeutung 'gut aussehend, von reizvollem Äußeren' durch. Das Adjektiv tendiert in der Gegenwart zum Modewort und wird auch allgemeiner im Sinne von 'Interesse und Zustimmung hervorrufend' gebraucht.

Attrappe f. 'äußerlich ähnliche Nachbildung'. Ende des 18. Jhs. wird frz. *attrape* in der im 18. Jh. aufgekommenen Bedeutung 'auf Täuschung, Irreführung abzielender Gegenstand, Scherzartikel' ins Dt. entlehnt. Das frz. Substantiv, ursprünglich 'Schlinge, Falle', ist eine Ableitung vom Verb frz. *attraper* 'fangen, ertappen' (davon gleichbed. dt. *attrappieren*, 17. Jh. bis Anfang des 20. Jhs.), dem afrz. *trape*, frz. *trappe* 'Falle', eine Übernahme von anfrk. (latinisiert?) *trappa* 'Falle, Vogelschlinge' (Lex Salica, 6. Jh.), zugrunde liegt; dieses gehört zu der unter *Treppe* (s. d.) dargestellten Wortgruppe.

Attribut n. 'charakteristisches Merkmal, Kennzeichen, Beifügung', entlehnt (Anfang 17. Jh.) aus mlat. *attributum* '(als charakteristisch und wesentlich) zugeschriebene Eigenschaft, Wesensmerkmal', einer Substantivierung des neutralen Part. Perf. lat. *attribūtum* 'zugeteilt, beigefügt' von lat. *attribuere* 'zuteilen, verleihen'; vgl. lat. *tribuere* '(zu)teilen, erweisen, zuschreiben' (s. *Tribut*) und *ad-* 'zu, an, hin(zu), heran, herbei'. Zunächst in lat. Flexion (Plur. *Attributa*), seit Mitte des 18. Jhs. vorwiegend in eingedeutschter Form (Gottsched 1741, Lessing 1766, sehr oft bei Herder seit 1769). Die Verwendung als grammatischer Terminus im Sinne von 'Beifügung' findet sich seit den 30er Jahren des 19. Jhs. (u. a. bei J. Grimm 1837) neben dem seit etwa 1800 bezeugten gleichbed. *Attributiv* n. – attributiv Adj. 'als Attribut, beifügend' (Anfang 19. Jh.).

atzen Vb. 'die Vogelbrut füttern', ahd. *āzen* (um 1000), mhd. *atzen* 'speisen, nähren, zu essen geben, füttern' ist wie *ätzen* (s. d.) Kausativum zu ahd. *eʒʒan*, mhd. *eʒʒen* (s. *essen*). Es ist bis zum Anfang des 17. Jhs. in seiner Ausgangsbedeutung 'essen lassen, mit Nahrung versorgen' allgemein im Hinblick auf Menschen und Tiere in Gebrauch, bleibt danach auf die Jägersprache beschränkt (bes. von Raubvögeln) und wird, meist als scherzhaftes Stilmittel, im 19./20. Jh., auch in der Form *sich atzen* 'essen, sich laben', wieder auf andere Bereiche übertragen. – Atzung f. 'Futter, namentlich für Vögel und deren Brut', auch 'der Vorgang des Fütterns', mhd. *atzunge* 'Nahrung für Mensch und Tier, Beköstigung'; in dieser Bedeutung ist das Verbalsubstantiv bis ins 17. Jh. verbreitet. Es wird, begünstigt durch sein Weiterleben im Wortschatz der Jagd, bereits Ende des 18. Jhs. von neuem aufgegriffen und kommt bis zur Gegenwart auch in der Allgemeinsprache vor, häufig in humorvoller oder archaisierender Ausdrucksweise. Vereinzelt tritt die Lautung *Ätzung* auf.

ätzen Vb. 'mit chemischen Mitteln, bes. Säuren und Laugen, zerstörend auf die Oberfläche eines festen Stoffes einwirken'. Ahd. *ezzen* (9. Jh.), mhd. *etzen, atzen* ist ein kausatives Verb zu ahd. *eʒʒan*, mhd. *eʒʒen* 'essen, fressen' (s. *essen*) und bedeutet ursprünglich 'essen lassen, mit Nahrung versorgen', bis ins 16. Jh. auch häufig 'vom Vieh abweiden lassen'. Daß diese Bildung im Germ. allgemein üblich ist, zeigen die gleichbed. Entsprechungen mnd. mnl. nl. *etten*, aengl. *ettan*, anord. *etja* sowie das Simplex von got. *fraatjan* 'zum Essen austeilen'. Im Dt. herrscht heute allein der von der Vorstellung des Zerfressenwerdens eines Stoffes durch Chemikalien ausgehende fachsprachliche Gebrauch (s. auch *beizen*), der sich seit der 1. Hälfte des 15. Jhs. (zunächst in der Medizin, später vor allem in der Drucktechnik, Metallbearbeitung und Chemie) durchzusetzen beginnt, aber bereits in Glossenbelegen des 9. bis 12. Jhs. für ahd. *ezzen* ('mit scharfer Flüssigkeit reinigen') nachweisbar ist. Der alte Wortsinn bleibt im Jagdwesen erhalten, wo die umgelautete Form des Verbs gelegentlich (bis ins 20. Jh.) neben *atzen* (s. d.) verwendet wird. – Ätzung f., mhd. *atzunge* 'Nahrung, Beköstigung' (s. *Atzung*); als Fachwort (anfangs *Atzunge, Etzung*) seit dem 15. Jh.

au Interj. bei körperlichem Schmerz, ahd. *au* (um 1000), mhd. *ou*, mnl. nl. *au*, aengl. *ēa*. Die spontane Lautäußerung stellt sich neben ähnliche Ausrufe in anderen ie. Sprachen, etwa aind. *ō*, lat. *au*, lett. *au*, tschech. *ou*, die (wie auch ahd. mnl. *au*, aengl. *ēa*) noch andere Gefühlsregungen (Entrüstung, Erstaunen u. ä.) ausdrücken oder nur Anredepartikel sein können, vielleicht aber doch ein ie. **au-* als gemeinsamen Ursprung haben. Im Dt. überschneidet sich *au* in der Funktion gelegentlich mit *oh*, mit dem es vor allem im Mhd. in den mit dem Adverb *wē* 'weh' verbundenen Formen *ouwē* neben *ōwē, owē* zusammenfällt. Auch mit betonter vokalischer Verstärkung *auā!*

auch Konj. mit hinzufügender Funktion, 'gleichfalls, ebenso, überdies', ahd. *ouh* (8. Jh.), mhd. *ouch*. Wie asächs. mnd. *ōk*, mnl. *ooc, ōc*, nl. *ook*, aengl. *ēac, ēc*, engl. (veraltet) *eke*, anord. *auk* (später *ok*) 'auch', schwed. *och* 'und', *ock* 'auch', dän. *og* 'und', got. *auk* 'denn, aber, auch' zeigen, ist die Partikel gemeingerm., hat aber ursprünglich auch begründenden (wie im Got.) oder entgegensetzenden Sinn (noch in den älteren dt. Sprachstufen), weshalb die Möglichkeit des Zusammenfalls zweier getrennter Wörter erwogen wird. Sehr wahrscheinlich ist die Zugehörigkeit zu ie. **au-, *u-*, das sowohl pronominal im Sinne von 'jener, der eine – der andere' als auch in Partikeln mit der (Ausgangs)bedeutung 'einerseits, andererseits' erscheint, vgl. griech. *ǡu* (*αὖ*) 'wiederum, andererseits', lat. *aut* 'oder', *autem* 'dagegen, aber, andererseits' und (mit Ablaut) aind. *u* 'und, auch', toch. A *ok*, B *uk* 'noch'. Die Verwendung als Ausdruck des Hinzufügens, Dazukommens sowie die lautliche Übereinstimmung mit Verben wie ahd. *zuoouhhan* 'hinzufügen', asächs. *ōkan* 'schwängern', aengl. *ēacan*, got. *aukan* 'zunehmen', anord. *auka* 'vermehren' bzw. ahd. *ouhhōn*, asächs. *ōkian* 'vermehren', aengl. *ēacian* 'zunehmen' (dazu aengl. *ēaca* m., anord. *auki* m. 'Vermehrung, Zuwachs'), die mit den gleichbed. außergerm. Verwandten griech. *ǡuxein, auxánein* (*αὔξειν, αὐξάνειν*), lat. *augēre* auf ie. **(a)u̯eg-, *aug-* 'vermehren, zunehmen' zurückzuführen sind, lassen andererseits auch Herkunft aus einer adverbiell erstarrten flektierten Verb- oder Substantivform vermuten oder deuten zumindest auf sekundären Anschluß an diese Wortgruppe.

Audienz f. 'Empfang durch eine hohe politische Persönlichkeit zum Zwecke einer Unterredung'. Zu lat. *audiēns*, Part. Präs. von lat. *audīre* 'hören', gebildetes lat. *audientia* 'Gehör, aufmerksames Anhören' wird im 15. Jh. als frühnhd. *Audien(t)z, Audiens* (häufig in der Wendung *Audientz geben*), mnd. *audiencie* entlehnt, zunächst vorwiegend im Bereich der Rechtspflege in der schon spätlat. bezeugten Bedeutung 'richterliche Untersuchung, Vernehmung', aber auch daneben (wie im Mlat.) 'Empfang bei einem Fürsten'.

Auditorium n. 'Hörsaal', auch 'die Gesamtheit der Zuhörer'. Lat. *audītōrium* 'Ort, wo Zuhörer zusammenkommen, Hörsaal', abgeleitet von dem zu lat. *audīre* 'hören' gebildeten Nomen agentis *audītor* 'Hörer', wird an Universitäten und Schulen vereinzelt seit Ende des 15. Jhs., allgemein vom Beginn des 17. Jhs. an (noch bis ins 19. Jh. vielfach lat. flektiert) als Bezeichnung des Raums für die Lehrveranstaltungen gebraucht. Heute ist diese Verwendung auf den Hochschulbereich beschränkt (namentlich in der Fügung *Auditorium maximum* 'größter Hörsaal einer Hochschule') und tritt auch hier zunehmend hinter *Hörsaal* (s. *hören*) zurück. Hingegen ist die bereits im Lat. übliche, seit dem 17. Jh. im Dt. nachweisbare metonymische Übertragung 'Zuhörerschaft' nicht an akademisches Milieu gebunden.

Aue, Au f. 'flaches, feuchtes, am Wasser gelegenes Wiesenland, (Fluß)niederung', ahd. *ouwa* (10. Jh.), mhd. mnl. *ouwe*, mnd. *ouwe, ō, ōge* 'Wasser(lauf), Insel (im Fluß), feuchtes Wiesenland', aengl. *īeg, īg*, anord. *ey*, schwed. *ö* 'Insel' setzen germ. **awjō* (aus **agwjō*) 'Aue, Insel' voraus. Die substantivierte germ. Adjektivableitung bedeutet eigentl. 'die zum Wasser Gehörige, vom Wasser Umgebene'. Sie ist mit grammatischem Wechsel gebildet zu germ. **ahwō* 'Wasser, Gewässer' in ahd. (8. Jh.), asächs. *aha*, mhd. *ahe*, mnd. *ā*, aengl. *ēa*, got. *aƕa*, das im appellativischen Wortschatz des Nhd. nur noch selten begegnet und im wesentlichen auf das Obd. beschränkt bleibt. Es ist als *Ache, Ach, Aach, Aa* in Flußnamen erhalten, öfter als *-ach* in Zusammensetzungen zahlreicher Flur-, Orts- und Flußnamen wie *Aurach, Biberach, Lindach, Salzach, Urach* oder *-a* wie *Fulda, Schwarza*. Außergerm. verwandt ist lat. *aqua* 'Wasser', so daß ie. **ək^{u}ā* 'Wasser, Fluß' angesetzt werden kann. *Aue*, und bes. der Plural *Auen*, wird in jüngerer Zeit hauptsächlich in dichterischer Sprache mit der erweiterten Bedeutung 'fruchtbare, freundliche Landschaft' verwendet.

Auerhahn m. das Männchen vom Auerwild, dem größten deutschen Waldhuhn, ahd. *ūrhano* (10. Jh.), daneben *orrehuon, urhuon* 'Auerhuhn, -henne' (11. Jh.), frühnhd. *orrehan, ūrhan, awerhan, aurhan*. Dem ersten Glied des verdeutlichenden Kompositums ahd. *orrehuon* entspricht anord. *orri*, schwed. *orre* 'Birkhuhn'. Verwandt sind schwed. *orne* 'Eber', aind. *r̥ṣabháḥ* 'Stier', griech. *ársēn* (*ἄρσην*) 'männlich', aind. *árṣati* 'fließt', so daß sich ie. **r̥sen-* 'männlich, männliches Tier, Männchen' (eigentl. 'benetzend, Samen ergießend') erschließen läßt, das zu dem unter *irr(e)* und *rasen* (s. d.) angeführten Ansatz ie. **er(ə)s-, *rēs-* 'fließen' gehört. Der Name bezeichnet also ursprünglich allein das auffallende, als Jagdbeute geschätzte Männchen. Die neben ahd. *orre-* auftretende Form *ūr-*, die sich in der nhd. Lautung *Auer-* fortsetzt, ist vermutlich in Anlehnung an ahd. *ūro* bzw. *ūrohso*, nhd. *Auerochse* (s. d.) entstanden.

Auerochse m. ausgestorbenes europäisches Wildrind von beträchtlicher Größe, Kraft und Schnelligkeit, ahd. *ūro* (um 900), mhd. *ūr, ūre*, aengl. *ūr*, anord. *ūrr*, daneben die verdeutlichenden Zusammensetzungen ahd. *ūrohso* (um 1100) und *ūr(h)rind* (10. Jh.). Die Herkunft von germ. **ūr-* ist nicht mit Sicherheit anzugeben. Wahrscheinlichkeit ist von einer ursprünglichen Bedeutung 'Befeuchter, Besamer' auszugehen und Verwandtschaft mit anord. *ūr* 'Feuchtigkeit, Regen', lat. *ūrīna* 'Harn', aind. *várṣati* 'regnet' (und wohl auch 'stößt Samen aus'), *vŕ̥ṣā* 'Mann, männliches Tier (Stier, Roß u. a.)', *vr̥ṣabhá-* 'Mann, Stier, Besamer' anzunehmen. Die zugrundeliegende Wurzelerweiterung mit Liquida ie. **aur-, *u̯ĕr-, *ūr-* 'Wasser, Regen, Fluß' führt auf die gleiche Wurzel ie. **au-* 'benetzen, befeuchten, fließen' wie die unter *Wasser* (s. d.) dargestellte Dentalerweiterung ie. **aud-, *u̯ed-, *ŭd-*. Im 18. Jh. wird *Ur* neben *Auerochse* wieder ins Nhd. aufgenommen, erscheint zunächst in poetischer Sprache (Klopstock) und geht im 19. Jh. in den allgemeinen Sprachgebrauch über.

auf Präp. und Adv.; bezeichnet als Präposition die Lage an der Oberfläche eines Gegenstandes oder die Richtung zur Oberfläche hin, als Adverb 'aufwärts, nach oben' ist es heute meist Bestandteil trennbarer Verben; verwandt mit *ob* (Präp.), *offen, über* (s. d.). Ahd. mhd. *ūf* mit langem Vokal, zunächst nur auf obd. Gebiet nachweisbar, liegen der diphthongierten nhd. Form zugrunde; doch bieten ahd. und mhd. Zeugnisse auch *uf* mit der allen nordischen und nordwestgerm. Sprachen eigenen Vokalkürze. Germ. Entsprechungen sind asächs. *up(p)*, aengl. *ūp, upp*, anord. schwed. *upp*, dän. *op*, got. (mit Hochstufe) *iup* Adv. 'aufwärts', mnd. *up, uppe*, mnl. *op(p)e, up(pe)*, nl. *op*, engl. *up* Präp. Adv. 'auf, aufwärts'. Die gemeingerm. Partikel steht im Zusammenhang mit aind. *úpa* 'gegen, hin, zu', griech. *hypó, hýpo* (*ὑπό, ὕπο*), lat. *sub* 'unter, unten an etw. heran', aslaw. *vysokъ*, russ. *vysókij* (*высокий*) 'hoch' und läßt sich auf ie. **upo, *up, *eup* 'unten an etw. heran', dann '(von unten) hinauf, über' zurückführen.

Aufenthalt m. 'das Bleiben, Verweilen', auch 'der Ort des Verweilens'. Mhd. *ūfenthalt* 'Aufenthalt, Bleibe, Aufrechterhaltung' ist eine Erweiterung des bedeutungsverwandten mhd. *enthalt* 'das Verweilen, Aufenthalt, Stillstand, Ende', das zum Verb mhd. *enthalten* 'stillhalten, jmdn. unterhalten, schützend aufnehmen' (im jüngeren Nhd. nur noch 'in sich, zum Inhalt haben' und refl. 'sich zurückhalten'; zur Herleitung s. *halten*) gebildet ist. Das präfigierte Substantiv mhd. *ūfenthalt* schließt sich an die Fügung mhd. *ūf enthalten* 'zurückhalten, behalten, aufrecht halten, jmdm. Unterhalt gewähren' an, aus der sich nhd. *aufenthalten* entwickelt, das bis ins 17. Jh., vereinzelt noch im 18. Jh. vorkommt, dann aber von gleichbed. *aufhalten* (aus mhd. *ūf halten*, wozu auch mhd. *ūfhalt* in gleichem Sinne wie *ūfenthalt*) verdrängt wird.

aufgedunsen Part.ajd. 'geschwollen, aufgetrieben' ist eine verdeutlichende Erweiterung des ebenfalls noch gebräuchlichen gleichbed. *gedunsen*. Dieses gehört als Part. Prät. zum Verb ahd. *thinsan* (9. Jh.; *githinsan*, 8. Jh.), mhd. frühnhd. *dinsen* 'ziehen, schleppen', das im Nhd., abgesehen von vereinzelten mundartlichen Vorkommen im Hessischen, untergegangen ist. Ein präfigiertes *aufdinsen, aufdunsen* ist nur sehr schwach für das 15. bis 18. Jh. bezeugt. Das Part.adj. schließt sich in seiner Bedeutung an die refl. Verwendung mhd. *sich dinsen* 'sich ausdehnen' an. Eine germ. Entsprechung zu ahd. *thinsan* liegt in got. *atþinsan* 'heranziehen' vor. Für beide ist ie. **tens-* vorauszusetzen, auf das sich auch lit. *tę̃sti* 'durch Ziehen dehnen, recken, spannen, zögern' und der Verbalstamm aind. *taṁs-* 'bewegen, hin und her ziehen' zurückführen lassen. Es handelt sich dabei wohl um eine Weiterbildung der Wurzel ie. **ten-* 'dehnen, ziehen, spannen', auf der *dehnen* (s. d.) beruht.

aufklären Vb. 'jmdm. Kenntnisse und dadurch tiefere Einsicht vermitteln', auch 'einen Sachverhalt erkunden und klären'. Mnd. *upklāren* 'hell werden, aufstrahlen' (vgl. nl. *opklaren*, dän. *opklare*, schwed. *klara upp* 'aufklären'), abgeleitet vom Adjektiv *klar* (s. d.), gelangt, wohl über die Seemannssprache, um 1600 als *aufklaren* 'freundlich werden, sich aufhellen' (vom Wetter) ins Hd.; daneben setzt sich Mitte des 17. Jhs. die durch *klären* (s. d.) gestützte Form *aufklären* durch, die in refl. Verwendung den Sinn von *aufklaren* bis heute bewahrt, sonst aber ein Aufheitern des Gemütes oder (verbreitet seit der 1. Hälfte des 18. Jhs.) ein Erhellen des Verstandes bezeichnet; geläufig namentlich als Part. Prät. *aufgeklärt* 'vorurteilsfrei, nach Bildung strebend' (in Fügungen wie *aufgeklärte Zeiten, aufgeklärter Geist, Verstand*). Neuere spezielle Anwendungsweisen von *aufklären* sind 'politisches Wissen vermitteln' (in der Arbeiterbewegung seit Ende des 19. Jhs.), 'militärische Erkundungen durchführen' (19. Jh., entsprechend frz. *éclairer*) und 'mit Fragen der Sexualität bekannt machen' (20. Jh.). – Aufklärung f. 'Belehrung, Wissensvermittlung, Erkundung'. Das Verbalsubstantiv, das bis in die Gegenwart allgemein entsprechend den verschiedenen Bedeutungen von *aufklären* gebräuchlich ist, läßt sich vereinzelt seit Ende des 17. Jhs. nachweisen. Um 1770 rückt es ins Zentrum der geistigen Auseinandersetzung als zusammenfassende Bezeichnung für die aus dem Emanzipationsprozeß des progressiven Bürgertums erwachsende, gegen Feudalabsolutismus und Kirche gerichtete komplexe ideologisch-literarische Bewegung jener Epoche, die in Deutschland um die Wende zum 18. Jh., in England und Frankreich schon im 17. Jh. einsetzt (vgl. frz. *les lumières* und jüngeres engl. *enlightenment*). Aufklärer m. 'Vertreter der Aufklärungsbewegung' (70er Jahre 18. Jh.), als militärischer Terminus 'Kundschafter' (19. Jh.), 'Erkundungsflugzeug' (Anfang 20. Jh.). aufklärerisch Adj. 'der Aufklärungsbewegung verbunden' (19. Jh.).

Aufruhr m. 'Erhebung, Empörung', überhaupt 'heftige Erregung' (vgl. nl. *oproer*, engl. *uproar* in derselben Bedeutung), ein Kompositum zu ahd. *(h)ruora* f., mhd, *ruor(e)* f. 'eilige, heftige Bewegung' (s. *Ruhr*), das seinerseits zu ahd. *(h)ruoren*, mhd. *rüeren, ruoren* 'bewegen, anrühren' (s. *rühren*) gehört, ist seit der Mitte des 15. Jhs. in hd. Texten, im 14. Jh. bereits in mnd. *uprōr* nachweisbar. Im Hd. bewahrt die Zusammensetzung das feminine Genus des Grundwortes noch bis ins 18. Jh., daneben kommt die Verwendung als Maskulinum in der 1. Hälfte des 16. Jhs. auf. – Aufrührer m. 'Empörer, Rebell' (Ende 15. Jh.). aufrührerisch Adj. 'einen Aufruhr hervorrufend, empörerisch', abgeleitet von *Aufrührer*, löst zu Beginn des 18. Jhs. die älteren Bildungen *aufrührig* (Ende 15. Jh.) und *aufrührisch* (16. Jh.) ab und ist vereinzelt neben diesen schon im 16. Jh. bezeugt.

aufsässig Adj. 'den Gehorsam verweigernd, widerspenstig'. Die heutige Lautgestalt ist vom 16. bis zum 18. Jh. nur vereinzelt bezeugt, wird von Adelung und Campe abgelehnt, von Goethe aber verwendet und findet im 19. Jh. allgemeine Verbreitung. Sie läßt sich wie *ansässig* (s. d.) auf *sitzen* (s. d.) zurückführen (vgl. auch den Gebrauch von *aufgesessen*, dem Part. Prät. von *aufsitzen*, in der Bedeutung 'feindlich gesinnt' im älteren Nhd.) und zeigt wie die in der Bildungsweise entsprechenden, im Nhd. aber untergegangenen Ableitungen mhd. *sāʒe* 'Sitz, Wohnsitz, Hinterhalt', *widersāʒe* 'Widerstand' und *widersæʒe, widersæʒic* 'widersetzlich' die Ablautstufe des Plur. Prät. dieses Verbs, jedoch mit verkürztem Vokal. Der Vorgänger des Adjektivs ist mhd. *ūfsetzic* 'feindlich gesinnt, hinterlistig', das wie mhd. *ūfsaz* 'Festsetzung, Vorsatz, Hinterlist' zu mhd. *setzen* 'setzen, stellen, legen' (s. *setzen*) gehört, namentlich in der Fügung *ūf setzen* im Sinne von 'feindselig behandeln' (so noch veraltetes nhd. *aufsetzen* 'nachstellen, verleiten'), und als gleichbed. nhd. *aufsätzig, aufsetzig*, vor allem in der Wendung *jmdm. aufsätzig sein*, bis ins 19. Jh. fortlebt.

aufschneiden Vb. 'durch Schneiden öffnen oder vollkommen in Stücke aufteilen', spätmhd. *ūfsnīden* 'durch Schneiden öffnen' (zur Herkunft s. *schneiden*), im 16. Jh. auch 'die Speisen, bes. Brot und Fleisch, bei Tisch mit dem Messer in Stücke zerlegen'. Hierauf beruht wahrscheinlich die seit Anfang des 17. Jhs. allgemein gebräuchliche Übertragung 'sich mit Lügen und Übertreibungen Ansehen zu verschaffen suchen, prahlen' (eigentl. 'großzügig und reichlich Unwahrheiten auftischen'?), wie namentlich die im 17. Jh. mehrfach belegte bildhafte Wendung *mit dem großen Messer aufschneiden* vermuten läßt. – Aufschneider m. 'wer etw. aufschneidet' (16. Jh.), 'Wichtigtuer, Prahler' (Mitte 17. Jh.). Aufschneiderei f. 'Wichtigtuerei, Prahlerei' (17. Jh.).

aufwiegeln Vb. 'in Erregung versetzen, zur Auflehnung anreizen'. Das seit dem Ende des 15. Jhs. nachweisbare präfigierte Verb gehört zu mhd. *wigelen* 'wanken', einer Intensivbildung zu ahd. *wegan*, mhd. *wegen* 'in Bewegung (ver)setzen, wiegen, wägen' (s. *wägen, bewegen*). Im Frühnhd. herrscht, da einfaches *wiegeln* kaum noch gebräuchlich ist, Unsicherheit über Lautung und Schreibung, und es stellt sich im Sprachbewußtsein eine Verbindung zu *wickeln* (s. d.) her, wie die im 16. und 17. Jh. verbreitete graphische Variante *aufwickeln* zeigt. Gleichen Alters wie das Verb ist das Nomen agentis Aufwiegler m. 'wer andere aufwiegelt, Aufrührer'. – abwiegeln Vb. 'die Erregung dämpfen, einer Auflehnung entgegenwirken, beschwichtigen' kommt zusammen mit Abwiegler m. Mitte des 19. Jhs. als Gegenwort zu *aufwiegeln* bzw. *Aufwiegler* in Gebrauch.

Auge n. Organ des Gesichtssinnes. Ahd. *ouga* (8. Jh.), mhd. *ouge* stimmt mit asächs. *ōga*, mnd. *ōge*, mnl. *ōghe*, nl. *oog*, aengl. *ēage*, (angl.) *ēge*, engl. *eye*, anord. *auga*, schwed. *öga*, dän. *øje*, got. *augō* überein. Die Herleitung von germ. **augan-* aus ie. **oku̯-* 'sehen, Auge', das sich aus aind. *ákṣi*, griech. *ómma* (ὄμμα), Dual *ósse* (ὄσσε), lat. *oculus* (s. *Okular*), aslaw. *oko*, russ. (älter) *óko* (око), lit. *akìs* 'Auge' erschließen läßt, ist durch die germ. Lautgestalt erschwert, wird aber doch für wahrscheinlich gehalten. Allgemein nimmt man an, daß der Vokal eines regulär entwickelten germ. **agw-* (dieses z. B. noch in ahd. *awizoraht* 'augenscheinlich', um 800, *acsiunī* 'äußere Erscheinung', 9. Jh.) unter dem Einfluß von germ. **auzan-* 'Ohr', vgl. ahd. *ōra* und (mit grammatischem Wechsel) got. *ausō* (s. *Ohr*), umgebildet wurde. Vielleicht hat dabei auch Ausgleich zwischen verschiedenen Flexionsformen eine Rolle gespielt; vgl. Feist [3]64. – Augapfel m. 'kugelförmiger Sehkörper des Auges', ahd. *ougaphul* (Hs. 12. Jh.), mhd. *ougapfel*; die durch Ähnlichkeit mit der runden Frucht motivierte übertragene Verwendung von *Apfel* (s. d.) ebenfalls in aengl. *ēagæppel*, mnl. *ōgheappel*, nl. *oogappel*. Gleichbed. anord. *augasteinn*, schwed. *ögonsten*, engl. *eyeball* oder frz. *globe de l'œil* gehen von ähnlichen Vorstellungen aus. äugeln Vb. 'jmdm. bedeutungsvolle Blicke zuwerfen', als Ausdruck des Gartenbaus 'okulieren'. Mhd. *öugeln*, wohl zur Deminutivform *öugel* von mhd. *ouge* 'Auge' gebildet, heißt zunächst 'mit Augen versehen' (so Part. Prät. *geöugelt* mit Bezug auf Pfauenfedern, Mitte 14. Jh.). Die Bedeutung 'verliebte Blicke tauschen', mhd. nur durch den substantivierten Infinitiv *daʒ öugeln* belegt (daneben steht mnd. *ōgelen* 'äugeln, schmeicheln'), findet sich seit dem 16. und häufiger vom 18. Jh. an. Im 16. Jh. verbreiteter als das einfache Verb ist gleichbed. *liebäugeln*, wie älteres *liebkosen* (s. *kosen*) als Zusammenrükkung entstanden und heute vorwiegend in übertragenem Sinne 'mit dem Gedanken an etw. spielen' geläufig. Die Verwendung von *äugeln* für das schon dem mittelalterlichen Weinbau bekannte Veredelungsverfahren, die dem übertragenen Gebrauch von *Auge* für 'Knospe' folgt, wird im 17. Jh. üblich. äugen Vb. 'blicken', bes. in der Jägersprache von Tieren. Ahd. *ougen* (8. Jh.), mhd. *ougen, öugen* bedeutet 'vor Augen bringen, zeigen' (s. *ereignen*; außerdem ist ein ahd. *ougen* 'Knospen ansetzen', um 1000, bezeugt), daneben mnd. *ōgen* auch 'sehen, schauen'; in diesem Sinne im älteren Nhd. selten, seit Anfang des 19. Jhs. öfter vorkommend, namentlich als Jagdausdruck.

August m. Name des achten Monats im Kalenderjahr, entlehnt aus gleichbed. lat. *(mēnsis) Augustus*, dem mit dem Beinamen Kaiser Oktavians bezeichneten Monat (*Augustus* 'der Heilige, Erlauchte, Erhabene'), ahd. *ougusto, agusto* (8. Jh.), mhd. *ougest(e), ougst(e), oust(e)*, auch *ouwest*, mnd. *o(u)west, au(g)st*, mnl. *oest, oust, hougst*, nl. *augustus*. Formvarianten, bes. *Augst* und *Aust* (z. T. mit der Bedeutung 'Ernte'), finden sich im Frühnhd. und vereinzelt bis ins 18. Jh. Erst dann setzt sich *August* literatursprachlich allgemein durch. Das unter Karl dem Großen empfohlene ahd. *aranmānōd* 'Erntemonat', mhd. (vereinzelt) *arnmānōt*, vermag sich ebensowenig wie Zesens Vorschlag *Erndmahnd* (1648) zu behaupten. Lateinische Flexion bleibt lange wirksam und zeigt sich bes. in Datumsangaben wie *am 16. Augusti, im Augusto* (16./17. Jh.).

Auktion f. 'Versteigerung', entlehnt (16. Jh.) aus lat. *auctio* (Gen. *auctiōnis*) 'Vermehrung, Versteigerung', einem Nomen actionis zu lat. *augēre* (*auctum*) 'vergrößern, vermehren'. Zugrunde liegt der Gedanke, daß bei einer Auktion der Preis durch das Bieten immer höherer Summen vermehrt, vergrößert wird. – auktionieren Vb. 'versteigern, eine Auktion abhalten' (2. Hälfte 17. Jh.) und Auktionator m. 'Ausrufer bei einer

Auktion, Versteigerer' (Mitte 18. Jh.; *Auktionierer*, 2. Hälfte 17. Jh.), aus gleichbed. lat. *auctiōnārī* bzw. spätlat. *auctiōnātor.*

Aula f. 'Fest- und Versammlungssaal in Schulen und Hochschulen' (17. Jh.), älter 'fürstliche Macht, Hofstaat' (Mitte 16. Jh.), Übernahme von lat. *aula* 'Innenhof des Hauses, Halle, Haus', auch 'Palast, Schloß, Residenz'. Zugrunde liegt griech. *aulḗ* (*αὐλή*) 'Platz vor der Wohnung, Vorhof' (d. i. zugleich der Versammlungsort der Familie).

Aurikel f. in den Alpen heimische Primel, die seit dem 16. Jh. als Gartenpflanze gezogen wird. Das Deminutivum lat. *auricula* 'Öhrchen' (zu *auris* 'Ohr') ist im Mlat. der Name mehrerer Pflanzen, die an ein Ohr erinnernde Teile aufweisen. Heute gilt der Name vornehmlich, gefestigt durch Linnés Benennung *Primula auricula*, für die hier genannte Primel, deren Blätter mit einem Bärenohr verglichen werden. Die lat. Endung wird im 18. Jh. aufgegeben.

aus Präp. und Adv.; bezeichnet in beiden Wortarten die Richtung von innen nach außen, als Adverb auch ein Aufhören, Beenden; verwandt mit *außen* und *außer* (s. d.). Ahd. (8. Jh.), mhd. *ūȝ* sowie mnd. *ūt*, mnl. *uut*, *ūte*, nl. *uit* haben im Unterschied zu asächs. aengl. *ūt*, engl. *out* zu den Entsprechungen im Ost- und Nordgerm. (got. anord. *ūt*, schwed. *ut*, dän. *ud*) und in anderen ie. Sprachen nicht nur adverbielle, sondern auch präpositionale Funktion. Im Nhd. tritt das selbständige Adverb deutlich zurück und lebt vorwiegend als erstes Glied trennbarer Verben weiter. Vergleichbare außergerm. Vertreter derselben Sippe, die auf ie. **ŭd-* 'empor, hinauf', dann auch 'hinaus' zurückgeht, sind aind. *út* 'auf, aus', lit. *ūž-*, *úž-* (Präfix) 'auf-, hinauf-, zu-' und die Komparative aind. *úttaraḥ* 'der obere, höhere, nördliche', griech. *hýsteros* (*ὕστερος*) 'der spätere, hintere', wahrscheinlich auch griech. (kyprisch) *y* (*ὐ*) 'auf' und das Präfix griech. *hý-* (*ὑ-*) in *hýbris* (*ὕβρις*) 'Hochmut'. Ursprünglich weisen die germ. Sprachen außerdem eine Präposition mit der Bedeutung 'aus' auf, die in got. *us*, anord. *ōr*, ahd. *ur* (nur 8./9. Jh.) und in den Präfixen ahd. *ur-*, *ar-*, *ir-*, mhd. nhd. *ur-*, *er-* (s. d. sowie *Urlaub, erlauben*) bezeugt ist und vielleicht (wie wohl auch lat. *ūsque* 'in einem fort') auf einer Weiterbildung **ŭds* der Wurzel ie. **ŭd-* beruht. Zu dieser Präposition wird das Adverb germ. **ūt* zunächst als Verdeutlichung hinzugefügt (z. B. got. *ūt us* 'hinaus aus') und nimmt im Dt. und Nl. dann selbst präpositionalen Charakter an (s. oben). – A u s n. 'Raum außerhalb des Spielfelds' (bei Ballspielen), in der Sportsprache Anfang des 20. Jhs. eingeführte Verdeutschung von gleichbed. engl. *out.*

ausbaldowern Vb. 'auskundschaften'. Hebr. *baʿal-dāwār* 'Herr des Wortes, der Sache', mittelalterlicher Euphemismus für 'Teufel', dringt über jidd. *baldṓwer* 'der in Rede Stehende, der Betreffende' mit der Bedeutung 'Kundschafter' in die Gaunersprache ein. Das in diesem Jargon davon abgeleitete Verb gelangt im 19. Jh. in die Umgangssprache, vor allem in das Berlinische; literarisch bezeugt bei Fontane.

ausbeuten Vb. 'ausschöpfen, Nutzen ziehen, durch Aneignung fremder Arbeit Profit erzielen'. Das Präfixverb (zur Etymologie s. *Beute*) begegnet im 15./16. Jh. als Ausdruck des Kriegswesens im Sinne von 'erbeuten, Beute machen', auch 'Beute, Gewinn verteilen'. Daraus entwickelt sich die Bedeutung 'Gewinn, Nutzen ziehen, ausschöpfen'; sie zielt zunächst auf Naturschätze jeder Art, gilt aber auch für das ertragreiche Ausschöpfen materieller und geistiger Werte. Im Anschluß an den marxistischen Terminus *Ausbeutung* (s. unten) wird *ausbeuten* der verbale Ausdruck für das ökonomische Verhältnis zwischen Kapitalisten und den besitzlosen Lohnarbeitern (1. Hälfte 19. Jh.) – A u s b e u t e f. 'Kriegsbeute, Ertrag, Gewinn' (16. Jh.). A u s b e u t u n g f. 'das Beutemachen, Verteilen der Kriegsbeute' (16. Jh.), danach 'Ausschöpfung, ertragreiche Nutzung'. Gleichbed. frz. *exploitation* wird in die Saint-Simonistische Ausbeutungstheorie übernommen und bezeichnet die 'Ausnutzung der besitzlosen arbeitenden Klasse durch eine Minderheit von Eigentümern an Arbeitsmitteln' (vgl. die Wendung *l'exploitation de l'homme par l'homme*). Mit diesem Wortinhalt wird frz. engl. *exploitation* zu einem geläufigen Ausdruck der frz. und engl. utopischen Sozialisten. Das Femdwort *Exploitation* übernehmen Marx und Engels in ihre ökonomischen Schriften; es wird seit Engels' „Die Lage der arbeitenden Klasse in England" (1845) zunehmend mit seinem dt. Äquivalent *Ausbeutung* wiedergegeben. Im Zusammenhang mit der

Annahme eines Mehrwertes entwickeln Marx und Engels *Ausbeutung* zu einem zentralen Terminus der marxistischen Gesellschaftstheorie und bestimmen ihn als 'Aneignung unbezahlter fremder Arbeit (des Mehrprodukts) durch die Eigentümer der Produktionsmittel' in der antagonistischen Klassengesellschaft.

Ausbund m. 'das Beste, der Inbegriff seiner Art'. Nach Frühbelegen gegen Ende des 15. Jhs., denen *ausbündig* Adj. 'vortrefflich, vorzüglich' (mnd. *ūtbundich*) voraufgeht, wird es zu einem vielgebrauchten Wort des 16./17. Jhs. *Ausbund* ist etwas sichtbar 'Herausgebundenes' und daher 'Hervorragendes'. Eine Herleitung aus der Kaufmannssprache, die J. GRIMM [1]DWB 1, 841 vermutet, ist nicht erweisbar.

ausmergeln Vb. 'entkräften, auszehren'. Kaum zu *mergeln* 'mit Mergel düngen', da schon die frühesten Belege in Vokabularien (Ende 15. Jh.) im Sinne von 'Mark, Kraft entziehen, auslaugen' auf Menschen und Tiere bezogen werden. Das Verb ist vielmehr als präfigierte Ableitung von mhd. *marc* 'das Innere, Kraft' (s. *Mark* n.) anzusehen. Beeinflussung von lat. *marcor* 'Trägheit, Schlappheit', *marcidus* 'matt, entkräftet' ist denkbar, aber nicht zwingend. Aus dem Dt. entlehnt nl. *uitmergelen*.

ausmerzen Vb. 'aussondern, tilgen, vernichten', auch in der speziellen Verwendung 'untaugliche Schafe aussondern'. Herkunft ungewiß. Als mögliche Erklärungen gelten: Präfixbildung zu mhd. *merzen* 'Handel treiben' (aus lat. *merx* 'Ware'), eigentl. 'aus dem Handel ziehen'; Ableitung von *März*, da in manchen Gegenden in diesem Monat zur Aufzucht ungeeignete Schafe ausgeschieden wurden; aus einer Iterativbildung **merksen* (zu *merken*) 'kennzeichnen', Auszusonderndes 'markieren' (vgl. engl. *to mark out* 'bestimmen, ausersehen'). Am besten nach v. NIMWEGEN (vgl. die Glosse *uzermarcete* 'exterminavit', 13. Jh.) 'aus der Mark schaffen, vertreiben', zu [1]*Mark*, s. d.

Auspizien Plur., A u s p i z i u m n. (Sing. selten) 'Vorzeichen, Aussicht, Obhut'. Lat. *auspicium*, abgeleitet von lat. *auspex* 'Vogelschauer' (aus **avispeks*, zusammengesetzt aus lat. *avis* 'Vogel' und dem Wurzelnomen zu *specere* 'sehen', s. *spähen*), ist die 'Beobachtung und weissagende Deutung des Vogelflugs', auch das 'Recht der Vogelschau'. Mit den daraus entstehenden Bedeutungen 'Vorzeichen' und 'Oberbefehl' wird in der 2. Hälfte des 18. Jhs. der Plural des Wortes unter Eindeutschung der Endung übernommen. Frühere Belege (16./17. Jh.) zeigen lat. Lautgestaltung und beziehen sich auf die kultische Handlung der 'Vogelschau' im alten Rom.

auspowern Vb. 'aubeuten, aussaugen'. Zum Adjektiv *power*, früher auch *pover, powerig* 'ärmlich, dürftig, elend', das dt. Lautwerten angeglichenes frz. *pauvre* 'arm' (aus lat. *pauper*) wiedergibt (18. Jh.), wird in der 2. Hälfte des 19. Jhs. das Verb *auspovern* hinzugebildet.

ausrotten Vb. 'vertilgen, vernichten'. Mit *ausroden* ablautende Nebenform zu *ausreuten*, mhd. *ūʒriuten* 'Bäume, Wurzelstöcke ausreißen, urbar machen'. Zur Herkunft s. *roden*. Die Präfixbildung erscheint zuerst in *ausrutten* (bair., 15. Jh.), später vornehmlich im Md. (zu Beginn des 16. Jhs., oft bei Luther) *ausrotten* 'ausreißen' und (metaphorisch) 'vernichten'. Danach begegnet *ausrotten* überwiegend mit übertragener Bedeutung; der konkrete Gebrauch verliert sich im 18. Jh. und bleibt schließlich allein mit *(aus)roden* verbunden.

aussätzig Adj. 'mit Aussatz behaftet, leprakrank', mhd. *ūʒsetzic* (12. Jh.); vgl. ahd. *ūʒsāzo, ūʒsaʒʒ(e)o* 'Aussätziger' (8. Jh.), mhd. *ūʒsetze*, eine ablautende Präfixbildung zu dem unter *(aus)setzen* (s. d.) behandelten Verb, da der Leprakranke auf Grund seiner Krankheit außerhalb der menschlichen Gesellschaft ('ausgesetzt, abgesondert') leben mußte. – A u s s a t z m. 'Lepra', mhd. *ūʒsaz* (13. Jh.), rückgebildet von ahd. *ūʒsāzo*, mhd. *ūʒsetze* bzw. dem Adjektiv mhd. *ūʒsetzic* (s. oben).

Ausschuß m. 'aus einer größeren Gemeinschaft ausgewählter Personenkreis zur Lösung besonderer Aufgaben, Kommission, fehlerhafte und dadurch unbrauchbare Ware', spätmhd. *ūʒschuʒ* ist nach dem heute vorwiegend in verschiedenen Fachsprachen erhaltenen Verb *ausschießen* gebildet, vgl. ahd. *ūʒskioʒan* 'hervorragen' (9. Jh.), mhd. *ūʒschieʒen* 'hervortreiben, sprießen, aussondern, ausschließen' (zur Herkunft s. *schießen* und *Schuß*). Danach bezeichnet *Ausschuß* einen 'ausgewählten Personenkreis', eine 'Kommission von Beratenden'. Im Anschluß an *ausschie-*

ßen 'schlechte Ware aussondern' kann *Ausschuß* für 'auszusondernde, fehlerhafte Ware' zuerst Mitte des 15. Jhs., danach aber nur noch selten nachgewiesen werden; geläufig wird dieser Gebrauch erst im 18. Jh. Das 17. Jh. versteht unter *Ausschuß* oft eine 'ausgewählte Mannschaft', eine 'Elitetruppe'; doch schon Anfang des 18. Jhs. wird diese Bedeutung in 'minderwertige Hilfstruppe' umgewandelt. Die pejorative Entwicklung kann zur Verbreitung von *Ausschuß* für 'minderwertige Ware' beigetragen haben.

außen Adv. 'an der Außenseite, außerhalb'. Das gemeingerm. Wort ahd. *ūʒan, ūʒana* (8. Jh.), mhd. *ūʒen*, asächs. *ūtan(a)*, aengl. *ūtan(e)*, anord. *ūtan*, schwed. *utan*, got. *ūtana*, im allgemeinen sowohl adverbiell wie präpositional, gelegentlich auch konjunktional gebraucht, ist eine Weiterbildung von germ. **ūt* (s. *aus*) mit Hilfe des Suffixes *-ana*, das ursprünglich die Richtung woher? bezeichnet ('von außen'), aber wie andere Ortsadverbien dieser Art (z. B. *oben*, s. d.) sehr bald (im vorliegenden Fall schon im Got.) auch auf die Frage wo? antwortet ('außen'), zuweilen sogar auf die Frage wohin? ('nach außen'). Nhd. *außen* hat den präpositionalen Gebrauch ganz aufgegeben und wird in adverbieller Verwendung weitgehend durch *draußen* (ahd. *thār ūʒan*, 9. Jh., frühnhd. *draussen, daraussen*) ersetzt. *außen* erscheint heute nur noch in der oben angegebenen Bedeutung als Antonym zu *innen* (s. d.) und in Verbindung mit den Präpositionen *von* und *nach*. Häufig in substantivischen Zusammensetzungen. – A u ß e n s e i t e r m. 'wer am Rande oder außerhalb einer bestimmten sozialen Gruppe, einer Berufsgruppe lebt, mit ihren Gepflogenheiten nicht vertraut ist, seine eigenen Wege geht'. Engl. *outsider* (zu *outside* 'Außenseite, Außen-, außerhalb') wird gegen Ende des 19. Jhs. (vereinzelt schon früher, vgl. Stiven Engl. Einfluß, 1936, 137) in die Wirtschafts-, Börsen- und Sportsprache übernommen, bezeichnet zunächst das 'Nichtmitglied' kartellartiger Verbände, der Börse, eines Tattersalls, auf dem Gebiet des Rennsports ein 'Pferd, dem man keine Gewinnchancen zuspricht'. Seit der Jahrhundertwende wird es zunehmend in allgemeinem Sinn gebraucht (s. oben), den das Engl. schon während des 19. Jhs. entwickelt. Zu Beginn des 20. Jhs. kommt die Wiedergabe *Außenseiter* auf, die engl. *outsider* in dt. Texten weitgehend verdrängt.

außer Präp. 'außerhalb, abgesehen von', Konj. 'ausgenommen'. *außer* geht ebenso wie *außen* (s. d.) auf eine Weiterbildung von germ. **ūt* (s. *aus*) zurück (s. *äußer*), die in einigen germ. Sprachen, zum Teil nur noch in komponierter bzw. abgeleiteter Form, als Präposition, Konjunktion oder, ihrer ursprünglichen Bildung gemäß, als Adverb auftritt, ahd. *ūʒar* Präp. 'aus, aus... heraus, außerhalb, ohne', Konj. 'aber, ausgenommen' (8. Jh.), mhd. *ūʒer* Präp. 'aus, aus... heraus, aus... hinaus, außerhalb, ohne', asächs. *farūtar* Präp. 'ohne', anord. *ūtarliga* Adv. 'außerhalb, weit draußen'. Im präpositionalen Gebrauch von nhd. *außer* ist eine deutliche Verschiebung gegenüber dem älteren Deutsch eingetreten. Es kann ursprünglich, wie oben angegeben, rein lokal zur Bezeichnung der Ruhelage ('außerhalb') wie der Richtung ('aus, aus... heraus, aus... hinaus') gebraucht werden; heute ist eine lokale Verwendung nur noch in übertragenem Sinn möglich zur Bezeichnung eines Zustandes (*außer Atem, Gefahr, Zweifel*) und in formelhaften Wendungen (*außer Landes, Haus*). In rein lokaler Funktion ist *außer* im allgemeinen durch *außerhalb* (s. d.) ersetzt worden.

äußer Adj. 'außen liegend, nach außen in Erscheinung tretend', Superlativ *äußerst* 'am weitesten außen liegend, größt-, letztmöglich', ahd. *ūʒaro* (um 800), Superlativ *ūʒarōsto* (8. Jh.), mhd. *ūʒer*, auch *iuzer*, Superlativ *ūʒerste*. Zu ursprünglich adverbialem *außer* (s. d.) gehörendes Adjektiv, das wie *hinter, inner, ober, unter* (s. d.) heute nur mit Flexionsendung auftritt (*der äußere, ein äußerer*). Zur Bildungsweise des Adjektivs wie der zugrundeliegenden Lokalpartikel mit komparativischem *r*-Suffix s. *hinter* Adj. In der Zusammensetzung *außerhalb* (s. d.) hat sich die unumgelautete Form des Adjektivs bis ins Nhd. gehalten. Vgl. die germ. Parallelbildungen aostnfrk. *ūtero*, aengl. *ūter(r)a, ȳterra*, engl. *outer, utter*, anord. *ȳtri*, schwed. *yttre*. – ä u ß e r l i c h Adj. 'von außen gesehen, oberflächlich', mhd. *ūʒerlich*; Ä u ß e r l i c h k e i t f. 'Unwesentliches', mhd. *ūʒerlīcheit.*

außerhalb Adv. Präp. 'nicht in einem bestimmten Bereich, nicht innerhalb, draußen'. Zur Bildungsweise s. *-halb, halben*. Erstes Kompositionsglied ist das Adjektiv ahd.

ūʒaro, mhd. *ūʒer* (s. *äußer*). Die ahd. und mhd. Formen zeigen noch Reste der ursprünglichen Flexionsfähigkeit beider Teile dieser (aus einem Adjektiv und einem Substantiv erwachsenen) Verbindung, die wörtlich 'auf der äußeren Seite' bedeutet, ahd. *ūʒarhalb, ūʒarūnhalb* Präp. (um 1000), mhd. *ūʒerhalben, -halbe, -halp* Adv. Präp.

äußern Vb. 'zum Ausdruck bringen, aussprechen', refl. auch 'zum Ausdruck kommen, sich zeigen'. Im Mhd. steht neben den von den Adverbien *ūʒ* (s. *aus*) und *ūʒen* (s. *außen*) abgeleiteten Verben *ūʒen, iuʒen, ūʒenen, iuʒenen* bereits *ūʒern, iuʒern*, das seinerseits entweder zu ursprünglich adverbialem mhd. *ūʒer* (s. *außer*) oder zu adjektivischem mhd. *ūʒer* (s. *äußer*) gehört. Der Bedeutungsumfang des Verbs ist im Mittelalter (für die hd. Form wie für mnd. *ūteren*) und auch in frühnhd. Zeit erheblich größer als in der Gegenwart. Das Verb enthält in vielfacher, bes. rechtlicher Hinsicht die Vorstellung 'herausgeben', auch 'veräußern, bekanntgeben, ausweisen, ausschließen'. Reflexiv gebraucht meint es 'sich entledigen, entäußern, sich fortmachen'. Einige der genannten Verwendungsweisen leben in den Verben *veräußern, entäußern* (s. unten) weiter. Im 18. Jh. bedeutet *äußern* vornehmlich 'an sich sehen lassen, zeigen' (eigentl. 'nach außen treten lassen'). Diese Bedeutung ist seitdem, zumindest bei transitivem Gebrauch, ganz auf den mündlichen oder schriftlichen Ausdruck, (Gefühle und Meinungen) 'aussprechen', beschränkt. – Ä u ß e r u n g f. 'Bemerkung, sichtbares Zeichen, Ausdruck', mhd. *ūʒerunge* 'Äußerung, Rede, Entfernung, Ausweisung'. e n t ä u ß e r n Vb. refl. 'sich einer Sache begeben', mhd. *entiuʒern* refl., neben *entiuʒen, entūʒenen* (entsprechend den Nebenformen zum Simplex, s. oben). v e r ä u ß e r n Vb. 'Besitz verkaufen', mhd. *veriuʒern, verūʒern* 'veräußern, verkaufen', refl. 'sich nach außen kehren'.

ausstaffieren Vb. 'ausstatten, ausrüsten', meist 'mit Kleidung, Wäsche versehen', in der 2. Hälfte des 16. Jhs. aus mnd. nd. *ūtstofferen* (15. Jh.) ins Hd. aufgenommen. Der Präfixbildung geht älteres gleichbed. mnd. mnl. *stofferen*, mnd. auch *stafferen*, vorauf (daraus das heute unübliche nhd. *staffieren*, Anfang 16. Jh.), das aus gleichbed. afrz. *estofer* (frz. *étoffer*) entlehnt ist. Zur Etymologie s. *Stoff*. Zu *staffieren* gehört die mit französierender Endung *-age* gebildete Ableitung *Staffage* f. 'Ausschmückung, Beiwerk' (2. Hälfte 18. Jh.).

Auster f. eßbare Meeresmuschel, nd. *Uster* ist entlehnt (16. Jh.) aus mnl. nl. *oester*. Dieses beruht wie ahd. *aostor-* (in *aostorscala* 'Austernschale', 9. Jh.), mhd. *oster*, frühnhd. *oster, ostree* 'Muschel mit rauher Schale', aengl. *ostre*, afrz. *uistre*, frz. *huître* auf lat. *ostrea, ostreum*, griech. *óstreon* (*ὄστρεον*) 'Muschel, Auster'. Als Verwandte sind griech. *ostéon* (*ὀστέον*) 'Knochen', *óstrakon* (*ὄστρακον*) 'knöcherne, harte Schale', lat. *os* (Gen. *ossis*) 'Knochen' zu vergleichen, so daß der Name als 'Knochentier' (auf Grund der harten Schale) zu verstehen ist.

ausweisen Vb. 'zeigen, den Nachweis erbringen, aussagen, beweisen (nach dem Wortlaut von Schriftstücken), hinaustreiben, des Landes verweisen', mhd. *ūʒwīsen*; vgl. ahd. *ūʒwīsen* 'herausrufen' (Hs. 13. Jh.); refl. 'sich legitimieren' (18. Jh.). Zur Herkunft s. *weisen*. – A u s w e i s u n g f. 'Nachweis', mhd. *ūʒwīsunge*; 'Austreibung, Landesverweis' (19. Jh.). A u s w e i s m. 'Nachweis, Beweis, deutliche Anzeige' (um 1600), auch 'schriftliche Auskunft über eine Person' (17. Jh.), danach 'amtliches Dokument mit Angaben zur Person als Legitimationsurkunde' (Anfang 19. Jh.).

Autarkie f. 'Zustand, in dem man keines anderen bedarf, Selbstgenügsamkeit', entlehnt (Anfang 19. Jh.) aus gleichbed. griech. *autárkeia* (*αὐτάρκεια*), dichterisch *autarkía* (*αὐταρκία*), einer Bildung zu griech. *autárkēs* (*αὐτάρκης*) 'sich selbst genügend, ausreichende Mittel besitzend, unabhängig', zu griech. *autós* (*αὐτός*) 'selbst, eigen' (s. *auto-*) und griech. *arkeīn* (*ἀρκεῖν*) 'abwehren, helfen, genügen, ausreichen'. In der Ökonomie bezeichnet *Autarkie* seit Anfang des 20. Jhs. die von manchen Staatsformen unter bestimmten Voraussetzungen angestrebte wirtschaftliche Unabhängigkeit ('Selbstgenügsamkeit') eines Landes, das alles, was es braucht, selbst erzeugt, um vom Handel mit dem Ausland unabhängig zu sein. Während der Weltwirtschaftskrise wird *Autarkie* (1931) zum politischen Schlagwort. Zur gleichen Zeit tritt auch die zugehörige Rückbildung a u t a r k Adj. 'sich selbst versorgend, auf niemanden angewiesen, wirtschaftlich unabhängig' auf.

authentisch Adj. 'von der maßgeblichen Instanz ausgehend, mitgeteilt'. Griech. *authéntēs* (αὐθέντης) m. bezeichnet in ältester Zeit den Mörder, genauer den Selbst- oder Verwandtenmörder, später den Herrn und Gebieter (daher türk. *efendi* 'Effendi', vermittelt durch die ngriech. Form des Vokativs ἀφέντη, gesprochen *aféndi*), aber auch den, der selbst eine Tat verübt, vollbringt, den Urheber einer Tat. Erstes Kompositionsglied ist griech. *autós* (αὐτός) 'selbst, eigen' (s. *auto-*). Die Deutung des zweiten ist umstritten; vermutlich sind hier verschiedene Wörter zusammengefallen, vgl. Kretschmer in: Glotta 3 (1912) 289ff. Das Zugehörigkeitsadjektiv griech. *authentikós* (αὐθεντικός) bedeutet seiner Bildung nach 'zum Urheber (einer Tat) in Beziehung stehend', daher (bes. von Schriften und Äußerungen) 'original, zuverlässig, maßgebend'. Spätlat. *authenticus* wird, wie das griech. Ursprungswort, zunächst vor allem auf Schriften und Schriftstücke bezogen (z. B. auf die 'eigenhändige, urschriftliche' Fassung im Gegensatz zur Kopie), erweitert dann aber seinen Anwendungsbereich, so daß das Adjektiv im Mlat. sowohl 'original, echt, zuverlässig' als auch 'anerkannt, rechtmäßig, verbindlich' bedeutet. In diesen Verwendungen erscheint *authentisch* seit dem 16. Jh. im Dt.; im 18. Jh. existiert daneben die frz. Form *authentique*. – Authentizität f. (Mitte 18. Jh.), vgl. frz. *authenticité*.

Auto, Automobil n. durch Motorkraft betriebenes, geschlossenes Straßenfahrzeug zur individuellen Personenbeförderung. Nach dem Vorbild des anfangs gleichbed. frz. *locomobile* (zu lat. *locus* 'Ort, Platz, Stelle', s. *Lokomotive*) entsteht in den 60er Jahren des vorigen Jhs. das Adjektiv frz. *automobile*; vgl. Lerch in: Studia Neophilologica 12 (1939/40) 210ff., dazu Grand Larousse de la langue française 1 (1971) 324. Das Element *auto-* 'selbst' ist griech. Ursprungs (s. *auto-*), das zweite Kompositionsglied, frz. *mobile* 'beweglich', geht auf gleichbed. lat. *mōbilis* zurück (s. *mobil*). Wie *locomobile* dient frz. *automobile* zunächst zur Bezeichnung von Fahrzeugen, die nicht von Pferden gezogen werden, sondern sich 'von selbst' bewegen. So meint frz. *voiture automobile* 'automobiler Wagen' 1875/76 eine mit Preßluft betriebene Straßenbahn; zur Bezeichnung des Autos setzt diese Wortverbindung sich erst seit Mitte der 90er Jahre durch. Danach erscheint zunehmend die einfache, substantivierte Form *automobile* f., bald auch m. Der frz. Plural *Automobiles* begegnet bereits 1893 in einem dt., frz. Verhältnisse schildernden Text, desgleichen *Automobilfahrer, Automobilist*. Die eigentliche Aufnahme ins Dt. erfolgt erst Ende der 90er Jahre, sowohl für das Adjektiv (*automobile Fahrzeuge*) wie für das Substantiv (*Automobil*). Dies ist nach frz. Vorbild zunächst Femininum, wird unter dem Einfluß der Kurzform *Auto* jedoch rasch zum Neutrum. Die zu Beginn des 20 Jhs. in Umlauf kommende Kurzform, die dem Dt. ebenso geläufig ist wie dem Frz., verdrängt das Kompositum nahezu völlig. Es hält sich nur in einigen Zusammensetzungen (z. B. *Automobilindustrie*). Das neutrale Genus von *Auto* entspricht dem anderer Kurzwörter fremden Ursprungs auf *-o* (*Kilo, Piano*).

auto- 'selbst-'. Griech. *autós* (αὐτός) 'selbst, eigen' erscheint in der Form *auto-* (αὐτο-) bzw. (vor Vokalen und *h*) *aut-* (αὐτ-) als erstes Kompositionsglied in zahlreichen griech. Nominalbildungen (Possessivkomposita, Verbaladjektiven, Nomina agentis) sowie deren nominalen und verbalen Ableitungen. In adjektivischer bzw. substantivischer Form sind eine Reihe dieser Bildungen samt ihren Ableitungen ins Deutsche gekommen: *autark, Autodidakt, Automat, Autonomie* (s. d.). Über die schon in der Antike entstandenen Komposita hinaus kann das Element *auto-* im Nhd. wie in anderen modernen Sprachen zur Bildung substantivischer und adjektivischer Zusammensetzungen verwandt werden: *Autogramm, Automobil* (s. d.), vgl. ferner *Autobiographie, Autosuggestion, autodynamisch, autosemantisch*. Eine sichere etymologische Herleitung für griech. *autós* ist bis heute nicht gelungen.

Autodidakt m. 'wer sein Wissen durch Selbstunterricht erworben hat'. Griech. *autodídaktos* (αὐτοδίδακτος) setzt sich zusammen aus griech. *autós* (αὐτός) 'selbst, eigen' (s. *auto-*) und dem zu griech. *didáskein* (διδάσκειν) 'lehren' gehörenden Verbaladjektiv *didaktós* (διδακτός) 'gelehrt, lehrbar' (wozu auch *Didaktik*, s. d.), bedeutet also wörtlich 'selbstgelehrt, selbstgebildet'. Im Dt. erscheint die substantivierte Form *Autodidactos* (*-didaktos*) und (latinisiert) *Autodidactus* vereinzelt schon im 16., häufiger seit Ende des

17. Jhs.; *Autodidakt* kommt in der 2. Hälfte des 18. Jhs. auf. – a u t o d i d a k t i s c h Adj. 'durch Selbstunterricht erworben' (Mitte 19. Jh.).

autogen Adj. 'aus eigenen Kräften, selbst hervorgebracht, selbsttätig'. Griech. *autogenḗs* (*αὐτογενής*) 'aus sich selbst geworden, ungezeugt, von selbst entstanden, natürlich' ist eine Bildung zu griech. *génos* (*γένος*) 'Geschlecht, Abstammung, Herkunft, Ursprung' (s. *-gen* und s. *auto-*). Es bedeutet seiner Bildung nach 'seinen Ursprung in sich selbst, eigenen Ursprung habend'. Im Dt. erscheint *autogen* zu Beginn dieses Jhs. in fachsprachlichen Verwendungen. Nach dem Vorbild von engl. *autogeneous soldering* (eigentl. 'autogenes Löten') heißt der Vorgang, bei dem Werkstoffe durch eine Stichflamme so erhitzt werden, daß sie schmelzen und sich 'von selbst' (ohne zusätzliche mechanische Einwirkung) miteinander verbinden, *autogene Schweißung, autogenes Schweißen*. Der deutsche Arzt J. H. Schultz nennt die von ihm entwickelte konzentrative Selbstentspannung 1928 *autogenes Training* (1927 noch *autogene Organübungen, autosuggestives Training*). Im Gegensatz zur Hypnose handelt es sich dabei um ein „aus dem 'Selbst'... entstehendes... 'Üben'" (J. H. Schultz) zur Regelung physiologischer Funktionen.

Autogramm n. 'eigenhändiger Namenszug' einer bekannten Persönlichkeit, Neubildung (2. Hälfte 19. Jh.) aus den Kompositionsgliedern griech. Ursprungs *auto-* und *-gramm* (s. d.), wörtlich also 'Selbstgeschriebenes'. Dagegen geht A u t o g r a p h n. 'eigenhändiges Schriftstück einer bekannten Persönlichkeit, handschriftliches Original' auf ein schon in der Antike gebildetes Kompositum zurück. Griech. *autógraphos* (*αὐτόγραφος*) 'eigenhändig geschrieben', aus griech. *autós* (*αὐτός*) 'selbst, eigen' (s. *auto-*) und *-graphos* (*-γραφος*) 'geschrieben' (s. *-graph*), und das substantivierte Neutrum *autógraphon* (*αὐτόγραφον*) werden als *autographus* Adj. und *autographum* n. ins Lat. entlehnt. Ende des 17. Jhs. gelangt *Autographum* ins Dt., gibt die lat. Endung und Flexion aber erst zu Beginn des 19. Jhs. auf.

Automat m. Maschine, technische Anlage, die ihre Arbeitsvorgänge selbsttätig, ohne unmittelbares Eingreifen des Menschen steuert. Schon in der Antike bezeichnen das Adjektiv griech. *autómatos* (*αὐτόματος*) bzw. der Plural des substantivierten Neutrums *autómata* (*αὐτόματα*) Dinge, die sich von selbst bewegen, wie (in der Ilias) die sich selbsttätig öffnenden Türen des Olymp. Darüber hinaus meint das griech. Adjektiv, was in der Natur, im menschlichen Leben 'von selbst, ohne menschliches Zutun', also 'unwillkürlich, zufällig' oder 'freiwillig' geschieht. Zum ersten Bestandteil des griech. Kompositums s. *auto-*; der zweite Teil ist ein aktivisches Verbaladjektiv auf *-to-* (*-το-*) zur Schwundstufe griech. *ma-* (*μα-*) der im präsentisch gebrauchten Perfekt *memonénai* (*μεμονέναι*) 'heftig, beharrlich nach etw. streben, etw. im Sinn haben, willens sein' enthaltenen Wurzelform ie. **mon-* (s. *mahnen*). Danach wäre *autómatos* ursprünglich etwa 'selbst etw. wollend, beabsichtigend'. Das Lat. kennt entlehntes *automatus* in der Bedeutung 'aus eigenem Antrieb handelnd, freiwillig' und substantiviertes neutrales *automatum* als 'Maschine, die sich selbst bewegt'. In der zuletztgenannten Bedeutung erscheint das Wort zum ersten Mal 1575 in einem dt. Text: „kleine sinnreiche *automata*, das ist, selbs bewegliche kunstwercklin" (Fischart). Die griech.-lat. Endungen weist das Wort noch im 18. Jh. auf. Weit länger hält sich das neutrale Genus; erst nach der Mitte des 19. Jhs. setzt sich das heute übliche Maskulinum endgültig durch. In älterer Zeit steht *Automat* vornehmlich für Nachbildungen von Menschen oder Tieren, die mit Hilfe eines verborgenen Mechanismus Bewegungen lebender Wesen nachahmen; übertragen wird es auf Menschen, die wie geist- und seelenlose Automaten agieren. Seit der 2. Hälfte des 19. Jhs. bezeichnet *Automat* auch den Verkaufsapparat. Mit der zunehmenden industriellen Entwicklung findet das Wort Eingang in die Maschinentechnik der industriellen Produktion. – a u t o m a t i s c h Adj. 'durch einen Automaten, wie ein Automat', auch 'unwillkürlich', bes. von Körperfunktionen (18. Jh.), 'zwangsläufig' (19. Jh.). a u t o m a t i s i e r e n Vb. (Arbeitsabläufe, einen Betrieb) 'durch Automaten steuern, mit Automaten ausrüsten' (Anfang 20. Jh.); vgl. gleichbed. frz. *automatiser*. A u t o m a t i o n f. Engl. *automatization* 'Automatisierung' wird in den USA durch Dell S. Harder (Ford-Automobilwerke) zu *automation* verkürzt (1940). Seine eigentliche Verbreitung findet das zum Schlagwort erhobene *automation* durch den Amerikaner John Diebold. Es gelangt in den 50er Jahren ins Deutsche und konkurriert hier mit älterem, zu *automatisieren* (s. oben) gebildetem Automatisierung f. (Anfang 20. Jh.).

Autonomie f. 'das Recht, die Möglichkeit, (innerhalb eines Staatsverbandes) nach eigenen Gesetzen zu leben, (politische) Selbstverwaltung, Selbständigkeit', entlehnt (2. Hälfte 18. Jh.) aus gleichbed. griech. *autonomía* (*αὐτονομία*); in latinisierter und flektierter Form begegnet *Autonomia(m)* allerdings schon Ende des 16. Jhs. im Dt. Griech. *autonomía* ist abgeleitet von griech. *autónomos* (*αὐτόνομος*) 'unabhängig, bes. politisch selbständig', einem mit griech. *autós* (*αὐτός*) 'selbst, eigen' (s. *auto-*) gebildeten Possessivkompositum zu griech. *nómos* (*νόμος*) 'Brauch, Sitte, Ordnung, Gesetz', also wörtlich 'eigenes Gesetz habend'. – autonom Adj. 'verwaltungsmäßig selbständig, unabhängig' wird erst in der Mitte des 19. Jhs. aus dem Griech. entlehnt; älter, aber im wesentlichen auf die erste Hälfte des 19. Jhs. beschränkt, ist *autonomisch*.

Autopsie f. 'eigenes Anschauen' (um sich ein zutreffendes Urteil zu bilden), entlehnt (Mitte 18. Jh.) aus griech. *autopsía* (*αὐτοψία*) 'Sehen mit eigenen Augen, Augenschein', einem Abstraktum zum Nomen agentis *autóptēs* (*αὐτόπτης*) 'wer selbst, mit eigenen Augen sieht, gesehen hat, Augenzeuge' oder zum Verbaladjektiv *aútoptos* (*αὔτοπτος*) 'selbst gesehen'. Alle Bildungen enthalten außer griech. *autós* (*αὐτός*) 'selbst, eigen' (s. *auto-*) den Verbalstamm griech. *op-* (*ὀπ-*) 'sehen' (s. *Optik*). *Autopsie* wird anfangs vornehmlich auf wissenschaftliche und medizinische Untersuchungen bezogen; die Bedeutung 'Leichenöffnung zur definitiven Klärung der Todesursache' bildet sich, möglicherweise unter Einfluß von frz. *autopsie*, gegen Ende des 19. Jhs. heraus.

Autor m. 'Urheber, Verfasser', entlehnt (2. Hälfte 15. Jh.) aus lat. *auctor, autor* 'Förderer, Veranlasser, Urheber', das von lat. *augēre* (*auctum*) 'vermehren, vergrößern' abgeleitet ist; anfangs auch in der Form *Auctor*, teils mit lat. Flexion (zur Form s. *Autorität*). Die allgemeine Bedeutung 'Urheber' bleibt im Dt. lange lebendig und stellt sich in Neuwörtern wie *Bildautor* wieder ein. *Autor* wird zunehmend Konkurrenzwort sowohl für *Verfasser* wie für *Schriftsteller*. – autorisieren Vb. 'etw. genehmigen, bestätigen, jmdn. ermächtigen', nach mlat. *auctorizare* 'bestätigen, beglaubigen'. Mit Sachobjekt seit der Mitte des 16. Jhs. bezeugt, im Sinne von 'ermächtigen, mit Vollmacht versehen' seit der 1. Hälfte des 17. Jhs. verwendet. Oft als Part.-adj. in Attribuierungen wie *autorisierte Übersetzung, autorisierte Ausgabe* 'vom Verfasser genehmigte, gebilligte Übersetzung, Ausgabe'. Autorschaft f. 'Urheberschaft, Verfasserschaft' (Mitte 18. Jh.).

Autorität f. 'auf einer besonderen Stellung, auf überlegenen Fähigkeiten, Kenntnissen beruhendes Ansehen, das seinem Träger einen bestimmenden Einfluß auf andere sichert; maßgebende Persönlichkeit, Institution, die ein solches Ansehen genießt'. Das Wort geht auf gleichbed. lat. *auctōritās* (Gen. *auctōritātis*) zurück, eine Bildung zu lat. *auctor* (s. *Autor*). Über lat. *auctōritās* und sein Verhältnis zu lat. *auctor* vgl. Heinze in: Hermes 60 (1925) 348ff. Die Verbindung *-ct-* ist vlat. stets zu *-t(t)-*, mlat. häufig zu *-t(t)-* oder *-th-* vereinfacht worden; die so entstandenen Formen lat. *autōritās, authōritās* werden in die modernen europ. Sprachen entlehnt. Als Abstraktum ist im Dt. *autoritet, authoritet* seit dem Beginn des 14. Jhs. bezeugt, häufiger aber erst nach 1500. Bis zum Anfang des 20. Jhs. findet sich wiederholt die gelehrte Anknüpfung an die klass.lat. Lautgestalt: *auctoritet, Auctorität, Auktorität*. – Neben dem Substantiv steht lange Zeit das Adjektiv autoritätisch (16. bis 18. Jh.); die heute geläufigen Adjektivbildungen erscheinen erst in der 2. Hälfte des 19. Jhs.: autoritär 'seine Autorität einseitig ausnutzend, keine abweichende Meinung duldend', wohl nach dem Vorbild von frz. *autoritaire* (gleichfalls erst seit der 2. Hälfte des 19. Jhs. belegt), dazu in den 60er Jahren des 20. Jhs. *antiautoritär*; autoritativ 'Autorität besitzend, auf Autorität pochend, maßgebend', nach mlat. *auctoritativus*; ein früher adverbieller Gebrauch bei Leibniz (1704), allerdings mit lateinischer Endung (*autoritative*).

avancieren Vb. 'aufsteigen, aufrücken'. Frz. *avancer*, afrz. *avancier* 'vorwärtsbringen', intrans. und refl. 'voranschreiten, vorwärtsgehen', dem zu spätlat. *abante* 'vorweg' gebildetes vlat. **abantiāre* zugrunde liegt, wird in der

1. Hälfte des 17. Jhs. als intrans. Verb ins Dt. entlehnt. Es begegnet zunächst als militärischer Fachausdruck 'vorwärtsgehen, vorrükken', gegen Ende des 17. Jhs. in der allgemeineren Verwendung 'Fortschritte, Karriere machen, in eine höhere Stellung aufrükken'.

Avantgarde f. 'Vorhut einer Armee, Gruppe von Vorkämpfern, Wegbereitern', Übernahme (Ende 16. Jh.) von frz. *avantgarde*, afrz. *avantgarde* 'Vortrupp' (zu afrz. frz. *avant* 'vor, voran', spätlat. *abante* 'vorweg', s. *avancieren*, und afrz. frz. *garde* 'Wache, Wachmannschaft', s. *Garde*) in die militärische Terminologie. Es verdrängt das bis dahin übliche *Vorzug*, wird aber in der 2. Hälfte des 19. Jhs. durch den neuen militärischen Fachausdruck *Vorhut* (s. d.) abgelöst. Aus dem im 18. Jh. aufkommenden übertragenen Gebrauch 'Verfechter einer progressiven Richtung' (bes. in der bildenden Kunst und Literatur) entwickelt sich die Bedeutung 'organisierte Vorkämpfer der Arbeiterbewegung', die bereits bei Marx und Engels nachweisbar ist. – A v a n t g a r d i s t m. 'Bahnbrecher einer neuen (Kunst)richtung' und a v a n t g a r d i s t i s c h Adj. (beide 1. Hälfte 20. Jh.).

Aversion f. 'Abneigung, Widerwille', Übernahme (2. Hälfte 17. Jh.) von gleichbed. frz. *aversion*, das lat. *āversio* (Gen. *āversiōnis*) 'das Abwenden, Abkehr', spätlat. 'Abscheu, Widerwille, Ekel' folgt; zu lat. *āvertere* 'abwenden', vgl. lat. *vertere* (*versum*) 'kehren, wenden, drehen'.

Axiom n. 'Grundsatz, der keines Beweises bedarf bzw. nicht bewiesen werden kann'. Gleichbed. lat. *axiōma*, griech. *axíōma* (ἀξίωμα), eigentl. 'Würde, Geltung, Ansehen', als philosophischer Begriff im oben genannten Sinne (eigentl. 'allgemein gewürdigter Grundsatz') seit Aristoteles, wird Anfang des 17. Jhs. ins Dt. übernommen. Die lat. Endung wird Ende des 18. Jhs. aufgegeben. Es handelt sich um eine Bildung zu griech. *axiūn* (ἀξιοῦν) 'für würdig, wert, angemessen erachten', das von griech. *áxios* (ἄξιος) 'wert, würdig, angemessen' abgeleitet ist. Dies gehört letztlich im Sinne von 'wichtig' wohl zu griech. *ágein* (ἄγειν) in der Bedeutung 'wiegen, wägen', eigentl. 'treiben, führen, leiten'.

Axt f. 'scharfes Hauwerkzeug zur groben Bearbeitung von Holz', ahd. *ackus* (um 800), mhd. *ackes*, asächs. *akus*, mnd. *exe, ēxe, ĕkse*, mnl. *aex*, nl. *aaks, aks*, aengl. *æx, aex, æces*, engl. *axe*, anord. *øx, ax*, got. *aqizi* und die außergerm. Verwandten lat. *ascia* (aus **acsia*), griech. *axī́nē* (ἀξίνη) 'Axt, Beil' ermöglichen einen Ansatz ie. **agu̯(e)sī, *aksī* 'Axt'. Ob dieser an die Wurzel ie. **ak̂-, *ok̂-* 'scharf, spitz, kantig, Stein' anzuschließen oder aber (wie verschiedentlich angenommen) als altes nicht-ie. Wanderwort anzusehen ist, bleibt ungewiß. Vielleicht als 'die Schwingende' zur Wurzel ie. **aĝ-* 'treiben, schwingen' (s. *Achse, Achsel*) gehörig? Das auslautende *-t* wird im 13. Jh. fester Wortbestandteil (vgl. ähnliche Bildungen wie *Habicht, Obst*, s. d.); die Schreibweise mit *x* setzt im Spätmhd. ein und wird seit Luther üblich.

Azalee, A z a l i e f. in Asien heimischer Strauch mit duftenden Blüten. In China seit alters als Zierpflanze gezogene Arten kommen um 1800 nach Europa. Den (älteren) Gattungsnamen botan.-lat. *Azalea* bildet Linné (1735) für verschiedene Heidekrautgewächse zu griech. *azaléos* (ἀζαλέος) 'dürr, trocken', da diese Pflanzen trockenen, sandigen Boden bevorzugen; er wird auf die aus China importierten (vielfach feuchten Standort liebenden) Hybriden übertragen. Die lat. Endung wird im 19. Jh. dem im Dt. üblichen Lautstand angeglichen.

Azeton n. flüssiges, stark riechendes, farbloses Lösungsmittel, auch Propanon (1. Hälfte 19. Jh.), zu lat. *acētum* 'saurer Wein, Weinessig' (s. *Essig*), woran der typische säuerliche Geruch erinnert.

Azur m. 'leuchtend blaue Farbe, Blau des klaren Himmels'. Pers. *lāğward* 'Lapislazuli, Lasurstein' gelangt wohl über gleichbed. arab. *lāzaward* (nach COROMINAS 1,353 vermittelt durch ein arab. **lāzūrd*) in die roman. Sprachen, vgl. altoberital. *lazuro*, mlat. *lazur(i)um, lazur*, s. auch *Lasur.* Im Roman. nimmt es die Bedeutung 'blau' (substantivisch 'Bläue, Himmelsblau') an und verliert allgemein das (irrtümlich für einen Artikel gehaltene) anlautende *l-*, vgl. ital. *azzurro*, span. port. *azul*, frz. prov. *azur*, mlat. *azur(ium)*. In der 2. Hälfte des 17. Jhs. wird die Farbbezeichnung aus dem Frz. ins Dt. übernommen. Dazu wird Mitte des 18. Jhs. a z u r n Adj. 'leuchtend blau, himmelblau' (nach dem Muster *silbern, kupfern* u. ä.) gebildet; in gleichem Sinne ferner a z u r b l a u Adj. (2. Hälfte 18. Jh.; vgl. älteres *lasurblau*, mhd. *lāsūrblā* 'blau wie Lasurstein').

babbeln Vb. 'lallen, unverständlich reden', in abwertendem Sinne 'schwatzen, plappern'. Seit Mitte des 16. Jhs. nachweisbar, gehört das Verb zu den lautnachahmenden Wörtern oder kindersprachlichen Lallwörtern wie *Amme, Baby, plappern* (s. d.); vgl. verwandtes oder unabhängig entstandenes mnd. mnl. nl. *babbelen* 'schwatzen, klatschen', engl. *to babble* 'stammeln, plappern', schwed. *babbla*, frz. *babiller*, poln. *paplać*, russ. *balabólit'* (*балаболить*) 'schwatzen, plappern' sowie mlat. *babellare* 'lallen', griech. *babázein* (*βαβάζειν*) 'schwatzen'.

Baby n. 'Säugling, Kleinkind'. In den 40er Jahren des 19. Jhs. wird engl. *baby*, eine Koseform von engl. *babe*, entlehnt; es gehört zu den Lallwörtern, denen, wie engl. *to babble*, dt. *babbeln* (s. d.), lautmalendes *bab-* gemeinsam ist. – B a b y s i t t e r m. 'Hüter eines Kleinkindes', Übernahme (Mitte 20. Jh.) von gleichbed. amerik.-engl. *baby-sitter*, zu engl. *sitter* 'Sitzende(r)' (von *to sit*, s. *sitzen*).

Bach m. 'kleiner Wasserlauf', ahd. *bah* m. (9. Jh.), mhd. *bach* m. f., asächs. *beki* m., mnd. *bēke* m. f., mnl. *bēke* f., aengl. *bece* m. lassen sich entgegen der bisherigen Meinung auf germ. **bakjaz* zurückführen, wenn man voraussetzt, daß lautgerecht entwickeltes westgerm. **baki* in die Flexion der *i*-Stämme übergewechselt, während anord. *bekkr* regulär aus dem mask. *ja*-Stamm germ. **bakjaz* entstanden ist; vgl. Peeters in: IF 77 (1972) 212 ff. Außergerm. Verwandtschaft besteht nur zu mir. *búal* f. (aus **bhoglā*) 'fließendes Wasser', *búar* (aus **bhogro-*) 'Durchfall'; weitere Anknüpfungen (Pokorny 1, 161) sind unsicher.

Bache f. 'weibliches Wildschwein'. In der 1. Hälfte des 16. Jhs. zuerst belegt, ursprünglich identisch mit dem aus der Schriftsprache geschwundenen, aber noch landschaftlich (obd.) bezeugten *Bache(n)* m. 'Schinken, Speckseite'. Die schwach flektierten Substantive ahd. *bahho* 'Rücken, Schinken, Speckseite' (9. Jh.), mhd. *bache*, asächs. *bako*, mnd. *bāke*, mnl. *bake* gehören als Ableitungen zu stark flektiertem ahd. *bah* 'Rücken' (9. Jh.), asächs. *bak*, mnd. *bak*, mnl. *bac*, aengl. *bæc*, engl. *back*, anord. *bak*. Auf eine schwach flektierte Form gehen auch die aus dem Germ. entlehnten Substantive mlat. *baco* 'Speckseite, Schinken, (Mast)schwein', afrz. *bacon* 'Speck' (woraus engl. *bacon*) zurück. Zur etymologischen Verwandtschaft s. [1]*Bank* sowie *Backbord* und [2]*Backe*. Der Ausdruck für 'Speckseite' wird in frühnhd. Zeit auf das geschlachtete, dann auf das lebende Hausschwein übertragen. Mit diesem im Frühnhd. (wie auch im Mnl.) auftretenden Bedeutungswandel zu 'Mastschwein' tritt Genuswechsel zum Fem. ein, doch halten sich daneben im 16./17. Jh. noch, altem Gebrauch folgend, mask. Formen. Jägersprachliches *Bache* f. 'weibliches Wildschwein' geht in die Allgemeinsprache über.

Bachstelze f. in Wassernähe trippelnd sich bewegender Vogel mit ständig wippendem Schwanz, mhd. *bachstelze* (s. *Bach* und *Stelze*); vgl. auch ahd. *waȥȥarstelza* (10. Jh.), md. *Wasserstelz*, südwestd. *Wasserstelzer*. Auf anderer Vorstellung beruht ahd. *begisterz* (Hs. 12. Jh.), wohl aus **wegisterz* (zu ahd. *wegan* 'bewegen' und *Sterz* 'Schwanz', s. d.), frühnhd. *wegestertz*, mnd. *wagestert* (vgl. engl. *wagtail*) sowie nl. *kwikstaart*, frz. *hochequeue*.

Backbord n. 'linke Schiffsseite' (in Fahrtrichtung vom Steuermann aus gesehen; s. auch *Steuerbord*). In der ersten Hälfte des 17. Jhs. aus dem Nd. (mnd. *ba(c)kbōrt* seit dem 15. Jh.) in die hd. Schriftsprache aufgenommen; entsprechend nl. *bakboord*. Das Wort muß an den Küsten der Nord- und Ostsee seit alters bekannt gewesen sein, zufrühst ist aengl. *bæcbord* bezeugt, eigentl. 'Rückseite', da anfangs der Steuermann auf kleinen Fahrzeugen zur Bedienung des Steuers den Rücken (engl. *back*, mnd. *bak*) der linken Seite des Schiffes zukehrte. Zur etymologischen Verwandtschaft s. [1]*Bank* sowie *Bache* und *Bord*. – B a c k b o r d s e i t e f. 'linke Seite des Schiffes' (1. Hälfte 18. Jh.).

[1]**Backe** f., südd. B a c k e n m. 'Teil des Gesichts, Wange', nur auf den dt. Sprachraum beschränkt; ahd. *backo* m. 'Kinnbakken, Kinnlade' (Hs. 12. Jh.), mhd. *backe* m. 'Backe, Kinnlade', mnd. *backe* f., häufig in der Zusammensetzung ahd. *kinnibacko*, mhd. *kinnebacke, kinbacke* m., asächs. *kinnibakko*. Ursprünglich Bezeichnung für 'Kinnbacke,

Unterkiefer', hat *Backe* allmählich die Bedeutung des gemeingerm., heute der gehobenen Sprache angehörenden Wortes *Wange* (s. d.) übernommen. Der Wechsel vom mask. zum fem. Geschlecht geht vom Nordd. aus. Zu erwägen ist Verwandtschaft mit griech. (Aorist) *phagẽin* (φαγεῖν) 'essen' (demnach *Backe* eigentl. 'Esser'), so daß ein Anschluß an die Wurzel ie. **bhag-* 'zuteilen, als Anteil bestimmen, erhalten' möglich ist. – Back(en)zahn m., ahd. *back(o)zan(d)* (Hs. 12. Jh.), mhd. *baczan*. Backpfeife f. 'Schlag auf die Backe, Ohrfeige' (1. Hälfte 19. Jh.); von J. Grimm ([1]DWB 1, 1068) als 'Schlag, der auf den Backen pfeift' erklärt, aber auch als Umdeutung von *Backfeige*, eigentl. 'gebackene Feige' (s. *Ohrfeige*), denkbar.

[2]**Backe** f. 'Gesäßhälfte', nur noch in *Hinter-, Sitz-, Arschbacke*; in seiner Herkunft wohl identisch mit *Bache* (s. d. und [1]*Bank*). Die zu ahd. *bah* n.? 'Rücken' (9. Jh.) gehörige Ableitung ahd. *bahho* m. 'Rücken, Schinken, Speckseite' (9. Jh.), mhd. *bache* m. setzt sich in dieser Bedeutung in der nhd. Literatursprache nicht fort. Mit veränderter Bedeutung lebt sie in nhd. *Bache* (s. d.) weiter; bezogen auf die Gesäßhälfte bei Menschen oder Vierfüßern wird sie im Frühnhd. nichtverwandtem [1]*Backe* (s. d.) angeglichen, vgl. *arsbacke* (15. Jh.).

backen Vb. 'durch Hitzeeinwirkung gar werden (lassen)'. Auf einem stark flektierenden Verbum germ. **bak-* beruhen ahd. *bahhan* (9. Jh.), aengl. *bacan* und mnl. *baken*. Auf einem ursprünglich wohl schwach flektierenden geminierten Intensivum germ. **bakk-* beruhen ahd. *backan*, asächs. *bakkan*, mnl. *backen*. Schon früh sind beide Verben vermischt worden. Ahd. *bahhan, backan*, mhd. *bachen, backen* haben starke Flexion, doch stehen vielfach starke und schwache Formen nebeneinander, vgl. nhd. *backen*, mnd. *backen*, nl. *bakken*. Nur schwache Formen zeigen engl. *to bake* und das abgeleitete *ōn*-Verb anord. *baka* 'backen, braten, Hände und Füße wärmen'. Außergerm. verwandt sind griech. *phṓgein* (φώγειν) 'rösten, braten' und vielleicht russ. (älter) *bažát'* (бажать) 'wünschen, begehren, sich sehnen', so daß Anschluß an ie. **bhōg-* möglich ist, eine Gutturalerweiterung der unter *Bad* dargestellten Wurzel ie. **bhē-, *bhō-*, tiefstufig **bhə-* 'wärmen, rösten', wozu auch *bähen* 'rösten' (s. *Bad*). – Bäcker m. 'wer Brot u. dgl. bäckt', ahd. *beckeri* (Hs. 12. Jh.), mhd. *becker*, asächs. *bakkeri*, mnd. *becker*, mnl. *baker, backer*, nl. *bakker*, aengl. *bæcere*, engl. *baker*, anord. *bakari*. Ehemals ein vornehmlich nordd. md. Wort gegenüber obd., bes. westobd. *Pfister* (ahd. *phistur*, 9. Jh., aus lat. *pistor*) und obd. *Beck* (ahd. *brōtbecko*, Hs. 12. Jh.); vgl. W. Braun in: Zur Ausbildung d. Norm d. dt. Literaturspr. 2 (1976) 55 ff. Bäckerei f. 'Werkstatt des Bäckers' (15. Jh.). Gebäck n. 'feines Backwerk', anfangs 'das auf einmal Gebackene' (15. Jh.). altbacken Part.adj. 'vor einiger Zeit gebacken, nicht mehr frisch', mhd. *altbacken*. hausbacken Part.adj. 'bieder, schwunglos' (19. Jh.), 'für den häuslichen Bedarf zu Hause gebacken' (2. Hälfte 16. Jh.). Backfisch m. 'junger, noch nicht ausgewachsener, nur zum Backen geeigneter frischer Fisch' (16. Jh.), übertragen (studentensprachlich) 'unreifer Student' (vielleicht angelehnt an *Bakkalaureus*?) und 'junges Mädchen in der Pubertät' (Mitte 16. Jh.). Backstein m. 'roter gebrannter Ziegelstein' (17. Jh.), Kennzeichnen nordd. Architektur, vgl. mnd. *backstēn*.

Bad n. 'das Baden im Wasser, Örtlichkeit, wo gebadet wird', ahd. *bad* 'Wasserbad, Badehaus' (8. Jh.), auch 'Taufe', mhd. *bat*, asächs. *bað*, mnd. mnl. *bat*, aengl. *bæþ*, engl. *bath*, anord. *bað*, dän. schwed. *bad* gehören zu ahd. *bāen* 'durch Umschläge wärmen, in feuchte Wärme bringen' (9./10. Jh.), südd. öst. *bähen* 'rösten', führen also auf eine Verbalwurzel ie. **bhē-, *bhō-*, tiefstufig **bhə-* 'wärmen, rösten', aus der mit ie. *to*-Suffix *Bad*, eigentl. 'das Gewärmte, Erhitzte', entwickelt ist. An eine *g*-Erweiterung ie. **bhōg-* schließen sich griech. *phṓgein* (φώγειν) 'rösten, braten', dt. *backen* (s. d.) an. Als Ortsname ist *Baden* Übersetzung von lat. *Aquae*, das im Dt. dativisch *(ze den) Baden* 'zu den Bädern' wiedergegeben wird. – baden Vb. 'zur Reinigung, Erfrischung ins Wasser tauchen', ahd. *badōn* 'baden, taufen' (8. Jh.), mhd. *baden*, mnd. *bāden*, mnl. *baden*, aengl. *baþian*, engl. *to bathe*, anord. (refl.) *baðast*, schwed. *bada*. Dazu ausbaden Vb., oft in der Wendung *etw. ausbaden müssen* 'die Folgen (der Schuld eines anderen) auf sich nehmen müssen' (Ende 16. Jh.), zuvor 'zu Ende baden' (2. Hälfte 15. Jh.). Bader m.

veraltet ‘Barbier und Wundarzt’, mhd. *badære*, asächs. *baðeri* ist der Inhaber einer Badestube, der die Badenden bedient, sie zur Ader läßt und ihnen die Haare schneidet.

Badminton n. ‘Federballtennis’. Das Spiel ist nach dem englischen Badeort *Badminton* benannt, wo man 1872 mit dem aus Indien importierten Federball zum ersten Mal nach festen Regeln spielte. Im Engl. seit 1874 belegt, verbreitet sich *Badminton* ebenso wie sein Äquivalent *Federball(spiel)* nach 1945 schnell im Dt.

baff Interj., lautmalend, in der Wendung *baff sein* ‘sprachlos, verblüfft, verdutzt sein’; s. *paff*.

Bagage f. ‘üble Gesellschaft, Gesindel, Pack’, älter ‘Gepäck, Troß’. Als militärischer Ausdruck für ‘Heeresgepäck’ wird gegen Ende des 16. Jhs. afrz. frz. *bagage* ‘Reisegepäck’ übernommen, eine Kollektivableitung von afrz. *bague* ‘Bündel, Gepäck’, frz. (landschaftlich) *bagues* Plur. ‘Gepäck, Kleidung’; vgl. ferner aprov. *baga* ‘Gepäck, Beutel’, mlat. *baga* ‘Kasten, Sack’ (s. auch *Pack* m.). Die weitere Herkunft ist nicht geklärt. Die anfangs bezeugte Schreibung *Bagagie* läßt nl. Vermittlung (vgl. älteres nl. *bagagie*) erkennen, während die häufig belegte Nebenform *Pagaschi* (*Bagagi*) wohl aus der schweiz. Volkssprache stammt. Gegen Ende des 17. Jhs. wird der Begriff auf die wenig geachtete Mannschaft, die das Gepäck begleitet, den Troß, ausgedehnt, so daß sich analog zu *Pack* und *Troß* (s. d.) im 18. Jh. die nur im Dt. übliche Bedeutung ‘Gesindel’ entwickelt.

Bagatelle f. ‘unbedeutende Angelegenheit, Kleinigkeit’. Zuerst *Pagadelle*, Anfang des 17. Jhs. aus gleichbed., seit dem 16. Jh. bezeugtem frz. *bagatelle* entlehnt, das von ital. *bagatella* ‘kleiner Gegenstand’, einer deminutiven Bildung, vielleicht zu lat. *băca* ‘Beere’, übernommen ist. – bagatellisieren Vb. ‘als Bagatelle, als unbedeutend behandeln, verharmlosen’ (1. Hälfte 20. Jh.).

baggern Vb. ‘Erdreich, Schutt maschinell ausheben, abtragen, mit dem Bagger arbeiten’. Anfang des 18. Jhs. im Nd. belegt und aus nl. *baggeren*, mnl. *baggheren, baggaren, baggaerden* ‘Schlamm ausheben’ entlehnt, einer seit dem 17. Jh. bezeugten Denominativbildung zu nl. *bagger*, mnl. *baggher, baggaert* ‘Schlamm, Modder’. Dieses Substantiv ist im Nl. nur wenig gebräuchlich und in den übrigen germ. Sprachen nicht bezeugt. Verwandtschaft mit russ. (landschaftlich) *bagnó* (*багно*) ‘niedrige, sumpfige Stelle’, atschech. tschech. *bahno*, apoln. poln. *bagno* ‘Sumpf, Morast’ und damit Anschluß an ie. **bhŏgh-, *bhăgh-* ‘Schlamm, Sumpf’ ist möglich, aber keineswegs sicher. Zum eingedeutschten Verb wird Mitte des 18. Jhs. das Substantiv Bagger m. ‘Maschine zum Ausheben, Abtragen von Erdreich, Schutt’, anfangs auch *Baggert* ‘Hafenräumer’, gebildet sowie Anfang des 19. Jhs. ausbaggern Vb. ‘Erdreich, Schutt mit dem Bagger herausheben’.

Bahn f. ‘Weg, Pfad durch unwegsames Gelände, fest angelegter Weg, Fahrbahn’. Für mhd. *ban(e)* ‘Weg, Bahn’, mnd. *bāne*, mnl. *bane* (dän. *bane*, schwed. *bana* und *ban* ‘Bahn’ beruhen auf Entlehnung aus dem Mnd.) darf vermutlich als Grundbedeutung ‘Durchhau durch einen Wald’ oder ‘festgeschlagener Weg’ angesetzt werden, wodurch sich eine Beziehung zu got. *banja* ‘(tödlicher) Schlag, Wunde, Geschwür’, anord. *ben*, aengl. *benn* ‘Wunde’, ahd. asächs. *bano* ‘Totschläger, Mörder’, ahd. *bana*, mhd. *ban(e)* ‘Tod, Verderben’ und damit zur Wurzel ie. **bhen-* ‘schlagen, verwunden’ ergibt; vgl. awest. *banta-* ‘erkrankt, siech’. Das Wort hat in verschiedenen Bereichen Anwendung gefunden. Im Sport bezeichnet es die ‘Strecke, auf der Wettkämpfe ausgetragen werden’, die genauere Benennung gibt das Bestimmungswort (*Bob-, Eis-, Kampf-, Rennbahn*); gebräuchlich ist der Ruf *Bahn frei!* Ferner bezeichnet es die ‘Linie, Strecke, die ein Körper im Raum zurücklegt’ (*Ellipsen-, Erd-, Flug-, Kreis-, Satelliten-, Sonnenbahn*). Die Bedeutung ‘bestimmte Breite und Länge eines Stoffes, einer Tapete’ (*Stoff-, Tuch-, Zeltbahn*) beruht auf Entlehnung aus dem Nl. Am häufigsten wird heute *Bahn* für ‘das auf Schienen laufende Verkehrsmittel’ (*Eisen-, Straßenbahn*) gebraucht. Dazu die Zusammensetzungen Bahnhof m. (um 1840), das älteres *Eisenbahnhof* allmählich verdrängt, und Bahnsteig m. (1886), das sich gegenüber älterem *Perron* durchsetzt. – bahnen Vb., bes. *einen Weg bahnen* ‘einen Weg frei machen, schaffen, bereiten’, mhd. *banen*, im 17./18. Jh. auch *bähnen*. anbahnen Vb. ‘in die Wege leiten’ (Mitte 18. Jh.). Bahnbrecher m. ‘Wegbereiter, Vorkämpfer’ (2. Hälfte 18. Jh.), aus dem verbalen Ausdruck *Bahn brechen* 'einen Weg bereiten' (1. Hälfte 17. Jh.) gebildet; entsprechend b a h n b r e c h e n d Part.adj. 'umwälzend, epochemachend' (Mitte 19. Jh.).

Bahre f. 'Gestell zum Tragen eines Kranken oder Toten', ahd. *bāra* (8./9. Jh.), mhd. *bāre* 'Bahre, Sänfte' sowie die Entsprechungen asächs. *bāra*, mnd. mnl. *bāre*, nl. *baar*, aengl. *bēr* (westsächs. *bǣr*), engl. *bier* (germ. **bērō*) schließen sich dehnstufig an ein in ahd. *beran*, mhd. *bern* 'Frucht tragen, gebären' vorliegendes gemeingerm. Verb an (s. *gebären, entbehren*). Der germ. Verbalstamm **ber-* läßt sich zusammen mit aind. *bhárati* 'trägt', lat. *ferre*, griech. *phérein* (*φέρειν*) 'tragen', lat. *feretrum* n., griech. *phéretron* (*φέρετρον*) n. 'Bahre', aslaw. *bьrati* 'sammeln, wählen', russ. *brat'* (*брать*) 'nehmen' auf die Wurzel ie. **bher(ə)-* 'tragen, bringen' zurückführen. Aus dem Germ. entlehnt sind frz. *bière*, ital. *bara* 'Bahre'. Im älteren Nhd. kommt häufig die einsilbige Form *bar* (15./16. Jh.), *Baar, Bahr* (16./17. Jh.) vor. – T r a g b a h r e f. 'Bahre zum Transport eines Kranken, Trage', mhd. *tragebāre*, mnd. *drāgebēre*, spätmhd. frühnhd. (bis ins 16. Jh.) auch abgeschwächt *trageber*. Die tautologische Zusammensetzung hat verdeutlichende Funktion, da beim Simplex *Bahre* schon in den frühen dt. Sprachstufen die Bedeutung 'Lagerstatt für einen Toten' in den Vordergrund tritt und das Verb mhd. *bern* 'tragen' im Nhd. untergeht. a u f b a h r e n Vb. 'einen Toten feierlich zur Schau stellen', mhd. *ūfbāren* 'auf die Bahre legen' (13. Jh.).

Bai f. 'weite Meeresbucht'. Die in der 1. Hälfte des 17. Jhs. durch Reiseberichte ins Hd. gelangende Bezeichnung geht über gleichbed. nl. *baai*, älter *baeye* (teilweise wohl auch über das Nd., vgl. mnd. *santbaie* 'Bucht mit sandigem Grund', 15. Jh.) auf mfrz. *baye, baie* 'Bucht' (frz. *baie*) zurück, das aus gleichbed. span. *bahía* (älter *baya, vaya*), port. *baía* (älter *bahia*) entlehnt ist. Die iberoroman. Bezeichnung ihrerseits beruht wahrscheinlich auf dem im Frz. seit dem 14. Jh. belegten Namen *la Baie, la Baye* (ital. *izula baya* bereits um 1300) der heutigen Insel Noirmoutier vor der für den mittelalterlichen Seehandel (bes. als Ausfuhrhafen für Salz) wichtigen Bucht von Bourgneuf südlich von Nantes (vgl. mnd. *Baye, Baie* 'Bucht von Bourgneuf', 14. Jh., ferner mnd. *bayesolt, baisolt*, mnl. *bayesout*, verkürzt mnd. mnl. *baye* 'aus dieser Bucht stammendes Seesalz'). Der geographischen Benennung mfrz. *la Baie* liegt kirchenlat. *abbatia* (s. *Abtei*) zugrunde, da sich an der nördlichen Spitze dieser Insel seit dem 7. Jh. eine Abtei befand; vgl. Metzeltin in: Vox Romanica 26 (1967) 249 ff. Zu früheren Herleitungsversuchen, die mit Hinweis auf spätlat. *baia* 'Hafen' (Isidor von Sevilla, 7. Jh.) von einer bask.-iberischen Vorstufe ausgingen oder einen Zusammenhang mit afrz. *baer, beer* 'offenstehen' herstellen, vgl. FEW 1, 205, Bloch/W. [6]52 und Corominas 1, 367 f. Die im Dt. des 18. Jhs. häufige Schreibung *Bay* läßt wohl Einfluß von (ebenfalls aus dem Frz. übernommenem) engl. *bay* 'Bucht' erkennen.

Baiser n. 'Schaumgebäck aus geschlagenem Eiweiß und Zucker'. Frz. *baiser* 'Kuß' (Substantivierung des Infinitivs frz. *baiser* 'küssen', aus gleichbed. lat. *bāsiāre*) wird seit dem zweiten Viertel des 19. Jhs. im Dt. als Bezeichnung für das Backwerk üblich, das im Frz. *meringue* heißt.

Baisse f. 'das Fallen der Börsenkurse'. Im Zusammenhang mit der Entwicklung des Geschäftes mit Wertpapieren wird der Terminus im zweiten Drittel des 19. Jhs. aus dem Frz. entlehnt. Das seit Mitte des 18. Jhs. belegte gleichbed. Substantiv frz. *baisse* ist eine Ableitung von frz. *baisser* 'senken', dem vlat. **bassiāre* 'niedrig machen, senken' (zu dem erst mlat. in der Bedeutung 'niedrig' nachweisbaren Adjektiv *bassus*) vorausgeht.

Bajonett n. 'auf den Gewehrlauf aufzustekkende Stichwaffe'. Nach *Bayonne* in Südwestfrankreich, dem ersten Herstellungsort, wird im 16. Jh. mfrz. frz. *baïonnette* (auch *bayonnette*) f. gebildet. Mit wachsender militärischer Bedeutung der Waffe gelangt diese Bezeichnung Anfang des 18. Jhs. als Neutr. ins Dt., zuerst auch in (meist mundartlichen) Nebenformen wie *Banet, Baganet*. – B a j o n e t t v e r s c h l u ß m. 'durch Drehung herstellbare Verbindung zylindrischer Teile'. Das technische Fachwort kommt gegen Ende des 19. Jhs. in Gebrauch, als die zunächst zum Befestigen des Bajonetts auf dem Lauf dienende Vorrichtung in verschiedenen Bereichen der Technik Anwendung findet.

Bake f. 'feststehendes Seezeichen', heute auch auf bestimmte Verkehrszeichen und Eisenbahnsignale übertragen. Mnd. *bāke(n)* 'Feuerzeichen, Leuchtfeuer', im 17. Jh. als seemännischer Ausdruck für verschiedenartige, an Land oder im flachen Wasser errichtete Orientierungsmarken ins Hd. übernommen, geht (wie mnl. *baken* n., nl. *baak* f., *baken* n., anord. *bākn* n. 'Zeichen, Bake') auf afries. *bāken, bēken* n. 'Signal, Feuerzeichen' zurück. Das afries. Wort entspricht lautlich asächs. *bōkan* 'Zeichen, Wunderzeichen', aengl. *bēac(e)n* 'Zeichen, Erscheinung', engl. *beacon* 'Bake, Leuchtfeuer', ahd. *bouhhan* (8. Jh.), mhd. *bouchen* 'Zeichen, Vorbild' und setzt wie diese germ. **baukna-* voraus, das sich vielleicht über eine *u*-Erweiterung zu der in aind. *bhā́ti* 'leuchtet, scheint', griech. *phāínein* (*φαίνειν*) 'sichtbar machen, erscheinen lassen', aslaw. *bělъ*, russ. *bélyj* (*белый*) 'weiß' vorliegenden Wurzel ie. **bhā, *bhō-* 'glänzen, leuchten, scheinen' stellen läßt; vgl. Pokorny 1, 105.

Bakelit n. Handelsname für eine Preßmasse aus Phenolharz; um 1910 als internationales Kunstwort (vgl. engl. *bakelite*, frz. *bakélite*) in Anlehnung an den Namen des belgischen Chemikers *Baekeland*, des Erfinders dieses ersten vollsynthetischen Kunststoffs, unter Verwendung der für bestimmte chemische Verbindungen üblichen Endung *-it* gebildet.

Bakschisch n. 'Trinkgeld, Geldgeschenk'. Pers. *baḫšīš* 'Geschenk' (zu pers. *baḫšīdan* 'geben'), als Entlehnung auch in anderen orientalischen Sprachen verbreitet (arab. *baḫšīš*, türk. *bakšīš*), gelangt über diese im 17./18. Jh. als *baksheesh, bakshish* ins Engl., in der 2. Hälfte des 19. Jhs. ins Frz. (*bakchis*, jetzt *bakchich*) und ins Dt.

Bakterie f. 'Gärung, Fäulnis oder Krankheiten bewirkender pflanzlicher Mikroorganismus'. Neben griech. *báktron* (*βάκτρον*) 'Stab, Stock, Stütze' (verwandt mit lat. *baculum* 'Stab', s. *Bazillus*) steht gleichbed. griech. *baktēría* (*βακτηρία*), zu dem ein Deminutivum *baktḗrion* (*βακτήριον*) 'Stäbchen, Stöckchen' gehört, das als *bactērium* ins Lat. entlehnt ist. Ch. G. Ehrenberg verwendet 1838 diese lat. Form als Benennung für die seit der Mitte des 17. Jhs. beobachteten Kleinstlebewesen, deren genauere Erforschung in der zweiten Hälfte des 19. Jhs. zur raschen Verbreitung des Fachausdrucks (mit dem zum Plur. *Bakterien* gebildeten Sing. *Bakterie* f. neben *Bakterium* n.) beiträgt, so daß sich bereits in den 80er Jahren Zeugnisse in der dt. Belletristik finden. – bakteriell Adj. 'durch Bakterien hervorgerufen' (1. Drittel 20. Jh.). Bakteriologie f. 'Wissenschaft von den Bakterien' (s. *-logie*), dazu bakteriologisch Adj. 'auf der Bakteriologie beruhend', auch 'im Hinblick auf Bakterien' (beide seit dem letzten Drittel des 19. Jhs.).

Balalaika f. gitarreähnliches russisches Volksinstrument mit dreieckigem Resonanzkörper. Die möglicherweise zu russ. (landschaftlich) *balákat'* (*балакать*) oder *balabólit'* (*балаболить*) 'schwatzen, Belanglosigkeit reden' gehörende Bezeichnung russ. *balalájka* (*балалайка*) des ursprünglich tatar. Zupfinstruments wird Ende des 18. Jhs. ins Dt. übernommen.

Balance f. 'Gleichgewicht'. Auf spätlat. *bilanx* 'Waage mit zwei Waagschalen' (s. *bi-* und vgl. lat. *lanx*, Gen. *lancis*, 'Schüssel, Schale') geht vlat. **bilancia* zurück, die Vorstufe von ital. *bilancia* 'Waage' (wovon *bilanciare* 'abwägen, prüfen' und die postverbale Ableitung *bilancio* 'Bilanz', s. *Bilanz*) und frz. *balance* 'Waage, Gleichgewicht, Bilanz' (wahrscheinlich mit frühem lautlichen Einfluß von spätlat. *ballāre* 'tanzen'). Frz. *balance* dringt seit der Mitte des 17. Jhs. in der Bedeutung 'Gleichgewicht' (*jmdm. die Balance halten*) ins Dt., wird das ganze 18. Jh. hindurch, namentlich in der Fügung *Balance von Europa*, als politisches Schlagwort verwendet (nach engl. *balance of power*) und ist von der 2. Hälfte des 18. Jhs. an auch als Ausdruck der Artisten und Seiltänzer geläufig. In der dt. Kaufmannssprache des 17. bis 19. Jhs. kommt *Balance, Balanz* außerdem mit der Bedeutung 'Rechnungsabschluß' als Nebenform von (aus dem Ital. übernommenem) *Bilanz* vor. – balancieren Vb. 'etw. oder sich selbst im Gleichgewicht halten', seit Ende des 17. Jhs. nach frz. *balancer* 'im Gleichgewicht halten, schwanken' (Ableitung von frz. *balance* 'Waage, Gleichgewicht, Bilanz'); anfangs häufig 'gegeneinander abwägen, unschlüssig sein' (so vereinzelt bis ins 19. Jh.); die heutige Bedeutung ist vom Beginn des 18. Jhs. an bezeugt; vom 18. bis ins 20. Jh. wird das Verb gelegentlich auch neben *bilanzieren* (s. *Bilanz*) in dessen Sinne gebraucht. ausbalancieren Vb. 'ins Gleichgewicht bringen' (19. Jh.). Balancierstange f. (2. Hälfte 18. Jh.).

bald Adv. 'nach Ablauf einer verhältnismäßig kurzen Zeitspanne, in nächster Zeit'. Ahd. *baldo* 'kühn, unverzagt' (9. Jh.), mhd. *balde* 'kühn, schnell, sogleich' gehört wie mnd. *bōlde*, mnl. *boude*, aengl. *bealde* 'kühn, schnell, sogleich' als Adverb zu einem Adjektiv ahd. asächs. *bald*, mhd. *balt*, mnd. *bolt, balt*, mnl. *bout* 'kühn', aengl. *bald, beald*, engl. *bold* 'kühn, dreist', anord. *ballr* 'kühn', schwed. (aus dem Mnd.) *båld* 'kühn, stolz', got. **balþs* 'kühn' (zu erschließen aus got. *balþei* f. 'Kühnheit', *balþaba* Adv. 'kühn'), das sich über germ. **balþa-* 'hochfahrend, kühn' (ursprünglich 'geschwollen') zu ie. **bhel-* 'aufblasen, aufschwellen' (s. [1]*Ball*) stellen läßt. Im Nhd. ist allein das Adverb noch gebräuchlich und wird im Anschluß an die im Mhd. über 'mit beherzter Entschlossenheit' entwickelte Bedeutungsvariante 'schnell, sogleich' nur als Zeitbestimmung verwendet. Das untergegangene Adjektiv mit der Bedeutung 'kühn' findet sich bis heute als Bestandteil von Eigennamen wie *Balduin, Willibald, Leopold* und (sinnentleert) in abschätzigen Bezeichnungen wie *Raufbold, Witzbold*, die solchen Namen nachgebildet sind. – B ä l d e f., nur in der (vor allem obd. und in geschäftsmäßiger Ausdrucksweise) die Bedeutung von *bald* umschreibenden adverbiellen Fügung *in Bälde* seit Anfang des 17. Jhs. vorkommend, ist Neubildung nach dem Adverb; ein älteres Substantiv ahd. *beldī(n)* (8. Jh.), mhd. *belde* 'Kühnheit, Dreistigkeit', zum Adjektiv ahd. *bald*, mhd. *balt* (s. oben) gehörend, fehlt wie dieses im Nhd. b a l d i g Adj. 'kurz bevorstehend, umgehend', spätmhd. *baldec*, nur vereinzelt im 16./17., allgemein verbreitet seit dem 18. Jh.; Ableitung vom Adverb mhd. *balde*, nhd. *bald* (s. oben). a l s b a l d Adv. 'sogleich'; mhd. *alsō balde, als balde* Konj. 'sobald' wird im Frühnhd. zusammengerückt (bis ins 17. Jh. aber noch häufig Getrenntschreibung) und seit dem 15. Jh. in den Formen *alsbald, -balde, -balden* und (im 17./18. Jh. geläufig, im 19. Jh. veraltend) *alsobald, -balde, -balden* zunehmend als Adverb 'sogleich' verwendet. Daneben setzt sich zunächst konjunktionaler Gebrauch der Variante *alsbald(e)* fort, der von der Mitte des 16. Jhs. an selten wird und im 17. Jh. aufhört. Zum Adverb wird im 17. Jh. das Adjektiv a l s b a l d i g 'baldig' gebildet.

Baldachin m. 'schmückende Überdachung eines Thrones, Altars, Bettes'. Nach dem ältesten bekannten Herstellungsort, der Stadt *Bagdad* (deren Name ist pers. Herkunft), die im mittelalterlichen Ital. *Baldacco* heißt, ist ital. *baldacchino* als Bezeichnung für einen kostbaren golddurchwirkten Seidenstoff gebildet. Mit Verbreitung des Gewebes in Westeuropa wird dieser Ausdruck in die roman. Sprachen entlehnt und ergibt auch mlat. *baldakinus*. Wohl über afrz. *baldekin* (später *baudequin*) gelangt er als *baldekīn* ins Mhd. und hat spätmhd. (14. Jh.) daneben bereits vereinzelt die Bedeutung 'aus kostbarem Stoff angefertigter Traghimmel'. Im Nhd. ist *Baldachin* 'Thron-, Traghimmel' als erneute Entlehnung seit Anfang des 17. Jhs. gebräuchlich, zunächst in Formen wie *Baldachino* und *Baldequin*, die sowohl auf gleichbed. ital. *baldacchino* als auch auf (im 14. Jh. in der neuen Bedeutung wiederum aus dem Ital. übernommenes) frz. *baldaquin* als Vorbilder weisen.

Baldrian m. Die staudenartige, stark riechende Heilpflanze, aus deren Wurzel ein beruhigend wirkendes Öl gewonnen wird, trägt vom Mittelalter an den hinsichtlich seiner Bildung nicht sicher erklärbaren Namen mlat. *valeriana*; vgl. ital. span. *valeriana*, frz. *valériane*, engl. *valerian*, nl. *valeriaan*, russ. *valeriána* (*валериана*). Im Dt. erscheint die Bezeichnung mit eingeschobenem Gleitlaut *d* und zum Verschlußlaut gewandeltem Anfangskonsonanten mhd. *baldriān* (spätmhd. gelegentlich auch in der Schreibung *waldriān*), mnd. *boldriān*. Der Genuswechsel beruht vielleicht auf der Ähnlichkeit mit Männernamen auf *-ian* (nach der lat. Endung *-iānus*).

Balg m. 'die als Ganzes abgezogene Haut kleinerer Tiere', früher als Behältnis sowie zur Anfertigung verschiedener Gegenstände benutzt, daher in älterer Zeit Verwendungen wie 'Schlauch, Sack, Schwertscheide' und heute noch die Bedeutungen 'Blasebalg' und, daran anschließend, 'in Falten liegender, ausziehbarer Teil' (bei Ziehharmonika, Photoapparat, D-Zug-Wagen). Ahd. *balg* 'Schlauch, Sack, Blasebalg, Fruchthülse' (9. Jh.), mhd. *balc* 'Balg, Haut, Schwertscheide' läßt sich mit asächs. *balg*, mnd. mnl. *balch* 'Sack, Blasebalg, Bauch', aengl. *belig* 'Sack, Beutel, Schote' (vgl. engl. *belly* 'Bauch', *bellows* 'Blasebalg'), anord. *belgr* 'Balg, Blasebalg, Bauch', got. *balgs* 'Schlauch' (germ. **balgi-*) zu außergerm. Verwandten wie aind. *barhíḥ*

'Streu, Opferstreu', pers. *bāleš* 'Kissen', ir. *bolg* f. 'Blase', *bolg* m. 'Sack, Bauch, Hülse', *bolgaim* 'schwelle', gall.-lat. *bulga* 'Ledersack', russ. (älter) *bólozen'* (*болозень*) 'Schwiele, Beule, Hühnerauge' stellen und damit an ie. **bhelĝh-* 'schwellen; Balg, Kissen, Polster', eine Erweiterung der Wurzel ie. **bhel-* 'aufblasen, aufschwellen' (s. [1]*Ball* und *Polster*), anschließen. Die Grundbedeutung geht also von der Vorstellung des Aufgeblasenen, Prallen aus. Bereits mhd. wird die Bezeichnung von der Tierhaut verächtlich auf den menschlichen Körper übertragen und dann auch als Scheltwort für Menschen gebraucht (s. dazu *Wechselbalg*). Derb-liebevoll auf Kinder bezogen, ist *Balg* im Nhd. (seit dem 18. Jh., bes. nordd.) oft Neutrum mit dem Plural *Bälger*. – B l a s e b a l g m. 'Gerät zum Erzeugen eines Luftstroms', ursprünglich zum Anfachen des Feuers, dann auch zur Luftzufuhr bei bestimmten Musikinstrumenten verwendet, ahd. *blāsbalg* (11. Jh.), mhd. *blāsebalc*, eine frühe Zusammensetzung mit dem Verb *blasen* (s. d.). b a l g e n Vb. refl. 'raufen, sich prügeln'; seit dem 15. Jh. bezeugt, zunächst trans. 'zanken, streiten, jmdn. beschimpfen' (im Schwäb.-Alem. fortlebend); wohl nicht unmittelbar das alte Verb ahd. *belgan* (8. Jh.), mhd. *belgen* 'in Zorn geraten' (vgl. anord. *belgja* 'aufblasen, aufschwellen') weiterführend, sondern vom (zur Schelte gewordenen) Substantiv *Balg* abgeleitet; dazu das auf einem nicht geklärten Bild beruhende gleichbed. k a t z - b a l g e n Vb. refl. (Ende 15. Jh.) sowie das Substantiv B a l g e r e i f. 'Rauferei, Prügelei' (16. Jh.).

Balken m. 'langes Stück Bauholz'. Die westgerm. Formen ahd. *balko* (9. Jh.), mhd. mnd. *balke*, asächs. *balko*, mnl. *balke, balc*, nl. *balk* (germ. **balkan-*) lassen sich ebenso wie anord. (*u*-Stamm) *bǫlkr*, (*n*-Stamm) *bjalki*, schwed. *bjälke*, dän. *bjelke* auf ie. **bhelĝ-, *bhelg-* zurückführen, eine mit ie. **bhleĝ-, *bhleg-* (s. *Block*) korrespondierende Erweiterung der in *Bohle* (s. d.) vorliegenden Wurzel ie. **bhel-*. Außergerm. Verwandte, die auf unterschiedliche Gutturalerweiterungen dieser Wurzel zurückgehen, sind griech. *phálkēs* (*φάλκης*) 'Balken', lat. *fulcīre* 'tragen, stützen' und wohl auch griech. *phálanx* (*φάλαγξ*) 'Rolle, Walze, Balken, Schlachtreihe'. – G e b ä l k n. 'sämtliche Balken im Bauwerk, bes. des Dachstuhls', mhd. *gebelke* 'Stockwerk'.

Balkon m. 'offener Vorbau am Haus'. Anfang des 18. Jhs. wird gleichbed. frz. *balcon* ins Dt. übernommen, das seinerseits aus ital. *balcone* 'Söller, Balkon' entlehnt ist. Dessen germ. Ursprungswort ist langobard. **balko*, dem nhd. *Balken* (s. d.) entspricht.

[1]**Ball** m. 'kugelförmiges Spiel- oder Sportgerät, runder Körper'. Die dem Nhd. formal entsprechenden starken Maskulina ahd. (9. Jh.), mhd. *bal* 'Ball, Kugel, Hand-, Fußballen' haben neben sich ein gleichbed. schwaches Maskulinum ahd. *ballo* (11. Jh.), mhd. *balle*. Die definitive Unterscheidung zwischen starkem (Spiel-)*Ball* und schwachem (Hand-, Fuß-, Waren-)*Ballen* (s. d.) kennt erst das Nhd. (doch begegnet in den obliquen Kasus schwach flektiertes *Ball* bis etwa 1800). Die dt. Formen sind wie mnl. nl. *bal* (germ. **balla-*) und anord. *bǫllr*, schwed. *boll* (germ. **ballu-*) sowie lat. *follis* 'Schlauch, Beutel', griech. *phallós* (*φαλλός*) 'männliches Glied' (s. *Phallus*) Bildungen zur Wurzel ie. **bhel-* 'aufblasen, aufschwellen, prall sein'; die Grundbedeutung ist demnach 'aufgeblasener, aufgeschwollener Körper' (Erweiterungen dieser Wurzel liegen vor in *blähen, blasen*, s. d.). Aus dem Germ. ist (durch langobard. Vermittlung) ital. *palla*, nordital. *balla* entlehnt (wozu ital. *pallone, ballone*, s. *Ballon*). – B a l l s p i e l n. (14. Jh.); vgl. ahd. *slegibalspil* (Hs. 13. Jh.). b a l l e n Vb. 'zum Ball formen' (18. Jh.).

[2]**Ball** m. 'festliche Tanzveranstaltung', etymologisch nicht verwandt mit [1]*Ball*, ist eine Entlehnung (17. Jh.) des gleichbed. afrz. frz. *bal*, das aus afrz. *baler* 'tanzen' gebildet ist. Voraufgehendes spätlat. *ballāre* 'tanzen' steht in Verbindung mit griech. *ballízein* (*βαλλίζειν*) 'die Schenkel werfen, hüpfen, tanzen', einer Erweiterung von griech. *bállein* (*βάλλειν*) 'werfen'. Eine andere Herleitung versucht Mehl in: Mutterspr. 76 (1966) 310, der an griech. *pállein* (*πάλλειν*) 'schwingen' anknüpft, das mit Anlauterweichung bei den griech. Siedlern in Unteritalien zu spätlat. *ballāre*, ital. *ballare* 'tanzen' geführt habe; doch vgl. Walde/Hofmann [3]1, 95.

Ballade f. 'episch-lyrisches, dramatisch verlaufendes Strophengedicht'. In dieser Bedeutung seit der 2. Hälfte des 18. Jhs. üblich, als um 1770 Bürger und wenig später Goethe nach dem Vorbild der engl. und schott. *ballads* deutsche *Balladen* zu schreiben beginnen. Im 16. Jh. 'Tanzlied', Entlehnung von frz. *ballade*. Ursprung sind die seit dem 12. Jh. bei den roman. Völkern entwickelten Tanzlieder, vgl. afrz. *balade*, ital. *ballata*, beide nach aprov. *balada* (zu aprov. *balar* 'tanzen', s. ²*Ball*). Sie werden in Frankreich zu kunstvollen lyrischen Gedichten weiterentwickelt. Im Engl. wird seit Ende des 14. Jhs. mit (aus dem Frz. übernommenem) *ballad* eine 'volkstümliche, dramatisch verlaufende Erzählung in Liedform' bezeichnet und damit der moderne Begriff der *Ballade* ausgebildet. Dieser neue Inhalt verbindet sich mit der frz. Lautform. – b a l a d e s k Adj. 'in Art einer Ballade, balladenhaft' (19. Jh.).

Ballast m. 'wertlose Last, Belastung, Bürde'. Aus dem Schwed., das noch heute neben *ballast* die ursprüngliche Form *barlast* erhalten hat, zunächst ins Mnd. (2. Hälfte 14. Jh.), von dort in das Hd. (17. Jh.) entlehnt. *barlast*, den nordischen Sprachen gemeinsam, ist eine Zusammensetzung mit *Last* (s. d.), deren erstes Kompositionsglied nicht völlig gesichert ist. Wahrscheinlich ist es *bar* 'bloß, rein' (s. d.), also ursprünglich 'absolute, bloße Last', d. h. Nur-Last, Last ohne Handelswert. Als Ausdruck der Seemannssprache für die Bezeichnung der Sandlast zur Erhaltung des Gleichgewichts im untersten Raum des Schiffes verbreitet sich *barlast* in der assimilierten südschwed. Form *ballast* in der 2. Hälfte des 14. Jhs. über den ganzen Einflußbereich der Hanse und ist in dieser Zeit auch im Mnl. und Mfrz. nachweisbar.

Ballen m. 'fest verpacktes Stück Ware, Muskelpolster an Hand- und Fußflächen'. Die schwach flektierende Nebenform zu ahd. mhd. *bal* (s. ¹*Ball*) ahd. *ballo* (11. Jh.), mhd. *balle* 'Ball, Kugel, Hand-, Fußballen' entwikkelt im Mhd. im 14. Jh. auch die Bedeutung 'Warenballen'. Mit dem Eindringen des auslautenden *-n* aus den flektierten Formen in den Nominativ (15. Jh.) setzt sich die formale und semantische Differenzierung von *Ballen* und ¹*Ball* fort.

Ballerina f. 'Solistin im klassischen Ballett'. Im 17. Jh. wird gleichbed. ital. *ballerina* entlehnt, Femininum zu ital. *ballerino* 'Tänzer, Tanzmeister'; zu ital. *ballare* 'tanzen' (s. ²*Ball*). – P r i m a b a l l e r i n a f. 'erste Solotänzerin im Ballett', Entlehnung von ital. *prima ballerina* 'erste Tänzerin' (18. Jh.); s. auch *Primadonna*.

ballern Vb. 'knallen, schießen, klopfen', vermutlich lautmalende Bildung, zuerst im 17. Jh. nachweisbar.

Ballett n. 'Bühnentanz (und die dazugehörende Musik), Tanzgruppe für Bühnentanz', Anfang des 17. Jhs. entlehnt aus ital. *balletto* 'Tänzchen', einem Deminutivum von ital. *ballo* 'Tanz', jünger 'Ball', Nominalableitung von ital. *ballare* 'tanzen' (s. ²*Ball*). Dazu in französierender Form B a l l e t t e u s e f. 'Ballettänzerin', Ende des 19. Jhs.

ballistisch Adj. 'die Flugbahn eines Körpers bzw. Geschosses betreffend', Neubildung des 19. Jhs. zu lat. *ballista* 'Wurf-, Schleudermaschine', auch 'Wurfgeschoß', das entweder über ein (allerdings nur als Name eines Sternbilds bezeugtes) griech. *ballistḗs* (βαλλιστής) auf griech. *bállein* (βάλλειν) 'werfen, schleudern, schießen' bzw. in gleichem Sinn gebrauchtes *ballízein* (βαλλίζειν) zurückgeht oder (weniger wahrscheinlich) unmittelbar zu diesen Verben gebildet ist. – B a l l i s t i k f. 'Lehre von der Bewegung geworfener oder geschossener Körper' (19. Jh.).

Ballon m. 'mit Luft oder Gas gefüllter großer Ball, kugelförmiges Luftfahrzeug' ist eine Entlehnung des 16. Jhs. aus ital. *pallone* (wohl aus der nordital. Form mit *b*-Anlaut) 'großer Ball', einer Vergrößerungsbildung zu ital. *palla* 'Ball, Kugel', das selbst germ. Ursprungs ist (s. ¹*Ball*). Im 16. und 17. Jh. bleibt die Bedeutung auf 'Ball' beschränkt. Ende des 18. Jhs. gewinnt *Ballon* (unter dem Einfluß des ebenfalls aus dem Ital. entlehnten frz. *ballon*) an Verbreitung, nimmt frz. Aussprache und die Bedeutung 'Luftfahrzeug, Luftballon' an.

Balsam m. 'Linderungsmittel, Wohltat'. Ahd. *balsamo* (11./12. Jh.) wahrscheinlich 'Pfefferminze, Krauseminze', mhd. *balsame, balseme, balsme* 'Balsamstrauch, Wohltat' ist entlehnt aus lat. *balsamum*, griech. *bálsamon* (βάλσαμον) 'Balsamstrauch, duftendes Öl davon', das aus dem semit. Sprachbereich übernommen ist, vgl. hebr. *bāśām*, arab. *bašām* 'Balsamstrauch'. – b a l s a m i s c h Adj. 'wohlriechend, lieblich', mhd. *balsamlich*; b a l s a m i e r e n Vb. 'mit Balsam einreiben, durch Behandlung mit konservierenden Mitteln vor Verwesung schützen', mhd. *balsamieren*; seit Ende des 16. Jhs. verdeutlichend *einbalsamieren*.

Balustrade f. 'säulenverzierte Brüstung, Geländer'. Gleichbed. frz. *balustrade*, Anfang des 18. Jhs. ins Deutsche übernommen, ist Entlehnung von ital. *balaustrata*, das zu ital. *balaust(r)a* 'Blüte des wilden Granatbaums' gebildet ist. Ital. *balausta*, älter auch *balausto* beruht auf lat. *balaustium*, griech. *balaústion* (*βαλαύστιον*) 'Granatapfelblüte', mit deren länglicher, sich verdickender Form die Geländersäulen verglichen werden.

Balz f. 'Liebesspiel und Paarungszeit größerer Vögel', mhd. *valz, balz* 'Begattung, Begattungsort der Vögel'. Die Herleitung bereitet auf Grund der bis ins 19. Jh. bestehenden Doppelform des Anlauts (*b*- und *v*- bzw. *f*-) Schwierigkeiten. Geht man von der *b*-Form aus, so ist Anschluß an das unter *Bolzen* (s. d.) behandelte ie. **bheld-* 'pochen, schlagen' möglich und damit engerer Zusammenhang mit norw. (mundartlich) *bolt* 'männlicher Waldvogel, Kater', nhd. (Westfalen) *Bolz(en)* 'Kater', norw. (mundartlich) *baltra* 'sich wälzen, tummeln', *bolta*, schwed. *bulta* 'poltern, vorwärtsstürmen'. Andererseits wäre als Ausgangsform für einzelne (oder alle?) Formen auch ie. **peld-* (zur Wurzel ie. **pel-* 'stoßend oder schlagend in Bewegung setzen, treiben', s. *Filz*) denkbar.

Bambus m. Die Bezeichnung für das (sub)-tropische Rohrgras ist eine Entlehnung des 17. Jhs. aus nl. *bamboe(s)*, das, wohl über port. *bambu*, Plur. *bambus*, in die europ. Sprachen (vgl. engl. *bamboo*, frz. *bambou*, span. *bambú*) eingedrungen und von mal. *bambu* herzuleiten ist. Latinisiertes *Bambusa* ist als Name der Pflanze in die botanische Terminologie eingegangen. – B a m b u s r o h r n. 'Stengel des Bambus' (Anfang 18. Jh.).

Bammel m. 'Angst' (Mitte 19. Jh.), gewöhnlich nur in der umgangssprachlichen Wendung *Bammel haben* 'Angst haben'. Die etymologische Herleitung ist offen. Wolf Rotw. 43 erklärt es als Metathesis von jidd. *baal emoh* 'Furchtsamer'. Besser wird es jedoch als Rückbildung von *bammeln* 'schaukelnd sich hin und her bewegen' (s. *baumeln*) erklärt, das als Übertragung die ängstliche Unsicherheit bei Gefahr oder vor einer wichtigen Entscheidung meint.

banal Adj. 'geistlos, nichtssagend, alltäglich'. Das Ende des 18. Jhs. ins Dt. entlehnte gleichbed. afrz. frz. *banal* ist eine Ableitung des 13. Jhs. von afrz. *ban* 'Bann', auch 'Gerichtsbezirk' (s. *Banner*), dies eine Entlehnung aus anfrk. **ban*, dem ahd. *ban* (s. *Bann*) entspricht. Die Bedeutung im Frz. geht daher aus von 'mit Bann belegt' und führt über 'zur gemeinsamen Nutzung bestimmt' zu 'allgemein, trivial'. – Dazu die Ableitungen B a n a l i t ä t f. 'Geistlosigkeit, Abgedroschenheit, banale Äußerung' (2. Hälfte 19. Jh.), eine latinisierende Bildung nach frz. *banalité*, und b a n a l i s i e r e n Vb. 'ins Banale ziehen' (Anfang 20. Jh.).

Banane f. Die Bezeichung für die längliche, etwas gebogene, gelbe Frucht einer baumähnlichen tropischen Staude wird Ende des 16. Jhs. in den Formen *Bonanas* und *Bananas* (Plur.) aus port. *bananas* (Sing.), später *banana*, entlehnt. Die weitere Herkunft ist nicht gesichert. Möglicherweise ist es eine Übernahme aus einer Bantusprache Guineas bzw. des Kongo. Über das Port. ist das Wort seit der 2. Hälfte des 16. Jhs. in die verschiedenen europäischen Sprachen eingedrungen (vgl. Wis in: Neuphilolog. Mitt. 59, 1958, 1 ff. und 61, 1960, 58 ff.; FEW 20, 86). In der heutigen Form im Dt. erst seit Beginn des 19. Jhs. belegt.

Banause m. 'Mensch ohne Verständnis für geistige und künstlerische Dinge, ohne feinen Lebensstil'. 1796 durch F. L. zu Stolberg aus griech. *bánausos* (*βάναυσος*) 'Handwerker, Spießbürger', als Adjektiv 'gemein, niedrig', in einer Übersetzung von Platons Symposion zusammen mit b a n a u s i s c h Adj. 'in der Art eines Banausen' entlehnt; beide Wörter in der heutigen Bedeutung seit Anfang des 19. Jhs. gebräuchlich.

Band m. (Plur. *Bände*) 'einzelnes Buch' eines mehrbändigen Druckwerkes bzw. aus einer Reihe verschiedener Bücher. Mit der Bedeutung 'Einband' (17. Jh.), dann 'das Zusammengebundene' gehört das Wort wie *Band* n. (s. d.) zu *binden* (s. d.). – E i n b a n d m. 'Deckel und Rücken eines Buches' (2. Hälfte 18. Jh.), älteres *Band* (s. oben) ablösend.

Band f. 'moderne Musikkapelle' (für Jazz bzw. Tanzmusik, vgl. *Jazz-, Beatband*), Übernahme (20. Jh.) von gleichbed. engl. *band* (eigentl. 'Verbindung von Personen, Gruppe'), das frz. *bande* fortsetzt (s. [1]*Bande*).

Band n. bezeichnet etw. zum Binden Dienendes, gewöhnlich einen Gewebestreifen (Plur. *Bänder*) oder (Plur. *Bande*) eine 'Bindung, enge Beziehung' (vgl. *zarte Bande*) bzw. in gehobener, dichterischer Sprache 'Fessel'. Ahd. *bant* 'Fessel, Strick' (8. Jh.), mhd. mnd. mnl. *bant*, asächs. nl. *band*, anord. schwed. *band* gehen als neutrale bzw. maskuline Formen auf einen alten ie. *o*-Stamm zurück, der die Funktion eines Nomen agentis zu dem unter *binden* (s. d.) behandelten Verb hat ('etw., das bindet'), vergleichbar verwandtem aind. *bandháḥ* 'Band, Fessel'; anders abgeleitet sind got. *bandi* f., asächs. *bendi* f., aengl. *bend* m. f. – Bandeisen n. 'dünn gewalztes, bandförmiges Eisen' (19. Jh.). Bandmaß n. 'Meßband' (20. Jh.). Bandscheibe f. Knorpelscheibe zwischen den Wirbelknochen (20. Jh.). Bandwurm m. im Darm schmarotzender langer Plattwurm (19. Jh.). Tonband n. 'Magnetband für die Aufnahme von Schallwellen' (20. Jh.).

Bandage f. 'Wund-, Stütz-, Schutzverband', Entlehnung (Anfang 18. Jh.) von gleichbed. frz. *bandage*, einer Ableitung von frz. *bander* 'binden, verbinden', das seinerseits zu afrz. frz. *bande* 'Binde, Band' gebildet ist (s. [2]*Bande*). – bandagieren Vb. 'eine Bandage anlegen' (Mitte 19. Jh.).

[1]**Bande** f. 'Rotte, Horde, Schar' von Soldaten, Musikanten, im 16. Jh. aus mfrz. frz. *bande* 'Truppe' entlehnt. Dies ist über gleichbed. aprov. *banda* entweder unmittelbar aus dem Germ. herzuleiten (vgl. got. *bandwa* f. neben got. *bandwō* f. 'Zeichen') oder durch Vermittlung von spätlat. *bandum* (Plur. *banda*) 'Feldzeichen', mlat. auch 'Truppenabteilung', aus dem Germ. entlehnt. Für das Roman. ist von einer Bedeutung 'Truppe unter einer gemeinsamen Fahne' (vgl. nhd. *Fähnlein*, s. d.) auszugehen. Der im heutigen Dt. vorherrschende abschätzige Sinn entwickelt sich im 18. Jh. aus Verbindungen, in denen *Bande* auf Gesindel, Diebe, Räuber bezogen wird.

[2]**Bande** f. 'erhabener fester Rand, seitliche Einfassung' einer Fläche (Billardtisch, Spielfeld) oder einer Bahn (Kegel-, Reitbahn). Als Entlehnung (18. Jh.) von gleichbed. frz. *bande* hat es seine Vorstufe in afrz. *bende, bande* 'Binde, Band', das selbst germ. Ursprungs ist und auf ein Verbalsubstantiv (vgl. ahd. *binta*, nhd. *Binde*) zu *binden* (s. d.) entweder unmittelbar oder über lat. Vermittlung (vgl. mlat. *binda, benda*) zurückgeht.

Banderole f. 'Verschluß-, Streifband'. Im 19. Jh. wird frz. *banderole* 'Wimpel, Fähnlein' entlehnt; die heutige Bedeutung im Dt. ist durch fälschlichen Anschluß an *Band* n. (s. d.) zu erklären. Das frz. Substantiv ist eine Entlehnung aus ital. *banderuola*, Deminutivbildung zu ital. *bandiera* 'Fahne, Banner', einer Ableitung von ital. *banda* 'Truppe unter gemeinsamer Fahne', für dessen Etymologie das zu aprov. *banda, bandiera* Gesagte gilt (s. [1]*Bande, Banner*).

bändigen Vb. 'zähmen, gehorsam machen'. Das Mitte des 16. Jhs. von frühnhd. *bendig* Adj. 'gefügig, zahm', mhd. *bendec* 'festgebunden' abgeleitete Verb (eigentl. 'an einem Band halten') gehört mit *Band* n. zu *binden* (s. d.). Das Adjektiv ist heute nur noch in *unbändig* 'wild, ungebärdig, überaus', mhd. *unbendec* 'durch kein Band gehalten' (von Tieren) bewahrt.

Bandit m. 'Räuber, die Gesellschaft bedrohender Übeltäter' ist eine Entlehnung zu Anfang des 16. Jhs. aus ital. *bandito*, dem Part. Perf. von ital. *bandire* 'verbannen'. Da außerhalb des Gesetzes Stehende sich zum Straßenraub zusammenschlossen, gilt *bandito* für den Verbannten, der als Übeltäter, als Straßenräuber lebt, und gelangt über schweizerdt. Schriftsteller, anfangs in dieser Doppelbedeutung, ins Deutsche. Ital. *bandire* ist wahrscheinlich germ. Ursprungs (vgl. got. *bandwjan* 'ein Zeichen geben, andeuten'), vermischt sich aber mit lautähnlichem ital. (älter) *bannire* 'verbannen' und übernimmt dessen Bedeutung; nach mlat. *bannire*, das ebenfalls aus dem Germ. stammt und ein germ. Verb fortsetzt, das in nhd. *bannen* (s. d.) erhalten ist.

bang, bange Adj. 'ängstlich, besorgt'. Mhd. *bange* Adv. ist eine Zusammensetzung von mhd. *be-* mit dem Adverb mhd. *ange* 'eng' (ahd. *ango*) und bezeichnet den seelischen Zustand der Beklommenheit, des Beengtseins. Zu weiterer Herkunft und Verwandtschaft s. *eng*. Häufig in der Wendung *mir ist, wird angst und bange* (16. Jh.). Adjektivischer Gebrauch setzt im 17. Jh. ein. – bangen Vb. 'ängstlich sein'; mhd. *bangen* 'ängstlich werden' verliert sich im 15. Jh.; erst im 18. Jh. wird *bangen* zum Adj. *bange* neu geprägt, ebenso wie Bange f. 'Angst, Furcht,

Sorge', da auch mhd. *bange* m. sich im Nhd. nicht fortsetzt.

Banjo n. 'Tamburin-Gitarre'. Beliebt und häufig bei den amerikanischen Negern im 19. Jh., die das Instrument und die Bezeichnung wahrscheinlich aus ihrer westafrikanischen Heimat mitgebracht haben, wie senegambisch *bania*, kimbundu (Bantu-Spr.) *mbanza* nahelegen. Die Bezeichnung entstammt wohl einer orientalischen Sprache, aus der sie von den Arabern übernommen und in Afrika verbreitet wird. Vgl. FEW 18, 15. Aus dem Amerik.-Engl. gelangt sie im 19. Jh. in alle Weltsprachen.

[1]**Bank** f. 'Sitzmöbel für mehrere', ahd. (9. Jh.), mhd. mnl. *banc*, asächs. mnd. nl. *bank*, aengl. *benc*, engl. *bench*, anord. *bekkr*, schwed. *bänk* führen auf germ. **bankiz*. Die Etymologie ist nicht sicher. Vergleicht man anord. *bakki* (*-kk-* aus *-nk-*) 'Erhöhung, Hügel, Flußufer' und die zu germ. **baka(n)-* 'Rücken' (s. *Bache* sowie *Backbord*, [2]*Backe*) gehörige Wortgruppe (ohne inlautenden Nasal), so läßt sich über die Vorstellung 'Rundes, Gewölbtes' für germ. **bankiz* 'gebogene, gerundete Erdaufschüttung zum Sitzen', später 'gerundeter, aus Holz gemachter Sitz' (z.B. auf dem Thingplatz) annehmen. Aber auch Verbindung zu aind. *bhanákti* 'biegt, bricht', *bhaṅgáḥ* 'Biegung, Bruch' und Anschluß an die Wurzel ie. **bheg-*, **bheng-* 'schlagen, brechen' ist denkbar; **bankiz* wäre dann ursprünglich die zum Sitzen flach geschlagene, geebnete Erde. S. auch [2]*Bank*. In bildlichen Wendungen: *auf die lange Bank schieben* 'verzögern', anfänglich Gerichtsakten in die langen Truhen (den Aufbewahrungsort) bringen (15. Jh.); *durch die Bank* 'allesamt' (wie sie nebeneinander sitzen).

[2]**Bank** f. 'Geschäft für Geldverkehr', in seiner Herkunft identisch mit [1]*Bank* (s. d.), das früh in die roman. Sprachen eindringt. Ital. *banco* m. (Nebenform *banca* f.), anfangs (wie mhd. *wehselbanc*) der Tisch der Geldwechsler, wird im 15. Jh. rückentlehnt, wobei die ital. Lautung *Bancho, Ban(c)ko* lange beibehalten wird. Nach frz. *banque* f. begegnen im 18. Jh. Pluralformen wie *Banques, Banquen*, unter deren Einfluß bei Anlehnung an [1]*Bank* sich die heutige Form und das feminine Genus durchsetzen. Auf frz. Vorbild beruht auch die Verwendung von *Bank* als 'Spielbank' im Glücksspiel. – Banknote f. Die Prägung engl. *banknote* (17. Jh.) wird im 18. Jh. ins Dt. übernommen, ältere Bezeichnungen wie *Bankbillet, Bankzettel* ablösend.

Bänkeisänger m. 'Moritatensänger' (18. Jh.), der auf Jahrmärkten u. dgl., erhöht auf seinem *Bänklein* (s. [1]*Bank*) stehend, auf seinen Vortrag illustrierende Bildtafeln wies.

Bankert m. 'uneheliches Kind', heute ungebräuchlich, gelegentlich noch als Schimpfwort; mhd. *banchart*, d. i. auf der Bank (s. [1]*Bank*), nicht im Ehebett gezeugtes Kind. Der zweite Wortteil besteht aus dem in Männernamen üblichen *-hart* (wie in *Bastard*, s. d.).

Bankett n. 'festliches Mahl, Festessen', gegen Ende des 15. Jhs. entlehnt aus ital. *banchetto* 'Festmahl', eigentl. 'kleine Bank, kleiner Tisch', Deminutivum zu dem aus dem Germ. stammenden ital. *banco* (s. [1]*Bank* und [2]*Bank*). Urspünglich wohl Bezeichnung für die der Tafel beigesetzten Serviertischchen.

Bankier m. 'leitender Bankkaufmann'. Den frühen dt. Bildungen zu [2]*Bank* (s. d.) wie *Bankir, Banker* (15. Jh.), *Bankier, Bankierer* (16./17. Jh.) folgen Bezeichnungen wie *Banchiero, Panciero* (17. Jh.), die sich an ital. *banchiere* anschließen. Zu Beginn des 17. Jhs. wird auch frz. *banquier* entlehnt, das alle anderen Formen verdrängt und von der Mitte des 18. Jhs. an allmählich in der dt. Schreibweise *Bankier* wiedergegeben wird.

Bankrott m. 'Zahlungsunfähigkeit, finanzieller Zusammenbruch', um 1500 entlehnt aus ital. *banca rotta* f. (*banco rotto* m.), eigentl. 'zerbrochener (Wechsel)tisch' (s. [2]*Bank*). Anfangs in der dem ital. Vorbild nahestehenden Schreibweise *Panckarotta, Panckarott*, im 17. Jh. unter dem Einfluß von frz. *banque* häufig *Banquerott*. Ital. *rotto* setzt lat. *ruptum* 'ge-, zerbrochen' fort. – bankrott Adj. 'zahlungsunfähig' (16. Jh.); Bankrotteur m., mit frz. Endung älteres *Banckerotter, Bancrottierer* (16. Jh.) ablösend.

Bann m. 'zwingende Gewalt', ahd. (9. Jh.), mhd. *ban*, asächs. *bann*, aengl. *gebann*, engl. *ban*, anord. *bann* (germ. **banna-*), Abstrakta zu einem reduplizierenden Verb, das in ahd. *bannan* (10./11. Jh.), *gibannan* (9. Jh.), mhd. *bannen*, asächs. aengl. *bannan* 'befehlen, aufbieten, vor Gericht fordern' begegnet. Das germ. (Nasalpräsens aufweisende) Verb ist verwandt mit lat. *fārī* 'künden, sprechen, sagen', griech. *phánai* (φάναι) 'kundmachen, sagen', russ.-kslaw. *bajati* 'erzählen, besprechen, heilen', russ. (älter) *bájat'* (*баять*) 'reden, sprechen' und mit diesen an die Wurzel ie. **bhā-* 'sprechen' anzuschließen, zu der vielleicht auch aind. *bhánati* 'spricht, tönt' gehört (vgl. Mayrhofer 2,469). Mit einer zu vermutenden Grundbedeutung 'feierlicher Spruch' entwickelt sich *Bann* zu einem zentralen Begriff des mittelalterlichen Rechts. Es bezeichnet einen 'Befehl', ein 'Gebot, Verbot unter Strafandrohung', danach auch 'Einberufung zum Gericht' wie auch in mhd. *herban* das 'Aufgebot der Waffenfähigen zum Kriegsdienst'. Es gilt für die 'Gerichtsgewalt' (vgl. mhd. *bluotban* 'Gerichtsbarkeit über Leben und Tod'), für das 'Herrschaftsgebiet' und den 'Gerichtsbezirk'. *Bann* ist schließlich die 'Ächtung' und der 'Ausschluß aus der Gemeinschaft der katholischen Kirche' (dafür heute *Exkommunikation*, s. d.), zumal in der Wendung *Acht und Bann* (s. [1]*Acht* und vgl. *Bannbulle*). Heute wird *Bann* nur noch zur Darstellung und Beschreibung der genannten mittelalterlichen Verhältnisse verwendet oder aber übertragen im Sinne von 'zwingende Gewalt, Fesselung, Zauber' (*jmdn. in seinen Bann ziehen, im Banne der Musik stehen*) gebraucht. – Das Verb b a n n e n (s. oben) geht in spätmhd. Zeit (wie auch andere reduplizierende Verben) zur schwachen Flexion über. Seine Bedeutung 'in den Bann tun' (d. i. 'exkommunizieren') hält sich in historisierender Ausdrucksweise bis zur Gegenwart; allgemein heute im Sinne von 'an einem Ort festhalten, an einen Ort verweisen, durch Spannung fesseln'. v e r b a n n e n Vb. 'aus einem Gebiet weisen, verstoßen, ausschließen', ahd. *firbannan* 'in den Bann tun, ächten' (8. Jh.), mhd. *verbannen* 'gebieten, in den Bann tun, verstoßen, verfluchen'.

Banner n. 'Fahne, Standarte', mhd. *banier(e)* 'Feldzeichen, Fähnlein an Speer oder Lanze' ist eine Entlehnung von afrz. *baniere* 'Feldzeichen, Heerfahne' (frz. *bannière*), die sich noch in mhd. Zeit unter Akzentverschiebung zu *baner* weiterentwickelt, aber auch in der Form *banier, Panier* (15. Jh.) bis heute erhalten bleibt. Afrz. *baniere* wird als Ableitung von dem aus dem Germ. (s. *Bann, banal*) entlehnten afrz. *ban* 'Aufruf, Aufgebot zum Kriegsdienst' angesehen; es bezeichnet wohl zunächst den Ort ('Gerichtsbezirk'), an dem das Banner als Rechtssymbol des Bannes aufgepflanzt wird, dann die Fahne selbst. Nicht ganz abzuweisen ist aber auch die ältere Auffassung, nach der afrz. *baniere* als Entlehnung aus gleichbed. aprov. *bandiera* betrachtet wird (mit Aufgabe des inlautenden *-d-* bei Anlehnung an frz. *ban*); es würde sich dann unmittelbar an aprov. *banda*, frz. *bande* 'Truppe unter gemeinsamer Fahne' (s. [1]*Bande*) anschließen.

Bar f. 'Nachtlokal' bzw. 'intimes kleines Restaurant' sowie der darin befindliche hohe 'Schanktisch'; im 19. Jh. aus dem Engl. bzw. Amerik.-Engl. entlehnt. Ausgangspunkt ist engl. *bar*, mengl. *barre*, entlehnt aus afrz. *barre* (s. *Barre*). Aus der schon dem Afrz. entstammenden Bedeutung 'Schranke' leitet das Mengl. offenbar die spezielle Bedeutung 'Schranke vor dem Schanktisch' (um diesen vor dem Zugriff der Gäste zu schützen) her, woraus sich im 15. Jh. die Bedeutung 'Schanktisch' entwickelt. In den USA bildet sich unter der Bezeichnung *bar-room*, verkürzt *bar*, ein Typ des Wirtshauses heraus, in dem man am Schanktisch stehend rasch eine Erfrischung einnehmen kann. *Bar* erscheint Mitte des 19. Jhs. im Dt. in Reisebeschreibungen, wird in den oben angegebenen Bedeutungen um 1900 geläufig und begegnet seit der Mitte des 20. Jhs. auch für andere Einrichtungen, die eine barähnliche Theke haben, an der Gäste oder Kunden Platz nehmen können; vgl. *Milch-, Mokka-, Absatz-, Plattenbar*.

bar Adj. 'bloß', (übertragen) 'ohne etw., nichts als', (vom Geld) 'unmittelbar verfügbar'. Ahd. (10. Jh.), mhd. *bar* 'nackt, bloß, unverhüllt, offen daliegend, frei von, ohne etw., rein, nichts als', mhd. auch (vom Geld) 'offen aufgezählt', asächs. *bar*, mnd. *bār* (auch vom Geld), mnl. *baer*, nl. *baar* (nur vom Geld), aengl. *bær*, engl. *bare*, anord. *berr* (germ. **baza-*) lassen sich vergleichen mit lit. *bãsas*, lett. *bass*, aslaw. *bosъ*, russ. *bosój* (*босой*) in der spezialisierten Bedeutung 'barfuß' sowie (mit Gutturalsuffix) armen. *bok* 'barfuß'. Die meisten Formen führen mit Sicherheit auf ie. **bhosos* 'nackt, bloß', eine Adjektivbildung, die wohl zur Wurzel ie. **bhes-* 'ab-, zerreiben, ausstreuen' (vgl. aind. *bábhasti* '(zer)kaut, zerbeißt, verzehrt') gehört. Sie liegt in erweiterter Form in griech. *psẽn* (*ψῆν*) 'reiben, schaben, kratzen', *psēnós* (*ψηνός*) 'kahlköpfig', *psīlós* (*ψιλός*) 'kahl, nackt, glatt, entblößt' vor. *bar* wäre danach ursprünglich die kahlgewetzte, abgeschabte Stelle der behaarten (Tier)haut. Im älteren Dt. ist *bar* ein übliches Wort für 'nackt, entblößt', es bezieht sich auf Körperteile (s. *barfuß, barhaupt*) wie auf Sachen (Schwert, Geld), wird aber auch (seit ahd. Zeit) in übertragenem Sinne gebraucht. Die Anwendung auf Geld vollzieht sich auf hd. Gebiet und ist nd. erst im 16. Jh. bezeugt; dafür im hansischen Sprachgebrauch *rēdes gelt, gerēdes gelt* (mnd. *rēde, gerēde* neben *berēde*, s. *bereit*); vgl. G. Richter in: Zur Ausbildung d. Norm d. dt. Literaturspr. 2 (1976) 192 ff. *Bares Geld* ist aus dem verhüllenden Behältnis gezogenes, aufgezähltes, offen daliegendes Geld und tritt in Gegensatz zu dem erst durch schriftliche Zahlungsanweisung verfügbaren. – b a r f u ß 'mit bloßen Füßen', heute nur noch adverbial gebraucht im Unterschied zur Weiterbildung b a r f ü ß i g Adj.; mhd. *barvuoȝ*, dazu die Weiterbildungen mhd. *barvüeȝe, -vüeȝic*, ahd. *barafuoȝi* (Hs. 12. Jh.). Wie die germ. Parallelen mnd. *bārvōt*, mnl. *baervoet*, aengl. *bærfōt*, anord. *berfœttr* zeigen, handelt es sich um ein altes Possessivkompositum. b a r h a u p t 'mit bloßem Haupt, ohne Kopfbedeckung', heute nur adverbial; b a r h ä u p t i g Adj. (15. Jh.); mhd. *barhoubet*. B a r g e l d n. (um 1400). B a r s c h a f t f. (Anfang 15. Jh.).

-bar Adjektivsuffix. Ahd. *-bāri*, mhd. *-bære* ist, wie die negierten Formen ahd. *unbāri*, mhd. *unbære* 'unfruchtbar' zeigen, ursprünglich ein selbständiges Verbaladjektiv mit der Bedeutung 'tragend, fähig zu tragen, hervorzubringen', zu germ. **beran*, ahd. *beran* 'tragen' (s. *Bahre, gebären*). Seit Beginn der Überlieferung erscheint es in Zusammensetzungen wie *dankbar*, ahd. *(un)thancbāri*, mhd. *dancbære*. Ursprünglich ist das erste Kompositionsglied immer ein Substantiv, vornehmlich ein Abstraktum. Schon in ahd. Zeit entwickelt sich *-bāri* zum Kompositionssuffix, das, bei verblassender Eigenbedeutung, auch an Vertreter anderer Wortklassen tritt; seit spätmhd. Zeit bildet *-bære* nach dem Vorbild der Suffixe *-lich* und *-ic* (nhd. *-ig*) zunehmend Verbaladjektive. In dieser Funktion bleibt *-bar* bis auf den heutigen Tag überaus produktiv. Die Bedeutung solcher Ableitungen ist im allgemeinen passivisch-modal: *(un)erreichbar* '(nicht) zu erreichen', entsprechend *(un)heil-, zerleg-, passier-, machbar*; vgl. R. Flury Adjektiv-Suffix *-bar* (1964). Lautlich setzt nhd. *-bar* die unumgelautete adverbielle Form ahd. *-bāro*, mhd. *-bāre* fort, die Luther auch in adjektivischer Funktion gegenüber der regulären, aus mhd. *-bære* entwickelten spätmhd. frühnhd. Form *-ber* durchsetzt.

Bär m. Aus Tabugründen meidet das Germanische ebenso wie das Baltische und Slawische den ie. Namen für den Bären, wie er in aind. *ṛ́kṣaḥ*, lat. *ursus*, griech. *árktos* (ἄρκτος) vorliegt und als ie. **ṛksos, *ṛktos*, eigentl. 'Zerstörer, Schädling', anzusetzen ist. Man möchte das gefährliche Tier nicht durch Nennung seines wahren Namens herbeirufen. Die Slawen sprechen von ihm als dem 'Honigesser', vgl. aslaw. *medvědь*, russ. *medvéd'* (*медведь*). Für die Germanen ist er 'der Braune', indem sie ihn mit Bildungen zur Wurzel ie. **bher-* 'braun' bezeichnen, die in ie. Sprachen mehrfach in Benennungen brauner Tiere erscheint (s. *braun* und *Biber*). Germ. **beran-* ergibt ahd. *bero* (8. Jh.), mhd. *ber*, mnd. *bāre, bār, bēre*, mnl. *bere*, nl. *beer*, aengl. *bera*, engl. *bear* und wohl auch die Kompositionsform anord. *ber-* 'Bären'- (s. *Berserker*), während anord. *bjǫrn* 'Bär' germ. **bernu-* voraussetzt. *Großer Bär, Kleiner Bär* für zwei Sternbilder am nördlichen Himmel, zuerst *Großbär, Kleinbär* (Anfang 17. Jh.), sind Wiedergaben antiker Ausdrücke (s. *arktisch*). Schon Homer kennt *Árktos* (Ἄρκτος) f. 'Bärin' bzw. 'Bär' für das größere der beiden Sternbilder. Die Bezeichnungsweise der Griechen reicht möglicherweise bis in ie. Zeit zurück; vgl. Scherer Gestirnnamen (1953) 131 ff. und 176 ff. – b ä r b e i ß i g Adj. 'grimmig', eigentl. 'der Art eines Bärenbeißers entsprechend, so bissig wie ein Bärenbeißer' (2. Hälfte 18. Jh.), zu *Bär(en)beißer*, Bezeichnung eines zur Bären- und Büffeljagd verwendeten dickköpfigen, schweren und scharfen Hundes von bösem Aussehen, seit Ende des 17. Jhs. in der Jagdliteratur beschrieben; sachlich und sprachlich vergleicht sich *Bullenbeißer* (s. d.); zum zweiten Kompositionsglied des Adjektivs s. *bissig*. – Ausgehend von metaphorischem Gebrauch entwickelt das Kompositionsglied Bären- in nominalen Zusammensetzungen die Bedeutungen 'überaus groß, stark', vgl. *Bärenkraft* (16. Jh.), *bärenstark* (19. Jh.), *Bärenhunger* (19. Jh.), *Bärenkälte* (20. Jh.), und 'besonders robust, widerstandsfähig', vgl. *Bärengesundheit* (20. Jh.) sowie *Bärennatur* (20. Jh.), früher (16. bis 18. Jh.) 'grimmiges, grausames Wesen'.

Baracke f. 'ebenerdige, aus leichtem Material gebaute provisorische Unterkunft'. Während des Dreißigjährigen Krieges aus dem Frz. entlehnt (die frz. Schreibung *Baraque* hält sich bis in die 1. Hälfte des 18. Jhs.), wird *Baracke* zunächst vorwiegend für die im Feldlager oder an Stadtmauern errichteten Soldatenunterkünfte verwandt. Gleichbed. frz. *baraque* (mfrz. *barraque*) stammt aus span. *barraca*, das in älteren Quellen eine Hütte für Soldaten oder Zigeuner, aber auch eine aus Lehmziegeln und Stroh hergestellte Bauernkate (in Valencia) bezeichnet. Das span. (ursprünglich katalan.) Wort gehört vermutlich zu span. *barra*, frz. *barre* 'Stange', vlat. **barra* 'Querstange' (s. *Barre*) oder zu span. *barro* 'Ton, Lehm', vlat. **barrum* 'Lehm'. Die Hütte hieße dann nach den Materialien, aus denen sie ursprünglich gefertigt wurde (Holzstangen oder Lehm). Die Herkunft beider vlat. Formen ist nicht geklärt.

Barbar m. 'grausamer Mensch, Rohling, Ungebildeter'. Lat. *barbarus* Adj. 'ausländisch, fremd, ungebildet' ist Entlehnung von griech. *bárbaros* (*βάρβαρος*) 'fremd, nichtgriechisch, unkultiviert, roh'. Das griech. Adjektiv und aind. *barbaraḥ* 'stammelnd' sind onomatopoetische Reduplikationsbildungen, die voneinander unabhängig entstanden sein können (vgl. MAYRHOFER 2,412). *βάρβαρος*, *barbarus* bedeuten substantiviert soviel wie 'Fremder, Ausländer, der heimischen Sprache Unkundiger'. In dieser Verwendung wird *barbarus* in spätmhd. Zeit (um 1400) ins Deutsche entlehnt und steht häufig für den Fremden im Gegensatz zum Griechen oder Römer, dann auch für den Heiden, den Angehörigen einer fremden Religionsgemeinschaft, besonders den Türken. Die Verwendungen 'Ungebildeter' und 'grausamer Mensch' setzen im 16. bzw. 17. Jh. ein. – Barbarei f. 'Unmenschlichkeit, Roheit, niedrige Entwicklungsstufe, Unwissenheit', aus lat. *barbaria* 'Ausland' (im Gegensatz zu Rom und Griechenland), 'Unkultur, Roheit', im 15. Jh. ins Deutsche entlehnt. Zunächst allgemein 'Land der Barbaren', im engeren Sinne das Land der Berber, auch *Berberei*, die Barbareskenstaaten Marokko, Algerien, Tunesien. Die Bedeutungen 'Unwissenheit' und 'Unmenschlichkeit' setzen sich im 16. und 17. Jh. durch. Barbarismus m. 'fehlerhaftes Sprechen, Sprachfehler, Roheit, Grausamkeit'. Aus gleichbed. lat. *barbarismus*, griech. *barbarismós* (*βαρβαρισμός*) im 16. Jh. ins Deutsche übernommen. *Barbarismus* wird hauptsächlich zur Bezeichnung einer durch Fremdeinfluß verursachten sprachlichen Regelwidrigkeit verwendet, seit der 2. Hälfte des 19. Jhs. auch in der Bedeutung 'Grausamkeit'. barbarisch Adj. 'grausam, unmenschlich, ungebildet'. Ähnlich wie *Barbar* zunächst von Volkszugehörigkeit und Sprache 'fremd, ausländisch', so vereinzelt Mitte des 14. Jhs. bezeugt, öfters seit dem 15. Jh. Die Bedeutung 'unmenschlich' ist seit der 2. Hälfte des 16. Jhs. nachzuweisen, die intensivierende Verwendung im Sinne von 'sehr' oder 'groß, das gewöhnliche Maß übersteigend' (*bararisch heiß, barbarische Kälte*) seit dem Ende des 18. Jhs.

Barbier m. 'Herrenfriseur'. Die seit dem 14. Jh. nachzuweisende, heute unübliche Berufsbezeichnung für den Bartscherer und Haarschneider, zu dessen Aufgaben in früherer Zeit auch medizinische Hilfeleistungen, namentlich kleinere chirurgische Eingriffe gehören, ist wie mnl. nl. *barbier*, engl. *barber* (über anglonorm. *barber*) eine Übernahme von gleichbed. afrz. frz. *barbier*, abgeleitet von afrz. frz. *barbe* 'Bart' (aus lat. *barba*; vgl. mlat. *barbarius, barberius* 'Bartscherer'). Das dt. Substantiv begegnet allerdings zunächst in spätmhd. *barbierer*, erweitert um das für Personenbezeichnungen charakteristische Suffix *-er* (falls nicht neu gebildet zum erst später bezeugten Verb *barbieren*, s. unten), während die an das frz. Vorbild angeglichene Form *Barbier, Barbir* erstmals im 15. Jh. vorkommt. *Barbierer* bleibt daneben bis ins frühe 19. Jh. üblich. Außerdem ist ein auf Dissimilation beruhendes *Balbierer* (15. Jh.), *Balbier* (16. Jh.) noch im 18./19. Jh. weithin in Gebrauch und lebt in der Alltagssprache einzelner Landschaften fort. – barbieren Vb. 'den Bart scheren, rasieren' (15. Jh., seit dem 16. Jh. auch *balbieren*), zum Substantiv *Bar-*

bier (s. oben), vielleicht im Anschluß an afrz. *barbier*, aprov. *barbejar* 'rasieren'. Bereits im 16. Jh. wird *barbieren, balbieren* metaphorisch im Sinne von 'übervorteilen, betrügen' verwendet (vgl. ähnlich gebrauchte Ausdrücke aus dem Bereich des Bader- und Barbiergewerbes wie *einseifen, scheren, schröpfen, zur Ader lassen*); daher verstärkend *jmdn. über den Löffel barbieren* (bzw. *balbieren*), zuerst Ende des 18. Jhs. als studentische Redensart notiert; die Wendung knüpft wohl an den noch für das 19. Jh. überlieferten Kunstgriff der Friseure an, das Rasieren eingefallener Wangen dadurch zu erleichtern, daß dem Kunden ein Löffel in den Mund geschoben wird.

Barchent m. 'dichtes, einseitig angerauhtes (Baumwoll)gewebe'. Arab. *barrakān* 'Stoff aus Kamelhaar' gelangt wohl über Spanien, wo diese Gewebeart schon im 9. Jh. gebraucht worden sein soll (vgl. span. *barragán*, port. *barregana*, älter *barragam*), in die westeurop. Sprachen. Mlat. *barrac(h)anus, barrachanum, parchanus* bzw. afrz. *barragan* 'Wollstoff' ergibt mhd. *barkān, barragān* (13. Jh.), spätmhd. *barchan(t), barchent* 'dichtes Wollgewebe (aus Ziegen-, Kamelhaar)'; in diesem Sinne noch nhd. *Berkan* (18. Jh., fachsprachlich bis ins 20. Jh.). Dagegen bezeichnet frühnhd. *Barcha(n)t, Barche(n)t, Barchen*, auch *Parcha(n)t, Parchan, Parchent* in der Regel bereits ein dichtes Gewebe aus Baumwolle oder ein Mischgewebe aus Baumwolle und Leinen (oft als wertvoller Preis bei Wettkämpfen, vgl. im älteren Nhd. die Redenart *um den Barchent laufen, jagen* u. ä. 'in Wettstreit treten, einen Vorteil zu erringen suchen').

Barett, Birett n. 'schirmlose, hut- oder kappenartige Kopfbedeckung'. Ausgangsform der sprachlichen Entwicklung ist spätlat. *birrus* (auch *byrr(h)us*) 'kurzer Überwurf mit Kapuze', wohl (wie andere Benennungen von Kleidungsstücken) ein Wort kelt. (gall.) Ursprungs; vgl. mir. *berr*, mkymr. *byrr* 'kurz'. Dazu stellen sich mehrere zur Bezeichnung von Kopfbedeckungen dienende Ableitungen im Mlat. und in den roman. Sprachen, wobei die gegenseitigen Lehnbeziehungen teilweise ungeklärt bleiben, vgl. mlat. *bir(r)etum, ber(r)et(t)a* 'Kappe' (als Zeichen geistlicher oder weltlicher Würde, auch Symbol für die Übertragung bestimmter Ämter oder Rechte), ital. (älter) *barretta, barretto* 'Kopfbedeckung, Kappe' und (wahrscheinlich aus dem Ital. stammendes) mfrz. *barrete* 'Umhang mit Kapuze, flache Mütze' (frz. *barrette* 'Mütze, Käppchen'). Aus dem Mlat. wie aus den roman. Nachbarsprachen werden im 15. Jh. *Birett, Barett*, zunächst auch Varianten wie *Barette*, ins Dt. entlehnt. Zur Zeit der Renaissance und der Reformation, in Deutschland also vornehmlich im 16. Jh., wird das *Barett* zur Hauptform der Kopfbedeckung. Der Ausdruck gilt bis heute bei Amtstrachten von Universitätslehrern, Richtern, Geistlichen. Durchgesetzt hat sich im allgemeinen die Form *Barett*, für die Kopfbedeckung katholischer Geistlicher aber *Birett*.

Bariton m. Die Bezeichnung für die Männerstimme mittlerer Lage (zwischen Baß und Tenor) und für den Sänger mit dieser Stimmlage (neben im 19. Jh. häufigem *Baritonist*), wie andere Fachwörter der Musik eine Entlehnung aus dem Ital., ist zuerst Anfang des 17. Jhs. (mit Bezug auf Italien) in der latinisierten Form *Barytonus* nachzuweisen, in der heutigen Gestalt (unter Einfluß von frz. *baryton* gleicher Herkunft?) jedoch erst im 18. Jh. gebräuchlich. Zugrunde liegt gleichbed. ital. *baritono*, Substantivierung des (nur in der grammatischen Terminologie weiterlebenden) Adjektivs ital. *baritono*, einer gelehrten Übernahme von griech. *barýtonos* (*βαρύτονος*) 'einen tiefen Ton aufweisend, tief tönend', in der Grammatik 'nicht den Hauptton tragend' (von Silben), 'nicht auf der letzten Silbe betont' (von Wörtern, so auch spätlat. *barytonus*); vgl. griech. *barýs* (*βαρύς*) 'schwer, gewichtig, heftig, beschwerlich, tief' und *tónos* (*τόνος*) 'Spannung, Seil, Sehne, Ton, Akzent, Anstrengung, Stärke' (s. ²*Ton*). *Baryton* heißt im Dt. auch ein im 17./18. Jh. verwendetes Streichinstrument mit meist sieben Saiten und einer größeren Zahl hinter dem Griffbrett befindlicher Resonanzsaiten (ital. *viola di bordone* oder *baritono*, frz. *baryton*) sowie (seit dem 19. Jh.) ein Blechblasinstrument (auch *Baritonhorn*).

Barium n. Das zu den Erdalkalimetallen gehörende chemische Element wird 1774 von Scheele als Bestandteil der Schwerspaterde entdeckt und wegen seiner Schwere mit *Baryt* bezeichnet, zu griech. *barýs* (*βαρύς*) 'schwer'. Der englische Chemiker Davy stellt den entdeckten Stoff durch Elektrolyse im Jahre 1808 metallisch, als reines, ungebundenes Element her und gibt ihm analog zu anderen chemischen Elementen auf *-ium* den Namen *Barium*.

Barkarole f. 'Gondellied, diesem ähnliches instrumentales Phantasiestück', im 19. Jh. aus ital. *barcar(u)ola* 'Schifferlied der *barcaroli*' (der venezianischen Gondolieri) entlehnt; an ital. *barca* 'kleines Boot, Nachen' (s. *Barke*) anzuschließen.

Barkasse f. 'Motorboot (für den Hafenverkehr)', älter auch 'größtes Beiboot eines (Kriegs)schiffs'. Der Anfang des 18. Jhs. ins Dt. entlehnte seemännische Ausdruck geht (ebenso wie erst im 19. Jh. bezeugtes frz. *barcasse*, nl. *barkas*) letztlich auf ital. *barcaccia* 'untaugliches, schadhaftes Boot', eine Bildung mit negativ wertendem Suffix zu ital. *barca* 'kleines Boot, Nachen' (s. *Barke*), zurück, doch weist die Bedeutung 'größtes Beiboot' auf Vermittlung durch span. *barcaza*, das bereits im 18. Jh. in diesem Sinne (als Vergrößerungsform von span. *barca* 'Boot, Kahn') gebraucht wird.

Barke f. 'kleineres Schiff ohne Mast', mhd. *barke*. Auf griech. *bāris* (*βᾶρις*) 'Nachen', das vermutlich auf gleichbed. kopt. *bāri* zurückgeht, beruht spätlat. *barca* (aus **bārica*), das in die roman. Sprachen gelangt und im Frz. als afrz. *barge*, mfrz. *barque* erscheint. Von hier wird es über mnl. *barke* ins Mhd. übernommen. Zu *Barke* stellt sich im 17. Jh. B a r k f. (nach nl. engl. *bark*), das sich im 19. Jh. mit der Bedeutung 'großes, dreimastiges Segelschiff' von *Barke* 'kleines Schiff' trennt.

barmen Vb. 'mit Mitgefühl erfüllen' (selten), 'jammern, klagen, lamentieren' (nordd. und omd.). Die got. Kirchensprache bildet zur Übersetzung von griech. *eleēin* (*ἐλεεῖν*) 'bemitleiden, Mitleid, Erbarmen haben' nach dem Muster von gleichbed. lat. *miserēre* bzw. *miserērī* (zu lat. *miser* 'elend, kläglich, bejammernswert, arm') ein von got. *arms* 'beklagenswert, elend' abgeleitetes Verb got. *arman* 'sich erbarmen'. Ein an das Adj. ahd. *arm* 'gering, hilflos, schwach, besitzlos, arm' (s. *arm*) sich anschließendes Verb ahd. *armēn* (9. Jh.) bedeutet 'arm werden, Not leiden', so daß die Kirchensprache zur Wiedergabe von 'sich erbarmen, Mitleid erregen' präfigiertes ahd. **bi-armēn* benutzt, belegt (10. Jh.) in der adverbial gebrauchten Partizipialform *barmēnto* 'erbarmend, voll Erbarmen' (für lat. *miserando*); vgl. mit anderem Präfix und anderer Stammbildung aengl. *ofearmian* 'mitleidig sein, Erbarmen zeigen' (zu aengl. *earmian* 'bemitleiden, bedauern', von aengl. *earm* 'arm'). Zusammengezogenes und darum als Einheit empfundenes ahd. *barmēn* wird im Hinblick auf seine durativ-inchoative Bedeutung erneut präfigiert, so daß ahd. *irbarmēn*, nhd. *erbarmen* (s. unten) entsteht. Diese Weiterbildung wird zum geläufigen Verb im Dt.; mhd. *barmen* '(sich) erbarmen, Mitleid erregen' bleibt selten, nhd. *barmen* wird weithin in die Mundarten abgedrängt und entwickelt im Nordd. und Omd. die oben angegebene Bedeutung 'jammern, klagen, kläglich tun', mit der es im 19. Jh. auch in die Literatursprache eingeht. – e r b a r m e n Vb. 'jmds. Mitleid erregen, jmdm. leid tun', (refl.) 'sich aus Mitleid und Barmherzigkeit jmds. annehmen, mildtätig sein'. Ahd. *irbarmēn* 'sich zu jmdm. herablassen, sich die Not eines anderen zu eigen machen, Mitleid empfinden oder erregen' (9. Jh.), mhd. *erbarmen* 'Mitleid haben, gerührt werden, rühren'. Weiterbildung mit dem Präfix ahd. *ir-* (s. *er-*) von ahd. *barmēn* (s. oben). E r b a r m u n g f. 'Barmherzigkeit, Mitleid', ahd. *irbarmunga* (10. Jh.), mhd. *erbarmunge*. E r b a r m e n n. 'Mildtätigkeit, Mitleid' (16. Jh.), substantivierter Infinitiv. e r b ä r m l i c h Adj. 'elend, ärmlich, nichtswürdig' (16. Jh.), ahd. *irbarmalīh* 'Erbarmen erregend' (um 1000); vgl. mhd. *erbarmeclich* 'barmherzig, erbarmenswert'. b a r m h e r z i g Adj. 'mitfühlend, mitleidsvoll, mildtätig' (gegenüber Bedürftigen), mhd. *barmherzec*, Weiterbildung von mhd. *barmherze*, ahd. *barmherzi* 'voll Erbarmen', eigentl. 'ein barmendes Herz habend' (11. Jh.), das unter dem Einfluß von ahd. *(ir)barmēn* aus ahd. *armherz* 'barmherzig' als Eigenschaft Gottes und der nach seinem Willen handelnden Menschen (9. Jh.) hervorgegangen ist (vgl. auch ahd. *armherzīg*, 11. Jh.). Dies ist eine Bildung aus ahd. *arm* (s. oben) und ahd. *herza* (s. *Herz*) unter dem Einfluß der got. Kirchensprache, die einem nach dem Muster von lat. *misericors* 'mitleidig' (eigentl. 'ein mitleidiges Herz habend', zu lat. *miserēre, -ērī* bzw. *miser* und *cor* 'Herz') entstandenen got. *armahaírts* folgt; vgl. auch aengl. *earmheort* neben (umgebildetem) anord. *aumhjartaðr*. Weitere Überlegungen zur Bildungsweise des got. Adjektivs bringt Beck in: ZfdPh 98 (Sonderheft 1979) 109ff. Barmherzigkeit f. 'Erbarmen, Mitgefühl, Mildtätigkeit', mhd. *barmherzekeit*; vgl. daneben got. *armahaírtiþa*, ahd. *armherzida* (8. Jh.), mhd. *barmherzede* sowie got. *armahaírtei*, ahd. *armherzī* (9. Jh.).

barock Adj. 'sonderbar, seltsam, überladen, schwülstig', seit dem späten 19. Jh. vor allem terminologisch mit Bezug auf den Stil des *Barock* (s. unten); zunächst in den Formen *baroque, baroc, barok* (2. Hälfte 18. Jh.), vorübergehend auch mit eindeutschender Suffigierung *barockisch* (bereits Mitte 18. Jh.) vorkommende Entlehnung von frz. *baroque* 'sonderbar, überladen'. Das frz. Adjektiv, zuerst im 16. Jh. in der Bedeutung 'schiefrund, unregelmäßig' auf Perlen angewandt, geht auf ein Substantiv port. *barroco* m. 'Perle mit ungleichmäßiger Oberfläche, schiefrunder Edelstein' zurück, dessen Herleitung unsicher ist (vermutlich vorroman., vielleicht von einem kelt. **verroccon*, vgl. Corominas 1, 450f.). Möglicherweise auf Grund des Gleichklangs mit der seit dem 13. Jh. bezeugten Kunstbildung mlat. nlat. *baroco*, die einen bestimmten Syllogismus in der formalen Logik benennt und als Inbegriff scholastischer Denkweise verspottet worden sein mag, entwickelt frz. *baroque* um 1700 den metaphorischen Gebrauch 'verschroben, sonderbar, bizarr, überladen'; in der zweiten Jahrhunderthälfte, also zur Zeit der Übernahme ins Dt., ist es oft tadelnde Kennzeichnung eines veralteten Geschmacks und überholter, als schwülstig empfundener künstlerischer Gestaltungsmittel, namentlich in Architektur, bildender Kunst und Musik. Dt. Kunsthistoriker gewinnen daraus Mitte des 19. Jhs. den von negativer Wertung freien Terminus Barock n. m. für die auf die Renaissance folgende Stilepoche (etwa vom Ausgang des 16. Jhs. bis 1750), der in andere europ. Sprachen entlehnt wird.

Barometer n. 'Luftdruckmesser'. Das 1643 von Toricelli erfundene Instrument zur Bestimmung des Luftdrucks, zunächst als *Toricellinische Röhre* bekannt, erhält 1665 von dem englischen Physiker Boyle seine Bezeichnung, eine Bildung zu griech. *báros* (*βάρος*) 'Schwere, Druck' und griech. *métron* (*μέτρον*) 'Meßgerät'.

Baron m. 'Freiherr' gelangt als Adelstitel im 16. oder 17. Jh. aus frz. *baron* ins Dt. Afrz. *baron* 'Vasall, Gatte' (woraus bereits mhd. *barūn*, das sich jedoch im Nhd. nicht fortsetzt) ist auf mlat. *baro* 'Mann, Lehensträger', spätlat. *baro* (Gen. *barōnis*) 'Mann, Mietsoldat' zurückzuführen. Dieses aus dem Germ. stammende, zuerst in latinisierter Form bezeugte Wort (u. a. in der frk. Lex Salica, 6. Jh., und im langobard. Edictus Rothari, 7. Jh.) gelangt wohl mit germ. Söldnern in die Romania (vgl. FEW 15,1,70). Es läßt sich mit anord. *berja* 'schlagen, töten', *berjask* 'sich schlagen, kämpfen', lat. *ferīre* 'schlagen, stoßen', aslaw. *brati* 'kämpfen, streiten', russ. (älter) *borót'* (*бороть*) 'bezwingen, überwältigen' verbinden und von der Wurzel ie. **bher-* 'mit einem scharfen oder spitzen Werkzeug bearbeiten' herleiten. Weniger wahrscheinlich ist Verwandtschaft mit aind. *bhárati* 'trägt', lat. *ferre* 'tragen', air. *breth* 'das Tragen, Gebären' und Anschluß an die Wurzel ie. **bher(ə)-* 'tragen, bringen' (vgl. Pokorny 1, 131). Gegen Ende des 19. Jhs. entstehen die Komposita *Hütten-, Kohlen-, Schlotbaron* als Ausdrücke kritisch-ironischer Distanzierung. – Baronesse f. 'Freifräulein', Übernahme (Anfang 18. Jh.) aus dem Frz., noch im 18. Jh. auch eingedeutscht *Baroneß*. Baronin f. 'Freifrau', Ableitung (2. Hälfte 18. Jh.) von *Baron*.

Barre f. 'Querstange, Schranke, Absperrung', auch (seit dem 17. Jh.) 'einer Flußmündung, Hafeneinfahrt vorgelagerte Sandbank'. Mhd. *barre, bar, bār* 'Balken, Schranke, Querstange' ist (wie mnl. *bāre* 'Schlagbaum, Verschanzung') entlehnt aus gleichbed. afrz. *barre*, dem vlat. **barra* 'Querstange' vorausgeht, dessen weitere Herleitung jedoch ungeklärt ist. Vielleicht läßt sich die vlat. Form (als ursprünglich pluralische Bildung?) an gall. **barros* 'Wipfel, buschiges Ende, Büschel, Haarschopf' (vgl. air. *barr* 'Oberstes, Spitze, Laub, Haar', kymr. korn. *bar* 'Spitze, Gipfel', bret. *barr* 'Spitze, Zweig') anschließen, das seinerseits zu einer *s*-Erweiterung der Wurzel ie. **bhar-, *bhor-* 'Hervorstehendes, Borste, Spitze' (s. *barsch, Borste*) gehört. Vom 17. Jh. an wird *Barre* auch im Sinne von 'Metallstange, für den Handel gegossenes längliches Formstück eines Metalls, bes.eines Edelmetalls' verwendet, so noch Anfang des 20. Jhs. neben heute dafür üblichem Barren m.; dieses zuerst im 18. Jh. nachweisbare Maskulinum ist wohl aus dem häufig gebrauchten

Plur. *Barren* als neuer Sing. entstanden, vielleicht beeinflußt durch nicht verwandtes, nur in obd. Mundarten fortlebendes *Barren*, älter auch *Bahren* 'Krippe, Raufe', mhd. *baren*, zerdehnt aus mhd. *barn(e)*, ahd. *barno* (s. *Paar*). *Barren* bezeichnet ferner seit dem frühen 19. Jh. das aus zwei auf Ständern ruhenden, parallel laufenden Holmen bestehende Turngerät, bei dessen Benennung sein Erfinder F. L. Jahn möglicherweise ebenfalls von der (im Hinblick auf die beiden Stangen naheliegenden) Pluralform zu *Barre* 'Stange' (s. oben) ausging; vgl. engl. *parallel bars*, frz. *barres parallèles*.

Barriere f. 'Schranke, Hindernis', Entlehnung (Anfang 17. Jh.) von gleichbed. frz. *barrière* (afrz. *barriere*), einer Kollektivbildung zu frz. *barre* 'Stange, Stab', afrz. *barre* 'Querstange', das auf gleichbed. vlat. **barra* (s. *Barre*) zurückzuführen ist.

Barrikade f. 'spontan errichtete (Straßen)sperre'. Das gleichbed. frz. *barricade* wird am Anfang des 17. Jhs. (zunächst unter Beibehaltung der frz. Schreibung) ins Dt. übernommen, aber erst durch die Revolution von 1848 populär. Obwohl frz. *barricade* (16. Jh.) zuerst als 'Verschanzung aus Fässern' bezeugt ist, scheint der versuchte Anschluß an frz. *barrique* 'Faß' eine volksetymologische Deutung zu sein. Frz. *barricade* geht eher auf gleichbed. ital. *barricata* (zu *barricare* 'verrammeln', ital. *barra* 'Querstange, Sperre', s. *Barre*) zurück; vgl. Gamillscheg [2]1, 88. – (ver)barrikadieren Vb. 'eine Sperre errichten, verrammeln' (19. Jh.), aus gleichbed. frz. *barricader*.

Barsch m. Fisch mit stachliger Rücken- und Afterflosse. Ahd. (11. Jh.), mhd. asächs. *bars*, aengl. *bærs, bears*, engl. (mundartlich) *barse*, mnl. *baerse*, nl. *baars* folgen einer *s*-Erweiterung der Wurzel ie. **bhar-*, **bhor-* 'Hervorstehendes, Borste, Spitze'. Der Name westgerm. **barsa-* ist daher verwandt mit *Borste, barsch* (s. d.).

barsch Adj. 'grob, unfreundlich, rauh'. Seit dem 16. Jh. belegtes nd. *barsch* 'scharf, streng, ranzig' (auf Speisen und Geschmack bezogen) entwickelt den oben genannten übertragenen Sinn. In beiden Verwendungsweisen geht es im 17. Jh. in die Literatursprache ein und wird gegen Ende des 18. Jhs. allgemein (doch kaum im Obd.) gebräuchlich. Das Adjektiv ist mit Gutturalsuffix wohl zu einer *s*-Erweiterung der Wurzel ie. **bhar-*, **bhor-* 'Hervorstehendes, Borste, Spitze' gebildet (s. auch *Barsch, Borste, Bürste, Bart*), wobei eine Übergangsbedeutung 'stechend, scharf' vorauszusetzen ist. – Barschheit f. 'rauhes Wesen, Unfreundlichkeit' (18. Jh.).

Bart m. 'Behaarung von Kinn und Wangen', ahd. (8. Jh.), mhd. *bart*, mnd. *bārt*, mnl. *baert*, nl. *baard*, aengl. engl. *beard* (germ. **barða-*) und (mit Metathese) aslaw. *brada*, russ. *borodá* (*борода*) sowie lat. (assimiliert aus **farba*) *barba* führen auf ie. **bhardhā* 'Bart', zur Wurzel ie. **bhar-*, **bhor-* 'Hervorstehendes, Borste, Spitze'.

[1]**Barte** f. 'breites Beil, (Streit)axt', ahd. *barta* 'Axt, Schnitzmesser' (um 1000), mhd. *barte*, asächs. *barda*, mnd. *bārde*, mnl. *barde*, anord. (aus dem Mnd.?) *barða*. Das nur noch selten gebrauchte Wort (vgl. *Bergbarte, Fleischbarte* und s. *Hellebarde*) ist auf Grund der Ähnlichkeit seines breit vorstehenden Eisenteils mit einem Bart eine Ableitung von dem unter *Bart* (s. d.) behandelten Substantiv.

[2]**Barte** f., meist Plur. *Barten*, borstenartig vom Oberkiefer der (Barten)wale herabhängende Hornplatten, die als Bart gedeutet werden. Wahrscheinlich entlehnt (18. Jh.) aus nl. *baard* (Plur. *baarden*) 'Bart, Fischbein', das nhd. *Bart* (s. d.) entspricht (s. auch [1]*Barte*).

Basalt m. harte, vulkanische Gesteinsart, im 18. Jh. aus lat. *basaltēs* 'Prüfstein', einer fehlerhaften Schreibung von *basanitēs*, entlehnt. Zugrunde liegt gleichbed. griech. *basanítēs (líthos)* (*βασανίτης λίθος*), das zu *básanos* (*βάσανος*) 'Prüfstein', einem Lehnwort aus ägypt. *baḫan*, gehört. Es ist nicht auszuschließen, daß das im Ostjordangebiet gelegene Gebirge *Basan* dem Gestein den Namen gegeben hat.

Basar m. 'orientalischer Markt; Warenverkauf, dessen Erlös für Aktionen der Hilfe oder Solidarität verwendet wird'. Ursprung ist pers. *bāzār* 'Markt, Händlerviertel', das in dieser Bedeutung durch Reiseberichte und Erzählungen vom 15./16. Jh. an in kaum veränderter Form in alle europäischen Sprachen eindringt; im Dt. seit dem 16. Jh. nachzuweisen. Für einheimische Einrichtungen wie Kaufhallen und Warenverkauf für Wohltätigkeitszwecke wird es erst zu Anfang des 19. Jhs. verwendet.

[1]**Base** f. 'Kusine' (heute veraltet). Ahd. *basa, wasa* (9. Jh.) bezeichnet die Vaterschwester, mhd. *base* und mnd. *wase* gelten auch für die Mutterschwester, entsprechen also heutigem *Tante*. Allmählich für alle entfernteren weiblichen Verwandten verwendet, wird die Bezeichnung im 18. Jh. eingeengt auf die heutige Bedeutung. Herkunft nicht geklärt, wahrscheinlich ist von einem kindlichen Lallwort **ba-* auszugehen.

[2]**Base** f. chemische Verbindung aus Metall-Ionen und Hydroxid-Ionen (Anfang 19. Jh.). Rückbildung aus dem Plur. *Basen* zu *Basis* (s. d.), da die Verbindung als Ausgangspunkt für chemische Prozesse geeignet ist. Dazu basisch Adj. 'wie eine Base reagierend' (Anfang 19. Jh.).

Baseball m. 'Schlagball(spiel)'. Das Spiel wird, aus England stammend, 1796 erstmals in Deutschland erwähnt. Seine heutige Form erhält es im frühen 19. Jh. in den USA, wo 1845 die im wesentlichen noch heute gültigen Regeln ausgearbeitet werden. Die Bezeichnung setzt sich zusammen aus engl. *base* 'Mal, Markierungszeichen' (eigentl. 'Grund, Grundlage', aus afrz. frz. *base* bzw. lat. *basis*) und *ball* 'Ball'.

Basilika f. 'Kirchenbau mit mehreren Schiffen', seit Anfang des 16. Jhs. in dt. Texten. Im Mittelalter bevorzugter Typus des Kirchenbaus, der seinen Ursprung in frühchristlicher Zeit (4. Jh.) hat. Architektonisches Vorbild sind öffentliche Gebäude in Rom, lat. *basilicae* (Sing. *basilica*), die Markt- oder Gerichtshallen mit einem erhöhten Hauptschiff und doppelten Säulengängen, nach dem Muster der griechischen *basilikḗ (stoá)* (*βασιλικὴ στοά*), der 'königlichen Wohnung'. Griech. *basilikós* (*βασιλικός*) ist Adjektivableitung von *basilēũs* (*βασιλεύς*) 'König'.

Basis f. 'Unterbau, Grundlage, Ausgangspunkt'. Lat. *basis* wird als Begriff der Mathematik 'Grundlinie' im 15. Jh. und als Begriff der Architektur 'Grundlage, Sockel, Postament' im 16. Jh. in dt. Texte aufgenommen. Vorauf geht als Verbalabstraktum zu griech. *baĩnein* (*βαίνειν*) 'gehen, schreiten' griech. *básis* (*βάσις*) 'Schritt', aber auch 'Grund, Grundlage' (eigentl. 'worauf man gehen, stehen kann'). Über die allgemeine Verwendung 'Grundlage, Ausgangspunkt' (18. Jh.) wird *Basis* durch Marx zum Terminus der materialistischen Geschichtsauffassung 'ökonomische Struktur der Gesellschaft in einer gegebenen Etappe ihrer Entwicklung'. – basieren Vb. 'beruhen, sich gründen' (19. Jh.), wohl nach dem Vorbild von gleichbed. frz. *baser*.

Basketball m. 'Korbball(spiel)', bei dem der Ball in einen Korb (engl. *basket*) geworfen werden muß. 1891/92 in den USA von J. Naismith entwickelt, seit 1936 olympische Disziplin.

Baß m. 'tiefste Stimm- bzw. Tonlage', bezeichnet sowohl die einzelne tiefe Männerstimme als auch die Gesamtheit dieser Stimmen im Chor, den Sänger einer Baßpartie, das tiefste Streichinstrument (*Kontrabaß*) sowie die Gesamtheit tiefer Instrumente im Orchester. Wie zahlreiche andere Ausdrücke der Musik aus dem Ital. entlehnt (Ende 15. Jh.); ital. *basso*, eigentl. 'niedrig, tief', setzt gleichbed. spätlat. *bassus* fort, das im Mittellateinischen bereits für die Bezeichnung der tiefen Tonlage verwendet wird. – Bassist m. 'Sänger in der Baßstimmlage' (Anfang 16. Jh.).

baß Adv. 'sehr, äußerst'. Das als komparative Steigerungsform zum Adverb *wohl* geltende *baß* ist heute nur noch in der scherzhaften, altertümelnden Wendung *baß erstaunt sein* gebräuchlich, im übrigen von *besser* (s. d.), dem (ursprünglich nur adjektivisch gebrauchten) Komparativ von *gut*, verdrängt worden. Ahd. *baȥ* 'besser' (9. Jh., zu *wola* 'gut'), mhd. *baȥ*, aengl. afries. *bet*, asächs. *bet, bat*, anord. *betr* lassen sich zusammen mit den unter *besser* und *Buße* (s. d.) behandelten Formen auf germ. **bat-, *bōt-* 'gut' zurückführen. Die Verbindung der im Germ. zahlreich vertretenen Wortgruppe mit außergerm. Formen wie aind. *bhadráḥ* 'glückverheißend, glücklich, erfreulich' und der Ansatz einer Wurzel ie. **bhăd-* 'gut' bleiben unsicher. Erhalten ist *baß* noch in der (heute nur noch altertümelnd verwendeten) Zusammensetzung fürbaß Adv. 'voran, weiter', ahd. *furbaȥ* (11./12. Jh.), mhd. *vurbaȥ*.

Bassin n. 'künstlich angelegtes Wasserbekken'. Mit zahlreichen anderen Bezeichnungen der Architektur und Gartenbaukunst wird frz. *bassin* gegen Ende des 17. Jhs. ins Dt. übernommen. Vorauf gehen afrz. *bacin*, vlat. **baccīnum* (s. *Becken*).

Bast m. 'Naturfaser, innere Schicht der Baumrinde', Flecht- und Bindematerial, früher zur Herstellung von Kleidung und zum

Nähen verwendet, ahd. (11. Jh.), mhd. *bast*, aengl. *bæst*, asächs. anord. *bast*, mnd. mnl. nl. engl. schwed. *bast*. Die Etymologie von germ. **basta-* ist unsicher. Man vermutet Verwandtschaft mit lat. *fascis* 'Bund, Bündel', *fascia* 'Binde, Band', mir. *basc* 'Halsband', so daß auf Grundformen ie. **bhasko-* bzw. mit Dentalsuffix ie. **bhasto-* 'Bund, Bündel' zurückzugehen wäre. Unwahrscheinlich ist ein angenommener Zusammenhang mit *binden*, der *Bast* aus ie. **bhendh-* 'binden' erklärt; da eine solche Lautentwicklung nur im Illyr. möglich ist, müßten die gut bezeugten germ. Formen als Entlehnungen betrachtet werden.

basta Interj. 'genug, Schluß'. Im 17. Jh. wird gleichbed. ital. span. *basta* als nachdrückliche, eine Auseinandersetzung beschließende Formel in die dt. Umgangssprache übernommen. Es ist die Verselbständigung einer Verbform ital. span. *basta* 'es ist genug' (3. Pers. Sing. Präs. Ind.) zu ital. *bastare*, span. *bastar* 'genug sein, hinreichen', dem vlat. **bastāre* 'tragen', dann auch 'ertragen, aushalten, Genüge leisten', aus spätgriech. *bastā́n* (*βαστᾶν*) für griech. *bastázein* (*βαστάζειν*) 'heben, tragen', vorausgeht.

Bastard m. in feudalistischer Zeit 'außerehelich geborenes Kind eines Adligen und einer Frau niedrigeren Standes', in der Biologie 'Tier oder Pflanze aus einer Kreuzung unterschiedlicher Rassen oder Arten'. Anfang des 13. Jhs. in den Formen mhd. *basthart, basthert* und *baster* aus gleichbed. afrz. *bastart*, mfrz. *bastard* (frz. *bâtard*) entlehnt. Das frz. Wort ist wie seine Entsprechung mlat. *bastardus* ein Rechtsausdruck, der der Sprache der frk. Eroberer entstammen muß, doch stoßen alle Deutungen auf Schwierigkeiten. Man hat afrz. *bastart* teils mit got. *bansts* 'Scheune' verbunden und als 'den in der Scheune Gezeugten' interpretiert, teils zu afries. *bōst* 'eheliche Verbindung', einem Abstraktum zu dem unter *binden* (s. d.) behandelten Verb, gestellt. Dann wäre jedoch für das Frz. eine Variante afries. **bāst* (ohne Verdumpfung von *ā* zu *ō*) oder eine Form anord. **bāstr* vorauszusetzen. Auch die Endung *-art, -ard* ist germ. Herkunft. Sie entspricht nhd. *-hard* in Eigennamen (zum Adjektiv *hart*, s. d.), erscheint in frz. Personennamen, die aus dem Germ. entlehnt sind, vgl. *Gérard* und *renard* 'Fuchs' (entsprechend *Reinhart Fuchs*), und bekommt früh Suffixcharakter in Personenbezeichnungen (vgl. *vieillard* 'Alter' zu *vieux, vieille* 'alt'). Knobloch in: Balkansko ezikoznanie 27 (1984) 57 ff. hält *Bastard* für ein altes Wanderwort iran. Ursprungs und erklärt es als 'Kind vom Bündel', d. h. 'Kind von Leuten, die mit Sack und Pack reisen', aus osset. *bast* 'Bündel' und *-ard*, dem Partizip von *aryn* 'gebären'.

Bastei f. 'vorspringender Teil an alten Festungsbauten, Bollwerk', Ende des 14. Jhs. entlehnt aus ital. *bastia* 'Bastei, Bollwerk', zu ital. (älter) *bastire*, afrz. *bastir*, frz. *bâtir* 'bauen', aus germ. **bastjan*, eigentl. '(mit Bast) verbinden', s. *Bast*.

basteln Vb. 'kleine handwerkliche Arbeiten machen'. Zunächst von unzünftiger Handwerksarbeit im 15. Jh. bair. *pästlen*, im 16. Jh. obfrk. *beßteln* (H. Sachs) bezeugt, seit dem 18. Jh. in der heutigen Form, aber erst seit der Mitte des 19. Jhs. (daneben noch obd. *besteln*) gebräuchlich. Wahrscheinlich eine Weiterbildung zu dem von *Bast* (s. d.) abgeleiteten Verb ahd. mhd. *besten* 'schnüren, binden'.

Bastion f. 'Schutzbau gegen Feinde, Befestigungsanalge'. Das Anfang des 17. Jhs. entlehnte gleichbed. frz. *bastion*, dem ital. *bastione*, eine Vergrößerungsbildung von *bastia* 'Bastei, Bollwerk', voraufgeht, verdrängt allmählich älteres *Bastei* (s. d.).

Bataillon n. 'militärische Truppeneinheit'; Übernahme (um 1600) von gleichbed. frz. *bataillon*. Dieses entspricht ital. *battaglione*, einer Vergrößerungsbildung von ital. *battaglia*, älter 'Schlachthaufen', dem vlat. *battālia*, lat. *battuālia* 'Fechtübungen' (zu vlat. *battere*, lat. *battuere* 'schlagen, klopfen') vorausgehen. *Bataillon* wird im Dt. zunächst als Maskulinum, dann als Neutrum, zeitweilig (2. Hälfte 17. bis Anfang 18. Jh.) auch als Femininum gebraucht; es verdrängt im 17. Jh. älteres *Fähnlein*.

Batik f., auch m. auf Djawa (Java) heimische Technik, unter Verwendung von Wachs Stoffe bunt zu mustern; dann mittels dieser Technik gemusterter Stoff. Mal. *batik* 'gesprenkelt' gelangt über nl. *batik* m. 'gebatiktes Tuch' um 1900 ins Dt. und in andere europäische Sprachen. – b a t i k e n Vb. 'unter Verwendung von Wachs bunt färben' (20. Jh.).

Batist m. feinfädiges, durchscheinendes, leinwandartiges Gewebe, Entlehnung

(1. Hälfte 18. Jh.) von frz. *batiste*, das vom Namen des flandrischen Herstellers, des Leinewebers *Baptiste*, der im 13. Jh. in Cambrai gelebt haben soll, hergeleitet wird, eher aber als Ableitung zu frz. *battre* 'schlagen', hier wohl 'walken' (s. *Batterie*) gehört. – b a t i s t e n Adj. 'aus Batist' (um 1800).

Batterie f. 'Artillerieeinheit mit mehreren Geschützen' (Anfang 17. Jh.), 'aus mehreren Elementen bestehender Stromspeicher als Stromquelle' (Ende 18. Jh.). In der ersten Bedeutung Entlehnung von gleichbed. frz. *batterie*, afrz. *baterie* 'das Schlagen', mfrz. 'Geschützeinheit, Festungswerk', einer Ableitung von afrz. *batre*, frz. *battre* 'schlagen', über vlat. *battere* aus lat. *battuere* (s. *Bataillon*). Die zweite Bedeutung folgt (ebenfalls auf afrz. mfrz. *baterie* beruhendem) engl. *battery*, das diesen Sinn (Mitte 18. Jh.) aus der Vorstellung entwickelt, daß mehrere Elemente als Krafteinheit zusammenwirken.

Batzen m. 'Klumpen', auch Bezeichnung für ein Geldstück, frühnhd. *Batz(e), Batzen* ist wohl eine Ableitung von dem heute veralteten Verb *batzen* 'zusammenkleben', das, älteres **back(e)zen* vorausgesetzt, als Intensivum zu *backen* (s. d.) im Sinne von 'kleben' gelten kann. Das als *Batzen, Bätzen* bezeichnete Geldstück ist der in Salzburg (1495) geprägte Dickpfennig. Wort und Sache gelangen bald darauf (über Konstanz) nach Bern (1497), wo *Batz, Batze, Bätze* (als nicht schweizerdt. Wort) volksetymologisch mit *Betz* 'Bär', dem aufgeprägten Berner Wappentier, gleichgesetzt wird; vgl. hd. *(Meister) Petz* (eigentl. affektisch verschärfte Koseform von *Bernhard*, zu ahd. *bero* 'Bär' und *hart* 'stark, kühn'). *Batz(en), Bätze* entwickelt die Bedeutung 'Geldstück, Geld' und führt zu der Entlehnung ital. *bezzo* 'venezianische Münze', Plur. *bezzi* 'Geld'.

Bau m. 'Errichtung, Gebäude, Struktur'. Ahd. *bū* m. 'Wohnung' (8. Jh.), mhd. *bū, bou* m. (n.) 'bestelltes Feld, Ackerbau, Wohnung, Hausbau', asächs. *bū* n., mnd. *būw(e)* n., mnl. nl. *bouw* m., aengl. *bū* n., anord. *bū* n. 'Wohnort, Wohnung, Haushalt, Vieh, Leute', schwed. *bo* 'Hausstand, Einrichtung, Unterschlupf von Tieren' gehören zur gleichen Wurzel wie *bauen* (s. d.) und teilen weitgehend die Bedeutungsentwicklung des Verbs. Der Plural zu *Bau* 'Wohnung, Unterschlupf von Tieren' ist *Baue*, vgl. *Fuchsbaue*. Der Plural zu *Bau* 'Gebäude' lautet *Bauten* und ist nd. Ursprungs. Landschaftliche Entsprechungen von mnd. *būwet(e), bouwete, būte* gehen im 18. Jh. in pluralischer Form und hd. Lautung in die Literatursprache ein. Dagegen setzt sich der Singular *Baute* f. im Hd. nicht durch. Die Bedeutung 'Ackerbau, Feldbestellung' wird im Nhd. noch in Bildungen wie *Ackerbau* (s. d.) oder *Anbau* (16. Jh.) deutlich, im Simplex tritt sie zu zurück. – N e u b a u m. (18. Jh.). Ü b e r b a u m., mhd. *überbū* m. n., ein Wort der Rechtssprache, 'das Bauen über eine bestimmte festgesetzte Grenze oder Linie hinaus', seit dem 18. Jh. jedes 'Bauwerk, das über etw. errichtet wird'. Von Marx übertragen auf die Gesamtheit der politischen, juristischen, moralischen und weltanschaulichen Ideen und Institutionen, die sich über der jeweiligen ökonomischen *Basis* (s. d.) einer bestimmten Gesellschaft erheben, aus ihr entstanden sind und auf sie zurückwirken. b a u f ä l l i g Adj. 'einsturzgefährdet', spätmhd. *bawfellig* (von Mauerwerk, 14. Jh.), *būvellec* (von verwahrloster Feldfrucht, 15. Jh.). B a u k a s t e n m. Kinderspielkasten mit Bausteinen (18. Jh.). b a u l i c h Adj. 'den Bau betreffend', mhd. *būwenlich, biulich, būlich* 'den Bau betreffend, von festem Bau, wohnhaft, angesessen', möglicherweise auch vom Verb *bauen* abgeleitet; B a u l i c h k e i t f. 'Gesamtkomplex von Gebäuden' (19. Jh.). B a u m e i s t e r m. 'Architekt, Bauleiter', mhd. *būmeister* 'Leiter der städtischen Bauten'. B a u s t e i n m. 'Stein zum Bauen, Mauern' (17. Jh.). B a u w e r k n. 'Gebäude', spätmhd. *būwerk* (14. Jh.).

Bauch m. unterer Teil des Rumpfes, ahd. *būh* (um 1000), mhd. *būch*, mnd. *būk*, mnl. *buuc*, nl. *buik*, aengl. *būc* 'Bauch, Rumpf', anord. *būkr* 'Bauch, Körper', schwed. *buk* gehen vielleicht, wenn eine Bedeutung 'Geschwollener' (etwa nach starkem Essen) angenommen wird, zurück auf eine Gutturalerweiterung der Wurzel ie. **b(e)u-, *bh(e)u-, *b(h)ū-* 'aufblasen, schwellen'. Da das Wort nur in germ. Sprachen (**būka-*) bezeugt ist, kann die Möglichkeit, daß es der nicht-ie. Sprache einer vorgerm. Substratbevölkerung entstammt, nicht ausgeschlossen werden. – b a u c h e n Vb. refl. 'sich wölben' (Mitte 19. Jh.). b a u c h i g, selten b ä u c h i g Adj. 'einen dicken Bauch habend, gewölbt'

(Anfang 16. Jh.). b ä u c h l i n g s Adv. 'auf dem bzw. den Bauch' (1. Hälfte 19. Jh.; vgl. mhd. *būchelingen*). B a u c h l a n d u n g f. in der Fliegersprache 'Landung eines Flugzeuges ohne ausgefahrenes Fahrwerk auf der Rumpfunterseite' (20. Jh.). b a u c h r e d e n Vb. (scheinbar) 'mit dem Bauch reden' (in Wirklichkeit ohne Bewegung der Lippen mit dem Kehlkopf), nur im Inf. und im Part. Präs. (17. Jh.); entsprechend B a u c h r e d n e r m. (Mitte 18. Jh.) als Übersetzung von spätlat. *ventriloquus* (zu lat. *venter* 'Bauch' und *loquī* 'sprechen, reden'); früher belegt (1576) ist *Bauchrednerin* f.

Baude f. 'Berghütte, Berggasthof', frühnhd. (omd.) 'Hütte, Bude' (15. Jh.) ist eine Entlehnung aus tschech. *bouda* 'Bude, (Berg)hütte', atschech. *būda* 'Hütte, Zelt', das seinerseits (wie apoln. *buda* 'Hütte, Häuschen') aus mhd. *buode*, (md.) *būde* (s. *Bude*) stammt. Die im Riesengebirge (19. Jh.) aufkommende Bedeutung 'Berghütte, -gasthof' dürfte auf Grund der Grenzlage ebenfalls aus dem Tschech. entlehnt sein.

bauen Vb. 'errichten, anpflanzen'. Ursprünglich reduplizierendes Verb mit intervokalischem *-w-*, ahd. *būwan, būwen* 'wohnen, bewohnen, Ackerbau treiben' (8. Jh.), mhd. *būwen, biuwen, bouwen* 'wohnen, Ackerbau treiben, errichten', asächs. *būan, būwan*, mnd. *būwen* '(Häuser) bauen, errichten, bebauen, bewohnen', mnl. *bauwen, būwen*, nl. *bouwen*, aengl. *būan, bū(w)ian*, anord. *būa* 'wohnen, ausrüsten' gehört wie *Bau* (s. d.) zur Ablautform ie. **bhū-* der Wurzel ie. **bheu-, *bheu̯ə-*, got. *bauan* 'wohnen, bewohnen', *gabauan* 'Wohnung aufschlagen' dagegen zur Ablautform **bhōu̯-*. Die Bedeutung der Wurzel ist wohl 'wachsen, gedeihen' (im Sinne von 'schwellen', sofern ursprüngliche Verwandtschaft mit der Wurzel ie. **b(e)u-, *bh(e)u-, *b(h)ū-* besteht, s. *Bausch, Beule, Busen*), dann 'entstehen, werden, sein', schließlich 'gewohnheitsmäßig an einem Ort sein, wohnen'. Außergerm. stellen sich dazu aind. *bhávati* 'wird, entsteht, ist', *bhavanam* 'Wohnung, Heim', *bhū́ḥ* 'Welt, Ort', griech. *phýein* (φύειν) 'wachsen lassen', *phýsis* (φύσις) 'Natur', *phī́ty* (φῖτυ) 'Keim, Sproß', *phōleós* (φωλεός) 'Lager, Höhle wilder Tiere', lat. *fuisse* 'gewesen sein', aslaw. *byti* 'sein, werden', russ. *byt'* (быть), lit. *bū́ti* 'sein'; vgl. auch nhd. *bin, bist* (s. *sein*). Heute überwiegt bei *bauen* die Bedeutung '(ein Haus) errichten' (entsprechend *Bau* 'Errichtung, Gebäude'), während 'Ackerbau treiben, das Feld bestellen' weitgehend von Präfixbildungen übernommen wird: *anbauen* Vb. (15. Jh.), *bebauen* Vb., ahd. *bibūwan* 'bewohnen' (9. Jh.), mhd. *bebūwen* 'das Feld bestellen' (14. Jh.). Hierzu auch das in Bildungen wie *Ackerbauer, Erbauer* usw. erhaltene Nomen agentis [1]B a u e r m., ahd. *bū(w)āri* 'Bewohner, Siedler, Landmann' (9. Jh.), mhd. *būwære, bouwære* 'Bauer, Erbauer', mnd. *būwer*.

[2]**Bauer** n. m. 'Vogelkäfig'. In ahd. *būr* n., auch m.? 'Wohnung, Vorratshaus, Keller' (8. Jh.), mhd. *būr* m. 'Vogelkäfig', mnd. *būr* n. 'Gehäuse, Käfig', mnl. *buur* n. m. 'Wohnung', aengl. *būr* n. 'Hütte, Zimmer', anord. *būr* n. 'Stube, Vorratshaus', schwed. *bur* liegt ein Substantiv (germ. **būra-*) mit dem Suffix ie. *-ro-* zur Ablautform ie. **bhū-* der Wurzel ie. **bheu-, *bheu̯ə-* (s. *bauen*) vor. – V o g e l b a u e r n. m. (15. Jh.).

[3]**Bauer** m. 'wer Grund und Boden, mit dem ihn ein bestimmtes Eigentumsverhältnis verbindet, bestellt'; entstanden aus schwach flektierendem ahd. *gibūro* m. 'Familien-, Stammesgenosse, Dorfgenosse, Nachbar, Mitbürger, abhängiger Bauer' (8. Jh.), neben stark flektierendem gleichbed. *gibūr* (8. Jh.), mhd. *gebūr(e)* (neben *būr(e)*) 'Miteinwohner, Nachbar, Bauer, roher Mensch'. Es handelt sich um substantivische Possessivkomposita zu dem unter [2]*Bauer* behandelten Wort mit dem Präfix *gi-, ge-*, das hier die Bedeutung 'zusammen mit, gemeinsam mit' hat (s. *Genosse, Geselle*). *Bauer* ist eigentl. 'wer die Wohnung mit (einem) anderen gemeinsam hat', der 'Mitbewohner'. Bereits im 15. Jh. geht die volle Form, die noch im Familiennamen *Gebauer* erhalten ist, zurück; es setzt sich die präfixlose Form *Bauer*, mhd. *būr(e)* durch. – N e u b a u e r m., im 18. Jh. 'neuer Anbauer, Kolonist'; 1945 'wer durch die Bodenreform Land zur Bewirtschaftung erhält'. B ä u e r i n f., mhd. *būrīn, gebūrinne, gebiurinne*. b ä u r i s c h Adj. 'unfein, derb, grobschlächtig'; ahd. *gibūrisc* (Hs. 12. Jh.), mhd. *(ge)biurisch* 'bäuerlich' (diese Bedeutung noch im 18. Jh.), daneben auch schon früh 'grob, derb, unverfeinert hinsichtlich Sitte und Lebensart' im Gegensatz zum Adel oder zum Städter (14. Jh.). b ä u e r l i c h Adj. 'den Bauern betreffend', ahd. *gibūrlīh* 'nach-

barlich, bürgerlich, öffentlich' (9. Jh.), mhd. *(ge)būrlich, gebiurlich* 'bäuerlich'.

Baum m. Gewächs aus Stamm und Ästen mit Blättern oder Nadeln, ahd. *boum* (8. Jh.), mhd. *boum*, asächs. mnd. *bōm*, mnl. nl. *boom*, aengl. *bēam* (engl. *beam* 'Balken, Stange'), vgl. dazu got. *bagms* 'Baum', aschwed. *bagn* 'Stock', anord. *baðmr* 'Baum'. Die Etymologie ist ungeklärt. Es gibt zahlreiche Versuche, die unterschiedlichen Formen des Westgerm., Got. und Nord. miteinander zu verbinden und auf eine einheitliche Grundform zurückzuführen. Pokorny 1, 149 erwägt die bereits bei Feist [3]73 zitierte Herleitung aus ie. **bhou̯(ə)mo-* 'Gewächs' und Anschluß an die Wurzel ie. **bheu-, *bheu̯ə-* 'wachsen, gedeihen' (s. *bauen*). Kluge [21]57 leitet alle Formen von germ. **baugmaz*, Substantivbildung zu dem unter *biegen* (s. d.) behandelten Verb, ab; *Baum* wäre danach 'der (im Wind) sich Biegende'. Doch vgl. dazu Hamp in: Festschr. Fisiak (1986) 1,345 f. – bäumen Vb., mhd. *boumen* 'mit Bäumen bepflanzen', (refl.) 'sich aufrichten' (von Pferden), später allgemein 'sich auflehnen', in der Jägersprache von auf Bäume kletternden Tieren (16. Jh.). Heute meist *sich aufbäumen* 'sich aufrichten, auflehnen' (15. Jh.). Baumwolle f. Samenhaare des Baumwollstrauchs, ahd. *boumwolla* (Hs. 12. Jh.), mhd. *boumwolle*, mnd. *bōmwulle*; auch *Kattun* (s. d.). Greift vermutlich auf die bei Herodot belegte Vorstellung zurück, nach der die Inder Wolle von Bäumen gewinnen. baumwollen Adj. 'aus Baumwolle', ahd. *boumwullīn* (Hs. 12. Jh.), mnd. *bōmwullen*. Schlagbaum m. 'bewegliche Sperrschranke' (Anfang 16. Jh.).

baumeln Vb. 'frei hängend hin und her schaukeln' (17. Jh.). Die Herkunft ist ungewiß; *baumeln* wird entweder zu *Baum* (s. d.) gestellt und als 'an einem Baum hängend sich hin und her bewegen' gedeutet oder als omd. Nebenform des vorwiegend dem nordd. Sprachgebiet angehörenden *bammeln* 'schaukeln' interpretiert, das wie *bummeln* (s. d.) ursprünglich eine bewegungsnachahmende Bildung ist.

Bausch m. 'lockere, knäuelartige Verdikkung, Wulst'. Ahd. *būsc* (für lat. *caestus*) 'Schlagriemen mit eingenähten Metallteilen, den sich die Faustkämpfer wulstförmig um Hände und Arme wickeln' (um 1000), mhd. *būsch* auch 'Schlag, der Beulen verursacht' und 'Sattelwulst' läßt sich mit Gutturalsuffix zur *s*-Erweiterung der Wurzel ie. **b(e)u-, *bh(e)u-, *b(h)ū-* 'aufblasen, schwellen' (s. *Beule, Busen, böse*) stellen. Die Redensart *in Bausch und Bogen* 'im ganzen genommen, völlig, ohne Unterschied' (16. Jh.) geht wohl auf die Abmessung des Grenzverlaufs beim Kauf von Grundstücken zurück ([1]DWB 1, 1198), wobei *Bausch* die auswärts-, *Bogen* die einwärtsgehende Grenzfläche bedeutet, d. h., das an der einen Stelle fehlende Stück wird durch das an der anderen Stelle übergreifende ausgeglichen. – bauschen Vb. 'schwellen, auftragen, sich blähen', mhd. *biuschen, būschen* 'schlagen, klopfen'; *aufbauschen* Vb. 'aufblähen, übertreiben' (18. Jh.). bauschig Adj. 'wulstig, auftragend' (Ende 18. Jh.), älter *bauschecht* (16. Jh.).

Bauxit m. Aluminiummineral, nach dem Fundort *Les Baux* in Südfrankreich benannt, 19. Jh.; früher auch *Wocheinit*, nach den Lagern zwischen *Wocheinsee* und Feistritz in Krain.

Bazillus m. 'Krankheitserreger, stäbchenförmiger Spaltpilz'; so nennt F. Cohn (1872) eine zu den Fadenbakterien gehörige Gattung unter Rückgriff auf spätlat. *bacillus*, Nebenform von lat. *bacillum* 'Stäbchen', dem Deminutivum zu *baculum* 'Stab' (s. auch *Bakterie*).

be- Das bis in die Gegenwart als Bildungselement untrennbarer Verben sehr produktive Präfix ahd. *bi-* (8. Jh.), mhd. *be-* (vgl. auch asächs. got. *bi-*, aengl. *be-*, *bi-*, mnd. mnl. nl. engl. *be-*) steht als Form mit Vokalkürze neben ahd. mhd. *bī*, nhd. *bei* (zur Etymologie s. d.); es ist zunächst Präposition, verliert aber seine Selbständigkeit bereits im Ahd., als das Adverb ahd. *bī* die präpositionale Funktion mit übernimmt. *be-* drückt meist Einwirkung auf einen Gegenstand aus, wobei es entsprechend der ursprünglichen lokalen Bedeutung 'um... herum' (so z. B. noch mhd. *begraben* 'mit einem Graben umgeben', *belegen* 'einschließen', *beringen* 'umringen') auf das Umfassende dieses Einwirkens ('ganz und gar, völlig') hinweist (z. B. *bedrängen, bekleiden, bewaffnen*); daher erhalten die Verben häufig resultativen Sinn (z. B. *bedecken, bereinigen, bezwingen*). Die Vorsilbe dient namentlich der Transitivierung intrans. Verben, z. B. *begehen, beleuchten, besiegen*, doch können mit ihr (nach dem Muster präfigierter Denominativa wie *bekränzen, beschützen*) auch Verben zu Substantiven (z.B. *beeinflussen, benachrichtigen, besohlen, bevölkern*) oder zu Adjektiven (z.B. *befähigen, beruhigen*) gebildet werden. Außerdem ermöglicht sie es, Adjektive, die die Form von Partizipien haben ('mit etw. ausgestattet'), unmittelbar von Substantiven abzuleiten, wenn kein entsprechendes Verb vorhanden ist, z.B. *bebrillt, beherzt, beleibt*. Dagegen ist die Zahl mit *be-* präfigierter Adjektive gering (s. *bequem, bereit, bieder*). Bei Substantiven trägt in den älteren Sprachstufen die Vorsilbe den Ton und ist deshalb heute zu *bei-* diphthongiert (s. *Beispiel*), so daß Substantive mit *be-* (z.B. *Bedarf, Beschluß*) ausschließlich auf präfigierte Verben zurückgehen. Durch Vokalausfall verdunkelte Präfixbildungen sind *bang(e), bleiben* und *binnen* (s. d.).

Beat m. 'gleichmäßiger Schlagrhythmus' im Jazz (Anfang 20. Jh.), 'moderne, rhythmisch betonte Tanz- und Unterhaltungsmusik' (60er Jahre 20. Jh.). Wie nahezu alle Fachausdrücke des Jazz wird amerik.-engl. *beat* ins Dt. übernommen. Engl. *beat* 'Schlag', *to beat* 'den Takt, die Trommel schlagen' gehen auf ein germ. Verb mit der Bedeutung 'schlagen, stoßen' zurück, zu dem auch ahd. *bōȝen* (s. *Amboß*) gehört.

beben Vb. 'heftig zittern', ahd. *bibēn* 'beben, zittern' (9. Jh.), mhd. *biben*, asächs. *bibon*, aengl. *bifian*, anord. *bifa* erweisen sich als reduplizierende Bildungen zur Wurzel ie. **bhōi-, *bhəi-* 'sich fürchten'. Die Reduplikation stammt wie in aind. *bibhḗti* 'fürchtet sich' vermutlich aus einer alten Perfektform. Das *-e-* der ersten Silbe in nhd. *beben* setzt sich im 16. Jh. mit Luthers Bibelübersetzung durch und ist nd. Ursprungs, vgl. mnd. mnl. *bēven* 'zittern, beben'. Mundartliche, bes. nd. Formen, wie iteratives *bebern* und *bibbern*, dringen ins Hd., vgl. nhd. *bebbern, bibbern* (Anfang 19. Jh.), auch nl. *bibberen*. – e r b e b e n Vb. 'heftig erzittern, erregt werden', ahd. *irbibēn* 'erbeben, erzittern' (10. Jh.), mhd. *erbiben*. B e b e n n. 'Erschütterung der Erdoberfläche', in der Geologie als gekürzte Form von *Erdbeben* seit der 1. Hälfte des 20. Jhs. gebräuchlich. Zur genaueren Bezeichnung dienen die Komposita *Erd-, See-, Fernbeben*. E r d b e b e n n. 'Erschütterung der Erdkruste', vgl. ahd. *erdbibunga, erdbiba* (9. Jh.), mhd. *ertbibunge, ertbibe*, asächs. *erðbibunga*, mnd. *ērtbēvinge*, mnl. *erdbevinge*, aengl. *eorþbyfung*. Im Mhd. (md.) erscheint der substantivierte Infinitiv im Kompositum *ertbiben*; Luther verwendet *Erdbeben* neben *Erdbebung*.

Becher m. 'Trinkgefäß ohne Henkel'. Ahd. *behhari* 'Becher, Kelch, Opferschale, Krug' (11. Jh.), mhd. *becher*, asächs. *bikeri*, mnd. mnl. *bēker*, anord. *bikarr* (woraus engl. *beaker* 'Becher') sind Entlehnungen aus mlat. *bicarius* 'Becher, (Trink)gefäß' oder schon aus gleichbed., im Roman. fortlebenden vlat. **bicārus, *biccārius* (*-cc-* vielleicht durch Einfluß von vlat. **baccus, *bacca*, s. *Becken*). Man führt diese Formen meist auf griech. *bĩkos* (*βῖκος*) '(Wein-, Wasser)krug, -becher' zurück, evt. über ein deminutives byzant.-griech. **bīkárion* (**βικάριον*). Da mlat. *bicarius* und gleichbed. *bicarium* eine Fülle lautlicher Varianten neben sich haben (vgl. anlautend *ba-, be-, by-, pe-, pi-*), erwägt man auch, die mlat. Formen an spätlat. *bacar, bacarium, bacario* (neben *becario*) 'Weinkrug (mit Henkel)', Bildungen zu lat. *bāca, bacca* '(Wein)beere', anzuknüpfen. – b e c h e r n Vb. scherzhaft für 'tüchtig trinken, zechen' (2. Hälfte 18. Jh.).

Becken n. 'großes, flaches und breites Gefäß für Flüssigkeiten', ahd. *beckī(n)* 'Becken, (größeres, offenes) Gefäß' (10. Jh.), mhd. *becke(n)*, asächs. *bekkin*, mnd. *becken*, mnl. *beckijn* sind aus vlat. **baccīnum* entlehnt, belegt in spätlat. *bacchinon* 'Holzschale' bei Gregor von Tours (6. Jh.). In den romanischen Sprachen ist **baccīnum* in frz. *bassin* 'Becken' erhalten, das ins Dt. (s. *Bassin*) entlehnt wird. Grundwörter der Ableitung **baccīnum* sind die beiden zahlreichen galloroman. Formen zugrunde liegenden Nomina vlat. **baccus* m., **bacca* f. 'Wassergefäß' (vgl. spätlat. *bacca* 'Sarg'), die wohl keltischen Ursprungs sind. Diese werden ins Nl. und Nd. entlehnt (Frings/M. Germania Romana 2, 1968, 333); vgl. dazu auch seemannssprachliches *Back* 'Eßschüssel, -tisch, -gemeinschaft, Aufbau am Vordeck'. Auf Grund seiner Form bezeichnet *Becken* auch das 'Schlaginstrument aus zwei flachgewölbten Metallscheiben', die 'Mulde, Vertiefung in der Erdoberfläche', die 'schalenförmig vertieften Hüftknochen mit der Lendenwirbelsäule' und den 'eingefaßten, ausgemauerten Wasserbehälter' (*Wasser-, Schwimmbecken*).

Beckmesser m. 'kleinlicher, pedantischer Kritiker', nach dem Nürnberger Meistersinger und Schreiber *Sixtus Beckmesser* in Wagners Oper „Die Meistersinger von Nürnberg" (1867). – Beckmesserei f. (20er Jahre 20. Jh.); beckmessern Vb. (Mitte 20. Jh.).

bedenken Vb. 'nachdenken, überlegen, erwägen', ahd. *bithenken* (8. Jh.), mhd. *bedenken* 'sein Denken worauf richten, überlegen, erwägen', auch *jmdn. mit etw. bedenken* 'für jmdn. sorgen, jmdn. mit etw. beschenken' und in frühnhd. Zeit *sich bedenken* 'mit sich zu Rate gehen, sich besinnen'. Zur Etymologie s. *denken*. Dazu der substantivierte Infinitiv Bedenken n. 'Überlegung, die Zweifel, Sorge, Vorbehalt enthält', aus der Kanzleisprache des 15. Jhs.; bedenklich Adj. 'zweifelnd, voll Sorge, Vorbehalt' (Anfang 16. Jh.), dann auch 'zweifelhaft, besorgniserregend'. bedenkenlos Adj. 'ohne Bedenken, rücksichtslos' und Bedenkenlosigkeit f. sind Ableitungen jüngster Zeit (Anfang 20. Jh.). – Bedacht m., nur noch in festen Wendungen *mit, voll, ohne Bedacht* 'mit, voll, ohne Bedenken, Überlegung, Sorgfalt', mhd. *bedāht* 'Erwägung, Bedenkzeit', Verbalsubstantiv zu *bedenken* (s. oben und s. *Andacht*); bedächtig Adj. 'vorsichtig, umsichtig, langsam, gemächlich', mhd. *bedæhtic*, ahd. *bithāhtīg* (8. Jh.). Bedächtigkeit f., mhd. *bedæhticheit*.

bedingen Vb. 'zwangsläufig zur Folge haben, voraussetzen, fordern'. Das Verb wird anfangs nur schwach flektiert, starke Formen treten wie bei dem Simplex *dingen* seit dem 17. Jh. auf. Das Präfixverb *bedingen* ist wie einfaches *dingen* (s. d.) ursprünglich ein Wort der Rechtssprache, mhd. *bedingen* 'verhandeln, durch Verhandlung gewinnen, Bedingungen vorschreiben', danach 'vereinbaren, (sich) vorbehalten', wofür heute ausbedingen Vb., mhd. *ūʒbedingen*. Die heute übliche Bedeutung von *bedingen* ist durch die Verbalsubstantive Beding n., Bedingung f. und Bedingnis f. beeinflußt, die im 16. Jh. eine 'vertragliche Abmachung', dann eine 'Voraussetzung' (im rechtlichen Sinn) bezeichnen. *Bedingung* 'Voraussetzung' geht im 18. Jh. in die philosophische Fachsprache, danach in die Allgemeinsprache ein, der Plural nimmt dabei die Bedeutung 'Verhältnisse, Gegebenheiten' an. Der grammatische Terminus Bedingungssatz m. gilt seit Beginn des 20. Jhs., älter *Bedingungsrede* (Stieler 1691). bedingungslos Adj. 'ohne eine Bedingung, uneingeschränkt, vorbehaltlos' kommt Mitte des 19. Jhs. auf. Wie *Bedingung* gelangt auch bedingt Part.adj. 'von bestimmten Voraussetzungen abhängig, eingeschränkt' und unbedingt Part.adj. 'von keiner Voraussetzung abhängig, uneingeschränkt' aus der Rechtssprache (*bedingte Verurteilung*) über die Verwendung in der Fachsprache der Philosophie in die Allgemeinsprache, wo *unbedingt* als Adverb den Sinn 'auf jeden Fall, unter allen Umständen' entwickelt.

Beduine m. '(halb)nomadisierender Araber'. In der 2. Hälfte des 18. Jhs. wird gleichbed. frz. *bédouin* ins Dt. übernommen, anfangs *Beduin*. Voraus geht arab. *badawījūn*, in der Volksaussprache *bedewīn*, Plural von *badawī* 'Wüstenbewohner' (zu arab. *badw* 'Wüste'); der arab. Plural wird bei der Entlehnung als Singular aufgefaßt. Vereinzelt wird der Name bereits Ende des 11. Jhs. durch die Kreuzzüge in Europa bekannt und zu Anfang des 13. Jhs. von einem deutschen Gelehrten (Magister Thietmar) in der mit lat. Endung versehenen Form *boidewini* erwähnt.

bedürfen Vb. 'brauchen, nötig haben', ahd. *bithurfan* 'bedürftig sein, brauchen, bedürfen' (um 800), mhd. *bedurfen, bedürfen*, mnd. *bedörven, bederven, bedarven* stimmen mit der alten Bedeutung des Simplex *dürfen* (s. d.) überein; auch sie werden von Anfang an vor allem mit dem Genitiv verbunden (*es bedurfte keiner Worte, der Ruhe bedürfen*). – Bedürfnis n. 'Verlangen, Wunsch', frühnhd. *bedürfnisse* (15. Jh.), mnd. *bederfnisse*, auch 'Mangel, Dürftigkeit'; verhüllend *sein Bedürfnis* ('seine Notdurft') *befriedigen, verrichten* (19. Jh.). bedürfnislos Adj. 'genügsam' (Ende 18. Jh.); Bedürfnislosigkeit f. (Anfang 19. Jh.). bedürftig Adj. 'arm, Mangel leidend, mittellos', in der Wendung *einer Sache, jmds. bedürftig sein* 'etw., jmdn. brauchen, nötig haben'; ahd. *bithurftīg* (Hs. 13. Jh.), spätmhd. *bedurftic*. Vgl. zu Anfang des 17. Jhs. bezeugtes, heute untergegangenes *Bedurft* f. 'Bedürfnis'. Im Sinne von 'notleidend' begegnet das Adjektiv oft substantiviert *die Bedürftigen* Plur. Zu der letztgenannten Bedeutung ist Bedürftigkeit f. 'Mangel, Armut' (Mitte 16. Jh.)

gebildet. B e d a r f m. ‘Erfordernis, Nachfrage’, das die gleiche Ablautstufe wie der Singular des präterital gebildeten Präsens von *bedürfen* aufweist, wird im 16. Jh. aus mnd. *bedarf, bederf* ‘Notdurf, Mangel’ ins Hd. übernommen. Anfangs nur in der Kanzleisprache üblich, setzt sich *Bedarf* im 18. Jh. als Ausdruck der Handelssprache im Sinne von ‘Dinge, derer man bedarf’ allgemein gegenüber der alten Bedeutung ‘Mangel’ durch.

Beelzebub m. In der Bibel (Neues Testament) ‘oberster Teufel’, mit dessen Hilfe Jesus nach Vorstellung der Pharisäer die bösen Geister austreibt, vgl. *den Teufel durch, mit Beelzebub austreiben* ‘ein Übel durch ein anderes Übel bekämpfen’, kirchenlat. *Beelzebūb*. Es gibt unterschiedliche Deutungsversuche. Nach einigen wäre der Teufelsname gleichzusetzen mit dem im Alten Testament belegten *Baal-Zebūb*, dem Namen der Orakelgottheit von Ekron, hebr. *Baʿal z^{e}wūw*, wörtlich ‘Herr der Fliegen’. Nach anderen stellt die neutestamentliche Variante *Beelzebūl* (griech. *Βεελζεβούλ* neben im Neuen Testament üblichem *Βεεζεβούλ*, das wohl auf nachlässige palästinensische Volksaussprache zurückgeht, kirchenlat. *Beelzebūl*) die ursprüngliche Namensform des Teufels dar, die erst nachträglich an den Götternamen angeglichen wurde. Sie wird entweder (als verächtlich machende rabbinische Bezeichnung) zu hebr. *zibbēl* ‘düngen’, auch ‘Götzendienst leisten’ (eigentl. ‘Mist darbringen’) gestellt. *Beelzebūl* wäre danach ‘Herr des Mistes’, d. h. ‘Teufel’, dem letztlich jeder Götzendienst dargebracht wird. Oder sie ist Wiedergabe von hebr. *Baʿal z^{e}wūl* ‘Herr des Himmels’. Die Namensform *Beelzebub* kommt mit der Übersetzung des lat. Bibeltextes ins Dt., vgl. ahd. *Beelzebub* (Tatian).

Beere f. ‘fleischige und saftige kleinere Frucht’. Mhd. *ber* n. f. (Plur. *ber*) bildet im Md. eine starke Pluralform *bere*, die im 16. Jh. als femininer Singular angesehen wird und im 17. Jh. zu einem neuen Plural *Beeren* führt. Vorauf gehen ahd. *beri* n. (8. Jh.), asächs. *beri* n. (?), mnd. *bēre*, aengl. *beri(g)e* f., engl. *berry*, anord. *ber* n., dazu mit grammatischem Wechsel got. *-basi* n. (bezeugt in *weinabasi* ‘Weinbeere’) und mnl. *besie* neben *bere*, nl. *bes, bezie* ‘Beere’, nordd. (landschaftlich) *Besing* ‘Heidelbeere’ (deminutiv zu *Bes.*). Ob diese germ. Zeugnisse mit aengl. *basu, baso* ‘purpurn’, mir. *basc* ‘rot’ zu verbinden und damit als *s*-Erweiterungen an die schwundstufige Form **bhə-* der Wurzel ie. **bhā-, *bhō-* ‘glänzen, leuchten, scheinen’ (s. *Bake*) anzuschließen sind (dann wäre die *Beere* nach ihrer leuchtend roten Farbe benannt), bleibt unsicher.

Beet n. ‘zur gärtnerischen Nutzung hergerichtetes, abgegrenztes kleineres Stück Land’. Im 17. Jh. zuerst im Md. orthographisch unterschieden von *Bett*, mit dem es seiner Herkunft nach identisch ist (zur Etymologie s. *Bett*). Ahd. *betti* (8. Jh.) und mhd. *bette* bedeuten sowohl ‘Lagerstatt, Bett’ als auch ‘erhöhtes, gelockertes, gleichsam „aufgepolstertes“ Stück Land, Feld-, Gartenbeet’ (9./10. Jh.). Beide Bedeutungen sind noch in nl. und engl. *bed* vereint, vgl. nl. *bloembed*, engl. *flowerbed* ‘Blumenbeet’. In obd. Mundarten ist *Bett* noch heute für *Beet* gebräuchlich, literatursprachlich geläufig ist *Saatbett* n.

befangen Part.adj. ‘gehemmt, verlegen, voreingenommen’. Das Präfixverb ahd. *bifāhan* (8. Jh.), mhd. *bevāhen* ‘umfassen, umfangen, einschließen’ (zur Etymologie s. *fangen*) entwickelt schon im Mhd. adjektivische Verwendung des Part. Prät. *bevangen, bevān* ‘ergriffen, erfaßt’, dann ‘nicht frei im Urteil, verlegen’ (18. Jh.). Der verbale Gebrauch wird im 19. Jh. immer seltener. – Dazu u n b e f a n g e n Part.adj., B e f a n g e n h e i t f., U n b e f a n g e n h e i t f. (alle 18. Jh.); doch vgl. einen vereinzelten Frühbeleg ahd. *bifanganheit* im Sinne von ‘Begrenztsein, Beschränkung’ (Hs. 12. Jh.).

befehlen Vb. ‘anordnen, gebieten’. Ahd. *bifel(a)han* ‘anvertrauen, begraben, empfehlen’ (8. Jh.), mhd. *bevelhen* ‘anvertrauen, übergeben’, asächs. *bifelhan*, mnd. *bevēlen*, aengl. *befēolan* ‘anvertrauen, verbergen’ sind Präfixbildungen zu einem germ. Simplex, das in ahd. *fel(a)han* ‘zurechtlegen, einsäen, anvertrauen’ (8./9. Jh.), aengl. *fēolan* ‘eindringen’, anord. *fela* ‘verbergen’, got. *filhan* ‘begraben, verbergen’ und auch in nhd. *empfehlen* (s. d.) erhalten ist. Vergleicht man dazu griech. *pélas* (*πέλας*) ‘Haut, Fell’, apreuß. *pelkis* ‘Mantel’, so können die germ. Formen als *k*-Erweiterungen der Wurzel ie. **pel-* ‘bedecken, verhüllen’ angesehen werden, zu der auch nhd. *Fell* (s. d.) gehört. Auszugehen ist von einer Bedeutung ‘eindringen’ und ‘verbergen, begraben, der Erde anvertrauen’, die sich zu 'anvertrauen' im allgemeinen Sinne weiterentwickelt; über 'ein Amt, einen Auftrag anvertrauen, geben' wird das Verb synonym mit 'gebieten'. Nur in religiöser Sprache (*etw. Gott befehlen*) wird die alte Bedeutung 'anvertrauen' bis heute bewahrt. – Vom Verbum abgeleitet B e f e h l m. 'Auftrag, Gebot', spätmhd. *bevelch, bevel* 'Übergebung, Obhut', frühnhd. auch *Befehlich, Befehlig* m., wovon b e f e h l i g e n Vb. (16. Jh.).

Beffchen n. Halskragen mit zwei rechteckigen Stoffstücken an der Halsöffnung an Amtstrachten, heute bes. der protestantischen Geistlichen (18. Jh.), Deminutivum zu *Beffe* f., Plur. *Beffen* (Anfang 17. Jh.), Übernahme von mnd. *beffe* f. 'Chorkappe und Chorrock des Predigers' (Anfang 15. Jh.); vgl. auch mnl. *beffe*. Wohl aus mlat. *biffa* Bezeichnung einer Stoffart, afrz. *bif(f)e* 'gestreifter Stoff'.

befinden Vb. 'beurteilen, erkennen', refl. 'vorhanden sein, dasein'. Das Präfixverb zu *finden* (s. d.) wird wie das Simplex schon früh für den Vorgang der geistigen Wahrnehmung gebraucht, so bereits ahd. *bifindan* (8. Jh.), mhd. *bevinden* 'finden, erfahren, kennenlernen', seit frühnhd. Zeit auch 'bemerken, feststellen'. Refl. *sich befinden* 'sich in einem Zustand erkennen' entwickelt um 1600 den lokalen Sinn 'sich an einem Ort bemerken, anwesend sein'. – B e f u n d m. 'Wahrnehmung, Feststellung' (17. Jh.); b e f i n d l i c h Adj. 'anwesend, vorhanden' (17. Jh.); die ältere Bedeutung 'empfindend, spürbar, wahrnehmbar', die schon dem mhd. *bevindelich* zukommt, verliert sich im 18. Jh.

befürworten Vb. 'wohlwollend unterstützen, empfehlen', Bildung des 19. Jhs. zu heute unüblichem *Fürwort* 'das für jmdn. eingelegte gute Wort' (17. Jh.), das wie gleichbed. *Fürspruch* von heute gültigem *Fürsprache* abgelöst wird.

begegnen Vb. 'entgegenkommen, widerfahren, entgegentreten'. Zu ahd. *gaganen, geginen* 'entgegengehen, -treten, begegnen' (9. Jh.), abgeleitet von dem unter *gegen* (s. d.) behandelten Wort, tritt das gleichbed. Präfixverb ahd. *bigaganen* 'begegnen, entgegenkommen' (um 1000), mhd. *begegenen* 'entgegenkommen, begegnen, Widerstand leisten'. – B e g e g n u n g f. 'Treffen, Zusammenkunft' (15. Jh.).

begehren Vb. 'wünschen, verlangen'. Ahd. *gerōn* (8. Jh.), mhd. *gern* sind wie die dazugehörige Präfixbildung mhd. *begern* Ableitungen von einem Adjektiv, das in ahd. (8. Jh.), mhd. *ger* 'begierig, verlangend' bewahrt ist. Zu dessen Etymologie und Verwandtschaft s. *Gier* und *gern*. An das Verb schließt sich an (heute unübliches) B e g e h r m. oder n., mhd. *beger*, wozu b e g e h r l i c h Adj., mhd. *begerlich*, sowie *Begierde, Begier* (s. *Gier*). – a u f b e g e h r e n Vb. 'sich auflehnen, aufbrausen'; das schweizerdt. Wort (bereits im 16. Jh. belegt, mundartlich *ūfbegere*) wird im 19. Jh. von obd. Schriftstellern aufgenommen und verbreitet sich rasch über das gesamte Sprachgebiet.

begeistern Vb. 'in erhöhte Stimmung versetzen, freudig erregen' ist ein im 17. Jh. zu *Geist* (s. d.) gebildetes Präfixverb, anfänglich 'mit Geist erfüllen', also 'beseelen, beleben', woraus sich bald der heutige Sinn entwickelt. Dazu ebenfalls im 17. Jh. vereinzelt B e g e i s t e r u n g f. mit rasch zunehmender Verbreitung im 18. Jh.

beginnen Vb. 'anfangen'. Dem Präfixverb ahd. *biginnan* (8. Jh.), mhd. mnd. *beginnen*, asächs. *biginnan*, mnl. *beghinnen*, nl. *beginnen*, aengl. *beginnan*, engl. *to begin* liegt ein untergegangenes und nicht sicher deutbares Simplex germ. **gennan* zugrunde, das auch in got. *duginnan*, ahd. *inginnan*, aengl. *on-, āginnan* 'anfangen', mnl. *ontghinnen*, nl. *ontginnen* 'anschneiden, anfangen' sowie deverbativ in ahd. *anagin, anaginni*, asächs. *anaginni* 'Anfang' begegnet. Nordische Vertretungen dagegen fehlen. Eine sichere Etymologie ist nicht erkennbar. Aus mehreren Herleitungsversuchen (zusammengestellt bei Feist [3]128) seien als erwägenswert erwähnt: Eine mögliche Verwandtschaft entweder mit alban. *zë̃* 'fängt an, faßt an' und Anschluß an eine Wurzel ie. **ĝhen-* 'berühren, anfangen', oder mit lat. *prehendere* 'fassen, ergreifen' und Anschluß an eine nasalierte Wurzelform ie. **ghend-* '(an)fassen, ergreifen'. Oder ist hier angesichts der unzureichenden außergerm. Beziehungen bei guter germ. Bezeugung die Wirkung eines nicht-ie. Substrats anzunehmen (de Vries Nl. 38)? – Vom Verb abgeleitet B e g i n n m., ahd. *bigin* (um 800), jedoch nur vereinzelt, so daß mhd. *begin*, nhd. *Beginn*, mnl. *begin* vielleicht als Neubildungen zum Verb anzusehen sind (vgl. Ahd. Wb. 1, 1017).

beglaubigen Vb. 'bestätigen, für wahr, für

echt erklären', zu *Glaube* (s. d.) gebildetes Präfixverb, das im 16. Jh. neben älteres *beglauben* (14. Jh.) tritt und dieses (endgültig erst im 19. Jh.) verdrängt.

begleiten Vb. 'mit jmdm. gehen, verbunden sein'. Die Verben ahd. *bileiten*, mhd. *beleiten* 'führen, geleiten' (nhd. *beleiten* wird im 17. Jh. aufgegeben) und gleichbed. mhd. nhd. *geleiten* (s. *leiten*) verschmelzen bereits gegen Ende des 14. Jhs. zu einer Mischform *begleiten* 'mitgehen, hinbringen' (vgl. nl. *begeleiden*). In der Sprache der Musik verdeutscht *begleiten* 'Gesang oder ein melodieführendes Instrument instrumental ergänzen' (17. Jh.) das auf frz. *accompagner*, ital. *accompagnare* zurückgehende *akkompagnieren*. – Begleitung f. (16. Jh.).

Begonie f. 'Schiefblatt', in den Tropen (bes. in Südamerika) heimische Pflanze. Botan.-lat. *Begonia* von dem Botaniker Plumier geprägt (Ende 17. Jh.) zu Ehren des Gouverneurs von San Domingo *M. Begon*, eines Förderers der Botanik.

begreifen Vb. 'verstehen, geistig voll erfassen, umfassen, einschließen'. Ahd. *bigrīfan* (8. Jh.), mhd. *begrīfen*, mnd. *begrīpen*, nl. *begrijpen* bedeuten ursprünglich 'ergreifen, betasten', auch 'umfassen, enthalten' (zur Herkunft s. *greifen*). Schon in ahd. Zeit, wo es lat. *comprehendere* 'begreifen' übersetzt, später vor allem bei den Mystikern, erfährt das Wort eine Bedeutungserweiterung, indem körperliches 'Greifen, Fassen' auf geistige Aneignung, 'mit dem Verstande erfassen, verstehen', ausgedehnt wird. – Begriff m., mhd. *begrif* ist zu *begreifen* im Sinne von 'umfassen, enthalten' gebildet und bedeutet 'Umfang, Bezirk, Umfang und Inhalt einer Vorstellung', ferner 'Zusammenfassung, kurzer Auszug'. *Begriff* kommt durch die philosophischen Aufklärer Wolff und Thomasius allgemein in Gebrauch; *Begriff* und *Vorstellung* werden in der philosophischen Terminologie bald gegeneinander abgegrenzt, so daß *Begriff* die heute vorherrschende Bedeutung 'wesentliche Merkmale einer Sache oder einer Gruppe von Erscheinungen, die zu einer gedanklichen Einheit zusammengefaßt sind' erhält. begreiflich Adj. 'verständlich' ist aus mhd. *begrīflich* 'faßbar, leicht fassend, begreifend' hervorgegangen, während begrifflich Adj., vom Substantiv abgeleitet, 'einen Begriff, eine gedankliche Einheit betreffend' bedeutet. begriffsstutzig Adj. 'schwerfällig im Begreifen, schwer von Begriff, verdutzt' (Mitte 19. Jh.), s. *stutzen*; anfangs oft mit Umlaut *begriffsstützig*.

behäbig Adj. 'wohlbeleibt und phlegmatisch, geruhsam, ruhige Behaglichkeit liebend'. Vermutlich zuerst von Goethe Anfang des 19. Jhs. im heute veralteten Sinne 'wohlhabend' (so noch schweiz.) für älteres *(ge)häbig* gebraucht, das ein von *Habe* 'Besitz' abgeleitetes mhd. *habec, hebec* 'habend, besitzend, wohlhabend, sparsam' fortsetzt (zur Herleitung s. *Habe, haben*). Die Entwicklung zu 'geruhsam, wohlbeleibt' vollzieht sich zuerst beim Substantiv Behäbigkeit f., das Goethe ähnlich wie *Behaglichkeit* gebraucht.

behagen Vb. 'zusagen, gefallen, angenehm sein' (meist in der 3. Person), älter auch *sich behagen* 'sich wohl fühlen'. Mhd. *(be)hagen*, asächs. *bihagon* 'gefallen, behagen', mnd. *behāgen*, mnl. *behāghen*, nl. *behagen*, aengl. *gehagian, onhagian* 'gefallen, angemessen sein', anord. *haga* 'einrichten, anordnen', *hagar* 'es paßt, ziemt sich' gehören wohl zu einem starken Verb germ. **hagan* 'schützen, hegen', wenn dies aus dem Part. Prät. ahd. *gihagan* 'gepflegt, genährt', mhd. *behagen* 'frisch, freudig' erschlossen werden kann. Die weitere Verwandtschaft ist nicht gesichert. Aus dem Hd. verschwindet das Verb im späteren Mittelalter, dringt aber im 17./18. Jh. aus dem Nd. wiederum in die Literatursprache ein; dem Obd. bleibt es fremd. – Dazu das Verbalsubstantiv Behagen n. 'geruhsame Zufriedenheit, inneres Wohlbefinden' (17. Jh.); doch vgl. älteres *Wohlbehagen* 'Gefallen, Gutdünken' (15. Jh.), danach, das Simplex verstärkend, 'Wohlgefallen, Wohlbefinden' (17. Jh.). behaglich Adj. 'Wohlbehagen erweckend, empfindend, gemütlich', älter (mit Umlaut) *behäglich* (beide Formen bei Goethe), mhd. *behagelich*, meist *behegelich* 'was behagt, wohlgefällig', mnd. *behēgelīk*, nl. *behaaglijk*; Behaglichkeit, Behäglichkeit f., mhd. *behegelicheit* 'Wohlgefallen', mnd. *behēgelichēt*, nl. *behaaglijkheid*.

behaupten Vb. 'ohne Beweis mit Bestimmtheit für wahr erklären, seine Meinung ausdrücken'. Von mhd. *houbet* 'Kopf, Haupt, Oberhaupt' (s. *Haupt*) ist das Verb mhd. *houbeten, houpten* 'als Haupt anerkennen', refl.

'sich als Haupt ansehen' abgeleitet, zu dem spätmhd. *behoubeten* 'festhalten, bekräftigen' tritt, das in die Rechtssprache (*eine Sache, einen Rechtshandel behaupten*, eigentl. 'sich als Haupt einer Sache erweisen') aufgenommen wird. Anfang des 16. Jhs. auch in der Fachsprache des Militärs 'mit Erfolg verteidigen'. Die heutige Bedeutung 'erklären, seine Meinung ausdrücken', die sich unmittelbar aus der Rechtssprache ableiten läßt und im 17. Jh. in Gebrauch kommt, wird vermittelt durch Wendungen wie *seine Meinung, seine Aussage behaupten* ('verteidigen'). – Behauptung f., Ende des 16. Jhs., entsprechend den Bedeutungen von *behaupten*.

behelligen Vb. 'belästigen, lästig fallen'. Die seit der ersten Hälfte des 16. Jhs. nachweisbare Präfixbildung ist von dem heute untergegangenen Verb *helligen* 'ermüden', mhd. *hellegen, helligen* 'durch Verfolgung ermüden, plagen, quälen' ausgegangen, das eine Ableitung von mhd. *hellec, hellic* 'ermüdet, erschöpft, abgemattet' ist (noch heute *hellig* 'matt, erschöpft von Durst' in obd. Mundarten). Diesem liegt mhd. *hel* Adj. 'schwach, matt' zugrunde, das wie *schal* (s. d.) zur Wurzel ie. **(s)kel-* 'austrocknen, dörren' gehört; vgl. griech. *skeletós* (σκελετός) 'ausgetrocknet' (s. *Skelett*). – Gleichzeitig mit *behelligen* kommt auch Behelligung f. in Gebrauch. Verbreitet sind die verneinenden Fügungen *unbehelligt sein, bleiben, lassen*.

behend(e) Adj. 'gewandt und flink, schnell'. Mhd. *behende* 'mit Geschick zu brauchen, passend, geschickt, schnell' ist aus dem Adverb mhd. *behende* 'mit Geschick, schnell' hervorgegangen, das auf ahd. **bī henti* weist (Präp. *bī* 'bei' und Dat. Sing. *henti*, von *hant* 'Hand'), also eigentl. 'bei der Hand'. Eine Weiterbildung dazu ist das heute nicht mehr übliche Adjektiv *behendig*, ahd. *bihentīg*, mhd. *behendec* 'fertig, geschickt'. Geläufig ist dagegen das davon abgeleitete Substantiv Behendigkeit f., mhd. *behendecheit*.

Behörde f. 'staatliche oder kommunale Dienststelle mit bestimmten Amtsgeschäften (und deren Sitz)'. Das aus der Kanzleisprache stammende, seit der 2. Hälfte des 17. Jhs. gebräuchliche Wort schließt an älteres *behören*, mhd. *zuo behœren* '(zu)gehören, zukommen, gebühren' (s. *hören, gehören* und *Zubehör*) an, bedeutet also eigentl. 'das Gehörige, das Notwendige', dann 'Stelle, Ort, wohin etw. gehört'; dazu das heute ausgestorbene *behörig* Adj. 'gehörig, gebührend, passend'. Vermutlich aus der seit Mitte des 17. Jhs. bezeugten Wendung *an behörigen Ort* (*behörigen Orts*) hat sich die heute geläufige Bedeutung 'Dienststelle' entwickelt. Ableitungen dazu sind die seit der 2. Hälfte des 19. Jhs. belegten Ausdrücke behördlich Adj. 'von einer Behörde ausgehend, amtlich'; behördlicherseits Adv. 'von Seiten einer Behörde'.

Behuf m. nur noch in der Verbindung *zu dem (zum) Behuf* 'zu dem Zweck'. Mhd. *behuof* 'Geschäft, Zweck, Vorteil; wessen man bedarf' gehört zum Verb mhd. *beheben* 'wegnehmen, erhalten, erwerben, behalten, behaupten'; vgl. mnd. *behōf* 'Nutzen, Bedürfnis' und *to behōf* 'zum Besten, zum Nutzen', nl. *behoeven* 'bedürfen' und *behoeve* 'zu Nutz und Frommen, zum Behuf', aengl. *behōflic* 'notwendig', engl. *behoof* 'Nutzen'. Die genannten Formen sind verwandt mit *heben* (s. d.). Bei *Behuf* rückt später die Bedeutung 'Bedarf, Vorteil' in den Vordergrund. Die md. Kanzleisprache gebraucht das Wort in Verbindung mit der Präposition *zu* in formelhafter Wendung *zu diesem Behuf*, eigentl. 'für dieses Bedürfnis', die in die Literatursprache eindringt. Aus dem Gen. Sing. *Behufs* entwickelt sich um 1800 die Präposition behufs (mit Gen.) 'zu dem Zweck', die wie das Substantiv heute ebenfalls selten ist.

bei Präp. mit Dat., nordd. (umgangssprachlich) Adv. Die Präposition ahd. *bī*, auch *bi* (8. Jh.), mhd. asächs. mnd. mnl. *bī*, nl. *bij*, aengl. *bī, bi, be*, engl. *by*, got. *bi* ist verwandt mit griech. *amphí* (ἀμφί) und lat. *amb(i)-* 'ringsum, um ... herum, auf beiden Seiten' (s. *Ampel, Amphibie, amputieren*), die auf ie. **ambhi* 'um ... herum, zu beiden Seiten' zurückgehen, und näher mit der unter *um* (s. d.) behandelten Präposition, die auf schwundstufigem (den Akzent auf der zweiten Silbe tragendem) ie. **m̥bhí* beruht. Germ. **bi* hat den ersten Wortteil des ie. Kompositums aufgegeben (s. die parallele Entwicklung beim Zahlwort *beide*) und wird in den westgerm. Sprachen unter Akzenteinwirkung gelängt. Während *um* die Ausgangsbedeutung 'um ... herum' bis heute bewahrt hat, weist germ. **bi* sie nur noch im Got. (das kein **um* kennt) auf. Dagegen hat sich im Westgerm. sehr früh eine semantische Entwicklung vollzogen, die sich im Got. bereits anbahnt, die Bedeutungsentwicklung zu 'bei, an, zur Seite von, nahe'. Neben der präpositionalen hat germ. **bi* auch adverbiale Funktion, die einzelsprachlich unterschiedlich ausgeprägt bzw. verlorengegangen ist. Als Adverb begegnet *bei* schon seit dem Ahd. fast nur noch in Verbindung mit anderen Adverbien wie *herbei, nahebei, nebenbei, vorbei, beisammen*; einige wie *dabei, hierbei, wobei* waren früher trennbar (heute noch umgangssprachlich im Nordd. *hier hat er bei gelacht, wo sind wir bei stehengeblieben?*). Es erscheint ferner in unfest zusammengesetzten Verben, die den Zustand der Nähe (*beiliegen, -wohnen, -sitzen, -stehen*) oder das Erreichen der Nähe bezeichnen (*beifallen, -kommen, -springen*). Dazu treten an Verben sich anschließende nominale Zusammensetzungen wie *Beigabe, -lage, -trag, -tritt, -hilfe, beiläufig*, aber auch solche ohne verbale Grundlage wie *Beiblatt, -geschmack, -name, -wagen*. Die Präposition *bei* drückt räumliche Nähe aus (*bei ihm, bei sich haben, bei Tisch, bei Berlin*) sowie enge Berührung (*jmdn. bei der Schulter packen*). Sie bezeichnet die Gleichzeitigkeit eines Zustands, Vorgangs mit einem anderen (*bei dem Regen fanden wir unter einem Baum Schutz, bei näherer Betrachtung stellt sich heraus, daß . . .*), einen Begleitumstand (*er schläft bei geöffnetem Fenster*), die Bedingung (*Wasser kocht bei 100 Grad*), den Grund (*bei deinen guten Augen brauchst du keine Brille*), eine Einräumung (*bei all seinen Verdiensten hatte er aber auch einen Fehler*). Sie steht in Abhängigkeit von Verben (*bei einem Konzert mitwirken*), von Adjektiven (*mir ist nicht wohl bei dem Gedanken*), in fester Verbindung mit *sein* (*bei der Arbeit sein*) und in der Wendung *bei weitem*, die einen starken graduellen Unterschied ausdrückt.

Beichte, südd. auch **Beicht** f. in der christlichen Religion 'Bekenntnis der Sünden', auch 'Geständnis, Bekenntnis'. Ahd. *bĭgiht, bĭjiht* (9. Jh.), *bĭgihta* (11. Jh.) 'Bekenntnis, feierliche Aussage, Sündenbekenntnis', mhd. *begiht(e), bīhte* ist Verbalabstraktum zu ahd. *bijehan* 'bekennen, Lob sprechen' (8. Jh.), dessen Simplex ahd. *jehan* (8. Jh.), asächs. *gehan* 'sagen, sprechen', aber auch 'bekennen, geloben' bedeutet (dazu ahd. *jiht* 'Aussage, Bekenntnis') und mit aind. *yắcati* 'fleht, fordert', lat. *iocus* 'Scherzrede, Scherz' (s. *Jux*) zur Wurzel ie. **i̯ek-* '(feierlich) sprechen' gestellt werden kann (s. auch *genieren, Gicht*). Das seit dem Mhd. auftretende Endungs-*e* (ahd. *-a*) setzt sich spät endgültig durch; Luther gebraucht meist, Adelung nur *Beicht*, Campe verbucht beide Formen *Beicht* und *Beichte*. – beichten Vb. 'eine Beichte ablegen, seine Sünden bekennen', auch 'gestehen, bekennen', mhd. *bīhten*. Zum katholischen Sprachgebrauch gehören Beichtiger m. (heute selten) 'Beichtvater', ahd. *bĭgihtigāri* (Hs. 12. Jh.), mhd. *bīhtegære, bīhtigære* 'Bekenner (Beichtkind), Beichtvater', zu mhd. *bīhtegen* 'beichten', abgeleitet von ahd. *bĭgihtīg* (9. Jh.), mhd. *bīhtec, bīhtic* 'seine Sünden bekennend'; Beichtvater m. 'Geistlicher, bei dem gebeichtet wird', mhd. *bīhtvater*, und Beichtkind n. 'Beichtende(r)' (um 1500). Beichtgeheimnis n. 'Pflicht des Geistlichen, über das Anvertraute zu schweigen und das ihm Anvertraute selbst' (Mitte 19. Jh.) neben älterem Beichtsiegel n. (2. Hälfte 17. Jh.).

beide Num.adj. 'alle zwei' (von als bekannt vorausgesetzten Größen). Ahd. (8. Jh.), mhd. *beide, bēde*, asächs. *bēðia*, mnd. *bēde*, mnl. *beide*, anord. *bāðir* enthalten ein älteres Wort mit der Bedeutung 'beide' (vgl. got. *bai* m., *ba* n., aengl. *bēgen* m., *bā* f., *bū* n. 'beide'), das im West- und Nordgerm. mit dem nachgestellten Demonstrativpronomen (dem späteren dt. Artikel) verbunden wird. So ist ahd. *bēde* m. aus **bē dē* 'beide die', ahd. *beidiu* n. aus **bei diu* entstanden. Die ie. Grundform ist **ambhō(u)*, deren zweites Kompositionsglied 'beide' um das verstärkende Präfix **am-* erweitert ist; vgl. griech. *ámphō* (ἄμφω), lat. *ambō*, aslaw. *oba*, russ. *óba* (оба) 'beide' (s. *bei*). Ein neutraler Singular begegnet schon asächs. (Gen. *bēðies*), ist mhd. (*beideȥ*) selten und wird erst frühnhd. (*beides*) häufiger. – beiderseits Adv. und Präp. mit Gen. 'auf beiden Seiten, von beiden Beteiligten' (mit sekundärem *-s*), mhd. *beidentsīt, beidersīt*, gekürzt aus *ze beider sīt* 'zu beiden Seiten'. Eine Weiterbildung ist beiderseitig Adj. 'auf beiden Seiten, gegenseitig' (1. Hälfte 17. Jh.), gekürzt zu beidseitig Adj. (2. Hälfte 17. Jh.).

Beifall m. 'Händeklatschen zustimmende Äußerungen des Publikums, Applaus, Zustimmung, Anerkennung'. Im Anschluß an vorher bezeugtes mnd. *bīval* 'Hilfe, Unterstützung, Anhang, Zustimmung' erscheint nhd. *Beifall* seit dem 16. Jh. (so bei Luther) 'Übertritt zu einer Partei, politische Parteinahme' (im Gegensatz zu *Abfall* 'Loslösung, Treubruch'), aber auch in der Bedeutung 'Zustimmung', die bis in die Gegenwart fortlebt. Zur Etymologie s. *fallen*. Heute ungebräuchlich ist das Verb b e i f a l l e n 'einfallen, in den Sinn kommen, zustimmen'. An mhd. *bī vallen* 'ab-, danebenfallen' schließt sich gleichbed. frühnhd. *beifallen* an, das unter Einfluß von mnd. *bīvallen* 'zustimmen, beistehen, jmds. Partei nehmen' im 16. Jh. außerdem die Bedeutung 'zustimmen, beipflichten' entwickelt und bis ins jüngere Nhd. bewahrt. Im 18. Jh. steht *beifallen* häufig für 'in den Sinn kommen, einfallen'. – b e i f ä l l i g Adj. 'zustimmend, anerkennend'; Ende des 15. Jhs. im Sinne von 'zustimmend, günstig', im 16. Jh. auch 'zufällig, beiläufig', im 18. Jh. setzt sich die heutige Bedeutung durch. B e i f a l l s b e z e u g u n g f. (Anfang 19. Jh.).

Beifuß m. wildwachsende, staudenartige Heil- und Gewürzpflanze mit kleinen gelblichen oder rotbraunen Blütenköpfen. Ahd. *bībōʒ* (8. Jh.), das zum Verb ahd. *bōʒen* 'stoßen, schlagen' (s. *Amboß*) gehört, wird als 'das als Gewürz an Speisen oder Getränke zu stoßende Kraut' oder wahrscheinlicher im Sinne einer 'böse Geister abstoßenden Kraft', die der Pflanze nachgesagt wird, gedeutet. Neben mhd. *bībōʒ* ist auch mhd. *bīvuoʒ* (entsprechend mnd. *bībōt* und *bīvōt*) belegt. Die volksetymologische Umdeutung zu mhd. *-vuoʒ*, nhd. *-fuß* entspricht wohl einem alten Aberglauben, wonach *Beifuß*, am Bein getragen, gegen Ermüdung schütze.

beige Adj. 'naturfarben, sandfarben, gelbbraun', Übernahme (um 1900) von gleichbed. frz. *beige*, afrz. *bege*, das vor allem die Farbe der rohen, natürlichen Wolle (frz. *laine beige*) bezeichnet. Die Herkunft ist ungeklärt. Die mehrfach vertretene Herleitung aus dem zweiten Teil (*-bagia*) des Substantivs ital. *bambagia* 'Baumwolle' ist nicht überzeugend. Vielleicht aus lat. *Baeticus* 'bätisch, aus der wegen ihrer Wolle berühmten Provinz *Baetica* im Südwesten Spaniens stammend' (vgl. GAMILLSCHEG ²99)?

Beil n. 'kurzstieliges Spalt-, Hauwerkzeug mit breiter Schneide'. Ahd. *bīhal* 'Beil, Axt' (9. Jh.), mhd. *bīhel, bīel, bīl(e)*, mnd. *bīl* n., *bīle* f., mnl. *bīle* f., *bijl* m. n.?, nl. *bijl* f. sind verwandt mit anord. *bīlda* 'Pfeil' und *bīldr* 'Aderlaßmesser'. Ablautend stehen daneben ahd. *billi* 'Schwert, Streitaxt' (9. Jh.), mhd. *bil* n., *bille* f., nhd. *Bille* 'doppelschneidige Hacke, Steinhaue', mhd. *billen* 'mit der Steinhaue schlagen, behauen, schärfen', asächs. aengl. *bil(l)* n. 'Schwert, Streitaxt'. Mit den außergerm. Verwandten griech. *phitrós* (*φιτρός*) 'Baumstamm, Holzscheit', air. *biāil* 'Beil', aslaw. *biti*, russ. *bit'* (*бить*) 'schlagen', *bílo* (*било*) 'Klöppel, Klopfbrett' führen sie auf die Wurzel ie. **bhei-*, **bhei̯ə-*, **bhī-* 'schlagen', zu der, über eine *d*-Erweiterung, vielleicht auch *beißen* (s. d.) zu rechnen ist.

Bein n. zum Stehen und zur Fortbewegung dienender Körperteil, beinartiger Teil eines Möbels, Gerätes, ahd. (9. Jh.), mhd. *bein* 'Knochen, Bein', auch 'Ober-, Unterschenkel', asächs. mnd. *bēn*, mnl. nl. *been*, aengl. *bān*, engl. *bone* 'Knochen, Bein', anord. *bein* 'Bein, Knochen, Oberschenkel'. Die Etymologie des west- und nordgerm. bezeugten Wortes (**baina-*) ist dunkel. Die Grundbedeutung 'Knochen', die schon in ahd. Zeit auf das Bein sowohl als Ganzes wie auch auf seine beiden Teile, den Ober- und Unterschenkel, übertragen wird und die noch häufig bei Luther anzutreffen ist, wird allmählich von *Knochen* und *Gebein* übernommen, bleibt aber in Zusammensetzungen erhalten, vor allem in anatomischen Bezeichnungen: *Brust-, Nasen-, Schien-, Schlüsselbein*, auch *Eis-, Elfen-, Überbein*. Sie ist ferner bewahrt in dem Adjektiv *beinern* (s. unten) und in Wortpaaren *durch Mark und Bein* 'durch und durch', *Stein und Bein schwören* 'etw. fest behaupten, leidenschaftlich beteuern' (s. *schwören*). – b e i n e r n Adj. 'knöchern, aus Knochen bestehend', älter *beinen*, ahd. (Hs. 13. Jh.), mhd. *beinīn*. b e i n i g Adj. 'Füße habend, mit Beinen versehen' in den Zusammensetzungen *zwei-, drei-, langbeinig*, mhd. *beinec* (*drī-, lancbeinec*) mit Suffixwechsel aus ahd. *-beini* (*lang-, zwībeini*); als selbständiges Adjektiv 'Knochen habend' (*beiniges Fleisch, beiniger Finger*) bei Campe (1807). G e b e i n n. 'Glieder, Körper des lebenden Menschen', Plur. *Gebeine* 'Knochen, Skelett', ahd. *gibeini* 'Gebein, die beiden Beine eines Menschen' (9. Jh.), mhd. *gebeine*. B e i n l i n g m. 'Teil eines Kleidungsstücks, der die Beine bedeckt', seit dem 15. Jh. 'oberer Teil des Strumpfes', jetzt auch 'Hosenbein'.

Beispiel n. 'Einzelfall zur Veranschaulichung oder zum Beweis für etw. Allgemeines, Vorbild, Muster'. In *Beispiel* ist (wie in *Kirchspiel*) der zweite Bestandteil erst in spätmhd. Zeit volksetymologisch an *Spiel* angelehnt worden. Das gemeingerm. Grundwort ahd. asächs. *spel* 'Erzählung, Rede', aengl. *spell* und anord. *spjall*, auch 'Zauberspruch', got. *spill* 'Sage, Fabel' begegnet noch in engl. *spell* 'Zauberwort' und *gospel* 'Evangelium' (aengl. *gōdspel* 'Evangelium', eigentl. 'gute Botschaft'). Außergerm. sind vergleichbar (ohne anlautendes *s-*) griech. *apeilḗ* (*ἀπειλή*) 'ruhmredige Verheißung, Drohung', lett. *pelt* 'schmähen, verleumden, tadeln', so daß von einer Wurzel ie. **(s)pel-* 'laut, nachdrücklich sprechen' ausgegangen werden kann. Das mit *bī-* (s. *bei*) zusammengesetzte westgerm. Kompositum aostnfrk. *bīspil* 'lehrhafter Spruch, Gleichnis' (9. Jh.?), mhd. *bīspel*, mnd. *bīspĕl, bīspil*, mnl. *bispel* 'zur Belehrung erdichtete Geschichte, Fabel, Gleichnis, Sprichwort', aengl. *bīspell* 'Beispiel, Gleichnis' bedeutet eigentl. 'das nebenbei Erzählte'. Luther gebraucht *Beispiel* vornehmlich im Sinne von 'lehrreiches Faktum zur Nachahmung oder zur Abschreckung'. Unter Einfluß von lat. *exemplum* (s. *Exempel*) entwickelt sich seit dem 16. Jh. die Bedeutung 'Vorbild, Muster'. Auf frz. Einfluß beruhen die Verbindungen *zum Beispiel* (nach *par exemple*) und *ohne Beispiel* (nach *sans exemple*). – b e i s p i e l s w e i s e Adv. 'zum Beispiel' (Ende 17. Jh.); b e i s p i e l l o s Adj. 'einmalig, noch nicht dagewesen, unerhört' (2. Hälfte 18. Jh.); b e i s p i e l h a f t Adj. 'vorbildlich, mustergültig' (Anfang 20. Jh.).

beißen Vb. 'mit den Zähnen zupacken, die Zähne in etw. hineindrücken, scharf sein, brennen, ätzen'. Ahd. *bīȥan* '(hinein)beißen, stechen' (8. Jh.), mhd. *bīȥen*, asächs. aengl. *bītan*, mnd. mnl. *bīten*, nl. *bijten*, engl. *to bite*, anord. *bīta*, schwed. *bita*, got. *beitan* gehören mit aind. *bhinátti* 'spaltet, zerschlägt, durchsticht, bricht ein' und lat. *findere* 'spalten' zu ie. **bheid-* 'spalten', vielleicht eine Erweiterung der unter *Beil* (s. d.) angeführten Wurzel ie. **bhei-, *bheiə-, *bhī-* 'schlagen'. Eng verwandt mit dem gemeingerm. Verb sind die unter *beizen* und *bitter* (s. d.) genannten Formen. – B i ß m. 'Zugriff mit den Zähnen, durch Beißen entstandene Verletzung', ahd. *biz* (mit ungeklärtem Lautstand *z* oder *ȥ* am Wortende, s. *beizen*) 'das Beißen, Biß, Bissen, Brocken' (9./10. Jh.), mhd. *biȥ, biz*, asächs. *biti*, mnd. *bēte*, mnl. *bete*, nl. *beet* 'Biß, Bissen', aengl. *bite*, engl. *bit* 'Biß'. G e b i ß n. 'Gesamtheit der Zähne', ahd. *gibiȥ* 'Gebiß, Bissigkeit, Schärfe' (10. Jh.), mhd. *gebiȥ*, mnd. *(ge)bit(te), gebēte* 'Gebiß, Zaum'. b i s s i g Adj. 'schnell und scharf zubeißend, durch scharfe Worte verletzend', seit frühnhd. Zeit, vom 15. bis 19. Jh. auch *beißig*, mhd. *bīȥec*, erhalten in *bärbeißig* (s. d.); vgl. ahd. *bīȥīg, biȥȥīg* (Hs. 12. Jh.). B i s s e n m. 'was man auf einmal abbeißen und in den Mund stecken kann, Happen, kleine Mahlzeit, Imbiß', ahd. *biȥȥo* 'abgebissenes Stück, Bissen, Klumpen, Brocken' (9. Jh.), mhd. *biȥȥe*, mnd. *bēte*, aengl. *bita*, engl. *bit*, anord. *biti*, schwed. *beta* 'Bissen'. b i ß c h e n (16. Jh.), landschaftlich b i s s e l (15. Jh.) Adv. Adj., meist *ein bißchen, ein bissel* 'ein wenig, etwas', eigentl. 'ein kleiner Bissen'.

beizen Vb. 'mit Beize behandeln, scharf, ätzend einwirken, mit abgerichteten Raubvögeln jagen'. Das germ. Verb ahd. *beizen* 'mit Beize behandeln, mit Vögeln jagen, aufzäumen' (10. Jh.), mhd. *beiȥen* 'mit Beize behandeln, mit Falken, Hunden jagen, mürbe machen, peinigen' und 'vom Pferd steigen' (eigentl. 'das Pferd beißen, fressen lassen'), asächs. *undbētian* 'absitzen', mnd. *bēten* 'mit Beize behandeln, mit Falken, Hunden jagen', aengl. *bǣtan* 'beizen, jagen, aufzäumen, zügeln', engl. *to bait* 'ködern, mit Hunden hetzen, reizen, quälen, peinigen', anord. *beita* 'beißen lassen, zäumen, weiden, jagen, segeln' ist Kausativum zu dem unter *beißen* (s. d.) behandelten Verb und bedeutet daher eigentl. 'beißen machen, beißen lassen'. Das führt zu zwei verschiedenen Verwendungsweisen: 'mit Raubvögeln', früher auch 'mit Hunden jagen', eigentl. 'Raubvögel, Hunde beißen lassen', und 'mit einem scharfen Mittel, mit Beize behandeln'. Im Part. Präs. werden *beizend* und *beißend* zuweilen ohne Unterschied gebraucht (*beizender* und *beißender* 'stechender, ätzender' *Rauch, Qualm, Geruch*). Hinsichtlich der inlautenden Konsonanz, und zwar Spirans beim starken (*beißen*) und Affrikata beim schwachen (*beizen*) Verb sowie den zugehörigen Bildungen (*Biß, Beize*), hat sich eine konsequente Scheidung erst in der nhd. Literatursprache durchgesetzt. Im Ahd. und Mhd. ist (bes. für die hier unter *beizen* genannten Wörter) mit Doppelformen zu rechnen, im Mhd. mit einem Überwiegen der Spirans (die sich noch heute in Mundarten findet). Die Affrikata entstammt den Flexionsformen, in denen (vor Eintritt der hd. Lautverschiebung) ein *j* der Folgesilbe Konsonantengemination bewirkte. Unterschiedliche Ausgleichsbewegungen haben zu Doppelformen (und ihrer Beseitigung) geführt. – B e i z e f. 'Mittel zur Oberflächenbehandlung von Holz, Metall, Mittel zum Gerben, Jagd mit abgerichteten Raubvögeln', ahd. *beiza* 'Beize, Lauge' (zum Aufweichen von Schmutz), 'Alaun' als Beize in Färbereien (Hs. 12. Jh.), dafür auch *beiz(i)stein* (10. Jh.), mhd. *beiʒe* 'Falkenjagd, scharfe, beißende Flüssigkeit'.

bekannt Part.adj. 'von vielen, allen gekannt, von jmdm. persönlich gekannt, jmdm. nicht fremd', oft in der Wendung *mit jmdm., etw. bekannt sein* 'jmdn., etw. (näher) kennen'. Das selbständig gewordene Part. Prät. mhd. *bekant, bekennet* gehört zu mhd. *bekennen* 'kennen, erkennen' (s. *bekennen*). Diese alte Bedeutung des Verbs hat sich auch in der substantivierten Form B e k a n n t e (r) m. f. 'wen man gut kennt' (15. Jh.), in u n b e k a n n t Adj. 'von niemandem oder kaum jmdm. gekannt', mhd. *unbekant, unbekennet*, und in b e k a n n t l i c h Adv. 'wie jedermann weiß', mhd. *bekantlich, bekentlich* 'erkennbar', erhalten. – B e k a n n t s c h a f t f. 'das Bekanntwerden, -sein, Bekanntenkreis' und B e k a n n t m a c h u n g f. 'öffentliche Mitteilung, das Bekanntmachen' (2. Hälfte 17. Jh.).

bekehren Vb. 'zu einer Sinnesänderung bewegen, für einen Glauben gewinnen', refl. 'sich wandeln, ein Leben nach den Geboten der Religion beginnen'. Ahd. *bikēren* '(um)kehren, wenden, zur Umkehr bringen, umwandeln' (9. Jh.), mhd. *bekēren* 'hin-, umwenden, zum rechten Glauben bringen', Präfixbildung (s. *be-*) zu [1]*kehren* (s. d.), ist schon im Ahd. der übliche Ausdruck zur Wiedergabe von kirchenlat. *convertere* bzw. *convertī* '(sich, jmdn.) zum christlichen Glauben hinwenden, ein Leben nach den Geboten des Glaubens beginnen'. Allgemeiner Gebrauch 'zur Sinnesänderung bewegen' bahnt sich in mhd. Zeit an. – B e k e h r u n g f. 'durch Instruktion veranlaßte bzw. aus eigenem Antrieb vollzogene Hinwendung zum vermeintlich rechten Glauben', mhd. *bekērunge*; vgl. ahd. *bikērida* (10./11. Jh.), mhd. *bekērde, bekēre* 'entscheidende Wendung, Krisis einer Krankheit, geistliche Umkehr'.

bekennen Vb. 'gestehen', auch 'offen seine Überzeugung kundtun', ahd. *bikennen* (8. Jh.), mhd. *bekennen*, eine Präfixbildung zu *kennen* (s. d.), bedeutet zunächst 'kennen, erkennen' (bis ins ältere Nhd.; daher das aus dem Part. Prät. hervorgegangene Adjektiv *bekannt*, s. d.). In der mhd. Rechtssprache entwickelt sich die Bedeutung 'etw. bekanntmachen' ('die eigene Schuld eingestehen' und 'als Zeuge etw. zur Sache aussagen'), die wie die namentlich bei den Mystikern des 14. Jhs. hervortretende Variante 'aus innerster Überzeugung öffentlich für etw. eintreten' zu den heutigen Verwendungen hinführt. In letzterem Sinne wird das Verb im Nhd. auch reflexiv gebraucht (*sich zu etw., jmdm. bekennen*); vgl. dagegen ahd. *sih bikennen* 'sich erinnern', mhd. *sich bekennen* 'Bescheid wissen, zur Erkenntnis kommen'. – B e k e n n e r m. 'wer offen seine Überzeugung kundtut', mhd. *bekenner* (14. Jh.), anfangs Nomen agentis in der juristischen Sphäre, dann unter Einfluß der Mystik in der Bedeutung 'Verfechter einer Glaubenslehre'. B e k e n n t n i s n. 'Geständnis, öffentliches Eintreten für eine Überzeugung', ahd. *bikantnussi* n. (Hs. 12. Jh.), mhd. *bekantnisse, bekentnisse* f. und n. 'Kenntnis, Geständnis, Zeugnis', Ableitung vom Part. Prät. mhd. *bekant*, deshalb auch im Frühnhd. noch Nebenformen wie *Bekanntnuß* oder (bis ins 18. Jh.) *Bekänntnis*. Der bei den Mystikern einsetzende religiöse Sondergebrauch ist vom 16. Jh. an verbreitet ('Eintreten für eine Glaubenslehre'), dazu stellt sich die Bedeutung 'christliche Glaubenslehre, Konfession' (19. Jh.); im 18. Jh. setzt sich allgemein neutrales Genus durch.

beklommen Part.adj. 'bedrückt, ängstlich'. Das seit Mitte des 18. Jhs. gebräuchliche Adjektiv folgt entsprechenden Verwendungen von mhd. frühnhd. (bis 16. Jh.) *beklummen*, Part. Prät. eines im Nhd. untergegangenen starken Verbs mhd. *beklimmen* 'umklammern', das sich als Präfixbildung zu dem unter *klimmen* (s. d.) behandelten Verb stellt. Dazu gehört als Kausativum das schwache Verb mhd. *klemmen* 'mit den Klauen packen, einzwängen, kneipen' (s. *klemmen*) und präfigiertes ahd. *biklemmen* 'versperren, verstopfen' (10./11. Jh.), mhd. nhd. *beklemmen* 'zusammenpressen, beengen' (vgl. asächs. *biklemmian* 'einschließen', aengl. *beclemman* 'fesseln, binden'), das heute vor allem im Part. Präs. *beklemmend* 'beängstigend, bedrückend' vorkommt, dessen Part. Prät. *beklemmt* im älteren Nhd. aber anstelle von mhd. frühnhd. *beklummen* und später (18. bis 20. Jh.) neben *beklommen* auch adjektivisch verwendet wird. Zum schwachen Verb *beklemmen* ist B e k l e m m u n g f. 'beengendes Gefühl' (Ende 17. Jh.) gebildet. – B e k l o m m e n h e i t f. 'Angst, seelische Bedrücktheit' (Mitte 18. Jh.).

bekommen Vb. 'erhalten, in den Besitz einer Sache gelangen' und unpersönlich mit Dativ 'jmdm. zuträglich sein', ahd. *biqueman* '(heran)kommen, begegnen, passen, nützen' (8. Jh.), mhd. *bekomen* 'kommen, begegnen, wachsen, erhalten'. Die zum Verb *kommen* (s. d.) gehörende, in den meisten germ. Sprachen vorhandene Präfixbildung (vgl. auch als außergerm. Parallele lat. *convenīre* 'zusammenkommen, eintreffen, übereinstimmen, passen') bedeutet ursprünglich 'hinzu-, herbeikommen', unterliegt aber in den einzelnen germ. Sprachen einer starken Bedeutungsdifferenzierung, z. B. got. *biqiman* 'überfallen', asächs. *bikuman* 'kommen', aengl. *becuman* 'sich ereignen, eintreffen, gelangen', engl. *to become* 'werden, sich ziemen', nl. *bekomen* 'erhalten, zuträglich sein'. Im Dt. wird räumliche Annäherung (frühnhd. vor allem 'begegnen, treffen') noch bis ins 17. Jh. ausgedrückt, daneben entwickeln sich seit dem Ahd. die Bedeutungen 'erhalten' (zunächst intrans. mit Gen., so ahd. bei Otfrid und häufig im Mhd.) und 'hervorkommen, wachsen, gedeihen' (bis Anfang des 19. Jhs.) sowie, an die letztere anschließend, der unpersönliche Gebrauch 'gedeihlich, zuträglich sein' ('etw. einbringen, zu etw. gereichen' bereits im Freisinger Paternoster, 9. Jh.). Zu *bekommen* mit dem Sinn 'erhalten, kriegen' entstehen in jüngerer Zeit Zusammensetzungen wie *abbekommen* (Anfang 19. Jh.), *freibekommen* (Ende 19. Jh.), *herausbekommen* (18. Jh.). – b e k ö m m l i c h Adj. 'zuträglich', zu *bekommen* 'zuträglich sein' gehörend, wird in der 2. Hälfte des 19. Jhs. üblich; dagegen ist mhd. *bekom(en)lich*, frühnhd. *bekommlich, bekömmlich* (vereinzelt bis ins 17. Jh.) bedeutungsgleich mit ahd. *biquāmi*, mhd. *bequæme* 'angemessen, passend, tauglich' (s. *bequem*). B e k ö m m l i c h k e i t f. 'Zuträglichkeit', junge Ableitung von *bekömmlich* 'zuträglich' (Anfang 20. Jh.), die nicht frühnhd. *Bekommlichkeit, Bekömmlichkeit* 'Angemessenheit, Tauglichkeit' (15./16. Jh.; s. *Bequemlichkeit*) fortsetzt.

belangen Vb. 'verklagen, zur Verantwortung ziehen', bei (heute veraltetem) unpersönlichem Gebrauch 'angehen, betreffen'. Ahd. *bilangēn* (11. Jh.), mhd. *belangen, blangen*, Präfixbildung zu gleichbed. ahd. *langēn*, mhd. *langen* (zu *lang*, s. d.), heißt (unpersönlich, meist mit Gen.) 'es verlangt, gelüstet jmdn. wonach'. Diese Verwendung geht (bis auf Reste in obd. Mundarten) im Frühnhd. unter. Im Mhd. und Mnd. entwickelt sich die Bedeutung 'erreichen, sich erstrecken' (vgl. ahd. *gilangōn*), an die sich 'zur Verantwortung ziehen' (als Rechtsausdruck mnd. und vom 15. Jh. an frühnhd., jetzt allgemein verbreitet) und 'angehen, betreffen' (15. Jh.; vgl. nl. *belangen* 'betreffen', engl. *to belong* 'gehören, in Beziehung stehen') anschließen. – a n b e l a n g e n Vb. 'angehen, betreffen', bereits im 15. Jh. neben gleichbed. *belangen* und *anlangen* stehend (vgl. entsprechendes nl. *aanbelangen* 'betreffen'), verdrängt in dieser Bedeutung einfaches *belangen* zunehmend seit dem 18. Jh. B e l a n g m. 'Bedeutung, Wichtigkeit'. Mhd. *belanc* 'Verlangen', rückgebildet aus mhd. *belangen* 'verlangen, gelüsten', lebt nur noch im Frühnhd. bis zum 16. Jh. weiter. Gleichbed. mnl. *belanc* bildet daneben die Variante 'Vorteil, Gewinn' aus, zu der sich mnd. *belanc* 'Bedeutung, Interesse' stellt. In diesem Sinne erscheint nhd. *Belang* vor allem in Fügungen wie *von (geringem, hohem, keinem) Belang, ohne Belang* seit Mitte des 18. Jhs. im Hd., zunächst im Kanzleistil, dann auch, namentlich durch Lessings Einfluß, im allgemeinen Sprachgebrauch. Im 20. Jh. breitet sich die schon im 19. Jh. vorkommende Verwendung des Plur. *Belange* als 'Interessen, Angelegenheiten' rasch aus. b e l a n g l o s Adj. 'bedeutungslos, unwichtig', Ende des 19. Jhs. zu *Belang* gebildet, sehr gebräuchlich im 20. Jh.; dazu B e l a n g l o s i g k e i t f. 'Unwichtigkeit', auch 'unbedeutende Sache' (um 1900).

belegen Vb. 'durch Darauflegen bedecken', auch 'auferlegen, besetzen, beweisen'. Ahd. *bileggen* 'bedecken, umgeben' (8. Jh.), mhd.

belegen 'besetzen, einhüllen, einschließen, belagern' (vgl. entsprechendes mnd. nl. *beleggen*) ist eine Präfixbildung zu ahd. *leggen*, mhd. *legen* 'legen, setzen', dem Kausativum zum starken Verb ahd. *liggen*, mhd. *ligen* 'liegen, sich befinden' (s. *legen* und *liegen*). Das präfigierte Verb, das ursprünglich das schmückende oder schützende Bedecken und Umkleiden eines Gegenstands bezeichnet, entwickelt im Dt. vielfältige Verwendungsweisen, z.B. 'besetzen, belagern' und 'durch Zeugnis beweisen' (beide schon mhd. und mnd.), 'begatten' (mnd. und frühnhd., heute noch von Tieren) sowie in der älteren Rechtssprache 'auferlegen, entschädigen' und 'gewinnbringend anlegen' (alle zuerst mnd. bezeugt). An 'besetzen' schließt sich im Bergbau der Sondergebrauch 'ein Bergwerk mit Arbeitskräften versehen' (16. Jh.) an, wozu als junge Ableitung B e l e g s c h a f t f. 'Gesamtheit der Arbeiter eines Bergwerks' (1. Hälfte 19. Jh.), heute überhaupt 'alle Beschäftigten eines Betriebes', gebildet ist. – B e l e g u n g f. 'der Vorgang und das Ergebnis des Belegens', mnd. *belegginge*, frühnhd. *belegunge* stellt sich als Verbalsubstantiv zu den verschiedenen Bedeutungen von *belegen*; in älterer Zeit ist es vor allem 'Belagerung', dann 'Bedeckung, Besetzung, Geldanlage, Entschädigung' u. ä., jetzt meist 'Zustand des Besetztseins, Auslastung'. B e l e g m. 'Beweisstück, dokumentarischer Nachweis', Rückbildung aus *belegen* 'durch Zeugnis beweisen' (und nicht aus dem älteren Neutr. mnd. *belech, belach* 'Belagerung', frühnhd. *belege* 'Belagerung' und 'Besatz am Rocksaum' hervorgegangen), kommt seit Ende des 17. Jhs. namentlich im Rechtswesen (hier auch 'dauerhafte Grenzmarkierung') und im Geschäftsverkehr, vom 18. Jh. an auch allgemeiner vor. Der Plural wird im 18./19. Jh. häufig *Beläge* geschrieben, woraus sich fälschlich eine Nebenform *Belag* als Singular ergibt. Dagegen wird B e l a g m. 'das Daraufliegende, Bedeckende', zum heute nicht mehr gebräuchlichen starken Verb *beliegen* 'liegen bleiben' (ahd. *biliggen*, mhd. *beligen*) gehörend, in der 2. Hälfte des 19. Jhs. üblich.

belfern Vb. 'keifen, schimpfen'. Das seit der 1. Hälfte des 16. Jhs. (bei Luther) nachweisbare schallnachahmende Verb bedeutet zunächst 'kläffend bellen' (vom Hund), wird aber gleichzeitig (auch in der Zusammensetzung *widerbelfern*) und verstärkt vom 18. Jh. an für das wütende Schimpfen von Menschen gebraucht. Der Form nach ist es eine expressive Bildung zu *bellen* (s. d.) mit Konsonantenverschärfung, möglicherweise in Analogie zu dem Wortpaar *gellen* (s. d.) und *gelfe(r)n* entstanden, wobei das Suffix *-ern* wohl auf die stetige Wiederholung des Vorgangs verweist (Varianten sind z.B. *belfen*, 18. Jh., und *belfzen*, 16. Jh.). Das *-f-* als konsonantische Erweiterung in *belfern* könnte auch auf Kreuzung von *bellen* mit einem anderen Schallwort, etw. gleichbed. mhd. *baffen*, beruhen.

belieben Vb. 'wünschen, geneigt sein' und unpersönlich mit Dat. 'jmdm. gefallen'. Das frühnhd. im 15. Jh. vereinzelt, im 16. Jh. allgemein vorkommende Verb (vgl. entsprechendes mnd. *belēven*, mnl. nl. *believen*) ist ursprünglich intensivierende Präfixbildung zu *lieben* (s. d.). Auf dem Wege über 'Gefallen finden' entwickelt sich im Frühnhd. wie im Mnd. die bis ins 19. Jh. nachweisbare Bedeutung 'gutheißen, billigen, beschließen'. Vom 17. Jh. an wird das präfigierte Verb vor allem im Sinne von 'willig, geneigt sein, geruhen', auch unpersönlich 'jmdm. recht sein, gefallen' (vgl. frz. *s'il vous plaît*), in höflicher Ausdrucksweise als Bestandteil häufig formelhaft erstarrender Umschreibungen gebräuchlich. – b e l i e b t Part.ajd. 'allgemein geschätzt', mnd. *belēvet* 'beliebt, wert'. Im Hd. verselbständigt sich das Part. Prät. des Verbs *belieben* im 17. Jh. als 'erwünscht, angenehm', namentlich in attributivem Gebrauch und in der Fügung *sich beliebt machen* 'Wertschätzung erlangen'. Dazu u n b e l i e b t Part.adj. 'unerwünscht, unangenehm, nicht geschätzt' (17. Jh.), oft in *sich unbeliebt machen* 'Mißfallen erregen', sowie als jüngere Ableitung B e l i e b t h e i t f. 'allgemeine Wertschätzung' (Anfang 19. Jh.). B e l i e b e n n. 'Neigung, Wille, Wunsch' (16./17. Jh.), in Fügungen wie *nach Belieben, etw. in jmds. Belieben stellen* auch 'Ermessen, Gutdünken'; substantivierter Infinitv von *belieben*. b e l i e b i g Adj. 'willkürlich ausgewählt', Ableitung des 17. Jhs. zunächst in der Bedeutung 'erwünscht, angenehm, passend'; über *jmdm. beliebig* 'ganz nach jmds. Wunsch' kommt es im 18. Jh. (in Anlehnung an das Substantiv *Belieben*) zur heutigen Verwendung.

bellen Vb. 'Laut geben' (vom Hund), ahd. *bellan* (8./9. Jh.), mhd. *bellen*. Das für die typischen Lautäußerungen des Hundes gebrauchte Verb gilt ursprünglich auch für andere Tierstimmen, vgl. die verwandten germ. Bildungen aengl. *bellan* 'bellen, brüllen, grunzen', engl. *to bell* 'röhren', *to bellow* 'brüllen', anord. *belja* 'brüllen' (von Kühen), norw. *belje* 'brüllen, schreien' (dagegen mnl. *belen* 'bellen' entsprechend dem Nhd.); vgl. (ablautend) ahd. *bullōn* 'brüllen'. Mhd. *bellen* wird für Hund, Löwe, Kalb und Hirsch verwendet, die ahd. Belege allerdings lassen nur den Bezug auf Hunde und hundeähnliche Fabelwesen erkennen. Die germ. Verben stellen sich wie lit. *bylóti* 'prozessieren', älter 'reden', das Substantiv anord. *bjalla*, aengl. mnd. *belle*, engl. *bell* 'Glocke, Schelle' und die zu *poltern* (s. d.) gehörende Wortgruppe zur lautnachahmenden Wurzel ie. **bhel-* 'schallen, reden, brüllen, bellen' (wohl nicht hierher gehört ebenfalls lautmalendes aind. *bhaṣá-* 'bellend', vgl. Mayrhofer 2, 498). Im Dt. wird *bellen* früh (in der Allegorie schon ahd.) auf das Schimpfen und Keifen von Menschen übertragen; jünger (Ende 17. Jh.) ist dagegen die Bedeutung 'stark husten'. Die für die älteren Sprachstufen allein geltende starke Flexion kommt vereinzelt noch bis ins 19. Jh. vor, doch wird seit dem 17. Jh. daneben schwache Flexion gebräuchlich. – G e b e l l n. 'anhaltendes Bellen', mhd. *gebelle* (14. Jh.).

Belletrist m. 'Verfasser schöngeistiger literarischer Werke'. Zu der seit der zweiten Hälfte des 17. Jhs. üblichen Bezeichnung frz. *belleslettres* 'schöne Wissenschaften' für das humanistische Bildungsgut (im Unterschied zu den sich entwickelnden Einzelwissenschaften, bes. den Naturwissenschaften) wird im Dt. in den 70er Jahren des 18. Jhs. *Belletrist* gebildet (entsprechendes engl. *belletrist* im 19. Jh.). Der Ausdruck, mit dem von Anfang an häufig leichte Geringschätzung (im Hinblick auf angebliche geistige Anspruchslosigkeit des Schreibens) verbunden ist, kommt im 20. Jh. außer Gebrauch. Bis heute geläufig und meist frei von negativer Wertung sind die Ableitungen b e l l e t r i s t i s c h Adj. 'schöngeistig, der Belletristik angehörend' (70er Jahre 18. Jh.) und B e l l e t r i s t i k f. 'schöngeistige Literatur, literarisches Schaffen auf dem Gebiet der Epik, Lyrik oder Dramatik' (1. Hälfte 19. Jh.).

Bemme f. 'bestrichene Brotschnitte'. Die im Omd. heimische und in der Umgangssprache weiter vorgedrungene, in älterer Zeit *Bamme* und *Bomme* lautende Bezeichnung ist seit dem 16. Jh. belegt (zuerst bei Luther 1525 *putterpomme*, 1532 *butterbam*). Ihr ursprüngliches Verbreitungsgebiet stützt die Herleitung von gleichbed. obsorb. *pomazka* (zu obsorb. *pomazać* 'beschmieren, bestreichen'; vgl. auch nsorb. *pomazka* 'Schmiere'), das zu einem mit griech. *mássein* ($\mu\acute{\alpha}\sigma\sigma\epsilon\iota\nu$) 'drükken, streichen' verwandten Verb aslaw. *mazati* 'schmieren' gehört. Der Schwund von *-zka* bei der Übernahme des sorb. Wortes ins Dt. erklärt sich wohl aus Vermischung dieses Lautkomplexes mit dem dt. Verkleinerungssuffix *-chen*, so daß zunächst *Bemmchen* als häufig gebrauchtes Deminutivum (mit *e* als Umlaut von *a* oder entrundetem Umlaut von *o*) neben *Bamme, Bomme* steht und sich dann in Analogie zum Deminutivum die heutige Form *Bemme* entwickelt; vgl. Bielfeldt Entlehnungen (1965) 44. Dagegen erwägt Eichler Etym. Wb. der slaw. Elemente (1965) 23 ff. wie bereits Stieler Sprachschatz (1691) 90 Anschluß von *Bemme* an ein lautnachahmendes mundartliches Verb *bammen, bampen* 'essen'. Oder ist von nl. *boterham* 'Brotschnitte (mit Butter)' (seit 16. Jh.) auszugehen, das rhein. *Botterramm* ergibt? Dann müßte sich freilich das kindersprachlich daraus entwickelte rhein. *Bamme, Bemme* schon sehr früh nach Osten hin verbreitet haben.

Bengel m. 'junger Bursche, frecher kleiner Junge'. Mhd. *bengel* bedeutet 'Stock zum Schlagen, Prügel' wie mnl. *benghel*, nd. *Bengel* (auch 'Klöppel'), anord. (als Beiname) *bǫngull*. Das Substantiv ist als Gerätebezeichnung abgeleitet von einem im dt. Sprachbereich nur in der schweiz. Mundart (*banggen* 'stoßen') nachzuweisenden germ. Verbalstamm **bang-* mit der Bedeutung 'schlagen' (nicht zu ie. **bheg-, *bheng-* 'schlagen, brechen', sondern wohl schallnachahmend, vgl. Pokorny 1, 115), der auch durch anord. *banga* (woraus engl. *to bang*) bezeugt ist (verwandt ist außerdem mit Ablaut mhd. *bunge* f. 'Trommel'). In dem ursprünglichen Sinne 'Stock' kommt *Bengel* im Nhd. noch bis ins 19. Jh. vor. Ähnlich wie *Flegel* (s. d.) wird es daneben vom Mnd. und Frühnhd. des 16. Jhs. auf Personen übertragen, zunächst als derbes Scheltwort ('roher, rüpelhafter Mensch'), seit jüngerer Zeit auch (und heute überwiegend) gutmütig scherzend; in solcher Verwendung wird für den Plural die nd. Form *Bengels* herrschend.

Benzin, Benzol n. 'Lösungsmittel, Treibstoff'. Beide Bezeichnungen werden etymologisch auf arab. *lubān ǧāwī* 'Weihrauch aus Djawa (Java)' zurückgeführt. Gemeint ist damit das nach Vanille riechende Baumharz verschiedener Styrax-Arten auf Sumatra (damals wohl mit Djawa verwechselt?), *Benzoeharz* genannt, das zur Weihrauchherstellung verwendet wird. Sache und arab. Bezeichnung werden durch den katalan. Levantehandel vermittelt. Durch Abfall der mit dem katalan. Artikel *lo* verwechselten ersten Silbe (*lu-*) entstehen die iberoroman. Formen katalan. *benjuí*, port. *beijoim*, span. *benjuí*, woraus frz. *bengin, benzoin*, ital. *belgioino* (alle 15./16. Jh.). Die latinisierte Form lautet *Benzoe* (vgl. *Benzoeharz*); der Wortstamm *Benz-* wird Bestandteil der chemischen Fachsprache. Die 1825 vom engl. Physiker Faraday entdeckte und mit frz. *bicarbure d'hydrogène* bezeichnete chemische Verbindung wird von dem dt. Chemiker Mitscherlich 1833 durch Destillation der *Benzoesäure* (Bestandteil des *Benzoeharzes*) als flüssiger Kohlenwasserstoff dargestellt und *Benzin* genannt (heute *Benzol*, s. unten). Die industrielle Herstellung erfolgt aus Steinkohlenteer, daher gilt bis Ende des 19. Jhs. dafür auch *Steinkohlenbenzin*. Der dt. Chemiker Liebig jedoch ersetzt die Bezeichnung *Benzin* bereits 1834 durch *Benzol*; gebildet aus dem Stamm *Benz-* und der Endsilbe von *Alkohol* (oder vielleicht in Anlehnung an lat. *oleum* 'Öl'). Für diesen, d. h. den einfachsten aromatischen Kohlenwasserstoff, setzt sich daraufhin allmählich *Benzol* durch, und das Wort *Benzin* wird frei zur Bezeichnung des aus Erdöl gewonnenen Kohlenwasserstoffgemischs, auch *Petroleumbenzin* (2. Hälfte 19. Jh.) genannt.

bequem Adj. 'angenehm, behaglich, träge', ahd. *biquāmi* (9. Jh.), mhd. *bequæme* 'angemessen, passend, tauglich', zu ahd. *biqueman* 'passen, nützen', nhd. *bekommen* (s. d.). Verwandt ist aengl. *gecwēme*. In der Bedeutung 'träge, faul' erst seit dem 18. Jh. gebräuchlich. Dazu unbequem Adj. 'nicht angenehm', ahd. *unbiquāmi* (9. Jh.), mhd. *unbequæme*. Bequemlichkeit f., mhd. *bequæmelicheit* zu mhd. *bequæmelich* Adj. 'passend'. Dazu die Neubildung zum Adjektiv bequemen Vb. 'anfügen, anpassen' (15. Jh., zuerst trans., selten), seit dem 17. Jh. *sich bequemen* 'sich fügen, sich bereit finden'.

bereit Adj. 'fertig, gewillt' hat neben sich sowohl mit *be-* wie mit *ge-* präfigierte als auch präfixlose Verwandte. Mhd. *bereite, bereit* 'bereitwillig, dienstfertig, fertig, zur Hand', (vom Geld) 'bar', Adv. 'schon, schnell, geschickt', *gereite, gereit* 'auf der Fahrt begriffen, bereit, fertig, bar', Adv. 'leicht, schnell und gern' geht mit ahd. *gireiti* (Hs. 12. Jh.), mnd. *rēde, reide, rēt, reit, berēde, berēt, gerēde, gerēt* 'bereit, fertig', (vom Geld) 'bar', mnl. *bereit, bereet, ghereit, ghereet*, nl. *bereid, gereed*, aengl. *rǣde, gerǣde*, engl. *ready*, anord. *reiðr* 'durchreitbar' (die Bedeutung 'bereit, fertig' ist aus mnd. *rēde, reide*, s. oben, entlehnt), *greiðr* 'passierbar, gerade vor einem liegend, zur Hand, gut vorankommend', got. *garaiþs* 'angeordnet' zurück auf germ. **(ga)raiða-, *(ga)raiðja-* 'gerüstet zur Fahrt, passierbar, zur Hand', das mit ir. *réid* 'eben' (eigentl. 'befahrbar'), 'leicht' und lett. *raids* 'bereit' zu ie. **reidh-* 'fahren, in Bewegung sein' gehört. *bereit* ist also verwandt mit *reiten* (s. d.). – bereiten Vb. 'bereit machen, zurichten', ahd. *bireiten* 'verfertigen' (Hs. 12. Jh.), mhd. *bereiten* 'rüsten, bilden, bereit machen'; dazu *aufbereiten* 'zubereiten, ausrüsten, ausschmücken' (15. Jh.), seit dem 16. Jh. in der Bergmannssprache (*Erz aufbereiten*); *vorbereiten* nach lat. *praeparāre* (16. Jh.); *zubereiten*, mhd. *zuobereiten*. bereits Adv. 'schon', mhd. *bereit(e)* 'schon, schnell, geschickt', seit dem 16. Jh. mit genitivischem *-s* (s. auch *flugs, links* u. a.). Bereitschaft f. 'Bereitsein, Bereitwilligkeit, Vorrat', mhd. *bereitschaft* 'Zubereitung, Ausrüstung, Gerätschaft' (bis ins 18. Jh.), 'militärische Truppe' (17. Jh.), 'Bereitsein' (15. Jh.), seit dem 18. Jh. auch gleichbed. mit Bereitwilligkeit f. (16. Jh.), zu *bereitwillig* Adj. (15. Jh.). Wegbereiter m. (16. Jh.).

Berg m. 'hoch ansteigende Geländeerhebung, Hügel'. Ahd. (9. Jh.), asächs. *berg*, mhd. *berc*, mnd. mnl. *berch*, nl. *berg*, aengl. *beorg* 'Höhe, Grabhügel', engl. *barrow* 'Grabhügel', anord. *bjarg*, schwed. *berg*, got. *baírg-* (in *baírgahei* 'Berggegend'), germ. **berga-* stehen wohl im Ablautverhältnis mit *Burg* (s. d.) und werden auf ie. **bherĝhos* 'Berg, Höhe' zurückgeführt, das vielleicht eine Gutturalerweiterung der Wurzel ie.

**bher(ə)-* 'tragen', hier 'heben' (s. *empor*), oder der Wurzel ie. **bher-* 'hervorstehen, Kante, Spitze, Ecke' enthält. Sie sind verwandt mit armen. *berj-* 'Höhe', kymr. *bera* 'Haufen', aind. *bṛhán* 'hoch, groß' und möglicherweise (vgl. Ėtim. slov. slavj. jaz. 1, 192 f.) mit aslaw. *brěgъ* 'Ufer, Hügel, Abhang', russ. *béreg* (*берег*) 'Ufer'. – b e r g i g Adj. (16. Jh.), älter spätmhd. *bergeht* (14. Jh.), *bergicht* (16. Jh.). B e r g a r b e i t f. (16. Jh.), B e r g a r b e i t e r m. (16. Jh.), älter *Bergknappe* m., mhd. *bercknappe* (s. *Knappe*). B e r g m a n n m., spätmhd. *bercman*, Plur. *Bergleute* (s. *Leute*). B e r g b a u m. 'industrieller Abbau von Bodenschätzen' (17. Jh.); älter B e r g w e r k n., mhd. *bercwerc*; seit dem 16. Jh. 'Schachtanlage, Mineralien'.

bergen Vb. 'in Sicherheit bringen'. Ahd. *bergan* (8. Jh.), mhd. *bergen* (ahd. und mhd. auch 'verbergen'), asächs. *gibergan*, mnd. *bergen*, mnl. *berghen*, nl. *bergen*, aengl. *beorgan*, anord. *bjarga*, schwed. *bärga*, got. *baírgan* gehen mit lit. *bìrginti* 'nicht viel ausgeben, sparen', aslaw. *nebrěšti* 'außer acht lassen, mißachten', russ. *beréč'* (*беречь*) 'hüten, bewahren' auf ie. **bhergh-* 'bergen, verwahren' zurück. Dazu v e r b e r g e n Vb. 'verstekken', ahd. *firbergan* (8. Jh.), mhd. *verbergen*.

Bergfried m. 'Hauptturm einer Burg', ahd. *ber(g)frit* (Hs. 12. Jh.), mhd. *bervrit, -vride, bercvrit* 'Angriffs- oder Verteidigungsturm, Befestigung', ursprünglich beweglich (s. unten), später fest gebaut, volksetymologisch angelehnt an *bergen* 'in Sicherheit bringen' oder *Berg* (mhd. *berc*) und *Friede* (mhd. *vride, vrit*) 'Schutz' und umgedeutet zu *Bergfried* (entsprechend auch mnd. *berchvrēde*). Die Herkunft ist unklar. Es wird Anschluß an mlat. *perfridus* (12. Jh.), *belfredus, berfredus* u. ä. erwogen, aus griech. *pýrgos phorētós* (*πύργος φορητός*) 'tragbarer Turm', der von Elefanten an die Befestigung herangetragen wird. Dann würden Wort und Sache der oström. (byzant.) Belagerungstechnik entstammen.

berichten Vb. 'eine sachliche Darstellung eines Geschehens oder Sachverhalts geben', ahd. *birihten* 'recht, besser machen', refl. 'auf den rechten Weg kommen' (um 1000), mhd. *berihten* 'recht machen, in Ordnung bringen', auch 'unterweisen, belehren', Präfixverb zu ahd. mhd. *rihten*, nhd. *richten* (s. d.). In der Bedeutung 'in Ordnung bringen, korrigieren' bis ins 18. Jh. erhalten, dann abgelöst durch *berichtigen* (zu *richtig*, s. d.); lebendig nur noch in der Bedeutung 'in Kenntnis setzen', während sich der alte Sinn des Belehrens, Unterweisens verloren hat. – B e r i c h t m. Verbalabstraktum zu *berichten*, mhd. *beriht* 'Belehrung, Vertrag, Versöhnung'. B e r i c h t e r s t a t t e r m. 'Reporter' (Anfang 19. Jh.)..

Bernstein m. brennbares Harz fossiler Nadelbäume, allgemein zu Schmuck und zu Gebrauchsgegenständen künstlerisch verarbeitet; mnd. *berne-, barn-, börnstēn* (13. Jh.), zu mnd. nd. *bernen*, nhd. *brennen* (s. d.); vgl. ahd. *brennstein* (Hs. 14. Jh.). Im 18. Jh. setzt sich die aus dem Nd. stammende Form *Bernstein* durch. Für die schon früh bekannte Substanz gilt ahd. *agat-*, mhd. *age(t)stein* (bis ins 18. Jhs., s. *Achat*) bzw. ahd. *glas*, entsprechend aengl. *glær* (s. *Glas*).

Berserker m. 'wilder Krieger, kampfwütiger Mensch', Gestalt der anord. Literatur, 'Bärenhäuter'. Anord. *berserkr* ist gebildet aus anord. *ber-* 'Bären-' (s. *Bär*) und *serkr* 'Hemd, ärmelloses Gewand', bezeichnet demnach den in Bärenfelle gekleideten Krieger. Anord. *serkr* ist etymologisch ungeklärt. Möglich erscheint Verwandtschaft mit aslaw. *sračica* 'Untergewand', russ. *soróčka* (*сорочка*) 'Hemd'; es wird u. a. auch mit aind. *srák* (*sráj-*) 'Kranz, Gewinde', griech. *hórmos* (*ὅρμος*) '(Hals)kette', lat. *seriēs* 'Reihenfolge, Kette' zur Wurzel ie. **ser-* 'aneinanderreihen, knüpfen' gestellt. Im Dt. seit dem 18. Jh.

bersten Vb. 'mit Gewalt auseinanderbrechen, zerspringen'. Mnd. *bersten, barsten*, mnl. *bersten, barsten, borsten*, nl. *barsten*, aengl. *berstan*, engl. *to burst*, afries. *bersta* zeigen gegenüber ahd. (9. Jh.), asächs. *brestan*, mhd. *bresten*, nhd. *Gebresten* (substantiviertem Infinitiv des im Nhd. untergegangenen gleichbed. präfigierten Verbs), anord. *bresta*, schwed. *brista* und den unter *prasseln* (s. d.) behandelten Formen *r*-Metathese. Soweit sich außergerm. Parallelen überhaupt heranziehen lassen (und nicht einen anderen Ursprung haben), weisen sie wie mnd. *brāsken, brāschen*, mhd. *braschen* 'krachen, knattern, laut tönen' die Konsonantenverbindung *-sk-* statt *-st-* auf, vgl. lit. *barškéti* 'klappern, rasseln', *braškéti* 'knistern, knarren', mir. *brosc* 'Lärm'. Mitte des 15. Jhs. ist *bersten* im

Westmd. nachzuweisen, vom Anfang des 16. Jhs. an wird es durch Luther im Hd. gebräuchlich. Die Bedeutung 'mangeln, gebrechen', die bei ahd. *brestan* und seinen Entsprechungen in unpersönlicher Konstruktion auftritt, hat sich in den Formen mit *r*-Metathese (wie *bersten*) nicht entwickelt.

berüchtigt Part.adj. 'in schlechtem Ruf stehend, übel beleumdet' (16. Jh.), zu frühnhd. *berüchtigen* 'in schlechten Ruf, ins Gerede bringen, verleumden' (bis ins 19. Jh. bezeugt), das auf mnd. *berüchtigen* 'Geschrei erheben, in guten oder schlechten Ruf bringen' (vgl. auch gleichbed. mnd. *berüchten*) beruht und in die hd. Rechtssprache übernommen wird. Gebildet zu mnd. *(be)rüchtich* 'ruchbar, bekannt', einer Bildung zu mnd. *ruchte* 'Ruf, Geschrei, guter oder schlechter Ruf, Leumund', dem (bei nd. *-cht* für hd. *-ft*) mhd. *ruoft* 'Ruf, (Ge)schrei, Gerücht, Leumund' (s. *rufen*) entspricht. S. auch *anrüchig, Gerücht, ruchbar.*

berufen Vb. 'ernennen, in ein Amt einführen', auch (heute selten) 'einberufen', refl. 'sich stützen, beziehen auf', mhd. *beruofen* 'zusammenrufen, ausrufen, tadeln, unzeitig und zum Unheil nennen, beschreiben, bezaubern, anklagen', refl. 'sich zusammenrufen, sich versammeln, sich beziehen auf, appellieren' ist eine präfigierte Bildung zu dem unter *rufen* (s. d.) behandelten Verb; vgl. auch schwach flektierendes ahd. *bi(h)ruofen* 'zusammenrufen' (10. Jh.). Die heute vorherrschende Bedeutung 'in ein Amt einsetzen, ernennen' ist (wie bei *Beruf*, s. unten) von Luthers Gebrauch beeinflußt, vgl. *eyn yglicher bleybe ynn dem ruff* ('dem von Gott bestimmten Stand'), *darynn er beruffen* ('von Gott eingesetzt und tätig') *ist*; *bistu eyn knecht beruffen, sorge dyr nicht.* Der refl. Gebrauch 'sich auf etw. als Beweis, auf jmdn. stützen' (15. Jh.) entstammt der Rechtssprache; daher auch 'eine Versammlung, einen beratenden oder beschließenden Ausschuß einsetzen', eigentl. 'auf-, herbeirufen, vorladen'. b e r u f e n Part.adj. 'besonders geeignet', daher auch 'berühmt', eigentl. 'in ein Amt eingesetzt' (ebenfalls Luther 1522). u n b e r u f e n Part.adj. 'unaufgefordert, ohne Auftrag' (2. Hälfte 15. Jh.), heute vornehmlich im Sinne von 'unbeschrieen' als vorbeugende Abwehrformel, eigentl. 'ohne darüber reden zu wollen', in der abergläubischen Furcht, wohlwollendes Reden über eine Sache gereiche dieser zum Unglück (19. Jh.). – B e r u f m. 'erlernte bzw. ausgeübte Tätigkeit, mit der jmd. seinen Lebensunterhalt verdient' (im 17. Jh. aufkommend, im 19. Jh. voll ausgeprägt), ausgehend von älteren Verwendungen wie 'Berufung (in ein Amt), Bestimmung (für eine Tätigkeit), Amtsausübung' (16. Jh.; vgl. noch *aus innerem Beruf*), zuvor 'Aufforderung, Bekanntmachung, Berufung (in ein Gericht), Leumund' (15. Jh.). Auch hier wird die heutige Bedeutung durch Luther verbreitet, der *Beruf*, für griech. (Neues Testament) *klḗsis* (κλῆσις), kirchenlat. *vocātio*, im Sinne von 'göttliche Berufung, christliche Bestimmung' gebraucht, vgl. *beruff zum Pfarrampt odder seel sorge*. b e r u f l i c h Adj. 'den Beruf betreffend' (Mitte 19. Jh.).

Besan m. 'Gaffelsegel am Hintermast' und 'Hintermast', öfter in verdeutlichender Zusammensetzung *Besansegel, Besanmast*, eine Entlehnung (Mitte 17. Jh.) aus nl. *bezaan*, mnl. *besane* 'Gaffelsegel am Hintermast' (mit anlautendem *b-*, wohl unter Einfluß der Vorsilbe mnl. nl. *be-* umgebildet aus spät bezeugtem mnl. *mesane*), das wie gleichbed. dän. schwed. *mesan*, ferner span. *mesana* 'Hintersegel, Hintermast' und (in der Bedeutung abweichendes) mfrz. frz. *misaine* 'Vorsegel, Vormast, Fock' (woraus entlehnt engl. *mizen, mizzen* 'Hintersegel', älter auch 'Hintermast') auf ital. *mezzana* 'Hintersegel, Hintermast' zurückgeht. Direkt an das Ital. schließen sich ältere dt. Formen mit *m*-Anlaut wie frühnhd. *missanen* 'Besansegel' (15. Jh., vielleicht vom Deminutivum ital. *mezzanino*), *maßane* 'Hintermast' (16. Jh.) an (vgl. noch *Mesann, Mesahn* mehrfach im 18./19. Jh.). Ital. *mezzana* ist substantiviertes Fem. von ital. *mezzano* 'in der Mitte befindlich, mittel', aus gleichbed. lat. *mediānus* (vgl. auch mlat. *medianum* 'Besansegel'), zu lat. *medius* (s. *Medium*). Die Benennung erklärt sich vermutlich daraus, daß das Besansegel zwischen Großsegel und Heck (bzw. das Vorsegel zwischen Großsegel und Bug) gesetzt wird. Unwahrscheinlich ist Herleitung von ital. *mezzana* aus arab. *mazzān* 'Mast', das vielmehr selbst aus dem Ital. stammen kann.

beschäftigen Vb. refl. 'sich mit etw., jmdm. befassen' (1. Hälfte 17. Jh.), dann 'jmdm. etw. zu tun geben' (18. Jh.), Ableitung vom Adjektiv mhd. *scheftec, scheftic* 'tätig, wirkend', die wohl unter Einwirkung von mnd. *bescheftich* Adj. 'geschäftig, emsig' und mhd. *bescheften* Vb. 'tätig sein' gebildet ist; verwandt mit *schaffen* (s. d.).

Beschäler m. 'Zucht-, Deckhengst' (2. Hälfte 15. Jh., auch *scheler*), zu gleichbed. ahd. *skelo* (9. Jh.), mhd. *schel(e)*. Daneben verdeutlichend *Schälhengst, Schellhengst* (1. Hälfte 16. Jh.), *Bescheller Hengst* (2. Hälfte 16. Jh.). Herkunft ungeklärt. Zu afries. *skall*, aengl. (Plur.) *sceallan* 'Hoden' (zur Wurzel ie. **(s)kel-* 'schneiden', s. *Schale, Schild*)? Oder besser mit mhd. *schel, schellec* 'laut tönend, aufspringend, auffahrend, aufgebracht, wild', *schelch* 'männliches Jagdtier (Hirsch?)', aind. *śalabháḥ* 'Heuschrecke' zu einer Wurzel ie. **(s)k̂el-* 'springen'? – b e s c h ä l e n Vb. '(die Stute) decken, bespringen' (2. Hälfte 16. Jh.).

bescheiden Vb. 'eine Nachricht geben, eine Entscheidung mitteilen, etw. zuteilen, an einen bestimmten Ort bestellen', (refl.) 'sich begnügen, zufriedengeben'. Mhd. *bescheiden* 'trennen, unterscheiden, erzählen, benachrichtigen, entscheiden, bestimmen, zu-, anweisen', (refl.) 'sich entscheiden, sich einrichten', mnd. *beschēden, bescheiden*, ein geläufiges Wort der alten Rechtssprache (vgl. noch amtssprachliches *abschlägig bescheiden*), ist gebildet mit dem Präfix *be-* (s. d.) zu dem unter *scheiden* 'trennen' (s. d.) behandelten Verb. Die alte Form des Part. Prät. bleibt erhalten in b e s c h e i d e n Part.adj. 'genügsam, anspruchslos, nicht eingebildet, einfach, gering, mäßig', mhd. *bescheiden* (den verschiedenen Bedeutungen des Verbs folgend) 'bestimmt, festgesetzt, deutlich, einsichtsvoll, verständig, mäßig, rücksichtsvoll'; vgl. mhd. *der bescheiden* ('festgesetzte') *tac, bescheidene* ('entschiedene') *worte*, frühnhd. *mein bescheiden* ('zugewiesener') *teil*. Danach entwickelt sich *bescheiden* einerseits zu 'unscheinbar, gering' (16. Jh.), z. B. *ein bescheiden Kleid, ein bescheidener* ('geringer') *Anteil*, andrerseits (im Anschluß an 'sich begnügen') zu 'genügsam, schlicht, mäßig', oft mit dem Nebensinn 'rücksichtsvoll, höflich'. Dazu B e s c h e i d e n h e i t f. 'Genügsamkeit, Anspruchslosigkeit', mhd. *bescheidenheit* 'Verständigkeit, Vernunft, Mündigkeit, richterliche Entscheidung', dann 'das für die Bedürfnisse Ausreichende' (15. Jh.). B e s c h e i d m. '(amtliche) Mitteilung, Auskunft', häufig *Bescheid geben, sagen* 'etw. mitteilen, Auskunft geben', *Bescheid wissen* 'sich auskennen, unterrichtet sein', mhd. *bescheit* m. n. 'Bestimmung, Verabredung, Bedingung'; vgl. auch mhd. *bescheide* f. 'Auseinandersetzung, Bedingung'.

bescheren Vb. 'zu Weihnachten beschenken' (17. Jh.), dann auch allgemein 'Geschenke verteilen', zuvor 'zuteilen', mhd. *beschern* 'zuteilen, bestimmen, verhängen' (bes. von Gott, vom Schicksal) ist Präfixbildung zu mhd. *schern* '(ab)teilen, wohin schaffen, zuteilen', dem unter [1]*scheren* (s. d.) behandelten schwachen Verb. Die nhd. Bedeutung des weihnachtlichen Schenkens geht von der Vorstellung aus, daß die Geschenke eigentl. Gaben Christi bzw. des Christkinds, also göttliche Gaben sind.

Beschlagnahme f. 'Wegnahme, Entzug von Amts wegen' (1. Hälfte 19. Jh.), eine substantivische Zusammenbildung aus der Wendung *etw. in Beschlag nehmen* 'sich aneignen'. Davon wiederum abgeleitet semantisch entsprechendes b e s c h l a g n a h m e n Vb. (Mitte 19. Jh.). Vgl. mnd. *beslān* im Sinne von 'in Benutzung nehmen, mit Beschlag belegen'.

beschließen Vb. 'eine Entscheidung treffen, beenden', ahd. *bisliozan* (9. Jh.), mhd. *besliezen* 'um-, an-, ein-, zuschließen', im Mhd. auch 'zum Abschluß bringen, beenden, festsetzen, entscheiden' (eigentl. 'zum Schluß des Denkens kommen'); Präfixbildung zu dem unter *schließen* (s. d.) behandelten Verb. – B e s c h l u ß m. 'Entscheidung', älter 'Abschluß, Ende', spätmhd. *besluz, -sloz* 'Verschluß, Abschluß, Entscheidung'; vgl. ahd. *bislōz* 'verschließbares Gemach, Schlafkammer' (8./9. Jh.).

beschweren Vb. 'belasten', ahd. *biswāren* 'bedrücken, belasten' (10. Jh.), mhd. *beswæren* 'bedrücken, belästigen, betrüben' gehört wie das gleichbed. Simplex ahd. *swāren* (8. Jh.) zu dem unter *schwer* (s. d.) behandelten Adjektiv. – s i c h b e s c h w e r e n 'Klage führen', eigentl. 'sich (wegen einer Sache) belasten, sich Sorgen machen', daher 'sich über etw. Drückendes beklagen', seit dem 14. Jh. gebräuchlich. B e s c h w e r d e f. 'Mühe, Anstrengung' (gewöhnlich im Plural), auch 'körperliche Leiden, Schmerzen', ahd. *biswārida* (10. Jh.), mhd. *beswærde* 'Bedrückung, Kummer, Betrübnis', Abstraktum zum Verb. In der Bedeutung 'Klage'

(15. Jh.) schließt es an den refl. Gebrauch von *beschweren* an (s. oben). b e s c h w e r l i c h Adj. 'mühevoll, anstrengend' (Anfang 16. Jh.).

beschwichtigen Vb. 'beruhigen, besänftigen', in die Literatursprache seit der 2. Hälfte des 17. Jhs. übernommen von gleichbed. mnd. nd. *beswichtigen*, das mit mnd. *beswichten* zu mnd. *swichten*, mnl. *zwichten* 'zur Ruhe, zum Schweigen bringen' gebildet ist. Diesem entsprechen mit regelmäßigem Konsonantenwechsel von hd. *ft* und nd. *cht* (s. *anrüchig*) mhd. *(be)swiften* 'stillen, beruhigen' (vgl. mhd. *swifte* Adj. 'ruhig'), ahd. *giswiftēn* 'verstummen, ruhig bleiben' (9. Jh.) und (ablautend) got. *sweiban* 'aufhören', anord. *svīfask* 'sich fernhalten'. Zugrunde liegt eine Labialerweiterung der unter *schweigen* (s. d.) genannten Wurzel ie. **su̯ī-* 'schwinden, nachlassen, schweigsam werden'.

Besen m. Gerät zum Kehren, ahd. *bes(a)mo* (8. Jh.), mhd. *bes(e)me*, asächs. *besmo*, mnd. *bessem(e)*, mnl. *bēsem, bessem*, nl. *bezem*, aengl. *bes(e)ma*, engl. *besom* führen auf westgerm. **besman-* 'Rute, Besen'. Dieses ist wohl hervorgegangen aus **bitsman-*, einer Bildung im Sinne von 'Gebundenes' mit dem Suffix germ. *-sman-*, vielleicht zu einer Wurzel ie. **bhidh-* 'binden, flechten', zu der auch lat. *fiscus* 'geflochtener Korb' gehört. Da jedoch nur westgerm. Formen bezeugt sind, kann Herkunft des Wortes auch aus einer nicht-ie. Sprache eines vorgerm. Substrats angenommen werden. – B e s e n b i n d e r m. (Anfang 16. Jh.).

besitzen Vb. 'etw. (in Besitz) haben, darüber verfügen können', ahd. *bisizzen* (9. Jh.), mhd. *besitzen*, sowohl transitiv 'sich in etw. setzen, belagern, in Besitz nehmen' als auch intransitiv 'sitzen, sitzen bleiben, standhalten, besitzen'. Nur die transitive Bedeutung, bes. in got. *bisitan* 'umwohnen', aengl. *besittan*, asächs. *bisittian*, mhd. *besitzen* 'belagern', zeigt den ursprünglichen Sinn 'um etw. herum, dabeisitzen, sich auf etw. setzen', woraus sich 'in Besitz nehmen, haben' entwikkelt. Zur Herkunft s. *sitzen*. Aus dem Part. Prät. b e s e s s e n , mhd. *beseʒʒen* entsteht schon in mhd. Zeit ein selbständiges Adjektiv. Neben die Bedeutung 'belagert, angesessen' tritt, aus den religiösen Vorstellungen des Mittelalters heraus, die spezielle 'vom Teufel bewohnt', daraus heute 'von etw. völlig in Anspruch genommen, fanatisch'. – B e s i t z m. 'materielles Gut, das jmdm. gehört, worüber er verfügen kann' (16. Jh.), frühnhd. 'Belagerung' (15. Jh.); vgl. mhd. *besitz* '(Sitz)platz'. B e s i t z u n g f. 'Land- und Grundbesitz', mhd. *besitzunge* 'Besitznahme, Besitz, Belagerung'. B e s i t z t u m n. 'Gesamtheit des Besitzes' (14. Jh.).

besonder Adj. 'abgesondert, außergewöhnlich', spätmhd. *besunder*, hervorgegangen aus dem Nebeneinander des Adjektivs mhd. *sunder* (s. *sonder*) und des aus **bī sunder* entstandenen Adverbs mhd. *besunder* 'abgesondert, einzeln, vorzüglich'. – b e s o n d e r s Adv. (mit adverbiellem, ehemals genitivischem *-s*) 'vor allem, hauptsächlich', mhd. *sunders*, frühnhd. *besunder* und *besunders*. B e s o n d e r h e i t f. 'Eigenart' (15. Jh.).

besser Komp., **best** Superl. zu *gut*, ahd. *beʒʒiro, beʒʒisto* (9. Jh.), mhd. *beʒʒer, beʒʒist*, asächs. *betara, bezt*, mnd. mnl. *bēter, best*, aengl. *betera, betest*, engl. *better, best*, anord. *betri, beztr, baztr*, schwed. *bättre, bäst*, got. *batiza, batista*. Seit ältester Zeit werden die Steigerungsgrade zu *gut* (s. d.) in allen germ. Sprachen durch Bildungen ausgedrückt, die auf germ. **bat-* 'gut' (s. *baß*) zurückgehen. – b e s s e r n Vb. 'besser machen, werden', ahd. *beʒʒirōn* (10./11. Jh.), mhd. *beʒʒern*, intensivierend v e r b e s s e r n Vb., mhd. *verbeʒʒern*, mnd. *vorbēteren* '(aus)bessern'. B e s s e r u n g f. 'das Bessermachen, -werden', ahd. *beʒʒirunga* (9. Jh.), mhd. *beʒʒerunge*; V e r b e s s e r u n g f. (obd. 15. Jh.), mnd. *vorbēteringe* 'gerichtliche Buße, Ersatz, Entschädigung'. B e s t s e l l e r m. 'was sich gut verkauft, Buch mit hohem Absatz' (20. Jh.), zu engl. *best* und *to sell* 'verkaufen' (germ. **saljan*). b e s t e n s Adv. tritt im 16. Jh. an die Stelle von mhd. *beste* 'am besten'; b e s t e n f a l l s Adv. (19. Jh.).

bestätigen Vb. 'als richtig anerkennen, für gültig erklären', bis ins 19. Jh. oft im Sinne von 'beständig machen, werden', mhd. *bestætigen* sowie *bestæten* 'festmachen, bekräftigen', abgeleitet von den Adjektiven mhd. *stætec, -ic* und *stæt(e)* 'fest, beständig' (s. *stetig, stet*). – B e s t ä t i g u n g f. 'Anerkennung, Beglaubigung', mhd. *bestætigunge, bestæt(en)unge*.

bestatten Vb. 'begraben, beerdigen, beisetzen', mhd. *bestaten* 'an eine Stelle bringen, vermieten, ausstatten, begraben' gehört wie das gleichbed. Simplex mhd. *staten* zu ahd. mhd. *stat* 'Ort, Platz, Stelle' (s. *Statt, Stätte, Stadt*). Nominale Ableitung dazu ist Bestattung f. 'Begräbnis, Beisetzung', mhd. *bestatunge*; oft in den präzisierenden Zusammensetzungen *Erdbestattung* (17. Jh.) und später *Feuerbestattung* (2. Hälfte 19. Jh.), mildernd für *Einäscherung*, da nach der Verbrennung des Leichnams die Urne mit der Asche *bestattet* (üblicher *beigesetzt*) wird.

bestechen Vb. 'durch Geschenke zu einer unerlaubten Handlung verleiten'. Die Präfixbildung mhd. *bestechen* (eigentl. 'in oder um etw. stechen'; s. *stechen*) bedeutet als Fachwort der Bergmannssprache 'durch Stechen prüfen, untersuchen'. Vermutlich daraus entwickelt sich (15. Jh.) der noch heute gültige Sinn, obwohl der Übertragungsvorgang nicht sicher zu deuten ist. Die Vorstellung des Bestechens durch angenehmes Aussehen, überzeugende Worte u. dgl. führt (18. Jh.) zu 'für sich einnehmen, einen gewinnenden Eindruck machen'. – Bestechung f. (1. Hälfte 16. Jh.); bestechlich Adj. 'der Bestechung zugänglich, käuflich' (18. Jh.).

Bestie f. 'wildes Tier, grausamer Mensch', spätmhd. *bestie*, entlehnt aus lat. *bēstia* 'Tier, insbes. wildes Tier'. – Biest n. 'bösartiges Tier, hinterhältiger Mensch' (16. Jh.), entstanden im Nd. aus mnd. *bēst* 'Tier' (nd. *Beest*), dessen gedehntes *ē* sich in einigen nd. Mundarten zu langem *ī* entwickelt (vgl. Öhmann in: ZfdWf. 18, 1962, 96 ff.); die mnd. Form geht über mnl. *beest(e)* auf afrz. *beste* 'Tier' (frz. *bête*) zurück, das vielleicht auf einem vlat. **besta*, mit größerer Wahrscheinlichkeit aber unmittelbar auf lat. *bēstia* (s. oben) beruht. bestialisch Adj. 'grausam' (16. Jh.), vgl. spätlat. *bēstiālis* 'tierisch, wild', afrz. frz. *bestial* 'tierisch, roh' (afrz. auch 'dumm'). Bestialität f. 'Grausamkeit, Unmenschlichkeit' (Anfang 17. Jh.), vgl. mlat. *bestialitas*, mfrz. frz. *bestialité* 'tierisches Verhalten, Wildheit, Roheit', afrz. *bestiauté* 'Roheit, Dummheit'.

bestimmen Vb. 'anordnen, festsetzen', frühnhd. '(durch die Stimme) festsetzen' (15. Jh.), zu mhd. *stimmen* in der Bedeutung 'nennen, festsetzen' (s. *Stimme*). Seit dem 18. Jh. auch 'festlegen, definieren' und 'nach Merkmalen klassifizieren'. – bestimmt Part.adj. 'festgelegt, entschieden' (15. Jh.), dann auch Adv. 'sicher, gewiß' (um 1800).

bestürzen Vb. 'erschrecken, außer Fassung bringen', ahd. *bisturzen* (9. Jh.), mhd. *bestürzen*, mnd. *bestörten* 'umstürzen, umwenden, stürzend bedecken', in übertragener Bedeutung seit mhd. Zeit 'außer Fassung bringen'. Zur Herkunft s. *stürzen*. Heute meist partizipial *bestürzend* 'erschreckend', *bestürzt* 'erschrocken'. – Bestürzung f. 'das Bestürztsein' (1. Hälfte 16. Jh.).

Bete f. Rübenart, meist *rote Bete* 'rote Rübe'. Ahd. *bieʒa* (9./10. Jh.), mhd. *bieʒe*, obd. schwäb. *Biesse*, bair. *Bieß(t)en*, tirol. *Bießen* 'weißer Mangold' ist wie mnd. *bēte*, nl. *biet*, aengl. *bēte*, engl. *beet*, schwed. *beta* 'Bete' aus lat. *bēta* 'Bete, Mangold' entlehnt. Die nhd. Form *Bete* wird im 17. Jh. aus dem Nd. übernommen.

beten Vb. 'sich in innerer Sammlung an Gott wenden, zu Gott sprechen'. Mit Einführung des Christentums wird für den bei den Germanen unbekannten Begriff des Betens ein von ahd. *beta*, asächs. *beda*, mnl. *bede* 'Bitte' (bes. 'Bitte an Gott'), germ. **bedō* abgeleitetes Verb ahd. *betōn* 'beten' (8. Jh.), mhd. *beten*, asächs. *bedon*, mnd. *bēden*, mnl. *beden* geschaffen, das im Unterschied zu den Formen von *bitten* (s. d.) den neuen religiösen Gehalt wiedergeben soll. Diese Erscheinung ist nur im Hd., Nd. (und Mnl.) zu beobachten; in anderen Sprachen schließen die entsprechenden Wörter für 'bitten' auch die Bedeutung 'beten' ein, vgl. schwed. *bedja*, engl. *to pray*, frz. *prier*, ital. *pregare*. – anbeten Vb. 'eine Gottheit betend verehren', ahd. *anabetōn* 'durch Anrufen einer höheren Macht etw. auf einen anderen übertragen, anbeten' (8./9. Jh.), mhd. *anbeten*, mnd. *anbēden*, mnl. *aenbeden*. Unter Einfluß von frz. *adorer* 'anbeten, leidenschaftlich lieben, verehren' wird im 17. Jh. das bis dahin allein im Religiösen beheimatete Wort auf die Verehrung der geliebten Person in der Liebesdichtung erweitert. Während Anbetung f., spätmhd. *anebetunge*, im kirchlichen Anwendungsbereich verbleibt, nimmt Anbeter m., ahd. *anabetāri* 'Wahrsager, heidnischer Priester' (8./9. Jh.), mhd. *anbetære* 'Anbeter', schon um 1700 die heute allein gültige Bedeutung 'Verehrer' an.

Beton m. 'Mörtel aus Kies und Zement'. Seit den 30er Jahren des 19. Jhs. belegt, nach gleichbed. frz. *béton*, mfrz. *betum*; voraus geht afrz. *betun* 'Erdpech, Mörtel, Schlamm,

Müll, Schutt', das auf lat. *bitūmen* 'Erdharz, Erdpech', jünger 'Schlamm, Sand' beruht. – betonieren Vb. 'mit Beton bauen' (2. Hälfte 19. Jh.) nach gleichbed. frz. *bétonner*. – Bereits Anfang des 16. Jhs. wird lat. *bitūmen* 'Erdharz, -pech' mit gleicher Bedeutung ohne frz. Vermittlung als Bitumen n. ins Dt. übernommen (heute oft für Asphaltschicht im Straßenbau); gleichzeitig wird nach dem Adjektiv lat. *bitūminōsus* 'erdharzhaltig' *bituminosisch, bituminösisch* gebildet, das Ende des 18. Jhs. durch bituminös Adj. ersetzt wird. Lat. *bitūmen* wird zur selben Wurzel ie. **g$^{\text{u̯}}$et-* 'Harz' gestellt wie *Kitt* (s. d.), kann aber seines Anlauts wegen (zumindest im ersten Wortteil) nicht lat. Ursprungs sein, sondern ist wohl Entlehnung aus dem Osk.-Umbr. oder aus dem Kelt.

betrachten Vb. 'aufmerksam ansehen, beschauen, überlegen'. Die Präfixbildung ahd. *bitrahten* (8. Jh.), *bitrahtōn* (9. Jh.), mhd. *betrahten* bedeutet (wie das Simplex ahd. *trahten, trahtōn*, mhd. *trahten*) 'bedenken, erwägen, überlegen' (so noch im 18. Jh.; zu Herkunft und Verwandtschaft s. *trachten*). In frühnhd. Zeit tritt *betrachten* in Korrelation zu *sehen, schauen*, und über 'nachdenklich mit den Augen sehen, schauen' entwickelt sich die heute übliche Bedeutung 'ansehen, beschauen'. – Betracht m. nur noch in den festen Verbindungen *in Betracht kommen* 'in Frage kommen', *in Betracht ziehen* 'berücksichtigen', *außer Betracht bleiben* 'unberücksichtigt bleiben'; aus der obd. Kanzleisprache (1. Hälfte 16. Jh.). Vorauf geht mhd. *betrahte, betraht* f. 'Erwägung, Überlegung'. Neben *in Betracht* auch *in Betrachtung* und *in Anbetracht* (16. Jh.). Betrachtung f. 'das Betrachten, Überlegung, Erwägung', mhd. *betrahtunge* 'innere Anschauung', in der Mystik 'Versenkung in die Werke Gottes'; frühnhd. auch 'das Sinnen, Nachdenken'. beträchtlich Adj. 'ziemlich groß, erheblich, bedeutend', frühnhd. *beträchtlich, betrachtlich* 'was in Betracht kommt, Beachtung verdient', spätmhd. *betrehteclīche* Adv. 'mit Überlegung'. Häufiger wird das Wort im 18. Jh., wo es unter Einfluß von frz. *considérable* 'ansehnlich, beträchtlich' die Bedeutung 'groß' annimmt.

betreiben Vb. 'vorantreiben, sich eifrig beschäftigen, sich bemühen, beruflich ausüben, leiten, in Gang bringen'. Mnd. *bedrīven* 'einen Weg, eine Wiese mit Vieh betreiben, zur Viehwirtschaft nutzen, etw. ausüben, bewirtschaften' (vgl. nl. *bedrijven*) gelangt im 16. Jh. ins Hd. Die Bedeutung des Simplex *treiben* 'sich mit etw. beschäftigen' (s. d.) wird zur Hauptbedeutung des Präfixverbs, während der ältere Sinn 'ein Stück Land mit Vieh beschicken, um es als Weideland zu nutzen', der sich bis ins 19. Jh. hält, nur noch mundartlich im östlichen Niedersachsen gebräuchlich ist. Jünger ist die Verwendung des Verbs im technischen Bereich 'eine Anlage durch eine bestimmte Kraft, Energiequelle in Betrieb halten' (2. Hälfte 19. Jh.). – Betrieb m. 'Treiben, Trubel' sowie 'Produktionsstätte bzw. jede Arbeit organisierende und entlohnende Einrichtung'; mnd. *bedrīf* 'das Betreiben (einer Sache), Wirken, Tätigkeit' gelangt um 1600 ins Hd. und wird dabei *Trieb* angeglichen. Zu Ende des 19. Jhs. entwickeln sich die Bedeutungen 'Unternehmen, Firma' und 'geschäftiges Treiben, Trubel, Stimmung'. betriebsam Adj. 'tätig, rührig, geschäftig' und Betriebsamkeit f. 'lebhafte Tätigkeit, Rührigkeit' (2. Hälfte 18. Jh.).

Bett n. 'Liegestatt zum Schlafen, Federbett, Bettdecke'. Dem gemeingerm. Wort für 'Liegestatt' ahd. *betti* 'Lager, Bett, Federbett, Beet' (8. Jh.), mhd. *bette*, asächs. *bed*, mnd. mnl. *bedde*, nl. *bed*, aengl. *bedd*, engl. *bed*, anord. *beðr* m., got. *badi* liegt die Verbalwurzel ie. **bhedh-* 'stechen, bes. in die Erde stechen, graben' zugrunde, zu der lat. *fodere* 'graben' und *fossa* 'Graben', lit. *bèsti* (*bedù*) 'stechen, bohren, graben', aslaw. *bosti* 'stechen', russ. *bodát'* (*бодать*) 'mit den Hörnern stoßen', kymr. *bedd* 'Grab', gall. *bedo-* 'Kanal, Graben' gehören. Danach wäre germ. **badja-* ursprünglich eine 'in den Boden eingegrabene Lagerstätte, Schlafgrube', zunächst wohl für Tiere. Die Vorstellung, wonach der Mensch seine Schlafstelle nach dem Lager eines Tieres benennt, wird von de Vries Nl. 34 bezweifelt, der *Bett* als 'warme Stelle, wo man vor Kälte geschützt ist' erklärt und etymologisch zu *Bad* (s. d.) stellt. Den Germanen ist das Bett in seiner heutigen Gestalt unbekannt; sie schlafen auf Tierfellen, später auf Matten, bis schließlich feste Schlafbänke an den Wänden der Wohnräume aufgestellt werden, vgl. ahd. *bettibret* (9./10 Jh.), mhd. *bettebret*, asächs. *beddibred* 'Bettstelle'. Das bewegliche Bett auf hölzernem Gestell, eine Erfindung der Mittelmeervölker aus klassischer Zeit, wird erst später üblich. – b e t t e n Vb. 'zur Ruhe niederlegen', refl. 'sich ein Lager bereiten', ahd. *bettōn* 'betten, ein Bett zurichten' (Hs. 12. Jh.), mhd. *betten*, mnd. mnl. *bedden*, aengl. *beddian*. Dazu B e t t u n g f., zuerst Mitte des 15. Jhs. im Sinne von 'Bett'; in dieser Bedeutung bis ins 19. Jh., zuweilen sogar noch im 20. Jh. Anfang des 17. Jhs. wird *Bettung* 'feste Unterlage' ein bis heute gültiger Fachausdruck im Bauwesen, zuerst im militärischen Bereich (*Bettung der Kanonen*), später im Bereich der Wasserwirtschaft (*Bettung einer Schleuse*); die heute häufige Bedeutung 'Unterlage für die Gleise einer Eisenbahnstrecke' ist seit den 40er Jahren des 19. Jhs. nachweisbar. b e t t l ä g e r i g Adj. 'erkrankt zu Bett liegend' (Mitte 16. Jh.; obd. *bettligring* schon Mitte 15. Jh.). B e t t s t e l l e f. 'hölzerner oder eiserner Rahmen eines Bettes' ist wie gleichbed. B e t t g e s t e l l n. seit Anfang des 18. Jhs. belegt, voraus geht westmd. *bettsteill* (Mitte 16. Jh.).

betteln Vb. 'um Almosen bitten, flehen', ahd. *betalōn* 'inständig bitten, flehen, betteln' (9. Jh.), mhd. *betelen* ist eine Iterativbildung zu der unter *beten* und *bitten* (s. d.) behandelten Wortgruppe, ursprünglich 'wiederholt bitten', gewöhnlich um Almosen. – B e t t e l m. 'minderwertiges Zeug, Kram'. Die Rückbildung aus dem oben genannten Verb spätmhd. *betel* bezeichnet zunächst 'das Betteln', wird dann im Frühnhd. auf die erbettelten Sachen übertragen und steht seit dem 17. Jh. für 'geringfügiges Zeug'. B e t t e l e i f. (Ende 14. Jh.). B e t t l e r m. 'wer betteln geht', ahd. *betalāri* (9. Jh.), mhd. *betelære, beteler.* b e t t e l a r m Adj. 'sehr arm' (1. Hälfte 16. Jh.).

beugen Vb. 'nach unten biegen, krumm machen, neigen', ahd. *bougen* 'beugen, biegen, krümmen, neigen' (10./11. Jh.), mhd. *böugen*, asächs. *bōgian*, aengl. *bīegan*, anord. *beygja*, schwed. *böja*. Das Kausativum (eigentl. 'biegen machen') ist gebildet zu dem unter *biegen* (s. d.) behandelten starken Verb, das in den germ. Sprachen weitgehend intransitive Bedeutung hat. Da im Hd. *biegen* aber überwiegend transitiv gebraucht wird, haben sich *beugen* und *biegen* einander so weit genähert, daß sie semantisch nicht immer klar zu scheiden sind. *beugen* ist vor allem 'niederbeugen', übertragener Gebrauch ist häufiger als bei *biegen*: *seinen Stolz beugen* ('brechen'); *sich beugen* 'nachgeben, sich fügen'; fachsprachlich *das Recht beugen* 'willkürlich verdrehen'; *Lichtstrahlen, Ultrakurzwellen beugen* ('brechen, ablenken'). Bei den Grammatikern steht *beugen* seit etwa 1400 (in dt. Donat-Ausgaben) für 'deklinieren' (lat. *dēclīnāre*), seit etwa 1700 für 'flektieren', vgl. noch heute *Substantive beugen, schwach, stark gebeugte Verben*. – B e u g u n g f. entsprechend den Bedeutungen von *beugen* seit Anfang des 15. Jhs. belegt; als Fachwort der Grammatik vereinzelt (um 1400, Donat) für lat. *dēclīnātio*, doch im Sinne von 'Konjugation'; danach erst wieder im 17. Jh. für 'Flexion'. B e u g e f. 'gebeugte Stellung, innere Seite des gebeugten Armes, Beines', mhd. *biuge* 'Krümmung, Biegung'. In allgemeiner Verwendung meist durch *Beugung* ersetzt, geläufig dagegen in *Rumpf-* und *Kniebeuge*. v e r b e u g e n Vb. in frühnhd. Zeit gleichbed. mit *verbiegen* 'durch Herunterdrücken krümmen'; heute refl. (beim Grüßen oder als Zeichen der Ehrerbietung) 'Kopf und Oberkörper nach vorn neigen' (seit 18. Jh.); dazu V e r b e u g u n g f. (18. Jh.). v o r b e u g e n Vb. 'durch rechtzeitige Vorsorge etw. zu verhüten suchen' (16. Jh.), 'nach vorn, vorwärts beugen' (18. Jh.).

Beule f. 'Schwellung, Einbuchtung', ahd. *bŭl(l)a, būilla* (um 800), mhd. *biule*, asächs. *būla*, mnd. mnl. *būle*, nl. *buil*, aengl. *bȳle* f., *bȳl* m., engl. *boil* sind verwandt mit got. *ufbauljan* 'aufblasen', aschwed. *bolin, bulin* 'geschwollen', isl. *beyla* 'Buckel' und gehen mit armen. *boyl* 'Schar, Menge, Herde' zurück auf eine *l*-Erweiterung der Wurzel ie. **b(e)u-, *bh(e)u-, *b(h)ū-* 'aufblasen, schwellen' (wozu auch *Bauch, Bausch, Busen*, s. d.). *Beule* ist eigentl. die 'Schwellung', das 'Aufgetriebene', dann auch die 'Wölbung nach innen', die 'Einbuchtung', vgl. *ein-, ver-, ausbeulen*.

Beute f. 'das durch Plünderung Erworbene, Gewinn'. Ausgangsform ist mnd. *būte* 'was zur Verteilung kommt', das als Wort des Handels ('Tausch, Verteilung') und des Kriegswesens ('Verteilung des Erworbenen, Anteil, Kriegsbeute') ins Mhd. eindringt (spätmhd. *biute*) und in mehrere Sprachen (anord. *bȳti* 'Schuldforderung', schwed. *byte*, nl. *buit*, frz. *butin* 'Beute') entlehnt wird. Mnd. *būte* ist

Deverbativum von mnd. *būten* Vb. 'Tauschhandel treiben, verteilen, wegnehmen, erbeuten', wovon spätmhd. *biuten* 'rauben, erbeuten, austeilen', anord. *bȳta* 'tauschen, wechseln', schwed. *byta*. Zugrunde liegt vielleicht ein zu germ. **ūt* 'aus' gebildetes Präfixverb germ. **biūtjan* 'herausgeben', dann 'verteilen, tauschen'. Nhd. vgl. *erbeuten* und s. *ausbeuten*.

Beutel m. 'Säckchen, Geldtasche', ahd. *būtil* (8. Jh.), mhd. *biutel* '(Geld)tasche, Beutelsieb', asächs. *būdil*, mnd. *būdel*, mnl. *būdel*, nl. *buidel, buil*, (mit anderer Bildungsweise) aengl. *budda* 'Käfer, Insekt', engl. *bud* 'Knospe', isl. *budda* 'Geldbeutel' gehören alle als runde, 'aufgeschwollene' Körper zu einer Dentalerweiterung der unter *Beule* (s. d.) angeführten Wurzel wie auch zu den dort genannten verwandten Wörtern. – b e u t e l n Vb. 'schütteln', mhd. *biuteln* 'durch ein zu einem Beutel gefaltetes Tuch sieben, schütteln und dadurch reinigen', dann übertragen 'sichten, klären', (seit dem 16. Jh.) einen Menschen 'schütteln, schlagen' und 'beim Spiel Geld abnehmen' (ausgehend von der Vorstellung: den Beutel durch Schütteln leeren). B e u t e l s c h n e i d e r m. 'Taschendieb, Gauner', mhd. *biutelsnīder*, mnd. *būdelsnīder* 'wer fremde, am Gürtel getragene Geldbeutel abschneidet', aber auch 'Beutler, Täschner'. B e u t e l t i e r n. Name für Angehörige einer Ordnung der Säugetiere, die ihre Jungen in einem Brutbeutel aufziehen (18. Jh.). W i n d b e u t e l m. eigentl. 'mit Luft gefüllter (d. h. leerer) Beutel', daher 'leichtes, luftiges Gebäck' (18. Jh.), häufiger im Sinne von 'Schwätzer, Taugenichts' (18. Jh.).

bevor Konj. 'ehe, früher als'. Durch Zusammenrückung von ahd. *bī* 'bei' und *fora* 'vorher, früher' entsteht das Adverb ahd. *bifora* (um 800), mhd. *bevor* lokal 'vor, vorn, voraus' (so noch in nhd. *bevorstehen*), temporal 'vorher, vorhin' (vgl. auch asächs. aengl. *beforan*, engl. *before*). Der adverbielle Gebrauch hält sich im Dt. bis ins 18. Jh. Zeitliches *bevor*, das häufig mit konjunktionalem *ehe* gekoppelt ist (*. . . bevor, ehe . . .*), tritt vom 16. Jh. an allmählich in den abhängigen Satz über (anfangs oft in der Formel *ehe und bevor*) und wird zur satzeinleitenden Konjunktion.

bewegen Vb. 'die Lage verändern, veranlassen, beeindrucken' zeigt in seinen Formen und in seiner Bedeutungsentwicklung Vermischung eines starken und eines schwachen Präfixverbs, die beide seit Beginn der Überlieferung ohne scharfe Trennung in schwankendem Gebrauch nebeneinander stehen. Das starke Verb ahd. *biwegan* 'aus dem Zustand der Ruhe bringen, wägend prüfen, bewegen' (um 800), mhd. *bewegen* 'bewegen', refl. 'sich abwenden, verzichten, sich zu etw. entschließen' gehört zu dem Simplex ahd. *wegan* 'wiegen, wägen, einschätzen, bewegen' (8. Jh.), mhd. *wegen* 'in Bewegung setzen, (sich) bewegen, wägen, einschätzen, Gewicht, Zahl, Wert haben', das sich mit verengter Bedeutung in nhd. *wägen* (s. d.) erhalten hat. Ihm entspricht asächs. *wegan* 'wägen', mnd. *wēgen*, mnl. *wēghen*, nl. *wegen* 'wiegen, wägen, (ein)schätzen', aengl. *wegan* 'bewegen, bringen, wägen, messen', engl. *to weigh*, anord. *vega* 'schwingen, heben, wiegen', got. *gawigan* 'bewegen, schütteln'. Mit den außergerm. Verwandten aind. *váhati* 'fährt, zieht', lat. *vehere*, aslaw. *vesti*, russ. *veztí* (*везти*), lit. *vèžti* 'fahren' schließen sie sich an die Wurzel ie. **u̯eĝh-* 'bewegen, ziehen, fahren' an. Zum starken Verb bilden die germ. Sprachen ein schwaches Kausativum ahd. *weggen* (8. Jh.), mhd. *wegen* 'bewegen, schwingen, schütteln', aengl. *wecgan* 'bewegen, treiben', got. *wagjan* 'schütteln, bewegen', wozu das schwache Präfixverb ahd. *biweggen* 'bewegen, erregen, sich rühren' (Hs. 12. Jh.), mhd. *bewegen* 'die Lage verändern, veranlassen' gehört. Eine bedeutungsdifferenzierende Scheidung in [1]*bewegen* (mit starkem Prät. *bewog*) 'veranlassen, zu etw. bestimmen' und [2]*bewegen* (mit schwachem Prät. *bewegte*) 'die Lage verändern' gilt erst in neuerer Zeit. – B e w e g u n g f. 'Lage-, Ortsveränderung', ahd. *biwegunga* (Hs. 12. Jh.), mhd. *bewegunge*, frühnhd. auch 'Aufruhr', dann für revolutionäre Vorgänge (Goethe in bezug auf die frz. Revolution) und im 19. und 20. Jh. unter dem Einfluß von frz. *mouvement* für verschiedene politische Strömungen, zumal in Zusammensetzungen *Freiheits-, Arbeiter-, Jugendbewegung*. b e w e g l i c h Adj. 'bewegbar, behende, lebhaft', mhd. *bewegelich*.

bewenden Vb. Das Präfixverb ahd. *biwenten* (9. Jh.), mhd. *bewenden* 'ab-, umwenden, zu Ende kommen, verwandeln' (zur Etymologie s. *wenden*) erfährt eine starke Einschränkung seines Gebrauchs. Es gibt allmählich seine flektierten Formen auf (letzte Reste zeigen sich vereinzelt bis zum beginnenden 19. Jh.) und begegnet nur noch in der infinitivischen oder substantivierten Wendung *es bei etw. bewenden lassen* 'es gut sein lassen', *sein Bewenden haben* 'abgetan, erledigt sein'. Entsprechend verliert sich das zugehörige b e - w a n d t Part.adj. 'beschaffen, gelegen'. Das davon abgeleitete Substantiv B e w a n d t - n i s f. 'Beschaffenheit, Lage' (16. Jh.) bleibt dagegen in der Fügung *seine Bewandtnis haben* erhalten.

bewerkstelligen Vb. 'zuwege bringen, ausführen'. Aus den Wendungen mhd. *ze werce stellen*, nhd. *ins Werk stellen* (16. Jh.) bildet das 17. Jh. das Adjektiv *werkstellig*, bes. in der Verbindung *werkstellig machen* 'ins Werk setzen, ausführen'. Dazu entsteht bald (2. Hälfte 17. Jh.) das Verb *werkstelligen* mit der sich rasch verbreitenden Präfixbildung *bewerkstelligen* und der zugehörigen Ableitung *Bewerkstelligung* f. Zu Herkunft und Verwandtschaft s. *Werk*.

bewußt Adj. 'mit klarem Verstand handelnd, erkennend, absichtlich, bekannt, in Rede stehend'. Frühnhd. *bewust* steht als md. Form neben frühnhd. *bewist, bewüst*, Part. Prät. eines inzwischen untergegangen Verbs frühnhd. *bewissen* 'genau kennen, wissen', refl. 'sich auskennen, zurechtfinden', das seinerseits wie mnd. *bewēten* 'etw. ins Auge fassen, auf etw. bedacht sein, (um etw.) wissen' (Part. Prät. *bewēten* 'bei klarem Verstand, Bewußtsein', *bewust* 'bewußt, bekannt') und aengl. *bewitan* 'Sorge tragen, achten auf, Aufsicht führen' eine Präfixbildung zu dem unter *wissen* (s. d.) behandelten Simplex ist. Zuvor erscheint die hd. Präfixbildung nur als negiertes Part. Präs. in ahd. *unbiwiȥȥanti* (8. Jh.), Übersetzung von lat. *ignōrāns*. Das Nebeneinander der Wurzelsilbenvokale *i* und *u* findet sich ebenso im Part. Prät. des Simplex, vgl. mhd. *gewist, gewest* (neben fast nur adjektivisch gebrauchtem *gewiȥȥen*), md. auch *gewust*. Die semantische Entwicklung des Part.adj. geht aus von den Bedeutungen 'bekannt' und 'genau wissend', wie sie in den seit frühnhd. Zeit bezeugten Verwendungen *mir ist bewußt* und (rückbezüglichem) *ich bin mir bewußt* ('weiß genau') vorliegen. – B e - w u ß t s e i n n. 'spezifisch menschlich ideelle Widerspiegelung der objektiven Realität, klares Wissen, Gewißheit, Zustand, in dem der Mensch seiner Sinne mächtig ist'. Als philosophischer Terminus 1720 von Chr. Wolff geprägt, anfangs auch getrennt geschrieben (*das bewust Sein*). s e l b s t b e w u ß t Adj. 'eine klare Vorstellung von sich selbst, von seiner Existenz besitzend', meist in dem speziellen Sinn 'vom eigenen Wert überzeugt, ihn deutlich betonend'; S e l b s t b e w u ß t s e i n n. (beide um 1800). s c h u l d b e w u ß t Adj. 'um seine Schuld wissend, reuig' (18. Jh.); S c h u l d b e w u ß t s e i n n. (19. Jh.). u n - b e w u ß t Adj. 'ohne etw. in ausgeprägter Weise im Bewußtsein zu reflektieren, instinktiv, nur vom Gefühl her'. Wie bei den nichtnegierten Formen findet sich auch hier ein Nebeneinander verschiedener Wurzelsilbenvokale, frühnhd. *unbewist* (15. bis 17. Jh.), *unbewüst*, md. *unbewust, unbewost*. Bereits im Frühnhd. erscheinen die Bedeutungen 'unbekannt, nicht erinnerlich' und 'nicht wissend, ahnungslos, ohne Überlegung'. b e - w u ß t l o s Adj. 'ohne Bewußtsein, ohnmächtig, zu keinem bewußten Verhalten, Erleben fähig'. Eine frühe Abstraktbildung zu *bewußt* (s. oben) ist das in der Literatursprache wieder untergegangene Substantiv *Bewußt* f. m. 'Wissen, Bewußtsein, Kenntnis' (15. Jh.), erhalten in der Ableitung *bewußtlos* (Ende 18. Jh.), zunächst meist in der Bedeutung 'unwissentlich, unbewußt', heute nur noch im oben angegebenen Sinn.

bezichtigen Vb. 'verdächtigen, beschuldigen'. Zum Substantiv ahd. *biziht* (9./10. Jh.), mhd. *beziht* 'Beschuldigung' (zu ahd. *bizīhan* 'beschuldigen', 9. Jh.; zur Herkunft s. *zeihen*) wird das Verb frühnhd. *bezichten* (15. Jh.) hinzugebildet, das im 16. Jh. von der erweiterten Form *bezichtigen* verdrängt wird (vgl. ahd. *bizihtīg* 'eifernd, beschuldigend', 10./11. Jh.). Zuvor mnd. *betichtigen* (14. Jh.).

Bezirk m. 'abgegrenztes Gebiet, Gegend, Bereich'. Neben das aus lat. *circus* 'Kreis' entlehnte ahd. *kirc* (8. Jh.), mhd. *zirc* 'Kreis, Umkreis, Gebiet' tritt im 15. Jh. die Präfixbildung *Bezirk* (mit *bezirken* Vb. 'im Umfang bestimmen'). Beide Substantive bestehen zunächst nebeneinander, bis vom 17. Jh. an das ältere *Zirk* allmählich verdrängt und im 19. Jh. aufgegeben wird.

bi- 'zwei-, doppel-', als Bestandteil von Adjektiven und Substantiven fremder Herkunft, deren zweites Glied in der Regel dem Lat. oder Griech. entstammt, seit dem 16. Jh. im

Nhd. nachweisbar (s. *Bigamie, Bilanz*), geht zurück auf gleichbed. lat. *bi-*, alat. *dvi-*; vgl. ferner griech. *di-* (δι-, s. [1]*di-*), awest. *bi-*, aind. *dvi-* (ie. **du̯i-*). Diese Kompositionsformen gehören wie das entsprechende Multiplikativadverb lat. *bis* (s. *Biskuit*), alat. *dvis*, griech. *dís* (δίς), awest. *biš*, aind. *dvíḥ* 'zweimal' (ie. **du̯is*) zur Nebenform ie. **du̯ō(u)* des in nhd. *zwei*, lat. *duo*, griech. *dýo* (δύο) fortlebenden Numerale ie. **duu̯ō(u)* (s. auch *Dualismus, Duo, zwei*). Die im Dt. vorkommenden Bildungen mit *bi-*, deren Zahl im 19. und bes. im 20. Jh. stark anwächst, sind meist bestimmten Fachwortschätzen zuzurechnen. Ein Teil von ihnen ist entweder unmittelbar aus dem Lat. entlehnt (z. B. *Biennium* 'Zeitraum von zwei Jahren', *Bimester* 'Zeitraum von zwei Monaten', *Bizeps*) oder aus dem Frz. (z. B. *Billion*, vielleicht auch *binomisch, Bifurkation*) bzw. dem Ital. (z. B. *Biennale, Bilanz*) übernommen. Bei der Mehrheit dieser Termini handelt es sich jedoch um junge, oft international gebräuchliche Kunstwörter, die auf der Grundlage von lat. oder griech. Wortformen geschaffen werden (z. B. *bikonkav, bikonvex, bilabial, bisexuell, Biathlon, Bikarbonat, Biluxlampe, Bimetall*). In einigen Fällen (z. B. *binär, Binode, Binokel, kombinieren*) begegnet *bin-*, das auf lat. *bīnī* 'zwei, je zwei' beruht (dieses wohl aus ie. **du̯is-no-* 'zweimalig' neben lat. *bis* aus ie. **du̯is*, s. oben).

Biathlon n. Wettkampf aus Skilanglauf und Schießwettbewerb, eigentl. 'Zweikampf' (50er Jahre 20. Jh.). Moderne Bildung nach dem in der Sportsprache voraufgehenden (heute nicht mehr üblichen) *Pentathlon* (griech. πένταθλον) 'Fünfkampf'; s. *bi-* und vgl. griech. *âthlon* (ἆθλον) 'Kampfpreis', im Plur. 'Kampf'.

Bibel f. Gesamtheit der Bücher des Alten und Neuen Testaments, Heilige Schrift. Mhd. *biblie, bibel* 'Buch, Bibel' geht über kirchenlat. (mlat.) *biblia* zurück auf griech. *bíblos* (βίβλος), älter *býblos* (βύβλος), den Namen für die ägyptische Papyrusstaude, die nach der phönikischen Hafenstadt *Byblos*, dem Exporthafen für den Papyrusbast, benannt ist. Griech. *býblos* bedeutet daher 'Papyrusbast, -rolle, Schreibmaterial', später auch 'Buch, Schrift, Brief'. Die Ableitung griech. *byblíon* (βυβλίον), assimiliert zu *biblíon* (βιβλίον) 'beschriebenes Blatt, Buch', wird in der Pluralform *biblía* (βιβλία) 'Bücher' ins Kirchenlat. entlehnt und hier (auch als fem. Singular) Bezeichnung der Heiligen Schrift des Christentums.

Biber m. an Gewässern in Burgen aus Holzteilchen lebendes Nagetier, ahd. *bibar* (9./10. Jh.), mhd. *biber*, asächs. *biƀar, beƀar*, mnd. mnl. *bēver*, nl. *bever*, aengl. *beofor*, engl. *beaver*, anord. *bjōrr* sind verwandt mit kslaw. aruss. *bebrъ, bobrъ*, russ. *bobr* (бобр), lit. *bēbras*, awest. *bawra-* 'Biber' sowie aind. *babrúḥ* 'braun' (s. *braun*). Sie führen auf einen ie. Ansatz, der Reduplikation und Schwundstufe der Wurzel ie. **bher-* 'braun' aufweist. *Biber* ist (wie auch *Bär*, s. d.) 'der Braune'.

Bibliograph m. 'Verfasser von Bücherverzeichnissen'. Im Dt. (etwa 1800) im Sinne von 'Bücherbeschreiber', formal griech. *bibliográphos* (βιβλιογϱάφος) entsprechend, das allerdings 'Bücherschreiber, Abschreiber' bedeutet; zur Bildungsweise s. *Bibliothek* und *-graph*. – Bibliographie f. 'Bücherverzeichnis, Lehre von den Bücherverzeichnissen' (als Teilgebiet der Bibliothekswissenschaft), aus gleichbed. nlat. *bibliographia* 'Bücherverzeichnis' (zuerst von L. J. de Saint Charles, *Bibliographia Parasina* 1645/51) oder frz. *bibliographie* (1633); im Dt. seit Ende 18. Jh.; vgl. griech. *bibliographía* (βιβλιογϱαφία) 'das Bücherschreiben'. bibliographisch Adj. 'die Bibliographie betreffend' (um 1800). bibliographieren Vb. 'alle für die genaue Erfassung eines Buchtitels erforderlichen Angaben zusammenstellen, ermitteln' (19. Jh.).

Bibliophile m. 'Bücherfreund, Liebhaber und Sammler seltener, kostbarer Bücher', Übernahme (Ende 18. Jh.) von frz. *bibliophile*. Zur Bildungsweise s. *Bibliothek* und *-phil*; vgl. dagegen griech. *philóbiblos* (φιλόβιβλος) 'bücherliebend'. – Bibliophilie f. 'Bücherliebhaberei' (Ende 18. Jh.). bibliophil Adj. 'bücherliebend, für Bücherliebhaber wertvoll' (Anfang 20. Jh.), rückgebildet aus *Bibliophile*.

Bibliothek f. 'Bücherei, Büchersammlung' (Anfang 16. Jh.) aus lat. *bibliothēca*, griech. *bibliothḗkē* (βιβλιοθήκη), der Zusammensetzung von *biblíon* (βιβλίον) 'Buch' (s. *Bibel*) und *thḗkē* (θήκη) 'Behälter' (s. *Apotheke* und *Theke*), also ursprünglich 'Buchbehälter', aber auch 'Büchersaal' und 'Büchersammlung'. In diesen Bedeutungen taucht *Biblio-*

thek nach 1500 in dt. Texten auf, bes. in Übersetzungen, und wird noch bis ins 18. Jh., oft in lat. Form und Flexion, neben dem älteren *Liberei, Librarei*, spätmhd. *liberīe* (aus mlat. *libraria* f. 'Bibliothek', entstanden aus dem Kollektivplural spätlat. *librāria* 'Büchersammlung' von lat. *librārium* 'Behälter für Schriften, Bücher', zu lat. *liber* 'Schrift, Buch'), verwendet. Seit dem 18./19. Jh. setzt sich *Bibliothek* gegenüber seinen Konkurrenten *Büchersaal* und *Bücherei* (s. d.) als Bezeichnung größerer Büchersammlungen und ihres Aufbewahrungsortes sowie ganzer Schriftenreihen allgemein durch; vgl. *Universitäts-* (16. Jh.), *Stadt-* (18. Jh.), *National-, Staatsbibliothek* (19. Jh.). – B i b l i o t h e k a r m. 'ausgebildeter Betreuer einer Bibliothek', aus lat. *bibliothēcārius*; in dieser lat. Form vom 16. bis 19. Jh., seit Mitte 18. Jh. (Gellert 1749) überwiegt *Bibliothekar*.

bieder Adj. 'brav, rechtschaffen, unkompliziert in seinem Verhältnis zur Umwelt'. Das nur im Dt. bezeugte Adjektiv ahd. *bitherbi* 'nützlich, brauchbar' (8. Jh.), mhd. *biderbe*, durch die Betonung auf der ersten Silbe verkürzt zu *bider*, asächs. *bitherbi*, mnd. *bederve* ist eine alte Bildung zum Verbum *dürfen* (s. d.) mit dem umgelauteten Vokal des Singulars (vgl. nhd. *darf*) und der (hier betonten) Vorsilbe ahd. *bi-* (s. *be-*). Als Ursprungsbedeutung ist daher anzusetzen 'dem Bedürfnis entsprechend'. *bieder* ist bis Ende des 16. Jhs. durchgehend bezeugt, wird im 17. Jh. selten, aber in der 2. Hälfte des 18. Jhs. (durch Klopstock, Lessing, Bürger u. a.) wieder geläufig; bis ins 20. Jh. historisierend auch *biederb*. – a n b i e d e r n Vb. 'auf plumpe Weise um Sympathie werben' (um 1800). B i e d e r k e i t f., vgl. ahd. *bitherbĭgheit* (11. Jh.), mhd. *biderbecheit*, wie das Adjektiv bis ins 16. Jh. belegt, dann wieder seit der 2. Hälfte des 18. Jhs. B i e d e r m a n n m. 'Spießer', mhd. *biderman* 'unbescholtener Mann'. B i e d e r m e i e r n. Stilbezeichnung für Malerei, Literatur und Möbel der Zeit von etwa 1815 bis 1848, die, im Gegensatz zu den Ausdrucksformen des Vormärz, die ruhige, nach außen geschlossene Welt des Kleinbürgertums repräsentieren. Zugrunde liegt das von Eichrodt 1853 gebildete Pseudonym *Biedermaier* (aus Scheffels „*Bieder*manns Abendgemütlichkeit" und „Bummel*maiers* Klage", 1848, unter dem er die kleinbürgerliche Haltung anprangert). Seit der 2. Hälfte des 19. Jhs. wird *Biedermeier* für *Spießer* verwendet. Die Aufwertung zum Stilbegriff erfolgt vor allem durch die Jahrhundertausstellung 1906, vorwiegend durch den gediegenen Möbelstil der Biedermeierzeit veranlaßt.

biegen Vb. 'in eine von der Geraden abweichende Form bringen, krumm machen' (refl. 'sich krümmen, sich beugen'), intrans. Verwendung heute nur im Sinne von 'bogenförmig die Richtung ändern, einen Bogen machen', stets mit einer durch Präposition angeschlossenen Ortsangabe (z. B. *um die Ecke, in eine Nebenstraße biegen*). Ahd. *biogan* (8. Jh.), mhd. *biegen* 'biegen, beugen, krümmen' (und nicht gesichertes asächs. *biogan*) entspricht got. *biugan* 'beugen'. In den übrigen westgerm. Sprachen weist das starke Verb ablautende Präsensformen (mit Dehnung der Tiefstufe) auf, vgl. asächs. *būgan* 'sich beugen', mnd. *būgen* 'beugen, verbiegen, sich biegen, ausweichen', mnl. *būghen* 'beugen, wenden, unterwerfen, sich beugen, geneigt sein', nl. *buigen* 'biegen, beugen, sich biegen, sich beugen', aengl. *būgan* 'sich beugen, sich unterwerfen, sich wenden, nachgeben, zurückweichen, fliehen' (woraus engl. *to bow* 'beugen, krümmen, sich beugen, sich verneigen' mit schwacher Flexion). Für das Anord. kann nach den belegten Präteritalformen *bugu* 'sie bogen', *boginn* 'gebogen' ein Infinitiv **bjūga* oder **būga* angesetzt werden (vgl. aber schwach flektierendes schwed. *buga sig* 'sich verbeugen', vielleicht unter mnd. Einfluß). Germ. **beug-, *būg-* setzt ie. **bheugh-* voraus, während außerhalb des Germ. aind. *bhujáti* 'biegt, krümmt sich' (Part. Perf. *bhugna-* 'gebogen, krumm') und wohl auch air. *fidbocc* 'hölzerner Bogen' auf ie. **bheug-* zurückführen, das gleichfalls für semantisch entferntere Bildungen wie griech. *pheū́gein* (φεύγειν), lat. *fugere* 'fliehen' und wohl auch für lit. *bū́gti* 'erschrecken' gilt. Wahrscheinlich muß von einer Wurzel ie. **bheug(h)-* 'biegen' ausgegangen und eine spätere Bedeutungsentwicklung zu 'zurückweichen, fliehen' vermutet werden (vgl. auch 'ausweichen' im Mnd. und 'zurückweichen, fliehen' im Aengl.). Das ursprünglich intransitive germ. Verb, von dem das unter *beugen* (s. d.) dargestellte Kausativum abgeleitet ist, wird im Hd. (im Unterschied zu den meisten anderen germ. Sprachen, s. oben) seit Beginn der Überlieferung vorwiegend transitiv gebraucht; *biegen* stimmt daher in seinen Verwendungen oft mit *beugen* überein. Im älteren Nhd. konkurriert es mit diesem auch als grammatischer Terminus (*biegen* 'flektieren' vom 15. bis ins 18. Jh.). Zur Wortgruppe von *biegen* gehören ferner *Bogen, Bucht, Bügel, bücken* (s. d.). – B i e g u n g f. 'im Bogen verlaufende Stelle, Krümmung, Kurve', namentlich in älterer Sprache auch als Vorgangsbezeichnung 'das Biegen, Beugen' (jetzt nur 'bogenförmige Richtungsänderung', vgl. *eine Biegung machen*), spätmhd. *biegunge* 'das Beugen, Verbeugung'; als Fachwort der Grammatik (neben *Beugung*, s. d.) seit dem 15. Jh. 'Flexion', so bis ins 18. und gelegentlich noch im 19. Jh. B i e g e f. 'Kurve, Bogen' (2. Drittel 20. Jh.), eine wohl im Jargon der Flieger aufkommende, scherzhaft-lässige Bildung, die nicht unmittelbar an älternhd. (16. bis 18. Jh.) *Biege* f., mhd. *biege* f. 'Beugung, Biegung, Neigung' (zuvor ahd. *biogo* m. 'Biegung, Krümmung, Bogen, Bucht', 10. Jh.) anschließt. b i e g s a m Adj. 'leicht zu biegen, geschmeidig', mit Bezug auf Charaktereigenschaften 'äußeren Einflüssen zugänglich, fügsam', vereinzelt im 15. Jh. nachzuweisen (md. *byegsam*, 1440), geläufig seit Ausgang des 17. Jhs.; dazu B i e g s a m k e i t f. 'Elastizität, Geschmeidigkeit' (18. Jh.).

Biene f. staatenbildendes, zur Honiggewinnung gehaltenes Insekt. Ahd. *bini* n. (8. Jh.), mhd. *bine, bin* f., mnd. *bēn(e)*, daneben dehnstufig ahd. *bīna* f. (10. Jh.), mhd. *bīn*, mnd. *bīne* und (ohne *n*-Erweiterung der Wurzel, aber in den älteren Sprachstufen weitgehend der Deklination der *n*-Stämme folgend) ahd. *bīa* f. (10. Jh.), mhd. *bīe*, nhd. (in obd. Mundarten) *Beie*, aengl. *bēo*, engl. *bee*, mnd. *bē, bīe*, mnl. *bie*, nl. *bij*, asächs. *bī-*, anord. *bȳ-* (in Zusammensetzungen), schwed. dän. *bi*. Außergerm. schließen sich an mit *t*-Erweiterung lit. *bìtė*, lett. *bite*, mit *k*-Erweiterung aslaw. *bьčela*, russ. *pčelá* (*пчела*), dazu mit abweichendem Vokalismus (kelt. **beko-* voraussetzend) air. *bech*. Als wahrscheinlichste Ausgangsform läßt sich ein ie. **bhĭ-* 'Biene' erschließen. Weitere Anknüpfungen an Verbalwurzeln bleiben unsicher; etwa über ie. **bh(u̯)ī-* Anschluß an die unter *bauen* (s. d.) behandelte Wurzel (im Sinne von 'Waben bauen'), oder an die unter *beben* (s. d.) angeführte Wurzel (mit einem vorauszusetzenden Bedeutungsübergang 'beben, schwirren', s. FRANCK/V. WIJK). Da die Biene als Honig und damit Süßstoff spendendes Tier hochgeschätzt war, können die unterschiedlichen Namensformen auch als tabuistische Entstellungen betrachtet werden, um das Tier durch korrekte Namensnennung nicht zu vertreiben. Die kelt.-germ.-baltoslaw. Bezeugungen erlauben allerdings auch die Vermutung, den Namen als Wort eines vor-ie. Substrats anzusehen, das den jeweiligen Sprachen unterschiedlich angepaßt wurde (DE VRIES Nl. 57). – B i e n e n k o r b m. geflochtenes Gefäß als Wohnung für einen Bienenstaat, mhd. *bīnkorp*, wahrscheinlich etymologische Umdeutung von ahd. (9. Jh.), asächs. *bīkar*, mnl. *biecaer*, nhd. (mundartlich) *Beiekar*, ahd. *binikar* (11. Jh.), *bīūnkar* (Hs. 12. Jh.); vgl. ahd. *kar* 'Gefäß, Schüssel, Tonne', anord. *ker*, got. *kas* 'Gefäß', ein Wort unsicherer Herkunft (s. auch *Imker*). B i e n e n s t o c k m., frühnhd. *peinstoc*, eigentl. der ausgehöhlte Baumstumpf als Bienenbehausung (s. *Stock*).

Bier n. alkoholisches Getränk, aus Hopfen, Malz, Hefe und Wasser durch Gärung gewonnen, ahd. *bior* (9. Jh.), mhd. *bier*, asächs. *bior*, mnd. *bēr*, mnl. nl. *bier*, afries. *biār*, aengl. *bēor*, engl. *beer*. Anord. *bjórr* m. ist Entlehnung aus dem Westgerm. Daneben bezeichnet aengl. *(e)alu, ealoþ*, engl. *ale*, mnl. *ale*, anord. *ǫl* das den Germanen ursprünglich bekannte ungehopfte Bier (germ. **aluþ-*). Die Etymologie ist ungeklärt. Da das Brauen von Bier (wie auch der Hopfenanbau) zuerst (seit 6./7. Jh.) nur in Klöstern betrieben wird, ist Herleitung von spätlat. *biber* 'Trank', zu lat. *bibere* 'trinken', zu erwägen. Aber auch Anschluß an die Wurzel ie. **b(e)u-, *bh(e)u-, *b(h)ū-* 'aufblasen, schwellen' ist möglich; danach wäre *Bier*, germ. **beuza-*, als 'das Aufschäumende, Blasenwerfende' zu verstehen, vgl. schwed. *buska* 'gäriges Jungbier'. Denkbar ist schließlich Verwandtschaft mit *brauen* (s. d.); das mit *r*-Suffix gebildete Substantiv hätte dann sein in der Anlautverbindung *br*- auftretendes erstes *r* durch Fernassimilation verloren. Herleitung aus türk. *būza* 'aus Hirse, Mais, Buchweizen, Hafermehl, Gerste bereitetes Getränk' ist wenig wahrscheinlich.

Biese f. 'schmal genähtes Fältchen, Ziernaht an Kleidungsstücken'. Herkunft unsicher, zuweilen als Übertragung von nordd.

Biese, dem nd. Namen für *Binse* (s. d.), aufgefaßt. Doch vielleicht ist besser an frz. *bisette* 'Borte aus Gold oder Silber, schmale Spitze' anzuschließen. Ob dieses zu vlat. **bombyceus* Adj. 'aus Baumwolle' (zu lat. *bombȳx* 'Seidenraupe, Seide') gehört, ist zweifelhaft (FEW 1,431 f.). Im Dt. seit dem Ende des 19. Jhs.

bieten Vb. 'darreichen, anbieten, gewähren'. Ahd. *biotan* 'bekanntmachen, entgegenstrecken, anbieten' (8./9. Jh.), mhd. *bieten* 'anbieten, darreichen, gebieten' erweist sich durch Entsprechungen wie asächs. *biodan* 'bieten', aengl. *bēodan* 'gebieten, anbieten, ankündigen, zeigen', engl. *to bid* (verschmolzen mit dem unter *bitten* behandelten Verb, s. d.) 'bieten, ankündigen, gebieten', anord. *bjōða* 'bieten', schwed. *bjuda* 'gebieten, anbieten, zeigen' und got. *anabiudan* 'entbieten, befehlen', *faúrbiudan* 'verbieten' als gemeingerm. Verb; dieses stellt sich lautlich zu außergerm. Verwandten wie griech. *peū́thesthai* (*πεύϑεσϑαι*), *pynthánesthai* (*πυνϑάνεσϑαι*) 'erfragen, erfahren, merken', aind. *bṓdhati* 'wacht, beachtet, versteht' (wozu das Kausativum aind. *bōdháyati* 'erweckt, macht aufmerksam' und das Part. Perf. *buddháḥ* 'erweckt, erleuchtet', vgl. *Buddha*), aslaw. *bъděti* 'wachen', *bľusti* 'wahren, achtgeben', russ. *budít'* (*будить*) 'wecken', *bljustí* (*блюсти*) 'behüten, bewahren', lit. *budė́ti* 'wachen'. Gemeinsamer Ausgangspunkt ist ie. **bheudh-* mit differenzierter Bedeutungsentfaltung: 'wach, geistig rege sein, beobachten, erkennen', auch (so in den germ. Sprachen) 'zur Aufmerksamkeit veranlassen, kundtun, gebieten, darbieten'. Im Dt. gehen bestimmte Bedeutungen des einfachen Verbs in den älteren Sprachstufen ('bekanntmachen', 'gebieten') zunehmend auf Präfixbildungen über (s. unten). – a n b i e t e n Vb. 'darreichen, zur Verfügung stellen, vorschlagen', mhd. *an(e)bieten* 'anbieten, vor Gericht laden', mnd. *anbēden* 'anbieten, entbieten', vgl. nl. *aanbieden* 'anbieten, darreichen' (hingegen got. *anabiudan* 'entbieten, befehlen', asächs. *anbiodan* 'entbieten, melden'). Dazu A n g e b o t n. 'Vorschlag, Bereitschaftserklärung', auch 'Gesamtheit der zum Verkauf stehenden Waren'; als Ableitung vom präfigierten Verb zunächst in der Form mnd. *anbot*, nhd. *Anbot* (15. bis 19. Jh., danach noch öst.), seit Ende des 18. Jhs., wohl durch Einwirkung von *gebieten* (s. unten) und *Gebot* (s. d.), in der heutigen Lautgestalt; in der Sprache der Wirtschaft von der 1. Hälfte des 19. Jhs. an oft in dem terminologischen Wortpaar *Angebot und Nachfrage*. a u f b i e t e n Vb. 'aufrufen, aufwenden' und 'öffentlich verkünden' (jetzt eingeschränkt auf die Bekanntgabe einer beabsichtigten Eheschließung), mhd. *ūfbieten* 'in die Höhe strecken, darreichen, bekanntmachen, aufrufen', mnd. *upbēden* 'bekanntmachen, zur Einlösung eines Pfandes auffordern'; die im älteren Nhd. vorherrschende Bedeutung 'zum Heeresdienst aufrufen' lebt heute in Übertragungen wie *alle Kräfte, seinen ganzen Einfluß, Willen aufbieten*. Substantivische Ableitungen sind A u f b i e t u n g f. 'das Aufbieten' (mnd. *upbēdinge*, nhd. seit 15. Jh.), anfangs zu verschiedenen Bedeutungen des Verbs, nach Ende 18. Jh. nur 'Aufwendung' (*Aufbietung aller Kräfte, Mittel* u. ä.), und A u f g e b o t n. 'Bekanntmachung' (namentlich einer beabsichtigten Eheschließung), früher vor allem 'Aufforderung' (zu Heeresdienst, Fron usw.) sowie 'was aufgeboten wird' (z. B. die Gesamtheit der Wehrpflichtigen); zunächst häufiger in der Form *Aufbot* (15. bis 18. Jh.), doch gewinnt das vereinzelt schon im 14./15. Jh. nachzuweisende (und mit einer im 15. bis 17. Jh. neben *aufbieten* bezeugten Variante *aufgebieten* korrespondierende) *Aufgebot* seit dem 17. Jh. den Vorrang. d a r b i e t e n Vb. 'anbieten, darreichen' und übertragen 'zeigen, vorführen' (refl. 'sich zeigen'), ahd. *thara biotan* (9. Jh.), mhd. *dar bieten* 'dahin reichen' sind wohl schon als Einheit von Adverb und Verb aufzufassen; fest verbunden mnd. *dārbēden* und im Frühnhd.; dazu D a r b i e t u n g f. 'das Darbieten'; seit Anfang 16. Jh. als Nomen actionis 'das Anbieten', so verbreitet im 17. und gelegentlich bis ins 20. Jh.; vom Beginn des 20. Jhs. an meist 'künstlerisches Gestalten vor einem Publikum, Vorführen' sowie 'Vorführung, Vortrag'. e n t b i e t e n Vb. 'wissen lassen, mitteilen', auch 'zu sich beordern', ahd. *inbiotan* 'zur Kenntnis bringen, gebieten, darreichen' (um 800), mhd. *enbieten* 'durch jmdn. sagen oder gebieten lassen, darreichen', mnd. *en(t)bēden* 'sagen lassen, gebieten', frühnhd. *enbieten, embieten* und *entbieten*, letzteres setzt sich im 17. Jh. durch; in älterer Zeit vorwiegend 'eine Botschaft, einen Gruß übermitteln', dann 'durch

Botschaft herrufen' (17. Jh.); seit dem 19. Jh. nur noch selten. e r b i e t e n Vb. refl. 'seine Bereitschaft erklären', ahd. *irbiotan* 'zur Kenntnis bringen, darreichen, erweisen', refl. 'sich zeigen, erweisen' (8. Jh.), mhd. *erbieten* 'darreichen, erweisen', refl. 'sich erweisen, darbieten' (vgl. aengl. *ābēodan* 'mitteilen, anbieten, gebieten'); vom Mhd. an bis ins 18. Jh. auch der substantivierte Infinitiv *Erbieten* n. 'Angebot'; aus der häufig vorkommenden Fügung *Ehre erbieten*, ahd. *ēra irbiotan*, mhd. *ēre (er)bieten* entwickeln sich auf der Grundlage der postverbalen Ableitungen spätmhd. *erbietunge*, mnd. *erbēdinge* f. und frühnhd. *erbietig, erbütig* Adj. die Zusammensetzungen E h r e r b i e t u n g f. 'Hochachtung' (mnd. *ērerbēdinge*, frühnhd. 15. Jh.) und e h r e r b i e t i g Adj. 'achtungsvoll' (16. Jh.), denen zunächst *Ehrbietung* (15. Jh.; auch mnd. *ērbēdinge*) und *ehrbietig* (Anfang 16. Jh.) als Zusammenbildungen mit dem einfachen Verb *bieten* vorausgehen. Neben frühnhd. *erbietig, erbütig* steht ablautend e r b ö t i g Adj. 'bereit, willig', mnd. *erbȫdich, erbōdich*, frühnhd. seit dem 16. Jh. g e b i e t e n Vb. 'befehlen, über etw. Befehls-, Verfügungsgewalt haben', ahd. *gibiotan* 'zur Kenntnis bringen, befehlen, herrschen' (um 800), mhd. *gebieten* 'ausstrecken, darreichen, entbieten, befehlen'; dem Westgerm. gemeinsame Präfixbildung (aengl. *gebēodan* 'befehlen, bekanntmachen, anbieten', asächs. *gibiodan* 'gebieten, befehlen', mnd. *gebēden* 'gebieten, befehlen', refl. 'sich erbieten', mnl. *gebieden* 'bekanntmachen, befehlen, anbieten'), im Dt. anfangs mit perfektivem Sinn neben dem einfachen Verb, das ebenfalls 'befehlen' bedeutet, doch trennen sich die Verben hinsichtlich ihrer Bedeutungen seit dem Mhd. Als Ableitungen gehören hierzu *Gebiet, Gebot* (s. d.) sowie G e b i e t e r m. 'wer Befehlsgewalt hat', ahd. *gibiotāri* (Hs. 13. Jh.), mhd. *gebietære, gebieter*, mnd. *gebēder* mit gleicher Bedeutung, dem sich G e b i e t e r i n f. 'Herrin' (mhd. *gebietærinne, gebieterīn*) und g e b i e t e r i s c h Adj. 'herrisch, keinen Widerspruch duldend' (Anfang 17. Jh.) anschließen. v e r b i e t e n Vb. 'untersagen, nicht erlauben', ahd. *firbiotan* 'zur Kenntnis bringen, gebieten, untersagen, verhindern' (8. Jh.), mhd. *verbieten* 'vorladen, verhindern, untersagen, mit Beschlag belegen'; vgl. dazu (teilweise mit einem nhd. *vor, für* entsprechenden Präfix) aengl. *forbēodan*, engl. *to forbid*, anord. *fyrirbjōða* 'verbieten, verhindern', got *faúrbiudan* 'verbieten', mnd. *vorbēden* 'gebieten, vorladen, anbieten, verbieten'; im Dt. drückt das präfigierte Verb anfangs (bis ins ältere Nhd.) sowohl das nachdrückliche Anordnen wie auch das Untersagen einer Handlung aus, jetzt gilt nur noch die letztere Verwendung. Abgeleitet ist V e r b o t n. 'Anordnung, etw. zu unterlassen', ahd. *firbot* 'Verbot' (9. Jh.?), mhd. *verbot* 'Verbot, Beschlagnahme, Vorladung', mnd. *vorbot* 'Angebot, Verbot, Beschlagnahme' (vgl. aengl. *forbod* 'Verbot, Widerrufung').

Bigamie f. 'Doppelehe'. Zu griech. *gámos* (*γάμος*) 'Hochzeit, Ehe' (s. *Polygamie*) gehörendes griech. *dígamos* (*δίγαμος*) 'doppelt verheiratet, zum zweiten Male verheiratet' und *digamía* (*διγαμία*) 'Zweitehe' werden als *digamus* und *digamia* ins Kirchenlat. übernommen. Daneben wird durch Austausch des ersten Gliedes griech. *di-* (*δι-*) 'zwei-' gegen gleichbed. lat. *bi-* (s. *bi-*) kirchenlat. *bigamus* 'zweifach verheiratet' gebildet. Diesem schließt sich das Substantiv mlat. *bigamia* 'Doppelehe', kirchenrechtlich auch 'Zweitehe nach dem Tod eines Ehepartners' an, das im 16. Jh. als *bigami* ins Dt. gelangt und vom 18. Jh. an (wohl unter Einfluß von gleichbed. frz. *bigamie*) in der heutigen Form erscheint. – B i g a m i s t m. 'wer gleichzeitig mit zwei Ehepartnern verheiratet ist', seit dem 19. Jh. bezeugt (vgl. älteres engl. *bigamist*); voraus geht substantivierte Verwendung von kirchenlat. *bigamus* 'zweifach verheiratet' im dt. Kontext.

bigott Adj. 'frömmelnd, scheinheilig'. Frz. *bigot*, seit dem 15. Jh. in derselben Bedeutung bezeugt und bereits im 17. Jh. als *bigot* ins Engl. und als *bigotto* ins Ital. entlehnt, gelangt um die Wende zum 18. Jh. ins Dt. und erscheint hier seit der Mitte des 18. Jhs. in der eingedeutschten Schreibung *bigott*. Die Herleitung des frz. Wortes, das zuerst im Afrz. (12. Jh.) als herabsetzende Charakterisierung der Normannen verwendet wird, ist ungeklärt, doch hat es seinen Ursprung wahrscheinlich in einer (der nhd. Fügung *bei Gott* entsprechenden) germ. Schwurformel (aengl. *bī god*?); vgl. dazu die Beteuerung *bigott* 'wahrhaftig, fürwahr' in obd. Mundarten. Das Substantiv span. *bigote* 'Knebelbart', das auch für die Erklärung von frz. *bigot* und dessen

Bedeutungsentwicklung herangezogen wird (span. *hombre de bigote* 'Mann mit Knebelbart', übertragen 'Mann von Charakter'), geht nach COROMINAS 1, 457 f. wohl ebenfalls auf eine solche Formel zurück. BEST in: Die Neueren Sprachen, N. F. 18 (1969) 497 ff. sieht dagegen in jidd. *begotisch* 'fromm, gottbegnadet' (zu mhd. *got* 'Gott') eine mögliche Quelle für das frz. Adjektiv. – B i g o t t e r i e f. 'Frömmelei, scheinheiliges Wesen' (Ende 17. Jh.), Übernahme von gleichbed. frz. *bigoterie*.

Bijouterie f. 'Schmuck', heute namentlich 'Modeschmuck'. Frz. *bijouterie* 'Schmuckgegenstände', seit Anfang des 18. Jhs. auch 'Schmuckherstellung und -handel' wird Mitte des 18. Jhs. in dieser jüngeren Verwendung (auch in der Zusammensetzung *Bijouteriewaren*) und um 1800 im Plural *Bijouterien* 'Schmuckgegenstände' im Dt. heimisch. In der Schweiz ist außerdem die im Frz. des 19. Jhs. aufgekommene Bedeutung 'Schmuckgeschäft' üblich. Die frz. Sammelbezeichnung *bijouterie* ist abgeleitet von dem ein bret. *bizou* 'Ring mit gefaßtem Stein' (zu bret. *bīz* 'Finger') fortsetzenden frz. Substantiv *bijou* m. 'kostbares Schmuckstück, Kleinod', das als B i j o u n. im 18./19. Jh. ebenfalls von dt. Sprechern übernommen wird.

Bikini m. 'knapper zweiteiliger Badeanzug für Damen'. Die aus dem Amerik.-Engl. Anfang der 50er Jahre des 20. Jhs. ins Dt. eindringende Bezeichnung ist dem Namen des zu den Marshallinseln im Pazifischen Ozean gehörenden Atolls *Bikini* nachgebildet, das 1946 als Schauplatz amerik. Atombombenversuche bekannt wird. Ungeklärt ist das Motiv für die Übertragung des Inselnamens trotz verschiedener Deutungsversuche, die z. B. an das zerstreute Vorkommen der Atolle oder auch an die von der Trägerin dieses Kleidungsstücks ausgehende, mit einer Explosion verglichene Wirkung anknüpfen. Der Anklang der ersten Silbe von *Bikini* an das in Fremdwörtern gebräuchliche *bi-* 'zwei-, doppel-' (s. d.) erleichtert eine Verbindung dieses Lautkörpers mit dem benannten Objekt.

Bilanz f. 'vergleichende Gegenüberstellung von Einnahmen und Ausgaben, Rechnungsabschluß', auf gleichbed. ital. *bilancio* (zu spätlat. *bilanx* 'Waage mit zwei Waagschalen', s. *Balance*) beruhend, ist im Dt. seit der Mitte des 16. Jhs. nachweisbar (vorher Ende des 15. Jhs. vereinzelt in obd. Geschäftsbriefen in der Form *balanc, balanca*, wohl nach gleichbed. span. *balanza*, älter *balança*). Entsprechend der ital. Vorstufe erscheint der kaufmännische Ausdruck im 16./17. Jh. häufig als Maskulinum und Neutrum. Das seit dem 16. Jh. daneben vorkommende Femininum setzt sich im 18. Jh. durch, offenbar unter dem Einfluß von frz. *balance* f. 'Waage, Gleichgewicht, Bilanz', das zeitweilig auch auf die im Dt. übliche Schreibung (*Bilance* öfters im 17./18. Jh.) und Lautgestalt (Nebenform *Balance, Balanz*, 17. bis 19. Jh.) einwirkt. – b i l a n z i e r e n Vb. 'die Bilanz ziehen', seit Anfang des 17. Jhs. zu *Bilanz* (nach ital. *bilanciare* 'abwägen, prüfen'); vom 18. bis ins 20. Jh. auch in der an frz. *balancer* angelehnten Form *balancieren* (s. *Balance*).

Bilch m. Angehöriger einer Familie eichhörnchen- bis mausähnlicher nachtaktiver Nager, die in Mitteleuropa vor allem durch Siebenschläfer und Haselmaus vertreten ist. Ahd. *bilih* (m.?, 11. Jh.), mhd. *bilch* f., daneben ahd. *bilihmūs* (11. Jh.), mhd. *bilchmūs* 'Bilchmaus', in den ahd. Glossen meist für lat. *glīs* 'Hasel-, Bilchmaus, Siebenschläfer' (ahd. auch für lat. *sōrex* 'Spitzmaus') stehend, sind in ihrer Bedeutung nicht auf eine bestimmte Art dieser Nagetierfamilie festzulegen. Der Name der wegen ihres Pelzes geschätzten Tiere wird früh aus dem Slaw. übernommen; nach BIELFELDT Entlehnungen (1965) 54 ist anzunehmen, daß er in den Ostalpen aus dem Slowen. (aus einer älteren Form **pl̂chъ/*pilchъ*, heute slowen. *pólh*) ins Dt. gelangt. Es handelt sich um einen gemeinslaw. Ausdruck (vgl. russ. *polčók, полчок*, poln. *pilch*, tschech. *plch*, serbokr. *pȕh*), der sich mit lit. *pelė̃*, lett. *pele* 'Maus', eigentl. 'die Graue' (zur Familie von lit. *pálšas* 'fahl, bleich, blaßgelb, graugemischt', verwandt mit griech. *poliós, πολιός* 'weißlich grau'), verbinden läßt.

Bild n. 'flächige Darstellung von Personen und Dingen' (früher auch 'Skulptur') sowie überhaupt 'dem Auge sich darbietender Anblick' oder 'nur in der Vorstellung wahrgenommene Erscheinung', ahd. *bilidi* (8. Jh.; obd. Nebenformen *bilodi, biladi*), mhd. *bilde* 'Abbild, Vorbild, Gestalt'. Das nur im kontinentalen Westgerm. bezeugte Substantiv (vgl. asächs. *biliði* 'Zeichen, Gleichnis, Abbild', mnd. *bilde, bĕlde* 'Abbild, Gestalt, Sinnbild, Beispiel', mnl. *beelde* 'Abbild, Gestalt, Vorbild', afries. *bild* 'Bild'; dagegen anord. *bīlæti* wohl aus dem Asächs. entlehnt) ist mit dem Kollektivsuffix germ. *-iþja-* von einem Stamm *bil-* abgeleitet, für den bisher eine sichere Erklärung fehlt. Die ältesten westgerm. Zeugnisse machen eine Ausgangsbedeutung 'Zeichen, Sinnbild, Vorzeichen' wahrscheinlich, vgl. Foerste in: Festschr. Trier (1964) 112ff., der einen möglichen Zusammenhang mit *bil-* 'angemessen, gerecht' (s. *billig, Unbill* und *Weichbild*) über eine semantische Vorstufe 'trennen, unterscheiden, beurteilen, deuten' erwägt. Weitere Deutungsversuche führen zu einer Grundvorstellung 'geistiges Wesen, übernatürliche Kraft', vgl. Karg-Gasterstädt in: PBB 66 (1942) 291ff., oder rechnen den Stamm *bil-* einer Wortgruppe 'spalten, hauen' zu und sehen in *Bild* 'das Zurechtgehauene, Gestaltete'; so bereits J. Grimm in: [1]DWB 2, 8f.; vgl. auch Pokorny 1, 117f. Im Dt. weist *Bild*, das vor allem bei Notker, den Mystikern und Chr. Wolff in philosophische Erörterungen Eingang findet, schon in der ältesten Sprachstufe eine reiche Bedeutungsdifferenzierung auf. Bestimmte semantische Verwendungen zeigen sich deutlicher in Zusammensetzungen oder Präfigierungen wie E b e n b i l d n. 'dem Muster gleichende Nachbildung', ahd. *ebanbilidi* (Hs. 12. Jh.), mhd. *ebenbilde* 'Vorbild, Beispiel'; A b b i l d n. 'flächige oder plastische Wiedergabe, Nachbildung', spätmhd. frühnhd. *abbild(e)*, anfangs häufig in der Fügung *Abbild nehmen* 'ein Muster nachahmen', allgemeiner verbreitet seit Ende des 18. Jhs.; V o r b i l d n. 'Muster, Beispiel', ahd. *forabilidi* (11. Jh.), mhd. *vorbilde* 'Sinnbild, Vorbild'; U r b i l d n. 'Vorlage einer Nachbildung, Inbegriff, Ideal', zunächst Verdeutschung von *Archetypus* (17. Jh.), seit dem 18. Jh. auch für *Original, Ideal, Idee* gebraucht. Mit der Bedeutung 'Äußeres, Gestalt' begegnet *Bild* in den seit dem 19. Jh. nur noch abschätzig, früher aber wertneutral verwendeten Komposita M a n n s b i l d n., W e i b s b i l d n., frühnhd. (15. Jh.) zusammengewachsen aus mhd. *mannes bilde* und *wībes bilde*. Verhältnismäßig jung ist L i c h t b i l d n. 'Photographie' (Mitte 19. Jh.), dem eine gleichlautende Gelegenheitsbildung mit der Bedeutung 'durch Lichtstrahlen erzeugtes Bild' (18. Jh.) vorausgeht. – G e b i l d e n. 'Geformtes, künstlich Geschaffenes von nicht näher zu bezeichnendem Aussehen', aostnfrk. *gibilithi* 'Schattenbild, Schemen' (9. Jh.?), mhd. *gebilde* 'Gestalt, gestalteter Gegenstand, Sternbild', frühnhd. *gebild(e)* 'Heiligenbild' kommt im 16. Jh. außer Gebrauch, wird aber in der 2. Hälfte des 18. Jhs. erneut aufgegriffen, anfangs als klangvollere Nebenform von *Bild*, doch zunehmend als an *bilden* (s. d.) angeschlossenes Verbalsubstantiv. B i l d n i s n. 'bildliche Darstellung eines Menschen, Porträt', ahd. *bilidinussi* n. (oder *bilidinussī* f.?; Hs. 13. Jh.) 'Abbild, Bild', mhd. *bildnüsse, bildnisse* n. 'Bild, Gleichnis', frühnhd. *bildnis, bildnus* n. und f.; gegen Ende des 17. Jhs. setzen sich die Form *Bildnis* und neutrales Genus durch, das Femininum findet sich noch in obd. Mundarten. b i l d l i c h Adj. 'durch ein Bild oder durch metaphorische Ausdrucksweise veranschaulicht', ahd. *bilodlīh* 'vorbildhaft' (8. Jh.), *bilidlīh* 'vorbildhaft, nachbildend, wohlgestaltet' (11. Jh.), mhd. *bildelich* 'bildlich, sinnlich wahrnehmbar' (neben gleichbed. mhd. *bildec*). b i l d s c h ö n Adj. 'sehr schön', seit der 2. Hälfte des 18. Jhs. (zunächst obd.) zur Charakterisierung des Äußeren von Personen, eigentl. wohl 'schön wie ein (Heiligen)bild', vgl. älteres *engelschön*; dann auch auf unbelebte Gegenstände (19. Jh.) bezogen. In Analogie dazu b i l d h ü b s c h Adj. 'sehr hübsch' (Anfang 19. Jh.). B i l d h a u e r m. 'Schöpfer plastischer Kunstwerke', frühnhd. *bildhower, bildhauer* (2. Hälfte 15. Jh.) und mnd. *bilde(n)-, belde(n)houwer*; zu *Bild* in der Bedeutung 'Skulptur', vgl. die mhd. Fügung *ein bilde houwen* (aber mhd. *bildemacher* 'Bildhauer'). B i l d f l ä c h e f. 'Fläche eines Bildes' (Anfang 19. Jh.), seit der 2. Hälfte des 19. Jhs. vor allem geläufig in den (wohl von der Photographie übertragenen) Wendungen *auf der Bildfläche erscheinen* 'unerwartet auftauchen, zum Vorschein kommen' und *von der Bildfläche verschwinden* 'abtreten, aus dem Gesichtsfeld schwinden'.

bilden Vb. 'formen, gestalten, hervorbringen, darstellen, sein', übertragen 'erziehen, die geistigen Anlagen entwickeln', ahd. *biliden* 'formen, gestalten, zum Beispiel geben, nachahmen' (9. Jh.) und *bilidōn* 'abbilden, nachahmen, Vorbild sein, gestalten' (8./9. Jh., vom 10. Jh. an vorherrschend), postnominale Ableitungen von ahd. *bilidi* (s. *Bild*), fallen zusammen in mhd. *bilden* 'mit Bildern verzieren, gestalten, nachbilden, vorstellen' (vgl. gleichbed. mnd. *bēlden, bilden* und nl. *beelden* 'bilden, abbilden, malen'). Das bis heute ein Formen realer Gegenstände, namentlich ein Gestalten visuell erfaßbarer Kunstwerke (*bildende Kunst*, 18. Jh., anfangs im Plur.) bezeichnende Verb findet im Sprachgebrauch der Mystiker auch Anwendung auf den geistig-seelischen Bereich; von der Mitte des 18. Jhs. an und bes. in der Klassik wird *bilden* zum Ausdruck für die Bestrebungen der bürgerlich-humanistischen Pädagogik; gleichzeitig werden daher auch das Part.adj. *gebildet*, das das Erziehungsergebnis kennzeichnet, und dessen Substantivierung *der Gebildete* üblich. Sich anschließende Präfixbildungen sind a b b i l d e n Vb. 'im Bilde darstellen' (16. Jh.; dazu *Abbildung* f. 'bildliche Wiedergabe', 2. Hälfte 16. Jh.); a u s - b i l d e n Vb. 'mit bestimmten Kenntnissen und Fertigkeiten versehen', auch 'entwickeln, formen', mhd. *ūʒbilden* 'eine Nachbildung zeigen' (dazu *Ausbildung* f. 'Schulung, Entwicklung', 1. Hälfte 17. Jh.); e i n b i l d e n Vb. refl. 'sich der Wirklichkeit widersprechende Vorstellungen machen, sich etw. in den Kopf setzen', mhd. *īnbilden* 'einprägen, in der Seele abbilden' (bei den Mystikern), im älteren Nhd. (refl.) noch allgemein 'sich etw. vorstellen', dann 'sich falsche Vorstellungen machen' (auch hinsichtlich des eigenen Wertes); dazu gehören E i n b i l d u n g f. 'falsche Vorstellung, Überheblichkeit', mhd. *īnbildunge* 'das Einbilden, In-die-Seele-Senken', das Kompositum E i n b i l d u n g s k r a f t f. 'Phantasie' (1. Hälfte 17. Jh., vereinzelt im 16. Jh.) sowie das in jüngerer Zeit sich verselbständigende e i n g e b i l d e t Part.adj. 'überheblich' (17. Jh.). B i l d n e r m. 'Gestalter, Former', ahd. *bilidāri, bilideri* 'Bildner, Gestalter, Schöpfer' (9. Jh.?), mhd. *bildære, bildenære* 'Bildner, Schöpfer', auch 'Vorbild, Muster', nhd. *Bilder* 'Schöpfer' noch bis ins 18. Jh. neben sich schließlich durchsetzendem *Bildner*, das jetzt auf die gehobene Ausdrucksweise beschränkt ist oder als zweites Kompositionsglied z. B. in *Bühnen-, Kostüm-, Maskenbildner* vorkommt. b i l d s a m Adj. 'formbar', übertragen auch 'für Lehren empfänglich, erziehbar', vereinzelt spätmhd. *bildsam* 'vorbildhaft', nhd. in den heutigen Verwendungen seit Mitte des 18. Jhs. B i l d u n g f. 'der Vorgang des Entfaltens der geistigen Anlagen, des Erziehens sowie dessen Ergebnis', auch 'Schaffung, Formung' und 'Gestalt', ahd. *bilidunga* 'Widerschein, Abbild' (11. Jh.), bei Notker (für lat. *imāginātio*) 'Vorstellung, Vorstellungskraft' (vgl. asächs. *unbiliðunga* 'Unförmigkeit', 11. Jh.), mhd. *bildunge* 'Bildnis, Gestalt, Muster', in der Mystik 'Phantasie'; nhd. zunächst vor allem 'bildliche Darstellung, Abbild' und (sehr verbreitet im 18. Jh.) 'Gestalt', seit Mitte des 18. Jhs. (dem Verb *bilden* entsprechend, s. oben) auch 'geistig-seelische Formung des Menschen, Erziehung'.

Billard n. Spiel mit Kugeln, die mit einem Stab gestoßen werden, sowie der als Spielfläche dienende Tisch. Der in der 2. Hälfte des 16. Jhs. (so bei Fischart 1575) aus dem Mfrz. übernommene (im 18./19. Jh. auch *Billiard* geschriebene) Ausdruck bezeichnet nach frz. Vorbild zunächst das Spiel, daneben vom 18. Jh. an den Spieltisch und im 18./19. Jh. das Spielzimmer. Frz. *billard* bedeutet in älterer Zeit 'gebogener Stab' und gilt als eine Ableitung von afrz. frz. *bille* 'Holzkloben, Baumstamm' (aus vlat. **bīlia*, das wahrscheinlich gallischen Ursprungs ist, vgl. air. *bile* 'Baumstamm'), wobei Einwirkung des gleichlautenden, aber wohl aus einem germ. (ahd.?) **bikkil* (vgl. mhd. *bickel* 'Würfel') hervorgegangenen afrz. frz. *bille* 'kleine Kugel' angenommen werden kann.

Billett n. 'Berechtigungsschein' (namentlich 'Fahr-, Eintrittskarte') sowie 'kurze schriftliche Mitteilung, Briefchen'; heute veraltet, in der ersten Bedeutung noch im Schweizerischen gebräuchlich. Mfrz. frz. *billet* m. 'Briefchen, Anweisung, Schein, Los' (15. Jh.), hervorgegangen aus der (wohl unter Einfluß von afrz. *bille* 'Kugel' entstandenen) Nebenform afrz. *billete* von afrz. *bullete* f. 'Siegelabdruck, Medaillon, Bescheinigung, amtlicher Bericht' (zu afrz. *bulle* 'Kugel, Siegelkapsel, Urkunde', nach lat. *bulla* 'Blase, Buckel, Knopf', mlat. auch 'Siegel, gesiegelte Urkunde', s. *Bulle* f. und *Bulletin*), gelangt Anfang des 17. Jhs. im militärischen Bereich als 'Quartierschein' (frz. *billet de logement*) ins Dt.; seit Beginn des 18. Jhs. bedeutet es 'Briefchen' (daher im 18./19. Jh. auch *Billetdoux* 'Liebesbrief' nach gleichbed. frz. *billet doux*), dann außerdem 'Eintrittskarte, Lotterielos' (18. Jh.) und 'Fahrkarte' (19. Jh.). Die eindeutschende Schreibung mit *-tt* (zunächst im Plur. *Billette*) setzt sich erst Ende des 19. Jhs. durch. Bereits vor der Übernahme von frz. *billet* findet sich in dt. Texten ein (noch in obd. Mundarten weiterlebendes) *bolete, bolite* 'Zollbescheinigung, Geleitbrief' (15./16. Jh.), das wahrscheinlich als Entlehnung aus gleichbed. ital. *bolletta* (auch *bulletta*, Ableitung von ital. *bolla* 'Siegel, Urkunde', dieses ebenfalls aus lat. *bulla*) anzusehen ist.

billig Adj. 'zu niedrigem Preis erhältlich, angemessen, gerechtfertigt', ahd. *billīh* (11. Jh.), mhd. frühnhd. *billich* 'angemessen, passend, gerecht' hat Entsprechungen nur im nd.-nl. Bereich (mnd. *billīk, billich, bilk*, mnl. *billijc, billic, bilc*). Von hier aus scheint die sonst im Germ. nicht nachzuweisende Bildung mit dem unter *-lich* (s. d.) besprochenen Ableitungssuffix ins Hd. vorgedrungen zu sein. Hier erfolgt im 17. Jh. formale Angleichung an die mit dem Suffix *-ig* gebildeten Adjektive. Für den Stamm *bil-*, der sich auch in mhd. *unbil* Adj. 'ungemäß, ungerecht' (substantiviert zu nhd. *Unbill*, s. d.) und wahrscheinlich im zweiten Glied von *Weichbild* (s. d.) findet (unklar ist der Zusammenhang mit *Bild*, s. d.), ist wohl eine Bedeutung 'angemessen, gerecht' (nicht im juristischen Sinne, sondern als sittliches Urteil) anzunehmen; vgl. Foerste in: Festschr. Trier (1964) 126 f. Eine andere Erklärung bei Karg-Gasterstädt in: PBB 66 (1942) 306, die sich der von Wolf in: Uppsala universitets årsskrift (1930) Bilaga B, 17 ff. vertretenen Deutung von *bil-* als 'geistiges Wesen, übernatürliche Kraft' anschließt. Verwandt ist vielleicht das Adjektiv aengl. *bilewit* 'gnädig, milde, gleichmütig' und außerhalb des Germ. mir. *bil* 'gut' (vgl. Pokorny 1, 153). Aus der Bedeutung 'angemessen, gerechtfertigt', die heute in der Paarformel *recht und billig* fortlebt, entwickelt sich über die Fügung *billiger Preis* 'angemessener, dem Wert entsprechender Preis' (17. Jh.) vom 18. Jh. an der bis dahin durch (nun zurücktretendes) *wohlfeil* ausgedrückte Sinn 'preisgünstig', aus dem auch Verwendungen wie 'minderwertig' oder 'geistlos' erwachsen. – u n b i l l i g Adj. 'unangemessen, nicht gerechtfertigt', mhd. *unbillich* 'unrecht, ungemäß, unnatürlich', zu mhd. *billich* als Gegenwort gebildet (neben mhd. *unbil* 'ungemäß, ungerecht', s. oben); die Bedeutungsentwicklung des unpräfigierten Adjektivs bleibt ohne Einfluß, nhd. *billig* 'preisgünstig' korrespondiert vielmehr mit *teuer*. b i l l i g e n Vb. 'gutheißen, genehmigen', mhd. *billīchen* 'angemessen finden', mnd. *billīken, bilken* 'billigen', refl. 'angemessen sein', nhd. bis ins 17. Jh. *billichen*, doch bereits im 16. Jh. häufig *billigen*. Dazu z u b i l l i g e n Vb. 'zugestehen' (16. Jh.), m i ß b i l l i g e n Vb. (s. *miß-*) sowie das Verbalsubstantiv B i l l i g u n g f. 'Zustimmung, Einverständnis', mnd. *billīkinge, bilkinge* 'Billigung, billige Schätzung', nhd. *Billichung, Billigung* seit dem 16. Jh.

Billion f. 'eine Million Millionen'. Als Zahlwort für die zweite Potenz der Million wird im Frz. Ende des 15. Jhs. *billion* gebildet, indem der Wortanfang des aus dem Ital. entlehnten afrz. *milion*, frz. *million* (s. *Million*) gegen aus dem Lat. stammendes *bi-* 'zwei-, doppel-' (s. *bi-*) ausgetauscht wird. Das Dt. übernimmt diese frz. Bezeichnung (anstelle eines Ende des 17. Jhs. verwendeten *Bimillion*) zu Beginn des 18. Jhs. mit ihrem (auch im Engl. geltenden) ursprünglichen Inhalt, während sich im Frz. die Bedeutung im 18. Jh. zu 'tausend Millionen' wandelt (danach dann der Gebrauch im Russ. und Amerik.-Engl.), so daß frz. *billion* bedeutungsgleich mit frz. *milliard* wird und folglich dt. *Milliarde* (s. d.) entspricht. – B i l l i a r d e f. 'tausend Billionen'; Analogiebildung zu *Milliarde*, zunächst 'tausend Milliarden' (Ende 19. Jh.), um 1900 im heutigen Sinne.

bim Schallwort für den hellen Ton einer kleinen Glocke; erst im Nhd. bezeugt, oft in zwei- oder dreifacher Aneinanderreihung, womit das anhaltende Läuten zum Ausdruck gebracht wird. Solche reduplizierenden Formen veranschaulichen auch durch ablautenden Vokal (*bim, bam* oder *bim, bam, bum*) den Wechsel zwischen hohen und tiefen Glockentönen; daher umgangssprachlich die Substantivierung *das Bimbam* 'das Läuten' (18. Jh.). – b i m m e l n Vb. 'klingeln, mit hellem Ton läuten', mnd. *bimmeln*, nhd. seit dem 17. Jh.; Ableitung vom lautmalenden *bim* (s. auch *baumeln, bummeln*); hierzu gebildet B i m m e l f. 'Klingel, kleine Glocke' (um 1800; vorher schon *Bimmel-Glocke* bei Frisch, 1741).

Bimsstein m. Die heutige Bezeichnung des porösen grauen vulkanischen Glasgesteins, eine verdeutlichende Zusammensetzung (wie gleichbed. aengl. *pumicstān*, engl. *pumicestone*, nl. *puimsteen*), wird im 16. Jh. üblich. Vorher gilt einfaches ahd. *pumiȥ* (9. Jh.), mhd. *bumeȥ* und (synkopiert) *pumȥ* sowie *bimȥ* (mit Entrundung), frühnhd. *Bims* (bis ins 17. Jh.); vgl. auch mnd. *pomes, pemesse*, mnl. *pomse, pums*. Zugrunde liegt lat. *pūmex* (Gen. *pūmicis*) 'Bimsstein', wohl in einer vlat. Form **pumice* mit kurzem Stammvokal. Dieser auf das schaumartige Aussehen hinweisende, zu lat. *spūma* 'Schaum, Gischt' (s. auch *abgefeimt*) gehörende lat. Ausdruck wird früh ins Westgerm. entlehnt. Aus dem Dt. übernommen sind dän. *pimpsten*, schwed. *pim(p)sten* und wahrscheinlich auch (auf dem Wege über das Westslaw., vgl. tschech. *pemza*) russ. *pémza* (*пемза*) 'Bimsstein'. Von frühnhd. *Bims* abgeleitet ist b i m s e n Vb. 'mit Bimsstein glätten' (15. Jh.), dann in der Soldatensprache 'drillen, schinden' (Ende 19. Jh.; vgl. die ähnliche Bedeutungsentwicklung von *schleifen*), auch 'mühsam lernen, einpauken' (20. Jh.).

binden Vb. 'durch Umwinden, Verknüpfen zusammenfügen', insbes. 'fesseln', auch allgemeiner 'fest miteinander vereinigen', ahd. *bintan* (8. Jh.), mhd. *binden* 'umwinden, verknüpfen, fesseln' ist, wie die Entsprechungen asächs. aengl. got. *bindan*, anord. schwed. *binda*, mnd. mnl. nl. *binden*, engl. *to bind* zeigen, gemeingermanisch. Es läßt sich mit aind. *badhnā́ti* 'bindet', *bandháḥ* 'Band, Fessel', *bándhuḥ* 'Verbindung, Verwandtschaft, Verwandter', griech. *pe͂isma* (*πεῖσμα*) 'Tau, Seil', *pentherós* (*πενθερός*) 'Schwiegervater' (auf die durch Heirat entstehende Bindung bezogen), lat. *offendīx* 'Kinnband der Priestermütze' an ie. **bhendh-* 'binden' anschließen (s. auch *Band* m. und n., ²*Bande, Bund*). – B i n d e f. 'um etw. herumgewundener Stoffstreifen' (als Verband, Schmuck, Kennzeichen), ahd. *binta* (8./9. Jh.), mhd. *binde* 'Binde, Verband', aengl. *binde*, engl. *bind* 'Binde, Band'. B i n d e r m. 'Böttcher', ahd. *bintāri* (10. Jh.), mhd. *binder* 'Faßbinder', nhd. bis zur Gegenwart landschaftlich für *Böttcher* (s. d.). e n t b i n d e n Vb. 'lossprechen, befreien', auch 'gebären', ahd. *intbintan* 'aufbinden, lösen, befreien, einer Verpflichtung entheben' (8. Jh.), mhd. *enbinden* 'befreien, lösen, erklären', asächs. *antbindan*, aengl. *onbindan*, engl. *to unbind*, got. *andbindan*. Das ursprünglich 'losbinden, von Fesseln befreien' bedeutende Verb kommt früh und im Nhd. überwiegend in metaphorischen Verwendungen vor; es bezeichnet bereits im 14. Jh. (wohl vom Trennen der Nabelschnur ausgehend) auch den Geburtsvorgang, wobei die Frau oder das Kind als Objekt des trans. Verbs eintreten. Jung ist dagegen der intrans. Gebrauch 'Mutter werden, gebären' (um 1880); dazu E n t b i n d u n g f. 'Geburt' und 'Befreiung, Entlastung', anfangs für unterschiedliche Vorgänge des Befreiens, Lösens, frühnhd. *en(t)pintung* 'Erklärung, Auflösung' (Anfang 15. Jh.), dann namentlich 'Absolution, Lossprechung von Sünden', vgl. mnd. *entbindinge* 'Zügellosigkeit'; im Sinne von 'Niederkunft, Geburt' seit dem 17. Jh. v e r b i n d e n Vb. 'mit einer Binde bedecken, verknüpfen, zusammenfügen', übertragen 'enge Beziehungen zwischen Personen herstellen', ahd. *firbintan* 'umwickeln, zubinden' (um 1000), mhd. *verbinden* 'zusammenfügen, zubinden, einschließen, verpflichten'; westgerm. Präfixbildung (vgl. mnd. *vorbinden*, nl. *verbinden*, aengl. *forbindan*), im Dt. die beiden Bedeutungsstränge 'mit einer Binde bedecken' (schon ahd.) und 'fest zusammenfügen' (mhd.) entwickelnd; in einigen der sich an die zweite Bedeutung anschließenden Verwendungen schwindet die Vorstellung des Umwindens, Verknüpfens völlig; dazu V e r b i n d u n g f. 'Zusammenhang, enge Beziehung', auch 'Vorgang des Verbindens', zuerst (15. Jh.) 'Verpflichtung', vgl. mnd. *vorbindinge* 'Verbindung, Bündnis'; V e r b a n d m. 'eine Wunde bedeckende, schützende Binde' (18. Jh.), 'Gruppierung, Vereinigung, Organisation' (19. Jh.).

binnen Präp. 'innerhalb, im Laufe von'. Neben die unter *innen* (s. d.) behandelten Formen, die (mit Ausnahme der got.) neben der adverbialen auch präpositionale Funktion haben, treten (in adverbialer und präpositionaler Verwendung) die mit germ. **bi-* (s. *be-*) präfigierten Formen mhd. *binnen* Adv. 'innen', Präp. 'innerhalb', mnd. mnl. nl. *binnen*, aengl. *binnan*, afries. *binna*. Die örtliche Bedeutung ist nur noch in Komposita erhalten wie *Binnenhandel, -verkehr, -see*, während der heute allein übliche präpositionale Gebrauch sich auf Zeitangaben beschränkt. Die bes. im Nordwestgerm. übliche Präfigierung, wie sie in *binnen* vorliegt, findet sich auch in mhd. (md.) *boben(e)*, s. *oben*.

Binse f. Name verschiedener Gräser auf feuchten Standorten, manche von ihnen für Flechtwerk genutzt, ahd. *binuȝȝa* f. (Hs. 12. Jh.) neben früher bezeugtem ahd. *binuȝ* m. (9. Jh.), mhd. *bin(e)ȝ* f. m., frühnhd. *bintz* m., *bintze* f., nl. *bent(gras)*, engl. *bentgrass*. Herkunft unsicher. Da der Pflanzenname nur westgerm. belegt ist und außergerm. Verwandte sich nicht nachweisen lassen, ist der Anschluß an eine Wurzel ie. **bhen-* 'flechten, knüpfen' nicht haltbar. Man kann daher (mit DE VRIES Nl. 45) in westgerm. **benut-* eine erhaltene Form eines vor-ie. Substrats vermuten. Die Redensart *in die Binsen gehen* 'verloren-, schiefgehen' (19. Jh.) stammt wohl aus der Jägersprache, eigentl. vom unauffindbar im Binsengebüsch verschwundenen Federwild. Binsenwahrheit f. 'allgemein bekannte, unbestrittene Wahrheit' (19. Jh.), unerklärte Bildung; allgemein als 'Wahrheit ohne Knoten, glatt wie ein Binsenstengel' gedeutet, nach dem lat. Sprichwort *quaerere in scirpo nodum*, frühnhd. *einen knoten an ein binsen suchen* (15. Jh.), d. h. 'Schwierigkeiten sehen, wo keine sind' (da der Binsenstengel keine Knoten hat).

Bio- 'Lebens-, das Leben betreffend', Kompositionsform von griech. *bíos* (*βίος*) 'Leben', die bereits im Griech. als erstes Glied von Zusammensetzungen begegnet, dann im Deutschen und in anderen modernen Sprachen für viele Neubildungen im wissenschaftlich-fachsprachlichen Bereich herangezogen wird.

Biographie f. 'Lebensbeschreibung' ist eine gelehrte Bildung des 18. Jhs., die sich aus *Bio-* (s. d.) und *-graphie* (s. *-graph*) zusammensetzt. Eine unmittelbare Verbindung mit spätgriech. *biographía* (*βιογραφία*), das nach dem 5./6. Jh. nicht mehr nachweisbar ist, erscheint unwahrscheinlich. Dazu ebenfalls im 18. Jh. das Adjektiv biographisch und Biograph m. 'Verfasser einer Lebensbeschreibung', dessen Nebenform *Biographe* auf Beeinflussung durch frz. *biographe* schließen läßt. Autobiographie f. 'Darstellung des eigenen Lebens' (19. Jh.), s. *auto-*.

Biologie f. 'Wissenschaft von den Zusammenhängen des Lebens', gelehrte Neubildung, anfangs im Sinne von 'Wissenschaft, Theorie des Lebendigen', offensichtlich voneinander unabhängig bei Roose (1797), Burdach (1800), Treviranus (1802); wie zahlreiche andere gelehrte Wortprägungen um 1800 nach griech. Muster aus *Bio-* (s. d.) und *-logie* (s. d.) zusammengesetzt. Dazu entstehen im 19. Jh. Biologe m. 'Wissenschaftler auf dem Gebiet der Biologie' und biologisch Adj. 'die Biologie betreffend, zu ihr gehörig'.

Birke f. Laubbaum mit weißer Rinde, ahd. *birka* (9. Jh.), mit Sproßvokal ahd. *biricha* (11. Jh.), mhd. *birke, birche*, aengl. *birce, bierce*, engl. *birch* wie auch apreuß. *berse* sind (ursprünglich adjektivische) Bildungen mit *i̯*-Suffix zu ie. **bherəĝā*, jener Form des Baumnamens, die sich in aengl. *berc, beorc*, anord. *bjǫrk*, schwed. *björk* und russ. *berëza* (*берёза*) fortsetzt; dazu mit anderer Ablautstufe und Stammbildung lat. *farnus* 'Esche' (als Übertragung) und aind. *bhūrjáḥ* 'Birke', die sämtlich ie. **bherəĝ-*, **bhrēĝ-* 'glänzen, weiß', einer Erweiterung der Wurzel ie. **bher-* 'braun', zuzuordnen sind. Zur gleichen Wurzelerweiterung gehören aind. *bhrā́jatē* 'leuchtet, strahlt, glänzt', lit. *brė́kšti* 'hell werden, dämmern, tagen' und das (im Nhd. untergegangene) Adjektiv ahd. *beraht*, mhd. *berht* 'hell, glänzend'; die Birke ist demnach auf Grund der weißen Rinde 'die Helle, die Leuchtende'. – Birkhuhn n. wildlebender Hühnervogel, häufig in lichten Birkensümpfen, ahd. *birchuon* (11. Jh.), mhd. *birkhuon*.

Birne f. zu den Rosengewächsen gehöriger Obstbaum sowie seine Frucht. Die Germanen lernen die kultivierten Sorten durch die Römer kennen und entlehnen den Namen aus vlat. *pira* 'Birne', dem zum fem. Singular gewordenen Plural von lat. *pirum* n. Ahd. *bira, pira* (11. Jh.), mhd. *bir, bire*, mnd. *bēre* stammen aus dem Klosterlatein; auf früherer Entlehnung (zur Römerzeit) beruhen aengl. *pere, peru*, mnl. *pēre*, nl. *peer*, engl. *pear*, fries. *par, per(e)*; vgl. FRINGS/M. Germania Romana 2 (1968) 393 f. Aus den flektierten Formen (vor allem wohl aus dem Plur. mhd. *biren*) dringt *-n* in den Nom. Sing. (frühnhd. *birn*); auslautendes *-e* begegnet zuerst im 17. Jh. – Birnbaum m., ahd. *bira-, piraboum* (8./9. Jh.), mhd. *birboum*, frühnhd. *birnbaum*.

bis Adv. Präp. Konj., meist zur Anknüpfung des Endpunktes einer Erstreckung. Mhd. *bitze, biȝ*, das wahrscheinlich aus mhd. *bī ze* 'dabei zu' entstanden ist, tritt im 12. Jh. als Adverb, Präposition und Konjunktion an die Stelle mehrerer älterer sprachlicher Möglichkeiten, woraus sich seine unterschiedlichen Funktionen erklären. Als Adverb dient *bis* vorwiegend zur Charakterisierung örtlicher und zeitlicher Umstände eines Geschehens. Aus dem mit einer Präposition verbundenen Adverb (*bis zu, bis nach*) entwickelt sich die selbständige Präposition (*bis Sonntag*). Als Konjunktion leitet *bis* Gliedsätze zur Bezeichnung einer zeitlichen Grenze oder Erstreckung ein. Vgl. Schieb in: PBB (H) 81 (1959) 1 ff. Zusammenrückungen: b i s w e i l e n Adv. 'manchmal' (16. Jh.), vgl. (mit anderem ersten Kompositionsglied) mhd. *bīwīlen*; b i s h e r Adv. 'bis jetzt', mhd. *biȥ her*; b i s l a n g Adv. 'bis jetzt, bis heute', seit dem 16. Jh. aus älterem *bissolang*.

Bisam m. 'Moschus', das stark riechende Sekret der asiatischen Moschustiere bzw. -hirsche, zur Herstellung von Duftstoffen benutzt und gehandelt. Ahd. *bisamo* (9. Jh.), mhd. *bisem* und (mit Dissimilation des Anlauts) asächs. *desamo*, mnd. *dēsem*, aengl. *disma* sind entlehnt aus mlat. *bisamum* 'wohlriechende Pflanze, Wohlgeruch', das auf hebr. *bāsām* (s. *Balsam*) beruht. Oft in Namen für starken Moschusgeruch absondernde Tiere (*Bisamochse, -ratte, -rüßler*) und Pflanzen (*Bisamklee, -kraut*).

Bischof m. 'oberster geistlicher Würdenträger eines bestimmten kirchlichen Gebietes' (Bistum, Diözese), ahd. *biscof* (8. Jh.), mhd. *bischof*, aengl. *bisceop*, engl. *bishop*, asächs. *biskop*, anord. (aus dem Aengl.) *biskup*, schwed. *biskop*, got. *aípiskaúpus* setzen griech. *epískopos* (ἐπίσκοπος), kirchenlat. *episcopus* 'Aufseher, Bischof' fort. Nur die got. Form bietet den direkten Anschluß; in den germ. Sprachbereich dringt das frühe, noch vorfrk. Lehnwort aus dem Roman. durch das röm.-rheinische Christentum ein, wobei nach Abfall des anlautenden *e-* (über vlat. **biscopus*?) Angleichung an die in den germ. Sprachen häufige Vorsilbe *bi-* erfolgt. – b i s c h ö f l i c h Adj. 'zum Bischof gehörend, ihn betreffend', mhd. *bischoflich*, entsprechend gleichbed. kirchenlat. *episcopālis*. B i s t u m n. 'Amtsbereich eines katholischen Bischofs', ahd. *bistuom* (Hs. 12./13. Jh.), mhd. *bistuom*; vgl. ahd. *biscoftuom* (9. Jh.), aengl. *bisceopdōm*, anord. *biskupdōmr*. E r z b i s c h o f m. erster Bischof einer Kirchenprovinz, Ehrentitel eines verdienten Bischofs, ahd. *erzibiscof* (Hs. 12. Jh.), mhd. *erzebischof* (s. *Erz-*).

Biskuit n. 'leichtes Gebäck'. Das im 17. Jh. ins Dt. übernommene frz. *biscuit* verdrängt älteres, aus ital. *biscotto* 'Zwieback, Biskuit' entlehntes *piscot* (13. Jh.), *biscott* (16. Jh.). Sowohl die frz. als auch die ital. Form gehen auf lat. *bis* 'zweimal' und lat. *coctum*, Part. Perf. von lat. *coquere* 'kochen, sieden, bakken', zurück, bedeuten also 'zweimal Gebakkenes, Zwieback' (vgl. mlat. *biscoctus, biscottus*).

bitten Vb. 'höflich auffordern', ahd. *bitten* '(er)bitten, flehen, (an)beten' (8. Jh.), mhd. *bitten*, auch '(vor Gericht) laden, wünschen, heißen, befehlen', asächs. *biddian*, mnd. mnl. nl. *bidden*, anord. *biðja*, schwed. *bedja*, got. *bidjan*. Die Etymologie ist umstritten. Denkbar ist Verwandtschaft mit aind. *bắdhatē* 'drückt, drängt, zwingt', für das unter Berufung auf aind. *jñubắdh-* 'die Knie beugend' eine ältere Bedeutung 'beugt (nieder)' erschlossen wird. Dazu stellt man toch. B *peti* 'Achtung, Verehrung'. Damit ergäbe sich für *bitten* Zugehörigkeit zu einer Wurzel ie. **bhedh-* 'krümmen, beugen, drücken, plagen'. Doch auch Zusammenhang mit ahd. mhd. *beiten* 'vorwärtsdrängen, Zwang ausüben', aengl. *bǣdan* 'dringend bitten, drängen, zwingen', anord. *beiða* 'fordern, verlangen', got. *baidjan* 'antreiben, zwingen' ist möglich. Dann wäre mit aslaw. *běditi* 'nötigen, zwingen', russ. (älter) *bedít'* (бедить) 'Leid antun', russ. *pobedít'* (победить) '(be)siegen', griech. *peíthein* (πείϑειν) 'überreden, überzeugen', medial '(ver)trauen, sich überreden lassen' an die Wurzel ie. **bheidh-* 'zureden, zwingen', medial 'sich einreden lassen, vertrauen' anzuknüpfen. Die germ. Grundform von *bitten* gehört in diesem Fall zur Schwundstufe der Wurzel und wäre sekundär in die Ablautreihe anderer starker *j*-Präsentien (wie *sitzen, liegen*) übergetreten. Auf Grund der These, daß anlautendes ie. *g̯ʰh-* zu *b-* geworden sei, tritt Seebold 93 für eine dritte Möglichkeit ein und geht von einer Kontamination der Wurzeln ie. **bheidh-* (s. oben) und ie. **g̯ʰhedh-* 'bitten, verlangen' aus, wozu griech. *pothē̃in* (ποϑεῖν, aus **g̯ʰhodh-*) 'ersehnen', air. *guidid* 'bittet', lit. *gedáuti* 'wünschen, begehren, heischen', aslaw. *žędati* 'dürsten, verlangen, ersehnen', russ. (älter) *žadát'* (жадать) 'begehren, dürsten, lechzen', russ. *žádnyj* (*жадный*) 'gierig, unersättlich, habsüchtig, geizig'. S. auch *Gebet, betteln*. Die adverbial gebrauchte Höflichkeitsformel b i t t e ist eine im 18. Jh. aufkommende (in gesprochener Sprache wohl ältere) Verkürzung aus *ich bitte*. – v e r b i t t e n Vb. 'mit Nachdruck verlangen, daß etw. unterbleibt, entschieden zurückweisen', bes. *sich etw. verbitten* (18. Jh.), zuvor 'etw. erbitten, für jmdn. eintreten' (16. Jh.). B i t t e f. 'inständig oder höflich vorgetragener Wunsch', Neubildung des 15. Jhs. zum Verb, ahd. *beta* 'Bitte, Gebet' (9. Jh.), mhd. *bet(e)*, auch 'Gebot, Abgabe' (wozu asächs. *beda*, mnd. *bēde*, mnl. *bede*, aengl. *bedu*, got. *bida*) ablösend. A b b i t t e f. 'Bitte um Verzeihung', vgl. *Abbitte tun, leisten* (16. Jh.). F ü r b i t t e f. 'Bitte (bes. im Gebet) für einen anderen' (16. Jh.). B i t t s c h r i f t f. (16. Jh.), für gleichbed. lat. *supplicātio*. B i t t s t e l l e r m. 'wer (an höherer Stelle) eine Bitte um Hilfe vorträgt' (18. Jh.).

bitter Adj. 'herb und unangenehm im Geschmack', übertragen 'schmerzlich, scharf, beißend', verstärkend 'sehr, groß', ahd. *bittar* (8. Jh.), mhd. *bitter* 'scharf, schneidend, beißend, schmerzhaft, schmerzbereitend', speziell 'bitter von Geschmack', asächs. *bittar*, mnd. mnl. nl. *bitter*, aengl. *biter*, engl. *bitter*, anord. *bitr* (germ. **bitra-*), mit Hochstufe got. *baitrs* (germ. **baitra-*) gehört mit dem Suffix germ. *-ra-* zu *beißen* (s. d.). Die zu erwartende hd. Verschiebung des im Westgerm. durch Einfluß des nachfolgenden *r* geminierten *t* zu *tz* ist unterblieben (vgl. auch *Otter, zittern*). Ursprünglich 'beißend, schneidend, scharf' (die mhd. Dichtung spricht von *swerten bitter*, eigentl. 'beißenden Schwertern'), doch wird das Adjektiv schon früh auf den Geschmack und auf andere Empfindungen bezogen (*bitterer Ernst, Schmerz, bittere Reue*). Seit dem 18. Jh. dient *bitter* auch zur Verstärkung: *bittere Not, Kälte; sich bitter rächen*. – b i t t e r l i c h Adj. 'ein wenig bitter', verstärkend 'groß, sehr', mhd. *bitterlich*. B i t t e r k e i t f. 'bitterer Geschmack, bitteres Gefühl, Verbitterung', mhd. *bitterkeit*; voraus geht ahd. *bittarīgheit* 'Schärfe, Bissigkeit, Verbitterung (der Rede)' (Hs. 12. Jh.). B i t t e r n i s f. gehobener Ausdruck für 'Bitterkeit, bitteres Gefühl', Plur. *Bitternisse* 'Leiden' (1. Hälfte 19. Jh.). e r b i t t e r n Vb. 'in bitteren Groll, in Zorn versetzen', mhd. *erbittern* 'kränken, zu Zorn und Haß treiben', gebildet zum Simplex ahd. *bitt(a)ren* 'zum Zorn, zur Auflehnung reizen, mit Kummer, Leid, Bitternis erfüllen', auch 'mit bittrem, unangenehmem Geschmack, widerlichem Geruch erfüllen' (9. Jh.), mhd. *bittern*; dazu E r b i t t e r u n g f. 'bitterer Groll' (17. Jh.). v e r b i t t e r n Vb. 'verärgern, mißmutig machen', spätmhd. *verbittern*; mit verstärkender Vorsilbe *ver-*. In konkreter Bedeutung 'bitter machen' selten, dagegen in übertragenem Gebrauch seit frühnhd. Zeit häufig; früher in bezug auf Personen gleichbed. mit *erbittern*. In neuerer Zeit bezieht sich *erbittern* in der Regel auf das Eintreten einer vorübergehenden Erregung, *verbittern* auf das Entstehen eines anhaltenden Gemütszustandes. V e r b i t t e r u n g f. anfangs 'augenblickliche, vorübergehende Gemütserregung' (16. Jh.), heute 'andauernder Zustand bitteren Grolls'.

Biwak n. '(behelfsmäßiges) Nachtlager im Freien' (von Truppen, Bergsteigern), Entlehnung (um 1700, anfangs in frz. Schreibweise) von frz. *bivouac* 'Nacht-, Feldwache', dann auch 'Feldlager'. Das Wort ist im Frz. seit Mitte des 17. Jhs. belegt und stammt vermutlich (durch fläm. Söldner) aus nl. *bijwacht*, mnd. *bīwacht(e)* 'besondere Wacht, Bewachung, Hilfswachtdienst' (s. *Wacht, wachen*). Vgl. auch schweiz. *Beiwacht* 'patrouillierende Wache von Bürgern' (der regulären Stadtwache zur Verstärkung beigegeben), daher eigentl. 'Hilfs-, Nachtwache'. – b i w a k i e r e n Vb. 'im Freien lagern' (Anfang 19. Jh.), aus gleichbed. (seit Ende 18. Jhs. belegtem) frz. *bivouaquer*, daher anfangs *bivouaquieren, bivouakieren*.

bizarr Adj. 'absonderlich, seltsam, eigenwillig'. Frz. *bizarre* 'wunderlich, seltsam' wird Mitte des 17. Jhs. ins Nd., Ende des 17. Jhs. ins Hd. übernommen. Das frz. Wort ist aus ital. *bizzarro* 'launenhaft, wunderlich, seltsam, mutig' entlehnt, das wahrscheinlich eine Ableitung von ital. *bizza* 'Zornausbruch, Wut' (wohl lautmalender Herkunft) ist.

Bizeps m 'zweiköpfiger Beugemuskel des Oberarms'. Lat. *biceps*, älter *bicipes* (Gen. *bicipitis*) 'zweiköpfig, doppelköpfig' ist ein Possessivkompositum, dessen zweites Kompositionsglied (zum ersten s. *bi-*) auf lat. *caput* (Gen. *capitis*) 'Kopf, Haupt' zurückgeht, das seine nominativische Form aber unter Anlehnung an Komposita wie lat. *prīnceps* (zu lat. *capere* 'nehmen, fassen, ergreifen', s. *Prinz*) gewonnen hat. Das Kompositum wird zur Bezeichnung des oben genannten Muskels in die lat. Fachsprache der Anatomie übernommen und geht von da in der 2. Hälfte des 19. Jhs. in die Allgemeinsprache ein.

blähen Vb. 'füllig und prall machen, auftreiben, Blähungen verursachen'. Das ehemals reduplizierende westgerm. Verb ahd. *blāen* 'blasen, wehen (vom Winde), eine Flamme anfachen' (10. Jh.; vgl. *irblāen* 'aufblähen', 8. Jh.), mhd. *blæjen, blægen, blæwen, blæn* '(auf)blähen', aengl. *blāwan*, engl. *to blow* 'wehen, blasen' führt wie verwandtes *blasen* (s. d.) auf ie. **bhlē-*, eine Erweiterung der Wurzel ie. **bhel-* 'aufblasen, aufschwellen' (s. [1]*Ball*), zu der wohl auch griech. *phlēnaphā́n* (φληναφᾶν) 'unsinnig, unnütz schwatzen' und *phlḗnaphos* (φλήναφος) 'unnützes Geschwätz' gehören; s. auch *Blatter*. Lautlich und semantisch nahestehendes lat. *flāre* 'blasen, wehen' führt dagegen wohl auf eine Wurzelerweiterung ie. **bhlā-*. – a u f - b l ä h e n Vb. 'füllig und prall machen, aufbauschen', übertragen 'sich großtun, aufblasen', mhd. *ūfblæjen*. B l ä h u n g f. 'übermäßige Gasbildung in Magen und Darm, Darmwind', mhd. *blæjunge*.

blaken Vb. 'qualmen, rußen' (von der Flamme, bes. der Kerze oder Lampe). Mnd. nd. *blāken* (vgl. mnl. nl. *blaken* 'flammen, glühen', anord. *blakra* 'flackern') dringt Anfang des 19. Jhs. in die hd. Schriftsprache ein, zuerst von Campe 1807 gebucht. Zusammen mit *blecken* und *blinken* (s. d.) gehört *blaken* zu ie. **bhleg-* 'glänzen', einer Erweiterung der Wurzel ie. **bhel-* 'glänzen(d), weiß' und ist verwandt mit lat. *flagrāre* 'flammen, brennen, lodern', lat. *fulgēre* 'blitzen', griech. *phlégein* (φλέγειν) 'entzünden, verbrennen, leuchten'. Für *blaken* ist von einer Bedeutung 'glänzen, leuchten' auszugehen, die sich über 'brennen' zu 'qualmen, rußen' entwickelt. Vom Verbum abgeleitet ist die nd. Bezeichnung B l a k e r m. 'Leuchter', in der hd. Schriftsprache seit Mitte des 18. Jhs. Entsprechend mnl. *blaker* '(Hänge)lampe', nl. *blaker*, aengl. *blǣcern, blācern* 'Kerze, Licht', norw. *blakkert* 'Leuchter'; vgl. Lerchner Nordwestgerm. Wortschatz (1965) 33 ff.

blamieren Vb. 'bloßstellen, lächerlich machen', Anfang des 17. Jhs. in der Bedeutung 'schmähen, beschimpfen' aus frz. *blâmer* (afrz. *blasmer*) 'tadeln' entlehnt; die früher bezeugten Verben mnd. *blamēren*, mnl. *blameren* entlehnen die frz. Vorlage in der Bedeutung 'tadeln'. Der abgeschwächte, heute übliche Sinn 'bloßstellen' entwickelt sich im 19. Jh. Frz. *blâmer* kommt über vlat. *blastemāre* aus spätlat. *blasphēmāre*, griech. *blasphēmeĩn* (βλασφημεῖν) 'schmähen, lästern' (s. *Blasphemie*). – B l a m a g e f. 'beschämender Vorfall, Bloßstellung, Schande', französierende Neubildung der Studentensprache in der 2. Hälfte des 18. Jhs. zu *blamieren*, dementsprechend zunächst 'Beschimpfung', dann (1. Hälfte 19. Jh.) als 'Bloßstellung' in den allgemeinen Sprachgebrauch übergehend. b l a m a b e l Adj. 'beschämend', nach frz. *blâmable* 'tadelnswert' (Mitte 19. Jh.).

blank Adj. 'hell glänzend, strahlend', ahd. *blanc* 'glänzend, hell, weiß(lich)' (10. Jh.), mhd. *blanc*, mnd. *blank*, mnl. *blanc*, nl. *blank*, aengl. *blanc* sowie anord. *blakkr* 'fahl' (bes. vom Pferd; vgl. aengl. *blanca* 'Schimmel') gehören ablautend zu *blinken* (s. d.) und sind verwandt mit *blecken* und *blaken* (s. d.). Germ. **blanka-* 'weiß' ist wie die unter *blau, braun, greis* (s. d. und s. *brünett*) behandelten Farbbezeichnungen und wohl auch wie die unter *blond* (s. d.) behandelte in romanische Sprachen entlehnt worden, vgl. frz. *blanc* 'weiß, rein, sauber' (daraus engl. *blank* 'weiß, leer, ausdruckslos'), ital. *bianco* 'weiß'. Ursprünglich wohl von 'glänzenden' Gegenständen, z. B. von Schwertern. Zur weiteren Bedeutungsentwicklung vgl. *blankziehen* Vb. 'die Waffe aus der Scheide ziehen', eigentl. 'die Waffe glänzend', d. h. 'unbedeckt, bloß erscheinen lassen', und die umgangssprachliche Wendung *blank sein* 'kein Geld mehr haben' (18. Jh.), eigentl. 'bloß (von Geld) sein'. Schließlich ist das, was 'glänzend und strahlend, unbedeckt und bloß' ist, auch 'rein und sauber'. B l a n k v e r s m. reimloser jambischer Vers mit fünf Hebungen, aus gleichbed., seit dem 16. Jh. bezeugtem engl. *blanc verse* 'reiner, reimloser Vers' entlehnt; von Gottsched 1742 noch mit engl. Plural *blanc Verses* eingeführt, erst im 19. Jh. in eingedeutschter Form *Blankvers* allgemein.

blanko Adv. 'leer, nicht vollständig ausgefüllt'. Der Begriff der Kaufmannssprache und des Bankwesens ital. *in bianco* 'in nicht oder nicht vollständig ausgefülltem Zustand', eigentl. ‘in weiß’, d. h. ‘unbeschrieben’ (ital. *bianco* ‘weiß’), wird in der 2. Hälfte des 17. Jhs. ins Dt. übernommen, bald unter formalem Einfluß von frz. *en blanc* zu *in blanco*, später in Anlehnung an das dt. Adjektiv *blank* (s. d.) zu *in blanko* weiterentwickelt und schießlich zu *blanko* verkürzt. – Blankoscheck m. ‘ohne Betragsangabe unterschriebener Scheck’ und Blankovollmacht f. ‘Vollmachtserklärung ohne Vorbehalt, unbeschränkte Vollmacht’ (Anfang 20. Jh.).

blasen Vb. ‘kräftig Luft ausstoßen, heftig wehen’, ahd. *blāsan* ‘blasen, wehen (vom Wind), atmen, schnauben’ (9. Jh.), mhd. mnd. mnl. *blāsen*, nl. *blazen*, anord. *blāsa*, schwed. *blåsa*, got. *ufblēsan* ‘sich aufblähen’ gehören wohl als *s*-Bildungen zu ie. **bhlē-* ‘aufblasen, aufschwellen’ und sind daher verwandt mit den unter *blähen* und *Blatter* (s. d.) behandelten Wörtern. – Blase f. ‘mit Luft oder Flüssigkeit gefüllter Hohlraum’, ahd. *blāsa* ‘Blase, Harnblase, Hautblase’ (10./11. Jh.), asächs. *blāsa*, mhd. mnd. *blāse*, mnl. *blase*. Der scherzhaft gebrauchte Ausdruck *Blase* für ‘Gesellschaft, Bande’ stammt aus der Studentensprache der 50er Jahre des 19. Jhs. und war Scheltwort für eine nicht farbentragende, lose studentische Verbindung. Bläser m. ‘wer ein Blasinstrument spielt’, ahd. (in Zusammensetzungen) *-blāsāri*, mhd. *blāsære, blāser.*

blasiert Adj. ‘überheblich, hochnäsig’, Ende des 18. Jhs. aus frz. *blasé* ‘abgestumpft, keiner tiefen Empfindungen fähig’ entlehnt. Frz. *blasé*, im 18. Jh. zunächst in der Bedeutung ‘vom Alkohol zugrunde gerichtet’, ist Part. Perf. von frz. *blaser* ‘durch Alkoholmißbrauch ruinieren’ (17./18. Jh.), dann (der übertragenen Verwendung des Partizips folgend) ‘abstumpfen, übersättigen’ (1. Hälfte 19. Jh.). Das frz. Verb beruht (nach FEW 15, 151) wahrscheinlich auf mnl. *blāsen* (s. entsprechendes nhd. *blasen*), das auch ‘aufblasen, blähen’ bedeutet; die semantische Entwicklung wird durch das in nordfrz. Mundarten noch lebendige *blasé* ‘von übermäßigem Alkoholgenuß aufgedunsen’ veranschaulicht. Dazu Blasiertheit f. (1. Hälfte 19. Jh.).

Blasphemie f. ‘verletzende Äußerung, Gotteslästerung’. Um 1500 wird kirchenlat. *blasphēmia*, griech. *blasphēmía* (*βλασφημία*) ‘Schmähung, Verleumdung, Gotteslästerung’ entlehnt und behält bis ins 17. Jh. meist seine griech.-lat. Form. Zugrunde liegt das zu griech. *phḗmē* (*φήμη*) ‘Ausspruch, Kunde, Gerücht’ gebildete Verb *blasphēmeĩn* (*βλασφημεῖν*) ‘lästern’, von dem frz. *blâmer*, nhd. *blamieren* (s. d.) abstammt. Die Herkunft des ersten Kompositionsgliedes ist nicht geklärt. – blasphemisch Adj. ‘lästernd, verleumdend, gotteslästerlich’ (Mitte 18. Jh.); vgl. gleichbed. griech. *blásphēmos* (*βλάσφημος*).

blaß Adj. ‘von schwacher Farbe, bleich’, ahd. *blas* ‘weißstirnig’ (auch in der Zusammensetzung *blasros* ‘Pferd mit weißem Stirnfleck’, Hs. 13. Jh.), mhd. *blas*, auch ‘kahl, schwach, gering, bleich’, asächs. *blas* ‘glänzend weiß’ gehören mit *Blesse* (s. d.) und den dort behandelten Wörtern zu einer nur im Germ. nachweisbaren Erweiterung der Wurzel ie. **bhel-* ‘glänzen(d), weiß’, die als ie. **bhles-*, **bhlos-* anzusetzen wäre, wozu auch mnl. *bles*, anord. *blesōttr* ‘mit weißem Stirnfleck’, ferner mhd. mnd. *blas* ‘Fackel, brennende Kerze’, aengl. *blæse* ‘Fackel, Feuer’. Das Adjektiv *blaß* gewinnt seine heutige Bedeutung ‘bleich’ offenbar erst gegen Ende des 13. Jhs. Luther verwendet das Adjektiv nicht, gebraucht aber *erblassen*. – Die seit dem Frühnhd. bezeugten Verben erblassen und verblassen ‘blasser werden’ werden bis Anfang des 19. Jhs. ohne Bedeutungsunterschied nebeneinander gebraucht. Erst danach wird *erblassen* im Sinne eines plötzlichen Blaßwerdens sowie übertragen für ‘sterben’, *verblassen* bei Sachen im Sinne von dauernder Verfärbung verwendet. Blässe f. ‘blasses Aussehen’ (Mitte 17. Jh.). bläßlich Adj. ‘ein wenig blaß’ (2. Hälfte 18. Jh.).

Blatt n. ‘flächenförmig ausgebildetes, meist grün gefärbtes Organ höherer Pflanzen, Stück Papier’, ahd. (8. Jh.), mhd. *blat*, asächs. *blad*, mnd. mnl. *blat*, nl. *blad*, aengl. *blæd*, anord. *blað* (germ. **blada-*) wird auf die Schwundstufe der unter *blühen* (s. d.) behandelten Wurzelerweiterung ie.* *bhlē-*, **bhlō-* ‘Blume, Blüte, Blatt, blühen, üppig sprießen’ zurückgeführt, während die verwandten Bezeichnungen griech. *phýllon* (*φύλλον*), lat. *folium* ‘Blatt’ zu der nicht erweiterten Wurzel ie. **bhel-* (s. *blühen*) gebildet sind. Schon in ahd. Zeit wird mit *Blatt* auch das ‘Papier-, Pergamentblatt’ und die ‘einzelne Seite eines Buches' benannt. Als Bezeichnung für 'Zeitung' wird *Blatt* Anfang des 19. Jhs. allgemein üblich; früher begegnet es in der Zusammensetzung *Intelligenzblatt* (Mitte 18. Jh.), einer Übersetzung von engl. *intelligencer* 'Nachrichtenüberbringer, Kundschafter' (im Engl. seit 1641 als Zeitungsname). Das Wort wird auf viele einem Blatt vergleichbare, dünne, flache Gegenstände übertragen, wie *Säge-, Ruder-* oder *Tischblatt* (älter für *Tischplatte*); in der Jägersprache heißt *Blatt* die 'Klinge vom Weidmesser, Hirschfänger' und der 'vordere Rumpfteil mit Schulterblatt beim Schalenwild'; dazu B l a t t s c h u ß m. 'Schuß auf das Blatt (den Bug) des Wildes' (19. Jh.). Oft in Wendungen, deren Ursprung nicht immer deutbar ist: *kein Blatt vor den Mund nehmen* 'ohne Scheu sprechen, geradeheraus reden', vgl. schon mhd. *dehein blat legen vür mīnen munt; das Blatt hat sich gewendet* 'die Lage hat sich völlig geändert' (16. Jh.) könnte vom Umwenden der Blätter eines Buches, eines Kartenblatts beim Wahrsagen, vom Drehen der Blätter einer Pappel um den Johannistag oder von bestimmten abergläubischen Bräuchen mit Laubblättern herrühren. – b l ä t t e r n Vb. 'bedruckte, beschriebene Blätter flüchtig ansehen und umwenden, abbröckeln, in dünnen Schichten auseinandergehen', mhd. *bleteren* 'Blatt für Blatt umwenden'. a b b l ä t t e r n Vb. 'sich in dünnen Blättchen ablösen, Blätter verlieren, entfernen' (17. Jh.). B l ä t t e r t e i g m. 'Teig aus mehreren Schichten' (Anfang 18. Jh.).

Blatter f., häufiger *Blattern* Plur., sehr ansteckende Infektionskrankheit, bei der sich auf der Haut des Menschen eitrige Bläschen bilden, 'Pocken'. Ahd. *blāt(a)ra* 'Bläschen auf der Haut, Blatter, Pustel, Geschwür, Wasser-, Harnblase' (8. Jh.), mhd. *blātere*, asächs. *blādara*, mnd. *blāder*, mnl. *blāder, blaer*, nl. *blaar*, aengl. *blǣdre*, engl. *bladder* 'Blase', anord. *blaðra* gehören mit *tro*-Suffix, wie *blasen* und *blähen* (s. d.), zu ie. **bhlē-* 'aufblasen, aufschwellen'. Anfangs bezeichnet der Singular die einzelne 'Blase', der Plural vor allem die 'Ausschläge' ansteckender Krankheiten wie Pest, Masern, Syphilis, danach speziell die 'Pocken'. Der Plural *Blattern* dient zugleich als Krankheitsbezeichnung, ist heute aber durch *Pocken* zurückgedrängt.

blau Adj. in der Farbe dem wolkenlosen Himmel ähnlich, ahd. (8. Jh.), asächs. *blāo* 'blau' (in allen Schattierungen), mhd. mnd. *blā*, mnl. *blā, blau, blaeu*, nl. *blauw*, anord. *blār* 'blau, dunkel, schwarz', schwed. *blå* setzt ein zur Wurzel ie. **bhel-* 'glänzen(d), weiß' gehöriges ie. **bhlēu̯os* 'blau, gelb, blond' (germ. **blēwa-*) voraus und ist verwandt mit lat. *flāvus* 'goldgelb, rotgelb, blond' und lat. *fulvus* 'rotgelb, braungelb'. *blau* ist mit anderen germ. Farbadjektiven (s. *blank, brünett, greis, blond*) in roman. Sprachen entlehnt, vgl. frz. *bleu* 'blau' (daraus engl. *blue*), aprov. *blau* 'blau'. Die meisten Farbbezeichnungen sind anfangs noch nicht genau bestimmt; so ist die ursprüngliche Bedeutung von *blau* wahrscheinlich 'hell, glänzend'; noch ahd. *blāo* steht gelegentlich als adäquater Ausdruck für lat. *flāvus* 'gelb'. Erst im Mhd. wird *blau* deutlicher abgegrenzt, zugleich tauchen Komposita für einzelne Abstufungen auf: *lāsūrblā* 'blau wie Lasur', *liehtblā* 'hellblau', *satblā* 'gesättigtes Blau, dunkelblau', *wolkenblā* 'himmelblau'. Im Nhd. folgen *schwarzblau, blauschwarz, graublau, tiefblau, kornblumenblau, veilchenblau. blau* begegnet in zahlreichen Wendungen. Die Haut nimmt infolge von Schlägen blaue Färbung an, daher *grün und blau schlagen* (Anfang 17. Jh.), *ein blaues* ('blutunterlaufenes') *Auge haben, mit einem blauen Auge* ('glimpflich') *davonkommen. Es wird mir blau* (heute *schwarz*) *vor den Augen* als Zeichen beginnenden Schwindelgefühls ist seit dem 16. Jh. bezeugt. Daran schließt sich offenbar die neuerdings häufig gebrauchte Wendung *blau* ('betrunken') *sein* an. Als Farbe der Sinnestäuschung vor allem in dem seit dem 16. Jh. belegten Ausdruck *blauen Dunst vormachen* 'Unwahres glaubhaft zu machen suchen'. Vielleicht hängt damit zusammen *sein blaues Wunder erleben* 'ganz verwundert sein'; eine ähnliche Wendung aus dem 17. Jh. lautet *da sollte man seine blauen Wunder gesehen haben*. Nicht mit Sicherheit erklärbar ist die Redensart *ins Blaue hinein reden* 'ohne Plan und Zweck reden'. Unter einem *blauen Brief* versteht man einen 'Mahnbrief der Schule'; im 19. Jh. bezeichnet man damit in Preußen ein Schreiben des Königlichen Kabinetts (nach den blauen Umschlägen); in den 70er Jahren überträgt man den Ausdruck auf die offiziell ergangenen Mahnungen an Offiziere und Beamte, ihre Versetzung in den Ruhestand zu beantragen. Die *blaue Blume* (Novalis 1802) wird zum Sinnbild der Sehnsucht in der romantischen Dichtung. Der *blaue Montag* ist ursprünglich vielleicht der Montag vor Fastnacht, wegen der für diesen Tag vorgeschriebenen liturgischen (violetten) Farbe; an diesem Tag wird nicht gearbeitet, der Ausdruck daher allmählich auf alle Montage übertragen, an denen man nicht seiner Arbeit nachgeht (in diesem Sinne zuerst 1550, anfangs auch *guter Montag* genannt); danach *blaumachen* 'feiern, nicht arbeiten'. *blaues Blut* als Zeichen adliger Abstammung (1. Hälfte 19. Jh.), nach span. *sangre azul* oder *goda* 'blaues' oder 'gotisches Blut', geht auf die durchschimmernden blauen Adern der hellfarbigen (westgotischen) spanischen Adligen zurück; dazu blaublütig Adj. 'adlig' (2. Hälfte 19. Jh.). – Bläue f. 'blaue Färbung', ahd. *blāwī* (11. Jh.), mhd. *blæwe*. blauen Vb. 'blau werden, sein' (17. Jh.); bläuen Vb. 'blau färben', mhd. *blæwen*; zuweilen auch *blauen* (Goethe). bläulich Adj. 'ins Blaue spielend' (17. Jh.); älter sind *blawelich, blaulicht, blaulecht* (16. Jh.). Blaubart m. 'Frauenmörder' (Ende 18. Jh.), nach dem frz. Märchen vom Ritter *Barbe-Bleue* 'Blaubart', der die Neugier seiner Frauen prüft und sie tötet, wenn sie die Probe nicht bestanden haben. Blaubeere f. landschaftliche, bes. nordd. Bezeichnung für 'Heidelbeere' (18. Jh.); vgl. dän. *blåbær*. Blausäure f. farblose, sehr giftige Säure, Zyanwasserstoff; von ihrem Entdecker Scheele 1782 aus Berliner Blau dargestellt und *Berliner-Blau-Säure* genannt. Blaustrumpf m. im 17. und 18. Jh. Schimpfwort für den damals vielfach blaue Strümpfe tragenden Gerichtsdiener im Sinne von 'Spitzel, Verräter'; heute nur für eine 'gelehrte Frau ohne weiblichen Charme'. In dieser Bedeutung aus engl. *bluestocking* übersetzt, einer spöttischen Bezeichnung für literarische Zirkel um 1750 in London und deren Teilnehmerinnen. Im Dt. vereinzelt um 1800, danach durch Börnes „Pariser Briefe" (1830) allgemein bekannt.

Blech n. zu dünnen Platten ausgewalztes oder geschlagenes Metall, ahd. *bleh* 'Blech, dünngehämmertes Metall' (9. Jh.), mhd. *blech*, mnd. *blek, blik*, mnl. *blic, blec*, nl. *blik* ist eng verwandt mit *bleich, Blick* (s. d.) und den dort genannten Wörtern mit der Bedeutung 'Glanz, glänzen'. *Blech* bedeutet eigentl. 'etw. Glänzendes' und meint ursprünglich wahrscheinlich Goldblech, da früher nur weiches Gold, nicht aber Eisen zu Blech geschlagen werden konnte; ahd. *bleh* ist daher auch die 'geprägte kleinere Goldmünze'. Heute versteht man unter *Blech* 'Eisenblech', dessen scheinbare Wertlosigkeit übertragenen Gebrauch für 'Unsinn, Geschwätz' entwickelt (19. Jh.). Um 1500 bezeichnet *Blech* im Rotw. 'kleinere Münzen aus Gold- oder Silberblech'; diese Bedeutung hält sich, zumal umgangssprachlich, bis ins 19. Jh. Daraus in der Studentensprache blechen Vb. 'Geld bezahlen' (1. Hälfte 18. Jh.). – blechern Adj. 'aus Blech, wie Blech tönend, klappernd' (Anfang 16. Jh.), vgl. ahd. *blehhīn* (11. Jh.), frühnhd. *blechen* (Mitte 15. Jh.), das sich neben *blechern* bis ins 18. Jh. behauptet.

blecken Vb. meist nur noch in der Wendung *die Zähne blecken* 'die Zähne zeigen', seltener *die Zunge blecken*. Das nur im Dt. vorkommende Verb ahd. (8. Jh.), mhd. *blecken*, mnd. *blēken* weist in älterer Zeit neben der bis heute üblichen transitiven Bedeutung 'sehen lassen, zeigen' die intransitive 'blitzen, glänzen, sichtbar, entblößt sein' auf. Die transitive Verwendung erweist *blecken* als ein altes Kausativum zu einem (untergegangenen) starken Verb für 'glänzen, leuchten', dem griech. *phlégein* (φλέγειν) 'entzünden, verbrennen, leuchten' entspricht. Die intransitive Bedeutung rührt daher, daß sich das starke Verb mit dem schwach flektierenden Kausativum vermischt haben muß. Verwandt sind *blaken* (wo weitere außergerm. Verwandtschaft), *blinken, blank, blitzen, Blick* (s. d.).

Blei n. weiches, an frischen Schnittflächen bläulich-weiß glänzendes Schwermetall. Ahd. *blīo* (um 800; Gen. *blīwes*), mhd. asächs. (auch 'Farbe'), mnd. *blī*, mnl. *bli*, anord. *blȳ*, schwed. *bly* 'Blei' läßt sich mit aengl. *blēo* 'Farbe, Erscheinung, Form' und dem Adjektiv ahd. *blīdi*, mhd. *blīde* 'heiter, freundlich', ahd. auch 'glänzend' (und seinen germ. Entsprechungen) über die unter *bleich* (s. d.) genannte Erweiterung ie. **bhlĕi-*, **bhlī̆-* an die Wurzel ie. **bhel-* 'glänzen(d), weiß' anschließen; dann wäre das Metall nach seiner (bläulich) glänzenden Farbe benannt. – bleiern Adj. 'aus Blei, bleischwer' (16. Jh.), älter *bleien*, das sich vereinzelt bis ins 19. Jh. hält, ahd. *blī(w)īn* (10. Jh.), mhd. *blījīn, blī-*

gin, blīen, mnd. *blīen* (s. auch *blechern*). B l e i s t i f t m. 'in Holz gefaßter Graphitstab zum Schreiben und Zeichnen'; zuerst 1653 in Nürnberg *Bleystefft*, gekürzt aus *Bleyweißstefft*, zu *schwarzes Bleiweiß*, auch *Wasserblei* (16. Jh.), *Schreibblei* (17. Jh.), später *Graphit* (s. d.) genannt. B l e i w e i ß n. 'haltbare weiße, Blei enthaltende Malerfarbe', auch 'weißes oder farbloses Bleierz', mhd. *blīwīȥ*, mnd. *blīwit*.

bleiben Vb. 'einen Ort nicht verlassen, einen bestimmten Zustand beibehalten, übrig sein', ahd. *bilīban* '(weg-, unter)bleiben' (8. Jh.), mhd. *belīben, blīben*, mnd. mnl. *blīven*, nl. *blijven*, aengl. *belīfan* sind Präfixbildungen zu einem untergegangenen Simplex germ. **līban*, zu dem auch die Kausativa ahd. *leiben* 'hinterlassen, übriglassen', aengl. *lǣfan*, anord. *leifa* gehören. Die germ. Formen verbinden sich mit aind. *limpáti* 'schmiert, klebt (an)', griech. *lípos* (*λίπος*) 'Fett', lit. *lìpti* 'kleben (bleiben), klebrig sein', aslaw. *prilьpěti* 'anhaften' und führen auf ie. **leip-* 'mit Fett beschmieren, kleben', eine Erweiterung der Wurzel ie. **lei-* 'schleimig, schmieren' (s. *Leim*), so daß für *bleiben* von 'klebenbleiben, haften' auszugehen ist (dazu s. auch *leben*). Möglich ist für germ. Formen mit der Bedeutung 'übrigbleiben, -lassen' aber auch ursprüngliche Zugehörigkeit zur Wurzel ie. **leiku̯-* (s. *elf* und *leihen*). – v e r b l e i b e n Vb. 'an einem Aufenthaltsort oder in einem Zustand bleiben', ferner 'übereinkommen', mhd. *verblīben, verlīben* 'bleiben, ausbleiben'; dazu V e r b l e i b m. 'das Verweilen, Aufenthaltsort' (aus der Kanzleisprache des 18. Jhs.). u n t e r b l e i b e n Vb. 'nicht geschehen, nicht stattfinden', seit frühnhd. Zeit belegt, doch vgl. spätmhd. *underblībunge*. ü b r i g b l e i b e n Vb. 'als Rest zurückbleiben' (15. Jh.), älter (heute umgangssprachlich, vornehmlich nordd.) *überbleiben*, mhd. *überbelīben*, mnd. *ōverblīven*, nl. *overblijven*; vgl. ahd. *urbarlīban* 'übrigbleiben' (9. Jh.); dazu Ü b e r b l e i b s e l n. 'kleiner Rest' (17. Jh.); vgl. nl. *overblijfsel*. b l e i b e n l a s s e n Vb. 'unterlassen, nicht mehr tun', mhd. in der Fügung *belīben lāȥen*. H i n t e r b l i e b e n e (r) m. f. 'Angehörige(r) eines Verstorbenen, Leidtragende(r)' (18. Jh.), substantiviertes Part. Prät. zu dem heute untergegangenen Verb *hinterbleiben* 'zurückbleiben' gegenüber einem Scheidenden, Weggehenden. B l e i b e f. 'Aufenthaltsort, Unterkunft, Herberge' (um 1900), bes. durch die Jugendbewegung verbreitet; älter, heute aber aufgegeben, sind gleichbed. *Bleibeort* m. und *Bleibestätte* f. (17. Jh.).

bleich Adj. 'blaß, fahl', ahd. *bleih* (8. Jh.), mhd. *bleich*, asächs. mnd. *blēk*, mnl. *bleec*, nl. *bleek*, aengl. *blāc* 'glänzend, hell, blaß', anord. *bleikr* sind verwandt mit dem Verb ahd. *biblīhhan* 'erstrahlen, erglänzen' (8. Jh.), mhd. *blīchen* 'glänzen, erröten', asächs. *blīkan*, aengl. *blīcan* 'glänzen, leuchten, scheinen'; nhd. erhalten in den starken Verben *er-, verbleichen*. Für germ. **bleika-* ergibt sich daher als ursprüngliche Bedeutung 'glänzend'. Außergerm. sind zu vergleichen lit. *blaikštýtis* 'sich aufklären, leuchten', *blyškéti* 'funkeln, glänzen', *blỹkšti* 'weiß, bleich werden', russ.-kslaw. *blěskъ*, russ. *blesk* (*блеск*) 'Glanz', aslaw. *bliskati, blьštati* 'funkeln, glänzen', so daß sich ie. **bhlēiĝ-*, **bhlīĝ-* 'glänzen' erschließen läßt, eine über ie. **bhlēi-*, **bhlī-* hinausgehende Erweiterung der Wurzel ie. **bhel-* 'glänzen(d), weiß' (s. *Blei, Blech, Blick, blitzen*). – b l e i c h e n Vb. 'bleich, weiß machen', ahd. *bleihhen* 'bleich machen' (9. Jh.), mhd. *bleichen* 'bleich machen, werden'. B l e i c h e f. 'Blässe, Bleichplatz für Wäsche', mhd. *bleiche*.

blenden Vb. 'blind machen, durch übermäßige Lichtstrahlung das Sehvermögen beeinträchtigen, einen (ungerechtfertigten) positiven Eindruck hervorrufen'. Ahd. *blenten* (9. Jh.), mhd. mnd. *blenden*, aengl. *blendan* ist eine faktitive Bildung (germ. **blandjan*) zu dem unter *blind* (s. d.) behandelten Adjektiv; daneben ohne Ablaut anord. *blinda*, got. *gablindjan*. – B l e n d e f. zuerst (um 1500) in der Bergmannssprache für sulfidische Minerale mit metallischem Aussehen (vgl. *Pechblende*), sonst 'Abschirmvorrichtung' (18. Jh.). b l e n d e n d Part.adj., seit der 1. Hälfte des 18. Jhs. verselbständigt in der Bedeutung 'strahlend, hervorragend' (*blendende Weiße, blendender Roman*). a b b l e n d e n Vb. 'abdunkeln, abschirmen' (2. Hälfte 19. Jh.). v e r b l e n d e n Vb. 'unfähig machen, etw. klar zu sehen, zu erkennen', mhd. *verblenden*; vielfach das Part. Prät. *verblendet* 'unfähig zu vernünftiger Einsicht' (vgl. *die verblenten narren*, Luther).

Blesse f. 'weißer Nasen- oder Stirnfleck, Pferd, Kuh mit solchem Fleck'. Zu mhd. *blas*

Adj., nhd. *blaß* (s. d.) ist mhd. *blasse* 'Stirnfleck' gebildet. Umlaut zeigt nhd. *Blesse* (seit 1400). – Bleßhuhn f. hühnergroßer Wasservogel mit weißer Stirnplatte (19. Jh.); die etymologische Verwandtschaft mit *blaß* verdeutlicht die ältere Schreibung *Bläßhuhn* (18. Jh.).

bleuen Vb. 'schlagen', ahd. *bliuwan* (8. Jh.), mhd. *bliuwen*, asächs. *bleuwan*, got. *bliggwan* 'schlagen', dazu auch mnl. nl. *blouwen* 'Flachs brechen', mundartlich 'die Arme umeinander schlagen'. Jede weitere germ. und außergerm. Verwandtschaft bleibt unsicher, so daß ein Ansatz ie. **bheleu-* 'schlagen' (Pokorny 1, 125) ungewiß ist und in dem Verb daher der bewahrte Rest eines vor-ie. Wortes vermutet wird (de Vries Nl. 67). Häufiger als das Simplex sind nhd. verbleuen Vb. 'verprügeln', ahd. *firbliuwan* (9. Jh.), mhd. *verbliuwen*, und einbleuen Vb. 'durch Prügel beibringen', übertragen 'nachdrücklich einschärfen' (16. Jh.), beide Verben in volksetymologischer Anlehnung an *blau* häufig in der Schreibung *-bläuen*. Bleuel m. 'hölzerner Schlegel', ahd. *bliuwil* (9./10. Jh.), mhd. *bliuwel* 'Mörserkeule, Stampfer'; einer Nebenform *Pleuel* folgt als Wort der modernen Technik Pleuelstange f. 'Kolben-, Schubstange' (19. Jh.).

Blick m. 'das Richten der Augen auf etw., Ausdruck der Augen', ahd. *blic*, Gen. *blicches* (9./10. Jh.), mhd. *blic*, nl. *blic* und das Verb blicken 'sehen, schauen', ahd. *blicken* (10. Jh.), *biblicken* (8. Jh.), mhd. mnd. mnl. *blicken*, nl. *blikken* sind verwandt mit *bleich* (s. d.) und auf die dort genannte Wurzel und Wurzelerweiterung zurückzuführen. Die alte Bedeutung 'Strahl, schnelles Glanzlicht, Blitz' bzw. 'glänzen, strahlen, sichtbar werden' geht auf das plötzliche Aufleuchten, das Strahlen des Auges über und zeigt schon im Ahd. den Beginn der Weiterentwicklung zu 'Hinschauen, Ansehen' bei Substantiv und Verb. – Augenblick m., mhd. *ougenblic* ist 'der Augenstrahl, das Aufleuchten der Augen' (so noch vereinzelt bis ins 17. Jh.), aber auch (ebenfalls schon mhd.) die kurze Zeitspanne eines schnellen Hinsehens.

blind Adj. 'ohne Sehvermögen, trübe', ahd. (8. Jh.), mhd. mnd. mnl. *blint*, asächs. nl. aengl. engl. *blind*, anord. *blindr*, schwed. *blind*, got. *blinds* (germ. **blenda-*) sowie *blenden* (s. d.) werden außergerm. mit aslaw. *blęsti* 'irren, schwatzen', *blędъ* 'Irrtum, Betrug', lit. *blandùs* 'unrein, trüb, düster, dunkel', lett. *blenzt* 'angaffen, glotzen' auf ie. **bhlendh-* 'trübe sein oder machen, irren, schlecht sehen' zurückgeführt, das vermutlich zur Wurzel ie. **bhel-* 'glänzen(d), weiß' gehört. – Blinddarm m. 'sackartiger Teil des Dickdarms', häufig nur 'Wurmfortsatz, Appendix' (1. Hälfte 16. Jh.), Übersetzung von lat. *intestīnum caecum*, griech. *typhlón énteron* (*τυφλὸν ἔντερον*) 'blinder, geschlossener Darm'. blindlings Adv. 'unvorsichtig, unbedacht' (17. Jh.); s. *-lings*. Vgl. ahd. *blintilingon* (9. Jh.), spätmhd. *blindelingen, blindeslinge*, mnd. *blindelinge*. Blindschleiche f. schlangenähnliche Eidechsenart, ahd. *blint(o)slīhho, blint(o)slīh* m. (9. Jh.), *blintslīhha* f. (Hs. 12. Jh.), mhd. *blintslīche* m. f., eigentl. 'blinde(r) Schleiche(r)', zu *schleichen* (s. d.). Übersetzung von lat. *caecula, caeculus* (zu lat. *caecus* 'blind'). Zugrunde liegt die irrtümliche, bereits in der Antike (Plinius u. a.) verbreitete Vorstellung von der Existenz blinder Schlangen. Der dt. Name hat den Fortbestand dieses Irrtums gefördert.

blinken Vb. 'glitzern, funkeln, mit Licht signalisieren', mnd. mnl. nl. *blinken*, engl. *to blink* 'glänzen, funkeln' gehört mit *blank* (s. d.; vgl. auch die ablautende Paarung *blink und blank*) zu den im Germ. nasalierten Bildungen der Wurzelerweiterung ie. **bhleg-* 'glänzen', der auch die verwandten Verben *blaken, blekken* (s. d.) zuzuordnen sind. Aus dem Mnd. gelangt *blinken* im 15. Jh. ins Hd. und gewinnt rasch an Verbreitung. – blinkern Vb. 'funkeln', Frequentativum zum vorigen (16. Jh.), 'mit dem *Blinker* (s. unten) angeln' (20. Jh.). Blink m. 'Blitz, kurzes Aufleuchten', aus *blinken* rückgebildet (19. Jh.). Blinker m. 'glitzernder Angelköder, in kurzen Abständen aufleuchtender Signalgeber' (20. Jh.).

blinzeln Vb. 'zwinkern'. Das nur im Dt. belegte Verb mhd. *blinzen* 'funkeln, zwinkern' ist wohl als iterative Weiterbildung von *blinken* (s. d.) zu erklären. Eine zu erschließende Vorform **blinkezzen*, älter **blinkatjan*, wird durch (allerdings erst spät bezeugtes) bair. *blinkezen* 'flimmern' gestützt. Als neues Iterativum wird im Spätmhd. *blinzeln* hinzugebildet, das *blinzen* im 19. Jh. verdrängt.

blitzen Vb. 'plötzlich und kurz aufleuchten' (bes. von der elektrischen Entladung bei Gewitter), 'glitzern'. Zu *blaken, blecken* (s. d.) gehört das nur im Dt. bezeugte Intensivum ahd. *bleckazzen* (9. Jh.), mhd. *bleczen, bliczen*, nhd. *blitzen*. Es schließt sich daher der Wurzelerweiterung ie. **bhleg-* 'glänzen' an (s. auch *blinken*) und ist über deren Schwundstufe **bhl̥g-* verwandt mit lat. *fulgĕre* 'blitzen', *fulgur* 'Blitz'. – B l i t z m., mhd. *blicz, blicze, blitze*, Rückbildung aus dem Verb (dafür ahd. *blic* 'Blitz, Blick', s. *Blick*). B l i t z - a b l e i t e r m. (18. Jh.). a b b l i t z e n Vb. 'abgewiesen werden' (Ende 18. Jh.), eigentl. vom Pulver bei Handfeuerwaffen 'ohne Zündung abbrennen'.

Blizzard m. schwerer Schneesturm in Nordamerika. In der 1. Hälfte des 19. Jhs. mit der Bedeutung 'heftiger Stoß' im Amerik.-Engl. aufgekommen, ist *blizzard* mit (vereinzelt bezeugtem) engl. *blizz* 'heftiger Regenschauer' und engl. (mundartlich) *blizzer* 'Blitz' (beide lautmalend) zu verbinden. Das Wort wird in der 2. Hälfte des 19. Jhs. Bezeichnung für die oben genannte Naturerscheinung und gelangt um 1900 ins Dt. Vgl. General Linguistics 29 (1989) 41 ff.

Block m. 'Brocken, Klotz' (Plur. *Blöcke*), 'aus Teilen zusammengefügtes Ganzes', vgl. *Häuser-, Notizblock* (Plur. *Blöcke, Blocks*), übertragen 'Bündnis von Staaten, Parteien'. Im Hd. stehen seit alters Formen mit (aus der Lautverschiebung hervorgegangenem) Reibelaut *ch* und mit (unverschobenem, zum Nd. stimmendem) Verschlußlaut *-k* nebeneinander. Formen mit *-ch* halten sich in der hd. Literatursprache in größerem Umfang bis ins ausgehende 17. Jh., werden aber dann von denen mit *-ck* verdrängt. Ahd. *bloh, bloc* n. (um 1000), mhd. *bloch, bloc* n. 'Holzklotz, Bohle', mnl. *bloc* (woraus frz. *bloc* 'Klotz'), nl. *blok* 'Balken, Baustamm, Klumpen', schwed. *block* lassen sich auf die Schwundstufe der Gutturalerweiterung ie. **bhleĝ-, *bhleg-* zurückführen, gehören also zur gleichen Wurzel ie. **bhel-* wie *Bohle* und *Balken* (s. d.). – B l o c k f l ö t e f. (noch im 20. Jh. gelegentlich *Blochflöte*) Holzblasinstrument (Anfang 17. Jh.), mnd. *blokfloite*, eigentl. 'Flöte aus einem Stück'; heute dagegen wird die Bezeichnung auf den Bau des Mundstücks bezogen, das durch einen eingesetzten Kern (*Block*) zu einem Spalt verengt wird. B l o c k h a u s n. 'Haus aus Rundhölzern', mnd. *blokhūs*, spätmhd. *blochhūs* 'Verteidigungs-, Belagerungsbau aus Baumstämmen', mnl. *blochuus* 'Festungswerk' (s. *blockieren*). *Blockhaus* ist mit seiner heutigen Bedeutung Rückentlehnung (1. Hälfte 19. Jh.) aus gleichbed. amerik.-engl. *blockhouse*, das seinerseits aus dt. *Blockhaus* oder nl. *blokhuis* 'Verteidigungsbau' entlehnt ist.

blockieren Vb. 'sperren'. Zuerst (Anfang 17. Jh.) *blocqui(e)ren* 'eine Festung einschließen' (durch Blockade), Entlehnung aus gleichbed. frz. *bloquer*, das aus frz. *bloc* 'Klotz' (s. *Block*) abgeleitet, wohl aber von frz. *blocus* 'Festung, Blockade' (s. *Blockhaus*) semantisch beeinflußt ist. – B l o c k a d e f. 'Sperre' (Mitte 17. Jh.), Substantivbildung zu *blockieren* mit der roman. Endung *-ade*.

blöd(e) Adj. 'dumm, schwachsinnig' (16. Jh.), ahd. *blōdi* 'träge, furchtsam, körperlich schwach' (9. Jh.), mhd. *blœde* 'gebrechlich, zart, zaghaft', asächs. *blōð(i)* 'zaghaft, furchtsam', mnd. *blōde* 'schwach, furchtsam, verzagt', mnl. *blōde, bloot*, nl. *blood* 'schüchtern, feige', aengl. *blēaþ* 'schwach', anord. *blauðr* 'schwach, zaghaft' sowie got. *blauþjan* Vb. 'abschaffen', eigentl. 'schwach machen', werden mit griech. *phlaũros* (φλαῦρος) 'schlecht, geringfügig' auf eine Wurzelform ie. **bhləu-* 'schwach, elend' zurückgeführt. Ablautendes ie. **bhlēu, *bhlū-* findet sich in ahd. *blūgo* Adv., mhd. *blūc, bliuc* 'zaghaft, schüchtern', schwed. *blyg* 'schüchtern, scheu, befangen'. Zur Verwandtschaft s. auch *bloß*. Eine weiterreichende Hypothese sieht in der Wurzel ie. **bhlēu-* eine Parallele zu der vielleicht für das Verbum *bleuen* (s. d.) vorauszusetzenden Wurzelform ie. **bhleu-* 'schlagen'. Die Bedeutung 'schwach, elend' wäre danach aus 'geschlagen' hervorgegangen. – b l ö d e l n Vb. '(bewußt) Unsinn reden' (19. Jh.). e n t b l ö - d e n Vb. refl. 'die Scheu ablegen' (17. Jh.), heute gewöhnlich als Verstärkung verneint *sich nicht entblöden* 'sich nicht schämen, sich erkühnen'. v e r b l ö d e n Vb. 'blöd(e) werden', mhd. *verblœden* 'einschüchtern'; b l ö d s i n n i g Adj. 'schwachsinnig, sinnlos' (Anfang 17. Jh.); davon rückgebildet B l ö d s i n n m. (Mitte 18. Jh.).

blöken Vb. 'die Stimme langgezogen ertönen lassen', von Schafen (auch von Rindern, insbes. Kälbern). Das nd. Wort (mnd. *blēken*, die Form *blöken* wohl zuerst bei Luther; vgl. auch mnl. *bloken*) wird in der Mitte des

16. Jhs. ins Hd. übernommen. Auf onomatopoetischen Ursprung weisen lautlich vergleichbare außergerm. Entsprechungen wie russ. (landschaftlich) *blekotát'* (*блекотать*), griech. *blēchâsthai* (*βληχᾶσθαι*). S. auch nahestehendes *plärren*.

blond Adj. Bezeichnung für die helle, goldgelbe Haarfarbe. Mhd. *blunt* (vereinzelt im 13. Jh.), mnl. *blont* sind Entlehnungen von afrz. *blont*, das wie span. *blondo*, ital. *biondo* von vlat. *blundus* herzuleiten ist. Allgemein wird für diese Formen, da blondes Haar bereits im antiken Rom als typisch germanische Haarfarbe galt und sogar gehandelt wurde, wie für andere vlat. bzw. roman. Farbadjektive germ. Herkunft angenommen (s. *blank, blau, braun, brünett*). Ein erschlossenes germ. **blunðaz* könnte sich mit aind. *bradhnáḥ* 'blaßrot, gelblich, rotbraun' über ie. **bhl̥ndhos* (verwandt mit dem unter *blind* genannten ie. **bhlendh-* ?) auf die Wurzel ie. **bhel-* 'glänzen(d), weiß' zurückführen lassen. Jedoch ist germ. **blunðaz* durch kein germ. Zeugnis zweifelsfrei zu stützen, so daß die Herleitung letztlich unsicher bleibt. Da mhd. *blunt* sich im Nhd. nicht fortsetzt, ist das erst im 17. Jh. wieder bezeugte *blond* als erneute Entlehnung aus dem Frz. (wohl in Zusammenhang mit der Perückenmode) anzusehen. – B l o n d e f. 'blonde Frau', übertragen als f. oder n. (1. Hälfte 19. Jh.) 'helles Bier, Weißbier'. B l o n d i n e f. 'blonde Frau', um 1700 aus frz. *blondine*. b l o n d i e r e n Vb. 'blond färben' (20. Jh.).

bloß Adj. 'nackt, unbedeckt, rein, ausschließlich'. Die westgerm. Formen ahd. *blōȝ* (8. Jh.; wohl versehentliche Wiedergabe von lat. *superbus* 'stolz'), mhd. *blōȝ* 'nackt, unverhüllt, entblößt, nicht bewaffnet, frei von', mnd. *blōt* 'nackt, ungeschützt, frei von, arm', mnl. nl. *bloot* 'nackt, arm', aengl. *blēat* 'elend (?)' sowie die unten angeführten nordischen Belege betrachtet man als verwandt mit den unter *blöd(e)* (s. d.) genannten. Verschiedener Beurteilung unterliegt dabei allerdings das schwierige semantische Verhältnis der einzelnen Wortgruppen zueinander. Das Problem erwächst aus der Bedeutung der skandinavischen Formen anord. *blautr* 'weich, zart, schwach, furchtsam, geistesschwach', meist aber 'feucht, naß, sumpfig', schwed. *blöt* 'naß, durchnäßt', älter 'weich, schwach, zaghaft'. Einige vermuten eine Bedeutungsentwicklung, die von 'weich' über 'durchweicht' zu 'naß, feucht' führt, andere sehen umgekehrt die skandinavische Bedeutung 'feucht, naß' als ursprünglich an und leiten daraus die Bedeutungen 'weich, schwach, arm, elend' ab, verknüpfen also den gesamten Wortkomplex mit dem unten genannten ie. **bhleu-*. Drittens nimmt man Zusammenfall zweier Bildungen an, von denen die eine in unmittelbarem Zusammenhang mit *blöd(e)* steht, die andere dagegen (mit der ursprünglichen Bedeutung 'feucht, naß') auf dem auch in lat. *fluere* 'fließen', griech. *phlydarós* (*φλυδαρός*) 'durch Nässe aufgeweicht, matschig' enthaltenen ie. **bhleu-* 'aufblasen, überwallen, fließen' (zur Wurzel ie. **bhel-*, s. [1]*Ball*) beruht. *bloß* Adv. 'nur' kommt vom 15. Jh. an im Anschluß an die Bedeutung des Adjektivs 'rein, ausschließlich' in Gebrauch. – B l ö ß e f. 'Nacktheit, bloße Stelle, Waldlichtung', mhd. *blœȝe*, Ableitung vom Adjektiv. Die Redewendung *sich eine Blöße geben* 'eine schwache Stelle zeigen' (18. Jh.) ist eine Fügung aus der Fechtersprache wie vielleicht auch das Kompositum b l o ß - s t e l l e n Vb. 'blamieren' (2. Hälfte 16. Jh.). e n t b l ö ß e n Vb. 'bloß machen', mhd. *enblœȝen*, Präfixbildung (s. *ent-*) neben gleichbed. mhd. *blœȝen*.

Blues m. Gesellschaftstanz in langsamem Viervierteltakt. Übernahme (1. Hälfte 20. Jh.) aus dem Amerik.-Engl., wo die Bezeichnung ursprünglich ein schwermütiges Tanzlied der nordamerikanischen Negerfolklore bezeichnet. Die Herkunft ist ungeklärt. Es kann vielleicht eine Kurzform sein von *blue notes* 'blaue Noten' auf Grund der eine sentimentale Stimmung erzeugenden eigenartigen Klänge oder auch von *blue devils* 'blaue Teufel', womit die dämonischen Gaukelbilder gemeint sind, die dem in Ekstase Geratenen erscheinen können.

Bluff m. 'geschickte Irreführung, durch dreistes Auftreten erzielte Täuschung', Übernahme (um 1900) von gleichbed. engl. *bluff*, zumal (amerik.-engl.) beim Poker 'Täuschung des Gegners durch hohen Einsatz bei schlechten Karten', entsprechend *to bluff* 'durch hohen Einsatz bei schlechten Karten täuschen', dann auch 'irreführen, täuschen, abschrecken'. Herkunft aus nd. oder nl. *bluffen* 'prahlen, aufschneiden' (s. *verblüffen*) ist nicht gesichert. – b l u f f e n Vb. 'geschickt irreführen, täuschen' (um 1900), nach engl. *to bluff* (s. oben).

blühen Vb. 'in Blüte stehen', ahd. *bluoen* (8. Jh.), mhd. *blüe(je)n*, asächs. *blōjan*, mnd. *blō̆(y)en*, mnl. *bloeyen, blōyen*, nl. *bloeien*, aengl. *blōwan*, engl. *to blow* gehören wie *Blume, Blüte, Blatt* (s. d.) und lat. *flōs* 'Blume, Blüte' (s. *Flor, Flora*) zu ie. **bhlē-*, **bhlō-* 'Blume, Blüte, Blatt, blühen, üppig sprießen', einer Erweiterung der in griech. *phýllon* (φύλλον) 'Blatt' (s. *Chlorophyll*), lat. *folium* 'Blatt' (s. *Folie, Folio*) vorliegenden einfachen Wurzel ie. **bhel-*. Offenbar ist hier schon sehr früh eine semantische Verselbständigung gegenüber ie. **bhel-* 'aufblasen, aufschwellen' (in [1]*Ball*, s. d.) und seiner Erweiterung **bhlē-* (in *blähen, blasen*, s. d.) eingetreten. – Dazu die Präfixverben erblühen 'aufblühen', ahd. *irbluoen* (9. Jh.), mhd. *erblüejen*; verblühen 'zu blühen aufhören', ahd. *firbluoen* (um 1000), mhd. *verblüejen*; abblühen (16. Jh., synonym mit *verblühen*); aufblühen (17. Jh., synonym mit *erblühen*).

Blume f. Blüten hervorbringende krautige Pflanze. Gemeingerm. Gebrauch von Bildungen mit *m*-haltigen Suffixen bezeugen ahd. *bluomo* m. (8. Jh.), *bluoma* f. (9. Jh.), mhd. *bluome* m. f., asächs. *blōmo* m., mnd. *blōme* f., mnl. *bloeme, blomme*, nl. *bloem* f., anord. *blōmi* m., *blōm* n., schwed. *blomma*, got. *blōma* m. Sie gehören zu der unter *blühen* (s. d.) behandelten Wurzelerweiterung ie. **bhlē-*, **bhlō-*. – blumig Adj. 'blumenreich' (17. Jh.), Ableitung vom Substantiv. geblümt Part.adj. 'mit Blumen verziert', zu älterem *blümen* 'mit Blumen schmücken', mhd. *blüemen*; vgl. ahd. *bluomōn* (9. Jh.). verblümt Part.adj. 'durch Umschreibung verhüllt', zu älterem, mit *blümen* gleichbed. *verblümen*, mhd. *verblüemen*, das heute meist in der verneinten Form unverblümt Adj. 'geradeheraus, ohne Rücksicht' (16. Jh.) gebraucht wird. Blumenkohl m. Übersetzung (Ende 16. Jh.) von ital. *cavolfiore* 'Blumenkohl' (aus ital. *cavolo* 'Kohl' und *fiore* 'Blume'), das auch als Karfiol m. eingedeutscht wird (2. Hälfte 16. Jh.) und noch heute im Obd. üblich, aber im Rückzug begriffen ist.

blümerant, auch plümerant Adj. 'flau, unwohl', Mitte des 17. Jhs. zunächst *blömerant* 'matt-, blaßblau', wohl aus gleichbed. frz. *bleu mourant*, eigentl. 'sterbendes Blau' (vgl. *bleu* 'blau' und *mourant* 'sterbend') entlehnt, wird im 19. Jh. nach der Farbe, die Ohnmächtige zeigen, umgedeutet und meist in der Wendung *mir wird (es) blümerant* umgangssprachlich verwendet.

Bluse f. Kleidungsstück für den Oberkörper. Wohl mit dem Aufkommen einer neuen Mode Anfang des 19. Jhs. entlehnt aus frz. *blouse* 'Fuhrmanns-, Arbeitskittel, Staubmantel' (zur Zeit der Julirevolution 1830 Tracht der frz. und belgischen revolutionären Arbeiter), daneben 'Überkleid, leichter Morgenmantel der Frauen' (ebenso im Dt. 'bequemes faltiges Frauenkleid', 2. Hälfte 19. Jh.). Der Ausdruck begegnet zunächst in frz. Schreibweise und wird noch in der 1. Hälfte des 19. Jhs. zu *Bluse* eingedeutscht, jedoch bleibt frz. Schreibung im ganzen 19. Jh. vorherrschend. Die Etymologie ist unsicher; am ehesten zutreffend erscheint Herleitung von frz. *blous(s)e* 'kurzhaarige Wolle' aus prov. *lano blouso* 'Kurzwolle' (und damit letztlich vielleicht auf das in *bloß*, s. d., vorliegende germ. Adjektiv zurückgehend, vgl. GAMILLSCHEG [2]121 f.).

Blut n. lebenserhaltende, rote Körperflüssigkeit. Ein alter ie. *r/n*-Stamm zur Bezeichnung des Blutes, erhalten z. B. in griech. *éar* (ἔαρ) 'Blut', wird in einzelnen ie. Sprachen, wohl aus Tabugründen, durch neue, etymologisch oft kaum deutbare Wörter ersetzt, vgl. griech. *haĩma* (αἷμα) (s. *Hämoglobin, Hämorrhoide*), lat. *sanguis* (s. *sanguinisch*). Zu solchen Ersatzwörtern gehört auch der gemeingerm. Ausdruck für 'Blut' ahd. (8. Jh.), mhd. *bluot*, asächs. aengl. *blōd*, engl. *blood*, mnd. *blōt*, mnl. *bloet*, nl. *bloed*, anord. *blōð*, schwed. *blod* und mit grammatischem Wechsel got. *blōþ*. Diese Formen setzen germ. **blōþa-* (mit Betonung auf der zweiten Silbe in allen Sprachen mit Ausnahme des Got.) voraus. Dieses läßt sich deuten als Bildung zu der in *blühen, Blume, Blüte* (s. d.) vorliegenden Wurzelerweiterung ie. **bhlē-*, **bhlō-* mit dem (auch für Verbaladjektive verwendeten) Suffix ie. *-to-*, germ. *-þa-*. Hervorquellendes Blut wird danach metaphorisch als 'etw. üppig Gesprossenes' vorgestellt. – Blutbank f. 'zentrale Aufbewahrungs- und Abgabestelle für Blutkonserven' (20. Jh.). Blutbuche f. Buche mit rötlichen Blättern (18. Jh.). bluten Vb. 'Blut verlieren', ahd. (8. Jh.), mhd. *bluoten*, mnd. *blöden*, aengl. *blēdan*, anord. *blœða*. Bluter m. 'an der Bluterkrankheit Leidender' (19. Jh.). Bluthund m. 'Schweißhund' (2. Hälfte 15. Jh.). blutig Adj. 'voll Blut', ahd. *bluotag* (8./9. Jh.), mhd. *bluotec*. blutjung Adj. 'sehr jung' (Anfang 18. Jh.), Analogiebildung zu älteren Adjektivkomposita wie blutarm 'arm bis aufs Blut' (d. i. bis aufs Leben), 'sehr arm' (15. Jh.), wobei das erste Kompositionsglied intensivierenden Sinn hat und auf das Vorbild mhd. *bluotrōt* 'blutrot', d. h. 'rot wie Blut' als verstärkender Vergleich, zurückzuführen ist; vgl. auch ahd. *bluotrōtī* 'Purpurröte' (Hs. 12. Jh.). Dagegen (ab 19. Jh.) *blutarm* 'arm an Blut, blaß, schwächlich, anämisch'. Blutrache f. 'Tötung als Vergeltung für einen getöteten Sippenangehörigen' (17. Jh.). Blutschande f. 'Inzest' (1. Hälfte 16. Jh.). Blutschuld f. 'aus Mord erwachsene Schuld' (16. Jh.). blutsverwandt Adj. 'durch gleiche Abstammung verwandt' (1. Hälfte 16. Jh.), davon abgeleitet Blutsverwandtschaft f. (1. Hälfte 16. Jh.). blutrünstig Adj. 'blutgierig', im 19. Jh. noch vorwiegend 'blutend, blutig' , spätmhd. *bluotrünstec* 'blutig wund', Ableitung von mhd. *bluotrunst* 'blutige Wunde'; vgl. mhd. *runst* 'das Rinnen, Fließen' (verwandt mit *rinnen*, s. d.).

Blüte f. 'blühender Teil einer Pflanze, Zustand des Blühens', ein *ti*-Abstraktum zum Verb *blühen* (s. d.). Es begegnen ahd. *bluot* f. (9. Jh.), *bluot* m. (11. Jh.), mhd. *bluot* m. f. Aus den flektierten Formen des Femininums (Gen. Dat. Sing. bzw. Nom. Akk. Plur.) entwickelt sich ein neuer fem. Sing. (mit Endungs-*e* und Umlaut) ahd. *blůde* (Hs. 12. Jh., Williram), mhd. *blüete*. – Blütezeit f. 'Zeit des Blühens' (2. Hälfte 16. Jh.), 'hohe Zeit, Glanzzeit' (18. Jh.). Stilblüte f. 'komisch wirkender sprachlicher Mißgriff' (19. Jh.).

Bö, auch Böe f. 'heftiger Windstoß'. Im 17. Jh. wird nl. *bui* als Seemannswort ins Dt. übernommen. Es erscheint anfangs unverändert, dann in den oben genannten Formen, die der nl. Lautung angeglichen sind. Aus dem Nl. oder Nd. entlehnt sind dän. *byge*, schwed. *by*. Die etymologische Herleitung ist unsicher. Vielleicht besteht Verwandtschaft mit aslaw. *bujь* 'wild, töricht', aruss. *buij, buj* 'tapfer, wild', russ. *bújnyj* (*буйный*) 'stark, heftig, ungestüm', so daß nl. *bui* (germ. **būjō?*) an die Wurzel ie. **b(e)u-, *bh(e)u-, *b(h)ū-* 'aufblasen, schwellen' (s. *Beule*) anzuschließen wäre.

Boa f. Name verschiedener Riesenschlangen, z. B. in zoolog.-lat. *Boa constrictor* 'Zusammenschnürerin' (zu lat. *cōnstringere* 'zusammenschnüren') für die Abgott- oder Königsschlange. Mit lat. *boa*, einem Wort unbekannter Herkunft (wahrscheinlich Lehnwort), bezeichnet Plinius d. Ä. eine Art Wasserschlange. Der Gebrauch im Dt. seit der Mitte des 16. Jhs. beruht wohl auf direkter Übernahme aus dem Lat. Später wird der Name auf die Riesenschlangen im tropischen Amerika übertragen und gewinnt durch Natur- und Reisebeschreibungen sowie durch Aufnahme in die zoolog. Nomenklatur (18. Jh., s. oben) an Verbreitung. Von der Pariser Damenmode wird *Boa* zu Beginn des 19. Jhs. auf den langen, schmalen Schal aus Pelz oder (Straußen)federn übertragen und ist in dieser Verwendung seit etwa 1830 auch im Dt. üblich.

Bob m. 'lenkbarer, mehrsitziger Rennschlitten'. Die Kurzform *bob* aus den Komposita engl. *bobsled, bobsleigh* 'Doppel-, Rennschlitten' ist im Amerik.-Engl. seit der Mitte des 19. Jhs. bezeugt und wird im 20. Jh. ins Dt. übernommen. Die Grundwörter sind engl. *sled* (entlehnt aus mnl. mnd. *sledde* 'Schlitten'), *sleigh* (aus der Kurzform nl. *slee*). Weitere Herkunft unbekannt. Zweierbob m., Viererbob m. (20er Jahre 20. Jh.).

Bock m. Bezeichnung für das männliche Tier bei verschiedenen geweih- oder gehörntragenden Säugern, vornehmlich 'Ziegenbock'. Ahd. *boc, buc* (9. Jh.), mhd. *boc*, aengl. *buc*, engl. *buck*, mnd. *buk, bok*, mnl. *boc, buc*, nl. *bok*, anord. *bukkr, bokkr*, schwed. *bock*, dän. *buk* führen auf germ. **bukkaz*. Dies weist Konsonantengemination auf, wie sie zumindest teilweise auch für die kelt. Formen mir. *bocc*, ir. *boc*, korn. *boch* vorausgesetzt wird. Fraglich ist, wieweit es sich dabei um eine Entlehnung des Germ. aus dem Kelt. oder umgekehrt handelt. Offen bleibt, ob germ. bzw. kelt. *-kk-* auf affektischer Konsonantenschärfung beruht oder auf eine Ausgangsform ie. **bhuĝnós* 'Bock' hinweist. Aus ie. **bhŭĝ-* leiten sich auch die ostie. Bezeichnungen ab wie awest. *būza-* 'Ziegenbock', armen. *buc* 'Lamm'. Im Nhd. wird das Wort im Hinblick auf die Steifbeinigkeit eines störrischen Bockes auf ein hölzernes Gestell (15. Jh.; vgl. *Sägebock*), eine Belagerungsmaschine (16. Jh.), den Kutschersitz (16. Jh.?, vgl. *Kutschbock*), das Turngerät für Sprungübungen (19. Jh.) übertragen. In der Sprache der Schützengilden (16. Jh.) bedeutet *Bock* 'Fehlschuß', im 18. Jh. wird es in die Allgemeinsprache für 'Fehler' übernommen und ist in der Wendung *einen Bock schießen* 'einen großen Fehler machen' geläufig. Beim Preisschießen der Schützengilden gewann zuweilen der schlechteste Schütze als Verhöhnung (im Hinblick auf den Bocksgeruch) einen Ziegenbock (wie später ein Holz- oder Spielzeuggewehr). – b o c k e n Vb. 'steifbeinig, bockig sein, nicht gehorchen' (19. Jh.), ahd. *bockōn, bucken* (9. Jh.), mhd. *bocken* 'wie ein Bock stoßen'. b o c k i g Adj. 'störrisch' (19. Jh.), älter *bockicht* (16. Jh.). b o c k b e i n i g Adj. 'störrisch', im 18. Jh. aus dem Bair. in die hd. Literatursprache aufgenommen, eigentl. 'sich mit gespreizten Beinen sträubend wie ein Bock'. B o c k s b e u t e l m. Weinflasche (für Frankenwein) in bauchig-breiter Form auf Grund der Ähnlichkeit mit dem Hodensack eines Bockes, der ehemals auch zur Aufbewahrung von Flüssigkeiten diente. B o c k s h o r n n. nur in der phraseologischen Wendung *jmdn. ins Bockshorn jagen* 'einschüchtern' (1. Hälfte 16. Jh.) geläufig; zunächst (1478) *jmdn. in ein Bockshorn stoßen* (dann auch *treiben, zwingen*), wofür alle Herleitungsversuche unsicher bleiben (vgl. HEINERMANN in: PBB 67, 1945, 248 ff.). Vielleicht hat ein Erklärungsversuch am ehesten an die älteste Bezeugung von *Bockshorn* als Pflanzenname anzuknüpfen, vgl. mhd. *bokishorn* 'Röhrenkassie' (13. Jh.). Die Fruchthülsen können wegen ihrer Form und ihrer paarweisen Anordnung an die Hörner eines Bockes erinnern. Doch bleibt die Entstehung der Redensart ungewiß.

Bockbier n. ein Starkbier, dessen Bezeichnung von der niedersächsischen Stadt *Einbeck*, früher *Eimbeck*, herzuleiten ist und zunächst *Eimbeckisch, Einbeckisch Bier* (16. Jh.) genannt wird. Die Stadt erlangt bereits im Spätmittelalter Berühmtheit durch Herstellung und Ausfuhr eines anerkannten Hopfenbieres, das seit Anfang des 17. Jhs. auch in Bayern gebraut und mit Vokalwechsel *e* zu *o* in der zweiten Silbe *ampokhisch pier* (München 1630), *Aimbock, Oambock* genannt wird. Im 19. Jh. kommt die Kurzform *Bock* m. auf, die als *un bock* 'ein Glas Bier' ins Frz. entlehnt wird. Die Darstellung der Ziegenböcke bzw. Ziegenbockköpfe auf Verkaufsanzeigen, Etiketts beruht auf späterer volkstümlicher Umdeutung, indem der Name des Bieres mit dem betreffenden Tier in Zusammenhang gebracht wird. – B o c k w u r s t f. Die Wurst aus einem Gemisch von magerem Fleisch hat ihre Bezeichnung von der ursprünglich zur Bockbierzeit verzehrten Wurstart (19. Jh.).

Bodden m. 'flache Meeresbucht' (eigentl. 'Grund eines Gewässers') ist die in die Literatursprache aufgenommene (1. Hälfte 19. Jh.) nd. Form von hd. *Boden* 'Grund' (s. d.); vgl. mnd. *bodden, boddem* 'Grund'.

Boden m. 'Erdoberfläche, Grund', ahd. *bodam* (9. Jh.), mhd. frühnhd. (bis ins 17. Jh.) *bodem*, mhd. auch *boden*, asächs. *boðom*, mnd. *bōdem(e)*, auch *boddem, bodden*, mnl. *bōdem*, nl. *bodem*, aengl. *botm, bodan*, engl. *bottom*, anord. *botn*, schwed. *botten* zeigen ungeklärten Dentalwechsel (auf einem Nebeneinander von ie. *d, dh* und *t* beruhend?) wie auch einen Wechsel von *m*- und *n*-Suffix. Ein ähnlicher Suffixwechsel zeigt sich bei den außergerm. Verwandten griech. *pythmḗn* (πυθμήν), aind. *budhnáḥ* 'Grund, Boden'. *n*-Infix hat dagegen lat. *fundus* (s. *Fundus*), mir. *bond, bonn* 'Sohle, Grundlage, Stütze' und wohl auch awest. *bŭ̄na-* (aus **bundna-*?). Man versucht, die unterschiedlichen Suffixe aus einem schon ie. Wechsel von miteinander ablautendem *-men-* und *-mno-* (woraus *-mo-* und *-no-*) herzuleiten oder, von einem ursprünglichen ie. **bhudhno-* ausgehend, die *m*-Suffixe als Dissimilationserscheinung zu fassen. Das infigierte *n* steht offenbar in Zusammenhang mit dem *n*-Suffix und könnte auf alter Metathese beruhen. Die spätere Bedeutung 'Raum unter dem Dach' (16. Jh.) ist nur im Dt. üblich. – b o d e n l o s Adj. 'unermeßlich', (verstärkend) 'unglaublich', mhd. *bodemlōs*. b o d e n s t ä n d i g Adj. 'auf dem Boden stehend, befindlich' (17. Jh.), 'fest in der Heimat verwurzelt' (19. Jh.).

Bofist, auch B o v i s t m. 'Stäubling', Pilz mit birnen- oder kugelförmigem Fruchtkörper, aus dem beim Zusammendrücken oder Zertreten eingetrockneter Sporenstaub entweicht. Ältestes Zeugnis des Namens ist spätmhd. *vohenvist*, um 1450 als *vohenfest* belegt, zu mhd. *vohe* 'Füchsin' (s. *Fuchs*) und mhd. *vist, vīst* 'leiser Bauchwind' (s. *fies*), also eigentl. 'Füchsinnenfurz', nach dem leise zischenden Geräusch beim Aufplatzen des Pilzes. Später wird das außerhalb der Jägersprache nicht mehr verständliche *vohen-* umgedeutet; so entstehen nd. *Bofist* (in Anlehnung an nd. *Bove* 'Bube'), das ins Hd. eindringt (17. Jh.), und *Pofist* (zu *Po* 'Pfau', beide auch in hd. Form *Bubenfist* und *Pfauenfist*). Daneben auch Namen wie *Hunds-, Krah-* 'Krähen-', *Kuhfist, Pfaffen-, Weiberfist.* Nl. *wolfsveest*, nhd. *Wolfsfist* 'Wolfsfurz' (seit dem 17. Jh.) sind Übersetzungen von nlat. *lupi crepitus* 'Wolfsfurz', der älteren botanischen Bezeichnung (17. Jh.), die später durch *Lycoperdon* (Tournefort 1700) ersetzt wird, eine Bildung zu griech. *lýkos* (*λύκος*) 'Wolf' und *pérdein* (*πέρδειν*) 'furzen'. Vgl. MARZELL 2, 1461 ff.

Bogen m. 'Biegung, Krümmung, Papier-, Druckbogen', ahd. (8. Jh.), asächs. *bogo* 'Bogen als Waffe, bogenförmiger Bauteil, bogenförmiges Bauwerk, gekrümmte Linie oder Fläche', mhd. *boge*, mnd. *bōge*, mnl. *bōghe, booch*, nl. *boog*, aengl. *boga*, engl. *bow*, anord. *bogi*, schwed. *båge*, krimgot. *boga* 'Bogen', germ. **bugan-*, verwandt mit ir. *fidbocc* 'hölzerner Bogen', gehört zu *biegen* (s. d.); Grundbedeutung ist 'Biegung, Gebogenes'. Bis ins 16. Jh. hält sich *Boge*, das von seit dem 15. Jh. aufkommendem *Bogen* (entsprechend den Flexionsformen) verdrängt wird. Nur im Dt. entwickelt sich die Bedeutung 'rechteckiges Stück Papier' (zuerst 1499 nachweisbar). Die verbreitete Ansicht, wonach sich die Bezeichnung aus dem Falzen oder Biegen und anschließendem Schneiden des Papiers erklärt, wird von WORTMANN in: Nd. Wort 15 (1975) 85 ff. aus sachlichen Gründen in Zweifel gezogen. – Bilderbogen m. 'Druckblatt mit Bildfolgen und (oft gereimtem) Begleittext' (17. Jh.). Fragebogen m. (1. Hälfte 19. Jh.).

Boheme f. 'Kreis, Milieu ungebunden lebender Künstler'. In frz. *Bohême* (älter *Bohème*) lebt mlat. *Bohemia* 'Böhmen' weiter; frz. *bohème* setzt mlat. *Bohemus* 'Einwohner Böhmens' fort. Da man Böhmen für die Heimat der Westeuropa durchziehenden Zigeuner hält, gewinnt mfrz. frz. *bohème* zugleich die Bedeutung 'Zigeuner(in)' und bezeichnet als Großstadtwort seit Ende des 17. Jhs. auch den, 'der ein ungeregeltes, unbürgerliches Leben führt'. In dieser Bedeutung wird es um die Mitte des 19. Jhs. auf die Studenten und Künstler des Pariser Quartier latin bezogen. Dazu stellt sich frz. *la bohème* als Gesamtheit dieser halb genialen, halb verbummelten Welt. Bald nach der Mitte des 19. Jhs. wird der Ausdruck ins Dt. übernommen, gewinnt aber erst durch Puccinis Oper „La Bohème" (1895) an Verbreitung.

Bohle f. 'starkes Brett, Planke', spätmhd. *bole*, mnd. *bōle, bolle* 'Bohle', mnl. *bolle* 'Baumstamm' lassen sich mit anord. *bolr, bulr* 'Stamm, Rumpf' (daraus engl. *bole* 'Baumstamm'), schwed. *bål* 'Rumpf' auf die Schwundstufe der Wurzel ie. **bhel-* 'aufblasen, aufschwellen' (s. [1]*Ball*) zurückführen, aus der sich eine Gruppe von Wörtern mit der Bedeutung 'Bohle, Balken' (meist in Gutturalerweiterungen, s. *Balken, Block*) entwikkelt hat.

Bohne f. Gemüsepflanze sowie deren Samen und Frucht. Die Etymologie des gemeingerm. Pflanzennamens ist nicht sicher geklärt. So kann für ahd. (8. Jh.), asächs. *bōna*, mhd. mnd. mnl. *bōne*, nl. *boon*, aengl. *bēan, bīen*, engl. *bean*, anord. *baun* germ. **baunō* als Ausgangsform angesetzt werden. Diese läßt sich, sofern durch Dissimilation aus älterem **babnā* entstanden, an redupIizierendes ie. **bhabhā* 'Schwellung, aufgeblasene Schote' anknüpfen, das lat. *faba*, apreuß. *babo* 'Bohne' unmittelbar zugrunde liegt. Verwandt sind mit anderer Stammbildung russ. *bob* (*боб*) 'Bohne' und (ohne Reduplikation) griech. *phakós* (*φακός*) 'Linse'. Doch vielleicht ist ein Anschluß an die Wurzel ie. **b(e)u-, *bh(e)u-, *b(h)ū-* 'aufblasen, schwellen' (s. *Beule*) der vorigen Deutung vorzuziehen. Nach beiden Versionen wäre die Bohne nach der Aufgeblasenheit, der Dicke ihrer Form benannt. Es handelt sich dabei um die dicke Sau- oder Puffbohne; die heute allgemein bekannte Gartenbohne (Stangen-, Buschbohne) ist erst nach der Entdeckung Amerikas nach Europa gelangt.

bohnern Vb. 'den Fußboden einreiben und blank machen'. Im Nordostd. beheimatet und seit Mitte des 18. Jhs. belegt, hat sich *bohnern* gegenüber nordwestd. *bohnen* (seit Anfang 18. Jh. in der Literatursprache) nur langsam, eigentl. erst in diesem Jh. durchgesetzt; im

Südd., Öst. und Schweiz. dafür *wichsen* oder *wachsen* (s. d.). *bohnern* ist Iterativbildung zu gleichbed. mnd. *bōnen*, dem mnl. nl. *boenen* 'bohnern, scheuern', aengl. *gebōned* 'geschmückt' entsprechen. Vergleichbar sind aind. *bhā́ti* 'leuchtet, scheint', *bhātiḥ* 'Glanz, Licht, Erkenntnis', griech. *phaínein* (φαίνειν) 'sichtbar machen, erscheinen lassen, zeigen', *phanḗ* (φανή) 'Fackel', air. *bān* 'weiß', die auf einen Wurzelansatz ie. **bhā-, *bhō-* 'glänzen, leuchten, scheinen' führen, an den sich *bohnern* im Sinne von 'glänzend machen' anschließt (s. auch *Bake*). – Bohnerwachs n. 'wachshaltige Masse zur Pflege des Fußbodens' (20. Jh.), älter *Bohnwachs* (19. Jh.).

bohren Vb. 'mit einem spitzen Werkzeug, Gegenstand ein Loch machen'. Ahd. *borōn* 'bohren' (10. Jh.), mhd. *born*, asächs. *boron*, mnd. mnl. *bōren*, nl. *boren*, aengl. *borian*, engl. *to bore*, anord. *bora*, schwed. *borra* gehören mit aind. *bhr̥ṇā́ti* 'versehrt', griech. *pharū́n* (φαροῦν) 'pflügen', lat. *forāre* '(durch)bohren', lat. *forus*, meist Plur. *forī* 'Schiffsgänge, Sitzreihen im Theater, Spiel-, Würfelbrett' (dazu auch *Forum*, s. d., eigentl. 'Umplankung'), russ. *zabór* (забор) 'Zaun' zur Wurzel ie. **bher-* 'mit einem scharfen oder spitzen Werkzeug bearbeiten, schneiden', wozu auch *Bord* und *Brett* (s. d.). – Bohrer m. 'Werkzeug zum Bohren', spätmhd. *borer*. verbohrt Part.adj. 'hartnäckig, engstirnig' (19. Jh.), aus dem Part. Prät. von *verbohren* 'durch Bohren befestigen, falsch bohren', (refl.) 'sich in etw. verbeißen', mhd. *verborn* 'an-, durchbohren, bohrend befestigen'.

Boiler m. 'Warm-, Heißwasserspeicher'. Als 'Dampfkessel' (1. Hälfte 19. Jh.), dann als 'Warmwasserspeicher' (30er Jahre 20. Jh.) wird gleichbed. engl. *boiler* entlehnt; zu engl. *to boil* 'kochen, sieden, wallen', mengl. *boil(l)en*, das über gleichbed. afrz. *bo(il)lir* (frz. *bouillir*) 'sieden, kochen' auf lat. *bullīre* 'Blasen werfen, aufwallen, sprudeln' (zu lat. *bulla* 'Wasserblase') zurückgeht.

Boje f. 'schwimmendes Signalzeichen für die Schiffahrt'. Zuerst 1575 im Nd. belegt, gelangt das Wort im 17./18. Jh. ins Hd. Vorauf geht mnl. *bo(e)ye* 'schwimmendes Signalzeichen', aber auch 'Fessel'. Ob es sich im Mnl. etymologisch um ein polysemes Wort oder um zwei Wörter handelt, ist strittig. Nimmt man ein Wort und Entlehnung aus afrz. *buie, boie* 'Fessel' an, das auf lat. *boia* 'jochartige Halsfessel', galloroman. 'Fußfessel' zurückgeht, dann muß das Mnl. die Bezeichnung für das Ankerseil auf den Schwimmkörper übertragen haben. Der Versuch dagegen, mnl. *bo(e)ye* 'schwimmendes Signalzeichen' über Vermittlung eines aus gleichbed. mfrz. frz. *bouée* erschlossenen afrz. **boie* an das unter *Bake* (s. d.) behandelte germ. **baukna-* 'Zeichen' anzuknüpfen, stößt wegen des späten Auftretens der frz. Formen auf Schwierigkeiten.

Bolero m. rhythmisch stark akzentuierter spanischer Nationaltanz. Span. *bolero* gelangt in der 1. Hälfte des 19. Jhs. ins Dt.; die Herkunft ist nicht sicher geklärt. Vielleicht zu span. *bola* 'Kugel, Ball' (aus lat. *bulla* 'Blase'), nach dem runden Sombrero des Tänzers, oder zu span. *vuelo* 'Flug' (zu lat. *volāre* 'fliegen'), nach den Sprüngen des Tänzers. *Bolero* als Bezeichnung für ein 'kurzes, westenartiges Damenjäckchen' (Anfang 20. Jh.) ist nach der Weste des Bolerotänzers, auch des Toreros, benannt.

Böller m. kleines Geschütz für Salut- und Freudenschüsse, früher 'Mörser' (für Steinkugeln), mhd. *boler, pöler* 'Schleudermaschine', zu mhd. *boln* 'rollen, werfen, schleudern', ahd. *bolōn* 'wälzen' (9. Jh.). Weitere Anschlußmöglichkeiten unsicher. Vielleicht (wie *Bollwerk*, s. d.) zur Wortgruppe um *Bohle* (s. d.)? Das im Nhd. untergegangene Verb ist mundartlich erhalten in schweiz. *bolen* 'poltern, rumpeln', schwäb. *bolen* 'werfen, schleudern, rollen'. *Böller* wird mit dem Aufkommen der Feuergeschütze auf den großen Mörser übertragen, im 19. Jh. auf ein Geschütz kleineren Kalibers.

Bollwerk n. 'Schutzbau gegen Feinde, Befestigung'. Die nhd. Entsprechungen der beiden Kompositionsglieder in mnd. *bolwerk*, mnl. mhd. *bolwerc* sind *Bohle* und *Werk* (s. d.). Das Kompositum bedeutet demnach 'aus Bohlen und Erde errichtete Befestigung, Schanzwerk', seit dem 14. Jh. auch 'Schutzbau gegen Wasser, Uferbefestigung, Landungs- und Ladeplatz, Kai'. Aus dem Frz. übernommenes *Boulevard* (s. d.) stammt aus mnl. *bolwerc*.

Bolschewik m. historische Bezeichnung für ein Mitglied der KPdSU (B), d. h. der Kommunistischen Partei der Sowjetunion (Bolschewiki), darüber hinaus für jeden, der den

Marxismus-Leninismus entschieden vertritt; Übernahme des gleichbed. russ. *bol'ševík* (*большевик*), zum Komparativ russ. *ból'še* (*больше*) 'größer (als), mehr', also eigentl. 'Angehöriger der Mehrheit'. Die Bezeichnung entsteht 1903 bei der Spaltung der Russischen Sozialdemokratischen Arbeiterpartei in zwei Flügel, *bol'šinstvó* (*большинство*) 'Mehrheit' (mit revolutionärem Programm) und *men'šinstvó* (*меньшинство*) 'Minderheit' (mit gemäßigten Zielen), vgl. *Menschewik*, russ. *men'ševík* (*меньшевик*), und wird (wie die folgenden Bildungen) seit der Großen Sozialistischen Oktoberrevolution (1917) international bekannt. Dazu in entsprechender Bedeutung das seit Anfang der 20er Jahre gebrauchte B o l s c h e w i s t m., Übernahme von russ. *bol'ševíst* (*большевист*), seit Ende der 20er Jahre aber im Russ. außer Gebrauch. B o l s c h e w i s m u s m. 'von den Grundsätzen des Marxismus-Leninismus bestimmte Strategie und Taktik der KPdSU (B) sowie der ihrer Politik zugrundeliegende Marxismus-Leninismus selbst', nach russ. *bol'ševízm* (*большевизм*), wird ebenso wie b o l s c h e w i s t i s c h Adj., b o l s c h e w i s i e r e n Vb. und die bereits genannten Bildungen in den 20er Jahren in der Sprache der Arbeiterschaft auch auf die Zielsetzungen der KPD hinsichtlich deutscher Verhältnisse bezogen, von den Gegnern des Marxismus-Leninismus aber bis in die Gegenwart hinein in abwertendem Sinne gebraucht.

Bolzen, älter *Bolze, Bolz* m. 'dicker, runder Metallstift, Geschoß der Armbrust'. Für ahd. *bolz(o)* 'Schießbolzen, Brennbolzen, Pfahl, Pflock' (10. Jh.), mhd. *bolz(e)*, mnd. *bolte*, mnl. *bout(e)*, nl. *bout*, aengl. engl. *bolt*, schwed. *bult* ist Verwandtschaft mit der Wortgruppe um lit. *bélsti* 'klopfen, pochen' anzunehmen, so daß auf ie. **bheld-* 'pochen, schlagen' geschlossen werden kann, vermutlich ein ursprüngliches *d-* Präsens der Schallwurzel ie. **bhel-* 'schallen, reden, brüllen, bellen'. Danach wäre *Bolzen* in seiner vorgeschichtlichen Bedeutung ein 'Holznagel', benannt nach dem Schall beim Einklopfen. Das auslautende *-n* im Nhd. stammt aus den flektierten Formen. Dazu b o l z e n Vb. bei Ballspielen 'hart, unfair spielen', auch (beim Fußball) 'unkontrolliert schießen' (1. Hälfte 20. Jh.).

bombardieren Vb 'mit schwerem Geschütz beschießen, mit Bomben belegen', in der 2. Hälfte des 17. Jhs. aus gleichbed. frz. *bombarder* entlehnt, zu frz. *bombarde* 'Donnerbüchse', ursprünglich 'Steinschleudermaschine', einer Bildung zu lat. *bombus* (s. *Bombe*). Dazu B o m b a r d i e r u n g f. (Ende 17. Jh.) und B o m b a r d e m e n t n. (Anfang 18. Jh.) 'anhaltender Beschuß mit schwerem Geschütz, Abwurf von Bomben'.

Bombast m. 'Schwulst, hochtrabender Wortschwall', Ausdruck der literarischen Kritik, Übernahme (Anfang 18. Jh.) von engl. *bombast* 'schwülstige Rede', älter 'Baumwolle' und 'Baumwollgewebe zum Wattieren'. Die übertragene Bedeutung geht von der Vorstellung eines aufgebauschten Kleidungsstückes aus. Engl. *bombast* ist eine Weiterbildung (mit unorganischem *t*) von engl. (älter) *bombace*, das wohl auf mlat. *bombax* bzw. (Akk.) *bombacem* 'Baumwolle' (auch *bambax, bombyx* u. ä.) beruht. Vorauf geht spätlat. *bambax, bambagium*, griech. (spät) *pámbax* (*πάμβαξ*), *bambákion* (*βαμβάκιον*) 'Baumwolle', entlehnt aus gleichbed. mpers. *pambak*. – b o m b a s t i s c h Adj. 'schwülstig, hochtrabend' (2. Hälfte 18. Jh.), vermutlich unter Einfluß von gleichbed. engl. *bombastic*.

Bombe f. 'mit Spreng- oder Brandstoff gefüllter Metallkörper', heute vom Flugzeug abgeworfen, früher aus einem Mörser abgeschossen, Anfang des 17. Jhs. über frz. *bombe* aus gleichbed. ital. *bomba* entlehnt, das zu lat. *bombus* 'dumpfer Ton, Summen, Brummen' gebildet ist. Vorauf geht griech. *bómbos* (*βόμβος*) 'dumpfes Getöse', ein onomatopoetisches Wort, dem dt. *bim, bam, bum* und *bimmeln* nahe stehen (s. d. und s. auch *baumeln, bummeln*). – B o m b e r m. 'Bombenflugzeug' (30er Jahre 20. Jh.). a u s b o m b e n Vb., meist *ausgebombt werden* 'durch Bombenangriff geschädigt werden, Wohnung und Besitz verlieren' (40er Jahre 20. Jh.); s. auch *bombardieren*. b o m b e n f e s t Adj. (2. Hälfte 18. Jh.) und b o m b e n s i c h e r Adj. (2. Hälfte 19. Jh.) 'einem Bombenangriff standhaltend, sehr stabil'; übertagen im Sinne von 'ganz sicher, mit größter Gewißheit' werden *bombenfest* seit Mitte des 19. Jhs., *bombensicher* seit Anfang des 20. Jhs. verwendet. Daher auch verstärkend B o m b e n e r f o l g m. (2. Hälfte 19. Jh.).

Bon m. 'Gutschein, Kassenzettel'. Ende des 18. Jhs. wird frz. *bon*, Substantivierung des Adjektivs frz. *bon* 'gut' (aus gleichbed. lat. *bonus*), in der Bedeutung 'Zahlungsverpflichtung, Zahlungsanweisung, akzeptierter Wechsel' übernommen. *Bon* ist ursprünglich das Wort, mit dem der Zahlungspflichtige den Schein anerkennt, das Akzept eines Wechsels; es kann in Fügungen wie *bon pour*... ('gut für...') mit Angabe einer Geldsumme erscheinen. Schon in der frz. Geschäftssprache wird *bon* zur Bezeichnung des mit einem solchen Vermerk versehenen Scheins.

Bonbon m., auch n. 'Zuckerplätzchen'. Mitte des 18. Jhs. wird gleichbed. frz. *bonbon* übernommen, ein aus der Kindersprache stammendes substantiviertes wiederholtes *bon* 'gut' (s. *Bon*). – Bonbonniere f. 'Dose, Packung mit Pralinen, Fondants', frz. *bonbonnière*, Entlehnung gegen Ende des 18. Jhs., zuvor *Bonbonschachtel*.

Bonmot n. 'geistreiches, treffendes Wort, witzige Bemerkung'. Frz. *bon mot* 'Witz' wird Anfang des 18. Jhs. entlehnt, aus frz. *bon* Adj. 'gut' (s. *Bon*) und *mot* 'Wort', eigentl. 'gutes (richtiges) Wort'.

Bonvivant m. 'Lebemann'. Anfang des 18. Jhs. wird gleichbed. frz. *bon vivant* in dt. Texte übernommen, aus adverbial gebrauchtem frz. *bon* (s. *Bon*) und frz. *vivant* 'Lebender', eigentl. 'gut Lebender'; frz. *vivant* ist Part. Präs. von frz. *vivre* 'leben', das aus lat. *vīvere* hervorgegangen ist.

Bonze m. 'auf eigene Vorteile bedachter, bourgeoisem Lebenswandel folgender Funktionär von Parteien oder Gewerkschaften'. Um 1600 gelangt *Bonze* (anfangs auch *Bontze, Bonzi, Bonzier*) als Bezeichnung für den buddhistischen Priester über gleichbed. frz. engl. *bonze*, port. *bonzo* ins Dt. Zugrunde liegt wahrscheinlich jap. *bonsō* 'buddhistischer Mönch oder Priester', das chin. *fanseng*, eigentl. 'fremdländischer Mönch', wiedergibt. Ungeklärt bleibt, ob dieses Wort chin. Ursprungs oder aus einer Sprache Indiens entlehnt ist. In der Aufklärungszeit steht *Bonze* als spöttische Bezeichnung für den bigotten Priester eines jeden Glaubensbekenntnisses (Wieland), im 19. Jh. respektlos für 'Vorgesetzter, Würdenträger', dann (Ende 19. Jh.) abschätzig im oben genannten Sinne.

Boogie-Woogie m. Die Bezeichnung des vermutlich aus den Südstaaten der USA stammenden, in den 20er und 30er Jahren des 20. Jhs. auch in Europa bekannt gewordenen exzentrischen Jazzrhythmus ist etymologisch nicht geklärt. Vermutlich handelt es sich um eine lautmalende Nachahmung der ostinaten, meist vom Klavier getragenen Baßfiguren, die diesen Stil kennzeichnen.

Boom m. 'plötzlicher Aufschwung in der Wirtschaft, anhaltende Hochkonjunktur'. Um 1900 gelangt amerik.-engl. *boom* ins Dt.; wahrscheinlich zu lautmalendem engl. *boom* 'Gebrumme, Dröhnen, Brausen', *to boom* 'dumpf summen, brummen, mit großer Geschwindigkeit segeln'. Dem amerik. Geschäftsausdruck liegt vielleicht die Vorstellung eines schnell dahinsegelnden Schiffes zugrunde.

Boot n. 'kleineres, meist offenes Wasserfahrzeug' wird Ende des 15. Jhs. aus der nd. Seemannssprache in die Literatursprache aufgenommen. Mnd. *bōt* ist wie mnl. *boot* seit dem 13. Jh. bezeugt. Die Herkunft ist ungeklärt. Zu der mnd. mnl. Form stellen sich anord. *beit* und *bātr*, aengl. *bāt* (woraus mengl. *bōt*, engl. *boat*) und (aus modernen Formen erschlossenes) afries. **bāt*. Diese lassen sich jedoch wegen ihres Vokalismus nicht in gleicher Weise auf eine germ. Ausgangsform zurückführen; vielleicht muß mit Entlehnungen innerhalb des Germ. gerechnet werden. Man geht dabei von verschiedenen Grundformen aus. So setzen einige germ. **ƀēta-* mit der ursprünglichen Bedeutung 'Ausgehöhltes, ausgehöhlter Baumstamm' voraus, das sie auf die Wurzelform ie. **bhed-* zurückführen, in der sie eine Variante der unter *Bett* (s. d.) behandelten Wurzel ie. **bhedh-* 'stechen, bes. in die Erde stechen, graben' sehen. Aus lautlichen Gründen müßten aengl. *bāt*, afries. **bāt* dann aus anord. *bātr* hergeleitet werden, anord. *beit* wäre dagegen anders zu erklären. Geht man jedoch von germ. **ƀaita-* und einer ursprünglichen Bedeutung 'Gespaltenes, gespaltener Baumstamm' aus (wozu auch anord. *biti* 'Querbalken im Hausdach') und führt dieses auf die unter *beißen* (s. d.) behandelte Wurzel ie. **bheid-* 'spalten' zurück, so wären anord. *beit*, aengl. *bāt* lautgerecht entwickelt, anord. *bātr*, afries. **bāt* aber hätten als Entlehnungen aus dem Aengl. zu gelten. Mnd. *bōt* und mnl. *boot* sind in keinem Fall ursprünglich. Beide werden im allgemeinen als Entlehnungen aus mengl. *bōt* (engl. *boat*) angesehen, doch können sie nach

Rogby in: It Beaken 25 (1963) 302 ff. auch durch Umwandlung des *ā* zu *ō*, d. h. durch „Frankonisierung“ (Eindeutschung) einer zum Aengl. stimmenden oder aus dem Aengl. stammenden ingwäonischen (nordseegerm.) Form mit *ā* entstanden sein. (Rogby geht sogar so weit, Entlehnung eines nur vermuteten kontinentalingwäonischen nicht-fries. **bāt* ins Fries. und Anord. anzunehmen.) Seit dem 14. Jh. erscheint *Boot* mit wechselndem Genus in hd. Texten, anfangs Mask., seit Mitte des 18. Jhs. endgültig Neutr. Es tritt neben *Kahn, Nachen, Zille* (s. d.) sowie südd. *Naue* und gewinnt im 17. und 18. Jh. zunehmend an Verbreitung. Die Wendung *in einem, im gleichen Boot sitzen* 'in der gleichen Lage, der gleichen Gefahr ausgesetzt sein' ist nach engl. *to be in the same boat* gebildet. – ausbooten Vb. 'mit dem Boot vom Schiff an Land bringen, jmdn. aus einer Position entfernen, verdrängen' (19. Jh.). Bootsmann m. 'seemännisches Inventar verwaltender Matrose, Gehilfe des wachhabenden Offiziers', mnd. *bōsman, bōtesman* 'Matrose' und sein Plur. *bōs-, bōteslūde* finden Mitte des 16. Jhs. als *Boßleut*, im 17. Jh. als *Botsmann, Botsleute* Eingang in die Literatursprache; ähnlich (älter) *Bosknecht* (um 1500) 'Schiffs-, Ruderknecht', *Bootsknecht* (17. Jh.).

Borax m. borsaures Natrium. Spätmhd. *būras*, im 15./16. Jh. in unterschiedlichen Formen wie *bor(r)as, burros, Burax, Borax* u. ä. belegt, ist aus gleichbed. mlat. *borax* übernommen, das, aus arab. *būraq, bauráq* entlehnt, auf gleichbed. pers. *būrāh* (heute *bure*) zurückgeführt wird. – Bor n. nichtmetallisches, im Borax gebunden vorkommendes chemisches Element (19. Jh.), gekürzt aus *Borax*. Borsalbe f. desinfizierende Salbe aus Vaseline und Borsäure (20. Jh.).

Bord m. 'Schiffsrand, Schiffsdeck', in präpositionalen Fügungen 'Schiff', und **Bord** n. 'Wand-, Bücherbrett' bilden ursprünglich ein Wort neutralen Geschlechts. Beide sind in nd. Lautung mit unverschobenem *d* ins Nhd. eingegangen und stehen hier neben ererbtem *Bort* n. Ahd. *bort* n. (auch m.?) '(Schiffs)planke, -seite, Rand, Kante, Schild' (9. Jh.), mhd. *bort* m. n. 'Rand, Schiffsrand, Brett', asächs. *bord* m. oder n. '(Schiffs)rand, Schild', mnd. *bōrt* m. f. n. 'Rand, Schiffsrand, Tisch, Brett, Planke', mnl. *boort, bort*, nl. *boord* n. m. 'Schiffsdeck, Brett, Rand', aengl. *bord* n. 'Brett, (Schiffs)planke, Schiffsdeck, Tisch, Schild', engl. *board*, anord. *borð* n. 'Brett, Schiffsplanke, -seite, -rand, Tisch', schwed. dän. *bord* 'Schiffsdeck, Tisch, Rand', got. *fōtubaúrd* n. 'Fußbrett, -bank'; das gemeingerm. Wort bedeutet ursprünglich das bestimmten Zwecken dienende 'Brett' bzw. das aus Brettern Gefertigte. Die Bedeutung 'Rand' geht offenbar von den oberen Seitenwänden des Schiffes aus. Für das Ahd. kommt auch eine Vermischung mit dem zur Wurzel ie. **bhar-, *bhor-* 'Hervorstehendes, Spitze' gehörenden, also nicht verwandten ahd. *brort* 'Rand, Kante, Schiffsbug, Schild' (um 800) in Betracht. (Im Aengl. und Anord. kann eine solche Vermischung nicht stattgefunden haben, da aengl. *brord* 'Stachel, Spitze, Keim' und anord. *broddr* 'Spitze' semantisch zu weit abliegen.) Die seemännische Verwendung 'Schiffsrand, -seite, -deck, Schiff' dringt ins hd. Gebiet offensichtlich vom Norden, von den Küstengebieten her ein. Die Fügung *an Bord* 'an Deck' ist seit dem 15. Jh. bekannt; sie wird von der Luftfahrt übernommen; *über Bord* begegnet dagegen schon im 14. Jh. Etymologisch gehört schwundstufiges *Bord* entweder wie *Brett* (s. d.) zu einer *dh*-Erweiterung der Wurzel ie. **bher-* 'mit einem scharfen oder spitzen Werkzeug bearbeiten, schneiden' (s. *bohren*) oder als endbetontes substantiviertes *to*-Partizip unmittelbar zur genannten Wurzel. – Bordstein m. 'Randstein des Bürgersteigs', älter 'Randschiefer der Dachbedeckung' (18. Jh.).

Bordell n. 'Freuden-, Dirnenhaus'. Um 1500 wird *Bordell*, gleichbed. mhd. *vrouwenhūs* verdrängend, über mnl. *bordeel* aus gleichbed. afrz. *bordel* entlehnt. Dies bedeutet eigentl. 'Bretterhüttchen, kleiner Bauernhof' und ist Deminutivum von afrz. *borde* 'Hütte', das über einen Kollektivplural vlat. **borda* auf ein aus dem Germ. (s. *Bord*) entlehntes vlat. **bordum* 'Brett' zurückgeht. Möglich ist für das Dt. auch Entlehnung aus oder Einfluß von ital. *bordello*, das gleichfalls aus dem Afrz. stammt.

Bordüre f. 'Einfassung, Rand, umrahmender Besatz'. Das 17. Jh. übernimmt gleichbed. frz. *bordure*, abgeleitet von afrz. frz. *border* 'den Rand besetzen, einfassen', aus dem schon im 16. Jh. das heute seltene bordieren Vb. 'mit Borte besetzen, einfassen' entlehnt ist. Das seit dem 12. Jh. nachweisbare frz. Verb ist zu frz. *bord* 'Rand, Saum, Borte, Schiffsbord', afrz. *bort* 'Rand, Seite, Schiffsrand', auch 'Stickerei' (ursprünglich wohl 'Randverzierung'), gebildet, das seinerseits aus dem Germ. (s. *Bord*) stammt.

borgen Vb. 'verleihen, entleihen', ahd. *borgēn* 'sich hüten, sich in acht nehmen, Rücksicht nehmen, schonen' (9. Jh.; vgl. *biborgēn*, 8. Jh.), mhd. *borgen* 'achthaben, mit jmdm. in bezug auf etw. Nachsicht haben, schonen, Zahlung erlassen, anvertrauen, ver-, entleihen, schuldig bleiben, bürgen', mnd. *borgen*, mnl. *borghen*, nl. *borgen*, aengl. *borgian* 'borgen, leihen, bürgen', engl. *to borrow* 'borgen', anord. *borga* 'bürgen, geloben', schwed. *borga* 'bürgen'. Im Westgerm. entwickelt sich aus der ursprünglichen Bedeutung 'Rücksicht nehmen, Nachsicht üben, schonen' der Sinn 'Frist zur Zahlung, Rückgabe gewähren'. Im Nordischen entspricht dagegen das Verb der Bedeutung, die den unter *Bürge* (s. d.) behandelten westgerm. Substantiven zukommt. Alle Verben stehen wie *Bürge* (s. d.) ablautend zu *bergen* (s. d.). – B o r g m. 'das Borgen', meist in der festen Wendung *auf Borg* ('mit dem Versprechen der Bezahlung') *kaufen, geben, leben, nehmen*, ahd. (10. Jh.), asächs. aengl. *borg*, mhd. *borc*, mnd. *borch*, mnl. *borghe, borch* 'Borg, Bürgschaft, Pfand, Kredit', nl. *borg*.

Borke f. 'äußere, rauhe Baumrinde'. Im Hd. zuerst Anfang des 17. Jhs. gebucht, aus dem Nd. übernommen, vgl. mnd. *bork(e)*, nl. *bork*, ablautend mnd. *bark(e)*, mnl. *barc*, nl. *bark*, anord. *bǫrkr* (woraus engl. *bark*), schwed. *bark*. Die Etymologie ist unsicher. Unter Berufung auf semantische Parallelen in anderen ie. Sprachen, z.B. lat. *cortex*, russ. *korá* (*кора*) 'Rinde', die zu der unter [1]*scheren* (s. d.) angegebenen Wurzel ie. **(s)ker(ə)-* 'schneiden' gehören, stellt man *Borke* und die zugehörigen Ablautformen zu der unter *bohren* und *Brett* (s. d.) behandelten Wurzel ie. **bher-* 'mit einem scharfen oder spitzen Werkzeug bearbeiten, schneiden'. DE VRIES Anord. 70 hält auch Verwandtschaft mit anord. *barr* n. '(Nadel)baum, Laub' und dem (seltenen) Adjektiv *barr* 'rauh, scharf' für möglich. *Borke* wäre danach 'etw. Rauhes' und zur Wurzel ie. **bhar-, *bhor-* 'Hervorstehendes, Borste, Spitze' zu stellen (s. *Bart, barsch, Borste*). – B o r k e n k ä f e r m. unter der Borke oder im Holz eines Baumes minierender Schädling (Ende 18. Jh.).

borniert Adj. 'geistig beschränkt, dumm'. Aus frz. *borner* 'abgrenzen, ein-, beschränken' wird das nur selten bezeugte *bornieren* entlehnt (18. Jh.). Das zugehörige Part. Prät. *borniert* (entsprechend frz. *borné*) 'beschränkt' wird in der 2. Hälfte des 18. Jhs. üblich und entwickelt sich vom Beginn des 19. Jhs. an zu einem vielgebrauchten Adjektiv. Frz. *borner* ist abgeleitet von frz. *borne*, afrz. *bon(n)e, bodne, bosne, borne* 'Grenzstein, Grenze', dem vermutlich ein gall. **bodina* voraufgeht. S. auch *abonnieren*. – B o r n i e r t h e i t f. (19. Jh.).

Börse f. 'Geldbeutel, zentraler Handelsmarkt' sowie (in der Geldwirtschaft) 'Markt für Aktien und Wertpapiere'. Mlat. *bursa* '(Leder)beutel, -tasche, Geldsäckchen', aus lat. *byrsa*, griech. *býrsa* (*βύρσα*) 'abgezogene Haut, Fell', ergibt ahd. (9. Jh.), asächs. *bursa*, mhd. *burse*, mnl. *borse* 'Beutel, Geldtäschchen'. Eine Brügger Kaufmannsfamilie, die in ihrem Wappen drei Geldbeutel führt, erhält den Beinamen *van de Borse*, und der Platz vor deren Haus sowie die dort stattfindenden Zusammenkünfte der Kaufleute werden *borse* genannt. 1531 geht die Bezeichnung auf ein in Antwerpen errichtetes Handelshaus über, und noch im gleichen Jh. wird nl. *borse, beurs* für Handelszusammenkünfte bzw. das Gebäude dafür ins Dt. übernommen. Im 18. Jh. wird *Börse*, verdeutlichend auch *Geldbörse*, erneut im Sinne von 'Geldbeutel' aus nl. *beurs, geldbeurs* entlehnt, nachdem frühnhd. *bursze, borse* 'Geldbeutel' eine eigene Bedeutungsentwicklung erfahren hat (s. *Bursche*). – B ö r s i a n e r m. (zuweilen geringschätzig) 'Makler, Spekulant' (19. Jh.).

Borste f. 'steifes Haar'. Ahd. *borsta* f. (10./11. Jh.), mhd. *borste* f. ergeben nhd. *Borste*; daneben steht gleichbed. ahd. *burst, borst* n. (10. Jh.), mhd. *borst* n. m. und das in nhd. *Bürste* (s. d.) sich fortsetzende Fem. ahd. *burst* (um 1000), mhd. *burst, bürst* 'Borste'. Verwandt sind aengl. *byrst* f. 'Borste', anord. *burst* f. 'Borste, Dachfirst' sowie aind. *bhr̥ṣṭíḥ* 'Zacke, Spitze, Ecke', russ. *boršč* (*борщ*) 'Bärenklau' (nach den spitzen Blättern), auch eine aus Bärenklau zubereitete Suppe, danach (in späterer Übertragung)

'Roterübensuppe'; sie alle gehen auf die mit *s* erweiterte schwundstufige Form der Wurzel ie. **bhar-, *bhor-* 'Hervorstehendes, Borste, Spitze' zurück. S. auch *Barsch, barsch.* – b o r s t i g Adj. 'struppig, zerzaust, grob, mürrisch', ahd. *burstag, burstīg* (Hs. 12. Jh.). w i d e r b o r s t i g Adj. 'struppig, störrisch, widerspenstig', mnd. *wedderborstich*, frühnhd. *wider borstig* (15. Jh.).

Borte f. 'verziertes Gewebeband als Besatz, Randeinfassung', ahd. *borto* (9./10. Jh.), mhd. *borte*, mnd. *bōrde*, aengl. *borda*, anord. *borði* 'Band, kunstvoller Besatz, Saum' sind schwach flektierte, maskuline Nebenformen zu den unter *Bord* behandelten starken Substantiven (Weiteres zur Herkunft s. d.). Genuswechsel zum Fem. setzt im 17. Jh. ein.

Böschung f. 'schräg abfallende Seitenfläche, Abhang, Abschrägung'. Wohl im Anschluß an schweiz. schwäb. *Bosch*, auch *Bösch* (eigentl. Plur.) 'Busch, Strauch, Gehölz' und '(Gras)büschel, Rasenstück' (s. *Busch*) entsteht die Suffixbildung *Böschung* (16. Jh.) für gras- bzw. strauchbewachsene Wälle im Festungsbau, aber auch für jede künstliche oder natürliche Abschrägung im Gelände. Dazu b ö s c h e n, a b b ö s c h e n Vb. 'abschrägen' (18. Jh.).

böse Adj. 'schlecht, schlimm, schädlich', ahd. *bōsi* (10. Jh.), mhd. *bōse, bœse* 'übel, gering, nichtig, wertlos, schwach', asächs. *bōsi*, mnd. *bōs(e)*, mnl. nl. *boos*. Entsprechungen in den übrigen germ. Sprachen fehlen, so daß eine sichere Herleitung erschwert wird. Als lautlich verwandt kann engl. *to boast* 'prahlen', norw. *baus* 'heftig, stolz, übermütig' (wenn ursprünglich 'aufgeblasen') angesehen werden; *böse* würde sich dann einer *s*-Erweiterung (wie auch *Busen, pusten*, s. d.) der Wurzel ie. **b(e)u-, *bh(e)u-, *b(h)ū-* 'aufblasen, schwellen' (wozu auch *Beule, Beutel*, s. d.) anschließen. Eine solche Verbindung ist aber bei der dabei vorauszusetzenden Bedeutungsentwicklung von 'aufgeblasen' zu 'gering, wertlos' wenig befriedigend. – e r b o s e n Vb. 'erzürnen', mhd. *erbōsen* 'schlechter werden'; vgl. mhd. *bōsen, bœsen* 'schlecht werden, Böses tun'. b o s h a f t Adj. 'hinterlistig, schlecht' (16. Jh.), älter *boshaftig* (15. Jh.). B o s h e i t f. 'Hinterlist, Schlechtigkeit', ahd. (9. Jh.), mhd. *bōsheit* 'Wertlosigkeit, Nichtigkeit, Schlechtigkeit'.

Boß m. 'wer Anweisungen gibt, Chef', Entlehnung des 20. Jhs. von amerik.-engl. *boss* 'Manager, Parteiführer', das seinerseits auf nl. *baas* 'Aufseher, Meister, Herr' (unsicherer Herkunft) beruht.

Botanik f. 'Pflanzenkunde'. Griech. *botanikós* (*βοτανικός*) Adj. 'die Kräuter betreffend', aus griech. *botánē* (*βοτάνη*) 'Weide, Futterkraut, Gras', begegnet in der Verbindung *botanikḗ (téchnē)* (*βοτανικὴ τέχνη*) 'Kräuter-, Pflanzenkunde', die zu mlat. *botanica* 'Heilkräuterkunde, Wissenschaft von den Pflanzen' führt (vgl. lat. *botanicum*, mlat. *botanica* 'Kräuterbuch'). Wohl unter Einfluß von früher bezeugtem frz. *botanique* (Anfang 17. Jh.) entsteht daraus die Wissenschaftsbezeichnung *Botanik* (Mitte 17. Jh.) mit den Ableitungen B o t a n i k e r m. (18. Jh.), nach nlat. *botanicus* (17. Jh.), und b o t a n i s c h Adj. (18. Jh.).

Bote m. 'Überbringer, Abgesandter', ahd. *boto* (8. Jh.), mhd. *bote*, asächs. *bodo*, mnd. mnl. *bōde*, nl. *bode*, aengl. *boda*, anord. *boði* 'der mit einem Auftrag Ausgesandte' (germ. **budan-*) ist Nomen agentis, das (wie *Ge-, Verbot*) im Ablaut zu den unter *bieten* (s. d.) genannten Verben in ihrer alten Bedeutung 'zur Kenntnis bringen, verkünden' steht. – B o t s c h a f t f. 'Verkündigung, Mitteilung', ahd. *botascaf* (9. Jh.), mhd. *bote-, botschaft*; im 15. bis 17. Jh. auch 'Abgesandter' bzw. die 'Gruppe der Abgesandten'. B o t s c h a f t e r m. 'Bote, der mit politischem Auftrag Abgesandte' (15. Jh.), dann 'Leiter einer Gesandtschaft' und seit dem 18. Jh. Staatstitel in der Übersetzung von frz. *ambassadeur.* V o r b o t e m. 'Vorläufer, Anzeichen', ahd. *foraboto* (9. Jh.), mhd. *vorbote* 'der Verkünder der Ankunft seines Auftraggebers'; heute meist übertragen 'An-, Vorzeichen'. b o t m ä ß i g Adj. 'untertan, tributpflichtig' (14. Jh.), zusammengesetzt mit mhd. *bot* n. 'Gebot' (zu *bieten* im Sinne von 'befehlen' wie in *ge-, verbieten*); B o t m ä ß i g k e i t f. 'Herrschaft' (16. Jh.). Dazu im 19. Jh. u n b o t m ä ß i g Adj. 'widersetzlich', U n b o t m ä ß i g k e i t f.

Böttcher m. 'Handwerker, der Holzgefäße herstellt', mnd. *bōdeker* (Mitte 13. Jh.), mnl. *boedecker, bodeker*, frühnhd. (md.) *botticher, büttiger* (15. Jh.). Das noch heute vorwiegend nordd. Wort gehört nicht zu *Bottich* (dieses zuerst obd., s. d.), zu dem es das Sprachgefühl heute stellt, sondern ist sehr wahrscheinlich Ableitung mit *ker*-Suffix von mnd. *bōde, bōde* (asächs. *budin*), nhd. *Bütte* (s. d.), vgl. G. Müller in: PBB (H) 83 (1961) 291. Vom Nd. und Md. her setzt sich *Böttcher* gegen zahlreiche konkurrierende Bezeichnungen wie omd./ostfrk. *Büttner*, westmd./westobd. *Küfer*, bair. *Schäffler* und omd./ostbair. *Binder* in der Literatursprache durch.

Bottich m. 'großes rundes Holzgefäß', ahd. *botega* 'großes Faß für Wein, Bier, Gemüse' (9. Jh.), mhd. *botech(e)*. Die Herkunft der zunächst im Obd., vor allem im Bair., auftretenden Gefäßbezeichnung ist umstritten. Man vermutet Entlehnung aus einer mlat. Variante von lat. *apothēca* 'Aufbewahrungsort, Weinlager', mlat. auch 'Faß, Gefäß, Behälter', griech. *apothḗkē* (ἀποθήκη), s. *Apotheke*, oder (über ein allerdings nicht belegtes ital. *bottiga*?) aus mlat. *butica* 'Gefäß, Behälter' zu spätlat. *buttis* 'Faß'. (Vgl. die Literaturangaben Ahd. Wb. 1, 1284.) Ahd. *botega* ist schwaches Fem.; unter Einfluß von ahd. *botah* m. 'Körper' (verwandt mit gleichbed. engl. *body*) setzt sich zunächst inlautende Spirans durch (spätahd. *botahha*, mhd. *boteche*), dann (seit mhd. Zeit belegt) auch maskulines Genus. Obd. Mundarten haben das feminine Genus bewahrt, vgl. *die Bottig, Botting*.

Bouclé n. Gewebe mit noppiger, gekräuselter Oberfläche. Die seit der 2. Hälfte des 19. Jhs. gebräuchliche Bezeichnung ist das substantivierte Part. Perf. eines von frz. *boucle* 'Ring, Schnalle, Locke' (aus lat. *buccula* 'kleine Wange', s. *Buckel*) abgeleiteten Verbs frz. *boucler* 'in Locken legen, ringeln, zuschnallen'. Dazu B o u c l é t e p p i c h m. (20. Jh.).

Boudoir n. 'von der Dame des Hauses bewohntes Zimmer'. Der veraltende, nur gelegentlich noch ironisch-spöttisch gebrauchte, an heute überholte Lebensverhältnisse gebundene Ausdruck wird gegen Ende des 18. Jhs. aus dem Frz. übernommen. Wie frz. *boudoir*, das mit dem den Ort einer Tätigkeit bezeichnenden Suffix frz. *-oir* Anfang des 18. Jhs. als scherzhafte Bildung vom Verb frz. *bouder* 'schmollen' abgeleitet ist (vgl. FEW 1,422), bedeutet *Boudoir* zunächst 'Raum, wohin man sich zurückzieht, wenn man allein sein will' (daher Verdeutschungsversuche wie *Launewinkel* Möser, *Schmollwinkel* Kotzebue, J. Paul, *Schmollzimmerchen* Campe), engt sich aber bald auf 'Damenzimmer' ein.

Bouillon f. 'Fleischbrühe' ist Übernahme von frz. *bouillon* m. 'Fleischbrühe', auch 'Blase, Schaum, Aufwallung', und seit Beginn des 18. Jhs. im Dt. nachweisbar, erscheint hier aber (von vereinzelt bezeugtem maskulinem Genus abgesehen) als Femininum, vermutlich durch Angleichung an Synonyme wie *Brühe* oder *Suppe*. Das frz. Substantiv gehört zum Verb frz. *bouillir* 'sieden, kochen', das aus lat. *bullīre* 'Blasen werfen, aufwallen' (von lat. *bulla* 'Wasserblase, Knopf, Kapsel', s. *Bulle* f.) entwickelt ist.

Boulevard m. 'breite Straße'. Frz. *boulevard*, ursprünglich 'Festungswerk, Stadtwall', zurückgehend auf das dem dt. *Bollwerk* (s. d.) entsprechende gleichbed. mnl. *bolwerc*, gelangt in seiner jüngeren Bedeutung 'ringförmig verlaufende Prachtstraße an der Stelle früherer Festungswälle' (namentlich in Paris) in der zweiten Hälfte des 18. Jhs. ins Dt.; hier wird es noch im 19. Jh. vorwiegend mit Bezug auf Paris, im 20. Jh. häufiger auch für andernorts befindliche ähnliche Straßen verwendet, neuerdings bes. 'breite Geschäftsstraße in der Innenstadt mit starkem Fußgängerverkehr'. — B o u l e v a r d b l a t t n. 'im Straßenverkauf angebotene, groß aufgemachte Sensationszeitung' und B o u l e v a r d p r e s s e f. 'in großer Auflage erscheinende Sensationspresse' (beide Ende 19. Jh.); B o u l e v a r d t h e a t e r n. 'zur Unterhaltung spielendes kleines Theater' (Ende 18. Jh., anfangs *Boulevards-Theater*).

Bourgeoisie f. 'wohlhabendes Bürgertum', marxistisch 'die in der kapitalistischen Gesellschaft die wichtigsten Produktionsmittel besitzende und deshalb herrschende bürgerliche Klasse'. Frz. *bourgeoisie* 'Bürgertum, Bürgerstand' gelangt in der zweiten Hälfte des 18. Jhs. zunächst mit diesem hinsichtlich seiner sozialen Geltung nicht genau festgelegten Inhalt ins Dt.; im Anschluß an den durch die Saint-Simonisten ins Frz. eingeführten Gebrauch 'kapitalistische Ausbeuterklasse', der sich in der frühen sozialistischen Bewegung einbürgert, verwenden Marx und Engels *Bourgeoisie* seit der Mitte des 19. Jhs. als gesellschaftswissenschaftlichen Terminus. Das Substantiv ist eine Kollektivbildung zu frz. *bourgeois* 'Bürger', ursprünglich 'Bewohner einer Stadt' im Unterschied zu Adel und Landbevölkerung, das als B o u r g e o i s m. 'Bürger' (vereinzelt seit Mitte 18. Jh.), dann namentlich 'Angehöriger der Kapitalistenklasse' (Mitte 19. Jh.) ebenfalls ins Dt. entlehnt ist. Zugrunde liegt frz. *bourg* 'Marktflecken', hervorgegangen aus spätlat. *burgus* 'Burg, kleine Festung', das wohl griech. *pýrgos* (*πύργος*) 'Turm, Mauerturm' und germ. **burg-* f. 'befestigter Platz, Fluchtburg' (woraus dt. *Burg*, s. d.) in sich vereinigt.

Bowle f. Mischgetränk aus Wein, Früchten und Zucker sowie das dafür verwendete Gefäß. Engl. *bowl* 'Schüssel, Napf, Bowlengefäß', eine jüngere graphische Variante von (heute nur noch als 'Samenkapsel' gebräuchlichem) engl. *boll* (aus aengl. *bolla* 'rundes Gefäß, Becher, Napf', vgl. auch ahd. *bolla*, mhd. frühnhd. *bolle* 'Knospe, gewölbtes Gefäß'), ist von der zweiten Hälfte des 18. Jhs. an als *Bowle* (anfangs auch *Bohle, Bole*) 'gewölbtes Gefäß', bes. 'Punschgefäß' im Dt. bezeugt und wird hier in der Mitte des 19. Jhs. abweichend vom Engl. auch auf den Gefäßinhalt übertragen. Verwandt mit *Bohle*, s. d.

Bowling n. Spiel mit zehn Kegeln auf einer Parkettbahn. Amerik.-engl. *bowling* als Bezeichnung dieser in Nordamerika entstandenen Form des Kegelns (im Unterschied zu engl. *bowling* für ein Rasenkugelspiel) wird seit den 50er Jahren des 20. Jhs. im Dt. üblich; es ist Verbalsubstantiv zu engl. *to bowl* 'rollen, schieben, werfen', einer Ableitung von engl. *bowl* 'Kugel, Ball' (Entlehnung von gleichbed. afrz. *bole*, frz. *boule*, aus lat. *bulla* 'Blase, Buckel, Knopf').

Box f. 'abgeteilter Raum, kastenförmiger Behälter', im Dt. seit den 70er Jahren des 19. Jhs., beruht auf Entlehnung von engl. *box* 'Büchse, Kasten, abgesonderter Platz'. Dieses setzt aengl. *box* 'Büchse, Behälter aus Buchsbaumholz' fort, das sich wie dt. *Büchse* (s. d.) über spätlat. und mlat. bezeugtes *buxis* (oder mlat. *buxa*?, vgl. FEW 9, 655) von lat. *pyxis*, griech. *pyxís* (*πυξίς*) 'Büchse (aus Buchsbaumholz)' herleiten läßt.

boxen Vb. 'mit den Fäusten kämpfen'. Engl. *to box* 'mit der Hand schlagen', dessen Herleitung unsicher ist (vielleicht lautmalend und verwandt mit dt. *pochen*, s. d.), wird mit Bekanntwerden des in England als Sport ausgeübten Faustkampfs im letzten Drittel des 18. Jhs. (anfangs häufig *baxen*, wohl infolge mündlicher Übernahme) ins Dt. entlehnt. – B o x k a m p f m., engl. *boxing-match* (um 1900). B o x e r m. 'Faustkämpfer' (Ende 18. Jh., zunächst auch *Baxer*), engl. *boxer*; im Dt. übertragen (auf die Kampfbereitschaft anspielend) 'der Bulldogge ähnlicher Hund' (um 1900).

Boxkalf n. 'chromgegerbtes Kalbsleder'; seit dem zweiten Jahrzehnt des 20. Jhs. im Dt. übliche Entlehnung von gleichbed. engl. *boxcalf* (zu engl. *calf* 'Kalb'), der Ende des 19. Jhs. mit Bezug auf einen Londoner Schuhmacher namens *Joseph Box* von einer amerik. Firma geprägten Warenbezeichnung.

Boykott m. 'Ächtung durch wirtschaftliche, politische, soziale Isolierung'. Diese Kampfmaßnahme wird 1880 von ir. Bauern gegenüber dem engl. Gutsverwalter *Charles Boycott* angewandt, dessen Name rasch zum Verb engl. *to boycott* 'in Verruf erklären' umgebildet wird. An das Verb schließt sich das Substantiv engl. *boycott* 'Verruf' an, das Ende des 19. Jhs. auch im Dt. erscheint. – b o y k o t t i e r e n Vb., nach engl. *to boycott* (s. oben) zunächst dt. *boykotten* (um 1890, vgl. nl. *boycotten*); die heutige Form seit Ausgang des 19. Jhs.

Brache f. 'unbestellter Acker', auch 'Zeit des Unbebautseins'. Ahd. *brāhha* 'Umbrechen, erstes Pflügen des Ackers' (Hs. 12. Jh.), mhd. *brāche* 'Umbrechen des Ackers' und (wie mnd. *brāke, brāk*, mnl. *brāke*) 'unbestellter Acker' (während der Anbaupause bei Dreifelderwirtschaft) ist eine ablautende Bildung zu germ. **brekan*, nhd. *brechen* (s. d.). Aus der Fügung mhd. *in brāche ligen* wird durch Wegfall der (gelegentlich im 17. Jh. noch bezeugten) Präposition nhd. *brach(e) liegen* (16. Jh.; daneben bis ins 18. Jh. *Brache liegen* mit auf das Substantiv hinweisender Großschreibung), das erst im 19. Jh. zum Verb b r a c h l i e g e n 'unbebaut, ungenutzt sein' zusammenwächst. Ein Adjektiv b r a c h 'unbebaut, ungenutzt' entsteht frühnhd. infolge falscher Deutung des ersten Bestandteils von *brach(e) liegen* (s. oben); es wird prädikativ, selten auch (seit dem 17. Jh.) attributiv gebraucht. – B r a c h f e l d n., mhd. *brāchvelt*, und B r a c h l a n d n. (18. Jh., vorher mnd. *brākelant*) 'unbestellter Acker'. B r a c h m o n a t, auch *Brachmond* m., alter, im jüngeren Nhd. außer Gebrauch kommender Name des sechsten Monats (s. *Juni*), in dem das Brachfeld bearbeitet wurde, ahd. *brāhmānōd* (9. Jh.), mhd. *brāchmānōt, brāchmāne*, mnd. *brākmānt, brāk-*

mān(e), mnl. *braecmaent.* B r a c h v o g e l m. hochbeiniger Schnepfenvogel, ahd. *brāhfogal* (11. Jh.) für einen zu den Drosseln gehörenden Vogel, mhd. *brāchvogel*, der u. a. auf *Brachäckern, Brachland* seine Nahrung (Insekten) sucht.

Brachialgewalt f. 'rohe körperliche Gewalt'. Das zu lat. *bracchium* 'Unterarm, Arm' gebildete Adjektiv lat. *bracchiālis* 'zum Arm gehörig' ist im Sprachgebrauch der Wissenschaft, namentlich der Anatomie, bis in die Gegenwart geläufig. Es wird im 19. Jh. erstes Glied der dt. Zusammensetzung *Brachialgewalt* und kommt im Anschluß an diese im 20. Jh. auch eingedeutscht als b r a c h i a l Adj. 'körperlich roh, handgreiflich' in Fügungen wie *brachiale Gewalt, Rache, Auseinandersetzung* sowie in adverbieller Verwendung (*jmdn. brachial angreifen*) vor.

Brackwasser n. Gemisch von Süß- und Salzwasser. Das an der Nordseeküste heimische Adjektiv mnl. *brac*, mnd. nl. *brak*, nd. *bra(c)k* 'salzig, brackig' (eigentl. wohl 'scharf, schneidend' und an ie. **bher-* 'mit einem scharfen oder spitzen Werkzeug bearbeiten, schneiden' anzuschließen) gelangt im 17. Jh. ins Hd., namentlich in der Fügung *brack Wasser*, die nl. *brak water* nachbildet. Im Nl. daneben auch die Zusammensetzung *brakwater*, der das seit dem 18. Jh. bezeugte nd. *Bra(c)kwater*, hd. *Brackwasser* folgt. – b r a c k i g Adj. 'salzhaltig' (und deshalb nicht trinkbar); neben seltenes, doch bis ins 20. Jh. nachweisbares *brack* (s. oben) tritt Anfang des 19. Jhs. *brackisch* und in den 30er Jahren des 19. Jhs. *brackig* (vgl. veraltetes engl. *brack* 'salzig, brackig', wahrscheinlich ebenfalls aus dem Nl. entlehnt, sowie die gleichbed. Weiterbildung engl. *brackish*).

Branche f. 'Industrie-, Handelszweig'. Frz. *branche* 'Zweig, Ast' (aus spätlat. *branca* 'Pfote') wird im 18. Jh. zunächst als genealogischer Ausdruck im Sinne von 'Abstammungslinie', dann auch allgemein als 'Teilgebiet, Untergruppe' ins Dt. übernommen. Die seit Ende des 18. Jhs. nachweisbare spezielle Verwendung für einen durch gleichartige Erzeugnisse oder Waren gekennzeichneten Bereich des Wirtschaftslebens setzt sich Mitte des 19. Jhs. durch.

Brand m. 'Feuer, Vorgang des Brennens', ahd. (9. Jh.), mhd. *brant* 'Brennen, Brandstiftung, brennendes Holzscheit' ist wie mnd. mnl. *brant*, asächs. nl. aengl. engl. *brand*, anord. *brandr*, schwed. *brand* mit Dentalsuffix *-to-* zu einem starken Verb gebildet, das in ahd. *brinnan*, mhd. *brinnen* 'brennen, erglühen, leuchten' bezeugt ist, im Nhd. aber fehlt, da das ehemalige Kausativum *brennen* (s. d.) schon vom Ahd. an den intransitiven Gebrauch mit übernimmt. Seit dem 16. Jh. wird nhd. *Brand* (wie mnd. *brant*) auch auf krankhafte Veränderungen am menschlichen, tierischen und pflanzlichen Organismus übertragen. – B r a n d b r i e f m. 'dringlicher Bittbrief', spätmhd. *brantbrief* (14./15. Jh., *brief* hier in der älteren Bedeutung 'Urkunde', s. *Brief*) 'Verordnung gegen Brandstifter'; im Nhd. zunächst (wie mnd. *brantbrēf*, 16. Jh.) 'Brandstiftung androhender erpresserischer Brief' (17. bis 19. Jh.), daneben vom 17. Jh. an (bes. südd. und md.) 'zum Sammeln berechtigende Bescheinigung für Brandgeschädigte', woran die heutige, im 18. Jh. in Studentenkreisen aufkommende Verwendung anknüpft. b r a n d m a r k e n Vb. 'öffentlich anprangern' (18. Jh.), ursprünglich 'mit einem Brandzeichen versehen', so vereinzelt schon spätmhd. (Ende 14. Jh.) und mnd. *brantmerken, -marken*, verbreitet seit dem 17. Jh.; gebildet zum Substantiv *Brandmark* n. und m. 'einem Verbrecher eingebranntes Zeichen' (nhd. belegt vom 17. bis 19. Jh., zuvor mnd. *brantmerk, -mark*). b r a n d s c h a t z e n Vb. 'durch Androhen von Raub und Brand Abgaben erpressen', spätmhd. *brantschatzen* (14. Jh., zu spätmhd. *brantschatz*, mnd. *brantschat* 'vor feindlichem Sengen und Brennen bewahrende Ablösungssumme'), vom 18. Jh. an auch allgemeiner 'ausplündern, ausnutzen'; dazu B r a n d s c h a t z u n g f., spätmhd. *brantschatzunge*. B r a n d s o h l e f. 'Innensohle des Schuhs' (17. Jh.), für die geringwertiges Leder, namentlich das durch ein Brandzeichen geschädigte *Brandleder* (17. Jh.) verwendet wird. b r a n d n e u Adj. 'ganz neu', das Adjektiv *neu* (s. d.) verstärkende Zusammensetzung, die gleichbed. engl. *brand-new, bran-new* nachbildet (30er Jahre 20. Jh.).

Brandung f. 'Wogenprall' steht seit dem 18. Jh. im Hd. für älteres nd. *Branding*, eine Entlehnung von gleichbed. nl. *branding*, zu nl. *branden* 'brennen, aufschäumen'. Mnl. nl. *branden* ist unter Einfluß von mnl. *brant* 'Brand, Feuer' (s. *Brand*) und dem Prät.

brand(d)e (zu mnl. *bernen, barnen, bornen*, s. *brennen*) entstanden. Die Bedeutung zeigt den Vergleich des tosenden Meeres mit einer lodernden, brodelnden Masse. b r a n d e n Vb. 'wogen, sich brechen (vom Wasser)' (Ende 18. Jh.).

Branntwein m. 'durch Destillation gewonnenes alkoholisches Getränk', hergestellt (seit dem 13. Jh.) aus Wein, dann auch aus Getreide oder Früchten, mhd. *gebranter wīn*, zu *brennen* (s. d.) im Sinne von '(zur Gewinnung eines konzentrierten Produkts) stark erhitzen, destillieren'. Im 16. Jh. wird die Vorsilbe des Partizips oft unterdrückt, und aus flektierten Formen entstehen Zusammenrückungen wie *brandtenwīn, brentenwein, brantewein* (Binnenflexion hält sich bis Ende 18. Jh.). Vgl. auch mnd. *brandewīn*, nl. *brandewijn*, woraus engl. *brand(e)wine, brandy wine*, das zu *brandy* verkürzt wird. – F r a n z b r a n n t w e i n m. im 17. Jh. allgemein 'französischer Branntwein', heute nur noch in der pharmazeutischen Fachsprache für ein (künstlich hergestelltes) durchblutungsförderndes Einreibemittel.

Braten m. 'zum Braten bestimmtes oder gebratenes Fleisch'. Ahd. *brāto* (8./9. Jh.), mhd. *brāte* 'schieres, eßbares Fleisch', asächs. *brādo* 'Schinken, Wade', aengl. *brǣde* 'Fleisch', anord. *brāð* 'Fleisch von Jagdtieren' und aus dem Germ. entlehntes spätlat. *brādo* 'Schinken' sind unbekannter Herkunft. Unter Einfluß des etymologisch nicht verwandten Verbs *braten* (s. d.) wird das Substantiv seit mhd. Zeit zur heutigen Bedeutung eingeengt; der ursprüngliche Sinn bleibt in nhd. *Wildbret* 'Wildfleisch' (s. *Wild*) erhalten. – B r a t w u r s t f. 'zum Braten bestimmte oder gebratene Wurst', eigentl. und landschaftlich bis heute 'mit Fleisch gefüllte Wurst', wie ahd. (Hs. 12. Jh.), mhd. *brātwurst* 'Fleischwurst'. B r a t e n r o c k m. 'festliche Herrenbekleidung' (18. Jh.), wohl nach gleichbed. engl. *roastmeat clothes* für die Kleidung, die zum festlichen Essen, zum *Braten*, angelegt wird.

braten Vb. 'über offenem Feuer oder in erhitztem Fett gar und an der Oberfläche braun werden (lassen)', ahd. *brātan* (8./9. Jh.), mhd. *brāten*, asächs. *brādan*, mnd. mnl. *brāden*, nl. *braden*, aengl. *brǣdan* führen wie *Brodem, brühen, Brust* (s. d.) auf eine vornehmlich im Germ. belegte Wurzelform ie. **bhrē-, *bhrō-* 'heiß aufwallen, wärmen, brennen' und damit letztlich auf die gleiche Wurzel ie. **bher(ə)-* 'aufwallen, in heftiger Bewegung sein', die sich auch in *Brot, Brei* und *brennen* fortsetzt.

Bratsche f. 'Altgeige'. Verkürzende Entlehnung (zuerst in der Form *Braz*, 17. Jh.) aus ital. *viola da braccio* 'Armgeige'. Zu ital. *viola* (s. *Violine*) und ital. *braccio*, das lat. *bracchium*, griech. *brachíōn* (*βραχίων*) 'Arm' fortsetzt. Vgl. die entsprechende Bildung ital. *viola da gamba* 'Kniegeige', s. *Gambe*. – B r a t s c h e r m. (18. Jh.), B r a t s c h i s t m. (19. Jh.).

brauchen Vb. 'nötig haben', ahd. *brūhhan, brūhhen* 'genießen, nutzen, ausüben' (8. Jh.), asächs. *brūkan*, aengl. *brūcan* 'nützlichen Anteil haben', mhd. *brūchen*, mnl. *brūken* 'brauchen, genießen', engl. *to brook* 'gebrauchen', got. *brūkjan* 'genießen, sich erfreuen, gebrauchen' sind verwandt mit lat. *fruī* 'genießen, Nutzen ziehen' und *frūx, frūctus* (s. *Frucht*). Das nur aus dem Germ. und Italischen zu erschließende ie. **bhrūg-* 'Frucht, genießen, gebrauchen' ist vielleicht Gutturalerweiterung des in *Brosame* (s. d.) und seinen Verwandten mit *s*-Erweiterung vorliegenden ie. **bhrĕu-, *bhrŭ-* 'abschaben, abstreifen, zerschlagen, zerbrechen' (zur Wurzel ie. **bher-* 'mit einem scharfen oder spitzen Werkzeug bearbeiten, schneiden'). Für ie. **bhrūg-* könnte daher eine älteste Bedeutung 'sich Früchte zum Genuß abbrechen oder abstreifen' erschlossen werden. Die semantische Entwicklung des dt. Verbs führt von 'nützlichen Anteil haben, genießen' über 'nutzen, gebrauchen' zu seit dem 17. Jh. üblichem 'nötig haben'. – B r a u c h m. 'Gewohnheit, Sitte', ahd. *brūh* (10./11. Jh.), mhd. *brūch*. B r a u c h t u m n. 'volkstümliche Sitten und Gebräuche' (20. Jh.). b r a u c h b a r Adj. 'geeignet', spätmhd. *brūchbar*; dazu B r a u c h b a r k e i t f. (18. Jh.). g e b r a u c h e n Vb. 'benutzen, verwenden', ahd. *gibrūhhan, gibrūhhen* (11. Jh.), mhd. *gebrūchen*; G e b r a u c h m. 'Verwendung', mhd. *gebrūch*. m i ß b r a u c h e n Vb. 'in unstatthafter Weise gebrauchen', ahd. *missabrūhhan* (10. Jh.), mhd. *missebrūchen* (s. *miß-*); M i ß b r a u c h m. (16. Jh.). v e r b r a u c h e n Vb. 'völlig verwenden, abnutzen, verschleißen', ahd. *firbrūhhen* (10./11. Jh.), mhd. *verbrūchen*; V e r b r a u c h m. (18. Jh.); V e r b r a u c h e r m. (19. Jh.).

Braue f. 'Haarbogen über dem Auge', ahd.

brāwa (8. Jh.), mhd. *brā* 'Augenlid, Wimpernreihe, Augenbraue', asächs. *brāha, brāwa* 'Braue', im Kompositum auch 'Lid, Wimpern', mnd. *brān* (Plur.) 'Brauen, Lider', mnl. *bra(e)uwe*, nl. *wenkbrauw*, aengl. *brǣw*, anord. *brā* 'Lid, Wimpern' sind verwandt mit Verben, die ein plötzliches, starkes Aufleuchten bezeichnen (mhd. *brehen*, anord. *brjā, braga*) oder eine rasche, zuckende Bewegung (anord. *bregða*, aengl. *bregdan*, ahd. *brettan*, mhd. *bretten*), und mit Abstrakta wie anord. *bragð* 'schnelle Bewegung', got. *brahv* in der Wendung *in brahva augins* 'im Augenblick'. Alle Bildungen lassen sich auf ein fast nur im Germ. belegtes ie. **bhrĕ̄k̂-* (oder **bhrĕ̄k-* ?) 'glänzen, funkeln' zurückführen, wohl eine Erweiterung der Wurzel ie. **bher-*, s. *braun*. Die ursprünglichen Bedeutungen von *Braue* und seinen Entsprechungen scheinen 'Lid' und 'Wimpern' zu sein, eigentl. 'das sich rasch Bewegende'. Die zusätzliche Bedeutung 'Augenbraue' tritt vor allem in den Sprachen auf, die kein auf ie. **bhrū-* zurückgehendes altes Wort für 'Braue' (wie anord. *brūn*, aengl. *brū*, wozu engl. *brow*) haben. So herrscht im Dt. langes Schwanken der Bedeutungen 'Lid', 'Wimpern', 'Braue', dem man zum Teil durch die Bildung von Komposita zu entgehen sucht (vgl. ahd. *obarbrāwa*). Auch ahd. *ougbrāwa*, mhd. *ougebrā*, nhd. *Augenbraue* zeigt bis ins 16. Jh. alle drei Bedeutungen; erst danach gilt *Augenbraue* für den 'Haarbogen über dem Auge' und ist heute häufiger als das Simplex *Braue*.

brauen Vb. 'Bier herstellen, ein Getränk zubereiten'. Ahd. **briuwan*, belegt nur in Ableitungen und Zusammensetzungen (z. B. *briuhūs* 'Brauhaus', s. unten), mhd. *briuwen, brūwen*, asächs. *breuwan*, aengl. *brēowan*, engl. *to brew*, anord. *brugga*, schwed. *brygga* stellen sich zu der häufig auf Gärungsprozesse bezogenen, unter *Brot* (s. d.) näher erläuterten Erweiterung der Wurzel ie. **bher(ə)-* 'aufwallen, in heftiger Bewegung sein'. Die regelmäßige Lautentwicklung führt zu nhd. *bräuen* (so noch im Obd.), während das übliche nhd. *brauen* auf mhd. (md.) *brūwen* beruht. Neben der Herstellung von Bier bezeichnet *brauen* auch die Zubereitung anderer Getränke mittels würzender Zusätze (Punsch, Kaffee). – B r a u e r m., mhd. *briuwer* und *brū(w)er, brūere*. B r a u e r e i f. 'Betrieb zur Herstellung von Bier, das Brauen' (17. Jh.), älter (16. Jh.) *Brauhaus*, landschaftlich *Bräuhaus*, ahd. (Hs. 13. Jh.), mhd. *briuhūs*. G e b r ä u n. 'gemischtes Getränk', mhd. *gebriu, gebriuwe*.

braun Adj. Bezeichnung der dunklen, zwischen rot und gelb liegenden Mischfarbe, ahd. (9. Jh.), mhd. asächs. mnd. aengl. *brūn*, engl. *brown*, mnl. *bruun*, nl. *bruin*, anord. *brūnn*, dän. schwed. *brun* gehen mit griech. *phrýnē* (*φρύνη*) 'Kröte' (eigentl. 'die Braune') auf eine Erweiterung der Wurzel ie. **bher-* 'braun' zurück, die auch in nhd. *Bär* (s. d.), lit. *bė́ras* 'braun' und mit Reduplikation in nhd. *Biber* (s. d.), aind. *babhrúḥ* 'rotbraun, braun' vorliegt, sich also häufig in Benennungen brauner Tiere findet. – b r ä u n e n Vb. 'braun machen, werden', ahd. *brūnen* (10./11. Jh.), mhd. *briunen*. B r ä u n e f. 'braune Tönung der Haut', mhd. *briune*; seit Paracelsus in der Medizin für Krankheiten der Luftwege, die die Schleimhäute braunrot verfärben, 'Angina, Diphtherie'. b r ä u n l i c h Adj. 'dem braunen Farbton ähnlich' (17. Jh.), älter *brunlecht, braunlicht*. B r a u n k o h l e f. (18. Jh.).

brausen Vb. 'aufwallen, schäumen, rauschen, duschen'. Die Herkunft von mhd. mnd. *brūsen*, nl. *bruisen* ist nicht sicher geklärt. Wahrscheinlich ist es zurückzuführen auf ein um *-s-* erweitertes ie. **bhrĕ̄u-, *bhrŭ̄-*, das auch in *brauen, Brot* (s. d.) vorliegt. – B r a u s m., mhd. *brūs* 'Lärm, Brausen', nur noch in der Verbindung *in Saus und Braus* (17. Jh.), s. *sausen*. B r a u s e f. 'Wasserverteiler, Dusche' (17. Jh.), 'schäumende Limonade', verkürzt aus *Brauselimonade* (20. Jh.). a u f b r a u s e n Vb. 'zornig hochfahren' (18. Jh.).

Braut f. 'Verlobte, (junge) Frau am Hochzeitsstag', ahd. (9. Jh.), mhd. *brūt* 'Frau am Hochzeitstag, junge Frau', asächs. *brūd*, mnd. *brūt*, mnl. *bruut*, nl. *bruid*, aengl. *brȳd*, engl. *bride*, anord. *brūðr*, got. *brūþs*, germ. **brūdi-*; außergerm. Verwandte dagegen fehlen, so daß die Etymologie trotz zahlreicher Herleitungsversuche letztlich ungeklärt bleibt; vgl. DEBUS in: Dt. Wortforsch. in europ. Bezügen 1 (1958) 37 ff. Bezeugungen (seit 3. Jh.) von lat. *brūtes, brūta*, spätgriech. *brū́tis* (*βρούτις*) auf Inschriften und in Glossaren Dalmatiens erklären sich als Entlehnungen aus dem Got. Die Bedeutung 'Verlobte' stammt aus dem Omd. und wird seit Luther allgemein gültig. – b r ä u t l i c h Adj., ahd. *brūtlīh* (9. Jh.), mhd. *brūtlich*.

Bräutigam m. 'Verlobter, Mann am Hochzeitstag', ahd. *brūtigomo* (9. Jh.), mhd. *briutegome*, asächs. *brūdigomo*, mnd. *brūdegam*, mnl. *brūdegome*, nl. *bruidegom*, aengl. *brȳd(i)guma*, anord. *brūðgumi*, germ. **brūdiguman-* 'Mann der *Braut*' (s. d.). Den zweiten Bestandteil bildet das im Nhd. nur in dieser Zusammensetzung erhaltene ahd. *gomo*, anord. *gumi*, got. *guma*, germ. **guman-* 'Mann', das etymologisch lat. *homo* 'Mensch, Mann' entspricht (ie. **gh(ə)mon*); Verwandtschaft mit lat. *humus* 'Erde' weist auf eine alte Bedeutung 'der Irdische'. Das ursprünglich genitivische *-i-* wird im Mhd. zu *-e-* (*briutegome*) abgeschwächt; am Ende der mhd. Periode stellt sich der alte Kompositionsvokal unter erneuter palatalisierender Einwirkung von *-g-* als Fugenelement wieder her; vgl. Schmid in: ZfdA 51 (1909) 287.

brav Adj. 'gehorsam, folgsam, redlich'. Lat. *barbarus* 'ausländisch' (s. *Barbar*) hat auch die Bedeutung 'unkultiviert, wild'. Auf Pflanzen und Tiere, bes. den Stier bezogen, lebt diese Verwendung (über vlat. **brabus*) weiter in span. *bravo*, aprov. *brau*; in beiden Sprachen entwickelt sich 'wild' zu 'grausam', aber auch zu 'tapfer, tüchtig'. In diesem Sinne wird span. *bravo* ins Ital. und (zum Teil wohl über ital. Vermittlung) ins Frz. entlehnt. (Für das Ital. wird statt span. auch aprov. Herkunft angenommen.) Mfrz. frz. *brave* gelangt in der Mitte des 15. Jhs. ins Dt., zunächst in der Bedeutung 'geeignet, brauchbar, tüchtig', während es zur Zeit des Dreißigjährigen Krieges (wohl unter erneutem roman. Einfluß) im Sinne von 'tapfer' geläufig wird. Diese Bedeutung tritt ebenso wie die Verwendungen 'richtig, trefflich' im 19./20. Jh. zugunsten von 'gehorsam, folgsam, redlich' zurück. – B r a v h e i t f. (Ende 18. Jh.).

bravo Interj. 'gut', superlativisch *bravissimo* 'sehr gut, vortrefflich'; ital. Beifallsrufe, die im 18. Jh. entlehnt werden. Zugrunde liegt ital. *bravo* 'tapfer, tüchtig, ausgezeichnet' (s. *brav, Bravour*). Ebenfalls im 18. Jh. erfolgt die Substantivierung zu B r a v o n. 'Beifallsruf'.

Bravour f. 'Tapferkeit, Unerschrockenheit', heute bes. 'hohes technisches Können, Geschicklichkeit, Meisterschaft, glanzvolle Darbietung'. Anfang des 18. Jhs. wird frz. *bravoure* 'Tapferkeit' entlehnt, das auf ital. *bravura* 'Mut, Tapferkeit, meisterhafte, gewandte Ausführung', eine Nominalbildung zum Adjektiv ital. *bravo* 'tapfer, tüchtig, ausgezeichnet', zurückgeht (s. *brav, bravo*). Die heute im Dt. vorherrschende Bedeutung verbreitet sich offensichtlich über die Fügung ital. *aria di bravura*, dt. *Bravourarie* (18. Jh.), vgl. auch frz. *air de bravoure*. – B r a v o u r s t ü c k n. 'Glanzstück' (19. Jh.). b r a v o u r ö s Adj. 'glanzvoll' (20. Jh.); französierende Bildung der Militär- oder Studentensprache?

brechen Vb. 'in Stücke teilen, zerfallen', ahd. *brehhan* 'brechen, reißen, vernichten' (8. Jh.), mhd. *brechen*, asächs. *brekan*, mnd. mnl. *brēken*, nl. *breken*, aengl. *brecan*, engl. *to break*, got. *brikan* sind verwandt mit den im Ablautverhältnis stehenden Bildungen *Brache, Bruch* m. und *Brocken* (s. d.) sowie mit lat. *frangere* '(zer)brechen' (mit nur präsentischem *n*; s. *Fraktur*), so daß sich ie. **bhreĝ-* 'brechen, krachen' als Ausgangsform erschließen läßt. – B r e c h e r m. 'Sturzsee' (19. Jh., nach engl. *breaker*). a u f b r e c h e n Vb. 'sich auf den Weg machen, gewaltsam öffnen', mhd. *ūfbrechen*; A u f b r u c h m., mhd. *ūfbruch*. a u s b r e c h e n Vb., ahd. *ūʒbrehhan* (Hs. 13. Jh.), mhd. *ūʒbrechen*. e i n b r e c h e n Vb. 'gewaltsam eindringen', ahd. *inbrehhan* 'eindringen, hineinstürzen' (9. Jh.), mhd. *īnbrechen*; E i n b r u c h m., mhd. *īnbruch* 'das Eindringen, Eingriff, Schaden'; E i n b r e c h e r m. 'wer gewaltsam eindringt und sich an fremdem Eigentum vergreift' (16. Jh.). g e b r e c h e n Vb. 'fehlen', nur noch in *es gebricht (mir) an etw.*, mhd. *gebrechen* 'brechen, fehlen, mangeln'; vgl. ahd. *gibrehhan* 'zerschmettern', refl. 'sich unterwerfen' (11. Jh.). Dazu gehört der substantivierte Infinitiv G e b r e c h e n n. 'körperlicher Fehler, Krankheit', vgl. dagegen mhd. *gebreche* m. 'Mangel, Beschwerde, Krankheit'; g e b r e c h l i c h Adj. 'hinfällig', mhd. *gebrechlich*. v e r b r e c h e n Vb. 'das Gesetz brechen, sich schwer vergehen', ahd. *firbrehhan* (9. Jh.), mhd. *verbrechen* 'zerschlagen, zerstören', ursprünglich verstärktes *brechen* (wie *zerbrechen*), doch schon in mhd. Rechtssprache 'eine Verbindlichkeit, ein Gebot übertreten, verletzen'. Der substantivierte Infinitiv V e r b r e c h e n n. 'Straftat, schweres Vergehen' in diesem juristischen Sinne erst im 17. Jh. V e r b r e c h e r m. 'Gesetzesbrecher' (17. Jh.); dagegen bezeichnet mhd. frühnhd. *verbrecher* jeden, der sich eines kleinen Vergehens schuldig macht. verbrecherisch Adj. (18. Jh.).

Bredouille f. 'Bedrängnis, Verlegenheit'. Der Terminus eines Brettspiels (Trictrac) frz. *bredouille* steht im 19. Jh. für eine gewinnanzeigende Markierung sowie für den daraus erwachsenen Spielvorteil. Wendungen mit *bredouille* bezeichnen sowohl eine gewinnbringende Spielsituation (*être en bredouille* 'einen bestimmten Spielvorteil haben', wörtlich 'in der Bredouille sein') als auch übertragen, mit adjektivisch oder adverbial aufzufassendem *bredouille*, 'völlig gescheitert sein' (*être bredouille*). Das Dt. übernimmt das Substantiv *Bredouille* im späten 18. Jh., auch in der Wendung *in der Bredouille sein*, nur im Hinblick auf den, der in einer mißlichen Lage ist, während das Frz. die eindeutig negative Bedeutung 'Niederlage im Spiel, Mißerfolg' beim Substantiv erst später entwickelt. Frz. *bredouille* ist zu mfrz. frz. *bredouiller* 'schnell und undeutlich sprechen, stottern' gebildet, das (mit unterschiedlich erklärtem *d* statt *t*) zu einer letztlich vom Namen der *Bretonen* abgeleiteten Wortgruppe gehört, vgl. apikard. *bredeler* 'rasch murmeln', mfrz. *bretter* 'murmeln', *bretonner* 'stottern'.

Brei m. 'dickflüssige Speise'. Die nur westgerm. Formen ahd. *brīo, brī* (9. Jh.), mhd. *brīe, brī*, mnd. mnl. *brī*, nl. *brij*, aengl. *brīw* können sehr wahrscheinlich als 'Sud, Gekochtes' über ie. **bhrī-* mit formantischem *-u̯o-* an die Wurzel ie. **bher(ə)-* 'aufwallen, in heftiger Bewegung sein' (s. auch *braten, brühen, Brot, brennen*) angeschlossen werden. – breiig Adj. 'zähflüssig' löst Anfang des 19. Jhs. älteres *breiicht* ab.

breit Adj. 'seitlich ausgedehnt, geräumig', ahd. (um 800), mhd. *breit*, asächs. *brēd*, mnd. *brēt*, mnl. *breet*, nl. *breed*, aengl. *brād*, engl. *broad*, anord. *breiðr*, got. *braiþs* ist ohne sichere Etymologie. Trier Lehm (1951) 43 versucht, das Adjektiv germ. **braida-* zu ie. **bhrei-* zu stellen, der Erweiterung einer „Zaun- und Hegewurzel" ie. **bher-*. Er sieht in *breit* eine alte Bezeichnung für die Weite innerhalb eines umzäunten Raumes, die sich aus der Bedeutung 'Zaun' ableite. – Breite f. 'seitliche Ausdehnung', ahd. *breitī(n)* (um 800), mhd. *breite*, aengl. *brǣd*, got. *braidei*. Breitseite f. 'Längsseite eines Schiffes, das Abfeuern aller auf einer Seite befindlichen Geschütze eines Kriegsschiffes' (16. Jh.). breiten Vb. 'weit ausstrecken, ausdehnen', ahd. (um 800), mhd. *breiten*, asächs. *brēdian*, aengl. *brǣdan*, anord. *breiða*, got. *(us)braidjan*; nhd. häufiger *aus-, verbreiten*. verbreiten Vb. 'bekanntmachen' (18. Jh.), zunächst verstärktes *breiten*. verbreitern Vb. 'breiter machen' (18. Jh.), Ableitung vom Komparativ *breiter*. breitschlagen Vb. 'überreden' (18. Jh.), auch 'Getreidekörner zerschlagen'.

[1]**Bremse** f. Name aller blutsaugenden, zumal das Vieh quälenden Stechfliegen (*Viehbremse*), aber auch aller nichtstechenden Fliegen, deren Larven im lebenden Gewebe des Viehs parasitieren, ahd. (9. Jh.), asächs. *brimissa*, mnd. *brōm(e)se, bremse*, mnl. *bremse, breemse*, nl. *brems*, aengl. *brimsa*, dän. *bremse*. Die nd. Form *Bremse* dringt im 16. Jh. in die hd. Schriftsprache ein und verdrängt das dort bis dahin übliche *Breme*, das md. und obd. Mundarten bis heute bewahren; vgl. ahd. *bremo* (8. Jh.), *brema, bremma* (Hs. 12. Jh., vgl. *bremakunni* 'Bremsengattung', 8. Jh.), mhd. *breme, brem*, asächs. *bremo, bremmia*. Sämtliche Namensformen sind Bildungen zu einem Verb ahd. *breman*, mhd. *bremen* 'brummen, brüllen', das im Nhd. zugunsten des ablautenden *brummen* (s. d., wo Weiteres zu Herkunft und Verwandtschaft) aufgegeben wird. Die *Breme, Bremse* heißt (nach ihrem Fluggeräusch) die 'Brummende'.

[2]**Bremse** f. 'Hemmvorrichtung', spätmhd. *bremse*, auch *premse* 'Klammer, die man wilden Pferden über die Nase legt, Maulkorb', später übertragen auf die Vorrichtung zur Hemmung eines Räderwerks, eines Fahrzeugs, geht zurück auf mnd. *premese* 'Maulholz, Zügel', das als Gerätebezeichnung mit dem Suffix germ. *-isjō* als Ableitung zu mnd. *pramen*, mnl. *prāmen*, nl. *pramen* 'pressen, drücken' gilt. Die weitere Herkunft ist unklar. Davon abgeleitet bremsen Vb. 'die Geschwindigkeit verlangsamen'. Frühbeleg Mitte des 14. Jhs. *premezen* 'bändigen', mnd. *premsen* 'das Maulholz anlegen, bremsen', jedoch kontinuierlich erst seit dem 16. Jh. bezeugt.

brennen Vb. 'in Flammen stehen, leuchten'. Die Herleitung ist im Hinblick auf die Doppelkonsonanz nicht ganz sicher. Häufig zurückgeführt auf einen Präsensstamm ie.

bhrenu̯- (mit einer nur im Germ. nachweisbaren *n*-Infigierung), der zu einer unter *Brot* (s. d.) behandelten Erweiterung ie. **bhrĕu-*, **bhrŭ-* der Wurzel ie. **bher(ə)-* 'aufwallen, in heftiger Bewegung sein' (bezogen auf Wasser, Feuer, auf Koch- und Gärungsprozesse) gestellt wird. Außergerm. Verwandte sind aind. *bhuráti* 'bewegt sich rasch, zuckt, zappelt', *járbhurīti* 'flackert, zuckt, hüpft' und griech. *porphýrein* (*πορφύρειν*) 'in unruhiger Bewegung sein, aufwallen'. In nhd. *brennen* sind zwei Verben zusammengefallen: stark flektierendes intrans. *brinnen* 'in Flammen stehen', ahd. (8. Jh.), got. asächs. *brinnan*, mhd. *brinnen*, anord. *brinna*, und schwach flektierendes kausatives trans. *brennen* 'in Flammen setzen', ahd. (8. Jh.), mhd. *brennen*, got. *gabrannjan*, asächs. *brennian*, anord. *brenna*. *r*-Metathese liegt vor in mnd. mnl. *bernen* (intrans. und trans.), aengl. *beornan* (intrans.) und *bærnan* (trans.), zusammengefallen in engl. *to burn*, ebenso wie in dem etymologisch verwandten *Born* (s. *Brunnen*). In obd. Mundarten werden beide Verben bis heute unterschieden. – abgebrannt Part.adj. 'finanziell mittellos', zu *abbrennen*, in der 1. Hälfte des 17. Jhs. von der Sache (*das Haus ist abgebrannt*) auf den Betroffenen (*er ist abgebrannt* 'feuergeschädigt', dann 'verarmt, mittellos') übertragen. durchbrennen Vb. 'sich heimlich davonmachen'; um die Mitte des 19. Jhs. in der Studentensprache 'die Universität heimlich verlassen, sich mit Schulden davonmachen'. Brennpunkt m. Treffpunkt achsenparalleler, durch Linsen oder Hohlspiegel gebrochener Lichtstrahlen; in der Mitte des 17. Jhs. für lat. *pūnctum ūstiōnis* (Schwenter 1636), danach für lat. *focus* (Marperger 1712); bereits im 18. Jh. häufig 'zentraler Punkt (auf den sich alle Aufmerksamkeit richtet)'.

brenzlig Adj. 'verbrannt riechend, bedenklich, heikel, gefährlich'. Seit der 2. Hälfte des 16. Jhs. in der Bedeutung 'angebrannt' belegt; abgeleitet vom Verb *brenzeln* 'angebrannt, verbrannt riechen' (16. Jh.), das als Iterativbildung zu gleichbed. *brenzen* (15. Jh.) mit (gegen Ende des 15. Jhs. bezeugtem) *prentzet* Adj. (für *brenzicht*) zu *brennen* gehört (s. d.). Seit den 90er Jahren des 19. Jhs. ist *brenzlig* in der übertragenen Bedeutung 'bedenklich, heikel, gefährlich' üblich.

Bresche f. '(durch Beschuß entstandene) Lücke in einer Befestigungsanlage' ist seit dem Ende des 16. Jhs. im Dt. nachzuweisen und löst älteres gleichbed. *Lücke, Sturmloch* oder *Sturmlücke* ab. Das Wort wird auf frz. *brèche*, afrz. *breche* zurückgeführt, wofür FEW 15, 264f. wegen der frühen Bezeugung (12. Jh.) anfrk. Ursprung annimmt (anfrk. **breka*; zur Etymologie s. *brechen*). Ins Dt. wird es aus dem Frz.-Ital. (ital. *breccia*, im 16. Jh. aus dem Frz. entlehnt) übernommen: *Bresche, Prescha, Brescha* (um 1600), dann auch *Breche* (17./18. Jh.). Um die Mitte des 18. Jhs. hat sich die heutige Form *Bresche* durchgesetzt. Im 17. Jh. stehen daneben Formen mit *-ss-* (*Bresse, Pressa, Press*), die auf nl. *bres* (im 16. Jh. ebenfalls aus dem Ital. entlehnt) zurückgehen. Alle Formen, einschließlich gleichbed. engl. *breach* und (ohne Tradition zum obigen) ahd. *mūrbrehha* (8. Jh.) für lat. *aries* 'Belagerungsmaschine, Sturmbock', gehören zu *brechen* (s. d.). *Bresche* erscheint mehrfach in festen Wendungen wie *eine Bresche schießen* (16. Jh.), *in die Bresche schlagen, springen, werfen* (alle 19. Jh.). Zesen schlägt vor (1645), *Bresche* mit *Mauerbruch* zu verdeutschen.

Brett n. 'länglich zugeschnittenes Holzstück'. Das nur westgerm. bezeugte Substantiv ahd. (8. Jh.), mhd. mnd. *bret*, asächs. aengl. *bred* läßt sich mit den unter *Bord* (s. d.) dargestellten, ablautenden und auch im Nordgerm. vertretenen Formen auf ie. **bherdh-*, **bhredh-*, eine Dentalerweiterung der Wurzel ie. **bher-* 'mit einem scharfen oder spitzen Werkzeug bearbeiten, schneiden' (s. *bohren*) zurückführen. Nhd. *Brett* begegnet in mannigfachen Wendungen: *das Brett bohren, wo es am dünnsten ist* (16. Jh.), *die Welt ist mit Brettern verschlagen* (17. Jh.) oder *vernagelt* (Anfang 19. Jh.), *ein Brett vorm Kopf haben* (18. Jh.), *das schwarze Brett* 'Anschlagtafel' (15. Jh.). Zu *Brett* 'Spielbrett' gehört *einen (guten) Stein im Brett haben* 'in Gunst stehen' (15. Jh.). – Bretter Plur. 'Schneeschuhe', ausgehend von obd. *Brettel* n. 'Ski' (1. Hälfte 19. Jh.). Brettl n. 'Kleinkunstbühne' (Ende 19. Jh.), wohl nach *Bretter (die die Welt bedeuten)* 'Bühne' (Schiller, 1802).

Brevier n. 'Sammlung der für katholische Geistliche vorgeschriebenen Stundengebete', entlehnt im 15. Jh. aus gleichbed. kirchenlat. *breviārium*, lat. 'kurzes Verzeichnis, kurzer Auszug aus größeren Werken', der substantivierten neutralen Form des Adjektivs lat. *breviārius* 'kurz gefaßt', zu lat. *brevis* 'kurz' (woraus auch nhd. *Brief*, s. d.). Die einzelnen Teile der Stundengebete werden im Mittelalter auszugsweise und erheblich verkürzt aus verschiedenen Büchern zusammengestellt. Seit dem 19. Jh. bezeichnet *Brevier* auch Sammlungen von wesentlichen Passagen aus dem Werk eines Dichters (*Goethebrevier*) oder thematisch zusammengestellte Anthologien (*Jagdbrevier*).

Brezel f. 'wie zwei ineinander verschlungene Arme geformtes Gebäck'. Ausgangswort ist lat. *bracchium* 'Arm' (s. *brachial*). Ableitungen unterschiedlicher Art haben im Lat., Roman. und Dt. eine Reihe von Gebäcknamen ergeben. Die zu lat. *bracchiātus* (adjektivisch belegt in der Bedeutung 'verzweigt, in die Breite gezogen' von Baumformen, Rebstöcken) bzw. mlat. *braciatus* 'klösterliches Festtagsgebäck' gebildeten Deminutiva **brachiatellus, -um* bzw. **braciatellus, -um* führen zu spätlat. *bracidellī* (Plur.) 'Gebäck, Backwaren', aprov. *brasadel* 'Eiergebäck, schlingenförmiges Backwerk', obital. *bracciatello, -a* 'Brezel, Kringel, ringförmiges Backwerk', ahd. *brezzitel(la)* (Hs. 12. Jh.). Daneben stehen kürzere Formen wie mlat. *bracellus* 'Art Kuchen, Malzkuchen' und aus einer ähnlichen Form entlehntes, zu nhd. *Brezel* führendes ahd. *brezzila* (10./11. Jh.), mhd. *prēzel, brēzel, prēzile*, daneben mhd. *prēze*, in obd. Mundarten noch bis in neuere Zeit *Pretze, Bre(t)ze(n)*. Das am frühesten bezeugte ahd. *brezzita* (9. Jh.) dagegen, noch mundartlich (schwäb.) *Bretzet*, setzt ein mlat. **bracitum* voraus. Die ahd. Feminina beruhen wohl auf neutralen lat. Pluralformen; in den Glossen interpretieren sie unterschiedliche Ausdrücke für brot- oder kuchenartiges, süßes, flaches, 'gewundenes' (spätlat. *torta*, s. *Torte*) Feingebäck.

Bridge n. ein wohl aus dem Nahen Osten über Konstantinopel (etwa 1870) nach Europa gekommenes, aus dem Whist hervorgegangenes Kartenspiel für vier Spieler mit 52 frz. Karten, bei dem die einander gegenübersitzenden Spieler zusammen gegen die beiden anderen spielen; Übernahme (um 1900) von gleichbed. engl. *bridge*. Nach einer Spielanleitung („Biritch, or Russian Whist", London ca. 1886) wird das Ohnetrumpfspiel mit *biritch* angesagt. ONIONS 117 vermutet levantinische Herkunft des Ausdrucks und will ihn schließlich auf ein unbekanntes russ. Wort zurückführen. Zu vergleichen ist das Kollektivum mruss. *biričьe* 'Würfelspiel (?)', genannt unter „teuflischen" Spielen, ein Hapaxlegomenon, für das bisher keine Erklärung gefunden wurde. Stammt das Wort vielleicht aus einer Turksprache? Der fremde Ausdruck wird im Engl. volksetymologisch mit *bridge* 'Brücke' verbunden, weil der Erstansagende mit seinem Angebot dem Partner gleichsam eine Brücke baue.

Brief m. 'persönliches, adressiertes Schriftstück', ahd. *briaf* (9. Jh.), mhd. mnl. nl. *brief*, asächs. mnd. anord. *brēf*, schwed. *brev* sowie engl. *brief* 'Anweisung, Instruktion' sind entlehnt aus lat. *brevis (libellus)* oder spätlat. *breve* n. 'kurzes Schreiben, Urkunde' (6. Jh.), zum Adjektiv lat. *brevis* 'kurz, klein'. Vor der Übernahme ins Ahd. muß bereits Längung des *-e-* eingetreten sein, so daß der Diphthong *-ia-* entstehen kann. Demgegenüber wird anord. asächs. mnd. und mengl. *-ē-* bewahrt, in den nord. Sprachen auch das neutrale Genus (nach lat. *breve* n.). Die älteste Bedeutung 'Schreiben, Urkunde' (9. Jh.) bleibt in vielen Verbindungen erhalten: *Brief und Siegel* (14. Jh.), *Bannbrief* (14. Jh.), *Frachtbrief* (17. Jh.), *Freibrief* 'Privileg' (14. Jh.), *Kaufbrief* (15. Jh.), *Schuldbrief* (15. Jh.), *Steckbrief* 'öffentlich bekanntgemachte Personenbeschreibung eines Flüchtigen' (16. Jh.); dazu auch verbriefen Vb., ahd. *firbriaven* (9. Jh.), mhd. *verbrieven* 'urkundlich feststellen'. In den folgenden Wendungen und Zusammensetzungen wird die ältere Bedeutung 'Urkunde' durch die (seit dem 12. Jh. bezeugte) heute allein übliche Bedeutung von *Brief* (zuerst in mhd. *sentbrief*, nhd. *Sendbrief* 'an jmdn. bzw. mehrere gerichtetes Schriftstück', auch 'Denkschrift') abgelöst: *offener Brief* 'öffentliche Urkunde, Bekanntmachung, Mitteilung' (13. Jh.), später ein in einer Zeitung abgedrucktes oder als Vervielfältigung versandtes Schriftstück (19. Jh.), *Briefkasten* m. 'Urkundentruhe' (15. Jh.), seit 1824 'Postbriefkasten', *Briefträger* m., mhd. *brieftrager* 'Gerichtsbote, der amtliche Schreiben austrägt' (14. Jh.), seit dem 18. Jh. 'Postbriefzusteller'. – brieflich Adj., ahd. *briaflīh* 'schriftlich, brieflich' (10. Jh.), mhd. *brievelīchen* Adv. Briefwechsel m. bereits Mitte des 16. Jhs. belegt, danach 1644 von Harsdörfer als Verdeutschung von *Korrespondenz* (s. d.) vorgeschlagen. Briefmarke f. 1860 bei G. Keller (älter *Freimarke*).

Brigade f. 'größere militärische Einheit', seit Anfang des 17. Jhs. in der dt. Militärsprache belegt. Das Wort geht über frz. *brigade* auf ital. *brigata* 'Schar, Truppe' (zu ital. *briga* 'Streit', auch 'Erregung, Mühe') zurück. Battisti/Alessio 1, 599 vermuten kelt. Ursprung. Die Bedeutung '(kleinste) Arbeitsgruppe, Kollektiv (in der sozialistischen Produktion)' wird nach 1945 von dem (ebenfalls aus dem Frz. entlehnten) russ. *brigáda* (*бригада*) ins Ostdt. übernommen. In dieser Verwendung ist es seit den 20er Jahren des 20. Jhs. im Russ. nachweisbar. Dazu Brigadier m. 'Leiter einer Arbeitsbrigade', mit russ. Aussprache nach ebenfalls aus dem Frz. stammendem russ. *brigadír* (*бригадир*). Selten ist frz. Aussprache; sie ist jedoch die Regel in der Militärsprache für *Brigadier* 'kommandierender General, Befehlshaber einer Brigade' (17. Jh.).

Brigg f. 'Zweimaster mit Rahen an beiden Masten', seit dem Ende des 18. Jhs. im Dt. belegt. Das Wort ist eine im 18. Jh. vom Engl. ausgehende Verkürzung von engl. *brigantine* zu *brig*, die in den gesamten Nordseeraum und ins Ital. übernommen wird, nl. *brik*, dän. norw. *brig*, schwed. *brigg*, frz. *brick*, ital. *brick*. Engl. *brigantine* ist im 16. Jh. aus ital. *brigantino* 'Schiff mit niedrigem Bord' (Weiterbildung zu ital. *brigante* 'Räuber') entlehnt und gehört wie *Brigade* (s. d.) zu ital. *briga*. Wie im Engl. ist auch im Dt. die volle Form *Brigantine* (1. Hälfte 16. Jh.) älter.

Brikett n. ziegelsteinförmig gepreßte Stein- oder Braunkohle, seit der Mitte des 19. Jhs. im Dt. bezeugt; Entlehnung von frz. *briquette* f., Deminutivum zu frz. *brique*, afrz. *briche* 'Ziegelstein', das aus mnl. *bricke* entlehnt ist und damit zu *brechen* (s. d.) gehört. Auf die frz. Herkunft weist noch zu Anfang des 20. Jhs. die Schreibung *Briquettes* (Plur.). Auch (2. Hälfte 19. Jh.) als *Preßkohle* bezeichnet.

Brille f. 'Sehhilfe mit optischen Linsen, Augenschutz'. Spätmhd. *berille, bril(le)*, mnd. *berille*, nl. *bril* (alle m.) gehen zurück auf den Namen des optisch vergrößernden, glashellen Halbedelsteins Beryll m., mhd. *berille, barille* m., afrz. *beril* m. f., frz. *béryl* m., lat. *bēryllos, bēryllus* m. f., griech. *bḗryllos* (*βήρυλλος*) f. Aus diesem Halbedelstein werden um 1300 in Oberitalien die ersten Augengläser hergestellt. Nhd. *Brille* (15. Jh.) ist ursprünglich Plural zu *Brille* m., so noch gelegentlich im 18. Jh. Der nhd. Plural *Brillen* ist Neubildung zu singularisiertem *Brille* f. Der Stein und sein Name kommen aus Indien; der Ursprung des Wortes ist drawidisch, wohl von der südind. Stadt *Vēḷūr*, modern *Bēlūr*, abgeleitet.

brillieren Vb. 'glänzen, sich durch besondere Begabung hervortun', zu Anfang des 18. Jhs. zu gleichbed. frz. *briller*, das im 16. Jh. aus ital. *brillare* entlehnt ist, gebildet. Im Dt. von Anfang an vorwiegend auf Menschen bezogen. Das Wort gehört wahrscheinlich mit einer zu vermutenden Ausgangsbedeutung 'glänzen wie ein Beryll' zu *Beryll* (s. *Brille*). – brillant Adj. 'glänzend, hervorragend' (Anfang 18. Jh., seit der 1. Hälfte des 19. Jhs. häufiges Modewort), frz. *brillant*, Part. Präs. zu frz. *briller* (s. oben). Dazu substantiviertes Brillant m. 'geschliffener Diamant' (Anfang 18. Jh.), frz. *brillant* m., und (wohl zuerst französierend im Dt. ohne frz. Vorlage gebildetes) Brillanz f. (Anfang 19. Jh.).

Brimborium n. 'Umschweife, unnötiger Aufwand, Geschwätz', aus frz. *brimborion*, im 15./16. Jh. auch *breborion, briborion* 'Zauberformel, Kleinigkeit ohne Wert', einer Umbildung von kirchenlat. *breviārium* (s. *Brevier*). Im Dt. durch Goethe (Faust) bekannt geworden. Daneben auch *Brimbambor(i)um* (19. Jh.) oder (als lat. gebildeter Plural) *Brimboria* (19. Jh.).

bringen Vb. 'herbeischaffen'. Das ursprünglich starke Verb mit schwachen Präteritalformen ahd. *bringan* (8. Jh.), mhd. *bringen*, asächs. aengl. *bringan*, mnd. *bringen*, engl. *to bring*, got. *briggan* hat im Westgerm. ein (ohne Bedeutungsdifferenzierung) im Ablautverhältnis der Kausativa dazu gebildetes schwaches Verb ahd. *brengen* (9. Jh.), mhd. (md.) *brengen*, asächs. *brengian*, mnd. nl. *brengen*, aengl. *brengan* (germ. **brangjan*) neben sich. Vertreter in den nord. Sprachen fehlen; dän. norw. *bringe*, schwed. *bringa* sind aus dem Mnd. entlehnt. Außergerm. Entsprechungen sieht man im Kelt., vgl. kymr. *he-brwng* 'bringen, führen', und in toch. B *prańk-*, AB *präṅk-* 'entfernen' und erschließt daraus ie. **bhrenk-, *bhronk-* 'bringen'. Die weitere Herkunft ist nicht geklärt; erwogen wird Zusammenhang mit der Wurzel ie. **bher(ə)-* 'tragen, bringen'. – Mitbringsel n. 'kleines Reisegeschenk, Souvenir' (2. Hälfte 19. Jh.), aus *mitbringen* abgeleitet. umbringen Vb. 'töten, ermorden', spätmhd. *umbebringen* 'abwenden, abwehren, ums Leben bringen' (um 1400). unwiederbringlich Adj. 'unersetzlich, nicht wiederherstellbar', spätmhd. *unwiderbrinclich*.

brisant Adj. 'hochexplosiv, heikel', Entlehnung (Anfang 20. Jh.) von frz. *brisant* 'hochexplosiv', zu frz. *briser* 'zerbrechen, zerschlagen', afrz. *brisier*, vlat. *brisāre* 'zermalmen' (von Trauben), dessen Verwandtschaft mit air. *brissid* 'bricht' eine keltische Vorstufe vermuten läßt. Dazu im Dt. (ohne frz. Vorlage?) das Substantiv *Brisanz* f. 'Sprengkraft, durchschlagende, erregende Wirksamkeit' (1. Hälfte 19. Jh.).

Brise f. 'Seewind', seit der ersten Hälfte des 18. Jhs. im Dt. bezeugt. Voraus gehen katalan. *brisa* 'Schneewind' (15. Jh.), dann (seit dem 16. Jh.) span. port. *brisa*, engl. *breeze* (älter *brize*), mfrz. *brize*, frz. *brise*, obital. (älter) *brisa* 'Nordostwind'. Die weitere Herkunft des in allen germ. und roman. Sprachen verbreiteten Substantivs (vgl. auch nl. *bries*, dän. *brise*, norw. schwed. *bris*) ist unklar; man nimmt an, daß es aus dem Iberoroman. im 16. Jh. ins Engl. entlehnt wird und von hier in die übrigen Sprachen vordringt, u. a. auch ins Dt. und (im 19. Jh.) ins Nl. Aber auch fries. Herkunft (ofries. *brīse*) mit Weiterverbreitung durch frz. Vermittlung wird erwogen.

Brocken m. 'abgebrochenes Stück', ahd. *brocko* (9. Jh.), mhd. *brocke*, mnd. *brok*, mnl. *broc* sind Bildungen zur Schwundstufe von germ. **brekan*, nhd. *brechen* (s. d.). – brocken Vb. 'in Brocken zerteilen', ahd. *gibrockōn* (9. Jh.), mhd. *brocken*; als Iterativbildung dazu bröckeln Vb. 'in kleine Brocken zerfallen oder zerteilen' (16. Jh.). bröck(e)lig Adj. (19. Jh.; 1. Hälfte 18. Jh. *brökligt*). einbrocken Vb. (15. Jh.).

brodeln Vb. '(dampfend) wallen', nur im Dt. bezeugt. Spätmhd. *brodelen* ist zu ahd. (9. Jh.), mhd. *brod* n. 'Brühe' gebildet, das mit asächs. *broð*, mnd. *brot*, aengl. *broþ*, engl. *broth*, anord. *broð* zu der unter *Brot* (s. d.) genannten Wurzel gehört.

Brodem m. 'Dampf, Dunst', ahd. *brādam* (11. Jh.), mhd. *brādem, bradem*, mnd. *brādem*, verwandt mit aengl. *brǣþ*, engl. *breath* 'Atem, Hauch', anord. *brāðr* 'schnell, hurtig' (eigentl. 'heiß, dampfend') gehören zur Wurzel von *braten* (s. d.). Die vom Engl. abweichenden zweisilbigen dt. Formen werden auf Einfluß von *Atem* zurückgeführt; der Wandel von mhd. *ā* zu nhd. *ō* ist (wie bei *Atem, Odem*, s. d.) mundartlich bedingt.

Broiler m. 'Brathähnchen', seit etwa 1960 im östlichen Dt., entsprechend engl. *broiler* 'Bratrost, Brathühnchen', zu engl. *to broil* 'auf dem Rost braten', das wahrscheinlich auf frz. *brûler* 'brennen, auf kleinem Feuer braten' (vgl. FEW 14,76 ff.) zurückgeht.

Brokat m. schwerer, dekorativ gemusterter Seidenstoff mit Gold- oder Silberfäden; im Dt. seit dem 17. Jh. gleichzeitig in den Formen *Brocat* und *Brocard* belegt. *Brokat* (älter *Brocat*) ist aus gleichbed. ital. *broccato* entlehnt, dem substantivierten Part. Perf. zum Verb ital. *broccare* 'mit Gold- oder Silberfäden durchweben', während *Brocard* (so noch im 18. Jh.) auf mfrz. frz. *brocart* zurückgeht, das gleichfalls aus dem Ital. stammt (zuerst in der Form *brocat*), seit dem 16. Jh. jedoch mit ungeklärtem *-r*-Einschub auftritt. *Brokat* ist gleichen Ursprungs wie *Brosche* und *Broschüre* (s. d.).

Brom n. chemisches Element; 1826 von A. J. Balard entdeckt und nach dem intensiven Geruch *Brom*, nach griech. *brõmos* (*βρῶμος*) 'Gestank', genannt.

Brombeere f. mit Stacheln besetzter Strauch und dessen dunkelrote bis schwarze Frucht. Ahd. *brāmberi* (10. Jh.), mhd. *brāmber* ist eine Zusammensetzung aus ahd. *beri*, nhd. *Beere* (s. d.) und ahd. *brāmo* m., *brāma* f. 'Dornstrauch' (8. Jh.), mhd. *brāme* m., mnd. *brām* m., mnl. *brame* f. Verwandte sind aengl. *brōm*, engl. *broom* 'Ginster' und ablautend ahd. *brimma*, mnd. *brēme* 'Ginster' sowie außergerm. vielleicht lat. *frōns* (Gen. *frondis*) 'Laub'. Daraus läßt sich ie. **bhrem-, *bhrom-* 'borstig, Dorn', eine Erweiterung der Wurzel ie. **bher-* 'hervorstehen; Kante, Ecke, Spitze', erschließen.

Bronchie f. vorwiegend im der dt. Flexion angeglichenen Plural *Bronchien* 'Luftröhrenäste', aus gleichbed. lat. *bronchia* n. Plur., griech. *brónchia* (*βρόγχια*) n. Plur., zu griech. *brónchos* (*βρόγχος*) m. 'Kehle, Luftröhre'. – b r o n c h i a l Adj. gelehrte medizinische Neubildung nach lat. Vorbild, seit dem 19. Jh. in Komposita wie *Bronchialasthma* n., *Bronchialkatarrh* m. B r o n c h i t i s f. Erkrankung der Bronchien (19. Jh.), eine moderne Bildung nach dem Typ griech. *arthrī́tis (nósos)* (*ἀρθρῖτις νόσος*) 'die Gelenke betreffende Krankheit'. Die fem. Nominalendung *-ī́tis* (*-ῖτις*) wird im 19. Jh. produktiv bei der Bildung von fem. Substantiven, die Entzündungsprozesse bezeichnen, vgl. *Hepatitis, Rachitis* u. a.

Bronze f. Legierung aus Kupfer und Zinn, seit dem 18. Jh. auch 'Kunstwerk aus diesem Material'. Zuerst (16. Jh.) in den Formen *Brunzo, Bronzo* aus gleichbed. ital. *bronzo* entlehnt, im 18. Jh. wohl erneut übernommen als *Bronze*, auch *Bronse*, von gleichbed. frz. *bronze*, das ebenfalls dem Ital. entstammt. Die Herkunft ist unklar; u. a. wird es auf pers. *pirinğ, birinğ* (heute *berenğ*) zurückgeführt, vgl. auch serbokr. *pìrinač* 'Messing'; aber auch arab. Ursprung ist möglich. Vermutlich dringt mit der Kenntnis der Bronzeherstellung die Bezeichnung aus dem Orient nach Italien. – b r o n z e n Adj. (18. Jh.).

Brosame f., auch *Brosamen* m. 'kleines Bröckchen, Brotkrümel', ahd. *brōs(a)ma* f. (um 800), mhd. *brosem(e), brosme* f. Das Substantiv gehört nur dem dt.-nl. Bereich an, vgl. gleichbed. asächs. (mit ungesicherter Quantität) *brŏ̄sma* f. (neben *brŏ̄smo* m.), mnd. *brōs(e)me* (f.?), mnl. *brosem* f. Es stellt sich zu aengl. *brosnian* 'zerfallen, verderben', *brȳsan* 'zerquetschen', engl. *to bruise* 'quetschen, zerreiben' und läßt sich wohl mit air. *brosna* 'Reisigbündel' und lat. *frustum* 'Stückchen, Brocken' auf ie. **bhrĕ̄us-* 'zerbrechen, zerschlagen, zerkrümeln' zurückführen, das als zweifache (s. *brauchen*) Erweiterung der Wurzel ie. **bher-* 'mit einem scharfen oder spitzen Werkzeug bearbeiten, schneiden' anzusehen ist. Die Ausgangsbedeutung wäre dann 'abgebröckeltes, beim Zerbrechen abgefallenes Stückchen'. Textzeugnisse zeigen in der Regel (schon seit dem Ahd.) die Pluralform; daneben vom 14. (spätmhd. *brosmen, broseme*) bis ins 18. Jh. (lexikalisch noch im 19. Jh. gebucht) singularischer Gebrauch als Kollektivum 'Krume, weiches Inneres des Brotes'. – B r ö s e l m. und n. 'kleines Bröckchen, Krümel' (16. Jh.); Verkürzung von spätmhd. *brosemlīn*, frühnhd. *bröslein* (16. Jh.), Deminutivbildung zu *Brosame*; dazu b r ö s e l n Vb. 'bröckeln, krümeln' (Ende 16. Jh.).

Brosche f. 'Schmucknadel', im Dt. seit dem 19. Jh. bezeugt, anfänglich in der Form *Broche*, eine Übernahme von frz. *broche* '(Schmuck)nadel', auch 'Bratspieß, Pfriem'. (In keinem direkten Zusammenhang damit steht mhd. *bratsche* 'Brosche', eine frühere Entlehnung aus afrz. *broche*.) Frz. *broche* geht auf das Adjektiv lat. *brocc(h)us* 'hervorstehend' (von den Zähnen der Tiere) zurück, das kelt. Ursprungs ist und im Galloroman. in substantivierter Form weiterlebt, bes. als Fem. (*brocca*) zur Bezeichnung spitzer Gegenstände und Geräte. Von frz. *broche* abgeleitet sind frz. *brocher* 'aufspießen, (mit Stichen) heften' und *brochure*, woraus dt. *Broschüre* und *broschieren* entlehnt werden (s. d.). Das substantivierte Mask. lat. *broccus* setzt sich fort in ital. *brocco* 'Sproß, Zweig, Dorn' und, davon abgeleitet, ital. *broccare* 'mit Gold- oder Silberfäden durchweben', wovon *Brokat* (s. d.) entlehnt ist.

Broschüre f. 'geheftetes oder geleimtes Buch', älter auch *Brochüre*, aus gleichbed. frz. *brochure*; dazu b r o s c h i e r e n Vb., älter auch *brochiren*, 'Bücher heften oder leimen', aus frz. *brocher* '(mit Stichen) heften', beide im 18. Jh. entlehnt. Zur Etymologie s. *Brosche*.

Brot n. mit Sauerteig gebackenes Nahrungsmittel, ahd. *brōt* (8. Jh.), mhd. mnd. *brōt*, asächs. *brōd*, mnl. *broot*, nl. *brood*, aengl. *brēad*, engl. *bread*, anord. *brauð*, schwed. *bröd*, germ. **brauda-* gehört wie *brauen* und *brodeln* zu ie. **bhrĕ̄u-*, **bhrŭ̄-*, eine Erweiterung der Wurzel ie. **bher(ə)-* 'aufwallen, in heftiger Bewegung sein' (bezogen auf Wasser, Feuer, auf Koch- und Gärungsprozesse); s. auch *brennen, braten, brühen, Brei*. Außergerm. Verwandte sind lat. *dēfrŭ̄tum* 'eingekochter Most', griech. *brȳ́tos* (*βρῦτος*) 'gegorenes Gerstengetränk' sowie lat. *fermentum* 'Gärungsstoff, Sauerteig' (s. *Ferment*). Damit bezeichnet *Brot* ursprünglich den Gärstoff (Sauerteig), eigentl. 'das Gegorene', und löst älteres *Laib* '(ungesäuertes?) Brot' (s. d.) ab. Bereits im Ahd. bedeutet *Brot* als Hauptnahrungsmittel allgemein 'Nahrung, Speise' (ausgehend vom biblischen

Gebrauch von lat. *pānis*), vgl. *unser tägliches Brot*, ahd. *unsar brōt tagalihhaȥ* (9. Jh., Vaterunser). – b r o t l o s Adj., ahd. *brōtelōs* 'ohne Nahrung, hungrig' (11. Jh.), mnd. *brōtlōs*, im 16. Jh. in der Wendung *brotlose Kunst* wohl neu gebildet im Sinne von 'nichts einbringend'. Deminutivum B r ö t c h e n n. (18. Jh.).

Bruch m. 'das Brechen, das Gebrochene', auch 'Stelle, wo etw. gebrochen ist'. Das westgerm. Verbalabstraktum ahd. *bruh* 'Bruch, Riß, abgebrochenes Stück, Ausbruch' (8./9. Jh.), mhd. *bruch* 'Bruch, Riß, abgebrochenes Stück, Mangel, Vergehen', asächs. *bruki* 'Riß', mnd. *brōke* 'Bruch, Spalt, Abfall, Mangel, Vergehen, Geldbuße', mnl. *broke* 'Bruch, Mangel, Vergehen, Geldbuße', aengl. *bryce* 'Bruch, abgebrochenes Stück' ist eine ablautende Bildung zu dem unter *brechen* (s. d.) dargestellten germ. Verb. Es zeigt im Dt., den Verwendungen dieses Verbs folgend, eine reiche Bedeutungsauffächerung und steht seit dem Spätmhd. und bes. im Nhd. häufig als zweites Glied verdeutlichender, teilweise auf vorausgehenden zusammengesetzten Adjektiven mit *-brüchig* basierender Komposita (z. B. *Damm-, Schiff-, Wolkenbruch*; *Ehe-, Treu-, Vertrags-, Wortbruch*). Fachlicher Sondergebrauch findet sich namentlich in der Medizin (für lat. *frāctūra* 'Knochenbruch', bereits ahd. vereinzelt vom Brechen der Gliedmaßen; auch für lat. *hernia* 'Eingeweidebruch', 15. Jh.) und in der Mathematik (Ende 15. Jh., neben gleichzeitigem *gebrochene Zahl* für lat. *numerus frāctus*). – S t e i n b r u c h m. 'Abbaustelle von Gestein' (15. Jh.). B r u c h s t ü c k n. 'abgebrochenes Stück, Teilstück' (1. Hälfte 17. Jh.) für lat. *fragmentum* (s. *Fragment*). b r ü c h i g Adj. 'zerbrechlich, morsch', mhd. *brüchic* 'brüchig, wortbrüchig, gebrochen' (daneben mhd. *bruchelich* 'gebrechlich, zum Schaden gereichend'). u n v e r b r ü c h l i c h Adj. 'fest, unerschütterlich', mhd. *unverbrochenlich, unverbruchlich* Adj., *unverbrochenlīche(n), unverbrüchelīchen* Adv. 'fest, unzerstörbar', zunächst bes. im Rechtswesen die Geltung eingegangener Verbindlichkeiten bekräftigend, zum Verb mhd. *verbrechen* 'zerbrechen, zerstören' (s. *brechen*).

Bruch n. und m. 'mit Bäumen und Sträuchern bewachsenes Sumpfland'. Die Herkunft des nur westgerm. bezeugten Substantivs ahd. *bruoh* (11. Jh.), mhd. *bruoch*, mnd. *brōk*, mnl. *broec, brouc*, nl. *broek* 'Sumpfland, Moorboden' sowie (semantisch abweichend) aengl. *brōc*, engl. *brook* 'Bach, Fluß, Strömung' ist unsicher. Dittmaier in: ZfdA 84 (1952) 174 ff. nimmt Verwandtschaft von germ. **brōka-* mit air. *mruig*, mir. *bruig* 'Landstrich, Gehöft', kymr. bret. *bro* 'Bezirk' an, die ihrerseits (da anlautendes ie. *mr-* zu kelt. germ. *br-* wird) auf ie. **mrŏĝ-* zurückgehen und etymologisch zu lat. *margo* 'Rand, Grenze', nhd. [1]*Mark* 'Grenze, Grenzland' (s. d.) gehören. Danach ist für *Bruch* eine semantische Entwicklung von 'Rand, Grenze' über 'Grenzsumpf' zu 'Sumpfland' vorauszusetzen (ein ähnlicher Bedeutungswandel findet sich unter [1]*Mark*). – b r u c h i g Adj. 'sumpfig' (15. Jh.); älter anders abgeleitetes gleichbed. ahd. *bruohlīh* (11./12. Jh.).

Brücke f. 'über einen Wasserlauf oder einen Einschnitt im Gelände führendes Bauwerk', ahd. *brugga* 'Brücke, Bretterboden' (8. Jh.), mhd. *brucke, brücke, brügge* 'Brücke, Zugbrücke, hölzernes Gerüst', asächs. *bruggia*, mnd. *brügge*, aengl. *brycg*, engl. *bridge*, mnl. *brugghe*, nl. *brug* 'Brücke', anord. *bryggja* 'Brücke, Hafendamm, Landungsplatz', schwed. *brygga* 'Brücke, Landungsbrücke'. Das germ. *jō-* bzw. *jōn*-Femininum, dessen Guttural (vgl. Hammerich in: PBB (T) 77, 1955, 183) aus *-w-* entstanden sein kann, läßt sich wie (germ. **brōwō* voraussetzendes) anord. *brū*, schwed. *bro* 'Brücke' und gall. *brīva* 'Brücke' auf ie. **bhrēu-, *bhrū-* 'Balken, Prügel' zurückführen; hierzu auch das mit *Brücke* verwandte *Prügel* (s. d.), doch wohl nicht russ. *brevnó* (*бревно*) 'Balken', vgl. Vasmer 1, 119. Seine im Germ. zuerst nachweisbare Verwendung 'Knüppeldamm als Uferbefestigung' basiert also auf der Ausgangsbedeutung 'Balkenwerk, Plattform aus Holz', die im Dt. in den älteren Sprachstufen und später in Mundarten noch lebendig ist, z. B. bair. *Bruck* 'Bretterbank am Ofen', schwäb. *Bruck* 'Knüppeldamm, Gestell, erhöhter Arbeitsplatz, Schaugerüst'; vgl. ähnliche semantische Entwicklungen bei lat. *pōns* oder der slaw. Wortgruppe von russ. *most* (*мост*). – ü b e r b r ü c k e n Vb. 'mit einer Brücke überspannen', heute meist übertragen 'eine Übergangslösung finden', mhd. *überbrücken* (vgl. gleichbed. aengl. *oferbrycgian*) im Anschluß an postnominales ahd. *bruggōn* (um 1000), mhd. *brücken* 'eine Brücke schlagen'. B r ü c k e n k o p f m. 'einer Brücke vorgelagerte Befestigung zur Sicherung des Flußübergangs' (Ende 18. Jh.), nach gleichbed. frz. *tête de pont.*

Bruder m. 'männliches Geschwister', ahd. (8. Jh.), mhd. *bruoder*. Allgemeine Verbreitung des Substantivs im Germ. (asächs. *brōđar*, mnd. *brōder*, aengl. *brōþor*, engl. *brother*, mnl. nl. *broeder*, anord. *brōđir*, schwed. dän. *broder*, got. *brōþar*) und das Vorhandensein außergerm. Entsprechungen wie aind. *bhrā́tā* (Stamm *bhrā́tar-*) 'Bruder', griech. *phrā́tēr* (φράτηρ), *phrā́tōr* (φράτωρ) 'Mitglied eines Geschlechterverbands', lat. *frāter* 'Bruder', aslaw. *bratrъ, bratъ*, russ. *brat* (брат) 'Bruder' zeugen für ein (auch bei anderen Verwandtschaftsbezeichnungen, z. B. bei *Mutter, Schwester, Sohn, Tochter, Vater*, s. d., nachzuweisendes) hohes Alter. Als gemeinsame Ausgangsform ergibt sich ie. **bhrāter-*, älter vielleicht **bhrātor-*, 'Bruder, Blutsverwandter', wofür Trier Holz (1952) 88 f. Anschluß an eine Wurzel ie. **bher-* 'flechten, weben' vorschlägt. Verwendung als Anrede zwischen Mönchen (nach lat. *frāter*) und Übertragung im Sinne von 'Vertrauter, Freund' sind bereits ahd. geläufig. – b r ü d e r l i c h Adj. 'nach Art eines guten Bruders', ahd. *bruoderlīh* (9. Jh.), mhd. *bruoderlich, brüederlich*; dazu B r ü d e r l i c h k e i t f. 'brüderliche Gesinnung', frühnhd. *bruder-, brüderlicheit, bruderlichkeit* nur im 15. Jh. belegt; im jüngeren Nhd. von den 70er Jahren des 18. Jhs. an (Lavater, Campe) für frz. *fraternité*, engl. *fraternity* in Gebrauch kommend. B r ü d e r s c h a f t f. 'brüderliches Verhältnis, enge Freundschaft', B r u d e r s c h a f t f. 'christliche Vereinigung'; die semantische Differenzierung zwischen umgelauteter und nicht umgelauteter Form ist jedoch erst in neuerer Zeit erkennbar und gilt auch in der Gegenwart nicht streng (noch im 20. Jh. z. B. *Bruderschaft, Brüderschaft trinken*); zunächst ahd. *bruoderscaf(t)* 'christliche Brüderlichkeit, brüderliche Liebe' (9. Jh.), mhd. *bruoderschaft, brüederschaft* 'geistliche Vereinigung, brüderliches Verhältnis', spätmhd. und frühnhd. (wie mnd. *brōderschop, brōderschop*) auch als Bezeichnung für nach geistlichem Muster gebildete Gesellenverbände und Handwerkervereinigungen, nhd. dann häufig überhaupt 'Bund, Gemeinschaft Zusammenschluß'. G e b r ü d e r Plur. 'Gemeinschaft mehrerer, meist zweier Brüder' (seit dem 19. Jh. bes. im Geschäftsverkehr), Kollektivbildung zu *Bruder* wie *Geschwister* (s. d.) zu *Schwester*; ahd. *gibruoder* m. (9. Jh.) 'Bruder in der christlichen Gemeinschaft' (als Nebenform zu *bruoder*), mhd. *gebruoder, gebrüeder* Plur. 'Brüder'. v e r b r ü d e r n Vb. refl. 'mit jmdm. Brüderschaft, ein enges Bündnis schließen' (17. Jh.); voraus geht gleichbed. mhd. *sich gebruodern* (hingegen mhd. *sich verbruodern* 'sich unter Brüder verteilen', vom Erbe); dazu V e r b r ü d e r u n g f. 'das Schaffen eines brüderlichen Verhältnisses, Vereinigung' (17. Jh.).

brühen Vb. 'mit kochendem Wasser übergießen', mhd. *brüejen, brüen* 'brühen, sengen, brennen', mnd. *brōien* 'brühen, kochen, brüten', mnl. *broeyen*, nl. *broeien* 'sengen, brühen, brüten'. Das sonst im Germ. nicht bezeugte *jan*-Verb geht mit *Brut, Brodem, braten* (s. d.) auf ie. **bhrē-, *bhrō-* 'heiß aufwallen, wärmen, brennen', also wohl auch 'heiß machen' zurück; weiterhin sind verwandt *brauen, Brot, Brei* und *brennen* (s. d.). – v e r b r ü h e n Vb. 'durch Einwirkung heißer Flüssigkeit verletzen', mhd. *verbrüejen.* a b g e b r ü h t Part.adj. 'gefühllos, unempfindlich', seit dem 19. Jh. in der Umgangssprache üblich, schließt sich als Part. Prät. an *abbrühen* 'mit kochendem Wasser übergießen' (16. Jh., zu *brühen* mit separativem und resultativem *ab-* gebildet) an; die Bedeutung des Part.adj. weist jedoch auf mögliche Vermischung mit dem nd. Verb *brüen, brüden* 'necken, plagen, begatten', das zu mhd. *briuten* 'sich vermählen, beiliegen' (von mhd. *brūt* 'Braut, junge Frau', s. *Braut*) gehört; vgl. [1]DWB 2, 425 und Weigand/H. (1909) 1, 8. B r ü h e f. 'durch Kochen von Fleisch oder anderen Nahrungsmitteln gewonnene Flüssigkeit', dann auch 'trübe, unreine Flüssigkeit', mhd. *brüeje* (vgl. nl. landschaftlich *broei* 'Fleischbrühe'), Verbalsubstantiv zu *brühen.* b r ü h w a r m Adj. 'noch ganz frisch' (von Äußerungen, Nachrichten u. ä.), meist als Adverb 'umgehend, unverzüglich'; seit Ende 17. Jh. in diesem Sinne, daneben (im Unterschied zu ähnlichem *brühheiß*, 16. Jh.) nur selten in eigentl. Verwendung 'sehr warm'.

brüllen Vb. 'die Stimme durchdringend laut und dumpf ertönen lassen'. Mhd. *brüelen* setzt ein *jan*-Verb mit der Wurzelsilbe germ. **brōl-* voraus. Man verbindet es mit den im Obd. weiterlebenden Verben frühnhd. *brallen* 'heftig schreien', mhd. frühnhd. *brellen* 'brüllen, schreien' sowie schwäb. *Brall* 'lauter, durchdringender Schrei' und (mit anlautendem *p-*) mhd. *pral* (Gen. *pralles*) 'Lärm, Schall'. Abweichenden Ablaut (gegenüber dem bisher dargestellten Wechsel *a – ō*) zeigen mnl. nl. mnd. *brullen* 'brüllen'. Die Wortgruppe ist wohl onomatopoetischen Ursprungs, eine sichere etymologische Herleitung läßt sich nicht geben. Man versucht, die genannten Verben an ähnlich klingende gleicher Bedeutung (wie die unter *prahlen*, s. d., genannten) anzuknüpfen oder speziell in der nl. Form eine Bildung mit emphatischem *r* gegenüber mnl. *bullen* 'lärmen, toben, wüten', mhd. *bullen, büllen* 'heulen, bellen, brüllen' (verwandt mit *bellen*, s. d.) zu sehen. Doch bleiben diese Versuche zweifelhaft. Die Vokalkürze von nhd. *brüllen* gegenüber mhd. *brüelen* (vergleichbar der Entwicklung in nhd. *müssen*, s. d., gegenüber mhd. *müezen*) ist wohl zunächst vor der in Präteritalformen (wegen des dentalen Elements) auftretenden Doppelkonsonanz entstanden. – G e b r ü l l n. 'andauerndes Brüllen', mhd. *gebrülle*.

brummen Vb. 'einen tiefen Ton hervorbringen, in einer tiefen Tonlage die Stimme ertönen lassen, summen'. Das schwache Verb ahd. *brummen* 'brünstig schreien' (Hs. 12. Jh.), spätmhd. *brummen* 'einen dumpfen Ton von sich geben, summen', nl. (älter) *brummen*, danach *brommen* steht ablautend zu stark flektierendem ahd. *breman* 'brüllen' (9. Jh.), mhd. *bremen* 'brummen, brüllen' und zu ahd. (nicht sicher bezeugtem, aber aus einem Präteritum *bram* und der folgenden mhd. Form als möglich zu erschließendem) *brimman*, mhd. *brimmen* 'dumpf tönen, brüllen'. Vgl. auch die unter [1]*Bremse* und *Brunft* (s. d.) behandelten Ableitungen. Vergleichbar sind dem lautnachahmenden Verb lat. *fremere* 'brüllen, tosen', kymr. *brefu* 'blöken, brüllen', poln. *brzmieć* 'tönen, summen' und aind. *bhramaráḥ* 'Biene', so daß von ie. **bhrem-* 'brummen, summen, surren' (Erweiterung einer Schallwurzel ie. **bher-* 'brummen, summen'?) ausgegangen werden kann, wozu mit unaspiriertem Anlaut griech. *brémein* (βρέμειν) 'brausen, rauschen'. Umgangssprachlich-scherzhaftes *brummen* 'eine Strafe absitzen' kommt aus der Studentensprache des 19. Jhs.; hierzu auch *jmdm. eine Strafe aufbrummen* 'auferlegen' (19. Jh.). – G e b r u m m (e) n. (17. Jh.). b r u m m i g Adj. 'mürrisch' (18. Jh.). b r u m m e l n Vb. 'leise brummen' (15. Jh.). B r u m m e r m. 'wer brummt' (16. Jh.), 'große Fliege, Schmeißfliege' (belegt seit 19. Jh., doch wohl älter). B r u m m b a ß m. 'Kontrabaß' (18. Jh.), 'tiefe Männerstimme' (19. Jh.).

brünett Adj. 'bräunlich' (gewöhnlich vom Haar), Entlehnung (Anfang 18. Jh.) von gleichbed. frz. *brunet*, fem. *brunette*, einer deminutiven Ableitung von frz. *brun* 'braun', das seinerseits, wohl über Vermittlung von vlat. *brūnus*, aus dem Germ. (s. *braun*) entlehnt ist. – B r ü n e t t e f. 'Frau mit bräunlichem Haar, bräunlicher Hautfarbe' begegnet bereits Mitte des 17. Jhs. als Entlehnung von frz. *brunette* (s. oben).

Brunft f. 'Begattung, Begattungstrieb, -zeit' (jägersprachlich, insbes. vom Schalenwild). Mhd. *brunft* ist unter Hinzufügung eines Gleitlautes *-f-* und nachfolgendem Wandel von *m* zu *n* (wie bei *Vernunft, Zunft*, s. d.) ablautendes *ti*-Abstraktum zu mhd. *bremen* 'brummen, brüllen' (s. [1]*Bremse, brummen*); daher eigentl. 'Begattungsruf'. – b r u n f t e n Vb. 'in der Brunft sein, sich begatten', Ableitung (16. Jh.) vom Substantiv. Vgl. ahd. *brunftīg* Adj. (11. Jh.).

Brünne f. 'Brustharnisch, -panzer', Teil der mittelalterlichen Ritterrüstung, ahd. *brunna* (um 800), *brunnī* (11. Jh.), mhd. *brünne*, asächs. *brunnia*, aengl. (mit *r*-Metathese) *byrne*, anord. *brynia*, got. *brunjō* bezeugen gemeingerm. Verbreitung. Als 'Brustschutz' wohl aus dem Kelt. entlehnt, vgl. air. *brū* 'Bauch, Leib' und air. *bruinne*, mkymr. bret. *bronn* 'Brust' (verwandt mit *Brust*, s. d.); vgl. Birkhan Germanen u. Kelten (1970) 155 ff. Die Annahme einer solchen Entlehnung wird durch die führende Rolle des kelt. Handwerks in den Jahrhunderten vor der Zeitenwende gestützt. Das mit dem Verfall des Rittertums untergegangene Wort wird von Dichtern der Romantik im 19. Jh. (Uhland, Schwab, danach R. Wagner) wiederaufgenommen.

Brunnen m. 'Förderanlage für Grundwasser, mineralisches Quellwasser'. Ahd. *brunno* 'Quellwasser, Quelle' (9. Jh.), mhd. *brunne*, asächs. *brunno*, nl. *bron*, got. *brunna*, anord. *brunnr* sind mit griech. *phréār* (φρέαρ, aus *φρῆϝαρ) 'Brunnen', lit. *br(i)áutis* 'mit Gewalt vordringen', russ. (älter) *brujá* (бруя) 'Strömung' von der Erweiterung ie. **bhrĕu-*, **bhrŭ-* der unter *brennen* (s.d.) behandelten Wurzel ie. **bher (ə)-* herzuleiten. Die Doppelkonsonanz im Germ. beruht darauf, daß die germ. bzw. vorgerm. Formen nacheinander verschiedenen Deklinationstypen von *n*-Stämmen folgen. Wie es neben *brennen* Formen mit *r*-Metathese gibt (s. *Bernstein*), steht im Westgerm. neben *Brunnen, Bronnen* und seinen Entsprechungen nhd. B o r n m., mhd. *burn(e), born*, mnd. *born(e)*, aengl. *burna, burne*.

Brunst f. 'Begattungstrieb, -zeit', ahd. *brunst* 'Brand, Glut, Hitze' (9. Jh.), mhd. *brunst* auch übertragen 'geistige und sinnliche Erregung, Begattungszeit', nl. *bronst*, vgl. auch got. *-brunsts* in *alabrunsts* 'Brandopfer', sind Abstraktbildungen auf *-ti-* zu dem in got. ahd. *brinnan*, mhd. *brinnen* 'brennen, leuchten' erhaltenen starken Verb, das jedoch in nhd. Zeit untergegangen und von *brennen* (s. d.) abgelöst ist. Die frühe Bedeutung 'Brand, Glut, Hitze' verliert sich im 18. Jh., bleibt aber in der Zusammensetzung F e u e r s b r u n s t f. (16. Jh.) erhalten. Der übertragene Gebrauch 'Begattungstrieb, -zeit' entsteht vielleicht unter dem Einfluß von lautlich anklingendem mhd. *brunft*, nhd. *Brunft* (s. d.); dazu auch B r u n s t z e i t f. 'Begattungszeit' (16. Jh.); b r ü n s t i g Adj. 'begattungsbereit', mhd. *brünstec*. An die Verwendung 'geistige, sinnliche Erregung' schließen an I n b r u n s t f. 'tiefes Gefühl, starke Seelenkraft', mhd. *inbrunst* 'innere Glut', in der Mystik 'inneres Brennen gegenüber Gott'; i n b r ü n s t i g Adj. 'heiß verlangend, leidenschaftlich', mhd. *inbrünstec*.

brüsk Adj. 'schroff, barsch, rücksichtslos' ist eine vor allem durch Wieland in Gebrauch kommende Entlehnung des 18. Jhs. von gleichbed. frz. *brusque*, das seinerseits auf ital. *brusco* 'von herbem Geschmack, barsch, rauh, unfreundlich' beruht. Diese ital. Bildung, in adjektivischer Verwendung zuerst die Herbheit des Weines kennzeichnend (vgl. auch mlat. *vinum bruscum*), gilt als identisch mit dem Pflanzennamen ital. *brusco*, mlat. *bruscus* 'Mäusedorn' (7. Jh.), einer vermutlich unter gall. Einfluß abgewandelten Form von gleichbed. lat. *rūscum, rūscus*. Allgemein wird jetzt Kreuzung von lat. *rūscum* mit gall. **brūcus* 'Heidekraut' angenommen (belegt in einem wohl für andere Pflanzen stehenden mlat. *brucus*), vgl. aprov. *bruc, brusc* und air. *froech* (aus kelt. **vroicos*) 'Heidekraut', ferner gleichbed. frz. *bruyère* (aus abgeleitetem galloroman. **brūcaria*). Weiterhin stellen sich vielleicht die (ein gall. **frisgo* wiedergebenden?) Glossierungen mlat. *brisconis, frisgone* 'Mäusedorn' (vgl. gleichbed. frz. *fragon*) zu dieser Wortgruppe. Das Vorhandensein des nicht verwandten, aber lautlich übereinstimmenden Substantivs lat. *bruscum* 'schwammiger Auswuchs am Ahorn' hat die Kontamination sicherlich begünstigt. – b r ü s k i e r e n Vb. 'rücksichtslos, kränkend behandeln' (1. Hälfte 18. Jh.), nach gleichbed. frz. *brusquer*, einer Ableitung von *brusque* (s. oben).

Brust f. 'Vorderteil des Oberkörpers'. Ahd. (8. Jh.; meist Plur., einen Dual fortsetzend), mhd. mnd. afries. *brust*, got. *brusts* (Plur.), mit *r*-Metathese afries. *burst, borst*, mnd. mnl. nl. *borst* stehen schwundstufig (germ. **brust-*) neben asächs. *briost*, aengl. *brēost*, engl. *breast*, anord. *brjōst*, schwed. *bröst* (germ. **breust-*); dazu mhd. *briustern* refl. 'anschwellen', asächs. *brustian* 'aufbrechen, knospen'. Vergleicht man aruss. *brjucho*, russ. (umgangssprachlich) *brjúcho* (брюхо, aus **bhreuso-*) 'Unterleib, Bauch, Wanst', air. *brū* (aus **bhrusō(n)*) 'Unterleib, Bauch', *bruinne* (aus **bhrusnio-*), bret. *bronn, bron* (aus **bhrusnā*) 'Brust' sowie (aus dem Kelt. stammendes) *Brünne* (s. d.), ist Rückführung auf ie. **bhreus-*, eine *s*-Erweiterung von ie. **bhreu-* 'sprießen, schwellen' (s. *Protz*), im Hinblick auf die weibliche Brust (oder auch die Brustwarzen?) möglich. Weiterer Anschluß an die Wurzel ie. **bher(ə)-* 'aufwallen' (s. *Brot*) ist denkbar. – B r u s t b i l d n. 'Bildnis der oberen Körperpartie' (15. Jh.). B r u s t k o r b m. 'System der die Brusthöhle umfassenden Knochen (Rippen)' (19. Jh.). B r ü s t u n g f. 'brusthohe (Schutz)wand' (18. Jh.). b r ü s t e n Vb. refl. 'prahlen', mhd. *brüsten* refl. 'sich in die Brust werfen', *gebrüstet* 'mit einer Brust versehen'.

Brut f. 'das Brüten, die (aus einem Gelege) geschlüpften Jungtiere' (zunächst der Vögel, dann auch der Fische und Insekten), mhd. *bruot* (ahd. nicht bezeugt), mnd. *brōt*, aengl. *brōd*, engl. *brood* sind Ableitungen mit *t*-Suffix zu den unter *brühen* (s. d.) behandelten Verben, für die eine ursprüngliche Bedeutung 'erwärmen, heiß machen' angenommen werden kann. – brüten Vb. 'durch Wärme zum Schlüpfen bringen', ahd. *bruoten* (um 800), mhd. *brüeten*, mnd. *brōden*, aengl. *brēdan*, engl. *to breed* (auch in der Bedeutung 'erzeugen, erziehen'); abgeleitet vom Substantiv. Brüter m. im eigentl. Sinne selten, öfters jedoch in Zusammensetzungen wie *Erd-, Nestbrüter*; als technischer Ausdruck in der Verbindung *schneller Brüter* neben *Brutreaktor*, ein Reaktor, in dem die Kernspaltung durch schnelle Neutronen ausgelöst wird (70er Jahre 20. Jh.).

brutal Adj. 'roh, gewalttätig, rücksichtslos', aus mlat. *brutalis* 'unvernünftig, tierisch', zu lat. *brūtus* 'schwerfällig, gefühllos, unvernünftig' (s. auch *brutto*), in der 2. Hälfte des 17. Jhs. entlehnt (vgl. frz. *brutal*); daneben begegnet im 17./18. Jh. die Eindeutschung *brutalisch*. Zunächst öfters im Sinne 'unvernünftig', dann zunehmend auf skrupellose Gewalttätigkeit bezogen. – Brutalität f. 'Gewalttätigkeit, Unmenschlichkeit' (Ende 16. Jh.); aus mlat. *brutalitas* (Gen. *brutalitatis*). brutalisieren Vb. 'gewalttätig machen, verrohen lassen', entlehnt aus frz. *brutaliser*; geläufig seit Anfang 18. Jh.

brutto Adv. 'ohne Abzüge (der Steuern), mit Verpackung', seit Mitte des 16. Jhs. als kaufmännischer Ausdruck gebräuchlich, ist Übernahme von gleichfalls terminologisch verwendetem ital. *brutto*, eigentl. 'unrein, schmutzig, häßlich, gemein', das (wie ital. *bruto* 'roh, unvernünftig') auf lat. *brūtus* 'schwer, schwerfällig, unvernünftig' beruht. – Bruttoeinnahme f. (19. Jh.). Bruttoregistertonne f. Einheit zur Bemessung des Rauminhalts eines Schiffes (Ende 19. Jh.).

brutzeln, brotzeln Vb. 'leise zischend braten'. Intensivbildung zu *brodeln* (s. d.); frühnhd. auch *pratzeln* (Anfang 15. Jh.), bei Fronsperger (1573) *pratzeln* neben *prutzeln* vom Geräusch eines Feuerpfeils bzw. erhitztem Salpeter. Die Form *brotzeln* (seit dem 18. Jh.) tritt in der Gegenwart hinter *brutzeln* zurück.

Bube, Bub m. 'Junge, Knabe, Schuft'. Ahd. nur als Männername *Buobo* (ebenso asächs. *Bōƀo*), mhd. *buobe* (md. auch *buofe, bufe*) 'Knabe, zuchtloser Mensch' (doch insgesamt selten), mnd. *bōve* 'Spitzbube, Räuber', mnl. *boeve, boef* 'Knecht, Bube' sind ursprünglich wohl als kindersprachliche reduplizierende Bildung aufzufassen. Auf Grund der Ausgangsbedeutung 'männliches Kind' wird verschiedentlich (wie für *Buhle*, s. d.) Umbildung der vorgerm. Form für *Bruder* (s. d.) erwogen. Ablautend steht neben ahd. *Buobo* der Name *Babo*, dem u. a. alem. *Bābi*, obsächs. *Bäbel* 'kleines Kind', mengl. *babe* (engl. *baby*, s. *Baby*) und, mit abweichender Bedeutung, Wörter slawischer Sprachen wie russ. *bába* (*баба*) 'alte Frau' entsprechen. *Bube, Bub* 'Knabe' ist im Obd. allgemein geläufig wie *Junge* (s. d.) im Nordd., so auch in Zusammensetzungen wie *Lehrbub* neben *Lehrjunge*. Die stark pejorative Bedeutung 'Schurke, Nichtswürdiger', die aus der Verwendung für 'Knecht, Troßknecht' herzuleiten ist, geht vor allem vom Nd. und Md. aus und findet sich in Komposita wie *Lotter-, Spitzbube*. – Büberei f. 'verächtliche Tat', mhd. *buoberīe* (neben *buobenīe*) 'bübisches Wesen, Untat', öfters seit Anfang 14. Jh.; frühnhd. auch für die Gesamtheit der Troßknechte. *Büberei*, md. auch *Büferei*, ist im 15. bis 17. Jh. stark verbreitet und geht dann allmählich zurück. Bubenstreich m. (16. Jh.) gleichbedeutend mit *Bubenstück*; auch 'harmloser Streich von Kindern'. Bubenstück n. 'Untat', gebräuchlich vom 16. bis 19. Jh. Bubikopf m. 'kurze Damenfrisur' (nach Art eines Jungenhaarschnitts), zu der seit Anfang 19. Jh. gebräuchlichen Koseform *Bubi* nach 1920 gebildet. bübisch Adj. 'verschmitzt, schelmisch, schurkisch', spätmhd. *büebisch*. Lausbub, Lausebub m. 'ungezogener, kekker Junge' (Anfang 19. Jh.), auch für 'schäbiger Mensch', s. das ältere *Lauser*. Spitzbube m. 'Betrüger, Gauner' (16. Jh.), zunächst auch 'Falschspieler', zu *spitz* 'schlau, gerissen'. spitzbübisch Adj. 'schurkisch', seit Anfang 16. Jh.; jetzt nur noch im Sinne 'verschmitzt'.

Buch n. 'gebundene (Druck)schrift', ahd. *buoh* (8. Jh.), mhd. *buoch*, asächs. mnd. *bōk*, mnl. *boec*, nl. *boek*, aengl. *bōc*, engl. *book*, anord. *bōk*, schwed. *bok*, got. *bōka* (im Sing. 'Buchstabe', im Plur. *bōkōs* 'Schrift, Brief, Buch'). Germ. **bōks* ist ursprünglich ein der konsonantischen Deklination folgendes Fem.; doch der Übergang zum Neutr. vollzieht sich schon in früher (z. B. in ahd.) Zeit. Vielfach wird die Bezeichnung für identisch mit dem Namen der *Buche* (s. d.) gehalten; eine Entwicklung der Bedeutung von 'Buche' zu 'Buchenstäbchen, Runenstäbchen, Rune' und weiter zu 'Buchstabe' und 'Schriftstück, Buch' wird aber neuerdings (aus sachlichen Gründen) bezweifelt; vgl. EBBINGHAUS in: General Linguistics 22 (1982) 99 ff. und bes. SEEBOLD Etymologie (1981) 290 ff. Man zieht daher als außergerm. Verwandte aind. *bhágaḥ* 'Wohlstand, Glück, Besitz, Vermögen' (zu aind. *bhájati* 'verteilt, teilt zu'), awest. *baga-* 'Anteil, Los', aind. *bhágaḥ* 'Zuteiler, Herr', awest. *baγa-* 'Herr, Gott' sowie aslaw. *bogъ*, russ. *bog* (*бог*) 'Gott' und (dehnstufig wie germ. **bōks*) aind. *bhāga-* 'Anteil, Besitz, Los', awest. *bāga-* 'Anteil, Los' heran, so daß eine Wurzel ie. **bhag-* 'zuteilen' zugrunde gelegt werden kann. Entsprechend ist auch für germ. **bōks* eine Bedeutung 'Los, Zugeteiltes' vorauszusetzen, die sich zu '(zum Los bestimmtes) Runenstäbchen, Rune' weiterentwickelt und schließlich zu '(griech. bzw. lat.) Buchstabe' und (im Plur.) 'Schriftstück, Urkunde, Buch' führt. Alter Sprachgebrauch innerhalb des Germ. zeigt in der Tat vorzugsweise pluralische Verwendung. Mit der Entwicklung der Bedeutung 'niedergelegte Schrift, Schriftstück' wird singularischer Gebrauch möglich. *Buch* bezeichnet unterschiedlich geheftete oder gebundene Lagen aus Pergament oder Papier, in nhd. Zeit insbesondere eine in sich abgeschlossene Druckschrift. Daneben lebt die Bedeutung 'geschriebenes Buch' vor allem in Zusammensetzungen wie *Rechnungsbuch, Tagebuch* weiter. – b u c h e n Vb. 'in ein Rechnungs-, Geschäftsbuch eintragen, registrieren', vereinzelt im 16. Jh., öfters erst im 18. Jh.; heute auch '(eine Reise, einen Flug) bestellen', wohl in Anlehnung an gleichbed. engl. *to book*. B u c h u n g f. 'Eintragung, (Vor)bestellung' (19. Jh.). B ü c h e r e i f. '(öffentliche) Bibliothek', seit Mitte des 17. Jhs. für *Bibliothek* (s. d.) und *Liberei* verwendet (vgl. nl. *boekerij*); wohl Übersetzung des im 17. Jh. noch geläufigen *Liberei* (aus mlat. *libraria* f., spätlat. *librāria* n. Plur. 'Büchersammlung', zu lat. *liber* 'Schrift, Buch'). Obwohl von Puristen befürwortet, setzt sich *Bücherei* neben *Bibliothek* nur langsam durch und bezeichnet vorwiegend kleinere Bibliotheken, vgl. *Dorf-, Stadt-, Volksbücherei*; aber auch *Deutsche Bücherei* (gegründet in Leipzig 1912). B ü c h e r w u r m m. 'in Büchern lebende Larve', übertragen 'eifriger Bücherleser'; vereinzelt Ende 17. Jh., geläufig seit 1750. B u c h h a l t e r m. 'kaufmännischer Rechnungsführer' (Anfang 16. Jh.), Ableitung aus der Zusammenbildung *buchhalten*, auch *Bücher halten* (Ende 15. Jh.), der Übersetzung von ital. *tenere i libri*. B u c h h a l t u n g f. 'Buchführung', seit dem 16. Jh. vereinzelt neben *Buchhalten* n., geläufig seit dem 18. Jh. B u c h m a c h e r m. 'Vermittler von Wetten' (Pferderennen), Übersetzung von gleichbed. engl. *bookmaker* (19. Jh.).

Buche f. Laubbaum mit glatter, silbergrauer Rinde, ahd. *buohha* (8. Jh.), mhd. *buoche*, asächs. *bōka*, mnd. *bōke*, mnl. *boeke, bōke*, nl. *beuk*, aengl. *bēce, bōc*, anord. *bōk*, schwed. *bok*. Verwandt sind lat. *fāgus* f. 'Buche' und mit Bedeutungsübertragung jenseits der Verbreitungsgrenze griech. *phēgós* (*φηγός*) f. 'Eiche', ferner (umstritten) russ. *buziná* (*бузина*), russ. (mundartlich) *buz* (*буз*) 'Holunder'. Erschließen läßt sich ie. **bhāg-* 'Buche', vgl. WISSMANN Name d. Buche (1952) 26, der die femininen ie. *o*-Stämme im Griech. und Lat. (gegenüber germ. **bōks* bzw. daraus weiterentwickeltem **bōkō*) als Neubildungen ansieht. – B u c h f i n k m. weitverbreiteter Singvogel, mhd. *buochvinke* (s. *Fink*).

Buchsbaum m. Der Name des in Mitteleuropa als Strauch gedeihenden immergrünen Gehölzes, ahd. (10. Jh.), mhd. *buhs*, nhd. *Buchs* m., ist (wie engl. *box*, frz. *buis*, ital. *bosso*, span. *boj*) Entlehnung von lat. *buxus* 'Buchsbaum', das seinerseits auf gleichbed. griech. *pýxos* (*πύξος*) zurückgeht oder wie dieses aus einer Mittelmeersprache übernommen ist. Neben dem heute nur noch selten gebrauchten Simplex steht früh das verdeutlichende Kompositum ahd. (11. Jh.), mhd. *buhsboum*, nhd. *Buchsbaum* (vgl. mnd. *busbōm*, mnl. *bosboom*, aengl. *boxtrēow*).

Büchse f. 'verschließbares zylindrisches Gefäß' sowie 'Feuerwaffe, Jagdgewehr' (wegen der Form des Laufs). Ahd. *buhsa* (10. Jh.), mhd. *bühse*, spätmhd. (14. Jh.) auch 'Geschütz' (seit dem 15. Jh. 'Handfeuerwaffe') ist in vorahd. Zeit als Ausdruck der Medizin ('Arznei-, Salbenbüchse') aus dem Lat. entlehnt. Wie engl. *box* 'Büchse, Kasten, abgesonderter Platz' (s. *Box*) geht es zurück auf das von griech. *pýxos* (*πύξος*) 'Buchsbaum' (s. *Buchsbaum*) abgeleitete griech. *pyxís* (*πυξίς*) 'Büchse (aus Buchsbaumholz)', lat. *pyxis* 'Büchse', das über spätlat. und mlat. *buxis* und andere nachklassische lat. Varianten mit *b*-Anlaut (vgl. FEW 9, 655) in mehrere roman. und westgerm. Sprachen (vgl. frz. *boîte* 'Schachtel, Büchse', ital. *bossolo* 'Büchse, Buchsbaum', aengl. *box* 'Büchse, Behälter', mnl. *busse* 'Büchse, Feuerwaffe', mnd. *büsse, busse* 'Büchse, Buchse, Feuerwaffe') gelangt. – Buchse f. 'eine Bohrung auskleidender Hohlzylinder'. Die landschaftlich seit alters gebräuchliche unumgelautete Nebenform von *Büchse* (s. oben) findet sich seit dem 18. Jh. häufiger in fachspezifischen Verwendungen und wird im 20. Jh. als Terminus der Technik und der Elektrotechnik üblich.

Buchstabe m. 'Schriftzeichen' (für einen Sprachlaut). Die in Holz oder Stein geritzten Runen haben durchweg einen senkrechten kräftigen Strich, den sogenannten *Stab*, nach dem das ganze Runenzeichen benannt ist, vgl. anord. *stafr* und *rūnastafr*, aengl. *rūnstæf*. Im Unterschied hierzu bezeichnen ahd. *buohstab* (8. Jh.), mhd. *buochstabe*, asächs. *bōkstaf*, mnl. *boecstaf*, aengl. *bōcstæf*, anord. *bōkstafr*, schwed. *bokstav* die zum Schreiben im Buch verwendeten lat. Schriftzeichen. S. *Stab* und *Buch*. – buchstabieren Vb. 'langsam, jeden Buchstaben einzeln lesen oder sprechen' (Anfang 16. Jh.); voraus geht gleichbed. *buchstaben*, mhd. *buochstaben*. buchstäblich Adj. 'wörtlich, dem Wortsinn genau entsprechend, tatsächlich'; seit Anfang 16. Jh. neben *buchstabisch*, selten *buchstäbisch* (geläufig im 16. Jh.); auch die *lich*-Ableitung wird im 16./17. Jh. vorwiegend umlautlos verwendet.

Bucht f. 'bogenförmig ins Land hineinragender Teil eines Meeres oder Binnengewässers', auch 'Verschlag, kleiner Stall für Haustiere'. Mnd. *bucht* 'Biegung, Krümmung, eingefriedeter Raum, Pferch, Stall', aengl. *byht* 'Winkel, Wohnstätte', engl. *bight* 'Bucht', nl. *bocht* 'Biegung, Bucht', anord. *-bōt* in Zusammensetzungen für 'Kniekehle' und 'Ellenbeuge' sind *ti*-Abstrakta zu den germ. Entsprechungen von nhd. *biegen* (s. d.). Nd. *Bucht* wird in der auch im Nl. und Engl. vertretenen Bedeutung 'Meerbusen' im 17. Jh. ins Hd. übernommen; in der Bedeutung 'Verschlag' bleibt es auf das nordd. und md. Sprachgebiet beschränkt. – einbuchten Vb. 'bogenförmig einschneiden' (Anfang 19. Jh.), 'einsperren' (umgangssprachlich; 19. Jh.).

Buckel m. 'höckerartiger Rücken', in der Umgangssprache 'Rücken'. Mhd. *buckel* f. m. 'Metallbeschlag in Form einer Halbkugel in der Mitte des Schildes' (Ende 12. Jh.), entlehnt aus gleichbed. afrz. *bo(u)cle*, das auf lat. *buccula* 'Bäckchen', übertragen auch 'Schildknauf', ein Deminutivum zu lat. *bucca* 'aufgeblasene Backe', zurückzuführen ist; aus dem Lat. bereits ahd. *buckula* 'Schildknauf, Schild' (11. Jh.). Im 15. Jh. nimmt *Buckel* die heute geläufigen Bedeutungen an. Nordd. ist die Variante *Puckel*. – buck(e)lig Adj. 'mit einem Buckel behaftet' (16. Jh.), spätmhd. *buckeleht*. buckeln Vb. 'einen Buckel machen, auf dem Rücken tragen' (17. Jh.), vgl. mhd. *buckeln* 'mit Erhöhungen versehen'. Dazu katzbuckeln Vb. 'liebedienerisch, unterwürfig sein' (19. Jh.).

bücken Vb. refl. 'sich niederbeugen', mhd. *bücken* (um 1200), mnd. *bucken*, mnl. *bokken, bucken*, nl. *bukken*, Intensivbildung zu *biegen* (s. d.) wie z. B. *schmücken* zu *schmiegen*. – [1]Bückling m. 'Verbeugung' (17. Jh.), dem frühnhd. *bücking* 'sich bückender Mensch' als Ableitung von *bücken* voraufgeht.

[2]**Bückling** m. 'geräucherter Hering'. Spätmhd. *bückinc*, mnd. *buckinc* sind entlehnt aus mnl. *buckinc*, einer Ableitung von mnl. *buc* (s. *Bock*). Die Bezeichnung beruht auf dem Geruch des geräucherten Fisches, der dem eines Bockes verglichen wird, worauf auch nl. *boksharing* eigentl. 'Bockshering' (neben nl. *bokking*) hindeutet. *Bückling* (mit *l*-haltigem Suffix) kommt Ende des 15. Jhs. auf.

Buddel, auch Buttel f. 'Flasche'. Nd. *Buddel* ist eine Entlehnung der 2. Hälfte des 17. Jhs. (mit dem Import französischer Flaschenweine) aus gleichbed. frz. *bouteille*, das daneben bis ins 20. Jh. unverändert auch im Dt. gebraucht wird. Afrz. *boteille* geht zurück auf vlat. **butticula* (vgl. spätlat. *but(t)icula*) 'Flasche, Krug', Deminutivum zu spätlat. *buttis* 'Faß', einem Wort ungeklärter Herkunft. Unklar ist vor allem das Verhältnis zu griech. *bũt(t)is* (*βοῦτ(τ)ις*) 'Faß' (Entlehnung des Griech. aus dem Lat. oder umgekehrt und letztlich Entlehnung aus einer unbekannten dritten Sprache?). S. auch *Bütte*.

buddeln Vb. '(aus)graben, im Sand wühlen, spielen' (18. Jh.), eine Nebenform zu *pudeln* 'im Wasser plätschern' (s. *Pudel*), die sich wohl von Berlin aus in die angrenzenden Landschaften verbreitet hat.

Bude f. 'Häuschen, kleiner Laden aus Brettern', abschätzig und ironisierend '(altes) Haus, Wohnung, Zimmer'. Mhd. *buode* (md. *būde*), mnd. *bōde*, mnl. *boede*, aschwed. *bōþ*, schwed. *bod*, anord. *būð* (mit Vokalangleichung an anord. *būa* 'wohnen') 'Hütte, Holzhaus, Zelt' sind mit ablautendem mir. *both* 'Hütte', lit. *bùtas* 'Haus, Wohnung' Ableitungen mit Dentalsuffix von der unter *bauen* (s. d.) angegebenen Wurzel ie. **bheu-, *bheu̯ə-* in der Bedeutung 'wohnen'. Der lange Vokal der Wurzelsilbe im Germ. (*ō*) ist durch Kürzung aus ursprünglichem Langdiphthong (ie. *ōu*) hervorgegangen. Seit dem Ende des 18. Jhs. steht *Bude* für '(Studenten)zimmer', vgl. *auf die Bude rücken, Leben in die Bude bringen*. Dazu B u d e n a n g s t f. 'beklemmendes Gefühl des allein im Zimmer Sitzenden' (20. Jh.).

Budget n. '(Staats)haushaltsplan, Voranschlag', Übernahme (2. Hälfte 18. Jh.) von gleichbed. engl. *budget*, das auch ins Frz. entlehnt wird (18. Jh.), sich dort zum amtlichen Ausdruck entwickelt und daraufhin im Dt. frz. Aussprache annimmt, wie die Schreibung *Finanzbüdget* (Görres 1819) zeigt. Engl. *budget* geht zurück auf afrz. *bougete*, Deminutivum zu afrz. frz. *bouge* 'Beutel, Sack', das lat. *bulga* 'Ledersack' (ein seiner Herkunft nach gall. Wort) fortsetzt (s. *Balg*).

Budike, B u t i k e f. 'kleiner Kaufladen, kleine Kneipe'. *Butike* ist eine Entlehnung des 16. Jhs. von mfrz. frz. *boutique* 'Kramladen', das, wohl über aprov. *botica, botiga*, auf griech. *apothḗkē* (*ἀποθήκη*) zurückzuführen ist (s. *Apotheke*). Das heute übliche *Budike* 'Kneipe' kommt in der 1. Hälfte, 'Laden' Ende des 19. Jhs., wohl in Anlehnung an *Bude* (s. d.), in Gebrauch; daneben sind vom 17. Jh. an *Boutique*, vom 18. Jh. an *Boutike* bis zum Beginn des 20. Jhs. geläufig. *Boutique* 'Modegeschäft, Schmuckladen' ist eine moderne Übernahme des 20. Jhs. aus dem Frz. – B u d i k e r m., vereinzelt *Butiker* 'Kaufladenbesitzer, Kneipier', älter *Butikier* (1. Hälfte des 19. Jh.), Entlehnung von frz. *boutiquier* 'Krämer'.

Büfett n. (auch *Büffet* und *Buffet*) 'Geschirrschrank, Anrichte', dann 'Schanktisch', Anfang des 18. Jhs. zunächst als *Bufet* aus gleichbed. frz. *buffet* entlehnt, während schweiz. *Puffet, Buffet* (16. Jh.) wohl eine Entlehnung aus gleichbed. ital. *buffetto* ist. Die weitere Herleitung ist ungeklärt. Hierzu die Fügung *kaltes Büfett* 'angerichtete kalte Speisen' (20. Jh.).

Büffel m. in Afrika, Asien und Nordamerika wildlebendes Rind mit kräftigem Körperbau. Mhd. *büffel* 'Ochse' (Anfang 14. Jh.) ist entlehnt aus afrz. *bufle*, das über ital. *bufalo*, mlat. *buflus*, lat. *būbalus* (spätlat. Nebenform *būfalus*) 'afrikanische Gazelle, Büffel' auf griech. *búbalos* (*βούβαλος*), wahrscheinlich zu *bûs* (*βοῦς*) 'Rind', zurückzuführen ist.

büffeln Vb. 'angestrengt lernen', wohl Intensivbildung des 16. Jhs. zu mhd. *buffen* 'schlagen, stoßen', die in volksetymologischer Anlehnung an *Büffel* den Sinn 'wie ein Büffel arbeiten' gewinnt (vgl. *Büffelarbeit* Luther 1532; s. auch *ochsen*).

Buffo m. '(Opern)sänger komischer Rollen', Übernahme (Anfang 19. Jh.) von gleichbed. ital. *buffo*; vgl. ital. *buffone* 'Spaßvogel, Hofnarr' (eigentl. 'wer zur Erheiterung der Zuschauer die Backen aufbläst'), *buffare* 'mit vollen Backen blasen, Possen reißen', *buffa* 'Posse, Scherz', die alle zu einem Schallwort roman. **buff-, *puff-* zur Bezeichnung des Blasens gehören.

Bug m. 'vorderster Teil eines Schiffes', auch 'Schulterstück des Rindes, Pferdes', ahd. *buog* 'Schulter(blatt)' (um 800), mhd. *buoc* 'Obergelenk des Armes, Beines', asächs. *bōg*, mnd. *bōch*, mnl. *boech*, nl. *boeg* 'Bug', aengl. *bōg*, anord. *bōgr* 'Arm, Schulter, Bug', schwed. *bog* (germ. **bōgu-*). Die erste Bedeutung beruht auf einer alten Übertragung, die wohl durch den Vergleich des Schiffes mit einem „Wogenroß" entstanden ist. Außergerm. Verwandte sind griech. *pêchys* (*πῆχυς*), dor. *pâchys* (*πᾶχυς*) 'Ellbogen, Unterarm', aind. *bāhúḥ* '(Unter)arm, Vorderfuß', die auf ie. **bhāĝhus* 'Ellbogen, Unterarm' führen. – B u g s p r i e t n. m. 'über den Bug schräg nach vorn ragender Segelbaum'. Im Hd. seit der 1. Hälfte des 17. Jhs. nach mnd. *bōchsprēt*, einem Kompositum aus mnd. *bōch* 'Bug' und *sprēt*, nhd. *Spriet* 'Stange'.

Bügel m. 'gebogener Griff, gebogenes Holz zum Aufhängen von Kleidern', spätmhd. *bügele* f. 'Steigbügel', mnd. *bögel*, mnl. *böghel* 'Ring, Bügel', nl. *beugel* stehen im Ablautverhältnis zu den unter *biegen* (s. d.) angeführten Verben, bezeichnen also eigentl. etw. Gebogenes. Seit der 1. Hälfte des 16. Jhs. ist das Mask. *Bügel* bezeugt. – Bügeleisen n. 'Eisen zum Glätten der Wäsche' (nach dem gebogenen Griff benannt?, oder weil ursprünglich ein gebogenes Eisen zum Kräuseln?) und bügeln Vb. (17. Jh.), nordd. md. dafür auch *Plätteisen, Plätte* und *plätten* (s. d.). bügelfrei Adj. 'ohne Bügeln glatt, knitterfrei' (2. Hälfte 20. Jh.). Steigbügel m. 'Fußstütze für den Reiter', seit dem 17. Jh. für älteres *Stegreif* (s. d.).

bugsieren Vb. 'ein Schiff ins Schlepptau nehmen'. Entlehnung aus der 1. Hälfte des 17. Jhs., zunächst in den Formen *buxiren, buchsieren*, aus gleichbed. nl. *boegseren*, das aus älterem nl. *boesjaarden, boesjaren* unter Einfluß von nicht verwandtem nl. *boeg* 'Bug' enstanden ist. Die alten nl. Formen sind aus port. *puxar* 'ziehen, schleppen' entlehnt, das auf lat. *pulsāre* 'stoßen, klopfen' zurückzuführen ist (s. *pulsieren*). Die heutige Schreibweise setzt sich im 19. Jh. durch.

Buhle m. 'Geliebter'. Mhd. *buole* m. f., mnd. *bōle*, mnl. *boel(e)* bedeutet 'naher Verwandter, Bruder' (vgl. *Buhlebruder*, 15. Jh.), 'Geliebte(r)'. Baltische Parallelbildungen (z.B. lit. *brólis*, lett. *brālis* 'Bruder') legen nahe, *Buhle* (wie vielleicht auch *Bube*, s. d.) als der Kindersprache entstammende Koseform zu ie. **bhrātor-, *bhrāter-*, nhd. *Bruder* anzusehen, d. h. eine vorgerm. Entwicklung von **bhrātr̥l-* über **bhrāl-* zu **bhāl-* (vgl. Kluge [21]109) anzunehmen. Das Ahd. kennt *Buolo*, das Aengl. *Bōla* nur als Männernamen. *Buhle* ist ursprünglich Anrede für einen nahestehenden (verwandten, vertrauten) und geliebten Menschen; erst im 15. Jh. erhält es einen pejorativen Beigeschmack (*ein bule oder eyn vnrecht weyp oder ein vnrecht man* für lat. *amāsia* bzw. *amāsius*), doch im alten Sinne von der Dichtung des 18. Jhs. wieder aufgenommen. *Buhle* mit mask. Genus kann bis ins 17. Jh. sowohl den Geliebten wie auch die Geliebte bezeichnen, *Buhle* mit fem. Genus ist erst seit dem 15. Jh. belegt und bleibt insgesamt selten. Daneben (weniger geläufig) *Buhler* m. und *Buhlerin* f. (beide 15. Jh.). – Nebenbuhler m. 'Mitbewerber, Rivale' (17. Jh.). buhlen Vb. 'aufdringlich um etw. werben' (15. Jh.), mhd. *buolen* 'lieb haben'.

Buhne f. 'Uferschutzanlage', eigentl. 'Lattenwerk', anfangs in seinem Geltungsbereich auf das Küstengebiet beschränkt. Mnd. *būne* 'ins Wasser gebauter Damm als Deichschutz zum Abweisen des Wassers', nl. *bun* 'Flechtwerk', seit dem 17. Jh. auch im Binnenland gebräuchlich. Vielleicht verwandt mit *Bühne* (s. d.).

Bühne f. 'erhöhter Teil des Fußbodens, Podium, Dachboden'; als Ursprungsbedeutung wird 'Brettergerüst mit waagrechter Fläche' angenommen. Kluge [21]110 führt mhd. *bün(e)* (ein Fem. der *īn*-Klasse), mnd. *bōne*, nl. *beun* 'lose Planken über dem Fußboden' auf germ. **bunī* 'Erhöhung des Fußbodens durch Bretter, Decke eines Gemachs, Latte' zurück, das mit altem Dentalausfall für ie. **bhu(dh)niā-* stehe, gestützt durch aengl. *bytme, byþme, bytne* 'Schiffsboden, Kiel', und vermutet Verwandtschaft mit *Boden* (s. d.). *Bühne* 'Theaterspielplatz' (18. Jh.) ist verkürzt aus *Schaubühne* (Lessing). – Bühnenaussprache f. als verbindlich geltende, festgelegte Aussprache des Dt. (1898 Siebs).

Bukett n. 'Blumenstrauß'. Um die Mitte des 17. Jhs. wird gleichbed. frz. *bouquet* ins Dt. übernommen (noch im 19. Jh. teilweise in frz. Schreibung üblich). Vorauf geht afrz. *boscet* 'kleines Gehölz, Baumgruppe' (mit vielen lautlichen Varianten), Deminutivum zu afrz. *bosc* 'Wald, Baum' (s. *Busch*). Aus 'Baumgruppe' entsteht, offenbar über die Vorstellung 'Büschel', im 15. Jh. die Bedeutung 'Blumenstrauß'.

bukolisch Adj. 'ländlich einfach', eigentl. 'das Hirtenleben betreffend', nach lat. *būcolicus*, griech. *būkolikós* (*βουκολικός*) 'zu den Hirten gehörig', zu griech. *būkólos* (*βουκόλος*) m. 'Rinderhirt'. Bereits in der Antike heißen von ländlicher Sehnsucht getragene Gedichte (von Theokrit, Vergil u.a.) griech.-lat. *būcolica* (Plur.); die Bezeichnung wird im 18. Jh. in Zusammenhang mit der Idyllendichtung wieder aufgegriffen. Bukolik f. 'Hirtenlieder, Schäferdichtung' (19. Jh.).

Bulette f. 'gebratenes Fleischklößchen' (1. Hälfte 19. Jh.); Entlehnung von frz. *bou-*

lette 'Fleischklößchen', afrz. *bullete* 'Medaillon' (s. *Bulletin*); etymologisch zu *Bulle* f. (s. d.).

Bulle m. 'Zuchtstier', im 17. Jh. aus dem Nd. in die Schriftsprache aufgenommen; den obd. Mundarten bleibt es fremd. Mnd. *bulle* 'Stier', mnl. *bulle, bul*, nl. *bul*, anord. *boli*, aengl. *bula* (in Ortsnamen), engl. *bull*, dazu die deminutive Ableitung aengl. *bulluc*, engl. *bullock* 'junger Stier'. Daneben steht ablautend aengl. *bealluc*, engl. *ballock* 'Hoden' (eigentl. 'Bällchen'); die Verwandtschaft mit [1]*Ball, bald* (s. d.) und mit griech. *phallós* (*φαλλός*) 'männliches Glied' (s. *Phallus*) führt auf die Wurzel ie. **bhel-* 'aufblasen, aufschwellen, prall sein'. Der Bulle ist demnach nach seinen Geschlechtsteilen benannt. – Bullenbeißer m. kräftiger und gedrungener, zum Packen der Stiere abgerichteter Hund (18. Jh.), engl. *bulldog*, woraus nhd. *Bulldogg* m. und danach (im Anschluß an *Dogge*, s. d.) *Bulldogge* f. (19. Jh.). Bullauge n. 'rundes Schiffsfenster', nach nd. *Bulloog*, engl. *bull's eye* (im Vergleich des runden Fensters mit dem Auge eines Rindes, eines Bullen).

Bulle f. 'Urkunde mit Siegelkapsel, päpstlicher Erlaß', mhd. *bulle* 'Siegel, Urkunde' wird übernommen von mlat. *bulla* 'Blase, Buckel, Siegel', dann auch 'gesiegelte Urkunde', lat. *bulla* 'Wasserblase, Buckel'. Denselben Ursprung haben u. a. *Bulette, Bulletin, Billett* (s. d.).

Bulletin n. 'offizieller Bericht'. Gegen Ende des 18. Jhs. erscheint frz. *bulletin* 'Tagesbericht, öffentliche Mitteilung' im Dt., zunächst in der Bedeutung 'Tageszeitung, Nachrichtenblatt', zu Anfang des 19. Jhs. Schlagwort für einen aufgebauschten und verlogenen Heeresbericht, dessen Ursprung die napoleonischen „Bulletins" (1800) bilden, danach im oben genannten Sinne. Frz. *bulletin* ist abgeleitet von afrz. *bullete* 'Siegelabdruck, Medaillon' (s. *Bulette*), auch 'Bescheinigung, amtlicher Bericht' (s. *Billett*), Deminutivum zu afrz. *bulle* 'Kugel, Siegelkapsel, gesiegelte Urkunde' (mlat. *bulla*, s. *Bulle* f.). Entsprechender Herkunft ist ital. *bollettino*, worauf im 16./17. Jh. gelegentlich in dt. Texten bezeugte Formen wie *bolleton, polletin* 'Urkunde, Bericht' zurückgehen.

bum, bums Schallwort für einen Knall oder Fall, auch (mit Sekundärablaut) in der Folge *bim, bam, bum* für den tiefen Glockenton (s. *bim*). Belegt seit dem 17. Jh., oft in der Schreibung *bumb, bump, bumps*; älter sind vollere Formen wie *bumblebum* (15. Jh.). Substantiviert Bums m. 'Knall, das dröhnende An-, Aufschlagen' (19. Jh.), auch 'Tanzvergnügen' (nach dem scharf und akzentuiert geschlagenen Rhythmus anspruchsloser Musik); landschaftlich auch 'Bordell' (19. Jh.). – bumsen Vb. 'dröhnen, klingen, an-, aufschlagen' (16. Jh.); heute auch (60er Jahre 20. Jh.) 'miteinander schlafen' nach älterem mundartlichen (schwäb. schweiz.) *bumsen, bumpsen* (vgl. auch schwäb. *bumsig* 'lüstern auf ein Mädchen'). In der allgemeinen Umgangssprache verbreitet als weniger derb empfundener Ausdruck neben *puffen, stoßen*.

Bumerang m. australische Wurfwaffe, die an ihren Ausgangsort zurückkehren kann; aus einer Sprache austral. Ureinwohner durch Vermittlung von engl. *boomerang* ins Dt. übernommen (2. Hälfte 19. Jh.); die austral. Form wird teils als *wo-murrāng*, teils als *būmarin* notiert.

bummeln Vb. 'langsam schlendern, nichts tun'. Iterative Bildung in Anlehnung an *bim-bam-bum* des Glockenschlags, zuerst im Hinblick auf die schwingende Glocke 'hin und her schwanken, baumeln' (Anfang 17. Jh.), woraus sich im Nd. im 18. Jh. 'schlendern, nichts tun' entwickelt; in der 2. Hälfte des 19. Jhs. bereits allgemein üblich. Zu *bummeln* 'baumeln' gehört Bummel f. 'Troddel, Quaste' (Ende 17. Jh.); zu *bummeln* 'schlendern, nichts tun' Bummel m., *Schaufensterbummel* m. (beide 2. Hälfte 19. Jh.), *Bummelzug* m. 'Personenzug' im Gegensatz zum *Eil-* oder *Schnellzug* (2. Hälfte 19. Jh.), Bummler m. 'umherschlendernder Müßiggänger, wer langsam und träge ist'; um 1848 ein leichtfertiges, vom äußeren Schein ausgehendes Schlagwort für den Arbeitslosen. Seit etwa 1870 *Schlachtenbummler* m. einer, der als Zuschauer (offiziell als Krankenpfleger oder Berichterstatter) in den Krieg geht, um ihn aus Neugier oder Abenteuerlust mitzuerleben, modern vor allem von Sportbegeisterten, die ihre Mannschaft auf fremde Spielplätze begleiten. Bummelant m. 'Bummler', scherzhaft latinisierende Bildung, wohl aus der Studentensprache (Anfang 20. Jh.).

Bund m. n. 'Büschel, Vereinigung', mhd.

mnd. *bunt* m. (vgl. ahd. *gibunt*, 10./11. Jh., und *buntilīn* 'Bündlein', 9. Jh., got. *gabundi* f.), mnl. *bont*, nl. *bond*, ablautende Bildungen zu dem unter *binden* (s. d.) behandelten Verb. Eine Bedeutungsdifferenzierung mit Hilfe des Genus beginnt sich erst im 18. Jh. auszuprägen, vgl. mask. 'Bindendes, Bündnis' (*Jugend-, Staaten-, Ehebund*), neutr. 'Zusammengebundenes' (*zwei Bund Stroh, Schlüsselbund*). – Bündel n. 'Zusammengeschnürtes, Päckchen', frühnhd. *bündel*, vgl. ahd. *gibuntil(o)* m., *gibuntila* f. 'Gebundenes, Büschel' (Hs. 12. Jh.), mit dem Konkreta bildenden germ. *l*-Suffix zum unter *binden* behandelten Verb; davon abgeleitet bündeln Vb. (18. Jh.). bündig Adj. 'überzeugend, klar', mhd. *bündec* 'verbündet', dann 'verbindlich, verpflichtend' (14. bis 17. Jh.); formelhaft *kurz und bündig* (18. Jh.). Bündnis n. (14. Jh.). Bundesgenosse m. (15. Jh.). Bundschuh m., mhd. *buntschuoch* 'Schuh mit Riemen zum Umschnüren der Beine' in der Tracht des einfachen Mannes wird zum Symbol und Feldzeichen der sich empörenden Bauern, gewinnt die Bedeutung 'Aufstand, Empörung' (15. Jh.) und bezeichnet schließlich die Vereinigung der revolutionären Bauern (16. Jh.).

Bungalow m. eingeschossiges Wohnhaus oder Wochenendhaus im Freien. Die Anglisierung von Gujarati *bangalo*, aus hindust. *banglā* Adj. 'bengalisch', bezeichnet zunächst ein 'bengalisches Haus', d. i. ein 'eingeschossiges Wohnhaus' für Europäer in Bengalen (17. Jh.), dann überhaupt in Indien und schließlich in den tropischen bzw. subtropischen Gebieten Ostasiens. In Beschreibungen landesüblicher Verhältnisse begegnet *Bungalow* in der 2. Hälfte des 19. Jhs. im Dt. Im engl. Mutterland entwickelt sich die Bedeutung 'Landhaus, Sommerhaus' (19. Jh.), mit der die Bezeichnung in den 50er Jahren des 20. Jhs. erneut ins Dt. übernommen wird und rasch Verbreitung findet.

Bunker m. Lagerraum für Kohle (auf Dampfschiffen und an Land), Entlehnung (19. Jh.) von engl. *bunker*. Herkunft ungewiß, doch sind engl. *bunk* 'Holzkiste' (die tagsüber als Sitzplatz, nachts als Schlafstelle dient), anord. *bunki* 'Schiffslast' (eigentl. Bretterverschlag für die Schiffsladung), mnd. *bonik, bonk* 'Ladung, Laderaum' vergleichbar. Im 1. Weltkrieg 'gegrabene, betonverstärkte Verteidigungsanlage, Unterstand', vielleicht beeinflußt von engl. *bunker* 'künstliche Sandgrube' (auf Golfplätzen); vgl. *Luftschutzbunker*.

bunt Adj. 'mehr-, vielfarbig', mhd. mnd. *bunt* 'schwarz und weiß gefleckt oder gestreift', mnl. nl. *bont* 'vielfarbig'; vgl. mhd. *bunt* n. 'zweifarbiges Pelzwerk'. Die Bedeutung 'vielfarbig' entsteht im 14. Jh. und wird durch Luthers Bibelübersetzung verbreitet. Wahrscheinlich aus lat. *pūnctus* 'punktiert, gestochen', im Klosterlatein für mit gefärbten Fäden 'Gesticktes'; vgl. lat. *pungere* 'stechen' (s. *Punkt*).

Bürde f. 'Last', ahd. *burdī* (9. Jh.), mhd. *bürde*, mnd. *bȫrde*, nl. *borde*, got. *baúrþei* gehören zur Wurzel ie. **bher(ə)-* 'tragen, bringen' (s. auch *Bahre, gebären*) und zur germ. Deklinationsklasse auf *-īn-*. Es handelt sich um Ableitungen von einem bereits ein Dentalsuffix aufweisenden Nomen, entweder einem nur außerhalb des Germ. erhaltenen *to*-Partizip, vgl. aind. *bhṛtá-* 'getragen', oder einer Abstraktbildung auf *-ti-* bzw. *-ti̯ō*, wie sie in anord. *byrðr* 'Bürde, Last' und mit abweichender Bedeutung in den unter *Geburt* (s. d.) behandelten präfigierten Bildungen vorliegt. Daneben stehen Ableitungen mit anderen Nasalsuffixen wie ahd. *burdin* (8. Jh.), mhd. *bürden*, mnd. *bȫrden*, aengl. *byrþen*, engl. *burden*, asächs. *burðinnia* 'Bündel, Büschel'. – aufbürden Vb. 'jmdm. eine Last auflegen', geläufig seit dem 17. Jh.

Burg f. '(hochgelegener) befestigter Wohn- und Verteidigungsbau der Feudalzeit', ahd. *burg* 'Burg, Stadt' (8. Jh.), mhd. *burc* 'Burg, Schloß, Stadt', asächs. *burg*, mnd. *borch*, mnl. *borch, burch*, (selten) *borcht*, nl. *burcht, burg*, aengl. *burg, burh*, engl. *borough*, anord. *borg* (auch 'Anhöhe, Wall'), schwed. *borg*, got *baúrgs* 'Stadt', vereinzelt auch 'Turm, Burg'. *Burg* steht wohl im Ablautverhältnis zu *Berg* (s. d.), wäre also ursprünglich die (als Fluchtburg dienende) 'befestigte Höhe'. Die schwundstufige Bildung germ. **burg-* entspräche dem kelt. **brig-* in mir. *brī* 'Hügel' (Akk. *brig*). Umstritten ist das Verhältnis des gemeingerm. Wortes zu spätlat. *burgus* m. 'Festungs-, Wachtturm, kleine Grenzfestung', später f. 'befestigte Wohnstätten (längs der Grenze), kleine Stadt' und dem schon in der Ilias belegten griech. *pýrgos* (πύργος) 'Turm, Mauerturm', später auch

'Belagerungsturm' und 'Wirtschaftsgebäude'. Die griech. Bezeichnung gilt allgemein als Lehnwort (entweder kleinasiatischer Herkunft oder aus einer anderen ie. Sprache, aber wohl kaum über nordbalkanische, eventuell makedonische Vermittlung aus dem Germ.). In spätlat. *burgus* sind offenbar zwei Entlehnungen zusammengeflossen; zunächst Wiedergabe von griech. *pýrgos* 'Turm', gerät spätlat. *burgus* an den Grenzen des Römischen Reichs formal (Genuswechsel) und semantisch (im Zusammenhang mit dem Ausbau alter Volksburgen zu befestigten Wohnstätten, die die alten röm. Wachttürme des Limes ersetzen) unter Einfluß des germ. Femininums. Ein frühes Zeugnis für das Vorhandensein des Wortes wie der Sache auf dt. Boden ist der bei Tacitus in latinisierter Form überlieferte Name des Teutoburger Waldes *Teutoburgiēnsis Saltus*, der ein latinisiertes **Teutoburgium* voraussetzt, eine 'Volksburg' (zum Bestimmungswort mit der Bedeutung 'Volk' s. *deutsch*). Reiche Bezeugung von *-burg* in Ortsnamen setzt auf hd. wie nd. Sprachgebiet im 8. Jh. ein. Das Grundwort bezeichnet Ortschaften, die im Schutz einer alten Volks- oder Fluchtburg (*Würzburg*), eines alten Römerkastells (*Augsburg, Regensburg*) oder eines befestigten Feudalsitzes (*Naumburg*) entstanden. Bis ins 12. Jh. bleibt in Deutschland die Bezeichnung *-burg* für stadtähnliche Siedlungen charakteristisch, spätere, unter anderen Bedingungen entstandene Ansiedlungen zeigen andere Namensbildungen, z. B. auf *-stat* (s. *Stadt*). Dafür steigt seit dem 10. und bes. seit dem 12. Jh. die Zahl der Burgenbauten zum Schutz gegen kriegerische Einfälle und zum Ausbau der Feudalherrschaft. Das Appellativum *Burg* wird allmählich auf die Ritterburg eingeschränkt.

Bürge m. 'für einen anderen Haftender, Gewährsmann', ahd. *burgo* (8. Jh.), mhd. *bürge, borge*, asächs. *burgio*, mnd. *börge, borge*, mnl. *borghe*, nl. *borg*, aengl. *byrga* stellen sich zu den unter *bergen* und *borgen* (s. d.) dargestellten Verben und bezeichnen eigentl. den, 'der Sicherheit gewährt'. – b ü r g e n Vb. 'für jmdn. (mit seinem Vermögen) haften, gutsagen', mhd. *bürgen*, Ableitung vom Substantiv; vgl. daneben ahd. *burgōn* (10./11. Jh.). B ü r g s c h a f t f. 'Haftung, Garantie', mhd. *bürgeschaft*.

Bürger m. 'Bewohner einer Stadt, Angehöriger eines Staates', ahd. *burgāri, burgeri* (9. Jh.), mhd. *burgære, burger* 'Bewohner einer Burg, einer Stadt'. Mnl. *borgher, burgher*, nl. *burger* und vielleicht auch mnd. *börger(e)* sind Entlehnungen aus dem Hd. Gleichbed. aengl. *burgwaran, -ware, -waras* (Plur.) legt nahe, daß es sich auch bei der dt. Bildung ursprünglich um ein Kompositum handelt. Aengl. *-waran, -ware, -waras* (auch in *ceasterwaran, -ware*, einem Synonym von *burgwaran*), anord. *-veri*, Plur. *-verjar* (in *skipverjar* 'Schiffsleute, Schiffsbesatzung') gehören als Nomina agentis zu der unter *wehren* (s. d.) dargestellten Wortgruppe. Die Kompositionsglieder erscheinen auch in Eigennamen, vgl. aengl. *Rōmware, -waran*, anord. *Rōmverjar* 'Römer' und die in latinisierter Form bei antiken Schriftstellern überlieferten germ. Volksnamen wie *Ampsivāriī* (eigentl. 'Emsanwohner'), *Baiovāriī* (Plur.). In ahd. Zusammensetzungen fällt ein *w* im Anlaut des zweiten Teils oft aus, dadurch ist Übergang zu den häufigen Suffixbildungen auf ahd. *-āri, -eri* (nhd. *-er*) möglich. Die Ausgangsbedeutung von *Bürger* wäre danach 'Burgverteidiger', daraus entwickelt sich 'Bewohner einer Burg, einer Stadt, eines Staates'. Im Zusammenhang mit der Herausbildung der dt. Städteverfassungen im 11./12. Jh. bezeichnet *Bürger* das freie, vollberechtigte Mitglied einer Stadtgemeinde. Mit der Entwicklung des Bürgertums als einer durch Besitz ausgezeichneten Gesellschaftsschicht wird *Bürger* (im Sinne von lat. *cīvis*) zum *Staatsbürger* (s. d.). Sofern *Bürger* (oder *Großbürger*, s. unten) ausdrücklich Bezeichnung des 'Besitzbürgers', zumal des Besitzers an Produktionsmitteln ist, wird es seit dem 19. Jh. vielfach durch *Bourgeois* (s. d.) verdrängt. – b ü r g e r l i c h Adj. 'den Staatsbürger betreffend, dem Bürgertum zugehörig, verpflichtet, seiner Weltanschauung verhaftet', spätmhd. *burgerlich*, mnd. *börgerlīk*, Suffixbildung zum Substantiv, dem es in zahlreichen Verwendungen folgt, vgl. im rechtssprachlichen Bereich *bürgerliches Recht* für lat. *iūs cīvīle*. B ü r g e r s c h a f t f. 'Gesamtheit der Bürger', mhd. *burgerschaft*, auch 'Bürgerrecht', mnd. *börgerschop*, auch 'Abgabe für die Erlangung des Bürgerrechts'. Auf das Nd. bzw. Nordd. beschränkt ist die Verwendung 'Bürgerausschuß, Stadtparlament'. B ü r g e r t u m n. 'Bourgeoisie, Gesamtheit der Bürger, Mittelstand, Mittelschicht' (Ende 18. Jh.), s. auch *Bourgeoisie*. B ü r g e r m e i s t e r m. 'Vorsitzender einer Gemeinde-, Stadtverwaltung', mhd. *burgermeister* neben *burgemeister*, Zusammensetzung aus *burger* und *meister*. *Burgemeister, Bürgemeister* (noch mundartlich) ist wohl dissimilierte Form, kaum Kompositum mit dem alten Gen. Sing. von *Burg* (mhd. *burge*) als Bestimmungswort. Mit *Bürgermeister* setzt sich im Nhd. die von Luther bevorzugte Form durch. G r o ß b ü r g e r m. 'mit besonderen Privilegien, mit bestimmtem Besitz ausgestatteter Stadtbewohner' (17. Jh.; in Preußen, d. h. im Ordensgebiet, älter), dann allgemein 'Besitzbürger, Bourgeois'; s. auch *Kleinbürger*.

burlesk Adj. 'possenhaft', Anfang des 18. Jhs. nach frz. *burlesque*, das von ital. *burlesco*, einer Ableitung von ital. *burla* 'Posse, Spaß, Spott', entlehnt ist. Wahrscheinlich sind als Ausgangsformen **burrula* und **būrula* anzusetzen, Deminutiva zu spätlat. *burra* 'zottiges Gewand, Wolle', Plur. *burrae* 'läppisches Zeug, Possen'. Vor dem Adj. ist bereits die substantivierte Form B u r l e s k e f. 'Posse' belegt (2. Hälfte 17. Jh., doch geläufig erst im 18. Jh.).

Burnus m. 'Kapuzenmantel der Beduinen'. Arab. *barnūs, burnūs, burnus*, die auf griech. *bírrhos* (*βίρρος*) 'Überwurf' zurückgehen (aus lat. *birrus*, wohl keltischer Herkunft), werden seit dem 14. Jh. ins Roman. entlehnt (meist mit dem arab. Artikel *al-*), vgl. span. *albornoz* (14. Jh.), katalan. *albernuç* (14. Jh.), port. *albarnoz* (um 1500), ital. *brenuzio* (Mitte 15. Jh.). Um die Mitte des 16. Jhs. gelangt das Wort in Übersetzungen von Italien nach Frankreich, frz. *barnusse* und latinisiert *bernucium* (seit 1841 frz. *burnous*). Eine dauerhafte gemeineuropäische Entlehnung erfolgt erst durch die frz. Invasion in Algier (1830); vgl. FEW 19, 27. Zu Anfang des 19. Jhs. wird *Burnus* ins Dt. übernommen.

Büro n. 'Schreibstube, Amtszimmer' (zur Erledigung von Verwaltungsaufgaben), Entlehnung von frz. *bureau* 'Amtszimmer'. Mfrz. *bure* 'grober Wollstoff', aus einem gleichbed. vlat. **bura* ungeklärter Herkunft (FEW 1, 631); die schon afrz. belegte Ableitung frz. *bureau*, afrz. *burel* bedeutet 'Decke', bezeichnet dann einen mit grobem Wollstoff bezogenen Schreibtisch sowie den Raum, in dem ein Schreibtisch steht. Im Dt. vereinzelt seit 1695, geläufig seit Ende des 18. Jhs., gelegentlich auch in der Verwendung 'Schreibtisch'. Die eindeutschende Schreibweise *Büro* (für *Bureau*) setzt erst nach 1920 ein. Die zahlreichen Zusammensetzungen mit *Büro* als Bestimmungswort wie *Büroarbeit* (1837), *-chef* (1845), *-maschine* (1925) stellen sich zur Bedeutung 'Schreibstube, Amtszimmer'. – R e i s e b ü r o n. 'Einrichtung zur Vermittlung von Reisen'; ein erstes *Reisebureau* wird 1868 von K. Stangen in Berlin gegründet.

Bürokratie f. 'Herrschaft des Beamtenapparats, Gesamtheit der Beamten'. In der ersten Bedeutung entlehnt (Ende 18. Jh.) aus frz. *bureaucratie*, von Vincent de Gournay (1759) nach dem Vorbild von frz. *aristocratie, démocratie* (s. *Aristo-, Demokratie*) zu frz. *bureau* 'Amtszimmer, Beamtenschaft' gebildet. *Bürokratie*, im Dt. zunächst in Berichten über Frankreich verwendet, wird seit Anfang des 19. Jhs. auch auf dt. Verhältnisse bezogen und sehr bald im Sinne 'engstirnige, auf Einhaltung enger Vorschriften bedachte Handlungsweise' gebraucht. – B ü r o k r a t m. 'sich pedantisch an Vorschriften Haltender', aus frz. *bureaucrate* entlehnt (Anfang 19. Jh.). b ü r o k r a t i s c h Adj. 'der Bürokratie gemäß, pedantisch' (Anfang 19. Jh.), entsprechend frz. *bureaucratique*. B ü r o k r a t i s m u s m. 'Bürokratie, pedantisches Handeln' (Mitte 19. Jh.).

Bursche m. 'junger Mann, Junge'. Frühnhd. *bursze, borse* und *bursche* (mit dem üblichen frühnhd. Wandel von *s* zu *sch* nach *r*) bezeichnet nicht nur den 'Geldbeutel' (zur Herkunft s. *Börse*), sondern auch das Gemeinschaftshaus für Studenten, Handwerksgesellen, Soldaten (vgl. noch nhd. *Burse* f. 'Studentenheim') sowie die dort aus gemeinschaftlicher Kasse lebende Genossenschaft. Der fem. Ausdruck für eine Gruppe wird vielfach als Plural aufgefaßt, so daß im 17. Jh. ein neuer mask. Singular *der Bursch(e)* geschaffen wird. – B u r s c h e n s c h a f t f. Gesamtheit der Studentenschaft einer Universität (im 18. Jh.), dann eine bestimmte Richtung innerhalb des studentischen Verbindungswesens (19. Jh.). B u r s c h e n s c h a f t e r m. (19. Jh.). b u r s c h i k o s Adj. 'ungezwungen, forsch', scherzhafte gräzisierende Bildung (18. Jh.) der Studentensprache (vgl. *studentikos*, 17. Jh.) mit der Adverbialendung griech. *-ikṓs* (*-ικῶς*).

Bürste f. Gerät mit gebündelten und aufgereihten Borsten, 'Borstensatz', mhd. *burste* (12. Jh.), *bürste* (14. Jh.), eigentl. Plural zu mhd. *burst, bürst* f. (s. *Borste*), wird als Kollektivbegriff empfunden und als selbständiger fem. Singular gebraucht. Davon abgeleitet b ü r s t e n Vb., mhd. *bürsten*.

Bürzel m. hinterster Teil des Vogelrückens, jägersprachlich auch für den Schwanz des Schwarzwilds und anderer Tiere. *Bürzel* (*Pirtzel* Luther 1543) ist gebildet zu obd. *borzen* 'ragen, strotzen, hervorstehen', das seinerseits von ahd. *bor* 'Höhe, Spitze' (s. *empor*) abgeleitet und mit *purzeln* (s. d.) verwandt ist.

Busch m. 'Strauch', ahd. *busc, bosc* (Hs. 12. Jh.), mhd. *busch, bosch(e)*, asächs. *-busc*, mnd. *busch*, mnl. *bosch, busch*, nl. *bos*, engl. *bush*, dän. *busk*, schwed. *buske*. Das Hauptproblem der Etymologie liegt im Verhältnis der germ. Formen zur mlat.-roman. Wortgruppe mlat. *boscus, buscus* 'Wald, Gebüsch', aprov. *bosc*, afrz. *bois, bos(c)*, frz. *bois*, ital. *bosco*. Fraglich ist, ob eine Entlehnung aus dem Roman. ins Germ. oder umgekehrt aus dem Germ. ins Roman. stattgefunden hat. Nimmt man für *Busch* germ. Ursprung an, so ist die gesamte Wortgruppe zur *s*-Erweiterung der Wurzel ie. **b(e)u-, *bh(e)u-, *b(h)ū-* 'aufblasen, schwellen' zu stellen (s. *Beule, Bausch*). Dagegen gibt es für die mlat.-roman. Formen außerhalb des Germ. keinen sicheren Anknüpfungspunkt. Auffällig bleibt die relativ späte Bezeugung in den einzelnen germ. Sprachen, doch machen die hier bezeugte weite Verbreitung und die Möglichkeit eines etymologischen Anschlusses eine Entlehnung der mlat.-roman. Formen aus dem Germ. wahrscheinlich. Die Redensart *auf den Busch klopfen* 'zu erfahren suchen, was hinter einer Angelegenheit steckt' wird aus der Jägersprache übernommen, eigentl. 'klopfen, um das verborgene Wild aufzuscheuchen'. – b u s c h i g Adj. 'mit Büschen bestanden' (18. Jh.; zuvor *federpüschig*, 17. Jh.), dem spätmhd. *buscheht* (bis Mitte 19. Jh. noch *buschicht*) voraufgeht; nhd. auch 'mit Haaren dicht bewachsen'. G e b ü s c h n. 'Gesträuch', spätmhd. *gebüsche*. B ü s c h e l n. 'Bündel', ahd. *buskillī(n)* (11. Jh.), *buskila* (Hs. 12. Jh.), mhd. *büschel*, eigentl. 'kleiner Busch'.

Busen m. '(weibliche) Brust', ahd. *buosum* (8. Jh.), mhd. *buosem, buosen* 'Brust, Schoß', frühnhd. *busam, bosam*, asächs. *bōsom*, mnd. *bōsem(e)*, mnl. *boesem, bōsem*, nl. *boezem*, aengl. *bōsm*, engl. *bosom* führen auf westgerm. **bōsma-*. Das Wort schließt sich mit dem maskuline Konkreta bildenden Suffix germ. *-ma-* an die *s*-Erweiterung der Wurzel ie. **b(e)u-, *bh(e)u-, *b(h)ū-* 'aufblasen, schwellen' an (s. *Bauch, Bausch, Beule*). – B u s e n f r e u n d m. 'sehr vertrauter Freund' (18. Jh.). M e e r b u s e n m. 'Meeresbucht' (Anfang 17. Jh.), Übersetzung von lat. *sinus maritimus*.

Bussard m. Der Name des Raubvogels ist eine Entlehnung des 16. Jhs. von frz. *busard* 'Weihe' (wie engl. *buzzard*, nl. *buizerd*), afrz. *buisart, busart*, einer Umbildung mit dem Suffix *-art* aus afrz. *buison*, aus dem bereits mhd. *būsant* (noch 1520 *bussant*) entlehnt ist. Zugrunde liegt lat. *būteo* 'Mäusefalke'. Mit mhd. *būsant* konkurrieren das Kompositum mhd. *mūsar* 'Mäuseaar', ahd. *mūsaro*, und die Ableitung mhd. *mūsære*, ahd. *mūsāri* (aengl. *mūsere*, mnd. *mūser*), die wohl in Anlehnung an Formen mit dem Suffix *-ārja-* (s. *Sperber*) umgebildet ist.

Buße f. 'Sühne, reuevolle Umkehr zu Gott, Geldstrafe, Wiedergutmachung'. Ahd. *buoȝa*, auch *buoȝ* (9. Jh.), mhd. *buoȝ(e)*, asächs. *bōta*, mnd. *bōte*, mnl. nl. *boete*, aengl. anord. *bōt*, engl. *boot*, schwed. *bot*, got. *bōta* bezeugen ein gemeingerm. **bōtō*, das mit den unter *baß* und *besser* (s. d.) behandelten Formen auf germ. **bat-, *bōt-* 'gut' zurückgeht. Die Bedeutung 'Gutes, Nutzen' zeigt sich vor allem im Got., während in den übrigen germ. Sprachen vornehmlich 'Besserung, Ausbesserung, Wiederherstellung, Wiedergutmachung' gilt, bes. in der Sprache des Handwerks und der Wissenschaft, der magischen Beschwörung, des Rechts und der Kirche; vgl. WEISWEILER Buße (1930). Die Bedeutung 'Nutzen, Vorteil, Gewinn' wird außerhalb des Got. auch von nominalen Bildungen der Ablautstufe **bat-* übernommen wie mhd. *baȝȝe* f., anord. *bati* m. – b ü ß e n Vb. 'sühnen, Buße leisten, Strafe erleiden'. Das gemeingerm. Verb ahd. *buoȝen* (9. Jh.), mhd. *büeȝen*, asächs. *bōtian*, aengl. *bētan*, anord. *bœta*, got. *bōtjan* weist in den einzelnen germ. Sprachen im wesentlichen die gleichen Bedeutungen auf, wie sie für das Substantiv gelten; es scheint daher vom Substantiv abgeleitet zu sein. Doch gibt es Gründe für die Annahme, daß sich eine

Reihe der für das Substantiv außerhalb des Got. angegebenen Bedeutungen zunächst beim Verbum entwickelt und dann auf das Substantiv zurückgewirkt hat. Das Verbum wäre danach als unmittelbare Bildung zur germ. Wurzel. **bat-, *bōt-* bzw. zur komparativischen Adjektivform (nhd. *besser*, s. d.) anzusehen mit den Ausgangsbedeutungen 'gut, von Nutzen sein', aber auch 'gutmachen, bessern'; vgl. Wissmann Älteste Postverbalia (1938) 14 ff. Im heutigen Dt. ist die Vielfalt der Bedeutungen beim Verb wie beim Substantiv stark reduziert. Die alte Bedeutung 'bessern' ist noch in L ü c k e n b ü ß e r m. 'wer eine Lücke ausfüllt' (16. Jh.) enthalten.

Busse(r)l n. 'Küßchen', obd. Deminutivformen (um 1700) zu *Buß* 'Kuß', das noch im 17. Jh. bezeugt ist. Bereits im Mhd. ist das Verb *bussen* 'küssen, liebeln' belegt; um 1600 kommt daneben *busseln* auf. Durch Vergleich mit lit. *bučiúoti* 'küssen', poln. *buzia(k)* 'Mündchen, Kuß', alban. *buzë* 'Lippe, Mund', mir. *bus, pus* 'Lippe', *busóc, pusóc* 'Kuß' läßt sich eine Wurzel ie. **bu-* 'Lippe, Kuß' erschließen, deren Anlaut sich (wegen ihres wohl lautmalenden Charakters) der Lautverschiebung entzogen hat; doch vgl. regulär verschobenes schwed. *puss*.

Büste f. 'plastisches Brustbild'. Anfang des 18. Jhs. wird *Busto, Buste* aus gleichbed. ital. *busto* entlehnt und seit der 2. Hälfte des 18. Jhs. unter dem Einfluß von frz. *buste*, das ebenfalls aus dem Ital. stammt, in der heutigen Form gebräuchlich. Vielleicht zurückgehend auf lat. *bustum* 'Leichenbrandstätte, Grabhügel', wenn man voraussetzt, daß *bustum* im Sinne von 'Grabmal' auch eine figürliche Darstellung des Toten bezeichnen konnte. *Büste* 'weibliche Brust' kommt (vielleicht als neue Entlehnung aus gleichbed. frz. *buste*) Mitte des 19. Jhs. in Gebrauch. Dazu das Kompositum B ü s t e n h a l t e r m. (1. Hälfte 20. Jh.).

Butt m. Plattfisch. Der aus dem nd.-nl. Bereich stammende Name mnd. *but(te)*, nd. *Butt(e)*, heute meist *Bütt*, bzw. mnl. *bot(te), but(te)*, nl. *bot* ist in andere germ. Sprachen entlehnt worden, vgl. schwed. *butta*, engl. *butt*. Auch frühnhd. *Butt(e)* ist Übernahme aus dem Nd. Der die Gestalt des Fisches charakterisierende Name gehört zum Adjektiv nd. *butt* 'stumpf, plump', mnl. nl. *bot* 'stumpf, stumpfsinnig'; vgl. auch nd. *Butt* 'kurzes, dikkes Ende'. Verwandtschaft besteht mit anord. *butr* 'abgehauener Klotz' und mit den Verben mnd. *bōtel(e)n, bōten*, mnl. *bōten, booten*, südnl. *boten*, ahd. mhd. *bōȝen* (s. *Amboß*), aengl. *bēatan*, engl. *to beat*, anord. *bauta* 'schlagen' sowie aengl. *bīetl* 'Hammer'. Die Ausgangsbedeutung für die oben genannte Wortgruppe ist also 'kurz abgeschlagen'. Man vergleicht lat. *cōnfūtāre* 'niederschlagen, -halten, widerlegen, überführen', *refūtāre* 'zurückdrängen, widerlegen' und führt die germ. Formen auf ie. **bhaud-, *bhŭd-*, die lat. auf ie. **bhaut-, *bhŭt-* zurück. Offen bleibt, wieweit unter Hinzuziehung anderer, auch zur Wortgruppe von lat. *battuere* (s. *Batterie*) gehöriger oder mehrdeutiger (jedoch fast immer mit Dental gebildeter) Formen eine Wurzel ie. **bhău-, *bhŭ-* 'schlagen' erschlossen werden kann. – H e i l b u t t m., älter auch *Heiligebutt*, wohl als 'Butt für Heiligenfeste' gleichfalls dem Nd.-Nl. entlehnt (Ende 18. Jh.); vgl. nd. *Helbutt, Hell(e)bütt, Hillebutt, Hilligbutt*, nl. *heilbot* sowie engl. *halibut*, älter auch *holibut*. S t e i n b u t t m. (18. Jh.), wohl nach seinen die Oberseite bedeckenden Knochenwarzen, die wie kleine Steine aussehen, benannt.

Bütte f. 'hölzernes Gefäß, Wanne, Kübel', ahd. *butin, butin(n)a* 'Bottich, Faß' (9. Jh.), mhd. *büt(t)e, büten*, asächs. *budin*, mnd. *büdde, büdden(e), bōde*, aengl. *byden* gehen auf vlat. **budina* zurück, Nebenform von mlat. *butina* 'Bottich', ein Wort, das in den rhein.-röm. Weinbaugebieten von den Germanen übernommen und bis nach Süddeutschland und England getragen wird; vgl. Frings/M. Germania Romana 1 (1966) 87 und 2 (1968) 133 ff. Mlat. *butina* wird mit griech. *bytínē* (βυτίνη) 'Flasche, Hohlmaß', *pȳtínē* (πυτίνη) 'umflochtene Weinflasche' in Verbindung gebracht. Offen bleibt die Frage nach dem Zusammenhang dieser griech. und lat. Formen mit den unter *Buddel* (s. d.) genannten. – B ü t t e n (p a p i e r) n. 'handgeschöpftes Papier mit gefranstem Rand' (Mitte 19. Jh.), ursprünglich nach dem Gefäß benannt, das den Papierbrei enthielt. B ü t t e n r e d n e r m. 'wer eine Rede (zum Karneval) in der Bütt(e) vorträgt' (20. Jh.). B ü t t n e r m. 'Böttcher', mhd. *bütenære* (s. *Böttcher*).

Büttel m. 'Ordnungshüter, Polizist', heute nur abschätzig 'obrigkeitshöriger Diener'.

Ahd. *butil* 'Diener des Königs, Gerichtsdiener' (9. Jh.), mhd. *bütel* 'Bote, Diener', asächs. *budil*, mnd. *bōdel*, mnl. *bōdel*, nl. *beul*, aengl. *bydel* bezeugen die westgerm. Verbreitung des zu *bieten* (s. d.) gehörenden Nomen agentis auf *-ila-*; germ. **budila-* (s. *Pedell*) bedeutet eigentl. 'der den Willen, die Anordnung der Obrigkeit Bekanntmachende'.

Butter f. 'aus Milch erzeugtes Speisefett'. Ahd. *butira* (11. Jh.), mhd. *buter*, mnd. *bot(t)er*, mnl. *boter, botter, butter*, nl. *boter*, aengl. *butere*, engl. *butter* bezeugen westgerm. Verbreitung. Sie sind Entlehnungen (neben einheimischen ahd. *kuosmero* u. dgl., s. *Schmer*) aus vlat. **butira, *butura* (Vokalquantitäten unsicher), dem als Fem. Sing. aufgefaßten Kollektivplural des Neutr. lat. *būtȳrum* (mit zahlreichen spätlat. Nebenformen, z. B. *buturum*). Ausgangswort ist griech. *bū́tȳron* (*βούτυρον*) 'Butter', eigentl. 'Kuhkäse', zu *bū́s* (*βοῦς*) 'Rind, Kuh' und *tȳrós* (*τυρός*) 'Käse'. Die Antike benutzte als Speisefett Olivenöl, kannte Butter aber als Speise nördlicher Völker (auch der Germanen), verwandte sie selbst jedoch nur zu medizinischen und kultischen Zwecken. – b u t t e r n Vb. 'Butter herstellen' (16. Jh.). B u t t e r m i l c h f. (15. Jh.). B u t t e r b r o t n. (16. Jh.).

Butzenscheibe f. '(runde, in Blei gefaßte) in der Mitte verdickte Glasscheibe' (Anfang 19. Jh.). Herkunft unklar. Doch vgl. obd. *Butze(n)* m. 'Klumpen, Schlacke' (15. Jh.), das wohl mit nd. *butt* Adj. 'stumpf, plump' (s. *Butt*) zum Verb mnd. *bōten*, ahd. mhd. *bōȥen* 'schlagen, stoßen' (s. *Amboß*) gehört und eigentl. 'abgeschlagenes, unförmiges Stück' bedeutet (s. ferner *Hagebutte*).

Büx, B u x e f. 'Hose'. Nd. *Buxe, Büxe, Bux*, mnd. *bükse, büxe, buxe, boxe*, zusammengezogen aus **buckhose* 'Hose aus Bocksleder' (s. *Bock*). Vgl. engl. *buckskin*.

Camping n. 'das Zelten, Leben auf Zeltplätzen'; im 20. Jh. dringt engl. *camping*, Verbalsubstantiv zu *to camp* '(im Freien) kampieren, lagern' (vgl. engl. *camp* 'Feld, Lager') ins Dt. und wird auf dem Kontinent (also außerhalb Englands) zum Modewort. Engl. *camp* geht über gleichbed. nordafrz. *camp* auf lat. *campus* 'flaches Feld, Ebene' zurück; s. *Kamp, kampieren*. – c a m p e n Vb. 'zelten' (20. Jh.), von engl *to camp*.

Cancan m. Die Bezeichnung für den um 1830 in Mode kommenden Tanz ist Mitte des 19. Jhs. aus dem Frz. übernommen. Frz. *cancan* wird als kindersprachliche Reduplikationsform von franz. *canard* 'Ente' (mit lautmalendem *kan-*) gedeutet, doch steht daneben ein im Sprachbewußtsein wohl hiervon nicht unterschiedenes frz. *cancan* 'Lärm, üble Nachrede, Klatscherei' (auch 'Schrei von Enten und Papageien'), das mfrz. *quanquan* 'Schuldisputation, feierliche Rede' (nach der oft am Beginn von lat. Schülervorträgen stehenden Konjunktion lat. *quamquam* 'obwohl') fortsetzt. Seit 1829 wird frz. *cancan* auch für den damals als vulgär geltenden Tanz gebraucht, vielleicht weil dessen Bewegungen an das Watscheln der Enten erinnern (oder wegen der lärmenden Ausgelassenheit der Tanzenden?).

Cape n. 'ärmelloser Umhang', Übernahme (Ende 19. Jh.) von gleichbed. engl *cape*, das seinerseits auf frz. *cape, chape* '(weiter) Umhang', älter auch 'Kapuzenmantel', afrz. 'ärmelloser Mantel, Kopfbedeckung', zurückgeht. Dies beruht auf spätlat. *cappa* 'Art Kopfbedeckung', auch 'Mantel mit Kapuze' (woraus dt. *Kappe*, s. d.).

Capriccio n. virtuoses, einfallsreiches Musikstück, Übernahme (18. Jh.) von gleichbed. ital. *capriccio*, eigentl. 'Laune, Grille, Einfall'; s. *Kaprice*.

Cello n. Streichinstrument, im 19. Jh. gekürzt aus *Violoncello*, vorher (18. Jh.) *Violoncell*, Entlehnung von ital. *violoncello* 'kleine Baßgeige', Deminutivum zu ital. *violone* 'große Baßgeige'. Dieses ist eine Vergrößerung zu ital. *viola* f. 'Bratsche'. Zur Etymologie s. *Violine*. Die Kurzform *Cello* besteht also etymologisch nur aus dem Deminutivsuffix *-cello*. – C e l l i s t m. (19. Jh.), verkürzt aus *Violoncellist* (18. Jh.).

Cembalo n. Tasteninstrument, dessen Saiten angerissen werden, Vorform des modernen Klaviers; gekürzt aus ital. *clavicembalo*; im Dt. auch in den Formen *Clavicymbel, Klavizimbel*, spätmhd. *clavicymbolum*, dessen Saiten mit den Fingern oder über eine Tastatur gezupft werden. Die Zusammensetzung geht zurück auf lat. *clāvis* f. 'Schlüssel', mlat. 'Taste' (s. auch *Klavier*) und lat. *cymbalum* n., griech. *kýmbalon* (*κύμβαλον*) 'kleines hellklingendes Metallbecken', auch 'flaches Wasserbecken' (s. *Zimbel*).

Chaiselongue f. und n. 'Liege'. In der 1. Hälfte des 19. Jhs. wird frz. *chaise longue,* eigentl. 'langer Stuhl', übernommen, zuerst noch getrennt geschrieben, anfangs auch m. Frz. *chaise* geht (mit Wandel *-r-* zu *-s-*) zurück auf lat. *cathedra,* griech. *kathédra* (καθέδρα) 'Stuhl' (s. *Katheder*).

Champagner m. Schaumwein, nach der frz. Landschaft *Champagne*, aus der er stammt, frz. *vin de Champagne* genannt. Im Dt. sind in der ersten Hälfte des 18. Jhs. *Champagne-Wein, Champagn(i)er Wein* und *Champagner* belegt. Verkürzung *champagne* begegnet bereits im 17. Jh. im Engl., seit Anfang des 18. Jhs. im Frz., im Dt. dominiert *Champagner* seit dem 19. Jh. gegenüber seltenem *Champagnerwein.*

Champignon m. geschätzter Edelpilz, 'Egerling'. Frz. *champignon,* mit anderem Suffix weiterentwickelt aus afrz. *champignuel*, vlat. **campāniolus*, eigentl. 'der auf dem Felde (lat. *campānia*) Wachsende', d. h. wildwachsender, nicht angebauter Speisepilz. Ins Dt. entlehnt *Campiniones*, latinisierter Plur. (16. Jh.), *Schampinionen* Plur. (17. Jh.), in frz. Form *Champignon* seit 18. Jh.

Chance f. 'günstige Gelegenheit, Möglichkeit', zu Anfang des 19. Jhs. von frz. *chance* 'Glücksfall, Aussicht, Möglichkeit' übernommen, das auf gleichbed. afrz. *cheance*, auch 'Fall der Würfel beim Spiel', aus vlat. **cadentia*, Verbalsubstantiv zu lat. *cadere* 'fallen' (s. *Kadenz*), zurückgeht. Bereits afrz. *cheance* wird ins Dt. entlehnt und ergibt mhd. *schanze*. Die ursprünglich nur auf das Fallen der Würfel beim Spiel (das Gewinn oder Verlust bringt) beschränkte Verwendung wird auf das Wechselspiel des Lebens übertragen und entwickelt die Bedeutung 'Glücksfall, günstige Gelegenheit' (seit dem 15. Jh. geläufig). *Schanze* ist nur bis ins 18. Jh. bezeugt, aber noch heute bewahrt in der Wendung *(sein Leben) in die Schanze schlagen* '(alles) aufs Spiel setzen, einsetzen, wagen' (16. Jh.), in *zuschanzen* Vb. 'jmdm. etw. zukommen lassen' (ursprünglich beim Kartenspiel, 16. Jh.; vgl. spätmhd. *schanzen* 'Glücksspiel treiben') und in *Mummenschanz* (s. *mummen*).

changieren Vb. 'farblich schillern', zu Anfang des 17. Jhs. aus frz. *changer* mit der Bedeutung 'tauschen, wechseln, verändern' entlehnt. Der heute dominierende Bezug auf schillernde Farbe bildet sich erst im 18. Jh. deutlich heraus. Das Adjektiv *changeant* (18. Jh.), frz. *changeant,* Part. Präs. zu *changer,* wird als substantiviertes Maskulinum *Changeant* Bezeichnung eines farblich veränderlichen, eines schillernden Kleiderstoffes (gleichfalls 18. Jh.). Frz. *changer,* afrz. *changier* (davon auch engl. *to change* 'wechseln, tauschen') beruht auf lat. *cambiāre* 'wechseln, tauschen'. Das Verb ist gall. Ursprungs und verwandt mit mir. *cimb* 'Tribut, Silber'.

Chanson n. 'Lied'. Das 18. Jh. entlehnt frz. *chanson* 'singbares Gedicht der afrz. Dichtung', dann 'Volkslied, Gesellschaftslied', das mit ital. *canzone* und span. *canción* auf lat. *cantio* f. (Gen. *cantiōnis*) 'Gesang' beruht (zu lat. *canere* 'singen', s. *Kantate, Kantor*). Im Dt. bezeichnet *Chanson* ein geselliges, teils gefühlsbetontes, teils ironisch scharfes Unterhaltungslied, dann auch einen vom Kabarett bestimmten Liedtyp mit politischem oder sozialkritischem Inhalt. – Chansonette f. 'Lied' (18. Jh.), dann (ohne frz. Vorbild) 'Sängerin eines Chansons' (19. Jh.).

Chaos n. 'ungeordneter Urzustand der Welt, völliges Durcheinander'; griech. *cháos* (χάος) 'leerer Raum, Luftraum, Kluft'. *Chaos* ist in dt. Texten seit dem Anfang des 16. Jhs. belegt. Es erscheint zuerst als unveränderte Wiedergabe von lat. *chaos* (Luk. 16, 26), wofür griech. *chásma* (χάσμα), bei Keisersberg (ca. 1510) im Sinne von 'Kluft, Spalt', von Luther mit *Kluft* übersetzt. Die heute übliche Bedeutung (s. oben) geht zurück auf Vorstellungen der griech. Kosmogonie, die *Chaos* im Sinne einer 'vor allen Dingen vorhandenen klaffenden Leere des Weltraumes' versteht (Hesiod) oder als 'ungeordnete Urmasse der Welt' interpretiert (Platon). Letztere Vorstellung liegt seit der 1. Hälfte des 16. Jhs. der dt. Verwendung von *Chaos* zugrunde; aus ihr entwickelt sich bereits zu Anfang des 17. Jhs. die allgemeine Bedeutung 'Durcheinander'. Daneben wird es im 16./17. Jh., ebenfalls nach griech. Vorbild, auch im Sinne von 'Luft, Äther' gebraucht. Dazu *chaotisch* Adj. 'ungeordnet, wirr' (1676 Francisci *chaotische Massen*), das vielleicht eine Bildung nlat. *caoticus* voraussetzt.

Charakter m. 'Gesamtheit der Wesenszüge, Eigenart eines Menschen oder einer Sache', spätmhd. *karacter* 'Buchstabe, Zauberschrift,

Merkmal', von lat. *charactēr*, griech. *charaktḗr* (χαρακτήρ) 'Werkzeug zum Graben, Gravieren, eingeritzter Buchstabe, körperliche und sprachliche Eigenart, Merkmal', im Lat. auch 'das den Tieren (auch Sklaven) eingebrannte Erkennungszeichen, der Stempel', zu griech. *charássein* (χαράσσειν) 'spitzen, ritzen, eingraben, prägen'. Die Bedeutung 'Buchstabe, Zauberzeichen' ist noch im 18. Jh. nachzuweisen. Die bis ins 19. Jh. bezeugte Verwendung im Sinne von 'Merkmal, Zeichen' wird seit dem Ende des 17. Jhs. auf Stand und Rang einer Person (*den Charakter eines Sekretärs erhalten*) und in zunehmendem Maße seit der 1. Hälfte des 18. Jhs. auf die Gesamtheit ihrer Wesenszüge, auf ihre Eigenart bezogen. Der *Charakter* ist also im wesentlichen das dem Menschen 'Eingeritzte, Eingeprägte' an psychischen und geistigen Eigenarten. Diese Bedeutung liegt bereits im Griech. vor, wird aber im Dt., wohl unter Einfluß von frz. *caractère*, erneut entwickelt. Auch die Verwendung von *Charakter* bei Sachobjekten entsteht in der 1. Hälfte des 18. Jhs. – charakterisieren Vb. 'mit einem Zeichen, Merkmal versehen' (17. Jh.), 'einen Rang, Titel verleihen' (17. Jh., anfangs häufig im Part. Prät.), 'jmdn. oder etw. gemäß seiner Eigenart schildern, darstellen' (18. Jh.), aus frz. *caractériser* entlehnt. charakteristisch Adj. 'kennzeichnend, typisch' (18. Jh.; unklarer Frühbeleg bei Paracelsus), im 18. Jh. daneben gelegentlich *charakterisch*. Charakteristik f., im 17. Jh. von frz. *caractéristique* (subst. Adj.) übernommen, 'Kennzeichen, Merkmal' (17. bis 19. Jh.), meist aber 'Schilderung der Wesenszüge, Merkmale einer Person oder Sache, Charakterisierung' (seit 18. Jh.). Die Bedeutung 'Kennzeichen, Merkmal' wird im 20. Jh. ausschließlich durch Charakteristikum n. ausgedrückt, eine nlat., seit dem 19. Jh. bezeugte Bildung (im 18. Jh. vereinzelt mit griech. Endung *Characteristicon*).

Charge f. 'militärischer Dienstgrad, Amt'. Im 17. Jh. wird frz. *charge* 'Last, Amt' übernommen, anfangs vorwiegend von militärischen Rängen und von Hofämtern gebraucht. Frz. *charge* gehört zu frz. *charger*, afrz. *chargier*, aus spätlat. *carricāre* 'beladen, belasten', Ableitung von lat. *carrus* 'Karren' (s. *Karre*).

charmant Adj. 'von gewinnender Wesensart, bezaubernd'. Um 1700 wird gleichbed. frz. *charmant*, Part. Präs. zu frz. *charmer* 'bezaubern', ins Dt. übernommen, dem lat. *carmināre* 'besingen, bezaubern, besprechen' als Ableitung von lat. *carmen* 'religiöse und magische Formel, Gedicht, Lied' voraufgeht. Im 18. Jh. kommt auch das zugehörige Substantiv Charme m. 'gewinnende Wesensart, Liebenswürdigkeit', frz. *charme*, aus lat. *carmen* n. (s. oben), ins Dt. Der im Lat. und Frz. belegte Bezug zur Zauberkunst ist im Dt. nicht mehr nachzuweisen. Im Zuge der Eindeutschung oft *scharmant* und *Scharm* geschrieben. Charmeur m. 'ein Mann, der Frauen mit seinem liebenswürdigen Wesen gewinnt' (20. Jh.), frz. *charmeur*. Charmeuse f. 'maschenfeste Wirkware, Trikotage' (20. Jh.), frz. *charmeuse*, Fem. zum vorigen, das im Frz. bereits die Bedeutung 'gewebter Seidenstoff' entwickelt hat.

Charta f. '(Verfassungs)urkunde im Staats- und Völkerrecht'. Lat. *charta* 'Papyrusblatt, (aus Papyrus hergestelltes) Schreibmaterial und das darauf Geschriebene, Schriftstück, Brief', spätlat. auch 'Urkunde', entlehnt aus griech. *chártēs* (χάρτης) m. 'Papyrusblatt, dünne Platte' (wohl ägyptischen Ursprungs), wird teils als *Chart* (16. Jh.), teils als *Charte* (19. Jh.), meist aber unverändert ins Dt. übernommen. S. auch *Karte*.

chartern Vb. 'ein Schiff (19. Jh.) oder Flugzeug (20. Jh.) mieten' beruht auf gleichbed. engl. *to charter*, einer Verbalisierung des Substantivs engl. *charter* 'Mietvertrag' (für Schiffe, 18. Jh.), das dem Frz. entstammt. Frz. (älter) *chartre* 'Brief' geht wohl auf lat. *chartula* 'kleines Schriftstück, kleiner Brief', Deminutivum zu lat. *charta*, zurück (s. *Charta*). Charterflug m., -flugzeug n., -maschine f. (alle 20. Jh.).

Chassis n. 'Montagerahmen, Fahrgestell von Kraftfahrzeugen', im 19. Jh. aus dem Frz. übernommen. Gleichbed. frz. *châssis*, afrz. *chassiz* 'Rahmen einer rechtwinkligen Öffnung' ist eine Ableitung von frz. *châsse* 'Kästchen, Gestell', afrz. *chasse* 'Schrein, Behälter, Einfassung', das (wie *Kasse*, s. d.) auf lat. *capsa* 'Kasten, Kapsel' zurückgeht.

Chauffeur m., eingedeutscht *Schofför*, heute dafür in der Regel *Fahrer*, ist eine Übernahme (20. Jh.) von frz. *chauffeur*, das seit dem 17. Jh. 'Heizer' bedeutet und im 19. Jh. in den Verbindungen *chauffeur de locomotive* und (Ende 19. Jh.) *chauffeur (d'au-*

tomobile) 'Kraftfahrer' belegt ist. Es gehört zu frz. *chauffer*, afrz. *chaufer* 'warm machen, heizen', aus vlat. **cal(e)fāre*, lat. *cal(e)facere* 'erwärmen, erhitzen, heizen', wozu auch *Kalfaktor* (s. d.). Dazu c h a u f f i e r e n Vb. (20. Jh.).

Chaussee f. 'Landstraße'. Um die Mitte des 18. Jhs. wird aus Frankreich der Chausseebau übernommen. Damit wird auch die Bezeichnung frz. *chaussée* 'erhöhte Fahrstraße' im Dt. geläufig. Schon 1645 schlägt Zesen als Verdeutschung *Steinweg* vor, was sich aber nicht durchsetzen kann. Frz. *chaussée*, afrz. *chauciee* wird von lat. **calciāta (via)* hergeleitet. Die neuere Forschung vermutet in *calciāta* ein Part. Perf. zu **calciāre* 'mit den Füßen treten', abgeleitet von lat. *calx* f. 'Ferse', und bezweifelt die bisherige Herleitung von *calx* f. 'Kalkstein' (wonach afrz. *chauciee* die 'aus Kalksteinen errichtete Fahrstraße'), da Straßenbau aus Kalkstein für das Mittelalter nicht nachgewiesen werden kann. Vgl. Bloch/W. [6]125.

Chauvinismus m. 'übersteigerter Nationalismus, scheinpatriotischer Fanatismus'. Den Namen *Chauvin* trägt ein auf Lithographien von Charlet dargestellter junger Soldat der Armee Napoleons I., der von blinder Begeisterung für den Kaiser erfüllt ist. Bekannter wird aber der ebenso heißende, kriegerisches Wesen und nationale Überheblichkeit zur Schau tragende Soldat in einem Lustspiel der Brüder Cogniard (La cocarde tricolore, 1831). Dazu gebildetes frz. *chauvinisme* (1843) wird im Dt. latinisiert zu *Chauvinismus*, 1866 bei Marx noch auf französische Verhältnisse bezogen, fast gleichzeitig aber auf deutsche übertragen. – C h a u v i n i s t m. (19. Jh.), frz. *chauviniste*; c h a u v i n i s t i s c h Adj. (19. Jh.).

Chef m. 'Leiter', Entlehnung von mfrz. frz. *chef* 'der Erste, Wichtigste, Oberhaupt', eigentl. (frz. nur noch literarisch) 'Kopf', afrz. *chief*, aus vlat. *capus*, lat. *caput* 'Kopf, Oberhaupt, Anführer', ist im Dt. zu Anfang des 17. Jhs. militärsprachlich belegt, wird aber in der ersten Hälfte des 18.Jhs. im Sinne von 'Vorgesetzter, Vorsteher einer Dienststelle' allgemein üblich.

Chemie f. Wissenschaft von den Stoffen, älter auch *Chymie, Chymia* (17. Jh.), *Chimie* (18. Jh.), von Zesen (1670) mit *Scheidekunst* verdeutscht, geht als wissenschaftssprachliche Bezeichnung zurück auf griech. *chēmeía* (*χημεία*), *chymeía* (*χυμέια*) 'Kunst der Metallverwandlung, Alchimie' (mlat. *chemia, chymia*). Aber auch Verkürzung von mlat. *alchimia* bzw. nhd. *Alchimie, Alchemie* (s. d.), die letztlich wohl auch auf griech. *chēmeía, chymeía* zurückgehen, ist denkbar. Die Form *Chemie* (bereits im 17. Jh. bezeugt) setzt sich im 19. Jh. durch. Die ursprüngliche Lautgestalt und die Herkunft der griech. Bezeichnung sind strittig. Entweder verbindet man sie mit der griech. Wiedergabe des ägyptischen Namens für Ägypten, griech. *Chēmía* (*Χημία*), eigentl. 'das Schwarze', also 'Schwarzland', und betrachtet *Chemie* als 'ägyptische Kunst' bzw., im Hinblick auf den engeren Wortsinn, als 'Schwärzung' (sie gilt als Vorbedingung der Metallverwandlung). Oder man sieht die Form *chymeía* als ursprünglich an und versucht Herleitung von griech. *chýma* (*χύμα*) im Sinne von 'Guß, Metallmischung', faßt *Chemie* also als 'Kunst der Metallmischung'. – C h e m i k a l i e f. 'industriell hergestellter chemischer Stoff' (19. Jh.), zuerst *Chemikalien* (Plur.), vgl. nlat. *chemicalia*. C h e m i k e r m. (18. Jh.), älter *Chimicus, Chymicus* (17. Jh.), *Chymiker* (18. Jh.). c h e m i s c h Adj. (18. Jh.), in älterer Zeit auch *chimisch, chymisch* (um 1600). C h e m o - als erstes Glied in Zusammensetzungen, gräzisierend (in Analogie zu *Chrono-, Elektro-* u. ä.), begegnet seit dem 19. Jh., vgl. *chemodynamisch, Chemotherapie* u. a.

-chen Deminutivsuffix (wie *-lein*, s. d.), zusammengesetzt aus dem häufig in Tier- und Pflanzennamen, auch in Deminutiven, auftretenden germ. *k*-Suffix (oft mit vorangestelltem Bindevokal, s. *Habicht, Kranich*, die unter *Sperling* angeführten Formen mhd. (md.) *sperc, sperke, sperche* und vgl. ahd. *fulihha* 'weibliches Füllen, junge Stute', 9. Jh., mengl. *hillok* 'kleiner Hügel, Haufen') und dem Suffix germ. *-īna-*, ie. *-īno-, -eino-,* das ursprünglich eine Zugehörigkeit, Abstammung ausdrückt, daher auch 'das Kleine, das Junge' bezeichnen kann, vgl. got. *gaits* 'Geiß', *gaitein* 'das Junge der Geiß, Zicklein' und s. *Schwein, Füllen, Küken*. In Verbindung mit *k-* und *l*-Suffix (s. *-lein*) erhält *-īna-* eindeutig deminutiven Sinn. Es ergeben sich asächs. *-ikīn*, wie *skipikīn* 'Schiffchen', mnd. *-ken*, wie *vürken* 'Feuerchen', ahd. *-ihhī(n)*, wie *fulihhī(n)* 'Füllen' (Hs. 12. Jh.), mhd. (md.)

-ichin, -chen, wie *beinichin, frouchen*. Solche Bildungen entstehen (zuerst vereinzelt) seit dem 9. Jh. und sind seit dem 14. Jh. in allen Landschaften anzutreffen. Luther kennt von Hause aus *-chen*, bevorzugt in seinen gedruckten Schriften aber obd. *-lein*, das bis etwa 1620 vorherrscht; danach wird *-chen* häufiger, das 1690 von Bödiker als deminuierende Endung empfohlen wird. Heute dominiert *-chen* in der Prosa; es steht in der Regel nach auslautendem *-l* (*Spielchen*), nach auslautendem *-ch* gilt *-lein* (*Bächlein*).

chevaleresk Adj. 'ritterlich', Entlehnung (19. Jh.) von gleichbed. frz. *chevaleresque*, einer Französierung von ital. *cavalleresco*. Chevalier m. 'Ritter, Adliger', in dt. Texten seit dem 17. Jh., sowie davon unabhängig bereits in der mhd. Literatur bezeugtes *schevalier* sind Entlehnungen von afrz. frz. *chevalier* 'Reiter, Ritter, Adliger', das aus spätlat. *caballārius* 'Pferdeknecht' entstanden ist. *Chevalier* und *chevaleresk* gehören (wie auch *Kavalier* und *Kavallerie*, s. d.) zu lat. *caballus* (in der Landwirtschaft genutztes) 'Pferd' (neben lat. *equus* 'Reitpferd').

Chiffon m. 'dünner Seidenstoff' (19. Jh.). Frz. *chiffon* 'Lappen, Fetzen, Stoffrest' ist zu frz. *chiffe*, afrz. *chipe* 'Stoffetzen, Lumpen' gebildet, das vielleicht aus mengl. *chippe, chip* 'kleines Stück' entlehnt ist.

Chiffre f. '(Geheim)zeichen, -schrift, Kennwort', frz. *chiffre* m. 'Ziffer, Zahl, Geheimschrift', entlehnt aus gleichbed. ital. *cifra*. Zur Etymologie s. *Ziffer*. *Chiffre* wird im 18. Jh. ins Dt. übernommen und noch im 19. Jh. teils als Maskulinum, teils als Femininum verwendet; schließlich setzt sich das fem. Genus, vermutlich in Anlehnung an *Ziffer*, durch. – chiffrieren Vb. 'mit Geheimzeichen schreiben, verschlüsseln' (18. Jh.) von gleichbed. frz. *chiffrer*. dechiffrieren Vb. 'entschlüsseln' (18. Jh.), frz. *déchiffrer*.

Chimäre f. 'phantastisches Ungeheuer, Trugbild'. Griech. *chímaira* (χίμαιρα) f., eigentl. 'Ziege', dann aber der Name eines feuerspeienden Ungeheuers der griech. Mythologie, das in seiner Körpermitte einer Ziege ähnelt, ergibt lat. *chimaera*, frz. *chimère*. In dt. Texten erscheint *Chimäre* im 18. Jh. dt. Flexionsverhältnissen angepaßt (im 16./17. Jh. noch lat. flektiert). Frz. Vermittlung ist möglich.

Chinin n. Alkaloid aus der Rinde des Chinabaumes, fiebersenkendes Heilmittel, 1819 erstmals von Runge isoliert. Das aus einer Eingeborenensprache Perus (Ketschua) stammende Wort ergibt in span. Notierung *quinaquina*, auch *quina* 'Chinarinde' (im 17. Jh. aus Peru nach Europa gelangt) und führt über span. Vermittlung zu ital. *chinachina, china*, wovon *chinina* 'Chinin' abgeleitet wird, das im 19. Jh. als *Chinin* im Dt. bezeugt ist.

Chirurg m. 'Operateur', von lat. *chīrūrgus* 'Wundarzt', griech. *cheirūrgós* (χειρουργός). Das Kompositum aus griech. *chē̆ír* (χείρ) 'Hand' und dem nur in zusammengesetzten Nomina agentis erscheinenden *-ūrgós* (-ουργός) 'wer etw. schafft, tut', zu griech. *érdein* (ἔρδειν) 'tun, machen, handeln' und *érgon* (ἔργον) 'Werk, Tat' (verwandt mit nhd. *Werk*, s. d.), bezeichnet zunächst den 'mit der Hand Arbeitenden, ein Handwerk, eine Kunst Ausübenden', dann den 'mit der Hand arbeitenden Arzt, Operateur'. Die Bezeichnung begegnet im 15. Jh. in dt. Texten, anfangs noch lat., seit Anfang des 16. Jhs. auch dt. flektiert. Älter (14. Jh.) ist *Wundarzt*, seit dem Ende des 15. Jhs. die Bezeichnung für den ungelehrten Vertreter der Wundarznei, im Gegensatz zum gelehrten Chirurgen. – Chirurgie f. 'operative Medizin'. Griech. *cheirūrgía* (χειρουργία) f. 'Arbeit mit den Händen, Ausübung eines Handwerks', daher auch 'mit den Händen wirkende Arzneikunde', entspricht lat. *chīrūrgia* 'Wundarznei', das seit dem 15. Jh. mit lat. und dt. Flexion (z. B. *cirurgi*) in dt. Texten erscheint; daneben gleichbed. *Wundarznei*. chirurgisch Adj. (16. Jh.) nach griech. *cheirūrgikós* (χειρουργικός), lat. *chīrūrgicus*.

Chitin n. 'Stützsubstanz im Außenskelett der Gliederfüßler' (19. Jh.), gelehrte Bildung zu griech. *chitṓn* (χιτών) 'unmittelbar am Leib getragenes Kleidungsstück, Panzer', einem semit. Lehnwort, etymologisch verwandt mit *Kattun* (s. d.).

Chlor n. chemisches Element, Gas, wegen seiner grüngelben Farbe nach griech. *chlōrós* (χλωρός) 'grüngelb, gelblich' von dem engl. Chemiker Davy engl. *chlorine* benannt (1810), danach frz. *chlore* (Ampère 1815), dt. *Chlor*. – Chloroform n. Narkosemittel, frz. *chloroforme*, von Dumas (1834) aus der dem Griech. entlehnten Kompositionsform *chloro-* und frz. *acide formique* (lat. *acidum formicicum*) 'Ameisensäure' verkürzend zusammengesetzt. chloroformieren Vb. 'narkotisieren' (19. Jh.). Chlorophyll n. 'grüner Farbstoff der Pflanzen', frz. *chlorophylle* (Pelletier und Caventou 1818), zu griech. *phýllon* (φύλλον) 'Blatt'.

Cholera f. mit Erbrechen und Durchfall verbundene epidemische Infektionskrankheit, 'Pestruhr'. Ahd. *koloro* (10. Jh.), mhd. *colera*, nhd. *Cholera* gilt bis ins 19. Jh. für 'Gallenbrechruhr, Gallenbrechdurchfall', entlehnt über lat. *cholera* aus griech. *choléra* (χολέϱα) 'Magenkrankheit mit Erbrechen und Durchfall', abgeleitet von griech. *cholḗ* (χολή) 'Galle'. In der 1. Hälfte des 19. Jhs. wird der Krankheitsname auf die aus Asien nach Europa vordringende Pestruhr übertragen, zuerst in medizinischer Fachsprache *cholera morbus*. S. auch *Koller.*

cholerisch Adj. 'jähzornig, aufbrausend', verwandt mit *Cholera* (s. d.). In der auf den griech. Arzt Hippokrates zurückgehenden Lehre beruhen die angenommenen vier Temperamente auf einer ungleichen Mischung der vier körperlichen Grundsäfte. Den aufbrausenden Typ, für den ein Überschuß an Galle, vgl. griech. *cholḗ* (χολή) 'Galle, Haß, Zorn', vorausgesetzt wird, nennt die mittelalterliche Medizin mlat. *cholericus* 'cholerisch, Choleriker'. Das Dt. bezeugt das Adj. *cholerisch* einmal nach antikem Vorbild als Ableitung von *Cholera* 'an Cholera erkrankt' (15. Jh.), vgl. lat. *cholericus,* griech. *cholerikós* (χολεϱικός), zum anderen als Entlehnung von mlat. *cholericus* zur Bezeichnung des Temperaments (15. Jh.), dann allgemein 'jähzornig' (16. Jh.). Dazu *Choleriker* m. (19. Jh.). S. auch *melancholisch, phlegmatisch, sanguinisch*.

Chor m. 'Sängerschar, (mehrstimmiger) Gesang für eine Sängergruppe, erhöhter Kirchenraum mit dem Hauptaltar' (m. und n.). Griech. *chorós* (χοϱός) m. 'Reigentanz, Tanzplatz, Tänzerschar' ergibt lat. *chorus* 'Rundtanz, Reigen, Sängerschar', mlat. auch 'Chorlied, -gesang, Chorraum, -haus', das als ahd. *kōr* 'Gruppengesang' (9. Jh.) und 'sakraler Gebäudeteil' (Hs. 12. Jh.) in die Kirchensprache entlehnt wird. Mhd. *kōr* bezeichnet sowohl die 'Sängerschar' als auch den Raum der Kirche, wo sie sich versammelt, den 'erhöhten Kirchenraum mit dem Hauptaltar' (in dem außerdem die Chorherren und die Mitglieder des Domkapitels zusammenkommen, daher auch 'Gesamtheit der Chorherren, Domkapitel'). – Chorist m. 'Sänger eines (Theater)chores' (18. Jh.), im 16. Jh. *Chorista* m., entsprechend mlat. *chorista* m. 'Sänger'. Choral m. 'Kirchenlied' (16. Jh.), aus mlat. *choralis* Adj. An griech. *chorós* 'Tanz' (s. oben) knüpfen mit *-graph* (s. d.) bzw. dessen Ableitungen zusammengesetzte Neubildungen an wie choreographisch Adj. 'die Tanzgestaltung betreffend' (18. Jh.), Choreograph m. 'Schöpfer und Gestalter eines Bühnentanzes' (19. Jh.), Choreographie f. (19. Jh), jeweils mit den (bis zum Ende des 19. Jhs. üblichen) Nebenformen *choregraphisch, Choregraph, Choregraphie* (nach frz. *chorégraphie* u. dgl.).

Chose f., eingedeutscht *Schose* '(peinliche) Sache, Angelegenheit', Entlehnung (17. Jh.) von frz. *chose* 'Ding, Sache' (aus lat. *causa* 'Grund, Sache'), anfangs meist im Plural *Chosen, Schosen* 'Scherze, Possen'. Möglicherweise liegt bei dem erst zu Anfang des 20. Jhs. einsetzenden häufigeren Gebrauch eine Neuentlehnung vor.

Christus m. Beiname des Jesus von Nazareth. Ahd. (8. Jh.), mhd. *Krist*, asächs. *Crist* werden durch die arianische Mission (5. Jh.) aus got. *Christus* übernommen. Voraus geht griech. *christós* (χϱιστός) 'Gesalbter' (zu griech. *chríein* (χϱίειν) 'einreiben, salben'), das gleichbed. hebr. *māšīªḥ* (woraus *Messias*) übersetzt. Gegen die ältere Form *Christ* setzt sich seit dem 16. Jh. die dem Lat. entsprechende Form *Christus* (lat. *Chrīstus*) durch. Zu *Christ* sind u. a. gebildet *Christbaum* m. (18. Jh.), *Christkind* n. 'der neugeborene Jesus von Nazareth' (16. Jh.), auch 'christlich getauftes Kind, Christenkind' (17. Jh.), *Christmesse* f. 'Gottesdienst in der Christnacht', spätmhd. *kristmesse*. – Christ m. 'Anhänger der christlichen Religion'. Lat. *Chrīstiānus,* Adjektiv zum Namen *Chrīstus*, ergibt ahd. *kristāni* (8. Jh.), mhd. *kristen* 'christlich, gläubig', substantiviert 'Christ'. Zu dem ursprünglichen Adjektiv wird ein neues Substantiv mhd. *kriste* gebildet, aus dem sich durch Abfall des unbetonten *-e* nhd. *Christ* entwikkelt. Zur älteren Form sind *Christenheit* f., ahd. *kristānheit* (um 800), mhd. *kristenheit*, und *Christentum* n., mhd. *kristentuom* gebildet. christlich Adj., ahd. *kristānlīh* (11. Jh.), mhd. *kristenlich*; bei Luther noch die lange (mit *-en* in der Fuge) neben der kurzen Form.

Chrom n. chemisches Element, Metall, das 1797 von L. N. Vauquelin entdeckt und wegen der Farbvielfalt seiner Verbindungen frz. *chrome* genannt wird; im 19. Jh. als dt. *Chrom* bezeugt. Frz. *chrome* ist gebildet zu lat. *chrōma*, griech. *chrṓma* (χρῶμα) n. 'Farbe, Hautfarbe, Schminke', in der Musik 'charakteristische Färbung aufeinanderfolgender Töne', verwandt mit *chróa* (χρόα) f. 'Haut, Hautfarbe'. – chromatisch Adj. 'in Halbtönen fortschreitend' (18. Jh.; vgl. *chromatische Tonleiter*), 'die Farbe, Farbenlehre betreffend' (19. Jh.), frz. *chromatique*, lat. *chrōmaticus*, griech. *chrōmatikós* (χρωματικός); Chromatik f. 'Tonsystem mit abgeleiteten Halbtönen', auch 'Farbenlehre' (Ende 18. Jh.).

Chromosom n. Teil der Zellkernmasse und Träger der Erbfaktoren; gelehrte Bildung (20. Jh.) zu griech. *chrṓma* (χρῶμα) n. 'Farbe' (s. *Chrom*) und *sṓma* (σῶμα) n. 'Körper'. Die Benennung beruht darauf, daß Chromosomen durch Färbung sichtbar gemacht werden können.

Chronik f. 'in zeitlicher Abfolge aufgezeichneter Geschichtsablauf', mhd. *krōnik(e)*. Entlehnt aus lat. *chronica* Plur., nach griech. *chroniká (biblía)* (χρονικὰ βιβλία) 'Geschichtsbücher'. Das Adjektiv griech. *chronikós* (χρονικός) 'die Zeit betreffend' ist eine Ableitung von *chrónos* (χρόνος) m. 'Zeit, Zeitdauer, Zeitverlauf'. Dt. Texte bewahren die lat. Form verschiedentlich bis ins 18. Jh. – Chronist m. 'Berichterstatter des Zeitgeschehens' (15. Jh.), aus nlat. *chronista* m. Chronologie f. 'Zeitfolge, Zeitrechnung', Neubildung aus griech. *chrónos* (s. oben) und *-logie* (s. d.); dazu chronologisch Adj. 'in zeitlicher Reihenfolge' (beide 16. Jh., im 18. Jh. bereits sehr geläufig).

chronisch Adj. 'langwierig, ständig' (18. Jh.), ursprünglich von Krankheiten nach lat. *morbus chronicus*, wie die röm. Ärzte eine langsam verlaufende Krankheit bezeichnen (Gegensatz *akut*, s. d.); aus griech. *chronikós* (χρονικός) Adj. (s. *Chronik*).

Chrysantheme f. 'Wucherblume, Winteraster', lat. *chrȳsanthemum*, griech. *chrȳsánthemon* (χρυσάνθεμον), zusammengesetzt aus griech. *chrȳsós* (χρυσός) 'Gold' und *ánthemon* (ἄνθεμον) 'Blume', nach der Blütenfarbe einer goldgelben Art. Seit Anfang des 20. Jhs. mit dt. Endung bezeugt.

City f. 'Innenstadt, Geschäftsviertel (von Großstädten)'. Im 19. Jh. wird engl *city* 'Altstadt, Geschäftsviertel (von London)' ins Dt. übernommen. Wie afrz. *cité* geht es auf lat. *cīvitās* 'Stadt' zurück, das (bei Seneca und Tacitus) wie lat. *urbs* für Rom, die Hauptstadt des röm. Imperiums, verwendet wird. Seine Fortsetzungen in den roman. Sprachen (frz. *cité*, ital. *città*, span. *ciudad*) bezeichnen die Landeshauptstadt wie auch die 'Altstadt' (im Unterschied zu frz. *ville* 'jüngeres Stadtviertel', aus lat. *vīlla* 'Landgut', mlat. 'Dorf'). Als Wort der röm. Verwaltungssprache gilt es für Städte mit Zivilverwaltung oder Bischofssitzen, dringt in dieser Verwendung ins Engl. und tritt neben das alte germ. Wort engl. *borough*, dt. *Burg* (s. d.).

Clan m. 'Familienverband, Sippe, Clique' wird im 18. Jh. von gleichbed. engl. *clan* übernommen, das aus air. *cland*, ir. *clann* 'Kinder, Nachkommenschaft' entlehnt ist. Den kulturhistorischen Hintergrund bildet die gälische Sippenordnung. Zugrunde liegt lat. *planta* f. 'Setzreis, Sproß', dessen Anfangskonsonant im Air., das kein *p* kennt, durch *c* ersetzt wird.

Clique f. 'Gruppe, Klüngel, Sippschaft'. Frz. *clique*, Ableitung von dem onomatopoetischen Verb afrz. *cliquer* 'klappern, ein Geräusch machen', ursprünglich etwa eine 'Gruppe, die ihre Zustimmung durch Klappern (Klatschen) kundtut'. Im Dt. ist *Clique* seit dem 18. Jh. nachweisbar, von Anfang an pejorativ auf literarische oder politische Gruppierungen bezogen. Vgl. *Cliquenwesen* n. (1. Hälfte 19. Jh.), *Cliquenwirtschaft* f. (20. Jh.).

Clou m. 'Höhepunkt, Knüller'. Anfang des 20. Jhs. gelangt frz. *clou* 'Nagel, Glanzpunkt, Schlager' ins Dt. Es geht zurück auf lat. *clāvus* m. 'Nagel, Pflock', wozu lat. *claudere* 'schließen, zusperren', eigentl. 'den Pflock einlegen'. Danach wäre *Clou* in moderner Bedeutung als der 'Nagel, der alles zusammenhält oder krönt' zu deuten. Es ist verwandt mit *Klause, schließen* (s. d.).

Clown m. 'Spaßmacher', seit dem 18. Jh. im Dt., wohl unter Einfluß der Shakespeare-Übersetzungen für die komische Figur auf der Bühne und erst seit dem 19. Jh. für den Spaßmacher im Zirkus, wie heute allgemein üblich. Die ältere dt. Bezeichnung für die lustige Theaterfigur, die im 18. Jh. als Folge aufklärerischen Denkens aus ernsten Theaterstükken verbannt wird, ist *Hanswurst* (s. d.). Engl. *clown* ist in seiner Etymologie dunkel; erwogen wird Anschluß an ofries. *klunte*, dän. *klunt*, isl. *klunni* 'klotzige Person, Tölpel', aber auch an lat. *colōnus* m. 'Bauer'.

Cockpit n. 'Pilotenraum, Sitzraum eines Sportboots (Segel-, Motorboots) oder Rennwagens'. Im 20. Jh. wird gleichbed. engl. *cockpit* ins Dt. übernommen, das ursprünglich (16. Jh.) 'Grube für einen Hahnenkampf', aus engl. *cock* 'Hahn' und *pit* 'Grube' (verwandt mit *Pfütze*, s. d.), bedeutet. Im 18. Jh. wird *cockpit* in der engl. Seemannssprache, im 20. Jh. im Flugwesen geläufig.

Cocktail m. 'alkoholisches Mischgetränk', seit dem Anfang des 20. Jhs. im Dt. gebräuchlich. Das Wort entstammt dem Amerik.-Engl. (Anfang 19. Jh.) und ist wohl eine Verkürzung aus engl. *cocktail(ed) horse* 'halbblütiges Pferd mit gestutztem Schweif, der wie ein Hahnenschwanz nach oben steht', vgl. engl. *cock* 'Hahn' und *tail* 'Schwanz' (etymologisch verwandt mit *Zagel* 'Schwanz', s. d.). Gestutzt werden nur Bastardpferde, keine reinrassigen Pferde (daher entwickelt sich die Bedeutung 'minderwertiges Pferd', daraus übertragen 'moralisch minderwertiger Mann'). *Cocktail* bezeichnet also ein gemixtes im Unterschied zum reinen Getränk. Vgl. MESSING in: Linguistic and Literary Studies (= Festschr. Hill) 3 (1978) 147ff.

Collage f. 'Klebebild'. Um 1910 von G. Braque und P. Picasso erfundene und zuerst frz. *papiers collés* 'zusammengeklebte Papiere' bezeichnete Kunstart. Frz. *collage* m. 'das Leimen, Aufkleben' ist von *coller* 'leimen, kleben' abgeleitet, das auf frz. *colle*, vlat. **colla*, griech. *kólla* (*κόλλα*) 'Leim' zurückgeht. In der 1. Hälfte des 20. Jhs. wird *Collage* auch im Dt. üblich.

Colt m. 'Revolver', im 19. Jh. nach dem amerikanischen Erfinder *Samuel Colt* benannt; im Dt. im 20. Jh. belegt und unter dem Einfluß der Westernfilme geläufig geworden.

Combo f. 'kleines Jazz- oder Tanzmusikorchester, Band', seit der 2. Hälfte des 20. Jhs. im Dt., ein Wort des amerik.-engl. Slang, dessen Etymologie unklar ist. Möglicherweise liegt eine Verkürzung vor aus engl. *combination* 'Vereinigung' (spätlat. *combīnātio*) mit einer roman. (lateinamerik.) Endung.

Comeback n. 'Rückkehr, Wiederauftreten einer ehemals berühmten Person'; vor der Mitte des 20. Jhs. aus dem amerik.-engl. Slang übernommen, vgl. engl. *to come back* 'zurückkommen'.

Comics Plur., Verkürzung des seit 1920 im Amerik.-Engl. belegten *comic strips* (Sing. *comic strip* ungebräuchlich) 'Karikaturstreifen'; gebildet aus engl. *comic* Adj. 'komisch, Heiterkeit erregend' (s. *komisch*) und *strip* 'langer schmaler Streifen'.

Computer m. 'elektronische Datenverarbeitungsanalage' wird Anfang der 60er Jahre des 20. Jhs. aus dem Amerik.-Engl. übernommen und tritt als Terminus neben ältere Übersetzungsversuche wie *Elektronenrechner, (elektronische) Rechenmaschine* (beide 50er Jahre 20. Jh.), während gleichbed. *Elektronen(ge)hirn* (ebenfalls 50er Jahre) amerik.-engl. *electronic brain* wiedergibt. Heute gilt unter Fachleuten vielfach *Rechner* (zuerst *elektronischer Rechner*, 1963; vgl. auch *Taschenrechner*), das korrekte Äquivalent von engl. *computer* 'Rechner' (17. Jh.), zu engl. *to compute* 'berechnen, schätzen' (lat. *computāre* 'zusammenrechnen, berechnen'; s. *Konto, Kontor*).

Conférencier m. 'unterhaltender Ansager'. Zu Anfang des 20. Jhs. bürgert sich frz. *conférencier*, Ableitung von *conférence* 'Besprechung, Vortrag' (s. *Konferenz*), im Dt. ein.

Container m. 'Behälter', engl. *container* (Anfang 16. Jh.), zu *to contain* 'enthalten, umfassen', im Dt. seit den 50er Jahren des 20. Jhs.; das engl. Verb geht über afrz. *contenir* auf lat. *continēre* 'zusammenhalten' zurück.

Copyright n. 'Abdrucksrecht, Urheberrecht'. Das Wort ist im Engl. seit dem 18. Jh. belegt, aus engl. *copy* 'Abschrift' (s. *Kopie*) und *right* 'Recht' (s. *Recht*), und im Urheberrecht gesetzlich verankert. Gelegentliche Frühbuchungen im Dt. (z.B. Sanders 1871) gehen wohl darauf zurück. Ins dt. Verlagswesen kommt es durch die 1891 in den USA beschlossene *Copyright Act* (Urheberrechtsgesetz), der sich Deutschland 1892 anschließt, und wird zu Anfang des 20. Jhs. geläufig.

Couch f. 'Liegesofa'. Zu Anfang des 20. Jhs. kommt gleichbed. engl. *couch* ins Dt., das aus afrz. frz. *couche* 'Bett, Lager, Schicht' stammt, einer Bildung zu frz. *(se) coucher*, afrz. *(soi) couchier* '(sich) niederlegen, niederstrecken'. Dies gehört zu lat. *col-*

locāre 'hinstellen, hinsetzen, niederlegen'. S. *kusch*.

Countdown m. n. 'bis zum Zeitpunkt Null (Startzeitpunkt) zurückgehende Ansage der Zeiteinheiten, letzte technische Vorbereitung vor einem Unternehmen', durch die amerik. Weltraumforschung im Dt. bekannt (2. Hälfte 20. Jh.), von engl. *to count down* 'nach unten, rückwärts zählen'.

Coup m. 'Schlag, Streich, überraschendes Vorgehen', um die Mitte des 18. Jhs. aus dem Frz. entlehnt. Griech. *kólaphos* (*κόλαφος*), vlat. *colaphus, colpus* 'Faustschlag, Ohrfeige' ergibt afrz. frz. *coup* 'Schlag, Stich'.

Couplet n. 'kleines Lied, Gassenhauer' (als Kabarettnummer), das durch den Kehrreim zusammengehalten wird; in der 2. Hälfte des 18. Jhs. wird frz. *couplet* m. 'Strophe, Liedchen' (zu frz. *couple* 'Paar', afrz. *cople* m. f. 'Band, Paar, Strophe') übernommen. Das Wort geht zurück auf lat. *cōpula* f. 'Strick, Band, Leine zum Führen der Tiere'.

Courage f. 'Mut, Kühnheit'. Frz. *courage* kommt gegen Ende des 16. Jhs. in die dt. Soldatensprache (zuerst n., später f.). Afrz. *corage* 'Gemütsart, Beherztheit' gehört zu afrz. *cuer* 'Herz' (frz. *cœur*), das auf lat. *cor* 'Herz' (verwandt mit nhd. *Herz*, s. d.) beruht. Dazu bildet das Dt. c o u r a g i e r t Part.adj. 'mutig, beherzt' (1. Hälfte 19. Jh.).

Cousin m. 'Vetter' begegnet seit Anfang des 17. Jhs. (zuerst noch mit Erklärung) in dt. Texten, wird geläufig in der Mitte des 17. Jhs. und verdrängt zeitweilig älteres dt. *Vetter* (s. d.). Das ins Dt. übernommene frz. *cousin* geht zurück auf lat. *cōnsobrīnus* (aus **consuesrīnos*) 'zur Schwester gehörig, Geschwisterkind' (ursprünglich nur mütterlicherseits), zu lat. *soror* (aus **su̯esōr*) 'Schwester', das mit *Schwester* (s. d.) etymologisch verwandt ist. Dazu C o u s i n e f., frz. *cousine*, lat. *cōnsobrīna*, im Dt. seit Anfang des 18. Jhs.; geläufig seit der Mitte des 18. Jhs., älteres *Base* (s. d.) verdrängend.

Cowboy m. 'berittener Rinderhirt' in Nordamerika, im Dt. Ende des 19. Jhs. bekannt und als Figur durch Erzählungen und Filme über den Westen Amerikas populär geworden; aus engl. *cow* 'Kuh' (s. *Kuh*) und *boy* 'Junge, Bursche, Bediensteter'.

Creme f. 'Süßspeise, Salbe'. Frz. *crème* 'Rahm der Milch, Sahne, Sahnespeise, Salbe' beruht auf einer sehr frühen lautlichen und inhaltlichen Vermischung zweier Wörter verschiedenen Ursprungs; einerseits vlat. *crāma* 'Sahne', das kelt. Herkunft ist, afrz. *craime*, und andrerseits griech.-kirchenlat. *chrīsma* (*χρῖσμα*) 'Salböl, Salbung', afrz. mfrz. *cresme* 'geweihtes Salböl' und (seit 13. Jh.) 'Sahne'. Im Dt. ist *Creme* seit Beginn des 18. Jhs. in der Bedeutung 'Süßspeise' belegt, in der 1. Hälfte des 19. Jhs. wird es (nach frz. Vorbild) auf die gesellschaftliche Oberschicht übertragen (*die Creme der Gesellschaft*) und seit Anfang des 20. Jhs. auch für kosmetische 'Salbe' (vgl. *Hautcreme*) gebraucht. Das sakramentalen Zwecken dienende Salböl (vgl. nhd. *Chrisam*) erscheint als frz. *chrême* (aussprachegleich mit *crème*).

crescendo Adv. 'an Tonstärke zunehmend'. Die musikalische Bezeichnung für die anschwellende Tonfolge wird im 18. Jh. aus dem Ital., zunächst als neutrales Subst., übernommen. Ital. *crescendo* m. ist Gerundium zu ital. *crescere* (lat. *crēscere*) 'wachsen, zunehmen, ansteigen'. In der Verwendung als Vortragsbezeichnung entwickelt sich im 19. Jh. adverbieller Gebrauch. Dazu *decrescendo* Adv. 'an Tonstärke abnehmend' (2. Hälfte 18. Jh.), ital. *decrescendo* m.

Crew f. (auch m.) 'Besatzung von Schiffen, Sportbooten, Flugzeugen', Anfang des 20. Jhs. aus dem Engl. übernommen; engl. *crew*, von afrz. *creue* 'Wachstum, Vermehrung', zu lat. *crēscere* 'wachsen'.

Crux f. 'Kreuz, Kummer, Elend', lat. *crux* f. 'Marterpfahl, Kreuz' (davon *Kreuz*, s. d.). Noch in dt. Texten des 16. Jhs. wird *Crux* lat. flektiert, folgt dagegen später (und noch heute) im Sing. der endungslosen fem. Deklinationsklasse.

Csárdás m. ungar. Nationaltanz. Ungar. *csárdás* ist substantivierte Adjektivableitung von ungar. *csárda* 'Pußtagastwirtschaft', eigentl. 'Wachhaus, Warte' (an der türkischen Grenze), das über serbokroatische und türkische Vermittlung auf pers. *čārtāk* 'viersäuliger Erker' zurückgeht. *Csárdás* bezeichnet also den in der Pußtaschenke üblichen Tanz, der seit etwa 1840 als Gesellschaftstanz im Dt. bekannt wird.

Cup m. 'Pokal, Ehrenpreis', Anfang 20. Jh. aus dem Engl. übernommen; engl. *cup* 'Tasse, Becher, Pokal', aengl. *cuppe*, aus spätlat. *cuppa* 'Trinkgefäß, Becher' (wozu *Kopf*, s. d.).

Curry m. oder n., scharfes Gewürz; die den Drawidasprachen Indiens angehörenden Wörter (Tamil) *kari* und (Canarese) *karil* 'Soße' werden anglisiert zu engl. *curry* (*carriel* 16. Jh., *carree* 17. Jh.). Im Dt. seit der 2. Hälfte des 19. Jhs.

Cutter m. 'Schnittmeister, Tonschneider (beim Film)', im Dt. in der 1. Hälfte des 20. Jhs. entstandene Berufsbezeichnung zum Verb engl. *to cut* 'schneiden'; dazu mit dt. Verbalendung und engl. Aussprache cuttern Vb. 'Filmstreifen, Tonbänder zurechtschneiden und zusammenstellen'.

[1]**da** Adv., das auf einen (vom Standort des Sprechers entfernten) Punkt im Raume hinweist ('dort, an jenem Ort'), aber auch allgemeinere, kaum noch räumlich aufzufassende Beziehungen innerhalb einer Aussage herstellt. Ahd. *thār* (8. Jh.), asächs. *thăr*, mhd. *dā(r)*, mnd. *dār*, mnl. *daer, dare*, nl. *daar*, aengl. *þǣr*, engl. *there* und mit gekürztem Vokal got. anord. *þar*, schwed. *där* sind (wie das Richtungsadverb ahd. *thara*, mhd. *dare, dar*, s. *dar-*) mit *r*-Erweiterung zu dem auch in *der* (s. d.) vorliegenden Pronominalstamm ie. **te-, *to-* gebildet; vgl. außerhalb des Germ. aind. *tárhi* 'damals'. Vom Spätmhd. an kommt es zum formalen Zusammenfall mit [2]*da* (s. d.), denn das auslautende *-r* schwindet im Mhd. (vorübergehende Neubelebung von *dar* allerdings im 15. bis 18. Jh.) und bleibt nur in zusammengesetzten Pronominaladverbien vor vokalischem Anlaut erhalten (z. B. *daran, darauf, darüber*, hier aber schon im Ahd. Vermischung mit den entsprechenden Bildungen von ahd. *thara* 'dorthin', s. *dar-*). Seit Beginn seiner Bezeugung im Dt. wird [1]*da* auch als Konjunktion verwendet. Es leitet bis ins 18. Jh. konditionale, konzessive und adversative Gliedsätze ein, in den älteren Sprachstufen außerdem Temporalsätze, doch geht diese Funktion im Nhd. an [2]*da* über.

[2]**da** Adv. zur Angabe eines bestimmten Zeitpunktes ('zu jener Zeit, in diesem Augenblick') und Konj.; ahd. (8. Jh.), asächs. *thō*, mhd. mnd. *dō*, mnl. *doe*, afries. *thā*, aengl. *þā*. Diese für das Westgerm. bezeugte Bildung (anders got. *þan* 'dann' sowie anord. *þā* 'da, damals' aus **þan*, s. *dann*) schließt sich wie [1]*da* (s. d.) an den Pronominalstamm ie. **te-, *to-* an; sie ist ursprünglich wohl Akk. Sing. Fem. des Demonstrativpronomens (vgl. got. *þō*, aind. *tā́m*, ie. **tām*), neben dem vielleicht ein feminines Substantiv mit der Bedeutung 'Zeit' weggefallen ist. Seit dem 14. Jh. erscheint mhd. *dō* auch in der (Mitte des 16. Jhs. allgemein geltenden) Form *da*. Die nun lautlich gleichen, ohnehin durch inhaltliche Gemeinsamkeiten (die Darstellung von Zeitverhältnissen basiert oft auf räumlichen Vorstellungen) verbundenen Adverbien [1]*da* und [2]*da* werden nicht mehr klar geschieden. Als Konjunktion hat [2]*da* zunächst temporalen Sinn (so schon ahd., jedoch nach Ende 18. Jh. nur noch in gehobener Ausdrucksweise); in Konkurrenz zu *weil* (s. d.) setzt Mitte des 17. Jhs. kausaler Gebrauch ein.

Dach n. 'oberer Abschluß eines Gebäudes'. Ahd. *thah* 'Dach, Haus, Bedeckung' (9. Jh.), mhd. *dach* 'Dach, Bedeckung, das Oberste, Schützende', mnd. *dak*, mnl. *dac*, nl. *dak*, aengl. *þæc* 'Dach', anord. *þak*, schwed. *tak* 'Dach, Decke' bezeichnet ursprünglich 'das Bedeckende' und gehört zu dem unter *decken* (s. d.) behandelten germ. Verb. Mit diesem läßt es sich an die auch durch außergerm. Verwandte wie griech. *stégein* (*στέγειν*) 'dekken, schützen', *stégos, tégos* (*στέγος, τέγος*) n., *stégē, tégē* (*στέγη, τέγη*) f. 'Dach, Haus', lat. *tegere* 'decken, bedecken', *tēgulum* 'Decke, Dach', *tēgula* 'Dachziegel, Ziegeldach' (s. *Ziegel*), *tēctum* 'Dach, Haus', *toga* 'Bedeckung, Obergewand', lit. *stíegti* 'ein Strohdach aufsetzen' bezeugte Wurzel ie. **(s)teg-* 'decken' anschließen. Im Dt. übliche Wendungen wie *etw. unter Dach (und Fach) bringen* 'etw. abschließen, vollenden' (18. Jh.), *jmdm. aufs Dach steigen* 'jmdn. tadeln, bestrafen' (18. Jh., älter *jmdm. übers Dach kommen*, 17. Jh.), *eins aufs Dach kriegen* 'geschlagen, getadelt werden' (Anfang 19. Jh.) u. ä. beruhen auf metaphorischem Gebrauch von *Dach* als 'Schutz, Zuflucht' (mhd.) und 'Schädeldecke, Kopf' (16. Jh.). – Dachstuhl m. 'tragende Konstruktion des Daches'; die frühnhd. Zusammensetzung (um 1500) verdeutlicht das im Spätmhd. in gleicher Bedeutung vorkommende einfache *stuol* (s. *Stuhl*).

Dachs m. Das zu den Mardern gehörende Säugetier mit spitzem Kopf und starken Grabkrallen heißt ahd. *thahs* (11. Jh.), mhd. *dahs*, mnl. nl. *das*. Die im Germ. vielleicht allgemein verbreitete Bezeichnung (vgl. das zweite

Kompositionsglied von norw. *svintoks* 'Dachs'; aus Ortsnamen ist auch asächs. *thahs* nachzuweisen und anord. **þǫx* zu erschließen) ergibt gleichbed. spätlat. *taxus, taxo* und gelangt früh in die roman. Sprachen. Am wahrscheinlichsten läßt sich das vorauszusetzende germ. **þahsu-* wie aind. *tákṣati* 'verfertigt, zimmert, schafft, behaut', *tákṣā* 'Zimmermann', griech. *téktōn* (*τέκτων*) 'Zimmermann', *téchnē* (*τέχνη*) 'Kunst, Geschicklichkeit, Handwerk', lat. *textor* 'Weber', air. *tāl* 'Axt', aslaw. *tesati* 'hauen, fällen', russ. *tesát'* (*тесать*) 'behauen, zimmern', aruss. *tesъ* 'Span, dünnes Brett, Markierung am Baum', russ. *tës* (*тёс*) 'dünne Bretter' zu ie. **tek̂s-, *tek̂t-* 'flechten, Holzwerk zusammenfügen, zimmern' stellen (s. *Architekt, Technik, Text*); Benennungsmotiv wäre dann das Herstellen des kunstvollen Baus. Sommer in: IF 31 (1913) 359f. erwägt dagegen Anschluß an die nur germ. und kelt. bezeugte Wortgruppe von *dick* (s. d., ie. **tegu̯-*) und erklärt das Affix *-s* als Analogie zu Tiernamen wie *Fuchs* und *Luchs* (s. d.). – F r e c h d a c h s m. 'frecher, vorlauter junger Mensch' (Ende 19. Jh.); Übertragung auf Menschen schon bei mhd. *dahs*; vgl. auch die nhd. Fügung *junger Dachs* 'unerfahrener junger Mensch'. D a c h s h u n d m. 'zur Dachsjagd geeigneter Hund, Dackel' (15. Jh.); s. *Dackel*.

Dackel m. Der kleine Hund mit kurzen krummen Beinen wird wegen seiner Eignung zur Dachsjagd zunächst *Dachshund* (s. d.) genannt, daneben kommen Bezeichnungen wie *Dachskriecher, Dachsschliefer* (18. Jh.) und auch die Kurzform *Dachs* (17. bis 19. Jh.) vor. Seit Ende des 19. Jhs. wird die ursprünglich obd. Deminutivbildung *Dackel* (vorher obd. *Dächsel*, Anfang 18. Jh.) geläufig; fachsprachlich gilt auch die seit Ende des 18. Jhs. bezeugte nd. Form *Teckel*, deren Erklärung aus lautlichen Gründen und wegen des im nordd. Sprachgebiet unüblichen Verkleinerungssuffixes *-el* Schwierigkeiten macht.

Dahlie f. Der in Mexiko beheimatete, als Zierpflanze in vielen Varietäten gezogene Korbblütler erhält 1791 durch den Spanier Cavanilles den Namen botan.-lat. *Dahlia* (nach dem schwed. Botaniker *Andreas Dahl*). Da Willdenow Anfang des 19. Jhs. (zu Ehren des Petersburger Naturforschers *Georgi*) die Bezeichnung *Georgina* einführt, heißt die Blume im Dt. zunächst *Georgine*. Die eingedeutschte Namensform *Dahlie* setzt sich (anfangs im Plur. *Dahlien*) seit Mitte des 19. Jhs. durch.

dalli Adv. 'schnell'. Als anfeuernder Zuruf gebräuchliches poln. *dalej* 'vorwärts, weiter', Komparativ zum Adverb poln. *daleko* 'fern, weit', gelangt im 19. Jh. (schon 1801 *dolley* bei Z. Werner), hauptsächlich von Berlin aus, in die dt. Umgangssprache.

damals Adv., das ein Geschehen als vergangen, meist auch als mit dem zuvor Berichteten gleichzeitig ablaufend kennzeichnet, 'zu jener Zeit'; seit Anfang des 16. Jhs. belegte Ableitung von ²*da* (s. d.) mit dem zum Adverbialsuffix erstarrten Gen. Sing. von ahd. mhd. *māl* 'Zeitpunkt' (s. ¹*Mal*). Ältere parallele Bildungen sind *damalen* (Mitte 15. Jh.) und *damal* (Ende 15. Jh., beide bis ins 19. Jh. vorkommend) sowie heute veraltendes *dazumal* (mhd. *dō ze māle*) und frühnhd. *desmals* (mhd. *des māles*). – d a m a l i g Adj. 'jener Zeit angehörend, zu jener Zeit bestehend' (nur in attributiver Verwendung); vom Adverb *damal* (s. oben) abgeleitet (Anfang 17. Jh.).

Damast m. Stoff mit eingewebtem glänzenden Muster. Die im Mittelalter aus Damaskus (arab. *Dimašq, Dimišq*, lat. *Damascus*, ital. *Damasco*, frz. *Damas*) nach Europa gelangende Gewebeart heißt nach dem Namen dieser syr. Stadt ital. *Damasco*, daneben zunächst auch (wohl unter Einfluß von gleichbed. afrz. frz. *damas*) ital. *damasto*. Im Dt. erscheint als älteste Entlehnung spätmhd. *damasch* (Ende 14. Jh., wie mnl. *dames, dammes* nach afrz. *damas* ?), dann (1. Hälfte 15. Jh.) nach ital. Vorbild *Damask, Damaschk* und *Damast* (im 16. Jh. auch *Damascht*); seit Beginn des 18. Jhs. setzt sich die heutige Form *Damast* durch. – d a m a s t e n Adj. 'aus Damast' (15. Jh.), anfangs als Variante neben *damask(en), damaschk(en)* u. ä., seit Mitte 18. Jh. allein geltend.

Dame f. 'Frau von Bildung und gepflegtem Äußeren', heute allgemein höfliche Bezeichnung für eine weibliche Person. Aus lat. *domina* (synkopiert *domna*, 1. Jh.) 'Herrin, Gebieterin, Hausfrau' hervorgegangenes gleichbed. afrz. *dame* findet sich gelegentlich in mhd. Texten als Teil fremdsprachiger Floskeln; Ende des 16. Jhs. wird frz. *dame* ins Dt. entlehnt, ist in der Bedeutung 'geliebte Frau, Herrin' zunächst Modewort der höfisch-galanten Dichtung (wie *Kavalier* und *Galan*, s. d.) und seit Mitte des 17. Jhs. die übliche Benennung für Frauen des Adels; auf bürgerliche Frauen wird es erst gegen Ende des 18. Jhs. angewendet. Daneben tritt im 17. Jh. die (wohl durch Euphemismus entstandene) Bedeutung 'Geliebte, Mätresse, Dirne' auf (so auch das Deminutivum *Dämchen*), die in der 2. Hälfte des 19. Jhs. erneut gebräuchlich wird. Im 17./18. Jh. kommt häufig noch frz. Pluralbildung *Dames* vor. Bis Anfang des 18. Jhs. ist neben *Dame* auch die aus dem Ital. oder Span. entlehnte Form *Dama* bezeugt (ital. span. *dama* nach frz. *dame*, dagegen regelrecht aus lat. *domina* entwickelt ital. *donna*, span. *dueña, doña*). Übertragene Verwendungen von *Dame* sind 'dritthöchste Spielkarte' (Mitte 17. Jh.) und 'zugstärkste Figur des Schachspiels' (Mitte 18. Jh.), doch kann hier auch gesonderte Übernahme aus dem Frz. vorliegen, ebenso wie bei *Dame* 'dem Schach ähnliches Brettspiel' (17. Jh., auch als Mask. *Dam*), zuerst bekannt im Kompositum *Damespiel* (Anfang 17. Jh., ohne Zusammenhang mit mnd. *dōmspil*, das zu mnd. *dōm* m. 'Urteil, Gesetz' gehört) nach dem Vorbild von frz. *jeu de dames*, span. *juego de damas*; zur möglichen Umdeutung eines anders motivierten arab. Namens im Span. vgl. Lokotsch Wörter oriental. Ursprungs (1927) 149.

Damhirsch m. Der Hirsch mit weißgelben Flecken und schaufelartigem Geweih heißt bis Anfang des 17. Jhs. *Dam* m., ahd. *dām, tām* n. (8. Jh.), *dāmo, tāmo* m. (9. Jh.), *dāma* f. (Hs. 12. Jh.), mhd. *tāme, damme* m., *dame* f. Dieser Name ist eine Entlehnung von lat. *damma*, spätlat. *dāma*, nach Frings/M. Germania Romana 1 (1966) 94 vielleicht auf dem Wege über galloroman. **damu* (frz. *daim*), wofür maskulines und neutrales Genus im Ahd. spricht. Lat. *damma*, das außer dem Damhirsch auch Reh, Gemse, Antilope bezeichnet, ist möglicherweise aus dem Kelt. übernommen (vgl. air. *dam* 'Ochse', *dam allaid* 'Hirsch', eigentl. 'wilder Ochse'); das Verhältnis zu aengl. *dā*, engl. *doe* 'Reh, Hirschkuh' bleibt unklar. Vertretbar scheint Anschluß der ganzen Wortgruppe an die unter *zähmen* (s. d.) angeführte Wurzel ie. **dem(ə)-* 'zähmen, bändigen', auf die auch aind. *dā́myati* 'ist zahm, bändigt, bezwingt', *damyaḥ*, griech. *damálēs* (δαμάλης) 'junger, noch abzurichtender Stier' zurückgehen, so daß von einer Bedeutung 'gezähmtes (oder zu zähmendes?) Horntier' auszugehen wäre. Die heute übliche verdeutlichende Zusammensetzung *Damhirsch* (mnd. *damherte*) kommt im 16. Jh. auf (daneben im 16./17. Jh. *Dan-, Dänhirsch*, im 18./19. Jh. gelegentlich umgedeutet zu *Tannhirsch*). Ähnliche Komposita sind *Dambock* (17. Jh.), *Damtier* (16. Jh., vorher ahd. *dāmiltior*, Hs. 12. Jh., frühnhd. *dammeltier*, dieses zu ahd. *dāmil*, mhd. *tāmel* nach dem Deminutiv lat. *dammula*) und *Damwild* (seit Ende 13. Jh.).

dämlich Adj. 'dumm, beschränkt'. Die seit dem 18. Jh. belegte, vom Nd. ausgehende und erst nach 1900, vornehmlich als derbe Schelte, im größten Teil des dt. Sprachgebiets geläufige Bildung setzt wie das mit anderem Suffix abgeleitete, heute noch im Bair.-Öst. allein geltende gleichbed. obd. und md. Adjektiv *damisch* (ältere Nebenform *dämisch*, 15. Jh., bis ins 19. Jh. auch 'benommen, schwindlig') germ. **þēm-* voraus, das sich mit aind. *tā́myati* 'erstickt, wird betäubt', lat. *tēmētum* 'berauschendes Getränk', *tēmulentus* 'berauscht', aslaw. *tomiti*, russ. *tomít'* (томить) 'quälen' auf die Wurzel ie. **tem-* 'geistig benommen, betäubt' zurückführen läßt. Letztlich gehört die Wortgruppe wohl zur Wurzel ie. **tem(ə)-* 'dunkel' (s. *Dämmerung*).

Damm m. 'aufgeschütteter Erdwall' (als Schutz gegen Überflutung, dann auch als Verkehrsweg, so vor allem nordostd. 'gepflasterte Straße, Fahrbahn'), mhd. *tam*, mnd. mnl. nl. *dam*, anorw. schwed. *damm* und (aus dem Mnd.-Mnl.?) mengl. *dam, dam(m)e*, engl. *dam*; wohl gemeingerm., vgl. got. *faúrdammjan* (s. unten). Die hd. Lautgestalt *Tam(m)* ist noch bis Anfang des 18. Jhs. bezeugt, doch dringt mit Ausbreitung der an der Küste vervollkommneten Deichbaukunst *d*-Anlaut aus dem nl.-nd. Bereich bereits ins Mhd. ein und wird im Nhd. vom 17. Jh. an allgemein üblich (literatursprachliche Geltung der nd. Form auch bei bedeutungsähnlichem *Deich*, s. d.). Ungeklärt ist die Herkunft des germ. Substantivs; vielleicht besteht (über eine Grundform ie. **dhəmno-*) Zusammenhang mit griech. *thémethla* (θέμεθλα) Plur. 'Grundlage, Fundament, das Innerste, Tiefste', *thōmós* (θωμός) 'Haufen, Schober', die auf die Wurzel ie. **dhē-* 'setzen, stellen, legen' zurückführen; weniger einleuchtend scheint (über eine Ausgangsform ie. **dhobmo-*) Zuordnung zur Wurzel ie. **dheb-* 'dick, fest, gedrungen' (s. *tapfer*). – d ä m m e n Vb. 'durch einen Damm zurückhalten, stauen, hemmen', mhd. *temmen, demmen*, daneben *tammen, dammen*; denominative Bildung zu mhd. *tam* (s. oben), vgl. gleichbed. mnd. *dammen, demmen*, aengl. *fordemman*, engl. *to dam (up)*, anord. *demma*, schwed. *dämma* und got. *faúrdammjan* 'eindämmen, verhindern'. Wie beim Substantiv setzt sich im 17. Jh. nd. *dämmen* gegenüber obd. *tämmen* durch; die anfangs bes. im Nd. häufige unumgelautete Form ist nach dem 17. Jh. kaum noch belegt.

Dämmerung f. 'Halbdunkel kurz nach Untergang oder vor Aufgang der Sonne', seit Mitte des 18. Jhs. auch 'schwaches, gedämpftes Licht', ahd. *themarunga* (11. Jh.), mhd. *demerunge*, wohl abgeleitet (zur Möglichkeit denominativer *-ung*-Bildungen in älterer Zeit vgl. Henzen Wortbildung ³179 und Kurth in: PBB (H) 78, 1956, 310f.) von dem früh untergegangenen gleichbed. Substantiv ahd. *themar* n. (9. Jh.), wozu noch mhd. *gedemer* n. neben *demere* f. Die Substantivbildungen sind verwandt mit asächs. *thim* 'dunkel', ahd. *thinstar* (8. Jh.; auch ahd. *finstar*, s. *finster*), mnl. *deemster* 'finster' und wohl auch nhd. *diesig* (s. d.); sie gehören wie aind. *támaḥ*, lat. *tenebrae*, air. *temel*, aslaw. *tьma*, russ. *t'ma* (*тьма*) 'Finsternis, Dunkel', lat. *temere* 'blindlings' zur Wortgruppe der Wurzel ie. **tem(ə)-* 'dunkel'. Nicht direkt an ahd. *themar* anzuschließen, sondern vielleicht zu (als deverbative Ableitung aufgefaßtem?) *Dämmerung* gebildet ist das erst in der 1. Hälfte des 17. Jhs. nachweisbare d ä m m e r n Vb. 'allmählich hell oder dunkel werden' (übertragen von Erkenntnissen, Erinnerungen 'hervortreten, Gestalt annehmen', 18. Jh.), das seinerseits Grundlage wird für das postverbale, nicht mit ahd. *themar* identische Substantiv D ä m m e r m. und n. 'Dämmerung' (70er Jahre des 18. Jhs., wie *Dämmerung* und *dämmern* häufig in der Dichtung des Sturm und Drang und der Empfindsamkeit) und für d ä m m e r i g , d ä m m r i g Adj. 'halbdunkel' (Mitte 18. Jh., die heute ungebräuchlichen älteren Formen *dämmericht* und *dämmerlich*, beide 17. Jh., verdrängend). – G ö t t e r d ä m m e r u n g f. 'Untergang der Götter und Weltbrand' (nach der germ. Mythologie), durch Wagners Operntitel (1853) bekannt gewordene, zuerst bei Denis (1772) vorkommende Übersetzung von anord. *ragnarøkkr* (anord. *røkkr* 'Dunkel'), einer in der Lokasenna und in der Prosa-Edda belegten Umdeutung von anord. *ragnarǫk* Plur. 'Götterschicksal' (anord. *regin* 'Götter, Beratende', *rǫk* 'Grund, Verlauf, Schicksal').

Dämon m. 'böser Geist, verhängnisvolle übernatürliche Macht'. Griech. *dáimōn* (*δαίμων*), lat. *daemōn* 'Gott, schützendes oder Verderben sendendes göttliches Wesen', wahrscheinlich im Sinne von 'Zuteiler' zu griech. *daíesthai* (*δαίεσθαι*) 'teilen, verteilen' und damit zur Wurzel ie. **dā(i)-*, **dī-* 'teilen, zerschneiden, zerreißen' (s. *Zeit*) gehörend, gelangt zunächst im 16. Jh. in der spät- und mlat. üblichen, von christlichem Denken geprägten Bedeutung 'Teufel' ins Dt. Der Mitte des 18. Jhs. einsetzende literarische Gebrauch greift stärker auf antike Vorstellungen zurück ('Gutes oder Böses bewirkendes überirdisches Wesen' oder 'dem Menschen innewohnende schicksalbestimmende Macht'), verbindet mit der Bezeichnung aber weiterhin meist negative Wertungen. – d ä m o n i s c h Adj. 'teuflisch, unheimlich, übernatürliche Kräfte aufweisend', Ableitung nach dem Vorbild von griech. *daimonikós* (*δαιμονικός*), lat. *daemonicus*, vereinzelt Ende des 16. Jhs., geläufig seit der 2. Hälfte des 18. Jhs. D ä m o n i e f. 'das Vorhandensein, Wirken übernatürlicher bedrohlicher Kräfte' (Mitte 18. Jh.). D ä m o n i s m u s m. 'Glaube an Dämonen, Lehre von Dämonen' (Wieland 1788), Übernahme von gleichbed. engl. *demonism* (Shaftesbury 1699).

Dampf m. 'Dunst, Nebel'. Das westgerm. Substantiv ahd. *thamph* (10. Jh.), mhd. *dampf, tampf* 'Dampf, Dunst, Rauch' (daneben ahd. *thampho*, 11. Jh., mhd. *dampfe* 'schwerer Katarrh, krankhafter Erstickungszustand', im Nhd. in Form und Flexion mit *Dampf* zusammenfallend; s. auch *dumpf*) und gleichbed. mnd. mnl. nl. engl. *damp* gehört als ablautende Bildung zu einem in mhd. frühnhd. *dimpfen* 'dampfen, rauchen' erhaltenen starken Verb, das sich (mit *p*-Erweiterung im Germ.) zu der auch für *dunkel* (s. d.) sowie für aind. *dhámati* 'bläst', mir. *dem* 'dunkel, schwarz', aslaw. *dǫti* 'blasen, fauchen', russ. *dut'* (*дуть*) 'blasen, wehen' oder das erste Kompositionsglied von griech. *themerṓpis* (*θεμερῶπις*) 'finster blickend, mit ernstem

Gesicht' vorauszusetzenden Wurzel ie. **dhem(ə)-* 'blasen, dampfen, rauchen, dunkel' stellt. – dämpfen Vb. 'abschwächen, mildern', auch 'mit Dampf behandeln, gar machen', ahd. *themphen* (8. Jh.), mhd. *dempfen* 'würgen, ersticken, unterdrücken, auslöschen' (spätmhd. außerdem 'abschwächen, mildern') ist eine Kausativbildung zu dem in mhd. frühnhd. *dimpfen* (s. oben) vorliegenden Verb; in der jüngeren Bedeutung 'mit Dampf, Rauch behandeln' (15. Jh.) schließt es sich an das Substantiv *Dampf* an, von dem auch dampfen Vb. 'Dampf entwickeln, abgeben' (Mitte 17. Jh.) abgeleitet ist. Dämpfer m. 'Vorrichtung zum Abschwächen des Tones und zur Veränderung des Klanges bei Musikinstrumenten' (2. Hälfte 18. Jh.), als Gerätebezeichnung zu *dämpfen* 'abschwächen, mildern' gebildet (zuvor Nomen agentis im Sinne von 'Unterdrücker, Bezwinger', 16./17. Jh.), übertragen in der Wendung *einen Dämpfer aufsetzen* 'in die Schranken weisen, mäßigen'. Dampfschiff n. 'mit Dampf betriebenes Schiff' (um 1815), nach engl. *steamship*; dazu (wie engl. *steamer*) die Kurzform Dampfer m. (Mitte 19. Jh.), anfangs auch *Dämpfer*, so später noch vereinzelt im Obd., während sich die umlautlose Form unter nd. Einfluß durchsetzt. Dampfmaschine f. 'mit Wasserdampf betriebene Kraftmaschine' (Lichtenberg 1775), Übersetzung von engl. *steam-engine*; schon vorher (seit Mitte 18. Jh.) gelegentlich Bezeichnung für andere technische Hilfsmittel.

Dank m. 'Gefühl der Verpflichtung, Erkenntlichkeit', ahd. *thanc* (8. Jh.), mhd. *danc*, asächs. *thank*, mnd. *dank*, mnl. *danc*, nl. *dank*, aengl. *þanc*, engl. *thanks* (Plur.), anord. *þǫkk*, got. *þagks*. Die Substantive sind Verbalnomina zu dem unter *denken* (s. d.) behandelten Verb. Das ahd. Substantiv ist sowohl in den Bedeutungen 'Gedanke' und 'Wille, Absicht' wie auch in der im Nhd. überwiegenden Anwendung 'dankbare Gesinnung, Erkenntlichkeit' bezeugt. Ausgangspunkt für diese in der Gegenwart allein herrschende Bedeutung ist das Denken an eine empfangene Wohltat. – dank Präp. 'infolge, wegen' (Ende 19. Jh.); voraus gehen Verbindungen des Substantivs mit Dativobjekten, *Dank (sei) jmdm., einer Sache*, die seit dem 18. Jh. ihren parenthetischen Charakter verlieren und zunehmend kausal verwendet werden. danken Vb. 'Dank aussprechen', ahd. *thankōn* (9. Jh.), mhd. mnd. mnl. nl. *danken*, asächs. *thankon*, aengl. *þancian*, engl. *to thank*, anord. *þakka*, gebildet zum Substantiv. Seit dem Ahd. geläufig in der Verbindung *jmdm. (mit Worten) danken*, wobei das, wofür gedankt wird, ursprünglich im Genitiv steht. In der Konstruktion *jmdm. (einer Sache, einem Umstand) etwas danken* (seit etwa 1200) nimmt *danken* die Bedeutung 'verdanken' an. dankbar Adj. 'von Dank erfüllt, erkenntlich', auch 'angenehm, lohnend, zufriedenstellend', mhd. *dancbære* 'Geneigtheit hervorbringend, angenehm, von Dank erfüllt'; vgl. ahd. *thancbāri* 'begünstigt' (10. Jh.), dagegen *unthancbāri* 'undankbar' (9. Jh.). abdanken Vb. 'von einem Amt zurücktreten' (16. Jh.); ebenso alt ist der heute verblassende trans. Gebrauch 'den Abschied geben, entlassen'. Abdankung f. 'Entlassung' (16. Jh.), 'Rücktritt' (17. Jh.); 'Trauerfeier' (17. Jh.; noch schweiz.).

dann Adv. und **denn** Adv. und Konj. sind ursprünglich umlautlose und umgelautete Form eines Wortes und daher in älterer Zeit bedeutungsgleich. Ahd. *thanne, thenni* (8. Jh.), mhd. *dan(ne), den(ne)*, frühnhd. *dann, denn* Adv. und Konj. Nebenformen mit Umlaut finden sich auch sonst im Westgerm., vgl. mnd. *dan, dann(e), den(ne)*, afries. *than(na), thenne*, aengl. *þanne, þonne, þænne*, engl. *than, then*, hingegen nur asächs. *thanna, than(ne)*, mnl. *dan(ne)*, nl. *dan* wie anord. *þā* (aus **þan*), schwed. *då*, got. *þan*. In allen Fällen handelt es sich um Bildungen mit *n*-Formans zum Pronominalstamm ie. **te-, *to-* (s. *der*), die im Westgerm. außerdem eine nasale Erweiterung zeigen. Im Dt. erfolgt im 18. Jh. die heute geltende semantische Differenzierung von *dann* und *denn*. Von den zunächst beiden Varianten gemeinsamen Verwendungen bewahrt *dann* den adverbiellen Gebrauch (dafür nur in nordd. und md. Umgangssprache noch *denn*); es kennzeichnet eine Aufeinanderfolge ('danach, ferner') oder einen in naher Zukunft liegenden Zeitpunkt ('nachher') und weist auf die (meist in einem Konditionalsatz genannten) Voraussetzungen für ein Geschehen hin ('in diesem Falle'). Der Gebrauch als Konjunktion, durch den in älterer Zeit neben- und unterordnend verschiedenartige, namentlich temporale und kausale

Zusammenhänge hergestellt werden, verengt sich und geht ganz auf *denn* über; dieses leitet nun vor allem begründende Hauptsätze ein, steht gelegentlich in Vergleichen beim Komparativ (im Sinne von 'als') und knüpft (nur in altertümelnder Redeweise noch allein, sonst in der Fügung *es sei denn, daß* ...) eine die Gültigkeit des Hauptsatzes einschränkende Ausnahme an. Als Adverb wird *denn* jetzt lediglich zur Intensivierung einer Frage oder Aussage verwendet. Eine ähnliche Entwicklung wie die von *dann, denn* (und vergleichbarem *wann, wenn,* s. d.) vollzieht sich im Engl.; dort trennen sich *than* Konj. 'als' und *then* Adv. 'dann' ebenfalls im 18. Jh. voneinander. – d a n n e n Adv., heute nur noch altertümlich-feierlich in der verdeutlichenden präpositionalen Verbindung *von dannen* 'weg, fort' (schon ahd. *fona thanăn*, 9. Jh.); ohne Präposition bis ins 17. Jh. gebräuchlich. Neben ahd. *thana* (8. Jh., gleichen Ursprungs wie ahd. *thanne*, also vom Pronominalstamm germ. **þa-*, s. oben), mhd. *dane, dan* stehen häufiger die erweiterten Formen ahd. *thanăn, thannān* (8. Jh.), *than(a)na, thannana* (9. Jh.), mhd. *danne(n)*; ebenso asächs. *thanan(a)*, mnd. *dānen, danne(n)*, mnl. *danen, danne(n)*, afries. *thana*, aengl. *þanon(e)* und anord. *þanan* (anders gebildet got. *þaþrō*). Das Adverb hat im Dt. zunächst die lokale Bedeutung 'von einem Ort weg, von dorther', wird aber bereits im Ahd. auch auf andere, bes. temporale und kausale Beziehungen übertragen ('von da an, dadurch, deshalb'). – d e n n o c h Adv., seit dem 18. Jh. ausschließlich einschränkendes Konjuktionaladverb 'trotzdem', zuerst jedoch temporales Adverb, zusammengesetzt aus den unter *dann, denn* (s. oben, daher bis ins 18. Jh. auch *dannoch*) und *noch* (s. d.) behandelten Adverbien; anfangs Getrenntschreibung ahd. *thanne noh, thenni noh* 'zu der Zeit noch' (9. Jh.), bei Notker bereits 'selbst unter der Voraussetzung noch'; früh auch als Zusammenrückung ahd. *thenninoh* (10./11. Jh.), *thannoh* (11. Jh.) 'zu der Zeit noch', mhd. *dannoch, dennoch* 'damals noch, jetzt noch, außerdem' sowie vom 12. Jh. an im heutigen Sinne; diesen zeigt auch mnd. *dan(ne)noch, den(ne)noch*.

dar- Das alte Adverb *dar*, ahd. *thara* (8. Jh.), mhd. *dare, dar* 'dorthin, dahin, bis auf diese Zeit' gehört zum Pronominalstamm ie. **te-*, **to-* (s. *der*) mit *r*-Formans. Im Unterschied zu den unter [1]*da* (s. d.) behandelten Formen gleichen Ursprungs, ahd. *thār*, mhd. *dā(r)*, zeigen ahd. *thara*, mhd. *dare* eine Vokalerweiterung. Aber gerade in Wortverbindungen bzw. -zusammensetzungen findet früh eine Vermengung der beiden Adverbien statt. Der freie Gebrauch des hier behandelten Wortes erlischt bis auf wenige Reste im 17. Jh., *dar* wird durch *dahin* ersetzt. Als erstes Glied lebt *dar-* in zahlreichen verbalen (*darbringen, darlegen, darstellen*) und adverbialen (*daran, darüber*) Präfixbildungen weiter.

darben Vb. 'an etw. Mangel leiden, entbehren', ahd. *tharbēn* 'ermangeln, entbehren, verzichten' (um 800), *tharbōn* 'verzichten' (9. Jh.), mhd. *darben*, asächs. *tharbon*, mnd. *darven*, aengl. *þearfian*, anord. *þarfa*, got. *gaþarban* sind wohl Ableitungen von einem in den germ. Sprachen weit verbreiteten Substantiv, das ein Nichthaben ausdrückt, vgl. ahd. *tharba* 'Bedarf, Mangel' (9. Jh.), mhd. *darbe* (nhd. vereinzelt bis ins 16./17. Jh.), asächs. *tharf*, mnd. *derf* ('Schwindsucht'), aengl. *þearf*, anord. *þǫrf*, schwed. *tarv*, got. *þarba*, die (wie *darf*) ablautend zum Infinitiv des unter *dürfen* (s. d.) behandelten gemeingerm. Verbs stehen. In älterer Sprache überwiegend mit Genitiv- bzw. Akkusativobjekt (bis ins 18. Jh.), seit dem 16. Jh. setzt sich vom Omd. her (Luther 1522) objektloser Gebrauch durch.

darlegen Vb. 'erklären, mit Worten erläutern', mhd. *darlegen*, bis ins Nhd. hinein auch in eigentl. Sinne 'hinlegen' (an einen bestimmten Ort); s. *dar-* und *legen*. – D a r l e g u n g f. 'das Vorlegen, Darbringen, Übergabe' (15. bis 18. Jh.), 'Erklärung, Erläuterung' (18. Jh.).

Darlehen, D a r l e h n n. 'leihweise überlassene Geldsumme', Ende 16. Jh. gebildet zu *darleihen* (mhd. *darlīhen*) 'leihweise überlassen' (wie *Lehen* zu *leihen*, s. d.); daneben auch *Darleihen* n. (15. bis 19. Jh.). Die Form *Darlehen* setzt sich wohl unter Einfluß des älteren *Lehen* durch.

Darm m. 'Verdauungskanal', ahd. *tharm* (8. Jh.), asächs. *tharm*, mhd. mnd. *darm*, mnl. *dar(e)m*, nl. *darm*, aengl. *þearm*, anord. *þarmr* führen zusammen mit griech. *tórmos* (τόρμος) 'Loch' auf die Wurzel ie. **ter(ə)-* 'reiben, durchbohren' (s. *drehen*). Das germ. Wort bezeichnet also ursprünglich nur den

Darmausgang. Einzelne Abschnitte werden als *Blind-* (s. d.), *Dick-* (um 1700), *Mast-* (s. d.), *Zwölffingerdarm* (s. d.) bezeichnet.

darstellen Vb. ‘schildern, wiedergeben, gestalten, herstellen’, zunächst ‘jmdn. für eine Aufgabe stellen, benennen’ und ‘etw. hinstellen’ (14./15. Jh.), s. *dar-*; ferner ‘herstellen’ (16. Jh., seit etwa 1800 auf Chemie und Physik beschränkt). Ebenfalls seit dem 16. Jh. geläufig ist die bis in die Gegenwart dominierende Verwendung ‘(sprachlich, künstlerisch) gestalten, wiedergeben’. – Darsteller m. ‘Schauspieler’, auch ‘Autor, Verfasser’ (2. Hälfte 18. Jh.). Darstellung f. ‘Bereitstellung, Übergabe’ (16. bis 18. Jh.), ‘Gestaltung, Aufführung’ (17. Jh.).

Dasein n. ‘Anwesenheit, Existenz’, Substantivierung von *dasein* Vb. (s. [1]*da* und *sein* Vb.). Im Sinne ‘Anwesenheit, Zugegensein’ seit dem 13. Jh., geläufig seit dem 17. Jh., als Verdeutschung für *Existenz* (s. d.) seit Anfang 18. Jh., danach auch für ‘Leben’. Als Schlagwort in der Verbindung *Kampf ums Dasein* Übersetzung von engl. *struggle for life* (Darwin 1859). Mit *Existenz* konkurrierend auch als Bestimmungswort in zahlreichen Zusammensetzungen wie *Daseinsberechtigung, -kampf* (19. Jh.).

daß Konj., hervorgegangen aus dem Demonstrativpronomen *das*, der neutralen Form von *der* (s. d.); die orthographische Unterscheidung von *das/daß* setzt im 16. Jh. ein. Der Übergang des Demonstrativums zur unterordnenden Konjunktion erfolgt in nebengeordneten Sätzen des Typs *ich weiß das, er kommt*. Das Demonstrativpronomen am Ende des ersten Satzes, das auf den folgenden Satzinhalt vorausweist, wird durch Verschiebung der Satzgrenze zum Anfang des zweiten Satzes gezogen: *ich weiß, daß er kommt*. Diese Entwicklung findet sich in allen germ. Sprachen. Bereits im Ahd. ist der Gebrauch von *thaʒ* als Konjunktion voll ausgebildet. Vgl. MÜLLER/FRINGS Entstehung der dt. *daß*-Sätze (1959).

Dativ m. ‘Wemfall’, dritter Fall der dt. Deklination, unter Aufgabe der lat. Endung (Ende 17. Jh.) aus lat. *(cāsus) datīvus*, griech. *dotikḗ ptṓsis* (δοτικὴ πτῶσις), eigentl. ‘der zum Geben gehörige Fall’, zu lat. *dare (datum)*, griech. *didónai* (διδόναι) ‘geben’. Anfangs (15. Jh.) in lat. Form in dt. (zuerst mnd.) grammatischen Texten. Doch schon früh setzen Verdeutschungsversuche ein wie *geber* (14./15. Jh.), *Drittfall* (Anfang 17. Jh.), *Gebendung* (Ende 17. Jh.).

Datsche f. ‘Landhaus, Wochenendhaus’, aus russ. *dáča* (дача) ‘kleiner Landsitz’ (aruss. auch ‘das Geben, Schenkung, Geschenk’), zu russ. *dat’* (дать) ‘geben, schenken’, Mitte des 19. Jhs. entlehnt. Ursprünglich eine Schenkung bezeichnend, wird *Datsche* (auch *Datscha*, Plur. *Datschen*, vereinzelt *Datschas*) in dt. Texten seit den 20er Jahren dieses Jhs. öfters im Sinne ‘Landsitz, Sommerhaus’ auf russische Verhältnisse (vor der Revolution) bezogen. In der Anwendung ‘Wochenendhaus, Bungalow’ im östl. Dt. geläufig seit etwa 1970.

Dattel f. Frucht der Dattelpalme, mhd. *datel* (13. Jh.), mnd. *dadele*, Entlehnung aus gleichbed. ital. (älter) *dattilo*, span. *dátil*, die mit dem Südfruchthandel Verbreitung finden. Zugrunde liegt lat. *dactylus*, griech. *dáktylos* (δάκτυλος) ‘Dattel’. Das griech. Wort, ursprünglich kaum identisch mit *dáktylos* (δάκτυλος) ‘Finger’, könnte, nach der fingerähnlichen Form des Palmblattes, volksetymologische Umdeutung einer semitischen Bezeichnung sein, vgl. arab. *daqal*, hebr. *deqel*. – Dattelbaum m., mhd. *datilboum* (um 1150), Dattelpalme f. seit dem 17. Jh. neben *Dattelbaum*, das im 19./20. Jh. zurücktritt.

Datum n. ‘Tages- und Ortsangabe (eines Schreibens), gegebene Größe, Beleg’, Entlehnung aus lat. *datum*, dem Part. Perf. von lat. *dare* ‘geben’. Das lat. Partizip mit der Bedeutung ‘gegeben’, das schon in der Antike zur Datierung von Briefen dient, begegnet in dt. Datierungsformeln seit dem 13. Jh. Die Substantivierung erscheint Ende des 13. Jhs., bis in neuere Zeit oft in lat. Flexion (*bis dato* ‘bis jetzt’). In der Bedeutung ‘gegebene Größe, Angabe, Beleg’ wird das bereits im Lat. substantivierte Partizip (lat. *datum* n. ‘das Gegebene, Gabe’) meist in pluralischer Form von der Wissenschaftssprache des 17., vornehmlich des 18. Jhs. aufgegriffen. Seit Beginn des 19. Jhs. tritt in dieser Verwendung neben die lat. Pluralform *Data* verstärkt der eingedeutschte Plur. *Daten*, der sich im 20. Jh. durchsetzt und seit den 50er Jahren als Bestimmungswort zahlreicher Zusammensetzungen wie *Datenverarbeitung, Datenbank* dient.

Daube f. 'gebogenes Seitenbrett eines Fasses'. Mhd. (13. Jh.), mnd. mnl. *dūge*, nl. *duig* sind aus gleichbed. mlat. *doga, duga* entlehnt, dem lat. *doga* 'Faß, Gefäß', aus griech. *dochḗ* oder *dokḗ* (δοχή, δοκή) 'Behälter', voraufgeht. Bereits mlat. findet sich neben *doga* auch *dova, duva*, wozu sich frz. *douve* stellt. Die Form mit *b* ist im Dt. seit dem 15. Jh. nachweisbar, findet sich bei Luther (1532) und setzt sich im 16. Jh. in der Literatursprache durch. Zum Wechsel von *-v-* und *-g-* und zum möglichen Einfluß von frz. *douve* auf dt. *Daube* vgl. Frings/M. Germania Romana 2 (1968) 233.

[1]**dauern** Vb. 'währen, fortbestehen'. Mnd. mnl. *dūren* 'dauern, währen, ausdauernd sein, sich erstrecken', mhd. *tūren, dūren* 'dauern, Bestand haben, aushalten, standhalten' sind aus lat. *dūrāre* 'ausdauern, aushalten, fortdauern, Bestand haben' (eigentl. 'hart werden', zu lat. *dūrus* 'hart') entlehnt. Das zunächst im Mnd. und Mnl. verbreitete Verb dringt im 12. Jh. ins Hd. ein und setzt sich hier in Konkurrenz mit mhd. *wern* (s. *währen*) allmählich durch; allgemein gebräuchlich erst im 18. Jh. Die Bedeutung '(eine bestimmte Zeit) währen', die schon mhd. auftritt, dominiert seit etwa 1700. – D a u e r f. 'zeitliche Erstreckung, Haltbarkeit, Dauerhaftigkeit', mhd. *dūr* 'zeitlicher Verlauf' (auch 'Ausdauer'?), Ableitung vom Verb. Im Mhd. nur vereinzelt auftretend, erscheint das Wort im Nhd. erst wieder in der 2. Hälfte des 17. Jhs., zunächst in der Bedeutung 'Dauerhaftigkeit', dann als Bezeichnung für den Zeitbegriff (Anfang 18. Jh.), bis zur Mitte des 18. Jhs. auch in der Form *Daure*. d a u e r h a f t Adj. 'fest, haltbar' (16. Jh.), 'lang andauernd' (17. Jh.). d a u e r n d Part.adj. 'ständig, Bestand habend' (1. Hälfte 18. Jh.).

[2]**dauern** Vb. 'leid tun, Mitleid erregen', mhd. *tūren*, mnd. *dūren*, ablautend zum Adjektiv *teuer* (s. d.), mhd. *tiure*, daher ursprünglich 'zu teuer, zu kostbar sein, dünken', aber schon mhd. auch in der heute allein üblichen Bedeutung 'schmerzen, leid tun', vielfach in unpersönlicher Konstruktion. Der *d*-Anlaut begegnet seit dem 15. Jh. und setzt sich ebenso wie der seit dem 16. Jh. auftretende Wechsel von *dauren* zu *dauern* Ende 18. Jh. durch. – b e d a u e r n Vb. 'bemitleiden, Mitgefühl empfinden', mhd. *betūren* 'zu kostbar dünken, leid tun', Präfixbildung zu *tūren* (s. oben); daneben auch mhd. *betiuren* (das formal heutigem *beteuern*, s. *teuer*, entspricht). In unpersönlicher Konstruktion steht der Gegenstand des Mitleids, des Bedauerns ursprünglich (wie beim Simplex) im Genitiv, später im Nominativ. Die heutige Verwendung, die den Gegenstand des Bedauerns nur als Akkusativobjekt kennt, entwickelt sich im 17. Jh. B e d a u e r n n. (15. Jh.).

Daumen m. zweigliedriger, stärkster Finger der Hand, der den anderen Fingern zum Fassen gegenübergestellt werden kann, ahd. (8. Jh.), asächs. *thūmo*, mhd. mnd. mnl. *dūme*, nl. *duim*, aengl. *þūma*, engl. *thumb*, schwed. *tumme*, mit *l*-Suffixen anord. *þumall* 'Daumen' und aengl. *þȳmel* 'Fingerhut' führen mit aind. *túmraḥ* 'kräftig, dick, groß', lat. *tumēre* 'geschwollen sein', *tumidus* 'aufgeschwollen, aufgeblasen', *tumor* 'Schwellung, Geschwulst' (s. *Tumor*), *tumulus* 'Bodenschwellung, Grabhügel', *tumultus* 'Getöse, Aufruhr' (s. *Tumult*), lit. *tumė́ti* 'gerinnen' als *m*-Ableitungen auf die Wurzel ie. **tĕ̄u-*, **teu̯ə-*, **tŭ̄-* 'schwellen' (wozu auch *tausend, deuten, deutsch, tosen*, s. d.). *Daumen* bedeutet danach 'der Geschwollene, Dicke, Starke'. Die Form *Daume* hält sich bis ins 18. Jh.; im 15. Jh. kommen *Daum* (bis 19. Jh.) und *Daumen* auf. – D ä u m l i n g m. 'für den Daumen vorgesehener Teil des Handschuhs, Daumenschutzkappe' (14. Jh.), auch 'daumengroße Märchengestalt', Deminutivum von *Daumen*; frühnhd. *deum(er)ling* 'Daumen, Daumenschutz', mnd. mnl. *dūmelinc*, nl. *duimeling* 'für den Daumen vorgesehener Teil des Handschuhs, Daumenschutz'; vgl. auch anord. *þumlungr* 'Daumen eines Handschuhs, Daumenbreite, Zoll'.

Daune f. 'Flaumfeder'. Durch den Handel mit Flaumfedern der im hohen Norden heimischen Eiderente wird mnd. *dūn(e)* 'Daune' (wie auch engl. *down*) aus gleichbed. anord. *dūnn* (vgl. isl. *dúnn*, schwed. *dun*) entlehnt (verwandt mit *Düne, Dunst*, s. d.). Ende 17. Jh. erscheint in hd. Lautung *Daun, Daune*, doch bleibt *Dune* fachsprachlich erhalten. – E i d e r d a u n e f. Im 18. Jh. wird (gleichfalls im Zusammenhang mit dem Daunenhandel) der Name des Vogels isl. *æður* (anord. *æðr*) in andere germ. Sprachen entlehnt und tritt dort, wie im Isl., in verschiedenen Zusammensetzungen auf; vgl. isl. *æðardúnn, -fugl*, engl. *eiderdown, -duck*, nl. *eider-*

dons, -eend, -gans. Im Hd. (Anfang 18. Jh.) zuerst *Edderdune*, dann *Eiderdon, Ederdon* (Wieland, vermutlich unter Einfluß von frz. *édredon*). Der Name des Tieres erscheint Mitte 18. Jh. als *Eider* f., *Eidergans*. Die Herkunft von anord. *æðr* ist nicht geklärt. Vielleicht Bildung mit Dentalsuffix zu dem unter *Ei* (s. d.) behandelten ie. Wort für 'Vogel' (lat. *avis*). Oder besteht Verbindung mit aind. *ātíḥ, ātí* 'Wasservogel' (das man dann allerdings von [1]*Ente*, s. d., trennen müßte)?

Daus n. Spielkarte mit höchstem Wert (im dt. Spiel), 'zwei Augen' (im Würfelspiel), ahd. *dūs* (Hs. 12. Jh.), mhd. *tūs, dūs*, nhd. *Daus, Taus* 'die Zwei' auf dem Würfel, auch (seit dem 16. Jh.) Spielkarte; aus afrz. *do(u)s* 'zwei' entlehnt, das lat. *duōs* (Akk. von *duo* 'zwei') fortsetzt.

de- (vor Vokal auch *des-*) Präfix, das ein Abtrennen, Entfernen bezeichnet ('ab-, weg-, fort-', s. *deduzieren, delegieren, deportieren, Defekt, Detail*; 'herab-, nieder-', s. *degradieren, deprimieren, destillieren*), den aufhebenden Gegensatz einer Handlung ausdrückt ('ent-', s. *dechiffrieren, demaskieren, desillusionieren, desodorieren*) oder nur zur Verstärkung dient (s. *deklarieren, demonstrieren, determinieren*). Es beruht auf lat. *dē-* oder frz. *dé-* und findet sich im Dt., vereinzelt schon seit dem Mittelalter (z. B. mhd. *deklīnen* 'deklinieren', *degradieren, decrēt*, spätmhd. *declinieren, decernieren, declārieren*), bei Verben fremder, in der Regel lat. oder frz. Herkunft sowie deren Ableitungen. Gelegentlich tritt *de-* auch in Entlehnungen aus anderen Sprachen auf (z. B. *Deodorant, Design, Detektiv* aus dem Engl., *decrescendo* aus dem Ital., *Desperado* aus dem Span.), ist aber dann auch dort Übernahme aus dem Lat. oder Frz. Lat. *dē-*, vor allem in separativer und resultativer (daher auch verstärkender) Funktion gebräuchlich, ist identisch mit der Präposition lat. *dē* 'von ... weg, von ... herab', die wie dt. *zu* (s. d.) wohl als alter Instrumental (der Erstreckung) zum demonstrativen Pronominalstamm ie. **de-, *do-* gehört. Frz. *dé-* setzt in manchen Fällen ebenfalls lat. *dē-*, häufiger aber (über afrz. *des-*) das auch die Negation eines Sachverhalts ausdrükkende Präfix lat. *dis-* 'auseinander-' fort (s. *dis-*). Im Gegensatz zu frz. *dé-*, engl. *de-*, mit denen bis heute Verben und Deverbativa gebildet werden können, die das Entfernen einer Sache oder Eigenschaft bzw. die Umkehrung eines Vorgangs bezeichnen, ist *de-* (abgesehen von terminologischen Neologismen auf lat. Grundlage) im Dt. nicht produktiv (dafür *ent-*, s. d.).

Debakel n. 'Zusammenbruch, Niederlage'. In der 2. Hälfte des 19. Jhs. wird frz. *débâcle* 'Eisgang, Auflösung, Zusammenbruch' entlehnt (zunächst *Debacle*); es ist postverbales Substantiv zu frz. *débâcler* 'plötzlich aufgehen (von vereisten Gewässern), von Eis befreien, aufsperren' und gehört zu frz. *bâcler* 'versperren, verriegeln'. Dieses stammt wahrscheinlich aus gleichbed. aprov. *baclar*, das auf vlat. **bacculāre*, eigentl. 'mit einem Stück Holz versperren', zu lat. *baculum* 'Stab, Stock', zurückgeht. Das Wort wird bes. durch Zolas Roman *La débâcle* bekannt, der den dt.-frz. Krieg von 1870/71 behandelt.

debattieren Vb. 'verhandeln, erörtern', in der 1. Hälfte des 17. Jhs. aus gleichbed. frz. *débattre* entlehnt. Vorauf geht afrz. *debatre* 'schlagen, sich streiten', eine präfigierte Bildung, die sich an vlat. *battere* (für lat. *battuere*) 'schlagen' anschließt. – D e b a t t e f. 'themengebundene Erörterung, Verhandlung, Meinungsstreit'. Das Substantiv tritt gegen Ende des 17. Jhs. auf, zuerst im Plur. *Debatten*. Daneben stehen die dem frz. *débat, débats* genau entsprechenden Formen *Debat* (Sing.), *Debats* (Plur.). Der aus dem Plur. *Debatten* rückgebildete Sing. *Debatte* erscheint erst gegen Ende des 18. Jhs. Verb und Substantiv beziehen sich von Anfang an auf den politisch-juristischen Bereich, vornehmlich auf Verhandlungen in Ständevertretungen, Parlamenten, und dienen oft zur Beschreibung des engl. Parlamentssystems. Daraufhin eine Entlehnung aus dem Engl. anzunehmen, wie mehrfach versucht, ist sowohl aus formalen Gründen als auch angesichts der die gesamte Wortgruppe betreffenden Belege nicht möglich.

Debilität f. 'körperliche Schwäche, Gebrechen' (seit dem 17. Jh.), heute vor allem medizinischer Ausdruck für die 'leichteste Form der Geistesschwäche' (20er Jahre 20. Jh.), von lat. *dēbilitās* (Gen. *dēbilitātis*) 'Gebrechlichkeit'. – d e b i l Adj. 'körperlich schwach, gebrechlich' (seit dem 19. Jh.), heute bes. 'leicht schwachsinnig' (20er Jahre 20. Jh.), von lat. *dēbilis* 'gebrechlich, schwächlich'.

Debüt n. 'erstes Auftreten in der Öffentlichkeit' (bes. von Künstlern). Im 18. Jh. wird gleichbed. frz. *début* (auch 'Anspiel, Anfang'), oft in der Schreibung *Debut*, entlehnt, postverbales Substantiv von frz. *débuter* (s. unten). – debütieren Vb. 'erstmals öffentlich auftreten', in der 2. Hälfte des 18. Jhs. aus gleichbed. frz. *débuter* (auch 'anspielen, den ersten Schlag tun, anfangen') entlehnt. Das Verb ist abgeleitet von frz. *but* 'Ziel, Zweck, Scheibe, Tor', aber auch der 'Ort, von dem aus gezielt wird' (also eigentl. wohl 'Mal, Zeichen'); dieses ist möglicherweise entlehnt aus anord. *būtr* '(Baum)stumpf, Klotz'. Debütant m. 'erstmalig Auftretender' (1. Hälfte 19. Jh.), frz. *débutant*, substantiviertes Part. Präs. von frz. *débuter* (s. oben).

Deck n. 'oberer betretbarer Boden bzw. Stockwerk eines Schiffes'. Das in der 2. Hälfte des 17. Jhs. ins Hd. übernommene Wort der Seemannssprache nd. *Deck*, mnl. *dec*, nl. *dek* 'Bedeckung, Dach' ist von mnl. mnd. *decken* (s. *decken*) abgeleitet, bezeichnet also zunächst die ein Schiff von oben (ab-, zu)deckenden Planken. Seit dem 18. Jh. wird *Deck* in der Seemannssprache in präpositionalen Verbindungen meist artikellos gebraucht: *auf, unter, an, über Deck*; im Hd. (Mitte 19. Jh.) auch übertragen *auf Deck sein* 'wohlauf sein'. – Verdeck n. 'oberstes Schiffsdeck', im 17. Jh. aus mnd. mnl. *vordecke* übernommen; dann (in Anlehnung an hd. *verdecken*) 'bewegliches, zurückklappbares Kutschen-, Wagendach' (19. Jh.).

decken Vb. 'auf etw. legen, über etw. breiten, schützen, verbergen', in der Kaufmannssprache 'finanziell aufkommen, absichern', ahd. *thecken* (8. Jh.), mhd. mnd. mnl. *decken*, nl. *dekken*, aengl. *þeccan* 'decken', engl. *to thatch* 'mit Stroh decken', anord. *þekja*, schwed. *täcka* führen mit den unter *Dach* (s. d.) genannten germ. und außergerm. Formen auf die Wurzel ie. **(s)teg-* 'decken'. – Decke f. 'gewebtes oder wollenes Tuch zum Aus-, Überbreiten, oberer Abschluß eines Raumes, Auflage, Belag', ahd. *theckī* (8. Jh.), mhd. *decke*. Deckel m. 'oberer Verschluß eines Gefäßes', vom Verb abgeleitete Gerätebezeichnung mit *el*-Suffix (15. Jh.). Gedeck n. 'Eß- und Trinkgerät für eine Person' (18. Jh., für frz. *couvert*), 'feste Speisenfolge' (1. Hälfte 20. Jh.); vgl. ahd. *githeckī* 'Dach, Schirm, Schutz' (9. Jh.), mhd. *gedecke* '(Bett)decke'. Abdecker m. 'wer Tierleichen verwertet' (1. Hälfte 16. Jh.), zu frühnhd. *abdecken* 'ein verendetes Tier aus der Decke (Fell) schlagen, ihm die Haut abziehen', für älteres *Schinder* (s. d.); Abdeckerei f. 'Arbeitsstätte und Gewerbe des Abdeckers' (1. Hälfte 18. Jh.).

Dederon n. gesetzlich geschützter Handelsname für Polyamidfaserstoffe (50er Jahre 20. Jh.), Kunstwort aus *DDR (DeDeR)* und *-on*, der Endung zur Bezeichnung vieler Chemiefasern nach dem Vorbild von *Nylon* (s. d.).

dedizieren Vb. 'widmen, zueignen, schenken', Anfang des 16. Jhs. aus lat. *dēdicāre* 'kundgeben, dartun, widmen', im religiösen Bereich 'einer Gottheit als Heiligtum weihen' entlehnt; zugrunde liegt lat. *dicāre* 'feierlich verkünden, weihen, widmen', eine Intensivbildung zu lat. *dīcere* 'sprechen, sagen'. – Dedikation f. 'Widmung, Zueignung, Geschenk', in der 2. Hälfte des 16. Jhs. aus lat. *dēdicātio* (Gen. *dēdicātiōnis*) '(Ein)weihung'.

deduzieren Vb. 'das Besondere aus dem Allgemeinen ableiten, folgern' (Anfang 17. Jh.), 'einen Tatbestand ausführlich darlegen' (Anfang 16. Jh.), aus lat. *dēdūcere* 'herab-, hinabführen, -ziehen', auch '(den Ursprung von etw.) ab-, herleiten'; vgl. lat. *dūcere (ductum)* 'ziehen, schleppen, führen'. – Deduktion f. 'das Ableiten des Besonderen aus dem Allgemeinen' (Anfang 18. Jh.), 'das Darlegen, Ausführen eines Tatbestandes' (Mitte 16. Jh.), lat. *dēductio* (Gen. *dēductiōnis*) 'das Ab-, Fortführen', spätlat. 'Ableitung'. deduktiv Adj. 'das Besondere aus dem Allgemeinen ableitend, folgernd' (Mitte 19. Jh.), unter Einfluß von gleichbed. frz. *déductif* aus lat. *dēductīvus* 'abgeleitet'.

Defätismus m. 'Überzeugung, militärisch geschlagen zu werden, Mutlosigkeit, Schwarzseherei'. Das im 1. Weltkrieg aufkommende frz. *défaitisme* 'Überzeugung, im Kriege eine Niederlage zu erleiden, das Eintreten für die Beendigung aller Kampfhandlungen' wird kurz darauf als *Defaitismus, Defätismus* ins Dt. entlehnt. Frz. *défaitisme* ist eine Schöpfung des sozialdemokratischen russ. Publizisten Aleksinskij (1915), die das ebenfalls von ihm stammende gleichbed. russ. *poražénčestvo* (*пораженчество*), zu russ. *poražénie* (*поражение*) 'Niederlage', übersetzt. Sie ist gebildet zu mfrz. frz. *défaite* 'Niederlage', dem substantivierten Fem. des Part. Perf. von frz. *défaire* 'aufmachen, lösen, zerstören, vernichtend schlagen', afrz. *desfaire* 'auflösen, rückgängig machen, vernichten, töten, verunstalten, entblößen' (zu afrz. frz. *faire*, lat. *facere* 'machen'). Russ. *poražénčestvo* wird noch im gleichen Jahre (1915) von Lenin (unter Hinweis auf Aleksinskij) aufgenommen und danach verwendet im Sinne von 'auf eine Niederlage der eigenen imperialistischen Regierung in einem ungerechten Aggressionskrieg gerichtete Politik der revolutionären Partei der Arbeiterklasse'. – D e f ä t i s t m., auch *Defaitist*, 'wer dem Defätismus verfallen ist', im 1. Weltkrieg aus gleichbed. frz. *défaitiste* entlehnt (zu mfrz. frz. *défaite*, s. oben). d e f ä t i s t i s c h Adj. 'den Defätismus vertretend, mutlos, schwarzseherisch' (um 1930).

Defekt m. 'Schaden, Mangel, Fehler' (Anfang 16. Jh.), aus lat. *dēfectus* 'Abtrünnigkeit, das Fehlen, Mangel', zu lat. *dēficere* (s. unten). Anfangs auch in der heute unüblichen Bedeutung 'Lücke, Differenz, Defizit'. – d e f e k t Adj. 'schadhaft, mangelhaft, nicht funktionsfähig' (Anfang 19. Jh.), älter 'nicht vorhanden, unvollständig, lückenhaft' (17. Jh.), aus lat. *dēfectus* 'fehlend, schadhaft, geschwächt', Part. Perf. von lat. *dēficere* 'abnehmen, aufhören, fehlen' (s. *Defizit*).

defensiv Adj. 'verteidigend, abwehrend, auf Sicherheit bedacht' wird im 16. Jh. aus gleichbed. mlat. *defensivus* entlehnt, das zu lat. *dēfendere* 'abwehren, verteidigen' gebildet ist (vgl. lat. *offendere* als Ausgangswort für *offensiv*, s. d.). Häufig in Zusammensetzungen *Defensivkrieg* (16. Jh.), *Defensivbündnis* (17. Jh.), *Defensivcharakter* (19. Jh.). D e f e n s i v e f. (16. Jh.) möglicherweise unter Einfluß von gleichbed. mfrz. frz. *défensive* gebildete Substantivierung.

defilieren Vb. 'reihenweise vorüberziehen', um 1700 als militärischer Fachausdruck aus gleichbed. frz. *défiler* entlehnt, einer Präfixbildung zu frz. *file* 'Reihe' (vgl. lat. *fīlum* 'Faden'). – D e f i l e e n. 'Engpaß, Vorbeimarsch' (um 1700), frz. *défilé m.*

Definition f. 'Begriffsbestimmung', auch (älter) 'Beschluß, Anordnung', entlehnt (15. Jh.) als Fachausdruck der Logik und Rhetorik aus lat. *dēfīnītio* (Gen. *dēfīnītiōnis*) 'Abgrenzung, Erläuterung, Begriffsbestimmung' bzw. spätlat. 'abschließendes Urteil, Anordnung, Beschluß', Abstraktbildung zu lat. *dēfīnīre* 'abgrenzen, bestimmen, erörtern, festsetzen', vgl. lat. *fīnīre* 'begrenzen, bestimmen, erklären', *fīnis* 'Grenze, Ende, Abschluß, Endziel', eigentl. 'Festgestecktes, Abgrenzung'. – d e f i n i e r e n Vb. 'bestimmen, festlegen' (14. Jh.), aus lat. *dēfīnīre* (s. oben), anfangs auch *diffinieren* (vgl. die Variante lat. *diffīnīre*). Im 19. Jh. d e f i n i t i v Adv. 'bestimmt', auch adjektivisch 'endgültig, bestimmt' (17. Jh.), lat. *dēfīnītīvus* 'begriffsbestimmend, erläuternd, bestimmt', spätlat. 'endgültig'.

Defizit n. 'Fehlbetrag, Mangel, Verlust'. Das 18. Jh. entlehnt gleichbed. frz. *déficit*, eine Substantivierung der Verbalform lat. *dēficit* 'es fehlt', zu lat. *dēficere* 'abnehmen, aufhören, fehlen'. Ursprünglich formelhaft zur Kennzeichnung von Fehlbeständen in Inventarverzeichnissen, dann bes. von Fehlbeträgen im Staatshaushalt während der frz. Revolution. Formal vergleichbare Bildungen sind *Fazit, Imprimatur, Referat* (s. d.).

deformieren Vb. 'verunstalten, entstellen', aus lat. *dēformāre* 'darstellen, abbilden, verunstalten, herabwürdigen, entehren' (s. *Form*). Vom 16. Jh. an gemäß der lat. Vorlage 'abbilden, formen' wie auch 'entehren, schädigen', während im 19. Jh. unter dem Einfluß von frz. *déformer* die Bedeutung 'verformen, verunstalten' Alleingültigkeit gewinnt. – D e f o r m a t i o n f. 'Verformung, Verunstaltung, Mißbildung' (17. Jh.), aus gleichbed. lat. *dēformātio* (Gen. *dēformātiōnis*).

deftig Adj. 'kräftig, derb, grob'. Im 17. Jh. wird nl. *deftig* 'belangreich, gewichtig, vornehm, würdevoll', auch 'tüchtig, stark' ins Hd. übernommen. Das Adjektiv, zunächst 'stark, fest, ausgezeichnet', gilt bis heute vornehmlich im nordd. Sprachgebiet; größere Verbreitung gewinnt es erst in der heute üblichen Bedeutung im 19. Jh. Verwandt sind aengl. *gedæfte, gedēfe* 'geziemend, passend, freundlich, gut', engl. *deft* 'flink, geschickt', anord. *dafna* 'gedeihen, an Kraft zunehmen', got. *gadaban* 'sich ereignen, eintreffen, passen' sowie lat. *faber* 'Handwerker' und aslaw. *dobrъ*, russ. *dóbryj* (*добрый*) 'gut', aslaw. *dobľь*, russ. (älter) *dóblij* (*доблий*) 'tapfer', die sich der Wurzel ie. **dhabh-* 'passend fügen, passend' anschließen.

[1]**Degen** m. 'Held, Krieger, Gefolgsmann', ahd. (8. Jh.), asächs. *thegan*, mhd. *degen* 'Knappe, Gefolgsmann, Anhänger, Krieger, Held', aengl. *þeg(e)n*, anord. *þegn* 'freier Mann, Gefolgsmann' führen auf germ. **þegna-* und folgen mit griech. *téknon* (*τέκνον*) 'Kind' einer alten Partizipialbildung ie. **tekno-* 'Geborenes' zu der im Griech. reich belegten Verbalwurzel ie. **tek-* 'gebären, zeugen', wozu wohl auch aind. *tákma* 'Abkömmling, Kind', so daß eine frühe Bedeutung 'männliches Kind' anzusetzen ist. In der Dichtung des 18. Jhs. gelangt die seit dem 15. Jh. fast vergessene Bezeichnung zu neuer Beliebtheit.

[2]**Degen** m. Hieb- und Stichwaffe, spätmhd. *degen*, mnd. mnl. *dagge*, nl. *dagge, degen* gehen zurück auf afrz. frz. *dague* 'Dolch', das möglicherweise aus aprov. *daga* stammt, dessen Ursprung unbekannt ist. Vielleicht besteht eine Verbindung zu (anglo)mlat. *dagua* 'Dolch' (im 12. Jh. in England bezeugt) und *daggerius* (in Schottland), woraus mengl. *dag(g)ar(e), dagard, daggere,* engl. *dagger*, dän. schwed. norw. *daggert* 'kurzes Schwert' entstehen. – H a u d e g e n m. 'alter Krieger, Draufgänger', im 17. und 18. Jh. Bezeichnung für eine degenartige Hiebwaffe im Gegensatz zum *Stoßdegen*. Im 19. Jh., nach Neubelebung von [1]*Degen* (s. d.), führt Vermischung beider Wörter zur heutigen Bedeutung.

degenerieren Vb. 'entarten, sich zurückbilden', im 16. Jh. entlehnt aus lat. *dēgenerāre* 'aus der Art schlagen, ausarten, entarten' (s. *Genus*). Zunächst allgemein 'sich verschlechtern', seit dem 18. Jh. vornehmlich in biologischem ('sich zurückbilden, verkümmern') und medizinischem ('sich krankhaft verändern') Sinne. – D e g e n e r a t i o n f. 'Entartung, Rückbildung, krankhafte Strukturveränderung' (17. Jh.), Entlehnung von gleichbed. frz. *dégénération*.

degradieren Vb. 'in Stand und Geltung herabsetzen', um 1300 entlehnt aus gleichbed. spätlat. *dēgradāre* (zu lat. *gradus* 'Schritt, Stufe, Rang'; s. *Grad*). Im Sinne einer militärischen Maßregelung 'im Rang erniedrigen' wohl beeinflußt von frz. *dégrader*. – D e g r a d i e r u n g f. (um 1500).

dehnen Vb. 'strecken, spannen, erstrekken', ahd. *then(n)en* (8. Jh.), mhd. *den(n)en*, asächs. *thennian*, aengl. *þennan, þenian* 'strekken, spannen', anord. *þenja* 'ausdehnen, spannen', schwed. *tänja* 'dehnen, ausdehnen', got. *ufþanjan* 'sich ausdehnen, ausstrecken' gehören mit griech. *teínein* (*τείνειν*) 'strecken, dehnen', lat. *tendere* 'spannen' und aind. *tanṓti* 'dehnt, spannt, erstreckt sich, dauert' zur Wurzel ie. **ten-* 'dehnen, ziehen, spannen'. – D e h n u n g f. 'das Dehnen, Gedehntwerden, -sein' (16. Jh.). d e h n b a r Adj. 'so beschaffen, daß es gedehnt werden kann' (18. Jh.).

Deich m. 'Damm, Wall zum Schutz gegen Hochwasser'. Asächs. mnd. *dīk* 'Damm, kleines stehendes Gewässer' gelangt als *dīch* 'Damm' im 15. Jh. ins Hd. und ergibt nach Eintritt der Diphthongierung nhd. *Deich*. Es tritt damit neben die entsprechende hd. Form mhd. *tīch* 'Damm, kleines stehendes Gewässer' und führt zu bedeutungsdifferenzierender Unterscheidung von nhd. *Deich* 'Damm' und nhd. *Teich* (s. d., wo Weiteres zu Verwandtschaft und Herkunft). – D e i c h g r a f m. 'Vorsteher der Deichverwaltung' (um 1400), mnd. *dīkgrēve* (13. Jh.); s. *Graf*.

Deichsel f. Zug- und Lenkvorrichtung an von Zugtieren gezogenen Fahrzeugen, 'Zugstange'. Ahd. *thīhsala* (10. Jh.), mhd. *dīhsel*, asächs. *thīsla*, mnd. *dīsle*, mnl. *diesel*, nl. *dissel*, aengl. *þīsl, þīsle*, anord. *þīsl* zeigen Dehnung des Stammvokals nach Nasalausfall. Vorauszusetzendes germ. **þinhsl-* verbindet sich mit lat. *tēmo* 'Deichsel' (wenn aus **tenksmō*), russ. *tjága* (*тяга*) 'Zug, Luftzug, Zugkraft, Drang', (älter) *túžit'* (*тужить*) 'anspannen', *tugój* (*тугой*) 'straff, fest, stark, schwer' und wird mit awest. *ϑang-* '(den Wagen) ziehen' (von Pferden), 'lenken, (den Bogen) spannen' über eine Gutturalerweiterung ie. **tengh-* bzw. (für das Iran.) ie. **thengh-* 'ziehen, dehnen, spannen', auch 'schwer', auf die Wurzel ie. **ten-* (s. *dehnen*) zurückgeführt. – d e i c h s e l n Vb. 'Richtung geben, geschickt durchführen' (19. Jh.).

dein Poss.pron. der 2. Person Sing. 'dir gehörig, zukommend'. Ahd. *thīn* (8. Jh.), mhd. mnd. *dīn*, asächs. *thīn*, mnl. nl.*dijn*, aengl. *þīn*, anord. *þinn*, schwed. *din*, got. *þeins* gehen auf ein mit dem Suffix ie. *-no-* gebildetes Adjektiv zum Lokativ ie. **tei* zurück, der seinerseits zu der in den obliquen Formen des Personalpronomens der 2. Person Sing. (s. *du*) auftretenden Stammform ie. **te-* gehört. Das Possessivpronomen bedeutet also ursprünglich 'bei dir befindlich', dann 'zu dir gehörig'. Die Entstehung des Gen. Sing. dieses Personalpronomens, nhd. *dein, deiner*, entspricht der unter *mein* (s. d.) für die 1. Person Sing. dargestellten Entwicklung.

Deist m. Anhänger der Idee einer als vernunftgemäß und natürlich aufgefaßten Religion, die Gott als Schöpfer der Welt anerkennt, aber davon ausgeht, daß er in die von ihm geschaffenen Naturgesetze nicht mehr eingreife. Die christliche Offenbarungslehre wird damit abgelehnt. Der Ausdruck begegnet in der 2. Hälfte des 16. Jhs. als gelehrte Bildung in Frankreich, frz. *déiste*, zu lat. *deus* 'Gott'. Danach engl. *deist* (Anfang 17. Jh.) und nach frz. und engl. Vorbild. dt. *Deist* (Ende 17. Jh.). Er entsteht zunächst antonym zu *Atheist*, bezeichnet im Dt. anfangs auch den Anhänger der gegen den Trinitätsglauben auftretenden Sekten, dann im Zuge der Aufklärung den Vertreter der oben genannten religionsphilosophischen Richtung. – D e i s m u s m. (18. Jh.) nach frz. *déisme*; dazu d e i s t i s c h Adj. (ebenfalls 18. Jh.).

deka- Bestimmungswort in Zusammensetzungen mit der Bedeutung 'zehn', wie *Dekameter, Dekagramm*. Im 19. Jh. aus dem Frz. übernommene Entlehnung von griech. *déka* (δέκα) 'zehn', das etymologisch genau lat. *decem*, nhd. *zehn* (s. d.) entspricht.

Dekade f. 'Zehnereinheit, Zeitraum von 10 Tagen, Jahren'. Das 17. Jh. entlehnt frz. *décade*, das auf lat. *decas* (Gen. *decadis*), griech. *dekás* (δεκάς) 'Anzahl von zehn' zurückgeht.

Dekadenz f. 'kultureller Niedergang, sittlicher Verfall'. Zunächst im Sinne von 'wirtschaftlicher Niedergang' entlehnt (17. Jh.) aus gleichbed. frz. *décadence* (mlat. *decadentia*, zu lat. *cadere* 'fallen, sinken'). Im 19. und 20. Jh. nach frz. Vorbild bes. für Richtungen in der bildenden Kunst und Literatur, die gesellschaftlichen Verfall bzw. das verfeinerte, morbide Spätstadium einer Gesellschaft zum Ausdruck bringen (daher bis in die Gegenwart oft in frz. Aussprache und Schreibweise). – d e k a d e n t Adj. 'kulturell im Verfall begriffen, überzüchtet, angekränkelt', um 1900 nach frz. *décadent* gebildet.

Dekan m. 'Vorsitzender einer Fakultät an Universitäten', im kirchlichen Bereich 'Vorsitzender eines geistlichen Kollegiums'. Aus lat. *decānus* 'Vorgesetzter von 10 Mann' (Soldaten, Mönche; vgl. lat. *decem* 'zehn') wird ahd. *degan* 'Unterführer' (10. Jh.) entlehnt. Dazu treten seit dem 11. Jh. Formen mit inlautendem *-ch-* (*dechan*), die oft ein euphonisches *-t* im Auslaut (*dechant*) aufweisen; *Dechant* überwiegt seit dem 14. Jh. und hat im 17. Jh. alle anderen Varianten mit inlautendem *-ch-* verdrängt. Der lat. Verwendungsweise folgend bezeichnet das Wort zunächst den militärischen Unterführer, dann (12. Jh.) den geistlichen, seit dem 13. Jh. auch den (niederen) weltlichen Amts- und Würdenträger. Neuerliche Entlehnung aus mlat. *decanus* ergibt *Decan* (15. Jh.), *Dekan* (18. Jh.) 'Vorsitzender einer Fakultät', auch (seit 16. Jh.) 'Vorsteher eines kirchlichen Amtsbezirks, eines geistlichen Kollegiums'. Im kirchlichen Bereich stehen heute (z. T. regional und konfessionell unterschieden) *Dekan* und *Dechant* nebeneinander.

deklamieren Vb. 'ausdrucksvoll vortragen', Entlehnung des 16. Jhs. aus lat. *dēclāmāre* 'laut reden, vortragen, sich im Vortrag üben', in dieser Bedeutung zunächst in Schule und Universität für Redeübungen in lat. Sprache. – D e k l a m a t i o n f. 'kunstgerechter Vortrag', entlehnt (18. Jh.) aus lat. *dēclāmātio* (Gen. *dēclāmātiōnis*) 'das laute Reden, der nach den Regeln der Kunst gehaltene Vortrag, Redeübung'.

deklarieren Vb. 'erklären, den Inhalt, Wert angeben', mhd. *declarieren*, entlehnt aus lat. *dēclārāre* 'deutlich kundgeben, öffentlich erklären'. – D e k l a r a t i o n f. 'offizielle Erklärung' (Mitte 15. Jh.), lat. *dēclārātio* (Gen. *dēclārātiōnis*) 'Kundgebung, Offenbarung, Erklärung'.

deklinieren Vb. 'nominale Wortarten beugen', mhd. *deklīnen*, spätmhd. *declinieren*, entlehnt aus lat. *dēclīnāre*, eigentl. '(vom geraden Weg) abbiegen, abweichen, ablenken'. In der antiken Grammatik kann der Terminus lat. *dēclīnāre* 'abändern, beugen' ebenso wie das zugehörige Substantiv lat. *dēclīnātio* (s. unten) von jeder Art Änderung einer sprachlichen Grundform (durch Flexion, Steigerung, Ableitung) gebraucht werden. – D e k l i n a t i o n f. 'Beugung der nominalen Wortarten' (um 1500), aus lat. *dēclīnātio* (Gen. *dēclīnātiōnis*).

dekolletiert Adj. 'tief ausgeschnitten', im 19. Jh. entlehnt aus frz. *décolleté*, dem Part. Perf. von frz. *décolleter* 'den Ausschnitt an einem Kleid machen, den Hals, die Brust entblößen' (vgl. lat. *collum* 'Hals'). – D e k o l -

l e t é n. 'tiefer Ausschnitt am Damenkleid', Entlehnung von gleichbed. frz. *décolleté* (20. Jh.).

dekorieren Vb. 'schmücken, ausstatten', im 16. Jh. aus lat. *decorāre* 'zieren, schmükken, verherrlichen' entlehnt. Im 18. Jh. unter Einfluß von frz. *décorer* '(ver)zieren, schmücken, ausmalen' zunehmend häufiger verwendet, wie auch D e k o r a t i o n f. 'Ausschmückung, Schmuck, Ausstattung', das im 16. Jh. aus spätlat. *decorātio* (Gen. *decorātiōnis*) entlehnt wird, im 18. Jh. aber durch gleichbed. frz. *décoration* an Gebrauchshäufigkeit gewinnt. – D e k o r a t e u r m. 'Ausstatter von Innenräumen, Bühnengestalter', Entlehnung (18. Jh.) von gleichbed. frz. *décorateur*. d e k o r a t i v Adj. 'wirkungsvoll schmückend', im 19. Jh. nach frz. *décoratif*. D e k o r m. n. 'Muster, Schmuck, Verzierung', Entlehnung (19. Jh.) von frz. *décor*.

Dekret n. 'behördliche Verfügung, Verordnung', mhd. *decrēt*, Entlehnung von lat. *dēcrētum* 'Entscheidung, Beschluß', dem substantivierten Part. Perf. von lat. *dēcernere* 'entscheiden, bestimmen, beschließen' (s. *Dezernent*). – d e k r e t i e r e n Vb. 'verordnen, verfügen', im 16. Jh. entlehnt aus mlat. *decretare* 'entscheiden, bestimmen'.

delegieren Vb. 'abordnen, übertragen', entlehnt im 16. Jh. aus lat. *dēlēgāre* 'verweisen, überweisen, beauftragen', das mit seinem Grundwort *lēgāre* eigentl. 'eine gesetzliche Verfügung treffen', daher 'testamentarisch verfügen, vermachen', dann auch (nach abgeleitetem *lēgātus* 'Gesandter') 'als Gesandten entsenden', zu lat. *lēx* (Gen. *lēgis*) 'Gesetz, Regel, Vorschrift' gehört (s. *Legat* m. und n.). – D e l e g i e r t e r m. 'zur Teilnahme an einer Konferenz, Tagung Abgeordneter, zur Führung von Verhandlungen Abgesandter' (17. Jh.). D e l e g a t i o n f. 'Übertragung von Befugnissen' (16. Jh.), 'Institution mit bestimmten Vollmachten' (18. Jh.), 'abgeordnete Personengruppe' (19. Jh.), lat. *dēlēgātio* (Gen. *dēlēgātiōnis*) 'Zahlungsanweisung', spätlat. 'Beauftragung, Vollmacht'.

delikat Adj. 'köstlich, empfindlich, heikel', Entlehnung (Ende 16. Jh.) von gleichbed. frz. *délicat* (lat. *dēlicātus* 'reizend, fein, üppig, schlüpfrig'). – D e l i k a t e s s e f. 'Leckerbissen, Takt' (17. Jh.), frz. *délicatesse*; anfänglich auch in der Schreibung *Delicatezza*, unter Einfluß von ital. *delicatezza*, das möglicherweise die frz. Bildung veranlaßt hat.

Delikt n. 'strafbare Handlung', im 16. Jh. entlehnt aus lat. *dēlictum* 'Fehler, Vergehen, Übertretung', einer Substantivierung des Part. Perf. von lat. *dēlinquere* 'zurücklassen, ausgehen, sich vergehen, fehlen'. Das Part. Präs. desselben Verbs lat. *dēlinquēns* (Gen. *dēlinquentis*) 'Übeltäter, Verbrecher' begegnet seit dem 16. Jh. in D e l i n q u e n t m.

Delirium n. 'Bewußtseinstrübung mit Verwirrtheit', bis Ende des 18. Jhs. nur lat. flektiert, Entlehnung (16. Jh.) der Krankheitsbezeichnung lat. *dēlīrium* 'fieberbedingte Verwirrtheit, Irresein', gebildet zu lat. *dēlīrāre* 'irre, wahnsinnig sein', eigentl. 'von der geraden Linie abweichen'. Zugrunde liegt lat. *līra* 'Ackerfurche', verwandt mit *Gleis* (s. d.).

Delle f. 'leichte Vertiefung, Bodensenke, Eindruckstelle', mhd. *telle* 'Schlucht', nhd. (landschaftlich) *Telle*, omd. *Delle*, aengl. engl. *dell* 'Tal, Schlucht, Höhle', mnl. *delle*, nl. *del* 'Schlucht, Einschnitt' gehören zu der unter *Tal* (s. d.) beschriebenen Wortgruppe und mit dieser zur Wurzel ie. **dhel-* 'Höhlung, Wölbung'.

Delphin m. Meeressäugetier aus der Familie der Zahnwale mit hohem Intelligenzgrad, schon in der Antike als Begleiter und Freund der Seeleute geschätzt. Mhd. *delfīn, telfīn* ist entlehnt aus lat. *delphīnus*, griech. *delphís* (δελφίς), spätgriech. *delphín* (δελφίν). Der Name gehört zu griech. *delphýs* (δελφύς) 'Gebärmutter'. Das Tier ist entweder nach der einer Gebärmutter ähnlichen Form seines Körpers benannt, oder der Name ist als Meerestier mit Gebärmutter zu verstehen.

Delta n. Name des (aus dem Semitischen stammenden, vgl. hebr. *dāleth*) 4. Buchstabens des griech. Alphabets und, nach dessen Schriftbild *Δ*, 'von Flußarmen und Meeresküste dreieckförmig umschlossenes Mündungsgebiet'. Das 16. Jh. entlehnt griech. *délta* (δέλτα) 'Flußmündung in der Gestalt eines Deltas' als Bezeichnung für das Mündungsgebiet des Nils; im 19. Jh. wird die Bedeutung verallgemeinert und gilt für alle dreieckförmigen Flußmündungen.

Demagoge m. 'Volksverführer, Aufwiegler', entlehnt Mitte des 18. Jhs. aus griech. *dēmagōgós* (δημαγωγός), einer Zusammensetzung aus griech. *dēmos* (δῆμος) 'Volk' und *agōgós* (ἀγωγός) 'Leiter, Führer' (s. *Pädagoge*). In den griech. Demokratien, bes. in Athen, bezeichnet das Wort zunächst einen angesehenen Leiter und Ratgeber des Volkes, seit Kleon (gest. 422 v. u. Z.) einen 'Verführer und Hetzer'. Vorwiegend in dieser Verwendung setzt es sich in zahlreichen Sprachen durch (engl. *demagogue*, frz. *démagogue* 17. Jh.). Im Dt. wird *Demagoge* (oft auch *Demagog*) bes. als Schimpfwort während der Auseinandersetzungen mit progressiven Bewegungen des 19. Jhs. geläufig (vgl. *Demagogenriecherei* 1830, *Demagogenjagd, -verfolgung*). – d e m a g o g i s c h Adj. 'Demagogie treibend, aufwieglerisch' (Ende 18. Jh.), vgl. frz. *démagogique*; zum Schlagwort (der Reaktion) wird die nach den Karlsbader Beschlüssen (1819) geläufige Verbindung *demagogische Umtriebe*. In neuerer Zeit meint *demagogisch* vor allem 'mit trügerischen Versprechungen und geschickter Entstellung der Wahrheit zu täuschen suchend'.

Demarche f. 'diplomatischer Schritt, Vorstoß', Entlehnung (17. Jh.) von gleichbed. frz. *démarche*, eigentl. 'Gang, Schritt, Maßnahme', zu frz. (älter) *démarcher* '(los)gehen' (s. *marschieren*).

Demarkation f. 'Grenzfestlegung, Grenze', Ende des 18. Jhs. aus gleichbed. frz. *démarcation* entlehnt, das auf span. *demarcación*, abgeleitet von span. *demarcar* 'die Grenze festlegen', zurückgeht. Zugrunde liegt das in viele roman. Sprachen entlehnte germ. **markō*, got. *marka*, ahd. *marka* 'Grenze' (s. [1]*Mark*). – D e m a r k a t i o n s l i n i e f. 'provisorisch festgelegte Grenzlinie zwischen zwei Staaten' (Ende 18. Jh.), nach frz. *ligne de démarcation*.

Dementi n. 'Ableugnung, öffentliche Gegenerklärung', Entlehnung der 70er Jahre des 18. Jhs. von frz. *démenti*, meist in der Verbindung *ein Dementi geben* (entsprechend frz. *donner un démenti*); zu frz. *démentir* (s. das Folgende). – d e m e n t i e r e n Vb. 'für falsch erklären, bestreiten', aus gleichbed. frz. *démentir*, zu frz. *mentir* 'lügen', lat. *mentīrī*. Im Dt. seit Mitte 19. Jh.

Deminutiv, D i m i n u t i v n. 'Verkleinerungsform', grammatischer Terminus, entlehnt um 1600 aus lat. *(nōmen) dēminūtīvum*, zu lat. *dēminuere* (Variante *dīminuere*) 'verkleinern'. Bis in jüngste Zeit in der Form *Deminutivum* (Plur. *Deminutiva*); daneben jetzt geläufiges *Deminutiv* (Plur. *Deminutive*). – d e m i n u t i v, d i m i n u t i v Adj. 'verkleinernd' (17. Jh.), entsprechend lat. *dēminūtīvus*.

Demission f. 'Entlassung, Rücktritt', Entlehnung aus lat. *dīmissio* (Gen. *dīmissiōnis*) 'Entlassung', zu lat. *dīmittere* 'wegschicken, entlassen', unter Einfluß von frz. *démission*. Zunächst (seit etwa 1600) *Dimission*, seit dem 19. Jh. nur noch *Demission*. Die Verwendung 'Rücktritt' begegnet vor allem in Verbindungen wie *seine Demission nehmen*. – d e m i s s i o n i e r e n Vb. 'von einem Amt zurücktreten', aus gleichbed. frz. *démissionner* um 1900 entlehnt.

Demographie f. 'Bevölkerungslehre', nach frz. *démographie*, gebildet (Guillard 1855) zu griech. *dēmos* (δῆμος) 'Volk' in Verbindung mit *-graphie* (s. d.); dazu d e m o g r a p h i s c h Adj. (beide 1863).

Demokratie f. 'Herrschaft der Mehrheit eines Volkes, Staat mit demokratischer Regierungsform', meist ungenau oder vereinfachend mit 'Volksherrschaft' wiedergegeben. Ins Dt. Ende des 16. Jhs. über lat. *dēmocratia* aus griech. *dēmokratía* (δημοκρατία) entlehnt, entstanden aus griech. *dēmos* (δῆμος) 'Volk' und *kratéin* (κρατεῖν) 'herrschen' als Gegenbegriff zu *oligarchía* (ὀλιγαρχία) 'Herrschaft der wenigen', zu griech. *árchein* (ἄρχειν) 'herrschen' (s. *Oligarchie*), der Bezeichnung der durch die Demokratie verdrängten Staatsform (s. DEBRUNNER in: Festschr. Tièche, 1947, 15). Als Muster der Demokratie gilt der Antike die von Kleisthenes nach dem Sturz des Tyrannen Hippias 510 v. u. Z. geschaffene Verfassung. Im Dt. wird *Demokratie* bis in die 2. Hälfte des 18. Jhs. vorwiegend in Übersetzungen antiker Autoren (Thukydides, Polybios) verwendet, jedoch seit dem 17. Jh. in theoretisierenden Schriften auf dt. Verhältnisse bezogen (Micraelius 1639, Dielhelm 1740). Erst Ende des 18. Jhs. setzt sich das Wort unter dem Einfluß der frz. Revolution in unterschiedlichen Bedeutungsvarianten durch. Die bis in jüngste Zeit fortbestehenden Sach- und Begriffsunterschiede finden ihren sprachlichen Ausdruck in zahlreichen Attribuierungen wie *direkte, repräsentative, soziale, parlamentarische Demokratie* oder *bürgerliche* bzw. *sozialistische Demokratie* und in Zusammensetzungen wie

Volksdemokratie f. (1947), der Entsprechung von russ. *naródnaja demokrátija* (*народная демократия*), sowie Sozialdemokratie f. (seit etwa 1850, nach frz. *démocratie sociale*) zunächst im Sinne von 'soziale Demokratie', dann für die Gesamtheit der Anhänger der sozialdemokratischen Bewegung. Dazu die Ableitungen demokratisch Adj. 'den Grundsätzen der Demokratie entsprechend, freiheitlich, nichtautoritär' (Ende 16. Jh.), im wesentlichen dem Gebrauch des Substantivs folgend, demokratisieren Vb. 'demokratisch gestalten oder umgestalten' (Ende 18. Jh.), aus frz. *démocratiser* entlehnt, Demokratisierung f. (um 1850) sowie Demokratismus m., frz. *démocratisme*, engl. *democratism* entsprechend, seit den 90er Jahren des 18. Jhs. bezeugt und weithin gleichbed. mit *Demokratie*. Demokrat m. 'Anhänger der Demokratie, Mitglied einer demokratischen Partei'; aus frz. *démocrate* um 1760 entlehnt. – Neben *Demokratie, Aristokratie* (s. d.) und *Bürokratie* (s. d.) spielen in der Literatursprache einige Wortschöpfungen dieses Typs eine gewisse Rolle, darunter solche, die auf das Griech. zurückgehen wie *Autokratie, Plutokratie, Theokratie* (alle 19. Jh.); weitere sind aus anderen Sprachen entlehnt: *Physiokratie* (18. Jh.) aus dem Frz., *Technokratie* (1932) aus dem Amerik.-Engl. Das zweite Kompositionsglied ist, wie zahlreiche Gelegenheitsbildungen und Modeausdrücke zeigen, zur Kennzeichnung vermeintlicher Herrschaftsformen reihenbildend geworden: *Bankokratie* (M. Heß 1850), *Logokratie* (Hiller 1920), *Expertokratie* (1970), *Telekratie* (1976), *Filzokratie* (1977).

demolieren Vb. 'gewaltsam zerstören, niederreißen', entlehnt aus gleichbed. lat. *dēmōlīrī* (zu *mōlīrī* 'eine Masse, Last in Bewegung setzen', s. *Mole*) unter Einfluß von frz. *démolir*; vereinzelt im 16. Jh., geläufig seit dem 18. Jh., anfangs besonders vom Niederbrechen und Schleifen militärischer Anlagen.

demonstrieren Vb. 'öffentlich kundtun, darlegen, vorführen', entlehnt (Anfang 16. Jh.) aus lat. *dēmōnstrāre* (*dēmōnstrātum*) 'deutlich bezeichnen, hin-, nachweisen, darlegen', dem durch *dē-* (s. *de-*) verstärkten *mōnstrāre* 'zeigen, (hin)weisen' (s. *Monstranz*). Die Bedeutung 'öffentlich bekunden, an einer Demonstration teilnehmen' setzt sich unter semantischer Einwirkung des nachfolgenden Substantivs nach 1850 durch. – Demonstration f. 'anschauliche Darlegung, Massenkundgebung'. In der Bedeutung 'Darlegung' Mitte 16. Jh. aus gleichbed. lat. *dēmōnstrātio* (Gen. *dēmōnstrātiōnis*) entlehnt. Vielleicht unter Einfluß von ital. *dimostrazione* entwickelt sich die Anwendung 'militärische Operation zur Täuschung des Feindes' (Mitte 18. Jh.), unter Einfluß von engl. *demonstration* die Bedeutung 'öffentliche Kundgebung zur Durchsetzung politischer Ziele' (Mitte 19. Jh.). Demonstrant m. 'durch Demonstration Erklärender' (2. Hälfte 18. Jh.), 'Teilnehmer an einer Massenkundgebung' (2. Hälfte 19. Jh.); aus dem Part. Präs. lat. *dēmōnstrāns* (Gen. *dēmōnstrantis*). demonstrativ Adj. 'anschaulich, auffallend, beweisend, hinweisend', Anfang 18. Jh. aus lat. *dēmōnstrātīvus* 'hinweisend', auch als grammatischer Terminus, bes. in der Fügung spätlat. *(prōnōmen) dēmōnstrātīvum* 'hinweisendes Fürwort'.

Demut f. 'Bescheidenheit, Bereitschaft zum Dienen', ahd. *thiomuotī* (um 800), mhd. *diemuot* ist eine Abstraktbildung zu ahd. *thiomuoti* Adj. 'dienstwillig', das in seinem ersten Kompositionsglied germ. **þewa-* 'Sklave, Knecht' (vgl. got. *þius* 'Knecht') enthält (s. *dienen*); ahd. *-muoti* 'gesinnt', nur in Komposita bezeugt, ist Ableitung von *muot* (s. *Mut*). Subst. und Adj. können im Ahd. entsprechend der Bedeutung von *dienen* und *Dienst*, die sich auf die Treue zum Gefolgsherrn beziehen, ursprünglich die ergebene Gesinnung des Gefolgsmannes bezeichnet haben, bevor sie den christlichen Begriff kirchenlat. *humilitās* 'Niedrigkeit, Bescheidenheit' wiedergeben. In dieser Bedeutung ist *Demut* ein Wort der ältesten Kirchensprache, das sich vom Obd. her gegen gleichbed. ahd. *ōtmuotī* allmählich durchsetzt, vgl. Frings/M. Germania Romana 1 (1966) 23 ff. Im 12. Jh. begegnet im Obd. die hd. Lautform *demut* (neben *die-*), die nach Norden vordringt (vgl. mnd. *dēmōt*, 15. Jh., woraus nl. *deemoed*) und sich am ehesten aus der lautlichen und semantischen Undurchsichtigkeit des ersten Kompositionsgliedes erklären läßt. – demütig Adj. 'von Demut erfüllt, ergeben', ahd. *thiemuotīg* (um 1000), mhd. *diemüetec*, mnd. *dēmōdich*. demütigen Vb. 'demütig machen, erniedrigen, herabsetzen', mhd. *diemüetigen*

(12. Jh.), mnd. *dēmödigen*; vgl. ahd. *thiomuoten* 'demütigen' (9. Jh.), *thiomuotēn* 'demütig werden' (um 1000).

dengeln Vb. 'hämmern, klopfen' (die Schneide einer Sense oder Sichel mit dem Dengelhammer dünn klopfen und dadurch schärfen), mhd. *tengelen* ist Iterativbildung zu mhd. *tengen* 'schlagen' (in *widertengen*). Verwandt sind anord. *dengja* 'schlagen, hämmern', *dangandi* (substantiviertes Part. Präs. eines sonst nicht bezeugten Verbs **danga*) 'Stoß', aengl. *dengan* 'schlagen' sowie ahd. *tangol* (9. Jh.), nhd. (schweiz.) *Dangel* 'Hammer'. Daneben stehen Bildungen mit Dental, anord. *detta* 'hart niederfallen, aufschlagen', *datta* 'schlagen, klopfen', *dyntr, dyttr*, aengl. *dynt* 'Schlag, Stoß'. Außergerm. vergleicht sich nur alban. *gdhend* 'hobelt, schnitzt, meißelt, graviert'. Will man eine gemeinsame Wurzel ansetzen, so lassen sich die germ. Formen mit der alban. über eine Dental- bzw. Gutturalerweiterung auf eine Wurzel ie. **dhen-* 'schlagen, stoßen' zurückführen. Der *d*-Anlaut, vereinzelt schon mhd., setzt sich im 18. Jh. durch.

denken Vb. 'geistig arbeiten, überlegen', ahd. *thenken* (8. Jh.), mhd. mnd. mnl. nl. *denken*, asächs. *thenkian*, aengl. *þencan*, engl. *to think*, anord. *þekkja* ('wahrnehmen, erkennen'), aschwed. *þækkia*, got. *þagkjan*. Das germ. *jan*-Verb steht (wie *Dank, Gedanke*, s. d.) im Ablaut zu dem unter *dünken* (s. d.) behandelten. Es findet eine sichere außergerm. Entsprechung in lat. *tongēre* 'kennen, wissen' und kann mit diesem auf eine Wurzelform ie. **tong-* 'denken, fühlen' zurückgeführt werden. Das Prät. *dachte* und das Part. Prät. *gedacht* (beide mit Kürzung des Stammvokals) sind durch Ausfall von *-n-* und Ersatzdehnung entstanden (ahd. *thāhta, githāht*, mhd. *dāhte, gedāht*, aus germ. **þanht-*). – g e d e n k e n Vb. 'an jmdn., etw. zurückdenken, sich erinnern, beabsichtigen', ahd. *githenken* 'an etw. denken' (um 800), mhd. *gedenken*, auch 'ausdenken, bestimmen, eingedenk sein, sich erinnern', heute bes. *einer Sache, eines Menschen gedenken* sowie *gedenken, etw. zu tun*. n a c h d e n k e n Vb. 'eine Sache gründlich durchdenken, überlegen, erwägen', (selten) 'etw. in Gedanken nachvollziehen' (15. Jh.); vgl. mhd. *denken nāch* 'mit Gedanken nachfolgen, zurückdenken an'; n a c h d e n k l i c h Adj. 'zu Überlegungen neigend, in Gedanken versunken, zum Nachdenken anregend' (Mitte 17. Jh.). v e r d e n k e n Vb. 'übelnehmen, verübeln, verargen' (meist verneint und in Verbindung mit *können*), ahd. *firthenken* 'verachten, geringschätzen' (8. Jh.), mhd. *verdenken* '(zu Ende) denken, erwägen, sich erinnern, Übles von jmdm. denken, jmdn. in Verdacht haben, verargen' (s. *Verdacht*). D e n k e r m. 'Philosoph' (1. Hälfte 18. Jh. nach engl. *thinker*); vgl. vereinzeltes ahd. *thenkāri* (11. Jh.). D e n k z e t t e l m. 'Merkzettel als Gedächtnishilfe', übertragen 'eindringliche Lehre in Form eines Verweises, einer Bestrafung' (16. Jh.), vgl. rechtssprachliches mnd. *denksed(d)del, -cēdel* 'Urkunde, Vorladung, Merkblatt'. Frühnhd. auch *Gedenkzedele, -zettul* (16. Jh.). S. [2]*Zettel*.

dental Adj. 'die Zähne betreffend', sprachwissenschaftlich 'an den Zähnen gebildet', Entlehnung aus gleichbed. nlat. *dentalis*, einer Bildung zu lat. *dēns* (Gen. *dentis*) 'Zahn'. Substantivisch gebrauchtes nlat. *dentales, Dentales* (Plur.) erscheint Mitte des 18. Jhs. in dt. Grammatiken, das eingedeutschte Adjektiv *dental* und das Substativ D e n t a l m. 'Zahnlaut' Anfang bzw. Mitte des 19. Jhs. – D e n t i s t m. 'Zahnarzt, -techniker', in der 2. Hälfte des 18. Jhs. aus gleichbed. frz. *dentiste* entlehnt; heute kaum noch gebräuchlich.

denunzieren Vb. 'aus niedrigen Beweggründen anzeigen, verraten', Entlehnung (Anfang 16. Jh.) aus lat. *dēnūntiāre* 'ankündigen, Meldung machen' (vgl. lat. *nūntiāre* 'melden'). Pejorativer Sinn wird erst im 19. Jh. vorherrschend. Das Nomen agentis D e n u n z i a n t m. ist aus dem Part. Präs. lat. *dēnūntiāns* (Gen. *dēnūntiantis*) Mitte des 16. Jhs. entlehnt.

depeschieren Vb. 'eine Eilnachricht, ein Telegramm senden', Entlehnung (Mitte 17. Jh.) aus frz. *dépêcher* 'beschleunigen, (einen Eilboten, eine Eilnachricht) absenden'; zur Etymologie s. *Dispatcher*. – D e p e s c h e f. 'Eilnachricht', ehemals meist 'staatliche Kurierpost', Entlehnung (Mitte 17. Jh.) von gleichbed. frz. *dépêche*; mit Einführung der Telegraphie (Mitte 19. Jh.) vornehmlich 'Telegramm', vgl. frz. *dépêche (télégraphique)*.

deponieren Vb. 'ab-, hinterlegen', Entlehnung (um 1500) aus lat. *dēpōnere* 'niedersetzen', auch 'zur Bewahrung niederlegen, anvertrauen, übergeben'.

Deportation f. 'Zwangsverschickung, Verbannung', Entlehnung (Anfang 16. Jh.) aus gleichbed. lat. *dēportātio* (Gen. *dēportātiōnis*), Verbalsubstantiv zu lat. *dēportāre* 'wegbringen, (an einen entlegenen Ort) verbannen'. – d e p o r t i e r e n Vb. 'zwangsweise wegbringen, verbannen', Mitte des 17. Jhs. aus lat. *dēportāre* (s. oben).

Depot n. 'Lager, Aufbewahrungsort', Entlehnung des 18. Jhs. von gleichbed. frz. *dépôt*, afrz. *depost* 'Vorrat, Niederlage', das über mlat. *depositum* n. 'aufbewahrtes Gut, Aufbewahrungsort' auf das gleichlautende Part. Perf. zu lat. *dēpōnere* (s. *deponieren*) zurückgeht.

deprimieren Vb. 'unterdrücken' (17. Jh.), dann 'herabsetzen' und (vornehmlich in partizipialer Verwendung *deprimierend, deprimiert*) 'seelisch niederdrücken, entmutigen' (19. Jh.), Entlehnung aus gleichbed. frz. *déprimer* bzw. aus lat. *dēprimere* 'herabdrücken, -senken'. – D e p r e s s i o n f. 'Vertiefung' (18. Jh.), dann 'Senkung' (bes. in geologischer Hinsicht), 'Niedergeschlagenheit, gedrückte Stimmung' sowie 'Krisenzustand, Niedergang im Konjunkturverlauf der Wirtschaft' (19. Jh.), Entlehnung von gleichbed. frz. *dépression* bzw. aus lat. *dēpressio* (Gen. *dēpressiōnis*) 'das Niederdrücken, -senken'. d e p r e s s i v Adj. 'niedergeschlagen, gedrückt' (Anfang 20. Jh.), frz. *dépressif*.

deputieren Vb. 'zur Erfüllung einer Aufgabe bestimmen, an einen Ort, in ein Gremium delegieren, abordnen', Entlehnung (2. Hälfte 15. Jh.) aus lat. *dēputāre* (*dēputātum*) 'abschneiden, genau abschätzen, wofür halten', spätlat. 'jmdn. für etw. bestimmen, mit einer Aufgabe betrauen, wohin senden'; vgl. lat. *putāre* 'beschneiden, zusammenrechnen, berechnen', s. *amputieren, Computer*. – D e p u t i e r t e r m. 'mit der Ausführung von Aufträgen, mit der Führung von Geschäften Beauftragter, Abgesandter, Mitglied einer Ständevertretung, eines Parlaments, Abgeordneter' (2. Hälfte 16. Jh.), Substantivierung des Part. Prät. *deputiert*. D e p u t a t i o n f. 'aus Deputierten zusammengesetzte Kommission, Institution' (15. Jh.), 'Abordnung' (18. Jh.), entlehnt aus spätlat. *dēputātio* (Gen. *dēputātiōnis*) 'Delegation', auch 'Zuweisung'. D e p u t a t n. 'Zuteilung an Naturalien, Naturallohn' (16. Jh.), Eindeutschung des substantivierten neutralen Part. Perf. von lat. *dēputāre* (s. oben), mlat. 'Abgabe' (eigentl. 'für jmdn. Bestimmtes').

der m., **die** f., **das** n. Pron. Das aus dem Ie. ererbte Demonstrativpronomen übernimmt in den westgerm. Sprachen auch die Funktion des bestimmten Artikels (ähnlich wie im Griech.) und zum Teil des Relativpronomens. Am Formenbestand sind zwei verschiedene Stämme beteiligt. Ahd. *ther* m., *thiu* f., *thaʒ* n., mhd. *der* m., *diu* f. (md. *die*), *daʒ* n., asächs. *thĕ̄, thie* m., *thiu* f., *that* n., mnd. *dē, di(e)* m., *dū̆, dē, di(e)* f., *dat* n., mnl. *die, de* m. f., *dat, datte* n., nl. *de* m. f. n., aengl. *þæt* n., engl. *the, that* m. f. n., anord. *þat* n., got. *þata* n. gehören wie aind. *tát* n. 'dieses', griech. *tó* (τό) n. 'das', lit. *tàs* m. 'der, dieser', *tà* f., aslaw. *tъ* m. 'der, dieser', *ta* f., *to* n., russ. *tot, ta, to* (*mom, ma, mo*) und der zweite Bestandteil von lat. *iste* m. 'der da, dieser, jener', *ista* f., *istud* n. zu einem Pronominalstamm ie. **te-*, **to-*, der auch in allen obliquen Kasus auftritt. Daneben stehen im Nom. Sing. Mask. und Fem. asächs. *sē* m., aengl. *sĕ̄* m., *sēo* f., anord. *sā* m., *sū* f., got. *sa* m., *sō* f., die wie aind. *sá, sáḥ* m., *sā́* f., griech. *ho* (ὁ) m., *hē* (ἡ) f. einen mit *s-* anlautenden Stamm (ie. **so* m., **sā* f., daneben die z. B. im Aengl. weiterlebenden Varianten ie. **soi* m., **si̯ā* f.) voraussetzen. In den germ. Sprachen werden die *s*-Formen schon früh aufgegeben und (im Ahd. vor der Überlieferung) durch analoge Bildungen den übrigen Kasus angeglichen.

derb Adj. 'grob, fest, robust, unfein, ohne Zartgefühl'. Ahd. *therb* (9. Jh.), mhd. *derp* 'ungesäuert' bezeichnet zunächst wie aengl. *þeorf*, anord. *þjarfr* und ablautendes asächs. *therbi*, mnd. *derve* die feste Beschaffenheit nicht durch Sauerteig aufgelockerten Brotes. Die germ. Formen gehören entweder mit lat. *torpēre* 'starr sein', *stirps* 'Baumstamm', russ. *térpnut'* (*терпнуть*) 'erstarren' zur Labialerweiterung ie. **(s)terp-* oder mit griech. *stérphos, térphos* (στέρφος, τέρφος) 'Leder, Haut, bes. die harte Rückenhaut der Tiere, Fell' sowie dem (nur als Neutrum belegten) *stérphnion* (στέρφνιον) 'starr, hart, fest' zur Erweiterung ie **(s)terbh-* der Wurzel ie. **(s)ter(ə)-* 'starr, steif sein' (s. *starren*). Von der Bedeutung 'ungesäuert' (nhd. noch im 18. Jh. lexikalisch gebucht) gehen in den germ. Sprachen verschiedene Übertragungen aus. Spätmhd. Verwendungen (14. Jh.) sind 'massiv, gediegen' (von Erz und Gestein), vereinzelt auch 'fest, tüchtig'. Die weitere semantische Entwicklung im Nhd. wird dagegen durch ein (im Ahd. und Mhd. nicht belegtes) anderes west- und nordgerm. Adjektiv beeinflußt, das in den Bildungen asächs. *derbi* 'feindlich, böse, ruchlos, kriegerisch', mnd. *derve* 'fest, tüchtig', aengl. *dearf* 'kühn', dazu ablautend anord. *djarfr* 'kühn, mutig', schwed. *djärv* 'kühn, verwegen' bezeugt ist. Dieses kann wahrscheinlich wie aengl. *(ge)deorfan* 'arbeiten, in Gefahr sein, umkommen', *(ge)deorf* 'Arbeit, Mühsal, Gefahr' mit lit. *dárbas* 'Arbeit, Tat, Werk', *dìrbti* 'arbeiten', armen. *derbuk* 'rauh, steif' auf ie. **dherbh-* 'derb, kräftig arbeiten' zurückgeführt werden (s. *verderben*). In der Form mnd. *derve* treffen beide Laut- und Bedeutungsstränge zusammen, so daß sich der moderne nhd. Gebrauch seit dem 17. Jh. vom Nordd. her über das gesamte Sprachgebiet verbreitet.

Derby n. '(Zucht)rennen dreijähriger Pferde', Übernahme (19. Jh.) von engl. *Derby*, eigentl. engl. *Derby-race*, dt. *Derbyrennen*; nach dem *12. Earl of Derby*, E. Stanley, der 1780 das erste Pferderennen dieser Art als Zuchtprüfung veranstaltete.

Derivat n. 'Abgeleitetes', speziell 'chemische Verbindung, die aus einer anderen abgeleitet wird' und 'abgeleitetes Wort' (Ende 19. Jh.), Entlehnung aus lat. *dērīvātum*, dem substantivierten Part. Perf. von lat. *dērīvāre*, einer Präfixbildung zu lat. *rīvus* 'Bach, Wassergraben, Wasserleitung', daher eigentl. 'Wasser ab-, wegleiten', doch schon in der antiken Grammatik 'ein Wort von einem anderen ab-, herleiten'. Als grammatischer Terminus in dt. Texten seit dem 17. Jh. in lat. Form gebraucht.

Dermatologie f. 'Lehre (und Erforschung) der Hautkrankheiten', gelehrte Bildung (19. Jh.) aus griech. *dérma*, Gen. *dérmatos* (*δέρμα, δέρματος*) 'Haut' und *-logie* (s. d.). – D e r m a t o l o g e m. Facharzt für Hautkrankheiten (1. Hälfte 20. Jh.).

Desaster n. 'Zusammenbruch, Katastrophe', Anfang des 19. Jhs. aus gleichbed. frz. *désastre*, einer Entlehnung von ital. *disastro*, eigentl. 'Unstern', zu ital. *astro* 'Stern', lat. *astrum*, griech. *ástron* (*ἄστρον*); s. *Astrologie*.

desavouieren Vb. 'nicht anerkennen, bloßstellen, ablehnen', Entlehnung (Anfang 18. Jh.) aus gleichbed. frz. *désavouer*, afrz. *desavoer*, einer Bildung mit dem Präfix afrz. *des-* (frz. *dé-*, vor Vokal *dés-*), das wie vorausgehendes lat. *dis-* (eigentl. 'auseinander-') die Aussage des Verbs aufhebt (s. *de-* und *dis-*), zu afrz. *avoer* 'anerkennen' (frz. *avouer*), das auf lat. *advocāre* 'herbeirufen' zurückzuführen ist.

Deserteur m. 'Fahnenflüchtiger, Überläufer', Entlehnung (17. Jh.) von frz. *déserteur*, dem gleichbed. lat. *dēsertor* voraufgeht. – d e s e r t i e r e n Vb. 'fahnenflüchtig werden, überlaufen' (um 1700), aus gleichbed. frz. *déserter*, das auf spätlat. *dēsertāre* 'zurück-, verlassen' beruht, einer Ableitung (wie lat. *dēsertor*, s. oben) von lat. *dēserere* (*dēsertum*) 'im Stich lassen, abtrünnig werden, das Heer verlassen'.

Desiderat n. 'Erwünschtes, Erfordernis', Entlehnung der Wissenschaftssprache (19. Jh.) aus lat. *dēsīderātum*, Part. Perf. zu lat. *dēsīderāre* 'wünschen, verlangen'. Neben *Desiderat* (Plur. *Desiderate*) ist nhd. auch die lat. Form *Desideratum* (Plur. *Desiderata*) seit Anfang des 18. Jhs. gebräuchlich.

Design n. 'zeichnerischer oder gestalteter Entwurf, gestalterische Ausführung' (vornehmlich eines Industrieprodukts), Übernahme (20. Jh.) von engl. *design* 'Plan, Absicht, Entwurf, Muster, Anlage, Anordnung' (älter engl. *disseigne, deseigne*, 16. Jh.), das aus mfrz. *dessein(g), dessin* (s. *Dessin*) entlehnt ist. – D e s i g n e r m. 'Formgestalter' (2. Hälfte 20. Jh.), nach gleichbed. engl. *designer*, Nomen agentis zum Verb engl. *to design* 'ausdenken, planen, beabsichtigen, entwerfen, aufzeichnen, ausführen', das auf afrz. *desin(n)er, designer* 'bezeichnen' (frz. *désigner*, auch 'planen, beabsichtigen'), Entlehnung von lat. *dēsīgnāre* 'bezeichnen, bestimmen, im Umriß darstellen, nachbilden', zurückgeht, semantisch jedoch gleichermaßen mfrz. frz. *desseigner, dessigner* (s. *Dessin*) fortsetzt.

Deskription f. 'Beschreibung' (1. Hälfte 16. Jh.), aus lat. *dēscrīptio* (Gen. *dēscrīptiōnis*) 'Abschrift, Aufzeichnung, Beschreibung' entlehnt, zu lat. *dēscrībere* (*dēscrīptum*) 'abschreiben, aufzeichnen, beschreiben'. – d e s k r i p t i v Adj. 'beschreibend' (Anfang 19. Jh.); vermutlich aus gleichbed. frz. *descriptif*, spätlat. *dēscrīptīvus*, entlehnt.

desodorieren Vb. 'von Geruch befreien'. Zunächst *desodorisieren* (2. Hälfte 19. Jh.), französierende Bildung (s. *de-*) zu lat. *odōrāre* 'riechend machen, riechen', vgl. frz. *désodoriser* (Anfang 20. Jh.). Dafür tritt (Mitte 20. Jh.) im Dt. *desodorieren* ein. Aus dem zufrühst bezeugten engl. *to deodorize* (Mitte 19. Jh.) ist *deodorisieren* entlehnt (Mitte 20. Jh.), woneben auch vereinfachtes *deodorieren*. – Deodorant n. 'kosmetisches Mittel gegen Körpergeruch' (Mitte 20. Jh.), engl. *deodorant*. Daneben nach *desodorieren* und mit latinisierender Endung *Desodorans*.

desolat Adj. 'wüst, öde', heute vor allem 'trostlos, traurig', Mitte des 16. Jhs. aus lat. *dēsōlātus* 'vereinsamt, verödet', Part. Perf. von lat. *dēsōlāre* 'einsam lassen, verlassen' (zu lat. *sōlus* 'allein, einsam, öde'), entlehnt.

Despot m. 'Gewalt-, Willkürherrscher'. Griech. *despótēs* (δεσπότης) 'Herr' (im Gegensatz zum Sklaven), 'unumschränkter Herrscher' wird im byzantinischen Reich höfischer Titel. Er gilt ursprünglich nur für den Kaiser, geht später über auf Angehörige des Kaiserhauses und auf Herrscher, die ein Fürstentum an den Grenzen des Reiches ererben bzw. besitzen. In dieser Verwendung gelangt die Bezeichnung, vor allem als Titel bestimmter Balkanfürsten, in verschiedene Sprachen Südosteuropas und im 15. Jh. ins Deutsche. Griech. *despótēs* bedeutet ursprünglich 'Hausherr' wie das etymologisch übereinstimmende aind. *dámpatiḥ*. Das Vorderglied *des-*, ie. **dems-* ist wahrscheinlich Genitiv eines Wortes für 'Haus', das mit Ablaut und jüngerer Stammbildung in griech. *dómos* (δόμος), lat. *domus* vorliegt; das Hinterglied ist umgebildet aus ie. **potis* 'Herr, Gemahl', der Ausgangsform von gleichbed. aind. *pátiḥ*, griech. *pósis* (πόσις) 'Gemahl' sowie lat. *potis* Adj. 'vermögend, mächtig'. Mitte des 18. Jhs. entwickelt sich die Bedeutung „Herrscher, der kein anderes Gesetz als das seiner Willkühr anerkennt" (Campe), d. h. 'Tyrann', übertragen 'herrischer Mensch'. – despotisch Adj. 'gewalttätig, willkürlich' (2. Hälfte 17. Jh.); Despotismus m. (Mitte 18. Jh.) und Despotie f. 'Gewalt-, Willkürherrschaft' (Ende 18. Jh.).

Dessert n. 'Nachtisch'. Mitte des 17. Jhs. wird frz. *dessert* 'was man am Ende der Mahlzeit aufträgt, verzehrt' ins Dt. übernommen (häufiger belegt erst im 18. Jh.). Abgeleitet von frz. *desservir* 'den Tisch nach beendeter Mahlzeit abräumen', zu frz. *servir* 'dienen, servieren' (s. *servieren*).

Dessin n. 'Muster, bes. auf Stoffen'. Ende des 17. Jhs. wird frz. *dessin*, älter meist *dessein* 'Zeichnung, Muster, Plan, Entwurf', auch 'Absicht, Zweck', ins Dt. übernommen, wo bis Anfang des 19. Jhs. die Form *Dessein* vorherrscht (Unterscheidung von *dessin* 'Zeichnung, Muster' und *dessein* 'Absicht, Zweck' im Frz. erst seit dem späten 18. Jh.). Mfrz. frz. *dessein* (mfrz. auch *desseing*) ist nach dem Vorbild von ital. *disegno* 'Zeichnen, Zeichnung, Plan, Vorhaben, Zweck' zum Verb mfrz. frz. (bis 18. Jh.) *desseigner* 'zeichnen, planen' gebildet, das aus gleichbed. ital. *disegnare* entlehnt ist. Vorauf geht lat. *dēsīgnāre* 'bezeichnen, bestimmen, im Umriß darstellen, nachbilden', auf dessen neuerlichen Einfluß die Form mfrz. frz. (bis 18. Jh.) *dessigner* bzw. in jüngerer Zeit geläufiges *dessiner* beruhen, an die sich die Variante mfrz. *dessin, desing*, frz. *dessin* anschließt. S. auch *Design*.

destillieren Vb. 'flüssige Stoffe durch Verdampfen und Wiederverflüssigung reinigen und von anderen Stoffen trennen', um 1400 aus lat. *dēstīllāre, distīllāre* 'herabträufeln' (zu lat. *stīllāre* 'träufeln, tröpfeln', *stīlla* 'Tropfen') entlehnt; bis Mitte des 16. Jhs. nur, bis Anfang des 19. Jhs. häufig *distillieren*. – Destillation f. 'Verdampfung und Kondensation von Flüssigkeiten', um 1500 aus lat. *dēstīllātio* (Gen. *dēstīllātiōnis*) 'das Herabträufeln' entlehnt. Im Sinne von 'Schankwirtschaft' (2. Hälfte 19. Jh.) aus *Destillationsanstalt* (Anfang 19. Jh.) verkürzt. Destillat n. 'Destillationsprodukt', in der 1. Hälfte des 16. Jhs. aus lat. *dēstīllātum*, Part. Perf. von lat. *dēstīllāre* (s. oben). Destille f. 'Branntweinschenke, Ausschank' (Ende 19. Jh.); umgangssprachliche Kurzform für *Destillation*.

desto Adv. Konj. bei komparativem Adj. oder Adv. 'um so'. Die Verbindung ahd. *thes thiu*, bestehend aus Genitiv und Instrumentalis des Demonstrativpronomens ahd. *thaȥ* (s. *der, die, das*), also eigentl. 'dadurch', wird um 1000 zu ahd. *theste* zusammengezogen. Mhd. *deste* (verkürzt *dest*) setzt sich bis ins 18. Jh. fort, daneben mhd. frühnhd. häufig auch (mit unorganischer Komparativendung) *dester*; vgl. mnd. *deste, desto, dester, duste*, aengl. *þæs þe*, mnl. *des te*. Seit Mitte des 15. Jhs. begegnet die volle Form *desto* neben anderen kanzleisprachlichen (lat. Formeln nachahmenden)

Bildungen wie *dero, ihro, ietzo, bishero, hinfüro*.

Destruktion f. 'Zerstörung, Zersetzung, Auflösung', Mitte des 16. Jhs. aus lat. *dēstrūctio* (Gen. *dēstrūctiōnis*) 'das Niederreißen' entlehnt; zu lat. *dēstrūctum*, Part. Perf. von *dēstruere* 'niederreißen, zerstören' (vgl. lat. *struere* 'aufschichten, aneinanderfügen, errichten'). – d e s t r u k t i v Adj. 'zerstörend, zersetzend' (Anfang 19. Jh.); vgl. frz. *destructif* und spätlat. *dēstrūctīvus* 'zerstörend', zu lat. *dēstrūctum* (s. oben).

Detail n. 'Einzelheit, Kleinigkeit'. Ende des 17. Jhs. wird gleichbed. frz. *détail* entlehnt; dazu wird Anfang des 18. Jhs. die kaufmannssprachliche Wendung frz. *en détail* 'stückweise, im einzelnen' ins Dt. übernommen und das Kompositum *Detailhandel* 'Einzelhandel' gebildet. Frz. *détail*, afrz. *detail* 'kleine Menge, abgeschnittenes Stück' ist postverbales Substantiv von afrz. *detaill(i)er*, frz. *détailler* 'zerteilen, in Stücke schneiden, im kleinen verkaufen', zu frz. *tailler*, afrz. *taillier* '(zer)schneiden, zerlegen, zuschneiden', spätlat. *tāliāre* 'spalten, schneiden', das von lat. *tālea* 'Stäbchen, Setzling, jedes abgeschnittene stabförmige Stück' abgeleitet ist (s. auch *Taille*). – d e t a i l l i e r e n Vb. 'bis ins einzelne, in allen Einzelheiten darlegen, schildern' (Mitte 18. Jh.), aus frz. *détailler* (s. oben) entlehnt; heute vor allem *detailliert* Part.adj.

Detektiv m. 'berufsmäßiger Ermittler von Beweismaterial in straf- und zivilrechtlichen Sachen', in der 2. Hälfte des 19. Jhs. aus engl. *detective*, eigentl. *detective policeman* 'Kriminal-, Geheimpolizist'. Zugrunde liegt das Verb engl. *to detect* 'ermitteln, entdecken', das zu lat. *dētēctum*, Part. Perf. von lat. *dētegere* 'aufdecken, enthüllen', gebildet ist.

determinieren Vb. 'bestimmen, festlegen, begrenzen', um 1500 aus gleichbed. lat. *dētermināre* entlehnt, vgl. lat. *termināre* 'ab-, begrenzen, ermessen, bestimmen, beendigen', zu lat. *terminus* 'Grenzstein, Grenze, Ende, Schluß'. – D e t e r m i n a t i o n f. 'Festlegung, Begrenzung, Begriffsbestimmung', um 1500 aus lat. *dēterminātio* (Gen. *dēterminātiōnis*) 'Abgrenzung, Grenze', das von lat. *dētermināre* (s. oben) abgeleitet ist. D e t e r m i n i s m u s m. Lehre vom gesetzmäßigen Zusammenhang und von der kausalen Bedingtheit alles Geschehens, auch der menschlichen Willenshandlungen (Ende 18. Jh.), vom Verb *determinieren* abgeleitet.

detonieren Vb. 'mit starkem Knall explodieren', in der 2. Hälfte des 18. Jhs. aus gleichbed. frz. *détoner* entlehnt, das lat. *dētonāre* 'herabdonnern, losdonnern' folgt (s. auch *Donner*). – D e t o n a t i o n f. 'starke Explosion' (Ende 17. Jh.), frz. *détonation*, von frz. *détoner* (s. oben).

Deut m. nur noch in den festen Verbindungen *keinen, nicht einen Deut* 'gar nicht(s)'. *Deut* (seit dem 17. Jh. in hd. Texten) ist ursprünglich die Bezeichnung für eine kleine Kupfermünze in Holland und am Niederrhein, die bis ins 19. Jh. in Umlauf ist; mnl. (holl.) *duit, doyt, deuit, deyt*, nl. *duit*, danach mnd. *deut, doyt*, engl. *doit*, verwandt mit anord. *þveiti* 'Münze, Buttermaß', eigentl. 'das Abgeschnittene, das abgeschlagene Stück', zu anord. *þveita* 'schlagen, hauen, stoßen', und mit aengl. *þwītan* 'schneiden, abschneiden'. Neben Vieh als gebräuchlichstem Wertmesser am Anfang der Handelsbeziehungen sind (vor Einführung gemünzten Geldes) abgebrochene oder abgehackte Stücke wertvollen Metalls gültiges Zahlungsmittel. Von der 2. Hälfte des 18. Jhs. an steht *Deut* für einen 'geringen Geldbetrag', vor allem in den oben angeführten Verbindungen.

deuten Vb. 'zu erklären versuchen, auslegen, (mit dem Finger) auf etw. zeigen, hinweisen'. Ahd. *thiuten* (um 1000), mhd. *diuten* 'verständlich machen, erklären, zeigen, übersetzen, bedeuten', mnd. *dūden*, mnl. *dūden, dieden*, nl. *duiden*, aengl. *geþīedan* 'übersetzen', anord. *þȳða* 'deuten, erklären', schwed. *tyda*, dän. *tyde* sind wie *deutsch* (s. d.) Denominativa zu germ. **þeuðō* 'Volk', ie. **teutā* '(Menge) Volk, Land', das seinerseits *t*-Ableitung zur Wurzel ie. **tĕu-, *teu̯ə-* 'schwellen' (s. *Daumen*) ist. Die Bedeutung des Verbs kann danach etwa 'vor dem versammelten Volk erklären, für das Volk verständlich machen' lauten. Daraus entwickelt sich früh '(Vorgänge, Erscheinungen und Äußerungen) erklären, auslegen' und '(aus einer fremden Sprache in die eigene) übersetzen', auch 'einen bestimmten Sinn haben, bedeuten'; in mhd. Zeit kommt 'auf etw. zeigen, hinweisen' dazu. – D e u t u n g f. 'Auslegung, Erklärung, Bedeutung', mhd. *diutunge*, mnd. *dūdinge*, nl. *duiding*. d e u t l i c h Adj. 'klar erkennbar, verständlich, eindeutig', spätmhd. *diutlich*, mnd. *dūdel(i)k*, nl. *duidelijk*; vereinzelt mhd. frühnhd. *diutelich, deutelich* (mit Fugen-*e*), im 16./17. Jh. in adverbialer Verwendung gelegentlich *diutelichen, deutelichen.* d e u t e l n Vb. 'kleinlich, spitzfindig auslegen, (herum)deuten' (1. Hälfte 16. Jh.), Iterativbildung zu *deuten*. z w e i d e u t i g Adj. 'zwei Deutungen zulassend, anzüglich', seit der Mitte des 17. Jhs. als Verdeutschung von spätlat. *aequivocus* 'doppelsinnig, mehrdeutig' bezeugt, bald danach auch im Sinne von 'unverständlich, rätselhaft, unklar'. Im 18. Jh. entwickelt *zweideutig* die Bedeutung 'anzüglich, schlüpfrig', die mehr und mehr an Gebrauchshäufigkeit zunimmt. b e d e u t e n Vb. 'einen bestimmten Sinn haben, von bestimmtem Wert, von Wichtigkeit sein', ahd. *bithiuten* 'meinen, bedeuten' (11. Jh.), mhd. *bediuten* 'andeuten, verständlich machen, mitteilen, urteilen', auch refl. *sich bediuten* 'bedeuten, zu verstehen sein'; dazu b e d e u t e n d Part.adj. 'beachtlich, bemerkenswert, wertvoll, bedeutungsvoll' (18. Jh.), ursprünglich 'auf etw. hindeutend, etw. ausdrückend'; b e d e u t s a m Adj. 'wichtig, vielsagend, bedeutungsvoll' (Ende 18. Jh.); B e d e u t u n g f. 'Sinn, Wort-, Begriffsinhalt, Wichtigkeit', mhd. *bediutunge* 'Auslegung'.

deutsch Adj., ahd. *thiutisk* (um 1000), mhd. *diutisch, diutsch, tiutsch, tiusch*, (md.) *dūdesch, dūtsch, dūsch*, nhd. (häufig bis ins 16./17. Jh., gelegentlich noch 2. Hälfte 18. sowie 19. Jh.) *teutsch*, asächs. *thiudisc*, mnd. *dūdesch*, mnl. (holl.) *duutsc* (woraus engl. *Dutch* 'holländisch'), nl. *duits*, fläm. *dietsc*; zu aengl. *þēodisc*, got. *þiudiskō* sowie zu den skandinavischen Formen s. unten. In latinisierter Form erscheint das westgerm. Adjektiv bereits zur Zeit Karls des Großen (seit 786) als mlat. *theodiscus* 'zum (eigenen) Volk gehörig'; zuerst auf sprachliche Verhältnisse bezogen, meint es den Gebrauch der germ. Volkssprache im Gegensatz zu Latein und den romanischen Sprachen, bezeichnet daher (im frühesten Beleg) auch das Aengl., dann das Frk. und wird später auch auf politische Verhältnisse angewandt. Neben *theodiscus* erscheint seit etwa 880 als Reflex der ahd. Form (s. oben) auch mlat. *diutiscus, tiutiscus*. Die den germ. Formen und ihren Latinisierungen zugrundeliegenden Bildungen gehören als Zugehörigkeitsadjektive auf *-isk-* zu germ. **þeuðō* 'Volk', ahd. *thiota, thiot* (8. Jh.), mhd. *diet* (erhalten in Eigennamen wie *Dietrich, Dietwald*), asächs. *thiod(a)*, mnl. *diet*, aengl. *þēod*, anord. *þjōð*, got. *þiuda* (s. auch *deuten*). Verwandt mit germ. **þeuðō* sind air. *tūath* 'Volk, Stamm, Land', lit. *tautà* 'Volk, Nation, Land'. Diese Substantive gehören wie *tausend* (s. d.) zur Wurzel ie. **tĕu-*, **teu̯ə-*, **tū̆-* 'schwellen', bezeichnen ursprünglich also die 'große (kraftvolle, mächtige) Menge'. Die westgerm. Adjektivbildung ist vielleicht als Äquivalent für lat. *vulgāris* 'allgemein, alltäglich, allbekannt' (zu lat. *vulgus* 'große Menge, Volk') entstanden. Einmal belegtes got. *þiudiskō* Adv. 'heidnisch' ist unabhängig davon Übersetzung von griech. *ethnikṓs* (ἐϑνικῶς), zu *éthnos* (ἔϑνος) 'Volk', Plur. (biblisch) auch 'Heiden' (s. *ethnisch* und *Heide* m.). Entsprechend übersetzt aengl. *þēodisc* 'heidnisch' lat. *gentīlis* (s. *Gentilgemeinschaft*) in der kirchenlat. Bedeutung 'heidnisch' (zu lat. *gentēs* Plur., kirchenlat. 'Heiden'). Offen bleibt die Frage, wieweit das substantivierte Adjektiv aengl. *þēodisc* n. 'einheimische Sprache, Einzelsprache' eine selbständige Bildung ist oder unter dem Einfluß des Kontinentalwestgerm. steht. Ein solcher ist zumindest in semantischer Hinsicht für die skandinavischen Bildungen anord. *þȳðverskr, þȳzkr*, norw. schwed. dän. *tysk* 'deutsch' vorauszusetzen. Mlat. *theodiscus* wird Mitte des 11. Jhs. durch das konkurrierende mlat. *teutonicus* verdrängt (umgedeutet aus lat. *Teutonicus* 'dem Stamm der Teutonen angehörend, germanisch'; der Name der Teutonen gehört gleichfalls zur hier behandelten Wortgruppe, weist in seiner antiken Lautform lat. *Teutonī, Teutonēs* aber auf keltische Umgestaltung). Anfang des 10. Jhs. werden sowohl mlat. *theodiscus* wie mlat. *teutonicus* auf die sprachlichen und politischen Verhältnisse des Ostfrankenreiches (und damit auf das mittelalterliche deutsche Reich) eingeschränkt. Die Wendung *mit jmdm. deutsch* ('offen, unmißverständlich') *reden* ist seit der 2. Hälfte des 15. Jhs. bezeugt. – v e r d e u t s c h e n Vb. 'ins Deutsche übertragen', früher *verteutschen* (15. Jh.); älter ist noch im 17. Jh. vorkommendes *deutschen, teutschen*, mhd. *diutschen, tiutschen* 'auf deutsch sagen, erklären'. D e u t s c h l a n d , aus Fügungen wie mhd. *in Diutischemi lande* (Annolied, um 1085) entstanden, im Mhd. vereinzelt schon *in Diutisk lant* (Kaiserchronik, um 1150), spätmhd. *Tiutsch-*

land; Zusammenschreibung setzt sich endgültig erst im 16. Jh. durch.

Devise f. 'Wahlspruch, Losung', in der 2. Hälfte des 16. Jhs. im Sinne von 'Wappenspruch, -emblem' aus gleichbed. mfrz. frz. *devise* entlehnt; ursprünglich das 'abgeteilte Feld im Wappen', danach der darin angebrachte 'Sinnspruch', seit Anfang des 18. Jhs. allgemein 'Leitspruch des Handelns, Motto'. Frz. *devise* ist vom Verb afrz. frz. *deviser* 'teilen, zu-, abteilen', dann 'anordnen, erzählen', abgeleitet, das auf vlat. **dēvīsāre, *dīvīsāre* (zu lat. *dīvīsum*, Part. Perf. von lat. *dīvidere* 'teilen', s. *dividieren*) zurückgeht. – D e v i s e n Plur. 'im Ausland zahlbare Wechsel' (um 1830), ein unerklärter, wohl im Dt. aufgekommener Wortgebrauch, vgl. SCHIRMER in: Mutterprache (1949) 68; seit der Inflation von 1923 'Zahlungsmittel in ausländischer Währung'.

devot Adj. 'unterwürfig, übertrieben demütig', Anfang des 17. Jhs. im Sinne von 'andächtig, fromm, sehr ergeben' aus lat. *dēvōtus* 'zu eigen ergeben, gottergeben, fromm', Part. Perf. von lat. *dēvovēre* 'als Sühnopfer weihen, (sich) aufopfernd hingeben' (zu lat. *vovēre* 'geloben, weihen, wünschen') entlehnt; mnd. *devōt(e)* ist schon in der 2. Hälfte des 15. Jhs. bezeugt. Der heute dominierende abschätzige Sinn entwickelt sich Ende des 17. Jhs.

Dezember m. Name für den zwölften Monat im Jahr, seit Ende des 13. Jhs. bezeugt, bis zum 17. Jh. häufig mit lat. Flexionsendung, zunächst in Urkunden und Chroniken, im 17. Jh. stärker in die Allgemeinsprache eindringend; aus lat. *(mēnsis) december* (zu lat. *decem* 'zehn') für den 10. Monat des ursprünglich mit März beginnenden, danach, mit Beibehaltung des Namens, für den 12. Monat des römischen Jahres (s. *Januar*); voraus geht ahd. *heilagmānōd* 'Heiligmonat', im 15. Jh. durch *Christmond* verdrängt; andere ältere Bezeichnungen sind *Winter-, Hart-, Schlacht-* oder *Wolfmonat*.

dezent Adj. 'unaufdringlich, zurückhaltend, schicklich', in der 2. Hälfte des 18. Jhs. unter Einfluß von gleichbed. frz. *décent* aus lat. *decēns* (Gen. *decentis*) 'schicklich, anständig, geziemend, zierlich', Part. Präs. von lat. *decēre* 'zieren, (sich) ziemen', entlehnt.

Dezernent m. 'Sachbearbeiter', Mitte des 18. Jhs. (zuerst in der Preußischen Prozeßordnung bezeugt) aus lat. *dēcernēns* (Gen. *dēcernentis*), dem Part. Präs. von lat. *dēcernere* 'entscheiden', entlehnt. – D e z e r n a t n. 'Aufgaben-, Geschäftsbereich, Sachgebiet'. Seit der 2. Hälfte des 19. Jhs. belegt, wahrscheinlich aus lat. *dēcernat* (3. Pers. Sing. Präs. Konjunktiv) 'er möge entscheiden' (zu lat. *dēcernere*, s. oben); vorauszusetzen ist eine Notiz wie *decernat collega N.*, mit der ein Aktenstück zur Entscheidung weitergereicht wird. Später wird *decernat* irrtümlich als Part. Perf. auf *-ātum* (mit Aufgabe der Endung *-um*) angesehen und entsprechend auf der letzten Silbe betont.

dezi- 'Zehntel-', Bestimmungswort in Zusammensetzungen vor Maßeinheiten, aus gleichbed. frz. *déci-*, das auf die Ordinalzahl lat. *decimus* 'zehnter' zurückgeht; zu lat. *decem* 'zehn', verwandt mit nhd. *zehn* (s. d. sowie *Dekan, Dezember, dezimieren*). – D e z i g r a m m n., - l i t e r n., - m e t e r n. 'ein Zehntel Gramm, Liter, Meter', um 1800 aus frz. *décigramme, décilitre* und *décimètre* entlehnt.

dezimal- 'auf die Zahl 10 bezogen', Bestimmungswort in Zusammensetzungen, aus gleichbed. mlat. *decimalis*; zu lat. *decimus* 'zehnter' (s. *dezi-*). – D e z i m a l b r u c h m. durch Komma gekennzeichneter Bruch, dessen Nenner 10 oder eine Potenz von 10 ist (Anfang 17. Jh.); s. *Bruch*. D e z i m a l s y s t e m n. 'auf der Zahl 10 aufbauendes Zahlensystem' (Ende 18. Jh.). D e z i m a l w a a g e f. Waage, bei der die Last zehnmal so schwer ist, wie die bei der Wägung aufgelegten Gewichte (1. Hälfte 19. Jh.).

dezimieren Vb. 'große Verluste beibringen, stark vermindern', ursprünglich zur Bestrafung einer militärischen Truppe 'an jedem zehnten Mann die Todesstrafe vollziehen' (1. Hälfte 18. Jh.), aus gleichbed. lat. *decimāre* (frz. *décimer*), zu lat. *decimus* 'zehnter' (s. *dezi-*) entlehnt. Gegen Ende des 18. Jhs. bereits in allgemeinem Sinne 'durch Ausrottung oder Vernichtung stark vermindern'.

[1]**di-** Präfix in aus dem Griech. entlehnten Wörtern, das eine Verdoppelung ausdrückt, 'doppelt, zweimal auftretend, zweifach' wie in *Diphthong, Diplom* (s. d.). Die Kompositionsform griech. *di-* (δι-), selten *dis-* (δισ-), gehört zum Multiplikativadverb griech. *dís* (δίς) 'zweimal' und ist verwandt mit gleichbed. lat. *bis* 'zweimal', *bi-* 'zwei-, doppel-' (s. *bi-*), nhd. *zwie-* (s. d.). Produktiv geworden

ist die Vorsilbe *di-* bes. in der Wissenschaftssprache der Chemie, vgl. *Dioxid, Disaccharid*.

dia- Präfix in aus dem Griech. entlehnten Wörtern mit der Bedeutung 'durch-, hindurch-, über ... hin, quer-, auseinander-', wie in *Diabetes, Diarrhöe, diabolisch, Diagnose, diagonal*, vor Vokalen ²d i - , z. B. in *Diözese*. Griech. *dia-* (*δια-*) ist wohl verwandt mit lat. *dis-* 'entzwei, auseinander' (s. *dis-*). Das Präfix *dia-* tritt auch in modernen, sich ans Griech. anlehnenden Bildungen auf, s. *diachronisch*.

Diabetes m. 'Zuckerkrankheit'. Griech. *diabḗtēs* (*διαβήτης*) 'Harnruhr', zu griech. *diabáinein* (*διαβαίνειν*) 'die Beine spreizen, mit gespreizten Beinen gehen', bezeichnet jede Krankheit mit abnorm gesteigerter Harnausscheidung. Nachdem im 17. Jh. für die Mehrzahl dieser Krankheitsfälle Zuckerausscheidung erkannt wird, gilt der Name vorwiegend für 'Zuckerharnruhr' (*Diabetes mellitus*) und begegnet in der verkürzten Form *Diabetes* seit der 1. Hälfte des 18. Jhs. in dt. Texten. – D i a b e t i k e r m. 'Zuckerkranker' (1. Hälfte 20. Jh.).

diabolisch Adj. 'teuflisch, boshaft'. Seit der 1. Hälfte des 16. Jhs. bezeugt, allgemein verbreitet erst seit dem 19. Jh., aus gleichbed. kirchenlat. *diabolicus*, griech. *diabolikós* (*διαβολικός*), zu griech. *diábolos* (*διάβολος*) 'Verleumder, Teufel', abgeleitet von griech. *diabállein* (*διαβάλλειν*) 'entzweien, verleumden', eigentl. 'auseinanderwerfen'; s. *Teufel*.

diachronisch Adj. 'die historische Entwicklung einer Sprache betreffend' (Gegensatz *synchronisch*). Der von Saussure vor 1913 geprägte und 1916 publizierte sprachwissenschaftliche Terminus frz. *diachronique* wird im folgenden Jahre ins Dt. übernommen. Er ist eine künstliche Bildung zu *dia-* (s. d.) und griech. *chrónos* (*χρόνος*) 'Zeit, Dauer', offensichtlich als Antonym zu früher bezeugtem frz. *synchronique* Adj. (s. *synchronisch*). Dazu das entsprechende Substantiv D i a c h r o n i e f. 'Betrachtung einer Sprache in ihrer historischen Entwicklung', frz. *diachronie* (Saussure vor 1913, publiziert 1916, im Dt. 1917).

Diadem n. 'auf der Stirn oder im Haar getragener kostbarer Reif'. Ahd. *dīadēma* (8./9. Jh.), mhd. *dīadēm* wird über lat. *diadēma* aus griech. *diádēma* (*διάδημα*) 'Stirnbinde' (als Zeichen orientalischer oder hellenistischer Herrscherwürde), insbes. 'das um den Turban des Perserkönigs geschlungene blauweiße Band', entlehnt. Von griech. *diadẽin* (*διαδεῖν*) 'an-, umbinden' abgeleitet, aus *dia-* (s. d.) und griech. *dẽin* (*δεῖν*) 'binden', bedeutet *Diadem* eigentl. 'das Umgebundene'.

Diagnose f. 'Erkennung und Bestimmung einer Krankheit' (19. Jh.), zuvor (2. Hälfte 18. Jh.) *Diagnosis*, Entlehnung von griech. *diágnōsis* (*διάγνωσις*) 'Unterscheidung, Beurteilung, Erkenntnis, bes. die Beurteilung einer Krankheit durch den Arzt', Bildung zu griech. *diagignṓskein* (*διαγιγνώσκειν*) 'genau, durch und durch erkennen, unterscheiden, beurteilen'; vgl. griech. *gignṓskein* (*γιγνώσκειν*) 'erkennen' (s. *Prognose*). – d i a g n o s t i s c h Adj. (um 1800); vgl. griech. *diagnōstikós* (*διαγνωστικός*) 'zum Unterscheiden gehörig, geeignet'. D i a g n o s t i k f. 'Lehre von der Erkennung und Bestimmung der Krankheiten' (vereinzelt im 19. Jh., häufiger im 20. Jh.), gebildet zu *Diagnose* bzw. *diagnostisch*. d i a g n o s t i z i e r e n Vb. 'eine Krankheit erkennen und bestimmen' (Mitte 19. Jh.).

diagonal Adj. 'zwei nicht benachbarte Ekken eines Vielecks miteinander verbindend, schräg, quer verlaufend' (2. Hälfte 18. Jh.; zuvor als Bestimmungswort in Zusammensetzungen, vgl. *Diagonal-lini*, 16. Jh., *lini diagonalis*, Ende 15. Jh.), entlehnt aus lat. *diagōnālis*, einer Weiterbildung von gleichbed. lat. *diagōnios*, griech. *diagṓnios* (*διαγώνιος*) 'von einem Winkel zum anderen, von Ecke zu Ecke', zu griech. *gōnía* (*γωνία*) 'Winkel, Ecke'; vgl. griech. *gṓnios* (*γώνιος*), *gōniakós* (*γωνιακός*) 'winklig, eckig'. Griech. *gōnía* ist verwandt mit griech. *góny* (*γόνυ*) 'Knie', lat. *genu* sowie *Knie* (s. d.). – D i a g o n a l e f. zwei nicht benachbarte Ecken eines Vielecks miteinander verbindende Gerade, schräg, quer auf einer Fläche oder im Raum verlaufende Linie, anfangs *Diagonal* (16. Jh.) mit dem Plur. *Diagonals* (17. Jh.), danach *Diagonale* (18. Jh.), wohl verkürzt aus *Diagonallinie*, lat. *līnea diagōnālis* (s. oben).

Diakon m. 'geweihter katholischer Kleriker, der mit geringeren Befugnissen unmittelbar unter dem Priester steht; evangelischer, für den Dienst in der Gemeinde ausgebildeter Pfarrhelfer, Krankenpfleger'. Ahd. *diacan* (9. Jh.), mhd. *dīāken*, mnd. *dīaken*, mnl. nl.

diaken, aengl. *diacon*, engl. *deacon*, got. *diakaúnus* sind aus kirchenlat. *diāconus* 'in der Hierarchie unter dem Priester Stehender', griech. *diắkonos* (διάκονος) 'Diener, Aufwärter (bei Tisch), Tempeldiener, Diener einer religiösen Vereinigung, bes. Träger eines Amtes in der christlichen Gemeinde' entlehnt. Vgl. das zugehörige Verb griech. *diākonḗin* (διακονεῖν) 'dienen' sowie verwandtes griech. *enkonḗin* (ἐγκονεῖν) 'eilen, sich auf etw. werfen', *enkonís* (ἐγκονίς) 'Dienerin'. Bei späterer Neuentlehnung erhält die Bezeichnung Betonung und Dehnung der Endsilbe (vgl. die Nebenform kirchenlat. *diācōn*). – Diakonissin, Diakonisse f. 'kirchliche Helferin' (18. Jh.), neubelebt im Zusammenhang mit der 1836 gegründeten ersten Diakonissenanstalt für 'Schwester eines evangelischen, karitativ tätigen Frauenverbandes'; aus spät- bzw. kirchenlat. *diāconissa*, griech. *diākónissa* (διακόνισσα) 'weiblicher Diakon', lat. auch 'Dienerin'.

diakritisch Adj. 'unterscheidend, zur Unterscheidung dienend', bes. von graphischen Zeichen für den besonderen Lautwert eines Buchstabens oder für den Sinn eines Wortes. In der 1. Hälfte des 19. Jhs. aus gleichbed. griech. *diakritikós* (διακριτικός) entlehnt, das zu griech. *diakrī́nein* (διακρίνειν) 'trennen, scheiden, unterscheiden' gehört (s. *kritisch*).

Dialektik f. 'philosophische Methode des Denkens, durch Aufstellung und Aufdeckung von Widersprüchen zur Erkenntnis zu gelangen'. Griech. *dialektikḗ* (διαλεκτική) ist die 'Kunst der wissenschaftlichen Gesprächsführung, Disputierkunst', in der griech. Philosophie die 'Methode, durch Überwindung der Widersprüche im Gespräch zur Wahrheit vorzustoßen', zu griech. *dialégein* (διαλέγειν) 'auslesen', medial *dialégesthai* (διαλέγεσθαι) 'sich unterreden, besprechen'. Daraus stammt die Entlehnung lat. *dialectica*, die ins Dt. übernommen wird, zuerst mhd. *dīalectike*, danach (16. Jh.) meist in lat. Form (doch mit dem Plur. *Dialektiken*), Anfang 17. Jh. in eingedeutschtem endungslosem Sing. *Dialektik*. Der Begriff bleibt von der Antike an Bestandteil der philosophischen Terminologie, wenn auch in unterschiedlicher Interpretation. Die *materialistische Dialektik* sucht im Widerspruch die Quelle aller Bewegung und Entwicklung aufzudecken. Die *objektive Dialektik* in Natur und Gesellschaft wird in der *subjektiven Dialektik* des Denkens und Erkennens widergespiegelt. Daher wird *Dialektik* von Engels (1878) als 'Wissenschaft von den allgemeinen Bewegungs- und Entwicklungsgesetzen der Natur, der Gesellschaft und des Denkens' bestimmt. – Dialekt m. 'Mundart'. Griech. *diálektos* (διάλεκτος) 'Sprache der Unterhaltung, Umgangssprache, Sprachstil, Mundart', lat. *dialectos* 'Mundart' wird im 17. Jh. als Terminus der Sprachwissenschaft (anfangs meist in lat. Form und Flexion) entlehnt; gleichzeitig wird der entsprechende dt. Ausdruck *Mundart* (s. d.) gebildet. [1]dialektisch Adj. (Ableitung von *Dialektik*) 'die Dialektik betreffend, dieser Methode folgend, gegensätzlich, widersprüchlich' (16. Jh.), vgl. lat. *dialecticus*, griech. *dialektikós* (διαλεκτικός); dazu die Fügung *dialektischer Materialismus*. [2]dialektisch Adj. (Ableitung von *Dialekt*) 'mundartlich' (19. Jh.).

Dialog m. 'Unterredung, Wechselrede, Zwiegespräch'. Griech. *diálogos* (διάλογος) 'Unterredung, Gespräch', wie *Dialektik* (s. d.) zum Verb *dialégesthai* (διαλέγεσθαι) gebildet, ergibt lat. *dialogus*, das im 14. Jh. als literarische Gattungsbezeichnung für 'in Gesprächsform aufgezeichnete Erörterungen' ins Dt. übernommen wird und bis ins 18. Jh. lat. Form und Flexion behält. Erst dann (Ende 18. Jh.) begegnet, wohl unter Einfluß von frz. *dialogue*, eingedeutschtes *Dialog* für 'Wechselrede' und daher auch für die 'Gesprächsszene' (im Gegensatz zum *Monolog*, s. d.) eines Bühnenstücks.

Diamant m. Bezeichnung für das aus reinem Kohlenstoff bestehende härteste Mineral; in geschliffener Form wertvoller Edelstein. Mhd. *dīamant, dīemant*, mnd. *dēmant* (15. Jh.) sind Entlehnungen von afrz. *diamant*. Voraus geht mlat. *diamas, diamans* (in den flektierten Formen *diamant-*; vgl. schon spätlat. *diamas*, bezeugt als Name eines Pferdes), das wahrscheinlich über **adimas* aus lat. *adamās*, auch *adamāns* (Gen. *adamantis*), griech. *adámās* (ἀδάμας) 'äußerst harter Stoff, Stahl, Diamant' entstanden ist unter Anlehnung an Präfixkomposita mit *dia-* (s. d.). Griech. *adámās*, eigentl. 'der unbezwingbare (Stein)', ist mit verneinendem *a-* (ἀ- privativum) zum Verb *damnánai* (δαμνάναι) 'bezwingen' gebildet. Die häufige Nebenform *Demant* (z. B. bei Luther und in poetischer Sprache bis ins 20. Jh.) stammt wohl aus dem Nd.

diametral Adj. 'entgegengesetzt, völlig anders', entlehnt (18. Jh., zuvor *diametralisch*, 17./18. Jh.) aus spätlat. *diametrālis* 'zum Durchmesser gehörig', Adjektivableitung von spätlat. *diameter*, lat. *diametros, diametrus*, griech. *diámetros* (διάμετρος), wofür dt. *Diameter* und *Durchmesser* (s. d.). Frz. *diamétral* mag die Aufnahme des Adjektivs ins Dt. befördert haben.

Diapositiv n. 'positives Lichtbild auf durchsichtigem Grund' (um 1900); künstliche Zusammensetzung aus *Dia-* (nach dem Vorbild *Diaskop*, s. *dia-* 'durch-, hindurch') und *Positiv* (s. d.). Dazu die Kurzform D i a n.

Diarium n. 'Tagebuch', Entlehnung (Anfang 17. Jh.) von gleichbed. lat. *diārium*, zu lat. *diēs* 'Tag'.

Diarrhöe f. 'Durchfall', als medizinischer Ausdruck aus der lat. Wissenschaftssprache im 18. Jh. in dt. Texte übernommen; lat. *diarrhoea*, griech. *diárrhoia* (διάρροια) 'Durchfall', eigentl. 'das Durchfließen'.

Diaspora f. 'Lebensgebiet einer konfessionellen Minderheit', eine Bezeichnung, die das 19. Jh. aufnimmt unter Rückgriff auf griech. *diasporá* (διασπορά) 'Zerstreuung', in der Bibel (Septuaginta und Neues Testament) 'die außerhalb Palästinas lebenden Juden bzw. Christen'.

Diät f. 'gesunde Lebens-, Ernährungsweise, Schon-, Krankenkost', als medizinischer Ausdruck aus der lat. Wissenschaftssprache im 15. Jh. in dt. Texte übernommen; lat. *diaeta* 'geregelte Lebensweise', griech. *díaita* (δίαιτα) 'Lebensart', auch die vom Arzt vorgeschriebene 'Lebensweise'.

dicht Adj. 'undurchlässig, nahe beieinander', mhd. *dīhte*, mnd. *dicht(e)* 'undurchlässig, stark, tüchtig, häufig, wahrhaftig', aengl. *-þiht*, engl. *tight*, mnl. *dicht(e)*, nl. *dicht*, anord. *þēttr*, schwed. *tät* führen mit mir. *tēcht* 'geronnen' und lit. *tánkus* 'dicht, häufig' auf die Wurzel ie. **tenk-* '(sich) zusammenziehen, fest, dicht werden' (s. auch *gedeihen*). Im Germ. tritt Ersatzdehnung nach *n*-Ausfall vor *-h-* ein (vgl. mhd. *dīhte*, frühnhd. *deicht*). Im Mnd. wird die Länge wieder beseitigt; die Form mit kurzem *i*, mnd. *dicht*, dringt im 16. Jh. ins Md. und wird danach allgemein schriftsprachlich. – d i c h t h a l t e n Vb. 'verschwiegen sein' (18. Jh.). D i c h t e f. 'enges Beieinander, enge Aufeinanderfolge, Konzentration eines Stoffes oder einer Vorstellung' (16. Jh.). ¹d i c h t e n Vb. 'undurchlässig machen, schließen', mnd. *dichten* (15. Jh.). ¹D i c h t u n g f. 'Verbindungsstück, Ring zum Abdichten technischer Geräte und Leitungen' (19. Jh.).

²dichten Vb. 'literarische Werke, Verse verfassen, erfinden'. Ahd. *tihtōn* 'sprachlich gestalten, abfassen' (9. Jh.; daneben auch Formen mit inlautendem *-ct-*, dem lat. Lautstand entsprechend), mhd. *tihten* 'schreiben, schriftlich abfassen, erfinden, schaffen, erlügen', mnd. mnl. nl. *dichten*, aengl. *dihtan* 'einrichten, verfügen, anordnen, befehlen, verfassen, schreiben, veranlassen', anord. schwed. *dikta* gelten allgemein als Entlehnungen von lat. *dictāre* 'vorsagen, verfassen' (s. *diktieren*). Der nhd. *d*-Anlaut beruht auf der binnendt. Konsonantenschwächung. Fraglich ist, ob die westgerm. Verben möglicherweise erst sekundär unter den Einfluß von lat. *dictāre* geraten, in Wirklichkeit aber germ. Ursprungs sind. Unter Berufung auf die Bedeutungsbreite der genannten Verben erwägt man Zusammenhang mit stark flektierendem mhd. *tīchen* 'schaffen, treiben, ins Werk setzen' (auch von Gesang und Tanz), 'die Stimme erschallen lassen' und will dieses (sehr unsicher) auf eine Variante ie. **dheiĝ-* der unter *Teig* (s. d.) genannten Wurzel ie. **dheiĝh-* 'kneten' zurückführen. – D i c h t e r m. 'Verfasser von Versen, literarischen Werken', mhd. *tihtære* 'Verfasser, Erdichter'. Im Nhd. bleibt *Dichter* selten und setzt sich erst seit dem 18. Jh. gegen das im 15. bis 17. Jh. üblichere *Poet* (s. d.) durch, das im 18. Jh. einen abschätzigen Sinn erhält. *Dichter* bezeichnet heute vorwiegend den Verfasser von Lyrik gegenüber dem allgemeineren *Schriftsteller* (s. d.). ²D i c h t u n g f. 'literarisches Kunstwerk' (15. Jh.). G e d i c h t f. 'lyrische Dichtung (in Versen)', mhd. *getiht(e)* 'schriftliche Aufzeichnung, Erdichtung, Kunstwerk'.

dick Adj. 'umfangreich, zähflüssig, dicht', ahd. *thicki* (um 800), mhd. *dicke, dic*, asächs. *thikki*, mnd. *dicke*, mnl. *dicke*, nl. *dik*, aengl. *þicce*, auch 'finster, neblig', engl. *thick*, anord. *þykkr, þjokkr*, schwed. *tjock* haben Entsprechungen nur im Kelt., z.B. air. *tiug*, kymr. *tew*, bret. *teo* 'dick'. Man erschließt daraus einen Ansatz ie. **tegu̯-* 'dick' oder vermutet in den kelt. germ. Bezeugungen die Fortsetzung eines nicht-ie. Substrats (DE VRIES Nl. 117). Das Adverb *dicke*, ahd. *thicko*, mhd. *dicke* 'oft, häufig', ist landschaftlich noch heute üblich. Die alte Bedeutung 'dicht' ist erhalten in Verbindungen wie *dicker Wald, dicker Nebel*, auch übertragen in *dicke Luft* 'brenzlige Lage' (Anfang 20. Jh.) sowie in der Wendung *durch dick und dünn* 'durch unwegsames Gelände' (16. Jh.), 'durch schwierige Situationen' (19. Jh.). – D i c k e f. 'Körperfülle, großer Umfang, Dichte', ahd. *thickī* (8. Jh.), mhd. *dicke*, asächs. *thikki*. D i c k i c h t n. 'undurchdringliches Gehölz' (17. Jh.). D i c k - k o p f m. 'eigensinniger, starrsinniger Mensch' (19. Jh.), älter 'dumme, schwerfällige Person' (17. Jh.), Possessivkompositum, eigentl. Beiname für Personen oder Bezeichnung für Tiere mit großem Kopf (16. Jh.).

Dieb m. 'wer stiehlt, Spitzbube', ahd. *thiob* (9. Jh.), mhd. *diep, diup*, asächs. *thiof*, aengl. *þēof*, engl. *thief*, mnl. nl. *dief*, anord. *þjōfr*, schwed. *tjuv*, got. *þiufs* sind in ihrer Herkunft nicht sicher zu erklären. Möglich ist der Anschluß an die Wurzel ie. **teup-* 'sich niederkauern', wozu lit. *tūpti* 'sich hinhocken'; *Dieb* wäre dann als einer zu verstehen, der sich heimlich duckt, um nicht gesehen zu werden. DE VRIES Nl. 115 hält diese Ausgangsbedeutung für wenig befriedigend und glaubt, daß das germ. gut bezeugte Wort einem vor-ie. Substrat entstammen könne. – d i e b i s c h Adj. 'wie ein Dieb', mhd. *diebisch*, mnd. *dēvisch*. D i e b s t a h l m. 'Aneignung fremden Besitzes', mhd. *diupstāle* f., *diepstāl* f. Das erste, später an *Dieb* angeglichene Kompositionsglied liegt vor in ahd. *thiuba* f. (8. Jh.), mhd. *diube* f., nhd. *Deube* f. 'Diebstahl, Gestohlenes' (bis ins 18. Jh. bezeugt), das zweite Kompositionsglied in ahd. *stāla* f. (zu *stehlen*, s. d.) 'Diebstahl'. Im 15. Jh. tritt, wohl über die konkrete Bedeutung 'Gestohlenes, Diebesgut', Genuswechsel zum Mask. ein.

Diele f. 'Fußboden(brett), Vorraum'. Das Wort ist in alter Zeit in vielen Form- und Bedeutungsvarianten vertreten; ahd. *thil* m. (8. Jh.), *thilo* m., *thilla* f. 'starkes Brett, Bretterwand, -boden' (11. Jh.), mhd. *dil* f. m., *dille* f. 'Brett, Bretterwand, bretterne Seitenwand eines Schiffes, Verdeck, Bretterfußboden, oberer Boden des Hauses', asächs. *thili* f. 'Diele, Brett, Pult', mnd. *dēle* f. 'Brett, Fußboden, Hausflur', mnl. *dēle*, nl. *deel* 'Tenne, Brett', aengl. *þille* n. 'dünnes Brett, Planke, Flurbelag', *þel* n. 'Planke, Platte', *þelu* f. in *buruhþelu* 'Burgflur', anord. *þil(i)* n. 'Bretterwand, Bretterboden', *þilja* f. 'Brett im Schiffsboden, Ruderbank', *þel* n. 'Grund, Boden', schwed. *tilja* 'Diele, Bühne'. Die germ. Formen (zum Teil mit Gemination verursachendem *j*-Suffix) stellen sich mit aind. *talam* 'Fläche, Ebene, Handfläche', griech. *tēlía* (τηλία) 'Tisch oder Brett mit erhöhtem Rand, Würfel-, Küchenbrett', lat. *tellūs* 'Erde', lit. *tìlės* Plur. 'Bodenbretter im Kahn, Bodenbelag', *tìltas* 'Brücke' zur Wurzel ie. **tel(ə)-* 'flach, flacher Boden, Brett'. Die im Nhd. üblichen Bedeutungen sind zum Teil vom Nd. beeinflußt; *Diele* ist der aus Brettern hergestellte oder (in Norddeutschland) der aus Lehm gestampfte Fußboden, dann auch der ebenerdige große Raum des niedersächsischen Bauernhauses, der als Tenne und ursprünglich auch als Herdraum dient, dann der 'Vorraum'. *Diele* in *Eis-* und *Tanzdiele* erklärt sich aus 'große Fußbodenfläche, großer Raum'. Die literatursprachliche Form ist wohl von mnd. nd. (im 14. bis 16. Jh. auch md.) *dēle* f. beeinflußt. – d i e - l e n Vb. 'Fußboden mit Brettern belegen', mhd. *dillen* 'mit Brettern decken, aus Brettern machen', vgl. ahd. *githillōn* 'bedecken' (11. Jh.).

dienen Vb. 'für jmdn. etw. tun, ihm helfen, abhängig sein', ahd. *thionōn* (8. Jh.), mhd. *dienen*, asächs. *thionon*, mnd. *dēnen*, mnl. nl. *dienen*, anord. (aus dem Mnd.?) *þjōna*, schwed. *tjäna* ist eine mit *-n-* erweiterte Ableitung von germ. **þewa-* 'Sklave, Knecht', das in got. *þius* 'Knecht', urnord. *þewaR* 'Diener, Lehnsmann', aengl. *þēo(w)* 'Diener, Knecht, Unfreier' bezeugt ist (s. auch *Demut*). Verbindet man germ. **þewa-* mit aind. *takti* 'eilt', lit. *tekė́ti* 'laufen, fließen, rinnen', aslaw. *tešti* 'laufen, rennen', russ. *teč'* (*течь*) 'fließen', so ist Anschluß an die Wurzel ie. **teku̯-* 'laufen, fließen' möglich. Für das Subst. ergäbe sich eine Bedeutungsentwicklung von 'Läufer' zu 'Knecht' und für das abgeleitete Verb eine Ausgangsbedeutung 'Knecht sein', die schließlich den Sinn 'behilflich sein' und (bei Sachen) 'nützlich, geeignet sein' annimmt. – D i e n e r m. 'Aufwärter, Hausangestellter', auch 'wer im Auftrage einer Institution, in der Bindung an eine Aufgabe seine Pflicht erfüllt', ahd. *thionāri* (11. Jh.), mhd. *dienære*;

danach (Ende 17. Jh.) 'Verbeugung' (nach der Art eines Bediensteten, eines Untertans), wozu d i e n e r n Vb. 'sich (mehrmals) verbeugen' (19. Jh.). d i e n l i c h Adj. 'nützlich, förderlich' (14. Jh.). D i e n s t m. 'Arbeitsverhältnis im Haushalt', allgemeiner 'Berufs-, Amtspflicht'; das mit dem ie. Suffix *-st-* zum Verb gebildete Abstraktum bezeichnet die Tätigkeit des Dienens, ahd. *thionōst* (8. Jh.), mhd. *dienest* 'Ergebenheit, Ausübung religiöser Pflichten, Aufwartung, Erfüllung standesrechtlicher Verpflichtungen innerhalb des Feudalsystems', asächs. *thionost* und (erweitert zum fem. *n*-Stamm) anord. *þjōnusta* f. D i e n s t m a n n m. 'Besorger von Botengängen' (19. Jh.), ahd. *thionōstman* (8. Jh.), mhd. *dienestman* 'Knecht, Helfer', dann auch (in der Übersetzung von mlat. *ministerialis*) 'niederer Lehnsmann'. v e r d i e n e n Vb. 'durch Arbeit erwerben' (z. B. Lohn), 'für seine Bemühungen wert sein' (z. B. Lob, Tadel), ahd. *firthionōn* (um 1000), mhd. *verdienen*. V e r d i e n s t m. 'Erwerb, Lohn, Gewinn', n. 'anerkennenswerte (oder auch schuldhafte) Tat', frühnhd. *verdienst*, mnd. *vordēnst*. v e r d i e n s t l i c h Adj. 'anerkennungswürdig' (15. Jh.).

Dienstag m. Die nhd. Form des Wochentagnamens entwickelt sich am Niederrhein. Mnd. mnl. *dinstach* (13. Jh.) dringt nach Osten vor (14. Jh.), gelangt dann allmählich nach Süden, die älteren obd. Formen alem. *Zistig*, bair. *Ertag* verdrängend. Erst seit der 2. Hälfte des 17. Jhs. gilt nhd. *Dienstag* in der Schriftsprache allgemein. Die Deutung des Wochentagnamens beruht auf Vermutungen (vgl. DE VRIES Nl. 118). Vorbild der Benennung ist der bei den Römern nach dem Kriegsgott *Mārs* benannte Wochentag (lat. *Mārtis diēs*, woraus frz. *mardi*, ital. *martedì*); in germ. Interpretation wird *Mārs* mit dem germ. Kriegsgott **Tīwaz* (bzw. **Þingsaz*) identifiziert. Geht man von den am Niederrhein bezeugten Formen mnd. *dingesdach, dinstag*, mnl. *dinx(en)dach, dinsendach*, südmnl. *dīs(en)dach* aus, kann deren erstes Kompositionsglied auf einen in Inschriften belegten germ. Götternamen *Thingsus* 'das Thing, die Thingversammlung beschützender Gott' zurückgeführt werden. Latinisiertes *Thingsus* (germ. **Þingsaz*) ist als Beiname des germ. Himmels- und Kriegsgottes **Tīwaz* anzusehen, der in ahd. *Ziu*, aengl. *Tīw*, anord. *Týr* begegnet und in die (wohl ursprünglicheren) Wochentagnamen germ. **tīwas-dagaz*, ahd. *ziestag* (Hs. 12. Jh.), mhd. *ziestac*, nhd. alem. *Zistig*, aengl. *Tīwesdæg*, engl. *Tuesday*, anord. *týsdagr*, schwed. *tisdag* eingegangen ist. Vielleicht ist angesichts dieser guten Überlieferung ohnehin die Anknüpfung an **Þingsaz* aufzugeben und auch für die niederrhein. Namen besser von germ. **tīwas-dagaz* auszugehen. Um aus kirchlichem Bestreben den heidnischen Götternamen zu tilgen, wird anlautendes *t-* durch *d-* ersetzt; dadurch entstandenes *dīsdach* führt (unter Angleichung an *sonnendach, mānendach*) zu *dīsendach* bzw. (unter Angleichung an *woensdach*) zu *dinsdach*, das die Grundlage der heute gültigen Namensform bildet.

dieser m., **diese** f., **dieses** n. Pron. Das verstärkte Demonstrativpronomen ist eine nur im West- und Nordgerm. vorkommende Zusammensetzung, die ursprünglich aus den flektierten Stammformen des unter *der, die, das* (s. d.) behandelten Demonstrativums und einer indeklinablen mit *s-* anlautenden deiktischen Partikel (älter anord. *-si*, sonst *-s* oder *-se*) besteht. Diese frühe Bildungsweise, nach der das Pronomen im Wortinnern flektiert wird, ist in einigen Formen noch erhalten (z. B. ahd. *these* m., asächs. *thius* f.), in den meisten Fällen jedoch aufgegeben, indem die Verbindung einer einheitlichen Stammform **þe-* oder **þes-* mit der Partikel *-s* oder *-se* nunmehr am Wortende flektiert wird, vgl. ahd. *thesēr* m., *thesiu* f., *thiʒ* n. Im 9. bis 11. Jh. geht das *e* des Stammes in *i* über. In Formen mit *r* in der Endung erfolgt Assimilation des voraufgehenden *s* und Ausstoßung des dazwischenstehenden *e*, z. B. Gen. Plur. ahd. *thesero* über *therero, therro* zu *dirro* (Notker). Danach dringen die *rr*-Formen auch in den Nom. Sing. ein, vgl. ahd. *dirro* (11. Jh.), mhd. *dirre*; sie verlieren sich wieder im 16. Jh. Im Nhd. nimmt das Pronomen die Flexion der starken Adjektive an.

diesig Adj. 'dunstig, neblig, unsichtig' gelangt Ende 19. Jh. aus nd. Mundarten ins Hd., vgl. nd. *dīsig*, nl. *dijzig*, dän. schwed. *disig* sowie mnd. *dīsinge* 'Nebelwetter'. Sieht man in der Länge des Stammvokals Ersatzdehnung nach Nasalausfall, so ist germ. **þins-*, älter **þims-* vorauszusetzen, das sich mit den unter *finster* und *Dämmerung* (s. d.) genannten Formen an die Wurzel ie. **tem(ə)-* 'dunkel' anschließen läßt.

Dietrich m. Metallhaken zum Öffnen von

Schlössern, 'Nachschlüssel' (zuerst um 1400; vorher ahd. *afterslu33il*, 11. Jh., mhd. *diepslü33el* 'Nachschlüssel'). Die Verwendung des Personennamens *Dietrich* (zu ahd. *thiot*, mhd. *diet* 'Volk', s. *deutsch*, und ahd. *rīhhi* 'vornehm, mächtig', s. *reich*), auch seiner affektisch verschärften Kurzform *Dietz* (15. Jh.) als Gerätebezeichnung entwickelt sich offensichtlich in der Gaunersprache, wo verschiedentlich Gegenstände, insbes. Werkzeuge, durch scherzhaft-euphemistische Übertragung personifiziert werden; vgl. *Langhansel, langer Heinrich*, engl. *jemmy* 'Brecheisen', *grüne Minna* 'Transportwagen für Gefangene'.

diffamieren Vb. 'verunglimpfen, verleumden', entlehnt im 16. Jh. aus gleichbed. lat. *diffāmāre*, zu lat. *fāma* 'Gerede, öffentliche Meinung, Leumund' (s. *Fama*).

Differenz f. 'Unterschied, Meinungsverschiedenheit', mhd. *differenze*, entlehnt aus lat. *differentia* 'Verschiedenheit' (zu lat. *differre*, s. unten). Der mathematische Terminus 'Ergebnis einer Subtraktion' entwickelt sich im Spätlat. (Boethius) und wird im 15. Jh. ins Dt. aufgenommen. – d i f f e r i e r e n Vb. 'abweichen, anderer Meinung sein', entlehnt aus lat. *differre* 'auseinandertragen, verzögern, verschieden sein', zuerst (16. Jh.) dem lat. Gebrauch entsprechend 'aufschieben', danach (17. Jh.) im heute üblichen Sinne 'verschieden sein'. D i f f e r e n t i a l n. 'unendlich kleine Differenz zwischen abhängigen Größen' (18. Jh.), mathematischer Terminus der D i f f e r e n t i a l r e c h n u n g f. (18. Jh.), aus nlat. *differentialis* Adj. 'eine Differenz betreffend'.

diffizil Adj. 'schwierig, heikel', Entlehnung (*difficil*, um 1700) von frz. *difficile*, das auf lat. *difficilis* 'schwierig', eigentl. 'schwer zu tun', beruht (zu lat. *facere* 'machen, tun' in Verbindung mit *dis-*, s. d.). Vom 18. Jh. an (in Anlehnung an das Lat.) *diffizil*.

diffus Adj. 'zerstreut, verschwommen, konturlos', Entlehnung (Anfang 19. Jh.) der Wissenschaftssprache aus lat. *diffūsus*, Part. Perf. von lat. *diffundere* 'ausgießen, (sich) ausbreiten, zerstreuen'.

diktieren Vb. 'vorsprechen (zum Nachschreiben), befehlen, aufzwingen', entlehnt (15. Jh.) aus gleichbed. lat. *dictāre*, Intensivum zu lat. *dīcere* 'sagen' (s. *zeihen*). Dazu im 20. Jh. *Diktiergerät, Diktaphon*. Das substantivierte Part. Perf. lat. *dictātum* 'Diktiertes', *dictāta* Plur. 'Regeln, Vorschriften' wird entlehnt als D i k t a t n. 'Ansage, Nachschrift' (Anfang 17. Jh.), 'Gebot, aufgezwungene Verpflichtung' (Anfang 19. Jh.). D i k t a t o r m. unveränderte Übernahme von lat. *dictātor*, zunächst (15. Jh.) in historischen Darstellungen in lat. Sinne 'römischer Staatsbeamter mit absoluten Vollmachten', als Staatstitel und auch ehrenvolle Anrede, dann (16. Jh.) allgemein 'Regierender mit unbeschränkter Macht, Gewaltherrscher, Tyrann'; davon abgeleitet d i k t a t o r i s c h Adj. 'herrisch, willkürlich' (17. Jh.), vgl. lat. *dictātōrius*. D i k t a t u r f. 'allgemeine unumschränkte Herrschaft' (16. Jh.), auch 'Gewaltherrschaft', entlehnt aus lat. *dictātūra*.

Diktion f. 'Stil, Ausdrucks-, Sprechweise', Ende 15. Jh. aus gleichbed. lat. *dictio* (Gen. *dictiōnis*), zu lat. *dīcere* (*dictum*) 'sagen'.

Dilemma n. 'Entscheidungszwang zwischen zwei Übeln, Zwangslage'. Lat. *dilēmma*, griech. *dílēmma* (*δίλημμα*) bezeichnet einen Fangschluß der Logik, der einen Gegner so zwischen zwei gleich unangenehme Behauptungen stellt, daß er sich für eine entscheiden muß; aus griech. *di-* (*δι-*) 'zweifach' (s. [1]*di-*) und griech. *lḗmma* (*λῆμμα*) 'Annahme, Hilfssatz, Prämisse'. In dem allgemeinen Sinne 'Zwangslage, Klemme' seit dem 17. Jh. in dt. Texten.

Dilettant m. 'wer eine Beschäftigung aus Liebhaberei betreibt, Laie', entlehnt (18. Jh.) aus gleichbed. ital. *dilettante*, zu ital. *dilettare*, lat. *dēlectāre* 'sich angenehm beschäftigen, ergötzen'; oft geringschätzig 'Stümper' (ebenfalls seit 18. Jh.). – d i l e t t a n t i s c h Adj. 'laienhaft, unsachgemäß, oberflächlich' (Ende 18. Jh.).

Dill m. stark duftendes Doldengewächs; eines der ältesten angebauten Gewürz- und Küchenkräuter, ahd. *tilli* (8. Jh.), mhd. *tille*, asächs. *dilli*, nl. *dille*, aengl. *dile*, engl. *dill* und ablautend mhd. *tülle*, nhd. (mundartlich) *Düll*, aengl. *dyle*; auch anord. *dylla* 'Gänsedistel'. Das anlautende *d-* im Nhd. stammt aus dem sich verbreitenden mnd. *dille*. Da alle außergerm. Beziehungen höchst unsicher bleiben, glaubt DE VRIES Nl. 117, den germ. gut bezeugten Namen als Substratwort ansehen zu dürfen.

Diluvium n. 'Eiszeit(alter)', geologischer Terminus des 19. Jhs., älter 'Überschwemmung, Sintflut' (Ende 15. Jh.); lat. *dīluvium*

'Wasserflut'. – d i l u v i a l Adj. 'eiszeitlich' (19. Jh.), vgl. lat. *dīluviālis* 'überschwemmend'.

DIN Abkürzung für *Deutsche Industrie-Norm* (20er Jahre 20. Jh.).

Diner n. 'festliches Essen'. Im 18. Jh. wird frz. *dîner* m. 'Mittagessen', Substantivierung von frz. *dîner* Vb. 'zu Mittag essen', afrz. *disner* 'die erste Hauptmahlzeit des Tages einnehmen', ins Dt. übernommen. Das Verbum geht zurück auf vlat. **disjējūnāre*, verkürzt zu **disjūnāre* 'aufhören zu fasten', aus lat. *dis-* und *iēiūnāre* 'fasten, sich der Speise enthalten' (lat. *iēiūnus* 'nüchtern, mit leerem Magen'). Auf Grund der bestehenden Eßgewohnheiten hat frz. *dîner* die Bedeutung 'Hauptmahlzeit zu Mittag', später 'am Abend', im Dt. meist 'Mittagessen, Festmahl' angenommen, während *Dinner* (s. unten) englischer Gewohnheit entsprechend vornehmlich für 'Abendessen' gilt. – D i n n e r n. 'am Abend eingenommene Hauptmahlzeit, Abendessen, festliches Essen', engl. *dinner*, aus dem Frz., daher gleicher Herkunft wie *Diner* (s. oben), um 1900 übernommen für die nach englischer Sitte am Abend eingenommene Hauptmahlzeit. d i n i e r e n Vb. 'die Hauptmahlzeit des Tages einnehmen, festlich essen' (mittags oder abends), im 18. Jh. zum Verbum frz. *dîner* gebildet.

Ding n. 'germ. Volks- und Gerichtsversammlung, Sache, Gegenstand, Angelegenheit', ahd. *thing* (8. Jh.), mhd. *dinc*, asächs. *thing*, mnd. mnl. *dinc*, nl. *ding*, aengl. *þing*, engl. *thing*, anord. *þing*, schwed. *ting* und (im grammatischen Wechsel) got. *þeihs* 'Zeit' gehen zurück auf die zur Wurzel ie. **ten-* 'dehnen, ziehen, spannen' gehörende Gutturalerweiterung ie. **tenk-* 'ziehen, dehnen, spannen, Zeitspanne'. Zur gleichen Wurzel stellen sich lat. *tempus* 'Zeitabschnitt, Zeit' und air. *tan* 'Zeit'. West- und nordgerm. **þenga-* bezeichnet die 'Volksversammlung aller Freien', die über Krieg und Frieden beschließt, den Heerführer oder König wählt und in der Recht gesprochen wird. Got. *þeihs* als Übersetzung für griech. *kairós* (καιρός) meint 'eine für einen bestimmten Zweck festgelegte Zeit'. So bedeutet auch germ. **þenga-* in vorliterarischer Zeit (wie noch ahd. *thing* in seinen ältesten Belegen) 'Zeitpunkt', dann die zu einem bestimmten Zeitpunkt angesetzte allgemeine Volksversammlung. Die gesellschaftlichen Veränderungen nach der Völkerwanderungszeit, wie sie sich deutlich in der Errichtung des fränkischen Feudalstaates zeigen und zum Zerfall der alten Volksversammlung führen, lassen sich an der Bedeutung von ahd. *thing* nachweisen: *thing* ist vor allem die 'Gerichtsversammlung', an der ein bestimmter Personenkreis teilnimmt; daraus abgeleitet bezeichnet es den 'Versammlungs- oder Gerichtstermin und -platz', die 'Gerichtsverhandlung' und deren Ergebnis 'Urteil, Vertrag', dann auch (unter dem Einfluß von lat. *causa, rēs, negōtium*) die zu verhandelnde 'Rechtssache', den 'Fall', 'Ursache', 'Grund'. Damit hat sich *thing* von der alten Bedeutung 'Volksversammlung' gelöst, und der Weg zu (nhd. herrschendem) 'Sache, Gegenstand, Angelegenheit, Geschehen' ist beschritten; als Terminus der mittelalterlichen Logik kann es für 'Wesen, Begriff' u. dgl. stehen; vgl. KARG-GASTERSTÄDT Ahd. Thing – Nhd. Ding (1958). Eine ähnliche Entwicklung erlebt das Wort in allen germ. Sprachen (vgl. aengl. *þing* 'Beratung, Versammlung, Gerichtshof, Prozeß, Tat, Ursache, Gegenstand', engl. *thing* 'Ding, Sache, Wesen, Angelegenheit'). Jünger ist die Verwendung für Personen oder Sachen, die nicht benannt werden können oder sollen (14. Jh.) und der (umgangssprachlich und mundartlich übliche) herabsetzende Gebrauch, vgl. *kleines, armes, grünes Ding* 'Mädchen' (17. Jh.), Plural *Dinger. Ding* als philosophischer Erkenntnisgegenstand (18. Jh.); *Ding an sich* (Reimarus 1760); *mit rechten Dingen zugehen* 'auf natürliche Weise geschehen' (18. Jh.). – d i n g l i c h Adj. 'gegenständlich', mhd. *dinclich*; vgl. ahd. *thinglīh* (10. Jh.), mhd. *dingelich* 'gerichtlich'. D i n g s n. m. f. distanzierende oder abschätzige Bezeichnung für Personen und Sachen (16. Jh.), Ersatzwort für Eigennamen (18. Jh.), vgl. auch D i n g s d a n. m. f. (19. Jh.). d i n g f e s t Adj., vorwiegend *dingfest machen* 'festnehmen, in seine Gewalt bekommen' (19. Jh.); vgl. dazu das Gegenwort mhd. *dincvlühtec* 'sich dem Gericht entziehend'. D i n g w o r t n. 'Substantiv' (um 1900). d i n g e n Vb. 'in Dienst nehmen', ahd. *thingōn* 'Gericht halten, Urteil sprechen, streben' (8./9. Jh.) und *thingen* 'streben, hoffen, Gericht halten, eine Entscheidung herbeiführen' (9. Jh.), mhd. *dingen*, auch 'durch Verhandlung ausbedingen, mieten', woraus sich die heute noch geläufige Bedeutung entwickelt. abdingen Vb. 'abmieten, abhandeln, vom Preis herunterhandeln', mhd. *abedingen* 'ein Übereinkommen treffen, abhandeln'.

Diode f. elektronisches Bauelement mit zwei Elektroden zur Gleichrichtung, Mischung und Demodulation (20. Jh.), in Anlehnung an *Anode, Kathode, Elektrode* (s. d.) gebildet. Zum ersten Kompositionsglied s. [1]*di-*; vgl. auch die mit den Kompositionsformen der griech. Zahlwörter für 'drei', 'vier', 'fünf' gebildeten Stubstantive *Triode, Tetrode, Pentode*.

Diözese f. 'Amtsbezirk eines katholischen Bischofs, Bistum', im 16. Jh. entlehnt aus lat. *dioecēsis* 'Distrikt, Teil einer Provinz, (später) des Reiches', kirchenlat. 'bischöflicher Amtsbezirk', nach griech. *dioĩkēsis* (διοίκησις) 'Haushaltung, Verwaltung(sgebiet)'.

Diphtherie f. Infektionskrankheit der Hals- und Rachenschleimhäute. 1821 bildet der frz. Arzt Bretonneau aus griech. *diphthéra* (διφθέρα) 'gegerbte Haut, Leder, Fell' und dem Suffix für Entzündungen *-ītis* (s. *Bronchitis*) die Krankheitsbezeichnung medizin.-lat. *diphtheritis*, die unverändert im Dt. gebräuchlich wird, im Frz. aber *diphtérite*, jünger *diphtérie* ergibt. In der 2. Hälfte des 19. Jhs. wird frz. *diphtérie* als *Diphtherie* ins Dt. übernommen und löst *Diphtheritis* ab.

Diphthong m. phonetische Kombination aus zwei Vokalen mit der sprachlichen Funktion eines einfachen Vokals, mhd. *dyptong* f., entlehnt aus lat. *diphthongus* f., griech. *diphthongos* (δίφθογγος) f. 'Doppellauter, Doppelvokal' bzw. adjektivisch 'mit Doppellaut geschrieben', zu griech. *di-* (δι-) 'zweifach' (s. [1]*di-*) und griech. *phthóngos* (φθόγγος) 'Laut'. Mit mask. Genus (seit 15. Jh.) in Anlehnung an andere lat. Substantive auf *-us* oder in Anlehnung an *Laut*? Verdeutschungen wie *Doppellaut, Zwei(fach)lauter* können sich nicht durchsetzen, doch ist *Zwielaut* im 20. Jh. gelegentlich anzutreffen. – diphthongieren Vb. 'aus einem Monophthong zum Diphthong werden' (19. Jh.). Diphthongierung f. 'Entwicklung eines Monophthongs zum Diphthong' (19. Jh.).

Diplom n. 'Prüfungsnachweis, Abschlußzeugnis, Urkunde', im 17. Jh. aus lat. *diplōma* (Gen. *diplōmatis*), griech. *díplōma* (δίπλωμα) 'Geleitbrief, Empfehlungsschreiben, Urkunde', eigentl. 'das Verdoppelte, zusammengefaltetes Schreiben', ins Dt. entlehnt (zum ersten Kompositionsglied s. [1]*di-*). Neben dem bereits im 17. Jh. bezeugten endungslosen Singular *Diplom* steht bis ins 18. Jh. ein auf der lat. Stammform beruhender Plural (*Diplomaten*), bis sich in der 2. Hälfte des 18. Jhs. die dt. Deklination (*Diplome*) durchsetzt. – Diplomarbeit f. 'Abschlußarbeit' an Hoch- und Fachschulen (20. Jh.). Diplomingenieur (*Dipl.-Ing.*) m. 'Ingenieur mit Hochschulabschluß' (20. Jh.). Diplomand m. 'Student, der an seiner Diplomarbeit schreibt, sein Diplom macht' (20. Jh.), wohl nach dem Vorbild *Doktorand* (s. d.). Diplomatik f. 'Urkundenlehre' (18. Jh.), aus gleichbed. frz. *diplomatique* oder unmittelbar aus dem Nlat. (vgl. Mabillon *De re diplomatica*, 1681). Dem frz. Substantiv liegt das Adjektiv frz. *diplomatique*, nlat. *diplomaticus* 'die Urkunden betreffend' (zu lat. *diplōma*, s. oben) zugrunde; dazu auch [1]diplomatisch Adj. 'die Urkunden betreffend, urkundlich, buchstabengetreu' (18. Jh.).

Diplomat m. 'mit einem bestimmten völkerrechtlichen Status ausgestatteter Vertreter eines souveränen Staates, geschickt verhandelnder Mensch', zu Anfang des 19. Jhs. aus gleichbed. frz. *diplomate* entlehnt, einer Bildung zum Adjektiv frz. *diplomatique* (nlat. *diplomaticus*) 'die Urkunden betreffend' (s. *Diplom*), speziell 'die den internationalen Verkehr regelnden Verträge', dann 'den internationalen Verkehr selbst betreffend'. – Diplomatie f. 'Regelung zwischenstaatlicher Beziehungen', Übernahme (Ende 18. Jh.) von frz. *diplomatie*, später (19. Jh.) im Dt. auch 'Gesamtheit der Diplomaten'. [2]diplomatisch Adj. 'die Diplomatie, die Diplomaten betreffend, geschickt verhandelnd' (18. Jh.), frz. *diplomatique* (s. oben).

direkt Adj. 'unmittelbar, geradezu, deutlich', aus lat. *dīrēctus* 'geradegerichtet, in gerader Richtung', Part. Perf. zu lat. *dīrigere* 'eine gerade Richtung geben, lenken' (s. *dirigieren*), entlehnt und seit dem späten 15. Jh. in dt. Texten bezeugt, zuerst nur adverbial (in der lat. Form *dīrēctē*), seit dem Ende des 17. Jhs. auch attributiv gebraucht. – indirekt Adj. 'mittelbar', Gegenteil von *direkt*, spätlat. *indīrēctō*, mlat. *indirecte* Adv., mit negierendem *in-* (s. [2]*in-*); seit dem 16. Jh. in der mlat. Form im Dt., seit dem 18. Jh. eingedeutscht und auch attributiv.

Direktion f. 'Leitung' (als Tätigkeit und Institution). Lat. *dīrēctio* (Gen. *dīrēctiōnis*) 'das Geraderichten, Hinlenken auf ein bestimmtes Ziel, Richtung', Verbalabstraktum zu lat. *dīrigere* (*dīrēctum*) 'eine gerade Richtung geben, richten, lenken, ordnen' (s. *dirigieren*), wird im 16. Jh. in heute nicht mehr üblichen Verwendungen wie 'Richtung, Ordnung' und 'Richtlinie, Zielsetzung' entlehnt. Daraus entwickelt sich um 1600, wohl unter dem Einfluß von entsprechendem mfrz. frz. *direction*, die Bedeutung 'leitende, ordnende Tätigkeit', seit dem 17. Jh. der (im Frz. jüngere) Gebrauch im Sinne von 'leitende Instanz'.

Direktive f. 'Richtlinie', in der 1. Hälfte des 19. Jhs. aufkommende Substantivbildung, möglicherweise verkürzt aus wissenschafts- und verwaltungssprachlichen Ausdrücken wie *Direktivnorm* (1. Hälfte 19. Jh.), *Direktivregel* (um 1800), deren erstes Glied auf ein an lat. *dīrigere* (*dīrēctum*) 'eine gerade Richtung geben, richten, lenken, ordnen' (s. *dirigieren, direkt*) anzuschließendes, seit dem 13. Jh. im Mlat. und in den roman. Sprachen nachweisbares Adjektiv mlat. *directivus*, afrz. frz. *directif*, ital. *direttivo*, span. *directivo* 'richtunggebend, lenkend, leitend' zurückgeht (vgl. ferner den älteren militärtechnischen Terminus *Direktivfortifikation*, um 1700). Aus dem Frz. stammendes engl. *directive* Adj. begegnet bereits im 17. Jh. substantiviert für 'richtunggebende Kraft, Leitlinie'.

Direktor m. 'Leiter, Vorsteher', spätlat. *dīrēctor* 'Leiter, Lenker', Nomen agentis zu lat. *dīrigere* 'richten, lenken' (s. *dirigieren*), im 16. Jh. ins Dt. übernommen. – D i r e k t o r i u m n. 'Leitungsgremium, leitende Behörde', auch 'Oberaufsicht, Leitung' (17. Jh.), latinisierende Bildung (nach dem Muster *Konsistorium* u. ä.) zu *Direktor* (vgl. dagegen spätlat. *dīrēctōrium* 'vorgeschriebener Reiseweg'). D i r e k t r i c e f. 'Leiterin' (18. Jh.), frz. *directrice*.

dirigieren Vb. 'leiten, lenken' (seit dem 17. Jh. bes. von musikalischen Aufführungen), in der ersten Hälfte des 16. Jhs. aus lat. *dīrigere* 'eine gerade Richtung geben, richten, lenken, ordnen' entlehnt. Lat. *dīrigere*, aus der Verstärkungspartikel *dis-* (s. d.) und *regere* 'geraderichten, lenken, leiten, herrschen' (s. *regieren*) zusammengesetzt, bedeutet eigentl. 'intensiv, nachdrücklich leiten', – D i r i g e n t m. 'Leiter' (18. Jh.), vom Part. Präs. lat. *dīrigēns* (Gen. *dīrigentis*) 'leitend, Leitender'; seit dem 19. Jh. 'Kapellmeister, Chorleiter' (älter dafür *Direktor*, 17. Jh.).

Dirne f. 'Prostituierte', landschaftlich 'junges Mädchen', ahd. *thiorna* 'Mädchen, Jungfrau, Dienerin' (8. Jh.), mhd. *dierne, dirne* 'Dienerin, (Bauern)magd, Mädchen', asächs. *thiorna* 'Jungfrau, Mädchen', mnd. *dērne* 'Unfreie, Dienerin, Magd, Mädchen, Jungfrau', mnl. *dierne, deerne*, nl. *deern*, anord. (aus dem Mnd.) *þerna* 'Dienstmädchen'. Die Herkunft ist nicht eindeutig geklärt. Karg-Gasterstädt in: PBB 66 (1942) 308 ff. führt die Formen zurück auf germ. **þewernō*, die fem. Gegenbildung zu germ. **þegnaz*, woraus ahd. asächs. *thegan* 'Krieger, Gefolgsmann, Anhänger', ursprünglich wohl 'männliches Kind' (s. [1]*Degen*). Das würde für das Germ. eine Wurzelvariante ie. **teku̯-* neben ie. **tek-* 'gebären, zeugen' voraussetzen. Nowicki in: ZfdA 106 (1977) 85 ff. schlägt vor, *Dirne* mit mhd. *diehter, tiehter* 'Enkelkind' zur sonst allerdings nur im Indoiranischen bezeugten Wurzel ie. **teuk-* 'Keim, Same, Nachkommenschaft' zu stellen. Die germ. Ausgangsform für *Dirne* wäre dann germ. **þeuχranō*. Die Bedeutung 'Prostituierte' aus 'Magd, Mädchen aus niederen sozialen Verhältnissen' ist seit der Mitte des 15. Jhs. nachzuweisen. Dazu das Deminutivum D i r n d l n. 'junges Mädchen', vgl. bair. *dyerndl* (15. Jh.), 'die jüngste (und letzte) Dienstmagd auf einem Bauernhof' (18. Jh.), südd. auch 'Trachtenkleid', verkürzt aus D i r n d l k l e i d n. (1. Hälfte 20. Jh.).

dis- Präfix, das vornehmlich in Wörtern auftritt, die aus dem Lat. entlehnt sind bzw. auf das Lat. zurückgehen, vor bestimmten Konsonanten auch in der Form *di-* (*dirigieren*) oder (assimiliert an folgendes *-f*) *dif-* (*differieren*). Es kann nach seiner Ausgangsbedeutung 'entzwei, auseinander' Trennung (*Distanz*), Verneinung (*diffizil, Disharmonie*) oder Verstärkung (*dirigieren*) ausdrücken. Lat. *dis-* gehört, wohl mit dem unter *dia-* (s. d.) behandelten Präfix griech. *dia-* (*δια-*, wenn aus **δισα*), zu ie. **dis-*, einer Nebenform von ie. **du̯is-* 'entzwei, auseinander' (s. *Zwist*).

Diskant m. 'höchste Stimmlage, Sopran, höchste Tonlage (bei Instrumenten)'. Mlat.

discantus 'Gegengesang' (zu lat. *cantus* 'Gesang') wird bereits um 1300 eingedeutscht. Es bezeichnet zunächst die höhere kontrapunktierende Gegenstimme zum *cantus firmus*, gesungen von falsettierenden Männerstimmen, gilt dann allgemein für die höchste Stimme, den 'Sopran', bzw. für die Oberstimmen im instrumentalen Satz. In Zusammensetzungen zur Kennzeichnung von Instrumenten in hoher Tonlage (*Diskantgeige, -flöte, -posaune*).

Diskont m., älter D i s k o n t o m. 'Zinsabzug bei Ankauf von noch nicht fälligen Wechseln, Zinsvergütung'. Der im 17. Jh. entlehnte Fachausdruck des Bankgeschäfts beruht auf ital. *disconto* 'allmähliche oder vorzeitige Abzahlung einer Schuld', einer älteren Nebenform von gleichbed. ital. *sconto* (vgl. mlat. *discomputare* 'abrechnen, abziehen'). Beide Varianten gehören als Gegenbildungen zu ital. *conto* 'Rechnung' (s. *Konto*). Die Verkürzung zu *Diskont* erfolgt wohl unter Einfluß von gleichbed. frz. *discompte* (üblich im 17./18. Jh.) oder engl. *discount*, die ebenfalls Übernahmen aus dem Ital. sind. – d i s k o n t i e r e n Vb. 'den Diskont abziehen, Wechsel vor ihrer Fälligkeit gegen Zinsabzug kaufen' (17. Jh.).

Diskothek f. 'Schallplattensammlung' (um 1935), 'Tanz- und Unterhaltungsveranstaltung für Jugendliche mit Schallplatten- oder Bandmusik, Räumlichkeit, in der diese Veranstaltung stattfindet', in der Sprache der Jugendlichen meist verkürzt zu *Disko* (70er Jahre 20. Jh.). *Diskothek* 'Schallplattenarchiv' ist gelehrte Neubildung (wohl zuerst frz. *discothèque*) zu griech. *dískos* (δίσκος) m. 'Wurfscheibe' (s. *Diskus*), dann auch 'flache Scheibe', in moderner Übertragung 'Schallplatte' (frz. *disque*), und griech. *thḗkē* (θήκη) f. 'Behältnis, Kiste, Kasten, Schrank' (s. *Theke*), nach dem Vorbild *Bibliothek, Pinakothek* zusammengesetzt. – D i s k j o k k e y m. 'Arrangeur und Moderator von Diskoveranstaltungen' (im Rundfunk, dann in Tanzgaststätten; 50er Jahre 20. Jh.), aus dem Engl., zusammengesetzt aus engl. *disk* 'Wurfscheibe, Schallplatte' (s. *Diskus*) und *Jockey* (s. d.).

Diskrepanz f. 'Mißverhältnis, Unstimmigkeit, Mißhelligkeit', Ende des 16. Jhs. aus lat. *discrepantia*, Verbalabstraktum zu lat. *discrepāre* 'nicht übereinstimmen, in Widerspruch stehen, abweichen', entlehnt.

diskret Adj. 'taktvoll, zurückhaltend, verschwiegen', Entlehnung (Ende 16. Jh.) von gleichbed. mfrz. frz. *discret*, afrz. *discré, discret* 'verständig, verschieden', das auf lat. *discrētus* 'getrennt, unterschieden', spätlat. 'urteilsfähig, verständig', Part. Perf. zu lat. *discernere* 'absondern, trennen, unterscheiden', zurückgeht. Aus der im Spätlat. und Mlat. nachzuweisenden Bedeutung 'fähig zu unterscheiden, urteilsfähig, verständig' entwickeln sich im Frz. die modernen Verwendungen. – i n d i s k r e t Adj. 'unverständig, unhöflich' (17. Jh.), 'taktlos, nicht verschwiegen' (18. Jh.), nach gleichbed. mfrz. frz. *indiscret*, lat. *indiscrētus* 'ungetrennt, ohne Unterschied', spätlat. 'nicht urteilsfähig, unklug, unbesonnen'. D i s k r e t i o n f. 'Zurückhaltung, Verschwiegenheit' (16. Jh.), nach gleichbed. mfrz. frz. *discrétion*, afrz. *discrecion* 'Unterscheidungsvermögen, Unterschied', spätlat. *discrētio* (Gen. *discrētiōnis*) 'Trennung, Unterscheidung, Urteilsvermögen', Verbalabstraktum zu lat. *discernere* (s. oben). I n d i s k r e t i o n f. 'Geschwätzigkeit, Aufdringlichkeit, Neugier, Vertrauensbruch' (18. Jh.), nach mfrz. frz. *indiscrétion* 'Unklugheit, Unbescheidenheit, Mangel an Verschwiegenheit', afrz. *indiscrecion* 'Unverständigkeit', spätlat. *indiscrētio* 'Untrennbarkeit, Unverständigkeit'.

diskriminieren Vb. 'herabsetzen, herabwürdigen', im 19. Jh. zu lat. *discrīmināre* 'trennen, absondern, unterscheiden' gebildet, verwandt mit lat. *discernere* (s. *diskret*). Die moderne Bedeutung ist als 'jmdn. absondern, ihn durch unangemessene, unwürdige Behandlung in den Augen der anderen herabsetzen' zu erklären. – D i s k r i m i n i e r u n g f. 'Herabsetzung' (20. Jh.); spätlat. *discrīminātio* (Gen. *discrīminātiōnis*) 'Scheidung, Absonderung'.

Diskurs m. 'Erörterung, Unterhaltung' kommt zu Anfang des 16. Jhs. durch frz. Vermittlung aus dem Lat. ins Dt., vgl. mfrz. frz. *discours*, aus spätlat. *discursus* 'Verkehr, Umgang, Gespräch', lat. 'das Auseinanderlaufen, Umherrennen', zu lat. *discurrere* 'auseinanderlaufen, sich ausbreiten', spätlat. 'etw. mitteilen (in Worten)'. Das dazugehörige, aus dem Lat. entlehnte Verb *diskurrieren* 'erörtern, lebhaft verhandeln' (16. Jh.) ist literatursprachlich selten, in landschaftlicher Umgangssprache jedoch geläufig.

Diskus m. 'Wurfscheibe' wird im 18. Jh. aus gleichbed. lat. *discus*, griech. *diskos* (δίσκος), auch (nach der Form) 'Platte, Teller' (s. *Tisch*), mit dem bereits der Antike bekannten Sportgerät und der Sportart (*Diskuswerfen* Guts Muths 1793) ins Dt. übernommen.

diskutieren Vb. 'besprechen, erörtern' wird im 16. Jh. aus lat. *discutere* (*discussum*) 'zerschlagen, zerspalten', übertragen spätlat. 'eine Sache untersuchen, erörtern, besprechend erwägen' entlehnt. – diskutabel Adj. 'erwägenswert, annehmbar', zuvor (dem Frz. folgend) 'der Erörterung bedürfend, strittig' (19. Jh.), frz. *discutable*; Gegensatz indiskutabel Adj. 'nicht erwägenswert, unzumutbar, nicht zu erörtern' (Anfang 20. Jh.), frz. *indiscutable* 'unbestreitbar, sicher'. Diskussion f. 'Meinungsaustausch, Auseinandersetzung' (16. Jh., geläufig seit dem 18. Jh.), von lat. *discussio* (Gen. *discussiōnis*) 'Erschütterung', spätlat. 'Untersuchung', Verbalabstraktum zu lat. *discutere*.

Dispatcher m. 'für die Lenkung und Kontrolle von Produktions- und Verkehrsprozessen Verantwortlicher'. Zugrunde liegt engl. *dispatcher*, Nomen agentis zu *to dispatch* 'absenden, versenden, befördern, schnell erledigen', einer Entlehnung aus ital. *dispacciare* 'depeschieren, telegraphieren' oder span. *despachar* 'schnell befördern, absenden'. Beide Verben gehen wahrscheinlich über aprov. *despachar* 'fertig werden, sich beeilen, weggeben, verkaufen' auf afrz. *despeechier* 'frei machen, fertig werden' (vgl. frz. *dépêcher* 'befördern, beschleunigen, absenden', s. *depeschieren*) zurück, eine Gegenbildung (mit Präfixtausch) zu afrz. *empeechier* 'hemmen, hindern, streitig machen' (vgl. frz. *empêcher* 'hindern, verhindern'), das auf spätlat. *impedicāre* 'verstricken, fangen' (zu lat. *pedica* 'Fußschlinge', von lat. *pēs*, Gen. *pedis* 'Fuß') beruht. Der engl. Ausdruck wird ins Russ. entlehnt und seit den 20er Jahren des 20. Jhs. in der UdSSR als *dispétčer* (*диспетчер*) 'Dienstleiter' (Eisenbahn und Industrie) verwendet. In den 50er Jahren des 20. Jhs. wird *Dispatcher* (orthographisch wieder anglisiert) aus dem Russ. ins östl. Dt. übernommen und mit der oben angegebenen Bedeutung üblich.

dispensieren Vb. 'von Verpflichtungen befreien, beurlauben', im 13. Jh. aus mlat. *dispensare* 'Freiheit von bestehenden Bestimmungen gewähren, Straflosigkeit (für künftige Rechtsvergehen) zugestehen', lat. *dispēnsāre* 'genau abwägen, austeilen, regulieren', Intensivbildung zu lat. *dispendere* (*dispēnsum*) 'auswägen, austeilen', entlehnt. Ursprünglich und bis heute ein Ausdruck der Kirchensprache 'von der Einhaltung eines kirchlichen Gebots befreien', seit dem 17. Jh. in allgemeinerem Sinne auch in der Sprache der Verwaltung üblich. – Dispens m. f. 'Befreiung von einer Verpflichtung, Ausnahmebewilligung, Urlaub' (Anfang 16. Jh.), von mlat. *dispensa* 'Befreiung von einem kirchlichen Gesetz'; geläufig in der Sprache der Kirche, während die Sprache der Verwaltung älteres gleichbed. Dispensation f. bevorzugt, mhd. *dispensācion* (13. Jh.), aus lat. *dispēnsātio* (Gen. *dispēnsātiōnis*) 'das Abwägen, das Einrichten', mlat. 'Anordnung, Befreiung'.

disponieren Vb. 'verfügen, anordnen, einteilen, geneigt, anfällig machen', entlehnt (um 1500) aus gleichbed. lat. *dispōnere*. Dazu disponiert Part.adj. 'in bestimmter Weise eingerichtet, aufgelegt, imstande' (16. Jh.) und antonymes indisponiert Part.adj. 'nicht gut aufgelegt, unpäßlich' (Ende 18. Jh.), wohl unter Einfluß von frz. *indisposé*. Disposition f. 'Verfügung, Anordnung, Einteilung, Plan', auch 'äußere und innere Verfassung, Anlage', Entlehnung (16. Jh.) von lat. *dispositio* (Gen. *dispositiōnis*) 'Anordnung, Einrichtung'; Indisposition f. 'Verstimmung, Unpäßlichkeit, leichte Erkrankung' (Ende 17. Jh.). disponibel Adj. 'verfügbar' (Ende 18. Jh.), frz. *disponible*; indisponibel Adj. 'nicht verfügbar' (Anfang 19. Jh.), frz. *indisponible*.

disputieren Vb. 'lebhaft erörtern, ein gelehrtes Streitgespräch führen'. Lat. *disputāre* 'erwägen, erörtern' und das darauf beruhende afrz. *disputer* werden um 1200 ins Mhd. entlehnt. Etwa gleichzeitig gelangt das zugehörige Substantiv Disputation f. 'Meinungsaustausch, gelehrtes Streitgespräch', aus lat. *disputātio* (Gen. *disputātiōnis*) 'Unterredung, Erörterung', ins Dt. (von Notker, um 1000, mit ahd. *wīssprāchunga* übersetzt); Eindeutschung führt zu Formen wie *Disputazie, Disputatz, Disputat*, neben denen stets das dem Lat. verhaftete *Disputation* begegnet, das schließlich, durch humanistische Gelehrsamkeit befördert, die Oberhand behält. Im

15. Jh. wird D i s p u t m. aus mfrz. frz. *dispute* (Verbalabstraktum zu frz. *disputer*) entlehnt (vgl. *dispit*, 15. Jh., *Dispüt* Lessing 1760) und bezeichnet vornehmlich das 'lebhafte, engagiert geführte Wortgefecht'.

Dissertation f. 'wissenschaftliche Arbeit zur Erlangung der Doktorwürde'. Lat. *dissertātio* (Gen. *dissertātiōnis*) 'Erörterung, erörternder Vortrag' begegnet in lat. Titeln humanistischer Schriften (16. Jh.) für schriftlich abgefaßte Abhandlungen und wird im Sinne von 'gelehrte Abhandlung', insbes. 'Doktorarbeit' im 17. Jh. ins Dt. entlehnt.

Dissident m. 'wer keiner anerkannten Religionsgemeinschaft angehört, Religionsloser'. Die Bezeichnung lat. *dissidentēs* (Part. Präs. Plur. von lat. *dissidēre* 'nicht übereinstimmen, anders denken') *in religiōne* wird im Warschauer Religionsfrieden (1573) im Sinne von 'religiös Andersdenkende' für die Angehörigen der katholischen und evangelischen Konfession, später (seit 1632) nur für Nichtkatholiken verwendet. Sie geht zu Beginn des 18. Jhs. sowohl in lat. wie in eingedeutschter Form in dt. Texte ein, wird zunächst nur auf polnische Verhältnisse bezogen, später im oben genannten allgemeineren Sinne gebraucht.

Dissonanz f. 'Mißklang, Unstimmigkeit', spätmhd. *dissonantz*, als musikalischer Fachausdruck entlehnt aus gleichbed. spätlat. *dissonantia*, eigentl. 'das Auseinanderklingen, Durcheinandertönen'; s. *dis-*.

Distanz f. 'Entfernung, Abstand', im 15. Jh. entlehnt aus gleichbed. lat. *distantia*; daneben im 18./19. Jh. öfter die ebenfalls aus dem Lat. stammende frz. Form *Distance*. – d i s t a n z i e r e n Vb. 'in gewisser Entfernung halten' (Mitte 19. Jh.), danach (20. Jh.) 'überbieten, deutlich hinter sich lassen' (im Pferderennen, nach engl. *to distance*, frz. *distancer*, dann im sportlichen Wettkampf überhaupt); refl. 'abrücken, nichts zu tun haben wollen'.

Distel f. Korbblütler mit dornigen Blättern und Blütenköpfen, ahd. *thistil* m. (9. Jh.), mhd. *distel* m. f., asächs. *thistil*, mnd. *dīstel* m., mnl. nl. *distel* m. f., aengl. *þīstil* m., engl. *thistle*, anord. *þistill* m., schwed. *tistel* lassen einen Pflanzennamen germ. **þīhstila-* erschließen, der als Deminutivum von **þīhsta-*, *t*-Erweiterung eines *s*-Stammes (wie aind. *tḗjaḥ* 'Schärfe, Schneide, Spitze'), aufgefaßt wird. Zur Verwandtschaft s. *stechen, Stich*, die mit *Distel* zu ie. **(s)teig-* 'stechen, spitz' gehören.

distinguieren Vb. 'unterscheiden, auszeichnen, hervorheben'. Lat. *distinguere* (*distīnctum*) 'trennen, unterscheiden, gliedernd auszeichnen, ausschmücken' wird im 16. Jh. als Ausdruck der Wissenschaftssprache im Sinne von 'unterscheiden' entlehnt. Das auf das lat. Verb zurückgehende frz. *distinguer* verbreitet sich mit der Bedeutung 'ehrenvoll auszeichnen' und gelangt als Neuentlehnung im 18. Jh. ebenfalls ins Dt.; seit dem 19. Jh. vornehmlich in der Form d i s t i n g u i e r t Part.adj. 'ausgezeichnet, vornehm' bezeugt. Daneben d i s t i n k t Adj. 'unterschieden, deutlich' (18. Jh.), aus dem gleichbed. Part. Perf. lat. *distīnctus*; das Adverb lat. *distīnctē* begegnet bereits im 17. Jh. in dt. Texten. Dem Gebrauch und dem Entlehnungsprozeß des Verbs folgt das Substantiv D i s t i n k t i o n f. 'Unterscheidung, begriffliche Festsetzung' (16. Jh.; vereinzelt in der Bedeutung 'Abschnitt' bereits um 1400), aus gleichbed. lat. *distīnctio* (Gen. *distīnctiōnis*); 'Auszeichnung, Rang, Würde' (18. Jh.), aus frz. *distinction*.

Distribution f. 'Verteilung, Aufteilung' (18. Jh., vereinzelt 16. Jh.), aus gleichbed. lat. *distribūtio* (Gen. *distribūtiōnis*). – d i s t r i b u t i v Adj. 'verteilend' (18. Jh.), aus gleichbed. spätlat. *distribūtīvus*.

Distrikt m. 'Verwaltungsbezirk, Gebiet'. Mlat. *districtus* 'Gerichtsgewalt (des Feudalherrn), Bann-, Gerichtsbezirk' (spätlat. *districtus* 'Umgebung der Stadt, Territorium', zu lat. *distringere* 'auseinanderziehen, -dehnen, foltern, von allen Seiten zusammenschnüren, fest umgeben'), im 16. Jh. entlehnt in dem allgemeineren Sinne 'Landstrich, Gebiet' und im 20. Jh. unter dem Einfluß von engl. frz. *district* 'Amtsbezirk' verschiedentlich belebt.

Disziplin f. 'Zucht, Ordnung, Wissenschaftszweig, Fachgebiet'. Lat. *disciplīna*, eine Ableitung von lat. *discipulus* 'Schüler, Lehrling', bezeichnet 'Schule, Unterricht, Wissenschaft' und auch 'schulische, militärische Erziehung, Zucht'. Die Entlehnung mhd. *disciplīne* steht (wie afrz. *descepline, discipline*) für 'geistliche Züchtigung, Kasteiung'; aus der lat. Wissenschaftssprache kommt die Bedeutung 'Einzelwissenschaft, Fachrichtung' (15. Jh.), dann vornehmlich (Ende 15. Jh.) 'Kriegs-, Schulzucht' und allgemein 'Ordnung, Ein-, Unterordnung, Genauigkeit'. Dazu die Ableitungen disziplinarisch Adj. 'Ordnungsvergehen betreffend, streng' (Anfang 19. Jh.) und (nach seltenem *disziplinieren*) diszipliniert Part.-adj. 'Ordnung und Vorschriften einhaltend' (Anfang 18. Jh.).

dito Adv. 'desgleichen, ebenso'. Ital. *ditto*, ältere und heute noch landschaftliche Nebenform von ital. *detto* 'das Gesagte' (aus lat. *dictum*, Part. Perf. von lat. *dīcere* 'sprechen, sagen'), gelangt Ende des 15. Jhs. in kaufmännischer Korrespondenz ins Dt. Es ersetzt im Text einen bereits genannten Monatsnamen (wie im Ital.), aber auch andere sich wiederholende Substantive (Warenbezeichnungen u.ä.). Im 18. Jh. wird es (zunächst meist scherzhaft) außerhalb der Handelssphäre gebräuchlich; seit der ersten Hälfte des 19. Jhs. steht es als Adverb. Gegenüber *ditto* und gelegentlichem *detto* (dieses noch öst.) setzt sich im Dt. die orthographische Variante *dito* durch, gestützt durch gleichbed. frz. *dito* (18. Jh., ebenfalls von ital. *ditto*).

Diva f. 'gefeierte Film-, Bühnenkünstlerin'. Ital. *diva* 'die Göttliche, Göttin', anschließend an lat. *dīva*, das substantivierte Femininum des Adjektivs lat. *dīvus* 'göttlich' (mit lat. *deus* 'Gott' auf alat. *deivos* zurückgehend), ist im 19. Jh. ehrender Beiname berühmter ital. Sängerinnen. Der Ausdruck wird in der zweiten Hälfte des 19. Jhs. im Dt. üblich und gegen Ende des 19. Jhs. auch für dt. Künstlerinnen verwendet. *Diva*, im Kompositum *Filmdiva* (20er Jahre 20. Jh.) bes. verbreitet, tritt seit der Mitte des 20. Jhs. hinter ³*Star* (s. d.) zurück.

divergieren Vb. 'auseinandergehen, abweichen'. Lat. *dīvergere* 'in verschiedener Richtung auseinandergehen' (von Wasserarmen), eigentl. 'sich auseinanderneigen' (vgl. lat. *vergere* 'sich gegen etw. neigen'), wird in der lat. Fachsprache der Mathematik Ausdruck für Linien, die 'auseinanderstreben, sich voneinander entfernen' (*lineae divergentes*). Daraus entspringt die Entlehnung *divergieren* (18. Jh.), die in den allgemeinen Sprachgebrauch im Sinne von 'abweichen, anderer Meinung sein' (19. Jh.) übergeht. Dazu divergent Part.adj. 'auseinanderstrebend, gegensätzlich' (18. Jh.); Divergenz f. 'das Auseinanderstreben, Abweichen, Meinungsverschiedenheit' (18. Jh.).

divers Adj. 'ungleichartig, verschieden', Plur. 'mehrere', im 17. Jh. aus lat. *dīversus* 'von einem anderen abweichend (in seiner Beschaffenheit), verschieden', Part.adj. zu lat. *dīvertere* 'auseinandergehen, sich trennen, abweichen, verschieden sein', entlehnt und seit dem 18. Jh. geläufig, möglicherweise begünstigt durch die Verwendung in der Kaufmannssprache (*diverse Waren*). Im 19. Jh. wird der Plural *diverse* für 'mehrere' gebräuchlich. – Diversant m. 'Agent, der bewußt den sozialistischen Aufbau stört, Sabotage treibt', Übernahme (um 1950) von russ. *diversánt* (*диверсант*) ins östl. Dt. Diversion f. 'Ablenkung', entlehnt (17. Jh.) von spätlat. *dīversio* (Gen. *dīversiōnis*) 'Ablenkung, Abschweifung', Verbalabstraktum zu lat. *dīvertere* (s. oben), vorerst in der Bedeutung 'Ablenkung, Ableitung von Wasser, Flüssigkeit' und militärisch 'Ablenkungsmanöver, das Kräfte von der Hauptfront abzieht, Einfall' (so noch Ende 19. Jh.), dann (in Zusammenhang mit *Diversant*, s. oben) auch 'Diversantentätigkeit, Sabotage' (20. Jh.), unter Einfluß von gleichbed. russ. *divérsija* (*диверсия*).

Dividende f. 'Jahresprofitanteil eines Aktionärs, Gewinnanteil'. In der 1. Hälfte des 18. Jhs. *Divident* n., später *Dividend* n., wohl Übernahme von engl. *dividend* (A. Smith), älter auch *divident*, Entlehnung des Gerundivums lat. *dīvidendum* 'das zu (Ver)teilende', zu lat. *dīvidere* 'ein Ganzes in Teile zerlegen, trennen, zerteilen' (s. *dividieren*). Das in der 2. Hälfte des 18. Jhs. aufkommende Fem. *Dividende*, das sich allgemein durchsetzt, ist Übernahme von frz. *dividende*.

dividieren Vb. 'teilen', entlehnt im 14. Jh. aus lat. *dīvidere* (*dīvīsum*) 'ein Ganzes in Teile zerlegen, trennen, zerteilen', das bereits im Altertum auch als mathematischer Terminus verwendet wird; im älteren Dt. dafür *teilen* (s. d.). – ¹Division f. 'Teilung', eine der vier Grundrechnungsarten, aus lat. *dīvīsio* f. (Gen. *dīvīsiōnis*), Verbalabstraktum zu lat. *dīvidere*, etwa gleichzeitig mit *dividieren* übernommen, anfangs lat. flektiert (Mitte 15. Jh.); daneben *Teilung*. ²Division f. 'Heeresabteilung' (Anfang 18. Jh.), aus frz. *division*, das gleichfalls auf lat. *dīvīsio* zurückgeht; anfangs auch mit dem frz. Plur. *Divisions*. Dividend m. 'die zu teilende Zahl' (17. Jh.), von lat. *(numerus) dīvidendus*, Gerundivum zu *dīvidere*. D i v i s o r m. 'Zahl, durch die eine andere Zahl geteilt wird' (16. Jh.), lat. *dīvīsor* 'Teiler'; anfangs häufiger *Teiler* (15. Jh.).

Diwan m. 'niedriges Ruhebett'. Pers. *dīwān* 'Gedichtsammlung, Kanzlei zur Abfassung von Dokumenten, Regierungsversammlung, -sitzung, Sitzungsraum' bzw. daraus entlehntes türk. *diwán* ist mehrfach ins Dt. eingegangen. Durch Reisebeschreibungen gelangt türk. *diwán* in der Bedeutung 'Empfangssaal, eingefaßt von großen Sitzkissen' in die roman. Sprachen; daher frz. *divan* 'Empfangszimmer vornehmer Türken', dessen Möblierung vorwiegend aus lehnenlosen Sofas besteht, dann (seit der Mitte des 18. Jhs.) diese Polstermöbel selbst. Ins Dt. kommt *Diwan* in der Bedeutung 'Polstermöbel' wohl durch frz. Vermittlung um 1800. Bereits seit dem 17. Jh. bezeichnet *Diwan* entsprechend seiner Verwendung im Türk. (und wohl unmittelbar von da entlehnt) den 'türkischen Staatsrat' sowie den Raum, das Gebäude, wo dieser tagt. Im Sinne von 'Gedichtsammlung' wird *Diwan* vor allem durch Goethe bekannt, der mit dem Titel *Westoestlicher Divan* (1819), nach der Gedichtsammlung des pers. Dichters Hafis (14. Jh.) benannt, direkt auf pers. *dīwān* (s. oben) zurückgeht.

doch Konj., Adv. Ahd. *thoh, thō*, mhd. *doch*, asächs. *thŏh*, mnd. mnl. nl. *doch*, aengl. *þēah*, engl. *though*, anord. *þō*, got. *þauh* stehen in ihrem ersten Bestandteil im Ablaut zu aind. *tú, tū́* 'doch, nun, aber', das sich wohl aus dem ursprünglichen Pers.pron. der 2. Pers. Sing. (ie. **tŭ̄*, s. *du*) zur hervorhebenden und auffordernden Partikel entwickelt hat (jedoch wird auch Anschluß an den Pronominalstamm ie. **te-*, **to-* erwogen, vgl. Mayrhofer 1, 507 und Lühr in: Münchener Studien z. Sprachwiss. 34, 1976, 77). Der zweite Bestandteil, die in got. *-uh, -h* 'und' erhaltene Verstärkungspartikel, entspricht der enklitischen Partikel lat. *que*, griech. *te* (τε) aus ie. **k$^{u̯}$e-* 'und', die aber auch der Verstärkung des indefiniten Sinnes bestimmter Pronomina dient (vgl. lat. *quisque* 'jeder, wer immer'). *doch* drückt als Konjunktion wie *aber, dennoch, trotzdem* einen Gegensatz aus (*er versuchte alles, doch es mißlang*); seltener ist der mit Inversion verbundene kausale Gebrauch (*verzweifelt resignierte er, hatte er doch alles versucht*). Als Konjunktion ist *doch* betont. Der modern stark verbreitete unbetonte adverbiale Gebrauch hat *doch* von seiner Ursprungsbedeutung weit entfernt. Es steht als Verstärkung (*komm doch mit!, es ist doch herrlich hier!*), als Zeichen der Verwunderung und Entrüstung (*das ist doch unmöglich!*), in Wunschsätzen (*käme er doch!*), als positive Antwort auf eine negativ formulierte Frage (*du gehst wohl nicht mit? Doch.*).

Docht m. 'gedrehter Brennfaden einer Kerze oder Lampe'. Ahd. *tāht* 'Docht, Schnur' (10. Jh.), mhd. *tāht* m. n. f., mnd. *dacht, decht*, anord. *þāttr* m. 'Draht, Faden, Docht, Abschnitt, Teil' führen mit armen. *t'ek'em* 'drehe, flechte, wickle' und lat. *texere* 'weben, flechten' auf die Wurzel ie. **tek-* 'weben, flechten' und bezeichnen somit ursprünglich 'etw. Zusammengedrehtes'. Im Nhd. hat sich die Form mit verdumpftem Vokal *o* durchgesetzt.

Dock n. 'Beckenanlage zum Trockensetzen von Schiffen'. Mnd. *docke* (im 15. Jh. als Bezeichnung für Londoner Schiffsbecken bezeugt), mnl. *docke*, nl. *dok*, mengl. engl. *dock*, schwed. *docka*, nhd. *Dock* ist unbekannten Ursprungs. Für das Dt. wird Entlehnung aus dem Nl. oder Engl. angenommen. – S c h w i m m d o c k n. (um 1900), nach älterem engl. *floating dock*. T r o c k e n d o c k n. (2. Hälfte 19. Jh.), älter *trockene Docks* (1. Hälfte 19. Jh.), nach älterem engl. *dry dock*. d o c k e n Vb. 'ein Schiff ins Dock bringen, im Dock liegen' (Ende 18. Jh.).

Dogge f. großer, kräftiger Hund mit breiter Schnauze. Engl. *dog* 'Hund', aengl. *docga* (ein Wort unbekannter Herkunft) gilt zuerst für große, starke Hunde. In der 2. Hälfte des 16. Jhs. gelangen zur Hetzjagd abgerichtete Tiere nach Deutschland, mit ihnen die dem engl. *dog* entsprechende Bezeichnung *Dock* m., *Docke* f., anfangs häufig attribuiert *englische Docke*. In der 1. Hälfte des 17. Jhs. setzt sich die nd. Form *Dogg* m. und wenig später *Dogge* f. im Hd. durch (s. *Bulldogge*).

Dogma n. 'verbindlicher, anerkennend zu befolgender Glaubenssatz' (der Religion). Griech. *dógma* (δόγμα) 'Verordnung, Beschluß, philosophischer Grundsatz' wird ins Lat. entlehnt und gewinnt in der spätlat. Kirchensprache die Bedeutung 'geoffenbarte, unumstößlich gültige Glaubenslehre'. Im 18. Jh. wird *Dogma* ins Dt. aufgenommen (zuvor *Dogmata, Dogmaten* Plur., 16. Jh.)

und bezeichnet die gesetzliche und lehrhafte Formulierung einer religiösen Glaubensaussage sowie eine unwissenschaftliche, da unkritisch als gleichsam ewig gültige Wahrheit aufgestellte Lehrmeinung. – dogmatisch Adj. 'an ein Dogma gebunden, daran festhaltend, unkritisch' (17. Jh.), spätlat. *dogmaticus*, griech. *dogmatikós* (δογματικός). Dogmatismus m. 'starres Festhalten an Dogmen, unkritische, metaphysische, auf vermeintlich unumstößlichen Lehrsätzen beruhende Denkweise' (18. Jh.). Dogmatik f. 'Glaubenslehre' (18. Jh.). Dogmatiker m. 'Vertreter, Lehrer der Dogmatik, starrer Verfechter von Dogmen' (18. Jh.).

Dohle f. Der Name des schwarzen, taubengroßen Rabenvogels ist onomatopoetischen Ursprungs und nach dem Lockruf des Vogels gebildet. Auszugehen ist von ahd. *tāha* (8. Jh.), mhd. *tāhe*. Daneben stehen *l*-Bildungen wie ahd. *tole* (Hs. 13. Jh.), *tul* (Hs. 14. Jh.), mhd. *talle*, frühnhd. *dale, thale, dol(e)* und weitere Varianten. Nhd. *Dohle* (Luther *Dole*) beruht auf md. *tōle, dōle, dōl* (15. Jh.). Vgl. (mit grammatischem Wechsel) engl. *daw* (aus aengl. **dāwe*).

Doktor m. akademischer Grad und Titel. Lat. *doctor* 'Lehrer, Lehrmeister', Nomen agentis zu lat. *docēre* (*doctum*) 'lehren, unterrichten', begegnet bereits seit dem 12. Jh. als akademischer Grad (zuweilen mit Nennung des Faches bzw. der Fakultät, mlat. *doctor medicinae, theologiae*, heute *Doktor der Medizin, Theologie*), von dessen Erlangung das Recht der Lehrtätigkeit an Universitäten abhängt. Im 14. Jh. ins Dt. übernommen in den Bedeutungen 'Lehrer', bes. 'Universitätslehrer', und zur Bezeichnung des akademischen Grades, der allmählich zum bloßen Titel nach besonderer Prüfung wird. Daher gewinnt im 16. Jh. die Bezeichnung *Professor* (s. d.) die allgemeine Bedeutung 'Hochschullehrer'. In der 2. Hälfte des 15. Jhs. wird *Doktor* zugleich Berufsbezeichnung für den Arzt. Diese Entwicklung wird möglich, weil der *Doktor der Medizin* als praktizierender Arzt häufig aus dem Lehrbetrieb der Universität ausscheidet und im außerakademischen Bereich sich die Nennung der Fakultät erübrigt. Zeitweise bezeichnet *Doktor* den Internisten mit Hochschulstudium im Gegensatz zu ungelehrten Pfuschern und Quacksalbern. In den Mundarten und der Alltagssprache noch heute üblich für 'Arzt'. – Doktorand m. 'wer für die Erlangung des akademischen Grades arbeitet'; in den ältesten (16. Jh.) Belegen *Doctorant*, einem lat. Part. Präs. entsprechend, und *Doctorand*, dem Gerundivum mlat. *doctorandus* 'wem die Würde eines Doktors zu verleihen ist' folgend, zu mlat. *doctorare* 'die Doktorwürde verleihen, erlangen'. Im allgemeinen Sprachbewußtsein ist die passivische Bedeutung der Bildung auf *-and* verlorengegangen; sie wird durch die ursprünglich nur der Form auf *-ant* zukommende aktivische ersetzt. Noch das 19. Jh. kennt beide Formen.

Doktrin f. 'Lehre, Lehrsatz, (starre) Lehrmeinung', Anfang 16. Jh. aus lat. *doctrīna* 'Unterricht, Unterweisung, Gelehrsamkeit, Kenntnisse' (zu lat. *docēre, doctum* 'lehren, unterrichten') entlehnt. – doktrinär Adj. 'auf einer Doktrin beruhend, sich auf eine Doktrin berufend, engstirnig, fanatisch'; das von frz. *doctrine* abgeleitete Adj. frz. *doctrinaire* entwickelt sich in der Restaurationszeit zum politischen Schlagwort und gelangt im 19. Jh. ins Dt. Substantiviertes *Doktrinär* m. (seit etwa 1830) bezeichnet jmdn., 'der Urteilsfähigkeit vermissen läßt, der durch einseitiges Studium die Beziehung zur Wirklichkeit verloren hat', später jmdn., 'der starr und fanatisch eine Doktrin vertritt'.

Dokument n. 'Urkunde, amtliches Schriftstück, Beweis' wird im 16. Jh. aus lat. *documentum* 'Lehre, warnendes Beispiel, Beweis, Probe', spätlat. 'beweisendes Schriftstück' (zu lat. *docēre* 'lehren, unterrichten') ins Dt. entlehnt. – dokumentieren Vb. 'durch Dokumente beweisen, belegen' (um 1700). dokumentarisch Adj. 'durch Dokumente beweisbar, urkundlich' (19. Jh.). Dokumentation f. 'Beweisführung mit Dokumenten, Dokumentensammlung' (20. Jh.; vereinzelt 17. Jh.), modern vor allem 'Sammlung von Literaturnachweisen', vgl. *Information und Dokumentation* (20. Jh.).

Dolch m. 'kurze Stichwaffe' (bes. Waffe von Meuchelmördern), zuerst obd. (Mitte 15. Jh.). Die Etymologie ist unsicher. Entlehnung aus dem Slaw. ist auszuschließen, da poln. (älter), tschech. *tulich* aus dem Dt. stammen. Wahrscheinlicher ist der Einfluß von lat. *dolo* 'Stockdegen, Stilett', aus griech. *dólōn* (δόλων) 'kleiner Dolch der Meuchelmörder', auf Lautform und Bedeutung eines germ. Substantivs, das in aengl. *dalc* 'Spange,

Armband', anord. *dālkr* 'lange Fibel, Spange' bezeugt ist und sich mit air. *delg* 'Dorn', lit. *dilgùs* 'stechend, brennend' auf ie. **dhelg-* 'stechen, Nadel' zurückführen läßt. – D o l c h s t o ß m. 'heimtückischer tödlicher Stoß mit einem Dolch' (*Dolchenstoß*, 17. Jh.); *Dolchstoßlegende* f., zuerst 1920, um die von militaristischen Kreisen erhobene Behauptung, Deutschland habe den ersten Weltkrieg nicht durch eine militärische Niederlage, sondern durch heimtückischen „Verrat der Heimat" verloren, als chauvinistische Geschichtsfälschung zurückzuweisen. e r d o l c h e n Vb. 'mit dem Dolch töten' (19. Jh.).

Dolde f. büscheliger Blütenstand. Ahd. *toldo* 'Zweigspitze, Pflanzentrieb' (11. Jh.), mhd. *tolde* 'Wipfel, Baumkrone, Blütenbüschel' (woraus wahrscheinlich *Tolle*, s. d.) ist vielleicht verwandt mit ahd. *tola* (11. Jh.), *wīntola* (10. Jh.) 'Stiel, Kamm der Weintraube'. Herkunft ungeklärt.

Dolmetscher m. 'mündlich Übersetzender'. Im Mhd. stehen nebeneinander älteres *tolmetze, tolmetsche* (13. Jh.) und jüngeres *tolmetzer* (14. Jh.). Zugrunde liegt türk. *dilmaç* 'Vermittler, Mittelsmann zwischen zwei Parteien, die unterschiedliche Sprachen sprechen', das auf *talami* 'Mittelsmann', ein Wort der Mitannisprache in Kleinasien, zurückgeht. Nach Bielfeldt Entlehnungen (1965) 45 kommt der Ausdruck durch slaw. Vermittlung (vgl. gleichbed. russ. *tolmáč, толмач*) ins Dt. (früheste dt. Belege in Obersachsen und Böhmen). Für die Annahme ungar. Vermittlung (ungar. *tolmács*) sieht er keinen Anhaltspunkt. *Dolmetsch* ist bis in die 1. Hälfte des 20. Jhs. neben *Dolmetscher* belegt, jetzt noch im Sinne von 'Fürsprecher'. – d o l m e t s c h e n Vb. 'mündlich übersetzen', mhd. *tolmetzen* 'übersetzen, erklären, kauderwelschen, schwätzen'; *verdolmetschen* Vb. 'übersetzen, verdeutlichen' (16. Jh.).

Dom m. 'Bischofskirche'. Im 15. Jh. wird *Dom* von mfrz. frz. *dôme* (entlehnt aus ital. *duomo*) in der heutigen Lautform ins Dt. entlehnt, wodurch seit dem 18. Jh. älteres *Thum* m., ahd. *tuom* (9./10. Jh.), mhd. *tuom* (mnd. *dōm*, afries. *dom*, mnl. *doem*) 'Bischofskirche' verdrängt wird. *Dom* und *Thum* gehen auf mlat. *domus (dei episcopalis)* 'bischöfliche Hauptkirche und Residenz', lat. *domus* f. 'Haus', zurück. Nach der Reformation wird der Verwendungsbereich von *Dom* erweitert, so daß „durch Lage, Bau, Aufwand und andere auffallende Merkmale" hervorragende Kirchen als *Dom* bezeichnet werden können. Vgl. Masser Bez. f. d. christl. Gotteshaus (1966) 68. D o m p f a f f m. Bezeichnung für den *Gimpel* (s. d.) wegen seiner schwarzen Kappe (16. Jh.).

Domäne f. 'Staatsgut, Spezialgebiet'; um 1600 wird frz. *domaine* in der speziellen Bedeutung 'landesherrlicher Grundbesitz, Kammergut' ins Dt. übernommen; seit dem 19. Jh. in der übertragenen Bedeutung 'Spezialgebiet' geläufig. Afrz. *demaine* 'Herrschaft, fürstlicher Besitz' ist entweder aus lat. *dominium* 'Herrschaft, Besitz' entlehnt oder Substantivierung des Adjektivs afrz. *demaine* 'herrschaftlich, fürstlich' (entlehnt aus lat. *dominicus* 'zum Herrn gehörig, herrschaftlich'). Auf jeden Fall ist frz. *domaine* in seiner lautlichen Entwicklung beeinflußt von mlat. *domanium*, einem Wort der Verwaltungssprache, das seinerseits eine Latinisierung der afrz. Form darstellt.

Domestik(e) m. verächtliche Bezeichnung für 'Hausangestellter, Dienstbote', eine Entlehnung (Ende 17. Jh.) von frz. *domestique* 'Hausangestellter, Magd, Diener, Gesinde', einem substantivierten Adjektiv, das auf lat. *domesticus* 'zum Haus (lat. *domus*) gehörig' (auch von Haustieren) zurückgeht. Bis in die 2. Hälfte des 18. Jhs. in frz. Schreibung *Domestique*. – d o m e s t i z i e r e n Vb. 'zum Haustier bzw. zur Kulturpflanze machen' (19. Jh.), entlehnt (mit der Übersetzung Darwins) aus engl. *to domesticate* 'eine wilde Art zähmen' (mlat. *domesticare*); D o m e s t i k a t i o n f., biologischer Terminus, 'allmähliche Kultivierung wildlebender Organismen' (19. Jh.), engl. *domestication*.

dominieren Vb. 'vorherrschen, überwiegen, überragen', im 14. Jh. aus lat. *dominārī* 'herrschen' entlehnt, zu lat. *dominus* 'Herr, Gebieter'. – d o m i n a n t Adj. 'vorherrschend' (18. Jh.), lat. *domināns* (Gen. *dominantis*), Part. Präs. zu *dominārī*; heute meist *dominierend*. D o m i n a n t e f. fünfter Ton (Quinte) einer Tonleiter, als musikalischer Begriff seit dem 17. Jh. verwendet (vgl. frz. *dominante*), seit dem 18. Jh. auch in dt. Texten; in der Substantivierung des Adjektivs (s. oben) 'vorherrschendes Merkmal' (19. Jh.).

Domino m. 'langer Maskenmantel, mit diesem Mantel maskierte Person', Übernahme

(Anfang 18. Jh.) von gleichbed. frz. *domino*, ursprünglich Bezeichnung des langen schwarzen Kapuzenmantels der Geistlichen im Winter. Zugrunde liegt zweifellos eine flektierte Form von lat. *dominus* 'Herr, Gebieter, Gott' (man denkt an die Gebetsformel *benedicamus Domino*), doch bleibt der Übertragungsvorgang letztlich ungeklärt. – D o m i n o n. 'Steinspiel', ebenfalls aus dem Frz. (18. Jh.) und ohne befriedigende Erklärung.

Domizil n. 'Wohnsitz', im 19. Jh. aus lat. *domicilium* 'Wohnsitz', bes. 'Palast, Schloß' entlehnt.

Dompteur m. 'Tierbändiger' (im Zirkus), entsprechend *Dompteuse* f., Übernahme (Anfang 20. Jh.) von frz. *dompteur, dompteuse*, Ableitungen vom Verb afrz. *donter*, frz. *dompter* 'zähmen', aus lat. *domitāre* 'zähmen, bändigen', einer Intensivbildung zu gleichbed. lat. *domāre*; verwandt mit *zähmen* (s. d.).

Donner m. dem Blitz folgendes krachendes Geräusch bei Gewitter, gleichzeitig Name des germ. Gottes des Gewitters und der Fruchtbarkeit *Donar*, vgl. anord. *Þōrr*, älter *Þunarr*, asächs. *Thunar*. Ahd. *thonar* (9. Jh.), mhd. *doner, donre, dunre*, mnd. *dōner, donner, donre, donder*, mnl. *donder, donre*, nl. *donder*, aengl. *þunor*, engl. *thunder*, norw. *torden* stellen sich mit aengl. *þunian* 'donnern, brüllen, krachen', mnd. *dōnen* 'tönen, lärmen', mhd. *dunen, dünen* 'dröhnen, donnern' zur Wurzel ie. **(s)ten(ə)-* 'donnern, rauschen, dröhnen, stöhnen'; zur selben Wurzel gehört *stöhnen* (s. d.). Außergerm. Verwandte sind lat. *tonāre* 'donnern', aind. *stánati, stanáyati* 'donnert', *tányati* 'erschallt, ertönt, tost, rauscht', *tanyatúḥ* 'Donnern, Tosen', pers. *tondar* 'Donner'. – d o n n e r n Vb. 'krachen' (bei Gewitter), ahd. *thonarōn* (8. Jh.), mhd. *donren, dunren*, mnd. *dōneren, donnern*, aengl. *þunrian*, engl. *to thunder*, nl. *donderen*, Bildungen zum Substantiv. a u f d o n n e r n Vb. 'auffällig (und geschmacklos) zurechtmachen' im Hinblick auf den durchschlagenden Effekt (18. Jh.); kaum zu ital. *donna*, nd. *Dunna*, hd. *Donna* 'Dame' gebildet, wie vielfach angenommen. Ähnlich wohl v e r d o n n e r n Vb. 'effektvoll, d. h. kurz und schroff verurteilen bzw. gegen den Willen des Betroffenen mit etw. beauftragen' (19. Jh.). D o n n e r b ü c h s e f. 'Gewehr', zuvor 'Kanone' (15. Jh.). D o n n e r k e i l m. 'Blitzstrahl' (16. Jh.); auch versteinertes Schalenteil ausgestorbener Kopffüßer, 'Belemnit', nach volkstümlicher Vorstellung durch Blitz auf die Erde herabgeschleudert. D o n n e r w e t t e r n. 'Wetter mit Blitz und Donner' (15. Jh., in Fluch und Verwünschung, 17. Jh.), auch 'Krach, heftige Vorwürfe' (17. Jh.).

Donnerstag m. fünfter Tag der mit Sonntag beginnenden Woche, Tag des germ. Wettergottes *Donar* (s. *Donner*), der hier die Stelle des röm. Gottes *Jupiter* (lat. *Iuppiter*, Gen. *Iovis*, daher *Iovis diēs* 'Jupiters Tag'; vgl. ital. *giovedì*, frz. *jeudi*) eingenommen hat. Der Name ist eine Übersetzung des lat. Vorbilds. Ahd. *thonarestag* (11. Jh.), mhd. *donerstac*, mnd. *dōnerdach, donnersdach*, mnl. *donresdach*, nl. *donderdag*, aengl. (unter anord. Einfluß) *þūr(e)sdæg*, engl. *Thursday*, anord. *þōrsdagr*, schwed. *torsdag*. Im Bair.-Öst. gilt statt dessen *Pfinztag*, mhd. *phinztac*, das, durch die got. Mission vermittelt (got. **paíntē dags*), auf griech. *pémptē hēméra* (πέμπτη ἡμέρα) 'fünfter Tag' zurückgeht. – G r ü n d o n n e r s t a g m. 'Donnerstag der Karwoche', mhd. *gruoner donnerstac* (um 1200), *grüener donerstac* (1264), seit dem Ende des 15. Jhs. festes Kompositum. Die Deutung ist umstritten. Vielleicht geht *grün* auf den verbreiteten Brauch zurück, an diesem Donnerstag grüne (frische) Kräuter zu essen. Die Interpretation als Übersetzung von lat. *diēs viridium* 'Tag der Grünen, Frischen, d. h. Sündelosen' ist nicht aufrechtzuerhalten, da dieses im Mittelalter nicht nachweisbar, sondern vielmehr eine jüngere Latinisierung von *Gründonnerstag* ist ([1]DWB 4, 1, 6, 878). Nicht überzeugend Jeske in: Sprachwissenschaft 11 (1986) 82 ff., der von ahd. *grun* m. (bzw. *grunnī* f.) 'Verderben, Unglück, Elend, Jammer' (9. Jh.; nur bei Otfrid) ausgehen will, das volksetymologisch als attributives mhd. *grüene*, (md.) *grūne* 'grün' aufgefaßt worden sei.

doof Adj. 'geistig beschränkt, dumm, langweilig, uninteressant'. Mnd. *dōf*, nd. *doof* ist die Entsprechung von hd. *taub* (s. d.). Aus der verminderten Tauglichkeit des Gehörsinns entstehen dem Tauben Verständigungsschwierigkeiten, so daß er als einfältig gilt. In der Alltagssprache entwickelt sich die Bedeutung 'geistig beschränkt, dumm', mit der sich *doof* seit dem Anfang des 20. Jhs. von Berlin aus im dt. Sprachgebiet verbreitet.

dopen Vb. 'durch Reizmittel zu sportlichen Höchstleistungen anregen', aus engl. *to dope* 'ein stimulierendes narkotisches Getränk verabreichen' (zu engl. *dope* 'zähe Flüssigkeit, Narkotikum, Opium') im 20. Jh. in die dt. Sportsprache übernommen. Engl. *dope* ist entlehnt (19. Jh.) aus nl. *doop* 'Flüssigkeit, in die etw. eingetaucht wird, Soße' (verwandt mit *taufen*, s. d.).

Doppel n. 'zweite Ausfertigung, Duplikat' (Anfang 17. Jh.), von frz. *double* 'Kopie' (s. *doppelt*).

doppelt Adj. 'zweifach', Entlehnung aus gleichbed. afrz. *doble*, frz. *double*. Ein mhd. *dublīn* nach weitergebildetem afrz. *doblin* bleibt ohne Tradition. Im 14. Jh. erfolgt Entlehnung zu westmd. *dobbel, dubbel*, im 15. Jh. gilt im Hd. meist *doppel, duppel*; im 15./16. Jh. treten daneben Formen mit auslautendem *-t* auf, die durch Vermischung mit der Partizipialform *gedoppelt* (s. unten *doppeln*) entstehen. Im 18. Jh. hat sich *doppelt* durchgesetzt. Die frz. Formen gehen zurück auf lat. *duplus* 'zweifach' (zu lat. *duo* 'zwei'). Komposita zu *doppelt* bleiben ohne *-t*: D o p p e l d e c k e r m. 'Flugzeug mit zwei übereinander befindlichen Tragflächen' (Anfang 20. Jh.); D o p p e l g ä n g e r m. 'einem anderen zum Verwechseln ähnlicher Mensch' (19. Jh.), zuerst *Doppeltgänger* („so heißen Leute, die sich selber sehen", Jean Paul 1796); D o p p e l p u n k t m. zwei Punkte übereinander, Zeichen zur Gliederung von Satzgefügen (für lat. *cōlon*, s. *Semikolon*), auch Ankündigungszeichen (17. Jh.); vorher (1. Hälfte 16. Jh.) *zwen punct, zway pünctl* genannt. – d o p p e l n Vb. 'zweifach machen' (15. Jh.), Ableitung von der alten Adjektivform *doppel* (s. oben); heute meist *verdoppeln* (17. Jh.).

Dorf n. ländliche Siedlung, ahd. *thorf* (8. Jh.), mhd. *dorf*, asächs. *thorp*, mnd. *dorp*, aengl. *þrop, þorp* m. 'Landgut, Hof, Dorf', engl. (älter) *thorp*, mnl. nl. *dorp*, anord. *þorp* 'Hof, Bauernhaus, Dorf, Grabhügel', schwed. *torp* 'kleiner Pachthof', got. *þaúrp* 'Feld, Acker' gehen auf germ. **þurpa-* und mit den außergerm. Verwandten lit. *trobà* 'Haus, Gebäude', lat. *trabs* 'Balken', *taberna* (aus **traberna*) 'Bretterhütte, Laden, Gasthaus', mir. *treb* 'Haus, Landgut' auf ie. **trĕb-* 'Balkenbau, Gebäude, Wohnung' zurück. Danach hat sich die ursprüngliche Bedeutung 'Gebäude, Haus' in Abhängigkeit von der Siedlungsweise zu 'Ansiedlung, Dorf' weiterentwickelt. – d ö r f i s c h Adj. 'bäurisch', Gegensatz zu *städtisch* hinsichtlich Sitte und Lebensweise (1. Hälfte 16. Jh.); vgl. ahd. *thorfiskēr* 'Bauer, ungebildeter Mensch' (11. Jh.), mhd. (in md. Lautung) *dörpisch* 'bäurisch, tölpisch'. d ö r f l i c h Adj. 'das Dorf betreffend' (16. Jh.); vgl. ahd. *thorflīh* 'bäurisch, gering' (11. Jh.).

Dorn m. stechende Spitze an einer Pflanze, ahd. *thorn* (8. Jh.), mhd. *dorn*, asächs. *thorn*, mnd. *dōrn*, aengl. *þorn* 'Dorn, Dornstrauch', engl. *thorn*, mnl. nl. *doorn*, anord. *þorn* 'Dorn, Nadel', schwed. *torn*, got. *þaúrnus* (germ. **þurnu-*) sind verwandt mit aslaw. *trьnъ* 'Dorn', russ. *tërn* (*тёрн*) 'Schlehe, Schlehdorn', aind. *tŕ̥ṇam* n. 'Gras, Kraut, Halm, Stroh' und werden als schwundstufige Bildungen auf eine in Bezeichnungen für stechende Pflanzenteile übliche Erweiterung ie. **(s)tern-*, zur Wurzel ie. **(s)ter(ə)-* 'starr, steif sein', zurückgeführt. – d o r n i g Adj. 'mit Dornen versehen, stachlig', ahd. *thornag* (Hs. 12. Jh.), mhd. *dornec*.

dorren Vb. 'dürr, trocken werden, verdorren', zur Schwundstufe der Wurzel ie. **ters-* 'trocknen, verdorren' gebildet (s. *dürr*). Ahd. *thorrēn* 'verdorren, dürr werden, vertrocknen, erstarren' (9. Jh.), mhd. *dorren*, asächs. *thorron* 'vergehen', mnl. *dorren*; vgl. auch anord. *þorna* 'trocknen, verdorren', norw. *torne* und got. *gaþaúrsnan* 'verdorren'. – v e r d o r r e n Vb., gleichbed. mit *dorren* (durch das Präfix *ver-* verstärkt), aber heute üblicher; ahd. *firthorrēn* (8. Jh.), mhd. *verdorren*. Im Nhd. mischen sich *verdorren* und *verdörren* (s. *dörren*) formal und in ihrer Bedeutung, so daß *verdorren* auch 'dürr, trocken machen' bedeuten kann (seit 16. Jh.).

dörren Vb. 'dürr, trocken machen', ahd. *therren* 'trocknen, rösten' (9. Jh.) mit Umlaut eines ursprünglichen *a*, das noch in *Darre* f. 'Gestell oder Schuppen zum Trocknen von Obst oder Getreide' erhalten ist, mhd. *derren*, im Nhd. mit Rundung des *e* zu *ö* (vielleicht in Anlehnung an *dorren*), anord. *þerra*, norw. *tørre*, aengl. *āþierran* 'trocknen, abwischen' ist Kausativum zu einem starken, in got. *gaþaírsan* 'verdorren' erhaltenen Verb; es gehört zur Wurzel ie. **ters-* 'trocknen, verdorren' und damit zu *dürr* (s. d.). – v e r d ö r r e n Vb., gleichbed. mit *dörren*, im 18. Jh. mit *verdorren* zusammengefallen (s. *dorren*), ahd. *firtherren* (9. Jh.), mhd. *verderren*.

Dorsch m. junger Kabeljau, mhd. *dorsch, dursch*, mnd. mnl. *dorsch* ist Entlehnung von anord. *þorskr*. Wie viele Tierbezeichnungen mit *k*-Suffix gebildet und etymologisch zu *dürr, dörren* (s. d.) gehörig, bedeutet *Dorsch* eigentl. 'der Trockene, Getrocknete'. Vielleicht verwandt mit russ. *treská* (*треска*) 'Stockfisch, Kabeljau', sofern dies nicht zu gleichlautendem russ. (älter) *treská* 'Latte, Span, Splitter' zu stellen ist.

dort Adv. 'an jenem Ort', nachdrücklicher als [1]*da* (s. d.) auf einen vom Sprecher entfernten Punkt im Raume hinweisend; ahd. *tharot, thorot* (9. Jh.) 'dorthin, dort', mhd. *dort, dart, dert* 'dort', asächs. *tharod* 'dorthin', mnd. *dōrt* 'dort, dorthin', afries. *thard* 'dorthin'. Die sonst im Germ. nicht nachweisbare Bildung ist anfangs und noch im Mnd. Richtungsangabe und zeigt Erweiterung des Adverbs ahd. *thār*, asächs. *thăr* 'da, dort' (s. [1]*da*) durch westgerm. *-od* (vgl. ahd. *herot*, asächs. *herod* 'hierher' neben ahd. *hier*, asächs. *hēr, hīr* 'hier'; ahd. *(h)warot*, asächs. *hwarod* 'wohin' neben ahd. *(h)wār*, asächs. *hwăr* 'wo'). Dieses Suffix ist wahrscheinlich verwandt mit aind. *utá* 'und, auch', griech. *ēýte* (*ἠύτε*) 'ebenso wie' und gehört dann zu ie. **au-*, **u-* 'jener, der eine – der andere' (s. *auch*). Die heute veraltete Nebenform *dorten* (um 1500) ist angeglichen an Adverbien auf *-en* (vgl. *außen, oben, unten*). – d o r t i g Adj. 'an jenem Ort befindlich' (16. Jh., geläufig seit dem 18. Jh.), attributiv verwendbare Ableitung von *dort*.

Dose f. kleiner Behälter mit Deckel. Mnl. *dōse* (14. Jh.), nl. *doos* 'Schachtel, Büchse, Kasten' dringt vom Niederrhein ins Nd. vor (nd. *Dōse*) und wird gegen Ende des 17. Jhs. im Hd. gebucht. Die Herkunft ist unsicher. Wahrscheinlich knüpft die Bedeutungsentwicklung an spätlat. *dosis* an, das zunächst 'eine bestimmte Menge Arznei' (s. *Dosis*), dann auch den Behälter für Medikamente, Salben u. dgl. bezeichnet.

dösig Adj. 'schläfrig, schwindlig, nicht klar im Kopf', mnd. *dōsich* 'taumelig, dumm', nd. *dösig* 'lässig, müde, dumm' dringt zu Anfang des 19. Jhs. ins Hd. vor. Mit mnl. *dōsich*, ahd. *tūsīg* 'stumpfsinnig, töricht' (8. Jh.), aengl. *dysig* 'töricht, unwissend, blödsinnig', engl. *dizzy* 'schwindlig, verwirrt, betäubt' und der Wortsippe *Dusel* (s. d.) stellt es sich zu ie. **dheus-*, **dhŭs-* 'stieben, stäuben, wirbeln', auch 'seelisch verwirrt sein, betäubt, albern', einer *s*-Erweiterung der Wurzel ie. **dheu-*, **dheu̯ə-* (s. *Duft, Dunst*). Zur selben Wortfamilie gehört auch das ebenfalls im 19. Jh. aus dem Nd. übernommene d ö s e n Vb. 'halb schlafen, gedankenlos dasitzen', vgl. nd. *dösen* 'schläfrig sein'.

Dosis f. 'bestimmte verordnete Menge einer Arznei', zu Anfang des 16. Jhs. vorerst noch mit lat. Flexion von spätlat. *dosis*, griech. *dósis* (*δόσις*) 'Geschenk, Gabe, bestimmte Menge Arznei' in den dt. medizinischen Wortschatz übernommen. – d o s i e r e n Vb. 'eine bestimmte Menge zumessen' (20. Jh.), Verbalableitung zum Substantiv, vielleicht unter Einfluß von frz. *doser* 'eine Menge zuteilen, bestimmen' (zu frz. *dose*, spätlat. *dosis*).

Dossier m. und n. 'Aktenbündel, alle Schriftstücke eines Vorgangs', auch 'Personal-, Polizeiakte', Entlehnung (19. Jh.) von gleichbed. frz. *dossier*, einer Ableitung von afrz. frz. *dos* 'Rücken' (lat. *dossum*, Nebenform von *dorsum*); benannt nach dem Rückenetikett des Aktenfaszikels.

dotieren Vb. 'mit finanziellen Mitteln ausstatten, stiften, schenken', spätmhd. *dotiren*, mnd. *dotēren* (15. Jh.), entlehnt aus gleichbed. afrz. *doter* (lat. *dōtāre* 'aussteuern, ausstatten').

Dotter m. n. 'Eigelb', ahd. *tutaro* (11. Jh.; vgl. das Kompositum *tutarei* 'Eigelb', 9./10. Jh.), mhd. *toter, tuter*, asächs. *dodro*, mnd. *dōder, dōder* (neben *dōdel, dōdel*), mnl. *dōder, dōdre*, nl. *dooier*, aengl. *dydrin* sind im Hinblick auf die unstete, leicht bewegliche Masse vielleicht verwandt mit engl. *to dodder*, älter *dadder* 'schwanken, zittern' und mit aind. *dúdhitaḥ* 'verworren, trübe, dicht', *dudráḥ* 'ungestüm, heftig', *dṓdhat-* 'tobend, ungestüm, wild', griech. *thýsanos* (*θύσανος*) 'Troddel, Quaste, Franse', *thýssetai* (*θύσσεται*) 'schwankt, schüttelt', so daß sich über die Dentalerweiterung ie. **dheudh-* 'durcheinanderwirbeln, verwirren' ein Anschluß an die Wurzel ie. **dheu-*, **dheu̯ə-* 'stieben, wirbeln' (s. *Duft, Düne, Dunst*) ermöglichen läßt. – D o t t e r b l u m e f. (15. Jh.), im Hinblick auf die gelben Blüten.

Double n. 'Ersatzmann', der für Schauspieler nicht zumutbare Rollenszenen übernimmt (20. Jh.), in der älteren Bedeutung 'Schauspieler in zweiter Besetzung', auch

'Doppelgänger' (19. Jh.). Entlehnung von gleichbed. frz. *double*; s. *doppelt*.

Doyen m. 'Ehrenältester, Wortführer im diplomatischen Korps', Entlehnung (um 1800) von gleichbed. frz. *doyen*, allgemein 'Dienstältester einer Körperschaft', auch 'Vorsitzender einer Fakultät', aus lat. *decānus*, s. *Dekan*.

dozieren Vb. 'Vorlesungen halten, belehrend vortragen', im 16. Jh. entlehnt aus lat. *docēre* 'lehren, unterrichten'. Aus dem Part. Präs. lat. *docēns* (Gen. *docentis*) stammt das Subst. D o z e n t m. 'Hochschullehrer' (18. Jh.). S. auch *Doktor*.

Drache m. Das mit lähmendem Blick und als geflügeltes Reptil vorgestellte Fabeltier der Antike lat. *dracō*, griech. *drákōn* (*δράκων*), eigentl. 'scharfblickend(es Tier)', zu griech. *dérkesthai* (*δέρκεσϑαι*) 'scharf, wild blicken', lernen die Germanen als Feldzeichen ('Standarte') des röm. Heeres kennen. Die Entlehnung ahd. *trahho* (9. Jh.), mhd. *trache*, nhd. (mit Einwirkung des lat. Anlauts) *Drache* wird mit dem in germ. Vorstellung bestehenden *Lindwurm* gleichgesetzt. Im Mhd. oft für 'Teufel', im Nhd. Geschützname (16. Jh.), in der Form *Drachen* m. 'zänkisches Weib' (16. Jh.; vgl. auch *Hausdrachen*) und ein papiernes, mit langem Schweif versehenes und ehemals einen Drachen vorstellendes (Spiel)zeug (14. Jh.).

Dragee n. 'überzuckerte Frucht oder Pille', Entlehnung (17. Jh.) von frz. *dragée* 'überzogenes Zuckerwerk'; wohl aus lat. *tragēmata* Plur. (griech. *τραγήματα*) 'Naschwerk, Nachtisch', zu griech. *trṓgein* (*τρώγειν*) 'nagen, essen'. Doch vgl. schon *tragee* (16. Jh., Paracelsus), nach mlat. *drageia*.

Dragoner m. ehemals 'leichter Reiter, Kavallerist', entlehnt (Anfang 17. Jh.) aus gleichbed. frz. *dragon*, älter 'Feldzeichen, Standarte' (lat. *dracō*, s. *Drache*), dann 'unter einer solchen Standarte kämpfender Soldat'.

Draht m. 'gezogener oder gewalzter Metallfaden', ahd. *thrāt* (11. Jh.), mhd. *drāt* 'Faden, Schnur', mnd. *drāt*, asächs. *thrād*, aengl. *þrǣd*, engl. *thread* 'Faden, Zwirn, Garn', mnl. *draet*, nl. *draad* 'Faden, Draht', anord. *þrāðr* 'Faden, Leine', schwed. *tråd* setzen germ. **þrēðu-* voraus, das auf eine mit ie. **tu-* Suffix versehene langvokalische Form ie. **trē-* der Wurzel ie. **ter(ə)-* 'drehend reiben' (s. *drehen*) zurückgeht. *Draht* ist ursprünglich das aus Flachs, Wolle u. dgl. 'Gedrehte'. Die dt. Bedeutungsspezialisierung 'gezogener Metallfaden' setzt bereits im Mhd. ein, als man in Stoffe eingewebte Gold- und Silberfäden mit mhd. *golt-, silberdrāt* bezeichnet; die alte Bedeutung wird dagegen im Engl. und Nl. bewahrt, im Dt. noch in *Schuster-* oder *Pechdraht* 'Nähfaden des Schusters' (17. Jh.). Aus *Telegraphendraht* verkürztes *Draht* tritt in der 2. Hälfte des 19. Jhs. ein für 'Telegraf-, telegrafisch' in Bildungen wie *Drahtantwort, -bericht* (für *Depesche*), *-meldung*. Daher stammt wohl auch die Wendung *auf Draht sein* 'schnell, tüchtig sein' (20. Jh.). An *Telefondraht* anknüpfend *heißer Draht* 'direkte Telefonleitung für dringende Fälle', zuerst (in der Übersetzung von amerik.-engl. *hotline* bzw. *hot-wire*) für die unmittelbare Verbindung zwischen den führenden Staatsmännern der UdSSR und der USA (um 1960). – d r a h t e n Vb. 'telegrafieren' (19. Jh.); d r a h t l o s Adj. 'durch Funkverkehr' (20. Jh.). d r a h t i g Adj. 'kräftig, sehnig, gewandt', eigentl. 'fest und biegsam wie Draht' (20. Jh.). D r a h t z i e h e r m. 'Drahthersteller' (14. Jh.), 'geheimer Lenker politischer Aktionen' (18. Jh.), im Vergleich mit dem unsichtbaren Marionettenspieler, der die Puppen an Drähten agieren läßt.

drakonisch Adj. 'überaus streng, rücksichtslos', Ableitung des 18. Jhs. vom Namen des griech. Aristokraten *Drákōn* (*Δράκων*), d. i. eigentl. *Drache* (s. d.), bekannt durch seine wegen ihrer Härte berüchtigte Gesetzgebung für Athen (621 v. u. Z.).

drall Adj. 'fest, derb, stramm', ablautend zu *drillen* (s. d.) und daher verwandt mit *drehen* (s. d.), eigentl. 'fest gedreht', mhd. *drel* Adv. 'fest, stark, sehr', mnd. *dral* 'fest gedreht, wirbelnd, sprudelnd (vom Wasser)', nl. *dral*. Seit dem 18. Jh. setzt sich *drall* allmählich im Hd. durch. – D r a l l m. 'Drehimpuls (bei Feuerwaffen), Neigung' (18. Jh.). *Linksdrall* m., *Rechtsdrall* m. 'Drehbewegung der Geschosse nach links oder rechts' (wohl 19. Jh.), auch spöttische Bezeichnung für ein Sympathisieren mit politisch links oder rechts orientierten Gruppen (20. Jh.).

Drama n. 'Schauspiel', dann auch 'erregendes, trauriges Geschehen'. Neben die älteren Bezeichnungen *Schauspiel, Spektakel* tritt im 16. Jh. entlehntes lat. *drāma*, griech. *drā̆ma* (*δρᾶμα*) 'künstlerisch behandeltes, auf der

Bühne dargestelltes Spiel', eigentl. 'Tat, Handlung', Ableitung von griech. *drân* (*δρᾶν*) 'machen, tun'. Die Entlehnung folgt bis ins 18. Jh. noch griech.-lat. Flexion (Plur. *Dramata*). Erst mit der theoretischen Einteilung der Dichtung in Lyrik, Epik und Dramatik (18. Jh.) gewinnt der Ausdruck allgemeine Verbreitung. – d r a m a t i s c h Adj. 'in der Art eines Dramas' (17. Jh.); vgl. gleichbed. griech. *drāmatikós* (*δραματικός*); dann allgemein 'erregend, mitreißend', d r a m a t i s i e r e n Vb. 'einen Stoff als Bühnenstück gestalten, übertreiben' (18. Jh.). D r a m a t u r g i e f. 'Wissenschaft von der Kunst des Dramas und des Theaters, Schauspielkunde' (Lessing 1767), griech. *drāmatūrgía* (*δραματουργία*) 'dramatische Darstellung'. Dazu im 18. Jh. D r a m a t u r g m. 'Begutachter und Bearbeiter von Bühnenstücken', in Anlehnung an griech. *drāmatūrgós* (*δραματουργός*) 'Dramenverfasser'; zum zweiten Kompositionsglied s. *Chirurg*.

Dränage f. 'Bodenentwässerungsanlage'. Im 19. Jh. wird frz. *drainage* übernommen, das auf engl. *drainage* 'Trockenlegung, Entwässerung, Entwässerungsanlage', zu engl. *to drain* 'abfließen, trockenlegen, entwässern', zurückgeht. Engl. *to drain*, aengl. *drēahnian* 'austrocknen' gehört etymologisch zu *trocken* (s. d.). Unter dem Einfluß der engl. Landwirtschaft, die seit der 2. Hälfte des 18. Jhs. Entwässerungsanlagen entwickelt, verbreitet sich das Wort im 19. Jh. in Westeuropa.

Drang m. 'Trieb, Streben, Gedränge, Bedrängnis, Druck', mhd. *dranc* m. n. 'Gedränge, Bedrängnis', mnd. *dranc*, mnl. nl. *drang*, aengl. *geþrang* 'Gedränge, Menge, Lärm', engl. *throng* 'Gedränge, Menge, Schar', anord. *þrǫng* f. 'Gedränge, Enge, Kelter', norw. *trang* stehen im Ablaut zu dem unter *dringen* (s. d.) behandelten Verb. Mhd. *dranc* bezieht sich vornehmlich auf das wogende Getümmel in der Schlacht, 'Gedränge der Menschen im Kampf'. Mit der Bedeutung 'innerer Trieb, geistiges Streben, Impuls' (entwickelt im 18. Jh.) wird *Drang* rasch zum Modewort (vgl. die formelhafte Verbindung *Sturm und Drang*, Klinger 1776). – A n d r a n g m. 'das Andrängen' (18. Jh.). D r a n g s a l f. 'Zwang, Bedrängnis, Gewalttätigkeit', spätmhd. *drancsal*, ursprünglich auch n., selten m.; mit der Nachsilbe *-sal* (s. d.) wohl aus älterem, von *drängen* abgelöstem *drangen* (s. unten *drängen*) abgeleitet; dazu *drangsalen* Vb. (19. Jh.), häufiger d r a n g s a l i e r e n Vb. 'quälen, belästigen' (19. Jh.). d r ä n g e n Vb. 'drücken, nötigen, vertreiben', Kausativum zu *dringen* (s. d.), also eigentl. 'dringen machen'. Ahd. *threngen* (um 1000), mhd. *drengen* setzt sich gegenüber ahd. *thrangōn* (9. Jh.), mhd. *drangen* 'drükken, belästigen, nötigen' durch; *drängen* übernimmt im 18. Jh. den transitiven Gebrauch von *dringen* 'zusammendrücken'. d r ä n g e l n Vb. 'sehr, wiederholt drängen, drücken', Iterativbildung (19. Jh., vereinzelt schon 17. Jh.) zu *drängen*. G e d r ä n g e n. 'unruhiges Treiben, Andrang, Menge', ahd. *githrengi* 'Handgemenge' (9. Jh.), mhd. *gedrenge* 'Kampfgewühl, unwegsam verwachsener Boden, Bedrängung, Beengung' ist entweder als Kollektivum zum Substantiv *Drang* (s. oben) oder als Verbalabstraktum zu den oben unter *drängen* genannten schwachen Verben (oder zum starken Verb *dringen*?) gebildet, wird heute aber als zu *drängen* gehörend empfunden; *ins Gedränge kommen* 'in Schwierigkeiten geraten' (um 1700).

Draperie f. 'kunstvolle Anordnung von Stoff und Falten, Faltenwurf', ein Wort der Kunstwissenschaft. Das bereits mhd. bezeugte *trapperīe* 'Garderobe, Kleiderdepot' ist Entlehnung von afrz. *draperie* 'Fabrikation, Handel mit Tuch, Tuch', bleibt jedoch ohne Fortsetzung im Nhd. Vielmehr wird frz. *draperie* in der heutigen Bedeutung im 18. Jh. erneut ins Dt. übernommen. Dazu d r a p i e r e n Vb. 'mit Tuch behängen, Stoff in Falten legen' (18. Jh.), aus frz. *draper*. Zugrunde liegt spätlat. *drappus* 'Tuch, Lappen', dessen Herkunft (vielleicht keltisch) nicht geklärt ist.

drastisch Adj. 'derb, deutlich, durchgreifend', im 18. Jh. aus griech. *drastikós* (*δραστικός*) 'wirksam' entlehnt, anfangs nur substantiviert in medizin.-lat. *Drastica* Plur. für kräftig wirkende Arzneien (beispielsweise Abführmittel) gebraucht, seit dem 19. Jh. allgemein (*drastisch wirken, drastische Sprache*).

drechseln Vb. 'auf einer Drehbank Holz oder Horn kunstvoll bearbeiten, formen', mhd. *drehseln*, Ableitung von mhd. *dræhsel, drehsel* m. 'Drechsler', ahd. *thrāhsil* 'Drechsler, Dreher' (9./10. Jh.). Die Wortgruppe *drechseln, Drechsler* ist nur im Dt. belegt und setzt mit aengl. *þrǣstan* 'drehen, zerdrücken, zwingen' dehnstufiges germ. **þrēh-* voraus, das mit den (nicht dehnstufigen) Verwandten lat. *torquēre* 'drehen, winden, martern' (s. *Tortur*), griech. *átraktos* (ἄτρακτος) 'Spindel' auf eine Erweiterung ie. **terk-*, **trek-* der Wurzel von *drehen* (s. d.) führt. – D r e c h s l e r m. 'wer drechselt', ahd. (mfrk.) *thrāhslāri* (11. Jh.), mhd. *dræhseler, drehseler*, gebildet mit der Endung für Nomina agentis ahd. *-āri*, nhd. *-er*, löst die ältere Bildung auf ahd. *-il*, mhd. *-el* (ahd. *thrāhsil*, s. oben) ab.

Dreck m. 'Schmutz, wertloses Zeug', ahd. *-threc* (in *mūsthrec* 'Mäusekot', Hs. 12. Jh.), mhd. *drec* (Gen. *dreckes*) 'Schmutz, Unrat, Kot', mnd. *drek*, mnl. *drec*, nl. *drek* 'Exkremente, Fäulnis', anord. *þrekkr* 'Dreck, Schmutz', schwed. *träck* 'Kot' zeigen (mindestens in den flektierten Formen) die in Wörtern für geringgeschätzte, verabscheute Dinge öfter zu beobachtende affektische Gemination (germ. *-kk-*), vgl. daneben aengl. *þreax* 'Fäulnis, Abfall, Kehricht'. Die germ. Formen verbinden sich mit griech. *stergános* (στεργάνος) 'Mist, Auswurf von Menschen und Tieren, Schmutz' sowie lat. *stercus* 'Kot, Dünger, Mist', lit. *teršti* 'schmutzen, schmutzig machen' und führen mit diesen auf die Erweiterungen ie. **(s)terg-*, **(s)treg-* bzw. **(s)terk̑-* der Wurzel ie. **(s)ter-* 'unreine Flüssigkeit, Mist; besudeln, verwesen'. Die alte Bedeutung 'Exkremente, Kot' lebt noch in Komposita wie *Mäusedreck* (s. oben), *Teufelsdreck* (16. Jh.), während *Scheißdreck* wohl eher als Steigerung von *Dreck* im Sinne von 'wertloses Zeug, Nichtigkeit' anzusehen ist. – d r e c k i g Adj. (16. Jh.), älter *dreckicht* (15. Jh.) 'schmutzig'. D r e c k f i n k m. 'Schmutzkerl' (*Dreckfincke* Goethe, 18. Jh.), heute meist von Kindern.

drehen Vb. 'um eine Achse bewegen, wenden, flechten, winden, rund machen', ahd. *drāen* 'runden, drechseln, erhaben ausarbeiten' (8. Jh.), mhd. *dræjen, dræhen* 'sich drehend bewegen, wirbeln, drechseln', asächs. *thrāian*, mnd. *dreyen*, aengl. *þrāwan* 'drehen, quälen', engl. *to throw* 'werfen', mnl. *draeyen*, nl. *draaien* führen wie *Draht* (s. d.) auf die langvokalische Form ie. **trē-* der Wurzel ie. **ter(ə)-* 'reiben, drehend reiben, (reibend) durchbohren', zu der auch lat. *terere* 'reiben, zerreiben', griech. *teírein* (τείρειν) '(auf)reiben, bedrängen, quälen', *tóros* (τόρος) 'Meißel', aslaw. *trěti*, russ. *terét'* (*mepemь*) 'reiben' gehören. Auf unterschiedliche Erweiterungen dieser Wurzel gehen *drechseln, drillen, drohen, drücken* (s. d.) zurück. – D r e h m. 'Finte, Trick' (um 1900), aus dem Rotw., eigentl. wohl 'geschickte Drehung'. D r e h e r m. in älterer Zeit 'Drechsler' (14. Jh.), modern 'Metallarbeiter an der Drehbank'. D r e h b a n k f. 'Drechselbank', spätmhd. *dræbanc*; 'mit einem Drehrad versehener Werktisch, drehbarer Tisch' (17. Jh.), 'Werkzeugmaschine mit rotierender Hauptbewegung' (19. Jh.), modern dafür auch *Drehmaschine*. D r e h b u c h n. Vorlage für einen Film (20. Jh.).

drei Num. Ahd. *thrī* (8. Jh.), mhd. mnl. *drī* (gegenüber asächs. *thrīa* mit sekundär angetretener Endung, woraus mnd. *drē*), aengl. *þrī*, engl. *three*, anord. *þrīr*, got. *þreis*, lat. *trēs*, griech. *treĩs* (τρεῖς), aind. *tráyaḥ*, lit. *trỹs*, aslaw. *trije*, russ. *tri* (*mpu*) führen alle auf die mask. Form des Zahlworts ie. **trei̯es* 'drei'. Ablautendes ie. **tri-* erscheint in der Kompositionsform griech. *tri-* (τρι-), lat. *tri-* (s. *tri-*) ebenso wie in der Ordinalzahl *dritter* (s. unten). *(nicht) bis drei zählen können* 'dumm sein' (17. Jh.), vgl. älter *der nicht sieben zelen künde* (Luther). – D r e i e r m. 'kleine Münze, Dreipfennigstück', mhd. *drīer*. d r e i ß i g Num., ahd. *thrīȝug* (8. Jh.), mhd. *drīȝec* (s. *-zig*). d r e i z e h n Num., ahd. *thrīzehan* (um 1000), mhd. *drīzehen*. D r e i e c k n. geometrische Figur (16. Jh.), Rückbildung aus d r e i e c k i g Adj., *dreieckicht*, mhd. *drīeckec*; vgl. mhd. *drīeckeht* und s. *Ecke*. D r e i e i n i g k e i t f. Gott als Einheit der drei göttlichen Personen Vater, Sohn und Heiliger Geist in der christlichen Religion, mhd. *drīeinecheit*; vgl. frühnhd. *dreyeinec* 'dreieinig' (um 1500); in gleicher Bedeutung D r e i f a l t i g k e i t f., mhd. *drīvaltecheit*, zu mhd. *drīvaltec* 'dreifaltig' Adj., vgl. ahd. *thrīfalt* 'dreifaltig, dreifach' (8. Jh.), mhd. *drīvalt* und s. *falten*; beide Substantive sind Übersetzungen für den Terminus kirchenlat. *trīnitās* 'Trinität'. D r e i f u ß m. 'Gestell mit drei Füßen', ahd. *thrīfuoȝ* (11. Jh.), mhd. *drīvuoȝ*, Übersetzung von lat. *tripūs*, griech. *trípūs* (τρίπους) 'dreifüßiges Geschirr, dreifüßiger Stuhl der Pythia, der das Orakel verkündenden Priesterin in Delphi'. D r e i m a s t e r m. 'Segelschiff mit drei Masten' (18. Jh.). d r i t t e r Num. Ord., ahd. *thritto*

(8. Jh.), mhd. *dritte*, got. *þridja*. D r i t t e l n. 'dritter Teil' (14. Jh.), mhd. *dritteil*, s. *Teil*. d r i t t e l n Vb. 'in drei gleichgroße Teile aufteilen' (15. Jh.). d r i t t e n s Adv. 'zum dritten, an dritter Stelle kommend' (17. Jh.). S. auch *Drilling*.

dreist Adj. 'zudringlich, frech', Übernahme (1. Hälfte 16. Jh., zunächst *dreiste*, dann *dreist*, Ende 16. Jh., daneben noch *driest, drist* in hd. Texten des 16./17. Jhs., bei omd. Autoren des 18. und frühen 19. Jhs. gerundet *dreust*) von mnd. *drīste* 'beherzt, kühn, wagemutig', auch 'frech', in die Literatursprache, das mit asächs. *thrīst(i)*, mnl. *drijst(e), driest(e)*, nl. *driest*, aengl. *þrīst(e)* am ehesten mit dem unter *dringen* (s. d.) behandelten Verb zu verbinden und damit zu ie. **trenk-* 'stoßen, zusammendrängen, bedrängen' zu stellen ist. Wie got. *þreihan* 'drängen' steht das Adjektiv, setzt man germ. **þrinhstja-* voraus, in grammatischem Wechsel (*h–g*) zu *dringen*; nach *n*-Ausfall folgt Dehnung des Vokals. Als Ausgangsbedeutung ist, im Hinblick auf die Zugehörigkeit zu *dringen*, 'kühn andrängend' anzusetzen, die in der Literatursprache des 19. Jhs. jedoch hinter 'zudringlich, frech' verblaßt. Wenig wahrscheinlich ist dagegen Verwandtschaft mit lat. *trīstis* 'finster gelaunt, traurig' und ein zusammenfassender Ansatz ie. **treisti-* oder **trīsti-* 'trotzig, finster gelaunt'. – D r e i s t i g k e i t f. 'Frechheit' (Ende 16. Jh.), von mnd. *drīstichēt*. d u m m d r e i s t Adj. 'dumm und frech zugleich' (Mitte 17. Jh.), von nd. *dumm-drīste* 'kühn ohne Klugheit und Überlegung'. e r d r e i s t e n Vb. '(frech) anmaßen' (16. Jh., geläufig seit dem 18. Jh.). *dreist* und seine Ableitungen und Zusammensetzungen werden wohl durch die Buchung bei Adelung (1774) im Hd. heimisch.

dreschen Vb. '(Getreide)körner durch Schlagen aus ihren Hülsen herauslösen', ahd. *threscan* 'herausschlagen, zertreten, unterdrücken' (8. Jh.), mhd. *dreschen* 'dreschen, quälen', mit *r*-Metathese mnd. *derschen*, mnl. *derscen, dorscen*, nl. *dorsen* und aengl. *þerscan* 'dreschen, schlagen, stampfen', engl. *to thresh* 'dreschen, schlagen', anord. *þriskja, þryskva*, schwed. *tröska*, got. *þriskan* und die Verwandten lit. *treškéti* 'prasseln, knacken, knistern' und aruss. *trěskъ* 'Krachen, Donner', russ. *tresk* (*треск*) 'Krachen, Knistern' können wie *drehen* (s. d.) zur Wurzel ie. **ter(ə)-* 'reiben, drehend reiben' gestellt werden. Die ursprüngliche Bedeutung der germ. Verben entspricht der alten Technik des Dreschens 'mit den Füßen (die Körner heraus)stampfen', vgl. die aus dem Germ. stammenden Verben span. *triscar* 'stampfen, tanzen', ital. *trescare* 'tanzen'. *leeres Stroh dreschen* 'Phrasen reden' (15. Jh.). – D r e s c h e r m., mhd. *dreschære*. M ä h d r e s c h e r m. moderne Landwirtschaftsmaschine, die gleichzeitig mäht und drischt (20. Jh.). D r e s c h f l e g e l m. Durch roman. Vermittlung wird den Germanen eine neue Technik des Dreschens bekannt (die Körner werden mit dem Flegel herausgeschlagen); die Bezeichnung für das dazu nötige Gerät ist ahd. *flegil*, nhd. *Flegel* (s. d.) und ahd. *thriskila* (8. Jh.), *thriskil* (Hs. 12. Jh.), mhd. *drischel*, nhd. (mundartlich) *Drischel*, eine Gerätebezeichnung mit dem Suffix *-el* (germ. *-ila-*) zu *dreschen*. Die verdeutlichende Zusammensetzung *Dreschflegel* entsteht im 15. Jh. D r u s c h m. 'das Dreschen, das Herausgedroschene' (17. Jh.). a b g e d r o s c h e n Part.adj. 'leer, abgenutzt, nichtssagend' (18. Jh.).

Dreß m. 'Kleidung für einen bestimmten Anlaß' (19. Jh.), bes. *Sportdreß* (20. Jh.), Übernahme von engl. *dress* 'Kleidung, Kleid, Anzug', zum Verb engl. *to dress* 'zurichten, zubereiten, herrichten, zurechtmachen', dann auch 'ausstatten, schmücken, ankleiden', entlehnt aus afrz. *drecier* 'aufrichten, aufstellen, zurichten, anrichten', vereinzelt auch 'ankleiden, zurechtmachen' (frz. *dresser*); s. *dressieren*.

dressieren Vb. 'abrichten', vereinzelt wohl schon im 16. Jh. belegt (*treisiert* Part. Prät., 1555), geläufig seit dem 18. Jh., vorwiegend in der Jägersprache für das Abrichten der Jagdhunde, doch bald auch abschätzig auf Menschen übertragen für 'mechanisch erziehen, hart ausbilden', ferner (19. Jh.) 'in die richtige Form bringen, herrichten'; in diesen Bedeutungen entlehnt aus mfrz. frz. *dresser*, afrz. *drecier* 'aufrichten, aufstellen, zurichten, anrichten', mfrz. frz. auch 'unterweisen, abrichten', zurückgehend auf vlat. **dīrēctiāre* 'richten', eine Ableitung von lat. *dīrēctus*, s. *direkt*. – D r e s s e u r m. 'Abrichter, Tierbändiger' (19. Jh.), mfrz. frz. *dresseur*. D r e s s u r f. 'Abrichtung', latinisierende Bildung des 18. Jhs. (wonach unübliches frz. *dressure* neben gleichbed. frz. *dressage*).

dribbeln Vb. 'den Ball durch kleine Stöße vor sich her treiben' (beim Fußball) von gleichbed. engl. *to dribble*, dessen Herkunft nicht sicher zu deuten ist. Es kann mit einer ursprünglichen Bedeutung 'tröpfeln' als Iterativbildung zu *to drip* 'tropfen' aufgefaßt werden (verwandt mit *triefen*, s. d.). Oder es ist mit mnl. nl. *dribbelen* 'trippeln, tänzeln' zu verbinden, das entweder als Iterativum mit affektischer Doppelkonsonanz zu nl. *drijven* (s. *treiben*) gebildet ist, oder aber als Nebenform von nl. *trippelen* (s. *trippeln*) gelten kann. Das engl. Verb ist seit dem 19. Jh. für die engl., im 20. Jh. auch für die dt. und nl. Fußballersprache bezeugt. – Dribbling n. 'Laufen mit dem Ball' (20. Jh.).

drillen Vb. 'drehen, wirbeln, militärisch streng ausbilden'; ehemals starkes Verb, dessen Ablaut noch in zugehörigem *drall, drollig* (s. d.) und mhd. *gedrollen* 'gedreht, gerundet' (Part. Prät. zu einem nicht belegten Infinitiv mhd. *drillen*) erhalten ist, nl. *drillen*. Vorauszusetzen ist germ. **þrel-*, eine Erweiterung von ie. **ter(ə)-*, der Wurzel von *drehen* (s. d.). Zu der seit dem 17. Jh. soldatensprachlich gängigen Bedeutung 'militärisch streng ausbilden' wird im 19. Jh. Drill m. 'Exerzierdienst, strenge Ausbildung' üblich.

Drillich m. festes, dreibindig verflochtenes Gewebe. Das Adjektiv ahd. *thrilīh* (11. Jh.), mhd. *drilich, drilch* 'dreifach' (zu ahd. *thrĭ-* 'drei-') gewinnt (wohl unter Einfluß von lat. *trilīx* 'dreifädig', aus der Kompositionsform *tri-* von lat. *trēs* 'drei' und lat. *līcium* 'Faden') bereits im Ahd. die Bedeutung 'dreifädig, dreifach gewebt' und wird im 15. Jh. zur Stoffbezeichnung substantiviert. Die nordd. Bezeichnung für *Drillich* ist Drell m., mnd. *drel, dril*, dem ein nicht belegtes ahd. asächs. **thrinal* (entsprechend belegtem ahd. *zwinal* 'zweifach', 10. Jh.) vorausgehen muß; vgl. BRUGMANN in: Abh. d. sächs. Ges. d. Wiss. 25, 5 (1907) 34.

Drilling m. 'mit zwei weiteren Geschwistern geborenes Kind'. In Anlehnung an *Zwilling* (s. d.) im 16. Jh. aus älterem *Dreiling* (15. Jh.) gebildet (vgl. mhd. *drīlinc* 'der dritte Teil von etw.'); auch 'dreiläufiges Jagdgewehr' (19. Jh.).

dringen Vb. 'sich einen Weg verschaffen, verlangen, bestürmen', ahd. *thringan* 'drängen, zusammenpacken, -drücken' (8. Jh.), mhd. mnd. *dringen* 'flechten, weben, zusammendrücken, sich drängen', asächs. *thringan* 'mit Gewalt ausstoßen', aengl. *þringan* 'drängen, eilen, bedrücken', mnl. *dringhen,* nl. *dringen,* anord. *þryngva, þryngja* 'drängen, zwingen', schwed. *tränga* weisen gegenüber got. *þreihan* 'drängen' grammatischen Wechsel (zwischen *h* und *g*) auf, s. auch *drängen*. Die germ. Formen führen mit lit. *treñkti* 'dröhnend stoßen, werfen, schleudern', *trañksmas* 'Gedränge', aslaw. *trǫtъ* 'Wache, Schar', aruss. *trutъ, trutь* 'Menge', russ. (älter) *trutít' (трутить)* 'drücken, stoßen' und wohl auch lat. *truncāre* 'verstümmeln' auf ie. **trenk-* 'stoßen, zusammendrängen, bedrängen'. Ein Zusammenhang mit ie. **ter(ə)-*, der Wurzel von *drehen* (s. d.), bleibt fraglich. Transitiver Gebrauch, seit dem Ahd. neben intransitivem gleichermaßen bezeugt, wird von *drängen* (s. d.) allmählich übernommen, hält sich aber bis ins 18. Jh. – dringend Part.adj. 'eilig, wichtig, inständig' (15. Jh.). gedrungen Part.adj. 'fest, kompakt, kräftig' vom Körperbau (15. Jh.). dringlich Adj. 'dringend' (15. Jh.); Dringlichkeit f. 'Eiligkeit, Wichtigkeit' (18. Jh.). aufdringen Vb. 'aufnötigen' zeugt noch von ehemals transitivem Gebrauch von *dringen* (ersetzt durch *aufdrängen*), mhd. *ūfdringen* 'sich erheben, emporsprudeln'; aufdringlich und zudringlich Adj. 'lästig, sich aufdrängend' (beide 18. Jh.).

Droge f. als Gewürz oder Arzneimittel verwendeter getrockneter pflanzlicher oder tierischer Stoff, um 1600 aus frz. *drogue* 'Gewürz, Chemikalie, pharmazeutisches Mittel' ins Dt. entlehnt. Auszugehen ist von mnd. *drögevate* Plur., eigentl. 'trockene Fässer', d. h. 'Behälter für trockene, nichtflüssige Ware', mnl. *droge vaten*. Bald bezeichnet das abkürzende *droge* nicht nur die Behälter, sondern auch die in ihnen aufbewahrten Waren, so daß sich die Bedeutung 'Gewürz, Arzneimittel' entwickelt. In dieser substantivierten Form mag das ehemalige Adjektiv ins Frz. gelangt sein, denn da frz. *drogue* zuerst in Nordfrankreich bezeugt ist, gewinnt die Annahme einer mnd. mnl. Herkunft (gegenüber vermutetem arab. Ursprung) an Wahrscheinlichkeit, und frz. *drogue*, nhd. *Droge* müssen als etymologisch verwandt mit *trocken* (s. d.) gelten. – Drogerie f. 'Heilmittel' (um 1500), 'Verkaufsstelle für Drogen, Chemikalien und kosmetische Erzeugnisse' (um 1900), aus mfrz. *dro-*

guerie 'Droge, Arzneimittel', frz. 'Drogenhandlung'; dafür älter *Kräutergewölbe* (noch gelegentlich im heutigen Omd.). D r o g i s t m. 'Drogenhändler, Fachverkäufer in einer Drogerie' (um 1600), mfrz. frz. *droguiste.*

drohen Vb. 'Unangenehmes, Böses ankündigen'. Ahd. *throuwen* (8. Jh.), *threwen* (um 800) 'drohen, tadeln', mhd. *drouwen, drewen, dröuwen, dröun* setzt sich fort in nhd. *dräuen* (noch in poetischer bzw. historisierender Sprache, während die unumgelauteten Formen im älteren Nhd. untergehen). Daneben steht kontrahiertes (in Anlehnung an die Substantive ahd. *thrōa*, mhd. *drō*, s. unten) mhd. *drōn*, nhd. *drohen* (mit *h* als orthographischem Längezeichen). Im Germ. entsprechen asächs. *githrōon*, mnd. *drouwen*, mnl. *druwen*, nl. *drouwen,* aengl. *þrēagan, þrēawian* 'tadeln, züchtigen, strafen, bedrohen, angreifen', außergerm. sind aslaw. *traviti* 'verzehren', russ. *travít'* (*травить*) 'vernichten, hetzen, jagen, verdauen' und griech. *trýein* (*τρύειν*) 'aufreiben, erschöpfen' verwandt. Alle Formen gehen zurück auf ie. **treu-, *trū-*, eine Erweiterung der unter *drehen* (s. d.) angeführten Wurzel ie. **ter(ə)-*, wobei eine Bedeutungsentwicklung 'drehend reiben, quetschen, bedrängen, drohen' vorauszusetzen ist. – D r o h u n g f., ahd. *throuwung(a)* (8. Jh.), mhd. *dröwunge, drowung*, anders gebildetes ahd. *throuwa, thrawa, threwa* (9. Jh.), mhd. *drouwe, drō* verdrängend. D r o h b r i e f m. 'schriftliche Ankündigung von Gewalttätigkeiten' (Anfang 15. Jh.). b e d r o h e n Vb. 'Unheil, Gewaltanwendung ankündigen', mhd. *bedröuwen,* nhd. *bedräuen* und daneben (seit 15. Jh.) *bedrohen.* B e d r o h u n g f. (16. Jh.).

Drohne f. 'männliche Biene, Nichtstuer, Schmarotzer', ahd. *treno* m. (9. Jh.), mhd. *tren(e)* m. 'Brutbiene, Drohne, Hummel', (mit Dehnstufe) asächs. *drān* m., *drāna* f. '(Arbeits)biene, Drohne', mnd. *drāne, drōne* m. 'Drohne, Taugenichts', aengl. *drān, drǣn* f., engl. *drone* 'Drohne, Faulenzer' sind als ursprünglich das Fluggeräusch kennzeichnende Namen verwandt mit got. *drunjus* 'Schall', aind. *dhrā́ṇati* 'tönt', griech. *thrēnos* (*ϑρῆνος*) 'Totenklage, Klagelied', *thrēnéīn* (*ϑρηνεῖν*) 'klagen, jammern', *tenthrḗnē* (*τενϑρήνη*) 'Biene, Wespe', *thrṓnax* (*ϑρῶναξ*) 'Drohne' und mit *dröhnen* (s. d.). Sie führen auf ie. **dhrēn-*, Erweiterung der Schallwurzel ie. **dher-* 'murren, brummen, dröhnen'. Die heutige Form *Drohne* entspricht mnd. *drōne*; die nd. Form wird seit dem 17. Jh. im Hd. verwendet. Das in der Allgemeinsprache übliche fem. Genus ist wohl von *Biene* übernommen (seit 17. Jh.). Der Gebrauch als Fem. sowie die vielfach anzutreffende Bedeutung 'Brutbiene' beruhen auf Unkenntnis der biologischen Verhältnisse. Erst im Laufe des 18. Jhs. wird die Drohne als 'männliche Biene' allgemein bekannt; daher in der Imkersprache *Drohn* m. Daß hingegen an der Honigeintragung Drohnen, aus welchen vermeintlichen Gründen auch immer, nicht beteiligt sind, wird schon früh bemerkt; daher die Übertragung 'fauler Mensch, Schmarotzer' (bereits 16. Jh.).

dröhnen Vb. 'großen Lärm verbreiten, durch Lärm erzittern', ein nd., seit dem 17. Jh. im Hd. übliches Verb. Mnd. nd. *drōnen*, mnl. *drōnen,* nl. *dreunen* 'dröhnen, erzittern', isl. *drynja* 'dröhnen, lärmen, schwach brüllen', schwed. *dröna* 'schwach brüllen, träge sein' gehören wie *Drohne* (s. d.) und seine Verwandten zur Schallwurzel ie. **dher-* 'murren, brummen, dröhnen'.

drollig Adj. 'niedlich, possierlich' steht im Ablaut zu *drall* und *drillen* (s. d.) und gehört etymologisch zu *drehen* (s. d.). Das Adjektiv nl. *drollig* (16. Jh.) ist abgeleitet vom Substantiv nl. *drol* 'kleines dickes Männchen, Knirps', das in seiner Bedeutung sowohl von frz. *drôle* 'Kobold' als auch von *Troll* (s. d.; vgl. mnl. *drolle, drol* 'Alb, Klabautermann', anord. *troll* 'Unhold') beeinflußt sein kann (de Vries Nl. 138). Über nd. *drollig* gelangt das Adjektiv im 17. Jh. ins Hd.

Dromedar n. 'einhöckriges Kamel', mhd. *dromedār*, Entlehnung von afrz. *dromedaire* bzw. spätlat. *dromedārius*, einer Ableitung von lat. *dromas (camēlus)*, griech. *dromás* (*δρομάς*) 'schnell laufend', substantiviert 'Kamel', eigentl. 'Läufer, Lauftier'. Frühe Eindeutschungsversuche wie *drummeldar, dromeltier, trummeltier* (15. Jh.) führen zu einem Zusammenfall (16. Jh.) mit umgangssprachlichem *Trampeltier* 'plumper, schwerfälliger Mensch' (s. *trampeln*). Im Dt. des 18. Jhs. wird unterschiedlich versucht, das einhöckrige Kamel vom zweihöckrigen in der Namengebung zu unterscheiden, woraufhin Nemnich (1793) für das zweihöckrige Kamel *Trampeltier* vorschlägt. Der Name *Dromedar* verbleibt danach (obwohl von Nemnich abgelehnt) dem einhöckrigen Kamel.

Drops m. n., meist Plur. (zu einer Rolle zusammengewickelte) runde Fruchtbonbons, Entlehnung (19. Jh.) von gleichbed. engl. *drops* Plur., eigentl. 'Tropfen' (wohl nach ihrer ehemals tropfenähnlichen Form). Im Dt. hat sich die engl. Pluralform eingebürgert und wird auch als Singular verwendet. Zur Etymologie s. *tropfen.*

Droschke f. 'Mietkutsche, Taxi'. Die Entlehnung aus russ. *dróžki* (*дрожки*) 'leichter Kutschwagen', einem Pluraletantum zu *drogá* (*дрога*) 'Verbindungsstange zwischen Vorder- und Hinterachse des Wagens', Plur. *drogí* (*дроги*) 'Wagen, Gefährt', ist zuerst gegen Ende des 18. Jhs. bei den Deutschen im Baltikum und in St. Petersburg nachgewiesen, begegnet danach in Reiseberichten über Rußland, wird in Berlin heimisch und verbreitet sich dann (19. Jh.) im dt. Sprachgebiet.

dröseln Vb. 'drehen', ein md. nd. Mundartwort, das seit dem 18. Jh. in der Literatursprache erscheint; geläufiger a u f d r ö s e l n 'aufdrehen, entwirren' (19. Jh.). Zugrunde liegt eine mit *s* erweiterte Form von ie. **dreu-*, seinerseits Erweiterung der unter *Treppe* (s. d.) dargestellten Wurzel ie. **der-*, **derə-* 'laufen, treten, trippeln'. Vgl. auch nl. *treuzelen.* Daneben stehen als Formen mit *i(e)*-Vokalismus mnd. *triselen* 'rollen, kollern' (15. Jh.), nd. *trieseln* 'herumlaufen, torkeln, taumeln, sich drehen' (vgl. *Triesel* m. 'Kreisel', das sich seit etwa 1900 von Berlin aus verbreitet).

[1]**Drossel** f. in vielen Arten verbreiteter Singvogel. Das Germ. weist eine Fülle unterschiedlicher Formen auf, ahd. *thrōska, thrōskala* (9./10. Jh.), aengl. *þrysce, þræsce*, engl. *thrush*, aengl. *þrostle*, engl. *throstle*, asächs. *throsla*, anord. *þrǫstr.* Einem erschlossenen ie. **trozd-* 'Drossel' am nächsten steht anord. *þrǫstr* (aus urnord. **þrastuR*). Die inlautende Konsonantenverbindung germ. *st* wird in vielen Fällen durch das Gutturalsuffix germ. *sk* ersetzt. Eine Reihe von Formen, die unterschiedlichen Deklinationstypen folgen, weisen zusätzlich ein deminuierendes *l*-Suffix auf. Schwer erklärbar sind die Differenzen im Vokalismus der Wurzelsilbe; wahrscheinlich liegt hier Kreuzung mit einer schallnachahmenden anderen Wurzel vor. Auch die außergerm. Verwandten lat. *turdus,* lit. *strãzdas*, russ. *drozd* (*дрозд*) weisen lautliche Abweichungen von der erschlossenen Urform auf (z. B. Konsonantenassimilation im Russ.). Ahd. *thrōskala* ergibt mhd. *droschel*; nhd. *Drossel* setzt nd. und md. Mundartformen fort (vgl. mnd. *drōsle*, holst. *Drussel*, omd. *Drossel*).

[2]**Drossel** f. 'Kehle des Wildes' (Jägersprache), 'Vorrichtung zur Verringerung der Dampf-, Gas-, Treibstoffzufuhr' (Technik). Neben ahd. *throȥȥa* 'Kehle, Gurgel' (10. Jh.), mhd. *droȥȥe,* aengl. *þrote, þrotu,* engl. *throat* und den *l*-Ableitungen mhd. *droȥȥel*, engl. *throttle* stehen mit *s*- anlautende Formen wie mhd. *stroȥȥe*, asächs. *strota*, mnd. mnl. *strōte, strotte*, nl. *strot.* Sie sind verwandt mit mhd. *drüȥȥel*, anord. *þrūtr* 'Schnauze', anord. *þrūtinn* 'geschwollen', nhd. *strotzen* (s. d.), ferner mit lat. *strūma* (aus **strūdmā*) 'Anschwellung der Drüsen, dicker Hals, Kropf' und führen über ie. **(s)trŭd-* 'Angeschwollenes, Hervorstehendes' auf die Wurzel ie. **(s)ter(ə)-* 'starr, steif sein'. Im 17. Jh. verschwindet *Drossel* allmählich aus der Literatursprache, hält sich jedoch als jägersprachlicher Ausdruck sowie im Namen der Märchenfigur *König Drosselbart* ('der mit einem Kehlbart') und in der scherzhaften Bildung *Schnapsdrossel* ('wer gern trinkt'). Im 19. Jh. wird das technische Fachwort *Drossel* aus dem Verbum (s. unten) zurückgewonnen. – d r o s s e l n Vb. 'die Kehle zuschnüren, würgen' (15. Jh.), 'Gas-, Dampf-, Treibstoffzufuhr u. dgl. vermindern', daher auch die 'Geschwindigkeit verringern, bremsen' (Ende 19. Jh.). e r d r o s s e l n Vb. 'durch Zuschnüren der Kehle töten' (17. Jh.).

drüben Adv. 'auf der anderen Seite, jenseits'. In zusammengesetzten Ortsadverbien mit vokalisch anlautendem zweitem Glied vorkommendes mhd. nhd. *dar-*, das auf Zusammenfall der Pronominaladverbien ahd. *thār* 'dort, da' und *thara* 'dorthin, dahin' beruht (s. [1]*da* und *dar-*), wird im Mhd. oft zu *der-, dir-* abgeschwächt bzw. (in vielen Fällen schon frühmhd.) zu *dr-* synkopiert; daher nhd. *dran, drauf, drüber*, mhd. *dran(e), drūf(fe), drüber* neben nhd. *daran, darauf, darüber,* mhd. *daran(e), darūf(fe), darüber* (vgl. die vorausgehenden Formen ahd. *thār ana, thār ūf, thār uberi* oder *thar(a) ana, thar(a) ūf, thar(a) uberi*). An das seit dem 13. Jh. bezeugte *drüber* schließt sich im Nhd. (nachweisbar erst Anfang des 18. Jhs.) die Lagebezeichnung *drüben* an (daneben im 18. Jh. gelegentlich *darüben, daüben* wohl als hyperkorrekte, nicht sprachübliche Bildungen). Sie entsteht in Analogie zu Adverbien auf *-n* (aus ahd. *-na, -nān*, dieses ursprünglich bei Angaben zur Herkunftsrichtung) wie *hinten, oben, unten* (s. d.). Vor allem das ältere Nebeneinander von *drunter* (mhd. *drunder* aus *darunder*, ahd. *thār unteri*) und *drunten* (frühnhd. *drunden*, 16. Jh., mhd. *drunde* aus *darunde(n), derunden*, frühmhd. *dirundini*, um 1100) kann dabei als Vorbild gelten. Einfaches *üben* Adv. 'jenseits' als Entsprechung zu *über* (s. d.) findet sich nur vereinzelt in obd. Mundarten (z. B. bei Frisch 1741 gebucht); vgl. ferner das etymologisch eng verwandte Wortpaar *oben* Adv. (s. d.) und (mundartlich) *ober* Präp.

drucken Vb. 'Texte, Abbildungen u. dgl. maschinell vervielfältigen'. Das Verfahren, Stoffe mit Mustern und Papier mit Holzschnitten oder Lettern (15. Jh.) zu bedrucken, wird in Oberdeutschland entwickelt; *drucken* ist die obd. (durch Guttural bedingte) umlautlose Form von *drücken* (s. d.). Zunächst stehen *drücken* und *drucken* bis ins 17. Jh. bedeutungsgleich nebeneinander, danach wird differenzierend geschieden zwischen *drucken* als Fachausdruck und *drücken* 'pressen, belasten, bedrängen'. – [1]Druck m., *Abdruck* m. 'Vorgang des Vervielfältigens und sein Erzeugnis' (15. Jh.). Drucker m. 'Buchdrucker' (15. Jh.). Druckerei f. 'Buchdruckerhandwerk, Betrieb, in dem gedruckt wird' (15. Jh.). Drucksache f. zuerst 'bedruckter Bogen' (so noch heute für 'gedruckte Vorlage als Arbeits- bzw. Diskussionsgrundlage'), dann 'offene Postsendung zu ermäßigter Gebühr, die vervielfältigten Text enthält' (beide 19. Jh.). Druckfehler m. (17. Jh.).

drücken Vb. 'pressen, belasten, bedrängen'. Bis ins 17. Jh. daneben gleichbed. umlautloses obd. *drucken* (s. d.). Ahd. *thrucken* 'pressen, bedrücken, quälen, bedrängen' (9. Jh.), mhd. *drücken, drucken* '(be)drängen, pressen, auspressen, sich drängen', mnd. *drücken*, mnl. *drucken*, nl. *drukken*, aengl. *þryccan* 'zerdrücken, drängen, beleidigen, unterdrücken', schwed. *trycka* 'drücken, drukken' sind Intensivbildungen zu einer Verbalwurzel, die innerhalb des Germ. auch in anord. *þrūga* 'drohen, unterdrücken, nötigen' überliefert ist. Mit verwandtem lit. *trū̃kti* 'entzweireißen, zerspringen, bersten' stellen sich die germ. Formen zu ie. **treuk-*, **trŭk-*, einer zweifachen Erweiterung der Wurzel ie. **ter(ə)-* 'reiben, drehend reiben', auf die auch *drehen* und *drohen* zurückgehen (s. d.). – Drückeberger m. 'wer sich heimlich (vor einer Arbeit) davonmacht, eine Aufgabe nicht übernimmt' (19. Jh.), scherzhafte Bildung nach dem Typ der Herkunftsnamen auf *-berger* (vgl. *Perleberger* 'einer aus Perleberg', s. auch *Schlauberger*), zu *sich drücken* 'sich heimlich davonmachen' (13. Jh.). [2]Druck m. 'das Drücken, Zwang, Belastung', modern als technischer Terminus in *Luft-, Wasser-, Überdruck* u. a.; ahd. *thruc* 'Druck, Einwirkung' (um 1000), mhd. *druc* 'Druck, feindliches Zusammenstoßen'. Eindruck m. 'Druckspur, Einwirkung auf Fühlen und Denken', mhd. *īndruc* 'Empfindung, nachhaltige Wirkung', bei den Mystikern gebräuchlich, danach häufig seit dem 18. Jh. (*einen guten, tiefen Eindruck* 'Wirkung' *machen, hinterlassen*). eindrücken Vb. 'eine Spur hinterlassen, einprägen, durch Druck zerstören', ahd. *inthrucken* 'etw. mit Druck einprägen, aufdrücken' (Hs. 12. Jh.), mhd. *īndrucken*; für geistige Beeinflussung und Wirkung ist heute *beeindrucken* üblich (seit etwa 1900). Drücker m. 'mechanische Vorrichtung, Handhabe zur Ausübung von Druck' (17. Jh.), dann 'Bedienungsknopf zur Herstellung eines elektrischen Kontaktes'; vgl. dagegen mhd. *drücker* 'Unterdrücker', so noch im 19. Jh., dann abgelöst von *Unterdrücker* (s. unten). ausdrücken Vb. 'auspressen, (in Worten) darstellen', mhd. *ūȥdrücken* 'auspressen'; seit dem 15. Jh. 'in Worte fassen, aussprechen' (Luther: *mit ausgedruckten Worten* für lat. *expressis verbis*); im 16. Jh. wird das Part. Prät. *ausgedruckt* häufig für heutiges *ausdrücklich* (s. unten) verwendet. Das 18. Jh. verbindet *ausdrücken* (und *Ausdruck*) mit dem Sichtbarwerden von Gefühl und seelischer Reaktion und bezieht es auf künstlerische Gestaltung und Formgebung. Ausdruck m. 'äußerliches Zeichen inneren Geschehens, Erlebens', spätmhd. *ūȥdruc*, seit dem 18. Jh. 'die Art zu sprechen', auch 'Redensart, Wort, (künstlerische) Gestaltung'. ausdrücklich Adj. 'betont, deutlich, klar' (16. Jh.). bedrücken Vb. 'belasten', ahd. *bithrucken* 'schänden, niederdrücken, unterdrücken' (10. Jh.), mhd. *bedrücken* 'niederdrücken, überwältigen'. unterdrücken Vb. 'niederhalten, unterjochen, gewaltsam beherrschen', mhd. *underdrücken* 'nach unten drücken, unterjochen, unterwerfen'; Unterdrückung f. 'Unterwerfung, (gewaltsame) Beherrschung' (15. Jh.); Unterdrücker m. (15. Jh.).

drucksen Vb. 'nicht mit der Sprache herauswollen, zögern', Intensivbildung (16. Jh.) zu *drucken* 'drücken' (s. *drücken*).

Drüse f. Körpersäfte absonderndes Organ, ahd. *thruos* f. 'Drüse, Geschwulst', (durch die Form motiviert) 'Eichel' (8. Jh.; ein Sing. ahd. *thruosī* ist nicht zu sichern), mhd. *druos, drüese* 'Drüse, Beule', asächs. *thrōs* f., mnd. *drōs* m., *drōse* f. 'Drüse, Drüsenschwellung, Geschwulst, Geschwür', daraus entlehnt nl. *droes* 'Geschwür, Kropf'. Nhd. *Drüse* entspricht der alten Pluralform ahd. *thruosi*, die sich in spätmhd. *drüese* als Sing. verselbständigt (ähnlich wie *Blüte, Hüfte* u. a.). Mit der Bedeutung 'Pestbeule, Geschwür' (14. Jh.; vgl. *Sterbedrüse* 'Pestbeule', 16. Jh.) geht das Wort in Flüche und Verwünschungsformeln ein (*habt euch die drues!*, 15. Jh., *poz peul poz drüß!*, 16. Jh.) und steht euphemistisch für 'Teufel' (16. Jh.). Die unumgelautete Form Druse f. hält sich fachsprachlich. Sie bezeichnet eine Pferdekrankheit (eitriger Nasenkatarrh mit Entzündung der Lymphdrüsen, 19. Jh., zuvor noch mit Umlaut, 18. Jh.) und in der Bergmannssprache einen Hohlraum im Gestein (16. Jh.), dann in zusammenhängenden Kristallen ausgebildete Mineralien (18. Jh.). Die Etymologie ist ungeklärt.

Dschungel m. n. 'Urwald, undurchdringliche Wildnis', im 19. Jh. aus engl. *jungle* entlehnt, einer Anglisierung von Hindi *jaṅgal* 'Wald, wildes Land', das über **jaṅgalaḥ* m. 'wasserarme, menschenleere, unfruchtbare Gegend' auf aind. *jāṅgalaḥ* 'trocken, spärlich bewachsen' zurückzuführen ist. *Dschungel*, in seiner Schreibung dt. Aussprache angepaßt, bezeichnet zuerst den subtropischen Urwald Indiens, dann jedes undurchdringliche Dikkicht.

Dschunke f. 'ostasiatisches Segelschiff' geht zurück auf mal. *djong* 'großes Segelschiff', das aus chin. *ch'uan*, südchin. *ch'ung* entlehnt ist. Das Wort wird aus dem Mal. in die europäischen Sprachen übernommen, im Dt. zuerst *giuncho* (16. Jh.); die Form *Junke* (17. Jh.), *Juncke* (18. Jh.), später *Dschunke* wird vermittelt durch engl. *junk*.

du Pers.pron. der 2., der angeredeten Person im Singular. Ahd. *thū* (8. Jh.), mhd. *dŭ*, asächs. *thŭ*, mnd. *dū*, aengl. *þŭ*, engl. (älter) *thou*, anord. *þū*, got. *þu* verbinden sich mit aind. *tvám*, lat. *tū*, griech. (mit Anlaut aus den obliquen Kasus) *sý* (σύ), (dor.) *tý* (τύ), lit. *tù*, aslaw. *ty*, russ. *ty* (ты) und führen auf ie. **tŭ*. Der Nominativ sowie der suffixal erweiterte Dativ (ahd. *thir*, nhd. *dir*) und Akkusativ (ahd. *thih*, nhd. *dich*) werden in den ie. Sprachen durch verschiedene Ablautstufen (ie. **tu-/*tu̯-, *tu̯e-/*tu̯o-*) des Stammes ie. **teu̯e-/*teu̯o-* bzw. die Stammform ie. **te-, *to-* repräsentiert, während der Genitiv in den germ. Sprachen (ahd. *thīn*, nhd. *dein, deiner*) einer Kasusform des Possessivpronomens (s. *dein*) entstammt (ähnlich lat. *tuī*). – duzen Vb., mhd. *duzen, dutzen*. Duzbruder m. (16. Jh.).

Dualismus m. 'Zweiheitslehre', Ausdruck für jede Weltanschauung, die die Einheit der Welt leugnet und zwei (einander entgegengesetzte) Grundprinzipien oder Seinsbereiche annimmt. Nlat. Wortprägung (zu lat. *duālis* 'zwei enthaltend', vgl. lat. *duo* 'zwei') des engl. Philosophen Th. Hyde (1700) bei der Beschreibung des Manichäismus, der das Wirken eines guten und eines bösen Prinzips annimmt. Im 18. Jh. (Wolff, Kant) ins Dt. aufgenommen. dualistisch Adj. (18. Jh.).

Dübel m. 'Pflock, Zapfen, Keil', ursprünglich aus Holz, heute vorwiegend aus Kunststoff, ahd. *tubil* (9. Jh.), *(gi)tubili* (10. Jh.) 'Ausschnitt, Fuge', mhd. *tübel* 'Pflock, Zapfen, Nagel, Stößel', mnd. *dȫvel* (woraus engl. *dowel*), nl. *deuvel*, schwed. *dubb* und die Verben aengl. *dubbian*, engl. *to dub* 'zum Ritter schlagen', ofries. *dubben* 'stoßen, schlagen', *dufen, duven* 'stoßen, drücken, pressen' haben nur eine außergerm. Parallele in griech. (Plur.) *týphoi* (τύφοι) 'Keile'. Will man diese Formen auf einen gemeinsamen Ausgangspunkt zurückführen, so kann man eine Wurzel ie. **dheubh-, *dhubh-* 'Pflock, Keil, schlagen' ansetzen. *Dübel*, mit dem aus dem Nd. stammenden Anlaut *d-*, gehört zu dem alten Typ der Gerätebezeichnungen auf *-el* (germ. *-ila-*, s. *Hebel* u. a.), die zu Verben gebildet sind; das hier wohl zugrundeliegende Verb ist nur in Resten bzw. Weiterbildungen (s. oben) überliefert.

dubios Adj. 'zweifelhaft, fragwürdig, unsicher' (17. Jh.), aus lat. *dubiōsus* 'zweifelnd, schwankend, zweifelhaft, unsicher'; daneben mit französierender Endung *dubiös* (18. Jh.).

Dublee n. Metall mit einem Überzug aus Edelmetall (19. Jh.), von gleichbed. frz. *doublé*, Part. Perf. zu frz. *doubler* 'doppeln' (s. *doppelt*).

Dublette f. 'doppeltes, in zwei Exemplaren vorhandenes Stück' (bes. in Sammlungen), älter auch 'gleiche Augenzahl zweier Würfel' (Mitte 18. Jh.), fachsprachlich 'Edelsteinimitation' (1. Hälfte 18. Jh.); wohl Umbildung (nach Mustern wie *Etikette, Stiefelette*, s. d.) von früher bezeugtem *Dublett* n. 'Edelsteinimitation' (15. Jh.), entlehnt aus gleichbed. afrz. *doblet*, frz. *doublet* (auch afrz. 'Unterkleid, Unterbett', frz. 'gleiche Augenzahl, Pasch', im Sinne von 'Doppelexemplar' erst Ende 19. Jh. nachweisbar); zur weiteren Herkunft s. *doppelt*. Der Wandel von *Dublett* zu heute üblichem *Dublette* kann durch vorausgehende formale Entsprechungen wie span. *doblete* 'Edelsteinimitation, gefütterter Stoff', engl. (älter) *doblettes, dublettes* Plur. 'falsche Steine, Würfe mit gleicher Augenzahl' (neben engl. *doublet*) bzw. semantisch abweichendes frz. *doublette* 'Doppelregister der Orgel' begünstigt sein.

ducken Vb. 'schnell nach unten beugen, bücken, den Kopf einziehen', Intensivbildung zu *tauchen* (s. d.). Nhd. *ducken* hat sein anlautendes *d-* aus dem Nd.; vgl. mnd. *ducken*, mnl. *ducken* gegenüber mhd. frühnhd. *tücken, tucken*. Luther verwendet *ducken* und *tücken* nebeneinander. Endgültig durchgesetzt hat sich anlautendes *d-* ebenso wie der Vokal *u* (gegenüber umgelautetem *ü*) im 18. Jh. Das *u* erklärt sich zum Teil aus der im Obd. häufigen Umlautlosigkeit vor *ck* (daher obd. *tucken*, s. oben). Darüber hinaus aber ist wohl von zwei Verbalbildungen auszugehen, einem (Umlaut bewirkenden) *jan*-Verb und einem (notwendig umlautlosen) *ōn*-Verb, da andernfalls die zahlreichen Formen mit *u* im Nd. (das die Umlauthemmung vor *ck* nicht kennt) unerklärbar wären; vgl. Wissmann Nomina postverbalia 1 (1932) 170ff. Die Etymologie von *ducken* (und *tauchen*) ist ungeklärt; Pokorny 1, 268 erwägt einen Ansatz ie. **dheug-*, germ. **dŭk-*, **dukk-* 'tauchen, sich ducken', den er als Gutturalerweiterung neben die Labialerweiterung ie. **dheub-* (s. *tief*), daneben auch **dheup-* 'tief, hohl', stellt.

Duckmäuser m. 'Leisetreter', seit dem 15. Jh. gebräuchlich, zuerst in der Form *duckelmuser*, dann *dockmuser, -mauser, -meuser* (16. Jh.), zu mhd. *tockelmūsen* Vb. 'schleichen, Heimlichkeit treiben'. Die genannten Bildungen beruhen auf Verben wie mhd. *tocken* 'verbergen, versenken', bair. *duckeln* 'mit heimlichem Betrug umgehen' und mhd. *mūsen* 'Mäuse fangen, (stehlend, suchend) schleichen, listig sein, betrügen'. In der Literatursprache setzt sich im 18. Jh., wohl mit nachträglicher Anlehnung an nhd. *ducken* (s. d.), die Form *Duckmäuser* durch.

dudeln Vb. 'fortgesetzt und eintönig (zuweilen nervenzermürbend) Musik erzeugen, vor sich hin singen'; schallnachahmendes Verb, zuerst (17. Jh.) 'auf dem Dudelsack blasen', dann 'auf einem Blasinstrument schlecht spielen' und 'schlecht, kunstlos singen' (19. Jh.). *dudeln* gehört wohl zu schallnachahmenden Bildungen wie *dudeldum, dudeldei*, ist also vermutlich älter als seine frühesten literarischen Bezeugungen. Das Verb bestimmt offenbar die dt. Lautform von *Dudelsack* (s. d.), während der Klang des Dudelsacks mit seiner nicht modulationsfähigen Tongebung und anhaltenden Eintönigkeit der Begleitpfeifen die Bedeutung von *dudeln* beeinflußt.

Dudelsack m. 'Sackpfeife', Blasinstrument mit einem Windsack, der durch ein Mundstück aufgeblasen und dessen Luft durch Armdruck in mehrere Pfeifen gedrückt wird. *Dudelsack* ist seit dem 17. Jh. im Dt. bezeugt. Tschech. *dudy* 'Dudelsack' wird ins Dt. als *Dudei* entlehnt (17. Jh.), nimmt unter Einfluß des schallnachahmenden Verbs *dudeln* (s. d.) die Lautform *Dudel-* an; Kontamination mit der älteren Bezeichnung *Sackpfeife* (frühnhd. *sacphīfe*, 15. Jh.) ergibt *Dudelsack*. Der eintönige Klang des Instruments beeinflußt rückwirkend die Bedeutung von *dudeln*. Tschech. slowak. poln. *dudy* (Plur.) ist verwandt mit russ. *dudá* (дуда) 'Pfeife, Rohrpfeife, Schalmei' und lit. *daudýtė* 'aus Birkenrinde gedrechselte Pfeife', *dudénti* 'mit halblauter Stimme sprechen, poltern, dröhnen' (vgl. VASMER 1, 378f.).

Duell n. 'Zweikampf'. Alat. *duellum* 'Krieg' ergibt lat. *bellum*, bleibt aber als seltene Nebenform erhalten und wird schon früh volksetymologisch mit lat. *duo* 'zwei' verbunden. Im Mlat. wird das altertümliche *duellum*, nunmehr mit der Bedeutung 'Zweikampf', wieder aufgenommen. Entlehnung ins Dt. begegnet im 17. Jh., vielleicht befördert durch gleichbed. frz. *duel*. – duellieren Vb. 'sich im Zweikampf messen', im 17. Jh. aus spätlat. *duellāre* (vgl. lat. *bellāre* 'Krieg führen, kämpfen'). Aus dem zugehörigen Part. Präs. mlat. *duellans* (Gen. *duellantis*) stammt Duellant m. 'im Duell Kämpfender' (17. Jh.).

Duett n. Musikstück für zwei Singstimmen, im 18. Jh. aus ital. *duetto*, Deminutivum zu *Duo* (s. d.).

Duft m. 'angenehmer, feiner Geruch', ahd. *thuft* 'Duft, Hitze' (um 1000), auch 'Frost' (eigentl. 'gefrorener Dunst'), mhd. *tuft* 'Dunst, Nebel, Tau, Reif' stellen sich wohl mit anord. *dupt, duft* n. (*dupti* m.) 'Staub', schwed. *doft* 'Mehlstaub, Duft' und den außergerm. Verwandten griech. *týphein* (τύφειν) 'Rauch, Dampf, Qualm machen', *týphos* (τῦφος) 'Rauch, Dampf, Qualm, Dünkel, Art Fieber' (s. *Typhus*) zu ie. **dheubh-*, **dhūbh-* 'stieben, rauchen; neblig, verdunkelt' (s. auch *taub, toben*), Erweiterung der Wurzel ie. **dheu-*, **dheu̯ə-* 'stieben, wirbeln', bes. von Staub, Rauch, Dampf, daher auch 'dampfen, ausdünsten, riechen'. Zur gleichen Wurzel gehören aind. *dhūmáḥ* 'Rauch', griech. *thȳmós* (ϑυμός) 'Geist, Mut, Zorn, Gemütswallung, Leidenschaft', *thȳmiā́n* (ϑυμιᾶν) 'in Rauch aufgehen lassen, rauchen', lat. *fūmus* 'Rauch, Dampf, Qualm', aslaw. *дымъ* 'Rauch, Dampf, Dunst', russ. *dym* (*дым*) 'Rauch'; s. auch *Dunst, Düne*. Weniger wahrscheinlich ist Verwandtschaft mit *Dampf* (s. d.). Danach wäre *Duft* als Verbalabstraktum zu mhd. *dimpfen* 'dampfen, rauchen' hervorgegangen aus **dumft*, **dunft* und in seiner Entwicklung einer Reihe mhd. frühnhd. sowie nd. Formen mit Nasalverlust (wie *Vernuft* neben *Vernunft*) vergleichbar (vgl. KLUGE [21]146). Die Bedeutung 'Wohlgeruch' entwickelt sich erst im 18. Jh., zunächst für die 'feine Ausdünstung' wohlriechender Pflanzen. Aber noch im 19. Jh. ist *Duft* in der alten Bedeutung '(feiner) Dunst' gebräuchlich, sie gilt bis heute im Obd. – duften, älter auch düften Vb. 'Wohlgeruch verbreiten' (im Gegensatz zu *stinken*, s. d.), mhd. *tüften, tuften* 'Dunst, Nebel von sich geben, dampfen, dünsten', seit dem 17. Jh. in heutiger Bedeutung. verduften Vb. 'sich in Duft auflösen, Duft verlieren' (18. Jh.), in scherzhafter Übertragung 'ohne Aufsehen verschwinden' (19. Jh.). duftig Adj. 'dunstig' (15. Jh.), 'Wohlgeruch verbreitend', übertragen 'leicht, zart' (18. Jh.).

dufte Adj. 'gut, tüchtig, prima', im 19. Jh. aus jidd. *toffte* (mit affektischer Verstärkung zur Zweisilbigkeit zu hebr. *ṭōw* 'gut') ins Berlinische übernommen und als Berliner Ausdruck auch in anderen Landschaften bekannt (vgl. *dufter Junge, dufte Biene* 'flottes Mädchen').

Dukaten m. 'Goldmünze', von 1559 bis 1857 deutsche Reichsmünze, spätmhd. *ducāte*, entlehnt aus ital. *ducato* 'Münze aus Gold oder Silber' mit dem Bild des Dogen, zuerst 1284 in Venedig geprägt (ital. *duca* 'Herzog, Doge'). Vorauf gehen Münzen, die Roger II. von Sizilien als Herzog von Apulien seit 1140 prägen ließ mit der Umschrift "sit tibi, Christe, datus ... iste ducatus". Ital. *ducato* 'Münze', älter 'Herzog, Herzogtum', geht demnach zurück auf mlat. *ducatus* 'Herzogtum', lat. *ducātus* 'Feldherrnwürde' und gehört damit zu lat. *dūcere* 'ziehen, anführen', *dux* 'Führer, Feldherr, Fürst' (vgl. afrz. *duc*, engl. *duke* 'Herzog').

dulden Vb. 'leiden, ertragen', bes. 'zulassen', ahd. *thulten* (8. Jh.), mhd. *dulten, dulden* ist wie mnd. *dülden*, mnl. nl. *dulden* abgeleitet von dem nur im Westgerm. existierenden Verbalabstraktum ahd. *thult* (9. Jh.), mhd. frühnhd. mnd. *dult*, aengl. *þyld* (gleichbed. mit den präfigierten, unter *Geduld*, s. unten, genannten Formen). Es gehört zu den schwachen Verben ahd. *tholēn* 'erleiden, ertragen, büßen' (8. Jh.), *tholōn* 'leiden, geduldig erwarten' (9. Jh.), mhd. *doln*, frühnhd. *dolen* (bis ins 16. Jh.), asächs. *tholon*, mnd. mnl. *dōlen*, aengl. *þolian*, anord. *þola*, schwed. *tåla*, got. *þulan*. Diese Verben gehen mit lat. *tollere* 'aufheben, auf sich nehmen, wegschaffen', *tolerāre* 'ertragen, erdulden' (s. *tolerieren*) und griech. *tlē̃nai* (τλῆναι) 'ertragen, erdulden' auf die Wurzel ie. **tel(ə)-* 'aufheben, wägen, tragen, ertragen, dulden' zurück. In ahd. Zeit nur im südwestd. Raum belegt, dehnt sich *dulden*, auch als Wiedergabe des christlichen Leidensbegriffs, über das gesamte hd. Sprachgebiet aus und verdrängt das alte *ēn-* bzw. *ōn-*Verb schließlich ganz. *dulden* (mit durch *-l-* zu *-d-* erweichtem *-t-*) meint heute vorwiegend 'etw. zulassen, gegen etw. nichts unternehmen', während es in der Bedeutung 'Unangenehmes durchstehen' durch *erdulden* oder *ertragen* ersetzt wird. – Dulder m. 'wer Unangenehmes erträgt', zuerst von dem sein Leiden klaglos ertragenden Christus (18. Jh. Klopstock), dann (18. Jh.) auch von einem 'der Widerwärtiges mit Ergebung trägt'. duldsam Adj. 'geduldig, nachsichtig, tolerant' (17. Jh.); dazu Duldsamkeit f. 'Nachsicht, Toleranz' (17. Jh.). Geduld f. 'Ausdauer, Nachsicht', ahd. *githult* (8. Jh.), mhd. *gedult, gedulde*, asächs. *githuld*, mnd. *gedult*, mnl. *ghedout*, selten *ghedult*, nl. *geduld*, aengl. *geþyld*, präfigierte Form des unter *dulden* (s. oben) behandelten Verbalabstraktums ahd. *thult* und seiner Entsprechungen. Davon abgeleitet geduldig Adj. 'ausdauernd, nachsichtig, ruhig', ahd. *githultīg* (8. Jh.), mhd. *gedultec*. gedulden Vb. 'ruhig abwarten', durch Präfix verstärktes *dulden*, mhd. *gedulden*, vgl. mnd. *gedülden*, aengl. *geþyldian*; heute wird das Verb als Ableitung von *Geduld* empfunden und nur refl. verwendet.

dumm Adj. 'unwissend, unbegabt, unvernünftig, unangenehm'. Ahd. *tumb* 'stumm, taub, töricht, einfältig, unvernünftig, dumm' (9. Jh.), mhd. *tump* 'schwach von Sinnen oder Verstand, dumm, töricht, unerfahren, stumm' (*-mb* bzw. *-mp* werden nhd. assimiliert zu *-mm*), mnd. *dum* 'unerfahren, einfältig, dumm', mnl. *dom, domp*, nl. *dom*, asächs. *dumb*, aengl. *dumb* 'stumm', engl. *dumb* 'stumm, sprachlos (vor Staunen)', anord. *dumbr* 'stumm, dumm', schwed *dum* 'stumm, dumpf, unklar', got. *dumbs* 'stumm' führen auf germ. **dumba-*, ie. **dheubh-* 'stieben, rauchen; neblig, verdunkelt, auch vom Geist und den Sinnen', eine (im Germ. teilweise nasalierte) Erweiterung der Wurzel ie. **dheu-*, **dheu̯ə-*, zu der auch *Dunst, taub* und *toben* gehören (s. d.). Die ältesten Bedeutungen von *dumm* sind 'stumm' und 'taub', beide im 17. Jh. noch bekannt; mhd. *tump* bezeichnet vielfach 'jugendlich unerfahren, unwissend', nhd. noch erhalten in *dummer Junge*. Seit dem 19. Jh. wird *dumm* 'unwissend, unbegabt' oft verstärkt zu *saudumm, strohdumm*. – Dummheit f. 'Unwissenheit, Mangel an Einsicht, Torheit', ahd. *tumbheit* (9. Jh.), mhd. *tumpheit*. verdummen Vb. 'dumm werden oder machen', mhd. *vertumben*. Dummkopf m. Schimpfwort (18. Jh.). Dümmling m. 'dummer Mensch', mhd. *tummelinc*. dümmlich Adj. 'dumm, leicht beschränkt', ahd. *tumblīh* 'töricht' (9. Jh.), mhd. *tumplich* 'unverständig, töricht, einfältig'.

Dumper m. 'Kippfahrzeug zum Transport von Schüttgut, Kipper', Entlehnung (20. Jh.) von engl. *dumper*, zu *to dump* 'abladen, umkippen', eigentl. 'hin-, niederwerfen, hinplumpsen (lassen)', wohl skandinavischen Ursprungs, vgl. anord. *dumpa* 'stoßen, schlagen', norw. *dumpe* 'bei der Prüfung durchfallen', schwed. (ablautend) *dimpa* 'hinabplumpsen'. Außergerm. Verwandte sind nicht erkennbar. Vielleicht lautnachahmender Herkunft?

dumpf Adj. 'stickig, modrig, hohlklingend', seit dem 18. Jh. belegt; daneben älteres *dumpfig* 'kurzatmig, stickig, gedämpft' (15. Jh.), auch *dumpficht* und *dumpfer* (16. Jh.). Zur unmittelbaren Verwandtschaft gehören mhd. *dumpfe* m. 'Atemnot, Engbrüstigkeit, Asthma', mnd. *dumpe*, vereinzelt bis ins 19. Jh. belegt (*Dumpf*), auch 'Dampf, Ausdünstung' (15. Jh.), 'Schimmel' (17. Jh.), *dumpfen* Vb. 'schimmeln, dämpfen, erstikken' (17. Jh.), vgl. auch mhd. *dumpfen, dümpfen* 'dampfen, dämpfen'. Sie alle stehen im Ablaut zu *Dampf* (s. d.), so daß für die Wortgruppe *dumpf* eine Ausgangsbedeutung 'durch Rauch, Dampf eingeengt, feucht' anzunehmen ist – Dumpfheit f. 'Abgestumpftheit, Empfindungslosigkeit' (18. Jh.).

Dumping n. zeitweilige Preisunterbietung ohne Rücksicht auf eigene Verluste, bes. im Außenhandel, um fremde Märkte zu erobern, Übernahme (Anfang 20. Jh.) von engl. *dumping* 'das Verkaufen zu Schleuderpreisen', eigentl. 'das Niederwerfen', zu engl. *to dump* 'unter Wert verkaufen, hinfallen lassen, hinwerfen, abladen, umkippen' (s. *Dumper*).

Düne f. vom Wind zusammengewehter Sandberg. Mnd. *dūne*, mnl. *dūne, duyn*, nl. *duin*, aengl. *dūn* m. f. 'Höhe, Berg', auch *dūna* 'Vorgebirge, Kap' (in ahd. Glossenhss. des 9./10. Jhs.), engl. *down* 'Sandhügel,

Düne', afries. *dūne* und anord. *dȳja* 'schütteln' lassen sich mit aind. *dhūnṓti* 'schüttelt', lit. *dujà* 'Stäubchen, feiner Regen, Nebel, Staubregen, feinstes Mehl, Dunst', aslaw. *dǫti*, russ. *dut'* (*дуть*) 'blasen' auf die Wurzel ie. **dheu-*, **dheu̯ə-* 'stieben, wirbeln, bes. von Staub, Rauch, Dampf, wehen, blasen' zurückführen (s. auch *Duft, Daune, Dunst*). Danach kann *Düne* als 'das vom Wind Aufgewirbelte, Zusammengeblasene' gedeutet werden. Möglicherweise aber gelangt die Bezeichnung ins festländische Germ. durch engl. Kolonisten an der flämischen Küste (11. Jh.) und ist vielleicht kelt. Ursprungs (vgl. air. *dun* 'Burg' und latinisiertes *-dunum* in lat. Ortsnamen wie *Lugdunum*); aus dem Mnl. dringt das Wort ins Mnd. und von da ins Hd. (im 15. Jh. an der dt. Küste, im 19. Jh. allgemein). Die nhd. Lautform mit *-ü-* nähert sich nl. Aussprache an. – W a n d e r d ü n e f. durch den Wind sich verlagernde Düne (19. Jh.).

Dung m. 'Mist', d. h. vorwiegend natürliche Bodenzusätze zur Ertragssteigerung. Ahd. *tunga* f. 'Düngung' (Hs. 12. Jh.), mhd. *tunge* 'Dünger, Düngung', aengl. *dung*, engl. *dung*, anord. *dyngja* 'Haufen', norw. *dyngja* 'Misthaufen' haben neben sich ahd. *tung* m. f. 'unterirdisches Gemach der Weberinnen' (9. Jh.), mhd. *tunc* m. f. 'unterirdisches, oben mit Dünger bedecktes Gemach zur Winterwohnung, zum Weben, zur Aufbewahrung der Feldfrüchte, Höhle unter der Erde', asächs. *dung* m. 'Webegemach', mnd. *dunk* m. f., aengl. *dung* f. 'Gefängnis' und anord. *dyngja* f. 'Frauengemach unter der Erde'. Nach Tacitus (Germania 16) legen die Germanen unterirdische Höhlen als Winterwohnung und Getreidespeicher an, die sie gegen Kälte und zur Tarnung gegen andringende Feinde mit einer Dungschicht bedecken. In moderner Sprache gibt es nur *Dung* m. in der Bedeutung 'Mist, Dünger', eigentl. 'das Bedeckende' (nach dem deckenden Material). Ausgangsform aller Bildungen ist ie. **dhengh-* 'drücken, krümmen, bedecken, worauf liegen', wozu auch lit. *deñgti* '(be)decken, einhüllen'. In nhd. *Dung* hat sich als Ergebnis der binnendt. Konsonantenschwächung *d*-Anlaut durchgesetzt (18. Jh.). – d ü n g e n Vb. 'den Boden mit Dünger versehen', mhd. *tungen, tüngen* 'düngen, bedekken, stärken', ahd. *gitungen* 'düngen' (Hs. 12. Jh.), mnd. *düngen*. D ü n g e r m. 'Dung' (16. Jh.), heute häufiger als *Dung* und vor allem von künstlichen (chemischen) Düngemitteln gebraucht, spätmhd. *tunger*, Nomen agentis zu *düngen*.

dunkel Adj. 'finster, gedämpft, unklar', ahd. *tunkal* 'finster, gedämpft, schwer verständlich' (8. Jh.), mhd. *tunkel, dunkel* und mit anderem Suffix asächs. *dunkar*, mnd. *dunker* 'dunkel, blind', mnl. *donker* und *donkel*, nl. *donker* führen über die schwundstufige Form der Gutturalerweiterung ie. **dheng-* auf die Wurzel ie. **dhem(ə)-* 'blasen, dampfen, rauchen, dunkel' (wozu auch *Dampf*, s. d.). Zur hochstufigen Form der Gutturalerweiterung gehören anord. *døkkr*, afries. *diunk*. Außergerm. verwandt ist kymr. *dew* m. 'Nebel, Rauch, Schwüle'. Der dem Nd. entstammende *d*-Anlaut setzt sich im 18. Jh. endgültig durch. – D u n k e l h e i t f. 'Finsternis, Unverständlichkeit', mhd. *dunkelheit*, mnd. *dunkerhēt* 'Finsternis, Blindheit'. d u n k e l n Vb. 'dunkel werden', ahd. *tunkalēn* (9. Jh.), mhd. *tunkeln, dunkeln* 'dunkel sein oder werden'. v e r d u n k e l n Vb. 'dunkel, lichtundurchlässig machen', mhd. *vertunkeln*. D u n k e l m a n n m. 'Feind der Aufklärung und des Fortschritts, Finsterling', meist im Plur. *Dunkelmänner*, eine Übersetzung von lat. *viri obscuri* 'unberühmte, unbekannte Männer'. Der Ausdruck findet sich in der humanistischen satirischen Streitschrift *Epistolae obscurorum virorum* 'Briefe unberühmter Männer' (1516), in dt. Übersetzung dann *dunkle Männer* und *Dunkelmänner* (1795). In der Schrift wird die Unwissenheit und Rückschrittlichkeit der noch immer der Scholastik verbundenen Wissenschaftsvertreter verspottet.

dünken Vb. 'scheinen, den Anschein haben' (*mir, mich dünkt*), (refl.) 'sich halten für, sich vorkommen als', ahd. *thunken* (8. Jh.), mhd. *dunken* 'scheinen', asächs. *thunkian*, mnd. *dünken*, mnl. nl. *dunken*, aengl. *þyncan*, anord. *þykkja* 'dünken, scheinen, gefallen', schwed. *tycka*, got. *þugkjan* 'dünken, meinen' steht als schwundstufige Bildung neben dem unter *denken* (s. d.) genannten Verb. Wie bei *denken* zeigt das Präteritum in alter Zeit *n*-Ausfall und Ersatzdehnung des Vokals, vgl. ahd. *thūhta*, mhd. *dūhte*, im Nhd. dagegen, ausgeglichen nach dem Präsens und Infinitiv, *dünkte*, bereits mhd. *dunkte, dünkte* neben *dūhte* (um 1300). – D ü n k e l m. 'eingebildeter Stolz, vermeintliche Überlegenheit' (1. Hälfte 16. Jh., geläufig seit Mitte 18. Jh.), anfangs auch 'subjektive Meinung, Vorstellung'. Das wahrscheinlich von Luther gebildete Substantiv ersetzt mhd. *dunc* 'das Bedünken'. dünkelhaft Adj. 'überheblich, eingebildet' (2. Hälfte 18. Jh.).

dünn Adj. 'nicht dick, mager, schmal, schwach', ahd. *thunni* 'zart, schmal, schwach, dünn' (8. Jh.), mhd. *dünne* 'dünn, zart, seicht', asächs. *thunni* 'dünn, still, untief', mnd. *dünne*, mnl. *dunne*, nl. *dun*, aengl. *þynne* 'dünn, mager, flüssig, schwach, arm', engl. *thin*, anord. *þunnr*, schwed. *tunn* (germ. **þunnja-*, wohl aus **þunu-*), außergerm. aind. *tanúḥ* 'dünn, klein, schwächlich', lat. *tenuis* 'dünn, fein, zart', griech. *tanaós* (*ταναός*) 'gestreckt, ausgedehnt, weit, lang', aslaw. *tьnъkъ* 'fein, zart', russ. *tónkij* (*тонкий*) 'dünn, fein, schlank'. Alle Adjektivbildungen gehören zur Wurzel ie. **ten-* 'dehnen, ziehen, spannen' (s. *dehnen*) und bedeuten eigentl. 'lang gedehnt'. – verdünnen Vb. 'dünn, flüssig machen' (18. Jh.).

Dunst m. 'Lufttrübung, Dampf, feiner Rauch', ahd. *thunst* 'Wind, Sturm' (10. Jh.), mhd. *dunst, tunst* 'Dampf, Dunst', asächs. *thunst* 'Dunst, Streif oder Strahl des Feuers', mnl. *donst* 'Staubmehl' und mit *n*-Ausfall und Ersatzdehnung mnd. *dūst, dust* 'Staub, Spreu, Hülse', aengl. *dūst* 'Staub', engl. *dust* führen auf die *s*-Erweiterung ie. **dheus-*, **dhŭs-* 'stieben, stäuben, wirbeln', auch 'blasen, wehen' der Wurzel ie. **dheu-*, **dheu̯ə-* 'stieben, wirbeln', bes. von Staub, Rauch, Dampf (s. *Duft*). Verwandt ist außergerm. aind. *dhváṁsati* 'verfällt, geht zugrunde, zerfällt zu Staub'. Insgesamt weist die zugehörige Wortgruppe aind. *dhva(ṁ)s-* in ihren ältesten Belegen auf die Bedeutung 'zerstäuben, verfinstern, rauchen'. – dunsten, dünsten Vb. 'Dunst ausströmen, dampfen, mit Dampf gar kochen', mhd. *dunsten, dünsten*. ausdunsten, -dünsten Vb. 'Dunst, Geruch ausscheiden', mhd. *ūʒdunsten* 'verdunsten'. verdunsten Vb. 'sich in Dunst auflösen, gasförmig werden' (17. Jh.); im 18. Jh. fallen ursprünglich geschiedenes intransitives *verdunsten* und transitives *verdünsten* zusammen. dunstig Adj. 'trübe', ahd. *thunstīg* 'stürmisch' (10. Jh.), mhd. *dunstec* 'dampfend'. Dunstkreis m. 'Lufthülle der Erde, Ausstrahlungsbereich, (geistige) Umgebung', Übersetzung (17. Jh.) von *Atmosphäre* (s. d.). Vogeldunst m. feinster Schrot zur Jagd auf kleine Vögel (18. Jh.).

Dünung f. 'Seegang nach Sturm' wird in der 1. Hälfte des 19. Jhs. aus dem Nd. ins Hd. übernommen. Nd. *Düning, Dünung* 'Wellen gegen die Windrichtung' ist Ableitung von nd. *dūnen* 'schwellen', *sik ūtdūnen* 'sich ausdehnen', mnd. *dōnen* 'schwellen, strotzen, aufgeschwollen sein', vgl. auch mnd. *dūn(e)* 'aufgeschwollen, dick, betrunken' sowie nl. (älter) *duyninghe*. Alle Formen stellen sich mit lit. *tviñkti* 'anschwellen' (vom Wasser) als *n*-Bildungen zur Wurzel ie. **tĕu-*, **teu̯ə-*, **tŭ-* 'schwellen' und sind verwandt mit *Daumen* (s. d.). Davon zu trennen ist bereits im 18. Jh. im Hd. belegtes gleichbed. *Deining*, Übernahme von nl. *deining* (zu nl. *deinen* 'leise auf und nieder wogen, schaukeln, wiegen') und *Die(h)nung*, das wohl fries. Ursprungs ist (vgl. ofries. *dinen* 'sich dehnen, strecken, spannen, ausdehnen, schwellen'). Auch für die nl. Form vermutet de Vries Nl. 109 fries. Ursprung. Letztlich zu der unter *dehnen* (s. d.) angegebenen Wurzel?

Duo n. Musikstück für zwei in der Regel verschiedenartige Instrumente, die dabei auftretenden zwei Solisten. Übernahme (18. Jh.) von ital. *duo* 'Komposition für zwei Instrumente oder Singstimmen, Duett', wohl gelehrte Substantivierung von lat. *duo* 'zwei' in der ital. Fachsprache der Musik (16. Jh.); s. *Duett* und das verwandte *zwei*.

düpieren Vb. 'täuschen, hereinlegen, foppen', im 17. Jh. aus frz. *duper* 'anführen, hintergehen, zum Narren halten' entlehnt, das von dem Argotausdruck *dupe* 'wer im Spiel getäuscht oder betrogen wird, Narr' abgeleitet ist. Zugrunde liegt lat. *upupa* f. 'Wiedehopf', das onomatopoetisch zu *dupe* umgebildet ist. Der Wiedehopf gilt als ein dummer Vogel mit auffälligem Verhalten.

Duplikat n. 'zweite Ausfertigung, Kopie', im 17. Jh. aus lat. *duplicātum* 'das Verdoppelte', substantiviertem Part. Perf. von lat. *duplicāre* 'doppelt machen'. Zugrunde liegt lat. *duplex* (Gen. *duplicis*) 'doppelt' (zu lat. *duo* 'zwei').

Duplizität f. 'Zweimaligkeit, zufälliges Zusammentreffen von zwei gleichen oder ähnlichen Ereignissen' (18. Jh.), entlehnt aus lat. *duplicitās* (Gen. *duplicitātis*) 'das zweimalige Vorhandensein'. Zur etymologischen Herleitung s. *Duplikat.*

Dur n. **Moll** n. Ausdrücke der Musik zur Bezeichnung chromatischer Tonarten, die als charakteristischstes Kennzeichen die große bzw. die kleine Terz enthalten. In der Grundskala der frühmittelalterlichen Musik wird der zweite Ganzton B (dafür heute h) mit einem dem Buchstaben b ähnlichen eckigen Zeichen, dem *B quadratum* oder *durum* (beides neutrale Formen von lat. *quadrātus* 'viereckig', *dūrus* 'hart'), dessen Erniedrigung um einen Halbton (heute b) mit einem dem Buchstaben b ähnlichen gerundeten Zeichen, dem *B rotundum* oder *molle* (beides neutrale Formen von lat. *rotundus* 'rund', *mollis* 'weich') angegeben. Im späteren, aus sieben diatonischen Reihen von je 6 stufenweise aufeinanderfolgenden Tönen bestehenden Hexachordsystem (11. Jh.) wird die *B durum* (mhd. *bēdūre*) enthaltende Reihe *Hexachordum durum*, die *B molle* (mhd. *bēmolle*) enthaltende Reihe *Hexachordum molle* genannt. Innerhalb der Ausprägung der Chromatik (etwa 16. bis 18. Jh.) gehen die Ausdrücke *Dur* und *Moll* auf die beiden sich herausbildenden Tongeschlechter über.

durativ Adj. 'verlaufend, dauernd', zur Charakterisierung einer Aktionsart (bzw. eines Aspekts) des Verbs, den Verbinhalt als einen Handlungsablauf ohne zeitliche Begrenzung kennzeichnend (z.B. *lieben, fühlen*). Gelehrte nlat. Bildung (20. Jh.) zu lat. *dūrāre* (*dūrātum*) 'dauern, währen'.

durch Präp. und Adv. Ahd. *thuruh* 'durch, wegen, über' (8. Jh.), mhd. *durch, dur*, asächs. *thurh, thuru*, mnd. *dōr, dörch*, aengl. *þurh*, engl. *through*, mnl. *dōre, duere*, nl. *door*, (mit Ablaut) aengl. *þerh*, got. *þaírh* führen mit den außergerm. Verwandten lat. *trāns* 'hinüber, hindurch, über ... hin, hinaus, jenseits' (s. *trans-, Tradition*) und aind. *tiráḥ* 'durch, über, abseits' auf ie. **ter(ə)-* 'hinübergelangen, hindurchdringen, überqueren', adverbial und präpositional 'hindurch, über ... weg'. Der gutturale Auslaut der germ. Formen vergleicht sich mit der suffixalen Verstärkung in aind. *tiraścā́*, awest. *tarasča* 'durch ... hin, über ... hin'. Als Präposition wird *durch* räumlich im Sinne von 'hinein und wieder hinaus' (heute häufig ergänzt um *hindurch*) verwendet, kausal steht es für 'wegen, auf Grund' (beide Verwendungsweisen bereits ahd.), modal für 'mittels, von'. Der adverbiale Gebrauch 'vorbei' (zeitlich) und 'entzwei' ist weitgehend umgangssprachlich. *durch-* bildet seit ahd. Zeit (trennbare oder untrennbare) Verbalkomposita, vgl. *durchbrechen, -bringen, -gehen, -laufen, -stechen.* – d u r c h a u s Adv. anfangs räumlich 'ganz hinaus, hindurch' (14. bis 17. Jh.), dann 'völlig, ganz und gar, unbedingt, überall, fortwährend' (15. Jh.). d u r c h w e g Adv. 'ganz hindurch' (17. Jh.), dann 'ohne Ausnahme' (18. Jh.). d u r c h e i n a n d e r Adv. 'miteinander, nebeneinander, vermischt' (Anfang 15. Jh.), dann 'ungeordnet, wirr, verwirrt' (16. Jh.), Zusammenrückung von *durch* und *einander* (s. d.); substantiviert *Durcheinander* n., älter auch m. 'Chaos, Wirrwarr, Unordnung' (16. Jh.).

durchfallen Vb. 'durch eine Öffnung fallen, eine Prüfung nicht bestehen, nicht gewählt werden', mhd. *durchvallen* 'auseinander-, zerfallen'. Die seit dem 18. Jh. vor allem in der Studentensprache gängige Bedeutung 'eine Prüfung nicht bestehen' entstammt wohl dem Erzählmotiv der mittelalterlichen Schwankliteratur, nach dem ein Mädchen seinem Liebhaber einen Korb mit so leichtem Boden herabläßt, daß er beim Hinaufwinden durchfällt. Bereits im 16. Jh. heißt *durch den Korb fallen* 'die Prüfung nicht bestehen'; danach *durchfallen* bei einer Wahl 'nicht gewählt werden' (18. Jh.), bei Theaterpremieren 'Mißerfolg haben' (19. Jh.). – D u r c h f a l l m. 'Diarrhöe' (16. Jh.), 'Mißerfolg' (Ende 18. Jh.); bereits im 16. Jh. d u r c h f ä l l i g Adj. 'an Durchfall leidend'.

Durchlaucht f. ist als Titel und Anrede fürstlicher Personen die Substantivierung der ursprünglich md. Form des Part. Prät. nhd. (älter) *durchlaucht*, mhd. (md.) *durchlūcht*, zu mhd. (md.) *durchlūchten,* daneben mhd. *durchliuht*, nhd. (älter) *durchleucht*, zu mhd. *durchliuhten*, nhd. *durchleuchten* (s. *leuchten*). Das Part.adj. mit der ursprünglichen Bedeutung 'hell leuchtend, strahlend' wird schon in mhd. Zeit ehrendes Beiwort fürstlicher Personen und im 15. Jh. in substantivierter Form Titel sowie Anrede eines Fürsten. Vorbild ist wohl (ebenso wie beim Adjektiv *durchlauchtig*, s. unten) die Verwendung von lat. *(per)illūstris* (s. *erlaucht* und zum verstärkenden Charakter des lat. Präfixes *per-*) bzw. lat. *Serēnus,* spätlat. *Serēnissimus* als Titel röm. Kaiser (vgl. lat. *serēnus* 'heiter, hell, klar'). – durchlauchtig Adj. Weiterbildung des oben behandelten Part.adj. *durchlaucht*, spätmhd. (md.) *durchlūchtic.* Die umlautlose Form setzt sich erst im 18. Jh. endgültig durch gegenüber nhd. (älter) *durchleuchtig, durchläuchtig*, mhd. *durchliuhtec*, ahd. *thuruhliuhtīg* (Hs. 12. Jh.). Als Prädikat fürstlicher Personen dient das Adjektiv seit mhd. Zeit. Die allgemeinsprachlichen Bedeutungen 'durchscheinend, durchsichtig' und 'hell leuchtend, strahlend' halten sich zum Teil bis ins 18. und 19. Jh.

Durchmesser m. durch den Mittelpunkt eines Kreises, einer Kugel laufende Linie, im 17. Jh. als Übersetzung von Diameter m. 'Durchmesser', seltener 'Diagonale', das seinerseits Übernahme (um 1400) von lat. *diameter* 'Durchmesser' ist (s. *diametral*). Andere Verdeutschungen wie *Durchzug* und *Querlinie* (beide Anfang 16. Jh.) haben sich nicht durchgesetzt; s. auch *Durchschnitt.*

Durchschnitt m. 'Mittelwert mehrerer gleichartiger Größen, Mittelmaß', zu *durchschneiden* gebildet (s. *schneiden*) und seit dem 16. Jh. bezeugt, zuerst für lat. *intercīsio* 'Zerschneidung' verwendet, dann im Sinne von *Durchmesser* (s. d.) und 'Aufriß, senkrechter Schnitt durch einen Gegenstand, ein Gebäude'. Die heute übliche Bedeutung 'Mittelwert' entwickelt sich im 18. Jh., vorerst noch ohne pejorativen Beigeschmack, aus der Arithmetik (man addiert ungleiche Zahlen und dividiert sie durch die Anzahl der addierten Zahlen). Dazu die präpositionale Verbindung *im Durchschnitt* 'dem Mittelwert entsprechend' (18. Jh.). Mit der Bedeutung 'einem errechneten Mittelwert entsprechend, üblich, nicht besonders, nicht herausragend' wird *Durchschnitt* im 19. Jh. als erstes Kompositionsglied produktiv, vgl. *Durchschnittsalter, -ertrag, -gesicht, -schüler, -ware.* – durchschnittlich Adj. 'dem Mittelwert entsprechend' (18. Jh.).

durchtrieben Adj. 'mit allen Wassern gewaschen, gerissen' ist Part. Prät. zu *durchtreiben*, mhd. *durchtrīben* 'durchziehen, durchdringen' (s. *treiben*). Bereits das Part. mhd. *durchtriben* bedeutet 'durch und durch listig, verschlagen'. Daneben stehen bis ins 17. Jh. die Bedeutungen 'durch vieles Herumstreifen erfahren, vervollkommnet' und daher 'gewandt', auch 'von etw. durchdrungen, erfüllt'.

dürfen Vb. 'das Recht, die Erlaubnis zu etw. haben'. Ahd. *thurfan* 'bedürftig sein, brauchen, bedürfen' (9. Jh.), mhd. *durfen, dürfen* 'Grund, Ursache haben, brauchen, bedürfen', asächs. *thurƀan,* mnd. *dörven*, mnl. *dorven*, nl. *durven* 'nötig haben, müssen', dann auch 'wagen', aengl. *þurfan* 'bedürfen, nötig haben, brauchen, müssen', anord. *þurfa*, got. *þaúrban* sind Präteritopräsentien, deren Infinitiv im Ablautverhältnis zu den unter *darben* (s. d.) aufgeführten Formen steht. Wenn sich *dürfen* mit griech. *térpein* (*τέρπειν*) 'sättigen, genießen', aslaw. *trěbě* 'notwendig', russ. *trébovat'* (*требовать*) 'fordern' verbinden und auf ie. **terp-*, **trep-* 'sich sättigen, genießen' zurückführen läßt, so muß sich die alte, heute von *bedürfen* (und *dürftig*, s. d.) getragene Bedeutung 'brauchen, nötig haben' aus der Folge 'Befriedigung an etw. finden, sich freuen, genießen' und das dazu Nötige 'bedürfen, brauchen' entwickelt haben. Einfaches *dürfen* 'nötig haben' ist mit Gen. bis ins 18. Jh. bezeugt (meist in verneinten Sätzen). Im Sinne von 'müssen' wird es mit abhängigem Infinitiv bis ins 19. Jh. verwendet, dann aber durch *brauchen* ersetzt: *wer den Schaden hat, darf* (später *braucht*) *für den Spott nicht (zu) sorgen.* Die moderne Bedeutung (s. oben) findet sich bereits im 16. Jh. in verneinten Sätzen ausgebildet: *denn wo du jn mit den ruten hewest, so darff man jhn nicht tȫdten* 'hat man nicht nötig, keinen Grund, kein Recht, ihn zu töten' (Luther, Spr. 23, 17).

dürftig Adj. 'ärmlich, knapp, unzureichend', ahd. *thurftīg* 'arm, bedürftig, notleidend' (8. Jh.), mhd. *dürftic, durftig*, asächs. *thurftig*, mnd. *dörftich* stellen sich als Adjektivableitungen zu ahd. *thurft* 'Bedürfnis, Not, Notwendigkeit' (8. Jh.), asächs. *thurft*, anord. *þurft*, got. *þaúrfts*, germ. **þurfti-, ti*-Abstraktum zu dem unter *dürfen* (s. d.) behandelten Verb, nhd. noch in *Notdurft* (s. d.) erhalten. *dürftig* bewahrt im Sinne von 'ärmlich' Reste der alten Bedeutung 'brauchen, nötig haben' von *dürfen*; für 'notleidend' tritt dagegen die Präfixbildung *bedürftig* (s. d.) ein.

dürr Adj. 'mager, trocken', ahd. *thurri* 'dürr, trocken' (8. Jh.), mhd. *dürre* 'trocken, mager' (weil 'ausgetrocknet'), mnd. *dörre* 'welk, trocken', mnl. *dorre*, nl. *dor* 'unfruchtbar, trocken', aengl. *þyrre*, anord. *þurr*, got.

þaúrsus. Germ. **þurzu-* ist verwandt mit *dorren, dörren* und *Durst* (s. d.); sie gehen alle auf die Wurzel ie. **ters-* 'trocken, verdorren; trocken; Durst, dürsten' bzw. deren Schwundstufe ie. **tr̥s-* zurück. Außergerm. Verwandte sind aind. *tŕ̥ṣyati* 'dürstet, lechzt', *tr̥ṣṭáḥ* 'rauh, hart, heiser', eigentl. 'ausgetrocknet' (s. *Durst*), *tr̥ṣúḥ* 'gierig, heftig' (entspricht formal, nur mit anderer Betonung, got. *þaúrsus*, s. oben), *tarṣaḥ* 'Durst, Begierde', griech. *térsesthai* (*τέρσεσθαι*) 'trokken werden', lat. *torrēre* 'dörren', *torridus* 'ausgetrocknet, dürr', *terra* 'Erde', eigentl. 'die Trockene', air. *tart* 'Durst'. *dürr, dorren* und *dörren* zeigen gegenüber *Durst* grammatischen Wechsel von *s* und *r*. – D ü r r e f. 'Trockenheit, Unergiebigkeit', ahd. *thurrī* 'Dürre, Wüste' (9. Jh.), mhd. *dürre* 'Trockenheit, trockener Boden'. In *Dörrfleisch, -gemüse, -obst* (alle 19. Jh.) gehört das erste Kompositionsglied als landschaftliche Variante zu *dürr*, nicht zu *dörren*.

Durst m. 'Bedürfnis zu trinken', ahd. *thurst* 'Durst, Dürre' (9. Jh.), mhd. *durst*, asächs. *thurst*, mnd. *dorst(e)*, mnl. nl. *dorst*, aengl. *þurst*, engl. *thirst*, anord. *þorsti*, schwed. *törst* (germ. **þurstu-*) sind Abstrakta zu einem in got. *gaþaírsan* 'verdorren' (s. *dörren*) erhaltenen starken Verb, während got. *þaúrstei* 'Durst' als Adjektivabstraktum ein altes Partizipialadjektiv auf *-to* voraussetzt, wie es in aind. *tr̥ṣṭáḥ* (s. *dürr*, wo die weitere Etymologie), lat. *tostum* (s. *Toast*) vorliegt. – d ü r s t e n , seltener *dursten* Vb. 'Durst haben, trinken wollen', ahd. *thursten* (9. Jh.), mhd. *dürsten, dursten*, asächs. *thurstian*, mnd. *dörsten*, mnl. nl. *dorsten*, aengl. *þyrstan*, engl. *to thirst*, anord. *þyrsta*, schwed. *törsta*; dagegen mit anderer Bildungsweise (wie aind. *tŕ̥ṣyati*, s. *dürr*) got. *þaúrsjan* 'dürsten'. d u r s t i g Adj. 'von Durst geplagt', ahd. *thurstag* (9. Jh.), mhd. *durstec*, mnd. *dörstich*.

Dusche f. 'Brause, Brausebad' wird im 18. Jh. als medizinischer Terminus aus dem Frz. ins Dt. entlehnt und im 19. Jh. allgemein gebräuchlich. Frz. *douche* 'Dachrinne, Wasserabflußröhre', dann 'Brausebad, Gießbad' stammt von gleichbed. ital. *doccia*, das letztlich an lat. *dūcere* 'ziehen, führen, leiten' anzuschließen und vielleicht als Rückbildung aus ital. *doccione* 'Wasserleitungsröhre' (von lat. *ductio*, Gen. *ductiōnis* 'das Ziehen, Führen, Leitung') oder als Fortsetzung eines vlat. *ducea, ducia* aufzufassen ist; s. auch *Düse*. – d u s c h e n Vb. (18. Jh.), vgl. frz. *doucher*.

Düse f. 'Rohrleitung mit sich verringerndem Querschnitt', seit dem 16. Jh., zuerst als *T(h)üsel* 'Mündung des Blasebalgs in den Schmelzofen', in der dt. Bergmannssprache bezeugt und bislang auf tschech. *duše* 'Atem, Seele, Leben, Herz, Höhlung, Geschützbohrung' (vgl. aslaw. *duša* 'Seele, Geist, Leben') zurückgeführt. Doch stößt diese Herleitung auf lautliche und semantische Schwierigkeiten; vgl. Bielfeldt Entlehnungen (1965) 27, Wolf in: Muttersprache (1967) 377. Aus sachlichen Gründen (führende Rolle der Venezianer im Verhütten und Übereinstimmung der als *T(h)üsel* bzw. *doccia* bezeichneten technischen Vorrichtung) plädiert Wolf für Entlehnung aus ital. *doccia* 'Röhre', eigentl. 'Wasserrohr' (s. *Dusche*). Eher wäre dann aber wohl an die Entlehnung obital. Formen zu denken, wie sie sich in mlat. *duza, duzza, doza* spiegeln. – D ü s e n f l u g z e u g n. mit Luftstrahltriebwerk angetriebenes Flugzeug (20. Jh.).

Dusel m. 'Schwindel, Rausch, Glück'. Nd. *Dusel* 'Schwindel, Halbschlaf, leichter Rausch, Betäubung' (vgl. mnd. *dūsinge* 'Betäubung', *dūsich* 'betäubt, schwindlig') kommt im 16. Jh. ins Hd. Es ist etymologisch verwandt mit *dösig* (s. d.). Die Bedeutung 'unverdientes Glück' entwickelt sich im 19. Jh. (vielleicht in Anlehnung an den volkstümlich abgewandelten Bibelspruch „den Seinen gibt's der Herr im Schlaf" oder im Gedanken an den vermeintlichen Schutzengel der Betrunkenen, Berauschten, die *im Dusel* sind?). – d u s e l n Vb. 'verwirrt sein, schlafen' (16. Jh.); verwandt sind mnl. *dūselen, duyselen* 'schwindlig sein, taumeln', nl. *duizelen* 'schwindlig sein, schwindeln', anord. *dūsa* 'ausruhen, sich still verhalten' und *dösen* (s. d.). d u s e l i g Adj. 'verwirrt, betäubt, schlaftrunken' (18. Jh.), älter *düselicht* (17. Jh.). D u s e l e i f. 'Träumerei, Gedankenlosigkeit' (19. Jh.). In der Umgangssprache findet sich Sinnvergröberung mit affektischer Kürzung des Stammvokals in *dusselig, dußlig* Adj. 'verwirrt, dumm, dämlich' (17. Jh.), *Dussel* m. 'Dummkopf' (19. Jh.).

düster, duster Adj. 'dunkel, unfreundlich'. Die westgerm. Adjektivformen asächs. *thiustri*, niederrhein. *dūster* (12. Jh.), mnd. *dūster* 'finster, trübe, unklar, zweifelhaft', nd. *dū-*

ster, duster, mnl. *duuster*, nl. *duister*, aengl. *þēostor, þēostre, þīestre* sind wohl verwandt mit anord. *þoka* 'Nebel', russ. *túsklyj* (*тусклый*) 'trübe, matt', serbokr. *nàtuštiti se* 'sich umwölken'. Setzt man eine Vorstellung 'anschwellender Nebel, zunehmende Dunkelheit' voraus, so ist Anschluß an die Wurzel ie. **tĕu-, *teu̯ə-, *tŭ-* 'schwellen' (s. *Daumen, tausend*) möglich, eventuell (für alle Formen) über eine Gutturalerweiterung. – Düsternis f. 'Dunkelheit, Finsternis', mhd. *dusternisse*. verdüstern Vb. 'dunkel werden', mhd. *verdustern* 'verfinstern'.

Dutt m. 'Haarknoten' der Frauen (um 1900), nach nd. *Dutt* 'Klumpen, Haufen, Knäuel, Knoten, geflochtener oder gedrehter Haarknoten'. Herkunft unbekannt.

Dutzend n. 'zwölf Stück einer Art'. Mhd. *totzen* n. wird im 14. Jh. aus afrz. *dozaine* f. (frz. *douzaine* f.) entlehnt, das von afrz. *doze* (frz. *douze*) 'zwölf' abgeleitet ist und auf lat. *duodecim* zurückgeht. Das auslautende *-d* der dt. Form tritt erst im 15. Jh. an (vgl. auch mnd. *dossīn* n.), wie auch in *jemand* (mhd. *ieman*), *niemand* u. a. Da billige Ware oft dutzendweise verkauft wird, kann *Dutzend-* als erstes Glied in Zusammensetzungen geringschätzigen Sinn entwickeln: Dutzendmensch (18. Jh.), Dutzendware (19. Jh.).

Dynamik f. 'Lehre von der Bewegung der Körper durch Krafteinwirkung, Schwungkraft, innere Bewegung', wohl entlehnt (2. Hälfte 18. Jh.) aus gleichbed. frz. *dynamique*, das seinerseits als Substantivierung des Adjektivs frz. *dynamique*, zuerst in der Fügung frz. *science dynamique* 'Lehre von der Dynamik' (Leibniz 1692), anzusehen ist. Zugrunde liegt griech. *dynamikós* (*δυναμικός*) 'vermögend, wirkend, mächtig, stark', zu griech. *dýnamis* (*δύναμις*) 'Kraft, Vermögen', s. *Dynastie*. Auf einer substantivierten Form des griech. Adjektivs beruht auch spätlat. *dynamicē* 'Lehre von der Kraft', gleichsam ein griech. *dynamikḗ téchnē* (*δυναμικὴ τέχνη*) voraussetzend. Doch dürfte das spätlat. Substantiv ohne Einfluß auf die dt. Entwicklung gewesen sein. – dynamisch Adj. 'die Dynamik betreffend, schwungvoll, voll innerer Triebkraft' (2. Hälfte 18. Jh.).

Dynamit n. 'Sprengstoff', 1867 von Nobel, dem Erfinder des Dynamits, zu griech. *dýnamis* (*δύναμις*) 'Kraft' gebildet.

Dynamo m. elektrische Maschine zur Umwandlung von mechanischer Kraft in Elektrizität, von ihrem Erfinder Siemens 1867 *dynamoelektrische Maschine* oder *Dynamo-Maschine* genannt. Diese Bezeichnungen werden in England (1882) zu engl. *dynamo* verkürzt und in dieser Form ins Dt. übernommen. Die gelehrte Bildung knüpft an griech. *dýnamis* (*δύναμις*) 'Kraft' bzw. an dessen Kompositionsform griech. *dynamo-* (*δυναμο-*) an.

Dynastie f. 'Herrscherhaus, Herrschergeschlecht'. Griech. *dynastéía* (*δυναστεία*) 'Macht, Herrschaft, Oligarchie', spätlat. *dynastīa* gelangt im 16. Jh. (zunächst in lat. Form und Flexion) ins Dt., nimmt aber die (schon im Spätlat. vorhandene) Bedeutung 'Herrscherhaus' erst im 18. Jh. an. Das der griech. Abstraktbildung zugrundeliegende Nomen agentis *dynástēs* (*δυνάστης*) 'Machthaber, Herr, bes. Herrscher über ein kleineres Gebiet, Vornehmer', lat. *dynastēs*, wird gleichfalls im 16. Jh. als Dynast m. entlehnt. Es ist abgeleitet vom Verbum griech. *dýnasthai* (*δύνασθαι*) 'können, vermögen, gelten', wozu auch *dýnamis* (*δύναμις*) 'Kraft' gehört (s. *Dynamik*). dynastisch Adj. 'das Herrscherhaus, die Dynastie betreffend' (18. Jh.); vgl. griech. *dynastikós* (*δυναστικός*).

Ebbe f. das im Wechsel der Gezeiten eingetretene 'Niedrigwasser des Meeres'. Mnd. mnl. nl. *ebbe*, aengl. afries. *ebba*, engl. *ebb*, in abweichender Bedeutung anord. *efja* 'Gegenstrom in einem Fluß, Flußbucht', schwed. *ävja* 'Moor, Schlick' (schwed. *äbb, ebb* ist Entlehnung des 18. Jhs. aus dem Nd. bzw. Nl.) sind Ableitungen von der unter *ab* behandelten germ. Präposition im Sinne von 'weg'. *Ebbe*, eigentl. 'Weg-, Abfluten' bzw. 'Weg-Sein' (des Meeres) bezeichnend, wird Ende 16. Jh. aus dem Nd. ins Hd. übernommen. – ebben Vb. 'zurückgehen' (vom Meerwasser), ahd. (unter nd. Einfluß?) in der Präfixbildung *firebben* (10./11. Jh., nhd. *verebben*), mhd. *eppen*, mnd. mnl. *ebben*, aengl. *ebbian*, engl. *to ebb*. Im Mhd. selten, begegnet das Verb im Frühnhd. (15./16. Jh.) noch öfters in der Form *eppen*, bis sich im 17. Jh. vom Nd. her *ebben* durchsetzt; in dichterischer Sprache bis ins 20. Jh. neben dem in der Gegenwart geläufigen *abebben* (19. Jh., nd. *afebben*, 18. Jh.) und *verebben*. Vom Verb abgeleitet sind offensichtlich die Abstraktbildungen ahd. *ebbunga*

(11. Jh.), asächs. *ebbiunga* (10./11. Jh.), die auf dt. Sprachgebiet eher bezeugt sind als *Ebbe.*

eben Adj. 'flach, ohne Erhebung', Adv. 'gerade, genau', ahd. *eban(i)* 'glatt, flach, gleich, gleichmäßig, gerecht, gerade (von Zahlen)' (8. Jh.), mhd. *eben, ebene,* asächs. *eƀan,* mnd. *ēven(e), effen,* mnl. nl. *effen, even,* aengl. *efen,* engl. *even,* anord. *jafn, jamn,* schwed. *jämn,* got. *ibns,* germ. **ebna-.* Zu Beginn der Überlieferung stehen für alle germ. Adjektivformen die Bedeutungen 'gleich' und 'eben, flach' (eigentl. 'gleich hoch') nebeneinander, nur im Got. sind sie durch unterschiedliche Flexion getrennt (stark flektierendes *ibns* 'eben, flach', schwach flektierendes *ibna* 'gleich'). Im Nhd. lebt die Bedeutung 'gleich' nur noch in Zusammensetzungen wie *Ebenbild* (s. *Bild*), *ebenbürtig, Ebenmaß* (s. unten) fort. Sehr stark entwickelt sich der adverbiale Gebrauch in Verwendungen wie 'gleichmäßig, in gleicher Weise, genau entsprechend' und 'gerade, genau', so namentlich in Verbindung mit Demonstrativpronomina und Adverbien, vgl. *ebender, ebenda, ebendort.* Durch Bezug auf Zeitausdrücke nimmt *eben* bereits mhd. temporalen Sinn an 'im unmittelbar vorangegangenen Augenblick', aber auch 'jetzt gerade, in diesem Augenblick'; es wird ferner alleinstehend sowohl bestätigend *(eben!)* wie verstärkend (*eben deshalb*) gebraucht. Weitgehend abgeblaßt wird es in unbetonter Stellung für '(nun) einmal, halt' verwendet. Die Herkunft des germ. Adjektivs mit dem Suffix ie. *-no-* ist nicht geklärt. Man erwägt Verbindung mit mir. *emon, emuin* 'Zwillingspaar' und darüber hinaus mit aind. *yamáḥ,* awest. *yə̄ma-* 'Zwilling' sowie aind. *yácchati* 'hält, lenkt, leitet, reicht dar' (Aorist *yámati*), so daß das germ. Adjektiv zu einer Wurzel ie. **i̯em(ə)-* 'halten, zusammenhalten, paaren, bezwingen' gestellt werden könnte. Andere Überlegungen gehen von der adverbialen Akkusativform ie. **im* des Pronominalstamms ie. **i-* (s. *er, es*) aus. Die Befürwortung solcher Herleitungen hängt auch davon ab, ob man (germ. *-b-* auf *-m-* zurückführend) auf Grund der germ. Lautverhältnisse ererbtes germ. **imna-* oder **emna-* voraussetzt. – E b e n e f. 'unbegrenzte, nirgends gekrümmte Fläche, flaches Land', ahd. *ebanī* f. 'glatte Fläche, flaches Land' (8. Jh.), daneben *ebani* n. 'Gleichheit, Ebenmäßigkeit' (9. Jh.), mhd. *ebene* 'flaches Land, Gleichmäßigkeit'; im mathematischen Sinne (16. Jh.) für mlat. *planum.* e b e n b ü r t i g Adj. 'von gleich hoher Geburt', mhd. *ebenbürtec.* E b e n m a ß n. 'Gleichmaß', mhd. *ebenmāȥ*; vgl. ahd. *ebanmāȥa* f. (Hs. 12. Jh.), mhd. *ebenmāȥe.* e b n e n Vb. 'eben machen', ahd. *ebanōn* (8. Jh.), mhd. *ebenen* 'gleichmachen, vergleichen'. In neuerer Sprache oft bildlich *jmdm. die Wege ebnen.*

Ebenholz n. schwarzes, hartes Edelholz, verdeutlichende Zusammensetzung aus frühnhd. Zeit, im 16. Jh. öfters auch *heben holtz* (Luther 1523). Zuvor belegt in der Fügung ahd. *ūzer ebeno* (um 1000), so daß ahd. *ebena* f. oder lat. flektiertes *ebenus* m. anzusetzen ist, mhd. *(h)ebēnus* 'Ebenholz(baum)', entlehnt aus lat. *ebenus* f., auch *hebenus* 'Ebenholz(baum)', griech. *ébenos* (ἔβενος), das (wie auch hebr. *hownīm*) auf ägypt. *hbnj* 'Ebenholz' zurückgeht.

Eber m. 'männliches Schwein', ahd. *ebur* (8. Jh.), mhd. *eber,* asächs. *eƀur,* mnd. *ēver,* mnl. nl. *ever,* aengl. *eofor* sowie anord. *jǫfurr,* dichterisch 'Fürst Häuptling', führen auf germ. **eƀuraz,* ie. **epəros*; außergerm. gehören hierzu lat. *aper* (dessen *a* wohl in Analogie zu lat. *caper* 'Bock') und mit *v*-Anlaut aslaw. *veprь,* russ. *vepr'* (вепрь) 'Wildschwein, Eber'. Seit alters oft in Personennamen wie *Eberhard, Ebernand, Everding.* In jüngerer Zeit bezeichnet *Eber* fast durchweg das männliche Hausschwein im Unterschied zu jägersprachlich *Keiler* (s. d.). Das bis ins 18. Jh. literatursprachlich konkurrierende starke Mask. *Ber* (Gen. *Bers*), *Bär* (ahd. mhd. mnd. *bēr,* engl. *boar*), das außergerm. keine Anknüpfungsmöglichkeiten bietet und nicht identisch oder verwandt mit (Braun-, Eis-) *Bär* ist, lebt in Mundarten fort.

Eberesche f. 'Vogelbeerbaum', frühnhd. *eberboum* (Anfang 15. Jh.), *Eberasch(en), Eberesche* (16. Jh.). Die Varianten wie frühnhd. *Abresch, Aberesche* entstehen durch lautgesetzliche Vertretung von mhd. *e* durch *a* in bestimmten Landschaften; volksetymologische Umdeutung im Sinne von 'falsche, minderwertige Esche' (s. *Aberwitz*) ist sekundär. Zum Grundwort s. *Esche.* Das Bestimmungswort wird letztlich zu ie. **erb(h)-, *reb(h)-* 'dunkelrötlich, bräunlich' (s. *Erpel, Rebhuhn*) gestellt. Die hierzu geschaffene Bildung mit *r*-Suffix (frühnhd. *eber-*) zeigt wie Parallelfälle in anderen ie. Sprachen (oft in der Bedeutung 'Eibe') dissimilatorischen Schwund des wurzelhaften *r*; vgl. air. *ibar* 'Eibe' und gall. *Eburo-* in Orts- und Personennamen. Die unterschiedlichen Baumarten Eberesche und Eibe sind also nach ihren roten bzw. rötlichbraunen Beeren benannt (s. auch *Eibe*).

echauffieren Vb. 'aufregen, erhitzen' (meist refl.), aus gleichbed. frz. *échauffer* im 17. Jh. ins Dt. entlehnt; vorauf geht vlat. **escal(e)fāre*, lat. *excal(e)facere* 'erwärmen, erhitzen' (s. *Chauffeur, Kalfaktor*). Geläufig bes. als Part.adj. *echauffiert* 'erregt'.

Echo n. 'Widerhall', über gleichbed. lat. *ēchō* aus griech. *ēchṓ* (ἠχώ), einer personifizierenden Form zu *ēchḗ* (ἠχή) 'Schall, Ton'. In der griech. Mythologie Bezeichnung einer Waldnymphe, ist *Echo* bei seiner Entlehnung ins Dt. im 16. Jh. (als Name im 15. Jh.) bis ins 18. Jh. Fem., unter Einfluß mask. Konkurrenzwörter wie *Widerhall, Nachhall* auch Mask., durch Analogie zu Wörtern auf *-o* wie *Tempo, Konto* seit dem 17. Jh. Neutr., das sich mit Adelung (1774) durchsetzt. – E c h o l o t n. Gerät zur Tiefenmessung mittels Schallwellen, nach dem Erfinder *Behm* auch *Behmlot* (Patent 1912).

Echse f. Den Plural *Echsen* für 'Eidechsenartige' prägt Oken (1816) als systematischen Sammelbegrff der Zoologie. Er ist eine willkürliche Rückbildung aus *Eidechse* (s. d.) ohne Rücksicht auf etymologische Worttrennung, gilt heute für eine Unterordnung der Kriechtiere und bildet pluralische Zusammensetzungen (*Panzerechsen* 'Krokodile'), aber auch singularische (*Kragenechse*).

echt Adj. 'nicht nachgemacht, unverfälscht, (von Farben) beständig'. Zu dem unter *Ehe* (s. d.) behandelten Substantiv mnd. *ē(we)* 'Gesetz, Recht, göttliches Gebot, Vertrag, Ehe' gehört das Adjektiv mnd. *ēhaft(e)* 'rechtsgültig, gesetzmäßig, ehelich' (wie gleichbed. mhd. *ēhaft* zu mhd. *ē, ēwe*). Durch Übergang von *ft* zu *cht* (s. *sacht, Nichte*) entsteht mnd. *ē(h)acht*, kontrahiert *echt.* Das (im Sachsenspiegel benutzte) mnd. Rechtswort dringt schon im 13. Jh. ins Md. Es wird später außerhalb der Rechtssphäre in der Bedeutung 'unverfälscht, rein' allgemein gebräuchlich und entwickelt Sonderverwendungen wie 'dauerhaft' (vgl. *farbecht*). – E c h t h e i t f. 'Unverfälschtheit, Beständigkeit' (18. Jh.).

Ecke f., E c k n. 'Spitze, Kante, Winkel' (Stelle, an der zwei Linien oder Flächen zusammenstoßen), ahd. *egga* (um 1000), mhd. *ecke, egge* 'Schneide (einer Waffe), Spitze, Kante, Ecke, Winkel', asächs. *eggia,* mnd. *egge*, mnl. *egghe*, nl. *eg, egge* 'Schneide, Kante', aengl. *ecg* 'Spitze, Waffe, Schwert', engl. *edge* 'Schneide, Schärfe, Spitze, Ecke', anord. schwed. *egg* 'Ecke, Schneide' (germ. **agjō*) führen mit lat. *aciēs* 'Schärfe, Schneide', griech. *akís* (ἀκίς) 'Spitze' auf die Wurzel ie. **ak̂-*, **ok̂-* (daneben auch **ak-*, **ok-*) 'scharf, spitz, kantig'; vgl. die unter *Ahorn, Ähre* und *eggen* (s. d.) behandelten Wörter. Die *Ecke* seit alters zukommende Bedeutung 'Schneide', die sich in anderen germ. Sprachen bis in die Gegenwart erhalten hat, ist im Nhd. aufgegeben. Neben *Ecke* f. tritt im 13. Jh. ein Neutrum, mhd. *daȥ ecke*, nhd. *Eck* n., zunächst überwiegend obd. und ohne erkennbare Bedeutungsdifferenzierung, das in der Bezeichnung geometrischer Figuren (*Drei-, Vier-, Rechteck*) alleinige Geltung gewonnen hat.

Ecker f. Name der Buchenfrucht, früher auch der Eichenfrucht (s. *Eichel*); als Simplex kaum noch gebräuchlich, dafür meist *Buchekker* (Zusammensetzung seit dem 15. Jh.). Mhd. *ackeran, ecker(n)* m. und n. 'Frucht der Eiche und Buche', mnd. *ākeren, ackeren, ēkeren, eckeren* n. 'Eichel, Eichelmast', mnl. nl. *aker* m. 'Eichel', aengl. *æcern* n. 'Nuß, Eichel', engl. *acorn* 'Eichel, Ecker', anord. *akarn* n. 'Frucht wildwachsender Bäume' (germ. **akrana-*) stellen sich mit der Ausgangsbedeutung 'Wildfrucht' (vgl. got. *akran* n. 'Frucht, Ertrag') wohl wie air. *āirne* 'Schlehe', lit. *úoga* 'Beere, Kirsche', aslaw. *agoda*, russ. *jágoda* (ягода) 'Beere' zur Wurzel ie. **ōg-*, **əg-* 'wachsen; Frucht, Beere'. Daneben wird auch erwogen, in der Bezeichnung eine Bildung zu dem unter *Acker* (s. d.) behandelten Substantiv zu sehen. Mhd. *ecker* entsteht durch Wegfall der fälschlich als Pluralzeichen aufgefaßten Endung *-n.* Bereits im Frühnhd. findet sich feminines Genus.

edel Adj. 'von adligem Stande, vortrefflich', ahd. *edili* (9. Jh.), mhd. *edel(e)*, asächs. *eðili*, mnd. mnl. *ēdel*, nl. *edel*, aengl. *æþele* ist eine nur westgerm. (**aþlja-*) belegte Ableitung von dem unter *Adel* behandelten Substantiv. In der Ausgangsbedeutung 'von vornehmer Herkunft' durch *adlig* (s. d.) verdrängt, wird *edel* bereits im Mhd. und besonders im Nhd.

in bezug auf geistige Eigenschaften und sittliche Werte gebraucht (*edles Gemüt, edle Gesinnung*). – Edelmut m. 'edle Gesinnung, Selbstlosigkeit' (Ende 17. Jh.), wohl rückgebildet aus *edelmütig* Adj. (Mitte 17. Jh.); zuvor bereits die Zusammensetzung (ohne unmittelbare Nachfolge) mhd. *edelmuot*. Edelmütigkeit f. (17. Jh.; der für das Mhd. zitierte Beleg aus Boners Edelstein stammt aus dem Druck Breitingers von 1757). Edelstein m. 'seltener kostbarer Stein' (wegen seiner Farb- oder Lichteffekte zu Schmuck verarbeitet), mhd. *edelstein*, mnd. *ēdelstēn*. Edelweiß n. mit weißen Filzhaaren bedeckte Hochgebirgsblume. Im 18. Jh. aufkommend und landschaftliche Bezeichnungen wie *Wollblume* (16. Jh.) verdrängend.

edieren Vb. '(in Buchform) herausgeben, veröffentlichen', in älterer Rechtssprache auch '(Urkunden) vorlegen', in beiden Verwendungen entlehnt (16. Jh.) aus gleichbed. lat. *ēdere*; vgl. lat. *dare* 'geben' und s. *ex-*. – Edition f. 'Herausgabe, Ausgabe' eines Buches (16. Jh.), aus lat. *ēditio* (Gen. *ēditiōnis*).

Efeu m. immergrüne strauchartige Kletterpflanze. Ahd. *ebah, ebahhi* (10. Jh.), *ebouwi* (11. Jh.), *ebewi* (10. Jh.) sind verwandt mit gleichbed. mnd. *īflōf, īlōf, eilōf* (eigentl. 'Efeulaub'), mnl. nl. *eiloof*, aengl. *īfig*, engl. *ivy*. Ein Zusammenhang mit lat. *ibex* 'Steinbock', als 'Kletterer' aufgefaßt, ist nicht gesichert. Die Formen ahd. *eb(i)houwi* (9./10. Jh.), *eb(i)hewi* (10./11. Jh.), mhd. *ephöu, ebehöu* sind volksetymologische Umdeutungen, die sich an die unter *Heu* (s. d.) behandelten Formen anschließen (Aussprache *Ebheu, Ep-heu* gilt noch in obd. Mundarten).

Effeff n. umgangssprachlich in Wendungen wie *etw. aus dem Effeff können* 'sehr gut können'; wohl am ehesten aus der kaufmannssprachlichen Abkürzung *ff* für *fein-fein* 'sehr fein', auch *eff-eff-Qualität*, vgl. Schirmer Kaufmannsspr. (1911) 61. Im 19. Jh. in der Schreibung *Ff, ff* und *FF*, dann *Effeff.*

Effekt m. 'Wirkung, Erfolg', entlehnt (15. Jh.) aus lat. *effectus* 'Aus-, Durchführung, Wirkung, Erfolg', zu lat. *efficere* 'hervorbringen, bewirken'. Der Ausdruck ist seit dem 17. Jh. allgemein geläufig, im 18. Jh. bes. für 'Wirkung, Eindruck eines Kunstwerkes', vgl. *einen Effekt (auf jmdn.) machen*. – effektvoll Adj. 'wirkungsvoll, eindrucksvoll' (Anfang 19. Jh.). Knalleffekt m. 'überraschende Wirkung, Pointe', in der Theatersprache (um 1800) von der Wirkung des Feuerwerks auf der Bühne, dann überhaupt 'starker, verblüffender Eindruck'.

Effekten Plur. 'Wertpapiere, bewegliche Habe', kaufmannssprachliche Entlehnung (1. Hälfte 17. Jh., zunächst im Sinne von 'Handelswaren, Wertpapiere', öfters *Effecti*, auch *Effetti*) aus ital. *effetti* Plur. 'Vermögen, Besitztümer, Wertpapiere, Kreditbriefe' (dieses nach mfrz. frz. *effets* Plur. 'bewegliche Habe, Wertpapiere, Wechsel', frz. auch 'Kleidungsstücke, Wäsche'), in der Form beeinflußt durch letztlich zugrundeliegendes lat. *effectus* (s. *Effekt*). Seit Mitte des 18. Jhs. wird *Effekten* (wie frz. *effets*) auch in der Allgemeinsprache für 'Habseligkeiten, Gepäck, Kleidungsstücke' gebraucht. – Effektenbörse f. Börse, an der Wertpapiere gehandelt werden (19. Jh.).

effektiv Adj. 'wirklich, tatsächlich, wirksam'. Seit dem 17. Jh. wird das Adverb mlat. *effective* 'tatsächlich, in Wirklichkeit' (spätlat. *effectīvē* 'in wirksamer Weise', zu lat. *effectīvus* 'schaffend, bewirkend') in dt. Texten verwendet. Das zugehörige Adjektiv (entlehnt Anfang 18. Jh.) ist zunächst im Sinne von 'wirklich, tatsächlich' geläufig. Nur vereinzelt steht es im 18./19. Jh. für 'wirksam, wirkungsvoll', diese Bedeutung tritt aber Mitte des 20. Jhs. in der Sprache der Wirtschaft ('großen Nutzen erzielend, von hoher Effektivität') stärker hervor. – Effektivität f. 'Wirksamkeit, Nutzen' (vor allem in der Wirtschaft von der im Verhältnis zum Aufwand erreichten Leistung, vgl. *Effektivität der Arbeit, der Produktion*), auch 'Tatsächlichkeit' (im Völkerrecht, 1. Hälfte 20. Jh.), zuvor vereinzelt 'Bewirktheit, Wirkung' (Novalis, Ende 18. Jh.), latinisierende Bildung (vgl. vorausgehendes mlat. *effectivitas* 'bewirkende Kraft', ital. *effettività* 'Wirklichkeit, Tatsächlichkeit').

Effet n., auch m. 'Drehung um die Vertikalachse, Drall', Übernahme (Ende 19. Jh.) von gleichbed. frz. *effet*, auch 'Wirkung, Ergebnis, Leistung, Ausführung, Eindruck' (im Plur. 'bewegliche Habe, Wertpapiere, Kleidungsstücke', s. *Effekten*), afrz. *efet* 'Ausführung, Wirkung', entlehnt aus lat. *effectus* (s. *Effekt*). Der Ausdruck bezieht sich zunächst auf die Billardkugel, dann auf den Ball (bes. Fußball), deren Bewegungsrichtung durch seitliches Stoßen bzw. Treten verändert wird.

effizient Adj. 'wirksam, leistungsfähig' (1. Hälfte 19. Jh.), aus dem Part. Präs. lat. *efficiēns* (Gen. *efficientis*) 'bewirkend, wirksam'. – Effizienz f. 'Leistungsfähigkeit, Wirkungsgrad' (1. Hälfte 19. Jh.), aus lat. *efficientia* 'Wirksamkeit'.

egal Adj. 'gleich, gleichartig, gleichgültig', Übernahme (1. Hälfte 17. Jh.) von frz. *égal* 'gleich, gleichartig', seit der 1. Hälfte des 19. Jhs. nach frz. Vorbild auch 'gleichgültig', vgl. frz. *cela m'est (bien) égal* 'es ist mir ganz gleich, einerlei'. Daneben entwickelt sich (2. Hälfte 19. Jh.) die landschaftliche, bes. omd. adverbielle Verwendung 'fortwährend, immer' (wohl aus 'gleichförmig', also eigentl. 'ohne Unterschied, ohne Unterbrechung'). Frz. *égal*, afrz. *egal, igal* beruht auf lat. *aequālis* 'eben, gleich', zu gleichbed. lat. *aequus* (wovon auch lat. *aequāre* 'gleichmachen', s. *Äquator, adäquat*). – egalisieren Vb. 'ausgleichen', entlehnt (1. Hälfte 18. Jh.) aus gleichbed. frz. *égaliser*, älter und mfrz. 'gleichmachen' (zu mfrz. frz. *égal*); heute vor allem im Sport im Sinne von '(einen früheren Rekord) wieder erreichen, einstellen'.

Egel m. blutsaugender Ringelwurm, ahd. *egala* f. (8. Jh.), mhd. *egel(e)* f., asächs. *egela* f., mnd. *ēgel(e), eyle, īl(e)*, mnl. *echel, egele, eggle*, nl. *echel* sind verwandt mit *Igel* (s. d.) und gehören mit griech. *échis* (ἔχις) 'Schlange' zu ie. **eĝhi-* 'Schlange'. Danach ist *Egel* wohl eigentl. 'kleine Schlange, Wurm'. Wegen seiner Verwendung in der Medizin als Blutabsauger seit dem 16. Jh. meist in der Zusammensetzung *Blutegel*, fälschlich auch *Blutigel*, das im Nhd. einen Genuswechsel zum Mask. bewirkt. Nach der Ähnlichkeit mit dem Blutegel wird im 18. Jh. der in der Leber von Wiederkäuern schmarotzende, zoologisch aber nicht verwandte *Leberegel* (für älter *Leberwurm*) benannt.

eggen Vb. 'den Boden mit der Egge auflokkern', ahd. *eggen* (10. Jh.), mhd. *eg(g)en*, asächs. *eggian*, mnd. nl. *eggen*, aengl. *ecgan* setzen ein germ. *jan*-Verb voraus, das seinerseits aus germ. **agiþō* 'Egge' (mit dem auch in anderen Gerätenamen auftretenden Suffix germ. *-iþō*) abgeleitet ist. Das germ. Substantiv lebt weiter in ahd. *egida* (8. Jh.), mhd. *egede, eide*, asächs. *egiða*, mnd. *ēgede, eyde*, mnl. *eghede*, nl. *eegde*, aengl. *egþe*. Es ist ein Erbwort und läßt sich wie gleichbed. akymr. *ocet*, apreuß. *aketes* (Plur.), lat. *occa* (wenn aus Metathese aufweisendem **ot(i)kā*) auf ie. **okitā* (bzw. **oketā*) 'Gerät mit Spitzen, Egge' zurückführen, wozu (mit umgebildeter Endung) auch griech. *oxína* (ὀξίνα). Zugrunde liegt (wie bei *Ecke*, s. d.) die Wurzel ie. **aˆk-, *oˆk-* (daneben auch **ak-, *ok-*) 'scharf, spitz'. Die alte Bezeichnung ahd. *egida*, mhd. *egede* setzt sich im Nhd. nicht fort. Vielmehr wird Egge f., frühnhd. *eg(ge)* 'kammartiges Gerät zum Lockern des Bodens' zu Anfang des 15. Jhs. aus dem Verb *eggen* (s. oben) neu gebildet.

Egoismus m. 'Selbstsucht, Eigennutz, Eigenliebe' und **Egoist** m. 'selbstsüchtiger, eigennütziger Mensch' werden um 1720 von Wolff aus den gelehrten Neubildungen frz. *égoïsme* und *égoïste*, zum Pers.pron. lat. *egŏ* 'ich' mit latinisierender Endung, ins Dt. eingeführt, zunächst zur Bezeichnung der philosophischen Richtung eines extremen subjektiven Idealismus und ihrer Vertreter, die behaupten, daß nur das einzelne Subjekt, das eigene Ich, wirklich existiere, während alles andere nur Vorstellung, Empfindung sei; dann gegen Ende des 18. Jhs. in die oben genannte, heute allein übliche Bedeutung übergehend. – egoistisch Adj. 'selbstsüchtig, nur auf den eigenen Nutzen bedacht' (18. Jh.). egozentrisch Adj. 'sich selbst in den Mittelpunkt stellend, ichbezogen' (Anfang 20. Jh.), aus lat. *egŏ* (s. oben) und *zentrisch* 'auf etw. als seinen Mittelpunkt bezogen' (s. *konzentrisch, Zentrum*).

eh Adv. südd. öst. 'sowieso, ohnehin', ferner in dem Wortpaar *seit eh und je* 'seit jeher, immer schon', mhd. *ē* 'früher, vormals, eher, lieber', gekürzt aus mhd. *ēr*, s. *eher.*

Ehe f. 'gesetzliche Verbindung von Mann und Frau'. Aus dem westgerm. Wort für 'Gesetz, Recht, göttliches Gebot, Vertrag' ahd. *ēwa, ēwī* f. (8. Jh.), mhd. mnd. *ē(we)*, mnl. *ewe, ee*, afries. *ā, ē, ēwe, ēwa*, asächs. *ēo, ēu*, aengl. *ǣ, ǣw* entwickelt sich (außer im Afries. und Asächs.) die neue, im heutigen Dt. allein erhaltene Bedeutung 'Ehevertrag, Ehe'. Offen bleibt, ob das hier dargestellte westgerm. Substantiv mit dem unter *ewig* (s. d.) behandelten ahd. *ēwa* identisch ist und danach als Grundbedeutung 'immerdar, ewig geltendes Recht' angesetzt werden darf, oder ob es mit aind. *ḗvaḥ* ‘Gang, Weg’, Plur. ‘Gewohnheit, Sitte’ (verwandt mit *eilen*, s. d.) zu verbinden und als ‘Gewohnheitsrecht’ anzusehen ist. – e h e l i c h Adj. ‘aus einer Ehe stammend, auf die Ehe bezogen’, ahd. *ēolīh, ēwilīh* (8. Jh.) nur im Sinne von ‘dem Gesetz entsprechend, rechtmäßig’, mhd. *ēlich* ‘gesetzmäßig, ehelich’, mnd. *ēlīk*, mnl. *eelic*, aengl. *ǣlic* ‘gesetzmäßig’. e h e l i c h e n Vb. ‘heiraten’, spätmhd. *ēlīchen,* mnd. *ēlīken.* e h e b r e c h e n Vb. ‘die eheliche Treue verletzen’, mhd. *ēbrechen*; E h e b r e c h e r m., mhd. *ēbrechære*; E h e b r u c h m., spätmhd. *ēbruch.*

ehemals Adv. ‘früher, einst’, mhd. *ē māles, ēmāles* ‘früher’ ist entstanden aus dem präpositionalen Gebrauch (mit Genitiv) von mhd. *ē* ‘vor’ (zur Etymologie s. *eher*) in Verbindung mit mhd. *māl* ‘Zeitpunkt’ (s. [1]*Mal*). Es wird wie gleichgebildetes mhd. *nāchmāles* ‘nachher’, *vormāles* ‘ehedem, früher’ Muster für weitere Komposita, s. *jemals, niemals.*

eher Adv. ‘früher, leichter, lieber, mehr’ und **ehe** Konj. ‘bevor’. Ahd. *ēr* ‘früher, einst, eher’ (8. Jh.), mhd. *ē(r)*, asächs. mnd. *ēr*, mnl. *eer, ēre*, nl. *eer*, aengl. *ǣr*, got. *airiz* (germ. **airiz*) ist adverbialer Komparativ neben dem adjektivischen Komparativ ahd. *ēriro* (um 800), mhd. *ērer, ērre, erre*, mnd. *ēre(r)*, mnl. *eerre*, aengl. *ǣrra*, got. *airiza.* Zugrunde liegt ein im Dt. untergegangener Positiv, der in got. *air* und anord. *ār* ‘früh’ erhalten und mit griech. *ḗri* (ἦρι) ‘früh, morgens’ und awest. *ayar-* ‘Tag’ verwandt ist. Möglich ist Anschluß an eine Ausgangsform ie. **ā̆ier-*, **ā̆ien-* ‘Tag, Morgen’. Zur Wurzel ie. **ā̆i-* ‘brennen, leuchten’? Nhd. *eher*, zuerst im Md., ist aus frühnhd. *ehe* (für mhd. *ē*) in Anlehnung an den adjektivischen Komparativ mhd. *ērer, ērre* ‘der frühere, vorige’ hervorgegangen. Der Superlativ *ehest* ist seit dem 17. Jh. geläufig. Die Konjunktion *ehe* entwickelt sich bereits im Mhd. aus dem Adverb mit der Bedeutung ‘vorher’, vgl. *ich gehe nicht, ehe du kommst* (eigentl. *vorher kommst du*).

ehern Adj. ‘aus Erz, eisern, hart, fest’. Das westgerm. Adj. ahd. (um 800), asächs. mhd. *ērīn*, mnd. *ēren*, mnl. *erijn*, aengl. *ǣren* ist von germ. **ajaz*, dem im Nhd. ausgestorbenen Subst. für ‘Erz, Metall’ abgeleitet, das (wie seine ie. Verwandten) entsprechend dem gegebenen kulturellen Entwicklungsstand auch für ‘Kupfer, Messing’ oder ‘Eisen’ steht; ahd. (9. Jh.), asächs. *ēr*, mhd. mnd. *ēr(e)*, mnl. *eer*, aengl. *ār*, engl. *ore*, anord. *eir*, got. *aiz* gehören mit aind. *áyaḥ*, awest. *ayah-* ‘Metall, Eisen’, lat. *aes* (Gen. *aeris*) ‘Erz, Kupfer, Bronze’, davon lat. *aēnus, aēneus* ‘ehern, bronzen’, zu einem *s*-Stamm ie. **ai̯es-*, **ai̯os-* ‘Metall’, wahrscheinlich ‘Kupfer, Bronze’, ost-ie. auch ‘Eisen’, ursprünglich, wenn auf eine Wurzel ie. **ā̆i-* ‘brennen, leuchten’ rückführbar, vgl. griech. *ā̆ithos* (αἶθος) ‘Brand’, ahd. *eit* ‘Feuer(stätte), (glühender) Scheiterhaufen’, vielleicht ‘das brandfarbige Metall’ bedeutend. Die nhd. Form *ehern* (Luther) anstelle von frühnhd. *ehrn* richtet sich nach Vorbildern wie *kupfern, hölzern* (s. d.).

Ehre f. ‘äußeres Ansehen, Wertschätzung durch andere Menschen, Selbstachtung’, ahd. *ēra* ‘Ansehen, Wertschätzung, Berühmtheit, Würde, Zierde, Ehrfurcht, Verehrung’ (8. Jh.), mhd. *ēre* ‘Ehrerbietung, Zierde, Ansehen, Ruhm, Sieg, Herrschaft, Ehrgefühl, ehrenhaftes Benehmen’, asächs. *ēra*, mnd. mnl. *ēre*, nl. *eer*, aengl. *ār* ‘Ehre, Würde, Ruhm, Achtung, Verehrung, Gnade, Mitleid, Besitz, Einkommen’, anord. *eir* ‘Gnade, Milde, Hilfe’ (germ. **aizō*) werden auf eine Wurzel ie. **ais-* ‘ehrfürchtig sein, verehren’ zurückgeführt, deren Erweiterung, mit einem ursprünglich wohl präsensbildenden *d* ie. **aizd-*, **izd-*, in aind. *ī́ṭṭē* ‘verehrt, preist’, got. *aistan* ‘sich scheuen, achten’ (sofern dies nicht mit ie. *t*-Suffix gebildet ist) und wohl auch in griech. *ā̆idesthai, aidḗisthai* (αἴδεσθαι, αἰδεῖσθαι) ‘scheuen, verehren’, *aidṓs* (αἰδώς) ‘Ehrfurcht, Scheu, Scham’ vorliegt. Mittelalterliche Auffassung verbindet mit *Ehre* vornehmlich das äußere Ansehen in Gestalt von ‘Ruhm, Anerkennung’ (daher mhd. oft im Plural wie noch heute in den Wendungen *mit Ehren, zu Ehren, ehrenhalber*); später entwickelt sich *Ehre* zum sittlichen Begriff, wird oft als ‘Selbstachtung’ verstanden; vereinzelt begegnet es in diesem Sinne bereits im Ahd. (Notker, um 1000). – e h r e n Vb. ‘Ehre erweisen, achten, anerkennen’, ahd. *ērēn* (8. Jh.), mhd. *ēren.* e h r l i c h Adj. ‘zuverlässig, aufrichtig, redlich’, heute meist im Gegensatz zu *betrügerisch*; dagegen ahd. *ērlīh* (um 800), mhd. *ērlich* ‘ehrenvoll, ruhmreich, ansehnlich, vornehm’. e h r b a r Adj. ‘achtenswert, ehrenhaft’, mhd. *ērbære.* e h r s a m Adj. ‘ehrbar, sittsam’, ahd. (10. Jh.), mhd. *ērsam.* e h r f ü r c h t i g Adj. ‘Ehrfurcht, hohe Achtung empfindend' (16. Jh.), dazu die Rückbildung Ehrfurcht f. 'Hochachtung' (Ende 16. Jh.). ehrwürdig Adj. 'Ehrerbietung einflößend', ahd. *ērwirdīg* (8. Jh.), mhd. *ērwirdec* (s. *würdig*); dazu Ehrwürden Anrede für geistliche Personen, Angehörige katholischer Orden, frühnhd. *euer Ehrwürden* (2. Hälfte 15. Jh.), zu ahd. *ērwirdī* 'Ehrerweisung, Ehrerbietung, Rücksicht' (um 800), mhd. *ēwirde*, frühnhd. *erwirde* (16. Jh.). Ehrenmann m. 'ehrenhafter Mensch' (2. Hälfte 15. Jh.; zuerst in Schweizer Quellen, danach im Obd.), eventuell Übersetzung von lat. *vir honestus*. Ehrenpreis n. m. als Heilpflanze verwendeter Rachenblütler mit kleinen blauen Blüten (15. Jh.), wegen seiner Heilkraft zu *preisen* und zu *ehren* (Marzell 4,1079). ehrenrührig Adj. 'das Ehrgefühl verletzend, beleidigend' (15./16. Jh.); vgl. mnd. *ērenrōrich*; daneben frühnhd. *ehr(en)rührend* (16. Jh.). Ehrenwort n. 'feierliches Versprechen', eigentl. gegen Verpfändung der Ehre (um 1700), davor 'ehrendes Wort, Huldigung, respektvolle Anrede' (16. Jh.), spätmhd. *ērwort* 'höfliche Rede'.

Ei n. aus Schale, Eiweiß und Eigelb bestehendes Hühner-, Vogelei, ahd. (8. Jh.), mhd. asächs. mnl. nl. *ei*, mnd. *ey*, aengl. *ǣg* (engl. *egg* aus dem Anord.), anord. *egg*, schwed. *ägg* führen auf germ. **ajjam* bzw. (wegen des *r*-Plurals im Aengl. und im Hd.) auf **ajjaz*. Der anlautende Vokal kann auf eine schwundstufige Form (ie. *ə*) zurückgehen oder Kürzung des im Germ. zu *ā* gewordenen ie. *ō* sein, das sich in den Formen verwandter Sprachen findet, griech. *ōón* (ᾠόν), lat. *ōvum*, kymr. *wy*, aslaw. *ajьce*, russ. *jajcó* (яйцо). Als Ausgangsformen können für diese Sprachen im wesentlichen ie. **ōu̯i̯om*, daraus gekürztes **ōi̯om*, und wohl auch **ōu̯om* angesetzt werden. Zweifellos besteht eine Verbindung zu ie. **əu̯ei-* (oder **au̯(e)i-* ?), **u̯(e)i-* 'Vogel' in aind. *vḗḥ, vī́ḥ*, lat. *avis* 'Vogel', wahrscheinlich auch griech. *aietós* (αἰετός) 'Adler'. Je nach Beurteilung des Ablautverhältnisses im Rahmen der ie. Wortbildung wäre danach *Ei* ursprünglich 'das zum Vogel Gehörige' oder der Vogel das 'Eiertier'. Anders Schindler in: Die Sprache 15 (1969) 166, der für seinen Ansatz ie. **ō-ə̯u̯i̯-óm* 'Ei', eigentl. 'das beim Vogel Befindliche', von einer präpositionalen Verbindung (mit ie. **ō* 'nahe bei', s. *Ohnmacht*) ausgeht. Schon früh wird 'Vogelei' auf die Eier anderer Tiere (Insekten, Reptilien, Fische) sowie allgemein auf die weibliche Keimzelle übertragen. – Eigelb n. 'Dotter' (18. Jh.) für älteres *Eiergelb*. Eiweiß n. (18. Jh.), frühnhd. *Eierweiß*, ursprünglich 'das Weiße im gekochten Ei', dagegen mhd. *eierklār* 'das Weiße im rohen Ei'; in der Chemie für eine organische Verbindung aus Kohlen-, Wasser-, Sauer-, Stickstoff (19. Jh.). Eierkuchen m. 'in der Pfanne gebackener Teig aus Eiern, Mehl und Milch, Omelett' (nordd.), mhd. *eierkuoche*. Eierstock m. 'weibliche Keimdrüse' (1. Hälfte 16. Jh.) für gleichbed. mlat. *ovarium*. Eiertanz m. 'Tanz mit verbundenen Augen zwischen ausgelegten Eiern' (17. Jh.), heute übertragen 'vorsichtiges, gewundenes Verhalten in heikler Situation'. eiern Vb. 'unregelmäßig rotieren' (20. Jh.).

Eibe f. Nadelbaum oder Strauch mit dunkelgrünen weichen Nadeln und roten beerenähnlichen Samen. Der germ. Name ahd. *īwa* (9. Jh.), *eiba* (Hs. 14. Jh.), mhd. mnd. *īwe*, mnl. nl. *ijf*, aengl. *īw, ēow*, engl. *yew*, anord. *ȳr* ist verwandt mit gleichbed. air. *ēo* sowie lit. *ievà, jievà* 'Faulbaum', russ. *íva* (ива) 'Weide', griech. *ōiē, óē, óa* (οἴη, ὄη, ὄα) 'Vogelbeerbaum', lat. *ūva* 'Traube'. Es handelt sich um Bildungen mit ie. *u̯o-* bzw. *u̯ā-*Suffix zu unterschiedlichen Ablautstufen der Farbwurzel ie. **ei-* 'rötlich, bunt'. Die *Eibe* ist wohl nach ihren roten Beeren benannt; der Übertragung des Namens auf 'Faulbaum' und 'Weide' im Balt. und Slaw. aber liegt die rötlich-braune Farbe des Holzes zugrunde. Im Germ. existieren neben den oben angeführten Formen solche mit Guttural (ie. *k*-Suffix), ahd. *īgo* (10. Jh.), asächs. *īch, īh*, aengl. *ī(o)h, ēoh*.

Eiche f. Der zu den Buchengewächsen gehörende mächtige Laubbaum mit oft buchtig gelappten Blättern, ahd. *eih, eihha* (8. Jh.), mhd. *eich, eiche*, hat schon früh bei den germ. Stämmen große wirtschaftliche und kultische Bedeutung; vgl. die gemeinsame, nur für das Got. nicht bezeugte Benennung asächs. *ēk* f., mnd. *ēk* f. und m., *ēke* f., mnl. *eike, ēke* f. und m., nl. *eik* m., aengl. *āc* f., engl. *oak*, anord. *eik* f., schwed. *ek* f. Dieses germ. **aik-* f. und m. ist wahrscheinlich verwandt mit griech. *aigílōps* (αἰγίλωψ) 'Eiche mit süßen Früchten', vielleicht auch mit griech. *krátaigos, krataigṓn* (κράταιγος, κραταιγών) Baum unbestimmter

Art ('Harteiche'?), so daß eine Wurzel ie. **aig-* 'Eiche' vorausgesetzt werden kann; ob an diese auch lat. *aesculus* 'Bergeiche' (aus **aig-sklos*?) und griech. *aígeiros* (αἴγειρος) 'Schwarzpappel' anzuschließen sind, ist zweifelhaft. – E i c h e l f. Frucht der Eiche, ahd. *eihhila* (9. Jh.), mhd. *eichel*, mnd. *ēkel*, mnl. *eikel*, *ēkel* m.?, nl. *eikel* m. Einer Deutung dieser Ableitung als Deminutivum zum Baumnamen ist kaum zuzustimmen, das *l*-Suffix drückt wohl vielmehr Zugehörigkeit aus (s. auch *Ärmel*). Zwischen *Eichel* und synonym gebrauchtem *Ecker* (s. d.) besteht kein etymologischer Zusammenhang; vgl. jedoch den Versuch gemeinsamer Herleitung durch Annahme eines Vokalwechsels *ai-/a-* bei KUHN in: Zs. f. vgl. Sprachforsch. 71 (1954) 151. e i c h e n Adj. 'aus Eichenholz bestehend', ahd. *eihhīn* (10. Jh.), mhd. *eichīn*, mnd. *ēken*, mnl. *eikijn*, aengl. *ǣcen*.

eichen Vb. 'amtlich auf richtiges Maß oder Gewicht prüfen', mhd. frühnhd. *īchen, eichen*, mnd. *īken* (neben häufigerem *līkenen, līken*), mnl. *īken*, nl. *ijken*. Das erst spät bezeugte Verb ist bereits vor der hd. Lautverschiebung als Fachwort der Weinkultur aus lat. *aequāre* 'gleichmachen, ausgleichen' (von lat. *aequus* 'eben, gleich') entlehnt. Wahrscheinlich über Nordgallien, wo sich auch aus der Zusammensetzung lat. *exaequāre* ein afrz. *essever* 'ausgleichen, eichen' entwickelt, gelangt es zunächst an den Nieder- und Mittelrhein, wandert dann rheinaufwärts und setzt sich schließlich gegenüber landschaftlichen Entsprechungen wie alem. *sinnen* (aus lat. *sīgnāre* 'mit einem Zeichen versehen') und obd. *pfachten, pfächten* (zu mhd. *phahte, phaht* 'Recht, Gesetz, Abgabe', s. *Pacht*) im größten Teil des dt. Sprachgebiets durch; vgl. FRINGS/M. Germania Romana 1 (1966) 156.

Eichhörnchen n. geschickt kletterndes Nagetier mit langem, buschigem Schwanz, ahd. *eihhurno, eihhorno* (11. Jh., daneben wohl *eihhurn, eihhorn*), mhd. *eichorn, eichurne*, asächs. *ēkhorn*, mnd. *ēkeren*, mnl. *eencoren, eecoren*, aengl. *ācweorna, ācwern*, anord. *īkorni*, schwed. *ekorre*. Der zweite Teil des Tiernamens (germ. **aik-, *īkwern-*?) wird im Ahd. durch Umdeutung an das in *Horn* (s. d.) vorliegende Substantiv angeglichen (davon beeinflußt asächs. *ēkhorn*, die Nebenform mnd. *ēkhōrne* sowie nl. *eekhoorn*); er steht ursprünglich offenbar als reduplikationslose Bildung neben lat. *vīverra* 'Frettchen', aruss. *věverica* 'Eichhörnchen, Wiesel, Hermelin', russ. (älter) *véverica* (веверица) 'Hermelin', tschech. *veverka*, lit. *vėverìs* 'Eichhorn', die auf unterschiedlichen Reduplikationsformen von ie. **u̯er-* 'Eichhorn, Iltis, Marder' beruhen. Auch der Anschluß des ersten Wortteils an ie. **aig-* 'Eiche' (s. *Eiche*) ist vielleicht sekundär; zur Erklärung wird häufiger die Wurzel ie. **aig-* 'sich heftig bewegen, schwingen' herangezogen, die für aind. *ḗjati* 'regt sich, bewegt sich', aengl. *ācol* 'erschrocken', anord. *eikinn* 'gewaltsam, wütend, rasend', aslaw. *igrъ*, russ. *igrá* (игра) 'Spiel' vorauszusetzen ist; Benennungsmotiv wäre dann die Flinkheit des Tieres. Im Dt. ist (neben landschaftlichen Bezeichnungen wie *Eichkätzchen, Eichkater, Katteiker*) *Eichhorn* bis ins 19. Jh. allgemein gebräuchlich. Heute herrscht das seit Mitte des 17. Jhs. bezeugte Deminutivum *Eichhörnchen* vor (vgl. schon mnd. *ēkerken*), älteres *Eichhörnlein*, ahd. *eihhurnilī(n)* (11./12. Jh.), mhd. *eichörnel* hat dagegen keine literatursprachliche Geltung mehr. Für die gesamte Familie eichhörnchenähnlicher Nager (*Baum-, Erd-, Flughörnchen*) wird Mitte des 19. Jhs. die Rückbildung *Hörnchen* Plur. als zoologischer Terminus üblich.

Eid m. 'feierliche Beteuerung der Wahrheit einer Aussage'. Ahd. *eid* (8. Jh.), mhd. *eit* 'Eid, Schwur, Gelöbnis', asächs. *ēð*, mnd. *ēt*, mnl. *eet*, nl. *eed*, aengl. *āþ*, engl. *oath*, anord. *eiðr*, schwed. *ed*, got. *aiþs* als gemeingerm. Ausdruck (germ. **aiþa-*) der Rechtssphäre (vgl. langobard. *aidos* Plur. 'Eideshelfer', 7. Jh.) stimmt überein mit air. *ōeth* 'Eid'; hierbei kann es sich um alte Verwandtschaft, aber auch um Entlehnung der germ. Bezeichnung aus dem Kelt. (wie bei anderen Rechtswörtern, s. *Amt, Geisel, Reich*) handeln. Die weitere Herleitung ist unklar. Bei einem Vergleich mit anderen Dentalbildungen zur Wurzel ie. **ei-* 'gehen', z. B. mit aind. *itíḥ* 'Gang, Wandel', *ityā́* 'Gang', lat. *itio* 'Gehen', *iter* 'Weg, Gang, Reise' und vielleicht auch griech. *oítos* (οἶτος) 'Los, Geschick, Schicksal' ist die Bedeutungsentwicklung schwer nachzuvollziehen (vgl. aber schwed. *edgång* 'Eidesleistung'), daher wird auch Zusammenhang mit griech. *aínos, ainē* (αἶνος, αἴνη) 'bedeutsame Rede, Lob', *aínigma* (αἴνιγμα) 'dunkle Rede' und folglich Rückführung auf ie. **ai-, *oi-* 'bedeutsame Rede' erwogen. –

beeidigen Vb. (15. Jh.), auch beeiden (16. Jh.) 'durch Eid bekräftigen' und vereidigen Vb. (15. Jh., verbreitet erst im 19. Jh.), älter auch *vereiden* (mhd. *vereiden*, bis Ende 18. Jh. gebräuchlich) 'eidlich verpflichten' sind Präfixbildungen zum Verb mhd. frühnhd. *eiden, eidigen* (letzteres schweiz. und obd. noch in jüngerer Zeit) 'schwören, eidlich verpflichten, beschwören, Strafe leiden', dem ahd. *gieiden* 'eidlich verpflichten' (10. Jh.) und *eidōn* 'Strafe leiden' (um 1000) vorausgehen. eidlich Adj. 'durch einen Eid bekräftigt' (16. Jh.). eidesstattlich Adj. 'einer beeideten Aussage gleichwertig', namentlich in Fügungen wie *eine eidesstattliche Erklärung, Versicherung* und *etw. eidesstattlich erklären*; junge Zusammenbildung (Mitte 19. Jh.) aus der formelhaften Wendung *an Eides Statt* (mhd. *an eines eides stat*, Anfang 14. Jh.), seit dem Frühnhd. auch in der Schreibung *an Eidesstatt.* Eidgenosse m. 'Mitglied eines Bundes', heute vor allem 'Bürger der Schweiz'; mhd. *eitgenōȥ(e)* 'Verschworener, Verbündeter'.

Eidam m. 'Schwiegersohn' (heute bis auf mundartliche Reste nicht mehr gebräuchlich), ahd. *eidum* (9. Jh.), mhd. *eidem*, auch 'Schwiegervater, Vater der Frau', mnd. *eidom, eidum*, mnl. *eidom*, aengl. *āþum* (germ. **aiþuma-*) ist möglicherweise mit griech. *aĩsa* (αἶσα) 'Anteil, Schicksal', *íssasthai* (ἴσσασθαι) 'Anteil erlangen', awest. *aēta-* 'Strafe, Schuld', eigentl. 'der gebührende Teil', zusammenzustellen, so daß sich eine Ausgangsbedeutung 'wer am Erbe der Tochter teilhat' ergeben kann. Wie *Atem, Odem, Brodem* (s. d.) hat *Eidam* sein auslautendes *-m* beibehalten. Der Vokal *a* der zweiten Silbe entwickelt sich im Frühnhd. aus silbisch gesprochenem *m*.

Eidechse f. Diese nur im Westgerm. nachzuweisende Benennung des in vielen Arten vorkommenden schlanken, vierfüßigen und langschwänzigen Kriechtieres ahd. *egidehsa, ewidehsa* (8. Jh.), mhd. *egedehse, eidehse*, asächs. *egithassa, ewidehsa*, mnd. *ēgedisse*, mnl. *eghedisse* (und *haghetisse* mit Angleichung an mnl. *hāghe* 'Hecke', s. *Hag*, vgl. nl. *hagedis*), aengl. *āþexe* 'Eidechse', engl. (landschaftlich) *ask* 'Molch, Eidechse' ist noch nicht sicher erklärt. Man sieht darin meist eine verdunkelte Zusammensetzung aus germ. **agi-*, **awi-*, das zu aind. *áhiḥ*, griech. *óphis* (ὄφις), *échis* (ἔχις), lat. *anguis* 'Schlange' und damit zu ie. **eg$^{u̯}$hi-*, **og$^{u̯}$hi-* und **eĝhi-*, mit Nasal **ang$^{u̯}$(h)i-* 'Schlange' (Formenvielfalt wird auf Tabuierung und alte Vermischung unterschiedlicher Wurzelformen zurückgeführt) gehören könnte (wozu auch *Egel, Igel, Engerling*, s. d.), und germ. **þahsjō(n)*, erhalten in ahd. *thehsa* 'Axt' (Hs. 12. Jh.), mhd. *dehse* 'Spinnrocken' (zur Gruppe von ie. **tek̑s-*, **tek̑t-*, s. *Dachs*), so daß die Bezeichnung auf Schlangenähnlichkeit und langgestreckte, spindelförmige Gestalt verweisen würde; vgl. russ. *veretenіca* (*веретеница*) 'Spindelschnecke, Blindschleiche', zu russ. *veretenó* (*веретено*) 'Spindel, Achse'.

Eifer m. 'ernsthaftes Bemühen, leidenschaftliches Verfolgen eines Zieles' gehört zu einer im Obd. seit Mitte des 14. Jhs. nachzuweisenden Wortfamilie (am frühesten bezeugt ist *Eiferer* m. 'wer eifersüchtig ist', mhd. *eifrær*), deren etymologische Herleitung unbekannt ist; gewöhnlich wird Zusammenhang mit dem dazu im Ablautverhältnis stehenden Adjektiv ahd. *eibar, eivar* 'scharf, bitter, widerwärtig, heftig' (8. Jh., wovon ahd. *eivar* n. 'Bitteres, Erbitterung', *eivarī* f. 'Bitterkeit, Erbitterung', beide um 1000), aengl. *āfor* 'bitter, herb, heftig' (zu ie. **ăi-* 'brennen, leuchten'?) angenommen; vgl. in jüngerer Zeit noch nsächs. und fachsprachlich *eifer* 'bitter, scharf'. Das Substantiv *Eifer*, zuerst in der 2. Hälfte des 15. Jhs. für 'Eifersucht' (zu *eifern* als postverbale Ableitung?), findet durch Luthers Bibelübersetzung Eingang in die nhd. Literatursprache. Luther verwendet es mit der Bedeutung 'aus Sorge und liebevoller Anteilnahme erwachsende zornige Erregung' zur Wiedergabe von griech.-lat. *zēlus* und begründet diese Entscheidung ausdrücklich. Hieraus geht der heutige Gebrauch hervor, während der ursprüngliche Sinn 'Eifersucht' im 18. Jh. zurücktritt. – eifrig Adj. 'mit Eifer tätig, emsig' (15. Jh., anfangs und vereinzelt bis ins 17. Jh. in der Bedeutung 'eifersüchtig'), im Frühnhd. meist *eiferig* neben Bildungen wie *eiferisch, eifericht.* eifern Vb. 'heftig und mit blinder Leidenschaft für oder gegen etw. sprechen' (frühnhd. 'eifersüchtig sein', Anfang 15. Jh.); im Unterschied zu *Eifer* (s. oben) behält *eifern* seinen tadelnden Beiklang, ebenso das jetzt geläufigere Verb sich ereifern 'in Eifer geraten, sich erregen' (17. Jh.); dagegen folgen die Verben nacheifern 'einem Vorbild gleichzukommen suchen' (16. Jh.) und wetteifern 'jmdn. an Eifer überbieten wollen' (17. Jh., aus *um die Wette eifern*) der semantischen Entwicklung des Substantivs. Eifersucht f. 'Angst vor Zurücksetzung in der Liebe', dann auch allgemeiner 'Streben nach Alleinbesitz, Argwohn'; die Zusammensetzung (zum zweiten Glied s. *Sucht*) tritt im 16. Jh. an die Stelle von *Eifer* nach dessen Bedeutungswandel (s. oben); dazu eifersüchtig Adj. (17. Jh.) für älteres *eifrig* (s. oben).

eigen Adj. 'jmdm. (als Besitz) gehörend', dann 'einer Person oder Sache ausschließlich zukommend, für sie charakteristisch' und daher auch 'von besonderer Art, seltsam', ahd. *eigan* (8. Jh.), mhd. *eigen*, asächs. *ēgan*, mnd. *ēgen*, mnl. *eighen, eighijn*, nl. *eigen*, aengl. *āgen*, engl. *own*, anord. *eiginn*, schwed. *egen* (got. nur *aigin* n. 'Eigentum', s. unten *Eigen*), ursprünglich Part. Prät. eines gemeingerm. Präteritopräsens mit der Bedeutung 'haben, besitzen', ahd. *eigan*, mhd. (vereinzelt) *eigen*, asächs. *ēgan*, aengl. *āgan*, engl. *to own*, anord. *eiga*, schwed. *äga*, got. **aigan* (1. Pers. Sing. *aih* mit gammatischem Wechsel). Diesem Verb zugrundeliegendes germ. **aig-*, **aih-* (s. auch *Fracht*) steht im Ablautverhältnis zu aind. *ī́śē* (wohl einem ursprünglich reduplizierenden Perfekt **i-iś-ai*) 'hat zu eigen, besitzt, beherrscht' und läßt sich mit diesem sowie awest. *aēšā-* 'Vermögen, Können, Habe, Eigentum', toch. B *aik-* 'kennen, wissen' auf eine Wurzel ie. **ēiḱ-* oder **eiḱ-* 'zu eigen haben, vermögen' zurückführen. Absolute Verwendung des partizipialen Adjektivs 'in Besitz befindlich' findet sich (in bezug auf Personen) noch in mhd. *eigen* 'unfrei' (wozu *leibeigen*, s. *Leib*). – Eigen n. 'Eigentum, Grundbesitz', ahd. *eigan* (9. Jh.), mhd. *eigen*. Die gemeingerm. Substantivierung der neutralen Form des Adjektivs ist auch erhalten in Wendungen wie *zu eigen haben, sich zu eigen machen, sein eigen nennen, etw. ist sein eigen*, wo *eigen* jetzt adjektivisch aufgefaßt wird. eigens Adv. 'besonders, ausdrücklich' (17. Jh.), zum Adjektiv *eigen* mit adverbialem *-s* gebildet (bis Mitte 19. Jh. auch *eigends* mit dentalem Gleitlaut). eigentlich Adj. 'ursprünglich, wirklich', als Adverb 'in Wirklichkeit, genaugenommen' und häufig partikelhaft 'denn, überhaupt', mhd. *eigenlich* Adj. 'eigentümlich, eigen, leibeigen, ausdrücklich', *eigenlīche* Adv. 'als Eigentum, ausdrücklich, bestimmt'; Einfügung des Gleitlauts *-t-* (wie z. B. in *öffentlich, ordentlich*, s. d.) vereinzelt schon mhd. und allgemein im Frühnhd. Eigenheit f. 'auffällige Besonderheit', mhd. *eigenheit* 'Eigenschaft, Eigentümlichkeit', frühnhd. selten, in pietistischen Schriften des 17./18. Jhs. als 'Ichbezogenheit, auf die eigene Person gerichteter Sinn' abgelehnt, seit Ende des 18. Jhs. verbreiteter, bes. im Sinne von 'Originalität'. Eigenschaft f. 'charakteristisches Merkmal, Wesenszug', ahd. *eiganscaft* (Hs. 12. Jh.), mhd. *eigenschaft* 'Eigentum, Eigentümlichkeit', mhd. auch 'Leibeigenschaft'; alle diese Bedeutungen noch frühnhd., daneben entsteht aus 'Eigentümlichkeit' vom Mhd. an der heutige Sinn; dazu Eigenschaftswort n. als Verdeutschung für *Adjektiv* (s. d.) von Adelung (1781) eingeführt (statt *Beiwort*, Gueintz 1641, Gottsched 1730). Eigentum n. 'was jmdm. gehört', juristisch (im Unterschied zu *Besitz*, s. d.) 'was jmds. rechtlicher Verfügungsgewalt unterliegt', mhd. *eigentuom* 'Eigentum, Besitz'; dazu Eigentümer m. 'wer rechtmäßig über etw. verfügen kann' (15. Jh.) und eigentümlich Adj. 'für eine Person oder Sache charakteristisch', auch 'seltsam, merkwürdig' (16. Jh., zuvor, seit 15. Jh.) 'jmdm. als Besitz gehörend'. Eigenbrötler m., auch *Eigenbrödler* 'Sonderling, Einzelgänger', literatursprachlich seit dem ersten Viertel des 19. Jhs., zuvor im Alem. 'einen selbständigen Haushalt führender Junggeselle' (ursprünglich 'wer selbst sein Brot bäckt', vgl. mhd. *eigen brōt* 'eigenes Hauswesen' und frühnhd. *einbrodig* 'sein eigenes Brot, seinen eigenen Herd habend', 15. Jh.). Eigenname m. Benennung eines Individuums, bes. 'Personenname'; als Kompositum zuerst im 16. Jh. bezeugt (für lat. *nōmen proprium*, s. auch *Name*). eigensinnig Adj. 'auf der eigenen Meinung beharrend, starrköpfig', spätmhd. *eigensinnec* 'aus eigenem Entschluß, freiwillig'; wohl daraus rückgebildet ist Eigensinn m. 'Starrköpfigkeit' (vereinzelt vom 16. Jh. an neben der Fügung *eigen Sinn*, verbreitet seit Anfang 18. Jh.).

eignen Vb. mit Dat. 'einer Person oder Sache zugehörig sein', heute meist refl. 'passend, tauglich sein', ahd. *eiganen* 'für sich beanspruchen' (9. Jh., daneben ahd. *gieiganōn* 'sich aneignen', 11. Jh.), mhd. *eigenen* 'zu eigen machen, aneignen', mnd. *ēgenen* 'zu eigen geben, zukommen', mnl. *eigenen* 'zu eigen geben, machen', aengl. *āgnian* 'zu eigen machen, besitzen, beanspruchen', anord. *eigna* 'sich aneignen, erwerben', schwed. *ägna* 'widmen, geziemen, sich eignen', got. *gaaiginōn* 'in Beschlag nehmen, übervorteilen' gehören als Ableitungen zu dem unter *eigen* (s. d.) behandelten Adjektiv. Neben der im Frühnhd. noch geläufigen Bedeutung 'etw. zu eigen machen, geben', die auch verdeutlichenden Präfixbildungen wie mhd. *vereigenen*, nhd. *zueignen, enteignen* (beide 15. Jh.), *aneignen* (16. Jh.) zugrunde liegt, entwickelt sich im 16. Jh. eine jüngere Verwendung 'jmdm. zugehörig sein', oft im Sinne von 'für jmdn., etw. charakteristisch sein'. Daran schließt sich die Bedeutung 'jmdm. zustehen, gebühren, angemessen sein' (ebenfalls 16. Jh.) an, die es ermöglicht, seit Ende des 18. Jhs. *sich eignen* 'passend, tauglich sein' als Ersatzwort für bis dahin übliches *sich qualifizieren* (s. d.) sowie das Part.adj. *geeignet* 'passend, tauglich' statt *qualifiziert* zu gebrauchen. – Eigner m. 'Eigentümer', mnd. gleichbed. *ēgenēre, ēgener*, hd. seit dem 17. Jh.; jetzt nur noch 'Eigentümer eines Schiffes'. Eignung f. 'Tauglichkeit, Befähigung' (Anfang 19. Jh.), zuvor 'Übereignung' (mhd. *eigenunge*, 14. Jh.), 'Aneignung' (17. Jh.), auch 'Widmung' (Anfang 19. Jh.).

Eiland n. 'Insel'. Das unter *Aue* (s. d.) dargestellte germ. **awjō* 'Aue, Insel' wird vielfach durch Zusammensetzung verdeutlicht, so in mnd. *ōlant*, afries. *eiland*, aengl. (angl.) *ēgland*, (westsächs.) *īegland, īgland* (woraus engl. *island* unter Einfluß von afrz. *isle*, lat. *īnsula*), anord. *eyland*, aschwed. *öland* (zum zweiten Kompositionsglied s. *Land*). Auf der afries. Bildung, deren erstes Glied *ei-* in selbständiger Verwendung nicht nachweisbar ist (vgl. aber den Namen der ostfries. Insel *Norderney*), beruhen die Entlehnungen mnl. nl. *eiland*, mnd. *eylant, eiglant, einlant* und wahrscheinlich mhd. *einlant*, selten (13./14. Jh.) *eilant* 'Insel'; die Form mnd. mhd. *einlant* zeigt nachträgliche Umdeutung zu 'alleinliegendes Land', falls man in ihr nicht sogar eine abweichende, im Hd. entstandene Wortschöpfung dieses Sinnes zu sehen hat (vgl. mhd. *eine, ein* Adj. Adv. 'allein, abgesondert', s. *ein* Num.). Seit dem 16. Jh. allgemein verbreitetes *Eiland* (Plur. *Eilande* und daneben bis ins 19. Jh. *Eiländer*) wäre also zunächst ein aus dem nd.-nl. Bereich übernommener seemännischer Ausdruck in Reisebeschreibungen; Ende des 18. Jhs. gewinnt es in der Belletristik große Beliebtheit und bleibt bis in die Gegenwart in poetischer Sprache Synonym für *Insel* (s. d.).

eilen Vb. 'sich rasch fortbewegen, hasten'. Das nur im Dt. und Nl. vorkommende Verb ahd. (um 800), mhd. *īlen*, asächs. *īlian* 'bestrebt sein, sich bemühen, sich beeilen', mnd. mnl. *īlen*, nl. *ijlen* ist wahrscheinlich eine Intensivbildung zur Wurzel ie. **ei-* 'gehen', zu der aind. *éti* 'geht', griech. *iénai* (*ἰέναι*), lat. *īre*, lit. *eĩti*, aslaw. *iti*, russ. *idtí, ittí* (*идти, итти*) 'gehen' und letztlich auch got. *iddja* 'ich ging' gehören. – Eile f. 'Hast, Bestreben, etw. schnell zu erledigen', ahd. *īla* (9. Jh.), mhd. *īle* 'Eifer, Eile'. eilends Adv. 'schnell, in Eile' (15. Jh.), erstarrter, adverbiell gebrauchter Genitiv des Part.adj. *eilende*, mhd. *īlend* 'eilend'; vgl. ahd. *īlento* Adv. (um 800). Eilbote m. (2. Hälfte 17. Jh.) für gleichbed., dem Frz. entlehntes *Courier* (s. *Kurier*); bei Adelung (1774) noch *eilender Bote*; vgl. bereits ahd. *īlaboto* (Hs. 13. Jh.). Eilbrief m. (1803), von Jahn (1835) für *Expreßbrief* vorgeschlagen, 1875 amtlich festgesetzt. Eilzug m. Mitte des 19. Jhs. im Sinne von 'Schnellzug'; etwa 1930 wird amtlich festgelegt 'nur an wichtigen Stationen haltender schneller Personenzug'.

Eimer m. 'an einem Henkel zu tragender Kübel'. Das aus der Ableitung ahd. *ampri* (9. Jh.) zu erschließende ahd. **ambar* sowie aengl. *amber* sind Entlehnungen aus lat. *ampora* 'Tongefäß mit zwei Henkeln' (Nebenform von lat. *amphora*; zur Herkunft s. *Ampel*). Nach Übertragung der Bezeichnung auf einen Kübel mit nur einem Henkel wird das Wort volksetymologisch an das Zahlwort ahd. *ein* und das Verb ahd. *beran* 'tragen' (s. *ein* Num. und *gebären*) angelehnt, so daß die Formen ahd. *eimbar, einber*, mhd. *einber*, asächs. *ēmbar* und mit Assimilation ahd. *eimmer* (Hs. 12. Jh.), mnd. mnl. nl. *emmer* entstehen; Vereinfachung der Doppelkonsonanz ergibt mhd. *eimer*, nhd. *Eimer*. Für ein großes zweihenkliges Gefäß gilt ursprünglich *Zuber* (s. d.). Die Wendung *im Eimer sein* 'verloren, verdorben, vorbei sein' meint eigentl. 'im Müll-, Abfalleimer sein'.

ein Num. Das gemeingerm. Zahlwort ahd. (8. Jh.), mhd. *ein*, asächs. mnd. *ēn*, aengl. *ān*, engl. *one*, mnl. nl. *een*, anord. *einn*, got. *ains* (germ. **aina-*) führt mit Wörtern anderer ie. Sprachen wie lat. *ūnus* (alat. *oinos*), griech. *oĩnē, oinós* (*οἴνη, οἰνός*) 'Eins auf dem Würfel', air. *ōen* auf ie. **oinos* 'eins', eine Bildung zum Pronominalstamm ie. **ei-, *i-* 'der, er' (s. *er*). Das Zahlwort wird bereits in ahd. Zeit auch als Indefinitpronomen 'irgendein' gebraucht, aus dem sich die Verwendung als unbestimmter Artikel entwickelt. Vom Zahlbegriff her wird ahd. mhd. *ein* (im Mhd. oft verstärkt *al ein*) zum Ausdruck der Einheit, Gemeinsamkeit, Übereinstimmung; so begegnet es auch in den Fügungen ahd. mhd. *ein sīn* 'einig, gleichen Sinnes sein', ahd. *ein werdan*, mhd. *ein werden* 'sich einigen', seit dem 15. Jh. *eins sein, werden* (wohl mit Genitiv-*s*, vgl. mnd. *ēn sīn, ēn(s) werden*, mnl. *eens sijn, werden*); dazu als Gegenbildung nhd. *uneins sein, werden* (15. Jh., vgl. mnd. *unēns*, mnl. *oneens* 'uneinig'). Ferner kennzeichnet ahd. mhd. *ein* auch Singularität, namentlich in der schwachen Form ahd. *eino*, mhd. *eine* 'allein, abgesondert, als einziger' (vorwiegend prädikativ, in adverbiellem Gebrauch ahd. *ein*, mhd. *eine, ein* 'nur'), im Mhd. häufig verstärkt durch *al*, woraus mhd. *alein(e)* (s. *allein*). Zur Bezeichnung des Zahlenwertes innerhalb der Zahlenreihe wird im Nhd. e i n s Num. üblich, das ein stark flektiertes Neutrum mhd. *ein(e)ʒ* fortsetzt; vorher steht in solchen Fällen endungsloses ahd. mhd. *ein*, im Mhd. vereinzelt schon *ein(e)ʒ*; dazu die Substantivierung E i n s f. als Bezeichnung der Ziffer (18. Jh.), dann als Zensur, Straßenbahnlinie u. ä.

ein Adv. Ahd. mhd. *īn* 'ein, hinein, herein', gedehnt aus älterem *in*, verwandt mit der Präp. *in* (s. d.). *ein* erscheint in trennbaren Zusammensetzungen mit Verben, die eine Richtung (*einsteigen, einbiegen*), Zerstörung (*einreißen, einschlagen*), Veränderung eines Zustandes (*einfärben, einschlafen*) oder Eindringlichkeit, Wiederholung einer Handlung (*einreden*) bezeichnen, auch im Sinne von 'rund um etw. herum' (*einkesseln, einrahmen*). Es begegnet in zusammengerückten Ortsadverbien wie *herein, hinein, darein, landein, querfeldein* und Zeitadverbien wie *jahrein (jahraus), tagein (tagaus)*. Selbständig steht *ein* als Glied des Wortpaares *ein und/noch aus* oder *aus und/noch ein*, mhd. *ūʒ und/noch īn* (*bei jmdm. ein und aus gehen* 'verkehren'; *nicht aus noch ein wissen* 'völlig ratlos sein'). In einigen Fällen tritt *ein* anstelle eines älteren mhd. *in* wie in *eingedenk, Eingeweide, Einwohner.*

einander Pron., das bei Verben ein reziprokes Verhältnis ausdrückt, 'einer den bzw. dem anderen, wechsel-, gegenseitig', ahd. (seit dem 11. Jh.), mhd. *einander.* Die unter Verzicht auf Flexionskennzeichen aus den Formen von *ein* Num. und *ander* (s. d.) zusammengewachsene erstarrte Bildung steht sowohl für den Dat. wie für den Akk. In den älteren Sprachstufen finden sich noch Beispiele mit flektiertem zweiten Glied (ahd. *einandremo*, 9. Jh., *einanderēn*, um 1000, mhd. *einandern*) und mit Flexion beider Glieder (ahd. *einēn anderēn*, um 1000, *einero andero*, 11. Jh.). Ursprünglich den zweiten Bestandteil regierende Präpositionen (ahd. *ein zi, after, widar anderemo*) können schon im Ahd. vor die ganze Wortfügung treten und werden im Nhd. mit dieser verbunden, vgl. *auf-, mit-, zueinander.*

Einbahnstraße f. 'Verkehrsstraße, die nur in einer Richtung befahren werden darf', nach voraufgehendem engl. *one-way street* (20er Jahre 20. Jh.).

Einbaum m. 'Boot aus einem ausgehöhlten Baumstamm', um 1800 aus dem Obd. (für Einbäume auf bair. und schweiz. Seen) ins Hd. übernommen. Aber schon den Nordseegermanen ist (nach dem Zeugnis antiker Schriftsteller) die Sache bekannt, vgl. ahd. *einboumīg scif* (Hs. 11./12. Jh.) für lat. *monoxila*, das hier wohl Äquivalent für griech. *monóxyla* (*μονόξυλα*) 'Schiffe' ist, den substantivierten Plural des Neutrums von griech. *monóxylos* (*μονόξυλος*), lat. *monoxylus* 'aus einem Holz, einem Stamme bestehend', aengl. *ānbȳme scip*, mnd. *ēnbōmenschip*; vgl. auch anord. *eikja* 'Einbaum, kielloses Boot', eigentl. 'ausgehöhlter Eichenbaum', zu anord. *eik* 'Eiche'.

Einblick m. 'Blick in etw. hinein, Einsicht, Eindruck', mhd. *īnblic*, bei den Mystikern im Sinne von lat. *intuitus* 'das Hinblicken, das Ansehen', seither bes. von geistigem Erfassen.

einen Vb. 'zu einer Einheit verbinden, einig

machen', heute dafür meist *einigen* (s. d.), ahd. *einōn* '(sich) vereinen, verbinden' (9. Jh.), mhd. *einen*, vgl. asächs. *giēnon* 'einigen', got. *gaainan* 'vereinzeln, trennen'; zu *ein* Num. (s. d.). S. auch *vereinen*.

einfach Adj. 'einmalig, schlicht, bescheiden, ohne Mühe', Anfang des 15. Jhs. gebildet analog älterem mhd. *zwivach, viervach, manecvach* (s. *-fach, mannigfach*). Vom 16. Jh. an verdrängt *einfach* im Sinne von 'einmalig, nur einmal gemacht, nicht doppelt oder mehrmals vorhanden' das ältere, ursprünglich gleichbed. *einfalt, einfältig* (s. d.); daneben entwickelt es bereits im 16. Jh. die Bedeutung 'schlicht, bescheiden, ungekünstelt' und steht später auch für 'unkompliziert, leicht zu begreifen, mühelos zu machen', in partikelhaftem adverbiellem Gebrauch semantisch abgeschwächt zu 'ganz offensichtlich, ganz ohne Umschweife'. – E i n f a c h h e i t f. 'Schlichtheit, Unkompliziertheit, Leichtigkeit' (Anfang 18. Jh.). v e r e i n f a c h e n Vb. 'einfacher machen' (Goethe 1775).

Einfalt f. 'Arglosigkeit, gutmütige Beschränktheit, Schlichtheit', ahd. *einfaltī* (8. Jh.), mhd. *einvalt(e), einvelte*, mnd. *ēnvōlt* 'Einfachheit, Einfalt', got. *ainfalþei* 'Einfalt' sind Abstrakta zum Adjektiv ahd. *einfalt* 'einfach, aufrichtig, rechtschaffen' (8. Jh.), mhd. *einvalt*, frühnhd. *einfalt*, asächs. *ēnfald*, mnd. *ēnvōlt*, aengl. *ānfeald*, anord. *einfaldr*, got. *ainfalþs*, das im Dt. allmählich ersetzt wird durch die jüngere Weiterbildung e i n f ä l t i g Adj. 'arglos, beschränkt, töricht', ahd. *einfaltīg* (11. Jh.), mhd. *einvaltec, einveltic*. Die Bedeutungsentwicklung beider Adjektive (der auch das Substantiv folgt) führt von 'einfach' (im Gegensatz zu *doppelt, vielfältig*) zu 'schlicht, arglos'. Der sich aus der Vorstellung 'einfach, arglos, leichtgläubig' ergebende geringschätzige Sinn 'töricht, dumm', gelegentlich schon mhd., ist heute vorherrschend. Zur Etymologie des zweiten Kompositionsgliedes s. *falten, -falt*. – E i n f a l t s p i n s e l m. 'beschränkter, törichter Mensch' (1732), bald darauf in der Studentensprache geläufig (s. ^{2}*Pinsel*).

Einfluß m. 'Einwirkung, Geltung'. Das in der Mystik aufkommende mhd. *īnvluȥ* wird neuerdings als Übersetzung von mlat. *influentia* (zu lat. *īnfluere* 'hineinfließen, -strömen') angesehen, vgl. Heisig in: PBB (T) 86 (1964) 338ff. Der Ausdruck bezeichnet nach der Mystik Bernhards von Clairvaux 'das durch göttliche Gnade bewirkte Einströmen des Heiligen Geistes in eine sich ihm bereitwillig öffnende Seele'. Dieser metaphysische Gehalt wird später aufgegeben, doch bleibt der vorwiegend übertragene Sinn erhalten. Zur Etymologie s. *fließen*. Der gelegentlich verwendete konkrete Gebrauch 'das Hineinfließen, Einmünden' folgt dem Verb *einfließen* und datiert aus neuerer Zeit.

Eingeweide n., meist Plur. 'alle inneren Organe der Bauch- und Brusthöhle'. Das Wort kommt nur im Dt. vor, mhd. frühnhd. *ingeweide*, verdeutlichend neben mhd. *geweide*; nhd. *Geweide* vereinzelt noch bis in die neuere Zeit, bei Luther stets *Eingeweide*. Allgemein wird Herkunft aus der Jägersprache angenommen, da die Innereien des erlegten Wildes den Hunden zum Fraß vorgeworfen werden. Verwandtschaft mit ^{2}*Weide* 'Futter, Weideplatz' (s. d.) ist daher möglich. Doch begegnet bereits mhd. *ingeweide* auch für die inneren Organe des Menschen. Vielleicht ist *Eingeweide* besser als 'das Gewundene, das Geschlinge' aufzufassen, mit ^{1}*Weide* 'Weidenbaum' (s. d.) zu verbinden und mit lat. *vīscera* Plur. 'Eingeweide' an die Wurzel ie. **u̯ei-* 'drehen, biegen, winden' anzuschließen. Vgl. Fowkes in: JEGP 52 (1953) 96ff. und Pokorny 1, 1122. – a u s w e i d e n Vb. 'die Eingeweide eines erlegten Tieres herausnehmen', spätmhd. *ūȥweiden* bzw. gleichbed. mhd. *weiden*. w e i d w u n d Adj. 'krankgeschossen, im Eingeweide verletzt' (15. bis 18. Jh. vom Menschen, seit Anfang 18. Jh. vom Wild).

einheimsen Vb. 'eifrig an sich nehmen, (als Ernte) einbringen'. In dem mit *ein* Adv. gebildeten und seit dem 16. Jh. belegten Präfixverb setzt sich spätmhd. *heimsen* 'heimbringen, an sich nehmen' (vereinzelt bis ins 19. Jh.) fort (s. *Heim*).

Einheit f. 'Geschlossenheit, Verbundenheit, Unteilbarkeit, Ganzheit', zufrühst im 15. Jh. als Übersetzung von gleichbed. lat. *ūnitās* bezeugt, erlangt jedoch erst durch die philosophische Sprache im 17./18. Jh. größere Verbreitung. Von Mitte des 18. Jhs. an wird *Einheit* Bezeichnung einer 'bestimmten Größe als Rechnungsprinzip', eines 'Grundmaßes', und gilt schließlich auch für 'Truppenverband' (19. Jh.). – e i n h e i t l i c h

Adj. 'gleichmäßig, eine Einheit bildend, zusammenhängend' (Anfang 17. Jh.).

einhellig Adj. 'einstimmig, einmütig', mhd. *einhellec* 'übereinstimmend' ist eine Weiterbildung von gleichbed. mhd. *einhel*, ahd. *einhel* (oder *einhelli*?) 'harmonisch zusammenklingend' (um 1000), dem die Fügung ahd. *in ein hellan*, mhd. *enein hellen* 'übereinstimmen', eigentl. 'in eines (zusammen)klingen', aus *ein* Num. (s. d.) und dem im Nhd. untergegangenen Verb ahd. *hellan*, mhd. *hellen* '(er)tönen, hallen' (s. *Hall*), zugrunde liegt. S. auch *mißhellig*.

Einhorn n. pferdeähnliches Fabeltier mit einem spitzen Horn auf der Stirn, ahd. *einhurn(o), einhorn(o)* 'Nashorn, Einhorn' (9. Jh.), mhd. *einhürne, einhurne, einhorn*, asächs. *ēnhorn*, mnd. *ēnhorn*, aengl. *ānhyrne, ānhorn(a)* sind Übersetzungen von lat. *ūnicornis* und griech. *monókerōs* (*μονόκερως*) 'einhörnig', substantiviert 'Rhinozeros'. Die Vorstellung des einhörnigen Fabeltieres ist weit verbreitet und reicht bis in die Antike zurück; sie wird im Mittelalter bes. durch den „Physiologus", eine Sammlung altchristlicher Tiersymbolik, allgemein verbreitet.

einig Adj. 'eines Sinnes seiend, einmütig'. Als Adjektivableitung zu dem unter *ein* (s. d.) behandelten Numerale begegnen ahd. *einag, einīg* (8. bzw. 9. Jh.), mhd. *einec, einic*, asächs. *ēnag*, mnd. *ēnich*, aengl. *ānga*, anord. *einga*, mit grammatischem Wechsel got. *ainaha* (vgl. auch die verwandte Bildung lat. *ūnicus* 'einzig'). Die frühe Bedeutung 'nur einmal vorhanden, einzig' (gemeingerm., in den älteren dt. Sprachstufen auch 'allein') geht im 16. Jh. auf *einzig* (s. d.) über, während *einig* seitdem für 'übereinstimmend, eines Sinnes' gebräuchlich wird. Der Bedeutungswandel des dt. Adjektivs folgt der Entwicklung, die sich zuvor schon bei den unter *einigen* und *Einigkeit* (s. unten) genannten Formen vollzogen hat. – einigen Vb. 'einig machen', refl. 'sich einig werden, übereinkommen', ahd. *gieinīgen* (11. Jh.), mhd. *einegen, einigen*, mnd. *ēnigen* 'vereinigen'. Einigkeit f. 'Eintracht, Einmütigkeit', ahd. *einīgheit* 'Einheit' (10. Jh.), mhd. *einecheit* 'Einheit, Einzigkeit, Einsamkeit, Einigkeit', mnd. *ēnichēt*. vereinigen Vb. 'verbinden, zusammenschließen, in Übereinstimmung bringen', mhd. *vereinigen*; Vereinigung f. 'das Vereinigen, Verbindung, Zusammenschluß' (15. Jh.). handelseinig Adj. 'einig bei einem abzuschließenden Geschäft' (Mitte 19. Jh.), älter *(des) Handels einig*.

einig Indef.pron. (Sing.) 'ein wenig, etwas, nicht sehr viel' (*einiges Geld, einige Zeit, in einiger Entfernung*), (Plur.) 'wenige' (*einige Kinder, Häuser*), (vor Kardinalzahlen) 'etw. über' (*einige dreißig Jahre alt*), (Sing. und Plur.) 'beträchtlich, ziemlich viel' (*einiges Aufsehen erregen, das hat einige Umstände erfordert*). Ahd. *einīg* (8. Jh.), mhd. *einic*, asächs. *ēnig*, mnd. *ēnich*, aengl. *ǣnig* 'irgendein' sind aus dem Zahlwort (s. *ein* Num.) abgeleitet. Die im Nhd. übliche Bedeutung entwickelt sich um 1600, älteres *etlich* (s. d.) zurückdrängend. – einigermaßen Adv. 'in gewissem Maße, Grade, ziemlich, erträglich, ungefähr', anfangs (17. Jh.) in genitivischer Fügung *einiger Maßen* (s. *Maß*).

einmal Adv. 'ein einziges Mal, einst, später', im 16. Jh. zusammengerückt aus dem Akk. *ein Mal* (s. *ein* Num. und *-mal*, [1]*Mal*). Voraus gehen präpositionale und genitivische Fügungen wie ahd. *zi einemo, zeinemo māle* 'zu einem Zeitpunkt, einmal', mhd. *ze einem, zeinem māle, eines māles* 'einmal, mit einemmal'. *einmal* wird durchgehend sowohl als Wiederholungszahlwort wie auch als temporales Adverb verwendet. Mit Präpositionen oder anderen Adverbien geht es feste Verbindungen ein, die neue Bedeutungen entwikkeln, so z. B. *auf einmal* 'gleichzeitig, plötzlich', *mit einmal* 'unversehens', *noch einmal* 'zum zweitenmal'; in abgeschwächter Bedeutung steht es nach Adverbien wie *nun* und *erst*. – Einmaleins n. Reihe der Vervielfältigungszahlen von 1 bis 20, die sich durch Multiplikation mit den Zahlen von 1 bis 10 ergeben; *kleines Einmaleins* (1 bis 10), *großes Einmaleins* (11 bis 20); Substantivierung der Fügung *ein mal eins* (15. Jh.), frühnhd. öfters auch *Einmalein*. einmalig Adj. 'unwiederholbar, einzigartig' (17. Jh.).

Einöde f. 'einsame, verlassene Gegend'. Ahd. *einōti* n. und *einōtī* f. 'einsame Gegend, Wüste, Einsamkeit' (8. Jh.), mhd. *einœte, einœde, einōte* f. n., asächs. *ēnōdi*, mnd. *ēnōde* f., mnl. *eenode*, aengl. *ānad, ānæd* n. ist mit dem nur im Westgerm. nachweisbaren Suffix germ. *-ōðja-*, ahd. *-ōti* (s. *Armut, Heimat, Kleinod*) zu ahd. *ein* 'allein, einsam' (s. *ein* Num.) gebildet. In mhd. *einœde* wird das

Suffix volksetymologisch als Substantiv *œde* (nhd. *Öde*, s. d.) gedeutet und das Wort als Zusammensetzung empfunden.

einsam Adj. 'allein, verlassen, öde', älter auch 'einig, einträchtig, einzeln'. Die Bildung zu ahd. mhd. *ein* (in mehreren seiner Verwendungen, s. *ein* Num.) mit dem Suffix *-sam* (s. d.) nach dem Vorbild von *gemeinsam* (s. d.) ist um 1400 bereits in der adverbiellen Form *einsamlīche*, dann in Glossaren des 15. Jhs. vereinzelt nachzuweisen, findet sich aber häufig bei Luther, mit dessen Bibelübersetzung sie in der heute üblichen Bedeutung schnell durchdringt; vgl. schon ahd. *einsamana* 'Einheit, Einigkeit' (11. Jh.), *einsamōn* 'vereinigen' (Hs. 12. Jh.). – Einsamkeit f. 'Einsamsein, verlassene Gegend', frühnhd. (15. Jh.) für lat. *sōlitūdo*.

einsehen Vb. 'in etw. (hinein)sehen, Einblick nehmen, erkennen, verstehen', mhd. *īnsehen* (um 1300) ist Übersetzung von lat. *īnspicere*; bei Eckhart und Tauler substantiviert, im geistlichen Sinne 'in etw. (Verborgenes) hineinschauen'. Seit dem 18. Jh. allgemein für 'erkennen (und zugeben)', insbes. *seine Fehler, seinen Irrtum einsehen*. Frühnhd. verbreitet ist die Verwendung 'einschreiten, strafen', vgl. (bei Aufruhr gebührt) *welltlicher oberkeyt eynzusehen* (Luther 1525); auch die Wendungen *ein Einsehen tun, haben* werden vom 16. bis 18. Jh. in diesem Sinne gebraucht. – Einsicht f. 'das Einsehen, Einblick, Erkenntnis, Vernunft', Ableitung von *einsehen*. Seit Anfang des 18. Jhs. gebräuchlich *Einsicht in ein Buch, in einen Zusammenhang*; Plural *Einsichten* ('Erkenntnisse') *gewinnen*. einsichtig Adj. 'verständnisvoll, leicht einzusehen, verständlich'; vor Adelung (1774), der es als umgangssprachlich bezeichnet, nur vereinzelt.

Einsiedler m. 'Eremit, einsam, isoliert Lebender', spätmhd. *einsideler*, Weiterbildung zu *Einsiedel* (s. unten; vgl. mnd. *ēnsēdelēr*). Im 16./17. Jh. verdeutlichend neben vorherrschendem *Einsiedel* aufkommend, seit dem 18. Jh. fast allein gebräuchlich. – Einsiedel m. 'Klausner, Eremit', ahd. *einsidilo* (8. Jh.), mhd. *einsidele, einsidel* (vgl. asächs. *ēnsetlio* 'Siedler', mnd. *ēnsēdel* 'Eremit'). Die ahd. Form ist (unter Einfluß von griech.-lat. *monachus*, s. *Mönch*) eine Zusammensetzung aus *ein* 'allein' (s. *ein* Num.) und *sidilo* 'Bewohner, Einwohner' oder eine Bildung unmittelbar zu ahd. *sedal* 'Sitz' (s. *siedeln*). *Einsiedel* steht häufig neben *Waldbruder* und ist gebräuchlich bis ins 17. Jh., doch vereinzelt noch im 20. Jh. bezeugt. Einsiedelei f. 'Klause eines Eremiten', zu *Einsiedel* gebildet (17. Jh.).

einst Adv. 'ehemals, früher, künftig, in (ferner) Zukunft', ahd. *eines* (9. Jh.), *einēst* (um 1000) 'einmal, eines Tages', mhd. *eines, eins, einest, einst* 'einmal, irgendeinmal, einst', asächs. *ēnes* 'einmal', mnd. *ēnes, ēns*, mnl. *eens*, aengl. *ǣnes*, engl. *once* '(irgend)einmal'. Genitivadverb zu *ein* Num. (s. d.); im Hd. mit *t*-Erweiterung (zuerst bei Notker); aber noch bei Luther *eines* neben häufigerem *einest, einst*, jedoch überwiegend im Sinne von 'einmal'. Die Verwendungen 'ehemals' und 'künftig' sind seit dem Mhd. nachzuweisen und setzen sich literatursprachlich im 17./18. Jh. durch. Neben *eines* und *einst* sind die erweiterten Formen *einsten* (14. bis 19. Jh.) und *einstens* (17. bis 20. Jh.) weithin sprachüblich. – einstig Adj. 'ehemalig, früher', Adjektivableitung von *einst*; nur attributiv gebraucht, im 18. und 19. Jh. im Sinne von 'künftig', seit der Mitte des 19. Jhs. auf Vergangenes bezogen.

Eintagsfliege f. zarthäutiges, nach langem Larvenstadium nur einen oder wenige Tage als Vollkerf lebendes Flügelinsekt. Die seit der Antike übliche Bezeichnung für die kurzlebige Fliege griech. *ephḗmeron (zṓon)* (*ἐφήμερον ζῷον*) 'nur einen Tag lebendes Wesen' wird in der 2. Hälfte des 18. Jhs. mit *Eintagsfliege* (neben älterem *Uferaas*) wiedergegeben. Oken (1815) schlägt für diese Insekten den seither fachsprachlich gültigen Namen *Hafte* Plur. vor (s. *Haft*), da die abgestreiften Hüllen der letzten Häutung an Uferpflanzen haften bleiben.

Eintracht f. 'Übereinstimmung (im Denken und in der Gesinnung), Einmütigkeit, Einigkeit, Verträglichkeit'. Im 14. Jh. in der Rechtssprache auftretendes mnd. *ēndracht* und mhd. (nur md.) *eintraht* 'Übereinkunft, Absprache, Vertrag' ist abgeleitet von mnd. *(over)ēndrāgen, (over)ēndrēgen*, älter *över ēn, in ēn drāgen* (mhd. *über ein tragen*) 'übereinkommen, -stimmen, sich vertragen, beschließen, vereinbaren'; vgl. frühnhd. *übereintragen*, nl. *overeendragen*; s. *ein* Num. und *tragen*. *Eintracht* dringt erst im 16./17. Jh. (wesentlich später als *einträchtig* und *Einträchtig-*

keit, s. unten) vom nd.-md. Sprachgebiet ins Obd. vor. – e i n t r ä c h t i g Adj. 'einmütig, friedlich', mnd. *ēndrachtich, ēndrechtich*, mhd. (nur md.) *eintrehtec* (13. Jh.), seit dem 15. Jh. auch obd.; etwa gleich alt ist die Bildung mit Doppelsuffix e i n t r ä c h t i g l i c h Adv., mnd. *ēndrachtichlīk*, spätmhd. *eintrehteclīche*. E i n t r ä c h t i g k e i t f., mnd. *ēndrachtichēt, ēndrechtichēt*, mhd. *eintrehtecheit* (14. Jh.), im 15. Jh. ins Obd. vordringend. Z w i e t r a c h t f. 'Uneinigkeit, Zwist', mnd. *twēdracht, twīdracht*, mhd. *zwitraht* (um 1300), abgeleitet von mnd. *twēdrāgen, twēdrēgen, entwey drāgen, drēgen*, mhd. *enzweitragen* 'uneins sein, sich entzweien'; wie *Eintracht* vom Nd.-Md. ausgehend, jedoch früher auf das Obd. übergreifend. Geläufig in der Verbindung *Zwietracht säen* 'Unfrieden stiften', die lat. *discordiās serere* folgt. z w i e t r ä c h t i g Adj. 'uneinig', mnd. *twēdrachtich*, mhd. *zwitrehtic* (14. Jh.). Die ganze Wortgruppe wird vom heutigen Sprachgefühl aus zu *trachten* (s. d.) gestellt.

einzeln Adj. 'einer für sich allein, gesondert', mhd. frühnhd. *einzel*. Das Adjektiv gehört als Ableitung zu gleichbed. ahd. *einezzi*, mhd. *einez, einz* (oder *einetze, einze*, s. *einzig*). Bereits bei Luther begegnet neben flektierten Formen von frühnhd. *einzel* ein flexionsloses *einzelen*. Seit dem 18. Jh. wird auslautendes *-n* im Nominativ weithin üblich. Dieses entstammt wohl dem (formal einen Dat. Plur. darstellenden) Adverb mhd. (md.) *ēnzelen*, nhd. *einzeln* (trotz fehlerhafter Schreibung der Hs. vielleicht schon ahd. *einzelēn*, 9. oder 10. Jh.), wird aber auch (ähnlich wie bei *albern*, s. d.) durch flektierte Kasus des Adjektivs gestützt. Älteres *einzel* lebt als Bestimmungswort in zahlreichen Zusammensetzungen fort. – E i n z e l h e i t f. 'Teil eines Ganzen, Detail', Abstraktbildung zu *einzel* (Ende 17. Jh., zunächst für 'Einmaligkeit'); daneben im 18. und 19. Jh. unter Einfluß von *einzeln* oft auch *Einzelnheit*. E i n z e l w e s e n n. Wortschöpfung (durch Campe 1791) für *Individuum*, die nach 1800 an Verbreitung gewinnt.

einzig Adj. 'nur einmal vorhanden', dann 'einmalig in seiner Art, hervorragend', adverbiell 'nur, ausschließlich', in jüngerer Sprache auch steigernd (*einzig schön*). Mhd. *einzec, einzic* Adj. 'einzeln', wovon (in der Form des Dat. Plur.) *einzigen* Adv., ist gebildet zu gleichbed. mhd. *einez, einz* (oder *einetze, einze*?; belegt ist nur *einitzen, einzen* Dat. Plur. in adjektivischer und adverbialer Verwendung). Diesem geht ahd. *einezzēn* Adv. 'einzeln, nacheinander' (8. Jh., später daneben in gleichem Sinne auch *einezzūn* Adv., 10./11. Jh.) voraus, das seinerseits auf dem Dat. Plur. des Adjektivs ahd. *einezzi* 'einzeln, aufeinanderfolgend' (um 1000 in der flektierten Form *einzēn* Dat. Plur. nachzuweisen) beruht, einer Ableitung von ahd. *ein* (s. *ein* Num.). Die Bedeutung 'nur einmal vorhanden' übernimmt *einzig* im Frühnhd. von älterem *einig* Adj. (s. d.). – e i n z i g a r t i g Adj. 'einmalig, unvergleichlich' (Ende 19. Jh.).

Eis n. 'gefrorenes Wasser', ahd. (8. Jh.), mhd. asächs. mnd. *īs*, mnl. nl. *ijs*, aengl. *īs*, engl. *ice*, anord. *īss*, schwed. *is*. Für germ. **īsa-* lassen sich iran. Parallelen beibringen, awest. *aēxa-* 'Frost, Eis', *isav-* 'frostig, eisig', pers. *yak*, afghan. *jaḫ*, osset. *ich* (*ux*) 'Eis', wobei umstritten ist, ob im Iran. das *s* oder die Gutturallaute ursprünglich sind. SPECHT Dekl. 18 vertritt hinsichtlich des Awest. die zweite Ansicht. Einen altertümlichen Wechsel von suffixalem *s* und *n* sieht er (339) dagegen zwischen den germ. und den zugehörigen balt. und slaw. Formen lit. *ýnis*, aslaw. *inii*, russ. *ínej* (*иней*) 'Reif'. Erschließbar ist eine Wurzel ie. **ei-, *ī-* 'Eis, Frost'. – E i s b a h n f. 'Schlittschuhbahn' (17. Jh.). e i s i g Adj. 'eiskalt', mhd. *īsec*; in jüngerer Sprache übertragen im Sinne von 'unnahbar, kalt, ablehnend'. l o s e i s e n Vb. 'losmachen', eigentl. 'ein im Eis festliegendes Schiff befreien' (18. Jh.). E i s v o g e l m. farbenprächtiger Vogel, auch *Martinsvogel* und *Wintervogel* genannt, ahd. *īsfogal* (Hs. 12. Jh.), mhd. *īsvogel*. Ursprüngliche Bezeichnung ist ahd. *īsa(r)nfogal* (um 1100), aengl. *īsearn*, eigentl. 'eiserner Vogel' (s. *Eisen*), nach dem metallisch glänzenden Federkleid. Hieraus ist *Eisvogel*, wohl unter Einfluß des Berichts bei Plinius, der Vogel brüte im Winter, umgedeutet.

Eisbein n. gepökeltes und gekochtes Schweinebein mit dem daransitzenden Fleisch, nordd. Bezeichnung für md. *Schweineknochen*, bair. *Schweinshachsen*, pfälz. *Eisknochen*. Aus Röhrenknochen werden in germ. Zeit, in Skandinavien auch später, Schlittschuhkufen hergestellt; entsprechend schwed. (mundartlich) *isläggor* (Plur.) 'Schlittschuhe', norw. *islegg* (anord. *leggr* 'Röhrenknochen'). *Eisbein* ist daher ursprünglich der für die Herstellung von Schlittschuhkufen verwendbare Röhren- oder Schienbeinknochen größerer Tiere (vgl. Sperber in: Wörter u. Sachen 6, 1914/15, 51f.). In der Bedeutung 'Gericht aus Schweinebein' (s. *Bein* im Sinne von 'Knochen') erst im 19. Jh. auftretend. Das Wort ist möglicherweise früh von lat. *ischia* (Plur.) 'Hüftgelenke' (vgl. auch *os ischium*), griech. *ischía* (*ἰσχία*) beeinflußt (s. *Ischias*), denn ahd. *īsbein* (Hs. 13. Jh.), asächs. *īsbēn* (10. Jh.), mnd. *īsbēn*, mnl. *īsebeen*, nl. *ijsbeen* (auch *ischbeen*) bezeichnen unterschiedliche Knochen und Körperteile, das Hüft-, Scham-, Steißbein und auch den Oberschenkel(knochen). Nhd. seit dem 15./16. Jh. und bis ins 19. Jh. vorwiegend in der Bedeutung 'Hüftknochen' verwendet. Henisch (1616) erläutert *Eißbein von einem Rind* durch 'os femoris cum medulla', also 'Oberschenkelknochen'. Jägersprachlich bis in die Gegenwart Bezeichnung des sog. Schlosses, der Beckenknochen, beim Hochwild.

Eisen n. graues Schwermetall, ahd. *īsarn, īsan* (8. Jh.), mhd. *īsern, īser, īsen*, asächs. *īsarn*, mnd. *īsern, īsen*, mnl. *īser, īsen*, nl. *ijzer*, aengl. *īsern, īsen, īren*, engl. *iron*, anord. *īsarn*, durch Dissimilation (wenn nicht Entlehnung aus dem Kelt., s. unten) *īarn, jārn*, schwed. *järn*, got. *eisarn* führen auf germ. **īsarna-*, dem kelt. **īsarno-* entspricht, vgl. air. *īárn*, kymr. *haiarn*, akorn. *hoern*. Die Annahme, dem germ. wie dem kelt. Wort läge vielleicht eine illyrische Bezeichnung zugrunde, ist ganz unsicher, da die älteste europäische Eisengewinnung für eine „illyrische" Hallstattkultur (8. Jh. v. u. Z.) nicht nachzuweisen ist. *Eisen* bezeichnet neben dem Metall seit alters Werkzeuge und Gegenstände wie *(Pflug)eisen, (Huf)eisen*. – e i s e r n Adj. 'aus Eisen bestehend', ahd. *īsa(r)nīn* (8. Jh.), *īser(īn)* (Hs. 13. Jh.), *īsīn* (9. Jh.), mhd. *īserīn, īsenīn*. E i s e n b a h n f. 'schienengebundenes Transport- und Verkehrsmittel'. Im Bergbau zunächst 'mit Eisenschienen versehene Bäume oder Balken, auf denen Förderwagen bewegt werden' (Ende 18. Jh.). *Eisenbahn* bezeichnet anfangs den Schienenstrang, wird aber bald (nachdem in England 1825 der erste Personenzug verkehrt) auf den Zug erweitert. E i s e n h u t m. blaublühende Hahnenfußgattung mit helmartiger Blütenform (16. Jh.).

eitel Adj. 'von seinen (vermeintlichen) Vorzügen überzeugt, gefallsüchtig, rein, nichtig, leer', ahd. *ītal* (9. Jh.), mhd. *ītel*, asächs. *īdal*, mnd. mnl. *īdel*, nl. *ijdel*, aengl. *īdel*. Nur westgerm. (**īdla-*); Herkunft ungeklärt, außergerm. Verwandtschaft nicht glaubhaft nachweisbar. Die Ausgangsbedeutung 'leer' findet sich ahd. bereits in den Varianten 'öde, nichtig, vergeblich'. Die mhd. Verwendung 'bloß, nichts als' begegnet noch in *eitel Gold, eitel Freude* (vgl. *Eitel Friedrich*, eigentl. 'nur Friedrich'). Aus dem bibelsprachlichen Gebrauch *alles ist eitel* (vgl. *(omnia) est vanitas* Vulgata) entwickelt sich die nhd. Hauptbedeutung 'auf Wirkung bedacht, selbstgefällig'. – E i t e l k e i t f. 'Selbstgefälligkeit, Gefallsucht, Nichtigkeit', mhd. *ītelkeit* 'Leerheit, Nichtigkeit'. v e r e i t e l n Vb. 'verhindern, zum Scheitern bringen' (18. Jh.), mhd. *verītelen* 'kraftlos werden', gebildet zu *eitel*, mhd. *ītel* 'leer, nichtig'.

Eiter m. 'gelbliche Flüssigkeitsabsonderung bei Entzündungen' (weiße Blutkörperchen und Gewebszellen enthaltend). Mit asächs. *ēttar*, mnl. nl. *etter*, aengl. *āt(t)or*, anord. *eitr*, schwed. *etter* führen ahd. *eitar* 'Gift, Eiter' (9. Jh.), mhd. *eiter* (mit unverschobenem *-tr-*) auf germ. **aitra-*, während die eng verwandten ahd. mhd. *eiȥ*, nhd. (mundartlich) *Eiß* 'Eiterbeule, Geschwür' germ. **aita-* voraussetzen. Beide germ. Stämme gehören mit griech. *oidē̃in* (*οἰδεῖν*) 'schwellen', *oĩdos* (*οἶδος*) 'Geschwulst, Schwellung' (s. *Ödem*), aslaw. *jadъ*, russ. *jad* (*яд*) 'Gift' zur Wurzel ie. **oid-* 'schwellen'. – e i t e r n Vb. 'Eiter absondern', mhd. *eitern* 'vergiften'; vgl. ahd. *gieitarit, gieitarōt* 'giftig'. e i t r i g Adj. 'Eiter absondernd', ahd. *eiterīg* 'giftig, verwesend' (10. Jh.); beide in der heutigen Bedeutung seit dem 16. Jh.

Ekel m. 'Abscheu, heftiger Widerwille', im 16. Jh. vom Md. ausgehend (öfters bei Luther); wohl Substantivbildung zu *ekeln* (s. unten). Die Herkunft ist nicht geklärt. Bedeutungsnah stehen sich das wohl dem nd. md. Bereich entstammende Adjektiv *ekel*, auch *eikel*, und obd. *heikel* (s. d.) gegenüber, wobei der *h*-Anlaut, ähnlich wie bei *heischen* (s. d.), prothetisch hinzugetreten sein könnte, sofern man für *heikel* nicht eine andere Herleitung vorzieht. Nicht sicher gedeutet ist auch das Verhältnis von *ekeln* zu dem im Alem. neben *erken* bezeugten *erkeln, erkelen* (16. Jh.), vgl.

noch schweiz. *erggelen* 'physischen Widerwillen auslösen'. Hierzu gehört das vereinzelt bezeugte mhd. *erklich* 'ekelhaft'. Das lange *ē* der Stammsilbe ist wohl im Nd. und Md. kontrahiert aus germ. *ai* (obd. *ei*). Die bis ins 18. Jh. festgehaltene Schreibung *Eckel* weist auf Nebenformen mit ursprünglicher Doppelkonsonanz. *Ekel* bezeichnet einen hohen Grad der Abneigung und wird weithin eingeengt auf die Bedeutung 'Reiz zum Erbrechen'. Seit dem 18. Jh. wird *Ekel* n. umgangssprachlich für 'widerwärtiger, ekelhafter Mensch' gebraucht. – e k e l n Vb. refl. 'Ekel empfinden'; vgl. mnd. (vom Ostfäl. ausgehend) *ēkelen, ēchelen* 'verdrießen, nicht gefallen, widerwärtig sein'. Die Schreibung mit *ch* kann im Mnd. für *k* stehen, aber auch auf den Übergang zu spirantischer Aussprache des *k* nach *i* (und *e*) hinweisen. Hd. (noch lange ausschließlich md.) seit dem 16. Jh. *ekkeln*, daneben zunächst selten *ekeln*. Bei Luther auch im Sinne des mnd. vorherrschenden Gebrauchs 'verdrießen, mißfallen, zuwider sein'. e k e l Adj. 'Ekel, Abscheu erregend, Ekel empfindend' (daneben auch *eckel*); wie *Ekel* seit dem 16. Jh. bezeugt, in jüngerer Zeit veraltend. e k e l h a f t Adj. 'Ekel erregend', landschaftlich (südd.) auch 'Ekel empfindend', im 17. Jh. aufkommend. e k l i g Adj. 'unangenehm, widerwärtig' (17. Jh.).

Eklat m. 'Aufsehen, Skandal, Krach', Entlehnung (2. Hälfte 17. Jh.) von in gleichem Sinne verwendetem frz. *éclat*, eigentl. 'plötzliches lautes Geräusch, Knall, Glanz, Pracht', auch 'Splitter, abgesprungenes Stück', Verbalabstraktum zu frz. *éclater* 'zerplatzen, knallen, Lärm verursachen, bekannt werden, Aufsehen erregen, glänzen'. Das Verb stammt wohl aus anfrk. **slaitan* 'spalten', einer Entsprechung von ahd. *sleiȥen* 'rupfen, raufen' (10. Jh.), Kausativum zu dem unter *verschleißen* (s. d.) behandelten ahd. *slīȥan* 'zerreißen' (8. Jh.). – e k l a t a n t Adj. 'offenkundig, auffallend' (18. Jh.), frz. *éclatant* 'glänzend, hell, laut, auffällig, offenbar' (Part.adj. von *éclater*, s. oben).

Eklektiker m. Philosoph, der aus verschiedenen philosophischen Systemen einzelne Lehrsätze auswählt, wer aus Gedanken anderer eine scheinbar eigene Theorie entwickelt. Das 18. Jh. entlehnt die Bezeichnung der antiken Philosophie griech. (Plur.) *eklektikoí* (ἐκλεκτικοί) 'Philosophen, die aus den Lehrsätzen anderer Schulen einzelne auswählen', die eine Substantivierung des Adjektivs *eklektikós* (ἐκλεκτικός) 'auswählend' darstellt und mit diesem zum Verb griech. *eklégein* (ἐκλέγειν) 'auslesen, auswählen, aussuchen' gehört. – e k l e k t i s c h Adj. 'auswählend, nicht eigenständig' (18. Jh.); E k l e k t i z i s m u s m. 'unschöpferisches Denken und Schaffen' (19. Jh.).

Eklipse f. 'Sonnen-, Mondfinsternis', im 17. Jh. entlehnt aus lat. *eclīpsis*, griech. *ékleipsis* (ἔκλειψις) 'das Verlassen, Ausbleiben, Verschwinden, (Sonnen-, Mond)finsternis', zu griech. *eklẽípein* (ἐκλείπειν) 'aus-, verlassen, sterben, sich verfinstern (von Sonne, Mond)'. – E k l i p t i k f. 'von der Sonne innerhalb eines Jahres scheinbar beschriebene Himmelsbahn', im 18. Jh. nach lat. *līnea eclīptica* 'Sonnenbahn um die Erde'. e k l i p t i s c h Adj. (18. Jh.).

Ekstase f. 'übermäßige Begeisterung, Verzückung' gehört im Dt. ursprünglich religiösem Sprachgebrauch an und kennzeichnet einen Ausnahmezustand des Seelenlebens, der auf übernatürliche Ursachen zurückgeführt wird. Spätlat. (bes. kirchenlat.) *ecstasis*, auch *ex(s)tasis* 'das Außersichsein in religiöser Verzückung oder vor Schrecken, Staunen', das auf gleichbed. griech. *ékstasis* (ἔκστασις), auch 'Irresein, Rausch, tiefe Ohnmacht', eigentl. 'Entfernung, Entferntsein von einer Stelle, das Aus-sich-heraus-Gehen', beruht, zu griech. *existánai* (ἐξιστάναι) 'herausstellen, etw. in einen anderen als den gewöhnlichen Zustand versetzen' bzw. *exístasthai* (ἐξίστασθαι) 'herausgehen, außer sich geraten, von Sinnen kommen, heftig erschüttert werden', erscheint im 16. Jh. im Dt. Der Gebrauch mit eingedeutschter Endung und in verallgemeinerter Bedeutung setzt im 17. Jh. unter Einfluß von frz. *extase* 'Ent-, Verzükkung' ein, wird aber erst Ende des 18. Jhs. geläufig. – e k s t a t i s c h Adj. 'rauschhaft, schwärmerisch' (18. Jh.); vgl. griech. *ekstatikós* (ἐκστατικός) 'verrückend, verrückt'.

Ekzem n. 'allergischer Hautausschlag', im 19. Jh. entlehnt aus griech. *ékzema* (ἔκζεμα), das schon bei den griech. Ärzten 'Ausschlag, Hitzebläschen' bezeichnet, abgeleitet von griech. *ekzẽín* (ἐκζεῖν) 'aufkochen, wie eine siedende Masse blasenartig aufbrausen'.

Elaborat n. 'Ausarbeitung, Geschreibsel', meist geringschätzig, im 18. Jh. (zunächst mit lat. Flexion) entlehnt aus lat. *ēlabōrātum* 'das Ausgearbeitete', substantiviertem Part. Perf. von lat. *ēlabōrāre*. Möglicherweise kommt das Substantiv als Ergänzung zu dem im 16. bis 18. Jh. viel gebrauchten Verb *elaborieren* 'ausarbeiten' auf.

Elan m. 'Schwung, Begeisterung', Entlehnung (19. Jh.) von gleichbed. frz. *élan*, das deverbativ zu frz. *s'élancer*, afrz. *soi eslancier* 'sich stürzen, hervorbrechen' gebildet ist. Zugrunde liegt frz. *lancer*, afrz. *lancier* 'schleudern, werfen, in Schwung bringen', spätlat. *lanceāre* '(die Lanze) schleudern' (s. *lancieren*, *Lanze*).

elastisch Adj. 'dehnbar, federnd', Eindeutschung (18. Jh.) des im 17. Jh. in der Wissenschaftssprache geprägten Terminus nlat. *elasticus* 'treibend' (in *virtus elastica* zur Bezeichnung des Luftdrucks), zu griech. *elastós* (ἐλαστός) 'getrieben, dehnbar', dem Verbaladjektiv zu griech. *elaúnein* (ἐλαύνειν) 'in Bewegung setzen, treiben, stoßen'. – Elastizität f. 'Dehnbarkeit, Spannkraft' (18. Jh.).

Elch m. großes Hirschtier mit Schaufelgeweih in den nördlichen Teilen Europas, Asiens, Nordamerikas, ahd. *elahho* (9. Jh.), mhd. *elch, elhe*, mnd. *elk*, aengl. *elh, eolh, ēola*, engl. *elk*. Aus einer ablautenden germ. Form sind lat. *alcēs, alcē*, griech. *álkē* (ἄλκη) entlehnt. Im Germ. weisen Formen dieser Ablautstufe grammatischen Wechsel (und Umlaut) auf, anord. *elgr*, norw. dän. *elg*, schwed. *älg*. Mit russ. *los'* (лось) 'Elch' gehen sie auf ie. **olk̂is* zurück, beruhen also wie die zuerst genannten germ. Formen und schwundstufiges aind. *ŕśyaḥ* 'Bock einer Antilopenart' auf einer Palatalerweiterung ie. **elk̂-*, **olk̂-* der unter *Erle* (s. d.) dargestellten Farbwurzel ie. **el-*, **ol-* 'rot, braun'. Dazu gehören mit *n*-Suffix die unter *Lamm* (s. d.) genannten Namen, aslaw. *jelenь*, russ. *olén'* (олень) 'Hirsch' sowie die folgende lit. Form. Als sich der Elch in nördliche Gegenden zurückzieht und in Deutschland selten wird, wird aus lit. *élnis* 'Hirsch' als neuer Name frühnhd. *elend*, nhd. *Elen* und verdeutlichend *Elentier* entlehnt, die daraufhin beide mit *Elch* konkurrieren. Pijnenburg in: IF 93 (1988) 237 ff. führt dagegen alle Namen auf ie. **elkōn(t)*, **olkōn(t)* zurück.

Eldorado n., auch Dorado n. 'Wunsch-, Traumland'. Span. *el (país) dorado* 'das vergoldete (Land)' ist ursprünglich der Name eines sagenhaften, reichen Goldlandes in Südamerika, von dem im 16. Jh. berichtet wird. Der Legende nach pudert dort bei religiösen Festen der Chibcha der Kazike den Körper mit Goldstaub (deshalb vielleicht zuerst in der Wendung span. *el país del cacique dorado* 'das Land des vergoldeten Kaziken'). Vgl. Scheid Studien z. span. Sprachgut im Dt. (1934) 52 f. Im Dt. als Ländername seit dem 16. Jh., in allgemeinem Sinne 'Wunderland, Paradies' seit Ende des 18. Jhs., teils *Dorado*, teils (mit hinzugefügtem Artikel) *Eldorado*. Span. *dorado* m. 'Vergoldung, das Vergoldete' geht zurück auf lat. *deaurātum* 'vergoldet', eine späte Bildung neben gleichbed. lat. *aurātum*, zu lat. *aurum* 'Gold'.

Elefant m. mächtiges Rüsseltier mit langen, weißen Stoßzähnen. Ahd. (wohl mit volksetymologischer Anlehnung an *helfan* 'helfen, nützen') *helfant* 'Elfenbein, Elefant' (9. Jh.; zur Bedeutung s. *Elfenbein*), mhd. *elefant*, aengl. *elpend* sind entlehnt aus lat. *elephantus, elephāns, elephās*. Vorauf geht griech. *eléphās*, Gen. *eléphantos* (ἐλέφας, ἐλέφαντος) 'Elfenbein, Elefant'. Die griech. Bezeichnung weist auf orientalischen Ursprung; der zweite Teil *-ephās* zeigt wie lat. *ebur* 'Elfenbein' und aind. *íbhaḥ* 'Elefant' Berührung mit ägypt. *āb(u)* 'Elefant, Elfenbein', der erste Teil *el-* mit hamit. *eḷu* 'Elefant'; weitere Zusammenhänge bleiben unklar. Ebenfalls auf griech. *eléphās* beruhen die frühen Namen für 'Kamel' wie got. *ulbandus*, ahd. *olbenta* (um 800), mhd. *olbende*, aengl. *olfend*, anord. *úlfaldi*; aus dem Got. entlehnt aslaw. *velьbǫdъ*, vgl. russ. *verbljúd* (верблюд) 'Kamel'.

elegant Adj. 'geschmackvoll, gewählt, modisch', Entlehnung (18. Jh.) von frz. *élégant* 'geschmackvoll', das gleichbed. lat. *ēlegāns* (Gen. *ēlegantis*) aufnimmt, eine Nebenform zu *ēligēns*, Part. Präs. von lat. *ēligere* 'auslesen, auswählen' (vgl. lat. *legere*, s. *Legion*). Im Dt. charakterisiert das Adjektiv (wie im Frz.) zunächst die Formvollendung sprachlicher und künstlerischer Darstellung, bald auch die äußere modisch-geschmackvolle Erscheinung von Personen und Dingen. – Elegant m. 'nach letzter Mode gekleideter Mann' (um 1800), Übernahme von substantiviertem gleichbed. frz. *élégant*. Eleganz f. 'modischer Geschmack, Gewandtheit', bereits im 16. Jh. als Ausdruck der Rhetorik entlehnt aus lat. *ēlegantia* 'geschmackvolle feine Wahl, Feinheit (des Ausdrucks), Anstand'. In seiner heutigen Verwendung (seit 18. Jh.) folgt die Bedeutung dem Substantiv frz. *élégance* sowie dem Gebrauch des dt. Adjektivs *elegant*.

Elegie f. 'wehmutsvolles Gedicht', im 16. Jh. entlehnt aus lat. *elegīa*, griech. *elegēía* (*ἐλεγεία*) 'in Distichen, dem Versmaß des *élegos* (s. unten), abgefaßtes Gedicht' (ohne Rücksicht auf den Inhalt), später auch 'Klagelied'. Griech. *elegēía* ist substantivierte Adjektivableitung von griech. *élegos* (*ἔλεγος*) 'Klagelied, Trauergesang' (ursprünglich mit Flötenbegleitung). – e l e g i s c h Adj. 'in Form einer Elegie, wehmütig, traurig' (18. Jh.).

elektrisch Adj. 'auf Elektrizität beruhend, mit Elektrizität betrieben'. Seit Anfang des 18. Jhs. bezeugt, nach nlat. *electricus*, das zuerst der engl. Physiker Gilbert (1600) im Sinne von 'magnetisch' (durch elektrische Ladung) gebraucht; gebildet zu lat. *ēlectrum*, griech. *ḗlektron, ḗlektros* (*ἤλεκτρον, ἤλεκτρος*) 'Bernstein' (auf Grund der am Bernstein beobachteten Reibungselektrizität; die davon ausgehende Anziehungskraft wird schon im Altertum zu Heilzwecken verwendet). Die griech. Benennung des Bernsteins ist abgeleitet von griech. *ēléktōr* (*ἠλέκτωρ*) 'strahlende Sonne', bezieht sich also auf die leuchtende, goldgelbe Farbe. Substantiviert *Elektrische* f. (um 1900), eigentl. *elektrische (Straßen)bahn*. – E l e k t r i z i t ä t f. 'auf elektrischer Ladung beruhende Energieform' (1744); vgl. engl. *electricity* (1646), frz. *électricité* (1720), nlat. *electricitas* (1734). e l e k t r i s i e r e n Vb. 'elektrisch aufladen, mit elektrischem Strom behandeln' (1744), nach frz. *électriser*; daneben anfangs gleichbed. e l e k t r i f i z i e r e n Vb., im 20. Jh. dagegen 'auf elektrischen Betrieb umstellen'. E l e k t r i k e r m. 'wer sich mit Elektrizitätslehre beschäftigt' (2. Hälfte 18. Jh.), 'Facharbeiter der Elektroindustrie und des Elektrohandwerks' (2. Hälfte 19. Jh.). – Besonders produktiv ist die Gruppe der Zusammensetzungen mit *Elektro-* als Bestimmungswort im Sinne von 'durch Elektrizität bewirkt, auf Elektrizität bezogen, elektrisch', formal griech. *ēlektro-* (*ἠλεκτρο-*) 'Bernstein-' als erstem Kompositionsglied folgend. E l e k t r o l y s e f. 'durch elektrischen Strom bewirkte Zersetzung chemischer Verbindungen' (Mitte 19. Jh.), aus engl. *electrolysis*, das analog zum Substantiv engl. *analysis* (s. *Analyse*) gebildet ist; voraus geht das Verb engl. *to electrolyze* (geprägt vom engl. Physiker Faraday 1834, nach dem Vorbild von engl. *to analyze*). E l e k t r o m a g n e t i s m u s m. 'durch die Wirkung eines elektrischen Stromes erzeugter Magnetismus' (30er Jahre 19. Jh.), entlehnt aus gleichbed. engl. *electromagnetism*. Älter ist eine künstliche griech. Bildung durch Kircher (1641) *ēlektromagnētismos* (*ἠλεκτρομαγνήτισμος*). E l e k t r o t e c h n i k f. 'Technik der Erzeugung und Anwendung von Elektrizität' und e l e k t r o t e c h n i s c h Adj. (2. Hälfte 19. Jh.). Gelehrte Bildungen sind ferner E l e k t r o d e f. derjenige Teil eines elektrischen Leiters (oder Halbleiters), von dem Ladungen in das Vakuum, ein Gas, eine Flüssigkeit oder einen Festkörper übergehen, oder in den Ladungen aus diesen Medien übergehen (Mitte 19. Jh.), aus gleichbed. engl. *electrode* (Faraday 1834), das mit demselben zweiten Kompositionsglied gebildet ist wie *Anode, Kathode* (s. d.); E l e k t r o n n. 'negativ geladenes leichtes Elementarteilchen' (Ende 19. Jh.), Übernahme von engl. *electron*.

Element n. 'Grundstoff, Grundbestandteil'. Im 13. Jh. wird lat. *elementum* 'Grund-, Urstoff' bzw. der häufigere Plur. *elementa* ins Dt. entlehnt (vgl. lat. *quattuor elementa*, mhd. *vier elemente*). Lat. *elementa* bezeichnet zunächst wahrscheinlich die 'Buchstaben' als Grundbestandteile der Rede, als gesprochene Laute. In den Bedeutungen 'physikalische Grundstoffe' und 'Anfangsgründe' (im Lesen und Schreiben, in den Wissenschaften überhaupt) ist es wohl Übersetzung von griech. *stoichēía* (*στοιχεῖα*) Plur., eigentl. 'der Reihe nach Aufgestelltes', zu griech. *stoĩchos* (*στοῖχος*) 'Reihe'. Die Herkunft des lat. Substantivs ist unklar; vielleicht aus **elepantum* 'elfenbeinerner Buchstabe' (d. h. Spielbuchstabe zur Förderung des Lesenlernens), das als altes Lehnwort aus griech. *eléphās* bzw. dem Akk. *eléphanta* (*ἐλέφας, ἐλέφαντα*) 'Elfenbein, Elefant' anzusehen wäre (s. *Elefant*). *Element* für 'chemischer, nicht weiter zerlegbarer Grundstoff' begegnet zuerst im 17. Jh., *Elemente* für 'Grundbegriffe, Anfangsgründe' seit Anfang des 18. Jhs. – e l e m e n t a r Adj. 'grundlegend, naturhaft, urwüchsig' (18. Jh.), bes. im Sinne von 'Grund-, Anfangs-' als Bestimmungswort in Zusammensetzungen wie *Elementarbuch, -unterricht* (18. Jh.), *Elementarschule* (19. Jh.); älter, heute nicht mehr gebräuchlich, ist *elementarisch* Adj. (16. Jh.), anfangs allein auf die Urstoffe bezogen; aus lat. *elementārius.*

elend Adj. 'bedrückt durch Not, Armut, Unglück, ärmlich, leidend'. Das zusammengesetzte Adjektiv ahd. *elilenti* (8. Jh.), mhd. *ellende* 'aus der Fremde kommend, nicht einheimisch', substantiviert 'Fremdling', ferner 'in der Fremde lebend, (aus der angeborenen Rechtsgemeinschaft) ausgewiesen, verbannt', substantiviert 'Vertriebener, Verbannter', seit dem 11. Jh. auch 'bedürftig, unglücklich, jammervoll', asächs. *elilendi*, mnd. *elende*, aengl. *ellende* ist zu dem unter *Land* (s. d.) behandelten Wort gebildet, wie entsprechendes urnord. *aljamarkiR* 'Fremder' zu dem unter [1]*Mark* (s. d.) dargestellten. Erstes Kompositionsglied ist der Pronominalstamm germ. **alja-* 'anderer', der als Simplex in got. *aljis* 'anderer' erhalten ist, das mit gleichbed. griech. *állos* (ἄλλος), lat. *alius* (wozu lat. *aliēnus* 'fremd') auf ie. **ali̯os* 'anderer' (adjektivische Ableitung von einem Adverb ie. **ali* 'dort') zurückgeht. Das Adjektiv bezeichnet demnach eigentl. 'den, dessen (Heimat)land ein anderes ist' als das, in dem er sich (schutzlos) aufhält. In neuerer Sprache steht *elend* oft im Sinne von 'gering, schlecht' (*elender Dichter, Schurke*), auch lediglich als Verstärkung 'sehr' (*es ist elend heiß*). Aus dem Adjektiv entwickelt sich das Substantiv Elend n. 'Not, Armut, Unglück', ahd. *elilenti* 'Fremde, Aufenthalt in der Fremde (im anderen Land), Heimatlosigkeit, Verbannung' (9. Jh.), auch 'leidvolles Dasein' (um 1000), mhd. *ellende*, asächs. *elilendi*, mnd. *elende*, aengl. *ellende.* Noch im 18. Jh. begegnen Verwendungen, die die alte Bedeutung 'Fremde' resthaft bewahren (*ins Elend gehen, schikken*). elendig Adj., elendiglich Adj. (meist adverbial gebraucht) 'elend, jämmerlich', mhd. *ellendec* 'fremd, jämmerlich'. Verelendung f. nach der Theorie von Marx gesetzmäßiger Prozeß der Verschlechterung der Lebensverhältnisse der Arbeiterklasse im Kapitalismus (1867), häufig auch durch gleichbed. *Verarmung, (Akkumulation von) Elend, Pauperismus* ausgedrückt.

Eleve m. 'Lehrling' (bes. in der Land- und Forstwirtschaft), auch 'Schüler', vor allem 'Schauspiel-, Ballettschüler'. Im 18. Jh. wird frz. *élève* (älter *esleve*) 'Schüler' entlehnt, das zu afrz. *eslever*, frz. *élever* 'auf-, emporheben', übertragen auch '(Kinder) großziehen, unterweisen', gebildet ist. Dem frz. Verb liegt vermutlich vlat. **exlevāre*, lat. *ēlevāre* 'empor-, aufheben' zugrunde. Das Substantiv frz. *élève*, ursprünglich den Schüler eines Malers, Künstlers bezeichnend, entsteht nach dem Vorbild von ital. *allievo* 'Zögling, Schüler'.

elf Num. Das Zahlwort ahd. *einlif* (Anfang 9. Jh.), mhd. *einlif, einlef, eilif, eilef, eilf*, mnd. *el(le)ven, elf*, mnl. *elf, ellef*, nl. *elf*, aengl. *endleofon, -lufon, ellefne*, engl. *eleven*, anord. *ellifu*, schwed. *elva*, got. *ainlif* beruht auf einer Zusammensetzung aus dem unter *ein* (s. d.) behandelten Numerale und einem Element germ. **-lif, *-lib-* (neben wohl sekundär ablautendem **-luf, *-lub-*), das auch in *zwölf* (s. d.) wiederkehrt und unterschiedlich erklärt wird. Man kann Verwandtschaft mit nhd. *bleiben* (s. d.), got. *laiba,* ahd. *leiba* 'Überbleibsel, Rest' (um 800), anord. *lifa* 'übrig sein', *lifna* 'übrigbleiben' (zu ie. **leip-* 'kleben') annehmen. *elf* ist die Zahl, bei der nach dem Zählen bis zehn *eins* übrigbleibt. In der Bildungsweise vergleichbar ist lit. *vienúolika* 'elf', zu *víenas* 'eins' (vgl. *dvý-, trýlika* 'zwölf, dreizehn' usw.), dessen zweites Element ie. **-liku̯-* zur Wurzel ie. **leiku̯-* 'lassen, zurück-, übriglassen' (s. *leihen*) gehört. Sommer Zum Zahlwort 62f. stellt zwischen dem Germ. und Lit. einen unmittelbaren etymologischen Zusammenhang her. Er geht auch für das Germ. von ie. **liku̯-* aus und nimmt an, daß in der germ. Grundform von *zwölf* (s. d.) der Guttural (Labiovelar) des zweiten Wortelements dem Labial des Wortanfangs angeglichen und das so entstandene germ. **-lif, *-lib-* dann auf die vorangehende Zahl *elf* übertragen worden sei. – elfter Num. Ord., ahd. *einlifto* (9. Jh.), mhd. *einlift, einleft, eilft*, asächs. *ellifto*, mnd. *ellevede, el(le)fte.* Elf f. 'aus elf Spielern bestehende Mannschaft'; Elfmeter m. 'vom Elfmeterpunkt ausgeführter Strafstoß beim Fußball', verkürzt aus *Elfmeterball* (beide Ende 19. Jh.).

Elfe f., **Elf** m. 'Natur-, Märchengeist von anmutiger Zartheit', im 18. Jh. aus gleichbed. engl. *elf* (verwandt mit *Alb*, s. d.) entlehnt, zuerst von Bodmer in seiner Übersetzung von Miltons „Paradise Lost“ (1742) verwendet, durch Wielands Übersetzung von Shakespeares „Sommernachtstraum“ (1764) eingebürgert. Anfangs ausschließlich im Plur. gebraucht, von dem bald darauf der Sing. *die Elfe*, aber auch *der Elf* abgeleitet wird, wozu Anfang des 19. Jhs. auch *die Elfin*.

Elfenbein n. 'Zahnbein der Stoßzähne des Elefanten'. Ahd. *helfant* (9. Jh.) gilt wie griech. *eléphās* (ἐλέφας) sowohl für 'Elefant' als auch für 'Elfenbein' (das Elfenbein ist den Germanen wie den Griechen früher bekannt als das Tier); danach verdeutlichend das Kompositum ahd. *helfantbein* 'Elefantenknochen, Elfenbein' (um 1000; s. *Bein*), entsprechend aengl. *elpen-, ylpenbān*, mnd. *elpenbēn*, mnl. nl. *elpenbeen*. Seit dem 10. Jh. (mit Aufgabe des *-t-* in der Kompositionsfuge) ahd. *helfanbein*, woraus mhd. *helfenbein*. Dagegen hält sich anlautendes *h-* zum Teil bis ins 18. Jh.; Luther verwendet (in Anlehnung an lat. *elephās* 'Elefant') ausschließlich *Elfenbein*. – elfenbeinern Adj. 'aus Elfenbein' (16. Jh.), älter *elfenbeinen* (bis 19. Jh.) nach ahd. *helfantbeinīn* (um 1000), mhd. *helfenbeinīn*. Elfenbeinturm m., auch *elfenbeinerner Turm* begegnet als sprachliches Bild für 'Abgeschlossenheit des schöpferisch tätigen Menschen (bes. des Dichters, Künstlers, Wissenschaftlers) von der Gesellschaft, seine Einstellung, sich von Problemen der Gegenwart nicht berührt zu zeigen, Weltabgeschiedenheit' seit dem 19. Jh. in mehreren europäischen Sprachen, zuerst vermutlich bei dem frz. Literaturkritiker und Schriftsteller Sainte-Beuve (frz. *tour d'ivoire*), im Dt. seit Anfang des 20. Jhs. Dagegen stammt das Bild des *elfenbeinernen Turmes* als Symbol der Reinheit und Festigkeit aus der allegorischen (bes. mariologischen) Auslegung des biblischen Hohenliedes (7, 4) und ist in vielen Sprachen bekannt; vgl. Bergmann in: ZfdA 92 (1963) 292 ff.

eliminieren Vb. 'beseitigen, ausscheiden, ausschalten', Ende des 18. Jhs. aus gleichbed. frz. *éliminer* entlehnt, das lat. *ēlīmināre* 'über die Schwelle setzen, aus dem Hause treiben, entfernen' folgt, einer präfigierten Ableitung von lat. *līmen* '(Tür)schwelle'. Dazu Elimination f. (frz. *élimination*) und Eliminierung f. (19. Jh.).

Elite f. 'Auswahl, Auslese, die Besten'. Im 17. Jh. (*Eslite*) gelangt gleichbed. frz. *élite* ins Dt., afrz. *eslite* 'Wahl', eigentl. die feminine Form des Part. Perf. von afrz. *eslire* 'aus(er)wählen', aus vlat. **exlegere*, lat. *ēligere* 'auslesen, auswählen'. S. auch *elegant*.

Elixier n. 'Heiltrank, Lebenssaft, Zaubertrank'. Seit dem 13. Jh. ist mlat. *alexir, elixir, elixirium*, woraus frühnhd. *Elixir* (16. Jh.), ein Wort der Alchimisten für einen gesuchten Stoff mit der Eigenschaft, das Leben zu verlängern und jede Krankheit zu heilen. Es ist aus arab. *al-iksīr* 'Stein der Weisen, Droge', eigentl. 'trockene Substanz mit magischen Eigenschaften', entlehnt, das auf spätgriech. *xēríon* (ξηρίον) 'trockenes Heilmittel', zu griech. *xērós* (ξηρός) 'trokken', zurückgeht. Dazu Lebenselixier n. (Mitte 19. Jh.).

Elle f. 'Unterarmknochen', seit alters eines der gebräuchlichsten natürlichen Längenmaße. Die germ. Wortformen weisen auf einen ursprünglich kurzen Mittelvokal in ahd. (8. Jh.), asächs. *elina* 'Unterarm', mhd. *el(li)ne, el(le)n, el(l)e*, mnd. *ēle*, mnl. *elle, elne*, nl. *el*, aengl. *eln*, engl. *ell* (nur Längenmaß), anord. *alin, ǫln*; Länge des Vokals begegnet in got. *aleina*, so daß sich für das Germ. eine Ausgangsform ie. **olīnā* erschließen läßt. Auf diese bzw. eine modifizierte Form gehen auch griech. *ōlénē* (ὠλένη) 'Ellenbogen', lat. *ulna* 'Ellenbogen, der ganze Arm', air. *uilenn* 'Winkel' zurück. Zugrunde liegt die Wurzel ie. **el-* 'gebogen, biegsam' bzw. eine Erweiterung ie. **elĕ̄(i)-*, **lĕ̄i-* (s. *Glied*), wobei der anlautende Vokal meist der *o*-Stufe angehört. Hierher auch (mit anderer Bildungsweise) aind. *aratníḥ* 'Ellenbogen'. Der Vergleich mit den außergerm. Sprachen erweist 'Ellenbogen' als die ursprüngliche Bedeutung von ie. **olīnā*; der Unterarm ist in den germ. Sprachen also nach dem mit ihm verbundenen Gelenk benannt. In dem mit dem Sing. gleichlautenden Plur. mhd. *ellen* wird das auslautende *-n* als Pluralzeichen empfunden, so daß ein neuer Sing. mhd. *elle*, nhd. *Elle* entsteht. Die alte Form setzt sich fort in Ellenbogen neben Ellbogen m. 'Gelenk zwischen Ober- und Unterarm', ahd. *elinbogo* 'Ellenbogen, Unterarm' (8. Jh.), mhd. *el(l)enboge*, mnd. *ēlenbōge*, nl. *elleboog*, aengl. *el(n)boga*, engl. *elbow*, anord. *ǫl(n)bogi*, eigentl. 'Unterarmbiegung, -krümmung'. Ell(en)bogenfreiheit f. 'genügend Spielraum, um die Ellenbogen frei bewegen zu können' (um 1800), übertragen *Ellbogenfreiheit* ('Durchsetzungsvermögen') *haben* (Mitte 19. Jh.). e l l e n l a n g Adj. 'sehr lang', mhd. *ellenlanc.*

Ellipse f. in der Geometrie 'geschlossene ebene Kurve, für deren sämtliche Punkte die Summe der Abstände von zwei festen Brennpunkten konstant ist', in der Sprachwissenschaft 'Auslassung von weniger wichtigen, aus dem Zusammenhang leicht ersichtlichen Redeteilen'. Lat. *ellīpsis* 'Mangel, das Auslassen eines Wortes' ist Entlehnung von gleichbed. griech. *élleipsis* (*ἔλλειψις*), einem Deverbativum zu griech. *elleípein* (*ἐλλείπειν*) 'zurücklassen, mangeln, fehlen', aus griech. *en* (*ἐν*) 'darin' und *leípein* (*λείπειν*) 'verlassen, zurücklassen, fehlen, schwinden'. Lat. *ellīpsis* wird in nhd. Texte aufgenommen und bezeichnet in mathematischen Schriften (nach dem Gebrauch bei Kepler u. a.) den „unvollkommenen" Kreis, dem die gleichmäßige Rundung „fehlt" (1. Hälfte 16. Jh.), und in grammatischen Schriften (nach antikem Vorbild) die Ersparung von Redeteilen (17. Jh.). In beiden Verwendungen eingedeutscht zu *Ellipse* im 18. Jh. – e l l i p t i s c h Adj. (geometrisch) 'ellipsenförmig' (Anfang 17. Jh.), (grammatisch) 'unvollständig' (Anfang 18. Jh.); vgl. griech. *elleiptikós* (*ἐλλειπτικός*) 'unvollständig, mangelhaft'.

Eloquenz f. 'Beredsamkeit', im 16. Jh. aus gleichbed. lat. *ēloquentia* entlehnt; e l o q u e n t Adj. 'beredt, beredsam' (Anfang 18. Jh.) aus gleichbed. lat. *ēloquēns* (Gen. *ēloquentis*), Part. Präs. von lat. *ēloquī* 'aussprechen, (gut) ausdrücken, vortragen' (zu lat. *loquī* 'sprechen').

Elster f. schwarz und weiß gefiederter Rabenvogel. Bereits ahd. und asächs. begegnet der Name in unterschiedlichen Formen. Nhd. *Elster* geht auf ahd. *agalstra* (10. Jh.), mhd. *agelster, egelster* zurück. Asächs. *agastria, agistra* (dem ahd. *agastra*, 10. Jh., entspricht) wird über mnd. *(h)ēgester* zu nordd. *Häster, Heister*; ferner wird ahd. *agaza* (Hs. 13. Jh.) bzw. dessen nichtbezeugte Nebenform **agiza* zu schwäb. *Hetze.* Alle diese Formen sind wohl Bildungen mit unterschiedlichen Suffixen zu einem nur westgerm. belegten germ. **agō* 'Elster' (ahd. *aga*, 11. Jh., aengl. *agu*), das, sofern man es etymologisch mit der Wurzel von *Ecke* (s. d.) verbindet, 'die Spitzige' (nach dem spitzen Schwanz des Vogels) bedeuten kann. Der spitze Schwanz als Benennungsmotiv fände eine Parallele in schwed. *skata* 'Elster', das sich zu (mundartlich) *skate* 'Spitze, Schwanz' stellt. Gegenüber einer Vielzahl landschaftlicher und mundartlicher Formen setzt sich *Elster*, zuerst im Omd. des 15. Jhs., in der Literatursprache durch.

Eltern Plur. 'Vater und Mutter', ahd. *altiron, eldiron* (8. Jh.), mhd. *altern, eldern, eltern,* asächs. *eldiron*, mnl. *ouderen,* nl. *ouders*, aengl. *eldran, yldran* ist substantivierter Komparativ von dem unter *alt* (s. d.) behandelten Adjektiv. *Ältern* findet sich oft im 16., vereinzelt noch im 18./19. Jh.; die Schreibung mit *e* setzt sich endgültig durch, seitdem der Zusammenhang mit *alt* nicht mehr erkannt wird. Fachsprachlich, bes. in der Psychologie, wird seit Anfang des 20. Jhs. der rückgebildete Singular *Elter* (n. und m.) für 'Elternteil' verwendet.

Emaille f., E m a i l n. 'glasartiger Schmelzüberzug', mit der Miniaturmalerei um 1700 aus frz. *émail* 'Schmelzglas, emailliertes Stück' übernommen. Diesem geht afrz. *esmal*, auch (mit Suffixwechsel im Anschluß an die Pluralform *esmauz*) *esmail* voraus, eine Entlehnung aus dem Germ., wohl aus anfrk. **smalt*, das zu dem unter [1]*schmelzen* (s. d. und *Schmalz*) dargestellten Verb gehört. Im Dt. gilt im 18./19. Jh. zunächst *Email* n.; im 19. Jh. überwiegt das Fem. *Emaille*, während das Neutrum zur Gegenwart hin auf den Süden begrenzt wird. – e m a i l l i e r e n Vb. 'mit Emaille versehen'. Vom 16. bis ins 18. Jh. *ameliren, amuliren* nach älteren frz. Varianten mit *a*-Anlaut (vgl. nordafrz. *asmal*, mfrz. *amal*, mlat. *asmaltus*); um 1700 dringt unter Einfluß von frz. *émailler* die Form *emaillieren* durch.

Emanzipation f. 'Befreiung von Bevormundung', aus lat. *ēmancipātio* (Gen. *ēmancipātiōnis*) 'Freilassung' (eines erwachsenen Sohnes aus der väterlichen Gewalt) im 16. Jh. entlehnt, geläufig seit Ende des 18. Jhs., im 19. Jh. unter Einfluß demokratischer Bewegungen zum Schlagwort werdend, vgl. *Frauen-, Judenemanzipation.* – e m a n z i p i e r e n Vb. 'aus einer Abhängigkeit befreien, selbständig machen', aus lat. *ēmancipāre* (einen Sohn) 'aus der väterlichen Gewalt entlassen, für selbständig erklären'; vgl. lat. *mancipāre* 'zu eigen geben', zu lat. *manus* 'Hand' und *capere* 'nehmen, fassen, ergreifen', und lat. *mancipium* 'Eigentumserwerbung' (ursprünglich durch Griff mit der Hand), auch 'Sklave'. Im 16. Jh. und später mehrfach trans. verwendet *einen Sohn emanzipieren,* seit dem 17. Jh. mit Bedeutungserweiterung (meist refl.) 'von einem Zwang befreien'. e m a n z i p i e r t Part.adj. 'Gleichberechtigung anstrebend bzw. besitzend, selbständig, unabhängig' (Mitte 19. Jh.), besonders attributiv *emanzipierte Frau.*

Embargo n. 'Verbot der Aus- oder Einfuhr bestimmter Güter, des Aus- oder Einlaufens von Schiffen', Übernahme (Mitte 18. Jh.) von span. *embargo* 'Beschlagnahme, Sperre, Hindernis', zunächst für die (zeitweilige) Beschlagnahme eines Schiffes (*ein Schiff mit Embargo belegen*), dann auch von der Sperrung eines Hafens. Span. *embargo* ist abgeleitet von span. *embargar* 'mit Beschlag belegen, hindern, aufhalten', das auf vlat. **imbarricāre* 'in Sperrschranken legen' zurückgeht; zugrunde liegt wahrscheinlich vlat. **barra* 'Querstange' (s. *Barre*).

Emblem n. 'Symbol, Sinnbild', im 16. Jh. aus lat. *emblēma*, griech. *émblēma* (ἔμβλημα) 'eingelegte Arbeit, das (als Schmuck) Eingesetzte', zu griech. *embállein* (ἐμβάλλειν) 'hineinwerfen, einsetzen', s. *Embolie* sowie *Problem.* Bis Anfang 18. Jh. in der Form *Emblema*, Plur. *Emblemata* bzw. *Emblemate* bezeugt; im 18. Jh. setzt sich *Emblem*, Plur. *Embleme*, unter Einfluß von frz. *emblème* durch.

Embolie f. 'Verstopfung eines Blutgefäßes', gelehrte Bildung des 19. Jhs. zu griech. *embolḗ* (ἐμβολή) 'das Hineinwerfen' (hier 'das Eindringen eines Pfropfes'), Verbalabstraktum zu griech. *embállein* (ἐμβάλλειν), einem Präfixverb zu griech. *bállein* (βάλλειν) 'werfen'.

Embryo m. (n.) 'ungeborene Leibesfrucht' (Keim bei Mensch und Tier in frühen Entwicklungsstadien), um 1700 über gleichbed. lat. *embryo* aus griech. *émbryon* (ἔμβρυον) entlehnt, zu griech. *en* (ἐν) 'in, darin' und *brýein* (βρύειν) 'sprossen, strotzen, keimen'. Neben *Embryo* begegnet im 18. Jh. als Nom. Sing. dem Griech. folgendes *Embryon.* Vgl. *embryo* 'das Ursprüngliche, Keim' (Paracelsus).

emeritieren Vb. 'in den Ruhestand versetzen', insbes. von Hochschullehrern (Mitte 19. Jh.), abgeleitet von E m e r i t u s m. 'im Ruhestand Lebender' (18. Jh.), Übernahme von lat. *ēmeritus* 'ausgedient habend', Part. Perf. zu lat. *ēmerērī* 'ausdienen, zu Ende dienen', substantiviert 'ausgedienter Soldat, Veteran'.

Emigrant m. 'Auswanderer', bes. wer seine Heimat verläßt, um politischem Druck zu entgehen; aus dem Part. Präs. lat. *ēmigrāns* (Gen. *ēmigrantis*) von lat. *ēmigrāre* (s. unten) Anfang 17. Jh. entlehnt und ebenso wie *emigrieren* zunächst im Zusammenhang mit der Vertreibung der kärntnischen und steirischen Protestanten gebraucht. – e m i g r i e r e n Vb. 'auswandern' (aus politischen Gründen), aus lat. *ēmigrāre* (*ē* 'aus' und *migrāre* 'wandern'), Anfang 17. Jh. aufkommend. E m i g r a t i o n f. 'Auswanderung', aus gleichbed. lat. *ēmigrātio* (Gen. *ēmigrātiōnis*) entlehnt (Mitte 17. Jh.).

eminent Adj. 'hervorragend, außerordentlich', aus gleichbed. frz. *éminent*, das auf lat. *ēminēns* (Gen. *ēminentis*), Part. Präs. von lat. *ēminēre* 'hervor-, herausragen', zurückgeht. Das lat. Verb ist ebenso wie das anders präfigierte *prōminēre* 'hervorragen, vorspringen' (s. *prominent*) verwandt mit lat. *mōns* 'Berg', eigentl. 'Emporragender'. Das in den 70er Jahren des 18. Jhs. aus dem Frz. entlehnte Wort folgt der lat. Aussprache. – E m i n e n z f. 'Hoheit', Anrede für Kardinäle, im 16. Jh. aus gleichbed. lat. *ēminentia.*

Emotion f. 'Aufregung, Gemütsbewegung', Entlehnung (um 1700) von gleichbed. frz. *émotion*, bis ins 19. Jh. auch 'Volksbewegung, Empörung' (daher im Dt. ebenfalls gelegentlich in diesem Sinne). Frz. *émotion*, mfrz. *esmotion* ist nach dem Vorbild von frz. *motion*, afrz. *mocion* 'Bewegung' (lat. *mōtio*, zu lat. *movēre, mōtum* 'bewegen, erregen, erschüttern') gebildet zu frz. *émouvoir*, afrz. *esmovoir* 'in Bewegung setzen, erregen', aus lat. *exmovēre*, Nebenform von häufigerem lat. *ēmovēre* 'hinaus-, wegschaffen, entfernen, erschüttern'. – e m o t i o n a l Adj. 'aus Emotionen folgend, gefühlsmäßig' (Ende 19. Jh.).

empfangen Vb. 'bekommen, entgegennehmen, in Empfang nehmen', ahd. *intfāhan* (um 800), mhd. *enphāhen, entvāhen*, asächs. *antfāhan*, mnd. *entfān*, aengl. *onfōn*, Präfixbildung (s. *ent-*) zu dem unter *fangen* (s. d.) behandelten Verb (wo Weiteres zur Lautentwicklung). Seit dem Ahd. in vielfachen Verwendungen mit persönlichem und sachlichem Objekt; auch 'schwanger werden' (meist absolut gebraucht); jung *eine (Rund)funksendung empfangen.* – Empfang m. 'Entgegennahme, Aufnahme, offizielle Begrüßung', ahd. *antfang* (9. Jh.), mhd. *antvanc.* Empfänger m. 'Entgegennehmender, Empfangsgerät', ahd. *intfangāri, intfangeri* 'Beschützer, Helfer', eigentl. 'wer jmdn. bei sich aufnimmt, empfängt' (9. Jh.), mhd. *enphāhære* 'Empfänger'; nhd. *Empfaher* überwiegend bis ins 16. Jh., vereinzelt noch bis ins 18. Jh., daneben seit dem 17. Jh. *Empfanger, Empfänger.* Die Bedeutung 'Empfangsgerät' lebt hauptsächlich in Zusammensetzungen wie *Rundfunk-, Fernsehempfänger* (1. Hälfte 20. Jh.). empfänglich Adj. 'aufnahmebereit, -fähig, anfällig', ahd. *antfanglīh* (9. Jh.), mhd. *enphenclich* 'angenehm, willkommen, annehmbar, aufnahmebereit'. In der Bedeutung 'angenehm, annehmbar' geläufig bis ins 17. Jh. Empfängnis f. 'Schwangerwerden', ahd. *intfangnissa* (9. Jh.), spätmhd. *en(t)phencnisse* 'Annahme', auch 'Schwangerschaft' (14. Jh.). Im Nhd. wird der Gebrauch auf 'Schwangerwerden' eingeschränkt.

empfehlen Vb. 'etw. als vorteilhaft vorschlagen, sich verabschieden', mhd. *enphelhen,* (md.) *enphelen,* mnd. *en(t)fēlen* 'zur Bewahrung oder Besorgung oder als Besitz übergeben, anempfehlen', daraus später 'auf etw. empfehlend hinweisen', Präfixbildung (s. *ent-*) zu dem unter *befehlen* (s. d.) behandelten, als Simplex im Mhd. nicht mehr gebräuchlichen Verb. Aus der Abschiedsformel *sich jmdm. empfehlen, empfehlen lassen* entwickelt sich die Bedeutung 'sich verabschieden, wegbegeben'. – Empfehlung f. 'Vorschlag, lobende Beurteilung', spätmhd. *enphelhunge,* zunächst neben mhd. *enphelhnus,* frühnhd. *Empfehlnis,* dann in Konkurrenz zu *Empfehl,* das vom 15. bis 19. Jh. gebräuchlich ist.

empfinden Vb. 'sinnlich wahrnehmen, fühlen, spüren, (leidend) erfahren', ahd. *intfindan* (9. Jh.), mhd. *enphinden, entvinden,* Präfixbildung (s. *ent-*) zu dem unter *finden* (s. d.) behandelten Verb in unterschiedlichen Verwendungen für Vorgänge der sinnlichen Wahrnehmung wie für psychische Erlebensweisen. – empfindlich Adj. 'leicht erregbar, anfällig, spürbar', ahd. *intfindlīh* 'leidensfähig, leidend' (um 1000), mhd. *enphintlich* 'mitfühlend, fühlbar', also dem Verb in unterschiedlichen Auffassungen folgend, einmal 'fühlbar, (leicht, stark) zu empfinden' (*empfindlicher Frost*), wozu sich ein adverbialer Gebrauch 'stark, sehr' (*empfindlich kalt*) stellt, dann 'leicht empfindend, der Empfindung fähig', was sich zu 'anfällig' weiterentwickelt; ein Teil dieser Verwendungen wird im 18. Jh. von *empfindsam* (s. unten) übernommen. Empfindlichkeit f. 'Verletzlichkeit, Feinfühligkeit, Anfälligkeit', spätmhd. *enphintlīcheit* 'Wahrnehmung durch das Gefühl'. empfindsam Adj. 'zartfühlend, gefühlvoll', im 18. Jh. für gleichbed. engl. *sentimental* verwendet und zusammen mit dem folgenden Substantiv zum Modewort werdend; durchgesetzt seit Bodes Übersetzung (1768) von Sternes "A Sentimental Journey through France and Italy" (*Yoricks empfindsame Reise*); vgl. Feldmann in: ZfdWf. 6 (1904/5) 306f. Empfindsamkeit f. 'Zartgefühl, Feinfühligkeit' (18. Jh.), insbes. Bezeichnung für eine von England ausgehende Strömung starker Gefühlsbetonung. Empfindung f. 'Wahrnehmung, Gemütsbewegung, Gefühl', spätmhd. *enphindunge.*

Emphase f. '(affektvoller, übertriebener) Nachdruck (beim Reden), Eindringlichkeit', um 1700 wohl unter Einfluß von gleichbed. frz. *emphase* entlehnt aus lat. *emphasis,* griech. *émphasis* (ἔμφασις) 'Darstellung, Bezeichnung einer Sache, Kraft des Ausdrucks, der mehr andeutet und ahnen läßt, als er ausspricht'; zu griech. *emphaínein* (ἐμφαίνειν) 'aufzeigen, in etw. sichtbar machen, erkennen lassen, andeuten'. In griech.-lat. Form begegnet *Emphasis* bereits vom 16. Jh. an in dt. Texten; der Einfluß frz. Aussprache ist nachweisbar in der Schreibung *amphase* (Elisabeth Ch. v. Orleans, 1706). – emphatisch Adj. 'mit Nachdruck' (um 1700), nach gleichbed. frz. *emphatique,* spätlat. *emphaticus,* griech. *emphatikós* (ἐμφατικός).

empirisch Adj. 'auf Erfahrung beruhend', entlehnt aus lat. *empīricus* 'der Erfahrung folgend' (nur substantiviert und nur in bezug auf Ärzte und Heilkunde), griech. *empeirikós* (ἐμπειρικός) 'erfahren', substantivisch 'Angehöriger der empirischen Ärzteschule, die (in Reaktion auf eine Überbetonung der Theorie) nur die Erfahrung als Grundlage der Medizin gelten läßt'. Vereinzelt seit dem 16. Jh. bezeugt, zunächst vielfach geringschätzig auf

Heilkundige bezogen, die ihre Kenntnisse als Praktiker erwerben, dann (2. Hälfte 18. Jh.) Fachwort der Philosophie und Wissenschaftssprache. – E m p i r i e f. 'Erfahrung, auf Beobachtung der Tatsachen beruhende Erkenntnismethode', entlehnt (Ende 18. Jh.) aus spätlat. *empīria*, griech. *empeiría* (ἐμπειρία) 'Erfahrung, durch Erfahrung gewonnene Einsicht, Kenntnis', im Griech. bes. von der Praxis der empirischen Ärzteschule. E m p i r i k e r m. 'Vertreter der Empirie', zunächst für einen Heilkundigen ohne wissenschaftliche Ausbildung (Mitte 18. Jh.), lat. *empīricus*, griech. *empeirikós* (s. oben). Ausgangspunkt der griech.-lat. Wortfamilie ist griech. *émpeiros* (ἔμπειρος) 'erfahren, kundig', eine Bildung mit griech. *en* (ἐν) 'in' zu griech. *peĩra* (πεῖρα) 'Versuch, Erfahrung', also eigentl. 'in der Erfahrung seiend'.

empor Adv. 'hinauf, aufwärts'. Zugrunde liegen die Präpositionalverbindungen ahd. *in bor(e)* 'in die Höhe', *in bore* 'in der Höhe', zusammengesetzt aus der Präposition *in* (s. d.) und *bor(e)*, Akk. bzw. Dat. von ahd. *bor* 'Höhe, Spitze' (8. Jh.), das auf die gleiche Wurzel zurückgeht wie die unter *empören* (s. d.) genannten dehnstufigen Formen. Aus der Zusammenrückung mhd. *enbor(e)* wird über frühnhd. *entbor* (mit Gleitlaut *-t-*) gemäß der unter *Himbeere* (s. d.) dargestellten Lautentwicklung nhd. *empor*. Die Auffassung 'in der Höhe, oben' (noch bei Adelung 1774) tritt im 18. Jh. zurück; *empor* verbindet sich seitdem fast ausschließlich mit Verben und bezeichnet aufwärtsführende Bewegungen. – E m p o r e f. 'offenes Obergeschoß (in Kirchen), erhöhter Raum', gekürzt im 18. Jh. aus *Emporkirche* (auch *Porkirche, Borkirche*, mhd. *borkirche*, zu ahd. *bor*, s. oben). E m p o r k ö m m l i n g m. 'schnell zu Macht und Einfluß Aufgestiegener' (80er Jahre 18. Jh.), Verdeutschung für *Parvenü* (s. d.).

empören Vb. 'erregen, entrüsten', refl. auch 'sich erheben'. Mhd. *enbœren* 'erheben' erscheint semantisch wie ein Faktitivum zu der unter *empor* (s. d.) behandelten Wortverbindung mhd. *enbor(e)*, weist aber Länge des Vokals auf wie seltenes mhd. *bōr* m. 'Trotz, Empörung'; vgl. mit anderem Präfix ahd. *irbōren* 'sich erheben, sich aufmachen, anfangen' (Hs. 12. Jh.), mhd. *erbœren*. Es handelt sich um Formen, die mit den unter *empor*, *gebühren* (s. d.) genannten verwandt sind, jedoch dehnstufig zur dort angegebenen Wurzel ie. **bher(ə)-* 'tragen, bringen' (s. *gebären*) gebildet sind, hier (wie vielleicht auch in der unter *Berg*, s. d., behandelten Gutturalerweiterung) in der Bedeutung 'er-, aufheben'. Ein gelegentlich auftretender Gleitlaut (vgl. mhd. *entbœren*) ist sekundär. – E m p ö r e r m. 'Rebell, Aufrührer' (16. Jh.). E m p ö r u n g f. 'Rebellion, Aufruhr, Auflehnung' (15. Jh.).

emsig Adj. 'unermüdlich tätig, von ausdauerndem Fleiß', ahd. *emiʒʒīg, emeʒʒīg* 'immerwährend, häufig, eifrig' (um 800), mhd. *emʒec, emʒic* 'beständig, fortwährend, beharrlich, eifrig', eine nur im Dt. vorkommende Bildung, ist abgeleitet von einem gleichbed. Adjektiv, das sich noch als ahd. *emiʒ* in den Adverbien *emiʒʒēn* (Dat. Plur., 9. Jh.), *emiʒʒes* (Gen. Sing., um 1000) 'fortwährend, ständig, immer', in weiteren Ableitungen wie z. B. *emiʒlīh* 'beständig, beharrlich, eifrig' (9. Jh.), mhd. *emʒlīche*, frühnhd. *emslich* Adv. sowie in Zusammensetzungen nachweisen läßt. Wie für anord. *ama* 'belästigen' zieht man als verwandt heran aind. *ámīti* 'dringt an, bedrängt', auch 'versichert eindringlich, schwört', *ámaḥ* 'Andrang, Ungestüm', *ámīvā* 'Krankheit, Leiden', wozu vielleicht auch griech. *aníā, anía* (ἀνία) 'Plage', *omnýnai* (ὀμνύναι) '(be)schwören', das alles unter einem Wurzelansatz ie. **omə-* 'energisch vorgehen', woraus 'fest auf etw. bestehen', aber auch 'quälen, schädigen', zusammengefaßt wird. Neben *emsig* gibt es im älteren Nhd. (15. bis 17. Jh.) oft Formen mit labialem Gleitlaut (*embsig, empsig*); im 18. Jh. und Anfang des 19. Jhs. ist die Schreibung *ämsig* verbreitet. – E m s i g k e i t f. 'Unermüdlichkeit, Eifer', ahd. *emiʒʒĭgheit* 'Eifer, Beharrlichkeit' (Hs. 12. Jh.), mhd. *emʒecheit* 'Stetigkeit, Dauer, Fleiß, Eifer', frühnhd. *Emsikeit, Emsigkeit* (15. Jh.).

Emulsion f. Gemisch von ineinander unlöslichen Flüssigkeiten, von denen die eine in Form feinster Tröpfchen verteilt ist. Zu lat. *ēmulsum*, Part. Perf. von *ēmulgēre* 'ausmelken' (zu lat. *mulgēre* 'melken'), wird als Fachausdruck der Naturwissenschaften, namentlich der Pharmazie, das Verbalsubstantiv nlat. *ēmulsio* (Gen. *ēmulsiōnis*) gebildet; dieses findet sich Anfang des 18. Jhs. in dt. Texten, seit der Mitte des 18. Jhs. *Emulsion*; vgl. älteres frz. *émulsion* (16. Jh.) und engl. *emulsion* (17. Jh.). In der Fotografie wird *Emulsion* Ende des 19. Jhs. als Bezeichnung für die aus

Gelatine und Silbersalzen bestehende lichtempfindliche Schicht üblich.

Ende n. 'Ort oder Zeitpunkt des Aufhörens, Abschluß, äußerste Begrenzung', auch 'letztes, äußerstes Stück', ahd. *enti* 'Ende, Endpunkt, Zielpunkt' (8. Jh.), mhd. *ende* 'Ende, Ziel, Richtung', asächs. *endi*, mnd. *ende*, mnl. *e(i)nde*, nl. *einde*, aengl. *ende*, engl. *end*, anord. *endir*, daneben *endi*, schwed. *ända*, got. *andeis*. Germ. **andja-* 'Ende' führt mit griech. *antíos* (*ἀντίος*) 'gegenüberstehend, entgegengesetzt' auf ie. **antio̯-* 'gegenüber, vor einem liegend', eine Ableitung von ie. **anti* 'gegenüber' (Adv. und Präp.); vgl. aind. *ánti* 'gegenüber, vor, nahe', griech. *antí* (*ἀντί*) 'angesichts, gegenüber, anstatt', lat. *ante* 'vorn, vor'. Dieses ie. **anti*, ursprünglich 'im Angesicht', gehört als erstarrter Lokativ zu ie. **ants* 'Vorderseite, Stirn' (vgl. hethit. *ḫanza* 'Vorderseite, Front'), daneben mit *o*-Suffix ie. **anto-*, worauf aind. *ántaḥ* m. 'Ende, Grenze, Rand' und air. *ētan* 'Stirn' beruhen. Die Präfixe dt. *ant-* (s. *Antlitz, Antwort*) und *ent-* (s. d.) stellen sich ebenfalls zu dieser Wortgruppe. Im Dt. dringt bei *Ende*, das im räumlichen Sinne auch in der Mehrzahl gebräuchlich ist, seit dem 18. Jh. die schwache Pluralform *Enden* durch. – enden Vb. 'aufhören, einen Abschluß finden', ahd. *entōn* (8. Jh.), mhd. *enden* 'beenden, vollbringen, enden, sterben' sowie gleichbed. asächs. *endion*, mnd. *enden*, mnl. *e(i)nden*, aengl. *endian*, engl. *to end*, anord. *enda*; früh zum unter *Ende* (s. oben) dargestellten Substantiv gebildet; im Dt. in älterer Zeit überwiegend trans., heute nur noch intrans. mit der Bedeutung 'aufhören', die bis Anfang des 19. Jhs. auch durch refl. Gebrauch ausgedrückt wird. Als trans. Verb ist jetzt die Präfixbildung beenden 'zum Abschluß bringen' (17. Jh.) üblich. Völlig bedeutungsgleich mit *enden* und *beenden*, in der Gegenwart aber zurücktretend und gewähltem Stil vorbehalten sind die jüngeren Verben endigen (15. Jh., vorher schon mnd. *endigen*, vgl. auch nl. *eindigen*) und beendigen (17. Jh.), für deren Bildung auf das Adjektiv spätmhd. *endec* 'zu Ende kommend, schnell, eifrig', mnd. *endich* 'endgültig, rasch' hinzuweisen ist. Eine weitere Präfixbildung zu *enden* ist verenden Vb. 'sterben' (von Tieren), ahd. *firentōn* 'beenden, vernichten, sterben' (um 1000), mhd. *verenden* 'beenden, ein Ende nehmen, sterben', im Nhd. vom 18. Jh. an auf die heutige Verwendung eingeschränkt. Endung f. 'Wortausgang, Endsilbe', namentlich als Flexionszeichen, ahd. *entunga* 'das Aufhören, Ende, Begriffsbestimmung' (9. Jh.), *gientunga* 'Begriffsbestimmung' (8. Jh.), spätmhd. *endunge* 'Ende, Vollendung, Austrag'; vgl. mnd. *endinge*, mnl. *e(i)ndinge*, aengl. *endung*, engl. *ending*, anord. *ending* 'Ende, Beendigung'; als grammatisches Fachwort seit dem 15. Jh. endlich Adj. 'in Raum und Zeit begrenzt', auch 'abschließend, am Ende kommend', so vor allem adverbiell 'schließlich, zuletzt', häufig Ausdruck der Ungeduld nach langem Warten, mhd. *endelich* 'am Ende kommend, endgültig, eifrig, eilig'; von den mhd. Bedeutungen gilt 'eifrig, eilig' (eigentl. 'zielstrebig') auch frühnhd. bis ins 17. Jh., 'endgültig' gelegentlich noch im 19. Jh.; seit dem 17. Jh. steht *endlich* außerdem (entsprechend vorausgehendem *unendlich*, s. unten) im Sinne von 'irdisch, sterblich', in der Mathematik etwa seit 1700 für 'räumlich und zeitlich begrenzt' (*eine endliche Größe, Menge*). unendlich Adj. 'kein Ende habend, unbegrenzt, unermeßlich', ahd. *unentilīh* 'unbegrenzt, endlos' (9. Jh.), mhd. *unendelich* 'endlos, zahllos, unvollendet, untüchtig', diese Verwendungen leben noch im älteren Nhd.; Anfang des 16. Jhs. wird *unendlich* philosophischer und mathematischer Terminus; rein verstärkender adverbieller Gebrauch seit dem 18. Jh.

Endivie f. Die Bezeichnung der aus dem Mittelmeergebiet stammenden, zu den Korbblütlern gehörenden Salatpflanze, zuerst frühnhd. *enduvie* (15. Jh.), seit dem 16. Jh. *Endivie* (daneben *Antifi, Antivi*), ist (wie mnd. *endīvie, andīvie*, nl. *andijvie*, engl. *endive*) Übernahme aus dem roman. Sprachbereich, vgl. frz. *endive*, ital. *indivia, endivia*, span. *endibia, endiva*. Zugrunde liegt ein als lat. *intibus, intibum*, auch *intubus, intubum*, spätlat. *intiba*, griech. *éntybon* (*ἔντυβον*) bezeugter, aber auch im Semit. vorkommender Name, der vielleicht aus einer alten Mittelmeersprache stammt; die Entlehnungsverhältnisse sind jedoch ungeklärt. Gegen die direkte Herleitung der roman. Formen (und der wohl aus ihnen entwickelten Form mlat. *endivia*) von lat. *intibum*, spätlat. *intiba* bestehen aus lautlichen Gründen Bedenken. Daher wird neuerdings für span. *endibia* (und somit vielleicht auch für die übrigen roman. Entsprechungen) Anschluß an das Semit., bes. an arab. *hindibā', anṭūbiyā* erwogen; vgl. COROMINAS 2, 267f.

endogen Adj. 'durch innere Einflüsse entstehend, von innen verursacht', Fachwort, bes. der Medizin, im 19. Jh. mit dem Kompositionsglied *-gen* (s. d.) gebildet zu griech. *éndon* (ἔνδον) 'innen, drinnen', auch 'zu Hause' und 'hinein', sicher unabhängig von griech. *endogenḗs* (ἐνδογενής) 'im Hause geboren' (bes. von Sklaven). Analog dazu entsteht gleichzeitig das Antonym e x o g e n Adj. 'durch äußere Einflüsse entstehend, von außen stammend', zu griech. *éxō* (ἔξω) 'außen, hinaus'.

Energie f. 'Tatkraft, Nachdruck', als naturwissenschaftlicher Terminus 'Arbeitsvermögen physikalischer Systeme'. Griech. *enérgeia* (ἐνέργεια) 'Wirksamkeit, wirkende Kraft', zum Adjektiv griech. *energḗs* (ἐνεργής) 'wirkend, kräftig', einer Bildung zu griech. *érgon* (ἔργον) 'Werk, Sache' (verwandt mit *Werk*, s. d.), wird über gleichbed. spätlat. *energīa* als *énergie* ins Frz. entlehnt und von dort in der ersten Hälfte des 18. Jhs. ins Dt. übernommen. Hier findet es im letzten Drittel des 18. Jhs. bes. durch Herder sowie unter dem Einfluß von frz. Revolutionsschriften, die frz. *énergie* als Schlagwort bekannt machen, allgemeine Verbreitung. In der Physik setzt sich *Energie* in der zweiten Hälfte des 19. Jhs. gegenüber älterem *lebendige Kraft* als Fachausdruck durch (engl. *energy* jedoch schon bei Young 1807). – e n e r g i s c h Adj. 'voller Tatkraft, nachdrücklich', nach gleichbed. frz. *énergique* (2. Hälfte 18. Jh.).

eng Adj. 'wenig Raum lassend, begrenzt' und 'dicht beeinander, gedrängt', ahd. *engi* (8. Jh.), mhd. *enge*, asächs. *engi*, mnd. *enge*, mnl. *enghe*, nl. *eng*, aengl. *enge*, anord. *ǫngr*, *øngr*, got. *aggwus*, daneben die umlautlosen Adverbformen ahd. *ango* (9. Jh.), mhd. *ange* (s. *bange*). Das gemeingerm. Adjektiv (ein alter *u*-Stamm, germ. **angu-*) und das davon abgeleitete Abstraktum *Angst* (s. d.) führen zusammen mit aind. *aṁhúḥ* 'eng' (in *aṁhubhḗdī*), lat. *angiportus* (aus **anguportus*) 'enges Gäßchen' sowie der Erweiterung aslaw. *ǫzъkъ*, russ. *úzkij* (*узкий*) 'eng, schmal' auf ie. **an̂ghu-*, eine Adjektivbildung zur Wurzel ie. **an̂gh-* 'eng, einengen, schnüren' (mit früher Übertragung in den seelischen Bereich, vgl. aind. *áṁhaḥ* 'Angst, Bedrängnis', lat. *angor* 'Beklemmung, Angst'), an die wohl auch *Angina* (s. d.) anzuschließen ist. Dazu E n g e f. 'Begrenztheit, Beschränkung, Gedrängheit', ahd. *engī(n)* (8. Jh.), mhd. mnd. *enge*, aengl. *engu* (vgl. die Zusammensetzungen *Meerenge*, 17. Jh., und *Landenge*, 18. Jh. für älteres *Erdenenge*, Stieler 1691) und das heute ungebräuchliche e n g e n Vb. 'eng machen', ahd. *engen* 'bedrängen, quälen' (8. Jh.), mhd. mnd. *engen* 'eng machen, beengen, in die Enge treiben' (vgl. anord. *øngja* 'drängen, zwingen, klemmen', got. *gaaggwjan* 'bedrängen', aengl. *geenged* 'bedrängt, besorgt'), das durch die Präfixbildungen b e e n g e n Vb. 'einschränken, behindern', v e r e n g e n Vb. 'enger machen', refl. 'enger werden' und e i n e n g e n Vb. 'enger machen, einschränken' (alle 17. Jh.) abgelöst wird. – E n g p a ß m. 'schmaler Gebirgspaß', Anfang des 19. Jhs. aufkommend, seit der 2. Hälfte des 19. Jhs. auch übertragen 'Notlage', daher im 20. Jh. häufig für 'wirtschaftliche Schwierigkeiten, Versorgungsmängel', vgl. russ. *úzkoe mésto* (*узкое место*).

engagieren Vb. 'in ein Arbeitsverhältnis nehmen' (bes. bei Bühne und Film), auch 'zum Tanz auffordern', refl. 'sich für eine Angelegenheit voll einsetzen'. Zu frz. *gage* 'Pfand, Bürgschaft' (s. *Gage*) gebildetes frz. *engager* 'verpfänden, verpflichten, binden' wird um die Mitte des 17. Jhs., versehen mit der für fremde Verben kennzeichnenden Endung *-ieren*, in seinen unterschiedlichen Verwendungen ins Dt. übernommen. Zunächst (17. Jh.) ist *engagieren* namentlich im Sinne von 'in Kampfhandlungen verwickeln, verpflichten' und 'veranlassen' (refl. 'sich verpflichten, sich in etw. einlassen') üblich, dann auch in den bis heute geltenden Bedeutungen 'in Dienst nehmen' (18. Jh.) und 'zum Tanz auffordern' (Anfang 19. Jh.). Das seit Beginn der Bezeugung in prädikativer Stellung häufigere Part.adj. *engagiert* 'gebunden, besetzt' (durch Verpflichtungen, eine Einladung, eine Verlobung) steht von der Mitte des 19. Jhs. an auch für 'berührt, unmittelbar betroffen' (*persönlich engagiert sein*); hieran läßt sich der moderne refl. Gebrauch 'sich mit innerer Anteilnahme für etw. einsetzen' (Anfang 20. Jh.) anschließen. – E n g a g e m e n t n. 'Arbeitsverhältnis bei Bühne oder Film' (Anfang 19. Jh.) sowie 'innere Anteilnahme, voller

Einsatz' (Mitte 20. Jh.), Entlehnung von frz. *engagement* m. 'Verpfändung, Verpflichtung, Bindung', Verbalsubstantiv zu frz. *engager* (s. oben), seit dem 17. Jh. im Dt.

Engel m. In der Benennung des nach jüdischer und christlicher Vorstellung als Mittler zwischen Gott und den Menschen auftretenden überirdischen Wesens stimmen alle germ. Sprachen überein: ahd. *engil* (8. Jh.), mhd. *engel*, asächs. *engil*, mnl. *enghel*, mnd. nl. aengl. *engel*, engl. *angel*, anord. *engill*, schwed. *ängel*, got. *aggilus*. Diesen Formen liegt lat. *angelus* sowie vorausgehendes griech. *ángelos* (*ἄγγελος*) 'Bote, Botschaft', in der Bibel (als Übersetzung von hebr. *mal'āk*) 'Bote Gottes' zugrunde. Während für das Got. die unmittelbare Entlehnung aus dem Griech. feststeht, bleibt umstritten, ob ahd. *engil* mit der Lehre des Arianismus aus dem Got. übernommen ist oder, was als wahrscheinlicher gilt, auf lat. *angelus* beruht. Für griech. *ángelos* (*ἄγγελος*) 'Bote, Botschaft' wird unter Hinweis auf griech. *ángaros* (*ἄγγαρος*) 'reitender persischer Eilbote' orientalischer Ursprung vermutet. – Erzengel m. 'einer der obersten Engel', ahd. *archengil* (9. Jh., Konjektur!), mhd. *erzengel* nach gleichbed. lat. *archangelus*, griech. *archángelos* (*ἀρχάγγελος*); zum ersten Kompositionsglied s. *Erz-*.

Engerling m. Larve des Maikäfers, der Dasselfliege. Neben ahd. *angar* (11. Jh.), mhd. *anger, enger* stehen die abgeleiteten Suffixbildungen ahd. *engiring* (10. Jh.), *engirling* (11. Jh.), mhd. *engerlinc*. Verwandt sind lit. *ánkštara, inkstìras* 'Pickel, Mitesser, Trichine', russ. *úgor'* (*угорь*) 'Finne, Pickel, Mitesser', slowen. *ógrc* 'Engerling, Mitesser', die wie die dt. Formen ein *r*-Suffix aufweisen, so daß Anschluß an ie. *$*ang^{u}(h)$*- bzw. *$*ang^{u}(h)i$*- 'Schlange' (wozu auch lat. *anguis* 'Schlange') möglich ist; zur weiteren Verwandtschaft s. *Eidechse* und *Unke*. In mittelalterlicher und heutiger landschaftlicher Sprache gilt der Name *Engerling*, obd. *Anger, Inger*, oft für jede größere Insektenlarve, für Schädlinge an Getreide und Hülsenfrüchten, teilweise auch für jede Art Wurm in der Erde.

Enkel m. 'Sohn des Sohnes oder der Tochter', in weiterem Sinne überhaupt 'direkter Nachkomme in der dritten Generation', im Plur. auch allgemein 'künftige Geschlechter'. Ahd. *eniklīn* n. (Hs. 13. Jh.), mhd. *eninklīn* n. (12. Jh.), *eninkel, enenkel* m. ist eine Deminutivbildung zu ahd. *ano* 'Vorfahre, Großvater' (s. *Ahn*) mit dem westgerm. Verkleinerungssuffix *-(n)kl-*, das im Ahd. stets zusammen mit ebenfalls deminutivem *-ī(n)* vorkommt; vgl. Kluge Stammbildungslehre ³33f. Offenbar wird bei den Germanen wie bei anderen ie. Völkern die Bindung zur übernächsten Generation als besonders stark angesehen, was oft auch in der Namengebung zum Ausdruck kommt. Vergleichbare Ableitungen außerhalb des Germ. sind lat. *avunculus* 'Onkel' von lat. *avus* 'Großvater, Ahn' (verwandt mit *Oheim*, s. d.) und wahrscheinlich auch aslaw. *vъnukъ*, russ. *vnuk* (*внук*) 'Enkel', das sich von urslaw. **ъn-*, wohl einer Ablautstufe der Wurzel ie. **an-* 'Vorfahre' (s. *Ahn*), herleitet. Im Dt. tritt *Enkel* seit dem 16. Jh. in der Literatursprache an die Stelle von *Neffe* (s. d.), *Kindeskind* und landschaftlichem *Diechter* (s. *Dirne*), die zuvor in gleicher Bedeutung gebräuchlich sind. Dabei setzt sich die heutige zweisilbige Form vom 16. Jh. an gegenüber einer Vielzahl frühnhd. Varianten (noch im 17. Jh. *Enenckel, Enickel, Enencklein, Encklein*) durch. *Enkel*, vereinzelt noch im 18. Jh. als Neutr. verwendet, gilt zunächst für die Nachkommen beiderlei Geschlechts in der dritten Generation; daneben wird seit dem 17. Jh. die Ableitung Enkelin f. üblich, die Adelung jedoch 1774 noch ablehnt. – Urenkel m. 'direkter Nachkomme in der vierten Generation', spätmhd. *ureniklīn* (s. *ur-*) nach dem Vorbild von mhd. *urane* (s. *Ahn*).

Enklave f. 'vom eigenen Staatsgebiet umschlossener Teil eines fremden Staates'. Gleichbed. afrz. frz. *enclave*, abgeleitet vom Verb afrz. frz. *enclaver* 'umschließen', das zu lat. *clāvis* 'Schlüssel, Riegel' (s. *Klause*) gebildetes vlat. **inclāvāre* fortsetzt (vgl. mlat. *inclavare* 'einschließen, einfügen, verbinden', dieses aber wohl erst auf der frz. Form basierend), wird Anfang des 19. Jhs. als Ausdruck des politisch-diplomatischen Verkehrs ins Dt. übernommen; die Schreibung *Enclave* bleibt noch bis in die 80er Jahre des 19. Jhs. üblich. Bereits im 18. Jh. findet sich in dt. Texten auch das Verb *enclavieren* 'einschließen' als Entlehnung von frz. *enclaver*. Neben *Enklave* tritt Ende des 19. Jhs. die den gleichen Sachverhalt von anderem Standpunkt aus bezeichnende Neubildung Exklave f. 'abgetrennter, von fremdem Staatsgebiet umschlossener Teil des eigenen Staates' (in Analogie zu ursprünglich lat. Wörtern mit *ex-* 'aus-, heraus-', s. d.); voraus geht ein schon in der ersten Hälfte des 19. Jhs. bezeugtes Part. Prät. *exclaviert.*

enorm Adj. 'sehr groß, von ungewöhnlichem Ausmaß'. Lat. *ēnōrmis* 'unregelmäßig, übermäßig, ungeheuer', mit lat. *ex* 'aus' zu lat. *nōrma* 'Winkelmaß, Richtschnur, Regel, Vorschrift' (s. *Norm*) gebildet, gelangt mit der Terminologie des römischen Rechts als Beiwort, das die besondere Schwere eines Verbrechens ausdrückt, im 16. Jh. in den Sprachgebrauch der Juristen und findet in diesem Bereich seit Ende des 17. Jhs. auch in eingedeutschter Form Verwendung. Unter dem Einfluß von (aus lat. *ēnōrmis* entlehntem) frz. *énorme* 'unermeßlich, ungeheuer' wird das Adjektiv um die Mitte des 18. Jhs. breiteren Kreisen bekannt.

Enquete f. 'Befragung, Ermittlung, Erhebung', zuerst Mitte des 19. Jhs. als staatsrechtlicher Terminus für die Nachforschungen eines von einem Parlament eingesetzten Untersuchungsausschusses verwendet und seit den 80er Jahren des 19. Jhs. allgemeiner gebräuchlich, Übernahme von frz. *enquête* 'Zeugenverhör, Untersuchung, Befragung'. Dieses frz. Substantiv setzt die feminine Form eines Part. Perf. vlat. **inquaesitus* voraus, das (in Anlehnung an das Simplex lat. *quaerere* 'suchen, fragen, forschen') für lat. *inquīsītus* (von lat. *inquīrere* 'aufsuchen, nachforschen', s. *Inquisition*) eingetreten ist.

Ensemble n. 'aus zusammengehörigen Teilen bestehendes einheitliches Ganzes', heute bes. 'gemeinsam auftretende Gruppe von Musikern, Sängern, Tänzern' und 'Gesamtheit der Bühnenkünstler eines Theaters'. Als Übernahme von frz. *ensemble* 'Gesamtheit, Einheit, Übereinstimmung' ist das Substantiv zunächst (Ende 18. Jh.) Ausdruck der Architektur und bildenden Kunst sowie des Theaters, wo es das ausgewogene Zusammenspiel und daher seit dem ausgehenden 19. Jh. auch die Gemeinschaft der Darsteller bezeichnet. Ferner hat *Ensemble*, der frz. Vorlage entsprechend, seit Anfang des 19. Jhs. die Bedeutung 'Musikstück für mehrere Instrumente oder Singstimmen'. Erst Mitte des 20. Jhs. werden die Verwendungen 'aufeinander abgestimmte Kleidungsstücke' und 'Instrumental-, Gesangs- und Tanzgruppe' üblich, letztere wohl im Anschluß an in diesem Sinne gebräuchliches russ. *ansámbl'* (*ансамбль*); dieses beruht ebenfalls auf frz. *ensemble*, einer Substantivierung des Adverbs frz. *ensemble* 'miteinander, zusammen', dem lat. *insimul* (klass.lat. *īnsimul*) 'zugleich, zusammen', jüngere Bildung zu gleichbed. lat. *simul* (s. *simultan*), zugrunde liegt.

ent- Präfix bei Verben (und bei deverbativen Ableitungen), das Hinwendung zu einem Gegenüber, den aufhebenden Gegensatz einer Handlung sowie ein Entfernen ausdrückt. Die gemeingerm. Vorsilbe ahd. (8. Jh.), mhd. *ant-*, asächs. *and-*, *ant-*, mnd. mnl. nl. *ant-*, aengl. anord. *and-*, got. *and(a)-* (selbständige Präpositionen sind noch got. *and* 'entlang, über ... hin, auf ... hin', asächs. *ant* 'bis zu'), die bei Nomina unter dem Hauptton ihren Vokal bewahrt (s. *Antlitz, Antwort* und *anheischig*), ergibt unbetont bei Verben ahd. *int-*, *in-* (8. Jh.), mhd. *ent-*, *en-*, nhd. *ent-*; in einigen Fällen steht im Nhd. vor einem mit *f-* anlautenden Simplex die assimilierte Form *emp-* (s. *empfangen, empfehlen, empfinden*). Das vorauszusetzende germ. **and(a)-* gehört mit aind. *ánti* 'gegenüber, vor, nahe', griech. *antí* (*ἀντί*) 'angesichts, gegenüber, anstatt', lat. *ante* 'vorn, vor' und lit. *añt* 'auf, zu, gegen' (älter *anta*) zu ie. **ant-* 'Vorderseite, Stirn' (ebenfalls verwandt ist dt. *Ende*, s. d.). Die ursprüngliche Bedeutung 'gegen, entgegen' (vgl. got. *andstandan* 'entgegenstehen, widerstreiten') ist heute im Dt. nur noch in wenigen Fällen erkennbar (z. B. *entbieten, entsprechen*). Häufiger sind trans. Präfixbildungen zur Bezeichnung einer Handlung, die das mit dem einfachen Verb Ausgesagte rückgängig macht (z. B. *entfalten, entladen, entspannen, enttäuschen*), wobei dieses Verb auch eine denominative Ableitung sein kann (z. B. *entadeln, entehren, entwaffnen, entwürdigen*). Solchen Vorbildern folgen präfigierte Verben, die unmittelbar auf ein Substantiv (Privativa wie *entlarven, entrinden, entseelen, entvölkern*) oder ein Adjektiv (*entmündigen, entsittlichen*) zurückgehen. Schließlich weist *ent-* bei trans. und intrans. Verben auf eine Trennung, einen vom Ausgangspunkt wegführenden Vorgang hin (z. B. *entfernen, entnehmen, entreißen, entfliehen, entgehen, entweichen*), gelegentlich im Sinne eines Hervortretens, Sichtbarwerdens (z. B. *entsprießen, entsprin-*

gen). Wahrscheinlich anderer Herkunft als in den bisher genannten Bildungen und mit deren Präfix erst durch formalen Ausgleich zusammengefallen ist nhd. *ent-* in Verben, die das Eintreten in einen Zustand angeben (Inchoativa oder Ingressiva, z. B. *entbrennen, entflammen, entzünden*); hier kann ahd. *in-*, mhd. *in-, en-* 'in, ein' als Vorstufe angenommen werden (vgl. den Lautwandel der Präp. ahd. mhd. *in* bei *entgegen, entzwei*, s. d., auch *entlang*). Auf Sonderentwicklungen beruht *ent-* in *entbehren* (s. d.) und in *entweder* (s. d.).

entbehren Vb. 'dringend Benötigtes nicht haben, missen', ahd. *inberan* (9. Jh.), mhd. *enbern*, mnd. *en(t)bēren*, mnl. *ontbēren*, nl. *ontberen*. Dem im Nhd. nicht mehr gebräuchlichen, nur in der Präfixbildung *gebären* (s. d.) noch erhaltenen gemeingerm. Verb ahd. *beran*, mhd. *bern*, mnd. *bēren* 'tragen, hervorbringen' ist wohl die Negationspartikel ahd. *ni*, mhd. *ne* (s. *nein, nicht, nie*) vorangestellt, die in proklitischer Stellung ihren Vokal verlieren und dann einen schwachen vokalischen Anlaut entwickeln kann (vgl. mhd. *ich enkan, enmac, enweiȝ* 'ich kann, weiß nicht'). Die heutige Bedeutung ergibt sich demzufolge aus 'nicht tragen, nicht bei sich haben', und die Angleichung an den verbreiteten Verbtypus mit der Vorsilbe *ent-* (s. d.) erfolgt sekundär (*t*-Einschub zuerst mnd. und frühnhd.); vgl. aber de Vries Nl. 486, der von nl. *ont-*, dt. *ent-* ausgeht. Bis ins 16. Jh. wird *entbehren* stark flektiert (wie jetzt noch *gebären*); neben der bis dahin allein üblichen Verbindung mit einem Genitiv, der als von der Negation abhängiger partitiver Genitiv anzusehen ist, kommt trans. Gebrauch ebenfalls im 16. Jh. auf. – Entbehrung f. 'Mangel, Not', mnd. *entbēringe* (15. Jh.), hd. seit dem 17. Jh.; entbehrlich Adj. 'nicht notwendig' (17. Jh.).

entdecken Vb. 'Unbekanntes, Verborgenes auffinden', mit Dat. auch 'jmdm. etw., sich offenbaren', ahd. *in(t)thecken* (8. Jh.), mhd. *endecken*, mnd. *en(t)decken* 'aufdecken, entblößen, erkennbar machen, offenbaren', mnl. nl. *ontdekken* 'auf-, abdecken, offenbaren, auffinden'. Die Präfixbildung (s. *ent-*) zu dem unter *decken* (s. d.) dargestellten Verb bezeichnet zunächst im konkreten Sinne das Abnehmen einer Bedeckung (so nl. noch heute, im Dt. bis ins 18. Jh.), doch zeigt bereits das Ahd. metaphorischen Gebrauch 'enthüllen, offenbaren'. Die in der Gegenwart vorherrschende Verwendung 'durch Auffinden von Unbekanntem das Wissen über die Welt erweitern' ist seit dem 16. Jh. nachzuweisen. Dazu Entdecker m. 'wer Unbekanntes auffindet' (17. Jh.), vorher 'Abdecker, Schinder' (15. Jh.); Entdeckung f. 'das Auffinden von Unbekanntem', auch 'überraschend Aufgefundenes, neues Wissen', spätmhd. *entdeckunge* 'Offenbarung', mnd. *en(t)deckinge* 'Anzeige, Offenbarung'.

[1]**Ente** f. Schwimmvogel, ahd. *anut* (10. Jh.), *enita* (11. Jh.; dagegen ahd. *anata*, 10. Jh., und *aneta*, 11. Jh., aus vlat. *anata*?), mhd. *ant, ente*, mnd. *ānt, ānet*, mnl. *aent, eent, ent*, nl. *eend*, aengl. *ened*, anord. *ǫnd*, schwed. *and* setzen germ. **anuð-* bzw. **anuði-* oder (mit Suffixablaut) **anið-* voraus. Mit lat. *anas* (Gen. *anatis*), lit. *ántis*, kslaw. *ǫty*, russ. *útka* (*утка*) wird germ. **anuð-* auf ie. **anət-* 'Ente, Wasservogel' zurückgeführt, wozu ablautend (ie. **n̥ti̯-*) griech. *nē̃ssa* (*νῆσσα*), (att.) *nē̃tta* (*νῆττα*) 'Ente' und vielleicht auch aind. *ātíḥ, ātí* 'Wasservogel'. *Ente* bezeichnet sowohl den wildlebenden wie auch den gezähmten Wasservogel; dazu die verdeutlichenden Komposita *Wildente, Hausente* (beide 15. Jh.). – Enterich m. 'männliche Ente' (neben *Erpel*, s. d.), ahd. *anutrehho* (11. Jh.), mhd. *antreche, antrach, entrech, antreich, entreich*, nhd. (schwäb.) *Antrech*, mnd. *āntreke, āntdrāke*. Das zweite Kompositionsglied, verwandt mit nd. *Drāke*, engl. *drake* 'Enterich' (Herkunft ungeklärt), hat sich in seiner Entwicklung den Eigennamen auf *-rich* angeglichen.

[2]**Ente** f. 'falsche Nachricht, Zeitungslüge', kurz nach 1850 auftretende Übersetzung von gleichbed. frz. *canard*, eigentl. 'Ente' (s. *Cancan*). Ausgangspunkt sind Redensarten wie mfrz. *vendre des canards à moitié* 'täuschen', frz. *donner des canards à qn.* 'jmds. Erwartungen enttäuschen'. Eine Verbindung mit der im Frühnhd. begegnenden Wendung *von blauen Enten predigen* 'unwahre Geschichten erzählen' ist unwahrscheinlich.

Entente f. 'auf Interessenübereinstimmung beruhendes (Staaten)bündnis', Entlehnung von gleichbed. frz. *entente*, eigentl. 'Einverständnis, Übereinstimmung', älter 'Aufmerksamkeit, Absicht, Sinn, Auffassung'; dieses gehört zu frz. *entendre* 'aufmerken, beabsichtigen, hören, verstehen, meinen' und entspricht dem Fem. von vlat. *intenditus* (lat. *intentus*), Part. Perf. des zugrundeliegenden Verbs lat. *intendere* 'hinwenden, beabsichtigen, seine Aufmerksamkeit auf etw. richten'. Im Dt. bezeugt seit der 1. Hälfte des 19. Jhs. im Sinne von 'Übereinstimmung', dann für 'Staatenbündnis' seit dem Bündnisvertrag zwischen Frankreich und England von 1904, der *Entente cordiale* (Wiederaufnahme einer zuerst für das gute Einvernehmen zwischen Louis Philippe und England 1840 bis 1848 geltenden Fügung); vgl. frz. *cordial* 'herzlich'.

entern Vb. 'ein feindliches Schiff ersteigen und erobern'. Ins Hd. im 17. Jh. aus dem Nd. vorgedrungen; mnd. *entern* (15. Jh.) ist aus gleichbed. mnl. *enteren* entlehnt, das auf span. *entrar* 'hineingehen, überfallen, erobern', lat. *intrāre* 'hineingehen, betreten' zurückführt. Seemannssprachlich ferner 'in die Takelung eines Schiffes klettern'; seit dem 18. Jh. auch allgemein 'etw. erklettern'.

Enthusiasmus m. 'leidenschaftliche Begeisterung', entlehnt im 16. Jh. aus griech. *enthūsiasmós* (ἐνθουσιασμός) 'Begeisterung, Verzückung'; zu griech. *éntheos* (ἔνθεος), kontrahiert *énthūs* (ἔνθους) 'gottbegeistert, von einem Gott ergriffen' (eigentl. 'in sich Gott habend') gehörig, vgl. griech. *theós* (θεός) 'Gott' und *en* (ἐν) 'in'. Im Dt. zunächst abschätzig im Sinne religiöser Schwärmerei und Ekstase (bei Luther 1538), seit dem 18. Jh. 'Begeisterung für ein hohes Ziel, eine gute Sache'. – E n t h u s i a s t m. 'Begeisterter', aus griech. *enthūsiastḗs* (ἐνθουσιαστής) in der kirchensprachlichen Bedeutung 'ekstatischer Sektierer' im 16. Jh. ins Dt. entlehnt und bis ins 18. Jh. im Sinne von 'Schwärmer' verwendet. e n t h u s i a s t i s c h Adj. 'leidenschaftlich, begeistert, überschwenglich' (16. Jh.), vgl. griech. *enthūsiastikós* (ἐνθουσιαστικός).

entschließen Vb. 'sich (für etw.) entscheiden, sich dazu bringen, etw. Bestimmtes in Angriff zu nehmen', ahd. *intsliozan* 'aufschließen, öffnen' (8. Jh.), mhd. *entsliezen* 'aufschließen, befreien, lösen, erklären', frühnhd. (16. Jh.) in refl. Verwendung im Sinne von 'einen Vorsatz, Entschluß fassen'. Zur Etymologie s. *ent-* und *schließen*. – e n t s c h l o s s e n Part.adj. 'von festem Entschluß, entschieden, tatkräftig', vereinzelt seit dem 16. Jh., geläufig seit dem 17. Jh.; dazu E n t s c h l o s s e n h e i t f. (18. Jh.). E n t s c h l i e ß u n g f. 'Beschluß (eines Gremiums), Resolution' (16. Jh.). E n t s c h l u ß m. 'Willensentscheidung (eines einzelnen), feste Absicht, etw. Bestimmtes zu verwirklichen' (17. Jh.).

entsetzen Vb. 'erschrecken, aus Umzingelung befreien, eines Amtes entheben' schließt an die reiche Bedeutungsentwicklung des Verbs im Mhd. an. Ahd. *in(t)sezzen* 'im Stich lassen, verlassen, zurücklassen, berauben' (um 800), mhd. *entsetzen* 'zurück-, absetzen, aus dem Besitz bringen, berauben, befreien', (bei den Mystikern) 'außer Fassung bringen', refl. 'sich scheuen, fürchten' sind Kausativa zu ahd. *in(t)sizzen* '(sich) fürchten, erschrekken' (8. Jh.) und (die Ausgangsbedeutungen noch bewahrendem) mhd. *entsitzen* 'aus der Lage, dem (ruhigen) Sitz kommen, (sich) fürchten, erschrecken', aber auch 'sitzen bleiben, sich behaupten, widersetzen' sowie 'wegnehmen'. Zur Etymologie s. *ent-*, *sitzen* und *setzen*. – E n t s a t z m. 'Befreiung, Befreiungsheer' (16. Jh.), auch *Entsatzheer*. E n t s e t z e n n. 'Furcht, Grauen, Schrecken', vereinzelt seit dem 16. Jh., löst das im 15./16. Jh. geläufige *Entsitzen* 'Scheu, Furcht' ab. e n t s e t z l i c h Adj. 'Entsetzen auslösend, grauenvoll, schrecklich' (16. Jh.).

entsprechen Vb. 'übereinstimmen, gemäß sein, (einem Wunsche) nachkommen'. Mhd. *entsprechen* bedeutet 'durch Worte von etw. abbringen, entgegnen, antworten', refl. 'sich verteidigen, entschuldigen' (zur Etymologie s. *ent-* und *sprechen*). Wie andere Verben der Bedeutung 'antworten' (z. B. lat. *respondēre*) entwickelt *entsprechen* im Alem. (16. Jh.) die Bedeutung 'zu etw. anderem in einer bestimmten Relation stehen, mit etw. korrespondieren, übereinstimmen'. Allgemein wird *entsprechen* in dieser Verwendung seit Mitte des 18. Jhs. gebraucht (von Lessing 1759 empfohlen).

entweder Konj., heute stets in Verbindung mit *oder* (s. d.) gebräuchlich, um der Gegenüberstellung zweier einander ausschließender Aussagen stärkeren Nachdruck zu verleihen. Ahd. *ein(h)wedar* (um 1000), mhd. frühnhd. *ein(t)weder*, *entweder*, mnd. *ēntwēder* ist Pronomen 'einer von beiden' (frühnhd. auch 'keiner von beiden') und Konjunktion 'entweder', die aus einem die alternative Äußerung einleitenden Neutr. des Pronomens stammt ('eines von beiden: . . .'). Nur als Pronomen bezeugt sind asächs. *ēndihweðar* 'einer von beiden', got. *ainhvaþaruh* 'jeder von beiden'. Der seit dem Mhd. vorkommende Dental *-t-* kann eingeschobener Gleitlaut sein; möglicherweise ist jedoch von einer (der asächs. Bildung entsprechenden) nicht überlieferten Form ahd. **einthi(h)wedar* auszugehen, die als zweites Glied ahd. *the(h)wedar* Pron. 'jeder von beiden, einer von beiden' (um 1000) statt ahd. *(h)wedar* Pron. 'welcher von beiden' (8. Jh., s. *weder*) aufweist; zum ersten Glied s. *ein* Num.

entwerfen Vb. 'skizzieren, projektieren, umrißhaft festlegen', ahd. *intwerfan* 'auflösen, (den Mut) sinken lassen' (9. Jh.), mhd. *entwerfen*, mnd. *entwerpen* (zur Etymologie s. *ent-* und *werfen*). Der ahd. Gebrauch bleibt ohne Fortsetzung. Im Mhd. und Mnd. in zahlreichen, z. T. stark divergierenden Verwendungen, u. a. im Sinne von 'zeichnen, malen, gestalten, auseinandersetzen, den Plan zu etw. fassen'. Zunächst wohl in der Bildweberei, bei der durch das Werfen der „Schiffchen" oder „Handschützen" das Bild entsteht, vgl. Schröder in: ZfdA 68 (1931) 283f. – Entwerfer m. 'wer etw. entwirft, Formgestalter', vereinzelt bereits frühnhd. (15. Jh.). Entwurf m. 'Skizze, schriftliche Festlegung der wesentlichen Punkte eines Vorhabens' (17. Jh.).

entwickeln Vb. 'entstehen, (sich) entfalten, in einem Prozeß voranschreiten', Präfixbildung (17. Jh.) mit *ent-* (s. d.) zu *wickeln* (s. d.); zunächst im Sinne von 'aufwickeln, auseinanderfalten', doch nur in wenigen, meist bildlichen Verwendungen als Gegenwort von *einwickeln*. Im 18. Jh. in der Auffassung 'Verwickeltes entwirren', seitdem insbes. '(einen komplizierten Sachverhalt) darlegen'. Fototechnisch 'durch Chemikalien ein Bild sichtbar machen' (19. Jh.). Entwickler m. chemische Flüssigkeit für die Sichtbarmachung fotografischer Aufnahmen (19. Jh.). Entwicklung f. 'Entstehung, Entfaltung'. Seit dem 17. Jh. in den meisten Verwendungen dem Verb folgend; als Bestimmungswort in zahlreichen Komposita, von Campe (um 1800) zur Verdeutschung von *Evolution* vorgeschlagen (ebenso *Entwicklungslehre* für *Evolutionslehre*).

entzücken Vb. 'begeistern, außerordentlich erfreuen', mhd. *en(t)zücken*, (md.) *en(t)zukken* 'eilig wegnehmen, gewaltsam losreißen, rauben', mnd. *en(t)tucken* 'fortziehen', Präfixbildungen mit *ent-* (s. d.) zu den unter *zükken* und *zucken* (s. d.) behandelten Intensiva von *ziehen*. Mhd. zunächst im eigentl. Sinne des Entreißens; in der Mystik wird *entzücken* ebenso wie gleichbed. *verzücken* für '(im Geiste) entrücken' (in bezug auf religiös-ekstatische Zustände) gebraucht. Seit dem 17./18. Jh. in der Verwendung 'in den Zustand freudiger Erregung versetzen'. – Entzücken n. 'Begeisterung', spätmhd. *enzukken* 'religiöses Entrücktsein', später verallgemeinert 'starke Freude, Begeisterung' (18. Jh.); daneben *Entzückung* (16. Jh.) mit ähnlicher Bedeutungsentwicklung. entzückend Part.adj. 'reizend, Gefallen erregend', verselbständigt seit etwa 1700.

entzwei Adj. 'in Stücke gegangen, kaputt'. Ahd. *in zwei* (8. Jh.), mhd. *enzwei*, Fügung aus der Präp. *in* (s. d.) und dem alten Akk. Neutr. des Zahlworts *zwei* (s. d.), eigentl. 'in zwei' (Teile, Stücke u. dgl.); vgl. mhd. *duo deilti got sīni werch al in zuei* (Annolied). Die Schreibung *-tz-* statt *-z-*, wohl durch Einfluß des Präfixes *ent-* (s. d.) gefördert, setzt sich erst seit dem Frühnhd. (15. Jh.) allmählich durch; vereinzelt noch *inczwey* (1366) und *inzwey* (1677). Seit mhd. Zeit in sich anbahnender Komposition mit Verben, vgl. mhd. *enzwei bresten, enzwei gēn, enzwei stechen*.

entzweien Vb. 'auseinanderbringen' (15. Jh.), Präfixbildung (s. *ent-*) zu ahd. *zweiōn* (9. Jh.), mhd. frühnhd. *zweien* 'in zwei Teile zerlegen, scheiden, trennen, in zwei Parteien spalten', refl. im älteren Nhd. auch 'sich streiten' (16. Jh.); seit dem 17. Jh. setzt sich *(sich) entzweien* 'Streit entfachen, uneins werden' (dessen Präfix den Begriff der Trennung verstärkt) mehr und mehr durch und verdrängt das Simplex *zweien*. Abgeleitet von dem unter *zwei* (s. d.) behandelten Zahlwort.

Enzian m. blaublühende Gebirgspflanze mit glockenförmigen Blüten, ahd. *enciān, genciān* (Hs. 13./14. Jh.), mhd. *enciān* (14. Jh.), mnd. *ensiān* gehen auf lat. *gentiāna*, griech. *gentianḗ* (γεντιανή) zurück, das vermutlich illyr. Ursprungs ist. Der Abfall des Anlauts im Dt. (vgl. auch schwed. *entian* neben *gentiana*, dän. *entsian* neben *gentian*) ist wohl über mlat. *j*-Aussprache von *g-* zu erklären.

Enzyklopädie f. 'umfassendes Nachschlagewerk, Sachwörterbuch', im 18. Jh. mit Bekanntwerden der von den frz. Aufklärern veröffentlichten Gesamtdarstellung des fortgeschrittensten Wissens und Denkens jener Zeit (*Encyclopédie ou Dictionnaire raisonné*...) entlehnt aus gleichbed. frz. *encyclopédie* (älter 'Gesamtheit des Wissens'). Vorauf geht eine gelehrte Form nlat. *encyclopaedia* 'Gesamtheit aller Wissenschaften und Künste' (15. Jh.), auch *cyclopaedia* (16. Jh.), die auf der fehlerhaften Lesart griech. *enkyklopaidēīa* (ἐγκυκλοπαιδεία, bei Quintilian) von griech. *enkýklios paidēīa* (ἐγκύκλιος παιδεία) beruht, worunter das System, der Kreis aller Bildungszweige (d. h. der artes liberales) zu verstehen ist (im Griech. seit Aristoteles eigentl. 'die übliche, allgemeine Bildung'); zu griech. *enkýklios* (ἐγκύκλιος) 'kreisförmig, regelmäßig wiederkehrend, üblich' und *paidēīa* (παιδεία) 'Erziehung, Lehre, Bildung'. – e n z y k l o p ä d i s c h Adj. 'umfassend, in der Art einer Enzyklopädie', entsprechend frz. *encyclopédique* (18. Jh.).

Enzym n. in lebenden Organismen gebildeter Wirkstoff zur Steuerung des Stoffwechselprozesses (älter dafür *Ferment*, s. d.), gebildet zu griech. *en* (ἐν) 'in' und *zýmē* (ζύμη) 'Sauerteig' (19. Jh.).

ephemer Adj. 'von kurzer Dauer, ohne bleibende Bedeutung', Entlehnung aus griech. *ephḗmeros* (ἐφήμερος) 'nur einen Tag lebend, vergänglich', exozentrische Bildung (s. *epi-*) zu griech. *hēméra* (ἡμέρα) 'Tag'. Im Dt. geläufig seit dem 18. Jh. (*ein ephemer Fieber* 1712, *ein ephemeres Glück* 1788) neben *ephemerisch*, das im 19. Jh. aufgegeben wird. Bereits im 16. Jh. vereinzelt das Substantiv *Ephemera, Ephemere* 'eintägiges Fieber'.

epi- Griech. *epi-* (ἐπι-) im Sinne von 'darauf, darüber, hinzu, gegen, nach' wird in zahlreichen Entlehnungen ins Dt. übernommen (s. die folgenden Stichwörter) und als Präfix für die Bildung neuer, bes. fachsprachlicher Wörter und wissenschaftlicher Termini verwendet (vgl. *Epidiaskop* 'Bildwerfer', *Epimorphose* 'Regeneration bei niederen Tieren', *Epizoon* 'tierischer Außenschmarotzer'). Vor Konsonant *epi-*, vor Vokal und *h* zu *ep-* gekürzt (s. *Epoche*) bzw. zu *eph-* assimiliert (s. *ephemer*).

Epidemie f. 'massenhaft auftretende ansteckende Krankheit, Seuche'. Das Adjektiv griech. *epidḗmios* (ἐπιδήμιος) 'im ganzen Volk, über das ganze Volk verbreitet', zu griech. *dḗmos* (δῆμος) 'Volk', wird schon von griech. Ärzten auf eine sich rasch ausbreitende ansteckende Krankheit bezogen; dazu gehört das Abstraktum *epidēmía* (ἐπιδημία) 'Verbreitung' (einer Krankheit). Mlat. *epidemia, epidimia* 'verbreitete ansteckende Krankheit' geht in die Wissenschaftssprache ein, erscheint bereits im 16. Jh. in medizinischen dt. Texten und wird im 18. Jh. zu *Epidemie* eingedeutscht. – e p i d e m i s c h Adj. 'seuchenartig' (16. Jh.).

Epidermis f. 'Oberhaut', Entlehnung von gleichbed. griech. *epidermís* (ἐπιδερμίς), vgl. lat. *epidermis* 'Schorf' (d. i. 'Überhaut'), zu griech. *dérma* (δέρμα) 'Haut' (s. *Dermatologie*). Im Dt. seit dem 18. Jh., überwiegend in medizinischer Fachsprache.

Epigone m. 'unter dem Einfluß vorausgehender Dichter oder Künstler Stehender, Nachahmer'. Aus griech. *epígonos* (ἐπίγονος) 'Nachgeborener, Nachkomme', vgl. griech. *gónos* (γόνος) 'Zeugung, Abkömmling, Nachkommenschaft', wird frz. *épigone* 'Nachfolger, Nachahmer' entlehnt (18. Jh.). Nach diesem Vorbild entsteht *Epigone*, das durch Immermanns Roman „Die Epigonen“ (1836) zum Schlagwort wird. – E p i g o n e n t u m n. (19. Jh.).

Epigramm n. 'Sinngedicht', Entlehnung aus gleichbed. lat. *epigramma*, griech. *epígramma* (ἐπίγραμμα), eigentl. 'Aufschrift' (s. *epi-* und *-gramm*), daher auch die 'in Versen abgefaßte Inschrift' auf Denkmälern. Zunächst *Epigramma* (Opitz 1624); ohne griech.-lat. Endung geläufig seit Mitte des 18. Jhs. – e p i g r a m m a t i s c h Adj. 'kurz, treffend, in der Art eines Epigramms' (18. Jh.); vgl. lat. *epigrammaticus*, griech. *epigrammatikós* (ἐπιγραμματικός).

Epilepsie f. Krankheit mit Krampfzuständen und Bewußtlosigkeit, 'Fallsucht', Entlehnung aus gleichbed. lat. *epilēpsia*, griech. *epilēpsía* (ἐπιληψία), eigentl. 'das Ergriffensein (von einer Krankheit), Krankheitsanfall', zu griech. *epilambánesthai* (ἐπιλαμβάνεσθαι) 'von einer Krankheit ergriffen werden', vgl. griech. *lambánein* (λαμβάνειν) 'nehmen, fassen, ergreifen'. In der medizinischen Fachsprache seit dem 16. Jh. öfter in griech.-lat. Form und mit lat. Flexion *Epilepsia*; die Eindeutschung *Epilepsie* schon bei Paracelsus. – e p i l e p t i s c h Adj. (18. Jh.), E p i l e p -

t i k e r m. (19. Jh.), vgl. lat. *epilēpticus*, griech. *epilēptikós* (ἐπιληπτικός).

Epilog m. 'Nachwort, Schlußwort, Nachspiel im Drama', Entlehnung aus lat. *epilogus* 'Schluß der Rede', griech. *epílogos* (ἐπίλογος), auch 'Schluß des Dramas', gebildet zu griech. *lógos* (λόγος) 'Wort, Rede' (Gegensatz griech. *prólogos*, s. *Prolog*). Seit dem 16. Jh. öfters in lat. Form und Flexion, eingedeutscht im 18. Jh.

Episkopat m. n. 'Gesamtheit der Bischöfe eines Landes, Bischofsamt', aus kirchenlat. *episcopātus, episcopātum*, zu lat. *episcopus*, griech. *epískopos* (ἐπίσκοπος) 'Aufseher, Bischof' (s. *Bischof*). Im Sinne von 'Bischofsamt' seit dem 16. Jh. (Luther 1532), in neuerer Kirchensprache vorwiegend für 'Gesamtheit der katholischen Bischöfe eines Landes'.

Episode f. 'Zwischenspiel, belangloses Ereignis', entlehnt (Mitte 18. Jh.) aus frz. *épisode* 'Zwischenspiel, Nebenhandlung', das auf griech. *epeisódion* (ἐπεισόδιον) 'Zwischenhandlung, in die Chorgesänge der antiken Tragödie eingeschobener Dialog' zurückgeht, ein substantiviertes Adjektiv, eigentl. 'von außen dazukommend', gebildet zu griech. *epeĩsodos* (ἐπείσοδος) 'das Dazu-, das Hineinkommen'; vgl. griech. *eis* (εἰς) 'in' und *hodós* (ὁδός) 'Weg, Gang, das Gehen'. Eine latinisierte Form *Episodium* begegnet zuweilen in der 1. Hälfte des 18. Jhs., wird jedoch schon im 18. Jh. durch *Episode* verdrängt. – e p i s o d i s c h Adj. 'vorübergehend' (18. Jh.). e p i s o d e n h a f t Adj. (19. Jh.).

Epitheton n. 'Beiwort', Übernahme des 17. Jhs. von griech.-lat. *epitheton* (ἐπίϑετον) 'Beiname, Beiwort', substantiviertem Part. Perf. von griech. *epitithénai* (ἐπιτιϑέναι) 'hinzusetzen, -fügen'. Oft in der Verbindung *Epitheton ornans* 'schmückendes, das Typische kennzeichnendes Beiwort' (19. Jh.); zu lat. *ornāre* 'schmücken' (s. *Ornament*).

Epoche f. 'Zeitabschnitt'. Mlat. *epocha*, griech. *epochḗ* (ἐποχή) 'fester Zeitpunkt, nach dem die Zeit berechnet wird', eigentl. 'das An-, Zurückhalten, Hemmung, Unterbrechung, Halte-, Fixpunkt', zu griech. *epéchein* (ἐπέχειν) 'auf etw. zuhalten, an-, innehalten, verweilen', wird im 18. Jh. ins Dt. entlehnt, zunächst in lat. Form *Epocha*, unter Einfluß von frz. *époque* auch *Epoca, Epocke*. Das Substantiv bezeichnet jedoch im Dt. wie im modernen Frz. (im Unterschied zum Griech. und Mlat.) den 'Zeitraum bedeutender historischer Ereignisse'. Nur in der festen Verbindung *Epoche machen* (18. Jh.), die frz. *faire époque* übersetzt, ist die im Frz. des 17./18. Jhs. geläufige Bedeutung 'Zeitpunkt, an dem Bemerkenswertes geschieht (und in dem daher der Beginn eines neues Zeitabschnitts gesehen werden kann)' noch zu erkennen; hierzu e p o c h e m a c h e n d Part.adj. 'eine neue Epoche einleitend, bemerkenswert' (18. Jh.). e p o c h a l Adj. 'bedeutend', latinisierende Ableitung des 20. Jhs.

Epos n. 'erzählende Versdichtung', Entlehnung des 18. Jhs. von lat. *epos* 'Verserzählung, Heldengedicht', griech. *épos* (ἔπος, aus Ϝέπος) 'Wort, Rede', im Plur. 'heroisches (in Hexametern abgefaßtes) Lied, episches Gedicht'. Verwandt mit lat. *vōx* 'Stimme' (s. *Vokal*) und *erwähnen* (s. d.). – e p i s c h Adj. 'zum Epos gehörig, erzählend' (18. Jh.); vgl. lat. *epicus*, griech. *epikós* (ἐπικός). E p i k f. 'erzählende Dichtkunst' (19. Jh.). E p i k e r m. 'epischer Dichter' (19. Jh.), nach lat. *epicus*, griech. *epikós*.

Equipe f. '(Sport)mannschaft, Team', Entlehnung von frz. *équipe* 'Truppe, Belegschaft, Sportmannschaft', einer Ableitung von frz. *équiper*, dem afrz. *eschiper* und *esquiper* '(ein Schiff) ausrüsten, bemannen' voraufgehen. Der ersten afrz. Form liegt gleichbed. aengl. *scipian*, der zweiten anord. *skipa* '(ein Schiff) bemannen' und 'einrichten, Anordnung treffen, ausstatten' zugrunde. *Equipe* wird in der 1. Hälfte des 20. Jhs. übernommen und vorwiegend sportsprachlich, bes. für 'Reitermannschaft', verwendet. Älter sind, frz. *équiper* folgend, e q u i p i e r e n Vb. 'ausrüsten' (17. Jh.) und E q u i p i e r u n g f. 'Ausrüstung' (18. Jh.), die beide Anfang des 20. Jhs. unüblich werden.

er, es Pers.pron. m. n. der 3. Pers. Sing. Ahd. *ir, er* 'er', *iȝ, eȝ* 'es', mhd. *er, eȝ*, asächs. *it* 'es', anord. (runisch) *is, eR* 'er', got. *is* 'er', *ita* 'es' sind verwandt mit aind. *idám* 'es', lat. *is* 'der(jenige), dieser, er', *id* 'das(jenige), dieses, es', lit. *jìs* 'er, sie', air. *ē* 'er' (wohl aus **eis*), so daß ein Pronominalstamm ie. **ei-*, **i-*, daneben wohl auch ie. **e-* anzusetzen ist. Für das Germ. wird im Nom. Sing. Mask. ein allen Sprachen ursprünglich gemeinsames **is*, **iz* bzw. **ez* angenommen; jedoch sind im Asächs. und Aengl. **iz*, **ez* in schwachtoniger Stellung zu **ĕ*, **ĭ* geworden und durch anlautendes *h-* aus dem Demonstrativpronomen germ. **hi-* (z.B. in ahd. **hiu tagu*, s. *heute*) gestützt worden, daher asächs. *hĕ, hī̆* 'er', mnd. *hē*, aengl. *hĕ* 'er', engl. *he*. Das gleiche *h-* erscheint in anord. *hann* 'er' (aus *hānn*, **hānR*, dessen Wortkern **ānn*, **ānR* wohl aus germ. **jainaz*, vgl. got. *jains*, s. *jener*, hervorgegangen ist). Die Anrede *Er* (17. Jh.) beruht auf dem Einfluß frz.-ital. Höflichkeitssprache und steht stellvertretend für *Herr* und dgl. Im 18. Jh. wird sie ersetzt durch *Sie* (s. d.), während *Er* Anrede sozial niedrigstehender Personen wird.

er- durch Abschwächung infolge von Tonlosigkeit in verbalen Zusammensetzungen, d. h. Präfixverben, vgl. ahd. *ur-, ar-, ir-, er-*, mhd. *er-*, hervorgegangen aus ahd. (mhd. nhd.) *ur-* (s. d.), so noch bewahrt in nominalen Zusammensetzungen (vgl. *Urlaub* neben *erlauben*). Zugrunde liegt eine germ. Präposition, erhalten in ahd. *ur* 'aus', verwandt mit *aus* Präp. und Adv. (s. d. Weiteres zu Herkunft und Verwandtschaft). An den alten Sinn der Präposition 'aus, heraus', auch 'empor', lassen sich noch anschließen *erheben, erschöpfen, ersprießen, erwachsen*. Allgemein ist dieser Sinn abgeblaßt, und *er-* bezeichnet vornehmlich das Geraten in einen Zustand (*erröten, erwärmen, erzittern*), ein Beginnen (*erblühen, erglühen, erklingen*), das Erzielen eines Resultats (*erdrücken, ermorden, ersäufen*).

Erbe n. 'Hinterlassenschaft eines Verstorbenen'. Die neutrale *ja*-Bildung ahd. *erbi* (9. Jh.), mhd. *erbe* 'Hinterlassenschaft, Vererbung, Erbschaft', asächs. *erƀi*, mnd. *erve, arve*, mnl. *erve*, nl. *erf*, aengl. *ierfe*, anord. *erfi* 'Leichenfeier', got. *arbi* ist wie das die gleiche Stammbildung (ie. *-i̯o-*) und Semantik aufweisende air. *orb(b)e, orpe* 'das Erbe', auch 'der Erbe', verwandt mit aind. *árbhaḥ* 'klein, jung, schwach, Kind', armen. *orb* 'Waise', griech. *orphanós* (*ὀρφανός*) 'verwaist', lat. *orbus* 'einer Sache beraubt, verwaist', aslaw. *rabъ* 'Knecht, Diener, Sklave', aruss. *robъ* 'Diener, Sklave', *robja* 'Kind', russ. (mit Vokalassimilation) *rebënok* (*ребёнок*) 'kleines Kind' und führt mit diesen auf ie. **orbh-* 'verwaist, Waise' bzw. (für die schutzlose, sich verdingende Waise) 'Knecht' (dazu wohl auch *Arbeit* und *arm*, s. d.). Ausgangsbedeutung ist für das Germ. und Kelt. 'das einer Waise Gehörige', also 'einer Waise rechtlich zufallendes Besitztum'. – Daneben als maskuliner *(j)an*-Stamm E r b e m. 'wer berechtigt ist, ein Erbe anzunehmen', ahd. *erbo* (8. Jh.), mhd. *erbe*, mnd. mnl. *erve*, aengl. *ierfa*, anord. *arfi*, got. *arbja*. e r b e n Vb. 'Erbe sein, eine Hinterlassenschaft erhalten', ahd. (8. Jh.), mhd. *erben*, mnd. mnl. nl. *erven*, aengl. *ierfian*, anord. *erfa*. b e e r b e n Vb. 'jmds. Hinterlassenschaft erhalten', mhd. *beerben*. v e r e r b e n Vb. 'als Erbschaft übertragen, hinterlassen', mhd. *vererben*. E r b f e i n d m. 'über Generationen hinweg verhaßter Gegner', mhd. *erbevīnt* 'Teufel', dann übertragen auf die als Nachfahren des Teufels angesehenen heidnischen Türken (15. Jh.), später auf die Franzosen (16. Jh.); wohl in Anlehnung an *Erbsünde* (s. unten) gebildet. E r b l a s s e r m. 'wer ein Erbe hinterläßt' (16. Jh.); vgl. mhd. *daȥ erbe lān* 'hinterlassen'. e r b l i c h Adj. 'sich vererbend, durch Erbfolge bestimmt, durch Vererbung übertragbar' (15. Jh.), ahd. *arblīh* 'erblich, vererbt' (10. Jh.), mhd. *erbelīchen* Adv. E r b s c h a f t f. 'hinterlassenes Gut', mhd. *erbschaft*, auch 'Erbfolge, Teilnahme am Erbe, Erbanspruch'. E r b s c h l e i c h e r m. 'wer auf unmoralische Weise oder widerrechtlich in den Besitz eines Erbes zu gelangen sucht' (Ende 17. Jh.), Übersetzung von gleichbed. lat. *hērēdipeta* (zu lat. *hērēdium* 'Erbgut' und *petere* 'zu erreichen suchen, streben, bitten, sich bewerben'). E r b s ü n d e f. nach christlichem Glauben die dem Menschen durch den biblischen Sündenfall angeborene Sündhaftigkeit, mhd. *erbesünde*. Zum Komplex vgl. Grønvik The Words for 'heir', 'inheritance' and 'funeral feast' in Early Germanic (1982).

Erbse f. Gemüsepflanze und deren Frucht, ahd. *arawī̆ȥ* (9./10. Jh.), *araweiȥ* (bair. 10. Jh.) 'Erbse, Kichererbse', mhd. *arwīȥ, ar(e)weiȥ, er(e)weiȥ*, spätmhd. *erbīȥ*, asächs. *eriwit, erit*, mnd. *erwete, ērt*, mnl. *erwete, aerwete, arwete*, nl. *erwt*, anord. *ertr* (Plur.), schwed. *ärt* sind Suffixbildungen zu einem Stamm, der in modifizierter Form auch in lat. *ervum* und griech. *órobos* (*ὄροβος*) 'Hülsenfrucht, Wicke', *erébinthos* (*ἐρέβινθος*) 'Kichererbse' vorliegt. Es handelt sich wohl um unterschiedliche Entlehnungen aus einer Sprache des östlichen Mittelmeerraums.

Erde f. 'fruchtbarer Boden, Land, die irdische Welt, unser Himmelskörper', ahd. *erda*

(8. Jh.), mhd. *erde*, asächs. *erða*, mnd. *ērde*, mnl. *aerde, eerde*, nl. *aarde*, aengl. *eorþe*, engl. *earth*, anord. *jǫrð*, schwed. dän. *jord*, got. *aírþa* (germ. **erþō*), gebildet mit Dentalsuffix neben ahd. *ero* (9. Jh.) und verwandtem griech. *éra* (ἔρα) 'Erde'; Suffix mit Halbvokal zeigen anord. *jǫrfi* 'Sand, Sandhügel' und kymr. *erw* 'Feld'. Allen gemeinsam ist die Wurzel ie. **er-* 'Erde'. – erden Vb. 'eine elektrische Anlage zur Ableitung von Fehlspannungen mit der Erde verbinden' (Anfang 20. Jh.). beerdigen Vb. 'begraben, bestatten' (17. Jh.). Erdapfel m. (17. Jh.), landschaftlich für *Kartoffel* (s. d.), vgl. nl. *aardappel*, frz. *pomme de terre*; dagegen ahd. *erdaphul* 'Melone, Saubrot, Alkannawurzel' (11. Jh.), mhd. *ertaphel* 'Frucht der Mandragora, Gurke'. Erdbeere f., ahd. *erdberi* 'Erdbeere, Heidelbeere' (9./10. Jh.), mhd. *ertber*, nl. *aardbei, aardbezie*, aengl. *eorþberge*. Erdkreis m. 'die bewohnte Erde, Erdball', anfangs *Erdenkreis* (1. Hälfte 16. Jh.), Übersetzung von lat. *orbis terrārum*. Erdkunde f. (18. Jh.), dt. Ausdruck für *Geographie* (s. d.), älter *Erdbeschreibung* (16. Jh.). Erdnuß f. dünnschalige, bohnengroße Ölfrucht, deren Fruchtkapseln sich vor der Reife in die Erde senken (18. Jh.); vgl. ahd. *erd(h)nuȝ* (9./10. Jh.), frühnhd. *ertnus*, aengl. *eorþnutu* für verschiedene Knollengewächse. Erdöl n. in der Erde vorkommendes Kohlenwasserstoffgemisch, 'Rohöl', im 18. Jh. als dt. Ausdruck für *Petroleum* (s. d.); vorher auch *Bergöl, Steinöl*. Erdreich n. 'Erdboden, oberste lockere Erdschicht'; ahd. *erdrīhhi* (um 800), mhd. *ert-, erderīch(e)*, asächs. *erðrīki*, aengl. *eorþrīce*, anord. *jarðrīki* gelten vor allem für die 'Erde als Wohnstätte der Menschen' im Gegensatz zu *Himmelreich*.

ereignen Vb. refl. 'geschehen, vorkommen, sich zutragen'. Ahd. *irougen* (8. Jh.; zu ahd. *ouga*, s. *Auge*), mhd. *erougen, -öugen*, frühnhd. *eräugen* 'vor Augen stellen, zeigen' entwickelt die Nebenform frühnhd. *eräugnen*, die bei landschaftlicher Entrundung *ereignen* ergibt und sich im 18. Jh. (irrtümlich an *eignen*, s. d., angelehnt) durchsetzt. Nach anfangs (ahd. mhd.) transitivem und später reflexivem Gebrauch entwickelt sich die Bedeutung von '(sich) zeigen' zu 'sich begeben, vor sich gehen'. – Ereignis n. 'Geschehnis, Vorkommnis' (2. Hälfte 18. Jh.). Voran gehen *Eräugnung* (bis 18. Jh.), *Ereignung* (17. Jh.); ahd. *irougnissa* (8. Jh.), *irougnessī* (9. Jh.) 'das Zeigen' bleibt ohne Nachfolge.

Eremit m. 'Einsiedler, Klausner', entlehnt (um 1500) aus gleichbed. kirchenlat. *ērēmīta*, griech. *erēmī́tēs* (ἐρημίτης), eigentl. 'zur Wüste gehörig, in der Wüste lebend'; zugrunde liegt das Adjektiv griech. *erēmos, érēmos* (ἐρῆμος, ἔρημος) 'einsam, unbewohnt, verlassen'. Das zugehörige Substantiv Eremitage f. 'Einsiedelei, Klause, einsam liegendes Schlößchen' (Anfang 17. Jh.) stammt dagegen aus frz. *ermitage* (zu frz. *ermite* 'Einsiedler'), ist aber im Dt. lautlich an die griech.-lat. Form *Eremit* angeglichen. Heute ist *Eremitage* oder *Ermitage* vor allem als Name des Staatlichen Museums (Kunstsammlungen) in St. Petersburg bekannt.

erfahren Vb. 'Kenntnis erhalten, erleben, durchmachen, erleiden'. Das zu *fahren* (s. d.) gehörende Präfixverb ahd. *irfaran* (um 800), mhd. *ervarn* bedeutet ursprünglich (bis ins Frühnhd.) 'reisen, durchfahren, -ziehen, erreichen, einholen'; daraus entwickelt sich schon in spätahd. Zeit 'kennenlernen, erforschen, erkunden'. Einen gleich großen Bedeutungsumfang weist mnd. *ervāren* auf. In neuerer Zeit dient *erfahren* im Sinne von 'durchmachen' zuweilen zur Umschreibung des Passivs (*das Buch erfährt eine Überarbeitung* 'wird überarbeitet'). Das Part. Prät. *erfahren* begegnet seit dem 15. Jh. in adjektivischer Verwendung 'reich an Erfahrungen, bewandert, bewährt'; dazu *Erfahrenheit* (15. Jh.). – Erfahrung f. 'durch wiederholte Wahrnehmung, Übung erlangte Kenntnis, Einsicht', mhd. *ervarunge* 'Durchwanderung, Erforschung'.

ergötzen Vb. 'erheitern, Vergnügen bereiten'. Ahd. *irgezzen* (um 1000), mhd. *ergetzen* 'vergessen machen' steht als Kausativum neben ahd. *irgeȝȝan* (8. Jh.), mhd. *ergeȝȝen* 'vergessen' (zu Herkunft und Verwandtschaft s. *vergessen*). Aus 'vergessen machen' entwikkelt sich 'entschädigen, vergüten' und in frühnhd. Zeit über 'erquicken' die heutige Bedeutung 'erfreuen'. Die Schreibung *ergötzen*, die auf mundartlicher Rundung beruht, begegnet im 15. Jh. zuerst im Obd., doch hält sich *ergetzen* bis ins 19. Jh. – ergötzlich Adj. 'unterhaltsam, erheiternd, Vergnügen bereitend' (obd. 15. Jh.) neben *ergetzlich*.

erhaben Adj. 'plastisch hervortretend, reliefartig, überlegen, erhebend'. Mhd. *erhaben*, Part. Prät. (bis ins 17. Jh.) von *erheben* 'in die Höhe heben' (s. *heben*), hat sich im Nhd. als Adjektiv erhalten (neben dem Part. Prät. nhd. *erhoben*); es bedeutet schon mhd. 'über anderes emporragend', auch 'reliefartig verziert' (vgl. nhd. *erhabene Arbeit* 'getriebene Arbeit, Relief'). In übertragener Verwendung gilt *erhaben* für 'hochstehend, vornehm, großartig' und entwickelt sich im 18. Jh. (*das Erhabene*) zum sittlich-ästhetischen Wertbegriff. – Erhabenheit f. 'Erhöhung, Wölbung, Größe, Würde', mhd. *erhabenheit*.

Erika f. 'Glockenheide, Heidekraut'. Gleichbed. lat. *ērīcē*, griech. *ereíkē* (ἐρείκη) wird im 16. Jh. mit latinisierter Endung *Erīca* in die botanische Fachsprache aufgenommen und erhält im 18. Jh. nomenklatorische Gültigkeit. Im 20. Jh. dringt der Name in die Allgemeinsprache ein und gibt die fachsprachlich-lat. Betonung auf der vorletzten Silbe zugunsten der im Dt. üblichen Anfangsbetonung (in Anlehnung an den Vornamen *Erika*) auf.

erinnern Vb. 'ins Gedächtnis zurückrufen, mahnen, aufmerksam machen'. Der Präfixbildung frühnhd. *erinnern* 'inne werden (lassen), wissen machen' gehen mhd. *geinnern* 'inne werden lassen, erinnern' voraus und das vielleicht gleichbed. ahd. *giinnaren* (Hs. 12. Jh.), das als Glosse allerdings lat. *aperīre* 'öffnen' (also 'einlassen'?) übersetzt. Die Präfixbildungen gehören wie das Simplex mhd. *innern* 'erinnern, in Kenntnis setzen, belehren, überzeugen' zum Komparativ ahd. *innaro* 'inner, tiefer', mhd. *inner* 'inwendig, im Innern liegend' (s. *in*). – Erinnerung f. 'im Gedächtnis bewahrter Eindruck, Andenken, Gedenken' (15. Jh.).

erkennen Vb. 'deutlich sehen, wahrnehmen, unterscheiden', Präfixverb zu *kennen* (s. d.), ahd. *irkennen* (8. Jh.), mhd. *erkennen* '(er)kennen, wahrnehmen, geistig erfassen', in der Rechtssprache seit dem 13. Jh. 'ein Urteil fällen, entscheiden' (*das Gericht erkannte auf Geldstrafe*); mnd. mnl. nl. *erkennen*. – erkenntlich Adj. 'erkennbar, feststellbar, dankbar', mhd. *erkentlich* 'erkennbar', vgl. mhd. *erkennelich, erkantlich*; seit dem 17. Jh. auch 'dankbar' (*sich erkenntlich zeigen*); dazu Erkenntlichkeit f. (2. Hälfte 17. Jh.). Erkenntnis f. 'das Erkannte, Einsicht, das Erkennen, das Erfassen der Realität', *Erkenntnis* n. 'richterliches Urteil', mhd. *erkantnisse* f. oder n.; das Geschlecht schwankt lange Zeit, bis im 18. Jh. das Neutrum für den rechtssprachlichen Begriff gültig wird. anerkennen Vb. '(rechtskräftig) bestätigen, würdigen, gelten lassen'; ursprünglich ein Wort der Rechtssprache, im 16. Jh. vermutlich nach lat. *agnōscere* gebildet, das ebenfalls im juristischen Sinne verwendet wird. Anerkennung f. 'rechtskräftige Bestätigung, lobende Würdigung, Hochschätzung' (Anfang 19. Jh.); *Anerkennung* und *anerkennen* im völkerrechtlichen Sinne ist von frz. *reconnaissance* bzw. *reconnaître* beeinflußt.

Erker m. 'geschlossener Vorbau mit Fenstern am Haus'. Mhd. *ärkēr, erkære, erker* 'über die Vorderseite einer Mauer, bes. der Burg- oder Stadtmauer, hinaustretender Ausbau' wird, zunächst als Wort des mittelalterlichen Befestigungsbaus, im 12. Jh. aus apikard. *arkiere*, afrz. *archiere* 'Schießscharte, Bogenfenster, Gewölbe' entlehnt. Dieses gehört zu afrz. frz. *arc* 'Bogen' (aus gleichbed. lat. *arcus*) und geht wahrscheinlich auf eine entsprechende substantivische Verwendung des Femininums der Adjektivbildung lat. *arcuārius* 'auf den (als Schußwaffe dienenden) Bogen bezüglich', mlat. auch 'bogenförmig gekrümmt' zurück (vgl. mlat. *archeria* 'Schießscharte', wohl sekundär nach dem Galloroman.).

erlauben Vb. 'gestatten, zugestehen, zustimmen'. Die Präfixbildung (s. *er-*) ahd. *irlouben* 'zugestehen' (8. Jh.), mhd. *erlouben*, mnd. *erlöven*, got. *uslaubjan* geht von einer Bedeutung 'gern haben, gutheißen' aus und ist mit *lieb, loben, glauben* (s. d.) verwandt; s. auch das zugehörige Abstraktum *Urlaub* sowie *Verlaub*. – Erlaubnis f. 'Genehmigung, Zustimmung' (um 1400).

erlaucht Adj. 'hochstehend, erhaben, würdig, gnädig'. Mitte des 14. Jhs. begegnet *erlūcht*, die md. Form des Part. Prät. von mhd. *erliuhten*, (md.) *erlūchten*, nhd. *erleuchten* (s. *leuchten*). Wohl als Äquivalent für lat. *illūstris* 'strahlend, hochstehend, angesehen, berühmt', in spätröm. Zeit Epitheton für Inhaber hoher Staatsämter, erscheint es im 14. Jh. als Beiwort für Angehörige des Hochadels (*der erlūchte furste*) und wird im 16. Jh. in der substantivierten Form Erlaucht f. Titel sowie Anrede gräflicher Personen; s. *Durchlaucht.*

Erle f. an feuchten Stellen wachsender Laubbaum. Der germ. Baumname ahd. *elira* (9. Jh.), mit Metathese *erila* (10. Jh.), mhd. *erle*, asächs. *elis*, mnd. *alre, elre, else, eller* (vgl. nordd. *Eller*), mnl. *else*, nl. *els*, aengl. *alor, aler,* engl. *alder*, anord. *elri, elrir, alri, ǫlr*, dän. *el* (ein aus span. *aliso* 'Erle' erschlossenes got. **aliza* oder **alisa* bleibt unsicher; vgl. Corominas 1, 134) ist verwandt mit aruss. *olьcha*, serb.-kslaw. *jelьcha*, russ. *ol'chá* (*ольха*) 'Erle', lit. *al̃ksnis*, lat. *alnus*. Diese Namen werden als Bildungen mit *s*-Suffixen (im Germ. vornehmlich **alisō*, **alizō*) auf die vor allem in Tier- und Pflanzennamen auftretende Farbwurzel ie. **el-*, **ol-* 'rot, braun' (s. *Ulme, Lamm, Iltis*) zurückgeführt, zu der auch ahd. *elo* (flektiert *elawēr*) 'gelb' (um 800) gehört, so daß die Benennung an die rötlich-gelbe Farbe des Holzes anknüpft. – e r l e n Adj. 'aus Erlenholz', ahd. *erilīn* (Hs. 12. Jh.), mhd. *erlīn.* E r l k ö n i g m., dän. *ellekonge* (aus *elve(r)konge*) 'Elfenkönig' wird von Herder (1778) in Anlehnung an nordd. *Eller* fälschlich als *Erl(en)könig* übersetzt; von Goethe 1782 für seine Ballade übernommen.

Ernst m. 'feste, standhafte Gesinnung, Strenge, Bedrohlichkeit', ahd. (um 800), asächs. *ernust,* mhd. *ern(e)st* 'Eifer, Entschlossenheit, Strenge, Kampf', mnd. *ērn(e)st*, *ērenst*, mnl. *er(e)nst, arenst*, nl. *ernst*, aengl. *eornust, eornost*, engl. *earnest* sind mit *st*-Suffix gebildete Abstrakta zum Adjektiv germ. **arni-*, das in got. *arniba* Adv. 'sicher', anord. *ern* Adj. 'tüchtig, energisch' erhalten ist. Sie bezeichnen daher eigentl. „was mit der Eigenschaft 'sicher, entschieden' verbunden ist", d. h. 'entschiedenes Auftreten, Kampfeseifer'; vgl. Krahe in: PBB 71 (1949) 238 (s. auch ähnlich gebildetes *Angst*). Als verwandt läßt sich außerhalb des Germ. awest. *arənav-* '(Wett)kampf' vergleichen, so daß Anschluß an die Wurzel ie. **er-* 'sich in Bewegung setzen, erregen' (s. *rinnen, rennen*) möglich ist. – e r n s t Adj. 'von Ernst erfüllt, nicht heiter, bedrohlich', mhd. *ernest*, aus dem Substantiv entstanden nach Wendungen wie ahd. *ist mir ernust*, nhd. *es ist mir Ernst.* e r n s t h a f t Adj. 'eindringlich, gewichtig, aufrichtig', ahd. *ernusthaft(i)* 'tüchtig, vor Eifer glühend, fest' (9. Jh.), mhd. *ernesthaft* 'kampfbereit, mutig, ernst'. e r n s t l i c h Adj. 'nachdrücklich, aufrichtig, bedrohlich', ahd. *ernustlīh* 'vor Eifer glühend, echt, aufrichtig, eindringlich' (9. Jh.), mhd. *ern(e)stlich* 'wohlgerüstet, streitbar, wahrhaft'.

Ernte f. 'das Einbringen der reifen Früchte' entspricht mhd. *ernde* 'Ernte', entstanden aus dem Plur. **ernōti* von ahd. *arnōt* 'Ernte(zeit)' (11. Jh.), einem Deverbativum zu ahd. *arnōn* 'ernten' (9. Jh.). Das Verb ist abgeleitet von einem im Nhd. untergegangenen Subst., das in ahd. *arn* f. (9. Jh.), *aran* m. (um 1000) 'Ernte(zeit)', mhd. *erne, arn,* aengl. *rugern* 'Roggenernte, August' vorliegt. Dazu (mit ursprünglichem *s*) got. *asans* 'Ernte(zeit), Sommer' und (mit anderer Stammbildung) anord. *ǫnn* 'Ernte', schwed. *and.* Außergerm. Verwandte sind serb.-kslaw. *jesenь* 'Spätherbst', russ. *ósen'* (*осень*), apreuß. *assanis* 'Herbst', so daß sich eine Grundform ie. **eseni-*, **os(o)ni-* 'Erntezeit, Sommer' erschließen läßt. – e r n t e n Vb. 'die Ernte einbringen', Anfang des 16. Jhs. zu *Ernte* gebildet, für gleichbed. spätmhd. *ernen*, mhd. *arnen.*

erobern Vb. 'fremdes Gebiet durch Waffengewalt in seinen Besitz bringen', übertragen 'für sich gewinnen', präfigierte Bildung wie ahd. *giobarōn* in der Bedeutung 'überwinden' (9. Jh.), mhd. *geoberen* 'die Oberhand gewinnen' (neben unpräfigiertem ahd. *obarōn*, 9. Jh., mhd. *oberen* 'die Oberhand haben, siegen') zu der unter *ober* (s. d.) behandelten Komparativform. Die eigentl. Bedeutung aller Verben ist 'der Obere bleiben, werden'. Die mit *er-* präfigierte Bildung begegnet zuerst in (vereinzelt) mhd. *eroberen* 'gewinnen', dann frühnhd. *erober(e)n* 'übertreffen, überwinden, erlangen'. Im 16. Jh. wird der Gebrauch auf den militärischen Bereich (*eine Stadt, ein Land erobern*) eingeengt. Aus dieser Verwendung entwickelt sich in nhd. Zeit übertragener Gebrauch (*das Herz, Sympathien erobern*), wobei die alte Bedeutung 'gewinnen' wieder in den Vordergrund tritt. – E r o b e r u n g f. in militärischer Verwendung seit Anfang des 16. Jh., übertragen seit etwa 1700. E r o b e r e r m. (16. Jh.).

erörtern Vb. 'eingehend beraten, durchsprechen, darlegen', zuerst in der Rechtssprache (Anfang 16. Jh.) in der Bedeutung 'verhandeln, entscheiden' gebraucht und bald allgemein im heutigen Sinne verwendet. Das Präfixverb schließt sich an spätmhd. *örtern* 'genau untersuchen' an, das von mhd. *örter* Plur. (zu mhd. *ort* 'äußerster Punkt nach Raum und Zeit, Anfang, Ende, Spitze, Ecke, Rand, Platz, Stelle', s. *Ort*) abgeleitet ist, also eigentl. 'bis ans äußerste Ende verfolgen' bedeutet. Daneben begegnet im 16. Jh. gleichbed. *ausörtern*. Vgl. auch ähnlich entstandenes, im 15. und 16. Jh. bezeugtes *ausecken*. Die dt. Bildungen sind wohl in Anlehnung an lat. *dēterminãre* und lat. *dēfinīre* (s. *determinieren* und *definieren*) enstanden. – Erörterung f. 'eingehende Beratung' (Anfang 16. Jh.), zuerst in der Rechtssprache im Sinne von 'Verhandlung, gerichtlicher Entscheid'.

Erosion f. 'Abtragung, Ausfurchung der Erdoberfläche durch fließendes Wasser, Gletschereis oder Wind'. In der 2. Hälfte des 19. Jhs. wird engl. *erosion* übernommen, das der engl. Geologe Lyell (1797 bis 1875) vermutlich als erster fachsprachlich im genannten Sinne gebraucht; nach lat. *ērōsio* (Gen. *ērōsiōnis*) 'das Zerfressenwerden, der Krebs', zu lat. *ērōdere* (*ērōsum*) 'abnagen, zerfressen, angreifen', eigentl. 'durch Nagen aushöhlen' (vgl. lat. *rōdere* 'nagen, benagen' und s. *ex-*).

erotisch Adj. 'die Liebe betreffend', Mitte des 18. Jhs. aus gleichbed. frz. *érotique* bzw. griech. *erōtikós* (ἐρωτικός) entlehnt, einer Ableitung von griech. *érōs* (ἔρως) 'Liebe, Lust, Verlangen'. Anfangs nur zur Charakterisierung der Liebesdichtung, erst später (19. Jh.) in breiterer Anwendung. – Erotik f. 'sinnliche Liebe, Liebes- und Geschlechtsleben' (Anfang 19. Jh.). Eros m. 'das Verlangen, Liebe' (um 1900), griech. *érōs* (s. oben).

Erpel m. 'Enterich'. Die vor allem im Nordd. übliche Bezeichnung für die männliche Ente wird durch nl. Siedler eingeführt (vgl. mnl., bes. südnl. brabant.-ostfläm. *erpel*); im Dt. zuerst Ende des 15. Jhs. in Magdeburg nachgewiesen. Die Jägersprache ('männliche Wildente') trägt zur weiteren Verbreitung bei. Verwandtschaft besteht mit ahd. *erph* 'dunkelfarbig' (8. Jh.), aengl. *earp*, anord. *jarpr* 'dunkelbraun', wozu männliche Vornamen wie asächs. *Erpo*, ahd. *Erpho* (eigentl. 'der Braune, Dunkle'). Von einer nfrk. Form dieses Vornamens scheint mnl. *erpel* abgeleitet zu sein. (Das ursprüngliche Adjektiv ist im nd.-nl. Raum nicht bezeugt, dort also wohl schon früh untergegangen.) Zugrunde liegt ie. **erb(h)-* 'dunkelrötlich, bräunlich', wozu auch (mit *n*-Suffix) griech. *orphnós* (ὀρφνός) 'finster, dunkel' sowie die unter *Rebhuhn* (s. d.) aufgeführten germ. und außergerm. Formen.

erpicht Part.adj. 'versessen, sehr begierig', seit dem 16. Jh. meist in der Fügung *erpicht sein* und (bis ins 18. Jh.) *verpicht sein*; zu den von *Pech* (s. d.) abgeleiteten Verben *er-, verpichen*, mhd. *verbichen* 'mit Pech überziehen, verkleben', daher eigentl. 'mit etw. verbunden, wie mit Pech festgeklebt sein'.

erquicken Vb. 'neu beleben, laben, erfrischen', ahd. *irquicken* 'lebendig machen, beleben' (um 800), mhd. *erquicken*, mnd. *erquicken, erquecken* gehören zu einem Simplex ahd. *quicken* (9. Jh.), mhd. *quicken, quecken*, mnd. *quecken*, das zu einem in nhd. *keck* (s. d.) erhaltenen Adjektiv mit der ursprünglichen Bedeutung 'lebendig' gebildet ist (s. auch *quicklebendig, Quecksilber*). Daher stehen *quicken* und *erquicken* noch im 16. Jh. für 'lebendig machen'. – erquicklich Adj. 'erfreulich, belebend' (Ende 15. Jh.); unerquicklich Adj. 'unerfreulich, unangenehm' (17. Jh.).

erratischer Block m. 'durch vordringende Eismassen an seinen Ort transportierter Gesteinsbrocken, eiszeitlicher Felsblock, Findling', gegen Mitte des 19. Jhs. aus frz. *bloc erratique*, eigentl. 'wandernder bzw. gewanderter Stein', entlehnt, als geologischer Terminus von dem frz. Paläontologen Brongniart (1822) eingeführt; zu lat. *errāticus* 'umhergeirrt' (lat. *errāre* 'irren'). Zur allgemeinen Verbreitung trägt Scheffels Gedicht *Der erratische Block* (1867) bei. Vgl. zuvor (vereinzelt) *erratisch* 'irrig, irreführend' (Paracelsus).

erschüttern Vb. 'in heftig bebende, rüttelnde Bewegung versetzen, zutiefst ergreifen, stark erregen'. Im Frühnhd. (16. Jh.) als Intensivum zu dem Anfang des 18. Jhs. untergegangenen Verb *erschütten*, ahd. *irscutten* (um 800), mhd. *erschütten* 'schütteln, erschüttern' gebildet, einer präfigierten Verstärkung von *schütten* (s. d.) in dessen alter Bedeutung 'schütteln, heftig hin und her bewegen'. Oft in übertragenem Sinne von seelischer Bewegung, daher häufig in den Partizipialformen *erschütternd* und *erschüttert*. – unerschütterlich Adj. 'nicht zu erschüttern, fest' (18. Jh.).

erster Num. Ord. Die westgerm. Ordnungszahl ahd. *ēristo* (8. Jh.), mhd. *ērste*, asächs. *ērist*, mnd. *ērst*, mnl. *eerst, ērst, ierst*, nl. *eerst*, aengl. *ǣrest* ist Superlativ zu dem bei *eher* (s. d.) entwickelten, im Nhd. untergegangenen Komparativ (vgl. ahd. *ēriro*, mhd. *ērer, ĕrre* 'der frühere'). Sie bezeichnet das, was in der Zeit allem anderen vorangeht, dann auch, was im Rang am höchsten steht. Ein neuer Komparativ e r s t e r e r im Sinne von 'erster' entsteht im 17. Jh., wird später ausschließlich zur Bezeichnung des 'von zweien zuerst Erwähnten' (meist im Gegensatz zu *letzterer*, s. d.) gebraucht. **erst** Adv., ahd. (8. Jh.), asächs. *ērist*, mhd. mnd. *ērst* bezeichnet den ersten Zeitpunkt eines Geschehens im Sinne von 'zuerst, vorher, zuvor, nicht früher (später, älter, mehr, weiter) als', dient auch der Hervorhebung, Steigerung (*sie ist sehr schön, aber erst ihre Tochter!*) und weist schließlich auf Zukünftiges hin (*sei du erst mal so alt wie wir*). – z u e r s t Adv. 'an erster Stelle, in erster Linie, zunächst'. Im Frühnhd. werden *zu* und *erst* zusammengerückt; voran gehen ahd. *zi ērist*, mhd. *ze ērst, zērst.* v o r e r s t Adv. 'vorläufig, zunächst, fürs erste' (vereinzelt 16. Jh., häufiger 2. Hälfte 18. Jh.), frühnhd. *fürerst.* e r s t e n s Adv. 'an erster Stelle, als erstes' (bei Aufzählungen; 18. Jh.). Von *erst* abgeleitet e r s t l i c h Adv. 'erstens' (16. Jh.). E r s t l i n g m. 'das zuerst Hervorgebrachte, erstes in seiner Art' (Anfang 16. Jh.), anfangs vor allem (Plur.) 'die ersten Früchte des Jahres' sowie 'das erste Kind', heute bes. 'das erste Werk eines Schriftstellers, Künstlers'.

ersticken Vb. (intrans.) 'an Luftmangel sterben', (trans.) 'durch Entziehen der Luft töten', ahd. *irsticken* (intrans.) 'den Geist aufgeben, sterben' (10. Jh.), mhd. *ersticken* (intrans.). Vgl. ahd. *sticken* '(voll)stopfen, anfüllen' (8. Jh.), nhd. *sticken* (trans.) 'durch Entziehen der Luft töten', (intrans.) 'an Luftmangel sterben' (16. bis 19. Jh.), mnd. mnl. *stikken*, nl. *stikken*. Es handelt sich um geminierte Intensivbildungen zu dem unter *stechen* (s. d.) behandelten Verb bzw. zu den dort genannten Wurzelerweiterungen ie. **(s)teg-* bzw. **(s)teig-*, **(s)tig-* 'stechen, spitz'. Der semantische Zusammenhang ist undurchsichtig. Ist für *ersticken* von 'durch mehrere Stiche töten' (vgl. mhd. *si lāgen ersticket und verdorben*) mit nachfolgender Bedeutungsentwicklung zu '(an Luftmangel) sterben, (durch Entziehen der Luft) töten' (wie [1]DWB 10, 2, 2, 2742 vermutet) auszugehen? Oder führt 'hineinstecken, stopfen' zu der Vorstellung 'durch (Voll)stopfen den Hauch, den Atem benehmen' (vgl. mhd. *ersticken und erworgen begunde er an dem beine*), also 'mit dem Atem steckenbleiben und den Geist aufgeben' mit nachfolgender (im Frühnhd. entwickelter) trans. Verwendung? – Hierzu wohl s t i k k i g Adj. 'dumpf, zum Ersticken reizend' von Qualm, schlechter, verunreinigter Luft (18. Jh.), zuvor 'keuchend, schnaubend' (*stikkicht*, 17. Jh.); s. *Stickstoff.*

eruieren Vb. 'ermitteln, erforschen, ausfindig machen', im 17. Jh. aus gleichbed. lat. *ēruere* entlehnt; mit der konkreten Bedeutung 'herausgraben, ausreißen, jäten' gelangt das lat. Verb bereits im 15. Jh. ins Dt. (*erruern*) und bleibt (als *eruiren*) in dieser Verwendung bis Ende des 19. Jhs. vereinzelt in Gebrauch.

Eruption f. 'explosionsartiger Ausbruch' (um 1800), in der Geologie 'vulkanischer Ausbruch', in der Medizin 'Ausbruch einer Hautkrankheit, Hautausschlag' (beide 1. Hälfte 19. Jh.), in der Astronomie 'Strahlungsausbruch auf der Sonne' (20. Jh.); aus lat. *ēruptio* (Gen. *ēruptiōnis*) 'das Hervorbrechen, Ausbruch' sowie (bei den röm. Ärzten) 'Hautausschlag', zu lat. *ērumpere* (*ēruptum*) 'heraus-, hervor-, ausbrechen'. – E r u p t i v g e s t e i n n. 'Gestein vulkanischen Ursprungs' (2. Hälfte 19. Jh.), neben anfänglichem *Eruptionsgestein.*

erwähnen Vb. 'kurz davon sprechen, beiläufig nennen'. Dem seit 1550 im Omd. bezeugten, gewiß aber älteren (s. *Erwähnung*) Verb entspricht (mit anderem Präfix) gleichbed. ahd. *giwahanen* neben *giwahan* (9. Jh.), mhd. *gewähenen* neben *gewahen* und (mit grammatischem Wechsel) mnd. *gewāgen*, mnl. *ghewāghen*, nl. *gewagen.* Das Paradigma des ahd. mhd. Verbs weist starke Präteritalformen (ohne Nasal und mit grammatischem Wechsel) auf. Das schwach flektierende Präsens erklärt sich wohl aus der Umbildung eines ursprünglich starken Nasalpräsens. Verwandt sind ahd. *giwaht* 'Andenken, Erwähnung, Meinung' (9. Jh.), anord. *vāttr* 'Zeuge', aengl. *wōma* 'Laut, Lärm', anord. *ōmun* 'Laut, Stimme' und in außergerm. Sprachen aind. *vívakti* 'redet, spricht, sagt', *vā́k* 'Rede, Spruch, Ruf, Lied', griech. *épos* (ἔπος) 'Wort, Rede' (s. *Epos*), lat. *vocāre* 'rufen', *vōx* (Gen. *vōcis*) 'Stimme' (s. *Vokal*); zu erschließen ist eine Wurzel ie. **u̯ekᵘ̯-* 'sprechen'. Im Nhd. werden die auf das Präfix folgenden Silben kontrahiert, daraus ergibt sich lautlicher Zusammenfall mit nicht verwandtem *wähnen* (s. *Wahn*). – Erwähnung f. (omd. 15. Jh.).

Erz n. 'Metall enthaltendes Mineral', ahd. *aruz* m. 'Roherz, Erzklumpen' (9. Jh.), *aruzzi, arizzi* n., auch 'verarbeitetes Erz, Stahl' (10. Jh.), mhd. *arze, erze*, asächs. *arut*. Weitere germ. Anknüpfungen fehlen; die Verbindung mit anord. *ørtog, ertog, ærtog* 'kleine Münze' (aus **aruti-taugō* 'Erzfaden'?) bleibt zweifelhaft. Keine Verwandtschaft besteht mit der alten, im Nhd. untergegangenen Bezeichnung für 'Erz, Metall' ahd. *ēr*, mhd. *ēr(e)* (s. *ehern*). Herkunft ist dunkel; am ehesten ist in vorhistorischer Zeit vermittelte Entlehnung aus sumer. *urud* 'Kupfer' zu erwägen. *Erz* gilt vor allem für 'metallhaltiges Gestein', entsprechend den daraus zu gewinnenden Metallen oft in Komposita wie *Eisen-, Kupfer-, Mangan-, Zinkerz*. Früher oft 'Bronze', in frühnhd. Zeit auch 'Kupfergestein' und 'Kupfer'. – erzen Adj. 'aus Erz', im 16. und 17. Jh. *ertzin, ertzen*; heute selten, üblicher ist *ehern*.

Erz- Bestimmungswort in Zusammensetzungen zur Bezeichnung eines hohen Ranges. Zugrunde liegt die Kompositionsform griech. *arch(i)-* (ἀρχ(ι)-) 'Ober-, Haupt-, Erz-' (s. *Architekt, Arzt*), zu griech. *árchein* (ἄρχειν) 'der erste sein, vorangehen, anfangen, herrschen', *archós* (ἀρχός) 'Führer, Anführer'. Durch die Kirchensprache werden dem Dt. eine Reihe griech.-lat. Komposita mit diesem Bestimmungswort vermittelt. Das erste Kompositionsglied griech.-lat. *archi-*, mlat. auch *arci-*, wird in ahd. *erzi-*, mhd. *erz(e)-* entlehnt, das zweite erscheint im Dt. in der Form, in der auch das Simplex wiedergegeben wird. Zu den frühesten Entlehnungen zählen *Erzbischof* (s. *Bischof*), *Erzpriester* (ahd. *erzipriester*, Hs. 12. Jh.; s. *Priester*), kirchenlat. *archiepiscopus, archipresbyter, Erzvater* (ahd. *erzifater*, Hs. 12. Jh.), mlat. *archipater* (statt des üblicheren kirchenlat. *patriarcha, patriarchēs*, s. *Patriarch*). Aus dem weltlichen Bereich kommen im 14. Jh. *Erzkämmerer, Erzkanzler* hinzu, im 15. Jh. *Erzherzog* als Titel öst. Fürsten, Übersetzungen von mlat. *archicamerarius, archi-, arcicancellarius, archidux*. Seit dem 16. Jh. wird *Erz-* im Dt. als verstärkendes, steigerndes Kompositionsglied produktiv; vgl. *Erzschelm* und (bei Luther) *Erzbösewicht, Erzfeind, Erzlügner*, später *Erzgauner, Erzlump, Erzschurke*, auch adjektivisch *erzdumm, erzfaul, erzkonservativ*.

erzählen Vb. '(mündlich oder schriftlich) mit Worten ausführlich wiedergeben'. Ahd. *irzellen* (8. Jh.), mhd. *erzel(le)n* steht zunächst (ähnlich wie ahd. *zellen*, mhd. *zeln*, s. *zählen*) für 'zählen, (der Reihe nach) aufzählen', auch bei der Darstellung von Ereignissen und Taten, daher (im Rechtswesen) 'öffentlich hersagen und verkünden' und allgemein 'mündlich mitteilen, berichten'. Die letztere Bedeutung ist dann allein auf *erzählen* übergegangen, während nhd. *zählen* auf den rechnerischen Bereich eingeschränkt wird; doch hält sich die alte Bedeutung 'aufzählen' gelegentlich bis ins 18. Jh. – Erzählung f. 'in Worten dargestellte Begebenheit', spätmhd. *erzelunge*, auch 'Aufzählung'; heute bes. 'einfache Kunstform der erzählenden Dichtung'. Erzähler m. 'wer in mündlicher oder schriftlicher Form erzählt, Verfasser erzählender Dichtung' (17. Jh.).

Eschatologie f. in der Theologie 'Lehre von den letzten Dingen, vom Weltende und vom Anbruch einer neuen Welt', gelehrte Zusammensetzung des 19. Jhs. aus griech. *tá éschata* (τὰ ἔσχατα) 'die letzten Dinge', zu griech. *éschatos* (ἔσχατος) 'der äußerste, letzte', und dem für 'Lehre, Wissenschaft' üblichen Grundwort *-logie* (s. d.).

Esche f. Laubbaum mit gefiederten Blättern, ahd. *asc* (9. Jh.), *asca* (Hs. 12. Jh.), mhd. *asch, esche*, asächs. *ask*, nl. *es*, aengl. *æsc*, engl. *ash*, anord. *askr*, schwed. *ask* (germ. **aski-*) sowie griech. *oxýa, oxýē*, (ὀξύα, ὀξύη) 'Buche, Speerschaft' und alban. *ah* 'Buche' sind *k*-Ableitungen (ie. **osk-*), lat. *ornus* 'wilde Bergesche' und russ. *jásen'* (ясень) 'Esche' Bildungen mit *n*-Suffix (ie. **ōsen-*) und die balt. Formen lit. *úosis*, apreuß. *woasis i-* bzw. *jo*-Stämme (ie. **ōsi-*) eines vorauszusetzenden Wurzelnomens ie. **ōs* 'Esche'. Der umgelautete Vokal in mhd. nhd. *Esche* stammt aus dem Plural bzw. aus dem Kompositum mhd. *eschenboum*, einer Bildung zum folgenden Adjektiv. – eschen Adj. 'aus Eschenholz', ahd. *eskīn* (10. Jh.), mhd. *eschīn, eschen*.

Esel m. zur Gattung der Pferde gehörendes, graues langohriges Haustier, Sinnbild der Torheit und Störrischkeit, ahd. *esil* (9. Jh.), mhd. *esel*, asächs. *esil*, mnd. mnl. *ēsel*, nl. *ezel*, aengl. *esol, eosol* und got. *asilus* beruhen auf einer sehr frühen Entlehnung (germ. **asiluz*) aus lat. *asinus* 'Esel' (oder aus dem gleichbed. Deminutivum lat. *asellus*). Dagegen geht aengl. *assa*, engl. *ass* über keltische, anord. *asni* über afrz. Vermittlung auf lat. *asinus* zurück. Der lat. Name und auch griech. *ónos* (*ὄνος*) 'Esel' stammen wohl durch thrakisch-illyrische Vermittlung aus einer kleinasiatischen Sprache im Süden des Schwarzen Meeres. – Eselsbrücke f. 'vereinfachende Gedächtnisstütze bei Merkschwierigkeiten' (18. Jh.), Übersetzung von mlat. *pons asinorum*, einem Ausdruck der scholastischen Philosophie für eine schematische Zeichnung, die logische Begriffsverhältnisse veranschaulicht. Eselsohr n. 'umgeknickte Ecke einer Buchseite' (17. Jh.), aus dem Vergleich mit dem herabhängenden Ohr eines Esels.

Eskalation f. 'stufenweise Steigerung', bes. 'schrittweise Verschärfung, Zuspitzung eines militärischen oder politischen Konflikts', Entlehnung (wohl nach 1960) von gleichbed. engl. *escalation*. Dieses rasch internationale Verbreitung findende engl. Substantiv schließt sich offenbar an engl. *escalator* 'Rolltreppe' an, eine ursprünglich amerik.-engl. Bildung nach dem Muster von engl. *elevator* 'Fahrstuhl, Aufzug, Hebewerk' (zu lat. *ēlevāre* 'emporheben, wegnehmen, mindern') auf der Grundlage von engl. *to escalade* 'ersteigen, erstürmen'. Voraus geht engl. *escalade* 'Ersteigung, Überwinden der Festungsmauer mit Sturmleitern', nach gleichbed. mfrz. frz. *escalade*, das letztlich auf lat. *scālae* Plur. 'Leiter, Stiege' beruht. Dazu eskalieren Vb. 'etw., sich stufenweise steigern, allmählich verschärfen' (70er Jahre des 20. Jhs.).

Eskapade f. 'mutwilliger Streich, Seitensprung, falscher Sprung eines Dressurpferdes'. Das 18. Jh. entlehnt gleichbed. frz. *escapade*, das aus ital. *scappata* oder span. *escapada* 'Entwischen, heimliche Flucht, unbesonnene Handlung' stammt. Beide Formen sind herzuleiten vom Verb vlat. **excappāre* 'das Ordenskleid ablegen, umsatteln, einer Gewohnheit entsagen', das zu spätlat. *cappa* f. 'Kopfbedeckung', mlat. 'Mönchsgewand' gebildet ist (s. *Kappe*).

Eskorte f. 'Schutz- oder Ehrengeleit'. Um 1700 wird der militärische Terminus frz. *escorte* ins Dt. übernommen. Er ist entlehnt aus gleichbed. ital. *scorta*, einer Ableitung vom Verb *scorgere* 'erspähen, wahrnehmen, das Geleit geben, führen', vlat. **excorrigere* (zu lat. *corrigere* 'geraderichten, berichtigen, in Ordnung bringen'; s. *korrigieren*). – eskortieren Vb. '(ehrendes) Geleit geben, sichern, bewachen' (18. Jh.), frz. *escorter*.

esoterisch Adj. 'nur für Eingeweihte verständlich und bestimmt'. Wie frz. *ésotérique*, engl. *esoteric* als Ausdruck der Philosophie entlehnt (18. Jh.) aus spätlat. *esōtericus*, griech. *esōterikós* (*ἐσωτερικός*), eigentl. 'innerlich', das in streng wissenschaftlicher Form geschriebene philosophische Schriften (insbes. des Aristoteles) sowie den engeren Schülerkreis eines Gelehrten (Pythagoras) bezeichnet. Zugrunde liegt griech. *ésō, ḗisō* (*ἔσω, εἴσω*) 'innen, darin, hinein'. Daneben das Antonym exoterisch Adj. 'auch für Außenstehende, d. h. allgemein verständlich' (18. Jh.); wie frz. *exotérique*, engl. *exoteric* aus lat. *exōtericus*, griech. *exōterikós* (*ἐξωτερικός*) 'äußerlich, nach außen gehend' für allgemeinverständlich geschriebene philosophische Schriften; zu griech. *éxō* (*ἔξω*) 'außen, hinaus'.

Espe f. Pappelart mit fast runden, besonders leicht beweglichen Blättern, daher auch *Zitterpappel*. Ahd. *aspa* (9. Jh.), mhd. *aspe*, mnd. mnl. *espe*, nl. *esp*, aengl. *æspe*, engl. *asp*, anord. *ǫsp*, schwed. *asp* (germ. **aspō*) vergleichen sich mit lett. *apse*, poln. (älter) *osa*, obsorb. *wosa* (urslaw. **opsa*), russ. *osína* (*осина*). Die entscheidende Ausgangsform ist ie. **apsā* 'Espe'. Daß *-ps-* die ursprüngliche Lautfolge und germ. *-sp-* durch Metathese entstanden ist, beweisen Entlehnungen des Baumnamens in verschiedene Turksprachen, die aus dem Ost-ie. erfolgt sein müssen (vgl. Vasmer 2, 282). Das seit dem 15. Jh. auftretende nhd. *Espe* hat den umgelauteten Vokal aus dem Plural, vielleicht auch unter Einfluß des Adjektivs *espen*, mhd. *espīn*, vgl. frühnhd. *espenboum*.

Esplanade f. 'großer, freier (Vor)platz'. Im 17. Jh. wird gleichbed. frz. *esplanade* ins Dt. aufgenommen und gilt zunächst nach frz. Vorbild als kriegstechnischer Terminus im Festungsbau. Der frz. Ausdruck ist eine Entlehnung von ital. *spianata* 'geebneter Platz', einer Ableitung vom Verb *spianare* 'ebnen', das lat. *explānāre* in seiner konkreten Bedeutung 'ebnen, ausbreiten' (zu lat. *plānus* 'eben, flach, platt') fortsetzt (s. *plan, planieren*).

Espresso m. 'in einer Spezialmaschine schnell zubereiteter starker Kaffee', Entlehnung (20. Jh.) von gleichbed. ital. *(caffè) espresso*. Das Part. Perf. ital. *espresso* 'ausdrücklich' (von ital. *esprimere* 'zum Ausdruck bringen', lat. *exprimere*, s. *expreß-*) nimmt zunächst in der Substantivierung ital. *espresso* 'eigens gesandter Bote zur schnellen Benachrichtigung, Eilbote', dann unter dem Einfluß von engl. *express (train)*, frz. *(train) express* (wonach ital. *espresso* 'Schnellzug', heute *rapido*) die Bedeutung 'schnell, eilig' an; jedoch bleibt unklar, ob für die Benennung des Kaffees dessen rasche Zubereitung oder vielmehr die Tatsache ausschlaggebend ist, daß er für einen Gast eigens, auf ausdrücklichen Wunsch hin bereitet wird. Anschluß an die etymologische Bedeutung 'herausgedrückt, ausgepreßt' (nahegelegt durch die Verwendung einer unter Dampfdruck stehenden Kaffeemaschine) verbietet sich wohl, da diese im Ital. kaum lebendig ist. – E s p r e s s o n. 'kleines Lokal, in dem Espresso verabreicht wird' (Mitte 20. Jh.), nach gleichbed. engl. *espresso* (vielleicht gekürzt aus engl. *espresso bar*, vgl. aus dem Ital. übernommenes engl. *espresso* 'Espresso-Kaffee').

Esprit m. 'geistreiche Art, Einfallsreichtum', Entlehnung (um 1700) von frz. *esprit* 'Geist, Hauch, Witz, Charakter', dem lat. *spīritus* 'Hauch, Lebensatem, Geist' (s. *Spiritus*) zugrunde liegt.

Essay m. und n. 'knappe, allgemein verständliche Abhandlung über einen wissenschaftlichen Gegenstand', literarische Kunstform in Prosa. Montaigne nennt (1580) seine philosophischen Abhandlungen frz. *essais* (Plur., eigentl. 'Versuche'). Daraufhin übernimmt Bacon das aus dem Frz. stammende engl. *essay* in gleichem Sinne in den Titel seiner Traktate (1597). Im 18. Jh. wird engl. *essay* teils unverändert im Dt. gebraucht, teils mit *Versuch* übersetzt; endgültig setzt sich *Essay* im 19. Jh. durch. Frz. *essai* 'Versuch, Probe' beruht auf lat. *exagium* 'das Wägen, Gewicht', spätlat. auch 'Versuch', einer Ableitung von lat. **exagere*, vgl. *exigere* 'abmessen, wägen, untersuchen'.

Esse f. 'Schornstein', ahd. *essa* 'Brandstätte, Schmelzofen' (9. Jh.), mhd. *esse* 'Feuerherd des Schmieds', schwed. *ässja*, dän. *esse* 'Esse' gehören als *jō-* bzw. *jōn*-Stämme zu der unter *Asche* (s. d.) dargestellten Wurzel ie. **ăs-* 'brennen, glühen'. Im 16. Jh. wird im Omd. *Esse* auf den Rauchabzug übertragen, wofür anderwärts *Kamin, Rauchfang, Schlot, Schornstein* (s. d.) gebräuchlich sind. – E s s e n k e h r e r m. 'Schornsteinfeger' (18. Jh.), im Sprachraum von *Esse*.

essen Vb. 'Nahrung zu sich nehmen', ahd. *eʒʒan* (8. Jh.), mhd. *eʒʒen*, asächs. aengl. *etan*, mnd. mnl. *ēten*, nl. *eten*, engl. *to eat*, anord. *eta*, schwed. *äta*, got. *itan* verbinden sich mit griech. *édein* (ἔδειν), lat. *edere*, aslaw. *jasti*, russ. *est'* (*есть*), lit. *ésti*, aind. *ádmi* und führen auf die Wurzel ie. **ed-* 'essen', zu der auch *Zahn* und *Aas* (s. d.) sowie die Kausativa *atzen* und *ätzen* (s. d.) gehören. Dazu das wohl zur Wurzel gebildete Substantiv E s s e n n. 'Speise, Mahlzeit', ahd. *eʒʒan* (9. Jh.), mhd. *eʒʒen*. S. auch *fressen*.

Essenz f. 'Wesen, konzentrierte Lösung aus organischen Stoffen'. Spätmhd. *essenzie* 'Wesen, Wesenheit' wird aus lat. *essentia* 'das Sein, Seiende, Wesen, Substanz' entlehnt, einer Ableitung von einem nicht üblichen Part. Präs. **essēns* (Gen. **essentis*) zu lat. *esse* 'sein', die gleichbed. griech. *ūsía* (*οὐσία*), Abstraktbildung zu griech. *ṓn*, Fem. *ūsa* (*ὤν, οὖσα*) 'seiend', wiedergibt. *Essenz* bzw. *essentia* begegnet zunächst als Ausdruck der Philosophie und Theologie, wird dann in die Sprache der Alchimisten ('konzentrierte Lösung') und von dort in die Chemie übernommen. – e s s e n t i e l l Adj. 'wesentlich' (17. Jh., älter *essentialisch*, 16. Jh.), nach frz. *essentiel* bzw. spätlat. *essentiālis*. Q u i n t e s s e n z f. 'Wesen, Kern, Auszug', im 16. Jh. entlehnt aus spätlat. bzw. mlat. *quinta essentia* 'das fünfte Seiende', das griech. *pémptē ūsía* (*πέμπτη οὐσία*) übersetzt, worunter die Pythagoreer den 'feinsten Luft-, Ätherstoff' verstehen, den Aristoteles als neues, fünftes Element den vier sichtbaren Elementen hinzufügt. Im Mittelalter bezeichnet es in Philosophie und Naturlehre 'die fünfmal ausgezogene Kraft eines Stoffes' und wird vom 16. Jh. an als 'feinste Kraft, Grund-, Kernstoff, Auszug' in Alchimie und Biologie verwendet. Übertragene Bedeutung 'geistiger (Grund)-stoff' setzt daneben im 17. Jh. ein und verhilft dem Ausdruck zur Verbreitung als Modewort des 18. Jhs. für 'das Eigentliche, Wesenhafte, Ergebnis'. Verdeutschungsversuche (*Fünftelsaft* Bürger 1773) können sich nicht durchsetzen.

Essig m. 'würzende und konservierende saure Flüssigkeit'. Lat. *acētum* 'saurer Wein, Weinessig, Essig', zu lat. *acēre* 'sauer sein', dringt früh in die germ. Sprachen und ergibt got. *akēt, akeit* (oder *akēts, akeits*?), aengl. *eced*, asächs. *ekid*, wobei die *d*- und *t*-Formen auf altem Nebeneinander von lat. *acētum* und vlat. **acēdum* beruhen, während aus nicht belegtem metathesiertem vlat. **atēcum*, **adēcum* ahd. *ezzīh* (9. Jh.), mhd. *ezzich*, mnd. *ettik*, anord. mnl. nl. *edik* entstehen. Vgl. Frings/M. Germania Romana 2 (1968) 83.

Estrade f. 'erhöhter Teil des Fußbodens, Podium', Entlehnung (um 1700) von gleichbed. frz. *estrade*, das über span. *estrado* 'Tritt, erhöhter (mit einem Teppich belegter) Platz, Sitz, Empfangszimmer' auf lat. *strātum* 'Decke, Lager, Sattel, Pflaster, Estrich' (eigentl. 'das Hingebreitete'), substantiviertes Neutrum des Part. Perf. von lat. *sternere* 'hinbreiten, streuen, ebnen, bedecken', zurückgeht. Die seit den 60er Jahren des 20. Jhs. aufkommende Bedeutung 'volkstümliche künstlerische Veranstaltung mit gemischtem Programm' folgt dem Gebrauch von ebenfalls aus dem Frz. entlehntem russ. *ėstráda* (*эстрада*).

Estrich m. '(Stein)fußboden', ahd. *astrīh, estrīh* (9. Jh.), mhd. *esterīch, estrich*, mnd. *est(e)rik*, mnl. *estric*, nl. *estrik*, als Wort des Steinhausbaus entlehnt aus gleichbed. vlat. **astracum*, **astracus*, **astricum*, **astricus* (vgl. mlat. *astracus, astricus*). Bei Entlehnungen aus Formen mit *-ac-* wäre nach dem Vorbild der einheimischen Suffixe *-ik, -i(c)h* das *a* der lat. Endung durch Umlaut bewirkendes *i* ersetzt worden. Ausgangspunkt ist letztlich (vgl. dazu FEW 7, 441) griech. *óstrakon* (*ὄστρακον*) 'Tonziegel, Scherbe', da mit Ziegeln und Scherben gepflastert wurde.

etablieren Vb. 'gründen, errichten', refl. 'sich niederlassen' wird im 17. Jh. entlehnt aus frz. *établir* 'befestigen, einrichten'. Zugrunde liegt lat. *stabilīre* 'befestigen', abgeleitet von *stabilis* 'fest, feststehend' (s. *stabil*) und verwandt mit lat. *stāre* 'stehen'. – Etablissement n. 'Unternehmen, Niederlassung, Vergnügungsstätte' (18. Jh.), frz. *établissement*.

Etage f. 'Stockwerk', zu Beginn des 18. Jhs. bereits allgemein geläufige Entlehnung von gleichbed. frz. *étage* m. Vorausgehendes afrz. *estage*, das zu afrz. *ester* 'stehen, anhalten, verweilen, wohnen, sein' (aus lat. *stāre* 'stehen') gehört und vielleicht schon auf einem vlat. **staticum* (vgl. mlat. *staticum, statica* 'Aufenthalt, Residenz, Standort, Stockwerk') beruht, entwickelt aus der Bedeutung 'Stellung, Zustand, Lage' die Verwendungen 'Rang, Stand' und 'Aufenthalt, Wohnung, Stockwerk'.

Etappe f. 'Teilstrecke, Abschnitt', als militärischer Terminus 'besetztes Hinterland, Nachschubgebiet'. Ausgangswort ist mnl. *stāpel* 'Haufen, Warenlager, Verkaufsplatz' (s. *Stapel*), das ins Frz. entlehnt wird und afrz. *estaple*, frz. *étape* ergibt. Aus der alten Bedeutung 'Warenlager' entwickelt sich 'Lebensmittelmagazin für die Truppe' und, da die Versorgungsdepots in Abständen von Tagesmärschen angelegt sind, 'Tagesmarsch'. Mit beiden Bedeutungen wird frz. *étape* ins Dt. entlehnt und gilt in der Militärsprache für 'Verpflegungsstätte, Rastort' (18. Jh.), später für 'Versorgungsgebiet hinter der Front', dann für 'Tagesmarsch, Streckenabschnitt' (19. Jh.), übertragen 'Zeit-, Entwicklungsabschnitt'.

Etat m. '(Staats)haushaltsplan, Voranschlag der Einnahmen und Ausgaben'. Der finanzwissenschaftliche Terminus ist eine Entlehnung der 1. Hälfte des 18. Jhs. von frz. *état* 'Stand, Zustand, soziale Stellung, Staat', hier in der speziellen Verwendung 'schriftliche Fixierung des gegenwärtigen Standes, Aufstellung, Inventarliste'. Das frz. Substantiv beruht auf lat. *status* 'das Stehen, Stand, Wuchs, Zustand, Lage, soziale Stellung, fester Bestand, Wohlstand' (mlat. auch 'Hofhaltung, Haushalt, Einkünfte, Inventar, Rechnungslegung'), dieses zum Verb lat. *stāre* 'stehen' (s. *Staat, Status*). Neben *Etat* tritt im 18. Jh. aus dem Engl. stammendes *Budget* (s. d.).

etepetete Adj. 'zimperlich, auf Wohlanständigkeit bedacht, von übertriebener Ordnungsliebe'; vorwiegend in prädikativer und adverbialer Verwendung. Das zuerst für das Ende des 18. Jhs. nachzuweisende, bes. der nordd. Umgangssprache angehörende Adjektiv ist wohl entgegen anderen Erklärungsversuchen (z.B. Zurückführung auf frz. *être* 'sein', *peut-être* 'vielleicht') zu nd. *ōt(e)*, entrundet *ēte* 'geziert, zimperlich, überfein' zu stellen; *ötepetöte, etepetete*, auch in volkstümlichen Kinderversen als sinnentleerte Lautkombination vorkommend, kann dann als ironisch-spielerische Verdopplung gelten. Nd. *ǒt(e)* (Stimmlosigkeit des Dentals durch hyperkorrekte oder emphatische Aussprache?) entspricht hd. *öde* (s. d.), das seit dem Mhd. abschätzig ('widerwärtig, dumm, töricht') für Personen und deren Verhalten gebraucht werden kann.

ethnisch Adj. 'zu einer durch historisch-kulturelle Gemeinsamkeiten verbundenen größeren Menschengruppe gehörend, für eine bestimmte Völkerschaft charakteristisch'. Das im 19. Jh. von der Geschichtswissenschaft, bes. von der sich entwickelnden Völkerkunde her in den allgemeinen Sprachgebrauch gelangende Adjektiv folgt griech. *ethnikós* (*ἐθνικός*) 'zum (fremden) Volk gehörig, volkstümlich, ausländisch', Ableitung von griech. *éthnos* (*ἔθνος*) 'zusammenlebende Menge, Schar, Stamm, Volk'. Wesentlich früher (bei Paracelsus, 30er Jahre des 16. Jhs.) ist *ethnisch* in der für kirchenlat. *ethnicus*, bei christlichen Schriftstellern auch für griech. *ethnikós* geltenden Bedeutung 'heidnisch' belegt (vgl. in diesem Sinne engl. *ethnic* seit dem 15. Jh., frz. *ethnique* seit dem 16. Jh.). – E t h n o g r a p h i e f. 'beschreibende Völkerkunde', auch (als Synonym von *Völkerkunde*) Bezeichnung für den gesamten Wissenschaftszweig; im 18. Jh. aufkommende Bildung zu griech. *éthnos* 'Menge, Volk' (s. oben) mit dem häufig auftretenden Kompositionselement *-graphie* (s. d.), die in der ersten Hälfte des 19. Jhs. international bekannt wird, vgl. frz. *ethnographie*, engl. *ethnography*, russ. *ètnográfija* (*этнография*); dazu e t h n o g r a p h i s c h Adj. (18. Jh.). E t h n o l o g i e f. 'vergleichende Völkerkunde', auch überhaupt 'Völkerkunde' (Mitte 19. Jh.), nach frz. *ethnologie*, engl. *ethnology*, zusammengesetzt aus griech. *éthnos* 'Menge, Volk' (s. oben) und dem für 'Lehre, Wissenschaft' üblichen Grundwort *-logie* (s. d.); dazu e t h n o l o g i s c h Adj. (19. Jh.).

Ethos n. 'sittliche Haltung des Menschen, sein Handeln bestimmende Gesinnung'. Griech. *ḗthos* (*ἦθος*) 'Charakter, Wesensart, Sitte, Herkommen' sowie (im Plur.) 'gewohnter Aufenthaltsort' wird im 18. Jh. von dt. Schriftstellern aufgenommen, erlangt aber erst im 20. Jh. den heute vorherrschenden Sinn 'als Triebkraft für das eigene Handeln akzeptierte Moralnormen der Mitglieder einer bestimmten gesellschaftlichen Gruppe'. Das auch ins Lat. entlehnte (griech.-lat. *ēthos*) griech. Substantiv steht als dehnstufige Bildung neben griech. *éthos* (*ἔθος*) 'Gewohnheit, Sitte' (aus **ϝέθος*) und führt mit aind. *svadhā́* 'Eigenheit, Charakter, Gewohnheit, Sitte, Wohnsitz', lat. *sodālis* 'Kamerad, Gefährte, Tischgenosse' auf ie. **su̯ĕdh-*, eine Erweiterung des Reflexivstammes ie. **se-*, **s(e)u̯e-* (s. *sich*). – E t h i k f. 'philosophische Lehre vom Sittlichen, vom moralischen Bewußtsein und Verhalten der Menschen', Übernahme des 17. Jhs. von lat. *ēthica* f., *ēthicē* f. 'Moralphilosophie' nach gleichbed. griech. *ēthiká, ēthikḗ* (*ἠθικά, ἠθική*); diese Formen sind Substantivierungen (Neutr. Plur. bzw. durch ein gedanklich zu ergänzendes Substantiv veranlaßtes Fem. Sing.) des von griech. *ḗthos* (s. oben) abgeleiteten Adjektivs griech. *ēthikós* (*ἠθικός*) 'den Charakter betreffend, sittlich'. e t h i s c h Adj. 'sittlich, moralisch, auf die Ethik bezüglich'; im Anschluß an gleichbed. lat. *ēthicus*, griech. *ēthikós* (s. oben) um 1700 aufkommend.

Etikett n., nur selten noch *Etikette* f. 'an einem Gegenstand befestigtes, ihn kennzeichnendes Schildchen aus Papier'. Das Substantiv erscheint um 1700 im Dt. als Übernahme von frz. *étiquette* f. 'Schildchen', vorher auch 'Verzeichnis, Aufstellung' und 'an einer Prozeßakte angebrachte Aufschrift', das auf ein nur in den Mundarten Nordfrankreichs nachzuweisendes mfrz. *estiquette* 'in die Erde gesteckter, als Ziel dienender Pfahl' zurückgeht, eine Ableitung von nordafrz. *estiqu(i)er*, afrz. *estechier, estichier* 'hineinstecken, stechen'. Das afrz. Verb ist aus dem Germ. entlehnt, es ist verwandt mit *Stich* (s. d.) und schließt sich wahrscheinlich an mnl. *stēken* 'stechen, stoßen' bzw. die zugehörige Intensivbildung mnl. *sticken* 'hineinstechen, feststecken, sticken' an (s. *stechen, stecken, sticken*). Wie das frz. Vorbild ist *Etikette* zunächst Fem., in der ersten Hälfte des 19. Jhs. wird daneben das erst in der Gegenwart vorherrschende neutrale Genus üblich. Aus einer anderen Verwendung von frz. *étiquette* geht E t i k e t t e f. 'zur Förmlichkeit erstarrte Anstandsregeln, auf Konvention beruhende Norm höflichen Benehmens' hervor, Anfang des 18. Jhs. mit

Bezug auf höfisches Zeremoniell, seit Mitte des 18. Jhs. in allgemeinerem Gebrauch (im 18. Jh. öfter Neutr.). Frz. *étiquette*, zuvor schon im Sinne von 'Verzeichnis' belegt (s. oben), bezeichnet nämlich seit Beginn des 17. Jhs. auch (nach dem Muster von span. *etiqueta*) die strenge Regelung der Rangordnung und aller Gepflogenheiten bei Hofe, wie sie durch Philipp den Guten von Burgund eingeführt und dann von den Höfen in Wien und Madrid nachgeahmt wurde. – etikettieren Vb. 'mit einem Papierschildchen versehen' (1. Hälfte 19. Jh.) nach gleichbed. frz. *étiqueter*.

etlich Indef.pron., als Pron.adj., aber auch substantiviert gebräuchlich; seine Verwendungsweisen entsprechen denen des Indef.-pron. *einig* (s. d.), durch das *etlich* seit dem 18. Jh. zurückgedrängt wird: im Sing. 'etwas, ein wenig', im Plur. 'einige, ein paar', außerdem im Sing. und Plur. 'beträchtlich, ziemlich viel'; bei *etlich* fehlt wie bei *einig* in der neueren Sprache die flexionslose Form. Das auf das Dt. beschränkte Pronomen (nl. *ettelijk* ist von hier entlehnt) gilt anfangs (bis ins Frühnhd.) auch für eine zwar bekannte oder denkbare, jedoch nicht näher bestimmte Person oder Sache, so ahd. *eddeslīh* (8. Jh.), *eddelīh* (9. Jh.), mhd. *et(e)lich, eteslich*, mnd. *etlīk, ettelīk* 'irgendein, irgend jemand, irgend etwas', Plur. 'irgendwelche, einige, manche'. Aus mhd. *eteslich* ergibt sich die im Frühnhd. übliche Variante *etzlich* (bis Anfang 18. Jh., danach noch scherzhaft altertümelnd). Die Bildung setzt sich zusammen aus der nur als Pronominalpräfix bezeugten, Unbestimmtheit ausdrückenden Partikel ahd. *edde(s)-*, mhd. *ete(s)-*, die sich wohl mit got. *aíþþau*, ahd. *edo, odo* 'oder' verbinden läßt (s. *oder*), und dem unter *-lich* (s. d.) behandelten Adjektivsuffix, weshalb die Ausgangsbedeutung 'irgendeine Gestalt habend' zu erschließen ist. Möglicherweise geht ahd. *edde(s)līh* auch durch innere Kürzung aus dem daneben belegten gleichbed. ahd. *eddes(h)welīh* (8. Jh.), *edde(h)welīh* (9. Jh.; neu belebt in spätmhd. frühnhd. *etwelch, etswelch*, das sich in obd. Mundarten noch länger hält) hervor (s. *welch*); vgl. hierzu Behaghel Syntax 1 (1923) 385f.

Etüde f. 'besondere Schwierigkeiten enthaltendes, zum Üben der spieltechnischen Fertigkeiten geeignetes Musikstück', in diesem Sinne seit der ersten Hälfte des 19. Jhs., vorher 'Skizze, Entwurf' (18. Jh.). Das Substantiv ist Übernahme von frz. *étude* 'Studium, Studie, Übungsstück', afrz. *estude, estuide* (durch Metathese aus afrz. *estudie*) 'Sorgfalt, Fleiß, geistige Anstrengung', einer Lehnbildung nach lat. *studium* 'Trieb, eifriges Streben, Lieblingsbeschäftigung, wissenschaftliche Beschäftigung' (s. *Studium, Etui*).

Etui n. 'schützendes Behältnis für bestimmte Gegenstände, Futteral', seit Mitte des 18. Jhs. im Dt. üblich, ist Entlehnung von gleichbed. frz. *étui*, afrz. *estui* (afrz. auch 'Gefängnis'), einer Ableitung von afrz. *estuiier, estoiir* 'in eine Hülle stecken, bewahren, aufheben'. Die Herkunft dieses afrz. Verbs ist nicht sicher geklärt, doch gilt als wahrscheinlich, daß ihm ein vlat. **studiāre* 'etw. sorgfältig betreiben, Eifer an etw. wenden' vorausgeht, das zum Substantiv lat. *studium* 'Trieb, eifriges Streben, Lieblingsbeschäftigung' (von lat. *studēre* 'betreiben, streben, trachten') gebildet ist.

etwa Adv. 'annähernd, ungefähr', auch (die Nennung eines möglichen Einzelfalls einleitend) 'beispielsweise', häufig nur intensivierende Partikel 'vielleicht, gar', ahd. *edde(h)wār* (um 1000), *eddes(h)wār* (11. Jh.), mhd. *et(e)wā, eteswā* 'irgendwo', mhd. daneben mit verstärkender Funktion 'gar, ziemlich, sehr'. Die Zusammensetzung des Adverbs ahd. *(h)wār*, nhd. *wo* (s. d.) mit dem die Unbestimmtheit kennzeichnenden Element ahd. *edde(s)-* (s. *etlich*) hat zunächst lokalen Sinn, geht aber im Frühnhd. in modale Verwendung über. Daneben steht ebenfalls modales frühnhd. *etwan*, hervorgegangen aus dem temporalen Adverb ahd. *eddes(h)wanne* (8. Jh.), *edde(h)wanne* (9. Jh.), mhd. *et(e)wenne, -wanne, eteswenne, -wanne* 'irgendwann, zuweilen, manchmal', das sich bereits im Mhd. in seinem Gebrauch mit mhd. *et(e)wā, eteswā* vermischt. Als Modeausdruck der Mitte des 20. Jhs., jedoch schon vereinzelt in der 1. Hälfte des 19. Jhs. (Immermann), findet sich durch Präposition erweitertes *in etwa* 'ungefähr', vielleicht dem Vorbild von *in etwas* (s. *etwas*) folgend. – etwaig Adj. 'möglich, unter Umständen eintretend' (nur attributiv), Adjektivbildung zu *etwa* (s. oben), seit Ende des 18. Jhs. für vorausgehendes *etwanig* (18./19. Jh.), das von der Form *etwan* (s. oben) abgeleitet ist.

etwas Indef.pron. 'irgendeine nicht näher bestimmte Sache' (umgangssprachlich häufig verkürzt zu *was*) sowie 'kleiner Teil von einer größeren Menge, ein wenig', in diesem Sinne auch adverbiell gebraucht ('in geringem Maße'), ahd. *eddes(h)waȝ* (8. Jh.), *edde(h)waȝ* (um 1000), mhd. *et(e)waȝ, eteswaȝ*, mnd. *ettewat* 'irgend etwas', als Adv. ahd. 'irgendwie' (Otfrid), ahd. und mhd. 'ein wenig', ist Neutr. des Indef.pron. ahd. *eddes(h)wer, edde(h)wer*, mhd. *et(e)wer, eteswer*, frühnhd. *etwer* (später noch in obd. Mundarten) 'irgend jemand', bestehend aus dem Bildungselement ahd. *edde(s)-* (s. *etlich*) und dem Fragepronomen ahd. *(h)wer, (h)waȝ* (s. *wer, was*). Die heute veraltete adverbielle Fügung *in etwas* 'in gewissem Maße, ein wenig' wird Mitte des 17. Jhs. üblich. Seit Ende des 17. Jhs. findet sich die Substantivierung Etwas n. 'ein nicht näher Bestimmtes', namentlich 'besondere, schwer zu beschreibende Eigenschaft', doch auch 'unscheinbare, unbedeutende Person oder Sache'.

Etymologie f. 'Lehre von der Herkunft und Entwicklung der Wörter, historisch-vergleichende Wortforschung', auch 'formale und semantische Herleitung eines Wortes aus seiner ältesten erreichbaren Vorstufe'. Griech. *etymología* (*ἐτυμολογία*), lat. *etymologia* 'Erklärung der Wörter aus ihrem Wortstamm, Lehre von der Wortableitung' wird in den 20er Jahren des 16. Jhs. ins Dt. übernommen (frühnhd. *etymologei, ethimologey*), doch bleiben noch im 17. Jh. lat. Form und Flexion vorherrschend. Das griech.-lat. Substantiv weist wie die anderen Vertreter dieser Wortfamilie (s. unten) als erstes Kompositionsglied griech. *étymos* (*ἔτυμος*) 'wahr, wahrhaftig', eine Nebenform von gleichbed. griech. *eteós* (*ἐτεός*), auf (zum zweiten Glied s. *-logie*), ist also (entsprechend der noch im Mittelalter verbreiteten Auffassung, daß die Kenntnis der ursprünglichen Wortbedeutung zu Erkenntnissen über das Wesen der bezeichneten Sache führen könne) eigentl. als 'Lehre vom wahren Sinn der Wörter' zu verstehen. Griech. *tó étymon* (*τὸ ἔτυμον*) 'der wahre Sinn eines Wortes, das zugrundeliegende Stammwort', das substantivierte Neutrum des Adjektivs griech. *étymos*, wird seit dem 18. Jh. auch in dt. Texten als sprachwissenschaftlicher Terminus Etymon n. 'ursprüngliche, meist durch Vergleich verwandter Wörter in verschiedenen Sprachen lautgesetzlich erschlossene Wortform' gebraucht. Etymologe m. 'auf dem Gebiet der historisch-vergleichenden Wortforschung tätiger Wissenschaftler' (2. Hälfte 18. Jh.), nach griech.-lat. *etymologos* 'wer Etymologie treibt' (s. *-loge*); zuvor *Etymologist* (18. Jh., wohl unter Einfluß von frz. *étymologiste*). etymologisch Adj. 'die Etymologie betreffend' (18. Jh.), im Anschluß an gleichbed. griech. *etymologikós* (*ἐτυμολογικός*), lat. *etymologicus*.

euch Pers.pron. der 2. Person im Dat. und Akk. des Plurals (zum Nom. Plur. *ihr*, s. d.); ahd. *iuwih*, mhd. *iuch* (Akk., mit germ. **-ik* in Analogie zur 1. Pers., vgl. ahd. *unsih* Akk. Plur., *mih* Akk. Sing., s. *uns, mich*), außerdem ahd. mhd. *iu* (Dat.); Dativ- und Akkusativform werden vereinzelt schon im Ahd. vertauscht, mhd. *iu, iuch* sind seit der zweiten Hälfte des 13. Jhs. nebeneinander für beide Kasus in Gebrauch, im Frühnhd. bleibt nur *euch* erhalten. Diesen Zusammenfall zeigen auch die anderen germ. Sprachen: asächs. *iu(u), eu*, mnd. *iü, iuwe*, anfrk. *iu*, mnl. *ū*, nl. *u*, afries. *iu, io*, aengl. *īow, ēow* (Dat. Akk.), auch *ēowic* (Akk.), engl. *you* (Nom. Dat. Akk.), anord. *yðr*, got. *izwis* (Dat. Akk.). Nach dem Zeugnis der got. Form ist von germ. **izwiz* auszugehen; hiermit läßt sich anord. *yðr* vereinbaren, wenn man als Vorstufe ein durch Dissimilation entstandenes urnord. **iðwiR* statt eines regulären urnord. **iRwiR* (aus germ. **izwiz*) annimmt. Im Westgerm. beruht das Fehlen von germ. *-z-* (westgerm. *-r-*) in der ersten Silbe wohl eher au ebenfalls dissimilatorischem Schwund als auf Assimilation an das folgende *-w-*. Für germ. **-wiz* ist Zusammenhang mit aind. *vaḥ* 'euch, euer' (Gen. Dat. Akk., enklitisch), lat. *vōs* 'ihr, euch' (Nom. Akk.), aslaw. *vamъ*, russ. *vam* (*вам*) 'euch' (Dat.) und daher Anschluß an ie. **u̯ĕs-, *u̯ŏs-* wahrscheinlich. Unbefriedigend erklärt ist bisher aber das anlautende germ. **iz-*; ein vorauszusetzendes ie. **es-* könnte zum Pronominalstamm ie. **e-* (s. *er, es*) gehören, dann wäre die ganze Bildung ursprünglich ein Dual und mit griech. *sphṓ* (*σφώ*) 'ihr beide' vergleichbar, dessen Anlaut *s-* (*σ-*) als Schwundstufe von ie. **se-* (Pronominalstamm, s. *sein, sich*) aufgefaßt wird; vgl. Frisk 2, 829. Neuerdings wird jedoch erwogen, ob germ. **izwiz* nicht durch Dissimilation aus einer reduplizierten Form germ. *wiz-wiz hervorgegangen sei; vgl. Rosenfeld in: Zs. f. Phonetik 8 (1954/55) 371 und Krahe/Meid Germ. Sprachwissenschaft 2 (1969) 55.

euer Poss.pron. der 2. Pers. Plur., ahd. *iuwerēr* (um 800), mhd. *iuwer, iwer, iur*, aengl. *ēower, īower*, engl. *your*, anord. *yð(v)arr*, got. *izwar*, verkürzt ahd. (frk.) *iuwēr*, asächs. *iuwa, euwa*, mnd. *iuwe*, anfrk. *iuwa*, mnl. *ūwe*, nl. *uw*. Das Poss.pron. *euer* gehört zum Stamm der obliquen Kasus des Pers.pron. der 2. Pers. Plur. *euch* (s. d.) und steht seiner Lautgestalt nach in engem Zusammenhang mit dessen Gen. ahd. *iuwēr*, mhd. *iuwer*, nhd. *euer*, dann (mit zusätzlich antretendem *-er*) *eu(e)rer*.

Eukalyptus m. Für die Vertreter der in Australien heimischen und vor allem durch ihr als Heilmittel verwendetes ätherisches Öl bekannten artenreichen Baumgattung führt der frz. Botaniker L'Héritier 1788 die Bezeichnung botan.-lat. *Eucalyptus* ein, die sich aus griech. *eu-* (*εὐ-*) 'gut-, wohl-' und dem zu griech. *kalýptein* (*καλύπτειν*) 'verhüllen' gehörenden Verbaladjektiv *kalyptós* (*καλυπτός*) 'verhüllt, bedeckt' zusammensetzt, also eigentl. 'der Wohlverhüllte' bedeutet; Benennungsmotiv ist der kapuzenförmige Deckel der Blütenkelche. Im Dt. wird dieser Name im 19. Jh. über den Kreis der Fachleute hinaus bekannt.

Eule f. Der nachts auf kleine Wirbeltiere Jagd machende Vogel heißt ahd. *ūwila* (9. Jh.), *hūwila* (um 1000), asächs. *ūwila*, mhd. *iuwel, iule*, spätmhd. auch *hiuwel, hūwel* (aus germ. **ŭwwilōn*), mnd. mnl. aengl. *ūle*, engl. *owl*, nl. *uil*, anord. *ugla* (aus germ. **ŭwwalōn*). Diese germ. Bildungen werden als Deminutiva zu einem den Eulenruf nachahmenden Femininum germ. **ŭwwōn* 'Eule, Uhu' gestellt; belegt ist allerdings nur maskulines ahd. *hūwo* (9. Jh.), asächs. *hūo*, mhd. *hūwe* 'Uhu', jünger noch schweiz. *Huw* 'Uhu, Eule'. Gleichfalls onomatopoetischen Ursprungs sind germ. **ūf-* in aengl. *ūf* 'Uhu, Eule', anord. *ūfr* 'Bergeule', ahd. *ūvo* (9. Jh.), bair.-öst. *Auf* 'Uhu' sowie das seit dem Frühnhd. übliche *Uhu* (s. d.); weiterhin vergleichen sich außergerm. Bezeichnungen wie aind. *úlūkaḥ* 'Eule', griech. *býās* (*βύας*) 'Uhu', lat. *ulula* 'Käuzchen', *būbo* 'Uhu', lett. *ūpis* 'Uhu', kslaw. *vyrь* 'Möwe', russ. *vyp, vyp'* (*вып, выпь*) 'Rohrdommel'. Eine Familie von Schmetterlingen wird im Dt. wegen ihrer nächtlichen Lebensweise ebenfalls *Eulen* genannt (so schon mnd. *ūle, ūleke* 'Nachtschmetterling'; hd. seit dem 18. Jh.). Auf Ähnlichkeit im Aussehen beruht ferner nd. (bes. westnd.) *Ūle* 'Besen mit weichen Borsten', vom 18. Jh. an auch als hd. *Eule* bezeugt (dazu *Hand-, Kehreule*). Davon abgeleitet ist das Verb nd. *ūlen* (gelegentlich hd. *eulen*) 'fegen, reinigen', das zur Erklärung von Eulenspiegel m. 'wer hintergründige Späße treibt' herangezogen wird. Der zum Appellativum gewordene Name des bäuerlich-plebejischen Schalksnarren aus dem 14. Jh., im Volksbuch 1515 in der Form *Dyl Ulenspiegel* überliefert (mnd. *Ūlenspēgel* als Familienname bereits im 15. Jh.), gilt nämlich jetzt meist als Satzname, zusammengewachsen aus dem Imperativ von *ūlen* und dem Akk. des Substantivs *Spiegel* (s. d., mnd. *spēgel*) in der seit dem Frühnhd. belegbaren, heute noch in der Jägersprache weiterlebenden Bedeutung 'Hinterteil, Gesäß'.

Eunuch m. 'Kastrat', namentlich (bei polygamen Völkern des Orients) 'entmannter Haremswächter'; seit der ersten Hälfte des 16. Jhs. bezeugte Entlehnung von gleichbed. lat. *eunūchus*, griech. *eunū́chos* (*εὐνοῦχος*), dieses gebildet aus griech. *eunḗ* (*εὐνή*) 'Lager, Bett' und griech. *óchos* (*ὄχος*) 'wer hält, festhält, trägt', Nomen agentis zum Verb griech. *échein* (*ἔχειν*) 'halten, haben'; die ursprüngliche Bedeutung ist etwa 'Betthüter, Kammerdiener'.

Euphemismus m. 'beschönigender, verhüllender sprachlicher Ausdruck', in der 2. Hälfte des 18. Jhs. unter dem Einfluß von gleichbed. frz. *euphémisme*, engl. *euphemism* aufkommend, geht auf griech. *euphēmismós* (*εὐφημισμός*) 'Bezeichnung einer unangenehmen, schlimmen Sache durch einen mildernden Ausdruck' zurück. Dieses griech. Substantiv ist abgeleitet von griech. *euphēmízein* (*εὐφημίζειν*) 'ein gutes Wort für eine üble Sache gebrauchen', Denominativum zu griech. *eū́phēmos* (*εὔφημος*) 'Worte von guter Vorbedeutung sprechend', das auf griech. *eu-* (*εὐ-*) 'gut-, wohl-' und *phḗmē* (*φήμη*) 'Ausspruch, Kunde, Gerücht' (s. auch *Blasphemie*) beruht. Das Verb griech. *phánai* (*φάναι*) 'kundmachen, sagen, erklären, behaupten', das griech. *phḗmē* zugrunde liegt, ist verwandt mit dt. *Bann* (s. d.). In gleichem Sinne wie *Euphemismus*, doch auch als 'Euphemismen verwendende Ausdrucksweise' wird seit Ende des 18. Jhs. gelegentlich Euphemie f. gebraucht, das ein zu griech. *eū́phēmos* gehörendes griech. *euphēmía* (εὐφημία), spätlat. *euphēmia* 'das Sprechen glückverheißender Worte, gute Benennung' fortführt. – euphemistisch Adj. 'durch umschreibenden sprachlichen Ausdruck verhüllend', zu *Euphemismus* gebildet (vgl. entsprechendes engl. *euphemistic*), setzt sich in der ersten Hälfte des 19. Jhs. gegenüber vorausgehendem *euphemisch* (Anfang 19. Jh.; vgl. frz. *euphémique*, griech. *eū́phēmos*, s. oben) durch.

Euphorie f. 'Hochstimmung, Gefühl gesteigerten Wohlbefindens'. Griech. *euphoría* (εὐφορία) 'Fähigkeit, etw. leicht zu ertragen', auch 'guter Ertrag, Gewandtheit', abgeleitet von dem mit griech. *eu-* (εὐ-) 'gut-, wohl-' zum Verb griech. *phérein* (φέρειν) 'tragen' gebildeten Adjektiv griech. *eū́phoros* (εὔφορος) 'leicht zu tragen, leicht ertragend, ergiebig', wird im 18. Jh. als Terminus der Medizin nlat. *euphoria* (im 19. Jh. eingedeutscht zu *Euphorie*) wieder aufgenommen, zunächst im Sinne von 'Wohlbefinden, Wohlbekommen, Kurerfolg', im 20. Jh. in der spezielleren Verwendung 'gehobene Stimmung als Symptom bestimmter Krankheiten oder nach dem Genuß von Rauschmitteln'. In jüngster Zeit ist *Euphorie* auch in der Allgemeinsprache als 'übersteigertes Hochgefühl' gebräuchlich.

Euter n. 'Milchdrüse weiblicher Säugetiere' (heute namentlich von Huftieren, bes. Wiederkäuern). Ahd. *ūtir(o)* m. (11. Jh.), mhd. *ūter, iuter* m. und n., seine westgerm. Entsprechungen asächs. afries. aengl. mnd. mnl. *ūder*, nl. *uier*, engl. *udder* und die sich davon durch Ablaut (ursprünglichen Diphthong) unterscheidenden germ. Formen asächs. *geder*, mnd. *jēder*, afries. *jāder*, anord. *jūgr, jūr*, schwed. *juver* lassen sich mit aind. *ū́dhar-*, *ū́dhan-*, griech. *ū́thar* (οὖθαρ), lat. *ūber* 'Euter, Zitze, säugende Brust' sowie lit. *ūdróti* 'trächtig sein' und (aus ie. **ūdhmen-*) aruss. *vymja*, russ. *výmja* (вымя), poln. *wymię* 'Euter' auf ie. **ēudh-, *ūdh-* 'Euter' zurückführen; dieses bedeutet vielleicht ursprünglich 'das Schwellende', vgl. russ. *údit'* (удить) 'anschwellen, reifen'. Im Dt. des 17./18. Jhs. findet sich häufig *Eiter, Eyter* mit entrundetem Diphthong.

Euthanasie f. 'Herbeiführung des Todes durch Medikamente'; der vom Hitlerfaschismus als verhüllender Ausdruck für die verbrecherische Tötung kranker Menschen gebrauchte medizinische Terminus, im 18. Jh. als nlat. *euthanasia* aufkommend, seit dem 19. Jh. in der Form *Euthanasie* verbreitet, bedeutet zunächst nur 'leichtes, sanftes Sterben', dann auch 'Gesamtheit ärztlicher Maßnahmen zur Erleichterung des Todeskampfes'. Er knüpft an griech. *euthanasía* (εὐθανασία) 'leichter, schöner, ehrenvoller Tod' an, eine Ableitung vom Adjektiv griech. *euthánatos* (εὐθάνατος) 'einen guten, leichten Tod habend', das aus griech. *eu-* (εὐ-) 'gut-, wohl-' und griech. *thánatos* (θάνατος) 'Tod' gebildet ist.

evakuieren Vb. 'wegen drohender Gefahr ein Gebiet räumen, dessen Bewohner aussiedeln', in der Technik 'einen abgeschlossenen Raum durch Auspumpen weitgehend luftleer machen'. Nach lat. *ēvacuāre* 'ausleeren, abführen', einer Präfixbildung zu dem von lat. *vacuus* 'leer, frei, unbesetzt' (s. *Vakuum*) abgeleiteten Verb lat. *vacuāre* 'leeren' (zum ersten Glied s. *ex-*), wird frühnhd. *evacuirn* 'schädliche Stoffe aus dem Körper abführen' (Paracelsus 1529) gebildet; als Terminus der älteren Medizin ist das Verb in diesem Sinne bis ins 19. Jh. gebräuchlich. Daneben bedeutet *evakuieren* im militärischen Bereich von der Mitte des 17. Jhs. an 'eine Stadt, Festung, ein Gebiet räumen', hingegen kaum vor dem ersten Viertel des 20. Jhs. 'Personen aussiedeln' (mit Objektwechsel). Die physikalisch-technische Verwendung ist seit Ausgang des 18. Jhs. nachzuweisen. Nur hierzu stellt sich heute das Verbalsubstantiv Evakuation f. 'Verminderung des in einem geschlossenen Raum herrschenden Drucks durch Herauspumpen der Luft', das zunächst wie frz. *évacuation* (aus spätlat. *ēvacuātio*, Gen. *ēvacuātiōnis* 'Ausleerung, Entkräftung') auch für 'Abführung schädlicher Stoffe aus dem Körper' (Ende 17. Jh.) und 'Räumung eines Gebietes von Soldaten, Verwundeten, Einwohnern' (18. Jh.) gilt. Für die letztere Bedeutung kommt Ende des 19. Jhs. Evakuierung f. auf, setzt sich aber erst seit den 30er Jahren des 20. Jhs. gegenüber *Evakuation* durch.

Evangelium n. 'christliche Heilsbotschaft', in engerem Sinne 'die von Christi Wirken berichtenden vier ersten Bücher des Neuen Testaments', ahd. *evangēlio, ewangēlio* (9. Jh.), mhd. *ēwangēli, ēvangēli, ēwangelje*, mnd. *ewangelium* (Plur. *ewangelien*), mnl. *ewangelie*, nl. *evangelie* ist eine frühe Entlehnung von kirchenlat. *euangelium*, das auf griech. *euangélion* (*εὐαγγέλιον*) 'gute Botschaft, Lohn für den Überbringer einer guten Nachricht' beruht. Dieses griech. Substantiv, das seiner Verwendung im Neuen Testament und bei Kirchenschriftstellern den christlichen Inhalt verdankt, sowie das ihm zugrunde liegende griech. *euángelos* (*εὐάγγελος*) 'eine gute Botschaft bringend, Gutes verkündend' führen zurück auf griech. *eu-* (*εὐ-*) 'gut-, wohl-' und *ángelos* (*ἄγγελος*) 'Bote, Botschaft' (s. *Engel*). Wie ahd. *evangēlio, ewangēlio* ist got. *aíwaggēli* n., *aíwaggēljō* f. 'Evangelium' ebenfalls aus dem Kirchenlat. übernommen, doch wird für die Form got. *aíwaggēljō* auch unmittelbarer Anschluß an das Griech. erwogen; vgl. KLUGE in: PBB 35 (1909) 159. In ahd. Texten überlieferte Verdeutschungsversuche, die keine Nachfolge finden, sind ahd. *guotkundida* (9. Jh.), *guot ārunti* (11. Jh.), *gotspel* (9. Jh., nach aengl. *gōdspel* 'gute Nachricht', dessen erstes Glied infolge Kürzung als aengl. *god* 'Gott' aufgefaßt wird; vgl. engl. *gospel*). Die formale Angleichung des kirchenlat. Wortes an das Dt., wie sie die älteren dt. Sprachstufen zeigen, wird im Frühnhd. durch gelehrten Einfluß wieder rückgängig gemacht. – e v a n g e l i s c h Adj. 'den aus der Reformation hervorgegangenen christlichen Religionsgemeinschaften angehörend, protestantisch', älter (vereinzelt bis ins 20. Jh.) daneben 'dem Evangelium entsprechend, das Evangelium betreffend', ahd. *evangēlisc* (9. Jh.), spätmhd. *ēwangēlisch* 'das Evangelium betreffend, christlich, fromm', nach kirchenlat. *euangelicus*, griech. *euangelikós* (*εὐαγγελικός*), einer Ableitung von griech. *euangélion* (s. oben). Auch Luther gebraucht das Adjektiv zunächst, um eine Beziehung zum Evangelium auszudrücken; *Evangelium* ist für ihn jedoch die ganze Bibel, deren Wortlaut ihm als Grundlage des Glaubens gilt; so wird *evangelisch* in den 20er Jahren des 16. Jhs. zur konfessionellen Kennzeichnung. E v a n g e l i s t m. 'Verfasser eines der vier ersten Bücher des Neuen Testaments', allgemeiner 'Verkünder des Evangeliums, Prediger', ahd. *evangelist, ewangelist* (11. Jh.), mhd. *ēwangeliste, ēvangeliste*, nl. *evangelist*, got. *aíwaggēlista*, nach kirchenlat. *euangelista* m., griech. *euangelistḗs* (*εὐαγγελιστής*) 'Verkündiger froher Botschaft, Evangelist', gebildet zu griech. *euangelízesthai* (*εὐαγγελίζεσθαι*) 'frohe Botschaft, das Evangelium verkündigen' (von griech. *euángelos*, s. oben).

eventuell Adj. 'möglich, unter Umständen eintretend' (nur attributiv), häufig Adv. 'vielleicht, möglicherweise, unter Umständen'. Zu lat. *ēventus* 'Ausgang, Erfolg, Ereignis' (dieses von lat. *ēvenīre* 'hervorkommen, enden, sich ereignen', einer Präfixbildung zum Verb lat. *venīre* 'kommen') wird in der Kanzleisprache ein Adjektiv nlat. *eventualis* 'zufällig, möglich' geprägt, das Anfang des 18. Jhs. zu *eventual* eingedeutscht wird. Ende 18. Jhs. tritt diese Form hinter *eventuell* zurück, einer Entlehnung von frz. *éventuel* 'etwaig, möglich, zufällig', das ebenfalls nlat. *eventualis* voraussetzt. Als Adverb kommt bereits im 17. Jh. die Bildung nlat. *eventualiter* in dt. Texten vor; sie ist noch im ausgehenden 19. Jh. durchaus gebräuchlich, doch findet sich von der Mitte des 19. Jhs. an auch adverbielle Verwendung von *eventuell*. – E v e n t u a l i t ä t f. 'möglicherweise eintretender Fall' (Mitte 19. Jh.), nach gleichbed. frz. *éventualité*, aber mit in Analogie zu ursprünglich lat. Substantiven umgebildeter Endung; jetzt oft im Plur. *alle Eventualitäten* üblich.

Evergreen m. und n. 'langlebiger, auch nach Jahren noch beliebter Schlager'. Engl. *evergreen* 'immergrüne Pflanze', übertr. 'was sich anhaltenden Erfolges erfreut' (Substantivierung des Adjektivs *evergreen* 'immergrün') wird in den 50er Jahren des 20. Jhs. ins Dt. übernommen und hier vorwiegend in der obengenannten eingeschränkten Bedeutung gebraucht. Der Plur. *Evergreens* zeigt weiterhin engl. Bildungsweise.

evident Adj. 'augenscheinlich, offenkundig (und daher ohne weiteres einleuchtend)'. Das zu lat. *vidēre* 'sehen' gebildete und mit lat. *ex-* 'aus-, heraus-' (s. *ex-*) präfigierte Part.adj. lat. *ēvidēns* (Gen. *ēvidentis*) 'sichtbar, augenscheinlich, einleuchtend' bleibt innerhalb der lat. Wissenschaftssprache als Terminus der Philosophie, bes. der Logik, lebendig; die eingedeutschte Form *evident* findet sich seit Anfang des 18. Jhs. im allgemeinen Sprachgebrauch. – E v i d e n z f. 'überzeugende Deutlichkeit, völlige Gewißheit' (Mitte 18. Jh.), nach dem Vorbild von gleichbed. frz.

évidence, das in der ersten Hälfte des 18. Jhs. auch in dt. Texten vorkommt; beiden Substantiven liegt terminologisch verwendetes lat. *ēvidentia* 'Sichtbarkeit, Ersichtlichkeit, Veranschaulichung' zugrunde.

Evolution f. 'Entwicklung', und zwar 'allmählich fortschreitende Entwicklung von Zusammenhängen im geschichtlichen Ablauf'; als Terminus der Biologie 'stammesgeschichtliche Entwicklung von niederen zu höher organisierten Lebensformen'. Die Entlehnung folgt lat. *ēvolūtio* (Gen. *ēvolūtiōnis*) 'das Auseinanderwickeln (der Schriftrolle), das Lesen', einem Verbalabstraktum zu lat. *ēvolvere* 'hinauswälzen, enthüllen, auseinanderrollen, entwickeln', das sich aus lat. *ex-* 'aus-, heraus-' (s. *ex-*) und lat. *volvere* 'rollen, wälzen, abspulen' zusammensetzt. Dieses Substantiv gelangt zunächst über frz. *évolution* 'Exerzierbewegung eines Truppenteils, Veränderung des Truppenkörpers in Form und Ausdehnung' um 1700 als militärisches Fachwort ins Dt. (so bis ins 19. Jh.; danach noch übertragen für bestimmte Figuren in Tanz, Artistik u.ä.). Im 18. Jh. findet es als Übernahme aus der lat. Wissenschaftssprache vielfache terminologische Verwendung (Mathematik, Musikwissenschaft, Biologie). Besondere Bedeutung für die philosophische Diskussion seit dem 18. Jh. gewinnt der (von der 2. Hälfte des 18. Jhs. an eingedeutscht vorkommende) naturwissenschaftliche Terminus *Evolution*, der anfangs unter dem Einfluß der Präformationslehre steht ('Auswickelung, Entfaltung der bereits seit der Schöpfung vorhandenen Organismen'), im 19. Jh. aber (im Dt. bes. seit Mitte der 70er Jahre) durch Darwins Abstammungslehre den Sinn 'ständige Höherentwicklung durch allmähliche Veränderungen' erhält.

ewig Adj. 'kein Ende habend, endlos dauernd, unvergänglich', ahd. *ēwīg* (8. Jh.), mhd. *ēwic*, asächs. *ēwig*, mnd. mnl. *ēwich*, nl. *eeuwig*, afries. *ewch, ewig, iowich*. Das nur im festländischen Westgerm. nachzuweisende Adj. ist abgeleitet von einem Subst. germ. **aiwi-*, das in ahd. (9. Jh.), asächs. anfrk. *ēwa*, mhd. mnd. mnl. *ēwe* 'Ewigkeit', heute nur noch in nl. *eeuw* 'Jahrhundert, Zeitalter' erhalten und vielleicht mit dem unter *Ehe* (s. d.) dargestellten Wort sowie mit aengl. *ǣ* 'Leben' identisch ist. Es läßt sich ebenso wie das Adverb ahd. *io, eo*, mhd. *ie* 'immer' (s. *je*), wie got. *aiws* 'Zeit, Ewigkeit', anord. *ǣvi* 'Ewigkeit, Lebenszeit' und die außergerm. Entsprechungen lat. *aevum*, griech. *aiṓn* (*αἰών*) 'Zeit, Lebenszeit, Ewigkeit', aind. *ā́yuḥ* 'Lebenskraft' an die Wurzel ie. **aiu̯-*, **ai̯u-* 'Lebenskraft' anschließen. Im Dt. wird *ewig* schon bei Notker, häufiger jedoch erst vom 18. Jh. an auch außerhalb des christlichen Bereichs verwendet. – Ewigkeit f. 'unendliche Dauer, Unvergänglichkeit', im christlichen Sprachgebrauch auch 'ewiges Leben nach dem Tode', ahd. *ēwīgheit* (um 1000, jüngere Bildung neben ahd. *ēwa*, s. oben), mhd. *ēwic-, ēwecheit*, frühnhd. *ewigheit, ewikeit, ewigkeit*, nl. *eeuwigheid*. ewiglich Adv. 'ewig, in Ewigkeit', im jüngeren Nhd. nur noch bei bewußter Anlehnung an die Sprache der Bibel üblich, ahd. *ēwīglīhho, ēwīglīhhūn* (um 1000), mhd. *ēwic-, ēweclīche*, frühnhd. *ewiglich(en)*; daneben auch mhd. *ēwic-, ēweclich*, frühnhd. *ewiglich* (bis ins 18. Jh.) mit adjektivischer Funktion.

ex Adv. 'aus, zu Ende' wird, zunächst wohl als schematische Übersetzung von dt. *aus* ins Lat., im 19. Jh. in der Studentensprache üblich und dringt von dort in den allgemeinen Sprachgebrauch, z.B. *es ist ex mit ihm, die Gläser ex trinken*. Diese Verwendung ähnelt der von lat. *ex-* (s. *ex-*) als erstes Glied von Verbalkomposita mit resultativem Sinn wie lat. *exedere* 'verzehren', *exhaurīre* 'ausschöpfen, erschöpfen, zu Ende bringen', *ēbibere* 'austrinken'.

ex- Präfix 'aus-, heraus-' (daneben *e-, ef-, ek-*), im Dt. vereinzelt seit dem 13. Jh. und häufig vom 16. Jh. an als Bestandteil von Nomina und Verben lat. (z.B. *Exempel, Exekution, Eminenz, Edition, Effekt, exzellent, exquisit, examinieren, exerzieren, evakuieren*) oder griech. Ursprungs (z.B. *Exegese, Exanthem, Ekstase, Eklipse, Ekzem*) vorkommend. Die Präfixe lat. *ex-*, vor Konsonant oft *ē-*, vor *f* assimiliert zu *ef-*, bzw. griech. *ex-* (*ἐξ-*), vor Konsonant *ek-* (*ἐκ-*) 'aus-, heraus-' und die gleichlautenden Präpositionen lat. *ex*, griech. *ex, ek* (*ἐξ, ἐκ*) 'aus, von ... an, seit, infolge, gemäß' führen mit air. *a, as, ess-, as-* 'aus, aus-' und wahrscheinlich (trotz unerklärtem *i*-Anlaut) auch mit gleichbed. lit. *ìš, iš-*, lett. *iz, iz-*, aslaw. *iz, iz-*, russ. *iz, iz-* (*из, из-*) auf eine Grundform ie. **eĝhs* 'aus'. Aus Weiterbildungen von lat. *ex* gehen *extern, extra, extrem* (s. d.) hervor; an griech. *ex* schließt sich das in *exogen, exotisch* (s. d.) vorliegende griech. *éxō* (*ἔξω*) Adv. und Präp. 'außen, hinaus, außerhalb' an. – E x - Präfix 'ehemalig, gewesen', seit der 2. Hälfte des 18. Jhs. gebräuchliche, heute noch produktive Vorsilbe, die Personenbezeichnungen vorangestellt wird und zum Ausdruck bringt, daß es sich um den früheren Inhaber der genannten Stellung handelt, z. B. *Exminister, Exkönig, Expräsident, Exweltmeister.* Der Typus ist in spätlat. *excōnsul, expraefectus* 'ehemaliger Konsul, Präfekt' (nach präpositionalen Fügungen wie spätlat. *ex cōnsule*) zuerst bezeugt, dann im Mlat. sehr verbreitet und gelangt über frz. und ital. Nachahmungen (vgl. frz. *ex-laquais, ex-ministre*, ital. *expresidente*, auch *espresidente*) ins Dt.

exakt Adj. 'genau, sorgfältig', im 17. Jh. entlehnt aus lat. *exāctus* 'genau, pünktlich, vollkommen', eigentl. 'genau abgewogen', Part. Perf. von *exigere* 'wägen, abmessen, beurteilen', einer Präfixbildung (s. *ex-*) zu lat. *agere* 'treiben, führen, in Bewegung setzen' (s. *Achsel*).

exaltiert Adj. 'überspannt, überschwenglich, begeistert', im 18. Jh. aus dem Part. Prät. des heute nur noch selten gebräuchlichen refl. Verbs *exaltieren* 'sich überschwenglich begeistern, sich leidenschaftlich erregen' (17. Jh.). Voraus geht frz. *exalter* (Part. Perf. *exalté*) 'erhöhen, begeistern', lat. *exaltāre* 'erhöhen, erheben' (zu lat. *altus* 'hoch, tief').

examinieren Vb. 'prüfend ausfragen, im Rahmen einer Prüfung befragen', Entlehnung des 14. Jhs. aus lat. *exāmināre* 'sorgfältig abwägen, untersuchen, prüfen', zunächst in der dem Lat. entsprechenden Bedeutung, seit dem 16. Jh. vornehmlich 'prüfen, befragen, verhören'. Dazu (im 16. Jh.) das zugehörige Substantiv E x a m e n n. 'Prüfung' (insbes. als Schul- bzw. Studienabschluß), lat. *exāmen* 'Schwarm, Haufen, Zünglein an der Waage (das unruhig hin- und herpendelt), Wägung, Prüfung', spätlat. 'Verhör, Untersuchung', zusammengesetzt aus lat. *ex-* 'aus' und **agsmen*, einer Bildung zu lat. *agere* 'treiben, in Bewegung setzen', daher eigentl. 'das Heraustreiben (aus der Ruhelage), das Ausbalancieren' (s. *Achsel*).

Exekution f. 'Vollstreckung eines Urteils', insbes. 'Hinrichtung', im 15. Jh. in der Kanzleisprache 'Ausführung einer Anordnung', bei Gericht 'Vollzug eines Urteils', entlehnt aus gleichbed. lat. *exsecūtio* (Gen. *exsecūtiōnis*), einer Substantivbildung zum Verb lat. *exsequī* (*exsecūtus sum*) 'verfolgen, vollstrekken, strafen'. Vom 17. Jh. an tritt die Bedeutung 'Hinrichtung' in den Vordergrund. – e x e k u t i e r e n Vb. 'vollziehen, ausführen, hinrichten' (17. Jh.), auch 'bestrafen', seit dem 18. Jh. zunehmend 'hinrichten'. e x e k u t i v Adj. 'ausführend, vollziehend', substantiviert E x e k u t i v e f. 'vollziehende Gewalt im Staat' (18. Jh.), nach gleichbed. frz. *pouvoir exécutif* (Rousseau; gelegentlich substantiviert *l'exécutif*), auch *puissance exécutive* (älter *puissance exécutrice*, Montesquieu).

Exempel n. 'Beispiel, Muster, Vorbild', mhd. *exempel*, Entlehnung aus lat. *exemplum* (aus **exemlom* mit Übergang von *ml* zu *mpl*) 'Muster, Abbild, nachzuahmendes oder warnendes Beispiel', das zu *eximere* 'herausnehmen', einem Kompositum von lat. *emere* 'nehmen, kaufen', gehört, also eigentl. 'das aus einer Menge gleichartiger Dinge Herausgenommene' bedeutet. Die seit dem 17. Jh. gebräuchliche, zunächst rechtssprachliche Wendung *ein Exempel statuieren* 'ein abschreckendes Beispiel geben' führt lat. *exemplum* 'warnendes Beispiel' weiter. – E x e m p l a r n. 'Einzelstück aus einer Menge gleichartiger Dinge', mhd. *exemplār* 'Vorbild, Muster', diese Bedeutung noch im 17. Jh., daneben seit dem 16. Jh. im heutigen Sinne (anfangs bes. 'einzelner Abdruck eines Buches'); zugrunde liegt lat. *exemplar* 'Abschrift, Abbild, Muster, Vorbild', eine Weiterbildung zu lat. *exemplum* (s. oben). e x e m p l a r i s c h Adj. 'beispielhaft, vorbildlich' (16. Jh., entsprechend der älteren Bedeutung von *Exemplar*, s. d.), häufig 'ein warnendes Beispiel gebend' (so in *exemplarische Strafe*, 17. Jh.), nach lat. *exemplāris* 'beispiel-, musterhaft'. e x e m p l i f i z i e r e n Vb. 'durch Beispiele deutlich machen' (16. Jh.), nach gleichbed. mlat. *exemplificare*.

exerzieren Vb. 'üben', zunächst in allen Fertigkeiten und Wissensgebieten, insbes. als militärischer Terminus *(in den Waffen, Soldaten) exerzieren*; Anfang 17. Jh. entlehnt aus lat. *exercēre* 'emsig bewegen, übend beschäftigen, in den Waffen ausbilden', refl. und medial 'sich üben'.

exhumieren Vb. 'wieder ausgraben' (einen bestatteten Leichnam zur Untersuchung),

Entlehnung (19. Jh.) aus gleichbed. mlat. *exhumare*; vgl. lat. *humus* 'Erde, Erdreich' (s. *Humus*).

Exil n. 'Verbannungs-, Zufluchtsort'. Gleichbed., seit dem 16. Jh. in deutschen Texten nachweisbares lat. *exilium* wird im 18. Jh. eingedeutscht. Das lat. Wort ist abgeleitet von lat. *exul* 'der Vertriebene, Verbannte, Ausgewanderte', einem mit lat. *ex-* 'aus-, heraus-' gebildeten Präfixkompositum, dessen zweites Element auch in griech. *alā́sthai* (ἀλᾶσθαι) 'umherirren, unstet und flüchtig umherziehen, verbannt sein' und in lat. *ambulāre* 'umhergehen' vorliegt.

Existenz f. 'Vorhandensein, Dasein', im 17. Jh. als philosophischer Terminus entlehnt aus spätlat. *exsistentia* 'Bestehen, Dasein', Abstraktbildung zu lat. *exsistere* 'heraustreten, vorhanden sein, stattfinden' bzw. zum Part. Präs. *exsistēns* (Gen. *exsistentis*) 'bestehend, vorhanden'. Verb und Part. werden im 18. Jh. als existieren Vb. 'vorhanden sein, dasein' und existent Adj. entlehnt. Existentialismus m. subjektiv-idealistische Strömung der Philosophie, die in ihren Betrachtungen von der individuellen Existenz des Menschen ausgeht (1919), danach frz. *existentialisme* (1925, später aufgenommen von J.-P. Sartre).

Exitus m. 'Tod'. Im 19. Jh. wird lat. *exitus* 'Lebensende', wörtlich 'das Herausgehen, Ausgang' (zu lat. *exīre, exitum*, 'heraus-, weg-, zu Ende gehen'), als Terminus der lat. medizinischen Wissenschaftssprache in die dt. Fachsprache der Medizin übernommen.

exklusiv Adj. 'sich gesellschaftlich abschließend, anspruchsvoll, vorzüglich', Entlehnung des 19. Jhs. von gleichbed. engl. *exclusive*, das zurückgeht auf mlat. *exclusivus* 'ausschließend', zu lat. *exclūdere* (*exclūsum*) 'ausschließen, absondern', Präfixbildung zu lat. *claudere* (*clūdere*) 'zuschließen, versperren' (s. *Klause*). – exklusive Präp. 'ohne, ausgenommen, ausschließlich', mlat. *exclusive* Adv., zu lat. *exclūdere* (s. oben); das lat. Adverb tritt seit dem 16. Jh. in dt. Texten auf und wird seit dem 18. Jh. als Präposition verwendet.

Exkrement n., meist Plur., 'Ausscheidung, Kot', im 16. Jh. eingedeutscht aus gleichbed. lat. *excrēmentum* (zu lat. *excernere, excrētum*, 'ausscheiden, ab-, aussondern').

Exkursion f. 'Ausflug zu Studienzwecken', in der Bedeutung 'Ausflug, kurze Reise' seit etwa 1770 bezeugt; vorher in der Verwendung 'kriegerischer Einfall' (Ende 17. Jh.). Zugrunde liegt lat. *excursio* (Gen. *excursiōnis*) 'Ausfall aus einer Stadt, Einfall in ein anderes Land, Ausflug, Abschweifung im Reden', eine Substantivbildung zum Verb lat. *excurrere* (*excursum*), wörtlich 'herauslaufen', zu dem auch lat. *excursus*, gleichbed. mit *excursio*, gebildet ist, das Ende des 18. Jhs. als Ausdruck der Gelehrtensprache übernommen wird, sowohl mit lat. Endung wie auch in der eingedeutschten Form Exkurs m. 'Abschweifung innerhalb einer (wissenschaftlichen) Abhandlung, Anhang'. Einfluß von frz. *excursion* ist möglich für die militärische Bedeutung; er ist dagegen auszuschließen für die Bedeutung 'Ausflug', die im Dt. erheblich früher bezeugt ist als im Frz.

exmittieren Vb. 'zwangsweise von einem Besitztum, aus einer Wohnung entfernen, gerichtlich ausweisen'. Der juristische Ausdruck nlat. *exmissio* (Gen. *exmissiōnis*) 'gerichtliche Ausweisung aus einem Haus, Besitztum' wird im 18. Jh. zu gleichbed. *Exmission* eingedeutscht. Dazu gehören *exmittieren* in der oben angegebenen Bedeutung (Anfang 18. Jh.), eine präfigierte Bildung (s. *ex-*) zu lat. *mittere* 'senden, schicken', und Exmittierung f. (20. Jh.). Ins Dt. werden gleichfalls die schon antiken Präfixbildungen lat. *ēmittere* 'aussenden, herausgehen bzw. ausströmen lassen', auch 'heraus-, fortjagen' sowie lat. *ēmissio* (Gen. *ēmissiōnis*) 'das Herausschicken, Absenden' entlehnt (um 1800) und gelten bis heute in bestimmten fachsprachlichen Bereichen, Emission f. 'das Ausgeben (von Banknoten), Aussenden (von Strahlen), Ausströmenlassen (von Schadstoffen)', entsprechend emittieren Vb. 'ausgeben, aussenden'.

exorbitant Adj. 'außerordentlich, übermäßig', Entlehnung (18. Jh.) von gleichbed. frz. *exorbitant*; aus lat. *exorbitāns* (Gen. *exorbitantis*), Part. Präs. des Verbs lat. *exorbitāre* 'von der Bahn, vom rechten Wege abweichen' (zu lat. *orbita* 'Wagen-, Fahrgleis, Bahn').

exotisch Adj. 'aus fernen Ländern stammend, fremdländisch', Entlehnung des 18. Jhs. aus lat. *exōticus*, griech. *exōtikós* (ἐξωτικός) 'ausländisch, fremd' (s. *exoterisch* unter *esoterisch*).

Expander m. 'Trainingsgerät für Streckübungen der Armmuskeln' (20. Jh.), Entlehnung von gleichbed. engl. *expander*, zu engl. *to expand* 'ausdehnen, strecken' gebildet, das auf lat. *expandere* 'ausbreiten' zurückgeht (s. *Expansion*).

Expansion f. 'Ausdehnung, Ausweitung'. Als naturwissenschaftlicher Terminus für die Ausdehnung von Flüssigkeiten, Dämpfen, Gasen (vgl. *Expansionskraft*) gelangt im frühen 19. Jh. gleichbed. frz. *expansion* ins Dt.; im 20. Jh. gilt der Ausdruck überwiegend für die politische und ökonomische Ausbreitung des staatlichen Machtbereichs. Zugrunde liegt spätlat. *expānsio* (Gen. *expānsiōnis*) 'Ausdehnung, Ausstreckung', eine Substantivbildung zu lat. *expandere* (*expānsum*) 'ausbreiten'. – expansiv Adj. (19. Jh.), expansionistisch Adj. (20. Jh.) 'sich dehnend, auf Ausdehnung bedacht'.

expatriieren Vb. 'jmdn. zum Verlassen seines Vaterlandes zwingen', im 18. Jh. entlehnt aus gleichbed. frz. *expatrier*, mlat. *expatriare* (zu lat. *patria* 'Vater-, Heimatland'). Die heute vorherrschende Bedeutung 'ausbürgern, die Staatsbürgerschaft entziehen' entwickelt sich im 20. Jh. – Expatriierung f. (19. Jh.).

expedieren Vb. 'für den Versand, die Abreise fertigmachen, abfertigen, absenden, befördern', älter auch 'fertigmachen, zu Ende bringen, erledigen', Entlehnung (1. Hälfte 16. Jh., vgl. schon mnd. *expediert* 'ausgefertigt', 15. Jh.) aus lat. *expedīre* 'losbinden, fertigmachen, erledigen, in Bereitschaft setzen, kampfbereit machen' (mlat. auch 'absenden, schicken'), eigentl. 'aus der Fessel losmachen', abgeleitet von lat. **pedis*, einer Nebenform von lat. *pedica* 'Fußschlinge, -fessel', zu lat. *pēs*, Gen. *pedis* 'Fuß' (s. auch *Dispatcher*). Der moderne Gebrauch ist wohl beeinflußt durch entsprechende Verwendungen von frz. *expédier*, ital. *spedire* (s. *spedieren*). – Expedition f. '(Aufbruch zu einer) Unternehmung', heute bes. 'Forschungs-, Erkundungsreise' (seit Ende 16. Jh.), in älterer Zeit vor allem 'kriegerische Unternehmung, Kriegszug' (Anfang 16. Jh., dazu *Kriegsexpedition*, Ende 16. Jh.; vgl. gleichbed. mfrz. frz. *expédition*, engl. *expedition*), entlehnt aus lat. *expedītio* (Gen. *expedītiōnis*) 'Erledigung, Abfertigung, Durchführung, Feldzug'. In der dt. Geschäftssprache ist *Expedition* außerdem seit dem 16. Jh. im Sinne von 'Abfertigung, Versand' üblich, daher 'Versandabteilung' (2. Hälfte 18. Jh., im Zeitungswesen auch 'Anzeigenabteilung').

experimentieren Vb. '(wissenschaftliche) Versuche machen', im 16. Jh. entlehnt aus mlat. *experimentare* 'versuchen, erproben', einer Ableitung von lat. *experīmentum* 'Versuch, Probe, Beweis' (Substantivbildung zum Verb lat. *experīrī* 'versuchen, probieren'); vgl. mhd. *experimenten*. – Experiment n. '(wissenschaftlicher) Versuch', nach lat. *experīmentum* (s. oben); im 16. Jh. in medizinischen Schriften 'erprobte Arznei' und 'Versuch', gegen Ende des 17. Jhs. für den 'Versuch' im Rahmen der Experimentalphysik. experimentell Adj. 'auf Versuche gegründet, mit Versuchen arbeitend' (französierende Bildung des 19. Jhs.).

Experte m. 'Sachverständiger', im 19. Jh. aus frz. *expert* Adj. 'erfahren', Subst. 'Sachkundiger' entlehnt, nach lat. *expertus* 'erfahren, kundig, erprobt, bewährt', Partizipialform zu lat. *experīrī* (s. *experimentieren*). – Expertise f. 'Untersuchung, Gutachten durch Sachverständige' (19. Jh.), frz. *expertise*.

explizieren Vb. 'näher erläutern, auseinandersetzen', im 16. Jh. aus lat. *explicāre* 'ausbreiten, entwickeln, im einzelnen darstellen, erläutern' in die Gelehrtensprache entlehnt. Aus dem zugehörigen Part. Perf. lat. *explicitus* stammt explizit Adj. 'ausdrücklich, deutlich' (um 1900), dessen Adverbform lat. *explicitē* im Dt. explizite (neuerdings dafür auch *explizit*) Adv. 'ausdrücklich, in aller Deutlichkeit' (18. Jh.) ergibt. S. *implizieren*. – Explikation f. 'Erklärung, Erläuterung' (18. Jh.), aus gleichbed. lat. *explicātio* (Gen. *explicātiōnis*).

explodieren Vb. 'bersten, zerplatzen', entlehnt aus lat. *explōdere* (*explaudere*) 'klatschend hinaustreiben, durch Klatschen das Mißfallen ausdrücken', zu lat. *plaudere* (*plōdere*) 'klatschen' (s. das gegensätzliche *applaudieren*). Im 16. Jh. ist *explodieren* bezeugt in der dem Lat. entsprechenden Bedeutung 'verwerfen, zurückweisen'; im 19. Jh. erfolgt erneute Entlehnung, wahrscheinlich aus dem ebenfalls auf lat. *explōdere* zurückgehenden (seit dem 17. Jh. bezeugten) engl. *to explode*, im Sinne von '(zer)platzen', wohl befördert durch das früher belegte Substantiv Explosion f. 'das Zerplatzen, Zerbersten'

(18. Jh.), vgl. auch hier engl. *explosion* (17. Jh.), aus lat. *explōsio* (Gen. *explōsiōnis*) 'das Ausklatschen', hier verstanden als 'das geräuschvolle Hinaus-, Auseinandertreiben'. explosiv Adj. (18. Jh.). – Dazu als gelehrte fachsprachliche Bildung das Antonym Implosion f. 'schlagartige Zerstörung eines Hohlkörpers mit vermindertem Innendruck durch Druck von außen', mit der verbalen Ableitung implodieren (20. Jh.).

exponieren Vb. 'herausheben, hervortun, aussetzen, preisgeben', spätmhd. *exponieren* 'auslegen, erläutern' (14. Jh.), mnd. *exponēren* 'ausstellen' (15. Jh.), mnl. *exponeren* 'erklären, deuten' gehen zurück auf lat. *expōnere* (*expositum*) 'öffentlich ausstellen, darlegen, preisgeben, aussetzen'. Im Sinne von 'auslegen, erläutern' noch Anfang 19. Jh.; doch setzt bereits im 18. Jh. die heutige Bedeutung ein, vgl. auch das häufig gebrauchte Part.adj. *exponiert* 'herausgehoben, (Gefahren) ausgesetzt'. – Exponent m. 'Hochzahl einer Potenz, herausgehobener Vertreter einer Sache'. Als mathematischer Terminus 1544 bei M. Stifel nachweisbar, zu lat. *expōnēns* (Gen. *expōnentis*) 'herausstellend', dem Part. Präs. von lat. *expōnere* (s. oben); die übertragene Bedeutung (im Anschluß an *exponiert*) seit dem 18. Jh. Exponat n. 'Ausstellungsstück' (Mitte 20. Jh.), nach an das Lat. anknüpfendem russ. *ėksponát* (*экспонат*).

exportieren Vb. '(Waren) ausführen', in der dt. Kaufmannssprache seit dem Ende des 18. Jhs. als Entlehnung von gleichbed. engl. *to export* geläufig. Ursprung ist lat. *exportāre* 'heraus-, forttragen, ausführen', zu lat. *portāre* 'tragen, bringen, befördern' (s. auch *importieren*). – Export m. 'Ausfuhr (von Waren)', entlehnt (Ende 18. Jh.) aus dem gleichbed. substantivierten Infinitiv engl. *export*. Exporteur m. 'Kaufmann, Firma im Exporthandel', im 19. Jh., zeitüblichen Mustern (s. z. B. *Importeur*) folgend, mit frz. Endung hinzugebildet.

Exposé n. 'Denkschrift, Bericht, Handlungsabriß'. Gleichbed. frz. *exposé*, substantiviertes Part. Perf. zu frz. *exposer* 'darlegen, erklären, auseinandersetzen', wird um 1800 ins Dt. übernommen. Frz. *exposer* setzt semantisch lat. *expōnere* (s. *Exposition, exponieren*) fort; für die lautliche Entwicklung aber gilt das zum Simplex frz. *poser* 'setzen, stellen, legen' Gesagte (s. *imponieren*).

Exposition f. 'Plan, Gliederung', Entlehnung von frz. *exposition* 'Auslegung, Erklärung, Darlegung', lat. *expositio* (Gen. *expositiōnis*) 'Darlegung, Entwicklung, Schilderung'; zu lat. *expōnere*, s. *exponieren*. Zuerst (18. Jh.) Terminus der Dramaturgie 'Darstellung der Situation, von der die Handlung eines Dramas ihren Ausgang nimmt'.

expreß- 'schnell-'. Das Bestimmungswort in Zusammensetzungen (z. B. *Expreßgut, Expreßreparatur, Expreßreinigung*) stammt aus dem heute seltenen Adverb *expreß* 'ausdrücklich', aus lat. *expressē* Adv. 'ausgedrückt, ausdrücklich, bestimmt' (zu *expressus*, Part. Perf. von lat. *exprimere* 'herausdrücken, ausdrükken'). Seit 1600 erscheint adverbiales *expresse* in dt. Texten und hält sich in lat. Form bis zum Beginn des 18. Jhs., wird aber zuvor schon eingedeutscht zu *expressenlich* (16. Jh.), dann *expreßlichen, expreslich* und schließlich (Mitte 17. Jh.) zu auch adjektivisch gebrauchtem *expreß*. Die Bedeutungsentwicklung von 'ausdrücklich, genau festgelegt' zu 'schnell' vollzieht sich wohl zuerst in der substantivierten Form *der Expresse*, d. i. 'der eigens gesandte Bote', der zugleich die schnellste Benachrichtigungsmöglichkeit darstellt (Ende 17. Jh.), vor allem aber in Expreß(zug) m., das dem engl. *express train* (nach 1840) nachgebildet ist. Der Ausdruck bezeichnet zunächst einen Zug mit genau ('ausdrücklich') festgelegten und daher kürzeren Fahrzeiten, woraus sich 'Schnellzug' als besondere Zugart entwikkelt.

Expressionismus m. Richtung in Kunst und Literatur, für die starke Ausdruckskraft unter Verzicht auf sachlich getreue Wiedergabe der Wirklichkeit charakteristisch ist (Anfang 20. Jh.), gelehrte Bildung (zuerst frz. *expressionnisme*, 1901 geprägt von dem Maler Hervé, 1911 vom Kunsthistoriker Worringer ins Dt. übernommen) zu lat. *expressio* (Gen. *expressiōnis*) 'Ausdruck, Darlegung, Anschaulichkeit' bzw. zum Verb lat. *exprimere* (s. *expreß-*). – Expressionist m., expressionistisch Adj.

expressiv Adj. 'ausdrucksvoll', im 18. Jh. entlehnt aus gleichbed. frz. *expressif*, einer Ableitung von frz. *expression* 'Ausdruck'; vgl. gleichbed. lat. *expressio* (Gen. *expressiōnis*), Substantivbildung zum Verb *exprimere* 'heraus-, ausdrücken, anschaulich machen' (s. *expreß-*).

exquisit Adj. 'vorzüglich, auserlesen', im 17. Jh. entlehnt aus lat. *exquīsītus* 'ausgesucht, gewählt, vorzüglich', dem Part. Perf. zu lat. *exquīrere* 'ausforschen, aussuchen, auswählen' (zu lat. *quaerere* 'suchen, erfragen, forschen').

extemporieren Vb. 'unvorbereitet, aus dem Stegreif sprechen', im 17. Jh. gebildet aus der Fügung lat. *ex tempore* 'sogleich, aus dem Stegreif' (zu lat. *tempus* 'Zeit', s. *Tempo*), die bereits im 16. Jh. innerhalb dt. Texte geläufig ist.

extensiv Adj. 'ausgedehnt, in die Breite gehend', in der Landwirtschaft 'mit wenig Mitteln auf großer Fläche betrieben', Entlehnung des 18. Jhs. aus spätlat. *extēnsīvus* 'ausdehnend, verlängernd', zu lat. *extendere* (*extēnsum*) 'ausdehnen, ausspannen, ausbreiten'. Einfluß von frz. *extensif* ist möglich. Daneben das Antonym *intensiv* (s. d.).

extern Adj. 'auswärtig, fremd', im 19. Jh. entlehnt aus lat. *externus* 'äußerlich, auswärtig, fremd', das zu lat. *exter, exterus* 'außerhalb befindlich, auswärtig' gehört, einer Adjektivbildung zu lat. *ex* 'aus' (s. *ex-*). Substantiviert *Externer* m., häufig für Schüler, die nicht im *Internat* (s. *intern*) einer Schule wohnen bzw. als Auswärtige zur Prüfung zugelassen werden.

extra Adv. 'besonders, zusätzlich, eigens', seltener Adj. 'über das Übliche hinausgehend, von besonderer Güte, gesondert'. Der Gebrauch im Dt. erwächst aus der präpositionalen Verwendung von lat. *extrā* Adv. 'außerhalb', Präp. 'außerhalb von, außer' (dieses ursprünglich Lokativ Sing. Fem. vom Adjektiv lat. *exterus*, s. *extern*; vielleicht entstanden aus *exterā parte* 'im äußeren Teil') in der Fügung lat. *extrā ōrdinem* 'außerhalb der Ordnung', die in dt. Kanzleitexten des 16. Jhs. vorkommt und hier vereinzelt bereits zu *extra* verkürzt ist. Weiterhin erscheint Ende des 16. Jhs. (im Anschluß an das aus der genannten Fügung hervorgegangene lat. *extrāōrdinārius*) ein Adjektiv nhd. *extraordinari* 'außerordentlich, außergewöhnlich' (um 1700 auch *extraordinair* unter Einfluß von gleichbed. frz. *extraordinaire*), dessen erster Teil als Adverb aufgefaßt wird (im 17. Jh. häufig Getrenntschreibung *extra ordinari*); das ermöglicht Konstruktionen wie *extra geben, begehren, brauchen* (Anfang 18. Jh.). Daneben finden sich seit Ende des 17. Jhs. Hybridbildungen mit *extra-*, z. B. *extrafleißig, Extrakurier, Extrapost.* Adjektivische Verwendung von *extra* (in der Regel flexionslos, nur als Substantivierung *etwas, nichts Extraes* sowie in moderner Alltagsrede flektiert) setzt Ende des 18. Jhs. ein. – E x t r a n. 'Besonderes, Zusätzliches', zunächst vorwiegend 'besondere Ausgaben' (Mitte 16. Jh.), heute (nach engl. Vorbild) meist im Plur. *Extras* 'nicht zur serienmäßigen Ausstattung gehörende Zubehörteile'.

Extrakt m. 'Auszug (aus Pflanzendrogen, Büchern), wesentlicher Bestandteil', im 16. Jh. aus der lat. Alchimistensprache (lat. *extractum*, substantiviertes Part. Perf. von *extrahere* 'herausziehen') in den allgemeinen Sprachgebrauch übernommen. Dem lat. Vorbild entsprechend zunächst *das Extract* (16. Jh.); der Genuswechsel zum Maskulinum wird wahrscheinlich durch Synonyme wie *Auszug, Saft* veranlaßt. – e x t r a h i e r e n Vb. 'herausziehen', Fachwort der Medizin und Chemie (16. Jh.). E x t r a k t i o n f. 'das Herausziehen, Auslaugen' (16. Jh.), spätlat. *extractio* (Gen. *extractiōnis*) 'das Hervor-, Herausziehen, Heraustretenlassen'.

extravagant Adj. 'außergewöhnlich, ausgefallen, überspannt', Entlehnung (18. Jh.) von gleichbed. frz. *extravagant*, das auf das Part. Präs. mlat. *extravagans* zurückgeht, zu lat. *extrā* 'außerhalb' (s. *extra*) und *vagārī* 'umherschweifen, unstet sein' (s. *Vagabund*). Pluralisches mlat. *extravagantes* bezeichnet 'außerhalb des bereits kodifizierten kanonischen Rechts bestehende päpstliche Verordnungen'. – E x t r a v a g a n z f. (18. Jh.), frz. *extravagance.*

extrem Adj. 'äußerst, maßlos, radikal', im 17. Jh. entlehnt aus lat. *extrēmus* 'der äußerste', Superlativ zu *exter, exterus* 'außerhalb befindlich' (s. *extern*). – E x t r e m i t ä t e n Plur. 'Gliedmaßen' (16. Jh.), lat. *extrēmitātēs (corporis)* Plur. 'die äußersten Teile (des Körpers)'. Im Sing. *Extremität* 'äußerste Verlegenheit, Not' (19. Jh.). E x t r e m i s t m. 'Vertreter einer extremen Richtung, Anhänger eines politischen Radikalismus', E x t r e m i s m u s m., e x t r e m i s t i s c h Adj. (20. Jh.).

exzellent Adj. 'hervorragend, ausgezeichnet', Entlehnung (16. Jh.) von gleichbed. frz. *excellent*, jedoch lat. Aussprache folgend, oder unmittelbar aus lat. *excellēns* (Gen. *ex-*

cellentis), Part. Präs. von lat. *excellere* 'hervorragen, sich auszeichnen'. – Exzellenz f. Anrede für Gesandte, Botschafter, führende Staatsmänner im diplomatischen Verkehr, zuvor für Fürsten (16. Jh.), nach dem Vorbild von frz. *excellence* bzw. spätlat. *excellentia*, eigentl. (frz. und lat.) 'Erhabenheit, Vortrefflichkeit'.

exzentrisch Adj. 'ohne gemeinsamen Mittelpunkt' (von Kreisen, Planetenbahnen), entlehnt (Anfang 18. Jh.) aus spätlat. *eccentrus*, griech. *ékkentros* (ἔκκεντρος), das in der antiken Astronomie die Umlaufbahn der Himmelskörper kennzeichnet, die nicht um die Erde als ihren Mittelpunkt kreisen. Übertragener Gebrauch 'überspannt, vom Üblichen abweichend' seit Mitte des 18. Jhs. Zum Grundwort s. *Zentrum*.

exzeptionell Adj. 'außergewöhnlich', Entlehnung (19. Jh.) von gleichbed. frz. *exceptionnel*, zu frz. *exception* 'Ausnahme'. Zugrunde liegt gleichbed. lat. *exceptio* (Gen. *exceptiōnis*), zu lat. *excipere* 'herausnehmen, eine Ausnahme machen'.

exzerpieren Vb. '(aus Büchern) herausziehen, Auszüge machen', im 17. Jh. aus gleichbed. lat. *excerpere* entlehnt, einer Präfixbildung zu lat. *carpere* 'pflücken, rupfen'. Das substantivierte Part. Perf. lat. *excerptum* 'Auszug' begegnet im 17. Jh. in dt. Texten und wird im 18. Jh. zu Exzerpt n. 'Notiz, Auszug aus einem Schriftstück' eingedeutscht.

Exzeß m. 'Ausschreitung, Überschreitung gebotener Grenzen', im 16. Jh. entlehnt aus gleichbed. spätlat. *excessus*, lat. 'das Herausgehen, Abweichen', einer Nominalbildung zu lat. *excēdere* (*excessum*) 'herausgehen, ein bestimmtes Maß überschreiten'.

Fabel f. 'lehrhafte (Tier)erzählung mit moralischer Quintessenz, Handlungskern einer Dichtung', mhd. *fabele, favele* '(un)wahre Erzählung, Märchen, Unterhaltung' ist entlehnt aus afrz. *fable* 'Gerede, leeres Geschwätz, Nichtigkeit, (erdichtete) Geschichte, Märchen, (Tier)fabel' bzw. direkt aus (auch dem Afrz. zugrundeliegendem) lat. *fābula* 'Gerede, Gespräch, Unterhaltung, Sage, erdichtete Erzählung, Märchen'. Die im Mhd. umfassende und teilweise (als 'Unwahres, Erdichtetes') geringschätzige Verwendung wird in der folgenden Zeit (unter erneuter Anlehnung an das Lat.) allmählich eingeschränkt auf 'lehrhafte Kurzerzählung' (im Sinne Äsops), 'Handlungskern' (zuerst 15. Jh.). *Fabel* entwickelt sich damit zum literarischen Gattungsbegriff, der seine Präzisierung letztlich durch Lessing erhält. – fabeln Vb. 'Geschichten erfinden oder erzählen, sprechen, sich unterhalten, schwatzen, Unsinn reden', mhd. *fabelen* 'schwatzen, lügen', Bildung zum Substantiv, vielleicht auch nach afrz. *fabler* 'schwatzen, (Märchen, Unwahres) erzählen' bzw. nach diesem zugrundeliegendem lat. *fābulārī* 'sprechen, schwatzen, sich unterhalten'. Daraus wohl auch fabulieren Vb. 'plaudern, schwatzen, Geschichten erzählen' (16. Jh.; vgl. erst gegen Ende des 19. Jhs. bezeugtes frz. *fabuler*). fabelhaft Adj. 'märchenhaft, großartig' (17. Jh.).

Fabrik f. 'Industriebetrieb'. Im 17. Jh. wird frz. *fabrique* 'Herstellung(sart), Herstellungsgebäude' (aus lat. *fabrica* 'Kunst, Kunstfertigkeit, Werkstatt', zu lat. *faber* 'Künstler, Schmied, Handwerker') ins Dt. entlehnt. *Fabrik*, anfangs noch mit Beibehaltung der frz. Orthographie *Fabrique*, bedeutet bis ins 19. Jh. hinein 'Herstellung(sart), Fabrikation', begegnet daneben im 18./19. Jh. auch für 'Werkstatt, Herstellungsgebäude' und entwickelt im 19. Jh. mit der industriellen Revolution die moderne Bedeutung (s. oben). Unabhängig davon finden sich vereinzelte Frühentlehnungen des 16. Jhs. aus lat. *fabrica* im Sinne von 'Werkstatt'. – fabrizieren Vb. 'herstellen, verfertigen' (16. Jh.), lat. *fabricāre* 'verfertigen, zimmern, bauen'. Fabrikant m. 'Hersteller, Fabrikbesitzer' (17. Jh.), frz. *fabricant*. Fabrikat n. 'das Hergestellte, Erzeugnis' (18. Jh.), lat. *fabricātum*, Neutrum des Part. Perf. von lat. *fabricāre*. Fabrikation f. 'Herstellung' (16. Jh.), frz. *fabrication* (lat. *fabricātio*).

Facette f. 'Schleiffläche an Edelsteinen oder Glas, Abschrägung'. Im 18. Jh. wird gleichbed. frz. *facette* ins Dt. übernommen, ein Deminutivum zu frz. *face* 'Gesicht, Vorderseite', aus spätlat. *facia*, lat. *faciēs* 'Gesicht'. – facettieren Vb. 'abschrägen, mit Facetten versehen' (18. Jh.), aus frz. *facetter* 'schleifen'.

Fach n. 'Teil, Abteilung (eines Raumes, Behältnisses), Spezialgebiet', ahd. *fah* 'Mauer, Fischwehr', 'Wald (?)' (8. Jh.), mhd.

vach ‘Vorrichtung zum Aufstauen des Wassers, Fischwehr, Fangnetz, Stück, Teil, Abteilung einer Räumlichkeit, Mauer, Falte des Schleiers, Hemdes’, asächs. *fak* ‘Wand, Abteilung der Mauer’, mnd. *vak* ‘Abteilung’, mnl. *vac*, nl. *vak* ‘Fach, Abgeteiltes, Beet’, aengl. *fæc* ‘Zwischenraum, Einteilung, Zeit(raum)’ (vgl. auch mhd. *gevach* Adj. ‘wiederholt, häufig’, mnd. *vāke, vāken* ‘oft, häufig’) stellt sich als nur westgerm. Wort (**faka-*) mit lat. *pangere* ‘befestigen, einschlagen’ und weiteren unter *Pakt* (s. d.) genannten Formen sowie griech. *pēgnýnai* (*πηγνύναι*) ‘festmachen’, aruss. *pazъ*, russ. *paz* (*паз*) ‘Fuge, Nute, Vertiefung in Zaunpfählen zum Einfügen von Brettern’ zur Wurzel ie. **păk̂-*, **păĝ-* ‘festmachen’ (wozu auch *fangen*, s. d.). *Fach* ‘das Abgeteilte, Festgefügte’ (verwandt mit *fügen*, s. d.) gehört ursprünglich in die Sprache des Handwerks (Fischer ‘Fischwehr’, Tischler ‘Schrankfach’, Bauleute ‘Fachwerk’); die übertragene Bedeutung ‘Spezialgebiet’ entwickelt sich erst im 18. Jh. Die zeitliche Verwendung, die im Aengl. und Mhd. (s. oben *gevach*) noch belegt ist, kennt das Nhd. nicht mehr. *Dach und Fach* ‘das ganze Haus’ (17. Jh.). – F a c h w e r k n. ‘Bauweise, bei der die Fächer (Zwischenräume) zwischen dem Balkengerüst mit Lehm oder Ziegeln ausgefüllt sind’ (17. Jh.). In neuerer Zeit werden Komposita mit *Fach-* ‘Spezialgebiet, Teildisziplin’ geläufig, vgl. im 19. Jh. *Fachmann*, im 20. Jh. *Facharbeiter* ‘Arbeiter mit abgeschlossener Ausbildung in einem Spezialgebiet’, *Facharzt, Fachsprache* ‘Sonderwortschatz eines Spezialgebiets’ (z. B. eines Handwerks), *Fachwort*. f ä c h e r n Vb. ‘in Abschnitte unterteilen’ (19. Jh.), modern häufiger *auffächern* (20. Jh.), wobei das Bild des entfalteten *Fächers* (s. d.) eingewirkt haben wird. f a c h l i c h Adj. ‘das Spezialgebiet betreffend’ (19. Jh.). f a c h s i m p e l n Vb. ‘unter Kollegen Fragen des eigenen Spezialgebiets erörtern’ (19. Jh.), zuerst wohl ‘einfältig über etw. reden’ (aus der Studentensprache); vgl. *simpeln*, geläufiger *versimpeln* ‘zum Dummkopf, beschränkt werden’ (zu *simpel*, s. d.). -f a c h Suffix zur Ableitung von Adjektiven, die eine bestimmte Vermehrung in bezug zur Ausgangsgröße oder -menge angeben, ursprünglich zweites Glied von Possessivkomposita und als solches semantisch entweder zu *Fach* ‘Abgeteiltes’ oder ‘Falte’ (vgl. mhd. *vach* ‘Falte des Schleiers’) gehörig. Bildungen auf *-fach* sind seit dem Mhd. gebräuchlich, doch entstehen eine Reihe von Prägungen erst im Nhd., s. *einfach, zweifach, mehrfach, vielfach*. Älter ist der den Weiterbildungen *-faltig, -fältig* zugrundeliegende Bildungstyp got. *falþs*, ahd. *-falt*, mhd. *-valt*, frühnhd. *-falt*, s. *falten* und *Einfalt*.

fachen Vb. ‘(ein Feuer) anzünden, anblasen, zum Brennen bringen’, frühnhd. *fochen* (15. Jh.), mnd. *vāken* scheint entlehnt zu sein aus mlat. *focare* ‘anbrennen, anzünden, durch Feuer verwüsten’ (zu lat. *focus* ‘Feuerstätte des Herdes’). Der Stammsilbenvokal geht schon früh (s. unten *anfachen*), endgültig im 18. Jh. in *a* über, vielleicht unter nd. md. Einfluß sowie in Anlehnung an die oft lautähnlichen Formen von *anfangen* (s. d.). Heute vor allem in den Präfixverben *anfachen* (15. Jh.) und *entfachen* ‘schüren, entflammen, entzünden’ (19. Jh.) gebräuchlich. – f ä c h e l n Vb. ‘(kühle) Luft heranblasen, zuwehen’ (vereinzelt 16. Jh.), wohl iterativ zu *fachen* gebildet und später beeinflußt von F ä c h e r m. ‘Wedel, durch dessen Bewegung ein Luftstrom erzeugt wird’, frühnhd. *focker, focher, föcher* ‘Blasebalg, Wedel zum Inganghalten des Feuers’ (15. Jh.), abgeleitet von *fachen* (s. oben), wenn nicht entlehnt aus lat. *focārius* ‘wer sich um das Herdfeuer bemüht’. Seit dem 17. Jh. übliches *Fächer* wird gleichzeitig Bezeichnung für den aus Frankreich übernommenen faltbaren Wedel, mit dem man sich zur Kühlung Luft zuwedelt. Dazu f ä c h e r n Vb. ‘sich kühlende Luft zuwehen’ (18. Jh.).

Fackel f. Stock mit einer aus brennbarem getränktem Gewebe hergestellten Spitze, die angezündet wird und leuchtet, ursprünglich ein brennbares zugeschnittenes Holzscheit, ahd. *fackala* ‘Fackel, Kienfackel’ (8. Jh.), mhd. *vackel*, asächs. *fakla*, mnd. mnl. *fackel(e)*, nl. *fakkel* sind Entlehnungen von vlat. *facla*, lat. *facula*, Deminutivum zu lat. *fax* (Gen. *facis*) ‘Kienspan, Fackel, Flamme, Feuer’. Oft in übertragenem Gebrauch als Sinnbild eines richtungweisenden Leuchtfeuers (*Fackel des Fortschritts* u. dgl.). – f a c k e l n Vb. ‘brennen, leuchten wie eine Fackel’, mhd. *vackelen*; das flackernde Brennen führt zu der übertragenen Verwendung *nicht lange fackeln* ‘nicht lange zögern und überlegen’ (18. Jh.), d. h. ‘nicht unruhig und unstet wie eine Fackel sein’.

fade (öst. **fad**) Adj. ‘reizlos, geschmacklos, langweilig’. Im 18. Jh. gelangt gleichbed. frz.

fade ins Dt. Als Vorstufe setzt man vlat. **fatidus* an, das mit Suffixwechsel (analog zu antonymem *sapidus* 'schmackhaft') auf lat. *fatuus* 'albern, einfältig, geschmacklos' zurückgeführt wird und demnach auch 'schal, ungesalzen' bedeutet. Im öst.-bair. Sprachgebiet dient *fad(e)* vielfach zur Charakterisierung langweiliger, geistloser Menschen.

Faden m. 'gesponnene Woll- oder Baumwollfasern', auch Längenmaßeinheit, ahd. *fadam, fadum* 'Garn, Klafter' (8. Jh.), mhd. *vadem* (*-m* bis ins 17. Jh. bezeugt), *vaden* (seit dem 14. Jh.) 'Faden, Garn, Schnur, Draht', asächs. *faðmos* (Plur.) 'Maß von 6 Fuß, Klafter, die ausgebreiteten Arme', mnd. mnl. *vādem* 'Maß der ausgebreiteten Arme, zu 6 Fuß gerechnet (auf Garne, Tauwerke, Meerestiefen bezogen), Faden, 6 Fuß hoher und 6 Fuß breiter Haufen Brennholz, Klafter Holz', aengl. *fæþm* 'Umarmung, Klafter, Schutz, Busen, Faden, Elle', engl. *fathom* 'ausgebreitete Arme, Längenmaß von 6 Fuß', nl. *vadem* 'Klafter, Zwirn', anord. *faðmr* 'Umfassung, Umarmung, Busen', schwed. *famn* (germ. **faþma-*) gehen mit lat. *patēre* 'sich erstrecken, offenstehen' und griech. *petannýnai* (*πεταννύναι*) 'ausbreiten, öffnen' auf die Wurzel ie. **pet-* 'ausbreiten' (bes. die Arme) zurück. In den germ. Sprachen bezeichnet das Wort als Maßeinheit die Länge der ausgebreiteten Arme (1 Faden = 6 Fuß oder 1 Klafter), danach das Gemessene, den Faden (Garn, Schnur usw.), seit dem 15. Jh. das Maß für die Meerestiefe; ausgehend von der Vorstellung der schützend ausgebreiteten Arme auch 'Schutz' und 'Umarmung'. *roter Faden* 'durch eine Erzählung oder Darstellung hindurchgehende Leitlinie, Leitmotiv', bildliche Verwendung (Goethe 1809) in Anlehnung an den roten oder überhaupt farbigen Faden, den die britische Flotte (seit 1776) als Eigentumszeichen in das Tauwerk eindrehen läßt. – f ä d e l n Vb. 'auf einen Faden reihen, einen Faden durch eine enge Öffnung ziehen', im 18. Jh. wohl zum Deminutivum *Fädel* gebildet. Oder iterativ zu älterem (bis ins 17. Jh. bezeugtem) *fädmen*? Vgl. ahd. *fadumōn* 'spinnen, einfädeln, nähen' (Hs. 12. Jh.), mhd. *vedemen*. e i n f ä d e l n Vb. (17. Jh.), älter (16. Jh.) *einfademen, einfädmen*. f a d e n s c h e i n i g Adj. 'abgenutzt, daß die einzelnen Fäden sichtbar sind, abgewetzt, durchsichtig' (18. Jh.), älter *fadenscheinisch* (17. Jh.) und *fadenschein* (16. Jh.), zu mhd. *schīn* Adj. 'sichtbar' (s. *scheinen*).

Fagott n. tiefstes Holzblasinstrument mit geknicktem Blasrohr, zu Anfang des 17. Jhs. aus gleichbed. ital. *fagotto* ins Dt. übernommen. Die Geschichte des Instruments ist ungenügend erforscht und die Herkunft seiner Bezeichnung unsicher; erwogen wird Zusammenhang mit ital. *fagotto* 'Reisigbündel' und Anschluß an griech. *phákelos* (*φάκελος*) 'Bündel', da das wegen seiner Länge mehrfach gebogene Rohr gleichsam gebündelt erscheint.

fähig Adj. 'imstande zu etw., begabt, tüchtig', im 15. Jh. von *fahen*, der älteren Form von *fangen* (s. d.), abgeleitet (vgl. auch gleichbed. spätmhd. *gevæhic*, 2. Hälfte 14. Jh.), daher ursprünglich 'imstande sein zu fassen, aufzunehmen, empfänglich', sowohl körperlich (von Gefäßen) als auch geistig; in der Rechtssprache so viel wie 'berechtigt' (vgl. *erbfähig*). Der Zusammenhang mit dem Verb wird auch in der alten Bedeutung 'fangbar' (von Tieren) deutlich (16. Jh.). Modern vorwiegend auf Lebewesen und speziell auf ihr geistiges Erfassungsvermögen bezogen, daher oft 'begabt, tüchtig'. – b e f ä h i g e n Vb. 'fähig machen, in die Lage versetzen' (18. Jh.). F ä h i g k e i t f. 'Vermögen, Imstandesein' (Anfang 17. Jh.).

fahl Adj. 'blaß, farblos' (bis ins 17. Jh. auch 'blond' von Haar und Bart, danach durch *blond* verdrängt, s. d.). Ahd. *falo*, flektiert *falawēr* (s. *falb*) 'fahl, rotgelb, braungelb' (8./9. Jh.), mhd. *val*, flektiert *valwer* 'bleich, entfärbt, verwelkt, gelb, blond', asächs. *falu*, mnd. *vāl(e)* 'blond, bleich, blaß', mnl. *vāle*, nl. *vaal*, aengl. *falu, fealu* 'rötlich-gelb', engl. *fallow*, anord. *fǫlr*, germ. **falwa-* geht mit lit. *pálšas, pal̃vas* 'blaßgelb, falb', lat. *pallēre* 'blaß, bleich sein', *pallidus* 'bleich' und griech. *poliós* (*πολιός*) 'weißlich, grau' auf die Wurzel ie. **pel-* zurück, die unscharfe Farben 'grau, fahl', auch 'scheckig' bezeichnet. Im Nhd. stehen zunächst *fahl* und das aus den flektierten Formen entstandene *falb* (s. d.) bedeutungsgleich nebeneinander; Ende 17. Jh. tritt Bedeutungsdifferenzierung ein: *fahl* 'bleich, blaß' und *falb* 'graugelb'.

fahnden Vb. 'nachforschen, jmdn. zu finden suchen', ahd. *fantōn* 'durchforschen' (8. Jh.), mhd. mnd. *vanden, vannen* 'besuchen', asächs. *fandon* 'versuchen, nachstellen, heimsuchen', mnl. *vanden* 'untersuchen, besuchen', aengl. *fandian* 'untersuchen, versuchen, prüfen' steht im Ablaut zu *finden* (s. d.) und geht wie dieses auf die Wurzel ie. **pent(h)-* 'treten, gehen, worauf treten, antreffen, finden' zurück. *fahnden* 'besuchen' ist bis ins 16. Jh. bezeugt, gegen Ende des 18. Jhs. erscheint es in der heutigen Bedeutung und ist in der ersten Hälfte des 19. Jhs. in der Polizeisprache allgemein bekannt. Möglicherweise werden Laut- und Bedeutungsentwicklung (Dehnung des *-a-*) von *fahen*, der älteren Form von *fangen* (s. d.), beeinflußt. – F a h n d u n g f. 'polizeiliche Suchaktion', Neubildung zu Anfang des 19. Jhs., ohne direkte Verbindung zu mhd. *vandunge*, mnd. *vandinge* 'Besuch, Heimsuchung'.

Fahne f. 'an einer Stange als Kennzeichen befestigtes Tuch, Banner', ahd. *fano* m. 'Tuch' (vgl. *brust-, hals-, sweiȝfano*), dann auch 'Feldzeichen, Banner, unter einer Fahne stehende Heeresabteilung' (um 800), mhd. *van(e)* m. (und auch f.), asächs. *fano*, mnd. *vāne*, mnl. *vāne, vaen*, nl. *vaan*, aengl. *fana* m. (engl. *vane* 'Wetterfahne'), anord. *fani* m., got. *fana* m. 'Lappen, Schweißtuch' gehen mit lat. *pannus* 'Tuch, Lappen' und griech. *pē̆nos* (*πῆνος*) 'Gewebe' auf die Wurzel ie. **pă̆n-* 'Gewebe' zurück. Noch gegen Ende des 18. Jhs. wird *Fahne* auch als Maskulinum gebraucht. Die Entwicklung von 'Tuch' zu 'Banner, Feldzeichen' beruht wohl auf Kürzung des Kompositums ahd. *gundfano* 'Kampftuch, Kriegsbanner' (9. Jh.); vgl. auch aengl. *gūþfana*, anord. *gunnfani* und die Entlehnungen frz. *gonfanon, gonfalon*, ital. *gonfalone* (vgl. aengl. *gūþ*, anord. *gunnr, guðr* 'Kampf'). Redensartlich *mit fliegenden Fahnen übergehen* 'ostentativ und geschlossen zum Feinde überwechseln', übertragen 'plötzlich und grundsätzlich seinen Standpunkt ändern' (17. Jh.). Seit dem 17. Jh. bezeichnet *Fahne* (wegen der vergleichbaren länglichen Form) auch den noch nicht umbrochenen 'Korrekturabzug' des Druckers. – F ä h n c h e n n. 'militärische Abteilung' (16. Jh.) für älteres *Fahne*; 'billiges leichtes Kleid' (18. Jh.). F ä h n l e i n n. seit dem 16. Jh. übliche Bezeichnung für die unter einer Fahne Kämpfenden, 'militärische Abteilung'. F ä h n r i c h m. 'Fahnenträger', militärischer Rang (16. Jh.), mit Gleitlaut *-d-* auch *Fähndrich*; frühnhd. *venrich* wird (wie *Wüterich*) analog zu Personennamen (vgl. *Dietrich*) gebildet; vgl. anders gebildetes ahd. *faneri*, mhd. *venre, vener, vaner.*

Fähre f. 'Schiff zum Übersetzen', mhd. *ver(e)* f. n., mnd. *vēre*, mnl. *vēre, veer*, nl. *veer*, anord. *ferja* f., schwed. *färja* führen auf germ. **farjōn* 'Schiff zur Überfahrt', Ableitung von einem zu *fahren* (s. d.) gehörenden kausativen Verb, das im Nhd. nicht mehr bezeugt, wohl aber in ahd. *ferien, ferren* 'rudern, entlangsegeln, zu Schiffe fahren' (8. Jh.), mhd. *vern* 'fahren, zu Schiffe fahren', asächs. *ferian* 'fahren', aengl. *ferian* 'tragen, bringen, befördern', got. *farjan* 'zu Schiffe fahren' erhalten ist und eigentl. 'fahren machen (zu Schiff)' bedeutet. – F ä h r m a n n m. 'übersetzender Schiffer', Kompositum des 17. Jhs. F e r g e m. gleichbed. mit *Fährmann*, ahd. *ferio, fer(i)go, ferro* 'Ruderer, Seemann, Schiffer' (9. Jh.), mhd. *ver(e), verje, ver(i)ge* ist Nomen agentis (*jan*-Ableitung zum Verb ahd. *ferien*, s. oben) und ergibt durch Übergang des *j* in *g* nach *r* nhd. *Ferge*, das im 17. Jh. durch *Fährmann* abgelöst wird, in der romantischen Dichtung des 19. Jhs. jedoch wieder Verwendung findet.

fahren Vb. 'sich mit einem Fahrzeug fortbewegen, es lenken, steuern'. Ahd. *faran* (8. Jh.), mhd. *varn, varen*, asächs. aengl. *faran* (engl. *to fare* 'ergehen, leben'), mnd. mnl. *vāren*, nl. *varen*, anord. *fara*, schwed. *fara*, got. *faran* ist ursprünglich die allgemeinste Bezeichnung für jede Art der Fortbewegung ('gehen, reiten, fahren, schwimmen, fliegen' in sich einschließend) und wird erst allmählich auf die Fortbewegung mit Wagen, Schiffen, Fahrzeugen aller Art eingeschränkt; doch vgl. noch *fahrendes* ('umherziehendes') *Volk*, den Abschiedsgruß *fahr wohl* sowie *Schlittschuh, Ballon fahren*. Das gemeingerm. Verb gehört mit griech. *perā̆n* (*περᾶν*) 'hinüberbringen, durchdringen, hindurchkommen', *póros* (*πόρος*) 'Durch-, Zu-, Übergang', *porē̆uesthai* (*πορεύεσθαι*) 'reisen', lat. *portāre* 'tragen, bringen', aslaw. *pьrati* 'emporfliegen, sich erheben', russ. (derb) *perét'* (*переть*) 'gehen' zur Wurzel ie. **per(ə)-* 'hinüberführen, -bringen, -kommen, übersetzen, durchdringen, fliegen'; s. auch *Fähre, Fahrt, Fjord, Furt, führen.* – F a h r e r m. 'Lenker eines Fuhrwerks' (18. Jh.), Nomen agentis zu *fahren*, in der Bedeutung 'Lenker eines Kraftwagens, Chauffeur' um 1900 wohl aus *Kraftwagenfahrer* verkürzt. Früher bezeugt als

Grundwort von Komposita, vgl. mhd. *lantvaræere*, nhd. *Landfahrer* 'Reisender, Pilger, Landstreicher', *See-*, *Wallfahrer* (17. Jh.). fahrend Part.adj. 'ohne festen Aufenthaltsort', ahd. *faranti* substantiviert 'Reisender' (8./9. Jh.), adjektivisch in der Wendung (10. Jh.) *farantēr scaz*, mhd. *varndeȝ guot*, nhd. *fahrende Habe* 'beweglicher Besitz'; mhd. *varnde* 'wandernd, umherziehend' (von Spielleuten u. dgl., *varndiu diet* 'umherziehendes, nicht seßhaftes Volk'). fahrig Adj. 'unruhig, hastig, unkonzentriert', spätmhd. *verec, veric* 'zur Ausfahrt bereit', nhd. *ferig* 'behende, rasch' (16. Jh.), danach erst wieder in der heutigen Bedeutung seit dem 18. Jh. durchgehend gebräuchlich. fahrlässig Adj. 'unachtsam, nachlässig' (15. Jh.), aus der verbalen Wendung mhd. *varn lāȝen* 'geschehen lassen, nachlässig sein, ungestraft lassen' weitergebildet (nicht zu *lässig* Adj., s. d.); häufig in der Rechtssprache; Fahrlässigkeit f. '(strafbare) Unachtsamkeit' (15. Jh.). Vorfahr m. 'Ahne', mhd. *vorvar(e)*, mnd. *vorväre*, eigentl. 'Vorangehender'. Nachfahr m. 'Nachkomme', mhd. *nāchvar.* – Fahrgast m. (2. Hälfte 19. Jh.), Verdeutschung für *Passagier* (s. d.), Fahrkarte f., auch Fahrschein m. (Ende 19. Jh.), Verdeutschung für *Billett* (s. d.), und Fahrplan m. 'Verzeichnis der Fahrzeiten öffentlicher Verkehrsmittel' (2. Hälfte 19. Jh.) sind mit der Entwicklung des Eisenbahnwesens entstanden. – Fahrrad n. 'einspuriges zweirädriges Tretfahrzeug' (Ende 19. Jh.), Verdeutschung für *Veloziped* (von frz. *vélocipède*, zu lat. *vēlōx* 'schnell' und *pēs* 'Fuß' gebildet), modern meist verkürzt zu *Rad* (s. d.). Fahrstuhl m. 'Lift' (17. Jh.), daneben anfangs auch *Fahrsessel* m., zuerst in mittelalterlichen Bergwerken und in der Kriegsbaukunst verwendet und *Aufzug* (vgl. spätmhd. *ūfzuc* 'Vorrichtung zum Aufziehen', s. *ziehen*) genannt; seit der 2. Hälfte des 19. Jhs. für den elektrischen *Lift* (s. d.). Fahrzeug n. 'fahrbare Einrichtung zur Beförderung von Personen und Gütern'; zum 2. Kompositionsglied s. *Zeug*. Mnd. *vārtūch* 'Fahrzeug, Wagen', nl. *vaartuig* 'Schiff, Boot, Wagen' (17. Jh.), seit dem 17. Jh. in hd. Texten (zuerst z. B. in Reisebeschreibungen) als Bezeichnung für 'Schiff' belegt (so bis zu Anfang des 20. Jhs.), erst im 19. Jh. wird die Verwendung 'Wagen' häufiger, modern vielfach für *Auto*.

Fahrt f. 'das Fahren, Reise, Ausflug', ahd. *fart* 'Fahrt, Lauf, Reise, Flug, Spur, Gelegenheit' (8. Jh.), mhd. *vart* 'Fahrt, Zug, Reise, Gang, Weg, Spur', asächs. *fard*, mnd. *vārt*, aengl. *fierd*, mnl. *vaert*, nl. *vaart*, anord. *ferð*, schwed. *färd* (germ. **fardi-*) ist ein *ti*-Abstraktum zum unter *fahren* (s. d.) behandelten Verb. – Fährte f. 'Spur' (des Wildes), mhd. *verte* 'Weg', eigentl. Flexionsform von *vart*, die sich (wie *Stätte* neben *Statt*, s. d.) zum selbständigen Wort entwickelt hat, in der Jägersprache für die hinterlassenen Fußabdrücke des Wildes üblich wird (bezeugt seit dem 18. Jh.) und damit eine ursprünglich mit *Fahrt* verbundene Bedeutung übernimmt.

Faible n. 'Vorliebe, die zur Schwäche wird, Neigung'. Im 17. Jh. gelangt frz. *faible* m. 'schwache Seite, Fehler, verwundbare Stelle' ins Dt., eine Substantivierung des Adjektivs frz. *faible* 'schwach', durch Dissimilation entstanden aus lat. *flēbilis* 'beweinenswert, kläglich' (zu lat. *flēre* 'weinen').

fair Adj. 'anständig, ehrlich', im 19. Jh. aus dem Engl. ins Dt. übernommen. Zuerst auch als Qualitätsbezeichnung 'ausgezeichnet, vorzüglich' bei Warenangeboten üblich, dann vornehmlich ein Ausdruck der Sportsprache im Sinne von 'anständig, den Bestimmungen gemäß'. Engl. *fair* 'hübsch, schön, ehrlich, gerecht, angemessen', aengl. *fæger*, asächs. *fagar*, ahd. *fagar, fagari* (8. Jh.), mhd. *vager*, anord. *fagr*, got. *fagrs* 'geeignet, passend' sind verwandt mit *fegen* (s. d.) und den dort genannten baltischen Verben der Bedeutung 'schmücken, putzen', – Fairneß f. 'einwandfreies, anständiges Verhalten (im Wettkampf)' (20. Jh.), engl. *fairness*.

Fäkalien Plur. 'menschlicher Kot', im 19. Jh. ins Dt. entlehnt, wohl nach frz. *fécal* Adj., meist in der Verbindung *matières fécales*, gelehrte Bildung zu lat. *faex* (Gen. *faecis*) 'Bodensatz, Hefe'.

Faksimile n. 'originalgetreue Wiedergabe einer Vorlage' (Handschrift, Druck u. dgl.), seit dem Anfang des 19. Jhs. im Dt. bezeugt; Substantivierung des Imperativs lat. *fac simile* 'mache ähnlich' (zu lat. *facere* 'machen, tun' und *similis* 'ähnlich'), möglicherweise aus dem Engl. übernommen, wo es seit dem 17. Jh. (in Zusammenschreibung seit Ende 18. Jh.) belegt ist. – faksimilieren Vb. 'ein Faksimile herstellen' (19. Jh.).

faktitiv Adj. 'bewirkend, veranlassend', in

der Grammatik Bezeichnung für eine Aktionsart des Verbs. In der Regel werden von einem Nomen abgeleitete Verben, die ein Bewirken ausdrücken, *faktitive Verben* genannt (*wärmen*, eigentl. *warm machen*). Gelehrte Bildung des 19. Jhs. zu lat. *factitāre* 'häufig und gewöhnlich machen, tun, verrichten' (Intensivbildung zu lat. *facere* 'machen, tun'). Teilweise wird *faktitiv* auch als Synonym zu *kausativ* (s. d.) verwendet. – F a k t i t i v (u m) n. 'Bewirkungs-, Veranlassungsverb' (19. Jh.).

Faktor m. 'maßgeblicher Umstand, Zahl, die mit einer anderen multipliziert wird, Abteilungsleiter einer Setzerei, Geschäftsführer'. Im 15. Jh. wird mlat. *factor* 'Geschäftsführer', lat. *factor* 'Verfertiger, Urheber, Schöpfer', Nomen agentis zu lat. *facere* 'machen, tun', im Sinne von 'Geschäftsführer, Verweser, Unterhändler, Beauftragter' ins Dt. übernommen. Wohl unabhängig davon erscheint es im 18. Jh. erneut entlehnt in der Sprache der Mathematik als 'Vervielfältigungszahl' (s. oben), seit etwa 1800 übertragen 'maßgeblicher Umstand, wichtiger Bestandteil, Ursache'. – F a k t o r e i f. 'Handelsniederlassung' (16. Jh.).

Faktotum n. 'Helfer in allen Dingen, Mädchen für alles'. Im 16. Jh. wird mlat. *factotum*, aus dem Imperativ lat. *fac tōtum* 'mach alles' substantiviert, ins Dt. übernommen und dient zur Bezeichnung eines Menschen, der Dienstleistungen und Handreichungen auf Grund langjähriger Vertrautheit perfekt beherrscht.

Faktum n. 'Tatsache, Ereignis'. Im 16. Jh. wird lat. *factum* 'Tat, Handlung', substantiviertes Part. Perf. zu lat. *facere* 'machen, tun', in die dt. Rechtssprache übernommen (auch in der Bedeutung 'Delikt') und seit dem 18. Jh. als 'Tatsache, beglaubigtes Ereignis' allgemein geläufig. – F a k t m., gleichbed. mit *Faktum*, im 19. Jh. unter Aufgabe der lat. Endung verkürzt aus dem vorigen; Einfluß von engl. *fact* ist möglich. f a k t i s c h Adj. 'tatsächlich, wirklich' (Ende 18. Jh.), meist adverbial gebraucht und schon im 19. Jh. häufig nur verstärkend. d e f a c t o 'tatsächlich, in Wirklichkeit', Übernahme des 16. Jhs. aus der lat. Juristensprache (Gegensatz zu *de iure* 'dem Recht entsprechend').

Fakultät f. 'Wissenschaftsbereich an Hochschulen, Sektion (und deren Vertreter)', zuvor frühnhd. *facultet* 'Vermögen, Kraft, Fertigkeit, Kunst' (15. Jh.). Es handelt sich um eine Entlehnung aus lat. *facultās* (Gen. *facultātis*) 'Vermögen, Kraft, Geschicklichkeit, Anlage, Talent'. Die heute übliche Bedeutung entspricht mlat. *facultas* 'Wissenschaftszweig, Forschungsgebiet', das im 12. Jh. als Übersetzung für griech. *dýnamis* (*δύναμις*) 'Kraft', auch 'Wissenszweig' (Aristoteles), eintritt und sich weiterentwickelt zu 'Lehrerkollegium einer Wissenschaft' (und zwar einer der vier Hauptdisziplinen Theologie, Jura, Medizin, Philosophie an der mittelalterlichen Universität, vgl. *collegium facultatis*). Im Dt. seit Anfang 16. Jh., vgl. *Juristenfacultet* (1508). – f a k u l t a t i v Adj. 'nach freiem Ermessen, in die eigene Wahl gestellt' (19. Jh.), frz. *facultatif*.

falb Adj. 'gelb, gelblich, graugelb' (dem Nd. unbekannt). Aus den flektierten Formen von mhd. *val*, flektiert *valwer* (s. *fahl*), entstanden (inlautendes *-w-* geht in mhd. *-b-* über, vgl. *gehl* und *gelb*); seit dem 15. Jh. belegt und ursprünglich gleichbed. mit *fahl* (s. d.), danach fast nur von graugelben Pferden. Daher substantiviert F a l b e m. (16. Jh.).

Falke m. graubrauner Greifvogel, oft für die Beizjagd abgerichtet. Die Etymologie ist nicht geklärt. Ahd. *falko, falk* 'Falke' (9. Jh.), mhd. mnd. mnl. *valke*, asächs. *falko*, nl. *valk*, anord. *falki* (erst 12. Jh.), schwed. *falk* (möglicherweise sind die nord. Formen aus dem Mnl. bzw. Mnd. entlehnt) kann germ. Herkunft sein und als Bildung mit dem in Tiernamen mehrfach auftretenden Suffix *-k-* (s. *Habicht, Kranich*) im Sinne von 'der Graubraune' zu der unter *fahl* (s. d.) genannten Wurzel gehören. Jedoch macht die späte Bezeugung im Anord. und das Fehlen des Namens im Aengl. (engl. *falcon* ist aus afrz. *faucon, falcon* entlehnt; andererseits ist der aengl. Personenname *Falca* schon früh bezeugt) die Annahme einer Entlehnung aus spätlat. *falco* (Gen. *falcōnis*) 'Falke', zu lat. *falx* (Gen. *falcis*) 'Sichel, Sense', wahrscheinlich. Das Benennungsmotiv hätten dann die gekrümmten Klauen, vielleicht auch der spitze gebogene Schnabel abgegeben. – F a l k n e r m. 'wer Falken für die Jagd abrichtet und mit ihnen jagt', mhd. *valkenære*; vgl. mlat. *falconarius*.

fallen Vb. 'sich nach unten bewegen (durch die eigene Schwere), stürzen, sinken, (im

Kampf als Soldat) sterben', ahd. *fallan* '(herab)stürzen, zu Fall kommen, einstürzen, sinken, zuteil werden, umfallen, verfallen' (8. Jh.), mhd. mnd. mnl. nl. *vallen*, asächs. *fallan*, aengl. *feallan, fallan*, engl. *to fall*, anord. schwed. *falla*. Mit dem ehemals ein präsensbildendes *n* aufweisenden Verb (*ll* aus *ln*) sind höchstens vergleichbar armen. *pʿul* 'Einsturz', *pʿlamin* 'ich falle ein' und (dehnstufig) lit. *pùlti* 'fallen', vielleicht (als Variante mit anlautendem *s-*) auch griech. *sphállein* (*σφάλλειν*) 'zu Fall bringen, zugrunde richten, täuschen', so daß von einer Wurzel ie. **phŏl-* bzw. **pŏl-* 'fallen' (d. h. 'sich nach dem Gesetz der Schwerkraft abwärts bewegen') ausgegangen werden kann. – fällig Adj. 'für einen bestimmten Termin vorgesehen, zur Zahlung anstehend' (15. Jh.), mhd. (rechtssprachlich) *vellic* 'der Zahlung, der Buße, der Strafe verfallen, verurteilt', wohl abgeleitet vom Verb mhd. *fallen* im Sinne von 'fällig sein, werden'. Vgl. ahd. *fellīg* 'fallend, stürzend, baufällig, eingestürzt' (10. Jh.), mhd. *vellec, vellic* 'zu Fall kommend, fallend (bes. im Kampf), vor Gericht überwunden'; häufig suffixartig als zweites Glied in Komposita wie *bau-, hin-, rückfällig*. auffallen Vb. 'hervorstechen, ins Auge springen' (18. Jh.), älter '(sich) fallend öffnen' (um 1700), 'auf etw. fallen' (16. Jh.); auffallend Part.adj. 'hervorstechend, in die Augen springend, die Aufmerksamkeit auf sich lenkend' (18. Jh.); damit gleichbed. auffällig Adj. (Anfang 19. Jh.). ausfallen Vb. 'herausfallen, angreifen, enden, unterbleiben', mhd. *ūʒvallen* 'ausrenken' (den Fuß); ausfallend Part.adj. 'herausfordernd, beleidigend' (18. Jh.), aus älterem 'einen militärischen Ausbruch, Angriff unternehmend' (16. Jh.); gleichbed. jüngeres ausfällig Adj. 'beschimpfend, beleidigend' (19. Jh.), zuvor (bei Zahlungen) 'seinen Verpflichtungen nicht nachkommend' (16. Jh.); ausgefallen Part.adj. 'nicht alltäglich' (um 1900). einfallen Vb. 'zusammenstürzen, eindringen, in den Sinn kommen', ahd. *infallan* 'aus etw. auf etw. fallen, Eingang finden' (Hs. 12. Jh.), mhd. *īnvallen* 'Eingang finden, eindringen, als Besitz zufallen, in den Sinn kommen, beginnen'; Einfall m. 'das Einbrechen, feindliches Eindringen, plötzlicher Gedanke', mhd. *īn-, inval* 'das Einfallen, Einbruch, Eingriff in jmds. Recht, Zwischenfall, zufälliger Gedanke, Einrede'. Fall m. 'Sturz, Untergang, Ereignis, (Rechts)angelegenheit', auch (seit 17. Jh.) 'grammatischer Kasus' (s. *Kasus*), ahd. *fal* '(Ein)sturz, Ärgernis, Kränkung' (8. Jh.), mhd. *val* (Gen. *valles*) 'das Fallen der Würfel, des Wassers, der Töne, Sturz, Niederlage, Straffall, Abgabe bei Todesfall an den Lehnsherrn' (germ. **falla-*). Die Verwendungsweisen sind beeinflußt vom Bild der gefallenen Würfel, von lat. *cāsus* 'das Fallen, Sturz, Vorfall, Zufall, Gelegenheit, Unfall, grammatischer Kasus', das bereits in ahd. Zeit durch *fal* übersetzt wird, und von frz. *cas* 'Fall', vgl. Wendungen wie *setzen wir den Fall* (frz. *posons le cas*), *auf alle Fälle* (frz. *en tout cas*), *das ist ganz mein Fall* (frz. *c'est là mon cas*). Fallbeil n. 'Hinrichtungsmaschine' (17. Jh.), seit dem 19. Jh. neben *Guillotine*. Fallreep n. 'Treppe (Strickleiter), die an der Schiffswand heruntergelassen wird' (18. Jh.), aus nd. *Valreep*, vgl. nd. *Reep* 'Tau, Seil, mit dessen Hilfe man sich vom Schiffsbord schwingend ins Boot fallen läßt', s. [1]*Reif*. Gefälle n. 'Höhenunterschied, Bodenneigung', ahd. *gifelli* 'Einsturz, Unfall, Verfall' (um 1000), mhd. *gevelle* 'Sturz, Ein-, Absturz, abschüssiges tiefes Tal, guter Würfelfall, Glück, Schicksal, das Gefallen', kollektive *ja*-Ableitung zu ahd. *fal*. Falle f. 'Tierfanggerät, Hinterhalt', ahd. *falla* 'Falle, Fallstrick' (8. Jh.), mhd. *valle* 'Falle, Türklinke'.

fällen Vb. 'zu Fall bringen, umschlagen', ahd. *fellen* 'zu Fall bringen, niederwerfen' (9. Jh.), mhd. *vellen* 'fallen lassen, zu Fall bringen, niederwerfen, töten', asächs. *fellian*, mnd. mnl. nl. *vellen*, aengl. (westsächs.) *fyllan*, (angl.) *fellan*, engl. *to fell*, anord. *fella*, schwed. *fälla* gehen zurück auf ein germ. *jan*-Verb, Kausativum zu dem unter *fallen* (s. d.) behandelten starken Verb. *fällen* bedeutet also 'machen, bewirken, daß etw. fällt'. In der Rechtssprache *ein Urteil fällen* 'ein Urteil treffen' (1400).

falls Konj. 'wenn, im Falle, daß', erstarrter Genitiv von *Fall* (s. d.) in der Bedeutung 'Möglichkeit, Gelegenheit', der im 17. Jh. ganz in konjunktionalen Gebrauch übergeht. Vgl. dazu das heute unübliche *desfalls* und die Adverbialkomposita *allen-, andern-, günstigen-, jedenfalls* (alle 17. Jh.).

falsch Adj. 'unrichtig, fehlerhaft, unecht, hinterlistig'. Das im Westmd. des 12. Jhs. geläufige mhd. *vals* 'treulos, unredlich, unwahrhaft, unecht, irrig, trügerisch' geht zurück auf gleichbed. afrz. *faus*, älter *fals* (frz. *faux*), das aus lat. *falsus* 'erdichtet, unecht, falsch, trügerisch', dem Part.adj. zu lat. *fallere* 'betrügen, täuschen, irreführen', entstanden ist. Im Mnl. wird ebenfalls aus dem Afrz. entlehntes mnl. *vals* nach dem Muster anderer Adjektive auf germ. *-ska-* (mnl. *-sc*, bereits gesprochen wie *-s*) zu mnl. *valsc* umgebildet; es gelangt durch Heinrich von Veldeke und seine Dichtungen nach Osten und ergibt mhd. *valsch*. Diese Entwicklung wird zweifellos begünstigt durch das frühere Vorhandensein des wahrscheinlich unmittelbar an das Lat. anzuschließenden Verbs mhd. *velschen*, ahd. *(gi)felsken, (gi)falscōn* (s. unten). Substantivierung ist mhd. *vals(ch)*, frühnhd. *Falsch* 'Unredlichkeit, Betrug', heute noch in (durch Luthers Bibelübersetzung bewahrtem) *ohne Falsch*, mhd. *āne vals(ch)*. – F a l s c h h e i t f. 'Treulosigkeit, Unredlichkeit, Hinterlistigkeit', mhd. *valschheit*. f ä l s c h l i c h Adj. 'irrtümlich, mit betrügerischer Absicht', mhd. *valschlich* 'treulos, unredlich, betrügerisch'. F a l s c h m ü n z e r m. 'Hersteller von falschem Geld', neben *falscher Münzer* (16. Jh.). F a l s c h s p i e l e r m. 'wer beim Spiel betrügt' (17. Jh.). f ä l s c h e n Vb. 'betrügen, bewußt Unechtes für echt ausgeben', ahd. *(gi)falscōn* (9. Jh.), *(gi)felsken* (10./11. Jh.) 'für falsch erklären, widerlegen', mhd. *velschen* '(ver)fälschen, treulos machen, irreführen, verleumden', wohl entlehnt aus vlat. **fals(i)cāre*, Verkürzung von spätlat. *falsificāre*, zu lat. *falsus* (s. oben) und *facere* 'machen, tun' gebildet. F ä l s c h e r m. 'Betrüger', mhd. *valschære, velschære* 'Treuloser, Verleumder, Betrüger, Falschmünzer, Ketzer'. F ä l s c h u n g f. 'betrügerische Nachahmung' (16. Jh.).

Falsett n. 'durch Brustresonanz künstlich verstärkte Kopfstimme' wird in der 1. Hälfte des 17. Jhs. von gleichbed. ital. *falsetto* übernommen. Die Ableitung vom Adjektiv ital. *falso* (aus lat. *falsus*, s. *falsch*) ist demnach eigentl. als 'falsche', d.h. von der normalen Stimmlage abweichende Singstimme zu verstehen. Älter als der seit dem 16. Jh. nachweisbare ital. Ausdruck und wohl dessen Vorbild sind entsprechendes afrz. *fausset* (zu afrz. *faus, fals*) und mlat. *falsetum, fausetum*; auf diese Formen geht wahrscheinlich die vereinzelt im Obd. bezeugte Frühentlehnung mhd. *falsete* 'höhere erzwungene Stimmlage, Fistelstimme' zurück.

falten Vb. 'zusammenlegen'. In ahd. *faldan* 'krümmen, zusammenlegen' (um 800), mhd. *valten, valden* 'falten, verschränken, sich umbiegen', mnd. *vōlden, valden*, mnl. *vouden, vouwen*, nl. *vouwen*, aengl. *faldan, fealdan*, engl. *to fold*, anord. *falda* 'den Kopf bedekken', eigentl. 'ein Kopftuch umbinden, falten', got. *falþan* liegt ein ursprünglich starkes (reduplizierendes) Verb vor, dessen Formen allmählich mit denen des gleichbed. schwachen Verbums ahd. *faldōn, faltōn* (9. Jh.), mhd. *valten, valden*, anord. *falda* 'falten', schwed. *fålla* 'säumen' zusammenfallen, so daß nhd. *falten* einheitliche schwache Stammformen bildet. Doch hält sich ein starkes Part. Prät. *gefalten* bis ins 18. Jh. Wie aind. *puṭaḥ* (aus **pḷt-*?) 'Falte, Tasche, Ritze, Öffnung', mir. *alt* 'Gelenk, Glied, Abschnitt' sind die germ. Formen als *to*-Ableitungen von der Wurzel ie. **pel-* 'falten', wohl auch 'bedekken, verhüllen' (s. *befehlen* und *Fell*) anzusehen (s. auch unten *Falte*). – f ä l t e l n Vb. 'in viele kleine Falten legen', Iterativbildung (15. Jh.) zu *falten*. F a l t s t u h l m. 'zusammenklappbarer Stuhl', ahd. *fald(i)-, falt(i)-stuol* 'zusammenlegbarer Sitz, Sessel' (10./11. Jh.), mhd. *valtstuol*, asächs. *faldistōl*, aengl. *fældestōl, fyld(e)stōl*, engl. *faldstool*. Aus dem Germ. entlehnt sind mlat. *faldistolium* und afrz. *faldestoel, faudestuel*, mfrz. *faudeteul*, mfrz. frz. *fauteuil*. Mit der Bedeutung 'Lehnsessel' wird *Fauteuil* im 18. Jh. wieder ins Dt. übernommen. F a l t e f. 'Knick, Bruch, Runzel'. Wohl als Ableitungen vom Verb stehen ahd. *fald* m. 'Falte' (11. Jh.), mhd. *valt* m. 'Falte, Faltenwurf', anord. *faldr* 'Falte, Knoten', dän. *fold* und mhd. *valte, valde* f. 'Falte, Lage eines Buches, Ecke, Winkel', mnd. *vōlde* f., mnl. *voude* f., nl. *vouw* 'Falte'. Im Nhd. setzt sich allein die fem. Form *Falte* durch. - f a l t wird in allen germ. Sprachen schon in alter Zeit als zweites Kompositionsglied mit Zahlwörtern verbunden, vgl. ahd. *einfalt* 'einfach' (8. Jh.), mhd. *einvalt*, asächs. *ēnfald*, mnd. *ēnvōlt*, aengl. *ānfeald* (engl. erhalten in *twofold* 'zweifach'), anord. *einfaldr*, got. *ainfalþs*. Wurzelverwandte Bildungen (ie. **plo-*) liegen vor in griech. *diplóos* (διπλόος) und lat. *duplex* 'zweifach, doppelt'. Bereits früh erfolgt Suffixerweiterung zu ahd. *-faltīg* (*einfaltīg*, 11. Jh.), mhd. *-valtec, -veltic* (*einvaltec, einveltic*), nhd. *-fältig* (*einfältig*). S. *Einfalt.* f a l t i g Adj. 'mit Falten, Knicken, Runzeln versehen' (16. Jh.).

Falter m. 'Schmetterling'. Ahd. *fīfalt(a)ra* f. (9. Jh.), *fīfaltar* m. (Hs. 12. Jh.), mhd. *vīvalter* m., asächs. *fīfoldara,* mnl. *vīveltere* (weitergebildet zu nl. *vijfwouter*), aengl. *fīfalde*, anord. *fīfrildi* sind wie lat. *pāpilio* 'Schmetterling' reduplizierende Bildungen zur Wurzel ie. **pel(ə)-* 'gießen, fließen, füllen, schwimmen, fliegen, flattern' (wozu auch *flattern, Fledermaus, voll*, s.d.) und bedeuten 'Flatterndes'; weitere außergerm. Verwandte sind lit. *petelìškė* 'Falter' und die baltoslaw. Bezeichnungen für 'Wachtel' lit. *píepala(s),* russ. *pérepel* (*перепел*). Die reduplizierende Wortform hat zu vielen mundartlichen und volksetymologischen Nebenformen und Umdeutungen geführt, vgl. *Feifalter, Pfeiffalter, Zwie-* oder *Zweifalter*; die vereinfachte Form *Falter* setzt sich erst gegen Ende des 18. Jhs. durch. – N a c h t f a l t e r m., T a g f a l t e r m. (beide 18. Jh.).

falzen Vb. 'mit einem Kniff, Bruch versehen, zusammenfalten', ahd. *untarfalzen* 'getriebene Goldschmiedearbeit herstellen' (9. Jh.), mhd. *velzen* 'an-, ineinander-, zusammenlegen' ist eine intensivierende Suffixbildung zu dem unter *falten* (s. d.) behandelten Verb. – F a l z m. 'Faltlinie, Kniff, Bruch', mhd. *valz* 'Fuge', nominale Ableitung von *falzen.*

Fama f. 'Gerede, Gerücht, Ruf, Leumund', Übernahme von lat. *fāma* 'Sage, Gerede, Gerücht, Kunde, öffentliche Meinung, (guter oder schlechter) Ruf' (s. auch *diffamieren, famos, infam*). In dt. Texten erscheint *Fama* seit dem 17. Jh., zuerst personifiziert (wie auch schon bei den Römern), vgl. *tausendzüngige Fama, auf den Flügeln der Fama* (18. Jh.). Älter ist die in der Rechtssprache bezeugte Form *Fame* 'Gerücht, Kunde' (15. Jh.).

Familie f. 'Gemeinschaft von Eltern und Kindern, Verwandtschaft'. Die zu lat. *famulus* 'Diener' (s. *Famulus*) gebildete Ableitung lat. *familia* bedeutet ursprünglich 'Gesinde, Sklavenschaft', dann auch 'die ganze Hausgenossenschaft' (Freie und Sklaven). Die Bezeichnung wird zu Anfang des 15. Jhs. ins Dt. entlehnt und setzt sich im 16. Jh. allmählich durch (noch nicht bei Luther). Ältere Bezeichnungen sind ahd. *hīwiski*, mhd. *hīwisch(e)* n. 'Geschlecht, Familie, Hausgesinde, Haus, Haushaltung' (s. *Heirat*); *Haus* (Luther: *ich vnd mein Haus* 'Familie' *wöllen dem Herrn dienen*) oder die Formel *Weib und Kind* (16. Jh.). – f a m i l i ä r Adj. 'die Familie betreffend, vertraut, zwanglos', im 16. Jh. in der Form *familiar*, von lat. *familiāris* 'zum Haus gehörig', entlehnt. Später (18. Jh.) entwickelt sich unter Einfluß von frz. *familier* die heute gültige Form *familiär* (vgl. im 18. Jh. *familier, familiair, familiär*).

famos Adj. 'ausgezeichnet, großartig', im 16. Jh. aus lat. *fāmōsus* 'viel (gut oder schlecht) besprochen, berüchtigt', Ableitung von lat. *fāma* 'Gerede, öffentliche Meinung, Leumund' (s. *Fama, infam*), entlehnt und anfangs in der Fügung *famoß libell, famos bůchel* 'Schmähschrift', in der Rechtssprache mit der Bedeutung 'berüchtigt' bezeugt. Unter dem Einfluß von frz. *fameux* 'angesehen, berühmt' verbreitet sich im Dt. in der 2. Hälfte des 18. Jhs. die Schreibung *famös* sowie die positive Bedeutung 'wohl beleumdet, berühmt'. Auch in der Studentensprache wird (seit etwa 1830) unter Rückgriff auf das Lat. ('wohl besprochen, berühmt') *famos* im Sinne von 'ausgezeichnet, großartig' (von Personen und Sachen) üblich.

Famulus m. 'Medizinstudent während des Praktikums'. Im 16. Jh. wird lat. *famulus* (alat. *famul*) 'Diener' (verwandt mit *Familie*, s. d.) ins Dt. übernommen und bezeichnet zuerst den 'Gehilfen eines Universitätsprofessors', wird aber später weithin auf den medizinischen Bereich eingeschränkt. – f a m u l i e r e n Vb. 'als Famulus arbeiten' (17. Jh.), von lat. *famulārī* 'dienen'.

Fan m. 'jugendlicher begeisterter Anhänger', Übernahme (Mitte 20. Jh.) von gleichbed. amerik.-engl. *fan*, Kürzung von engl. *fanatic* 'Fanatiker, Schwärmer' (aus frz. *fanatique* bzw. lat. *fānāticus*, s. *fanatisch*); vereinzelt bereits engl. *phan, fann* im späten 17. Jh.

Fanal n. 'Feuerzeichen, Warnungszeichen, weithin sichtbares Signal'. Gegen Ende des 18. Jhs. wird frz. *fanal* 'Schiffslaterne, Leuchtfeuer' ins Dt. übernommen, das über gleichbed. ital. *fanale* wohl auf spätgriech. *phanárion* (*φανάριον*), Deminutivum zu griech. *phānós* (*φανός*) 'Leuchte, Licht, Fackel', zurückgeht.

fanatisch Adj. 'unduldsam, sich überschwenglich einsetzend, eifernd', im 16. Jh. entlehnt aus lat. *fānāticus* 'von der Gottheit ergriffen, rasend', eigentl. 'zum Kult, zum Heiligtum gehörig' (zu lat. *fānum* 'heiliger, der Gottheit geweihter Ort'). *fanatisch* steht anfangs für 'religiös schwärmerisch', d.h. (weil von der Orthodoxie abweichend) oft 'ketzerisch', dann (seit dem 18. Jh.) allgemeiner 'sich religiös ereifernd, unduldsam' (im Interesse der orthodoxen Lehre); im 18./19. Jh. setzt sich unter dem Einfluß von frz. *fanatique* die heute vorherrschende, von der Religion losgelöste Bedeutung (s. oben) durch, die sich im frz. politischen Sprachgebrauch des 18. Jhs. entwickelt. – F a n a t i k e r m. 'Eiferer, unduldsamer Vertreter einer Idee' (17. Jh.); zunächst in lat. Flexion (Plur. *Fanatici*), dem Gebrauch des Adjektivs entsprechend für 'Schwärmer, Ketzer'; seit dem 18. Jh. in allgemeinerem Sinne. F a n a t i s m u s m. (18. Jh.), frz. *fanatisme*.

Fanfare f. 'kurzes Musikstück für Blechblasinstrumente, Trompetenstoß als Angriffs- oder Jagdsignal', jetzt auch 'ventillose Trompete'. Im 18. Jh. wird frz. *fanfare* 'Trompetensignal, Musik für Blechblasinstrumente, Militärmusik' (ferner vom 19. Jh. an 'Bläserkorps') ins Dt. entlehnt, wo es seit den 30er Jahren des 20. Jhs. außerdem die als Signalinstrument verwendete gerade Trompete ohne Ventile (zuvor *Fanfarentrompete*) bezeichnen kann. In dem frz. Substantiv ist (ebenso wie in wohl hiervon unabhängig entstandenem span. *fanfarrón* 'Prahler' und aus diesem übernommenem gleichbed. frz. *fanfaron*) eine lautmalende Bildung zu sehen, die einen onomatopoetischen Stamm roman. **fanfa-* voraussetzt.

fangen Vb. '(er)greifen, zu fassen bekommen, der Freiheit berauben'. Das ursprünglich reduplizierende Verb mit grammatischem Wechsel ahd. *fāhan* (8. Jh.), mhd. *vāhen, vān*, nach Nasalausfall vor *h* und daraus folgender Dehnung des Vokals hervorgegangen aus germ. **fanhan*, hat in Infinitiv und Präsens seit dem 16. Jh. eine allmähliche Angleichung des Konsonantismus an die Präteritalformen erfahren; in poetischer Sprache ist *fahen* jedoch noch bis ins 19. Jh. bezeugt. Das Verb und seine germ. Entsprechungen asächs. *fāhan*, mnd. *vān, vangen*, mnl. *vanghen*, nl. *vangen*, anord. *fā*, schwed. *få*, aengl. *fōn*, got. *fāhan* führen mit den außergerm. Verwandten lat. *pangere* 'befestigen, einschlagen', *pacīscī* 'ein Übereinkommen treffen, einen Vertrag schließen' (s. *Pakt*), griech. *pássalos* (*πάσσαλος*) 'Pflock, Nagel, Haken', *págē* (*πάγη*) 'alles, was festhält, Schlinge, Falle', aind. *pā́śaḥ* 'Schlinge, Band, Kette' auf eine Wurzel ie. **pā̆k̂-*, **pā̆ĝ-* 'festmachen' (wozu auch *Fach, fügen*, s. d.). – F a n g m. 'das Gefangene, Beute', jägersprachlich 'Kralle, Schnabel' (eines Raubvogels), 'Reißzahn, Rachen' (bei verschiedenen anderen Tieren), 'Todesstoß' (für krankes Wild); ahd. *-fang* (nur als Kompositionsglied, z.B. in *anafang*, s. *Anfang*), mhd. *vanc*. R a u c h f a n g m. 'Rauchabzug, Schornstein' (15. Jh.). W i l d f a n g m. 'ungestümer, unbändiger Mensch', meist 'lebhaftes, temperamentvolles Kind' (17. Jh.), älter 'Wildbahn, Jagd(recht)' (15. Jh.), 'Wild' (16. Jh.), auch 'Flüchtling, Landstreicher' (15. Jh.). W i n d f a n g m. 'Windschutzvorrichtung, dem Wind ausgesetzte Seite', ahd. *wintfang* (9. Jh.), mhd. *wintvanc*. F a n g s c h u ß m. 'tödlicher Schuß, Gnadenschuß für verwundetes, krankes Wild' (19. Jh.). F a n g s t o ß m. 'Gnadenstoß mit einer Stichwaffe' (19. Jh.), z.B. mit dem *Hirschfänger* 'Seitengewehr des Jägers'. F ä n g e r m. 'wer etw. fängt, auffängt' (17. Jh.); vgl. ahd. *-fangāri* als Kompositionsglied z.B. in *intfangāri* (s. *Empfänger*). G e f a n g e n s c h a f t f. 'Freiheitsverlust, Unfreiheit', mhd. *gevangenschaft*; vgl. ahd. *gifengida* 'Gefangenschaft' (9. Jh.). G e f ä n g n i s n. 'Strafvollzugsanstalt, Gewahrsam, Ort, Zustand der Unfreiheit', mhd. *(ge)vancnisse, (ge)vencnisse*. v e r f a n g e n Vb. 'wirksam sein, nützen', ahd. *firfāhan* 'ergreifen, umfassen, nützen' (9. Jh.), mhd. *vervāhen, vervān* 'fassen, fangen, gewinnen, wahrnehmen, geistig auffassen, (hart) beurteilen, ausrichten, fördern, nützen', häufig refl. *sich verfangen* 'sich verstricken, in Komplikationen geraten' (bereits mhd.); daher v e r f ä n g l i c h Adj. 'heikel, riskant', anders mhd. *vervanclich, vervenclich* 'nützlich, wirksam'.

Farbe f. 'Oberflächentönung, optischer Eindruck, Mittel zur Kolorierung', ahd. *far(a)wa* (8. Jh.), mhd. *varwe, var*, mnd. *varwe*, mnl. *var(u)we, vaerwe, verwe*, nl. *verf* ist eine Substantivierung der femininen Form des Adjektivs ahd. *faro* (um 1000), mhd. *var(e)* (flektiert ahd. *far(a)wēr*, mhd. *varwer*) 'gefärbt, farbig', das meist mit einer Farbangabe verbunden ist, z. B. ahd. *blāfaro, brūnfaro*, mhd. *-var*, nhd. *-farb*, dann durch *-farben* abgelöst. Das Adjektiv ist mit ie. *u̯o*-Suffix gebildet zu ie. **peri̯k-* 'gesprenkelt, bunt', das wie die Variante ie. **prek̂-* besonders in Bezeichnungen für gesprenkelte, buntgetupfte Tiere auftritt, vgl. griech. *pérkos* (περκος) 'Sperber', *próx* (πρόξ) '(geflecktes) reh- oder hirschartiges Tier' sowie die unter *Forelle* (s. d.) behandelten Formen. Anders MUST in: IF 86 (1981) 255ff., der im Hinblick auf neuerlich aufgefundenes got. *farw-* 'Aussehen, Gestalt' eine Entlehnung des Substantivs aus arab. *farw, farwa* 'Pelz, (farbenprächtiges) Pelzwerk' annimmt. – f ä r b e n Vb. 'kolorieren, anmalen, Farbe verleihen', ahd. *far(a)wen* (9. Jh.), mhd. *verwen*. f a r b i g Adj. 'bunt, koloriert' (16. Jh.), zunächst auch *färbig, farbicht*. Seit dem 19. Jh. für nichtweiße Hautfarbe (vgl. engl. *coloured*); in dieser Verwendung substantiviert F a r b i g e r m. (19. Jh.). F ä r b e r m. 'wer das Gewerbe des Textilfärbens ausübt', mhd. *verwære*; vgl. (mit anderer Bildungsweise) ahd. *far(a)wo* (9./10. Jh.). S c h ö n f ä r b e r m. 'Gewerbetreibender, der Textilien mit hellen Farben färbt' (17. Jh.; Gegensatz *Schwarzfärber*); heute nur noch bildlich 'wer die Dinge in ein günstiges Licht zu rücken versteht, einen Sachverhalt beschönigt' (20. Jh.). S c h ö n f ä r b e r e i f. 'Werkstatt des Schönfärbens' (18. Jh.), 'beschönigende Darstellungsweise' (20. Jh.). s c h ö n f ä r b e n Vb. 'Stoffe mit hellen Farben färben' (18. Jh.), übertragen 'bemänteln, entschuldigen' (19. Jh.), eigentl. 'schöner machen, als es ist'.

Farce f. 'Posse, Satire; gewürztes Hackfleisch als Geflügel- und Pastetenfüllung'. Das aus dem Frz. direkt übernommene Wort geht in beiden scheinbar unvereinbaren Bedeutungen auf ein substantiviertes Part. Perf. zu lat. *farcīre*, frz. *farcir* 'vollstopfen' zurück; damit ist die küchensprachliche Bedeutung hinlänglich erklärt. *Farce* als Literaturgattung, bezeugt seit dem 15. Jh., ist eine derbkomische Einlage im frz. Mirakelspiel und hier wohl als 'Einschiebsel, Füllung' zu erklären; später bezeichnet es auch eine selbständige Posse. In letzterer Bedeutung dringt es im 18. Jh. ins Dt. (vereinzelt bereits um 1600), erfährt seit dem 19. Jh. eine neuerliche Bedeutungserweiterung und bezeichnet allgemein eine lächerliche, unseriöse Angelegenheit oder Machenschaft.

Farm f. 'Landgut, bäuerlicher Großbetrieb'. Amerik.-engl. *farm* wird im 18. Jh. in dt. Reiseberichte und Auswandererliteratur aufgenommen, gilt zunächst nur für Landbesitz in Amerika, Australien, dann (19. Jh.) überhaupt in Übersee. Engl. *farm*, entlehnt aus afrz. (frz.) *ferme*, ursprünglich 'Pacht, Pachtvertrag', einer Ableitung vom Verb afrz. mfrz. *fermer* in dessen juristischer Verwendung 'festsetzen' (aus lat. *firmāre* 'festmachen, befestigen, sichern'), bezeichnet wie der frz. Ausdruck zunächst die 'feste jährliche Pachtzahlung', dann das 'Pachtgut', schließlich 'Landgut' (ohne Rücksicht auf die Eigentumsverhältnisse) und im Amerik.-Engl. den 'landwirtschaftlichen Großbetrieb'. Im gegenwärtigen Dt. ist das Wort mit eindeutigem Bezug auf einheimische Verhältnisse vor allem in Zusammensetzungen wie *Geflügelfarm, Pelztierfarm* gebräuchlich. – F a r m e r m. 'Grundbesitzer in Übersee' (19. Jh.).

Farn m. blütenlose Pflanze mit federähnlich geformten Blattwedeln, ahd. *farn, farm* (9. Jh.), mhd. *varn, varm*, asächs. *farn*, mnd. *vārn(e)*, mnl. *vāren*, nl. *varen*, aengl. *fearn*, engl. *fern* weisen das gleiche Nasalsuffix auf wie aind. *parṇám* 'Flügel, Feder, Blatt' und (mit abweichendem Anlaut) lit. *spar̃nas* 'Flügel, Fittich', lassen also einen Ansatz ie. **porno-* 'Feder' zu und führen mit aslaw. *pero* 'Schreibfeder, Federkiel', russ. *peró (перо)* 'Feder' auf die Wurzel ie. **per(ə)-* 'hinüberführen, -kommen, fliegen' (s. *fahren*). Die Benennung der Pflanze knüpft an die charakteristische federähnliche Blattform an. – F a r n k r a u t n. (15. Jh.).

Farre m. 'unverschnittenes männliches Rind, Bulle'. Stark flektierendes ahd. *far* (8. Jh.), mhd. *var, phar*, mnd. mnl. *var*, aengl. *fearr* (germ. **farza-*) steht neben schwach flektierendem ahd. *farro* (Hs. 12. Jh.), mhd. *varre, pharre*, mnd. mnl. *varre*, nl. *var*, anord. *farri* (germ. **farzōn*)und neben dehnstufigem aengl. *fōr* 'Schwein'. Zu einer Wurzelerweiterung ie. **perə-* 'sprühen, spritzen (s. *prusten*)? Oder man vergleicht aind. *pṛthukaḥ* 'Junge, Kind, Tierjunges', griech. (poetisch) *póris* (πόρις), *pórtis* (πόρτις), *pórtax* (πόρταξ) 'Kalb', lat. *parere* 'hervorbringen, erzeugen, gebären', lit. *peréti* '(aus)brüten, auf den Eiern sitzen' und vielleicht auch kslaw. *isprъtъkъ*, russ. *výporotok* (*выпоротoк*) 'durch Leibschnitt zur Welt gekommenes Kind, Junges', so daß von einer Wurzel ie. **per-* 'gebären, hervorbringen' ausgegangen werden kann. Heute begegnet das Wort nur noch landschaftlich oder (selten) in dichterischer Sprache. Dazu mit grammatischem Wechsel von *r* und *s* F ä r s e f. 'junges weibliches Rind (vor dem ersten Kalben)', frühnhd. mnd. *verse*, mnl. *vaerse, veerse, verse*, nl. *vaars*.

Fasan m. Der Name für die zahlreichen Arten dieses meist schön gefiederten Hühnervogels ist nach der Herkunftsgegend, dem Grenzfluß *Phasis* zwischen Kleinasien und Kolchis, gebildet. Die Griechen nennen den Vogel *phāsiānós* (*φασιανός*) und die Römer entsprechend lat. *phāsiānus* 'der (Vogel) vom Fluß Phasis'. Durch Vermittlung von afrz. *faisan(t)* (vgl. frz. *faisan*) begegnet mhd. *fasān, fasant*. Eine frühere direkte Entlehnung aus lat. *phāsiānus* wird für ahd. **fasiān* vorausgesetzt, das in der belegten Form ahd. *fesihuon* allerdings schon eine volksetymologische Umdeutung der letzten Silbe an *Huhn* (ahd. *huon*) aufweist, wie sie ähnlich (angelehnt an die Formen von *Hahn* bzw. den Plur. *Hühner*) in mhd. *vashan* und noch in nhd. *Fashan*, Plur. *Fashiener* (16./17. Jh.) vorliegt. – F a s a n e r i e f. 'Fasanengehege, Fasanenhaus' (18. Jh.), nach dem Vorbild von frz. *faisanderie*; älter *Fasanengarten* (17. Jh.).

Faschine f. 'Reisigbündel' (verwendet bei der Befestigung von Ufern, Wegen, Schanzen), entlehnt (17. Jh.) aus gleichbed. ital. *fascina* (vgl. *Faschine* 1678) bzw. aus (selbst unter ital. Einfluß stehendem) frz. *fascine* (vgl. *Fasine* 1653), denen lat. *fascīna* 'Rutenbündel' (zu lat. *fascis* 'Bündel'; s. *Faschismus*) vorausgeht.

Fasching m. 'Zeit vor den 40tägigen vorösterlichen Fasten, ausgelassene Feier in diesem Zeitraum, Karneval'. Mhd. *vaschanc, vaschang* wird teils aus **vastganc* 'schwärmerisches Treiben zu Fastnacht', teils aus **vastschanc* 'Fastschank', d.h. 'Ausschank des Fastentrunkes' (vor Beginn der Fastenzeit) gedeutet (zum Ausfall des *t* s. *Fastnacht*). In Analogie zu anderen Bildungen mit der Endung *-ing* setzt sich etwa im 17. Jh. *Fasching* durch. Das ursprünglich bair.-öst. Wort dehnt seinen Geltungsbereich auch auf andere Gebiete aus.

Faschismus m. reaktionäre politische Richtung und Herrschaftsform, die zuerst in Italien auftritt. Die im Ital. *fascismo* genannte Bewegung, abgeleitet von ital. *fascio* 'Bund, Bündel', wird von Mussolini ins Leben gerufen, der 1919 einen *fascio di combattimento* 'Kampfbund' gründet. Ital. *fascio* geht auf lat. *fascis* 'Bündel' zurück, dessen Plural *fascēs* ein altrömisches, wohl von den Etruskern übernommenes Symbol der Gewalt über Leben und Tod bezeichnet, versinnbildlicht durch ein Rutenbündel, aus dem ein Beil herausragt. Dieses den römischen Herrschern, Konsuln und Prätoren, bei öffentlichen Auftritten vorangetragene Zeichen wird von der faschistischen Bewegung in Italien wieder aufgenommen. Ital. *fascismo* wird mit latinisierter Endung Anfang der 20er Jahre ins Dt. übernommen, bleibt hier aber nicht auf die Bezeichnung des ital. Herrschaftssystems beschränkt. Alle Erscheinungsformen, bes. die sich selbst demagogisch als *Nationalsozialismus* deklarierende deutsche und barbarischste Form einer Diktatur, werden von ihren Gegnern *Faschismus* genannt. – f a s c h i s t i s c h Adj. 'dem Faschismus zugehörig'; F a s c h i s t m. 'Anhänger einer faschistischen Bewegung', dazu die Antonyme a n t i f a s c h i s t i s c h, A n t i f a s c h i s t.

faseln Vb. 'wirr daherreden, nichtssagend schwatzen'. Die Herkunft des seit Anfang des 17. Jhs. nur im Dt. bezeugten Verbs ist nicht geklärt. Möglich ist Zusammenhang mit anord. *argafas* 'dummer Streich', schwed. norw. *fjas* 'Unsinn, Geschwätz'; vgl. auch mnl. *vesen, veselen*, nl. *vazelen* 'flüstern' sowie (vereinzelt) mnd. *vāse* 'Torheit, Unsinn'. Die Annahme, *faseln* sei eine Weiterbildung zu einem Verb *fasen* in ähnlicher Bedeutung, läßt sich nicht erhärten, da dafür keine Belege vor Stieler 1691 nachgewiesen sind. Ein vermuteter Anschluß an ahd. *fasōn* 'suchen' bleibt ganz unsicher. – F a s e l e i f. 'Geschwätz, unsinniges Gerede' (18. Jh.). F a s e l h a n s m. 'Schwätzer' (18. Jh.).

Faser f. 'fadenförmiger Bestandteil organischer und anorganischer Körper, (chemisches) Grundmaterial für Spinnereien', ahd. *faso* m. (11. Jh.), *fasa* f. 'Faden, Franse, Saum', mhd. *vase*, mnd. *vēse(n)*, mnl. *vese, veese*, aengl. *fæs, fas*, anord. *fǫsull* 'Band', russ. *pásmo* (*пасмо*) 'Garnsträhne', lett. *puōsms* 'Abschnitt zwischen zwei Endpunkten' werden zurückgeführt auf eine Wurzel ie. **pĕs-* 'blasen, wehen', entsprechend der Vorstellung eines im Luftzug sich bewegenden Fadens. Spätmhd. *vaser*, nhd. *Faser* setzt sich gegenüber älterem *Fase* erst im 17./18. Jh. durch. – f a s e r n Vb. 'Fasern absondern, ausfransen' (16. Jh.). z e r f a s e r n Vb. 'in Fasern zerlegen, in Fasern auflösen, zergliedern', zunächst auch *zerfäsern* (16. Jh.). f a s e r i g Adj. 'mit Fasern durchsetzt, bedeckt, ausgefranst', auch *fäserig, fasericht, fäsericht* (17. Jh.). f a s e r n a c k t Adj. 'völlig nackt, bis auf die letzte Faser entblößt' (17. Jh.), auch *fadennackt* (16. bis 18. Jh.) und *splitternackt* (s. d.). s p l i t t e r f a s e r n a c k t Adj. verstärkende Mischbildung aus *splitternackt* und *fasernackt* (17. Jh.).

Faß n. 'runder Behälter' (aus Holz oder Metall), ahd. *faȝ* (8. Jh.), mhd. *vaȝ* 'Gefäß, Behältnis, Schrein, Gerät', asächs. *fat*, mnd. mnl. nl. *vat*, aengl. *fæt*, engl. *vat*, anord. *fat*, auch 'Decke, Kleid', germ. **fata-* läßt sich vergleichen mit (ablautend) lit. *púodas*, lett. *pods* 'Topf', so daß eine Wurzel ie. **pĕd-, pŏd-* 'fassen, Gefäß' anzusetzen ist, wozu auch [1]*Fessel* und *fassen* (s. d.). – F a ß b i n d e r m. 'Hersteller von Fässern, Böttcher' (landschaftlich), mhd. *vaȝbinder, vaȝbender* (nach dem Anlegen der Metallbänder, durch die das Faß seine Stabilität erhält).

Fassade f. 'Vorderseite, ansehnlichste Seite eines Gebäudes, äußeres (trügerisches) Erscheinungsbild'. Der Bauterminus ital. *facciata* 'Vorderseite', eigentl. 'Gesichtsseite', abgeleitet von ital. *faccia* 'Gesicht', beruhend auf gleichbed. lat. *faciēs*, erscheint bereits im 17. und 18. Jh. gelegentlich in der Originalform oder leicht abgewandelt als *Facciade, Facciate* in dt. Texten. Den eigentlichen Durchbruch erzielt aber erst in der 2. Hälfte des 18. Jhs. die auf dem Ital. fußende Version frz. *façade*. Die dt. Schreibweise setzt sich, begünstigt durch die Aussprache, im Laufe des 19. Jhs. durch.

fassen Vb. '(mit der Hand) ergreifen, in Gewahrsam nehmen, enthalten, eine Fassung, Umrahmung geben, sich innerlich zu eigen machen, begreifen', refl. 'die Selbstbeherrschung (wieder)erlangen', ahd. *faȝȝōn* 'in ein Gefäß füllen, gießen, beladen, bepacken, mit etw. bekleiden' (9./10. Jh.), mhd. *vaȝȝen* 'ergreifen, zusammenpacken, aufladen, überziehen mit etw., rüsten, kleiden, schmücken', mnd. mnl. *vāten, vatten*, nl. *vatten*, anord. *fata* 'lose zusamenfügen' ist wohl zu einem in ahd. *faȝȝa* 'Bündel, Bürde, Gepäck, Last' (um 800), anord. *fata* 'Kanne, Bütte' belegten Substantiv gebildet und gehört daher etymologisch zu *Faß* (s. d.); vgl. Wissmann Nomina postverbalia 1 (1932) 12. Ausgangsbedeutung ist '(in ein Gefäß) füllen, umhüllen, bekleiden', die in den heute vielfältigen Verwendungsweisen sowie in den meisten Ableitungen und Komposita noch erkennbar ist. – f a ß l i c h Adj. (17. Jh.), f a ß b a r Adj. (19. Jh.) 'gut verständlich, einprägsam, konkret'; u n f a ß l i c h Adj. (16. Jh.), u n f a ß b a r Adj. (17. Jh.) 'das geistige Fassungsvermögen übersteigend, absurd'; g e f a ß t Part.adj. 'innerlich gerüstet, beherrscht, gelassen' (16. Jh.). F a s s u n g f. 'Umrahmung, Vorlage, Version, Selbstbeherrschung', ahd. *faȝȝunga* 'Last, Ladung' (Hs. 12. Jh.), mhd. *vaȝȝunge* 'Faß, Bekleidung, Schmuck'; f a s s u n g s l o s Adj. 'bestürzt, außer sich' (19. Jh.). a b f a s s e n Vb. 'in Schriftform bringen, konzipieren' (17. Jh.), 'abfangen, festnehmen' (19. Jh.). b e f a s s e n Vb., mhd. *bevaȝȝen* 'besetzen, befestigen', später (bis zum 17. Jh.) 'mit den Händen begreifen, umfassen, einschließen, erfassen', heute meist refl. *sich mit etw. befassen* 'beschäftigen' (18. Jh.). e r f a s s e n Vb. 'ergreifen, begreifen, registrieren' (17. Jh.). e i n f a s s e n Vb. 'umgeben, umschließen, einfüllen', mhd. *īnvaȝȝen*; E i n f a s s u n g f. 'Einrahmung' (16. Jh.). u m f a s s e n Vb. '(mit den Armen) umfangen, einschließen' (15. Jh.); u m f a s s e n d Adj. 'weitreichend, universal' (18. Jh.). Ferner s. *verfassen*.

Fasson f. 'Machart, Form, Art und Weise', Entlehnung von gleichbed. afrz. frz. *façon* gegen Ende des 15. Jhs., zunächst in Schreibungen wie *facon, facun, fatzon, fazoon*. Seit dem 16. Jh. herrscht *Façon* vor; im Schriftbild dem Dt. angeglichenes *Fasson* setzt sich erst im 19. Jh. durch, obgleich vereinzelt bereits um 1700 bezeugt. Afrz. *façon* beruht auf lat. *factio* (Gen. *factiōnis*) 'das Tun, Handeln', Substantivbildung zum Verb lat. *facere* 'machen, tun'.

fast Adv. 'beinahe, annähernd', ahd. *fasto* 'fest, eng, sicher, voll und ganz', auch 'sehr' (um 800), mhd. *vaste, vast* 'fest, nahe an, stark, sehr, recht', asächs. *fasto* 'fest, unerschüttert, eindringlich, gründlich, sehr', mnd.

vaste, mnl. *vast(e)*, nl. *vast*, aengl. *fæste* 'fest', engl. *fast* 'schnell' ist das umlautlose Adverb zu dem unter *fest* (s. d.) dargestellten Adjektiv. Die heutige Bedeutung entwickelt sich aus der noch im Frühnhd. üblichen verstärkenden Funktion, vgl. *ein vast* ('sehr') *gelehrter man* (16. Jh.), die in Verbindung mit Zahlwörtern (*weil er fast hundertjerig war*, 16. Jh.) und mit einer Negation *(do was doselbst nit vast ein gute schul*, 16. Jh.) in die Bedeutung 'beinahe, annähernd' übergeht, vgl. *fast um zwo uren* 'beinahe, gegen, etwa zwei Uhr' (16. Jh.).

fasten Vb. 'aus religiösen Gründen (später auch aus Gründen der Diät) zeitweilig auf Nahrung bzw. bestimmte Speisen verzichten', ahd. *fastēn* (9. Jh.), mhd. *vasten*, aengl. *fæstan*, engl. *to fast*, mnd. mnl. nl. *vasten*, anord. (aus dem Mnd.?) *fasta,* schwed. *fasta*, got. *fastan* sind abgeleitet von dem unter *fest* (s. d.) behandelten Adjektiv. Das läßt auf eine Entwicklung schließen, die in der ostgot. Kirche beginnt. Die im Got. noch bezeugte allgemeine Bedeutung 'halten, festhalten, beobachten' wird weitgehend auf das Einhalten des Fastengebots eingeschränkt. Im Ahd. ist die Bedeutung 'sich aus religiösen Gründen der Nahrungsaufnahme enthalten' allein herrschend, während das Aengl. und das Mnl. auch Verwendungen aufweisen wie 'festmachen, begründen, bekräftigen, bestätigen', aengl. auch 'anvertrauen'. Bereits früh (9. Jh.) ist die Substantivierung ahd. *fastēn* n. 'Enthaltsamkeit, das Fasten' bezeugt. Ein Substantiv ahd. *fasta* f. (wohl schon seit dem 8. Jh.), mhd. *vaste* 'Enthaltung von Speise und Trank, das Fasten, Fastenzeit' lebt vor allem in den Mundarten und landschaftlich in pluralischem Gebrauch *die Fasten* weiter; häufiger dafür *Fastenzeit* f. (17. Jh.).

Fastnacht f. 'letzter Tag der Faschingszeit, Tag vor Aschermittwoch, Vorabend der vierzigtägigen Fastenzeit vor Ostern', mhd. *vastnaht*, mnd. *vastnacht* 'Nacht, d. h. Vorabend vor den Fasten' (vgl. auch mnd. *vastāvent*, mnl. *vasten-, vastāvont*); zu ahd. asächs. *fasta*, mhd. mnd. *vaste* 'Enthaltung von Speise und Trank, das Fasten, Fastenzeit' (s. *fasten*); vgl. Meisen in: Rhein. Jb. f. Volkskunde 17/18 (1966/67) 7ff. Bereits im 13. Jh., vereinfachter Aussprache folgend, mhd. *vasnaht*, nhd. (landschaftlich) *Fas(e)nacht* (s. dazu auch *Fasching*, mhd. *vaschanc*). Abzuweisen ist die oft vertretene Ansicht, mhd. *vasnaht* als ursprünglich anzusehen und im Hinblick auf die Vorfrühlingszeit, in die Fastnacht fällt, von einem heute ausgestorbenen Verb mhd. *vaselen*, frühnhd. *faseln* 'fruchten, gedeihen' auszugehen, die *t*-Formen also als nachträgliche Angleichungen an *fasten* zu erklären.

faszinieren Vb. 'äußerstes Interesse wekken, große Anziehungskraft ausüben' geht aus von lat. *fascināre* 'behexen' und entspricht in seiner Bedeutung im 18. Jh. zunächst dem Lat. Im 19. Jh. gewinnt es den heutigen verallgemeinerten Sinn und ist besonders in den Partizipialformen *faszinierend* und *fasziniert* geläufig. – Faszination f. 'Behexung' (18. Jh.), 'starke Anziehungskraft, Unwiderstehlichkeit' (19. Jh.), aus lat. *fascinātio* (Gen. *fascinātiōnis*) 'Beschreiung, Behexung'.

fatal Adj. 'unangenehm, peinlich' geht aus von lat. *fātālis* 'verhängnisvoll', das vom Subst. lat. *fātum* 'Götterspruch, Schicksal' abgeleitet ist. Es löst im 17. Jh. (möglicherweise unter Einfluß von frz. *fatal*) das bereits im 16. Jh. bezeugte *fatalisch* im Sinne von 'schicksalsschwer, verhängnisvoll' ab; daneben zeigt *fatal* von Anfang an die oben angegebene und heute allein übliche abgeschwächte Bedeutung. – Fatalität f. 'Schicksalsschlag, Unheil, Mißgeschick' (17. Jh.), aus gleichbed. lat. *fātālitās* (Gen. *fātālitātis*) bzw. frz. *fatalité.* Fatalismus m. 'bedingungsloser blinder Schicksalsglaube' als Merkmal verschiedener religiöser und philosophischer Richtungen (18. Jh.). Fatalist m. 'Vertreter eines blinden Schicksalsglaubens' (18. Jh.). fatalistisch Adj. 'ergeben, schicksalsgläubig' (19. Jh.).

Fata Morgana f. 'durch bestimmte atmosphärische Bedingungen erzeugte Luftspiegelung, Trugbild, Sinnestäuschung, Wunschbild'. Gleichbed. ital. *fata morgana* beruht auf ital. *fata Morgana* 'Fee Morgana', dem Namen einer in arab. Märchen und in der Artusdichtung auftretenden Sagengestalt, die früher auch für die Urheberin der in der Straße von Messina häufig zu beobachtenden atmosphärischen Erscheinung gehalten wird. Ausgangspunkt für ital. *fata* 'Fee' ist spätlat. *Fāta* 'Schicksalsgöttin', eine vereinzelt belegte Nebenform von lat. *fātum* 'Götterspruch, Schicksal, Bestimmung' (s. *Fatum*), dessen Plur. *Fāta* auch Bezeichnung für die Parzen, die Schicksalsgöttinnen, ist (s. auch *Fee*). Dem Namen *Morgana* liegt arab. *marǧān* 'Koralle' zugrunde, das auf griech. *margarī́tēs, márgaron* (*μαργαρίτης, μάργαρον*) 'Perle' zurückgeht. Als Bezeichnung für das atmosphärische Phänomen ist *Fata Morgana* im Dt. zuerst um 1800 bezeugt. Unabhängig davon findet die *Fee Morgana* (vgl. afrz. *la fee Morgue* Nom., *Morgain* Akk. bei Chrétien de Troyes) in der dt. Literatur bereits bei Wolfram (Parzival) als Ländername *Feimurgān, Fāmorgān* und bei Fischart als *Meerfein Morgana* (16. Jh.) Erwähnung.

Fatum n. 'Götterspruch, Schicksal, Bestimmung'. Lat. *fātum* wird seit dem 16. Jh. bedeutungsgetreu in dt. Schriften verwendet. Der Plur. lat. *fāta* wird auch für 'Erlebnisse, Abenteuer' üblich. Für den heute ausschließlich gebrauchten Singular werden die lat. Flexionsformen erst im 19. Jh. aufgegeben. Der Begriff des Fatums steht in Diskrepanz zur Vorstellung der christlichen Vorsehung (s. *fatal*).

Fatzke m. 'Wichtigtuer, eitler, arroganter Mensch'. Der im 19. Jh. im Berliner Raum aufkommende Ausdruck wird vielfach als Ableitung vom Verb frühnhd. *fatzen* 'spotten, zum Narren halten' angesehen, vgl. auch frühnhd. *Fatzer, Fatzmann, Fatznarr* 'Possenreißer, Aufschneider'. Doch diese sind wie auch das Verb im 19. Jh. nicht mehr lebendig. Einer Herleitung von *Fatzke* aus dem poln. Vornamen *Wacek*, und zwar aus dessen Vokativ *Wacku*, ist daher der Vorzug zu geben. *Wacek* ist Koseform von poln. *Wacław*, das tschech. *Václav* (s. *Scharwenzel*) entspricht.

fauchen Vb. 'gereizt schnaufen, knurren, bissig schimpfen'. Das lautmalende Verb mhd. *phūchen* ist gebildet zur Interjektion mhd. *phūch*, die den Angriffs- und Verteidigungslaut der Katze ausdrückt. Es wird bald auf andere ähnlich klingende (Tier)laute ausgedehnt. Von verschiedenen Varianten (*phūchen, phūchzen, pfauchen, pfauchzen* u.a.) setzt sich im Nhd. um 1800 omd. *fauchen* durch. a n f a u c h e n Vb. 'anschnaufen, grob und gereizt anfahren' (19. Jh.).

faul Adj. 'verdorben, verwesend, unredlich, anrüchig, träge', ahd. *fūl* (9. Jh.), mhd. *vūl* 'verwesend, stinkend, modrig, morsch, verdorben, träge', asächs. aengl. *fūl*, engl. *foul*, mnd. *vūl*, mnl. *vuul*, nl. *vuil*, anord. *fūll*, schwed. *ful*, got. *fūls*, germ. **fūla-* ist auf die Wurzel ie. **pŭ-* 'faulen, stinken' (vermutlich Weiterentwicklung einer Interjektion **pu* 'pfui') zurückzuführen, zu der auch aind. *pū́yati* 'wird faul, stinkt', griech. *pýthesthai* (*πύθεσθαι*) 'faulen', lat. *pūs* 'Eiter', *pūtēre* 'nach Fäulnis riechen' gehören. – s t i n k - f a u l Adj. 'außerordentlich träge' (17. Jh.), verstärkend zusammengesetzt mit *stinken* unter Rückgriff auf die alte Bedeutung *faul* 'stinkend'. f a u l i g Adj. 'mit Fäulnis behaftet, verwesend', mhd. *vūllich*. F a u l h e i t f. 'Trägheit', mhd. *vūlheit*, daneben auch *vūlkeit, vūlecheit*, frühnhd. *Faulkeit, Fauligkeit* 'Trägheit, Verwesung'. F ä u l n i s f. 'Zersetzung, Verwesung', ahd. *fūlnussī* (10. Jh.; auch *fūlnissida*, 11. Jh.), mhd. *vūlnis*; dafür bis zum 18. Jh. häufiger *Faulung, Fäulung*, mhd. *vūlunge*. F a u l p e l z m. 'zur Trägheit neigender Mensch, Faulenzer' (19. Jh.), schweiz. bereits seit dem 13. Jh. bezeugt; vgl. *Pelz* 'Schimmelschicht auf Speisen', so daß die Vorstellung 'vor Faulheit Schimmel ansetzen' zugrunde liegen kann; heute überwiegt wohl Assoziation an *Faultier* sowie der Gedanke eines trägen Verharrens im bequemen Pelz. F a u l t i e r n. südamerik. Säugetier von geringer Bewegungsfreudigkeit (17. Jh.), Wiedergabe von span. *perezoso*; dann auch scherzhaft 'arbeitsscheuer Mensch' (19. Jh.). f a u l e n Vb. 'sich zersetzen, verwesen', ahd. *fūlēn* (9. Jh.), mhd. *vūlen*. f a u l e n z e n Vb. 'träge, untätig sein', spätmhd. *vūlezen* 'faulig schmecken, träge sein'. Das Verb ist analog zu einer Gruppe von intensiven und iterativen Verben auf mhd. *-e(z)zen* (got. *-atjan*, ahd. *-a-(z)zen, -e(z)zen*) gebildet; der *n*-Einschub stammt aus dem Omd. Dazu F a u l e n z , F a u l e n z e r m. (16. Jh.).

Faun m. entlatinisierter Name des altrömischen Feld- und Waldgottes *Faunus* und Bezeichnung für seine Nachkommen, die *Faune*, wie sie seit dem 16. Jh. in dt. Dichtung und Malerei vertreten sind. *Faun* und *Faune* werden schon in der Antike mit dem griech. Gott *Pan* (s. *panisch*) und den ihm nachgebildeten *Panen* und *Panisken* identifiziert. In der bildenden Kunst und Literatur werden sie gehörnt, bocksfüßig und lüstern gedacht und dargestellt. Daher der übertragene Gebrauch für *Faun* 'lüsterner Mensch' mit dem Adj. *faunisch* 'lüstern'. – F a u n a f. Lat. *Fauna*, der Name der als Gemahlin oder Tochter des *Faunus* vorgestellten röm. Göttin, wird Ausgangspunkt für die wissenschaftliche Bezeichnung der Tierwelt einer bestimmten Gegend. In diesem Sinne wird der Name erstmalig im Titel eines Werkes von Linné *Fauna Suecica* 'Schwedische Tierwelt' (1746) gebraucht, korrespondierend zu Linnés *Flora Suecica* 'Schwedische Pflanzenwelt' (1745); s. *Flora*.

Faust f. 'durch starke Beugung der Finger fest geschlossene Hand, geballte Hand'. Die Etymologie ist ganz unsicher. Die westgerm. Formen ahd. *fūst* 'Faust, Höhlung der Hand, Handvoll' (8. Jh.), mhd. *vūst, voust*, asächs. mnd. *fūst*, aengl. *fȳst*, engl. *fist*, mnl. *vuust*, nl. *vuist* ergeben (bei angenommener Ersatzdehnung nach Nasalausfall) germ. **funsti-*. Vergleicht man russ. *pjast'* (*пясть*) 'flache Hand, Mittelhand' (aruss. *pjastь* 'Faust'), poln. *pięść* 'Faust', so läßt sich ie. **pn̥sti-* bzw. älteres ie. **pn̥ksti-* 'Faust' erschließen. In diesem Fall wären die germ. und slaw. Bezeichnungen (im Hinblick auf die fünf Finger einer Hand) mit ie. **penku̯e* 'fünf' zu verbinden. Über ie. **pn̥ksti-* käme man (im Hinblick auf die geballte Hand) für das Germ. auch auf die Wortgruppe von *fangen* (s. d.), die allerdings im Slaw. kaum Entsprechungen hat. Setzt man für das Germ. dagegen ie. **punksti-* als Ausgangsform an, so kann man die germ. Formen zu ie. **peuk̂-* oder **peuĝ-* bzw. **peug-* 'stechen, boxen' stellen. Dann bestünde Verwandtschaft mit lat. *pūgnus* 'Faust', griech. *pýx* (*πύξ*) Adv. 'mit der Faust', *pygmḗ* (*πυγμή*) 'Faust, Faustkampf', nicht aber mit den slaw. Formen; vgl. de Vries Nl. 807. – Fäustling m. 'Fausthandschuh', ahd. *fūstiling* (11. Jh.). Faustrecht n. 'Recht des Stärkeren, Rechtsfindung ohne Rechtsgrundlage' (16. Jh.), auch 'Zweikampf' (15. Jh.). Faustpfand n. 'vom Schuldner seinem Gläubiger gleichsam als Besitz in die geballte Hand zur Sicherung (für seine Forderung) überlassener Sachwert' (18. Jh.). faustdick Adj. zunächst Maßangabe (18. Jh.), später oft bildlich, bes. in der Wendung *es faustdick hinter den Ohren haben* '(wider Erwarten) schlau, gerissen sein'.

Fauxpas m. 'Verstoß gegen gute Umgangsformen, Formfehler'. Frz. *faux pas* (eigentl. 'falscher Schritt, Fehltritt') bezeichnet eine aus Absicht oder Unkenntnis begangene Verletzung allgemein üblicher Anstandsregeln und geht im 18. Jh. in den dt. Sprachgebrauch ein. Getrenntschreibung ist zuweilen noch im 20. Jh. anzutreffen.

favorisieren Vb. 'begünstigen, bevorzugen', im 16. Jh. entlehnt aus gleichbed. afrz. frz. *favoriser*, das von afrz. *favor* 'Gunst' (lat. *favor*) abgeleitet ist. – Favorit m. 'Günstling, Liebling' (17. Jh.), 'aussichtsreichster Teilnehmer im Wettkampf' (19. Jh.), Entlehnung aus frz. *favori* oder unmittelbar aus diesem zugrundeliegendem ital. *favorito* 'bevorzugte Person, Günstling', Substantivierungen von frz. *favori* (*favorite* f.), ital. *favorito* 'beliebt, bevorzugt', letzteres eigentl. Part. Perf. von ital. *favorire* 'begünstigen', zu ital. *favore*, lat. *favor* 'Gunst' (s. oben). Die spezifische Bedeutung in der Sportsprache erhält das Wort unter dem Einfluß von engl. *favourite*, das zunächst für das Rennpferd, auf das die meisten setzen, gebraucht (19. Jh.), im 20. Jh. auf den Teilnehmer im sportlichen Wettkampf mit den besten Gewinnchancen erweitert wird. Favoritin f. 'Begünstigte, Geliebte einer hochstehenden Persönlichkeit' (18. Jh., vgl. frz. *favorite*, ital. *favorita*), 'aussichtsreichste Wettkampfteilnehmerin' (20. Jh.).

Faxe f. 'alberner Spaß, Narrheit'. Das seit dem 18. Jh. in der Umgangssprache meist im Plur. übliche *Faxen* wird auf ein in Mundarten geläufiges Verb *fickfacken* 'hin- und herlaufen' zurückgeführt, wobei ein Substantiv *Fikkesfackes* als Übergang gedient haben mag (s. *ficken*). Als anderer möglicher Anknüpfungspunkt bietet sich das ausgestorbene Verb frühnhd. *fatzen* 'spotten, zum Narren halten' an (s. *Fatzke*). – Faxenmacher m. 'Possenreißer' (18. Jh.).

Fayence f. Keramikerzeugnis mit weißer deckender Zinnglasur. Als Erfinder gelten die Babylonier, von denen die Technik zu den Persern, Arabern und nach Spanien und Italien gelangt. Ein Zentrum italienischer Keramikproduktion wird die Stadt *Faenza*. Als *Geschirr aus Faenza* werden die ital. Erzeugnisse in Frankreich bekannt (mfrz. *vaisselle de faence, de fayence*), wo sich der Name in einer dem Frz. angeglichenen Schreibweise *faïence, fayence* zur Bezeichnung des Produkts verselbständigt. Im 18. Jh. ins Dt. entlehnt.

Fazit n. 'Endsumme, Ergebnis'. Die Verbform lat. *facit* (3. Pers. Sing. Präs.) 'es macht', von lat. *facere* 'machen', erscheint seit dem 14. Jh. in lat., bald auch in dt. Rechnungsbüchern und bildet bei Additionen bzw. Subtraktionen mit der Endsumme eine feste Formel. Seit dem 15. Jh. kommt sie substantiviert für 'Summe' im dt. Kontext vor und wird bereits im 16. Jh. auch übertragen im Sinne von 'Schlußfolgerung, Konsequenz' gebraucht.

Feature n. 'aus Reportagen, Kommentaren und Dialogen zusammengesetzte Szenenfolge' (Rundfunk, Fernsehen). Engl. *feature* mit seinen vielfältigen Bedeutungen 'Merkmal, Aussehen, Charakterzug, Spielfilm' stammt aus afrz. *faiture* 'das Tun', das auf lat. *factūra* 'Bearbeitung, Bauweise' (zu lat. *facere* 'machen') zurückgeht. In der spezifischen publizistischen Bedeutung gelangt das Wort in der 2. Hälfte des 20. Jhs. wohl aus dem Amerik.-Engl. ins Dt.

Februar m. Name für den zweiten Monat des Jahres. Lat. *februārius*, eigentl. 'Reinigungsmonat', ist abgeleitet von lat. *februāre* 'reinigen' und erklärt sich aus den Sühne- und Reinigungsriten, die in diesem Monat (nach dem aröm. Kalender dem letzten des Jahres) vorgenommen wurden. Der Name tritt im 15. Jh. (zunächst meist noch in lat. Form) in Konkurrenz zu dem noch heute in landschaftlicher Volkssprache üblichen dt. Namen *Hornung* (s. d.); obd. und md. auch eingedeutscht *Feber* (wie *Jänner*, s. *Januar*). Unter dem Einfluß der Urkunden- und Kanzleisprache und begünstigt durch die Lateinfreundlichkeit des Humanismus gewinnt *Februar* rasch an Boden.

fechten Vb. 'mit einer Hieb- oder Stoßwaffe kämpfen'. Für das nur im Westgerm. bezeugte Verb ahd. *fehtan* (8. Jh.), mhd. *vehten*, asächs. *fehtan*, mnd. *fechten*, mnl. nl. *vechten*, aengl. *feohtan*, engl. *to fight* läßt sich Verwandtschaft mit griech. *pektéīn* (πεκτεῖν) 'kämmen, scheren', lat. *pectere* 'kämmen', lit. *pèšti* 'rupfen, zupfen, ausreißen', also Herkunft aus einer gemeinsamen Wurzel ie. **pek̂-* 'Wolle oder Haare rupfen, zausen, raufen' (wozu auch lat. *pecū*, nhd. *Vieh*, s. d.) annehmen. Das Verb gilt zunächst für jede Art kämpferischer Auseinandersetzung, wird aber nach der außerordentlichen Erweiterung der Kampftechniken im Nhd. auf das Kämpfen mit blanker Waffe eingeschränkt. Die Bedeutung 'betteln' (17. Jh.) entwickelt sich wohl in Kreisen wandernder Landsknechte und Handwerksgesellen, die ihrem Betteln oft durch Demonstration ihrer Fechtkunst oder Drohen mit der Waffe Nachdruck verleihen. – a n f e c h t e n Vb. 'angreifen (mit Rechtsmitteln), in Gewissenskonflikt bringen', ahd. *anafehtan* (9. Jh.), mhd. *anevehten* 'gegen jmdn. kämpfen'. A n f e c h t u n g f. 'Angriff, Versuchung', ahd. *anafehtunga* (11. Jh.), mhd. *anevehtunge*. G e f e c h t n. 'Kampfhandlung, Schlacht', ahd. *gifeht* (8. Jh.), mhd. *gevehte*.

Feder f. 'aus hornartiger Substanz bestehende Körperbedeckung der Vögel, Schreibinstrument', vielfach übertragen auf Zubehörteile in verschiedenen Funktionsbereichen mit der Eigenschaft, nach Belastung in die ursprüngliche Form zurückzuschnellen, ahd. *fedara* (10. Jh.), mhd. *veder(e)*, asächs. *feðera*, mnd. mnl. *vēder(e)*, nl. *ve(d)er*, aengl. *feþer*, engl. *feather*, anord. *fjǫðr* (germ. **feþrō*) und aind. *pátati* 'fliegt, schwebt, fällt', *patarā́ḥ* 'fliegend', griech. *pétesthai* (πέτεσθαι) 'fliegen', *ptē̃sis* (πτῆσις) 'Flug', *ptō̃sis* (πτῶσις) 'Fall', *pterón* (πτερόν), lat. *penna* (aus **petnā*) 'Flügel, Feder' führen auf eine Wurzel ie. **pet(ə)-* 'auf etw. los-, niederstürzen, fliegen, fallen'. Als Bezeichnung für den zum Schreiben angeschnittenen Federkiel (vgl. ahd. *skrībfedara*, mhd. *schrībveder*) geht *Feder* auch auf das später (um 1800) aus Metall hergestellte Schreibwerkzeug über. Ebenso dürfte die Elastizität der Vogelfeder als Anregung für die Übertragung der Bezeichnung auf die elastischen Vorrichtungen im technischen Bereich gedient haben (17. Jh.). – f e d e r n Vb. 'sich elastisch auf und ab (hin und her) bewegen' (Anfang 19. Jh.). F e d e r b a l l m. 'mit einem Federkranz umgebener kleiner Spielball' (18. Jh.; dazu s. auch *Badminton*). F e d e r f u c h s e r m. 'pedantische Schreibernatur, Buchstabenkrämer' (18. Jh.; wohl zu *fucken* 'unruhig hin und her fahren', s. *fuchsen*). F e d e r l e s e n n. heute in der Wendung *nicht viel Federlesen(s) machen* 'keine großen Umstände, wenig Aufhebens machen', spätmhd. *vederlesen* 'Schmeichelei, übermäßiger Diensteifer', eigentl. übereifriges Absammeln von Federn (Fusseln) vom Gewand eines Höhergestellten.

Fee f. mit Schönheit und Wunderkraft begabtes weibliches Märchenwesen. Entsprechend der unterschiedlichen Vorliebe für Märchengestalten in bestimmten literarischen Epochen wird *Fee*, für das es im Dt. keine adäquate Entsprechung gibt, zweimal ins Dt. entlehnt. Zuerst gelangt das auf spätlat. *Fāta* 'Schicksalsgöttin' (s. *Fata Morgana*) beruhende afrz. *fee*, wohl über eine landschaftliche Nebenform mit unorganischem *-i-* (vgl. *féye, faye, fâie* u. ä. in modernen ostfrz. Mundarten), als mhd. *feie, fei* (auch *feine*) in die höfische Dichtung. Das Wort hält sich im Dt. bis etwa ins 16. Jh., in der Zusammensetzung *Meerfei, Meerfein(e)* noch darüber hinaus (s. *feien*). Neue Aktualität erlangen Feen im 18. Jh. unter dem Einfluß engl. und frz. Literatur. Einige Autoren bemühen sich bewußt um eine Wiederbelebung von *Fei*; als überlegen erweist sich jedoch im Laufe des 19. Jhs. das im 18. Jh. aus frz. *fée* entlehnte *Fee*. Eine Reihe von Komposita des 18./19. Jhs. dokumentiert die literarische Beliebtheit, vgl. *Feenland, Feenpalast, Feenreich, Feenkönigin*, auch *Feerie* (*Feerei*). Größere Verbreitung erlangt f e e n h a f t Adj. 'feengleich, anmutig, wunderbar' (18. Jh.).

fegen Vb. 'mit dem Besen reinigen, kehren', südd. 'naß reinigen, wischen', ahd. *fegōn* 'säubern, putzen' (10. Jh.), mhd. *vegen* 'kehren, reinigen, putzen', asächs. *fegon*, mnd. *vēgen*, mnl. *vēghen*, nl. *vegen*, ablautend mnl. *vāghen*, nl. *(weg)vagen*, anord. *fāga* 'reinigen, glänzend machen, schmücken' sowie die unter *fair* (s. d.) genannten germ. Formen können mit lit. *puõšti* 'schmücken, putzen', lett. *post* 'schmücken' auf eine Wurzel ie. _*pek̂-_ 'hübsch machen, aufgeräumt oder vergnügt sein' zurückgeführt werden, zu der sich vielleicht auch (mit grammatischem Wechsel) ahd. *gifehan* 'sich freuen, Freude äußern' (9. Jh.), aengl. *(ge)fēon* 'froh sein' stellen läßt. – F e g e f e u e r n. wörtlich 'reinigendes Feuer', nach katholischer Glaubenslehre 'Läuterungsort der Verstorbenen', mhd. *vegeviur*, Übersetzung von kirchenlat. *pūrgātōrius* (*pūrgātiōnis*) *ignis* (vgl. lat. *pūrgāre* 'reinigen, sühnen', *pūrus* 'rein, lauter').

Feh n. Der Name, der heute für das sibirische Eichhörnchen sowie für dessen zur Pelzproduktion genutztes Fell gilt, ist seit mhd. Zeit bezeugt; doch bezeichnet mhd. *vēch* 'geflecktes, buntes Pelzwerk' schlechthin, insbes. das vom Hermelin, aber auch das Hermelin selbst. Er ist eine Substantivierung des Adjektivs ahd. *fēh* (8. Jh.), mhd. *vēch* 'mehrfarbig, gefleckt, bunt'. Dieses kann mit gleichbed. asächs. *fēh*, aengl. *fāg, fāh*, got. *filu-faihs* 'sehr bunt, mannigfaltig', aind. *pēśaḥ* 'Gestalt, Form, Farbe', griech. *poikílos* (*ποικίλος*) 'gefleckt, bunt', aslaw. *pьstrъ* 'scheckig, gesprenkelt', russ. *pëstryj* (*пёстрый*) 'bunt' auf die Wurzelform ie. _*peik̂-_ (neben _*peig-_) 'kennzeichnen durch Einritzen oder Färben, buntfarbig' zurückgeführt werden. Noch im 17. Jh. ist *Feh* als Bezeichnung für Hermelin bezeugt; die Übertragung auf das sibirische Eichhörnchen erfolgt wohl im 18. Jh.

Fehde f. 'Zwist, (kriegerische) Auseinandersetzung, Feindseligkeit', ahd. *gifēhida* 'Feindseligkeit' (9./10. Jh.), mhd. *vēhede, vēde* 'Feindseligkeit, Haß, Streit', mnd. mnl. *vēde*, aengl. *fǣhþ* 'Feindschaft, Gewalt, Rache' sind Abstraktbildungen zu einem Adjektiv, das in ahd. *gifēh* 'feindlich, geächtet' (10. Jh.), mhd. *gevēch* 'feindlich, feindselig', mnl. *ghevee*, aengl. *fāh* 'feindlich', *(ge)fāh* 'geächtet' erhalten ist. Verwandt sind ferner mhd. *fēhe* 'Feindseligkeit, Haß, Streit', ahd. *fēhen* (11. Jh.), mhd. *vēhen* 'beneiden, feindlich behandeln', asächs. *āfēhian* 'verurteilen', engl. *foe* 'Feind'. Sie führen mit aind. *píśunaḥ* 'verleumderisch, böse', lit. *peĩkti* 'tadeln, schmähen', *peĩkštis* 'zanken, hadern, streiten', *pìktas* 'böse, zänkisch, zornig', lat. *piget* 'es ist verdrießlich' auf die Wurzelvarianten ie. _*peig-_, _*peik̂-_, _*peik-_ 'feindselig gesinnt' (s. auch *feige*). Aus germ. Rechtsbrauch stammend, ist die Fehde als Mittel der Selbsthilfe (auch als Rache für Totschlag) zwischen Sippen bzw. Familien rechtlich zulässig. Im Mittelalter wird der Ausdruck (vgl. bes. mnd. *vēde*) auch auf die kriegerischen Auseinandersetzungen zwischen Fürsten, Adel und Städten zur Austragung von Rechtsstreitigkeiten bezogen. Nach überhandnehmendem Mißbrauch werden Fehden im Ewigen Landfrieden (1495) endgültig verboten. Das zum Archaismus gewordene Wort wird im 18. Jh. neu belebt und hat die oben genannte abgeschwächte, allgemeinere Bedeutung. – F e h d e b r i e f m. 'schriftliche Ankündigung einer Fehde an die gegnerische Partei', spätmhd. *vēhedebrief.* F e h d e h a n d s c h u h m. 'als Zeichen der Herausforderung hingeworfener Handschuh'. Die symbolische Geste ist bereits in der Ritterzeit üblich, das Kompositum jedoch wohl erst im 18. Jh. nach dem Vorbild von frz. *jeter le gant* 'den Handschuh (hin)werfen' gebildet. U r f e h d e f. 'feierlich geleistetes Friedensversprechen, erklärter Verzicht auf Rache'. Mhd. *urvēde* ist wie gleichbed. mhd. *urvēhe* Abstraktbildung zu einem Adjektiv (mit negierendem *ur-*) spätmhd. *urvēch*, frühnhd. *urfech* 'frei von Feindseligkeit', eigentl. 'der, dessen Feindseligkeit aus ist'. b e f e h d e n Vb. 'bekämpfen, anfeinden' (15. Jh.), vgl. spätmhd. *vēheden*.

fehlen Vb. 'abwesend, nicht vorhanden sein, einen Irrtum, ein Unrecht begehen'. Aus afrz. *falir, faillir* 'verfehlen, im Stich lassen, versagen, fehlschlagen, sich irren' (frz. *faillir* 'einen Fehler begehen, sich irren, versagen'), dann auch 'jmdm. entgehen, mangeln, nötig sein' (oft unpersönlich afrz. frz. *il faut* 'es ist nötig'), das über vlat. **fallīre* auf lat. *fallere* 'betrügen, täuschen, irreführen' zurückgeht, wird mhd. *vælen, vēlen* 'verfehlen, nicht treffen' entlehnt, daneben gleichbed. mhd. *failieren, fālieren, fallieren* mit stärkerer Bewahrung der fremden Form (zu unterscheiden von nhd. *fallieren* 'Bankrott machen', Übernahme des 16. Jhs. von gleichbed. ital. *fallire*, im 16./17. Jh. auch 'betrügen', in diesem Sinne unmittelbar aus dem Lat.). Das zunächst als Turnierausdruck aufgenommene Verb ('beim Stoß mit der Lanze das Ziel verfehlen') gilt bereits im Mhd. entsprechend dem afrz. Vorbild auch für 'sich irren', für 'fehlschlagen' und 'mangeln, nicht zur Verfügung stehen'. Eine Variante mhd. *veilen* setzt sich noch in frühnhd. *feilen* fort, namentlich im Md., wohl beeinflußt durch ebenfalls aus dem Frz. stammendes mnd. *fēilen* 'verfehlen, fehlschlagen, mangeln, im Stich lassen'. – F e h l m. 'Makel, Mangel, Verfehlung', mhd. *væle* f., Entlehnung aus afrz. *faille* 'Mißerfolg, Irrtum, Mangel', das über vlat. **fallia* auf lat. *falla* 'Betrug' zurückgeht. Maskulines Genus entwickelt sich wohl bei der verkürzten artikellosen Form des Substantivs in den Fügungen mhd. *āne væl, sunder væl* 'jeden Irrtum ausschließend, zweifelsfrei, ganz gewiß', die gleichbed. afrz. *sans faille* nachbilden (vgl. dagegen mit anderer Auffassung nhd. *ohne Fehl* 'makellos'). Wahrscheinlich aus Verb und abhängigem Akkusativ (vgl. *einen Fehl gebären* bei Luther und danach im älteren Nhd.) sind Bildungen wie *fehlgehen, fehlgreifen, fehlschlagen* entstanden; diese werden bis ins 19. Jh. häufig getrennt geschrieben (*fehl gehen* usw.), da das erste Glied einem Adverb ähnelt. Hieraus erklärt sich f e h l Adj. Adv. 'falsch, irrig, ergebnislos', das seit Ende des 15. Jhs. vielfach nachweisbar ist, heute nur noch in der jungen Wendung *fehl am Platz(e) sein* 'unpassend, unangebracht sein'. Der genannte verbale Bildungstyp ermöglicht substantivische Zusammensetzungen, ohne daß in jedem Falle das entsprechende Verb vorausgeht: F e h l t r i t t m. 'falscher Schritt, Vergehen' (16. Jh.); F e h l s c h l u ß m. 'falsche Schlußfolgerung' (16. Jh.); F e h l g e b u r t f. 'Abgang einer nicht lebensfähigen Leibesfrucht' (18. Jh.); F e h l a n z e i g e f. 'negativer Bescheid' (um 1900, zuerst soldatensprachlich vom negativen Schießergebnis). Das Kompositionsglied *fehl-* ist bis in die Gegenwart produktiv, vgl. *Fehlentscheidung, Fehlkonstruktion, Fehlleistung, Fehlverhalten, Fehlzündung*. – f e h l b a r Adj. 'mit Mängeln behaftet, unvollkommen', schweiz. 'einer Verfehlung schuldig' (um 1600), wohl Rückbildung zu u n f e h l b a r Adj. 'frei von Irrtum, untrüglich' (16. Jh.). F e h l e r m. 'Irrtum, Versehen', anfangs auch 'Fehlschuß' (16. Jh.). v e r f e h l e n Vb. 'nicht erreichen, nicht treffen', mhd. *vervælen* 'fehlen, sich irren, trügen, nicht treffen'; V e r f e h l u n g f. 'Irrtum, Vergehen' (17. Jh.).

feien Vb. '(durch Feenkraft) unangreifbar, immun machen', fast nur im Part. Prät. *gefeit* 'geschützt, unempfindlich'. Nach dem Vorbild von gleichbed. frz. *féer* (afrz. *faer*, zu afrz. *fee* 'Fee') wird *feien* Anfang des 19. Jhs. zu *Fei* gebildet. Ein bereits mhd. bezeugtes gleichbed. *feinen*, zu mhd. *fei(e), feine* (s. *Fee*), setzt sich nicht fort.

Feier f. 'Begehen eines festlichen Anlasses, Festakt', ahd. *fīra* 'Feiertag, Ruhe, Fest' (um 800), mhd. *vīre, vīere, vīer* 'Festtag, Feier' ist eine Entlehnung aus spätlat. *fēria*, einer Singularisierung von lat. *fēriae* Plur. 'Feiertage, Ruhetage' (s. *Ferien, Fest*). – f e i e r n Vb. 'würdigen, einen Festtag begehen, ein Fest gestalten, ausruhen', ahd. *fīrōn* (um 800), mhd. *vīren* ist nach dem Vorbild von mlat. *feriare* 'feiern, ausruhen' zum Substantiv hinzugebildet. F e i e r a b e n d m. 'abendliche Ruhezeit nach dem Arbeitstag' (16. Jh.); dagegen mhd. *vīrābent* 'Vorabend eines Festtages' (s. *Abend*). F e i e r t a g m. 'Festtag, Ruhetag', ahd. *fīr(a)tag, fīr(a)tago* (9. Jh.), mhd. *vīr(e)tac, vīertac*. f e i e r l i c h Adj. 'festlich, würdevoll', mhd. *vīrelich, vīerlich*.

Feige f. Frucht des Feigenbaumes, ahd.

(9. Jh.), asächs. *fīga*, mhd. mnd. *vīge* sind über das Galloroman. (vgl. aprov. *figa, fia*, afrz. *fie*, dann unter aprov. Einfluß *figue*) oder obital. Formen (mit inlautendem *g*) aus spätlat. *fīca*, lat. *fīcus* entlehnt. Lat. *fīcus* 'Feigenbaum, Feige' stammt aus einer Mittelmeer- oder kleinasiatischen Sprache. – F e i g e n b l a t t n. Blatt des Feigenbaumes, spätmhd. *vīgenblat* (Mitte 14. Jh.) wird durch Luthers Bibelübersetzung zum Inbegriff schamhafter Verhüllung (1. Mos. 3, 7: *folia ficus, feigenbletter*); s. auch *Ohrfeige*.

feige Adj. 'ängstlich, nicht mutig', ahd. *feigi* 'zum Tode bestimmt, dem Tode nahe, gottlos' (8./9. Jh.), mhd. *veige* 'zum Tode bestimmt, verwünscht, eingeschüchtert, furchtsam, biegsam, schlank', asächs. *fēgi*, mnd. *vēge*, mnl. *vēghe, veighe*, nl. *veeg*, aengl. *fǣge*, anord. *feigr*, schwed. *feg* ('mutlos'), germ. **feigja-* 'todgeweiht' stehen in grammatischem Wechsel zu den unter *Fehde* (s. d.) behandelten Adjektiven der Bedeutung 'feindlich, feindselig'. Der Feind ist in der Regel 'zum Tode bestimmt' (noch im 16. Jh. bezeugt), daher auch 'verzagt' und 'ängstlich'. Diese Bedeutung (zuerst Ende 13. Jh.) wird durch Luthers Bibelübersetzung verbreitet, muß aber 1523 im Obd. noch durch *verzagt, erschrocken* erklärt werden. – F e i g h e i t f. 'Ängstlichkeit, Mutlosigkeit', mhd. *veicheit* 'Zustand des Feigseins, Unheil'. F e i g l i n g m. 'wer Angst hat' (18. Jh.).

feil Adj. 'verkäuflich, käuflich', ahd. *feili* 'verkäuflich' (9. Jh.), mhd. *veil(e)*, mnd. *vēle*, mnl. *veile, veil*, nl. *veil* stehen neben den Formen ahd. (vereinzelt und zweifelhaft) *fāli* (8. Jh.), anord. *falr*, schwed. *fal*. Während die *ā*-Formen sich mit griech. *pōlẽin* (πωλεῖν) 'feilbieten, verkaufen', lit. *pel̃nas* 'Gewinn, Nutzen, Verdienst', *pelnýti* 'erwerben, verdienen', aslaw. *plěnъ* 'Gefangenschaft, die Gefangenen, Beute', russ. (älter) *polón* (*полон*) 'Gefangenschaft, Beute' und wahrscheinlich auch aind. *páṇatē* 'handelt ein, kauft' auf die Wurzel ie. **pel-* 'verkaufen, verdienen' zurückführen lassen, bleibt die Herkunft der im dt.-nl. Sprachgebiet bewahrten Formen mit *-ei-* ungeklärt. – w o h l f e i l Adj. 'billig, niedrig, günstig im Preis', mhd. *wolveil(e)*. f e i l b i e t e n Vb. 'zum Verkauf anbieten' (15. Jh.). f e i l s c h e n Vb. 'um den Preis handeln', mhd. *veilsen, veilschen* 'einen Preis bieten, um etw. handeln', wohl zum Adjektiv mit dem Verbalsuffix *-isōn* (ahd. **feilisōn*).

Feile f. 'Werkzeug aus Stahl zur glättenden Oberflächenbearbeitung', ahd. *fīhala* (um 800), mhd. mnd. mnl. *vīle*, asächs. *fīla*, nl. *vijl*, aengl. *fīl*, engl. *file* und (mit Wechsel zwischen *f* und *þ*) anord. *þēl* (?). Herkunft ungeklärt. Geht man von germ. **finh(i)lō* aus und vergleicht aind. *piṁśáti* 'haut aus, schneidet zurecht', griech. *pikrós* (πικρός) 'scharf, bitter', lat. *pingere* 'malen, sticken mit der Nadel', aslaw. *pьsati*, russ. *pisát'* (*писать*) 'schreiben', so kann auf die Wurzel ie. **peik̑-* (neben **peig-*) 'kennzeichnen durch Einritzen oder Färben, buntfarbig' (s. *Feh*) zurückgegangen werden. – f e i l e n Vb. 'mit der Feile glätten', ahd. *fīhalōn* (9. Jh.), mhd. *vīlen* 'feilen, ritzen'.

fein Adj. 'zart, zierlich, zerkleinert, genau', mhd. *fīn, vīn* 'fein, schön', mnd. *fīn* ist aus afrz. *fin* 'zart, rein, ausgezeichnet' entlehnt. Zugrunde liegt lat. *fīnis* 'Ende, Grenze', aus dessen übertragenem Gebrauch 'Äußerstes, höchste Vollendung', z. B. *fīnis honōrum* 'das Höchste an Ehren', sich im Frz. adjektivischer Gebrauch entwickelt, daher afrz. *fin* Adj. eigentl. 'von höchster Qualität'. S. auch *Finesse, raffiniert*. – F e i n h e i t f. 'Zartheit, Zierlichkeit, Genauigkeit, Kleinheit' (15. Jh.). v e r f e i n e r n Vb. 'feiner machen' (18. Jh.).

Feind m. 'Gegner, Widersacher'. In ahd. *fīant, fījant* (8. Jh.), mhd. *vīant, vīent, vīnt*, asächs. *fīand*, mnd. *vīent*, mnl. *vīant*, nl. *vijand*, aengl. *fēond*, engl. *fiend*, anord. *fjāndi* 'Feind, Teufel', schwed. *fiende*, got. *fijands*, germ. **fijand-* liegt (wie bei *Freund, Heiland*, s. d.) ein erstarrtes, substantiviertes Part. Präs. vor, dessen zugehöriges Verb in ahd. *fīēn* 'hassen, verabscheuen' (8. Jh.), aengl. *fēogan*, anord. *fjā*, got. *fijan* begegnet, danach aber nicht erhalten ist. Mit den Verwandten aind. *pīyati* 'schmäht, tadelt, beschimpft', griech. *pẽma* (πῆμα) 'Verderben, Leid', lat. *paene* 'beinahe, fast, ganz und gar' (ursprünglich Neutrum des Adjektivs **pēnis* 'beschädigt, mangelhaft') ist von einer Wurzel ie. **pē(i)-*, **pī-* 'weh tun, beschädigen, schmähen' auszugehen. – a n f e i n d e n Vb. 'angreifen (mit Worten)' (15. Jh.), zu einem im 17. Jh. verlorengegangenen Infinitiv spätmhd. *vīnden*, nhd. *feinden*, wozu auch v e r f e i n d e n Vb. 'feind werden' (17. Jh.). f e i n d l i c h Adj. 'gegnerisch', ahd. *fīantlīh* (um 1000), mhd. *vīentlich, vīntlich.* F e i n d - s c h a f t f. 'Gegnerschaft', ahd. *fīantscaf* (8. Jh.), *-scaft* (um 1000) 'Feindseligkeit, Haß, Zwist', mhd. *vī(e)ntschaft.* f e i n d s e - l i g Adj. 'feindlich gesinnt, gehässig' (15. Jh.). F e i n d s e l i g k e i t f. 'feindliche Gesinnung, Gehässigkeit' (16. Jh.).

feist Adj. 'dick, prall, wohlgenährt'. Der im Nd. entstandenen Kontraktion *fett* (s. d.) steht hd. *feist* gegenüber. Ahd. *feiʒ(i)t* (8. Jh.), mhd. *veiʒ(e)t*, anfrk. *fēitit*, aengl. *fǣted* (verkürzt zu *fǣt(t)*, engl. *fat*) sind die unpräfigierten Formen des Part. Prät. (germ. **faitiða-*) zu einem germ. *jan*-Verb, das ahd. nicht bezeugt, aber durch mhd. *veiʒen* 'fett machen, mästen', anord. *feita* vertreten ist. Dieses Verb ist seinerseits von einem Adjektiv germ. **faita-* abgeleitet, das ahd. ebenfalls nicht erhalten, aber durch mhd. *veiʒ* 'gemästet, beleibt, fett', mnd. *veet*, anfrk. *fēit*, anord. *feitr*, schwed. *fet* belegt ist; vgl. Linke in: PBB (H) 82 (1961) Sonderbd., 235 ff. Luther verwendet *feist* und *fett* nebeneinander; in moderner Sprache wird *feist* vorwiegend auf wohlgenährte Menschen und in der Jägersprache auf Tiere der hohen Jagd bezogen (*feister Hirsch*, aber *fetter Hase*). Wie *fett* geht auch *feist* auf die Erweiterung ie. **poid-*, **pĭd-* der Wurzel ie. **pei-*, **pei̯(ə)-*, **pī-* 'fett sein, strotzen' zurück. Außergerm. Verwandte sind griech. *pī́dax* (πῖδαξ) 'Quelle', aind. *páyatē* 'schwillt, strotzt', *pīnáḥ* 'fett, dick', lit. *pýti* 'Milch bekommen (von Kühen), feucht und weich werden (vom Erdboden)'.

feixen Vb. 'schadenfroh lachen, grinsen', umgangssprachliches Wort (19. Jh., doch wohl älter), eigentl. 'dümmlich lachen wie ein Narr, wie ein Unerfahrener', Verbalableitung zu *Feix* 'angehender Student, Fuchs', allgemein 'wer noch nichts gelernt hat', auch in Zusammensetzungen wie *Hausfeix* 'Stubenhocker, einfältiger Mensch' (17. Jh.). *Feix* ist wohl mit der studentensprachlich für Personenbezeichnungen häufig verwendeten Gutturalverbindung *ks, x* umgebildet aus (wahrscheinlich auch der Studentensprache entstammendem) *Feits* 'Neuling', das auf *Feist* 'heimlicher Furz und dessen Verursacher' zurückgeführt wird (vgl. mhd. *vĭst*, nd. *Fiest*). Dazu ausführlich Rosenfeld in: PBB (H) 77 (1955) 246 ff.

Feld n. 'Ackerland, Teil einer Fläche, Kriegsschauplatz', ahd. *feld* 'Feld, Ebene, Fläche' (8. Jh.), mhd. *velt,* mnd. mnl. *velt*, asächs. *feld*, nl. *veld*, aengl. *feld*, engl. *field* und schwundstufig asächs. *folda,* anord. *fold* 'Erde, Land' gehören als Dentalerweiterungen zur Wurzel ie. **pelə-*, **plā-* 'breit und flach, ausbreiten, breitschlagen, breitklatschen' (s. auch *Flur*). Außergerm. verwandt sind russ. *póle* (*поле*) 'Feld' (vgl. *Polen*), tschech. *planina* 'Ebene', lat. *palam* 'öffentlich, offen', *plānus* 'flach, eben, glatt'. Mhd. *velt* entwickelt die Bedeutung 'Lager-, Turnierplatz', vor allem aber 'Kampfplatz, Schlachtfeld' (so vereinzelt bereits im Ahd.), da kriegerische Auseinandersetzungen in der Regel auf offenem Gelände ausgetragen werden; vgl. Zusammensetzungen wie *Feldhauptmann, -heer, -marschall, -zug* (alle 16. Jh.) und die Wendungen *zu Felde ziehen, im Felde stehen* u. dgl. Dazu auch F e l d s c h e r m. 'Militärwundarzt', älter *Feldscherer* (16. Jh.), dann verkürzt zu *Feldscher* (17. Jh.); das Grundwort *Scherer* ist Nomen agentis zu [1]*scheren* 'schneiden, rasieren' (s. d.), eigentl. der 'Bartscherer', der jedoch auch niedere chirurgische Dienste verrichtet. F e l d w e - b e l m. Unteroffiziersdienstgrad, älter *Feldweibel* (16. Jh.). Ahd. *weibil* (um 1000), mhd. *weibel* 'Gerichtsbote, Gerichtsdiener' (in obd. Mundart noch gebräuchlich) ist (wie *Büttel*, s. d.) Nomen agentis mit dem Suffix germ. *-ila-* zu einem Verb, das in ahd. *weibōn* 'sich hin und her bewegen' (s. *Weib*) noch bezeugt ist. Durchgesetzt hat sich die omd. Form *(Feld)-webel* mit Monophthongierung von *ei* zu *e.* – F e l d s t e c h e r m. 'kleines Doppelfernrohr' (19. Jh.), anfangs daneben auch *Stecher.*

Felge f. 'Radkranz', ahd. *felga* (um 800), mhd. mnd. *velge*, asächs. *felga*, mnl. *velghe*, nl. *velg,* aengl. *felg*, engl. *felloe, felly.* Herkunft unbekannt. Zieht man ahd. *felgen* 'umpflügen' (Hs. 12. Jh.), mhd. mnd. *valgen, velgen* 'umpflügen, umgraben', aengl. *fealgian*, engl. *to fallow* 'pflügen' mit ahd. *felga* 'umgepflügtes Feld' (Hs. 13. Jh.), mnd. mnl. *valge*, aengl. *fealh*, engl. *fallow* und gall.-spätlat. *olca* 'zum Pflügen taugliches Land' (woraus afrz. *ouche* 'pflügbares Land', frz. 'guter Akkerboden, Obstgarten'), aruss. *polosa*, russ. *polosá* (*полоса*) 'Streifen, Landstrich, Ackerfurche' heran, so kann von ie. **pelk̂-*, **polk̂-* 'wenden, drehen' ausgegangen und für *Felge*

'Radkranz' eine Bedeutung 'das sich (von oben nach unten) Drehende' angenommen werden.

Fell n. 'behaarte Tierhaut, Pelz', ahd. *fel* (8. Jh.), mhd. *vel* (Gen. *velles*), asächs. *fell*, mnd. mnl. nl. *vel*, aengl. *fel(l)*, engl. *fell*, anord. *-fell*, got. *-fill* in *þrūtsfill* 'Aussatz' gehen mit griech. *péllās* (*πέλλας*) 'Häute' (Akk. Plur.), lat. *pellis* 'Fell, Haut, Pelz, Leder' (s. *Pelle, Pelz*) auf die Wurzel ie. **pel-* 'bedekken, verhüllen; Haut, Fell' zurück; s. auch verwandtes *be-, empfehlen* und mit *m*-Formans gebildetes *Film*. Die Verdopplung *-ll-* beruht auf Assimilation einer Wurzelerweiterung mit *n*-Formans. Verwandt sind ferner aslaw. *pelena* 'Windel', russ. *pelená* (*пелена*), lit. *plẽnė* 'dünnes Häutchen, Membrane'. *Fell* bezeichnet bis ins 16. Jh. die tierische wie auch die menschliche Haut; erst mit Luthers Bibelübersetzung setzt sich eine Differenzierung in *Fell* 'Tierhaut', später 'behaarte Tierhaut, Pelz', und *Haut* 'menschliche Haut' durch. Häufig in redensartlichen Wendungen wie *jmdm. das Fell über die Ohren ziehen* 'betrügen' aus der Sprache des Abdeckers (17. Jh.), *die Felle schwimmen einem davon* 'jmds. Hoffnungen zerrinnen, vergehen' aus der Sprache des Gerberhandwerks, ebenso *jmdm. das Fell gerben* 'verprügeln', *ein dickes Fell haben* 'unempfindlich sein'. – dickfellig Adj. 'unempfindlich' (18. Jh.).

Felleisen n. 'Ranzen, Rucksack'. Seit dem Anfang des 14. Jhs. bezeugtes mhd. *velīs* (und *velīsen* Plur.) 'Mantelsack, Reisetasche' geht zurück auf gleichbed. ital. *valigia* (älter auch *valige,* wohl mit anderem Suffix), mlat. *valisia, valixia* 'Reisesack, Tasche, Packsattel'; es ist wahrscheinlich aus einer (der älteren ital. Variante entsprechenden) Mundartform obital. *valis* entlehnt. Das sich von Norditalien her ausbreitende Wort (aus dem Ital. auch aprov. *vallisa*, mfrz. frz. *valise* 'Koffer') ist vielleicht gall. Ursprungs (zu gall. **val-* 'umgeben', vgl. FEW 23, 110f. und Corominas 4, 667f.). Die möglicherweise schon für mhd. *velīsen* Plur. anzunehmende volksetymologische Anlehnung an die unter *Fell* und *Eisen* (s. d.) dargestellten Substantive ergibt im 16. Jh. *Felleisen*, das sich seit dem 17. Jh. gegenüber anderen frühen Formen wie *Fellis, Felles, Fellentz, Velleis* durchsetzt.

Fels, Felsen m. 'großer Gesteinsbrocken, Gesteinsmassiv', ahd. *fel(i)s* m. (8. Jh.), *feliso* m. (um 800), *felisa* f. (9. Jh.) 'Felsen, Felsspitze, Klippe, großer Stein', mhd. *vels(e)*, asächs. (aus dem Ahd.) *felis*, mnl. *vels*. Die Herkunft ist unsicher. Von einigen wird Verwandtschaft mit anord. *fjall* 'Fels, Berg', schwed. *fjäll* und mit aind. *pāṣāṇáḥ* 'Stein', griech. *pélla* (*πέλλα*, aus **πελσα*) 'Stein', mir. *all* (aus urkelt. **palso-*, ie. **pl̥so-*) 'Klippe' angenommen, so daß sich ie. **pelis-*, **pels-* 'Fels' erschließen läßt. Andere sehen in den ahd. asächs. mnl. Zeugnissen Fortsetzungen eines vor-ie. **palá-* 'Berg', das auch in frz. *falaise* 'Klippe' weiterlebt. Vgl. de Vries Anord. 123 und Frings/M. Germania Romana 1 (1966) 197f.

Feme f. 'mittelalterliches (ursprünglich westfälisches) Freigericht, bei dem von Freien unter Königsbann Recht gesprochen wird; unautorisierte gerichtliche Selbsthilfe'. Die Etymologie ist ungeklärt. Bezeugt sind mnd. *vēme* 'Ächtung, Gericht, Landfriedensgericht, Freigericht', mhd. *veme* 'Verurteilung, Strafe, heimliches Freigericht', mnl. *vēme, veem*, nl. *veem*. Versuchte Anschlüsse an *Fehde, Feind* (s. d.) oder lat. *poena* 'Sühne, Strafe, Qual' (s. *Pein*) sind unbefriedigend. Das im Nhd. untergegangene Wort wird in nd. Lautgestalt *Feme* in der Literatur des 18. Jhs. (Möser, Goethe u. a.) erneuert. – verfemen Vb. 'außerhalb des Gerichtsschutzes stellen, verurteilen, ächten', mhd. *vervemen, verfeimen*, mnd. *vorvēmen*, afries. *forfema*.

feminin Adj. 'von weiblichem Geschlecht, weiblich, weibisch', übernommen von gleichbed. lat. *fēminīnus*, zu lat. *fēmina* 'Weib, Frau'. Der bereits bei den röm. Grammatikern übliche Terminus *genus fēminīnum* wird um 1400 in dt. grammatische Texte aufgenommen und anfangs mit *frāwleich geslächt*, dann *weyplich geschlecht* (um 1500) erklärt. Substantiviert *Femininum* n. – Feminismus m. 'Bestrebung, den Einfluß der Frauen in der Gesellschaft zu erhöhen, übertriebenes Eintreten für die Frauenemanzipation, weibisches Verhalten bei (homosexuellen) Männern' (19. Jh.), von frz. *féminisme*.

Fenchel m. als Gewürz- und Arzneipflanze angebautes Doldengewächs. Ahd. *fenuhal* (8. Jh.), *fenucal* (10. Jh.) wird im Nordwesten Deutschlands aus spätlat. *fēnuculum* entlehnt (wie auch afrz. *fenoil*, frz. *fenouil*), während eine zweite Entlehnung im Süden aus lat. *fēni-*

culum (zu lat. *fēnum* 'Heu') ahd. *fenihhal* (9. Jh.) ergibt, das sich mit Suffixwechsel über eine ahd. Form auf *-il* zu mhd. *venichel, venchel*, nhd. *Fenchel* weiterentwickelt. Vgl. Frings/M. Germania Romana 2 (1968) 248f.

Fenn n. 'Sumpfland, Moorland', ahd. *fenni* n. (9. Jh.), *fennī* f. (um 800) 'stehendes Wasser, Sumpf, Moor', mhd. *venne*, asächs. *fen(n)i*, mnd. *venne* 'moorige Weide', mnl. *vēne, veen*, nl. *veen* 'Torfmoor', aengl. *fenn* 'Sumpf, Schlamm, Schmutz', aengl. (mit Ablaut) *fyne* 'Feuchtigkeit', anord. *fen* 'Sumpf', got. *fani* 'Schlamm' gehen mit aind. *páṅkaḥ* 'Schlamm, Kot, Sumpf', mir. *en* 'Wasser' und *enach* 'Sumpf' sowie lett. *pane* 'Jauche' zurück auf die (allerdings meist *o-* oder schwundstufig auftretende) Wurzel ie. **pen-* 'Schlamm, Sumpf, Wasser, feucht' (s. *feucht*).

Fenster n. 'verglaste Licht- und Lüftungsöffnung', ahd. *fenstar* n. (um 1000), auch (vereinzelt) *finestra* f. (8. Jh.), mhd. *venster* n. 'Lichtluke, Fensteröffnung, Fenster(nische)', mnd. *vinster, venster*, mnl. *venster(e)*, nl. *venster*, aengl. *fenester* sind Entlehnungen aus lat. *fenestra* f. 'Öffnung, Luke in der Wand oder Mauer' (um einen Raum zu erhellen); wahrscheinlich etruskischer Herkunft. – f e n s t e r n Vb. 'nachts in das Zimmer seines Mädchens durchs Fenster einsteigen' (16. Jh.); heute allgemein von südd. *fensterln* verdrängt.

Ferien Plur. 'unterrichts- und arbeitsfreie Zeit, Urlaub', im 15. Jh. aus lat. *fēriae* (Plur.) 'Festtage, Feiertage, an denen keine Geschäfte wahrgenommen werden, Ruhetage' ins Dt. entlehnt und bis zum Anfang des 18. Jhs. auch für einzelne 'geschäftsfreie Tage, Ruhetage' (bei Gerichten, Schulen, Universitäten) verwendet. Seit dem 18. Jh. mit Einführung einer zusammenhängenden unterrichtsfreien Zeit im Sinne der heutigen 'Schul-, Semesterferien', dann erweitert auf 'arbeitsfreie Zeit, Urlaub'.

Ferkel n. 'junges Schwein', ahd. *farhilī* (9. Jh.), *farhilīn* (11./12. Jh.) 'Schweinchen, Ferkel', mhd. *verhelīn, verlīn* ist Deminutivum zu ahd. *far(a)h* 'Ferkel, Frischling' (9. Jh.), mhd. *varch* 'Ferkel, Schwein'. Im Germ. sind verwandt mnd. *verken*, mnl. *varken, verken*, nl. *varken*, aengl. *fearh*, engl. *farrow*, außergerm. entsprechen lat. *porcus* 'zahmes Schwein', lit. *paršas* 'männliches verschnittenes Schwein', mir. *orc* 'Ferkel, junges Tier', so daß sich ie. **porkos* 'Schwein', auch 'neugeborenes Tier, Ferkel' erschließen läßt. Hierzu (als Deminutiva) kslaw. *prasę*, russ. *porosënok (поросёнок)* und mit *l*-Suffix lat. *porculus*, lit. *paršẽlis* 'Ferkel'. Wenn die Verbindung zu ie. **perk̂-* 'aufreißen, aufwühlen' (wozu auch *Furche*, s. d.) zu Recht besteht, ist von einer Bedeutung 'Wühler' auszugehen. Im Mhd. wird im Silbenanlaut *ch-* zu *k-*, so daß bereits mhd. *verkelīn, verkel* entsteht. Es bleibt offen, ob dieses *k-* als Bestandteil des Stammes oder aus dem Deminutivsuffix (**-kīn* bzw. **-inkilīn*) zu erklären ist; vgl. Pijnenburg in: Sprachwissenschaft 10 (1985) 359ff. – f e r k e l n Vb. 'Ferkel werfen, sich unanständig aufführen' (17. Jh.), älter *ferlen* (16. Jh.).

Ferment n. in lebenden Organismen gebildeter Wirkstoff zur Steuerung des Stoffwechselprozesses (dafür heute auch *Enzym*, s. d.), von lat. *fermentum* n. 'Gärung, Gärstoff'; bereits im 16. Jh. in dt. alchimistischer Literatur gebräuchlich. – f e r m e n t i e r e n Vb. 'Rohstoffe durch Behandlung mit Fermenten genußfähig machen, veredeln', im 16. Jh. von lat. *fermentāre* 'gären machen, in Gärung geraten'; dazu die gelehrte Bildung *Fermentation* f. (17. Jh.).

fern Adj. 'weit weg, abgelegen, vor oder nach langer Zeit'. Ausgangsform für das Adjektiv ist das Adverb ahd. *ferro* '(von) fern, weit (weg), weitab, weithin, hoch, viel, sehr', *fer* 'fern, weit' (8. Jh.), mhd. *ver(r), verre*, das durch häufigen prädikativen Gebrauch adjektivischen Charakter annimmt und flektiert wird, so daß auch ein Adjektiv ahd. *fer* 'fern, entfernt', temporal 'ausgedehnt' (9. Jh.), mhd. *verre* 'fern, entfernt, weit, auswärtig, fremd' entsteht. Auch den übrigen germ. Sprachen ist das Adjektiv ursprünglich fremd; sie kennen nur das Adverb asächs. *ferr*, aengl. *feor(r)*, engl. *far*, anord. *ferri, fjarri*, schwed. *fjär*, got. *faírra*, das mit aslaw. *prědъ*, russ. *péred (перед)* 'vor', griech. *pérā* (*πέρα*) 'darüber hinaus', aind. *páraḥ* 'ferner, jenseitig, früher, später, fremd, feindlich' an ie. **per* 'das Hinausführen über' (s. *für* und *vor*) anzuschließen ist. Ahd. *fer*, mhd. *ver(re)* setzen sich im Nhd. nicht fort; sie werden vielmehr verdrängt von dem mit Nasalsuffix erweiterten Adverb ahd. *ferrana* 'von fern, von weitem, weitab' (8. Jh.), mhd. *verren(e), vern(e)*, das ebenfalls in adjektivischen Gebrauch übergeht. – F e r n e f. 'Weite' (16. Jh.); vgl. ahd. *ferrī* (10. Jh.), mhd. *virre, verre.* e n t f e r n e n Vb. 'von seinem Platz wegschaffen, fortgehen', mhd. *entverren, entvirren, entvern;* E n t f e r n u n g f. 'das Entfernen, Entferntsein, Abstand' (17. Jh.). f e r n e r Adv. 'außerdem, künftig' (16. Jh.), erstarrter Komparativ des Adverbs; vgl. ahd. *ferrōr* 'weiter, vorwärts' (um 1000), mhd. *verrer.* F e r n g l a s n., F e r n r o h r n. (17. Jh.). Häufig erstes Glied in Komposita aus dem Bereich der Nachrichtenübermittlung, z. B. des *Fernmeldewesens* (20. Jh.) wie F e r n s c h r e i b e r m. um 1800 für den optischen Telegraphen gebildet, seit der 1. Hälfte des 20. Jhs. für das schreibende Nachrichtenvermittlungsgerät; F e r n s c h r e i b e n n. 'durch Fernschreiber übermittelte Nachricht' (20. Jh.); F e r n s p r e c h e r m. 1795 für den optischen Telegraphen (s. oben *Fernschreiber*), 1875 von der Post als dt. Ausdruck für *Telefon* eingeführt (frz. *téléphonie électrique* 1854); F e r n g e s p r ä c h n. 'telefonisch geführtes Gespräch nach oder von außerhalb' (um 1900); F e r n s e h e n n. 'Television' (wohl Anfang 20. Jh.), möglicherweise unter Einfluß von engl. *television*, obwohl das Verb f e r n s e h e n bereits im 17. Jh. im Sinne von 'vorausschauen' belegt ist, aber erst in der 1. Hälfte des 20. Jhs. die moderne Bedeutung 'eine Televisionssendung anschauen' erhält, wohl in Anlehnung an *fernsprechen* 'telefonieren' (nach 1920); F e r n s e h e r m. 'Televisionsgerät', auch 'wer sich Fernsehsendungen ansieht' (Anfang 20. Jh.), älter (17. Jh.) 'Fernrohr'.

Ferse f. 'Hacke, hinterer Teil des Fußes, Strumpfes oder Schuhs', ahd. *fersna, fersana* (um 800), mhd. *versen(e), verse*, mnd. *vērse(ne)*, mnl. *versene*, nl. *verzenen* (Pl.), aengl. (mit anderer Stammbildung) *fiersn*, got. *faírzna* verbinden sich mit lat. *perna* 'Hinterkeule', griech. *ptérna* (πτέρνα) und aind. *pā́rṣṇiḥ* 'Ferse' und führen auf ie. **pĕrsn-* 'Ferse', das in einzelnen Sprachen unterschiedlichen Deklinationsklassen folgt. – F e r s e n g e l d n., mhd. *versengelt* in der nicht befriedigend zu deutenden Wendung *Fersengeld geben* 'fliehen, sich davonmachen' (13. Jh.). Anschluß an den Rechtsausdruck *Fersengeld* 'Steuer, Abgabe zur Beurkundung der Hörigkeit' (vgl. Dt. Rechtswb. 3, 503) ist schwierig und nicht erweisbar.

fertig Adj. 'bereit, beendet, erschöpft'. Das nur im dt.-nl. Sprachgebiet belegte Adjektiv ahd. *fartīg, fertīg* 'beweglich, flüchtig, bereit' (9./10. Jh.), mhd. *vertec, vertic* 'bereit, tüchtig', mnd. *vērdich*, mnl. *vaer-, veer-, verdich*, nl. *vaardig* ist eine Ableitung von dem unter *Fahrt* (s. d.) behandelten Substantiv und bedeutet ursprünglich 'zur Fahrt, zum Gehen bereit, gerüstet', dann 'bereit, rüstig', schließlich 'zu Ende gearbeitet, gebrauchsbereit, ausgereift'. – f e r t i g e n Vb. 'herstellen, fabrizieren', mhd. *vertigen, vertegen* 'zur Fahrt rüsten, zustande bringen'. F e r t i g u n g f. 'Herstellung', mhd. *vertigunge* 'Ausstattung, Ausfertigung, Auftrag, Fracht'. An mhd. *vertic* in der Bedeutung 'beweglich, geschickt' schließt sich an F e r t i g k e i t f. 'Übung, Fähigkeit, Geschicklichkeit' (16. Jh.). f e r t i g m a c h e n Vb. 'jmdn. physisch oder psychisch erledigen, scharf zurechtweisen' (1. Hälfte 20. Jh.); eigentl. *fertig machen* 'zustande, zu Ende bringen, bereit machen' (14. Jh.).

Fes, F e z m. 'rote Filzkappe', Kopfbedekkung für Männer in arab. Ländern, türk. *fes*, nach der marokkanischen Stadt *Fes*, dem ursprünglichen Herstellungsort dieser Kopfbedeckung, benannt; die Bezeichnung gelangt im 19. Jh. über Reisebeschreibungen ins Dt.

fesch Adj. 'flott, elegant, schick', verkürzt und eingedeutscht aus (Anfang 19. Jh.) entlehntem engl. *fashionable* 'modern, elegant', zu engl. *fashion* 'Gestalt, feine Lebensart, Mode' (aus gleichbed. frz. *façon*, s. *Fasson*). Das seit der ersten Hälfte des 19. Jhs. in der Wiener Umgangssprache beliebte *fesch* verbreitet sich rasch über das gesamte dt. Sprachgebiet.

[1]**Fessel** f. 'Strick, Kette um Füße oder Hände zur Behinderung freier Bewegung', ahd. *feȝȝil* m. 'Gürtel, Gurt' (9. Jh.), mhd. *veȝȝel* m. f. 'Schwert-, Schildgehenk', mnd. *vētel*, aengl. *fetel* m., engl. *fettle*, anord. *fetill* m., germ. **fatila-* sind Bildungen mit dem Suffix germ. *-ila-* zur Wurzel ie. **pĕd-, *pŏd-* 'fassen; Gefäß' (s. *fassen*); sie bezeichnen ein 'Band, an dem etw. getragen wird, das etw. zusammenhält', d. h. einen 'Gurt, Gürtel', ein 'Schulterband' u. dgl. Die heutige Bedeutung sowie das fem. Genus übernimmt das Wort im 15. Jh. nach Vermischung mit dem untergegangenen (vereinzelt noch im 18. Jh. belegten) ahd. *feȝȝara* f. 'Fußschlinge, Fußfessel'

(9. Jh.), mhd. *vezzer* f. 'Fessel', das mit seinen Entsprechungen asächs. *feteros* (Plur.), mnl. *vēter*, nl. *veter* 'Schnürriemen, Fessel', aengl. *feter*, engl. *fetter*, anord. *fjǫturr*, schwed. *fjättrar* (Plur.) und ²*Fessel* auf ie. **pĕd-*, **pŏd-* (s. *Fuß*) zurückgeht, wozu auch lat. *pedica* 'Fessel, Schlinge' (zum Anbinden von Tieren am Fuß) und griech. *pédē* (*πέδη*) 'Fessel' gehören. – f e s s e l n Vb. 'durch Anlegen einer Fessel an freier Bewegung hindern' (15. Jh.); vorher (als Ableitung von ahd. *fezzara*, s. oben) ahd. *fezzarōn* (9. Jh.), mhd. *vezzeren*. F e s s e l b a l l o n m. 'an einem Drahtseil oder Kabel befestigter Ballon' (Ende 19. Jh.), s. auch *Ballon*.

²**Fessel** f. bei bestimmten Huftieren 'unterer Teil des Beins zwischen Mittelfuß und Huf', d.i. ursprünglich die Stelle, an der man das Pferd beim Weiden anbindet; danach auch (beim Menschen) 'Teil des Unterschenkels über dem Knöchel', mhd. *vezzel, vizzel* m., zur Wurzel von *Fuß* (s. d.) gehörig, ebenso wie mhd. *vezzer* (s. ¹*Fessel*).

Fest n. 'Festtag, Feier', mhd. *fest* 'Festtag' (13. Jh.) ist Entlehnung von lat. *fēstum* 'Fest, Festtag', dem substantivierten Neutrum des Adjektivs lat. *fēstus* 'festlich, feierlich', ursprünglich Bezeichnung für Tage, die 'religiösen Feiern gewidmet' sind. Lat. *fēstus* ist wie *fēriae* (s. *Ferien* und *Feier*) etymologisch verwandt mit lat. *fānum* 'heiliger, der Gottheit geweihter Ort' (s. *fanatisch*). Die Verbreitung von mhd. *fest* in der allgemeinen Bedeutung 'Feier, fröhliche Veranstaltung' führt zu einer Bedeutungsverengung von mhd. *hōch(ge)zīt* 'kirchliches oder weltliches Fest' zu nhd. *Hochzeit* 'Vermählungsfeier' (s. d.). – f e s t l i c h Adj. 'feierlich, in fröhlicher, gehobener Stimmung, nicht alltäglich' (17. Jh.).

fest Adj. 'hart, dicht, dauerhaft, kräftig'. Dem *ja*-Stamm ahd. *festi* (8. Jh.), mhd. *vest(e)* 'hart, stark, beständig' gegenüber bewahren asächs. *fast*, mnd. mnl. nl. *vast*, aengl. *fæst*, engl. *fast*, anord. *fastr*, schwed. *fast* die alte (umlautlose) Adjektivform; vgl. auch got. *fastan* 'festhalten, halten' (s. *fasten*) sowie das Adverb nhd. *fast* (s. d.). Außergerm. läßt sich nur ein Zusammenhang mit armen. *hast* 'dick, dicht' und aind. *pastyàm* 'Behausung, Wohnstätte' (im Sinne von 'fester Wohnsitz') herstellen, so daß ie. **past-* 'fest' erschlossen werden kann. Die Form *feste* Adv. 'sehr, tüchtig', mhd. *veste* bleibt bis ins 18. Jh. üblich und gilt noch heute in Mundart und Umgangssprache. – F e s t e f. 'Burg, Festung', ahd. *festī(n)* 'Festigkeit, Kraft, das Beharren, Schutz, Dauerhaftigkeit, Grundlage, sicherer Ort, Festung' (8. Jh.), mhd. *veste* 'Festigkeit, Härte, sicherer, befestigter Ort'. F e s t u n g f. 'befestigter Ort, Verteidigungsanlage', ahd. *festinunga* 'Stärkung, Begründung, Behauptung, Bestätigung' (9./10. Jh.), mhd. *vest(en)unge* 'Bekräftigung, Festsetzung, Befestigung, Festung', abgeleitet von ahd. *festinōn* 'befestigen, festsetzen, dafürhalten' (8. Jh.), *festen* 'befestigen, beweisen' (9. Jh.), mhd. *vestenen, vesten* 'fest und beständig machen, festsetzen, verschanzen'. f e s t i g e n Vb. und b e f e s t i g e n Vb. 'festmachen', beide 15. Jh., vgl. ahd. *bifestinōn* 'befestigen, besetzen' (8. Jh.). F e s t i g k e i t f. 'Härte, Dichte, Beständigkeit', mhd. *vestecheit*. F e s t l a n d n., im 17. Jh. noch *festes Land*, seit Anfang des 19. Jhs. für *Kontinent* (s. d.). f e s t s t e l l e n Vb. 'unbeweglich machen, erforschen, vereinbaren, bestätigen' (17. Jh.).

Festival n. 'Festspiel, große, mehrtägige festliche Veranstaltung'. Im 19. Jh. wird engl. *festival* 'Musikfest' ins Dt. aufgenommen. Es ist eine Substantivierung des Adjektivs engl. mengl. *festival* 'festlich', das afrz. *festival* (mlat. *festivalis* Adj. 'festlich, feierlich', abgeleitet von lat. *fēstīvus* 'festlich', s. *Festivität, Fest*) fortsetzt. *Festival* bezeichnet heute meist periodisch wiederkehrende Festveranstaltungen, vgl. *Theater-, Film-, Jugendfestival.*

Festivität f. 'Fest, Vergnügen', bereits im 16. Jh. aus lat. *fēstīvitās* (Gen. *fēstīvitātis*) 'Vergnügen, Witz', spätlat. 'Festlichkeit' entlehnt (Ableitung von lat. *fēstīvus* 'festlich, heiter', zu lat. *fēstus*; s. *Fest*). Die deutlich ihren lat. Ursprung zeigende Bildung wird im 18. Jh. in der Studentensprache beliebt und entwickelt sich (ähnlich wie *Fete*, s. d.) zu einem heiteren Ausdruck für 'vergnügte Festlichkeit'.

Fete f. 'Fest, Party'. Frz. *fête* 'Fest, Feier' (aus lat. *fēsta*, dem substantivierten Femininum zum Adjektiv *fēstus*, s. *Fest*) wird im 18. Jh. ins Dt. übernommen, gewinnt im 19. Jh. allgemeine Verbreitung und gilt seitdem als heiterer Ausdruck für ein 'fröhliches, ausgelassenes Beisammensein'.

Fetisch m. 'Gegenstand religiöser Verehrung, dem übernatürliche Kräfte zugeschrieben werden' (bei afrikan. und westind. Naturvölkern). Der Ausdruck erscheint im 17. Jh. in der Form *Fetisso, Fetis* als Übernahme von port. *feitiço* 'Zauberei, Hexerei' (Substantivierung des Adjektivs *feitiço* 'unecht, künstlich, nachgemacht') in dt. Reisebeschreibungen; im 18. Jh. wird er aus (ebenfalls dem Port. folgendem) frz. *fétiche* neu entlehnt. Port. *feitiço* geht auf lat. *factīcius* 'nachgemacht, dem Natürlichen entgegengesetzt' (zu lat. *facere* 'machen, tun') zurück. – F e t i s c h i s m u s m. 'Fetischkult, übertriebene Verehrung eines Gegenstands, krankhafte Erregung durch einen Gegenstand' (Anfang 19. Jh.).

fett Adj. 'sehr beleibt, dick, fetthaltig (von Speisen)'. Das ursprünglich nur nd. Adjektiv (gegenüber hd. *feist*), vgl. mnd. *vet*, nd. *fett*, mnl. nl. *vet*, ist wie die unter *feist* (s. d.) genannten Formen durch Kontraktion der Partizipialform germ. **faitiða-* entstanden. Seit dem 14. Jh. ist *fett* in md. Texten nachzuweisen, seine Ausbreitung in das hd. Sprachgebiet nimmt durch Luther zu; heute allgemein üblich. – Aus dem Adjektiv gebildet F e t t n. 'organisches (aus Estern des Glyzerins und Fettsäuren bestehendes, tierisches oder pflanzliches) Produkt', mnd. *vet, vette*, nl. *vet*, im Hd. zuerst im 15. Jh. Häufig in Redensarten (ursprünglich wohl abschwächend für 'Schläge, Prügel') *sein Fett kriegen* (18. Jh.), *jmdm. sein Fett geben* (19. Jh.). f e t t e n Vb. 'mit Fett versehen', mhd. *vetten, vetzen*, mnd. *vetten.* f e t t i g Adj. 'fett (von Speisen), mit Fett beschmiert' (16. Jh.). F e t t i g k e i t f. 'Fettsein', spätmhd. *veticheit* (14. Jh.). F e t t n ä p f c h e n n. 'Behälter für Fett'; *ins Fettnäpfchen treten*, eigentl. wohl in den Napf mit Stiefelfett, dann übertragen 'sich ungeschickt verhalten, sich unbeliebt machen' (19. Jh.).

Fetus, Fötus m. 'Embryo ab drittem Monat'; lat. *fētus* m. 'das Zeugen, Gebären, Sprößling, Kind' geht mit seiner Nebenform *foetus* im Sinne von 'Leibesfrucht' in die lat. Wissenschaftssprache der Medizin ein und ist als *Fötus* seit Anfang des 19. Jhs. auch aus allgemeinsprachlichen Texten belegbar. Erst in neuester Zeit wird in medizinischer Fachsprache die dem klass. Lat. entsprechende Form *Fetus* bevorzugt.

Fetzen m. 'Lumpen, abgerissenes Kleidungsstück', spätmhd. *vetze.* Die substantivische Bildung gehört zu dem unter *fassen* (s. d.) behandelten Verb (wobei ein ehemaliges *j* der zweiten Silbe des Substantivs die Verschiedenheit der Konsonanz im Vergleich zum Verb bewirkt) und knüpft an die Bedeutung 'sich kleiden' an, die noch in mhd. *vaȥȥen* erhalten ist. Vgl. verwandtes anord. *fat* 'Gefäß, Decke, Kleid', Plur. *fǫt* 'Kleider' sowie *Faß* (s. d.). In Süddeutschland gilt *Fetzen* heute weithin für 'Lappen'. – f e t z e n Vb. 'zerreißen' (Ende 15. Jh.); häufiger z e r f e t z e n Vb. 'in Stücke zerreißen' (16. Jh.). Dazu in der modernen expressiven Sprache der Jugend *das fetzt (ein)* 'findet großen Anklang, schlägt ein, reißt mit' (70er Jahre 20. Jh.), wobei die durch Spirans und Affrikata hervorgerufene Klangschärfe das Verb zum affektisch getönten Ausdruckswort geeignet macht. Davon abgeleitet *fetzig* Adj. 'einschlagend, beeindruckend, mitreißend'.

feucht Adj. 'etwas naß', ahd. *fūht, fūhti* 'naß, bewässert' (8. Jh.), mhd. *viuhte*, mnd. *vucht, vüchte*, mnl. *vocht, vucht*, nl. *vocht*, aengl. *fūht* gehören zur schwundstufigen Form der unter *Fenn* (s. d.) behandelten Wurzel ie. **pen-* 'Schlamm, Sumpf, Wasser, feucht'. Ausfall des Nasals (germ. **funhti-*?) führt zur Dehnung des Vokals. – F e u c h t e f. 'leichte Nässe', ahd. *fūhtī* 'Flüssigkeit, Feuchtigkeit, Naß' (8. Jh.), mhd. *viuhte*, im Nhd. weitgehend abgelöst durch F e u c h t i g k e i t f., mhd. *viuhtecheit*, Ableitung von mhd. *viuhtec, viuhtic* Adj. 'feucht'. f e u c h t e n Vb. 'naß werden, machen', ahd. *fūhten* 'benetzen, naß sein, befeuchten' (um 800), mhd. *viuhten*, nhd. meist in Präfixverben wie *an-, befeuchten* (15. Jh.).

feudal Adj. 'das Lehnswesen, den mittelalterlichen Lehnsstaat und die Privilegien des Adels betreffend'. Zuerst *feudalisch* (17./18. Jh.), danach *feudal* 'das Lehnswesen betreffend' (um 1800), auch 'adlig, vornehm' sowie 'reaktionär' (2. Hälfte 19. Jh.), entlehnt aus mlat. *feodalis, feudalis* 'belehnt, auf das Lehnswesen bezüglich'. Zugrunde liegt germ. (anfrk.) **fehu* 'Vieh, Besitz' (vgl. asächs. *fehu*, s. *Vieh*). Dieses erlangt im Karolingerreich (9. Jh.) die Bedeutung 'erbliches Lehen' und wird in diesem Sinne latinisiert zu mlat. *feum, fevum* (10. Jh.) bzw. (in Analogie zu dem semantisch nahestehenden Rechtsbegriff mlat. *alodum, allodium* 'Eigentum, Eigengut', aus afrk. *alōd* 'Habe, Besitz') zu mlat. *feodum* (9. Jh.), *feudum* (11. Jh.). – F e u -

d a l i s m u s m. ‘Lehnswesen’, Gesellschaft, in der die Hoheitsrechte durch die aristokratische und klerikale, über den Grundbesitz verfügende Oberschicht (*Feudalherren*) ausgeübt werden (1. Hälfte 19. Jh.). f e u d a l i s t i s c h Adj. ‘die feudale Gesellschaftsform betreffend, auf den Feudalismus bezüglich’ (19. Jh.).

Feuer n. ‘Brand, Flammenbildung’, ahd. *fiur* (8. Jh.), mhd. *viur, viwer, viuwer*, asächs. *fiur*, mnd. *vūr*, mnl. *vuur, vier*, nl. *vuur*, aengl. *fȳr*, engl. *fire*, anord. *fūrr, fȳrr.* Verwandt sind griech. *pȳ́r* (πῦρ), umbr. *pir*, tschech. (älter) *pýř*, die auf einen ursprünglich heteroklitischen *r/n*-Stamm ie. **peu̯ōr*, **pŭr*, Gen. **punés* zurückgehen; den *n*-Stamm bewahren got. *fōn*, vielleicht auch anord. *funi* ‘Feuer’ und (mit *k*-Suffix) *Funke* (s. d.). Die etymologische Entwicklung der genannten Formen ist im einzelnen undurchsichtig; sie dürfte von morphologischen Einflüssen bestimmt worden sein. Vgl. BAMMESBERGER Die Morphologie des urgerm. Nomens (1990) 205. – f e u e r n Vb. ‘Feuer machen’, ahd. *fiurēn* ‘glühen, Flammen, Feuer speien’ (um 800), *fiuren* ‘glühend machen’ (10. Jh.), mhd. *viuren*; im Sinne von ‘schießen’ seit dem 17. Jh. F e u e r u n g f. ‘das Heizen, Brennstoff’, älter ‘Feuer, Brand’ (Ende 15. Jh.). f e u r i g Adj. ‘brennend, glühend, temperamentvoll’, mhd. *viurec, viuric.* F e u e r p r o b e f. ‘Metallprüfung durch Feuereinwirkung’ (17. Jh.), erst spät auch Bezeichnung für das mittelalterliche Gottesurteil (18. Jh.). F e u e r s t e i n m. knollenförmiger, dunkler Kieselsäurestein zum Feuerschlagen, ahd. *fiurstein* (Hs. 12. Jh.), mhd. *viurstein.* F e u e r w e h r f. ‘zur Brandbekämpfung ausgebildete Mannschaft und ihre Gerätschaften’ (1841). F e u e r w e r k n. ‘Erzeugung farbiger Lichteffekte’ (16. Jh.), beim Aufkommen der Feuerwaffen auch im Sinne von ‘Munition’; vgl. spätmhd. *viurwerc* ‘Brennmaterial’. F e u e r z e u g n. ‘Gerät zum Erzeugen von Feuer’ (d. i. Stahl, Stein, Zunder, schließlich mit Hilfe von Benzin oder Gas), spätmhd. *viurziuc.*

Feuilleton n. ‘kultureller und unterhaltender Teil einer Zeitung’, zu Anfang des 19. Jhs. im Dt. nachweisbar. Übernahme von frz. *feuilleton* ‘Heft von 8 Seiten, Beiblatt’ (seit 1800 Titel eines besonderen Teils des Pariser „Journal des Débats“). Frz. *feuilleton* ist abgeleitet von frz. *feuillet* ‘Blatt von einem Bogen’, gebildet zu frz. *feuille* ‘Blatt, Bogen, Papier, Zeitung’ (aus vlat. *folia* ‘Blatt’, s. *Folie*). – F e u i l l e t o n i s t m. ‘Verfasser von kulturell-unterhaltsamen Zeitungsartikeln’ (1. Hälfte 19. Jh.), frz. *feuilletoniste.*

Fez m. ‘Spaß, Vergnügen’, wohl aus frz. *fêtes*, Plur. zu *fête* (s. *Fete*), in der Umgangssprache eingedeutscht, verbreitet sich im 19. Jh. von Berlin aus.

Fiaker m. ‘Mietkutsche, Lohnkutscher’, im 18. Jh. aus frz. *fiacre* ‘Mietkutsche’, benannt nach einem mit dem Bild des heiligen *Fiacrius* (frz. *saint Fiacre*) geschmückten Gebäude in Paris, wo bereits im 17. Jh. Kutschen vermietet werden. Die Bezeichnung wird bald auch auf den Kutscher übertragen. *Fiaker* ist besonders im bair.-öst. Raum heimisch, während sich im übrigen Sprachgebiet von Berlin aus *Droschke* (s. d.) verbreitet.

Fiasko n. ‘Mißerfolg (einer Theateraufführung), Zusammenbruch’, im ersten Viertel des 19. Jhs. wohl von ital. *far fiasco*, eigentl. ‘eine Flasche machen’, von Theateraufführungen ‘durchfallen’ (ital. *un dramma fa fiasco* ‘ein Theaterstück fällt durch’), in der Fügung *Fiasko machen* (zuerst ebenfalls von Bühnenaufführungen) ins Dt. übernommen. Da die Wendung auch ins Frz. entlehnt wird (frz. *faire fiasco* ‘keinen Erfolg in der Öffentlichkeit haben’), kann das frz. Vorbild die Verbreitung im Dt. befördert haben. Die Deutung des Ausdrucks ist unsicher. Es wird angenommen, daß ital. *far fiasco* für *appiccare il fiasco* ‘diffamieren’ (eigentl. ‘eine Flasche anhängen’) steht, wobei *fiasco* wie nhd. *Flasche* (s. d.) und andere Bezeichnungen für Hohlkörper eine abschätzige Bedeutung hat. *Fiasko* stammt wie *Flakon* (s. d.) letztlich aus dem Germ., gehört also auch etymologisch zu nhd. *Flasche.*

Fibel f. ‘Lesebuch für Schulanfänger’ ist als kindersprachliche Zersprechung von *Bibel* (s. d.) seit Anfang des 15. Jhs. bezeugt (das Lehrbuch enthielt ehemals Lesestücke aus der Bibel), wird von Luther aufgenommen und verbreitet sich danach in der Literatursprache.

Fiber f. ‘Faser’ (von Muskeln und Pflanzen). Der Plural *Fibren* erscheint bereits im 16. Jh. in einer Übersetzung aus dem Lat., aber erst im 18. Jh. wird *Fiber*, Entlehnung aus lat. *fibra* 'Faser an Wurzeln, Pflanzen und Eingeweiden', im Dt. üblich.

Fichte f. Nadelbaum, Äste rundum mit spitzen Nadeln, Zapfen länglich und nach unten hängend. Der Name lautet sowohl ahd. *fiuhta* (10./11. Jh.), asächs. *fiuhtia*, mnd. *vüchte* ('Kiefer'), wozu nhd. (landschaftlich) *Feuchte, Feicht(e)*, als auch ahd. *fiohta* (11. Jh.), woraus mhd. *viehte*, nhd. *Fichte*. Verwandt sind griech. *pe͞ukē* (πεύκη) 'Nadelbaum, Fichte', apreuß. *peuse* 'Kiefer' und (schwundstufig) lit. *pušìs* 'Kiefer, Fichte'. Sie führen mit griech. *peukedanós* (πευκεδανός) 'stechend, verwundend', *echepeukḗs* (ἐχεπευκής) 'scharf, spitzig' auf ie. **peuk̂-* 'stechen', so daß *Fichte* als 'die Stechende' aufzufassen ist. Die Beschränkung des Namens auf das Dt. innerhalb der germ. Sprachen ist durch die ursprüngliche Verbreitung des Baumes bedingt. Landschaftlich gilt *Fichte* auch für 'Tanne' und 'Kiefer'. – f i c h t e n Adj. 'aus Fichtenholz', spätmhd. *viehtīn*.

ficken Vb. 'miteinander schlafen', mhd. *ficken* 'reiben', frühnhd. 'reiben, jucken, kratzen', nhd. (mundartlich) 'reiben, kurze und rasche Bewegungen machen, mit Ruten schlagen'. Seit dem 16. Jh. ist für das in den Mundarten überall verbreitete Verb auch die Bedeutung 'miteinander schlafen' nachzuweisen, die im gesamten dt. Sprachgebiet üblich wird. Diese metaphorische Verwendungsweise, die auf Grund der Ausgangsbedeutung wohl von Anfang an anstößig gemeint ist, macht *ficken* im Nhd. zu einem äußerst derben Ausdruck mit nur geringer literarischer Bezeugung. Als Verwandte können gelten nl. *figgelen* 'hin und her bewegen', engl. (mundartlich) *to fidge* 'unruhig sein', schwed. (mundartlich) *fickla* 'ungeschickt sein'. Die Etymologie ist ungeklärt; wahrscheinlich ist das Verb als eine Bildung affektischer Lautmalerei anzusehen. – Die alte Bedeutung 'unruhig hin und her fahren' ist erhalten in f i c k e r i g Adj. 'unruhig'. Als ablautende Reduplikationsbildungen (vgl. *Singsang*) erscheinen landschaftlich f i c k f a c k e n Vb. 'hin und her laufen, Ausflüchte machen', auch 'mürrisch reden, Possen treiben'; F i c k f a c k m. 'Schlag mit der Rute' (17. Jh.), 'Ausflucht'; F i c k f a k k e r m. 'unruhiger Mensch'.

fidel Adj. 'lustig, vergnügt'. Im 17. Jh. wird lat. *fidēlis* Adj. 'treu, zuverlässig' (zu lat. *fidēs* 'Treue, Glaubwürdigkeit, Vertrauen') ins Dt. übernommen. Sowohl lat. *fidēlis* wie dt. *fidel* 'treu' entwickeln im 18. Jh. in der Studentensprache den Sinn 'lustig, vergnügt'.

Fidibus m. '(gefalteter) Papierstreifen zum Anzünden des Feuers, vor allem der Pfeife' (17. Jh.), Wort der Studentensprache unsicherer Herkunft. Der Ausdruck wird aus der Interpretation eines Verses von Horaz erklärt: *et ture et fidibus iuvat placare ... deos* 'mit Weihrauch und Saitenspiel laßt uns die Götter besänftigen', wobei scherzhaft *tūre* (Ablativ Sing. von lat. *tūs* 'Weihrauch') als 'Tabaksqualm' und *fidibus* (Ablativ Plur. von lat. *fidēs* 'Saite') als 'Pfeifenanzünder' gedeutet wird.

Fieber n. 'erhöhte Körpertemperatur', ahd. *fiebar* (9. Jh.), mhd. *fieber, vieber*, mit Genuswechsel aus gleichbed. lat. *febris* f. entlehnt. In übertragenem Sinne 'Eifer, Erregung'. – f i e b e r n Vb. 'an erhöhter Temperatur leiden, aufgeregt sein, etw. heftig ersehnen', spätmhd. *fiebern*. f i e b r i g Adj. 'an Fieber leidend, aufgeregt', spätmhd. *fieberic*. f i e b e r h a f t Adj. 'hektisch, aufgeregt' (17. Jh.).

Fiedel f. mittelalterliches Streichinstrument der Spielleute, 'Geige', ahd. *fidula* (9. Jh.), mhd. *videl(e)*, mnd. *vēdele, viddel(e)*, mnl. *vēdel(e)*, nl. *vedel*, aengl. *fiþele*, engl. *fiddle*, anord. *fiðla*, schwed. (mundartlich) *fela* ist etymologisch ungeklärt. Da es sich um ein im Germ. verbreitetes Wort handelt, ist germ. Herkunft (ohne weitere bisher erkannte Anknüpfungsmöglichkeiten) durchaus erwägenswert. Die allenthalben vertretene Herleitung aus dem Mlat. ist wohl abzulehnen, da mlat. *vitula, vidula* 'Saiteninstrument' erst im 11. Jh. (Constantinus Africanus) bezeugt ist. Direkte Anknüpfung der germ. Formen an das Verb lat. *vītulārī* 'frohlocken, jubeln, einen Sieges- oder Lobgesang anstimmen' (vgl. auch *Vītula* 'Göttin des Sieges und des Jubels über den Sieg') bleibt fragwürdig. Eher ist mlat. *vitula* als Latinisierung von ahd. *fidula* bzw. einer entsprechenden germ. Form anzusehen. – f i e d e l n Vb. 'auf der Fiedel spielen', mhd. *videlen*. F i e d e l b o g e n m., mhd. *videlboge*.

fies Adj. 'ekelerregend, widerlich', geläufig in nd. und rhein. Mundart, im 20. Jh. allgemein in der hd. Umgangssprache üblich; Herkunft unsicher. Für nl. *vies* (16. Jh.), mnd. *vīs*, nd. *fies* 'ekelhaft, empfindlich, wählerisch' macht ROSENFELD in: PBB (H) 80 (1958) 424f. Adjektivierung von nl. rhein. *fīs* 'Darmwind' glaubhaft (indem etwa aus einem Kompositum *Fieskerl* eine attributive Fügung *der fiese Kerl* entsteht); vgl. frühnhd. *feisen* (Anfang 15. Jh.), nd. *fīsen*, mnl. *vīsen* 'furzen'. Dies könnte mit lat. *spīrāre* 'blasen, wehen, atmen' (s. *Spiritus*) verwandt sein, so daß Anschluß an eine Wurzel ie. **(s)peis-* 'blasen' möglich ist.

Figur f. 'Gestalt, Erscheinung, plastische Menschen- oder Tierdarstellung, geometrisches oder künstlerisches Gebilde'. Mhd. *figūre, figūr* 'Gestalt, Erscheinung' wird, teilweise wohl über gleichbed. afrz. *figure*, aus lat. *figūra* 'Bildung, Gestalt, Gebilde, Beschaffenheit' entlehnt (zu lat. *fingere, fictum*, 'bilden, formen, ersinnen, erdichten'; s. *fingieren, Fiktion*). – f i g ü r l i c h Adj. 'die Figur betreffend, bildlich' (15. Jh.). f i g u r i e r e n Vb. 'auftreten, eine Rolle spielen', mhd. *figūrieren* 'gestalten', aus lat. *figūrāre* oder afrz. *figurer* '(ab)bilden, gestalten'.

Fiktion f. 'Annahme, Unterstellung, Erdichtung', im 17. Jh. als juristischer und wissenschaftlicher Terminus aus lat. *fictio* (Gen. *fictiōnis*) 'Bildung, Gestaltung, Erdichtung' (zu lat. *fingere, fictum*, 'bilden, erdichten, vorgeben', s. *fingieren*) entlehnt. Die Fügung *poetische Fiktion* ist möglicherweise von frz. *fiction (poétique)* beeinflußt. Vgl. engl. *science fiction* 'utopische Dichtung auf wissenschaftlicher Grundlage'. – f i k t i v Adj. 'erdichtet, nur gedacht, nicht wirklich' (19. Jh.), frz. *fictif*.

Filet n. 'feine durchbrochene Handarbeit' (18. Jh.), 'Lendenstück von Schlachtvieh und Wild, entgrätetes Rückenfleisch vom Fisch' (19. Jh.). Das Substantiv ist in beiden Bedeutungen Übernahme von frz. *filet*. Dieses, zunächst im Sinne von 'dünner Faden' Deminutivbildung zu frz. *fil* 'Faden' (aus gleichbed. lat. *fīlum*), wird neben anderen übertragenen Verwendungen schon seit dem 14. Jh. auch für das zarte, knochenlose Lendenstück gebraucht, vermutlich deshalb, weil solches Fleisch häufig gerollt und mit einem Faden zusammengebunden wird (vgl. ebenfalls aus dem Frz. entlehntes engl. *fillet* 'Lendenstück, Roulade'); frz. *filet* 'aus Fäden, Schnüren geknüpftes Fischnetz', zu dem sich die jüngere Bedeutung 'aus dünnen Fäden gefertigte durchbrochene Handarbeit' stellt, ist hingegen durch Suffixwechsel umgebildet aus afrz. mfrz. *filé* 'Netz', das eine Form **fīlātum* voraussetzt (wohl Part. Perf. von spätlat. *fīlāre* 'zum Faden ziehen, spinnen', nach GAMILLSCHEG [2]427 jedoch Kollektivableitung von lat. *fīlum*).

Filiale f. 'Zweigstelle, Nebenstelle'. Auf kirchenlat. *fīliālis* 'kindlich, im Abhängigkeitsverhältnis eines Sohnes, einer Tochter stehend' (zu lat. *fīlius* 'Sohn', *fīlia* 'Tochter'; vgl. mlat. *filiae* Plur. 'von einem großen Kloster abhängige kleine Klöster') beruht das substantivierte Neutr. nlat. *filiale* 'Tochterkirche', frühnhd. *Filial* (16. Jh.), wozu die Zusammensetzung *Filialkirche* (um 1600). Nach diesem Muster entstehen in der 1. Hälfte des 19. Jhs. *Filialhandlung, Filialbank*, während daraus rückgebildetes *Filiale* f. erst in der 2. Hälfte des 19. Jhs. begegnet.

Filigran n. 'Schmuckarbeit aus einem Geflecht von Silber- oder Goldfäden' (Anfang 18. Jh.), älter *Filigranarbeit* (17. Jh.), aus gleichbed. ital. *filigrana* (ital. *filo* 'Faden' aus lat. *fīlum* und ital. *grana* f. 'Korn, Beere', auch 'körnige Struktur', aus lat. *grāna*, Plur. von lat. *grānum* 'Korn, Körnchen, Kern'; s. *Gran*). Zentren der Filigranarbeit sind im 17. Jh. Florenz und Rom.

Film m. 'sehr dünne Schicht', fotografisch 'mit einer lichtempfindlichen Schicht überzogener durchsichtiger und flexibler Streifen'. Das gegen Ende des 19. Jhs. ins Dt. übernommene engl. *film* 'dünnes Häutchen, Überzug, Film', aengl. *filmen* 'Membrane, Eihaut, Vorhaut' gehört zur ie. Wurzel und Verwandtschaft von *Fell* (s. d.). Als Bezeichnung des fotografischen Steifens für Lichtbilder, im 20. Jh. auch für Lichtspielbilder und die dargestellte Handlung, heute in fast allen Sprachen üblich. – f i l m e n Vb. 'einen Film drehen'; v e r f i l m e n Vb. 'eine Handlung zu einem Film verarbeiten' (beide 20. Jh.).

Filou m. 'Gauner, Spitzbube, gerissener Kerl', Übernahme von frz. *filou*, im 17. Jh. 'Dieb, Spitzbube', im 18. Jh. 'Schlaukopf, gerissener Kerl'. Die Herkunft ist nicht sicher. Verschiedentlich wird an engl. *fellow* 'Bursche' angeknüpft. Besser aber ist frz. *filou* als Wort der Gaunersprache anzusehen, das auf einer Mundartform von frz. *fileur* 'Spinner, wer etw. anzettelt' beruht, zu frz. *filer* 'spinnen'.

Filter m. n. 'Vorrichtung, die bestimmte

Substanzen auffängt, zurückhält', im 19. Jh. (in Anlehnung an älteres *filtern*, s. unten) aus mlat. *filtrum* (seit dem 16. Jh. in dt. Texten) eingedeutscht. Mlat. *filtrum*, eigentl. 'Seihvorrichtung aus Filz', ist als Latinisierung der Alchimistensprache (8. Jh.) gebildet aus einer unverschobenen germ. Form (etwa westgerm. bzw. anfrk. **filtir* Plur.) von dem unter *Filz* (s. d.) behandelten Substantiv. – filtrieren Vb. 'durch ein Filter geben', im 16. Jh. wohl eher aus mlat. *filtrare* als aus (ebenfalls seit dem 16. Jh. bezeugtem) mfrz. frz. *filtrer* entlehnt. filtern Vb., gleichbed. mit *filtrieren*, bereits im 16. Jh. zu mlat. *filtrum* (s. oben) gebildet. Filtrat n. 'gefilterte Flüssigkeit' (19. Jh.), nach dem Part. Perf. mlat. *filtratum*. infiltrieren Vb. 'eindringen, einsickern, einflößen', auch 'politisch-ideologisch unterwandern', gelehrte Bildung des 19. Jhs.; dazu Infiltration f.

Filz m. 'aus Fasern, Haaren gepreßter Stoff', ahd. *filz* 'Umwurf, Lumpen, grobes Tuch' (um 800), mhd. *vilz*, asächs. *filt*, mnd. *vilt*, mnl. *vilt(e)*, *velt*, nl. *vilt*, aengl. engl. *felt*. Germ. **filta* bezeichnet eine 'fest geschlagene, gestampfte Wollmasse' (vgl. ahd. *falzan* 'festschlagen', 8. Jh.) und geht daher vielleicht auf ie. **peld-*, einen mit *-d-* (germ. *-t-*) gebildeten Präsensstamm zur Wurzel ie. **pel-* 'stoßend oder schlagend in Bewegung setzen, treiben' zurück, wozu auch lat. *pellere* 'stoßend, schlagend treiben'. Oder ist besser ein Zusammenhang mit lat. *pilus* 'Haar' bzw. den *s*-Stämmen griech. *pĩlos* (*πῖλος*) 'Filz', lat. *pilleus* 'Filzmütze' und Anschluß an ie. **pilo-* bzw. **pils-* 'Haar' anzunehmen? *Filz* 'geiziger, grober Mensch' (15. Jh.) ist ursprünglich der in Filz, Loden gekleidete, übermäßig sparsame Bauer (vgl. mhd. *vilzgebūr(e)* 'grober Bauer'). – filzig Adj. 'filzähnlich, verfilzt', *vilzeht* (15. Jh.); dann auch 'geizig' (16. Jh.). filzen Vb. 'zu Filz werden, verarbeiten', mhd. *vilzen* 'zu, von Filz machen'. Dagegen entstammt *filzen* 'durchsuchen (nach verbotenen Sachen)' der Gaunersprache, ist zu rotw. *Filtzer* 'Kamm' gebildet und bedeutet eigentl. 'durchkämmen' (19. Jh.). verfilzen Vb. 'zu Filz werden', heute üblicher als das Simplex, mhd. *vervilzen*.

Fimmel m. 'Verrücktheit, Spleen', im 20. Jh. allgemein gebräuchlich. Die Herkunft ist ungewiß. Eine Herleitung von lat. *fēmella* 'männliche Hanfpflanze' (eigentl. 'Weibchen', da die kleinere männliche Pflanze irrtümlich zunächst für weiblich gehalten wird), nhd. *Fimmel, Femel* sowie *Fimmel-, Femelhanf* ist unwahrscheinlich. Aber auch Anknüpfung an nhd. *Fimmel* 'Spaltkeil, schwerer Hammer' bleibt fragwürdig. Eher ist Anschluß an *fummeln* (s. d.), *fimmeln* 'suchend herumtasten' denkbar. *Fimmel* könnte danach ein für andere 'zweckloses, unverständliches Herumtappen' bezeichnen und von daher die Bedeutung 'Verrücktheit, Verschrobenheit, leidenschaftliche Besessenheit' entwickeln.

final Adj. 'den Schluß betreffend, zweckgerichtet, am Ende befindlich'. Gleichbed. lat. *fīnālis* Adj. (zu lat. *fīnis* 'Grenze, Ende') wird im 18. Jh. ins Dt. entlehnt. Voraus geht die Übernahme der substantivierten neutralen Form des Adjektivs lat. *fīnāle*, mit Aufgabe des auslautenden *-e* nhd. *Final* n. 'am Ende stehender Buchstabe' (16. Jh.), 'Schluß eines Musikstücks', auch allgemein 'Ende' (17. Jh.), heute abgelöst durch *Finale* (s. d.). – Finalsatz m. Umstandsbestimmung des Zweckes in der Form eines Gliedsatzes (19. Jh.).

Finale n. 'Ende, Schlußsatz eines Musikstücks, Schlußszene einer Oper', Übernahme von ital. *finale* (aus lat. *fīnālis*, s. *final*) im 17. Jh. Wenn jedoch ital. *finale* erst für das 18. Jh. zu sichern ist (Battisti/Alessio 3, 1646), muß an eine direkte Entlehnung der substantivierten neutralen Form des lat. Adjektivs gedacht werden. Die Verbreitung als Terminus der Musik wird dann durch das im 18. Jh. eindringende gleichlautende ital. *finale* befördert, älteres *Final* n. (s. *final*) ablösend. In übertragenem Sinne (20. Jh.) 'sportlicher Endkampf'.

Finanzen Plur. 'Geldmittel, Geldwesen, Vermögenslage, Staatshaushalt'. Der pluralische Gebrauch ist seit der 2. Hälfte des 17. Jhs. (zuerst 'Geldeinkünfte eines Staates') bezeugt. Zugrunde liegt frz. *finance(s)*, ursprünglich 'Bezahlung, Lösegeld', dann 'Geldmittel (eines Staates)', seit dem 17. Jh. 'Verwaltung der Geldgeschäfte', zu afrz. *finer* 'beenden', speziell '(be)zahlen', aus gleichbed. vlat. **fīnāre*, das von lat. *fīnis* 'Grenze, Ende', spätlat. 'Abgabe, Zoll, (Staats)einnahme', abgeleitet ist. Älter ist im Dt. *Finanz* 'Darlehensgeschäft, Zins', meist in der negativen Bedeutung 'Wucher, Betrug', zuerst *fi-*

nancie (14. Jh., Köln), in der Formel *betrug vnd finantz* (16. Jh.). Dies beruht wohl auf mlat. *financia* '(Grund)zins, Steuer, Abgabe', zu mlat. *finare* 'eine Abgabe oder festgesetzte Summe zahlen'. Unter dem Einfluß von frz. *finance(s)* gilt *Finanz* seit etwa 1600 auch für 'Staatseinkünfte', wird dann aber durch den Plural *Finanzen* (s. oben) ersetzt. – Finanz f. 'Gesamtheit der Bankleute' (19. Jh.), auch *Hochfinanz,* wohl nach frz. Vorbild (vgl. frz. *haute finance*). finanzieren Vb. 'mit Geld unterstützen, bezahlen, Geld beschaffen' (18. Jh.), frz. *financer.* finanziell Adj. 'geldlich, die Finanzen betreffend' (19. Jh.), frz. *financiel.* Finanzier m. 'wer Geldmittel bereitstellt, Geldgeber' (18. Jh.), frz. *financier.*

finden Vb. 'durch Zufall, durch Suchen, durch Nachdenken auf etw. stoßen', ahd. *findan* (8. Jh.), mhd. *vinden*, asächs. *fīðan, findan*, mnd. mnl. nl. *vinden*, aengl. *findan*, engl. *to find*, anord. schwed. *finna*, got. *finþan.* Herkunft ungewiß. Vielleicht mit griech. *patḗin* (πατεῖν) 'auf etw. treten' und lat. *pōns* (Gen. *pontis*) 'Knüppelweg, Brücke' zur Wurzel ie. **pent(h)-* 'treten, gehen, worauf treten, antreffen, finden' (s. auch *fahnden*). – abfinden Vb. 'Ansprüche befriedigen', refl. 'sich zufriedengeben' (16. Jh.); zuerst (14. Jh.) in der nd. Rechtssprache belegt mit der Bedeutung 'durch Gerichtsurteil absprechen, aberkennen'. Abfindung f. 'Befriedigung von Ansprüchen, Entschädigung' (16. Jh.). erfinden Vb. 'bisher noch nicht Vorhandenes ersinnen, erschaffen', ahd. *irfindan* 'erfahren, erkennen, erfassen' (9. Jh.), mhd. *ervinden* 'ausfindig machen, bemerken, erfahren'. Erfindung f. 'das Ersonnene, Erschaffene' (15. Jh.). Erfinder m. 'wer bisher nicht Vorhandenes ersinnt, erschafft' (15. Jh.), heute bes. im technischen Bereich. erfinderisch Adj. 'einfallsreich' (18. Jh.). unerfindlich Adj. 'unerklärlich', spätmhd. *unervindelich.* Fund m. 'das Finden, das Gefundene', in der Schwundstufe des Verbs, mhd. *vunt,* auch bergmannssprachlich 'neuentdeckte Lagerstätte von Erzen', dafür auch Fundgrube f. (14. Jh.), übertragen 'Ort, wo eine Fülle von Erkenntnissen, Belehrungen anzutreffen ist' (Ende 15. Jh.). Ursprünglich wohl zu ablautendem *Fund* gebildet und nachträglich (meist im 16. Jh.) an *finden* angelehnt sind: Findelkind n. 'ausgesetztes, von Fremden gefundenes Kind', vgl. mhd. *vuntkint*, dann auch frühnhd. *vündelkint*, zu frühnhd. *vündel, vindel* 'Findelkind', Deminutivum zu *vunt.* Findling m. 'Findelkind', mhd. *vundelinc*; seit dem 19. Jh. auch 'ein durch Gletscher transportierter Gesteinsblock'. findig Adj. 'erfinderisch, schlau', mhd. *vündec, vündic* 'erfinderisch, findbar', seit dem 16. Jh. in der Form *findig*, s. aber unten *fündig.* spitzfindig Adj., älter *spitzfündig*, 'listig, überklug' (16. Jh.), vgl. auch *spitzer Fund* (Luther) und *Spitzfund* m. (16. Jh.) 'überklug, trügerisch Erdachtes'. ausfindig Adj., älter *ausfündig*, meist in festen Wendungen *ausfindig machen, werden* 'bekanntmachen, bekannt werden, herausfinden, erforschen' (15. Jh.). fündig Adj. 'Bodenschätze aufweisend, ergiebig', seit dem 16. Jh. bedeutungsdifferenzierend die alte Form gegenüber *findig* (s. oben) bewahrend.

Finesse f. 'Feinheit, Kniff, Kunstgriff'. Im 17. Jh. wird frz. *finesse*, Ableitung von frz. *fin* (s. *fein*), ins Dt. übernommen und zuerst in der Bedeutung 'arglistiger Kniff', später (18. Jh.) im Sinne von 'Feinheit, Schlauheit, Kniff' gebräuchlich. Seit dem 19. Jh. vorwiegend für 'Feinheit, schwierige Einzelheit eines Handwerks oder einer Kunst, Trick'.

Finger m. 'jedes der fünf Endglieder der Hand', ahd. *fingar* (8. Jh.), mhd. *vinger*, asächs. *fingar*, mnd. *vinger*, mnl. *vingher*, nl. *vinger*, aengl. engl. *finger*, anord. *fingr*, schwed. *finger*, got. *figgrs*. Germ. **fengra-* kann auf eine Bildung mit ie. *ro*-Suffix zur ie. Form des Zahlworts *fünf* (s. d.) zurückgehen, so daß ie. **penk$^{u̯}$ro-* anzusetzen wäre, das dann für 'einen aus der Gesamtheit der fünf Finger' gelten würde. Aber auch Anschluß an die Verbalwurzel von *fangen* (germ. **fanhan* 'fassen, ergreifen') mit einem Ansatz ie. **penkro-* ist möglich. Die einzelnen Finger haben bereits frühzeitig eigene Bezeichnungen: *Daumen* (s. d.); *Zeigefinger* m. (15. Jh.), dafür ahd. *zeigāri* (9. Jh.), mhd. *zeiger*; *Mittelfinger* m. (15. Jh.); *Ringfinger* m. (16. Jh.) oder *Goldfinger* m., ahd. *goldfingar* (Hs. 12. Jh.), mhd. *goltvinger*; *kleiner Finger* m. (16. Jh.). – fingern Vb. 'mit den Fingern sich an etw. zu schaffen machen, mit ihnen an etw. herumspielen', mhd. *vingern* 'mit den Fingern Zeichen machen, etw. berühren'. Fingerling m. 'Schutzhülle für einen verletzten Finger' (16. Jh.), vgl. mhd. *vingerlinc* 'Fingerring, Siegelring'. F i n g e r n a g e l m. 'Hornschicht auf der Fingerkuppe', mhd. *vingernagel* (14. Jh.). F i n g e r h u t m. 'Schutzkappe für den Mittelfinger beim Nähen', ahd. *fingarhuot* (Hs. 13. Jh.). F i n g e r z e i g m. 'Hinweis, Wink' (16. Jh.); vgl. mhd. *vingerzeic* 'Tadel oder Hohn, indem man auf jmdn. mit dem Finger zeigt'.

fingieren Vb. 'erdichten, vortäuschen, unterstellen', Entlehnung aus lat. *fingere* 'bilden, ersinnen, erdichten, vorgeben, etw. annehmen'. Der Gebrauch folgt der lat. Vorlage; 'erdichten' (16. Jh.), 'vorgeben, simulieren' (Anfang 17. Jh.), 'eine wissenschaftliche Annahme machen, unterstellen' (17. Jh.). S. *Finte, Fiktion.*

Finish n. 'Endkampf, letzte Bemühungen'. Als Ausdruck des Pferderennsports gelangt engl. *finish* 'Endspurt' gegen Ende des 19. Jhs. ins Dt., setzt sich rasch, dem engl. Vorbild folgend, für 'Endkampf' in der gesamten Sportsprache durch und gilt in übertragenem Sinne allgemein für 'Abschluß, letzter Schliff' (Anfang 20. Jh.). Engl. *finish* ist Substantivierung des gleichlautenden Verbs *to finish* 'enden', das sich über afrz. *fenir* (mit Stammerweiterung *-is(s)-* in den Formen des Präs. und Imperf.), lat. *fīnīre* 'begrenzen, beenden' an lat. *fīnis* 'Grenze, Ende' anschließt (s. *Finale*).

Fink m. Der Name ahmt den Naturlaut des Singvogels nach. Ahd. *finko* (8. Jh.), mhd. mnd. mnl. *vinke*, nl. *vink* ergeben germ. **fink(j)an-*, das als alte Deminutivbildung angesehen werden kann gegenüber germ. **finki-*, woraus aengl. *finc*, engl. *finch*. Mit *s-* anlautende, vielleicht unabhängig vom Westgerm. entstandene Formen begegnen in schwed. *spink*, dän. (mundartlich) *spinke* 'Sperling'. Eigene, doch ebenfalls lautnachahmende Namen zeigt das Roman. mit frz. *pinson*, ital. *pincione*, span. *pinzón* 'Fink', das Slaw. mit russ. *pénka* (*пенка*) 'Goldhähnchen', tschech. *pěnice* 'Grasmücke'; vgl. auch griech. *spíngos* (*σπίγγος*) 'Fink' sowie aind. *-víṅka-* (in *kalavíṅkaḥ* 'Sperling'). Da Finken vielfach ihre Nahrung im Straßenunrat suchen, oft in Komposita wie *Mistfink* (ahd. *mistfinko*, Hs. 13. Jh.), *Kotfink* (16. Jh.), *Dreckfink* (18. Jh.).

[1]**Finne** f. 'Spitzflosse, Rückenflosse' (der Haie und Wale, vgl. *Finnwal*), ein aus dem Küstenbereich stammendes und von da in die Allgemeinsprache eingegangenes Wort. Mnd. *finne* 'Feder, Flosse', mnl. *vinne*, nl. *vin*, aengl. *fin(n)*, engl. *fin*, schwed. *fena* verbinden sich wohl als *s*-lose Formen mit lat. *spīna* 'Dorn, Stachel, Rückgrat' und lett. *spina* 'Gerte, Rute'. Dazu könnte als urverwandt auch russ. *spiná* (*спина*) 'Rücken' gehören (falls dies nicht im 16. oder 17. Jh. über poln. *spina* 'Rückgrat' aus lat. *spīna* entlehnt ist). Alle Formen lassen sich (wie auch [2]*Finne*) mit Nasalsuffix zur Wurzel ie. **(s)p(h)ēi-, *(s)p(h)ī-* 'spitz, spitzes Holzstück' (s. *spitz*) stellen.

[2]**Finne** f. 'Blatter, Pustel, Mitesser', auch blasenähnliche Larve (Jugendstand) des Bandwurms im Fleisch von Wirbeltieren. Den verwandten Formen frühnhd. *vinne* 'Blatter, Pustel', mnd. *vinne*, mnl. *vinne*, nl. *vin* ist die Bedeutung 'spitz' ('spitzer Hautauswuchs') gemeinsam, so daß für das Wort die gleiche Herkunft wie für [1]*Finne* (s. d.) anzusetzen ist. Im Fleisch geschlachteter Tiere werden die blasenförmigen Bandwurmlarven zunächst ebenfalls als 'Knötchen', als 'spitze Auswüchse' angesehen und *Finnen* genannt (15. Jh.). Nach der Erkenntnis der Entwicklung des Bandwurms wird der Name für die Larve beibehalten. – f i n n i g Adj. 'mit Pikkel versehen, von Bandwurmlarven durchsetzt', mhd. *vinnec* (vom Fleisch, Schwein), mnd. *vinnich* 'mit Finnenknötchen behaftet, verdorben, ranzig, stinkend'.

finster Adj. 'dunkel, düster', ahd. *finstar* (8. Jh.), mhd. *vinster* (vgl. ahd. *finstar*, 9. Jh., asächs. *finistar* n. und ahd. *finst(a)rī(n)*, 8. Jh., asächs. *finistri* f. 'Finsternis') stehen neben gleichbed. ahd. *thinstar* (8. Jh.), mhd. *dinster.* Vorauszusetzen ist eine Stammform germ. **þimsra-*, die einen Übergangslaut *t* aufnimmt und deren anlautender Dental durch Dissimilation vor einem dem Wurzelvokal folgenden *n* (aus älterem *m*) in den Labial *f* übergeht, so daß Verwandtschaft mit mnl. *deemster* 'finster, dunkel', asächs. *thim* 'dunkel', ahd. *themar* 'Finsternis, Dämmerung' besteht, sich ein Anschluß an die unter *Dämmerung* (s. d.) genannte Wurzel ie. **tem(ə)-* 'dunkel' und eine genaue Parallele zum substantivierten Femininum aind. *támisrā* (ie. **teməsrā*) 'dunkle Nacht' ergibt (s. auch *diesig*). – f i n s t e r n Vb. 'finster werden, finster machen', ahd. *finst(a)ren* '(die Augen) verdunkeln' (um 1000; vgl. *bifinst(a)ren* 'verdunkeln, verfinstern, bedecken', 9. Jh.), *finst(a)rēn* 'dunkel werden, überdeckt sein' (8. Jh.; vgl. *gifinst(a)rēn* 'dunkel werden', um 800), mhd. *vinstern* 'finster machen'; heute fast nur verfinstern Vb. 'finster machen', mhd. *vervinstern*, refl. 'finster werden' (18. Jh.). Finsternis f. 'Dunkelheit', ahd. *finstarnessi, -nissi* n. (9. Jh.), mhd. *vinsternisse* f. n.

Finte f. 'Vorwand, Ausflucht, Scheinhieb, -stoß' (beim Fechten, Boxen). Als Ausdruck der Fechtkunst entlehnt (um 1600) aus ital. *finta* f., eigentl. 'List', einer Substantivierung des Part. Perf. von ital. *fingere* 'vorgeben, heucheln' (lat. *fīnctus* und *fictus* zu lat. *fingere* 'bilden, erdichten, vorgeben', s. *fingieren, Fiktion*). Der übertragene Gebrauch entwikkelt sich im Dt. in der Mitte des 17. Jhs.

Firlefanz m. 'Läppisches, Albernes, wertloser Kram'. Spätmhd. *firlifanz* eine Art Tanz, aus voraufgehendem gleichbed. *firlei, firlefei*, das aus dem Afrz. stammt, vgl. afrz. *vireli*, ein in Kehrreimen auftretendes Wort, dann (in Anlehnung an afrz. *lai* 'Gedicht') umgestaltet zu *virelai* 'Ringellied' (13. Jh.). Ob der zweite Wortbestandteil *-fanz* als Angleichung an mhd. *tanz* anzusehen ist, bleibt fraglich. Vielleicht ist eher an Einfluß von mhd. *vanz, alevanz* 'hergelaufener Schalk' zu denken, dessen weitere Bedeutung 'Schalkheit, Possen' (vgl. nhd. *Alfanzerei* 'Albernheit') auch auf *Firlefanz* übergegangen sein kann.

firm Adj. 'fest, sicher, beschlagen', Entlehnung (Anfang 18. Jh.) aus lat. *firmus* 'fest, stark, beständig'.

Firma f. 'Geschäfts-, Handelsname, Betrieb'. Lat. *firmāre* 'festmachen, befestigen, sicherstellen, bestätigen' (zum Adjektiv lat. *firmus* 'fest, stark, beständig, sicher', s. *firm*) entwickelt im Spätlat. (6. Jh.) die Bedeutung 'durch Unterschrift für gültig erklären'. Darauf beruhen span. *firmar*, ital. *firmare* 'unterschreiben', an die sich ein Deverbativum span. ital. *firma* 'bindende, bestätigende Unterschrift' anschließt. Die aus dem Ital. stammende dt. Entlehnung *Firma* (Anfang 18. Jh.) bezeichnet zunächst die 'Unterschrift eines Kaufmanns', dann den 'Namen eines Handelshauses, eines Unternehmens' und gilt schließlich (ebenfalls noch im 18. Jh.) allgemein für 'Handelshaus, Unternehmen, Geschäft'. Diese semantische Entwicklung folgt wohl dem Vorbild von entsprechendem engl. *firm*, das seinerseits auf span. *firma* zurückzugehen scheint.

Firmament n. 'der sichtbare Himmel, Himmelsgewölbe', mhd. *firmament*, Entlehnung aus spätlat. *firmāmentum* 'der über der Erde befestigte Himmel' (lat. 'Befestigungsmittel, Stütze'), zu lat. *firmāre* 'befestigen', *firmus* 'fest' (s. *firm*).

firmen Vb. 'einem jungen Katholiken das Sakrament der Glaubensstärkung spenden' (als Bestätigung und Festigung der Taufe), ahd. *gifirmōn* (10. Jh.), *firmōn* (11. Jh.), mhd. *firmen* 'stärken, bekräftigen, befestigen, weihen, das Sakrament der Firmung spenden' ist entlehnt aus lat. *firmāre* 'festmachen, befestigen' (auch in Geisteshaltung und Glauben), zu lat. *firmus* 'fest' (s. *firm*). Daneben steht (in jüngerer Zeit selteneres) *firmeln* (16. Jh.). – Firmung f., ahd. *firmunga* (Hs. 12. Jh.), mhd. *firmunge*. Firmelung f., mhd. *firmelunge*. Firmling m. 'wer gefirmt wird' (19. Jh.), nach *firmeln* und wohl auch dem Muster von *Täufling* gebildet. konfirmieren Vb. 'einen jungen Protestanten zur Bestätigung der Taufe einsegnen', d.h. 'ihn als vollgültiges Mitglied in die Gemeinde aufnehmen und zum Abendmahl zulassen'. Mhd. *confirmiren* 'rechtskräftig bestätigen, festsetzen, einsetzen' (in dieser Bedeutung noch im 19. Jh.) ist entlehnt aus lat. *cōnfirmāre* 'befestigen, bestärken' (auch in Geisteshaltung und Glauben) und wird im 16. Jh. (Bucer 1539), anfangs neben später nur von katholischer Seite gebrauchtem *firmen*, Terminus der protestantischen Kirchensprache. Dazu Konfirmation f. 'Einsegnung', in der protestantischen Kirchensprache seit der brandenburgischen Kirchenordnung Joachims II. (1540), als Einrichtung vom Reformator Bucer befürwortet und später vom Pietisten Spener verbreitet; anfangs daneben auch noch *Firmung*. Zuvor bezeichnet *Confirmation* die 'rechtskräftige Bestätigung, Einsetzung' (15. Jh., noch im 19. Jh. üblich). Der Ausdruck ist entlehnt aus lat. *cōnfirmātio* (Gen. *cōnfirmātiōnis*) 'Befestigung, Bestärkung, Anerkennung'. Konfirmand m. 'wer eingesegnet und als Mitglied der protestantischen Gemeinde bestätigt werden soll' (18. Jh.), lat. *cōnfirmandus*, Gerundivum zu *cōnfirmāre*.

Firn m. 'vorjähriger Schnee im Hochgebirge, ewiger Schnee', ein schweizerdt. Wort (zuerst im 16. Jh. bezeugt), durch Schiller (Tell) allgemein verbreitet. Das Substantiv gehört zu dem mit *fern* (s. d.) verwandten, in temporaler Bedeutung auftretenden Adjektiv obd. *firn* 'letztjährig' (*firner Wein* noch im 20. Jh.), vgl. ahd. *firni* 'alt, hinfällig' (8. Jh.), mhd. *virne, vern(e), vern(e)t* Adv. 'im vorigen Jahr', got *faírns* 'vorjährig' und mit Schwundstufe ahd. *forn* Adv. 'ehemals' (8. Jh.), mhd. *vorn(e)* 'vorher', aengl. *fyrn* 'ehemalig', anord. *forn* Adj. 'alt', schwed. *forn*. Vergleichbar ist lit. *pérnai(s)* 'vorjährig', so daß von einer Zusammensetzung aus ie. **per* (s. *für* und *vor*) und ie. **en-* (bzw. tiefstufigem **-n-*) 'Jahr' auszugehen ist. Vgl. ähnlich gebildetes aind. *parút*, griech. *pérysi* (*πέρυσι*) 'im Vorjahr', zu ie. **u̯et-* (bzw. tiefstufigem **ut-*) 'Jahr'. Bair.-öst. *Firner, Ferner* m. 'mit ewigem Schnee bedeckter Gipfel, Gletscher', substantivierte Kürzung aus *firner, ferner Schnee*.

Firnis m. 'Leinöl enthaltendes schützendes Anstrichmittel', mhd. *firnīs, vernīʒ* ist eine Entlehnung von afrz. *verniz*, das wohl aus ital. *vernice* stammt. Diesem liegt eine Form mlat. *veronice* zugrunde, womit damals ein bei der Zubereitung des lackartigen Anstrichs verwendetes Harz bezeichnet wird. Voraufgehende griech. Texte nennen dieses Harz *beronī́kē* (*βερονίκη*), so daß ein Zusammenhang mit dem Namen der Stadt *Berenī́kē* (*Βερενίκη*), des heutigen Bengasi, angenommen werden darf. – f i r n i s s e n Vb., mhd. *firnīsen*.

First m. 'oberste Dachkante', ahd. *first* (8. Jh.), mhd. *virst, vierst* (md. *verst*) 'Oberkante des Daches, Dachbalken' (auch 'Spitze des Helmes, Gebirgskamm'), asächs. *first*, mnd. *verst*, aengl. *first*, (mit Ablaut) mnd. *vorst*, mnl. *vorst(e)*, nl. *vorst*, aengl. *fyrst* lassen sich mit aind. *pr̥ṣṭhám* '(hervorstehender, also wohl tierischer) Rücken, Gipfel', griech. *pastás* (*παστάς*) 'Anbau, Säulenhalle, Vorhalle' (aus **parstás*, **παρστάς*, 'Türpfosten, Pfeiler'), lat. *postis* 'Pfosten, Balken' (aus **porstis* 'Hervorstehendes'), lit. *piȓštas*, aslaw. *prьstъ*, russ. (älter) *perst* (*перст*) 'Finger' verbinden. Es handelt sich um alte Zusammensetzungen, deren erster Bestandteil auf ie. **per-*, **pr̥-* 'das Hinausführen über', auch 'hervor' (s. *vor*) zurückgeht, während der zweite Bestandteil mit unterschiedlicher nominaler Stammbildung zur Wurzel ie. **stā-*, **stə-* 'stehen, stellen' (s. *stehen*) gehört, so daß für alle Bildungen eine ursprüngliche Bedeutung 'Hervorstehendes' anzusetzen ist.

Fisch m. im Wasser lebendes Wirbeltier mit Schwimmflossen und Kiemenatmung, ahd. *fisc* (8. Jh.), mhd. *visch*, asächs. *fisk*, mnd. *visch*, mnl. *visc*, nl. *vis*, aengl. *fisc*, engl. *fish*, anord. *fiskr*, schwed. *fisk*, got. *fisks* haben außergerm. nur in gleichbed. lat. *piscis* und mir. *iasc* vergleichbare Parallelen. Auf den genannten Formen beruht ein Ansatz ie. **peisk-*, **pisk-* 'Fisch'. Seebold in: Festschr. Knobloch (1985) 443 ff. verbindet diese nur west-ie. Formen mit aind. *pitúḥ* 'Nahrung, Speise', aslaw. *pišta*, woraus russ. *píšča* (*пища*) 'Nahrung', ferner mit lit. *piẽtūs* 'Mittagsmahl', air. *ith* 'Getreide' und geht von ie. **peitos* 'Nahrung' (zur Wurzel ie. **peit-* 'nähren') aus, das nach Trennung der ie. Stämme über ie. **peitsk-*, **pitsk-* teilweise auf 'Fisch' (als 'Zukost' zum Brot u. dgl.) übertragen worden sei. – f i s c h e n Vb. 'Fische fangen, angeln', ahd. *fiscōn* (9. Jh.), mhd. mnd. *vischen*, asächs. *fiskon*, aengl. *fiscian*, engl. *to fish*, anord. schwed. *fiska*, got. *fiskōn*; vgl. auch lat. *piscārī*. F i s c h e r m. 'wer Fische fängt', ahd. *fiscāri* (9. Jh.), mhd. *vischære*. F i s c h e r e i f. 'Fischfang, Zucht von Nutzfischen', mhd. *vischerīe*. f i s c h i g Adj. 'fischähnlich, nach Fisch riechend', mhd. *vischec*. F i s c h b e i n n. Horn(stäbchen) aus den Barten der Bartenwale (16. Jh.), wohl verkürzt aus allerdings jünger belegtem (18. Jh.) *Walfischbein*; s. *Bein* 'Knochen'.

Fisimatenten Plur. 'Schwierigkeiten, Ausflüchte, Scherereien'. Die Herkunft ist unklar, doch legt die Lautgestalt eine lat. Ausgangsform nahe. Im 16. Jh. bezeugtes *visepatenten* 'dummes Zeug, Nichtigkeiten' (mnd. *visepetenten*) läßt an ein kanzleisprachliches mlat. **visae patentes (litterae)* 'ordnungsgemäß geprüfte Patente' (s. *Patent* und *Visum*) denken. Die *m*-Form (zuerst westmd. *visimetent* 'Ausschmückung, Erfindung', 1499) kann durch Einfluß von mhd. *visament(e)* f. n. 'Gesicht, Aussehen, kunstgerechte Auszierung und Beschreibung eines Wappens' (französierend zu mhd. *visieren*, s. *visieren*) entstanden sein, während die geringschätzige Bedeutung sich aus der Verspottung bürokratischen Handelns entwickelt haben mag. Weitere Erklärungsversuche bei Storfer Dickicht (1937) 32 ff.

Fiskus m. 'der Staat als Besitzer des Staatsvermögens, Staatskasse', Übernahme

(16. Jh.) von lat. *fiscus* 'öffentliche Kasse, Staatskasse', in der Kaiserzeit 'kaiserliche Einkünfte bzw. Privatkasse', eigentl. 'geflochtener Korb, Geldkorb'. – fiskalisch Adj. 'die Staatskasse betreffend, ihr zustehend' (19. Jh.), lat. *fiscālis*. konfiszieren Vb. 'einziehen, beschlagnahmen' (eigentl. 'in den Fiskus überführen'), um 1500 entlehnt aus lat. *cōnfiscāre* 'in die kaiserliche Schatzkammer einziehen, in der Kasse aufheben'; vgl. lat. *fiscus* und s. *kon-*. Konfiskation f. 'entschädigungslose Vermögens- oder Sachwerteinziehung, Beschlagnahme' (17. Jh.), lat. *cōnfiscātio* (Gen. *cōnfiscātiōnis*).

Fistel f. 'röhrenartige Verbindung zwischen Hohlorganen bzw. zwischen Hohlorganen und Körperoberfläche, Geschwür'. Aus lat. *fistula* 'in Röhren oder hohlen Gängen tiefgehendes Geschwür', eigentl. 'Röhre, Rohr-, Hirtenpfeife', wird der Krankheitsname spätmhd. *fistel* 'Geschwür' entlehnt. Zu lat. *fistula* 'Rohrpfeife, Flöte' (nlat. auch 'Orgelpfeife'), mlat. *fistulare* 'Flöte spielen' ist gebildet *fistulieren* 'mit hoher (dem Flötenton vergleichbarer) Stimme singen' (17. Jh.), wozu Fistelstimme f. 'Kopfstimme des Mannes' (18. Jh.), d. h. oberhalb des Kehlkopfes und ohne Brustresonanz, gleichsam im Kopfe gebildete Stimme.

fit Adj. (nur prädikativ) 'wohltrainiert, in guter Form'. Engl. *fit* 'passend, angemessen, tauglich' wird im Sinne von 'gut vorbereitet, leistungsfähig' Bestandteil der Sportsprache, dringt in der 1. Hälfte des 20. Jhs. ins Dt. und geht hier, ebenso wie die Steigerungsform *topfit* 'in bester Form', in die Allgemeinsprache ein. Die Herkunft ist ungewiß; die Annahme, engl. *fit* sei aus dem Part. Prät. von *to fit* 'passend, angemessen sein' hervorgegangen, bleibt zweifelhaft, da das Verb erheblich später als das Adjektiv bezeugt ist.

Fittich m. 'Schwinge, Flügel', heute fast nur noch dichterisch, ahd. *feddăh* (9. Jh.), später auch *fettăch*, mhd. *vet(t)ach(e), vet(t)ech(e), vit(t)ich*, in heutiger Form seit Luther, ist als (wohl im Gedanken an heftigen Flügelschlag) geminierte Form verwandt mit *Feder* (s. d.) und gehört wie dieses zur Wurzel ie. **pet(ə)-* 'auf etw. los-, niederstürzen, fliegen, fallen'. – Schlafittchen n. In der umgangssprachlichen, seit dem 18. Jh. belegten (doch wohl älteren) Wendung *jmdn. beim (am) Schlafittich kriegen (packen)* ist das Substantiv assimiliert aus *Schlagfittich* 'Schwungfeder des (Gänse)flügels', das dann in übertragener Bedeutung als 'Kleiderzipfel, Rockschoß' aufgefaßt wird. Der dazu gebildete Dat. Plur. *Schlafittchen* (eigentl. *Schlagfittchen*) wird für ein mit *-chen* gebildetes Deminutivum gehalten, daher (heute überwiegend) *jmdn. beim Schlafittchen kriegen* '(beim Kragen) packen, festhalten und zur Rede stellen'.

fix Adj. 'feststehend, unveränderlich, behende, geschickt, schnell'. Im 16. Jh. bezeugtes *fix* 'fest, unbeweglich' stammt aus gleichbed. lat. *fīxus*, Part.adj. zu lat. *fīgere* '(an)heften' (daraus wohl auch schon ein im 15. Jh. vereinzelt auftretendes *fix* Adv.; vielleicht im Sinne von 'standhaft'?). Das Adjektiv wird (wie auch frz. *fixe*) ein Terminus der Alchimie zur Bezeichnung des festen Aggregatzustandes von Stoffen. Mit der Bedeutung 'konstant, beständig' wird der Gebrauch seit dem 17. Jh. auf allgemeinere Bereiche ausgedehnt: *fixe Schönheit* (18. Jh.), *fixer Kopfschmerz* (19. Jh.), *fixe Idee* 'Zwangsvorstellung' (um 1800, nach voraufgehendem lat. *idea fīxa*), *fixes Gehalt, fixe Preise* (19. Jh.). Daneben gebraucht die Kaufmannssprache das substantivierte lat. Neutrum *Fixum* in der Bedeutung 'feste, gleichbleibende Summe' in Form eines Fonds (um 1700) oder Gehalts (18. Jh.). Aus *fix* 'beständig' entwickelt sich 'sicher, geschickt, gewandt, erfahren' (17. Jh.) und schließlich auch 'behende, rasch, schnell', seit dem 17. Jh. häufig und wohl durch die Studentensprache verbreitet, vgl. *fixe* ('gewandte, schnelle') *Zunge*; dazu *Fixigkeit* f. 'Schnelligkeit' (19. Jh.). In der festen Wendung fix und fertig 'bereit, völlig fertiggestellt' (17. Jh.) wird *fix* synonym mit *fertig* empfunden (wer 'gewandt, erfahren' und 'schnell' ist, ist auch rechtzeitig 'bereit, fertig'). In der modernen Umgangssprache entwickelt sich die Bedeutung der Wendung 'fertig, völlig zu Ende' weiter zu 'total erschöpft' (20. Jh.). – ¹fixieren Vb. 'beständig machen', im 16. Jh. als Terminus der Alchimie von *fix* abgeleitet (oder auch wie *²fixieren* aus gleichbed. frz. *fixer* entlehnt); vgl. in der Fotografie 'lichtbeständig machen' (19. Jh.). Seit dem 18. Jh. allgemein in der Bedeutung 'festmachen, -legen, festigen' gebräuchlich. ²fixieren Vb. 'scharf ansehen, anstarren', Entlehnung (18. Jh.) aus gleichbed. frz. *fixer*, verkürzt aus Wendungen wie frz. *fixer ses regards sur qn.* F i x s t e r n m. 'scheinbar unbeweglicher, selbstleuchtender Himmelskörper' (16. Jh., Kepler), nach lat. *stēlla fīxa*, eigentl. '(am Himmel) angehefteter Stern'.

Fjord m. 'schluchtartige Meeresbucht an der skandinavischen Küste'. Norw. dän. schwed. *fjord* wird zu Anfang des 19. Jhs. ins Dt. entlehnt. Die Formen gehören wie anord. *fjǫrðr* zur Hochstufe (germ. **ferþu-*), die verwandten *Furt* (s. d.) und F ö r d e f. dagegen zur Schwundstufe der Wurzel von *fahren* (s. d.).

flach Adj. 'eben, platt, seicht, geistlos', ahd. *flah* (9. Jh.), mhd. *vlach, flach* 'eben, gerade, glatt, schlicht, platt', mnd. *vlak*, mnl. *vlac*, nl. *vlak* 'flach, platt, dünn' sind verwandt mit asächs. *flaka* 'Fußsohle' und (ablautend) aengl. *flōc*, engl. *fluke*, anord. *flōki* 'Flunder'. Außergerm. sind vergleichbar griech. *pélagos* (*πέλαγος*) 'offene See', lat. *plaga* 'Platte, Blatt, Fläche', *placidus* 'flach, eben, glatt', lit. *plãkanas* 'flach'. Sämtliche Formen folgen Gutturalerweiterungen der unter *Feld* (s. d.) genannten Wurzel ie. **pelə-*, **plā-* 'breit und flach, ausbreiten'. – F l ä c h e f. 'Ebene, freier Platz', mhd. *vleche*, mathematisch 'zweidimensionales geometrisches Gebilde' (15. Jh.). o b e r f l ä c h l i c h Adj. 'nicht tief eindringend, am Äußerlichen haften bleibend, flüchtig' (18. Jh.), zu O b e r f l ä c h e f. 'äußere Fläche' (17. Jh.). f l ä c h i g Adj. 'zweidimensional' (19. Jh.). F l a c h l a n d n. 'Land ohne Bodenerhebungen' (19. Jh.).

Flachs m. blaublühendes Leingewächs, dessen Bast versponnen wird. Das nur westgerm. bezeugte ahd. *flahs* (um 800), mhd. *vlahs*, asächs. *flas*, mnd. mnl. nl. *vlas*, aengl. *flæx* (*fleax*), engl. *flax* stellt sich mit den unter *flechten* (s. d.) genannten Formen zu ie. **plek-*, **plek̂-* 'flechten, zusammenwickeln', das wohl als Weiterbildung der Wurzel ie. **pel-* 'falten' (s. *falten*) anzusehen ist. – f l ä c h s e r n Adj. 'aus Flachs bestehend' (17. Jh.), älter *flachsen, flächsen* (bis ins 19. Jh.), spätmhd. *vlehsīn*.

flachsen Vb. 'einander necken, anpflaumen, herumblödeln' (20. Jh.) ist wohl als Übernahme von rotw. *flachsen* 'schmeicheln, betrügen, narren, aufziehen' in die Umgangssprache anzusehen. Weniger überzeugend ist Anknüpfung an omd. *flachsen* 'schlagen, prügeln', eigentl. 'Flachs hecheln' (abgeleitet von *Flachs*, s. d.), und Annahme eines Bedeutungseinflusses von *hecheln* in dem übertragenen Sinne 'über jmdn. mit spitzer Zunge herziehen, boshaft über ihn reden' (s. d.). – F l a c h s e r e i f. (20. Jh.).

flackern Vb. 'unstet, zuckend brennen', ahd. *flogarōn* 'lodernd brennen, flackern, (umher)fliegen' (8. Jh.), mhd. *vlackern* 'funkeln, flattern (von der Fahne)', mnl. *vlackeren*, nl. *flakkeren*; vgl. auch anord. *flǫgra* 'flattern', *flǫkra* 'umherstreifen, flattern', dän. *flagre* 'flattern, flackern' und anord. *flakka* 'flackern, flattern'. Das Verb ist wohl als eine Intensivbildung mit Wechsel von *g* und *k* (teilweise mit expressiver Doppelkonsonanz) zur Bezeichnung rascher, unsteter Bewegung anzusehen (s. auch *Flagge*). Vielleicht, hinsichtlich der Vorstellung vieler leichter Schläge, zu der unter *fluchen* (s. d.) dargestellten Wortgruppe und damit zu ie. **plāk-*, **plāg-* 'schlagen'.

Fladen m. 'flacher, breiter, dünner Kuchen, flacher Kuhmist', ahd. *flado* m. (10. Jh.), *flada* f. (Hs. 12. Jh.) 'flacher Kuchen, dünnes Feingebäck', mhd. *vlade* 'breiter, dünner Kuchen, Honigscheibe', in scherzhafter Übertragung *vlade von der kuo* (danach nhd. *Kuhfladen*), mnd. *vlāde* 'flaches, dünnes Brot, flacher Kuchen', mnl. *vlāde*, nl. *vlade, vla* 'Obstkuchen', norw. (mundartlich) *flade* 'flache Wiese, flaches Feld' führen wie die unter *Flunder* (s. d.) genannten Formen auf eine Dentalerweiterung der Wurzel ie. **pel(ə)-*, **plā-* 'breit und flach, ausbreiten, breitschlagen, breitklatschen' (s. auch verwandtes *Feld*).

Flagge f. 'Fahne', vornehmlich das aufzuziehende Tuch ohne Befestigungsstange. Engl. *flag* 'Fahne' (16. Jh.; zuvor *fagges* Plur., Ende 15. Jh.) gelangt im 16. Jh. in die festländischen Küstensprachen (vgl. dän. *flag*, nl. *vlag*) und um 1600 aus dem Nl. ins Dt. Es bezeichnet hier in engerem Sinne (abweichend vom Engl.) die Schiffsfahne (als National- und Signalflagge), tritt jedoch später vielfach neben das ältere *Fahne*. Herkunft ungewiß; als lautmalende Bildung ('im Winde hin und her schlagend') wohl verwandt mit der unter *flackern* (s. d.) angeführten Wortgruppe. – f l a g g e n Vb. 'die Flagge aufziehen' (18. Jh.; entsprechendes engl. *to flag* erst 19. Jh.).

flagrant Adj. 'augenfällig, drastisch, (himmel)schreiend' geht zurück auf lat. *flagrāns* (Gen. *flagrantis*) 'brennend, glühend, flammend', Part. Präs. zu lat. *flagrāre* 'brennen', das im juristischen Sprachgebrauch frz. *flagrant* 'offenkundig, augenfällig' ergibt, gebräuchlich bes. in der Verbindung *(prendre en) flagrant délit.* Das frz. Adjektiv wird im 19. Jh. ins Dt. entlehnt, während die geläufige Wendung *in flagranti erwischen, ertappen* 'auf frischer Tat, bei Ausübung einer Straftat überraschen' wohl unmittelbar als Relikt aus lat. Rechtstexten stammt und als Verkürzung von spätlat. *in flagranti crīmine* (bzw. mlat. *delicto*) anzusehen ist.

Flak f. im ersten Weltkrieg aufgekommenes Abkürzungswort für *Fliegerabwehrkanone* (gebildet aus den Anfangsbuchstaben der Kompositionsglieder), danach auch Bezeichnung für die mit Waffen zur Abwehr feindlicher Luftangriffe ausgestattete Bodentruppe. Vgl. (in moderner Waffentechnik) *Fla-Rakete.*

Flakon m. n. '(Parfüm)fläschchen von anspruchsvoller Form' gehört seinem Ursprung nach zu *Flasche* (s. d.). Aus dem Germ. entlehntes spätlat. *flasca, flasco* 'Weinflasche' geht in die romanischen Sprachen ein; daher (vom Akk. lat. *flascōnem* oder als galloroman. Deminutivbildung) afrz. *flascon* 'Fläschchen' (s. auch *Fiasko*). Im 18. Jh. gelangt frz. *flacon* mit spezieller Bedeutung wieder ins Dt.

flambieren Vb. 'zur geschmacklichen Verbesserung Speisen mit Alkohol übergießen und optisch eindrucksvoll bei Tisch abbrennen', entlehnt aus frz. *flamber* 'absengen, abflammen' (zu afrz. *flambe*, lat. *flammula* 'kleine Flamme'); im 19. Jh. zunächst für das Absengen von Geflügel, wohl erst im 20. Jh. in der oben angegebenen Bedeutung.

Flamme f. 'auflodernde, Licht und Wärme verbreitende Erscheinung bei der Verbrennung von Stoffen und Gasen', ahd. *flamma* (10. Jh.), mhd. *vlamme* (auch *vlam* m.) ist entlehnt aus lat. *flamma* (aus **flagma*), das zu lat. *flagrāre* 'in Flammen stehen, brennen, lodern' gebildet ist (s. *flagrant*). Vom Substantiv abgeleitet f l a m m e n Vb. 'hell leuchten, lodern, funkeln', mhd. *vlammen.* Dazu *geflammt* Part.adj. 'gezackt, lodernden Flammen ähnlich gemustert' (17. Jh.).

Flanell m. 'weiches, angerauhtes (Woll)gewebe' (18. Jh.). Gleichbed. engl. *flannel* stammt (wie die früheren Formen engl. *flan(n)en, flan(n)ing* nahelegen) aus dem Kelt., vgl. kymr. *gwlan* 'Wolle', *gwlanen* 'Artikel aus Wolle' (verwandt mit nhd. *Wolle*, s. d.). Engl. *flannel* wird in verschiedene europäische Sprachen entlehnt. Ins Dt. gelangt es auf dem Umweg über frz. *flanelle*, das für die Schreibweise bestimmend wird. Doch ist im 18. Jh. auch die unmittelbar auf das Engl. zurückgreifende Version *Flannel* bezeugt.

flanieren Vb. 'umherschlendern, bummeln', Mitte des 19. Jhs. entlehnt aus gleichbed. frz. *flâner*, dem das in der Normandie gebräuchliche Dialektwort *flanner* zugrunde liegt. Etymologische Beziehungen zu anord. *flana* 'blindlings vorwärtsstürzen', norw. *flana* 'gefallsüchtig sein', schwed. *flana* 'müßig, leichtsinnig sein, spielen, tollen' sind möglich.

Flanke f. 'Seite', zunächst (2. Hälfte 16. Jh.) vereinzelt für 'Weiche des Pferdes', vom frühen 17. Jh. an militärisches Fachwort in Anwendung auf Festungsbau ('Seitenfront einer Bastion, Seitendeckung') und Truppenformation ('Seite der Gefechts-, Marschordnung'), ist entlehnt aus afrz. frz. *flanc* 'Weiche, Seite' (terminologisch seit dem Mfrz.), wobei feminines Genus im Dt. wohl erst (nach dem Muster von *Seite, Weiche*?, s. d.) aus dem häufig verwendeten Plur. *Flanquen, Flanken* entsteht. Das Mask. afrz. frz. *flanc* seinerseits beruht wahrscheinlich auf galloroman. Neubildung zu einem nur noch schwach belegten, aber in Mundarten weiterlebenden Fem. afrz. mfrz. *flanche*, nordafrz. *flanke* 'Seite eines Tieres', das auf eine westgerm. (anfrk.?) Form zurückgeht, die ahd. *(h)lanka*, mhd. *lanke* 'Hüfte, Lende' (s. *Gelenk* und *lenken*) entspricht. Im 20. Jh. gewinnt *Flanke* im Sport neue Geläufigkeit (beim Geräteturnen 'Sprung mit nach einer Seite gestreckten Beinen', vgl. engl. *flank vault*, bei Ballspielen 'Wurf, Schuß von der Seite zur Spielfeldmitte'); dazu f l a n k e n Vb. 'eine Flanke ausführen' (20. Jh.). – f l a n k i e r e n Vb. 'sich an den Seiten befinden, seitlich begrenzen, von der Seite her schützen, decken oder angreifen' (17. Jh.), aus gleichbed. mfrz. frz. *flanquer*; dazu F l a n k i e r u n g f. (17. Jh.).

Flansch m. 'ringförmig überstehender Rand an Rohrenden zur Verbindung (Verschraubung) mit anderen (Rohr)teilen' (19. Jh.) ist wahrscheinlich an spätmhd. *vlansch* 'Zipfel' anzuschließen. Verwandtschaft mit mhd. *vlans* 'Mund, Maul', nhd. *Flunsch* 'schmollend verzogener Mund' (s. *flennen*) sowie weitere Beziehungen sind nicht sicher.

Flasche f. '(Glas)behälter mit enger halsförmiger Öffnung', alltagssprachlich 'Versager' (bes. im Sport), ahd. *flasca* (8. Jh.), mhd. *vlasche, vlesche*, asächs. *flaska*, mnd. *vlasche, vlesche*, mnl. *flassce, flessce*, nl. *fles*, aengl. *flasce, flaxe*, anord. *flaska* (germ. **flahskō(n)*) läßt sich mit *flechten* (s. d.) verbinden und bezeichnet ursprünglich ein Gefäß aus Holz, Ton u. ä., das zur Stoßsicherung mit einem Flechtwerk umgeben ist. Auf aus Metall hergestellte Flaschen weist die in südd. Mundarten noch heute geläufige Berufsbezeichnung *Flaschner* 'Klempner' hin, spätmhd. *vlaschener*. Erst in neuerer Zeit ist *Flasche* Bezeichnung für das gläserne Flüssigkeitsbehältnis (doch vgl. noch *Sauerstoff-, Propangasflasche*). Die moderne umgangssprachliche Bedeutung 'Versager' erklärt sich aus der Vorstellung einer Flasche ohne Inhalt, ohne Substanz, nach der *Flasche* (wie auch andere Bezeichnungen für Hohlkörper) eine abschätzige Bedeutung annimmt; vgl. ROSENFELD in: Neuphilolog. Mitt. 54 (1953) 327ff. – Flaschenpost f. 'in eine Flasche eingeschlossenes Schriftstück', das (zur Nachrichtenübermittlung oder Strömungsforschung) dem Meer übergeben wird (um 1800). Flaschenzug m. 'Lastenaufzug, Hebevorrichtung aus Rollen und Seilen' (17. Jh.), nach der flaschenähnlichen Form der Rollengehäuse.

flattern Vb. 'unruhig, scheinbar planlos mit schnellen Flügelschlägen fliegen, vom Winde bewegt werden', nd. nl. *fladderen*; vgl. frühnhd. *vladeren, fladern* 'flackern' (15. Jh.), mhd. *vlederen, vledern* 'flattern' (s. *Fledermaus*). Noch im 16. Jh. übertrifft *fladern, fladdern* an Häufigkeit das seit etwa 1500 auftretende *flat(t)ern*, das im 17. Jh. im Hd. üblich wird. Das mit unterschiedlicher expressiver Ausprägung des Dentals (teilweise unter Analogiewirkung von *flittern*?) auftretende Verb verbindet sich vielleicht mit lit. *plazdė́ti* 'flattern, kräftig mit den Flügeln schlagen, flimmern, flackern', lett. *plediṅāt* '(die Flügel) bewegen' und stellt sich zu einer Dentalerweiterung der unter *Falter* und *voll* (s. d.) genannten Wurzel ie. **pel(ə)-* 'gießen, fließen, füllen, schwimmen, fliegen, flattern'. Oder sind *flattern* und *flittern* lautmalenden Ursprungs? – Flattergeist m. 'unbeständiger, wetterwendischer Mensch' (16. Jh.). flatterhaft Adj. 'unbeständig, leichtfertig' (17. Jh.). flatterig Adj. (18. Jh.), älter *flattericht* (16. Jh.) 'lose, unbeständig, schwankend'.

flau Adj. 'schwach, müde, kraftlos'. Auszugehen ist wohl von lat. *flāvus* 'gelb' (verwandt mit *blau*, s. d.; vgl. dazu lat. *flāvēscere* 'gelb, fahl, welk werden'), auf das sich frz. *flou* 'weich, sanft' (afrz. *flo* auch 'welk, schwach') zurückführen läßt. Die Entlehnung mnl. *flau, vlau, flaeu* (nl. *flauw*) 'schwach, müde' führt zu gleichbed. mnd. *flau*. Als Wort der Seemannssprache auf die Windstärke bezogen, gewinnt nd. *flauw, flau* (in dieser Bedeutung seit dem 17. Jh. bezeugt) im gesamten nordd. Küstengebiet Geläufigkeit und geht ins Hd. ein. Etwa seit dem 18. Jh. wird es auch im kaufmännischen Bereich mit Bezug auf Warenabsatz und Preistendenz angewendet. – Flaute f. 'Windstille', bildlich für das 'Fallen der Preise, Geschäftsstille' (18. Jh.), 'Mißstimmung' (19. Jh., auch *Flauheit, Flauigkeit*). abflauen Vb. 'nachlassen, abebben' vom Wind und übertragen (19. Jh.).

Flaum m. 'weicher, zarter Feder-, Haarwuchs, Daune'. Ahd. **phlūma* (in *phlūmfedara*, 10. Jh., *phlūmlīh* 'flaumfederartig', 9. Jh.), mhd. *phlūme*, mnd. mnl. *plūme*, nl. *pluim*, aengl. *plūmfeþer*, engl. *plume* beruhen auf gleichbed. lat. *plūma*. Die Entlehnung erfolgt im Zuge des germ.-röm. Handels mit Bettfedern (durch Plinius bezeugt). Dabei übernehmen die Germanen für ihr Produkt den lat. Ausdruck. Eine als Vorstufe zu lat. *plūma* anzusetzende Form **plusmā* kann mit lit. *plùskos* 'Haarzotte, dicke Haare', lett. *pluska* 'Zotte, Fetzen', *plušķis* 'ausgerauftes Büschel Wolle' sowie mit *Flaus* und *Vlies* (s. d.) auf ie. **pleus-* 'ausrupfen; gerupfte Wollflocken, Federn oder Haare, Vlies, Zotten' zurückgeführt werden. Omd. *Flūm, Flaum* ist bereits seit dem 16. Jh. bezeugt, setzt sich jedoch gegen obd. *Pflaum* erst im 18. Jh. voll durch. Das zugehörige Adj. *pflaumenweich* (18. Jh.), später auch *flaum(en)weich* (19. Jh.) 'weich wie Daunen' hält sich (im Sprecherbewußtsein an die Steinfrucht *Pflaume*, s. d., angelehnt) bis zur Gegenwart und wird 'weich wie eine Pflaume' interpretiert, neuerdings auch übertragen ‘kraftlos, charakterlos’. – f l a u m i g Adj., älter auch *pflaumig, pflaumicht* ‘weich, zart (wie Daunen), mit Flaum bedeckt’ (16. Jh.).

Flaus, Flausch m. ‘weicher, haariger Wollstoff’ wird im 18. Jh. geläufig (*ein Flausch Wolle, Haare*) und gilt auch für ein männliches Oberkleid, das vornehmlich aus dem entsprechenden Stoff hergestellt ist (vgl. *Flausrock*, 18. Jh.). Zugrunde liegt mnd. *vlūs, vlūsch* ‘wolliges Schaffell’, so daß das Wort aus dem Nd. stammen dürfte. Als landschaftliche Nebenform ist *Flause* (s. d.) anzusehen. Alle Formen gehören zu dem unter *Vlies* (s. d.) aufgeführten Substantiv; zur Etymologie s. *Flaum*. – f l a u s c h i g Adj. ‘weich, wollig’ (19. Jh.).

Flause f. ‘Wollflocke, Fussel’, meist im Plur. (übertragen) *Flausen* ‘zum Lachen reizende Redensarten, wirres ungereimtes Zeug, Mätzchen, Illusionen’. In diesem übertragenen pluralischen Gebrauch bezeugt seit dem Ende des 16. Jhs., während die vorauszusetzende mundartliche Bedeutung ‘Wollflocke, Fussel’ erst im 19. Jh. nachzuweisen und als Nebenform wohl an *Flaus* (s. d.) anzuschließen ist. Geläufig (seit dem 18. Jh.) in Wendungen wie *Flausen im Kopf haben, sich in den Kopf setzen, Flausen machen*.

Fläz m. ‘flegelhafter Mensch, Lümmel’, auch *Flöz* (17. Jh.). Die Herkunft des vorwiegend im Nordd. und Omd. üblichen Wortes ist nicht geklärt. Anschluß an bergmännisch *Flöz* ‘in einer Ebene liegende Gesteins-, Erz- oder Kohleschicht’ wird erleichtert durch die Bedeutung des abgeleiteten Verbs *sich (hin)fläzen* ‘sich breit, behäbig hinlagern, hinlümmeln’, wofür zunächst auch mehrfach *flet(z)schen* (17. Jh.) und *hinflet(z)schen* (18. Jh.) steht. Andererseits ist für *Flöz* ‘Erzlager’ auch *Flätz* bezeugt. Diese Mischung der Formen kann die Annahme erhärten, daß *Fläz* und *(hin)fläzen* wie *Flöz* und *fletschen* (s. d.) mit mhd. *vletz(e)* ‘geebneter Boden’, *vletzen* ‘ebnen, ausbreiten’ zu verbinden bzw. darauf zurückzuführen sind. Kaum befriedigender ist Anschluß an mnd. *vlōte* ‘breiter Abrahmlöffel’.

flechten Vb. ‘winden, ineinander verschlingen’, ahd. *flehtan* (9. Jh.), mhd. *vlehten*, asächs. *flehtan*, mnd. mnl. nl. *vlechten*, anord. *fletta* sind wie lat. *plectere*, aslaw. *plesti*, russ. *plestí* (*плести*) ‘flechten’ (ursprünglich wohl präsentische?) *t*-Erweiterungen und führen mit griech. *plékein* (*πλέκειν*) ‘flechten’ auf ie. **plek-* ‘flechten, zusammenwickeln’ (wozu *Flachs*, s. d., und mit *sk*-Suffix germ. **flahskō* bzw. **flahskōn*, nhd. *Flasche*, s. d.). Verwandtes aind. *prásnaḥ* ‘Turban, Kopfbinde’ weist dagegen auf ie. **plek̂-*. Beide Formen der Gutturalerweiterung sind wahrscheinlich Weiterbildungen der unter *falten* (s. d.) behandelten Wurzel ie. **pel-*. – F l e c h t e f. ‘Zopf, Hautausschlag’, mhd. *vlehte* ‘Hautausschlag, Flechtwerk, Zopf’; vgl. got. *flahta* ‘Flechtwerk’; dann auch (an Flechtwerk erinnernde) ‘niedere Pflanze’ (18. Jh., doch bereits bei Bock 1539 *Flechtenskraut*). G e f l e c h t n. ‘Flechtwerk’, ahd. *gifleht* (9. Jh.); vgl. auch ahd. *giflehtida* (9. Jh.). v e r f l e c h t e n Vb. ‘ineinanderschlingen, fest verbinden’ (17. Jh.), im 20. Jh. bes. zu wirtschaftlichen Großunternehmen; V e r f l e c h t u n g f. ‘Zusammenhang, Verbindung’ (um 1800), auch in bezug auf Wirtschaftsunternehmen (20. Jh.); Gegensatz e n t f l e c h t e n Vb. ‘auflösen, trennen’ (20. Jh.), E n t f l e c h t u n g f.

Fleck, Flecken m. ‘von der Oberfläche sich abhebende Stelle, loses Stückchen, Ortschaft’, bildlich ‘Fehler, Makel’. Die etymologische Zuordnung von ahd. *flec* (8. Jh.) und *flecko* (um 800), mhd. *vlec* und *vlecke*, die sich durch starke (germ. **flekka-*) und schwache (germ. **flekkōn*) Deklination unterscheiden, ferner von mnd. *vlek, vlecke*, mnl. *vlecke*, nl. *vlek*, anord. *flekkr*, schwed. *fläck* ist ungeklärt. Teils wird Verwandtschaft mit *Fleisch* (s. d.) angenommen und Anschluß an ie. **plēik̂-*, **plīk̂-* ‘(ab)reißen’, abgeleitet von der Wurzel ie. **plē-*, **plə-* ‘abspalten, abreißen’, erwogen, teils wird an die Wurzel ie. **pel-* ‘bedecken, verhüllen; Haut, Fell’ angeknüpft und an Verwandtschaft mit *Fell, befehlen* (s. d.) gedacht. – b e f l e c k e n Vb. ‘verunreinigen’, mhd. *bevlecken* (vgl. ahd. *gifleckōn* ‘beschmutzen’, 10. Jh.). f l e c k i g Adj. ‘mit (Schmutz)flecken übersät’, mhd. *vleckic* (vgl. älteres nhd. *fleckicht*, mhd. *vleckeht, vlekoht*, ahd. *fleckohti*, 8. Jh.). M a r k t f l e c k e n m. ‘Ort mit Marktrecht’ (15. Jh.). F l e c k f i e b e r n. Infektionskrankheit, zu deren Symptomen ein fleckiger Hautausschlag gehört (17. Jh.), auch *Flecktyphus*.

fleddern Vb. ‘Wehrlose berauben, ausplündern' (19. Jh.); vgl. rotw. *fleddern* 'bestehlen, berauben (bes. Schlafende, Betrunkene)', Herkunft ungewiß. – Leichenfledderer m. 'wer Tote bestiehlt, Leichen schändet' (20. Jh.).

Fledermaus f. geflügeltes, mausähnliches Nachtsäugetier, ahd. *fledarmūs* f. (9. Jh.) und die Weiterbildungen *fledarmūstra* f., *-stro* m. (9. Jh.), mhd. *vledermūs*, eigentl. 'Flattermaus', sind Zusammensetzungen mit dem erst spät belegten Verb mhd. *vlederen, vledern* 'flattern' (doch vgl. ahd. *fledirōnti* Part.adj. 'in ein locker, lose fallendes Gewand gekleidet', Hs. 12. Jh.), das wohl mit *flattern* (s. d.) im Ablautverhältnis steht und nur noch als Kompositionsglied in *Fledermaus, Federwisch* und *zerfledern* (s. d.) weiterlebt.

Flederwisch m. 'als Staubwedel dienender Gänseflügel oder Federbusch'. Mhd. *vederwisch*, nhd. *Federwisch* (s. *Wisch*) entwickelt in Anlehnung an das Verb mhd. *vlederen, vledern* 'flattern' die Form *Flederwisch* (15. Jh.), die sich im Nhd. durchsetzt; s. *Fledermaus*.

Flegel m. 'Werkzeug zum Dreschen, Mensch ohne Takt und Manieren, Lümmel', ahd. *flegil* (10. Jh.), mhd. *vlegel*, asächs. *flegil*, mnd. *vlēgel*, mnl. *vlēghel*, nl. *vlegel*, engl. *flail* haben ihren Ausgangspunkt in lat. *flagellum* 'Peitsche, Geißel' (Deminutivum zu gleichbed. lat. *flagrum*). Wegen der Ähnlichkeit in der Handhabung wird die Bezeichnung im Spätlat. auf das Dreschinstrument erweitert und dann mit der Sache ins Romanische und Germanische überommen. Die herabsetzende Identifizierung des Bauern mit einem seiner Hauptarbeitsinstrumente führt im 16. Jh. zu der übertragenen Bedeutung 'Bauer, Grobian' (vgl. auch *Bauernflegel*, 16. Jh.). Als eindeutige Bezeichnung für das Instrument entsteht die Zusammensetzung *Dreschflegel* (s. d.). – Flegelei f. 'grobe Unart' (17. Jh.). flegelhaft Adj. 'ungezogen, grob' (19. Jh.), älter *flegelhaftig* (17. Jh.). Flegeljahre Plur. 'Zeit jugendlicher Unreife, Pubertät' (18. Jh.). flegeln Vb., geläufiger *sich flegeln* (19. Jh.), *sich hinflegeln* (18. Jh.) 'sich unanständig, lümmelhaft hinsetzen, hinlegen'; mhd. *vlegelen* 'dreschen'.

flehen Vb. 'inständig bitten', ahd. *flēhōn* (8. Jh.), *flēhen* (9. Jh.), mhd. *vlēhen, vlēgen, vlēn* 'schmeichelnd, dringlich bitten', asächs. *flēhon*, mnd. *vlēn*, mnl. nl. *vleien* und mit abweichender Bedeutung (sowie ungeklärter Anlautsvariante, s. auch *fliehen*) got. *gaþlaihan* 'ermahnen, trösten' sind etymologisch nicht näher zu bestimmen. Verwandtschaft mit anord. *flār* 'schlau, hinterlistig', aengl. *flāh* 'trügerisch, listig, feindlich' ist wahrscheinlich, wenn vermittelnd zwischen den unterschiedlichen Bedeutungen 'unaufrichtig sein, heucheln' angenommen wird. – erflehen Vb. 'durch inständiges Bitten zu erlangen suchen, erbitten', ahd. *irflēhōn* (8. Jh.), mhd. *ervlēhen*. flehentlich Adj. 'dringlich bittend, inständig', mhd. *vlēhe(n)lich* mit späterer Einfügung eines *-t-* als Gleitlaut.

Fleisch n. 'Muskelgewebe bei Mensch und Tier', auch übertragen von Pflanzen und deren Früchten (vgl. *Fruchtfleisch*), ahd. *fleisc* (8. Jh.), mhd. *vleisch*, asächs. *flēsk*, mnd. *vlēsch*, mnl. *vleesc, vleis(c), vlees*, nl. *vlees*, aengl. *flǣsc*, engl. *flesh* und mit engerer Bedeutung anord. *flesk, fleski*, schwed. *fläsk* 'Schweinefleisch, Speck'. Herkunft ungewiß. Zieht man aengl. *flicce*, anord. *flikki* 'Speckseite' sowie das unter *Fleck* (s. d.) behandelte Substantiv heran, so ist, ausgehend von 'abgetrennte Fleischscheibe', Verwandtschaft mit lit. *plė́šti* 'reißen, zerren, abrupfen' und Anschluß an ie. **plē̂k-*, **plək̂-* und **plēik̂-*, **plīk̂-* 'reißen, abreißen (abschälen)' bzw. an eine auf *-s* auslautende Variante denkbar, die als Weiterbildungen der Wurzel ie. **plē-*, **plə-* 'abspalten, abreißen' aufgefaßt werden können. – Von *Fleisch* abgeleitet fleischlich Adj. 'vergänglich, sterblich', ahd. *fleisclīh* (9. Jh.), mhd. *vleischlich*. fleischig Adj. 'viel Fleisch enthaltend', spätmhd. *vleischic*. fleischen Vb. 'mit Fleisch versehen, Fleisch ablösen', ahd. *fleisken* 'abreißen' (Hs. 12. Jh.), mhd. *vleischen* 'mit Fleisch überziehen, zerfleischen, das Fleisch von der Haut abschaben' ist im Nhd. noch fachsprachlich, selten in der Allgemeinsprache üblich, bleibt aber erhalten in der Präfixbildung zerfleischen Vb. 'heftig verwunden', bes. von Raubtieren, Raubvögeln 'zerfetzen' (16. Jh.), verstärkende Präfixbildung zu mhd. *vleischen*; vgl. ahd. *zifleiscōnto* Adv. des Part. Präs. 'zerfleischend, das Fleisch zerreißend' (11. Jh.). Fleischer m. 'wer professionell Tiere schlachtet, Fleischprodukte herstellt' (15. Jh.), spätmhd. *vleischer* 'Henker'. Zu den dt. Berufsbezeichnungen für 'Fleischer' vgl. W. Braun in: Zur Ausbildung d. Norm d. dt. Literaturspr. 2 (1976) 73ff. eingefleischt Part.adj. 'in Fleisch und Blut übergegangen, unveränderlich, unverbesserlich' (16. Jh.; vgl. mhd. *īnvleischen* von Christus 'zu Fleisch, zum Menschen werden').

Fleiß m. 'Eifer, Arbeitsamkeit', ahd. *flīʒ* 'Kampf, Streit, körperliche Anstrengung, geistige Anspannung, Übereifer' (8. Jh.), mhd. *vlīʒ, vlieʒ* 'Beflissenheit, Eifer, Sorgfalt', asächs. *flīt*, mnd. *vlīt*, mnl. nl. *vlijt*, aengl. *flīt* bleiben ohne sichere Anschlußmöglichkeiten. Während ahd. und mhd. der umfassendere Sinn 'Eifer, Anstrengung, Sorgfalt' gilt, überwiegt in neuerer Zeit die Bedeutung 'Arbeitsamkeit'. Die ursprüngliche Bedeutung hat sich erhalten in der Wendung *etw. mit Fleiß* ('mit voller Absicht') *tun* sowie in den refl. Verben *befleißen* und *befleißigen* 'sich bemühen' (15. Jh.). Reste eines starken Verbs ahd. *flīʒan* 'kämpfen, streiten, sich körperlich und geistig anstrengen' (8. Jh.), mhd. *vlīʒen* 'eifrig sein, sich bemühen', asächs. *-flītan*, mnd. mnl. *vlīten*, aengl. *flītan* sind erhalten in beflissen Part.adj. 'eifrig, emsig' (16. Jh.; älter *beflissen sein*, Ende 15. Jh.) und geflissentlich Adv. 'mit Eifer, mit Bedacht' (18. Jh.), ohne Gleitlaut *geflissenlich* (16. Jh.). – fleißig Adj. 'arbeitsam', ahd. *flīʒīg* 'körperlich angestrengt, eifrig bemüht' (9. Jh.), mhd. *vlīʒec, vlīʒic* 'eifrig, sorgfältig'.

flektieren Vb. 'beugen', zusammenfassender grammatischer Terminus für *deklinieren* und *konjugieren* (s. d.), im 17. Jh. entlehnt aus lat. *flectere* (*flexum*) 'beugen, biegen, wenden, lenken', bei den röm. Grammatikern bereits 'abwandeln (von Substantiv und Verb)'. Daneben hält sich bis in die Gegenwart der dt. Ausdruck *beugen* (s. d.). – Flexion f. 'Beugung, Deklination und Konjugation' (17. Jh.), nach gleichbed. spätlat. *flexio* (Gen. *flexiōnis*), lat. 'Biegung, Krümmung'. flexibel Adj. 'biegsam, elastisch, flektierbar' (17. Jh.), lat. *flexibilis*, frz. *flexible*.

flennen Vb. 'weinen', ein Wort der Mundart, das in der Literatursprache erst im 16. Jh. greifbar wird. Verwandt sind ahd. *flannēn* 'den Mund verziehen' (um 1000), mhd. *vlans* 'Mund, Maul', nhd. *Flunsch* 'schmollend verzogener Mund', frühnhd. *Flenner* 'wer weint, heult' (15. Jh.). *flennen* gilt zunächst gleichermaßen für 'weinen' und 'lachen'; erst im 18. Jh. setzt sich allgemein 'weinen' durch. Die Herleitung ist ungesichert.

fletschen Vb. 'die Zähne zeigen'. Neben mhd. *vletzen* 'ebnen, ausbreiten' steht affektisch verschärftes (mit Übergang von *tz* in *tsch*) mhd. *vletschen* 'den Mund breit machen und die Zähne entblößen, die Zähne zeigen', die beide zu ahd. *flaʒ* Adj. 'flach' (um 800), asächs. *flat* 'flach, seicht', anord. *flatr*, schwed. *flat* gehören (Substantivbildungen zu diesem Adjektiv s. unter *Flöz*). Diese germ. Formen führen auf eine Wurzelerweiterung mit auslautender Media (ie. *-d-*), während verwandtes griech. *platýs* (πλατύς) 'weit, breit, flach, eben' (s. *platt*), lat. *planta* 'Fußsohle', lit. *plóti* 'platt drücken, breit formen' und wohl auch aruss. *plastъ*, russ. *plast* (*пласт*) 'Schicht, Lage, Scheibe' ebenso wie *Fladen* und *Flunder* (s. d.) eine Dentalerweiterung mit auslautender Tenuis (ie. *-t-*) der Wurzel ie. **pel(ə)-*, **plā-* 'breit und flach, ausbreiten, breitschlagen, breitklatschen' (s. *Feld*) voraussetzen.

flicken Vb. 'ausbessern', mhd. *vlicken* 'einen Fleck auf-, ansetzen, ausbessern', Verbalableitung von *Fleck* (s. d.), mhd. *vlec* 'Stück, Zeug, Lappen' (wie *spicken* von *Speck*); ursprünglich nicht obd., wo *bletzen* (zu obd. *Bletz* m. 'Fleck, Lappen') gilt. – Dazu Flicken m. 'Stoff-, Lederstück zum Ausbessern' (18. Jh.), nd. *Flicke*, älteres *Fleck* in dieser Bedeutung verdrängend. Flickwerk n. 'zusammengestückelte, schlechte Arbeit' (15. Jh.).

Flieder m. in reichen Rispen blau, violett oder weiß blühender Zierstrauch, im 16. Jh. aus Südosteuropa nach Deutschland eingeführt. Der im Nl. und Fries. beheimatete Name steht seit alters für 'Holunder'. Mnl. *vlieder, vlier* enthält (wie *Holunder*, s. d.) ein altes Suffix für Baumnamen (germ. *-ðra-*); die Herkunft des Stammworts ist unbekannt. Mit nl. Siedlern dringt die Bezeichnung weit nach Osten vor, belegt in mnd. *vlēder, vlieder*, nordd. *Flieder* (vgl. *Fliederbeeren* 'Holunderbeeren', entsprechend *Fliedertee*). Der Name wird dann, ebenfalls im Nordd., auf den oben genannten Zierstrauch, der bis dahin keinen dt. Namen hatte, übertragen und gilt in diesem Sinne (seit dem 18. Jh.) allgemein in der Literatursprache.

fliegen Vb. 'in der Luft schweben, sich in der Luft fortbewegen', ahd. *fliogan* (8. Jh.), mhd. *vliegen*, mnd. *vlēgen*, mnl. *vlieghen*, nl. *vliegen*, aengl. *flēogan*, engl. *to fly*, anord. *fljūga*, schwed. *flȳga* ist vergleichbar mit lit. *plaũkti* 'schwimmen, durch die Luft dahinfahren', so daß ein Ansatz ie. **pleuk-* möglich ist, wobei für das Germ. Beseitigung des grammatischen Wechsels zugunsten von *-g-* vorausgesetzt wird; durch diesen Ausgleich ist ein Zusammenfall mit dem (wohl nicht verwandten) unter *fliehen* (s. d.) behandelten Verb unterblieben. Ie. **pleuk-* kann als Gutturalbildung zu ie. **pleu-* 'rinnen (und rennen), fließen, schwimmen, schwemmen, gießen, fliegen, flattern' (s. *fließen*), Erweiterung der Wurzel ie. **pel(ə)-* 'gießen, (ein)füllen, fließen' angesehen werden. – F l i e g e f. zweiflügliges Insekt mit gedrungenem, behaartem Körper und mäßig langen Beinen, vornehmlich Bezeichnung für die Stubenfliege, ahd. *flioga* (8. Jh.), mhd. *vliege*, asächs. *flioga*, mnd. *vlēge*, mnl. *vlieghe*, nl. *vlieg*, aengl. *flēoge* gehen auf germ. **fleugōn*, aengl. *flȳge*, engl. *fly* auf germ. **fleugjōn* und anord. schwed. *fluga* auf germ. **flugōn* zurück. F l i e g e n p i l z m. Blätterpilz mit rotem Hut und weißen Tupfen (18. Jh.), älter *muckenswam* (14. Jh.), *Fleugenschwamm* (16. Jh.), da ein Sud aus in Milch abgekochten Fliegenpilzen als Fliegenbekämpfungsmittel verwendet wird. F l i e g e r m. Nomen agentis zu *fliegen*, 'Flugzeugführer' (Anfang 20. Jh.), älter (Anfang 19. Jh.) 'Rennpferd auf kurzen Strecken', entsprechend im Radsport 'Radrennfahrer über kurze Strecken'.

fliehen Vb. 'ausreißen, sich schnell (und heimlich) entfernen', ahd. *fliohan* (8./9. Jh.), mhd. *vliehen, vlien*, asächs. *fliohan*, mnd. *vlēn, vlien*, mnl. *vlīen*, nl. *vlieden*, aengl. *flēon*, engl. *to flee*, anord. *flȳja*, got. (mit *þl*-Anlaut, s. auch *flehen*) *þliuhan* setzen germ. **fleuh-* oder **þleuh-* voraus. Da das Problem des ursprünglichen Anlauts (*fl-* oder *þl-*) noch ungeklärt ist, bleibt jeder etymologische Erklärungsversuch (z. B. Anschluß an lat. *lōcusta* 'Heuschrecke', eigentl. 'mit Gelenken versehen, biegsam, springend', oder, mit grammatischem Wechsel, an *fliegen*, s. d.) ungesichert. – e n t f l i e h e n Vb., verstärktes *fliehen*, ahd. *intfliohan* 'entwischen, zurückweichen, sich entziehen' (9. Jh.), mhd. *enphliehen, entvliehen*. F l i e h k r a f t f. 'Zentrifugalkraft' (18. Jh.).

Fliese f. 'Wand- oder Fußbodenplatte aus Stein oder Keramik, Kachel' ist ein im 17. Jh. ins Hd. übernommenes nd. Wort. Ihm entspricht ahd. *flins* (9. Jh.), mhd. mnd. *vlins* 'Kiesel, harter Stein, Fels'. In mnd. *vlīse* 'Steinplatte', anord. *flīs*, schwed. *flis(a)* 'Splitter, Stück' ist nach *n*-Ausfall vor Spirans Ersatzdehnung des Vokals eingetreten. *Fliese* geht also auf eine nasalierte Dentalerweiterung des unter *spleißen* 'spalten' (s. d.) angeführten ie. **(s)plei-* zurück. Diese Verwandtschaft ist noch in der alten Bedeutung 'Splitter' (17. Jh.) erkennbar.

fließen Vb. 'strömen', ahd. *fliozan* 'fließen, schwimmen, flüssig sein' (8. Jh.), mhd. *vliezen* 'fließen, strömen, schwimmen', asächs. *fliotan*, mnd. *vlēten*, mnl. nl. *vlieten*, aengl. *flēotan*, engl. *to fleet*, anord. *fljōta*, schwed. *flyta* gehen auf ie. **pleud-*, Dentalbildung zu ie. **pleu-* 'rinnen (und rennen), fließen, schwimmen, schwemmen, gießen', Erweiterung der Wurzel ie. **pel(ə)-* 'gießen, (ein)füllen, fließen', zurück und sind verwandt mit aind. *plávatē* 'schwimmt, gleitet', griech. *plḗn* (*πλεῖν*) 'segeln, schwimmen', lat. *pluere* 'regnen' (aus **plovere*, vgl. archaisches *perplovere* 'durchsickern lassen, leck sein'). Zur gleichen Wurzelerweiterung gehören *Flosse, Floß, flößen, Flotte, Fluß* (s. d.); s. auch nahestehendes *Flut*. – F l i e ß n. 'fließendes Gewässer, Wasserlauf', mhd. *vliez* 'Fluß, Strömung', mnd. *vlēt* 'Wasserlauf, Bach'. F l i e ß p a p i e r n. 'saugfähiges Papier, auf dem Tinte und Farben zerfließen, Löschpapier' (16. Jh.). F l i e ß b a n d n. '(laufendes) Montageband' (20. Jh.). F l i e ß a r b e i t f. 'lückenlos aneinandergereihte Folge von Vorgängen eines Arbeitsprozesses' (20. Jh.).

flimmern Vb. 'unruhig glänzen, glitzern', eine omd. Iterativbildung des 17. Jhs. zu *flimmen* (16. Jh.), das ablautend zu altem, bereits mhd. bezeugtem *flammen* (s. d.) getreten ist. – f l i m m e r i g Adj. 'unruhig glitzernd' (20. Jh.); F l i m m e r k i s t e f. 'Kino' (1. Hälfte 20. Jh.), danach auch 'Fernseher', mit aus *flimmern* rückgebildetem *Flimmer* m. 'unruhiger, zitternder Glanz' (18. Jh.).

flink Adj. 'schnell, behende', gegen Ende des 17. Jhs. aus dem Nd. ins Hd. übernommen. Mnd. *flink* 'glänzend, blinkend', nl. *flink*, vgl. auch mnl. *vlinken* 'glitzern, flakkern, schnell bewegen' und spätmhd. *kupfervlinke* 'Kupfererz, das in glänzenden Stücken auf dem Gestein zutage liegt', nhd. *flinken* 'glänzen' (16. Jh.) und *flunkern* (s. d.), können mit lett. *spulgot* 'glänzen, funkeln', *spulgs* 'der Funkelnde' verbunden werden. Als Ausgangsform wäre dann ie. **(s)p(h)elg-* und für die germ. Bildungen ein nasaliertes ie. **(s)p(h)leng-* anzusetzen, die beide als *g*-Erweiterungen der Wurzel ie. **(s)p(h)el-* 'glänzen, schimmern' angesehen werden dürfen. Angesichts dieser jungen Wortfamilie ist freilich die Möglichkeit zu erwägen, daß es sich um Bildungen nach dem Vorbild von nhd. *flackern* (s. d.), nl. *flikkeren, flakkeren* 'sich unruhig bewegen' handeln könnte (vgl. de Vries Nl. 171).

Flinte f. 'Gewehr mit Feuersteinschloß', das die alte, mit Radschloß und Lunte versehene Büchse ersetzt. *Flinte* (1647) sowie *Flintrohr* (1647) und *Flintbüchse* (1691) sind wohl Eindeutschungen von schwed. *flint(e)bössa* (1612), *flint(e)rör* (1614), *flinta* (1645); vgl. de Tollenaere in: Studia Neophilologica 53 (1981) 255ff. Das erste Glied der Komposita ist vertreten in mnl. *vlint*, mnd. *vlint(stēn)*, aengl. engl. *flint*, anord. *fletta* (aus urnord. **flint-*), schwed. *flinta* 'Feuerstein, harter Stein, Splitter' und gehört (wie *Fliese* und *Splint*, s. d.) zu einer nasalierten Dentalerweiterung von ie. **(s)plei-* (s. *spleißen*). Heute bezeichnet *Flinte* vornehmlich ein Jagdgewehr für Schrotladung. Dazu die Wendung *die Flinte ins* (neben dem Schlachtfeld befindliche) *Korn werfen* 'aufgeben, verzagen' (19. Jh.).

flippen Vb. 'mit einem Flipper (einem Spielautomaten) spielen' (wobei eine Kugel von Kontaktstellen ruckartig fortgeschnellt wird; 20. Jh.), von engl. *to flip* 'schnipsen, schnellen'; wohl lautmalender Herkunft. – a u s f l i p p e n Vb. 'sich durch Drogen einer als bedrückend empfundenen Situation entziehen, sich (bewußt) außerhalb der gesellschaftlichen Norm stellen, plötzlich aus der gewohnten Lebensweise ausbrechen' (20. Jh.), vgl. engl. *to flip out* 'verrückt werden'.

flirren Vb. 'flimmern, schwirren, surren' (18. Jh.), zuvor 'flattern' (17. Jh.). Das erst spät bezeugte Verb ist nd. Ursprungs, mundartlich 'sich unruhig oder schwebend, flatternd bewegen, leicht blitzend auf und ab schweben'. Verwandtschaft mit *flattern, flittern* (s. d.) ist möglich. Erwogen wird aber auch Mischung von *flimmern* und *schwirren*.

flirten Vb. 'ein unverbindliches, spielerisches und kurzfristiges Zuneigungsverhältnis zu einer Person des anderen Geschlechts haben'. Im 19. Jh. wird etymologisch ungeklärtes engl. *to flirt* 'schnell bewegen, flattern, liebeln, kokettieren' unter Beibehaltung der engl. Aussprache zu *flirten* eingedeutscht. Dazu das Substantiv F l i r t m. (19. Jh.) für das kokette Liebesspiel im Zustand des Verliebtseins im Sinne von *flirten* (s. oben); dagegen engl. *flirt* 'schnelle Bewegung, Ruck, Kokette, wer jmdm. den Hof macht'.

flittern Vb. 'unruhig glitzern, umherflattern', mhd. (md.) *flettern* 'leise lachen, kichern', frühnhd. *vlittern* 'flattern, flüstern, kichern', dann auch 'kosen, schmeicheln' (16. Jh.); vgl. ahd. *flitarazzen* '(mit Worten) schmeicheln, liebkosen' (11. Jh.), mhd. *gevlitter* 'Gekicher', engl. *to flitter* 'flattern', engl. *flittermouse* 'Fledermaus'. Alle diese Bildungen stehen wohl ablautend zu dem unter *flattern* (s. d.) behandelten Verb und enthalten die Vorstellung einer unsteten Bewegung, während die sich erst im Nhd. (18. Jh.) entwickelnde Bedeutung 'unruhig glitzern' auf das aus dem Verb rückgebildete F l i t t e r m. 'kleine glitzernde Blechmünze' (16. Jh.), später 'Schimmer, Glanz, eitler Putz' (18. Jh.) zurückgeht. – F l i t t e r w o c h e n Plur. 'die ersten Wochen nach der Hochzeit' (16. Jh.), zu *flittern* 'kosen'. Hierher wohl auch F l i t t c h e n n. 'herumflatterndes, haltloses, leichtes Mädchen' (18. Jh.).

flitzen Vb. 'sich pfeilschnell bewegen, rennen' (19. Jh.), älter 'mit dem Pfeil schießen' (16. Jh.), Ableitung von *Flitz* m. 'Pfeil', das im 16. Jh. über mnd. *flitse, flitsche* 'Pfeil', nl. *flits* ins Hd. gelangt. Die nl. nd. Formen sind wohl entlehnt aus afrz. *fleche* 'Pfeil' (frz. *flèche*), das seinerseits auf anfrk. **fliukka* 'Pfeil' zurückgehen soll, erhalten in mnd. *vlēke* f., mnl. *vlieke* 'Feder, Pfeil', etymologisch zu *fliegen* (s. d.) gehörig. – F l i t z b o g e n m. 'Pfeil und Bogen' als Kinderspielzeug (16. Jh.), entsprechend mnd. *flitsbōgen*; im 16. Jh. auch tautologisch *Flitzpfeil*. F l i t z e r m. 'wer sich schnell bewegt, schnelles kleines Fahrzeug' (20. Jh.).

Flocke f. 'lockeres, leichtes Gebilde aus Wollfasern, Eiskristallen u. dgl.', ahd. *flocko* 'Flaum' (9. Jh.), mhd. *vlocke, vloc* 'Schnee-, Blüten-, Wollflocke, Funke, Flaum', mnd. mnl. *vlocke*, nl. *vlok* führen vielleicht mit norw. (mundartlich) *flugsa* 'Schneeflocke', lit. *pláukas* 'ein Haar', lett. (Plur.) *plaukas* 'Flokken, Fasern, Abgang von Wolle, Flachs', ablautend lett. *plūkt* 'zupfen, raufen, reißen, pflücken' auf ie. **pleuk-* 'Flocke, Feder, Haar, Abfall', wohl eine Erweiterung der unter *fliegen* (s. d.) angegebenen ie. Wurzel. Unabhängig davon ist obd. *Flocken* m. 'wollene Mönchskutte', aus gleichbed. mlat. *floccus* (lat. 'Wollbüschel'). – flockig Adj. 'flockenförmig' (17. Jh.). flocken Vb. 'in Flocken aus-, niederfallen' (17. Jh.).

Floh m. flügelloses, springendes, blutsaugendes Insekt, ahd. *flōh* (9. Jh.), mhd. *vlōch, vlō*, mnd. mnl. *vlō*, nl. *vlo*, aengl. *flēa(h)*, engl. *flea*, anord. *flō* würden (im Vergleich mit den außergerm. Formen) auf einen Ansatz ie. **plou-* 'Floh' führen, der um ein *k*-Suffix erweitert ist (wenn man nicht späteren volksetymologischen Einfluß durch das unter *fliehen*, s. d., behandelte Verb annehmen will). Doch hat das Germ. mit seiner diphthongischen Form wohl geneuert. Die außergerm. Namen aind. *plúṣiḥ*, griech. *psýlla, psýllos* (*ψύλλα, ψύλλος*), lat. *pūlex* (aus **puslex*), lit. *blusà*, russ.-kslaw. *blъcha*, russ. *blochá* (*блоха*) zeigen demgegenüber einfachen Vokal und *s*-Suffix (ie. **plus-*). Der Anlautwechsel (zwischen *p-*, *b-* oder *bh-*) sowie die beliebige Umstellung der Laute *l, u* und *s* lassen sich hinreichend mit Sprachzauber (zur Abwehr des lästigen Insekts) oder Spieltrieb erklären. Vgl. W. Pfeifer Wb. dt. Tiernamen 40f. – flöhen Vb. 'Flöhe suchen' (17. Jh.).

¹**Flor** m. 'Blumenfülle, Blütenpracht'. Mhd. *flōre*, frühnhd. *Flore* f. 'Blume, Blüte' (in metaphorischer Verwendung) ist zunächst Entlehnung aus gleichbed. afrz. *flor, flour* (frz. *fleur*), dem es auch im Genus folgt; vgl. daneben mhd. *flōrī* 'blühendes Aussehen' (wohl nach afrz. *flori*, Part.adj. zum Verb afrz. *florir*, s. unten), *flōrīe* 'Blume, Blütenpracht' (als Kollektivbildung?). Seit dem 16. Jh. erscheint nhd. *Flor(e)* häufig in Wendungen wie *in aller Flore, in Flor sein, stehen* (mehrfach entstellt *in Flor und esse kommen, erhalten*), nach im Nlat. üblichem *in flore esse* 'in Blüte, Ansehen stehen', nun also im Anschluß an lat. *flōs* (Gen. *flōris*) 'Blume, Blüte, Periode der höchsten Kraftentfaltung, bester, edelster Teil' (verwandt mit *blühen*, s. d.), das der frz. Form ebenfalls zugrunde liegt. Maskulines Genus (nach lat. Vorbild) gilt vom 17. Jh. an. Freier Gebrauch außerhalb der präpositionalen Fügung findet sich erst um 1700, die auf konkrete Sachverhalte bezogene Bedeutung 'große Zahl von Blüten, Blumenfülle' nicht vor der 2. Hälfte des 18. Jhs. – florieren Vb. 'blühen, gedeihen, vorankommen' (Ende 16. Jh.), mhd. *flōrieren* '(mit Blumen) schmücken, stattlich ausrüsten' (von afrz. *florir* 'mit Blumen schmücken, blühen', spätlat. *flōrīre*, lat. *flōrēre* 'blühen, in Blüte, hohem Ansehen stehen'); vgl. gleichbed. mhd. *flōren* (abgeleitet von mhd. *flōre*).

²**Flor** m. 'dünnes, durchsichtiges Gewebe (Seide, Gaze, Krepp)', auch 'Band, Tuch' sowie 'Trauerzeichen' (aus solchem Stoff), entlehnt (Ende 16. Jh.) aus gleichbed. nl. *floers*. Zugrunde liegt wohl mfrz. *floret*, frz. *fleuret* 'aus dem versponnenen Flaum des Seidenraupenkokons gewonnene Seide' (vgl. nhd. *Florettseide* 'Abfallnaturseide') sowie (frz.) 'daraus hergestelltes Band, Tuch', das ins Nl. gelangt und offenbar an das anders herzuleitende mnl. nl. *floers* 'Samt' (s. ³*Flor*) lautlich angeglichen wird. Frz. *fleuret* gehört als Ableitung zu frz. *fleur*, afrz. *flo(u)r* 'Blume' (lat. *flōs*, s. ¹*Flor*).

³**Flor** m. 'Schicht von aufrecht stehenden feinen Fasern' (auf der Oberfläche von Samt, Plüsch, Teppichen), entlehnt (2. Hälfte 18. Jh.) aus mnl. nl. *floers* 'Samt', das auf mfrz. *velours*, afrz. *velo(u)s* 'Samt' (lat. *villōsus*, s. *Velours*) beruht.

Flora f. 'Pflanzenwelt einer bestimmten Landschaft'. Lat. *Flōra*, Name der römischen Göttin der Blumen und Blüten, der Frühlingsgöttin, wird seit dem 17. Jh. in der Botanik als Titelwort für Pflanzenbeschreibungen verwendet, vgl. *Flora Danica* (1647), *Flora Suecica* (Linné 1745), und erhält danach die übertragene Bedeutung 'Pflanzenwelt'. Lat. *Flōra* gehört zu lat. *flōs* (Gen. *flōris*) 'Blume, Blüte' (s. ¹*Flor*).

Florett n. 'Stoßdegen, Rapier' (als Schul- und Sportwaffe), im 17. Jh. (*Floret, Flöret*) aus gleichbed. frz. *fleuret* (mfrz. *floret*) entlehnt. Dieses ist eine allmählich an das Frz. (vgl. frz. *fleur* 'Blume') angeglichene Übernahme von ital. *fioretto* 'Stoßdegen', eigentl. 'kleine Blume', Deminutivum zu ital. *fiore* 'Blume' (lat. *flōs*, Gen. *flōris*). Die im Dt. übliche Form *Florett* bildet sich wohl unter direktem Einfluß von ital. *fioretto* und durch erneute lautliche Anlehnung an den lat. Stamm heraus. Die Bezeichnung beruht auf dem Vergleich des die Degenspitze entschärfenden Knopfes mit einem „Blümchen".

Floskel f. 'erstarrte, inhaltsleere Redewendung'. Lat. *flōsculus* m. 'Blümchen, Zierde, exzerpierter Sinnspruch' (Deminutivum zu lat. *flōs* 'Blume, Blüte') begegnet im 17. Jh. mit lat. Flexion in dt. Texten zur Bezeichnung nichtssagender, den Stil ausschmückender Redensarten. Aus dem eingedeutschten Plur. *Floskeln* wird der fem. Sing. *Floskel* abgeleitet (18. Jh.).

Floß n. 'Wasserfahrzeug aus zusammengebundenen Baumstämmen', ahd. *flōʒ* (10. Jh., vgl. *flōʒskef, -skif*, 9. Jh.), mhd. *vlōʒ* (auch m.), asächs. *flōt*, mnd. mnl. *vlōt*, nl. *vlot* gehört mit den unter *Flotte* und *flott* (s. d.) verzeichneten Formen als ablautende Bildung zu dem unter *fließen* (s. d.) behandelten Verb und bedeutet eigentl. 'das Fließende, das Schwimmende'.

Flosse f. 'Bewegungs-, Steuerungs- und Stabilisierungsorgan der Fische', ahd. *floʒʒa* (9. Jh.), mhd. *vloʒʒe* steht im Ablautverhältnis zu *fließen* (s. d.) in seiner alten Bedeutung 'schwimmen'. Die hd. Bildung (gegenüber ursprünglich nd. [1]*Finne*, s. d.) wird teils verdeutlicht in Zusammensetzungen wie mhd. *vischvloʒʒe* oder frühnhd. *vloʒfedere* (15. Jh.), teils umschrieben mit *Fischfeder* oder *Fittich* (15. Jh.). Obwohl früh und durchgängig bezeugt, setzt sich *Flosse* nur langsam durch; noch Adelung (1796) verweist unter *Flosse* auf *Floßfeder.*

flößen Vb. 'mit dem Floß, als Treibgut befördern', mhd. *vlœʒen* 'wegspülen, fort-, hinabschwemmen' ist das Kausativum (eigentl. 'fließen, schwimmen, treiben machen') zu dem unter *fließen* (s. d.) behandelten Verb. – e i n f l ö ß e n Vb. 'eine Flüssigkeit eingeben, zu trinken geben', übertragen 'erwecken' (z.B. Achtung, Furcht), mhd. *īn vlœʒen*. F l ö ß e r m. (15. Jh.).

Flöte f. Blasinstrument aus Holz oder Silberlegierung mit einem oder mehreren nebeneinanderliegenden Rohren. Mhd. *vloite, floit, flöute* ist ebenso wie mnl. *flūte, fleute, floite*, nl. *fluit* aus afrz. *flaüte* (frz. *flûte*) entlehnt. Dieses geht vielleicht auf aprov. *flaüt, flauta* zurück. Die Bezeichnung des Instruments ist wahrscheinlich onomatopoetischen Ursprungs, doch bleibt wegen der anlautenden Konsonantenverbindung auch ein Zusammenhang mit der Wortgruppe von lat. *flāre* 'blasen' zu erwägen. – f l ö t e n Vb. 'auf der Flöte blasen', mhd. *floiten*, älter *floitieren*, nach afrz. *flaüter.* F l ö t i s t m. 'Flötenspieler' (19. Jh.), zuvor *Flötenist* (18. Jh.) mit dem roman., aus lat. *-ista* stammenden Suffix für Personenbezeichnungen (vgl. ital. *flautista*) gegenüber *Flöter* (16. Jh.), mhd. *vloitære.*

flötengehen Vb. 'verlorengehen'; im Nd. seit dem 16. Jh. nachweisbar (s. unten), seit dem 18. Jh. in hd. Texten belegt. Die Herkunft ist umstritten. Überholt ist sicherlich der Versuch einer Ableitung von *Flöte* (s. d.) im Sinne von 'dahintönen wie der verhallende Laut einer Flöte'. Vermutet wird Zusammenhang mit *Pleite* 'Bankrott', *pleite gehen* 'sich fortmachen' (s. d.), jidd. *plete gehen*, das volksetymologisch an *Flöte* angelehnt sein könnte. Neuerdings wird dagegen Herleitung von rotw. *Flöte* euphemistisch für 'Gefängnis, Krankenhaus' (von nhd. *blöde*, mhd. *blœde* 'gebrechlich, schwach', s. WOLF Rotw. 103) erwogen; danach müßte *flötengehen* zuerst von Personen gesagt worden sein; vgl. KNOBLOCH in: Lingua 26 (1970/71) 300. Vielleicht ist jedoch, ausgehend von nd. *dat Geld ist fleuten gahn* (Mitte 18. Jh.), zu *fleuten gahn* 'hin und her laufen, davonlaufen' (Mitte 16. Jh.), besser an mnd. *vlōten* 'fließen, schwimmen, treiben, geschwemmt werden' (s. *flößen, fließen*) anzuknüpfen.

flott Adj. 'munter, flink, schick' gehört etymologisch zu den Formen von *fließen, Floß* und *Flotte* (s. d.) und ist ursprünglich ein Wort der nd.-nl. Seemannssprache, vgl. mnd. *an vlot bringen* (ein Schiff) 'fahrtbereit machen', nd. *flot* 'fließend, schwimmend', nl. (älter) *vlot* 'schwimmfähig'. Ausgangsbedeutung ist 'obenauf schwimmend' (vgl. mnd. *vlot*, nd. *Flot* 'Rahm, Sahne'), daher auch *flott* ('schnell') *vorangehen,* nd. *dat geid flot* 'fließend, leicht, glatt, schnell'. Das Adjektiv wird im 17. Jh. ins Hd. aufgenommen. Die übertragene Bedeutung 'lebensfroh, munter' (aus 'obenauf schwimmend') entwickelt sich in der Studentensprache und gewinnt allgemeine Verbreitung (18. Jh.).

Flotte f. 'Schiffsverband, alle Schiffe eines Staates'. Anfang des 16. Jhs. wird das im Ablautverhältnis zu dem unter *fließen* (s. d.) behandelten Verb stehende mnd. *vlōte, vlāte* f. 'Schiffsverband, Flotte' (seit dem 14. Jh. belegt; vgl. auch mnl. *vlōte*, *vloot*, nl. *vloot* 'Flotte') ins Hd. übernommen; daher frühnhd. *Fluth, Floet*, auch *Flatten* Plur. Unter dem Einfluß von ital. *flotta* wird im späten 16. Jh. *Flotta* üblich (neben noch bis ins 17. Jh. gebräuchlichem *Fluht*), schließlich setzt sich seit der 2. Hälfte des 17. Jhs. nach frz. Vorbild die Schreibung *Flotte* durch. Frz. *flotte*, nordafrz. *flote* (auf das über span. *flota* auch ital. *flotta* zurückgeht) ist seinerseits aus mit den mnd. und nl. Formen verwandtem anord. *floti* 'Flotte, Floß' entlehnt.

Flottille f. 'kleinerer Schiffsverband', im 18. Jh. aus span. *flotilla*, Deminutivum zu dem aus nordafrz. *flote* (frz. *flotte*) stammenden span. *flota* 'Flotte', entlehnt und in der Form früh an gleichfalls aus dem Span. übernommenes frz. *flottille* angeglichen; im Dt. wie im Span. anfangs Bezeichnung für das Begleitgeschwader der aus Amerika ankommenden Schiffe. Zur Etymologie s. *Flotte*.

Flöz n. 'Gesteins-, Erz- oder Kohleschicht', seit dem 16. Jh. in der Bergmannssprache üblich. Ahd. *flezzi* (8. Jh.), mhd. *vletz(e)* 'geebneter Boden, Tenne, Vorhalle, Hausflur, Lagerstatt', nhd. (mit Rundung von *e* zu *ö*) *Flöz*, asächs. *flet, fletti* 'Gemach, Haus', mnl. *vlet* 'ebener Boden', aengl. *flett* 'Diele, Wohnung, Halle', anord. *flet* 'erhöhter Fußboden an den Wänden, Zimmer, Haus' sind Substantive, die zu den unter *fletschen* (s. d.) angeführten Adjektiven (vgl. ahd. *flaȥ* 'flach') gehören. *Flöz* ist demnach als Bezeichnung für eine 'flache, ebene Schicht' anzusehen.

fluchen Vb. 'Verwünschungen ausstoßen, derb schimpfen', ahd. *fluohhōn* (um 800), *fluohhen* (aostnfrk. 9. Jh.), *-fluohhan* (9. Jh.), mhd. *vluochen*, asächs. *flōkan*, mnd. *vlōken*, mnl. nl. *vloeken* 'schmähen, verwünschen, schelten', aengl. *flōcan* 'Beifall klatschen', got. *flōkan* 'beklagen' führen mit anord. *flōkinn* 'verwirrt', *flōki* 'gestampfter Filz' und griech. *-plēgnýnai* (*-πληγνύναι*) 'schlagen', lat. *plangere* 'schlagen, die Hand auf die Brust schlagen, laut trauern, wehklagen', lit. *plàkti* 'schlagen, züchtigen', aslaw. *plakati* 'weinen, beweinen', russ. *plákat'* (*плакать*) 'weinen, klagen' auf ie. **plāk-*, **plāg-* 'schlagen'. Der Zusammenhang der Wörter des Fluchens, Klagens, Schlagens macht deutlich, daß der Vorgang des Verwünschens wie der des Klagens und Trauerns mit affektischem Schlagen an die Brust verbunden war. Heute gilt *fluchen* meist nur noch für 'derb schimpfen'. Die Bedeutung 'verwünschen, jmdm. etw. Böses wünschen' übernimmt *verfluchen* (s. unten). – Fluch m. 'Verwünschung, Schimpf', ahd. *fluoh* 'Verfluchung, Verwünschung' (9. Jh.), mhd. *vluoch*, mnd. *vlōk*, mnl. *vloec*, nl. *vloek*, aus dem Verb rückgebildetes Abstraktum. verfluchen Vb. 'jmdm. den Zorn Gottes, Unheil wünschen, verstoßen, verwünschen', ahd. *firfluohhōn* (um 1000), *firfluohhan* (9. Jh.), *firfluohhen* (Hs. 12. Jh.), mhd. *vervluochen*.

[1]**Flucht** f. 'das Fliehen', ahd. *fluht* (9. Jh.), mhd. *vluht*, asächs. *fluht*, mnd. mnl. nl. *vlucht*, engl. *flight* (westgerm. **fluhti-*) ist ein mit *ti*-Suffix und Ablaut gebildetes Abstraktum zu dem unter *fliehen* (s. d.) behandelten Verb. – flüchten Vb. 'sich oder etw. retten, in Sicherheit bringen, Schutz suchen, fliehen', ahd. *fluhten* 'vertreiben, austreiben' (9. Jh.), mhd. *vlühten*, auch 'fliehen'. flüchtig Adj. 'auf der Flucht befindlich', daher übertragen 'schnell und ungenau, oberflächlich', ahd. *fluhtīg* 'fliehend' (9. Jh.), mhd. *vlühtec, vlühtic*; Flüchtigkeit f. 'Schnelligkeit' (16. Jh.), dann 'Oberflächlichkeit'; verflüchtigen Vb. '(sich) in seine Bestandteile, in Dampf auflösen, in gasförmigen Zustand übergehen bzw. überführen' (18. Jh.), älter 'fliehen' (15. Jh.); vgl. mhd. *vlühtegen* 'in die Flucht schlagen' und *vervlühtic* 'flüchtig'. Flüchtling m. 'wer sich auf der Flucht befindet oder geflohen ist' (17. Jh.). Zuflucht f. 'Schutz(ort), Unterschlupf, Hilfe'; ahd. *zuofluht* (8. Jh.), mhd. *zuovluht* ist Übersetzung von lat. *refugium* der Bibel und verläßt erst im 14. Jh. den biblisch-religiösen Bereich. Ausflucht f. 'Ausrede, Vorwand', in dieser und anfangs noch in der eigentl. Bedeutung 'heimliches Entrinnen' seit dem 15. Jh. belegt; doch vgl. schon ahd. *ūȥfluht* 'Flucht, Ausweg zur Flucht, Gelegenheit, sich zu retten' (8. Jh.) sowie spätmhd. *ūȥvliehen* 'entfliehen, sich in Sicherheit bringen' (14. Jh.).

[2]**Flucht** f. 'Reihung in gerader Linie', seit dem 18. Jh. verbreitet, bes. in der Sprache der Architektur, vgl. *eine Flucht von Zimmern, Fenster-, Bauflucht*, stammt aus dem Nd., ebenso wie *Flucht* 'Vogelflug, in zusammenhängender Reihe fliegender Vogelschwarm' (in der Literatursprache bei nordd. Schriftstellern, vereinzelt schon 16. Jh.). Zugrunde

liegt mnd. *vlucht* 'das Fliegen, Flug, Flügel, Geflügel', nd. *Flugt, Flucht* 'Flug, Vogelschwarm, Richtung einer geraden Linie (an einer Mauer)', vgl. mnl. nl. *vlucht* 'das Fliegen, schnelle Bewegung, Schwarm', aengl. *flyht*, engl. *flight* 'Flug, Schwarm', ablautendes *ti*-Abstraktum zu dem unter *fliegen* (s. d.) dargestellten Verb. – F l u c h t l i n i e f. 'gerade Linie, in der Gebäude nebeneinander stehen' (19. Jh.).

Flug m. 'Fortbewegung in der Luft, Reise mit dem Flugzeug', ahd. *flug* (10./11. Jh.), mhd. *vluc*, asächs. *flugi*, mnd. *vlōge*, aengl. *flygge*, anord. *flugr* sind schwundstufige Verbalabstrakta zu dem unter *fliegen* (s. d.) behandelten Verb. – f l u g s Adv. 'im Fluge, schnell', erstarrter Genitiv Sing., mhd. *vluges*, frühnhd. *flugs, flux*. F l u g b l a t t n. 'massenwirksamer Einblattdruck mit großer Auflage und Verbreitung' und F l u g s c h r i f t f. 'geheftete Broschüre mit großer Verbreitung' (im Gegensatz zum gebundenen Buch) werden beide im 18. Jh. (neben *fliegendes Blatt, fliegende Schrift*) nach frz. *feuille volante* gebildet. F l u g z e u g n. 'mit dynamischem Auftrieb betriebenes Luftfahrzeug' (Anfang 20. Jh.), nach dem Muster von *Fahrzeug* (s. d.). A u s f l u g m. 'Wanderung, kleinere Reise', mhd. *ūȥvluc* 'erstes Ausfliegen der Vögel und Bienen', gegen Ende des 17. Jhs. auf Kurzreisen übertragen.

Flügel m. 'zum Fliegen dienender Körperteil der Vögel und Insekten', mhd. *vlügel*, mnd. *vlōgel*, mnl. *vlōghel, vleughel*, nl. *vleugel*, anord. *flygill*, schwed. *flygel* sind erst spät nach dem Muster vieler Gerätebezeichnungen (wie *Zügel* zu *ziehen*) zu dem unter *fliegen* (s. d.) behandelten Verb gebildet und bezeichnen die Vogelschwinge, bald auch metaphorisch an einer Seite befindliche oder seitlich angebrachte Teile, im Dt. z. B. die nach zwei Seiten herabhängenden Teile einer Haube (17. Jh.), die Windmühlenflügel (17. Jh.), Nasen-, Lungenflügel (18./19. Jh.), Teile eines aufgestellten Heeres (18. Jh.; unter Einfluß von gleichbed. lat. *āla* und frz. *aile*). Im 18. Jh. wird eine Klavierart wegen ihrer Form *Flügel* genannt (älter mnd. *vlōgel* 'Harfe', 14. Jh.). – F l ü g e l m a n n m. 'Soldat am Flügel einer Heeresaufstellung' (18. Jh.). f l ü g e l n Vb. 'mit Flügeln versehen, mit Flügeln schlagen' (17. Jh.), heute nur noch im Part. Prät. *geflügelt*; g e f l ü g e l t e W o r t e im 18. Jh. von J. H. Voss in seiner Übersetzung Homers geprägt nach griech. *épea pteróonta* (ἔπεα πτερόεντα) 'mit Flügeln versehene Wörter', d. h. 'Aussprüche, die sich schnell verbreiten', seit Büchmann in der Bedeutung 'geläufige Zitate' (1864). b e f l ü g e l n Vb. 'mit Flügeln versehen' (Anfang 17. Jh.), dann 'beschleunigen, beleben, vorantreiben'. ü b e r f l ü g e l n Vb. 'vorauseilen, übertreffen', zuerst militärisch 'eine Linie über die feindliche Front seitwärts herausrücken, mit den Flügeln eines Heeres umfassen' (18. Jh.).

flügge Adj. 'zum Ausfliegen aus dem Nest herangewachsen, erwachsen, selbständig, heiratsfähig'. Im 15. Jh. wird ein dem mhd. *vlücke* 'befiedert zum Ausflug aus dem Nest, flugfähig', mnl. *vlugghe* 'flugfähig', nl. *vlug* 'gewandt, schnell', aengl. **flycg* in *unfligg* 'federlos' (vgl. engl. *to fledge* 'befiedern, flügge werden') entsprechendes mnd. *vlügge* 'flugfähig, beweglich, emsig' (vgl. ahd. *fluggen* 'flügge machen, die Flügel schwingen', mhd. *vlücken, vlucken* 'flügge sein oder werden') ins Hd. übernommen. *flügge* ist mit Ablaut und Intensivgemination zu dem unter *fliegen* (s. d.) behandelten Verb gebildet; *-gg-* entspricht nd. md. Lautstand.

Fluidum n. 'Ausstrahlung, Wirkung'. Im 18. Jh. verwendet die Sprache der Naturwissenschaft die zu lat. *fluidus* 'fließend, flüssig, wallend' (von lat. *fluere* 'fließen, strömen') gehörende neutrale Substantivierung *Fluidum* zur Bezeichnung einer Flüssigkeit, eines flüssigen Körpers. Daraus entwickelt sich im 19. Jh. die heutige Bedeutung 'Wirkung oder Ausstrahlung eines Gegenstandes, eines Menschen', die wohl durch Übertragung des Ausdrucks auf magnetische und elektrische Ströme ausgelöst wird.

fluktuieren Vb. 'hin und her fließen, schnell wechseln, schwanken', Entlehnung (18. Jh.) aus lat. *fluctuāre* 'Wellen schlagen, wogen, mit den Wellen umhertreiben, schwanken'. F l u k t u a t i o n f. 'das Hin- und Herfluten, Schwanken' (18. Jh.), vgl. lat. *fluctuātio* (Gen. *fluctuātiōnis*) 'unruhige Bewegung, Schwanken', frz. *fluctuation*.

Flunder f. 'flacher Meeresfisch, Plattfisch', frühnhd. *vluoder, vlūder* (15. Jh.), mit Nasalierung *vlunder, vlander*, mnd. *vlunder* 'Flunder', mnl. nl. *vlonder* 'dünnes Brett, Steg', anord. *flyðra* 'Flunder', schwed. *flundra* 'Flunder, kleiner platter Stein' (engl. *flounder* ist wohl Entlehnung aus dem Skandinavischen) führen mit griech. *platýs* (πλατύς) 'weit, breit, flach, eben' (s. *platt*) auf eine Dentalerweiterung der Wurzel ie. **pel(ə)-*, **plā-* 'breit und flach, ausbreiten, breitschlagen, breitklatschen' (s. *Feld* und *fletschen*).

flunkern Vb. 'schwindeln, aufschneiden' dringt aus dem Nd. ins Hd. (18. Jh.). Nd. *flunkern*, nl. *flonkeren* 'glänzen, schimmern' sind am ehesten als ablautende Iterativbildungen des 17. Jhs. zu mnd. *flink* 'glänzend, blinkend', mnl. *vlinken* 'glitzern, flackern, schnell bewegen' aufzufassen und etymologisch an *flink* (s. d.) anzuschließen. Die Bedeutung 'aufschneiden' entwickelt sich (wohl über 'glänzen wollen') bereits im Nd.

Fluor n. nur in Verbindungen vorkommendes Element, gasförmig, grünlichgelb und stechend riechend. Der Name entspricht lat. *fluor* 'das Fließen, Strömen', zu lat. *fluere* 'fließen, strömen'. Er wird in der 2. Hälfte des 17. Jhs. aus dem Alchimistenlatein ins Frz. übernommen und bezeichnet in der Chemie unbrennbare, schmelzbare (also in flüssigen Zustand zu versetzende) Mineralien. In der 1. Hälfte des 19. Jhs. wird *Fluor* der Name des oben beschriebenen Elements. – Fluoreszenz f. Eigenschaft bestimmter Stoffe, bei Bestrahlung selbst zu leuchten (meist in der grünlichgelben Farbe des Fluors), nach der latinisierenden Bildung engl. *fluorescence*; dazu fluoreszieren Vb. 'bei Anstrahlung aufleuchten' (19. Jh.).

Flur m. 'Vorraum im Haus, Korridor, Diele in der Wohnung', f. 'Nutzland, Äcker und Wiesen', ahd. *fluor* m. (Hs. 12. Jh.), mhd. *vluor* m. 'Feldflur, Saatfeld, Saat, Boden(fläche)', mnd. *vlōr* 'Diele, Estrich, Feldflur', mnl. nl. *vloer* 'Fußboden', aengl. *flōr* 'Flur, Fußboden, Pflaster, Grund', engl. *floor* 'Fußboden, Stockwerk, Tenne', anord. *flōrr* 'Boden zwischen den Kuhständen, Kuhstall', schwed. (mundartlich) *flor* 'Boden im Stall' (germ. **flōra-*) ist verwandt mit air. *lār* 'Boden, Tenne'. Die nur germ. und kelt. nachweisbaren Formen sind mit *r*-Formans zu einer Ablautstufe der unter *Feld* (s. d.) genannten ie. Wurzel gebildet. Als Ausgangsbedeutung ist (wie bei *Feld*) 'ebene, flache Fläche' anzusetzen, die sich einerseits zu (aus Lehm festgestampftem) 'Fußboden' und später (18. Jh.) zu 'Vorraum' (mit derartigem Fußboden) weiterentwickelt (bes. nordd. und omd., vgl. *Hausflur*; s. auch *Diele*), andererseits aber die Bedeutung 'Äcker und Wiesen, unbewaldete Feldflur' (vorwiegend obd. und md.) bewahrt. Seit dem 14. Jh. werden beide Bedeutungen im Genus unterschieden.

Fluß m. 'größeres fließendes Gewässer, größerer natürlicher Wasserlauf', ahd. *fluȥ* 'Fluß, Strömung, Flüssigkeit' (8. Jh.), mhd. *vluȥ*, asächs. *fluti*, mnd. *vlōt* ist schwundstufiges Abstraktum (*i*-Stamm, daher Plural *Flüsse* mit Umlaut) zu dem unter *fließen* (s. d.) behandelten Verb, ursprünglich 'das Fließen, Strömung' (in alter Zeit häufig von Blut und anderen Körpersäften). Erst im 16. Jh. wird *Fluß* (als Synonym neben *Strom*) zur allgemein üblichen Bezeichnung für 'fließendes Gewässer' (dafür zuvor ahd. *aha*, mhd. *ahe*, s. *Aue*), bis im 18. Jh. zwischen *Fluß* 'größerer natürlicher Wasserlauf' und *Strom* 'großer, breiter Fluß' unterschieden wird. – flüssig Adj. 'so beschaffen, daß es fließen kann, wässerig', auch 'ohne Stocken, zügig, glatt' (von der Rede), ahd. *fluȥȥīg* 'fließend, wogend, schmelzbar' (11. Jh.), mhd. *vlüȥȥec*, *vlüȥȥic*. Flüssigkeit f. 'wässerige Substanz', spätmhd. *vlüȥȥecheit* (14. Jh.). Flußspat m. Mineral, Kalziumfluorid (16. Jh.), eigentl. 'fließendes Mineral', das als Flußmittel dem Schmelzprozeß zugesetzt wird (s. *Spat*).

flüstern Vb. 'sehr leise sprechen'. Mnd. *vlisteren* (15. Jh.), nd. *flüstern, flustern*, nl. *fluisteren* ist eine im Nd.-Nl. verbreitete Bildung onomatopoetischen Ursprungs, die im 18. Jh. festen Fuß im Hd. faßt. Bis ins 19. Jh. hinein steht *flistern* neben jüngerem *flüstern* (mit Rundung des *i* zu *ü* nach *l*), das sich allein durchsetzt. Zusammenhang mit ahd. *flisteren* 'liebevoll umhegen' ist (trotz Splett Abrogans-Studien, 1976, 323) zweifelhaft. – Flüsterpropaganda f. 'heimliches Weitertragen von Parolen und Informationen' (20. Jh.).

Flut f. 'Strömung, Überschwemmung', ahd. *fluot* (8. Jh.), mhd. *vluot* 'fließendes Wasser, überströmende Wassermasse', asächs. aengl. *flōd*, mnl. *vloet*, nl. *vloed*, engl. *flood*, anord. *flōð*, schwed. *flod*, got. *flōdus*. Die Abstraktbildung germ. **flōdu-* führt mit griech. *plṓein* (πλώειν) 'schwimmen', *plōtós* (πλωτός) 'schwimmend', aslaw. *plavati*, russ. *plávat'* (плавать) 'schwimmen' auf ie. **plō(u)-*, eine Erweiterung der Wurzel ie. **pel(ə)-*, die, anders als ie. **pleu-* (s. *fließen*), Langdiphthong bzw. Langvokal aufweist. Ein dieser Wurzelerweiterung folgendes Verb ist im Nhd. nicht erhalten, doch vgl. aengl. *flōwan*, anord. *flōa* 'fließen'. Als Gegenwort zu *Ebbe* (s. d.) begegnet mnd. *vlōt* im 15. Jh., nhd. *Flut* gegen Ende des 16. Jhs. – fluten Vb. 'strömen, sich ergießen, unter Wasser setzen', mhd. *vluoten* 'fließen, strömen'. Flutlicht n. 'große Plätze überflutendes, beleuchtendes künstliches Licht' (20. Jh.).

flutschen Vb. 'von der Hand gehen, vorankommen'; wahrscheinlich lautmalende Bildung, die im 19. Jh. aus den Mundarten (vgl. nd. 'sich hastig bewegen', omd. 'von der Hand gehen, vorankommen') ins Hd. übernommen wird, zuerst vornehmlich als Ausdruck schneller Bewegung, heute meist in der Wendung *das flutscht* 'das geht von der Hand, glückt'.

Fock f. 'Segel am Vordermast'. Das seit etwa 1500 bezeugte mnd. *vocke* 'Focksegel, dreieckiges Vordersegel' (vgl. mnl. *focke*, nl. *fok*) wird in hd. Glossare aufgenommen und verbreitet sich von Anfang des 16. Jhs. an langsam in der nhd. Literatursprache. Die Etymologie ist umstritten. Möglicherweise ist das Substantiv (das Ziehsegel im Gegensatz zum Hintersegel, dem *Treiber*) aus mnd. *vokken* '(mit der Fock) segeln', nl. *fokken* 'stoßen' (z. B. ein Schiff von Land) rückgebildet. Die ursprüngliche Dreieckform der Fock spiegelt sich noch in fries. *fok* und in entlehntem norw. *fokka* 'dreieckiges Stück Land'. – Dazu Fockmast m. 'Vordermast', mnd. *vockemast* (15. Jh.), und Focksegel n., mnd. *vockensēgel*, seit dem 17. Jh. im Hd.

Föderation f. 'Bündnis (von Ländern, Staaten, Organisationen), Bundesstaat', entlehnt (18. Jh.) aus spätlat. *foederātio* (Gen. *foederātiōnis*) 'Verbindung, Vereinigung' (zu lat. *foederāre* 'durch ein Bündnis herstellen, verbünden'). Älter ist gleichbed. Konföderation f. (16. Jh.), von spätlat. *cōnfoederātio*. – Föderalismus m. 'Staatsform, in der die einzelnen Länder weitgehend selbständig sind, das Streben nach einem Bundesstaat, nach Dezentralisierung des Staates' (19. Jh.), entsprechend frz. *fédéralisme* (1789). föderalistisch Adj. (19. Jh.).

Fohlen n. 'junges Pferd', ahd. *folo* (um 800), mhd. *vol(e)*, asächs. *folo*, mnd. *vōle, vōlen*, mnl. *vōle, vool*, aengl. *fola*, engl. *foal*, anord. *foli*, schwed. *fåle*, got. *fula*, ursprünglich durchgängig mask.; das neutr. Genus entwickelt sich im Nd. und unter Einfluß von *Füllen* (s. unten). Germ. **fulōn* gehört mit griech. *pōlos* (πῶλος) 'junges Pferd, Tierjunges', lat. *pullus* 'jung (von Tieren), Tierjunges', griech. *pāis* (παῖς, aus *πάϝιδς) 'Kind, Knabe, Sohn' und lat. *puer* 'Kind, Knabe' zur Wurzel ie. **pōu-*, **pŭ-* 'klein, gering, wenig', wozu auch griech. *pauros* (παῦρος), lat. *parvus* 'klein'. Ein altes Deminutivum zu *Fohlen* ist Füllen n., das mit dem Suffix *-īna-* zur Bezeichnung von Tierjungen (s. *Küken*) gebildet wird und ahd. *fulī(n)* (9. Jh.), mhd. *vülī(n)* ergibt. – fohlen Vb. 'ein Fohlen zur Welt bringen' (18. Jh.).

Föhn m. 'warmer, trockener Fallwind', ahd. *fōno* m. 'sehr warmer Südwind, Wirbelwind' (10. Jh.), mhd. *phounne, phönne* f. 'Südwest-, Südwind' ist eine Entlehnung aus vlat. *faōnius*, lat. *favōnius* 'lauer Westwind' (wohl zu lat. *fovēre* 'wärmen') oder einer daraus entwickelten roman. Form (vgl. ital. *favonio* 'Westwind'). Der lange Zeit auf das Obd. (speziell Alem.) beschränkte Ausdruck gelangt seit dem 16. Jh. als schweizerdt. Wort in die übrigen Landschaften, endgültig eingebürgert durch Schiller (Tell). Schweiz. *gegen der Pfön* 'nach Süden zu', *pfön(t)halb* 'südwärts' bezeugen *Föhn* als den Südwind, der nach Norden über die Alpen hinwegzieht, und zugleich als Bezeichnung der Himmelsrichtung. Mask. Genus setzt sich in der Literatursprache im Hinblick auf *Sturm* und *Wind* durch. – föhnen Vb. 'wehen' (vom Föhn; 18. Jh.); föhnig Adj. 'föhnwindig' (19. Jh.). Daneben steht die orthographisch unterschiedene Übertragung Fön m. 'elektrische Heißluftdusche', fönen Vb. 'mit dem Fön trocknen' (etwa 1925).

Föhre f. Die Bezeichnungen für die gemeine Kiefer ahd. *for(a)ha* (9. Jh.), mhd. *vorhe*, asächs. *furia*, mnd. *vūre*, aengl. *furh-*, anord. *fura, fūra*, schwed. *fura* (germ. **furhō*) sind bei vorauszusetzender Bedeutungsverschiebung verwandt mit ablautendem lat. *quercus* 'Eiche, Eichel, aus Eichenholz Gefertigtes' (aus ie. **perkᵘus* 'Eiche'). Dazu gehört auch der von Caesar benutzte keltische Name für das dt. Mittelgebirge (Erzgebirge) *Hercynia (silva)*, in dem Bedeutungswandel von 'Eichenwald' zu 'Gebirge' eingetreten ist. Verwandtschaft mit aind. *parkaṭī* 'Feigenbaum' ist dagegen unwahrscheinlich (Mayrhofer 2, 222). Die alte Bedeutung 'Eiche' hält sich im verdeutlichenden Kompositum ahd. *fereheih* (10. Jh.), dessen erstes Glied die gleiche Ablautstufe aufweist wie die zitierten außergerm. Formen, und lebt noch im 19. Jh. weiter in schweiz. *Ferch* 'Eichenholz'. Als verdunkeltes Grundwort ist *Föhre* wohl auch in *Kiefer* f. (s. d.) enthalten.

folgen Vb. 'hinterhergehen, der nächste sein, sich nach etw. richten, sich aus etw. ergeben, gehorchen', ahd. *folgēn* 'folgen, treu dienen, nachjagen' (8. Jh.), seltener *folgōn* 'Folge leisten' (9. Jh.), mhd. *volgen*, auch 'Heerfolge leisten, beipflichten', asächs. *folgon*, mnd. *volgen*, mnl. *volghen*, nl. *volgen*, aengl. *folgian*, engl. *to follow*, anord. *fylgja*, schwed. *följa* ist trotz zahlreicher Deutungsversuche in seiner Etymologie ungeklärt. Außergerm. Verwandte sind fraglich; erwogen wird Verwandtschaft mit kymr. *ol* 'Spur', *ar ol* 'nach, hinter', korn. *ol* 'Fußspur', so daß sich eine Form ie. **pelgh-*, **polgh-* ergäbe (Kluge [21]211 f.); andere vermuten einen Zusammenhang mit der Wortfamilie *befehlen* (s. d.) mit einer Bedeutungsentwicklung 'bedecken – beschützen – in jmds. Gefolgschaft treten' (Falk/Torp 1, 291 und 227). Die naheliegende Annahme, das Verb (mit den Endungen ahd. *-ōn* bzw. *-ēn*) als Ableitung von einem Nomen aufzufassen, bleibt ebenfalls zweifelhaft, da F o l g e f. 'Ergebnis, Wirkung, Reihe' erst spät im Kompositum ahd. *selbfolga* 'Sekte' (11. Jh.) bezeugt ist, danach mhd. *volge* 'Gefolge, Begleitung, Verfolgung, Nachfolge, Beistimmung'. Hier liegt eher eine postverbale Bildung vor. – f o l g l i c h Konj. 'daher, infolgedessen' (1. Hälfte 17. Jh.), ohne Tradition zu ahd. *folglīhho* Adv. 'in der Folge, hintenan' (9. Jh.); in älterer Sprache nicht nur kausal (s. oben), sondern auch temporal im Sinne von 'danach, ferner, weiter' (bis ins 19. Jh.) verwendet. f o l g s a m Adj. 'brav, gehorsam' (17. Jh.); vgl. ahd. *gifolgīg* 'gehorsam, gefügig' (um 1000), mhd. *gevolgec, -volgic*, nhd. *gefolgig* (bis ins 18. Jh.). Daneben wird *folgsam* (wie *folglich*, s. oben) als kausale (17. Jh.) und temporale (18. Jh.) Konj. benutzt. f o l g e n s c h w e r Adj. 'von schwerwiegender Wirkung' (18. Jh.), wohl nach frz. *gros de conséquences*, entsprechend noch im 19. Jh. auch *folgeschwer*. f o l g e r e c h t Adj. (18. Jh.), heute häufiger f o l g e r i c h t i g (19. Jh.) 'sich aus den Tatsachen logisch ergebend', für frz. *conséquent* (s. *konsequent*). f o l g e r n Vb. 'eine Folge ableiten, einen Schluß ziehen' (16. Jh.), bei Luther geringschätzig im Sinne von 'Sophisterei treiben', seit dem 18. Jh. im Wortschatz der Philosophie üblich 'einen logischen Schluß ableiten'; dazu F o l g e r u n g f. 'logische Ableitung, Schluß' (18. Jh.), älteres *Konsequenz* (s. d.) teilweise ersetzend. G e f o l g e n. 'Begleitung', seit dem 17. Jh. belegt, geläufig seit dem 18. Jh. für 'Begleitung einer fürstlichen Person, Hofstaat'; *im Gefolge* 'zeitlich oder kausal folgend' (18. Jh.). G e f o l g s c h a f t f. 'Gesamtheit der Gefolgsleute' (eines germ. Fürsten), Fachwort der Geschichtswissenschaft; dann auch 'Anhängerschaft' (19. Jh.). e r f o l g e n Vb. 'als Folge eintreten, geschehen', ahd. *irfolgēn* 'verfolgen' (9. Jh.), mhd. *ervolgen* 'zuteil werden, erreichen, erlangen', refl. 'sich erfüllen, zutragen'; dazu E r f o l g m. 'Wirkung, Erreichen eines Zieles', Rückbildung zu *erfolgen* (17. Jh.); *erfolglos, erfolgreich* Adj. (19. Jh.). v e r f o l g e n Vb. '(in feindlicher Absicht) hinterhergehen, zu erreichen suchen', verstärktes *folgen* (s. d.), mhd. *vervolgen* 'Folge leisten, beistimmen, nachfolgen, befolgen', asächs. *farfolgon*; dazu V e r f o l g e r m. 'wer jmdn. feindlich verfolgt' (15. Jh.) und V e r f o l g u n g f. 'feindliches Nachsetzen, Versuch, ein Ziel zu erreichen' (14. Jh.). v e r a b f o l g e n Vb. 'zuteilen, übergeben' (17. Jh.), neben gleichbed., heute seltenem *abfolgen*.

Folie f. 'dünnes Blättchen (aus Metall), dünne Haut', ursprünglich 'ein Edelsteinen zur Erhöhung ihres Glanzes untergelegtes Metallblättchen', entlehnt (16. Jh.) aus vlat. *folia* 'Blatt', ein aus dem Plur. von lat. *folium* 'pflanzliches Blatt', spätlat. 'Blatt einer Handschrift, eines Buches, Blatt Papier' (s. *Folio*) entwickelter kollektiver fem. Sing. Anfangs *Folig, Folg* (Dürer, nach ital. *foglia*?).

Folio n. Buchformat von der Größe eines halben Bogens (größtes Buchformat, s. dagegen *Oktav* und *Quart*); Ausdruck der Buchdrucker. Im 18. Jh. aus nlat. *in folio* 'in einem Blatt, in Blattgröße' (seit dem 16./17. Jh. in dt. Texten) gekürzt, zu lat. *folium* 'Blatt'; s. *Folie* – F o l i a n t m. 'Buch in Folioformat' (17. Jh.).

Folklore f. 'Zeugnisse der Volkskunst'. Im 19. Jh. erfolgt die Übernahme von engl. *folklore* ins Dt., einem von W. J. Thomas 1846 geprägten Kompositum aus engl. *folk* 'Volk' und *lore* 'Wissen, Kunde' (s. *Lehre*). Anfangs gleichbed. mit *Volkskunde*, heute überwiegend in der oben genannten engeren Bedeutung.

Folter f. 'Gerät zur körperlichen Mißhandlung, um Geständnisse zu erpressen, körperliche, seelische Qual'. Die Herkunft des Wortes ist nicht völlig geklärt. Die Sache ist dem germanischen Recht ursprünglich fremd und wird erst unter römischem Einfluß eingeführt. Das von den Römern verwendete Foltergerät in der Gestalt eines Fohlens heißt lat. *eculeus* (eigentl. 'Pferdchen', Deminutivum zu lat. *equus* 'Pferd'). Die zuerst Anfang des 15. Jhs. in der Form *Föltrit* belegte dt. Bezeichnung knüpft man dagegen an lat. *pullitrus*, eine ursprünglich adjektivische, dann substantivierte Ableitung von lat. *pullus* 'jung (von Tieren), Tierjunges' an (in der Antike nur in fem. Form als lat. *pullitra* 'junges Huhn, Küken' belegt), das in zahlreichen vlat. und mlat. Varianten weiterlebt, z. B. in mlat. *pulletrus, poledrus, poletrus* m. 'Füllen, Fohlen'. Daraus entwickelt sich möglicherweise in volksetymologischer Anlehnung an *Fohlen* und unter lautlichem Einfluß von bedeutungsähnlichem *Marter* (s. d.) die Form *Folter* (seit Ende des 15. Jhs. mit fem. Genus entsprechend *Marter* f.). Auch aus dem Vlat. entwickeltes span. *potro* 'Fohlen' ist auf ein Foltergerät übertragen worden. – f o l t e r n Vb. 'zur Geständniserpressung quälen, peinigen' (Ende 14. Jh.), seit dem 17. Jh. auf den seelischen Bereich übertragen. F o l t e r u n g f. (16. Jh.).

Fond m. 'Grundlage, Hintergrund, hinterer Sitz in einem Wagen, (eingedickter) Bratensaft'. Frz. *fond* 'Grund, Boden, Tiefe, Hintergrund' wird in der ersten Hälfte des 18. Jhs. übernommen. Daneben steht F o n d s m. 'Geldvorrat' (zunächst ebenfalls in der Form *Fond*), bereits Anfang des 18. Jhs. aus frz. *fonds* 'Grund und Boden, Grundstück, Vorrat, Kapital' entlehnt und erst in der zweiten Hälfte des 18. Jhs., dem neueren Frz. entsprechend, durch die Schreibung *Fonds* von *Fond* (s. oben) unterschieden. Für beide Substantive ist von lat. *fundus* m. (Akk. *fundum*) 'Grund, Boden, Grundstück' auszugehen (s. *Fundus*), das vom 6. Jh. an durch Genus- und Flexionswechsel zu *fundus* n. (Akk. *fundus*) wird; auf dem Neutrum beruht afrz. *fonz, fons* 'Grund, Boden, Tiefe', aber auch 'Grund und Boden, Grundstück' (frz. *fonds*). Anfangs nur als Schreibvariante auftretendes afrz. *font*, frz. *fond* wird im Frz. des 17. Jhs. zur Differenzierung nach semantischen Gesichtspunkten benutzt.

Fondant m. n. 'Zuckermasse, Pralinenstück aus Zucker', Übernahme (19. Jh.) von frz. *fondant* 'gefülltes Zuckerwerk', eigentl. Part. Präs. 'im Munde zergehend, saftig', zu frz. *fondre* 'schmelzen, gießen, zergehen' (lat. *fundere* 'gießen, fließen lassen, schmelzen').

Fondue f. (n.) 'über offenem Feuer an der Tafel zubereitetes Gericht verschiedener Art' (19. Jh.), eigentl. 'Gericht mit geschmolzenem Käse' (schweiz.-frz. 18. Jh.); heute vielfach abgewandelt, z. B. für in erhitztem Weißwein zubereitete Käsewürfel, dann auch für in Fett, Brühe gegarte Fleischstückchen. Frz. *fondue*, substantiviertes Part. Perf. fem. zu frz. *fondre* 'schmelzen, gießen, zergehen'; s. *Fondant*.

Fontäne f. 'Wassersäule eines Springbrunnens'. Mhd. *fontāne, funtāne, fontenie* 'Quelle' wird um 1200 teils aus afrz. *fontaine*, teils aus mlat. *fontana, fontanea* 'Quelle' entlehnt. Voraus geht spätlat. *fontāna*, eine Verkürzung aus *fontāna aqua* und damit Substantivierung der fem. Adjektivform von lat. *fontānus* 'zur Quelle gehörig' (zu lat. *fōns*, Gen. *fontis*, 'Quelle'). Im Sinne von 'Quelle' ist das Wort vom Mhd. bis ins 17. Jh. hinein nachweisbar. Dazu tritt zusammen mit anderen Ausdrücken der frz. Gartenbaukunst zu Anfang des 17. Jhs. *Fontaine, Fontäne*, Übernahme von frz. *fontaine* in dessen jüngerer Bedeutung 'Brunnenanlage, künstlich angelegter Springbrunnen'.

Fontanelle f. 'Knochenlücke am Schädel von Neugeborenen', in dieser Bedeutung seit dem 18. Jh. erst allmählich neben volkstümlichem *Blatt, Blättlein* in Gebrauch kommend; in der älteren Chirurgie (bis ins 19. Jh.) vor allem 'künstlich angelegtes Geschwür zur heilenden Ableitung vermeintlich schädlicher Körpersäfte, künstliche Eiterquelle'. Der im Dt. seit dem 16. Jh. bezeugte Ausdruck (noch im 19. Jh. auch *Fontanell* n.) folgt dem im Gelehrtenlatein üblichen medizinischen Terminus nlat. *fontanella* 'künstliches Geschwür, Knochenlücke am Schädel', der auf Latinisierung von gleichbed. ital. *fontanella*, mfrz. *fontenelle* (woraus frz. *fontanelle* unter Einfluß der nlat. Form) beruht. Die roman. Bildungen sind Deminutiva von ital. *fontana*, afrz. frz. *fontaine* 'Quelle', denen spätlat. *fontāna* 'Quelle' (s. *Fontäne*) vorausgeht. Das Geschwür wird wegen der ständigen Flüssigkeitsabsonderung mit einer Quelle verglichen; unklar bleibt dagegen das Motiv für die Benennung der Lücken zwischen den Schädelknochen (zum Anlegen einer künstlichen Ableitung geeignete Stelle, wahrnehmbares Pulsieren des Gehirns oder Ähnlichkeit mit einer Brunnenschale?).

foppen Vb. 'necken, veralbern' (17. Jh.), zuerst (15. Jh.) belegt in der Bedeutung 'schwindeln, lügen'. Früher bezeugt sind die Nomina agentis *fopperin* (14. Jh.) und *fopper* (Mitte 15. Jh.). Die Etymologie ist ungeklärt. Wahrscheinlich handelt es sich um Wörter aus der Gaunersprache; ein Zusammenhang mit engl. *to fob* 'betrügen', mengl. *fobbe* 'Betrüger' ist möglich.

forcieren Vb. 'beschleunigen, vorantreiben', im 16. Jh. entlehnt aus mfrz. frz. *forcer* 'zwingen, Gewalt antun', aus gleichbed. afrz. *forcier*, vlat. **fortiāre*, abgeleitet von spätlat. *fortia* 'Kraft, Macht', ursprünglich Plural der neutralen Form des Adjektivs lat. *fortis* 'stark, kraftvoll, tüchtig'.

fordern Vb. 'verlangen, zum Zweikampf aufrufen', ahd. *ford(a)rōn* 'begehren, verlangen, sich bemühen um, fördern' (8. Jh.), mhd. *vordern*, (omd.) *vodern*, mnd. *vōrderen* (schwed. *fordra*, nl. *vorderen* aus dem Dt. entlehnt) ist eine Ableitung von ahd. *ford(a)ro*, s. *vorder* (ähnlich *ändern* zu *ander*), und bedeutet ursprünglich 'verlangen, daß etw. hervorkommt'. Bereits in mhd. Zeit wird das Verb im Sinne von 'auffordern, vor Gericht stellen, vorladen' ein geläufiger Ausdruck der Rechtssprache und gewinnt danach an Verbreitung. – a n f o r d e r n Vb., wie verstärktes *fordern*, mhd. *anvo(r)dern*; vgl. ahd. *anaford(a)rōn* 'anklagen, auffordern' (um 1000). a u f f o r d e r n Vb. 'ermahnen, befehlen, einladen', mhd. *ūfvo(r)dern*. h e r a u s f o r d e r n Vb. 'zu etw. reizen' (wohl 17. Jh.); H e r a u s f o r d e r u n g f. (17. Jh.). ü b e r f o r d e r n Vb. 'zuviel verlangen' (18. Jh.). F o r d e r u n g f. 'ausdrückliches Verlangen', ahd. *ford(a)runga* 'Vorrecht, Beförderung' (9. Jh.), mhd. *vo(r)derunge* 'Verlangen, (rechtliche) Forderung, Klage'.

fördern Vb. 'unterstützen, begünstigen, voranbringen', seit dem 16. Jh. bergmännisch 'Bodenschätze zutage bringen', ahd. *furd(i)ren* 'jmdn. voranbringen, erhöhen, ernennen zu, einsetzen als' (9. Jh.), mhd. *vürdern, vu(r)dern* 'vorwärtsbringen, beschleunigen, vorwärtskommen', mnd. *vōrderen*, mnl. nl. *vorderen*, aengl. *fyrþran* sind Ableitungen von einem Komparativ, der in ahd. *furdir*, mhd. *vürder, vurder* '(räumlich und zeitlich) vorwärts, weiterhin, fortan, fort, weg', nhd. *fürder*, aengl. *furþor, furþur*, engl. *further* erhalten ist (s. *fort*). Entsprechend bedeutet das Verb ursprünglich auch 'vorwärts schaffen, wohin bringen'. – f ö r d e r l i c h Adj. 'nützlich, voranbringend', mhd. *vürderlich*. F ö r d e r u n g f. 'Unterstützung, Abbau von Bodenschätzen', mhd. *vürderunge, vu(r)derunge*. b e f ö r d e r n Vb. 'transportieren, unterstützen' (16. Jh.), 'in der Dienststellung höherrücken lassen' (18. Jh.).

Forelle f. Der Name des in kalten Gewässern lebenden lachsähnlichen Fisches geht auf die Nebenform mhd. *forhel, förhel* zurück, die unter Akzentverlagerung nhd. *Forelle* ergibt. Das ältere *n*-Suffix bewahren Formen wie ahd. *for(a)hana* (9. Jh.), mhd. *forhe(n)*, außerdem asächs. *furhnia*, mnd. *vōrne*, mnl. *voorne*, nl. *voorn, voren*, aengl. *forn(e)* und mit Ablaut schwed. *färna* 'Weißfisch'. Mit lat. *porcus* 'Fisch mit Stachelflossen', griech. *pérkē* (πέρκη) 'Flußbarsch', *perknós* (περκνός) 'schwarzblau, dunkelfarbig' und aind. *pṛ́śniḥ* 'gefleckt, bunt' lassen sich die germ. Namen auf ie. **per̂k-*, **prek̂-* 'gesprenkelt, bunt' zurückführen, so daß die farbigen Rükkentupfen die Benennung des Fisches veranlaßt haben. Etymologisch verwandt mit *Farbe* (s. d.).

Forke f. 'Heu-, Mistgabel', ahd. *furka* 'Gabel, Holzgabel, Winde' (10. Jh.), mhd. *furke, furgge*, asächs. *furka*, mnd. mnl. *vorke*, nl. *vork* sind wie aengl. *forca*, engl. *fork* Entlehnungen von lat. *furca* '(zweizinkige) Gabel'. Als Ware röm. Händler gelangt das Gerät schon früh zu den westgerm. Völkern. Über die Entlehnungswege (im rhein. und im südd. Gebiet) vgl. Frings/M. Germania Romana 2 (1968) 258f.

Form f. '(innere und äußere) Gestalt, Art und Weise, Gehäuse (für plastische Gestaltung)'. Mhd. *form(e)* 'Gestalt, Vorbild, Muster, Art und Weise' wird um die Mitte des 13. Jhs. aus lat. *forma* 'Gestalt, Figur, Äußeres' (wozu lat. *formāre* 'formen, gestalten') entlehnt und anfangs nur auf die menschliche Gestalt bezogen. – formen Vb. 'gestalten, in eine bestimmte Form bringen', mhd. *formen*, Ableitung vom Substantiv. Formung f. 'Gestaltung', mhd. *formunge* 'Gestalt, Gestaltung'. -förmig 'mit einer bestimmten Gestalt versehen, ihr entsprechend', bereits im 14. Jh. als zweites Glied von Adjektivkomposita belegt, vgl. *gotformec* 'wie Gott gestaltet', *gelīchformec* 'übereinstimmend', nhd. *gleichförmig*, auch (18. Jh.) 'eintönig'; Belege für das Simplex *förmig* nur selten im 16. Jh., während sich das Antonym *unförmig* (ebenfalls 16. Jh.) durchzusetzen vermag. förmlich Adj. 'konventionell, steif', als Adv. 'nahezu, fast', mhd. *form(e)lich* 'so gestaltet wie, herkömmlich, schicklich'. formlos Adj. 'keine feste Form besitzend, auf eine bestimmte Form verzichtend, zwanglos, ungeschliffen', mhd. *formelōs* 'gestaltlos'. Umgangsformen Plur. 'gutes, ansprechendes Benehmen, das der Sitte und dem Herkommen entspricht' (19. Jh.).

formal Adj. 'die Form betreffend', im 16. Jh. aus lat. *formālis* 'äußerlich, zur Form gehörig, an eine bestimmte Form gebunden' (zu lat. *forma*, s. *Form*) entlehnt. – formell Adj. 'die äußere Form genau beachtend, konventionell, steif' (s. auch *förmlich*), Übernahme (18. Jh.) von (gleichfalls auf lat. *formālis* beruhendem) frz. *formel*, zunächst in dessen Bedeutung 'in aller Form ausgesprochen, ausdrücklich, unmißverständlich', in heutiger Verwendung seit dem 19. Jh. Formalie f. 'Äußerliches, Vorschrift der Form' (16. Jh.), meist im Plural gebraucht, aus lat. *formālia*, dem substantivierten neutralen Plural des Adjektivs *formālis*. formalisieren Vb. 'in eine strenge, eine bestimmte Form bringen'. Dieser moderne Gebrauch (19. Jh.) entwickelt sich aus dem Adjektiv *formal* (s. oben). Älteres (bis ins 19. Jh. geltendes) *sich formalisieren* 'Anstoß nehmen, sich über etw. aufhalten' ist Entlehnung (17. Jh.) aus frz. *se formaliser* 'sich ärgerlich über etw. aussprechen', eigentl. 'schockiert sein über das Fehlen jeder Form', vgl. mfrz. *formaliser* 'formgerecht abfassen, formulieren'. Formalismus m. Kunstrichtung, die die Form des Kunstwerks überbewertet und den Inhalt vernachlässigt, allgemein 'nur auf Äußeres gerichtete Betrachtungsweise', gelehrte nlat. Bildung des 19. Jhs. zu lat. *formālis*; dazu formalistisch Adj. (19. Jh.). Formalität f. 'Äußerlichkeit, Vorschrift der Form' (16. Jh.), mlat. *formalitas* (Gen. *formalitatis*).

Format n. 'Größe, Gestalt, Maß, Bedeutung, stark ausgeprägtes Persönlichkeitsbild', entlehnt aus dem substantivierten Neutrum des Part. Perf. lat. *formātum* von lat. *formāre* 'formen, gestalten' (s. *Form*). Seit dem 16. Jh. in der Buchdruckersprache 'Papiergröße, Höhe und Breite eines Bogens, eines Buches', danach allgemein 'Größe, Geformtes, Ausgeprägtes, Bedeutendes'. – Formation f. 'Gestaltung', militärisch 'Aufstellung, Gliederung, Einheit', im 16. Jh. aus lat. *formātio* (Gen. *formātiōnis*) 'Gestaltung, Bildung' (Verbalabstraktum zu lat. *formāre*) entlehnt; seit dem 18. Jh. geologischer Terminus für 'Zeitabschnitt der Erdgeschichte mit charakteristischer Schichtenbildung'.

Formel f. 'feststehende Wendung, Floskel, kurze Begriffserklärung'. Lat. *formula* 'Norm, Maßstab, Gesetz, bestimmte Fassung', Deminutivum zu lat. *forma*, daher eigentl. 'kleine Gestalt' (s. *Form*), wird im 16. Jh. als Ausdruck des römischen Rechts in die dt. Rechtssprache aufgenommen zur Bezeichnung feststehender, sich wiederholender verbaler Wendungen in juristischen Verfahren (vgl. *Eides-, Schwur-, Strafformel*). Die älteste Form lautet *Formul* (so gelegentlich noch im 18. Jh.). Im 18. Jh. wird *Formel* ein Terminus der Naturwissenschaften und gilt für aneinandergereihte chemische Zeichen, für eine mathematische Buchstabengleichung, schließlich für eine Zeichenreihe überhaupt. – Formular n. 'auszufüllender Vordruck, Fragebogen', aus lat. *formulārius* Adj. 'zu den Rechtsformeln gehörig' bzw. dessen substantiviertem Neutrum *formulārium*, das im 16. Jh. Bezeichnung für vorgeschriebene, festgefügte und notierte Rechts-, Brief- und Redeformeln wird. formulieren Vb. 'in eine angemessene sprachliche Form bringen, in Worte fassen', im 19. Jh. aus frz. *formuler* (zu frz. *formule*, lat. *formula* entsprechend) entlehnt. Formulierung f. ‘sprachlicher Ausdruck, sprachliche Fassung’ (19. Jh.).

formieren Vb. ‘gestalten, bilden, (Truppen) aufstellen’, mhd. *formieren* ‘gestalten, bilden’, entlehnt aus gleichbed. lat. *formāre* (s. *Form*) oder darauf beruhendem afrz. *former.* Im 17. Jh. auch militärischer Fachausdruck für ‘Truppen aufstellen’, refl. ‘sich zu einem kampfbereiten Verband ordnen’.

forsch Adj. ‘schneidig, frisch, draufgängerisch’. Mnd. *forse* ‘Kraft, Stärke, Gewalt’ ist eine Entlehnung von gleichbed. afrz. *force* (aus spätlat. *fortia* ‘Kraft, Macht’, dem substantivierten Plural des Neutrums von lat. *fortis* ‘stark, kraftvoll, tüchtig’, s. *forcieren*). Zum Substantiv wird das Adjektiv mnd. *fors* ‘kühn, verwegen, dreist’ (um 1400) gebildet, das aus dem Nd. wohl zunächst in die Studentensprache aufgenommen wird (mit dem im Nhd. regulär eintretenden Wandel von *-rs* zu *-rsch*, s. *Bursche*) und sich von da aus im 19. Jh. in der nhd. Literatursprache verbreitet. Dazu Forschheit f. ‘Verwegenheit, Wagemut, Frische’ (1. Hälfte 20. Jh.), in neuerer Umgangssprache auch Forsche f.; letzteres wird jedoch schon im frühen 18. Jh. als (bes. in Norddeutschland übliche) Aussprachevariante von *Force* ‘Kraft, Stärke, Gewalt’ (frühnhd. *Fortze*, 16. Jh., hd. Übernahme von mfrz. frz. *force*) angegeben und beanstandet.

forschen Vb. ‘Erkenntnis suchen, erkunden’. Das nur im Dt. (ursprünglich Hd.) bezeugte ahd. *forscōn* (8. Jh.), mhd. *vorschen* ‘erfragen, erforschen’ ist vergleichbar mit lat. *poscere* ‘fordern, verlangen, forschen, fragen’ und aind. *pṛccháti* ‘fragt’. Es handelt sich dabei um Bildungen mit dem Präsenssuffix ie. *-sk̂o-* bzw. *-sko-* zu ie. **perk̂-*, **prek̂-*, **pṛk̂-* ‘fragen, bitten’ (wozu auch *Frage, fragen*, s. d.). – Dazu das Nomen agentis Forscher m., mhd. *vorschære*, und das Verbalsubstantiv Forschung f., ahd. *forscunga* (8. Jh.), mhd. *vorschunge.* erforschen Vb. ‘ergründen, intensiv forschen’, ahd. *irforscōn* ‘prüfen, untersuchen’ (9./10. Jh.), mhd. *ervorschen* ‘ausfindig machen’.

Forst m. ‘bewirtschafteter Wald, Staatswald’. Die Etymologie von ahd. *forst* (um 800), mhd. *forst, vorst* ist trotz verschiedener Deutungsversuche ungeklärt. Vertreter einer germ. Herkunft des Wortes sehen in ahd. *forst* (aus **forhist*, das im merowingischen Westfranken sein *h* verliert) eine Ableitung mit *st*-Suffix von dem in ahd. *for(a)ha*, nhd. *Föhre* (s. d.) bewahrten Baumnamen. Danach ist *Forst* ursprünglich als ‘Föhren-, Nadelwald’ zu verstehen. Bei dieser Herleitung bleibt jedoch die von Anfang an bezeugte rechtsterminologische Bedeutung ‘dem König zu Jagd, Rodung und Holzschlag vorbehaltener Wald’ (vgl. ahd. *forst* ‘Bannwald, unter Aufsicht stehender königlicher Wald’) unberücksichtigt. Daher wird von anderen eine Entlehnung aus dem Galloroman. angenommen. Dem afrz. *forest* ‘Wald, der dem König vorbehalten ist’, dann ‘ausgedehnter Wald’ (frz. *forêt*) geht mlat. *forestis* ‘Gebiet, das dem König zum Jagen und Fischen vorbehalten bleibt, Königswald’ voraus, das in den langobardischen Gesetzen und den karolingischen Kapitularien gut bezeugt ist. Mlat. *forestis* (aus **forestis silva*?), das als Ableitung entweder von lat. *forum* ‘Gericht, Gerichtshof’ oder von lat. *forīs* ‘draußen, außerhalb eines Ortes’ (zu *foris* ‘Tür’) aufgefaßt wird, ist dann als ‘das außerhalb (der freien Jagd) Liegende; Wald, der der königlichen Gerichtsbarkeit unterstellt ist und außerhalb der allgemeinen Nutzung steht’ zu deuten. Schließlich wird für mlat. *forestis*, afrz. aprov. *forest* auch Herkunft aus kelt. **dvorestu-* (mit Latinisierung des Suffixes zu *-estis*) erwogen. Vgl. KASPERS in: Wiss. Zs. KMU Leipzig, Ges.-wiss. Reihe 7 (1957/58) 86ff. – Förster m. ‘höherer Forstangestellter’, ahd. *forstāri* (10. Jh.), mhd. *forstære*; vgl. mlat. *forestarius.* Försterei f. ‘Amtssitz und Wohnung des Försters’ (19. Jh.). aufforsten Vb. ‘abgeholzte Waldflächen neu bepflanzen’, durchforsten Vb. ‘Waldbestand lichten’ (beide 19. Jh.). Forstmeister m. ‘Leiter eines Forstamtes’, mhd. *forstmeister* ‘(Ober)förster’.

Forsythie f. im Frühjahr leuchtend gelb blühender Zierstrauch. Botan.-lat. *Forsythia*, von dem Botaniker Vahl geprägt (1805) zu Ehren des engl. Botanikers *Forsyth* (1737 bis 1804). In der 2. Hälfte des 19. Jhs. aus der botan. Fachsprache ins Dt. übernommen.

Fort n. ‘(Teil einer) Festungsanlage’. Der Terminus des Festungsbaus frz. *fort* ‘kleine Festung, Zitadelle’ (Substantivierung von frz. *fort* Adj. ‘stark, fest, widerstandsfähig’, hier speziell im Sinne von ‘befestigt’) wird im

16. Jh. in den dt. militärischen Wortschatz übernommen. Ende des 16. Jhs. vereinzelt bezeugtes *Forte* beruht auf gleichbed. ital. *forte*; die ältere Pluralform *Forten* (1. Hälfte 17. Jh.) zeigt Einfluß von nl. *fort*, das ebenfalls aus dem Frz. stammt. Zugrunde liegt lat. *fortis* Adj. 'stark, dauerhaft, kraftvoll, tüchtig'.

fort Adv. 'weg, weiter'. Ahd. nicht belegt, wohl aber der zugehörige Komparativ *furdir* 'vorwärts' (um 800), mhd. *vürder* (wozu *fördern*, s. d.). Mhd. *vort* 'vorwärts, weiter', asächs. *forð*, mnd. *vōrt* 'vorwärts', zeitlich 'alsbald, gleich', mnl. *voort, vort,* nl. *voort*, aengl. *forþ*, engl. *forth* (vgl. auch got. *faúrþis* 'zuvor, früher') gehören mit der ursprünglichen Bedeutung 'weiter, vorwärts' zu schwundstufigem ie. **pr̥to* 'hervor', einer Dentalerweiterung der Wurzel ie. **pr̥-* (s. *vor*). Im Sinne von 'vorwärts' steht *fort* noch in Präfixverben wie *fortbewegen, -bringen, -setzen, -schreiten*, im jüngeren Sinne 'weg' in *forteilen, -schaffen, -tragen, -treiben*, temporalen Sinn 'von jetzt an, weiter' zeigen *fortdauern, -leben, -währen* sowie die Zusammensetzungen *hinfort, forthin, fortan, immerfort.*

forte Adv. 'stark, laut' wird als musikalischer Terminus im 17. Jh. aus dem Ital. übernommen. Ital. *forte* 'stark, kräftig' geht zurück auf gleichbed. lat. *fortis* Adj. – f o r t i s s i m o Adv. 'sehr laut' (18. Jh.), Superlativ von ital. *forte*.

Fortschritt m. 'Entwicklung vom Niederen zum Höheren, Zweckmäßigeren und vom Einfachen zum Komplizierten'. Zuerst (Ende 17. Jh.) grammatische Bezeichnung für den Geschlechtswandel von Substantiven, dann (18. Jh.) im Sinne von 'Fortschreiten, Weiterschreiten, Vermehrung' (s. *fort* sowie *schreiten, Schritt*) gebraucht. Nach 1830 wird *Fortschritt* unter Einfluß von frz. *progrès* zum Schlagwort der Politik und Philosophie im Hinblick auf die Weiterentwicklung der Menschheit, das 'Erreichen einer höheren Entwicklungsstufe'. – f o r t s c h r i t t l i c h Adj. 'voranschreitend, progressiv, für den Fortschritt eintretend' (19. Jh.).

Forum n. 'römischer Marktplatz, Gericht, Versammlung', lat. *forum* 'Marktplatz' (im antiken Rom vor allem das *forum Romanum*), auf dem sich ein großer Teil des öffentlichen Lebens (Handelsgeschäfte, Gerichtsverhandlungen, Bekanntmachungen) abspielt und wo der Römer einen Teil des Tages zubringt. In dt. Texten zunächst zur Bezeichnung des Marktes und Versammlungsortes im alten Rom, dann (18. Jh.) im Sinne von 'Gericht', später auch 'öffentliche Tagung, Aussprache vor oder mit einem Publikum' geläufig.

Fossil n. 'Abdruck oder Versteinerung eines ausgestorbenen Lebewesens' (18. Jh.); f o s s i l Adj. 'versteinert, aus der Urzeit der Erde stammend' (Anfang 19. Jh.). Beide Nomina sind wohl unter Einfluß von gleichbed. frz. *fossile* Subst. und Adj. entlehnt aus lat. *fossilis* 'ausgegraben, auszugraben' bzw. dem substantivierten Neutrum lat. *fossile*; zu lat. *fodere* (*fossum*) 'graben'.

Fotze f. 'weibliche Geschlechtsteile', derbes, in der Hochsprache gemiedenes Wort. Spätmhd. *fotze, futze* ist affektisch geminierte Intensivbildung zu gleichbed. mhd. *vut*, das mit anord. isl. *fuð* und (aus dem Skandinav. entlehntem?) engl. (mundartlich) *fud* wohl zur Wurzel von *faul* (s. d.) gehört und eigentl. 'das Stinkende' bedeutet. Mhd. mnd. *vut* ist erhalten im Kompositum H u n d s f o t t m. 'Schuft, feiger, schlechter Kerl' (16. Jh.), eigentl. Bezeichnung der Geschlechtsteile der Hündin. h u n d s f ö t t i s c h Adj. 'schuftig, gemein, niederträchtig' (16. Jh.).

foul Adj. (nur prädikativ oder adverbial) 'regelwidrig, unfair', *Foul* n. 'Regelverstoß', vornehmlich 'unfaire, heimtückische Behinderung des Gegners, unerlaubte, den Gegner körperlich schädigende Attacke'. Engl. *foul* Adj. und Subst. setzt sich als Ausdruck der Sportsprache Anfang des 20. Jhs. im Dt. durch und behält, obwohl nach Etymologie und Bedeutungsstruktur identisch mit dt. *faul* (s. d.), die engl. Schreibweise bei. Der Wortsinn entwickelt sich aus dem übertragenen Gebrauch 'abscheulich, schlecht, böse' von engl. *foul* 'stinkend, schlecht, schmutzig', Dazu mit dt. Endung f o u l e n Vb.

Foxtrott m. seit 1917 in Europa verbreiteter nordamerikanischer Gesellschaftstanz. Engl. *foxtrot*, Kompositum aus engl. *fox* 'Fuchs' und engl. *trot* 'Trab' (s. *Fuchs* und *trotten*), bezeichnet zunächst die Gangart des Pferdes, wenn es vom Trab in den Schritt fällt, danach den Tanz, für den eine Aufeinanderfolge rascher und langsamer Bewegungen charakteristisch ist. Fragwürdig ist die von einigen vertretene Anknüpfung an den Namen eines

Tanzmeisters *Fox*. – S l o w f o x m. 'langsamer Foxtrott', vgl. engl. *slow* 'langsam' und *fox(trot)* (1. Hälfte 20. Jh.).

Foyer n. 'Vorraum, Wandelhalle' (eines Theaters, Kinos u. dgl.). Um 1800 wird frz. *foyer* ins Dt. übernommen. Es bedeutet ursprünglich 'Herd, Ort, wo das Feuer brennt' und bezeichnet im 18. Jh. auch einen Raum zum Aufwärmen im Theater, zunächst für die Schauspieler, später die beheizbare Wandelhalle für das Publikum. Afrz. *foier* 'Herd' stammt aus einer Substantivierung des Adj. spätlat. *focārius* 'zum Herd gehörig' (zu lat. *focus* 'Feuerstätte, Herd').

Fracht f. 'Versandgut, Ladung'. Im 16. Jh. wird mnd. *vracht* 'Frachtgeld (für Schiffstransporte)', jünger 'Versandgut' ins Hd. übernommen. Die *ti*-Abstrakta mnd. mnl. *vracht*, denen ahd. *frēht* 'Verdienst, Lohn' (9. Jh.) entspricht, enthalten das Präfix germ. **fra-* (s. *ver-*) und einen Wortstamm, der in got. *aihts* 'Besitz' und in nhd. *eigen* (s. d.) bewahrt ist. – b e f r a c h t e n Vb. 'mit Fracht beladen' (16. Jh.), v e r f r a c h t e n Vb. 'verladen, verschicken' (17. Jh.), beide zum Simplex nhd. f r a c h t e n (17. Jh.), mnd. *vrachten* 'befrachten, abfertigen, als Schiffsladung einnehmen'. F r a c h t s c h i f f n. 'Schiff für den Gütertransport', mnd. *vrachtschip*.

Frack m. 'großer Gesellschaftsanzug der Herren', ursprünglich Zeichen des gegenüber höfischer Mode sich emanzipierenden Bürgertums, zunächst in England, dann auch in Frankreich und Deutschland (Werthertracht). Im 18. Jh. wird engl. *frock* 'langes, mantelartiges Kleidungsstück', älter 'lange Mönchskutte, langer Mantel oder Tunika' ins Dt. entlehnt. Die offene Aussprache von engl. *-o-* führt zu nhd. *Frack* (und frz. *frac*). Ausgangsform ist afrz. frz. *froc* 'Mönchskutte', das aus dem Germ. herzuleiten ist, s. *Rock*.

Frage f. 'eine Antwort verlangende sprachliche Äußerung'. Das nur im Dt. und Nl. bezeugte Subst. ahd. *frāga* (9. Jh.; daneben ein selteneres, grammatischen Wechsel aufweisendes *frăha*, um 800), mhd. mnd. *vrāge*, mnl. *vrāghe*, nl. *vraag* entstammt (dehnstufig) einem germ., im Dt. untergegangenen Verb, das in aengl. *frignan*, anord. *fregna* 'fragen' erhalten ist. Es gehört mit *forschen* (s. d.) und den außergerm. Verwandten lat. *precārī* 'bitten', aind. *pṛṣṭhám* n. 'Rätselfrage', awest. *paršta-* 'Gerichtsfrage' zu ie. **perk̂-*, **prek̂-*, **pṛk̂-* 'fragen, bitten'. Das zugehörige Verb f r a g e n 'eine Antwort erbitten, sich erkundigen', ahd. *frāgēn* (8. Jh.), *-frāgōn* (um 800), mhd. *vrāgen*, asächs. *frāgon*, mnd. *vrāgen* ist eine Ableitung vom Substantiv. f r a g l i c h Adj. 'unsicher, zweifelhaft' (Anfang 17. Jh., üblich erst im 19. Jh.); unabhängig davon ahd. *frāgalīhho* Adv. 'fragend' (11. Jh.). F r a g e z e i c h e n n. 'eine Frage kennzeichnendes Satzzeichen' (16. Jh.), für lat. *sīgnum interrogātiōnis*. f r a g w ü r d i g Adj. 'zweifelhaft', eigentl. 'des Fragens wert' (18. Jh.), von A. W. Schlegel als Übersetzung von engl. *questionable* 'fraglich, zweifelhaft' in Shakespeares „Hamlet" gebildet.

fragil Adj. 'zerbrechlich, hinfällig, zart' (19. Jh.), aus gleichbed. lat. *fragilis*, zu lat. *frangere* 'zerbrechen' (s. auch *Fraktur*).

Fragment n. 'Bruchstück', im 16. Jh. aus lat. *fragmentum* 'abgebrochenes Stück, Bruchstück, Splitter' (zu lat. *frangere* 'zerbrechen', s. *Fraktur*) entlehnt. – f r a g m e n t a r i s c h Adj. 'bruchstückhaft, unvollendet' (18. Jh.).

Fraktion f. 'Zusammenschluß der Abgeordneten einer Partei oder Organisation innerhalb einer Volksvertretung bzw. eines Parlaments, Gruppe innerhalb einer Partei'. Aus spätlat. *frāctio* (Gen. *frāctiōnis*) 'das Brechen, Zerbrechen' (zu lat. *frangere* 'zerbrechen', s. *Fraktur*), daher zunächst (18. Jh.) 'Teilung, Aufteilung, Teil', danach auch politischer Terminus 'Gruppierung, Gruppe' (30er Jahre 19. Jh.). – F r a k t i o n s z w a n g m. 'Verpflichtung, geschlossen mit der Fraktion zu handeln oder zu stimmen' (Anfang 20. Jh.).

Fraktur f. 'Bruch'. Bereits lat. *frāctūra* 'das Brechen, Zerbrechen', Verbalsubstantiv zu lat. *frangere* (*frāctum*) 'zerbrechen', steht bei den röm. Ärzten für 'Knochenbruch' und wird in dieser Verwendung in die dt. medizinische Fachsprache übernommen (1. Hälfte 18. Jh.). In der Druckersprache bezeichnet seit dem 16. Jh. *Fraktur* (nlat. *fractura germanica*) die dt. Ausprägung der gotischen Schrift, deren Buchstaben „gebrochene" Bogen, d. h. eckige Formen haben, im Unterschied zu den runden Formen der alten karolingischen Schreibschrift und der auf ihr beruhenden lateinischen Druckschrift, der (im 15./16. Jh. aufkommenden) Antiqua. *Fraktur schreiben, reden* 'deutlich, grob werden'

(17. Jh.), eigentl. 'die eckige, kantige, die deutsche Schriftart anwenden'.

frank Adj. 'offen, frei', spätmhd. *franc* 'frei' ist wie mnd. *frank*, mnl. *vranck*, nl. *vrank, frank*, engl. schwed. *frank* eine Entlehnung von afrz. *franc* 'frei' (als Gegensatz zu 'hörig, untergeben'), 'von Lasten befreit, geistig frei, kühn, edel von Geburt' (frz. *franc* 'frei, freimütig, offenherzig'), das selbst germ. Herkunft ist (vgl. auch ital. span. port. *franco*). Das vorauszusetzende germ. Adjektiv bildet die Grundlage für den Volksnamen der *Franken* (spätlat. *Francī*). Nimmt man Verwandtschaft des Wortes mit *frech* (s. d.) an, so verstehen sich die Franken als die 'Mutigen, Kühnen'; sie gelten als Oberschicht im frk. Reich, als die 'Freien' im Gegensatz zur hörigen (leibeigenen) galloroman. Bevölkerung. Die Bezeichnung afrz. *franc* mit der Bedeutung 'frei' hat sich unter diesen Verhältnissen entwickelt. Andere wollen die Grundlage des Volksnamens in Wörtern wie aengl. *franca*, anord. *frakka* 'Wurfspieß' sehen und die Franken als 'die mit einem typischen Spieß Bewaffneten' auffassen (im Hinblick auf den Namen der *Sachsen*, der als 'die mit dem **sahs-*, dem Steinschwert Bewaffneten' gedeutet wird; s. *Messer*). Nhd. *frank* lebt heute nur noch in der tautologischen Formel *frank und frei* (18. Jh.); vgl. mnd. *vrī und vrank*.

Franken m. schweiz. Währungseinheit (seit 1850) nach entsprechendem afrz. frz. *franc*, einer Kürzung aus der Aufschrift mlat. *Francorum rex* 'König der Franken' (vgl. spätlat. *Francī* 'die Franken', s. auch *frank*) auf den erstmals 1360 unter dem frz. König Johann II. geprägten Goldmünzen.

franko Adj. 'kostenfrei, portofrei'. Ital. *franco (di porto)* gelangt als Ausdruck der Kaufmanns- und Handelssprache im 17. Jh. ins Dt.; dazu auch f r a n k i e r e n Vb. 'freimachen' (durch Zahlen der Beförderungsgebühr), vgl. ital. *francare*. Zu Herkunft und Verwandtschaft s. *frank*.

Franse f. 'herunterhängender Faden', meist im Plur. 'Fadenbüschel' (als Saumschmuck an Decken, Tüchern, Teppichen). Mhd. **franse* (bis ins 13. Jh. gesprochen *fransche*), belegt in spätmhd. *franze, franse*, ist Entlehnung von afrz. *frenge*, frz. *frange*, das sich wohl über eine durch *r*-Metathese entstandene Zwischenstufe vlat. **frimbia* aus lat. *fimbria* 'Faden, Troddel, Zierfaden am Gewandsaum' herleitet. – f r a n s e n Vb. 'sich in Fäden auflösen, mit Fransen verzieren', mhd. *franzen* 'mit Fransen besetzen'. a u s f r a n s e n Vb. 'sich in Fäden auflösen' (17. Jh.), modern häufiger als *fransen*.

frappieren Vb. 'verblüffen, überraschen, befremden', im 18. Jh. aus frz. *frapper* 'schlagen, treffen, einen unerwarteten Eindruck machen' (afrz. *fraper* 'schlagen, treffen', refl. 'sich stürzen, hervorschießen') entlehnt. Die Etymologie ist unklar. Meist wird in dem frz. Verb eine Entlehnung aus dem Germ. gesehen und von einem afrk. **hrapōn* 'rupfen, raufen, raffen' ausgegangen, das den bei *raffen* (s. d.) angeführten Formen entspricht. Doch erwägt man von romanistischer Seite auch (mit Hinweis auf engadinisch *fraper* im Sinne von 'schwatzen') die Möglichkeit einer onomatopoetischen Bildung; vgl. FEW 3, 762f.

Fräse f. 'spanabhebendes Werkzeug der Holz- und Metallverarbeitung', Übernahme (19. Jh.) von gleichbed. frz. *fraise* (eigentl. 'Gekröse', bildlich 'Halskrause' und nach erneuter Metaphorisierung 'Fräse'); vgl. FEW 3, 777ff. Dazu f r ä s e n Vb. (19. Jh.); F r ä s m a s c h i n e f. (20. Jh.).

fraternisieren Vb. 'sich verbrüdern'. Frz. *fraterniser* 'Brüderschaft schließen, sich verbrüdern' wird nach 1789 als Schlagwort der frz. Revolution (vgl. die Revolutionslosung *liberté, égalité, fraternité* 'Freiheit, Gleichheit, Brüderlichkeit') ins Dt. entlehnt. Das frz. Verb ist (wie frz. *fraternel* 'brüderlich') gelehrte Bildung zu lat. *frāternus* 'brüderlich, verwandtschaftlich, freundschaftlich', einer Ableitung von lat. *frāter* 'Bruder' (verwandt mit *Bruder*, s. d.).

Fratze f. 'Grimasse, Larve, Posse'; im 16. Jh. (Luther 1521) wird *Fratzen* Plur. 'Possen, albernes Gerede' wohl aus ital. *frasche* Plur. 'dürre Äste, dummes Zeug, unbedeutende, nichtige Dinge, Possen' entlehnt. Für dieses Substantiv mit dem Sing. ital. *frasca* 'belaubter Zweig' fehlt eine sichere Herleitung; es läßt sich als Nominalbildung zu vlat. **fraxicāre* 'brechen' erklären, doch setzt dieses Verb ein Part. Perf. lat. **fraxum* neben lat. *frāctum* (von lat. *frangere* 'brechen') voraus. Battisti/Alessio 3, 1708 sehen dagegen das Etymon in mlat. *frasca* (9. Jh., Norditalien) und halten dieses für ein Reliktwort des

Mittelmeerraumes. Zur Kennzeichnung einer Schenke wird ein Laubzweig (*frasca*) am Hause angebracht; die Späße in der Schankstube werden mit dem Plur. *frasche* bezeichnet. Die Verwendung im Sinne von 'Grimasse, verzerrtes Gesicht' geht auf Kürzung von *Fratzengesicht* im 18. Jh. zurück. – Fratz m. 'häßlicher, schlechter Mensch, ungezogenes Kind' (16. Jh.), dann in abgeschwächtem Sinne 'schelmisches kleines Kind, bes. Mädchen' (19. Jh.) geht möglicherweise direkt auf ital. *frasca* zurück, das auch 'leichtsinniger Mensch' bedeutet. fratzenhaft Adj. 'wie eine Fratze' (18. Jh.).

Frau f. 'erwachsener weiblicher Mensch, Ehefrau', auch in der Anrede (dabei erst neuerdings nicht mehr auf Verheiratete beschränkt), ahd. *frouwa* 'Herrin' (9. Jh.), mhd. mnd. *vrouwe*, asächs. *frūa* (aus dem Dt. entlehnt mnl. *vrouwe*, nl. *vrouw*?) sowie der Name der Göttin anord. *Freyja* sind movierte Feminina zu ahd. *frō* 'Herr' und seinen Entsprechungen (s. *Frone*). In der mittelalterlichen Gesellschaftsordnung ist ahd. *frouwa*, mhd. *vrouwe* Standesbezeichnung und Anrede für die verheiratete Edeldame als Vorsteherin des Hauswesens. Demgegenüber steht mhd. *wīp* (s. *Weib*) als Geschlechtsbezeichnung, wird aber mit dem Aufkommen der bürgerlichen Literatur von *Frau* allmählich verdrängt. Jedoch erst im 18. Jh. wird durch die Emanzipation des Bürgertums *Frau* allgemein und beginnt zu Anfang des 19. Jhs. *Madame* in der Anrede für Bürgerfrauen abzulösen. – Hausfrau f. 'Hausherrin', mhd. *hūsvrouwe* 'Herrin im Hause, Gattin'. Fräulein n. 'erwachsene weibliche unverheiratete Person', mhd. *vrouwelīn* 'Herrin, Gebieterin, junge unverheiratete Edeldame' (vgl. ahd. *jungfrouwilīn*, Hs. 12. Jh.) bleibt wie *Frau* ursprünglich als Standesbezeichnung und Anrede dem Adel vorbehalten. Im 18. Jh. wird *Fräulein* allgemeine Bezeichnung für junge unverheiratete Mädchen und verdrängt zu Beginn des 19. Jhs. die Anrede *Jungfer, Mademoiselle, Mamsell* für Bürgermädchen. fraulich Adj. 'weiblich, mütterlich', mhd. *vrouwelich* 'weiblich, einer Herrin entsprechend'. frauenhaft Adj. 'einer Frau entsprechend' (18. Jh.). Frauentag m. am 8. März begangener internationaler Gedenktag für die Rechte der Frauen (um 1910; ohne Zusammenhang mit spätmhd. *vrouwentag* 'kirchlicher Festtag zu Ehren Marias'). Frauenzimmer n. 'Frau', ursprünglich (15. Jh.) 'Gemach der Herrin, Aufenthaltsraum der Frauen'; seit dem 16. Jh. übertragen auf die sich dort aufhaltenden Frauen, das weibliche Hofgefolge, die weibliche Dienerschaft, seit dem 17. Jh. auch Bezeichnung für die 'Frau' als Einzelwesen. Noch im 18. Jh. in neutraler Verwendung üblich, später (19. Jh.) meist scherzhaft oder geringschätzig; vgl. Seebold Etymologie (1981) 15ff.

frech Adj. 'dreist, unverschämt, übermütig, draufgängerisch', ahd. *freh* 'habsüchtig, gierig, ehrgeizig' (8. Jh.), mhd. *vrech* 'mutig, tapfer, dreist', mnl. *vrec* 'habsüchtig, gierig, hartherzig' (vgl. nl. *vrek* 'Geizhalz'), aengl. *frec* 'gierig, keck, kühn', anord. *frekr* 'gierig, hart, streng', got. *-friks* 'gierig' in *faíhufriks* 'geldgierig' (germ. **freka-*) sowie die ablautenden Bildungen mnd. *vrak*, mnl. *vrac* 'gierig', schwed. (mundartlich) *fräk* 'schnell, mutig' und die *n*-Ableitungen asächs. *frōkan* 'kühn, mutig', anord. *frœkn* 'kühn' sind ihrer Herkunft nach ungeklärt. Nimmt man Verwandtschaft mit griech. *spargā́n* (σπαργάν) 'schwellen, strotzen (von Milch), voll Begierde und Wollust sein, heftig begehren' an, so können die germ. Formen als Varianten ohne anlautendes *s-* (über ie. **preg-* 'gierig, heftig') vielleicht zu ie. **(s)p(h)ereg-*, einer Gutturalerweiterung der unter *Sporn* (s. d.) genannten Wurzel ie. **sp(h)er(ə)-* 'zucken, zappeln, schnellen', gestellt werden (s. auch *frank*). Die Ausgangsbedeutung 'gierig, heftig' entwickelt sich über 'mutig, kühn, keck, dreist' im Nhd. bis zu 'übermütig, unverschämt, schamlos'. – Frechheit f. 'unverschämtes Verhalten', mhd. *vrechheit, vrecheit* 'Kühnheit, Verwegenheit'.

Freesie f. stark duftende Frühlingsblume in Pastellfarben, südafrikanischer Herkunft. Der Name botan.-lat. *Freesa* wird von dem Botaniker Ecklon (1827) zu Ehren des Arztes *F. H. Th. Freese* (gest. 1876) geprägt und erfährt in der dem Lat. angemessenen Form *Freesia* durch Klatt (1866) nomenklatorische Gültigkeit. Mit eingedeutschter Endung *Freesie* im 20. Jh. in der Allgemeinsprache gebräuchlich.

Fregatte f. im 16./17. Jh. ein auf dem Mittelmeer verkehrsübliches 'kleineres Beischiff mit Rudern und Segeln zum Auskundschaften', auch (2. Hälfte 16. Jh.) ein 'schnelles dreimastiges Kriegsschiff' und (2. Hälfte 17. Jh.) ein 'dreimastiges Handelsschiff', wohl entlehnt aus gleichbed. ital. *fregata*. Die Etymologie ist nicht geklärt. Angenommen wird trotz lautlicher Bedenken Herkunft von griech. *áphrakta* (ἄφρακτα) 'Schiffe ohne Verdeck', substantivierter neutr. Plur. von *áphraktos* (ἄφρακτος) 'unverzäunt, unverwahrt, unbefestigt, schutzlos' (danach vereinzelt lat. *aphracta* Plur. 'offene kleine Schiffe'), Part.adj. zu griech. *phrássein*, att. *phráttein* (φράσσειν, φράττειν) 'umgeben, einschließen, umzäunen, (ein Schiff) mit Setzbord (gegen überschlagende Wellen) ausrüsten'.

frei Adj. 'unabhängig, unbeschränkt', ahd. *frī* (um 800), mhd. mnd. mnl. *vrī*, nl. *vrij*, asächs. *frī-* in *frīlīk* 'frei', aengl. *frēo*, engl. *free*, got. *freis* gehören mit kymr. *rhydd* 'frei' zur Wurzel ie. **prāi-*, **prī-* 'gern haben, schonen, friedlich-frohe Gesinnung' wie auch aind. *priyáḥ* 'eigen, lieb', *prīṇā́ti* 'erfreut, ergötzt, ermuntert, findet Gefallen an etw., genießt', (vielleicht) griech. *prā̓ýs* (πραΰς, aus **πραι̯υ-?*) 'sanft, gelinde, zahm', aslaw. *prijati* 'hold sein, beistehen', mruss. *prijat'* (*прилть*) 'begünstigen, wohlgesinnt sein', aslaw. *prijatelь*, russ. *prijátel'* (*приятель*) 'Freund' sowie *freien, Freitag, Freund, Friede, Friedhof* (s. d.). Vgl. dazu ahd. *frīhelsī*, aengl. *frēols*, got. *freihals* 'Freiheit', anord. *frjāls* 'frei', die wohl von der 'Unantastbarkeit des Halses' (eines freien Mannes im Gegensatz zum Unfreien) ausgehen. Die sich nur im Germ. und Kelt. vollziehende Entwicklung von 'lieb' zu 'frei, unabhängig' erklärt sich aus einer Vorstellung 'zu denen gehörig, die man gern hat und schont', also den Freunden, den Stammesgenossen (im Gegensatz zu den stammesfremden Unfreien und Kriegsgefangenen). – F r e i h e i t f. 'Unabhängigkeit', ahd. *frīheit* (um 1000, Notker), mhd. *vrīheit*, auch 'Privileg, privilegierter Bezirk', vgl. nhd. *Schloß-, Baufreiheit.* b e f r e i e n Vb. 'unabhängig machen, erlösen', mhd. *bevrīen*; vgl. mhd. *vrīen*, nhd. (älter) *freien* 'frei machen' (s. *Gefreiter*). B e f r e i u n g f. 'Entledigung (von Verbindlichkeiten), Erlösung' (15. Jh.). f r e i l i c h Adv. 'gewiß, bestimmt, allerdings', mhd. *vrīlīche(n)* 'unbehindert, freimütig, offenbar, unbekümmert, frischweg, ohne Zaudern'; vgl. ahd. *frīlīh* Adj. (9. Jh.), mhd. *vrīlich* 'frei, schrankenlos, unbefangen'. F r e i b a n k f. 'Verkaufsstand für wertgemindertes Fleisch' (19. Jh.), älter 'für alle Fleischer zur freien Benutzung stehender Verkaufsstand' (16. Jh.). F r e i b e u t e r m. 'Pirat, Seeräuber' (16. Jh.), mnd. *vrībūter* 'mit Vollmacht zum Kapern feindlicher Schiffe ausgerüsteter Schiffsführer oder Seemann, Seeräuber', nl. *vrijbuiter.* F r e i b r i e f m. 'verbrieftes Privileg, Anrechtsurkunde' (15. Jh.), heute meist übertragen 'Erlaubnis' (für sonst Unstatthaftes), älter 'Freilassungsurkunde' (für einen Unfreien). F r e i d e n k e r m. 'von Religion Unabhängiger, nur der Vernunft, den eigenen Anschauungen Verpflichteter' (18. Jh.), Übersetzung von engl. *freethinker*, nach einer gleichnamigen engl. Wochenschrift; dazu *Freidenkerei, freidenkerisch* (18. Jh.). F r e i g e i s t m. 'geistig unabhängiger Mensch', zunächst 'Ketzer, Religionsverächter' (17. Jh.); früher bezeugt ist *freier Geist* 'Ketzer, Sektierer' (seit 14. Jh.); dazu *Freigeisterei* (18. Jh.). F r e i h a f e n m. 'Hafen außerhalb des Zollgebietes' (18. Jh.). F r e i h a n d e l m. 'von Zollschranken und anderen einzelstaatlichen Beschränkungen unbehinderter Handel' (19. Jh.), Übersetzung von engl. *free trade.* F r e i h e r r m., F r e i f r a u f. dem Baron entsprechender Adelstitel, spätmhd. *vrīherre* 'freier Edelmann', *vrīvrouwe.* F r e i m a u r e r m. Angehöriger einer übernationalen Gemeinschaft mit humanitärer Zielstellung (18. Jh.). Der in England gegründete Geheimbund bedient sich der Symbole und Bräuche mittelalterlicher Bauhütten, aus denen sich der Name herleitet, engl. *freemason*, frz. *franc-maçon* (s. *Steinmetz*); *Freimaurerei* f. (18. Jh.). f r e i m ü t i g Adj. 'offen, unerschrocken', mhd. *vrīmüetic*; F r e i m ü t i g k e i t f. 'Unerschrockenheit' (16. Jh.), auch F r e i m u t m. (17. Jh.), vereinzelt bereits mhd. *vrīmuot.* F r e i s t a a t m. 'Republik' (1768 von der Schweizer Eidgenossenschaft; heute nennen sich *Freistaat* die deutschen Länder Sachsen und Bayern). F r e i s t a t t, F r e i s t ä t t e f. 'Zufluchtsort, Asyl', im 14. Jh. bereits als Flurname, allgemein gebräuchlich seit dem 17. Jh. F r e i t o d m. euphemistisch für 'Selbstmord' (Ende 19. Jh.). f r e i w i l l i g Adj. 'aus eigenem Antrieb' (16. Jh.), älter F r e i w i l l i g k e i t f. 'eigener innerer Antrieb' (15. Jh.). F r e i z e i t f. 'arbeitsfreie Zeit, Zeit der Erholung' (19. Jh.).

freien Vb. 'ehelichen, heiraten wollen, werben', mhd. (md.) mnd. mnl. *vrīen*, nl. *vrijen* 'werben, zur Frau nehmen, heiraten' sind verwandt mit *frei* (s. d.) in seiner ursprünglichen Bedeutung 'lieb'. Die Verben sind entweder direkte Entsprechungen von got. *frijōn*, asächs. *friohon*, aengl. *frēogan*, anord. *frjā* 'lieben' oder Ableitungen von einem Substantiv, das in asächs. *frī*, aengl. *frēo* 'Weib, Frau' bezeugt ist. Über Luthers Bibelübersetzung gelangt *freien* ins Hd. – F r e i e r m. 'Eheanwärter', mhd. *vrīer* (auch 'Freiwerber im Auftrag eines anderen'); geläufig ist die Wendung *auf Freiersfüßen (umhergehen)* 'sich nach einer Braut umsehen' (18. Jh.). Dazu das Abstraktum F r e i t e f. 'Brautwerbung', mhd. *vrīāt(e)*.

Freitag m. Der Wochentag ahd. *frī(j)atag* (9. Jh.), mhd. *vrītac*, mnd. mnl. *vrīdach*, nl. *vrijdag*, aengl. *frīgedæg*, engl. *Friday* ist der Göttin ahd. *Frīa*, anord. *Frigg* (Gemahlin Wodans bzw. Odins) gewidmet, deren Name sich an die unter *frei* (s. d.) genannte Wurzel mit einer usprünglichen Bedeutung 'Geliebte' (vgl. aind. *priyā́* 'Liebe, Geliebte') anschließt. Vorbild der Benennung ist spätlat. *Veneris diēs* 'Tag der Venus' (woraus frz. *vendredi*, ital. *venerdì*), da die Rolle der *Frīa* in der germanischen Mythologie etwa der der römischen Liebesgöttin entspricht.

fremd Adj. 'von auswärts stammend, nicht heimisch, nicht zugehörig, unbekannt'. Das gemeingerm. Adjektiv ahd. *fremidi* (8. Jh.), mhd. *vremede, vremde, vröm(e)de*, asächs. *fremiði*, mnd. *vrōmede*, mnl. *vreemde, vremde, vreemt*, nl. *vreemd*, aengl. *frem(e)de*, got. *framaþeis* ist mit dem (Bindevokal aufweisenden) Suffix germ. *-iþja-/-iðja-* (ie. *-ti̯o-*) gebildet zu (im Nhd. untergegangenem) germ. **fram*, belegt in ahd. *fram* Adv. (8. Jh.), mhd. *fram* Adv. 'vorwärts, fort, weiter, sogleich', Präp. 'fort von, von ... her', asächs. *fram* Adv. 'hervor, weg, heraus', aengl. *fram, from* Adv. 'fort, vorwärts, weg', Präp. 'weg von, von ... her', anord. *fram* Adv. 'vorwärts', got. *fram* Adv. 'weiter', Präp. 'von ... her', so daß eine Grundbedeutung 'entfernt, fern' angenommen werden kann. Germ. **fram* ist wie anord. *framr* 'tapfer, vorzüglich', aengl. *fram* 'stark, tüchtig, tapfer' mit griech. *prómos* (πρόμος) 'Vorderster, Vorkämpfer, Führer, Fürst', umbr. *promom* 'zuerst, anfangs' eine *m*-Ableitung (s. auch verwandtes *fromm*) von ie. **prŏ*, einer der Varianten von ie. **per* 'das Hinausführen über', womit vornehmlich Adverbien und Präpositionen gebildet werden (s. z. B. *für, vor, ver-*). Aus dem Adjektiv substantiviert F r e m d e r m. 'Auswärtiger, Gast', mhd. *vremder*. Dafür auch F r e m d l i n g m., mhd. *vremdelinc*. F r e m d e f. 'Ort, wo man nicht heimisch ist', mhd. *vrem(e)de* 'Entfernung'. b e f r e m d e n Vb. 'unangenehm berühren, fremdartig anmuten' (15. Jh.); vgl. ahd. *irfremiden* 'ausschließen, verstoßen' (?; 8. Jh.), *gifremiden* 'jmdm. etw. entziehen, sich von jmdm. abwenden' (9. Jh.), mhd. *vremeden* 'abfallen, meiden'; b e f r e m d l i c h Adj. 'verwunderlich, unerfreulich' (16. Jh.). e n t f r e m d e n Vb. 'fremd machen, entziehen', mhd. *enphremden, entvremden*; E n t f r e m d u n g f. 'Abkühlung, Lösung (einer Beziehung), Entfernung' (15. Jh.). F r e m d s p r a c h e f. (19. Jh.). F r e m d w o r t n. (19. Jh.), älter dafür *fremdes Wort* (16. Jh.). V e r f r e m d u n g f. Stilmittel des epischen Theaters (20. Jh., Brecht); dazu in entsprechendem Sinne v e r f r e m d e n Vb., zuvor 'fremd machen, entfremden, enteignen' (15. Jh.).

frenetisch Adj. 'rasend, irrsinnig', im 16. Jh. zunächst in die Sprache der Medizin für 'geisteskrank' entlehnt aus lat. *phrenēticus* (*-īticus*), griech. *phrenītikós* (φρενιτικός) 'wahnsinnig, gehirnkrank', zu *phrenī́tis* (φρενῖτις) 'Geisteskrankheit, Wahnsinn', vgl. griech. *phrḗn* (φρήν) 'Zwerchfell', das als Organ der Gefühlsregungen, Affekte (im Dt. vergleichbar mit *Herz*) und des Verstandes gilt. In die Allgemeinsprache gelangt das Adjektiv im 19. Jh. (unabhängig vom mediznischen Gebrauch) in der festen Wendung *frenetischer Beifall* 'rasender, tobender Beifall', die in frz. *applaudissements frénétiques* (Plur.) ihr Vorbild hat. Später wird *frenetisch* auch im Zusammenhang mit anderen intensiven, übertriebenen Gefühlsäußerungen verwendet.

Frequenz f. 'Häufigkeit, Besucherzahl, Menge', aus gleichbed. lat. *frequentia* im 17. Jh. entlehnt und bes. als naturwissenschaftliches Fachwort geläufig (in der Biologie 'Dichte des Vorkommens einer Art'; in der Physik 'Zahl der Schwingungen je Zeiteinheit'). – f r e q u e n t i e r e n Vb. 'häufig besuchen, zahlreich aufsuchen' (17. Jh.), aus gleichbed. lat. *frequentāre*.

Fresko n. 'Wandgemälde'. Zunächst Bezeichnung einer Maltechnik, bei der ein Untergrund von frischem, noch feuchtem Kalkputz verwendet wird (um 1700), dafür auch das verdeutlichende Kompositum *Freskomalerei* (18. Jh.). Vorbild ist ital. *dipingere a fresco* 'auf frischem (Kalk)putz malen' (ital. *fresco* 'frisch; Frische' ist aus dem Germanischen entlehnt, s. *frisch*). *Fresko* wird (entsprechend dem ital. *fresco*) Bezeichnung für ein nach dieser Technik geschaffenes Gemälde (verdeutlichend *Freskogemälde*, 18. Jh.). Daneben begegnet im 19. Jh. *Fresque, Freske* f. als Entlehnung des gleichfalls aus dem Ital. hervorgegangenen frz. *fresque*. Der dazu gebildete Plur. *Fresken* wird weit häufiger gebraucht als der Sing. und wird auch als Plur. von *Fresko* aufgefaßt.

fressen Vb. 'Nahrung aufnehmen' (von Tieren), 'unmäßig, unkultiviert essen', ahd. *frezzan* (8. Jh.), mhd. *v(e)rezzen*, asächs. *fretan*, mnd. mnl. *vrēten*, nl. *vreten*, aengl. *fretan*, engl. *to fret* ('zerfressen'), got. *fraïtan*, mit dem unter *ver-* (s. d.) behandelten Präfix gebildet zu dem unter *essen* (s. d.) angeführten Verb (vgl. got. *fra-itan*), eigentl. 'vollständig aufessen'. In diesem Sinne gilt das Verb in alter Zeit für jede Form der Nahrungsaufnahme; die oben genannte Bedeutung wird erst im Nhd. üblich. – F r e s s e r m. 'Schlemmer, Prasser', mhd. *vrezzer*; vgl. gleichbed. ahd. *frezzo* (Hs. 12. Jh.), *filufrezzo* (10. Jh.) und *frāz* (10. Jh.), *filufrāz* (11. Jh.), s. *Vielfraß*. F r e s s e r e i f. 'üppige, schwelgerische Mahlzeit' (15. Jh.). F r a ß m. 'unschmackhaftes Essen' (dafür auch die Substantivierung *das Fressen*), mhd. *vrāz* 'das Essen, Fressen', auch 'Fresser, Gefräßigkeit'. g e f r ä ß i g Adj. 'mit übermäßiger Eßlust behaftet, gierig' (16. Jh.); vgl. ahd. *frāzīg* (Hs. 12. Jh.), mhd. *vræzec*. G e f r ä ß i g k e i t f. (16. Jh.), vgl. mhd. *vræzecheit*. F r e s s e f. derb für 'Mund' (16. Jh.), nach der elementaren Funktion dieses Gesichtsteils. F r e s s a l i e n Plur. 'Lebensmittel, Eßwaren' (19. Jh.), latinisierende Bildung der Studentensprache (vgl. *Viktualien*). F r e ß s a c k m. 'Vielfraß' (19. Jh.), zuvor 'Speise-, Futtersack' (Adelung).

Frettchen, Frett n. für die Kaninchenjagd geeignete Zuchtform des Iltis, jägersprachliche Entlehnung aus gleichbed. afrz. frz. *furet*, wohl über mnl. *foret, furet, fret* (nl. *fret*); vgl. niederrhein. *fret* (Ende 15. Jh.). Im 16. Jh. begegnet zunächst *Fret(t), Frette*, auch *Frettel*, später (18. Jh.) überwiegend das Deminutivum *Frettgen, Frettchen*. Ausgangsform ist lat. *fūr* 'Dieb', wovon als Name des kleinen Raubtiers vlat. **fūrittus* abgeleitet ist, das afrz. *furet* und gleichbed. ital. *furetto* ergibt.

Freude f. 'Hochstimmung, Glücksgefühl', ahd. *frewida* (8./9. Jh.), *frouwida* (9. Jh.), mhd. *vröude, vreude* ist mit dem Abstraktsuffix ahd. *-ida* (germ. *-iþō*) zu dem unter *froh* (s. d.) behandelten Adjektiv gebildet. – f r e u d i g Adj. 'erfreulich, glücklich' (16. Jh.). F r e u d e n h a u s n. 'Bordell' (18. Jh.); im 16./17. Jh. und vereinzelt bereits mhd. *vröudenhūs* allgemeiner 'Haus, in dem Freude herrscht'. F r e u d e n m ä d c h e n n. 'Prostituierte, Dirne' (18. Jh.) nach gleichbed. frz. *fille de joie*; hieraus erklärt sich die Bedeutungsverengung von *Freudenhaus*. Doch vgl. schon frühnhd. *freudenweib* (15. Jh.).

freuen Vb. refl. 'sich in Hochstimmung befinden, froh sein'. Das Faktitivum zu dem unter *froh* (s. d.) behandelten Adjektiv ahd. *frewen, frouwen* (9. Jh.), mhd. *vröuwen, vrewen*, mnd. *vro(u)wen*, mnl. *vrouwen, vrōien* hat zunächst die Bedeutung 'froh machen', wofür auch ahd. *irfrewen, irfrouwen* (8. Jh.), mhd. *ervrö(u)wen*, nhd. *erfreuen*. Vgl. auch gleichbed. ahd. *gifrewen, gifrouwen* 'erfreuen, sich freuen' (9. Jh.) und ahd. *frawēn, frōēn* 'sich freuen' (8. Jh.).

Freund m. 'Vertrauter, jmdm. innerlich verbundener Mensch', ahd. *friunt* (8. Jh.), mhd. *vriunt* 'Freund, Nächster, Geliebte(r), Verwandte(r)', asächs. *friund*, mnd. *vrünt*, mnl. *vrient, vrint*, nl. *vriend*, aengl. *frēond*, engl. *friend*, anord. *frændi* 'Verwandte(r), Freund', schwed. *frände*, got. *frijōnds*, germ. **frijōnd-* ist (wie *Feind*, s. d., *Heiland*, s. *heilen*) ein erstarrtes substantiviertes Part. Präs. zu einem in asächs. *friohon*, aengl. *frēogan*, anord. *frjā*, got. *frijōn* 'lieben' vorliegenden Verb, das zu der unter *frei* (s. d.) angegebenen Wurzel gehört. Es bezeichnet neben dem durch Sympathie und Vertrauen Verbundenen auch (bis in die Mundarten der Gegenwart) den Blutsverwandten. – F r e u n d s c h a f t f. 'Vertrauensverhältnis', ahd. *friuntscaf* (8. Jh.), *-scaft* (11. Jh.), mhd. *vriuntschaft*, auch 'Blutsverwandtschaft'; f r e u n d s c h a f t l i c h Adj. (18. Jh.). f r e u n d l i c h Adj. 'herzlich, verbindlich, wohlwollend', ahd. *friuntlīh* (11. Jh.; *friuntlīhho* Adv., um 1000), mhd. *vriuntlich*; Freundlichkeit f. 'herzlich-wohlwollendes Verhalten', spätmhd. *vriuntlīcheit*. anfreunden Vb. (refl.) 'Freundschaft schließen', geläufig seit 19. Jh., vereinzelt 17. Jh.; vgl. *Anfreund* 'Anverwandter' (16. Jh.), *Angefreundete* (Plur.) 'Verwandte' (17. Jh.) und mhd. *vriunden* 'zum Freund machen'. befreunden Vb. (refl.) 'in ein Freundschafts-, Verwandtschaftsverhältnis treten', zunächst (15. Jh.) *Befreundete* (Plur.) 'Verwandte'; vgl. gleichbed. *befreundschaften* (15. Jh.).

Frevel m. 'bewußter schwerer Verstoß gegen eine Ordnung, ein Gesetz, Missetat', ahd. *frevil* m. (9. Jh.; auch *fravalī* f., um 800) 'Verwegenheit, Frechheit, Übeltat, Vergehen', mhd. *vrevel(e)* m. f. 'Mut, Unerschrockenheit, Verwegenheit', rechtssprachlich 'Vergehen, Geldstrafe', frühnhd. *frefel* m. 'geringeres Vergehen, Geldstrafe', aengl. *fræfel* (n. ?) 'Arglist, Schlauheit' (germ. **frafla-*, **fraflja-*). Zur Konkurrenz mit *Strafe, Buße, Pön* im 15. bis 18. Jh. vgl. U. Schröter in: Zur Ausbildung d. Norm d. dt. Literaturspr. 2 (1976) 224ff. Das in der Gegenwart nur noch in gehobener Sprache, sonst im Forstwesen im Sinne von 'Vergehen' (vgl. *Baum-, Holz-, Jagdfrevel*) gebräuchliche Substantiv ist eine Abstraktbildung zu dem im 19. Jh. untergehenden frevel Adj. 'verwerflich, schändlich', ahd. *fravali* 'böse, vermessen, stolz' (9. Jh.), mhd. *vrevel(e)* 'mutig, kühn, mutwillig, frech', asächs. *frabol* 'trotzig, hartnäckig', aengl. *fræfel* 'schlau, frech'. Man sieht darin eine alte Präfixbildung (germ. **fra-*, s. *ver-*) zu einem Nomen (germ. **afla-*), das in aengl. *afol*, anord. *afl* 'Kraft' erhalten ist und dem abgeleiteten Verb ahd. *avalōn* 'auf dem Akker arbeiten, mit Eifer etw. bewerkstelligen' (8. Jh.) zugrunde liegt. Die germ. Wörter werden entweder zusammen mit griech. Komposita wie *oligēpelḗs* (ὀλιγηπελής) 'schwach, ohne Kraft' und griech. illyr. gall. Eigennamen auf einen Ansatz ie. **apelo-* 'Kraft' (Pokorny 1, 52) oder mit aind. *ápaḥ* 'Werk, Handlung', lat. *opus* 'Arbeit, Werk', *ops* 'Reichtum' auf die Wurzel ie. **op-* 'arbeiten, zustande bringen; Ertrag der Arbeit, Reichtum' (wozu auch *üben*, s. d.) zurückgeführt. – frevelhaft Adj. 'verwerflich, schändlich', mhd. *vrevelhaft* 'vermessen, verwegen, kühn', allmählich das Adjektiv *frevel* (s. oben) verdrängend. freventlich Adj., spätmhd. *vrevenlich*, durch Dissimilation aus mhd. *vrevellich* 'mutig, verwegen, rücksichtslos' (vgl. ahd. *fravallīhho* Adv. 'unverschämt, widerspenstig, hartnäckig', 9. Jh.) entstanden und im 16. Jh. mit Gleitlaut *-t-* zwischen *n* und *l* versehen. freveln Vb. 'Frevel begehen', ahd. *fravalen* 'entweihen' (Hs. 12. Jh.), mhd. *vrevelen* 'vermessen sein, gewalttätig, gegen das Gesetz handeln'. Frevler m. 'wer gegen eine Ordnung, ein Gesetz bewußt verstößt, Missetäter', mhd. *vreveler*. Frevelmut m. 'frevelhafte Gesinnung' (16. Jh.). Freveltat f. (17. Jh.).

Friede, Frieden m. 'Zustand der Ruhe, Harmonie, Beilegung einer (kriegerischen) Auseinandersetzung', älter auch 'geschütztes, umzäuntes Gebiet'. Ahd. *fridu* (8. Jh.), mhd. *vride, vrit*, asächs. *friðu*, mnd. mnl. *vrēde*, nl. *vrede*, aengl. *friþu, friþ*, anord. *friðr*, schwed. *frid* (germ. **friþu-*) ist ein mit ie. *tu*-Suffix gebildetes Verbalabstraktum im Sinne von 'Zustand der Schonung, des Wohlwollens' zu der unter *frei* (s. d.) angegebenen Wurzel. Der ehemalige stark flektierende *u*-Stamm tritt im Mhd. teilweise zur konsonantischen Flexion über, so daß Doppelformen entstehen, z. B. Gen. *Friedes* und *Friedens* (noch bei Adelung), Dat. und Akk. *Friede* und *Frieden* (bis heute); auslautendes *-n* der schwachen obliquen Kasus dringt seit dem 18. Jh. in den Nom. und ergibt auch hier die Doppelform *Friede* und *Frieden*. – befrieden Vb. 'beruhigen, friedlich stimmen, den Friedenszustand herbeiführen', mhd. *bevriden* 'Friede, Schutz verschaffen, einzäunen'; vgl. ahd. *fridōn* 'schützen, schonen' (9. Jh.), *gifridōn* (um 1000), mhd. *vriden* 'Frieden bringen, friedlich beilegen, schützen, erhalten, einen Zaun machen'. befriedigen Vb. 'beschützen' (15. Jh.), 'versöhnen, begütigen, zufriedenstellen' (16. Jh.). umfrieden Vb. 'umgeben, einzäunen', mhd. *umbevriden*; dann *umfriedigen* (16. Jh.). einfriedigen Vb. (17. Jh.). friedlich Adj. 'ruhig, um Frieden bemüht', mhd. *vridelich*, auch 'Schutz gewährend'; vgl. ahd. *fridulīhho* Adv. (11. Jh.). friedfertig Adj. 'friedliebend, friedlich' (16. Jh.). zufrieden Adj. 'mit sich und der Welt in Einklang, einverstanden', zusammengezogen aus der präpositionalen Fügung *zu Frieden*, zunächst in Verbindung mit Verben der Richtung (z. B. *setzen, stellen, kommen*), seit dem 16. Jh. als Adverb (vgl. noch *zufriedengeben, zufriedenlassen*), seit dem 17. Jh. auch als Adjektiv gebraucht und flektiert. Zufriedenheit f., Unzufriedenheit f. (17. Jh.), unzufrieden Adj. (18. Jh.).

Friedhof m. 'Beisetzungsort für Verstorbene', ahd. *frīthof* 'Vorhof, Vorplatz, Vorraum einer Kirche, Begräbnisstätte' (9. Jh.), mhd. *vrīthof* 'Vorhof eines Tempels, eingefriedeter Raum um eine Kirche, Kirchhof', asächs. *frīdhof*, mnl. nl. *vrijthof*. Dem ersten Kompositionsglied liegt ein Verb ahd. *frīten* 'hegen, schonen' (um 1000), got. *freidjan* 'schonen' zugrunde, das sich zu der unter *frei* (s. d.) behandelten Wortgruppe stellt. Die Ausgangsbedeutung ist 'eingefriedeter, geschützter Platz, Immunitätsbezirk'. Da der geweihte Platz um eine Kirche meist als Begräbnisstätte dient, wird das Wort schließlich auf diese Bedeutung beschränkt (s. auch *Kirchhof*) und später als Ort der Ruhe und des Friedens im Sprecherbewußtsein mit verwandtem *Friede* verbunden; diese Umdeutung wird für die Lautform bestimmend und verhindert in der Literatursprache den Weiterbestand der folgerichtig diphthongierten Form *Freithof*, die im 16. Jh. nachweisbar und in südd. und westmd. Mundarten noch heute gängig ist.

frieren Vb. 'Kälte empfinden, zu Eis erstarren'. Ahd. *friosan* (8. Jh.), mhd. *vriesen*, mnd. *vrēsen*, mnl. *vriesen*, nl. *vriezen*, aengl. *frēosan*, engl. *to freeze*, anord. *frjōsa* (vgl. got. *frius* 'Frost') und die Verwandten aind. *pruṣvā́*, lat. *pruīna* (aus **prusu̯īnā*) 'Reif' führen auf ie. **preus-* 'frieren' (s. auch *Frost*). Im Sinne von 'ein stechendes Gefühl hervorrufen' läßt sich die Wurzel auch als 'brennen' auffassen und mit lat. *prūna* 'glühende Kohle', *prūrīre* 'jucken', aind. *plōṣati* 'brennt, versengt' verbinden (Schulze Kl. Schr. 479). Der in den Formen des Verbs auftretende grammatische Wechsel zwischen *s* und *r* (vgl. mhd. *vriesen*, Prät. Plur. *vrurn*, Part. Prät. *gevrorn*) wird im Nhd. zugunsten dieser Präteritalformen ausgeglichen.

[1]**Fries** m. in der Architektur zur Zierde und Gebäudegliederung dienender 'plastischer oder gemalter Ornamentstreifen'. Auf griech. *phrýx* (φρύξ) 'phrygisch' beruht (etwa eine Fügung wie lat. *aurum phryx* 'phrygisches Gold' voraussetzend) afrz. *freis* 'gestickte Goldborte' (die Phrygier waren im Altertum als Goldsticker berühmt). Dem griech. Adj. entsprechendes spätlat. *phrygium* führt (vielleicht über *opus phrygium* oder dgl.) zu ital. *fregio* 'gestickter Saum', das in der Architektur der Renaissance auf den Gesimsstreifen an Gebäuden übertragen wird. Diese Bedeutung zeigt auch das auf obital. Formen mit femininem Genus beruhende mfrz. frz. *frise*, aus dem im 17. Jh. nhd. *Fries* entlehnt wird.

[2]**Fries** m. 'dicker, angerauhter Wollstoff', entlehnt (17. Jh.) aus frz. *frise*. Vorauf geht afrz. *drap de Frize* 'Wollstoff aus Friesland' (mlat. *Frisa* 'Friesland' voraussetzend, gegenüber geläufigerem *Frisia*); es handelt sich dabei vermutlich um in Holland hergestellte, auf friesischen Handelsschiffen eingeführte Stoffe. Das die Fügung regierende Substantiv wird bald aufgegeben, und afrz. frz. *frise* wird zur Bezeichnung für 'Wollstoff, Wollzeug'.

Friesel m. n., meist im Plur. *Frieseln* (aus kleinen Pusteln bzw. Bläschen bestehender) 'Hautausschlag'. Ein Deutungsversuch bringt den Krankheitsnamen mit russ. *prosjaníca* (*просяница*) 'Hirsegrütze, Frieselausschlag', zu kslaw. *proso*, russ. *próso* (*npoco*), poln. *proso* 'Hirse' (dessen Herkunft selbst umstritten ist), in Verbindung und versteht darunter einen an Hirsekörner erinnernden Ausschlag. *Friesel* ist eindeutig seit dem 17. Jh. bezeugt und bezeichnet mehrere, nicht deutlich unterscheidbare Ausschlagkrankheiten. Formal kann auch an eine Vermischung von Krankheitsnamen verschiedener Herkunft gedacht werden; so findet sich (1572) für eine krebsartige Erkrankung die Bezeichnung *Frißlen*, die wohl an *fressen* (s. d.) anzuschließen ist. Ferner sind seit dem 16. Jh. Formen wie *Fräsel, Fraisel* bezeugt, die verschiedene schwere und todbringende Krankheiten bezeichnen und ihrer Etymologie nach wohl zu ahd. *freisa* (8. Jh.), mhd. *vreise* 'Unheil, Verderben' gehören. Vgl. Höfler Krankheitsnamenbuch (1899) 165 ff.

frigid(e) Adj. 'gefühlskalt, sexuell nicht erregbar' (bes. von Frauen); im 19. Jh. (unter Einfluß von frz. *frigide*?) aus lat. *frīgidus* 'kalt, frostig', zu lat. *frīgēre* 'erkaltet sein, frieren'. – Frigidität f. 'Gefühlskälte' (19. Jh.), spätlat. *frīgiditās* (Gen. *frīgiditātis*) 'Kälte', frz. *frigidité*.

Frikadelle f. 'gebratenes Fleischklößchen'

ist seit Ende des 17. Jhs. im Dt. bezeugt, daneben Anfang des 18. Jhs. *Frickedelle, Fricandelle* (so heute noch in der Gastronomie *Frikandelle* 'gedämpfte Fleischschnitte') und die Pluralform *Frittadelle.* Der Ausdruck folgt offensichtlich roman. Vorbildern, namentlich ital. *frittatella*, Deminutivum von ital. *frittata* 'Eierkuchen'; dieses wird lautlich umgestaltet, wohl kaum infolge Dissimilation, sondern unter dem Einfluß von frz. *fricandeau* (s. unten, vielleicht nach einer landschaftlichen oder auf Analogiebildung beruhenden Nebenform **fricandel*; frz. *fricadelle* 'Fleischklößchen' ist erst seit der 2. Hälfte des 19. Jhs. bezeugt). Der Bildung liegt letztlich lat. *frīgere* 'rösten, braten' (Part. Perf. lat. *frīctum*, ital. *fritto*, frz. *frit*, letzteres in frz. *pommes de terre frites*, auch *pommes frites* 'in Fett gebakkene Kartoffelstreifchen', ins Dt. übernommen als *Pommes frites*; vgl. ferner frz. *friture* 'das Braten, Bratfett, Gebratenes') zugrunde, doch ist der Entlehnungsvorgang im einzelnen unklar; möglicherweise ist in gleichbed. nl. *frikadel* ein Vermittler zu sehen; vgl. noch mnd. *vricken* 'rösten, backen' (15. Jh.). – Frikandeau n. 'gespickte Kalbsschnitte' (Anfang 18. Jh.), nach gleichbed. frz. *fricandeau*, das wohl als Stamm ein fälschlich (durch Abtrennen des vermeintlichen Affixes *-asser*) aus frz. *fricasser* (s. *Frikassee*) gewonnenes *fric-* aufweist.

Frikassee n. 'in einer Tunke angerichtetes Schnittfleisch', Entlehnung (16. Jh.) von frz. *fricassée*, das aus dem Verb frz. *fricasser* 'kleingeschnittenes Fleisch in einer Tunke dünsten' abgeleitet ist, aus frz. *frire* (lat. *frīgere*) 'braten, rösten' und *casser* (lat. *quassāre*) 'zerbrechen, zerkleinern' (vgl. Bloch/W. [6]277). Dazu frikassieren Vb. 'Frikassee bereiten', älter 'rösten, braten' (16. Jh.). Übertragen *jmdn. frikassieren* seit dem 18. Jh. als derb-scherzhafte Drohung. S. *Frikadelle.*

frisch Adj. 'unverbraucht, neu, vital', auch 'kühl', ahd. *frisc* (um 1000), mhd. *vrisch*, (mit Metathese) mnd. *versch, vers, varsch*, mnl. *versc, varsc, vorsc*, nl. *vers* (nl. *fris* stammt aus dem Nhd.), aengl. *fersc* ('salzlos, ungesalzen'). Die Etymologie ist nicht geklärt. Ein Zusammenhang mit aslaw. *prěsnъ* 'neuerlich, jüngst, neu', russ. *présnyj* (*пресный*), lit. *préskas* 'ungesäuert, süß, fade' ist fraglich. Auf Entlehnung aus dem Germ. beruhen frz. *frais* und ital. *fresco* 'frisch', das mit neuer Bedeutung rückentlehnt wird (s. *Fresko*). – auffrischen Vb. 'erneuern, intensivieren, (wieder)beleben' (17. Jh.), seemannssprachlich vom Wind 'stärker, lebhafter werden' (19. Jh.). erfrischen Vb. 'stärken, beleben, anregen' (16. Jh.), mhd. *ervrischen* 'auffrischen, reinigen, frisch machen oder werden'; häufig partizipial *erfrischend*, auch in der Verstärkung *herzerfrischend.* Erfrischung f. 'Stärkung, Belebung' (16. Jh.), 'stärkender Imbiß oder Trank' (18. Jh.). Frische f. 'Unverbrauchtheit, Vitalität', mhd. *vrische.* Sommerfrische f. 'sommerlicher Erholungsaufenthalt sowie der dafür geeignete Ort', um 1800 aus südd. Mundarten in die Literatursprache aufgenommen; in diesem Sinne vereinzelt bereits *Frische* (17. Jh.). Frischling m. 'Wildschweinferkel', älter auch allgemein 'Jungtier' (15. Jh.); vgl. ahd. *frisking* 'Jungtier, Opfertier' (9. Jh.), mhd. *vrischinc, vrischlinc* 'Jungtier' (Schaf oder Schwein), asächs. *frisking* und (mit Metathese) *ferskang.*

frisieren Vb. 'das Haar kunstvoll, gefällig ordnen' (Ende 17. Jh.), *friseren* (Anfang 17. Jh.). Das vielleicht durch Vermittlung von nl. *friseren* (vgl. *ongefriseert* 1629) aus frz. *friser* 'kräuseln' (von Haar, Stoff, Wasseroberfläche) entlehnte Verb steht anfangs auch (von der Perückenkunst übertragen?) für '(ein Kleidungsstück) mit Rüschen oder Krausen versehen, kräuseln'. Diesem Gebrauch folgt wohl die in der Kaufmannssprache entstandene Wendung *eine Bilanz frisieren* 'beschönigen, zu eigenen Gunsten fälschen' (19. Jh.). Mfrz. frz. *friser* schließt sich an im Mfrz. aufkommende Flexionsformen mit *s*-Erweiterung von afrz. (frz.) *frire* 'backen, braten' an, das aus lat. *frīgere* 'braten, rösten, am Feuer dörren' hervorgegangen ist. Die Bedeutungsentwicklung zu 'kräuseln' ist wohl im Hinblick auf die Verformung, das Krummwerden der Speisen beim Rösten und Braten entstanden. – Friseur m. 'Haarpfleger, -künstler, -schneider' (Ende 17. Jh., neben *Frisierer*), französierende Bildung zum Verb (vgl. frz. *coiffeur*). Frisur f. 'Haartracht' (18. Jh.), aus gleichbed. frz. *frisure.*

Frist f. 'festgesetzte Zeitspanne, für begrenzte Zeit gewährter Aufschub', ahd. *frist* (um 800), mhd. *vrist*, anord. *frest*, schwed. *frist* und (teilweise mit Metathese) mnd. *verst,* *verste, vrist*, mnl. *verst(e), veerste*, aengl. *first.* Herkunft ungewiß. Geht man von einer Bedeutung 'Bevorstehendes' aus und vergleicht aind. *puraḥstātár-* 'an der Spitze stehend, führend' und vielleicht air. *ars(a)id* 'alt, im Alter an der Spitze stehend', so kann man mit diesen die germ. Formen von *Frist* (wie ähnlich *First*, s. d.) als Zusammensetzungen ansehen aus einem Präfix ie. **pres-* 'vor', Kompositionsform von ie. **per* 'das Hinausführen über' (s. *für, vor, ver-*), mit einer Ablautform der Wurzel ie. **stā-*, **stə-* 'stehen, stellen' (s. *stehen*) bei einer Ausgangsbedeutung 'das Bevorstehende, Zeit, die in der Zukunft begrenzt ist'. Vielleicht aber ist *Frist* besser als Bildung mit *st*-Suffix zur Wurzel ie. **prāi-*, **prī-* 'gern haben, schonen' (s. *frei, Freund, Friede*) aufzufassen, wobei eine ursprüngliche Bedeutung 'Schonung' anzusetzen wäre. – f r i s t e n Vb. 'mühsam hinbringen, über die Zeit retten', meist in der Wendung *sein Leben, sein Dasein fristen*, ahd. *fristen* (um 1000), mhd. *vristen* 'hinhalten, aufschieben, bewahren'. b e f r i s t e n Vb. 'eine Frist stellen, einen Zeitraum festlegen', mhd. *bevristen* 'erhalten'. f r i s t l o s Adj. 'ohne Aufschub, unverzüglich' (1. Hälfte 20. Jh.).

frivol Adj. 'zweideutig, gewagt, schamlos' kommt im 18. Jh. aus dem inhaltlich harmloseren frz. *frivole* 'unbedeutend, oberflächlich, leichtfertig' ins Dt. (doch vgl. vereinzelt lexikalisch 'leichtfertig', 2. Hälfte 17. Jh.) und geht zurück auf lat. *frīvolus* 'zerbrechlich, wertlos, abgeschmackt' (meist substantiviert *frīvolum* 'Bagatelle', Plur. *frīvola* 'nichtssagende Worte'), zum Verb lat. *friāre* 'zerreiben, zerbröckeln'. Auf unmittelbarer Entlehnung aus dem Lat. beruht das frühere Vorkommen des Wortes in der dt. Rechtssprache im Sinne von 'nichtig, unerheblich' (17. Jh.), wo in der Regel lat. Flexion bewahrt ist. – F r i v o l i t ä t f. 'Schamlosigkeit, gewagte, geschmacklose Äußerung' (18. Jh.), frz. *frivolité* 'Leichtfertigkeit'.

froh Adj. 'mit Freude erfüllt, in gehobener Stimmung, heiter', ahd. *frō*, Gen. *frawes* (8. Jh.), mhd. mnd. mnl. *vrō*, asächs. *frā, frō*, anord. *frār* (aus **frawaR*) 'schnell', mengl. *frow, frough* 'lebhaft, frisch' (germ. **frawa-*). Außergerm. lassen sich aind. *právatē* 'springt auf', *pravá* 'flatternd, schwebend', russ. *prýgat'* (*прыгать*) 'springen, hüpfen', *prýtkij* (*прыткий*) 'schnell' vergleichen, so daß ein Anschluß an die Wurzel ie. **preu-* 'springen, hüpfen' möglich ist. Über die Vorstellung 'frisch, beschwingt' läßt sich unschwer eine Verbindung zu der sekundären Bedeutung 'fröhlich gestimmt' herstellen. – f r ö h l i c h Adj. 'heiter, gut aufgelegt', ahd. *frawalīh, frōlīh* (9. Jh.), mhd. *vrœlich*; dazu F r ö h l i c h k e i t f., mhd. *vrœlīcheit*. f r o h l o c k e n Vb. 'lebhafte Äußerungen der Freude bekunden', spätmhd. *vrōlocken*, eine Zusammensetzung mit (nach ²*locken* umgebildetem) mhd. *lecken* 'mit den Füßen ausschlagen, hüpfen', nhd. *löcken* (s. d.), also eigentl. 'vor Freude hüpfen'.

fromm Adj. 'von einer religiösen Überzeugung durchdrungen, gottergeben, sanftmütig' (vgl. *lammfromm*). Das Adjektiv entsteht in mhd. Zeit, ausgehend vom prädikativen Gebrauch eines Substantivs ahd. *fruma* 'Nutzen, Wohl, Hilfsmittel' (8. Jh.), mhd. *vrum(e), vrome* (heute nur noch in der als altertümlich empfundenen Formel *zu Nutz und Frommen*). Wie die verwandten, aber anders gebildeten Adjektive mnd. *vrōme, vrāme, vrŏm, vrām*, mnl. *vroom, vrōme* (nl. *vroom* 'fromm'), aengl. *fram*, anord. *framr* hat mhd. *vrum, vrom* die Bedeutung 'tüchtig, tapfer, rechtschaffen' (so noch bei Luther; eigentl. 'nützlich') und nimmt allmählich (ab 15. Jh.) den spezifisch religiösen Inhalt an; heute auch mit einer pejorativen Tendenz, bes. in den Ableitungen *frömmeln, Frömmler, Frömmelei* (18. Jh.), die auf übertriebene, zur Schau getragene Frömmigkeit abzielen. Mit griech. *prómos* (*πρόμος*) 'Vorkämpfer, Führer', umbr. *promom* 'zuerst', lit. *pìrmas* 'der erste' stellen sich die germ. Formen mit *mo*-Suffix zu ie. **prŏ* (bzw. seiner schwundstufigen Form **pr̥-*) 'vorwärts, vorn, voran', zu ie. **per* 'das Hinausführen über' (s. *für, vor*). – f r o m m e n Vb. 'nützen', heute nur noch unpersönlich *es frommt* 'nutzt, kommt zugute', ahd. *frummen* 'ausüben, vollbringen' (8. Jh.), mhd. *vrumen, vromen* 'vorwärtskommen, nützen'. F r ö m m i g k e i t f. 'Gottergebenheit', mhd. *vrümecheit, vrümekeit* 'Bravheit, Tapferkeit', abgeleitet von mhd. *vrümec* 'gut, brav, tüchtig'.

Fronde f. 'regierungsfeindliche Fraktion, Oppositionsgruppe', übernommen aus dem Frz., wo es zuerst Bezeichnung für eine gegen den frz. Absolutismus gerichtete Bewegung des Hochadels (1648–53) ist. Auszugehen ist von frz. *fronde*, afrz. *flondre* 'Schleuder', der wahrscheinlich auf einem Deminutivum vlat. **fundula* beruhenden jüngeren Nebenform von afrz. *fonde* (aus lat. *funda* 'Schleuder, Schleudergeschoß'). In einem überlieferten Bericht werden die opponierenden Angehörigen des Parlaments scherzhaft mit sich trotz Verbot Schleuderkämpfe liefernden Schuljungen verglichen. Die dabei gebrauchten Wörter frz. *fronder* 'schleudern, werfen' und *frondeur* 'Schleuderer' gewinnen den übertragenen Sinn 'angreifen, scharf kritisieren' bzw. 'Aufsässiger'; das zugehörige *fronde* wird daraufhin allgemeine Bezeichnung für 'Oppositionsbewegung'. Vgl. FEW 3, 862.

Fron(e) f. 'unentgeltliche Arbeit leibeigener und höriger Bauern für den Grund- oder Gutsherrn im Feudalismus', in neuerer Zeit (19. Jh.) übertragen 'unliebsame, erzwungene, harte, mühsame Arbeit, Plackerei'. Mhd. *vrōn(e)* 'Gewaltherrschaft, Herrendienst, Zwingburg, Gefängnis', neben der ursprünglichen Bedeutung 'Herrschaft, Herrschaftlichkeit, Herrlichkeit, Heiligkeit', ist eine Substantivierung des Adjektivs mhd. *vrōn* 'was den (geistlichen oder weltlichen) Herrn betrifft, ihm gehört, heilig (von Gott, Christus), herrschaftlich, öffentlich', ahd. *frōno* (indekl. und nachgestellt) 'dem Herrn (Gott, Christus) gehörig, heilig, herrlich' (vgl. *krūzi frōno* 'heiliges Kreuz'), dann 'öffentlich, dem Staate gehörig' (9. Jh.). Dies ist eigentl. ein erstarrter Gen. Plur. ('der Götter') von ahd. *frō* 'Herr' (9. Jh.), Anrede für heidnische Götter, dann für den christlichen Gott (später von *Herr*, s. d., verdrängt); dazu ahd. *frouwa* f. (s. *Frau*). Der *n*-Stamm germ. **frawan-* in ahd. *frō*, asächs. *frō* in der Anrede, sonst *frāho, frōho*, aengl. *frēa* 'Herrscher, Herr, König, Gott, Christus, Ehemann' und der *jan*-Stamm germ. **fraujan-* in asächs. *frōio*, aengl. *frīgea*, got. *frauja* 'Herr' lassen sich vergleichen mit aind. *pravaṇáḥ* 'vorwärts geneigt, abschüssig', *pravaṇá-* 'Abhang, Halde', griech. *prēnḗs* (πρηνής), *prānḗs* (πρανής) 'vorwärts geneigt, kopfüber, abschüssig, steil' und führen als Ableitung mit ie. *-u̯o-* auf ie. **prŏ̆* 'vorwärts, vorn, voran', wozu auch griech. *prṓra* (πρῷρα) 'Schiffsvorderteil', aslaw. *pravъ*, russ. *právyj* (*правый*) 'recht, gerecht, richtig', eigentl. 'geradeaus', gehören. Mit gleichem Suffix, aber von anderer Ablautstufe sind gebildet aind. *pū́rvaḥ* 'der vordere, erste', aslaw. *prьvъ*, russ. *pérvyj* (*первый*) 'der erste'. Alle Formen führen auf ein vornehmlich Präpositionen und Adverbien bildendes ie. **per* 'das Hinausführen über' (s. *für, vor, ver-*, auch *fern, fremd, fromm*). – Der religiös-christliche Gebrauch des Adjektivs ist erhalten in Fronleichnam m., der Bezeichnung für das seit 1246 gefeierte Kirchenfest am 2. Donnerstag nach Pfingsten, eigentl. 'der Leib des Herrn, der Leib Jesu Christi', mhd. *vrōnlīcham, vrōnlīchname*, nach mhd. *der vrōne līcham* (s. *Leichnam*). Zahlreicher sind Komposita zur weltlichen Bedeutung des Adjektivs 'den Herrn betreffend, ihm gehörend, herrschaftlich', vgl. ahd. *frōnohof* 'Herrenhof, Staatskasse' (10. Jh.), mhd. *vrōn(e)hof*, auch 'Kirchhof'; mhd. *vrōn(e)bote* 'Amts-, Gerichtsbote, Büttel'; spätmhd. *vrōnwalt* 'herrschaftlicher Wald'. Frondienst m. 'erzwungene Dienstleistung für den Grundherrn', mhd. *vrōndienest*. – fronen Vb. 'Frondienste, harte Arbeit leisten', ahd. *frōnen* '(für den Herrn) in Beschlag nehmen' (10. Jh.), mhd. *vrōnen, vrœnen* 'als Abgabe überreichen, (für den Herrn) in Beschlag nehmen, pfänden, dienen, Frondienst leisten, zum Herrn erhöhen, heiligen, verherrlichen, schmücken'; daneben die umlautende Variante frönen Vb. (einem Laster, einer Leidenschaft) 'sich rückhaltlos hingeben', eigentl. 'einem Laster, einer Leidenschaft wie einem Herrn dienen' (1. Hälfte 18. Jh.).

Front f., älter auch *Fronte*, 'Stirnseite, dem Feind zugekehrte Seite der Truppenaufstellung', Entlehnung (17. Jh.) von gleichbed. frz. *front* m. bzw. ital. *fronte* f. m., die auf lat. *frōns* (Gen. *frontis*) 'Stirn, Vorderseite' zurückgehen. In der Militärsprache des ersten Weltkrieges verbreitet sich (ebenfalls nach frz. Vorbild) die Bedeutung 'Gefechtslinie, Kampfzone'. – frontal Adj. 'vorn, an der Stirnseite befindlich, von vorn her' (19. Jh.), frz. *frontal*.

Frosch m. Name für zu den Amphibien gehörende schwanzlose Tiere mit überlangen Hinterbeinen und daher gutem Sprungvermögen. Die germ. Formen (zum Teil mit *r*-Metathese) ahd. *frosc* (8. Jh.), mhd. *vrosch*, mnd. *vors, vorsch*, mnl. *vorsc*, nl. *vors*, aengl. *forsc, frosc*, anord. *froskr* können als Bildungen mit ie. *sko*-Suffix (germ. **fruska-*) zu der unter *froh* (s. d.) angegebenen Wurzel ie.

**preu-* 'springen, hüpfen' angesehen werden; auf Gutturalerweiterungen der Wurzel würden dann aengl. *frogga*, engl. *frog*, anord. *frauki* 'Frosch' und auch russ. *prýgat'* (*прыгать*) 'springen, hüpfen', auf eine Dentalerweiterung dagegen anord. *frauðr* 'Frosch' zurückgehen. Zieht man jedoch noch anord. *frauð* 'Schaum' heran, so kann von germ. **fruþska-* bzw. **frauþki-* als 'schleimiges Tier' ausgegangen werden, und Anschluß an eine Dentalerweiterung der Wurzel ie. **per(ə)-*, **preu-* 'sprühen, spritzen, prusten, schnauben' (s. *prusten*) bzw. **(s)p(h)er-*, **(s)preu-* 'streuen, säen, sprengen, spritzen, sprühen' (s. *sprühen*) wäre denkbar. – Froschmann m. 'frei schwimmender Taucher' (für Arbeitseinsätze in und unter Wasser), Übersetzung von engl. *frogman* (Mitte 20. Jh.).

Frost m. 'Temperatur unter dem Gefrierpunkt, Kälte', ahd. *frost* (8. Jh.), mhd. *vrost*, asächs. *frost*, mnd. *vrost* (auch *vorst*), mnl. nl. *vorst*, aengl. *forst* (auch *frost*), engl. anord. schwed. *frost* (germ. **frusta-*) gehören als mit Dentalsuffix gebildete Abstrakta zu dem unter *frieren* (s. d.) behandelten Verb. – frostig Adj. 'kalt', bildlich 'unverbindlich, unfreundlich' (vgl. *kühl, eisig*), mhd. *vrostec, vrostic*, ahd. *frostag* (9. Jh.). frösteln Vb. 'zu Frost tendieren (vom Wetter), Anzeichen von Kälte empfinden' (16. Jh.). frosten Vb. 'zur Konservierung tiefen Temperaturen aussetzen' (20. Jh.).

frottieren Vb. '(mit einem Handtuch) abreiben, trockenreiben', entlehnt (18. Jh.) aus gleichbed. frz. *frotter*, afrz. *froter*, dessen Herkunft unsicher ist. Vor allem aus semantischen Gründen liegt es nahe, afrz. *froter* zusammen mit daneben bezeugtem afrz. *freter* 'reiben', aprov. *fretar* 'reiben, schlagen' wie ital. *frettare* 'den Schiffsrumpf abreiben, schrubben' an vlat. **frictāre* (im Mlat. des 7. Jhs. belegt), ein Intensivum oder Iterativum zu lat. *fricāre* (*frictum*) 'reiben, abreiben', anzuschließen. Doch bleibt ungeklärt, welche sprachlichen Einflüsse dann für die lautliche Entwicklung der galloroman. Formen, namentlich für den Wechsel zwischen *-e-* und *-o-*, geltend zu machen sind. – Frottee n. (m.) 'saugfähiger Stoff aus Kräuselgarnen' (20. Jh.), mit frz. Endung zum Verb gebildet (dagegen frz. *frottée* 'Tracht Prügel'), besonders in Komposita wie *Frottee(hand)tuch, Frotteestoff, Frotteekleid.*

frotzeln Vb. 'hänseln, aufziehen'; zunächst bair.-öst. Mundartwort, doch im 19. Jh. in die Allgemeinsprache eingegangen. Wohl zu *Fratze* im Sinne von 'Posse, albernes Gerede' (s. d.). – Frotzelei f. (19. Jh.).

Frucht f. 'der Fortpflanzung der eigenen Art dienendes Produkt einer Pflanze', auch 'ungeborenes Lebewesen', übertragen 'Ertrag', ahd. *fruht* (9. Jh.), mhd. *vruht*, asächs. *fruht*, mnd. mnl. nl. *vrucht* beruhen auf einer frühen Entlehnung von gleichbed. lat. *frūctus*, abgeleitet vom Verb lat. *fruī* (*frūctus sum*) 'genießen, Nutzen ziehen' (verwandt mit *brauchen*, s. d.). Das Deminutiv *Früchtchen* hat die spezielle Bedeutung 'mißratenes Kind, Taugenichts' (18. Jh.), älter *Früchtlein* (16. Jh.); vgl. bereits mhd. *vruht* für das ungeborene wie das geborene Kind. – fruchten Vb. 'nützen, zu einem Ertrag, einem Ergebnis führen', mhd. *vrühten, vruhten*. befruchten Vb. 'besamen, die (biologische) Voraussetzung zur Fruchtbildung schaffen', auch 'mit Früchten versehen' (16. Jh.), neben *befrüchten*, älter *befruchtigen, befrüchtigen*, mhd. *bevrühtigen*. Befruchtung f. (18. Jh.), älter *Befrüchtigung* f. (16. Jh.). fruchtbar Adj. 'fortpflanzungsfähig, ertragreich', mhd. *vruhtbære*; vgl. mhd. *vruhtbærec, -ic* 'reichlich' (13. Jh.); s. *-bar*. fruchtig Adj. 'würzig, nach Frucht schmeckend', als Geschmacksprädikat des Weins wohl junge Ableitung vom Substantiv und nicht unmittelbare Fortsetzung von mhd. *vrühtec, vrühtic* 'fruchtbringend, nutzbringend, ergiebig', das noch im 17. Jh. als *früchtig* bezeugt ist und in Mundarten fortbesteht.

frugal Adj. 'einfach, bescheiden' (von Mahlzeiten), Entlehnung (18. Jh.) von frz. *frugal* 'mäßig, einfach' bzw. unmittelbar aus lat. *frūgālis* 'nutzbar, wirtschaftlich, sparsam', abgeleitet von lat. *frūgī* 'tauglich, brav', eigentl. Dat. ('zum Nutzen') von lat. *frūx* (Gen. *frūgis*) 'Frucht, Tauglichkeit'.

früh Adj. 'morgens, (vor)zeitig, im Anfangsstadium befindlich'. Das Adjektiv ist nur im Dt. und Nl. entwickelt, ahd. *fruoi* (um 800), mhd. *vrüeje*, mnd. *vrōch*, mnl. *vroech, vrouch*, nl. *vroeg*. Die zugehörigen Adverbien ahd. *fruo*, mhd. *vruo*, mnd. *vrō*, mnl. *vroe* sind als die historisch älteren Formen anzusehen. Verwandt sind aind. *prātáḥ* 'am frühen Morgen' und griech. *prōí* (*πρωί*) 'früh', so daß von ie. **prō-* 'früh, morgens', ablautend zu ie. **per* 'das Hinausführen über' (s. *für, vor*), auszugehen ist. Das Wort gilt anfangs für die Tageszeit, dann für die Anfangsphase eines beliebigen Zeitraums. Der Komparativ *früher* hat neben seiner üblichen Funktion auch die verselbständigte Bedeutung 'einst, in zurückliegender Zeit'. – F r ü h e f. 'morgendliche Zeit, Anfangszeit', ahd. *fruoī* (um 1000), frühnhd. *früe* (15. Jh.).

Frühling m. 'Jahreszeit des beginnenden Wachstums und der Blüte', auch im Sinne von 'Frühzeit, Anfangszeit' auf Lebensalter und Zeitepochen übertragen, frühnhd. *früelinc* (15. Jh.). In älterer Sprache auch Bezeichnung für ein im Frühjahr geborenes Tierjunges. *Frühling* (in der Lutherbibel verwendet) tritt in Konkurrenz zu älterem *Lenz* (s. d.); in einigen Landschaften gilt F r ü h j a h r n. (17. Jh.).

Frühstück n. 'morgendliche Mahlzeit', spätmhd. *vruo-, vrüestücke* (mhd. *morgenbrōt* ablösend), zusammengesetzt aus den unter *früh* und unter *Stück* (s. d.) behandelten Wörtern, anfangs interpretiert mit *der erste pisse* 'der erste Bissen' (15. Jh.). – f r ü h s t ü k - k e n Vb. 'die Morgenmahlzeit einnehmen' (15. Jh.).

frustrieren Vb. 'benachteiligen, (ent)täuschen, vereiteln', dann auch 'durch Enttäuschung in der psychischen Entfaltung behindern', entlehnt (*frustrirt* 'betrogen, vergeblich', 1728, *früstrirt* 'enttäuscht', Anfang 19. Jh.) aus lat. *frūstrārī*, auch *frūstrāre* 'in der Erwartung täuschen, hintergehen, vereiteln' (zu lat. *frūstrā* 'irrtümlich, vergeblich') bzw. aus sich hieran anschließendem, ursprünglich rechtssprachlichem afrz. frz. *frustrer* 'um etw. bringen, betrügen'. In der Mitte des 20. Jhs. wird das Verb, zunächst im Bereich der Psychologie, wieder aufgenommen und entwikkelt sich, zumal im Part. Prät. *frustriert*, rasch zu einem viel gebrauchten Modewort. – F r u s t r a t i o n f. 'Vereitelung, Täuschung einer Erwartung, Hinhaltung' (19. Jh.), mfrz. frz. *frustration* 'Täuschung, Nichterfüllung eines rechtmäßigen Anspruchs'; zuvor vereinzelt *Frustratio* 'Bankrott' (1735), unmittelbar nach lat. *frūstrātio* (Gen. *frūstrātiōnis*) 'Täuschung, Irreführung, Nichterfüllung, vergebliches Hinhalten'.

Fuchs m. hundeähnliches, als schlau und listig geltendes Raubtier mit rötlich-braunem Fell, ahd. *fuhs* (um 1000), mhd. *vuhs, vuohs*, mnd. mnl. nl. *vos*, aengl. engl. *fox* sind mit *s*-Suffix erweiterte Maskulina (germ. **fuhsa-*; s. auch *Luchs*) neben den femininen Formen ahd. *fŏha* (8. Jh.), mhd. *vohe*, frühnhd. *vöhin* (15. Jh.), nhd. (entrundet jägersprachlich) *Fähe, Fehe* 'weibliches Tier' bei Fuchs, Dachs, Marder (18. Jh.), mnd. *vō*, anord. *fōa*, got. *faúhō* (germ. **fuhōn*). Sie gehen mit aind. *púcchaḥ* m. 'Schwanz, Hinterteil' und lit. *paustìs* 'Tierhaar' zurück auf ie. **pŭk-*, **peuk-* 'dicht behaart, buschig (buschiger Schwanz), dichtwollig'. Verwandtschaft mit russ. *puch* (*пух*) 'Daune, Flaum' ist möglich, wird jedoch von Vasmer 2, 469f. abgelehnt. Die nach dem buschigen Schwanz erfolgte Benennung ist als tabuierende Umschreibung anzusehen. – F u c h s s c h w a n z m. 'kleine Säge', nach der Ähnlichkeit in der Form (18. Jh.). f u c h s t e u f e l s w i l d Adj. 'sehr wütend' (18. Jh.); *fuchs-* hat wie in älterem *fuchswild* (16. Jh.) verstärkende Funktion.

fuchsen Vb. refl. 'ärgern' (19. Jh.). Die Etymologie ist unklar. Das Verb geht möglicherweise zurück auf ein landschaftliches *fuchsen* 'quälen, zusetzen', das sich als Intensivum an ein ebenfalls landschaftlich bezeugtes *fucken* 'unruhig hin und her fahren' anschließen läßt (s. ablautendes *ficken*).

Fuchsie f. rotblühende Topfpflanze mit glockenähnlichen Blüten, süd- und mittelamerikanischer Herkunft, 1703 von dem frz. Botaniker Plumier zu Ehren des dt. Botanikers *L. Fuchs* (1501 bis 1566) botan.-lat. *Fuchsia* benannt; in dt. Texten mit abgeschwächter Endung seit der ersten Hälfte des 19. Jhs. bezeugt.

Fuchtel f. 'Degen mit breiter Klinge', frühnhd. *fuchtel* (16. Jh.), daneben auch *fochtel* (16. bis 18. Jh.), folgt einer Ablautstufe des Verbs *fechten* (s. d.) und enthält das Nominalsuffix *-el* (s. *Windel* neben *winden*). *Fuchtel* 'Degen' und (übertragen) 'strafender Schlag mit der flachen Klinge' wird zum Sinnbild militärischen Drills und harter Erziehung, daher *unter der Fuchtel stehen* 'in strenger Zucht sein', *unter die Fuchtel kommen* (18. Jh.). – f u c h t e l n Vb. 'mit der Fuchtel schlagen' (16. Jh.), ursprünglich 'die Degenklinge schnell hin und her schwingen', später in allgemeiner Verwendung (17. Jh.), z. B. ein Gerät, die Arme hin und her schwingen (*herumfuchteln*). f u c h t i g Adj. 'unruhig, aufgebracht, zornig' (19. Jh.), anfangs omd. und obd.

Fuder n. altes Raum- und Flüssigkeitsmaß,

auch 'Fuhre', ahd. *fuodar* (Hs. 12. Jh.), mhd. *vuoder* 'Fuhre, Wagenlast, übergroße Menge', asächs. *fōðer*, mnd. *vōder*, mnl. *voeder*, nl. *voer*, aengl. *fōþer*, engl. (älter) *fother* 'Fuhre' führen (mit germ. *ra*-Suffix) auf germ. **fōþra-*, das im Ablaut zu **faþma-* (s. *Faden*) steht und wie dieses ursprünglich das Maß der ausgebreiteten Arme bezeichnet.

[1]**Fuge** f. polyphones Tonstück, dessen Themen von mehreren Stimmen nacheinander kontrapunktierend durchgeführt werden; seit Anfang des 17. Jhs. (zuerst im Plur. *Fugen*) in dt. Texten. Lat. *fuga* 'Flucht' erhält im 14. Jh. die Bedeutung 'Wechselgesang, Kanon', eigentl. 'der sich gegenseitig fliehende Gesang' (daher vielleicht als vereinzelte frühe Entlehnung nhd. *Fugen* Plur. für den kunstreichen Gesang der Vögel, 15. Jh.). Im 16. Jh. wird die dem Lat. entsprechende Bezeichnung ital. *fuga* in die Instrumentalmusik übernommen und gelangt im 17. Jh. in den Formen *Fuga* und *Fuge* ins Dt.

fügen Vb. 'passend zusammensetzen, verhängen, bewirken', refl. 'sich unterordnen', ahd. *fuogen* 'verbinden, vereinigen, ineinanderpassen' (8. Jh.), mhd. *vüegen, vuogen*, auch 'bewerkstelligen, sich anpassen, machen, daß etw. geschieht', asächs. *fōgian*, mnd. *vōgen, vūgen*, mnl. *voeghen*, nl. *voegen*, aengl. *fēgan*, engl. *to fay* 'passen, verbinden' sind verwandt mit *Fach* (s. d.) und den dort genannten Formen. Daneben steht f u g e n Vb. 'fest zusammensetzen, mit einer Fuge verbinden', die in der Handwerkersprache bewahrte obd. umlautlose Form von *fügen*; heute meist als Ableitung von *Fuge* (s. unten) empfunden. – [2]F u g e f. 'Ritze, Verbindungslinie zwischen zusammengehörigen Bauteilen', ahd. *fuogī* 'Verbindung, Zusammensetzung, Verbindungsstelle' (um 1000), mhd. *vuoge* 'Zusammenfügung, Stelle eingreifender Verbindung zueinander', aber auch (und damit in mhd. Zeit bedeutungsgleich mit dem folgenden *Fug*) 'Schicklichkeit, passende Gelegenheit, Kunstfertigkeit'; vgl. auch (mit anderer Bildungsweise) ahd. *fuoga* 'Geschicklichkeit' (Hs. 13. Jh.). F u g m. 'Zuständigkeit, Recht', mhd. *vuoc* 'Schicklichkeit, passende Gelegenheit, Kunstfertigkeit', heute vor allem noch in der Wendung *mit Fug und Recht* (16. Jh.). B e f u g n i s f. 'Zuständigkeit, Recht' (16. Jh.). b e f u g t Part.adj. 'zuständig, berechtigt', vgl. *befugt sein* (15. Jh.), aus dem Part. Prät. von spätmhd. *sich bevūgen* 'eine Zuständigkeit ausüben' (14. Jh.). f ü g l i c h Adj. 'passend, schicklich, mit Berechtigung', spätmhd. *vuoclich, vüeclich*; vgl. ahd. *gifuog(i)līh* (9. Jh.). U n f u g m. 'öffentliches Ärgernis erregendes Verhalten, Dummheiten, Schabernack', mhd. *unvuoc* 'Unanständigkeit, Roheit, Schande, Frevel'. f ü g s a m Adj. 'leicht lenkbar, anpassungsfähig', spätmhd. *vuoc-, vüecsam* 'schicklich, angemessen' (14. Jh.). F ü g u n g f. 'Geschick, Schicksal', mhd. *vüegunge* 'Zusammenfügung, Art und Weise', seit dem 17. Jh. Terminus der Syntax für lat. *cōnstrūctio*. G e f ü g e n. 'Struktur, innere Ordnung', von ahd. *gifuogī* 'Verbindung' (8. Jh.) unabhängige Neubildung des 17. Jhs. g e f ü g i g Adj. 'fügsam, passend' (15. Jh.), mit anderer Endung anschließend an ahd. *gifuogi*, mhd. *gevüege* Adj., bewahrt in u n g e f ü g e Adj. 'unförmig, unhandlich', ahd. *ungifuogi* (11. Jh.), mhd. *ungevüege, -vuoge* 'unartig, unhöflich, unbeholfen, plump'.

fühlen Vb. 'mit dem Tastsinn wahrnehmen, empfinden', ahd. *fuolen* 'befühlen, betasten, empfinden' (um 800), mhd. *vüelen* (mit Erweiterung auf seelisches Erleben) 'wahrnehmen, empfinden', asächs. *gifōlian*, mnd. *vōlen, vūlen*, mnl. nl. *voelen*, aengl. *fēlan*, engl. *to feel*. Herkunft unsicher. Verwandt sind vielleicht lat. *pollex* 'Daumen, große Zehe', *pollēre* 'stark sein, vermögen' und bulg. *pálam* (*палам*) 'suche', aruss. *palьcь* 'Daumen', russ. *pálex* (*палец*) 'Finger, Zehe', so daß ie. **pŏl-* 'geschwollen, dick, groß' angenommen werden kann. Als Ausgangsbedeutung für *fühlen* wäre dann 'mit dem Daumen, Finger betasten' anzusetzen. Erwogen wird andererseits Zusammenhang des Verbs mit lat. *palma* 'Hand', griech. *palámē* (*παλάμη*) 'flache Hand', ahd. *folma* 'flache Hand' (8. Jh.) und Anschluß an die Wurzel ie. **pelə-*, **plā-* 'breit und flach' (s. *Feld*); doch stößt die Verknüpfung mit den dazugehörigen Wörtern auf erhebliche lautliche und semantische Bedenken. Anstelle von *fühlen* bevorzugt das Obd. in gesprochener Sprache *empfinden* (bair.-öst.) und *spüren, merken* (schwäb.-alem.). – F ü h l e r m. mit Sinnesorganen versehene paarige Antennen bei Insekten, Krebsen, Borstenwürmern, Schnecken (als Verdeutschung von lat. *antemna*, s. *Antenne*), älter allgemein 'wer mit den Fingern prüfend abtastet' (17. Jh.). F ü h l u n g f. 'Berührung' (16. Jh.), 'Empfindung' (17. Jh.), seit dem 19. Jh. vielfach in militärsprachlichen Wendungen wie *Fühlung haben, (be)halten, in Fühlung bleiben, stehen, Fühlung nehmen* 'Verbindung, Berührung haben' u. dgl. G e f ü h l n. 'Empfindung, Tastsinn', im 17. Jh. wohl nach Vorbildern wie *Gehör, Geschmack, Gesicht* entstanden, älteres gleichbed. *Fühle* f., mhd. *vüele* ablösend. f ü h l l o s Adj. 'empfindungslos' (17. Jh.), zu *Fühle* (s. oben) gebildet, dafür heute g e f ü h l l o s Adj. (18. Jh.).

Fuhre f. 'Fahrt, Transport mit Wagen, Wagenlast', ahd. *fuora* (9. Jh.), mhd. *vuore* 'Reise, Weg, Gefolge, Last, Unterhalt, Lebensweise', mnd. *vōre*, aengl. *fōr* 'Fahrt, Fahrzeug' ist eine dehnstufig ablautende Substantivbildung zu den unter *fahren* (s. d.) aufgeführten Verbformen; s. auch *Fahrt.* Verlust des Endungs-*e* zeigen heute Zusammensetzungen wie *Aus-, Ein-, Zufuhr*, die seit langem (wie wohl auch *Fuhre*) als zu *führen* gehörig empfunden werden. – F u h r m a n n m. 'Lenker einer Fuhre, Pferdeführer' (15. Jh.). F u h r p a r k m. 'Gesamtheit der Fahrzeuge eines Fuhrbetriebes' (20. Jh.). F u h r w e r k n. 'Fahrzeug' (mit Zugviehbespannung), spätmhd. *vuorwerc*; davon abgeleitet f u h r w e r k e n Vb. 'herumfahren, mit dem Wagen befördern', auch 'unruhig und ohne Umsicht herumwirtschaften' (18. Jh.).

führen Vb. 'leiten, geleiten, lenken, steuern', ahd. *fuoren* 'tragen, fahren, herbeibringen' (8. Jh.), mhd. *vüeren* 'in Bewegung setzen, treiben, fortschaffen, leiten, bringen, ausführen, besitzen', asächs. *fōrian*, mnd. *vōren*, mnl. nl. *voeren*, aengl. *fēran*, anord. *fœra*, schwed. *föra* sind Kausativa zu dem unter *fahren* (s. d.) behandelten Verb und bedeuten eigentl. 'veranlassen, daß sich etw. bewegt'. – F ü h r e r m. 'Lenker, Leiter', mhd. *vüerer*; vgl. ahd. *fuorāri* 'Lastträger' (8. Jh.). F ü h r u n g f. 'Lenkung, Leitung' (15. Jh.). a u f f ü h r e n Vb. 'errichten, nennen, spielen, darstellen', mhd. *ūfvüeren*; eigentl. 'in die Höhe führen' (ein Bauwerk), dann (17. Jh.) 'feierlich vorführen' (in einem festlichen Zuge); daher auch 'auf der Bühne auftreten lassen' und allgemein 'ein Stück, eine Oper spielen, darstellen' (18. Jh.); *sich aufführen* 'in einer bestimmten Weise auftreten, sich benehmen' (17. Jh.). A u f f ü h r u n g f. 'Betragen, Theatervorführung' (18. Jh.). a u s f ü h r e n Vb. 'exportieren, fertigstellen', ahd. *ūʒfuoren* 'vertreiben, hervorheben, heraustragen' (10. Jh.), mhd. *ūʒvüeren* 'mit sich führen, entführen, fertigstellen'. A u s f ü h r u n g f. 'Herstellung, Darlegung' (15. Jh.). a u s f ü h r l i c h Adj. 'umfassend, vollständig' (15. Jh.). v e r f ü h r e n Vb. 'verlocken, verleiten', auch (seit 18. Jh.) 'sittlich fehlleiten'; älter 'an einen anderen bzw. falschen Ort bringen', vgl. ahd. *firfuoren* 'hinübertragen, fortgehen, übergehen' (9. Jh.), mhd. *vervüeren* 'vollführen, weg-, entführen, ächten, irreführen'. V e r f ü h r e r m. 'wer vom rechten Wege abführt' (um 1500). v e r f ü h r e r i s c h Adj. 'vom rechten Wege ablenkend' (17. Jh.).

Fülle f. 'Zustand des Vollseins, Menge, Umfang', ahd. *fullī, follī* 'Fülle, Sattheit, Sättigung' (8. Jh.), mhd. mnd. *vülle*, aengl. *fyllu*, engl. *fill*, anord. *fylli*, got. (in der Zusammensetzung) *ufarfullei* 'Überfülle' ist Abstraktbildung (germ. **fullin-*) zu dem unter *voll* (s. d.) abgehandelten Adjektiv. – f ü l l i g Adj. 'beleibt, dick', im 16. Jh. Übersetzung von lat. *farsilis* 'gefüllt'. F ü l l h o r n n. (Günther 1723), älter (17. Jh.) *Horn der Fülle* für lat. *cornū cōpiae*, ursprünglich 'das Horn überreichen Segens', bereits in antiker Darstellung ein mit Früchten und Blumen übervoll gefülltes Horn als Sinnbild des Überflusses und Reichtums. f ü l l e n Vb. 'vollmachen', ahd. *fullen* (8. Jh.), mhd. mnd. *vüllen*, asächs. *fullian*, mnl. nl. *vullen*, aengl. *fyllan*, engl. *to fill*, anord. schwed. *fylla*, got. *fulljan* ist eine faktitive Ableitung von dem unter *voll* (s. d.) behandelten Adjektiv. F ü l l e r m. 'wer etw. füllt, vollmacht', spätmhd. *vüller* 'Fresser und Säufer, wer Mörtel einfüllt und den Maurern zuträgt, Schankwirt'; Kurzform (20. Jh.) für *Füllfederhalter* nach voraufgehenden *Füllfeder, Füllhalter.* F ü l l s e l n. 'zum Füllen Dienendes ohne besonderen Wert' (15. Jh.), s. das Suffix *-sal, -sel.* F ü l l u n g f. 'das Füllen, ausfüllender Inhalt', spätmhd. *vüllunge* 'Anfüllung, Völlerei'; heute auch Kurzwort für *Zahnfüllung* (20. Jh.).

fulminant Adj. 'zündend, großartig, glänzend', Entlehnung gegen Ende des 18. Jhs., zunächst im Sinne von 'drohend, heftig, donnernd' (Campe), entsprechend frz. *fulminant*

'Blitze schleudernd, drohend', aus lat. *fulminān*s (Gen. *fulminantis*), Part. Präs. von lat. *fulmināre* 'blitzen' (zu lat. *fulmen* und *fulgur* 'Blitz').

fummeln Vb. 'hin und her rennen, reiben, durch Reiben reinigen, befühlen, sich zu schaffen machen'. Mnd. *fummelen* 'fuchteln, planlos hin und her fahren', nd. *fummeln* 'suchend herumtasten, müßig umherstreichen, bald dahin, bald dorthin gehen' tritt seit dem 18. Jh. in hd. Texten auf. Der Ursprung des Wortes ist unklar. Ähnliche Bildungen liegen vor in mnd. *fimmelen* 'suchend herumtasten', nhd. (mundartlich) *fimmeln* 'suchend herumtasten, mühsam sich zu schaffen machen' (s. *Fimmel*), nl. *fommelen*, (mit emphatischem *-r-*) *frommelen* '(zer)knittern, betasten', schwed. *fumla* 'sich ungeschickt anstellen, umhertappen' und (Entlehnung aus dem Nd.) engl. *to fumble* 'umhertappen, sich zu schaffen machen'. Vielleicht suchen alle diese Formen eine unstete Bewegung lautmalend zu charakterisieren.

Fundament n. 'Grundmauer, Grundlage', ahd. *fundament* 'Grund, Grundlage' (9. Jh.), übertragen 'Ausgangsbasis' (um 1000), mhd. *fundament*, aus gleichbed. lat. *fundāmentum*, Ableitung von lat. *fundāre* (s. *fundieren*). – fundamental Adj. 'grundlegend' (17. Jh.), spätlat. *fundāmentālis*.

fundieren Vb. '(be)gründen, mit Geldmitteln ausstatten', mhd. *fundieren*, auch *funden* 'gründen, stiften' ist Entlehnung aus lat. *fundāre* 'mit einem Boden versehen, gründen, befestigen', zu lat. *fundus* 'Grund, Boden (eines Gefäßes), Grundstück', s. *Fundus*.

Fundus m. 'Grundlage, Grund und Boden' (in der Rechtssprache). Im 17. Jh. wird lat. *fundus* 'Grund, Boden, Grundstück' (etymologisch verwandt mit *Boden*, s. d.) in dt. Texte aufgenommen. Die heute vorherrschende Bedeutung 'Grundlage, Grundstock, Bestand', bes. 'zur Verfügung stehende Ausstattungsgegenstände eines Theaters (Dekorationen, Garderobe)' entwickelt sich im 20. Jh., wahrscheinlich unter dem Einfluß von (ebenfalls auf lat. *fundus* beruhendem) engl. *fund*, frz. *fonds* (s. *Fond*).

fünf Num., ahd. *fimf, finf* (8. Jh.), mit Verdumpfung *funf*, mhd. *vinf*, mit Rundung *vünf* (13. Jh.), mnd. *vīf*, asächs. aengl. *fīf*, engl. *five*, mnl. nl. *vijf*, anord. *fim(m)*, schwed. *fem*, got. *fimf* gehen mit aind. *páñca*, griech. *pénte* (πέντε), lat. *quīnque* zurück auf das Zahlwort ie. **penk*$^{\text{u̯}}$*e* 'fünf'. Dazu stellen sich mit anderer Bildungsweise (eigentl. 'Fünfheit') aslaw. *pętь*, russ. *pjat'* (*пять*). In den ie. Sprachen tritt mehrfach (evt. schon voreinzelsprachlich) Angleichung des Anlauts der zweiten Silbe an den Anlaut der ersten ein oder umgekehrt. Noch vor Beginn der germ. Lautverschiebung entwickelt sich ie. **penk*$^{\text{u̯}}$*e* zu **pempe*, woraus germ. **femf(e)*, dann **fimf*, während sich im Lat. der Anlaut *qu-* der zweiten Silbe auch in der ersten durchsetzt. Möglicherweise sind *Finger* und *Faust* (s. d.) im Hinblick auf die fünf Finger einer Hand mit *fünf* verwandt. – Fünfer m. 'die Zahl fünf, Münze im Wert von fünf Einheiten' (16. Jh.), spätmhd. *vünfer* 'Mitglied eines aus fünf Personen bestehenden Gerichts'. fünfter Num. Ord., ahd. *fimfto* (8. Jh.), mhd. *vünfte*. Fünftel n. 'fünfter Teil' (17. Jh.), mhd. *fünfteil*. fünfzehn Num., ahd. *fimfzehan* (9. Jh.), mhd. *vünfzehen*. fünfzig Num., ahd. *fimfzug* (um 800), mhd. *vünfzec* (s. *-zig*).

fungieren Vb. 'in einem Amt, einer Funktion tätig sein', im 17. Jh. aus lat. *fungī* 'verrichten, vollbringen, vollziehen, einer Sache Genüge leisten' entlehnt; s. *Funktion*.

Funke m., auch (mit Übernahme von *-n* aus den obliquen Kasus) *Funken* 'kleine, kurze Feuererscheinung, glühendes Körperchen'. Die nur westgerm. bezeugten ahd. *funko* (um 1000), mhd. mnd. *vunke*, mnl. *vonke*, nl. *vonk*, mengl. *fonke* gehen zurück auf *-n-* enthaltende Formen des unter *Feuer* (s. d.) behandelten heteroklitischen ie. *r/n*-Stammes. – funkeln Vb. 'glitzern, glänzend schimmern' (15. Jh.), Iterativbildung zu mhd. *vunken*, nhd. *funken* (s. unten). funkelnagelneu Adj. 'völlig neu' (18. Jh.), verstärkende Zusammenziehung von *nagelneu* (s. *Nagel*) und *funkelneu* (18. Jh.). funken Vb. 'Funken geben', mhd. *vunken*; in der Bedeutung 'durch Funk übermitteln, drahtlos telegraphieren' seit etwa 1914, wozu Funkspruch m. 'durch Funk übermittelte Nachricht'. Rundfunk m. 'Radio' (Bredow 1923), verkürzt *Funk* (20er Jahre des 20. Jhs.), später unterscheidend *Hör-, Bild-, Fernsehfunk*. Funker m. 'Übermittler von Nachrichten durch Funk' (um 1914).

Funktion f. 'Aufgabe, Wirkungsbereich, Amt', auch Fachwort verschiedener Wissenschaftszweige, im 17. Jh. entlehnt aus lat. *fūnctio* (Gen. *fūnctiōnis*) 'Dienstverrichtung, Amtsobliegenheit', zum Verb lat. *fungī* (*fūnctus sum*) 'verrichten, vollziehen'. – f u n k t i o n i e r e n Vb. 'reibungslos ablaufen, seiner Aufgabe gerecht werden', um 1800 vom Substantiv abgeleitet, zunächst nur von Personen im Sinne von 'amtieren' (dafür heute *fungieren*, s. d.), im 20. Jh. fast nur mit Sachsubjekt; vgl. gleichbed. frz. *fonctionner*. F u n k t i o n ä r m. 'mit Leitungstätigkeit Beauftragter einer Organisation, verantwortlicher Mitarbeiter eines Verbandes' (20. Jh.).

Funzel f. 'trübe Lampe' (18. Jh.). Das vorwiegend in der Alltagssprache gebräuchliche, in mehreren landschaftlichen Formen (auch *Funse, Funze, Fonse*) vorkommende Wort ist wahrscheinlich zu *Funke* (s. d.) zu stellen. Einen Anhaltspunkt für die mögliche Bildungsweise liefert nl. *voncksel* 'Zündstoff, Zunder' (Kilian 1623), wonach aus einer Übergangsform **Funksel* bei *k*-Ausfall *Funsel, Funzel* entstanden sein kann. Vgl. auch südd. *funkezen* 'flimmern, funkeln'.

für Präp. 'anstatt, anstelle, zugunsten', ahd. *furi* Präp. 'für, wegen, vor, statt', Adv. 'voraus', mhd. *vür(e)* Präp. (lokal) 'vor etw. hin, gegen, für, vorbei an, vorwärts, statt', (temporal) 'fernerhin, seit', Adv. 'vor, nach vorne hin, hervor, voraus, vorbei, vorwärts', (md.) *vur(e), vor(e)*, asächs. *furi* 'hervor, voraus, vor, für, wegen', anord. *fyr* 'vor, durch, wegen, trotz', schwed. *för* führen über germ. **furi* auf ie. **pəri-*, **pri-*, zu hochstufigem ie. **per* (vgl. ahd. *fora*, mhd. *vor(e)*, asächs. *for(a), fore*, aengl. *fore*, got. *faúra*, s. *vor*). Die im Dt. durch ahd. *furi*, mhd. *vür(e)* (nhd. *für*) und ahd. *fora*, mhd. *vor(e)* (nhd. *vor*) vertretenen Formen werden zunächst gleichermaßen räumlich gebraucht und in präpositionaler Verwendung im wesentlichen nur in der Kasusrektion unterschieden, ahd. *furi*, mhd. *vür(e)* mit Akk. zur Angabe der Ortsveränderung, ahd. *fora*, mhd. *vor(e)* mit Dat. zur Angabe der Ruhelage. In frühnhd. Zeit, wo adverbielle Verwendung weitgehend zurücktritt, fallen in md. *vor* die aus ahd. *furi* und *fora* entwickelten Formen zusammen; die Unsicherheit des Gebrauchs geht daraufhin auch auf hd. *für* über. Die Vermischung wird erst durch Regelung der Grammatiker des 18. Jhs. beseitigt; die Geltungsbereiche beider Präpositionen werden dahingehend abgegrenzt, daß *für* (mit Akk.) auf den übertragenen Gebrauch im Sinne von 'zugunsten, anstatt' und *vor* (mit Dat. und Akk.) auf den räumlichen Gebrauch festgelegt wird. Reste alter räumlicher Verwendung sind erhalten in formelhaften Ausdrücken wie *Schritt für Schritt* (eigentl. 'einen Schritt vor den anderen'), *Tag für Tag, Punkt für Punkt*. Als Adverb steht *für* noch resthaft in Verbindungen wie *für und für, für und wider*.

Furche f. 'langgezogene Bodenvertiefung, Rinne', meist die beim Pflügen entstehende 'Bodenfalte', ahd. *furh* (um 800), mhd. *vurch*, mnd. mnl. *vōre*, nl. *voor*, aengl. *furh*, engl. *furrow*, anord. *for* (germ. **furh-*) sind verwandt mit aind. *párśānaḥ* 'Abgrund, Kluft, Senke', lat. *porca* 'Ackerstreifen zwischen zwei Furchen', *porculētum* 'Ackerbeet', lit. *peršéti* 'brennend schmerzen', eigentl. 'rissig sein', (älter) *praparšas* 'Graben' und mit diesen auf ie. **perk̂-* 'aufreißen, aufwühlen' zurückzuführen (s. *Ferkel*). – f u r c h e n Vb. 'den Boden streifenweise umwerfen, pflügen', ahd. *furhen* (8./9. Jh.), mhd. *vurhen*.

Furcht f. 'banges Gefühl des Bedrohtseins, Angst'. Die germ. Formen (zum Teil mit Metathese) ahd. *for(a)hta* (8. Jh.), mhd. *vorht(e)*, asächs. *forhta*, mnd. *vruchte*, mnl. *vrucht* (vgl. nl. *godsvrucht*) und (mit anderer Stammbildung) aengl. *fryhto, fyrhto*, engl. *fright*, got. *faúrhtei* gehören als Ableitungen zu einem (heute untergegangenen) Adjektiv ahd. *-for(a)ht* (in *gotfor(a)ht*), asächs. aengl. *forht*, got. *faúrhts*, germ. **furhta-* 'furchtsam'. Daneben steht f ü r c h t e n Vb. 'sich ängstigen, besorgt sein', ahd. *for(a)hten, furhten* (8. Jh.), mhd. *vürhten, vurhten, vörhten, vorhten*, asächs. *forhtian*, mnd. *vrüchten*, mnl. *vruchten*, aengl. *forhtian*, daneben *fryhta* 'erschrecken', engl. *to frighten*, got. *faúrhtjan*. In Anlehnung an die Verbformen mit *ü* bzw. *u* erscheint das Substantiv mit dem heute üblichen *u*-Vokal seit dem 14., verbreitet seit dem 16. Jh. Doch hält sich *Forcht* bis ins 18. Jh. Am nächsten stehen den germ. Formen toch. AB *pärsk-*, A *prask-*, B *prāsk-* 'fürchten' (wenn aus **pärksk-*) und die zugehörigen Substantivbildungen toch. A *praski*, B *prosko, proskye* 'Furcht'. Alle weiteren Anknüpfungen sind unsicher; vgl. Walde/Pokorny 2, 48f. – f u r c h t b a r Adj. 'furchterregend, schrecklich', mhd. *vorhtebære*. f u r c h t l o s Adj. 'frei von Furcht' (16. Jh., seit dem 18. Jh. häufiger). furchtsam Adj. 'ängstlich, zaghaft', mhd. *vorht(e)sam* 'ängstlich, furchterregend'. fürchterlich Adj. 'angsterregend, grauenvoll' (17. Jh.); vgl. ahd. *for(a)htlīh* (9. Jh.), mhd. *vorht(e)lich* 'furchtsam, furchtbar'.

Furie f. 'Rachegöttin, wütendes Weib'. Lat. *furia* 'Raserei, Wut' (zu lat. *furere* 'rasen, wüten', s. *Furore*) wird um 1600 entlehnt und ergibt nhd. *Furie* und volkstümliches obd. *Furi*. Personifiziertes lat. *Furiae* Plur. steht als Äquivalent für die Erinnyen, die gefürchteten Rachegöttinnen der griech. Sage, für die im 18. Jh. ebenfalls *Furien* eintritt, das zugleich, dem lat. Vorbild folgend, auf Menschen bezogen wird und den weiteren Sinn 'rasendes, sich wild gebärdendes Weib' annimmt.

furios Adj. 'wild, rasend' (17. Jh.) geht (wie die im folgenden genannten roman. Formen) zurück auf gleichbed. lat. *furiōsus* (vgl. lat. *furia*, s. *Furie*). Daneben bis zum 19. Jh. auch *furieus, furiös* unter Einfluß von frz. *furieux*. – furioso Adv. Die ital. musikalische Vortragsbezeichnung für 'wild-leidenschaftlich' gelangt im 18. Jh. in die Fachsprache der Musik; entsprechend substantiviertes Furioso n.

furnieren Vb. 'mit einer Blattholzauflage versehen'. Das aus afrz. *fornir*, mfrz. frz. *fournir* 'versehen, ausstatten, liefern, besorgen' (afrz. auch 'vollenden, ausführen, erfüllen'), teilweise vielleicht auch aus gleichbed. ital. *fornire* entlehnte Verb begegnet seit dem 15. Jh. (bes. kaufmännisch) im heute nicht mehr üblichen Sinne von 'versehen, ausstatten, verschaffen, vorschießen'. Fachsprachliche Verwendung im Bereich des Handwerks findet sich früh bei mnd. *fornēren* 'überdekken, überziehen, verschalen' und gelangt wohl von dort aus ins Hd. (nhd. *furnieren* 'mit Holz verkleiden, täfeln', 16. Jh., vorher schon spätmhd. *ein fornierter boden*), zuerst bei Dichtern aus Niedersachsen und vom Niederrhein (Part. Prät. *gefornert*, 13. Jh., *gefunert*, 14. Jh.) mit der Bedeutungsvariante 'mit Pelz überziehen, füttern' (durch Vermischung mit mhd. *furrieren* 'unterfüttern, überziehen'). Etymologische Beziehungen bestehen zu *fromm* (s. d.); die roman. Verben (mit *r*-Umsprung) sind Entlehnungen eines zu diesem Nomen gebildeten westgerm. *jan*-Verbs (vgl. asächs. *frummian* 'fördern, ausführen, vollbringen', s. auch *frommen*), der Wechsel von *m* zu *n* vollzieht sich in Analogie zu inhaltlich verwandten Wörtern wie afrz. frz. *garnir*, ital. *guarnire* 'ausstatten, versehen, schmücken' (s. *garnieren*). – Furnier n. 'Blattholz, Edelholzauflage', anfangs 'Innenausstattung aus Holz, Holztäfelung' (15. Jh.).

Furore f. n. 'Raserei, höchste Begeisterung', meist in der Wendung *Furore machen* 'Aufsehen erregen, Beifallsstürme auslösen', Anfang 19. Jh. nach ital. *far furore*. Ital. *furore* 'Raserei, Ekstase' geht zurück auf gleichbed. lat. *furor* (Gen. *furōris*), zu lat. *furere* 'toben, rasen, wüten' (s. *Furie*).

Fürst m. 'dem Hochadel angehörender Herrscher, Monarch, hoher Würdenträger', ahd. *furisto* 'der erste, vorzüglichste' (um 800), Superlativ zu ahd. *furi* Adv. 'voraus' (s. *für*), mhd. *vürste*, asächs. *furisto* bezeichnet substantiviert den 'Anführer, Herrscher', eine Bedeutung, die die Entsprechungen der übrigen germ. Sprachen nicht aufweisen (nl. *vorst* stammt aus dem Nd.), vgl. aengl. *fyr(e)st*, engl. *first*, anord. *fyrstr* 'der erste'. Zugrunde liegt ie. **per*, **pr̥* 'das Hinausführen über' (s. *für, vor, ver-*). – fürstlich Adj. 'einem Fürsten entsprechend, vornehm, reich', mhd. *vürste(n)lich*. Fürstentum n. 'einem Fürsten unterstehendes Territorium, Fürstenwürde', mhd. *vürst(t)uom*; vgl. ahd. *furisttuom* 'Erstes, Vorderstes, erste Stelle, Vorrang, Herrschaftsgewalt' (10. Jh.).

Furt f. 'flache Durchgangsstelle in einem Fluß oder Gewässer', ahd. *furt* m. (um 800), mhd. *vurt* m., (md.) *furt, fort* m. f., asächs. *ford* n., mnd. *vōrde, vōrde* m. n. f., *vōrt, vōrd* m., mnl. *voort, voirt, vort*, nl. *voord* (germ. **furdu-*) und aengl. *ford* m., engl. *ford* (wohl germ. **furda-*) stehen mit lat. *portus* 'Hafen', *porta* 'Tor' als schwundstufige Formen neben hochstufigem *Fjord* (s. d.) und gehören als *tu*-Abstrakta (ie. **pr̥tu-*) im Sinne von 'Durchgang' zu der unter *fahren* (s. d.) angegebenen Wurzel.

Furunkel m. 'eitrige Talgdrüsenentzündung' (16. Jh.), aus lat. *fūrunculus* 'Blutgeschwür', das wohl (trotz gelegentlich anderer Auffassungen) als Deminutivum von lat. *fūr* 'Dieb' anzusehen ist. Die Bedeutung 'kleiner Dieb, Spitzbube' wird auf das eitrige Geschwür übertragen, das gleichsam Blut und Körpersäfte „stiehlt"; damit etwa der dt. Bildung *Mitesser* (ehemals als zehrender Hautwurm vorgestellt) vergleichbar. – Furunk u l o s e f. 'summiert auftretender Furunkelbefall' (19. Jh.), in der voraufgehenden lat. Fachsprache der Medizin nlat. *furunculosis.*

fürwahr Adv. 'wirklich, tatsächlich, wahrlich'. Adverbiell verwendetes mhd. *vür wār, vür wāre* 'in, als Wahrheit', bestehend aus der Präp. mhd. *vür* (s. *für*) und mhd. *wār* 'Wahrheit' (zur Herkunft s. *wahr*), tritt zunächst in Verbindung mit Verben des Sagens, Erkennens, Wissens auf (vgl. mhd. *diu buoch sagent uns vür wār*) und entwickelt sich von da aus zur (seit dem 15. Jh. zusammengeschriebenen) Beteuerungsformel im oben genannten Sinne. S. ähnlich entstandenes *zwar.*

Fürwort n. Wortart, die ein Nomen vertritt oder näher bestimmt. Als wörtliche Übersetzung des grammatischen Terminus lat. *prōnōmen* (s. *Pronomen*) begegnen *Vorwort* (17. Jh.) und *Fürwort* (Gottsched 1734), an denen die Vermischung der Präpositionen *vor* und *für* und ihr unterschiedsloser Gebrauch deutlich wird (s. *für*). Entsprechend gelten *Vorwort* und *Fürwort* (bei Stieler 1691) auch im Sinne von 'vor(an)gestelltes Wort' zur Wiedergabe von lat. *praepositio* (s. *Präposition*). Auch in dem sich im Mhd. entwickelnden allgemeinsprachlichen Gebrauch stehen mhd. *vürwort, vorwort*, frühnhd. *Fürwort, Vorwort* unterschiedslos nebeneinander, und zwar im Sinne von 'vorausgehendes Wort' für 'Vorrede, Bedingung, Vorbehalt, Begründung', im Sinne von 'vorgeschobenes Wort' für 'Scheingrund, Vorwand, Ausflucht' (16. Jh.), im Sinne von 'vorgegebenes Wort' für 'Zusage, Zusicherung' (16. Jh.) und für 'Fürsprache, Empfehlung, für jmdn. eingelegtes gutes Wort' (17. Jh.). Eine Unterscheidung von *Fürwort* und *Vorwort* im heutigen Sinne tritt entsprechend dem Gebrauch von *für* und *vor* im 18. Jh. ein, danach gilt *Fürwort* nur noch als grammatischer Terminus.

Furz m. 'entweichende Blähung', ahd. *furz* (11. Jh.), daneben auch *firz* (Hs. 12. Jh.), mhd. *vurz* sind Abstrakta zu einem als stark anzusetzenden Verb ahd. *ferzan* (9. Jh.), mhd. *verzen*, das mit aengl. *feorting* 'Furz', engl. *to fart*, anord. (mit *r*-Umsprung) *freta* 'furzen' und mit den außergerm. Bezeugungen aind. *párdatē* 'furzt', griech. *pérdesthai* (*πέρδεσθαι*), russ. *perdét'* (*пердеть*) 'furzen' auf ie. **perd-* 'laut furzen' zurückgeht. – f u r z e n Vb. 'eine Blähung entweichen lassen', mhd. *vurzen*, vom Substantiv abgeleitet.

Fusel m. 'minderwertiger Trinkalkohol'. Es handelt sich um Alkohol, der nach dem Destillieren noch unerwünschte Substanzen und Rückstände (chemisch *Fuselöle* genannt) enthält. Die zuerst im Rotw. (Duisburg 1724) nachweisbare Bezeichnung verbreitet sich zunächst im Nordd. und wird dann Bestandteil der Allgemeinsprache. Die Herkunft ist unbekannt. Die Annahme, daß die bei der Branntweinherstellung in der Retorte verbleibenden Rückstände *Fusel*, im Alchimistenlatein *fusile* 'etw. Flüssiges' (und daher zum Trinken noch Geeignetes) genannt worden seinen (substantiviertes Neutr. von lat. *fūsilis* 'geschmolzen, fließend, flüssig', zu lat. *fundere, fūsum*, 'gießen, fließen lassen, schmelzen'), ist denkbar, aber nicht zu verifizieren.

Füsilier m. 'Infanterist' (bes. im preußischen Heer), eigentl. 'mit einem Gewehr ausgerüsteter Soldat', Übernahme (Ende 17. Jh., zunächst in frz. Schreibweise) von gleichbed. frz. *fusilier*, einer Ableitung von frz. *fusil* 'Feuerwaffe, Flinte, Gewehr', afrz. *foisil, fuisil* 'Feuerstein, Feuerstahl', das aus einem von lat. *focus* 'Feuerstätte, Feuer' abgeleiteten Adjektiv vlat. **focīlis* 'zum Feuer gehörig' entstanden ist. – f ü s i l i e r e n Vb. 'ein Todesurteil durch Erschießen vollstrecken' (18. Jh.), nach gleichbed. frz. *fusiller.*

Fusion f. 'Erzguß, (Ver)schmelzung, Zusammenschluß von Großbetrieben oder Organisationen' (19. Jh.), entlehnt aus lat. *fūsio* (Gen. *fūsiōnis*) 'Guß, Ausfluß, das Schmelzen', zu lat. *fundere* (*fūsum*) 'gießen, fließen lassen, schmelzen'. – f u s i o n i e r e n Vb. 'zusammenschließen, verbinden' (19. Jh.).

Fuß m. 'unterer Teil des Beines', vielfach übertragen auf andere einen Körper (Gefäß, Möbelstück, Bauteil u. a.) tragende Elemente, älter auch Längenmaß, ahd. *fuoȝ* (8. Jh.), mhd. *vuoȝ*, asächs. *fōt*, mnd. *vōt*, mnl. nl. *voet*, aengl. *fōt*, engl. *foot*, anord. *fōtr* (germ. **fōt-*) und got. *fōtus* (germ. **fōtu-*) sowie aind. *pắt* (Akk. *pắdam*), griech. *pū́s*, dor. *pṓs, pós*, Gen. *podós* (*πούς, πώς, πός, ποδός*), lat. *pēs* (Gen. *pedis*) 'Fuß' führen auf die Wurzel ie. **pĕd-*, **pŏd-* 'Fuß'. – f u ß e n Vb. 'sich stützen, sich gründen', mhd. *vuoȝen.* F u ß a n g e l f. 'Falle, Hindernis' (15. Jh.). F u ß b a l l m. (17. Jh.), nach engl. *football.* F u ß g ä n g e r m. 'wer sich zu Fuß fortbewegt', mhd. *vuoȝgenger* 'Fußsoldat'. F u ß - s t a p f e f. 'Fußabdruck, Fußspur', gebildet mit *Stapfe* (s. d.), durch falsche Abtrennung öfter auch *Fußtapfe*; ahd. *fuoȥstapho* (Hs. 12. Jh.), mhd. *vuoȥstaphe.* Fußvolk n. 'Truppe zu Fuß', mhd. *vuoȥvolc*; heute auch scherzhaft 'einflußlose Menge'.

Fussel f. 'losgelöstes Fädchen, Härchen'. Etymologischer Zusammenhang mit bedeutungsnahem *Faser* (s. d.) ist anzunehmen. Vgl. als landschaftliche Varianten frühnhd. *visel*, nhd. (südd.) *Fisel, Fissel*, (nordd.) *Fusel, Fussel* 'abgelöstes Fädchen, Faser, Franse'. – fusseln Vb. 'Fäden oder Fasern absondern, ausfransen', vgl. *faseln* 'zupfen, Fäden ausziehen', *fasern, fisern, fusern* 'sich in Fäden oder Fasern lösen'. fusselig Adj. 'faserig, fransig' (19. Jh.), bes. in der Wendung *sich den Mund fusselig* (auch *fransig*) *reden* 'wiederholt, hartnäckig ermahnen, immer wieder auf etw. hinweisen'.

futsch Adj. nur prädikativ 'verloren, entschwunden, fort' (18. Jh.), südd. auch *pfutsch.* Über die Herkunft dieses umgangssprachlichen Wortes gibt es nur Vermutungen; jedenfalls ist es nicht fremden Ursprungs, wie die scherzhafte Weiterbildung *futschikato* annehmen läßt (allenfalls wäre dafür in ital. *fuggito* 'geflohen' zum Verb *fuggire* 'fliehen' eine Parallele gegeben). Am ehesten ist *futsch* als lautmalende Bildung zu erklären (z. B. zur Charakterisierung einer schnellen, schwirrenden Bewegung, vgl. *ich haschte den Vogel, futsch war er weg*). Es bestehen Anklänge an (wohl abgeleitete) Mundartwörter wie *futschen* 'schlüpfen, vorbeihuschen' (rhein.), 'rasch in die Tasche gleiten lassen', dazu *Futsche* 'Tasche' (in nd. Mundarten). S. auch *pfuschen.*

^{1}**Futter** n. 'Nahrung für Tiere', ahd. *fuotar* (8. Jh.), mhd. *vuoter* 'Nahrung, Speise, Lebensunterhalt, Futter', mnd. *vōder*, mnl. *voeder*, nl. *voeder, voer*, aengl. *fōdor*, engl. *fodder*, anord. *fōðr*, schwed. *foder* sind wie das (im Nhd. untergegangene) Verb ahd. *fuoten* (8. Jh.), mhd. *vuoten* 'nähren, pflegen, weiden, füttern', asächs. *fōdian*, mnl. nl. *voeden*, aengl. *fēdan*, engl. *to feed*, anord. *fœða*, schwed. *föda*, got. *fōdjan* verwandt mit griech. *patẽisthai* (πατεῖσθαι) 'essen und trinken', lat. *pāscere* (*pāstum*) 'fressen lassen, weiden, füttern, ernähren', *pānis* (aus **pastnis*) 'Brot', aslaw. *pasti*, russ. *pastí* (*пасти*) 'hüten, weiden lassen'. Sie alle sind mit unterschiedlichen Suffixen gebildet zur Wurzel ie. **pā-* 'füttern, ernähren, weiden'. – ^{1}füttern Vb. 'mit Nahrung versorgen, ernähren', ahd. *fuotiren* (9. Jh.), mhd. *vuotern, vüetern*, vom Substantiv abgleitet. Daneben besteht bis zur Gegenwart die intransitive Parallelform *futtern*, die in neuerer Zeit (19. Jh.) die Bedeutung 'einer Speise kräftig zusprechen, einen gesunden Appetit entwickeln' annimmt. Fütterung f. 'Ernährung, das Verabreichen von Nahrung', ahd. *fuot(i)runga* (9. Jh.), spätmhd. *vuoterunge, vüeterunge* 'Nahrung, Lieferung von Futter'.

^{2}**Futter** n. 'Unterlegung, Auskleidung' (meist auf der Innenseite von Textilien, Behältern, doch vgl. auch *Türfutter*), ahd. *fuotar* (Hs. 12. Jh.; vgl. *fedarfuotar* 'Federbehälter, -büchse', 8. Jh., *bogafuotar* 'schützender Überzug über den Bogen, Bogenfutteral', 9. Jh.), mhd. *vuoter* 'Unterfutter, Futteral, Schwertscheide', mnd. *vōder* 'Unterfutter, Futteral, Besteck-, Brieftasche, Umschlag', mnl. *voeder*, aengl. *fōþor* 'Hülle, Futteral', got. *fōdr* 'Schwertscheide' und (aus dem Mnd.) anord. *fōðr* 'Futteral, Schwertscheide' sind wie aind. *pā́tram* 'Behälter, Gefäß' mit dem Suffix ie. *-tro-* gebildete Instrumentalbezeichnungen zur Wurzel ie. **pō(i)-*, **pī-* 'Vieh weiden, hüten', daraus 'schützen', auch 'durch Bedecken schützen', zu der auch aind. *pā́ti* 'schützt, behütet, bewahrt', griech. *pō̃ÿ* (πῶυ) 'Herde', *poimḗn* (ποιμήν) '(Schaf)hirt', lit. *piemuõ* 'Hirt(enknabe)' gehören. Ausgangsbedeutung für das Germ. ist 'schützende Hülle, Behälter'. – ^{2}füttern Vb. 'mit einer Auskleidung, Polsterung versehen', mhd. *vuotern, vüetern.* Futteral n. 'Hülle, Etui' (15. Jh.), gebildet nach mlat. *fotrale*, einer in Vokabularien des 15. Jhs. bezeugten Ableitung von mlat. *fotrum* 'Kapsel, Behälter', einer Latinisierung von mhd. *vuoter* bzw. mnd. *vōder.*

Futur n. die Zukunft bezeichnende Zeitform des Verbs. Der grammatische Terminus mlat. *futurum* wird um 1400 in dt. Grammatiken und Texte übernommen und schließlich (wohl erst im 19. Jh.) durch Aufgabe der lat. Endung zu *Futur* eingedeutscht. Zugrunde liegt lat. *futūrum* 'Zukunft', eine Substantivierung von *futūrus* 'sein werdend, (zu)künftig', Part. Fut. von dem in lat. *fuī* 'bin gewesen', *fuisse* 'gewesen sein' vorliegenden Verbalstamm lat. *fu-* (zur Verwandtschaft s. *bauen*). In deutscher Übersetzung dafür *zuekünftig* *zeit* (um 1400), *künftige Zeit* (Gottsched), *Zukunft* (2. Hälfte 18. Jh.). – Futurismus m. Bezeichnung einer Anfang des 20. Jhs. von Italien ausgehenden Kunstrichtung, einer extremen Variante des Expressionismus; dazu futuristisch Adj. (vgl. ital. *futurismo, futurista*).

Gabardine m. f. 'feingerippter Mantel- oder Kleiderstoff'. Anfang des 20. Jhs. wird gleichbed. frz. *gabardine* übernommen. Die Ende des 19. Jhs. aufgekommene Stoffbezeichnung knüpft wohl an älteres frz. *gavardine* 'Jacke mit Kapuze' an, das aus span. *gabardina* entlehnt ist, einer Kreuzung von span. *gabán* 'Mantel mit Kragenkappe' (aus arab. *qabā'* 'Art Oberkleid') und aspan. *tavardina* 'kurzer Bauernmantel' (vgl. FEW 19, 73 f.). Weniger wahrscheinlich ist Herleitung aus mhd. *wallevart* 'Wallfahrt', danach 'Pilgerrock'.

Gabe f. 'Geschenk, bestimmte Menge, Begabung, Talent', ahd. *gāba* (9. Jh.), mhd. *gābe*, mnd. mnl. *gāve*, nl. *gave*, anord. *gāfa* gehören wie die Vertreter der im Nhd. untergegangenen Bildung ahd. *geba* (8. Jh.), mhd. *gebe*, asächs. *geƀa*, aengl. *giefu*, anord. *gjǫf*, got. *giba* (germ. **gebō*) zu dem unter *geben* (s. d.) behandelten Verb. Beide Formen sind jedoch in ihrer Bedeutung unterschieden, indem mhd. *gābe* vorwiegend das Ergebnis des Schenkens, das 'Geschenk' bezeichnet, mhd. *gebe* dagegen die Handlung des Gebens, das 'Schenken' hervorhebt. Schon mhd. *gābe* bezeichnet auch die Eigenschaft, womit einer ausgestattet (*begabt*, s. unten) ist, also 'Begabung, Talent'. *Gabe* als 'das, was gegeben wird' steht schließlich im Sinne von *milde Gabe* für 'Almosen, Spende', in Wendungen wie *die gewohnte Gabe* (an Medikamenten) *verabreichen* für 'Portion, Dosis'. – begabt Part.adj. 'talentiert, mit guten Anlagen, Geistesgaben ausgestattet'; eigentl. Part. Prät. zu heute unüblichem *begaben* 'mit Gaben ausstatten, beschenken', dem mhd. *begāben* vorangeht, das im 13. Jh. zuerst in der Rechtssprache ('letztwillig bedenken, mit Vorrechten ausstatten') auftritt, im 14. Jh. von der Mystik auf die Gnadengaben Gottes bezogen wird, wohl unter Einfluß von kirchenlat. *dōtātus* (vgl. frz. *doué*, engl. *gifted*, nl. *begaaft*, dän. *begavet*). Über den religiösen Bereich hinaus entwickelt sich *begabt* zum Ausdruck für jede Ausstattung mit Geistesgaben oder sonstigen guten Anlagen; dazu hochbegabt Adj. (16. Jh.). Begabung f. 'Befähigung, Anlage, Talent', vom 14. Jh. an vor allem ein Ausdruck der Rechtssprache für 'Schenkung, Stiftung, Beschenkung, Vorrechte', seit dem 18. Jh., der Bedeutung des Adjektivs folgend, auf geistige und gute körperliche Anlagen übertragen.

Gabel f. 'zwei- oder mehrzinkiges Gerät zum Essen und zum Heben und Wenden in der Landwirtschaft', übertragen auf verschiedene Dinge, die einer Gabel ähnlich sind. Das westgerm. Wort ahd. *gabala* 'zwei- oder mehrzinkige Gabel' (9. Jh.), mhd. *gabel(e)*, asächs. *gaƀala, gaflia* 'Gabel', mnd. *gaffel(e)* 'große hölzerne oder eiserne Gabel, Kornforke', mnl. *gaffel(e), gavel(e)*, nl. *gaffel* 'Heu-, Mistgabel' (s. *Gaffel*), aengl. *gafol, geafol* 'Gabel, Forke' (germ. **gablō*) führt mit den kelt. Verwandten air. *gabul* 'gegabelter Ast, Gabel, Gabelungspunkt der Schenkel', kymr. *gafl*, bret. *gavl, gaol* (aus dieser kelt. Gruppe ist lat. *gabalus* 'gabelförmiger Galgen' entlehnt) auf ie. **ghabh(o)lo-, -lā* 'Astgabel, Gabelung, Gabel'. In der Frühzeit ist die Gabel ein starker, gegabelter Ast, der zu verschiedenen Arbeiten in der Landwirtschaft Verwendung findet und der später im Gefolge des Handels mit den Römern durch die eiserne Gabel (s. *Forke*) ersetzt wird; vgl. ahd. *gart-, īsarn-, mistgabala*. Die Gabel als Tischgerät begegnet zufrühst in Konstantinopel, findet bald darauf an ital. Höfen Verwendung und verbreitet sich von dort in Europa. Sie dient zunächst zum Vorlegen der Speisen, gegen Ende des Mittelalters wird sie in beschränktem Umfange auch zum Essen verwendet; allgemein vertraut mit ihr wird man erst im 17. Jh. – gabeln Vb. '(Heu) mit der Gabel auf- oder abladen' (15. Jh.), 'mit der Gabel essen' (17. Jh.); refl. Verwendung 'sich verzweigen' zuerst im Bergbau (von Gängen) und in der Geographie (von Flüssen); dazu Gabelung f. 'Abzweigung, Teilung in zwei oder mehrere Arme' (1. Hälfte 19. Jh.). aufgabeln Vb. 'auf eine Gabel spießen, entdecken, finden' (17. Jh.). Gabelfrühstück n. 'reichhaltiges, Fleisch enthaltendes zweites Frühstück' (1. Hälfte 19. Jh.), nach gleichbed. frz. *déjeuner à la fourchette*. Gabelstapler

m. 'kleines Fahrzeug mit einer gabelartigen Vorrichtung zum Fassen, Heben und Befördern von Lasten' (Mitte 20. Jh.). Gabler m. 'Hirsch, Elch, Rehbock mit zwei Enden an jeder Stange' (Anfang 18. Jh.).

gackern, gacksen, gackeln Vb. 'wiederholt den Laut *gack* ausstoßen' (bes. von Hühnern), im Nhd. verbreitete Bildungen, die den Laut der Henne, auch das Schnattern der Gans nachahmen und abschätzig im Sinne von 'kichern, schwatzen' auf den Menschen übertragen werden. Ähnliche Lautnachahmungen liegen vor in ahd. *ga(c)kizzen* (11. Jh.), *irgackizzen, irgickazzen* (Hs. 12. Jh.), mhd. *gāgen, gāgern, gagzen*, mnd. *gāgelen*, nl. *gaggelen*, engl. *to gaggle*, vgl. auch anord. *gaga* '(ver)spotten', *gagl* 'Schneegans' sowie lit. *gagénti*, auch *gagéti*, russ. *gogotát'* (*гогота́ть*), *gágat'* (*га́гать*) 'schnattern', griech. *kakkabázein* (*κακκαβάζειν*), *kakkabízein* (*κακκαβίζειν*) 'gackern', lat. *cacabāre* 'schreien' (vom Rebhuhn), *cacillāre* 'gackern', frz. *cacarder* 'schnattern'.

Gaffel f. 'den Schiffsmast gabelförmig umspannendes Rundholz, an dem das Segel aufgezogen wird'. In der seemännischen Bedeutung 'gabelförmige Segelstange' begegnen nd. *Gaffel*, nl. *gaffel*, die genauen lautlichen Entsprechungen von nhd. *Gabel* (s. d.), seit dem 18. Jh. in hd. Texten (zuvor, 17. Jh., in gleicher Bedeutung hd. *Gabel*). – Gaffelsegel n. 'an der Gaffel angebrachtes trapezförmiges Segel' (um 1800).

gaffen Vb. 'neugierig starren', mhd. *gaffen*, mnd. nd. mnl. *gāpen* 'den Mund (staunend) aufsperren, mit offenem Munde (voll Verwunderung) sehen' (vgl. ahd. *geffida* 'Betrachtung', 10./11. Jh.), nl. *gapen* 'den Mund aufmachen, gähnen, gaffen, klaffen', anord. *gapa* 'den Mund aufmachen, schreien' (woraus engl. *to gape* 'gähnen, starren, offenstehen'). Vgl. anord. *gap* 'gähnende Öffnung, Schrei, Ruf' und wohl hier anzuschließendes *jappen, japsen* 'mit offenem Mund nach Luft schnappen' (s. d.), mhd. *kapfen* 'verwundert schauen'. Verwandtschaft mit der Wortgruppe von *gähnen* (s. d.) ist wahrscheinlich. – vergaffen Vb. refl. 'sich verlieben', spätmhd. *vergaffen* 'sich in starres Anschauen verlieren'. Gaffer m. 'neugieriger Zuschauer' (Anfang 15. Jh.).

Gag m. 'witziger, wirkungsvoller Einfall' (bes. im Film, Kabarett oder Lustspiel). In der 1. Hälfte des 20. Jhs. wird gleichbed. engl. *gag* übernommen, das eigentl. 'Knebel, Mundsperre' bedeutet, zum Verb engl. *to gag* 'knebeln, (ver)stopfen' (mengl. *gaggen* 'erwürgen'), offenbar lautnachahmend für das Röcheln eines Erstickenden; im übertragenen Sinne zunächst 'stopfendes Füllsel, Einschiebsel'. (Eine ähnliche Bedeutungsübertragung auch bei *Farce*, s. d.)

Gage f. 'Künstlergehalt', im 17. Jh. aus frz. *gages* Plur. 'Besoldung, Gehalt' entlehnt, zum Sing. frz. *gage* m. 'Pfand, Unterpfand, Bürgschaft'; zunächst in Heer und Marine 'Löhnung, Sold', seit dem 18. Jh. auch (heute ausschließlich) 'Bezahlung für Künstler'. Frz. *gage* (afrz. *gage*, auch *wage* 'Pfand, Sold, Löhnung') entstammt der germ. Rechtssprache und geht auf germ. **wadja-* 'Pfand' zurück, aus dem nhd. *Wette* (s. d.) hervorgegangen ist.

gähnen Vb. '(vor Müdigkeit oder aus Langeweile) den Mund unwillkürlich weit öffnen und tief ein- und ausatmen, klaffen, weit offen liegen', ahd. *ginēn* (8. Jh.), *ginōn* (um 900) 'den Mund aufsperren, gähnen', mhd. *ginen, genen*, asächs. *ginon*, mnd. *gēnen*, mnl. *ghēnen*, aengl. *ginian, geonian*, anord. *gina*, ablautend ahd. *geinōn* 'gähnen, den Mund öffnen' (9. Jh.), aengl. *gīnan* 'klaffen, gähnen', engl. *to yawn*, anord. *gīna* gehören mit griech. *cháskein* (*χάσκειν*), *chaínein* (*χαίνειν*) 'gähnen, klaffen', *chásma* (*χάσμα*) 'klaffende Öffnung', *cháos* (*χάος*) 'leerer Raum, Luftraum', lat. *hiāre* und *hīscere* 'gähnen, klaffen, aufgesperrt sein', lit. *žióti* 'gähnen, den Mund aufsperren', aslaw. *zinǫti* 'gähnen, klaffen, den Mund öffnen' und *zijati* 'den Mund aufreißen', russ. *zínut'* (*зи́нуть*) und *ziját'* (*зия́ть*) 'den Mund aufsperren, gähnen' zu der den Gähnlaut nachahmenden Wurzel ie. **ĝhēi-*, **ĝhē-* 'gähnen, klaffen, offenstehen'; verwandt sind *Geest, Geifer, Gaumen* (s. d.), vermutlich auch *gaffen* (s. d.).

Gala f. 'Festkleidung', das um 1700 über den Wiener Hof ins Dt. gelangt, ist unmittelbare Entlehnung von span. *gala* 'Staatskleidung, Putz, Zierde, vollendetes Benehmen, Hoffestlichkeit'. Kurz zuvor (Ende 17. Jh.) läßt sich bereits die Zusammensetzung *Galakleid* (wohl nach span. *vestido de gala*) nachweisen. Span. *gala* geht wahrscheinlich auf afrz. mfrz. *gale* 'Lustbarkeit, Vergnügen' zurück, das zum Verb afrz. mfrz. *galer* 'sich vergnügen, ein lustiges Leben führen' gehört, dessen Herkunft nicht sicher geklärt ist; nach FEW 17, 473 ff. ist anfrk. *wala* Adv. 'gut' (s. *wohl*), nach COROMINAS 2, 616 ff. afrk. **wallan* 'aufwallen, sieden, in Bewegung geraten' (entsprechend ahd. *wallan*, s. [1]*wallen*) vorauszusetzen.

Galan m. 'Liebhaber, Verehrer'. Mitte des 16. Jhs. wird, zunächst in der höfischen Sphäre, span. *galán* 'eleganter, zuvorkommender Mann, Liebhaber', Substantivierung des Adjektivs span. *galán*, dann auch *galano* 'stattlich, gutaussehend, geschmackvoll gekleidet, wohlerzogen', ins Dt. übernommen, wo es anfangs den 'elegant gekleideten Höfling' (im Anschluß an ebenfalls aus dem Span. stammendes *Gala*, s. d.), seit der 1. Hälfte des 17. Jhs. den 'vornehm auftretenden, über feine Lebensart verfügenden Liebhaber' bezeichnet. Span. *galán* Adj. ist Entlehnung von mfrz. *galant* 'lebhaft, munter, tüchtig', Part. Präs. von afrz. mfrz. *galer* 'sich vergnügen, ein lustiges Leben führen' (s. *galant*).

galant Adj. 'sehr höflich, aufmerksam, rücksichtsvoll' (bes. gegen Damen). Das Adjektiv begegnet zuerst (2. Hälfte 17. Jh.) im Sinne von 'elegant gekleidet, modisch, fein' als Entlehnung von gleichbed. ital. *galante* bzw. diesem nachgebildetem span. *galante*, jüngere Variante zu span. *galán, galano* (s. *Galan*). Vom 18. Jh. an wird die Wortgeschichte im Dt. jedoch durch frz. *galant* bestimmt, auf dessen Vorstufe mfrz. *galant* 'lebhaft, munter, tüchtig' (Part. Präs. von afrz. mfrz. *galer* 'sich vergnügen, ein lustiges Leben führen', s. *Gala*) auch die Übernahmen ital. *galante*, span. *galán* beruhen, das aber seit dem 16. Jh. unter dem Einfluß der sich im Ital. vollziehenden semantischen Entwicklung die Bedeutungen 'hübsch, geschmackvoll, elegant, von feiner Lebensart' und 'höflich und zuvorkommend gegenüber Frauen, verliebt, zu Liebesabenteuern aufgelegt' annimmt. – Galanterie f. 'höfliches Verhalten, Zuvorkommenheit' (18. Jh.), älter 'modisch feine Art' (17. Jh.); frz. *galanterie*.

Galaxis f. 'Milchstraße, Milchstraßensystem'. Der gelehrte Ausdruck beruht auf lat. *galaxiās*, griech. *galaxías (kýklos)* (γαλαξίας κύκλος), zu griech. *gála*, Gen. *gálaktos* (γάλα, γάλακτος) 'Milch' und griech. *kýklos* 'Kreis' (in der griech. Mythologie als Milch der Göttin Hera erklärt, die sie vergoß, als sie, die nach einigen Versionen als seine Mutter gilt, den zu heftig saugenden Herakles von der Brust riß, vgl. Lex. d. Antike [9]373). Die im 17. Jh. erfolgte Entlehnung *Galaxia* entspricht der mlat. Form; das 19./20. Jh. bevorzugt *Galaxie* (wohl unter Einfluß von frz. *galaxie*) und dem griech.-lat. Vorbild folgendes *Galaxias*, während in neuester Zeit die nlat. Bildung *Galaxis* häufig ist. In der Regel wird heute zwischen *Galaxis* (ohne Plur.) 'Milchstraße, der unser Sonnensystem angehört' und *Galaxie* (Plur. *Galaxien*) 'Sternensystem außerhalb unserer Milchstraße' unterschieden. Der dt. Ausdruck Milchstraße (17. Jh.), älter *Milchweg* (15. Jh.), ist Übersetzung von lat. *via lactea* (vgl. daneben auch die dem griech. Vorbild unmittelbar folgenden Übersetzungen lat. *orbis lacteus, circulus lacteus* 'Milchkreis', auch *via sancti Jacobi* 'St.-Jakobs-Straße'). – galaktisch Adj. 'die Galaxis betreffend, zu ihr gehörend' (19. Jh.).

Galeere f. 'von Sträflingen, Sklaven oder Kriegsgefangenen gerudertes Kriegsschiff'. Griech. *galéē* (γαλέη) 'Wiesel, Marder' wird auch Name für einen schlanken, sich schnell bewegenden Meeresfisch; in erneuter Übertragung ergibt sich daraus mgriech. *galéa* (γαλέα), mlat. *galea*, das ein bestimmtes Kriegsschiff bezeichnet. Der Ausdruck gelangt in die roman. Sprachen des westlichen Mittelmeeres (vgl. älteres ital. span. katalan. *galea*, afrz. *galee, galie*), aus denen mhd. *galīe, galē*, frühnhd. *Galee* 'großes Ruderschiff' entlehnt wird. Durch Suffixwechsel im Roman. (zuerst belegt in mlat. *galera*, 12. Jh. in Venedig) entstehen katalan. span. ital. *galera*, mfrz. frz. *galère*, die die alten Formen verdrängen. Aus dem Ital. wird im 16. Jh. *Gallera*, aus dem Frz. im 17. Jh. *Gallere, Galere* ins Dt. übernommen.

Galerie f. 'langer, an einer Seite offener oder verglaster Gang, Ausstellungsgelände für Kunstschätze'. Das Substantiv, entlehnt aus ital. *galleria* 'langer überdachter Gang' bzw. gleichbed. frz. *galerie* (dieses vielleicht vermittelt durch nl. *galerij, galderij*), begegnet seit Ende des 16. Jhs. (zunächst in den Formen *Gallerei, Galderey*) als Fachwort der Architektur ('Säulengang, Balkon, Empore'), der Gartenbaukunst ('Laubengang') und des Festungsbaus ('überdeckter Graben'), wird aber bald auch (wie im Ital.) für 'Bilder-, Gemäldesammlung' (17. Jh.) und schließlich für den 'obersten Rang im Theater' (18. Jh.) verwendet. Ital. *galleria* und das möglicherweise aus dem Ital. stammende, jedoch früher bezeugte afrz. *galerie* gehen von seit dem 9. Jh. nachzuweisendem mlat. *galeria* 'bedeckter Vorbau' aus, das vermutlich als dissimilatorische Umbildung von mlat. *galilaea* 'Vorhalle einer Kirche' (nach der Bauweise der Cluniazenser), ital. *galilea*, afrz. *galilee* anzusehen ist. Diese Bezeichnung folgt lat. *Galilaea*, dem Namen der Landschaft in Nordpalästina, die in der Bibel als heidnisch gilt. Benennungsmotiv könnte sein, daß sich in der Vorhalle die große Zahl der Laien aufhält, während der Chorraum den Mönchen vorbehalten (und daher mit dem strenggläubigen Judäa vergleichbar) ist. – Gemäldegalerie f., Bildergalerie f. (Mitte 18. Jh.).

Galgen m. 'aus Pfahl und Querbalken bestehendes Gerüst zur Vollstreckung des Todesurteils durch Erhängen', übertragen auf ähnliche Gestelle, an denen man etwas aufhängen kann (z. B. am Ziehbrunnen, am Webstuhl). Das gemeingerm. Wort ahd. (8. Jh.), asächs. *galgo*, mnd. mhd. *galge* (Nom. auf *-en* seit dem 14. Jh. aus den flektierten Formen), mnl. *galghe*, nl. *galg*, aengl. *g(e)alga*, anord. *galgi* (woraus engl. *gallows*), schwed. dän. *galge*, got. *galga* geht mit verwandtem armen. *jatk* 'Zweig, Gerte, Stengel', lit. *žalgà* 'Stange, Latte' zurück auf ie. **ĝhalg(h)-* '(biegsamer) Zweig, Stange'. In früher Zeit wird der zum Tode Verurteilte an einen niedergebogenen Baum gebunden und hochgeschnellt. Am Anfang der Christianisierung stehen ahd. *galgo* und seine Entsprechungen in allen germ. Sprachen auch für das 'Kreuz Christi', bis sich die Entlehnungen aus lat. *crux* (s. *Kreuz*) durchsetzen. – Galgenfrist f. 'in einer entscheidenden Angelegenheit gewährter letzter Aufschub, Gnadenfrist' (1. Hälfte 16. Jh.), eigentl. 'dem Verbrecher unter dem Galgen gewährter Aufschub'. Galgenhumor m. 'bittere Heiterkeit unter mißlichen Lebensumständen, verzweifelter Humor' (Mitte 19. Jh.). Galgenstrick m. und Galgenvogel m. 'Herumtreiber, Nichtsnutz', ursprünglich 'galgenreifer Schelm' (16. Jh.); spätmhd. *galgenstric* ist der 'Strick, mit dem der Verurteilte am Galgen aufgehängt wird'.

Galion n. 'spitzzulaufender Vorbau am Bug alter Schiffe' (meist mit einer Figur oder einem Wappen verziert), im 16. Jh. aus gleichbed. mnl. *galioen* (nl. *galjoen*) entlehnt, das sich, zunächst in der Bedeutung 'großes Kauffahrtei- oder Kriegsschiff', an afrz. frz. *galion* (vgl. ital. *galeone*, span. *galeón*) anschließt, zu mgriech. *galéa* (*γαλέα*) 'Kriegs-, Ruderschiff' (s. *Galeere*). Heute fast nur noch in Galionsfigur f. 'geschnitzte Figur auf dem Galion eines Schiffes', oft eine auf den Namen des Schiffes bezügliche Frauengestalt (um 1900; daneben anfangs *Galionsbild*).

[1]**Galle** f. 'bittere, gelbflüssige Absonderung der Leber, Gallenblase'. Die germ. Bezeichnungen ahd. (9. Jh.), asächs. *galla*, mhd. mnd. *galle*, nl. *gal*, aengl. *gealla*, engl. *gall*, anord. *gall*, schwed. *galla, galle* führen mit verwandten Wörtern in anderen ie. Sprachen wie awest. *zāra-* 'Galle', griech. *cholḗ, chólos* (*χολή, χόλος*) 'Galle, Zorn, Groll' (s. *Cholera),* lat. *fel* (Gen. *fellis*) 'Galle, Bitterkeit, Zorn', lit. *žãlias* 'grün, roh, ungekocht', aslaw. *zelenъ*, russ. *zelënyj* (*зелёный*) 'grün', aslaw. *zlъčь*, aruss. *zъlčь*, *žъlčь*, russ. *žëlč'* (*жёлчь*) 'Galle' auf die Wurzel ie. **ĝhel(ə)-* 'glänzen, schimmern', in Farbbezeichnungen bes. 'gelb, grün', bzw. die Varianten **ghel(ə)-* oder **gʷhel(ə)-* (s. *gelb*). Die Galle ist somit nach ihrer gelblichgrünen Farbe benannt. In übertragener Verwendung gilt *Galle* als Symbol der Bitterkeit und Sitz des Zorns und Ärgers. – galle(n)bitter Adj. 'bitter wie Galle, sehr bitter' (16. Jh.); substantivisches *Gallenbitter(e)n* und obd. *Gallenbitterin* für 'Gallenflüssigkeit' ist schon in der 2. Hälfte des 15. Jhs. bezeugt. gallig Adj. 'Galle enthaltend, galle(n)bitter, voll Bitterkeit und dadurch unfreundlich, bitter spottend' (16. Jh.), bis ins 19. Jh. auch *gallicht*. vergällen Vb. '(Freude, Leben) verbittern', mhd. *vergellen* 'bitter wie Galle machen, verbittern'. In neuerer Zeit auch 'denaturieren', d. h. 'Genußmittel ungenießbar machen'; dazu *unvergällt* Part.adj., vgl. mhd. *unvergellet.* Gallenkolik f., Gallenstein m. (beide Anfang 18. Jh.).

[2]**Galle** f. 'Geschwulst in den Sehnenscheiden der Gliedmaßen von Tieren (bes. Pferden), Gewebewucherung an Pflanzen'. Spätmhd. mnd. *galle* 'Geschwulst am Hinterbein des Pferdes', aengl. *gealla*, engl. *gall* 'wundgeriebene Stelle, Geschwulst' sind ver-

mutlich verwandt mit anord. *galli* 'Fehler, Schaden', lit. *žalà* 'Schaden, Leid, Verletzung', *žalìngas* 'bösartig (von Wunden), schädlich', air. *galar* 'Krankheit, Kummer'. Sie wären dann auf eine gemeinsame Wurzel ie. **ĝhal-* 'Schaden, Gebrechen' zurückzuführen. An Herkunft aus einer nicht-ie. Substratsprache denkt dagegen de Vries Nl. 180. Auf dem Einfluß von nicht verwandtem lat. *galla* 'kugelartiger Auswuchs, Gallapfel' beruht wohl (über afrz. *gale*) ahd. *galla* 'Auswuchs an Pflanzen' (10./11. Jh.), mhd. *galle* 'fehlerhafte Stelle im Gestein', nhd. *Galle* 'Auswuchs an Bäumen, Schadstelle an Pflanzen, im Acker', das daraufhin im Sinne von 'Geschwulst, Schaden' mit altem *Galle* zusammenfällt. Dazu Gallapfel m. 'apfelförmiger Auswuchs an Blättern von Laubbäumen' (bes. an Eichen und Weiden), frühnhd. *gal(l)öpfel* (15. Jh.; vgl. mhd. *eichenepele* Plur.). Gallwespe f. Insekt, das seine Eier im Pflanzengewebe ablegt und dadurch die Bildung von Gallen verursacht (18. Jh.).

Gallert n., **Gallerte** f. 'zu einer halbsteifen Masse erstarrte konzentrierte Brühe'. Aus mhd. *galreide, galrei* (13. Jh., vgl. mnd. *galrēide, galrede*) entwickeln sich im älteren Nhd. zahlreiche, meist landschaftlich begrenzt geltende Varianten wie *Galrei(de), Galrede, Galrad, Gallart, Galhart*. Im 18. Jh. setzt sich die von Adelung gebuchte, seit dem 17. Jh. nachzuweisende obsächs. Form *Gallerte* f. (mit Betonung auf der ersten, doch auch, bes. öst., auf der zweiten Silbe) durch, neben der heute *Gallert* n. (früher auch m., ebenfalls zuerst md. im 17. Jh.) üblich ist. Das mhd. Substantiv geht letztlich auf lat. *gelū* (auch *gelum, gelus*) 'Eis(kälte), Frost' zurück, schließt sich aber wohl nicht (wie *Gelee, Gelatine*, s. d.) an das Denominativum lat. *gelāre* 'gefrieren, gerinnen', sondern eher an einen im Roman. bezeugten Ableitungstypus an, der in aprov. *gelaria, galareia* 'Sülze' und in älteren obital. Formen wie *geleria, zelaria* 'Gallert' begegnet (danach zunächst mhd. *galrei*, wovon *galreide* weitergebildet?). Mlat. *gelatria, geladia* beruhen vielleicht erst auf junger Latinisierung. Vgl. hierzu FEW 4, 89f. und [1]DWB 4, 1, 1, 1192 ff. – gallertartig Adj. (18. Jh.).

Galopp m. 'aus Sprungbewegungen bestehende Gangart beim Tier' (bes. beim Pferd). *Galoppo* wird Mitte des 16. Jhs. von gleichbed. ital. *galoppo* übernommen, das aus afrz. *galop, walop* (einer Rückbildung aus *galoper, waloper*, s. unten) entlehnt ist; die heutige Form setzt sich im 17. Jh. während des Dreißigjährigen Krieges unter Einfluß von frz. *galop* durch. – galoppieren Vb. 'im Galopp laufen, reiten', im 16. Jh. aus gleichbed. ital. *galoppare* entlehnt, das auf afrz. *galoper, waloper* 'galoppieren' zurückgeht, dem wiederum anfrk. **wala hlaupan* 'gut springen' zugrunde liegen könnte (s. *wohl* und *laufen*; vgl. auch mnl. *lōpen* 'springen, galoppieren'). Knobloch in: Symbolae linguisticae in honorem Georgii Kuriłowicz (1965) 173 f. erschließt dagegen mit guten Gründen (vgl. auch ders. in: Sprachdienst, 1991, 55) als Ausgangsform germ. **walhlaup-* 'das Laufen, Springen, Stürmen auf bzw. über den Kampfplatz' (vgl. ahd. *wal* 'Kampfplatz', s. *Walstatt*). Die älteren Formen mhd. *galopieren, kalopieren, walopieren, walapieren* 'galoppieren' und mhd. *walap* 'Galopp' werden mit der Verbreitung frz. ritterlicher Kultur und Reitkunst in höfischer Zeit (um 1200) unmittelbar aus gleichbed. afrz. *galoper, waloper* bzw. *galop, walop* entlehnt, geraten aber mit dem Verfall des Rittertums in Vergessenheit. Die umgangssprachliche Wendung *galoppierende Schwindsucht* 'letztes, schnell zum Tode führendes Stadium der Lungentuberkulose' kommt um 1800 auf. vergaloppieren Vb. refl. 'in die Irre geraten, zu falschen, vorschnellen Schlüssen kommen' (18. Jh.), vgl. gleichbed. nl. *zich vergaloppeeren*.

Galosche f. 'Überschuh'. Frühnhd. *cloczen* (15. Jh.), mit Deminutivsuffix *calotzchen* Plur. 'wetterfeste Schuhe für den Winter' ist entlehnt aus mfrz. *galoche* 'Bund- oder Schnallenschuh mit Korksohle, Holzschuh, Überschuh' (bereits für das Afrz. anzunehmen wegen afrz. *galochier* 'Hersteller, Verkäufer von Überschuhen'; daher wohl *Heinrich genant Kaloze*, Ende 13. Jh.). Dieses geht vielleicht zurück auf spätlat. *gallicula* 'kleine Sandale', eine deminutive Ableitung (möglicherweise nach dem Muster von lat. *caligula* 'Soldatenstiefelchen', zu lat. *caliga* 'Halbstiefel des Soldaten') von lat. *gallica* '(ursprünglich in Gallien übliche) ländliche Männersandale' (für ein vorauszusetzendes lat. *solea Gallica* 'gallische Sandale'); die Lautentwicklung ist allerdings ungeklärt (vgl. Gamillscheg [2]465). Nach anderer Darstellung (FEW

4, 42 ff.) ist frz. *galoche* von einem aus air. *gall* 'Steinpfeiler' erschlossenen gall. **gallos* 'Stein' (vgl. afrz. *gal* 'Stein') herzuleiten; es bezeichnet anfangs einen Schuh mit sehr dikker Sohle, die einem flachen Stein vergleichbar ist. Im älteren Nhd. steht *Galosche* wie frz. *galoche* für 'schützender Überschuh aus Leder' und 'Holzschuh', seit Mitte des 19. Jhs. fast ausschließlich für 'Gummiüberschuh' (wofür frz. *caoutchouc*, eigentl. 'Kautschuk').

Galvanismus m. Lehre von der Umwandlung chemischer in elektrische Energie, nach älterer Auffassung Lehre vom Auftreten elektrischer Spannungen bei Berührung zweier verschiedener Metalle; latinisierende Bildung (um 1800) im Anschluß an ital. *galvanismo*, frz. *galvanisme* (zunächst auch *Galvanism* nach engl. *galvanism*). Der Terminus ist eine Prägung (1796) des ital. Physikers Volta (bzw. seines dt. Freundes und Briefpartners Friedrich Gren?, vgl. CORTELAZZO/ZOLLI 2, 474) zu Ehren des ital. Mediziners und Naturforschers *Galvani*, der bei seinem Froschschenkelversuch erstmals diese Art von Elektrizität beobachtet, sie aber als tierische Elektrizität gedeutet hatte. – g a l v a n i s c h Adj. 'den Galvanismus betreffend, auf ihm beruhend' (Anfang 19. Jh.), frz. *galvanique*. g a l v a n i s i e r e n Vb. 'mit Gleichstrom behandeln' (um 1800), 'Werkstücke auf elektrolytischem Wege mit einer dünnen Metallschicht überziehen' (19. Jh.), frz. *galvaniser*.

Gamasche f. 'aus Stoff oder Leder gefertigte Schutzkleidung für die Wade oder den Oberfuß', Anfang des 17. Jhs. (zuerst *Gammache*, danach *Gamasche*, im 18. und 19. Jh. auch *Kamasche*) aus heute veraltetem frz. *gamache* (jetzt *guêtre*) 'lederner, knöpfbarer Überstrumpf' entlehnt. Vorausgehendes aprov. *gamacha* beruht verkürzend auf span. *guadamecí* 'weiche Lederart', dem arab. *(ǧild) ġadāmasī* 'Leder aus (der tripolitanischen Stadt) Ghadames' zugrunde liegt. – G a m a s c h e n d i e n s t m. 'geistlos-pedantischer Dienst, Drill', eigentl. militärischer Dienst, bei dem u. a. peinlich genau auf den Sitz und die Sauberkeit der meist weißen Gamaschen geachtet wird (Anfang 19. Jh.).

Gambe f. 'sechssaitige Kniegeige' (des 16. bis 18. Jhs., seit 1750 allmählich vom Cello verdrängt), verkürzt (Anfang 18. Jh.) aus den älteren Entlehnungen *Violgambe, Violdigamb(e), Violdigamm(e)* u. ä. (17. Jh.), aus gleichbed. ital. *viola da (di) gamba*, zu ital. *viola* (s. *Violine*) und ital. *gamba* 'Bein'. Lat. *gamba* 'das zwischen Huf und Schienbein befindliche Gelenk beim Pferd, Fessel', spätlat. 'Bein' ist von der aröm. Veterinärmedizin aus griech. *kampḗ* (καμπή) 'Bug, Gelenk, Biegung' entlehnt. Vgl. die entsprechende Bildung ital. *viola da braccio* 'Armgeige', s. *Bratsche*.

[1]**gammeln** Vb. 'alt, faulig, schimmlig werden', im Nordd. heimisches, aus dem Nd. stammendes Verb; vgl. asächs. *gigamalōd* 'betagt, bejahrt', aengl. *gamolian*, mnd. *gam(m)elen* 'alt werden'. Es gehört zu einem im Nordgerm. (anord. *gamall*, schwed. *gammal*, dän. *gammel*) und auch im Westgerm. (aengl. *gamol*, mnl. *gamel*, nl. *gammel*) belegten Adjektiv mit der Bedeutung 'alt', dessen Herkunft nicht geklärt ist. Eine im heutigen Nordd. geläufige Weiterbildung des Adjektivs liegt vor in g a m m (e) l i g Adj. 'alt, verdorben, faulig' (von Speisen), aber auch 'unansehnlich'. Häufiger als das Simplex *gammeln* ist die Präfixbildung [1]v e r g a m m e l n Vb. 'verderben, unansehnlich werden', die, zumal in dem Part.adj. *vergammelt* 'alt, faulig, verdorben, unansehnlich, verwahrlost', im 20. Jh. eine über das Nordd. hinausgehende Verbreitung erlangt (wohl in Zusammenhang mit [2]*vergammeln*, s. unten, indem sich beide Verben, als zusammengehörig empfunden, in ihrer zunehmenden Gebrauchshäufigkeit gegenseitig beeinflußt haben).

[2]**gammeln** Vb. 'untätig die Zeit verbringen, sich herumtreiben, äußere Formen und allgemeingültiges Normverhalten ablehnen' (Mitte 20. Jh.). Etymologie unklar. Vielleicht ist anzuknüpfen an westmd. (rhein. hess.) *gammeln* (auch *gambeln, gumpeln*) 'faul umherschlendern, müßiggehen'. Das sich als Modewort rasch verbreitende Verb wird vielfach als zu [1]*gammeln* gehörig empfunden und erhält auf diese Weise zusätzlich den Sinn des Unkonventionellen, Nachlässigen, alle Formen Negierenden. – [2]v e r g a m m e l n Vb. 'zum Bummler werden, die Zeit verbummeln, vertrödeln' (20. Jh.). G a m m l e r m. '(junger) Mensch, der allgemeingültige Normen und äußere Formen ablehnt, daher auch keiner regelmäßigen Arbeit nachgeht' (Mitte 20. Jh.).

Gang m. 'das Gehen, Bewegung, Verlauf,

Weg zu einem bestimmten Zweck, abgegrenzter (überdachter) Weg, Flur, mit Gestein oder Mineralen ausgefüllte Spalte der Erdrinde, Gericht einer Speisenfolge, Übersetzungsstufe des Schaltgetriebes bei Kraftfahrzeugen', ahd. (8. Jh.), asächs. *gang*, mhd. mnd. mnl. *ganc*, nl. aengl. *gang* (mengl. *gang* wohl aus dem Anord.), anord. *gangr*, schwed. *gång*, got. *gagg* sind Verbalabstrakta (germ. **ganga-*) zu dem gemeingerm. Verb, das in ahd. *gangan* (8. Jh.) vertreten ist (s. *gehen*). Sie bezeichnen in vielfältiger Ausprägung sowohl den Vorgang des Gehens, Sich-Fortbewegens wie die Erstreckung (*Erzgang*) als auch (im Got. ausschließlich) den Ort des Gehens. – g ä n g e l n Vb. 'bevormunden', frühnhd. *gengeln* 'beim Gehen führen', eigentl. 'wiederholt gehen lassen', Iterativbildung zum *jan*-Verb mhd. *gengen* (s. *gehen*); G ä n g e l b a n d n. eigentl. 'Leine, an der man Kinder hält, die noch nicht richtig laufen können' (Anfang 18. Jh.), heute nur in der Wendung *am Gängelband führen, halten* 'bevormunden' gebräuchlich. g a n g Adj., älter *gäng(e)*, nur in der festen Verbindung *gang und gäbe* 'üblich, geläufig', mhd. *genge und gæbe*; mhd. *genge* 'unter den Leuten umlaufend, verbreitet, gewöhnlich, leicht gehend, rüstig', ahd. *gengi* 'gangbar, gebräuchlich, gewöhnlich' (um 1000), Verbaladjektiv zu ahd. *gangan* 'gehen', daher eigentl. 'fähig zu gehen', entsprechend mhd. *gæbe* 'annehmbar, willkommen, lieb, gut', Verbaladjektiv zu *geben* (s. d.), daher eigentl. 'was gegeben werden kann, was sich leicht geben läßt', ursprünglich von Münzen und Waren im Sinne von 'im Umlauf befindlich'. g a n g b a r Adj. 'begehbar, gängig, üblich, gültig' (16. Jh.); vgl. mhd. *ungancbære*. g ä n g i g Adj. 'gangbar, gebräuchlich, verbreitet, gut gehend (von Waren)', mhd. *gengec*, für älteres gleichbed. mhd. *genge* (s. oben); vgl. ahd. *missigengīg* 'fehltretend'.

Gang f. 'organisierte Gruppe, kriminelle Bande'. In den 30er Jahren des 20. Jhs. wird gleichbed. amerik.-engl. *gang* übernommen. Das Wort entspricht (vgl. aengl. mengl. *gang*) etymologisch nhd. *Gang* m. (s. d.), bedeutet daher eigentl. 'das Gehen, Art und Weise des Gehens, Gang', bezeichnet dann den 'gemeinsamen Weg zu einem bestimmten Zweck', das 'gemeinsame Handeln einer Gruppe', die 'Arbeitskolonne', schließlich die 'kriminelle Bande'. – G a n g s t e r m. 'Mitglied einer organisierten Bande von (Schwer)-verbrechern', anfangs auch 'Schmuggler'; heute auch für den 'kriminellen Einzelgänger'; Übernahme (30er Jahre 20. Jh.) von gleichbed. amerik.-engl. *gangster*.

Ganglion n. (Plur. *Ganglien*) 'knotenförmige Anhäufung von Nervenzellen, Überbein, geschwulstartige Anschwellung'. Griech. *ganglíon* (γαγγλίον) 'Geschwulst, Überbein' wird im 17. Jh. in der latinisierten Form *Ganglium* in die medizinische Fachsprache aufgenommen. Seit dem 19. Jh. gilt *Ganglion* (unter Rückgriff auf die alte griech. Lautgestalt) bes. für 'Nervenknoten'. Im Gegensatz zum Plural *Ganglien* hat sich die eingedeutschte Singularform *Ganglie* f. (19. Jh.) nicht durchgesetzt. – G a n g l i e n z e l l e f. 'Nervenzelle' (19. Jh.).

Gangway f. 'Laufsteg, Treppe', das bequeme Betreten oder Verlassen eines Schiffes oder Flugzeuges ermöglichend, Übernahme (20. Jh.) von gleichbed. engl. *gangway*, eigentl. 'Durchgang' (17. Jh.), das seinerseits als Anglisierung von dän. *gangvej* bzw. schwed. *gangväg* gilt; zu mengl. *gang* (s. *Gang*) und engl. *way* (s. *Weg*).

Ganove m. 'Gauner, Dieb'. *Ganef(f)* 'Dieb, Spitzbube', aus jidd. *gáneff*, hebr. *gannā̊v* 'Dieb', ist im Rotw. seit dem 17. Jh. bezeugt. Der Plural hebr. *gannāvī̊m* ergibt jidd. *ganṓvem* und *ganṓven*. Aus dieser vermeintlich dt. Pluralform wird ein Sing. *Ganove* rückgebildet, der im 20. Jh. in die Allgemeinsprache aufgenommen wird und vielfach auch einen 'gerissenen, als vornehm getarnten Gauner' bezeichnet.

Gans f. zu den Schwimmvögeln gehörendes, aber vor allem auf dem Lande lebendes Haustier. Der Vogelname ahd. (9. Jh.), mhd. *gans*, asächs. aengl. *gōs*, engl. *goose*, mnd. *gōs, gās*, mnl. nl. *gans*, anord. *gās*, schwed. *gås*, got. **gansus* (zu erschließen aus span. *ganso*), germ. **gans-* führt mit aind. *haṁsáḥ* 'Gans, Schwan', griech. *chḗn*, Gen. *chēnós* (χήν, χηνός), lat. *ānser* (aus **hānser*) 'Gans', air. *gēiss* 'Schwan', lit. *žąsìs* 'Gans' auf einen alten *s*-Stamm ie. **ĝhans-* 'Gans', der zu einer Erweiterung ie. **ĝhan-* der Wurzel ie. **ĝhē-* 'gähnen, klaffen, offenstehen' (s. *gähnen*) gebildet ist. Die Namengebung knüpft an das heisere Fauchen mit aufgesperrtem Schnabel an, wie auch *gähnen* als 'hörbar ausatmen' zu verstehen ist. – Gänserich m. 'männliche Gans' (Mitte 16. Jh.), nach dem Vorbild von *Enterich* (s. *Ente*; vgl. nl. *ganzerik*). Daneben südd. Ganser m. und nordd. Ganter m., die ahd. *ganazzo* (8. Jh.), *ganzo* (Hs. 12. Jh.), mhd. *ganze, ganzer, ganser*, mnd. *gante* 'Gänserich' folgen und mit aengl. *ganot*, engl. *gannet* (der Seevogel) 'Tölpel', aengl. *gan(d)ra*, engl. nl. *gander* 'Gänserich' an ie. **ĝhand-* anschließen. Gänseblümchen n., Gänseblume f. fast das ganze Jahr auf Wiesen und Grasplätzen blühender niedriger Korbblütler mit weißen, rötlich umrandeten Blütenblättern (Mitte 16. Jh.). Benennungsmotiv ist die Wertlosigkeit der Pflanze als Futterkraut sowie ihr häufiges Vorkommen auch auf Gänseweiden; vgl. mhd. *gensebluome* (12. Jh.; für 'Ackerwinde'?). Gänsefüßchen Plur. 'Anführungsstriche' (um 1800); vgl. *Gänsefüße* (Jean Paul, 1795), älter in der Sprache der Buchdrucker *Gänseaugen* (in dän. *gåseøjne* bis heute bewahrt). Gänsehaut f. 'die der Haut einer gerupften Gans gleichende menschliche Haut', wenn durch Kälte, Schreck oder Furcht deren Talgdrüsen hervortreten (16. Jh.); vgl. engl. *goose-skin, goose-pimples*. Gänseklein n. 'zum Kochen verwendete (nicht zum Gänsebraten gehörende) Innereien, Flügel und Hals der Gans' (18. Jh.), obsächs. *Gänsekleint* (1730), *-kleind* (1726). Vgl. *kleinot* (16. Jh.), *kleinod* (17. Jh.) für 'Innereien und die gering geachteten Kleinteile beim Schlachten'; s. *Kleinod* in seiner frühen Bedeutung 'Kleinigkeit'. Gänsemarsch m., bes. *im Gänsemarsch* 'einer hinter dem anderen' (1. Hälfte 19. Jh.), zuvor *Gänsegang* (Campe). Gänsewein m. scherzhaft für 'Trinkwasser' (2. Hälfte 16. Jh.).

ganz Adj. 'heil, unversehrt, vollständig, gesamt', Adv. 'vollkommen, sehr, ziemlich'. Ahd. (8. Jh.), mhd. *ganz* 'unverletzt, heil, gesund, vollständig' ist ein ursprünglich nur hd. Wort, das sich nach Norden hin ausbreitet, vgl. mnd. *gans, ganz*, mnl. nl. *gans* (woraus dän. *ganske*, schwed. *ganska*). Herkunft nicht sicher geklärt. Wenn man aind. *āhanā́ḥ* 'schwellend, strotzend', *ghanā́ḥ* 'kompakt, fest, hart, dicht', griech. *euthenē̃in* (εὐθενεῖν) 'gedeihen, fruchtbar sein', lit. *ganà* 'genug', *ganė́ti*, aslaw. *goněti* 'genügen, hinreichen, zufrieden sein' heranzieht (vgl. auch den der dt. Bildungsweise nahestehenden Komparativ alit. *gandžiaus* 'im Gegenteil, vielmehr, lieber'), so ist Anschluß an ie. **gu̯hen-, *gu̯hon-* 'schwellen, strotzen, üppig, reichlich' annehmbar. – ergänzen Vb. 'vervollständigen, Fehlendes hinzufügen' (16. Jh.); vgl. ahd. *ganzēn* (?) 'behüten, erretten' oder 'gesund sein' (9. Jh.), *irunganzēn* 'verwelken, dahinschwinden' (10. Jh.), mhd. *genzen*, mnd. *gansen* 'ganz, heil machen'. Gänze f. 'Gesamtheit, Vollständigkeit, Vollkommenheit', ahd. *genzī* (um 1000), mhd. *genze* 'Vollständigkeit, Vollkommenheit'. Ganzheit f., mhd. *ganzheit*. gänzlich Adj. 'vollständig, völlig', mhd. *ganzlich, genzlich*.

gar Adj. 'fertig gekocht, gebraten, gebakken, fertig zubereitet', Adv. (verstärkend) 'überhaupt, durchaus, sogar, vollends, sehr', ahd. *garo* (8. Jh., flektiert *garawēr*), mhd. *gar(e)* (*garewer, garwer*) 'bereit (gemacht), gerüstet, vollständig, ganz', asächs. *garu*, mnd. *gār(e)*, mnl. *gaer*, nl. *gaar*, aengl. *gearo, gearu* 'bereit, fertig, gerüstet', engl. (mundartlich) *yare* 'eifrig, fertig, bereit', anord. *gǫrr* und *gerr, gjǫrr, gørr* 'bereit, geneigt, gerüstet' führen auf germ. **garwa-* 'fertig, bereit'. Die weitere Herkunft ist ungewiß. Man hat das Adjektiv aus einer Präfixbildung germ. **gaarwa-* erklärt und zu asächs. *aru* 'bereit, reif', aengl. *earu* 'bereit, fertig, gerüstet', anord. *ǫrr* 'rasch, freigebig, milde' gestellt, die auf eine der Varianten (hier **ereu-*) der Wurzel ie. **er-, *or-* 'sich in Bewegung setzen, erregen' (s. auch *rennen, rinnen, rieseln*) zurückgehen. Nimmt man dagegen eine (allerdings nicht gesicherte) Grundbedeutung 'zubereitet, gekocht' an, so läßt sich aind. *háraḥ* 'Flamme, Glut', *gharmáḥ* 'Glut, Hitze', griech. *thermós* (θερμός) 'warm', lat. *formus* 'wärm', aslaw. *gorěti*, russ. *gorét'* (гореть) 'brennen' vergleichen, zu einer Wurzel ie. **gu̯her-* 'heiß, warm' (vgl. de Vries Nl. 179). S. dazu das abgeleitete, unter *gerben* behandelte Verb. – Garaus m. nur in der Wendung *jmdm. den Garaus machen* 'jmdn. töten, vernichten', aus *gar aus* 'vollständig aus, vorbei', wohl nach dem Ruf des Wächters, mit dem in Nürnberg und Regensburg um 1500 Polizeistunde geboten wird, danach auf das Tagesende und den das Ende des Tages anzeigenden Glockenschlag übertragen. Garküche f. 'öffentliche Küche, Speisewirtschaft, in der warme Speisen verkauft werden', G a r k o c h m. 'Inhaber einer Garküche' (beide um 1500).

Garage f. 'Einstellraum für Kraftfahrzeuge'. Anfang des 20. Jhs. wird gleichbed. frz. *garage* (eigentl. 'das Ausweichen, Abstellen') übernommen. Das zugrundeliegende Verb frz. *garer* 'in Sicherheit bringen, außerhalb eines Verkehrsweges geschützt unterbringen' (zunächst von Schiffen, Eisenbahnwagen), refl. 'ausweichen, sich hüten', ist aus dem Germ. entlehnt (wohl auf verschiedenen Wegen, vgl. einerseits vereinzeltes afrz. *varer* 'sich schützen, verteidigen', dann mfrz. *guerrer, garrer*, frz. *garer* 'geschützt unterbringen', andererseits aprov. *garar* 'betrachten, beobachten, schützen, bewahren') und stellt sich zu den unter *wahren* (s. d.) angegebenen Formen.

Garantie f. 'Bürgschaft, Gewähr', Entlehnung (nach Mitte 17. Jh.) von gleichbed. frz. *garantie*, zunächst in die Diplomatensprache, dann (2. Hälfte 18. Jh.) in den allgemeinen Sprachgebrauch. Etwa gleichzeitig (2. Hälfte 17. Jh.) wird g a r a n t i e r e n Vb. 'bürgen, gewährleisten, zusichern' aus gleichbed. frz. *garantir* entlehnt und (im 18. Jh.) auch G a r a n t m. 'Bürge, Gewährsmann' nach frz. *garant*. Afrz. *garantie*, auch (Lothringen) *warantie* und (Champagne) *warandie*, *warenie* 'Bürgschaft, Gewähr, Sicherung, Schutz' sowie afrz. *garantir, guarantir, warandir* 'sichern, schützen, bestätigen' sind Ableitungen von afrz. *garant, guarant* 'Bürge, Zeuge, (Be)schützer', auch 'Bürgschaft, Schutz', das seinerseits auf Entlehnung einer germ. Partizipialform, wohl von anfrk. **wārjan* 'als wahr bezeichnen, die Richtigkeit verbürgen' beruht, einer Ableitung zu dem unter *wahr* (s. d.) behandelten Adjektiv.

Garbe f. 'Bund von Getreidehalmen oder Stroh'. Das nur im Dt. und Nl. anzutreffende Wort ahd. *garba* (8. Jh.), mhd. *garbe*, asächs. *garƀa*, mnd. mnl. *garve*, nl. *garf* wird allgemein zu den unter *grabbeln* (s. d.) behandelten Formen gestellt, bedeutet danach eigentl. 'Zusammengerafftes'. Wegen der abweichenden Lautform (Metathese des *r*) kann man *Garbe* und seine Entsprechungen allerdings nicht wie *grabbeln* auf ie. **ghrebh-* 'ergreifen, erraffen, harken' zurückführen, sondern setzt dafür eine gleichbed. Variante ie. **gherbh-* an. – Übertragen auf Lichterscheinungen F e u e r g a r b e f. 'sprühende Feuerfunken' (19. Jh.); heute vor allem 'Serie von schnell aufeinanderfolgenden Schüssen' (20. Jh.).

Garde f. 'spezielles Wachregiment, Elite-, Kerntruppe', metaphorisch auch 'durch gemeinsame Ziele verbundene Menschengruppe' (vgl. *einer von der alten Garde*). Afrz. frz. *garde* f. 'Wache, Wachmannschaft, Bewachung, Obhut' erscheint Ende des 15. und im 16. Jh. mehrfach als Bezeichnung bestimmter Landsknechtshaufen in dt. Texten, wird aber erst gegen Ausgang des 17. Jhs. im Sinne von 'fürstliche Leibwache' fest ins Dt. übernommen. Das frz. Substantiv gehört zu afrz. frz. *garder* 'bewachen, bewahren, hüten', das ebenso wie gleichbed. span. port. *guardar* und ital. *guardare* 'aufmerksam ansehen, beaufsichtigen, bewahren' (vgl. mlat. *guardare*, 7. Jh.) auf früher Entlehnung aus dem Germ. beruht (s. die unter *warten* angeführten germ. Verben auf *-ōn/-ēn* mit der Ausgangsbedeutung 'den Blick richten, beobachten', dann 'auf der Hut sein, Sorge tragen'); *garde* scheint ein im Frz. gebildetes Deverbativum zu sein, kann jedoch auch unmittelbar auf das den germ. Verbalableitungen zugrundeliegende germ. Femininum (etwa auf ein anfrk. **warda*, vgl. asächs. *warda*) zurückgehen (s. *Warte*). Im 16. Jh. öfter bezeugtes frühnhd. *Guardi(e), Gwardi* beruht auf der durch die Kriegszüge Karls V. bekannt werdenden Form ital. span. *guardia* f. 'Wache, Posten, Obhut', m. 'Wächter', die vielleicht von gleichbed. lat. *custōdia* beeinflußt ist oder got. *wardja* m. 'Wächter' fortsetzt. – G a r d i s t m. 'Soldat der Garde' (18. Jh.), dt. Neubildung zu *Garde* (s. oben); vgl. dagegen frz. *garde* m. 'Soldat der Garde, Wächter'.

Garderobe f. 'Kleidung, Kleiderablage, An-, Umkleideraum'. Afrz. *garderobe*, frz. *garde-robe* 'Kleiderkammer, -schrank, Ankleidezimmer, Toilettenraum', seit dem Mfrz. auch 'Kleidervorrat', eine imperativische Zusammensetzung aus afrz. frz. *garder* 'bewachen, bewahren, hüten' (s. *Garde*) und afrz. frz. *robe* im Sinne von 'Rock, Gewand' (s. *Robe*), wird im 16. Jh. für 'Kleiderschrank' (so heute noch in Teilen der Schweiz), im 17. Jh. für 'Kleidervorrat' und 'Kleiderzimmer' (zuerst 'fürstliche Kleiderkammer') übernommen; hierfür später auch *Garderobezimmer* (19. Jh.). – G a r d e r o b i e r m. 'für die Bühnengarderobe Verantwortlicher' und G a r d e r o b i e r e f. (um 1800), wohl französierende Neubildungen der Theatersprache, ohne Zusammenhang mit (heute im Frz. unüblichem) afrz. mfrz. *garderobier* 'Verwalter der Vorräte an Kleidung und Waffen, Vorsteher der fürstlichen Kleiderkammer'. Garderobenfrau f. 'in der Kleiderablage tätige Frau' (20. Jh.), älter *Garderobe(n)mädchen* (Ende 18. Jh.).

Gardine f. 'Fenstervorhang'. Niederrhein. *gardyn* (1477), *gardijn* (1495), mnd. *gardīne, gardīn* (16. Jh.) findet Anfang des 17. Jhs. Eingang ins Hd., wird aber im Obd. nicht heimisch (dort *Vorhang,* s. *hängen*). Es bezeichnet anfangs (bis ins 19. Jh.) den 'Bettvorhang' und ist über mnl. *gordine, gardine, gordijn* entlehnt aus gleichbed. afrz. *cortine*, landschaftlich (Nordostfrankreich) *go(u)rdine* (frz. *courtine*). Die im 18. Jh. anzutreffende, historisch nicht berechtigte Schreibung *Guardine* beruht vielleicht auf Anlehnung an ital. span. *guardia* (s. *Garde*). Das frz. Substantiv geht auf spätlat. *cortīna* '(Tempel)vorhang' zurück, eine Bildung zu lat. *cohors* (Gen. *cohortis*), kontrahiert *c(h)ŏrs* (Gen. *-tis*) 'eingezäunter Hofraum, Viehhof' (verwandt mit nhd. *Garten*, s. d.), als Übersetzung von griech. *aulǽa* (αὐλαία) 'Vorhang' (bes. vor dem Zelt), weil das dieser Ableitung zugrundeliegende griech. *aulḗ* (αὐλή) 'Hof, umhegter Hofraum' mit lat. *c(h)ŏrs, cohors* wiedergegeben wird. – Gardinenpredigt f. 'Vorwürfe, die eine Ehefrau ihrem Mann unter vier Augen macht' (1. Hälfte 18. Jh.), d. i. die 'Strafrede, mit der die Frau ihren spät heimkehrenden Mann hinter dem Bettvorhang, der *Gardine*, empfängt'; älter dafür *Predigt* (Brant 1494) und *Gardinenmesse* (Mitte 17. Jh.), in den Nachbarsprachen mnl. *gordijnroede, gordijnmette*, nl. (älter) *gordijnmis, gordijnpreek* (beide durch nl. *bedsermoen* verdrängt), engl. *curtain-lecture*.

gären Vb. 'sich aus höheren organischen Verbindungen in niedere zersetzen, schäumend aufbrausen', übertragen 'bedrohlich, unruhig werden'. Das starke Verb ahd. *jesan* (9. Jh.; vgl. *gijesan*, 8. Jh.), mhd. *jesen, gesen, ger(e)n, jern* 'in Gärung geraten, gären, schäumen' sowie das Kausativum ahd. *jerien* 'in Gärung versetzen' (9. Jh.) führen mit den unter *Gischt* (s. d.) genannten Wörtern germ. Herkunft und den außergerm. Verwandten aind. *yásyati* 'siedet, wird heiß, ist wütend, schäumt über', griech. *zeĩn* (ζεῖν) 'kochen, wallen, sieden', *zóē* (ζόη) 'Gischt, Schaum', kymr. *ias* 'Sieden, Schäumen, Kochen', bret. *gòell* 'Hefe' auf die Wurzel ie. **i̯es-* 'wallen, schäumen'. Das Verb, ursprünglich das Kochen des Wassers bezeichnend, wird im Germ. und Kelt. auf den Vorgang des Gärens übertragen. Mhd. und nhd. Formen mit *r* stammen aus den durch grammatischen Wechsel von *s* und *r* gekennzeichneten Präteritalformen (vgl. Prät. Plur. mhd. *jāren*); der Anlaut *g* für *j* (im Mhd. nur vor folgendem *i* wie in der 3. Pers. Sing. Präs. *giset*) hat sich unter dem Einfluß von *gar* in allen Formen durchgesetzt. – Gur f. 'durch Zersetzung von Organismen oder Gesteinen entstandener Schlamm', eigentl. 'feuchte, aus dem Gestein ausgärende Masse' (16. Jh.), ablautendes Abstraktum zum Verb; dazu *Kieselgur* 'mehlartige Masse aus den Panzern abgestorbener Kieselalgen, Infusorienerde' (19. Jh.). Gärfutter n. 'durch Gärung von Grünfutter konserviertes Viehfutter' (um 1900).

Garn n. 'aus Fasern gesponnener Faden', ahd. (9. Jh.), mhd. *garn*, mnd. *gāren*, mnl. *garen, gaern*, nl. *garen*, aengl. *gearn*, engl. *yarn*, anord. schwed. *garn* (germ. **garna-*) bezeichnet ursprünglich die 'aus getrockneten Därmen gedrehte Schnur'. Die alte Bedeutung 'Darm' zeigt sich noch in den Zusammensetzungen ahd. *mittigerni* (8. Jh.), asächs. *midgarni*, mhd. *mittiger*, aengl. *micgern* 'in der Mitte der Eingeweide sitzendes Fett' und im Femininum anord. *gǫrn*, Plur. *garnar* 'Eingeweide'. Sie gilt auch für die außergerm. Verwandten griech. *chordḗ* (χορδή) 'Darm(saite), Wurst' (s. *Kordel*), lat. *hernia* 'Eingeweidebruch', lit. *žárna* '(Dünn)darm, Schlauch', aind. *híraḥ* 'Band, Streifen', *hirā́* 'Ader', die eine Wurzel ie. **ĝher-* 'Darm' voraussetzen. Bezeichnet *Garn* zunächst den 'tierischen Darm', mit dem man Felle und dgl. zusammennäht, so wird das Wort später auf den einfachen gesponnenen Faden übertragen, während der verstärkte, zweifach gedrehte Faden *Zwirn* (s. d.) heißt. Schon in mhd. Zeit bedeutet *Garn* auch das 'Netz zum Fangen von Wild, Vögeln und Fischen', heute noch in der Jäger- und Fischersprache; daraus die Wendung *ins Garn gehen* 'hereinfallen', ferner die Ableitung umgarnen Vb. 'durch Schmeichelei, List für sich und seine Zwecke zu gewinnen suchen, betören', eigentl. 'mit Netzen einfangen' (17. Jh.). –

S e e m a n n s g a r n n. 'abenteuerliche, nicht mit der Wahrheit übereinstimmende Erzählung', von Seeleuten beim Spinnen von Garn aus zerfasertem Tauwerk vorgetragen (19. Jh.).

garnieren Vb. 'schmücken, verzieren, ausrüsten'. Im 15. Jh. wird mnd. *garnēren* 'einfassen, (mit Holz u. ä.) verkleiden', um 1700 nhd. *garnieren* 'verzieren, ausschmücken' (doch Ende 16. Jh. schon gleichbed. *vergarnieren*) aus mfrz. frz. *garnir* 'ausstatten, ausrüsten, versehen, schmücken' (afrz. auch 'warnen, sichern, schützen') entlehnt. Das frz. Verb führt mit ital. *guarnire*, span. (älter) *guarnir*, span. port. *guarnecer* 'ausrüsten, mit einer militärischen Besatzung versehen, verzieren, schmükken' (ital. auch 'schützen, bewachen') auf ein germ. *jan*-Verb (vgl. aengl. *war(e)nian* 'warnen, achtgeben') zurück, das zu der bei *warnen* (s. d.) dargestellten Wortgruppe gehört. Auf Ableitungen von afrz. frz. *garnir* in seinen unterschiedlichen Bedeutungen beruhen die Entlehnungen G a r n i s o n f. 'Gesamtheit der im Standort vorhandenen Truppe' (Ende 15. Jh.), dann 'Standort militärischer Verbände und ihrer Einrichtungen' (um 1600), aus afrz. frz. *garnison* 'Besatzung, zum Schutz stationierte Truppe, durch militärische Besatzung geschützte Stadt' (afrz. auch 'Ausrüstung, Befestigung, Ausstattung, Vorrat'), und G a r n i t u r f. 'Verzierung, Schmuck, Besatz an einem Kleidungsstück' (2. Hälfte 17. Jh.), 'Satz zusammengehöriger Einzelteile' (um 1700), aus frz. *garniture* 'Zubehör, Verzierung, Besatz, Ausrüstung, Sortiment'.

garstig Adj. 'abscheulich, widerwärtig, unleidlich'. Das seit dem 15. Jh. belegte Adjektiv ist eine Weiterbildung zu erst spät bezeugtem mhd. *garst* Adj. 'ranzig, verdorben schmekkend oder riechend', Subst. 'ranziger, stinkender Geschmack oder Geruch', zu dem auch ahd. *gerstī* 'Haß, Groll, Garstigkeit' (10. Jh.), anord. *gersta* 'ärgern, böse machen' und *gerstr* 'bitter, unwillig, mürrisch' gehören. Seine unmittelbaren Entsprechungen hat das Adjektiv in mnd. *garstich* (neben *garst*), mnl. *garstich* (neben *gherstich, gherst*), nl. *garstig*. Die Etymologie ist unsicher. Vielleicht besteht Verwandtschaft mit lit. *grasà* 'Androhung, Strenge', *grasùs* 'unausstehlich, widerwärtig', armen. *garšim* 'habe Abscheu', so daß von ie. **ghers-*, **ghres-* 'Widerwille, Abscheu, Ekel' ausgegangen werden kann. Die alte Bedeutung 'ranzig, verdorben' hält sich bis ins 18. Jh., allein in nl. *garstig* 'unschmackhaft, verdorben' ist sie bis heute erhalten geblieben.

Garten m. 'umzäuntes kleineres Stück Land zum Anbau von Nutz- und Zierpflanzen'. Das schwach flektierte Maskulinum ahd. *garto* (8. Jh.), mhd. *garte* übernimmt, beginnend im 15. Jh., auslautendes *-n* aus den obliquen Kasus in den Nominativ, so daß nhd. *Garten* entsteht. Entsprechende Formen sind asächs. *gardo* 'Garten', mnd. *gārde*, got. *garda* 'Hürde'. Daneben steht das stark flektierte Maskulinum ahd. *gart* 'Garten, Kreis' (9. Jh.) mit seinen Entsprechungen asächs. *gard*, mnd. *gărt*, aengl. *geard* 'Umfriedung', engl. *yard* 'umfriedeter Platz', anord. *garðr* 'Zaun, Hof', schwed. *gård*, got. *gards* 'Haus, Familie, Hof'. Es ist nicht mit Sicherheit zu entscheiden, ob die germ. Formen direkt auf die Wurzel ie. **ĝher-*, **gher-* 'greifen, fassen, um-, einfassen, einzäunen' zurückzuführen sind, die wohl auch in aind. *hárati* 'nimmt, bringt, holt herbei' vorliegt, oder aber auf eine Wurzelerweiterung ie. **ĝherdh-* bzw. **gherdh-* 'umfassen, umzäunen, umgürten'. Im ersten Falle läge ein ie. **ghortós* 'eingezäunter Ort' zugrunde, und die germ. Formen wären enger mit griech. *chórtos* (*χόρτος*) 'eingehegter Platz, Hof, Weideplatz', lat. *hortus* 'Garten als eingezäunter Ort' (wozu mit Ablaut und anderer Stammbildung lat. *cohors*, Gen. *cohortis*, 'Kohorte, Schar, Gefolge', eigentl. 'eingezäunter Hofraum, Viehhof') verwandt. Im zweiten Fall gehören nhd. *Garten* und seine germ. Parallelen enger zu aind. *gṛháḥ* 'Haus', lit. *gar̃das* 'Hürde, Pferch', aslaw. *gradъ* 'Burg, Stadt, Garten', russ. *górod* (*город*) 'Stadt', tschech. *hrad* 'Burg, Schloß' (vgl. tschech. *Hradčany*, dt. *Hradschin*, Stadtteil und Burgbezirk von Prag) und innerhalb des Germ. zur Wortgruppe von *gürten* (s. d.). Auch hier wäre eine ursprüngliche Bedeutung 'eingezäunter Ort' anzusetzen. – G ä r t n e r m. 'wer Pflanzen hegt, Gartenbau ausübt', ahd. *gartāri* (8. Jh.; vom starken Mask. *gart*) neben jüngerem *gartināri* (9./10. Jh.), mhd. *gart(e)nære, gertner*. G ä r t n e r e i f. 'Gartenbau(betrieb)' (17. Jh.). g ä r t n e r i s c h Adj. (Anfang 18. Jh.). G a r t e n b a u m. 'Anbau und Züchtung von Nutz- und Zierpflanzen auf meist kleineren Flächen' (17. Jh.).

Gas n. unsichtbarer Stoff in einem der Luft ähnlichen Aggregatzustand. Gelehrte Wortschöpfung des Brüsseler Arztes und Chemikers van Helmont (1. Hälfte 17. Jh.) für den ‘durch Kälte erzeugten Wasserdunst’ im Unterschied zu dem ‘durch Wärme hervorgerufenen Dampf’, dann auf jede andere ‘Gas-, Luftart’ ausgedehnt, die von der atmosphärischen Luft unterschieden wird. Die Wortschöpfung ist vielleicht beeinflußt durch frz. *gaze* ‘Gaze’, eine gerade in Mode gekommene neue Stoffart (s. *Gaze*). Sie erfolgt in Anlehnung an griech. *cháos* (*χάος*) ‘rohe, gestaltlose Masse, aus der das Weltall geschaffen ist, leerer Raum, Luftraum’, anknüpfend an Paracelsus, der *Chaos* für den ‘luftförmigen, subtilen Dampf’, auch allgemein für ‘Luft’ verwendet. Anlautendes *g* klingt nach nl. Aussprache dem Reibelaut *ch* sehr ähnlich. *Gas* bleibt vorerst auf die Fachsprache der Chemie beschränkt, erst mit dem Aufkommen der Gasbeleuchtung und den gleichzeitig beginnenden Ballonflügen gegen Ende des 18. Jhs. wird das Wort allgemein bekannt. Adelung (1796) lehnt das „barbarische“ Wort ab, Campe (1801) schlägt dafür *Dunstluft* oder *Luftgeist* vor. – g a s f ö r m i g Adj. ‘die Form und die Eigenschaften von Gas besitzend’ (Ende 18. Jh.). G a s o l i n n. ‘durch Destillation von Rohöl gewonnenes Leichtbenzin, Petrol-, Gasäther’ (2. Hälfte 19. Jh.), aus gleichbed. engl. *gasolene, gasoline*. G a s o m e t e r m. ‘Gasbehälter’, nach frz. *gasomètre* ‘Gasmesser’, von dem frz. Chemiker Lavoisier 1789 gebildet. G a s r o h r n. ‘Rohr für die Gasleitung’ (18. Jh.), im vorigen Jh. meist *Gasröhre*. v e r g a s e n Vb. ‘einen festen oder flüssigen Brennstoff in Gas umwandeln’ (1. Hälfte 19. Jh.), ‘durch Giftgas töten’ (20. Jh.), neuerdings (bei der Schädlingsbekämpfung) dafür *ausgasen*.

Gasse f. ‘von Häusern eingefaßte enge Straße, schmaler Durchgang’, ahd. *gaʒʒa* ‘Gasse’, auch ‘Quartier, Stadtviertel’ (10. Jh.), mhd. *gaʒʒe*, mnd. *gāte*, anord. schwed. *gata*, got. *gatwō*. Herkunft unbekannt. Aus den ingwäonischen Sprachen sind Entsprechungen aus früher Zeit nicht überliefert (engl. *gate* ‘Tor, Weg, Zugang’ ist aus den nord. Sprachen entlehnt). Außergerm. Verwandte fehlen. *Gasse* steht ursprünglich für den ‘ungepflasterten Weg’ innerhalb des Dorfes oder der Stadt, dagegen bezeichnet *Straße* (s. d.) zunächst den ‘gepflasterten Verkehrsweg zwischen Ortschaften bzw. innerhalb einer Ortschaft’. *Gasse* ist jetzt weitgehend durch *Straße* verdrängt, weil bes. das Nordd. damit den Begriff des Engen, Kleinen, Gedrückten verbindet; dem Südd. ist *Gasse* im Sinne von ‘Straße’ noch geläufig. – G a s s e n h a u e r m. ‘abgeleiertes, volkstümlich-derbes Lied’, im 16. Jh. ‘auf der Gasse gesungenes Lied’ (noch ohne abschätzigen Nebensinn). Eigentl. (ebenfalls 16. Jh.) ‘auf der Straße umherziehender Mensch, Gassengänger, Pflastertreter’ (zu obd. *hauen*, Kraftausdruck für ‘gehen, laufen, treten’, vgl. umgangssprachlich *abhauen* ‘weggehen’), dann auch ‘von Nachtbummlern aufgeführter (gestampfter) Tanz mit seiner Melodie’ und ‘auf der Gasse gesungenes Lied’.

Gast m. ‘wer sich vorübergehend an fremdem Ort aufhält, Besucher’. Ahd. (8. Jh.), mhd. asächs. mnd. mnl. nl. *gast*, aengl. *giest*, anord. *gestr* (daraus engl. *guest*), schwed. *gäst*, got. *gasts* (germ. **gasti-*) führt mit verwandtem lat. *hostis* ‘Fremdling’, bes. ‘kriegführender Fremder, Landesfeind’, *hospes* (Gen. *hospitis*) ‘Gastfreund’ (aus **hostipots*, eigentl. ‘Herr des Fremden, Gastherr’, zum zweiten Kompositionsglied, das hier jedoch als konsonantischer Stamm erscheint, s. *Despot*) sowie aslaw. *gostь* ‘Gast, Fremder’, aruss. *gostь*, auch ‘angereister Kaufmann’, russ. *gost'* (*гость*) ‘Gast’ auf ie. **ghostis* ‘Fremder’. Dies bezeichnet also sowohl den friedlich sich nähernden Fremden, dem Schutz, Unterkunft, Bewirtung gewährt wird, als auch den mit kriegerischen Absichten ins Land fallenden Fremden, den Feind. Im Germ. überwiegt früh die erste Bedeutung, doch kann noch mhd. *gast* auch für ‘Krieger’ bzw. ‘feindlicher Krieger’ stehen. Mit dem Erstarken des Bürgertums, der Intensivierung des Handels und der Entwicklung des Herbergswesens bezeichnet *Gast* nur noch den bewirteten Fremden, den Besucher. – g a s t i e r e n Vb. ‘zu Gaste haben, bewirten’ (17. Jh.) für älteres *gasten* (16. Jh.); heute von Künstlern ‘Gastrollen geben’. g a s t l i c h Adj., ahd. *gastlīh* (Hs. 12. Jh.; vgl. *ungastlīhhī* ‘Ungastlichkeit’, 11. Jh.), mhd. *gastlich*. g a s t f r e i Adj. (16. Jh.). G a s t f r e u n d m. ‘wer zu einem Freund als Gast kommt, wer seinem Freund Gastfreundschaft gewährt’, wahrscheinlich von Maaler (1561) zur Wiedergabe von lat. *hospes* (s. oben) nach der älteren Umschreibung *Gast und Freund* geprägt, dann auch Äquivalent für gleichbed. griech. (homerisch) *xeĩnos* (*ξεῖνος*), (att.) *xénos* (*ξένος*) in dem in der Antike entwickelten speziellen Sinn der vertraglich vereinbarten, erblichen Verbindung zu gegenseitiger gastlicher Aufnahme und Freundschaft. G a s t f r e u n d s c h a f t f. 'Bereitschaft, einem Fremden Bewirtung und Unterkunft zu gewähren' (Anfang 17. Jh.), älter *gastliche Freundschaft* (Mitte 16. Jh.); g a s t f r e u n d l i c h Adj. 'jederzeit bereit, Gäste bei sich aufzunehmen' (2. Hälfte 18. Jh.). G a s t g e b e r m. 'wer andere zu Gast lädt und bewirtet', mhd. *gastgeber, gastgebe* 'wer Nachtherberge gibt, Gastwirt, Wirt'. G a s t h a u s n. 'Übernachtungsstätte mit Speisewirtschaft', ahd. (8. Jh.), mhd. *gasthūs*. G a s t h o f m. (Anfang 15. Jh.). G a s t m a h l n. 'festliche Mahlzeit mit Gästen' (16. Jh.). G a s t s p i e l n. 'Auftreten eines Künstlers, eines künstlerischen Ensembles auf einer fremden Bühne' (Mitte 19. Jh.). G a s t s t ä t t e f. 'Speiserestaurant, Lokal', zuerst 1909 in den dt. Alpenländern verdeutschend für *Hotel* und *Restauration*. G a s t w i r t m. 'Inhaber einer Gaststätte' (17. Jh.); G a s t w i r t s c h a f t f. (um 1800); älter in gleichem Sinne *Wirtschaft* (s. d.).

Gastronomie f. 'Gaststättenwesen, verfeinerte Kochkunst, Feinschmeckerei'. Im 19. Jh. wird gleichbed., seit 1800 bezeugtes frz. *gastronomie* übernommen, aus griech. *gastronomía* (*γαστρονομία*) 'Magenkunde, Lehre von der Pflege des Bauches' entlehnt, zu griech. *gastḗr*, Gen. *gastrós* (*γαστήρ, γαστρός*) 'Bauch, Magen' in Verbindung mit *-nomia* (s. *-nomie*). Der heutigen Bedeutung näher kommt griech. *gastronomía* (anstelle des ursprünglichen *gastrología, γαστρολογία*) im Titel eines Gedichts des Sizilianers Archestratus von Gela (um 330 v. u. Z. verfaßt), das als Almanach für Feinschmecker eine gastronomische Reise um die Welt beschreibt. – G a s t r o n o m m. 'Gastwirt, Kochkünstler', früher auch 'Feinschmecker' (19. Jh.), nach gleichbed. frz. *gastronome*; g a s t r o n o m i s c h Adj. (Mitte 19. Jh.), wohl unter Einfluß von frz. *gastronomique*. G a s t r i t i s f. 'Magenschleimhautentzündung', gelehrte medizinische Neubildung (um 1800) zu griech. *gastḗr* 'Bauch, Magen' (s. oben) und der Entzündungsprozesse bezeichnenden fem. Nominalendung *-ītis* (s. *Bronchitis*).

Gatte m. 'Ehemann', Plur. *Gatten* 'Eheleute, Ehepaar'. Mhd. *gat(e)* 'wer einem gleich ist oder es einem gleichtut, Genosse, Tiermännchen, -weibchen', neben *gegate* (substantivierte Form eines Adjektivs ahd. *gigat* 'passend', um 1000), asächs. *gigado*, aengl. *(ge)gada* 'seinesgleichen, Genosse, Gefährte', mnl. *(ghe)gade* 'Genosse, Ehepartner', nl. *gade* 'Ehemann, Ehefrau'; vgl. (mit einem oft die Stammes- und Familienzugehörigkeit bezeichnenden Ableitungssuffix) ahd. *gataling* 'Stammesgenosse, Verwandter', Plur. 'Eltern' (8. Jh.), asächs. *gaduling*, aengl. *gædeling*, got. *gadiliggs*. Außergerm. sind zu vergleichen aind. *gádhyaḥ* 'was man gerne festhält, was einem paßt', aslaw. *godъ* 'Stunde, (passende) Zeit', russ. *god* (*год*) 'Jahr', aslaw. *godьnъ* 'gefällig, geeignet', russ. *gódnyj* (*годный*) 'tauglich, brauchbar, geeignet', *výgoda* (*выгода*) 'Vorteil, Nutzen, Gewinn'. Sie führen auf die Wurzel ie. **ghadh-* 'vereinigen, eng verbunden sein, zusammenpassen', älter wohl 'umklammern, fest- und zusammenhalten' (vgl. aind. *ā́gadhitaḥ* 'angeklammert'), wozu auch *gut, vergattern* und wohl auch *Gatter, Gitter* (s. d.) gehören. *Gatte*, seit Mitte des 12. Jhs. bezeugt, gehört von Anfang an der gehobenen Sprache an; seine Bedeutung geht von 'gleichgestellter, ebenbürtiger Genosse' aus, von der Mitte des 13. Jhs. an wird damit auch der Paarungspartner im Tierreich bezeichnet; erst von der Mitte des 17. Jhs. an steht es allein für den 'ehelich verbundenen Mitmenschen'. Vorher bedarf es, wenn auf Menschen bezogen, der Zusammensetzung E h e g a t t e (Ende 16. Jh.), das, wie *Gatte*, lange Zeit auch die 'Ehefrau' meinen kann, vgl. mnd. *echtegāde* und nl. *gade*, die beide für 'Ehegatte' und 'Ehegattin' stehen (doch wird nl. *gade* meist auf die 'Ehefrau' bezogen). Ab Ende 18. Jh. gelten *Ehegatte, Gatte* allein für den 'Ehemann', nachdem *Ehegattin* (um 1700) und *Gattin* (1. Hälfte 18. Jh.) üblich werden. – g a t t e n Vb. refl. 'sich paaren', in der Kaufmannssprache früher 'ordnen, sortieren' (*Waren gatten*); mhd. *gaten* 'zusammenkommen, genau zusammenpassen, vereinigen', refl. 'sich in- oder aneinanderfügen, zusammenpassen', vgl. mhd. *gegaten* refl. 'sich fügen' und s. *vergattern* 'die Wache verpflichten'. b e g a t t e n Vb. refl. 'sich paaren' (Anfang 17. Jh.); vgl. ahd. *bigatōn* 'jmdn. treffen, jmdm. zuteil werden' (11. Jh.), mhd. *begaten* 'errreichen, übereinkommen, einrichten', refl. 'sich gesellen', mnd. *begāden*. G a t t u n g f. 'Gesamtheit von Einzeldingen, Einzelwesen, die in wesentlichen Eigenschaften übereinstimmen, Sorte, Art', in der Biologie für *Genus* im System der Lebewesen (zwischen Familie und Art stehend), mhd. *gatunge*; die in der Kaufmannssprache erhaltene Ausgangsbedeutung 'Zusammenstellung des Zusammengehörigen' wird durch *Sorte, Sortiment* verdrängt.

Gatter n. 'Zaun, Gitter, Tor, Pforte aus Gitterstäben, Latten', ahd. *gataro* (8. Jh.), mhd. *gater*, mnd. *gāder(e), gadder(e)* sind verwandt mit *Gitter* (s. d.) und gehören vermutlich wie dieses zu der unter *Gatte* (s. d.) behandelten Wurzel ie. **ghadh-* 'vereinigen, eng verbunden sein, zusammenpassen', bedeuten also eigentl. 'zusammengefügtes Stabwerk'. – e r g a t t e r n Vb. 'sich durch geschicktes Bemühen etw. verschaffen, erwischen' (16. Jh.), ursprünglich 'aus einem Gatter oder über ein Gitter hinweg zu erlangen suchen', weil nach altem Brauch demjenigen, der ein Haus nicht betreten soll, über das Gitter hinausgereicht wird. v e r g a t t e r n Vb. 'mit einem Gatter umgeben, umzäunen'; im Mhd. und älteren Nhd. dafür nur die umgelauteten Formen *vergetern, vergettern, vergättern*. – S. *vergattern* 'die Wache verpflichten'.

Gau m. 'landschaftlich, oft auch historisch zusammengehöriges Gebiet', historisch 'Siedlungsgebiet eines germ. Stammes', ahd. *gewi, gouwi* (9. Jh.), mhd. *göu, gou*, mnd. *gō* 'Landschaft, Bezirk, bes. Gaugerichtssprengel', mnl. *gouw, gou, gō*, nl. *gouw*, got. *gawi* (Gen. *gaujis*) 'Land, Gegend', in Ortsnamen asächs. *-gā, -gō* und aengl. *-gē* gehen zurück auf ein Kollektivum, entweder germ. **ga-auja-* 'Siedlungsgebiet', vgl. griech. *ṓiē* (*οἴη*) 'Dorf', oder auf germ. **ga-awja-* 'Umgebung eines Gewässers', eine neutrale Kollektivbildung zu germ. **awjō* 'Aue, Insel', eigentl. 'die zum Wasser Gehörige' (s. *Aue*). Diese 'von Gewässern durchströmte (als Siedlung geeignete) Gegend' ist zugleich eine 'fruchtbare Landschaft'; beide Aspekte sind noch heute wesentliche Merkmale für landschaftliche Gebiete, deren Namen auf *-gau* oder *-gäu* (*Aar-, Rheingau, Allgäu*) enden. *Gau* ist, wie noch jetzt obd. *Gäu*, ursprünglich Neutr., das mask. Geschlecht setzt sich wohl in Analogie zu lat. *pāgus* 'Gau, Distrikt' durch, als das Wort im 17. und 18. Jh. in Geschichte und Dichtung neu belebt wird.

Gaudium n. 'ausgelassene Freude, Spaß, Vergnügen'. Lat. *gaudium* 'stille, innere Freude' entwickelt sich in der Studentensprache zu 'Frohsinn, Spaß, Belustigung' (in lat. flektierter Form bereits im 17. Jh. in dt. Texten) und wird in diesem Sinne allgemein bekannt (18. Jh.). Dazu die verkürzte Form G a u d i n., bes. im Südd. und Öst. als *Gaudi* f. verbreitet (19. Jh.).

gaukeln Vb. 'flattern, schwankend fliegen, auf spielerische Art täuschen, Zauberei treiben', ahd. *gougalōn* (10. Jh.), mhd. *gougeln*, jünger *goukeln* 'Zauberei, Taschenspielerkünste, Possen treiben', mnd. *gōkelen*, nl. *goochelen* gehören zu einem Substantiv, das in ahd. *gougal* (11. Jh.), mhd. *gougel, goukel* 'Zauberei, Taschenspielerei, närrisches Treiben' belegt ist. Nebenformen begegnen in omd. nordd. *gokeln, kokeln* 'unvorsichtig mit Licht und Feuer spielen'. Die Herkunft ist unbekannt. Als wahrscheinlich verwandte Formen (teilsweise ablautend) können verglichen werden mnl. *gūchelen*, nl. *guichelen* 'spotten', *guich* 'Grimasse', ferner ahd. *gougarōn* (um 800), mhd. *gougern* 'umherschweifen', mhd. *gogel* Adj. 'ausgelassen, lustig', Subst. 'ausgelassener Scherz, Possen', *gogen, gogelen* 'sich ausgelassen gebärden, hin und her gaukeln, flattern', *giege(l)* 'Narr, Betörter' (öst. *Gigerl* 'Kleidernarr'). – G a u k l e r m. 'Taschenspieler, Zauberkünstler, wer einem anderen etw. vormacht', ahd. *gougalāri* (9. Jh.), mhd. *gougelære, goukelære*; vgl. auch aengl. *gēog(e)lere*, das allerdings von afrz. *jogleor* 'Spaßmacher' (s. *Jongleur*) beeinflußt sein kann. G a u k e l e i f. 'Taschenspielerei, Vorspiegelung, Vortäuschung' (Anfang 16. Jh.), vgl. mnd. *gōkelīe* (1. Hälfte 14. Jh.). G a u k e l s p i e l n. 'Vorspiegelung, Vortäuschung', mhd. *gougel-, goukelspil*.

Gaul m. 'minderwertiges Pferd, Mähre'; früher wie noch heute im Nordd. und Md. auch ohne geringschätzigen Sinn. Das Wort kommt nur im Dt. und Nl. vor (schwed. mundartlich *gula* 'altes Pferd' beruht auf Entlehnung aus dem Mnd.). Die ursprüngliche Bedeutung ist schwer zu ermitteln. Mhd. *gūl* bedeutet 'Pferd', zugleich 'Eber' (mhd. *urgūl* 'alter Eber') und 'männliches Tier', auch 'Ungeheuer'; vgl. mnd. *gūl, gūle* 'Pferd, Gaul,

Hengst', mnl. *gūle, guul* '(schlechtes) Pferd', nl. (veraltet) *guil* 'altes, schlechtes Pferd'. Nimmt man als Ausgangsbedeutung 'geschlechtsreifes männliches Tier' an, so kann an die Wurzel ie. **ĝheu-* (s. *gießen*) angeknüpft und *Gaul*, ähnlich wie *Ochse* (s. d.), als 'Samengießer' gedeutet werden. Der heute vorherrschende verächtliche Sinn läßt sich neben positivem Gebrauch schon im 14./15. Jh. nachweisen.

Gaumen m., daneben bis 19. Jh. *Gaum*, 'obere Wölbung des Mundraumes', ahd. *goumo* (um 800), mhd. *goum(e)* 'Gaumen, Kehle, Rachen' sowie ablautendes ahd. *guomo* (8. Jh.), *giumo* (10. Jh.), mhd. *guom(e)*, aengl. *gōma* (engl. *gums* Plur. 'Zahnfleisch'), anord. *gōmr* 'Gaumen, Kiefer, Zahnfleisch', schwed. *gom* 'Gaumen' gehören wie wohl auch lit. *gomurȳs* 'Kehle, Schlund, Adamsapfel' als Bildungen mit dem Suffix ie. *-men-* im Sinne von 'Rachen, Schlund' zur Wurzel ie. **ĝhēi-*, **ĝhē-* bzw. deren Ablautformen **ĝhēu-*, **ĝhō(u)-*, **ĝhəu-* 'gähnen, klaffen, offenstehen' (s. *gähnen*). Das im Frühnhd. aufkommende auslautende *-n* stammt aus den flektierten Kasus. – G a u m e n k i t z e l m. 'durch den Gaumen vermittelter Genuß, reizvolles Gefühl', seit Campe (1808) gebucht, aber schon Fischart nennt den Wein *gaumenkützel* (2. Hälfte 16. Jh.).

Gauner m. 'Betrüger, Schwindler, gerissener Kerl, Schelm'. Rotw. *Juonner, Joner* '(Falsch)spieler' und die Verben *junen, jonen* '(falsch)spielen' (um 1500) werden zu 'Betrüger' und 'betrügen' (Mitte 16. Jh.) verallgemeinert. Das Substantiv entwickelt sich weiter zu *Jauner* (18. Jh.), jedoch wird die Form *Gauner* (zuerst 1687 in einem rotw. Vokabular) durch Lessing (1747) schriftsprachlich. Auszugehen ist von jidd. *jowen* 'Grieche' (hebr. *jawān* 'Griechenland', eigentl. 'Ionier'), woraus rotw. **jowonen* '(falsch)spielen wie ein Grieche', da den Griechen besondere Geschicklichkeit im Falschspielen nachgesagt wird (vgl. frz. *Grec* 'Grieche', als Appellativum 'Falschspieler'). Das Wort kommt auf, als nach der Eroberung von Konstantinopel durch die Türken (1453) viele Griechen heimatlos umherziehen. – g a u n e r n Vb. 'Gaunereien verüben, betrügen' und G a u n e r e i f. 'Betrügerei, listiger Streich', zuerst bei Campe (1808), älter *jaunern* und *Jaunerei* (18. Jh.). g a u n e r i s c h Adj. (Goethe 1805), *jaunerisch* (Anfang 18. Jh.). G a u n e r s p r a c h e f. 'Sondersprache der Gauner, Rotwelsch' (19. Jh.), *Jaunersprache* (18. Jh.).

Gaze f. 'durchsichtiges Gewebe, engmaschiges Flechtwerk'. Mitte des 17. Jhs. gelangt, wohl über Vermittlung von nl. *gaas*, gleichbed. mfrz. frz. *gaze*, span. *gasa* ins Dt. (bis ins 18. Jh. *Gaße, Gase*). Die Herkunft ist ungesichert. Die übliche Ansicht, nach der *Gaze* sich vom Namen der nahe am Mittelmeer gelegenen Oasenstadt *Ghasa* (*Gasa, Gaza*) ableite, wird von einigen wegen der dort nicht nachzuweisenden Textilindustrie verworfen; doch FEW 19, 53 weist darauf hin, daß häufig Produkte nach dem Hafen oder dem Umschlagplatz benannt werden, über den sie gehandelt werden (s. *Jeans*). Andere führen das Wort auf arab. *qazz* 'Roh-, Flockseide' zurück, dem gleichbed. pers. *qäzz* zugrunde liegt.

Gazelle f. zierliche, langbeinige Antilope Nordafrikas und der Steppengebiete Asiens. Mitte des 16. Jhs. gelangt ital. *gazella* bzw. frz. *gazelle* ins Dt. Der Name stammt aus arab. *ġazāla*, in nordafrikan. Aussprache *ġazēl*, der Bezeichnung für das weibliche Tier.

Gazette f. 'Zeitung' (geringschätzig für ein unseriöses Blatt, 'Groschenblatt'). Ende des 17. Jhs. wird gleichbed. frz. *gazette* übernommen, das aus ital. *gazetta* entlehnt ist. Vorauf geht venezian. *gazeta*, eigentl. volkstümliche Bezeichnung einer in Venedig geprägten Scheidemünze von geringem Wert. Sie ist der Preis für die ersten von der venezian. Regierung herausgegebenen handschriftlich hergestellten periodischen Blätter (*gazeta delle novità* genannt) mit Neuigkeiten über venezian. Unternehmungen. Hier liegt der seltene Fall einer Bedeutungsübertragung vom Preis auf die Ware vor.

ge- gemeingerm. unbetontes Präfix **ga-*, ahd. *ga-* (8. Jh.), *gi-* (9. Jh.), abgeschwächt *ge-* (im 11. Jh. vorherrschend), mhd. *ge-*, asächs. *gi-*, mnl. *ghe-*, nl. *ge-*, aengl. *ge-*, älter *gi-*, später (als Folge von Palatalisierung, vgl. afries. *je-*) *i-*, engl. *i-* (in *handicraft* 'Handwerk'), *y-* (in *everywhere* 'überall'), *e-* (in *enough* 'genug'), anord. *g-* (in *granni* 'Nachbar'), got. *ga-* (in *garazna* 'Nachbar'). Die Bedeutung geht im Germ. von dem Begriff des Zusammenseins, der Zusammengehörigkeit, der Vereinigung aus, am deutlichsten erkennbar in Substantiven, die teilnehmende Personen bezeichnen (*Gefährte, Genosse, Geselle, Gespiele, Gevatter*), seltener in Adjektiven (*gemein*) und Verben (*gefrieren, gerinnen*, eigentl. 'zusammenfrieren', 'zusammenrinnen'). Zusammengehörigkeit führt zu der Verwendung von *ge-* in neutralen Kollektivbildungen (*Gebilde, Gebirge, Geflügel, Gerippe, Gestirn, Getier, Gezweig*), teils auch mit Anlehnung an Verben (*Gebäck, Gedeck, Gedicht, Geflecht, Gestell, Getöse*); ferner drückt *ge-* das Ergebnis des im zugehörigen Verb bezeichneten Vorgangs aus (*Gebinde, Gefüge, Gespinst, Gewölbe*) oder bildet Vorgangsbezeichnungen (*Gebrüll, Geflüster, Geschrei, Geschwätz, Gewühl*). Oft ist *ge-* wohl bloßes (gelegentlich verstärkendes) Ableitungsmittel. In verbalen Zusammensetzungen wird durch *ge-* das momentane Geschehen ausgedrückt, das entweder den Beginn oder den Abschluß eines Vorgangs bezeichnet (*gebären, gebühren, gedeihen, gefallen, gehören, gelingen, genesen, geschehen, gestehen, gewähren, gewinnen, gewöhnen*). Simplex und Präfixverb können auch nebeneinanderstehen, wobei sich meist ein Bedeutungsunterschied herausgebildet hat wie bei *bieten – gebieten, brechen – gebrechen, horchen – gehorchen, hören – gehören, raten – geraten, reichen – gereichen, stehen – gestehen*. Aus der perfektivierenden Funktion von *ge-* entwickelt sich der Gebrauch beim Part. Prät., der Vollendungsform des infiniten Verbs (*gearbeitet, gefunden, gegeben, gekommen*), wie auch die Verwendung bei der Bildung von Adjektiven (*gelaunt, gestirnt, gewitzt*). Die Herkunft des Präfixes ist nicht geklärt. Semantische Berührung besteht mit dem Präfix lat. *com-* (s. *kon-*) und der Präposition lat. *cum* 'mit, zusammen mit, zugleich mit' sowie mit damit verwandtem griech. *koinós* (*κοινός*) 'gemeinsam' (aus **κομι̯ός* 'miteinander gehend'), der Präposition air. *co n-* 'mit', dem Präfix air. gall. *com-* '(zusammen) mit'. Diese führen auf ie. **kom* (Adv. Präfix und Präp.) 'neben, bei, mit', das germ. **ham-* ergeben müßte, so daß germ. **ga-* lautlich nicht hierher zu gehören scheint; es sei denn, man führt germ. *g-* im unbetonten Präfix über *χ* auf ie. *k-* zurück und nimmt Nasalschwund an.

Gebärde f., bis ins 19. Jh. meist *Geberde*, 'eine Empfindung, einen Willen, einen inneren Vorgang ausdrückende Bewegung mit Hilfe der Hände, des Gesichts oder des ganzen Körpers, Geste', ahd. *gibārida* (8. Jh.), mhd. *gebærde* 'Verhalten, Benehmen, Wesen', asächs. *gibāriða*, mnd. *gebērde*, mnl. *ghebaerde, ghebeerde* gehören als Verbalabstrakta zu ahd. *gibāren* (8. Jh.), mhd. *gebæren* 'sich betragen, verhalten', asächs. *gibārian*, mnd. *gebēren*, aengl. *gebæran*; dazu vgl. noch ahd. *gibārī* f. 'Verhalten' (11. Jh.), mhd. *gebære* 'Verhalten, Aussehen, Wesen', ahd. *gibāri* Adj. 'sich verhaltend, geartet' (9. Jh.), mhd. *gebære* 'angemessen, schicklich, gebührend'. Zur weiteren Verwandtschaft s. *gebaren* und *gebären*. Vom Substantiv abgeleitet g e b ä r d e n Vb. refl. 'sich außergewöhnlich benehmen, verhalten, aufführen' (2. Hälfte 15. Jh.).

gebaren Vb. refl. 'sich benehmen, betragen, verhalten'. Dem heute selten gebrauchten Verb geht gleichbed. ahd. *gibārōn* (9. Jh.), mhd. mnd. *gebāren* vorauf; dazu stellen sich ahd. *gibāra* f. 'Art, Erscheinungsform' (11. Jh.), mhd. *gebār* m. 'Betragen, Verhalten, Art und Weise' sowie als eng verwandt die unter *Gebärde* (s. d.) genannten Formen; vgl. GÖTZ in: PBB (H) 81 (1959) 191 ff. Letztlich ist die Wortgruppe an die Wurzel ie. **bher(ə)-* 'tragen, bringen' (s. *gebären*) anzuschließen. Bereits im 18. Jh. gilt das Verb als selten, gebräuchlich bleibt dagegen der substantivierte Infinitiv G e b a r e n n. '(außergewöhnliches) Benehmen, Betragen, Verhalten', ahd. *gibāren* (Hs. 11./12. Jh.), mhd. *gebāren*.

gebären Vb. '(ein Kind) zur Welt bringen, hervorbringen, erzeugen', ahd. (8. Jh.), asächs. *giberan* 'hervorbringen, erzeugen, gebären', mhd. *gebern*, mnd. *gebēren*, aengl. *geberan*, got. *gabaíran* bedeutet eigentl. 'zu Ende tragen' (s. *ge-*) und ist zu dem im Nhd. untergegangenen Simplex ahd. *beran* (8. Jh.), mhd. *bern* 'Frucht tragen, hervorbringen, gebären', asächs. *beran*, mnd. *bēren*, mnl. *beren*, aengl. *beran*, engl. *to bear*, anord. *bera* 'tragen, führen', schwed. *bära* 'tragen, bringen, ertragen', got. *baíran* 'tragen, bringen, hervorbringen, gebären' gebildet. Dieses Verb gehört mit den Verwandten aind. *bhárati* 'trägt', griech. *phérein* (*φέϱειν*) 'tragen, bringen', lat. *ferre* 'tragen, bringen', air. *berid* 'trägt', aslaw. *bьrati* 'sammeln, nehmen', russ. *brat'* (*брать*) 'nehmen' zur Wurzel ie.

**bher(ə)-* 'tragen, bringen' (auch 'Leibesfrucht tragen'), dann auch 'er-, aufheben' (s. *empören*). Mit *gebären* sind u. a. verwandt *Geburt, Gebärde, gebaren, Gebühr, gebühren, Bahre, entbehren* (eigentl. 'nicht tragen') und das Suffix *-bar* (s. d.), z. B. *fruchtbar*, eigentl. 'Frucht tragend, bringend'. – G e b ä r m u t t e r f. weibliches Geschlechtsorgan, in dem sich das befruchtete Ei entwickelt (Ende 16. Jh.), älter *Bärmutter* (Anfang 16. Jh.).

Gebäude n. 'größeres Bauwerk', ahd. *gibūidi* 'Wohnsitz, Ansiedlung' (Hs. 12. Jh.), mhd. *gebūwede* 'Gebäude' ist Kollektivbildung zu dem unter *bauen* (s. d.) angeführten Verb. Eine Nebenform dazu ist das seit dem 18. Jh. zugunsten von *Gebäude* zurückgedrängte gleichbed. *Gebäu* n., ahd. *gibū(w)i* 'Wohnung, Wohnstatt, Ansiedlung' (11. Jh.), mhd. *gebiuwe* (vgl. nl. *gebouw* 'Gebäude, Bauwerk', z. B. *Concertgebouw* für das 'Konzerthaus' in Amsterdam).

geben Vb. '(hin-, dar)reichen, schenken, überlassen'. Das gemeingerm. Verb ahd. *geban* (8. Jh.), mhd. *geben*, asächs. *geƀan*, mnd. *gēven*, mnl. *ghēven*, nl. *geven*, aengl. *giefan* (engl. *to give* ist aus dem Nord. entlehnt), anord. *gefa*, schwed. *giva*, got. *giban* wird im allgemeinen mit lat. *habēre* 'halten, haben, besitzen', *habilis* 'handlich, geeignet', air. *gaibid* 'nimmt, ergreift, erhält', lit. *gabénti* 'fördern, transportieren, herbei-, fortschaffen', aruss. *gabati* 'bedrängen, verfolgen (?)', tschech. (älter) *habati* 'raffen', poln. *gabać* 'anfechten, reizen, beunruhigen' zu der in mehreren Varianten vorliegenden Wurzel ie. **ghabh-*, **ghab-*, **ghap-* 'fassen, nehmen' (die letzte Variante wohl unter Einfluß der Wurzel ie. **kap-* 'fassen', s. *heben*) gestellt. Der auffallende Bedeutungsunterschied zwischen den germ. Vertretern und dem ie. Wurzelansatz ('geben' – 'nehmen') wird damit erklärt, daß hier eine germ. Eigenbildung als Ersatz für ie. **dō-* 'geben' vorliegt, die sowohl lautlich (im Vokalismus der Stammsilbe) wie inhaltlich unter dem Einfluß von germ. **neman* (s. *nehmen*) als Gegenwort steht (was man hat, auswählend ergreift, „nimmt", kann man darreichen, schenken, „geben"). – Die reiche Bedeutungsentfaltung des Verbs führt zu zahlreichen Präfixbildungen mit weiteren Ableitungen. a b g e b e n Vb. '(einen Teil) hergeben, abtreten, überlassen, darstellen, sein' refl. 'sich beschäftigen, befassen', frühnhd. *ab(e)geben*, vgl. ahd. *abageban* 'verlassen, im Stich lassen' (9. Jh.); A b g a b e f. 'zu entrichtende Leistung, Überlassung' (2. Hälfte 17. Jh.). a n g e b e n Vb. '(aus)sagen, anzeigen, verraten, bestimmen, prahlen, aufschneiden', mhd. *an(e)geben*, auch '(ein Kleid) anlegen'; A n g a b e f. 'Aussage, Prahlerei, Aufschneiderei' (Anfang 16. Jh.); A n g e b e r m. 'Denunziant, Aufschneider', frühnhd. *angeber* 'Anfänger, Anstifter'; a n g e b l i c h Adj. 'vermeintlich' (1. Hälfte 18. Jh.). a u f g e b e n Vb. 'zur Weiterleitung übergeben, erledigen lassen, verzichten, zurücktreten', mhd. *ūfgeben*; A u f g a b e f. 'Übergabe zur Weiterleitung, Auftrag, Verzicht', mhd. *ūfgābe*. a u s g e b e n Vb. 'austeilen, aushändigen, verkünden, Geld verbrauchen, spendieren', refl. 'seine Kräfte verbrauchen, verausgaben', ahd. *ūʒgeban* '(her)ausgeben, ausschütten' (9. Jh.), mhd. *ūʒgeben*; A u s g a b e f. 'Austeilung, Aushändigung, Verkündigung, Verbrauch an Geld, Edition, Nummer einer Zeitung, Zeitschrift', spätmhd. *ūʒgābe*; a u s g i e b i g Adj. 'reichlich' (Mitte 18. Jh.). b e g e b e n Vb. refl. 'sich aufmachen, gehen, sich ereignen, geschehen', *sich einer Sache begeben* 'auf etw. verzichten', ahd. *bigeban* 'verlassen, aufgeben' (10. Jh.), mhd. *begeben*; B e g e b e n h e i t f. 'Ereignis, Geschehen' (1. Hälfte 17. Jh.). b e i g e b e n Vb. 'mitgeben, hinzufügen, zur Verfügung stellen, nachgeben, sich fügen' (1. Hälfte 16. Jh.); B e i g a b e f. (1. Hälfte 19. Jh.). e i n g e b e n Vb. 'einflößen, einreichen', mhd. *īngeben* 'übergeben, überweisen'; E i n g a b e f. 'das Einflößen, schriftlicher Vorschlag, Gesuch', spätmhd. *ingābe*; E i n g e b u n g f. 'plötzlich auftauchender Gedanke, Intuition' (1. Hälfte 15. Jh.). e r g e b e n Vb. 'als Ergebnis hervorbringen', refl. 'zustande kommen, sich hingeben, widmen, die Waffen strecken, sich dem Feind ausliefern', ahd. *irgeban* '(von sich) geben, heraus-, übergeben, sich jmdm. ausliefern, Rechenschaft ablegen' (8. Jh.), mhd. *ergeben* 'zeigen, herausgeben, übergeben, anheimgeben, einträglich sein', refl. 'sich in jmds. Gewalt geben, sich fügen'; E r g e b u n g f. 'das Sichergeben, Unterwerfung, Ergebenheit' (Anfang 16. Jh.); e r g e b e n Part.adj. 'gefügig, hingebungsvoll, wohlgeneigt', in frühnhd. Zeit aus dem Part. Prät. mhd. *ergeben* 'sich durch Gelübde dem

Mönchsleben ergeben habend'; Ergebenheit f. 'demütige Hingabe, Fügsamkeit', mhd. *ergebenheit* 'Klostergelübde'; Ergebnis n. 'Resultat' (um 1800); ergiebig Adj. 'ertragreich, fruchtbar' (um 1600). freigebig Adj. 'gern gebend, großzügig', Freigebigkeit f. (1. Hälfte 16. Jh.). hingeben Vb. 'weg-, fortgeben, verschenken' (15. Jh.), refl. 'sich aufopfern, sich widmen' (18. Jh.); vgl. schon ahd. *hinageban* 'hingeben, übergeben, preisgeben' (um 1000); Hingabe f. 'Opferbereitschaft, Leidenschaft' und gleichbed. Hingebung f. (1. Hälfte 19. Jh.), älter im Sinne von 'das Weg-, Fortgeben' (*Hingebung* seit dem 17., *Hingabe* seit dem 18. Jh.); hingebungsvoll Adj. 'voll Eifer, Aufopferung' (1. Hälfte 19. Jh.). nachgeben Vb. 'nicht standhalten, Widerstand aufgeben, sich fügen, erschlaffen, locker werden', spätmhd. *nāchgeben* 'zulassen, einräumen'; nachgiebig Adj. 'nicht standhaltend, keinen Widerstand entgegensetzend, schlaff, leicht umzustimmen, fügsam' (18. Jh.). übergeben Vb. 'aushändigen, überantworten, ausliefern, für etw. freigeben', refl. 'sich erbrechen', mhd. *übergeben* 'übertreffen, beeinträchtigen, verletzen, verzichten', refl. 'sich aufgeben, schuldig bekennen'; Übergabe f. 'Aushändigung, Auslieferung' (Ende 15. Jh.). umgeben Vb. 'ein-, umschließen', ahd. *umbigeban* 'umgeben, umstellen' (8. Jh.), mhd. *umbegeben*; Umgebung f. 'einen Ort umgebende Landschaft, jmdn. umgebender Kreis von Menschen' (um 1800; vorher dafür *Environs*, nach gleichbed. frz. *environs* Plur.), älter im Sinne von 'das Herumgeben, Umhängen' (Ende 15. Jh.). Untergebener m. 'wer einem Vorgesetzten dienstlich unterstellt ist' (um 1600), substantivierte Form zum Part.adj. *untergeben* 'einem Vorgesetzten dienstlich unterstellt', eigentl. Part. Prät. zu heute nicht mehr üblichem *untergeben* 'unter Aufsicht stellen', ahd. *untargeban* 'unterwerfen, unterstellen' (um 800), spätmhd. *undergeben*. vergeben Vb. 'weggeben, austeilen, verschenken, verzeihen', meist refl. 'seinem Ansehen schaden', nur refl. 'sich beim Austeilen (der Spielkarten) irren, falsch geben', ahd. *firgeban* 'vergeben, schenken, einräumen' (8. Jh.), mhd. *vergeben*; Vergebung f. 'das Vergeben, Vergabe, Verzeihung', spätmhd. *vergebunge* 'Verzeihung'; vergebens Adv. 'vergeblich, erfolglos, umsonst, nutzlos', spätmhd. *vergeben(e)s*, mit sekundärem *s* für gleichbed. mhd. *vergebene* 'geschenkweise, unentgeltlich, umsonst, unnütz, vergeblich', Adverb zum Part. Prät. mhd. *vergeben*; vgl. ahd. *firgebano* Adv. 'umsonst, ohne Gegenleistung' (um 1000). vergeblich Adj. 'erfolglos, nutzlos, umsonst', zuerst md. *vergebelich* (15. Jh.), vgl. mhd. frühnhd. *vergebenlich* (wohl gekürzt aus *vergebendlich*). zugeben Vb. 'hinzufügen, dazugeben, für richtig erklären, einräumen, gestehen' (15. Jh.), vgl. schon ahd. *zuogeban* 'hinzufügen, zuteilen, verteilen' (9. Jh.), dagegen mhd. *zuogeben* 'tapfer auf jmdn. eindringen, jmdm. zusetzen'; Zugabe f. 'was zusätzlich über die pflichtgemäße Leistung oder Menge hinaus gegeben wird', spätmhd. *zuogābe* 'Zugabe, Mitgift'.

Gebet n. 'Bitte an Gott, Anrufung Gottes', ahd. *gibet* 'Bitte, Fürbitte, Gebet' (8. Jh.), mhd. *gebet(e)*, asächs. *gibed*, mnd. *gebet*, mnl. *ghebet*, nl. *gebed*, aengl. *gebed* stehen neben ahd. (9. Jh.), mhd. *bet* 'Gebet', aengl. *bed* als Substantivbildungen zu dem unter *bitten* (s. d.) behandelten Verb, ursprünglich also wohl 'Bitte'. Im Dt. wird das Substantiv jedoch heute als Ableitung von *beten* (s. d.) empfunden.

Gebiet n. 'Bezirk, Bereich'. Mhd. *gebiet(e)* 'Befehl, Gebot' (13. Jh.), dann auch 'Gerichtsbarkeit, Botmäßigkeit' entwickelt im 14. Jh. den lokalen Sinn 'Befehlsbereich, Bereich der Herrschaftsgewalt, der Gerichtsbarkeit', der sich im Nhd. allein fortsetzt und verallgemeinert wird (*Gebiet der Wissenschaft, der Kunst*). Wie älteres *Gebot* (s. d.) gehört *Gebiet* als Abstraktbildung zu *gebieten* (s. *bieten*).

Gebirge n. 'Gruppe zusammenhängender Berge und Täler, großes Gesteinsmassiv', ahd. (9. Jh.), asächs. *gibirgi*, mhd. *gebirge* ist eine nur im Dt. vorkommende Kollektivbildung (s. *ge-*) zu dem unter *Berg* (s. d.) angeführten Substantiv. – gebirgig Adj. 'mit Bergen versehen, bergig' (15. Jh.).

Geblüt n. 'Herkunft, Abstammung' (in der Regel auf Angehörige von Adelsgeschlechtern bezogen), frühnhd. *geblüete* (Anfang 15. Jh.) ist Kollektivbildung zu dem unter *Blut* (s. d.) angeführten Substantiv und bezeichnet zunächst die 'Gesamtheit des Blutes in einem Körper', daher oft in medizinischen Angaben über die vermeintliche Beschaffenheit des Blutes (*dickes, zähes, gutes Geblüt*) bzw. im Zusammenhang mit der Temperamentenlehre (*schwarz Geblüte* für 'Melancholie', 17. Jh.); es gilt (wie *Blut*) als Träger bestimmter sich fortpflanzender Eigenschaften, so daß sich die Bedeutung 'Verwandtschaft, Abstammung, Herkunft, Geschlecht' entwikkeln kann (16. Jh.), vgl. *adel des geblüts oder geburt, von Davids geblüte* (Luther).

Gebot n. 'Befehl, Anordnung, Vorschrift', ahd. *gibot* 'Befehl, Erlaß' (um 800), mhd. *gebot* 'Auftrag, Ladung zum Erscheinen, Verbot, Herrschaft', asächs. *gibod*, mnd. *gebot, gebode*, mnl. *ghebot*, nl. *gebod*, aengl. *(ge)bod* (germ. **-buda-*) sind im Ablaut zu den unter *gebieten, bieten* (s. d.) angeführten Formen stehende Verbalabstrakta.

gebühren Vb. '(nach Recht oder Verdienst) zustehen', (refl. und unpersönlich) 'sich gehören, sich schicken', ahd. *giburien, giburren* 'erheben, geschehen, hinzukommen, zuteil werden, zufallen' (um 800), mhd. *gebürn*, asächs. *giburian*, mnd. *gebōren*, mnl. *ghebōren, gheboeren, ghebueren*, nl. *gebeuren*, aengl. *gebyrian*, anord. *byrja* 'zuwege bringen, beginnen' (vgl. auch got. *gabaúrjaba* 'gern') stehen mit dem Simplex ahd. *burien, burren* 'emporheben, aufheben, (refl.) sich erheben, aufmachen, beginnen' im Ablautverhältnis zu dem unter *gebären* (s. d.) verzeichneten Verb ahd. *beran* 'tragen, bringen'. Semantisch näher stehen dem Simplex die zur gleichen Wurzel gehörenden, unter *empor* und *empören* (s. d.) behandelten Formen. – G e b ü h r f. 'was jmdm. zusteht, zukommt, Abgabe, Vergütung', ahd. *giburī* 'Geschehen, Ausgang, Schicksal' (um 800), frühnhd. *gebüre* 'was jmdm. zusteht'. g e b ü h r l i c h Adj. 'zustehend, schicklich', ahd. *giburilīh* (10. Jh.), mhd. *gebürlich* 'zufällig, passend'.

Geburt f. 'Vorgang und Ergebnis des Gebärens, Entbindung, Abstammung', ahd. *giburt* (8. Jh.), mhd. *geburt*, asächs. *giburd*, mnd. *gebort*, mnl. *gheboorte*, nl. *geboorte*, aengl. *gebyrd*, got. *gabaúrþs* (germ. **-burdi-*) ist ablautendes *ti*-Abstraktum zu dem unter *gebären* (s. d.) genannten Verb und gehört (wie formal entsprechendes aind. *bhṛtíḥ* 'Unterhalt, Erhaltung') zur Wurzel ie. **bher(ə)-* 'tragen, bringen' (auch 'Leibesfrucht tragen'). – g e b ü r t i g Adj. 'geboren, von Geburt', ahd. *giburtīg* 'zur Geburt, zum Gebären nötig' (11. Jh.), mhd. *geburtec*. G e b u r t s h e l f e r m. (18. Jh.). G e b u r t s t a g m. 'Tag des Geborenwerdens, Jahrestag der Geburt', ahd. *giburtitago* (9. Jh.), *giburtitag* (um 1000), Übersetzung von lat. *diēs nātālis*, mhd. *geburttac*. A u s g e b u r t f. 'Scheusal, übles Produkt' (17. Jh.). N a c h g e b u r t f. 'Ausstoßung des Mutterkuchens nach der Geburt' (16. Jh.).

Geck m. 'eitler, gefallsüchtiger Mensch, Stutzer', rhein. *Jeck* 'Karnevalsnarr, Spaßmacher'. Mnd. *ge(c)k* 'Tor, Narr' ist seit dem 14. Jh. auch im hd. Gebiet bezeugt. Herkunft und Etymologie sind umstritten. Teuchert Sprachreste 304 schließt aus der zuerst nur westmnd. Belegung, daß *Geck* mit nl. Siedlern in die Mark Brandenburg gelangt sei, während de Vries Nl. 189 mnl. *gec*, nl. *gek* als Übernahme (14. Jh.) aus dem nd. (nsächs.) Gebiet ins Niederfränkische erklären möchte. Vielfach wird für *Geck* lautmalende Bildung nach den von einem Narren ausgestoßenen unverständlichen Tönen angenommen. Anders Knobloch in: Lingua 26 (1970/71) 302, der in *Geck* eine falsche hd. Verschriftlichung für rhein. *Jeck* (aus *Jakob*) sieht. – g e c k Adj. 'närrisch, verrückt', rhein. *jeck*, im 15. Jh. aus dem Substantiv. g e c k e n h a f t Adj. 'stutzerhaft' (18. Jh.).

Gedächtnis n. 'Erinnerungsvermögen, Erinnerung, Andenken', ahd. *githehtnissī* f. n. 'Andacht' (9. Jh.), mhd. *gedæhtnisse* f. n., ursprünglich 'das Denken an etw.', dann 'das Denken an früher Geschehenes und Erfahrenes, Erinnerung', ist eine Bildung zum Part. Prät. ahd. *githāht*, mhd. *gedāht* (s. *denken*); vgl. mnd. *(ge)decht(e)nisse, gedacht(e)nisse, dachtnisse*, mnl. *ghedachtenesse, ghedechtenesse*, nl. *gedachtenis*. Daneben (zum Präsensstamm gebildet) gleichbed. mhd. *gedenknisse*, mnd. *gedenkenisse*, mnl. *ghedenkenesse*.

Gedanke m. 'Ergebnis des Denkens, Idee, geistiger Einfall', ahd. *githanc* 'Denken, Sinn, Gesinnung, Absicht, Einsicht' (8. Jh.), mhd. *gedanc*, asächs. *githanko*, mnd. *gedanke*, aengl. *geþanc* sind Verbalabstrakta zu den unter *denken* (s. d.) behandelten Verbformen. – G e d a n k e n f r e i h e i t f. 'Möglichkeit der freien Gedankenäußerung' (18. Jh., Schiller). g e d a n k e n l o s Adj. 'unüberlegt, zerstreut' (18. Jh.). G e d a n k e n s t r i c h m. (18. Jh.).

gedeihen Vb. 'wachsen und zunehmen, sich gut entwickeln', ahd. *githīhan* (10. Jh.), mhd. *gedīhen* 'geraten, Fortschritte machen', aengl. *geþēon*, mnd. *gedīen*, mnl. *ghedīen*, nl. *gedijen*, got. *gaþeihan* sind Präfixbildungen zu einem (im Nhd. untergegangenen) Simplex ahd. *thīhan* (8. Jh.), mhd. *dīhen* 'wachsen, geraten, Fortschritte machen', asächs. *thīhan*, aengl. *þēon*, mnd. mnl. *dīen*, nl. *dijen*, got. *þeihan*. Die Verben schließen sich an die Wurzel ie. **tenk-* '(sich) zusammenziehen, fest, dicht werden' an, zu der auch verwandtes *dicht* (s. d.) gehört. Der *n*-Ausfall im Germ. hat zu Ersatzdehnung des Stammsilbenvokals geführt; vgl. noch den Plur. Prät. aengl. *þungon* sowie das Part. Prät. aengl. *geþungen*. Auf grammatischen Wechsel von *h* und *g* weist (wie die genannten aengl. Formen) auch das Part. Prät. ahd. *githigan*, mhd. *gedigen*, das heute noch in dem isolierten Part.adj. g e d i e g e n 'rein, echt, dauerhaft, solide' weiterlebt, während das *h* im Part. Prät. nhd. *gediehen* durch Ausgleich mit dem Präsens eingetreten ist. – G e d e i h m. 'das Gedeihen' (15. Jh.), nur noch in der Wendung *auf Gedeih und Verderb(en)* 'unter allen Umständen, bedingungslos', wohl aus nordd. Rechtssprache, vgl. mnd. *gedy und verderf*. G e d e i h l i c h k e i t f. (Anfang 17. Jh.), später bezeugtes g e d e i h l i c h Adj. 'ersprießlich, fördernd' voraussetzend.

Geest f. 'höher gelegenes trockenes Küstenland' (im Gegensatz zur Marsch) ist seit dem 17. Jh. in dem Kompositum *Geestland* in hd. Texten bezeugt, seit dem 18. Jh. auch als Simplex. Mnd. *gēst*, nd. *Geest* 'das hohe sandige Land', mnl. *gheest*, nl. *geest* (vgl. afries. *gāstland*) und das Adjektiv afries. *gēst, gāst*, nd. *gēst* 'unfruchtbar' führen mit schwed. *gisten* und isl. *gisinn* 'undicht infolge Trockenheit', ahd. *geisinī* 'Unfruchtbarkeit, Armut' (9. Jh.), aengl. *gæsne* 'unfruchtbar' als Bildungen mit *s(t)*-Suffix auf die Wurzel ie. **ĝhēi-*, **ĝhē-* 'gähnen, klaffen, offenstehen' (s. *gähnen*). Als Ausgangsbedeutung ist 'von Trockenheit rissig' anzunehmen.

Gefahr f. 'drohendes Unheil', mhd. *gevāre* 'Hinterlist, Betrug' ist eine verstärkende Präfixbildung zu ahd. *fāra* 'Hinterhalt, Versuchung, Nachstellung, Aufstand, Hinterlist' (9. Jh.), mhd. *vāre* 'Nachstellung, Hinterlist, Falschheit, Betrug, Gefahr, Begierde, Furcht', nhd. *Fahr* (noch bis ins 18. Jh.), asächs. *fār, fāra* 'Nachstellung, Aufruhr', mnd. *vāre*, mnl. *vāre, vaer*, aengl. *fǣr*, engl. *fear* 'Furcht, zu befürchtende Gefahr', anord. *fār* 'Feindschaft, Gefahr, Schaden, Falschheit'; vgl. dazu got. *fērja* 'Aufpasser' sowie (vom Substantiv abgeleitet) ahd. *fārēn* 'auflauern, nachstellen, streben, trachten' (8. Jh.), mhd. *vāren* 'feindlich trachten, nachstellen, streben, fürchten', das noch in nhd. *willfahren* (s. *Wille*) weiterlebt. Alle Formen lassen sich wohl mit griech. *pẽira* (πεῖρα) 'Erfahrung, Versuch', *peirãn* (πειρᾶν) 'versuchen', lat. *experīrī* 'versuchen, prüfen', *perīculum* 'Versuch, Probe, Gefahr, Prozeß, Anklage' auf die Wurzel ie. **per-* in der Bedeutung 'versuchen, probieren, riskieren, Gefahr' zurückführen, wobei eine Bedeutungsentwicklung von 'hinterlistiger Versuch' über 'Nachstellung' zu 'drohendes Unheil' anzunehmen ist. – g e f ä h r d e n Vb. 'in Gefahr bringen', spätmhd. *gevǣrden*, zu mhd. *gevǣrde* 'Hinterlist, Betrug', nhd. *Gefährde* (bis 18. Jh.), mit Dentalsuffix abgeleitet von ahd. *gifārēn* (9. Jh.), mhd. *gevāren* 'nachstellen, streben', eine durch Präfix verstärkte Weiterbildung von ahd. *fārēn*, mhd. *vāren* (s. oben). Vgl. auch (im Nhd. kaum noch übliches) mhd. *gevǣre* 'Betrug, Hinterlist, böse Absicht' (s. *ungefähr*). g e f ä h r l i c h Adj. 'unheilbringend, gefahrvoll', mhd. *gevǣrlich*; daneben auch mhd. *vǣrlich*, vgl. ahd. *fārlihho* Adv. 'hinterlistig, verfänglich' (8. Jh.).

Gefährt n. 'Fahrzeug, Fuhrwerk', ahd. *giferti* 'Gehen, Gang, Verhalten' (9. Jh.), mhd. *gevert(e)* 'Weg, Zug, Fahrt, Reise, Gesinde, Benehmen, Verhalten', mnd. *gevērde*, auch 'Gefährt', ist Kollektivbildung zu ahd. *fart* (s. *Fahrt*). Die heutige Bedeutung 'Fuhrwerk, Wagen' (d. h. 'Mittel zur Fahrt') ist zuerst im Mnd., im Hd. seit dem Anfang des 17. Jhs. bezeugt und wird allmählich alleingültig.

Gefährte m. 'Begleiter', ahd. *giferto* 'Fahrtgenosse' (9. Jh.), mhd. *geverte*, mnd. *gevērde* bezeichnet als Kompositum zu den unter *Fahrt* (s. d.) genannten Wortformen mit dem Präfix *ge-* 'zusammen mit' ursprünglich den, 'der die Fahrt mit (einem) anderen gemeinsam macht', den 'Mitreisenden, Reisebegleiter' (zur Bildung s. auch [3]*Bauer, Genosse, Geselle*).

gefallen Vb. 'zusagen, anziehend, angenehm, hübsch sein', ahd. *gifallan* 'fallen, zufallen, zuteil werden, zutreffen, zusagen' (um

800), mhd. mnd. mnl. nl. *gevallen*, aengl. *gefeallan* stehen als Präfixbildungen zu dem unter *fallen* (s. d.) angeführten Verb. Die im Nhd. allein herrschende Bedeutung ist von (durch den Fall der Würfel oder das Los) 'zufallen, zuteil werden' und daher 'angenehm sein' herzuleiten (s. *Fall*); vgl. mhd. *mir gevellet eȝ wol* eigentl. 'ich habe ein gutes Los gezogen, Glück gehabt' (schon ahd. *wol gifallan*). – g e f ä l l i g Adj. 'zuvorkommend, hilfsbereit, angenehm, hübsch', ahd. *gifellīg* 'gelegen, geeignet, recht' (um 1000), mhd. *gevellec, -vellic* 'angemessen, möglich, günstig, gefallend'. G e f ä l l i g k e i t f. 'Hilfe, Entgegenkommen', mhd. *gevellekeit* 'was gefällt, Gunst'. G e f a l l s u c h t f. 'ausgeprägter Drang zu gefallen, Eitelkeit' (18. Jh.; s. *Sucht*), zuerst Übersetzungswort für *Koketterie* (s. d.).

Gefäß n. 'Behälter', ahd. *gifāȝi* 'Behälter, Schüssel' (11. Jh.), mhd. *gevæȝe* 'Schüssel, Teller, Trinkgeschirr', aber auch 'Kleidung, Schmuck, Ausstattung', mnd. *gevēte* sowie anders gebildetes got. *gafēteins* 'Kleidung' sind mit kollektivem *ge*-Präfix zu dem unter *fassen* (s. d.) dargestellten Verb gebildet. Aus dessen Ausgangsbedeutung '(in ein Gefäß) füllen, umhüllen, bekleiden' erklären sich die älteren Verwendungsweisen des Substantivs. – B l u t g e f ä ß n. 'Ader', S t a u b g e f ä ß n. 'den Blütenstaub enthaltender Teil der Blüte' (beide 18. Jh.).

Gefieder n. 'Federkleid' (eines Vogels), mhd. *gevider(e)* 'Federn, Federbett, Federvieh' (vgl. ahd. *gifedari* Adj. 'geflügelt, gefiedert', 8. Jh.) ist Kollektivum zu dem unter *Feder* (s. d.) dargestellten Substantiv und kann wie *Geflügel* (s. d.) auch die Gesamtheit der Vögel bezeichnen. – g e f i e d e r t Part.adj. 'mit Federn versehen, von federartiger Gestalt', ahd. *gifidiret* 'geflügelt' (um 1000), mhd. *gevidert*, Part. Prät. zu ahd. *fidiren* 'flügge werden, befiedern' (9. Jh.), mhd. *videren* 'mit Federn versehen'.

Gefilde n. 'Landschaft, Land', ahd. *gifildi* 'Landschaft, Ebene' (9. Jh.), mhd. *gevilde*, aengl. *gefilde* steht als Kollektivbildung zu dem unter *Feld* (s. d.) dargestellten Substantiv und bedeutet eigentl. 'Gesamtheit der Felder' (s. auch *Gebirge*).

Geflügel n. 'eßbares Federvieh', spätmhd. *gevlügel(e)* (14. Jh.), Kollektivum zu mhd. *vlügel* 'Flügel', ursprünglich alle Vögel als flügeltragendes Getier; erst im 19. Jh. wird die Bedeutung auf 'eßbares Federvieh' eingeschränkt. Zur Etymologie s. *Flügel*. Älter ist das Kollektivum ahd. *gifugili* 'Vögel' (9. Jh.), zu ahd. *fogal, fugal* (s. *Vogel*), mhd. *gevügel(e)*, nhd. *Gefügel* (bis ins 17. Jh.), daneben (mit Angleichung des Vokals an *Vogel*) spätmhd. (md.) *gevogele*, nhd. *Gevögel*.

Gefreiter m. militärischer Mannschaftsdienstgrad (16. Jh.), substantiviertes Part. Prät. von *freien* 'frei machen, befreien' (s. *befreien, frei*), als Übersetzung der Soldatensprache von lat. *exēmptus* 'ausgenommen' (vom Schildwachestehen), zu lat. *eximere* 'herausnehmen, wegnehmen', so daß unter einem *Gefreiten* eigentl. 'der vom Schildwachdienst befreite Soldat' zu verstehen ist.

gegen Präp. 'wider (zur Abwehr von, zum Schutz vor), in Richtung auf, in Beziehung auf, fast, annähernd, im Austausch für', ahd. *gagan, gegin* Präp. Adv. (9. Jh.), *gagani, gegini* Adv. (9. Jh.), mhd. *gegen* Präp., *gegen(e), gagen(e)* Adv., kontrahiert *gein, gēn* (daraus als Richtungsangabe nhd. *gen*), asächs. *gegin-*, mnd. *jēgen*, mnl. *jeghen(s)*, nl. *jegens*, aengl. *gegn, gēn* Adv., anord. *gegn* Präp. Adv. ist, da außergerm. Vergleichsmöglichkeiten fehlen, etymologisch ungeklärt. *gegen* gibt ursprünglich die Richtung an 'auf etw. zu, auf etw. hin' (räumlich *gegen den Baum laufen*, zeitlich *gegen Abend*), dann auch das Verhältnis zu Menschen oder Sachverhalten (*gütig gegen alte Leute, empfindlich gegen Kälte*). Daraus entwickelt sich eine Bedeutung 'wider' im Sinne eines absichtlichen Entgegenwirkens, einer Feindseligkeit (*gegen jmdn. kämpfen, gegen jeden Versöhnungsversuch sein*). Häufig in nominalen Zusammensetzungen, z. B. für die entsprechende Erwiderung eines Vorgangs (*Gegendruck, -gruß, -wirkung*), einer feindlichen Absicht (*Gegenwehr, -stoß*), für Personen und Sachverhalte, die einander völlig (*Gegenbild, -stück*), rivalisierend (*Gegenkönig, -spieler, -partei*) oder in umgekehrtem Sinne, also gegenläufig (*Gegenrichtung, -strömung, -rhythmus*) entsprechen. – e n t g e g e n Adv. 'in Richtung auf', Präp. 'im Gegensatz zu', ahd. *ingagan, ingegin* Präp. 'gegen, entgegen' (8. Jh.), *ingagani, ingegini* Adv. (um 800), mhd. *engegen* Präp., *engegen(e), engagen(e)* Adv., asächs. *angegin*, aengl. (westsächs.) *ongēan, ongēn*, (angl.) *angægn, ongegn*, engl. *again*; im Nhd. an das

Präfix *ent-* (s. d.) angelehnt; dazu e n t g e g n e n Vb. 'erwidern, antworten' (16. Jh.); vgl. dagegen ahd. *ingaganen, ingeginen* 'entgegenkommen, empfangen, zurückkehren' (9. Jh.), mhd. *engegenen* 'begegnen'; E n t g e g n u n g f. 'Erwiderung' (19. Jh.). G e g e n f ü ß l e r m. 'auf dem entgegengesetzten Punkt der Erdkugel lebender Mensch', übertragen 'Widersacher', Übersetzung (17. Jh.) von *Antipode* (s. d.); älter *gegenfüßig* (16. Jh.). G e g e n g i f t n. 'einem anderen Gift entgegenwirkendes Gift', griech. *antídoton* (*ἀντίδοτον*), lat. *antidotum* nachgebildet (17. Jh.). G e g e n s a t z m. 'das Entgegengesetzte, Widerspruch, Kontrast, Feindschaft', zuerst (15. Jh.) in der Rechtssprache 'Gegenbehauptung, -argumentation'. g e g e n s e i t i g Adj. 'wechselseitig, beiderseitig' (18. Jh.), anfangs 'auf der entgegengesetzten Seite befindlich, der Gegenpartei angehörend'. G e g e n s t a n d m. 'Ding, Thema, Angelegenheit', zuerst 'Widerstand' (16. Jh.), 'Gegensatz', auch 'das Entgegenstehende' (17. Jh.), dann (Ende 17. Jh.) Übersetzung von *Objekt* bzw. lat. *obiectum* in philosophischer Sprache, davon ausgehend die heutige allgemeine Verwendung; g e g e n s t ä n d l i c h Adj., um 1800 für *objektiv*, heute im Sinne von 'dinglich, konkret' als Gegensatz zu *begrifflich*. G e g e n w a r t f. 'Jetztzeit, Anwesenheit, Dasein', ahd. *gaganwart, geginwart* (9. Jh.), mhd. *gegenwart*; vgl. auch ahd. *gaganwerta* (8. Jh.), *gaganwertī, geginwertī* (8. Jh.), *gaganwurti* (10. Jh.), mhd. *gegenwurt, -würte* 'Gegenwart, Anblick, Angesicht'; zum zweiten Kompositionsglied s. *-wärts*. Seit dem 19. Jh. grammatischer Terminus für *Präsens* (s. d.), wofür älter *gegenwürtig(e) Zeit* (um 1400), *die gegenwärtige Zeit oder die Gegenwart* (Campe 1801); g e g e n w ä r t i g Adj. 'in der Gegenwart lebend, augenblicklich, jetzig', ahd. *gaganwertīg, geginwertīg* (9. Jh.), mhd. *gegenwertec, -würtec*; v e r g e g e n w ä r t i g e n Vb. '(sich) deutlich in der Gegenwart vorstellen' (17. Jh.), zu *gegenwärtigen* (15. Jh.). g e g e n ü b e r Adv. und Präp. 'auf der anderen Seite, im Hinblick auf, gegen, zu', aus *gegen* und *über* (s. d.) zusammengewachsen (16. Jh.), anfangs daher getrennt geschrieben mit dem abhängigen (von der Präp. *gegen* regierten) Kasus zwischen beiden Bestandteilen (noch im 18. Jh. *gegen ihm über*); substantiviert G e g e n ü b e r n. 'das oder der auf der anderen Seite Befindliche' (um 1800), nach frz. *le vis-à-vis*.

Gegend f. 'Landschaft, Gebiet', mhd. *gegende, gegent* ist (wie anders gebildetes ahd. *geginōti*, Hs. 13. Jh., mhd. *gegenōte*) eine Ableitung von der Präposition ahd. *gagan, gegin* (s. *gegen*). Vorbild ist wahrscheinlich afrz. *contree*, frz. *contrée*, aus vlat. **(regio) contrāta* 'gegenüberliegendes Land' (zur Präposition lat. *contrā* 'gegen'); vgl. auch ital. *contrada* 'Gegend'.

Gegner m. 'Widersacher, Feind'. Mnd. *gēgenēr(e), jēgenēre* 'Gegner im Kampf, Widersacher vor Gericht' (14. Jh.) ist Nomen agentis zu mnd. *gēgenen, jēgenen* 'jmdm. begegnen, entgegenkommen'; vgl. ahd. *gaganen, geginen* 'entgegengehen, -treten, begegnen' (9. Jh.), mhd. *gegenen*, frühnhd. *gegnen* (noch erhalten in *begegnen, entgegnen*), Ableitung von dem unter *gegen* (s. d.) behandelten Wort. Der nd. Rechtsausdruck, wahrscheinlich ein Übersetzungswort für lat. *adversārius* 'Widersacher, Widerpart, Kläger', wird Anfang 16. Jh. ins Hd. übernommen. – g e g n e r i s c h Adj. 'feindlich' (18. Jh.).

gehaben Vb. refl. 'sich benehmen, verhalten', ahd. *gihabēn* '(be)halten, ein-, zurückhalten, enthalten, sich verhalten, befinden' (um 800), mhd. *gehaben* 'halten, sich befinden, besitzen, behaupten', mnd. *gehebben*, aengl. *gehabban*, got. *gahaban* 'ergreifen, be-, festhalten, sich enthalten' sind Präfixbildungen zu den unter *haben* (s. d.) behandelten Simplexformen. Das Verb wird im Nhd. des 19. Jhs. aufgegeben; heute nur noch in der Abschiedsformel *gehab dich wohl*. Dazu der substantivierte Infinitiv G e h a b e n n. 'Verhalten, Benehmen', mhd. *gehaben*. G e h a b e n. 'Verhalten, Ziererei, Getue', wohl Neubildung des 19. Jhs. und nicht ahd. *gihaba* f. 'Haltung, Benehmen' (um 800), mhd. *gehabe* f. 'Haltung, Benehmen, Aussehen' fortsetzend.

Gehalt m. 'Inhalt, Anteil', spätmhd. *gehalt* 'Gewahrsam, Gefängnis, innerer Wert' ist Verbalabstraktum zu mhd. *gehalten* 'still halten, festhalten, bewahren, gefangennehmen' (durch Präfix verstärktes *halten*, s. d.; vgl. ahd. *gihalto* 'Hüter, Wächter', 9. Jh.). Entsprechend steht noch heute südd. *Gehalt* für 'Behältnis' (z.B. 'Zimmer, Schrank'). Die heutige Bedeutung 'Bestandteil, Inhalt' entwickelt sich im 15. Jh. Sie gilt zuerst für den Silber- oder Goldanteil von Münzen, im 17. Jh. für den Anteil chemischer Substanzen in einer Mischung; im 18. Jh. begegnet der heute übliche übertragene Gebrauch (vgl. *innerer Gehalt, der wahre Gehalt der Worte, Gehalt und Form*). Zu *halten* im Sinne von 'unterhalten' gehört G e h a l t n. 'Besoldung, Einkommen' (18. Jh., anfangs auch m.), eigentl. 'Unterhalt ohne Gegenleistung', vgl. *Gnaden-, Witwengehalt* (18. Jh.).

gehässig Adj. 'haßerfüllt, boshaft', mhd. *gehaʒʒec, geheʒʒec* 'hassend, feind', Weiterbildung des gleichbed. Adjektivs mhd. *gehaʒ* (zu *Haß*, s. d.). – G e h ä s s i g k e i t f. 'Bosheit, Niederträchtigkeit' (18. Jh.).

Gehäuse n. 'Hülle, Behälter', frühnhd. *gehiuse, geheus* 'Hütte, Verschlag' (15. Jh.), Kollektivum zu mhd. *hūs* (s. *Haus*). Bereits im 16. Jh. entfernt es sich von der Bedeutung von 'Haus' und entwickelt den Sinn 'Behältnis, Schutzhülle, Kapsel'. Vgl. K e r n g e h ä u s e n., U h r g e h ä u s e n. (beide 18. Jh.).

Gehege n. 'eingezäuntes Gebiet'. Latinisiertes langobard. *gahagium* 'eingefriedetes Gebiet', speziell 'königlicher Forst' (7. Jh.), mhd. *gehege, gehage* 'Einfriedung, Schutzwehr, Zufluchtsort, Gebüsch', mnd. *gehēge* ist Kollektivbildung zu dem unter *Hag* (s. d.) behandelten Substantiv. *Gehege* bezeichnet daher vor allem das für die Jagd bestimmte Revier, vgl. *jmdm. ins Gehege kommen* (17. Jh.), älter *ins Gehege fallen* (16. Jh.) 'in sein Gebiet, seine Rechte eindringen'.

geheim Adj. 'verborgen, streng vertraulich, nicht für Außenstehende bestimmt', seit dem 15. Jh. als präfigierte Adjektivbildung zu *Heim* (s. d.) belegt, seiner Herkunft entsprechend zuerst 'zum Haus, zum Heim gehörig, vertraut' (vgl. *Geheimer Rat, Geheimrat* 'vertrauter Rat'), dann auch (16. Jh.) 'traulich' und 'zahm' (von Haustieren). Die heutige Bedeutung entwickelt sich erst im 17. Jh. aus 'vertraut' im Gegensatz zu *öffentlich*. Vgl. *Geheimbund* (Anfang 19. Jh.), *Geheimdienst* 'politische Polizei' (19. Jh.), *Geheimlehre* (Anfang 19. Jh.), zuerst für die jüdisch-mystische *Kabbala*. – G e h e i m n i s n. 'nur für einen kleinen Personenkreis bestimmtes Wissen, Unerklärbares, Undeutbares' (16. Jh.), als Ableitung zum Adjektiv zuerst wohl für ein religiöses Mysterium gebraucht (Luther), älter dafür *Heimlichkeit*; *öffentliches Geheimnis* 'ein Geheimnis, das allen bekannt geworden ist' (18. Jh.), wohl Übersetzung von Calderons Lustspieltitel *El secreto a voces*. G e h e i m n i s k r ä m e r m. 'wer sich mit angeblichen Geheimnissen wichtig macht' (18. Jh.). g e h e i m n i s v o l l Adj. 'unerklärbar, rätselhaft, einem größeren Personenkreis unbekannt' (18. Jh.). i n s g e h e i m Adv. 'heimlich' (17. Jh.), zum substantivierten Adjektiv, vgl. *im Geheimen*.

gehen Vb. 'sich zu Fuß fortbewegen'. Im Paradigma von nhd. *gehen* sind die Formen von zwei verschiedenen, nicht miteinander verwandten Verben vereinigt. Das gemeingerm. starke Verb ahd. *gangan* (8. Jh.), mhd. *gangen*, asächs. aengl. *gangan*, mnl. *ganghen*, anord. *ganga*, got. *gaggan* gehört zu den reduplizierenden Verben und ist vielleicht als Rückbildung aus einem *jan*-Verb germ. **gangjan* (vgl. ahd. *zigengen* 'zergehen machen, vernichten', um 1000, mhd. *gengen* 'gehen machen, losgehen', aengl. *gengan* 'gehen, reisen, reiten') anzusehen. Es ist verwandt mit *Gang* (s. d.) und außergerm. mit aind. *jáṅghā* 'Unterschenkel', *jáṁhaḥ* 'Flügel, Schwinge', lit. *žeñgti* 'schreiten, gehen' und vielleicht griech. *kochṓnē* (κοχώνη) 'Stelle zwischen den Schenkeln, Hinterbacke'. Erschließbar ist ie. **ĝhengh-* 'schreiten, Schritt, Schenkelspreize, Schamgegend'. Auf dieses durch ahd. *gangan* vertretene Verb gehen das Prät. (*ging*) und das Part. Prät. (*gegangen*) von nhd. *gehen* zurück. Daneben steht gleichbed. ahd. *gān* (8. Jh.) und (zunächst nur bair. und frk.) *gēn* (8. Jh.), mhd. *gān, gēn*, asächs. *-gān*, mnd. aengl. *gān*, engl. *to go*, mnl. *gaen*, nl. *gaan*, anord. aschwed. *gā*, krimgot. *geen*, das ahd. nur durch den Infinitiv und athematisch gebildete Präsensformen (*gām, gās(t), gāt* usw. neben *gēm, gēs(t), gēt* usw.) belegt ist (vgl. aber aengl. Part. Prät. *gegān*), die Infinitiv und Präsens des nhd. Verbs *gehen* ergeben haben. Dieses Verb verbindet sich mit griech. (homerisch) *kichā̂nein* (κιχάνειν) 'erreichen, erlangen, antreffen', aind. *jíhītē* 'springt auf, begibt sich zu' und führt auf eine Wurzel ie. **ĝhē-*, **ĝhēi-* 'leer sein, fehlen, verlassen, fortgehen', dann auch 'gehen', wobei eine Identität mit ie. **ĝhēi-*, **ĝhē-* 'gähnen, klaffen, offenstehen' erwogen wird (s. *gähnen*), da sich 'fortgehen' aus 'klaffend abstehen' entwickelt haben kann. – a b g e h e n Vb. 'sich entfernen, fehlen, sterben, abschreiten', ahd. *abagangan, -gān* 'aufhören, vergehen' (um 1000), mhd. *abegān* 'abnehmen, etw. versagen, fehlen'; A b g a n g m. 'Weggang, Tod, Weg nach unten', mhd. *abeganc* 'das Hinabgehen, ein hinabführender Weg, Mangel, Abfall'. a n g e h e n Vb. 'beginnen, betreffen, um etw. bitten', ahd. *anagangan, -gān, -gēn* (um 800), mhd. *anegān* 'anfangen, hineingehen, folgen, angreifen'. a u f g e h e n Vb. 'sich öffnen, emporsteigen, sichtbar werden', ahd. *ūfgangan, -gān, -gēn* (8. Jh.), mhd. *ūfgān, -gēn* 'aufgehen, sich erheben, entstehen, gedeihen'; A u f g a n g m. 'Erscheinen, Weg nach oben, Treppe', ahd. *ūfgang* (8. Jh.), mhd. *ūfganc*. a u s g e h e n Vb. 'fortgehen, sich aufbrauchen, enden, abzielen auf etw.', ahd. *ūȥgangan, -gān, -gēn* 'hinausgehen, aufhören' (8. Jh.), mhd. *ūȥgān, -gēn* 'heraus-, hervorgehen, über die Ufer treten, zu Ende gehen, sich verlieren'; A u s g a n g m. 'das Hinausgehen, Schluß, Ende, Weg nach außen', ahd. *ūȥgang* (um 800), mhd. *ūȥganc* 'das Herausgehen, Ausgang, Ende'. b e g e h e n Vb. 'besichtigen, entlanggehen, feiern', ahd. *bigangan, -gān, -gēn* (8. Jh.), mhd. *begān, -gēn* 'erreichen, antreffen, sorgen um etw., feiern, zu Grabe geleiten'. e i n g e h e n Vb. 'eintreffen, kleiner werden, aufhören zu existieren, sich mit etw. oder jmdm. beschäftigen', ahd. *ingangan, -gān, -gēn* 'hineingehen, eintreten, eindringen, überfallen' (8. Jh.), mhd. *īngān*; E i n g a n g m. 'Öffnung, Tür, Ankunft, Weg nach innen', ahd. *ingang* (8. Jh.), mhd. *īn-, inganc*. e n t g e h e n Vb. 'entkommen, nicht bemerkt werden', ahd. *intgangan, -gān, -gēn* (9. Jh.), mhd. *engān, -gēn* 'entkommen, fortgehen, verlorengehen, sich entziehen'. e r g e h e n Vb. 'angeordnet werden', refl. 'spazierengehen', auch unpersönlich *mir ergeht es gut, schlecht*, ahd. *irgangan, -gān, -gēn* (9. Jh.), mhd. *ergān, -gēn* 'zu gehen beginnen, kommen, geschehen, sich ereignen, einholen, zu Ende gehen'. h i n t e r g e h e n Vb. 'betrügen, täuschen', spätmhd. *hindergān* 'von hinten herangehen, überfallen, betrügen'. ü b e r g e h e n Vb. 'nicht beachten, übersehen, überlaufen, überfließen', ahd. *ubargangan, ubar(i)gān* 'überströmen, hinübergehen' (8. Jh.), mhd. *übergān, -gēn* 'übergehen, -fließen, vorübergehen, über etw. gehen, überfallen, übertreten'; Ü b e r g a n g m. 'überführender Weg, das Überschreiten, Wechsel', ahd. *ubargang* 'das Herausgehen, Abweichung, Verderben, Seuche, Pest' (8. Jh.), frühnhd. *übergang* 'das Hinübergehen, Durchgang, Stelle, wo man hinübergeht' (15. Jh.). u n t e r g e h e n Vb. 'zugrunde gehen, versinken', ahd. *untargangan, -gān, -gēn* (um 800), mhd. *untergān, -gēn* 'dazwischentreten, überkommen, befallen, versperren'; U n t e r g a n g m. 'das Zugrundegehen, Scheitern, Sinken', ahd. *untargang* (9. Jh.), mhd. *underganc* 'Verderben, Sinken (der Sonne), Unterwerfung, Schiedsgericht'. v e r g e h e n Vb. 'aufhören zu existieren, vorbeigehen, verstreichen', refl. 'gegen eine Norm verstoßen, ein Verbrechen an jmdm. ausführen', ahd. *firgangan, -gān, -gēn* 'vorwärtsgehen, verstreichen' (9. Jh.), mhd. *vergān, -gēn*, auch 'übergehen, meiden, auseinandergehen, sich verirren'; V e r g e h e n n. 'zu bestrafende Handlung, Verbrechen' (18. Jh.), vgl. mhd. *vergān* 'das Vorübergehen, Hinweggehen'; V e r g a n g e n h e i t f. 'zurückliegende, verflossene Zeit' (18. Jh.), in diesem Sinne grammatischer Terminus für Zeitformen des Verbs, die ein Geschehen oder Sein als vergangen darstellen (19. Jh.), vgl. *di vergangen zeit* (um 1400), *die verlauffene Zeit* (Anfang 17. Jh.). v o r g e h e n Vb. 'vorwärtsgehen, nach vorn gehen, den Vorrang haben, sich ereignen', ahd. *foragangan, -gān, -gēn* (8. Jh.), mhd. *vor-, vürgān* 'vorangehen, übertreffen'; V o r g a n g m. 'Ereignis, Ablauf eines Geschehens, in den Akten festgehaltener Fall', mhd. *vor-, vürganc* 'das Vorausgehende, Einleitung, Vortritt, Fortschritt, Erfolg'; V o r g ä n g e r m. 'in Amt oder Stellung Vorangegangener', spätmhd. *vorganger, -genger*.

geheuer Adj., heute nur noch verneint *nicht geheuer* 'unheimlich' gebräuchlich. Mhd. *gehiure* 'nichts Unheimliches an sich habend, lieblich, angenehm, trefflich' ist mit Präfix zu einem mhd. nicht belegten Adjektiv ahd. *hiuri* 'einfältig, schlicht' (um 800) gebildet, dem aengl. *hēore* 'angenehm, freundlich, mild', anord. *hȳrr* 'mild, froh, freundlich' entspricht. Es gehört etymologisch als Bildung mit *r*-Suffix zu germ. **hĭ̄w-*, ie. **k̂(e)i̯u-* und damit zu *Heirat* (s. d.) und weiter zu *Heim* (s. d.). *geheuer* bedeutet ursprünglich 'zum Haushalt, Hauswesen gehörig' und deshalb 'vertraut, angenehm'. – u n g e h e u e r Adj. 'unheimlich, grauenhaft', adverbial mit

Bedeutungsabblassung 'sehr', ahd. *ungihiuri* Adj. 'unnatürlich, mißgestaltet' (um 800), mhd. *ungehiure*. Ungeheuer n. 'Unhold, Scheusal', ahd. *ungihiuri* n. (um 800), mhd. *ungehiure* m. f. n.; Substantivierung des Adjektivs; erst seit dem 18. Jh. durchgehend mit neutralem Genus. ungeheuerlich Adj. 'schrecklich, fremd, unvorstellbar', mhd. *ungehiurlīche* Adv.; vgl. ahd. (substantiviert) *unhiurlīh* 'Ungeheuer' (11. Jh.).

gehören Vb. 'in Besitz sein', refl. 'sich gebühren, geziemen', ahd. *gihōren* 'hören, vernehmen, an-, erhören, zuhören, gehorchen' (8. Jh.), mhd. *gehœren*, asächs. *gihōrian*, mnd. *gehōren*, aengl. *gehīeran, gehēran*, got. *gahausjan* sind verstärkende Präfixbildungen zu dem unter *hören* (s. d.) behandelten Verb. Noch in mhd. Zeit gilt die Bedeutung vom Simplex *hören*, nämlich 'akustisch wahrnehmen, vernehmen', auch 'zuhören, gehorchen', woraus sich im 14. Jh. der Sinn der Zugehörigkeit (zu einer Familie und dgl.) und des Besitzes und Eigentums entwickelt. Aus dem rechtlichen Anspruch auf Besitz erklärt sich die Bedeutung 'zukommen, gebühren, geziemen'. – gehörig Adj. 'gehörend, gebührend, ordentlich' (15. Jh.), ahd. *gihōrīg* (8. Jh.), mhd. *gehœrec* 'folgsam, gehorchend'. angehören Vb. 'zu eigen sein, Teil von etw. sein', mhd. *anegehœren*; dazu angehörig Adj. 'dazu gehörend' (15. Jh.), substantiviert Angehörige Plur. '(Familien)mitglieder, Verwandte' (16. Jh.). zugehörig Adj. 'Teil eines Ganzen bildend, dazu gehörend' (16. Jh.).

gehorsam Adj. 'folgsam, willig, brav', ahd. *gihōrsam, hōrsam* (8. Jh.), mhd. mnd. *gehōrsam*, mnl. *ghehoorsaem*, nl. *gehoorzaam*, aengl. *(ge)hīersum, (ge)hȳrsum*. Das Adjektiv entsteht als Wiedergabe des den christlichen Gehorsamkeitsbegriff gegenüber Gott und der klerikalen Hierarchie ausdrückenden lat. *oboediēns* Part.adj. 'willfährig, fügsam'. Dieses geht aus dem Part. Präs. von lat. *oboedīre* 'jmdm. Gehör schenken, gehorchen, gehorsam sein' hervor. Das Germ. knüpft an das dem lat. Wort zugrundeliegende Simplex lat. *audīre* 'hören' an und leitet das Adjektiv von dem unter *hören* (s. d.) behandelten Verb mit dem Suffix zur Bezeichnung von Charaktereigenschaften germ. *-sama-* (s. *-sam*) ab. – Gehorsam m. 'Folgsamkeit', ahd. *gihōrsamī* f. (um 1000), *hōrsamī* f. (9. Jh.), mhd. *gehōrsam(e)* f., daneben *gehōrsam* m.; seit dem 16. Jh. überwiegt die maskuline Form. Noch im 18. Jh. steht *Gehorsam* auch für 'Gefängnis', entstanden wohl aus einer Wendung wie *in den Gehorsam gehen* 'in Haft gehen'. Gehorsamkeit f. 'Folgsamkeit', vgl. mhd. *gehōrsamecheit* 'Gehorsam, Gelübde'.

Geier m. Der Name des großen aasfressenden Raubvogels ahd. (9. Jh.), asächs. mhd. *gīr*, mnd. *gīr, gīre*, mnl. *ghier*, nl. *gier* ist Substantivierung eines mit *r*-Suffix zur Wurzelform ie. **ĝhēi-, *ĝhī-* 'gähnen, klaffen, offenstehen' (s. *gähnen*) gebildeten Adjektivs; vgl. mhd. *gīre* 'verlangend', frühnhd. (heute noch mundartlich) *geier* 'geld-, freßgierig', mnd. *gīr*, mnl. *ghier* 'begierig', dazu ahd. *hofagīr* 'habgieriger Höfling' (um 1000) und die Abstrakta ahd. *gīra* (11. Jh.), *gīrheit* (um 1000), frühnhd. *Geierheit*. (Zur Existenz einer zugehörigen Verbalform s. *Gier*.) Daher ist der Vogelname zu verstehen als 'einer, der das Maul aufsperrt, gierig ist'. – Aasgeier m. (16. Jh.), häufig Schimpfwort.

Geifer m. 'ausfließender Speichel, in bösen Worten ausgestoßene Wut', spätmhd. *geifer* gehört zu einem Verb, das in bair. *gaifen* 'klaffen, spöttisch den Mund verziehen', nd. *gīpen, jīpen* 'den Mund aufreißen, nach Luft schnappen, streben nach', mnl. *ghīpen*, nl. *gijpen* 'nach Luft schnappen' vertreten ist. Vgl. mit abweichendem Stammvokal anord. *geipa* 'schwatzen'. Die Formen schließen sich an eine Labialerweiterung der Wurzel ie. **ĝhēi-, *ĝhē-* 'gähnen, klaffen, offenstehen' (s. *gähnen*) an. Vom Substantiv abgeleitet geifern Vb. 'seine Wut auslassen' (so daß Geifer ausfließt), 'zornig keifen' (um 1500). giepern, jiepern Vb. (nd., berlin.) 'begierig sein, sehr nach etw. verlangen' (18. Jh.).

Geige f. viersaitiges Streichinstrument, 'Violine'. Man hat versucht, die erst spät bezeugte und nur im Dt. heimische Bezeichnung des Musikinstruments ahd. *gīga* (Hs. 12. Jh.), mhd. *gīge* aus den Armbewegungen mit dem Bogen zu erklären, was jedoch wegen der schwierigen Bedeutungsübergänge nicht überzeugen kann. Als verwandt gelten anord. *geiga* 'seitwärts abweichen, schwanken', norw. (mundartlich) *geiga* 'hin und her schwanken', aengl. *forgǣgan* 'vorbeigehen, übertreten', auch (allerdings nur resthaft in Mundarten nachweisbares) nhd. *geigen* 'sich hin und her bewegen'. Daraus läßt sich Anschluß an eine Gutturalerweiterung der Wurzel ie. **ĝhēi-*, **ĝhē-* 'gähnen, klaffen' (s. *gähnen*) herstellen (vgl. POKORNY 1, 421). Doch handelt es sich wohl eher um ein lautmalendes Wort, vgl. ahd. *irgickazzen* (s. *gackern*), mhd. frühnhd. *geksen, gichsen, gichzen,* md. *gīksen,* südd. *gīgen, geigen* 'hohe, schrille Töne von sich geben'. *Geige* verdrängt älteres *Fiedel* (s. d.), wird aber selbst im 17. Jh. durch *Violine* (s. d.) in seinem Geltungsbereich eingeschränkt; bei Adelung gilt *Geige* als Wort „vertraulicher Sprechart". Häufig in redensartlichen Wendungen: *jmdm. hängt der Himmel voller Geigen* 'jmd. ist glücklich und blickt froh in die Zukunft' (um 1500); *nach jmds. Geige tanzen* 'sich in allem nach jmdm. richten' (19. Jh., in konkretem Sinne bereits mhd. *nāch der gīgen tanzen*); *die erste Geige spielen* 'den Ton angeben' (19. Jh.). – g e i g e n Vb. 'auf der Geige spielen', mhd. *gīgen*, Ableitung vom Substantiv; *jmdm. die Wahrheit geigen* 'sagen', mhd. *die wārheit gīgen*. G e i g e r m., mhd. *gīgære, gīger*.

geil Adj. 'lüstern, geschlechtlich erregt', ahd. *geil* 'übermütig, überheblich, erhoben' (8. Jh.), mhd. mnd. *geil(e)* 'von wilder Kraft, mutwillig, üppig, lustig, begierig', asächs. *gēl* 'fröhlich, übermütig', mnl. *gheil, gheel* 'fröhlich, üppig, lüstern', nl. *geil* 'wollüstig', aengl. *gāl* 'lustig, lüstern, stolz' und (mit Suffix erweitert) anord. *geiligr* 'schön' gehören vielleicht wie ablautendes mnl. *ghīlen*, nl. (älter) *gijlen* 'gären, schäumen', anord. *gilker* 'Gärbottich' mit lit. *gailùs* 'scharf, beißend, bitter, kläglich' und aslaw. *zělo*, russ. *zeló* (*зело*) 'sehr' zu ie. **ghoilos* 'aufschäumend, heftig, übermütig, ausgelassen, lustig'. Der alte Sinn 'übermütig, froh' ist noch im 19. Jh. bezeugt; die heute vorherrschende Bedeutung entwickelt sich im Gegensatz zu *keusch* (s. d.) deutlich seit dem 15. Jh.; vgl. ahd. *geilī(n)* 'Hochmut, Überheblichkeit' (8. Jh.), vereinzelt auch 'Begierde, Fleischeslust' (11. Jh.), mhd. *geil(e)* 'Üppigkeit, Fröhlichkeit', auch 'Hoden'. *geil* 'fruchtbar, üppig wachsend, wuchernd' von Tieren und Pflanzen (15. Jh.) ist vom 19. Jh. an selten. Vom Adjektiv abgeleitet g e i l e n Vb. 'geil sein, nach etw. gierig sein' (seit dem 16. Jh. geläufig), daneben jedoch in der alten Bedeutung 'lustig, übermütig sein' (gelegentlich bis ins 18. Jh.), entsprechend ahd. *geilēn* 'stark, übermütig werden' (8. Jh.), mhd. *geilen* 'übermütig, ausgelassen sein, froh werden', auch 'froh machen', vgl. got. *gailjan* 'erfreuen'. a u f g e i l e n Vb. refl. 'sich sexuell erregen' (20. Jh.). G e i l h e i t f. 'Zustand sexueller Erregung', mhd. *geilheit* 'Übermut, fröhliche Tapferkeit'.

Geisel f., (selten) m. 'Bürgschaftsgefangener, Pfand', langobard. *gīsil* 'wer mit seiner Person haftet, Bürge, Zeuge', ahd. *gīsal* (8. Jh.), mhd. *gīsel* 'Kriegs-, Bürgschaftsgefangener, Bürge', asächs. *gīsal*, mnd. *gīsel(e)* (neben *gīse*), mnl. *ghīsel* (nl. *gijzelaar*), aengl. *gīsl, gīsel*, anord. *gīsl* (germ. **geisla-*), vgl. auch die Namen got. (latinisiert) *Gīslamundus*, nhd. *Gisela*, sind vielleicht aus dem Kelt. entlehnt und gehen über air. *gīall*, kymr. *gwystl* 'Geisel' und ablautendes ir. *gell* 'Einsatz, Pfand' auf ie. **gheidhtlo-* 'Bürgschaft, Pfand' zurück, eine Suffixbildung zur Wurzel ie. **gheidh-* 'begehren, gierig sein', wozu auch nhd. *Geiz* (s. d.).

Geiser m. 'heiße Springquelle'. Zu Anfang des 19. Jhs. wird isl. *Geysir* ins Dt. entlehnt. Auf Island ist *Geysir* der Name einer bestimmten, wohl Ende des 13. Jhs. entstandenen heißen Springquelle; ins Dt. und in andere Sprachen geht er als Appellativum ein. Er gehört zu anord. isl. *geysa* 'hervorstürzen' und damit zur *s*-Erweiterung der Wurzel ie. **ĝheu-* (s. *gießen*).

Geisha, G e i s c h a f. 'japanische Tänzerin und Sängerin' (um 1900); über engl. *geisha* von japan. *gēisha*.

Geiß f. 'Ziege', ahd. (8. Jh.), mhd. *geiȥ*, asächs. *gēt*, mnl. *gheet, gheit*, nl. *geit*, aengl. *gāt*, engl. *goat*, anord. *geit*, schwed. *get*, got. *gaits* (germ. **gait-*) sind verwandt mit lat. *haedus* 'junger Bock, Ziegenbock' und führen auf einen Ansatz ie. **ghaid-* (oder **ĝhaid-*) 'Ziege, Ziegenbock'. Heute gilt der Name vorwiegend im obd. und westmd. Sprachgebiet, in den übrigen Landschaften ist er von *Ziege* (s. d.) verdrängt.

Geißel f. 'Peitsche, Stab mit Riemen zur Selbstkasteiung', ahd. *geis(i)la* 'Geißel, Peitsche, Gerte' (um 800), mhd. *geisel* (auch übertragen 'Landplage'), mnd. *geisele*, mnl. *ghēsele, gheisele*, nl. *gesel*, anord. *geisl* 'Stab, Stock' und mit Ablaut langobard. *gisil* (Quantität unsicher) 'kleiner Stab, Pfeilschaft' sind als Gerätebezeichnungen mit *l*-Suffix zu germ. **gaiza-* 'Speer' (s. *Ger*) bzw. dessen lautlicher Vorform germ. **gaisa-* gebildet.

Geißel wird heute nur noch übertragen ('Landplage, Strafe') und als historische Bezeichnung für das Instrument zur Selbstkasteiung gebraucht; in allen übrigen Verwendungen ist es weitgehend von *Peitsche* (s. d.) verdrängt. Die nhd. Schreibung *Geißel* dient zur Unterscheidung gegenüber *Geisel.* – geißeln Vb. 'züchtigen, anprangern', mhd. *geiselen*.

Geist m. 'Hauch, Atem, menschliches Denk- und Erkenntnisvermögen, Esprit, idealistisches schöpferisches Prinzip, Gespenst', ahd. *geist* (8. Jh.; nur in der Übersetzung für lat. *spīritus*), mhd. *geist*, asächs. mnd. *gēst*, mnl. *gheest*, nl. *geest*, aengl. *gāst*, engl. *ghost* (germ. **gaista-*) sind Bildungen mit Dentalsuffix zu einer *s*-Erweiterung ie. **ĝheis-* 'aufgebracht, bestürzt, erschreckt (sein)'. Germ. Verwandte sind aengl. *gǣstan* 'in Schrecken versetzen', engl. *ghastly* 'gräßlich, entsetzlich, furchtbar' und (ohne Dentalsuffix) got. *usgeisnan* 'erschrecken' (intrans.), *usgaisjan* 'erschrecken' (trans.) sowie vielleicht anord. *geiskafullr* 'voll Schrecken', *geiski* 'Schrecken'; außergerm. sind aind. *hīḍ-* 'zürnen', *hḗḍa-*, *hḗḍas-* '(Götter)zorn' und (ohne Dental) awest. *zaēša-* 'schauderhaft' vergleichbar. Im Germ. bedeutet *Geist* danach ursprünglich soviel wie 'Ekstase' und (wenn auch nur noch aengl., nicht aber ahd. und asächs. bezeugt) 'Gespenst, Geist, übersinnliches Wesen' (in dieser Verwendung erst wieder mhd.). Als Übersetzung von lat. *spīritus* 'Hauch, Atem, Geist, Seele', das seinerseits von griech. *pnēũma* (*πνεῦμα*) 'Hauch, Atem, Leben, Geist' beeinflußt ist, wird ahd. *geist* mit christlichen Vorstellungen erfüllt und durch die angelsächsische Mission von Fulda aus in der dt. Kirchensprache verbreitet, vgl. aengl. *sē hālga gāst* (engl. *the Holy Ghost*), danach ahd. (frk.) *ther heilago geist* (9. Jh.), nhd. *der Heilige Geist*, für lat. *spīritus sānctus*, griech. *hágion pnēũma* (*ἅγιον πνεῦμα*) der Kirchensprache. Die auf obd. Gebiet durch die gotische Mission entstandene Übersetzung ahd. *ther wīho ātum* vermag sich nicht durchzusetzen. Erst im 18. Jh. wird *Geist* unter dem Einfluß von frz. *esprit* zum Ausdruck einer besonderen Fähigkeit, der Gewandtheit, Leichtigkeit des Denkens, des Scharfsinns, des Einfallsreichtums und bezeichnet schließlich das denkende, erkennende Bewußtsein des Menschen. Nach dem Vorbild von lat. *spīritus* und frz. *esprit* wird *Geist* auch im Sinne von 'flüchtige Essenz, Alkohol' gebraucht (18. Jh.). – geistern Vb. 'als Geist, wie ein Geist herumgehen, spuken' (19. Jh.), älter 'begeistern' (17. Jh.). geistig Adj. 'auf das Denkvermögen, die Verstandeskräfte bezogen, Verstand besitzend, klug'. Vereinzeltes spätmhd. *geistec* 'von Geist beseelt' wird bald von *geistlich* (s. unten) verdrängt. Erst im 17. Jh. ist *geistig* wieder bezeugt im Sinne von 'witzig, erfinderisch, geistreich', steht dann im Gegensatz zu *körperlich, stofflich* und nimmt im 18. Jh. die oben genannte Bedeutung an; daneben auch 'alkoholisch' (ebenfalls 18. Jh.). durchgeistigt Part.adj. 'geistvoll, von Geist durchdrungen' (19. Jh.). geistlich Adj. 'religiöse Dinge betreffend', ahd. *geistlīh*, Übersetzung von lat. *spīrituālis* (8. Jh.), mhd. *geistlich*, auch 'fromm', asächs. *gēstlīk*, nl. *geestelijk*, aengl. *gāstlic*, engl. *ghostly* (auch 'geisterhaft'). Ursprünglich vereint dieses Adjektiv sowohl die Bedeutung des erst im 18. Jh. geläufigen *geistig* (s. oben) 'den Geist betreffend, immateriell' (im Gegensatz zu *natürlich, körperlich, stofflich*) als auch die des heutigen *geistlich* 'die Religion betreffend' (Gegensatz zu *weltlich*); vgl. *geistliche und weltliche Lieder, geistlicher Stand* 'Priesterschaft' (15. Jh.) sowie Geistlicher m. 'Kleriker, Priester' (15. Jh.), mhd. meist noch *geistlīche liute*. Eine deutliche Scheidung zwischen beiden Wörtern vollzieht sich erst nach dem 18. Jh. Geistlichkeit f. 'Klerus, Priesterschaft' (15. Jh.), spätmhd. *geistlīcheit* 'die Immaterialität mystischen Versenkens', auch Gegensatz zu *Weltlichkeit*; in den Vokabularen des 15. Jhs. Übersetzungswort für lat. *religio*. geisterhaft Adj. 'gespenstisch' (18. Jh.). geistesabwesend Part.adj. 'zerstreut, mit den Gedanken nicht bei der Sache' (19. Jh.), Rückbildung aus dem Substantiv Geistesabwesenheit f. 'Zerstreutheit' (19. Jh.), Übersetzung von frz. *absence d'esprit*; Gegensatz Geistesgegenwart f. 'schnelle Reaktionsfähigkeit, Schlagfertigkeit' (18. Jh.), nach frz. *présence d'esprit*; geistesgegenwärtig Adj. (19. Jh.). geisteskrank Adj. 'geistig-seelisch krank, verwirrt' (19. Jh.). Geisteswissenschaften Plur. sich mit Kultur und dem geistigen Leben befassende Wissenschaften (19. Jh.). geistlos Adj.

'geistig anspruchslos, dumm' (18. Jh.); vgl. mhd. *geist(e)lōs* 'leblos'. geistreich Adj. 'gescheit, spritzig, niveauvoll' (16. Jh.), spätmhd. *geist(e)rīch* (14. Jh., Mystiker) 'vom heiligen Geist erfüllt' (noch bei Luther). Der heutige Gebrauch verbreitet sich seit dem 17. Jh. unter Einfluß von frz. *spirituel*. entgeistern Vb. 'des Lebens berauben' (17. Jh.), meist entgeistert Part.adj. 'fassungslos, überrascht' (17. Jh.).

Geiz m. 'übertriebene Sparsamkeit, Habsucht, Knauserei', mhd. *gīz* (Hs. *geitz*, 14. Jh.) ist wohl (wie auch zu erschließendes *gīze*, Ende 13. Jh.) rückgebildet aus mhd. *gītsen* 'gierig, habgierig sein', das selbst eine Weiterbildung von gleichbed. mhd. *gīten* darstellt (vgl. auch aengl. *gītsian* 'verlangen, begehren'). Zugrunde liegt das Substantiv ahd. (9. Jh.), mhd. *gīt* 'Habsucht, Gier'. Mhd. *gītsen* führt zu nhd. geizen Vb. 'übertrieben sparsam sein, knausern', älter auch 'heftig verlangen, streben nach'. Außergerm. sind lit. *geĩsti* 'wünschen, begehren, verlangen', *gaĩdas* 'heftiges Verlangen, leidenschaftliche Begierde, Gier', aslaw. *žьdati*, russ. *ždat'* (*ждать*) 'warten, erwarten' vergleichbar, so daß ie. **gheidh-* 'begehren, gierig sein' erschlossen werden kann. Die heutige Bedeutung, aus 'Gier nach Reichtum' entstanden, setzt sich im 18. Jh. durch. Das in älterer Zeit fachsprachlich im Gartenbau übliche *Geiz* 'Nebenschößling' (Anfang 18. Jh.), dafür heute *Geiztrieb*, geht von der Vorstellung aus, daß dieser den Pflanzen gierig den Saft aussauge. – geizig Adj. 'übertrieben sparsam, knauserig', älter 'begierig verlangend', spätmhd. *gīzig*; voraus gehen bzw. daneben stehen (abgeleitet von ahd. mhd. *gīt*, s. oben) ahd. *gītag* (9. Jh.), mhd. *gītec, gītic*, frühnhd. *geitig* 'gierig, habgierig'. Geizhals m. 'übertrieben sparsamer Mensch, Knauserer', eigentl. 'gieriger Rachen' (Ende 15. Jh.). Geizkragen m. (Mitte 19. Jh.), zu *Kragen* (s. d.) in seiner frühen Bedeutung 'Hals'. Ehrgeiz m. 'Streben nach Ehren, übersteigerter Eifer, sich auszuzeichnen' (1. Hälfte 16. Jh.); vgl. mhd. *ērgītecheit*; ehrgeizig Adj. (um 1500); vgl. mhd. *ēr(en)gītec*.

Gekröse n. 'Magen und Gedärm von Kalb und Lamm', mhd. *krœs(e)*, spätmhd. *gekrœse* 'das kleine Gedärm' gehören wie mnd. *krōse*, mnl. *croos* 'Eingeweide' zu *kraus* (s. d.) und bedeuten eigentl. 'Krauses'.

Gelächter n. '(anhaltendes) lautes Lachen, Heiterkeitsausbruch', mhd. *gelehter* ist eine Kollektivbildung zu dem im Nhd. untergegangenen Substantiv ahd. *(h)lahtar* (8. Jh.), mhd. *lahter* 'Lachen, Gelächter', Abstraktum mit ie. *tro*-Suffix wie aengl. *hleahtor*, engl. *laughter*, anord. *hlātr*, dän. *latter* zu dem unter *lachen* (s. d.) behandelten Verb.

gelackmeiert Part.adj. 'hereingelegt, betrogen'. Scherzhafte Kontamination (19. Jh.) aus *lackieren* (s. d.) im Sinne von 'hereinlegen, betrügen' und landschaftlich üblichem *meiern* 'foppen, täuschen' (zum Eigennamen *Meier*). Häufig substantiviert *der Gelackmeierte sein* 'der Betrogene, im Nachteil sein'.

Gelage n. 'üppiges Gastmahl' stammt aus dem nd.-nl. Bereich, vgl. mnd. *gelach* 'Trink-, Tischgesellschaft, Gildenmahlzeit, Zeche', mnl. *ghelach, ghelāghe* 'Festmahl, Zeche', nl. *gelag* 'Trinkgelage, Zeche'. Über niederrhein. *gelōch, geloyg* (14. Jh.) dringt das Wort in vielen Formen ins Md. und Obd., vgl. hess. *gloge* (15. Jh.), *glag* (16. Jh.), omd. *gelach* (Anfang 16. Jh.), *Gelack* (17. Jh.), obd. *gloch, gelōch* (16. Jh.). Im 18. Jh. setzt sich *Gelag*, im 19. Jh. *Gelage* als korrekt empfundene Form der Literatursprache durch. Die Kollektivbildung zu den Formen von *legen* (s. d.) bedeutet eigentl. '(zum Essen und Trinken) Zusammengelegtes' (vgl. got. *gabaúr* 'Festgelage, Schmaus', eigentl. 'Zusammengetragenes', zu got. *gabaíran* 'zusammengetragen').

Gelände n. 'Teil der Landschaft in seiner natürlichen Bodengestalt und Bewachsung, für bestimmte Zwecke benutztes Stück Land', ahd. *gilenti* (9. Jh.), mhd. *gelende* gehört als Kollektivbildung zu dem unter *Land* (s. d.) behandelten Substantiv. – geländegängig Adj. 'in jedem Gelände (nicht nur auf Straßen) fahrtüchtig' (1. Hälfte 20. Jh.).

Geländer n. 'aus Stangen, Latten bestehende Vorrichtung zum Festhalten und als Schutz' (bes. an Treppen, Balkonen, Brükken), spätmhd. *gelanter* (14. Jh.), dann *gelenter, gelender* (15. Jh.) ist eine Kollektivbildung zu mhd. *lander*, nhd. (obd.) *Lander* 'Stangenzaun, Zaunstange, Latte', das wahrscheinlich zu *Linde* (s. d.) zu stellen ist, danach eigentl. 'Stange, Latte aus Lindenholz' bedeutet und mit lit. *lentà* 'Brett, Tafel, Platte' verglichen wird.

gelangen Vb. 'an einen bestimmten Ort kommen, ein Ziel erreichen'. Wie *langen*

(s. d.) schließt sich auch das Präfixverb an das Adjektiv *lang* (s. d.) an. Dem *ēn*-Verb ahd. *langēn* 'Verlangen haben', eigentl. 'sich ausstrecken, sich lang machen, um etw. zu erreichen', steht das präfigierte *ōn*-Verb ahd. *gilangōn* (9. Jh.) mit der perfektivischen Bedeutung 'wohin gelangen, erreichen' gegenüber. Diese heute herrschende Verwendung ist seit frühnhd. Zeit reich belegt. Andere im Mhd. bzw. Frühnhd. übliche Verwendungen wie 'verlangen', aber auch 'ausreichen' gehen verloren.

Gelaß n. 'Raum, Zimmer'. Der seit dem 18. Jh. in diesem Sinne verwendete Ausdruck ist heute selten und gehört der gehobenen Sprache an. Seine eigentl. Bedeutung 'Raum, worin man etw. (zurück)lassen kann' wird aus *lassen* (s. d.) im Sinne von 'nicht mitnehmen, zurücklassen' erschlossen; vgl. mhd. *gelæʒe* 'Niederlassung und deren Ort'.

gelassen Part.adj. 'äußere und innere Ruhe bewahrend, beherrscht'. Das Adjektiv mhd. *gelāʒen*, entwickelt aus dem Part. Prät. von ahd. *lāʒan*, mhd. *lāʒen* (s. *lassen*) bzw. von dem im Nhd. untergegangenen Präfixverb ahd. *gilāʒan* (9. Jh.), mhd. *gelāʒen* 'sich benehmen, gebärden, (er-, los-, unter-, ver)lassen, sich niederlassen', bedeutet in der Sprache der Mystiker und noch der Pietisten (18. Jh.) 'gottergeben', d. h. eigentl. wer die Welt und sich selbst 'gelassen' und sich dafür Gott überlassen hat. Das Wort verliert im Laufe der Zeit seinen religiösen Charakter und nimmt allgemein die Bedeutung 'maßvoll in der Gemütsbewegung' an. – G e l a s s e n h e i t f. 'ruhige Beherrschtheit', mhd. *gelāʒenheit* 'Gottergebenheit'.

Gelatine f. aus Knochen und Bindegewebe gewonnene Leimsubstanz zum Eindicken von Säften, (in der Photographie) zur Herstellung von Filmmaterial. In der Alchimistensprache findet sich seit dem 16. Jh. ein lat. *gelatina* 'Gallertstoff' (bis zu Beginn des 18. Jhs. mit lat. Endungen). Dieses setzt wohl gleichbed. ital. *gelatina* oder über Italien hinaus verbreitetes mlat. *gelatina* fort, Weiterbildungen vom femininen Part. Perf. ital. *gelata* bzw. lat. *gelāta*, zu ital. *gelare*, lat. *gelāre* 'gefrieren, gerinnen' und 'gefrieren, gerinnen lassen' (s. *Gallert(e), Gelee*). Erst im 19. Jh. wird der Ausdruck im Dt. allgemein üblich, wobei sich unter Einfluß von gleichbed. frz. *gélatine*, das seinerseits aus ital. *gelatina* entlehnt ist, namentlich im Anlaut frz. Aussprache einbürgert. – G e l n. 'gallertartig ausgeflockter Niederschlag' (20. Jh.), Kurzwort zu *Gelatine*. g e l a t i n i e r e n Vb. 'zu Gelatine erstarren' (1. Hälfte 19. Jh.).

gelb Adj. Das germ. Farbadjektiv ahd. (8. Jh.), asächs. *gelo*, mhd. *gel*, mnd. *gēl*, mnl. *ghēle*, nl. *geel*, aengl. *geolu, geolo*, engl. *yellow*, ablautend anord. *gulr*, norw. schwed. dän. *gul* führt mit aind. *hárih̥* 'fahl, gelblich, grünlich', awest. *zaray-* 'gelb(lich), goldfarben', griech. *chlōrós* (*χλωρός*) 'blaßgrün, grüngelb', lat. *helvus* 'honiggelb', air. *gel* 'leuchtend weiß', lit. *žel̃vas* 'grünlich, gelblich', aslaw. *zelenъ*, russ. *zelënyj* (*зелёный*) 'grün' zu der vielfach erweiterten Wurzel ie. **ĝhel(ə)-* 'glänzen, schimmern', in Farbbezeichnungen bes. 'gelb, grün', neben der Varianten wie **ghel(ə)-* oder **gʷhel(ə)-* angesetzt werden. Gleichen Ursprungs sind [1]*Galle, Gold, Glanz, Glas, gleißen, glimmen, glotzen, glühen, glatt* (s. d.). Das auslautende *-b* im Nhd. (zuerst 15. Jh. in obd. Mundarten) stammt aus den flektierten Formen (Gen. ahd. *gel(a)wes*, mhd. *gelwes*) des *wa*-Stammes (germ. **gelwa-*). Die alte, im Mhd. entstandene endungslose Form *gel* hat sich als *gehl, gel* in verschiedenen Mundarten erhalten (s. auch *fahl, falb*). – g i l b e n Vb. 'gelb werden' (Anfang 16. Jh.), mhd. *gilwen* (trans.) 'gelb machen', *sich gilwen* 'gelb werden', daneben mhd. *gelwen* 'gelb werden'; v e r g i l b e n Vb. 'sich gelb färben, vor Alter fahl, farblos werden' (bes. von Papier, Laub, Geweben), 'gelb, fahl, farblos machen', mhd. *vergelwen* 'gelb werden' und *vergilwen* 'gelb machen oder werden'. g e l b l i c h Adj. 'leicht gelb, ins Gelbe spielend' (17. Jh.), älter *gelblicht* (16. Jh.), mhd. *gelblo(h)t, gelwelot*, dazu die Nebenformen *gilblich* (18. Jh.) und *gilblicht* (15. Jh.). G e l b s c h n a b e l m. 'unreifer, unerfahrener Mensch' (16. Jh.), heute üblicher *Grünschnabel* (s. d.), eigentl. 'junger Vogel, der noch gelb um den Schnabel ist', wie gleichbed. frz. *béjaune, bec-jaune* und nl. *geelbek*. G e l b s u c h t f. (Infektions)-krankheit mit gelblicher Färbung der Haut durch Übertreten von Gallenfarbstoff ins Blut, ahd. *gelosuht, gelewasuht* (10. Jh.), mhd. *gelsuht* (s. *Sucht*). g e l b s ü c h t i g Adj. 'an Gelbsucht erkrankt', ahd. *gelosuhtīg* (11. Jh.), mhd. *gelsühtec*.

Geld n. 'Zahlungsmittel' in Form von Münzen und Banknoten, ahd. *gelt* (um 800), asächs. *geld* 'Bezahlung, Vergeltung, Lohn, Opfer', mhd. mnd. mnl. *gelt* 'Bezahlung, Vergütung, Zahlung, Schuldforderung, Preis, Zahlungsmittel', aengl. *gield* 'Opfer, Zahlung, Abgabe, Tribut, Vergeltung, Bruderschaft' (s. *Gilde*), anord. *gjald* 'Bezahlung, Lohn, Strafe, Steuer', got. *gild* 'Steuer, Zins', germ. **gelda-* ist ein Verbalsubstantiv zu dem unter *gelten* (s. d.) behandelten Verb. Es gehört anfangs in die kultische und rechtliche Sphäre und bedeutet 'Opfer, Buße, Tribut', eigentl. 'das, womit man Opfer, Buße erstatten, entrichten kann', begegnet später im wirtschaftlichen Bereich für 'Abgabe, Zahlung' (in Zusammensetzungen wie *Brücken-, Wege-, Kost-, Lehr-, Schulgeld* bewahrt) und bezeichnet schließlich das, 'was als Zahlungsmittel dient'. Vom 14. Jh. an nimmt *Geld* allmählich seine heutige Bedeutung 'gesetzliches Zahlungsmittel' an. Neben der Schreibung mit *-d* im Nhd. (aus flektierten Formen des Mhd.) hält sich auslautendes *-t* bis ins 17. Jh., in *Entgelt* (s. *gelten*) bis heute. Im 17. Jh. wird der Plur. G e l d e r 'für einen bestimmten Zweck vorgesehene größere Geldsumme, feste Beträge' gebildet. Da sich im Gebrauchswert des Geldes der Wert aller anderen Waren ausdrückt, gewinnt das Geld eine zentrale Position im gesellschaftlichen und im persönlichen Leben, die sprachlich in zahlreichen Umschreibungen, Entlehnungen, Redensarten und Sprichwörtern ihren Niederschlag findet (s. *Blech*, *²Kies*, *Kröten*, *²Moos*, *Moneten*, *Pinke(pinke)*, *Pulver*, *Zaster*; vgl. *das liebe Geld, nicht für Geld und gute Worte, Geld haben wie Heu, Geld regiert die Welt, Zeit ist Geld*). Nach dem gemünzten Geld kommt Geld in Banknoten in Umlauf, daher P a p i e r g e l d n. (Anfang 18. Jh.), nach engl. *paper-money* (1691) und frz. *papiermonnaie* (1727). – g e l d l i c h Adj. 'das Geld betreffend, finanziell' (15. Jh.). G e l d b e u t e l m. 'Geldbörse, Portemonnaie' (17. Jh.). g e l d g i e r i g Adj. (16. Jh.). G e l d s a c k m. 'Geldbeutel, geiziger Reicher' (vgl. nl. *geldzak*) und G e l d s ä c k e l m. 'Geldbeutel' (16. Jh.). G e l d s c h n e i d e r e i f. 'Wucher' (um 1700), eigentl. 'betrügerische Münzbeschneidung'. G e l d s c h r a n k m. 'Stahlschrank zum Aufbewahren von Geld und Wertsachen' (17. Jh.). G e l d s t r a f e f. 'Zahlung einer festgesetzten Summe als Strafe für eine Rechtsverletzung' (15. Jh.). G e l d s u m m e f. (Anfang 16. Jh.), älter *eine Summe Geldes* (15. Jh.).

Gelee n. 'eingedickter, gallertartiger Frucht- oder Fleischsaft'. Anfang des 18. Jhs. wird gleichbed. frz. *gelée* als Fem. übernommen (Neutr. bei Campe 1801), das auf lat. *gelāta*, substantiviertes Part. Perf. Fem. von lat. *gelāre* 'gefrieren, gerinnen' und 'gefrieren, gerinnen lassen' zurückgeht (s. *Gallert(e), Gelatine*). – g e l i e r e n Vb. 'zu Gelee erstarren, halbfest werden', aus frz. *geler* 'gefrieren, zum Gefrieren bringen, steif werden' entlehnt (1. Hälfte 20. Jh.), das auf lat. *gelāre* (s. oben) beruht.

gelegen Part.adj. 'geeignet, passend, angenehm', ahd. *gilegan* 'angrenzend, benachbart' (9. Jh.), mhd. *gelegen* 'benachbart, zur Hand, passend, verwandt' ist das in adjektivischen Gebrauch übergegangene Part. Prät. des unter *liegen* (s. d.) angeführten Verbs. Aus 'nahe gelegen, benachbart' entwickelt sich die Bedeutung 'bequem, passend'. – G e l e g e n h e i t f. 'geeigneter Zeitpunkt, die sich unter günstigen Umständen ergebende Möglichkeit, Chance', mhd. *gelegenheit* 'Art und Weise, wie etw. liegt, Lage, Stand (der Dinge), angrenzendes Land', in frühnhd. Zeit dann (wie *Lage*) die 'Verhältnisse, in denen sich jmd. oder etw. befindet', woraus unter Einfluß des Adjektivs die heutige, lat. *occāsio* und frz. *occasion* entsprechende Bedeutung entsteht. g e l e g e n t l i c h Adj. 'bei Gelegenheit, manchmal, zuweilen', mhd. *gelegenlich* 'gelegen, günstig, sich darbietend', in seiner Bedeutungsentwicklung von *Gelegenheit* beeinflußt; in neuerer Zeit auch als Präposition *gelegentlich* 'während, anläßlich'.

Gelenk n. 'bewegliche Verbindung von Knochen, von (Maschinen)bauteilen', ahd. *gi(h)lenki* (11./12. Jh.), mhd. *gelenke* 'der biegsame schmale Leib zwischen Hüfte und Brust, Taille' ist eine Kollektivbildung zu ahd. *(h)lanka* (um 800), mhd. *lanke* 'Hüfte, Lende', eigentl. 'Einbiegung, Stelle, an der man sich biegt', dann auf alle anderen biegsamen Teile des Körpers übertragen, meist mit Angabe des betreffenden Körperteils wie *Fuß-, Hand-, Hüft-, Kniegelenk*. Ahd. *(h)lanca* und mhd. *lanke* (mit *lenken* und *Flanke*, s. d.) sind verwandt mit aengl. *hlanc* 'schlank, dünn', eigentl. 'biegsam', anord.

hlekkr ‘Kette, Kettenglied’, *hlykkr* ‘Krümmung, Biegung’ und mit lat. *clingere* ‘umgürten, schließen’. – gelenkig Adj. ‘behende, flink in den Bewegungen’ (17. Jh.), Weiterbildung von gleichbed., heute selten gebrauchtem gelenk Adj., mhd. *gelenke* ‘biegsam, gewandt’, das in ungelenk Adj. ‘steif, schwerfällig in den Bewegungen’ (mhd. *ungelenke*) heute verbreiteter ist als erweitertes ungelenkig Adj. (18. Jh.). Gelenkigkeit f. (18. Jh.).

Gelichter n. ‘Gesindel’, mhd. *gelihter* ‘Menschen übereinstimmender Art, Sippe, Zunft’ (der heute verächtliche Sinn entwickelt sich erst im 17. Jh.) wird zumeist unter Voraussetzung einer Ausgangsbedeutung ‘Geschwister’, eigentl. ‘die zur selben Gebärmutter Gehörigen’, zu ahd. *lehtar* (9. Jh.), *gilehtar* (10. Jh.) ‘Gebärmutter, Nachgeburt’, eigentl. ‘Ort, wo das Kind liegt’, gestellt, einer Bildung zu dem unter *liegen* (s. d.) behandelten Verb. Krogmann in: Trübners Dt. Wb. 3, 82 modifiziert diese Herleitung, indem er für ahd. *lehtar* eine ältere allgemeine Bedeutung ‘Lager’ voraussetzt, entsprechend dem formal genau übereinstimmenden griech. *léktron* (λέκτρον) ‘Lager, Bett’ und ablautendem anord. *lātr* ‘Liegestelle, Tierlager’. Die Kollektivbildung *Gelichter* bezeichnet danach ‘Wesen, die ihr Lager teilen’.

gelingen Vb. ‘den beabsichtigten und gewünschten Erfolg haben, geraten, glücken’. Das nur im Dt. begegnende Verb ahd. *gilingan* ‘glücken, Erfolg haben’ (9. Jh.), mhd. mnd. *(ge)lingen* ‘glücken, gedeihen’ kann an primär allerdings nur adjektivisch belegbares ie. **lṇg^{u}h-* bzw. (hochstufig) **leng^{u}h-* angeschlossen werden, eine nasalierte Form der Wurzel ie. **leg^{u}h-* ‘leicht in Bewegung und Gewicht’ (s. *leicht* sowie *Lunge* und *lungern*). Als Ausgangsbedeutung müßte dann ‘leicht, schnell vonstatten gehen’ angenommen werden. – mißlingen Vb. ‘nicht gelingen, mißglücken, fehlschlagen’, ahd. *missilingan* (um 1000), mhd. *misselingen*.

gellen Vb. ‘durchdringend und schrill tönen’. Das germ. Verb ahd. *gellan* ‘grell tönen, schreien’ (8. Jh.), mhd. mnd. mnl. *gellen*, aengl. *giellan, gellan*, engl. *to yell*, anord. *gjalla, gella*, schwed. (älter) *gälla* ist wohl verwandt mit den Vogelnamen griech. *chelīdṓn* (χελιδών) ‘Schwalbe’ und (reduplizierendem) *kíchlē* (κίχλη) ‘Drossel’ sowie mit russ. (älter) *gálit'sja* (галиться) ‘verspotten’. Erschließbar ist eine Wurzel ie. **ghel-* ‘rufen, schreien’, zu der auch das zweite Kompositionsglied von *Nachtigall* (s. d.) gehört.

gelten Vb. ‘wert sein, einen bestimmten Wert haben, gültig sein, Gültigkeit haben, angesehen, gehalten werden (für), bestimmt sein (für)’, ahd. *geltan* ‘(zurück)zahlen, entschädigen, opfern, wert sein’ (8. Jh.), mhd. *gelten* (auch ‘Einkünfte bringen’), asächs. *geldan*, mnd. *gelden*, mnl. *ghelden* ‘zahlen, lohnen, vergelten’, nl. *gelden*, aengl. *gieldan* ‘(be)zahlen, verehren, opfern, strafen’, engl. *to yield* ‘als Ertrag geben, hervorbringen, ergeben, einbringen’, anord. *gjalda* ‘bezahlen, vergelten’, got. *fragildan, usgildan* ‘vergelten, erstatten’ führen auf germ. **geldan* ‘erstatten, entrichten’ (zuerst auf Opferhandlungen bezogen). Diesem entsprechen aslaw. *žlědǫ, žladǫ* ‘zahle ab, vergelte’, aruss. *želedu* ‘zahle, büße’. Falls die slaw. Formen nicht aus dem Germ. entlehnt sind (was Vasmer 1, 415 für unwahrscheinlich hält), läßt sich ein nicht weiter verfolgbarer Ansatz ie. **gheldh-* rechtfertigen. Mit *gelten* sind verwandt *Geld, Gilde* (s. d.) sowie (ablautend) Gült, Gülte f. südd. ‘Abgabe, Zins, Grundstücksertrag, Grundschuld’, schweiz. ‘Grundschuldverschreibung’, mhd. *gülte* ‘Schuld, Zahlung, Einkommen, Rente, Zins, Wert, Preis’, und davon abgeleitet (semantisch zunehmend von *gelten* beeinflußt) gültig Adj. ‘geltend, in Gebrauch befindlich, amtlich anerkannt, wirksam’, mhd. *gültic* ‘im Preis stehend, teuer, zu zahlen verpflichtet’, Gültigkeit f. (15. Jh.). – entgelten Vb. ‘bezahlen, vergüten, entschädigen, büßen’, ahd. *in(t)geltan* (9. Jh.), mhd. *en(t)gelten* ‘für etw. zahlen, büßen’, dazu Entgelt n. ‘Lohn, Bezahlung, Vergütung für eine Arbeit oder für aufgewandte Mühe’ (15. Jh.) und unentgeltlich Adj. ‘ohne Entgelt, kostenlos, umsonst’ (um 1500). vergelten Vb. ‘vergüten, entgelten, lohnen, heimzahlen’, ahd. *firgeltan* (um 800), mhd. *vergelten* ‘zurückzahlen, zurückerstatten, heimzahlen’; Vergeltung f. ‘das Vergelten, Rache, Strafe’, ahd. *firgeltunga* ‘Geldzahlung für erwiesene Dienste’ (Hs. 12. Jh.), mnd. *vergeldinge* (1507; mhd. nicht nachgewiesen). gelt, auch gell(e), Interj., eine bes. im Südd., Südwestd. und Md. übliche formelhafte Äußerung, mit der man sich der Zustimmung eines anderen vergewissern will, im Sinne von 'nicht wahr?, ja?', spätmhd. *gelte* 'es möge gelten', eigentl. 3. Pers. Sing. Konj. Präs. von *gelten*, möglicherweise zuerst als Bekräftigung bei Wett- und Vertragsabschlüssen.

Gelübde n. 'Gelöbnis, Versprechen', ahd. *gilubida* f. 'Übereinstimmung' (um 1000), mhd. *gelüb(e)de* f. n., mnd. *gelöfte* n. ist Verbalabstraktum zu dem unter *loben* (s. d.) aufgeführten Präfixverb *geloben*.

gemach Adv. 'gemächlich, langsam, allmählich', ahd. *gimah* 'passend, geeignet, bequem' (8. Jh.), mhd. *gemach* 'bequem, ruhig, langsam', asächs. *-gimak* 'geziemend, passend', mnd. *gemak*, aengl. *gemæc*, anord. *makr* ist im Sinne von 'was sich gut fügt, was zusammenpaßt' eine Adjektivbildung zu dem unter *machen* (s. d.) in seiner frühen Bedeutung 'zusammenfügen, -bringen' angeführten Verb und wird vornehmlich (vgl. ahd. *gimahho*, 9. Jh., mhd. *gemach*) als Adverb verwendet. – gemächlich Adj. 'langsam, ruhig, bequem, behaglich', ahd. *gimahlīh* 'bequem' (11. Jh.), *gimahlīhho* Adv. (um 800), mhd. *gemechlich* 'bequem', *gemechlīch, -līche, -līchen* Adv.; in frühnhd. Zeit auch gleichbed. mit *allmählich* (s. d.). Gemächlichkeit f. (16. Jh.). Gemach n. 'Wohnraum, Zimmer', ahd. *gimah* 'Vorteil, Bequemlichkeit, Annehmlichkeit' (9. Jh.), mhd. *gemach*, übertragen 'Ort, wo man Ruhe und Bequemlichkeit findet, Zimmer, Wohnung', Substantivierung des Adjektivs (s. oben). Die alte Bedeutung 'was sich gut fügt' ist noch in der Verneinung Ungemach n. 'Unruhe, Unbehagen, Verdruß, Kummer, Leid', mhd. *ungemach*, bewahrt; vgl. ahd. *ungimah* Adj. 'unpassend' (8. Jh.).

Gemahl m. 'Ehemann, Gatte', ahd. *gimahalo* (11. Jh.), mhd. *gemahel(e)* bezeichnet ursprünglich den 'Bräutigam', jedoch schon in ahd. Zeit auch den 'Ehemann'; vgl. (latinisiertes) langobard. *gamahalos* (Akk. Plur.) 'durch Vertrag (also durch Eheschließung oder durch Vertrag über Eideshilfe) bestimmte Eideshelfer'. Dies ist ein Nomen agentis zu dem im Nhd. untergegangenen, heute durch *vermählen* (s. d.) ersetzten Verb ahd. *gimahalen* 'sprechen, (durch Vertrag) sich eine Frau zur Braut oder Ehefrau nehmen bzw. erkaufen, verloben' (um 800), mhd. *gemahelen, gemehelen* 'verloben, verheiraten', zum Simplex ahd. *mahalen* 'reden, ein Übereinkommen, einen Vertrag schließen, zur Braut, zur Frau nehmen', daher auch 'zusammensprechen, verloben' (8. Jh.), mhd. *mahelen, mehelen*, (md.) *mālen, mēlen* 'vor Gericht laden, anklagen, versprechen, zur Frau nehmen (erkaufen), verloben, vermählen', asächs. *mahlian* 'reden, verloben', aengl. *maþelian*, anord. *mæla* 'reden, sprechen', got. *maþljan* 'reden', das zu ahd. *mahal* 'Gericht, Gerichtsstätte, Versammlung, Vertrag' (8. Jh.), mhd. *mahel, māl* 'Versammlung(sort), Gericht(sstätte), (Ehe)vertrag', asächs. *mahal* 'Gericht(sstätte), Versammlung, Rede', aengl. *mæþel* 'Versammlung, Rede', anord. *māl* 'Versammlung, Sprache, Rede, Rechtssache', got. *maþl* 'Versammlungsort, Markt' gebildet ist. Dieses das Suffix ie. *-tlo-* enthaltende germ. **maþla-* 'öffentliche Versammlung, Verhandlung' läßt sich mit armen. *matčim* 'nähere mich' auf eine Wurzel ie. **mōd-*, **mād-*, **məd-* 'begegnen, herbeikommen' zurückführen, zu der aus dem germ. Sprachbereich auch noch aengl. anord. *mōt*, mhd. *muoȝe* 'Begegnung', ahd. *muoȝen* 'feindlich begegnen' (9. Jh.), asächs. *mōtian*, aengl. *mētan*, engl. *to meet* 'begegnen', *meeting* 'Zusammenkunft' (s. *Meeting*), anord. *mœta*, got. *gamōtjan* 'begegnen' gehören. Seit dem 16. Jh. ist *Gemahl* auch als Neutrum bezeugt, anfangs als gemeinsame Bezeichnung für beide Geschlechter, oft aber allein auf die 'Ehefrau' bezogen; heute nur noch in gehobener Sprache. – Gemahlin f. 'Ehefrau', frühnhd. *gemahelin, gemehelin*, auch 'Braut' (15. Jh.), seit dem 17. Jh. in heutiger Verwendung. Vgl. ahd. *gimahala* (11. Jh.), mhd. *gemahel(e)* 'Ehefrau, Braut'.

Gemälde n. 'gemaltes, farbiges Bild'. Als präfigierter *ja*-Stamm zu dem unter *malen* (s. d.) behandelten Verb begegnet ahd. *gimāli* (8. Jh.), mhd. *gemæle* 'Malerei, Zeichnung, Verzierung', das jedoch von ahd. *gimālidi* 'Bild, Malerei, Täfelung' (11. Jh.), mhd. *gemælde* verdrängt wird.

gemäß Adj. 'angemessen, entsprechend, angepaßt', ahd. *gimāȝi* 'angemessen, entsprechend' (um 800), mhd. *gemæȝe*, aengl. *gemǣte*, mnl. *gemaet* sind Verbaladjektive zu den unter *messen* (s. d.) angegebenen Verben und bedeuten eigentl. 'einem anderen im Maße gleich, nach Maß, nach Verhältnis übereinstimmend'. *gemäß* wird heute häufig als Präposition 'entsprechend, nach, zufolge, laut' verwendet (*gemäß Paragraph 1*) und wird im Streben nach Verdeutlichung und Abkürzung Grundwort vieler zusammengesetzter Adverbien und Adjektive (*dem-, erfahrungs-, erwartungs-, fach-, natur-, sinn-, standes-, vernunft-, zeitgemäß*).

gemein Adj. 'gemeinsam, gemeinschaftlich, allgemein, gewöhnlich, niedrig gesinnt, niederträchtig, unfein, unanständig'. Das germ. Adjektiv ahd. *gimeini* 'zuteil geworden, bestimmt, gemeinsam, gemeinschaftlich, allgemein, übereinstimmend, zugleich' (8. Jh.), mhd. *gemein(e)* 'zusammengehörig, gemeinschaftlich, allgemein, vertraut, bekannt, für alle eingerichtet, gewöhnlich, zur Masse gehörig, niedrig', asächs. *gimēni*, mnd. *gemēne*, mnl. *ghemēne, ghemeen, ghemein(e)*, nl. *gemeen*, auch 'niedrig, niederträchtig', aengl. *gemǣne* 'allgemein, gemeinsam, gewöhnlich, niedrig', engl. *mean* 'gemein, gering, niedrig, schlecht', got. *gamains* 'gemeinsam, unheilig' gehört wie lat. *commūnis* 'gemeinsam, gemeinschaftlich, allgemein, gewöhnlich' (s. *Kommune, Kommunismus*) als Präfixbildung zu den unter *Meineid* (s. d.) aufgeführten Substantiven mit *n*-Suffix und einer Grundbedeutung 'Wechsel, Tausch'. *gemein* bedeutet danach ursprünglich 'mehreren abwechselnd zukommend', dann 'mehreren in gleicher Art gehörig', woraus sich 'gemeinsam, gemeinschaftlich, allgemein' entwickelt. Was mehreren oder vielen 'gemeinsam' ist, kann nicht 'wertvoll' oder 'edel' sein; *gemein* wird daher vom 15. Jh. an 'einfach, gewöhnlich' (*der gemeine Mann, das gemeine Volk, der gemeine Soldat*), im 19. Jh. auch verächtlich 'niederträchtig, unanständig' (*gemeiner Schuft, Kerl*). – G e m e i n e f. 'Gemeinschaft, Gemeinde', ahd. *gimeinī* (9. Jh.), mhd. *gemeine*, mnd. *gemeine, gemēne*, got. *gamainei* 'Gemeinschaft', abgeleitet von dem oben dargestellten Adjektiv. Im 19. Jh. weitgehend von *Gemeinde* abgelöst. G e m e i n d e f. 'untere staatliche oder kirchliche Verwaltungseinheit und deren Bewohner bzw. Mitglieder, durch gleiche geistige oder religiöse Interessen verbundene Gemeinschaft, Gruppe von Menschen', ahd. *gimeinida* 'Gemeinde, Gemeinschaft' (8. Jh.), mhd. *gemeinde* 'Anteil, Gemeinschaft, gemeinschaftlicher Besitz, Menschen, mit denen man gemeinsam lebt, versammelte Menge', asächs. *gimēniða*, mnd. *gemēnde*, mnl. *ghemeente, ghemeinte*, nl. *gemeente*, Ableitung mit dem Abstraktsuffix germ. *-iþō, -iðō* vom oben genannten Adjektiv. G e m e i n h e i t f. 'Niedertracht, Schlechtigkeit' (Anfang 19. Jh.), mhd. *gemeinheit* 'Gemeinschaft, der Gemeinde gehörender Grund und Boden' (14. Jh.), im Sinne von 'Gemeindegrund' noch im 19., von 'Gemeinschaft' noch Anfang 20. Jh. Zum Ableitungssuffix s. *-heit*. g e m e i n s a m Adj. 'mehreren zugleich gehörend, für mehrere in gleicher Weise geltend, gemeinschaftlich, zusammen, miteinander', ahd. *gimeinsam* (9. Jh.), mhd. *gemeinsam*; zum Ableitungssuffix s. *-sam*. G e m e i n s a m k e i t f. 'zusammengehörende Gruppe, Gemeinschaft, Zusammengehörigkeit' (15. Jh.). Voraus gehen ahd. *gimeinsamī* 'Gemeinschaft' (um 800), mhd. *gemeinsame, gemeinsamede*. G e m e i n s c h a f t f. 'sich durch etwas Gemeinsames verbunden fühlende Gruppe von Menschen, Zusammensein, Verbindung', ahd. *gimeinscaf* (8. Jh.), mhd. *gemeinschaft*. g e m e i n s c h a f t l i c h Adj. 'eine Gemeinschaft betreffend, zu einer Gemeinschaft gehörig, gemeinsam, zusammen, miteinander' (17. Jh.). g e m e i n n ü t z i g Adj. 'dem Nutzen aller, der Allgemeinheit dienend' (16. Jh.), ausgehend von mhd. *der gemein nutz* (14. Jh.). G e m e i n p l a t z m. 'allgemein bekannte, nichtssagende Redensart, Binsenweisheit', von Wieland (1770) offensichtlich unter Einfluß von engl. *commonplace* gebildet und sich gegenüber *Gemeinort, Gemeinsatz, Gemeinspruch* durchsetzend als Übersetzung von lat. *locus commūnis*. G e m e i n s p r a c h e f. 'von einem Volk gemeinsam gesprochene, ihm gemeinsam zukommende Sprache' (Campe 1807); vgl. *gemeine teutsche Sprache* (Luther). G e m e i n w o h l n. 'Wohl aller, Nutzen für die Allgemeinheit' (Ende 18. Jh.), wohl nach engl. *commonweal* für den älteren im Dt. üblichen Ausdruck *das gemeine Gut*; vgl. *Gemeinwert* (Herder 1780) für engl. *commonwealth* (ursprünglich gleichbed. mit *commonweal*).

Gemme f. 'Edel- oder Halbedelstein mit geschnittener bildlicher Darstellung'. Ahd. *gimma* (8. Jh.), mhd. mnd. *gimme* 'Edelstein, Juwel' ist entlehnt aus gleichbed. lat. *gemma*, eigentl. 'Knospe', verliert sich jedoch gegen Ende des Mittelalters aus dem Sprachgebrauch. Mitte des 18. Jhs. wird das ebenfalls aus dem Lat. stammende ital. *gemma* im Zusammenhang mit dem Interesse für Sammlungen antiker Schmucksteine in der oben genannten Bedeutung neu entlehnt.

Gemse f. ziegenähnliches Horntier des Hochgebirges, dessen Name wohl aus einer untergegangenen Alpensprache stammt. Er ist erhalten in der Entlehnung spätlat. *camox* (vgl. ital. *camozza*, span. *gamuza*), wozu ahd. **gamuʒ* passen würde, das sich aus mhd. *gamʒ*, nhd. (tirol. bair.) *Gams* erschließen läßt. Das daneben mit anderem Suffix bezeugte ahd. *gamiʒa* (Hs. 13. Jh.) ergibt mhd. *gemeʒe*, nhd. *Gemse*. – G a m s b a r t m. 'gebündelte Rückenhaare des Gemsbocks als Hutschmuck' (19. Jh.).

Gemüse n. 'eßbare krautige Pflanzen bzw. deren Teile, Gericht daraus', mhd. *gemüese*, mnd. *gemȫse* gehören als nur im Dt. bezeugte Kollektivbildungen zu *Mus* (s. d.), bezeichnen dementsprechend zunächst allgemein 'Speise, Mahlzeit', dann das 'Gericht aus (zerkleinerten) Nutzpflanzen' und schließlich auch die unzubereiteten Pflanzen selbst.

Gemüt n. 'Empfindungsvermögen, Sinn für Gefühlswerte'. Die Kollektivbildung zu dem unter *Mut* (s. d.) behandelten Substantiv ahd. *gimuoti* (9. Jh.), mhd. *gemüete, gemuote*, mnd. *gemȫde*, mnl. *ghemoede*, nl. *gemoed* bezeichnet zunächst die Gesamtheit aller Sinnesregungen und seelischen Kräfte (in Anlehnung an mhd. *muot* 'Gesinnung'), erfährt dann eine Einengung der Bedeutung und gilt für die gefühlsmäßigen Empfindungen und Stimmungen (bes. seit etwa 1800). – g e m ü t l i c h Adj. 'behaglich, zwanglos-heiter', mhd. (selten) *gemuotlich, gemüetlich* 'dem *muote* entsprechend, angenehm, vollkommen', dann 'dem Gemüt angehörig, das Gemüt betreffend' (16. Jh.), 'lieb, willkommen, dem Sinn und Wunsch entsprechend' (16. Jh., geläufig seit 18. Jh.; vgl. ahd. *gimuoti*, 9. Jh., mhd. *gemuot* 'den Sinn ansprechend, wohlgefallend, lieb'); oft im Unterschied zu 'verstandesmäßig' (1. Hälfte 18. Jh., in pietistischen Kreisen entwickelt und verbreitet), daher 'was das Gemüt anspricht und befriedigt' sowie 'was aus dem Gemüt kommt' (Ende 18. Jh.), woraus sich die heutige, oben genannte Bedeutung entwickelt. G e m ü t l i c h k e i t f. (18. Jh.).

Gen n. 'Erbfaktor, Träger der Vererbung in den Chromosomen', gelehrte Bildung des dän. Botanikers Johannsen in einer dt. verfaßten Schrift („Elemente der exacten Erblichkeitslehre“, 1909) in Anlehnung an die unter *-gen* (s. d.) genannte griech.-lat. Wortgruppe.

-gen 'durch ... verursacht, -erzeugend', Kompositionsglied in fachsprachlichen Adjektiven. Zu griech. *génos* (γένος) 'Geschlecht, Abstammung, Herkunft, Ursprung', verwandt mit weiteren unter *Genus* (s. d.) genannten Formen, entsteht eine Fülle griech. Possessivkomposita auf *-genḗs* (-γενής), die mit Hilfe des ersten Kompositionsgliedes ausdrücken, welcher Art die Herkunft, der Ursprung einer Sache, einer Person ist, vgl. griech. *eugenḗs* (εὐγενής) 'von guter, edler Abkunft, wohlgeboren'. Eine Reihe dieser Bildungen wird ins Dt. entlehnt (s. *auto-, hetero-, homogen*). Darüber hinaus wird das Suffix in der wissenschaftlichen Fachsprache, bes. der Medizin, produktiv (*psycho-, neuro-, iatrogen*). Einen anderen Bildungstyp verkörpern *kanzerogen* 'krebserzeugend', *photogen* 'zum Photographieren besonders geeignet', eigentl. 'ein (gutes) photographisches Bild hervorbringend'. Wie die entsprechenden Bildungen anderer neuerer Sprachen (z. B. frz. *-gène*) lehnen diese Komposita sich an griech. und lat. Formen an, die die Bedeutung 'hervorbringend, erzeugend' aufweisen, vgl. lat. *genitor* 'Erzeuger, Urheber' und s. *Genitale, Genitiv, Generator, Genesis*. Eine der frühesten Bildungen dieser Art ist frz. *oxygène*, eigentl. 'säurebildend' (s. *Sauerstoff*).

genau Adj. 'übereinstimmend, gewissenhaft, sorgfältig', spätmhd. *genou* Adj., mhd. *genouwe* Adv. ist eine mit *ge-* zusammengesetzte Bildung zu einem im Nhd. untergegangenen Adjektiv, wie es in mhd. *nou, nouwe* 'eng, knapp, sorgfältig', mnd. *nouwe*, mnl. *nauwe, naeuwe, nouwe, neuwe*, nl. *nauw* 'eng, knapp, gedrängt', aengl. *hnēaw* 'gering, karg, knauserig', anord. *hnøggr* (statt *hnǫggr*) 'geizig' bewahrt ist. Daneben stehen die Verben ahd. *(h)niuwan, (h)nūwan* 'stoßen, scheren, glattmachen' (9. Jh.), mhd. *niuwen, nūwen* 'zerstoßen, zerreiben', anord. *hnøggva* 'schlagen, stoßen' und als außergerm. Verwandte griech. *knýein* (κνύειν) 'kratzen, reiben, sanft berühren' sowie lett. *kņudēt* 'jucken'. Über ie. **kneu-* ist Anschluß an die Wurzel ie. **ken(ə)-* 'kratzen, schaben, reiben' möglich. – G e n a u i g k e i t f. (16. Jh.).

Gendarm m. ehemals (landschaftlich aber, bes. öst., bis in die Gegenwart) 'Polizist', namentlich 'Landpolizist' (wofür auch *Landjäger*), Entlehnung (Anfang 19. Jh.) von frz. *gendarme* 'Angehöriger der Polizeitruppe, Polizist' (so seit 1790), zuvor 'schwerer Reiter, Angehöriger der königlichen Leibgarde', einer Singularbildung zu pluralischem mfrz. frz. *gens d'armes* 'schwere Reiterei' (danach im 18. Jh. *Gens d'armes* Name eines preuß. Kürassierregiments, im Dt. des 19. Jhs. noch fortlebend in der Schreibung *Gensdarm* 'Polizist'); vgl. frz. *gens* Plur. 'Leute, Bediente, Kriegsvolk' (afrz. *genz*, daneben noch das Kollektivum *gent* f., aus lat. *gēns*, Gen. *gentis* 'Geschlecht, Sippenverband, Volksstamm, Völkerschaft') und frz. *arme* 'Waffe' (aus lat. *arma* Plur. 'Waffen', im Spätlat. auch femininer Singular).

Genealogie f. 'Lehre von Herkunft, Abstammung und Verwandtschaft', spätmhd. (md.) *genealogye* (14. Jh.), entlehnt aus gleichbed. lat. *geneālogia*, griech. *geneālogía* (*γενεαλογία*), zu griech. *geneá* (*γενεά*) 'Geschlecht, Generation', verwandt mit den unter *Genus*, s. d., genannten Wörtern; zum zweiten Kompositionsglied s. *-logie*.

genehm Adj. 'angenehm, willkommen'. Zu ahd. *nāmi* (9. Jh.), Verbaladj. zu dem unter *nehmen* (s. d.) angeführten Verb, also eigentl. 'was zu nehmen ist, annehmbar', tritt präfigiertes ahd. *ginâmi* (Hs. 12. Jh.), mhd. *genæme*, (md.) *genēme* (s. auch *angenehm*). – g e n e h m i g e n Vb. 'erlauben, bewilligen' (18. Jh.), für älteres *(für) genehm halten*; vielleicht amtssprachliche Verdeutschung von frz. *agréer*. G e n e h m i g u n g f. (18. Jh.).

General m. Offizier der höchsten Rangstufe. Mhd. *general* 'Vorsteher eines Mönchsordens' entspricht mlat. *generalis*, der verkürzenden Substantivierung aus Fügungen wie kirchenlat. *generālis abbās* o. ä. Zugrunde liegt lat. *generālis* 'allgemein', eigentl. 'zur ganzen Gattung gehörig', eine Ableitung von lat. *genus* 'Geschlecht, Gattung' (s. *Genus*). Danach ist der „generalis", der allgemeine und dadurch höhere Vorsteher, von dem „specialis", dem niederen Vorsteher kleinerer Einheiten oder Verbände, abgehoben. Mit dieser Vorstellung übernimmt das Frz. den Ausdruck auch in den militärischen Bereich; zuerst ebenfalls adjektivisch mfrz. *capitaine général* (14. Jh.). Diesem folgen die dt. Bildungen *Generalfeldherr, Generalleutnant, Generaloberst* (16. Jh.), *Generalfeldmarschall* (um 1600); substantiviertes und verselbständigtes mfrz. frz. *général* begegnet im 15. Jh., nhd. *General* zuerst gegen Ende des 16. Jhs. Im oben dargestellten Sinne von 'allgemein, übergreifend, umfassend', daher oft auch 'ranghöher', wird **general-** Bestimmungswort vieler Zusammensetzungen: *Generalkonzil* 'allgemeine Kirchenversammlung' (16. Jh., nach mlat. *concilium generale*, 13. Jh.); *Generalmandat* 'eine alle angehende Anordnung' (16. Jh.); *Generalbaß* 'den Gang der Harmonie des Ganzen bestimmende Baßstimme' (17. Jh., ital. *basso generale* neben *basso continuo*); ferner *Generalbeichte* (17. Jh.), *Generalprobe, Generalstreik*; in Titeln und Amtsbezeichnungen *Generalpostmeister* (1595), *Generalvikar, Generalsuperintendent* (17. Jh.), *Generaldirektor, Generalintendant* (19. Jh.). – g e n e r a l i s i e r e n Vb. 'verallgemeinern' (18. Jh.); vgl. frz. *généraliser*.

Generation f. 'Menschenalter, Gesamtheit der Menschen einer Altersstufe', im 16. Jh. entlehnt aus lat. *generātio* (Gen. *generātiōnis*) 'Zeugung, Zeugungskraft', spätlat. (z. B. in der Vulgata) 'Nachkommenschaft', auch 'Generation', einer Substantivbildung zu lat. *generāre* '(er)zeugen, erschaffen, hervorbringen', Ableitung von lat. *genus* (Gen. *generis*) 'Abstammung, Familie' (s. *Genus*).

Generator m. 'Dampf, Gas oder Elektrizität erzeugende Maschine', Aufnahme (19. Jh.) von lat. *generātor* 'Erzeuger, Erschaffer' in die Fachsprache der Technik; zu lat. *generāre* '(er)zeugen, erschaffen, hervorbringen' (s. *Generation*).

generell Adj. 'allgemein(gültig), grundsätzlich', Ende 18. Jh. französierend neu gebildet zu älterem *general*, das heute nur noch in Zusammensetzungen verwendet wird (s. *General*).

generös Adj. 'großmütig, freigebig', Ende 17. Jh. entlehnt aus gleichbed. frz. *généreux*. Das zugrundeliegende Adjektiv lat. *generōsus* 'von edler Herkunft, hochherzig, großmütig' liefert schon Mitte 17. Jh. die Form *generos*. Ausgangswort ist lat. *genus* (Gen. *generis*) 'Abstammung, Geschlecht' (s. *Genus*). – G e n e r o s i t ä t f. 'Freigebigkeit, Großzügigkeit' (17. Jh.), lat. *generōsitās* (Gen. *generōsitātis*) 'Hochherzigkeit', frz. *générosité*.

genesen Vb. 'gesund werden', ahd. *ginesan*

(9. Jh.), mhd. *genesen*, asächs. *ginesan*, mnd. *genēsen*, mnl. *ghenēsen*, nl. *genezen*, aengl. *genesan*, got. *ganisan* haben neben sich die unter *nähren* (s. d.) behandelten zugehörigen Kausativa. Mit den außergerm. Verwandten aind. *násatē* 'tritt heran, sucht auf, vereinigt sich', *ástam* 'Heimat, Heimstätte', griech. *néĩsthai* (νεῖσθαι) 'zurück-, heimkehren', *nóstos* (νόστος) 'Rückkehr, Heimkehr' (s. *Nostalgie*) führen sie auf die Wurzel ie. **nes-* 'wohlbehalten wohin gelangen, das sichere Heim erreichen'. Die alte Bedeutung des Verbs ist 'heil davonkommen, gerettet werden, überleben', sie bleibt bis ins 16./17. Jh., in der Wendung *eines Kindes genesen* bis zur Gegenwart erhalten; doch entwickelt sich der heutige engere Sinn 'von einer Krankheit geheilt werden, gesunden' schon in ahd. Zeit. – G e n e s u n g f. (17. Jh.).

Genesis f. bezeichnet wie lat. *genesis*, griech. *génesis* (γένεσις) das erste Buch des Alten Testaments, die 'Schöpfungsgeschichte' (Verbalabstraktum zu griech. *gígnesthai*, s. *Genitiv*). Daneben wird *Genesis* im 18. Jh. in seiner allgemeinen griech.-lat. Bedeutung 'Entstehung(sgeschichte), Ursprung' in die Wissenschaftssprache aufgenommen; im 19. Jh. mit eingedeutschter Endung G e n e s e f. (vielleicht befördert durch frz. *genèse*). – g e n e t i s c h Adj. 'die Entstehung betreffend bzw. darstellend' (18. Jh.), 'erblich bedingt' (20. Jh.). G e n e t i k f. 'Lehre von der Entstehung der Arten, der Organismen, Vererbungslehre' (20. Jh.).

Genick n. 'hinterer Teil des Halses, Nakken', mhd. *genic(ke)* wird als Kollektivbildung zu den unter *Nacken* (s. d.) behandelten Formen mit *e* in der Wurzelsilbe gestellt, setzt dann allerdings die Existenz eines alten ablautenden *e* voraus. Die etymologische Zugehörigkeit zu *Nacken* deutet auf Zusammenhang mit *²nicken* (s. d.). – G e n i c k f ä n g e r m. 'Jagd-, Wildmesser', mit dem das gejagte Tier durch einen Stich ins Genick getötet wird (18. Jh.).

Genie n. 'höchste schöpferische Geisteskraft, hochbegabter schöpferischer Mensch', Entlehnung (Anfang 18. Jh.) von frz. *génie* 'Begabung, Geist, Talent', das zurückgeht auf lat. *genius* 'Schutzgeist', spätlat. 'schöpferische Begabung, Talent' (s. *Genius*), zugleich aber auch lat. *ingenium* 'Charakter, Begabung, Geist, Witz' wiedergibt, auf dessen Einfluß der Genuswechsel im Dt. vom Maskulinum (noch bei Lessing, Schiller) zum heute allein gültigen Neutrum zurückzuführen ist. – g e n i a l Adj. 'von schöpferischer hoher Begabung', seit Schiller übliche Verkürzung von *genialisch* (18. Jh.), das im Dt. zu *Genie* gebildet ist und nur formal, nicht nach Herkunft und Inhalt lat. *geniālis* 'zum Genius gehörig, ehelich, festlich, heiter' nahesteht. k o n g e n i a l Adj. 'geistig ebenbürtig' (18. Jh.); s. *kon-*. G e n i a l i t ä t f. 'schöpferische Begabung' (18. Jh.).

genieren Vb. 'stören, belästigen', meist refl. 'sich unsicher fühlen, gehemmt sein, sich schämen', Entlehnung (18. Jh.) aus gleichbed. frz. *(se) gêner*, einer Bildung zu frz. *gêne* 'Zwang, Beklemmung, Verlegenheit', afrz. *gehine* 'das durch Folter erlangte Geständnis, Folter', das von afrz. *gehir, jehir* 'gestehen, bekennen' abgeleitet ist. Voraus geht wahrscheinlich anfrk. **jahhjan*, **jehhjan*, ein Intensivum zu dem in ahd. *jehan* (8. Jh.), asächs. *gehan* 'sagen, gestehen, bekennen' erhaltenen Verb (s. *Beichte*). – g e n a n t Adj. 'peinlich, lästig' (19. Jh.) nach gleichbed. frz. *gênant*, dem Part. Präs. zu frz. *gêner*. u n g e n i e r t Part.adj. 'ungezwungen, ungehemmt' (18. Jh.), zu heute seltenem *geniert* 'gezwungen, verlegen'.

genießen Vb. 'Freude, Wohlbehagen bei etw. finden, etw. erhalten, zur Verfügung haben, Speisen und Getränke zu sich nehmen', ahd. *niozan* (8. Jh.), *giniozan* (9. Jh.), mhd. *(ge)niezen*, asächs. *niotan*, mnd. *genēten*, nl. *genieten*, aengl. *nēotan*, anord. *njōta*, schwed. *njuta* 'benutzen, genießen' sowie got. *niutan* 'erreichen, erlangen', *ganiutan* 'ergreifen, fangen' (vgl. got. *nuta* 'Fischer', eigentl. 'Fänger') führen auf germ. **neutan*, zu ie. **neud-* 'Erstrebtes ergreifen, in Nutzung nehmen' (wozu auch *Genosse, Nutzen,* s. d.). – N i e ß b r a u c h m. 'Recht auf Nutzung fremden Eigentums' (17. Jh.), mit mhd. *niez*, frühnhd. *Nieß* 'Benutzung, Nutznießung, Genuß' (Deverbativum zu mhd. *niezen*, s. oben; daneben *Genieß*, s. *Genuß*) gebildete Übersetzung des Rechtsterminus lat. *ūsus frūctus*; jünger in gleichem Sinne N i e ß n u t z m. (19. Jh.). g e n i e ß b a r Adj. 'eßbar, bekömmlich' (17. Jh.; anfangs auch 'nützlich, vorteilhaft' wie das ältere *genießlich*, 16. Jh., s. *genüßlich*). G e n i e ß e r m. 'wer zu genießen versteht', mhd. *geniezer*; dazu g e -

n i e ß e r i s c h Adj. 'nach Art eines Genießers, mit Genuß' (30er Jahre 20. Jh.).

Genitale n., meist Plur. *Genitalien* 'Geschlechtsorgane', aus der lat. Wissenschaftssprache der Medizin im 18. Jh. in dt. Fachtexte eingegangen; lat. *genitāle* (Plur. *genitālia*) zu lat. *gignere* (*genitum*) '(er)zeugen, gebären, hervorbringen'. – g e n i t a l Adj. (19. Jh.).

Genitiv, G e n e t i v m. 'Wesfall', zweiter Fall der dt. Deklination, unter Aufgabe der lat. Endung (Mitte 18. Jh.) aus lat. *(cāsus) genitīvus, genetīvus* 'die Herkunft, die Zugehörigkeit bezeichnender Fall', eigentl. 'zeugender Fall, Zeugefall'. Zugrunde liegt griech. *genikḗ ptṓsis* (*γενικὴ πτῶσις*) 'zum Geschlecht gehörender, die Gattung bezeichnender, allgemeiner Fall' (der zu jeder Wortart hinzutreten kann); vgl. griech. *genikós* (*γενικός*) 'zum Geschlecht, zur Abstammung, Familie, Gattung gehörig', zu griech. *génos* (*γένος*) 'Geschlecht, Abstammung, Familie, Gattung'. Das feminine griech. *genikḗ* verbinden die lat. Grammatiker fäschlich mit (allerdings verwandtem) griech. *gígnesthai* (*γίγνεσθαι*) 'erzeugt, geboren werden, entstehen' bzw. mit lat. *gignere* (*genitum*) '(er)zeugen, gebären, hervorbringen' und übersetzen es dementsprechend mit lat. *genetīvus* 'angeboren, zeugend'. In dt. grammatischen Schriften setzen schon früh Verdeutschungsversuche ein wie *geperer* 'Gebärer, Erzeuger' (um 1400), *Besitzer* (1604), *Besitzfall, Zwäitfall* (1619), *Zeugefall* (17. Jh.).

Genius m. 'schöpferische Geisteskraft, hochbegabter schöpferischer Mensch, Schutzgeist', im 16. Jh. aus der klass.lat. Sprache und Gedankenwelt von den Humanisten ins Dt. übernommen. Lat. *genius* bezeichnet den 'Schutzgeist', zumal den, der über Zeugung, Geburt und Leben des Menschen waltet, dann die im Manne verkörperte 'Kraft, Energie, Genußfähigkeit', spätlat. auch 'schöpferische Begabung, Talent'; zu lat. *gignere* (*genitum*) '(er)zeugen, hervorbringen' (also eigentl. 'Erzeuger'). S. *Genie*.

Genosse m. 'Gefährte, Begleiter, Mitglied, Kampfgefährte in einer (sozialdemokratischen) Arbeiterpartei', entsprechend auch Anrede der Mitglieder untereinander. Ahd. *ginōʒ* (8. Jh.), *ginōʒo* (9. Jh.), mhd. *genōʒ(e)* 'wer mit anderen etw. gemeinschaftlich hat, gleich an Wesen, Stand, ebenbürtig ist, Gefährte', asächs. *ginōt*, mnd. *genōt(e)*, mnl. *ghenoot*, nl. *genoot*, aengl. *genēat* und (mit Präfixschwund) anord. *nautr* sind Possessivkomposita zu ahd. (8. Jh.), mhd. *nōʒ*, mnl. *noot*, aengl. *nēat*, engl. *neat*, anord. *naut* 'Nutzvieh, Rind, Schlacht-, Zug-, Lasttier' und bezeichnen denjenigen, 'der das Vieh mit (einem) anderen gemeinsam hat' (zur Bildung s. ³*Bauer, Geselle, Gefährte*). Das zugrundeliegende germ. **nauta-* 'Nutztier, -vieh, Habe' ist verwandt mit *genießen* und *nutzen* (s. d.) und läßt sich mit diesen sowie mit lit. *naudà* 'Nutzen, Vorteil, Gewinn, Besitz, Vermögen', lett. *nauda* 'Nutzen, Habe, Geld' unter einem Ansatz ie. **neud-* 'Erstrebtes ergreifen, in Nutzung nehmen' vereinigen. Bis ins 19. Jh. bezeichnet *Genosse* den Gefährten, den Gleichgesinnten, den Gleichgestellten an Stand und Besitz. In der Mitte der 70er Jahre des 19. Jhs. wird *Genosse* übliche Anrede in der Sozialdemokratischen Arbeiterpartei als Ausdruck gleicher Gesinnung im Streben nach Verwirklichung gemeinsamer Ziele (s. das Kompositum *Parteigenosse*). – G e n o s s e n s c h a f t f. 'Zusammenschluß mehrerer Personen zur Förderung gleicher wirtschaftlicher Interessen mittels gemeinschaftlichen Geschäftsbetriebes'. Ahd. *ginōʒscaf* (8. Jh.), *-scaft* (um 1000), mhd. *genōʒschaft* bezeichnet zunächst (bis ins 17. Jh.) die 'Verbindung, Gemeinschaft, Gesellschaft, Gesamtheit von Standesgenossen' (vgl. *bäuerliche Genoßschaft, Eidgenoßschaft*), danach (unter Einfluß von gleichbed. engl. *corporation*) im oben genannten Sinne. g e n o s s e n s c h a f t l i c h Adj. (19. Jh.).

Genre n. (bis ins 19. Jh. auch m.) 'Art des künstlerischen Gestaltens, (künstlerische) Gattung'. Aus lat. *genus* (Gen. *generis*) 'Abstammung, Geschlecht, Gattung, Art und Weise' (s. *Genus*) entlehntes frz. *genre* 'Gattung, Art, Stil' wird in den 70er Jahren des 18. Jhs. als Fachwort der Kunsttheorie (bes. 'Schreibart' in der Literatur, doch ebenso 'Gattung, Manier' in anderen künstlerischen Bereichen) ins Dt. übernommen. Von der Mitte des 19. Jhs. an ist außerdem (gleichfalls nach frz. Vorbild) nichtterminologischer Gebrauch im Sinne von 'Art, Sorte' bezeugt. Selten findet sich das Simplex *Genre* dagegen (seit Mitte 19. Jh.) für frz. *genre* 'Szenen aus dem Alltag einer bestimmten Gesellschaftsschicht darstellender Zweig der bildenden

Kunst'. Diese Verwendung bleibt im Dt. vorwiegend in Zusammensetzungen wie Genremaler m. (Ende 18. Jh.), Genremalerei f., Genrebild n. (beide 1. Hälfte 19. Jh.) erhalten, die den Fügungen frz. *peintre, peinture, tableau de genre* folgen.

Gentilgesellschaft f. 'auf den Sippenverband gegründete soziale Organisationsform in der Urgesellschaft'. Das durch Engels („Der Ursprung der Familie", 1884) zusammen mit gleichartigen Bildungen wie Gentilordnung f., Gentilorganisation f. als Terminus der marxistischen Geschichtswissenschaft eingeführte Kompositum enthält als erstes Glied lat. *gentīlis* 'zum Geschlecht, Sippenverband gehörig'. Dieses Adjektiv ist abgeleitet von lat. *gēns* (Gen. *gentis*), Substantivbildung zu lat. *gignere* (*genitum*) '(er)zeugen, gebären' (verwandt mit *Genus* und *Kind*, s. d.), der Bezeichnung für das auf gemeinsame Abstammung zurückgeführte Geschlecht, den Sippenverband, der in der Antike bei Römern und Griechen als soziale und kultische Gemeinschaft noch in Resten erhalten ist und in dem Engels (die Untersuchungen des amerik. Völkerkundlers Morgan weiterführend) die für die Urgesellschaft allgemein geltende Form des Zusammenlebens zu erkennen meint.

Gentleman m. 'Mann von Charakter, Bildung und vollendeten Umgangsformen' ist Übernahme von engl. *gentleman*, das bereits seit dem 14./15. Jh. diese allgemeinere Bedeutung aufweist, ursprünglich jedoch (als Übersetzung von afrz. *gentil ome*, frz. *gentilhomme* 'Edelmann') Ehrentitel für dem niederen Adel entstammende, dann auch für bürgerliche Angehörige der Oberschicht ist; engl. *gentle* 'vornehm, edel, höflich, gütig' beruht auf afrz. *gentil* 'adlig, edel, anmutig' (vgl. frz. *gentil* 'hübsch, nett'), dieses wiederum auf lat. *gentīlis* 'zum Geschlecht, Sippenverband gehörig', einer Ableitung von lat. *gēns* 'Geschlecht, Sippenverband, Volk' (s. *Gentilgesellschaft*). Das engl. Substantiv, bis heute seinen fremden Charakter bewahrend (Plur. *Gentlemen*), erscheint in dt. Texten zunächst mit Bezug auf engl. Verhältnisse, so vereinzelt seit Fischart (1590), häufiger im ausgehenden 18. Jh. Von den 30er Jahren des 19. Jhs. an wird es im Dt. zum gängigen Ausdruck für den männlichen Idealtypus der damaligen Gesellschaft (entsprechend älteren Persönlichkeitsidealen wie *Weltmann, Kavalier, Biedermann*, s. d.). Zur Fügung *Gentleman's Agreement* s. *Agreement*. – gentlemanlike Adj. und Adv. 'nach Art eines Gentlemans, hochanständig'. Das gleichlautende engl. Wort wird seit Ende des 18. Jhs. öfter in dt. Kontexte übernommen; Eindeutschungsversuche wie *gentlemanlich, gentlemännisch* (19. Jh.) bleiben Gelegenheitsbildungen.

genug 'ausreichend, in notwendiger Menge, zufriedenstellendem Maße vorhanden' (in der Funktion eines Substantivs 'ausreichende Menge'), ironisch untertreibend auch 'bis an die Grenze des Erträglichen gehend' (vgl. die bereits für das Ahd. öfter zu belegende Bedeutung 'reichlich, im Überfluß'). Die einem Indefinitpronomen oder Adverb ähnelnde, im Nhd. (wie in den anderen modernen germ. Sprachen) stets flexionslose Quantitätsangabe geht (als erstarrte endungslose Form des Neutrums) auf ein altes Adjektiv zurück, das in den frühen germ. Sprachstufen (einschließlich des Mhd.) noch in vielfacher (attributiver, prädikativer und adverbieller) Verwendung lebendig ist, ahd. *ginuog* (8. Jh.), *ginuogi* (9. Jh.), mhd. *genuoc* (selten *genuoge* mit regulärer Adverbendung), asächs. *ginōg(i)*, mnd. *genōch, (en)nōch*, mnl. *ghenoech*, nl. *genoeg*, afries. *(e)nōch*, aengl. *genōg, genōh*, engl. *enough*, anord. *gnōgr, nōgr*, schwed. *nog*, got. *ganōhs*. Die Bildungen gehören zu einem nur in Resten nachweisbaren germ. Präteritopräsens ahd. *ginah* (um 800), aengl. *geneah*, got. *ganah* 'es genügt' (hierher vielleicht auch anord. *nā* 'nahen, erreichen' mit Ablaut). Dieser germ. Verbalstamm und seine außergerm. Entsprechungen wie aind. *aśnṓti* 'erlangt, erreicht', *nákṣati* 'erreicht, kommt an, erlangt', griech. (Aorist) *enenkẽin* (*ἐνεγκεῖν*) 'herbeischaffen, davontragen', *ónkos* (*ὄγκος*) 'Tracht, Last', lat. *nancīscī* 'erlangen, bekommen', aslaw. *nesti*, russ. *nestí* (*нести*), lit. *nèšti* 'tragen' führen auf ie. **enk̑-*, **nek̑-* 'reichen, erreichen, erlangen, tragen'. Auf md. Gebiet findet sich seit dem 14. Jh. eine nasalierte Nebenform spätmhd. *genunk*, nhd. *genung*, die aber im 19. Jh. wieder aus der Literatursprache verschwindet. – Genüge f. und n. (nur im Sing.) 'ausreichendes Maß, Befriedigung', Abstraktbildung zum Adjektiv *genug* (s. oben), jetzt vor allem in der adverbiellen Fügung *zur Genüge* 'in ausreichendem Maße', ahd. *ginuogi* n. (9. Jh.; daneben auch *ginuogī* f. ?, 8. Jh.), mhd. *genüege* f. 'Genüge, Fülle', asächs. *ginōgi* f., mnd. *genȫge, (g)nȫge* f.; im Nhd. seit dem 17. Jh. auch wieder als Neutr., wohl unter Einfluß von gleichbed. *Genügen* n. (mhd. *genüegen* n.), dem substantivierten Infinitiv des folgenden Verbs. genügen Vb. 'ausreichen, befriedigen, erfüllen', ahd. *ginuogen* 'genügen, befriedigen, reichlich vorhanden sein' (9. Jh.), mhd. *genüegen, genuogen*, mnd. *(ge)nȫgen*, mnl. *ghenoegen*, nl. *genoegen* 'befriedigen, erfreuen, ausreichen', refl. 'Genüge finden', anord. *gnœgja, nœgja* 'genug, reichlich geben', got. *ganōhjan* 'Genüge leisten', *ganōhnan* 'genug sein'; das Part. Präs. des nhd. Verbs verselbständigt sich im 18. Jh., als genügend Part.adj. 'ausreichend, zufriedenstellend' ersetzt es *genug* in adjektivischem, oft auch in adverbiellem Gebrauch; dazu ungenügend Adj. 'unbefriedigend, nicht ausreichend' (18. Jh.). Erweiterungen von *genügen* sind *vergnügen* (s. d.) und begnügen Vb. 'sich zufriedengeben' (refl. seit dem 18. Jh.), mhd. *begenüegen* 'befriedigen, zufriedenstellen', kontaminiert aus mhd. *genüegen* (s. oben) und mhd. *benüegen* 'genug haben', frühnhd. *benügen* 'genügen, zufrieden sein, befriedigen'. genugsam Adv. 'in ausreichendem Maße, vollauf' (heute auf altertümelnde Ausdrucksweise beschränkt), ahd. *ginuogsam* (8. Jh.), mhd. *genuocsam* Adj. 'Genüge oder Fülle habend, bietend', nhd. noch bis zur 1. Hälfte des 19. Jhs. in adjektivischer Verwendung ('ausreichend, zufriedenstellend'), als Adverb seit dem 15. Jh. üblich; daneben in den älteren Sprachstufen häufiger gleichbed. ahd. *ginuhtsam* (8. Jh.), mhd. *genuhtsam* Adj., von einem im Frühnhd. untergehenden Substantiv ahd. *ginuht* 'Fülle, Überfluß' (8. Jh.), mhd. *genuht* 'Genüge, Fülle, Freude' (vgl. aengl. *genyht*, anord. *gnōtt* 'Genüge, Überfluß, reichlicher Vorrat'). genügsam Adj. 'leicht zu befriedigen, anspruchslos', umgelautete Form von *genugsam* (s. oben, nhd. vereinzelt bis in jüngere Zeit noch in dessen Sinn vorkommend), nimmt seit dem 16. Jh. durch Anlehnung an das Verb *genügen* (s. oben) die heutige Bedeutung an; dazu Genügsamkeit f. 'Anspruchslosigkeit', frühnhd. meist *genuocsamkeit, Genugsamkeit*; in dieser Verwendung vom 15. Jh. an zu belegen, aber erst Ende des 17. Jhs. üblich, anfangs häufiger 'Genüge, Überfluß'. genugtun Vb. 'Genüge leisten, befriedigen' (frühnhd. auch 'bezahlen, Buße tun'), Übersetzung von lat. *satisfacere* als Ausdruck des Rechtswesens und der Kirche, zunächst dafür Fügungen wie ahd. *ginuog, ginuhtsam tuon*, mhd. *genuoc, genüege tuon* (Getrenntschreibung häufig noch nhd. bis ins 19. Jh.), Zusammenrückung seit dem 15. Jh.; dazu Genugtuung f. 'Befriedigung, Wiedergutmachung, Buße' (15. Jh.), entsprechend lat. *satisfactio*.

Genus n. 'grammatisches Geschlecht der Nomina und Pronomina', in der Fügung *Genus verbi* auch '(als Aktiv, Passiv oder Medium auftretende) Aktionsform des Verbs'. Das heute vor allem als sprachwissenschaftlicher Terminus übliche Substantiv geht zurück auf lat. *genus* (Gen. *generis*) 'Abstammung, Geschlecht, Gattung, Art und Weise'; dieses stellt sich mit griech. *génos* (*γένος*), aind. *jánaḥ* 'Geschlecht, Abkunft' als Nominalbildung (*es/os*-Stamm) ie. **ĝenos* zur Wurzel ie. **ĝen(ə)-* 'erzeugen, gebären', zu der auch *Genesis, Genie, Genitiv* sowie *Kind, König, Nation, Natur* (s. d.) gehören. Lat. *genus* bleibt bis in die Neuzeit in der lat. Wissenschaftssprache verschiedener Bereiche als Bezeichnung für eine durch gemeinsame Merkmale verbundene Klasse von Objekten lebendig und wird von dort seit dem 17. Jh. in dt. Texte übernommen; häufig steht es lat. *speciēs* 'Art' als die umfassendere Kategorie gegenüber, so in der Philosophie und im Anschluß daran seit dem 18. Jh. in der zoologischen und botanischen Systematik (hier im Dt. durch *Gattung* wiedergegeben, s. d.); in der Grammatik behauptet es sich als Fachwort neben *Geschlecht* (s. d.).

Genuß m. 'was Freude, Wohlbehagen, tiefe Befriedigung bereitet', enger (nur im Sing., den Vorgang bezeichnend) 'Nahrungsaufnahme'. Das vom Verb *genießen* (s. d.) abgeleitete Abstraktum mhd. *genuȥ* (13. Jh.?, Hs. aber 15. Jh., vgl. außerdem mnd. *genüt, genütte* 'Nutzung, Vorteil', spätmnl. *ghenot* 'Ertrag, Vorteil, Gewinn'), tritt seit Anfang des 17. Jhs. an die Stelle des älteren Deverbativums mhd. *knieȥ*, nhd. *Genieß* (dieses ist im 18. Jh. noch lebendig, daneben um 1700 *Genüß*, wohl durch Vermischung beider Lautungen), zunächst in dessen Bedeutung 'Nutznießung, Nutzen, Gewinn', die die Wendung *in den Genuß einer Sache kommen* 'Gelegenheit bekommen, über eine Sache zum eigenen Vorteil, Nutzen zu verfügen' bis heute bewahrt. Der moderne Gebrauch setzt im 18. Jh. ein. – g e n ü ß l i c h Adj. 'einen Genuß bewußt auskostend, genießerisch', seltener (nur attributiv) 'Genuß gewährend, behaglich', neben semantisch abweichendem *genießlich* 'vorteilhaft, genießbar, gewinnsüchtig' (16. bis 20. Jh.) seit dem 17. Jh. vereinzelt bezeugt, auch noch Anfang des 20. Jhs. kaum geläufig. G e n u ß m i t t e l n. 'wegen seiner anregenden Wirkung oder bestimmter geschmacklicher Eigenschaften geschätztes Produkt' (Anfang 19. Jh.); vorher in gleichem Sinne *Genießmittel* (18. Jh.), auch *Genosmittel* (Schottel 1663). G e n u ß s u c h t f. 'übersteigertes Streben nach Genüssen', dazu g e n u ß s ü c h t i g Adj., beide als Neubildungen bei Campe (1808) verzeichnet; älter ist *genießsüchtig* 'eigennützig, gewinnsüchtig' (16. Jh., von *Genieß*, s. oben).

geo- 'die Erde, das Land betreffend, Erd-, Land-', im Anschluß an antike Bildungen (s. *Geographie*, *Geometrie*) öfter in der modernen Wissenschaftssprache verwendetes Bestimmungswort zusammengesetzter Nomina, dem (etymologisch ungeklärtes) griech. *gḗ* (γῆ) 'Erde, Land' zugrunde liegt; s. *Geologie*, vgl. *Geobotanik*, *Geophysik*, *geomagnetisch*, *geozentrisch*.

Geographie f. 'Wissenschaft von der Erdoberfläche, Erdbeschreibung'. Auf griech. *geōgraphía* (γεωγραφία) zurückgehendes lat. *geōgraphia* 'Erdbeschreibung, Erddarstellung' (s. *geo-* und *-graphie*) lebt in der lat. Wissenschaftssprache fort und wird Anfang des 16. Jhs. eingedeutscht (*Geographei*, *Geographi*); daneben in neuerer Zeit *Erdkunde* (s. d.) als dt. Ersatzwort. – G e o g r a p h m. 'Fachmann auf dem Gebiet der Geographie' (Ende 16. Jh.), nach griech. *geōgráphos* (γεωγράφος) 'die Erde beschreibend', substantiviert 'wer die Erde beschreibt', spätlat. *geōgraphus* 'Erdbeschreiber'; lat. Flexion kommt im dt. Text noch Anfang des 18. Jhs. vor. g e o g r a p h i s c h Adj. (17. Jh.), griech. *geōgraphikós* (γεωγραφικός), spätlat. *geōgraphicus*.

Geologie f. 'Wissenschaft von der Entwicklung der Erde und dem Aufbau der Erdkruste'. Die aus griech. Elementen (s. *geo-* und *-logie*) gebildete, seit dem 17. Jh. (zunächst überhaupt für 'wissenschaftliche Beschäftigung mit der Erde') international gebräuchliche Zusammensetzung nlat. *geologia* (voraus geht vereinzeltes mlat. *geologia* 'Wissen von den irdischen Dingen', 14. Jh.) wird im 18. Jh. ins Dt. übernommen. *Geologie* als 'Wissenschaft von der Entwicklung der Erde' steht dabei anfangs meist neben *Geognosie* 'Wissenschaft vom Aufbau der Erdkruste'; vgl. griech. *gnṓsis* (γνῶσις) 'Erkenntnis, Bekanntsein'. Von beiden Bezeichnungen, die im 19. Jh. häufig synonym verwendet werden, setzt sich schließlich *Geologie* als umfassende Benennung für den gesamten Wissenszweig durch. – G e o l o g e m. 'Fachmann auf dem Gebiet der Geologie' (älter auch *Geolog*, zum zweiten Glied s. *-loge*); g e o l o g i s c h Adj. (beide Anfang 19. Jh.).

Geometrie f. 'Lehre von den ebenen und räumlichen Gebilden' (als Teilgebiet der Mathematik), mhd. *gēometrīe*, *jēometrī*. Das zu griech. *geōmétrēs* 'Land-, Feldmesser' (s. unten) gebildete griech. *geōmetría* (γεωμετρία) 'Land-, Feldmeßkunst' gelangt über lat. *geōmetria*, afrz. *geometrie* (vor allem eine der Sieben Freien Künste) im 12. Jh. ins Mhd. Auch weiterhin bezeichnet *Geometrie* im Dt. (mit den frühnhd. Varianten *Geometri*, *Geometrey*, neben denen zunächst lat. flektierte Formen gebräuchlich bleiben) in der Regel die wissenschaftliche Disziplin, kaum noch das praktische Vermessungswesen. Die ursprüngliche Bedeutung bewahrt dagegen G e o m e t e r m. 'Vermessungsfachmann, Landmesser', mhd. *Gēometras*, *Jēometras* (als Eigenname aufgefaßt), auch *gēometer* (Thomasin von Zerclaere), frühnhd. *Geometer* (Anfang 16. Jh., daneben lat. Flexion bis ins 17. Jh.), eine Entlehnung von lat. *geōmetrēs* (spätlat. außerdem *geōmetra*, *geōmeter*) 'Feldmesser, Mathematiker', griech. *geōmétrēs* (γεωμέτρης) 'Land-, Feldmesser', das mit der Kompositionsform griech. *geō-* (γεω-) 'Erd-, Land-' (s. *geo-*) zu griech. *metrẽin* (μετρεῖν) 'messen', einer Ableitung von griech. *métron* (μέτρον) 'Maß' (s. *Meter*), gebildet ist. – g e o m e t r i s c h Adj. 'auf den Gesetzen der Geometrie beruhend' (16. Jh.), griech. *geōmetrikós* (γεωμετρικός), lat. *geōmetricus* 'zur Feldmeßkunst gehörig, geometrisch'.

Gepäck n. 'auf einer Reise oder Wanderung mitgeführte, meist in größeren Behältnissen untergebrachte Bedarfsgegenstände', militärisch 'feldmarschmäßige Ausrüstung des Soldaten' (als 'mitgeführtes Heeresgut' seit dem 17. Jh. an die Stelle von *Bagage* und voraufgehendem *Plunder* tretend, s. d.); spätmhd. (14. Jh.), frühnhd. *gepac*, mnd. *gepak*, mnl. *ghepac*, im Dt. vom 16. Jh. an mit Umlaut *Gepäck*, auch *Gepäcke*, gehört als Kollektivbildung zu dem unter *Pack* m. (s. d.) dargestellten Substantiv.

Gepard m. Der heutige Name der oft zur Jagd abgerichteten leopardenähnlichen Großkatze, die im 18./19. Jh. auch *Jagdleopard*, *Jagdtiger*, *Wolfstiger* heißt, in früherer Zeit aber häufig überhaupt nicht vom Leoparden unterschieden wird, kommt in der 2. Hälfte des 18. Jhs. aus dem Frz. Das entsprechende frz. *guépard* (seit Buffon; Pariser Lautform?), älter *gapard* beruht auf ital. *gattopardo* 'Leopard', einer Zusammenrückung aus ital. *gatto* 'Katze' (spätlat. *cattus*, s. *Katze*) und *pardo* 'Panther'. Die Grundlage für ital. *pardo* wie für das im Nhd. untergegangene ahd. *pardo* (11. Jh.), *pard* (Hs. 13. Jh.), mhd. *part*, *parde*, frühnhd. *Pard* 'Leopard' ist gleichbed. lat. *pardus* und (vielleicht erst der lat. Form nachgebildetes) griech. *párdos* (πάρδος) m. (s. auch *Leopard*); daneben steht früher bezeugtes griech. *párdalis* (πάρδαλις) f. 'Leopard', das über lat. *pardalis* f. ein noch bis ins 20. Jh. gebräuchliches nhd. *Pardel* (16. Jh., auch umgebildet zu *Parder*, wohl unter Einfluß von *Panther*, s. d.) ergibt. Das griech. Substantiv gilt als Entlehnung aus einer orientalischen Sprache, wahrscheinlich (wie aind. *pṛdākuḥ* 'Panther, Tiger') aus dem Iranischen.

Ger m. 'Wurfspeer der Germanen', ahd. *gēr* (9. Jh.), mhd. *gēr*, asächs. afries. mnd. *gēr*, mnl. *geer*, aengl. *gār*, anord. *geirr*, vgl. auch *Radagaisus* (Name eines got. Heerführers). Das zuerst als Bestandteil von Personennamen (seit dem 3. Jh.; heute noch *Gerhard*, *Gertrud*, *Rüdiger* u. ä.) sowie in langobard. *gairethinx* 'Rechtshandlung, für deren Gültigkeit der Speer Symbolwert hat' (7. Jh.) bezeugte germ. **gaiza-* (wozu auch die Ableitung *Geißel*, s. d.) steht neben air. *gae* 'Speer' und (aus dem Gall. stammendem) lat. *gaesum* 'schwerer eiserner Wurfspieß', griech. *gaĩson*, *gaĩsos* (γαῖσον, γαῖσος) 'leichter Wurfspieß', eigentl. 'Wurfspieß der Gallier' (zur umstrittenen Frage möglicher Lehnbeziehungen zwischen dem Kelt. und dem Germ. vgl. Walde/Hofmann ^{3}1, 576 und de Vries Nl. 156). Verwandt ist wohl griech. *chaĩos* (χαῖος) 'Hirtenstab', so daß sich ie. **ghaiso-* 'Stecken, Wurfspieß' als Etymon ergibt oder ie. **ĝhaiso-*, sofern auch aind. *hḗsaḥ* 'Waffe' hierher gehört. Man hat darüber hinaus alle genannten Formen mit aind. *hiṓti* 'treibt an, schleudert', *hētíḥ* 'Geschoß, Waffe', langobard. *gaida* '(Pfeil)spitze', aengl. *gād* '(Speer-, Pfeil)spitze' unter der Wurzel ie. **ĝhĕi-* 'antreiben, lebhaft bewegen, bewegt sein, schleudern, (geschleudertes) Geschoß' vereinigt. Das Etymon für *Ger* und seine engeren Verwandten wäre dann ie. **ĝhəiso-*. In seiner ursprünglichen Bedeutung kommt *Ger* (bis auf vereinzelte frühnhd. Zeugnisse) bereits im Mhd. außer Gebrauch (dafür mhd. *sper*, s. *Speer*), um 1800 werden aber Versuche einer Neubelebung unternommen (bes. in der Turnersprache seit Jahn, 1816). Schon im Ahd. belegter übertragener Gebrauch für spitzzulaufende Dinge (namentlich 'Landspitze' und 'keilförmiges Stoffstück, Falte, Saum', daher auch 'Schoß'), der sich vor allem an die schwach flektierte Form heftet (ahd. *gēro*, 10. Jh., mhd. *gēre*, nhd. *Gehre*, meist *Gehren*), ist dagegen noch im älteren Nhd. verbreitet und setzt sich fachsprachlich bis in jüngere Zeit fort; hierzu Gehrung f. 'Zuschnitt zweier Teile, der deren Verbindung unter einem bestimmten Winkel ermöglicht' (18. Jh.).

^{1}**gerade**, auch grade Adj. 'ohne Rest durch zwei teilbar' (von Zahlen), ahd. *gi(h)rad* (um 1000), mhd. *gerat*, *gerade* steht seit Beginn der Überlieferung für lat. *pār* 'gleichkommend, gleich'. Es gehört wie got. *raþjō* 'Zahl', *garaþjan* 'zählen' zur Wortgruppe von *Rede* (s. d.) und verbindet sich erst sekundär im Sprachbewußtsein mit ^{2}*gerade* (s. d.). Ende des 15. Jhs. kommt es als mathematischer Terminus in Gebrauch und lebt außerdem fort in der Wendung *fünfe gerade sein lassen* 'es nicht so genau nehmen' (16. Jh.). – ungerade Adj. 'nicht ohne Rest durch zwei teilbar', ahd. *ungi(h)rad* (um 1000), mhd. *ungerat*, *ungerade* für lat. *impār* 'ungleich'.

^{2}**gerade**, auch grade Adj. 'ohne Krümmung immer in der gleichen Richtung verlaufend', übertragen 'von aufrichtiger Gesinnung, offen' (seit dem 16. Jh.) sowie in vielfacher adverbieller Verwendung, bes. 'soeben,

eben noch, genau, ausgerechnet'; ahd. *(h)rad, gi(h)radi* (8. Jh.), *(h)redi* (9. Jh.) Adj. 'rasch, schnell', *(h)rado* Adv. 'schnell, gewandt' (8. Jh.), *gi(h)rado* Adv. 'plötzlich' (9. Jh.), mhd. *(ge)rat* Adj., *gerade* Adj. Adv. 'schnell bei der Hand, rasch, gewandt', dann auch (md.) 'frisch aufgewachsen und lang', mnd. *(ge)răt* Adj., *(ge)rāde* Adj. Adv. 'schnell, gewandt, sogleich', mnl. *gherat* Adj., *gherāde* Adj. Adv. 'schnell, tüchtig, sogleich, richtig', nl. *rad* Adj. Adv., aengl. *(h)ræd, hræþ* Adj., *(h)rade, (h)raþe, ræþe* Adj. Adv., anord. *hraðr* Adj. 'schnell'. Auf Grund des durch die ahd., aengl. und anord. Formen gesicherten *h*-Anlauts ist von ie. **kret-* 'schütteln, sich rasch bewegen' auszugehen, das auch lit. *kretéti* 'zittern, schlottern', mir. *crothaim* 'ich schüttle' zugrunde liegt und als Erweiterung der Wurzel ie. **(s)ker-* 'drehen, biegen, kreisend bewegen' aufgefaßt werden kann (s. *Ring, Rücken, Schrank, schreiten*). Der heute im Dt. vorherrschende Gebrauch des Adjektivs als Gegenwort von *krumm* (s. d.) beruht auf der zuerst für das 14. Jh. bezeugten Bedeutung 'lang aufgewachsen', die sich vor allem im Frühnhd. reich entfaltet, wo *gerade* häufig Personen nicht nur hinsichtlich ihres Auftretens (im alten Sinne 'gewandt'), sondern auch in bezug auf ihr Äußeres ('hochgewachsen, schlank, wohlgestaltet') charakterisiert. – Gerade f. 'ungekrümmte und beiderseits nicht begrenzte Linie', terminologisch seit Anfang des 18. Jhs. in der Geometrie übliche Substantivierung von ²*gerade* (s. oben), die aus der Verbindung *gerade Linie* (15. Jh.) durch Kürzung hervorgeht, vgl. gleichbed. ital. *retta* statt *linea retta* schon bei Galilei (1638). Im Sport steht *Gerade* jetzt für 'gerades Teilstück einer Rennstrecke' (Anfang 20. Jh.). Davon zu unterscheiden ist die ältere Abstraktbildung ahd. *(h)radī* 'Beweglichkeit' (8. Jh.), spätmhd. *gerede* 'Länge, Geradheit', frühnhd. *Geräde, Gerade* 'Schlankheit, Geradheit, Schnelligkeit, Gewandtheit' (vereinzelt bei Kepler 1616 *Geräde* 'gerade Linie'). geradeaus, *grad(e)aus* Adv. 'in gerader Richtung vorwärts', übertragen 'aufrichtig, ehrenhaft' (19. Jh.); geradezu, *gradezu* Adv. 'rückhaltlos offen', häufig nur verstärkend 'direkt, ausgesprochen', ursprünglich wie *geradeaus* auch Richtungsangabe (18. Jh.); beide Zusammenrückungen gehen auf bedeutungsgleiche Fügungen aus den Adverbien ²*gerade* und *aus* bzw. *zu* (s. d.) zurück.

Geranie f. Name verschiedener Storchschnabelgewächse, bes. 'Pelargonie'. Die zu griech. *géranos* (*γέρανος*) 'Kranich' gebildete Pflanzenbezeichnung griech. *geránion* (*γερά-νιον*) 'Storchschnabel' gelangt über Plinius (griech.-lat. *geranion*) als botan.-lat. *Geranium* in die naturwissenschaftliche Fachsprache der Neuzeit (Linné 1737). Sie gilt anfangs für in Mitteleuropa heimische Geraniazeen-Arten der heutigen Gattungen *Geranium* und *Erodium*, die im Dt. mit den volkstümlichen Benennungen *Storch(en)schnabel, Kranichschnabel* (zuerst ahd. *stor(a)hessnabul, kranuh(hes)snabul*, 11. Jh.) belegt werden. *Geranium* wird in der 1. Hälfte des 18. Jhs. ins Dt. übernommen und im 19. Jh. zu *Geranie* umgebildet. Es bezeichnet hier allerdings in der Regel (heute neben *Pelargonie* und *Storchschnabel*) die Vertreter der ebenfalls zur Familie der Storchschnabelgewächse gehörenden Gattung *Pelargonium*, die meist aus Südafrika stammen und im 18. Jh. als Zierpflanzen in Europa bekannt werden. Die Namengebung gründet sich in allen Fällen auf die einem Vogelkopf mit langem Schnabel ähnelnde Form der Früchte; vgl. dazu noch griech. *pelargós* (*πελαργός*) 'Storch' und griech. *erōdiós* (*ἐρῳδιός*) 'Reiher'.

Gerät n. 'Ausrüstungs-, Gebrauchsgegenstand, Apparat, Werkzeug', ahd. *girāti* 'Rat, Beratung, Entschluß, Geheimnis' (8. Jh.), mhd. *geræte*, (md.) *gerēte, gerēde* 'Beratung, Überlegung, Vorsorge, Ausrüstung' (md. auch 'Hausrat'), asächs. *girādi* 'Vorteil', mnd. *gerēde, rēde* 'Überlegung, Rat, Ausrüstung', *gerāde* 'Rat, Ausrüstung, fahrende Habe der Frau' ist Kollektivum zu dem unter *Rat* (s. d.) dargestellten Substantiv. Aus dessen frühen Bedeutungen 'Mittel für den Lebensunterhalt' und 'Versorgung, Vorsorge', die in *Hausrat, Vorrat, Unrat* (s. d.) sowie in *Heirat* (s. d.) weiterleben, erklärt sich die zuerst mhd. und mnd. bezeugte Verwendung 'Ausrüstung', die sich im Nhd. durchsetzt (frühnhd. häufig 'Hausrat, Wäsche, Kleidung'). Dabei bewahrt *Geräte* (seit dem 15. Jh. daneben in der heute allein geltenden Form *Gerät*) bis ins 19. Jh. seinen kollektiven Sinn, bezeichnet aber vom 18. Jh. an, dem gegenwärtigen Gebrauch entsprechend, auch den zu einer bestimmten Ausrüstung gehörenden einzelnen Gegenstand. – G e r ä t - s c h a f t f. 'Hausrat, Ausrüstung' (Anfang 16. Jh., vgl. gleichbed. mnd. *gerätschop*); jetzt nur noch im Plur. *Gerätschaften* 'Ausrüstungsgegenstände, Geräte' (18. Jh.).

geraten Vb. 'gelingen, gedeihen, sich entwickeln' und '(an einen Ort) gelangen, (in eine Situation, einen bestimmten Zustand) kommen', ahd. *girātan* 'beraten, beschließen' (um 800), mhd. *gerāten* 'raten, anordnen, gelingen, gedeihen, wohin gelangen, anfangen, entbehren', asächs. *girādan* 'verschaffen, ausführen, bewirken', mnd. *gerāden* 'zu etw. kommen, wohin geraten, anraten, gedeihen', got. *garēdan* 'Vorsorge treffen'. Die Präfixbildung, zunächst nur nachdrücklichere Variante des unter *raten* (s. d.) behandelten Verbs, zeigt seit dem Mhd. und Mnd. die heutigen Verwendungsweisen, die sich vielleicht an die für mhd. *gerāten* vereinzelt bezeugte Bedeutung 'treffen' (vgl. mhd. *rāten* 'erraten, das Richtige treffen') anschließen lassen. Im Sinne von 'entbehren' (mhd. und frühnhd. geläufig, nach mhd. *rāt* 'Entbehrung, Verzicht', s. *Rat*) tritt *geraten* im 17. Jh. literatursprachlich hinter (jetzt ebenfalls unüblichem) *entraten* zurück. Substantivierung einer imperativischen Wunschformel (vgl. mhd. *wol gerāten* 'gut gedeihen') ist G e r a t e w o h l n. (älter auch m.), nur noch lebendig in der Wendung *aufs Geratewohl* 'auf gut Glück' (16. Jh., daneben *auf ein Geratewohl* bis ins 18., *auf Geratewohl* bis ins 19. Jh.).

[1]**Geräusch** n. 'aus Tönen wechselnder Höhe, Stärke und Klangfarbe zusammengesetzter Schall', mhd. *geriusche*, (md.) *gerūsche*, frühnhd. *Geräusch(e)*, *Gerausch* 'Lärm, Getöse', mnd. *gerūsche*, nl. *geruis* 'Rauschen'. Das zu dem bei *rauschen* (s. d.) dargestellten westgerm. Verb gebildete, im Hd. aber seine Bedeutung erweiternde Substantiv wird nhd. in der umgelauteten Form *Geräusch(e)* üblich, wobei das schon im Frühnhd. häufig fehlende Suffix *-e* im 18. Jh. völlig schwindet. Dagegen ist umlautloses *Gerausche* seit dem 17. Jh. als unmittelbar zum Verb *rauschen* gehörende Vorgangsbezeichnung in Gebrauch. Zu *Geräusch* stellen sich die Adjektive g e r ä u s c h l o s 'still, lautlos' und g e r ä u s c h v o l l 'laut' (beide 18. Jh.). Etymologisch hiervon zu trennen ist das in der Jägersprache vorkommende [2]G e - r ä u s c h n. (ohne Plur.) 'Herz, Lunge, Nieren und Leber des Schalenwildes' (älter überhaupt 'Eingeweide', 16. Jh.), das wie frühnhd. *ingereusch* (15. Jh.), mnd. *rūsch*, nd. *Rüsch* 'Eingeweide' wohl an die Wurzel ie. **reu-*, **reu̯ə-* 'aufreißen, aufwühlen, ausreißen' (s. auch *Raub*, *raufen*, [1]*Riemen*, *roden*) angeschlossen werden kann; vgl. KASPERS in: PBB (H) 80 (1958) 174ff.

gerben Vb. 'Tierhäute zu Leder verarbeiten', ahd. *gar(a)wen* (8. Jh.), mhd. *ger(e)wen*, *garwen*, asächs. *gar(u)wian*, *ger(i)wian*, *gir(i)wian*, mnd. *ger(e)wen*, *gēren* (sämtlich mit unfestem Sekundärvokal zwischen *r* und *w*), aengl. *gearwian* 'bereiten, fertigmachen, zurüsten', ahd. mhd. mnd. aengl. außerdem 'bekleiden, schmücken', anord. *ger(v)a*, *gør(v)a*, *gjǫr(v)a*, schwed. *göra* 'machen, tun'. Das (nach DE VRIES Anord. 164 vielleicht im Westgerm. gebildete und von hier nach Skandinavien gelangte) Verb ist Faktitivum zu dem unter *gar* (s. d.) behandelten Adjektiv germ. **garwa-* 'fertig, bereit'. Aus der ursprünglichen Bedeutung 'bereiten, zurüsten', die sich in den nord. Sprachen zu 'machen, tun' erweitert, geht im Mhd. und Mnd. (um 1300) der fachspezifische Gebrauch 'Leder zubereiten' hervor. Dieser ermöglicht schon spätmhd. die Übertragung 'prügeln, schlagen', die bis heute bes. in der Fügung *jmdm. das Fell gerben* (16. Jh.) geläufig ist. Infolge des lautgesetzlichen Wandels von *-rw-* zu *-rb-* (s. *Erbse*, *Farbe*, *mürbe*) tritt mhd. frühnhd. *gerben* neben das bis ins 15. Jh. noch übliche *gerwen*. – G e r b e r m. als Berufsbezeichnung dienendes Nomen agentis zu *gerben* (s. oben), mhd. *ger(e)wer*, *gerber*, vorher (wegen der anfangs umfassenderen Verbbedeutung) in der verdeutlichenden Zusammensetzung ahd. *ledargar(a)wāri* (11. Jh.), mhd. *ledergerwer*; vgl. auch anders abgeleitetes gleichbed. ahd. *ledergar(a)wo* (11. Jh.), spätmhd. *ledergerwe*; dazu G e r b e r e i f. 'Vorgang des Gerbens' (17. Jh.), 'Werkstätte des Gerbers' (Anfang 18. Jh.).

gerecht Adj. 'den geltenden Rechtsnormen entsprechend, rechtlich, rechtmäßig', ahd. *gireht* Adj. 'gerade, aufrecht, richtig, rein' (um 900, zuvor schon *ungireht* 'unrecht, böse', 8. Jh.), *girehto* Adv. Konj. Interj. 'gewiß, fürwahr, nämlich' (9. Jh.), anfrk. *gerehto* Adv. 'in rechter Weise', mhd. *gereht* Adj. 'gerade, auf der rechten Seite befindlich, geschickt, passend, mit dem Rechte übereinstimmend', *gerehte* Adv. 'in rechter Weise, rechts', mnd. *gerecht* Adj. 'gerade, richtig, passend, rechtlich', mnl. *gherecht* Adj. 'gerade, richtig, rechtlich, rechtmäßig' sind wie got. *garaíhts* Adj., *garaíhtaba* Adv. 'gerecht' Präfixbildungen zu dem unter *recht* (s. d.) dargestellten Adjektiv. Im Dt. bleibt die ursprüngliche Bedeutung 'gerade' noch bis ins 18. Jh. erhalten. Daneben entwickelt sich der heute vorherrschende Gebrauch im Sinne von 'den Rechtsnormen entsprechend', der schon für das Got. bezeugt ist, erst allmählich im Mhd. und Mnd.; vgl. hierzu die Fügung *jmdm., einer Sache gerecht werden* 'jmdm., einer Sache Genüge tun, voll entsprechen' (eigentl. 'jmdm. sein Recht verschaffen', 15. Jh.). Die Verwendung 'passend, gemäß', die in *jmd. ist in allen Sätteln* (älter auch *in, auf alle Sättel*) *gerecht* 'jmd. kennt sich in allem aus' (16. Jh.) fortlebt, begegnet noch in Zusammensetzungen wie *jagd-, kunst-, maß-, mundgerecht*, deren zweites Glied *-gerecht* in der Gegenwart die Funktion eines produktiven Kompositionssuffixes übernimmt. – Gerechtigkeit f. 'den geltenden Rechtsnormen entsprechendes Handeln und Urteilen, Rechtsprechung, mit der Rechtspflege beauftragte Institution', mhd. *grehtikheit* (1. Hälfte 12. Jh.), dann *gerehtecheit, gerehtikeit* 'Rechtschaffenheit, den sittlichen Normen gemäßes Verhalten' und (vor allem spätmhd.) 'Rechtspflege, rechtlich begründete Befugnis, Rechtsanspruch'. *Gerechtigkeit* 'rechtlich begründete Befugnis, verliehenes Recht, Privileg' (auch im Plur. *Gerechtigkeiten*) als Terminus des Feudalrechts ist noch im 19. Jh. lebendig (vgl. *Brau-, Fischerei-, Jagd-, Münzgerechtigkeit*). In gleichem Sinne daneben Gerechtsame f. (15. bis 19. Jh.); vgl. zu dieser Substantivbildung vereinzelt belegtes ahd. *girehtsamōn* 'rechtfertigen' (um 800) sowie nhd. *gerechtsam* 'rechtmäßig, gerecht' (17. bis 19. Jh.).

[1]**Gericht** n. 'mit der Rechtsprechung beauftragte Institution und deren Sitz', auch 'das Ausüben der Rechtsprechung', ahd. *girihti* 'Urteil, Gericht, Satzung, Regel' (um 1000), mhd. *geriht(e)*, mnd. *gerichte, richte* 'Gericht, Ausübung des Richteramts, Urteilsspruch, Urteilsvollstreckung, Gerichtsbarkeit, Gerichtsbezirk' (mhd. außerdem 'Regierung, Reichsverwaltung'), mnl. *gherechte, gherichte* 'Recht, Urteil, Gerichtssitzung', nl. *gerecht, gericht* 'Gericht, Gerichtsgebäude, Gerichtssitzung, Urteil', aengl. *gerihte* 'Recht, Pflicht, Gottesdienst, gerade Richtung', anord. *-rētti* 'Recht' (in Zusammensetzungen wie anord. *harðrētti* 'Bedrängnis, schlechte Behandlung', *jafnrētti* 'gleiches Recht'); auf anderer Bildungsweise beruht dagegen got. *garaíhtei* f. 'Gerechtigkeit'. Das Neutrum ist wohl zunächst denominative Ableitung (s. *recht, Recht* und *gerecht*) mit kollektivem Sinn (s. *ge-*), wird aber früh mit dem bei *richten* (s. d.) dargestellten Verb verbunden, das schon ahd. in der Verwendung 'das Richteramt ausüben, Recht sprechen' gebräuchlich ist. – gerichtlich Adj. 'vor Gericht stattfindend, durch das Gericht veranlaßt' (15. Jh.); vgl. mnd. *gerichtlīk(en), richtlīk(en)* Adv. 'mit Recht, durch Gericht'. Gerichtsbarkeit f. 'Befugnis zur Rechtsprechung' (16. Jh.), bis ins 18. Jh. daneben *Gerichtbarkeit*, gebildet zum Adjektiv frühnhd. *gerichtbar* 'der Gerichtsgewalt unterworfen, gerichtlich'. Gerichtshof m. 'aus mehreren Mitgliedern bestehendes höheres Gericht', so seit der 1. Hälfte des 18. Jhs. als Verdeutschung von frz. *cour (de justice), tribunal*; vorher bereits frühnhd. in der Bedeutung 'Hof, wo Gericht gehalten wird, Gerichtsstätte' (15. Jh.). Gerichtsvollzieher m. 'für Zustellungen und Vollstreckungen zuständiger Gerichtsangestellter', durch die Dt. Zivilprozeßordnung von 1877 eingeführte Bezeichnung.

[2]**Gericht** n. 'zubereitetes Essen' (als vollständige Mahlzeit oder Gang einer Speisenfolge), mhd. *geriht(e), riht(e)*, mnd. *gerichte, richte*, mnl. *gherechte*, nl. *gerecht* 'angerichtete Speise', im Mhd. und Mnl. auch 'Einrichtung, Hausrat'. Das Substantiv ist (zuerst vielleicht auf nd.-nl. Boden, vgl. Dt. Rechtswb. 4, 315) zu dem unter *richten* (s. d.) behandelten Verb gebildet und schließt sich an dessen Bedeutung 'zurechtmachen, zubereiten' an. Seiner Form nach stimmt es mit dem früher bezeugten [1]*Gericht* (s. d.) überein.

gerieben Part.adj. 'schlau, durchtrieben, durch Erfahrungen gewitzt'. Das Part. Prät. des Verbs *reiben* (s. d.) ist in dieser adjektivischen Verwendung seit Ende des 15. Jhs. bezeugt, jedoch erst im 19. Jh. geläufig. Daneben steht gleichbed. frühnhd. *abgerieben*, das in obd. Mundarten weiterlebt. Die von der Grundvorstellung 'durch mechanische Bearbeitung verfeinert' ausgehende Bedeutungsentwicklung verläuft ähnlich wie bei *abgefeimt*, *durchtrieben*, *raffiniert*, *verschmitzt*.

gering Adj. 'klein, unbedeutend, niedrig, minderwertig, wenig geachtet', ahd. *ringi* Adj. 'leicht', *giringo* Adv. 'auf leicht faßliche Weise' (9. Jh.; vgl. ahd. *ungiringi* Adj. 'gewichtig, inhaltsschwer', 9. Jh.), mhd. *ring(e)*, *geringe* 'leicht, schnell bereit, behende, klein, wenig, unbedeutend' (die unpräfigierte Form hält sich noch bis ins 17. Jh.), mnd. *(ge)ringe* Adj. Adv. 'leicht, klein, wenig, unbedeutend, wertlos' (adverbiell auch 'behende, schnell, sofort'), mnl. *gheringhe* Adj. Adv. 'leicht, schnell, rasch', nl. *gering* Adj. 'gering, niedrig, unbedeutend', afries. *ring* Adv. 'schnell, schleunig'. Für die nur dem kontinentalen Westgerm. angehörende Bildung (schwed. *ringa*, dän. *ringe* 'gering, geringfügig, wenig' sind aus dem Mnd. entlehnt) fehlt eine sichere etymologische Herleitung. Da als älteste Bedeutungen 'leicht an Gewicht' und 'behende, schnell' bezeugt sind, während sich die modernen Verwendungen erst seit dem Hochmittelalter entwickeln, wird Verwandtschaft mit griech. *rhímpha* (*ῥίμφα*) 'leicht, geschwind, schnell', *rhimphaléos* (*ῥιμφαλέος*) 'schnell, geschwind' vermutet. Ein Zusammenhang mit *wringen* (s. d.) ist unwahrscheinlich; vgl. DE VRIES Nl. 198 und WALDE/POKORNY 2, 373. – g e r i n g f ü g i g Adj. 'klein, unbedeutend' (Ende 16. Jh.), weitergebildet vom gleichbed. Adjektiv frühnhd. *geringfüge* (16. Jh.), dessen zweites Glied auf mhd. *vüege* 'angemessen, passend' zurückgeht (s. *fügen*); dazu G e r i n g f ü g i g k e i t f. 'Kleinheit, Unbedeutendheit' (17. Jh.), dann auch (häufig im Plur.) 'Kleinigkeit, unbedeutende Sache' (18. Jh.). g e r i n g s c h ä t z i g Adj. 'verächtlich' (Anfang 16. Jh.), zuvor bereits 'wenig geschätzt, unbedeutend, von geringem Wert' (15. bis 18. Jh.), G e r i n g s c h ä t z u n g f. 'Verachtung' (Ende 15. Jh.), beide im Anschluß an die Fügung frühnhd. *(ge)ring schätzen*, die in jüngerer Zeit meist als Zusammenrückung g e r i n g s c h ä t z e n Vb. 'wenig schätzen' erscheint (so schon *ringschetzen*, 15. Jh.).

gerinnen Vb. 'flockig, klumpig, fest werden' (von kolloidalen Lösungen, bes. von Milch, Blut), ahd. *girinnan* '(zusammen)fließen, gerinnen, erstarren' (8. Jh.), unpersönlich mit Gen. 'ausreichen' (9. Jh.), mhd. *gerinnen* 'gerinnen, laufen, abstammen', asächs. *girinnan* 'gerinnen' (mnd. nur *rinnen*), got. *garinnan* 'zusammenkommen, erreichen' sind Präfixbildungen zu dem unter *rinnen* (s. d.) behandelten Verb, die teilweise noch die ursprüngliche Bedeutung 'zusammen' des Präfixes germ. **ga-* (s. *ge-*) erkennen lassen (daneben resultatives got. *garinnan* 'durch Laufen erreichen'). – G e r i n n s e l n. 'Klümpchen geronnener Flüssigkeit' (Anfang 19. Jh.); zuvor 'die Milchgerinnung bewirkendes Ferment, Lab' (16. Jh.) wie früher bezeugtes mnd. *rinsel* und das von den Formen von *rennen* (s. d.) abgeleitete ahd. *rennisal* 'Lab' (Hs. 12. Jh.). In neuerer Zeit (19./20. Jh.) wird *Gerinnsel* auch in gleichem Sinne wie *Rinnsal* (s. *rinnen*) verwendet; zum Suffix s. *-sal*, *-sel*.

gerissen Part.adj. 'schlau, durchtrieben, den eigenen Vorteil geschickt wahrnehmend' wird in der 1. Hälfte des 19. Jhs. als Verstärkung von *gerieben* (s. d.) gebräuchlich. Es entspricht seiner Form nach dem Part. Prät. von *reißen* (s. d.), läßt sich aber an keine der Bedeutungen dieses Verbs sicher anschließen. Die Annahme einer (durch Semantik und Lautgestalt des Verbalstamms begünstigten) affektischen Analogiebildung zu synonymen Ausdrücken wie *abgebrüht*, *abgefeimt*, *ausgekocht*, *gerieben*, *gewichst*, *gewieft*, *verschmitzt* oder (öst.) *gehaut* liegt daher nahe. – G e r i s s e n h e i t f. 'Schlauheit, Geschäftstüchtigkeit' (2. Hälfte 19. Jh.).

Germanist m. 'Lehrer, Forscher auf dem Gebiet der Germanistik'. Die wohl dem Muster von älterem, zunächst allerdings in anderen Verwendungen bezeugtem *Romanist* (s. d.) folgende Bildung ist seit dem frühen 19. Jh. im juristischen Sprachgebrauch für 'Vertreter des germanischen Rechts' üblich. Mit dem Aufblühen der historisch-philologischen Wissenschaft erweitert sich der Anwendungsbereich dieser Bezeichnung. Sie wird auf der ersten „Gelehrten-Versammlung" der *Germanisten* 1846 ausdrücklich (durch J. Grimm, der sich auf bereits in entsprechendem Sinne gebräuchliches *Slawist*, s. d., und auf frz. *latiniste* 'Kenner des Lateinischen' beruft) auch für Erforscher der germ. Sprachen und Literaturen und der Geschichte der Germanen in Anspruch genommen und gilt seitdem vor allem für die Vertreter der germ., in engerem Sinne auch der dt. Philologie. Die Herkunft des zugrunde liegenden Namens

Germanen, der zuerst in der Form lat. *Germānī* als zusammenfassende Benennung für die Angehörigen der in den letzten Jahrhunderten vor der Zeitenwende nördlich der Alpen und östlich des Rheins ansässigen Stämme auftritt, ist trotz vieler Etymologisierungsversuche ungeklärt; u. a. wird Identität mit dem Adjektiv lat. *germānus* 'leiblich, echt, wahr' oder kelt. Ursprung (vgl. etwa air. *gairm* 'Ruf, Schrei' oder air. *gair* 'Nachbar') erwogen. – G e r m a n i s t i k f. 'Wissenschaft von den germanischen Sprachen und Literaturen' (2. Hälfte 19. Jh.), bald auch enger (im Unterschied zu *Anglistik*, s. d., und *Nordistik*) 'deutsche Philologie'; g e r m a n i s t i s c h Adj. 'in das Gebiet der Germanistik gehörend', daneben in der Rechtswissenschaft 'das germanische Recht vertretend' (1. Hälfte 19. Jh.).

gern Adv. 'bereitwillig, mit Vorliebe', ahd. *gerno* (9. Jh.), mhd. *gern(e)*, asächs. *gerno*, mnd. *gērne*, mnl. *ghe(e)rne*, *ghaerne*, nl. *gaarne*, aengl. *georne*, anord. *gjarna*, schwed. *gärna* ist das Adverb zu einem im Nhd. untergegangenen Adjektiv ahd. *gern(i)* 'etw. begehrend, eifrig bedacht' (9. Jh.), mhd. *-gern* (nur in Komposita), asächs. *gern*, aengl. *georn* 'eifrig, begierig', anord. *gjarn*, germ. **gerna-*, auch in got. *faíhugaírns* 'geldgierig', das mit *begehren* (s. d.), einem Teil der unter *Gier* (s. d.) aufgeführten Formen sowie aind. *háryati* 'begehrt, sehnt sich nach, verlangt', griech. *chaírein* (χαίρειν) 'sich freuen' und lat. *hortārī* 'antreiben, ermuntern' auf die Wurzel ie. **ĝher-* 'begehren, gern haben' zurückgeführt wird. Stabreimend in der Wendung *gut und gern* (14. Jh.). – G e r n e g r o ß m. 'Angeber' (16. Jh.), eigentl. 'wer gerne groß sein möchte'.

Geröll n. 'an Berghängen, in fließenden Gewässern abgelagertes (gleichsam „angerolltes") Gestein', Kollektivbildung (18. Jh.) zu *rollen* (s. d.). Älter *Gerüll(e)* 'loses nachrollendes Gestein' (16. Jh.).

Gerste f. Getreideart mit langen Grannen. Die Herleitung des nur im festländischen Westgerm. bezeugten Namens ahd. *gersta* 'Gerste, Gerstengrütze' (9. Jh.; vgl. *girstīn* Adj., um 800), mhd. *gerste*, asächs. *gersta*, mnd. *gerste*, mnl. *gherste*, *gheerste*, *garste*, nl. *gerst*, germ. **gerstō* ist nicht sicher geklärt. Erwogen wird Verwandtschaft mit (schwundstufigem) lat. *hordeum* 'Gerste' (der Bildung nach ein abgeleitetes Stoffadj.) und alban. *drithë* 'Getreide'. Erschließbar ist ie. **ĝherzd(h)-*, **ĝhr̥zd(h)-* 'Stachliges, Grannenkorn', wozu vielleicht auch griech. *krī́*, *krīthḗ* (κρῖ, κριθή) 'Gerste' zu stellen ist. Formen ohne *d(h)*-Erweiterung können (bei Annahme eines Gutturalwechsels) in lit. *gìrsa*, lett. *dzirši* 'Trespe' (ein Rispengras) vorliegen. Da einige germ. Sprachen andere Namen für *Gerste* aufweisen (vgl. got. *barizeins* Adj. 'aus Gerste', abgeleitet von **bariz-*, aengl. *bere* 'Gerste', anord. *barr* 'Getreide'), darf in der hier genannten Gruppe wohl eine gemeinsame Neuerung gesehen werden. Vergleicht man aind. *hárṣatē* 'ist erregt, ist ungeduldig, freut sich', auch 'steht zu Berge, starrt' (vom Haar), griech. *chérsos* (χέρσος) 'Festland, trockenes, unfruchtbares, unbebautes Land', adjektivisch 'trocken, unfruchtbar', lat. *horrēre* 'emporstarren, starr sein' und aengl. *gors*, *gorst*, engl. *gorse* 'Stechginster', so ergibt sich eine Wurzel ie. **ĝher(s)-* 'starren, beben', aus der *Gerste* und seine möglichen Verwandten ableitbar sind. – G e r s t e n k o r n n. 'Samenkorn der Gerste' (14. Jh.), vgl. die genitivische Fügung ahd. *gerstūn korn* (9. Jh.); 'kleines Gewicht und Längenmaß' (15. Jh.); vergleichend 'kleine Geschwulst am Augenlid' (16. Jh.). G e r s t e n s a f t m. 'Saft der ausgekochten Gerste' (16. Jh.), 'Bier' (um 1700).

Gerte f. 'dünne biegsame Rute', ahd. *gerta* (8. Jh.), mhd. *gerte* 'Rute, Zweig, Stab, Meßrute', asächs. *gerdia*, mnd. *gērde*, mnl. *gaerde*, *gheerde*, nl. *gard*, aengl. *gerd*, *gierd* (woraus engl. *yard* 'Längenmaß') gehören als feminine *jō-* bzw. *jōn*-Ableitungen zu ahd. (um 800), mhd. *gart*, nhd. (bis ins 16. Jh.) *Gart* 'Stachel, Treibstecken', anord. *gaddr* 'Stachel, Spitze', got. *gazds* 'Stachel', die mit mir. *gat* 'Weidenrute' auf ie. **ghazdh-* 'Rute, Stange' zurückzuführen sind. Verwandt sind lat. *hasta* 'Stab, Stange, Speer' und mir. *gass* 'Schoß, Sproß, Reis' aus ie. **ghast-*. – g e r t e n s c h l a n k Adj. 'sehr schlank und elastisch' (20. Jh.).

Geruch m. 'Duft, Ausdünstung, Geruchssinn', mhd. *geruch* ist eine verstärkende Bildung zu mhd. *ruch* 'Geruch, Dampf, Dunst, Rauch', dem Verbalabstraktum zu dem unter *riechen* (s. d.) aufgeführten Verb, ahd. *smac*, *gismac*, mhd. *smac*, *gesmac* (s. *Geschmack*) im Sinne von 'Geruch' verdrängend. Da das aus dem Nd. stammende *Gerücht* n. (s. d.)

nach Eindringen in die nhd. Literatursprache im Obd. vielfach sein auslautendes *-t* verliert, wird es volksetymologisch an *Geruch* m. angeschlossen und als zu *riechen* gehörig empfunden, so daß *Geruch* m. 'Duft, Geruchssinn' auch die Bedeutung 'Ruf, guter Name, Ruhm' annimmt; vgl. *in den Geruch kommen* (16. Jh.), *im Geruch stehen* (18. Jh.). – g e r u c h l o s Adj. 'ohne Duft, ohne Geruchsempfindung' (17. Jh.).

Gerücht n. 'unbewiesene Nachricht, Gerede', mnd. *geruchte*, *gerüchte* (neben *ruchte*) 'Ruf, Leumund' gehört wie lautlich entsprechendes (mit hd. *ft* gegenüber nd. *cht*, s. *anrüchig*, *berüchtigt*, *echt*, *Nichte*) ahd. *gi(h)ruofti* (10. Jh.), mhd. *geruofte*, frühnhd. *Geruft(e)*, *Gerüft(e)* zu dem unter *rufen* (s. d.) behandelten Verb und bedeutet ursprünglich 'Gerufe, Lärm, Getöse', auch das 'Hilfegeschrei', mit dem der ertappte Verbrecher vor Gericht gezogen wird. Im Sinne von 'gute oder böse Nachrede, Leumund' gelangt *Gerücht* (um 1500) aus dem Nd. in die Literatursprache (von Luther verwendet, in obd. Bibeldrucken dafür *Geschrei* oder *Leumund*).

geruhen Vb. 'sich (gnädig) herbeilassen, belieben, etw. zu tun', mhd. *geruochen* 'seinen Sinn auf etw. richten, Rücksicht nehmen auf, belieben, gewähren, wünschen, begehren', mnd. *gerōken* sind durch Präfix verstärkte Bildungen zu dem in ahd. *ruohhen* 'Rücksicht nehmen, besorgt, bedacht sein' (um 800), mhd. *ruochen*, asächs. *rōkian*, mnd. *rōken*, mnl. *roeken*, aengl. *rēcan*, engl. *to reck* 'sich kümmern um, beachten', anord. *rœkja* belegten Simplex, das zu Substantivbildungen wie ahd. *ruohha* f. 'Fürsorge, Bemühung' (8. Jh.), *ruoh* 'Bedenken, Beachtung' (9. Jh.), mhd. *ruoche* f., *ruoch* m. 'Acht, Bedacht, Sorge', mnd. *rōke* gehört. Sie folgen mit verwandtem griech. *arōgḗ* (ἀρωγή) 'Hilfe, Schutz' der *ō*-Stufe der unter *recht* (s. d.) angeführten Wurzel ie. **reĝ-* 'gerade, geraderichten, lenken, recken, strecken, aufrichten' bei einer Bedeutungsentwicklung von 'aufrichten' zu 'helfen'. Zur gleichen Wurzel gehören auch *recken*, *reich*, *richten* (s. d.). Im Frühnhd. gerät mhd. *(ge)ruochen* unter den lautlichen Einfluß von *ruhen*, woraus sich die heutige Form erklärt. Der alte Lautstand ist erhalten in *ruchlos* und *verrucht* (s. d.).

Gerümpel n. 'unbrauchbarer alter Hausrat'. Das Verbalabstraktum mhd. *gerumpel*, *gerümpel* 'Getöse, Gepolter' (s. *rumpeln*) entwickelt im 16. Jh. die Bedeutung 'alter Hausrat' (wohl 'was mit Gepolter zusammenbricht'). Parallel dazu läuft eine lautliche Trennung in *Gerumpel* 'polternder Lärm' und *Gerümpel* 'alter Kram, wertloses Zeug', das die Neubildung *entrümpeln* Vb. (20. Jh.) veranlaßt.

Gerüst n. 'Gefüge aus Brettern und Planken, Stützgestell, Hilfskonstruktion' ist eine nur im Dt. belegte Bildung zu den unter *rüsten* (s. d.) verzeichneten Verbformen. Der im Nhd. eingeengten Bedeutung steht in älterer Sprache (der Verwendung des Verbs folgend) reicher Gebrauch gegenüber, vgl. ahd. *girusti* (8. Jh.), mhd. mnd. *gerüste* 'Vorrichtung, Zurüstung, Aufbau, Gebäude, Werkzeug, Gestell, Ausrüstung, Waffenrüstung, Kleidung, Schmuck'.

gesamt Adj. 'völlig, ganz, vollständig, alle' stammt aus ahd. *gisamanōt*, dem Part. Prät. zum Verb ahd. *samanōn* '(ver)sammeln, vereinigen, anhäufen' (8. Jh.). Bereits mhd. *gesament*, *gesamt* 'versammelt, vereinigt' wird als verselbständigtes Part.adj. gebraucht neben mhd. *samenen* 'zusammenbringen, vereinigen, sammeln'. Zur Etymologie s. *sammeln* und *samt*. – G e s a m t h e i t f. 'Einheit, das Ganze' (um 1800).

Gesandter m. 'mit einem besonderen Auftrag Abgesendeter', (im diplomatischen Dienst) 'ständiger Vertreter eines Fürsten, eines Staates bei einer auswärtigen Regierung', substantiviertes Part.adj. zu dem unter *senden* (s. d.) aufgeführten Verb, seit dem 16. Jh. gebräuchlich; gekürzt aus *gesandter Bote*, frühnhd. *gesanter pote* (15. Jh.). – G e s a n d t s c h a f t f. 'Sendung einer oder mehrerer Personen und der damit verbundene (staatspolitische) Auftrag, ständige diplomatische Vertretung eines Staates im Ausland, die mit dieser Vertretung Beauftragten' (17. Jh.); vgl. älteres nl. *gesandschap*. A b g e s a n d t e r m. (16. Jh.).

Gesang m. 'das Singen, Vortrag eines Liedes, Abschnitt einer Dichtung', ahd. *gisang* (Hs. 12. Jh.), mhd. *gesanc*, mnd. *gesanc*, nl. *gezang* ist Verbalabstraktum zu dem unter *singen* (s. d.) behandelten Verb, das Simplex *Sang* in seiner Gebrauchshäufigkeit einschränkend (doch vgl. *Singsang*, *mit Sang und Klang*). – G e s a n g b u c h n. 'Liederbuch' (15. Jh.), heute überwiegend 'Sammlung von

Kirchenliedern' (im Unterschied zum *Liederbuch*).

Gesäß n. 'Hintern', ahd. *gisāʒi* 'Sitz, Wohnsitz, Niederlassung' (um 800), mhd. *gesæʒe* 'Sitz, Wohnsitz, Lagerung, Lager, Belagerung, Hintern', mnd. *gesāte* 'Niederlassung, Wohnplatz', *gesēte* 'Sitz, Stuhl, Gesäß', mnl. *ghesāte* 'Gebäude, Wohnstätte, Sitzplatz, Gesäß' stehen als neutrale *ja*-Stämme dehnstufig zu *sitzen* (s. d.) und den dort aufgeführten Formen. Im Sinne von 'Ort, wo man sitzt' wird der Ausdruck schon früh auf den 'Körperteil, auf dem man sitzt' übertragen. Diese heute allein übliche Bedeutung gilt vorwiegend in der Fachsprache der Medizin und der Bekleidungsindustrie (auch für 'Hosenboden').

Geschäft n. 'Arbeit, Aufgabe, Angelegenheit, Gewerbe, Handel, Gewinn, Profit, Verkaufsraum', mhd. *geschefte*, *gescheft* f. n., mnd. *geschefte* n. 'Beschäftigung, Angelegenheit, Ereignis'. Die zu dem unter *schaffen* 'tun, ins Werk setzen, bewirken, versorgen' (s. d.) behandelten schwachen Verb gebildeten Verbalabstrakta bedeuten eigentl. 'Aufgabe, Tätigkeit', bezeichnen also 'das, was zu tun ist'. In der Übertragung auf den Ort des Tätigseins ergibt sich die Verwendung im Sinne von 'Handels-, Verkaufsraum, Laden, Büro' (19. Jh.). – g e s c h ä f t i g Adj. 'emsig, unentwegt tätig', mhd. *gescheftic* (Anfang 14. Jh.), auch *gescheffec*; G e s c h ä f t i g k e i t f. (16. Jh.). g e s c h ä f t l i c h Adj. 'das Geschäft, Unternehmen betreffend, beruflich' (15. Jh.). G e s c h ä f t s t r ä g e r m. 'Verwalter von Geschäften und Dienstsachen, Agent eines Fürsten in Privatangelegenheiten' (18. Jh.), in der Übersetzung von frz. *chargé d'affaires* 'diplomatischer Vertreter eines Staates' (18. Jh.); im 16. Jh. bereits vereinzelt 'Syndikus'.

geschehen Vb. 'sich ereignen, vor sich gehen', ahd. *giskehan* (um 1000), mhd. *geschehen*, mnd. *geschēn*, mnl. *ghescien*, nl. (mit Dentaleinschub) *geschieden*, aengl. *gescēon* ist zu den Formen eines (im Nhd. untergegangenen) Simplexes ahd. *skehan* 'umherstreifen, eilen' (9. Jh.), mhd. *schehen* 'jagen, rennen, eilen', aengl. *scēon* gebildet; dazu das Abstraktum ahd. *giskiht*, s. *Geschichte*. Verwandt sind russ. *skok* (*скок*) 'Sprung', aslaw. *skočiti*, russ. *skočít'* (*скочить*) 'springen', air. *scochid* 'weicht, geht fort, hört auf' und wohl auch (mit Anlautvariante) lit. *šókti* 'springen, hüpfen'. Auszugehen ist von einer Wurzel ie. **(s)kek-* 'springen, lebhafte Bewegung', so daß sich als Ausgangsbedeutung des präfigierten germ. Verbs 'schnell vor sich gehen, eine schnelle Wendung machen' ergibt. S. dazu das Kausativum *schicken*, eigentl. 'jmdn. schnell fortgehen machen'. – G e s c h e h e n n. 'Entwicklungsablauf', mhd. *geschehen*. G e s c h e h n i s n. 'Ereignis' (19. Jh.).

gescheit Adj. 'klug, verständig', mhd. *geschīde* 'gescheit, schlau' ist Adjektivbildung zum Verb mhd. *schīden* 'scheiden, deuten, auslegen, entscheiden' (neben mhd. nhd. *scheiden*, s. d.) und bedeutet eigentl. 'geistig scharf sondernd und durchdringend'. *nicht (recht) gescheit sein* 'etwas verrückt sein' (16. Jh.). – G e s c h e i t h e i t f. 'Klugheit' (18. Jh.), älter *Gescheidigkeit*, spätmhd. *geschīdekeit* 'Klugheit, Scharfsinn'.

Geschichte f. 'Ereignis, Erzählung, Wissenschaft von der Entwicklung der Gesellschaft (im weiteren Sinne auch von der Natur) in der Vergangenheit', ahd. *giskiht* (um 1000), mhd. *geschiht* 'Geschehen, Ereignis, Zufall, Umstände', mhd. auch '(göttliche) Schickung, Folge der Ereignisse, Angelegenheit, Eigenschaft, Art und Weise', ist ein nur im Dt. bezeugtes *ti*-Abstraktum zu dem unter *geschehen* (s. d.) behandelten Präfixverb und bedeutet eigentl. 'was sich ereignet'. Seit dem 16. Jh. steht es für eine 'mündliche oder schriftliche Erzählung von etw. Geschehenem oder Erdachtem'. Neben das endungslose Fem. mhd. *geschiht* (s. oben) stellt sich im 13. Jh. ein Neutrum mhd. (md.) *geschicht(e)* (vgl. mnd. *geschicht(e)* f. n.). Aus dem Plur. *Geschichten* 'denkwürdige, sich auf einen Gegenstand, Ort, ein Land, Volk, eine Person beziehende Ereignisse' (14. Jh.), der zunächst als Aneinanderreihung sich folgender Ereignisse, Vorgänge verstanden wird, entwickelt sich im 17. Jh. ein neuer fem. Sing. *Geschichte* (vgl. *die teutsche Geschichte und Sprache*, 1644), der sowohl den 'zusammenhängenden Bericht dieser Ereignisse' als auch die 'Ereignisse in ihrem chronologischen Ablauf' umfaßt. Im 18. Jh. (Kant, Herder, Schiller) wird der Sing. *Geschichte* als 'Wissenschaft von Geschehenem' präzisiert. – g e s c h i c h t l i c h Adj. (17. Jh.).

Geschick n. 'Fähigkeit, etw. in rechter Weise zu tun, Schicksal', Abstraktbildung zu dem unter *schicken* (s. d.) aufgeführten Verb. Mhd. *geschicke* 'Begebenheit, Ordnung, Anordnung, Aufstellung zum Kampf, Vermächtnis, Benehmen' wird in nhd. Zeit in seiner Bedeutung verengt zu 'was dem Menschen von höheren Mächten geschickt, zugefügt, verhängt wird, Schicksal' (seit dem 15. Jh.) und (unter Einfluß von *geschickt*, s. d.) 'Fähigkeit, etw. schicklich, passend zu tun' (17. Jh.). In der Alltagssprache noch *etw. wieder ins Geschick* ('in Ordnung') *bringen*, *aus dem Geschick* ('aus der Ordnung') *sein*. – Geschicklichkeit f. 'natürliche Begabung, Gewandtheit, Fertigkeit' (15. Jh.), zu heute unüblichem *geschicklich* Adj. 'geziemend, passend, geschickt' (15. Jh.). Mißgeschick n. 'Unglück' (18. Jh.).

geschickt Part.adj. 'befähigt, gewandt', Part. Prät. zu *schicken* (s. d.), mhd. *geschicket* 'gestaltet, geordnet, bereit, fertig, gerüstet, passend'; entsprechend ungeschickt Part.adj., mhd. *ungeschicket*.

Geschirr n. 'Haushaltsgefäße aus Porzellan, Steingut, Keramik, Seil- oder Riemenzeug für Zugtiere', ahd. *giskirri* 'Gefäß, Gerät' (um 900), mhd. *geschirre* 'Geschirr, Gerät, Werkzeug, Einrichtung, Ordnung' ist eine nur im Dt. übliche Kollektivbildung zu [1]*scheren* und seinen Formen (s. d.) und bedeutet ursprünglich wohl 'Zurechtgeschnittenes'. Die Bedeutung 'Riemenzeug' begegnet zuerst in der Zusammensetzung ahd. *satulgiskirri* (11. Jh.). Redensartlich *sich ins Geschirr legen* (wie die Pferde) 'sich anstrengen' (19. Jh.). Aus *Geschirr* wird im 17. Jh. *schirren* 'anspannen' (s. d.) rückgebildet.

Geschlecht n. 'Gesamtheit der Merkmale, die ein Lebewesen als männlich oder weiblich bestimmen, Familie, Generation, Art, Genus', ahd. *gislahti* n. (um 1000), mhd. *gesleht(e)* n. 'Geschlecht, Stamm, Abkunft, Familie, Gattung', mnd. *geslechte*, mnl. *gheslachte*, *gheslechte*, nl. *geslacht* steht als Kollektivum neben gleichbed. ahd. *slaht* n., *slahta* f., *slehti* n., mhd. *slaht(e)* f., *slehte* n. Beide Abstraktbildungen gehören zu dem unter *schlagen* (s. d.) behandelten Verb (mit grammatischem Wechsel von *g* und *h*) in seiner Bedeutung 'sich in einer bestimmten Richtung entwickeln, nach jmdm. geraten, jmds. Art haben, nacharten'; vgl. *nach jmdm. schlagen* 'geraten' (bereits ahd.), *aus dem Geschlecht*, *aus der Art schlagen* (16. Jh.). *Geschlecht* bezeichnet die blutsverwandte (vornehme) Familie, Nachkommenschaft, die (vornehme) Abstammung, das Volk, die Menschheit (entsprechend lat. *genus*); dann (im Spätmhd.) auch das natürliche (männliche oder weibliche) Geschlecht (entsprechend lat. *sexus*) und (seit etwa 1400) das *grammatische Geschlecht* (lat. *genus*). – geschlechtlich Adj. 'das Geschlecht betreffend, sexuell' (Anfang 19. Jh.). geschlechtslos Adj. 'zu keinem Geschlecht gehörend' (18. Jh.). Geschlechtsteil n. (18. Jh.), Übersetzung von lat. *pars genitālis*. Geschlechtstrieb m. 'Fortpflanzungstrieb' (18. Jh.). Geschlechtswort n. 'Artikel' (17. Jh.), Verdeutschung von lat. *articulus*.

Geschmack m. 'Fähigkeit zu schmecken, ästhetisches Urteilsvermögen', ahd. *gismac* (um 1000), mhd. *gesmac* 'Geruch, Geschmack(ssinn)', mnd. *gesmak* 'Geruch' ist wie die gleichbed. Parallelbildungen ahd. *gismacko*, *gismahha* (9. Jh.) und *gismah* (10. Jh.), mhd. *gesmach* und das heute unübliche Simplex ahd. *smacko* (10. Jh.), *smac* (um 1000), mhd. *smac*, mnd. *smak*, aengl. *smæc*, engl. *smack*, mnl. *smāke*, nl. *smaak* Abstraktbildung zu dem unter *schmecken* (s. d.) behandelten Verb. Die Bedeutung 'Geruch, Duft' lebt (wie *schmecken* 'riechen') heute noch in obd. Mundarten, erlischt sonst im 19. Jh.; *guter Geschmack* in ästhetischen Dingen wird seit dem 17. Jh. nach frz. *bon goût* geläufig (Vorbild ist wohl span. *buen gusto*). – geschmacklos Adj. 'fade' (von Speisen), 'häßlich, ohne ästhetisches Empfinden' (18. Jh.); Geschmacklosigkeit f. (18. Jh.). geschmackvoll Adj. 'ästhetisch ansprechend, stilvoll' (18. Jh.). abgeschmackt Adj. 'ohne guten Geschmack, fade, dumm' (17. Jh.), älter (16. Jh.) *abgeschmack* Adj. (mit privativem *ab-* zu *geschmack* Adj., ahd. *gismac*, *gismah* 'wohlschmeckend', mhd. *gesmac*, *gesmach* 'wohlriechend, schmackhaft'), das nach dem Muster eines Part.adj. ein auslautendes *-t* annimmt.

Geschmeide n. 'kostbare Goldschmiedearbeit, Schmuck', ahd. *gismīdi* 'Metall' (11. Jh.), mhd. *gesmīde* 'Metall, Schmiedearbeit, Schmuck' ist eine Kollektivbildung zu ahd. *smīda* 'Metall' (um 800), mhd. *smīde* 'Metall(schmuck)'. Mhd. *gesmīde* bezeichnet jede 'Schmiedearbeit', also 'Metallgeräte, Waffen und Rüstung', danach auch 'Metallschmuck' (ahd. dafür das Kompositum *(gi)-smīdazierida*, 11. Jh.). Die engere Bedeutung 'Schmuck, bes. Goldschmiedearbeit' setzt sich im 18. Jh. durch. Zur Etymologie s. *Schmied*. – g e s c h m e i d i g Adj. 'biegsam, leicht zu bearbeiten', mhd. *gesmīdec* 'leicht zu schmieden, zu bearbeiten, gestaltbar, nachgiebig'.

Geschoß n. 'geschleuderter, abgeschnellter oder abgefeuerter Gegenstand, Stockwerk'. Die mit kollektivem *gi-*, *ge-* (s. *ge-*) präfigierten ahd. *giscoȥ* (10. Jh., mit ungesicherter Quantität), mhd. *geschōȥ*, *geschoȥ*, mnd. *geschot*, aengl. *gescot* gehören als Ablautbildungen zu den unter *schießen* (s. d.) verzeichneten Verbformen. Die unterschiedlichen Bedeutungen folgen den Verwendungen des Verbs; im Anschluß an 'werfen, schleudern' bezeichnet das Substantiv das, was geschossen wird, den 'geworfenen oder fortgetriebenen Körper', und (in früher Zeit) das, was schießt, die 'Waffe'; 'Stockwerk' (vgl. *Dach-*, *Erdgeschoß*) folgt der Bedeutung 'rasch in die Höhe wachsen'; 'Steuerabgabe, Zins' (bis ins 16. Jh.) steht zu 'zusteuern, dazugeben' (s. *vor-*, *zuschießen*).

Geschütz n. 'schwere Schußwaffe, Kanone', mhd. *geschütze*, *geschüz* 'Schießzeug, Waffen', mnd. *geschüt(te)* sind Kollektivbildungen zu mhd. *schuȥ*, (alem.) *schutz* 'Stoß, Stich, Schuß, Lanzenwurf, schnelle Bewegung', mnd. *schot*, die der Schwundstufe des unter *schießen* (s. d.) angeführten Verbs folgen. *Geschütz* für 'Wurf- und Schleuderwaffen', dann (seit dem 14. Jh.) für 'Feuerwaffen' bewahrt seinen kollektiven Sinn noch bis ins 19. Jh.; daneben bezeichnet es im 15. Jh. das einzelne Wurfgeschoß, seit Anfang des 16. Jhs. vor allem die einzelne schwere Feuerwaffe, die Kanone.

Geschwader n. 'Verband von Kriegsschiffen oder Flugzeugen', zuvor (16. Jh.) 'Reiterabteilung, Schar von Soldaten', auch schon allgemeiner 'Gruppe von Menschen oder Tieren, Haufen, Zug', dann (17. Jh.) 'Flottenverband' (wohl im Anschluß an die bereits im 16. Jh. nachweisbare Übertragung des Ausdrucks auf eine Gruppe von Seevögeln). Die Kollektivbildung schließt sich an spätmhd. *swader* 'Reiterabteilung' an, das aus ital. *squadra* 'Winkelmaß, (rechtwinklig ausgerichtete) Reitertruppe' (zu ital. *squadrare* 'mit dem Winkelmaß messen, viereckig machen' aus vlat. **exquadrāre*, vgl. lat. *quadrāre* 'viereckig, ebenmäßig machen, passen', s. *Quadrat*) entlehnt ist.

geschwind Adj. 'schnell', mhd. *geswinde* 'schnell, vorschnell, ungestüm, kühn', mnd. *geswint*, *geswinde* 'stark' stehen als durch das Präfix *ge-* (s. d.) verstärkte Bildungen neben mhd. *swinde*, *swint* 'gewaltig, stark, heftig, gewandt, schnell, böse, gefährlich', asächs. *swīð*, *swīði*, aengl. *swīþ* 'kräftig, geschickt', anord. *svinnr* 'rasch, verständig, klug', got. *swinþs* 'stark'; ahd. Vorkommen wird durch Namen wie *Amalswind*, *Swindbert* erwiesen. Als Ausgangsbedeutung des Adjektivs ist 'stark, kräftig' anzunehmen, die sich über 'gewandt' zu 'schnell' entwickelt (ähnlich wie bei *bald*, s. d.). Als nächste Verwandte dürfen die unter *gesund* (s. d.) genannten schwundstufigen Formen angesehen werden. Das Ablautverhältnis läßt hohes Alter beider Wörter vermuten und erlaubt wohl trotz fehlender sicherer außergerm. Beziehungen einen Ansatz ie. **su̯ento-* 'rüstig, gesund'. – G e s c h w i n d i g k e i t f. (16. Jh.).

Geschwister meist Plur. (selten Sing. n.) 'Brüder und Schwestern', ahd. *giswester* (Plur. f.) 'Schwestern' (9. Jh.), mhd. *geswester*, *geswister* (Plur. f., vereinzelt auch kollektiver Sing. n.), asächs. *giswestar* (Plur. f.), aengl. *gesweostor* (Plur. f.) ist eine nur westgerm. bezeugte Kollektivbildung zu dem unter *Schwester* (s. d.) genannten Substantiv und bezeichnet ursprünglich allein die Schwestern (entsprechend *Gebrüder*, s. *Bruder*), doch werden später (vereinzelt zuerst mhd.) auch Brüder eingeschlossen. Gelegentlicher singularischer Gebrauch im Nhd. folgt neutralem Genus. – g e s c h w i s t e r l i c h Adj. (16. Jh.). G e s c h w i s t e r k i n d n. (15. Jh.).

Geschworener m. 'Laienrichter des Schwurgerichts'. Mhd. *gesworn* ist Part. Prät. von mhd. *swern* 'schwören, eidlich für wahr erklären' (s. *schwören*). Die substantivierte Form mhd. *gesworne* Plur. bezeichnet die, 'die geschworen haben', die 'eidlich Verpflichteten'. Seit dem 15. Jh. ist *der Geschworene* 'der gewählte, vereidigte Gerichtsschöffe, der das Urteil findet'. Die Geschworenen des modernen Schwurgerichts werden durch den Code Napoléon zuerst im Rheinland, seit 1848 in ganz Deutschland eingeführt.

Geschwulst f. 'krankhafte Gewebewucherung, Tumor', ahd. *giswulst* (um 900), mhd. *geswulst* ist Abstraktbildung zu dem unter [1]*schwellen* (s. d.) behandelten Verb. Es verdrängt im 16. Jh. gleichbed. *Schwulst* (s. d.), das vom 18. Jh. an allein in seiner übertragenen Bedeutung als Stilbegriff für Überladenheit im Ausdruck erhalten bleibt.

Geschwür n. 'eitrige, entzündete Hautstelle' ist seit dem 16. Jh. neben älterem *Geschwär* (aus mhd. *geswer*, ahd. *giswer*, 8. Jh.) und *Geschwier* (17./18. Jh.) belegt. Alle drei sind Abstrakta zu den unter *schwären* (s. d.) genannten Wortformen, *Geschwür* möglicherweise zur Schwundstufe des Verbs. Eine Deutung als hyperkorrekte Form zu *Geschwier* (wie *lügen* zu *liegen*) trifft auf chronologische Schwierigkeiten, da *Geschwür* älter bezeugt ist als *Geschwier*.

Geseire(s) n. 'überflüssiges unklares Gerede, Geschwätz, Gejammer' dringt im 19. Jh. aus dem Jiddischen und der Gaunersprache in die Alltagssprache und geht wohl zurück auf jidd. *gesera* 'Bestimmung, Verordnung'.

Geselle m. 'Facharbeiter, Handwerksbursche, Kamerad', ahd. *gisello* 'Wohn-, Hausgenosse, Freund' (9. Jh.), mhd. *geselle*, auch 'Geliebte(r), Standesgenosse, Handwerksgeselle, junger Mann', mnd. *geselle*, mnl. *gheselle*, nl. *gezel* ist ein Kompositum zu dem unter *Saal* (s. d.) behandelten Substantiv. Es bezeichnet eigentl. den, 'der den *Saal* (die Unterkunft) mit (einem) anderen teilt' (zur Bildung s. [3]*Bauer* und *Gefährte*). *Geselle* wird als Bezeichnung für den gelernten, abhängigen Handwerker (seit dem Mhd.) heute durch *Facharbeiter* (s. *Fach*) ersetzt; vgl. E. ADELBERG in: Zur Ausbildung d. Norm d. dt. Literaturspr. 2 (1976) 165. – g e s e l l e n Vb. refl. 'sich zusammenfinden', mhd. *gesellen* 'zum Gesellen machen, geben, (refl.) sich freundschaftlich verbinden'. g e s e l l i g Adj. 'Gesellschaft, zwanglose Gemeinschaft liebend', mhd. *gesellec* 'zugesellt, verbunden'; G e s e l l i g k e i t f. 'freundschaftliches Zusammensein, unterhaltsame Veranstaltung', mhd. *gesellecheit* 'freundschaftliches Verhältnis, Beisammensein'. G e s e l l s c h a f t f. 'Gruppe von Menschen, zweckgebundene Vereinigung von mehreren Personen, geselliger Kreis', ahd. *gisellascaft*, *giselliscaft* (9. Jh.), mhd. *geselleschaft* 'fürstliches Gefolge, Vereinigung mehrerer, Genossenschaft, freundschaftliches Beisammen- oder Verbundensein, Liebe'. Seit dem 15. Jh. auch die in Gruppen gegliederte menschliche Gemeinschaft, z. B. *bürgerliche Gesellschaft* 'Gemeinschaft der Bürger' (15. Jh.); *die (gute) Gesellschaft* 'durch Stand, (adlige) Geburt oder Bildung verbundene Bevölkerungsschichten' (18. Jh.); zeitweilig nahezu synonym mit *Staat*, im 18. Jh. von frz. *société* beeinflußt (Rousseau). Für die deutsche bürgerliche politische Ökonomie des 19. Jhs. ist *Gesellschaft* bereits die in Klassen gespaltene, in (naturgegebenen) Produktionsverhältnissen lebende Gesamtheit der Menschen. g e s e l l s c h a f t l i c h Adj. 'gemeinschaftlich, die Gesellschaft betreffend' (18. Jh.). G e s e l l s c h a f t e r m. 'Mitglied einer Gesellschaft, Vereinigung', auch 'Begleiter, Unterhalter' (16. Jh.). G e s e l l s c h a f t s o r d n u n g f. 'Struktur und Gliederung der in gleichartigen ökonomischen, sozialen und politischen Verhältnissen lebenden Menschen auf einer bestimmten historischen Entwicklungsstufe' (19. Jh.).

Gesetz n. 'Rechtsvorschrift, Richtschnur'. Das nur dem Dt. eigene Wort mhd. *gesetze*, frühnhd. auch *gesatz* (15./16. Jh.) ist Verbalabstraktum zu mhd. *setzen* 'bestimmen, festsetzen, einrichten' (s. *setzen*) oder Kollektivbildung zu dem unter *Satz* (s. d.) behandelten Substantiv und bedeutet eigentl. 'das Festgesetzte'. Es verdrängt ahd. *gisezzida* (8. Jh.), mhd. *gesetzede* sowie die alte westgerm. Bezeichnung für 'Gesetz, Recht' (s. *Ehe*). Vgl. *ungeschriebenes Gesetz* 'durch Herkommen entstandene Regel, Gewohnheit' (18. Jh.), nach griech. *ágraphos nómos* (ἄγραφος νόμος) 'nicht aufgeschriebenes, natürliches Gesetz'. – g e s e t z l i c h Adj. (15. Jh.). G e s e t z b u c h n., G e s e t z g e b e r m. (14. Jh.). g e s e t z w i d r i g Adj. (18. Jh.).

Gesicht n. 'Vorderseite des Kopfes, Antlitz, Miene', ahd. *gisiht* f. 'Gesicht, Anblick, Ausblick' (8. Jh.), mhd. *gesiht* f. 'das Sehen, Ansicht, Vision, Erscheinung, Gesichtssinn, Augen, Gesicht, Äußeres' (daneben mhd. *gesihte* n. 'Sehvermögen', mnd. *gesichte* n. 'Anblick, Ausblick'), asächs. *gisiht*, aengl. *gesihþ*, *gesiht* sind präfigierte Abstraktbildungen zu dem unter *sehen* (s. d.) behandelten Verb und bezeichnen ursprünglich 'das Sehen (des Auges), das Anblicken', in älterer Sprache nur selten 'den mit dem Gesichtssinn versehenen vorderen Teil des Kopfes, das Antlitz'. Der ältere Plur. *Gesichte* gilt heute (mhd. Gebrauch folgend) nur für 'Erscheinungen, Visionen' (im 18. Jh. noch 'Mienen, Antlitze'), dann *Gesichter* 'Antlitze' (seit dem 17. Jh.). Neutrales Genus setzt sich im 16. Jh. durch. *Gesicht* entwickelt sich zum allgemeinen sprachlichen Ausdruck und verweist das in älterer Zeit üblichere *Antlitz* (s. d.) in die gehobene Sprache. Vgl. die Wendungen *ein langes Gesicht machen* 'enttäuscht sein' (18. Jh.), *Gesichter schneiden* 'Fratzen ziehen' (18. Jh.). – Angesicht n. 'Gesicht', ahd. *anagisiht* f., mhd. *angesiht* f., *angesihte* n. 'das Ansehen, Sehvermögen, Gesicht, Aussehen'. angesichts Präp. 'im Hinblick auf' (15. Jh., zuerst *angesicht*). Gesichtspunkt m. 'Blickwinkel, Betrachtungsweise', im 16. Jh. von Dürer als Terminus des perspektivischen Zeichnens für mlat. *punctum visus* gebildet; übertragener Gebrauch seit Leibniz (unter Einfluß von frz. *point de vue*).

Gesinde n. 'Dienerschaft, Knechte und Mägde eines Bauern-, Gutshofes', ahd. *gisindi* (9. Jh.), mhd. mnd. *gesinde*, (mit Assimilation) *gesinne* 'Begleitung, (Kriegs)gefolge, Dienerschaft', asächs. *gisīði*, aengl. *gesīþ* sind Kollektivbildungen zu stark flektiertem ahd. *gisind* (9. Jh.), mhd. *gesint*, asächs. *gisīð*, aengl. *gesīþ* und schwach flektiertem ahd. *gisindo* (9. Jh.), mhd. *gesinde*, aengl. *gesīþa*, got. *gasinþja*, *gasinþa*, anord. *sinni* 'Gefährte, Weggenosse, Gefolgs-, Dienstmann, Hausgenosse'. Die Personenbezeichnung ist Präfixkompositum zu ahd. *sind* 'Weg, Richtung, Seite', mhd. *sint*, auch 'Reise, Fahrt', asächs. *sīð*, aengl. *sīþ* 'Weg, Gang, Reise', anord. *sinn* 'Mal, Gang', got. *sinþs* 'Gang' und meint ursprünglich den, 'der den Weg, die Reise gemeinsam mit (einem) anderen macht', das Kollektivum *Gesinde* dagegen die 'Gesamtheit der Begleiter, Gefährten auf dem gemeinsamen Weg, auf der Reise'. Zur Bildung s. ³*Bauer*, *Genosse*, *Geselle*, *Gefährte*; zur Etymologie des Grundworts s. *senden*.

Gesindel n. 'sich herumtreibendes Volk, Pack' ist wie die Frühform *Gesindlein* eine seit dem 16. Jh. belegte Deminutivbildung zu *Gesinde* (s. d.). Neben der pejorativen Bedeutung besteht anfangs auch eine semantisch neutrale Verwendung im Sinne von 'kleines Gefolge, kleine Dienerschaft'.

gesinnt Adj. 'eine bestimmte Gesinnung habend, eingestellt', mhd. *gesinnet*, *gesint* 'mit Verstand, Weisheit begabt' ist nicht als Part. Prät. zum Verb (s. *sinnen*), sondern (nach dem Muster eines schwachen Part. Prät.) zum Substantiv (s. *Sinn*) gebildet. Über 'seinen Sinn gerichtet habend' bedeutet es im 16. Jh. auch 'willens, entschlossen' (noch bei Goethe), wird aber in dieser Verwendung seit dem 17. Jh. weitgehend durch *gesonnen*, das Part. Prät. von *(ge)sinnen*, verdrängt.

Gesinnung f. 'Meinung, Einstellung, Denkweise' wird im 18. Jh. zu heute nicht mehr üblichem *gesinnen* 'meinen, denken an etw.', aber auch 'begehren, verlangen' (zu *sinnen*, s. d.) gebildet (vgl. bereits vereinzeltes mnd. *gesinninge* 'das Ansinnen, Begehren'). Seit dem 19. Jh. bezeichnet *Gesinnung* vornehmlich die politische Haltung und Denkweise eines Menschen und bildet Komposita wie gesinnungslos Adj. 'ohne feste politische Haltung, skrupellos' (19. Jh.), *Gesinnungslosigkeit* f. (19. Jh.), *Gesinnungslump* m. 'wer seine (politische) Haltung um bestimmter Vorteile willen ändert', *Gesinnungslumperei* f. (beide 20. Jh.).

Gesöff n. (abschätzig oder scherzhaft) 'Getränk', Kollektivbildung des 16. Jhs. zu *Soff*, einer Nebenform von *Suff* (s. d.); in älterer Zeit auch 'das Saufen, Trinkgelage'.

Gespann n. 'vor einen Wagen gespannte Zugtiere' (16. Jh.), zu *spannen* (s. d.) gebildet. In älterer Sprache auch Ackermaß für die Fläche, die mit einem Gespann an einem Tag beackert werden kann.

Gespenst n. 'Spukgestalt, Geist', ahd. *gispensti* n. 'Anlockung, Verführung, Eingebung' (9. Jh.), mhd. *gespanst*, *gespenst* f., *gespenste* n., asächs. *gispensti* n., mnd. *gespens(t)* stehen wie ahd. *spanst* f. (9. Jh.), mhd. *spenst* f. n. 'Verlockung, Verführung' als Verbalabstrakta zu dem unter *spannen* (s. d.) angeführten, im Nhd. ausgestorbenen starken Verb ahd. *spanan*, mhd. *spanen* 'lokken, reizen', asächs. aengl. *spanan* (s. auch *ab-*, *widerspenstig*). *Gespenst* ist daher eigentl. das, 'was jmdn. wegzieht, weglockt', ein '(teuflisches) Trugbild'. – gespenstern Vb. 'wie ein Gespenst umhergehen, spuken' (19. Jh.). gespenstig Adj. 'gespenstähnlich, unheimlich' (19. Jh.), ahd.

spenstīg ‘lockend, verführerisch’ (um 1000), mhd. *gespenstec* ‘verführerisch, zauberisch’; auch g e s p e n s t i s c h Adj. (18. Jh.).

Gespinst n. ‘Gesponnenes, zartes Gewebe’ entsteht im 16. Jh. (durch Entrundung des Stammsilbenvokals) aus älterem *Gespünst*, *Gespunst*, mhd. *gespunst* n. f. ‘Gespinst, die Arbeit des Spinnens’, dem Verbalabstraktum zu dem unter *spinnen* (s. d.) behandelten Verb. – H i r n g e s p i n s t n. ‘Einbildung, Phantasiebild’ (18. Jh.).

Gespräch n. ‘Unterhaltung, Unterredung’, ahd. *gisprāhhi* n. (um 800), *gisprāhhī* f. (10. Jh.) ‘Beredsamkeit, Rede, Gespräch’, mhd. *-gespræche* f. ‘Beredsamkeit’, *gespræche* n. ‘das Vermögen zu sprechen, das Sprechen, Besprechung’ sind Kollektivbildungen zu dem unter *Sprache* (s. d.) behandelten Substantiv; zur Etymologie s. *sprechen*. – g e s p r ä c h i g Adj. ‘redselig, mitteilsam’, ahd. *gisprāhhīg* ‘redegewandt’ (Hs. 12. Jh.), mhd. *gespræchec*; älter ahd. *gisprāhhi* ‘beredt, redegewandt, ansprechbar’ (9. Jh.), mhd. *gespræche*, frühnhd. *gespräche* (bis Anfang des 17. Jhs. belegt). Dazu G e s p r ä c h i g k e i t f. ‘Redseligkeit, Mitteilsamkeit’ (15. Jh.). G e s p r ä c h s s t o f f m. ‘Themen für eine Unterhaltung’ (19. Jh.).

Gestade n. ‘Meeresufer, Küste, Strand’, mhd. *gestat* (Gen. *gestades*) ist eine Kollektivbildung zu ahd. *stad* (8. Jh.), *stado* (Hs. 12. Jh.), mhd. *stat* (Gen. *stades*), *stade*, asächs. *stað*, mnd. *stāde*, aengl. *stæþ*, got. *staþs* (oder *staþ*) ‘Ufer, Gestade’. Verwandt sind (mit anderer Stammbildung) anord. *stǫð* ‘Stand, Stelle, Landeplatz’, lat. *status* ‘das Stehen, Stellung, Stand’, *statuere* ‘hin-, aufstellen’, lit. *statùs* ‘gerade, direkt, schroff, unhöflich, steil, abschüssig’. Sie führen als Bildungen mit Dentalsuffix auf die Wurzel ie. **stā-* und gehören damit zu der unter *stehen* (s. d.) behandelten Wortfamilie. *Gestade* bezeichnet im Gegensatz zum Wasser das ‘Feststehende, das Festland’, wird jedoch von dem sich vom Nd. her ausbreitenden *Ufer* in die poetische Sprache abgedrängt.

Gestalt f. ‘Beschaffenheit, Äußeres, Figur’. Das alte, noch Rückumlaut zeigende Part. Prät. des unter *stellen* (s. d.) behandelten Verbs ahd. *gistalt*, mhd. *gestalt* geht in der Bedeutung ‘aussehend, beschaffen, eingerichtet’ in adjektivischen Gebrauch über (vgl. *schöngestalte Glieder* Schiller). Das substantivierte Adjektiv ergibt mhd. *gestalt* f. ‘Aussehen, Beschaffenheit, Ursache’, während das Part. Prät. des Verbs im Nhd. durch *gestellt* ersetzt wird. – g e s t a l t e n Vb. ‘bilden, formen’ (16. Jh.), abgeleitet von *Gestalt*. G e s t a l t u n g f. ‘Formgebung’ (16. Jh.).

Gestank m. ‘übler Geruch’. Die bereits pejorative Bedeutung aufweisende Präfixbildung mhd. *gestanc* steht ablautend wie ahd. (8. Jh.), mhd. *stanc* ‘Wohlgeruch, Gestank’, asächs. mnd. *stank*, aengl. *stenc* zu dem unter *stinken* (s. d.) behandelten Verb. Während das unpräfigierte Verbalabstraktum in älterer Zeit jede Art von ‘Geruch’ (also auch ‘Wohlgeruch, Duft’) bezeichnen kann, stehen nhd. *Stank*, nl. *stank*, engl. *stench* lediglich im Sinne von ‘schlechter Geruch’; doch gilt *Stank* im Hd. seit dem 18. Jh. als veraltet (Adelung).

gestatten Vb. ‘erlauben’, ahd. *gistatōn* (9. Jh.), mhd. *gestaten* ‘Gelegenheit geben, gewähren, erlauben’ sind Ableitungen von einem in ahd. *stata* f. ‘rechter Ort, günstiger Zeitpunkt, Gelegenheit’ (9. Jh.), mhd. *state*, *stat* f. ‘bequemer Ort oder Zeitpunkt, gute Gelegenheit, Umstände, Hilfe’ vorliegenden Substantiv, einer Bildung mit dem Suffix ie. *-tā* zu der unter *stehen* (s. d.) dargestellten Wurzel ie. **stā-*, **stə-* ‘stehen, stellen’. Es ist erhalten in den Fügungen *zustatten (kommen)*, mhd. *ze staten (komen)*, ahd. *zi stato (queman)* ‘gelegen kommen’ (vgl. ahd. *zi stato* ‘zu guter Gelegenheit, zu guter Stunde’, um 1000) und *vonstatten gehen* ‘stattfinden, vorankommen’ (s. d.). – s t a t t h a f t Adj. ‘erlaubt, zulässig’, mhd. *statehaft* ‘gerüstet, angesehen, wohlhabend’; vgl. ahd. *unstatahaft* (8. Jh.).

Geste f. ‘Gebärde, Körperbewegung beim Sprechen’ wird im 15. Jh. in der Wendung *gesten machen* ‘ausdrucksvolle Körperbewegungen machen’ (von Gauklern und Spaßmachern) aus lat. *gestus* ‘Bewegung der Hände, Gebärde der Schauspieler oder Redner’, zu lat. *gerere* (*gestum*) ‘tragen, (aus)führen, (refl.) sich verhalten’, ins Dt. entlehnt. Daneben begegnet vielfach die lat. Form *Gestus* (auch mit lat. Flexion); erst im 18. Jh. wird der Plur. *Gesten*, dann auch der Sing. *Geste* üblich.

Gestell n. ‘Regal, Stütz- oder Tragerahmen’, ahd. *gistelli* ‘Stellung, Lage, Sternbild, Gerüst’ (9. Jh.), mhd. *gestelle* ‘Gestell, Gestalt' steht mit Kollektivpräfix neben ahd. *stal* 'Standort, Stelle, Gebäude zum Einstellen von Vieh', mhd. *stal* 'Steh-, Sitz-, Wohnort, Stand, Gebäude zum Einstellen von Vieh' (s. *Stall*). Die Verbindung mit *stellen* ist sekundär, da das Verb ebenfalls von dem unter *Stall* behandelten Substantiv abgeleitet ist.

gestern Adv. 'am Tag vor heute', ahd. *gest(e)re*, *gesteron*, *gesterēn* (9. Jh.), mhd. *gester(n)*, mnd. *gisterne*, *gister(e)n*, mnl. *ghisteren*, *ghistren*, nl. *gisteren*, aengl. *geostran*, *giestran*, dazu die Zusammensetzungen aengl. *gystran dæg* (mit Metathese nordhumbr. *giosterdoeg*), engl. *yesterday* 'gestern' und got. *gistradagis* 'morgen'. Die genannten germ. Formen sind wie lat. *hesternus* 'gestrig, von gestern' (zu lat. *herī̆* 'gestern') Bildungen mit dem Suffix ie. *-ter-*. Daneben steht ohne dieses Suffix (ablautend) anord. *ī gær* 'gestern' (vereinzelt auch 'morgen'), schwed. *i går* 'gestern'. Als ursprüngliche Bedeutung ist 'am anderen Tag von heute aus gesehen' anzusetzen, woraus sich sowohl 'gestern' als auch (im Anord. und Got.) 'morgen' entwickelt. Im Vergleich mit außergerm. Verwandten sind wohl drei Grundformen anzusetzen; auf ie. **dhĝhés* beruht (durch Metathese des anlautenden *dhĝh-*) griech. *chthés* (χθές) 'gestern'; ie. **ĝhes(i)* (ohne anlautendes *dh-*) ergibt lat. *herī̆* 'gestern', mit *ter*-Suffix lat. *hesternus* und die west- und ostgerm. Formen, während sich zu dehnstufigem ie. **ĝhēs* anord. *ī gær* stellt; ie. **ĝhi̯es* wird vorausgesetzt von aind. *hyáḥ* 'gestern'. Weitere Zusammenhänge sowie die Aufstellung einer gemeinsamen Ausgangsform bleiben unsicher. Vgl. Frisk 2, 1097. – g e s t r i g Adj. 'den Tag vor heute betreffend', ahd. *gesterīg* (um 1000), mhd. *gesteric*. v o r g e s t e r n Adv. 'am Tag vor gestern' (15. Jh.).

gestikulieren Vb. 'durch Gesten, Gebärden ausdrücken, mit den Händen herumfuchteln', im 17. Jh. aus gleichbed. lat. *gesticulārī* entlehnt, einer Ableitung von allerdings erst später bezeugtem *gesticulus* 'pantomimische Bewegung', dem Deminutivum von lat. *gestus* (s. *Geste*). – G e s t i k u l a t i o n f. 'Gebärdenspiel' (18. Jh.), lat. *gesticulātio* (Gen. *gesticulātiōnis*). G e s t i k f. 'Zusammenspiel der Gebärden' (1. Hälfte 20. Jh.).

Gestirn n. 'Himmelskörper, Sternbild', ahd. *gistirni* 'Konstellation der Gestirne, Sternbild' (um 900), mhd. *gestirn(e)*, *gesterne* ist Kollektivbildung (eigentl. 'die Sterne') zu ahd. *sterno*, mhd. *sterne*, *stern* (s. *Stern*). – g e s t i r n t Adj. 'mit Sternen versehen', ahd. *gistirnōt* (um 1000), mhd. *gestirn(e)t*.

Gestrüpp n. 'wildes, dicht verwachsenes Buschwerk', Kollektivbildung (16. Jh.) zu seltenem gleichbed. spätmhd. *struppe* (s. *struppig*).

Gesuch n. 'schriftliche Bitte, Antrag'. Das Verbalsubstantiv zu *suchen* (s. d.) entwickelt sich im 16. Jh. neben einem älteren Maskulinum ahd. *gisuoh* 'Nutzen, Vorteil, Gewinn, Untersuchung' (9. Jh.), mhd. *gesuoch* 'Weide(recht), Erwerb, Gewinn, Zins'. Es lehnt sich an die Bedeutung des Verbs 'sich um etw. bewerben, bemühen' an; Anfang des 17. Jhs. wird die moderne Verwendung 'Bitte, Ersuchen' üblich, die im 18. Jh. auch für eine 'mündlich vorgetragene Bitte' gelten kann.

gesund Adj. 'nicht krank, wohlauf, heilsam', ahd. *gisunt(i)* 'stark, nicht krank, unverletzt' (8. Jh.), mhd. mnd. *gesunt*, asächs. *gisund*, mnl. *ghesont*, nl. *gezond*, aengl. *gesund* (engl. *sound*) können als schwundstufige Bildungen zu den unter *geschwind* (s. d.) angesetzten Formen angesehen und an ie. **sunto-* (mit der Hochstufe **su̯ento-*) 'rüstig, gesund' angeschlossen werden. – g e s u n d e n Vb. 'gesund werden', ahd. *gisuntēn* 'gesund sein' (10./11. Jh.), mhd. *gesunden*, *gesunten* 'gesund machen, bleiben, werden'. G e s u n d h e i t f. 'Zustand des Gesundseins', mhd. *gesuntheit*; älter ahd. *gisuntī* 'Unverletztheit' (8. Jh.), mhd. (md.) *gesunde* 'Gesundheit'.

Getöse n. 'anhaltender Lärm, Krach', mhd. *gedœȝe* 'Geräusch, Lärm, Wasserfall' (13. Jh.) ist eine Kollektivbildung zu ahd. *thōȝ* (um 1000), mhd. *dōȝ* 'Schall, Geräusch', Verbalabstraktum zu ahd. *thioȝan* 'tosen (vom Wasser), hervorströmen' (10. Jh.; vgl. *gi-*, *irthioȝan*, 9. Jh.), mhd. *dieȝen* 'laut schallen, rauschen, sich erheben, aufschwellen', aengl. *þēotan* 'heulen (vom Wolf), rauschen (vom Wasser), hervorbrechen' (dazu *geþēot* 'Geheul'), anord. *þjōta* 'heulen, rauschen', schwed. *tjuta* 'heulen', das mit anord. *þytr* 'Lärm, Geheul', got. *þuthaúrn* 'Trompete', den unter *tuten* (s. d.) behandelten Verben sowie griech. *tytṓ* (τυτώ) 'Nachteule', lat. *tutubāre* 'schreien' (von der Eule), lit. *tūtúoti* 'tuten, blasen', *tūtà* 'Rohrpfeife, Schalmei, Trompete' und (bei abweichendem Dental) aind. *thuthukṛt* (Vogelname) auf eine in Vogelrufen und anderen

Schalleindrücken bezeugte onomatopoetische Form ie. **tŭ* bzw. ihre Reduplikation ie. **tŭtŭ* zurückzuführen ist. Im Nhd. wird das mhd. Kollektivum vielfach mit *Getose* vermischt, diesem lautlich angeglichen (seit 16. Jh.), so daß *Getöse* und *Getose* gleichermaßen als zu *tosen* (s. d.) gehörig empfunden werden.

Getränk n. 'zum Trinken bestimmte Flüssigkeit', mhd. *getrenke* 'Getränk, Trinkgelage' ist Kollektivbildung zu dem unter *Trank* (s. d.) behandelten Substantiv, das von *Getränk* im 18. Jh. weitgehend verdrängt wird.

Getreide n. 'auf Halmen wachsende Körnerfrüchte', ahd. *gitregidi* 'Ertrag, Einkünfte, Besitz' (um 1000), mhd. *getregede*, auch schon kontrahiert *getreide* 'Kleidung, Gepäck, Tragbahre, Blumen, Gras, Getreide, Lebensmittel, Nahrung' ist Kollektiv- bzw. Abstraktbildung zu dem unter *tragen* (s. d.) behandelten Verb und bezeichnet ursprünglich 'alles, was getragen wird, Ertrag'. Die heute allein übliche Bedeutung entwickelt sich Anfang des 14. Jhs. und wird von Luther in der Bibelübersetzung verwendet (obd. dafür *Korn*, *Frucht*).

Getriebe n. 'technische Konstruktion zur Übertragung und Umformung von Kraft und Bewegung, lebhafter Verkehr'. Die Kollektivbildung bezeichnet zunächst (15. Jh.) in Anlehnung an das Treibrad 'alles, was von Rädern getrieben wird' (Räder-, Mühl-, Uhrwerk), dann (um 1800) ein 'reges, bewegtes Durcheinander' und gehört etymologisch zu *treiben* (s. d.); vgl. auch ahd. *anagitrib* 'Antrieb, innere Unruhe' (10. Jh.), mhd. *getrīp* 'das Treiben, Getriebe'. Unklar bleibt, ob *Getriebe* unmittelbar vom Verb abgeleitet oder zum zugehörigen Verbalabstraktum (s. *Trieb*) gebildet ist.

Getto, Ghetto n., auch m. 'abgesondertes Stadtviertel', ursprünglich nur für die jüdische Bevölkerung, Übernahme von ital. *ghetto* (1. Hälfte des 17. Jhs., zunächst in Berichten über Italien). Die Etymologie ist nicht eindeutig geklärt; sicher jedoch ist in Verbindung mit der von Italien ausgehenden Absonderung der Juden in eigenen Stadtvierteln die ital. Bezeichnung auch in andere Sprachen gelangt. Man versucht, ital. *ghetto* vom Namen der Insel *Geto nuovo* (Nordvenedig), wo erstmals ital. Juden von Christen getrennt leben (16. Jh.), herzuleiten. Da auf dieser Insel im Mittelalter Metallgießereien betrieben worden, ist Zusammenhang mit ital. *gettare* '(Metalle) in Formen gießen' möglich. Das zugehörige Verbalsubstantiv ital. *getto* kann von ital. Juden lautlich mit hebr. *gēṭ* 'Scheidung, Scheidungsbrief' in Beziehung gesetzt worden sein, was eine Entwicklung von *getto* zu *ghetto* erklären würde; vgl. FEW 20, 25 und Spitzer in: Wörter u. Sachen 6 (1914/15) 204f.

Getümmel n. 'lebhaftes, lärmendes Treiben einer Menge', spätmhd. *getümele*, *getummele* 'Lärm, Getöse', geläufig seit dem 16. Jh., als Abstrakt- bzw. Kollektivbildung von mhd. *tumel* m. 'betäubender Schall, Lärm' oder vom zugehörigen Verb (s. *tummeln*) abgeleitet.

Gevatter m. 'Pate, Onkel, Freund', ahd. *gifatero* 'Taufzeuge, Pate' (Hs. 12. Jh.), mhd. *gevater(e)*, mnd. *gevadder*, aengl. *gefædera* ist Übersetzungswort der christlichen Missionstätigkeit von kirchenlat. *compater* 'geistlicher Mitvater, Taufzeuge' (s. *Vater*) und bezeichnet den 'Taufzeugen' in seinem Verhältnis zu den Eltern des Täuflings, dann auch den 'Paten' in seinem Verhältnis zum Täufling. Seit dem 15. Jh. verliert *Gevatter* allmählich seine kirchenrechtliche Bedeutung, wird weitgehend von *Pate* (s. d.) verdrängt und entwikkelt sich zur vertraulichen Anrede für Freunde und Bekannte. Im Gegensatz zu *Vater* bewahrt *Gevatter* den alten kurzen Vokal. Früher bezeugt ist die fem. Form ahd. *gifatera* 'Patin', aber auch schon vertrauliche Anrede für eine ältere Person 'Alte' (10. Jh.), mhd. *gevatere*, seit dem 15. Jh. dafür Gevatterin. – Gevatterschaft f. 'Patenschaft', mhd. *gevaterschaft*.

Geviert n. 'Rechteck, Quadrat'. Das Part.-adj. *geviert* 'vierfach, in vier Teile geteilt, viereckig, quadratisch', ahd. *gifiorōt* (für lat. *quadrātus*, um 1000), mhd. *gevier(e)t*, zu dem im Nhd. untergegangenen Infinitiv mhd. *vieren* 'zu je vieren sich verbinden, vervierfachen, unter vier teilen, viereckig machen' (s. *vier*), geht im 16. Jh. (vgl. *im geviert*) in substantivischen Gebrauch über.

Gewächs n. 'Pflanze', mhd. *gewahs*, (in Zusammensetzungen) *-gewehse* ist zu dem unter ²*wachsen* (s. d.) behandelten Verb gebildet und bezeichnet als Kollektivum ursprünglich 'alles, was gewachsen ist', dann verengt speziell 'Pflanzen' (15. Jh.), auch 'Auswuchs, Geschwür' (16. Jh.). – Gewächshaus n. 'Schutzhaus für Pflanzen, Treibhaus' (18. Jh.), älter *Gewächsstube* (17. Jh.), ursprünglich zur Pflege und Überwinterung exotischer Pflanzen, vgl. auch *Zitronenstube* (17. Jh.), *Orangerie* (um 1700).

gewahr Adj. 'aufmerksam, bemerkend', ahd. *giwar* 'achtsam, vorsorgend' (9. Jh.; vgl. *ungiwar*, 8. Jh.), mhd. *gewar* 'beachtend, aufmerksam, bemerkend, vorsichtig', asächs. *giwar*, mnd. *gewār*, mnl. *ghewar*, aengl. *gewær* (vgl. engl. *aware*, *to become aware of* 'gewahr werden') stehen neben anord. *varr* 'aufmerksam, vorsichtig' und got. *wars* 'behutsam' und gehören etymologisch zu *wahren* (s. d.). Heute begegnet *gewahr* nur noch prädikativ in der Wendung *gewahr werden*, ahd. *giwar werdan* (10. Jh.), mhd. *gewar werden*; vgl. nl. *gewaarworden*. – g e w a h r e n Vb. 'bemerken, erblicken', mhd. *gewarn* ist wohl zum Adjektiv *gewahr* (und nicht zum Verb *wahren*, mhd. *warn*) gebildet. G e w a h r s a m m. 'Schutz, Obhut, Haft' verbreitet sich in dieser apokopierten Form seit dem 16. Jh. Voraus geht mhd. *gewarsame* f. 'Aufsicht, Sicherheit, sicherer Ort' (bis ins 18. Jh. belegt), eine Substantivierung des noch im 18. Jh. gebräuchlichen Adjektivs *gewahrsam*, mhd. *gewarsam* 'sorgsam, vorsichtig'. *Gewahrsam* 'sicherer Ort, Gefängnis' erscheint bereits seit dem 15. Jh. als Neutrum, während *Gewahrsam* 'Schutz, Obhut, Haft' im 18. Jh. vom fem. zum mask. Genus überwechselt.

gewähren Vb. 'zugestehen, zukommen lassen', ahd. *giwerēn* 'zugestehen, Gewähr leisten' (9. Jh.), mhd. *gewern* 'zugestehen, bezahlen, es durch Leistung zu etw. bringen', mnd. *gewēren*. Das ohne Entsprechungen in den übrigen germ. Sprachen bezeugte Verb wird zu der meist dehnstufig auftretenden Wurzel ie. **u̯er-* (oder **u̯erə-*?) 'Freundlichkeit (erweisen)' gestellt, so daß sich Verwandtschaft mit griech. *heortḗ* (ἑορτή) 'Fest, Feier(tag)', lat. *sevērus* 'streng' (eigentl. 'ohne Freundlichkeit'), kymr. *cywir* 'recht, treu, aufrichtig' und weiter mit den unter *wahr* (s. d.) genannten Formen ergibt. – G e w ä h r f. 'Zusicherung, Garantie', mhd. *gewer* ist ein altes Rechtswort; häufig in der Wendung *Gewähr leisten* (18. Jh.), seit dem 19. Jh. zusammengerückt zu g e w ä h r l e i s t e n Vb. 'Sicherheit bieten, garantieren'. G e w ä h r s m a n n m. 'Garant' (16. Jh.), ursprünglich Rechtswort, mhd. *gewereman* (13. Jh.), *werman* (14. Jh.), noch bei Lessing *Wehrmann*, *Gewährmann* (18. Jh.); erst seit dem 18. Jh. außerhalb terminologischen Rechtsgebrauchs üblich.

Gewalt f. 'rohe Kraft, Wucht, Macht, Zwang', ahd. *giwalt* (8. Jh.), mhd. *gewalt*, asächs. *giwald*, mnd. *gewelde*, *gewalt*, mnl. *ghewelt*, nl. *geweld*, aengl. *geweald* wie auch anord. *vald*, schwed. *våld* gehören als Abstraktbildungen (mit unterschiedlichem Genus) zu dem unter *walten* (s. d.) behandelten Verb. Diesem folgend gilt in alter Zeit vorwiegend die Bedeutung 'Macht, Herrschaft, Vollmacht'. – g e w a l t i g Adj. 'mächtig, groß, eindrucksvoll', ahd. *giwaltīg* (um 800), mhd. *gewaltec*, *gewaltic*, *geweltic* 'mächtig'. b e w ä l t i g e n Vb. 'in seine Gewalt bekommen, mit etw. fertig werden' (14. Jh.), älter mhd. *gewaltigen*, *geweltigen* 'Gewalt antun, überwältigen, etw. seiner Macht unterwerfen'. ü b e r w ä l t i g e n Vb. 'besiegen, wehrlos machen, beeindrucken' (15. Jh.). v e r g e w a l t i g e n Vb. 'mit einer Frau gegen ihren Willen schlafen, gewaltsam zu etw. zwingen', spätmhd. *vergewaltigen*, *vergeweltigen*. g e w a l t s a m Adj. 'durch Macht, (rohe) Kraft erzwungen' (15. Jh.). G e w a l t a k t m. 'rohe, brutale Handlung, Aktion mit viel Kraftaufwand' (19. Jh.). G e w a l t h a b e r m. (15. Jh.) 'wer Macht hat, Herrscher', in älterer Rechtssprache auch 'wer Vollmacht hat, Stellvertreter'. G e w a l t h e r r s c h a f t f., Verdeutschung (18. Jh.) von *Despotie*. g e w a l t t ä t i g Adj. 'rohe Kraft anwendend, brutal' (Ende 16. Jh., von *Gewalttat*, 1. Hälfte 16. Jh.).

Gewand n. 'anspruchsvolles Festkleid, Ornat', ahd. *giwant* 'Kleid' (um 1000), mhd. *gewant* 'Kleidung, Rüstung, Gewandstoff, Zeug', mnd. *(ge)want* 'Gewand, Tuch, Zeug' ist zu dem unter *wenden* (s. d.) behandelten Verb gebildet und bedeutet eigentl. 'das Gewendete', z. B. auch 'das in Falten gelegte und in Rollen oder Ballen aufbewahrte Tuch'. Danach in der Geschäftssprache des 14./15. Jhs. 'Tuch, gewebter Stoff, Zeug' (vgl. *Gewandschneider* 'Tuchschneider, Tuchhändler', mhd. *gewantsnīder*), dagegen in der Dichtung 'Kleid, Rüstung' (wie mhd. *wāt*, *gewæte*; zu dessen Herkunft s. *Leinwand*). In dieser Bedeutung wird *Gewand* (meist historisierend) noch im 19. Jh. verwendet, sonst seit dem 16. Jh. durch md. Einfluß (Luther) von *Kleid* verdrängt. – G e w a n d h a u s n. 'Haus, in dem Tuche geprüft, aufbewahrt und verkauft werden, Tuchhalle', spätmhd. *gewanthūs* (14. Jh.). Werden diese Häuser vorübergehend nicht benutzt, finden in ihnen öffentliche Veranstaltungen (Bälle, Konzerte) statt, vgl. das *Leipziger Gewandhaus*, ehemals eine Tuchhalle, dann Name für die neuerbaute Konzerthalle mit den Zusammensetzungen *Gewandhausorchester*, *-kapellmeister*.

gewandt Part.adj. 'wendig, beweglich, sicher im Auftreten', ehemals Part. Prät. von *wenden* (s. d., ahd. *giwant*), das als umlautlose Form (im Unterschied zu *gewendet*, ahd. *giwentit*) in der genannten Bedeutung seit dem 16. Jh. isoliert wird. – G e w a n d t h e i t f. 'Beweglichkeit, Wendigkeit' (18. Jh.).

gewärtig Adj. 'gefaßt, erwartend', mhd. *gewertec* 'achthabend, dienstbereit' ist Adjektivableitung von einem im Nhd. untergegangenen Verb ahd. *giwartēn* (9. Jh.), mhd. *gewarten* 'schauend beobachten, sich bereithalten'; zur Etymologie s. *warten*. Dazu g e w ä r t i g e n Vb. 'auf etw. gefaßt sein' (16. Jh., geläufig erst seit dem 18. Jh.).

Gewässer n. 'Wasseransammlung in der Natur, Teich, See', Kollektivbildung zu *Wasser* (s. d.). Zu Anfang des 15. Jhs. 'großes Wasser, Hochwasser', in heutiger Verwendung seit dem 16. Jh.

Gewebe n. 'Stoffart, Zellengefüge', ahd. *giweb* n. (um 800), *giwebbi* (Hs. 12. Jh.), mhd. *gewebe* ist Verbalabstraktum zu dem unter *weben* (s. d.) behandelten Verb. Das Simplex ahd. *webbi* (8. Jh.), mhd. *weppe*, *webbe* 'Gewebe' ist erhalten in *Spinn(e)webe* (neben *Spinnengewebe*, s. *spinnen*). Im 18. Jh. wird *Gewebe* medizinischer Terminus (*Ader-*, *Muskel-*, *Zellgewebe*).

Gewehr n. 'Handfeuerwaffe mit langem Lauf', ahd. *giwer* 'Kampf', *giwerri* 'Aufstand' (9. Jh.), mhd. *gewer* 'blanke Waffe, Befestigungswerk' ist eine Bildung zu dem unter *Wehr* f. 'Befestigung, Verteidigung' (s. d.) behandelten Substantiv; vgl. auch das Kompositum ahd. *brustgiweri* n. oder *brustgiwerī* f. 'Brustbekleidung, Brustschild' (9. Jh.). Im 18. Jh. wird die Bedeutung von *Gewehr* eingeengt und konkretisiert auf 'Handfeuerwaffe'. Die alte Bedeutung 'blanke Waffe' lebt noch in S e i t e n g e w e h r n. 'an der Seite getragene blanke Waffe' wie Degen, Säbel, Hirschfänger u. dgl. (17. Jh.), älter *Seitenwehr* (16. Jh.), dann vornehmlich die als Bajonett auf das Feuergewehr aufzusteckende blanke Waffe des Infanteristen (19. Jh.). M a s c h i n e n g e w e h r n. 'kleinkalibrige automatische Schnellfeuerwaffe' (Anfang 20. Jh.).

Geweih n. 'Gehörn des Rot-, Dam-, Elch- und Rehwildes'. Voraus geht spätmhd. *gewīge*, eine Verkürzung aus mhd. *hirʒgewīge*, vgl. *hirʒgewīh* (13. Jh.), *hirschgewīge* (14. Jh.). Etymologisch wird *Geweih* durch Annahme einer Verwandtschaft mit aind. *vayā́* f. 'Zweig, Ast', aslaw. *věja* 'Zweig' als 'Geäst, Gezweig des Hirsches' gedeutet, vgl. auch mnd. *hertes-twīch* 'Hirschgeweih', zu mnd. *twīch* 'Zweig' (Kluge [21]256, Mayrhofer 3, 148). Vorauszusetzen ist ahd. **wī(a)* 'Ast, Zweig', wozu *Geweih* als Kollektivbildung tritt.

Gewerbe n. 'auf Erwerb gerichtete Berufstätigkeit', mhd. *gewerbe* 'Wirbel, Gelenk, Geschäft, Tätigkeit, Anwerbung' ist eine Abstraktbildung zu mhd. *werben* 'bewegen, drehen, sich bemühen um, tätig sein, betreiben' (s. *werben*). Schon früh in der Wendung *Handel und Gewerbe* (15. Jh.), wo beide Wörter eine Bedeutungsgemeinschaft darstellen. Doch bald (bei der Herausbildung des städtischen Bürgertums) entwickelt *Gewerbe* den Sinn 'Erwerb, dauerhaft ausgeübte Erwerbstätigkeit, Handwerk' (16. Jh.) und 'Berufszweig' (18. Jh.; vgl. *Schneidergewerbe*). – g e w e r b l i c h Adj. 'das Gewerbe betreffend' (15. Jh., geläufig vor allem im 19. Jh.). G e w e r b e f r e i h e i t f. 'Recht für jedermann, eine Erwerbstätigkeit auszuüben' (18. Jh.), Übersetzung von engl. *freedom of trade*. G e w e r b e t r e i b e n d e r m. 'wer mit einem Gewerbe seinen Lebensunterhalt verdient' (19. Jh.), substantiviertes Part. Präs. nach der Verbindung *Gewerbe treiben* (15. Jh.). K u n s t g e w e r b e n. 'Kunsthandwerk' (19. Jh.).

Gewerkschaft f. 'Organisation der Arbeitnehmer zur Vertretung und Durchsetzung ihrer ökonomischen und sozialen Interessen'. Der Ausdruck begegnet im 16. Jh. für die 'Gesamtheit aller Teilhaber an einem Bergwerk' und ist Kollektivum zu mhd. *gewerke* 'Handwerksgenosse, Zunftgenosse, Teilhaber an einem Bergwerk', das, zu *Werk* (s. d.) gehörig, in seiner Bildungsweise *Genosse*, *Geselle*, *Gefährte* (s. d.) entspricht. Im 18. Jh. bezeichnen *Gewerkschaften* jeweils die Gesamtheit der Vertreter eines bestimmten Berufszweiges, seit 1868 die Interessenorganisationen der Arbeiterschaft, die nach dem Beispiel der engl. *trade unions* gegründet werden. Anfänglich konkurrierendes *Gewerkverein* vermag sich nicht durchzusetzen.

Gewicht n. 'Schwere, Bedeutsamkeit'. Die Präfixbildung ahd. *giwihti* (um 1100), mhd. *gewiht(e)*, mnd. *gewichte*, mnl. *ghewichte*, nl. *gewicht* setzt ein im Hd. nicht bezeugtes, aber in mnd. *wicht(e)* f., mnl. nl. *wicht*, aengl. *wiht*, engl. *weight*, anord. *vætt* erhaltenes Abstraktum germ. **wehti-* zu dem unter *wägen* (s. d.) behandelten Verb voraus. – g e w i c h t i g Adj. 'schwerwiegend, maßgeblich' (15. Jh.). Ü b e r g e w i c h t n. 'zuviel Gewicht' (16. Jh.).

gewieft Part.adj. 'schlau, durchtrieben' stammt aus mundartlichem Sprachgebrauch. Wohl Part. Prät. einer Nebenform des Verbs mhd. *wīfen* 'winden, schwingen' (etymologisch zu *Wipfel*, s. d.). Lautform und Bedeutung sind wahrscheinlich von *gewiegt* (s. d.) beeinflußt (19. Jh.).

gewiegt Part.adj. 'schlau, gerissen' wird als Part. Prät. zu [1]*wiegen* 'in der Wiege schaukeln' (s. *Wiege*) aufgefaßt. *gewiegt sein* 'erfahren, kundig, schlau sein', d. h. vielleicht 'von der Wiege, von Anfang an in etw. geübt, erzogen, aufgewachsen sein' begegnet seit dem 16. Jh., wird aber erst zu Anfang des 18. Jhs. geläufig.

Gewinde n. '(Blumen)geflecht, in Form einer Schraubenlinie eingeschnittene Rille'. Das Abstraktum zu *winden* (s. d.) ist zuerst in technischer Verwendung bezeugt (15. Jh.), bezeichnet dann 'Gewundenes, sich Windendes' verschiedener Art (16. Jh.) und entwikkelt schließlich in Anlehnung an *Gebinde* die Bedeutung '(Blumen)geflecht' (18. Jh.).

gewinnen Vb. 'siegen, einen Preis erobern, erreichen, erlangen', ahd. (9. Jh.), asächs. *giwinnan*, mhd. mnd. *gewinnen* 'durch Arbeit, Mühe, Kampf zu etw. gelangen, erwerben, anschaffen', aengl. *gewinnan*, got. *gawinnan* 'erleiden' sind verstärkende Präfixbildungen zum Simplex ahd. *winnan* (8. Jh.), mhd. *winnen* 'sich abarbeiten, wüten, rasen, streiten', asächs. *winnan*, mnd. *winnen*, mnl. nl. *winnen*, aengl. *winnan*, engl. *to win* 'erringen, erlangen', anord. *vinna* 'arbeiten, leisten, gewinnen', schwed. *vinna* 'erringen, erlangen', got. *winnan* 'leiden'. Germ. **wennan* 'sich mühen' verbindet sich mit aind. *vanṓti* 'begehrt, erstrebt, überwältigt, besiegt', *vaní-* 'Verlangen, Wunsch', lat. *venus* 'Anmut, Schönheit, Liebe' (vgl. *Venus* 'Göttin der Huld und Liebe') und führen auf ie. **u̯en(ə)-* 'streben', dann 'wünschen, lieben, befriedigt sein', auch 'erarbeiten, Mühe haben', perfektiv 'erreichen, gewinnen', wozu *Wahn*, *wohnen*, *Wonne*, *Wunsch*, *gewöhnen* (s. d.) gehören. – G e w i n n m. 'Preis, Vorteil, Erwerbung', ahd. *giwin* (8. Jh.), mhd. *gewin* 'Erwerb, Vorteil, Nutzen', abgeleitet vom Verb. G e w i n n e r m., mhd. *gewinner* (vgl. mhd. *gewinnære* 'Vorkämpfer'?). G e w i n n l e r m. 'wer aus allem Gewinn herausschlägt' (16. Jh.), noch erhalten in *Kriegsgewinnler* m. 'wer am Krieg verdient' (20. Jh.).

gewiß Adj. 'sicher, bestimmt, unbestreitbar', ahd. *giwis* Adj. (9. Jh.), *giwisso* Adv. 'sicherlich, freilich' (8. Jh.), mhd. *gewis* 'sicher, zuverlässig', asächs. *giwisso* Adv., mnd. *gewisse* Adv., mnl. *(ghe)wis*, *(ghe)wes*, nl. *(ge)wis*, aengl. *gewis* Adj. (vgl. got. *unwiss* 'ungewiß' und anord. *vīss* Adv. mit Vokaldehnung nach *vīss* 'weise') gehen wie aind. *vitta-*, awest. *vista-* 'bekannt', griech. *áïstos* (*ἄϊστος*) 'ungekannt' zurück auf ein altes *to*-Partizip (ie. **u̯idto-* 'gesehen') zu der unter *wissen* (s. d.) genannten Wurzel ie. **u̯eid-* 'erblicken, sehen'; Ausgangsbedeutung ist 'was gesehen worden ist und daher gewußt wird', also 'sicher, unbestreitbar' ist. Aus der Bedeutung 'bestimmt' (*eine gewisse Stunde*) entwickeln sich im Dt. Verwendungen in der Art eines Indefinitpronomens, bei denen man das genaue Maß bzw. eine nähere Bestimmung nicht angeben will oder nicht angeben kann (*unter gewissen Bedingungen*, *eine gewisse Menge*, *ein gewisser Herr Müller*). – G e w i ß h e i t f. 'Sicherheit, Bestimmtheit', ahd. *giwisheit* (11. Jh.), mhd. *gewisheit*, auch 'Bürgschaft, Pfand'. g e w i ß l i c h Adv. 'ganz sicher', ahd. *giwislīhho* 'mit Gewißheit' (8. Jh.), mhd. *gewislīche* 'sicherlich, zwar, nämlich'. v e r g e w i s s e r n Vb. '(sich) Klarheit, Gewißheit verschaffen', geläufig seit dem 17. Jh.; vgl. mhd. *vergewissern* 'Bürgschaft leisten', *vergewissen* 'gewiß machen, Sicherheit geben'.

Gewissen n. 'Vermögen des Menschen, sein Verhalten sittlich einzuschätzen'. Zu dem zu ahd. *wiʒʒan* (s. *wissen*) gehörigen Part. Prät. *giwiʒʒan* wird das Adjektivabstraktum ahd. *giwiʒʒanī* f. (11. Jh.) gebildet. Es ist der Versuch einer Wiedergabe von lat. *cōnscientia* 'Bewußtsein moralischer Handlungen', eigentl. 'das Mitwissen' (vgl. lat. *scientia* 'Kenntnis, Wissen, Wissenschaft' und s. *kon-*), das seinerseits dem griech. *synéidēsis* (συνείδησις) 'Mitwissen, Bewußtsein, (gutes) Gewissen' nachgebildet ist. Semantische Weiterentwicklung zeigt mhd. *gewiȥȥen* f. n. 'Wissen, Kenntnis, Kunde, Erkenntnis dessen, was sich schickt', das in Analogie zum substantivierten Infinitiv von *wiȥȥen* neutrales Genus annimmt. Der Begriff des Gewissens entsteht im antiken Griechenland aus der Vorstellung, daß es für alle Handlungen und Verhaltensweisen gegenüber Göttern und Menschen einen inneren „Mitwisser" gibt. In der christlichen Ethik wird das Gewissen zu einem zentralen Begriff menschlichen sittlichen Verhaltens und des Vermögens, seine Handlungen selbst einzuschätzen. – gewissenhaft Adj. 'genau, zuverlässig' (17. Jh.). Gewissenhaftigkeit f. 'Sorgfältigkeit, Genauigkeit' (1. Hälfte 18. Jh.), zu *gewissenhaftig* Adj. (16. Jh., im 18. Jh. nicht mehr üblich). gewissenlos Adj. 'ohne Gewissen, ohne Skrupel' (um 1400, geläufig erst im 17. Jh.); dazu Gewissenlosigkeit f. 'Bedenkenlosigkeit, Skrupellosigkeit' (18. Jh.). Gewissensbiß m. (meist Plur.) 'moralisches Bedenken, Schuldgefühl' (17. Jh.), nach (im 17. Jh. häufig belegtem) lat. *cōnscientiae morsus*; vgl. auch *mein Gewissen beißt* (Luther), lat. *cōnscientiā mordērī* (Cicero). Gewissensehe f. 'Ehe ohne amtlichen Nachweis' (um 1800) für lat. *mātrimōnium cōnscientiae*. Gewissensfrage f. 'eine moralische Entscheidung fordernde Frage' (17. Jh.). Gewissensfreiheit f. 'Recht, nicht unter Zwang, sondern nur nach dem Gewissen zu entscheiden, bes. seine Religion ungehindert auszuüben' (17. Jh.), wohl nach frz. *liberté de conscience*.

Gewitter n. 'Unwetter mit luftelektrischer Entladung', ahd. *giwiteri* '(Un)wetter, Sturm' (9. Jh.), mhd. *gewiter(e)* 'Wetter, Unwetter', asächs. *giwideri*, mnd. *gewēder*, *gewedder*, mnl. *ghewēder* 'Witterung, Unwetter, Hagel', aengl. *gewidere*. Die Kollektivbildung zu dem unter *Wetter* (s. d.) behandelten Substantiv bedeutet zunächst 'Witterung', also auch 'Unwetter mit Regen, Hagel und Sturm'; die Beschränkung auf 'Unwetter mit Blitz und Donner' prägt sich ab Mitte des 16. Jhs. aus. – gewittern Vb. (unpersönlich) verstärktes *wittern*, d. h. 'irgendeine Art Wetter sein' (15. Jh.); dann vom Substantiv *Gewitter* beeinflußt und eingeengt 'Niederschlag mit Blitz und Donner geben' (17. Jh.). gewitt(e)rig Adj. 'gewitterdrohend' (19. Jh.).

gewogen Part.adj. 'zugetan, geneigt', md. Form des Part. Prät. von mhd. *wegen* 'Gewicht, Zahl, Wert haben' (s. *wägen*) gegenüber der älteren Partizipialform *gewegen* (im Nhd. noch bis ins 17. Jh. erhalten, vgl. auch md. *bewogen*, *gepflogen*). Seit dem 16. Jh. in der genannten Bedeutung als Adjektiv üblich. Die Bedeutung entsteht wohl aus dem Bezug des Wortes auf Münzen, *gewogen sein* 'gutes Gewicht, guten Wert haben', dann 'angemessen, angenehm', schließlich 'zugetan, wohlgeneigt sein'. – Gewogenheit f. 'Wohlwollen' (17. Jh.).

gewöhnen Vb. 'vertraut machen', refl. 'vertraut werden', ahd. *giwennen* 'gewöhnen, säugen' (um 900), mhd. *gewenen* 'gewöhnen', asächs. *giwennian*, mnd. *gewennen*, mnl. *ghewennen*, nl. *gewennen*, aengl. *gewenian* 'an andere Nahrung als Muttermilch gewöhnen' sind verstärkende Präfixbildungen zu den Simplexformen ahd. *wennen* (um 1000), mhd. *wen(n)en*, asächs. *wennian*, mnd. *wen(n)en*, aengl. *wenian* 'gewöhnen' (engl. *to wean* 'an den Entzug der Muttermilch gewöhnen'), anord. *venja* 'gewöhnen, zähmen', schwed. *vänja*, die als Ableitungen von einem Adjektiv germ. **wana-* 'gewohnt' (vgl. anord. *vanr*) mit *gewinnen*, *gewohnt*, *wohnen* (s. d.) zu ie. **u̯en(ə)-* 'streben', dann 'wünschen, lieben, befriedigt sein' zu stellen sind. Im Dt. wird das durch Umlaut entstandene *e* zu *ö* gerundet. – Gewöhnung f. (15. Jh.). abgewöhnen Vb. 'von der Muttermilch entwöhnen', spätmhd. *abegewenen*; 'eine Gewohnheit ablegen' (16. Jh.). angewöhnen Vb. 'eine Gewohnheit annehmen' (16. Jh.). S. auch *verwöhnen*.

Gewohnheit f. 'Vertrautheit, Selbstverständlichkeit, fest angenommene Handlungsweise', ahd. *giwonaheit* 'Gewohnheit, Brauch' (8. Jh.), mhd. *gewonheit* 'Gewohnheit, gewohnte Lebensweise' gehört als Ableitung zu den Formen des unter *gewohnt* (s. d.) genannten Adjektivs *gewohn*.

gewöhnlich Adj. 'üblich, gemein, ordinär', mhd. *gewonlich* 'gewohnt, der Gewohnheit gemäß, hergebracht, üblich, gewöhnlich' (vgl.

ahd. *giwonalīhho* Adv., 11. Jh.) ist Ableitung vom gleichbed. Adjektiv ahd. *giwon*, mhd. *gewon* (s. *gewohnt*). Die heute verbreitete Bedeutung 'gemein, ordinär' entwickelt sich aus 'üblich, alltäglich', daher 'nicht besonders, niedrig, unfein'. – a u ß e r g e w ö h n l i c h Adj. 'aus dem Üblichen hervorragend, nicht alltäglich' (18. Jh.); gleichbed. damit u n g e - w ö h n l i c h Adj., mhd. *ungewonlich*; vgl. ahd. *ungiwonalīhho* Adv. (um 800).

gewohnt Part.adj. 'üblich, vertraut'. Das Part. Prät. mhd. *gewon(e)t*, zum Infinitiv mhd. *gewonen* 'gewohnt sein, werden, wohnen, verweilen', ahd. *giwonēn* (8. Jh.), verdrängt seit dem 14. Jh. ein altes Adjektiv ahd. *giwon* (8. Jh.), mhd. *gewon*, nhd. (bis ins 18. Jh.) *gewohn* 'gewohnt, hergebracht, üblich' (vgl. asächs. *giwono*, *giwuno*, aengl. *gewuna*, mnl. *ghewōne*, nl. *gewoon*). *gewohn* steht im Ablautverhältnis zu den unter *gewöhnen* (s. d.) genannten Formen; zu ihm gehören die Ableitungen *Gewohnheit* und *gewöhnlich* (s. d.). – u n g e w o h n t Part.adj. 'nicht üblich, fremd', ahd. *ungiwonēt* (um 800), mhd. *ungewont*. Vgl. auch *ungewohn* (bis ins 17. Jh.), ahd. *ungiwon* (8. Jh.), mhd. *ungewon*.

Gewölbe n. 'gekrümmte Steindecke eines Raumes, Raum mit einer solchen Decke', ahd. *giwelbi* (11. Jh.), *gewolbe* (Hs. 13. Jh.), mhd. *gewelbe* ist zu dem unter *wölben* (s. d.) behandelten Verb gebildet. Die ahd. Formen übersetzen lat. *camera* 'gewölbte Decke eines Zimmers, Gewölbe' (s. *Kammer*). Heute noch gelegentlich omd. zur Bezeichnung eines Ladens (vgl. *Kräutergewölbe*).

Gewürz n. 'geschmackverbessernde Zutat in der Kochkunst, Spezerei', Kollektivbildung des 15. Jhs. zu *Wurz* 'Kraut, Pflanze' (s. d.); vgl. ahd. *giwurz* f. 'Gewürz' (Hs. 13. Jh.).

Gezeiten Plur. 'Wechsel von Ebbe und Flut'. Ahd. *gizīt* f. 'Zeit, Gebetszeit, Festzeit' (9. Jh.), mhd. *gezīt* f. n. 'Zeit, Gebetszeit, Zeitlauf, Begebenheit', mnd. *getīde* n. '(bestimmt wiederkehrende) Zeit, Flutzeit' sind zu dem unter *Zeit* (s. d.) behandelten Substantiv mit verstärkendem (im Nhd. kollektiv verstandenem) Präfix *ge-* gebildet. Im 16. Jh. wird die nd. Bedeutung 'Flutzeit' für die hd. Lautform übernommen, zuerst entsprechend der nd. Vorlage als Neutrum *Gezeit*, später findet durch Anlehnung an *Zeit* Wechsel zum Femininum statt (Ende 16. Jh.). Seit dem 19. Jh. begegnet die hd. Form fast nur im Plural *Gezeiten*.

Gicht f. Seit 1848 versteht die Medizin unter *Gicht* eine durch ungenügende Harnsäureausscheidung hervorgerufene Gelenkentzündung; vorher werden verschiedene Krankheiten darunter zusammengefaßt wie Gliederschmerzen aller Art, Entzündungen der Haut, Krämpfe, Lähmungen u. ä. Ahd. *firgiht* f. (9. Jh.), *gigiht* f. (Hs. 12. Jh.), *gigihti* n. (Hs. 13. Jh.), mhd. *giht* n. f., *gegihte* n., mnd. *gicht*, *jicht*, mnl. *ghicht(e)*, *jicht(e)*, nl. *jicht* sind Verbalabstrakta zu dem unter *Beichte* (s. d.) behandelten Verb ahd. *jehan* 'sagen, sprechen, bekennen' (8. Jh.) und seinen Entsprechungen bzw. den dazu gebildeten Präfixkomposita; sie sind also gleichen Ursprungs wie ahd. *jiht* (9. Jh.), *gijiht* (10. Jh.) 'Aussage, Bekenntnis', mhd. *giht*, *gegiht*, *gegihte* 'Aussage, Bekenntnis, Geständnis'. Der Name der Krankheit bedeutet danach ursprünglich soviel wie 'die durch Besprechung, Behexung angezauberte Krankheit'. – g i c h t b r ü - c h i g Adj., mhd. *gihtbrühec* 'vom Schlag gelähmt' (eigentl. 'durch Behexung gebrechlich gemacht'), dann 'an der Gicht erkrankt'.

Giebel m. 'senkrechte, meist dreieckige Wand zwischen den Flächen eines Satteldachs', ahd. *gibil(i)* n. (m.) 'Giebel, Vorderseite, Hirnschale, Schädel' (10. Jh.), mhd. *gibel* m. 'Giebel', mnd. *gēvel*, mnl. *ghēvel*, nl. *gevel*, got. *gibla* 'Giebel, Zinne', ablautend anord. *gafl* 'Giebelseite', schwed. *gavel* 'Giebel' stellen sich mit ahd. *gibilla* 'Schädel, Haupt, Gipfel' (9. Jh.), *himilgibil* 'Himmelsgipfel, -pol', *nord-*, *sundgibil* 'Nord-, Südpol' (um 1000) zu ahd. *gebal* 'Schale, Hirnschale, Schädel' (11. Jh.), mhd. *gebel* 'Schädel, Kopf'. Diese germ. Wortgruppe ist vergleichbar mit griech. *kephalḗ* (κεφαλή) 'Kopf, Haupt, das Oberste, Äußerste', toch. A *śpāl-* 'Kopf', so daß ie. **ghebh(e)l-* 'Kopf' und (ausgehend von 'Kopf-, Stirnseite des Hauses'?) 'Giebel' angesetzt werden kann.

Gier f. 'heftiges, maßloses Verlangen, Begehren'. Das auf den dt. Sprachraum beschränkte Substantiv ahd. *girī(n)* (8. Jh.), mhd. *gir* 'Begierde', asächs. nur im Kompositum *fehugiri*, ist eine Abstraktbildung zu dem durch *gierig* (s. unten) ersetzten alten Adjektiv ahd. *ger* (9. Jh.), Nebenform *giri* (8. Jh.), mhd. *gir*, *ger* 'begierig, verlangend', mnd. *gīr*, *gēr*, das mit *gern* und *begehren* (s. d.) verwandt ist und wie diese zur Wurzel ie. *ĝher- 'begehren, gern haben' gehört. – g i e r i g Adj. 'voller Gier, heftig begehrend', ahd. *girīg* (9. Jh.), mhd. *giric* 'begierig, begehrlich', Weiterbildung zu den oben genannten Adjektivformen ahd. *ger, giri*, mhd. *gir, ger.* g i e r e n Vb. 'heftig begehren, gierig verlangen' (15. Jh.), nach heutigem Sprachempfinden als Ableitung von *Gier* angesehen, ist aber wohl Übernahme von mnd. *gīren* und gehört damit zu der unter *gähnen* (s. d.) genannten Wurzelform ie. **ĝhēi-, *ĝhī-* 'gähnen, klaffen, offenstehen'. Doch können im Einzelfall auch auf die gleiche Wurzel zurückgehende nominale Formen mit *ī* (s. *Geier*) von Einfluß gewesen sein. B e g i e r f., B e g i e r d e f. 'heftiges, leidenschaftliches (sinnliches) Verlangen'. Während ahd. *girida* (um 800), mhd. *girde* Abstraktbildungen zum Adjektiv ahd. *ger, giri* (s. oben) sind, gehört das Abstraktum mhd. *begirde* zum Verb mhd. *begern, begirn*, nhd. *begehren* (s. d.). Verkürztes mhd. *begir* steht dagegen unter dem Einfluß von mhd. *gir*, nhd. *Gier* (s. oben). b e g i e r i g Adj. 'voller Begierde, auf etw. versessen', mhd. *begirec, begirdec.* N e u g i e r f., N e u g i e r d e f. 'Gier, Begier, Neuigkeiten oder die Angelegenheit anderer zu erfahren' (17. Jh.), gebildet zu älterem n e u g i e r i g Adj. 'voller Neugier, gespannt' (Mitte 16. Jh.). H a b g i e r f. 'Gier nach Besitz' (18. Jh.) übernimmt die ältere Bedeutung von *Geiz* (s. d.) und meint den 'raffenden' im Unterschied zum späteren 'sparsamen Geiz'; h a b g i e r i g Adj. (18. Jh.).

gießen Vb. 'Flüssigkeit ausfließen lassen, mit Wasser tränken, eine flüssig gemachte Masse, Geschmolzenes in eine Form schütten'. Das gemeingerm. Verb ahd. *gioȥan* 'gießen, einschmelzen, vermischen' (8. Jh.), mhd. *gieȥen*, asächs. *giotan*, mnd. *gēten*, mnl. *ghieten*, nl. *gieten*, aengl. *gēotan*, anord. *gjōta* (nur 'laichen, Blicke werfen'), schwed. *gjuta*, got. *giutan* 'gießen' führt mit nasaliertem lat. *fundere* (*fūsum*) 'gießen, fließen lassen, schmelzen' auf eine Dentalerweiterung, dagegen anord. *gjōsa* 'hervorbrechen', anord. isl. *geysa* 'hervorstürzen' (s. *Geiser*), ahd. *gussi* (um 800), *gussa* (9. Jh.) 'Flut' auf eine *s*-Erweiterung der Wurzel ie. **ĝheu-* 'gießen' (Schwundstufe **ĝhu-*). Zu dieser Wurzel gehören auch aind. *juhṓti* 'opfert' (und zwar 'gießt Butter ins Feuer'), griech. *chéin* (χεῖν) 'gießen, ausschütten, ergießen, verbreiten', *chēuma* (χεῦμα) 'Guß, Strom', *choḗ* (χοή) 'Weiheguß, Trankopfer'. Seit ahd. Zeit wird *gießen*, wie auch lat. *fundere*, als Wort der Metalltechnik verwendet; so ist schon das Part. Prät. ahd. *gigoȥȥan* 'gegossen, geschmolzen, durch Gußarbeit entstanden' in diesem Sinne bezeugt. Aus dieser Verwendung werden ferner G i e ß e r m. 'Arbeiter in der Gießerei' (um 1500) und G i e ß e r e i f. 'Betrieb, der Gegenstände durch Gießen schmelzbarer Stoffe in Hohlformen herstellt' (17. Jh.) abgeleitet sowie die entsprechenden Bedeutungen von *Guß* (s. d.). – a u s g i e ß e n Vb. 'Flüssigkeit aus einem Gefäß ausfließen lassen, überschütten, mit Gußmasse füllen', ahd. *ūȥgioȥan* (9. Jh.), mhd. *ūȥgieȥen.* b e g i e ß e n Vb. 'Flüssigkeit auf etw. schütten', heute auch 'etw. mit alkoholischen Getränken feiern', ahd. *bigioȥan* (8. Jh.), asächs. *bigiotan*, mhd. *begieȥen.* G i e ß k a n n e f. (16. Jh.).

Gift n. 'Stoff, der an oder in einem lebenden Organismus schädliche Wirkungen, Krankheiten oder Tod hervorruft', ahd. (9. Jh.), mhd. mnd. *gift* f. 'das Geben, Gabe, Geschenk, Gift', mnl. *ghifte, ghichte*, nl. *gift* f. 'Gabe, Gift', aengl. *gift, gyft* f. n. 'Gabe, Belohnung, Brautpreis', Plur. 'Hochzeit', anord. *gipt, gift* f. 'Gabe, Glück, Vermählung (der Frau)', got. *fragifts* f. 'Verleihung', Plur. 'Verlobung', ist eine germ. Abstraktbildung (**gefti-*) mit *t*-Suffix (und dadurch bedingtem Wandel von *b* zu *f*) zu dem unter *geben* (s. d.) behandelten Verb. Die ursprüngliche Bedeutung 'Gabe, Geschenk, Schenkung' (*die Gift* noch bei Goethe) ist heute geschwunden und hat sich nur in der Zusammensetzung M i t g i f t f. 'Heiratsgut der Braut, Aussteuer', spätmhd. *mitegift*, eigentl. 'das Mitgegebene', erhalten. Der Bedeutungswandel von 'Gabe' zu 'tödliche Gabe, Gift', euphemistisch zuerst im Ahd. bei Notker, steht später unter dem Einfluß von griech.-spätlat. *dosis*, das 'Geschenk, Gabe, bestimmte Menge Arznei' bedeutet (s. *Dosis*), aber auch als verhüllender Ausdruck für 'Gift' verwendet wird. *Gift* behält das ursprünglich fem. Genus in beiden Bedeutungen vorerst bei, wird dann als 'schädlicher Stoff' zuerst Mask. (Anfang 15. Jh.), später Neutr. (Mitte 16. Jh.), das sich im 18. Jh. durchsetzt und *Gift* f. 'Gabe' verdrängt. – g i f t e n Vb. (auch refl.) 'ärgern, erzürnen' (15. Jh.), an den bildlichen Gebrauch von *Gift* 'Arglist, Bosheit, Ärger, Wut, Zorn' anknüpfend; vgl. mhd. *giften* 'geben, schenken, vergiften', ahd. *giften* 'ausliefern, aussetzen' (10. Jh.). v e r g i f t e n Vb. 'mit Gift durchsetzen, durch Gift schädigen, mit Gift töten', ahd. *firgiften* 'verkaufen, übergeben, zuerkennen' (10. Jh.), mhd. *vergiften*, *vergiftigen* 'schenken, vermachen, vergiften'. g i f t i g Adj. 'Gift enthaltend, boshaft, gehässig', mhd. *giftec*. G i f t m i s c h e r m. 'wer in verbrecherischer Absicht Gift bereitet' (1. Hälfte 16. Jh.), scherzhaft 'wer beruflich mit Gift zu tun hat', vor allem für den 'Apotheker', zuweilen auch den 'Arzt' (2. Hälfte 18. Jh.), neuerdings auch für den 'Barmixer'.

Gig f. (und n.) 'leichtes, schlankes, für den Kapitän oder Kommandanten eines Schiffes bestimmtes Boot, Sportruderboot', auch (nur n.) 'leichter, zweirädriger Einspänner'. Im 19. Jh. wird gleichbed. engl. *gig* übernommen, dessen Herkunft nicht gesichert ist. Es wird lautmalend allgemein mit der Vorstellung leichter und schneller Bewegung verknüpft. Eine Verbindung mit der unter *Geige* (s. d.) genannten Wortgruppe (vgl. *geigen* mundartlich 'sich hin und her bewegen') ist möglich.

Gigant m. 'Riese, riesenhafte Gestalt', ahd. *gigant* (9. Jh.), mhd. *gīgant*, entlehnt aus lat. *Gigās*, Plur. *Gigantēs*, griech. *Gígās*, Plur. *Gígantes* (*Γίγας, Γίγαντες*). Die Giganten sind in der griech. Mythologie die riesenhaften Söhne der Erdgöttin Gäa, bekannt durch ihren Kampf gegen die den Olymp bewohnenden Götter. – g i g a n t i s c h Adj. 'die Giganten betreffend' (17. Jh.), 'riesenhaft, gewaltig, von ungeheurem Ausmaß' (18. Jh.); vgl. griech. *Gigantikós* (*Γιγαντικός*).

Gilde f. 'Zusammenschluß von Handwerkern, Kaufleuten', mnd. *gilde* 'Festschmaus, Festlichkeit (der Bruderschaften und Ämter), genossenschaftlicher Zusammenschluß für gemeinsame Leistungen, Bruderschaft (von Handwerkern, Kaufleuten, Glaubensgenossen), Zusammengehörigkeit, Schar', mnl. *ghilde*, nl. *gilde*, anord. *gildi* 'Bezahlung, Schmaus'. Der Ausdruck verbreitet sich, von den Gebieten an der Nord- und Ostsee ausgehend, seit dem 17. Jh. im gesamten dt. Sprachgebiet und stellt sich im Sinne von 'Berufsverband' neben gleichbed. md. *Innung* und obd. *Zunft*. *Gilde* ist eine Bildung zu den unter *gelten* und *Geld* (s. d.) angeführten Wortgruppen (vgl. aengl. *gield* 'Opfer, Zahlung, Abgabe, Tribut, Vergeltung, Bruderschaft'), knüpft an deren alte Bedeutungen 'opfern, erstatten, entrichten' bzw. 'Opfer, Abgabe, Bezahlung' an und bezeichnet ursprünglich wohl eine heidnische Kultgemeinschaft, zu deren Opfermahlzeiten jedes Mitglied einen Beitrag zu leisten verpflichtet ist. In frk. Kapitularien des 8./9. Jhs. werden Nachfolger derartiger Genossenschaften (in latinisierter Form *gildonium* oder *gelda* genannt) offensichtlich auf Grund ihres heidnischen Ursprungs verboten. Die Bezeichnung geht jedoch auf andere Interessengemeinschaften und deren festliche Zusammenkünfte über. Ausführlich dazu DE VRIES Altgerm. Religionsgesch. 1 (^{2}1956) 483ff.

Gimpel m. 'Blut-, Goldfink, Dompfaff'. Der Name des Singvogels aus der Familie der Finken verbreitet sich von Tirol aus (zuerst *gümpel*, 15. Jh.). Er gehört zu dem im Nhd. untergegangenen Verb mhd. *gumpen* 'hüpfen, springen', da der Vogel ungeschickte Sprünge auf dem Erdboden macht. Schon früh wird *Gimpel* auf einen 'törichten Menschen, Einfaltspinsel' übertragen, weil der Vogel durch seinen einfach nachzuahmenden Ruf sich leicht ins Garn locken läßt. Sichere außergerm. Anknüpfungsmöglichkeiten fehlen.

Gin m. wasserheller, bes. in England hergestellter Kornbranntwein mit Wacholdergeschmack. Durch Reisebeschreibungen wird Ende des 18. Jhs. das Getränk in Deutschland bekannt, eingeführt wird es jedoch erst im späten 19. Jh. Engl. *gin* ist Verkürzung von engl. *geneva* (auch *Hollands* oder *Hollands geneva* genannt), einer Entlehnung (unter Angleichung an engl. *Geneva* 'Genf') aus mnl. *genever* (nl. *jenever*), das über afrz. *geneivre*, *genoivre* (frz. *genièvre*) auf vlat. **jeniperus*, lat. *iūniperus* 'Wacholder' zurückgeht.

Ginster m. Der Name des gelbblühenden Strauches ahd. *genesta* (11. Jh.), mnl. *ge(e)nst*, nl. *genst* kann als unmittelbare Entlehnung aus lat. *genista* bzw. *genesta* (etruskischen Ursprungs?) angesehen werden, während ahd. *genester* (Hs. 13. Jh.), spätmhd. mnl. *ginster* (und damit die nhd. Form) wohl durch roman. Sprachen (vgl. afrz. *genestre* neben *geneste*, ital. *ginestra*) vermittelt sind, deren *r*-Einschub auf Analogie zu anderen Wörtern auf *-estra* beruht.

Gipfel m. 'höchste Spitze des Berges, Baumes, Höhepunkt'. Man hat *gipfel* (1. Hälfte 15. Jh.) als entrundete Form von gleichbed. *güpfel* und damit als Deminutivum zu mhd. *gupf(e)* 'höchste Spitze', vielleicht verwandt mit *Kuppe* (s. d.), aufgefaßt. Dagegen macht [1]DWB 4, 1, 4, 7523 geltend, daß vor Affrikata vielmehr eine Tendenz zur Rundung bestehe, also eher *Güpfel* auf *Gipfel* zurückgeführt werden müsse und dieses an nhd. (vor allem mundartlich bezeugtes) gleichbed. *Gipf(e)* anzuschließen sei. Die weitere Herkunft ist nicht geklärt. – g i p f e l n Vb. 'eine Spitze bilden, seinen Höhepunkt erreichen' (vereinzelt seit dem 16. Jh., häufig seit dem 19. Jh.). G i p f e l k o n f e r e n z f. 'Konferenz führender Staatsmänner' (Mitte 20. Jh.), Übersetzung von engl. *summit conference*.

Gips m. mehlartige Substanz aus schwefelsaurem Kalk, die nach Aufnahme von Wasser schnell erhärtet. Wie *Kalk*, *Mörtel*, *Zement*, *Ziegel* (s. d.) kommt auch *Gips* dem Wort und der Sache nach von den Römern. Ahd. (11. Jh.), mhd. *gips* n. ist aus lat. *gypsum* n. und dieses aus griech. *gýpsos* (γύψος) f. 'Gips, Zement' entlehnt, das selbst semit. Ursprungs ist. Im 18. Jh. setzt sich mask. Geschlecht nach dem Vorbild vergleichbarer Materialbezeichnungen wie *Kalk* und *Sand* durch. – g i p s e n Vb. 'mit Gips arbeiten, vermischen', spätmhd. *gipsen* 'mit Gips überziehen'. G i p s e r m. als Berufsbezeichnung für 'Tüncher' schon seit dem 13. Jh. belegt, später 'wer aus Gips Gegenstände formt oder gießt, Gipsgießer' (17. Jh.), heute noch südd. für 'Stukkateur', sonst dafür G i p s a r b e i t e r m. (17. Jh.). g i p s e r n Adj. 'aus Gips bestehend' (17. Jh.), älter *gipsen* Adj., ahd. *gipsīn* (Hs. 12. Jh.). G i p s v e r b a n d m. (2. Hälfte 19. Jh.).

Giraffe f. Der Name des afrikanischen pflanzenfressenden Säugetiers mit sehr langem Hals begegnet zuerst in der Form mhd. *schraffe*, das sich auf arab. *ǧurāfa* (eine Variante der unten angeführten Formen) zurückführen läßt. Die danach in Reisebeschreibungen vorkommenden Angaben spätmhd. *seraffe* (14. Jh.), frühnhd. *seraphen* Plur. (15. Jh.), *Serapff* (15./16. Jh.), *Zygraffen* Plur. (16. Jh.) gehen von arab. *zarāfa*, *zurāfa* 'Giraffe' aus, das selbst ein Fremdwort ist und vermutlich wie das Tier aus Zentralafrika stammt. Dagegen weisen spätmhd. *geraff*, auch (md.) *giraffin* Plur., frühnhd. *geraffen*, *giraffi*, *giraffe* Plur. (15. Jh.), auf denen heutiges *Giraffe* beruht, auf Vermittlung durch ital. *giraffa*, afrz. *girafe* (so bes. seit Marco Polo, um 1300). Das ehemals maskuline Substantiv nimmt im 18. Jh. feminines Genus an.

Girl n. 'Tänzerin in einer Tanztruppe, junges Mädchen'. Anfang des 20. Jhs. wird engl. *girl* 'Mädchen' mit der aus dem Amerik.-Engl. stammenden Bedeutung 'Mitglied einer Mädchentanztruppe' übernommen. Voraufgehendes mengl. *gurle*, *girle*, *gerle* bezeichnet zunächst eine 'junge Person' (beiderlei Geschlechts), wird aber später auf das weibliche Geschlecht eingeschränkt. Die Herkunft ist nicht geklärt.

Girlande f. 'Geflecht aus Blumen und anderen Pflanzenteilen oder Papier zur Ausschmückung'. Ital. *ghirlanda* 'Kranz, schmückendes Blumen-, Laubgewinde', das wohl aus dem Galloroman. entlehnt ist (vgl. afrz. *garlande*, aprov. *garlanda*, *guirlanda* 'Krone aus Goldfäden'), nach FEW 17, 572ff. vielleicht anfrk. Ursprungs (zu engl. *wire* 'Draht' gehörig), wandert im 16. Jh. als *quirlande* ins Frz. zurück und wird Ende des 18. Jhs. von dort ins Dt. (*Guirlande*) übernommen. Die im 14. Jh. vereinzelt bezeugte obd. Form *gyrlande* schließt sich vermutlich unmittelbar an ital. *ghirlanda* an.

Girlitz m. Der Name des gelbgrünen, finkenartigen Singvogels begegnet seit Mitte des 16. Jhs. und gilt anfangs (wie landschaftlich noch heute) für verschiedene Vogelarten. *Girlitz* stammt aus slowen. *gŕlica* 'Turteltaube', gelangt über Österreich, Böhmen ins Omd. und schließlich in die Literatursprache. Die Endung stellt sich zu [1]*Kiebitz* und *Stieglitz* (s. d.).

Giro n. 'bargeldloser Zahlungsverkehr durch Umbuchung von einem Konto auf ein anderes, Umlauf eines Schecks oder Wechsels, Übertragungsvermerk'. Ital. *giro* 'Kreislinie, -umfang, Drehung, Wendung' wird in der Kaufmanns- und Wirtschaftssprache zur Bezeichnung für die 'Übertragung eines Wechsels', wohl im Hinblick auf den 'Kreis', den die Beteiligten am Wechselgeschäft bilden, oder im Hinblick auf den 'Umlauf' des Wechsels. Zugrunde liegt lat. *gȳrus* 'Kreis', griech. *gȳros* (γῦρος) 'Rundung, Kreis,

Baumscheibe', zu griech. *gȳrós* (*γυρός*) 'rund, gebogen, krumm'. Größere Verbreitung erfährt das bereits im 17. Jh. entlehnte *Giro* gegen Ende des 19. Jhs.; heute zumeist durch G i r o v e r k e h r m. (19. Jh.) ersetzt.

girren Vb. lautnachahmend für den Ruf von Vögeln, bes. Tauben, spätmhd. *girren*. Das Verb ist wie *gurren* (s. d.) lautmalenden Ursprungs. Es steht anfangs für Laute von Tieren unterschiedlicher Art (von Schweinen, Eseln, Gänsen, Hühnern, auch kleineren Vögeln), seit dem 16. Jh. in wachsendem Umfang für den Naturlaut der (Turtel)tauben, aber auch für knarrende, knirschende Geräusche. Auf den Menschen übertragen steht das Verb als Ausdruck schmerzlich-sehnsüchtiger Trauer für 'klagen, seufzen' (seit dem 16./17. Jh.) und wird zu 'verführerisch, gefühlvoll, zärtlich sprechen, um Liebe werben, schmachten' weiterentwickelt (seit dem 17./18. Jh.).

Gischt m. und f. 'Schaum stark bewegter Wellen, aufschäumendes Wasser'. *Gischt* und (älter) *Gäscht*, *Gescht*, frühnhd. *jest*, *jäst*, *gest*, mhd. *jest* 'Schaum' gehören wie mnd. *gest*, *jest*, mnl. *ghest*, *ghist*, nl. *gist* 'Hefe', aengl. (angl.) **gest*, (westsächs.) **giest*, später *gist*, engl. *yeast* 'Hefe, Schaum', anord. *jǫstr* 'Gärung, Hefe', schwed. *jäst* 'Hefe' als Abstrakta mit *t*-Suffix zu dem unter *gären* (s. d.) behandelten Verb. Die seit dem 17. Jh. bezeugten Formen mit *-sch-* sind vermutlich lautmalend, können aber auch aus dem seit dem 15. Jh. belegten, jedoch seltenen Verb *gischen* 'gären, brodeln, schäumen' übernommen sein. Die ältere Lautung hat sich in mundartlich *Gest* und *Jest* erhalten.

Gitarre f. lautenähnliches, sechssaitiges Zupfinstrument (früher in verschiedenen Bauarten, vgl. „einer Zither sehr gleichendes, mit acht oder zehn Saiten bezogenes Instrument", 18. Jh.). Die Bezeichnung ist entlehnt (1. Hälfte 17. Jh.) aus span. *guitarra*. Den Spaniern wird das Instrument und seine Bezeichnung durch die Mauren mit arab. *qītāra* vermittelt, dem griech. *kithára* (*κιθάρα*) 'Zupfinstrument, eine Art Lyra' (s. *Zither*) zugrunde liegt. Vereinzelte Frühbelege wie *Kitarre* (1615), *Chitarron* (1619) und wohl auch *Chitarre* (1824) dürften direkt an die griech. bzw. an die vermittelnde Form ital. *chitarra* anzuschließen sein. Im 18. und 19. Jh. herrscht die Form *Guitarre* vor. Vom 17. Jh. bis Anfang des 19. Jhs. wird *Gitarre* oft gleichbed. mit *Zither* gebraucht. – G i t a r r i s t m. (Anfang 19. Jh.), zuerst *Chitarrist*, *Guitarrist*, vgl. ital. *chitarrista*, span. *guitarrista*, auch lat. *citharista*, griech. *kitharistḗs* (*κιθαριστής*).

Gitter n. 'aus Stäben bestehende Absperrung', vielfach übertragen auf technische, einem Gitter ähnliche Dinge. Das seit dem 15. Jh. belegte Substantiv gehört zu der unter *Gatter* (s. d.) dargestellten Wortgruppe und bedeutet wie dieses eigentl. 'zusammengefügtes Stabwerk'. Vielleicht ist *Gitter* aus einem Kollektivum frühnhd. *gegitter* (zu mhd. *geter*, einer umgelauteten, wohl deminutiven Bildung zu mhd. *gater* 'Gatter, Gitter') hervorgegangen (*Gegitter* noch bei Goethe); vgl. [1]DWb 4, 1, 4, 7571. – v e r g i t t e r n Vb. 'mit einem Gitter versehen', mhd. *vergitern*.

Glacéhandschuh m. 'Handschuh aus Glacéleder'. Um die Mitte des 18. Jhs. wird frz. *gants glacés* 'Glanzlederhandschuhe', eigentl. 'mit einer Glanzschicht überzogene Handschuhe', mit *glaßierte* (*glasirte*, *glacirte*) *Handschuhe* ins Dt. übersetzt (in der Schreibung teilweise an nicht verwandtes *glasieren*, s. d., angelehnt). Frz. *glacé* ist Part. Perf. von *glacer* 'gefrieren, erstarren machen, mit einer wie Eis glänzenden Glasur überziehen', afrz. *glacier* 'vereisen, erstarren', aus lat. *glaciāre* 'zu Eis machen', zu lat. *glaciēs* 'Eis'. Das Kompositum *Glacéhandschuh* kommt in der 1. Hälfte des 19. Jhs. auf.

Gladiole f. artenreiche Zierblume aus der Gattung der Schwertliliengewächse. Lat. *gladiolus* m. 'kleines Schwert' (Deminutivum zu lat. *gladius* 'Schwert'), dann der Name einer Pflanze mit schwertförmigen Blättern, spätlat. auch für Schwertlilienarten. Nach diesem Vorbild botan.-lat. *Gladiolus* (Linné 1737), woraus (zumal für die als Zierpflanzen gezogenen Arten) nhd. *Gladiole* (19. Jh.).

Glanz m. 'starke Helligkeit, Lichtspiegelung, Pracht, Gepränge', ahd. (Hs. 12. Jh.), mhd. *glanz* 'Schimmer, Leuchten'. Das nur im Dt. heimische Wort ist eine Substantivierung des im Nhd. untergegangenen Adjektivs ahd. (10. Jh.), mhd. *glanz* 'hell, glänzend', das zu einem in mhd. *glinzen* (s. unten) belegten starken Verb gebildet ist. Nl. schwed. *glans* 'Glanz, Schimmer' sind Entlehnungen aus dem Dt. – g l ä n z e n Vb. 'Glanz ausstrahlen, schimmern, leuchten, strahlen, Aufsehen, Bewunderung erregen', ahd. (um 1000), mhd. *glenzen* 'Glanz hervorbringen, leuchten', zu dem im Nhd. untergegangenen (im Ahd. nicht bezeugten) starken Verb mhd. *glinzen* 'schimmern, glänzen'. Verwandt sind schwed. (mundartlich) *glänta* 'sich aufklären (vom Himmel)', norw. *glette* 'klarer Fleck am Himmel, Wolkenlichtung', *gletta* 'gucken' sowie (mit anderem Dental) mhd. *glander* Adj. 'glänzend, schimmernd', Subst. 'Glanz, Schimmer'. Sie führen mit air. *asgleinn* 'er belehrt', aslaw. *ględati*, russ. *gljadét'* (*глядеть*) 'schauen, blicken' auf ie. **ĝhlend(h)-* bzw. **ghlend(h)-* 'glänzen, schauen, blicken'. Sämtliche Formen gehören zu der vielfach erweiterten Wurzel ie. **ĝhel(ə)-* 'glänzen, schimmern' und ihren Varianten (s. *gelb*). Abglanz m. 'Widerschein, zurückgeworfener Glanz' (18. Jh.).

Glas n. 'durchsichtiger bzw. lichtdurchlässiger, harter, spröder Stoff' sowie daraus gefertigte Gegenstände wie 'Trinkglas, Brille, Sanduhr' (vgl. *Stundenglas*) u. dgl. Ahd. *glas* 'Bernstein, Glas' (um 800), mhd. *glas* 'Glas, daraus hergestellter Gegenstand (Fensterscheibe, Spiegel, Brille)', asächs. *glas*, *gles* 'Glas', mnd. *glas* 'Glas, Trinkgefäß, Stundenglas', mnl. nl. *glas*, aengl. *glæs*, engl. *glass* setzen germ. **glasa-* 'Bernstein', anord. *gler* 'Glas' (mit grammatischem Wechsel) germ. **glaza-* voraus, das mit von den Römern als germ. Bezeichnung des Bernsteins überliefertem (ablautendem) lat. *glēsum* (Tacitus), *glaesum* (Plinius) und (zusätzlich zum Ablaut grammatischen Wechsel aufweisendem) germ. **glēza-* in asächs. *glēr*, mnd. *glār* 'Harz', aengl. *glær* 'Bernstein, Harz' sowie air. *glass* 'grün, grau, blau' auf eine *s*-Erweiterung ie. **ĝhlēs-*, **ĝhləs-* der Wurzel ie. **ĝhel(ə)-* 'glänzen, schimmern' (s. *gelb*) zurückgeht. Die Germanen bezeichnen das von den Römern in Form von Perlen und Ringen eingeführte Material mit dem ihnen geläufigen Ausdruck für den ebenfalls als Schmuck getragenen 'Bernstein'. Vgl. Ostberg in: Beitr. z. Erforsch. d. dt. Sprache 3 (1983) 269ff., aber auch Meineke Bernstein im Ahd. (1984). Aus *Stundenglas* verkürzt ist *Glas* 'Sanduhr' (2. Hälfte 16. Jh.), in der Seemannssprache 'halbe Stunde' nach der früher auf Schiffen üblichen 'halbstündig ablaufenden Sanduhr', im Nd. seit Ende des 16. Jhs., wohl Übernahme von nl. *glas*, wie der dem Nl. entsprechende Plural *Glasen* erkennen läßt; ins Hd. gelangt diese Verwendung im 17. Jh. Dazu glasen Vb. 'die halben Stunden mit der Schiffsglocke anzeigen' (19. Jh.). – verglasen Vb. 'mit Glasscheiben versehen, glasig werden', mhd. *verglasen*; auch 'mit Glasur überziehen' (15. Jh.). glasieren Vb. 'mit einer Glasur versehen', spätmhd. *glasieren*. Glasur f. 'glasartiger Überzug auf Metall und Töpferwaren, glänzender Überzug auf Backwaren, Zuckerguß' (Anfang 16. Jh.), gebildet zu *Glas* unter Einfluß von *Lasur* (s. d.). Glaser m. 'Glasarbeiten ausführender Handwerker', ahd. *glaseri* (11. Jh.), mhd. *glasære*, *glaser*, (md.) *gleser*. gläsern Adj. 'aus Glas bestehend, hergestellt, spröde, zerbrechlich', spätmhd. *gleserīn*; daneben älteres *gläsen* (bis 17. Jh.), ahd. (8. Jh.), mhd. *glesīn*. glasig Adj. 'wie Glas (aussehend), starr, spröde' (15. Jh., geläufig seit 18. Jh. aus bergmännischem Gebrauch bei Goethe); daneben *glasicht* (bis Anfang 19. Jh.).

glatt Adj. 'ohne Unebenheit, schlüpfrig', übertragen 'ohne Hindernis, mühelos, heuchlerisch, einschmeichelnd, offenbar', als Adverb auch (seit dem 16. Jh.) 'völlig', ahd. *glat* 'glänzend, hell, klar' (8. Jh.), mhd. *g(e)lat* 'glänzend, eben, schlüpfrig', asächs. *glad-* in *gladmōd(i)* 'fröhlich', mnd. mnl. *glat*, nl. *glad* 'glatt, schlüpfrig', aengl. *glæd* 'glänzend, froh, angenehm', engl. *glad* 'froh', anord. *glaðr* 'froh, fröhlich, glänzend', schwed. *glad* 'froh, heiter' (germ. **glada-*) gehört mit lat. *glaber* (aus ie. **ĝhlədhro-*) 'glatt, unbehaart, kahl', lit. *glod(n)ùs*, *glõdnas* 'glatt (anliegend), glattgestrichen, sanft', aslaw. *gladъkъ*, russ. *gládkij* (*гладкий*) 'glatt, flach, eben' zu ie. **ĝhlādh-*, **ĝhlədh-* bzw. **ghlādh-*, **ghlədh-* 'glänzend, glatt', Dentalerweiterung der Wurzel ie. **ĝhel(ə)-* 'glänzen, schimmern' bzw. ihrer Varianten (s. *gelb*). – Glätte f. 'Glattheit, Schlüpfrigkeit', mhd. *glete*, auch 'glasartige, glänzende Bleischlacke'. glätten Vb. 'glattmachen', (refl.) 'glatt, eben werden' (15. Jh.), landschaftlich auch 'bügeln'. Glatteis n. 'dünne Eisschicht auf Wegen und Fahrbahnen' (16. Jh.). Zur Umgangssprache gehören glatterdings Adv. 'ohne Umstände, ohne weiteres' (Mitte 18. Jh.; gebildet nach *allerdings*, *schlechterdings*, *platterdings*) und älteres gleichbed. glattweg Adv. (vereinzelt Mitte 16. Jh., häufiger seit 2. Hälfte 18. Jh.).

Glatze f. 'kahle Stelle auf dem Kopf, Kahlkopf'. Ahd. *glaz* m. (11. Jh., in der Bedeutung 'Hirnschale', also 'von Haut und Haaren entblößter Schädel'), mhd. *gla(t)z* m. ist eine affektisch verschärfte Bildung zu ahd. mhd. *glat* in der Bedeutung 'glänzend' (s. *glatt*). *Glatze* f. begegnet zuerst Ende des 15. Jhs. (vielleicht nach mnd. *glate* f.), wird aber erst durch Luthers Bibelübersetzung geläufig. – G l a t z k o p f m. (16. Jh.); g l a t z k ö p f i g Adj. (Ende 15. Jh.).

glauben Vb. 'annehmen, vermuten, für wahr halten, eine religiöse Überzeugung haben', ahd. *gilouben* (8. Jh.), mhd. *g(e)louben*, asächs. *gilōbian*, mnd. *gelȫven*, mnl. *ghelōven*, nl. *geloven*, aengl. *gelēfan*, *gelīefan*, (mit anderem Präfix) *belȳfan*, *belēfan*, engl. *to believe*, got. *galaubjan* ist ein Präfixverb mit Ablaut zu dem unter *lieb* (s. d.) behandelten Adjektiv im Sinne von 'lieb halten, lieb nennen'. Wohl bereits in vorchristlicher Zeit bezieht sich das Verb auf das vertrauensvolle Verhältnis zwischen Mensch und heidnischem Gott (vgl. Wissmann Älteste Postverbalia, 1938, 40), so daß es in der got., angelsächs. und ahd. Missionssprache für griech. *pistēūein* (*πιστεύειν*) bzw. lat. *crēdere* '(ver)trauen, glauben, für wahr halten' eintreten und das Verhältnis des Menschen zum Christengott ausdrücken kann. Vor oder neben der religiösen Verwendung darf wohl ein Gebrauch im Sinne von 'sich auf einen Menschen verlassen, ihm vertrauen' (vgl. aengl. *gelīefan* 'jmdm. vertrauen, sich auf jmdn. verlassen', Beowulf) angenommen werden. Aus 'jmdm. vertrauen in bezug auf die Wahrheit seiner Aussage' entwickelt sich 'etw. für wahr halten', dann auch 'für möglich halten, vermuten, meinen' (bereits ahd.). – G l a u b e m., auch *Glauben* (seit dem 15. Jh. mit *-n* aus den flektierten Kasus), 'Vertrauen, Zuversicht, innere Gewißheit von Gott, religiöse Überzeugung, Bekenntnis', ahd. *gilouba* f. und *giloubo* m. (beide 8. Jh.), mhd. *g(e)loube* f. m., asächs. *gilōbo* m., mnd. *g(e)lȫve* m., mnl. *ghelōve* m. f. n., nl. *geloof* n., aengl. *gelēafa* m., engl. *belief*, Abstraktbildungen zum Verb. Im Dt. gilt maskulines Genus seit spätmhd. Zeit. g l ä u b i g Adj. 'vertrauensvoll, an Gott, die Lehre der Kirche glaubend, fromm', ahd. *giloubīg* (9. Jh.), mhd. *g(e)loubec*. Substantiviert G l ä u b i g e r m. 'Bekenner des Christentums, frommer Mensch', ahd. *giloubīgo*, mhd. *g(e)loubige*; allgemein (seit 18. Jh.) 'Anhänger einer Religion, einer Glaubenslehre'. ²G l ä u b i g e r m. 'wer aus einem Vertragsverhältnis von einem anderen eine Leistung, bes. Geld, zu fordern hat, Geld-, Kreditgeber', spätmhd. *geloubiger* (14. Jh.), Übersetzung von lat. *crēditor* (und wohl auch von ital. *creditore*), ebenfalls Substantivierung des Adjektivs *gläubig*, jedoch mit festgewordener ehemaliger Flexionsendung *-er* (nach dem Muster der Nomina agentis), semantisch anknüpfend an *glauben* im Sinne von 'jmdm. etw. anvertrauen, borgen'. g l a u b h a f t Adj. 'vertrauenswürdig, glaubwürdig, zuverlässig, überzeugend', ahd. *giloubhaft* 'rechtgläubig' (9. Jh.), mhd. *geloubehaft* 'glaubend, gläubig, glaubwürdig'. g l a u b l i c h Adj., bis ins 18. Jh. auch *gläublich*, 'überzeugend, verläßlich, wahrhaftig', ahd. *giloublīh* (um 800), mhd. *geloublich*. u n g l a u b l i c h Adj. 'unwahrscheinlich, unglaubhaft, ungeheuerlich, unfaßbar, unerhört', als Adverb (steigernd) 'überaus, sehr', ahd. *ungiloublīh* (um 1000), mhd. *ungelouplich*, *ungeloubelich* 'ungläubig, nicht zu glauben'. g l a u b w ü r d i g Adj. 'glaubhaft' (15. Jh.), anfänglich im Bereich des Rechtswesens.

glazial Adj. 'durch Eiseinwirkung, durch Gletschereis entstanden, eiszeitlich', gelehrte Entlehnung des 19. Jhs. aus lat. *glaciālis* 'eisig, voll Eis', zu lat. *glaciēs* 'Eis'; vgl. frz. *glacial*. – G l a z i a l z e i t f. 'Eiszeit' (19. Jh.), anfangs auch *Glazialperiode*.

gleich Adj. 'in allen oder wesentlichen Merkmalen übereinstimmend, ähnlich, der-, die-, dasselbe', Adv. 'sofort, auf einmal', ahd. *gilīh* Adj., *gilīhho* Adv. (beide 8. Jh.), mhd. *g(e)līch*, *-lich* Adj., *g(e)līche* Adv., asächs. *gilīk* Adj., *gilīko* Adv., mnd. *g(e)līk*, mnl. *ghelijc*, nl. *gelijk*, aengl. *(ge)līc*, engl. *like*, anord. *(g)līkr*, got. *galeiks* beruhen auf einer germ. Zusammensetzung aus dem unter *ge-* (s. d.) behandelten Präfix und germ. **līka-* 'Körper, Gestalt' (s. *Leiche*, *-lich*), so daß von einer Bedeutung 'dieselbe Gestalt habend' auszugehen ist. Adjektivischen Gebrauch von germ. **līka-* im Sinne von 'ähnlich, gleich, glatt, passend' setzen ahd. *līhhēn*, *gilīhhēn* (8. Jh.), mhd. *gelīchen* 'gefallen' mit asächs. *līkon*, mnl. *ghelīken*, aengl. *līcian*, engl. *to like*, anord. *līka*, got. *leikan*, *galeikan* voraus. Außergerm. vergleichbar sind lit. *lýgus* 'gleich, gleichartig, gut gebaut', *lýgti* 'gleichen, gleichkommen', lett. *līgt* 'übereinkommen', so daß auf Grund der germ.-balt. Parallelen von ie. *lĕig- bzw. *līg- 'Gestalt, die Gestalt jmds. habend, gleich, ähnlich' ausgegangen werden kann. – G l e i c h e f. nur noch in der Wendung *in die Gleiche* ('ins Gleichgewicht, in Ordnung') *bringen*, ahd. *gilīhhī* 'Ähnlichkeit, Gleichheit' (um 1000), mhd. *gelīche*; dafür heute allgemein *Gleichheit* (s. unten). Erhalten hat sich das Substantiv in *Tagundnachtgleiche* (17. Jh.), für lat. *aequinoctium*. G l e i c h h e i t f. 'Übereinstimmung (in allen oder wesentlichen Merkmalen), Ähnlichkeit, gleiche Stellung, Gleichrangigkeit, Gleichberechtigung', mhd. *gelīcheit*, *glīcheit* 'Gleichheit, Gleichmäßigkeit, Gleichnis', in der Mystik 'Gleichmut aus Gottergebenheit', im 16. Jh. synonymes *Gleiche* (s. oben) zurückdrängend. g l e i c h e n Vb. 'gleich, ähnlich sein', mhd. *gelīchen*; die heute übliche starke Flexion kommt (wohl in Analogie zu Verben wie *bleichen*, *schleichen*, *streichen*) im 16./17. Jh. auf und setzt sich im 18. Jh. durch. Daneben steht (trans.) ahd. *gilīhhen* (8. Jh.), mhd. *gelīchen*, nhd. *gleichen* 'gleich, ähnlich machen', dessen schwache Flexion bis zur Ablösung des Verbs durch Präfixbildungen (19. Jh.) beibehalten wird; doch weisen die zugehörigen Präfixverben (*an-*, *aus-*, *be-*, *vergleichen*) heute ebenfalls starke Flexion auf. b e g l e i c h e n Vb. 'bezahlen, bereinigen, ausgleichen', Neubildung (nach nur kurzlebigem frühnhd. *sich begleichen* 'sich vergleichen') Ende des 19. Jhs. in der Handelssprache für *saldieren*, das zuvor mit *vergleichen*, *ab-*, *ausgleichen* verdeutscht wird. v e r g l e i c h e n Vb. 'prüfend nebeneinanderstellen', refl. 'sich gütlich einigen', mhd. *verg(e)līchen* 'ausgleichen', refl. 'sich vertragen'; V e r g l e i c h m. 'prüfende, kritische Nebeneinanderstellung, gütlicher Ausgleich in einem Streitfall, Einigung' (17. Jh.), älter V e r g l e i c h u n g f., mhd. *vergelīchunge*. G l e i c h n i s n. 'Veranschaulichung eines Sachverhaltes durch eine beispielhafte, bildliche Darstellung', ahd. *gilīhnissa*, *gilīhnessi*, *-nissi* 'Abbild, Ähnlichkeit, Gleichnis' (8. Jh.), mhd. *gelīchnisse*. g l e i c h s a m Adv. 'gewissermaßen, in derselben Art wie' (15. Jh.). G l e i c h u n g f. in der Mathematik 'Gleichsetzung mathematischer Größen' (Ende 17. Jh.), Verdeutschung von lat. *aequātio* anstelle des im 16. und 17. Jh. üblichen *Vergleichung*; zuvor 'Vergleichung, Gleichartigkeit, Ähnlichkeit' (vereinzelt bis ins 19. Jh.), mhd. *g(e)līchunge*. G l e i c h g e w i c h t n. 'Gleichheit des Gewichts, Zustand eines Körpers, in dem sich die auf ihn entgegengesetzt einwirkenden Kräfte aufheben' (17. Jh.; doch vgl. *gleichwichtig*, 15. Jh., *gleichgewichtig*, *Gleichwichtigkeit*, 16. Jh.); übertragen 'Ausgleich von Kräften, Machtverhältnissen, seelische Ruhe, Ausgeglichenheit' (18. Jh.). g l e i c h g ü l t i g Adj. 'teilnahmslos, belanglos, unwesentlich' (18. Jh.), zuvor 'gleichwertig, gleichbedeutend', auch 'ohne Wert, ohne Bedeutung' (um 1600); G l e i c h g ü l t i g k e i t f. (2. Hälfte 17. Jh.). g l e i c h m ä ß i g Adj. 'unverändert fortlaufend, regelmäßig, ruhig, ausgeglichen' (15. Jh.); G l e i c h m a ß n. 'Ebenmaß, Gleichförmigkeit, Ausgeglichenheit' (vereinzelt 16. Jh., häufiger seit etwa 1700). g l e i c h m ü t i g Adj. 'ruhig, gefaßt, gelassen' (15. Jh.); dazu die Rückbildung G l e i c h m u t m. 'Gelassenheit' (17. Jh.). G l e i c h s c h r i t t m. 'gleichmäßige Bewegung zweier und mehrerer Personen bzw. der Truppe mit einheitlicher Schrittlänge und taktmäßigem Niedersetzen des gleichen Fußes' (2. Hälfte 18. Jh.). g l e i c h w o h l Konj. Adv. 'trotz dem Vorhergesagten, dennoch, trotzdem' (15. Jh.), Zusammenrückung von *gleich* und *wohl*, spätmhd. *gelīche wol*, eigentl. 'in gleicher Weise gut, wirksam', mnd. *gelīkewol*. g l e i c h z e i t i g Adj. 'zur gleichen Zeit' (Mitte 18. Jh.).

Gleis n., G e l e i s (e) n. 'aus zwei parallellaufenden Schienen bestehende Fahrspur', spätmhd. *geleise* 'Radspur, getretener Weg' (14. Jh.) ist eine Kollektivbildung zu dem im Nhd. untergegangenen Substantiv mhd. *leis(e)* f. 'Spur', ahd. in *waganleisa* 'Wagenspur' (9. Jh.), das mit lat. *līra* (aus *leisā) 'Akkerfurche', *dēlīrus* 'geistig aus dem Gleis gekommen, verrückt' (s. *Delirium*), aslaw. *lěcha*, russ. (landschaftlich) *lechá* (*лexa*) 'Beet, Ackerfurche', lit. *lýsė* 'Gartenbeet' verwandt ist und zu der unter *leisten* (s. d.) angeführten Wurzel ie. *leis- 'am Boden gezogene Spur, Furche' gehört. – e n t g l e i s e n Vb. 'aus den Gleisen springen', übertragen 'vom rechten Weg abkommen, sich taktlos, ungeschickt benehmen' (Mitte 19. Jh.).

Gleisner m. 'Heuchler, Scheinheiliger', mhd. *gelīchs(e)nære* und (mit Beseitigung der Konsonantenhäufung) *glīsenære* ist eine Bildung zu dem vom Adjektiv mhd. *g(e)līch*, ahd. *gilīh* (s. *gleich*) abgeleiteten Verb mhd. *gelīchsenen* 'heucheln', einer Nebenform von *gelīchesen*, ahd. *gilīhhisōn* 'jmdm. gleichtun, sich verstellen, heucheln' (um 800), eigentl. 'sich einem anderen gleichstellen', wozu ahd. *gilīhhisāri* (9. Jh.), mhd. *gelīchesære* 'Heuchler'. Das Sprachgefühl lehnt das Wort schon früh an das etymologisch nicht verwandte *gleißen* (s. d.) an, daher früher auch *Gleißner* geschrieben. – gleisnerisch Adj. 'heuchlerisch, scheinheilig' (Ende 15. Jh.).

gleißen Vb. 'glitzern, funkeln', ahd. *glīȝan* (9. Jh.), mhd. *glīȝen*, asächs. *glītan*, mnd. *glīssen* und ablautend anord. *glita* 'glänzen, schimmern' gehören mit den Weiterbildungen ahd. *glizzinōn* (9. Jh.), mhd. *glitzen*, *glitzenen*, nhd. *glitzern* (15. Jh.), aengl. *glitenian*, anord. *glitra* zu ie. **ĝhleid-*, einer Dentalerweiterung von ie. **ĝhlei-* (s. *glimmen*), und damit zu der unter *gelb* (s. d.) dargestellten Wurzel ie. **ĝhel(ə)-* 'glänzen, schimmern'.

gleiten Vb. 'sich leicht und mühelos auf einer Fläche fortbewegen, rutschen', mhd. *glīten*, asächs. *glīdan*, mnd. mnl. *glīden*, nl. *glijden*, aengl. *glīdan*, engl. *to glide* lassen sich verbinden mit asächs. *biglēdian* 'gleiten machen', aengl. *glid* 'schlüpfrig' und anord. *gleiðr* 'mit gespreizten Beinen'. Außergerm. bieten sich keine sicheren Anknüpfungsmöglichkeiten. Vielleicht lautmalende Bildung? Oder, ausgehend von einer Erweiterung ie. **ĝhleidh-*, an die unter *glatt* (s. d.) angeführte Wurzel ie. **ĝhel(ə)-* 'glänzen, schimmern' (s. *gelb*) anzuschließen? – Gleitflug m. (um 1900).

Gletscher m. 'sich langsam talab bewegender Eiskörper' (in Hochgebirgen und Polargebieten). Schweizerdt. *Gletzer*, *Gletscher*, das sich durch literarische Verwendung im 16. Jh. weiter im Hd. ausbreitet, ist aus roman. Dialektformen des Alpengebietes (vgl. *glačer* in Wallis, *giascei* im Tessin) entlehnt, die wie gleichbed. frz. *glacier*, ital. *ghiacciaio* auf einem vlat. **glaciārium* (abgeleitet von lat. *glaciēs*, spätlat. *glacia* 'Eis') beruhen.

Glied n. 'beweglicher, durch Gelenk mit dem Rumpf verbundener Teil des menschlichen oder tierischen Körpers, einzelner Teil eines Ganzen (einer Kette, einer Reihe, einer Gemeinschaft)', ahd. *gilid* m. n. (10. Jh.), mhd. *gelit*, *glit* n., auch m., mnd. *gelit* ist Kollektivbildung zu dem im Nhd. untergegangenen gleichbed. Substantiv germ. **liþu-*, ahd. *lid* m. f. n. (8. Jh.), mhd. *lit* n. m., asächs. *lið*, mnd. *lit*, mnl. *lit*, *let*, nl. *lid*, aengl. *liþ*, anord. *liðr*, schwed. *led*, got. *liþus* m. Sie sind wie lat. *lituus* 'Krummstab der Auguren' (zu **litus* 'Krümmung') und nhd. *ledig* (s. d.) mit *t*- Suffix zur Wurzel ie. **el-* 'gebogen, biegsam' bzw. zu einer Erweiterung **elĕ(i)-*, **lĕi-* (s. *Elle*) gebildet. Mit *m*-Suffix stehen zur gleichen Wurzel aengl. *lim*, engl. *limb*, anord. *limr*, schwed. *lem* 'Glied'. Der verhüllende Audruck *männliches Glied* (entsprechend lat. *membrum virīle*) für 'Penis' ist im 14./15. Jh. als *mänlich gelid* neben *mansglid* bezeugt; doch vgl. in dieser Bedeutung schon weitergebildetes ahd. *lid* als Grundwort in den Komposita ahd. *scartlidī* 'Beschnittenheit' und *ganzlidī* 'Unbeschnittenheit' (beide 11. Jh.). – gliedern Vb. 'ein Ganzes in einzelne Glieder zerlegen, einteilen, ordnen', *gelideren* (15. Jh.). Gliederung f. 'Einteilung, Unterteilung, Ordnung' (16. Jh.). Gliedmaßen Plur. 'Gesamtheit der Glieder des menschlichen oder tierischen Körpers', heute unüblich der Sing. *die Gliedmaße*, früher auch *das Gliedmaß*, mhd. *gelidemæȝe* n. 'Glied', Plur. 'Gliedmaßen'; das Grundwort gehört zu *messen* (s. d.), so daß der Sing. *Gliedmaß* ursprünglich als 'Maß (Länge, Bau) der Glieder, des Leibes' zu verstehen ist. Mitglied n. 'Angehöriger einer Gemeinschaft, einer Körperschaft' (16. Jh.).

glimmen Vb. 'schwach glühen, ohne Flamme brennen', mhd. mnd. mnl. nl. *glimmen*, schwed. *glimma* gehören wohl zu mhd. *glīmen* 'leuchten, glänzen', ahd. *glīmo* (9. Jh.), *gleimo* (10. Jh.) 'Glühwürmchen', asächs. *glīmo*, aengl. *glǣm*, engl. *gleam* 'Schimmer, Glanz'. Verwandt sind *gleißen* (s. d.) und außergerm. griech. *chlīarós* (χλιαρός) 'warm, lau', *chlīáinein* (χλιαίνειν) 'warm machen, erweichen', air. *glē* 'glänzend, klar'. Zu erschließen ist ie. **ĝhlei-*, eine Erweiterung der unter *gelb* (s. d.) dargestellten Wurzel ie. **ĝhel(ə)-* 'glänzen, schimmern'. – glimmern Vb. 'schimmern, funkeln', mhd. *glimmer(e)n* 'glühen, leuchten', Iterativbildung zu *glimmen*; vgl. engl. *to glimmer*, schwed. *glimra*. Glimmer m. 'gesteinbildendes Mineral in Gesteinsarten als glänzendes Einsprengsel' (16. Jh.). glimm(e)rig Adj. 'schimmernd, funkelnd, schwach leuchtend' (16. Jh.). Glimmstengel m.

puristisches Ersatzwort für *Zigarre* (um 1820), später auch für *Zigarette*, seit der 2. Hälfte des 19. Jhs. nur noch scherzhaft.

glimpflich Adj. 'ohne größeren Schaden, schonend, nachsichtig'. Das nur im Dt. und Engl. bezeugte Adjektiv ahd. *gilimphlīh* (9. Jh.), mhd. *gelimpflich* 'recht, angemessen', mnd. *(ge)limplīk*, aengl. *(ge)limplic* 'passend, geeignet, angemessen', (ablautend) asächs. *gilumplīk* 'passend' hat neben sich (bei ungeklärtem Ableitungsverhältnis) ein im Frühnhd. untergehendes starkes Verb ahd. *limphan* (9. Jh.), *gilimphan* (um 800) 'zukommen, zutreffen, geziemen', mhd. *limpfen* 'angemessen, geeignet sein', aengl. *(ge)limpan* 'geschehen, vorhanden sein, angemessen sein', ein Adjektiv ahd. *gilimph* (um 1000), mhd. *gelimpf* 'angemessen' und ein wohl zum Verb gebildetes Substantiv ahd. *gilimph* 'Angemessenheit' (um 1000), mhd. *g(e)limpf* 'angemessenes, schonendes Benehmen', nhd. *Glimpf* 'Schonung, Nachsicht' (so noch in der Fügung *mit Glimpf* 'auf gute Art'), mnd. *gelimp*, aengl. *gelimp* 'Ereignis, Zufall'. Herkunft ungewiß. Man hat versucht, mhd. *limpfen* 'hinken', engl. *to limp* 'hinken', *limp* 'schlaff, schlapp, biegsam', aengl. *lempheallt* 'hinkend', mnd. *lumpen* 'hinken, lahmen, sich fortschleppen', die unter *Lumpen* und *Schlampe* (s. d.) angeführten Wörter und außergerm. aind. *rámbatē*, jünger *lámbatē* 'hängt (schlaff) herab', *lambana-* 'herabhängend', lat. *limbus* 'Besatz am Kleid, Saum' vergleichend heranzuziehen. Dann ist Anschluß an ie. **(s)lemb(h)-*, die nasalierte Form der unter *Lappen* (s. d.) genannten Wurzel ie. **lĕb-*, **lŏb-*, **lăb-* 'schlaff herabhängen(d)' (wozu auch mit *s*-Anlaut *schlafen*, *schlaff*, *schlapp*, s. d.), möglich, sofern man eine Bedeutungsentwicklung von 'schlaff, lokker' zu 'biegsam' und zu 'weich, rücksichtsvoll, nachsichtig', weiter zu 'angemessen, geeignet' annimmt. – u n g l i m p f l i c h Adj. 'schonungslos, ungerecht, kränkend', ahd. *ungilimphlīh* 'unpassend, unrichtig' (8. Jh.), mhd. *ungelimpflich*. U n g l i m p f m. 'Unrecht, Kränkung, Schaden, Beleidigung', mhd. *ungelimpf* 'unziemliches Betragen, Unangemessenheit, Unrecht'. v e r u n g l i m p f e n Vb. 'schmähen, beleidigen' (15. Jh.).

glitschen Vb. 'rutschen, (aus)gleiten' (15. Jh.), Intensivbildung zu *gleiten* (s. d.). – g l i t s c h (e) r i g Adj. 'schlüpfrig, glatt' (17. Jh.; md. seit dem 15. Jh.). g l i t s c h i g Adj. 'feucht und glatt' (insbesondere von nicht ausgebackenem Brot und Kuchen), älter *glitschicht* (16. Jh.).

glitzern Vb. 'funkelnd glänzen' (15. Jh.), Iterativbildung zu mhd. *glitzen*, *glitzenen*, ahd. *glizzinōn* 'glänzen, schimmern' (9. Jh.), s. *gleißen*. – g l i t z (e) r i g Adj. 'glänzend, funkelnd' (16. Jh.).

Globus m. 'kugelförmige Nachbildung der Erde oder der scheinbaren Himmelskugel', Übernahme von lat. *globus* 'Kugel, Ball, Klumpen' durch Martin Behaim (Ende 15. Jh.) für die von ihm verfertigte künstliche Erdkugel; danach (in der Mathematik) 'Kugel' (16. Jh.) und allgemein 'Erdkugel' (18. Jh.). – g l o b a l Adj. 'die ganze Erde umspannend, weltweit, allgemein, in groben Zügen' (20. Jh.). G l o b e t r o t t e r m. 'Weltenbummler, Weltreisender', Übernahme (um 1900) von engl. *globetrotter*; vgl. engl. *globe* 'Kugel, Erdball, Globus' (entlehnt aus mfrz. *globe* oder direkt aus lat. *globus*) und das zu engl. *to trot* 'traben, trotten, laufen' (aus afrz. *troter*, frz. *trotter* 'traben, schnell gehen, umherstreifen', s. *trotten*) gebildete Nomen agentis engl. *trotter*.

Glocke f. bei Anschlag laut und anhaltend tönender, unten offener Metallhohlkörper. Seit dem 4. Jh. sind Glocken im christlichen Gottesdienst bezeugt. Sie werden im Spätlat. *sīgnum* und *campāna* (eigentl. 'kampanisches Metallgerät', vgl. *campānum* 'ehernes Gefäß', zu lat. *Campānia*, der wegen ihres Erzvorkommens bekannten Landschaft Mittelitaliens) genannt; vgl. Frings/M. Germania Romana 2 (1968) 190. Mit der Christianisierung germ. Stämme durch irische Mönche im 7. Jh. übernehmen die Germanen die ir.-mlat. Bezeichnung. Ahd. *glocka* (um 1000), mhd. *glocke*, afries. *klokke*, mnd. *klocke*, mnl. *clocke*, nl. *klok*, aengl. *clucge* (engl. *clock* 'Uhr' aus dem Mnl.), anord. *klokka*, *klukka* (aus dem Mnd.) sind Entlehnungen aus (seit dem ausgehenden 7. Jh. bezeugtem) mlat. *clocca*, dessen kelt. Ursprung sich aus mir. *clocc*, kymr. *cloch* 'Schelle, Glocke' ergibt. Es ist verwandt mit lat. *clangere* 'schallen', nhd. *lachen* (s. d.) und wie diese letztlich auf die Schallwurzel ie. **kel(ə)-* 'rufen, schreien, lärmen, klingen' zurückzuführen. Ebenfalls kelt.-mlat. Herkunft ist afrz. *cloche*, *cloque*, frz. *cloche.* – g l o c k i g Adj. 'glockenförmig' (um 1800), älter *klockicht* (17. Jh.). G l ö c k n e r m. 'wer das Läuten der Glokken zu besorgen hat, Kirchendiener', mhd. *glockenære*, *gloggener*, mit Umlaut *glöckner* (2. Hälfte 15. Jh.). G l o c k e n b l u m e f. Blume mit glockenförmigen, meist blauen Blüten (15. Jh.). G l o c k e n s t u h l m. 'Gestell, an dem die Glocke hängt' (16. Jh.).

Glorie f. 'Ruhm, Glanz', in der Sprache des Christentums auch '(himmlische) Herrlichkeit', mhd. *glōrie*, *glōrje*, entlehnt aus lat. *glōria* 'Ruhm, Ehre'. In Anlehnung an 'himmlische Herrlichkeit' bezeichnet *Glorie* in der Malerei einen den ganzen Körper Christi, Mariens oder eines Heiligen umgebenden leuchtenden Schein (17. Jh.). G l o r i a n. (mit lat. Endung) bezeichnet den Lobgesang in der Messe nach dem ersten Wort der Anfangszeile *gloria in excelsis deo* 'Ehre sei Gott in der Höhe' (Lukas 2, 14). Vgl. auch die Wendung *mit Glanz und Gloria* 'mit allem Prunk', aber auch ironisierend 'unrühmlich' (19. Jh.). – g l o r r e i c h Adj. 'ruhmreich, glanzvoll, herrlich' (Mitte 17. Jh.). G l o r i o l e f. (den Kopf umgebender) 'Heiligenschein, Strahlenkranz', übertragen 'Nimbus' (Ende 18. Jh.); wohl in der Malerei entstandene Deminutivbildung zu *Glorie* 'leuchtender Schein' (s. oben); formal entspricht lat. *glōriola* 'ein bißchen Ruhm' (Deminutivum zu *glōria*). g l o r i o s Adj. 'ruhmreich, glanzvoll' (14. Jh.), aus lat. *glōriōsus* 'ruhmvoll, ruhmsüchtig, prahlerisch'. g l o r i f i z i e r e n Vb. 'verherrlichen, mit einem Nimbus umgeben' (14. Jh.), aus kirchenlat. *glōrificāre* 'verherrlichen', zu lat. *glōrificus* 'glorreich' (vgl. lat. *glōria* und *facere* 'machen, tun').

Glosse f. 'erklärende Anmerkung, spöttische Randbemerkung', mhd. *glōse*, entlehnt aus lat. *glōssa*, *glōsa* 'fremdes, erklärungsbedürftiges Wort', das die Bedeutungen spätlat. 'Interpretament', mlat. 'Erklärung, Kommentar' annimmt; aus griech. *glō̂ssa* (γλῶσσα) 'Zunge, Sprache, eigentümliche Ausdrucksweise, erklärungsbedürftiges Wort'. Seit dem frühen 18. Jh. steht *Glosse* auch für die 'mündliche (meist kritische, hämische, spöttische) Bemerkung'. Die im 16. Jh. üblichen Formen *Glos*, *Gloß*, *Glose* werden im 17. Jh. allmählich durch an das Lat. angelehntes *Glosse* verdrängt. – g l o s s i e r e n Vb. 'ein schwieriges Wort, eine schwierige Textstelle durch Glossen erläutern, spöttische Randbemerkungen machen', mhd. *glōsieren* (neben *glōsen*) 'auslegen, deuten, erklären', vgl. mlat. *glos(s)are*. Schreibung mit *-ss-* seit dem 17. Jh. G l o s s a r n., älter *Glossarium* 'Sammlung von Glossen, Wörterverzeichnis mit Erläuterungen' (17. Jh.; vgl. vereinzelt mhd. *glōsār* 'Glossar'), aus mlat. *glossarium* 'Glossensammlung', einer neuen Ableitung von mlat. *glossa*, während scheinbar formal übereinstimmendes und nur selten bezeugtes lat. *glōssārium* dem griech. *glōssárion* (γλωσσάριον) als Deminutivum von griech. *glō̂ssa* (s. oben) entspricht.

glotzen Vb. 'ausdruckslos, starr blicken, stieren'. Das seit mhd. Zeit bezeugte Verb wird erst im 19. Jh. sprachüblich. Mhd. *glotzen* gehört wie mengl. *glouten*, engl. *to glout* (selten) 'starren, betrübt, mürrisch aussehen', *to gloat* 'hämisch blicken, anstarren', anord. *glotta* 'hohnlächeln, grinsen', schwed. *glutta*, *gluttra* 'gucken' zu einer in unterschiedlichen Ablautstufen auftretenden Erweiterung mit *u*-Diphthong der Wurzel ie. **ĝhel(ə)-* 'glänzen, schimmern' (s. *gelb*, *glühen*). – G l o t z a u g e n. 'stark hervortretendes, starr blickendes Auge' (14. Jh.), wie *glotzen* lange Zeit nur spärlich bezeugt, häufiger seit dem 19. Jh.

Glück n. 'zufälliges, überraschendes Zusammentreffen günstiger Umstände, Schicksal, Gemütszustand innerer Befriedigung', mhd. *g(e)lücke*, mnd. *(ge)lükke*, mnl. *(ghe)-lucke*, *(ge)luc*, nl. *geluk*; entlehnt aus dem Mnd. sind afries. *lukk*, mengl. *luk(e)*, engl. *luck*, anord. *lukka*, *lykka*, schwed. *lycka*. Mhd. *g(e)lücke* ist erstmals in der frühhöfischen Dichtung (1160) bezeugt und verbreitet sich mit der höfisch-ritterlichen Kultur vom Rhein aus über das dt. Sprachgebiet. Es bedeutet anfangs 'Schicksal, Geschick, Ausgang eines Geschehens oder einer Angelegenheit (sowohl zum Guten als auch zum Bösen)' und tritt als Schicksalsbegriff in Konkurrenz mit mhd. *sælde* und *heil* (s. *selig* und *Heil*), den älteren Ausdrücken für 'Segen, Heil, Glück'. Aus dem engeren Gebrauch im Sinne von 'günstiger Verlauf oder Ausgang eines Geschehens, günstiges Geschick' entwickelt sich *Glück* zur Bezeichnung des wünschenswerten 'Zustandes starker innerer Befriedigung und Freude'. Im 14. Jh. nimmt *Glück* auch die Bedeutung von 'Beruf, Lebensunterhalt' an. Die

Herkunft des erst relativ spät auftretenden Wortes ist nicht geklärt. Verschiedene, jedoch sämtlich nicht befriedigende Herleitungsversuche sind zusammengestellt in ^{1}DWB 4, 1, 5, 226f. – glücken Vb. 'gelingen, nach Wunsch ablaufen', mhd. *g(e)lücken*, zum Substantiv gebildet; im Mhd. nur selten, erst in nhd. Zeit sich ausbreitend. beglücken Vb. 'glücklich machen, erfreuen' (Anfang 17. Jh.). glücklich Adj. 'vom Glück begünstigt, erfolgreich, zufrieden, vorteilhaft, günstig', mhd. *gelückelich* 'vom Zufall, vom Schicksal abhängig, günstig'. Unglück n. 'verhängnisvolles Ereignis, schweres Mißgeschick, Schicksalsschlag, Pech', mhd. *ung(e)lücke*. unglücklich Adj. 'traurig, niedergeschlagen, bedrückt, verhängnisvoll' (15. Jh.). verunglükken Vb. 'einen Unfall erleiden, mißlingen, mißraten' (17. Jh.). glückselig Adj. 'sehr glücklich, überglücklich', mhd. *gelücksælec*. Glückseligkeit f., spätmhd. *gelücksælecheit*. Glückskind n. 'vom Glück Begünstigter, wem alles gelingt' (16. Jh.), vielleicht nach lat. *fortunae filius*. Glückspilz m. zunächst im Sinne von 'Emporkömmling, Parvenü' (2. Hälfte 18. Jh.), eigentl. 'wer wie ein Pilz plötzlich aus dem Nichts aufschießt' (vielleicht unter Einfluß von engl. *mushroom*, das sowohl 'Pilz' wie auch 'Emporkömmling' bedeutet); von der 2. Hälfte des 19. Jhs. an gleichbed. mit *Glückskind*. Glücksrad n. Sinnbild für die Veränderlichkeit des Glücks, auch 'das sich drehende Rad bei Verlosungen und bestimmten Glücksspielen', mhd. *des gelückes rat*, auch *gelückrat*, später *glükrad* (14. Jh.), seit dem 17. Jh. *Glücksrad*, seltener *Glückrad*. Glücksritter m. 'wer sich in seinem Handeln sorglos auf sein Glück verläßt', auch abschätzig 'Abenteurer' (2. Hälfte 18. Jh.), zunächst auf mittelalterliche Verhältnisse bezogen 'Ritter, der auf Glück auszieht'.

glucken Vb. 'den Laut *gluck* ausstoßen, brüten' (von Hennen), übertragen 'untätig, stumpfsinnig dasitzen', mhd. *klucken*, *glucken*, mnd. *klucken*, mnl. *clocken*, nl. *klokken*, aengl. *cloccian*, engl. *to cluck*, schwed. *klucka* sind lautnachahmenden Ursprungs; vgl. entsprechende Bildungen wie lat. *glōcīre* und auf spätlat. *clociāre* zurückgehendes frz. *glousser*, ital. *chiocciare* sowie die unter *lachen* (s. d.) aufgeführten außergerm. lautnachahmenden Verben. Neben dem Laut der Henne beim Brüten und Locken der Küken und ähnlichen Tönen anderer Vögel ahmt *glucken* und seine abgeleiteten Iterativbildungen *glucksen* (15. Jh.), *gluckern* (16. Jh.) auch Laute nach, die beim Schlucken, Aufstoßen oder beim Fließen einer Flüssigkeit aus einer Enge entstehen. – Glucke f., nordd. und nordwestmd. auch *Klucke*, 'brütende oder die Küken ausführende Henne', spätmhd. mnd. *klucke*; Rückbildung zum Verb.

glühen Vb. 'Hitze ausstrahlen, vor Hitze leuchten, ohne Flamme brennen, begeistert sein', ahd. *gluoen* 'glühen, brennen' (9. Jh.), mhd. *glüe(je)n*, *glüewen*, asächs. *glōian*, mnd. *glöyen*, mnl. *gloeyen*, *glōyen*, nl. *gloeien* 'glühen' gehen zurück auf ie. **ĝhlō-*, während aengl. *glōwan*, engl. *to glow* 'glühen', anord. *glōa* 'leuchten, glänzen' ie. **ĝhlōu-* voraussetzen; beide Formen gehören zu der unter *gelb* (s. d.) dargestellten Wurzel ie. **ĝhel(ə)-* 'glänzen, schimmern'. – Glühbirne f. 'birnenförmige Glühlampe' (20. Jh.), vermutlich nach *Glühstrumpf*, dem 'Glühkörper der Gasbeleuchtung', für älteres *Glasbirne* (2. Hälfte 19. Jh.). Glühwein m. 'heiß zu trinkender, gewürzter Rotwein' (Anfang 19. Jh.); älter *geglühter Wein* (17. Jh.), *glühender Wein* (18. Jh.), d. h. 'heißgemachter, heißer Wein'. Glühwürmchen n. 'Leuchtkäfer, Johanniswürmchen' (Anfang 19. Jh.), Deminutivum zu *Glühwurm* (seit dem 18. Jh. bezeugt, in der Mundart wohl älter, vgl. engl. *glowworm*, 14. Jh.). Landschaftliche Varianten sind *Johanniskäfer*, *-fünkchen*, *Zündkäfer*, *-würmlein*.

Glut f. 'glühender Brennstoff, Feuer ohne Flamme, sengende Hitze, Begeisterung, Leidenschaft', ahd. (8. Jh.), mhd. *gluot*, asächs. *glōd-* (in *glōdpanna* 'Glutpfanne'), mnd. *glōt*, mnl. *gloet*, nl. *gloed*, aengl. *glēd*, engl. (mundartlich) *gleed*, anord. *glōð*, schwed. *glöd* sind Abstraktbildungen mit ie. *ti*-Suffix zu dem unter *glühen* (s. d.) angeführten Verb. – gluten Vb. 'glühend brennen oder leuchten, zum Glühen bringen' (17. Jh.), Denominativum zu *Glut*.

Glyzerin n. dickflüssige, hygroskopische, farblose Flüssigkeit von süßem Geschmack, ein dreiwertiger Alkohol, Propantriol, Entlehnung (19. Jh.) von frz. *glycérine*, einer gelehrten Bildung des frz. Chemikers Chevreul (1823) zu griech. *glykerós* (γλυκερός) 'süß',

Nebenform von agriech. *glykýs* (*γλυκύς*) 'süß, lieblich, angenehm, erquickend'. Schon 1779 von dem dt. Chemiker Scheele entdeckt und *Ölsüß* genannt.

Gnade f. 'verzeihende Güte, Nachsicht, Schonung, herablassende Gunst, Strafnachlaß', in der christlichen Religion 'Barmherzigkeit Gottes, Sündenvergebung', ahd. *ginâda* 'göttliches Erbarmen, Gottes Hilfe, Wohlwollen, Gunst' (8. Jh.), mhd. *g(e)nāde* 'das Sichniederlassen, um auszuruhen, ruhige Lage, Glück(seligkeit), Gunst, Huld, Gottes Hilfe und Erbarmen', asächs. *(gi)nāða*, mnd. *genāde*, mnl. *ghenāde*, nl. *genade*, anord. (aus dem Asächs. oder Mnd.) *nāð* 'Gnade, Frieden, Ruhe' sind dehnstufige Feminina zu einem nur in got. *niþan* 'helfen' belegten Verb unbekannter Herkunft. Eine Verbindung zu aind. *nā́thatē* 'sucht Hilfe, fleht' und griech. *oninánai* (*ὀνινάναι*) 'nützen, helfen' ist zweifelhaft. Als Ausgangsbedeutung für das Verb wird 'sich in Ruhelage begeben, sich niederlassen, um auszuruhen' und für das Substantiv entsprechend 'Ruhe, ruhiges Leben, Friede, Glück' angenommen (vgl. spätmhd. *diu sunne gēt ze genāden* 'die Sonne geht unter, begibt sich zur Ruhe'). *Gnade* im Sinne von 'huldvolles Zugeneigtsein' wird in der südd. Mission Übersetzungswort für kirchenlat. *grātia* und auf das Verhältnis Gottes zu den Menschen bezogen. Die als Zusatz bei Herrschertiteln erscheinende Formel *von Gottes Gnaden* ist die seit dem 13. Jh. geläufige Übersetzung von lat. *grātiā deī*, griech. *cháriti theū* (*χάριτι θεοῦ*), zurückgehend auf Paulus (1. Kor. 15, 10), der sein Apostelamt auf der Gnade Gottes aufbaut. Sie wird von Karl dem Großen dem weltlichen Herrschertitel hinzugefügt. Die Anrede *Euer Gnaden*, mhd. *iuwer gnāde*, daneben *Ihr(e), Ihro Gnaden* (16. Jh.) an fürstliche oder hochgestellte Personen entwickelt sich unter Einwirkung von spätlat. *tua* bzw. *vestra clēmentia*. Ferner vgl. Redewendungen wie *Gnade geht vor Recht*, mhd. *gnāde gēt vür daȥ reht*; *sich auf Gnade und Ungnade ergeben* 'sich bedingungslos ausliefern' (15. Jh.); *die Gnade haben* ('geruhen'), *etw. zu tun* (18. Jh.); *zu Gnaden halten* 'gnädig sein' (18. Jh.); *Gnade ergehen lassen* 'Nachsicht üben' (19. Jh.). – b e g n a d e n Vb. 'eine Gnade zuteil werden lassen, mit hohen Gaben beschenken', mhd. *begnāden* 'Gnade erweisen, ein Privileg erteilen, Almosen geben'; dazu b e g n a d e t Part.adj. 'hochbegabt, genial', eigentl. 'durch Gnade mit besonderen Gaben beschenkt', vgl. *ein begabter vnd begnadter Mensch* (17. Jh.). b e g n a d i g e n Vb. 'Strafnachlaß, Straferlaß gewähren, Gnade erweisen, beschenken' (16. Jh.), spätmhd. *begnādigen*, *begnedigen* 'mit einer Gnade versehen, begaben, beschenken'; mit Umlaut (*begnädigen*) noch im 18. Jh. Als Part.adj. *begnadigt* im Sinne von *begnadet* (s. oben) vereinzelt bis ins 19. Jh. g n ä d i g Adj. 'Gnade übend, gewährend, barmherzig, gütig, nachsichtig, freundlich', ahd. *ginādīg* 'wohlwollend, liebreich, barmherzig, mild, geneigt' (8. Jh.), mhd. *genædec*; zunächst (seit ahd. Zeit) vornehmlich Attribut Gottes. Dann häufig (14. Jh.) in der Anrede adliger, später (18. Jh.) auch bürgerlicher Personen, vgl. *gnädiger Herr*, *gnädige Frau*, *gnädiges Fräulein*, auch substantiviert *die Gnädige*, *meine Gnädigste* (18. Jh.). G n a d e n b r o t n. 'aus Barmherzigkeit, Dankbarkeit für geleistete Dienste im Alter gewährter Unterhalt' (18. Jh.). G n a d e n f r i s t f. 'aus Gnade gewährte Zeit der Schonung, Zeit der Strafaussetzung, letzte Frist' (um 1800), zuvor im religiösen Sinne 'Zeit der Gnade für die Seele vor dem Jüngsten Gericht' (um 1600). g n a d e n r e i c h Adj. 'voller Gnade, huldreich, gesegnet', mhd. *genādenrīche*, aus der genitivischen Verbindung mhd. *der genāden rīche*. G n a d e n s t o ß m. 'Stoß, Stich zur Beendigung der Todesqual (eines verwundeten Tieres)', anfänglich 'vom Henker ausgeführter Todesstoß ins Genick oder Herz des Verurteilten, um ihm die Qualen der nachfolgenden Räderung zu ersparen' (um 1700); vgl. mhd. *genādenstōȥ* 'Anstoß der göttlichen Gnade'.

Gneis m. kristallines Gestein aus Feldspat, Quarz und Glimmer (16. Jh.). Die in älterer Zeit überwiegende, teils noch von Goethe gebrauchte, heute nicht mehr übliche Form ist *Gneus*. Die Herkunft ist unbekannt. Vielleicht (nach seinem funkelnden Glanz) zu ahd. *gneista* f. (um 800), auch *ganeistra* f., *gneisto* m., *gan(e)isto* m., mhd. *ganeist(e)*, *g(e)neiste* 'Funke', aengl. *fȳrgnāst*, anord. *gneisti*, schwed. *gnista*.

Gnitte f. 'kleine Mücke', im Nordd., Ostd. und im Berliner Raum gebräuchlich, dann literatursprachlich, auch in hd. Lautung *Gnitze*. Mnd. (selten) *gnitte* 'kleine Mücke', ofries. *gnid*, *gnitt* sowie nd. *Gnatte*, hd. (mundartlich) *Gnatze*, aengl. *gnætt* 'Floh, kleine Mücke', engl. *gnat* 'Mücke' werden auf die Erweiterungen ie. **ghneid(h)-*, **ghnəd(h)-* der unter *nagen* (s. d.) aufgeführten Wurzel ie. **ghen-* 'zernagen, zerreiben, kratzen' und 'Kleines, Bißchen' zurückgeführt.

Gnom m. 'zwergenhafter Erdgeist, Kobold', von Paracelsus um 1530 geprägt, sowohl in der Form nlat. *gnomus* als auch eingedeutscht *Gnom*. An welche Vorstellung und an welche sprachliche Ausgangsform die Wortschöpfung anknüpft, ist ungewiß. Da Paracelsus *Gnomen* als Elementargeister der Erde auffaßt, wird ein in Anlehnung an das vereinzelt belegte griech. *thalassonómos* (*ϑαλασσονόμος*) 'im Meere lebend, Meeresbewohner' analog gebildetes griech. **gēnómos* (**γηνόμος*) 'Erdbewohner' angenommen; auch Ableitung von griech. *gnṓmē* (*γνώμη*) 'Verstand' wird erwogen und *Gnom* als 'erkennender Geist' gedeutet. – g n o m e n h a f t Adj. 'wie ein Gnom, klein, ältlich, runzelig' (19. Jh.).

Gnu n. in Süd- und Ostafrika beheimatete Kuhantilope. Zuerst von G. Forster („Voyage round the world", 1777) *gnoo* genannt, in der dt. Übersetzung (1778) mit *Gnu* wiedergegeben; nach dem gleichbed. afrikan. Wort (Khoi-San) *ngu*.

Gobelin m. 'Wandteppich, Wandbehang mit kunstvoll eingewirkten Bildern'. Ende des 18. Jhs. wird *Gobelins* (Plur.) im Dt. als Bezeichnung für kostbare gewirkte Bildtapeten, namentlich für die Erzeugnisse der Pariser *Manufacture des Gobelins*, üblich. Dieses Unternehmen, seit dem 17. Jh. königliche Manufaktur, führt den Namen seiner Begründer, der bereits im 15. Jh. bekannten Färberfamilie *Gobelin*, weiter. Im Dt. wird der Eigenname als Warenbenennung aufgefaßt, so daß Mitte des 19. Jhs. dazu ein dt. Singular *Gobelin* 'Wandteppich mit eingewirkten Figuren' gebildet werden kann. Das Appellativum frz. *gobelin* m. ist dagegen erst Ende des 19. Jhs. in Gebrauch.

Gockel m. 'Haushahn', frühnhd. *guckel*, *gugel*, *gogkel*, südd. auch *göckel*, *göcke(r)*, md. *gickel* (alle 16. Jh., doch wohl älter), verdeutlichend *gockel-*, *göckelhahn* (15. Jh.), *Gickelhahn* (17. Jh.). Die Bezeichnungen sind wie mlat. *coccus* 'Hahn' und die unter *Küken* (s. d.) genannten Formen für 'Hahn' lautnachahmenden Ursprungs.

Gold n. Die gemeingerm. Bezeichnung des gelbglänzenden, in der Natur stets gediegen vorkommenden Edelmetalls ahd. *gold* (8. Jh.), mhd. mnd. *golt*, asächs. aengl. engl. *gold*, mnl. *gout*, nl. *goud*, anord. *gull*, *goll*, schwed. dän. *guld*, got. *gulþ* (germ. **gulþa-*) führt auf schwundstufiges ie. **ĝhḷtom*, während die verwandten Formen lett. *zelts*, aslaw. *zlato*, russ. *zóloto* (*золото*), poln. *złoto* 'Gold', ostlit. *žel̃tas* 'golden, goldgelb, blond' ie. **ĝheltom*, **ĝholtom* voraussetzen, sämtlich Bildungen zu der unter *gelb* (s. d.) aufgeführten, weitverzweigten Wurzel ie. **ĝhel(ə)-* 'glänzen, schimmern', in Farbbezeichnungen bes. 'gelb, grün', zu der auch aind. *híraṇyam*, awest. *zaranya-* 'Gold' gehören. Die Bezeichnung ist daher als 'das Gelbschimmernde' zu deuten. – g o l d e n Adj. 'aus Gold bestehend, hergestellt, goldfarben, schön, wertvoll'. Neben dieser heute allein üblichen, doch vereinzelt schon spätmhd. bezeugten und an das Substantiv *Gold* angeglichenen Form steht (bis Anfang 19. Jh.) älteres *gulden* und umgelautetes *gülden*; vgl. ahd. (um 800), mhd. asächs. mnd. *guldīn*. v e r g o l d e n Vb. 'mit einer dünnen Schicht Gold überziehen, verschönen, angenehm, glücklich machen'; entsprechend dem Adjektiv *golden* setzt sich auch beim Verb die an das Substantiv angeglichene Form *vergolden* erst spät durch; mhd. *vergulden*, daneben vereinzelt auch schon *vergolden*; lange miteinander konkurrierend *vergulden* und *vergülden*. g o l d i g Adj. 'wie Gold glänzend', heute vor allem in übertragenem Sinne 'reizend, lieb, nett' (um 1700), in der älteren Bergmannssprache 'goldhaltig' (16. Jh.). G o l d f i s c h m. goldglänzender Zierfisch, 'Goldkarausche', in Wörterbüchern seit dem 15. Jh. gebucht. G o l d k ä f e r m. goldgrüner, metallisch glänzender Käfer (15. Jh.). G o l d l a c k m. halbstrauchartiger Kreuzblütler mit wohlriechenden goldgelben bis dunkelbraunen Blüten (18. Jh.). G o l d w a a g e f. 'Feinwaage für Edelmetall' (14. Jh.), oft in der Wendung *ein Wort, Worte auf die Goldwaage legen* 'das Gesagte genau prüfen, übergenau nehmen' (seit frühnhd. Zeit).

Golf m. 'größere, offene Meeresbucht, Meerbusen'. Die zunächst in Berichten dt. Jerusalemfahrer Mitte des 14. Jhs. belegte Bezeichnung ist aus ital. *golfo* entlehnt, das über spätlat. *colpus*, *colfus*, *culfus* aus griech. *kólpos* (*κόλπος*) 'Busen, Bauch, Meerbusen, Bucht' stammt (wohl verwandt mit *wölben*, s. d.). – G o l f s t r o m m. aus dem Golf von Mexiko kommende warme Meeresströmung des nördlichen Atlantischen Ozeans (um 1800), nach engl. *gulfstream*, das zuerst im Titel der 1770 gedruckten Karte des Golfstroms von B. Franklin erscheint. Engl. *gulf* beruht gleichfalls auf ital. *golfo*.

Golf n. Ballspiel auf Rasen, bei dem ein Hartgummiball mit einem Schläger nacheinander in eine bestimmte Anzahl von Löchern getrieben werden muß; Übernahme (2. Hälfte 18. Jh.) von gleichbed. engl. *golf*. Das Ballspiel stammt aus Schottland, wo es seit dem 15. Jh. als *golf*, *gouff* bezeugt ist. Die Herkunft des Wortes ist ungeklärt. – G o l f p l a t z m., G o l f s p i e l n. (um 1800).

Gondel f. 'langes, schmales venezianisches Ruderboot mit hochgezogenem Vorder- und Hintersteven, Nachen', im 16. Jh. aus venezian.-ital. *gondola* entlehnt, anfangs oft als Deminutivform angesehen und mit *Gundelle*, *Gündelein*, *Gundole* u. ä. wiedergegeben; um die Mitte des 17. Jhs. setzt sich *Gondel* durch. Die Herkunft des venezian. Wortes ist nicht geklärt. Erwogen wird eine Entlehnung aus byzant.-griech. *kontúra* (*κοντοῦρα*) 'kleines Boot', abgeleitet von *kóntūros* (*κόντουρος*) 'kurzschwänzig', das mit dem Deminutivsuffix ital. *-ola* versehen ist. *Gondel* wird auf den anfangs bisweilen nachenähnlichen 'Tragkorb am Freiballon' (2. Hälfte 18. Jh.), von da auf den 'Fahrgastraum', das 'Motorengehäuse des Luftschiffes' (2. Hälfte 19. Jh.) und die 'Kabine der Drahtseilbahn' (1. Hälfte 20. Jh.) übertragen. – g o n d e l n Vb. 'in einer Gondel rudern, Kahn fahren' (Anfang 19. Jh.), umgangssprachlich auch 'sich gemächlich (laufend, fahrend) vorwärtsbewegen' (2. Hälfte 19. Jh.; von Berlin ausgehend). G o n d o l i e r e m. 'Gondelführer', Übernahme (18. Jh.) von gleichbed. ital. *gondoliere* (abgeleitet von ital. *gondola*, s. oben).

Gong m., auch n. 'scheibenförmiges Schlaginstrument aus Metall', aus Djawa (Java) stammend. Mal. *gŏng*, *gŭng*, auch *agong*, *egung* (wohl lautmalenden Ursprungs) gelangt über angloind. *gong* (im Engl. seit Ende des 16. Jhs. bezeugt) in die europäischen Sprachen; in dt. Reisebeschreibungen zuerst in der engl. Nebenform *Gom* (17. Jh.).

gönnen Vb. 'wohlwollend, neidlos zugestehen, zukommen lassen'. Das seit dem 16. Jh., vereinzelt schon im 14. Jh. auch im Präsens schwach flektierte Verb gehört ursprünglich zu den Präteritopräsentia; ahd. *giunnan* (9. Jh.), asächs. aengl. *giunnan*, mhd. *gunnen*, *günnen* (auch 'gewähren, gestatten', jetzt durch *vergönnen* repräsentiert), mnd. *günnen*, mnl. nl. *gunnen* 'gönnen' sind verstärkende Präfixbildungen (ahd. *gi-*, s. *ge-*) zu gleichbed. ahd. (9. Jh.), asächs. aengl. *unnan*, mnl. *onnen*, anord. *unna* 'lieben, gönnen', schwed. *unna* 'gönnen'. Die Herkunft ist nicht sicher geklärt. Wenn tiefstufiges germ. **unn-* als Assimilation aus germ. **unz-* anzusehen ist und sich mit griech. *prosēnḗs* (*προσηνής*) 'freundlich, gütig', *apēnḗs* (*ἀπηνής*) 'hart, unfreundlich' vergleichen läßt (sofern der zweite Wortteil aus **-ανσής*), wäre eine Wurzel ie. **ans-* 'wohlgeneigt, günstig sein' zu erschließen, wozu auch ahd. *anst* 'Wohlwollen, Dank, Gnade, Gunst' (8. Jh.), mhd. *anst* 'Wohlwollen', got. *ansts*, auch 'Freude' (germ. **ansti-*). Verbalabstraktum zu *gönnen* ist *Gunst* (s. d.). – G ö n n e r m. 'wer jmdn. wohlwollend unterstützt, Wohltäter, Förderer', mhd. *gunner*, *günner* 'Freund, Anhänger', Nomen agentis zum Verb. g ö n n e r h a f t Adj. 'herablassend' (2. Hälfte 18. Jh.), stets in abschätzigem Sinne. G ö n n e r m i e n e f. 'selbstgefälliger Gesichtsausdruck' (Anfang 19. Jh.).

Göpel m. 'von Zugtieren oder Menschen bewegte Vorrichtung zum Erzeugen einer Antriebskraft' (zum Heben von Lasten, zum Betrieb von Arbeitsmaschinen), zuerst *Gepel*, *Göpel* (16. Jh.) im obersächsischen Bergbau des Erzgebirges; seit dem 19. Jh. auch für Maschinen in der Landwirtschaft. Die Bezeichnung stammt wohl aus dem Obsorb. und geht zurück auf asorb. **gybadło* 'Bewegungswerkzeug'; vgl. gleichbed. tschech. (älter) *hýbadlo*, obsorb. *hibadłaŕ* 'Beweger', nsorb. *gibadło* 'Hefe', sämtlich Bildungen zu slaw. **gibati* 'bewegen'; vgl. K. Müller in: ZfSl. 28 (1983) 438f. – G ö p e l w e r k n. 'Triebwerk der Dresch- oder Futtermaschine' (19. Jh.).

Gör n., **Göre** f. (im Berlinischen *Jöhre*) scherzhaft 'kleines Kind', geringschätzig 'unartiges oder lebhaftes Kind', stammt aus dem Nd. und ist seit dem 17. Jh. belegt. Die Herkunft ist ungeklärt. Es handelt sich vielleicht um eine Bildung zu einem Adjektiv, das in rhein. *gor* 'gering' erhalten und in der Ableitung ahd. *gōrag* (9. Jh.), mhd. *gōrec* 'gering, armselig' überliefert ist, so daß *Gör(e)* eigentl. als 'kleines, armseliges Wesen' zu deuten ist.

Gorilla m. Der Name des in den Urwäldern Äquatorialafrikas lebenden Menschenaffen stammt wahrscheinlich aus einer westafrikan. Sprache. Im 5. Jh. v. u. Z. berichtet der karthagische Seefahrer Hanno (überliefert in einer griech. Übersetzung) von wilden, behaarten Menschen an der Westküste Afrikas, die in der Sprache der Eingeborenen *Goríllai* (*Γορίλλαι*) genannt würden. Aus dieser Bezeichnung bildet 1847 der amerikanische Naturwissenschaftler Savage für die in Westafrika neu entdeckte Affenart den Namen zoolog.-lat. *Gorilla*, der bald danach in allen Weltsprachen bekannt wird.

Gosse f. 'Abflußrinne, Rinnstein'. Das ursprünglich auf das md. nd. und nl. Sprachgebiet beschränkte Wort mnd. mnl. *gōte*, nl. *goot*, md. *gosse* (seit dem 14. Jh.) gehört als schwundstufiges Verbalnomen zu *gießen* (s. d.) und seinen germ. Entsprechungen in der in älteren Sprachzuständen noch deutlich vorhandenen intransitiven Bedeutung 'sich ergießen, fließen', bezeichnet also eine 'Wasser-, Abflußrinne', aber auch (wie landschaftlich noch heute) ein 'Abflußloch, -rohr', in der Küche den 'Spülstein'; allgemein üblich wird *Gosse* für 'Straßenrinne, Rinnstein' im 18. Jh. In übertragenem Sinne gilt *Gosse* als Sinnbild der 'Verkommenheit, Lasterhaftigkeit' (19. Jh.).

gotisch Adj. 'den Goten zugehörig bzw. sie betreffend, im Kunststil der Gotik'. Zu einem aus got. *Gutþiuda* 'Gotenvolk' als wahrscheinlich zu erschließenden got. **Gutans* Plur. 'Goten' (weitere Anknüpfungen ungewiß; vielleicht im Sinne von 'Männer' zu got. *giutan* 'gießen', also auch 'Samen ergießen'?) sind gebildet griech. *Gū́tōnes* (*Γούτωνες*), lat. *Gothōnēs* sowie griech. *Góthoi* (*Γόϑοι*), spätlat. *Gothī* 'Goten' und das Adjektiv spätlat. *gothicus*; in Anlehnung daran begegnet in der Zeit des Humanismus (16. Jh.) *Goten* Plur. und *gotisch*. Das Adjektiv dient zunächst (1. Hälfte 16. Jh.) zur Kennzeichnung der Zugehörigkeit zu oder Herkunft von dem in der Völkerwanderungszeit untergegangenen Volk der Goten (*gotische Sprache*, *gotisches Volk*), steht aber auch allgemein im Sinne von 'germanisch' (17. Jh.). Im 18. Jh. wird *gotisch* auf eine Stilform bezogen und nimmt im Klassizismus unter Einfluß von frz. *gothique*, ital. *gotico*, engl. *gothic* den abschätzigen Sinn 'mittelalterlich verworren und dunkel, barbarisch, roh, geschmacklos' an. Zugrunde liegt die verächtliche Einschätzung der mittelalterlichen Bauten Italiens während der ital. Renaissance, die dafür die Goten, d.h. die Germanen, die Barbaren, verantwortlich macht. In der 2. Hälfte des 18. Jhs. erfährt *gotisch*, bes. durch Goethes Schrift „Von deutscher Baukunst" (1772), später durch die Romantiker, hinsichtlich seiner Wertung eine völlige Umkehrung von entschiedener Ablehnung zu Bewunderung und begeisterter Zustimmung; es steht seit Mitte des 19. Jhs. als ästhetische Stil- und Epochenbezeichnung, bes. für den mittel- und westeuropäischen Kunststil des 13. bis 15. Jhs. Als Kennzeichnung der aus der karolingischen Minuskel entwickelten Frakturschrift wird *gotisch* im 18. Jh. gebräuchlich. – G o t i k f. europäische Kunstepoche (in Frankreich etwa seit 1150, in Deutschland seit 1220) im Anschluß an die Romanik bis zur Renaissance (in Italien bis Anfang des 15. Jhs., im übrigen Europa bis Anfang des 16. Jhs.), für die in der Baukunst steile Spitzbogen, Pfeiler und hohe Fenster charakteristisch sind; gegen Ende des 18. Jhs. (auch hier wohl unter Einfluß von frz. *le gothique*) zu *gotisch* gebildet mit dem auf dem fem. Adjektivsuffix griech. *-ikē* (*-ικη*) (zu ergänzen *téchnē*, *τέχνη* 'Kunst, Geschick'), lat. *-ica* (zu ergänzen *ars* 'Kunst, Handwerk') beruhenden Abstraktsuffix *-ik* (s. *Klassik*, *Romantik*, *Technik*).

Gott m. (in polytheistischen Religionen) übermenschliches, (in monotheistischen Religionen) höchstes, übernatürliches Wesen, von dem sich der religiöse Mensch seinem Glauben gemäß abhängig fühlt, ahd. (8. Jh.), mhd. mnd. *got*, asächs. aengl. engl. mnl. nl. *god*, anord. *goð*, *guð*, schwed. *gud*, got. *guþ* weisen auf germ. **guđa-* 'Gott, Gottheit', im Plur. 'Schicksalsmächte', das als Neutr. für männliche und weibliche Gottheiten gilt. Unter christlichem Einfluß wird das Genus mask., und das Substantiv bezeichnet im gesamten germ. Sprachbereich den 'Christengott'. Die Herkunft ist nicht sicher geklärt. Allgemein führt man germ. **guða-* auf ein mit *-to-* gebildetes Part. Perf. ie. **ĝhŭto-* 'angerufen', zur Wurzel ie. **ĝhau-*, **ĝhau̯ə-* 'rufen, anrufen', zurück, so daß die substantivierte Form ie. **ĝhŭtom* als 'das (durch Zauberwort) angerufene oder berufene Wesen' zu deuten wäre; vgl. dazu aind. *hávatē* 'ruft (an, herbei)', *hūtá-* 'angerufen, herbeigerufen', *puruhūtá-* 'von vielen angerufen' (als Beiname Indras in den Veden), griech. *kauchâsthai* (*καυχᾶσθαι*) 'sich rühmen, prahlen', air. *guth* 'Stimme', gall.-lat. *gutuater* 'gallischer Priester', wohl aus **ĝhutupətēr* 'Vater (d.h. Meister) des Anrufs (an Gott)', lit. *žavéti*, lett. *zavēt* 'zaubern', aslaw. *zъvati*, russ. *zvat'* (*звать*) 'rufen'. Eine andere Deutung knüpft germ. **guða-* als 'das (Wesen), dem geopfert wird' an die Wurzel ie. **ĝheu-* (s. *gießen*) an, mit einem im Germ. allerdings nicht belegten Bezug auf das Trankopfer. – G ö t t i n f. 'weibliche Gottheit', ahd. *gutin*, *gutinna* (um 1000), mhd. *gotinne*, *gotin*, *gotīn*, seit dem 14. Jh. umgelautet *göt(t)in*. v e r g ö t t e r n Vb. ' zu einem Gott, göttlich machen, wie einen Gott behandeln, hoch verehren' (17. Jh.), Präfixbildung zu frühnhd. *göttern*, *gottern* 'Gott weihen' (16. Jh., Luther 'göttlich machen, göttliche Art verleihen'); daneben frühnhd. *gotten*, *götten* 'vergöttlichen, ein Gott werden, zu einem Gott erklären', mhd. *goten* und frühnhd. *vergotten* 'zu einem Gott machen, göttliche Verehrung erweisen', mhd. *vergoten* 'göttlich machen, in Gott verwandeln'; Ableitungen vom Substantiv. G o t t h e i t f. 'als Gott verehrtes Wesen, Göttlichkeit, Gott', ahd. *got(a)heit* (um 1000), mhd. *got(e)heit*, mnd. *gothēt*, mnl. *godheit*, nl. *godheid*, aengl. *godhād*, engl. *godhead*. g ö t t l i c h Adj. 'Gott betreffend, von Gott kommend, einem Gott ähnlich, herrlich, wunderbar', ahd. *got(a)līh* (8. Jh.), mhd. *got(e)lich*, *göt(e)lich*, *göttelich*, mnd. *gōdelīk*, mnl. *god(d)elijc*, nl. *goddelijk*, aengl. *godlic*, engl. *godly*, anord. *guðligr*. G o t t e s d i e n s t m. 'gemeinsame Verehrung Gottes durch die Gemeinde, Anbetung Gottes', mhd. *gotsdienst*, Zusammenrückung aus der schon ahd. bezeugten Genitivverbindung *zi gotes thionōste* (9. Jh.). G o t t e s f u r c h t f. 'Ehrfurcht vor Gott' (Ende 15. Jh.), Zusammenrückung der seit ahd. Zeit als Übersetzung von lat. *timor deī* bestehenden Genitivverbindung *gotes forhta* (um 1000). g o t t e s f ü r c h t i g Adj. 'von Ehrfurcht vor Gott erfüllt' (17. Jh.), älter mhd. *gotevorhtec*; vgl. ahd. *gotafor(a)htal* (9. Jh.). G o t t e s h a u s n. 'Kirchengebäude, Tempel', ahd. *goteshūs* (Hs. 12. Jh.), mhd. *gothūs*, *got(e)shūs*, frühnhd. *Gothaus*, im 17. Jh. *Gotteshaus*; vgl. die Genitivverbindung ahd. *gotes hūs* (9. Jh.) und got. *gudhūs*. g o t t l o b Interj. Ausruf der Erleichterung; aus Fügungen wie ahd. *gilobōt sī got* (um 1000), mhd. *dem gote sī lop*, nhd. *Gott sei Lob* (16. Jh.) entwickelt sich die Kurzform mhd. *gote lop*, zusammengerückt mhd. *gotelop*, *-lob*. g o t t l o s Adj. 'Gott leugnend, nicht achtend, ruchlos', mhd. *gotlōs* (vereinzelt), geläufig seit Anfang des 16. Jhs.; vgl. anord. *goðlauss*, got. *gudalaus*; G o t t l o s i g k e i t f. (1. Hälfte 16. Jh.).

Götze m. 'Wesen, das als Gottheit verehrt wird, Abgott und seine bildliche Darstellung'. Das Wort ist eine Kurz- und Koseform von *Gottfried*, gebildet mit einem an den ersten Teil zweigliedriger Personennamen antretenden Suffix ahd. *-(i)zo*; vgl. *Heinz*, *Hinz*, *Kunz* neben *Heinrich*, *Konrad*. Die affektische Kurzform *Götz(e)* wird seit dem 15. Jh. appellativisch im Sinne von 'Dummkopf, Schwächling', aber auch, als Koseform von *Gott* verstanden, im Sinne von 'Heiligenbild, Bildwerk' (14. Jh.) gebraucht. In Luthers Sprache erhält der Ausdruck (1520) die Bedeutung 'falscher Gott, Abgott'. – G ö t z e n b i l d n. 'Abgott in bildlicher Darstellung' (16. Jh.). Noch nicht bei Luther; das Kompositum breitet sich erst seit dem 17. Jh. stärker aus, als *Götze* seine Bedeutung 'Bildwerk' weitgehend einbüßt. G ö t z e n d i e n e r m., G ö t z e n d i e n s t m. (16. Jh.).

Gourmand m. 'Vielesser, Schlemmer', Übernahme (18. Jh.) von gleichbed. frz. *gourmand*, Substantivierung des Adjektivs afrz. *gormant*, frz. *gourmand* 'gefräßig, leckerhaft'. Jüngeren Verwendungen von frz. *gourmand* im Sinne von 'Kenner, Liebhaber bestimmter Speisen' entsprechend wird *Gourmand* um 1800 im Dt. außerdem in der Bedeutung 'Feinschmecker' üblich, doch steht dafür seit dem 19. Jh. (in engerem Anschluß an den frz. Sprachgebrauch) häufiger (vielleicht verwandtes) G o u r m e t m., Übernahme von frz. *gourmet*. Voraufgehendes mfrz. *gourmet*, *gro(u)met*, *grome* 'Diener', dem mengl. *grōm*, *grome, groum* ‘Bursche, Diener’ (engl. *groom*) zugrunde liegt, entwickelt die spezielle Bedeutung ‘Gehilfe des Weinhändlers’, woraus noch im Mfrz. ‘Weinprüfer, Weinhändler’ wird, schließlich ‘Weinkenner, Feinschmecker’.

goutieren Vb. ‘Geschmack, Gefallen finden, gutheißen, billigen’ wird in der 2. Hälfte des 18. Jhs. aus frz. *goûter* ‘kosten, schmekken, genießen, Geschmack finden, billigen’ entlehnt, dem lat. *gustāre* ‘kosten, genießen’ (verwandt mit nhd. [2]*kosten, Kür*, s. d.) voraufgeht. – Gusto m. ‘Geschmack, Geschmacksrichtung, Verlangen’. Aus gleichbed. ital. *gusto* (lat. *gustus* ‘das Kosten, Genießen, Geschmack’) wird in der 1. Hälfte des 16. Jhs. *Gust* ins Schweizerdt. entlehnt und begegnet dann bis Ende des 17. Jhs. bei obd. Schriftstellern. Im 18. Jh. wird die volle Form *Gusto* aufgenommen und allgemein bekannt.

Gouvernante f. ‘Erzieherin’ (im 18./19. Jh. gelegentlich auch ‘Statthalterin’). Anfang des 18. Jhs. wird frz. *gouvernante* ‘Erzieherin, Hofmeisterin, Haushälterin’, seltener ‘Statthalterin’, substantiviertes Fem. des Part. Präs. vom Verb frz. *gouverner* ‘regieren, verwalten, leiten, erziehen’, ins Dt. übernommen, zunächst in dt. Weiterbildung *Gouvernantin*, das sich vermutlich an etwas früher bezeugtes, im Stamm den lat. Lautstand zeigendes *Gubernantin* (Ende 17. Jh.) anlehnt (s. *Gouverneur*). Die frz. Form *Gouvernante* setzt sich im Laufe des 19. Jhs. durch.

Gouverneur m. ‘Statthalter (eines Bezirks, einer Kolonie), Befehlshaber (einer Garnison oder Festung)’. Ende des 16. Jhs. wird gleichbed. frz. *gouverneur* (vielleicht über nl. Vermittlung) ins Dt. übernommen. Es ist abgeleitet von frz. *gouverner* ‘regieren, verwalten, leiten, erziehen’ (daher auch frz. *gouverneur* ‘(Prinzen)erzieher’, das im 18. Jh. auch im Dt. auftritt; s. dazu *Gouvernante*). Das frz. Verb geht auf lat. *gubernāre* ‘das Steuerruder führen, lenken, leiten, regieren’ zurück, das selbst aus gleichbed. griech. *kybernān* (*κυβερνᾶν*) entlehnt ist. *Gouverneur* (wofür Zesen *Statthalter*, s. d., durchsetzen möchte) verdrängt (Anfang 18. Jh.) das ältere (seit dem 15. Jh. belegte) *Gubernator* (lat. *gubernātor* ‘Lenker, Leiter’, eigentl. ‘Steuermann’). – Gouvernement n. ‘Regierung, Verwaltung, Regierungsbehörde, Verwaltungsbezirk’ (1. Hälfte 18. Jh.), frz. *gouvernement*, älteres (seit 16. Jh.) *Gubernament* ablösend.

Grab n. ‘Begräbnisstätte’. Zu dem unter *graben* (s. d.) behandelten Verb gehören die folgenden Gegenstandsbezeichnungen, die in der Wurzelsilbe den gleichen Vokalismus wie das Präsens (und Part. Prät.) des Verbs aufweisen, jedoch unterschiedlicher Stammbildung folgen, ursprünglich ‘in die Erde gegrabene Vertiefung’, dann oft ‘Grube, in der eine Leiche bestattet wird’. Das Westgerm. zeigt einen neutralen *a*-Stamm in ahd. *grab* (8. Jh.), mhd. *grap*, asächs. mnd. mnl. nl. *graf*, aengl. *græf* (auch ‘Graben, Höhle’), engl. *grave* ‘Grab, Grube’, dem im Nord- und Ostgerm. ein fem. *ō*-Stamm gegenübersteht in anord. *grǫf*, norw. dän. schwed. *grav* ‘Graben, Grube, Grab’, got. *graba* ‘Graben’, vgl. auch ahd. *grabastat* ‘Grabstätte’ (9. Jh.). Das Slawische kennt, nur mit mask. Genus, die gleiche Stammbildung wie das westgerm. Neutrum, aslaw. *grobъ* ‘Grab, Gruft, Grabmal’, russ. *grob* (*гроб*) ‘Sarg’, älter auch ‘Grab, Gruft’.

grabbeln Vb. ‘schnell greifen, fassen nach, tastend befühlen, umhergreifen, herumwühlen’ (17. Jh.). Das bes. im nordd. Raum gebräuchliche Verb ist eine Iterativbildung zu nd. *grabben* ‘raffen, schnell fassen’; in hd. Mundarten entspricht *grappeln* (15. Jh.). Dazu gehören ferner die Intensivbildungen grapschen Vb. (19. Jh.) und grapsen Vb. ‘heftig, gierig greifen, an sich raffen’ (18. Jh.). Im germ. Sprachbereich sind vergleichbar engl. *to grab, to grasp* ‘hastig, gierig greifen, an sich reißen’, *to grabble* ‘herumtasten, tappen’, schwed. *grabba* ‘grapsen, packen’ sowie *Grips* (s. d.). Mit den außergerm. Verwandten aind. *gr̥b(h)n̥āti* ‘ergreift’, lit. *grébti* ‘rechen, harken, unter Anwendung von Gewalt ergreifen, sich gewaltsam aneignen, rauben’, *gróbti* ‘gewaltsam ergreifen, an sich reißen, rauben’, lett. *grābt* ‘greifen, fassen, haschen, packen’, aslaw. *grabiti* ‘raffen, ergreifen’, russ. *grábit'* (*грабить*) ‘rauben, plündern’ führen sie auf ie. **ghrebh-* ‘ergreifen, erraffen, harken’ (s. *graben*).

Graben m. ‘längsverlaufende Vertiefung im Boden, ausgehobene Befestigungsanlage an vorderster Front’, ahd. *grabo* (9. Jh.), mhd. *grabe*, asächs. *grabo*, mnd. mnl. *grāve* sind Substantivbildungen (mask. *n*-Stämme) zu dem unter *graben* (s. d.) behandelten Verb. Auslautendes *-n* im Hd. (zuerst gegen Ende des 13. Jhs., häufiger seit dem 15. Jh.) stammt aus den flektierten Formen.

graben Vb. 'Erde umwerfen, eine Vertiefung (im Erdboden) machen, einkerben, unter der Erde suchen, schürfen'. Das gemeingerm. Verb ahd. *graban* (um 800), mhd. *graben*, asächs. *graban*, mnd. mnl. *grāven*, nl. *graven*, aengl. *grafan*, engl. *to grave*, anord. *grafa*, schwed. *gräva*, got. *graban* gehört mit aslaw. *grebǫ* 'rudere, grabe', russ. *grebú* (*гребу*) 'rudere, scharre zusammen', älter auch 'grabe, wühle, raffe an mich', aslaw. *pogrĕbati*, russ. *pogrebát'* (*погребать*) 'begraben, beerdigen' zu einer Ausgangsform ie. **ghrebh-*, die oft (wie bei Pokorny 1, 455) in zwei homophone Ansätze mit der Bedeutung 'kratzen, scharren, graben' sowie 'ergreifen, erraffen, harken' (s. *grabbeln*) aufgespalten wird, wobei zugegeben wird, daß zwischen beiden Ansätzen zum Teil nicht scharf zu trennen ist. Das Paradigma des germ. Verbs folgt nicht dem *e/o*-Ablaut des ie. Ansatzes, sondern ist in die Ablautreihe germ. *a/ō* übergetreten. Zum Verb gehören *Grab*, *Graben*, *Gracht*, *Grube*; außerhalb der Ablautformen des Verbalparadigmas stehen die (zur alten ie. Ausgangsform stimmenden) Bildungen *Gruft*, *Grubber* und das Iterativum *grübeln* (s. d.). – ausgraben Vb. 'durch Graben aus der Erde herausholen, durch Graben im Erdboden eine Vertiefung schaffen', ahd. *ūȝgraban* (10. Jh.), mhd. *ūȝgraben*; dazu Ausgrabung f. 'Freilegung (vor)geschichtlicher Funde', Terminus der Archäologie seit dem 18. Jh. begraben Vb. 'beerdigen, bestatten', übertragen 'aufgeben, nicht mehr davon sprechen', ahd. *bigraban* 'beerdigen' (8. Jh.), mhd. *begraben*, auch 'ziselieren, mit einem Graben umgeben'; Begräbnis n. 'Bestattung, Beerdigung', auch 'Grabstätte, Gruft', mhd. *begrebnis(se)* 'Grabstätte'. Gräber m., häufig auch umlautlos *Graber*, ahd. *grabāri* (Hs. 13. Jh.), *bigrabāri* (10. Jh.) 'Totengräber', mhd. *grabære*, mnd. *grāvēre*; heute meist in Zusammensetzungen wie *Gold-*, *Schatz-*, *Totengräber*. Grabmal n. 'am Grab aufgestelltes Erinnerungsmal' (16. Jh.; zuerst in Luthers Bibelübersetzung), Zusammensetzung mit ^{2}*Mal* (s. d.) in dessen Bedeutung 'Zeichen'. Grabscheit n. 'Spaten, Schaufel', mhd. *grabeschīt*, seit dem Frühnhd. die fugenvokallose Form *Grabscheit*; zum Grundwort s. *Scheit*.

Gracht f. 'schiffbarer Kanal, Kanalstraße'. Gleichbed. nl. *gracht* (mnl. *gracht* 'Grab, Grabstätte, Wassergraben, Kanal') wird im 18. Jh. zur Bezeichnung der nl. (und diesen vergleichbarer) Stadtkanäle übernommen. *Gracht* ist eine nl. und nd. (mnd. *gracht* s. unten) Lautvariante zu untergegangenem hd. *Graft* 'Graben, Wassergraben, Kanal, Grab, Begräbnis' (Abstraktbildung zu dem unter *graben*, s. d., behandelten Verb), ahd. *graft* 'Gemeißeltes, Skulptur' (8. Jh.), mhd. *graft* 'Graben, Begräbnis', aber auch mnd. *graft*, *gracht* 'Grube, Graben, Wassergraben, Kanal' sowie 'Grab, Begräbnisstätte, Gruft'. Zum Wechsel von nd. *cht* und hd. *ft* s. auch *anrüchig*, *echt*, *Gerücht*, *Nichte*, *ruchbar*, *sacht*, *Schlucht*.

Grad m. 'Stufe, Abstufung in einer Rangskala, in der Stärke oder Intensität, Maßeinheit', ahd. *grād* 'Stufe, Rang' (um 1000), mhd. *grāt* sind aus lat. *gradus* 'Schritt, Stufe, Abstufung, Rang' entlehnt, einem Deverbativum zu lat. *gradī* 'Schritte machen, schreiten'. Das Wort wird zunächst in enger Anlehnung an die lat. Bedeutung 'Schritt, Stufe', bald auch im übertragenen Sinne von 'Rangstufe' verwendet, der im Dt. wie im Lat. eine reiche Bedeutungsentfaltung aufweist. So ist der Gebrauch als Maß- und Rangbegriff für Sachverhalte seit mhd. Zeit, speziell für den '360. Teil eines Kreises' seit dem 16. Jh. (im Anschluß an den mlat. Gebrauch von *gradus*), der 'akademische Rang' seit dem 17. Jh., die 'Stufe zur Bezeichnung der Nähe einer Verwandtschaft' seit dem 15. Jh., das 'Maß der Intensität', das 'Ausmaß von Eigenschaften, Zuständen und Verhaltensweisen des Menschen' ansatzweise im 14. Jh., häufiger seit dem 16. und 17. Jh. bezeugt. – -gradig Adj. 'Grade enthaltend, in Grade abgeteilt' (18. Jh.), nur mit vorausgehendem Bestimmungswort gebraucht wie *hochgradig*. Gradmesser m. 'Maßstab, Kriterium' (um 1800). gradieren Vb. heute vor allem im Sinne von 'Sole in Gradierwerken konzentrieren' (18. Jh.), älter sind die Bedeutungen 'abstufen, einteilen' (16. Jh.), 'einen Rang, bes. einen akademischen Grad erwerben' (16. bis 18. Jh.), 'in seiner Qualität steigern' (16. bis 19. Jh.); s. auch *degradieren*.

G r a d i e r w e r k n. mit Reisigbündeln bedecktes Gerüst, über das langsam Salzsole rieselt, die durch Verdunstung des Wassers konzentriert wird (18. Jh.). g r a d u i e r e n Vb. Die Bedeutungen decken sich teilweise mit denen von *gradieren* (s. oben): 'in einen Rang erheben, befördern, einen akademischen Grad verleihen, promovieren' (Ende 14. Jh.), 'abstufen, einteilen, mit einer Gradeinteilung versehen' (17. Jh.). Das Verb ist aus mlat. *graduare*, vielleicht unter Einfluß von mfrz. frz. *graduer*, entlehnt; vorwiegend wird das Part.adj. *graduiert* 'im Besitz eines akademischen Grades' gebraucht. g r a d u e l l Adj. 'in Graden, stufenweise, schrittweise, allmählich' (Anfang 19. Jh.), aus gleichbed. frz. *graduel*, mlat. *gradualis*.

Graf m. erblicher Adelstitel, ahd. *grāvo* (8. Jh.), mhd. *grāve* 'Vorsteher des königlichen Gerichts, Verwalter', asächs. *grāvio*, mnl. *grāve*, nl. *graaf*, daneben mit Umlaut afries. *grēva*, mnd. mnl. *grēve*. Die Etymologie ist ungewiß. Man hat versucht, von in der Bedeutung übereinstimmendem aengl. *gerēfa* (erhalten als zweiter Bestandteil in engl. *sheriff*) auszugehen, einer Präfixbildung, deren Grundwort aengl. *rēfa* in einem Ablautverhältnis zu ahd. *ruoba* (8. Jh.), *ruova* (9. Jh.) 'Zahl' stehen könnte. Doch sind die übrigen germ. Formen nicht als Präfixbildungen nachzuweisen. Eine andere Deutung will eine Beziehung zu got. *gagrēfts* 'Beschluß, Verordnung' und einem daraus erschlossenen got. **grēfan* 'gebieten' herstellen; dabei bliebe freilich die aengl. Form unerklärt. Vielleicht aber ist das in merowingischen und karolingischen Quellen gut bezeugte mlat. *graphio*, *grafio*, *grauio* 'Steuerbeamter, gerichtlicher Verwalter' nicht als Latinisierung eines germ. Wortes, sondern vielmehr als Entlehnung des byzantinischen Hoftitels byzant.-griech. *graphēũs* (*γραφεύς*), eigentl. 'Schreiber', zu griech. *gráphein* (*γράφειν*) 'schreiben', aufzufassen. In frühmerowingischen Quellen bezeichnet *graphio* einen Polizei- und Vollstreckungsbeamten, dann einen königlichen Beamten mit administrativen und richterlichen Befugnissen. In spätkarolingischer Zeit wird das Grafenamt mit der Verleihung von Landbesitz zu einem erblichen Lehen umgewandelt (vgl. ahd. *burg-*, *lant-*, *marc-*, *phalanzgrāvo*). Seit dem späteren Mittelalter kann *Graf*, bes. in md. und nd. Gebieten, auch eine gewählte oder ernannte Amtsperson mit niederer richterlicher Gewalt oder den Vorsitzenden eines genossenschaftlichen Amtes bezeichnen, meist in Zusammensetzungen mit *Graf* als Grundwort wie *Deich-*, *Wasser-*, *Feld-*, *Wald-*, *Holz-*, *Salzgraf*. – g r ä f l i c h Adj. 'zu einem Grafen gehörig, ihn betreffend', spätmhd. *grevelich*, *greflich*. G r a f s c h a f t f. 'Amt und Würde eines Grafen, das unter der Verwaltung oder Herrschaft eines Grafen stehende Gebiet', ahd. *grāfscaft* (um 1000), mhd. *grāveschaft*, *grāfschaft*.

Gral m. in der mittelalterlichen Sage und Dichtung nur dem Berufenen sichtbares und ihm irdische und himmlische Seligkeit spendendes geheimnisvolles Etwas, sei es Schale oder Stein. Mhd. *grāl* (zuerst und vor allem im „Parzival" von Wolfram v. Eschenbach) ist Entlehnung von afrz. *graal*, *greal* (bes. in „Li contes del Graal" von Chrétien de Troyes) 'als Kelch gedachtes Gefäß, aus dem Christus das Sakrament spendete und in dem Joseph von Arimathäa später das Blut Christi auffing', sonst allgemein 'Gefäß'. Die Herkunft des frz. Wortes ist umstritten; vielleicht aus mlat. *gradalis* 'Prunkschüssel, in der Delikatessen stufenweise abgeteilt liegen', zu lat. *gradus* 'Schritt, Stufe, Abstufung' (s. *Grad*). Oder gibt mlat. *gradalis* in der Aussprache des 8. Jhs. spätlat. **crātālis* 'Gefäß' wieder (hervorgegangen aus Fügungen wie **vās crātālis*, eigentl. 'geflochtenes Gefäß', zu lat. *crātis* 'Flechtwerk, Geflecht', vgl. FEW 2, 2, 1294f.)? Oder liegt mlat. *garalis* 'Schüssel, Becher' zugrunde, das man auf hebr. *gōrāl* 'Los' zurückzuführen versucht?

gram Adj., nur noch in der Wendung *jmdm. gram sein* 'zürnen, grollen, voll Unmut, böse sein'. Ahd. (um 1000), mhd. asächs. mnd. aengl. mnl. nl. *gram*, anord. *gramr* 'feindselig, erzürnt, wütend', dän. *gram* 'böse' steht im Ablaut zu den unter *Grimm* (s. d.) angeführten Formen. – G r a m m. 'Erbitterung, tiefe Betrübnis, nagender Kummer', älter 'Unmut, Zorn' (Anfang 15. Jh.), 'Feindschaft' (Luther), Substantivierung des prädikativ gebrauchten Adjektivs. Doch vgl. ahd. *gremī* f. 'Erbitterung' (9. Jh.). g r ä m e n Vb. meist refl. '(sich) ärgern, (sich) Kummer, Sorge machen', ahd. *gremmen* (8. Jh.), mhd. *gremen*, mnd. *gremmen*, aengl. *gremman*, *gremian*, anord. *gremja* 'erzürnen', schwed. *gräma* 'betrüben', got. *gramjan* 'reizen' sind Faktitivbildungen zum Adjektiv. g r ä m l i c h Adj. 'verdrießlich, mürrisch, mißvergnügt', mhd. *grem(e)lich, gramelich*.

Gramm n. kleine Masseeinheit innerhalb des metrischen Systems (ein tausendstel Kilogramm), in der 1. Hälfte des 19. Jhs. aus gleichbed. frz. *gramme* entlehnt und 1868 offiziell für den Nordd. Bund eingeführt. Frz. *gramme* (1790, gültig seit 1793) ist seinerseits Entlehnung von griech. *grámma* (*γράμμα*) 'Gewicht einer vierundzwanzigstel Unze', eigentl. 'Buchstabe, Geschriebenes', s. *-gramm*.

-gramm Grundwort von zusammengesetzten Substantiven mit der Bedeutung 'Geschriebenes, Schrift', nach griech. *grámma* (*γράμμα*) 'Buchstabe, Geschriebenes' (s. auch *Gramm*, *Grammatik*), einer Bildung zu griech. *gráphein* (*γράφειν*) 'einritzen, zeichnen, schreiben' (s. *-graph*, *-graphie*, *Graphik*). Die Komposita gehen teils auf griech. Bildungen zurück wie *Epi-*, *Programm* (s. d.), teils sind es gelehrte Neubildungen wie *Auto-*, *Steno-*, *Telegramm* (s. d.). Als Bestimmungswort begegnet griech. *grámma* in *Grammophon* (s. d.).

Grammatik f. 'Wissenschaft und Lehre vom Bau und von den Regeln einer Sprache, Sprachlehrbuch', ahd. *grammatih* (um 1000), mhd. *grāmatic*, *grāmaticā*, frühnhd. *gramatic*, *gramatica* (15. Jh.), *Grammatik* (16. Jh.) beruhen auf Übernahme bzw. Entlehnung von lat. *(ars) grammatica*, griech. *grammatikḗ (téchnē)* (*γραμματικὴ τέχνη*); bis ins 18. Jh. teils in lat., teils in eingedeutschter Form (mit unterschiedlicher Schreibweise); vom 19. Jh. an gilt *Grammatik*. Ausgangswort ist griech. *grámma* (*γράμμα*) 'Buchstabe, Geschriebenes, Aufgezeichnetes', eine Bildung zu griech. *gráphein* (*γράφειν*) 'einritzen, zeichnen, schreiben' (s. *-gramm*). Der Ausdruck bezeichnet ursprünglich die 'Fertigkeit, mit Buchstaben umzugehen, Kunst des Lesens und Schreibens', in hellenistischer und röm. Zeit 'Sprach- und Literaturwissenschaft', seit spätantiker Zeit 'Lehre vom Bau der Sprache'. Entsprechend wird im mittelalterlichen Wissenschaftsgebäude *Grammatik* Terminus für das erste Fach des Triviums (neben Rhetorik und Dialektik) der septem artes liberales (wobei hauptsächlich an die lat. Sprache zu denken ist). Seit Notker begegnet daneben die engere Verwendung 'Summe der Regeln einer Sprache, richtiger Sprachgebrauch' (wofür vom 16. bis 18. Jh. auch *Sprachkunst*, seit dem 17. Jh. *Sprachlehre* üblich ist), dann 'Regelsammlung für das Erlernen und den Gebrauch einer Sprache in Lehrbuchform' (16. Jh.). – G r a m m a t i k e r m. (18. Jh.), mhd. *grāmaticus* 'wer lesen, schreiben und Latein kann oder dieses lehrt', Übernahme von lat. *grammaticus* 'Sprachkundiger, -forscher', griech. *grammatikós* (*γραμματικός*) 'Elementarlehrer', dann auch 'Gelehrter'. Im Dt. (bis ins 18. Jh. in lat. Form) 'Sprachgelehrter (bes. im Hinblick auf die Regeln der Grammatik), Sprachtheoretiker'. Vereinzelt und ohne Nachfolge bleibt die frühe Entlehnung ahd. *gramatihhāri* (um 1000). g r a m m a t i s c h Adj. (16. Jh.), g r a m m a t i k a l i s c h Adj. (17. Jh.).

Grammophon n. Gerät zum Abspielen von Schallplatten, 1887 von E. Berliner entwickelte Verbesserung des von Edison erfundenen *Phonographen* (s. *-graph*). Künstliche Wortbildung zu griech. *grámma* (*γράμμα*) 'Buchstabe, Geschriebenes, Aufgezeichnetes' (s. *-gramm*) und griech. *phōnḗ* (*φωνή*) 'Laut, Stimme, Klang, Ton' (s. *Phonetik*).

Gran n. Gewichtseinheit für Arzneien und Edelmetalle, entlehnt (15. Jh.) aus lat. *grānum* 'Korn, Körnchen, Kern', mlat. 'kleinste Gewichtseinheit', da ursprünglich zum Wiegen allerkleinster Mengen Pflanzenkörner oder -kerne verwendet wurden (s. auch *Karat*). Heute noch in übertragenem Sinne für eine überaus kleine Menge.

Granat m. stark glänzender, meist roter Schmuckstein, mhd. *grānāt*, Entlehnung aus gleichbed. mlat. *granatus* (wohl substantiviert aus **lapis granatus*), das entweder als 'körniger (d. h. kornförmiger) Edelstein' (vgl. lat. *lapis* 'Stein, Edelstein' und lat. *grānātus* Adj. 'mit Körnern, Kernen versehen', zu lat. *grānum* 'Korn, Kern') zu verstehen ist oder besser aus dem übertragenen Gebrauch von lat. *(mālum) grānātum* (s. *Granatapfel*) entstanden sein mag, indem die Farbe des Minerals mit den roten Granatapfelblüten verglichen wird.

Granatapfel m. Gewächs mit großen roten Blüten und besonders kernreichen Früchten, mhd. *grānātapfel* ist halb entlehnt, halb übersetzt aus lat. *mālum grānātum* (daneben auch verselbständigt *grānātum*), eigentl. 'mit Kernen (reichlich) versehener Apfel'; zu lat. *grānum* 'Korn, Kern'.

Granate f. 'mit Sprengstoff gefülltes Geschoß', Entlehnung (um 1600) aus gleichbed. ital. *granata*, eigentl. 'Granatapfel' (hervorgegangen aus dem Kollektivplural lat. *grānāta*, spätlat. Sing. Fem., zu lat. *grānātum*, s. *Granatapfel*). Der übertragene Gebrauch 'Sprengkugel' schließt sich sowohl an die äußere Form als auch an den Bau der Frucht an; wie der Granatapfel mit bes. vielen Kernen, so ist die Granate mit einer Sprengladung gefüllt. – Handgranate f. (17. Jh.).

Grand m. 'höchstes Spiel (Großspiel) im Skat', im 19. Jh. nach frz. *grand jeu* 'großes Spiel'; Ausgangswort ist lat. *grandis* 'groß, bedeutend, erhaben', das auch den unter *grandios*, *Grandezza* (s. d.) genannten roman. Adjektiven zugrunde liegt.

Grandezza f. 'würdevolles Benehmen', Entlehnung (17. Jh.) von span. *grandeza* 'Größe, Pracht, Würde eines Granden, d.h. eines span. Adligen', einer Ableitung von span. *grande* 'groß, hoch, erwachsen, bedeutend', Subst. 'Grande, Angehöriger des span. Hochadels'. Von Anfang an macht sich auf die Wortgestalt im Dt. der Einfluß von ital. *grandezza* 'Größe, Außerordentlichkeit, Würde' (zu ital. *grande* 'groß, hoch, tief, breit') geltend. Zugrunde liegt. lat. *grandis* 'groß, bedeutend, erhaben'.

grandios Adj. 'großartig, überwältigend', im 18. Jh. entlehnt aus ital. *grandioso* 'erhaben, großartig, prächtig', das seinerseits wohl Übernahme von gleichbed. span. *grandioso* ist. Dieses gehört als Ableitung zu span. (älter) *grandía* 'Größe, Großartigkeit', auch 'Übermaß, Prahlerei', einer Abstraktbildung zu span. *grande* 'groß, hoch, erwachsen, bedeutend', das auf lat. *grandis* 'groß, bedeutend, erhaben' zurückgeht. Zunächst ausschließlich als Terminus der Kunstsprache verwendet (so noch bei Campe 1813), im 19. Jh. in allgemeinerer Bedeutung unter Einfluß des häufigen Gebrauchs bei Goethe.

Granit m. sehr hartes Gestein (aus körnigen Teilen), Entlehnung (18. Jh.) von frz. *granit*, das seinerseits aus in gleichem Sinne verwendetem ital. *granito* stammt, dem substantivierten Part. Perf. von ital. *granire* 'körnen, körnig werden' (vgl. mlat. *granitum marmor* 'körniger Marmor'); zu ital. *grano*, lat. *grānum* 'Korn, Körnchen, Kern' (s. *Gran*, *Granat*). Fernzuhalten ist hier, obwohl letztlich ebenfalls auf lat. *grānum* beruhend, mhd. *grānīt* 'Scharlachfarbe'. – graniten Adj. (18. Jh.).

Granne f. 'borstenartige Spitze an Ähren, Gräsern', ahd. *grana* 'Barthaar, Schnurrbart' (8. Jh.), mhd. *gran(e)* 'Spitze eines Haares, Barthaar, stachliges Haar, Ährenborste, Gräte', aengl. *granu* 'Schnurrbart', anord. *grǫn* 'Barthaar, Schnurrbart', auch 'Tanne' (eigentl. 'Nadel') sind verwandt mit den slaw. Formen aruss. *granь* 'Grenze, Grenzlinie', russ. *gran'* (*грань*) 'Grenze, Markstein, Abschnitt', tschech. *hrana* 'Grenze, Ecke', apoln. poln. *grań* 'Ecke, Winkel, Grenze' (aus dessen Ableitung nhd. *Grenze*, s. d., entlehnt ist). Sie alle führen mit *n*-Suffix auf die Formen ie. **ghrō-*, **ghrə-* der Wurzel ie. **gher(ə)-* 'hervorstechen' (von Pflanzentrieben, Stacheln, Borsten, Erderhebungen, Kanten), zu der auch *Grat*, *Gräte* und, im Anschluß an die weiterführende Bedeutung 'wachsen, grünen', *Gras*, *grün* gehören (s. d.). – grannig Adj. 'mit Grannen, borstig' (16. Jh.).

granulieren Vb. 'in körnige Form bringen, Körnchen bilden', gebildet im 16. Jh. (Paracelsus) als Fachausdruck der Metallurgie zu spätlat. *grānulum* 'Körnchen', Deminutivum zu lat. *grānum* 'Korn, Kern' (s. *Gran*).

Grapefruit f. Zitrusfrucht mit saftreichem, bittersüß schmeckendem Fruchtfleisch (auch *Pampelmuse*, s. d.), Entlehnung (20. Jh.) von amerik.-engl. *grapefruit*, aus engl. *grape* 'Traube' und *fruit* 'Frucht' zusammengesetzt. Der Name weist auf die traubenförmigen Blütenstände der Pflanze hin.

-graph, **-graphie** '-(be)schreiber, -beschreibung'. Als zweite Kompositionsglieder bilden griech. *-gráphos* (*-γράφος*) und *-graphía* (*-γραφία*), zu griech. *gráphein* (*γράφειν*) 'einritzen, zeichnen, schreiben' gehörig, eine Vielzahl zusammengesetzter Nomina agentis und Nomina actionis; vgl. z. B. griech. *mȳthográphos* (*μυθογράφος*) 'Fabelschreiber, -dichter', *mȳthographía* (*μυθογραφία*) 'das Fabelschreiben, fabelhafte Geschichte'. Bei der Übernahme entsprechender griech. Ausdrücke ins Dt. erfolgt durch Angleichung an die dt. Morphologie Verlust der griech. Endung, s. *Geograph* und *Geographie*. Infolge großer Verbreitung bleiben *-graph* und *-graphie* bis in neueste Zeit in der Wissenschaftssprache außerordentlich produktiv und gewinnen den Charakter eines Kompositionssuffixes, vgl. *Demograph*, *Kardiograph*, *Phonograph* und *Demographie*, *Kardiographie*, *Mammographie*, *Phonographie*. Das Griech. kennt noch eine andere Art von Zusammensetzungen mit *-graphos* (*-γραφος*). Das zweite Kompositionsglied ist in diesem Fall ohne Akzent und hat die passivische Bedeutung 'geschrieben'; vgl. z. B. *ágraphos* (*ἄγραφος*) 'ungeschrieben', *autógraphos* (*αὐτόγραφος*) 'eigenhändig geschrieben', s. *Autograph* sowie *Paragraph*.

Graphik, Grafik f. Vervielfältigung von Bilddarstellungen und Schrift durch Druck, Kunst des Zeichnens, des Kupfer-, Stahl-, Holzstichs und Holzschnitts, das einzelne nach diesen Verfahren hergestellte Blatt, entlehnt (Ende 18. Jh.) aus lat. *graphicē*, griech. *graphikḗ (téchnē)* (*γραφικὴ τέχνη*) 'Zeichenkunst, Malerei', dem substantivierten Fem. von *graphikós* (*γραφικός*) 'malerisch, zum Malen geeignet'; zu griech. *gráphein* (*γράφειν*) 'einritzen, zeichnen, schreiben'. Zuerst *Graphic* 'Schreibekunst', dann *Graphik* 'Zeichenmalkunst' (um 1800), als kunstwissenschaftlicher Terminus seit der 1. Hälfte des 20. Jhs. – G r a p h i k e r m. (1. Hälfte 20. Jh.). g r a p h i s c h Adj. zuerst in der Fügung *graphische Figuren* 'Schriftzeichen' (Anfang 19. Jh.), danach erweitert 'zeichnerisch, linear oder figurenhaft dargestellt' (1. Hälfte 19. Jh.); vgl. älteres frz. *graphique*.

Graphit m. schwarzgraues Mineral, von dem dt. Geologen Werner gebildet (1789) zu griech. *gráphein* (*γράφειν*) 'einritzen, schreiben, zeichnen, malen', da Graphit vornehmlich zum Schreiben verwendet wird.

Graphologie f. 'Handschriftendeutung' (19. Jh.), gelehrte Bildung zur Wortgruppe von griech. *gráphein* (*γράφειν*) 'einritzen, schreiben, zeichnen', s. *-graph*, *-graphie*, *Graphik*; zum zweiten Kompositionsglied s. *-logie*. – G r a p h o l o g e m., g r a p h o l o g i s c h Adj. (19. Jh.).

Gras n. in Halmen wachsende grüne Pflanze mit schmalem Blatt und ährenförmigem Blütenstand, auch 'Rasen, Wiese', ahd. (8. Jh.), mhd. asächs. mnd. mnl. nl. *gras*, aengl. *græs*, *gærs*, engl. *grass*, anord. *gras*, schwed. *gräs*, got. *gras* (germ. **grasa-*) läßt sich mit lat. *grāmen* 'Gras' (aus **grasmen*) verbinden. Daraus ist ie. **ghrəs-* 'Gras, Pflanzentrieb' zu erschließen, das mit erweiterndem *s* auf ie. **ghrə-*, eine Form der Wurzel ie. **gher(ə)-* 'hervorstechen' (von Pflanzentrieben, Stacheln, Borsten, Erderhebungen, Kanten), weiterführend auch 'wachsen, grünen', zurückgeht. Zur gleichen Wurzel gehören *Grat*, *Gräte*, *Granne* und *grün* (s. d.). – g r a s e n Vb. 'Gras abfressen', ahd. *grasōn* 'weiden, Gemüse pflanzen' (9./10. Jh.), mhd. *grasen* 'Gras schneiden, weiden'; a b g r a s e n Vb. 'Gras abweiden, abmähen' (15. Jh.), übertragener Gebrauch seit dem 19. Jh. G r a s e r m. (Jägersprache) 'Zunge des Rotwildes' (18. Jh.). g r a s i g Adj. 'mit Gras bewachsen, grasähnlich', ahd. *grasag* (um 1000), mhd. *grasec*. G r a s m ü c k e f. kleiner, in Gebüsch und Hecken lebender Singvogel, ahd. *grasmugga* (Hs. 12. Jh.), mhd. *gras(e)mucke* (aus **grasa-smukka*). Im zweiten Bestandteil des Vogelnamens sieht man ein Nomen agentis zu dem unter *schmiegen* (s. d.) behandelten Verb. Das Nomen, das das anlautende *s-* früh verloren haben muß, weist Schwundstufe und die für Intensiv- bzw. Iterativbildungen (wie *schmücken*, *schmuggeln*, s. d.) charakteristische Konsonantengemination auf; semantisch folgt es mhd. *smiegen* und *smucken*, *smücken*, beide 'in etw. eng Umschließendes drücken', refl. 'sich ducken'. Die ahd. Überlieferung bietet zahlreiche Varianten (mit und ohne Fugenvokal); neben den Formen auf *-mugga* stehen von Anfang an solche auf *-mucca*. Das beweist, daß irrtümlich schon früh Zusammenhang mit ahd. *mugga*, Variante *mucca*, nhd. *Mücke* (s. d.) empfunden wird.

grassieren Vb. 'sich ausbreiten, um sich greifen, wüten', entlehnt aus lat. *grassārī* 'losschreiten, hart zu Werke gehen, wüten', einem Intensivum zu lat. *gradī* (*gressus sum*) 'schreiten' (s. *Grad*). Zuerst (16. Jh.) verbunden mit dem Subjekt *Pest* (nach Vorbildern wie spätlat. *pestilentia grassabatur*), dann allgemein von seuchenartig auftretenden ansteckenden Krankheiten, sich verbreitenden Gerüchten, Meinungen.

gräßlich Adj. 'abscheulich, schrecklich, sehr schlimm'. Mnd. *grēselīk* 'schaudererregend, gräßlich' dringt im 14. Jh. ins Md. und Obd. vor, wird dabei jedoch fälschlich als Ableitung von ahd. *grazzo* Adv. 'ernsthaft' (9. Jh.; Komparativ *grezlīhhor*), mhd. *graz*, nhd. *graß* 'wütend, zornig' (bis ins 19. Jh. allgemein gebräuchlich, heute nur noch mundartlich) verstanden (etymologisch zu der unter *Granne*, s. d., genannten Wurzel ie. **gher(ə)-* 'hervorstechen' gehörig) und diesem lautlich angepaßt (vereinzelt bereits im 15. Jh.). Mnd. *grēselīk* ist dagegen verwandt mit ahd. *grīsenlīh* 'furchtbar' (um 1000), aengl. *grislic*, engl. *grisly*, mnl. *grēselijc*, *grīselijc* 'schrecklich, gräßlich' und den zugehörigen Verben aengl. *āgrīsan*, mnd. *grīsen*, *grēsen* 'schaudern, fürchten'. Die weitere Herkunft von germ. **greis-* ist unsicher. Zu einer Erweiterung der unter ²*grauen* angegebenen Wurzel ie. **gher-* 'hart worüber streichen, zerreiben'? Oder zu ie. **ĝhers-* 'starren, beben'?

Grat m. 'schmaler Bergrücken, Höhenbereich im Bergland', mhd. mnd. *grāt* 'Rückgrat, Bergrücken, Spitze, Stachel, Fischgräte' (wozu auch nhd. *Gräte*, s. d.), mnl. *graet*, nl. *graat* 'Gräte' sind vielleicht wie schwundstufiges russ. (älter) *grot* (*грот*) 'Wurfspieß', poln. *grot*, tschech. *hrot* 'Spitze' mit Dentalsuffix im Sinne von 'Spitzes, Hervorstechendes' zur Wurzel ie. **gher(ə)-* 'hervorstechen' (von Pflanzentrieben, Stacheln, Borsten, Erderhebungen, Kanten) gebildet, wobei die germ. Formen hochstufiges und langvokalisches ie. **ghrē-*, die slaw. hingegen reduziertes **ghrə-* voraussetzen. Zur gleichen Wurzel gehören *Granne*, *Gras*, *grün* (s. d.). – Rückgrat n., zuerst *rucke grat* (15. Jh.); bis ins 18. Jh. nur maskulin.

Gräte f. dünne, spitze Bindegewebsverknöcherung bei Fischen. Der Plural mhd. *græte*, zu mhd. *grāt* 'Fischgräte, Rückgrat, Bergrücken, Spitze, Stachel' (s. *Grat*), entwickelt sich zu einer neuen fem. Singularform mit der eingeengten Bedeutung 'Fischgräte'. – entgräten Vb. (16. Jh.); ausgräten Vb. (17. Jh.).

Gratifikation f. 'Sonderzuwendung, zusätzliches Entgelt zu besonderen Anlässen', im 19. Jh. entlehnt aus frz. *gratification* oder unmittelbar aus lat. *grātificātio* (Gen. *grātificātiōnis*) 'Willfährigkeit, Gefälligkeit', einer Substantivbildung zum Verb lat. *grātificārī* 'sich willfährig, gefällig zeigen'; vgl. spätlat. *grātificus* 'gefällig'. Die Bildung auf *-ficus*, Kompositionsform eines Nomen agentis von lat. *facere* 'machen, tun', ist hier (zusammengesetzt mit lat. *grātus* 'willkommen, gefällig, dankbar') allerdings nicht Ausgangspunkt des Verbs, wie sonst üblich, sondern nachträglich entstanden.

gratis Adv. 'unentgeltlich, kostenlos, umsonst' ist eine Entlehnung (16. Jh.) des gleichbed. Adverbs lat. *grātīs*, das aus *grātiīs*, dem Ablativ Plur. von lat. *grātia* 'Gunst, Dank, Erkenntlichkeit', entstanden ist; eigentl. also 'um des bloßen Dankes willen'.

grätschen Vb. 'die Beine spreizen, mit gespreizten Beinen springen' (17. Jh.), üblich in der Fechtersprache (Mitte 18. Jh.), dann durch Vieth (1795) und Jahn (1814) in die Turnersprache übernommen; seitdem allgemein. Intensivbildung zu nicht mehr gebräuchlichem *gräten* 'die Beine spreizen, große, weite Schritte machen' (14./15. Jh.). Aus *gräten* und seinen zahlreichen mundartlichen Varianten (*graten*, *grätten*, *gretten*, *greiten*, *gritten*) kann ein Ansatz germ. **grĭ̄-* 'gespreizt, auseinanderklaffen' erschlossen werden; weitere verwandtschaftliche Beziehungen sind nicht erkennbar. – Grätsche f. 'Sprung, Stellung mit seitwärts gespreizten Beinen', seit Jahn (1816) in der Turnersprache. Vgl. älteres *Grät-*, *Grätschsprung* (Vieth 1793), zuvor (in der Reitkunst) *der gekretschelte Sprung* (um 1660).

gratulieren Vb. 'Glückwünsche aussprechen', Entlehnung (16. Jh.) aus lat. *grātulārī* 'Freude, Teilnahme bekunden, Glück wünschen', das zur Wortgruppe von lat. *grātus* 'willkommen, gefällig, dankbar' gehört. Dazu Gratulation f. 'Glückwunsch' (16. Jh.), lat. *grātulātio* (Gen. *grātulātiōnis*), und Gratulant m. 'Überbringer von Glückwünschen' (18. Jh.), aus dem Part. Präs. lat. *grātulāns* (Gen. *grātulantis*).

grau Adj. Bezeichnung des Farbtons zwischen schwarz und weiß, ahd. *grāo*, Gen. *grāwes* (9. Jh.), mhd. *grā*, asächs. *grāo*, *grē*, mnd. *grā*, *grāwe*, mnl. *grā*, *grau*, nl. *grauw*, aengl. *grǣg*, engl. *grey*, anord. *grār*, schwed. *grå*, germ. **grēwa-* gehört als *wa*-Stamm (darin den Farbbezeichnungen *blau*, *gelb*, s. d., vergleichbar) bzw. (im Aengl.) als Weiterbildung eines *wa*-Stammes mit lit. *žėrėti* 'im Glanze strahlen, funkeln, glänzen', *žarà* 'Röte am Himmel, Lichtschein', aslaw. *zaŕa*, *zoŕa*, russ. *zarjá* (*заря*) 'Glanz, Röte am Himmel' und wohl auch lat. *rāvus* (mit *r* aus **ghr-* und unerklärtem *ā*) 'grau, graugelb' zur Wurzel ie. **ĝher(ə)-*, **ĝhrē-* 'strahlen, glänzen, schimmern'. Ähnlich wie *blau* (s. d.) entwickelt sich auch *grau* aus einer Ausgangsbedeutung 'glänzend, strahlend, hell'. Zur genaueren Bezeichnung des Farbtons dienen mehrere Zusammensetzungen wie *tauben-*, *maus-*, *schiefergrau*. – ¹g r a u e n Vb. 'dämmern, hell werden', ahd. *grāwēn*, *grāwōn* 'grau sein, werden' (11. Jh.), mhd. *grāwen*, auch 'altern, dämmern'. Die Bedeutung 'grau werden' übernimmt im 18. Jh. e r g r a u e n Vb. g r a u l i c h , g r ä u l i c h Adj. 'ins Graue spielend, ein wenig grau' (17. Jh.), zuvor *graulicht* (16. Jh.).

²**grauen** Vb. (unpersönlich oder refl.) 'schaudern, sich fürchten', ahd. *grūēn* (11. Jh.), *ingrūēn* (um 800), mhd. *grūwen*, *grūen*, mnd. mnl. *grūwen*, *grouwen*, nl. *gruwen*. Dazu gehören *Greuel*, *graulen*, *grausen* (s. d.). Man versucht, die Wortgruppe an ie. **ghrēu-*, **ghrū-*, Erweiterung der Wurzel ie. **gher-* 'hart worüber streichen, zerreiben', anzuknüpfen, und verweist dabei auf ie. **ghrēud-*, wozu nicht nur *Grieß* und ¹*Grütze* (s. d.), sondern auch lit. *grústi* 'stampfen, zerstoßen, wehmütig, traurig gestimmt werden, sich grämen', russ. *grustít'* (*грустить*) 'traurig sein', *grust'* (*грусть*) 'Kummer, Trauer' gehören, so daß sich eine befriedigende semantische Beziehung zu der oben genannten germ. Wortgruppe herstellen läßt. Aber auch Anschluß an die Wurzel ie. **ĝher(s)-* 'starren, beben' (wozu lat. *horrēre* 'starr sein, sich emporsträuben, schaudern, sich entsetzen' gehört) wird erwogen; die germ. Wörter um *grauen* wären dann als onomatopoetische Weiterbildungen zu erklären (vgl. SEEBOLD 239). – G r a u e n n. 'Furcht, Entsetzen, Abscheu' (16. Jh.), substantivierter Infinitiv von *grauen*, älteres *Grau* m. 'Schauder' (mhd. *grūwe*) verdrängend. g r a u e n h a f t Adj., g r a u e n v o l l Adj. (beide 18. Jh.).

graulen Vb. (meist refl.) 'ängstlich erschaudern, sich fürchten'. Das durchgängig seit der Mitte des 19. Jhs. bezeugte Verb gilt (obwohl vereinzelt schon vom 16. Jh. an belegt) als relativ junge Bildung mit hd. Diphthongierung zu mundartlichem nd. md. *grūweln*, *grūlen*. Möglicherweise aber hat es sich aus dem bereits im Frühnhd. (16. Jh.) durch Diphthongierung von mnd. md. *grūweln* entstandenen *graueln* entwickelt, das seinerseits bis ins 19., vereinzelt bis ins 20. Jh. hinein existiert. Zur Bildungsweise der md. und nd. Verbformen s. *Greuel*.

Graupe f. 'enthülstes Gerstenkorn', frühnhd. (schles.) *grūpe* (Anfang 15. Jh.), (md.) *graupe* (16. Jh.) stellt sich zu slaw. Wörtern ähnlicher Bedeutung wie obsorb. poln. *krupa*, nsorb. *kšupa*, tschech. *kroupa*, slowak. *krúpa*; die frühe Verbreitung im Omd. macht eine Entlehnung aus dem Sorb. und Poln. wahrscheinlich. – G r a u p e l f. '(Getreide)gräupchen', bes. aber 'kleines Hagelkorn', deminutive *l*-Ableitung von *Graupe*, dessen slaw. Entsprechungen auch 'Hagelschloße' bedeuten; vgl. frühnhd. (schles.) *eysgrūpe* 'kleines Hagelkorn' (15. Jh.) sowie (Erzgeb.) *greuple* 'Erzklümpchen' (16. Jh.). g r a u p e l n Vb. 'in Graupeln hageln' (17. Jh.), vgl. schon *graupen* (Luther).

grausam Adj. 'gefühllos, schrecklich, entsetzlich', mhd. *grū(we)sam* 'Grauen, Schrekken erregend', abgeleitet von mhd. *grūwe*, nhd. *Grau* m. 'Schauder' (s. *Grauen*). Die heute geläufige Bedeutung 'rücksichtslos, hart, gefühllos' sowie die Verwendung als Verstärkung im Sinne von 'heftig, stark, überaus' (vgl. *grausam tief*, *grausam wüten*, *grausame Stärke*) kommen bereits im 15. Jh. auf. – G r a u s a m k e i t f. (15. Jh.).

grausen Vb. (unpersönlich oder refl.) 'schaudern, Furcht, Entsetzen empfinden'. Das nur im Dt. bezeugte Verb ist, wie ahd. *irgrū(w)isōn* (10. Jh.) deutlich macht, eine Weiterbildung mit dem im Ahd. lebendigen Suffix *-isōn* zu den unter ²*grauen* (s. d.) aufgeführten Formen. Seit dem 12. Jh. herrscht die kontrahierte umlautlose Form mhd. *grūsen* (neben vereinzeltem *griusen*, s. *gruseln*), die sich in nhd. *grausen* fortsetzt. Wohl aus dem Verb rückgebildet ist G r a u s m. 'grauenerregendes Ereignis', mhd. *grūs(e)*, das jedoch durch den substantivierten Infinitiv G r a u s e n n. 'Schauder, Entsetzen' (15. Jh.) weitgehend verdrängt wird. Dazu die Adjektive g r a u s l i c h , mhd. *grūs(en)lich*, g r a u s (17. Jh.) und g r a u s i g (18. Jh.) 'wild, schrecklich, entsetzlich'; vgl. ahd. *grūsīg*.

¹**gravieren** Vb. '(in Metall, Stein, Glas) schneiden, ritzen', Entlehnung (18. Jh.) aus gleichbed. frz. *graver*, das dem Germ. (vgl. anfrk. *gravan*, asächs. *graban*, mnl. mnd. *grāven*, s. *graben*) entstammt und im Afrz. zunächst in der Bedeutung 'einen Scheitel ziehen' begegnet. Den erst für das 15. Jh. zu be-

legenden heutigen Wortsinn des Verbs setzt jedoch bereits das zugehörige Nomen agentis mfrz. frz. *graveur* (14. Jh.) ebenso wie jüngeres mfrz. frz. *gravure* (16. Jh.) voraus. Beide Bildungen werden im 18. Jh. gleichfalls ins Dt. entlehnt, G r a v e u r m. 'Kupfer-, Stahlstecher, Steinschneider', G r a v ü r e f. 'Erzeugnis der Gravierkunst, Kupfer-, Stahlstich, Steinschnitt', im 19. Jh. auch (latinisierend) G r a v u r f.

²**gravieren** Vb. 'belasten, beschweren', Entlehnung (17. Jh.) aus lat. *gravāre* 'schwer machen, beschweren, belasten', zu lat. *gravis* 'schwer, gewichtig, würdevoll'. Das zugehörige Part. Präs. verselbständigt sich zu g r a v i e r e n d Part.adj. 'belastend, erschwerend'. Ebenfalls auf lat. *gravis* beruht G r a v i s m. diakritisches Zeichen über einem Vokal zur Kennzeichnung der Betonung (19. Jh.), im Griech. des gesenkten Tones, des Tieftones (lat. *accentus gravis*), im Frz. der offenen Aussprache des *e* (geschrieben *è*) und zur graphematischen Unterscheidung gleichlautender Wörter (frz. *accent grave*). – g r a v i t ä t i s c h Adj. 'würdevoll, steif, gemessen', im 16. Jh. zu heute unüblichem *Gravität* f. 'Würde, Erhabenheit', das aus lat. *gravitās* (Gen. *gravitātis*) 'Schwere, Gewicht, Bedeutung' entlehnt ist. G r a v i t a t i o n f. 'Anziehungskraft zwischen Massen'. Der unter Anlehnung an lat. *gravitās* von engl. Physikern (17. Jh.) geprägte Ausdruck engl. *gravitation* gelangt im 19. Jh. als Terminus der Physik und Astronomie über gleichbed. frz. *gravitation* ins Dt.

Grazie f. 'Anmut, Liebreiz'. Seit etwa 1700 begegnet in dt. Schriften *Grace* als Entlehnung von frz. *grâce* 'Gnade, Gunst, Anmut', das auf lat. *grātia* 'Gunst, Dank, Anmut, Lieblichkeit' beruht. Unter Rückgriff auf das lat. Wort wird in der Mitte des 18. Jhs. dafür *Gratie*, *Grazie* üblich (Winckelmann). – g r a z i ö s Adj. 'anmutig, liebreizend' (18. Jh.), entlehnt aus gleichbed. frz. *gracieux*, das auf lat. *grātiōsus* 'Gunst erweisend bzw. genießend', spätlat. 'wohlgefällig, lieblich' (eine Ableitung von lat. *grātia*) zurückgeht.

grazil Adj. 'zierlich, schlank, geschmeidig', entlehnt (19. Jh.) aus lat. *gracilis* 'schlank, mager, dürr, einfach, schlicht'. Denkbar ist Entlehnung über die botan.- oder zoolog.-lat. Wissenschaftssprache des 18. Jhs., indem das dort zur Beschreibung von Pflanzen, Körpern und deren Teilen verwendete lat. *gracilis* 'schlank, dünn' in der dt. Übertragung, modernem Empfinden gemäß, als 'zierlich, schlank' u. dgl. aufgefaßt wird. Die Etymologie des Adjektivs ist nicht sicher geklärt. Möglicherweise ist **cracilis* vorauszusetzen, so daß Verwandschaft mit aind. *kṛśáḥ* 'abgemagert, hager, schwächlich', lit. *kár̃šti* 'ein hohes Alter erreichen, hinfällig werden' und wohl auch tschech. *krsati* 'abnehmen' angenommen werden kann. Nicht verwandt ist *Grazie* (s. d.).

Greif m. im alten Orient erdachtes Fabeltier, meist vorgestellt mit dem geflügelten Leib eines Löwen, vier Krallenfüßen und dem krummen Schnabel eines Raubvogels, ahd. *grīf*, *grīfo* (10. Jh.), mhd. *grīf(e)* ist eine Entlehnung aus spätlat. *grȳphus*, lat. *grȳps*, *grȳpus*, griech. *grȳ́ps* (γρύψ), das wohl mit griech. *grȳpós* (γρυπός) 'mit einer Habichtsnase, krummnasig, gekrümmt' verwandt ist. Doch wird auch Entlehnung aus einer semitischen Sprache des Orients vermutet; man denkt an akkad. *karūbu* 'Greif, Cherub', das sich unter dem Einfluß von griech. *grȳpós* und *gýps* (γύψ) 'Geier' zu *grȳ́ps* entwickelt habe. Die verdeutlichende Fügung *Vogel Greif* begegnet zuerst im 16. Jh.

greifen Vb. 'nehmen, fassen'. Das gemeingerm. Verb ahd. *grīfan* (um 800), mhd. *grīfen*, asächs. *grīpan*, mnd. mnl. *grīpen*, nl. *grijpen*, aengl. *grīpan*, engl. *to gripe*, anord. *grīpa*, schwed. *gripa*, got. *greipan* hat neben sich ein schwaches Iterativum ahd. *greifōn* (um 800), mhd. *greifen*, aengl. *grāpian* 'tasten, mit der Hand berühren'. Im Dt. vermischen sich semantisch schon früh (bereits ahd.) das starke und das schwache Verb; im Nhd. fallen sie auch formal zusammen. Die germ. Bezeugungen sind nur vergleichbar mit den baltischen Formen lit. *griẽbti* 'anfassen, ergreifen', lett. *greibt* 'greifen, fassen', *griba* 'Wunsch, Wille', *gribēt* 'wollen'. Weitere Beziehungen sind unklar. – g r e i f b a r Adj. 'zum Greifen nahe, verfügbar' (18. Jh.). G r e i f e r m. 'wer ergreift, faßt, fängt' (17. Jh.), in der Technik 'zum Greifen geeignete Vorrichtung an Maschinen, Kränen, Baggern' (19. Jh.); voraus geht ein zum schwachen Verb gehörendes ahd. *greifāri* (um 1100), frühnhd. *greifer* 'Schmeichler, Liebkosender'. a n g r e i f e n Vb., ahd. *anagrīfan* (9. Jh.), mhd. *an(e)grīfen* 'berühren, anfassen', seit 16. Jh. auch 'anfallen, feindlich entgegentreten'; A n g r i f f m. 'Offensive, Überfall', ahd. *anagrif* 'das Anfassen, Angreifen' (11. Jh.), mhd. *an(e)grif*, auch 'Handhabe'; vgl. langobard. *anagrip* 'Antastung' (7. Jh.); die heutige Bedeutung entwickelt sich über 'feindliche Berührung, Tätlichkeit' im 14./15. Jh.; A n g r e i f e r m. (15. Jh.). e r g r e i f e n Vb. 'fassen, packen, im Innersten anrühren', mhd. *ergrīfen*; vgl. *ergreifend* 'rührend', *ergriffen* 'gerührt', *Ergriffenheit* f. (19. Jh.). ü b e r g r e i f e n Vb., ahd. *ubargrīfan* 'überschreiten, übersteigen' (10./11. Jh.), mhd. *übergrīfen* 'über etw. hingreifen, es bedecken, beschädigen'; Ü b e r g r i f f m. 'ungesetzliche Gewalttätigkeit', ahd. *ubargrif* (11. Jh.), spätmhd. *übergrif*. v e r g r e i f e n Vb. refl. 'falsch, daneben greifen, einen Mißgriff tun, gegen jmdn. tätlich werden', mhd. *vergrīfen*; vgl. *vergriffen* Part.adj. 'ausverkauft, nicht mehr lieferbar' (18. Jh.). S. auch *Griff*, *Grippe*.

greis Adj. 'sehr alt, hochbetagt'. Das Adjektiv ist auf nd. Sprachgebiet heimisch, vgl. asächs. (8./9. Jh.), mnd. mnl. *grīs* 'grau', dringt aber schon früh ins Hd. ein und entwikkelt auf obd. Gebiet (da vornehmlich vom altersgrauen Haar gebraucht) die Bedeutung 'betagt', vgl. ahd. mhd. *grīs* 'grau, alt'. Es wird auf eine Erweiterung ie. **ĝhrēi-* der unter *grau* (s. d.) behandelten Wurzel ie. **ĝher(ə)-*, **ĝhrē-* 'strahlen, glänzen, schimmern' zurückgeführt. Aus dem Adjektiv entwickelt sich die Substantivierung G r e i s m. 'sehr alter, hochbetagter Mann', mhd. (schwach flektierend) *grīse*. – g r e i s e n h a f t Adj. (19. Jh.).

grell Adj. 'durchdringend, schrill, blendend', mhd. (md.) *grel* 'zornig, rauh', mnd. *grel*, (ablautend) *gral* 'zornig, böse, verärgert', mnl. *gril*, *grel* 'jähzornig, leidenschaftlich'; dazu das Substantiv frühnhd. *gral* 'Schrei, Zorn' (15. Jh.), *grel* (16. Jh.) sowie das Verb mhd. *grellen*, *grillen* 'laut, vor Zorn schreien', mnd. *grellen* 'in Zorn versetzen, reizen', mnl. *grillen* 'murren, brummen', aengl. *grillan* 'zum Zorn reizen, mit den Zähnen knirschen' und anord. *grellskapr* 'Zorn'. Sie alle sind (wie auch ablautendes *grollen*, *Groll*, s. d.) als lautnachahmende Bildungen anzusehen. *grell* und seine Verwandten bezeichnen zunächst das zornige Gebrüll, vom 16. Jh. an steht das Adjektiv für 'schrill, durchdringend' und, übertragen auf Gesichtseindrücke, für 'hell, blendend' (geläufig seit 18. Jh.). Man kann die Wortgruppe um *grell* und *Groll* in Verbindung mit *grüßen*, *girren*, *gurren* (s. d.) bringen.

Gremium n. 'Ausschuß, beratende oder beschlußfassende Körperschaft', Entlehnung (19. Jh.) von lat. *gremium* 'Schoß', spätlat. 'Armvoll, Bündel, Garbe', übertragen 'Zusammenkunft, Versammlung, Tribunal'. Lat. *gremium* ist verwandt mit lat. *grex* (Gen. *gregis*) 'Herde'.

Grenadier m. ehemals 'Fußsoldat, Infanterist', ursprünglich 'mit Handgranaten ausgerüsteter Soldat', Entlehnung (17. Jh.) von gleichbed. frz. *grenadier*, das von mfrz. frz. *grenade* 'Hand-, Wurfbombe', eigentl. 'Granatapfel', abgeleitet ist; vgl. afrz. *pome grenate* 'Granatapfel' für lat. *(mālum) grānātum* (s. *Granatapfel*). Lat. *grānātum* bzw. dessen Plur. *grānāta* (spätlat. Sing. Fem.) ist auch Ausgangspunkt für ital. *granata* 'Granatapfel, Hohlgeschoß, Handbombe', woraus nhd. *Granate* (s. d.). Frz. *grenadier* ergibt (bei Anlehnung an ital. *granata*) ital. *granatiere*, das im Dt. des 17./18. Jhs. Nebenformen wie *Granadirer*, *Granadier* entstehen läßt.

Grenze f. 'Linie, die zwei Staaten, Länder, Grundstücke oder andere Bereiche voneinander trennt'. Mhd. *graniza*, *graenizen*, *greniz* stammt aus apoln. *granica*, *grańca* 'Grenzzeichen, Grenzlinie' (poln. *granica*) und wird auf der gesamten Länge des polnisch-deutschen Grenzgebietes entlehnt; vgl. die slaw. Entsprechungen russ. *granı́ca* (*граница*), tschech. *hranice* (zu deren Grundwörtern s. *Granne*). Die verschiedenen mhd. Formen finden sich im 12. und 13. Jh. (neben Belegen aus dem sorbischen wie elb- und ostseeslawischen Substratgebiet) vor allem in lat. Urkunden. *Grenze*, im 14. Jh. im Obsächs. bereits allgemein gültig, dringt im 14./15. Jh. in den nd. und hd. Sprachraum vor (in der Luther-Bibel steht es ausschließlich) und erscheint im Westmd. vereinzelt in der 1. Hälfte des 16. Jhs. Es ist um 1700 im gesamten Sprachgebiet allenthalben anzutreffen, erlangt literatursprachlichen Rang und besitzt in der Sprache der Gegenwart (neben *Staatsgrenze*) uneingeschränkt Geltung; alte Bezeichnungen wie *Ende*, *Gemerk*, *Mark*, *Rain*, *Scheide* gelten heute als Dialektwörter, haben eine andere Bedeutung angenommen oder sind ausgestorben. Dazu schon im 15. Jh. die dt. Ableitungen g r e n z e n Vb. und G r e n z e r m. 'Grenzwächter'. – Vgl. K. Müller in: Zur Ausbildung d. Norm d. dt. Literaturspr. 3 (1976) 21ff.

Greuel m. 'grauenerregendes Geschehen, abscheuliche Tat, Furcht, Abscheu', mhd. *griuwel*, *griul(e)*, mnd. mnl. *grūwel*, nl. *gruwel* sind rückgebildet aus mhd. *griuweln* 'Grauen, Abscheu, Furcht empfinden', nhd. *greueln*, mnd. *grūwelen*, mnl. *grūwelen*, Iterativa (wie auch mhd. md. *grūweln*) zu den unter [2]*grauen* (s. d.) behandelten Verbformen. – g r e u l i c h Adj. 'abscheulich, entsetzlich', mhd. *griu(we)lich*, mnd. *grūwelīk*, mnl. *grūwelijc*, nl. *gruwelijk*, vom Substantiv abgeleitet. G r e u e l t a t f. 'Schreckenstat' (17. Jh.).

Griebe f. 'Rückstand beim Zerlassen von Speck, Fettstückchen in der Wurst', ahd. *griobo* 'Brennholz, Ausgetrocknetes' (11. Jh.), mhd. *griebe* 'ausgedörrte Rückstände, ausgelassener Fettwürfel', mnd. *grēve*; vergleichbar ist aengl. *elegrēofa* 'Ölgriebe'. Verwandtschaft mit *Griebs* (s. d.) ist wahrscheinlich.

Griebs m. 'Kerngehäuse des Obstes', zufrühst *grobiß*, *grobeß*, *grubß*, *gribß* (15. Jh.). Verbreitet vor allem in den schweiz. (*Grübsch*) und den entrundenden md. (*Griebs*) Mundarten. Die Herkunft ist nicht sicher zu deuten. Wahrscheinlich besteht Verwandschaft mit *Griebe*, *grob*, *groß*, *Grieß*, [1]*Grütze* (s. d.).

Griesgram m. 'mürrischer Mensch, mürrische Stimmung'. Mhd. *grisgram* 'Zähneknirschen' ist aus dem Verb ahd. *gris(t)gramōn* (um 1000; vgl. *gris(t)gramunga*, 10. Jh.), mhd. *grisgram(m)en* 'mit den Zähnen knirschen, brummen, knurren' rückgebildet. Nhd. *griesgramen* entwickelt im 16. Jh. die Bedeutung 'mißmutig sein, nörgeln'; dazu (und nicht im Anschluß an die mhd. Form) wird im 18. Jh. nhd. *Griesgram* neu gebildet. Das Verb geht im 19. Jh. unter. Auch das zugehörige Adjektiv mhd. *grisgramig* 'zähneknirschend' (14. Jh.) bleibt ohne unmittelbare Nachfolge, denn die Formen g r i e s g r ä m i g , g r i e s g r ä m l i c h 'mürrisch, übellaunig, verdrossen' stammen ebenfalls aus dem 18. Jh. Der erste Wortbestandteil findet sich auch in asächs. *gristgrimmo* 'Zähneknirschen', mnd. *grisgrimmende* Part.adj. 'die Zähne zeigend, wütend', aengl. *gristan* 'mahlen, knirschen', *gristbitian* 'mit den Zähnen knirschen', aengl. engl. *grist* 'Mahlgut, Korn'; vgl. auch nd. *grieseln* 'vor Furcht, Kälte, Ekel erschaudern'. Wie *gräßlich* (s. d.) zu einer Erweiterung der Wurzel ie. **gher-* 'hart worüber streichen, zerreiben'? Oder zu ie. **ĝhers-* 'starren, beben'? Zum zweiten Bestandteil s. *gram*.

Grieß m. 'geschälte und gemahlene Getreidekörner, grobkörniger Sand', ahd. *grioȝ* (8. Jh.), mhd. *grieȝ* 'Sand(korn), Ufersand, Ufer', asächs. *griot*, mnd. *grēt*, mnl. *griet*, aengl. *grēot*, engl. *grit*, anord. *grjōt* 'Kies', schwed. *gryt* 'Steinhaufen' stellen sich mit *groß*, [1]*Grütze* (s. d.) und den außergerm. Verwandten russ. *grúda* (*груда*) 'großer Haufen', lit. *grū́das* 'Korn' zu ie. **ghrēud-*, Erweiterung der Wurzel ie. **gher-* 'hart worüber streichen, zerreiben' (s. auch [2]*grauen*). Im Sinne von 'gemahlenes Getreide' ist *Grieß* seit dem 15. Jh. bezeugt. – g r i e ß i g Adj. 'feinkörnig', mhd. *grieȝec*; g r i e ß e l n Vb. 'körnig werden, bröckeln' (17. Jh.).

Griff m. 'das Greifen, Zufassen, Vorrichtung zum Anfassen', auch in terminologischen Verwendungen, z. B. 'vorschriftsmäßige Handhabung der Waffe', 'beim Anfassen festzustellende Eigenschaften eines Gewebes', ahd. *-grif* in Zusammensetzungen (zuerst *hantgrif*, um 800, s. unten, s. auch *Angriff*, *Übergriff*, vgl. schon langobard. *anagrip* 'Antastung', 7. Jh.), mhd. *grif* 'das Greifen, Tasten, Klaue, Umfang' (spätmhd. auch 'Zugehöriges'), mnd. *grēpe* 'das Greifen, Zugriff, Henkel, Kunstgriff', mnl. *grēpe*, *greep* 'das Greifen, Umfang', nl. *greep* 'das Greifen', aengl. *gripe* 'Griff, Ergreifung, Angriff, Gewalt', engl. *grip* 'das Greifen, Griff, Händedruck, Gewalt', anord. *gripr* 'Eigentum, Kleinod' beruhen auf einem Maskulinum germ. **gripi-*, das zu dem in nhd. *greifen* (s. d.) fortlebenden starken gemeingerm. Verb gebildet ist; zu vergleichen sind weiterhin anord. *-grip* (in Zusammensetzungen), norw. *grep*, schwed. *grepp*, dän. *greb* 'Griff', die auf ein ebenfalls deverbatives Neutrum germ. **gripa-* zurückgehen. Das schwundstufige Verbalabstraktum wird im Mhd. jägersprachlicher Ausdruck für 'Greifvogelfuß, Klaue' und ist mnd. und im älteren Nhd. im Sinne von 'Kunstgriff, Kniff' gebräuchlich (16. bis 18. Jh., auch *Grifflein*). Außerdem bezeichnet es mnd. seit dem 15. Jh., hd. vom 17. Jh. an den zum Anfassen bestimmten Teil eines Gegenstands (Henkel, Stiel, Knauf, Hebel u.ä.). – H a n d g r i f f m. 'Zugriff, Handhabung' (namentlich 'geschicktes Herangehen, Kunstfertigkeit') sowie 'Vorrichtung zum Anfassen', nhd. in beiden Bedeutungen seit dem 16. Jh.; vorher ahd. *hantgrif* 'Handvoll' (um 800), mnd. *hantgrēpe* 'Stiel, Henkel, Türgriff', auch 'Griff mit der Hand' (vgl. mhd. *hantgrift* f. 'das Handanlegen'). K u n s t g r i f f m. 'geschicktes, besondere Fertigkeiten voraussetzendes Herangehen, Kniff' (17. Jh.), vgl. gleichbed. nl. *kunstgreep*. g r i f f i g Adj. 'handlich, gut anzugreifen', bis ins 19. Jh. auch 'gierig', ahd. *griphīg* 'zugreifend, begierig' (11. Jh.), mhd. *griffec* 'greifbar'; vgl. mhd. *griphec* 'raubgierig, handlich', ferner mhd. *grīfec*, frühnhd. *greifig* 'wonach greifend, gierig'.

Griffel m. 'Schiefer-, Schreib-, Zeichenstift', als Fachwort der Botanik (seit dem 18. Jh.) 'schlanker, die Narbe tragender Teil des Fruchtknotens'. Die Formen ahd. *griffil* m. (9. Jh.), mhd. *griffel* m. 'Schreibstift', mnl. nl. *griffel* f. 'Schreibstift, Pfropfreis' entstehen offenbar durch sekundären Anschluß und daher lautliche Angleichung an das unter *greifen* (s. d.) behandelte Verb (zur Tiefstufe der Wurzelsilbe s. auch *Griff*) sowie durch Anfügung des Suffixes germ. *-ila-* in Analogie zu anderen Gerätebezeichnungen (s. *Gürtel*, *Löffel*, *Schlüssel*, *Zügel*). Das tatsächlich zugrundeliegende Substantiv begegnet wohl in dem nur vereinzelt bezeugten ahd. *graf* 'Schreibstift' (8. Jh.), einer vielleicht durch das Galloroman. vermittelten Entlehnung von lat. *graphium* (mlat. auch *graphius*), griech. *graphēīon* (*γραφεῖον*) 'Schreibgerät', bes. 'Metallgriffel zum Schreiben auf Wachstafeln', das auf griech. *gráphein* (*γράφειν*) 'einritzen, zeichnen, schreiben' (s. *-graph*, *Graphik*, *Graphit*) beruht; vgl. die ebenfalls aus dem Lat. übernommenen Entsprechungen aengl. *græf* 'Schreibstift', afrz. *graife*, *grefe*, *grafe* 'Schreibstift, Dolch, Pfropfreis', frz. *greffe* 'Pfropfreis', aprov. *grafi* 'Schreibstift, Pfriem'.

Grill m. 'Bratrost' ist eine seit dem 1. Viertel des 20. Jhs. gebräuchliche Übernahme von gleichbed. engl. *grill*, dem frz. *gril*, afrz. *gräil*, *grëil* m. 'Bratrost, Gitter' zugrunde liegt. Dieses frz. Substantiv, das neben einem aus lat. *crātīcula* 'kleiner Rost, Geflecht' (über spätlat. mlat. bezeugtes *grātīcula*) entwickelten afrz. *gräille*, *grëille* f. 'Bratrost, Gitter', frz. *grille* f. 'Gitter' steht, ist wohl als hierzu neu gebildetes Maskulinum zu betrachten und nicht von der nur vereinzelt belegten Nebenform lat. *crātīculum* herzuleiten. Beide lat. Varianten gehören als Deminutivbildungen zu dem mit *Hürde* (s. d.) verwandten lat. *crātis* 'Flechtwerk, Hürde, Faschine'. Nhd. *Grill* ist außerdem Kurzwort für das ebenfalls dem Engl. entlehnte G r i l l r o o m m. 'Gaststätte, in der gegrilltes Fleisch angeboten wird' (Anfang 20. Jh., nach dem Vorbild von engl. *grill* neben *grill-room*), jetzt oft durch *Grillrestaurant* ersetzt. – g r i l l e n Vb. 'auf dem Grill braten' (30er Jahre 20. Jh.), Entlehnung von gleichbed. engl. *to grill*; vorher (und schweiz. bis in die Gegenwart) ist *grillieren* (um 1800) üblich, dieses nach dem denominativen Verb frz. *griller* 'rösten, auf dem Rost braten', auf das auch engl. *to grill* zurückgeht.

Grille f. Der Name mehrerer zirpender, zu den Heuschrecken zählender Insekten lautet ahd. *grillo* (10. Jh.), mhd. *grille*, frühnhd. (und später noch obd.) *Grill* m., seit dem 15. Jh., wohl auf Grund der Pluralform, daneben *Grille* f. Diese Bezeichnung, die sich von Süden her ausbreitet und bodenständiges *Heimchen* (s. d.) zurückdrängt, beruht auf Entlehnung von gleichbed. lat. *grillus*, *gryllus*. Das lat. Substantiv, das meist als Übernahme aus dem Griech. angesehen wird, könnte auch eine den zirpenden Laut des Tieres nachahmende eigene Bildung sein und wäre dann nicht identisch mit dem ebenfalls onomatopoetischen griech. *grýllos*, *grŷlos* (*γρύλλος*, *γρῦλος*) 'Ferkel, Meeraal', das erst byzant.-griech. (unter lat. Einfluß?) in der Bedeutung 'Grille' vorkommt; vgl. Coromi-nas 2, 786. Seit dem 15. Jh., vereinzelt schon im 14. Jh. (Pseudo-Neidhart) wird *Grille* im Dt., ähnlich wie andere Insektennamen (s. *Mücke*), im Sinne von 'wunderlicher Einfall, Laune' verwendet; vgl. die Fügung *Grillen im Kopf haben* (15. Jh.) und den entsprechenden Gebrauch von mnd. *grille*, nl. *gril*, mfrz. *grillon*, ital. *grillo*, span. *grilla*. Die Übertragung wird vielleicht begünstigt durch gelehrte Kenntnis eines bei Plinius bezeugten lat. *gryllus* 'groteske Menschen- und Tierdarstellung, Karikatur' (mit deutlichem Bezug hierauf *Grillen* bei Fischart, 1575), dem wahrscheinlich ein von griech. *grýllos* 'Ferkel' zu trennendes, sonst aber unerklärtes griech. *grýllos* (*γρύλλος*) als Benennung für einen ausgelassenen Tanz zugrunde liegt. An die Wendung *Grillen fangen* 'wunderlichen Gedanken nachhängen, verdrießlich sein' (17. Jh.) schließt sich die Zusammenbildung Grillenfänger m. 'wer sich trüber Stimmung hingibt', älter auch 'Phantast, Sonderling' (17. Jh.) an.

Grimasse f. 'Verzerrung des Gesichts, Fratze', eine Entlehnung von gleichbed. frz. *grimace*, wird, zuerst vielleicht als Theaterausdruck, Ende des 17. Jhs. üblich. Es erscheint bis über die Mitte des 18. Jhs. hinaus nur in der Pluralform und häufig noch mit frz. Schreibung (*Grimacen*), anfangs auch in allgemeinerem Sinne für 'groteske Körperbewegungen, auffällige Gesten'. Mfrz. *grimace* (nachweisbar seit Ende 14. Jh.) geht durch Suffixtausch aus afrz. *grimuc(h)e* 'Fratze, groteske Figur' hervor. Dieses ist wohl nicht mit nhd. *Grimm* (s. d.) zu verbinden, sondern (wegen des vorauszusetzenden langen Stammvokals) an ein germ. Substantiv mit der Bedeutung 'Maske' (ursprünglich 'tarnende Gesichtsbemalung', zu ie. **ghrēi-* 'darüberstreifen, bestreichen', Erweiterung der Wurzel ie. **gher-* 'hart worüber streichen, zerreiben') anzuschließen, vgl. ahd. *grīmo* m. 'Maske' (10. Jh.), aengl. *grīma* m. 'Maske, Helm, Gespenst' (engl. *grime* 'Ruß, Schmutz' aber wohl deverbativ zu engl. *to grime* 'beschmutzen'), mnl. *grīme* f. 'Maske' (südnl. *grijm* n. 'Ruß'), anord. *grīma* f. 'Maske, Nacht, Drachenkopf am Schiffssteven'. Span. *grimazo* 'perspektivisch verkürzte Darstellung einer Figur' (nur vereinzelt im 17. Jh.) ist entgegen früherer Annahme nicht Vorstufe von frz. *grimace*, sondern ebenso wie engl. *grimace*, nl. *grimas* aus dem Frz. entlehnt; vgl. COROMINAS 2, 788. Auf der im Dt. seit Ende des 18. Jhs. gebräuchlichen Fügung *Grimassen schneiden* (älter *Grimassen machen*, auch *grimassieren*) beruht Grimassenschneider m. 'wer das Gesicht unnatürlich verzerrt' (um 1800).

Grimm m. 'Wut, heftiger Zorn', auch (seit Ende 18. Jh.) 'unterdrückter Zorn', mhd. *grim*, mnd. *grim(me)* 'Wut, Grimm, Wildheit'; vgl. ahd. *zano gigrim* 'Zähneknirschen' (um 800) sowie das zunächst vorherrschende, im Frühnhd. abkommende ahd. *grimmī(n)* 'Grausamkeit, Wut, Wildheit, Strenge' (8. Jh.), mhd. *grimme* 'Wut, Wildheit', feminines Abstraktum zum Adjektiv ahd. *grim(mi)* (s. unten), aus dem wohl ebenfalls, vielleicht über Fügungen wie mhd. *der grimme muot*, das jüngere Maskulinum durch Substantivierung hervorgeht (möglich wäre auch Entstehung aus flektierten Formen des Femininums, z.B. ahd. *mit grimme*). – grimm Adj. 'wütend, wild, schrecklich', in der Dichtung bis ins 18./19. Jh. noch lebendig, ahd. *grim*, *grimmi* (Adv. *grimmo*) 'grausam, wild, streng' (8. Jh.), mhd. *grim(me)* 'zornig, unfreundlich, wild, schmerzlich', asächs. *grim* 'feindlich, böse, schmerzlich, schlimm', mnd. *grim(me)* 'zähneknirschend, wütend, zornig', mnl. aengl. engl. *grim*, anord. *grimmr* 'grimmig, wild, grausam, schrecklich', dän. *grim* 'häßlich, übel'. Hiervon abgeleitet ist die im gegenwärtigen Nhd. allein übliche Suffixbildung grimmig Adj. 'von Grimm erfüllt, heftig, stark', ahd. *grimmīg* 'grausam, grimmig' (11. Jh.), mhd. *grimmec*, *grimmic* 'zornig, schrecklich, wild, schmerzlich', asächs. *grimmag*, nl. *grimmig* 'grimmig, wütend'. Diese Adjektive stehen zu den bei *gram* (s. d.) genannten Wortformen im Ablautverhältnis und stimmen überein mit dem Präsensstamm des nur noch im älteren Nhd. gebräuchlichen grimmen Vb. 'mit den Zähnen knirschen, brüllen, murren' (im 18./19. Jh. gelegentlich *es grimmt jmdn.* 'es versetzt jmdn. in Zorn', wohl durch Vermischung mit *grimmen* 'Schmerzen verursachen, kneipen,' s. *Grimmen*), ahd. (8. Jh.), asächs. *grimman* 'wüten, toben', mhd. *grimmen* 'wüten, brüllen, zürnen', mnd. *grimmen* 'knirschen, brüllen, murren, zürnen', aengl. *grimman* 'rasen, wüten'. Das ursprünglich starke Verb *grimmen* tritt vom 14. Jh. an in die schwache Flexion über; diese findet sich auch bei dem im Nhd. geläufigeren ergrimmen Vb. 'zornig werden' (unpersönlich mit Akk. 'jmdn. zornig machen'), mhd. *ergrimmen* (13. Jh.). Die Gruppe, zu der auch die verhältnismäßig spät in der Literatursprache nachzuweisenden, aber vermutlich älteren Nominalbildungen Ingrimm m. 'mühsam unterdrückter Zorn, Groll, Erbitterung' (18. Jh.) und ingrimmig Adj. 'erbittert, zornig' (Ende 18. Jh., vorher *ingrimmisch*, 17. Jh.), beide zusammengesetzt mit *in* (s. d.), gehören, schließt sich wie awest. *granta-* 'ergrimmt', griech. *chrómē*, *chrómos* (*χρόμη*, *χρόμος*) 'krachender Laut, Gewieher', aslaw. *grъměti* 'donnern', russ. *gremét'* (*греметь*) 'donnern, klirren, dröhnen', aslaw. *gromъ*, russ. *grom* (*гром*) 'Donner' (s. *Pogrom*), lit. *graméti* 'mit Gepolter fallen', *gruméti* 'dumpf dröhnen' an ie. **ghrem-* 'laut und dumpf tönen, donnern, grollen, zornig sein' an.

Grimmen n. 'Leibschmerzen', frühnhd. *grimmen, krimmen* (15. Jh.). Das vor allem in der Zusammensetzung *Bauchgrimmen* (16. Jh.) Verbreitung findende Neutr. (daneben gleichbed. mhd. frühnhd. *grimme, krimme* m.) ist der substantivierte Infinitiv des mit *krumm* (s. d.) verwandten, literatursprachlich bis ins 17. Jh. lebendigen Verbs ahd. *krimman* (9. Jh.), mhd. frühnhd. *krimmen, grimmen* 'mit gekrümmten Klauen packen und verletzen, Schmerzen verursachen, kneipen'; vgl. aengl. *crimman* 'stopfen, einstecken, zerbröckeln', anord. *kremja* 'klemmen, drücken'. Die zuerst im Mhd. bezeugten Formen mit stimmhaftem Anlaut erklären sich wohl durch Einfluß des anders herzuleitenden, aber in einigen Verwendungen semantisch nahestehenden Verbs mhd. *grimmen* 'wüten, brüllen, zürnen' (s. *Grimm*).

Grind m. 'Kruste auf einer heilenden Wunde, Schorf', bis ins 18. Jh. daneben Bezeichnung verschiedener mit Schorfbildung verbundener Hautkrankheiten bei Mensch und Tier, ahd. (9. Jh.), mhd. *grint* 'Ausschlag, Räude (mit Haarausfall)', mhd. bes. 'Kopfgrind' und deshalb auch (meist verächtlich) 'Kopf', mnd. *grint* 'Sand, Ausschlag, Kopfgrind, Schorf, Kopf', mnl. *grinde, grint* 'Sand, Ausschlag, Räude', nl. *grint, grind* 'Kies, Grieß' gehören zu einem nur in aengl. *grindan*, engl. *to grind* 'zermalmen, mahlen, schleifen, knirschen' erhaltenen germ. Verb (vgl. noch got. *grindafraþjis* 'kleinmütig', das auf ein got. **grinds* 'zerrieben' schließen läßt). Allein durch Ablaut unterscheidet sich von diesen Formen das im 18. Jh. aus dem Nd. übernommene, vereinzelt aber schon seit dem 16. Jh. im Hd. bezeugte Substantiv G r a n d m. 'Kies, grober Sand' (nd. auch 'Weizenkleie'), das heute vor allem terminologisch verwendet wird; vgl. dazu mnd. *grant* 'Kies', anord. *grand* 'Körnchen, Kies, Sand', schwed. *grand* 'Körnchen, Stäubchen'. Die Wortgruppe geht zusammen mit außergerm. Entsprechungen wie lat. *frendere* 'zermalmen, knirschen', lit. *grę́sti* 'schaben, scheuern, kratzen', alban. *krunde* 'Kleie' und gleichfalls wohl griech. *chóndros* (*χόνδρος*) 'Graupe, Korn, Knorpel' auf ie. **ghrend(h)-*, Erweiterung der Wurzel ie. **gher-* 'hart worüber streichen, zerreiben', zurück (s. auch *Grund*). Als Benennungsmotiv für *Grind* 'Wundschorf' erweist sich dessen körnige, grießige Beschaffenheit. Aus der im Mhd. (wegen der Häufigkeit solcher Kopfhauterkrankungen zur damaligen Zeit) aufkommenden und bes. im Alem. verbreiteten Übertragung 'Kopf' entwickelt sich auch der jägersprachliche Gebrauch von *Grind* für 'Kopf der Hirsche und Gemsen' (18. Jh.). – g r i n d i g Adj. 'mit Grind bedeckt, räudig', spätmhd. *grintig* (14. Jh.), frühnhd. auch *grundig, grinnig*; älter ist gleichbed. ahd. *grintoht(i)* (10./11. Jh.), spätmhd. *grinteht, grindeht*, nhd. *grindicht* (bis ins 18. Jh.); vgl. mnd. *grindich, grindet* 'grindig, räudig'.

grinsen Vb. 'breit lächeln' (als Ausdruck von Schadenfreude, Zufriedenheit, Einfalt oder Verlegenheit), in dieser Bedeutung seit dem 16. Jh. bezeugt (zuvor 'knirschen', 15. Jh.; omd. auch 'weinen', 17. Jh.), ist eine Intensivbildung (mit mhd. nhd. *-sen*, ahd. *-isōn*, das hier vielleicht anstelle von mhd. nhd. *-zen*, ahd. *-azzen* steht, vgl. die noch im 19. Jh. literatursprachlich vorkommende Variante *grinzen*) zu dem nur bis ins 16. Jh. gebräuchlichen Verb mhd. frühnhd. *grinnen* 'knirschen, grunzen, keifen' (vgl. mnd. *grinsen* 'grunzen', *grinnen, gransen, grensen* 'den Mund verziehen, knirschen, grunzen, murren'). Dieses *grinnen* verschmilzt im Nhd. offenbar mit verwandtem g r e i n e n Vb. 'weinen, weinend klagen', ahd. *grīnan* 'bellen, heulen, knurren' (9. Jh.), mhd. *grīnen* 'lachend, knurrend, winselnd oder weinend den Mund verziehen', mnd. *grīnen* 'den Mund verziehen, weinen, knurren, grunzen, knirschen', selten 'grinsen', mnl. *grīnen* 'schreien, heulen, hohnlachen', nl. *grijnen, grienen* 'weinen, flennen', anord. *grīna* 'grinsen', schwed. *grina* 'grinsen, flennen', wozu mit Ablaut aengl. *grānian*, engl. *to groan* 'stöhnen, seufzen'. Nhd. *greinen*, im 17./18. Jh. von der starken zur schwachen Flexion übertretend, bedeutet zunächst noch 'knurren, grunzen, brüllen, keifen, weinen', engt sich aber seit dem 18. Jh. auf die heutige Verwendung ein. Die nd. Form g r i e n e n Vb. dringt dagegen im 19. Jh. als Synonym für *grinsen* von Norden her in die Literatursprache ein. Für die im Germ. reich entwickelte Verbgruppe (mit wechselndem Vokal, vgl. auch ahd. *granōn* 'grunzen', 9. Jh., mhd. *grannen*, *grennen* 'flennen, weinen', aengl. *grennian*, engl. *to grin* 'die Zähne fletschen', anord. *grenja* 'heulen'), deren gemeinsame Ausgangsbedeutung als 'den Mund breitziehen und die Zähne zeigen' angegeben werden kann, fehlen außergerm. Verwandte (afrz. *grignier* 'den Mund verziehen, klagen, winseln', ital. *digrignare* 'die Zähne fletschen, knurren' sind Entlehnungen aus dem Germ.). Die weitere Herkunft ist deshalb ungeklärt, doch kommt möglicherweise Lautnachahmung in Betracht.

Grippe f. 'fieberhafte Erkältungskrankheit, epidemisch auftretende Viruserkrankung', Übernahme (Ende 18. Jh., etwa zur selben Zeit wie *Influenza*, s. d.) von gleichbed. frz. *grippe*. Dieses ist wahrscheinlich Verbalsubstantiv zu frz. *gripper* 'ergreifen, fassen, haschen', das (vgl. *être grippé* 'erfaßt werden') das plötzliche Auftreten dieser Krankheit zu bezeichnen sucht. Das frz. Verb ist eine Entlehnung aus dem Germ., wohl aus anfrk. **grīpan* (vgl. asächs. *grīpan*, mnl. *grīpen*, s. *greifen*). Oder stammt frz. *grippe* als eine in der 2. Hälfte des 18. Jhs. aufkommende Bezeichnung für ein vermeintlich sich aus Rußland ausbreitendes „Schnupfenfieber" (Campe) aus russ. *chrip* (*хрип*) 'Heiserkeit' (vgl. Gamillscheg [2]501), einer postverbalen Bildung zu lautnachahmendem russ. *chripét'* (*хрипеть*) 'heiser sein, krächzen, röcheln'?

Grips m. 'Verstand, Auffassungsgabe'. Das in diesem Sinne seit dem 19. Jh. bes. in der nordd. und md. Umgangssprache verbreitete Substantiv (daneben mundartlich auch 'Zugriff, Griff') gehört zu einem landschaftlich vom 18. Jh. an und vereinzelt schon im 15. Jh. nachzuweisenden Verb *grippen* 'an sich raffen, stehlen'; es ist entweder mit *s*-Formans (wie *Klaps*, *Knicks*, *Schnaps* u. a.) unmittelbar zu diesem gebildet oder von der ebenfalls landschaftlich gebräuchlichen Iterativform *gripsen*, *gripschen* abgeleitet. Trotz semantischer Ähnlichkeit ist *grippen* wohl von *greifen* (s. d.) etymologisch zu trennen (vgl. [1]DWB 4, 1, 6, 383); vielmehr kann es als Variante mit affektischem Vokalwechsel zu spätmhd. (um 1400), nhd. *grappen*, mhd. *grāpen* 'tasten, greifen' (vgl. die Intensiva nhd. *grappeln*, *grapsen*, *grapschen*), mnd. *grabben* (Iterativum *grabbelen*) 'greifen, raffen' (s. *grabbeln*) gestellt werden.

grob Adj. 'rauh, nicht fein, derb, unhöflich, barsch', ahd. *g(e)rob* 'grob, dick, tief tönend' (um 1000), mhd. *grop*, *grob* (vereinzelt *gerop*), mnd. *grof* 'massig, stark, reichlich, ungebildet, unangemessen' (mnd. auch 'tief tönend, einfach, verständlich'), mnl. *grof*, *groef*, *grouf* 'dick, schwer, schwanger, groß, reichlich, nicht fein', nl. *grof* 'grob, roh, plump'. Die Herleitung des nur dem dt.-nl. Bereich angehörenden Adjektivs (anord. *grōfr* 'groß, grob' entstammt dem Nd., engl. *gruff* 'mürrisch, grob' dem Nl.) ist nicht gesichert. In der Regel wird ahd. *g(e)rob* als Präfixbildung mit germ. **ga-* (s. *ge-*) aufgefaßt, deren Stamm sich zu ahd. *(h)riob* 'aussätzig' (9. Jh.), *(h)ruf* (8. Jh.), frühnhd. *ruf(e)* 'Schorf, Aussatz' (15. Jh.), aengl. *hrēof* 'rauh, schorfig, aussätzig', anord. *hrjūfr* 'uneben, rauh, schorfig' stellen und mit lit. *kraupùs* 'rauh, uneben, struppig', aslaw. *krupica* 'Brosame, Krümchen', russ. *krupá* (*крупа*) 'Grütze, Graupen', *krúpnyj* (*крупный*) 'grobkörnig, groß' auf ie. **kreup-* 'Schorf, sich verkrusten' zurückführen ließe. Andere Erklärungsversuche betrachten *gr-* als Stammanlaut (mit jungem Sproßvokal) und verweisen auf ie. **ghrēu-*, **ghrəu-* 'scharf darüber reiben, zerreiben', Erweiterung der Wurzel ie. **gher-* 'hart worüber streichen, zerreiben'; nächste Verwandte wären dann *Griebe*, *Griebs* und *groß* (s. d.). In beiden Fällen ergibt sich für *grob* eine Ausgangsbedeutung 'körnig, rauh', aus der der in den älteren Sprachstufen vorherrschende Sinn 'massig, dick' hervorgeht. Die heute mit dem Adjektiv verbundene negative Wertung tritt erst im Nhd. stärker zutage. – gröblich Adj. 'beträchtlich, stark, schlimm', adverbiell 'heftig, sehr', mhd. *grobelich* Adj., *grobelīche(n)* Adv., mnd. *gröflīk*, *groflīk* Adj., *gröflīk(en)*, *groflīk(en)* Adv. 'groß, stark, heftig, in hohem Maße, sehr, viel'; zunächst Adverbialbildung zum Adjektiv mhd. *grop*, mnd. *grof* (s. oben), der adjektivische Gebrauch ist bis in die Gegenwart nur schwach bezeugt (vgl. *gröblicher Irrtum*). Grobheit f. 'Derbheit, Unfreundlichkeit', auch 'barsche, unhöfliche Äußerung', mhd. (bes. spätmhd.) *gropheit*, *grobheit* 'Dicke, Unebenheit, Rauheit, Körperlichkeit', mnd. *grofhēt* 'Rauheit, Unebenheit, Roheit, Unhöfischkeit'. Grobian m. 'derber, ungesitteter Mensch' (15. Jh.), bis ins 18. Jh. auch *Grobianus*, latinisierende humanistische Scherzbildung in Anlehnung an Heiligennamen auf lat. *-ānus*, vgl. *Cyprian(us)*, *Damian(us)*. vergröbern Vb. 'gröber machen' (Anfang 18. Jh., zuvor *vergröben*, 17. Jh.), Präfixbildung zu einem nur vereinzelt belegten Faktitiv frühnhd. *gröbe(r)n*. grobschlächtig Adj. 'von grobem Schlage, derb, plump' (19. Jh.). Die Zusammensetzung lehnt sich wohl an andere, bes. im Obd. verbreitete Adjektive mit *-schlächtig* an. Zum zweiten Kompositionsglied, das auf mhd. *-slaht* 'geartet' beruht, s. *ungeschlacht* und *Geschlecht*. Grobschmied m. vom 17. bis ins 19. Jh. gebräuchliches Synonym für *Schmied* (s. d.), das den Unterschied zum (Schlosserarbeiten ausführenden) *Kleinschmied* hervorhebt (vgl. frühnhd. *grop werk* 'grobe Schmiedearbeit', 15. Jh.).

Grog m. 'heißes Getränk aus Rum (oder Weinbrand), Wasser und Zucker'. Gleichbed. engl. *grog* (zuerst 1770 belegt) wird 1784 von Forster noch als fremdes Wort erläutert, findet aber Anfang des 19. Jhs. von Norden her Eingang ins Dt. Man bringt die Bezeichnung mit dem engl. Admiral Vernon in Verbindung, der 1740 seinen Matrosen befiehlt, den Rum nur mit Wasser vermischt zu trinken. Einer bis ins Ende des 18. Jhs. zurückgehenden Überlieferung zufolge trug dieser Admiral wegen seines Rocks aus Kamelhaar (engl. *grogram* 'grober Stoff, Mischgewebe aus Seide und Wolle', nach frz. *gros grain* 'starker Seidenstoff', eigentl. 'grobes Korn', vgl. lat. *grossus* 'dick, grob', *grānum* 'Korn, Kern') den Spitznamen *Old Grog*, der auf das Getränk übertragen wird. – groggy Adj. (nur prädikativ) 'erschöpft, matt' (20. Jh.) folgt engl. *groggy* 'betrunken, unsicher auf den Beinen, kränklich', einer Ableitung von engl. *grog* (s. oben); es wird in den 20er Jahren des 20. Jhs. zunächst als Ausdruck des Boxsports ('hart angeschlagen, halb betäubt') übernommen.

grölen Vb. 'mißtönend schreien, brüllend singen'; mnd. *grālen* 'Feste feiern, lärmen', auch *grölen* 'lärmen, schreien'. In dieser durch Umlaut (vgl. jüngere nd. und md. Mundartformen) und Verdumpfung des Stammvokals zu erklärenden Form findet sich das im Nd. heimische Verb seit dem 17. Jh. in hd. Texten, ist aber erst im 19. Jh. (vielleicht durch studentischen Sprachgebrauch begünstigt) allgemein verbreitet (daneben *gröhlen* als Schreibvariante). Mnd. *grālen* ist abgeleitet von mnd. *grāl* 'lärmende Festlichkeit in den Städten' (zunächst als bürgerliche Nachahmung ritterlicher Turnierspiele mit entsprechend geschmücktem Festplatz, auf dem ein die Gralsburg darstellender Bau errichtet wird), 'Herrlichkeit, Pracht, Glanz', dann überhaupt 'lautes Vergnügen, Lärm'. Dem mnd. Substantiv liegt mhd. *grāl* 'heiliger, wundertätiger Gegenstand' als Symbol des höfischen Rittertums (s. *Gral*) zugrunde, doch können mnd. *grål* 'Groll, Unruhe, Aufruhr', *gral(le)* 'zornig, böse, ergrimmt' (beide ablautend neben den unter *Groll* und *grell* behandelten Wörtern, s.d.) auf die Bedeutungsentwicklung eingewirkt haben.

Groll m. 'im Innern schwelender Haß, anhaltender Unwille, Verärgerung', spätmhd. *grolle* (14. Jh.), frühnhd. *Groll(e)*, die schwache Flexion ist noch im 17. Jh. neben der starken lebendig. Das im Ablautverhältnis zu mhd. *grellen* 'laut vor Zorn schreien', *grel* 'rauh, zornig' (s. *grell*) stehende Substantiv bezeichnet in älterer Zeit häufig auch den aufwallenden, plötzlich ausbrechenden Zorn. – grollen Vb. 'Haß empfinden, verärgert sein', anfangs meist (die entsprechende Lautäußerung mit einschließend) 'zornig murren, brummen' (15. Jh.), daher bis heute auch 'dumpf dröhnen, donnern'. Voraus gehen mit abweichendem Vokal mhd. *grüllen* 'höhnen, spotten', spätmhd. *widergrullen* n. 'das Gegengrollen, Gegenwehr'; vgl. weiterhin mnd. *grullen*, *grüllen* 'grollen, murren'. Nhd. *grollen* ist also wohl lautlich von *Groll* beeinflußt; möglicherweise vereinigt es aber auch in sich zwei ursprünglich getrennte Verben, von denen das eine als ablautendes Deverbativum unmittelbar zu mhd. *grellen* (s. oben) gehört und das andere ein Denominativum von frühnhd. *Groll* darstellt.

[1]**Gros** n. 'Hauptmasse, größter Teil'. Gleichbed. frz. *gros* m., Substantivierung des Adjektivs afrz. frz. *gros* 'dick, groß, stark, grob' (aus lat. *grossus* 'dick, grob', s. auch *Groschen*), wird im 17. Jh. als militärischer Ausdruck ('Hauptteil des Heeres') ins Dt. übernommen. In anderen Bereichen ist es seit dem 18. Jh. gebräuchlich. Trotz anfänglichem Auftreten einer eingedeutschten Form *Groß*, die Anlehnung an nicht verwandtes, aber semantisch entsprechendes *groß* (s. d.) zeigt, bleiben frz. Schreibung und Aussprache bis

heute erhalten. – **engros** Adv. 'in großen Mengen', im Gegensatz zu *en détail* (s. *Detail*). Unabhängig von [1]*Gros* (s. oben) gelangt die Wendung frz. *en gros* 'im großen' durch kaufmännischen Sprachgebrauch ins Dt.; sie wird hier zu Beginn des 18. Jhs. üblich, erscheint jedoch schon mehrfach im 17. Jh. neben gleichbed. ital. *in grosso* (jetzt *all'ingrosso*). Eindeutschungsversuche des 17./18. Jhs. sind *ins Groß*, *im Großen*, vgl. auch mnl. *in groots*, *in(t) gros*; dazu *Engroshandel* 'Großhandel', *Engroshändler* 'Großhändler' (19. Jh.). **Grossist** m. 'Großhändler' (um 1800, vgl. jüngeres gleichbed. ital. *grossista*, frz. *grossiste*). Die Bildung löst älteres *Grossierer* (Anfang 17. Jh.) ab, das wie nl. *grossier* (16. Jh.) auf einem in dieser Verwendung untergegangenen Substantiv afrz. frz. *grossier* (zu afrz. frz. *gros*, s. oben; dafür verdeutlichend auch mfrz. frz. *marchand grossier*) beruht; vgl. ferner gleichbed. mlat. *grossarius*.

[2]**Gros** n. 'zwölf Dutzend'. Das heute kaum noch benutzte Zählmaß für Handelswaren wird um 1700 im kaufmännischen Verkehr üblich. Zugrunde liegt gleichbed. frz. *grosse*, substantiviertes Femininum des Adjektivs frz. *gros* (s. [1]*Gros*), eine vielleicht aus Verkürzung der Fügung frz. *grosse douzaine* 'großes Dutzend' zu erklärende Form. Unter Einfluß des Adjektivs *groß* (s. d.) findet sich im Dt. des 18. Jhs. vielfach die Schreibung *Groß* (bei Adelung mit ausdrücklich gekennzeichneter Vokallänge). In neuerer Zeit gilt Aussprache mit kurzem Vokal wie bei gleichbed. nl. *gros* n., das als Vermittler der Entlehnung (zumindest für das nd. Sprachgebiet) anzusehen ist. Der Genuswechsel erfolgt wohl in Analogie zu Neutra wie *Dutzend*, *Schock*.

Groschen m. ehemals (teilweise bis ins 19. Jh.) in Deutschland geprägte Silbermünze, heute noch umgangssprachlich für 'Zehnpfennigstück', in Österreich Bezeichnung der kleinsten Währungseinheit. Lat. *grossus* 'dick' wird über die Benennung des in Tours 1266 aufkommenden dicken Zehnerstücks (mlat. *denarius grossus* bzw. *grossus Turonensis*) zur Münzbezeichnung, vgl. afrz. *gros (tournois)*, woraus ital. *grosso* und spätmhd. *gros(se)* sowie (lautlich angepaßt) mnd. *grōte*, mnl. *grōte*, *groot*, nl. *groot* (aus dem Mnd. oder Mnl. entlehnt engl. *groat*). Für eine in Prag (um 1300) nachgeprägte Münze gilt (mit Lautwandel von *s* zu *š*) atschech. *groš*; durch die böhmische Kanzlei findet seit dem 14. Jh. darauf beruhendes *Grosch(en)* allgemeine Verbreitung.

groß Adj. 'ausgedehnt, von beträchtlichem Ausmaß', bei näherer Bestimmung der räumlichen Ausdehnung mit vorangestellter Maßangabe im Akk. (seit Ende des 18. Jhs., zuvor und bis ins 19. Jh. im Gen.), auch 'der Zahl, dem Grad nach herausragend, von hohem Wert, besonderer Bedeutung', ahd. (9. Jh.), mhd. *grōʒ*, asächs. mnd. *grōt*, mnl. nl. *groot*, afries. *grāt*, aengl. *grēat*, engl. *great*. Die semantische Entwicklung des nur westgerm. belegten Adjektivs germ. **grauta-*, das wahrscheinlich mit anord. *grautr* 'Grütze' (s. [1]*Grütze*) und lit. *graudùs* 'spröde, brüchig', lett. *grauds* 'Korn' an ie. **ghrēud-*, Erweiterung der Wurzel ie. **gher-* 'hart worüber streichen, zerreiben' anzuschließen ist, entspricht zunächst der des vielleicht ebenfalls verwandten *grob* (s. d.): aus 'grobkörnig' (so noch im Aengl. und gelegentlich im Frühnhd.) erwächst die Bedeutung 'massig, dick', die in mhd. Zeit vorherrscht. Daran knüpfen sich (schon ahd. und in den übrigen westgerm. Sprachen) Übertragungen auf andere räumliche Erstreckungen ('lang, breit, weit') und (bes. asächs. mnd. mnl. frühnhd.) auf Mengen ('zahlreich, viel'), ferner (bereits asächs. mhd. mnd. mnl. sowie im modernen Engl.) Verwendungen, die Qualitätsmerkmale, namentlich einen hohen Rang oder außergewöhnlichen Wert kennzeichnen ('bedeutsam, wichtig, hervorragend, vornehm'). Der im älteren Nhd. verbreitete Gebrauch als intensivierendes Adverb ist heute auf bestimmte Konstruktionen, vor allem auf einige negative Fügungen (*nicht groß*, *niemand groß*) eingeschränkt. Jüngerer Umgangssprache gehört adverbielles *(ganz) groß* 'großartig, prächtig' an (*groß ausgehen*, *etw. ganz groß ankündigen*). Die oben angeführten Formen vom Stamm **grauta-* verdrängen im kontinentalen Westgerm. das vorher zur Bezeichnung eines beträchtlichen Ausmaßes übliche gemeingerm. Adjektiv ahd. *mihhil* (8. Jh.), asächs. *mikil*, mhd. *michel*, mnd. mnl. *mēkel*, *michel*, aengl. *micel*, anord. *mikill*, got. *mikils* (noch lebendig in engl. *much*, schwed. *mycken*, dän. *megen* 'viel' und in Namen wie *Michelstadt*, *Mecklenburg*), das wie lat. *magnus*, griech *mégas* (*μέγας*) (s. *mega-*), aind. *mahā́n* 'groß' auf die Wurzel ie. **meĝ(h)-* 'groß' zurückgeht. – Größe f. 'räumliche Ausdehnung, Ausmaß, hoher Wert, besondere Bedeutung', auch 'bedeutende Persönlichkeit', terminologisch in der Mathematik 'durch eine Zahl ausdrückbarer Begriff' (16. Jh.), in der Bekleidungsindustrie 'genormtes Maß für Kleidungsstücke' (20. Jh.), ahd *grōʒī* (9. Jh.), mhd. *grœʒe* 'Größe, Dicke', mnd. *grōte* 'Größe, Menge' als Adjektivabstraktum; dazu Größenwahn m. 'krankhaft übersteigertes Selbstgefühl' (auch *Größenwahnsinn*) und größenwahnsinnig Adj. (alle 19. Jh.). vergrößern Vb. 'größer machen', refl. 'größer werden' (17. Jh.), löst vorausgehendes *ergrößern* (16. Jh.), *größern* (Ende 15. Jh.) ab; vgl. auch gleichbed. mhd. *grœʒen*, frühnhd. *größen*. großartig Adj. 'prächtig, eindrucksvoll, hervorragend', auch mit negativer Wertung 'prahlerisch, auf Wirkung abzielend' (Anfang 19. Jh., zunächst für *grandios*, s. d.). großsprecherisch Adj. 'prahlerisch, wichtigtuerisch' (17. Jh.), zu älterem *Großsprecher* (15. Jh.), *groß sprechen*, *großsprechen* (16. Jh.); in ähnlichem Sinne umgangssprachlich großkotzig Adj. (19. Jh.), wohl dem Rotwelschen entstammend, vgl. jidd. *kozin* 'reicher Mann', hebr. *qāṭīn* 'Fürst, Anführer, Richter'. großmütig Adj. 'edel denkend, nachsichtig' (so vom 17. Jh. an), spätmhd. *grōʒmüetec*, *-muotec* (14. Jh.) und im Frühnhd. 'hochgestimmt, kühn, unverzagt' (für lat. *magnanimus*); vgl. ahd. *mihhilmuotīg* 'tapfer, beherzt' (11. Jh.); Großmut f. 'edle Gesinnung', frühnhd. auch 'Kühnheit' (16. Jh.). großzügig Adj. 'nicht kleinlich, freigebig, tolerant' (um 1900); Großzügigkeit f. (Anfang 20. Jh.). Großmacht f. 'entscheidenden Einfluß auf die internationale Politik ausübender Staat' (Mitte 19. Jh., zunächst von bestimmten Staaten des Dt. Bundes, entsprechend frz. *grande puissance*), vorher gleichbed. mit *große Macht*, woraus es zusammengerückt ist (17. Jh.); früher bezeugt ist großmächtig Adj. 'sehr mächtig' (bes. in Titeln), 'sehr groß', frühnhd. auch 'von kräftiger Gestalt, dick' (15. Jh.). Großstadt f. 'große Stadt', namentlich (nach statistischer Festlegung) 'Stadt mit mehr als 100 000 Einwohnern', vereinzelt schon im 16. Jh. vorkommend, dann seit Anfang des 19. Jhs., wohl angelehnt an Großstädter m. (17. Jh.), großstädtisch Adj. (Mitte 18. Jh.). Großmutter f., Großvater m. 'Mutter, Vater des Vaters oder der Mutter', mhd. *grōʒmuoter* (1350), spätmhd. *grōʒvater* (um 1400), mnd. *grōt(e)mōder*, *grōt(e)vāder*. Die offenbar vom Norden des dt. Sprachgebiets ausgehenden Bildungen treten in dieser Verwendung an die Stelle von mhd. *ane* f., *an(e)*, *ene* m. (s. *Ahn*); wie nl. *grootmoeder*, *grootvader*, engl. *grandmother*, *grandfather* folgen sie vielleicht dem Muster der allerdings erst verhältnismäßig spät nachweisbaren Zusammensetzungen frz. *grand'mère* (in diesem Sinne schon afrz. *grant mere*?), *grand-père* (16. Jh.), doch ist wegen der frühen Bezeugung im Dt. auch an vom Frz. unabhängige Bildungen zu denken.

Groteske f. künstlerische, bes. literarische Form, deren komische Wirkung auf phantastisch-verzerrender Darstellung der Wirklichkeit beruht. Das Substantiv ist zunächst allein in der bildenden Kunst (vom frühen 17. Jh. bis zur Mitte des 18. Jhs.) als terminologische Bezeichnung für ein aus Pflanzenteilen, Tieren und Menschengesichtern zusammengefügtes verschnörkeltes Wandornament üblich; es geht in dieser Verwendung über frz. *grotesque* f. (16. Jh.) zurück auf gleichbed. ital. *grottesca*, substantiviertes Femininum eines von ital. *grotta* 'Grotte, Höhle, Wall' (s. *Grotte*) abgeleiteten Adjektivs ital. *grottesco* 'nach Art der Grottenbilder, seltsam, wunderlich'. Solche Malereien werden nämlich Ende des 15. Jhs. in verschütteten (und daher höhlenähnlichen) Räumen antiker römischer Thermen und Paläste entdeckt und von Renaissancekünstlern nachgeahmt. Jünger als das Substantiv ist im Dt. grotesk Adj. 'wunderlich, absonderlich, durch Verzerrungen oder Übertreibungen lächerlich wirkend' (Anfang 18. Jh. bis zur Jh.mitte gleichfalls nur terminologisch), nach frz. *grotesque* 'lächerlich, wunderlich, närrisch' (17. Jh.); vgl. aber *grubengrotteschisch* 'seltsam gestaltet' schon bei Fischart 1575 als wohl unmittelbar an ital. *grottesco* anschließende Gelegenheitsbildung.

Grotte f. 'Felsenhöhle von geringer Tiefe', namentlich Bezeichnung für die künstlich angelegte malerische Höhle, wie sie in der Gartenarchitektur seit der Renaissance üblich wird. Das zuerst im 15. Jh. als frühnhd. *grotte* bezeugte, um 1600 stärker in Gebrauch kommende Substantiv ist eine Entlehnung von ital. *grotta* 'Grotte, Höhle, Wall' (Endung *-a* noch in dt. Texten des 17. Jhs.). Dieses beruht auf vlat. *crupta* (vgl. auch mlat. *grupta*), lat. *crypta* 'gedeckter Gang, (unterirdisches) Gewölbe, Gruft' (s. *Krypta* und *Gruft*). Der *u*-Vokal, der sich im älteren Lat. wie im Vlat. findet, bewahrt die ursprüngliche Aussprache des griech. *y* (*υ*).

Grubber m. 'Gerät zum Auflockern des Bodens', Entlehnung (Ende 19. Jh.) von gleichbed. engl. *grubber*, Nomen agentis zu engl. *to grub* 'graben, wühlen, ausroden', das wie *grübeln* (s. d.) eine ablautende Bildung zu dem unter *graben* (s. d.) behandelten Verb ist. An das Substantiv schließt sich g r u b b e r n Vb. 'den Boden mit dem Grubber auflockern' (20. Jh.) an; daneben *grubben*, unmittelbar zu engl. *to grub* oder rückgebildet aus *Grubber*.

Grube f. 'Vertiefung', auch in mannigfacher spezieller Verwendung, bes. 'Bergwerk' und (durch Luthers Bibelübersetzung verbreitet) 'Grab', ahd. *gruoba* 'Vertiefung, Abgrund' (8. Jh.), mhd. *gruobe* 'Grube, Grab, Loch, Höhlung' (spätmhd. 'Bergwerk'), asächs. *grōƀa* 'Grube', mnd. *grōve* 'Grube, Höhle, Schacht, Talsenke, Graben', anfrk. *gruova* 'Fallgrube', mnl. nl. *groeve* 'Grube, Gruft, Furche, Graben' (davon engl. *groove* 'Rinne, Furche, Kehle, Nut'), nl. *groef* 'Höhlung, Rinne, Furche, Nut', anord. *grōf* 'Furche, Grube, Bach', got. *grōba* 'Grube, Höhle'. Germ. **grōbō* ist ein dehnstufig gebildetes Abstraktum zu dem unter *graben* (s. d.) dargestellten Verb. Es bezeichnet also ursprünglich eine künstlich angelegte Vertiefung im Erdboden, etwa zum Tierfang oder zur Verteidigung; daher auch das schon im Mittelalter bekannte, an mehrere Bibelstellen anknüpfende Sprichwort *wer andern eine Grube gräbt, fällt selbst hinein*. Seit dem Mhd. finden sich Übertragungen auf nach innen gewölbte Stellen am menschlichen und tierischen Körper, z. B. 'Augen-, Achselhöhle', vgl. ferner die Komposita *Herzgrube* (18. Jh., vorher *Herzgrüblein*, 16. Jh.), *Magengrube* (18. Jh.). Vor allem entwickelt sich prägnanter Gebrauch des Deminutivums G r ü b c h e n n. 'kleine Vertiefung in der Außenfläche des menschlichen Körpers, namentlich in Wange und Kinn' (17. Jh.), älter *Grüblein*, mhd. *grüebelīn*; zur Form vgl. schon ahd. *gruobilī(n)* 'kleine Höhlung' (Hs. 12. Jh.).

grübeln Vb. 'angestrengt nachdenken, sich mit quälenden Gedanken abgeben', ahd. *grubilōn* (9. Jh.), mhd. *grübelen*. Das allein auf das dt. Sprachgebiet beschränkte Verb ist eine ablautende Iterativbildung zu dem unter *graben* (s. d.) behandelten Verb. Es bedeutet zunächst 'in etw. herumgraben, bohren', dann 'genaue Nachforschungen anstellen', heute nur auf intensives Nachsinnen, oft mit dem Unterton des quälenden, vergeblichen Nachdenkens, bezogen. – G r ü b e l e i f. 'angestrengtes, oft quälendes, nutzloses Nachdenken', seit dem 17. Jh. bezeugt, älter *Grübelung* (16. Jh.). G r ü b l e r m. (16. Jh.). g r ü b l e r i s c h Adj. 'zum Grübeln neigend' (18. Jh.).

Gruft f. 'Grabgewölbe, (offenes) Grab', ahd. *grufti* n. (?) 'Ziselierung' (11. Jh.), mhd. *gruft* 'gedeckter Gang, Höhle, (unterirdisches) Gewölbe', eine Abstraktbildung zu dem unter *graben* (s. d.) behandelten Verb. Diese vermischt sich mit gleichbed., aus vlat. *crupta* (s. *Grotte* und *Krypta*) entlehntem ahd. *cruft* (9. Jh.), mhd. *kruft*. Beide Formen fallen in nhd. *Gruft* zusammen. Vgl. Frings/M. Germania Romana 2 (1968) 200ff.

Grummet, Grummt n. 'Heu vom zweiten Grasschnitt', mhd. *gruo(n)māt* (13. Jh.; offenbar aber älter) setzt sich zusammen aus der (noch) unumgelauteten Form des unter *grün* (s. d.) behandelten Adjektivs (ahd. *gruoni*), hier im Sinne von 'frisch, jung, saftig', und mhd. *māt* (s. *Mahd*).

grün Adj. Das im West- und Nordgerm. erscheinende Farbadjektiv ahd. *gruoni* (8. Jh.), mhd. *grüene*, asächs. *grōni*, mnd. *grōne*, mnl. *groene*, nl. *groen*, aengl. *grēne*, engl. *green*, anord. *grœnn*, schwed. *grön* gehört mit *n*-Suffix zu dem im Nhd. untergegangenen Verb ahd. *gruoen* (8. Jh.), mhd. *grüejen* 'wachsen, sprießen, gedeihen', mnd. *grōjen*, mnl. *groeyen*, *grōyen*, nl. *groeien* 'wachsen', aengl. *grōwan* 'wachsen, sprießen', engl. *to grow* 'wachsen', anord. *grōa* 'wachsen, grünen'. Adjektiv und Verb führen auf die Form ie. **ghrō-* der Wurzel ie. **gher(ə)-* 'hervorstechen' (von Pflanzentrieben, Stacheln, Borsten, Erderhebungen, Kanten), weiterführend 'wachsen, grünen'; sie sind verwandt mit *Grat*, *Gräte*, *Granne* und *Gras* (s. d.). Die für das Adjektiv zu erschließende Bedeutung 'sprießend, hervorwachsend' wird schon früh auf die Farbe der Pflanzen, speziell der jungen Triebe, eingeengt, meint also eigentl.

'von der Farbe sprießender Pflanzen'. *grün* dient im Dt. nicht nur als Farbbezeichnung. Im Sinne von 'frisch, jung, saftig' steht es im Gegensatz zu 'trocken, verwelkt' (*grüne Bohnen, Erbsen, grünes Holz, grüne Ware* 'frisches Gemüse', *grüne* 'ungeräucherte' *Heringe*), im Sinne von 'unreif' im Gegensatz zu 'ausgereift, rot' (*grüne Äpfel*; vgl. auch *grüner* 'unreifer, unerfahrener' *Junge*). Als Farbe des sprießenden Frühlings wird *grün* schon in mhd. Zeit zum Sinnbild des Frohsinns und der Freude, im Nhd. der Hoffnung. Als Farbe des Angenehmen begegnet *grün* in den Wendungen *einem (nicht) grün sein* 'einem (nicht) wohlgesinnt, gewogen sein', *die grüne Seite* ('wo das Herz sitzt', Mitte 16. Jh.). Als Sinnbild des Gedeihens gilt *der grüne Zweig*, daher *auf keinen grünen Zweig kommen* 'erfolglos sein, es zu nichts bringen' (16. Jh.). Das substantivierte Adjektivabstraktum G r ü n n. 'das Grünsein, frisches Laub, freie Natur, Grasboden' (vereinzelt schon 12. Jh.) entfaltet sich als Neutrum seit dem 16. Jh. (*im Grünen* 'in der freien Natur', *ins Grüne fahren*); als abgeleitetes Fem. begegnet es in ahd. *gruonī* (9. Jh.), mhd. *grüene*, mnd. *grōne* 'Grünheit, grün bewachsener Boden'. – g r ü n e n Vb. 'grün werden, grüne Triebe zeigen, sprießen', ahd. *gruonēn* (9. Jh.), mhd. *gruonen* 'grün, frisch werden, sein'. Den Umlaut hat das intrans. Verb wohl vom Adj. *grün* übernommen, kaum von der nur selten gebrauchten trans. Form mhd. *grüenen* 'grün machen'. g r ü n l i c h Adj. 'ein wenig grün, ins Grüne spielend', mhd. *grüenlich* 'grün'; vgl. mhd. *grüenlot* 'annähernd grün'. G r ü n k o h l m. 'Kohl mit krausen Blättern' (16. Jh.), auch *Braunkohl* (Farbe nach dem Kochen), *Kraus-, Winterkohl*. G r ü n s c h n a b e l m. 'sich als Besserwisser aufspielender unerfahrener junger Mensch' (18. Jh.), nach der gelbgrünen Haut an der Schnabelwurzel junger Vögel; s. auch *Gelbschnabel*. G r ü n s p a n m. durch Einwirkung von Essigsäure und Luft entstandener giftiger grüner Überzug auf Gegenständen aus Kupfer oder Messing, spätmhd. *grüenspān, spāngrüen*, nach mlat. *viride Hispanicum* bzw. *Hispanum* 'spanisches Grün', weil der aus künstlich hergestelltem essigsaurem Kupferoxid gewonnene Farbstoff aus Spanien eingeführt wird.

Grund m. 'unterste Fläche, Erdboden, Bodenvertiefung, Tiefe und Boden eines Gewässers, eines Gefäßes, Fundament, Grundlage, das innerste, tiefste Wesen, Ursache, Veranlassung', ahd. *grunt* (8. Jh.), mhd. mnd. *grunt*, asächs. *grund*, nl. *grond*, aengl. *grund*, engl. *ground*, anord. *grunnr* m. 'Grund, Boden', *grund* f. 'Feld, Erde', schwed. dän. *grund*, got. **grundus* (in *grunduwaddjus* 'Grundmauer'). Unter Annahme einer (nicht belegbaren) ursprünglichen Bedeutung 'körniger Boden, Sandboden' kann für germ. **grundu-* über 'Zerriebenes' ein Anschluß an ie. **ghren-*, Erweiterung der Wurzel ie. **gher-* 'hart worüber streichen, zerreiben', hergestellt werden. Dabei ergibt sich über die dentale Erweiterung ie. **ghrendh-* Verwandtschaft mit *Grind* (s. d.). – g r ü n d e n Vb. 'die Grundlage schaffen, den Grundstein legen, ins Leben rufen, auf etw. basieren, aufbauen', ahd. *grunten* 'ergründen, erforschen' (um 1000), mhd. *gründen*; G r ü n d e r m. 'Erbauer, Urheber, Begründer' (17. Jh.); G r ü n d e r j a h r e (Plur.) und G r ü n d e r z e i t f. 'Zeit wirtschaftlichen Aufschwungs in Deutschland nach 1871' (19. Jh.). b e g r ü n d e n Vb. 'Gründe angeben, den Grund legen, neu schaffen', mhd. *begründen*; B e g r ü n d e r m. (Anfang 19. Jh.). e r g r ü n d e n Vb. 'einer Sache auf den Grund gehen, sie erforschen', ahd. *irgrunten* (um 1000), mhd. *ergründen*. g r u n d i e r e n Vb. 'die Grundfarbe, den ersten Anstrich auftragen' (2. Hälfte 18. Jh.), in formaler Anlehnung an ältere maltechnische Begriffe wie *schattieren, lackieren, schraffieren* (s. d.). g r ü n d l i c h Adj. 'allem auf den Grund gehend, sorgfältig, gewissenhaft, genau', ahd. *gruntlīhho* Adv. (9. Jh.), mhd. *gründlich, gruntlich*; G r ü n d l i c h k e i t f. 'Genauigkeit, Gewissenhaftigkeit', allgemein seit Anfang des 18. Jhs., vereinzelt bereits im Sinne von 'Seelen-, Herzenstiefe' in der dt. Mystik (14. Jh.). G r ü n d l i n g m. kleiner, auf dem Grunde des Wassers lebender Fisch (Anfang 15. Jh.), älter *Gründel* m., *Grundel* f. m., ahd. *gruntila* f. (11. Jh.), mhd. *grundel*. G r u n d b e s i t z m., G r u n d b e s i t z e r m. (beide 18. Jh.). G r u n d l a g e f. 'Unterlage, Basis, Fundament' (Ende 16. Jh.). g r u n d l o s Adj. 'ohne Grund und Boden, sehr tief, ohne Ursache, unbegründet', mhd. *gruntlōs, grundelōs*; vgl. ahd. *gruntlōsī* 'bodenlose Tiefe, Abgrund' (8. Jh.).

G r u n d r i ß m. ‘senkrechte Projektion eines Körpers auf eine waagerechte Ebene, maßstabgerechter Übersichtsplan’ (1. Hälfte 17. Jh.), älter (vereinzelt) ‘Grundlage’ (16. Jh.). G r u n d s a t z m. ‘feste Regel, Richtlinie des Denkens und Handelns’ (17. Jh.); g r u n d s ä t z l i c h Adj. (16. Jh.; allgemein verbreitet erst um 1800). G r u n d s t ü c k n. ‘abgegrenztes, als jmds. Besitz ausgewiesenes Stück Land’ (16. Jh.).

grunzen Vb. ‘rauhe Kehllaute ausstoßen’ (bes. vom Schwein), ahd. *grunzen* ‘murren, grollen’ (9. Jh.; vgl. *grunnizōd* ‘das Grunzen des Schweins’, 11. Jh.), frühnhd. *grunzen*, aengl. *grunnettan*, engl. *to grunt*, dän. *grynte* ‘grunzen’ ist eine Intensivbildung neben einem erst frühnhd. belegten gleichbed. *grunnen*, das sich mit aengl. *grunian* ‘knirschen, grunzen’ vergleicht. Es handelt sich um den Grunzlaut der Schweine nachahmende Bildungen, wie sie ähnlich auch in griech. *grýzein* (*γρύζειν*) und lat. *grundīre*, (mit volkssprachlicher Assimilation) *grunnīre* ‘grunzen’ begegnen.

Gruppe f. ‘kleinere Anzahl von miteinander in Beziehung stehenden, einander zugeordneten Personen oder Dingen’, auch (seit 2. Hälfte 19. Jh.) ‘durch gleiche Interessen verbundener Personenkreis’. Anfang des 18. Jhs. wird frz. *groupe* m., zunächst als Fachwort der bildenden Kunst, im Sinne von ‘aus mehreren Figuren bestehendes Kunstwerk, Anzahl von Personen oder Dingen’ (mit Genuswechsel und bis in die 2. Hälfte des 18. Jhs. mit frz. Schreibung) übernommen. Frz. *groupe* ist aus ital. *gruppo* (älter auch *groppo*, das heute nur als ‘Knoten, Verwicklung’ fortlebt) ‘ein Ganzes bildende Ansammlung, Vereinigung von Personen oder Dingen’ entlehnt; die weitere Herkunft ist nicht sicher. Es wird eine Herleitung aus germ. **kruppa-* (wovon *Kropf*, s. d.) erwogen, das als Bezeichnung einer ‘zusammengedrängten runden Masse’ über got. Vermittlung nach Italien gelangt sei (vgl. Bloch/W. [6]308). – g r u p p i e r e n Vb. ‘in, zu Gruppen ordnen, wirkungsvoll zusammenstellen, (sich) aufstellen’ (18. Jh.), vgl. frz. *grouper*; zuerst im Bereich der bildenden Kunst verwendet.

Grus m. ‘körnig verwittertes Gestein, grober Sand, fein zerbröckelte, körnige Kohle’, aus mnd. *grūs*, nd. *Grūs* ‘zerbröckelte Steine, Kies’, vgl. mnl. *gruus* ‘grob gemahlenes Korn, Kleie’, *greuys*, *groeys*, *greus*, *groys* ‘Kleie, grober Sand, Kieselsand, grob gemahlenes Korn’, nl. *gruis* ‘Staub, Schutt, Trümmer, Kohlengrus’. Dies sind Bildungen mit *to-* bzw. *so-*Formans zu ie. **ghrēu-* (wozu mit einfachem Dental ahd. mhd. *grūȝ* ‘Korn von Sand oder Getreide’, übertragen ‘das Geringste’, nhd. mundartlich *Graus* ‘Sand-, Getreidekorn’ und *Grieß*, [1]*Grütze*, *groß*, s. d.), Erweiterung der Wurzel ie. **gher-* ‘hart worüber streichen, zerreiben’ (s. auch [2]*grauen*).

gruseln Vb. ‘vor Furcht leicht schaudern, einen Schauder empfinden’, meist unpersönlich oder refl. Mhd. *griuseln* ‘Grausen empfinden’ ist Intensivbildung zu gleichbed. mhd. *griusen* (s. *grausen*), setzt sich aber im Nhd. nicht fort. Im älteren Nhd. stehen vielmehr (im Anschluß an gleichbed. mhd. *grūsen*) ein nichtdiphthongiertes, ehemals kurzstämmiges, jedoch mundartlich sekundär gedehntes *gruseln* und umgelautetes *grüseln* bis ins 17. Jh. nebeneinander. Im Schrifttum des 18. Jhs. sind beide Verbformen nicht mehr belegt. Anfang des 19. Jhs. aber dringt *gruseln* mit den Grimmschen Märchen wieder in die Literatursprache. – g r u s (e) l i g Adj. ‘unheimlich, schaudererregend’, seit dem 15. Jh. belegte Ableitung von *gruseln* (s. oben), eine klare Abgrenzung gegen *grauslich* (s. d.) ist anfangs nicht immer möglich; wie *gruseln* wird auch das Adjektiv *grus(e)lig* durch Grimms Märchen neu belebt. G r u s e l g e s c h i c h t e f. ‘Schauergeschichte’ (19. Jh.). G r u s i c a l n. ‘Gruselfilm’ (2. Hälfte 20. Jh.), nach *Musical* (s. *Musik*) gebildet.

grüßen Vb. ‘jmdm. mit einer Höflichkeitserweisung begegnen, eine freundliche Empfehlung übermitteln’, ahd. *grouȝen* ‘anreden, angreifen’ (9. Jh.), mhd. *grüeȝen* ‘ansprechen, anreden, bes. um herauszufordern, anzugreifen, anzutreiben, zu beunruhigen, zu züchtigen’, asächs. *grōtian* ‘anreden, fragen’, mnd. *grōten* ‘grüßen, herausfordern’, mnl. nl. *groeten*, aengl. *grētan* ‘herausfordern, angreifen, grüßen’, engl. *to greet* ‘grüßen’, anord. *grœta* ‘zum Weinen bringen’ führen auf germ **grōtjan* ‘zum Schreien bringen’ (woraus über ‘Abschied nehmen’ die westgerm. Bedeutungen?), ein Kausativum zu dem ursprünglich reduplizierenden Verb asächs. *grātan*, anord. *grāta*, schwed. *gråta*, got. *grētan* ‘weinen, klagen’. Die germ. Verben sind wohl lautnachahmenden Ursprungs und vergleichbar mit (keinen Dental aufweisenden) *girren*, *gurren*, *grell*, *Groll* (s. d.), außergerm. mit aind. *ghargharaḥ* 'Geknister, Gerassel', lat. *hirrīre* 'winselnd knurren'. Ursprünglicher Zusammenhang, etwa über eine Schallwurzel ie. **gher-*, erweitert **ghrēd-*, ist nicht zwingend. – G r u ß m. 'Worte, Gebärden der Höflichkeit bei Begegnung oder Abschied, übermitteltes Zeichen des Gedenkens, Schlußformel unter Briefen', mhd. *gruoȥ* 'freundliches Ansprechen, Entgegenkommen, Anreizung, Angriff, Anklage', aus dem Verb rückgebildet.

1**Grütze** f. 'geschälte, grobgemahlene Getreidekörner, Brei aus diesen Körnern', ahd. *gruzzi* n. (9. Jh.), mhd. *grütze* n. f., mnd. *grütte*, *görte* f., mnl. *gort(e)* f., nl. *gort*, aengl. *grytt* n., *grytta* f., engl. *grits* (Plur.), germ. **grutja-* n., **grutjō* f. und ablautendes anord. *grautr* m. 'Grütze' gehören mit *Grieß*, *groß* (s. d.) zu ie. **ghrēud-*, einer Erweiterung der Wurzel ie. **gher-* 'hart worüber streichen, zerreiben', s. auch 2*grauen*.

2**Grütze** f. 'Verstand' ist mundartlich weit verbreitet, bes. in der Wendung *(keine, wenig) Grütze im Kopf haben* (seit dem 17. Jh. literarisch belegt), und beruht vermutlich auf Umbildung von frühnhd. *Kritz* (hess. *Gritz*) 'Verstand, Scharfsinn', das eigentl. 'Kitzel' bedeutet und zu frühnhd. (heute noch landschaftlichem) *kritzeln* (s. d.) im Sinne von 'kratzen, kitzeln' gehört.

gucken Vb. 'sehen, blicken, hervorsehen', umgangssprachlich gegenüber gehobenem *schauen*, das allerdings im Südd. normalsprachlich verwendet wird; im Obd. und Md. erst seit dem 15. Jh., doch vgl. schon mhd. *gücken* (13. Jh.). Nordd. *kucken* übernimmt den Anlaut des aus dem Nd. stammenden, nicht verwandten und ebenfalls etymologisch ungeklärten *kieken* (s. d.). – G u c k f e n s t e r n. 'kleines Fenster' (16. Jh.). G u c k i n d i e w e l t m. 'neugieriges Kind' (2. Hälfte 18. Jh.), nordd. *Kiekindiewelt* (s. d.). G u c k k a s t e n m. kleiner Kasten mit Vergrößerungslinse zum Betrachten von Bildern (Mitte 18. Jh.).

Guerillakrieg m. 'Kleinkrieg, Kampf kleiner Abteilungen im Hinterland feindlicher Truppen' (im 19. Jh. daneben *Guerillaskrieg*) wird in den 20er Jahren des 19. Jhs. im Dt. üblich, zunächst mit Bezug auf den Freiheitskampf der Spanier gegen Napoleon 1808 bis 1814. Span. *guerrilla* 'Kleinkrieg, kleines Gefecht', auch 'Freischar, Partisaneneinheit', das dem Bestimmungswort zugrunde liegt (hier wohl in der zweiten Bedeutung, so daß es sich nicht um eine tautologische Zusammensetzung handelt), ist Deminutivum zu span. *guerra* 'Krieg'; dieses geht wie gleichbed. frz. *guerre* wahrscheinlich auf ein dem ahd. *werra* 'Ärgernis, Zwietracht' (s. *wirr*) entsprechendes anfrk. **werra* zurück. Einfaches G u e r i l l a f. 'Kleinkrieg', also in der ursprünglichen Bedeutung des span. Substantivs, ist im Dt. nur selten bezeugt (seit 2. Hälfte 19. Jh.); geläufig ist dagegen der Plur. G u e r i l l a s 'Freischaren, Partisaneneinheiten', auch 'Mitglieder solcher Einheiten, Freischärler' (20er Jahre des 19. Jh.), wozu gelegentlich und in jüngster Zeit häufiger ein neuer Sing. *Guerilla* m. als Bezeichnung für ein einzelnes Mitglied (statt span. *guerrillero*) verwendet wird.

Guillotine f. 'Fallbeil', Hinrichtungsmaschine der frz. Revolution, frz. *guillotine* f., benannt (1789) nach einem der Begutachter, dem frz. Arzt *Guillotin*; im Dt. erstmals bei Lichtenberg (1792).

Gulasch m. n., öst. auch *Golasch* n., (aus Ungarn stammendes) 'Gericht aus Fleischwürfeln mit scharf gewürzter Soße', seit Mitte des 19. Jhs. im Dt. bekannt. Über öst. Vermittlung aus ungar. *gulyás*, mundartlich *gulás* entlehnt, das aus *gulyás* (bzw. *gulás*) *hús* 'scharf gewürztes Fleischgericht' (wie es von Rinderhirten im Kessel gekocht wird, wörtlich also 'Rinderhirtenfleisch') verkürzt ist. Vgl. ungar. *gulyás*, *gulás* 'Rinderhirt', abgeleitet von ungar. *gulya*, *gula* 'Rinderherde', einem Wort unbekannten Ursprungs, und ungar. *hús* 'Fleisch'.

Gulden m. seit dem 14. Jh. in Deutschland und benachbarten Gebieten verbreitete 'Gold-', später auch 'Silbermünze' (bis ins 19. Jh.), heutige Währungseinheit der Niederlande. Mhd. *guldīn*, *gulden* ist die substantivierte Verselbständigung des Attributs in Fügungen wie *guldīn pfenninc*, *guldīn flōrīn* 'goldener Pfennig, Goldmünze' (vgl. lat *dēnārius aureus*), eigentl. 'der Goldene' (s. *Gold*). Seine Verbreitung gewinnt der Ausdruck dadurch, daß er auf den aus Florenz stammenden, seit dem 14. Jh. auch in Deutschland (bes. von rheinischen Kurfürsten) geprägten *Goldfloren* bezogen wird (vgl. die Abkürzung *f.* oder *fl.* für ‘Gulden’). Zur Geschichte des Wortes und der Sache vgl. [1]DWB 4,1,6, 1054ff.

Gülle f. (landschaftlich) ‘Jauche, Pfütze’, bes. im Südwestd. und Schweiz., von dort in die landwirtschaftliche Fachsprache aufgenommen, die darunter ‘dickflüssiges Gemisch von gegorenem Kot, Harn und Wasser’ versteht. Mhd. *gülle* ‘schmutziges Gewässer, Lache, Tümpel, Sumpf’, mnd. *göle* ‘Sumpf, feuchte Niederung’, schwed. *göl* ‘Pfütze, Tümpel’, norw. (mundartlich) *gyl* ‘Kluft, Felskluft’ (wozu vielleicht auch nl. *geul* ‘schmales tiefes Wasser, Kanal’) können als schwundstufige Ableitungen mit *l*-Formans von der Wurzel ie. **ĝhēu-* ‘gähnen, klaffen’ (s. *Gaumen*) angesehen werden. Zur semantischen Entwicklung vgl. anord. *gil* ‘tiefe, enge Bergschlucht mit Wasserlauf’ zur Parallelwurzel ie. **ĝhēi-* ‘gähnen, klaffen’ (s. *gähnen*). In der Bedeutung ‘Jauche’ ist *Gülle* (verdeutlichend auch *Mistgülle*) zuerst im 16. Jh. nachweisbar.

Gully m. n. ‘Schacht, durch den die Straßenabwässer in die unterirdische Kanalisation einlaufen, Schlammfang’. Wort und Sache werden um 1870 aus England eingeführt. Engl. *gully* gehört zu engl. *gullet* ‘Schlund, Kehle, Wasserrinne’,aus afrz. *golet*, *goulet*, Deminutivum zu afrz. *gole*, *goule* ‘Kehle’, frz. *gueule* ‘Schnauze, Schlund, Öffnung’. Diesem geht lat. *gula* ‘Kehle, Schlund, Speiseröhre’ voraus, das mit nhd. *Kehle* (s. d.) verwandt ist.

Gummi m. n. ‘Saft bestimmter Pflanzen, Gummiharz, Klebstoff, elastisches, aus Kautschuk gewonnenes Produkt’, auch kurz für *Radiergummi* (nur m.). Mhd. *gummi* (vereinzelt 13. Jh., häufiger ab 15. Jh.) ist eine Entlehnung von lat. *gummi*, älter *cummi*, griech. *kómmi* (*κόμμι*), nach ägypt. *kemai*, *kemà*, der Bezeichnung eines wohlriechenden Harzes. – G u m m i a r a b i k u m n. aus dem Saft von Akazien gewonnener Klebstoff, mlat. *gummi Arabicum* ‘arabischer Gummi’ (seit dem 14. Jh. in dt. Texten), teils aus Arabien stammend, teils über Arabien eingeführt. G u m m i b a u m m. aus Ostindien stammender Feigenbaum mit lederartigen, dunkelgrün glänzenden Blättern, beliebte Zimmerpflanze (19. Jh.). g u m m i e r e n Vb. ‘mit einer klebrigen Gummimasse bestreichen, mit Klebstoff versehen’ (Anfang 19. Jh.), älter ‘mit Harzen zubereiten’ (16. Jh.).

Gunst f. ‘Wohlwollen, Gewogenheit’. Das nur im Dt. und Nl. bezeugte Substantiv mhd. mnd. *gunst* ‘Gewogenheit, Wohlwollen, Einwilligung, Erlaubnis’, mnl. *gonst*, *gunst*, *jonst*, *gonste*, nl. *gunst* ist Verbalabstraktum mit *st*-Formans zu dem unter *gönnen* (s. d.) behandelten Verb; vgl. unpräfigiertes ahd. *unst* ‘Wohlwollen, Dank, Gnadengabe, Erlaubnis’ (9. Jh.). In der Fügung *zu jmds. Gunsten* ‘zu jmds. Vorteil’ (15. Jh.) handelt es sich um einen alten, erstarrten Dat. Plur. – g ü n s t i g Adj. ‘wohlgesinnt, wohlwollend, vorteilhaft, passend’, mhd. *günstic* ‘wohlwollend, gewogen’. b e g ü n s t i g e n Vb. ‘bevorzugen, fördern’ (1. Hälfte 16. Jh.). G ü n s t l i n g m. ‘wer bevorzugt wird, in Gunst steht’, gegen Ende des 17. Jhs. aufkommende Verdeutschung von frz. *favori*, ital. *favorito* (s. *Favorit*). M i ß g u n s t f. ‘das Mißgönnen, Neid’ (16. Jh.). U n g u n s t f. ‘das Ungünstigsein, Unwillen’, vor allem in der Fügung *zu jmds. Ungunsten* ‘zu jmds. Nachteil’, mhd. *ungunst* ‘Nichtbegünstigung, Mißgunst, Mißgeschick’, mnd. *ungunst*, nl. *ongunst*. u n g ü n s t i g Adj. ‘nachteilig, schlecht’, mhd. *ungunstec*, *ungunstic* ‘mißgünstig, übelwollend, unglücklich’.

Gurgel f. ‘vorderer Teil des Halses mit Schlund und Kehlkopf, Kehle’, ahd. *gurgula* (um 900), mhd. *gurgel* und mnd. *görgel*, entlehnt aus gleichbed. lat. *gurgulio* (zu lat. *gurges* ‘Strudel, Wirbel, Schlund’), verdrängt einheimisches ahd. *querka* (10. Jh.), *querkala* ‘Gurgel’ (11.Jh.; vgl. gleichbed. mnd. *querke*, *quarke*, anord. *kverk*). Die ererbten germ. Formen sind gleichen Ursprungs wie die lateinischen. Zusammen mit aind. *gárgaraḥ* ‘Strudel’ gehören sie alle als reduplizierende Bildungen zur Wurzel ie. **g^{u}er(ə)-* ‘verschlingen, Schlund’ (s. *Köder*). – g u r g e l n Vb. ‘die Rachenhöhle spülen, Laute in der Gurgel oder diesen ähnliche Geräusche hervorbringen’, ahd. *gurgilōn* (10. Jh.), mhd. *gurgeln*.

Gurke f. Der Name für das im nördlichen Ostindien beheimatete rankenbildende Kürbisgewächs und seine Frucht lautet mgriech. *angū́rion* (*ἀγγούριον*). Er gehört als nasalierte Deminutivbildung zu mgriech. *ágūros* (*ἄγουρος*) ‘grün, unreif’ (von Früchten), einem aus griech. *áōros* (*ἄωρος*) ‘unzeitig, unreif’ entwickelten Adjektiv. Beide mgriech. Formen gelangen in die slaw. Sprachen und erscheinen hier als Bezeichnungen der Gurke. Dt. *Gurke*, zuerst im Omd. (um 1500) belegt, ist sicherlich aus apoln. *ogurek* (poln. *ogórek*) entlehnt, das seinerseits auf mgriech. *ágūros* zurückgeht. Vgl. Bellmann Slavoteutonica (1971) 97ff. und Marzell 1, 1256f.

gurren Vb. 'den dumpfen Laut *gurr* von sich geben' (von Vögeln, bes. Tauben), mhd. *gurren, kurren* 'grunzen' ist wie nhd *girren* (s. d.), mit dem sich nhd. *gurren* bedeutungsmäßig weitgehend deckt, lautnachahmenden Ursprungs.

gürten Vb. 'einen Gurt, Gürtel umlegen, umschnallen', ahd. *gurten* (9. Jh.), mhd. *gürten, gurten*, mnd. *görden*, mnl. nl. *gorden*, aengl. *gyrdan*, engl. *to gird*, anord. *gyrða* stehen ablautend zum starken (sekundär?) Verb got. *bigaírdan* 'umgürten' und gehören zu einer Dentalerweiterung ie. **ĝherdh-* bzw. **gherdh-* 'umfassen, umzäunen, umgürten' der unter *Garten* (s. d. weitere Verwandte) angegebenen Wurzel ie. **ĝher-*, **gher-* 'greifen, fassen, um-, einfassen, einzäunen'. – G ü r t e l m. 'um Taille oder Hüfte getragenes Band zum Festhalten der Kleidung', ahd. *gurtil* (8. Jh.), *gurtila* (11. Jh.), mhd. *gürtel*, mnd. *gördel, gordel*, mnl. *gordel, gurdel*, nl. *gordel*, aengl. *gyrdel*, engl. *girdle*, anord. *gyrðill*, schwed. *gördel*, gebildet mit dem mask. Suffix für Gerätebezeichnungen germ. *-ila-*. Vgl. daneben (mit anderer Bildungsweise) got. *gaírda*, anord. *gjǫrð* 'Gürtel'. G u r t m. 'Band aus festem Gewebe oder Leder zum Halten, Tragen, Ziehen, Gürtel', mhd. *gurt*, aus dem Verb rückgebildet. G ü r t l e r m. 'Hersteller von Gürteln und Gürtelschnallen', mhd. *gürtelære*. G ü r t e l r o s e f. 'sich wie ein Gürtel um die Leibesmitte herum ausdehnende infektiöse Entzündung der Haut' (19. Jh.); s. *Rose*.

Guß m. 'das Gießen einer Flüssigkeitsmenge, Schwall, heftiger Regen, das Gießen flüssigen Metalls in eine Form sowie das danach erstarrte Material', ahd. (9./10. Jh.), mhd. *guȥ*, mnd. *gōte*, aengl. *gyte* (germ. **guti-*) sind Abstrakta zu dem unter *gießen* (s. d.) angeführten Verb. – G u ß e i s e n n. 'gegossenes (nicht oder kaum schmiedbares) Eisen' (18. Jh.).

gut Adj., ahd. (8. Jh.), mhd. *guot*, asächs. aengl. *gōd*, mnd. *gōt*, engl. *good*, mnl. *goet*, nl. *goed*, anord. *gōðr*, schwed. dän. *god*, got. *gōþs* gehört ablautend zu der unter *Gatte* (s. d.) dargestellten Wurzel ie. **ghadh-* 'vereinigen, eng verbunden sein, zusammenpassen' (vgl. auch aind. *gádhyaḥ* 'was man gerne festhält, was einem paßt', aslaw. *godьnъ* 'gefällig, geeignet' sowie ahd. *gigat* 'passend'). Als Ausgangsbedeutung von germ. **gōda-* wird danach etwa 'passend, geeignet' anzusetzen sein. Das Wort zeigt, teils schon in sehr früher Zeit, eine reiche Bedeutungsentwicklung, die, von 'passend' ausgehend, zunächst zu 'für einen Zweck geeignet, tauglich, brauchbar', in spezifischer Anwendung auf Personen 'tüchtig, geschickt' führt. Aus dem Begriff des Geeignetseins für einen bestimmten Zweck entwickelt sich *gut* zum Wertbegriff im Sinne von 'wertvoll, kostbar, hochwertig, qualitativ einwandfrei' (bei Sachen), 'vornehm, edel, angesehen, ehrlich' (auf Personen oder deren Verhältnisse bezogen), ferner zum Ausdruck des Wohlgefallens, der Freude, die jemand an einer Sache oder einem Zustand hat, wird also zu 'angenehm, bequem, vorteilhaft, erfreulich, fein, schön'. Aus 'passend, geeignet' entwickelt sich auch, gleichfalls schon in ältester Zeit, die Bedeutung 'geneigt, wohlmeinend, freundlich, gefällig, gütig'; in allgemeiner ethischer Verwendung steht *gut* im Sinne von 'rechtschaffen, tugendhaft, anständig'. *gut* wird auch zur Bezeichnung von Mengen- oder Maßangaben im Sinne von 'richtig, ordentlich' verwendet, woraus sich 'reichlich, beträchtlich' (*eine gute Stunde, gute acht Tage*) ergibt; schließlich kann *gut* als Mittel der Steigerung etwa im Sinne von 'tüchtig, gehörig, völlig' (*ich habe gute Lust, in gutem Einvernehmen*) gebraucht werden. – G u t n. 'Besitz, Vermögen, versandfertige Ware, Ladung, Material, Stoff für einen bestimmten Arbeitsprozeß (*Saat-, Steingut*), größerer landwirtschaftlicher Betrieb', ahd. *guot* 'Gutes, Vermögen, Besitz' (8. Jh.), mhd. *guot*, auch 'Landgut', asächs. aengl. *gōd*, anord. *gott*, Substantivierungen des Adjektivs. G ü t e f. 'hilfreiche, großherzige Gesinnung, Nachsicht, Freundlichkeit, gute Beschaffenheit, Qualität (einer Ware)', ahd. *guotī* (9. Jh.), mhd. *güete*, asächs. *gōdi*. v e r g ü t e n Vb. 'entschädigen, zurückerstatten, die Güte, Beschaffenheit verbessern', spätmhd. *vergüeten* 'entschädigen, auf Zinsen anlegen'; dazu V e r g ü t u n g f. (18. Jh.). b e g ü t e r t Adj. 'mit Gütern, Reichtum ausgestattet, reich, wohlhabend' (16. Jh.). g ü t i g Adj. 'voller Güte, hilfreich und verzeihend', mhd. *güetec*. b e g ü t i g e n Vb.

'gut zureden, besänftigen, beschwichtigen' (15. Jh.). gütlich Adj. 'in gutem Einvernehmen, ohne Streit, friedlich', ahd. *guotlīh* 'gut, heilbringend, segensreich' (8. Jh.), mhd. *guotlich*, *güetlich* 'gut, gütig, freundlich'. Gutachten n. 'ausführlich begründete Stellungnahme eines Sachverständigen' (Anfang 16. Jh.), substantivierte Zusammenrükkung aus *etw. für gut achten*. Gutdünken n. 'eigenes, persönliches Ermessen', spätmhd. *guotdunken*, Substantivbildung aus Verbindungen wie *ez dunket mich guot*. Guthaben n. 'worauf man Anspruch hat, zur Verfügung stehendes (gespartes) Geld, geldliche Forderung an jmdn.' (um 1800), Substantivierung aus *etw. gut haben* (heute *guthaben*) 'etw. zu fordern haben'. – gutheißen Vb. 'für gut befinden, billigen' (16. Jh.), Zusammenrückung aus *etw. gut heißen*. gutmütig Adj. 'von guter Gemütsart, nicht streitsüchtig, leicht zu beeindrukken, mitleidig' (15. Jh.). Gutschein m. 'Schein über ein Guthaben in Waren oder Geld' (19. Jh.), Verdeutschung für *Bon* (s. d.). gutwillig Adj. 'guten Willen zeigend, gefügig', ahd. *guotwillīg* (um 1000), mhd. *guotwillic*.

guttural Adj. '(scheinbar) aus der Kehle kommend, kehlig klingend'. In Grammatiken des 17. und 18. Jhs. erscheint das Adjektiv nlat. *gutturalis*, gelehrte Bildung zu lat. *guttur* 'Gurgel, Kehle', teils in der Verbindung *littera gutturalis*, teils substantiviert *Gutturalis*, zunächst (wie das dt. Äquivalent *Kälbuchstab* 1619) bezogen auf die tatsächlich in der Kehle gebildeten Laute des Semitischen (Hebräischen). Später gilt es, wie auch eingedeutschtes *guttural*, *Guttural* (vgl. *Guttural-Buchstabe*, Ende 18. Jh.), als Bezeichnung (der historischen Sprachwissenschaft) für Laute, die in der am weitesten zurückliegenden Zone des Artikulationstraktes gebildet werden, sowie als Oberbegriff für alle Gaumenlaute (velare und palatale).

Gymnasium n. älteste Form der bürgerlichen höheren Schule mit besonderer Pflege der klassischen Sprachen Griechisch und Latein. Lateinschulen im Mittelalter heißen *schola* und *studium*. Um 1500 führen Humanisten *Gymnasium* zur Bezeichnung der über die gewöhnlichen Unterrichtsziele hinausgehenden Lateinschulen ein, eine Bezeichnung, die im 13./14. Jh. Universitäten, bes. in Italien und Frankreich, führen (neben *studium generale* und *universitas*). Anfang des 19. Jhs. werden durch Verfügung alle Schulen *Gymnasium* genannt, die ihre Schüler zur Hochschulreife führen, später nur diejenigen, die vorzugsweise den altsprachlichen Unterricht pflegen. Zugrunde liegt die übertragene Verwendung von griech. *gymnásion* (*γυμνάσιον*), lat. *gymnasium* 'Versammlungsort der Philosophen und Sophisten', ursprünglich ein öffentlicher Platz, wo die männliche Jugend, nach griech. Sitte unbekleidet, Leibesübungen durchführte. Griech. *gymnásion* ist postverbal zu griech. *gymnázesthai* (*γυμνάζεσθαι*) 'sich nackt (körperlich und geistig) üben' gebildet, das von griech. *gymnós* (*γυμνός*) 'nackt' ausgeht (s. *Gymnastik* und *nackt*). – Gymnasiast m. 'Schüler eines Gymnasiums' (um 1700), aus nlat. *gymnasiasta* (17. Jh.). gymnasial Adj. 'zum Gymnasium gehörig, am Gymnasium befindlich' (19. Jh.), latinisierende Ableitung von *Gymnasium*, bes. in Zusammensetzungen (*Gymnasiallehrer*, *-professor*).

Gymnastik f. 'Körperschulung durch rhythmische Bewegung', Mitte des 18. Jhs. aus griech. *gymnastikḗ (téchnē)* (*γυμναστικὴ τέχνη*) 'Kunst der Leibesübungen' (lat. *gymnastica ars*) entlehnt, eigentl. 'Kunst des Gymnasten', d. h. des 'Lehrers für das Nackturnen', griech. *gymnastḗs* (*γυμναστής*), wovon das Adjektiv *gymnastikós* (*γυμναστικός*) 'die Leibesübungen betreffend' abgeleitet ist (weitere Zusammenhänge s. *Gymnasium*). *Gymnastik* steht anfangs in Beschreibungen antiker Verhältnisse, wird aber seit Guts Muths („Gymnastik für die Jugend" 1793) auf die entstehende dt. Turnkunst bezogen. – gymnastisch Adj. (16. Jh.), lat. *gymnasticus*, griech. *gymnastikós* (s. oben).

Gynäkologie f. 'Frauenheilkunde', gelehrte Bildung (Ende 18. Jh.) zu griech. *gynḗ*, Gen. *gynaikós* (*γυνή, γυναικός*) 'Weib' und dem für 'Lehre, Wissenschaft' üblichen *-logie* (s. d.). – Gynäkologe m. 'Frauenarzt', gynäkologisch Adj. (beide 19. Jh.).

Haar n. beim Menschen und bei den meisten Säugetieren auf der Haut wachsendes fadenförmiges, biegsames Horngebilde, Gesamtheit der Haare auf dem Kopf des Menschen, ahd. (8. Jh.), mhd. asächs. mnd. *hār*, mnl. *haer*, nl. *haar*, aengl. *hǣr*, *hēr*, engl. *hair*, anord. *hār*, schwed. *hår* (germ. **hēra-*), Herkunft ungewiß. Man versucht, die germ. Formen als dehnstufige Bildungen mit lit. *šerȳs* 'Borste, (Tier)haar', aruss. *sъrstь*, *serestь* 'Wollstoff', russ. *šerst'* (*шерсть*) 'Wolle' zu verbinden und an die Wurzel ie. **k̂er(s)-* 'Borste, steifes Haar; starren, rauh und kratzig sein' anzuschließen. – h a a r e n Vb. 'Haare verlieren', frühnhd. *haren* 'die Haare ausraufen' (Anfang 16. Jh.). h a a r i g Adj. 'behaart', älter auch (da starker Haarwuchs als Zeichen der Kraft und Stärke gilt) 'stark, kräftig, ungeheuerlich, Kraft erfordernd' (15. Jh.). h a a r s c h a r f Adj. 'sehr scharf, genau' (18. Jh.). H a a r s p a l t e r e i f. 'Spitzfindigkeit' (19. Jh.); vgl. *in vier teil ein härlin spalten* (16. Jh.).

haben Vb. 'besitzen, sein eigen nennen', ahd. *habēn* (8. Jh.), mhd. *haben*, *hān* 'besitzen, (fest)halten', anord. *hafa* 'haben, anwenden, ergreifen, treffen', schwed. *ha(va)*, got. *haban* und (mit anderer Bildungsweise) asächs. *hebbian*, mnd. mnl. nl. *hebben*, aengl. *habban*, engl. *to have* stehen mit der resultativ-zuständlichen Bedeutung 'halten, besitzen' zu der unter *heben* (s. d.) angegebenen Wurzel ie. **kap-* 'fassen' (s. auch *-haft*, *Haft*, ^{1}*Heft*). Dem oft behaupteten Zusammenhang mit semantisch übereinstimmendem lat. *habēre* 'haben, halten' unter einem Ansatz ie. **khab(h)-* steht der Vergleich des Lat. mit anderen ie. Sprachen (einschließlich des Oskisch-Umbrischen) entgegen; Literaturangaben dazu bei Feist ^{3}229 und Walde/Hofmann ^{3}1, 630f. Doch ist Einfluß von ie. **kap-* auf die unter *geben* (s. d.) genannte Wurzel ie. **ghabh-*, **ghab-* und bes. **ghap-* 'fassen, nehmen', zu der lat. *habēre* gehört, anzunehmen. – H a b e f. 'Besitz, Gesamtheit dessen, was einem gehört', ahd. *haba* 'Griff, Henkel, Besitz, Eigenschaft' (um 1000), mhd. *habe*. h a b h a f t Adj., heute nur noch in der Wendung *jmds.*, *einer Sache habhaft werden* 'etw. erlangen, sich aneignen, jmdn. ergreifen', frühnhd. *habhaft* 'mit Besitz versehen, habend' (15. Jh.). H a b s e l i g k e i t f., meist Plur. 'dürftiger Besitz' (17. Jh.), im zweiten Wortbestandteil eine Weiterbildung (s. *-selig*) des unter *-sal*, *-sel* (s. d.) behandelten Suffixes. H a b s u c h t f. 'krankhafter Drang, Besitz und Vermögen zu erweitern' (18. Jh.).

Habicht m. Der germ. Vogelname ahd. *habuh* (8. Jh.), mhd. *habech*, *habich*, asächs. *habuk*, mnd. *hāvek*, mnl. *hāvic*, nl. *havik*, aengl. *heafoc*, engl. *hawk*, anord. *haukr*, schwed. *hök* wird von einigen als Bildung mit dem in Tiernamen mehrfach auftretenden germ. *k*-Suffix (s. *Kranich*) zu der unter *heben* (s. d.) angeführten Wurzel ie. **kap-* 'fassen' gestellt. Will man für die germ. Formen jedoch Verwandtschaft mit den slaw. Bezeichnungen für Falkenvögel wie russ. (älter) *kóbec* (*кобец*), apoln. *kobiec*, poln. *kobuz*, serbokr. *kòbac* annehmen, so muß von einer Wurzelvariante ie. **kabh-* 'fassen' ausgegangen werden. Das auslautende *-t* im Dt. tritt zuerst im 15. Jh. auf und wird danach fester Wortbestandteil (s. ähnliche Bildungen wie *Axt*, *Obst*).

habilitieren Vb. 'den höchsten akademischen Grad erwerben' (mit dem ursprünglich die Lehrberechtigung an einer Universität oder Hochschule verbunden ist), entlehnt (1. Hälfte 16. Jh.) aus mlat. *habilitare* 'geschickt, fähig machen' (zu lat. *habilis* 'leicht zu handhaben, passend, geeignet, geschickt', abgeleitet von lat. *habēre* 'haben, halten, beherrschen', s. *haben*) und in diesem Sinne bis ins 19. Jh. gebräuchlich. In der 2. Hälfte des 17. Jhs. entwickelt sich daneben die in der akademischen Fachsprache übliche Verwendung 'seine Fähigkeit zur Übernahme einer Lehrtätigkeit an einer Universität erweisen'. – H a b i l i t a t i o n f. (19. Jh.).

Habitus m. 'Erscheinungsbild nach Aussehen und Verhalten', seit dem 18. Jh. in der Medizin und bald darauf allgemein üblich, entsprechend lat. *habitus* 'äußere Erscheinung, Aussehen, Gestalt, Kleidung, Zustand, Lage, Eigentümlichkeit', das von lat. *habēre* (*habitum*) 'haben, halten', auch 'an sich tragen', abgeleitet ist. Vorher (16. Jh. bis 19. Jh.), dem Sprachgebrauch der scholastischen Philosophie folgend, im mlat. Sinne 'Gewohnheit', anfangs meist in lat. Flexion. Aus kirchenlat. *habitus* 'Ordenstracht' entlehnt spätmhd. *abīt*, *habīt*, das in nhd. H a b i t n. 'Kleidung, Tracht' erhalten ist.

Hachse f., auch *Haxe*, *Hechse*, *Hesse*, 'unterer Teil des Beines' (bes. von Kalb und Schwein, dann auch vom Menschen), ahd. *hāhs(e)na* 'Fußsehne' (9./10. Jh.), mhd. *hahse*, *hehse* 'Kniebug des Hinterbeins' (bes. vom Pferd) ist unsicherer Herkunft. Man sieht in dem ersten Wortteil Zusammenhang mit germ. **hanh-* (vgl. got. ahd. *hāhan*, s. *hängen*) und im zweiten eine Abschwächung des unter *Sehne* (s. d.) behandelten Substantivs (noch erkennbar in ahd. *hāhs(e)na*, aengl. *hōhsinu* 'Fersensehne', anord. *hāsin* 'Kniekehle'), so daß von einer Bedeutung 'Sehne, an der das geschlachtete Tier aufgehängt wird' ausgegangen werden kann.

[1]**Hacke** f., Hacken m. 'Ferse' (an Fuß und Strumpf), 'Absatz' (am Schuh), ahd. *hacka* 'Ferse' von Tieren (Hs. 12. Jh.), frühnhd. *Hacken* m., (westmd.) *Hacke* f. (15. Jh.), nd. *Hacke*, mnl. *hac*, *hacke*, nl. *hak* 'Ferse'. Da das Wort nur in einem begrenzten kontinentalwestgerm. Gebiet bezeugt ist (nordd., omd., ostnl.; fehlend im heutigen Obd. wie auch im Mhd.), stellt man es am ehesten als Intensivform mit *kk* (wie *hacken*, s. d.) zu dem unter *Haken* (s. d.) dargestellten Substantiv und sieht darin, ausgehend von der Grundbedeutung 'Krümmung', den 'gekrümmten, umgebogenen Teil des Fußes' (vgl. de Vries Nl. 231).

hacken Vb. 'mit der Hacke arbeiten, mit der Axt, dem Beil zerkleinern', auch 'mit der Ferse, der Hacke zerstoßen'. Das auf westgerm. Gebiet beschränkte Verb ahd. *hackōn* (11. Jh.), mnd. *hakken*, mhd. mnl. *hacken*, nl. *hakken*, aengl. *-haccian*, engl. *to hack* ist mit intensivierender Verdoppelung zu dem unter *Haken* (s. d.) behandelten Substantiv gebildet (s. auch [1]*Hacke*), bedeutet also 'mit einem hakenförmigen Werkzeug bearbeiten'. Aus dem Verb rückgebildet die Werkzeugbezeichnung [2]Hacke f., mhd. *hacke*. Hackbrett n. 'Brett zum Schneiden und Hacken von Speisen' (15. Jh.), auch (scherzhaft vergleichend) 'Saiteninstrument, das mit Hämmerchen geschlagen wird' (15. Jh.).

Häcksel m. oder n. 'kleingehacktes Grünfutter, Heu oder Stroh' (16. Jh.), vorwiegend nd. und md. Substantivbildung zu *hacken* (s. d.) mit dem Suffix germ. *-(i)sla-* (wie in *Mitbringsel*, *Füllsel*, s. *-sal*, *-sel*).

[1]**Hader** m. '(schwelender) Streit, Unfrieden'. Nur in Personennamen bezeugtes ahd. (*u*-Stamm) *hadu* 'Kampf' (vgl. ahd. *Hadubrant*, *-wīg*) sowie als erstes Kompositionsglied belegtes aengl. *heaþu-* (vgl. *heaþugeong* 'jung im Kampf', *heaþuwǣd* 'Kampfrüstung') und seltenes (in poetischer Sprache) anord. *hǫð* 'Kampf' stellen sich mit air. *cath* 'Kampf' (vgl. gall. *catu-* in *Caturīges*, Völkername), vielleicht auch griech. *kótos* (*κότος*) 'Zorn, Groll' zu einer Wurzel ie. **k̂at-* 'kämpfen'. Dazu gehören als *r*-Ableitungen aind. *śátruḥ* 'Feind, Gegner, Nebenbuhler' und (bei Annahme eines Übergangs von *k̂* zu *k*) aslaw. *kotora*, russ. (älter) *kotorá* (*котора*) 'Streit, Zwietracht'. Erst spät tritt mhd. (omd.) *hader* 'Streit, Zank' auf, das von Luther aufgegriffen wird und sich im Nhd. verbreitet. – hadern Vb. 'unzufrieden sein, streiten', spätmhd. *hadern* 'streiten, necken'; heute bes. in der Wendung *mit seinem (dem) Schicksal hadern*.

[2]**Hader** m. 'Stoffabfall, Lumpen, Scheuertuch', ahd. *hadara* 'Lumpen, Lappen' (10. Jh.), mhd. *hader* 'zerrissenes Stück Zeug, Lumpen, Lappen', mit *l*-Suffix mhd. *hadel* 'zerrissenes Stück Zeug' sowie asächs. *haðilīn* 'Lappen, Lumpen'; s. dazu wohl ablautendes (doch mit mhd. affektisch gekürztem Vokal?) *hudeln*. Weitere vergleichbare germ. Zeugnisse fehlen. Zieht man außergerm. Formen mit Nasal wie aind. *kanthā* 'Lumpen, geflicktes Kleid', lat. *cento* 'aus Lappen zusammengenähtes Kleid oder Decke, Flickwerk, Lumpen' und (daraus entlehntes) griech. *kéntrōn* (*κέντρων*) 'Lumpenrock' heran, dann ist ein Ansatz ie. **ke(n)t(h)-* 'Lumpen, Lappen' möglich.

Hafen m. 'Anker- und Liegeplatz für Schiffe' entstammt einem alten, in mehreren Varianten vorliegenden germ. Küstenwort, vgl. mnd. mnl. *hāven(e)* f., nl. *haven* f., aengl. *hæfen*, *hæfne* f., engl. *haven*, anord. *hǫfn* f., dän. *havn* (vgl. *København*, eigentl. 'Kaufmannshafen'). Schon früh dringt die Bezeichnung ins Binnenland und erscheint, in hd. Lautform umgesetzt, als mhd. *habe*, *habene* f. Seit dem 15. Jh. begegnet im Hd. auch das Maskulinum, zunächst noch mit inlautendem *b*, dann, der nd. Lautform entsprechend und vielleicht auch in Anlehnung an *Hafen* 'Gefäß' (s. unten), als *Haven*, *Hafen* (16. Jh.). Man vergleicht mit den germ. Formen air. *cuan* (aus **kapno-*) '(See)hafen', sieht in ahd. *havan* (10. Jh.; vgl. *havanāri* 'Häfner, Töpfer', 9. Jh.), nhd. (obd.) *Hafen* m. 'Gefäß,

Topf' dasselbe Wort und hält bei Annahme einer abstrakten Bedeutung 'das Umfassende' eine Verbindung zu den unter *heben* und *haben* genannten Verben für wahrscheinlich, so daß die genannten Formen als germ.-kelt. Neubildungen zur Wurzel ie. **kap-* 'fassen' angesehen werden können. Doch glaubt DE VRIES Nl. 240 angesichts der begrenzten Bezeugung, Herkunft aus einem vor-ie. Substrat, einer alten Küstensprache, erwägen zu dürfen.

Hafer m. Getreideart mit allseitig ausgebreiteten Rispen. Die Herkunft des Namens ist nicht geklärt. Ahd. *habaro* (10. Jh.), mhd. *haber(e)*, asächs. *haƀoro*, mnd. mnl. *hāver(e)*, nl. *haver*, anord. *hafri*, schwed. *havre* werden vielfach als Ableitungen von germ. **haƀra-* 'Bock' angesehen (vgl. aengl. *hæfer*, anord. *hafr* 'Bock') und, weil diese Tiere früher bes. mit Hafer gefüttert worden sein sollen, als „Bockskorn" gedeutet. Auf andere, jedoch ebenfalls nicht befriedigende Herleitungsversuche verweist DE VRIES Nl. 240, der auch eine Übernahme des Namens für die seit der Bronzezeit in Europa angebaute Getreideart aus einer vor-ie. Substratsprache für möglich hält. Die auf das Nd. zurückgehende Form *Hafer* wird, hd. *Haber* verdrängend, im 18. Jh. literatursprachlich.

Haff n. 'durch eine Nehrung oder durch Inseln vom offenen Meer abgetrennter Meeresteil, Mündungsgewässer'. Auszugehen ist von mnd. *haf*, aengl. *hæf*, anord. *haf*, schwed. dän. norw. *hav* 'Meer', die vielleicht als Bezeichnungen für die Wellenbewegungen im Sinne von 'sich Erhebendes, hohe See' zu dem unter *heben* (s. d.) angeführten Verb zu stellen sind; vgl. anord. *haf* 'das Emporheben, Hub', norw. *hav* auch 'das Aufziehen des Netzes'. Bereits um 1200 dringt mnd. *haf* nach Süden vor und ergibt, in hd. Lautform umgesetzt, mhd. *hap* (Gen. *habes*) 'Meer', das sich als dem Binnenland fremder Ausdruck mit mhd. *habe* 'Hafen' (s. *Hafen*) vermischt, so daß beide Wörter für 'Meer' und 'Hafen' stehen können. Mnd. *haf* entwickelt an der Ostseeküste (13. Jh., Pommern) die Bedeutung 'Küstenbucht hinter der Nehrung', mit der ostnd. *Haff* in die Literatursprache aufgenommen wird (Anfang 19. Jh.).

Haft f. 'polizeilicher Gewahrsam, Gefangenschaft'. Auf das Westgerm. beschränkt sind die Feminina mhd. *haft* 'Fesselung, Gefangenschaft, Befestigung' (frühnhd. auch 'Beschlagnahme'), mnd. *hacht* 'Anspruch, Berechtigung, Haft', wohl auch aengl. *hæft* 'Gefangennahme, Haft' und ahd. *hafta* 'Verknüpfung, Griff, Gefangennahme' (9. Jh.), mhd. *hafte* 'Verknüpfung, Haft, Verwahrung, Hindernis', mnd. *hacht(e)*, *hafte* 'Gefängnis, Haft', anfrk. *hafta* 'Gefangenschaft', mnl. *hachte* 'Gefangenschaft, Gefahr, schwierige Lage'. Daneben kennt das Germ. ein in den Verwendungen sich mit den Feminina vermischendes maskulines und neutrales Substantiv ahd. *haft* m. n. 'Band, Fessel, Gefangenschaft' (9. Jh.), mhd. *haft* m. 'Band, Fessel, Knoten, Halt' (spätmhd. auch 'Bürgschaft'), nhd. *Haft* m. 'Verbindung, Naht, Fessel, Haltevorrichtung' (bis ins 18. Jh., vgl. dazu obd. *Haftel*, omd. *Heftel* 'Verschluß aus Haken und Öse'), aengl. *hæft* m. 'Band, Fessel, Gefangenschaft', anord. *hapt* n. 'Fessel' sowie ein Maskulinum mhd. *haft*, aengl. *hæft*, anord. *haptr* 'Gefangener', das sich zum Adjektiv ahd. (9. Jh.), mhd. *haft* 'gebunden, gefangen' (s. *-haft*) stellt. Alle diese nominalen Bildungen (und weiterhin die bei [1]*Heft* angegebenen germ. Formen, s. d.) weisen die auch für *heben* und *haben* (s. d.) vorauszusetzende Wurzel ie. **kap-* auf; sie bewahren (im Unterschied zu den genannten Verben) deren ursprüngliche Bedeutung 'fassen' (vgl. lat. *capere* 'nehmen, fassen, ergreifen', *captīvus* 'gefangen, erbeutet'). Wohl ebenfalls an diese Gruppe anzuschließen (vielleicht als Rückbildung aus dem Verb *haften*, s. unten) ist der Insektenname *Haft* m. n. 'Eintagsfliege' (18. Jh., vgl. gleichbed. nl. *haft*, *haf* n., 17. Jh.), dessen Pluralform *Hafte* von Oken in die dt. zoologische Fachsprache übernommen wird (s. *Eintagsfliege*). Eine junge Zusammensetzung mit nhd. *Haft* f. 'polizeilicher Gewahrsam' ist H a f t b e f e h l m. 'schriftliche richterliche Verfügung, eine Person zu verhaften' (2. Hälfte 19. Jh.) für älteres *Haftbrief* (16. Jh.). – h a f t e n Vb. 'fest an einem Gegenstand hängen, kleben', in der Fügung *für etw., jmdn. haften* 'bürgen, einstehen, verantwortlich sein', ahd. *haftēn* 'hängen, kleben, festhalten, zugeordnet, verbunden sein' (9. Jh.), mhd. *haften* 'befestigt sein, anhängen, zugehören', asächs. *hafton* 'haften', mnd. *haften*, *hachten*, mnl. *hachten* 'haften, befestigen, gefangennehmen' (mnd. auch 'bürgen'). Das Verb basiert wie das unter *hef-*

ten (s. d.) dargestellte, anders abgeleitete gemeingerm. Faktitiv auf dem in ahd. *haft* 'gebunden, gefangen' vorliegenden germ. Adjektiv (s. *-haft*). Seit Mitte des 14. Jhs. ist der vor allem rechtssprachliche Gebrauch im Sinne von 'bürgen' bezeugt. Nur noch hierzu gehört heute das Verbalsubstantiv Haftung f. 'Verpflichtung, für etw. oder jmdn. einzustehen' (so seit dem 14. Jh., im älteren Nhd. auch 'Gefangennahme'), ahd. *haftunga* 'Gefangenschaft' (um 900), mhd. *haftunge* 'Gefangennahme, Haft, das Festhalten', mnd. *haftinge* 'Haft'. verhaften Vb. 'gefangennehmen' (17. Jh., zuvor 'pfänden, beschlagnahmen, verbinden, befestigen', 15. Jh.), transitivierende Präfixbildung zu *haften* (s. oben) anstelle von vorausgehendem mhd. frühnhd. *verheften* (Part. Prät. *verhaft*, *verheftet*) 'einheften, befestigen, verbinden, vorenthalten' (frühnhd. auch 'festnehmen, pfänden'), dieses zu mhd. *heften* (s. *heften*); Verhaftung f. 'Gefangennahme' (16. Jh., zunächst auch 'Verbindung, Befestigung'), vgl. frühnhd. *verheftunge* 'Beschlagnahme' (15. Jh.). Das Part. Prät. von *verhaften* verselbständigt sich im Nhd. als verhaftet Part.adj. 'eng mit etw. verbunden, in etw. verwurzelt' (16. Jh.). inhaftieren Vb., in der Kanzleisprache des 18. Jhs. als Synonym für *verhaften* aufkommend, ist eine latinisierende Bildung (mit [1]*in-*, s. d.) zu *Haft* (wohl unter Einfluß der präpositionalen Fügung *in Haft*).

-haft Das Kompositionssuffix, mit dessen Hilfe Adjektive zu Substantiven, seltener zu Verben gebildet sind, geht hervor aus dem gemeingerm., noch in den älteren dt. Sprachstufen lebendigen selbständigen Verbaladjektiv ahd. (9. Jh.), mhd. *haft*, asächs. *haft*, *haht* 'gebunden, gefangen', mit Gen. 'schwanger' (mhd., vereinzelt noch frühnhd. auch 'eingenommen, besetzt', mit Dat. 'verbunden, verpflichtet'), aengl. *hæft* 'gefangen', got. *hafts* 'behaftet' (vgl. anord. *haptr* 'Gefangener, Leibeigener'). Germ. **hafta-* stimmt überein mit lat. *captus* 'ergriffen, gefangen' (Part. Perf. von lat. *capere* 'nehmen, fassen, ergreifen'), air. *cacht* 'Sklavin' und gehört wie *Haft*, [1]*Heft*, *haben* und *heben* (s. d.) zur Wurzel ie. **kap-* 'fassen'. In Zusammensetzungen nimmt das Adjektiv schon früh Suffixcharakter an, vgl. got. *audahafts* 'mit Glück behaftet, beglückt', *qiþuhaftō* f. 'Schwangere' und ahd. Bildungen (seit dem 8./9. Jh.) wie *ēohaft* (s. *echt*), *lībhaft* (s. *leibhaftig*), *namahaft* (s. *namhaft*), *sunthaft* (s. *sündhaft*). Seit mhd. Zeit lassen sich vor allem zwei bis in die Gegenwart reich bezeugte Typen denominativer Ableitungen deutlich unterscheiden, durch die entweder das Vorhandensein des vom zugrundeliegenden Substantiv Bezeichneten ('versehen mit', z. B. *tugend-*, *prunk-*, *schamhaft*) oder eine diesem entsprechende Beschaffenheit ('in der Art von', z. B. *bruchstück-*, *katzen-*, *märchen-*, *sprunghaft*, verbreitet und bis heute produktiv in Verbindung mit Personenbezeichnungen, z. B. *greisen-*, *helden-*, *onkel-*, *tölpelhaft*) ausgedrückt wird. Daneben steht eine begrenzte Zahl von Deverbativa, die in der Regel erst dem Nhd. entstammen (z. B. *flatter-*, *nasch-*, *schwatzhaft*, vgl. aber bereits mhd. *stelehaft* 'gestohlen', s. *stehlen*, auch *wonhaft*, s. *wohnhaft*, letzteres vielleicht vom Substantiv mhd. *wone* 'Aufenthalt, Wohnung'). Scheinbar an Adjektive anzuschließende Ableitungen wie *krankhaft*, *wahrhaft* können historisch meist ebensogut auf Substantive zurückgeführt werden (vgl. mhd. *kranc* m. 'Schwäche, Mangel, Schaden', *wār* n. 'Wahrheit, Recht'). Zum Suffix *-haft* entwickelt sich in Angleichung an die gängige Adjektivendung *-ig* (mhd. *-ec*, *-ic*, ahd. *-ag*, *-īg*) die bes. seit dem Spätmhd. vordringende erweiterte Nebenform -haftig, mhd. *-haftic*, ahd. *-haftīg* (so z. B. schon ahd. *houbithaftīg* 'ans Leben gehend', *līhhamhaftīg* 'körperlich', *meȥhaftīg* 'gemäßigt', *namahaftīg* 'berühmt'). Sie setzt sich bei Abstraktbildungen auf *-keit* allgemein durch, so daß in neuerer Zeit auch zu *ernsthaft*, *glaubhaft* usw. nur die Substantive *Ernsthaftigkeit*, *Glaubhaftigkeit* üblich sind.

Hag m. 'Dorngebüsch, Buschwerk, kleiner Wald'. Neben ahd. *hag* m. 'Einhegung, Schanze, Stadt' (8. Jh.), mhd. *hac* m. n., mnd. *hach*, *hāch* m. 'Hecke, Einfriedung, umfriedeter Ort, umgrenztes Waldstück', aengl. *hæg* n. 'Gehege, Einzäunung' steht mit germ. *-ana-* erweitertes ahd. (8. Jh.), asächs. *hagan*, mhd. *hagen*, mnd. *hāgen*, nhd. *Hagen* m. (s. *Hain*) und die ebenfalls im Stamm abweichenden germ. Bildungen mnd. *hāge* f. m. 'Hecke, Dornzaun, Gehölz', mnl. *hāghe* f. m., nl. *haag* f. 'Gehege, Hecke, Gehölz', aengl. *haga* m., engl. *haw* 'Hecke, Einzäunung, eingefriedetes Landstück, Frucht des Hagedorns', anord. *hagi* m. 'Weideplatz', schwed. *hage* 'Gehege, Waldweide'. Diese germ. Substantive, weiterhin die bei *Gehege* und *hegen* (s. d.) behandelten zugehörigen Ableitungen sowie das verwandte, eine westgerm. Bildung auf *-jō* fortsetzende *Hecke* (s. d.) verbinden sich mit kelt. Formen wie gall. *caio* 'Gehege', kymr. *cae* 'Zaun, Gehege', air. *caí* 'Haus' (s. auch *Kai*), ferner wohl mit lat. *caulae* 'Schranken, Schafhürden, Gehege' und lassen eine Wurzel ie. **kagh-* 'fassen, einfassen; geflochtene Hürde, Flechtwerk' erschließen. Das im jüngeren Nhd. nur noch in poetischer Sprache gebräuchliche *Hag* begegnet wie *Hagen* auch in zusammengesetzten Ortsnamen auf *-hag*, *-hagen* (vgl. außerdem die Städtenamen dt. *Hagen*, nl. *Den Haag*). – H a g e b u t t e f. Frucht der Heckenrose. Die verdeutlichende Zusammensetzung wird im 15. Jh. üblich (daneben frühnhd. *hagenbutz* m.; vgl. aber schon ahd. *haganbutta* 'Weiß- oder Kreuzdorn', Hs. 12. Jh.). Voraus geht mhd. *butte* f. (wohl verwandt mit obd. *Butze*, *Butzen* m. 'Klumpen, Schlacke, Kerngehäuse', s. *Butzenscheibe*) in gleichem Sinne, vereinzelt auch mhd. *hage* f. H a g e d o r n m. 'Weißdorn', in älterer Zeit auch 'Heckenrose, Liguster', ahd. *haganthorn* (9. Jh.), mhd. *hage(n)dorn*; im Germ. allgemein Bezeichnung für als Hecke angepflanzte Dornsträucher, vgl. asächs. *haguthorn*, mnd. *hāgedōrn*, *hāgedorne*, mnl. *hāghedoorn*, nl. *hagedoorn*, aengl. *haga-*, *haguþorn*, engl. *hawthorn*, anord. *hagþorn*, schwed. *hagtorn*. H a g e s t o l z m. 'älterer Junggeselle', ahd. *hagustalt* 'gegen Entlohnung Arbeitender' (9. Jh., auch *hagustalt* Adj. 'ehelos, in Lohn stehend', um 800), mhd. *hagestalt*, *hagestolz* 'Unverheirateter', asächs. *hagustald* 'junger Mann, Diener, Knecht', mnd. *hāge(n)stolt(e)* 'Lehnsmann, unverheirateter älterer Mann', aengl. *hagosteald* 'Jüngling, unverheirateter junger Krieger' (adjektivisch 'jung, unverheiratet'), anord. *haukstaldr* 'Häuptling, Krieger' (vgl. den Beinamen runisch *HagustaldaR*). Das zweite Kompositionsglied gehört zu got. *gastaldan* 'erwerben', aengl. *stealdan* 'besitzen' und somit zu der unter *Stall* (s. d.) dargestellten Wurzelform ie. **stel-* 'stellen, aufstellen; stehend, unbeweglich, steif; Ständer, Pfosten, Stamm, Stiel'. Ausgangsbedeutung ist 'Hagbesitzer'. Nach germ. Erbrecht erhält der älteste Sohn den Hof, der jüngere aber nur ein kleines eingefriedetes Anwesen, weshalb er keinen eigenen Hausstand gründen kann und in sozialer Abhängigkeit bleibt. Eine andere Erklärung gibt de Vries Anord. 214. Die seit dem 13. Jh. geltende Form *Hagestolz* ist volksetymologisch angelehnt an das Adjektiv *stolz* (s. d.).

Hagel m. 'Niederschlag in Form von Eisstückchen', ahd. *hagal* (9. Jh.), mhd. *hagel*, asächs. *hagal*, mnd. *hāgel*, mnl. *hāghel*, nl. *hagel*, aengl. *hægl*, *hagol*, engl. *hail* und (mit neutralem Genus) anord. *hagl*, schwed. *hagel*; für das Got. ist nur der hierher gehörende Name der *h*-Rune *haal* (aus **hagl*) in einer Hs. des 10. Jhs. belegt; vgl. aengl. *hægl*, anord. *hagall* in gleicher Verwendung. Das germ. Substantiv läßt sich mit griech. *káchlēx* (*κάχληξ*) 'Steinchen, Kiesel, Kiessand' verbinden, zumal wenn man dieses als Ableitung von einem griech. **káchlos* (**κάχλος*) auffaßt, das dem germ. **hag(a)la-* genau entspräche. Als gemeinsame Ausgangsform ergibt sich dann ie. **kaghlo-* 'kleiner runder Stein'. Im Frühnhd. hat *Hagel* (wie mnd. *hāgel*) daneben die in der Jägersprache noch länger bewahrte Bedeutung 'als Munition dienende Metallstückchen, Schrot'. Metaphorischer Gebrauch kommt bereits mhd. vor, wird aber bes. vom 17. Jh. an im Sinne von 'herniederprasselnde Menge, dichte Folge' (*ein Hagel von Geschossen*, *Steinen*, *Beschimpfungen*, *Vorwürfen* u. ä.) üblich. – h a g e l n Vb., in unpersönlicher Konstruktion *es hagelt* 'Hagel fällt', schon seit dem Mhd. auch übertragen von dicht Herabfallendem, Aufeinanderfolgendem, wobei dieses als Akkusativ-Ergänzung (*es hagelt Schläge*, *Fragen*) oder als Subjekt (*Schläge*, *Fragen hageln auf jmdn.*) steht; mhd. *hagelen*, vgl. mnd. *hāgelen*, aengl. *hagolian*, engl. *to hail*, anord. *hegla*, schwed. *hagla*; dazu die Präfixbildung v e r h a g e l n Vb., ursprünglich transitiv 'durch Hagel zerstören' (18. Jh.), wegen der Häufigkeit passivischer Sätze (*die Ernte ist verhagelt*) heute oft als intransitives Verb 'durch Hagel Schaden nehmen, vernichtet werden' angesehen.

hager Adj. 'mager, knochig, dabei meist langgewachsen und sehnig' (heute ausschließlich vom Menschen und seinen Körperteilen). Für mhd. nhd. *hager* (frühnhd. und weiterhin landschaftlich daneben *häger*), das sich zuerst Ende des 13. Jhs. im Md. nachweisen läßt, von hier nur zögernd ins Obd. dringt (seit dem 16. Jh.) und offenbar auch im Nd. ursprünglich nicht heimisch ist, vgl. spätmnd. (um 1600) *häger* (Lasch/B. Mnd. Hdwb. 2, 194), fehlen sichere Entsprechungen innerhalb wie außerhalb des Germ. Vielleicht besteht ein Zusammenhang mit frz. *hagard* 'verstört, scheu, wild' (belegt seit Ende 14. Jh., zunächst von Greifvögeln 'wild, nicht mehr zähmbar' als Ausdruck der Beizjagd), das den Entlehnungen engl. *haggard* 'hager, verstört, ungezähmt' (substantiviert 'ungezähmter Falke'), nl. *hagerd* 'in späterem Alter eingefangener Beizvogel', dt. *Hagart* (für eine Falkenart, 18. Jh.; vgl. dt. *Hagerfalk*, 16. bis 18. Jh.) zugrunde liegt und selbst vermutlich germ. Ursprungs ist (Bloch/W. ^{6}313). Außergerm. Verwandte sind möglicherweise awest. *kasav-* 'klein, gering', lit. *kašéti* 'abmagern, abnehmen, trocknen, welken', so daß eine Wurzel ie. **kak̂-* 'abmagern' vorausgesetzt werden könnte.

Häher m. Der heute verschiedene Arten bunter, kurzschwänziger Rabenvögel zusammenfassende, insbes. für den in Mitteleuropa häufigen *Eichelhäher* (so seit dem 18. Jh.) geltende Name, der in älterer Zeit auch mit anderen Vögeln von ähnlicher Gestalt oder Lebensweise (z.B. Elster, Dohle, Specht) verbunden wird, beschränkt sich auf das Westgerm., vgl. ahd. *hehara* f. (9./10. Jh., zuerst in der kontrahierten Nebenform *hēra*, 9. Jh.), mhd. *heher* m. f. sowie (mit grammatischem Wechsel) asächs. *higara* f., mnd. *hēger*, *hegger* m., aengl. *higera*, *higora* m., *higere* f. Er ist wohl von anord. *hegri*, schwed. *häger* 'Reiher' etymologisch zu trennen, obwohl beide Benennungen formal übereinstimmen und auf Nachahmung des Vogelrufs beruhen. Während anord. *hegri*, das ablautend neben ahd. *heigaro* 'Reiher' steht, wie dieses durch dissimilatorischen Schwund des (in gleichbed. ahd. *reigaro*, aengl. *hrāgra* noch erhaltenen) ersten *r* (s. *Reiher*) erklärt und von einer zweifachen Erweiterung der lautmalenden Wurzel ie. **ker-*, **kor-*, **kr-* (s. *Rabe*) hergeleitet werden kann, läßt sich *Häher* mit aind. *kikidīvíḥ* 'blauer Holzhäher', griech. *kíssa* (*κίσσα*, dieses aus **κικι̯α*) 'Häher' vergleichen und vielleicht auf eine Schallwurzel ie. **kik-* zurückführen.

Hahn m. männliches Tier bei Hühnern und anderen Vögeln, übertragen auch 'Absperrvorrichtung in Rohrleitungen oder an Behältern' (15. Jh.), 'Zündhebel am Flintenschloß' (16. Jh.); ahd. (8. Jh.), asächs. *hano*, mhd. *han(e)*, mnd. mnl. *hāne*, nl. *haan*, aengl. got. *hana*, anord. *hani*, schwed. dän. *hane*. Germ. **hanan-* führt mit griech. *kanachḗ* (*καναχή*) 'Geräusch, Schall, Getöse', *ēïkanós* (*ἠϊκανός*) 'Frühsänger' (Umschreibung für 'Hahn'), lat. *canere* 'singen' (s. *Kantate*, *Kantor*), *gallicinium* 'Hahnengeschrei, Morgengrauen', air. *canim* 'ich singe' auf die Wurzel ie. **kan-* 'singen, klingen'. Der Vogel ist allgemein nach seinem Krähen, das den Tagesbeginn anzeigt, benannt; vgl. die (nicht verwandten) Bildungen russ. *petúch* (*петух*), lit. *gaidỹs* 'Hahn' zu russ. *pet'* (*петь*), lit. *giedóti* 'singen'. Im Dt. bleibt schwache Flexion bis ins 18. Jh. lebendig (später noch obd.), daneben finden sich seit dem 16. Jh. stark flektierte Formen. Die Wendungen *Hahn im Korbe sein* (zuerst *der beste Hahn im Korbe sein*, nämlich 'das geschätzteste Stück unter jungen Hühnern'), *da kräht kein Hahn danach* sowie bildlich *der rote Hahn* 'Feuersbrunst' sind frühnhd. vom 16. Jh. an nachzuweisen. Auf Vergleich mit Körperteilen des Hahns beruhen die Pflanzennamen H a h n e n f u ß m. 'Ranunkel' (wegen der gelappten Blätter), ahd. *hanafuoȝ*, *hanenfuoȝ* (10. Jh.), mhd. *hane(n)vuoȝ*, und H a h n e n k a m m m. Name verschiedener Pflanzen, seit dem 16. Jh. des heute meist *Klappertopf* genannten Rachenblütlers (wegen Form und Farbe seiner Blüten und Hochblätter), ahd. *hanenkamb* (9./10. Jh., in botanischer Verwendung wohl seit dem 11. Jh.), mhd. *han(en)kamp*, nach griech.-lat. *alectorolophus*, lat. *crista gallī*. – H a h n r e i m. 'betrogener Ehemann', mhd. *hanerei(e)*, mnd. *hān(en)rey(ge)*. Die für das Mhd. nur vereinzelt bezeugte, mnd. (hier auch im Sinne von 'Ehebrecher') seit dem 15. Jh. vorkommende Bildung, die sich im 16. Jh. auf hd. Gebiet ausbreitet (bei Luther mit Hinweis auf nd. Herkunft), hat ursprünglich wahrscheinlich die Bedeutung 'Kapaun', die in verschiedenen Belegen des 16./17. Jhs. noch anklingt; vgl. ofries. *hānrūne* 'Kapaun, Impotenter, Hahnrei'. So wird auch die inhaltlich entsprechende Wendung *jmdm. Hörner aufsetzen* aus dem früher geübten Brauch verständlich. einem Kapaun als Kennzeichen die abgeschnittenen Sporen in den Kamm einzusetzen, wo sie hornartig weiterwachsen; vgl. Dunger in: Germania 29 (1884) 59ff. Nicht sicher erklärt ist der zweite Bestandteil des Wortes. Die Versuche, ihn mit mhd. *reie*, *reige*, mnd. *rei(e)* (s. *Reigen*) oder (wegen der Varianten *Hahnreh*, *-ree* im älteren Nhd.) mit *Reh* (s. d.) zu verbinden, gehen wohl von volkstümlichen Umdeutungen aus. Ofries. *hānrūne* legt vielmehr, falls für *Hahnrei* Entrundung angenommen werden kann, Anschluß an ofries. *rune*, *rūn(e)*, mnd. *rune*, mnl. *ruun*, *rūne*, nl. *ruin* 'verschnittenes Pferd, Wallach' nahe (vgl. nl. *ruinen* 'kastrieren'), das vielleicht zu ie. **reu-*, **reu̯ə-* 'aufreißen, graben, ausreißen' (Pokorny 1, 868) zu stellen ist.

Hai m. Die für die Angehörigen einer Ordnung der Knorpelfische gebrauchte Bezeichnung (anfangs auch *Hay*, *Haye* und häufig schwach flektierend) findet sich seit der 1. Häfte des 17. Jhs., zunächst vor allem in Reisebeschreibungen. Sie ist (wie schwed. *haj*) eine Entlehnung von nl. *haai*, mnl. *hay*, das seinerseits dem Nordischen entstammt, vgl. anord. (mit nasaliertem Vokal) *hār*, isl. *hár* 'Ruderpflock, Dolle, Hai'. Das vorauszusetzende, im Ablautverhältnis zu (nicht nasaliertem) got. *hōha* 'Pflug' (eigentl. 'Hakenpflug'), ahd. *huochilī(n)* 'kleiner Pflug' (10. Jh.) stehende germ. **hanh-* verbindet sich mit aind. *śaṅkúḥ* 'spitzer Pflock, Holznagel', auch Bezeichnung eines Wassertieres (also bereits in der für das Anord. gleichfalls bezeugten, wohl auf Ähnlichkeit der Gestalt beruhenden Doppelbedeutung), kymr. *cainc* 'Ast', air. (mit *t*-Suffix) *cēcht* 'Pflug(schar)', aslaw. *sǫkъ* 'Splitter', *sǫčьcь* 'Splitter, Span', russ. *suk* (*сук*) 'Ast, Knorren' sowie nasallosem lit. *šakà* 'Ast, Zweig' und führt mit diesen wohl auf einen Wurzelansatz ie. **k̂ăk-*, nasaliert **k̂ank-* 'Ast, Zweig, Pflock', wobei die meisten der zitierten Formen in der Wurzelsilbe auch auf ablautendes *o* bzw. *ō* zurückgehen können. In verdeutlichender Zusammensetzung Haifisch m. (18. Jh.).

Hain m. 'kleiner Wald, Park'. Zu ahd. (8. Jh.), asächs. *hagan* 'Dornstrauch', mhd. *hagen* 'Dornbusch, Einfriedung, Verhau, umfriedeter Ort', mnd. *hāgen* 'Hecke, Dornbusch, Gehölz, umfriedetes Gelände, Kolonistendorf' (eng verwandt mit *Hag*, s. d.) entsteht im Spätmhd. die kontrahierte Form md. *hain* (14. Jh.), die bis heute als *-hain* (entsprechend *-hag*, *-hagen*) vor allem in omd. Ortsnamen fortlebt. Durch Luthers Sprachgebrauch ('Wäldchen', auch 'einem heidnischen Gott geweihter Wald') findet *Hain* im 16./17. Jh. eine gewisse Verbreitung, wird aber erst in der Mitte des 18. Jhs. (Klopstock) als dichterischer Ausdruck allgemein bekannt; vgl. *Göttinger Hain* (1772), Bezeichnung für einen Freundeskreis junger Dichter, später (1804) von Voß *Hainbund* genannt. – Hainbuche f. 'Weißbuche'. Der seit alters häufig als Hecke angepflanzte, buchenähnliche, aber zu den Birkengewächsen gehörende Laubbaum heißt ahd. *haganbuohha* (9. Jh.), mhd. *hagenbuoche*, mnd. *hāgebōke*, nl. *haagbeuk*. Aus mhd. *hagenbuoche* entwickelt sich im 15. Jh. durch Kontraktion die md. Form *Hainbuche*, die sich in der nhd. Literatursprache gegenüber *Hagebuche* durchsetzt. Auf dem zugehörigen Adjektiv mhd. *hagenbüechīn* beruht das noch in übertragener Verwendung geläufige nhd. *hanebüchen* (s. d.).

häkeln Vb. 'mit einer an der Spitze gebogenen Nadel einen Faden zu Maschen verschlingen und dadurch ein Gewirk herstellen' (Anfang 19. Jh., wozu *Häkelnadel* für das Arbeitsinstrument, bei Campe 1808 neben gleichbed. *Häkchen*), zunächst jedoch allgemeiner 'mit einem Häkchen greifen, fassen', von Tieren 'mit den Krallen, Klauen zufassen' (17. Jh.; vielleicht hiervon übertragen *sich mit jmdm. häkeln* 'sich zanken, necken'). Das Verb ist seiner Bildung nach wohl Iterativum zu älterem *haken* (s. d.); in Verwendungen, die nicht auf einen wiederholten Vorgang zielen (18./19. Jh.), kann es aber auch unmittelbar an das obd. Deminutivum von *Haken* (s. d.) angeschlossen werden (vgl. spätmhd. *hækel*). – Häkelei f. 'gehäkelte Handarbeit' und 'Zank, Streiterei, Neckerei', in beiden Bedeutungen seit Anfang des 19. Jhs.

Haken m. 'ganz oder an der Spitze gebogenes und daher zum Festhalten, Aufhängen, Ziehen dienendes Gerät'. Ahd. *hāggo*, *hā(c)ko* (um 800), mhd. *hāke(n)*, vereinzelt *haggen* 'Haken' zeigt nach langem Vokal Reste germ. Konsonantengemination; daneben stehen gleichbed. mnd. *hāke*, mnl. *hāke*, *haec*, nl. *haak* mit nicht geminiertem stimmlosem Guttural (germ. **hēgg-*, **hēk-*), ferner mit qualitativem Ablaut (germ. **hak-*) asächs. *hako* 'Haken', aengl. *haca* 'Riegel', anord. *Haki* (Personenname, eigentl. 'Haken'), schwed. *hake* 'Haken' (und, wohl aus dem Nord. entlehnt, engl. mundartlich *hake* 'Haken') sowie die dehnstufigen Bildungen asächs. *hōk* 'Haken, Angel', mnd. *hōk*, *hūk* 'Winkel, Ecke, Landspitze', mnl. *hoec*, *houc* 'Ecke, Winkel, Haken, Gegend', nl. *hoek* 'Ecke, Winkel', aengl. *hōc* 'Haken, Winkel, Ecke', engl. *hook* 'Haken' (germ. **hōk-*; vgl. hierzu die *jōn*-Ableitung anord. *hœkja* 'Krücke'). Die germ. Wortgruppe, zu der auch *hacken*, *Hechel*, *Hecht* und wohl auch [1]*Hacke* (s. d.) gehören, verbindet sich mit russ. *kógot'* (*коготь*) 'Klaue, Kralle, gekrümmte Eisenspitze', obsorb. *kocht* 'Granne' und mir. *ail-cheng* 'Waffengestell', so daß von einer Wurzel ie. **keg-*, **kek-* 'Pflock zum Aufhängen, Haken, Henkel', auch 'spitz sein' auszugehen ist. Im Dt. schließen sich an die Ausgangsbedeutung verschiedene spezielle Verwendungen des Substantivs an, so im Spätmhd. und Frühnhd. 'einfacher, in seiner ältesten Form nur aus einer Astgabel bestehender Pflug ohne Räder' (jünger dafür *Hakenpflug*, 18. Jh.) und im Frühnhd. 'schwere Handfeuerwaffe mit einem Dorn zur Auflage auf ein Gestell' (15. Jh.; daneben verdeutlichendes *Hakenbüchse*, 15. Jh., vgl. mnd. *hākebüsse*); *einen Haken schlagen* 'plötzlich die Richtung ändern, einen Bogen machen' (16. Jh., Anfang 19. Jh. bes. in der Jägersprache mit Bezug auf den fliehenden Hasen); *Haken* im Sinne von 'Schlag mit angewinkeltem Arm' findet sich im 20. Jh. als Terminus des Boxsports. Gebräuchliche Wendungen sind ferner *die Sache hat einen Haken*, frühnhd. *es hat ein häcklin* 'eine Schwierigkeit, einen verborgenen Nachteil' (16. Jh., vgl. spätmhd. *dā sī vil līht ein hekel bī*) sowie das bereits in mhd. Dichtungen paraphrasierte Sprichwort *was ein Häkchen werden will, krümmt sich beizeiten* 'bestimmte Charakteranlagen oder Talente zeigen sich schon in früher Jugend'. – h a k e n Vb. 'mit einem Haken greifen, anhängen' (so schon mnd. *hāken*, dagegen frühnhd. zunächst 'mit einem Haken versehen, biegen, krümmen', 15. Jh.), auch intrans. '(an einem Haken) hängenbleiben, festhängen, sich verklemmen' (18. Jh.). Geläufiger sind Präfixbildungen wie a u s h a k e n Vb. 'etw., sich vom Haken lösen' (um 1800; die aus der Technik übernommene Metapher *es hakt aus* 'es funktioniert nicht mehr' wird heute oft auf geistiges Versagen angewandt) und e i n h a k e n Vb. 'mit einem Haken befestigen, verbinden' (16. Jh., auch *einhäkeln*, 17. Jh.; vgl. auch *sich bei jmdm. einhaken* 'seinen Arm in den eines anderen einhängen'), jetzt häufig übertragen 'eingreifen, sich einmischen'.

Halali n. Bezeichnung für das am Ende der Jagd geblasene Hornsignal; früher bei der Parforcejagd zeigt dieses Signal wie der weidmännische Ruf *halali* an, daß sich das gehetzte Wild der Meute gestellt hat. Der Mitte des 18. Jhs. entlehnte Jagdausdruck beruht auf entsprechendem frz. *hallali*, dessen Erklärung umstritten ist. Die Ähnlichkeit mit lautmalenden Bildungen wie griech. (dor.) *alalā́*, *alalā̃i* (ἀλαλά, ἀλαλαί) '(Kriegs)geschrei, Jubel' (wonach junges ital. *alalà* 'hoch!'), aind. *alalā-* (in *alalābhávant-* 'sich lebhaft bewegend') läßt an eine expressive Wortschöpfung denken (vgl. auch span. *alarido* 'Geschrei, Geheul'). FEW 16, 148ff. stellt frz. *hallali* jedoch zu mfrz. frz. *haler* 'die Hunde durch Schreie antreiben', einer wohl durch Dissimilation entstandenen Lautvariante von gleichbed. mfrz. frz. *harer*, das seinerseits von der Interjektion mfrz. frz. *hare* (Schrei zum Antreiben der Hunde), afrz. *hare* (die Beendigung des Marktes verkündender Ruf) abgeleitet ist; diese gilt als Übernahme aus dem Germ. (anfrk. **hara* 'hierher'?), vgl. mnl. *hare* (selten *her*, *hēre*) 'her, hierhin', ferner ahd. *hera* (alem. Nebenform *hara*) 'hierher' (s. *her*). Nach Bloch/W. [6]314 kann darüber hinaus im zweiten Teil des frz. Jagdrufs die präpositionale Fügung *à lui* 'auf ihn' (afrz. *a li*) gesehen werden. Geringe Wahrscheinlichkeit wird dagegen jetzt der von Lokotsch Wörter oriental. Ursprungs (1927) 5 angeführten Herleitung aus dem Arab. beigemessen, auch Anschluß an den hebr. Text des Psalms 146, 1, vorgeschlagen von Adolf in: Studies in Philology 46 (1949) 514ff., erscheint fraglich. Abwegig, da von fehlerhaftem Frz. ausgehend, ist die jahrhundertelang in der dt. Jagdliteratur tradierte Deutung *ha là lit* 'ha, da liegt er!'.

halb Adj. 'den einen von zwei gleichen Teilen eines Ganzen ausmachend', dann auch 'unvollständig, unvollkommen, nicht ganz', in adverbieller Verwendung (häufig verdoppelt *halb ..., halb ...* oder *halb und halb*) 'zur Hälfte, zum Teil, beinahe, fast'; ahd. *halb* (8. Jh.), mhd. *halp*, asächs. mnd. mnl. nl. *half*, aengl. *healf*, engl. *half*, anord. *halfr*, schwed. dän. *halv*, got. *halbs*. Das Adjektiv germ. **halba-* läßt sich, wenn man eine Ausgangsbedeutung 'zerschnitten, geteilt' annimmt, wie die unter *Halfter* (s. d.) dargestellten westgerm. Substantivformen mit aind. *kálpatē* 'gelingt, fügt sich, wird zuteil' (Part. Perf. *kḷptá-* 'fertig, gerüstet') sowie mit griech. *skólops* (*σκόλοψ*) 'Spitzpfahl, Palisade, Dorn', lat. *scalpere* 'kratzen, ritzen, einschneiden' (s. *Skalpell*), *sculpere* 'schnitzen, meißeln, gravieren' (s. *Skulptur*), lit. *sklem̃bti* 'zuschneiden, behauen, glätten' verbinden; es stellt sich dann zu einer *p*-Erweiterung der Wurzel ie. **(s)kel-* 'schneiden' (wurzelverwandt sind ferner [2]*Helm*, [1]*Holm*, *Schale*, *Schild*, *Scholle*, *Skalp*, *verschleißen* und vielleicht *Schulter*, s. d.). Als zweites Glied erscheint *halb* in Zahlenangaben wie nhd. *anderthalb* 'eineinhalb' (eigentl. 'das andere, zweite nur halb'), älter ebenfalls *dritt(e)halb* 'zweieinhalb', *viert(e)halb* 'dreieinhalb' usw.; vgl. schon ahd. *anderhalb* (8. Jh.), *thrittohalb* (9. Jh.), mhd. *anderhalp*, *drithalp*, *vierdehalp*; dieser Bildungstyp ist im Germ. früh verbreitet (z. B. aengl. *ōþer healf*, *þridde healf*, anord. *halfr annarr*, *halfr þriði*). Hiervon zu unterscheiden sind die heute nur in zusammengesetzten Adverbien und Präpositionen vorkommenden Formen **-halb**, **-halben** '-seits, -wegen' (vgl. *außer-*, *inner-*, *ober-*, *unterhalb*, *allent-*, *meinethalben* und oft konjunktional verwendetes *deshalb*, *weshalb*); *halb*, *halben* 'auf Seiten, wegen', zunächst im Nhd. noch selbständig als lokale und kausale Präpositionen mit vorangestelltem Gen. geläufig (ahd. *halb* 'wegen', 10. Jh., mhd. *halp*, *halbe*, *halben* 'auf Seiten, wegen'), beruhen auf adverbiellem Gebrauch erstarrter Kasusformen der neben dem Adjektiv existierenden femininen Substantive ahd. *halba* (um 800, auch mit im Adverb erhaltenem endungslosem Akk. *halb*), mhd. *halbe*, frühnhd. *Halbe* 'Seite, Richtung, Gegend' (vgl. ebenso asächs. *halƀa*, mnd. *halve*, aengl. *healf*, anord. *halfa*, got. *halba*, im Aengl. und Anord. auch 'Hälfte'). Bis in die Gegenwart Präposition (mit vorangestelltem Gen.) und daneben Kompositionsglied von Adverbien (vgl. *ehren-*, *krankheits-*, *sicherheitshalber*) ist **halber** 'wegen' (Ende 15. Jh.), eine wohl an das stark flektierte Maskulinum des Adjektivs *halb* angelehnte Umbildung von *halben*. – **halbieren** Vb. 'in zwei Hälften teilen', mhd. *halbieren*, im 13. Jh. aufkommende französierende Variante zu gleichbed. mhd. *halben*, *helben* (mit Präfix ahd. *bihalbōn*, *umbihalbōn* 'umgeben, umringen', 9. Jh.). Das Verb ist anfangs vor allem für die nach damaliger frz. Mode aus zwei Stoffen unterschiedlicher Farbe gefertigte Kleidung üblich, bes. im Part. Prät. mhd. *gehalbier(e)t* nach gleichbed. afrz. *(mi) parti* (vgl. entsprechendes mnd. *halvēren*, Part. Prät. *halvērt*); im 15. Jh. wird *halbieren* mathematischer Terminus (neben frühnhd. *medieren* nach spätlat. *mediāre* 'sich in der Mitte befinden, halbieren'). **Halbinsel** f. 'nur eine schmale Verbindung mit dem Festland aufweisendes und sonst vom Wasser umgebenes Landstück' (17. Jh., zuvor *ein halb Insel*, 16. Jh.), freie Übersetzung von gleichbed. lat. *paenīnsula* (eigentl. 'was fast eine Insel ist', vgl. lat. *paene* 'beinahe, fast' und *īnsula* 'Insel'). **halbseiden** Adj. 'aus einem Mischgewebe von Seide und Baumwolle oder Leinen bestehend' (17. Jh., zusammengewachsen aus *halb seyden*, 15. Jh., *halb sidin*, 14. Jh.); wegen der Minderwertigkeit und mangelnden Gediegenheit solchen Stoffes dient *halbseiden* schon bei Goethe zur abschätzigen Kennzeichnung und wird seit Beginn des 20. Jhs. übertragen für 'fragwürdig, anrüchig, von zweifelhaftem Ruf' gebraucht. **Halbstarker** m. 'flegelhaft auftretender Jugendlicher', Substantivierung des wenig üblichen Adjektivs *halbstark* (s. *stark*). Seit Ende des 19. Jhs. ist in Hamburg nd. *de Halfstarken* (Plur.) 'verwahrloste Jugendliche aus den untersten sozialen Schichten, Randalierer, Rowdys' geläufig, breitet sich in hd. Form aber vorerst nur zögernd aus; in den 50er Jahren des 20. Jhs. wird *Halbstarker* allgemein zu einer Kritik und Ablehnung ausdrückenden Bezeichnung für den männlichen Halbwüchsigen, dessen Verhalten als unreif und provozierend angesehen wird. **Halbwelt** f. 'äußerlich elegante, aber moralisch verwerfliche Gesellschaftskreise', in den 60er Jahren des 19. Jhs. aufkommende Nachbildung von frz. *demi-monde*; dieses ist Anfang des 19. Jhs. als 'Welt der Prostituierten' bezeugt, wird jedoch erst durch die Komödie *„Le Demi-monde"* von A. Dumas dem Jüngeren (1855, hier im Sinne von 'die wegen eines Fehltritts aus ihrer Klasse Ausgeschlossenen') bekannt und gelangt bereits 1856 als fremdes Wort ins Dt., wo es zunächst versuchsweise mit *halbe Welt* übersetzt wird. **Halbzeit** f. 'eine Hälfte der für ein Ballspiel vorgeschriebenen Gesamtspielzeit' sowie 'Pause zwischen den beiden Spielhälften' (daher gelegentlich übertragen 'Zeitpunkt nach Ablauf der ersten Hälfte eines bestimmten Zeitraums'); um 1900 eingeführter Sportterminus nach entsprechendem engl. *half-time* (1871, anfangs als Ausruf, der das Ende der ersten Spielhälfte anzeigt), das seit dem 17. Jh. in der Bedeutung 'Hälfte eines bestimmten Zeitabschnitts' belegt ist (so auch vereinzeltes frühnhd. *Halbzeit*).

Halde f. '(Schutt)abhang, aufgeschütteter (Kohlen)vorrat', ahd. *halda* (8./9. Jh.), mhd. *halde*, mnd. *helde*, *halde* 'Abhang (eines Berges)', auf das Dt. beschränkte Substantivbildung zum Adj. ahd. *hald*, aengl. *heald*, anord. *hallr* 'schräg, geneigt', läßt sich wie *Helling* 'geneigte, schräge Bahn' und *hold* 'geneigt, zugetan' (s. d.) auf die Wurzel ie. **k̂el-* 'neigen' zurückführen; zu deren Erweiterung ie. **k̂lei-* s. [1]*lehnen*, wo weitere Verwandte.

Hälfte f. 'einer von zwei gleichen Teilen', mnd. *helfte*, mnl. *helft*, *helcht*, nl. *helft*, afries. *helfte*, anord. *helfð*, *helft*. Die Ableitung mit Dentalsuffix von den unter *halb* (s. d.) genannten Formen dringt aus dem Nd. im 15./16. Jh. allmählich nach Süden vor (mehrfach bei Luther) und setzt sich literatursprachlich gegen älteres *Halbe* (ahd. *halba*, mhd. *halbe*) durch. Der Mehrwortausdruck *meine bessere Hälfte* übersetzt engl. *my better half*.

Halfter m. n., auch f. 'Zaum (ohne Gebißstange) zum Halten eines Pferdes', ahd. (9. Jh.), asächs. *halftra*, mhd. *halfter*, mnd. *halchter(e)*, aostnfrk. *helif̄tra*, mnl. *halster*, *halfter*, *halchter*, *helfter*, *helchter*, nl. *halster*, aengl. *hælfter*, *hælftre*, engl. *halter*. Auf das Westgerm. beschränkte, meist feminine Substantivbildungen mit dem Instrumentalsuffix ie. *-tr-* zu der durch *-p-* erweiterten Wurzel ie. **(s)kel-* 'schneiden' (s. *halb*), auf die auch [2]*Helm* 'Handhabe, Griff, Stiel' und [1]*Holm* 'Axtstiel, Griff des Ruders' (s. d.) zurückgehen. Zu erschließen ist eine Ausgangsbedeutung 'kleiner Teil, Handhabe', die auch in ahd. *halb*, *helba* (9. Jh.), mhd. *halp*, *help* 'Handhabe, Griff' vorliegt. – h a l f t e r n Vb. 'ein Halfter anlegen' (Anfang 16. Jh.). a b h a l f t e r n Vb. 'das Halfter abnehmen' (18. Jh.), 'aus einer Stellung entfernen, absetzen' (19. Jh.).

Hall m. 'Schall, lauter Klang', mhd. *hal*, Abstraktbildung zum starken Verb ahd. *hellan*, mhd. *hellen* 'ertönen, erschallen'; zur Herleitung s. *hell*. *Hall* wird, ebenso wie *hallen*, vorwiegend für allmählich schwächer werdende, widerhallende Töne verwendet und kommt damit *Nachhall* und *nachhallen* nahe. – h a l l e n Vb. 'schallen', Ableitung von *Hall*, die seit dem 15. Jh. neben *hellen* auftritt und sich im 18. Jh. allgemein durchsetzt.

Halle f. 'hoher Raum (oft mit auf Säulen ruhendem Dach)', ahd. *halla* 'Tempel' (9. Jh.), asächs. *halla* 'Halle, Saal', mhd. mnd. mnl. *halle*, nl. *hal*, aengl. *h(e)all* 'Halle, großes Haus', engl. *hall*, anord. *hǫll* 'Halle, Saal, großes Gebäude', schwed. *hall*, germ. **hallō* ist verwandt mit *hehlen*, [1]*Helm* und *hüllen* (s. d.). Außergerm. vergleichen sich lat. *cella* '(Vorrats)kammer, enger Wohnraum, Kirchenschiff, Heiligtum im Tempel', (vielleicht) griech. *kaliā́* (καλιά) 'Hütte, Scheune' und (dehnstufig) aind. *śā́lā* 'Gebäude, Haus, Gemach', so daß von der Wurzel ie. **k̂el-* 'bergen, verhüllen' auszugehen ist. Ahd. und mhd. nur selten, im Md. des 13. Jhs. für 'Verkaufsraum' und für 'Vorhalle' eines öffentlichen Gebäudes, einer Kirche bezeugt. Mit der Luther-Bibel erlangt *Halle* allmählich größere Verbreitung, dringt jedoch erst im 18. Jh. (möglicherweise unter Einfluß der Lektüre Shakespeares und der Edda) allgemein durch und bezeichnet in jüngerer Sprache große, meist mit flacher Überdachung versehene einräumige Gebäude, deren (Seiten)wände fehlen können.

halleluja Interj. Jubelruf; kirchenlat. *(h)allelūiā* 'lobet den Herrn', Zusammenrückung und Übernahme von hebr. *hallᵉlū* 'preiset' (Imperativ Plur.) und *jāh*, Kürzung aus *Jāhwe*. In dt. Texten seit dem 14. Jh. – H a l l e l u j a n. formelhafter Lobruf, Freudengesang in der Liturgie (14. Jh.).

Hallig f. 'flache, ungeschützte Insel' (vor der Westküste Schleswigs), nordfries. *Halligen* (Plur., *Hallich* Sing.) 'kleine unbedeichte Inseln an der Küste, Überbleibsel von durch die See verschlungenem Land'; seit dem 18. Jh. in der Literatursprache. Herkunft ungewiß. Vielleicht verwandt mit [2]*Holm* 'kleine Insel' (s. d.) und wie dieses an die Wurzel ie. **kel(ə)-* 'ragen, hoch(heben)' anzuschließen.

Hallimasch m. Name eines eßbaren Blätterpilzes, seit Anfang des 19. Jhs. (vornehmlich in Böhmen und Österreich) nachgewiesen, Herkunft ungeklärt. Möglicherweise entstanden aus der Bezeichnung botan.-lat. *Armillaria* (zu lat. *armilla* 'Armband, Armspange' nach der Gestalt des Ringes am Stil des Hutes) durch Umstellung zu **allimar* unter Anlehnung der Aussprache an das Suffix tschech. *-ař* (vgl. MARZELL 1, 396). Mundartliche Formen wie *Halamarsch* werden auch als *hal am Arsch* (bair. *hal*, mhd. *hæl* 'glatt, schlüpfrig') aufgefaßt, wobei an die abführende Wirkung des Pilzes gedacht wird.

hallo Interj. Ausruf, Zuruf, um Aufmerksamkeit zu erregen, auch Ausdruck freudiger Überraschung. Mhd. *holā*, frühnhd. *holla* (um 1500) und *hallo* (15. Jh.) ist der mit der schallverstärkenden Partikel *ā* bzw. *ō* gebildete Imperativ Sing. zu mhd. *hol(e)n* (s. *holen*) als Ruf an den Fährmann. Wohl durch Verlagerung des Akzents auf die Endsilbe geht das *o* der Stammsilbe in *a* über. – H a l l o n. 'lautes Rufen, freudige Aufregung' (18. Jh.).

Halluzination f. 'Sinnestäuschung', entlehnt (19. Jh.) aus lat. *alūcinātio*, *halūcinātio* (Gen. *(h)alūcinātiōnis*) 'gedankenloses Reden, Träumerei'. – h a l l u z i n i e r e n Vb. 'einer Sinnestäuschung unterliegen' (19. Jh.), lat. *(h)alūcinārī* 'gedankenlos reden, handeln, faseln, träumen', das aus griech. *alýein*, *halýein* (ἀλύειν, ἁλύειν) 'außer sich sein' entlehnt ist und sich in der Form dem zum Teil bedeutungsverwandten lat. *vāticinārī* 'weissagen, schwärmen' angeglichen hat. Verb und Substantiv werden überwiegend in medizinischer Fachsprache gebraucht.

Halm m. 'Stengel der Gräser, des Getreides', ahd. (8. Jh.), asächs. *halm*, mhd. mnd. mnl. nl. schwed. *halm*, aengl. *halm*, *healm*, engl. *haulm*, *halm*, anord. *halmr* 'Getreidehalm, Stroh', germ. **halma-* wird ebenso wie lat. *culmus* und (aus dem Griech.) *calamus* 'Halm, Rohr', griech. *kálamos*, *kalámē* (κάλαμος, καλάμη) 'Halm, Rohr', aind. *kalámaḥ* 'Schreibrohr' (wohl über arab. *qalam* aus griech. *kálamos* 'Rohr' entlehnt), kslaw. *slama*, russ. *solóma* (солома) 'Stroh' auf ie. **k̂olǝmos*, **k̂olǝmā* 'Halm, Rohr' zurückgeführt, das sich wahrscheinlich an die Wurzel ie. **k̂el-* 'dünner Schaft, Pfeil, steifer Halm' anschließt. *Halm* bezeichnet überwiegend den Stengel des Getreides (ohne Ähre oder Rispe), der Plur. *Halme* (mhd. frühnhd. auch *helme* und *helmer*) kann gelegentlich für 'Getreide' oder 'Gras' stehen.

Halma n. (schon in der Antike übliches) Brettspiel, benannt entsprechend der bevorzugten Fortbewegungsart der Spielsteine, dem Überspringen der eigenen wie der gegnerischen, nach griech. *hálma* (ἅλμα) 'Sprung'; zu griech. *hállesthai* (ἅλλεσθαι) 'springen', verwandt mit lat. *salīre* (s. *Salto*). Im Dt. wohl (mit der Sache) Entlehnung (Ende 19. Jh.) von amerik.-engl. *halma*.

Hals m. 'Kopf und Rumpf verbindender Körperteil', ahd. *hals* (8. Jh.), mhd. asächs. mnd. mnl. nl. *hals*, aengl. *heals*, anord. *hals*, schwed. *hals*, got. *hals* (germ. **halsa-*) vergleichen sich mit lat. *collus* (aus **colsos*), *collum* 'Hals, Bergjoch'. Die Zuordnung zur Wurzel ie. **kᵘ̯el(ǝ)-* '(sich) drehen', wobei *Hals* als 'Dreher' aufzufassen wäre, ist nur möglich, wenn für das Germ. und Lat. Verlust des labialen ᵘ̯ vor dem ie. *o* der zweiten Hochstufe angenommen wird. Vielleicht ist auch Anschluß an die Wurzel ie. **k̂el-* 'neigen' (s. *Halde*, *hold*) zu erwägen? *Hals* steht in zahlreichen festen Verbindungen und bildlichen Wendungen, die zunächst an das Äußere des Körperteils anknüpfen, wie *Hals über Kopf* (aus *über Hals und Kopf*), *jmdm. (vor Freude) um den Hals fallen*, *etw. auf dem Halse haben*. Auf alte Formen der Todesstrafe, das Köpfen, Henken, Rädern, gehen zurück: *es geht ihm an den Hals*, *sich um Hals und Kragen reden*. Die Innenseite des Halses im Sinne von 'Schlund, Kehle' ist gemeint in Wendungen wie *den Hals nicht voll kriegen*, *jmdm. den Hals stopfen*. Vielfach wird *Hals* übertragen auf halsähnliche Teile von Sachgegenständen (*Flaschenhals*, *Oberschenkelhals*). – ¹h a l s e n Vb. 'umarmen', ahd. *halsen* (8. Jh.), *helsen* (9. Jh.), mhd. *halsen*, *helsen* (auch nhd. noch *hälsen*), asächs. *helsian*, mnd. *helsen*, anord. *halsa*. Die schwachen Verben sind Ableitungen vom Substantiv. Die unkomponierte Verbform tritt im Nhd. allmählich zurück und wird im 19. Jh. durch *umhalsen*, ahd. *umbihalsen* (8. Jh.), mhd. *umbehalsen*, *umbehelsen* verdrängt. ²h a l s e n Vb. 'das Segel beim Wenden auf die andere Bootsseite nehmen' (19. Jh.), zu *Hals(e)* 'untere Ecke des Segels', eigentl. 'Dreher' (18. Jh.), vgl. gleichbed. anord. *hals*. H a l s a b s c h n e i d e r m. 'Betrüger, Wucherer' (19. Jh.). H a l s g e r i c h t n. historisch 'Gericht für todeswürdige Verbrechen', mhd. *halsgerihte*, auch 'Richtplatz'. h a l s s t a r -

r i g Adj. ‘eigensinnig, unnachgiebig’, Ableitung (16. Jh.) von *Halsstarre* ‘Steifhalsigkeit’, zunächst ‘an Halsstarre leidend’, unter Einfluß von spätmhd. frühnhd. *halsstarc* ‘eigensinnig’ auf die Willenshaltung des Menschen übertragen. l a u t h a l s Adv. ‘aus voller Kehle’; aus nd. *lūdhals* (19. Jh.) zu Anfang des 20. Jhs. ins Hd. eingedrungen, wo um 1800 bereits *lauthalsig*.

halt Adv. ‘eben, wohl, schon, nun einmal’, ahd. (um 800), mhd. *halt* ‘mehr, vielmehr’, bes. bekräftigend ‘eben, freilich’, auch (mit Komparativendung) mhd. *halter*, asächs. *hald*, anord. *heldr* ‘vielmehr, eher’, schwed. *heller*, got. *haldis* ‘mehr’. *halt* ist endungsloser Adverbialkomparativ (ähnlich *baß*, s. d.) zum Positiv ahd. *halto* Adv. ‘bald, schnell, rasch’ (um 900). Die Herkunft ist nicht geklärt. Vielleicht zu einem Adjektiv ahd. *hald* ‘schräg, geneigt’ (s. *Halde*)? Die Ausgangsbedeutung ‘mehr’ begegnet mhd. nur noch vereinzelt; *halt* wird bekräftigend und begründend (‘eben, ja, freilich’) und im Nhd. vielfach einschränkend im Sinne eines Resignierens, Sichfügens (*da kann man halt nichts machen*) verwendet. Über das südd. Verbreitungsgebiet hinaus begegnet *halt* in jüngerer Zeit auch bei md. und nordd. Autoren.

halten Vb. ‘festhalten, bewahren’, ahd. *haltan* ‘festhalten, befolgen, (be)hüten’ (8. Jh.), mhd. *halten*, *halden* ‘hüten, weiden, bewahren, verehren, festhalten, gefangenhalten, meinen, sich benehmen, an einem Punkt anhalten, stillhalten’, asächs. *haldan* ‘halten, hüten, feiern’, mnd. *hōlden* ‘hüten, bewachen, schützen, weiden, einhalten, veranstalten, festhalten, stillhalten, sich verhalten’, mnl. nl. *houden*, aengl. *haldan*, *healdan*, engl. *to hold*, anord. *halda*, schwed. *hålla*, got. *haldan* ‘hüten, weiden’. Sieht man den Dental des ehemals reduplizierenden germ. Verbs als präsensbildendes Formans an und geht von einer Grundbedeutung ‘(Vieh) hüten’ aus, dann läßt sich eine Verbindung zu griech. *kéllein* (*κέλλειν*) ‘antreiben, bewegen, anfahren, landen’, lat. *celer* ‘schnell, rasch’, aind. *kaláyati* ‘treibt (Vieh), hält, trägt, macht’ und Anschluß an die Wurzel ie. **kel-* ‘treiben, zu schneller Bewegung antreiben’ herstellen, die möglicherweise mit **kel(ə)-* ‘rufen, schreien, lärmen, klingen’ (s. *hell*) identisch ist (vgl. Pokorny 1, 548; anders Seebold 249, der auf Grund der Bedeutung ‘hüten, weiden’ das germ. Verb auf die Wurzel ie. **kᵘ̯el(ə)-* ‘drehen, sich um etw. herumbewegen’ zurückführen möchte, s. *Hals*). Aus der Grundbedeutung ‘hüten’ entwickelt sich einerseits ‘achthaben, beobachten, bewahren’, andrerseits ‘festhalten’ sowie ‘an-, stillhalten, in einem Zustand verharren’, schließlich (vielleicht unter dem Einfluß von *haben*) ‘für etw. ansehen, glauben, meinen’. – H a l t m. ‘Stütze, das (Inne)halten’, mhd. *halt* ‘Bestand, Ort, Aufenthalt’. H a l t e r m. ‘Haltevorrichtung’ (vgl. *Federhalter*), ‘wer etw. hält’ (vgl. *Statthalter*), ahd. *haltāri* ‘Erretter, Erlöser’ (um 1000; vgl. *bihaltāri* ‘Wächter’, 8. Jh.), mhd. *haltære*, *halter* ‘Hirt, Bewahrer, Erlöser’. H a l t u n g f. ‘Körperhaltung, Pose, innere Einstellung, Beherrschtheit’, spätmhd. *haltunge*, auch ‘Gewahrsam, Verwahrung, Inhalt’. a b h a l t e n Vb. ‘fernhalten, hindern, durchführen’ (15. Jh.). A n h a l t m. ‘Anhaltspunkt, Ursache’, mhd. *anhalt*; a n h a l t e n Vb. ‘festhalten, stehenbleiben, stoppen, andauern, zu etw. bewegen, um etw. bitten’ (1. Hälfte 15. Jh.); A n h a l t e r m. ‘wer fremde Autos anhält, um sich mitnehmen zu lassen’, geläufig in der Wendung *per Anhalter fahren* (Mitte 20. Jh.); zuvor im Sinne von ‘Förderer, (An)treiber’ (16. Jh.). a u s h a l t e n Vb. ‘bis zum Ende durchstehen, ertragen, Unterhalt gewähren’, mhd. *ūʒhalten* ‘instand halten, verpflegen’. b e h a l t e n Vb. ‘nicht weggeben, bewahren’, ahd. *bihaltan* (8. Jh.), mhd. *behalten*, *-halden* ‘für sich behalten, bewahren, Erfolg haben, beherbergen, einhalten, (vor Gericht) durch Zeugen erhärten’; B e h ä l t e r m. ‘Gefäß’, frühnhd. auch ‘Gefängnis’ (15. Jh.); vgl. mhd. *behaltære*, *behalter* ‘Beobachter, Bewahrer, Erlöser’, ahd. *bihaltāri* ‘Wächter’ (8. Jh.); B e h ä l t n i s n. ‘Behälter, Gefäß’ (15. Jh.), mhd. *behaltnisse* ‘das Halten, Erhaltung, Vorbehalt, Gewahrsam, Gedächtnis’, ahd. *bihaltnessi* ‘das Zurückhalten’ (9. Jh.). e i n h a l t e n Vb. ‘aufhören, aufhalten, beachten’ (15. Jh.); E i n h a l t m. ‘Einschränkung, Eindämmung’ (Mitte 15. Jh.), dann bes. in der Verbindung *Einhalt gebieten*, *tun* (16. Jh.); frühnhd. auch für *Inhalt*. e n t h a l t e n Vb. ‘(sich) fernhalten, zurückhalten, enthaltsam sein, zum Inhalt haben’, mhd. *enthalten* ‘stillhalten, zurückhalten’; dazu *enthaltsam* ‘mäßig, abstinent’ und *Enthaltsamkeit* (beide 18. Jh.). e r h a l t e n Vb. ‘empfangen, bekommen, bewahren' (16. Jh.). unterhalten Vb. 'etw. sichern, bewahren, sich erfreuen, ein Gespräch führen' (17. Jh.); Unterhalt m. (17. Jh.); Unterhaltung f. (18. Jh.).

Halunke m. 'Gauner, Betrüger'. In diesem Ausdruck vermischen sich wohl zwei unabhängige Entlehnungen aus slaw. Sprachen. Schles. *holomken* Plur. 'Diener?' (Mitte 15. Jh.) ist entlehnt aus atschech. *holomek* 'junger Mann, (Gerichts)diener, Henkersknecht, Gauner, Betrüger' (tschech. 'Taugenichts, Büttel', Schimpfwort), eigentl. 'Unbehaarter', Verkürzung aus einem vulgären Schmähwort atschech. *holomūdek*, *holomudec* 'geschlechtlich Unreifer', eigentl. 'derjenige, der einen noch unbehaarten Hoden hat', gebildet zu atschech. *holý* 'nackt, bloß' (verwandt mit *kahl*, s. d.) und *mūd*, *mūdec* 'Hoden'; vgl. Bellmann Slavoteutonica (1971) 239ff. Daneben steht omd. (obsächs.) *Holunke* 'Stadtdiener, Troßbube, Bote, Heideläufer' (um 1500), entlehnt aus obsorb. (älter) **holank* (vgl. *holanka* 'Heidebewohnerin'), einer Ableitung von *holan* (nsorb. *golan*) 'Heidebewohner', zu *hola* 'Heide, Wald' und damit zu obsorb. *hoły*, nsorb. *goły* 'kahl, nackt, bloß' (den genauen Entsprechungen von atschech. *holý*, s. oben); vgl. Bielfeldt Entlehnungen (1965) 49. Aus beiden Entlehnungen entsteht im 16. Jh. *Halunke* und wird im 17./18. Jh. literatursprachlich.

[1]**Hamen** m. 'beutelförmiges Fischnetz', ahd. *hamo* 'Fangnetz' (Hs. 12. Jh.), mhd. *ham*, *hame* 'sackförmiges Fangnetz', mnd. *hāme* entsprechen etymologisch dem Grundwort von ahd. *līhhamo* (s. *Leichnam*) und den unter *Hemd* (s. d.) behandelten, auf germ. **hama-*, **haman-* 'Hülle, Haut' zurückgehenden Formen. Auch die Bezeichnung für ein Fisch- oder Fangnetz geht auf die Vorstellung der 'Hülle', des 'Einhüllens' zurück. Hiervon zu trennen ist gleichlautendes [2]**Hamen** m. 'Angelrute', ahd. *hamo* (10. Jh.), mhd. *ham*, *hame*, das aus lat. *hāmus* 'Haken, Angelhaken' entlehnt ist. Die gegenüber dem Lat. kürzere Vokalquantität ist wohl durch Anschluß an das heimische *hamo*, *ham(e)* 'Fangnetz' (s. oben) zu erklären.

hämisch Adj. 'schadenfroh, hinterhältig', mhd. *hemisch*, *hemsch* 'versteckt boshaft, hinterhältig' (13. Jh.), Ableitung von mhd. *hem* 'zu schaden trachtend, aufsässig', das sich zu mhd. *ham*, *hame* 'Hülle, Kleid' (s. *Hemd*) stellt. Ursprünglich im Sinne von 'verhüllt, die wahre Gesinnung verbergend', dann vor allem in der Bedeutung 'Bosheit oder Schadenfreude mehr oder weniger offen zeigend', so in Verwendungen wie *hämisch lachen*, *hämisch grinsen*. – Häme f. 'in Worten sich äußernde Bosheit, Schadenfreude', Abstraktbildung zu *hämisch*, umgangssprachlich seit Anfang der 70er Jahre des 20. Jhs.

Hammel m. 'kastrierter Schafbock', ahd. *hamal* (um 1100), mhd. *hamel*, mnd. mnl. *hāmel*, nl. *hamel* ist Substantivierung eines in ahd. *hamal* 'verstümmelt' (um 1000) vorliegenden Adjektivs; vgl. dazu ahd. *hamf* (8. Jh.), *ham* (9. Jh.) 'gebrechlich', got. *hamfs* 'verstümmelt' und die Verben ahd. *hemelen* (11. Jh.), mhd. *hamelen*, aengl. *hamelian*, anord. *hamla* 'verstümmeln'. Herkunft ungewiß. Vielleicht im Hinblick auf die alten Kastriermethoden mit de Vries Nl. 233 auf die Wurzel ie. **kem-* 'zusammendrücken, -quetschen' zurückzuführen. Verschiedentlich wird auch Anschluß an die Wurzel ie. **k̑em-* 'hornlos' vertreten (s. *Hinde*). *Hammel* ist die am weitesten verbreitete Bezeichnung des Tieres. Nur im Omd. und im Öst. hat sich das aus dem Slaw. entlehnte *Schöps* (s. d.) behauptet.

Hammer m. 'Schlagwerkzeug', ahd. *hamar* (9. Jh.), mhd. *hamer*, asächs. *hamar*, *hamur*, mnd. *hāmer*, mnl. nl. *hamer*, aengl. *hamor*, engl. *hammer*, anord. *hamarr* 'Klippe, Stein, Hammer' (die Bedeutung 'Klippe, Stein' noch in Ortsnamen wie *Hammerfest*), schwed. *hammare* (germ. **hamara-*) sowie mhd. (mit anderer Ableitung) *hamel* 'abgehauener Stein, Klippe' sind verwandt mit aslaw. *kamy*, russ. *kámen'* (*камень*) 'Stein'. *Hammer* bezeichnet wohl ursprünglich ein Gerät aus Stein, das als Werkzeug und Waffe verwendet wird. Die genannten Formen, insbes. die slawischen Bezeichnungen für 'Stein' (slaw. **kāmen-*; vgl. auch die dem Slaw. entstammenden Ortsnamen *Kammin*, *Kamenz*, *Chemnitz*) verbindet man mit Bildungen gleicher Bedeutung (ie. **ak̑men-*, **akmen-*), die an die Wurzel ie. **ak̑-*, **ok̑-* 'scharf, spitz', auch 'kantig, Felsspitze, Felsrand, Stein' (s. *Ähre*, *Ahorn*) das Suffix ie. *-men-* anfügen, aind. *áśmā* 'Stein, Fels, Himmel' (als Steingewölbe vorgestellt, s. auch *Himmel*), awest. *asman-* 'Stein (als Wurfgeschoß), Himmel', griech.

ákmōn (ἄκμων) ‘steinerner Amboß’, auch ‘Meteorstein’, lit. *akmuõ* ‘Stein’, *ašmuõ* ‘Schärfe, Schneide’. Ob ein etymologischer Zusammenhang zwischen den unterschiedlichen Bildungen besteht, ist umstritten, ebenso die Frage nach der ursprünglichen (ie.) Qualität des in den germ. und slaw. Formen auf den anlautenden Guttural folgenden Vokals. Sehr zweifelhaft ist daher auch, ob die unter *Himmel* (s. d.) genannten Formen etymologisch hierher gehören (bei Annahme eines alten *e/o*-Ablauts und Anknüpfung an die Vorstellung ‘Steingewölbe’, wie sie die zitierten indoiranischen Wörter aufweisen). In nhd. Zeit bedeutet *Hammer* auch ‘Hammerwerk’ und (jünger) ‘Werkzeugmaschine’, ferner sportsprachlich ‘Wurfgerät’. Die Verbindung *unter den Hammer kommen* ‘versteigert werden’ knüpft an den Hammer an, mit dem in der Auktion dem Meistbietenden der Zuschlag erteilt wird. – h ä m m e r n Vb., mhd. *hemeren*.

Hämorrhoiden Plur. knotenförmige Erweiterungen der Mastdarmvene mit gelegentlichem Blutfluß, lat. (und danach medizin.-lat.) *haemorrhoidae*, spätlat. *haemorrhoides*, griech. *haimorrhoïdes* Plur., *haimorrhoïs* Sing. (αἱμορροΐδες, αἱμορροΐς) ‘blutlassende Ader(n), krankhafter Blutfluß’; vgl. griech. *hâima* (αἷμα) ‘Blut’ und griech. *rhéïn* (ῥεῖν) ‘fließen’. Der bereits bei den antiken Ärzten übliche Ausdruck wird aus der medizinischen Wissenschaftssprache im 18. Jh. entlehnt und verdrängt volkstümliche Bezeichnungen wie *güldin Aderen*, *Güldenader*, *Goldader* (16. Jh.).

hampeln Vb. ‘sich unruhig (hin und her) bewegen, zappeln’, aus dem Nd., ungeklärten Ursprungs; literatursprachlich zuerst bei nordd. Schriftstellern des 19. Jhs. Daneben findet sich das Verbum mnd. nd. *ampeln* ‘sich mit Händen und Füßen (vergeblich) bemühen, etw. zu erlangen suchen’ (15. Jh.). Zum angenommenen Übergang von *ampeln* zu *hampeln* unter Einfluß von *humpeln* vgl. Sommer in: IF 51 (1933) 249f. – H a m p e l m a n n m. ‘(hölzerne) Puppe, deren Arme und Beine durch eine Schnur auf und ab bewegt werden können’, auch ‘leicht lenkbarer Mensch, Waschlappen’, frühnhd. *Hempelmann* ‘Dummkopf’ (16. Jh.), als Sachbezeichnung für das Spielzeug seit dem 17. Jh.

Hamster m. Nagetier, das in großen Backentaschen Nahrung speichert und in seinem Erdbau Getreide als Wintervorrat einlagert, ahd. *hamustro* (um 1000), *hamastra* (11. Jh.), *hamestro*, *-istro* (Hs. 13. Jh.), asächs. *hamustra*, frühnhd. *Ham(p)ster*. Der Name ist eine Entlehnung aus urruss. **chomĕstrъ*, das durch die Hapaxlegomena russ.-kslaw. *chomĕstorъ* (11. Jh.), *chomĕstarъ* (13. Jh.) bezeugt ist, dagegen mit anderem Suffix aruss. *chomĕkъ*, *chomjakъ*, russ. *chomják* (хомяк). Der Ausdruck stammt wohl aus dem Altiran., vgl. awest. *hamaēstar-* ‘wer nieder-, zu Boden wirft (hier z. B. die Getreidehalme), unterdrückt’ (Vasmer 3, 259). Abzuweisen ist die verbreitete Meinung, daß die ahd. Formen für ‘Kornwurm’ stehen. Zwar glossieren sie in der Regel lat. *curculio*, also eigentl. die Bezeichnung für den Kornkäfer und seine Larve. Es ist jedoch davon auszugehen, daß von den Glossatoren lat. *curculio* in dem allgemeinen Sinne ‘Getreideschädling’ verstanden wurde (vgl. die Interpretation spätlat. *genus nociuum frugibus inimicus*, Corp. Gloss. Lat. 5, 206, 18). Infolgedessen übersetzen sie lat. *curculio* mit ahd. *hamustro*, dem Namen des Nagetieres, oder in einigen Fällen genauer mit den Namen beider bekannter Getreideschädlinge *hamastra vel engiring* ‘Hamster oder Kornkäfer’; vgl. W. Pfeifer Wb. dt. Tiernamen 245f. – h a m s t e r n Vb. ähnlich dem Hamster ‘Vorräte anhäufen, speichern’ (1. Hälfte 19. Jh.), ‘sich knapp gewordene Lebensmittel, Bedarfsartikel verschaffen’ (seit dem ersten Weltkrieg). Dazu H a m s t e r e r m. (20. Jh.).

Hand f. ‘unterster Teil des Armes zum Greifen und Halten’, ahd. *hant* (8. Jh.), mhd. mnd. mnl. *hant*, asächs. *hand*, aengl. *hand*, *hond*, nl. engl. *hand*, anord. *hǫnd*, schwed. *hand*, got. *handus* führen auf eine Substantivbildung germ. **handu-*, die im Ablautverhältnis steht zu got. *-hinþan* ‘greifen, fangen’ (*frahinþan* ‘gefangennehmen’), aschwed. schwed. *hinna* ‘erlangen, erreichen’ und zu ahd. *herihunda* ‘Beute’ (9. Jh.), aengl. *hūþ*, got. *hunþs* ‘Beute’. *Hand* wäre danach als ‘die Greifende, Fangende’ zu deuten. Eine Verbindung zu außergerm. Wörtern ist nicht sicher nachzuweisen; de Vries Nl. 234 hält daher Herkunft aus einem vor-ie. Substrat für möglich. Doch vgl. zur Problematik des Wortes Markey in: Journal of Indo-European Studies 12 (1984) 261ff. Im Ahd. geht *Hand* in die *i*-Deklination über; Reste des alten *u*-Stammes zeigen Fügungen wie *abhanden* (s. *ab*), *vorhanden* 'verfügbar, vorrätig', eigentl. 'vor den Händen' (15. Jh.), meist in der Fügung *vorhanden sein*, attributiv seit dem 18. Jh., und *zuhanden* 'greifbar, nahe' (15. Jh.), die den umlautlosen Dat. Plur. bewahren. – aushändigen Vb. 'aus der Hand geben' (17. Jh.). Handbuch n. 'Buch, das den Stoff eines Wissensgebietes umfaßt', Übersetzung (15. Jh.) von gleichbed. lat. *manuāle*. handfest Adj. 'kräftig, derb', mhd. *hantveste*, mnd. *hantvast* 'in feste Hand genommen, gefangen, tüchtig'. Handgeld n. 'Anzahlung bei mündlichem Abschluß eines Vertrages', bes. 'Geld, das jmdm. (bei der Anwerbung zum Militärdienst) in die gelobende Hand gezahlt wird' (17. Jh.); vgl. mnd. *hantgelt* 'Zins, Rente' (14. Jh.). handgemein Adj. 'handgreiflich, tätlich' (18. Jh.). Handgemenge n. 'Schlägerei, Nahkampf' (17. Jh.). handgreiflich Adj. 'tätlich, greifbar' (17. Jh.). Handhabe f. 'Griff, Henkel, begründeter Anlaß', ahd. *hanthaba* (9. Jh.), mhd. *hanthabe*; handhaben Vb. 'auf eine bestimmte Weise gebrauchen, benutzen' (16. Jh.), frühnhd. *hanthaben* 'fest fassen, (an)halten, schützen, unterstützen' (15. Jh.). Handlanger m. 'Zuarbeiter' (in Bauberufen), 'willfähriger Helfer' (15. Jh.); zu *langen* 'ausstrecken, reichen, greifen' (s. d.). handlich Adj. 'bequem, leicht zu handhaben', mhd. *hantlich* 'mit der Hand verrichtet'. Handschrift f. 'für jmdn. charakteristische Schrift, handgeschriebenes Werk', frühnhd. auch 'Unterschrift, Schuldbrief' (15. Jh.). Handschuh m. 'Bekleidungsstück der Hand', ahd. *hantscuoh* (9. Jh.), mhd. *hantschuoch*. Handstreich m. 'Handschlag' (16. bis 19. Jh.); 'plötzlicher Überfall' (Anfang 19. Jh. als Übersetzung von frz. *coup de main*). Handtuch n. 'Tuch zum Abtrocknen der Hände, des Körpers', ahd. *hanttuoh* (Hs. 12. Jh.), mhd. *hanttuoch*; aus dem Boxsport *das Handtuch werfen* '(den Kampf) aufgeben' (20. Jh.). Oberhand f. 'Überlegenheit, Übermacht', mhd. *oberhant* (aus *obere hant*); geläufig *die Oberhand gewinnen, behalten*. Zu *Hand* im Sinne von 'Besitz, Macht'. überhandnehmen Vb. 'sich zu stark vermehren, ausbreiten' (15. Jh.).

handeln Vb. 'etw. tun, tätig sein, Handel treiben, feilschen, betreffen', ahd. *hantalōn* (9. Jh.), mhd. *handeln*, asächs. *handlon*, mnd. mnl. nl. *handelen*, aengl. *handlian*, engl. *to handle*, anord. *handla*, *hǫndla*, schwed. *handla* gehören als Ableitungen zu den unter *Hand* (s. d.) angegebenen Formen und bedeuten zunächst 'in die Hand nehmen, nach etw. greifen', ferner 'behandeln, bearbeiten'. Stark differenziert sich der Gebrauch im Mhd., insbes. im Sinne von 'etw. tun, verrichten, betreiben'. Frühnhd. setzen (im Anschluß an *Handel* 'Kaufgeschäft', s. unten) mit kaufmannssprachlich 'Handel treiben' (16. Jh.), 'den Preis festlegen, feilschen' (17. Jh.) neue Gebrauchstraditionen ein. Auf (wissenschaftliche) Untersuchung und Darstellung bezieht sich *handeln* in der seit Luther geläufigen Verwendung 'beschreiben, behandeln', jünger oft mit unpersönlichem Subjekt 'zum Inhalt haben'. – Handel m. 'gewerbsmäßiger Ein- und Verkauf, Geschäft, Angelegenheit', mhd. *handel* 'Handlungsweise, Vorgang, Begebenheit', auch 'Gerichtsverhandlung, Rechtssache' (dazu der seit frühnhd. Zeit häufige Plural *Händel* 'Streitigkeiten, Zwist') ist Rückbildung zu *handeln*; seit dem Frühnhd. (15. Jh.) im Sinne von 'Kaufgeschäft, Kaufmannsgewerbe'. Händler m. 'Ein- und Verkäufer, Handeltreibender', mhd. *handeler*, *handler* 'wer etw. tut, vollbringt, Unterhändler' (14. Jh.); die im Nhd. allein geläufige Bedeutung 'Warenverkäufer' ist seit 1500 nachweisbar und bleibt in zahlreichen Zusammensetzungen bis in jüngste Zeit lebendig, u. a. *Buch-*, *Briefmarken-*, *Einzel-*, *Kohlenhändler*. Handlung f. 'Tat, Geschehen, Geschäft, Laden', mhd. *handelunge*, in mannigfacher Verwendung, u. a. bereits 'Kaufhandel'; vgl. ahd. *hantalunga* 'Behandlung' (10. Jh.). abhandeln Vb. 'ein Thema erörtern, behandeln, durch Kauf oder Tausch erlangen, (den Preis) herunterhandeln', geläufig seit dem 16./17. Jh.; vgl. mnd. *afhandelen* im Sinne von 'abfinden' (um 1300); Abhandlung f. 'Unterhandlung, (schriftliche) Darlegung' (16. Jh.). behandeln Vb. 'bearbeiten, mit jmdm. umgehen, jmdn. zu heilen suchen', frühnhd. auch 'verhandeln' (16. Jh.); vgl. mnd. *behandelen* 'in die Hände bekommen, in die Hände liefern, ein-, aushändigen'; Behandlung f. 'Bearbeitung, Umgang mit jmdm., ärztliche Betreuung, (wissenschaftliche) Darstellung', frühnhd. 'das Betasten' und 'Verhandlung' (16. Jh.). m i ß h a n d e l n Vb. 'übel behandeln', mhd. *missehandeln*, auch refl. 'sich vergehen, verfehlen'; dazu *Mißhandlung*, mhd. *missehandelunge*. u n t e r h a n d e l n Vb. 'zu vermitteln suchen'; dazu *Unterhändler* (beide 16. Jh.). v e r h a n d e l n Vb. 'über etw. sprechen, um eine Einigung zu erzielen', mhd. *verhandeln*, *verhendeln* 'verkehrt handeln, schlecht behandeln', refl. 'sich zutragen, verlaufen'; V e r h a n d l u n g f. 'Unterredung, Auseinandersetzung' (15. Jh.), mhd. (und frühnhd.) *verhandelunge* 'falsche Handlung, Vergehen'.

Handikap n. 'Benachteiligung, Nachteil', Entlehnung (Ende 19. Jh.) von gleichbed. engl. *handicap*, eigentl. ein Pferderennen (*handicap race*), bei dem die stärksten Pferde belastet werden, dann mit Zeit- oder Streckenvorgabe für die schwächeren Pferde, was jeweils auf eine Benachteiligung der stärkeren hinausläuft. Danach allgemein '(Be)hinderung, Benachteiligung'. Weithin wird angenommen, engl. *handicap* gehe auf die Verbindung *hand i'* (d. h. *in*) *cap* zurück, eine Aufforderung, in einer Art 'Lotterie' (so das früheste engl. Zeugnis, 17. Jh.) gesetztes Geld (oder Wertsachen) in eine Mütze zu geben, aus der anschließend eine Verteilung durch den Schiedsrichter erfolgt. Dagegen erklärt KNOBLOCH in: Sprachwiss. 16 (1991) 95ff. engl. *handicap* im Sinne von 'körperliche Behinderung' als Wiedergabe von mlat. *manucaptus* 'mit der Hand ergriffen', und zwar im Sinne einer Gefangennahme oder als Rechtsausdruck der Eigentumserwerbung durch Handauflegen. Vgl. lat. *manceps* 'Aufkäufer, Pächter, Besitzer', eigentl. 'Erwerber von Eigentum (Beute) durch Griff mit der Hand (im Krieg)', lat. *mancipium* 'Eigentumserwerbung, durch Auflegen der Hand (im Kriege als Beute) erworbener Sklave'. Engl. *handicap* wäre nach dieser Deutung zunächst die Verfügungsgewalt des Schiedsrichters über Wetteinsätze, dann über die Rennpferde und ihre vorzunehmende Belastung, schließlich die '(körperliche) Behinderung'. – h a n d i k a p e n Vb. 'jmdm. ein Handikap, eine Benachteiligung auferlegen', engl. *to handicap*; meist jedoch als Part.adj. g e h a n d i k a p t 'behindert, benachteiligt' (20. Jh.).

Handwerk n. 'überwiegend mit Hand und (einfachem) Werkzeug ausgeübte Berufstätigkeit, Berufsstand der Handwerker', ahd. *hantwerc* 'Handarbeit, Verfertigung' (um 1000), mhd. *hantwerc* 'Handarbeit, Gewerbe, Zunft', aengl. *handweorc* (neben *handgeweorc*), engl. *handwork*, *handiwork* 'Handarbeit'. Im Mhd. und älteren Nhd. (vielleicht auch schon im Ahd.?) mischt sich der Gebrauch von *hantwerc* mit dem von *antwerc* '(Belagerungs)maschine' (eigentl. 'Gegenwerk', s. *ent-* und vgl. mhd. *entwürken* 'zunichte machen, zerstören'), so daß *antwerc* auch 'Handarbeit' und *Handwerk* noch im 18. Jh. auch 'Rammbock' bedeutet. Der Bedeutungsumfang verengt sich gegenüber dem Mhd., *Handwerk* bezeichnet die stoffumwandelnde und -bearbeitende Produktion und grenzt sich gegen die Landwirtschaft und bestimmte Dienstleistungsgewerbe ab. In mhd. Zeit rechnen Zweige der Urproduktion wie Gärtnerei und Fischerei zum Handwerk. Die Bedeutung des Handwerks als eines produzierenden Zweigs der Wirtschaft nimmt im Zuge der sich ausweitenden Großindustrie des 19. Jhs. ab; es behauptet sich vornehmlich als *Reparatur-* und *Kunsthandwerk*. – H a n d w e r k e r m. 'wer ein Handwerk ausübt', mhd. *handwerker* neben *(h)antwercman*, ahd. *(h)antwercman* (10. Jh.).

hanebüchen Adj. 'grob, unerhört, aberwitzig', mhd. *hagenbüechīn* (woraus im 15. Jh. md. *hanbuchen*) 'aus Hainbuchenholz', Adjektivableitung von mhd. *hagenbuoche*, frühnhd. *Hage(n)buche* 'Weißbuche' mit den kontrahierten Nebenformen frühnhd. (md.) *Hainbuche* (s. d.), *Hanbuche* (16. Jh.). Die jetzt allein herrschende übertragene Bedeutung, die an das Knorrige, Derbe des Hainbuchenholzes anschließt, kommt erst im 18. Jh. auf; zunächst stehen neben *han(e)büchen* noch *hainbüchen* (*ein haynbüchener Kerl*, 18. Jh.) und *hagebüchen* (noch im 19. Jh.). In jüngerer Sprache vorwiegend auf unverständliche Entscheidungen und Handlungsweisen bezogen, geläufig insbes. *hanebüchener Unsinn*, *das ist hanebüchen*.

Hanf m. Der Name der zu den Nesselgewächsen gehörigen langstieligen Faserpflanze ahd. *hanaf*, *hanuf* (um 900), *hanef* (11. Jh.), *hanif* (um 1100), mhd. *hanef*, *han(i)f*, asächs. *hanup*, mnd. nl. *hennep*, mnl. *han(n)ep*, *hennep*, *hennip*, aengl. *henep*, *hænep*, engl. *hemp*, anord. *hampr*, schwed. *hampa* dürfte bereits vor der germ. Lautverschiebung aus einer ost- oder südosteuropäischen Sprache, vermutlich dem Skythischen oder Thrakischen, entlehnt worden sein. Diese Annahme stützt sich vor allem auf den Vergleich mit griech. *kánnabis* (*κάνναβις*), woraus lat. *cannabis*, und die Aussage Herodots, daß es dieses Gewächs im Lande der Skythen und Thraker als Wild- und Kulturpflanze gibt. Zur Verbreitung des Pflanzennamens in europäischen und asiatischen Sprachen vgl. Vasmer 1, 615, Marzell 1, 775f.; erwogen wird auch Herleitung des Wanderwortes aus sumer. *kunibu*. *Hanf* bezeichnet außer der Pflanze die aus ihr gewonnene Faser und den u. a. als Vogelfutter dienenden Samen (vgl. die verdeutlichenden Zusammensetzungen *Hanffaser*, *Hanfsamen*). – H ä n f l i n g m. 'kleiner bräunlicher Singvogel, Mensch von schwächlicher Figur und Konstitution', mhd. *henfelinc* (14. Jh.), Ableitung vom Pflanzennamen, nach der von dem Vogel bevorzugten Nahrung.

Hängematte f. 'ausgespanntes Netz oder Segeltuch, das als Liegestatt dient'. Die von den Aruaks (Taino) auf Haiti gebrauchte Bezeichnung für die Schlaf- und Tragnetze der Eingeborenen, denen die Schlafvorrichtungen der Matrosen auf Schiffen nachgestaltet werden, wird mit span. *hamaca* wiedergegeben. Diesem folgen im 16. Jh. gleichbed. ital. *amaca*, mfrz. *amacca*, *hamaca*, *hamaque*, engl. (älter) *hamaca* (heute frz. *hamac*, engl. *hammock*). Im Anschluß an roman. Vorbilder weisen dt. Reisebeschreibungen des 16./17. Jhs. mehrfach die Formen *Hamacos*, *Amakken* Plur., *Hamacca*, *Hamach* Sing. auf. Wegen der eigentümlichen Gestalt dieser Liegestatt vollzieht sich im Dt. (zuerst *Hengmatten* 1627) ebenso wie im Nl. des 17. Jhs. (vgl. nl. *hangmat*, älter *hangmak*) sekundäre Anpassung an dt. *hängen* (s. d.), nl. *hangen* und dt. ²*Matte* (s. d.), nl. *mat*.

hängen Vb. 'am oberen Ende schwebend befestigen (trans.) bzw. oben befestigt sein (intrans.)'. Das starke, ehemals reduplizierende Verb ahd. *hāhan* (trans.) '(auf)hängen, kreuzigen' (um 800; vgl. *zuohāhan* 'aufhängen', 8. Jh.), mhd. *hāhen* (trans. und intrans.) 'hängen', (md.) *hangen* (14. Jh.), asächs. *hāhan* (trans.), mnd. *hangen* (trans. und intrans.), mnl. *hanghen*, nl. *hangen* (trans. und intrans.), aengl. *hōn* (trans. und intrans.), anord. *hanga* (trans. und intrans.), got. *hāhan* (trans.) setzt germ. **hanhan* voraus, das in den Einzelsprachen teilweise Nasalschwund mit Ersatzdehnung aufweist; im Dt. und Nl. später auftretendes *ng* wird aus den Präteritalformen übernommen. Außergerm. vergleichbar sind hethit. *gank-* 'hängen, wiegen' und wohl auch aind. *śáṅkatē* 'zweifelt, befürchtet, ist mißtrauisch, sorgt sich', lat. *cūnctārī* 'zögern, zaudern', so daß von einer Wurzel ie. **k̂enk-*, **k̂onk-* 'schwanken, hängen, geistig in der Schwebe sein' ausgegangen werden kann. Neben dem starken Verb steht ein intrans. schwaches *ēn*-Verb ahd. *hangēn* 'hängen, abhängig sein' (8. Jh.), anord. *hanga*, got. *hāhan* (Prät. *hāhaida*), ein intrans. schwaches *ōn*-Verb asächs. *hangon*, aengl. *hangian* und ein trans. schwaches *jan*-Verb ahd. *hengen* 'erlauben, gehorchen, denken' (9. Jh.; vgl. *gihengen* 'zustimmen, erlauben, zulassen', 8. Jh.), mhd. (md.) *hengen* '(die Zügel) hängen lassen, nachjagen, geschehen lassen, gestatten', auch md. obd. 'aufhängen' (obd. nhd. *henken*, s. d.), mnl. *henghen* 'zugestehen', nl. *gehengen* 'erlauben', anord. *hengja* 'hängen'. Im Mhd. mischen sich starke und schwache Präteritalformen, indem trans. *hienc* (zu *hāhen*) auch die intrans. Bedeutung von *hangete* (zu *hangēn*) übernimmt; vgl. mhd. (trans.) *sie hienc daȥ houbit* neben (intrans.) *nū hienc ein tavele vor dem tor*. Ferner wird (vom 12. Jh. an) intrans. *hangen* (aus ahd. *hangēn*) auch trans. wie *hengen* verwendet. Von *hāhen* bleiben im Nhd. lediglich die Präteritalformen erhalten. Die aus alledem resultierende Gebrauchsunsicherheit wird erst im 19. Jh. dahingehend geregelt, daß der intrans. Gebrauch einem starken (*hängen*, *hing*, *gehangen*), der trans. einem schwachen Verb (*hängen*, *hängte*, *gehängt*) zugewiesen wird. Vgl. Rissleben D. Gesch. d. Verbgruppe „hāhan – hangēn – hengen – henken", Phil. Diss. Greifswald 1931. – H a n g m. 'Neigung, Geneigtsein, hängende Stellung (des Turners), abschüssige Stelle' (15. Jh.). h a n g e l n Vb. 'sich hängend fortbewegen' (Anfang 19. Jh.). H a n g e n d e s n. 'Gesteinsschichten über der Lagerstätte', mhd. *hangendeȥ* (bergmannssprachlich). G e h ä n g e n. 'das Herabhängende, Bergabhang', mhd. *gehenge* 'Vorrichtung zum Anhängen, Türangel'. A b h a n g m. 'Berghang, das Herabhängende', mhd. (westmd.)

abehang (14. Jh.); a b h ä n g i g Adj. 'schräg abfallend' (15. Jh.), 'nicht selbständig, angewiesen auf' (Anfang 18. Jh.). A n h a n g m. 'Angehängtes, Beigefügtes, Begleitung', mhd. *anehanc*; A n h ä n g e r m. 'wer einer Person oder Sache anhängt, was angehängt wird' (15. Jh.); a n h ä n g i g Adj. 'zugehörig, schwebend'; rechtssprachlich insbes. *einen Prozeß anhängig machen* 'ein Gerichtsverfahren einleiten' (15. Jh.); a n h ä n g l i c h Adj. 'zugetan, verbunden', geläufig seit dem 18. Jh., frühnhd. im Sinne von 'anhängend, hingezogen' (15./16. Jh.); A n h ä n g l i c h k e i t f. 'Verbundenheit, Treue' (14. Jh.); A n h ä n g s e l n. 'anhängender (Schmuck)gegenstand, nebensächlicher Anhang, Begleiter' (17. Jh.). A u s h a n g m. 'öffentliche Bekanntmachung' (17. Jh.); vereinzelt auch für *Aushängebogen* 'zur letzten Kontrolle bestimmter Abzug eines fertigen Druckbogens' (18. Jh.). A u s h ä n g e s c h i l d n. 'Reklameschild, Werbemittel', ursprünglich ein Schild, das auf einen bestimmten Beruf, auf ein Gewerbe hinweist (18. Jh.). Ü b e r h a n g m. 'Umhang, was überhängt', mhd. *überhanc*. U m h a n g m. 'umgehängtes Kleidungsstück', ahd. *umbihang* (um 900), mhd. *umbehanc* 'Vorhang, aufgehängter Teppich'. V o r h a n g m. 'was vor etw. gehängt wird', mhd. *vor-*, *vürhanc* (dazu s. *Gardine*).

Hans m. aus dem biblischen Namen *Johannes*, griech. *Iōánnēs* (*'Ιωάννης*), hebr. *Jōḥānān* ('Jahwe hat sich erbarmt') gekürzter männlicher Vorname. Zunächst bezeugt in Urkunden des 13. Jhs. in Formen wie *Hannis*, *Hannes*, die sich aus unbetonter Aussprache der ersten Silbe und schließlich gänzlicher Einsparung derselben erklären. Als einer der beliebtesten Vornamen (in Hinblick auf Johannes den Täufer, vgl. [1]DWB 4, 2, 455) erlangt *Hans* weithin den Charakter eines Appellativums und wird sowohl auf hochgestellte Personen (vgl. *die großen Hansen* 'die einflußreichen Leute', Luther) als auch auf Bauern (vgl. *Basthans*, *Karsthans* für Repräsentanten der Bauern in der frühbürgerlichen Revolution) bezogen. Oft treten charakterisierende Begriffe hinzu, die wie Beinamen oder Familiennamen aufgefaßt werden (*Hans Stotterer*, 15. Jh., danach *Hans Liederlich*, *Hans Ohnesorge*, *Hans Unverstand*). Daraus erklärt sich auch die pejorative Färbung des Namens, die zumal in der Komposition deutlich wird, wo *-hans* suffixartig auftritt (*Faul-*, *Groß-*, *Kleinhans*, 16. Jh., *Prahlhans* 'großsprecherischer Mensch', *Schmalhans* 'bei dem es schmal, dürftig zugeht, Hungerleider', 17. Jh., mnd. *smālehans*). Vgl. auch Redensarten und Sprichwörter wie *Hans Dampf in allen Gassen*, mnd. *Hans in allen strāten*; *was Hänschen nicht lernt, lernt Hans nimmermehr*. In der Theatergeschichte gewinnt *Hanswurst* (hervorgegangen aus dem Scheltnamen *Hans Wurst*, 16. Jh., mnd. *Hans Worst*, vgl. *Hans Mist* bei Seb. Brant um 1500) besondere Bedeutung als feststehender Name des Narren in der Komödie; vgl. auch *Hans Narr* (16. Jh.). Dort bezeichnet (zuerst 1573) *Hanswurst* einen dicken (vgl. *Wurst-Hans* 'Fresser, Vielfraß', H. Sachs), groben, ungebildeten Spaßmacher oder Dummkopf bzw. (bis ins 18. Jh.) eine derb-komische Figur.

Hanse f. Bezeichnung für den nordd. Städtebund (vgl. *dūdesche hense*, Lübeck 1358) zur Wahrung gemeinsamer kommerzieller und politischer Interessen, mnd. *hanse*, *hense*, mnl. *hanse* 'hansische Genossenschaft, Zusammengehörigkeit der hansischen Kaufleute im Ausland, das gemeinsame Recht, durch das die Mitglieder gebunden sind' (14. Jh.), zuvor 'Gemeinschaft der Kaufleute im Ausland, Abgabe, Gebühr, städtische Gilde, Zunft' (12. Jh.). Diese Bedeutung entwickelt sich im flandr.-niederrhein. Handelsraum nach ahd. *hansa* 'Kriegerschar, Gefolge' (9. Jh.), aengl. *hōs* 'Gefolge, Gemeinschaft', got. *hansa* 'Schar, Kohorte, Menge'; vgl. mlat. *hansa* 'Handelsabgabe, -recht, Vereinigung von Kaufleuten'. Die Herkunft ist ungeklärt. Trier in: PBB 66 (1942) 234ff. vermutet eine Bedeutung 'Opfergemeinschaft' und zieht lat. *cēnsēre* 'schätzen, meinen, abstimmen' und ie. **k̑ens-* 'feierlich sprechen, verkündigen' heran. Besser Bammesberger Beitr. z. Aengl. (1979) 83, der von germ. **hans(s)ō* 'das Zusammenfassen, Gruppe' ausgeht (zu germ. **henþan* 'fangen, ergreifen', verwandt mit *Hand*, s. d.). Heute steht latinisiertes *Hansa* in Bezeichnungen für Institutionen (*Hansabund*, *Lufthansa*) oder als Qualitätssymbol (*Hansaplast*). – H a n s e s t a d t f. 'Mitglied des Städtebundes der Hanse' (14. Jh.). h a n s i s c h Adj. 'zur Hanse gehörig' (um 1600); dafür auch h a n s e a t i s c h (18. Jh.), nach mlat. *hanseaticus*.

hänseln Vb. 'necken, foppen, zum Narren halten' (17. Jh.), ursprünglich bezogen auf die (scherzhaften) Prozeduren, die ein Neuling bei Aufnahme in eine *Hanse* 'Gilde, Gemeinschaft' (s. d.) über sich ergehen lassen muß. Diese können auch durch materielle Leistungen abgegolten werden (vgl. *Hänselgeld* 'Einstandszahlung', *Hänselbuch* 'Eintragungsbuch für Eingänge aus Einstandszahlungen', 17. Jh.). Ein Zusammenhang mit dem Namen *Hans* (s. d.) besteht nicht, obwohl der Anklang und der oft pejorative Gebrauch (vgl. *Hansnarr*, *Hanswurst*) dies vermuten lassen. *hänseln* folgt älterem *hansen*, mhd. *hansen*, mnd. *hansen*, *hensen* 'in eine Hanse aufnehmen'.

Hantel f. Sportgerät, bestehend aus zwei durch einen Handgriff verbundene Kugeln. Die Bezeichnung wird von Jahn nach dem Muster von Gerätebezeichnungen auf *-el* (in Anlehnung an *Hand* oder an *hantieren*, s. d.) entweder selbst gebildet oder unter Rückgriff auf ein (allerdings nur spärlich bezeugtes) nd. *Hantel* 'Handhabe' eingeführt (um 1819).

hantieren Vb. 'herumwirtschaften, sich mit etw. befassen, handhaben'. Das Verb ist nicht, wie Lautähnlichkeit und heutige Bedeutung nahelegen, von *Hand* abgeleitet, sondern entlehnt aus afrz. frz. *hanter* 'häufig aufsuchen, Umgang haben'. Der Entlehnungsweg geht über mnl. mnd. *hantēren* zu spätmhd. *hantieren* 'Handel treiben, einem Geschäft nachgehen, tun, verrichten'; damit wird *hantieren* zu einem Ausdruck der Kaufmannssprache. Aus dieser Funktion wird es später durch *handeln* verdrängt und infolge des Anklangs an *Hand* auf das unmittelbare handgreifliche Geschäftigsein festgelegt. Afrz. *hanter* wird mit Vorbehalt auf anord. *heimta* 'heimholen, (ein)fordern' (vgl. vielleicht auch aengl. *hāmettan* 'beherbergen') zurückgeführt und wäre dann verwandt mit *Heim* (s. d.). – H a n t i e r u n g f. 'Handel, Geschäft, Beschäftigung, Handhabung' (15. Jh.).

hapern Vb. meist unpersönlich *es hapert (mit etw.)* 'es geht nicht voran, es fehlt an etw.'. Das zunächst im Nd. gebräuchliche Verb bedeutet wie seine vermutliche Vorstufe mnl. *hāperen* (nl. *haperen*) 'stottern, stockend reden'. Nachdem es im 17./18. Jh. allgemeinsprachlich wird, geht es von seiner ursprünglichen Bedeutung ab und wird (abstrahierend vom Redefluß) im Sinne von 'stocken' auf andere Abläufe, deren reibungslose Abwicklung nicht gewährleistet ist, übertragen. Wohl lautmalend. Nicht unwahrscheinlich ist eine Beziehung zu nd. nl. *happen* 'schnappen, verschlingen' (s. *Happen*), wenn von der Vorstellung ausgegangen wird, daß ein Stotterer gleichsam nach dem Laut „schnappt".

Happen m. 'mundgerechtes Stück, Bissen', seit dem 18. Jh. nachweisbar und wahrscheinlich lautmalend in der Kindersprache entstanden (vgl. die Interjektion *happ*, die das Zuschnappen lautlich nachahmt). Das gleichlautende Verb nd. nl. *happen* 'schnappen, verschlingen' bringt Pokorny 1, 528 (bei Annahme einer affektischen Gemination der germ. Formen) in Zusammenhang mit lat. *capere* 'nehmen, fassen, ergreifen', griech. *káptein* (*κάπτειν*) 'schnappen, schlucken' und dadurch mit der Wurzel ie. **kap-* 'fassen' (s. *heben*), die als Nachahmung des Schnapplautes aufzufassen sein dürfte. – h a p p i g Adj. 'gierig, unmäßig, schwer zu schlucken' (18. Jh.), meist übertragen im Sinne von 'derb, ungewöhnlich stark', daher auch 'unzumutbar, Unwillen erregend'.

Happy-End n. aus dem Engl. übernommene (20. Jh.) Bezeichnung für die glückliche Vereinigung zweier Liebender nach Überwindung entgegenstehender Schwierigkeiten; zunächst am Ende eines Films, dann auch in erzählender Literatur, schließlich auf jede befriedigende Lösung einer problematischen Situation anwendbar. Vgl. engl. *happy* 'glücklich', zu mengl. engl. (älter) *hap* 'Zufall, Ereignis, Glück(sfall)', aus anord. *happ* 'Glück, Vorteil', und *end* (s. *Ende*).

Harakiri n. Selbsttötung durch Bauchaufschlitzen, die bes. im Japan der Feudalzeit als sühnende oder die Ehre wiederherstellende Todesart praktiziert wurde. Die japan. Benennung (aus *hara* 'Bauch' und *kiru* 'schneiden') und der Brauch werden im Dt. (und in anderen europäischen Sprachen) im 19. Jh. bekannt. Der Ausdruck kann heute auch auf andere Formen des Selbstmords oder auf risikoreiche Handlungen, die einem ideellen Selbstmord gleichkommen, angewendet werden.

Harem m. 'Frauentrakt des islamischen Hauses sowie dessen Insassinnen', aus arab. *ḥarām* 'unerlaubt und geheiligt', substantiviert 'geheiligter, profanem Zugriff entzogener Ort' (z. B. die Gebiete von Mekka und Medina), auch Bezeichnung des für Fremde und Unbefugte gleich einem Heiligtum unzugänglichen Frauenbereichs im islamischen Hause. Ins Dt. (wie in andere europ. Sprachen) in der türk. Lautform *harem* übernommen (18. Jh.), daneben anfangs auch *Haram*.

Harfe f. großes Musikinstrument, dessen Saiten mit den Fingern gezupft werden; in seiner Grundform bereits auf Abbildungen in altägyptischen Felsengräbern dargestellt. Die Herkunft der germ. Bezeichnung ahd. *harpha* (9. Jh.), *harfa* (10. Jh.), mhd. *harpfe*, asächs. *harpa*, mnd. mnl. *harpe*, *herpe*, nl. *harp*, aengl. *hearpe*, engl. *harp*, anord. *harpa* und (latinisiert) *harpa* (Venantius Fortunatus, 6. Jh.) ist jedoch ungeklärt. Deutungsversuche knüpfen an die Form des Instruments oder an die Art der Tonerzeugung an. So wird *Harfe* mit anord. *munnharpa* 'Mundkrampf, Zusammenziehen der Lippen wegen Kälte' (auch Name einer Dämonin), isl. *harpa* 'zusammenkneifen', *herpa* 'zusammenziehen', griech. *kárphos* (*κάρφος*) 'trockener Körper, dürres Reisig', lat. *corbis* 'Korb, Flechtwerk', russ. *koróbit'* (*коробить*) 'krümmen, biegen' verglichen und zu ie. **(s)kerb(h)-*, **(s)kreb(h)-* 'drehen, krümmen', einer Erweiterung der Wurzel ie. **(s)ker-* 'drehen, biegen', gestellt, so daß das Instrument entweder nach seiner hakigen Krümmung (Pokorny 1, 948) oder nach den beim Zupfen gekrümmten Fingern benannt sein kann. – h a r f e n Vb. 'die Harfe spielen', mhd. *harpfen*, *herpfen*. H a r f e n i s t m. (16. Jh.), H a r f n e r m. (18. Jh.).

Harke f. 'Gartengerät mit aufgereihten Zinken', mnd. *harke*, *herke*, nd. *Harke* bleibt bis in die Gegenwart auf das nordd. Gebiet beschränkt; vgl. auch mnl. *harke*, nl. *hark*. Im Md. und Südd. dafür *Rechen* (s. d.). Dem Ursprung nach ist *Harke* wohl aus dem Geräusch zu erklären, das bei ihrer Benutzung entsteht und das der krächzenden Stimme der Krähe ähnelt. Vergleichbar sind anord. *hrōkr*, aengl. *hrōc* 'Krähe', dann Bezeichnungen für bestimmte Geräusche wie anord. *harka* 'mit schlürfendem Geräusch schleppen', *hark* 'Lärm, Geräusch', norw. schwed. *harka* 'kratzen, scheuern', aind. *kharjati* 'knarrt', griech. *krṓzein* (*κρώζειν*) 'krächzen' (wie eine Krähe), so daß eine Gutturalerweiterung (für die zitierten Wörter vor allem in der Form ie. **korg-*, **krōg-*) der Wurzel ie. **ker-*, **kor-*, **kr-* Schallnachahmung für heisere, rauhe Töne, wozu auch lat. *cornīx* 'Krähe', griech. *kórax* (*κόραξ*) 'Rabe' (s. *Rabe*), angesetzt werden kann. Die geläufige Wendung *jmdm. zeigen, was eine Harke ist* 'übel mit jmdm. verfahren' (16. Jh.) ist wohl wie *beharken* (s. unten) als '(mit der Harke) übel zurichten' zu erklären. – h a r k e n Vb. 'mit der Harke arbeiten', mnd. *harken*, *herken*. b e h a r k e n Vb. 'mit der Harke bearbeiten' (19. Jh.), bildlich 'malträtieren, jmdm. zusetzen', z. B. auch soldatensprachlich 'unter starkes Feuer nehmen'.

Harlekin m. Name der komischen Figur im Volksschauspiel (wie *Hanswurst*, s. d.). Seiner Herkunft nach ist er wohl auf aengl. **Herla cyning*, mengl. **Herle king* 'König Herla' (bezeugt ist mlat. *Herla rex*) zurückzuführen, den Namen einer Gestalt, der Züge Wodans (Odins) als Anführer einer wilden Heerschar zugeschrieben werden. Durch das Anglonorm. gelangt die Bezeichnung auf das Festland; sie findet sich wieder in afrz. *maisnie Hellequin* 'Gesinde, Gefolge des Hellequin', das als 'wilde Schar lustiger Teufel' in einer Art Hexenjagd nachts durch die Lüfte fliegt. Der in der frz. Volkstradition lebendige Name wird von einer in Paris auftretenden ital. Schauspielgruppe Ende des 16. Jhs. in der Form *harlequin* der komischen Figur in einem Schauspiel beigelegt, dann nach Italien vermittelt und hier als ital. *arlecchino* in der Commedia dell'arte berühmt. In Deutschland wird diese Bühnengestalt in der frz. Form *Harlequin* (später, dt. Aussprache folgend, *Harlekin*) im 17. Jh. bekannt, während das Frz. selbst im 18. Jh. unter ital. Einfluß *harlequin* zugunsten von *arlequin* aufgibt. Ob und wieweit auch die Namen des Grafen *Hernequin von Boulogne* (9. Jh.) und des Teufels *Alichino* aus Dantes Inferno an der Entwicklung von *Harlekin* beteiligt sind, bleibt unklar. – H a r l e k i n a d e f. 'Stück, in dem Harlekin auftritt, Narrenposse' (19. Jh.), nach frz. *arlequinade*.

Harm m. 'Kummer, Leid'. Während im heutigen Sprachgebrauch *Harm* vornehmlich eine seelische Belastung bezeichnet, gelten die älteren Entsprechungen ahd. *harm* (8. Jh.), mhd. asächs. mnd. *harm*, aengl. *hearm*, engl. *harm*, anord. *harmr* (germ. **harma-*) auch für das von außen zugefügte

Leid im Sinne von 'Kränkung, Beleidigung, Schädigung, Qual'. Über außergerm. Entsprechungen wie aslaw. *sramъ*, russ. (älter) *soróm* (*сором*) 'Schande' und wohl auch (mit ungeklärtem Anlaut) awest. *fšarəma-*, mpers. *šarm* 'Scham(gefühl)' läßt sich ie. **k̂ormo-* 'Qual, Schmerz, Schmach' erschließen. Im Frühnhd. zurücktretendes *Harm* wird durch Opitz und die schles. Dichterschule im obigen Sinne neu belebt. – h ä r m e n Vb. meist refl. 'sich grämen, in Kummer verzehren', ahd. *hermen* 'Kummer bereiten' (9. Jh.), *gihermen* (8. Jh.), mhd. *hermen* 'quälen, plagen'; vgl. auch ahd. *harmēn* (9. Jh.). a b h ä r m e n Vb. meist refl. 'sich mit Sorgen, Kummer quälen' (18. Jh.), bes. a b g e h ä r m t Part.adj. 'von Kummer gezeichnet, vergrämt' (18. Jh.). h a r m l o s Adj. 'arglos, unschuldig, ungefährlich, friedlich' (18. Jh.); vgl. engl. *harmless* 'unschädlich, ungefährlich'; v e r h a r m l o s e n Vb. 'bagatellisieren, abschwächen' (20. Jh.).

Harmonie f. 'Wohlklang, Übereinstimmung, innere Geschlossenheit, Ebenmaß'. Lat. *harmonia*, aus griech. *harmonía* (*ἁρμονία*) 'Verbindung, Bund, passendes Verhältnis, Übereinstimmung, Einklang, Melodie', wird im 16. Jh. ins Dt. entlehnt, nachdem vereinzelt bereits mhd. *armonīe* (nach mlat. *armonia*) belegt ist. Der zunächst musikalische Terminus wird auf Arrangements und Konstellationen übertragen, die auch in anderen Wahrnehmungsbereichen als wohltuend und angenehm empfunden werden, so daß er im 18. Jh. eine große Verwendungsbreite in Kunst, Naturwissenschaft, Psychologie erreicht. – h a r m o n i s c h Adj. 'wohlklingend, gut abgestimmt, organisch' (16. Jh.), vgl. lat. *harmonicus*, griech. *harmonikós* (*ἁρμονικός*). h a r m o n i e r e n Vb. 'eine Einheit, Geschlossenheit bilden, organisch zusammenpassen' (17. Jh.). h a r m o n i s i e r e n Vb. 'in Einklang bringen, aufeinander abstimmen' (um 1800), vgl. älteres frz. *harmoniser*.

Harmonika f. von B. Franklin (engl. *armonica*, 1762) zu lat. *harmonicus*, griech. *harmonikós* (*ἁρμονικός*) (s. *Harmonie*) geprägte Benennung für ein von ihm gebautes Musikinstrument, bei dem die Tonerzeugung durch Streichen gläserner Glocken erreicht wird (daher auch *Glasharmonika*). Der Ausdruck (im Dt. seit Ende 18. Jh.) wird danach auf andere, harmonische Akkorde erzeugende Instrumente verschiedener Bauart übertragen, wobei deren Funktionsweise meist durch verdeutlichende Zusätze näher bestimmt wird, z. B. *Mund-*, *Ziehharmonika* (19. Jh.).

Harmonium n. Bezeichnung für ein Tasteninstrument, das in Klang und Verwendungszweck entfernt der Orgel vergleichbar ist. Eine Frühform des Instruments wird zunächst frz. *orgue expressif* bezeichnet; die verbesserte, im Prinzip noch heute verwendete Konstruktion wird (1840) von ihrem Erfinder, dem Franzosen A. F. Debain, wohl um die Klangfülle zu betonen, *harmonium* (zu lat. *harmonia*, s. *Harmonie*) genannt (im Dt. seit 2. Hälfte 19. Jh.).

Harn m. 'von den Nieren abgesonderte Flüssigkeit, Urin', ahd. (9. Jh.), mhd. *harn*. Mit dem nur im Hd. vorkommenden Wort sind verwandt (schwundstufiges) mhd. *hurmen* '(mit Jauche) düngen', (mit anlautendem *s-*) mnd. mnl. *scharn*, aengl. *scearn*, anord. *skarn* 'Mist, Dünger', schwed. *skarn* 'Unrat, Auswurf' (s. *Schierling*) und die baltischen Formen lit. *šármas*, lett. *sārms* '(Aschen)lauge', so daß von der Wurzel ie. **(s)ker(ə)-* 'schneiden' (s. [1]*scheren*), auch 'ausscheiden', ausgegangen werden kann.

Harnisch m. 'Brustpanzer', vielfach auch die ganze 'eiserne Ritterrüstung'. Mitte des 12. Jhs. wird mhd. *harnas(ch)*, *harnesch*, *harnisch* aus afrz. *herneis*, *harnois*, *harnas* 'Harnisch, kriegerische Ausrüstung' (frz. *harnais*) entlehnt, das vermutlich auf anord. **hernest* 'Heeresvorrat' (zusammengesetzt aus anord. *herr* 'Heer, Menge, Volk', s. *Heer*, und *nest* 'Mundvorrat, Reisekost', verwandt mit *genesen*, s. d.) zurückgeht. Hingegen nimmt DE VRIES Nl. 238 an, daß sich im Afrz. die aus dem Anord. stammende Form mit einer von abret. *harnaið* herzuleitenden (dieses zu verbinden mit bret. *houarn*, kymr. *haiarn*, air. *īarn*, mir. *īarann* 'Eisen', s. *Eisen*) gekreuzt hat. *Harnisch* begegnet heute nur noch historisierend und in Wendungen wie *im Harnisch sein* 'zornig, wütend sein' (16. Jh.), *in Harnisch jagen* (16. Jh.), *in Harnisch bringen* (17. Jh.) 'zum Zorn, zur Wut reizen, erregen', eigentl. 'gerüstet, kampfbereit sein, machen'. – g e h a r n i s c h t Part.adj. 'energisch, scharf, sehr deutlich', eigentl. 'einen Harnisch tragend, in voller Rüstung, gepanzert' (15. Jh.), ehemals Part. Prät. zu heute nicht mehr üblichem *harnischen* 'mit einem Harnisch versehen, wehrhaft machen'.

Harpune f. 'eiserner Wurfspieß mit Widerhaken und Fangleine' (bes. für den Walfang). Im 17. Jh. wird nl. *harpoen* übernommen, zunächst in den Formen *Harpoen*, *Harpon*. Vorausgehendes gleichbed. mnl. *harpoen* ist entlehnt aus mfrz. frz. *harpon* 'Eisenhaken' (erst seit dem 17. Jh. auch für 'Enterhaken, Harpune' nachweisbar), einer Ableitung von mfrz. frz. *harpe* 'Haken, Verzahnung, Klaue'. Dieses läßt sich semantisch an griech. *hárpē* (*ἅρπη*) 'Sichel, Elefantenhaken, Raubvogel', lat. *harpē* 'Sichel, Hakenschwert, Edelfalke', mlat. *arpa* 'Raubvogel' anschließen, doch deuten historische und lautliche Gründe auf eine Herleitung aus dem Germ., vgl. die unter *Harfe* (s. d.) angegebenen Wortformen anord. *munnharpa* 'Mundkrampf', isl. *harpa* 'zusammenkneifen', *herpa* 'zusammenziehen'. Wahrscheinlich beruhen die frz. Substantive auf Verschmelzung griech.-lat. Erbgutes mit einer jüngeren germ. Entlehnung. – harpunieren Vb. 'mit der Harpune erlegen' (Ende 18. Jh.), vgl. frz. *harponner*.

harren Vb. 'sehnsüchtig, geduldig warten'. Die Herkunft des erst im Mhd. auftretenden Verbs (mhd. *harren*) ist nicht geklärt. Größere Verbreitung erfährt es in frühnhd. Zeit vom omd. Raum aus, bes. durch Luther. Heute vornehmlich in Präfixbildungen: ausharren Vb. 'aushalten, geduldig warten' (15. Jh.). beharren Vb. 'zäh festhalten, standhaft sein, nicht nachgeben', mhd. *beharren*; beharrlich Adj. 'zäh, standhaft, hartnäckig' (15. Jh.); Beharrlichkeit f. (17. Jh.; um 1500 *Beharrlicheit*); Beharrungsvermögen n. 'Fähigkeit, fest an einer Stelle, einem Fleck zu bleiben', in der Physik 'Trägheit' (Mitte 19. Jh.). verharren Vb. 'zäh festhalten, aushalten', spätmhd. *verharren*.

harsch Adj. 'hart, rauh, eisig', übertragen 'barsch, unwirsch'. Das aus dem Nd. stammende Adjektiv (mnd. *harsch* 'hart, rauh') gelangt Ende des 17. Jhs. in die Literatursprache. Daneben steht das verwandte Substantiv Harsch m. 'gefrorener Schnee, Schneekruste', ein altes Wort der obd. Mundarten, das ebenfalls in die Literatursprache eingegangen ist (19. Jh.). Früher bezeugt sind die Ableitungen harschen Vb. 'hart, krustig werden' vom Schnee, verstärkend verharschen Vb. 'verkrusten' vom Schnee, von der Wunde (beide 17. Jh.; *verharschen* vereinzelt schon Anfang des 15. Jhs. nachweisbar). Ihnen geht spätmhd. *geharsten*, *verharsten* 'rauh, hart werden, erstarren' voraus. Die Wortgruppe gehört mit mnd. *harst* 'Harke', der nord. Gruppe von dän. *harsk*, schwed. *härsk* 'ranzig' (dazu das aus dem Nord. entlehnte engl. *harsh* 'hart, rauh, barsch, grob') sowie mit den unter *scharren* (s. d.) aufgeführten außergerm. Formen zu ie. **kars-* 'kratzen, striegeln, krempeln'.

hart Adj. 'fest, keinem Druck nachgebend, streng, scharf, heftig, schwer erträglich', ahd. *hart* 'fest, rauh, unbiegsam' (8. Jh.), mhd. *hert(e)*, (md.) *hart*, auch 'grob, ausdauernd, hartnäckig, dicht, anstrengend, schwer', asächs. *hard*, mnd. *hart*, *hårde*, mnl. *hart*, nl. *hard*, aengl. *hard*, *heard* 'hart, stark, tapfer', engl. *hard* 'hart, schwer, streng, rauh', anord. *harðr* 'hart, stark', schwed. *hård*, got. *hardus* 'hart, streng' kann als Ableitung mit *tu*-Suffix außergerm. vielleicht (trotz abweichender Vokalqualität) mit aind. *krátuḥ* 'geistige Kraft, Verstand, Einsicht, Wille', griech. *krátos* (*κράτος*) 'Stärke, Kraft, Macht, Herrschaft, Sieg', *kratýs* (*κρατύς*) 'stark, mächtig' verglichen werden. Für das Germ. ist dann von ie. **kartu-* auszugehen, Ableitung von einer Wurzel ie. **kar-* 'hart'. Seit germ. Zeit begegnet das Adjektiv im Sinne von 'stark, kühn' häufig in Personennamen (*Bernhard*, *Eberhard*, *Gerhard*, *Reinhard*, *Richard*, *Hartmut*, *Hartwig*). – Härte f. 'harte Beschaffenheit, Festigkeit, Strenge', ahd. *hertī* 'Härte, Stärke, Strenge' (9. Jh.), mhd. *herte*. härten Vb. 'hart, fest, widerstandsfähig machen', speziell 'einem Metall durch Erhitzen und anschließendes Abschrecken erhöhte Härte verleihen', ahd. *herten* 'hart, fest, stark machen' (9. Jh.), mhd. *herten*, auch (intrans.) 'Widerstand leisten, ausdauern'. abhärten Vb. 'widerstandsfähig machen, stählen' (17. Jh.), zuvor auch 'mit Worten zurückhalten, nicht ausdauernd machen' (16. Jh.); Abhärtung f. (17. Jh.). erhärten Vb. 'bekräftigen, bestätigen, hart werden oder machen', ahd. *irherten* (11. Jh.), mhd. *erherten*. verhärten Vb. 'hart machen, hart werden, verbittern, hartherzig werden', ahd. *firherten* (um 800), mhd. *verharten*, *verherten*. hartherzig Adj. (16. Jh.).

Harz n. bes. aus dem Holz der Nadelbäume

austretende zähflüssige, klebrige Absonderung. Die Herkunft des allein auf das dt. Sprachgebiet beschränkten Wortes ahd. *harz* 'Harz, Pech' (9. Jh.), *harzuh* (um 1000), mhd. *harz*, asächs. mnd. *hart* (mnl. nl. *hars* ist aus dem Hd. entlehnt) ist nicht geklärt. – harzen Vb. 'mit Harz bestreichen, Harz einsammeln, Harz ausscheiden' (15. Jh.); vgl. mhd. *herzen* 'auspichen'. harzig Adj., daneben anfangs auch *harzicht*, 'harzreich, mit Harz versehen, harzartig, klebrig von Harz, von Harz herrührend' (1. Hälfte 16. Jh.); vgl. ahd. *harzag* 'pechschwarz' (um 1000). Kunstharz n. 'dem Harz ähnlicher Kunststoff' (um 1920).

Hasard m. 'Zufall, Glück, Wagnis', heute mit neutralem Genus kurz für *Hasardspiel* (s. unten). Ein erstes Mal wird im 13. Jh. mhd. *has(e)hart* 'Würfelspiel, Glück, Unglück' (mit lautlicher Angleichung an die dt. Personennamen auf *-hart*) entlehnt aus afrz. *hasart* 'Würfelspiel, (guter oder schlechter) Wurf im Würfelspiel' (12. Jh.), das wahrscheinlich eine Übernahme von (allerdings erst im 13. Jh. belegtem) span. *azar* 'bestimmtes Würfelspiel, ungünstiger Wurf beim Würfeln' ist; zugrunde liegt vulgärarab. *zahr* (mit Artikel *az-zahr*) 'Spielwürfel'. Der Wortanfang *h-* im Afrz. beruht wohl auf der Schreibergewohnheit, bei vokalischem Anlaut fremder Wörter diesen Buchstaben hinzuzufügen. Erneut gelangt im 17. Jh. frz. *hasard* mit den im Mfrz. entwikkelten, sich aus dem hohen Einsatz beim Spiel und aus dem unbestimmten Spielausgang erklärenden Bedeutungen 'Wagnis, Gefahr' und 'Zufall' (vgl. schon mnl. *hasaert* 'Zufall') ins Dt., anfangs oft *Hazard* (vgl. die ältere frz. Schreibvariante *hazard* sowie engl. *hazard*). Seit dem 19. Jh. wird *Hasard* auch im Sinne von 'Glücksspiel' verwendet, vor allem in der Verbindung *Hasard spielen*. – Hasardspiel n. 'Glücksspiel, gewagtes Unternehmen' (17. Jh.), Übersetzung von frz. *jeu de hasard* 'nur vom Zufall bestimmtes Spiel'. hasardieren Vb. 'ein Wagnis, Risiko eingehen, alles aufs Spiel setzen' (17. Jh.), aus frz. *hasarder* 'wagen, auf den Zufall setzen'. Hasardeur m. 'Glücksspieler, waghalsiger, leichtsinniger Mensch', Neubildung (um 1925) zu *hasardieren* (s. oben) bzw. zu frz. *hasarder*; im Frz. ist entsprechendes mfrz. frz. *hasardeur* 'verwegener Mensch' (afrz. *hasardeor* 'Würfelspieler') seit dem 18. Jh. nicht mehr gebräuchlich.

Haschee n. 'Gericht aus feingeschnittenem, gehacktem Fleisch, aus Innereien oder Fisch'. Neben ältere einheimische Bezeichnungen für 'Hackfleisch, Wurstfülle, Farce' wie *Gehack(e)*, *Gehäck(e)*, *Gehacktes*, *Gehäcks* tritt um 1700 *Hachée* (später auch *Haché*). Dieser Ausdruck der Kochkunst geht zurück auf das Part. Perf. frz. *haché* (vgl. frz. *de la viande hachée* 'gehacktes Fleisch') vom Verb frz. *hacher*, afrz. *hachier* 'zerhakken', Denominativum von afrz. frz. *hache* 'Axt, Beil', das aus dem Frk. entlehnt ist und sich an die unter *Hippe* (s. d.) dargestellte germ. Wortgruppe anschließt. Im Frz. ist jedoch der Gebrauch des substantivierten Part. Perf. in diesem Sinne unüblich, geläufig ist vielmehr frz. *hachis*, eine Ableitung von demselben Verb, die im 18./19. Jh. ebenfalls ins Dt. übernommen wird. Seit dem 18. Jh. versteht man unter *Hachis*, *Haché* vor allem ein Gericht aus pikant zubereiteten Fleisch- oder Fischstückchen. Die eindeutschende Schreibung *Haschee* kommt im 19. Jh. auf, setzt sich aber erst im 20. Jh. durch.

[1]**haschen** Vb. 'schnell (er)greifen, zu fangen suchen', mhd. *erhaschen* 'ergreifen' (14. Jh.), frühnhd. (omd.) *haschen* 'ergreifen, (nach vorausgegangener Verfolgung) einfangen' (16. Jh.) setzt wie schwed. (mundartlich) *haska* 'nachlaufen' ein germ. *ōn*-Verb voraus, das, wenn **hask-* aus **hafsk-* hervorgegangen, als Intensivbildung zu der unter *-haft*, *haben* und *heben* (s. d.) angeführten Wurzel ie. **kap-* 'fassen' gestellt werden kann. Das vornehmlich omd. Verb gelangt durch Luther in die Literatursprache. – Häscher m. 'Gerichtsdiener, Büttel' (16. Jh.), heute zuweilen noch geringschätzig 'von einer Instanz (zu einem bösartigen Zweck) beauftragter Verfolger'.

Haschisch m. und n. aus einer bes. im Nahen Osten angebauten Hanfart gewonnenes Rauschgift, Entlehnung von arab. *ḥašīš* 'Gras, Heu, Kraut', dann 'indischer Hanf', schließlich das aus dessen Blütenharz gewonnene und gerauchte Rauschgiftpräparat. Im Dt. seit 1860 nachweisbar (älter engl. *hashish*, frz. *haschisch*). Daraus umgangssprachlich verkürzt Hasch n., wozu [2]has c h e n Vb. 'Haschisch rauchen' (60er Jahre 20. Jh.).

Hase m. wildlebendes, langohriges Nagetier. Ahd. (8. Jh.), asächs. *haso*, mhd. *hase*, *has*, mnd. mnl. *hāse*, nl. *haas* (germ. **hasan-*), mit grammatischem Wechsel aengl. *hara*, engl. *hare*, anord. *heri*, schwed. *hare* (germ. **hazan-*) hat neben sich die Adjektivbildungen ahd. *hasan* 'glänzend, poliert', eigentl. 'grau' (11. Jh.), mhd. *heswe* 'bleich, matt', aengl. *hasu* 'graubraun', anord. *hǫss* 'grau'. Verwandt sind aind. *śaśáḥ* 'Hase', lat. *cānus* 'grau, aschgrau, grauweiß', kymr. *ceinach*, apreuß. *sasins* 'Hase' sowie wohl auch aslaw. *sosnь*, russ. *sosná* (*сосна*) 'Kiefer, Föhre', so daß sich als Ausgangsform die (häufig mit einem *n*-Suffix verbundene) Wurzel ie. **k̂as-* 'grau' ergibt. *Hase*, eigentl. 'der Graue', ist ein Deckname, da man das Tier wegen seines angeblich dämonischen Wesens ungern beim wahren Namen nennt; vgl. ähnlich gebildetes lit. (älter) *širvis* 'Hase' zu *šir̃vas* '(blau)grau, schimmelig', poln. (älter) *szarak* 'Hase' zu *szary* 'grau' sowie *Bär* (s. d.). Eine der vermeintlichen Eigenschaften des Hasen ist seine Furchtsamkeit, die in Personenbezeichnungen zum Ausdruck kommt wie *Hasenfuß* 'übertrieben ängstlicher Mensch, Feigling', früher auch 'närrischer Mensch', mhd. *hasenvuoȝ*, *Hasenherz* (Anfang 16. Jh.), *Angsthase* (um 1500). – H a s e n p a n i e r n., heute nur noch in der festen, von Luther verbreiteten Verbindung *das Hasenpanier ergreifen* 'die Flucht ergreifen, ausreißen', nach dem weißen Stummelschwanz des Hasen, der beim Fliehen wie ein *Panier* (s. *Banner*) in die Höhe steht; vgl. auch frühnhd. *das Hasenpanier aufstecken* (16. Jh.), *aufwerfen* (17. Jh.). H a s e n s c h a r t e f. 'angeborene Spaltbildung der Oberlippe beim Menschen', mhd. *hasinscharte*, aengl. *hærsceard*.

Hasel f. m. (heute oft *Haselbusch*, *Haselstrauch*, *Haselnußstrauch*) verbreiteter Strauch, der vor der Entfaltung der Blätter lange, hängende Kätzchen hat und im Herbst Nüsse mit harter, holziger Schale trägt, ahd. *hasal* (9. Jh.), *hasala* (11. Jh.), mhd. *hasel*, mnd. *hāsel*, *hassel*, nl. *hazelaar*, aengl. *hæsel*, engl. *hazel*, anord. *hasl*, schwed. *hassel* führen mit den außergerm. Verwandten lat. *corulus*, *corylus* 'Haselstaude', *colurnus* (aus **corulinos*) 'aus Haselholz' und der kelt. Gruppe air. akymr. *coll* (*ll* aus *sl*) 'Hasel', vielleicht auch lit. (älter) *kasulas* 'Jägerspieß', auf ie. **kos(e)lo-* 'Hasel', dessen Wurzelbedeutung aus Mangel an weiteren Anknüpfungen nicht erklärbar ist. – H a s e l b a u m m. 'Haselbusch', ahd. *hasalboum* (9. Jh.), mhd. *haselboum*, mnd. *hāselbōm*, *hasselbōm*. H a s e l b u s c h m. 'Hasel', spätmhd. *haselbusch*, mnd. *hasselbusch*. H a s e l h u h n n., ahd. *hasalhuon* (Hs. 12. Jh.), mhd. *haselhuon*, mnd. *hasselhōn*; nach seinem bevorzugten Aufenthaltsort, dem *Haselbusch*, benannt. H a s e l n u ß f. 'hartschalige Frucht des Haselstrauches', ahd. *hasalnuȝ* (11. Jh.), mhd. *haselnuȝ*. H a s e l n u ß b a u m m., H a s e l s t r a u c h m. (beide 16. Jh.), H a s e l n u ß s t r a u c h m. (18. Jh.).

Haspe f. in Holz oder Mauerwerk einzuschlagender 'Eisenhaken mit Dorn' zum Einhängen von Tür- und Fensterflügeln, auch 'Garnwinde', mhd. mnd. *haspe*, *hespe* 'Türhaken, -angel, Garnwinde', mnl. *haspe* 'Garnwinde, -strang', aengl. *hæsp*, *hæpse* 'Klammer', engl. *hasp* 'Klammer, Garnwinde', anord. *hespa* 'Türhaken, Wollstrang', dän. *haspe* 'Eisenkrampe' können als Bildungen mit *s*-haltigem Suffix zu der unter *-haft*, *haben* und *heben* (s. d.) angeführten Wurzel ie. **kap-* 'fassen' gestellt werden, wozu auch lat. *capsa* 'Behältnis, Kapsel, Kasten' (zu lat. *capere* 'nehmen, fassen, ergreifen'). *Haspe* wäre danach als 'das Erfassende' zu verstehen. Oder man geht von einer Bedeutung 'gekrümmter Gegenstand, Haken' aus, vergleicht mnl. nl. *hoep* 'Ring, Reif', aengl. *hōp*, engl. *hoop* 'Metallring', anord. *hōp* 'kleine Bucht' sowie aind. *cāpaḥ* 'Bogen', lit. *kabė́ti* '(herunter)hängen', *kãbė* 'Haken, Klammer', russ. *skobá* (*скоба*) 'eiserne Krampe, Klammer' und verbindet diese mit nasalhaltigem griech. *skambós* (*σκαμβός*) 'krumm, krummbeinig', lit. *kìbti* (*kimbù*) 'sich anhängen' unter Anschluß an ie. **(s)kamb-*, **(s)kemb-* 'krümmen, biegen' (wozu vielleicht auch *Schimpf*, s. d.). Beide Herleitungsversuche sind unbefriedigend. Vielleicht sollte für das Germ. auf Grund der Bedeutungen 'Haken, Klammer' und 'Garnwinde' besser von zwei Wörtern ausgegangen werden. – H a s p e l f. (auch m.) 'Hebevorrichtung, Seilwinde, Gerät zum Ab- und Aufwickeln und Messen von Garn', ahd. *haspil* m. 'Garnwinde' (um 1100), mhd. mnd. *haspel* m. 'Garnwinde, Fördermaschine, Förderschacht', mnl. nl. *haspel*

m. 'Garnwinde', abgeleitet vom oben dargestellten Substantiv mit dem Suffix germ. *-ila-* für Gerätebezeichnungen. h a s p e l n Vb. 'auf eine, von einer Haspel wickeln, mit der Haspel hochwinden, hastig sprechen', frühnhd. *haspeln* 'Garn wickeln' (15. Jh.). a b h a s p e l n Vb. 'mit der Haspel abwickeln, von der Haspel ablaufen lassen' (15. Jh.), übertragen 'hastig, leiernd hersagen, (refl.) sich sehr beeilen' (18. Jh.). v e r h a s p e l n Vb. (refl.) 'sich beim Sprechen verwirren', bes. mundartlich geläufig, selten in der Schriftsprache (19. Jh.), älter 'Garn aufwickeln' (16. Jh.).

Haß m. 'von Feindseligkeit, von leidenschaftlicher Abneigung getragene Gesinnung', ahd. (8. Jh.), mhd. *haȝ* 'Groll, Feindschaft', asächs. *heti* 'Feindschaft, Verfolgung', mnd. *hāt(e)*, mnl. *hāte* (daneben *hat*), nl. *haat*, aengl. *hete*, engl. *hate*, anord. *hatr*, schwed. *hat*, got. *hatis* 'Haß, Zorn' ist ein alter *es/os*-Stamm, der mit (ablautendem) asächs. *hōti* 'feindlich, erzürnt' und mit außergerm. Verwandten griech. *kḗdos* (κῆδος), (dor.) *kā́dos* (κᾶδος) 'Sorge, Trauer, Leichenbestattung, Verschwägerung, Verwandtschaft', osk. *cadeis* (Gen.) 'Feindschaft', mir. *caiss*, kymr. *cas* 'Haß' sowie mit awest. *sādra-* 'Leid, Qual' auf die Wurzel ie. **k̂ād-*, **k̂əd-* 'seelische Verstimmung, Kummer, Haß, Sorge, Leid' zurückzuführen ist. – h a s s e n Vb. 'Haß empfinden', ahd. *haȝȝēn* (8. Jh.), *haȝȝōn* (9. Jh.), mhd. *haȝȝen*, asächs. *haton*, mnd. mnl. *hāten*, nl. *haten*, aengl. *hatian*, engl. *to hate*, anord. schwed. *hata*, got. *hatan*. Im Germ. bedeutet das Verb auch 'verfolgen', das Substantiv entsprechend 'Verfolgung'. S. dazu das Kausativum *hetzen*, eigentl. 'hassen machen, zur Verfolgung bringen', und zugehöriges *Hatz*. Für das Germ. ist also eine Ausgangsbedeutung 'feindselige Verfolgung' bzw. 'verfolgen' anzusetzen. h ä ß l i c h Adj. 'unschön, abstoßend, gemein, armselig'; ahd. *haȝlīh* (Hs. 12. Jh.), mhd. *haȝ(ȝe)lich*, *heȝ(ȝe)lich*, asächs. *hetilīk*, aengl. *hetelic* bedeuten 'Haß erregend, feindselig'. Über 'hassenswert, verhaßt' wird *häßlich* in frühnhd. Zeit zum Gegenwort von *schön* umgedeutet. H ä ß l i c h k e i t f. 'unschönes Aussehen', spätmhd. *heȝlichkeit* 'Haß, Abscheu' (14. Jh.).

Hast f. 'aufgeregte Eile, Überstürzung', ein nd. Wort, seit dem 16. Jh. in der Literatursprache. Mnd. *hāst*, *hast* 'Eile, Eifer, Zorn' (14. Jh., vermutlich älter; vgl. Öhmann in: ZfdWf. N. F. 16, 1960, 161ff.) geht wie wohl auch mnl. *hast(e)*, *haest(e)*, nl. *haast* und wie engl. *haste* zurück auf afrz. *haste* 'Hast, Eile' (frz. *hâte*), das selbst aus dem Germ., wohl aus anfrk. **haist* 'Heftigkeit', stammt. Dieses ist mit ahd. *heistīgo* Adv. 'ungestüm, sehr' (9. Jh.), langobard. *haistan* Adv. 'gewaltsam', aengl. *hǣst* 'ungestüm; Heftigkeit', afries. *hāst* 'hastig; Eile' zu verbinden und damit an die unter *heftig* (s. d.) angeführte Wortgruppe um ahd. *heifti*, mhd. *heifte* 'ungestüm, sehr', anord. *heifst*, got. *haifsts* 'Zank, Streit' anzuschließen. – h a s t e n Vb. 'sich hastig bewegen, sich überstürzen' (16. Jh.), mnd. *hāsten*, mnl. *haesten*, nl. *haasten*; vgl. afrz. *haster*, frz. *hâter*. h a s t i g Adj. 'voller Hast, überstürzt, sehr eilig', mhd. *hasteclīche* Adv., mnd. *hāstich*.

hätscheln Vb. 'liebkosen, streicheln, verwöhnen'. Das seit dem 17. Jh. nachweisbare Verb ist vermutlich Intensivum zu mundartlichem, vorwiegend omd. obd. *hatschen*, umgelautet *hetschen* 'mit den Füßen gleiten, schleifend gehen, mit den Händen streicheln'. Die Verben sind wohl laut- oder bewegungsnachahmenden Charakters, wobei die Konsonantenverbindung *-tsch-* beim Intensivum als Laut für das sanfte Gleiten der Hände gelten kann. – v e r h ä t s c h e l n Vb. 'übermäßig liebkosen' (Ende 17. Jh.), seit dem 19. Jh. bes. 'sehr verwöhnen, verziehen'.

Haube f. 'Kopfbedeckung für Frauen, Kappe, Mütze', vielfach übertragen auf Dinge, die einer Haube äußerlich ähnlich sind, z. B. *Kaffee-*, *Kühler-*, *Trockenhaube*. Ahd. *hūba* (10. Jh.), mhd. *hūbe*, *hoube* 'Mütze, Helm, Sturmhaube, Federbusch der Vögel', asächs. *hūba*, mnd. *hūve*, nl. *huif* (auch 'Bienenkorb'), aengl. *hūfe*, anord. *hūfa*, schwed. *huva*, dän. *hue* 'Haube' führen mit außergerm. Verwandten wie aind. *kakúp* (*kakúbh-*) 'Spitze, Gipfel', griech. *kȳphós* (κυφός) 'gebückt, gekrümmt', *kȳ́phos* (κύφος) 'Krümmung, Buckel' auf ie. **keubh-*, **kūbh-*, eine Labialerweiterung der Wurzel ie. **keu-*, **keu̯ə-* 'biegen, Wölbung, Höhlung'. Zur Erweiterung ie. **keubh-* oder zu unaspiriertem ie. **keub-* (s. *Haufen*, wo Weiteres zur Verwandtschaft) gehören auch aruss. *kubъ* 'Trinkgefäß', russ. *kúbok* (кубок) 'Becher, Pokal'. – H a u b e n l e r c h e f. Lerche mit spitzem Federbüschel auf dem Kopf (16. Jh.).

Haubitze f. Geschütz mittleren oder schwereren Kalibers, bei dem die Menge der Treibladung verschieden groß gewählt werden kann, omd. *huffnitze*, *hauffenicz* (1. Hälfte 15. Jh.), entlehnt zur Zeit der Hussitenkriege (1419 bis 1436) aus atschech. *haufnicě* 'Geschütz für unterschiedlich große Granatkugeln' (tschech. *houfnice*), zuvor 'hölzerne Steinschleuder, Wurfmaschine' (für Kriegszwecke), eine Ableitung von einem zu atschech. *hūf*, *hauf* (tschech. *houf*) 'Haufen, Schar' (aus mhd. *hūfe*, s. *Haufen*) gebildeten Adjektiv, daher eigentl. 'Gerät, das viele Kugeln gleichzeitig schleudert'. In heutiger Lautung und Schreibweise seit etwa 1700. Vgl. Bellmann Slavoteutonica (1971) 276f.

hauchen Vb. 'den Atem hörbar durch den Mund strömen lassen, kaum wahrnehmbar flüstern'. Neben lautmalendem mhd. *kūchen*, frühnhd. *kauchen* 'hauchen' (s. *keuchen*) ist ebenfalls lautnachahmendes mhd. *hūchen* seit dem 13. Jh. bezeugt. Luther übernimmt das vor ihm selten verwendete Verb, das obd. durch *blasen*, *wehen* wiedergegeben wird. Im 16. Jh. noch wenig gebraucht, breitet es sich im 17. Jh. aus und erfährt in der Dichtung (2. Hälfte 18. Jh.) eine poetische Aufwertung. – Hauch m. 'beim Ausatmen erzeugter, kaum wahrnehmbarer Luftstrom, sanfter Luftzug, leichter Duft, dünne, feine Schicht', Rückbildung (17. Jh.) aus dem Verb.

hauen Vb. 'schlagen, prügeln, fällen (Holz), (zer)hacken (Fleisch), mähen, bearbeiten, behauen (Stein), loshacken, abschlagen (Erz)'. Neben dem starken Verb (nhd. *hieb*, *gehauen*) ahd. *houwan* (9. Jh.), mhd. mnd. *houwen* '(ab-, ein-, nieder-, zer)hauen, schlagen, stechen, behauen, bearbeiten, (ab-, zu)schneiden, ernten', asächs. *hauwan*, mnl. nl. *houwen*, aengl. *hēawan*, engl. *to hew*, anord. *hǫggva*, schwed. *hugga* (dazu *Hieb* und *Heu*, s. d.) steht ein schwaches Verb (nhd. *haute*, *gehaut*) ahd. *houwōn* (10. Jh.), mhd. *houwen*. Sie führen mit lat. *cūdere* 'schlagen, klopfen, stampfen, Metall bearbeiten' (mit präsensbildendem *d*, wohl aus **caud-*, vgl. *caudex*, *cōdex* 'Baumstamm, Klotz', s. *Kodex*), lit. *káuti* 'schlagen, hauen, umbringen', *kovà* 'Kampf, Schlacht', aslaw. *kovati*, russ. *kovát'* (*ковать*) 'schmieden' auf eine Wurzel ie. **kāu-*, **kəu-* 'hauen, schlagen'. – [1]Haue f. 'Hacke', ahd. *houwa* (9. Jh.), mhd. *houwe*. [2]Haue f. 'Prügel, Schläge', eigentl. Plur. von heute unüblichem *Hau* 'Schlag, Hieb', mhd. *hou* 'Hieb, Holzeinschlag'. Hauer m. 'Eckzahn des Keilers, vor Ort arbeitender Bergmann' (meist umgelautet *Häuer*), (öst.) 'Winzer, Weinbauer', spätmhd. *houwer* 'Bergmann, Holzfäller, Weinbauer'. abhauen Vb. 'abschlagen, abhacken, abschneiden', ahd. *abahouwan* (9. Jh.), mhd. *abehouwen*; im Sinne von 'sich (eilig) davonmachen' als steigender Kraftausdruck seit dem ersten Weltkrieg (nach obd. *hauen* 'gehen, laufen, treten'). verhauen Vb. 'schlagen, verprügeln, falsch machen, (refl.) sich irren', ahd. *firhouwan* 'abschlagen, abschneiden' (9. Jh.), mhd. *verhouwen* 'zerhauen, verletzen, beschädigen, nieder-, weghauen, ausholzen, mit gefällten Bäumen versperren'; dazu Verhau m. n. 'aus vielen (sperrigen) Teilen errichtetes Hindernis, Dikkicht', ursprünglich 'Wegsperre durch niedergehauene Bäume' (18. Jh.). zerhauen Vb. 'entzweischlagen, in Stücke hauen', mhd. *zerhouwen*.

Haufen m., älter *Haufe*, 'übereinandergeschichtete Dinge, Menge, große Anzahl, Trupp Bewaffneter' (z. B. militärische Einheit im Landsknechtsheer). Neben nur im Dt. bezeugten Formen mit *ū* (germ. **hūp-*) ahd. *hūfo* 'Haufen, Menge, Anhäufung' (8. Jh.), mhd. *hūfe*, mnd. *hūpe* stehen im Ablaut (germ. **haup-*) gleichbed. ahd. (8. Jh.), mhd. *houf*, asächs. *hōp*, nl. *hoop*, aengl. *hēap*, engl. *heap*. Verwandt sind *hüpfen*, *Hüfte* (s. d.), die mit den oben genannten Bildungen auf ie. **keub-*, **kūb-* zurückführen, eine Labialerweiterung der Wurzel ie. **keu-*, **keu̯ə-* 'biegen, Wölbung, Höhlung' (wozu auch *Haube*, *Hobel*, *hoch*, *Hügel*, [1]*Hocke*, s. d.). Im Nhd. sind die Formen mit *-ū-* und *-ou-* in *-au-* zusammengefallen; das seit dem Frühnhd. auftretende auslautende *-n* stammt aus den Flexionsformen. – häufen Vb. 'übereinanderschichten, aufstapeln, (refl.) sich (auf)türmen, vermehren', vgl. ahd. *hūfōn* (um 800), *houfōn* (9. Jh.), mhd. *hūfen*, *houfen* '(an-, auf)häufen'; in frühnhd. Zeit setzt sich die umgelautete Form durch. häufeln Vb. ursprünglich gleichbed. mit *häufen*, also 'Haufen machen' (15. Jh.), heute vor allem in der Landwirtschaft 'Erde locker um Pflanzen aufhäufen'. häufig Adj., älter *häuficht*, früher 'in Haufen, massenweise vorhanden, reichlich' (16. Jh. bis Anfang 19. Jh.), heute 'oft vorkommend, wiederholt' (seit 2. Hälfte 18. Jh.); vgl. mhd. *hūfeht* 'gehäuft'.

Haupt n. 'Kopf, wer an der Spitze steht, Führer, Leiter'. Neben den noch oder ursprünglich einen Diphthong in der ersten Silbe (germ. **haubiþa-*) aufweisenden Formen ahd. *houbit* 'Kopf, Haupt' (8. Jh.), mhd. *houbet*, *houpt*, asächs. *hōbid*, mnd. *hȫvet*, mnl. *hōvet*, *hooft*, nl. *hoofd*, aengl. *hēafod*, engl. *head*, anord. *haufuð*, got. *haubiþ* stehen mit einfachem Vokal (germ. **habuþa-*) aengl. *hafud*, anord. *hǫfuð*. Nur die letztgenannten lassen sich unmittelbar an lat. *caput* 'Kopf, Haupt' und (mit *l*-Suffix) aind. *kapā́lam* 'Schale, Hirnschale, Schädel' anknüpfen. Es handelt sich dabei vermutlich um Nominalbildungen zu der bei *heben* und *haben* (s. d.) angeführten Wurzel ie. **kap-* 'fassen', die mehrfach in Wörtern für Gefäße erscheint. Auch für *Haupt* ist daher eine Ausgangsbedeutung 'Schalenförmiges, Gefäß' anzunehmen, so daß eine ähnliche Bedeutungsentwicklung vorliegt wie bei *Kopf* (s. d.) und bei frz. *tête* 'Kopf' (aus lat. *testa* 'Gefäß, Schale, Scherbe'). Schwierigkeiten bereitet jedoch die Erklärung der diphthongischen Formen, die entweder eine rein lautliche Entwicklung innerhalb des Germ. voraussetzen oder auf eine Verquickung mit Bildungen wie *Haube* (s. d.) hindeuten, dann allerdings auf eine andere ie. Wurzel zurückgehen. Bis zum 15. Jh. ist *Haupt* das einzige Wort für 'Kopf'; es wird allgemein seit dem 16. Jh. durch *Kopf* (s. d.) verdrängt, bleibt aber als gehobener Ausdruck bis heute geläufig. – enthaupten Vb. 'den Kopf abschlagen', mhd. *enthoubeten*, zum gleichbed. Simplex *houbeten*, *houpten*; vgl. ahd. *irhoubitōn*, *firhoubitōn* 'enthaupten' (9. Jh.). Häuptling m. ursprünglich 'Familienoberhaupt, Anführer' (17. Jh.), seit Coopers Indianererzählungen (um 1825) nur noch 'Stammesoberhaupt eines Naturvolkes'; zufrühst bezeugt afries. *hāvding*, *hāvdling* 'Mitglied des fries. Adels'. Hauptmann m. 'eine Kompanie befehligender Offizier', ahd. *houbitman* (8./9. Jh.), mhd. *houbetman* 'Oberster, Hauptperson einer Vereinigung, Anführer', frühnhd. 'Befehlshaber über eine Kriegerschar', auch *Feldhauptmann*; seit 1842 im preuß. Heer Offiziersrang (Entsprechung für frz. *capitaine*). Hauptsache f. 'bedeutendster Punkt einer Angelegenheit, das Wichtigste' (16. Jh.); vgl. spätmhd. *houbetsache* 'wesentlicher Bestandteil eines Rechtsstreits, Prozesses'; hauptsächlich Adj. 'wesentlich, führend', Adv. 'vor allem, vorwiegend, in erster Linie' (16. Jh.). Hauptstadt f. 'Sitz der Regierung eines Landes', ahd. *houbitstat* (10. Jh.), mhd. *houbetstat* 'vornehmste Stadt, Hauptstadt eines Landes'. Hauptwort n. Fachwort der Grammatik, im 16./17. Jh. in verschiedener terminologischer Verwendung, auch für 'Substantiv' (17. Jh.), in dieser Verwendung von Gottsched (1730) erfolgreich gefördert.

Haus n. 'Gebäude, Bewohner desselben, Geschlecht, Hauswesen'. Das gemeingerm. Substantiv ahd. *hūs* 'Gebäude, Familie, Hauswesen, Geschlecht' (8. Jh.), mhd. *hūs* 'Gebäude, Wohnung, Hütte, Schloß, Rathaus, Haushaltung, Familie, Geschlecht', asächs. mnd. aengl. anord. *hūs*, mnl. *huus*, nl. *huis*, engl. *house*, schwed. *hus*, got. in *gudhūs* 'Gotteshaus' läßt sich vielleicht im Sinne von 'Bedeckendes' an ie. **(s)keus-* anschließen (wozu auch *Hose* und *Hort*, s. d.), eine *s*-Erweiterung der weitverbreiteten Wurzel ie. **(s)keu-*, **(s)keu̯ə-*, **(s)kū-* 'bedecken, umhüllen' (s. *Haut*, *Hode*, *Hütte*, *Scheune*, *Schuh*). – Häuschen n. 'kleines Haus' (17. Jh.); vgl. ahd. *hūsilī(n)* (8. Jh.), *hūsil* (Hs. 13. Jh.), mhd. *hiuselīn*, *hiusel*. Die Wendung *(ganz) aus dem Häuschen sein*, *geraten* 'aufgeregt, außer sich sein' (um 1800) ist vielleicht beeinflußt von frz. Redensarten, die sich an den Namen *Petites-Maisons* eines ehemaligen Pariser Hospitals mit Irrenanstalt anschließen (vgl. z. B. frz. *être un échappé des Petites-Maisons* 'sich wie ein aus dem Narrenhaus Entsprungener gebärden'). hausen Vb. 'unter schlechten Bedingungen wohnen', im Südd. und Schweiz. auch 'sparsam wirtschaften', ahd. *hūsōn* 'wohnen' (um 1000), mhd. *hūsen* 'ein Haus bauen, sich häuslich niederlassen, wohnen, beherbergen, wirtschaften', seit dem 15. Jh. auch 'schlecht wirtschaften', daraus 'zerstören, verwüsten' (16. Jh.). behausen Vb. 'in einer Wohnung unterbringen' (jetzt nur noch in gehobener Ausdrucksweise), mhd. *behūsen* 'mit einem Haus versehen, besiedeln, beherbergen'; Behausung f. 'Wohnstätte, Unterkunft', mhd. *behūsunge* 'Herberge, Wohnung'; unbeh a u s t Part.adj. 'keine Unterkunft, keine Wohnung habend, umherziehend', mhd. *unbehūset*. h a u s i e r e n Vb. 'Waren von Haus zu Haus feilbieten' (15. Jh.), vgl. mnd. *hūsēren*; H a u s i e r e r m. (16. Jh.). H ä u s l e r m. 'als Tagelöhner arbeitender Dorfbewohner mit eigenem (kleinen) Haus, aber ohne oder mit nur wenig Landbesitz' (17. Jh.). h ä u s l i c h Adj. 'das Haus(wesen), die Familie betreffend, gern zu Hause bleibend, in der Hauswirtschaft tüchtig, wirtschaftlich' (15. Jh.); vgl. mhd. *hiuslīche(n)*, *hūslīche* Adv. 'häuslich, ein Haus besitzend'; H ä u s l i c h k e i t f. 'das Zuhause, hauswirtschaftliche Tüchtigkeit' (16. Jh.). H a u s f r a u f. 'das Hauswesen besorgende Frau', mhd. *hūsvrou(we)*, *hūsvrowe* 'Herrin im Hause, Gattin'. H a u s h a l t m. 'Führung eines Hauswesens, alle Mitglieder eines Hauswesens, Aufrechnung von Einnahmen und Ausgaben eines Staates, einer öffentlichen Einrichtung für ein Jahr, Etat' (15. Jh.), Rückbildung aus h a u s h a l t e n Vb. 'sparsam wirtschaften, einteilen, den Haushalt führen', mhd. *hūshalten* 'ein Hauswesen führen'; H a u s h ä l t e r i n f. 'den Haushalt führende Angestellte, Wirtschafterin' (16. Jh.), älter *Haushälter* (15. Jh.); h a u s h ä l t e r i s c h Adj. 'sparsam, wirtschaftlich' (Anfang 18. Jh.), älter *haushältisch* (17. Jh.). H a u s h e r r m. 'Familienoberhaupt, Gastgeber', (südd. öst.) 'Hauswirt, Vermieter', ahd. *hūshērro* 'Familienoberhaupt' (11. Jh.), mhd. *hūsherre*, auch 'Hausverwalter'. H a u s m a n n m. 'mit der Instandhaltung und Reinigung eines Hauses Beauftragter', früher 'Vorstand einer Haushaltung, Hausvater, wer bei einem anderen zur Miete wohnt', ahd. (11./12. Jh.), mhd. *hūsman* 'Hausherr, Hausbewohner, Mietsmann'; H a u s m a n n s k o s t f. 'einfache, nahrhafte, kräftige Kost' (15. Jh.), wie sie ein *Hausmann* ('Hausvater') gewöhnlich für sich und die Seinen bereiten läßt. H a u s r a t m. 'Hausgerät, für die Hauswirtschaft benötigte Gerätschaften und Möbel', mhd. *hūsrāt*. H a u s s u c h u n g f. 'zur Aufklärung einer Straftat angeordnete Durchsuchung einer Wohnung, eines Gebäudes' (14./15. Jh.); vgl. ahd. *hūssuohha* (um 1000), mhd. *hūssuoche* 'Hausdurchsuchung', dagegen mhd. *hūssuochunge* 'Hausfriedensbruch'. H a u s t i e r n. 'vom Menschen zur wirtschaftlichen Nutzung oder aus Liebhaberei in der Hauswirtschaft gehaltenes zahmes Tier' (Mitte 18. Jh.). H a u s w e s e n n. 'alles, was zu Haushalt, Familie, Wohnung gehört' (16. Jh.).

Haut f. die gesamte Körperoberfläche bei Mensch und Tier überziehendes, aus mehreren Gewebeschichten bestehendes Organ, 'umhüllende Schicht, Hülle, Schale', ahd. *hūt* (9. Jh.), mhd. *hūt*, *hout* 'Haut, Fell', asächs. *hūd*, mnd. *hūt*, mnl. *huud*, nl. *huid*, aengl. *hȳd*, engl. *hide*, anord. *hūð*, schwed. *hud* stellt sich mit lat. *cutis* 'Haut', griech. *skýtos* (*σκῦτος*) 'zubereitete Haut, Leder, Lederriemen', lit. *kiáutas* 'Schale, Hülle, Hülse' zu ie. **(s)keut-* (wozu auch *Hode*, s. d.), einer Dentalerweiterung der Wurzel ie. **(s)keu-*, **(s)keu̯ə-*, **(s)kū-* 'bedecken, umhüllen', zu der auch *Hütte*, *Haus*, *Hort*, *Hose* sowie *Scheune*, *Scheuer*, *Schote*, *Schuh* (s. d.) gehören. – h ä u t e n Vb. '(einem Tier) das Fell, die Haut abziehen', refl. 'die Haut abstreifen, abstoßen', mhd. *-hiuten* in *behiuten* 'jmdm. an die Haut gehen', *enthiuten* 'abhäuten', *ūȝhiuten* 'die Haut, das Fell abstreifen'. D i c k h ä u t e r Plur. zusammenfassende Bezeichnung für Elefanten, Flußpferde, Nashörner, Schweine, Tapire (1832), Übersetzung des (älteren) Terminus zoolog.-lat. *Pachydermata* Plur. (1797), einer Bildung zu griech. *pachýs* (*παχύς*) 'dick' und *dérma* (*δέρμα*) 'Haut'. R o t h a u t f. durch die Abenteuerliteratur bekanntgewordene, heute nicht mehr übliche Bezeichnung für den nordamerik. Indianer (20er Jahre 19. Jh.), Übersetzung von engl. *redskin*. V o r h a u t f. 'die Eichel des Penis überziehende Hautfalte'; in dt. Bibelübersetzungen (zuerst *vorhout* Wenzelbibel, nach 1380, dann, wohl unabhängig davon, bei Luther) griech. *akrobystía* (*ἀκροβυστία*) bzw. lat. *praepūtium* wiedergebend.

Hautevolee f. 'die vornehme Gesellschaft, Leute von (hohem) Rang', verkürzende Entlehnung (Anfang 19. Jh.) aus der gleichbed. Fügung frz. *des gens de (la) haute volée*; vgl. frz. *haut* 'hoch' und *volée* 'Rang, Stand, Personenkreis, Vogelschwarm', eigentl. 'Flug, Aufflug' (zu frz. *voler* 'fliegen'). In der Schreibung zunächst der frz. Vorlage folgend, danach (2. Hälfte 19. Jh.) in der zusammengerückten Form *Hautevolee*. In jüngster Zeit meist ironisch.

Havarie f. 'Unfallschaden, Bruch'. Ausgangsform ist arab. *ʿawārīya* 'durch Meerwasser beschädigte Ware', eine Ableitung von *ʿawār* 'Fehler, Mangel' (zu arab. *ʿawwara* 'beschädigen, verderben'). Mit dem Handel zur See gelangt der Ausdruck früh ins Ital. (*avaria*, um 1300), woraus aprov. *avarias* Plur. 'Ausgaben, Kosten', afrz. mfrz. *avaries* Plur. 'bei Warentransport auf dem Seewege erhobene Gebühren, auch für eingetretenen oder möglichen Schaden'. Aus dem Frz. stammt nl. *averij* und volksetymologisch an nl. *haven* (s. *Hafen*) angeglichenes *haverij*; es bezeichnet die Betriebskosten der Schiffahrt, die Beschädigung, die Schiff und Ladung (während der Fahrt) erleiden, sowie die daraus entstehenden Kosten und wird gegen Ende des 16. Jhs. ins Nd. und Nordd. als *Haverye*, *Haferye* entlehnt. Literatursprachliches *Havarie* setzt sich erst im 19. Jh. durch; außerhalb des seemannssprachlichen Bereichs gilt es im 20. Jh. für Unfallschäden an Fahr- und Flugzeugen und für Schäden und Betriebsstörungen an Maschinen und Einrichtungen. – h a v a r i e r e n Vb. 'einen Unfall erleiden, durch Unfall beschädigt werden', im 19. Jh. in der Form *avarieren*; oft als Part.adj., vgl. *havarierte Ware*, *ein havariertes Schiff*.

Hebamme f. 'staatlich geprüfte Geburtshelferin'. Ahd. *hevianna*, *hevanna* (9. Jh.), *hevamma* (Hs. 12. Jh.) ist zusammengesetzt aus ahd. *ana* 'Großmutter' (s. *Ahne*) mit dem unter *heben* (s. d.) dargestellten Verbalstamm, bedeutet also eigentl. 'Großmutter bzw. alte Frau, die das Neugeborene aufhebt'. Die Umdeutung des Grundwortes *-ana* über verstärkendes *-anna* zu *-amma* 'Amme' vollzieht sich bereits im Ahd. und setzt sich fort in mhd. *hebe-*, *hefamme* (neben gleichbed. mhd. *hebemuoter*). Im Nhd. setzt sich *Hebamme* gegen landschaftliche Ausdrücke wie *Bade-*, *Hebe-*, *Kindermutter*, *weise Frau* und *Wehmutter* (Prägung Luthers) durch und wird allgemein gültige Berufsbezeichnung.

Hebel m. 'Stange zum Heben oder Bewegen von Lasten' (15. Jh.); vgl. ahd. *hevil* 'Hefe, Sauerteig', eigentl. 'Hebemittel' (11. Jh.), mhd. *hebel*, *hevel* 'Hefe', mit dem ein Mittel, bes. ein Gerät bezeichnenden Suffix germ. *-ila-* zu dem unter *heben* (s. d.) behandelten Verb. Daneben ein im Nhd. wieder aufgegebenes schwach flektierendes ahd. *hevilo* (11. Jh.), mhd. *hevele*.

heben Vb. 'etw. in die Höhe bewegen'. Das stark flektierende, zu den *j*-Präsentien gehörende Verb ahd. *heffen* '(er)heben, nehmen, setzen, höherstellen, (be)treiben, sich erheben, sich aufmachen' (8. Jh.), mhd. *heben*, *heven*, nhd. *heben* (mit Angleichung an die durch grammatischen Wechsel *b* aufweisenden Präteritalformen, vgl. ahd. *huob*, *gihaban*), asächs. *hebbian*, *heffian*, mnd. *hēven*, *heffen*, mnl. nl. *heffen*, aengl. *hebban*, engl. *to heave*, anord. *hefja*, schwed. *häva*, got. *hafjan* gehört mit *haben*, *-haft*, *Haft*, [1]*Heft* und griech. *káptein* (*κάπτειν*) 'schnappen, schlukken', lat. *capere* 'nehmen, fassen, ergreifen', lett. (nasaliert) *kàmpt* 'fassen, greifen' zur Wurzel ie. **kap-* 'fassen'. Die alte Bedeutung 'fassen, packen' ist erhalten in *Habicht* (s. d.). – e r h e b e n Vb. 'in die Höhe heben, emporstrecken', refl. 'aufstehen, sich empören', ahd. *irheffen* 'emporheben, gären machen' (8. Jh.), mhd. *erheben*, auch 'zuoberst stellen, mit getriebener Arbeit (Ziselierung) verzieren' (s. *erhaben*). e r h e b l i c h Adj. 'beträchtlich, schwerwiegend, groß' (16. Jh.).

Hechel f. kammartiges Gerät zum Reinigen der Flachs- und Hanffaser, mhd. *hachel(e)*, *hechel(e)*, mnd. *hēkel(e)*, mnl. *hekele*, nl. *hekel*, mengl. *hechele*, *hechil*, engl. *hatchle*, *hackle* (schwed. *häckla*, dän. *hegle* aus dem Mnd.) sind mit dem Suffix zur Bezeichnung von Geräten germ. *-ilō* gebildet und gehen zusammen mit *Haken* und *Hecht* (s. d.) auf die Wurzel ie. **keg-*, **kek-* 'Pflock zum Aufhängen, Haken, Henkel', auch 'spitz sein' zurück; benannt wäre das Gerät nach seinen scharfen eisernen Spitzen. Noch in jüngster Zeit geläufig ist die Wendung *durch die Hechel ziehen* 'über jmdn. abfällig reden'. – h e c h e l n Vb. 'Flachs durch die Hechel ziehen, über jmdn. mit spitzer Zunge herziehen, boshaft über ihn reden', mhd. *hacheln*, *hecheln*, asächs. *hekilon*, mnd. *hēkelen*.

Hecht m. grauer Raubfisch mit spitzen, scharfen Zähnen, ahd. *hehhit* (um 1000), mhd. *hechet*, *hecht*, übertragen 'raubsüchtiger Mensch' (14. Jh.), später auch 'Kerl, Bursche' (vgl. *toller Hecht*), asächs. *hakth*, mnd. *hēket*, mnl. *heket*, *heect*, *hecht*, aengl. *hacod*. Der mit Dentalsuffix gebildete Fischname westgerm. **hakiþa-* bzw. **hakuþa-* ist mit ahd. *hekken* 'durchbeißen' (9. Jh.), mhd. *hecken*, *hechen* 'hauen, stechend verwunden' (bes. von Schlangen) und den unter *hacken*, *Haken*, *Hechel* und wohl auch [1]*Hacke* (s. d.) behandelten Substantiven an die Wurzel ie. **keg-*, *kek- 'Pflock zum Aufhängen, Haken, Henkel', auch 'spitz sein' anzuschließen. Der Fisch ist nach seinen spitzen, scharfen Zähnen benannt.

Heck n. 'hinterster Teil eines Schiffes', ein nd. Seemannsausdruck, seit Ende des 18. Jhs. auch in der Literatursprache. Mnd. *heck* n. 'Hecke, Umzäunung, aus Latten zusammengesetztes Gittertor', mhd. *heck(e)* n. 'Hecke', mnl. *hec*, *hecken* n. 'Gitter(tür), Falltür', nl. *hek* 'Gitter(werk), Lattenzaun', aengl. *hæc(c)* f. m. 'Gitterwerk, -tor', engl. *hatch* 'Lukendeckel, -gatter' gehören als mit *j*-haltigem Stammsuffix gebildete Ableitungen zu dem unter *Hag* (s. d.) behandelten Substantiv. *Heck* bezeichnet zunächst das Schutzgitter, das den auf dem hinteren Schiffsoberteil befindlichen Platz des Steuermanns umgibt.

[1]**Hecke** f. 'dicht beieinanderstehende Sträucher und Büsche als Umzäunung', ahd. *hegga* (Hs. 12. Jh.), mhd. *hecke*, *hegge*, mnd. *hecke*, mnl. *hegghe*, nl. *heg*, aengl. *hegg*, engl. *hedge*, aus westgerm. **hagjō(n)*, Ableitung mit *jō-/jōn*-Suffix von dem unter *Hag* (s. d.) dargestellten Substantiv. Wie *Hag* bezeichnet *Hecke* in alter Zeit die Umfriedung, Einhegung der Felder, Wohnorte und Einzelgehöfte, im Frühnhd. auch den einzelnen stechenden Dornstrauch (15. Jh.), heute vornehmlich die 'aus (Zier)sträuchern bestehende Begrenzung von Gärten'. – H e k k e n r o s e f. 'in Hecken wachsende wilde Rose' (17. Jh.), *Heckrose* (16. Jh.).

hecken Vb. 'Junge zur Welt bringen' (von Vögeln und kleineren Säugetieren), 'sich vermehren' (vom Geld), mhd. (refl.) *hecken* 'sich fortpflanzen' (von Vögeln). Innerhalb des Germ. lassen sich dazustellen engl. *to hatch* 'ausbrüten', mengl. *hacche(n)*, aber auch mhd. *hagen* '(Zucht)stier', ahd. *hegathruos* (um 800), *hegathruosa* (11. Jh.) 'Schamglied, Hoden, Schamteile', mhd. *hegedruose*. Sichere außergerm. Anknüpfungsmöglichkeiten fehlen. – a u s h e c k e n Vb. 'ausbrüten, ausdenken' (15. Jh.). [2]H e c k e f. 'Ort, Zeit, Vorgang der Paarung, die aus einem Gelege ausgebrüteten, in einem Wurf geborenen Jungen' (18. Jh.), wohl rückgebildet aus *hecken*. H e c k p f e n n i g m. 'Münze, die man nicht ausgeben soll, weil sie (nach dem Volksglauben) immer neue Münzen erzeugt' (18. Jh.).

Hederich m. Name verschiedener Ackerunkräuter, ahd. *hederīh* (11. Jh.), mhd. *hederich*, mnd. *hēderik*, nl. *hederik*, wahrscheinlich entlehnt aus lat. *hederāceus* 'efeuartig', sofern ursprünglich rankende Pflanzen damit bezeichnet werden, und möglicherweise unter Einfluß von *Wegerich* (s. d.) umgebildet.

Heer n. 'Streitmacht (eines Landes)', übertragen 'große Menge', ahd. (8. Jh.), asächs. *heri*, mhd. *her*, *here*, mnd. *hēr*, mnl. *hēre*, nl. *heer*, *heir*, aengl. *here*, anord. *herr*, schwed. *här*, got. *harjis* (germ. **harja-* m.) führt mit griech. *koíranos* (κοίρανος) 'Herrscher, Heerführer, Herr', mir. *cuire* 'Schar, Menge', lit. *kãrias* 'Krieg, Heer, Armee' auf ie. **ko-ri̯o-* 'Krieg, Kriegsheer'; daneben stehen (ohne *i̯o*-Suffix) lit. *kãras* 'Krieg' und (dehnstufig) apers. *kāra-* 'Kriegsvolk, Heer, Volk', pers. *kār-zār* 'Schlacht, Gefecht', die gleichbed. ie. **koro-* voraussetzen. *Heer* bezeichnet seit ahd. Zeit die 'Streitmacht, Kriegsschar', auch die 'Heerfahrt', entwickelt im Mhd. Verwendungen wie 'überwältigende Menge, Volk (von Kriegern)' und wird im Nhd. vielfach auch auf Ansammlungen von Tieren (Ameisen, Heuschrecken) sowie auf gegenständliche und abstrakte Denotatsbereiche bezogen. – H e e r b a n n m. 'Aufruf zum Kriegsdienst, aufgebotenes Heer' (historisierend), ahd. *heriban* (9. Jh.), mhd. *herban* (s. *Bann*). H e e r s c h a u f. 'Besichtigung eines Heeres, Aufmarsch (vor den Befehlshabern)', mhd. *herschouwe*. H e e r s t r a ß e f. 'Straße für das Heer, breite Landstraße', ahd. *heristrāʒa* (9. Jh.), mhd. *herstrāʒe*. v e r h e e r e n Vb. 'zerstören, verwüsten', ahd. *firheriōn* 'ausplündern, verwüsten' (um 800), mhd. *verhern*, auch 'mit Heeresmacht überziehen, verderben, besiegen'; vgl. das Simplex ahd. *heriōn*, mhd. *hern* 'bekriegen, verwüsten, plündern', asächs. *herion*, anord. *herja*.

Hefe f. als Gär- und Treibmittel verwendete Pilzsubstanz. Zur Bezeichnung des Treibmittels dienen in älterer Sprache mehrere Bildungen zu dem unter *heben* (s. d.) behandelten Verb, die es als 'Heber(in), Hebemittel' charakterisieren, vgl. (mit stammbildendem *j-* bzw. *i*-Suffix) ahd. *heva*, *heffa* f. (11. Jh.), *hevo*, *hepho* m. (Hs. 12. Jh.), mhd. *hebe*, *hefe*, *heve* m. f. (das Mask. vereinzelt bis ins 18. Jh.), mnl. *heffe*, aengl. *hæf* sowie ahd. *hevil* 'Hefe, Sauerteig' (s. *Hebel*), *urhab*, mhd. *urhap* (s. *Urheber*). Da *Hefe* auch den bei der Gärung alkoholischer Getränke wie

Wein und Bier entstehenden Schaum und Satz bezeichnet, kann es im Sinne von 'Abschaum' (15. Jh.) und 'Bodensatz' (16. Jh.) verwendet werden.

[1]**Heft** n. 'Handgriff' (an Stichwaffen, bestimmten Werkzeugen), ahd. *hefti* 'Messergriff, Handhabe' (11. Jh.), mhd. *hefte* 'Messer-, Schwertgriff, Steuerruder', mnd. *hecht(e)*, *hefte*, mnl. nl. *hecht*, *heft* (im Nd. und Nl. zum Teil mit Wandel von *ft* zu *cht*, s. *Gerücht*, *Nichte*), aengl. *hæft*, engl. *haft* 'Heft, Handgriff, Stiel', anord. *hepti* 'Griff, Schaft'. Das mit *ja*-Suffix gebildete Neutrum ist abgeleitet von einem (im Dt. neben dem Femininum *Haft* bis ins 18. Jh. als *Haft* m. vorkommenden) maskulinen und neutralen germ. Substantiv mit den Bedeutungen 'Band, Fessel, Verbindung, Naht, Haltevorrichtung' (s. *Haft*) und geht mit diesem auf die auch in *haben* und *heben* (s. d.) vorliegende Wurzel ie. **kap-* 'fassen' zurück. Der Griff des Messers oder Schwertes wird in Wendungen wie *das Heft in der Hand haben*, *behalten*, *das Heft ergreifen* zum Symbol für die Möglichkeit der Gewaltausübung, für eine Machtstellung, Führungsrolle (vgl. schon mhd. *daȝ meȝȝer bī dem hefte hān*, *daȝ hefte in der hant behalten*). Seit Anfang des 16. Jhs. begegnet nhd. *Heft* (wie mnd. *hechte*, *hefte*) auch im Sinne von 'Spange, Schließe, Verschluß'; in dieser noch im 18. Jh. lebendigen Verwendung steht es meist im Plural, ist daher von synonym gebrauchtem *Haft* m. schwer zu unterscheiden und übernimmt vielfach dessen maskulines Genus.

heften Vb. 'etw. (mit Reißzwecken, Nägeln, Nadeln) befestigen, anbringen, (mit Fäden, Drahtklammern) zusammenfügen', übertragen 'fest, unverwandt worauf richten' (*die Augen*, *den Blick auf jmdn.*, *etw. heften*). Das gemeingerm. Verb ahd. (8. Jh.), mhd. *heften*, asächs. *heftian*, afries. *hefta*, aengl. *hæftan* 'befestigen, binden, fesseln', mnd. mnl. *hechten*, *heften*, nl. *hechten* 'befestigen, anbringen', auch intrans. 'haften, hängen, festsitzen' (zum nd.-nl. Wandel von *ft* zu *cht* s. *Gerücht*, *Nichte*), anord. *hepta*, *hefta* 'befestigen, hindern, verzögern', schwed. *häfta* 'an-, zusammenheften, haften, festsitzen, bürgen', got. *haftjan* 'sich anheften' ist Faktitivum zu dem unter *-haft* (s. d.) behandelten Adjektiv germ. **hafta-*. Während die verbale Ableitung in den frühen Sprachstufen vorwiegend das Herstellen eines dauerhaften Zusammenhalts durch Festbinden bezeichnet, tritt im Nhd. (und schon im Mnd.) der Begriff des vorläufigen Anbringens, provisorischen Aneinanderfügens stärker in den Vordergrund. Reflexiven Gebrauch, wie er bereits im Got. belegt ist, kennt das Hd. seit ahd. Zeit, namentlich im Sinne von 'sich anhängen, verbinden, hinwenden, anschließen, jmdm. folgen' (vgl. auch *sich an jmdn.*, *an jmds. Fersen*, *Sohlen heften* 'jmdn. hartnäckig verfolgen'). Rechtssprachliche Verwendungen ('in Gewahrsam nehmen, verhaften, beschlagnahmen') finden sich im Mhd. und Frühnhd., ebenso im Aengl., Mnl. und gelegentlich noch im Nl. – [2]H e f t n. 'schmales Buch aus gefalteten, von Fäden, Drahtklammern zusammengehaltenen Papierblättern', seit Mitte des 18. Jhs. (zunächst meist als Mask.) bezeugte Rückbildung aus dem Verb *heften*, vielleicht begünstigt durch ältere Zusammensetzungen mit ursprünglich verbalem erstem Glied wie *Heftfaden*, *Heftnadel* (15. Jh.). b e h a f t e t Part.adj., nur in der Fügung *mit etw. behaftet sein* 'etw. (von anderen als unangenehm, belastend Empfundenes) an sich haben', spätmhd. *behaftet* ist eine unter dem Einfluß von mhd. nhd. *haften* (s. d.) umgebildete Form von ahd. *bihaft* 'gefesselt, gebunden, verstrickt', mhd. frühnhd. *behaft* 'gebunden, verpflichtet, besessen, mit etw. versehen' (mit unumgelautetem Vokal neben ahd. *biheftit*, mhd. *beheftet*), Part. Prät. des zu *heften* gehörenden präfigierten Verbs ahd. *biheften* 'binden, fesseln, belasten, quälen, sich beschäftigen' (8. Jh.), mhd. *beheften* 'fest-, zusammenheften, umstricken, einschließen, in Gewahrsam nehmen, verpflichten, verbinden'.

heftig Adj. 'stark, wild, ungestüm, aufbrausend, leidenschaftlich', mhd. *heftec*, *heftic* 'festbleibend, mit Beschlag belegt', übertragen 'ernst, wichtig' (so noch im 17. Jh.), frühnhd. *heftig* 'ausdauernd, beharrlich', mnd. *heftich* 'dringlich, beharrlich, stark, eifrig' (erst seit 15. Jh.; aus dem Hd.?) ist von dem unter *-haft* (s. d.) angeführten Verbaladjektiv ahd. mhd. *haft* 'gebunden, gefangen' abgeleitet. Daneben steht (nicht verwandtes) ahd. *heifti* (Hs. 12. Jh.), mhd. *heifte* 'ungestüm, sehr' mit der Adverbialableitung mhd. *heifteclīchen* 'ungestüm, sehr', das sich mit anord. *heifst*, auch (mit anderem Suffix) *heift*, *heipt*, got. *haifsts* 'Zank, Streit' und den westgerm. (in der Konsonantenhäufung vereinfachten) Formen langobard. *haistan* Adv. 'gewaltsam', ahd. *heistīgo* Adv. 'ungestüm, sehr' (9. Jh.), aengl. *hǣst* 'ungestüm; Heftigkeit' sowie vielleicht auch mit aind. *śībham* 'rasch, schnell' auf ie. **k̑ēibh-* 'schnell, heftig' zurückführen läßt. Die beiden lautähnlichen Wörter werden bes. im adverbialen Gebrauch (vgl. mhd. *hefteclīchen* und *heifteclīchen*) miteinander vermischt, und vom 16. Jh. an steht *heftig*, *heftiglich* sowohl für 'anhaltend, ausdauernd' (Luther) als auch für 'ungestüm, sehr'.

Hegemonie f. 'Führerschaft, Vormachtstellung', um 1800 aus griech. *hēgemonía* (ἡγεμονία) 'Oberbefehl, Herrschaft' entlehnt, einer Ableitung von griech. *hegemṓn*, Gen. *hēgemónos* (ἡγεμών, ἡγεμόνος) 'Führer', Nomen agentis zu griech. *hēgeĩsthai* (ἡγεῖσθαι) 'vorangehen, führen'. Griech. Sprachgebrauch folgend, wird *Hegemonie* zunächst für das (wechselnde) Prinzipat und für die auf militärischer und politischer Überlegenheit beruhenden Vorrechte griechischer Stadtstaaten wie Sparta und Athen gebraucht. Seit den 30er Jahren des 19. Jhs. wird *Hegemonie* auch auf dt. Verhältnisse bezogen und entwickelt sich in Verbindungen wie *Preußens Hegemonie* zum Schlagwort mit vorwiegend abschätziger Bedeutungskomponente.

hegen Vb. 'pflegen, schützen, bewahren, gut behandeln'. Ahd. *umbibiheggen* 'umzäunen', *untarheggen* 'einzäunen' (um 800), mhd. *hegen* 'mit einem Hag umgeben, umzäunen, die Gerichtsstätte abschließen, um Gericht zu halten, pflegen, bewahren, aufbewahren', refl. 'sich versammeln', mnd. mnl. *hēgen* 'umzäunen, schützen, bewahren, feierlich Gericht halten, pflegen', aengl. *hegian* sind zu dem unter *Hag* (s. d.) dargestellten Substantiv gebildet, so daß von einer Bedeutung '(zum Schutz) mit einem Zaun umgeben' auszugehen ist, woraus 'pflegen, bewahren'. Häufig in der Paarformel *hegen und pflegen*. – H e g e f. 'Pflege, Schutz' (bes. von Wild und jungen Pflanzen), mhd. *hege* 'Zaun, Hecke, Einzäunung, eingezäuntes Land, Schonung, Pflege' (bes. des Wildes), vom Verb abgeleitet, s. auch *Gehege*. Vgl. *Hege und Pflege* (17. Jh.).

hehlen Vb. 'verheimlichen, verbergen, Gesetzwidriges begünstigen, decken'. Das ursprünglich stark flektierende Verb ahd. (8. Jh.), asächs. aengl. *helan*, mhd. *heln* '(Diebstahl, Raub) verheimlichen, verbergen, verstecken', mnd. mnl. *hēlen*, nl. *helen* ist verwandt mit [1]*Helm* und *hüllen* (s. d.) und führt mit aind. *śaraṇá-* 'schützend, verteidigend, Schutz, Zuflucht', *śárma* 'Schutz(dach), Decke, Obhut, Zuflucht', griech. *koleón* (κολεόν) '(Schwert)scheide', *kalýptein* (καλύπτειν) 'verbergen', lat. *occulere* 'verdekken, verbergen', (dehnstufig) *cēlāre* 'verbergen, verhehlen, verheimlichen', air. *celim* 'verberge' auf die Wurzel ie. **k̑el-* 'bergen, verhüllen'. Schwache Flexion begegnet für *hehlen* (und *verhehlen*) zuerst im Mhd. und setzt sich nhd. durch; doch ist starke Flexion bewahrt in nhd. *verhohlen*, *unverhohlen* (s. unten). – H e h l n. m. 'Heimlichkeit', nur noch in der Wendung *kein(en) Hehl daraus machen* 'nicht verbergen, verheimlichen' (19. Jh.), vgl. *kein heel haben* (Luther), mhd. *sunder hæl(e)* 'ohne Heimlichkeit, offenbar'. Es handelt sich wohl um eine Substantivierung des Adjektivs mhd. *hæl(e)* 'verborgen', eine dehnstufige Ableitung aus dem Verb. Daneben vgl. das Verbalabstraktum mhd. *hæle* f. 'Verheimlichung'. H e h l e r m. 'wer Gesetzwidriges, bes. Diebstahl, begünstigt, unterstützt oder verheimlicht', mhd. *helære*, *heler*; sprichwörtlich *Hehler sind Stehler*, mhd. *heler sint steler*. H e h l e r e i f. (1. Hälfte 19. Jh.). v e r h e h l e n Vb. 'verheimlichen', ahd. *firhelan* (8. Jh.), heute für einfaches *hehlen* eintretend. Auch hier gilt zunächst starke Flexion; im Mhd. setzen schwache Formen ein, doch bleibt das stark gebildete Part.adj. *verhohlen* 'heimlich, verborgen, unterdrückt' bzw. *unverhohlen* 'unverhüllt, offen' erhalten.

hehr Adj. 'erhaben, Ehrfurcht gebietend', ahd. (8. Jh.), asächs. *hēr* 'alt, ehrwürdig', mhd. *hēr*, *hēre* 'hoch, vornehm, heilig, stolz', mnd. *hēr*, mnl. *(ghe)heer*, aengl. *hār* 'grauweiß, alt', engl. *hoar* 'grau, ehrwürdig', anord. *hārr* 'grau' (germ. **haira-*) wird mit mir. *cīar* 'dunkelbraun', *cēo* 'Nebel' auf die Wurzel ie. **k̑ei-*, **k̑oi-*, die vor allem in Farbadjektiven mit der Bedeutung 'dunkel, grau, braun' auftritt, zurückgeführt. Hierher gehören wohl auch aruss. *sěrъ*, russ. *séryj* (серый) 'grau' und seine Verwandten, doch bereitet der für das Urslaw. vorauszusetzende Anlaut *ch-* Schwierigkeiten. *hehr* gilt im 18. Jh. als „völlig veraltet" (Adelung), wird aber in die Sprache der Dichtung wieder aufgenommen und seit dem 19. Jh. auch auf Gegenstände der Natur bezogen. Alte Bildungen zum hier behandelten Adjektiv sind *Herr*, *herrlich*, *herrschen*, *Herrschaft* (s. d.).

Heide m. 'Anhänger einer nichtchristlichen Religion'. Das Substantiv ahd. *heidan* (8. Jh.), mhd. mnd. mnl. nl. *heiden*, aengl. *hǣþen*, engl. *heathen* und die Adjektive ahd. *heidan* 'heidnisch', *heidanisc* (s. unten), asächs. *hēðin* (vgl. auch die Substantivierung *hēðino* neben *hēðin man*), mnl. *heiden*, anord. *heiðinn* schließen sich an got. *haiþnō* 'Heidin' an, das Mark. 7, 26 griech. *Hellēnís* (*Ἑλληνίς*) 'Hellenin, Griechin', daher 'Nicht-Jüdin', wiedergibt. Man sieht in der got. Bildung, die mit der got. Mission ins Westgerm. gelangt, eine singularisierte Entlehnung aus griech. (neutestamentlich) *tá éthnē* (*τὰ ἔϑνη*) 'die Heiden' (eigentl. 'die Völker'). Für dieses ist, wie auch für griech. *ethnikós* (*ἐϑνικός*) 'zum (fremden) Volke gehörig, volkstümlich, heidnisch', spätgriech. Aspirierung anzunehmen, so daß got. *haiþn-* entsteht, wobei got. *ai* als Wiedergabe (in Lehnwörtern) von griech. *ε* betrachtet werden muß; vgl. Seebold in: PBB (T) 93 (1971) 29ff. Man kann ferner vermuten, daß got. *haiþn-* mit got. *haiþi* 'Feld, Akker' (s. *Heide* f.) in Verbindung gebracht und als 'zum fremden (nichtchristlichen) Volk gehörig, auf dem freien, unbebauten Lande lebend' verstanden wurde; vgl. W. Schulze Kl. Schr. 517ff. Die im Nhd. gültige Form *Heide* tritt zuerst md. im 14. Jh. auf, setzt sich im 16. Jh. durch und bezeichnet, vor allem in der Sprache der Bibel, den Nichtjuden und Nichtchristen, im Mittelalter und bis ins 16. Jh. speziell auch den Mohammedaner, in neuerer Zeit ferner den dem Christentum Fernstehenden (vgl. *moderner Heide*). – heidnisch Adj. 'die Heiden betreffend, ihrer Art gemäß', ahd. *heidanisc* (8. Jh.), mhd. *heidenisch*. Heidentum n. 'Gesamtheit der Heiden, heidnische Welt und Kultur', ahd. *heidantuom* (9. Jh.), mhd. *heidentuom*. Seit dem 19. Jh. begegnet *Heiden-*, ausgehend von der Vorstellung des Ungezügelten, Furchterregenden, Schrecklichen (vgl. mhd. *heidenkraft* 'Heidenheer', *heidendrō* 'Heidenzorn'), als verstärkendes Bestimmungswort in Zusammensetzungen wie Heidenangst f. 'panische Angst', Heidengeld n. 'große Menge Geldes', Heidenlärm m. 'starker Lärm'.

Heide f. 'ebenes unbebautes Land, Heidekraut, Erika', ahd. *heida* (10. Jh.), mhd. *heide*, asächs. *hēða*, mnd. mnl. *hēde*, *heide*, nl. *heide*, aengl. *hǣþ*, engl. *heath*, anord. *heiðr*, schwed. *hed*, got. *haiþi* 'Feld, Acker' führen zusammen mit akymr. *coit* 'Wald', bret. *coet*, *coat* 'Wald, Gehölz' auf ie. **kait-* 'Wald, unbebauter Landstrich', das nur in germ. und kelt. Sprachen auftritt. Nicht gesichert ist die Zuordnung von lat. *būcētum* '(Kuh)trift' (vgl. Walde/Hofmann ^{3}1, 120). *Heide* bedeutet im Dt. 'unfruchtbares, wildbewachsenes Land', in der Regel unter Ausschluß dichter Wälder, steht in mhd. Zeit *Anger* und *Aue* nahe und bewahrt im Nhd. die Grundauffassung 'landwirtschaftlich wenig ertragreiche Landschaft' (vgl. *Lüneburger Heide*). Oft steht *Heide* auch für auf kargen Böden wachsende lockere Waldgebiete (*Bernauer*, *Rostocker*, *Dübener Heide*). Die übertragene Verwendung für die eine Heidelandschaft kennzeichnenden unterschiedlichen Heidekrautgewächse, insbesondere Erika, ist ebenfalls seit dem Ahd. bezeugt; verdeutlichende Zusammensetzung hierfür ist *Heidekraut*, spätmhd. *heidekrūt*; vgl. ahd. *heidistūda* (Hs. 14. Jh.).

Heidelbeere f. 'Blaubeere', ahd. *heid(i)beri* (10. Jh.), mhd. *heitber*, aengl. *hǣþberie* ist eine Zusammensetzung, eigentl. 'die auf der Heide, im Kiefernwald wachsende Beere', aus den unter *Heide* f. und *Beere* (s. d.) behandelten Substantiven. Die heute übliche Form *Heidelbeere*, mhd. *heidelber*, ist kaum aus nicht belegtem **heidenber* zu erklären, sondern als ein verdeutlichendes Kompositum mit dem noch im Südwestd. geläufigen Namen *Heidel* 'Blaubeere' anzusehen. *Heidel* ist zu *Heide* f. mit einem die Zugehörigkeit ausdrückenden *l*-Suffix gebildet wie *Eichel* zu *Eiche* (s. d.) oder mhd. *büechel* 'Buchecker' zu mhd. *buoche*, nhd. *Buche*. Es ist der unter einer Vielzahl von landschaftlich begrenzten Namen wie *Bick-*, *Blau-* und *Schwarzbeere* am weitesten verbreitete Ausdruck.

Heiduck m. 'Bedienter, Söldner' (historisch), entlehnt im 16. Jh. aus ungar. *hajdúk* (mundartlich *hajduk*), Plur. von *hajdú* (bzw. *hajdu*) 'Viehhirt', später 'Räuber, Fußsoldat' (zu ungar. *hajtani* 'treiben'), das als Sing. aufgefaßt wird und während der Türkenkriege den Angehörigen einer ungar. Hilfstruppe bezeichnet. Seit etwa 1700 auch für 'Bedienter,

Trabant' der ungar. Magnaten (in entsprechender Tracht) und für Bedienstete auch deutscher Höfe.

heikel Adj. 'bedenklich, delikat, wählerisch (im Essen)'. Im 16. Jh. vom Obd. ausgehend und zunächst in der Bedeutung 'leicht Ekel empfindend, wählerisch' verwendet, ist *heikel* offenbar früh von dem im Md. und Nd. geläufigen *ekel* (s. d.) beeinflußt. Seine Herkunft läßt sich nicht sicher klären. Am ehesten ist mit Weitzenböck in: Zs. f. Mundartforsch. 12 (1936) 229f. von mhd. *heien*, *heigen* (mundartlich bair. auch *haigeln*) 'hegen, schützen' auszugehen, zu dem ein Adj. *heigel*, *heikel* (in Mundarten oft *haggl*, *hagl*, *hakl*) 'zur Schonung geneigt, sorgfältig' gebildet sein müßte. Neben *heikel* findet sich seit dem 17. Jh. die in der Gegenwart veraltete gleichbed. Ableitung *heikelich*, *heiklig*.

Heil n. 'Glück, Wohlergehen, Rettung', in religiöser Vorstellung 'Erlösung im Glauben', ahd. *heil* 'Glück' (8. Jh.), mhd. *heil* 'Gesundheit, Glück, glücklicher Zufall, Heilung, Rettung, Hilfe', asächs. *hēl* 'Vorzeichen', mnd. *heil* 'Glück, Segen, Rettung, Wohlergehen', mnl. *heil*, *heel*, nl. *heil*, aengl. *hǣl* '(günstiges) Vorzeichen, Glück, Gesundheit', anord. *heill* '(glückverheißendes) Vorzeichen, Glück' gehen zurück auf einen alten *s*-Stamm germ. **hailaz*, **hailiz* (vgl. die zu aengl. *hǣl* gehörende Nebenform aengl. *hālor*), verwandt mit der unter *heil* Adj. (s. d.) dargestellten Wortgruppe. Deutlicher als beim Adjektiv wird die religiös-kultische Herkunft in der Semantik des Substantivs, deren Ausgangspunkt mit 'magisch bedingtes Glück, Segen' definiert werden kann, vgl. Baetke Das Heilige im Germ. (1942) 63ff. Unter christlichem Einfluß steht *Heil* für 'Vergebung der Sünden, Erlösung vom Bösen und Gewährung der ewigen Seligkeit' (mhd. *daȥ ēwige heil*), vgl. auch Bildungen wie *Heilsgeschichte*, *-verkündung*, *-weg* (19. Jh.). In Grußformeln wie *Gut Heil*, *Petri Heil*, *Weidmanns Heil* erscheint *Heil* im Sinne von 'Glück'. – heillos Adj. 'krank, körperlich gebrechlich, arm, elend, moralisch böse' (16. Jh.), 'ohne Rettung, ohne Hilfe' (19. Jh.), heute vor allem in steigernder Funktion, vgl. *heilloses Durcheinander* 'sehr großes, unbeschreibliches Chaos', *heillose Unordnung*. heilsam Adj. 'heilend, nützlich' (für zukünftiges Verhalten), ahd. *heilsam* 'Heil bringend' (10. Jh., *heilsamo* Adv., um 900), mhd. *heilsam* 'Heil bringend, gesund, heil'.

heil Adj. 'unbeschädigt, unverletzt, gesund', ahd. *heil* 'gesund, ganz, vollkommen, unversehrt, errettet, erlöst' (8. Jh.), mhd. *heil*, asächs. mnd. *hēl*, mnl. nl. *heel*, aengl. *hāl*, engl. *whole* 'ganz, vollständig, unverletzt', anord. *heill* 'heilvoll, unverletzt, vollständig', schwed. *hel* 'ganz', got. *hails* 'gesund' (germ. **haila-*) läßt sich mit griech. *kṓily* (*κοῖλυ*) 'das Schöne, Gute', kymr. *coel* 'Vorzeichen', apreuß. *kailūstiskun* 'Gesundheit', aslaw. *cělъ* 'gesund, unversehrt, ganz, heil', russ. *célyj* (*целый*) 'ganz, lauter, heil' auf ie. **kailo-*, **kailu-* 'heil, unversehrt, von guter Vorbedeutung', eine Bildung mit *l*-Suffix, zurückführen. Die ursprüngliche Zugehörigkeit des Adjektivs zum magisch-religiös-kultischen Bereich im Sinne von 'Heil bringend, heilvoll' (s. auch *Heil* n.) ist resthaft bewahrt in der Wunsch- und Grußformel ahd. *heil (wis)!*, *heil thu!* (9. Jh.), *heilo!* (10. Jh.), aengl. *wes hāl!*, anord. *ver þu heill!*, got. *hails!* Zum Komplex vgl. Baetke Das Heilige im Germ. (1942) 68ff. – heilfroh Adj. 'ganz und gar, völlig froh' (18. Jh.), zu *heil* im Sinne von 'völlig' (nordd. und md.).

heilen Vb. 'gesund, ganz machen oder werden'. In nhd. mhd. *heilen* 'gesund, heil werden oder machen' sind zwei ursprünglich nach Ableitungssuffixen und Bedeutung geschiedene Verben zu dem unter *heil* (s. d.) behandelten Adjektiv zusammengefallen, und zwar ahd. *heilēn* 'gesund, heil werden' (um 1000), entsprechend gleichbed., aber anders gebildetem got. *gahailnan*, und ahd. *heilen* 'wiederherstellen, erlösen, (er)retten' (um 800, *giheilen*, 8. Jh.) mit asächs. *hēlian* 'heilen, sühnen', aengl. *hǣlan*, engl. *to heal*, anord. *heila*, got. *hailjan* 'heil machen' und (beide Bedeutungen miteinander vereinend) mnd. *heilen*, *hēlen* 'erbitten, wünschen, gesund machen oder werden, erlösen, fest verbinden', mnl. *hēlen*, *heilen* 'gesund machen, verbinden, gesund, verbunden werden', nl. *helen* 'heilen, wiederherstellen, genesen'. – Heiland m. 'Erlöser, Retter, Christus', eigentl. Part. Präs. zum Verb, dessen alter Lautstand sich im Dt. und Nl. erhalten hat, ahd. *heilant* (8. Jh.) neben *heilanto* (9. Jh.), *heilenti* (8. Jh.), mhd. *heilant*, *heilent* 'Erlöser, Retter', asächs. *hēliand*, mnd. mnl. *heilant*, nl. *heiland*, aengl. *hǣlend*, mengl. *healend*. Das westgerm. Substantiv übersetzt kirchenlat. *salvātor* 'Retter, Erlöser' (zu lat. *salvāre* 'heilen, retten, erlösen'), das seinerseits griech. *sōtḗr* (σωτήρ) 'Retter' (Neues Testament) wiedergibt, zu griech. *sṓzein* (σῴζειν) 'unversehrt am Leben erhalten, bewahren, retten'. Heilquelle f. (19. Jh.), älter *Heilquell* m. (17. Jh.). Heilkunde f. (18. Jh.). Heilanstalt f. (19. Jh.).

heilig Adj. 'erhaben über alles Irdische, unantastbar, von Gottes Geist erfüllt, gottgeweiht', ahd. *heilag*, *heilīg* 'geweiht, heilbringend, zum Heil bestimmt, fromm' (8. Jh.), mhd. *heilec*, *heilic*, asächs. *hēlag*, *hēlig*, mnd. *hillich*, *hīlich*, mnl. *heilich*, *hēlich*, *hillich*, nl. *heilig*, aengl. *hālig*, engl. *holy*, anord. *heilagr*, schwed. *helig*, got. (runisch) *hailag* (n.) ist zu dem unter *heil* (s. d.) dargestellten Adjektiv gebildet. Es wird ein Wort der angelsächsischen Mission, verdrängt dabei das alte ahd. (obd.) *wīh* (s. *weihen*) und übersetzt wie dieses kirchenlat. *sānctus* und *sacer*. Als Ausgangsbedeutung der vorchristlichen Verwendung ist (wie bei *heil*) 'Heil bringend, heilvoll' anzunehmen (vgl. Baetke, s. *heil*). Anders Krogmann in: Wörter u. Sachen 21 (1940) 44f., der im Hinblick auf anord. *helga* 'zueignen', isl. *helga sér* 'als sein eigen erweisen' und die für diesen Komplex mögliche Wurzel ie. **kai-* 'allein' von einer Ausgangsbedeutung 'jmdm. ausschließlich eigen, ganz, vollständig' ausgehen möchte. – Heiligkeit f. 'heiliges Wesen, göttliche Vollkommenheit, Unantastbarkeit', ahd. *heilīgheit* (10. Jh.), mhd. *heilecheit*, *heilekeit*, *heilikeit* 'Heiligkeit, Frömmigkeit, Heiligtum, Sakrament'. heiligen Vb. 'heiligsprechen, weihen, für göttlich, verehrungswürdig halten', ahd. *heilagōn*, *heilīgōn* 'heiligen, weihen, heiligsprechen' (8. Jh.), mhd. *heiligen*, *hēligen*. Heiligtum n. 'Gott geweihter, verehrungswürdiger Ort oder Gegenstand', ahd. *heilagtuom*, *heiligtuom* (8. Jh.), mhd. *heilec-*, *heilictuom*.

Heim n. 'Zuhause, Wohnung, Wohnstätte für einen bestimmten Personenkreis, Stätte für Zusammenkünfte und Veranstaltungen', ahd. *heima* f. 'Wohnsitz, Heim, Heimat' (10. Jh.; vgl. *faterheim* m. und *faterheima* f. 'Heimat, Vaterland, Geburtsland', Hs. 12. Jh.), mhd. *heim* n. 'Wohnstätte, Haus, Heimat', asächs. *hēm* n., mnd. *hēm(e)* f., *hēm* n., mnl. *heem*, *heim* n., nl. (älter) *heem*, aengl. *hām* m., auch 'Landgut, Dorf', engl. *home*, anord. *heimr* m. 'Heimat, Welt', schwed. *hem* 'Wohnung, Haus, Heimat' (germ. **haima-*) und (*i*-Stamm) got. *haims* f. 'Dorf, Flecken' gehören mit ie. *mo-* (bzw. *mā-*) Suffix wie griech. (dehnstufig) *kṓmē* (κώμη) 'Dorf', air. *cōim*, *cōem*, akymr. *cum* 'lieb, teuer', lit. *šeimà* 'Familie, Gesinde', russ.-kslaw. *sěmь* 'Person', russ. *sem'já* (семья) 'Familie' zur Wurzel ie. **k̂ei-* 'liegen', auch 'Niederlassung, Lager, Wohnsitz' und weiter 'traut, lieb'; dazu auch griech. *kẽisthai* (κεῖσθαι) 'liegen, sich befinden, stattfinden' sowie *Heirat*, *geheuer* und vielleicht auch *Oheim* (s. d.). Die Bedeutung 'Dorf, Gemeinde' (vgl. got. *haims*) bewahren die Komposita Heimbürge m. 'Gemeindevorsteher, Aufseher', ahd. *heimburgo* (Hs. 12. Jh.), mhd. *heimbürge* (im Omd. auch 'Leichenbestatter', 17. Jh., dazu *Heimbürgin* 'Leichenfrau', 18. Jh.), und Heimgarten m. (obd.) 'Gemeindegarten, Dorfanger', ahd. *heimgart(o)* (10. Jh.), mhd. *heim-*, *heingarte*. Vom 16. Jh. an wird der Gebrauch des Substantivs *Heim* in der Literatursprache selten. Eine um die Mitte des 18. Jhs. einsetzende Neubelebung (mit neutralem Genus) erfolgt wohl unter Einfluß des nachfolgend genannten Adverbs *heim*. – heim Adv. 'nach Hause', hervorgegangen aus dem adverbiell gebrauchten Akk. Sing. Mask. des Substantivs, ahd. *heim* (9. Jh.), mhd. *heim* 'nach Hause', vgl. ahd. *heime* (9. Jh.), *heimi* (11. Jh.), mhd. *heime* 'zu Hause'. daheim Adv. 'zu Hause', ahd. *thār heime* (9. Jh.), mhd. *dā heim(e)*. Vielfach in Verbindung mit Verben, vgl. heimgehen Vb. 'nach Hause gehen' (15. Jh.), übertragen 'sterben' (18. Jh.), dazu entsprechend Heimgang m. (19. Jh.); heimkehren Vb. 'in die Heimat, nach Hause zurückkehren' (16. Jh.), Heimkehr f. (18. Jh.); heimzahlen Vb. 'zurückzahlen, vergelten' (18. Jh.), Heimzahlung f. (19. Jh.). heimisch Adj. 'heimatlich, häuslich, vertraut, gewohnt', ahd. *heimisc* (8. Jh.), mhd. *heim(i)sch*, auch 'zahm, nicht wildwachsend'. heimleuchten Vb. 'jmdn. mit einer Leuchte, Fackel nach Hause geleiten' (16. Jh.), dann 'wegjagen, einem Beine machen' (18. Jh.). heimsuchen Vb. 'in übelwollender Absicht, belästigend aufsuchen, als Unglück treffen, zustoßen', mhd. *heimsuochen* 'besuchen, feindlich überfallen', aus mhd. *heime suochen* 'in freundlicher oder feindlicher Absicht daheim aufsuchen'; Heimsuchung f. 'schweres Unglück, harter Schicksalsschlag', (obd.) 'Haussuchung', mhd. *heimsuochunge* 'Hausfriedensbruch'. heimwärts Adv. 'in Richtung Heimat, nach Hause zu', ahd. *heimwartes* (9. Jh.), mhd. *heimwart*, *heimwert* (s. *-wärts*). Heimweg m. 'Weg nach Hause', mhd. *heimwec*. Heimweh n. 'Sehnsucht nach der Heimat, nach dem Zuhause' (Ende 16. Jh.). Das anfangs als Krankheitsbezeichnung wahrscheinlich in der Schweiz entstandene Substantiv verbreitet sich unter Aufgabe des medizinischen Sinnes von der 2. Hälfte des 18. Jhs. an. S. *Nostalgie*.

Heimat f. 'Ort, Land, wo man geboren, wo man zu Hause ist, Vaterland'. Die nur auf das dt. Sprachgebiet beschränkten Formen ahd. *heimōti* n. (11. Jh.), mhd. *heimuot(e)*, *heimōt(e)*, *heimōde* f. n., mnd. *hēmōde* f. n. sind Bildungen zu dem unter *Heim* (s. d.) behandelten Substantiv mit dem Suffix westgerm. *-ōðja-*, ahd. *-ōti* (s. *Einöde* sowie *Armut*, *Kleinod*, *Zierat*). *Heimat* (mit Wandel von *ō* zu *ā*) begegnet seit dem 15. Jh. und wird vom 16. Jh. an vorherrschend. Neutrales Genus ist bis ins 17. Jh. gebräuchlich, danach nur noch in Mundarten. – heimatlich Adj. 'in der Heimat vorhanden, die Heimat betreffend, zu ihr gehörend' (18. Jh.).

Heimchen n. gelbbraune, oft in Häusern (Küchen, Backstuben) lebende Grille. Der alte Name ahd. *heimo* (um 900), mhd. *heime*, aengl. *hāma* mit dem Deminutivum ahd. *heimilīn*, *heimilī* (11. Jh.), mhd. *heimelīn* ist im Sinne von 'dem Heim zugehöriges, vertrautes Wesen' gebildet zu den unter *Heim* (s. d.) behandelten Substantivformen. Er wird abgelöst von frühnhd. (westmd.) *Heymken* (1477), *Heymchin* (1540), mnd. *hēmeke*, das allgemein als Deminutivum empfunden wird. Eher handelt es sich jedoch um eine Weiterbildung von unverstandenem und daher einem Deminutivum angeglichenem frühnhd. *Heimamuch* (vgl. noch schweiz. *Heimuch*, schwäb. *Heimmauch*), das durch Umstellung aus ahd. *mūhheimo* (um 900), frühnhd. *mūcheime* hervorgegangen ist. Dessen Bestimmungswort kann entweder im Sinne von 'etw. Sanftes, Weiches' mit nl. *muik*, anord. *mjūkr* 'weich, schmiegsam', schwed. *mjuk* 'weich', got. *mūka-* 'sanft' verbunden und an die unter *Moder*, [1]*Moos*, *Schmutz* (s. d.) genannte Wurzel ie. **meu-*, **mŭ̄-* 'feucht, modrig' angeschlossen werden, oder man stellt es im Sinne von 'etw. Heimliches' zu *meucheln* (s. d.) und der dort genannten Wurzel ie. **meug-* 'heimlich und tückisch lauern'.

heimlich Adj. 'unauffällig, verstohlen, geheim', ahd. *heimlīh* 'häuslich, einheimisch, heimatlich' (11. Jh.), mhd. *heim(e)lich*, auch 'vertraut, vertraulich, zahm, geheim, verborgen', mnd. *hēmelīk*, mnl. *heimelijc*, *hēmelijc*, nl. *heimelijk* 'geheim, verstohlen' sind abgeleitet (s. *-lich*) von den unter *Heim* (s. d.) behandelten Substantivformen. Aus einer Bedeutung 'häuslich, dem begrenzten häuslichen Kreis angehörend' entwickelt sich bereits im Mhd. 'fremden Augen entzogen', daher 'geheim, versteckt'. – unheimlich Adj. 'nicht vertraut, beunruhigend, Unbehagen hervorrufend', mhd. *unheimlich* 'nicht vertraut, fremd'; seit dem 19. Jh. auch in steigerndem Sinne 'außerordentlich, riesig'. Heimlichkeit f. 'Verborgenheit, Unauffälligkeit, geheimnisvolles Tun, Geheimnis', mhd. *heim(e)līchkeit* 'Annehmlichkeit, Freude, vertraute Gemeinschaft, Geheimnis'. verheimlichen Vb. 'bewußt nicht mitteilen, verbergen, verschweigen' (18. Jh.), Neubildung zu *heimlich*; vgl. mhd. *heim(e)līchen* 'heimisch, zur Heimat machen, vertrauten Umgang pflegen, sich vertraut machen'.

Heinzelmännchen n. im Volksglauben zwergenhafter freundlicher Hausgeist, der den Menschen heimlich bei der Arbeit hilft. Zuerst *heyntzelman* (Alberus 1540), zuvor *Heinzel* und (bei Luther) *Heinzlein*. *Heinzel* ist Koseform zu *Heinz*, der Kurzform von *Heinrich*. Mit dem Schmeichelnamen sollen die Hausgeister gnädig gestimmt werden.

Heirat f. 'Eheschließung, Vermählung', ahd. m. (11. Jh.), mhd. *hīrāt* m. f. 'Vermählung', aengl. *hīwrǣden*, *hīred* 'Haushalt, Familie' sind Komposita, deren Bestimmungswörter verwandt sind mit ahd. *hīwo*, *hīo* m. 'Hausgenosse, Familienangehöriger, Gatte' (um 800), *hīwa*, *hīa* f. 'Gattin, Frau' (9. Jh.), *hīwun*, *hīun* n. (Plur.) 'Gesinde, Ehegatten, Familienangehörige' (um 800), mhd. *hīwe*, *hīge*, *hīe* m. f. 'Gatte, Gattin, Hausgenosse, Dienstbote', asächs. *hīwa* 'Gattin', mnl. *hīe* 'Hausgenosse, Gatte', aengl. *hīwan* 'Familienangehöriger', anord. *hjōn*, *hjūn*, *hjū* n. (Plur.) 'Eheleute, Hausgenossen', got. *heiwa-*

frauja 'Hausherr', ahd. *hīwiski* 'Familie, Geschlecht, Haushalt' (8. Jh.), mhd. *hīwisch(e)*, auch 'Haushaltung', asächs. *hīwiski* 'Familie', aengl. *hīwisc* 'Haushalt', anord. *hȳski* 'Hausgesinde', ahd. *hīwen* 'heiraten' (8. Jh.), asächs. *gihīwian*, mnl. *hūwen*, *houwen*, nl. *huwen*, aengl. *hīwian*. Außergerm. vergleichen sich aind. *śḗvaḥ* 'lieb, wert, vertraut', (ablautend) *śiváḥ* 'gütig, freundlich, günstig, vertraut, lieb', lat. *cīvis* 'Bürger', eigentl. 'Haus- oder Gemeindegenosse'. Alle Formen lassen sich als Bildungen mit *u̯o*-Suffix auf die Wurzel ie. **k̂ei-* 'liegen', auch 'Niederlassung, Lager, Wohnsitz' und weiter 'traut, lieb' zurückführen, zu der sich auch die unter *Heim* (s. d.) angegebenen Wörter stellen. Für die den germ. Wörtern zugrundeliegende Ausgangsform germ. **hīw-* ist eine Bedeutung 'zum Haushalt gehörig' anzusetzen. Zum Grundwort s. *Rat* in seiner alten Verwendung 'Für-, Vorsorge, Vorrat, Nahrungsmittel', so daß für *Heirat* von 'Hausbesorgung' auszugehen ist. Vom Substantiv abgeleitet h e i r a t e n Vb. 'die Ehe schließen, eingehen, sich vermählen', mhd. *hīrāten*; ahd. *hīwen* 'heiraten' (s. oben) ablösend. v e r h e i r a t e n Vb. 'zur Ehe geben, (refl.) eine Ehe eingehen, heiraten', mhd. *verhīrāten*.

heischen Vb., älter auch *eischen*, 'gebieterisch fordern, begehren, erbitten', ahd. *eiscōn* 'fordern, verlangen, bitten, fragen' (8. Jh.), mhd. *eischen*, *heischen* (mit anlautendem *h-* unter Einfluß von mhd. *heiȥen*, s. *heißen*), asächs. *ēskon*, mnd. *ēschen*, mnl. *eiscen*, *ēscen*, auch *hēschen*, nl. *eisen*, aengl. *āscian*, engl. *to ask* 'fragen, bitten' und zugehörige Substantivbildungen wie ahd. *eisca* 'Forderung' (11. Jh.), aengl. *ǣsce* 'Untersuchung' lassen sich außergerm. mit aind. *ḗṣati* 'sucht', *iccháti* 'sucht, wünscht', *icchā́* 'Wunsch, Verlangen', lat. *aeruscāre* 'betteln gehen, bitten', lit. *(j)ieškóti* 'suchen', aslaw. *iskati* '(auf-, er)suchen, fordern', russ. *iskát'* (*искать*) 'suchen, trachten nach, verlangen' vergleichen und auf eine Wurzel ie. **ais-*, daneben **eis-* 'wünschen, begehren, aufsuchen' zurückführen. – e r h e i s c h e n Vb., älter *ereischen*, 'erfordern, dringend verlangen', ahd. *ireiscōn* 'erfragen, erkunden, erfahren, erforschen' (8. Jh.), mhd. *ereischen*, *erheischen* 'durch Fragen erfahren'.

heiser Adj. 'rauh und klanglos' (von der Stimme). Ahd. *heis* (9. Jh.), mhd. *heis(e)*, aostnfrk. *heis*, mnl. nl. *hees*, aengl. *hās*, mengl. *ho(o)s* führen auf germ. **haisa-*. Jüngere Weiterbildungen sind (mit *r*-Suffix) ahd. *heisar* (11. Jh.), mhd. nhd. *heiser*, (mit *k*-Suffix) mnd. *hēsch*, *heisch*, omd. *heisch* (Luther), *heischer* (17. bis 19. Jh.), mnl. *heesc*, *heisc*. Daneben steht anord. *hāss* (daraus entlehnt mengl. *horse*, engl. *hoarse*), das germ. **hairsa-* voraussetzt. Die weitere Herkunft ist unklar. Vielleicht sind beide germ. Wortstämme als Varianten einer Ausgangsform anzusehen. Erschließt man eine Bedeutung 'rauh, ausgetrocknet', so kann das Adjektiv an eine *s*-Erweiterung der unter *heiß*, *Hitze* (s. d.) genannten Wurzel ie. **kăi-*, **kī̆-* 'Hitze, Dürre' angeschlossen werden. – H e i s e r k e i t f. (15. Jh.); vgl. mhd. *heiserheit*.

heiß Adj. 'sehr warm', übertragen 'leidenschaftlich, heftig, erregend', ahd. (9. Jh.), mhd. *heiȥ*, asächs. mnd. *hēt*, mnl. nl. *heet*, aengl. *hāt*, engl. *hot*, anord. *heitr*, schwed. *het* gehören mit ablautendem got. *heitō* 'Fieber' und den unter *Hitze* (s. d.) behandelten Substantivbildungen zu einer *d*-Erweiterung der Wurzel ie. **kăi-*, **kī̆-* 'Hitze', an die sich ahd. *hei* 'Brand an Pflanzen' (9. Jh.), *heia* 'Hitze' (um 1100), *giheii* 'Brand' (Hs. 12. Jh.), mhd. *gehei(e)* 'Brand, Hitze' anschließt. Einer *t*-Erweiterung der nur im Germ. und Balt. vertretenen Wurzel folgen lit. *kaĩsti* 'heiß machen, werden', *kaitrà*, *kaĩtris* 'drückende Hitze, Schwüle, Glut', *kaitrùs* 'Hitze verbreitend, brennend, sengend', lett. *kaist* 'heiß werden, brennen'. – H e i ß h u n g e r m. 'plötzlicher Appetit auf bestimmte Speisen, starker Hunger' (2. Hälfte 17. Jh.), aus h e i ß h u n g r i g Adj. (1. Hälfte 17. Jh.) rückgebildet. H e i ß s p o r n m. 'Hitzkopf, Draufgänger', Schlegels Übersetzung (1800) von engl. *Hotspur*, dem Beinamen Henry Percys in Shakespeares „Heinrich IV.".

heißen Vb. 'genannt werden, den Namen haben, nennen, gebieten, einen bestimmten Sinn haben, bedeuten'. Das ehemals reduplizierende Verb ahd. *heiȥan* '(be)nennen, rufen, befehlen, auffordern' (8. Jh.), mhd. *heiȥen*, asächs. *hētan*, mnd. mnl. *hēten*, nl. *heten*, aengl. *hātan* 'befehlen, heißen, verheißen, nennen', anord. *heita* 'nennen, rufen, heißen, versprechen', schwed. *heta* 'heißen', got. *haitan* 'nennen, rufen', (Pass.) 'genannt werden' gehört wohl zu einer *d*-Erweiterung der Wurzel ie. **kēi-*, **ki-* 'in Bewegung setzen, in

Bewegung sein', die unerweitert vorliegt in griech. *kíein* (*κίειν*) 'in Bewegung setzen, (weg)gehen', (mit *n*-Infix) *kī́nysthai* (*κίνυσθαι*) 'sich bewegen, bewegt, erschüttert werden, gehen' und *kīnḗin* (*κινεῖν*) 'in Bewegung setzen, bewegen, erschüttern, veranlassen', lat. *ciēre* 'rege machen, wecken, erregen, anregen' (mit *citus* 'schnell', *citāre* 'in Bewegung setzen, vorladen, herbei-, an-, aufrufen') sowie in aind. *cyávatē* 'bewegt sich, entfernt sich' und griech. *seū́esthai* (*σεύεσθαι*) 'in Bewegung setzen, antreiben, (ver)jagen, verfolgen'. Die Grundbedeutung des germ. Verbs scheint 'jmdn. heißen, befehlen, (her)rufen, einladen', auch 'versprechen' und 'mit Namen rufen' zu sein. – G e h e i ß n. 'Anweisung, Anordnung, Befehl', ahd. *giheiȝ* m. 'Verheißung, Versprechen, Gelöbnis, Vorhersage' (8. Jh.), mhd. *geheiȝ* m., *geheiȝe* n. 'Befehl, Gebot, Versprechen, Gelübde, Verheißung', Verbalabstraktum zu ahd. *giheiȝan* 'versprechen, verheißen, versichern' (8. Jh.), mhd. *geheiȝen*. v e r h e i ß e n Vb. 'versprechen, voraussagen, prophezeien', frühnhd. 'versprechen', (refl.) 'geloben' (15. Jh.); vgl. got. *faírhaitan*; V e r h e i ß u n g f. 'Versprechen, Zusicherung' (15. Jh.).

-heit, -keit Das in ahd. (8. Jh.), mhd. *heit* m. f. 'Gestalt, Person, Stand, Rang, Wesen, Art und Weise', asächs. *hēd* m. 'Stand, Würde', aengl. *hād* m. 'Person, Rang, Stand, Würde, Wesen, Art', got. *haidus* 'Art und Weise' und (anders gebildetem) anord. *heiðr* 'Ehre, Rang, Lohn, Gabe' vorliegende Substantiv ist verwandt mit dem unter *heiter* (s. d.) behandelten Adjektiv und vergleicht sich außergerm. mit aind. *kētúḥ* 'Helle, Licht, Bild, Gestalt', *citráḥ* 'hervorragend, hell, bunt', vielleicht auch mit lat. *caesius* 'blaugrau' (von den Augen), *caelum* 'Himmel' (zweifelhaft dagegen lit. *skaidrùs* 'hell, klar, durchsichtig', mundartlich *skáistas*, *skaistùs* 'hübsch, klar, fröhlich, hell, glänzend', aslaw. *čistъ*, russ. *čístyj*, *чистый*, 'rein, klar'), so daß von einer Wurzel ie. **(s)kāi-* 'hell, leuchtend' ausgegangen werden kann. Germ. **haiðu-* m. bzw. (nach Übergang, z. B. im Ahd., zu den *i*-Stämmen) **haiði-* m. f. (mit einer Ausgangsbedeutung 'lichte Erscheinung') bildet zunächst in der Verbindung mit Personenbezeichnungen Komposita wie aengl. *mægdenhād* m., ahd. *magadheit* f. 'Mädchenstand, Jungfräulichkeit'. Daraus entwickelt sich im Westgerm. das zweite Glied zum Kompositionssuffix (ahd. mhd. *-heit*, asächs. *-hēd*, mnd. *-hēt*, mnl. *-heit*, *-heet*, *-heide*, nl. *-heid*, aengl. *-hād*, engl. *-hood*, auch *-head*) für Kollektivbegriffe (ahd. *mennischeit*) und (speziell im Dt.) in Verbindung mit Adjektiven und Partizipien für Abstrakta, die einen Zustand oder eine Eigenschaft bezeichnen (ahd. *bōsheit*, *frīheit*, *trunkanheit*). Aus der Verknüpfung von *-heit* mit Adjektiven auf ahd. *-ag*, *-ĭg*, mhd. *-ic*, *-ec* entsteht im Mhd. die Suffixform *-keit* (ahd. *ēwĭgheit*, mhd. *ēwicheit*, *ēwekeit*, nhd. *Ewigkeit*; mhd. *ītelicheit*, *ītelkeit*, nhd. *Eitelkeit*).

heiter Adj. 'hell, sonnig, klar, fröhlich, vergnüglich'. Mit adjektivischem *r*-Suffix gebildetes ahd. *heitar* 'heiter, hell, klar, strahlend' (8. Jh.), mhd. *heiter*, asächs. *hēdar*, aengl. *hādor*, *hǣdor* (germ. **haidra-*) sowie (ohne *r*-Suffix germ. **haida-*) anord. *heiðr* (vgl. *heið* 'klarer Himmel') ist verwandt mit den unter *-heit* (s. d.) angegebenen Formen und an eine *t*-Erweiterung der dort genannten Wurzel ie. **(s)kāi-* 'hell, leuchtend' anzuschließen. Das Adjektiv bezieht sich zunächst auf den wolkenlosen Himmel, den Glanz der Sonne, dann auch den Schein des Feuers und das Blinken glänzender Gegenstände. Seit dem 18. Jh. begegnet übertragener Gebrauch im Sinne von 'fröhlich, unbeschwert'; die ironische Redensart *das ist ja heiter* ('unerfreulich, unangenehm') kommt Mitte des 19. Jhs. auf. – H e i t e r k e i t f. 'Ungetrübtheit des Gemüts, Fröhlichkeit, Frohsinn', mhd. *heiterkeit* 'Klarheit'; vgl. ahd. *heitarī* 'Heiterkeit, Milde' (um 800). a n g e h e i t e r t Part.adj. 'fröhlich angetrunken, beschwipst' (2. Hälfte 19. Jh.). a u f h e i t e r n Vb. 'heiter, froh stimmen, aufmuntern', (refl.) 'heiter werden, aufklaren' (17. Jh.) und e r h e i t e r n Vb. 'heiter stimmen, belustigen', (refl.) 'heiter werden, darüber lachen' (18. Jh.) sind Präfixbildungen zu heute nicht mehr üblichem *heitern* 'hell machen, sich aufhellen, aufklären, froh machen', ahd. *heitaren* 'hell, klar sein, froh machen' (8. Jh.), mhd. *heitern*.

heizen Vb. 'Feuer anmachen (im Ofen), einen Raum erwärmen, Wärme spenden', ahd. *heizen* 'anzünden' (10. Jh.), mhd. *heizen*, *heiȝen* 'heiß machen, erhitzen, (an)heizen', mnd. *hēten*, mnl. *heeten*, *heiten*, *hieten*, nl. *heten*, aengl. *hǣtan*, engl. *to heat*, anord. *heita*, schwed. *hetta* führen auf ein germ. *jan*-Verb mit der Bedeutung ‘heiß machen’, Faktitivum zu dem unter *heiß* (s. d.) behandelten Adjektiv. Vgl. daneben ebenfalls zum Adjektiv gebildetes inchoatives ahd. *heiȝēn* ‘heiß werden’ (10. Jh.; vgl. *irheiȝēn* ‘auflodern’, 8. Jh.). – a n h e i z e n Vb. ‘zu heizen beginnen, Feuer entfachen’ (15. Jh.). e i n h e i z e n Vb. ‘heizen, Feuer machen’ (14. Jh.), übertragen ‘jmdm. zusetzen, Vorwürfe machen’. v e r h e i z e n Vb. ‘zum Heizen verbrauchen, verwenden’ (16. Jh.), übertragen ‘sinnlos opfern’. H e i z e r m., mhd. *heiȝer*. H e i z u n g f. (17. Jh.).

Hektar n., auch m. 1868 amtlich eingeführte Maßeinheit für eine Fläche von 100 Ar; entlehnt (nach 1800) aus gleichbed. frz. *hectare*, einer Zusammensetzung aus frz. *hect(o)-* und *are* (s. *hekto-* und *Ar*).

hektisch Adj. ‘überstürzt, betriebsam, (fieberhaft) erregt, hastig, gehetzt’. Spätlat. *hecticus*, griech. *hektikós* (*ἑκτικός*) ‘an Brustübeln leidend, (ver)zehrend, fiebrig’, abgeleitet von griech. *héktos* (*ἕχτος*), Verbaladjektiv zu griech. *échein* (*ἔχειν*) ‘besitzen, halten, haben’, daher eigentl. ‘anhaltend’, wird zum geläufigen Ausdruck der medizinischen Wissenschaftssprache, vgl. mlat. und medizin.-lat. *febris hectica*, in dt. Übersetzung ‘schwindsüchtig oder Lungenfieber’ (1716), auch substantiviert medizin.-lat. *hectica* ‘Schwindsucht, ein langwieriges verzehrendes Fieber’ (Anfang 18. Jh.). Daraus die Entlehnung *hektisch* ‘schwindsüchtig’ (vgl. *hectische Constitution* 1680); heute allgemeinsprachlich im oben genannten übertragenen Sinne. – H e k t i k f. ‘übersteigerte Betriebsamkeit, Erregung, Hast’ (20. Jh.), zuvor (in der Medizin des 19. Jhs.) ‘Auszehrung, Schwindsucht’.

hekto-, vor Vokalen **hekt-**, Bestimmungswort vor Maßeinheiten ‘hundertfach’ (*Hektar*, s. d., *Hektogramm*, *-meter*), übertragen ‘vielfach’ (*Hektograph*, s. unten). Zu griech. *hekatón* (*ἑκατόν*) ‘hundert, viel’, verwandt mit lat. *centum* und dt. *hundert* (s. d.), bildet das Frz. eine Kompositionsform *hecto-* (vor Vokalen *hect-*) zur Bezeichnung des Hundertfachen einer Maßeinheit des metrischen Systems (1795 in Frankreich gesetzlich eingeführt, ins Dt. im 19. Jh. entlehnt). – H e k t o l i t e r n. und m. Flüssigkeitsmaß von 100 Litern (19. Jh.), frz. *hectolitre*; s. *Liter*. H e k t o g r a p h m. ‘Apparat zum Vervielfältigen von Schriften und Zeichnungen’ (2. Hälfte 19. Jh.); eigentl. ‘Hundertschreiber’, weil eine Vielzahl von Abzügen (gleichsam hundert) angefertigt werden können; dazu h e k t o g r a p h i e r e n Vb. ‘Schriften und Zeichnungen (mit Hilfe eines Hektographen) vervielfältigen’ (2. Hälfte 19. Jh.); s. *-graph*, *-graphie*.

Held m. ‘durch kühne Taten sich auszeichnender Mann, tapferer Kämpfer’, ahd. *helid* (9. Jh.; vgl. auch *füristhelid* ‘fürstlicher Kämpfer’), mhd. *helt*, asächs. *heliđ*, mnd. *helt*, aengl. *hæleþ* ‘Mann’, mnl. *hēlet*, *heelt*, *helt*, nl. *held*, anord. *halr* und (mit anderer Stammbildung) anord. *hǫlðr* ‘Erbbauer, Mann’. Für germ. **haliþa-*, **haluþa-* ergibt sich eine Bedeutung ‘(freier) Mann, Krieger, Held’. Die Herkunft ist nicht geklärt. Möglich ist Anschluß an die unter *halten* (s. d.) angeführte Wurzel ie. **kel-* ‘treiben, zu schneller Bewegung antreiben’ mit aind. *kaláyati* ‘treibt (Vieh), hält, trägt, macht’ (DE VRIES Nl. 248), wobei das Substantiv ursprünglich den ‘Hirten, der sich im Kampf gegen menschliche und tierische Räuber bewähren muß’ bezeichnet haben könnte. Unsicher ist sowohl eine Verbindung mit aind. *kalyaḥ* ‘gesund, gerüstet, geschickt’, griech. *kalós* (*καλός*) ‘schön, edel, gut’ und der Wurzel ie. **kal-* (**kali-*, **kalu-*) ‘schön, gesund’, vgl. POKORNY 1, 524, als auch mit got. *hallus* ‘Fels’, anord. *hallr* ‘Stein’, aengl. *heall* ‘Fels’, lat. *callus*, *callum* ‘verhärtete dicke Haut, Schwiele’, air. mir. *calath*, *calad* ‘hart’ und der Wurzel ie. **kal-* ‘hart’, vgl. WAGNER in: Zs. f. vgl. Sprachforsch. 97 (1984) 281ff. Seit dem 18. Jh. steht *Held* nach dem Vorbild von engl. *hero* auch für ‘Hauptperson eines literarischen Werkes’, dann für ‘Hauptgestalt einer Begebenheit’ und bezeichnet schließlich den, ‘der auf seinem Gebiet Hervorragendes leistet’. – h e l d e n h a f t Adj. ‘sehr tapfer, heroisch’ (17. Jh.). H e l d e n m u t m. ‘heldenhafter Mut, große Tapferkeit’, h e l d e n m ü t i g Adj. (beide 17. Jh.). H e l d e n t a t f. (17. Jh.). H e l d e n t u m n. ‘Wesen, Haltung eines Helden, große Tapferkeit’, von Wieland als Ersatz für *Heroismus* nach dem Vorbild von *Menschentum* gebildet (1767).

helfen Vb. ‘unterstützen, behilflich sein, förderlich sein, Heilung bringen’. Das gemeingerm. starke Verb ahd. *helfan* (8. Jh.), mhd. *helfen*, asächs. aengl. *helpan*, mnd. mnl. nl. *helpen*, engl. (schwach) *to help*, anord. *hjalpa*, schwed. *hjälpa*, got. *hilpan* ist lediglich vergleichbar mit balt. Formen wie lit. *šel̃pti* 'unterstützen, fördern, beistehen, helfen', *šalpà* 'Unterstützung, Hilfe', so daß ie. **k̂elb-* bzw. (für das Balt.) **k̂elp-* 'helfen, stützen' angesetzt werden könnte. Möglicherweise ist die zweite Variante dadurch entstanden, daß (im Balt.) die Form durchgeführt wurde, in der die ursprüngliche Media des Wurzelauslauts vor stimmlosem Verschlußlaut oder stimmloser Spirans der folgenden Flexionssilbe (bes. *t* und *s*) zur Tenuis wird. Zweifelhaft bleibt, ob die genannten Ansätze als Erweiterungen der Wurzel ie. **k̂el-* 'bergen, verhüllen' (s. *hehlen*, *hüllen*, *Hülse*, *Hölle*, hier nach Trier Lehm, 1951, 56 in einer semantischen Weiterentwicklung zu 'genossenschaftlicher und unterstützender Männerkreis') oder der Wurzel ie. **k̂el-* 'neigen' (s. *Halde*, *hold*, *Huld*, vgl. Seebold 254) aufzufassen sind. – a b h e l f e n Vb. 'jmdn. helfend von etw. befreien, einen Übelstand beseitigen', mhd. *abehelfen*. b e h e l f e n Vb. (refl.) 'sich zu helfen wissen, sich mit Unzureichendem begnügen', mhd. *behelfen* (refl.) 'als Hilfe brauchen'; B e h e l f m. 'womit man sich in Ermangelung von etw. Besserem behilft, notdürftiger Ersatz(gegenstand), Aushilfe', mhd. *behelf* 'Ausflucht, Vorwand, Zuflucht'; u n b e h o l f e n Part.adj. 'hilflos in den körperlichen Bewegungen, ungeschickt, schwerfällig', mhd. *unbeholfen* 'nicht behilflich'. v e r h e l f e n Vb. 'vermitteln, verschaffen, behilflich sein', spätmhd. *verhelfen*. H e l f e r m. 'wer jmdm. hilft, jmdn. unterstützt', ahd. *helfāri* (8. Jh.), mhd. *helfære*; H e l f e r s h e l f e r m. zuerst 'Streitgenosse in einer Fehde' (Anfang 15. Jh.), doch bald im Sinne von *Helfer*, seit dem 17. Jh. zunehmend, heute ausschließlich 'Spießgeselle, Komplize'.

Helium n. zu den Edelgasen gehörendes, farb- und geruchloses chemisches Element, gelehrte nlat. Bildung (1868) des engl. Astrophysikers Lockyer und des engl. Chemikers Frankland nach griech. *hḗlios* (ἥλιος) 'Sonne' (verwandt mit lat. *sōl*, nhd. *Sonne*, s. d.), weil zuerst spektralanalytisch als Hauptbestandteil der Sonnenatmosphäre nachgewiesen.

hell Adj. 'mit viel Licht erleuchtet, leuchtend, sich im Farbton dem Weiß nähernd, von hohem Klang, hoch tönend'. Das nur im Dt. und Nl. vorkommende Adjektiv ahd. *hel* 'tönend' (11. Jh.; vgl. *gihelli* 'harmonisch', 10. Jh., *unhelli* 'mißtönend', um 1000), mhd. *hel* 'tönend, laut, glänzend, licht', mnl. nl. *hel* 'licht, klar, rein' gehört zum starken Verb ahd. (8. Jh.), asächs. *hellan*, mhd. *hellen* 'ertönen, erschallen' (in frühnhd. Zeit abgelöst von *hallen*, s. d.); vgl. auch verwandtes (ablautend) anord. *hjala* 'sprechen, sich unterhalten' sowie *Hall* und *holen* (s. d.). Außergerm. vergleichen sich aind. *uṣākalaḥ* 'Hahn' (wohl 'in der Frühe rufend'), griech. *kaléīn* (καλεῖν) '(herbei)rufen, nennen', lat. *calāre* 'aus-, zusammenrufen', (mit *m*-Erweiterung) *clāmāre* 'laut rufen, schreien', lett. (älter) *kaļot* 'schwatzen', air. *cailech* 'Hahn', so daß von einer Schallwurzel ie. **kel(ə)-* mit den langvokalischen Ablautstufen **klē-*, **klā-* 'rufen, schreien, lärmen, klingen' auszugehen ist (wozu mit *s-* mobile auch *Schall*, [1]*Schelle*, *schelten*, s. d.). Das Adjektiv bezeichnet zunächst akustische, vom Mhd. an auch visuelle Eindrücke; Luther verwendet es als Gegenwort zu *dunkel* anstelle des älteren *licht* (s. d.), mit dem es formelhaft verbunden wird: *am hellen lichten* (später *hellichten*) *Tage*. Auf Farben bezogen bezeichnet *hell* den sich dem Weiß nähernden Farbton (*hellrot*, *-blau* im Gegensatz zu *dunkelrot*, *-blau*); s. auch *grell*, ursprünglich 'laut schreiend', dann auf Farbtöne übertragen (mit ähnlicher Entwicklung vgl. *schreiend*, *knallig*). Bei durchsichtigen Stoffen (Wasser, Glas) nimmt *hell* die Bedeutung von 'klar, rein, ungetrübt, durchsichtig' an; später wird es auf Geistiges, auf den menschlichen Verstand im Sinne von 'klug, aufgeweckt, leicht und schnell auffassend' angewandt, umgangssprachlich dafür *helle*, eigentl. Adverb (vgl. adverbielles mhd. *helle*). Schließlich drückt *hell* (seit dem 16. Jh.) eine Verstärkung 'groß, stark, heftig' aus (*in hellen Haufen*, *seine helle Freude haben*, *in helle Wut geraten*), adverbiell 'sehr' (*hell begeistert sein*). – H e l l e f. 'Helligkeit', mhd. *helle* 'Helligkeit, Reinheit'. h e l l e n Vb. (refl.) 'hell werden, sich erhellen' (18. Jh.), mhd. (vereinzelt) *hellen* 'hell werden, aufleuchten', weitergeführt in frühnhd. nhd. *erhellen* 'hell machen, erleuchten' (16. Jh.), 'klar werden, verdeutlichen' (17. Jh.), *aufhellen* (17. Jh.); schwaches, vom Adj. abgeleitetes Verb. Zum starken Verb ahd. *hellan* s. oben. H e l l d u n k e l n. 'Zusammenspiel von Licht und Schatten, von hellen und dunklen Farben' (bes. in der Malerei), von dem Kunstwissenschaftler v. Hagedorn 1762 gebildet für frz. *clair-obscur*, das selbst aus ital. *chiaroscuro* entlehnt ist; dazu entsprechend h e l l d u n k e l Adj. (ebenfalls 1762). h e l l h ö r i g Adj. 'mit scharfem Gehör ausgestattet, fähig, nicht Ausgesprochenes zu erraten' (19. Jh.), heute vor allem 'mit scharfem Verstand begabt', auch 'schalldurchlässig' (von Wänden, Türen). H e l - l i g k e i t f. 'heller Zustand, helles Licht, Lichtfülle, Lichtstärke' (16. Jh.). H e l l s e - h e r m. 'wer hellsehen kann' (Anfang 19. Jh.), zuvor 'scharfsinnige, klarsichtige, tiefere Zusammenhänge verstehende Person' (1710, Übersetzung von substantiviertem frz. *clairvoyant* 'scharfsinnig'); dazu h e l l s e - h e n Vb. (nur im Inf. gebräuchlich) 'räumlich und zeitlich entfernte Personen, Gegenstände und Ereignisse angeblich ohne Vermittlung von Sinnesorganen wahrnehmen, Zukünftiges vorhersehen' (19. Jh.).

Hellebarde f. alte Hieb- und Stoßwaffe mit langem Holzschaft, einer axtförmigen Klinge mit Haken und scharfer, langer Spitze, mhd. *helmbarte*, *helle(n)barte*, *hallenbarte* (13. Jh.), eine Zusammensetzung aus mhd. *halm(e)*, *helm* 'Stiel, Handhabe' (s. [2]*Helm*) und *barte* 'Beil, Streitaxt' (s. [1]*Barte*), eigentl. 'Beil mit langem Stiel'.

Heller m. 'kleines Geldstück', ursprünglich Silbermünze im Werte eines Pfennigs, in verschiedenen Gebieten bis ins 19. Jh. kleinste Scheidemünze; in Österreich bis 1924 der hundertste Teil einer Krone, heute noch Übersetzung für tschech. *haléř*, *halíř*. Die Bezeichnung der Münze geht auf die frühere Reichsstadt *Schwäbisch-Hall* zurück, wo dieses Geldstück (zuerst 1208) geprägt wird und mlat. *denarius Hallensis*, mhd. *Haller pfenninc*, gekürzt *haller*, *heller*, seit dem 15. Jh. *Heller* heißt (die Schreibung *Häller* hält sich bis ins 18. Jh.). In Redensarten noch heute: *auf Heller und Pfennig* 'ganz genau' (15. Jh.); *nicht einen Heller* ('gar nichts') *haben*; *das ist keinen roten* ('kupfernen') *Heller wert*.

Helling f. m. 'nach dem Waṡser hin geneigte Bahn zum Bau und zum Stapellauf von Schiffen, Schiffswerft'. Das dem Nd. zugehörige Substantiv, vgl. mnd. *hellinge*, älter *heldinge*, bedeutet eigentl. 'Geneigtheit, Schräge'; es ist eine Bildung zum Verb mnd. mhd. *helden* 'abschüssig, geneigt sein' und verwandt mit *Halde* (s. d.).

[1]**Helm** m. 'schützende, oben gerundete Kopfbedeckung', ahd. (9. Jh.), mhd. asächs. mnd. mnl. nl. aengl. engl. *helm*, anord. *hjalmr*, schwed. *hjälm*, got. *hilms*, germ. **helma-* ist ein mit *mo*-Suffix gebildetes Substantiv zu dem unter *hehlen* (s. d.) behandelten Verb und mit den dort genannten außergerm. Formen auf die Wurzel ie. **k̂el-* 'bergen, verhüllen' zurückzuführen. *Helm* ist danach das 'verhüllend Schützende'. Vielfach in Personennamen: *Friedhelm*, *Wilhelm*, *Helmut*, *Hilmar*. In übertragener Bedeutung 'oberes rundes Dach von Kirchtürmen, Kuppel' (16. Jh.). – S t a h l h e l m m. (2. Hälfte 19. Jh., dann bes. seit dem ersten Weltkrieg). S t u r z h e l m m. 'Helm zum Schutz des Kopfes bei einem Sturz', zuerst für Flieger, dann für Rennfahrer, heute allgemein für Motorradfahrer (20. Jh.), zu *Sturz* m. (s. d.). Eine ältere, davon unabhängige Bildung (15. Jh.) ist abgeleitet vom Verb *stürzen* (s. d.) im Sinne von 'überstülpen', bezeichnet also 'den über den Kopf zu stülpenden Helm'. T r o p e n h e l m m. 'helmartiger Hut aus Kork zum Schutz gegen die starke Sonnenstrahlung der Tropen' (Anfang 20. Jh.).

[2]**Helm** m. n. 'Handhabe, Griff, Stiel' (bes. an Axt, Beil, Hammer), so noch im Westobd., in der Literatursprache unüblich, ahd. *halme* 'Stiel, Griff' (Hs. 14. Jh.), mhd. *halm(e), helm*, mnd. *helm* 'Stiel, Hand-, Rudergriff', aengl. *helma*, engl. *helm*, mnl. nl. *helm* 'Ruderpinne, Handhabe', anord. *hjalmr* 'Ruderpinne' gehören (über eine vermittelnde Bedeutung 'zugeschnittenes Holz') als Bildungen mit *m*-Suffix wie griech. *skalmós* (σκαλμός) 'Ruderpflock', lit. *kélmas* 'Baumstumpf' zu der weitverzweigten Wurzel ie. **(s)kel-* 'schneiden' (s. *Schild*, *Schale*, *verschleißen*). Einer *p*-Erweiterung der Wurzel (ie. **skelp-*) folgt *halb*, eigentl. 'zerschnitten, geteilt' (s. d.). Verwandt sind ferner *Halfter*, [1]*Holm* und *Hellebarde* (s. d.).

Hemd n. 'auf dem Leib getragenes Wäschestück' (*Unter-*, *Oberhemd*), ahd. *hemidi* (8. Jh.), mhd. *hem(e)de*, asächs. *hemiði*, mnd. *hēmede*, *hem(me)de*, mnl. *heemde*, *hemde*, nl. *hemd*, aengl. *hemeþe* führen auf germ. **hamiþja-*. Aus einer Vorform (**kamitia-*) ist, wohl über das Kelt. (durch Soldaten in Gallien), spätlat. *camisia* 'leinerner, unmittelbar auf dem Körper getragener Überwurf' (4. Jh.) entlehnt (woraus frz. *chemise*, *chemisette*).

Die abgeleitete Form **hamiþja-* gehört zu germ. **hama-*, **haman-* 'Hülle, Haut', das in ahd. *līhhamo* 'Leib, Körper, Gestalt, Fleisch, Leiche' (s. *Leichnam*), mhd. *ham(e)* 'Haut, Hülle, Kleid', asächs. *gūðhamo* 'Kampfkleid, Panzer', *feðarhamo* 'Federkleid' (der Vögel und Engel), mnd. *ham* 'Decke, Hülle, Hülse, Nachgeburt (eigentl. Kindeshülle)', aengl. *ham* 'Unterkleid, Hemd', *hama* 'Gewand, Kleidung, Leib, Kindbett', anord. *hamr* 'Hülle, Gestalt', schwed. *ham* 'Haut, Balg, Gestalt' sowie in [1]*Hamen* (s. d.) vorliegt. Außergerm. vergleichbar ist aind. *śā́mulyàm* (Akk. Sing.) 'Gewand (der Braut)', so daß von einer Wurzel ie. **k̂em-* 'bedecken, verhüllen' ausgegangen werden kann, zu der neben *hämisch* wohl auch *Himmel* (s. d.) gehört.

Hemisphäre f. 'Hälfte der Erd- oder Himmelskugel', gelehrte Entlehnung (18. Jh.) aus lat. *hēmisphaerium*, griech. *hēmisphaírion* (ἡμισφαίριον) 'Halbkugel', zusammengesetzt aus griech. *hēmi-* (ἡμι-) 'halb' und *sphairíon* (σφαιρίον) 'kleine Kugel', Deminutivum zu griech. *sphaĩra* (σφαῖρα) 'Kugel, Ball' (s. *Sphäre*). Im Dt. vielleicht nach früher bezeugtem frz. *hémisphère*, engl. *hemisphere*. In der Medizin 'rechte, linke Hälfte des Groß- und Kleinhirns' (19. Jh.).

hemmen Vb. 'in der Bewegung, im Ablauf verlangsamen, bremsen (und zum Stillstand bringen), behindern, beeinträchtigen', mhd. *hamen*, (md.) *hemmen* 'aufhalten, hindern' (vgl. noch obd. *hemmen* 'Pferden, Ziegen, Rindern auf der Weide die Vorderfüße so fesseln, daß sie nur kleine Sprünge machen und nicht fortlaufen können'), aengl. *hemman* 'hemmen, verstopfen, schließen', anord. *hemja*, schwed. *hämma* 'hemmen, zügeln, zwingen' und die Substantive mnd. mnl. *ham*, *hamme* 'abgeteiltes, umgrenztes Stück Weide-, Wiesenland', aengl. *hamm* 'eingehegtes Stück Land', engl. (mundartlich) *ham*, nd. *Hamme* 'umzäuntes Feld', aengl. *hem* 'Rand, Saum, Grenze', engl. *hem* 'Saum, Einfassung, Rand' (vgl. engl. *to hem in* 'einschließen, umgeben'), isl. *hemill* 'Beinfessel' führen mit den außergerm. Verwandten lit. *kamúoti* 'quälen, peinigen, aufbringen', *kãmanos* 'Zaumzeug mit Gebiß', russ. *kom* (*ком*) 'Klumpen', *komít'* (*комить*) 'zusammenballen', lit. *kim̃šti* 'verstopfen, hineinpfropfen', aslaw. *čęstъ* 'dicht, beharrlich', russ. *částyj* (*частый*) 'dicht, oft, häufig', vielleicht auch griech. (obwohl im Vokalismus abweichend) *kō̃mys* (κῶμυς) 'Bündel', *kēmós* (κημός) 'Maulkorb' auf eine Wurzel ie. **kem-* 'zusammendrücken (von Flechtwerk?), -pressen, hindern'. – H e m m u n g f. 'Verlangsamung einer Bewegung, eines Vorgangs, Schwierigkeit, Hindernis, Störung oder Unterbrechung körperlicher und seelischer Funktionen' (17. Jh.); h e m m u n g s l o s Adj. (20. Jh.). H e m m s c h u h m. 'schuhförmige Vorrichtung zum Abbremsen von Wagenrädern' (16. Jh.), übertragen 'Hemmnis' (18. Jh.). H e m m n i s n. 'was hemmend wirkt, Hindernis, Erschwernis' (1. Hälfte 19. Jh.).

Hengst m. 'männliches Pferd', ahd. *hengist* (9. Jh.), mhd. *heng(e)st*, afrk. (Lex Salica) *chengisto*, mnd. *hing(e)st*, *heng(e)st*, mnl. *henxt*, *hinxt*, nl. *hengst*, aengl. *heng(e)st* und mit grammatischem Wechsel von *h* und *g* anord. *hestr* (aus urnord. **hāhistaR*, **hanhistaR*), schwed. *häst*. Die Etymologie ist nicht gesichert. Wahrscheinlich handelt es sich um eine superlativische *st*-Bildung (zu einem Adjektiv germ. **hanha-*, **hanga-*?) im Sinne von 'am besten, am feurigsten Springender' (oder 'Bespringender'?), die sich mit griech. *kēkís* (κηκίς) 'hervorquellende Flüssigkeit', lit. *šankùs* 'beweglich, frisch, behende, schnell, hitzig', kymr. *caseg* 'Stute', bret. *kezeg* (Plur.) 'Pferde' vergleichen und auf ie. **k̂āk-*, **k̂ək-* 'springen, hervorsprudeln, sich kräftig tummeln' zurückführen läßt. *Hengst*, ursprünglich wohl 'männliches (Zucht)pferd', steht im Germ. allgemein für 'verschnittenes männliches Pferd, Wallach', nimmt aber (seit 15. Jh.) wieder die Bedeutung 'männliches (Zucht)pferd' an.

Henkel m. 'gebogener Griff, Handhabe', Aufhängevorrichtung bei Körben und Taschen, in der Regel aber Griff zum Anfassen und Festhalten (vgl. *Henkeltopf*, *Henkelkorb*), Ableitung (15. Jh.) mit *el*-Suffix (aus germ. *-ila-* für Gerätebezeichnungen, vgl. *Griffel*, *Löffel*, *Schlüssel*) von *henken* 'hängen machen, aufhängen' (s. d.).

henken Vb. 'hängen machen, (auf)hängen, durch den Strang hinrichten', ahd. *henken* (um 1000), mhd. *henken* 'hängen, an den Galgen hängen' ist die obd. Form von ahd. mhd. *hengen*, dem zu ahd. *hāhan*, mhd. *hāhen* gebildeten schwachen *jan*-Verb (s. *hängen*). Es erscheint wie dieses (bis ins 16. Jh.) im Präteritum ohne Umlaut (mhd. *hancte*). Im Obd. ist *henken* noch in der allgemeinen Bedeutung 'aufhängen' (von Gegenständen aller Art) gebräuchlich, während es literatursprachlich fast ausschließlich das Töten durch den Strang bezeichnet. – H e n k e r m. 'Scharfrichter'. Obd. *Henker* (neben frühnhd. *henger*, *hänger*, Anfang 15. Jh., mhd. *hāhære*, *hāher*) setzt sich seit dem 16. Jh. allmählich durch und bezeichnet den öffentlichen Bediensteten, der gegen Sold die Todesstrafe (sowohl mit dem Strang als auch mit dem Beil oder Schwert) und andere Leibesstrafen zu vollstrecken hat. *Henker* ist überwiegend Ausdruck der Volkssprache im Unterschied zu offiziellen Bezeichnungen wie *Nachrichter* und *Scharfrichter*. H e n k e r s m a h l z e i t f. 'Abschiedsmahl' vor einer Trennung, einer Abreise (17. Jh.), nach dem Brauch, dem Verurteilten vor der Hinrichtung eine Mahlzeit zu gewähren; älter *Henkermahl* (16. Jh.).

Henne f. weiblicher Hühnervogel. Das auf westgerm. Sprachen beschränkte Femininum ahd. (mit Suffix *-injō*) *henin* (um 800) und (mit Suffix *-njō*) *henna* (9. Jh.), mhd. *henne*, mnd. *henne*, *hinne*, *hēne*, mnl. *henne*, *hinne*, aengl. *henn*, nl. engl. *hen* ist im Sinne von 'die zum Hahn Gehörige' eine Bildung zu dem unter *Hahn* (s. d.) behandelten und im Ablaut zu *Huhn* (s. d.) stehenden Stubstantiv.

her Adv. 'von dort (nach hier)', die Richtung auf den Standpunkt des Sprechers zu bezeichnend (im Gegensatz zu *hin*), bei Übertragung auf zeitliche Verhältnisse einen aus der Vergangenheit bis in die Gegenwart des Sprechers reichenden Zeitraum umfassend (z. B. *es ist ein Jahr her*); vgl. auch die zusammengesetzten Adverbien *bisher*, *seither*, getrennt *von alters her*. Ahd. *hera*, *hara* (um 800), mhd. *her(e)* '(hier)her, bisher' ist eine Bildung mit *r*-Suffix (s. *hier*) zu dem unter *hin* (s. d.) aufgeführten Pronominalstamm germ. **hi-*, ie. **k̂(e)i-* 'dieser, jener', der auch in *heute*, *heuer* (s. d.) und engl. *he* (s. *er*) enthalten ist. Verschiedentlich wird *her* mit Ortsadverbien verbunden, die eigentl. eine Ruhelage bezeichnen, so aber Richtungsbezeichnungen werden, vgl. *daher*, *dorther*, *überallher*, *woher*. In abgeblaßtem Sinne wird *her* gebraucht, wenn nicht mehr an einen Anfangs- oder Endpunkt der Bewegung gedacht, diese vielmehr als im Vollzug befindlich gefaßt wird; vgl. *vorher*, *hinterher* (s. *hinter* Präp.), ferner *nebenher*. Die Bedeutung 'von dort' lebt vor allem in adverbiellen Zusammensetzungen weiter, die die Richtungsangabe präzisieren: h e r a b (von etw. höher Gelegenem nach unten zum Sprechenden) 'von (dort) oben nach (hier) unten, herunter', mhd. *her abe*, frühnhd. *herabe* (15. Jh.); h e r a u f 'von (dort) unten nach (hier) oben', ahd. *hera ūf*, mhd. *her ūf*; h e r a u s 'von (dort) drinnen nach (hier) draußen', ahd. *hera ūӡ*, mhd. *her ūӡ*; h e r b e i bezeichnet eine Annäherung an den Ort des Sprechers, des Geschehens (16. Jh.); h e r e i n 'von (dort) draußen nach (hier) drinnen' (15. Jh.); h e r n a c h (veraltend) 'danach' (zeitlich), ahd. *hera nāh*, mhd. *her nāch*; h e r n i e d e r 'von (dort) oben nach (hier) unten, herunter', ahd. *hera nidar*, mhd. *her nider*; h e r ü b e r 'von (dort) drüben nach dieser Seite', ahd. *hera uberi*, mhd. *her über*; h e r u m bezeichnet eine kreis-, bogenförmige Bewegung, in Verbindung mit *um* auch eine nicht ganz genaue, jedoch etwa zutreffende Angabe 'annähernd, ungefähr', mhd. *her umb(e)*; h e r u n t e r 'von (dort) oben nach (hier) unten', mhd. *her under*; h e r v o r, älter auch h e r f ü r (s. dazu *für*) 'von (dort) hinten nach (hier) vorn, von innen nach außen', ahd. *hera furi*, mhd. *her vür*; h e r w ä r t s 'von dort nach hier zum Ort des Sprechers', mhd. *herwert*, *herwart* (s. *-wärts*); h e r z u bezeichnet eine Annäherung an den Ort des Sprechers, des Geschehens, ahd. *hera zuo*, mhd. *her zuo*.

Heraldik f. 'Wappenkunde', entlehnt (um 1700) aus gleichbed. frz. *science héraldique*, eigentl. 'Heroldskunde' (die Substantivierung frz. *héraldique* erst im 19. Jh.), oder unmittelbar aus nlat. *(ars) heraldica*, eigentl. 'Heroldskunst', nach der dem Herold obliegenden Aufgabe, bei Turnieren die Wappen der dem Adel angehörenden Kämpfer zu prüfen. Zugrunde liegt das unter *Herold* (s. d.) angeführte afrz. mfrz. *hiraut*, *heraut* (frz. *héraut*) in seiner latinisierten Form mlat. *heraldus* (daneben auch *heraudus*) bzw. das dazu gebildete Adjektiv nlat. *heraldicus*. – H e r a l d i k e r m. 'Wappenforscher' (19. Jh.), h e r a l d i s c h Adj. (18. Jh.).

herb Adj. 'kräftig, ein wenig bitter, säuerlich im Geschmack, Geruch', übertragen 'schmerzlich, verschlossen, abweisend, streng'. Die Etymologie des seit dem 12. Jh. bezeugten Adjektivs ist unsicher. Mhd.

har(e), *her(e)*, flektiert *har(e)wer*, *her(e)wer*, danach *herb* (14. Jh.) bedeutet ‘durch Stiche, Bisse verletzend, Schmerz zufügend’ (bis in frühnhd. Zeit von Tieren), ‘hart, schmerzlich’ (von Lebensbedingungen), ‘beißend, scharf, bitter’ (vom Geschmack). Übertragener Gebrauch (auch von Gefühlen, Zeitverhältnissen u. ä.) verbreitet sich seit dem 16. Jh. Vielleicht gehört *herb* mit einer Ausgangsbedeutung ‘scharf schneidend’ zu der unter [1]*scheren* (s. d.) dargestellten Wurzel ie. **(s)ker(ə)-* ‘schneiden’.

Herbarium n. ‘systematisch angelegte Sammlung getrockneter, meist gepreßter Pflanzen’, in diesem Sinne in der lat. Wissenschaftssprache wohl zuerst von dem frz. Botaniker Tournefort (1700) gebraucht; zuvor im Dt. in der Bedeutung ‘Kräuterbuch’ (bes. in Buchtiteln) *Herbarius* (eigentl. ‘Kräuterkenner, -sammler’, 15. Jh.), *Herbarium* (16. Jh.). Spätlat. *herbārium* ‘Pflanzen-, Kräuterbuch’ ist substantiviertes Neutrum des Adjektivs *herbārius* ‘zu den Kräutern gehörig’; zu lat. *herba* ‘Halm, Kraut, Gras’.

Herberge f. ‘einfaches Gasthaus mit Übernachtungsmöglichkeit, billige Unterkunft’. Das nur im Dt. und Nl. heimische Substantiv ahd. (9. Jh.), asächs. *heriberga*, mhd. mnd. *herberge*, mnl. *herberghe*, nl. *herberg* (anord. *herbergi*, *-birgi*, *-byrgi* aus dem Mnd.) ist ein Kompositum aus dem unter *Heer* (s. d.) behandelten Substantiv und einem in anord. *bjǫrg* f. ‘Bergung, Schutz, Hilfe’ bezeugten Abstraktum (germ. **bergō*) zu dem unter *bergen* (s. d.) angeführten Verb (vgl. noch aengl. *hēafodbeorg* f. ‘Kopfschutz, Helm’, *beorg* n. ‘Schutz, Hilfe’), daher eigentl. ‘ein das Heer bergender Ort’. Über ‘Heer-, Feldlager’ (so schon in ahd. und mhd. Zeit) entwickelt sich die Bedeutung zu ‘Unterkunft für eine Schar, für einen einzelnen Fremden, Obdach, Wohnung’, schließlich zu ‘Haus, in dem Fremde für die Nacht Unterkunft finden, Gast-, Logierhaus’. Aus dem Anord. vermutlich aengl. *herebeorg*, engl. *harbour*, das sich über ‘Zufluchtsort (für Schiffe)’ zu ‘Hafen’ entwickelt. – b e h e r b e r g e n Vb. ‘jmdn. unterbringen, als Gast aufnehmen’, mhd. *beherbergen*. Älteres h e r b e r g e n Vb. ‘Aufenthalt in einer Herberge nehmen, übernachten’, auch ‘jmdm. Unterkunft bieten’, ahd. *heribergōn* (um 800), mhd. *herbergen*, ist heute unüblich.

Herbst m. ‘Jahreszeit zwischen Sommer und Winter, Zeit der Ernte, des Welkens, Absterbens’, ahd. *herbist* (8. Jh.), mhd. *herb(e)st* ‘Herbst, Ernte’, asächs. *herƀist*, mnd. *hervest*, mnl. *herfst*, *hervest*, nl. *herfst*, aengl. *hærfest* (auch ‘Erntezeit’, vgl. engl. *harvest* ‘Ernte’) gehen auf westgerm. **harƀista-* zurück, während anord. *haust*, schwed. *höst*, norw. dän. *høst*, auch ‘Ernte’, auf ablautendem **harƀusta-* beruhen. Außergerm. vergleichen sich aind. *kṛpāṇaḥ* ‘Schwert’, *kṛpāṇī*, *kṛpāṇikā* ‘Dolch’, *karparaḥ* ‘Schale, Topf’, griech. *karpós* (*καρπός*) ‘Frucht’ (ursprünglich ‘Abgeschnittenes, Abgepflücktes’), *karpízesthai* (*καρπίζεσθαι*) ‘ernten’, *krṓpion* (*κρώπιον*) ‘Sichel, Sense’, lat. *carpere* ‘rupfen, (ab)pflücken’ (ursprünglich ‘abtrennen’), mir. *corrán* (*rr* aus *rp*) ‘Sichel’, *cirrim* ‘schlage ab, verstümmle’, lit. *kir̃pti* ‘schneiden, scheren’, aslaw. *črъpati* ‘schöpfen’, russ. (wenig verbreitet) *čerp* (*черп*) ‘Sichel’, *čérpat’* (*черпать*) ‘schöpfen’. Zugrunde liegt ie. **(s)kerp-*, **(s)krep-*, Labialerweiterung der unter [1]*scheren* (s. d.) dargestellten Wurzel ie. **(s)ker(ə)-* ‘schneiden’. Das mit dem Zugehörigkeitssuffix ie. *-st-* (s. auch *Angst*, *Dienst*, *Ernst*) gebildete Substantiv kann sowohl als ‘Zeit der Früchte, der Ernte’ als auch als ‘Zeit des Pflückens’ gedeutet werden. Oder man geht von einem substantivierten Superlativ ie. **karpistos-* ‘die am besten zum Pflücken geeignete Zeit’ aus. – h e r b s t l i c h Adj. ‘zum Herbst gehörig, wie im Herbst’ (16. Jh.).

Herd m. ‘häusliche Feuerstelle, Kochstelle’, ahd. *herd* ‘Feuerstelle, Erdboden (als Feuerstätte)’ (9. Jh.), mhd. *hert*, auch ‘Haus, Wohnung’, asächs. *herð*, mnd. *hērt*, mnl. *hert*, *heert*, *haert*, nl. *haard*, aengl. *heorþ*, engl. *hearth* ist verwandt mit got. *haúri* ‘Kohle’ (Plur. *haúrja* ‘Feuer’), anord. *hyrr* ‘Feuer’, norw. *hyr* ‘Fünkchen’ und führt mit aind. *kū-ḍayati* ‘versengt, verbrennt’, lat. *carbō* ‘(Holz)kohle’ sowie lit. *kùrti* ‘feuern, heizen’, aslaw. *kuriti sę* ‘rauchen, dampfen’, russ. *kurít’* (*курить*) ‘rauchen, räuchern, stöbern’, aruss. *čerenъ*, russ. (älter) *čéren* (*черен*) ‘Salzpfanne der Salzsiedereien’ auf eine Wurzel ie. **ker(ə)-* ‘brennen, glühen, heizen’ (wozu mit einer Erweiterung wohl auch lat. *cremāre* ‘verbrennen, einäschern’, s. *Krematorium*). Ursprünglich besteht die Feuer- und Kochstätte wohl nur aus festgestampftem Erdboden in der Mitte des Raumes; sie gilt als Mittelpunkt und Symbol menschlicher Behausung. Auf dieser Vorstellung beruht der übertragene Gebrauch von *Herd* als 'Ausgangspunkt, Zentrum (eines Vorgangs, einer Entwicklung, einer Krankheit)', vgl. *Eiter-*, *Gefahren-*, *Krankheits-*, *Unruheherd*.

Herde f. 'Verband von Tieren', übertragen '(kirchliche) Gemeinde von Schutzbefohlenen, willenlos treibende Menschenmenge'. Ahd. *herta* 'Herde' (um 1000), auch 'Wechsel, Abwechslung' (um 800), eigentl. wohl 'Reihenfolge', mhd. *hert*, nhd. (unter md.-nd. Einfluß) *Herde*, mnd. *hērde*, *hirde*, aengl. *heord*, engl. *herd*, anord. *hjǫrð*, schwed. *hjord*, got. *haírda* (germ. **herdō*) vergleichen sich mit mkymr. *cordd* 'Truppe, Schar, Familie', lit. *ker̃džius* 'erwachsener Oberhirt', apreuß. *kērdan* (Akk.) 'Zeit' (eigentl. 'Reihe, Reihenfolge'), aslaw. *črěda* 'Ordnung, Reihe, Herde', russ. *čeredá* (*череда*) 'Reihe, Reihenfolge', (landschaftlich) 'Herde', so daß ie. **kerdh-* 'Reihe, Herde' angesetzt werden kann, daneben auch ie. **k̂erdh-*, sofern (trotz semantischer Bedenken) aind. *śárdha-* 'Macht, Stärke' (woraus *śárdhas-* 'Schar, Truppe') hierher gehört. Nahe liegt auch Verwandtschaft mit griech. *kórthys* (*κόρθυς*) 'Getreidehaufen, Garbe'.

Hering m. Der sonst nur westgerm. belegte Name für den artenreichen, im Meer lebenden und in Schwärmen auftretenden Speisefisch ist am frühesten in dem Lehnwort spätlat. *aringus* bezeugt. Im Westgerm. findet er sich in den zwei ablautenden Formen ahd. *hāring* (9. Jh.), mhd. *hœrinc*, mnd. mnl. *hārinc*, nl. *haring*, aengl. *hǣring*, *hēring*, engl. *herring* (germ. **hēringa-*) und ahd. (10. Jh.), asächs. *hering*, mhd. *herinc*, mnd. mnl. *hērinc* (germ. **haringa-*). Im Nordgerm. heißt der Fisch anord. *sīld*, norw. dän. *sild* (woraus nhd. *Sild* 'in Tunke eingelegter Hering'), schwed. *sill*. Die Herkunft des westgerm. Namens ist nicht geklärt. Deutungsversuche, die *Hering* mit nl. *haar* in einer Bedeutung 'Gräte' oder mit aengl. *hār* 'grau' (s. *hehr*), schließlich auch mit lat. *procērus* 'schlank' in Verbindung bringen, sind nicht überzeugend. In spöttischem Sinne bezeichnet *Hering* einen 'schmächtigen Menschen' (19. Jh.); nach der Ähnlichkeit mit der Gestalt des Fisches steht *Hering* auch für 'Zeltpflock' (Ende 19. Jh.); scherzhaft *wie die Heringe* ('dichtgedrängt') *stehen*, *sitzen* (18. Jh.), nach der dichten Lagerung der Heringe im Faß.

Hermelin n. Wiesel mit weißem Fell im Winter und rötlichbraunem im Sommer, als Mask. auch Bezeichnung für den Pelz des sibirischen Wiesels, ahd. *harmilo* (11. Jh.), *harmilī(n)* (Hs. 12. Jh.), *hermel* (Hs. 13. Jh.) 'Wiesel, Hermelin', mhd. mnd. *hermelīn* 'Hermelin(pelz)', nhd. (als fremdes Wort empfunden und daher endbetont) *Hermelin* ist Deminutivum zu einem in ahd. *harmo* 'Wiesel, Hermelin' (9. Jh.), *harm* (11. Jh.), mhd. *harm(e)*, asächs. *harmo*, mnd. *harm*, aengl. *hearma* 'Maus?, Wiesel?' belegten Substantiv. Außergerm. verwandt sind lit. *šarmuõ* 'wilde Katze, Hermelin, Wiesel', (ablautend) *šermuõ* 'Hermelin, Wiesel', *šar̃mas* 'Reif, gefrorener Tau', *šir̃mas* '(blau)grau, grauschimmelig', lett. *sermulis* 'Hermelin', rätoroman. *carmún* 'Wiesel'. Zu erschließen ist ie. **k̂ormen-* 'Hermelin, Wiesel', eine Bildung zur Farbwurzel ie. **ker-*, **k̂er-* für dunkle, schmutzige und graue Farbtöne.

hermetisch Adj. 'undurchdringlich, dicht verschlossen, luft- und wasserdicht', meist adverbiell in Fügungen wie *hermetisch verschließen*, *abriegeln*, Entlehnung (16. Jh.) aus dem Adverb nlat. *hermetice*, das zum Namen des Urhebers alchimistischer Weisheit *Hermes Trismegistos* gebildet ist (griech. *Hermē̃s trís mégistos*, *Ἑρμῆς τρὶς μέγιστος* 'Hermes, der dreimal Größte', d. h. 'der Allergrößte'), eines sagenhaften ägypt. Weisen, der die Kunst erfunden haben soll, eine Glasröhre mit einem geheimnisvollen Siegel (*sigillum Hermētis* 'hermetisches Siegel') luftdicht (*hermetice*) zu verschließen.

Heroin n. starkes, suchterzeugendes Rauschgift, gelehrte Bildung zu *Heros*, *Heroe* (s. d.) mit dem für Substanzbezeichnungen üblichen Suffix *-īn*, die H. Dreser 1898 als Bezeichnung für das Diazetylmorphin, durch das Morphin und Kodein als Arzneimittel ersetzt werden sollten, einführt.

Herold m. 'Bote eines Fürsten', spätmhd. *heralt*, *heralde* (14. Jh.) ist entlehnt aus afrz. mfrz. *hiraut* (mit vokalisiertem vorkonsonantischem *l* aus **hiralt*), *heraut* (frz. *héraut*) bzw. dessen latinisierter Form mlat. *heraldus* (s. *Heraldik*). Das afrz. Wort wiederum wird auf eine germ. Zusammensetzung anfrk. **heriwald* (s. *Heer* und *walten*) zurückgeführt, die einen (höheren) Heeresbeamten bezeichnet haben muß und als Personenname für einen Bataverfürsten in der Form *Chariovalda* bereits bei Tacitus begegnet (vgl. auch aengl. *Hereweald*, asächs. *Heriold*, anord. *Haraldr*). Bei der Übernahme aus dem Afrz. bedeutet spätmhd. *heralt* 'Aufsichtführender beim Turnier, der über die Wettkampfregeln und die Rittermäßigkeit der Teilnehmer zu wachen hat'. Der frz. Aussprache des Anlauts folgend, erscheint das Wort seit dem 14. Jh. auch in der Form *erhalt* und wird fälschlich, wie die Namen *Ehrenhalt*, *Ehrenhold* (noch im 19. Jh.) bezeugen, mit *Ehre* (s. d.) in Verbindung gebracht. Andererseits kann *Herold* (wie schon afrz. *hiraut*) den Sinn 'Gaukler, Spielmann' annehmen und in frühnhd. Zeit für lat. *nebulo* und *vagus* stehen. Mit dem Niedergang des Rittertums und des Turnierwesens verschwindet das Amt des Turnieraufsehers. *Herold* wird seitdem noch historisch oder in Bedeutungen wie 'Ausrufer, Verkünder, Bote' verwendet.

Heros, Heroe m. 'heldenhafter Mann, Held, Halbgott'. *Heros* ist eine Entlehnung (18. Jh.) von lat. *hērōs*, griech. *hḗrōs* (*ἥρως*) 'ausgezeichneter Mann, Edelmann, Heerführer, Held, Halbgott'. Aus dem im Dt. üblichen Akk. Sing. bzw. der Pluralform *Heroen* (lat. *hērōem*, *hērōēs*) wird in der 2. Hälfte des 19. Jhs. ein neuer Nom. Sing. *Heroe* gebildet; doch bleibt *Heros* weiterhin in Gebrauch. Die Herkunft von griech. *hḗrōs* ist ungewiß, doch dürfte Verwandtschaft mit dem weiblichen Götternamen *Hḗrā* (*Ἥρα*) vorliegen. – heroisch Adj. 'heldenmütig, erhaben' (16. Jh.); vgl. lat. *hērōicus*, griech. *hērōikós* (*ἡρωικός*). Heroismus m. 'Heldentum, mutige Gesinnung' (Mitte 18. Jh.); vgl. älteres frz. *héroïsme*. heroisieren Vb. 'zum Helden erheben, als Helden verehren' (19. Jh.).

Herr m. 'erwachsener männlicher Mensch', im gesellschaftlichen Verkehr höflicher, gewählter Ausdruck (anstelle von *Mann*, s. d.), bes. in der Anrede zunächst höhergestellter Personen, dann (seit dem 18. Jh.) in allgemeiner Anrede, ahd. *hēriro*, *hērōro* (8. Jh.), verkürzt *hĕr(r)o* 'Herrscher, weltlich Höhergestellter, Kaiser, König', mhd. *hĕrre*, auch (bes. in der Anrede) *hĕr* 'Gebieter, Höhergestellter gegenüber Untergebenen jeder Art, Patron, Schutzheiliger, Gemahl, vornehmer Vasall, Adliger', Anrede für Gott und (vor Titeln) Menschen, asächs. *hērro* (woraus aengl. *hearra*, anord. *herra*, *herri*), mnd. *hēr(e)*, mnl. *hēre*, nl. *heer* ist eigentl. der Komparativ (ahd. *hēriro*, *hērōro* 'der Ältere, der Würdigere') von dem unter *hehr* (s. d.) behandelten Adjektiv (ahd. *hēr* 'alt, ehrwürdig'). Vorbild für die Entwicklung ist wohl der gleichfalls auf einem substantivierten Komparativ (Elativ) beruhende röm. Titel lat. *senior* (s. *Senior*) zur Bezeichnung (spätlat.) des 'Höhergestellten, Ranghöchsten' einer militärischen Einheit oder einer Verwaltungsbehörde, auch einer kirchlichen Gemeinde, im Sinne von 'Ältester, Gemeindeältester' (entsprechend griech. *presbýteros*, *πρεσβύτερος* 'Gemeindeältester', s. *Priester*), mlat. 'führendes, meist mit Land begütertes und mit Verwaltungsaufgaben beauftragtes Glied einer Gemeinde oder eines größeren Gebiets', dann 'Feudalherr' (erstmals Mitte 8. Jh. im Frankenreich), 'König' (als oberster Feudalherr), erweitert 'hoher kirchlicher Würdenträger' (sofern mit feudalem Besitz ausgestattet), übertragen auf Gott sowie die soziale Hierarchie in der Familie. Unter roman. (vgl. afrz. *seignor*, *sire*) Einfluß, wohl zuerst im Frk. (7./8. Jh.), übernimmt der substantivierte Komparativ afrk. *hērro*, ahd. *hēriro*, *hērōro*, *hĕr(r)o* die Funktion der Bezeichnung und Anrede des Feudalherrn und ersetzt allmählich die alten Wörter für den Gefolgsherrn ahd. *frō* (s. *Frone*) und ahd. *truhtīn*. Im Mhd. ist die Verkürzung *hĕr* Anrede vor Titeln und Namen, vgl. *her keiser*, *her bābest*, *her Otte* (Otto IV.). Als Anrede für den Höhergestellten und Machtausübenden wird *Her(r)* in der weiteren Entwicklung übertragen auf bürgerliche Räte, Bürgermeister und dgl. und gilt seit dem 18. Jh. als allgemeine Bezeichnung und Anrede. In festen Fügungen *über jmdn., etw. Herr werden* 'etw. bewältigen, mit jmdm., etw. fertig werden' (16. Jh.); *alter Herr* studentensprachlich für 'Angehöriger einer Studentenverbindung nach dem Studium', dann verallgemeinert 'Vater' (19. Jh.). – Herrin f. 'Gebieterin über Untergebene', auch 'Inhaberin feudaler Besitzungen' (16. Jh.). herrisch Adj. 'befehlend, anmaßend, unduldsam, stolz' (17. Jh.), mhd. *hērisch*, *hērsch* 'nach Art eines Herren sich benehmend, erhaben, herrlich', abgeleitet von mhd. *hēr* (s. *hehr*), dann auf substantiviertes *Herr* bezogen. Herrgott m. 'Gott', mhd. *hērregot*, frühnhd. *herrgot* (Anfang 15. Jh.).

herrlich Adj. 'hervorragend, ausgezeichnet', ahd. *hērlīh* (um 1000), mhd. *hērlich* (daneben md. *hirlich*, *herrelich*), asächs. mnd. *hērlīk*, mnl. *heerlijc*, nl. *heerlijk* ist ursprünglich Ableitung von dem unter *hehr* (s. d.) angeführten Adjektiv, wird jedoch schon im Ahd. vereinzelt mit *hĕr(r)o* (s. *Herr*) in Verbindung gebracht. Der Anschluß an *Herr* zeigt sich seit mhd. Zeit auch in der Form (Kürzung des Stammvokals und Doppelkonsonanz), obwohl andererseits weiterhin Schreibungen wie *hehrlich* (16. Jh.) und *herlich* (19. Jh.) auf die lautliche und inhaltliche Nähe von *hehr* verweisen. *herrlich* bedeutet zunächst ähnlich wie *hehr* soviel wie 'erhaben, hervorragend', nimmt unter Einfluß von *Herr* im Mhd. und Frühnhd. auch den Sinn 'herrenmäßig, herrisch' an und ist in der Sprache der Gegenwart Ausdruck für 'in hohem Maße als gut oder schön empfunden'. – Herrlichkeit f. 'Großartigkeit', mhd. *hērlīcheit*, mnd. *hērlichēt*, *herrlich(c)eit*. Mnd. und mhd. seit dem 14. Jh. insbes. rechtssprachlich im Sinne von 'Gesamtheit der Herrschaftsrechte, Gerichtsbarkeit', ferner 'Herrschaftsgebiet' und nhd. in respektvoller Anrede *Eure Herrlichkeit* (17. Jh., für lat. *exellentia* und *dignitās*).

Herrschaft f. 'Machtausübung, Regierung, Machtbereich, Gebiet, Besitz, Macht ausübende Person(en)', ahd. *hērscaf*, *-scaft* 'Hoheit, Würde, ehrenvolles Amt, Obrigkeit' (9. Jh.), mhd. *hērschaft* 'Herrenwürde, -macht, Hoheit, Herrlichkeit, Stolz, Recht und Besitz eines Herrn, Amt, vornehme Gesellschaft, Obrigkeit', asächs. *hērskepi*, mnd. *hērschop*, mnl. *heerscap*, nl. *heerschap* ist mit dem unter *-schaft* (s. d.) behandelten Suffix von dem unter *hehr* (s. d.) dargestellten Adjektiv abgeleitet. Bereits in mhd. Zeit erfolgt inhaltliche Anlehnung an *Herr* (s. d.) und nachfolgend auch Schreibung mit *rr* (*Herrschaft*, Luther). Die Bedeutung wird von 'Würde' zu 'Regierung, Gewalt- und Machtausübung eines Herrn' verschoben; vgl. 'Inhaber der Macht, Besitzer, vornehme Person' (14. Jh.), 'Regierungs-, Machtbereich, -bezirk' (Anfang 15. Jh.). Dazu herrschaftlich Adj. (17. Jh.).

herrschen Vb. 'die Gewalt eines Herrn haben, befehlen, regieren', ahd. *hērisōn* (um 900), mhd. *hērschen*, *hĕrsen* 'Herr sein, die Macht eines Herrn haben' sowie (aus dem Hd. übernommen?) mnd. *hērschen*, mnl. *heerscen*, nl. *heersen* ist zum Komparativ des unter *hehr* (s. d.) behandelten Adjektivs gebildet (ahd. *hēriro*) und bedeutet daher eigentl. 'älter, würdiger sein', wird aber bald inhaltlich an das unter *Herr* (s. d.) dargestellte Substantiv angelehnt. Im Mhd. bzw. Nhd. wird *rs* zu *rsch* weiterentwickelt. – Herrscher m. 'wer herrscht, Gewalt, Macht ausübt, Regent', ahd. *hērisāri* 'Herrscher, Imperator' (11. Jh.), mhd. *herscher*. anherrschen Vb. 'herrisch anreden, anfahren' (Mitte 19. Jh.). beherrschen Vb. 'über etw. oder jmdn. Gewalt, Macht haben, regieren, (seine Gefühle) in der Gewalt haben, zügeln, bezwingen' (15. Jh.); dazu Beherrschung f. 'Herrschaft, Regierung, Regiment, das Bezähmen, Sichzügeln, Diszipliniertsein' (15. Jh.). vorherrschen Vb. 'vor anderem Einfluß, Wirkung haben, überwiegen, dominieren' (15. Jh., geläufig seit 19. Jh.).

Herz n. zentrales Antriebsorgan des Blutkreislaufs, auch als Sitz der Seele, des Gemüts, des Verstandes, der Vernunft gedacht, ahd. *herza* (8. Jh.), mhd. *herz(e)*, asächs. *herta*, mnd. mnl. *herte*, *harte*, nl. *hart*, aengl. *heorte*, engl. *heart*, anord. *hjarta*, schwed. *hjärta*, got. *haírtō* (germ. **hertan-*) führt mit dehnstufigem griech. *kḗr* (*κῆρ*) 'Herz', schwundstufigem griech. *kardíā* (*καρδία*) 'Herz, Magen, Mark der Pflanzen', lat. *cor* (Gen. *cordis*) 'Herz', air. *cride*, lit. *širdìs*, aslaw. *srьdьce*, russ. *sérdce* (*сердце*) 'Herz' sowie hochstufigem aslaw. *srĕda* 'Mitte, Mittwoch', russ. *seredína* (*середина*) 'Mitte' auf ie. **k̑ĕrd-*, **k̑r̥d-* 'Herz'. Dieses schließt sich vielleicht im Sinne von 'Springer, Hüpfer' an die Wurzel ie. **(s)ker(ə)-* '(herum)springen' an (s. *Scherz*, ¹*schrecken*, ²*scheren*); vgl. Szemerényi in: Donum Balticum (1970) 515ff. (= Festschr. Stang). – herzen Vb. 'liebkosen, ans Herz drücken' (15. Jh.). Unabhängig davon mhd. *herzen* 'mit einem Herzen versehen, ein (mutiges) Herz annehmen', auch nhd. (älter) *beherzen* 'ein Herz nehmen, Mut fassen, zu Herzen nehmen', mhd. *beherzen* 'standhaft, mutig sein', wozu einerseits beherzt Part.adj. 'mutig, entschlossen', mhd. *beherzet*, und andererseits beherzigen Vb. 'sich zu Herzen nehmen, beachten, ernsthaft bedenken' (15. Jh.). herzhaft Adj. 'kräftig, energisch, mutig', mhd. *herzehaft* 'beherzt, besonnen, verständig'; auch (sich vom Md. aus verbreitend) 'kräftig, würzig schmeckend' (19. Jh.). herzig Adj. 'lieb, das Herz rührend, nett' (16. Jh.). herzlich Adj. 'vom Herzen (als Sitz des Gefühls) kommend, es berührend, freundlich, lieb, innig', mhd. *herze-*, *herzenlich*. Herzblatt n. 'das innerste, empfindlichste, zarteste Blatt einer Pflanze' (17. Jh.), danach auch Kosename (18. Jh.). Herzschlag m. 'durch Kontraktion des Herzmuskels entstehender Schlag des Herzens, die rhythmische Schlagfolge, Puls', auch 'plötzlicher Herzstillstand' (18. Jh.).

Herzog m. Würde und Titel eines Angehörigen des Hochadels, eines Fürsten. Ahd. *herizoho* (8. Jh.), *herizogo* (um 1000), mhd. *herzoge*, asächs. *heritogo*, mnd. *hĕrtoch*, mnl. *hertōghe*, nl. *hertog*, aengl. *heretoha*, *heretoga*, anord. (spät) *hertogi*, *hertugi* sind Zusammensetzungen aus germ. **harja-* (s. *Heer*) und **tuhan-* bzw. (mit grammatischem Wechsel) **tugan-*, Nomina agentis zu dem unter *ziehen* (s. d.) behandelten Verb, die 'Führer' (lat. *dux*, Tacitus) bedeutet haben müssen. Offen bleibt die Frage, ob es sich (zumindest im Westgerm.) um eigenständige germ. Kompositionsformen handelt oder, wie E. SCHRÖDER meint, um junge Nachbildungen eines got. **harjatuga* bzw. **harjataúha*, das Wiedergabe von griech. *stratēgós* (στρατηγός) (s. *Stratege*) oder *stratēlátēs* (στρατηλάτης) wäre; vgl. die Literaturangaben in der Darstellung von KAHL in: Zs. d. Savigny-Stiftung f. Rechtsgesch., Germ. Abt. 77 (1960) 164f., Anm. 27. Die Bedeutung '(gewählter) Heerführer im Kriege' begegnet noch im Ahd.; seit karolingischer Zeit ist der Herzog zugleich der anerkannte Führer in Friedenszeiten, und die Herzöge der großen Stämme werden zu Reichsfürsten. Vgl. auch *Erzherzog* (15. Jh.), *Großherzog* (16. Jh.) – herzoglich Adj. 'einen Herzog, seinen Stand betreffend' (17. Jh.); älter *herzogisch* (16. Jh.). Herzogtum n. 'Territorium, Herrschaftsbereich, Würde eines Herzogs', ahd. *herizog(en)tuom* (11. Jh.), mhd. *herzogentuom*.

heterogen Adj. 'uneinheitlich, andersartig, aus Ungleichartigem zusammengesetzt', im 18. Jh. (zuerst *heterogenisch*) aus mlat. *heterogeneus*, griech. *heterogenḗs* (ἑτερογενής) 'von anderer Art, Gattung, unterschiedlichem grammatischem Geschlecht, verschiedenartig zusammengesetzt' in die Wissenschaftssprache entlehnt. Erstes Kompositionsglied ist griech. *héteros* (ἕτερος) 'der eine von zweien, der andere', zum zweiten Kompositionsglied s. *-gen*. Etwa gleichzeitig mit *heterogen* erscheint im Dt. das antonyme *homogen* (s. *homo-*).

hetzen Vb. 'jagen, antreiben, aufwiegeln', mhd. *hetzen* 'jagen, antreiben', aengl. *hettan* 'verfolgen' ist eine kausative Bildung zu dem unter *hassen* (s. d.) behandelten Verb, daher eigentl. 'hassen machen, zur Verfolgung bewegen'. Das aus der Jägersprache ('Hunde zur Jagd antreiben, Wild mit Hunden jagen') stammende Wort geht schon früh in den allgemeinen Sprachgebrauch im Sinne von 'zur Eile antreiben, eilen' und 'durch Worte aufstacheln, aufwiegeln, gegeneinander aufbringen' über. Vgl. *mit allen Hunden gehetzt sein* 'durchtrieben sein' (19. Jh.), eigentl. vom erfolgreich fliehenden verfolgten Wild. Zum Verb gebildet sind Hetze f. 'Jagd mit Hunden, Verfolgung, Hast, ruheloses Getriebensein' (16. Jh.), auch 'Aufreizung zum Haß, zu Unzufriedenheit, üble Propaganda' (19. Jh.), und obd. (ohne Umlaut) *Hatze*, *Hatz* (ebenfalls belegt seit 16. Jh.). Hetzer m. 'wer hetzt' (17. Jh.); vgl. ahd. *anahezzāri* 'Antreiber, Aufwiegler' (Hs. 12. Jh.). verhetzen Vb. 'verjagen, zu Bösem, zu Haß antreiben, aufwiegeln', mhd. *verhetzen* 'verfolgen'.

Heu n. 'abgemähtes, getrocknetes Gras', ahd. *houwi* (9. Jh.), *hewi* (10. Jh.), mhd. *höuwe*, *houwe*, *höu*, *hou*, asächs. *hōi*, mnd. *höü*, mnl. *ho(o)y*, nl. *hooi*, aengl. *hēg*, *hīeg*, engl. *hay*, anord. *hey*, got. *hawi* (germ. **hawja-*), Substantivbildungen zu dem unter *hauen* (s. d.) behandelten Verb, eigentl. 'das Gehauene' bzw. 'das zu Hauende'. – Heumonat m. 'Monat der Heuernte, Juli', ahd. *hewi-* (11. Jh.), *houwimānōd* (Hs. 12. Jh.), mhd. *höumānōt*, *-mānet*. Heuschrecke f., auch Heuschreck m. 'Gras-, Heuhüpfer', ahd. *hewiscrecko* (9. Jh.), *houwiscrecko* (Hs. 12. Jh.), mhd. *höuschrecke*, *höuschricke*, zu [1]*schrecken* (s. d.) in seiner alten Bedeutung '(auf)springen'.

heucheln Vb. 'sich verstellen, unaufrichtig, scheinheilig reden und handeln' (16. Jh., Luther), mnd. *hūchelen* (16. Jh.). Herkunft ungeklärt. Vielleicht ist das Verb als eine Iterativbildung zu mhd. (md.) *hūchen* 'kauern, sich ducken, einschrumpfen', mnd. *hūken* 'sich mit gebeugten Knien tief herablassen' (s. *hokken*) aufzufassen mit einer Ausgangsbedeutung 'sich klein, unterwürfig, übertrieben demütig zeigen'. Oder man erschließt (mit KLUGE [21]306) für *heucheln* im Sinne von 'einen falschen Schein erwecken' ein Intensivum ahd. **hiwihhōn* 'scheinen' in Hinblick auf got. *hiwi* 'Gestalt, Aussehen', aengl. *hēow*, *hēw*, engl. *hue* 'Erscheinung, Form, Farbe', anord. *hȳ* 'Flaum, Gesichtsfarbe', schwed. *hy* 'Gesichtsfarbe, Teint', so daß Anschluß an die unter *hehr* (s. d.) genannte Wurzel ie. **k̂ei-* in Farbbezeichnungen (meist für dunkle Farben) möglich ist. – Heuchelei f. 'falsche, unaufrichtige Art zu reden oder zu handeln, Unaufrichtigkeit' (16. Jh.). Heuchler m. 'unaufrichtiger, scheinheiliger Mensch' (16. Jh.). heuchlerisch Adj. 'falsch, unaufrichtig, schöntuerisch' (16. Jh.), daneben auch *heuch(e)lisch* (16./17. Jh.).

heuer Adv. 'im laufenden Jahr, dieses Jahr', vor allem obd. geläufig, ahd. *hiuro* (9. Jh.), mhd. *hiure* ist aus der Instrumentalform ahd. **hiu jāru* 'in diesem Jahr' kontrahiert, die aus einem alten Demonstrativpronomen (wie in *heute*, s. d.) und dem unter *Jahr* (s. d.) behandelten Substantiv besteht. – heurig Adj. 'diesjährig, aus dem laufenden Jahr', ahd. *hiurīg* (11. Jh.), mhd. *hiurec*.

heuern Vb. 'engagieren, in Dienst nehmen, ein Arbeitsverhältnis auf einem Schiff annehmen', älter 'mieten, pachten', mhd. *behūren* 'durch Kauf oder Miete erwerben', *verhūren* 'verkaufen', frühnhd. (md.) *hūren* 'auf Mietpferden reiten, einen Mietwagen fahren' (15. Jh.), '(ab)mieten' (Anfang 16. Jh.), mnd. *hūren* 'pachten, mieten, ein Schiff chartern', mnl. *hūren*, nl. *huren* 'mieten, dingen', aengl. *hȳrian*, engl. *to hire*. Dazu das Substantiv Heuer f. 'Lohn, den ein Seemann erhält, Anstellung eines Seemanns auf einem Schiff', älter 'Pacht, Miete', asächs. *hūria* 'Pacht, Miete', mnd. *hūre* 'Pacht(vertrag), Miete', mnl. *hūre*, nl. *huur*, aengl. *hȳr*, engl. *hire*. Die wohl vom Nd. ausgehenden Wörter bleiben bes. in der Seemannssprache lebendig und gelten mit den dort üblichen Bedeutungen auch in der heutigen Literatursprache. Sichere außergerm. Anknüpfungsmöglichkeiten fehlen, Herkunft ungeklärt. – abheuern Vb. 'abmieten' (15. Jh.), 'abwerben, abspenstig machen' (16. Jh.), intrans. 'den Schiffsdienst quittieren, abmustern' (20. Jh.). anheuern Vb. 'mieten' (vereinzelt 18. Jh.), intrans. 'ein Arbeitsverhältnis auf einem Schiff annehmen' (20. Jh.).

heulen Vb. 'laute klagende Töne von sich geben, laut weinen', ahd. *hūwilōn*, *hūlōn* (11. Jh.), mhd. *hiulen*, (md.) *hūlen*. Das Verb ist entweder im Sinne von 'schreien wie eine Eule' von ahd. *hūwila*, spätmhd. *hiuwel*, *hūwel* 'Eule', ahd. *hūwo*, mhd. *hūwe* 'Uhu' (s. *Eule*) abgeleitet oder aber als selbständige lautmalende Bildung 'den Klagelaut *hū* bzw. *hiu* ertönen lassen' anzusehen. Vgl. E. KARG-GASTERSTÄDT in: PBB (H) Sonderbd. (1957) 88ff. Das Verb ist Bestandteil mehrerer Wendungen, vgl. *es ist zum Heulen* 'ist mißlich, beklagenswert', *heulen wie ein Schloßhund* 'herzzerreißend weinen', *das heulende Elend haben* 'tief bekümmert, deprimiert sein', *mit den Wölfen heulen* 'sich bedingungslos anpassen'.

Heuristik f. Lehre von den Verfahren, Probleme zu lösen, von den Methoden zur Gewinnung neuer Erkenntnisse auf theoretischem Wege, eigentl. 'Finde-, Erfindungskunst', gelehrte Bildung (2. Hälfte 18. Jh.) in Anlehnung an griech. *heurískein* (*εὑρίσκειν*) 'finden, erfinden'. – heuristisch Adj. (18. Jh.).

heute Adv. 'an diesem (angebrochenen) Tage, zu dieser Zeit, gegenwärtig', ahd. *hiutu* (8. Jh.), mhd. *hiute*, asächs. *hiudu*, *hūdigu*, *hōdigo*, mnd. *hūde*, *hūden(e)*, aengl. *hēodæg* sind (ähnlich wie *heuer*, s. d.) kontrahierte Instrumentalformen aus einem zum Pronominalstamm germ. **hi-* gehörigen Demonstrativum und dem unter *Tag* (s. d.) behandelten Substantiv (ahd. **hiu tagu*); vgl. got. *himma daga* 'an diesem Tag, heute' und *hina dag* 'bis zu diesem Tag', wo das entsprechende Demonstrativum noch als selbständige Form erhalten ist. – heutig Adj. 'das Heute, das Gegenwärtige betreffend, von heute, jetzig', ahd. *hiutīg* (8. Jh.), mhd. *hiutec*, *-ic*.

Hexameter m. 'sechsfüßiger Vers' in der griech. und lat., vom 18. Jh. an auch in der dt. Epik, Übernahme von gleichbed. lat. *hexameter*, substantiviert aus der Fügung *hexameter versus* 'sechsfüßiger Vers'. Lat. *hexameter* ist entlehnt aus griech. *hexámetros* (*ἑξάμετρος*) 'sechsfüßig, aus sechs Maßen oder Versfüßen bestehend', auch substantiviert *hexámetron* (ἑξάμετρον) 'sechsfüßiger, heroischer Vers'; zu griech. *hex* (ἕξ) 'sechs' und *métron* (μέτρον) 'Maß' (s. *Metrum*). Der Hexameter findet in modifizierter Form durch Klopstock, Voss, Goethe Eingang in die dt. Dichtung, nachdem bereits zahlreiche frühere Versuche vorausgegangen sind.

Hexe f. weibliches Wesen, dem Verbindung zu bösen Mächten und Zauberkräfte zugeschrieben werden, nach früherem, religiösem Aberglauben (vom 15. Jh. an) eine mit dem Teufel im Bunde stehende Frau, als Schimpfwort 'böses, häßliches Weib'. Die in den westgerm. Sprachen bezeugten Formen ahd. *hazus*, *hazussa* (10. Jh.), *hazas(sa)*, *hazis(sa)*, *hagazussa* (11. Jh.), mhd. *hecse*, *hesse*, mnl. *haghetisse*, *-tesse*, nl. *heks*, aengl. *hægtesse*, *hegtes*, engl. *hag* zeigen in ihrer unterschiedlichen Lautgestalt offensichtlich affektisch bedingte Veränderungen und Verkürzungen. Es scheint sich um ein Kompositum zu handeln, dessen Bestimmungswort aus dem unter *Hag* (s. d.) behandelten Substantiv besteht. Das Grundwort bleibt unklar. Man bringt es allgemein mit norw. (mundartlich) *tysja* 'Elfe', *tusul* 'Gespenst', lit. *dvasià*, aslaw. *duchъ*, russ. *duch* (дух) 'Geist, Hauch, Atem', mhd. *getwās* 'Gespenst', gall. *dusius* 'Dämon', westfäl. *Dūs* 'Teufel' in Verbindung, so daß Anschluß an die *s*-Erweiterung ie. **dheus-*, **dhūs-* der Wurzel ie. **dheu-*, **dheu̯ə-* in Wörtern für 'stieben, stäuben, wirbeln; verwirrt, betäubt, albern; blasen, keuchen; Geist, Gespenst' möglich ist (wozu auch *dösig*, *Dunst*, *Tier*, s. d.). Unter *Hexe* wäre also eine Unholdin zu verstehen, die, auf Zäunen lauernd (vgl. anord. *tūnriða* 'Zaunreiterin'), die eingehegte geschützte Wohnstätte zu gefährden sucht. Andere erschließen germ. **hagahatusī*, sehen im zweiten Bestandteil eine aus dem Part. Prät. von *hassen* (s. d.) hervorgegangene Bildung und interpretieren das Kompositum als eine Art 'Walddämon', wobei die Kurzform ahd. *hazus* als Repräsentation des zweiten Gliedes gelten könnte. DE VRIES Nl. 248 hält eine Beziehung des Grundworts zu aengl. *tāda*, *tādige*, engl. *toad*, dän. *tudse*, schwed. *tossa* 'Kröte' für möglich, da auch der Kröte die Fähigkeit zugeschrieben wird, Krankheiten zu verursachen und die Gestalt zu wechseln. Zum Komplex vgl. POLOMÉ in: Ahd. 2 (1987) 1107ff. Im 15./16. Jh. wird das Wort *Hexe* durch die Hexenverfolgung aktualisiert und vom christlichen Standpunkt her (s. oben) umgedeutet. – Hexenschuß m. plötzlicher Schmerzanfall im Bereich der Lendenwirbel (16. Jh.), wegen des plötzlichen Ausbrechens mit einem Schuß von Zauberhand verglichen (vgl. aengl. *hægtessan gescot*). Hexenprozeß m. 'Gerichtsverfahren gegen eine als Hexe verdächtigte Frau' (17. Jh.). Hexenkessel m. nur bildlich 'Unruheherd, explosive, gefährliche Region, Situation' (19. Jh.), im Anschluß an die Vorstellung eines brodelnden, Zaubermixturen von Hexenhand enthaltenden Kessels. hexen Vb. 'von Zauberkräften Gebrauch machen, übernatürliche Dinge vollbringen' (16. Jh.). behexen Vb. 'mit Zauberkraft auf jmdn. einwirken', verhexen Vb. 'jmdn. mit Zauberkraft in bestimmter Weise entstellen, jmdn. dämonischer Macht ausliefern' (beide 17. Jh.). Hexerei f. 'Zauberkunst, übernatürliche dämonische Wirkung' (15. Jh.).

Hieb m. 'Schlag, Streich' (mit einem Schlagwerkzeug, mit einer blanken Waffe), aus dem Präteritum des starken Verbs *hauen* (s. d.) rückgebildet und älteres gleichbed. *Hau* (mhd. *hou*) verdrängend. In seinen frühen Bezeugungen (15. Jh.) bezeichnet *Hieb* zunächst das Recht, in einem bestimmten Waldgebiet Holz zu schlagen, und wird danach vor allem ein Ausdruck der Fechtersprache, aus der auch die geläufige Wendung *hieb- und stichfest* 'gesichert gegen Hieb- und Stichwaffen', übertragen 'unanfechtbar, stichhaltig', stammt.

hier Adv. 'an dieser bestimmten Stelle, in dieser bestimmten Richtung, in diesem Augenblick', ahd. *hier* (8. Jh.), mhd. (vor vokalisch anlautendem Folgewort) *hier*, (mit nach langem Vokal lautgerechtem Abfall des auslautenden *-r*) *hie*, asächs. *hēr*, *hīr*, mnd. *hīr*, mnl. nl. *hier*, aengl. *hēr*, engl. *here*, anord. *hēr*, schwed. *här*, got. *hēr* läßt sich auf ie. **k̂ēir* zurückführen (Ausfall des *i* nach $\bar{e}^2$ im Germ.) und damit auf den unter *hin* (s. d.) angeführten Pronominalstamm ie. **k̂(e)i-* 'dieser, jener'. Es ist wie *her* (s. d.) mit lokalem *r*-Suffix gebildet. Im Nhd. setzt sich die Form mit *-r* durch, während mhd. frühnhd. *hie* nur südd. bewahrt bleibt.

Hierarchie f. 'kirchliche Rangordnung, Gesamtheit der in der kirchlichen Rangordnung Stehenden, Priesterschaft', auch 'Priesterherrschaft', dann allgemein 'Rang-, Stufenfolge, nach Abhängigkeit geordnetes System'. Kirchensprachliches mlat. *hierarchia* 'heilige Ordnung' wird im 17. Jh. in dt. Texte aufgenommen und bald (1. Hälfte 18. Jh.) zu *Hierarchie* eingedeutscht. Zugrunde liegt griech. *hierarchía* (ἱεραρχία) 'geistliche Obergewalt, Amt des obersten Geistlichen', vgl. griech. *hierós* (ἱερός) 'heilig, einem Gott geweiht, göttlich' und *árchein* (ἄρχειν) 'der erste sein, vorangehen, anfangen, herrschen'. – h i e r - a r c h i s c h Adj. 'den Priesterstand und seine Rangordnung betreffend, nach Rangstufen geordnet, streng gegliedert' (19. Jh.); vgl. mlat. *hierarchicus*, griech. *hierarchikós* (ἱεραρχικός).

Hieroglyphe f. 'Zeichen einer (bes. der altägypt., altkretischen, hethit.) Bilderschrift, schwer les- und deutbares Schriftzeichen'. Vor dem Substantiv ist das Adjektiv *hieroglyphisch* 'in einer Bilderschrift oder Geheimschrift geschrieben, nicht zu entziffern' im Dt. bezeugt (16. Jh.). Es beruht auf spätlat. *hieroglyphicus*, griech. *hieroglyphikós* (ἱερογλυφικός), abgeleitet von griech. *hieroglýphos* (ἱερογλύφος) 'wer Bilderschriftzeichen (eigentl. Heiliges) eingraviert'; vgl. griech. *hierós* (ἱερός) 'heilig, einem Gott geweiht, göttlich' und *glýphein* (γλύφειν) 'aushöhlen, in Stein, Erz, Holz eingraben, gravieren'. Als Vorläufer des Substantivs im Dt. erscheint zunächst *hieroglyphische Figuren* (Anfang 18. Jh.) nach dem Vorbild von griech. *tá hieroglyphiká (grámmata)* (τὰ ἱερογλυφικὰ γράμματα). Im 18. Jh. wird schließlich *Hieroglyphe* geläufig, wahrscheinlich unter Einfluß von älterem frz. *hiéroglyphe*, das aus frz. *hiéroglyphique* Adj. rückgebildet ist.

hiesig Adj. 'hier ansässig, hierher gehörig'. Im 16. Jh. in der Kanzleisprache aufkommend, verdrängt das Adjektiv älteres *hieig* (15. Jh.) und *hieisch* (16. Jh.), die als Suffixbildungen zu mhd. *hie* 'hier' entstanden sind (s. *hier*). Der zwischenvokalische *s*-Einschub ist wahrscheinlich aus Gründen der Ausspracheerleichterung erfolgt, vgl. auch vereinzeltes *hierig* sowie entsprechendes *dasig* (beide 15. Jh.). Oder handelt es sich um eine Kürzung aus nicht bezeugtem mhd. **hiewesec* 'hier seiend, hier anwesend' (vgl. mhd. *abewesec* 'abwesend')?

hieven Vb. '(mit einer Winde) hinaufziehen, hochheben' (in der Seemannssprache), entlehnt (um 1800) aus gleichbed. engl. *to heave* (verwandt mit *heben*, s. d.) und in der Schreibweise der engl. Aussprache angeglichen.

Hilfe f. 'Beistand, aktive Anteilnahme, Beistand leistende Person', ahd. *helfa* (8. Jh.), *hilfa* (9. Jh.), mhd. *helfe*, *hilfe*, asächs. *helpa*, mnd. *helpe*, mnl. *help(e)*, aengl. engl. *help*, anord. *hjǫlp*, schwed. *hjälp* sowie (ablautend) aostnfrk. *hulpa*, mhd. (md.) *hulfe*, *hülfe*, mnd. *hülpe*, mnl. *hulpe*, nl. *hulp* sind Verbalabstrakta zu dem unter *helfen* (s. d.) dargestellten starken Verb. Die md. Form *Hülfe* gewinnt vor allem durch Luther an Verbreitung, wird aber schließlich (endgültig im 20. Jh.) von *Hilfe* verdrängt. – h i l f - l o s Adj. 'schutzlos, ratlos, unsicher', ahd. *helf(a)lōs* (um 1000), mhd. *helf(e)los*; H i l f - l o s i g k e i t f. 'Ratlosigkeit, Zustand von Verlassenheit und Passivität' (18. Jh.). h i l f r e i c h Adj. 'fördernd, nützlich, hilfsbereit', mhd. *helferīche* (vgl. gleichbed. mhd. *helfec*). G e h i l f e m. 'Helfer, Hilfskraft, Angestellter in unselbständiger Funktion', ahd. *gihelfo* (um 1000), mhd. *gehelfe*. H i l - f e l e i s t u n g f., älter auch *Hilf(s)leistung* 'Beistand, tatkräftige Unterstützung' (16. Jh.).

Himbeere f. saftige und wohlschmeckende rote Beere sowie der diese Beeren tragende (wildwachsende oder angebaute) Strauch. Ahd. *hintberi* (10. Jh.), mhd. *hintber*, eigentl. 'Beere der Hinde' (s. *Hinde*), wird durch Angleichung des stimmhaften *b* an vorangehendes *t* (d. h. Wandel des *b* zu *p*) und Ausfall des *t* zu frühnhd. *hinper*, ferner durch Assimilation des *n* zu *m* vor labialem Verschlußlaut zu (mundartlich erhaltenem) *Himper*. Die gleiche Lautentwicklung findet sich bei *empor*, *Wimper* (s. d.). Im allgemeinen aber wird das zweite Kompositionsglied (s. *Beere*) wiederhergestellt. So erklären sich frühnhd. *himpber*, späteres *Himbeere*; doch vgl. landschaftlich *Hindbeere* und nd. *Hinzelbeere* (aus vorauszusetzendem *Hindsbeere*). Der ahd. und mhd. Form entsprechen asächs. *hindberi*, aengl. *hindberge*, engl. (mundartlich) *hindberry*, dän. *hindbær*. Das Benennungsmotiv ist nicht geklärt. Die Deutungen, daß die Hirschkuh (*Hinde*) diese Beere gern frißt oder daß sie sich (mit ihren Jungen) vor den Fliegen im Himbeerstrauch verbirgt, sind ebensowenig zwingend wie die Gegenüberstellung von *Hirschbeere* (als Synonym zu *Brombeere*) für den Strauch mit starken Stacheln nach dem geweihtragenden Hirsch und *Himbeere* mit wenigen bzw. an den jungen Trieben gar keinen Stacheln nach der geweihlosen Hinde (vgl. Marzell 3, 1470ff.).

Himmel m. Die Herleitung der germ. Bezeichnung für das scheinbar die Erde überdeckende blaue Gewölbe ist nicht eindeutig gesichert. Neben ahd. *himil* (8. Jh.), mhd. *himel*, asächs. *himil*, mnd. *hemmel*, mnl. *hēmel*, nl. *hemel*, afries. *himul*, *himel* finden sich got. *himins*, anord. *himinn*, asächs. *heƀan*, mnd. *hēven*, aengl. *heofon*, engl. *heaven*, so daß sich germ. **hemila-* und **hemina-* gegenüberstehen. Sieht man in der *n*-Ableitung die ältere Form, so kann die *l*-Ableitung als Dissimilation gegen das inlautende *m* erklärt werden. Eher jedoch sind beide Formen als parallele Bildungen (vgl. de Vries Nl. 250) aufzufassen, die mit einer Bedeutung 'das Bedekkende, Decke, Hülle' mit der unter *Hemd* (s. d.) dargestellten Wortfamilie zu verbinden und auf die Wurzel ie. **k̂em-* 'bedecken, verhüllen' zurückzuführen sind. Sehr zweifelhaft ist dagegen die Verwandtschaft mit *Hammer* (s. d.) und Anknüpfung an die Vorstellung von *Himmel* als 'Steingewölbe'. – himmlisch Adj. 'göttlich, herrlich, wunderbar', ahd. *himilisc* (8. Jh.), mhd. *himelisch*. Himmelbett n. 'Bett mit Baldachin' (16. Jh.). Himmelfahrt f. entsprechend früher christlicher Vorstellung 'die Auffahrt Christi in den Himmel' nach der Auferstehung, ahd. *himilfart* (um 1000), mhd. *himelvart*. Himmelschlüssel n. hellgelber, zu den Primelgewächsen gehörender Frühjahrsblüher, 'Schlüsselblume' (nach der Ähnlichkeit der Blütenkrone mit einem Schlüssel), ahd. *himilsluʒʒil* (Hs. 12. Jh.), mhd. *himelslüʒʒel*; deminutiv *Himmelschlüsselchen* (16. Jh.).

hin Adv. 'von hier (nach dort)', ursprünglich (im Gegensatz zu *her*, s. d.) den Standpunkt des Sprechenden als Ausgangspunkt einer zielgerichteten Handlung charakterisierend, daher bei Übertragung auf zeitliche Verhältnisse von der Gegenwart aus in die Zukunft oder in die Vergangenheit weisend (vgl. die zusammengesetzten Adverbien *fernerhin*, *künftighin*, *späterhin*, *weiterhin* bzw. *letzthin*, *vorhin*). Ahd. *hina* (8. Jh.), mhd. *hin(e)*, asächs. *hin-* (in *hinfard*), mnd. *hen*, *hēn(e)*, mnl. *hēne*, nl. *heen*, aengl. *hin-* (in Komposita) sind Bildungen mit *n*-Suffix zu dem auch in *her*, *heuer*, *heute* (s. d.) sowie in engl. *he* (s. *er*) vorliegenden Pronominalstamm germ. **hi-*, der mit der unter *hier* (s. d.) dargestellten Bildung und außergerm. Formen wie dem ganz zu *hin* stimmenden air. *cen* 'diesseits, ohne', ferner air. *cē* 'diesseitig', lat. *cis* 'diesseits', lit. *šìs*, aslaw. *sь*, aruss. *sь-* (*sь*) (neben *sьjь*, russ. älter *sej*, *сей*) 'dieser' auf ie. **k̂(e)i-* 'dieser, jener' zurückgeht. Daneben stehen Formen wie lat. *ce-* (in *cedo* 'gib her', *cēterus* 'der übrige, andere'), *-ce* (in *ecce* 'siehe da', verkürzt in *hic* 'dieser', *illīc* 'dort', *nunc* 'jetzt'), die auf ie. **k̂e-*, **k̂o-* 'dieser, jener' weisen. Die Bedeutung 'von hier' lebt im Dt. vor allem in adverbiellen Zusammensetzungen weiter, die die Richtungsangabe präzisieren, vgl. *hinab* (mhd. *hin abe*, *hin ab*), *hinauf* (ahd. *hina ūf*, um 1000, mhd. *hin ūf*), *hinaus* (ahd. *hina ūʒ*, 9. Jh., mhd. *hin ūʒ*), *hindurch* (mhd. *hin durch*), *hinein* (ahd. *hina in*, um 1000, mhd. *hin īn*, *hin in*), *hinzu* (mhd. *hin zuo*) u. a. (wovon obd. und omd. Kürzungen wie *nauf*, *naus*, *nein*). Meist aber betont *hin* jetzt (bei Vernachlässigung des Sprecherstandpunkts) die Richtung auf ein in einer weiteren Ortsangabe genanntes Ziel zu (*zum Meer*, *nach Süden hin*, außerdem Zusammensetzungen wie *dahin*, *dorthin*, *wohin*, diese auch durch zwischengeschobene Satzglieder getrennt, vgl. *wo willst du hin?*); gelegentlich hebt es die Tatsache des Entfernens, Beseitigens hervor (synonym mit *fort*, *weg*, s. d., daher übertragene Verwendung wie 'verloren, vernichtet, erschöpft, tot') oder kennzeichnet den stetigen Fortgang einer Bewegung (*über die Berge*, *am Flusse hin*, hierzu wohl Adverbien wie *gemeinhin*, *leichthin*, *schlechthin*). Schon früh steht *hin* in enger Verbindung mit Zeitwörtern, namentlich Bewegungsverben; mit diesen wächst es im Nhd. zu trennbaren Verbalkomposita zusammen. Unter semantischem Einfluß bestimmter häufig hinzutretender Verben wie *fallen*, *sinken*, *stürzen* nimmt das Adverb auch den Sinn 'auf den Boden zu, nieder' an. – hinnen Adv. 'von hier', ahd. *hin(n)ăn*, *hin(a)na* (8. Jh.), mhd. *hinne(n)*, *hinnān*, asächs. *hinan(a)*, mnd. *henne(n)*, *hin(n)e(n)*, mnl. *hēnen*, nl. *henen*, aengl. *heonon(e)* (weitergebildet engl. *hence*). Das in den älteren dt. Sprachstufen auch temporal verwendete ('von jetzt an'), auf Erweiterung der unter *hin* (s. oben) angeführten Formen beruhende Adverb (vergleichbar mit *dannen*, s. d.) tritt im Mhd. oft, im Nhd. regelmäßig in der verdeutlichenden präpositionalen Fügung *von hinnen* auf (mehrfach schon ahd. *fona hinana, fona hinna*, 8. Jh., *fona hinan*, 9. Jh., 'fortan'); seit dem 19. Jh. schwindet es aus dem lebendigen Sprachgebrauch. hingegen Konj. 'im Gegensatz dazu, dagegen' (zuerst in der Verbindung *da hingegen*, Ende 16. Jh.), daneben im älteren Nhd. Adverb 'daraufhin, als Antwort darauf' (Mitte 16. Jh.) ist eine frühnhd. Bildung, der mhd. *dar engegene, her engegene*, als reine Ortsangabe auch *hin engegene* (s. *entgegen*) vorausgehen. hinweg Adv. 'fort von hier, weg', spätmhd. *hinwec*, nach dem Vorbild mit *hin* zusammengesetzter Adverbien (s. oben) umgeformt aus gleichbed. mhd. *enwec* (s. *weg*). hinreißen Vb. 'in eine bestimmte Richtung fortreißen', häufiger jedoch 'begeistern, entzücken', mhd. *hin rīȝen* 'weg-, fortreißen' (s. *reißen*). Die in der 1. Hälfte des 18. Jhs. sich ausbreitende metaphorische Verwendung wird bes. im adjektivischen und adverbiellen Gebrauch der Partizipien *hingerissen* 'in höchstem Maße begeistert' und *hinreißend* 'bezaubernd, überwältigend' deutlich (letzteres in neuerer Zeit oft nur eindringlich-verstärkende Übertreibung); vgl. ferner *sich zu etw. hinreißen lassen* 'etw. im Affekt tun' (19. Jh.). hinrichten Vb. 'an jmdm. das Todesurteil vollstrecken'; im Frühnhd. zunächst 'zugrunde richten, verderben, töten' (15. Jh.), erklärbar aus der Verbindung von *hin* 'nieder, zu Boden' (s. oben) mit *richten* (s. d.) in der Bedeutung 'in eine bestimmte Richtung bringen'. Unter Einfluß der Rechtssprache, die frühnhd. *richten* (wie schon mhd. *rihten*) auch im Sinne von 'das Todesurteil vollstrecken' kennt, zeigt *hinrichten* vom frühen 16. Jh. an gelegentlich ebenfalls diese spezielle Verwendungsweise, die seit dem 19. Jh. ausschließlich gilt. Dazu Hinrichtung f. 'Vollstreckung des Todesurteils' (16. Jh.). hinfällig Adj. 'altersschwach, gebrechlich, vergänglich', mhd. *hinvellec* 'umfallend, sterbend', frühnhd. *hinfellig* auch 'rückfällig' und 'vergänglich' (15. Jh.), seit dem 17. Jh. daneben 'gegenstandslos, haltlos'; Ableitung von mhd. *hin vallen*, frühnhd. *hinfallen* 'zu Boden fallen', im 16. Jh. auch 'vergehen, verschwinden' (wozu Anfang 17. Jh. *hinfallen lassen* 'fallen lassen, gegenstandslos machen'). hinlänglich Adj. 'ausreichend, genügend', vorwiegend in adverbieller Funktion (17. Jh.), zum Verb *hinlangen* 'sich bis zu einer bestimmten Stelle erstrecken' (16. Jh.), 'ausreichen' (17. Jh., s. *langen, gelangen*). Hinsicht f. 'das In-Betracht-Ziehen, Beziehung', in der 2. Hälfte des 18. Jhs. aufkommende, bes. der Amts- und Gelehrtensprache angehörende Bildung (nach gleichbed. lat. *respectus*?, s. *Respekt*), nur üblich in formelhaften Wendungen wie *in dieser, jeder, mancherlei Hinsicht* und *in Hinsicht auf etw.* (vgl. älteres *in Absicht, in Ansehung, in Betracht* u. ä.); dazu hinsichtlich Präp. mit Gen., zunächst in der Konstruktion *hinsichtlich auf etw.* auch Adverb (um 1800).

Hinde f. 'Hirschkuh', ahd. *hinta* (8. Jh.), mhd. mnd. mnl. nl. *hinde*, asächs. aengl. anord. dän. engl. *hind*. Setzt man für das Germ. ein an das Dentalsuffix assimiliertes *m* (also germ. **hindō* aus **him-*) voraus, ergibt sich Verwandtschaft mit aind. *śámaḥ* 'hornlos, ohne Hörner', griech *kemás* (*κεμάς*) 'Reh, junger Hirsch' sowie mit schwundstufigem lit. *šmùlas* 'hornlos', *šmùlis, šmùlė* 'Ochse bzw. Kuh ohne Hörner' bei einer Wurzel ie. **k̂em-* 'hornlos', so daß für die germ. Formen von einer Bedeutung 'horn- bzw. geweihloses Tier' auszugehen ist, im Gegensatz zum geweihtragenden ('gehörnten') *Hirsch* (s. d.). Bereits im 16. Jh. wird das früh veraltende, danach vorwiegend nur noch dichterisch gebrauchte Wort durch das Suffix *-in* zu Hindin f. verdeutlicht, dessen Verwendung im 19. Jh. ebenfalls zurückgeht.

hindern Vb. 'jmdn. von etw. zurückhalten', ahd. *gihintaren* 'betrügen, herabwürdigen' (9. Jh.), *hintaren* 'hemmen, vorenthalten, herabwürdigen, erniedrigen' (10. Jh.), mhd. *hindern*, mnd. mnl, nl. *hinderen* 'zurücktreiben, stören, abhalten', aengl. *hindrian*, engl. *to hinder*, anord. schwed. *hindra* sind Ableitungen von der unter *hinter* Präp. (s. d.) dargestellten germ. Lokalpartikel. – behindern Vb. 'hemmen, störend aufhalten, jmdm., einer Sache hinderlich sein, im Wege stehen', spätmhd. *behinder(e)n*. verhindern Vb. 'machen, daß etw. nicht geschieht', ahd. *firhintaren* 'betrügen, beeinträchtigen, unterschlagen' (9. Jh.), frühnhd. *verhindern* 'etw. blockieren, nicht geschehen lassen'. hinderlich Adj. 'hemmend' (15. Jh.), vgl. mhd. *unhinderlīchen* Adv. 'ungehindert'. Hindernis n. 'Hemmnis, Sperre', mhd. *hindernisse*. Hindernisrennen n. '(Pferde)rennen über Hindernisse' (2. Hälfte 19. Jh.). Vorher dafür *Kirchturmrennen*, wörtliche Übersetzung von engl. *steeplechase* 'Querfeldeinrennen zu Pferde in Richtung auf einen weithin sichtbaren Kirchturm' (engl. *steeple*), dann allgemein '(Pferde)rennen über Hindernisse (Gräben, Barrieren, Hecken)'.

hinken Vb. 'lahm gehen, lahmen', stark flektierendes ahd. *hinkan* (9. Jh.), mhd. *hinken* und schwach flektierendes mnd. mnl. nl. *hinken* (vgl. aengl. *hellehinca* 'Teufel') sind verwandt mit den unter *Schenkel, Schinken, schenken* (s. d.) genannten germ. und außergerm. Formen. Erschließbar ist eine Wurzel ie. **(s)keng-* 'hinken; schief, schräg'. Im Dt. wird *hinken* bis ins 17. Jh. (und noch in Mundarten) stark flektiert, doch setzt sich seit Luther allmählich schwache Flexion durch.

hinten Adv. 'an der Rückseite, vom Betrachter weiter entfernt, am Ende', ahd. *hintana* (9./10. Jh.; dazu gebildetes *hintannōntīg* 'hinten befindlich', Subst. 'Rücken', bereits 8. Jh.), mhd. *hinden(e)*, frühnhd. *hinden*, selten *hinten* (so erst im 17. Jh. geläufig), asächs. *bihindan*, mnd. *hinden(e)* (auch Präp. 'hinten an, hinter'), aengl. *hindan* Adv. 'von, nach hinten, hinten', *behindan* Adv. 'hinten', Präp. 'hinter', engl. *behind* Adv. 'hinten, hinterher, nach hinten, zurück', Präp. 'hinter', got. *hindana* Präp. 'jenseits von'. Die germ. Adverbialbildung auf *-ana* kennzeichnet ursprünglich (wie die entsprechenden Pronominaladverbien, s. *dann, hin, wann*) die Herkunftsrichtung, dann vorwiegend (wie die Ortsadverbien *außen, innen, oben, unten*, s. d.) die Ruhelage. Sie gehört mit großer Wahrscheinlichkeit zum Pronominalstamm germ. **hi-*, ie. **k̂(e)i-* 'dieser, jener' (s. *hin*), der im vorliegenden Falle zusätzlich zu dem auch bei *hin* auftretenden *n*-Suffix offensichtlich noch um ein dentales Formans erweitert ist; die Ableitung kann also an ein germ. **hind-* (ie. **k̂int-*) angeschlossen werden, die vermutlich selbst bereits als Adverb aufzufassen ist. Wenig überzeugend ist der Versuch, *hinten* mit burgund. *hendinos* 'König' (Ende 4. Jh. in lat. Texten) zu aind. *kanínah* 'jung', griech. *kainós* (καινός) 'neu, ungewohnt', lat. *recēns* 'frisch, neu, jung', air. *cētne* 'der erste' zu stellen und auf die Wurzel ie. **ken-* 'frisch hervorkommen, entspringen, anfangen' zurückzuführen.

hinter Adj. (heute nur mit Flexionsendung *der hintere, ein hinterer*) 'zum Ende hin, an der Rückseite befindlich, weiter zurückliegend', ahd. *hintaro* (10. Jh., auch 'geringer, niedriger'), mhd. frühnhd. *hinder*, asächs. *hindiro* 'hinter', anord. *hindri* 'später, entfernter'. Das Adjektiv drückt stets die Relation zu etwas weiter vorn Befindlichem aus und hat schon im Ahd. komparativische Funktion, so daß zu ihm ein Superlativ ahd. *hintarōsto* (bereits 8. Jh.) gebildet wird (obd. frk. auch ahd. *hintarōro* mit zusätzlicher Komparativendung, 10. Jh.). Möglicherweise bewahrt *hinter* in seinem zweiten Wortteil ein altes, im Germ. nicht mehr produktives Komparativsuffix ie. *-(t)ero-* (vgl. aind. *úparaḥ* 'der untere, hintere, spätere', *āmátaraḥ* 'der rohere'), worauf vor allem die belegten Superlativformen aengl. *hindema*, got. *hindumists* 'der hintere, letzte' deuten, die Spuren der entsprechenden Superlativendung ie. *-(t)m̥mo-* (vgl. aind. *upamáḥ* 'der oberste', *āmátamaḥ* 'der roheste') erkennen lassen. Da nach BRUGMANN/DELBRÜCK Grundriß d. vergl. Gramm. d. indogerm. Sprachen 2, 1 ([2]1906) 165 und 323ff. Komparative auf ie. *-(t)ero-* zunächst von Ortsadverbien ausgehen, stellt eine solche Erklärung den engen Zusammenhang mit der Lokalpartikel *hinter* (s. *hinter* Präp.), als deren reflektierbare Variante das Adjektiv *hinter* erscheint, nicht in Frage. Wie *hinter* Präp. und *hinten* (s. d.) gehört *hinter* Adj. wahrscheinlich zu dem erweiterten Pronominalstamm germ. **hind-* (oder **hin-*, falls das dentale Formans als Bestandteil des Komparativsuffixes angesehen werden muß). Mildernder Umschreibung dient die Substantivierung *der Hintere, Hinterste*, mhd. *der hindere* (vgl. ahd. *hintarī* f. 'hinteres Ende, Schwanz', 10. Jh.), heute meist (mit aus den obliquen Kasus stammender Nominativform) Hintern m. 'Gesäß' (18. Jh.). – Hintergrund m. 'was sich im weiter entfernten Teil des Blickfeldes befindet, dieses nach hinten abschließt' (2. Hälfte 18. Jh., zuerst mit Bezug auf Malerei und Bühne), übertragen (häufig im Plur.) 'weniger hervortretende Begleitumstände, verborgene Zusammenhänge', wozu hintergründig Adj. 'bedeutungsvoll, nicht leicht durchschaubar' (um 1920, verbreitet seit Mitte des 20. Jhs.).

H i n t e r t r e f f e n n. früher 'letzte Schlachtlinie, Reserveeinheit', d. i. der an Kampf (*Treffen*) und Sieg nur am Rande oder nicht teilnehmende Teil der Truppe als militärischer Terminus (18. Jh.), jetzt nur in der darauf beruhenden Fügung *ins Hintertreffen geraten, kommen* 'in eine ungünstige Position, in Rückstand geraten'.

hinter Präp. (mit Dat. und Akk.) 'an der, an die Rückseite von', ein konstantes Lageverhältnis (bei Ruhe und gleichlaufender Bewegung) oder die Richtung auf einen Zielpunkt angebend, von räumlichen Vorstellungen her auch auf zeitliche Verhältnisse übertragen (vgl. *etw. hinter sich haben, bringen*); ahd. *hintar* (10. Jh., bereits für das 9. Jh. mehrfach als 1. Kompositionsglied bezeugt, ferner in *hintarort* 'zurück, verkehrt', *gihintaren, firhintaren*, s. *hindern, verhindern*), mhd. *hinder*, frühnhd. *hinder, hinter*, mnd. *hinder* (auch temporal 'nach, von ... an'), mnl. *hinder*, got. *hindar* (auch 'jenseits von'). Die heute literatursprachlich allein in präpositionaler Verwendung übliche Lokalpartikel ist zunächst Adverb, daher noch mhd. mnl. aengl. *hinder* 'hinten, nach hinten, zurück' (aengl. auch 'hinunter') sowie die oben angeführten Ableitungen und zahlreiche Zusammensetzungen im Ahd.; nur die regionale Umgangssprache bewahrt Reste des adverbiellen Gebrauchs in Präfixverben wie omd. südd. *hinterbringen, -kommen, -schaffen* ('nach hinten'), omd. *hinteressen, -kippen, -schlucken* ('hinunter'); vgl. auch *dahinter*. Bei *hinter*, das wahrscheinlich an den unter *hinten* (s. d.) genannten erweiterten Pronominalstamm germ. **hind-* anzuschließen ist, handelt es sich um eine Adverbialbildung auf *-r*, vergleichbar den in [1]*da, hier, wo* (s. d.) fortlebenden Pronominaladverbien ahd. *thār, hier, (h)wār* und anderen lokalen Adverbien und Präpositionen mit derselben Endung, z. B. *außer, nieder, über, unter* (s. d.). Dieser Bildungstyp liegt vielleicht alten Komparativformen auf ie. *-(t)ero-* zugrunde (s. *hinter* Adj.). – h i n t e r h e r Adv. räumlich 'nach einer Person, Sache folgend', auc (in der Gegenwart häufiger) zeitlich 'danach, später' (Anfang 18. Jh.), entstanden aus adverbialen Bestimmungen des Typs *hinter jmdm., etw. her* durch verkürzende Zusammenrückung von Präposition und nachgestelltem Adverb (s. *her*). h i n t e r r ü c k s Adv. 'von hinten', daher 'unversehens, heimlich, heimtückisch' (15. Jh., frühnhd. *hinderrucks, -rücks*), gelegentlich im Sinne von 'rücklings, mit dem Rücken voran'; Verschmelzung von mhd. frühnhd. *hinder* Präp., das in älterer Zeit vereinzelt auch den Gen. regiert, mit der Genitivform des (ehemals stark flektierenden) Substantivs mhd. frühnhd. *rück(e), ruck(e)* (s. *Rücken*); vgl. vorausgehendes ahd. *hintarruggi* (10. Jh.), mhd. *hinderrucke* 'rückwärts, zurück' (aus Präposition und Akkusativform). H i n t e r h a l t m. 'Versteck, von dem aus man einem Gegner auflauert, ihn überraschend (eigentl. von hinten) angreift, Falle' (16. Jh.), früher auch 'Truppenreserve, Stütze, Rückhalt' (so schon 15. Jh.), 'heimlicher Vorbehalt' (17. Jh.); dazu h i n t e r h ä l t i g Adj. 'seine wahren Absichten verbergend, verschlossen, heimtückisch' (17. Jh.; bis ins 19. Jh. oft *hinterhaltig*); nicht verwandt ist frühnhd. *hynderheldig* 'abschüssig', 15. Jh. (zu *Halde*, s. d.). H i n t e r l i s t f. 'heimtückisches Wesen, unehrliches Handeln, Falschheit', mhd. *hinderlist* m. (zum Grundwort s. *List*); dazu älter bezeugtes h i n t e r l i s t i g Adj. 'heimtückisch, unaufrichtig', ahd. *hintarlistīg* (Hs. 12. Jh.), mhd. *hinderlistec*. H i n t e r l a n d n. 'wirtschaftlich nutzbares Gebiet in der Umgebung einer Stadt, eines Hafens, Industriezentrums', vom 15. Jh. an vereinzelt belegt, im letzten Viertel des 19. Jhs. geläufig, zu dieser Zeit vor allem Rechtsbegriff der Kolonialpolitik (vgl. die Entlehnungen engl. frz. ital. span. *hinterland*), seit den 20er Jahren des 20. Jhs. auch 'Gebiet hinter der Front'. H i n t e r s a s s e m. 'von einem Feudalherrn abhängiger Bauer' (eigentl. 'wer hinter einem, in dessen Schutz ansässig ist'), auch 'Stadtbewohner ohne Bürgerrechte, Zugezogener' (seit dem 14. Jh. allgemeiner 'zur Miete Wohnender'), mhd. *hindersæȥe, hinderseȥȥe*; im Nhd. setzt sich eine umlautlose Nebenform durch (zur Bildungsweise s. *Insasse*). H i n t e r w ä l d - l e r m. 'ungeschliffener, urwüchsig derber, weltfremder Mensch', heute meist spöttisch für einen hinter der modernen Entwicklung Zurückgebliebenen; Lehnbildung (30er Jahre des 19. Jhs.) nach amerik.-engl. *backwoodsman*, das zunächst den Ansiedler im Westen Nordamerikas jenseits des Alleghanygebirges bezeichnet.

Hiobspost f. 'Unglücksbotschaft, Schrekkensnachricht' (18. Jh.), gebildet aus dem Namen der vom Unglück verfolgten Gestalt des *Hiob* (*Job*) im Alten Testament, dem Boten eine Reihe schwerer Unglücksnachrichten überbringen (Buch Hiob 1, 14 bis 19), und *Post* (s. d.) im alten Sinne von 'Botschaft, Nachricht'. Goethes Gebrauch des Wortes (Götz von Berlichingen) hat zu seiner Verbreitung beigetragen. Heute dafür meist *Hiobsbotschaft*.

Hippe f. 'Messer mit sichelförmiger Klinge' (in der Holzwirtschaft, dann im Garten- und Weinbau) ist die omd. Form, die Luther in seiner Bibelübersetzung für griech. *drépanon* (*δρέπανον*) 'Sichel, krummes Schwert' verwendet und damit in die Schriftsprache einführt. Mundartliches *Heppe* ist aus ahd. *hăbba*, *hăppa*, *hebba*, *heppa* (10./11. Jh.), mhd. *happe*, *hep(p)e* 'Gärtner-, Winzermesser, Sichel' (vgl. auch mnd. mnl. *hēpe*, nl. *heep*) hervorgegangen; es kann daher germ. **hăbjō*, **hĕbjō* (neben **habbō* mit expressiver Doppelung) als Werkzeugname erschlossen werden. Der auffällige Vokalwechsel mag affektischen Ursprungs sein. Außergerm. vergleichen sich griech. *kopís* (*κοπίς*) 'Schlachtmesser', lit. *kàpti* 'hauen, fällen', *kapóti* 'hakken, hauen', *kapõnė* 'Haue, Spitzhacke, Schlichtbeil', *kaplȳs* 'Haue, Spitzhacke', aslaw. *kopati* 'graben, (das Feld) bestellen', *kopije* 'Lanze, Speer', russ. *kopát'* (*копать*) 'graben, hacken, hauen', *kop'ë* (*копьё*) 'Lanze'. Eine Rückführung auf ie. **(s)kĕp-*, **(s)kŏp-*, **(s)kăp-* 'mit scharfem Werkzeug schneiden, spalten' (wozu auch *Schaft* und *schaben*, s. d.) ist möglich. Im Mittelalter wird der Tod häufig mit der Sense dargestellt, aber erst Dichter des 18. Jhs. gebrauchen *Hippe* 'Sense' als Attribut des Todes.

Hirn n. im Kopf befindlicher Teil des Zentralnervensystems, auf dessen mehr oder weniger ausgebildeter Funktionsfähigkeit die Einteilung in höher und niedriger entwickelte Lebewesen beruht; heute seltener neben üblicherem *Gehirn* (s. unten), doch bewahrt in Zusammensetzungen (vgl. *Hirnhaut*, *-masse*, *Groß-*, *Kleinhirn*); übertragen 'Verstand, Kopf'. Im Unterschied zu anord. *hjarsi* 'Scheitel', das (wie wohl auch nl. *hersenen*) auf germ. **hersan-* zurückgeht, setzen ahd. *hirni* (8. Jh.), mhd. *hirn(e)*, *herne*, mnd. *hĕrne*, *harne*, anord. *hjarni*, norw. dän. *hjerne*, schwed. *hjärna* germ. **herzn-* 'Hirn' voraus. Die genannten Formen gehören wie *Hornisse* (s. d.) und dessen unmittelbare Entsprechungen zu einer *s-(e)n*-Erweiterung der Wurzel ie. **k̑er(ə)-* 'das Oberste am Körper, Kopf, Horn' (dazu s. auch *Horn* und vgl. Nussbaum Head and Horn, 1986). Zur gleichen Wurzel bzw. ihren vielfachen Erweiterungen stellen sich aind. *śíraḥ* (Gen. *śīrṣṇáḥ*) 'Haupt, Kopf, Spitze', awest. *sarah-* 'Kopf', griech. *kárā* (*κάρα*) 'Haupt, Kopf' (s. *Karotte*), *krāníon* (*κρανίον*) 'Schädel' (s. *Migräne*), lat. *cerebrum* (wohl aus ie. **k̑erəsrom*; unsicher ist der Vokal der zweiten Silbe) 'Gehirn' (vgl. fachsprachliches *zerebral* 'das Großhirn betreffend'; s. auch *Zervelatwurst*), lat. *cervīx* (aus **cersvīc-*) 'Nacken' (eigentl. wohl 'Kopfhalter', wenn zu lat. *vincīre* 'binden, fesseln'), ferner innerhalb und außerhalb des Germ. zahlreiche Benennungen gehörnter Tiere (s. *Hirsch*). Im Nhd. dafür häufiger die bereits in mhd. *gehirne*, mnd. *gehērne* begegnende Kollektivbildung G e h i r n n. – H i r n g e s p i n s t n. 'Phantasiegebilde, krankhafte Einbildung, Traum-, Wahnvorstellung' (1. Hälfte 18. Jh.), aus der Redensart *das Hirn (er)spinnt* (17. Jh.). h i r n v e r b r a n n t Adj. 'unsinnig, verrückt' (Mitte 19. Jh.), nach dem Vorbild von frz. *cerveau brûlé* 'überspannter Kopf, verrückte Person' (eigentl. 'verbranntes Gehirn').

Hirsch m. zur Familie der wiederkäuenden Paarhufer gehörendes, vorwiegend in Wäldern lebendes, meist ein Geweih tragendes Tier, ahd. *hir(u)ȝ* (8. Jh.), mhd. *hirȝ(e)*, mnd. *herte*, *harte*, mnl. nl. *hert*, aengl. *heort*, älter *heorot*, engl. *hart*, anord. *hjǫrtr*, schwed. *hjort* setzen germ. **herut-*, ie. **k̑erud-* voraus, dazu ablautend griech. *kórydos* (*κόρυδος*) 'Haubenlerche', aber auch anord. *hrūtr* (ie. **k̑rūd-*) 'Widder' (s. *hurtig*). Zugrunde liegt die unter *Hirn* und *Horn* (s. d.) aufgeführte Wurzel ie. **k̑er(ə)-* 'das Oberste am Körper, Kopf, Horn', die im Ie. vielfach in Benennungen gehörnter Tiere erscheint (s. *Hornisse*, *Ren*, *Rind*). Die außergerm. Bezeichnungen des Hirsches wie lat. *cervus*, kymr. *carw*, korn. *carow*, bret. *karo* führen auf eigentl. adjektivische Bildungen mit dem Suffix ie. *-u̯o-* und der Bedeutung 'gehörnt', vgl. griech *keraós* (*κεραός*) 'gehörnt' (aus **keraϝós*, *κεραϝός*, neben *kéras*, *κέρας* 'Horn'), dazu mit anderem *u̯*-haltigen Suffix apreuß. *sirwis* 'Reh'. – H i r s c h f ä n g e r m. 'an der Spitze zweischneidiges Seitengewehr des Jägers', mit dem er dem angeschossenen Hirsch (bzw. Wild) den Fang gibt, d. h. absticht (17. Jh.), für älteres, in der Jägersprache aber noch heute gebrauchtes *Weidmesser*, mhd. *weidemeʒʒer*. H i r s c h h o r n n. 'aus Geweihsubstanz bestehendes Material für Gebrauchsgegenstände' (Knöpfe, Messergriffe), auch 'aus gebranntem, geraspeltem Hirschhorn hergestellter Stoff', früher vielfach zu medizinischen Zwecken verwendet, mhd. *hirʒhorn*; vgl. auch *Hirschhornsalz* 'aus Hirschhorn gewonnenes Treibmittel für Gebäck'. H i r s c h k ä f e r m. größter einheimischer, schwarzer Käfer mit hirschgeweihartig verlängerten Oberkiefern (17. Jh.).

Hirse f. Name einer alten, heute in Europa aber nur noch wenig angebauten, sehr widerstandsfähigen Getreidepflanze, ahd. *hirsi* m. (10. Jh.), *hirsa* f. (11. Jh.), mhd. *hirs(e)* m., asächs. *hirsi* m., mnd. *herse* f., nl. (mit wohl von *gerst* 'Gerste' beeinflußtem Anlaut und unorganischem *-t*) *gierst* f., (mundartlich) *gierze*, *heerze*, *herse* (anord. *hirsi* ist Entlehnung aus dem Mnd.). Außergerm. sind vergleichbar griech. *korennýnai* (κορεννύναι) 'sättigen', *kóros* (κόρος) 'Sättigung, das Sattsein, Überdruß, Übermut', lit. *šérti* 'füttern', *pãšaras* '(Vieh)futter', *šer̃men(y)s* 'Begräbnis(mahl)', mit Gutturalwechsel aslaw. *krъma* 'Nahrung, Speise', russ. *korm* (корм) 'Futter, Nahrung', lat. (dehnstufig) *prōcērus* 'von hohem, schlankem Wuchs', *crēscere* 'wachsen, entstehen, zunehmen', *crēber* 'dicht nebeneinander stehend, gedrängt, voll, häufig' und vielleicht auch lat. *Cerēs* 'Göttin der fruchttragenden Erde, des Ackerbaus'. Auszugehen ist von einer Wurzel ie. **k̑er(ə)-* 'wachsen, wachsen machen, nähren'. Im 17. Jh. aufkommendes fem. Genus geht vom Nordd. aus. – H i r s e b r e i m. (15. Jh.).

Hirt(e) m. 'Hüter einer Herde', ahd. *hirti* (8. Jh.), mhd. *hirt(e)*, *herte*, asächs. *hirdi*, mnd. *hērde*, *hirde*, mnl. *herde*, *harde*, *heerde*, *hirde*, aengl. *hirde*, (westsächs.) *hierde*, engl. *herd*, anord. *hirðir*, schwed. *herde*, got. *haírdeis* (germ. **herdija-*), eine *ja*-Ableitung zu dem unter *Herde* (s. d.) dargestellten Substantiv. Daneben die Weiterbildung spätmhd. *hertære*, *herter*, mnd. *hērder*, mnl. *herder*, *harder*, *heerder*, nl. *herder*.

hissen Vb. '(mit Seil, Tau, Talje) hochziehen'. Der aus der nd.-nl. Seemannssprache stammende Ausdruck nd. *hissen*, *hīsen* (16. Jh.), nl. *hijsen* (15. Jh.) ist lautmalenden Ursprungs und ahmt das helle, surrende Geräusch nach, das beim Aufziehen der Segel, Rahen oder der Flagge entsteht. Nl. Lautung folgendes *heißen* wird (statt *hissen*) gegen Ende des 19. Jhs. in der Marine eingeführt.

Histologie f. Lehre vom Bau der Gewebe im menschlichen, tierischen und pflanzlichen Körper, gelehrte Bildung (Anfang 19. Jh.) zu griech. *histós* (ἱστός) 'Gewebe' (eigentl. 'Mastbaum, Webebaum') mit dem für 'Lehre, Wissenschaft' üblichen Grundwort *-logie* (s. d.).

Historie f. 'Geschichte, Geschichtswissenschaft, Begebenheit, Erzählung, Bericht, Kunde', mhd. *histōrje* 'Geschichte, Erzählung', entlehnt aus lat. *historia*, griech. *historía* (ἱστορία) 'geschichtliche Darstellung, Geschichte', bes. 'Kunde, Kenntnis, Wissenschaft, Erzählung (von etw. Geschehenem oder Gehörtem)'. Dies gehört wie griech. *historeĩn* (ἱστορεῖν) 'erforschen, beobachten, das Erforschte oder Erfahrene berichten' zu griech. *hístōr* (ἵστωρ) 'wissend, kundig; Wissender, Kundiger'. Im Dt. wird das 'einzelne Ereignis' schon früh mit *Geschichte* (s. d.) bezeichnet, das zunehmend Verbreitung findet und im 18. Jh. *Historie* in allen Bedeutungen ersetzen kann. – H i s t ö r c h e n n. 'kurze, anekdotenhafte, unterhaltsame Geschichte' (18. Jh.), *Histörger* Plur. (17. Jh.), scherzhafte Deminutivform. H i s t o r i k e r m. 'Geschichtswissenschaftler' (18. Jh.), h i s t o r i s c h Adj. 'die Historie betreffend, geschichtlich, (schriftlich) überliefert, durch Quellen beglaubigt' (16. Jh.), beide Bildungen in Anlehnung an lat. *historicus*, griech. *historikós* (ἱστορικός) 'geschichtlich, Geschichtsschreiber, -forscher'.

Hit m. 'Erfolgs-, Spitzenschlager', im weiteren 'was erfolgreich, beliebt ist, daher begehrt und gekauft wird', übernommen (Mitte 20. Jh.) von gleichbed. engl. *hit*, eigentl. 'Schlag, Stoß, Treffer'. Das Substantiv ist abgeleitet von engl. *to hit* 'einen Schlag, Stoß versetzen', dem aengl. *hittan*, entlehnt aus anord. *hitta* 'aufsuchen, finden, treffen', voraufgeht; die weitere Herkunft ist fraglich. – H i t p a r a d e f. 'Aufführung, Vorstellung von Spitzenschlagern' (Mitte 20. Jh.), engl. *hitparade*.

Hitze f. 'übergroße Wärme', übertragen

'Erregung, Heftigkeit, Leidenschaft'. Die femininen *jō*-Stämme ahd. *hizza* (um 800), mhd. *hitze*, mnd. *hitte*, *hette*, mnl. nl. *hitte* sowie anord. *hita* f. und *hiti* m. sind ablautende Abstraktbildungen zu dem unter *heiß* (s. d.) dargestellten Adjektiv. – erhitzen Vb. 'heiß machen, stark erwärmen', übertragen 'in Aufregung bringen, (refl.) sich erregen', ahd. *irhizzen*, mhd. *erhitzen* 'heiß werden, heiß machen', Präfixbildung zu heute nicht mehr üblichem *hitzen* 'heiß sein oder werden, heiß machen, Hitze geben', ahd. *hizzōn* (um 800), mhd. *hitzen*. hitzig Adj. 'heftig, leidenschaftlich, ungestüm, aufbrausend', mhd. *hitzec*, *hitzic*. Hitzkopf m. 'rasch aufbrausender, unbesonnener Mensch' (18. Jh.). Hitzschlag m. (Mitte 19. Jh.), älter *Hitzstich* (16. Jh.).

Hobby n. 'Liebhaberei, angenehme Neben-, Freizeitbeschäftigung', Übernahme (20. Jh.) von gleichbed. engl. *hobby*, eigentl. wie voraufgehendes *hobyn*, *hoby* '(kleines) Pferd' (heute noch mundartlich). Diese Formen entsprechen dem Namen *Hobin*, *Hobby* für *Robin*. Die Zusammensetzung *hobbyhorse* bezeichnet ein Kinderspielzeug, bestehend aus einem Stock mit hölzernem Pferdekopf (nhd. *Steckenpferd*, s. *Pferd*), übertragen eine 'Neigung, Liebhaberei', wofür die Kurzform *hobby* üblich wird.

Hobel m. 'spanabhebendes Werkzeug zum Glätten von Holzflächen', ahd. *hobil* (10. Jh.), mhd. *hovel*, *hobel*, mnd. *hōvel* ist eine Bildung mit dem Suffix germ. *-ila-* (für Gerätebezeichnungen) und im Sinne von 'gebogenes, gekrümmtes Werkzeug' (vgl. die Entsprechung lat. *ferrum recurvum* Ahd. Gl. 4, 279, 48) verwandt mit anfrk. *huvil* (9. Jh.), mhd. *hübel*, (md.) *hubel*, *hobel*, *huvel*, nhd. (mundartlich) *Hübel* 'Anhöhe', asächs. *huƀil*, mnd. *hōvel* 'Hügel, Haufen, Höcker', mnl. *hōvel*, *hoevel*, *huevel*, nl. *heuvel* 'Hügel, Buckel, Höcker'. Außergerm. vergleichbar sind lit. *káupas*, *kaũpas* 'Haufen, Anhäufung, Übermaß', aslaw. *kupъ*, russ. *kúpa* (*купа*) 'Haufen, Menge', so daß von einer Labialerweiterung ie. **keup-*, **kūp-* der Wurzel ie. **keu-*, **keu̯ə-* 'biegen, Wölbung, Höhlung' (s. *Hof* und *hoch*) ausgegangen werden kann. Vom Substantiv abgeleitet hobeln Vb. 'mit dem Hobel Holz glätten', spätmhd. *hoveln*, *hobeln*, frühnhd. (md.) *höffelen*, *hof(f)eln*, (obd.) *hobeln* (15. Jh.), mnd. *hōvelen*.

hoch Adj. 'aus einer Ebene herausragend, weit nach oben reichend', übertragen 'nach Wert, Maß, Rang, Bedeutung hervorragend, über den Durchschnitt hinausgehend', ahd. *hōh* (8. Jh.), mhd. *hōch*, *hō*, asächs. *hōh*, mnd. *hō(ch)*, mnl. *hō*, *hooch*, nl. *hoog*, aengl. *hēah*, engl. *high*, anord. *hār*, got. *hauhs*, germ. **hauha-* geht vielleicht wie *Hügel* (s. d.) und aind. *kucaḥ* 'weibliche Brust', *kucáti* 'zieht sich zusammen, krümmt sich', lit. *kaũkas* 'Beule', *kaũkaras* 'Hügel', russ. *kúča* (*куча*) 'Haufen, Heuschober' auf die Gutturalerweiterung ie. **keuk-*, **kūk-* der Wurzel ie. **keu-*, **keu̯ə-* 'biegen, Wölbung, Höhlung' zurück (wozu auch [1]*Hocke*, *Hobel*, *Haufen*, *hüpfen*, *Haube*, s. d.), so daß *hoch* ursprünglich als '(hervor-, empor)gewölbt' zu verstehen ist. – Hoch n. 'Höhe, Größe' (17. Jh.); in der Meteorologie (20. Jh.) Kurzform für *Hochdruckgebiet* (um 1900). Höhe f. 'Ausdehnung, Ausmaß in vertikaler Richtung, Dimension, Spitze, Gipfel', mit vielfältigem übertragenem Gebrauch, ahd. *hōhī* (8. Jh.), mhd. *hœhe*, *hōhe*, asächs. *hōhi*, got. *hauhei*. Anhöhe f. 'Hügel, ansteigendes Gelände' (18. Jh.). Hoheit f. 'Erhabenheit, hohe Würde, Herrschaftsbefugnis (über ein bestimmtes Gebiet)', auch Anrede für einen hohen fürstlichen Würdenträger, mhd. *hōchheit*, *hōcheit*. höchstens Adv. 'maximal, im äußersten Falle' (16. Jh.), dann auch 'im günstigsten Falle, bestenfalls', gebildet zum Superlativ *höchst*. erhöhen Vb. 'in eine höhere Position bringen, (an)heben, verherrlichen', ahd. *irhōhen* (9. Jh.), mhd. *erhœhen*; vgl. gleichbed. ahd. *hōhen* (8. Jh.), mhd. *hōhen*, *hœhen*. Hochachtung f. 'Wertschätzung, Respekt' (16. Jh.); hochachtungsvoll Adj. 'respektvoll, von Wertschätzung erfüllt', bes. als Schlußfloskel bei förmlichen Briefen (19. Jh.). hochdeutsch Adj. Bezeichnung des (vor allem durch die 2. Lautverschiebung gekennzeichneten) Sprachstandes des Mittel- und Oberdeutschen (2. Hälfte 15. Jh.), dann auch im Sinne von 'nicht mundartlich, der Norm der Literatursprache entsprechend'; ausgehend wohl von der meist gebirgigen Beschaffenheit der md. und obd. Landschaften (s. das Gegenwort *niederdeutsch* und vgl. die Bezeichnung *Niederlande*). hochherzig Adj. 'großmütig, von edler, selbstloser Gesinnung' (17. Jh.), vgl. aengl. *hēahheort*, got. *hauh-*

haírts 'hochmütig, überheblich'. Hochmeister m. 'Oberster eines geistlichen Ritterordens', mhd. *hōchmeister*, *hōmeister*, dann auch 'Vorsteher der gesamten Judenschaft im Reich, hoher Gelehrter'. Hochmut m. 'übersteigertes Selbstgefühl, Überheblichkeit', ahd. *hōhmuot* (11. Jh.), mhd. *hōchmuot*, auch im Sinne von 'hohe, edle Gesinnung, Hochstimmung, Freude'; hochmütig Adj. 'überheblich, übertrieben stolz', ahd. *hōhmuotīg* (um 1000), mhd. *hōchmüetic*. hochnäsig Adj. 'anmaßend, eingebildet' (18. Jh.); vgl. die Redensart *die Nase hoch tragen* (18. Jh.). Hochofen m. hoher Schachtofen zur Ausschmelzung des Roheisens aus dem Erz, zunächst *Hoherofen* (18. Jh.), *Hohofen* (19. Jh.). Hochschule f. Bildungsstätte, in der die Qualifikation für akademische Berufe vermittelt wird, 'Universität' (15. Jh.), daneben zunächst auch *Hohe Schule*, *Hoheschule*. Hochstapler m. 'seriös und vornehm auftretender Betrüger' (18. Jh.), zu rotw. *Stappler*, *Stabeler*, *Stabuler* 'Bettler' (15. Jh.), vgl. rotw. *stappeln*, *stapeln*, *stabeln* 'bettelnd umherziehen', nhd. (literatursprachlich und landschaftlich) *stapeln* 'hochbeinig, gespreizt gehen, betteln gehen'. hochtrabend Part.adj. 'von oben herab, überheblich' (vgl. *auf dem hohen Roß sitzen*), mhd. *hōchtrabende*. Hochwasser n. 'höchster Wasserstand innerhalb der Gezeiten, Überschwemmung(sgefahr)' (19. Jh.), vorher *hoch Wasser* (16. Jh.). Hochwild n. 'wertvollste Wildkategorie', z. B. Rotwild, Schalenwild, edles Federwild (16. Jh.), *hoewilt* (15. Jh.), entsprechend der Einteilung in *hohe*, (*mittlere*,) *niedere Jagd*.

Hochzeit f. 'Feier einer Eheschließung, Verehelichung'. Mhd. *hōchzīt*, *hōchgezīt* (das Ahd. kennt nur die pluralische Verbindung von Adjektiv und Substantiv *thio hōhūn gizīti*, 9. Jh.), asächs. *hōhgitīd*, aengl. *hēahtīd*, anord. *hātīð* haben die Bedeutung 'hohes, großes (kirchliches) Fest, Feiertag', die sich für nhd. *Hochzeit* noch im 17. Jh. nachweisen läßt. Auch außerhalb der Komposition bzw. der Verbindung mit dem Adjektiv können aengl. asächs. *tīd*, ahd. *gizīt* (die lautlichen Entsprechungen von nhd. *Zeit*, *Gezeiten*, s. d.) die Bedeutung 'Gedenktag, Fest(tag)' aufweisen (ahd. und asächs. allerdings nur im Plural). Bereits die mhd. Komposita stehen auch für 'Vermählungsfeier' (nach dem 17. Jh. erscheint *Hochzeit* nur noch in diesem verengten Sinne), während aus dem Lat. entlehntes *Fest* (s. d.) die alte, allgemeine Funktion übernimmt. Eine Beziehung der Zusammensetzung zu dem unter *hoch* (s. d.) behandelten Adjektiv wird, wie die heutige Vokalquantität ausweist, nicht mehr empfunden.

[1]**Hocke** f. 'Gruppe von aufgestellten Getreidegarben, Heuhaufen', mnd. *hocke*, *hake*, nd. *Hocke*. Dem vorwiegend nordd. Femininum stehen in obd. und md. Landschaften *Hock* m., *Hocken*, *Hocker* m. 'Getreide-, Heuhaufen' gegenüber. Die Bezeichnung ist mit *Hucke* (s. d.) sowie den unter *hocken* und *Schock* n. (s. d.) genannten Formen auf die Gutturalerweiterung ie. **keug-*, **kūg-* der Wurzel ie. **keu-*, **keu̯ə-* 'biegen, Wölbung, Höhlung' zurückzuführen (wozu auch *hoch*, *Hügel*, *Hobel*, *Haufen*, *hüpfen*, *Haube* s. d.).

hocken Vb. 'mit angezogenen Knien dasitzen, kauern, untätig herumsitzen', landschaftlich hucken, das auch vielfach die Bedeutung 'in gebückter Stellung eine Last auf den Rücken nehmen und tragen' angenommen hat (s. *Hucke*, *huckepack*). Das erst im Nhd. (16. Jh.) bezeugte Verb steht mit mnl. *hucken*, nl. *hukken* 'niederkauern' ablautend (wohl mit intensivierender Konsonantendoppelung) neben mhd. *hūchen*, nhd. (veraltet) *hauchen*, mnd. mnl. *hūken* 'niederkauern, in die Knie gehen, sich ducken', anord. *hūka* 'kauern'. Zur weiteren Verwandschaft s. [1]*Hocke*. – [2]Hocke f. in der Turnersprache eine Grundposition bei bestimmten Turnübungen, die mit angewinkelten Knien ausgeführt werden, Rückbildung (Jahn 1816) aus dem Verb, unabhängig von [1]*Hocke* (s. d.). Hocker m. 'Sitzmöbel ohne Lehne, Schemel' (um 1900).

Höcker m. 'Erhebung, Auswuchs, Buckel', ahd. *hogar* (Hs. 12. Jh.), mhd. *hoger*, frühnhd. *hoger*, *hoker*, *hocker* (15. Jh.), nhd. *Höcker* 'Buckel' (16. Jh., mit Umlaut wohl in Angleichung an das abgeleitete Adjektiv, s. unten) stellt sich mit den unter *hoch* (s. d.) genannten Formen zur Gutturalerweiterung ie. **keuk-*, **kūk-* der Wurzel ie. **keu-*, **keu̯ə-* 'biegen, Wölbung, Höhlung'. Einer Labialerweiterung ie. **keup-*, **kūp-* derselben Wurzel folgen die Parallelformen ahd. *hovar* (9. Jh.), mhd. *hover* 'Höcker, Buckel', frühnhd. (obd. bis ins 16. Jh.) *Hofer*, aengl. *hofer* 'Buckel,

Beule, Hügel' mit anfrk. *huvil* 'Anhöhe' (9. Jh.), mhd. *hübel*, nhd. (mundartlich) *Hübel* sowie das unter *Hobel* (s. d.) behandelte Substantiv. – h ö c k e r i g Adj. 'mit einem Buckel, mit Vorsprüngen, Unebenheiten behaftet', älter *höckericht* (16. Jh.), ahd. *hogaroht(i)* (Hs. 12. Jh.), *hovaroht(i)* (8. Jh.), mhd. *hockereht*, *hoveroht*, *hovereht*.

Hockey n. Mannschaftsspiel, bei dem ein Ball mit gekrümmten Schlagstöcken getrieben wird. Spiel und Bezeichnung werden Ende des 19. Jhs. aus dem Engl. ins Dt. übernommen. Herkunft ungeklärt. Vielleicht besteht hinsichtlich der hakenförmig gekrümmten Hockeyschläger eine Verbindung zu engl. *hook*, s. *Haken*.

Hode m. f., heute vornehmlich H o d e n m., 'männliche Keimdrüse', ahd. *hōdo* (um 800), mhd. *hōde* ist verwandt mit lat. *cutis* 'Haut', kymr. *cwd* 'Hodensack', (mit anlautendem *s*) griech. *skýtos* (σκῦτος) 'zubereitete Haut, Leder, Lederriemen', die wie die unter *Haut* und *Hütte* (s. d.) behandelten Substantive zu der Dentalerweiterung ie. **(s)keut-* der Wurzel ie. **(s)keu-*, **(s)keu̯ə-*, **(s)kū-* 'bedecken, umhüllen' gehören (wozu u.a. auch *Scheune*, *Schote*).

Hof m. 'in einen Wohnkomplex einbezogener eingezäunter Platz, bäuerliches Anwesen, fürstliche Residenz, fürstliches Gefolge und Milieu', ahd. (9. Jh.), mhd. asächs. mnd. mnl. nl. aengl. *hof* können der unter *Hobel* (s. d.) behandelten Labialerweiterung ie. **keup-*, **kūp-* der Wurzel ie. **keu-*, **keu̯ə-* 'biegen, Wölbung, Höhlung' zugeordnet werden; dann würde Verwandtschaft mit *Hübel* ebenso wie mit *Hügel*, *hoch* (s. d.) und den dort genannten Wörtern bestehen. Der inhaltliche Bezug zur genannten Wurzel ließe sich aus der Vorstellung eines auf erhöhtem Gelände, auf einer Anhöhe gelegenen Anwesens erklären, wofür Parallelen wie norw. *hov* 'Hügel', anord. *hof* 'Tempel' sprechen. Vertreten wird auch die Vermutung, daß die aus Lehm und Flechtwerk errichtete Wand eines Gebäudes oder einer Einhegung um den Wohnkomplex, also eine Wurzelbedeutung 'biegen, flechten; umhegter, umzäunter Raum' als Ausgangspunkt zu betrachten sei (vgl. DE VRIES Nl. 261). Die bereits im Ahd. und Asächs. nachzuweisende und bei mhd. *hof* deutlich hervortretende Verwendung im Sinne von 'Fürstenresidenz, fürstlicher Hofstaat', an die die meisten Komposita und Ableitungen anknüpfen, entwickelt sich unter dem Einfluß von gleichbed. afrz. *cort* (frz. *cour*), mlat. *cortis*, *curtis*. – G e h ö f t n. 'bäuerliches Anwesen, ländlicher Gebäudekomplex', frühnhd. (md.) *gehofte* (15. Jh.), dann *Gehöfte*, *Gehöfde*; Kollektivbildung zu *Hof*. h o f i e r e n Vb. 'jmdn. mit Galanterie, übertriebener Liebenswürdigkeit behandeln, sich mit Höflichkeit und Dienstbeflissenheit um jmds. Gunst bemühen' (vgl. *jmdm. den Hof machen*), mhd. *hovieren*, *hofieren*, auch 'in festlicher Geselligkeit sich erfreuen, aufwarten, musizieren, einherstolzieren'. h ö f i s c h Adj. 'zum Hof (eines Fürsten) gehörig, den Fürstenhof betreffend', mhd. *hövesch*, *hövisch* 'hofgemäß, fein, gesittet, unterhaltend', entsprechend afrz. *corteis*, *cortois* (frz. *courtois*); s. auch *hübsch*. h ö f l i c h Adj. 'zuvorkommend, aufmerksam, gute Umgangsformen beweisend', mhd. *hovelich* 'dem Hof angemessen, fein gebildet'; H ö f l i c h k e i t f. 'guter Umgangston, Zuvorkommenheit', mhd. *hovelecheit*. H ö f l i n g m. 'Angehöriger eines fürstlichen Hofstaats, Fürstendiener', mhd. *hovelinc*. H o f m e i s t e r m. 'Verwalter, Aufseher über Dienerschaft und Hofhaltung eines Fürsten, Erzieher (in einem vornehmen Hause)', mhd. *hovemeister*. H o f n a r r m. 'Spaßmacher, Unterhalter an einem Fürstenhof' (16. Jh.).

Hoffart f. 'übersteigerter Stolz, überheblicher Hochmut, Dünkel', mhd. *hoffart* ist die assimilierte Form von mhd. *hōchvart*, auch *hōh(e)vart*, *hōvart* 'Hochsinn, edler Stolz, äußerer Glanz, Pracht, Aufwand, Übermut'. Das zusammengesetzte Substantiv folgt der verbalen Fügung mhd. *hōhe varn* 'vornehm leben' (mhd. *hōhe* Adv. in der Bedeutung 'vornehm, stolz' und *varn* im Sinne von 'sich befinden, leben'; dazu *Wohlfahrt*, s. *wohl*, zur Etymologie s. *hoch* und *fahren*). Die Bedeutung entwickelt sich von 'vornehme Lebensart' über 'edler Stolz' bis zu 'Hochmut, Dünkel'. – h o f f ä r t i g Adj. 'übertrieben stolz, hochmütig, dünkelhaft', ahd. *hōhfertīg* (um 1000), mhd. *hōchvertec*, *hōchvertic* 'hochgesinnt, stolz, prachtvoll, übermütig'.

hoffen Vb. 'mit Zuversicht erwarten, zuversichtlich glauben, Vertrauen in die Zukunft haben', mhd. *hoffen*, mnd. *hōpen*, *hoppen*, *hapen*, mnl. *hōpen*, nl. *hopen*, aengl. *hopian* (9. Jh.), engl. *to hope*. Die Herkunft des vielleicht durch die angelsächsische Mission auf dem Festland bekannt gewordenen und ahd. *(gi)thingen*, mhd. *(ge)dingen* 'hoffen' (zu *Ding*, *dingen*, s. d.) verdrängenden Verbs ist nicht geklärt. Eine Anknüpfung an die unter *hüpfen* (s. d.) angegebenen Formen, die für *hoffen* eine Deutung 'vor Erwartung aufspringen' voraussetzt, ist fraglich. – hoffentlich Adv. 'möge es doch geschehen (, daß ...), man kann erwarten, daß ...', mhd. *hof(fen)lich* Adj. 'was zu hoffen ist, hoffend, Hoffnung erweckend', zum Infinitiv *hoffen* gebildet; mit Gleitlaut *-t-* seit 17. Jh. Hoffnung f. 'zuversichtliche Erwartung, Vertrauen in die Zukunft, Zuversicht', mhd. *hoffenunge*. verhoffen Vb. heute nur noch in der Jägersprache im Sinne von 'stehenbleiben, um zu sichern, sich unruhig umsehen, stutzig werden' (vom Wild), mhd. *verhoffen* 'stark hoffen, erwarten, die Hoffnung aufgeben, verzweifeln'. unverhofft Part.adj. 'unerwartet, unvermutet, plötzlich, überraschend' (15. Jh.).

hohl Adj. 'innen nicht ausgefüllt, leer, nach innen gekrümmt, konkav, dumpf klingend, ohne inneren Gehalt'. Die Herkunft des germ. Adjektivs ahd. (8. Jh.), mhd. asächs. mnd. mnl. nl. aengl. *hol* (vgl. sustantiviertes engl. *hole* 'Loch, Grube, Höhle'), anord. *holr* ist nicht geklärt. Falls sich aind. *kulyam* 'Aufbewahrungsort für die Knochen eines verbrannten Leichnams', *kulyā́* 'Bach, Graben, Kanal', *kúlam* 'Geschlecht, Sippe, Menge, Herde', *mahā-kulá-* 'eine große Höhlung habend' und griech. *kaulós* (καυλός) 'Stengel, Federkiel, Schaft', lat. *caulis* (vlat. *cōlis*) 'Stengel, Stiel, Strunk, Kohl' (s. [1]*Kohl*), mir. *cuaille* 'Pfahl', lit. *káulas* 'Knochen, Bein, Kern im Steinobst', lett. *kauls* 'Knochen, Stengel, Kern, Schale', apreuß. *kaulan* 'Knochen, Bein' vergleichen lassen, kann von ie. **kaul-*, **kul-* 'hohl, Hohlstengel, Röhrenknochen' ausgegangen werden. – Höhle f. 'Hohlraum in der Erde, im Felsen, Tierbehausung', ahd. *holī* (8. Jh.), *hulī* (9. Jh.), mhd. *höl(e)*, *hüle*; Abstraktbildung zum Adj. Höhlung f. 'ausgehöhlte Stelle, Vertiefung, Einbuchtung', frühnhd. *holung* (15. Jh.), Abstraktum zu seltenem *höhlen* 'hohl machen', mhd. *höln*, vgl. ahd. *holōn* (10. Jh.), mhd. *holn*, got. *ushulōn* 'aushöhlen'; heute meist *aushöhlen* (15. Jh.). hohläugig Adj. 'mit tiefliegenden Augen' (16. Jh.). Hohlspiegel m. 'Spiegel mit nach innen gewölbter Oberfläche' (18. Jh.). Hohlweg m. 'Weg durch einen Geländeeinschnitt' (17. Jh.).

Hohn m. 'boshafter, mit Verachtung und Schadenfreude vermischter, beißender Spott', ahd. *hōna* f. (9. Jh.), mhd. mnd. *hōn* m., mnl. nl. *hoon* m. sowie ahd. *hōnida* (8. Jh.), mhd. *hœnde*, *hœne*, asächs. *hōnða* 'Schmach, Schande' sind Abstrakta zu den Adjektivbildungen ahd. *hōni* (9. Jh.), mhd. *hœne* 'verachtet, in Schmach lebend', auch 'hochfahrend, zornig, gefährlich', aengl. *hēan* 'niedrig, verachtet, arm, elend', got. *hauns* 'niedrig, demütig'. Diese stellen sich mit griech. *kaunós* (καυνός) 'schlecht, trocken, dürr', lett. *kauns* 'Scham, Schande, Schmach' als *n*-Erweiterungen zur Wurzel ie. **kau-* 'erniedrigen, demütigen, Schande, Scham', die auch in anord. *hāð* 'Spott, Hohn' und lit. *kūvėtis* 'sich schämen' vorliegt. Von den gleichen Adjektivbildungen abgeleitet sind höhnen Vb. 'boshaft, verächtlich spotten, höhnisch sprechen', ahd. *hōnen* (um 800; vgl. ahd. *ungihōnit*, 8. Jh.), mhd. *hœnen* 'entehren, herabsetzen, schmähen', asächs. *hōnian*, mnd. *hōnen* 'schmähen', mnl. *hōnen*, nl. *hoonen* '(ver)höhnen', aengl. *hīenan*, got. *haunjan* 'erniedrigen'. Ursprünglich fehlt der Wortgruppe das Moment schadenfroher Überlegenheit. höhnisch Adj. 'voller Hohn, spöttisch, schadenfroh', mhd. *hœnisch*. hohnlachen Vb. 'höhnisch lachen', mhd. *hōnlachen* 'hinterlistig lachen'; Hohngelächter n. (17. Jh.). hohnsprechen Vb. 'spotten, widersprechen' (15. Jh.). verhöhnen Vb. 'verspotten, lächerlich machen', mhd. *verhœnen* 'herabsetzen, entehren'.

Höker m. (älter auch *Höke*, *Höcke*) 'Kleinhändler', wohl auf eine Form mit nd.-md. Lautung zurückgehend. Mhd. *hucke*, (md.) *hocke*, *höcke* 'Kleinhändler', mnd. *hōke* sowie mhd. *huckener*, *hucker*, (md.) *hockener*, *hocker*, mnd. *hōker(e)*, *hȫker(e)* sind wahrscheinlich Bildungen zu *Hucke* 'Traglast' und [1]*Hocke* (s. d.), so daß *Höker* eigentl. als 'einer, der die aufgekaufte und von ihm feilgebotene Ware auf dem Rücken trägt' zu erklären ist. Dazu Hökerin f. (17. Jh.); vgl. spätmhd. *hocke* f. 'Kleinhändlerin'; Hökerweib n. (um 1800). – hökern Vb. (anfangs auch *hoken*, *hocken*, *höken*, *höcken*, *höckern*) 'Kleinhandel treiben' (16. Jh.). verhökern Vb. (auch *verhöken*) 'verkaufen, verschachern, zu Geld machen' (Anfang 18. Jh.).

Hokuspokus m. Formel bei Zauberkunststücken, auch 'Taschenspielerei, Zauberkunststück, Blendwerk, Unfug, Faxen'. In England begegnet *hocas pocas* (1624), *hokos pokos* (1625) als Bezeichnung für einen 'Taschenspieler', dann *Hocuspocus* (1632) als Zauberformel und als Eigenname im Titel *Hocus Pocus junior, The Anatomic of Legerdemain* (1634) eines Buches, das ins Nl. (ebenfalls 1634) und ins Dt. *Hocus Pocus junior oder Taschenspielkunst* (1667) übersetzt wird. Im Dt. sind belegt *Machiavellischer Hocus Pocus oder statistisches Taschen-, Gaukkel- und Narren-Spiel* (Titel, erschienen ohne Ort und Jahr, vielleicht schon 1575?), danach *Ox box* (1628), *Ocos Bocos* (1640), *Hogges und Pogges* (1654) für den Spruch der Taschenspieler, auch für 'Zauberei', *Ocus Bocus* (1650) als Pseudonym eines Verlegers leichtfertiger Geschichten. Herkunft des Ausdrucks ist ungeklärt. Vielleicht beruht er auf einer Zersprechung der Meßformel lat. *hoc est (enim) corpus (meum)* oder auf einer 1563 bezeugten, von fahrenden Schülern erfundenen (oder ebenfalls aus der Meßformel verballhornten) pseudolat. Zauberformel *hax, pax, max, deus adimax*.

hold Adj. 'geneigt, günstig gesinnt, zugetan', auch (seit dem 18. Jh.) 'anmutig, lieblich, bezaubernd'. Das Adjektiv ahd. *hold* (8. Jh.), mhd. mnd. *holt* 'geneigt, zugetan, gnädig, treu, ergeben, dienstbar', asächs. afries. aengl. *hold*, mnl. *hout*, anord. *hollr*, schwed. dän. *huld*, got. *hulþs* (germ. **hulþa-*) bezieht sich im Mittelalter bes. auf das gegenseitige Verhältnis zwischen Lehnsherrn und Gefolgsmann und bedeutet daher einerseits 'gnädig, geneigt', andererseits 'treu ergeben'. Dazu gehören das Abstraktum *Huld* (s. d.) und die Substantivierungen ahd. *holdo* m. (9. Jh.), mhd. *holde* m. 'Freund, Geliebter, Diener, Dienstmann', *holde* f. 'Freundin, Dienerin', die auch übernatürliche Wesen (Geister, Dämonen, mythische Gestalten) bezeichnen können, vgl. mhd. *die guoten holden* 'Hausgeister', *des tievels holde* 'Höllengeister', ferner *Unhold* (s. unten) und *Frau Holle*. Das Adjektiv führt im Sinne von 'geneigt' mit der unter *Halde* (s. d.) dargestellten Wortgruppe auf die Wurzel ie. **k̂el-* 'neigen'. – abhold Adj. 'nicht gewogen, abgeneigt, feindlich gesinnt', mhd. *abholt*. holdselig Adj. 'reizend, lieblich, anmutig' (15. Jh.), Zusammensetzung aus *hold* und *-selig* (s. d.) und früher als das Simplex (s. oben) auf die Anmut der Erscheinung bezogen; dazu Holdseligkeit f. (16. Jh.). Unhold m. 'böser, furchterregender Geist des Volksglaubens, Teufel, Ungeheuer, roher, gewalttätiger Mensch', asächs. *unholdo*, mhd. *unholde* 'der Ungeneigte, Böse, Feindselige, Dämon, Teufel', aengl. *unholda*, got. *unhulþa* sowie die fem. Formen ahd. *unholda* (8. Jh.), mhd. *unholde* (wofür im 17. Jh. *Unholdin* neben *Unhold* f.), got. *unhulþō* sind Substantivierungen des heute selten gebrauchten Adjektivs unhold 'böse, feindselig, unfreundlich, abgeneigt', ahd. (9. Jh.), asächs. aengl. *unhold*, mhd. *unholt* 'nicht geneigt, feindlich, feindselig'. *Unhold* bezeichnet ursprünglich ein 'dämonisches Wesen', im christlichen Sinne den 'Teufel', heute einen 'bösartigen Menschen', oft einen 'Sittlichkeitsverbrecher'.

holen Vb. 'hingehen und etw. herbringen, herbeischaffen, jmdn. veranlassen, bitten zu kommen', refl. 'sich etw. Schlimmes zuziehen', ahd. *halōn*, (seltener) *holōn* (8. Jh.), *holēn* (9. Jh.), mhd. *hol(e)n*, (seltener) *haln* 'herbeirufen, herbeibringen, erreichen, erwerben und mit sich fortführen', asächs. *halon* 'holen, ziehen, bringen', mnd. mnl. *hālen*, nl. *halen* 'holen, ziehen', aengl. *geholian* 'bekommen, erhalten'. Die Herkunft der (untereinander ablautenden) westgerm. Verbformen ist nicht sicher geklärt. Man verbindet sie gewöhnlich mit griech. *kaleĩn* (καλεῖν) 'rufen, nennen, herbeirufen', lat. *calāre* 'aus-, zusammenrufen' und stellt sie in Sinne von '(herbei)rufen' bzw. 'rufen beim gemeinschaftlichen Ziehen' zu der unter *hell* (s. d.) angegebenen Wurzel ie. **kel(ə)-* 'rufen, schreien, lärmen, klingen' (s. auch *Hall*). Oder man geht von einer Grundbedeutung 'ziehen, mit Anstrengung herbeischaffen' aus, vergleicht griech. *kálōs* (κάλως) 'Seil, Tau, Kabel' (das Frisk 1, 770 allerdings als technisches Fremdwort fernhalten will) und setzt eine Wurzel ie. **kal-* 'ziehen' voraus; vgl. Mansion in : PBB 33 (1908) 547ff. – erholen Vb. refl. 'sein Wohlbefinden wiedererlangen, wieder zu Kräften kommen, gesund werden, ausspannen', ahd. *irholōn* (9. Jh.), *irhalōn* (10. Jh.) 'herbeiholen, (Geld) einfordern', mhd. *erholn* 'einbringen, erwerben, Versäumtes nachholen, erfrischen', refl. 'sich erholen, ein Versäumnis gutmachen, sich anders besinnen'; Erholung f. (15. Jh.). nachholen Vb. 'nachträglich holen, Versäumtes nachträglich erledigen, nacharbeiten' (17. Jh.). überholen Vb. in unfester Zusammensetzung 'herüberholen, übersetzen, ans andere Ufer befördern', bes. im Ruf nach dem Fährmann *hol' über!*, mhd. *überholn* (s. *hallo*); in fester Zusammensetzung 'einholen und hinter sich lassen, an Geschwindigkeit übertreffen' (16. Jh.), übertragen 'in der Leistung übertreffen', in der Technik '(Maschine, Fahrzeug) auf Fehler durchsehen, prüfen, Mängel beseitigen, ausbessern', zuerst in der Seemannssprache (als Übersetzung von engl. *to overhaul*) 'gründlich nachsehen und instand setzen' (um 1870); vgl. *Generalüberholung* (20. Jh.); überholt Part.adj. 'veraltet' (20. Jh.).

Hölle f. nach christlicher Auffassung 'Stätte der Verdammnis, Ort für die nach dem Tod verdammten Seelen', übertragen 'Ort großer Qualen'. Ahd. *hella* (9. Jh.), mhd. mnd. *helle*, nhd. *Hölle* (allgemein seit 17. Jh.), asächs. *hellia*, mnl. *helle*, *hille*, nl. *hel*, aengl. *hel(l)*, engl. *hell*, anord. *hel*, got. *halja*, germ. **haljō* gehört als 'das Verbergende oder Verborgene' zu der unter *hehlen* (s. d.) angeführten Wurzel ie. **k̑el-* 'bergen, verhüllen' und bezeichnet ursprünglich den 'unterirdischen Aufenthaltsort der Toten' (vgl. den Namen der Todesgöttin anord. *Hel*), in christlicher Vorstellung den 'Aufenthaltsort der Verdammten'. SZADROWSKY in : PBB 72 (1950) 221ff. verbindet dagegen die germ. Formen für 'Hölle' mit anord. *hella* 'flacher Stein', aengl. *heall* 'Felsen', got. *hallus* 'Fels' (mit nicht gesicherter Etymologie), nimmt eine Bedeutungsentwicklung von 'Felsplatte' zu 'Gruftplatte, Grabplatte', dann zu 'Grab' und 'Totenreich' an und hält den Anschluß (über 'deckende, verbergende Steinplatte') an die Wortgruppe von *hehlen* für sekundär. – höllisch Adj. 'zur Hölle gehörig, die Hölle betreffend, schrecklich, grausam', mhd. *hellisch*, *hel(le)sch*. Als Verstärkung, Übertreibung im Sinne von 'sehr groß, sehr stark', adverbial 'sehr' begegnet *höllisch* seit dem 17. Jh. Mit dieser Verwendung decken sich zahlreiche substantivische Zusammensetzungen mit *Höllen-* wie *Höllenangst*, zufrühst 'Angst vor der Hölle' (16. Jh.), *Höllenhitze*, zuerst 'Hitze, Feuer in der Hölle' (17. Jh.), *Höllenlärm* (19. Jh.), *Höllentempo* (20. Jh.). Höllenmaschine f. 'getarnte Sprengladung mit Zeitzünder' (1. Drittel 19. Jh.), nach frz. *machine infernale*. Höllenstein m. aus Silbernitrat bestehendes, in der Heilkunde verwendetes Ätzmittel (Mitte 18. Jh.), zuvor *höllischer Stein* (1712); vgl. nlat. *lapis infernalis*, frz. *pierre infernale*. Spielhölle f. abschätzige Bezeichnung eines Spielkasinos (um 1830).

[1]**Holm** m. 'Axtstiel, Griff des Ruders', in der Technik 'mit Pfählen verzapfter, querliegender Balken, Längsträger einer Tragfläche, Handlauf eines Geländers', in der Turnersprache 'jede der beiden Längsstangen an Barren und Leiter' (Jahn 1816). Ausgangswort ist mnd. *holm* 'Querbalken, Jochträger', eine schwundstufige Nebenform zu dem unter [2]*Helm* (s. d.) behandelten Substantiv.

[2]**Holm** m. 'kleine Insel, Flußinsel, Halbinsel', ein nd. Wort, das im 17. Jh. über Reisebeschreibungen in die Literatursprache aufgenommen wird. Asächs. *holm* 'Hügel', mnd. *holm* 'herausragendes Landstück, Fluß-, Meeresinsel', mnl. *holm* 'Flußinsel', aengl. (aus dem Anord.) *holm* 'Wasser, Welle, Woge, hohe See, Insel', engl. *holm(e)* 'Werder, Uferland', anord. *holmr*, *holmi* 'Insel, Hügel', schwed. *holme* '(kleine) Insel' (vgl. *Stockholm*) führen (bei unterschiedlichem Ablaut) mit lat. *columen*, *culmen* 'Höhepunkt, Gipfel, First' (s. *kulminieren*), *columna* 'Säule' (s. *Kolumne*, *Kolonne*) als Bildungen mit Suffixen auf die Wurzel ie. **kel(ə)-* 'ragen, hoch(heben)', zu der auch nd. *Hull* 'kleiner Erdhügel', mnl. *hulle*, aengl. *hyll*, engl. *hill* 'Hügel, Berg', mnl. *hille*, nl. *hil(le)* 'Hügel' (aus germ. **huln-*, **heln-*) sowie griech. *kolṓnē* (κολώνη), *kolōnós* (κολωνός), lat. *collis* (aus **colnis*) 'Hügel, Anhöhe', lit. *kálnas* 'Berg' und auch lat. *excellere* 'hervorragen' (s. *exzellent*), *celsus* 'hochragend, erhaben, hochmütig', aslaw. *čelo*, russ. *čeló* (чело) 'Stirn' gehören.

holpern Vb. 'geräuschvoll beim Gehen anstoßen, stolpernd laufen, rüttelnd fahren' (16. Jh.), auch 'ungeschickt, nicht flüssig sprechen, stocken' (19. Jh.); vgl. spätmhd. *holpeln* 'stolpern', bair. *(herum)holpeln* 'jmdn.

herumstoßen'. Herkunft unklar. Vielleicht lautmalenden Ursprungs. – h o l p r i g Adj. (18. Jh.), *hölpericht* (16. Jh.).

Holunder m. Der Name für die Gattung der Geißblattgewächse mit weißen Blüten in schirmförmiger Trugdolde, für die seit alters auch *Flieder* (s. d.) gilt, ist auf das dt. Sprachgebiet beschränkt. Ahd. *holuntar*, *holantar* (9. Jh.), mhd. *holunder*, *holunter* ist mit dem in Baumnamen auftretenden Suffix germ. *-ðra-* (ie. *-tro-*) gebildet (s. *Teer*), das in *Flieder* (s. d.) ebenso begegnet wie in ahd. *affaltar* 'Apfelbaum' und seinen germ. Entsprechungen (im Ahd. und Aengl. daneben auch auf germ. *-ðrō, -ðrōn* zurückgehende fem. Bildungen); s. *Apfel*, ferner *Rüster* und *Wacholder*. Das Stammwort ist verwandt mit dän. *hyld*, aschwed. *hylle*, schwed. *hyll* 'Holunder', mengl. *hildir*, außergerm. mit aind. *kalaṅkaḥ* 'Fleck, Schmutz', griech. *kelainós* (κελαινός) 'schwarz, dunkel, finster', lat. *columba* 'Taube', so daß Anschluß an die Wurzel ie. **kel-* in Wörtern für helle und dunkle Flecke, graue und schwärzliche Farbtöne möglich ist. Aus den anfangsbetonten Formen der frühen Sprachstufen entstehen ahd. *holdera* (9. Jh.), *holer* (11. Jh.), mhd. *holder*, *holer*, mnd. *holder*, nhd. (mundartlich) *Holder*, *Holler*.

Holz n. 'Gewebe und Stamm von Bäumen und Sträuchern, Baum, Wald, aus Holz gefertigter Gegenstand', ahd. (8. Jh.), mhd. *holz*, asächs. mnd. aengl. anord. *holt*, mnl. nl. *hout*, engl. (dichterisch) *holt*, schwed. (mundartlich) *hult* führen als schwundstufige Bildungen (germ. **hulta-*) wie griech. *kládos* (κλάδος) 'Ast, Zweig, Trieb', *kladarós* (κλαδαρός) 'gebrechlich' und unterschiedlich ablautendes lat. *clādēs* 'Verletzung, Schaden, Unheil, Niederlage' sowie aslaw. *klada* 'Holzblock', russ. *kolóda* (колода) 'Balken, Block, Baumstamm' auf eine *d*-Erweiterung der Wurzel ie. **kel(ə)-* 'schlagen, hauen', so daß *Holz* ursprünglich als das 'Abgeschlagene, Abgehauene' aufzufassen ist. – h o l z e n Vb. 'Holz fällen und aus dem Walde schaffen', mhd. *holzen*, auch 'mit Holz versehen', übertragen 'prügeln' (Anfang 19. Jh.), im Fußball 'roh spielen' (20. Jh.). H o l z e r m. 'Holzhauer', mhd. *holzer*; im Fußball 'roher Spieler' (20. Jh.). h ö l z e r n Adj. 'von Holz', mhd. *hulzerīn*; vgl. daneben ahd. *holzīn* 'aus Holz' (um 1000), mhd. *hülzīn*, *holzīn*. h o l z i g Adj. (16. Jh.). H o l z a p f e l m. 'wildwachsender Apfel', mhd. *holzapfel*. H o l z s c h n i t t m. 'in eine Holzplatte eingeschnittenes Bild und dessen Abdruck' (18. Jh.). H o l z w e g m. 'Waldweg, Weg, auf dem aus dem Walde Holz transportiert wird', mhd. *holzwec*; übertragen 'Weg, der plötzlich aufhört, Abweg, Irrtum' (15. Jh.).

Homespun n. rauhhaariges, kräftiges Streichgarngewebe mit Noppen und Knötchen, meist in Leinwandbindung. Die engl. wie dt. ausgesprochene Bezeichnung für das ursprünglich in der schottischen Heimindustrie hergestellte Gewebe ist Übernahme (Ende 19. Jh.) von gleichbed. engl. *homespun* (eigentl. 'Heimgesponnenes').

homo-, (vor Vokalen) **hom-** 'gemeinsam, gleich-', Bestimmungswort in aus dem Griech. stammenden Zusammensetzungen wie *homogen* 'gleichartig, gleichmäßig zusammengesetzt, übereinstimmend' (18. Jh.), griech. *homogenḗs* (ὁμογενής) 'gleichen Geschlechts, verwandt, gleicher Herkunft oder Art', mlat. *homogeneus*; s. dazu das Antonym *heterogen* und zur Bildungsweise *-gen*. Das Bestimmungswort wird in der Wissenschaftssprache produktiv und bildet weitere Zusammensetzungen wie *Homosexualität* (s. d.), ferner *homozentrisch* 'mit einem gemeinsamen Mittelpunkt' (19. Jh.), *homorgan* 'mit dem gleichen Artikulationsorgan gebildet' von Lauten (20. Jh.). Zugrunde liegt griech. *homós* (ὁμός) 'gemeinsam, derselbe, gleich, ähnlich'. Davon abgeleitet ist griech. *homoĩos*, *hómoios* (ὁμοῖος, ὅμοιος) 'gleich, gleichartig, ähnlich', das über lat. *homoe(o)-* das Bestimmungswort *homöo-*, (vor Vokalen) *homö-* ergibt, s. *Homöopathie*.

Homonym n. 'mit einem anderen gleichlautendes, nach Herkunft und Bedeutung jedoch verschiedenes Wort'; die zunächst pluralische gelehrte Entlehnung *Homonyme* (19. Jh.) folgt gleichbed. griech. *(rhḗmata) homṓnyma* (ῥήματα ὁμώνυμα) bzw. lat. *(verba) homōnyma*. Daraus auch h o m o n y m Adj. 'gleichlautend'; vgl. griech. *homṓnymos* (ὁμώνυμος) 'gleichnamig', s. *homo-* und (zum Grundwort) *anonym*. Vgl. ältere Umschreibungen wie *gelich stymmende wörther und ungelicher bedeuttung* (16. Jh.), *übereinlautende Wörter von verschiedener Bedeutung, gleichlautende Wörter* (18. Jh.).

Homöopathie f. Heilverfahren nach dem im Volksglauben verwurzelten Grundsatz, daß Gleiches durch Gleiches geheilt werde; danach werden dem Kranken kleinste Dosen solcher Mittel gegeben, die, in größerer Menge einem Gesunden verabreicht, gerade die Erscheinungen hervorrufen, die es beim Kranken zu bekämpfen gilt. Die Bezeichnung der Behandlungsmethode ist eine Wortschöpfung (1796) ihres Begründers, des Leipziger Arztes S. Hahnemann, gebildet zu griech. *homoîos*, *hómoios* (ὁμοῖος, ὅμοιος) 'gleich, gleichartig, ähnlich' und griech. *páthos* (πάθος) '(Miß)geschick, Leid, Gemütsbewegung, Leidenschaft, Krankheit' (s. *Pathos*); vgl. auch griech. *homoiopathḗs* (ὁμοιοπαθής) 'sich in gleichem oder ähnlichem Zustand befindend'. – Homöopath m. 'homöopathisch Behandelnder', homöopathisch Adj. (um 1800).

Homosexualität f. 'sexuelle Triebrichtung zum eigenen Geschlecht', in allgemeiner, d. h. nichtwissenschaftlicher Sprache meist nur für gleichgeschlechtliche Liebe zwischen Männern. Die Bezeichnung für dieses Sexualempfinden ist wie das zugehörige und entsprechend verwendete Adjektiv homosexuell eine gelehrte Zusammensetzung (Ende 19. Jh.) von *Sexualität*, *sexuell* (s. d.) mit *homo-* (s. d.).

Homunkulus m. in alchimistischer Vorstellung 'künstlich (in der Retorte) geschaffener Mensch', nach lat. *homunculus* 'Menschlein, schwaches Geschöpf', Deminutivum zu lat. *homo* (Gen. *hominis*) 'Mensch'. Geläufig seit Goethe (Faust), der den Ausdruck über Praetorius (17. Jh.) aus den Schriften des Paracelsus kennenlernt.

Honig m. Der von Bienen aus Nektar und anderen Säften lebender Pflanzenteile erzeugte süße Stoff ahd. *honag*, *honeg* (8. Jh.), *honig* (9. Jh.), *honang* (nur bei Notker, um 1000), mhd. *honec*, *honic*, asächs. *huneg*, *honeg*, *hanig*, mnd. *hōnich*, *honnich*, aengl. *hunig*, engl. *honey*, nl. *honi(n)g*, anord. *hunang*, schwed. *honung*, *honing* ist benannt nach seiner goldgelben Farbe. Denn mit germ. **hona(n)ga-* vergleichen sich aind. *kāñcanám* 'Gold, Geld', *kāñcanaḥ* 'golden', griech. *knēkós* (κνηκός) 'gelblich', apreuß. **kunkan* 'braun' (da überliefertes *cucan* wohl als **cūcan*, d. h. *cuncan* zu lesen ist). Daraus läßt sich trotz gewisser Unsicherheiten in der Beurteilung der Ablautverhältnisse ein Ansatz ie. **k̑ₑnəko-* 'honiggelb, goldgelb' erschließen. Das in den germ. Formen bisweilen auftretende *-n-* in der zweiten Silbe kann entweder als Nasalierung der Suffixe *-ag*, *-ig* (nach dem vorangehenden *n*) oder als Einfluß der Suffixe *-ing*, *-ung* begriffen werden. Neutrales Genus gilt bis ins 18. Jh., doch treten seit dem 16. Jh. bereits maskuline Formen auf. – Honigmonat, Honigmond m. 'Flitterwochen' (18. Jh.), Übersetzung von gleichbed. frz. *lune du* (heute *de*) *miel*, das seinerseits engl. *honeymoon* wiedergibt. Die engl. Bildung (Mitte 16. Jh.) geht anfangs von der Vorstellung aus, daß die Zuneigung eines jungen Paares wie die Mondphasen wechsele.

Honneur n. 'Ehrenbezeigung, -erweisung, Ehre', meist im Plur. *Honneurs*, Entlehnung (18. Jh.) von gleichbed. frz. *honneur*, bes. in der pluralischen Fügung *die Honneurs machen* (frz. *faire les honneurs*) 'Gäste gebührend willkommen heißen, empfangen und vorstellen', auch 'die militärische Ehrenbezeigung erweisen'. Das frz. Substantiv beruht auf lat. *honōs*, jünger *honor* (Gen. *honōris*) 'Auszeichnung, Ehrung, Anerkennung'.

Honorar n. 'Vergütung' (bes. für Tätigkeiten in freischaffenden Berufen). Lat. *honōrārium* 'Anerkennung für geleistete Dienste, Ehrensold, Belohnung', gebildet zu lat. *honōs*, jünger *honor* (Gen. *honōris*) 'Auszeichnung, Ehrung, Anerkennung', wird zunächst unverändert ins Dt. übernommen (16./17. Jh.), dann unter Aufgabe der lat. Endung zu *Honorar* eingedeutscht (Ende 18. Jh.). – honorieren Vb. 'belohnen, vergüten', kaufmännisch auch 'bezahlen, einlösen (von Wechseln)', entlehnt (16. Jh.) aus lat. *honōrāre* 'ehren, auszeichnen, belohnen' (zu lat. *honōs*, *honor*, s. oben). Honoratioren Plur. 'angesehene Einwohner'. Das gegen Ende des 18. Jhs. aus kanzleisprachlichem *Honoratiores* 'die Angesehensten eines Ortes' (Ende 17. Jh.) eingedeutschte Substantiv entspricht dem substantivierten Komparativ lat. *honōrātiōrēs* Plur. 'die (durch ein hohes Amt) mehr als andere Geehrten', der zu lat. *honōrātus* Part.adj. 'geehrt, angesehen' (von *honōrāre* 'ehren') gebildet ist. honorig Adj. 'ehrenhaft, anständig, freigebig, großzügig', Bildung (Ende 18. Jh.) der Studentensprache zu lat. *honōs*, *honor*.

Hopfen m. auf das dt. und nl. Sprachgebiet beschränkter Name (engl. *hop* ist entlehnt aus dem Mnl.) für die wildwachsende, in

Deutschland jedoch seit dem 8. Jh. vor allem zur Bierbrauerei angebaute, rechtswindende Schlingpflanze, ahd. *hopho* (11. Jh.), mhd. *hopfe*, mnd. *hoppe*, mnl. *hoppe*, nl. *hop*. Möglicherweise verdankt die Pflanze ihren Namen den für die Bierherstellung allein benötigten zapfenartigen weiblichen Fruchtständen, so daß Verwandtschaft mit schweiz. *Hupp(en)* 'buschige Quaste', ostfläm. *hoppe* 'Grasbüschel', rhein. *Hupp* 'Haufen' angenommen werden kann. Dazu die Redensart *bei (an) ihm ist Hopfen und Malz verloren* 'er ist unverbesserlich, bei ihm ist alle Mühe vergeblich', vgl. bereits (wohl absichtlich abgewandeltes) *an ihm ist so Hopp als Schmaltz vertorben* (16. Jh.). – h o p f e n Vb. 'Hopfen zusetzen' (16. Jh.).

hoppeln Vb. 'kleine Sprünge machen', mhd. *hoppeln* 'hüpfend springen, humpeln'. Das mit iterativem *l* gebildete Verb ist wohl an eine das Aufspringen nachahmende und expressive (im Obd. daher unverschobene) Doppelkonsonanz aufweisende Wortform *hopp-* anzuschließen, die danach an das lautlich und semantisch nahestehende, unter *hüpfen* (s. d.) behandelte Verb angelehnt worden ist. Ob die dort angeführten Verbformen mhd. (md.), nhd. (obd. und nd.) *hoppen* als (von oben genanntem *hopp-* beeinflußte?) Lautvarianten von *hüpfen*, *hopfen* bzw. *huppen* oder aber besser als hier anzuschließende Vorformen von *hoppeln* aufzufassen sind, ist nicht zu entscheiden. Hierher gehört auf jeden Fall die lautmalende Interjektion *hopp*, verstärkt *hoppla*, die aus dem Imperativ des Verbs hervorgegangen ist oder aber sogar als Ausgangsform für *hoppen*, *hoppeln* zu gelten hat; zur Verbreitung der Interjektion vgl. schwed. *hopp*, dän. *hop* sowie auch frz. *hop* und *hop là*. Heranzuziehen ist ferner das Intensivum h o p s e n Vb. 'hüpfen' (Anfang 19. Jh., doch wohl älter) mit der Interjektion h o p s (18. Jh.), erweitert *hopsa*, *hopsasa*, *hopsala*.

horchen Vb. 'aufmerksam zuhören, heimlich lauschen', ahd. *hōrehhen* (11. Jh.), mhd. *hōrchen*, *horchen*, mnd. mnl. *horken*, mengl. *herkien*, engl. *to hark* ist eine Intensivbildung mit germ. *k*-Suffix zu dem unter *hören* (s. d.) angeführten Verb. Vom Md. ausgehend, setzt sich *horchen* gegen obd. (heute nur noch mundartlich) *losen* (s. *lauschen*) durch. – g e h o r c h e n Vb. 'auf etw. hören' (bes. auf Ratschläge, Befehle), daher 'folgsam sein', mhd. *gehōrchen*, *gehorchen*.

[1]**Horde** f. 'Vereinigung mehrerer blutsverwandter Familien zu einer Gruppe mit gemeinsamem Lagerplatz, Stammesbund mongol. und turksprachlicher Völker, umherstreifende wilde Truppe, ungeordnete Menge, zügelloser Haufen'. Kumanisch *orda* 'Sommer-, Winterlager von Herrscher und Gefolge' gelangt über amongol. *ordu(n)*, mongol. *ord*, *ordon* (*орд*, *ордон*) 'Herrschersitz, Palast, Lager', kalmykisch (selten) *ord*ⁿ 'Hof, Lager, Horde' unmittelbar ins Mlat. (vgl. mlat. *orda* 'Horde') und über Turksprachen, einerseits wohl bes. über kriegsterminologisches türk. *ordu* 'Heer, Armee, Kriegslager' in Balkansprachen, vgl. ngriech. *ordḗ* (*ὀρδή*), bulg. *órda* (*орда*) 'Horde', serbokr. *òrdija* 'Heer, Armee', alban. (älter) *urdi* 'Heer', rumän. (älter) *oardă* 'Horde', andererseits über uigurisch *ordu*, *ortu* 'Lager, Heer, Palast', dschagataisch *ordu* 'Zelt, Schloß, Lager des Chan', aserbaidshanisch *orda* (*орда*) 'Palast, Zelt, Hauptquartier des Sultans, Chans' (oder über balkanische Vermittlung?) in die ostslaw. Sprachen, vgl. aruss. *orda* 'Hauptquartier des Chans, Goldene Horde' (14. Jh.), 'Nomadenlager' (15. Jh.), russ. ukrain. *ordá* (*орда*), beloruss. *ardá* (*арда*) 'Vereinigung nomadisierender Völker, Horde, Volkshaufen, Menschenmenge'. Aus dem Ukrain. stammt apoln. *orda* 'Tatarenstaat, tatarische Stämme', das in der 1. Hälfte des 15. Jhs. im Ordensgebiet ins Dt. entlehnt wird und (mit ungeklärtem *h*-Anlaut) frühnhd. *horde* 'tatarische Heerschar' ergibt. Da sich alle folgenden Belege (*horda*, 1. Hälfte 16. Jh., *horde*, 2. Hälfte 16. Jh.) auf russ. Verhältnisse beziehen, muß mit erneuter Entlehnung aus dem Russ. gerechnet werden. *Horde* bedeutet zunächst 'Tatarenverband, Menschenansammlung', dann geringschätzig 'Kriegsleute, Haufen, Soldatenrotte' (Ende 16. Jh.), 'ungeordnete Menge, zügellose Schar' (Ende 17. Jh., seit dem 18. Jh. allgemein verbreitet).

[2]**Horde** f. 'Flechtwerk, Lattengestell, Rost', mhd. (md.) *horde* 'Flechtwerk, Umhegung, Bezirk', mnd. *hōrt* 'Reisiggeflecht, Hürde, Trockendarre', *hōrde*, *hōrde* 'eingefriedetes Landstück' (vgl. mnl. *horde*, *hurde* 'geflochtene Matte', nl. *horde* 'Flechtwerk');

md. nd. Entsprechung von *Hürde* (s. d.), die in frühnhd. Zeit in die Literatursprache aufgenommen wird.

hören Vb. 'mit dem Ohr wahrnehmen, vernehmen', ahd. *hōren* (8. Jh.), mhd. *hœren*, asächs. *hōrian*, mnd. *hȫren*, mnl. *hōren*, nl. *horen*, aengl. (angl.) *hēran*, (westsächs.) *hīeran*, engl. *to hear*, anord. *heyra*, schwed. *höra*, got. *hausjan*. Das zu erschließende germ. *jan*-Verb für unwillkürliches Wahrnehmen mit dem Ohr, das später auch Bedeutungen wie 'absichtlich vernehmen' und weiter 'gehorchen' annimmt (vgl. *wer nicht hören will, muß fühlen* und s. *gehorsam*), führt mit russ. (landschaftlich) *čúchat'* (*чухать*) 'wahrnehmen, riechen, schmecken' und wohl auch mit (nicht eindeutig geklärtem) griech. *akū́ein* (*ἀκούειν*) 'hören, gehorchen' auf ie. **keus-*, **kūs-*, eine *s*-Erweiterung der Wurzel ie. **kĕu-* 'worauf achten, beobachten, schauen', auch 'hören, fühlen, merken', wozu (mit anlautendem *s-*) *schauen* und *schön* (s. d.) sowie auch aind. *kavíḥ* 'klug, weise, Seher, Weiser, Dichter', griech. *koē̃in* (*κοεῖν*) 'bemerken, vernehmen, hören', lat. *cavēre* 'sich in acht nehmen, sich vorsehen', lett. *kavēt* 'zaudern, zögern', aslaw. *čuti* 'empfinden, erkennen', russ. (älter) *čut'* (*чуть*) 'empfinden, fühlen, wittern, wahrnehmen' gehören. – H ö r e r m. 'Zuhörer', mhd. *hœrære*, *hœrer*. h ö r i g Adj. 'sich dem Willen eines anderen unterwerfend, triebhaft, sexuell abhängig', älter (zuerst mnd., 14. Jh.) 'abhängig vom Feudalherrn, an die Scholle gebunden, unfrei', mhd. *hœrec* 'auf einen anderen hörend, folgsam', mnd. *hȫrich* 'gehorsam, ergeben, zugehörig, an die Scholle gebunden'; dazu H ö r i g k e i t f. (18. Jh.), mnd. *hȫrichēt*. a u f h ö r e n Vb. 'ablassen, nicht länger andauern, aufmerksam hinhören (aus aktuellem Anlaß)', mhd. *ūfhœren* 'ab-, unterlassen'. e r h ö r e n Vb. 'anhörend erfüllen, Erbetenes gewähren', ahd. *irhōren* 'hören' (11. Jh.), mhd. *erhœren* 'hören, hörend wahrnehmen, erfüllen'. u n e r h ö r t Part.adj. 'nicht erhört, nicht gebilligt, erstaunlich, empörend', spätmhd. *unerhōrt*, eigentl. 'nie gehört, beispiellos'. G e h ö r n. 'das Hören, Hörsinn', mhd. *gehœre*; vgl. häufigeres mhd. *gehœrde*, ahd. *gihōrida* (9. Jh.). v e r h ö r e n Vb. 'eingehend befragen und anhören', mhd. *verhœren* 'hören, anhören, vernehmen, prüfen, erhören, überhören', auch *etw., sich verhören* 'falsch hören' (17. Jh.); V e r h ö r n. 'eindringliche Befragung', spätmhd. *verhœr(e)*. H ö r e n s a g e n n. heute meist in der präpositionalen Fügung *vom Hörensagen* (älter auch *auf*, *durchs Hörensagen*) 'aus Erzählungen anderer', mhd. *hœrsagen* (14. Jh.), frühnhd. *hör(en)sagen*.

Horizont m. scheinbare Trennungslinie zwischen Erdoberfläche und Himmel, 'Gesichtskreis', übertragen 'Umfang der geistigen Interessen und der Bildung'. Im 16. Jh. begegnet *Orizon*, *Horizon* als gelehrte Übernahme von gleichbed. lat. *horizōn*, Gen. *horizontis*, griech. *horízōn (kýklos)*, Gen. *horízontos* (*ὁρίζων κύκλος*, *ὁρίζοντος*) in dt. Texten. Griech. *horízōn* ist eigentl. Part. Präs. von griech. *horízein* (*ὁρίζειν*) 'begrenzen', einer Ableitung von griech. *hóros* (*ὅρος*) 'Grenze, Grenzstein, Ziel', *horízōn kýklos* also 'begrenzender Kreis' (s. *Zyklus*). Im 17. Jh. wird aus der griech.-lat. Stammform entwickeltes *Horizont* üblich. – h o r i z o n t a l Adj. 'wie der Horizont verlaufend, waagerecht' (16. Jh.), nach mlat. *horizontalis*.

Hormon n. körpereigener Wirkstoff, der biochemisch-physiologische Funktionen reguliert. Das medizinische Fachwort engl. *hormone* ist eine gelehrte Bildung (publiziert 1905) des engl. Physiologen Starling zu griech. *hormā̃n* (*ὁρμᾶν*) 'in Bewegung setzen, antreiben, anregen', einer Ableitung von griech. *hormḗ* (*ὁρμή*) 'Anlauf, Angriff, Antrieb'. Der engl. Ausdruck geht vom Part. Präs. griech. *hormō̃n* (*ὁρμῶν*) aus, wird aber den im Engl. auftretenden Wörtern auf *-one* angeglichen. – h o r m o n a l Adj. (20. Jh.).

Horn n. 'Stirnauswuchs' (bei Horntieren), ahd. (8. Jh.), mhd. asächs. aengl. engl. anord. schwed. *horn*, mnd. *hōrn*, mnl. *ho(o)rn*, *hōren*, nl. *hoorn*, got. *haúrn* führen auf germ. **hurna-* und mit eng verwandtem (ebenfalls ein *n*-Suffix aufweisendem) gleichbed. lat. *cornū* auf ie. **k̂r̥(n)-*, schwundstufige Form der unter *Hirn*, *Hirsch* und *Hornisse* (s. d.) dargestellten Wurzel ie. **k̂er(ə)-* 'das Oberste am Körper, Kopf, Horn'. Vgl. Nussbaum Head and Horn (1986). Tierhörner werden früh sowohl als Trinkgefäß als auch als Musikinstrument verwendet; daneben gilt *Horn* auch für 'Berg-, Felsspitze, Landvorsprung, Beule an Kopf oder Stirn'. Die Wendung *jmdm. Hörner aufsetzen* (15. Jh.) bezieht sich auf einen Mann, der seine ehelichen Pflichten nicht zu erfüllen vermag, danach auf den betrogenen Ehemann (zur Erklärung s. *Hahnrei*). – h o r n i g Adj. 'mit Hornhaut überzogen', älter (16. bis 18. Jh., auch *hörnig*) 'mit einem Horn, mit Hörnern versehen'. In der letztgenannten Bedeutung verdrängt *hornig* die frühere Bildung mit Gutturalsuffix *hornicht*, *hörnicht*, ahd. *hornoht(i)* (8. Jh.), *hornaht* (um 1000), mhd. *horneht*. h ö r n e r n Adj. 'aus Horn bestehend, mit Hornhaut überzogen' (17. Jh.). Älter sind Formen, deren Endung kein *r* hat, ahd. *hurnīn* (Hs. 12. Jh.), mhd. *hurnīn*, *hürnīn*, *hornīn*, nhd. (älter) *hürnin*, *hürnen*, *hornen*, *hörnin*, *hörnen*. H o r n h a u t f. 'verhornte Hautstelle, Teil der Lederhaut im Vorderteil des Augapfels' (18. Jh.). H o r n i s t m. 'Hornbläser' (19. Jh.). E n g l i s c h H o r n n. auch *Englisches Horn*, Alt-Holzblasinstrument der Oboen-Familie, vgl. engl. *English horn*, frz. *cor anglais*, ital. *corno inglese*, span. *corno inglés*. Die dt. Bezeichnung (um 1800, im mündlichen Sprachgebrauch vielleicht älter) ist wohl die Übersetzung des ital. Ausdrucks. Eine Vorform des aus Holz gefertigten Instruments entsteht in Italien zwischen 1720 und 1740 vermutlich aus der halbkreisförmigen, wie ein Waldhorn aussehenden *oboe da caccia*, der Jagdoboe mit birnenförmigem Schalltrichter. Die Bezeichnung ital. *corno inglese* ist wohl zuerst bezeugt um 1740; die Bestimmung als *inglese* wird mit der starken Verbreitung der Tenoroboe in England in Verbindung zu bringen sein, vgl. im Dt. *englische Waldhörner* (1764) für gekrümmte Hörner aus Holz. Eine weithin als Ausgangsform angenommene Fügung frz. *cor anglé* 'gebogenes Horn' ist als Bezeichnung des Instruments nicht verifizierbar, daher abzuweisen.

Hornisse f. Name der größten heimischen Faltenwespe. Die unterschiedlichen westgerm. Bildungen ahd. *hornaʒ* (8. Jh.), *hornuʒ*, *horniʒ* (9. Jh.), mhd. *hornuʒ*, *horniʒ*, asächs. *hornut*, mnd. *hornte*, *horntse*, *hornente*, aengl. *hyrnet*, *hyrnetu*, spätmnl. *hornet*, *hornette* sowie mnl. *horsel(e)*, *hursel(e)*, nl. *horzel* sind (wohl deminutive) Ableitungen von der auch in den außergerm. Verwandten lat. *crābro* (aus **crāsro*), lit. *širšuõ* 'Hornisse', *širšė* 'Wespe', aruss. *šьršenь*, *sьršenь*, russ. *šéršen'* (*шершень*) 'Hornisse' vorliegenden *s*- bzw. *s-(en)*-Erweiterung der Wurzel ie. **k̑er(ə)*- bzw. (schwundstufig) **k̑r̥*- 'das Oberste am Körper, Kopf, Horn' (s. *Hirn*, auch *Horn*), die im Ie. vielfach in Benennungen gehörnter Tiere erscheint (s. *Hirsch*). Das Insekt ist also nach seinen knieförmig gebogenen Fühlhörnern benannt. Der im Dt. zunächst maskuline Name nimmt im 16. Jh. feminines Genus an.

Hornung m. Der alten Bezeichnung für den Februar ahd. *hornung* (11. Jh.), mhd. *hornunc*, mnd. *hōrninc* entsprechen aengl. *hornungsunu*, afries. *horning*, mnd. *hōrninc*, mnl. *horninc*, anord. *hornungr* 'Kebssohn, Bastard, Winkelkind'. Wenn diese patronymischen Bildungen von dem unter *Horn* 'Stirnauswuchs' bei Tieren (s. d.) aufgeführten Substantiv herzuleiten sind, hier anknüpfend an Bedeutungen wie 'Spitze, Ecke, Winkel', dann bezeichnen sie 'den aus dem Winkel, aus dem Verborgenen Stammenden', daher auch den in bezug auf sein Erbteil Benachteiligten und (davon übertragen) den in bezug auf die Zahl der Tage zu kurz gekommenen Monat.

Horoskop n. 'schematische Darstellung der Planetenkonstellation, astrologische Zukunftsdeutung' (zuerst bei Schiller), Entlehnung aus spätlat. *hōroscopīum*, griech. *hōroskopeĩon* (*ὡροσκοπεῖον*) 'Stundenanzeiger, Instrument zur Ermittlung der Planetenkonstellation in der Geburtsstunde eines Menschen, um aus ihr etw. über sein vermeintliches Schicksal zu erfahren', vgl. griech. *hṓra* (*ὥρα*) 'Jahr, Stunde, rechte Zeit' und s. *-skop*.

horrend Adj. 'Entsetzen erregend' (1. Hälfte 18. Jh.), danach (in steigerndem Sinne) 'sehr groß, übermäßig' (seit 19. Jh.), entlehnt aus lat. *horrendus* 'haarsträubend, schrecklich', auch 'bewundernswert', Gerundivum von lat. *horrēre* 'starr sein, sich emporsträuben, schaudern, sich entsetzen'. – H o r r o r m. 'Schauder, Abscheu, Entsetzen'. Lat. *horror* 'das Starren, Sichaufsträuben der Haare, Schauder, Grausen, Entsetzen' steht in der Sprache der röm. Ärzte auch für 'Fieberschauer, Fieberfrost, Schüttelfrost'. In diesem Sinne wird es in der medizin.-lat. Fachsprache bewahrt und von da in der 2. Hälfte des 18. Jhs. in die Allgemeinsprache übernommen (üblich noch im 19. Jh.). Gegen Ende des 18. Jhs. wird *Horror* unter erneutem Rückgriff (wohl der Studentensprache) auf das Lat. für 'Schauder, Abscheu, Entsetzen' gebräuchlich und verdrängt im 19. Jh. allmählich gleichbed. *Horreur* m., eine Übernahme (gegen Ende des 18. Jhs.) von frz. *horreur*.

Horst m. 'Raubvogelnest', zuvor 'Baumgruppe, Gehölz', ahd. *hurst* (10. Jh.), mhd. *hurst*, *hürste* 'Gebüsch, Gestrüpp, Hecke', asächs. (in Ortsnamen), mnd. mnl. *horst*, *hurst* 'Gebüsch, Wäldchen', nl. *horst* 'Raubvogelnest', aengl. *hyrst* '(bewaldeter) Hügel', engl. *hurst* 'Wäldchen, Hügel'. Verwandtschaft besteht wohl mit kymr. *prenn* 'Baum', *prys* 'Gehölz' und (bei ungeklärtem Anlaut) mit kslaw. *chvrastije*, aruss. *chvorostъ*, russ. *chvórost* (*хворост*) 'Reisig', so daß ie. **ku̯res-*, **ku̯ers-*, **ku̯rs-* 'Baum, Gehölz' angesetzt wird. In der nhd. Literatursprache setzt sich die vorwiegend nd. md. Lautform *Horst* durch; die seit dem 18. Jh. allein übliche Bedeutung (aus Gestrüpp, aus Reisern gebautes) 'Raubvogelnest' stammt aus der Jägersprache.

Hort m. 'Schatz, Schutz, Zuflucht, Tagesheim für schulpflichtige Kinder', ahd. (8. Jh.), mhd. *hort* 'Schatz, Angehäuftes, Fülle, Menge', asächs. *hord*, *horð*, aengl. *hord*, engl. *hoard* 'Schatz, Vorrat', anord. *hodd* 'Schatz, Gold', schwed. (mundartlich) *hudda* 'Schuppen', (mit grammatischem Wechsel) got. *huzd* '(verborgener) Schatz' führen über ie. **kuzdho-* 'in Verborgenheit Gebrachtes, Versteck, Höhlung' zusammen mit *Haus*, *Hose* (s. d.) auf eine *s*-Erweiterung ie. **keus-* der mehrfach weitergebildeten und weit verbreiteten Wurzel ie. **(s)keu-*, **(s)keu̯ə-*, **(s)kū-* 'bedecken, umhüllen' (s. *Haut*, *Scheune*). Die alte Bedeutung 'Schatz', die bereits im 16. Jh. zurücktritt, wird durch die Bekanntschaft mit dem Nibelungenlied neu belebt (18. Jh.). An die übertragene, in der Sprache der Bibel entwickelte Verwendungsweise 'sicherer Ort, Schutz, Zuflucht' schließt sich K i n d e r h o r t (s. d.) an, auch S c h u l h o r t m. 'Tagesheim zur Betreuung schulpflichtiger Kinder' (20. Jh.), vielfach verkürzt *Hort*; dazu H o r t n e r i n f. (20. Jh.). h o r t e n Vb. 'anhäufen, sammeln', als Neubildung (Anfang 20. Jh.) der Wirtschaftssprache zunächst bezogen auf Gold bzw. Geld, danach in allgemeinen Gebrauch übergehend.

Hortensie f. Die weiß, blaßblau oder rötlich blühende Zierplanze wird von dem frz. Arzt und Botaniker Commerson in China entdeckt und nach dem weibl. Vornamen frz. *Hortense* botan.-lat. *Hortensia* genannt (18. Jh.). Daraus nhd. *Hortensie* (19. Jh.).

Hose f. 'Beinkleid', ahd. *hosa* (9./10. Jh.), mhd. *hose*, asächs. *hosa*, mnd. mnl. *hōse*, nl. (wenig gebräuchlich) *hoos*, aengl. *hosa*, engl. *hose*, anord. *hosa*, schwed. (älter) *hosa* führen auf ie. **(s)keus-*, eine *s*-Erweiterung der mehrfach weitergebildeten und verbreiteten Wurzel ie. **(s)keu-*, **(s)keu̯ə-*, **(s)kū-* 'bedekken, umhüllen' (s. *Haus*, *Haut*, *Hort*, *Hütte*, *Scheune*, *Schuh*).In alter Zeit gilt die Bezeichnung lediglich für das den Unterschenkel mitsamt den Füßen bedeckende Kleidungsstück, z. B. für die durch Riemen befestigte Umwicklung (aus Tuch oder Leder), den Strumpf, die Gamasche. Im 16. Jh. geht der Ausdruck auf das den Unterleib und die Schenkel bis zu den Füßen umhüllende Beinkleid über.

hosianna Interj. Der beim Einzug Jesu in Jerusalem ausgebrachte Willkommens- und Jubelruf ist ursprünglich (vgl. Psalm 118, 25) eine Bitte um bleibende Hilfe nach einem Sieg, wird dann ein freudiger Zuruf zu Ehren Gottes oder des Königs. Die Interjektion entsteht aus dem Imperativ hebr. *hōšīʿā nnā* 'hilf doch' (mit Bittpartikel *nā*) und gelangt über biblisches griech. *hōsanná* (*ὡσαννά*), das die Form aram. *hōšaʿ nā* wiedergibt, sowie über kirchenlat. *hosanna*, *hosianna* in die europäischen Sprachen.

Hospital n. 'Krankenhaus', älter auch 'Alters-, Pflegeheim, Armenhaus', ahd. *hospitālhūs* 'Armenhaus, Pflegeheim' (11. Jh.), mhd. *hospitāl* ist entlehnt aus lat. *hospitāle* 'Gast(schlaf)zimmer', mlat. 'Herberge (für Gäste, Pilger, Arme, Kranke, bes. in Klöstern)', dem substantivierten Neutrum (s. *Hotel*) von lat. *hospitālis* 'gastlich, gastfreundlich', zu lat. *hospes* (Gen. *hospitis*) 'Gastfreund', d. h. sowohl der bewirtete Fremde als auch der bewirtende Gastgeber (verwandt mit *Gast*, s. d.). Aus *Hospital* gekürzt ist gleichbed. S p i t a l n., mhd. *spitāl*, durch Akzentverlagerung volkstümlich eingedeutscht zu mhd. *spitel*, *spittel*, nhd. *Spittel*. – H o s p i z n. 'christliches Fremdenheim, Hotel, Beherbergungsbetrieb mit christlicher Hausordnung', auch 'Klosterherberge für Reisende, Mönche und Pilger' (19. Jh.), hervorgegangen aus älterem *Hospitium* (Ende 18. Jh.), einer Übernahme von lat. *hospitium* 'Gastfreundschaft, Aufnahme, Bewirtung, Herberge,

Quartier', ebenfalls gebildet zu lat. *hospes* (s. oben). An die lat. Bedeutung 'Bewirtung' knüpft an studentensprachliches *Hospiz* 'Trinkgelage bei einem Studenten auf dessen Kosten' (18. Jh.), danach auch 'studentischer Rundgesang' (1. Hälfte 19. Jh.). h o s p i t i e r e n Vb. 'als Gast am Unterricht, an einer Lehrveranstaltung teilnehmen' (Ende 18. Jh.), entlehnt aus lat. *hospitārī* 'zu Gast sein, als Gast einkehren'.

Hostess f. 'Begleiterin, Betreuerin, Führerin' (von Gästen, Besuchern), Entlehnung (20. Jh.) von engl. *hostess*, eigentl. 'Gastgeberin, Gastwirtin', aus afrz. *(h)ostesse* (frz. *hôtesse*), der fem. Form von afrz. *(h)oste* (frz. *hôte*) 'Gastgeber, Gast', das auf gleichbed. lat. *hospes* (Gen. *hospitis*) zurückgeht.

Hostie f. Die Bezeichnung für das bei der (katholischen) Kommunion bzw. beim (protestantischen) Abendmahl in Form einer geweihten runden Oblate gereichte ungesäuerte Brot mhd. *hostie*, *ostie* beruht auf kirchenlat. *hostia* 'Opferbrot', lat. 'Opfertier, Opfer, Sühneopfer'.

Hot m. leidenschaftlich bewegte Improvisation und Synkopierung einer Jazzmelodie (20. Jh.), Übernahme von amerik.-engl. *hot*, einer Verkürzung von *hot jazz* 'heißer Jazz' (zu engl. *hot*, s. *heiß*).

Hotel n. 'komfortables Gasthaus für Unterkunft und Verpflegung', Entlehnung (Ende 18. Jh.) von frz. *hôtel*, afrz. *(h)ostel*, dem lat. *hospitāle* 'Gast(schlaf)zimmer' voraufgeht (s. *Hospital*). – H o t e l i e r m. 'Eigentümer oder Pächter eines Hotels' (19. Jh.), frz. *hôtelier*.

Hub m. 'Hebebewegung' (Ende 17. Jh.), Verbalabstraktum zu *heben* (s. d.); heute vorzugsweise in technischen Fachsprachen. – H u b r a u m m. 'Teil des Zylinderraumes, in dem sich ein Kolben zwischen den beiden Endlagen bewegt' (20. Jh.). H u b s c h r a u b e r m. 'senkrecht startendes Drehflügelflugzeug' (20. Jh.). Dafür auch (internationalem Sprachgebrauch folgend) H e l i k o p t e r m., eine künstliche Bildung zu griech. *hélix*, Gen. *hélikos* (ἕλιξ, ἕλικος) 'Windung, Kreislauf, Spirale' und *pterón* (πτερόν) 'Feder, Flügel'; zuerst wohl (angesichts der Bedeutungsentwicklung des gleichfalls dem Griech. entstammenden frz. *hélice* 'Schraubenlinie, Schiffsschraube, Propeller') frz. *hélicoptère* 'Luftschiff', auch ein zweiflügeliges, durch die Luft wirbelndes Kinderspielzeug (2. Hälfte 19. Jh.), danach auf das Flugzeug übertragen (etwa 1925).

hüben Adv. 'diesseits, hier'. Aus der Verbindung des Pronominaladverbs mhd. *hie* (s. *hier*) mit Ortsadverbien wie mhd. *inne(n)*, *oben*, *ūʒe(n)* entstehen kontrahierte Formen wie mhd. *hinne(n)* 'hier innen', *hoben* 'hier oben', *hūʒe(n)* 'hier außen', im älteren Nhd., namentlich landschaftlich, noch fortlebend als *hinne*, *hoben*, *haußen*. Sie geben einen Lagepunkt an, der sich in bezug auf eine gedachte Trennlinie (im Unterschied zu zusammengesetzten Adverbien mit *dar-*, *dr-*, s. *drüben*) auf der dem Sprecher zugewandten Seite befindet. Nach dem Muster von *hoben* wird im Nhd. auf der Grundlage des mit *oben* (s. d.) eng verwandten, jedoch nur in Mundarten nachzuweisenden Adverbs *üben* 'jenseits' und als Gegenwort zu dem seit dem 18. Jh. allgemein gebräuchlichen *drüben* (s. d.) die Neubildung *hüben* geschaffen (vereinzelt schon Ende 16. Jh., verbreiteter in der 2. Hälfte des 18. Jhs.); diese ist heute literatursprachlich vor allem in der Fügung *hüben und drüben*, *hüben wie drüben* 'auf dieser und der anderen Seite, sowohl hier wie dort' geläufig.

hübsch Adj. 'schön, angenehm, von gefälligem Äußeren'. Das zu ahd. *hof*, mhd. *hof* (Gen. *hoves*) gehörige Adjektiv mhd. *hövesch*, *hövisch*, *höfsch*, (mfrk.) *hüvesch* 'hofgemäß, fein, gesittet, unterhaltend' (s. *Hof*, *höfisch*) entwickelt sich (mit Ersatz des *v* durch *b*) zu mhd. (mfrk.) *hübesch*, das sich in dieser Form über das ganze Sprachgebiet verbreitet. Seit dem 15. Jh. begegnet *hübsch* in der Bedeutung 'fein aussehend, gefallend, schön'.

Hucke f. 'auf dem Rücken getragene Last, Kiepe' (15. Jh.; zur Bedeutungsentwicklung s. *hocken*), auch 'Getreide-, Heuhaufen', ist in der zweiten Bedeutung eine vor allem md. Variante zu [1]*Hocke* 'Getreidehaufen' (s. d.). Dazu (md.) *einem die Hucke voll hauen, schlagen*, wo 'Rückenlast' für 'Rücken' steht.

huckepack Adv. 'auf dem Rücken', vornehmlich in den Wendungen *huckepack* ('wie eine Last auf dem, den Rücken') *tragen, nehmen, machen*. Der vor allem in der Kindersprache übliche Ausdruck ist entstanden (18. Jh.) aus *hucken* 'eine Last auf den Rükken nehmen und tragen' (s. *hocken*) und mnd. *bak*, nd. *Back* 'Rücken', vgl. auch engl. *back*

(s. *Bache*, *Backbord*). Von den nd. bzw. nordd. Formen *hukebak*, *hukeback*, *huckepack* setzt sich die letztere seit der 2. Hälfte des 18. Jhs. in der Allgemeinsprache durch.

hudeln Vb. 'nachlässig arbeiten, pfuschen, wie ein Nichtsnutz handeln' (16. Jh.), eigentl. 'nach Art eines Fetzens, Lumpens verfahren'; zu spätmhd. *hudel*, mhd. *huder* 'Lappen, Lumpen', das ablautend (mit affektisch gekürztem Vokal?) zu mhd. *hadel* 'zerrissenes Stück Zeug' steht, einer Nebenform von mhd. *hader* 'Lappen, Lumpen', nhd. [2]*Hader* (s. d.). – H u d e l e i f. 'Stümperei, Pfuscherei' (17. Jh.). l o b h u d e l n Vb. 'übertrieben loben, schmeicheln' (Ende 18. Jh.), scherzhaft nach Vorbildern wie *lobpreisen*, *lobsingen*; L o b h u d e l e i f. (19. Jh.).

Huf m. 'mit Horn überwachsenes Zehenende der Huftiere', ahd. (9. Jh.), mhd. *huof*, asächs. mnd. *hōf*, mnl. nl. *hoef*, aengl. *hōf*, engl. *hoof*, anord. *hōfr*, schwed. *hov* läßt sich vergleichen mit aind. *śapháḥ* 'Pferdehuf, Klaue', awest. *safa-* 'Pferdehuf'. Daraus kann eine Ausgangsform ie. **k̂ā̆pho-* oder **k̂ō̆pho-* 'Huf' erschlossen werden. – H u f e i s e n n., ahd. *huofīsan* (Hs. 12. Jh.), mhd. *huofīsen*.

Hufe f., (obd.) *Hube*, altes Landmaß, ahd. *huoba* (8. Jh.), mhd. *huobe*, (md.) *hufe* 'Stück Land von einem gewissen Maße', asächs. *hōƀa*, mnd. *hove*, mnl. nl. *hoeve* lassen sich nur mit griech. *kē̆pos*, (dor.) *kā̆pos* (κῆπος, κᾶπος) 'Garten, eingehegtes, bepflanztes Land, unbearbeitetes Grundstück' und alban. *kopsht* 'Garten' vergleichen, wonach sich eine Wurzel ie. **kāp-*, **kəp-* 'Stück Land, Grundstück' ansetzen läßt.

Hüfte f. 'seitliche Körperpartie unterhalb der Taille', ahd. (9. Jh.), mhd. *huf*, mnd. *hüp*, *hüf*, *hüft(e)*, aengl. *hype*, engl. *hip*, nl. *heup*, got. *hups* (germ. **hupi-* m.) führen im Sinne von 'gebogener Körperteil' mit griech. *kýbos* (κύβος) 'Würfel, Höhlung vor der Hüfte von Tieren', lat. *cubitus* 'Ellenbogen', nhd. *hüpfen* und *Haufen* (s. d., wo Weiteres zur Etymologie) auf ie. **keub-*, **kūb-*, eine Labialerweiterung der Wurzel ie. **keu-*, **keu̯ə-* 'biegen', auch 'den Körper, sich in den Gelenken biegen', aber auch 'Wölbung, Höhlung'. Auslautendes *t* erscheint seit dem 15. Jh. und vergleicht sich mit sekundärem *-t* in *Obst*, *Saft*, *Werft* (s. d.). Der nhd. Singular *Hüfte* f. (mit Umlaut) ist aus dem bei paarigen Dingen häufig gebrauchten Plural rückgebildet.

Hügel m. 'Bodenerhebung, aufgeschütteter Erdhaufen', frühnhd. *Hugel* (Anfang 16. Jh.) steht hochstufig zu ahd. *houg* (9. Jh.), mhd. *houc* 'Hügel' (vgl. auch anord. *haugr*) und ist verwandt mit *hoch* (s. d.), wo Weiteres zur Etymologie. *Hügel* erlangt durch Luther gegen obd. *Bühel* literatursprachliche Geltung.

Huhn n. Die zunächst für beide Geschlechter, dann vor allem (synonym mit *Henne* und im Unterschied zu *Hahn*, s.d.) für die weiblichen Exemplare des verbreiteten Hausgeflügels sowie seiner wildlebenden Verwandten aus der Ordnung der *Hühnervögel* (1. Hälfte 19. Jh. für vorausgehendes *hühnerartige Vögel*) gebräuchliche Bezeichnung ist eine nur im kontinentalen Westgerm. und im Nordgerm. nachzuweisende neutrale Bildung (*s*-Stamm), die zu dem bei *Hahn* (s. d.) dargestellten gemeingerm. Mask. im Ablautverhältnis (dehnstufig) steht, vgl. ahd. *huon* (9. Jh., auch in der Bedeutung 'junges Huhn' wie das Deminutivum *huonin(c)līn*, 8. Jh.), mhd. *huon*, asächs. mnd. *hōn*, mnl. nl. *hoen*, anord. *hœns*, *hœnsn(i)* (Plur.), dän. *høns* (Plur.), schwed. *höns* (Sing.). – H ü h n e r a u g e n. 'durch Druck entstandene ringförmige schmerzhafte Hornhautverdikkung' (auf der Oberseite der Zehen), seit Beginn des 16. Jhs. belegt und wohl mlat. *oculus pullinus* fortsetzend, beruht auf äußerer Ähnlichkeit der auch *Leichdorn* (eigentl. 'Dorn im Körper', s. *Leiche*) genannten krankhaften Veränderung mit dem Vogelauge; in gleichem Sinne ferner *Elsterauge* (frühnhd. *Agersten-*, *Egerstenauge*, 16. Jh., mnd. *echster-*, *achsteroge*, 15. Jh.), *Krähenauge* (16. Jh.), beide noch landschaftlich weiterlebend.

Huld f. 'Wohlwollen, Gunst, Gnade, Geneigtheit', ahd. *huldī* (8. Jh.), *hulda* (Hs. 12. Jh.), mhd. *hulde* 'Dienstbarkeit, Ergebenheit, Treue (des Lehnsmanns seinem Herrn gegenüber), Geneigtheit, Wohlwollen (des Herrn gegenüber den Untergebenen)', asächs. *huldi*, mnd. *hülde*, *hulde*, aengl. *hyldu*, mnl. nl. *hulde*, afries. *helde*, *hulde*, anord. *hylli*, aschwed. *hylle* sind Abstraktbildungen zu dem unter *hold* (s. d.) dargestellten Adjektiv. Die gekürzte, einsilbige Form *Huld* tritt zuerst (15. Jh.) im Obd. auf. –

h u l d i g e n Vb. 'einer Sache mit Überzeugung anhängen, sie vertreten', älter 'seine Verehrung zu erkennen geben, sich einem Herrscher durch Treuegelöbnis unterwerfen, Ergebenheit bezeugen', spätmhd. *huldigen* 'sich geneigt machen, für sich gewinnen'; vgl. ahd. *hulden* 'beschwichtigen, versöhnen, für sich gewinnen' (9. Jh.), mhd. frühnhd. *hulden* 'geneigt machen, Dienstbarkeit, Treue geloben'. H u l d i g u n g f. (15. Jh.); vgl. mhd. *huldunge*, frühnhd. *huldung*.

hüllen Vb. 'rundum bedecken, einpacken, verbergen', ahd. *hullen* (9./10. Jh.; vgl. *bihullen*, 8. Jh.), mhd. mnd. *hüllen*, asächs. *bihullian*, aengl. *hylian*, mnl. nl. *hullen*, anord. *hylja*, schwed. *hölja*, got. *huljan* steht ablautend zu dem unter *hehlen* (s. d.) angeführten Verb und führt wie dieses auf die dort behandelte Wurzel ie. **k̂el-* 'bergen, verhüllen'. – H ü l l e f. 'bergend Umschließendes, Bedekkung', ahd. *hulla* 'Überwurf, Schleier, Übergewand' (9. Jh.), mhd. *hülle* 'Umhüllung, Mantel, Kopftuch'. Dazu die Reimformel *Hülle und Fülle* 'Kleidung und Nahrung' (16. Jh.), danach 'Überfluß' (um 1700). v e r h ü l l e n Vb. (16. Jh.); V e r h ü l l u n g f. (17. Jh.).

Hülse f. 'Schote, Samengehäuse' (bes. der Hülsenfrüchte), davon übertragen (16. Jh.) 'hüllendes, umschließendes Behältnis', ahd. *hulisa* (11. Jh.), mhd. *hülse* 'Samenkapsel, Schote' gehört als Bildung mit *s*-Suffix zu den unter *hehlen* und *hüllen* (s. d.) genannten Verben und damit zur Wurzel ie. **k̂el-* 'bergen, verhüllen'. Vgl. die auf andere Weise gebildeten Substantive wie ahd. *helī* 'Hülle, Gewand, Schürze' (um 800), aengl. *hulu* 'Schote', engl. *hull* 'Hülse' sowie got. *hulistr* 'Hülle, Decke'. – H ü l s e n f r u c h t f. (16. Jh.), dazu *Hülsenfrüchte* Plur. (18. Jh.).

human Adj. 'menschlich, menschenfreundlich, feingebildet', Entlehnung (17. Jh.) aus gleichbed. lat. *hūmānus*, einer Adjektivbildung zu lat. *homo* (Gen. *hominis*) 'Mensch' (dieses zu lat. *humus* 'Erde, Erdboden', s. *Humus*). Im 18. Jh. nimmt das Adjektiv unter dem Einfluß von *Humanität* (s. unten) auch die Bedeutung 'menschenwürdig' an. – H u m a n i t ä t f. 'Menschlichkeit, menschliche Würde, menschliches Denken und Handeln', seit der Klassik (Herder) 'umfassende Bildung und höchstes sittliches Verhalten des Menschen', Entlehnung (16. Jh.), zunächst im Sinne von 'Freundlichkeit, Güte', aus lat. *hūmānitās* (Gen. *hūmānitātis*) 'menschliche Natur, Menschheit, Menschenfreundlichkeit, Milde, feine Bildung', zu lat. *hūmānus*. Im Sinne von 'gelehrte Kenntnis, höhere Bildung, freie Entfaltung aller menschlichen Geisteskräfte' wird lat. *hūmānitās* zum Losungswort des aus der Renaissance hervorgegangenen Humanismus. H u m a n i s t m. 'Kenner des klassischen Altertums, seiner Sprachen und Schriften, Anhänger einer auf dieser Kenntnis beruhenden Bildung' (1. Hälfte 18. Jh.), 'Vertreter der historischen Bewegung des Humanismus' (um 1800), latinisierte Entlehnung von ital. *umanista* bzw. mfrz. *humaniste* 'wer höhere Bildung besitzt, Kenner der antiken Schriften' (beide 16. Jh.), zu ital. *umano*, afrz. frz. *humain*, lat. *hūmānus* (s. oben). h u m a n i s t i s c h Adj. 'die Kenntnis der Antike, die alten Sprachen betreffend, altsprachlich' (2. Hälfte 18. Jh.), vgl. *humanistische Schulen*, *Studien*, *humanistisches Gymnasium*; 'den Humanismus betreffend, auf ihm beruhend' (19. Jh.). H u m a n i s m u s m. pädagogisches System, das besonderen Wert auf die Erlernung der antiken Sprachen legt (um 1800); in Anlehnung an *Humanist* (s. oben) gebildet zu lat. *hūmānus*. Danach, bes. seit der Darstellung von G. Voigt „Die Wiederbelebung des klassischen Alterthums oder das erste Jahrhundert des Humanismus" (1859), Bezeichnung für die im Italien des 14. Jhs. einsetzende frühbürgerliche Bewegung, die sich mit der klassischen griech., lat. und der frühchristlichen Literatur und Bildung beschäftigt und die Wiederbelebung antiker Bildungsideale anstrebt; in Anlehnung an lat. *hūmānitās* (s. oben). Heute auch 'Gesamtheit aller Ideen und Bestrebungen mit dem Ziel eines menschenwürdigen Daseins' (20. Jh.), in Anlehnung an *human* (s. oben).

Humbug m. 'Schwindel, Unsinn, Aufschneiderei', Entlehnung (19. Jh.) von engl. *humbug* 'Täuschung, Betrug, Vorwand'. Slangwort unbekannter Herkunft. Vielleicht lautmalend?

Hummel f. Der Name für große, plumpe, pelzig behaarte Bienenarten ahd. *humbal* m. (10. Jh.), *humbalo* m., *humbala* f. (11. Jh.), mhd. *humbel*, *hummel* m., mnd. *hummel(e)*, mnl. *hommel*, *hōmel*, *hummel*, nl. *hommel*, schwed. *humla* ist wahrscheinlich eine Ableitung von (literarisch allerdings erst spät bezeugtem) lautnachahmendem spätmhd. *hummen*, nhd. (in md. und nd. Mundarten) *hummen*, *hommen* 'summen', nl. (älter) *hommelen*, (mundartlich) *hommelen*, *hommen*, engl. *to hum*. Zieht man russ. *šmel'* (*шмель*), (mundartlich) *čmel'* (*чмель*) 'Hummel, Erdbiene' und (ablautend dazu) lit. *kamãnė* 'Mooshummel', lett. *kamene*, apreuß. *kamus* 'Hummel' sowie russ.-kslaw. *komarъ*, russ. *komár* (*комар*) 'Mücke', ferner lit. *kìmti* 'heiser werden' heran, so kann eine Wurzel ie. **kem-* 'summen' vorausgesetzt werden.

Hummer m. Name für marine Zehnfußkrebse, entlehnt (16. Jh.) wie nd. *Hummer*, nl. *hommer* aus dem Skandinavischen. Anord. *humarr*, norw. schwed. dän. *hummer* ist vielleicht mit griech. *kámmaros* (*κάμμαρος*) 'Krebs' und darauf beruhendem lat. *cammarus* 'Meerkrebs, Hummer', möglicherweise auch mit aind. *kamáṭhaḥ* 'Schildkröte' vergleichbar, so daß ie. **k$_e$mer-* 'Krebs, Schildkröte', also wohl 'überwölbtes Tier', zu ie. **kamer-* 'wölben, biegen', angesetzt werden kann. Falls jedoch griech. *kámmaros* als aus dem Germ. entlehnt anzusehen (Frisk 1, 772) und aind. *kamáṭhaḥ* als unerklärt fernzuhalten ist (Mayrhofer 1, 159), bleibt die Herkunft des Namens unbekannt.

Humor m. 'heitere Gelassenheit als Grundhaltung gegenüber dem Dasein, Sinn für Komik, gute Laune, fröhliche Stimmung'. Zugrunde liegt lat. *hūmor* (Gen. *hūmōris*), eine volksetymologisch an lat. *humus* 'Erde' (s. *Humus*) angeschlossene Variante von lat. *ūmor* (Gen. *ūmōris*) 'Feuchtigkeit, Flüssigkeit, Naß' (auch für 'Tränen, Speichel, Blut'), zu lat. *ūmēre* 'feucht sein'. In der mittelalterlichen Medizin steht mlat. *humor* für 'Körpersaft', bezeichnet also jene vermeintlichen vier Grundsäfte des Körpers, die nach der (bes. durch Galen verbreiteten) hippokratischen Lehre die vier Temperamente bewirken, und gilt im Anschluß daran auch für 'Gemütslage, Gestimmtheit, Laune, Charakter'. In diesem Sinne wird das Wort ins Dt. übernommen (2. Hälfte 16. Jh.); vgl. *naturliche vermischung und temperatur der vier humoren* (1616), *melancholischer Humor* 'Stimmung, Laune' (17. Jh.). Endbetonung im Dt. (seit etwa 1700) geht auf lat. flektierte bzw. diesen folgende Formen (wie dt. *Humoren* Plur.) zurück oder beruht auf dem Einfluß von (ebenfalls aus dem Lat. entlehntem) gleichbed. frz. *humeur*. Aus dem Afrz. stammendes engl. *humour* entwickelt sich (im 17. Jh.) zu einer Bezeichnung für jene Wesensart des Menschen bzw. Eigenschaft einer literarischen Darstellung, die Heiterkeit, Belustigung, Spaß ausstrahlt und hervorruft. Dieser Gebrauch wird Mitte 18. Jh. ins Dt. übernommen. – Humorist m. 'Künstler, dessen Werke Heiterkeit und Belustigung vermitteln' (2. Hälfte 18. Jh.), nach engl. *humorist*; zuvor 'Humoralmediziner, die Lehre von den Körpersäften zugrundelegender Arzt' (Paracelsus, um 1520); humoristisch Adj. (2. Hälfte 18. Jh.), zuvor 'humoralmedizinisch' (Paracelsus). Humoreske f. 'heitere Kurzerzählung, heiteres Musikstück' (1. Hälfte 19. Jh.), mit romanisierender Endung analog *Burleske*, *Groteske* (s. d.). humorig Adj. 'heiter, launig' (20. Jh.).

humpeln Vb. 'gebrechlich, lahm gehen, hinken'. Vorwiegend im Nordd. auftretendes *humpeln*, *humpelen* (vgl. nl. *hompelen* sowie mnd. *humpeler*, mnl. *humpelaer* 'hinkender Mensch') ist eine Iterativbildung zu sowohl nd. wie obd. bezeugtem *humpen* 'hinken' und wird im 18. Jh. literatursprachlich. Vgl. ferner die früher überlieferten übertragenen Verwendungen mnd. *humpeler*, nhd. *Hümpler* 'träger, langsamer Mensch, Stümper' (16. Jh.), nhd. *hümpeln* 'stümpern, pfuschen, schlechte Arbeit leisten' (17. Jh.). Herkunft nicht geklärt. Verbindungen zu *Humpen* oder *schimpfen* (s. d.) sind möglich, jedoch nicht genügend gesichert. Vielleicht lautmalenden Ursprungs. Oder ist Verbindung mit griech. *skambós* (*σκαμβός*) 'krumm, krummbeinig' zu erwägen, so daß an eine Wurzel ie. **(s)kamb-* 'krümmen, biegen' angeknüpft werden kann?

Humpen m., bis ins 18. Jh. vorwiegend Humpe f. 'großes Trinkgefäß' (meist mit Griff und Deckel), zuerst omd. (2. Hälfte 16. Jh.), wohl durch die Studentensprache verbreitet. Mit mnd. *hümpel* 'Häuflein', nd. *Hump*, *Humpe* 'Teil, Stück, Ecke', nl. *homp* 'Klumpen', engl. *hump* 'Buckel, Höcker', norw. *hump* 'Hügel' und vielleicht aind. *kumbháḥ* 'Topf, Krug', griech. *kýmbē* (*κύμβη*) 'Trinkgefäß, Schale, Becken' (wenn nicht Wanderwort), mir. *comm* 'Gefäß' auf eine nasalierte Erweiterung ie. **kumb(h)-* der Wurzel ie. **keu-*, **keu̯ə-* 'biegen, Wölbung,

Höhlung' (s. *Haufen*) zurückgehend? – Bierhumpen m. (2. Hälfte 17. Jh.), *Bierhumpe* f. (Mitte 17. Jh.).

Humus m. oberste, aus verweslichen organischen Bestandteilen gebildete fruchtbare Bodenschicht, Übernahme (19. Jh.) von lat. *humus* 'Erde, Erdboden, Erdreich'.

Hund m. Der gemeingerm. Name des zu den Raubtieren gehörenden, wohl ältesten ie. Haustieres ahd. (8. Jh.), mhd. mnd. *hunt*, asächs. aengl. *hund* (engl. *hound* 'Jagd-, Hetzhund' neben *dog* 'Hund'), mnl. *hont*, nl. *hond*, anord. *hundr*, schwed. *hund*, got. *hunds* zeigt eine Dentalerweiterung (ie. **k̂u̯ont-*) gegenüber den außergerm. Bezeichnungen aind. *śvā́* (Gen. *śúnaḥ*), griech. *kýōn*, Gen. *kynós* (κύων, κυνός) (s. *zynisch*), air. *cū* (Gen. *con*), lit. *šuõ* sowie lat. *canis* (mit später entstandenem *a*?), aus denen sich ein Ansatz ie. **k̂u̯on-*, **k̂un-* 'Hund' erschließen läßt, wobei Anknüpfung an die Wurzel ie. **k̂eu-* 'leuchten, glänzen, hell' (motiviert durch die Farbe des Tieres) fraglich bleibt. Andere führen den Dental des Germ. auf ein *to*-Partizip zur Wurzel ie. **ken-* 'frisch hervorkommen' zurück, die auch in Bezeichnungen für 'Tierjunges' erscheint, vgl. mir. *cano*, *cana* 'Wolfjunges'. *Hund*, auch *Hunt* 'kleiner Förderkarren im Bergbau' ist eine Übertragung des Tiernamens (Mitte 16. Jh.). Häufig ist der Gebrauch als Schimpfwort (16. Jh., doch vermutlich viel älter), auch *Lumpenhund* (17. Jh.), *Schweinehund* (s. d.). Oft in Zusammensetzungen und Wendungen, die selten auf gute Eigenschaften des Tieres (*Hundetreue*, *Hundeblick*), weit mehr nach allgemeiner, zumal älterer Auffassung auf vermeintlich schlechte Eigenschaften anspielen, da der Hund weithin und lange Zeit als Bild des Elenden, Niederträchtigen, Menschenunwürdigen angesehen wird; das Bestimmungswort nimmt dabei vielfach steigernde Funktion an, vgl. *Hundeleben* (17. Jh.), *Hundeloch* zunächst für 'Gefängnis' (17. Jh.), *Hundeseele* (18. Jh.), *Hundearbeit* (19. Jh.), *Hundekälte* (19. Jh.), *Hundewetter* (19. Jh.), *Hundelohn* (20. Jh.); *hundekalt* (19. Jh.), *hundemüde* (19. Jh.), *hundemiserabel* (19. Jh.), *hundsmiserabel* (20. Jh.), *hundsgemein* (19. Jh.), *hundsmäßig*, *hundemäßig* (19. Jh.); ferner *da liegt der Hund begraben* 'das ist der Kern der Sache' (17. Jh.), *auf den Hund kommen* 'herunterkommen' (18. Jh.), *vor die Hunde gehen* 'zugrunde gehen' (17. Jh.). – hündisch Adj. 'kriecherisch, unterwürfig, gemein', älter *hundisch* (15. Jh.), da der Hund als niedergetretene und geprügelte Kreatur gilt und wegen seiner Unterwürfigkeit verachtet wird. Schäferhund m. Hund einer bes. für das Treiben und Bewachen von Herden geeigneten Rasse (16. Jh.). Schießhund m. 'Spürhund', eigentl. 'Hund, der das angeschossene Wild aufzuspüren hat', bes. in der Wendung *aufpassen wie ein Schießhund* (nd. *uppassen as een Scheethund*) 'scharf aufpassen' (18. Jh.). Hundstage Plur. 'Hitzetage', meist um den 14. Juli, spätmhd. *hundetac*, *huntlīche tage* (14. Jh.), *hundische tage* (15. Jh.), mnl. *hontdāghe*; Übersetzung von lat. *diēs canīculārēs*, der Bezeichnung für die durch das Hundsgestirn im Sternbild des Orion bestimmten Tage, vgl. lat. *canīcula* 'Hundsstern, Sirius', dessen Aufgang die heißen Juli- und Augusttage einleitet. Hündin f., ahd. *huntinna* (Hs. 12. Jh.), mhd. *hundinne*, spätmhd. *hündin*, doch erst seit dem 15. Jh. geläufig.

hundert Num. Das Zahlwort ahd. *-hunt* (9. Jh.) in *einhunt*, *zweihunt*, *thriuhunt*, *finfhunt*, *niunhunt*, asächs. aengl. *hund*, got. *hunda* und die entsprechenden Formen griech. *hekatón* (ἑκατόν), lat. *centum*, toch. A *känt*, B *känte*, air. *cēt* sowie aind. *śatám*, awest. *satəm*, lit. *šim̃tas* und (mit ungeklärtem ъ) aslaw. *sъto*, russ. *sto* (*сто*) führen auf ie. **k̂m̥tóm* 'hundert', das wohl auf ie. **d(e)k̂m̥tóm*, im Sinne von 'Zehnheit von Zehnern' eine Kollektivbildung von ie. **dek̂m̥* 'zehn' (s. *zehn*), zurückgeht. Der zweite Bestandteil der Erweiterung mhd. mnd. *hundert*, asächs. *hunderod*, mnl. *hondert*, nl. *honderd*, aengl. engl. *hundred*, anord. *hundrað* ist mit einem Wortstamm gebildet, wie er in got. *raþjō* 'Abrechnung, Zahl', *garaþjan* 'zählen' (s. *Rede*) vorliegt.

Hüne m. 'Riese, großer, starker, breitschultriger Mann'. Nd. *Hüne* gelangt von der 1. Hälfte des 17. Jhs. an durch nordd. Schriftsteller (Micraelius, Bürger, Voß) in die Literatursprache und gewinnt danach an Verbreitung (Wieland). Mnd. *hūne* 'Riese', Plur. 'östliches, nichtchristliches Volk, Hunnen, Ungarn', beruht wie ahd. *hūn*, mhd. *hiune*, (md.) *hūne* 'Angehöriger eines östlichen Volkes, Hunne, Ungar', auch (13. Jh.) 'Riese', frühnhd. *heune* (15. Jh.), asächs. *hūn*, spätlat.

(Plur.) *Hūn(n)ī*, griech. (Plur.) *Únnoi*, *Chū́noi* (*Οὖννοι*, *Χοῦνοι*) auf dem einheimischen Namen des innerasiatischen nomadisierenden Turkvolkes, das nach der Zerschlagung des ostgot. Reiches (375) in der Theißebene ein Großreich bildet. – H ü n e n g r a b n. volkstümliche Bezeichnung für 'Großsteingrab' (16. Jh.), zuvor in obd. Orts- bzw. Flurnamen wie *ze Hiunengrebern*, *an Hiunengreber weg* (14./15. Jh.). h ü n e n h a f t Adj. 'groß und von breiter, kräftiger Statur' (19. Jh.).

Hunger m. 'Verlangen nach Nahrung, starkes Bedürfnis', ahd. *hungar* (8. Jh.), mhd. mnd. *hunger*, asächs. *hungar*, mnl. *hongher*, nl. *honger*, aengl. *hungor*, *hungur*, engl. *hunger*, anord. *hungr*, schwed. *hunger* mit grammatischem Wechsel gegenüber got. *hūhrus*. Germ. **hungru-*/**hunhru-* führt mit griech. *kánkanos* (*κάγκανος*) 'dürr, trocken, brennbar', *kénkei* (*κέγκει*) 'hungert', lit. *kankà* 'Schmerz, Pein, Marter, Qual', *kankìnti* 'peinigen, quälen', *keñkti* 'schaden, schmerzen' und möglicherweise auch aind. *kā́ṅkṣati* 'er begehrt, verlangt brennend, sehnt sich' auf eine Wurzel ie. **kenk-* 'brennen, weh tun' (auch von Durst und Hunger). Vom Substantiv abgeleitet h u n g e r n Vb., ahd. *hungarēn* (8. Jh.), *hungarōn* (11. Jh.), mhd. *hungern*. h u n g r i g Adj. 'Hunger leidend', ahd. *hung(a)rag* (9. Jh.), mhd. *hungerec*, *hungeric*, *hungerc*. a u s h u n g e r n Vb. 'hungern lassen, durch Hunger zum Nachgeben, zur Auf-, Übergabe zwingen' (15. Jh.). v e r h u n g e r n Vb. 'an Hunger zugrunde gehen', mhd. *verhungern*. H u n g e r s n o t f., mhd. *hungernōt*. H u n g e r t u c h n. ehemals 'in der Fastenzeit den Altar verhüllendes bemaltes oder besticktes Tuch', mhd. *hungertuoch*, mnd. *hungerdōk*. Dazu die Wendung *am Hungertuche nagen* 'Not leiden' (16. Jh.), scherzhafte Umbildung (H. Sachs, Fischart) von (ebenfalls im 16. Jh. bezeugtem) *am Hungertuche nähen*, *flicken* 'fasten, sich kümmerlich behelfen', eigentl. 'das Fastenvelum nähen'.

hunzen Vb. (heute ungeläufig, doch noch mundartlich) 'jmdn. einen Hund nennen, wie einen Hund behandeln, wie einen Hund beschimpfen'; danach 'schinden, plagen' und 'verderben' (vgl. *zurschnittene*, *zuhuntzte ... kleidung* Mathesius 1562), wofür heute allgemein v e r h u n z e n Vb. (um 1700; literatursprachlich durch Lessing). Das Verb ist eine nhd. Bildung zu *Hund* wie *duzen* zu *du*, *siezen* zu *Sie*.

Hupe f. 'akustisches Signalinstrument für Kraftfahrzeuge' (seit 1898) beruht auf lautmalenden mundartlichen Bezeichnungen für 'Pfeife, Flöte', vgl. rhein. pfälz. *Hub*, *Huben* 'aus entrindeten Zweigen geschnittene Pfeife', rhein. hess. *Huppe* 'Flöte aus Weidenrinde', bair. *Huppe* 'Hirtenpfeife aus Rinde', schwäb. *Hupe* 'kleine Maipfeife'. Für 'Signalpfeife, -horn' gilt *Hupe* in der Jägersprache, bei Feuerwehr, Straßenbahn und schließlich bei Kraftfahrzeugen. – h u p e n Vb. (Anfang 20. Jh.). L i c h t h u p e f. optisches Signal mit den Frontscheinwerfern der Kraftfahrzeuge (Mitte 20. Jh.).

hüpfen Vb. 'kleine Luftsprünge machen, in kleinen Sprüngen laufen', auch 'springend tanzen', mhd. *hüpfen*, mnd. nd. *hüppen*, mnl. nl. *huppen*, mhd. *hupfen*, *hopfen*, (md.) *hoppen*, nd. *huppen*, *hoppen*, aengl. *hoppian*, engl. *to hop*, anord. schwed. *hoppa* setzen teils ein germ. *jan*-Verb, teils (mit Intensivgemination) ein *ōn*-Verb voraus (s. dazu die lautlich und semantisch nahe stehenden Verben *hoppeln* und *hopsen*). Verwandt sind *Hüfte*, *Haufen* (s. d.) sowie anord. *hopa* 'zurückweichen' und lat. *cubāre* 'liegen'. Zugrunde liegt ie. **keub-*, **kūb-*, eine Labialerweiterung der Wurzel ie. **keu-*, **keu̯ə-* 'biegen', auch 'den Körper, sich in den Gelenken biegen' und 'Wölbung, Höhlung'. Zur gleichen Wurzel gehören *Haube*, *Hobel*, *hoch*, *Hügel*, [1]*Hocke* (s. d.).

Hürde f. 'Flechtwerk, tragbarer Zaun für Viehweiden, Gestell, der davon umschlossene Raum, Weideplatz', auch (seit dem 19. Jh.) 'Hindernis', ahd. *hurt* (9. Jh.), mhd. *hurt* (Gen. *hürde*) 'Flechtwerk aus Reisern', *hürde* (aus den umgelauteten flektierten Kasus) 'als Scheiterhaufen dienendes Flechtwerk', asächs. *hurð*, mnl. *hurde* 'Flechtwerk, Gitter' sowie aengl. *hyrd* 'Tür', (mit *l*-Suffix weitergebildet) *hyrdel*, engl. *hurdle* 'Hindernis, Gitter, Zaun, Geflecht', anord. *hurð*, got. *haúrds* (aus Flechtwerk bestehende) 'Tür' und die unter [2]*Horde* (s. d.) genannten md. nd. Entsprechungen verbinden sich mit aind. *kā́ṭaḥ* 'Geflecht, Matte', *kr̥nátti* 'dreht, spinnt', griech. *kýrtos* (*κύρτος*), *kýrtē* (*κύρτη*) 'Fischreuse, Vogelkäfig', *kártallos* (*κάρταλλος*) 'Korb', lat. *crātis* 'Flechtwerk, Hürde' und führen auf ie. **kert-*, **kr̥ti-* 'Flechtwerk', eine Abstraktbildung zur Wurzel ie. **(s)ker-* 'drehen, biegen', zu der sich möglicherweise auch (mit Nasaleinschub) kslaw. *krętati* 'biegen', aruss. *krjatati* 'bewegen', russ. (älter) *krjátat'* (*кpятать*) 'berühren, bewegen', poln. *krzątáć się* 'sich tummeln, sich um etwas bemühen' sowie (ablautend) russ. *krutój* (*крутой*) 'steil, jäh, schroff' stellen.

Hure f. 'Dirne, Prostituierte', ahd. *huora* (8. Jh.), mhd. *huore*, mnd. aengl. *hōre*, engl. *whore*, mnl. *hoere*, nl. *hoer*, anord. *hōra*, schwed. *hora* sowie anord. *hōrr*, got. *hōrs* 'Ehebrecher', (ablautend) frühnhd. *herge*, mnd. *herge*, *herie* 'Dirne' sind wie ahd. (9. Jh.), mhd. *huor*, aengl. anord. *hōr* 'Ehebruch, außerehelicher Beischlaf, Unkeuschheit' verwandt mit lat. *cārus* 'begehrt, lieb, teuer, wert', lett. *kārs* 'lüstern, lecker', air. *caraim* 'liebe', *carae* 'Freund', kymr. *car* 'Freund'. Sie führen auf ie. **kāro-* 'lieb, begehrlich' bzw. ablautendes ie. **kər-*. Zugrunde liegt die Wurzel ie. **kā-* 'gern haben, begehren', wozu (mit anderem Suffix) aind. *kā́maḥ* 'Wunsch, Begehren, Liebe' gehört. Vom Substantiv abgeleitet h u r e n Vb. 'mit Dirnen schlafen', ahd. *huorōn* (9. Jh.), mhd. *huoren*, mnd. *hōren*, mnl. *hoeren*, *horen*, anord. *hōra*, schwed. *hora*. H u r e r e i f. (15. Jh.). H u r e n h a u s n. (15. Jh.), mnd. *hōrenhūs*; vgl. ahd. (um 800), mhd. *huorhūs*.

hurra Interj. üblich als Kampf-, Jagd- und Hochruf. Ausgangsform ist der durch *-ā* intensivierte Imperativ mhd. *hurrā*, zu mhd. (heute noch mundartlichem) *hurren* 'sich schnell bewegen'. Dieses läßt sich vielleicht vergleichen mit lat. *currere* 'laufen, rennen, eilen', griech. *epíkūros* (*ἐπίκουρος*) 'Beistand', Plur. 'Helfer, Hilfstruppen', Adj. 'helfend, schützend', *epikū́rios* (*ἐπικούριος*) 'zu Hilfe eilend', air. *carr* 'Wagen' und mit diesen an die schwundstufige Form von ie. **k̑ers-* 'laufen' anschließen. Davon wohl unabhängiges, wahrscheinlich aus dem Ruf engl. *huzza* entstandenes engl. *hurrah* wird (Ende 18. Jh.) in die dt. Seemannssprache aufgenommen (vgl. auch *hipp hipp hurra*), fällt mit dem dt. Ausdruck zusammen und gewinnt als Begrüßungs- und Hochruf an Verbreitung.

hurtig Adj. 'eifrig, schnell, flink, behende', spätmhd. *hurtec*, verkürzt aus mhd. *hurteclich* 'im Hinblick auf einen Stoß, einen Anprall heftig losrennend, zum Gebrauch beim stoßenden Losrennen geeignet', einer Ableitung von mhd. *hurt* m., *hurt(e)* f. 'Stoß, Anprall, stoßendes Losrennen'. Dieser ritterliche Turnierausdruck ist eine Entlehnung von afrz. *hurt* m., *hurte* f. 'Stoß, Anprall' (frz. *heurt*), rückgebildet aus afrz. *hurter* 'stoßen, anprallen, aufschlagen, im Kampf zusammenstoßen' (frz. *heurter* 'stoßen, verletzen', engl. *to hurt* 'verletzen'). Das afrz. Verb wird auf das Germ., auf anfrk. **hūrt* zurückgeführt, das (mit Metathese) an anord. *hrūtr* 'Widder' (verwandt mit *Hirsch* und letztlich mit *Hirn*, s. d.) angeknüpft wird, so daß von einer Bedeutung 'wie ein Widder mit den Hörnern stoßen' auszugehen ist.

Husar m. 'berittener ungarischer Soldat' (15. Jh.), 'Angehöriger einer leichten Reitertruppe', meist in einer an ungarische Uniformen angeglichenen Soldatenkleidung (16. Jh.), Entlehnung von ungar. *huszár* 'bewaffneter leichter Reiter', zuvor 'in Diensten Stehender, berittener Räuber' (Mitglied der unter Matthias Corvinus aus außerhalb des Gesetzes lebenden, herumstreifenden Bauernburschen entstandenen Reiterei, durch die die Bezeichnung in Europa bekannt wird), das seinerseits aus kroat. *hȕsār*, *gȕsār*, älter *gursar*, *kursar* 'Seeräuber, Pirat, Freibeuter' stammt (vgl. *Korsar*). Dieses beruht auf gleichbed. mlat. *cursarius*, *corsarius*, zu lat. *cursus* 'Lauf, Fahrt, Weg, Gang' (s. *Kurs*); vgl. lat. *currere* (*cursum*) 'laufen, rennen, eilen'.

huschen Vb. 'sich schnell und lautlos fortbewegen, flüchtig dahingleiten' (Ende 18. Jh.), zuvor *hoschen* (16. Jh.), Ableitung von der lautmalenden Interjektion *husch* (15. Jh.), die Schnelligkeit bezeichnet und sich von daher auch zum Scheuchruf entwikkelt. – H u s c h e f. 'schnell vorüberziehender Regenschauer' (15. Jh.), omd. und nd.

Husten m. 'lautes Ausstoßen, Auspressen der Luft durch den Mund' (bes. bei Reizung bzw. Erkrankung der Atemwege), ahd. *huosto*, *huosta* (9. Jh.), mhd. *huoste*, mnd. *hōst(e)*, mnl. *hoest(e)*, nl. *hoest*, aengl. *hwōsta*, anord. *hōsti*, schwed. *hosta* (germ. **hwōstan-*), Abstraktbildungen mit *t*-Suffix (vgl. aengl. *hwōsan* 'husten') wie aind. *kā́satē* 'hustet', *kāsā-*, *kā́s-* 'Husten', lit. *kósėti* 'husten', russ. *kášel'* (*кашель*) 'Husten' zur das Hustengeräusch nachahmenden Wurzel ie. **k̑ṷās-*, **k̑ṷəs-*. Vom Substantiv abgeleitet h u s t e n

Vb., ahd. *huostōn* (9. Jh.), mhd. *huosten*, mnd. *hōsten*, mnl. nl. *hoesten*, aengl. *hwōstan*, anord. *hōsta*, schwed. *hosta*. Dazu die Weiterbildung h ü s t e l n Vb. 'leicht husten, sich räuspern' (18. Jh.).

Hut m. 'Kopfbedeckung', ahd. (8. Jh.), mhd. *huot*, asächs. aengl. *hōd*, engl. *hood* ('Kapuze'), mnd. *hōt*, mnl. *hoet*, nl. *hoed*, afries. *hōd*, daneben (ablautend und mit ursprünglichem Nasalsuffix) aengl. *hætt*, engl. afries. *hat*, anord. *hǫttr*, schwed. *hatt* führen mit *Hut* f. und *hüten* (s. d.) sowie lat. *cassis* (Gen. *cassidis*) 'Helm, Sturmhaube', sofern dieses aus ie. **kadhtis* entstanden und nicht etruskischer Herkunft ist, auf eine Wurzel ie. **kadh-* 'schützende Bedeckung'. Übertragen auf Hutähnliches, z.B. F i n g e r h u t m. (s. d.) und Z u c k e r h u t m. (18. Jh.). Wendungen wie *etw. geht über die Hutschnur*, *bis über die Hutschnur in Schulden stecken* sind seit dem Anfang des 18. Jhs. nachweisbar. Zur Erklärung kann vielleicht eine Urkunde von 1356 herangezogen werden, in der die Hutschnur als Maß für die zulässige Stärke des Wasserstrahls für einen Quellenmitbenutzer gilt; vgl. GLEISSNER in : PBB 58 (1934) 296f.

Hut f. 'Schutz, Geborgenheit', ahd. *huota* 'Bewachung' (um 1000), mhd. *huot(e)* 'Bewachung, Schutz, Fürsorge', auch 'Wächter, Hinterhalt', mnd. *hōde* 'Bewachung, Wache, Schutz, Hütung des Viehs, Viehweide', mnl. nl. *hoede* 'Bewachung, Aufmerksamkeit, Verwahrungsort', afries. *hōde*, *hūde* sind zu der unter *Hut* m. (s. d.) angegebenen Wurzel gebildet. Dazu auch *Obhut*, s. *ob* Präp. – N a c h h u t f. 'den Rückmarsch militärischer Einheiten sichernder Truppenteil', mhd. *nāchhuote*; dafür (17. bis 2. Hälfte 19. Jh.) häufig *Arrieregarde*. V o r h u t f. 'sichernder, vorgeschobener Truppenteil einer vorrückenden militärischen Einheit' (18. Jh.); dafür (Ende 16. bis 2. Hälfte 19. Jh.) häufig *Avantgarde* (s. d.).

hüten Vb. 'bewahren, beschützen', ahd. *huoten* (9. Jh.), mhd. *hüeten* 'achthaben, (be)wachen', asächs. *hōdian*, mnd. *hōden*, *hūden*, mnl. nl. *hoeden*, afries. *hōda*, *hūda*, aengl. *hēdan*, engl. *to heed* sind Bildungen zu dem unter *Hut* f. (s. d.) angeführten Substantiv. Aus einer Grundbedeutung 'beobachten zum Schutze vor drohender Schädigung' entwikkelt sich die spezielle Verwendung im Sinne von 'Vieh beaufsichtigen'. Refl. Gebrauch 'sich vorsehen, in acht nehmen' begegnet bereits in mhd. Zeit. – b e h ü t e n Vb. 'beschützen', ahd. *bihuoten* 'besorgen, beachten' (9. Jh.), mhd. *behüeten* 'bewahren, verhindern'. v e r h ü t e n Vb. 'etw. Unerwünschtes verhindern, vermeiden', mhd. *verhüeten* 'bewachen, bewahren, auflauern'.

Hütte f. 'einfaches kleines Haus, Anlage zur Metallgewinnung'. Das ursprünglich nur hd. Substantiv ahd. *hutta* 'Schuppen, Laube, kleines Haus' (9. Jh.), mhd. *hütte* 'kleines Haus, Zelt, Verkaufsbude', bergmannssprachlich auch 'Gebäude zum Schmelzen von Erz' stellt sich mit den unter *Haut* und *Hode* (s. d.) aufgeführten Formen und vielleicht auch (bei Nasalierung des Wurzelvokals) mit apreuß. *pokūnst* 'behüten', *pakūnst* 'bewahren', aslaw. *sъkǫtati* 'niederhalten, beruhigen, stillen', russ. *kútat'* (*кутать*) 'einhüllen, verhüllen' zu ie. **(s)keut-*, einer Dentalerweiterung der Wurzel ie. **(s)keu-*, **(s)keu̯ə-*, **(s)kū-* 'bedecken, umhüllen' (s. *Scheune* und mit *s*-Erweiterung *Haus*). Auszugehen ist wohl von einer Grundbedeutung 'bedeckter Schutzort'. Aus dem Hd. stammen mnd. *hütte*, mnl. *hutte*, *huette*, nl. *hut* (woraus schwed. *hytta*) sowie afrz. *hute*, frz. *hutte* (woraus engl. *hut*). – G l a s h ü t t e f., mhd. *glas(e)hütte*; danach *Sennhütte* (16. Jh.), *Hundehütte* (17. Jh.), *Eisenhütte* (18. Jh.), *Bauhütte* (1. Hälfte 19. Jh.). H ü t t e n - w e r k n. (19. Jh.). v e r h ü t t e n Vb. und V e r h ü t t u n g f. (19. Jh.).

Hutzel f. 'gedörrtes Obst, bes. Birnenscheibe, runzlige alte Frau', mhd. *hutzel*, *hützel* sowie mhd. *hützeln* 'dörren' und nhd. v e r h u t z e l t Part.adj. 'klein, dürr, von Alter gebeugt und runzelig' (19. Jh., vgl. *verhützeln* 'eindörren, einschrumpfen', 15. Jh.) sind ungeklärter Herkunft. Möglicherweise besteht Zusammenhang mit mnd. *hotte* 'geronnene Milch', nd. *hotten* 'gerinnen'. Vgl. auch *hutz(e)lig* Adj. (18. Jh.) und *Hutzelmännchen* 'Heinzelmännchen' (19. Jh.).

Hyäne f. hundeähnliches, vornehmlich Aas fressendes Raubtier in Afrika und Asien, ahd. *(h)ijēna* (11. Jh.), frühnhd. *hientier* (15. Jh.), *hienna* (16. Jh.) sind Entlehnungen aus lat. *hyaena*, griech. *hýaina* (*ὕαινα*), einer Ableitung von griech. *hȳ́s* (*ὗς*) 'Schwein'. Der Name weist auf die Ähnlichkeit beider Tiere hinsichtlich der borstigen Rückenmähne.

Hyazinthe f. Zwiebelpflanze mit trichterförmigen, in Trauben stehenden Blüten. Der etymologisch unerklärte Name lat. *hyacinthus*, griech. *hyákinthos* (ὑάκινθος) steht für eine nicht sicher deutbare Pflanze (eine Gladiolus- oder Iris-Art?) des Altertums. Er wird auf die im 16. Jh. aus Kleinasien eingeführte heutige *Garten-Hyazinthe* übertragen und erhält durch Linné nomenklatorische Gültigkeit (1737). Die Eindeutschung zu *Hiacynthenblume*, *Hyacinthe* erfolgt im 17. Jh.

Hybride f. 'pflanzlicher oder tierischer Bastard', als Fachwort der Biologie entlehnt (19. Jh.) aus lat. *hybrida* 'Mischling, Bastard'. Dazu h y b r i d i s c h (19. Jh.), später [1]h y b r i d Adj. 'von zweierlei Herkunft, gemischt, zwitterhaft' (Biologie), 'aus Verschiedenem zusammengesetzt' (Sprachwissenschaft).

Hybris f. 'Hochmut, Überheblichkeit, Vermessenheit, Frevel', Übernahme (19. Jh.) von gleichbed. griech. *hýbris* (ὕβρις). Dazu ohne griech. Vorbild (vielleicht mit formaler Anlehnung an [1]*hybrid*, s. d.) [2]h y b r i d Adj. 'hochmütig, überheblich, vermessen' (20. Jh.).

Hydra f. 'Wasserschlange', Seeungeheuer der griechischen Sage mit 9 Köpfen (ὕδρα), zu griech. *hýdōr* (ὕδωρ) 'Wasser'. Da bei dem sagenhaften Kampf des Herakles mit der Hydra dieser für jeden abgeschlagenen Kopf zwei neue wuchsen, wird der Name seit dem 19. Jh. appellativisch für ein sich vergrößerndes Übel verwendet.

Hydrant m. 'Zapfstelle zur Wasserentnahme', Entlehnung (19. Jh.) des gleichbed. amerik.-engl. *hydrant*, das künstlich mit latinisierender Endung zu griech. *hýdōr* (ὕδωρ) 'Wasser' (s. *hydro-*) gebildet ist.

Hydrat n. Verbindung, in der Wasser chemisch gebunden enthalten ist, als Terminus der Chemie im 19. Jh. zu griech. *hýdōr* (ὕδωρ) 'Wasser' künstlich gebildet (s. *hydro-*). – K o h l e (n) h y d r a t n. organisch-chemische Verbindung aus Kohlenstoff, Wasserstoff und Sauerstoff (19. Jh.).

hydraulisch Adj. 'mit dem Druck von Wasser oder anderen Flüssigkeiten arbeitend, betrieben', technischer Terminus, im 18. Jh. aus lat. *hydraulicus*, griech. *hydraulikós* (ὑδραυλικός) 'zur Wasserorgel gehörig' entlehnt. Das Adjektiv gehört zu griech. *hýdraulis* (ὕδραυλις) 'mit Wasserkraft betriebenes Tasteninstrument, Wasserorgel', das zu griech. *hýdōr* (ὕδωρ) 'Wasser' (s. *hydro-*) und *aulós* (αὐλός) 'Flöte, Röhre, Rohr' gebildet ist. – H y d r a u l i k f. 'Lehre von den Strömungen der Flüssigkeiten' (18. Jh.).

hydrieren Vb. 'Wasserstoff an (ungesättigte) chemische Verbindungen anlagern', Terminus der Chemie, gelehrte Bildung (Anfang 20. Jh.) zu griech. *hýdōr* (ὕδωρ) 'Wasser'. Vgl. *Hydrierung*, *Hydrierverfahren*, *Hydrierwerk* (20. Jh.).

hydro-, vor Vokalen **hydr-** 'Wasser-, Feuchtigkeit(s)-', Bestimmungswort in zahlreichen fachsprachlichen Komposita (z. B. *hydrographisch*, *Hydrolyse*, *Hydriatrie*), entsprechend griech. *hydr(o)-* (ὑδρ(ο)-), einer Kompositionsform von griech. *hýdōr* (ὕδωρ) 'Wasser'.

Hygiene f. 'Gesundheitspflege, -lehre'. Aus griech. *hygieiná* (ὑγιεινά) 'gesunde Lebensweise, Gesundheit', eigentl. Neutr. Plur. des Adjektivs *hygieinós* (ὑγιεινός) 'heilsam, gesund, kräftig', wird als Fachwort der Medizin mfrz. frz. *hygiène* (16. Jh.) entlehnt. Im Dt. begegnen *Hygiene* und *hygienisch* im 18. Jh.

Hygrometer n. Gerät zur Bestimmung der Luftfeuchtigkeit (18. Jh.), gelehrte Bildung zu griech. *hygrós* (ὑγρός) 'naß, feucht, flüssig, fließend' und *Meter* (s. d.), wohl nach früher bezeugtem frz. *hygromètre* (17. Jh.).

Hymne f. 'feierliches Gesangsstück, Lobgesang'. Aus griech. *hýmnos* (ὕμνος) 'Lied, Fest-, Lobgesang, bes. zum Preis der Götter' entlehntes lat. *hymnus* wird in der Sprache der Kirche 'Lobgesang auf Gott'. Die mittelalterlichen Entlehnungen ins Dt. weisen zum Teil beträchtliche Unterschiede gegenüber der antiken Form auf durch die Eindeutschung der Flexion wie durch Ausspracheveränderungen bzw. -erleichterungen, die sich ähnlich auch in anderen germ. Sprachen, im Afrz. Mfrz. finden und bereits im Mlat. anbahnen. Neben ahd. *hyemno* (8. Jh.) stehen *imno* (8. Jh.), *immin* (9. Jh.), neben mhd. *ymne* begegnet mhd. *imps*, frühnhd. *(h)imps*. Diese Formen (sämtlich Maskulina) scheinen sich jedoch nicht fortzusetzen. Im 18. Jh. gilt vielmehr die dem Lat. entsprechende Form *Hymnus* (Plur. *Hymni*, aber auch *Hymnen*); dazu wird (2. Hälfte 18. Jh.) ein femininer Sing. *Hymne* (wohl im Anschluß an frz. *hymne* f.) gebildet. – h y m n i s c h Adj. 'in der Art einer Hymne, überschwenglich' (19. Jh.).

hyper- Präfix 'über-', ein Übermaß, die Überschreitung des normalen Maßes ausdrückend, nach in gleicher Weise gebrauchtem griech. *hyper-* (*ὑπερ-*), verwandt mit *über*, *super-* (s. d.). Die im Griech. verbreitete Vorsilbe ist in der Wissenschaftssprache noch heute außerordentlich produktiv, z. B. in der Medizin *Hyperämie* 'vermehrte Blutansammlung', *Hypertonie* 'Bluthochdruck' (vgl. griech. *hypértonos*, *ὑπέρτονος* 'überspannt') und *Hypertrophie* (s. d.), in der Biologie *Hypermetamorphose* 'mehrfache Verwandlung mancher Insekten', allgemein *hyperkritisch* 'überstreng, übertrieben kritisch', *Hyperkultur* 'Überfeinerung', *Hyperschall* Schwingungen extrem hoher Frequenz.

Hyperbel f. (in der Mathematik) 'unendliche ebene Kurve aus zwei getrennten Ästen', d. i. der geometrische Ort aller Punkte, für die die Differenz der Abstände von zwei festen Punkten konstant ist, (in der Stilistik) 'Übertreibung des Ausdrucks', seit Anfang des 18. Jhs. nachweisbare Eindeutschung des bis dahin in der Wissenschaftssprache üblichen *Hyperbole*. Entlehnt aus lat. *hyperbolē*, griech. *hyperbolḗ* (*ὑπερβολή*), zu verstehen als eine über das Normalsprachliche hinausgehende Redeform bzw. (nur dem griech. Vorbild folgend) als eine über die Grundfigur des Kegelschnitts, den Kreis, hinausgehende Kurve; eigentl. 'Übermaß, Überfülle, Übermacht', zu griech. *hyperbállein* (*ὑπερβάλλειν*) 'darüber hinaus-, über das Ziel werfen, gehen', gebildet aus dem unter *hyper-* (s. d.) behandelten griech. Präfix und *bállein* (*βάλλειν*) 'werfen'. – h y p e r b o l i s c h Adj. 'in der Art einer Hyperbel, übertreibend' (17. Jh.), lat. *hyperbolicus*, griech. *hyperbolikós* (*ὑπερβολικός*) 'übertrieben, übermäßig'.

Hypertrophie f. 'übermäßige Vergrößerung, übermäßiges Wachstum (von Geweben und Organen), Überernährung', Terminus der Medizin und Biologie, gebildet (19. Jh.) mit *hyper-* (s. d.) als Gegenwort zu *Atrophie* (s. d.).

hypnotisch Adj. 'einschläfernd', dann auch 'durch Hypnose bewirkt', entlehnt (18. Jh.) aus lat. *hypnōticus*, griech. *hypnōtikós* (*ὑπνωτικός*) 'einschläfernd', zu griech. *hýpnos* (*ὕπνος*) 'Schlaf'. Wenig später (Anfang 19. Jh.) entsteht dazu die gelehrte Bildung H y p n o s e f. 'durch Suggestion herbeigeführter schlafähnlicher Zustand'. – h y p n o t i s i e r e n Vb. 'in Hypnose versetzen, willenlos machen' (19. Jh.); der engl. Arzt Braid bildet (1842) zu engl. *hypnotic* das Substantiv *hypnotism* und das Verb engl. *to hypnotize*, das über frz. *hypnotiser* ins Dt. entlehnt wird. Der im Frz. gebildeten Ableitung *hypnotiseur* folgt H y p n o t i s e u r m. 'wer andere in Hypnose versetzt' (19. Jh.).

hypo-, (vor Vokalen) **hyp-**, (in Verbindung mit *h*) **hyph-**, Präfix 'unter-', räumliches Daruntersein, Nichterreichen des üblichen Maßes, auch Abhängigkeit ausdrückend, nach in gleicher Weise gebrauchtem griech. *hypo-* (*ὑπο-*). Zunächst in aus dem Griech. stammenden Bildungen, s. *hypochondrisch*, *hypotaktisch*; danach in der Wissenschaftssprache bis heute produktiv, vgl. *Hypotonie* f. 'herabgesetzter Blutdruck' (19. Jh.), zu griech. *tónos* (*τόνος*) 'Spannung, Seil, Saite, Sehne'; *Hyphäma* n. 'Blutansammlung in der vorderen Augenkammer' (19. Jh.), vgl. griech. *hýphaimos* (*ὕφαιμος*) 'blutunterlaufen, blutig'; *Hypochromie* f. 'verminderter Hämoglobingehalt' (20. Jh.), zu griech. *chrṓma* (*χρῶμα*) 'Farbe'.

hypochondrisch Adj. 'schwermütig, an eingebildeter Krankheit leidend' (anfangs nur von Männern im Unterschied zu *hysterisch*, s. d.), gebildet (17. Jh.) zu lat. *hypochondria*, griech. *hypochóndria* Plur. 'die Seitenweichen', *hypochóndrion* Sing. (*ὑποχόνδρια*, *ὑποχόνδριον*) 'Unterleib, Eingeweide', *hypochóndrios* (*ὑποχόνδριος*) 'unter dem Brustknorpel, unter dem Herzen', daher schon griech. *hypochondriakós* (*ὑποχονδριακός*) 'krank am Unterleib'; zu *hypo-* (s. d.) und griech. *chóndros* (*χόνδρος*) 'Knorpel, Brustknorpel'. Vom Unterleib und dessen Organen gehen nach Vorstellung der antiken Medizin die Gemütskrankheiten aus, daraus ergibt sich die übertragene Bedeutung. – H y p o c h o n d e r m. 'Schwermut, Schmerz' (18. Jh.), dann 'schwermütiger, eingebildeter Kranker' (19. Jh.), älter *Hypochondrist* (18. Jh.).

hypotaktisch Adj. '(sich) unterordnend' (von Sätzen und Satzgliedern), entlehnt (19. Jh.) aus dem bereits bei den griech. Grammatikern üblichen Terminus griech. *hypotaktikós* (*ὑποτακτικός*) 'sich unterordnend, unterwerfend, nachstehend, folgend'. Dazu H y p o t a x e f. 'Unterordnung von Sätzen und Satzgliedern' (20. Jh.), griech. *hypótaxis* (*ὑπόταξις*). Ausgangswort für beide Ableitungen ist griech. *hypotássein* (*ὑποτάσσειν*) ‘darunterstellen, unterordnen, nachstellen’, aus *hypo-* (s. d.) und griech. *tássein* (*τάσσειν*) ‘ordnen’.

Hypotenuse f. ‘die einem rechten Winkel gegenüberliegende Seite eines Dreiecks’, Entlehnung (15. Jh.) aus gleichbed. spätlat. *hypotēnūsa*, griech. *hypoteínūsa* (*ὑποτείνουσα*), Part. Präs. fem. von griech. *hypoteínein* (*ὑποτείνειν*) ‘darunter spannen, strecken, ausstrecken, ausdehnen’, eigentl. also ‘die sich darunter (nämlich unter dem rechten Winkel) spannende (Seite)’.

hypothetisch Adj. ‘auf einer Annahme beruhend, fraglich, zweifelhaft’, entlehnt (Anfang 17. Jh.) aus gleichbed. lat. *hypotheticus*, griech. *hypothetikós* (*ὑποθετικός*), das von dem im 18. Jh. zu H y p o t h e s e f. eingedeutschten griech.-lat. *hypóthesis* (*ὑπόθεσις*) ‘Voraussetzung, Annahme, Unterstellung’ abgeleitet ist, einer Bildung zu griech. *hypotithénai* (*ὑποτιθέναι*) ‘eine Behauptung aufstellen, annehmen, voraussetzen’, eigentl. ‘daruntersetzen, -stellen, -legen’.

hysterisch Adj. ‘auf Hysterie beruhend’, allgemein ‘übertrieben leicht erregbar, übertrieben erregt’, Entlehnung (18. Jh.) aus lat. *hystericus*, griech. *hysterikós* (*ὑστερικός*) ‘die Gebärmutter betreffend, von ihr herkommend’, gebildet zu griech. *hystéra* (*ὑστέρα*) ‘Gebärmutter’. – H y s t e r i e f. ‘abnorme Reaktionsweise mit übersteigerten Ausdruckserscheinungen, Neurose, bei der neben psychischen Störungen auch körperliche Beschwerden ohne nachweisbare somatische Ursache bestehen’ (2. Hälfte 19. Jh.), vorher allgemeiner ‘körperliches und psychisches Unwohlsein bei Frauen’; als Terminus der Medizin im 18. Jh. (wie medizin.-lat. *Hysteria*) zum griech.-lat. Adjektiv gebildet. Die Bezeichnung erklärt sich daraus, daß bei den Ärzten der Antike und noch im frühen 19. Jh. krankhafte Veränderungen an der Gebärmutter als Ursache derartiger Beschwerden angesehen werden. Noch bis zum Ende des 19. Jhs., bis zur Entwicklung der Neurosenlehre (Freud), gilt *Hysterie* als eine nur bei Frauen auftretende Krankheit.

ich Pers.pron. des von sich als einzelnem redenden Sprechers, ahd. *ih*, mhd. *ich*, asächs. mnd. *ik*, mnl. *ic*, nl. *ik*, aengl. *ic*, engl. *I*, anord. *ek*, schwed. *jag*, got. *ik* gehen auf ie. **eĝom* ‘ich’, aind. *ahám* auf die Variante ie. **eĝhom* zurück, während die verwandten lat. *egŏ*, griech. *egṓ* (*ἐγώ*) (sofern nicht Umbildung nach der Endung der 1. Pers. Sing. vieler Verben) ie. **eĝō* und lit. *àš*, alit. auch *eš*, lett. *es* ein kürzeres ie. **eĝ* voraussetzen. Mit abweichendem Vokalismus vgl. aslaw. *azъ*, russ. *ja* (*я*). Ie. **eĝ(h)om* ‘ich’ ist vielleicht als ein Neutrum mit der Bedeutung ‘(meine) Hierheit’ zu betrachten, das sich aus dem Pronominalstamm ie. **e-* (s. *er*, *es*) und einer in zahlreichen Varianten erscheinenden Partikel **-ĝ(h)e-*, **-ĝ(h)o-* entwickelt hat. Die flektierten Formen sind von einem anderen, mit *m*-anlautenden Pronominalstamm ie. **me-* gebildet (s. *mir*, *mich* und *mein*). – I c h s u c h t f. ‘Egoismus’ und i c h s ü c h t i g Adj. ‘egoistisch, die eigene Person in den Vordergrund rückend’ (18. Jh.).

ideal Adj. ‘nur gedacht, vorbildlich, mustergültig’. Seit dem 17. Jh. wird *Ideal-*, aus spätlat. *ideālis* ‘dem Urbild entsprechend’ (5. Jh.), abgeleitet von lat. *idea* (s. *Idee*), als erstes Glied in Zusammensetzungen gebräuchlich, vgl. *Idealform* ‘mustergültige Form’ (17. Jh., nach spätlat. *forma ideālis*), *Idealbild*, *Idealschönheit* (18. Jh.). Um 1800 tritt *ideal* auch als selbständiges Adj. mit der Bedeutung ‘vorbildlich, mustergültig’ auf. Spätlat. *ideālis* erhält in der Gelehrtensprache des 14. Jhs. (Ockham) die Bedeutung ‘nur geistig existent, gedanklich’, im Dt. seit der 1. Hälfte des 18. Jhs. durch *ideal* ‘nur gedacht, geistig vorgestellt’ wiedergegeben. Daneben steht ebenfalls auf *ideālis* zurückgehendes i d e a l i s c h Adj. (nach der Mitte des 18. Jhs.), zunächst gleichbed. mit *ideal* in beiden Verwendungen und bis ins 19. Jh. gebräuchlich. Im 19. Jh. setzt sich *ideal* ‘vorbildlich, mustergültig’ gegenüber *idealisch* durch, während *idealisch*, *ideal* im Sinne von ‘nur gedacht, geistig vorgestellt’ durch *ideell* (s. d.) ersetzt wird. – I d e a l n. ‘Vollkommenheitsbegriff, Muster, Vorbild’ (18. Jh., nach Wieland 1775 bereits Modewort). i d e a l i s i e r e n Vb. ‘etw. vollkommener sehen, als es in Wirklichkeit ist’ (18. Jh.), zu *Ideal* gebildet. I d e a l i s m u s m. philosophische Grundrichtung, die im Gegensatz zum Materialismus das Bewußtsein gegenüber der Materie als primär und bestimmend ansetzt (18. Jh.), bei M. Mendelssohn 'Lehre, nach der die Außenwelt nur im Bewußtsein existiert'; auch 'opferbereite Begeisterung' (19. Jh.). Idealist m. 'Anhänger des Idealismus, wer sich nach Idealen richtet' (18. Jh.). idealistisch Adj. 'den Idealismus betreffend, nach der Verwirklichung von Idealen strebend' (19. Jh.).

Idee f. 'Urbild, Gedanke, Begriff, Einfall, Kleinigkeit'. Griech. *idéa* (*ἰδέα*), lat. *idea* 'Erscheinung, Gestalt, Beschaffenheit, Art, Form, Urbild', Verbalabstraktum zu griech. (Aorist) *idein* (*ἰδεῖν*) 'sehen, erblicken, zu erfahren suchen' (vgl. lat. *vidēre* 'sehen', s. *wissen*), gelangt mit der Verbreitung der Philosophie Platons, in der die Ideen als die 'unveränderlichen Urbilder der Dinge' dargestellt werden, in die übrigen europäischen Sprachen und ist seit dem 17. Jh. in der eingedeutschten Form *Idee* (Leibniz, Thomasius) nachzuweisen (doch noch im 18. Jh. auch in lat. Form belegt). *Idee* wird zum grundlegenden Allgemeinbegriff der Philosophie, der in idealistischen Weltanschauungen gegenüber der Materie als primär und bestimmend aufgefaßt wird. Daneben wandelt sich in allgemeiner Vorstellung (unter dem Einfluß von frz. *idée*) die Bedeutung im 17. Jh. zu 'geistige, gedankliche Vorstellung, Gedanke, Begriff' (in Anlehnung an Descartes), dann auch zu 'Meinung, die man von etw. hat' (Herder), 'Grundgedanke einer wissenschaftlichen Arbeit, eines Kunstwerks, dichterischer Stoff, Plan' (Goethe). Über diese Entwicklung wird der philosophische Terminus zugleich ein Wort der Alltagssprache mit den Bedeutungen 'Einfall, plötzliche Eingebung' sowie 'Kleinigkeit, ein wenig' (19. Jh.), wohl aus Verwendungen wie 'Andeutung einer Vorstellung'. – ideell Adj. 'eine Idee betreffend, nur vorgestellt, gedacht, nicht wirklich' (um 1800), zu *ideal* (s. d.), wohl nach dem älteren (17. Jh.) Vorbildpaar *real* und *reel* (s. d.).

Identität f. 'völlige Übereinstimmung, Gleichheit, Wesenseinheit' wird im 18. Jh. aus spätlat. *identitās* (Gen. *identitātis*) 'Wesenseinheit' entlehnt, einer Ableitung von lat. *idem* 'ebendasselbe', das aus dem Neutrum des Pers.pron. lat. *id* mit verstärkendem *-em* gebildet ist. – identisch Adj. 'völlig gleich, übereinstimmend' (18. Jh.). identifizieren Vb. 'die Identität feststellen, einander gleichsetzen', Neubildung des 18. Jhs. nach Mustern wie *klassifizieren, exemplifizieren* u. dgl., denen lat. denominative Verben mit *-ficāre* (vgl. lat. *glōrificāre* 'glorifizieren'), der Kompositionsform von lat. *facere* 'machen, tun' zugrunde liegen. Dazu Identifizierung f. (19. Jh.).

Ideologie f. System der gesellschaftlichen Anschauungen, die durch Gruppeninteressen bedingt sind und bestimmte Verhaltensnormen, Denkweisen und Wertungen zur Folge haben. 1796 wird von dem Franzosen Destutt de Tracy (nach dem Muster griech. Kompositionsformen auf *-o-*) zu griech. *idéa* (*ἰδέα*), frz. *idée* (s. *Idee* und *-logie*) frz. *idéologie* 'Ideenlehre' geprägt für eine philosophische Richtung, die durch Analyse der physiologischen und psychologischen Organisation des Menschen praktische Regeln für Erziehung, Recht und Staat zu gewinnen sucht. Da die Vertreter dieser Wissenschaftsrichtung den Widerspruch Napoleons I. hervorrufen, gebraucht dieser den Ausdruck (zusammen mit frz. *idéologue*, s. unten) als eine Art Schimpfwort mit der spöttischen Bedeutung 'unpraktische Schwärmerei'; er wird in diesem Sinne in Deutschland bekannt (19. Jh.). Daneben wird *Ideologie* auch für 'Wirkung einer Idee' verwendet (Goethe). – Ideologe m. 'Schöpfer oder Vertreter einer Ideologie', entlehnt (19. Jh.) aus frz. *idéologue* 'wer sich mit Ideologie befaßt', in der Verspottung durch Napoleon 'Schwärmer', daher auch im Dt. zunächst 'Schwärmer, Träumer'. ideologisch Adj. (19. Jh.).

Idiom n. aus freien syntaktischen Wortverbindungen erstarrte, in ihrer Bedeutung umgedeutete Redewendung, Spracheigentümlichkeit eines einzelnen oder einer Gruppe, Mundart. Zu griech. *ídios* (*ἴδιος*) 'abgesondert, eigen, eigentümlich, privat' (s. *Idiot*) gebildetes griech. *idíōma* (*ἰδίωμα*) 'Eigentümlichkeit, bes. das Charakteristische des sprachlichen Ausdrucks' (eines einzelnen, einer literarischen Gattung), spätlat. *idiōma*, auch 'einzelne Sprache', (mlat.) 'Dialekt' wird im 16. Jh. in der Bedeutung 'Sprache, Mundart' ins Dt. übernommen und behält die griech.-lat. Endungen in der Flexion (bes. in der Pluralform) zum Teil bis ins 19. Jh. – idiomatisch Adj. 'redensartlich'

(19. Jh.). I d i o m a t i k f. 'Lehre von den Eigentümlichkeiten einer Sprache, einer Mundart, Gesamtheit der Redewendungen einer Sprache' (um 1900).

Idiot m. 'Schwachsinniger', allgemein auch 'Trottel, Dummkopf'. Lat. *idiōtā, idiōtēs*, griech. *idiṓtēs* (ἰδιώτης) 'Privatperson, einer aus dem Volk, der einfache, ungelehrte Mann, Laie' ist eine Substantivierung des Adj. *idiṓtēs* 'privat, ungelehrt, laienhaft', einer Ableitung von griech. *ídios* (ἴδιος) 'abgesondert, eigen, eigentümlich, privat'. Schon in den antiken Sprachen bezeichnet der Ausdruck geringschätzig auch den 'Stümper, Pfuscher'. Die Entlehnung *Idiot* (16. Jh.) steht zunächst im alten griech.-lat. Sinne für 'Laie, ungelehrter, ungebildeter Mensch' (bis ins 19. Jh.), daneben auch für 'Stümper' (seit 18. Jh.). Die Bedeutung 'Narr, Blöd-, Schwachsinniger' ist zuerst im Engl. (um 1300) nachweisbar; im Dt. setzt sie sich erst im 19. Jh. durch. – I d i o t i e f. 'Schwachsinn', allgemeiner 'Dummheit, Trottligkeit' (19. Jh.), älter dafür auch *Idiotismus* m. (19. Jh.), beides Neubildungen zu *Idiot*, während *Idiotismus* in der Bedeutung 'Eigenart, Eigenheit einer Sprache, Mundarteigentümlichkeit' (Ende 17. Jh.) unmittelbar aus griech. *idiōtismós* (ἰδιωτισμός) 'die dem gemeinen Mann eigentümliche Art zu handeln, sich zu benehmen, zu sprechen' entlehnt ist. i d i o t i s c h Adj. 'schwachsinnig, trottlig' (19. Jh.), 'uneingeweiht, ungelehrt' (16. Jh.), lat. *idiōticus*, griech. *idiōtikós* (ἰδιωτικός) 'privat, gewöhnlich, unwissend, ungebildet'. I d i o t i k o n n. 'Wörterbuch eigentümlichen Wortschatzes, der Volkssprache, Mundartwörterbuch' (18. Jh.), gelehrte Übernahme der neutralen substantivierten Form des Adjektivs griech. *idiōtikós* (im griech. Sinne eigentl. 'das Private, Laienhafte, Volkstümliche').

Idol n. 'Gegenstand übertriebener Verehrung, vergötterter Mensch, Abgott, Trugbild', entlehnt (18. Jh.) aus lat. *īdōlum* 'körperliches Schattenbild eines Abgeschiedenen, Erscheinung', griech. *éidōlon* (εἴδωλον) 'Gestalt, Schatten-, Trugbild', in der griech.-lat. Bibel- und Kirchensprache 'Götzenbild'; zu griech. *idéīn* (ἰδεῖν) 'sehen, erblicken' (s. *Idee*).

Idyll n. 'Bild des einfachen, beschaulichen Lebens in (ländlicher) Abgeschiedenheit, komisch-beschauliche Szene', entlehnt im 18. Jh. aus lat. *īdyllium*, griech. *eidýllion* (εἰδύλλιον) 'Bildchen, kleineres Gedicht, bes. mit Szenen aus dem Land- und Hirtenleben', Deminutivbildung zu griech. *éīdos* (εἶδος) 'äußere Erscheinung, Gestalt, Form', das zu griech. *idéīn* (ἰδεῖν) 'sehen, erblicken' (s. *Idee*) gehört. Weil unter den Gedichten Theokrits (3. Jh. v. u. Z.), die später die Bezeichnung griech. *eidýllion* erhalten, sich einige Hirtenlieder befinden, entwickelt *Idyll* in der europäischen Schäferdichtung seinen neuzeitlichen Sinn. Im Dt. setzt sich für die literarische Schilderung eines Idylls in lyrisch-dramatischer oder lyrisch-epischer Dichtung (vielleicht nach dem Vorbild von frz. *idylle*) die Bezeichnung I d y l l e f. durch (vgl. den Plur. *Idyllen*, Titel von Geßner 1756), die später auch gleichbed. mit *Idyll* gebraucht wird. – i d y l l i s c h Adj. 'ländlich-friedlich, beschaulich' (Ende 18. Jh.).

Igel m. Der Name des mit Stacheln versehenen, sich in Abwehrstellung zusammenrollenden Tieres ahd. *igil* (9. Jh.), mhd. *igel*, asächs. *igil*, mnd. *ēgel*, mnl. *ēghel*, nl. *egel*, aengl. *igil*, anord. *īgull* ist als *l*-Ableitung verwandt mit griech. *échis* (ἔχις) 'Schlange', aus ie. **eĝhi-* 'Schlange' (s. *Eidechse*). Zur gleichen griech. bzw. ie. Ausgangsform gehören mit *n*-Suffix griech. *echīnos* (ἐχῖνος) 'Igel, Seeigel' und mit ie. *i̯o*-Suffix serb.-kslaw. *ježь*, russ. *ëž* (ёж), lit. *ežỹs* 'Igel'. Alle diese Ableitungen sind als 'Schlangentier, Schlangenfresser' zu verstehen, da der Igel außer Insekten, Fröschen, Mäusen u. dgl. auch Schlangen frißt. Semantisch anders zu beurteilen ist die verwandte *l*-Ableitung nhd. *Egel* (s. d.). – e i n i g e l n Vb. 'eine nach allen Seiten gerichtete Verteidigungsstellung aufbauen' (20. Jh.).

Iglu m. n. 'kuppelförmiges, aus Schnee- und Eisquadern gebautes Winterhaus der Eskimos' (19. Jh.), wahrscheinlich über engl. *igloo* entlehnt aus *iglo* der Eskimosprache.

Ignorant m. 'wer etw. beharrlich nicht zur Kenntnis nehmen, nicht wissen will', im 16. Jh. aus lat. *īgnōrāns* (Gen. *īgnōrantis*), Part. Präs. zu lat. *īgnōrāre* 'etw. nicht kennen oder nicht kennen wollen', entlehnt. – I g n o r a n z f. 'Unkenntnis, Unwissenheit', Entlehnung (16. Jh.) von gleichbed. lat. *īgnōrantia*. i g n o r i e r e n Vb. 'nicht zur Kenntnis nehmen wollen, übersehen'

(18. Jh.), aus lat. *īgnōrāre*, vielleicht unter Einfluß von frz. *ignorer*.

ihr Pers.pron. der pluralischen Anrede, ahd. mhd. *ir*, asächs. *gĭ*, mnd. *gī*, *je*, *ī*, mnl. *ghi*, nl. *gij*, aengl. *gĕ*, anord. *ēr*, schwed. *i*, got. *jūs* verbinden sich mit aind. *yūyám*, lit. *jūs* 'ihr' und führen auf ie. **i̯ūs* 'ihr' (vom Pronominalstamm ie. **i̯ū-* mit der Nominativendung *-s*, wozu vielleicht auch *euch* und seine germ. Entsprechungen, s. d.). Der Vokal *ū* in germ. **jūz* wird im Nord- und Westgerm. nach der 1. Pers. Plur. (germ. **wīz*, dann gekürzt **wiz*, s. *wir*) zu *ĭ* umgebildet; anlautendes *j* schwindet im Ahd. durch Angleichung an die obliquen Kasus (Gen. *iuwēr*, Dat. *iu*, Akk. *iuwih*). Bereits mhd. *ir* entwickelt sich zur respektvollen Anrede auch einer Einzelperson; dieser Brauch bleibt bis ins 17. Jh. erhalten, wo *Ihr* durch *Sie* (s. *sie*) abgelöst wird. Das Poss.pron. der 3. Person i h r beruht auf den im Ahd. in dieser Funktion verwendeten Genitiven des Pers.pron. der 3. Person Sing. fem. *ira* und Plur. *iro* und gehört daher zum Pronominalstamm von *er* (s. d.). Erst im Mhd. wird aus diesen Genitiven ein Poss.pron. mit adjektivischer Flexion entwickelt. – i h r z e n Vb. 'mit Ihr anreden', mhd. *irzen*, *irezen*.

Ikone f. 'Tafelbild im Kult der Ostkirche, Heiligenbild', entlehnt (19. Jh.) aus russ. *ikóna* (*икона*), aslaw. *ikona* 'Bildnis, Standbild, Heiligenbild', nach byzant.-griech. *eikóna* (*εἰκόνα*), griech. *eikṓn* (*εἰκών*) 'Bild, Abbild'.

illuminieren Vb. 'festlich erleuchten', entlehnt (18. Jh.) aus gleichbed. frz. *illuminer*, dem lat. *illūmināre* 'erleuchten, hell, licht machen' (aus *in-* und *lūmināre*, s. [1]*in-*) voraufgeht. Älter ist die direkte Entlehnung aus dem Lat. mhd. *illuminieren* mit der Bedeutung 'Glanz verleihen, schmücken', woraus frühnhd. 'Initialen einer Handschrift, eines Buches ausmalen, kolorieren, illustrieren', die (zumal in der Druckersprache) bis ins 19. Jh. erhalten bleibt und in wissenschaftlicher Fachsprache noch heute gilt. Dem Verbum liegt mit *licht* und *leuchten* (s. d.) verwandtes lat. *lūmen* (Gen. *lūminis*) 'Licht, Leuchte' zugrunde. – I l l u m i n a t i o n f. 'Festbeleuchtung' (18. Jh.), frz. *illumination*; vgl. spätlat. *illūminātio* (Gen. *illūminātiōnis*) 'Erleuchtung', woraus in direkter Entlehnung *Illumination* 'Erleuchtung, Erläuterung' (16. Jh., Paracelsus).

Illusion f. 'trügerische Hoffnung, Selbsttäuschung, Vortäuschung von etw. Nichtexistierendem'. Das 17. Jh. übernimmt gleichbed. frz. *illusion*, das auf lat. *illūsio* (Gen. *illūsiōnis*) 'Verspottung, Ironie, Täuschung, eitle Vorstellung' beruht, zu lat. *illūdere* 'mit, auf etw. spielen, sein Spiel treiben' (vgl. lat. *lūdus* 'Spiel'). – i l l u s o r i s c h Adj. 'nicht der Wirklichkeit entsprechend, trügerisch, täuschend' (18. Jh.), aus gleichbed. frz. *illusoire* unter formaler Angleichung an das dem frz. Adjektiv zugrundeliegende spätlat. *illūsōrius* 'zum Verspotten geeignet'. d e s i l l u s i o n i e r e n Vb. 'Illusionen nehmen, ernüchtern' (19. Jh.), frz. *désillusioner*. D e s i l l u s i o n f. 'Enttäuschung, Ernüchterung' (um 1900), frz. *désillusion*.

illuster Adj. 'glänzend, erlesen, berühmt', entlehnt (18. Jh.) aus frz. *illustre*, dem lat. *illūstris* 'erleuchtet, hell, strahlend' (wohl Rückbildung aus lat. *illūstrāre* 'erleuchten', s. unten) voraufgeht. i l l u s t r i e r e n Vb. 'erklären, erläutern' (16. Jh.), aus gleichbed. lat. *illūstrāre* (Bildung, s. [1]*in-*, zu lat. *lūstrāre* 'hell machen'). Zunächst auf die Gelehrtensprache beschränkt, dann in der Bedeutung 'erklären, veranschaulichen' allgemeinsprachlich, seit dem 19. Jh. speziell 'mit Bildern versehen und dadurch anschaulich machen, erläutern'. I l l u s t r i e r t e Z e i t u n g (1843), verkürzt *Illustrierte* f. (20. Jh.). I l l u s t r a t i o n f. 'Darstellung in Bildern' (19. Jh.), lat. *illūstrātio* (Gen. *illūstrātiōnis*) 'Anschaulichkeit, anschauliche Darstellung'.

Iltis m. dunkle, rotbraune Marderart, deren nur im Dt. vorkommender Name nicht eindeutig zu klären ist. Ahd. *ili(n)tis* (11. Jh.), *illi(n)tiso* (Hs. 12. Jh.), mhd. *eltes*, *iltis* ist vermutlich ein verdunkeltes Kompositum. Das Grundwort kann am wahrscheinlichsten (wie *Wiesel*, *Wisent*, s. d.) an ie. **u̯is-* 'Gestank', eine schwundstufige Form der Wurzel ie. **u̯eis-* 'zerfließen, fließen', auch vom Geruch faulender („zerfließender") Pflanzen, angeschlossen werden, wozu sich lat. *vīsīre* 'furzen', spätlat. *vissio* 'Gestank' und wohl *fies* (s. d.) stellen; Bennenungsmotiv ist der durchdringende Geruch eines Sekrets, das der Iltis aus Analdrüsen seinen Verfolgern entgegenspritzt (vgl. landschaftliche Namen wie *Stinkmarder*, *Stänker*, *Stänkerratz*). Das erste Kompositionsglied ist eher auf die Farbwurzel (in Tier- und Pflanzennamen) ie. **el-* 'rot, braun' (s.

Erle) zurückzuführen (Pokorny 1, 304) als auf ahd. *elilenti* 'verbannt, fremd' (s. *elend*). Der Name wäre dann als 'rotbraunes Wiesel' (und nicht als 'fremdes Wiesel') aufzufassen und die Ausgangsform als germ. **ili(n)t-wisjo* (mit *t* als Gleitlaut) anzusetzen.

Image n. 'Leitbild, Vorstellung, die sich andere von Personen machen oder machen sollen', Übernahme (20. Jh.) von gleichbed. engl. *image*, aus afrz. *image*, lat. *imāgo* 'Bild, Abbild, Vorstellung'.

imaginär Adj. 'nur in der Einbildung bestehend, nicht wirklich'. Gleichbed. frz. *imaginaire* (nach lat. *imāginārius* 'zum Bild gehörig, nur in der Vorstellung bestehend', Ableitung von lat. *imāgo* 'Bild, Abbild, Vorstellung') wird von Descartes in die Sprache der Mathematik eingeführt und im 18. Jh. in der Fügung *imaginäre Zahl* 'komplexe Zahl, die nicht real ist' im Dt. geläufig. Der allgemeine Gebrauch im Sinne von 'nur gedacht, vorgestellt, nicht wirklich' setzt, ebenfalls nach frz. Vorbild, erst im 19. Jh. ein. – Imagination f. 'Einbildungskraft' (19. Jh.), frz. *imagination* (lat. *imāginātio*, Gen. *imāginātiōnis*, 'Einbildung, Vorstellung').

Imago f. 'vollkommen ausgebildetes, geschlechtsreifes Insekt', das Endstadium der Metamorphose (im Unterschied zu Ei, Larve und Puppe), Übernahme (19. Jh.) von gleichbed. zoolog.-lat. *imago* (lat. *imāgo* 'Erscheinung', eigentl. 'Bild, Abbild').

Imbiß m. 'kleinere Mahlzeit außerhalb der üblichen Essenszeiten', ahd. *inbī̆ʒ* (um 800), *imbī̆ʒ* (9. Jh.), mhd. *in-*, *imbīʒ* 'Speise, Essen, Mahlzeit, Stärkung' ist zu dem im Nhd. nicht mehr üblichen Verb ahd. *inbīʒan* 'eine Mahlzeit einnehmen, speisen, kosten' (8. Jh.), mhd. *en-*, *in-*, *imbīʒen* 'essend oder trinkend genießen' (s. *beißen*) gebildet. Die Angleichung von *n* zu *m* vor Labial setzt vereinzelt bereits im Ahd. ein. *Imbiß* gilt zunächst für jede Mahlzeit; die Beschränkung auf 'kleine Zwischenmahlzeit' wird erst im 18. Jh. üblich.

imitieren Vb. 'nachahmen', im 16. Jh. aus gleichbed. lat. *imitārī* entlehnt, verwandt mit lat. *imāgo* 'Erscheinung'. Häufig ist das Part.-adj. *imitiert* 'nachgemacht, künstlich, nicht echt'. – Imitation f. 'Nachahmung, Kopie, künstliches, unechtes Erzeugnis' (16. Jh.), lat. *imitātio* (Gen. *imitātiōnis*). Imitator m. 'Nachahmer' (19. Jh.), lat. *imitātor*.

Imker m. 'Bienenzüchter'. Nach 1800 setzt sich nd. *Imker* (vgl. auch nl. *imker*, mundartlich *iemker*, *ijmker*) gegen hd. *Bienenvater* und omd. *Zeidler* (s. d.) in der Literatursprache durch. *Imker* gilt (obwohl unsicher) als Zusammensetzung aus den Formen *Imme* (s. d.) und einer *ja*-Ableitung (germ. **kazja-*) von ahd. *kar* 'Gefäß, Schüssel, Tonne' (10. Jh., vgl. *bīkar* 'Bienenkorb', 9. Jh., *rouhkar* 'Räucherfäßchen', 8. Jh.), mhd. 'Geschirr, Schüssel, Bienenkorb, Getreidemaß, Talmulde' (vgl. in den Alpenländern fortlebendes *Kar* n. 'Gebirgskessel, Mulde'), asächs. *-kar*, mnd. *kār*, mnl. *caer* 'Gefäß, Korb', anord. *ker*, got. *kas* 'Gefäß' (davon abgeleitet got. *kasja* 'Töpfer'), dessen Herleitung zweifelhaft ist. Verbindet man wie Elmevik in: Festschr. F. Rundgren (1986) 107 ff. germ. **kaza-* (durch grammat. Wechsel aus **kasa-*) mit anord. *kǫs*, schwed. (mundartlich) *kas(e)* 'Haufen' bei einer Grundbedeutung 'was sich biegt, wölbt', kann eine *s*-Erweiterung der Wurzel ie. **geu-*, **gū-* 'biegen, krümmen, wölben' vorausgesetzt werden. Andere Bildungen (zu unter *Biene* genannten Formen) sind aengl. *bēocere* 'Imker' und (nach dem Vorbild nl. *iemker*) nl. *bijker*.

immanent Adj. 'innewohnend, in der Sache liegend, enthalten'. Zugrunde liegt spätlat. *immanēns* (Gen. *immanentis*), das Part. Präs. von lat. *immanēre* 'bei, in etw. bleiben, anhaften'; vgl. lat. *manēre* '(ver)bleiben, fortdauern, fortbestehen, erhalten bleiben'. In der lat. Wissenschaftssprache der Philosophie bezeichnet *immanēns* seit der mittelalterlichen Scholastik 'was innerhalb von etw. wirksam ist, ihm innewohnt, nicht darüber hinausgeht'. Ins Dt. entlehnt im 18. Jh. (z. B. Kant). – Immanenz f. 'das Innewohnen, Enthaltensein' (19. Jh.); vgl. spätlat. *manentia* 'das Beharren, das Prinzip des Beharrens'.

Imme f. 'Biene'. Die Etymologie des nur im Westgerm. bezeugten ahd. *imbi* m. 'Bienenschwarm' (9. Jh.), mhd. *imbe*, *impe*, *imme* 'Bienenschwarm, Bienenstand, Biene', mnd. mnl. *imme*, aengl. *ymbe* 'Bienenschwarm' ist nicht gesichert. Auf Grund der in den frühen Zeugnissen vorherrschenden Bedeutung 'Bienenschwarm' wird teils eine Verbindung mit air. *imbed*, akymr. *immet* 'Fülle, Menge', teils Anschluß an ie. **embh-* 'Dunst, Wolke' erwogen. Da derartige Versuche letztlich nicht befriedigen, hält de Vries Nl. 279 Herkunft aus einem vor-ie. Substrat für möglich. Im Mhd. wird die kollektive Bedeutung aufgegeben. Durch Luthers Einfluß geht die Verbreitung von *Imme* zugunsten von *Biene* zurück.

immens Adj. 'sehr groß, viel, unermeßlich', entlehnt (19. Jh.) aus frz. *immense* oder unmittelbar aus lat. *immēnsus* 'unermeßlich, unmäßig groß', gebildet zu lat. *mētirī* (*mēnsus sum*) '(ab)messen' mit negierender Vorsilbe ²*in-* 'un-' (s. d.).

immer Adv. 'ständig, stets', ahd. *iomēr* (8. Jh.), mhd. *iemer*, *immer*, asächs. *iemar*, mnd. *immer*, *iemmer*, mnl. *emmer*, *immer*, nl. *immer* ist aus dem unter *je* (s. d.) behandelten Adverb und den Formen von *mehr* (s. d.) zusammengerückt. Das Zeitadverb bezieht sich anfangs ausschließlich oder vornehmlich auf die Zukunft, d. h. ahd. mhd. 'künftig irgendeinmal, jemals, jetzt und künftig'. Doch bahnt sich die Erweiterung der Bedeutung zu 'jederzeit' (einschl. Gegenwart und Vergangenheit) bereits im Mhd. an. Dazu die Zusammenrükkungen *immerdar*, *immerfort*, *immerhin*, *immerzu*.

immun Adj. 'frei von Diensten, Lasten, Abgaben' (18. Jh.), dann auch 'unantastbar' (z. B. als Abgeordneter und Diplomat), 'gefeit, unanfällig, unempfindlich gegen Krankheitserreger' (19. Jh.), entlehnt aus lat. *immūnis* 'frei von Leistungen, abgabenfrei', auch 'frei, unberührt von, rein'; mit negierendem *in-* 'un-' (s. ²*in-*) zu lat. *mūnia* Plur. 'Leistungen, Pflichten' gebildet. – I m m u n i t ä t f. 'das Freisein von Diensten, Lasten, Abgaben' (18. Jh.), 'gesetzlicher Schutz vor Strafverfolgung für Abgeordnete und Diplomaten' und 'Unempfindlichkeit gegen Krankheitserreger' (19. Jh.), lat. *immūnitās* (Gen. *immūnitātis*) 'Freiheit von Steuern, Abgaben, Vergünstigung, Privileg'. i m m u n i s i e r e n Vb. 'gegen Krankheitserreger durch Impfen unanfällig machen' (Ende 19. Jh.).

Imperativ m. 'Befehlsform'. Der bereits bei den römischen Grammatikern übliche Terminus lat. *(modus) imperātīvus* 'befehlende Form' (des Verbs), zu lat. *imperāre* (*imperātum*) 'befehlen, gebieten', wird vereinzelt schon im 15. Jh. in deutschsprachige Grammatiken übernommen, kontinuierlich erst im 17. Jh.; er verliert um 1750 die lat. Endung. Durch Kants Prägung *kategorischer Imperativ* (1785), mit der er das von ihm formulierte Sittengesetz als unbedingt gültig charakterisiert, findet der Terminus Eingang in die Philosophie.

Imperator m. 'Herrscher, Kaiser', älter auch 'Heerführer, Feldherr', Übernahme (in dt. Texten seit dem 16. Jh.) von lat. *imperātor* (zu lat. *imperāre* 'befehlen, gebieten'), dem Titel für den Träger des Oberbefehls im Römischen Imperium, dann für den römischen Kaiser. Entsprechend führen diesen Titel auch die dt. Kaiser (zumal in Urkunden), oft in der Verbindung *Imperator Rex* 'Kaiser und König'. – i m p e r a t o r i s c h Adj. 'wie ein Feldherr, Herrscher, gebieterisch' (19. Jh.).

Imperialismus m. Im 19. Jh. wird zu spätlat. *imperiālis* 'die Staatsgewalt betreffend, kaiserlich', abgeleitet von lat. *imperium* (s. *Imperium*), gebildetes *Imperialismus* gebräuchlich als Bezeichnung für 'Kaiserherrschaft', bes. die Regierungsform autoritärer Militärmonarchie Napoleons I. und Napoleons III., wohl angeregt durch frz. *impérialisme*, das jedoch in der Bedeutung 'Eintreten für das (napoleonische) Kaisertum, kaisertreue Gesinnung' üblich ist. Unter Einfluß von engl. *imperialism*, das gegen Ende des 19. Jhs. die kolonialistische Expansionspolitik Englands bezeichnet, gewinnt *Imperialismus* die Bedeutung 'Expansionsbestrebung einer Großmacht, Streben nach politischer, ökonomischer und militärischer Ausdehnung, Weltmachtpolitik'. – I m p e r i a l i s t m. 'Vertreter des Imperialismus' (19. Jh.), zuerst (wie *Imperialismus*) auf das frz. Kaisertum bezogen. i m p e r i a l i s t i s c h Adj. (19. Jh.), anfangs die engl. Expansionspolitik kennzeichnend.

Imperium n. 'Weltmacht, Weltreich', Übernahme (16. Jh.) von lat. *imperium* 'Befehl, Oberbefehl, Herrschaftsgewalt, Reich, Staat' (zu lat. *imperāre* 'befehlen, gebieten').

impertinent Adj. 'ungehörig, frech, unverschämt'. Spätlat. *impertinēns* (Gen. *impertinentis*) 'nicht dazugehörig' (aus negierendem *in-*, s. ²*in-*, und dem Part. Präs. von lat. *pertinēre* 'sich erstrecken') lebt in der mlat. Rechtssprache weiter (vgl. mlat. *impertinentia interrogatoria* 'nicht dazugehörige, nicht sachdienliche Fragen') und entwickelt im Mlat. auch die Bedeutung 'unangemessen, unpassend, töricht'. Im 17. Jh. ins Dt. entlehnt, geht es außerhalb der juristischen Sphäre allmählich in 'frech, unverschämt' über. – I m p e r t i n e n z f. 'Unverschämtheit, Frechheit' (18. Jh.), vgl. mlat. *impertinentia* 'Unangemessenheit'.

Impetus m. 'Anstoß, Schwung, Antrieb', Übernahme (16. Jh., anfangs noch mit lat. Flexion) von lat. *impetus* 'das Vorwärtsdrängen, Aufschwung, Ungestüm' (zu lat. *impetere* 'auf jmdn. losgehen, ihn angreifen').

impfen Vb. 'Krankheitserreger in abgeschwächter Form bzw. Schutzstoffe zur Immunisierung in den Körper einspritzen bzw. in die Haut einritzen, veredeln, pfropfen'. Bei der Berührung mit der römischen Kultur lernen die Germanen das Veredeln und Pfropfen von Obstgehölzen und übernehmen mit der Sache die Bezeichnung. Ahd. *imphōn* 'pflanzen' (Hs. 12. Jh.; vgl. älteres *anaimphōn* in der übertragenen Bedeutung 'hineinfügen, -bringen', 9. Jh.), mhd. *impfen* 'pfropfen' ist (nach Frings/M. Germania Romana 2, 1968, 276ff.) entlehnt aus einem für Ostfrankreich vorauszusetzenden vlat. **imp(ə)āre* (vgl. ostafrz. *emper*), synkopiert aus vlat. **impodāre*, einer jüngeren Variante von vlat. **imputāre* 'ein Pfropfreis einsetzen, veredeln', die ihrerseits auf griech. *emphytéūein* (ἐμφυτεύειν) 'einpfropfen', zu *phytéūein* (φυτεύειν) 'pflanzen' beruhen. Das gleichbed. engl. *to inoculate* (zum Part. Perf. lat. *inoculātus* von *inoculāre* 'okulieren', vgl. lat. *oculus* 'Auge') wird im 18. Jh. mit der Erfindung der Blatternschutzimpfung medizinischer Ausdruck für das zur Erzeugung von Abwehrstoffen vorgenommene Einbringen von Krankheitserregern in den Körper. Für dieses Verfahren tritt im Dt. in der 2. Hälfte des 18. Jhs. das Verb *impfen* ein, das das entlehnte und anfänglich vorherrschende *inokulieren* zurückdrängt. – Impfung f. 'Pfropfung, Veredelung', ahd. *imphunga* (Hs. 12. Jh.); 'Einritzung, Einspritzung von Krankheiterregern' (18. Jh.), vgl. engl. *inoculation*. Impfling m. 'Pfropfreis' (16. Jh.), 'wer gegen Krankheiten gerade geimpft oder zu impfen ist' (19. Jh.).

implantieren Vb. 'einpflanzen, einpfropfen, einimpfen' (um 1800), entlehnt aus spätlat. *implantāre* (*implantātum*) 'einpflanzen' (s. *pflanzen*). In der Chirurgie '(ausgeschlagene Zähne) operativ einsetzen' (Ende 19. Jh.), dann (im Unterschied zu *transplantieren*, s. d.) 'Gewebe (Haut), künstliche Organteile (Zapfen für Zähne), künstlich hergestellte Organe oder Geräte (Herzschrittmacher) in den lebenden Organismus operativ einsetzen' (20. Jh.). Dazu Implantation f. 'Einpflanzung' auf fremden, anderen Boden (Mitte 19. Jh.), 'operative Einsetzung bestimmter Teile (s. oben) in den Körper' (Ende 19. Jh.). Implantat n. (in der Chirurgie) 'das durch Implantieren Eingesetzte' (20. Jh.).

implizieren Vb. 'mit einschließen, einbeziehen', um 1800 aus lat. *implicāre* 'hineinwikkeln, um etw. schlingen, in etw. verwickeln, verwirren' entlehnt. Aus dem zugehörigen Part. Perf. lat. *implicitus* (neben *implicātus*) stammt implizit Adj. 'mit eingeschlossen, mit enthalten, nicht entfaltet', dessen Adverbform lat. *implicitē* im Dt. implizite (neuerdings dafür auch *implizit*) Adv. 'einschließlich, inbegriffen' ergibt (18. Jh.); s. *explizieren*.

Imponderabilien Plur. 'unberechenbare Einflüsse, Stimmungen, Gefühle'. Gegen Ende des 18. Jhs. wird von engl. Physikern zu spätlat. *ponderābilis* 'wägbar' (vgl. lat. *ponderāre* 'wägen', *pondus* 'Gewicht') mit negierendem *in-* (s. ²*in-*) das Adjektiv engl. *imponderable* mit dem zugehörigen Substantiv *imponderability* gebildet zur Charakterisierung der Eigenschaft sinnlich nicht wahrnehmbarer und nicht wägbarer Stoffe, aus denen man sich Elektrizität und Licht zusammengesetzt vorstellt. Zu Anfang des 19. Jhs. ist *imponderabel* als Entlehnung des engl. Adjektivs (oder des frz. *impondérable*) auch im Dt. nachweisbar, ebenso wie der substantivierte und relatinisierte Plur. *Imponderabilien*, dessen Gebrauch auf nicht kalkulierbare politische und geistige Kräfte ausgeweitet wird.

imponieren Vb. 'großen Eindruck machen, Bewunderung, Achtung hervorrufen'. Unter Relatinisierung der Stammsilbe wird *imponieren* im 18. Jh. aus frz. *imposer* 'auferlegen, aufnötigen' entlehnt, das im Sinne von 'beeindrucken' im Frz. seit dem 17. Jh. gebräuchlich ist (aus *imposer du respect* 'Achtung aufnötigen'). Frz. *poser* entspricht lautlich spätlat. (und wohl schon älterem vlat.) *pausāre* 'innehalten, pausieren, ruhen', in seiner Bedeutung 'setzen, stellen, legen' jedoch lat. *pōnere*, das sich zu frz. *pondre* '(Eier) legen' entwickelt. Da das Part. Perf. lat. *positus* (von lat. *pōnere*) in der Stammsilbe mit frz. *poser* (aus lat. *pausāre*) übereinstimmt, sind die ursprünglich zu lat. *pōnere* gehörenden Verben auch in den übrigen Formen an frz. *poser* angeglichen. Bei der Entlehnung ins Dt. wird dieser Prozeß rückgängig gemacht. S. auch *imposant*.

importieren Vb. '(Waren) aus dem Ausland einführen', Ende des 18. Jhs. entlehnt aus gleichbed. engl. *to import*, das auf lat. *importāre* 'hineintragen, einführen, verursachen' zurückgeht. Aus 'verursachen' entwikkelt ital. *importare* die Bedeutung 'wichtig, bedeutsam sein', die frz. *importer* und von daher auch engl. *to import* übernimmt; in diesem Sinne (frz. und engl. Gebrauch folgend) begegnet *importieren* vereinzelt bereits im Dt. des 17. Jhs. Ebenfalls aus dem Engl. stammt Import m. '(Waren)einfuhr' (18. Jh.), Übernahme des gleichbed. substantivierten Infinitivs engl. *import*. Unter dem Einfluß der engl. nationalökonomischen Literatur setzen sich Verb und Substantiv als Fachwörter des Handels und Warenaustauschs auch im Frz. durch; das zunächst seltene (nur mfrz. im 14. Jh., aus dem Lat.) frz. *importer* '(Waren) einführen' wird durch Neuentlehnung aus dem Engl. wieder aufgenommen (17. Jh.). Importeur m. 'Einfuhrkaufmann' (19. Jh.), frz. (älter) *importeur* (neben *importateur*); im Dt. (19. Jh.) auch latinisiert *Importator*.

imposant Adj. 'eindrucksvoll, groß, stattlich', Übernahme (18. Jh.) von frz. *imposant* 'beeindruckend', Part. Präs. zu frz. *imposer*, s. *imponieren*.

imprägnieren Vb. 'zum Schutz (vor Nässe oder Zerfall) mit chemischen Flüssigkeiten tränken'. Das Verb wird im 16. Jh. aus spätlat. *impraegnāre* mit dessen Bedeutung 'schwängern' (abgeleitet von lat. *praegnās* 'schwanger', s. *prägnant*) in die Rechtssprache entlehnt. Aus dem übertragenen Gebrauch des Lat. 'durchdringen, erfüllen, sättigen' entwickelt sich gegen Ende des 17. Jhs. der heute allein übliche technische Terminus.

Impression f. 'Sinneswahrnehmung, Eindruck, Empfindung' ist seit dem 16. Jh. im Dt. nachweisbar als Entlehnung entweder von frz. *impression* 'Eindruck, Empfindung' oder direkt von dessen Ausgangsform lat. *impressio* (Gen. *impressiōnis*) 'das Eindrücken, Abdruck, Eindruck der Erscheinungen auf die Seele', zu lat. *imprimere* (*impressum*) 'eindrücken, aufdrücken'. – Impressionismus m. Kunstrichtung in Malerei, Musik und Literatur, die mit feinen Farb-, Klang-, Ausdrucksabstufungen und Differenzierungen ein subjektives Bild von der Realität zu geben versucht (19. Jh.), frz. *impressionnisme*. Vorauf geht Impressionist m. 'Vertreter des Impressionismus', frz. *impressionniste*; der in einer 1874 erschienenen Besprechung eines *Impression* betitelten Gemäldes von Claude Monet durch Leroy in geringschätzigem Sinne geprägte frz. Ausdruck wird allgemeine Bezeichnung für die Vertreter dieser dann *Impressionismus* genannten Kunstrichtung.

Impressum n. 'eingedruckter Text, der die an Herstellung und Herausgabe eines Druckerzeugnisses Beteiligten nennt'; lat. *impressum*, Part. Perf. zu lat. *imprimere* 'eindrükken, aufdrücken'. Terminus seit dem Reichspressegesetz von 1874, nach dem jede Druckschrift einen Druckvermerk, das *Impressum*, tragen muß; zu Anfang des 19. Jhs. noch mit der Bedeutung 'etw. Gedrucktes, ein gedrucktes Blatt'. Die Sache entwickelt sich um 1500 mit dem Titelblatt und löst das *Kolophon* (griech. *κολοφών* 'Schluß, Ende einer Rede oder Buchrolle', eigentl. 'das Höchste, Gipfel'), die *Schlußschrift* ab, die zuerst auf babylonischen Tontafeln, später auch in Handschriften und frühen Drucken Angaben über Verfasser, Titel, Schreiber, Auftraggeber u. ä. bringt.

Imprimatur n. 'Druckerlaubnis'. Lat. *imprimātur* 'es werde gedruckt' (zu lat. *imprimere* 'eindrücken, aufdrücken') wird der übliche Vermerk des Bücherzensors (noch heute der bischöflichen Aufsichtsbehörde für katholisch-kirchliche Schriften); der Ausdruck wird in der Druckersprache substantiviert und bezeichnet im 18. Jh. die 'Druckerlaubnis' der Zensur, später des Autors für ein druckfertiges Manuskript bzw. einen durchkorrigierten Abzug.

improvisieren Vb. 'aus dem Stegreif, ohne Vorbereitung gestalten', im 18. Jh. entlehnt aus gleichbed. ital. *improvvisare*, abgeleitet von ital. *improvviso* 'unerwartet, unvorhergesehen, unvermutet'. Das voraufgehende lat. *imprōvīsus* ist die negierte Form (s. ^{2}*in-*) des Part. Perf. von lat. *prōvidēre* 'vorhersehen'. – Improvisation f. 'Gestaltung aus dem Stegreif' (19. Jh.), ital. *improvvisazione*, frz. *improvisation*. Improvisator m. (18. Jh.), ital. *improvvisatore* 'Stegreifdichter, -sänger, -spieler'.

Impuls m. '(innerer und äußerer) Antrieb, Anstoß', im 18. Jh. entlehnt aus lat. *impulsus* 'Anstoß, Anregung', zu lat. *impellere* (*impulsum*) 'anschlagen, stoßend in Bewegung setzen, antreiben'. – impulsiv Adj. 'schnell, spontan, unmittelbar' (19. Jh.), wohl nach frz. *impulsif* (mlat. *impulsivus*).

in Präp. der räumlichen und zeitlichen Lage, Richtung; vielfach übertragen (vgl. *in Eile, in tiefer Trauer, im Namen des Gesetzes*). Ahd. (8. Jh.), mhd. asächs. mnd. aengl. engl. mnl. nl. *in*, anord. *ī*, schwed. *i*, got. *in* setzen mit griech. *en* (*ἐν*), lat. *in*, lit. *į*, *iñ(g)*, aslaw. *vъ*, *vъ(n)-*, russ. *v* (*в*) ie. **en*, **eni* voraus. Im Dt. wird *in* häufig mit folgendem *dem* zu *im* (mhd. *imme* aus *in deme*) verschmolzen (*im Haus*), mit folgendem *das* zu *ins* (*ins Haus*). *in* ist häufig erstes Glied von Komposita (*Inbegriff, Inbrunst, Ingrimm, Insasse*), wird mhd. vor starktoniger Silbe zu *en-* abgeschwächt (z. B. mhd. *enzwei*, s. *entzwei*). Zum Adverb ahd. mhd. *īn* (mit sekundärer Längung aus *in*), nhd. *ein* und entsprechenden Komposita s. *ein* Adv. – inne Adv. 'darin, innen', Adverbialbildung zur vorgenannten Präposition, ahd. *inne* (8. Jh.), mhd. *inne*, asächs. *inna*, mnd. *inne*, aengl. *inne*, anord. *inni*, schwed. *inne*, got. *inna*; dazu die Verbalkomposita innewerden 'gewahr werden, merken', mhd. *inne werden*; innehaben 'in seiner Gewalt haben, (ein Amt, eine Stelle) bekleiden', mhd. *inne haben*, frühnhd. auch *inhaben*; vgl. ahd. *innehabēn* '(im Körper) behalten' (um 1000); innehalten 'stoppen, zurückhalten, aufhören', auch 'enthalten, besitzen' (s. *Inhalt*), mhd. *innehalten*; innewohnen 'enthalten sein' (18. Jh.). innen Adv. 'darin, im Inneren', ahd. *in(n)an* Adv. Präp. 'im Innern, innerlich, ins Innere, in' (8. Jh.), mhd. *innen*, asächs. aengl. anord. *innan*, got. *innana* 'hinein'; dazu s. *binnen*. inner Adj. 'innen liegend, darin befindlich', älter auch Präp. 'innerhalb' (vgl. obd. *inner den Grenzen*), heute unüblich, ahd. *innaro* Adj. 'inner, tief' (8. Jh.), Komparativbildung zu ahd. *inne* (s. oben), mhd. *inner* Adj. 'inwendig, im Innern liegend', Präp. 'innerhalb'; dazu s. *erinnern*. Davon abgeleitet Innereien Plur. 'Gedärme, eßbare Tiereingeweide' (20. Jh.); innerhalb Präp. 'im Inneren, binnen', ahd. *innarūnhalb* 'innerhalb' (um 1000), eigentl. 'auf der inneren Seite' (zu ahd. *halba* 'Seite, Richtung', s. *-halb, -halben*), mhd. *innerhalbe* 'im Inneren'. innerlich Adj. 'im Inneren befindlich, seelisch tief veranlagt', mhd. *innerlich*. – inmitten Präp. 'in der Mitte von etw.', ahd. *in mitten* (8. Jh.), mhd. *enmitten(t)*. inständig Adj. 'beharrlich, dringlich' (um 1500), wohl unter dem Einfluß von lat. *īnstanter* Adv. 'mit großer Heftigkeit, leidenschaftlich, dringlich', zu lat. *īnstāns* (Gen. *īnstantis*) 'gegenwärtig, drängend, angelegentlich'. Davon unabhängig besteht eine vereinzelte frühe Bildung ahd. *instentīgo* Adv. 'beständig' (um 1000), vgl. dazu ahd. *anastantan* 'bestehen, beharren'. – indem Konj. 'dadurch daß, während' (15. Jh.). An die Stelle des Genitivs ahd. *innan thes* (s. *indessen*) tritt im Frühnhd. der Dativ *in dem* mit folgendem *daß*-Satz, wobei sich unter Ersparung von *daß* zusammengerücktes *indem* zur Konjunktion entwickelt. indessen Konj. 'inzwischen, allerdings, aber, doch', ahd. *innan thes* 'bis dann, unterdessen', danach (oft einen Nebensatz einleitend) mhd. *innen des*, woraus die Konjunktion nhd. *indeß*, *indes*, seit dem 17. Jh. meist in der gelängten Form *indessen*.

[1]**in-** Präfix mit der Bedeutung 'ein, hinein' in aus dem Lat. stammenden oder nach lat. Muster gebildeten Wörtern; lat. *in-* entspricht der Präposition lat. *in* (älter *en*), die mit dt. *in* Präp. (s. d.) verwandt ist. Das *n* der Vorsilbe wird vor *l, m, r* (*Illusion, Immigrant, irritieren*) und vor Labial (*imponieren, imposant, Implantation*) behandelt wie das von [2]*in-* (s. d.).

[2]**in-** Das verneinende Präfix mit der Bedeutung 'un-' ist mit zahlreichen Entlehnungen aus dem Lat. oder Roman., gelegentlich auch dem Engl., ins Dt. gelangt (*indifferent, inkognito*) und noch heute, zumal in wissenschaftlicher Sprache, produktiv (*informell, inoperabel*). Das Präfix lat. *in-* (aus **en-*) ist verwandt mit dt. *un-* (s. d.). Sowohl im Lat. wie in den ihm in dieser Bildungsweise folgenden roman. und germ. Sprachen wird das auslautende *n* des Präfixes [2]*in-* (wie das von [1]*in-*, s. d.) vor bestimmten Konsonanten verändert; es assimiliert vor *l, m, r* (*illegal, illoyal, Immobilien, irreversibel*) und geht vor Labial in *m* über (*impertinent, Imponderabilien*). Im Lat. schwindet gutturales *n* vor *gn* und bewirkt Dehnung des *ī* (s. *Ignorant*).

Index m. 'Verzeichnis, Register, Kennziffer' entspricht lat. *index* 'Register, Verzeichnis, Katalog' (eigentl. 'Anzeiger') und hat weitgehend lat. Flexion bewahrt (Plur. *Indices*); es ist gebildet zu lat. *indicāre* 'anzeigen, entdecken, bekanntmachen', dem Intensivum zu lat. *indīcere* 'ansagen, ankündigen, bestimmen'. Vgl. *auf den Index setzen* 'auf eine Verbotsliste setzen, tabuieren, verbieten' (19. Jh.), eigentl. einen Buchtitel in das (vom 16. Jh. bis ins 20. Jh. in unterschiedlicher Form bestehende) Verzeichnis der von der katholischen Kirche verbotenen Bücher (*index librorum prohibitorum*) aufnehmen.

indifferent Adj. 'unbestimmt, gleichgültig, teilnahmslos', Entlehnung des 17. Jhs. von gleichbed. frz. *indifférent* oder unmittelbar aus lat. *indifferēns* (Gen. *indifferentis*) 'keinen Unterschied habend, gleichgültig', präfigiertem (s. ^{2}*in-* 'un-') Part. Präs. zu lat. *differre* 'auseinandertragen, sich unterscheiden, verschieden sein'. – Indifferenz f. 'Unbestimmtheit, Gleichgültigkeit' (18. Jh.), frz. *indifférence* 'Gleichgültigkeit', lat. *indifferentia* 'Gleichheit'.

Indigo m. oder n. Der blaue Farbstoff der in Ostindien beheimateten Indigopflanze wird durch Vermittlung der Griechen nach Europa gebracht und nach seiner Herkunft griech. *Indikón* (*Ἰνδικόν*) 'Indisches' genannt. Ins Lat. übernommenes *Indicum* n. führt zu spätmhd. *indich*, frühnhd. auch *endich*, *endit*. Die sich seit dem 17. Jh. durchsetzende Form *Indigo* stammt nicht (wie vielfach angenommen) von span. *índigo*, sondern wohl von obital. *indigo* (neben ital. *indaco*), da der Orienthandel über ital. Hafenstädte betrieben wird; vgl. Corominas 2, 995f.

Indikativ m. Wirklichkeitsform des Verbs, im 18. Jh. entlehnt aus dem bereits bei den röm. Grammatikern üblichen Terminus spätlat. *(modus) indicātīvus*, eigentl. 'zum Aussagen, Anzeigen geeignet'; zu lat. *indicāre* (*indicātum*) 'anzeigen, entdecken, bekanntmachen' (s. auch *Index*). Vorauf gehen Übersetzungsversuche wie *anzeigende Weise* (um 1500), *Anzeigungsweise* (17. Jh.). – Indikation f. 'Anzeichen, Kennzeichen, Merkmal, aus der Diagnose sich ergebende Anwendung bestimmter medizinischer Behandlungsmethoden' (19. Jh.); lat. *indicātio* (Gen. *indicātiōnis*) 'Anzeige des Preises, Ansatz, Taxe'. Indikator m. 'Anzeiger' für bestimmte chemische Reaktionen bzw. physikalische Prozesse (19. Jh.), spätlat. *indicātor* 'wer etwas zu erkennen gibt, bekanntmacht'.

Individuum n. 'Einzelwesen, der einzelne Mensch'. Lat. *indīviduum* 'kleinster Baustein der Materie, Atom' (im antiken Sinne), mlat. 'Einzelding', dann auch 'Einzelwesen', ist die substantivierte neutrale Form des Adjektivs lat. *indīviduus* 'ungetrennt bleibend, ungeteilt, unzertrennt, unteilbar' (zu lat. *dīvidere* 'ein Ganzes in Teile zerlegen, trennen, zerteilen', s. *dividieren*), einer Übersetzung von griech. *átomos* (*ἄτομος*) 'unteilbar', s. *Atom*. Mlat. *individuum* geht im 16. Jh. in dt. Texte ein, zunächst noch mit lat. Flexion (Plur. *Individua*; im 18. Jh. dann auch *Individuen*). Aus der Verwendung 'unbekannte Einzelperson' entwickelt sich in geringschätzigem Sinne 'fragwürdige Person'. – individuell Adj. 'das Einzelwesen betreffend, persönlich' (18. Jh.), frz. *individuel*, zu afrz. frz. *individu*, ersetzt älteres gleichbed. *individual* (vgl. mlat. *individualis*), das jedoch als erstes Glied in Zusammensetzungen erhalten bleibt (vgl. *Individualpsychologie*, *-verhalten*). Individualität f. 'Einzelwesen, Gesamtheit der Besonderheiten eines Einzelwesens' (18. Jh.), frz. *individualité*. Individualismus m. 'Betonung der Interessen des Einzelwesens gegenüber denen der Gesellschaft' (19. Jh.), nach voraufgehendem frz. *individualisme*, engl. *individualism*. Individualist m. 'Einzelgänger, Vertreter des Individualismus' (19. Jh.). individualistisch Adj. (19. Jh.).

Indiz n. 'Verdachtsgrund', seit dem 19. Jh. (meist im Plur. *Indizien*) gebräuchlich, entlehnt aus lat. *indicium* 'Anzeige, Angabe, Entdeckung, Anzeichen, Merkmal, Beweis', auch vor Gericht, zu lat. *index*, eigentl. 'Anzeiger' (s. *Index*), und weiter zu lat. *indicāre* '(gerichtlich) anzeigen, entdecken, bekanntmachen'. Zu Anfang des 19. Jhs. wird in der Rechtssprache noch der lat. Plur. *Indicia* verwendet. – Indizienbeweis m. 'Beweis auf Grund von Tatsachen, die eine Straftat nicht unmittelbar erweisen, aber auf sie schließen lassen' (19. Jh.).

indolent Adj. 'gleichgültig, träge, unempfindlich (gegen Schmerzen)', Entlehnung (18. Jh.) des Part.adj. lat. *indolēns* (Gen. *indolentis*) 'unempfindlich gegen Schmerz' (vgl. frz. *indolent* 'träge, faul, gleichgültig'), zu lat. *dolēre* 'Schmerzen haben'. – Indolenz

f. ‘Gleichgültigkeit, Unempfindlichkeit’ (18. Jh.), lat. *indolentia*, frz. *indolence*.

Induktion f. ‘Ableitung des Allgemeinen aus dem Besonderen’, entlehnt aus lat. *inductio* (Gen. *inductiōnis*) ‘das Ein-, Hineinführen’, danach auch ‘Beweisführung durch Angabe ähnlicher Beispiele’ (Cicero), d. i. eigentl. ‘Hinführung’ (vom Besonderen zum Allgemeinen). Der in der mittelalterlichen scholastischen Philosophie oft gebrauchte Ausdruck geht im 18. Jh. in dt. Texte ein. In der Sprache der Physik ‘Entstehung eines elektrischen Stromes in einem Leiter, der sich in einem Magnetfeld bewegt oder der in einem veränderlichen Magnetfeld ruht’ (d. i. *elektromagnetische Induktion*, 19. Jh.), zuerst wohl engl. *induction*. Der lat. Ausdruck ist eine Abstraktbildung zum Verb lat. *indūcere* (*inductum*) ‘überziehen, hineinführen, -bringen’; dieses begegnet, dem Gebrauch des Substantivs folgend, in der dt. Form i n d u z i e r e n Vb. ‘das Allgemeine aus dem Besonderen ableiten’ (18. Jh.), ‘elektrische Spannung in bewegten Magnetfeldern erzeugen’ (19. Jh.), in der Wissenschaftssprache auch ‘bewirken’ (20. Jh.). i n d u k t i v Adj. ‘das Allgemeine aus dem Besonderen ableitend’ (19. Jh.), spätlat. *inductīvus* ‘zur Annahme, Voraussetzung geeignet’.

Industrie f. ‘maschinelle Großproduktion, Gesamtheit der Fabrikbetriebe’. Frz. *industrie* ‘Tätigkeit, Geschicklichkeit, Gewandtheit’ folgt lat. *industria* ‘beharrliche Tätigkeit, Energie, Fleiß, Betriebsamkeit’ (zu lat. *industrius* ‘beharrlich, tätig, regsam’) und wird im 18. Jh. mit den im Frz. entwickelten Bedeutungen ‘Gewerbefleiß’, dann ‘gewerbliche, maschinelle Fabrikation, Großgewerbe’ ins Dt. übernommen. Mit der modernen Warenproduktion bildet sich die heutige Verwendung heraus. – i n d u s t r i e l l Adj. ‘die Industrie betreffend, in Großproduktion hergestellt’ (19. Jh.), frz. *industriel*; die Fügung *industrielle Revolution* (19. Jh.), nach engl. *industrial revolution* (Toynbee), bezeichnet den Übergang von der Manufaktur zur modernen maschinellen Warenproduktion. Substantiviert *Industrieller* m. ‘Besitzer eines Industriebetriebes’, zuerst im Plur. *die Industriellen* ‘Kaufleute, Unternehmer, Kapitalisten’ (19. Jh.). i n d u s t r i a l i s i e r e n Vb. ‘eine Industrie entwickeln und aufbauen’ (20. Jh.), frz. *industrialiser*.

infam Adj. ‘niederträchtig, abscheulich, ehrlos’. Gegen Ende des 17. Jhs. wird lat. *īnfāmis* ‘berüchtigt, verrufen, schmachvoll’ (im 15. Jh. mit *anrüchig*, s. d., übersetzt) in die Rechtssprache entlehnt und erhält die Bedeutung ‘bürgerlich ehrlos’, die sich später zu ‘schlecht, schändlich’ weiterentwickelt (Einfluß von frz. *infâme* ‘ehrlos, schändlich’ ist anzunehmen). Lat. *īnfāmis*, gebildet zu lat. *fāma* ‘Gerede, öffentliche Meinung, (guter oder schlechter) Ruf’ (s. *Fama*) mit negierendem *in-* (s. [2]*in-*), bezeichnet eigentl. den, ‘der keine *fāma* hat’, bedeutet also ‘ohne Nachrede’ (inschriftlich bezeugt), meist aber ‘ohne guten Ruf, verrufen’ (s. oben). Seiner Bildung nach ist lat. *īnfāmis* ein Gegenwort zu lat. *fāmōsus*, das mit dem Suffix *-ōsus* den charakterisiert, ‘der *fāma* in Fülle hat’, daher ‘viel (gut oder schlecht) besprochen’ ist (s. *famos*). – I n f a m i e f. ‘Niederträchtigkeit, Schändlichkeit’ (18. Jh.), frz. *infamie*.

Infanterie f. ‘Fußtruppe’. Ausgangsform für die in den roman. und germ. Sprachen übliche Bezeichnung ist ital. *infanteria* (um 1400; daneben *fanteria*), eine Kollektivbildung zu ital. *infante* ‘Fußsoldat’, auch ‘Edelknabe’, eigentl. ‘kleines Kind’ (vgl. bis heute übliches gleichbed. ital. *fante*), aus lat. *īnfāns* (Gen. *īnfantis*) ‘kleines Kind’, Adj. ‘stumm, noch sehr klein’ (s. *infantil*). Seit 1616 im Dt. nachzuweisendes *Infanterie* dürfte sowohl auf ital. *infanteria* als auch auf das darauf beruhende mfrz. frz. *infanterie* (16. Jh.) zurückgehen, d. h. auf den Gebrauch beider Formen in den damaligen multinationalen Truppenverbänden. – I n f a n t e r i s t m. ‘Soldat der Fußtruppe’ (um 1800).

infantil Adj. ‘kindlich, kindisch, unentwickelt’ (19. Jh.), aus lat *īnfantīlis* ‘Kindern gehörig, kindlich, noch klein’, zu lat. *īnfāns* (Gen. *īnfantis*) ‘stumm, noch sehr klein’ (eigentl. ‘nicht sprechend’, mit negierendem *in-*, s. [2]*in-*, verbundenes Part. Präs. zu lat. *fārī* ‘sprechen’), substantiviert ‘kleines Kind’. Dazu der medizinische Terminus I n f a n t i l i s m u s m. ‘abnorme körperliche Unterentwickeltheit, Verharren auf einer kindlichen Wachstumsstufe’ (19. Jh.).

Infarkt m. ‘durch Gefäßverstopfung hervorgerufenes Absterben von Gewebeteilen’. Nlat. *infarctus*, in der medizinischen Fachsprache (statt lat. *īnfartus*) zu lat. *īnfarcīre* ‘hineinstopfen, vollfüllen’ gebildet, bezeichnet im 18. Jh. eine Darmverstopfung, im 19. Jh. auch eine Blutstauung; die heutige Bedeutung (s. oben) begegnet im 20. Jh., vgl. bes. H e r z i n f a r k t m.

Infektion f. 'Ansteckung, Übertragung von Krankheiten', Entlehnung (16. Jh.) von spätlat. *īnfectio* (Gen. *īnfectiōnis*) 'das Färben, Schändung', mlat. 'Ansteckung, Vergiftung'. Aus dem zugrundeliegenden Verb lat. *īnficere* (*īnfectum*) 'mit Farbe tränken, vergiften, verpesten, anstecken' (eigentl. 'hineintun') gelangt (ebenfalls 16. Jh.) i n f i z i e r e n Vb. 'anstecken' ins Dt. Dazu später d e s i n f i z i e r e n Vb. 'von Krankheitserregern befreien, keimfrei machen' (19. Jh.). I n f e k t m. 'vollzogene Ansteckung, ansteckende Krankheit' (19. Jh.), oft gleichbed. mit *Infektion*. i n f e k t i ö s Adj. 'ansteckend' (19. Jh.), frz. *infectieux*.

infernalisch Adj. 'teuflisch, höllisch', entlehnt (16. Jh.) aus spätlat. *īnfernālis* 'unterirdisch', einer Ableitung von lat. *īnfernus* 'unten, in der Unterwelt befindlich, unterirdisch' (zu lat. *īnfer* 'der untere', s. *infra-*) bzw. aus dessen Substantivierung lat. *īnfernus* 'das Untere, Unterwelt', kirchenlat. 'Hölle'. Darauf beruhendes ital. *inferno* 'Hölle', das den 1. Teil von Dantes „Göttlicher Komödie" nach dessen Schauplatz bezeichnet, ergibt nhd. *Inferno* n. 'Unterwelt, Hölle', übertragen 'schreckliches, unmenschliches Geschehen' (19. Jh.).

Infinitiv m. Grund-, Nennform des Verbs. Im 18. Jh. wird der grammatische Terminus lat. *(modus) īnfīnītīvus* (zu lat. *īnfīnītus* 'unbegrenzt, unbestimmt' durch Person und Zeit) in der dt. Grammatik zu *Infinitiv* eingedeutscht. Vorauf gehen zahlreiche Übersetzungsversuche, zu den frühesten zählen *der vnender* ('Unender', d. h. ohne Personalendung), *der gemaine*, *die vngeente* ('ungeendete') *waiß* (um 1400 in dt. Ausgaben des Donat), *der vngeent* (15. Jh.).

Inflation f. 'Geldentwertung'. Engl. *inflation* 'Aufblähung, das Aufblasen', aus lat. *īnflātio* (Gen. *īnflātiōnis*) 'das Sichaufblasen' (zu lat. *īnflāre* 'hineinblasen'), wird, ausgehend von der Vorstellung einer aufgeblähten Summe des umlaufenden Geldes, im Amerik.-Engl. auf eine 'Vermehrung des (nicht einlösbaren) Papiergelds' übertragen und ins Dt. entlehnt (19. Jh.). Der Prozeß einer Inflation, der die Deckung überhöhter Staatsschulden ermöglicht, begegnet der Bevölkerung als 'Geldentwertung'. Der medizinische Terminus *Inflation* im Sinne von 'Anschwellung, Blähung' (19. Jh., zuvor schon vereinzelt bei Paracelsus) beruht dagegen auf direkter Entlehnung aus dem Lat. – i n f l a t o r i s c h Adj. 'mit Entzündung, Anschwellung verbunden' (19. Jh.), 'Geldentwertung hervorrufend' (20. Jh.), auch *inflationistisch* (Ende 19. Jh.) und *inflationär* (20. Jh.).

Influenza f. 'Virusinfektion, Grippe', seit den 80er Jahren des 18. Jhs. (auf Grund einer damals sich von Italien her in Europa ausbreitenden Grippeepidemie) in Gebrauch kommende Übernahme von gleichbed. ital. *influenza*. Das ital. Substantiv, eigentl. 'Fließendes, Beeinflussung, Einfluß der Gestirne', entwickelt Anfang des 16. Jhs. (unter dem Eindruck des plötzlichen, unerklärbaren und daher dem Wirken der Gestirne zugeschriebenen Auftretens von Seuchen) die Bedeutung 'Ausbruch einer ansteckenden Krankheit, Ansteckung', bezeichnet dann epidemische Erkrankungen jeder Art und wird zuerst Mitte des 18. Jhs. im speziellen Sinne von 'Grippe' verwendet. Voraus geht mlat. *influentia* 'das Einfließen, Überschwemmung, Einfluß der Gestirne', zu lat. *īnfluere* 'hineinfließen, sich einschleichen'. Im Dt. wird *Influenza* seit Anfang des 20. Jhs. von *Grippe* (s. d.) völlig verdrängt.

informieren Vb. 'in Kenntnis setzen, benachrichtigen', spätmhd. *informieren* 'unterrichten' (14. Jh.), aus lat. *īnformāre* in seiner übertragenen Bedeutung 'durch Unterweisung bilden, befähigen, unterrichten' entlehnt (eigentl. 'gestalten, formen, bilden'). Entsprechend folgen auch die im Dt. üblichen Ableitungen allein dem übertragenen Gebrauch des Lat. – I n f o r m a t i o n f. 'Auskunft, Benachrichtigung' (15. Jh.), lat. *īnformātio* (Gen. *īnformātiōnis*). I n f o r m a t o r m. 'wer in Kenntnis setzt, benachrichtigt, unterrichtet', zuerst '(Haus-, Hof)lehrer' (16. Jh.); lat. *īnformātor* 'Bildner'. i n f o r m a t o r i s c h und latinisierend i n f o r m a t i v Adj. 'belehrend, unterrichtend' (19. Jh.). Gleichfalls latinisierend I n f o r m a n t m. 'Gewährsmann' (20. Jh.); doch vgl. älteres engl. *informant*.

infra- 'unterhalb, jenseits' entspricht lat. *īnfrā* Adv. und Präp. 'unten, unterhalb, darunter' (zu lat. *īnferus*, *īnfer* 'der untere', s. *infer-*

nalisch), das in der modernen Wissenschaftssprache (19./20. Jh.) für Zusammensetzungen herangezogen wird wie infrarot Adj. 'jenseits des roten Endes des Lichtspektrums liegend', Infraschall m. Schwingungen, deren Schwingungszahlen unterhalb der menschlichen Hörgrenze (16 Hz) liegen, Infrastruktur f. 'alle für die Wirtschaft eines Landes notwendigen Anlagen, die nur mittelbar der Produktion dienen', vgl. engl. *infrastructure*.

Infusorien Plur. (selten der Sing. *Infusorium* n.) in einem Aufguß (Infusion) auf organische Stoffe entdeckte, nur mikroskopisch sichtbare Tierchen, heute insbes. die zu den Protozoen gehörenden Geißeltiere und Wimperntiere. Vom nl. Zoologen Leeuwenhoek *Infusoria* Plur. (1675) genannt, gelehrte Bildung zu lat. *īnfundere* (*īnfūsum*) 'hineingießen, begießen' (vgl. spätlat. *īnfūsōrium* 'Gießrohr, Gefäß zum Eingießen'). Von dem dt. Naturforscher Ledermüller stammt der Name Infusionstiere Plur. (1760), nach nlat. *(animalcula) īnfūsōria*. Später dafür *Infusorien* und *Aufgußtierchen* (19. Jh.).

Ingenieur m. 'Techniker mit Fach- oder Hochschulabschluß'. Im 16. Jh. wird ital. *ingegnere* 'Kriegsbaumeister' in der Form *Ingegnier* zur Bezeichnung des Konstrukteurs und Baumeisters von Belagerungs- und Kriegsmaschinen (bis ins 18. Jh.) ins Dt. entlehnt, um 1600 aber durch die entsprechende frz. Bildung *Ingenieur* ersetzt. Frz. *ingénieur* (afrz. *engigneor*, auch *engignier* 'wer sinnreiche Vorrichtungen entwirft und baut') und (vielleicht vom Frz. beeinflußtes) ital. *ingegnere* sind Ableitungen (vgl. mlat. *ingeniator*, *ingeniarius*) von afrz. frz. *engin* 'sinnreiche Vorrichtung, Gerät, Kriegsmaschine' (afrz. auch 'Erfindungsgabe, Verstand, List') bzw. gleichbed. ital. *ingegno*, beide beruhend auf lat. *ingenium* 'angeborene Art, Scharfsinn, Erfindungsgeist, kluge Erfindung', mlat. auch 'Kriegsgerät, Belagerungsmaschine' (dieses zu lat. *gignere* 'hervorbringen, erzeugen').

Ingredienzien Plur. 'Zutaten, Bestandteile einer Mischung' (16. Jh.), aus dem in dt. Texten gebräuchlichen Fachwort der Apotheker lat. *ingredientia* Plur. 'hinzukommende Dinge', der substantivierten pluralischen Partizipialbildung von lat. *ingredī* 'hineingehen, eintreten'.

Ingwer m. Der Name der südasiatischen Pflanze, deren Wurzeln als Gewürz dienen, ahd. *(g)ingiber(o)* (10. Jh.), mhd. *ingeber*, *ingewer* ist eine Entlehnung von afrz. *gingembre*, *gingibre*. Dieses geht über vlat. *gingiber*, lat. *zingiber(i)*, griech. *zingíberi* (ζιγγίβερι) auf mind. (Pali) *siṅgivera-* zurück, das selbst aus drawidischer Quelle stammt (das zweite Kompositionsglied *-vera-* entspricht einem drawid. Wort für 'Wurzel'). Aind. *śṛṅgavēram* 'Ingwer' ist volksetymologische Anlehnung an aind. *śṛṅgam* 'Horn', bedingt durch die hornförmigen Wurzeln der Pflanze.

Inhaber m. 'wer Verfügungsgewalt über etw. hat, ohne unbedingt dessen Eigentümer zu sein, Besitzer' (14. Jh.), zu *innehaben* (s. *in*).

inhalieren Vb. 'intensiv einatmen' (vorwiegend Dämpfe, Gase aus therapeutischen Gründen), entlehnt (19. Jh.) aus lat. *inhālāre* 'zu-, anhauchen', vielleicht unter Einfluß von frz. *inhaler*, das dem Lat. gegenüber die gleiche Bedeutungsverschiebung aufweist wie das Dt. Das Frz. hat (wie das Dt.) bei der Entlehnung lat. *inhālāre* als Gegenwort von lat. *exhālāre* (frz. *exhaler*) 'aushauchen, -atmen' aufgefaßt. – Inhalation f. 'Einatmung' (19. Jh.), frz. *inhalation*; vgl. spätlat. *inhālātio* (Gen. *inhālātiōnis*) 'Anhauchen, Hauch'.

Inhalt m. 'von einer Form Umschlossenes, Dargestelltes' ist seit dem 15. Jh. belegt neben älterem *in(ne)haltung(e)* und vielleicht aus diesem rückgebildet (mit Ersatz von *inne* durch *in*), vgl. auch *innehalten* (von Urkunden und Schriftstücken) 'enthalten', s. *in*. *Inhalt* bezeichnet ursprünglich das in einem Schriftstück, einer Aussage, einem Wort (als Bedeutung) Enthaltene, seit dem 15. Jh. auch schon als mathematischer Ausdruck die als Raum- oder Flächenmaß ermittelte Größe. – inhaltlich Adj. (17. Jh.).

inhärent Adj. 'innewohnend, anhaftend' (19. Jh.), entlehnt aus gleichbed. lat. *inhaerēns* (Gen. *inhaerentis*), Part. Präs. zu lat. *inhaerēre* 'an etw. hängen, haften, kleben', wohl unter Einfluß des älteren frz. *inhérent*.

Initiale f. 'verzierter großer Anfangsbuchstabe'. Zu lat. *initiālis* 'am Anfang stehend, anfänglich', zu lat. *initium* 'Eingang, Anfang', abgeleitet von lat. *inīre* (*initum*) 'hineingehen, anfangen', wird im 18. Jh. *Initialbuchstabe* gebildet, das noch zu Beginn des 19. Jhs. geläufig ist, daneben aber zu *Initiale* verkürzt wird.

Initiative f. 'erste Anregung zu einer Handlung, Entschlußkraft'. Mfrz. frz. *initiative* 'das Anregen, Veranlassen, Beginnen', gelehrte Bildung zu mfrz. frz. *initier* 'einweihen, einführen, mit etw. vertraut machen' (dieses entlehnt aus lat. *initiāre* 'einweihen', z. B. in religiöse Mysterien, spätlat. auch 'anfangen'), wird im 18. Jh. mit dem Ideengut der frz. Revolution in der speziellen Verwendung 'Recht zum Unterbreiten von Gesetzesvorschlägen' ins Dt. übernommen. Anfang des 19. Jhs. steht *Initiative* für 'Eröffnung einer Beratung', danach allgemein im heutigen Sinne. Häufig *die Initiative ergreifen* (19. Jh.), nach frz. *prendre l'initiative*. – Initiator m. 'wer etwas anregt, veranlaßt' (um 1900), unter Rückgriff auf spätlat. *initiātor* 'Beginner, Einweiher'.

Injektion f. 'das Einspritzen von Lösungen in den Körper'. Lat. *iniectio* (Gen. *iniectiōnis*) 'das Hineinwerfen', bei den römischen Ärzten auch im Sinne von 'Einspritzung, Klistier', wird im 19. Jh. in die medizinische Fachsprache aufgenommen. Das zugehörige Verb lat. *inicere* (*iniectum*) 'hineinwerfen', bei den Ärzten auch 'klistieren', ergibt injizieren '(in den Organismus) einspritzen'.

Injurie f. 'Beleidigung'. Lat. *iniūria* 'Rechtsverletzung, Ungerechtigkeit, Gewalttätigkeit, Beleidigung' (mit der Negationspartikel *in-*, s. ²*in-*, zu lat. *iūs* 'Recht', s. *Jura*; vgl. lat. *iniūrius* Adj. 'ungerecht') wird als geläufiger Ausdruck der Rechtssprache bereits im 16. Jh. eingedeutscht. – Verbalinjurie f. 'Beleidigung durch Worte' (17. Jh.), in der lat. Wissenschaftssprache *iniuria verbalis*.

Inkarnation f. 'Fleischwerdung (Christi), Verkörperung', Übernahme (18. Jh.) von kirchenlat. *incarnātio* (Gen. *incarnātiōnis*) 'Fleischwerdung, Menschwerdung (des Gottessohnes)', zu kirchenlat. *incarnāre*, meist passivisch 'zu Fleisch werden, Mensch werden'; vgl. lat. *caro* (Gen. *carnis*) 'Fleisch'. Seit dem 19. Jh. auch in übertragenem Sinne 'Verkörperung, Erscheinung'.

inklusive Adv. Präp. 'einschließlich, eingeschlossen'; mlat. *inclusive* Adv., zu lat. *inclūdere* (*inclūsum*) 'einschließen, einsperren'; das Wort der Kanzleisprache erscheint seit dem 16. Jh. in dt. Texten und wird seit dem 17. Jh. als Präposition (mit Gen.) verwendet.

inkognito Adv. 'unter fremdem Namen, unerkannt, heimlich'. Gleichbed. ital. *incognito* (aus lat. *incōgnitus* 'nicht erkannt, unbekannt', zu lat. *cōgnōscere* 'erkennen') wird im 17. Jh. ins Dt. entlehnt und bezeichnet anfangs das Verheimlichen von Rang, Stand und Namen reisender Adliger, die unerkannt bleiben wollen. Substantiviert *Inkognito* n. 'Unerkanntsein, Gebrauch eines fremden Namens' (Mitte 18. Jh.).

Inkubation f. 'Einnisten von Krankheitserregern im Körper, Brutzeit der Vögel' (19. Jh.), von lat. *incubātio* (Gen. *incubātionis*) 'das Liegen auf den Eiern', zu lat. *incubāre* 'in oder auf etw. liegen, brüten'. – Inkubationszeit f. 'Zeitraum zwischen Aufnahme des Krankheitserregers im Körper und Ausbruch der Krankheit' (19. Jh.).

Inkunabel f. 'frühes, vor 1500 erschienenes Druckerzeugnis, Wiegendruck', seit dem Ende des 18. Jhs. Terminus der Buchkunde. Lat. *incūnābula* Plur. 'Windeln und Wickelbänder' (zu lat. *cūnae* Plur. 'Wiege, Nest', über ein vermittelndes **incūnāre*, daher eigentl. 'Einbettung'), übertragen 'Wiege, erster Anfang, Ursprung', wird erstmals von C. v. Beughem (1688) in seinem Werk *Incunabula Typographiae* auf Frühdrucke bezogen.

Inlay n. 'gegossene Zahnfüllung aus Metall oder Porzellan', Übernahme (20. Jh.) von gleichbed. engl. *inlay*, der Substantivierung des Verbs *to inlay* 'ein-, auslegen' (s. *legen*).

Inlett n. 'Baumwollgewebe zur Aufnahme von Bettfedern'. Im 16. Jh. geht gleichbed. mnd. *inlēde*, nd. *Inlede*, *Inlet*, *Inlitt* (wohl zu mnd. *inlēden* 'hineinleiten, -führen'), auch *Inlāt* (zu mnd. *inlāten* 'einlassen'), ins Hd. über und wird durch den Leinenhandel auch im Süden geläufig.

innig Adj. 'herzlich, tief empfunden, eng verbunden', mhd. *innec*, *innic* 'innerlich, andächtig, vertraut', mnd. mnl. *innich*, nl. *innig* ist Ableitung von dem unter *in* (s. d.) abgehandelten Adverb *inne*, jedoch schon früh von Räumlichem auf Geistig-Seelisches übertragen. Früher belegt ist weitergebildetes gleichbed. inniglich Adj., ahd. *inniglīh* 'im Innersten befindlich, wesenhaft' (um 1000), vgl. die adverbielle Fügung *inniglīhho* ('von Herzen') *biweinōn*, mhd. *inneclich* 'in oder aus dem Innersten, bis ins Innerste andächtig'. Innigkeit f. 'Herzlichkeit, Zuneigung', mhd. *innecheit*, *innekeit* 'Eingezogenheit, Innerlichkeit, Andächtigkeit, gespannte Aufmerksamkeit'.

Innung f. 'Verband von Handwerkern, Berufsvereinigung', mhd. *innunge* 'Aufnahme, Verbindung', spätmhd. 'Verbindung (zu einer Körperschaft), Verband', mnd. *inninge* sind Verbalabstrakta zu dem im Nhd. untergegangenen Verb ahd. *innōn* 'aufnehmen', refl 'sich einreihen, sich zugesellen' (um 1000), mhd. *innen* 'haben, besitzen, aufnehmen, erinnern', refl. 'sich anschließen, innig verbinden', einer Bildung zu den entsprechenden Formen von *inne* (s. *in*).

in petto, vorwiegend *in petto haben* 'in Vorbereitung, in Bereitschaft haben', im 18. Jh. aus dem Ital. Die Fügung (aus lat. *in pectore* 'im Sinne, im Herzen', eigentl. 'in der Brust') geht auf die Befugnis des Papstes zurück, den Namen eines neuen Kardinals zunächst für sich (*in petto*) zu behalten und erst später bekanntzugeben.

Inquisition f. historische (Ende des 12. Jhs. begründete), mit grausamen Mitteln arbeitende Institution der katholischen Kirche zur Ermittlung und Aburteilung von Ketzern. Lat. *inquīsītio* (Gen. *inquīsītiōnis*) 'Untersuchung', als Rechtsterminus 'gerichtliche Ermittlung' (zu lat. *inquīrere* 'aufsuchen, nachforschen, gerichtlich ermitteln') wird zur Bezeichnung für die oben genannte kirchliche Einrichtung und zu *Inquisition* im 16. Jh. eingedeutscht. Vereinzelt daneben bestehender allgemeiner Gebrauch im Sinne von 'gerichtliches Ermittlungsverfahren' wird bald aufgegeben. – Inquisitor m. 'Vertreter der Inquisition' (16. Jh.), lat. *inquīsītor* 'Forscher, Aufspürer verdächtiger Personen, Lieferant von Belastungszeugen und Beweismitteln im Ermittlungsverfahren'.

Insasse m. 'Bewohner, Eingesessener, mit anderen in einem Gebäude, Verkehrsmittel u. dgl. Sitzender', spätmhd. *īn-*, *insæȝe* 'eingesessener Einwohner, Mietwohner', mnd. *insāte*, *insēte* 'Eingesessener' (vgl. verkürztes nd. *Inste*, wozu *Instmann*). Das in älterer Zeit nur in Komposita (s. *Hintersasse* sowie *ansässig*) belegte Grundwort ahd. *-sāȝo*, mhd. *-sāȝe*, *-sæȝe*, mnd. *-sāte*, *-sēte*, aengl. *-sǣta* ist Ablautbildung zu dem unter *sitzen* (s. d.) behandelten Verb und wird als Simplex nd. *Sāte*, nhd. *Sasse* 'Ansässiger, Einwohner' in der 2. Hälfte des 18. Jhs. (vorwiegend bei nordd. Dichtern) vorübergehend wieder aufgenommen.

Insekt n. Die Bezeichnung für die zwischen Kopf, Brust und Hinterleib stark eingeschnittenen oder eingekerbten Gliederfüßler (nhd. dafür öfters *Kerbtiere*, s. *kerben*) geht zurück auf lat. *īnsecta*, substantiviertes Neutrum Plur. des Part. Perf. *īnsectum* 'eingeschnitten' (zu lat. *īnsecāre* 'einschneiden'), womit Plinius entsprechendes griech. *éntoma (zôa)* (ἔντομα ζῷα), eigentl. 'eingeschnittene Tiere', zum Verb griech. *entémnein* (ἐντέμνειν) 'einschneiden', übersetzt. In lat. Form seit dem 16. Jh. in dt. Texten (in den Wörterbüchern bis ins 18. Jh. mit *Ungeziefer* glossiert), seit dem 17. Jh. mit dt. Flexionsendungen.

Insel f. 'von Wasser umgebenes Land', mhd. *insel(e)*, entlehnt aus gleichbed. lat. *īnsula*. Zuvor gilt (mit ungesicherter Quantität des Anlauts) ahd. *ĭsila* (9. Jh.), mhd. *ĭsele*, das auf (aus lat. *īnsula* hervorgegangenem) vlat. *ĭsola* beruht (daraus auch afrz. *isle*, frz. *île*, ital. *isola*, span. *isla* sowie aus dem Afrz. entlehntes engl. *isle*). *Insel* setzt sich gegen die stilistisch bzw. landschaftlich gebundenen Synonyme *Eiland* und *Werder* (s. d.) durch. Erneuter Einfluß des Lat. führt zu der Form mhd. *insul* (Ende 13. Jh.), die im Nhd. neben *Insel* bis ins 18. Jh. fortbesteht. – Insulaner m. 'Inselbewohner' (16. Jh.), lat. *īnsulānus*. insular Adj. 'inselartig, eine Insel betreffend, zu ihr gehörig' (18. Jh.), wohl nach engl. *insular* (aus spätlat. *īnsulāris*).

inserieren Vb. 'eine Anzeige in einer Zeitung veröffentlichen, annoncieren', im 16. Jh. entlehnt aus lat. *īnserere* 'hineinfügen, einfügen, einreihen', zunächst in der Bedeutung 'einen erklärenden Vermerk in Aktenstücke einfügen'. Im 18. Jh. entwickelt sich mit dem Zeitungswesen die neue, heute übliche Bedeutung. Entsprechend Inserat n. 'Annonce' (vgl. „Anzeige oder Bekanntmachung, welche in öffentliche Blätter eingerückt wird", Campe), älter (in der Amtssprache) 'zusätzlicher Vermerk auf Aktenstücken' (17. Jh.), substantiviert aus den konjunktivischen Formen lat. *īnserat* 'er füge ein' oder *īnserātur* 'es werde eingefügt', zu lat. *īnserere* (s. oben).

Insignien Plur. 'Abzeichen, Symbole, Zeichen der Macht und Amtsgewalt', Entlehnung (16. Jh.) aus gleichbed. lat. *īnsīgnia*, Plur. zu lat. *īnsīgne* n., einer Bildung zu lat. *sīgnum* 'Zeichen, Abzeichen, Kennzeichen' (s. *Signum*).

insolent Adj. 'ungebührlich, anmaßend,

unverschämt' (17. Jh.), aus lat. *īnsolēns* (Gen. *īnsolentis*) 'ungewöhnlich, gegen Gewohnheit und Sitte verstoßend, unverschämt', mit negierendem *in-* (s. [2]*in-*) gebildetes Part. Präs. zu lat. *solēre* 'gewohnt sein'. – Insolenz f. 'Ungebührlichkeit, Anmaßung, Unverschämtheit' (17. Jh.), lat. *īnsolentia* 'das Ungewohnte, Übertriebene, Unverschämtheit'.

insolvent Adj. 'zahlungsunfähig', Terminus der Kaufmannssprache, mit der Verneinungspartikel lat. *in-* (s. [2]*in-*) gebildet zu lat. *solvēns* (Gen. *solventis*), Part. Präs. von lat. *solvere* 'lösen, eine Schuld abtragen, bezahlen', zuerst nl. *insolvent*, mfrz. (Flandern) *insolvent* (16. Jh.), seit dem 17. Jh. auch im Dt.; dazu Insolvenz f. 'Zahlungsunfähigkeit' (Anfang 18. Jh., vgl. gleichbed. nlat. *insolventia*).

Inspektion f. 'Besichtigung, Kontrolle, kontrollierende Behörde, Aufsichtsbereich', Entlehnung (16. Jh.) aus lat. *īnspectio* (Gen. *īnspectiōnis*) 'das Hineinsehen, Anschauen, Untersuchung', Abstraktum zu lat. *īnspicere* (*īnspectum*) 'hineinblicken, besichtigen', militärisch 'mustern' (s. *inspizieren*); anfangs vorwiegend im kirchlichen und schulischen Verwaltungsbereich. – Inspektor m. 'Kontrolleur, Prüfer, Rang im Verwaltungsapparat' (16. Jh.), lat. *īnspector* 'Beschauer', spätlat. 'Untersuchungsbeamter' (für Steuerfestsetzungen). Inspekteur m. 'Leiter einer Kontrollbehörde (der Verwaltung, Polizei, Armee)' (19. Jh.), frz. *inspecteur* (nach lat. *īnspector*).

Inspiration f. 'Eingebung, Erleuchtung', Übernahme (16. Jh.) von lat. *īnspīrātio* (Gen. *īnspīrātiōnis*) 'Eingebung', eigentl. 'das Einhauchen', Abstraktum zu lat. *īnspīrāre* 'einhauchen, einflößen', woraus im 16. Jh. inspirieren Vb. 'anregen, eingeben, erleuchten' entlehnt wird; vgl. vereinzelt schon mnd. *inspirēren* (15. Jh.).

inspizieren Vb. 'besichtigen, mustern, überprüfen', um 1800 entlehnt aus lat. *īnspicere* 'hineinblicken, besichtigen', militärisch 'mustern' (s. *Inspektion*). – Inspizient m. 'Aufsichtführender' (19. Jh.), aus dem Part. Präs. lat. *īnspiciēns* (Gen. *īnspicientis*) zu lat. *īnspicere*; bes. Bezeichnung der Bühnensprache 'Mitarbeiter, der für den technischen Ablauf auf und hinter der Bühne verantwortlich ist, Bühnenwart'.

installieren Vb. 'in ein Amt einsetzen, (sich) einrichten, technische (sanitäre) Anlagen einbauen', entlehnt (um 1500) aus mlat. *installare* 'in eine kirchliche Pfründe, ein Kirchenamt einsetzen', später (um 1900) auch in allgemeinem Sinne 'einsetzen, unterbringen, einrichten', danach (20. Jh.) in der oben genannten modernen technischen Verwendung. Das mlat. Verb ist eine Ableitung von mlat. *stallum* bzw. *stallus* 'Chorstuhl', Latinisierungen germ. bzw. aus dem Germ. (d. h. aus der unter *Stall*, s. d., aufgeführten Wortgruppe) entlehnter roman. Formen, vgl. afrz. *estal*, frühnhd. *stal* in der Bedeutung 'Sitz im Chor'. – Installation f. 'Einsetzung, Einrichtung' (um 1800), 'Montage technischer Anlagen' (19. Jh.), wohl frz. *installation* folgende Bildung. Installateur m. 'Monteur technischer Anlagen' (20. Jh.), frz. *installateur*.

instant- 'sofort gebrauchsfähig' (20. Jh.), erstes Kompositionsglied in Zusammensetzungen wie *Instantkaffee*, *-tee*, *-soße* (nach dem Vorbild engl. *instant coffee* 'pulverisierter, sofort löslicher Kaffee'). Engl. *instant* 'sofortig, augenblicklich' geht über mfrz. *instant* 'drängend' auf lat. *īnstāns* (Gen. *īnstantis*) 'drängend, dringend', spätlat. auch 'wirksam, schnell', Part. Präs. zu lat. *īnstāre* 'dicht, hart hinterher sein, herandringen, nahe bevorstehen', zurück.

Instanz f. 'zuständige Stelle, Behörde', spätmhd. *instancie*, entlehnt aus lat. *īnstantia* 'Gegenwart, Heftigkeit', spätlat. 'inständiges Bitten, Drängen' sowie 'Leitung, Verwaltung', Verbalsubstantiv zu lat. *īnstāre* 'dicht, hart hinterher sein, herandringen'. In der dt. (wie in der lat.) Rechtssprache bezeichnet der Ausdruck zunächst die 'beharrliche Verfolgung einer Rechtssache durch Kläger und Beklagten', dann die 'zuständige Stelle, Behörde', die diese Angelegenheit übernimmt.

Instinkt m. 'angeborene Triebe und Verhaltensweisen' (bei Tieren), übertragen 'untrügliches Gefühl' (bei Menschen). Lat. *īnstīnctus* 'Anreizung, Eingebung, Antrieb', mlat. *instinctus naturae* 'Naturtrieb' (Thomas v. Aquin) wird im 18. Jh. entlehnt; es ist Abstraktbildung zu lat. *īnstinguere* (*īnstīnctum*) 'anstacheln, antreiben'. – instinktiv Adj. 'durch den Instinkt bestimmt, triebhaft, gefühlsmäßig', latinisierende Entlehnung des 19. Jhs. von frz. *instinctif*; älter *instinktmäßig*, *instinktartig* (18. Jh.).

Institut n. 'Einrichtung zur Erziehung,

Lehre, Forschung' (18. Jh.), zuvor (vereinzelt) 'Ordnung, Regel' (16. Jh.), aus lat. *īnstitūtum* 'das Erschaffene, Unternehmen, Einrichtung, Anordnung, Anweisung' (vgl. lat. *īnstitūtor* 'Einrichter', spätlat. 'Unterweiser, Lehrer'), zu lat. *īnstituere* (*īnstitūtum*) 'hinstellen, aufstellen, unternehmen, einrichten, einsetzen, ordnen'. Zum gleichen Verb stellt sich Institution f. 'Einsetzung, Einweisung, Einrichtung', anfangs 'Anordnung, Unterweisung' (16. Jh.), lat. *īnstitūtio* (Gen. *īnstitūtiōnis*) 'Einrichtung, Anweisung, Unterricht'.

instruieren Vb. 'in Kenntnis setzen, unterrichten, anweisen', im 16. Jh. aus lat. *īnstruere* (*īnstrūctum*) 'einfügen, herrichten, unterweisen, unterrichten' (vgl. lat. *struere* 'schichtweise über- oder nebeneinander legen, aufschichten, aneinanderfügen, errichten, ordnen' und s. [1]*in-*) entlehnt. – Instruktion f. 'Unterrichtung, Anweisung, Dienstvorschrift' (16. Jh.), lat. *īnstrūctio* (Gen. *īnstrūctiōnis*); zuerst in der Kanzleisprache geläufig für 'schriftlich mitgeteilter Befehl'. instruktiv Adj. 'aufschlußreich, lehrreich' (18. Jh.), frz. *instructif*. Instrukteur m. 'Anleitender, Ausbilder, Schulungsleiter' (19. Jh.), frz. *instructeur* (lat. *īnstrūctor*).

Instrument n. 'Gerät, Werkzeug, (Arbeits)-mittel, Musikgerät' (16. Jh.), zuvor spätmhd. *instrument* 'Schriftstück, Urkunde' (in dieser Bedeutung noch im 18. Jh.), entlehnt aus lat. *īnstrūmentum* 'Gerätschaft aller Art, Werkzeug, Ausstattung, Vorrat, Beweismittel, Urkunde' und bald zu einem vielseitig und häufig gebrauchten Ausdruck entwickelt, vgl. bes. 'Werkzeug jeder Art, Musikgerät' (16. Jh.), 'optisches, geometrisches, medizinisches, mathematisches Gerät' (18. Jh.). – Instrumental m. in der Flexionslehre 'Mittel und Werkzeug bezeichnender Fall' (bei Grammatikern der slaw. Sprachen, z. B. Pohl 1773, Dobrovský 1792, dann von J. Grimm in die historische Grammatik aufgenommen), zuvor *Instrumentalis* (Dobracki 1669), *Ablativus Instrumentalis* (Roter 1616), nach mlat. *(casus) instrumentalis*. Vgl. die frühen dt. Übersetzungen *Werckzeugsendung* (1669), *Werck-Zeiger, Werck-Steller* (1682). instrumentieren Vb. 'ein Musikstück für Orchester einrichten' (19. Jh.). Instrumentar(ium) n. 'Gesamtheit der für eine Arbeit notwendigen Unterlagen, Hilfsmittel, Geräte' (19. Jh.), mlat. *instrumentarium*.

insultieren Vb. 'anfeinden, beleidigen, belästigen', entlehnt (16. Jh.) aus lat. *īnsultāre* 'in, auf etw. (herum)springen, seinen Mutwillen auslassen, verspotten'; dazu im 18. Jh. Insult m. 'Anfeindung, Kränkung, Beleidigung', nach frz. *insulte* 'Überfall, Beleidigung' oder aus dem Verb *insultieren* rückgebildet.

Insurgent m. 'Aufständischer', Übernahme (18. Jh.) von gleichbed. frz. *insurgent*, nach dem Part. Präs. lat. *īnsurgēns* (Gen. *īnsurgentis*) zu lat. *īnsurgere* (*īnsurrēctum*) 'sich aufrichten, erheben'. – Insurrektion f. 'bewaffneter Aufruhr, Empörung, Volksaufstand' (18. Jh.), frz. *insurrection*, spätlat. *īnsurrēctio* (Gen. *īnsurrēctiōnis*).

intakt Adj. 'unberührt, heil, unversehrt, funktionsfähig' (19. Jh.), Übernahme von frz. *intact* oder Entlehnung aus lat. *intāctus* 'unberührt, unverletzt', Part. Perf. zu lat. *tangere* 'berühren', präfigiert mit der Negationspartikel [2]*in-* (s. d.).

Intarsie f., auch *Intarsia*, 'Einlegearbeit in Holz', Entlehnung (19. Jh.) aus ital. *intarsio* m. 'eingelegte Holzarbeit, Holzmosaik', abgeleitet von ital. *intarsiare* 'in Holz einlegen', zu ital. *tarsia* 'Einlegearbeit in Holz'; dieses stammt aus arab. *tarṣīʿ* 'Fuge', zu *raṣṣaʿa* 'auslegen'.

integrieren Vb. 'ergänzen, vervollständigen, sich zusammenschließen, in ein größeres Ganzes eingliedern' (18. Jh.), entlehnt aus lat. *integrāre* 'wiederherstellen, ergänzen, erneuern, geistig auffrischen' (zu lat. *integer*, s. unten); auch (wohl nach frz. *intégrer*) 'ein *Integral* (s. unten) berechnen'; dazu integrierend Part.adj. 'zur Vollständigkeit erforderlich, notwendig', bes. in der Fügung *integrierender (Bestand)teil* (18. Jh.), anfangs auch *integranter Teil* (nach frz. *partie intégrante*). Integrität f. 'Vollständigkeit, Unberührtheit, Makellosigkeit, Unverletzlichkeit' (um 1800), lat. *integritās* (Gen. *integritātis*) 'Unversehrtheit, Reinheit', vgl. auch frz. *intégrité*. Integration f. 'Zusammenschluß, Eingliederung, Vereinigung', auch 'Berechnung eines Integrals' (19. Jh.), lat. *integrātio* (Gen. *integrātiōnis*) 'Wiederherstellung, Erneuerung', frz. *intégration* 'Berechnung eines Integrals'. integral Adj. 'ein Ganzes ausmachend, für sich bestehend, vollständig, wesentlich' (17. Jh.), spätlat. *integrālis* 'unversehrt, nicht geteilt', frz. *intégral* 'integrierend, vollständig'. 1690 führt der schweiz. Mathematiker Jakob Bernoulli, wohl mit erneutem Rückgriff auf lat. *integer* (s. unten), ein nlat. *integrālis* in die mathematische Terminologie ein; seine Fügung nlat. *calculus integrālis* ergibt bald darauf (1696) frz. *calcul intégral* und wird im Dt. wiedergegeben mit Integralrechnung f. (Anfang 18. Jh.); hierzu (erst im 19. Jh. geläufiges) Integral n. 'Grenzwert einer Summe' (vorher *Integralgröße*, *Integralzahl*, um 1800), entsprechend der Substantivierung frz. *intégrale* f. (Mitte 18. Jh.). integer Adj. 'unversehrt, unberührt, makellos, redlich, rechtschaffen', Übernahme (19. Jh.) von lat. *integer* 'unangetastet, unversehrt, unberührt', zu lat. *tangere* 'berühren' mit der Negationspartikel *in-* (s. ^{2}*in-*).

Intellekt m. 'Verstand, Denkvermögen' (19. Jh.), aus lat. *intellēctus* 'Verstehen, Erkenntnisvermögen', Verbalsubstantiv zu lat. *intellegere* (*intellēctum*) 'innewerden, verstehen, erkennen' (s. *intelligent*). – intellektuell Adj. 'den Verstand betreffend, rein geistig, verstandesmäßig' (18. Jh.), Übernahme von frz. *intellectuel*, nach spätlat. *intellēctuālis*; daneben, direkt aus dem Lat., auch *intellectualisch* (18. Jh.) und *intellectual* (19. Jh.). Substantiviert Intellektueller m. 'Verstandesmensch, geistig Schaffender' (um 1900). Intellektualismus m. 'Überbetonung der Rolle des Verstandes im Erkenntnisprozeß bei Unterschätzung der Praxis und der Intuition' (19. Jh.).

intelligent Adj. 'klug, begabt, verständig' (18. Jh.), entlehnt aus lat. *intelligēns* (Gen. *intelligentis*) 'einsichtsvoll, sachverständig', Part. Präs. von lat. *intelligere* (älter *intellegere*) 'innewerden, verstehen, erkennen', eigentl. 'dazwischen (lat. *inter*) wählen (lat. *legere*)', d. h. 'eine überlegte Wahl treffen' (s. *Intellekt*). Das ältere frz. *intelligent* (15. Jh.) mag die Aufnahme des Adjektivs ins Dt. befördert haben. – Intelligenz f. 'gute Auffassungsgabe, Klugheit, Verstand' (18. Jh.), 'soziale Schicht geistig Schaffender' (Mitte 19. Jh.), in dieser Bedeutung aktiviert (nach 1945) unter Einfluß von russ. *intelligéncija* (*интеллигенция*). Entlehnt aus lat. *intelligentia*, *intellegentia* 'Einsicht, Erkenntnis, Verständnis, Verstand'.

Intendant m. 'Leiter eines Theaters, Rundfunk- oder Fernsehsenders', Übernahme (18. Jh.) von mfrz. frz. *intendant* 'Verwaltungsleiter', ehemals 'königlicher Statthalter', einer Rückbildung (16. Jh.) aus mfrz. frz. *surintendant* (16. Jh.), der Bezeichnung für leitende Beamte. Dieses ersetzt als französierte Form älteres mfrz. *superintendent* (Ende 14. Jh.), das sich unmittelbar an gleichbed. mlat. *superintendens* (zu lat. *intendēns*, Gen. *intendentis*, Part. Präs. von *intendere* 'seine Aufmerksamkeit auf etw. richten, lenken') anschließt. Im Dt. bezeichnet *Intendant* zuerst den 'Oberaufseher am Theater'. – Intendantur f. 'Amt, Büro eines Intendanten', latinisierende Bildung (19. Jh.). Intendanz f. 'Leitung eines Theaters, eines Senders', entlehnt (18. Jh.) aus frz. *intendance* 'Aufsicht, Verwaltung'.

Intensität f. 'Anspannung, Kraft, Eindringlichkeit, Stärke' wird im 18. Jh. aus nlat. *intensitas*, Gen. *intensitatis* (als philosophischer Terminus belegt bei Wolff 1730) entlehnt. Es ist gebildet zu lat. *intēnsus* 'heftig, stark, gespannt, aufmerksam', Part.adj. (neben regulärem *intentus*) zu lat. *intendere* (s. *Intendant*). – intensiv Adj. 'stark, eindringlich, kräftig' (18. Jh.), entlehnt und relatinisiert (vgl. spätlat. *intentīvus* 'steigernd') aus gleichbed. frz. *intensif*, Ableitung von afrz. frz. *intense* 'groß, stark, heftig' (bes. von Eigenschaften, Gefühlen), das auf lat. *intēnsus* (s. oben) beruht; dazu intensivieren Vb. 'steigern, verstärken' (20. Jh.). Intensivum n. Verstärkung ausdrückendes Verb oder auch (früher) Wort (18. Jh.).

^{1}**inter-** erstes Kompositionsglied mit der Bedeutung 'zwischen, unter', gleichbed. lat. *inter* Präp. und Adv. folgend, das mit alter Komparativendung zu lat. *in* 'in, hinein' (s. *in*) gebildet ist (verwandt mit *unter*, s. d.). Weiterbildungen von lat. *inter* liegen vor in einem vorauszusetzenden lat. **interus* Adj., wozu lat. *interior* 'der innere, enger, tiefer' (s. *Interieur*) und *intimus* 'innerst, tiefst, vertrautest' (s. *intim*), und in lat. *internus* 'im Innern befindlich, inwendig, der innere' (s. *intern*, *Internat*, *Internist*). Als erstes Kompositionsglied erscheint *inter-* in vielen dem Lat. entstammenden Wörtern (*Interesse*, *Interjektion*, *Intervall*), ebenso in Entlehnungen aus anderen Sprachen (*international*, *Intermezzo*, *intervenieren*, *Intervent*, *Interview*) und ist in gelehrter Sprache bis in die Gegenwart produktiv (vgl. *interdisziplinär*, *intergruppal*, *interplanetar*, *interzellular*).

[2]**inter-** aus *international* (s. d.) gewonnene (insofern [1]*inter-* entsprechende) Kurzform zur Bildung von Komposita wie *Interpol* 'internationale Polizei' (d. i. *Internationale kriminalpolizeiliche Kommission*, 1923). Danach (im östl. Dt.) *Interhotel* 'repräsentatives, für internationale Gäste bestimmtes Hotel' und *Intershop* 'Verkaufsstelle für Käufer mit frei konvertierbarer Währung', vgl. engl. *shop* 'Geschäft'; *Intervision* 'internationale Organisation von Fernsehstationen osteuropäischer Länder', aus *inter(national)* und *(Tele)vision* zusammengezogen (alle 2. Hälfte 20. Jh.).

Interesse n. 'Anteil, Teilnahme, Aufmerksamkeit, Bedeutung, Belang, Neigung, Vorteil'. Frühnhd. *interesse* 'entgangener Nutzen, erwachsener Schaden' (15. Jh.) ist eine Entlehnung von mlat. *interesse* 'aus Ersatzpflicht entstandener Schaden', auch 'Zinsen' (13. Jh.), einem Wort der Rechtssprache, Substantivierung des Infinitivs lat. *interesse* 'dazwischen sein, verschieden sein, gegenwärtig sein, Anteil nehmen' (vgl. lat. *esse* 'sein' und s. [1]*inter-*). Aus dem rechtssprachlichen Gebrauch entwickelt sich im 16. Jh. die Verwendung des Ausdrucks sowohl für 'Zinsen' (aus der Position des Ersatzpflichtigen, der zu bezahlen hat) als auch für 'Nutzen, Vorteil, Gewinn' (aus der Position des Gläubigers, an den Ersatz gezahlt wird). Daran schließen sich spätere Bedeutungen (17. Jh.) an wie 'Gewinnsucht, Eigennutz, persönliche Belange', vgl. *im eigenen Interesse* (19. Jh.), *seine, jmds. Interessen wahrnehmen*. Im 18. Jh. übernimmt *Interesse* die im Frz. entwickelte Bedeutung 'Aufmerksamkeit, Anteilnahme, Reiz, Neigung'; vgl. frz. *intérêt* 'Beachtung, Aufmerksamkeit, Teilnahme', mfrz. *interest* 'Beachtung (des persönlichen Vorteils)', afrz. *interest* 'Nachteil, Schaden', aus gleichbed. mlat. *interest*, einer Substantivierung von lat. *interest* 'es ist von Wichtigkeit'. – i n t e r e s s i e r e n Vb. 'Aufmerksamkeit, Anteilnahme erwecken' (17. Jh.); früher bezeugt ist i n t e r e s s i e r t Part.-adj. 'auf seinen Vorteil bedacht' (16. Jh.), 'aufmerksam, voller Anteilnahme' (18. Jh.). I n t e r e s s e n t m. 'Beteiligter, Bewerber' (Anfang 17. Jh.), mlat. *interessens* (Gen. *interessentis*). i n t e r e s s a n t Adj. 'reizvoll, Anteilnahme, Aufmerksamkeit erregend' (18. Jh.), frz. *intéressant*.

Interieur n. 'Inneres, Innenausstattung eines Raumes', Übernahme (19. Jh.) von frz. *intérieur*, Substantivierung des Adjektivs frz. *intérieur* 'der innere, inwendig, innerlich'; nach dem Komparativ lat. *interior* (s. [1]*inter-*). Im Dt. wie im Frz. auch in der Sprache der Malerei geläufig, vgl. *Interieur(studie)* 'einen Innenraum darstellendes Bild' (Ende 19. Jh.).

Interim n. 'Zwischenzeit, Zwischenlösung, einstweilige Regelung'. Das Adverb lat. *interim* 'unterdessen, mittlerweile, inzwischen' (zum ersten Wortbestandteil, der Präposition lat. *inter*, s. [1]*inter-*) begegnet im dt. Kanzleistil im 17. Jh. (häufig am Satzanfang). Die Substantivierung *Interim* wird bereits im 16. Jh. üblich und erscheint seit dem 17. Jh. in Komposita (z. B. *Interimswerk*, *-vorteil*, *-verwaltung*). Danach i n t e r i m i s t i s c h Adj. 'vorläufig, vorübergehend, zeitweilig' (18. Jh.).

Interjektion f. 'Ausdruckswort'. Zu Anfang des 18. Jhs. wird der bereits bei den röm. Grammatikern übliche Terminus gleichbed. lat. *interiectio* (Gen. *interiectiōnis*), auch 'Einschaltung, Parenthese', eigentl. 'das Dazwischenwerfen, -setzen', Verbalsubstantiv zu lat. *intericere* (*interiectum*) 'dazwischenwerfen' (vgl. lat. *iacere* 'werfen') ins Dt. entlehnt. Vorausgehende Übersetzungsversuche des 17. Jhs. wie *Zwischen-*, *Einflechtwort* oder Benennungen nach der Funktion wie *Bewegewort*, *Gebärdewort* können sich gegenüber *Interjektion* in der dt. Grammatik nicht durchsetzen.

Intermezzo n. 'musikalisches Zwischenspiel', übertragen 'heiterer Zwischenfall', Übernahme (18. Jh.) von ital. *intermezzo* 'szenisches oder musikalisches Zwischenspiel, eingeschobenes Stück', seit dem 16. Jh. in den Pausen zwischen den einzelnen Akten bei Theateraufführungen üblich; hervorgegangen aus schwach bezeugtem spätlat. *intermedius* 'zwischen etw. befindlich, in der Mitte liegend' oder wahrscheinlicher aus der Fügung spätlat. *inter medium* 'inmitten, zwischen'. Im 19. Jh. verwenden Komponisten (Schumann, Brahms) *Intermezzo* für 'Charakterstück', und zwar für Einzelstücke wie für Zyklen kleiner Stücke.

intern Adj. 'im Inneren befindlich, die inneren Verhältnisse (einer Gruppe) angehend, vertraulich', in der Medizin 'innerlich, die inneren Organe betreffend', Gegensatz *extern* (s. d.), Entlehnung (um 1800) aus lat. *internus* 'im Inneren befindlich, inwendig, der innere' (vgl. substantiviertes spätlat. *interna* Plur. 'Eingeweide' und s. [1]*inter-*). – Internat n. 'einer Schule oder Hochschule angeschlossenes Wohnheim, Erziehungsanstalt' (Mitte 19. Jh.), wohl analog zu älterem *Alumnat* (s. d.) zu lat. *internus* gebildet, wenn nicht Übernahme von frz. *internat*. Internist m. 'Bewohner eines Internats, an inneren Krankheiten Leidender' (19. Jh.), 'Facharzt für innere Krankheiten' (20. Jh.).

international Adj. 'zwischenstaatlich, nicht national begrenzt, überstaatlich, völker-, länderverbindend'. Der von dem engl. Juristen J. Bentham 1789 mit Bezug auf das Völkerrecht geprägte Ausdruck (zuerst in der Fügung engl. *international law* bzw. *international jurisprudence*; s. [1]*inter-* und *national*) wird im 19. Jh. ins Dt. übernommen und in der 2. Hälfte des 19. Jhs. auch außerhalb des völkerrechtlich-politischen Bereichs gebräuchlich. Heute häufig gebrauchtes Attribut für über die Grenzen eines Staates hinausreichende, völkerumfassende Bewegungen, Institutionen (*internationale Arbeiterbewegung*, *Internationaler Frauentag*, *Internationales Geophysikalisches Jahr*, *internationaler Wettkampf*); in einigen Fällen wird verkürztes *inter-* erstes Kompositionsglied von Zusammensetzungen (s. [2]*inter-*). Internationalismus m. marxistische Theorie und Praxis der internationalen Solidarität der Arbeiterklasse (19. Jh.), bes. in den Fügungen *proletarischer* und *sozialistischer Internationalismus*; in der Sprachwissenschaft 'in vielen Sprachen vorkommendes Wort'. Internationale f. 'Vereinigung von Arbeiterparteien, -organisationen', zunächst Kurzwort für *Internationale Arbeiterassociation*, nach engl. *International Working Men's Association* (1864 in London gegründet), später als *Erste Internationale* bezeichnet; 'revolutionäre Hymne der internationalen Arbeiterbewegung', 1871 von E. Pottier verfaßt.

internieren Vb. 'jmdn. in seiner Freiheit beschränken, (Feinde, ansteckend Kranke) in einem Lager isolieren', entlehnt (2. Hälfte 19. Jh.) aus frz. *interner* 'in das Landesinnere verweisen und dort festhalten, jmdm. einen Aufenthaltsort, der nicht verlassen werden darf, zuweisen', zu frz. *interne* 'innerlich', lat. *internus* (s. *intern*). – Internierung f. 'Freiheitsbeschränkung' (in Lagern) (19. Jh.); dazu *Internierungslager*.

Interpret m. 'Ausleger, Erklärer' (von Texten), später auch 'reproduzierender Künstler' (als Vermittler eines Kunstwerkes), Entlehnung (um 1800) aus lat. *interpres* (Gen. *interpretis*) 'Vermittler, Unterhändler, Ausleger, Erklärer, Dolmetscher, Übersetzer'. Davon abgeleitet lat. *interpretārī* 'den Mittler machen, auslegen, deuten, verstehen', woraus interpretieren Vb. 'deuten, erklären, erläutern', mhd. *interpretieren*. Interpretation f. 'Auslegung, Erklärung' (16. Jh.), 'künstlerische Wiedergabe' (2. Hälfte 19. Jh.), lat. *interpretātio* (Gen. *interpretātiōnis*) 'Auslegung, Erklärung, Deutung, Übersetzung'.

Interpunktion f. 'Satzzeichensetzung'. Zu lat. *interpungere* (*interpūnctum*) 'einen Punkt zwischen zwei Wörter setzen' (vgl. lat. *pungere* 'stechen', s. *Punkt*) gebildetes lat. *interpūnctio* (Gen. *interpūnctiōnis*) 'Scheidung, Trennung der Wörter durch Punkte' wird in seiner lat. Form in dt. Sprachlehren aufgenommen (17. Jh.); daneben stehen Synonyme bzw. Übersetzungen wie *Distinktion*, *Unterscheidung*, *Schriftscheidung*, *Tüpfelung* (ebenfalls 17. Jh.). Eindeutschung zu *Interpunktion* erfolgt Anfang des 18. Jhs. – interpunktieren Vb. (19. Jh.).

Interregnum n. 'Zwischenherrschaft, Zeitraum ohne rechtmäßige Regierung', allgemein 'zeitweiliger Zustand ohne Oberhaupt', Entlehnung (18. Jh.) von lat. *interrēgnum* 'Zwischenregierung', ursprünglich 'Zeit zwischen dem Tod des letzten und der Wahl des neuen Königs', dann (zur Zeit der Republik) 'Zeit zwischen dem Abgang der alten und der Wahl der neuen Konsuln', Zusammensetzung aus lat. *inter* 'zwischen' (s. [1]*inter-*) und *rēgnum* 'Königsgewalt, -herrschaft' (zu lat. *rēx* 'König'). Ein Verdeutschungsversuch *Thronledigkeit* (18. Jh.) vermag sich nicht durchzusetzen.

interrogativ Adj. in der Sprachwissenschaft 'fragend', entlehnt (19. Jh.) aus dem grammatischen Terminus spätlat. *interrogātīvus* (zu lat. *interrogāre* 'fragen') in den Verbindungen spätlat. *adverbia*, *particula*, *coniūnctio interrogātīva* bzw. aus der seit dem 16. Jh. in Grammatiken üblichen Fügung spätlat. *prō-*

nōmen interrogātīvum, woraus I n t e r r o g a t i v p r o n o m e n n. 'Fragefürwort' (19. Jh.), auch verdeutscht mit *Fragewort* (17. Jh.), *fragendes Fürwort* (18. Jh.).

Intervall n. 'Zeitabstand, Zwischenraum, Unterbrechung', in der Musik 'Stufe, Abstand zweier Töne', Entlehnung (17. Jh.), zunächst als musikalischer Terminus, aus lat. *intervallum* (in der Musik) 'Stufe, Zwischenraum, Pause', eigentl. 'Raum zwischen zwei Schanzpfählen' (aus lat. *inter vallōs*, s. [1]*inter-* und *Wall*), danach 'Zwischenraum, Entfernung, Zwischenzeit, Pause, Unterschied'. Im Dt. seit dem 18. Jh. auch in dem dem Lat. folgenden allgemeinen Gebrauch geläufig.

intervenieren Vb. 'einschreiten, vermitteln', im 17. Jh. entlehnt aus gleichbed. frz. *intervenir*, das seinerseits lat. *intervenīre* (*interventum*) 'dazwischen-, dazukommen, hindernd oder vermittelnd eingreifen, für jmdn. eintreten' folgt. Doch wird der Ausdruck der Diplomatensprache erst im 19. Jh. geläufig und nimmt vornehmlich die Bedeutung 'sich in die Angelegenheiten eines anderen Staates einmischen' an. Gleiches gilt für I n t e r v e n t i o n f. 'Vermittlung, Einmischung', frz. *intervention*, nach lat. *interventio* (Gen. *interventiōnis*). I n t e r v e n i e n t m. 'wer (juristisch) vermittelt, sich einmischt', nach lat. *interveniēns* (Gen. *intervenientis*), Part. Präs. zu *intervenīre*, und I n t e r v e n t m. 'Staat, der sich in die inneren Angelegenheiten eines anderen einmischt' (beide 19. Jh.). *Intervent* wird nach 1945 durch den Einfluß russ. Übersetzungsliteratur aktiviert; vgl. russ. *intervént* (*интервент*).

Interview n. 'Befragung bekannter Persönlichkeiten durch Journalisten', bes. für die Massenmedien Presse, Rundfunk, Fernsehen. Um 1870 wird engl. *interview* 'Zusammenkunft, Unterredung' ins Dt. übernommen. Der Ausdruck ist eine anglisierte Bildung von mfrz. frz. *entrevue* 'Zusammenkunft', einer Ableitung vom Verb *entrevoir* 'sich flüchtig sehen, treffen', afrz. *entreveoir* (vgl. lat. *inter*, s. [1]*inter-*, und lat. *vidēre* 'sehen'). Die heute übliche Bedeutung 'Befragung' entwickelt sich mit den journalistischen Arbeitsmethoden im Amerik.-Engl. – i n t e r v i e w e n Vb., I n t e r v i e w e r m. (19. Jh.), engl. *to interview*, *interviewer*.

intim Adj. 'vertraut, eng verbunden, vertraulich, gemütlich', Entlehnung (18. Jh.) aus dem Superlativ lat. *intimus* 'der innerste, tiefste, vertrauteste', zuerst *intimer Freund*, heute vielfach in der verhüllenden Fügung *intime* ('sexuelle') *Beziehungen*. Älter ist der Gebrauch der substantivierten lat. Form I n t i m u s m. 'vertrauter Freund' in dt. Texten (um 1600). – I n t i m i t ä t f. 'Vertraulichkeit, sehr enges Verhältnis' (19. Jh.), frz. *intimité*.

intonieren Vb. 'die Stimme auf eine bestimmte Tonhöhe einstellen, anstimmen', auch von Instrumenten 'zu spielen beginnen', entlehnt (17. Jh.) aus lat. *intonāre* 'donnern, sich mit donnernder Stimme vernehmen lassen', mlat. 'einen Gesang anstimmen' (lat. *tonāre* 'donnern, ertönen'). – I n t o n a t i o n f. 'Toneinsatz, Tonhöhenverlauf' (19. Jh.).

intra- Präfix mit der Bedeutung 'innerhalb, inner-, in...hinein', entsprechend spätlat. *intrā-* 'innerhalb' (vgl. *intrāmūrānus* 'innerhalb der Mauer befindlich', neben lat. *intrā* Adv. 'innerhalb, inwendig, einwärts' und Präp. 'innerhalb'), wird im 20. Jh. in gelehrten Bildungen (vorwiegend Adjektiven) produktiv, vgl. *intrakardial* 'innerhalb des Herzens befindlich', *intrakutan* 'in der Haut gelegen, in die Haut hinein', *intramolekular* 'innerhalb des Moleküls erfolgend', *intrazellular* 'in der Zelle gelegen'.

Intrige f. 'hinterhältige, heimliche Machenschaft, Ränke', Entlehnung (17. Jh.) aus gleichbed. frz. *intrigue* und zunächst bezogen auf politisches Ränkespiel sowie auf die in Roman und Drama dargestellten Verwicklungen. Das frz. Substantiv ist eine Rückbildung von frz. *intriguer* 'Ränke schmieden, verwirren', entlehnt aus ital. *intrigare* 'verwirren, sich einmischen', das seinerseits aus lat. *intrīcāre* 'verwickeln, verwirren' hervorgegangen ist. – i n t r i g i e r e n Vb. 'Ränke schmieden, Verwicklungen stiften' (18. Jh.), frz. *intriguer* (s. oben). i n t r i g a n t Adj. (18. Jh.), frz. *intrigant*, ital. *intrigante*; nach frz. und ital. Vorbild auch substantiviert I n t r i g a n t m. (18. Jh.).

introvertiert Part.adj. 'nach innen gekehrt, verschlossen, kontaktscheu', von C. G. Jung in seiner psychologischen Typenlehre (1926) verwendete Bezeichnung, zu *introvertieren* '(sich) nach innen wenden', gelehrte Bildung des 19. Jhs. zu lat. *intrō* Adv. 'hinein, inwendig, innerlich' und lat. *vertere* 'kehren, wenden, drehen'; vgl. lat. *intrōversus* (wofür meist *intrōrsus*) 'einwärts, nach innen, inwendig' sowie (in der Sprache der Medizin) *Introversion* 'Umwendung nach innen', z. B. der Augenlider (19. Jh.). Dazu das Gegenwort extrovertiert Part.adj. 'nach außen gekehrt, aufgeschlossen' (ebenfalls Jung 1926), zu lat. *extrā* Adv. 'außen, außerhalb' (s. *extra*); heute meist *extravertiert*.

Intuition f. 'Eingebung, ahnendes Erfassen, Erkenntnis ohne wissenschaftliche Einsicht', entlehnt (18. Jh.) aus lat. *intuitio* (Gen. *intuitiōnis*) 'das Erscheinen des Bildes im Spiegel', spätlat. 'geistiges Schauen', daher (in der scholastischen Philosophie) 'durch Schauen (nicht durch Denken) erworbene Kenntnis'; zu lat. *intuērī* 'genau auf etw. hinsehen, etw. geistig betrachten'. – intuitiv Adj. 'gefühlsmäßig, instinktiv erfassend, auf Eingebung zurückgehend' (Kant, 1799); vgl. mfrz. frz. *intuitif*.

intus Adv., nur in der aus der Studentensprache stammenden Wendung *etw. intus haben* 'etw. gegessen, getrunken, verstanden haben', gebildet mit lat. *intus* Adv. 'innen, inwendig, von, nach innen'. Im 17. Jh. begegnet in dt. Texten auch die Fügung lat. *intus et in cute* 'in- und auswendig', eigentl. 'inwendig und auf der Haut'.

Invalide m. 'durch Kriegsverletzung dienstunfähiger Soldat' (Anfang 18. Jh.), dann auch 'durch Gesundheitsschäden Arbeitsunfähiger oder in seiner Arbeitsfähigkeit Beeinträchtigter' (19. Jh.); wie das in der Bedeutung entsprechende Adjektiv *invalide* (Anfang 18. Jh.) Entlehnung von frz. *invalide* m. 'aus Alters- oder Krankheitsgründen nicht mehr dienstfähiger Soldat, Arbeitsunfähiger', Adj. 'krank, dienstunfähig', nach lat. *invalidus* 'schwach, kraftlos, hinfällig, krank'. – Invalidität f. (19. Jh.), frz. *invalidité*.

Invasion f. 'feindlicher Truppeneinfall in fremdes Gebiet', danach oft in Übertragungen, z. B. 'massiertes Eindringen von Krankheitserregern in den Körper', Übernahme (17. Jh.) von frz. *invasion*, nach spätlat. *invāsio* (Gen. *invāsiōnis*) 'Angriff, gewaltsame Besitznahme', Verbalsubstantiv zu lat. *invādere* (*invāsum*) 'hin-, losgehen, eindringen, angreifen'; vgl. lat. *vādere* 'wandern, (los)gehen' (s. *waten*). – Invasor m. 'Angreifer, Eindringling in ein fremdes Land' (19. Jh.), spätlat. *invāsor* 'der Einfallende, Besitzergreifende, Eroberer'.

Inventar n. 'Bestand, Bestandsverzeichnis'. Im 15. Jh. tritt der röm. Rechtssprache zugehöriges lat. *inventārium* 'Vermögens- oder Nachlaßverzeichnis' in dt. Texten auf, anfangs in voller lat. Form, aber dt. flektiert (Gen. *Inventariums*, 1465), später *Inventari* (16. Jh.) mit der Bedeutung 'Vorratsverzeichnis, Verzeichnis des Besitzes', dann auch 'Besitz'; zu lat. *invenīre* (*inventum*) 'auf, zu etw. kommen, finden, entdecken, erwerben'. – inventarisieren Vb. 'den Bestand aufnehmen, verzeichnen' (17. Jh.), älter *inventieren* (15. Jh.); dazu Inventarisation f. (19. Jh.). Inventur f. 'Bestandsaufnahme' (16. Jh.), mlat. *inventura*.

investieren Vb. 'in ein Amt einsetzen, mit den Zeichen der Amtswürde bekleiden', spätmhd. *investieren* 'feierlich einsetzen' (14. Jh.), aus lat. *investīre* 'bekleiden', mlat. 'in ein Amt einsetzen' (also wohl 'mit einem feierlichen Gewand, dem Zeichen der Amtswürde, bekleiden'); vgl. lat. *vestis* 'Kleid, Gewand' (s. *Weste*). Dazu Investitur f. 'Einsetzung in ein (kirchliches) Amt, einen Besitz', historisch vor allem 'Einsetzung eines Bischofs' durch Papst oder Kaiser (vgl. *Investiturstreit*), spätmhd. *investitūr* (14. Jh.), mlat. *investitura* 'Einkleidung, Einsetzung'. – Dagegen geht die erst im 19. Jh. im Dt. nachgewiesene Bedeutung 'Kapital nutzbringend anlegen' auf gleichbed. ital. *investire* (gleicher Herkunft) zurück (vielleicht über das aus dem Ital. entlehnte engl. *to invest*). Möglicherweise beruht diese Übertragung auf der Vorstellung 'dem Geld ein anderes Gewand, d. h. eine andere Erscheinungsform geben'. Investition f. 'Kapitalanlage' (19. Jh.).

Inzest m. 'Geschlechtsverkehr zwischen Blutsverwandten' (19. Jh.), zuvor in der Gelehrtensprache *Incestus* (um 1700), entsprechend lat. *incestus* m. 'Unzucht, Blutschande' (Adj. 'moralisch und religiös unrein, unzüchtig'), gebildet mit Negationspartikel (s. ^{2}*in-*) zu lat. *castus* m. 'Enthaltung von Genüssen aus religiösen Gründen' (Adj. 'frei von Fehlern, enthaltsam, moralisch rein, lauter, unschuldig').

Ion n. elektrisch geladenes Atom (oder Atomgruppe), Molekül (oder Molekülgruppe). 1834 wird von dem engl. Physiker Faraday griech. *ión* (*ἰόν*), das substantivierte Part. Präs. Neutr. zu griech. *iénai* (*ἰέναι*) 'gehen', im Sinne von 'Gehendes, Wanderndes' aufgenommen zur Bezeichnung des wandernden Teilchens, das sich bei der Elektrolyse zu den Elektroden hin bewegt. Der Ausdruck wird rasch (Mitte 19. Jh.) internationales Fachwort der Physik. – ionisieren Vb. 'elektrisch neutrale Atome in Ionen verwandeln' (Anfang 20. Jh.), engl. *to ionize* (1898), frz. *ioniser* (1910). Ionosphäre f. Teil der Erdatmosphäre, in dem die Gase größtenteils durch Strahlung von außen ionisiert sind (20. Jh.).

irden Adj. 'aus gebrannter Erde, gebranntem Ton hergestellt'; **irdisch** Adj. 'zur Erde (als Planet) gehörig, auf der Erde befindlich'. Beide Adjektive sind Ableitungen von dem unter *Erde* (s. d.) behandelten, mit Dentalsuffix gebildeten Substantiv. Ahd. (11. Jh.), mhd. *irdīn*, *erdīn* 'von, aus Erde, die Erde bewohnend, weltlich, sterblich', got. *aírþeins*, gebildet mit dem Suffix germ. *-īna-* für Stoffadjektive (wie *golden*, *eisern*, s. d.), und ahd. *irdisc* (8. Jh.), mhd. *irdisch*, *erdisch* 'von, aus Erde, auf der Erde, weltlich, sterblich' stehen lange Zeit synonym nebeneinander. Doch tritt schon früh in biblisch-kirchlichem Sprachgebrauch *irdisch* überwiegend, *irden* dagegen seltener im Sinne von 'der Erde, der Welt, ihrem Leben zugehörig, dem Dasein auf der Erde verhaftet' auf (als Gegenwort zu *himmlisch*), so daß (etwa im 18. Jh.) eine semantische Trennung beider Adjektive im oben genannten Sinne üblich wird. – überirdisch Adj. 'über der Erde befindlich, übernatürlich, himmlisch, göttlich' (17. Jh.). unterirdisch Adj. 'unter der Erde befindlich, höllisch, teuflisch' (17. Jh.).

irgend Adv. 'nicht näher bestimmbar, überhaupt, nur' (vgl. *wenn irgend möglich*). Ahd. *io* (s. *je*) und *(h)wergin* 'irgendwo, -wohin', aus ahd. *(h)wār* (s. *wo*) und einer Indefinitpartikel *-gin*, verbinden sich zu ahd. *io (h)wergin*, *iergen* 'irgendwo' (11. Jh.), mhd. *iergen*, *irgen*, mnd. *iergen(e)*, mit sekundär angetretenem Dental mhd. *irgent* (13. Jh.), mnd. *iergent* (s. *jemand*, *niemand*). Örtliche Bedeutung hält sich bis ins 17. Jh., danach allgemein im Sinne der Unbestimmtheit (*wohl irgend zwanzig*, 18. Jh.). Heute steht *irgend* vornehmlich in Zusammenrückung (bis ins 18. Jh. noch getrennt geschrieben) mit anderen Indefiniten, vgl. *irgendwer*, *irgendwas*, *irgendein* (16. Jh.), *irgendwo* (18. Jh.; vgl. spätmhd. *iergen anderswā*), *irgendwelch*, *irgendwie* (19. Jh.). Der Indefinitpartikel ahd. *-gin* (s. oben) entspricht asächs. *-gin*, aengl. *-gen*, anord. *-gi*; vgl. asächs. *hwărgin*, *hwergin* 'irgend, irgendwo', aengl. *elles hwergen* 'irgendwo anders', anord. *hvargi*, *hvergi* 'überall', *engi* (aus **einngi*) 'irgendein, keiner', *manngi* 'niemand', dazu mit Ablaut und grammatischem Wechsel got. *-hun*, vgl. got. *ni ainshun*, *ni mannahun* 'niemand'. Verwandt sind aind. *caná*, awest. *činā̆*, die gleichfalls als Partikeln der Unbestimmtheit bzw. Verallgemeinerung fungieren. Zugrunde liegt vielleicht eine erstarrte Flexionsform (Instrumental) zu dem unter *wer* (s. d.) behandelten Pronominalstamm. – nirgend(s) Adv. 'an keinem Ort', aostnfrk. *niwergin*, *niergin* (9. Jh.), mhd. *niergen*, *niergent*, mnd. *nergene*, *nergende*, *nergent*, nhd. *nirgend* (16. Jh.) neben *nirgends* (15. Jh.). Vgl. *nirgendwo* (18. Jh.).

Ironie f. 'hinter scheinbarem Ernst versteckter Spott, Äußerung, die das Gegenteil des Gemeinten ausdrückt', im 18. Jh. entlehnt aus lat. *īrōnīa*, griech. *eirōnēía* (εἰρωνεία) 'erheuchelte Unwissenheit, Verstellung, feiner Spott', abgeleitet von griech. *eírōn* (εἴρων) 'wer sich unwissend stellt, sich verstellt'; weitere Herkunft ungeklärt; vielleicht zu griech. *eírō* (εἴρω) 'ich sage'. – ironisch Adj. 'mit feinem verstecktem Spott', entlehnt (vielleicht schon in *ironis*, 16. Jh.) aus lat. *īrōnicus*, griech. *eirōnikós* (εἰρωνικός). ironisieren Vb. 'ironisch ausdrücken' (19. Jh.), nach frz. *ironiser*.

irr, irre Adj. 'unsicher, zweifelnd, verwirrt, geistesgestört', ahd. *irri* 'umherschweifend, verirrt, unwissend, zügellos' (9. Jh.), mhd. *irre*, *erre* 'vom rechten Wege abgekommen, verirrt, wankelmütig, erzürnt, aufgebracht, uneinig', asächs. *irri* 'zornig', mnd. *erre*, aengl. *ierre* 'umherschweifend, verdorben, schlecht, zornig, wild', got. *aírzeis* 'verirrt'. Vergleicht man aind. *irasyáti* 'zürnt, will übel', lat. *errāre* 'umherirren, sich verirren' und zieht *rasen* (s. d.) und die dort genannten Formen heran, so kann von ie. **er(ə)s-*, **rēs-* 'fließen, aufgebracht, erregt sein', wohl *s*-Erweiterung der Wurzel ie. **er-*, **or-* 'sich in Bewegung setzen, erregen', ausgegangen werden. S. auch *rinnen*, *rennen*, *rieseln*. Germ. **erzja-* setzt die Wurzelbedeutung teils in 'unruhig umherschweifend', teils in 'heftig bewegt, zornig' fort. Nhd. *irre* 'geistig verwirrt, geisteskrank' (17. Jh.) geht hervor aus 'verwirrt, geistig vom rechten Weg abgekommen'; dazu Irrer m. 'Geistesgestörter' (19. Jh.); Irrenhaus n. (18. Jh.), für älteres *Narrenhaus*; Irrenanstalt f. (19. Jh.). Irrsinn m. 'Wahnsinn, Geistesgestörtheit' (18. Jh.), zuvor 'verwirrtes, unrichtiges Denken' (17. Jh.); irrsinnig Adj. 'wahnsinnig, geistesgestört' (19. Jh.); in heutiger Umgangssprache (20. Jh.) oft verstärkend 'sehr'. Irre f. 'falscher Weg, falsche Richtung', mhd. *irre*, (md.) *erre* 'Irrtum, Verirrung, Irrfahrt'; vgl. got. *aírzei* 'Irrlehre'. irren Vb. 'sich ziellos hin und her bewegen, rastlos umherziehen, eine falsche Meinung haben, sich täuschen', ahd. *irrōn* 'irregehen, umherirren, in Ungewißheit sein, abtrünnig werden' (8. Jh.), *irren* 'verwirren' (9. Jh.), mhd. *irren* 'in Verwirrung bringen, stören, auf Abwege, zum Unglauben bringen, ungewiß, unsicher sein', aengl. *iorsian*, *irsian* 'böse sein, machen', got. *aírzjan* 'irreführen'. beirren Vb. 'unsicher machen' (17. Jh.). verirren Vb. refl. 'vom Weg abkommen, sich nicht zurechtfinden', ahd. *firirrōn* (um 1000), mhd. *verirren* 'in die Irre führen, stören, verwirren, sich verirren, in Irrtum fallen'. irrig Adj. 'falsch', mhd. *irrec*, *irric* 'zweifelhaft, hinderlich', vgl. ahd. *irrīgheit* 'Irrlehre, Irrtum' (um 1000). Irrtum m. 'Fehler, Versehen', ahd. *irrituom* 'Irrlehre, Irrtum, Irrgang' (9. Jh.), mhd. *irretuom* 'Irrung, Hindernis, Schaden, Ketzerei, Streit'; irrtümlich Adj. 'fälschlich, versehentlich' (19. Jh.). Irrfahrt f. 'Fahrt in die falsche Richtung, vergebliches Suchen nach dem rechten Weg', mhd. *irrevart*. Irrgarten m. 'Labyrinth' (16. Jh.). Irrlehre f. 'falsche Lehre' (17. Jh.). Irrlicht n. kurz aufleuchtendes, unruhig flackerndes Flämmchen (über Moorböden, durch Selbstentzündung von Sumpfgas), im Volksglauben als in die Irre führender Kobold oder Totengeist vorgestellt (17. Jh.); dafür auch Irrwisch m. (16. Jh.), zu *Wisch* 'Fackel' (s. d.); auch 'unruhiger Mensch, lebhaftes Kind' (18. Jh.).

irritieren Vb. 'reizen, erregen, provozieren', entlehnt (16. Jh.) aus gleichbed. lat. *irrītāre*. Durch volksetymologische Anlehnung an *irr*, *irren* (s. d.) entwickelt das Verb im 19. Jh. (vom Omd. ausgehend) die Bedeutung 'irre, unsicher machen, ablenken, stören'.

Ischias f., auch m. n., 'Hüftweh', medizinisches Fachwort (19. Jh.) entsprechend lat. *ischias*, griech. *ischiás*, Gen. *ischiádos* (ἰσχιάς, ἰσχιάδος) 'Hüftschmerz', zu griech. *ischíon* (ἰσχίον) 'Hüftgelenk, Hüfte'. Älter (18. Jh.) *Schiatik*, nach vlat. *sciaticum* 'Hüftweh', der substantivierten neutralen Form des Adjektivs vlat. *sciaticus*, umgebildet aus lat. *ischiadicus*, griech. *ischiadikós* (ἰσχιαδικός) 'zum Hüftweh gehörig, mit Hüftweh behaftet'.

iso-, vor Vokalen meist **is-** erstes Kompositionsglied mit der Bedeutung 'gleich' (an Zahl, Stärke, Größe, Rang), entsprechend griech. *iso-*, *is-* (ἰσο-, ἰσ-), Kompositionsform von *ísos* (ἴσος) Adj. 'gleich'. Im Dt. seit dem 19. Jh. in gelehrten Neubildungen produktiv, und zwar in Zusammensetzungen, deren Grundwort in der Regel ebenfalls dem Griech. entnommen ist, z. B. *Isoglosse*, *Isotherme*; *isochron*, *isomorph*; vor Vokal *Isanomale*, *isosmotisch*, aber auch *Isoenzym*. Vgl. bes. Isobare f. 'Verbindungslinie zwischen Orten gleichen Luftdrucks', zu griech. *báros* (βάρος) 'Schwere, Druck' (s. *Barometer*); Isotop n. durch abweichende Massenzahl gekennzeichnete Variante eines chemischen Elements, die im Periodensystem die gleiche Stelle wie dieses einnimmt, zu griech. *tópos* (τόπος) 'Ort, Platz, Stelle'; zuerst engl. *isotope* (Soddy 1913).

isolieren Vb. 'absondern, trennen, elektrische Leiter umhüllen, abdämmen, abdichten (gegen Luft, Schall, Wärme, Kälte, Feuchtigkeit)'. Im 18. Jh. wird das Part.adj. *isoliert* 'abgesondert' aus frz. *isolé* 'vereinzelt, abgesondert, freistehend', zuvor auch 'inselartig', entlehnt. Dieses stammt aus gleichbed. ital. *isolato*, dem lat. *īnsulātus* 'zur Insel gemacht' (zu lat. *īnsula*, s. *Insel*) vorausgeht. Wie zu frz. *isolé* ein Verb frz. *isoler* 'inselartig anlegen, absondern' hinzugebildet wird, so entwickelt auch das Dt. seit Ende des 18. Jhs. ein zugehöriges *isolieren*, doch wird dies in seiner allgemeinen und in seinen technischen Verwendungen (s. oben) erst im 19. Jh. geläufig. Dazu treten (ebenfalls im 19. Jh.) die latinisierenden Substantive Isolation f. 'Abgeschlossenheit, Abgesondertheit, Umhüllung elektrischer Leiter, Abdämmung, Abdichtung (gegen äußere Einflüsse)', Isolator m. 'elektrischer Nichtleiter', ferner Isolierung f.

Iterativum n. (mit bestimmten Wortbildungsmitteln gebildetes) Wort (bes. Verb) zur Bezeichnung von sich wiederholenden Vorgängen, Handlungen oder Erscheinungen (Ende 17. Jh.), Wiederaufnahme eines bereits von den röm. Grammatikern gebrauchten Terminus spätlat. *(verba) iterātīva* (Plur.), zu lat. *iterāre (iterātum)* 'wiederholen'. Dazu auch i t e r a t i v Adj. 'eine Wiederholung von Vorgängen ausdrückend' (Ende 18. Jh.).

ja Zustimmungspartikel (Gegensatz *nein*), Konj. 'doch, sogar', ahd. (um 800), mhd. *jā*, asächs. mnd. mnl. *jā*, nl. *ja*, aengl. *gē*, *gēa*, engl. (mundartlich bzw. archaisierend) *yea* (neben engl. *yes*, aengl. *gēse*, *gīse*, *gȳse* aus **gīa sīe* 'ja, so'), anord. *jā*, schwed. *ja*, got. *ja* sind in ihrer außergerm. Zuordnung ungesichert. Man vergleicht lat. *iam* 'schon, bereits, gleich, jetzt' und erschließt ie. **i̯ām*, Akk. Sing. fem. des Pronominalstamms ie. **i-*, **i̯e-*, **i̯o-* (s. *jener*). – j a w o h l verstärktes *ja* (17. Jh.). b e j a h e n Vb. 'zu etw. ja sagen, zustimmen' (Anfang 17. Jh.), zuvor 'bewilligen' (16. Jh.). J a w o r t n. 'feste Zusage, Einwilligung' (16. Jh.); vgl. mnd. *jāwōrt* (um 1300).

Jacht f. 'leichtes, schnelles (Sport- oder Vergnügungs)schiff'. Mnl. *jageschip*, mnd. *jāgeschip* 'schnelles Schiff' (vgl. nhd. *Jagschiff*, 16. Jh.) ergibt im Nl. die Verkürzung *jacht*, die ins Dt. übernommen wird (ebenfalls 16. Jh.), vereinzelt auch wieder erweitert zu *Jachtschiff*. Mnl. mnd. *jacht* entspricht nhd. *Jagd* (s. *jagen*). Die Schreibung *Yacht* folgt engl. *yacht*, das ebenfalls aus dem Nl. entlehnt ist.

Jacke f. 'hüftlanges geknöpftes Oberkleid', Entlehnung (15. Jh.) von mfrz. *jaque* 'kurzer, eng anliegender Männerrock, Wams' (vgl. mfrz. *jaque de maille* 'Panzerhemd'). Die Bezeichnung für das bäuerliche Kleidungsstück ist eine Übertragung von mfrz. *ja(c)ques* (Plur.), dem Spitznamen für die Bauern, nach dem unter ihnen verbreiteten Namen *Jacques* (aus *Jacobus*); vgl. mfrz. frz. *jacquerie* für den Bauernaufstand 1358 in Nordostfrankreich, ferner *Jacques Bonhomme* 'einfältiger, dummer Mensch' (14. Jh.), Bezeichnung für den Bauern (im Dt. dafür *dummer Michel*). Im Frz. wird bald die deminutive Ableitung *jaquette* f. 'Jacke der Bauern' (14. Jh.), dann allgemein 'kurzer, eng anliegender Männerrock' üblich, die im 19. Jh. mit Genuswechsel in der Form J a c k e t t n. 'Jacke zum Herrenanzug' ebenfalls ins Dt. und in andere europäische Sprachen gelangt. Entsprechendes engl. *jacket* begegnet in der Zusammensetzung J a c k e t k r o n e f. 'Zahnkrone aus Porzellan oder Kunststoff von natürlichem Aussehen' (20. Jh.), engl. *jacket crown*. Die Krone umschließt den Zahnstumpf wie eine Jacke; vgl. auch den entsprechenden dt. Ausdruck *Mantelkrone*.

Jade m., auch f. blaßgrüner Schmuckstein, Übernahme (um 1800) von gleichbed. frz. *jade*, älter *ejade* (das anlautende *e* schwindet, da es in Formen wie *l'ejade* in mündlicher Rede irrtümlich als Bestandteil des Artikels aufgefaßt wird), entlehnt aus span. *ijada* 'Weiche, Flanke' in der Fügung *piedra de la ijada* 'Flanken-, Lendenstein' (als schmerzverhütendes Mittel, namentlich gegen Nierenkoliken, von den Eingeborenen Amerikas auf dem Körper getragen). Zugrunde liegt dem span. Ausdruck lat. *īlia* Plur. 'Magen, Eingeweide, die Weichen', Sing. (selten) *īle* 'Unterleib'.

jagen Vb. 'schnell verfolgen, hetzen, zu fangen oder zu erlegen suchen, eilen', ahd. *jagōn* (8. Jh.), mhd. *jagen* 'treiben, verfolgen, hastig eilen, in die Flucht schlagen, auf der Jagd sein', mnd. *jāgen*, mnl. *jāghen*, nl. *jagen*. Die Herkunft des nur im Dt. und Nl. heimischen Verbs (anord. *jaga* ist aus dem Mnd. entlehnt) ist ungeklärt. Man zieht gewöhnlich (nur mit unsicherer Bedeutung überliefertes) aind. *yahúḥ* (etwa) 'jung, jugendkräftig, Sohn', *yahvī́-* f. (etwa) 'jung, Tochter, letzte, eilende, fließende' sowie awest. *yazav-* 'jüngster, letzter' heran; doch bleibt, da deren Ausgangsbedeutungen nicht zu ermitteln sind, ein daraus erschlossener Ansatz ie. **i̯agh-* 'nachjagen, begehren' zweifelhaft. – J a g d f. 'Erlegung von Wild, Verfolgung, Jagdrevier', ahd. *jagōd* (11. Jh.), mhd. *jaget* (Nebenform *jacht*, *jeit*) ist Abstraktbildung zum Verb. J a g e n n. 'Jagdrevier' (18. Jh.). j a g d b a r Adj. 'als Jagdbeute geeignet' (17. Jh.), älter *jagbar* (bis 17. Jh.), mhd. *jagebære*. J a g d h u n d m. 'für die Jagd abgerichteter und geeigneter Hund', mhd. *jagethund*, vgl. ahd. *jagahunt* (9. Jh.), mhd. *jagehunt*. J ä g e r m. 'wer auf Jagd geht', ahd. *jagāri* (um 800), mhd. *jegere*, *jeger*. J ä g e r e i f. , mhd. *jegerīe*, *jagerīe*. J ä g e r l a t e i n n.

die dem Laien wegen ihrer speziellen Bezeichnungen unverständliche Fachsprache der Jäger, dann auch 'Lügengeschichten über Jagdabenteuer, Prahlerei' (19. Jh.).

Jaguar m. Der Name der größten Raubkatze Amerikas heißt in den brasilian. Eingeborenensprachen Tupí und Guaraní (in port. Umschrift) *jaguara* (dialektisch auch in port. bzw. frz. Umschrift *janware*, *ianouare*), später *jaguareté*. Durch Vermittlung von port. *jaguareté* (1587) und engl. *jaguar* (1604) gelangt der Name ins Frz. und setzt sich in der durch Buffon (1761) aufgenommenen Form frz. *jaguar* im 18. Jh. auch im Dt. durch, wo *Jau ware* (16. Jh.), *Jaguaretae* (17. Jh.) ältere Bezeichnungen sind.

jäh Adj. 'hastig, schnell, unerwartet, steil', ahd. *gāhi* 'voreilig, hastig' (8. Jh.), mhd. *gāch*, *gā*, *gæhe* 'schnell, plötzlich, jähzornig', seit dem 15. Jh. mit mundartlich bedingtem, von Luther aufgegriffenem *j*-Anlaut, mnl. *gā*, nl. *gauw*. Da weitere, vor allem außergerm. Anknüpfungen unsicher sind, bleibt das Adjektiv etymologisch ungeklärt. Teils wird eine präfigierte Ausgangsform (ahd. **ga-āhi*) angenommen und Rückführung auf ie. **ēku-* (ablautend zu **ōku-*) 'schnell' versucht, teils wird eine Variante ie. **ghenk-* zu ie. **ĝhengh-* 'schreiten, Schritt' (s. *gehen*) zugrunde gelegt (Walde/Pokorny 1, 172). Auch Anschluß an die Wurzel ie. **ĝhĕi-* 'antreiben, lebhaft bewegen' wird erwogen (de Vries Nl. 185). – jählings Adv. 'unerwartet, steil', älter *gählings* (17. Jh.), vgl. mhd. *gæhelingen*. Jähzorn m. 'plötzlicher, unerwartet aufbrausender Zorn' (18. Jh.), älter *Gähzorn* (17. Jh.), *Gechzorn* (15. Jh.), vielleicht Rückbildung aus jähzornig Adj. (16. Jh.), älter *gähzornig* (14. Jh.).

Jahr n. 'Zeitdauer eines Umlaufs der Erde um die Sonne, Zeiteinheit von 365 Tagen', ahd. (8. Jh.), mhd. *jār*, asächs. *jār*, *gēr*, mnd. *jār*, mnl. *jaer*, nl. *jaar*, aengl. *gēr*, *gēar*, engl. *year*, anord. *ār*, schwed. *år*, got. *jēr* sind vergleichbar mit awest. *yār-* 'Jahr', griech. *hṓra* (ὥρα) 'Jahreszeit, Tageszeit, Stunde', *hṓros* (ὦρος) 'Zeit, Jahr', lat. *hōrnus* 'diesjährig' (wohl zu **hō i̯ōrō* 'in diesem Jahre'), aruss. *jarъ* Adj. 'Frühlings-, Sommer-', russ.-kslaw. *jara* 'Frühling', russ. (landschaftlich) *jar'* (*ярь*) 'Sommerkorn'; dazu vgl. russ. *jarovizácija* (*яровизация*) und die Entlehnung (nach 1945) *Jarowisation* 'Verfahren zur Verkürzung der Entwicklungszeit von Kulturpflanzen', eigentl. 'Vorsommerung'. Erschließbar ist ie. **i̯ēro-*, **i̯ōro-* 'Jahr, Sommer'. Sieht man darin Substantivbildungen zu einer langvokalischen Erweiterung (oder Ablautstufe?) der Wurzel ie. **ei-* (oder **ei̯ə-*?) 'gehen' (wozu auch lat. *īre* 'gehen'), so kann von einer Bedeutung 'Gang, Lauf der Sonne' ausgegangen werden. – jähren Vb. refl. 'vor einem Jahr geschehen sein, seine jährliche Wiederkehr haben' (17. Jh.); vgl. mhd. *jāren*, *jæren* 'zu Jahren kommen, mündig, alt werden, alt machen, erhalten'. verjähren Vb. 'nach einer gesetzlich festgelegten Anzahl von Jahren seine Gültigkeit verlieren', mhd. *verjæren* 'ein Jahr für etw. verstreichen lassen'. bejahrt Part.adj. 'alt', eigentl. 'mit Jahren versehen' (16. Jh.). jährig Adj. 'ein Jahr alt', ahd. *jārīg* (9. Jh.), mhd. *jārec*, *jæric* 'ein Jahr alt, jährlich, großjährig'; dazu *einjährig* Adj. (16. Jh.), *minderjährig* Adj. 'noch nicht volljährig' (18. Jh.), *volljährig* Adj. 'mündig' (18. Jh.). jährlich Adj. 'jedes Jahr wiederkehrend', mhd. *jærlich*; vgl. ahd. *jārlīhhēn* Adv. (um 1000). Jahrgang m. 'alles im selben Jahr Geborene, Geerntete, Erschienene' (18. Jh.), zuvor 'Jahreslauf, Ereignisse im Jahr' (15. Jh.). Jahrhundert n. 'Zeitraum von hundert Jahren' (17. Jh.), zur Wiedergabe von lat. *saeculum* (s. *Säkulum*); noch 1755 wird der Ausdruck als „unteutsch", „in plurali nicht zu gebrauchen" und „unverständlich" kritisiert. Nach diesem Muster auch *Jahrzehnt* und *Jahrtausend* (beide 18. Jh.). Jahrmarkt m. 'jährlich zur selben Zeit stattfindender Markt', ahd. *jārmarkāt* (um 1000), mhd. *jārmarket*. Jahreszeit f. 'jeder der vier von der Witterung bestimmten Abschnitte des Jahres, Frühling, Sommer, Herbst, Winter' (18. Jh.), älter *neue Jahreszeit* 'Beginn des Kalenderjahres' (17. Jh.).

Jalousie f. 'aus verstellbaren Querleisten bestehender Fensterschutz gegen Einsicht bzw. Sonne', Übernahme (18. Jh.) von gleichbed. frz. *jalousie*, eigentl. 'Eifersucht, Neid'. Afrz. *jalosie* 'Eifer, Verlangen, Eifersucht' ist entlehnt aus gleichbed. aprov. *gelozia*, einer Ableitung von aprov. *gelos* 'eifrig, eifersüchtig' (woraus frz. *jaloux*), einem Wort der provenzalischen Troubadourlyrik. Dieses ist aus spätlat. *zēlōsus* (vgl. mlat. *zelosus*) 'voll Eifer, voll fürsorglicher Liebe' hervorgegangen, dem wohl nicht das selten belegte lat. *zēlus* 'Eifersucht, Nacheiferung', sondern unmittelbar griech. *zẽlos* (ζῆλος) 'Eifer (mit dem man sich jmds. annimmt), Neid, Eifersucht' zugrunde liegt, vgl. FEW 14, 658ff. Ebenfalls aus aprov. *gelos* stammt ital. *geloso* 'eifersüchtig'. Dazu gebildetes ital. *gelosia* 'Eifersucht' wird Ende des 15. Jhs. auch Bezeichnung für 'Gitterladen, durchbrochener Fensterladen, Sommerladen', durch den man vor neugierigen oder zudringlichen Blicken von außen geschützt ist, durch dessen Ritzen man aber nach draußen sehen kann. Fensterläden dieser Art werden danach in Frankreich üblich und hier entsprechend frz. *jalousie* genannt (16. Jh.).

Jambus m. Versfuß, im Griech. aus einer kurzen und einer langen Silbe, im Dt. aus Senkung und Hebung bestehend. Griech. *íambos* (ἴαμβος) ist wohl nicht-ie. Herkunft. Die Entlehnung lat. *iambus* gelangt im 17. Jh. ins Dt.; bei den Klassikern des 18. Jhs. vorzugsweise *Jambe* f. (mit dem heute allein gültigen Plural *Jamben*). – j a m b i s c h Adj. 'nach Art des Jambus, in Jamben gedichtet' (17. Jh.); vgl. griech. *iambikós* (ἰαμβικός).

Jammer m. 'Wehgeschrei, beklagenswerter Zustand, Elend, Verzweiflung', ahd. *jāmar* (9. Jh.), *āmar* (um 1000) n. m., mhd. *jāmer*, *āmer* n. m. 'Betrübnis, Sehnsucht' ist eine Substantivierung des Adjektivs ahd. *jāmar* (9. Jh.), *āmar* (um 1000) 'traurig', woraus sich das vom Ahd. bis ins Frühnhd. belegte neutr. Genus (neben dem mask.) erklären ließe; vgl. auch asächs. *jāmar*, *giāmar*, aengl. *geōmor* 'leidvoll, betrübt'. Wahrscheinlich geht das Adjektiv auf einen Schmerzenslaut, einen Klageruf zurück, so daß in ahd. *āmar*, mhd. *āmer* (s. oben) sowie anord. *amra*, *emja*, *ymja* 'heulen, schreien' onomatopoetische Varianten vorliegen können. Die nhd. Form mit verkürztem Vokal setzt sich im 17. Jh. durch. – j ä m m e r l i c h Adj. 'elend, erbärmlich, heruntergekommen, feige', ahd. *āmarlīh* (8. Jh.), mhd. *jāmerlich*, *jæmerlich* 'kläglich, leidvoll'; J ä m m e r l i c h k e i t f. (17. Jh.). j a m m e r n Vb. 'wehklagen', ahd. *āmarōn* (um 1000), mhd. *jāmern*, *āmern* 'klagen, stöhnen, seufzen'. J a m m e r l a p p e n m. 'wehleidig klagender Mensch, Feigling' (Anfang 20. Jh.), eigentl. (scherzhaft) 'das zum Abwischen der Tränen benutzte Taschentuch' (um 1900, doch vielleicht älter). j a m m e r s c h a d e Adj. (nur prädikativ), Zusammenrückung der prädikativ verwendeten Fügung *Jammer und Schade* (18. Jh.). J a m m e r t a l n. 'das irdische Dasein', mhd. *jāmertal*, hier (wie auch bei Luther) Übersetzung von spätlat. *vallis lacrimārum* 'Tal der Tränen' (Vulgata, Psalm 83, 7, bei Luther 84, 7).

Januar m. Der Name des ersten Monats im Jahr ist entlehnt aus lat. *(mēnsis) Iānuārius*, Monat des altitalischen Gottes *Iānus*, des Gottes der Türen, des Ein- und Ausgangs, übertragen 'des Anfangs und Endes'. Der Name ist eine Personifizierung von lat. *iānus* 'Gang, Durchgang, Torbogen', vgl. lat. *iānua* 'Haustür'. Seit Julius Caesar beginnt das römische Kalenderjahr nicht mehr mit Frühlingsanfang am 1. März, sondern mit dem Januar; der erste Monat wird daraufhin nach dem Gott *Iānus* benannt. Lat. *Iānuārius* ist im Dt. bis ins 18. Jh. unverändert mit lat. Endung gebräuchlich; erst seit der 2. Hälfte des 18. Jhs. setzt sich endungsloses *Januar* durch, das gleichzeitig älteres, aus vlat. *Iēnuārius* entlehntes mhd. *jener*, *jenner*, nhd. *Jänner* (bis 18. Jh.) ablöst und in die südd. Mundarten abdrängt.

jappen Vb. 'mit offenem Mund nach Luft schnappen, heftig (hörbar) atmen', Aufnahme (18. Jh.) von mnd. nd. *jappen* 'den Mund aufreißen, schwer atmen, nach Luft schnappen, gähnen' in die Literatursprache. Es gehört wie gleichbed. md. nd. *gappen* sowie mnd. *jāpen*, *gāpen* zu der unter *gaffen* (s. d.) dargestellten Wortgruppe, indem anlautendes *g* (wie bei *jäh*, s. d.) landschaftlich in *j* übergeht. Dazu (mit affektischer Verstärkung) j a p s e n Vb. (19. Jh.).

Jargon m. '(nicht allgemein verständlicher) sondersprachlicher Wortschatz bestimmter sozialer Schichten oder Berufsgruppen'. Die Bezeichnung wird im 18. Jh. aus dem Frz. ins Dt. übernommen. Frz. *jargon* bedeutet ursprünglich 'Kauderwelsch, unverständliches Gemurmel' und gehört zu einer Gruppe von Wörtern onomatopoetischen Ursprungs, die ein gurgelndes, schmatzendes Geräusch bezeichnen, vgl. frz. *gargote* 'billiges Restaurant, Kneipe', Ableitung von frz. *gargoter* 'schlürfend und schmatzend fressen und saufen'.

Jasmin m. Der Name des weiß blühenden, stark duftenden Zierstrauches wird aus pers. arab. *yāsamīn* ins Ital. (*gelsomino*, 14. Jh.)

und von dort in die übrigen roman. Sprachen entlehnt. Im 16. Jh. gelangt span. *jazmín*, frz. *jasmin* ins Dt. und setzt sich gegenüber den vom Ital. beeinflußten Varianten *Gelsemin*, *Jelsomin*, *Schelsemine* (17. und 18. Jh.) durch.

Jaspis m. Schmuckstein aus Quarz, mhd. *jaspis*, Entlehnung von lat. *iaspis*, griech. *íaspis* (ἴασπις), einem orientalischen Lehnwort (letztlich ägyptischer Herkunft?). Die mhd. Varianten *jasp*, *jaspe* beruhen wohl auf afrz. (frz.) *jaspe*.

jäten Vb. 'Unkraut zupfen'. Die Herkunft des nur im Dt. bezeugten (anfangs stark flektierenden) Verbs ahd. *getan* (9./10. Jh.), *jetan* (11. Jh.) 'jäten, behacken', mhd. *geten*, *jeten*, asächs. *gedan*, mnd. *jēden* ist nicht geklärt. Die Form mit *g*-Anlaut, die sich bereits im Ahd. vor *e* und *i* (d. h. im Infinitiv und in den Präsensformen) entwickelt, begegnet, mit *j*-Anlaut wechselnd, bis ins 19. Jh.

Jauche f. 'flüssiger Dünger aus vergärten menschlichen oder tierischen Ausscheidungen', übertragen 'übelriechendes Wasser, Geschwürabsonderung, Getränk, Suppe, Brühe schlechter Qualität'. Omd. (schles.) *jauche* 'lästiges Abwasser' (Anfang 15. Jh.), (obsächs.) *Mistgauche* 'flüssiger Stalldünger' (16. Jh.), mnd. *jūche*, auch 'Fleischbrühe, Geflügelsuppe, schlechtes, dünnes Bier', ist eine Entlehnung aus asorb. bzw. apolab. **jucha* (vgl. obsorb. nsorb. *jucha* 'flüssiger Stalldünger', auch 'Brühe, Suppe'), urslaw. **jucha* 'dicke Fleischbrühe, Fleischsuppe, Fleischsauce'; vgl. russ. *uchá* (*yxa*) 'Brühe, Fischsuppe'. Literatursprachliche Geltung erlangt *Jauche* im Sinne von 'Dünger' sowie 'Flüssigkeit von schlechter Qualität' im 18. Jh. Vgl. Bielfeldt in: PBB (H) 94 (1974) 80ff. – verjauchen Vb. 'jauchig werden' von Geschwüren (Mitte 19. Jh.). jauchen Vb. 'mit Jauche düngen' (Anfang 20. Jh.).

jauchzen Vb. 'vor Freude jubeln', spätmhd. *jūchezen* 'jubeln' ist (wie *ächzen* von *ach*, s. d.) von der Interjektion mhd. *jūch* abgeleitet und bedeutet eigentl. 'vor Freude *jūch* rufen'. – Jauchzer m. 'Jubelschrei' (18. Jh.), älter 'Jubelnder' (16. Jh.). juchzen Vb. Nebenform von *jauchzen*, aus der mhd. Form (s. oben) durch Kürzung des langen Vokals hervorgegangen (15. Jh.); dazu Juchzer m. (ebenfalls 15. Jh.). S. auch *juchhe*.

jaulen Vb. 'heulen, klagen (vom Hund)', lautmalende Bildung; um 1800 aus dem Nd.

Jause f. 'Vesper, kleine Zwischenmahlzeit am Nachmittag', zuerst um die Mitte des 15. Jhs. in der Obersteiermark belegt (Wittenwiler), entlehnt aus slowen. *júžina* 'Mittags-, Nachmittagsmahl', einer Ableitung von urslaw. **jugъ* 'Süden, Mittagsmahlzeit'. Die Entlehnung muß spätestens während des hd. Diphthongierungsprozesses (im Bair.-Öst. etwa 12. bis 13. Jh.) erfolgt sein. *Jause*, auch *Kaffeejause*, gilt heute vorzugsweise in Österreich. – jausen Vb. 'eine Jause halten, vespern' (15. Jh.).

Jazz m. Die Bezeichnung des aus Gesängen und Rhythmen der Farbigen in Nordamerika entstandenen improvisierenden Musikstils (um 1880) ist ungeklärter Herkunft. Man versucht, *Jazz* teils als Koseform von *Charles*, teils als kreolisch-amerik. Aussprache von engl. *to chase* bzw. frz. *chasser* 'jagen, hetzen' im Hinblick auf die sich dynamisch steigernde musikalische Spannung zu erklären. Wort und Musik kommen während des ersten Weltkrieges nach Europa. Dazu mit dt. Verbalendung jazzen Vb. 'Jazzmusik spielen' und davon abgeleitetes Jazzer m. (20. Jh.).

je Adv. 'irgendwann einmal, jemals', (*eh und je*) 'immer', mit Komparativ (*je...desto*) 'in dem Maße wie', vor Zahlen (*je drei*) 'jedesmal', (*je Person*) 'pro', (*je nach Bedarf*) 'entsprechend'. Ahd. *io*, *eo* 'immer, stets, je', mhd. *ie*, asächs. *eo*, mnd. *ie*, *io*, mnl. *ie*, aengl. *ā*, *ō*, anord. *æ*, *ei*, *ey*, *øy* werden wie negiertes got. *ni aiw* als erstarrte Kasusformen (Akk. Sing. bzw. für anord. *æ* Dat. Sing.) auf ein in got. *aiws* 'Zeit, Ewigkeit' erhaltenes Substantiv germ. **aiwi-* zurückgeführt; zur Etymologie s. *ewig*. Als (teilweise nicht mehr erkennbares) Kompositionsglied steht das hier behandelte Adverb auch in *immer*, *irgend*, *jeder*, *jeglich*, *jemand* (s. d.).

Jeans Plur. 'Baumwollhose mit gesteppten Nähten', als *Blue Jeans* im 20. Jh. aus dem Amerik.-Engl. übernommen, vgl. engl. *blue* 'blau' und engl. *jean* 'geköperter Baumwollstoff', das vielleicht über frz. *Gênes* auf ital. *Genova*, dt. *Genua*, den Namen des einst wichtigen norditalienischen Umschlaghafens für Baumwolle, zurückzuführen ist. Heute meist *Jeans*, auch für anders als blau eingefärbte.

jeder Indef.pron. 'irgendeiner von allen, ohne Ausnahme'. Ahd. *iogi(h)wedar* (8. Jh.), *io(h)wedar* (um 900) 'jeder von beiden', mhd.

ieweder, *ieder*, asächs. *eogihweðar*, mnd. *īder*, nl. (unter dt. Einfluß?) *ieder*, aengl. *ǣg(e)hwæþer*, kontrahiert *ǣgþer*, engl. *either* sind zusammengesetzt aus dem unter *je* 'immer' (s. d.) behandelten Wort, dem unter *ge-* (s. d.) dargestellten Präfix und dem Indef.-pron. ahd. *(h)wedar*, mhd. *weder* 'welcher von beiden, irgendeiner von beiden', asächs. *hweðar*, aengl. *hwæþer*, anord. *hvaðarr*, got. *ƕaþar* (s. *weder*), das sich mit aind. *kataráḥ*, griech. *póteros* (*πότερος*) 'welcher von beiden', lit. *katràs*, aslaw. *kotorъ*, russ. *kotóryj* (*который*) 'welcher' an ie. **kᵘ̯otero-* 'wer von zweien' anschließt, eine Bildung mit dem Suffix *-tero-* zum Pronominalstamm ie. **kᵘ̯e-*, **kᵘ̯o-*. Die Verallgemeinerung der Bedeutung 'jeder von beiden' zu 'jeder einzelne, jeder von allen' geschieht bereits in mhd. Zeit. Dazu die Zusammenrückungen j e d e r m a n n Indef.pron. 'alle', im 14. Jh. aus mhd. *ieder* und mhd. *man* 'Mensch' (s. *Mann*, *man*); j e d e s m a l Adv. 'immer' (17. Jh.); j e d e n f a l l s Adv. 'in jedem Falle, immer' (um 1700).

Jeep m. 'kleiner Geländekraftwagen mit Vierradantrieb'. Die Bezeichnung entsteht in der 1. Hälfte des 20. Jhs. im Amerik.-Engl. aus *general purposes (war truck)* 'Mehrzweck-(kriegskraftwagen)' als auf der Aussprache von *g. p.* beruhendes Initialwort. Im zweiten Weltkrieg wird der Ausdruck im Dt. bekannt.

jeglich Indef.pron. 'jeder'. Ahd. *iogi(h)welīh* 'jeder' (8. Jh.), asächs. *eogihwelīk*, mnd. *io(ie)wel(ī)k*, *iegelīk* ist zusammengesetzt aus dem unter *je* 'immer' (s. d.) behandelten Wort, der Kollektivpartikel *gi-*, *ge-* (s. *ge-*) und dem unter *welch* (s. d.) behandelten Pronomen. Ob die daneben bestehende Form ahd. *iogilīh* 'jeder' (9. Jh.), die über mhd. *iegelich*, *ieclich* nhd. *jeglich* ergibt (vgl. auch mnl. *ieghelijc*, nl. *iegelijk*), sich aus *iogiwelīh* entwickelt hat oder als selbständige Zusammensetzung aus ahd. *io* und *gilīh* (s. *gleich*) angesehen werden muß, ist nicht auszumachen. *jeglich* tritt in moderner Sprache in der Häufigkeit hinter *jeder* zurück.

jemals Adv. 'irgendwann einmal', im 16. Jh. aus *je* 'irgendwann' (s. d.) und dem Genitiv Sing. von [1]*Mal* 'Zeitpunkt' (s. d.) zusammengerückt (vgl. älteres *nachmals*, *vormals*). Vorbild ist mhd. *ē mâles* 'früher' (s. *ehemals*).

jemand Indef.pron. 'irgendeiner', ahd. *ioman* 'irgendein Mensch' (8. Jh.), mhd. *ieman*, *iemen*, asächs. *eomann*, mnd. *ieman(t)*, *iemen*, mnl. *ieman(t)*, nl. *iemand* ist aus dem unter *je* (s. d.) behandelten Wort und ahd. mhd. *man*, asächs. *mann* 'Mensch' (s. *Mann*, *man*) zusammengewachsen; das auslautende *-d* ist (wie bei *Dutzend*, *irgend*, *niemand*, s. d.) sekundär.

jener Pron., hinweisend auf eine entferntere Person oder Sache (im Unterschied zu *dieser*), ahd. *jenēr*, *genēr* (9. Jh.), *enēr* (um 1000), mhd. *jener*, *ener*, mnd. *jēne*, mnl. *gēne*, *gōne*, *guene*, *geune*, nl. *gene*, aengl. *geon*, engl. (mundartlich bzw. archaisierend) *yon*, anord. (weiterentwickelt zum bestimmten Artikel) *inn*, got. *jains* werden als Bildungen mit *no*-Suffix (wie auch *ein* Num. und *mein*, s. d.) vom Pronominalstamm ie. **i̯e-*, **i̯o-* (die got. Form vom Lokativ ie. **i̯oi*) hergeleitet, der in anderen Sprachen, z. B. in aind. *yáḥ*, *yā́*, *yát* 'wer, welcher', griech. *hós* (*ὅς*), *hḗ* (*ἥ*), *hó* (*ὅ*), zur Bildung des Relativums dient. – d e r j e n i g e Pron., hinweisendes *der* (s. d.) verstärkend. Zu mhd. (md.) *der jener*, frühnhd. *der jene* tritt (um 1500) die Weiterbildung *der jeniger* bzw. (schwach flektierend) *der jenige* (Zusammenschreibung seit 17. Jh.). j e n s e i t s Präp. Adv. 'auf der anderen Seite, außerhalb' (16. Jh.), mit genitivischem *-s* hervorgegangen aus adverbial bzw. präpositional gebrauchtem mhd. *jen(e) sīt(e)*, *jensīt*, frühnhd. *jenseit* 'auf jener Seite'. Substantiviert J e n s e i t s n. in religiöser Vorstellung 'außerirdische, nicht sichtbare Welt, Ort der Verstorbenen' (um 1800); vgl. *weder in dieser noch in jener Welt* (Luther).

Jeremiade f. 'wortreiche, bewegte, wehleidige Klage, Klagelied, Gejammer' (2. Hälfte 18. Jh.), gebildet zum Namen des biblischen Propheten *Jeremias*, des Verfassers von Klageliedern, nach einem Vorbild wie *Iliade* für *Ilias* (griech. *Ἰλιάς*, Gen. *Ἰλιάδος*) 'das homerische Epos vom trojanischen Krieg'; vielleicht nach vorausgehendem gleichbed. frz. *jérémiade* (1. Hälfte 18. Jh.), zu frz. *Jérémie*.

Jersey m. 'gewirkter Maschenstoff', n. 'farbiges Trikothemd (der Sportkleidung)'. Engl. *jersey* 'Kammgarn(stoff)' (16. Jh.), später 'gewirkte, eng anliegende Weste, Strickjacke' entspricht dem Namen der größten Insel im Ärmelkanal *Jersey*, eines Zentrums der Wollverarbeitung. Im 20. Jh. dringt *Jersey* als Sachbezeichnung ins Dt.

Jet m. 'Flugzeug mit Strahlantrieb', Übernahme (Mitte 20. Jh.) von gleichbed. engl. *jet*, verkürzt aus Verbindungen wie *jet plane* 'Düsenflugzeug', *jet liner*, *jet airliner* 'Düsenverkehrsflugzeug', *jet bomber* 'Düsenbomber', *jet fighter* 'Düsenjäger'; zu engl. *jet* 'Strahlrohr, Düse', eigentl. 'Strahl, Strom, Fluß', *to jet* 'hervorschießen, ausströmen', das auf afrz. frz. *jeter* 'werfen, schleudern, schnellen' (aus lat. *iectāre*, Nebenform von *iactāre* 'werfen, schleudern, ausstoßen') beruht.

jetzt Adv. 'nun, sofort, in diesem Moment'. Mhd. *iezuo* 'gerade jetzt, eben, gleich' ist aus *ie* 'immer' (s. *je*) und *zuo* 'zu' (s. *zu*) zusammengerückt (12. Jh.). Übergangsformen der lautlichen Verschmelzung wie *itzo* und (aus der obd. Variante des 12. Jhs. mhd. *iezō*) nhd. *jetzo* halten sich bis ins 19. Jh. Die (in Anlehnung an präpositionales mhd. *ze*) gebildete abgeschwächte Form mhd. *ieze* ergibt frühnhd. *itz* und sekundär um *-t* erweitertes *itzt*, mit gleicher Entwicklung des Anlauts wie in *je* aber *jetzt*. – jetzig Adj. 'momentan, gegenwärtig', mhd. *iezec*. Jetztzeit f. 'Gegenwart' (19. Jh.), älter (17. Jh.) *jetzige Zeit*.

Jiu-Jitsu n. japanischer Ringsport, waffenlose Selbstverteidigung und körperliches Training, Übernahme (20. Jh.) von jap. *jūjutsu*, aus *jū* 'sanft' und *jutsu* 'Kunst, Technik, Kunstgriff'.

Job m. '(kurzfristige) Beschäftigung, Gelegenheitsarbeit zum Geldverdienen'. Nach 1945 wird gleichbed. engl. bzw. amerik.-engl. *job* im Dt. üblich. Das Wort ist unklarer Herkunft. Voraufgehendes mengl. *jobb* 'Stück, Teil von etw.' ist möglicherweise verwandt (bei aussprachebedingtem Anlautwechsel) mit mengl. *gobbet* 'Mundvoll, Bissen, Stück (Nahrung)', das auf afrz. *gobet* 'ein Stück Nahrung, Bissen', zu mfrz. frz. *gober* '(große Bissen) hinunterschlingen', zurückgeht und letztlich vielleicht kelt. Ursprungs ist; vgl. ir. gäl. *gob*, air. *gop* 'Schnabel' (s. *kabbeln*). Die Bedeutung 'Stück, Teil' wird seit dem 16. Jh. auf den Bereich der Erwerbstätigkeit eingeschränkt; im 17. und 18. Jh. bezeichnet engl. *job*, zumal bei ländlichen Bevölkerungsschichten, die 'Gelegenheitsarbeit' im Unterschied zur Dauerstellung und erscheint auch für 'Stück-, Akkordarbeit'. Zu Beginn des 19. Jhs. dringt *job* in die Sprache der Arbeiterschaft ein, da die Industrialisierung teils Arbeitslosigkeit, teils Kurz- und Gelegenheitsarbeit mit sich bringt. Daneben gilt im 17. bis 19. Jh. auch die Bedeutung 'Profitgeschäft, betrügerische Machenschaft'. Erst im 20. Jh. gewinnt *job*, vor allem im Amerik.-Engl., seinen heutigen Sinn. Vgl. Meurers in: Europ. Schlüsselwörter 2 (1964) 317ff. – Jobber m. 'Börsenspekulant', Übernahme (18. Jh.) von engl. *jobber* (nach *to job* 'mit Aktien handeln').

Joch n. 'Teil des Geschirrs für Rinder, das über Stirn oder Nacken liegt, ein Gespann Ochsen, schwere Last', ahd. *joh* (8. Jh.), mhd. *joch*, asächs. *juk*, mnd. *juk*, *jok*, mnl. *joc*, nl. *juk*, aengl. *geoc*, engl. *yoke*, anord. schwed. *ok*, got. *juk*, germ. **juka-* entspricht genau aind. *yugám* 'Joch, Gespann, Geschlecht, Generation', lat. *iugum*, griech. *zygón* (ζυγόν) 'Joch, Gespann, Morgen Land, Querbalken, Ruderbank', aslaw. *igo*, russ. *ígo* (иго) 'Joch'. Sie führen auf ie. **i̯ugom* 'Joch', eigentl. ein Nomen agentis ('das Verbindende') zur *g*-Erweiterung der Wurzel ie. **i̯eu-* 'verbinden, anschirren', zu der auch (mit Nasalinfix) lat. *iungere* 'verbinden, vereinigen' (s. *Junktim*) sowie aind. *yṓga-* 'Anschirrung, Unternehmung' (s. *Joga*) gehören. *Joch* wird bereits früh (z. B. in den oben genannten ie. Sprachen) übertragen auf die Tiere, die unter ihm gehen ('Gespann'), auf die Ackerfläche, die sie an einem Tag pflügen, auf ein 'Querholz', einen 'Querbalken' (vgl. *Brükkenjoch*), auf den 'Gebirgskamm, Paß' zwischen zwei Gipfeln (vgl. *Bergjoch*) und bes. auf die durch Pflichten oder Unterwerfung auferlegte 'Bürde, Last', also auch auf jede Art von 'Unterdrückung, Fremdherrschaft'. – unterjochen Vb. 'unterdrücken' (16. Jh.), zu *Joch* im Sinne von 'Zwang, Unterdrückung'. Jochbein n. paariger Gesichtsknochen bei Menschen und Säugetieren, der Oberkiefer und Stirn verbindet (18. Jh.).

Jockei m. 'Berufsrennreiter'. Engl. *jockey*, eigentl. Deminutivum zu *Jock*, der schott. Variante für *Jack* 'Jakob', gelangt im 18. Jh. durch Berichte über engl. Pferderennen ins Dt. und wird im 19. Jh. geläufig.

Jod n. Das nichtmetallische, in Wasser wenig lösliche, zur Desinfektion von Wunden verwendete Element nennt der frz. Chemiker und Physiker Gay-Lussac auf Grund der blauvioletten Dämpfe, die es beim Erhitzen entwickelt, frz. *iode* (1812) in Anlehnung an griech. *ioeidḗs* (ἰοειδής) 'veilchenfarbig, tiefblau' (eigentl. 'das Aussehen eines Veilchens habend'), zu griech. *íon* (ἴον) 'Veilchen'. In der Form *Jod* wird der Name bald darauf im Dt. gebräuchlich.

jodeln Vb. 'schnell zwischen Kopf- und Bruststimme wechselnd ohne Worte singen', eine Ableitung von dem Naturlaut und Jodelruf *jo* (wie auch *johlen*, s. d.), wobei möglicherweise das Vorbild von *dudeln* (s. d.) die Bildungsweise beeinflußt haben kann. Das Verb ist in den Mundarten des Alpengebiets beheimatet und verbreitet sich erst im 19. Jh. im übrigen Sprachgebiet. – J o d l e r m. 'wer jodelt, Jodelruf' (19. Jh.).

Joga, Y o g a m. indisches philosophisches System, das durch Anspannung der geistigen Kräfte in Versenkung und Kontemplation mit Hilfe von Körperbeherrschung und Askese zur Erlösung der Seele führen will. Hindust. *yoga*, aus aind. *yṓga-* 'Anschirrung, Unternehmung, geistige Sammlung', von daher auch eine philosophische Lehre (zur Wurzel ie. **i̯eu-* 'verbinden, anschirren', s. *Joch*), wird im 20. Jh. (vielleicht über engl. frz. Vermittlung, vgl. engl. frz. *yoga*) ins Dt. übernommen. – J o g i , Y o g i m. 'Anhänger des Joga' (20. Jh.), hindust. *yogī*, aind. *yōgin*; vorher im Dt. schon (19. Jh.) *Gogui* zur Bezeichnung der diese Lehre praktizierenden Inder, wohl nach älterem frz. *giogui*, *gioghi* (17. Jh.).

Joghurt m. n. 'durch bakterielle Gärung gesäuerte dicke Milch', Übernahme (20. Jh.) von türk. *yoğurt* 'gegorene Milch'; vgl. türk. *yoğun* 'dicht, kompakt, dickflüssig, steif'.

Johannisbeere f. (16. Jh.), älter *iohans drubelin*, d. h. „Johannisträublein" (15. Jh.). Der Name der Frucht und des Strauches spielt an auf den Johannistag (24. Juni), die Zeit der Fruchtreife.

johlen Vb. 'lärmen, schreien', mhd. *jōlen* 'vor Freude laut singen', abgeleitet (wie *jodeln*, s. d.) vom Naturlaut *jo*.

Joker m. Spielkarte mit dem Bild eines Narren, die jede beliebige Karte vertreten kann. Die 53., unbebilderte, weiße Karte eines Kartenspiels erhält (zuerst beim Poker) den besonderen Wert der beliebigen Einsetzbarkeit und wird, da ihr Einsatz dem Spiel eine überraschende Wendung gibt, im Amerik.-Engl. *joker* genannt (19. Jh.). Da engl. *joker* eigentl. 'Spaßmacher' bedeutet (von engl. *to joke* 'scherzen', *joke* 'Witz, Spaß', aus lat. *iocus*, s. *Jokus*), wird dieser Karte später das Bildnis eines Narren aufgedruckt.

Jokus m. 'Spaß'. Im 18. Jh. wird lat. *iocus* 'Scherzrede, Scherz, Spaß' (etymologisch verwandt mit ahd. *jehan* 'sagen, sprechen, bekennen', s. *Beichte*) in die dt. Studentensprache übernommen und später allgemein bekannt. S. auch *Joker*, *Jux*.

Jolle f. Als Bezeichnung für das kleine Segel- oder Ruderboot ist seit dem 16. Jh. mnd. *jolle* belegt; daraus entlehnt nl. *jol*, dän. *jolle*, schwed. *julle*, aus dem Mnd. bzw. Nl. engl. *yawl*, frz. *yole*. Die Herkunft des ursprünglich an Nord- und Ostsee verbreiteten Wortes ist ungeklärt. Anschluß an anord. *kjōll* 'Schiff' (s. [2]*Kiel*), wonach *Jolle* aus dem Anord. stammen würde, oder an anord. *hvannjōli*, norw. *jol*, *aul(e)* 'hohler Stengel der Engelwurz', griech. *aulós* (αὐλός) 'Röhre, Flöte' (bei Pokorny 1, 88f. zusammengefaßt unter einem Ansatz ie. **aulos*, **ēul-* 'Röhre, längliche Höhlung') bleibt unsicher.

Jongleur m. 'Artist für Geschicklichkeitsübungen mit Bällen, Reifen oder anderen Gegenständen'. Dem im 18. Jh. ins Dt. übernommenen frz. *jongleur* 'Gaukler, Taschenspieler, Akrobat' liegt lat. *ioculātor* 'Spaßmacher', afrz. *jogleor* 'Spaßmacher, Gaukler, Spielmann' zugrunde, das zu lat. *ioculārī* 'scherzen', afrz. *jogler* 'sich lustig machen, scherzen, Lieder vortragen' (von lat. *iocus*, s. *Jokus*) gehört. Unter dem Einfluß von afrz. frz. *jangler* 'Übles nachreden, schwatzen', einem Verb germ. Ursprungs (vgl. mnl. *janken* 'seufzen, stöhnen, girren', *janghelen* 'donnern, murren, murmeln'), und dem hiervon abgeleiteten Substantiv afrz. *jangleor* 'Schwätzer, Spötter' entstehen im Mfrz. die kontaminierten Formen *jongleur* (16. Jh., zuerst pikard.) sowie *jongler* 'mit jmdm. seine Späße treiben' (um 1400), 'Kunststücke vorführen' (16. Jh.), woraus j o n g l i e r e n Vb. 'mit Geschicklichkeit Bälle u. ä. werfen und auffangen' (19. Jh.).

Joppe f. 'längere Jacke'. Von den zahlreichen Varianten mhd. *jope*, *joppe*, *schūbe*, *schaube* 'Jacke, Teil der Rüstung' hat sich im Nhd. allein *Joppe* durchgesetzt. Man rechnet für alle Formen mit einer Entlehnung ins Obd. (um 1200) aus aital. bzw. mlat. *giuppa*, ital. *giubba* 'Jacke, Unterkleid', das über sizilianische Vermittlung von arab. *ǧubba* 'langes

Kleidungstück aus Wolle, Unterkleid' stammt (woher auch afrz. frz. *jupe* 'Wams, Frauenrock'); vgl. FEW 19, 57ff.

Jot n. Name des Buchstaben *j*, seit dem 17. Jh. (zuerst auch in den Varianten *Jod* oder *Jodt*) im Dt. belegt. Hervorgegangen aus älterem J o t a n., lat. *iōta*, griech. *iōta* (ἰῶτα) neunter und kleinster Buchstabe des griech. Alphabets (*ι*), daher der übertragene Gebrauch in der Bibel 'Geringfügigkeit, kleinste Kleinigkeit' (Matth. 5, 18), *der kleinest buchstab noch ein tütel* (Luther), dann *nicht ein Jota* 'nicht die geringste Kleinigkeit' (wohl schon 16. Jh.), auch *nicht das minste Jot* (1. Hälfte 17. Jh.).

Journal n. 'Tagebuch, Zeitschrift'. Im 17. Jh. wird frz. *journal* 'Tagebuch, Zeitung, Zeitschrift', älter 'Bericht über die Tagesereignisse', Substantivierung des Adjektivs *journal* 'jeden Tag betreffend, täglich', ins Dt. übernommen. Frz. *journal* ist eine Ableitung von frz. *jour*, afrz. *jor*, *jorn* 'Tag', aus spätlat. *diurnum* 'Tag, Tagebuch', dem substantivierten Neutr. von lat. *diurnus* 'täglich' (zu lat. *diēs* 'Tageslicht, Tag'). Wie im Frz. (vgl. *Journal des Savants* 1665; *Journal de Médecine* 1682) bezeichnet *Journal* auch im Dt. zuerst Zeitschriften gelehrten Inhalts, ehe es in seiner Anwendung auf belletristische und andere Zeitschriften, schließlich auf Tageszeitungen ausgedehnt wird (18. Jh.). Ital. *giornale* 'Tagebuch, Geschäftsbuch' wird bereits im 15./16. Jh. in der Form *Jornal*, *Giornal* in die dt. Kaufmannssprache übernommen, im 17. Jh. aber auch hier durch frz. *journal* ersetzt. Die frz. Ableitung auf *-al* entspricht wie die ital. auf *-ale* einem spätlat. *diurnālis* 'täglich'; vgl. auch mlat. *diurnale*, *jurnale*, *jornale* 'Tagewerk, Rechnungs-, Tagebuch'. – J o u r n a l i s t m. 'wer für die Presse arbeitet' (Ende 17. Jh., zunächst vor allem 'Autor einer Zeitschrift'), nach frz. *journaliste*. Voraus geht kaufmännisches *Jurnalist* 'Buchhalter, der das Geschäftstagebuch führt' (1. Hälfte 17. Jh.), nach ital. *giornalista*. j o u r n a l i s t i s c h Adj. (19. Jh.). J o u r n a l i s t i k f. 'Zeitungswesen, Zeitungswissenschaft' (18. Jh.). J o u r n a l i s m u s m. 'Zeitungswissenschaft, publizistische Tätigkeit für die Presse' (19. Jh.), frz. *journalisme*. J o u r n a i l l e f. 'verantwortungslose, sensationshungrige, verleumderische Tagespresse sowie die Gesamtheit der in dieser Art tätigen Journalisten' (Anfang 20. Jh.), französierende Neubildung nach *Kanaille* (s. d.).

jovial Adj. 'gönnerhaft, wohlwollend, heiter, lustig'. Im 18. Jh. wird frz. *jovial* 'fröhlich, lustig', eine Entlehnung über ital. *gioviale* aus lat. *Ioviālis* 'Jupiter zugehörig', ins Dt. übernommen. Die Bedeutung 'fröhlich, lustig' (schon im Ital.) entwickelt sich aus der Vorstellung der mittelalterlichen Astrologie, die meint, daß die im Zeichen des Planeten Jupiter (nach dem röm. Göttervater *Iuppiter*, Gen. *Iovis*, benannt) Geborenen mit einem glücklichen Schicksal und heiterer Gemütsart begabt seien. Älter sind die unmittelbar ans Lat. anknüpfenden Formen *jovialisch* (Ende 16. Jh.) und (mit der Bedeutung 'vom Planeten Jupiter abhängig') *jovisch* (Paracelsus). – J o v i a l i t ä t f. 'Leutseligkeit' (18. Jh.), frz. *jovialité* 'Frohsinn, Heiterkeit'.

jubilieren Vb. 'sich laut freuen, singen', von Vögeln 'trillern', mhd. *jūbilieren*, spätmhd. auch 'in mystische, innige Verzückung geraten', entlehnt aus kirchenlat. *iūbilāre* 'jauchzen, frohlocken', lat. 'ein wildes Geschrei erheben, jauchzen, jodeln', ursprünglich vom Rufen der Bauern und Hirten. Dazu und zum Folgenden vgl. GRUNDMANN in: Festschr. Trier (1954) 477ff. – [1]J u b e l m. 'Freude, Jauchzen', mhd. *jūbel* 'Jubel, feierlich-jauchzende Schlußvariation des Andachtliedes, Freudenausbruch eines vom Gedanken an Gott erfüllten Herzens im Gesang', in der Mystik auch 'mystische Verzückung im Erlebnis der Vereinigung mit Gott', aus spätlat. *iūbilus*, lat. *iūbilum*, ursprünglich der 'Bauern- und Hirtenruf', dann 'freudiger Aufschrei, das Jauchzen, Jodeln', kirchenlat. 'das Jauchzen, Frohlocken des Volkes'; wohl eine Rückbildung aus lat. *iūbilāre* (s. oben). Dazu *Jubelgeschrei* (18. Jh.), *Jubelruf* (19. Jh.). j u b e l n Vb. 'sich laut freuen' (15. Jh.), Neubildung zu [1]*Jubel*. v e r j u b e l n Vb. 'leichtsinnig durchbringen, verprassen' (19. Jh.). – [2]J u b e l - als erstes Glied in den nachfolgenden Komposita beruht auf kirchenlat. *iūbilaeus (annus)*, griech. *iōbēlāios* (ἰωβηλαῖος) als Wiedergabe von lautlich ähnlichem hebr. *jōvēl* 'Widderhorn, Klang des Horns, Jubeljahr'. (Nach dem mosaischen Gesetz wurde alle fünfzig Jahre der Beginn des jüdischen Schuldenerlaßjahres mit Hörnerklang verkündet.) Dazu stellt sich frühnhd. *jubeljar* (15. Jh.), nhd. *Jubeljahr*, seit 1300 als Gnadenjahr der katholischen Kirche mit großem Ablaß alle hundert Jahre (später in kürzeren Abständen) gefeiert. Daher *alle Jubeljahre* 'selten' (18. Jh.). Ferner schließen sich hier an *Jubelfeier*, *Jubelgreis*, *Jubelhochzeit* (18. Jh.), *Jubelpaar* (19. Jh.), die jedoch alle als zu [1]*Jubel* gehörig empfunden werden. Jubiläum n. 'Gedenkfest, Gedenktag' (16. Jh.), kirchenlat. *iūbilaeum* 'Jubelzeit'. Jubilar m. 'wer ein Jubiläum feiert' (18. Jh.), mlat. *jubilarius* 'wer fünfzig Jahre in der gleichen Stelle ist'.

juchhe Interj. aus den Interjektionen mhd. *jūch* (s. *jauchzen*), nhd. *juch* und mhd. nhd. *hē* als Freudenruf zusammengesetzt (17. Jh.); älter in Zusammensetzungen mit *hei*, vgl. *juchhei* (16. Jh.) und vokalisch verstärktes *juch heia o* (15. Jh.); daneben *juchheisa*, *juchheirassa* (18. Jh.).

Juchten n. m. älter auch *Juften*, 'weiches Oberleder' ist mit dem Rußlandhandel (Juchtenleder war eine russische Exportspezialität) entlehnt (17. Jh., vorher mnd. *juften*) aus russ. (älter) *jucht'* (*юхть*) bzw. der Parallelform russ. *juft'* (*юфть*) 'aus dem Fell ausgewachsener Rinder mit Weiden- und Birkenrindengerbstoffen hergestelltes Leder', das wohl über das Turkotatar. aus einer pers. *ǧoft* 'Paar', awest. *yŭxta-* 'Gespann' (weil Häute paarweise gegerbt werden) entsprechenden Form stammt (verwandt mit nhd. *Joch*, s. d.). Die Bedeutungen 'wie Juchtenleder duftendes Parfüm, Lederverarbeitungsmittel, Mittel gegen Hauterkrankungen' begegnen seit Beginn des 20. Jh. – juchten Adj., Juchtenleder n. (Anfang 19. Jh.).

jucken Vb. 'einen kitzelnden Reiz verursachen, empfinden oder reibend und kratzend beseitigen'. Die nur westgerm. bezeugten Verben ahd. (9. Jh.), mhd. *jucken* 'kitzeln, streicheln, kratzen, reiben', asächs. *jukkian*, mnd. *jōken*, *jucken*, mnl. *jōken*, *juecken*, *jucken*, nl. *jeuken*, aengl. *giccan*, *gyccan*, engl. *to itch* führen auf ein *jan*-Verb, das etymologisch ungeklärt ist.

Judo n. in Japan (aus Jiu-Jitsu) entwickelter Zweikampfsport, seit Anfang des 20. Jhs. in Europa bekannt; jap. *jūdō* 'Selbstverteidigungskunst' (aus jap. *jū* 'sanft' und *dō* 'Weg').

Jugend f. 'die frühen Jahre im Leben eines Menschen', auch 'Gesamtheit der jungen Leute', Gegenwort *Alter*, ahd. *jugund* 'Mannbarkeit, Jünglingsalter' (8. Jh.), mhd. *jugent* 'Jugend, junge Leute, Knaben', mit *n*-Ausfall asächs. *juguð*, mnd. *jōget*, mnl. *jōghet*, *juecht*, *jocht*, *jōgede*, nl. *jeugd*, aengl. *geoguþ*, engl. *youth* sind mit aind. *yuvatí-* 'jung, Jungfrau' als *ti*-Abstrakta auf ie. **i̯uu̯nti-*, gebildet zum Adjektivstamm ie. **i̯uu̯en-* der Wurzel ie. **i̯eu-* 'jung' (s. *jung*), zurückzuführen. Die genannten germ. Substantive zeigen jedoch inlautendes *g* statt *w*, das durch Angleichung an die unter *Tugend* (s. d.) aufgeführten Formen entstanden sein kann. Ein *tā*-Abstraktum liegt vor in got. *junda*, lat. *iuventa*, während lat. *iuventūs* ein Ableitungssuffix *-tūt-* voraussetzt. – jugendlich Adj. 'die Jugend betreffend, jung, frisch', ahd. *jugundlīh* (9. Jh.), mhd. *jugentlich*; substantiviert Jugendlicher m., häufig Plur. Jugendliche 'junge Leute, Halbwüchsige' (20. Jh.). Jugendherberge f. 'Übernachtungsstätte für wandernde Jugendliche' (üblich geworden im 20. Jh.). Jugendstil m. Kunststil um 1900, gekennzeichnet durch stilisierte Pflanzenornamente in Malerei und Buchgestaltung; nach der Münchener Zeitschrift „Jugend" benannt, deren graphische Gestaltung Vorbild war. Jugendweihe f. Feier, bei der die Vierzehnjährigen in den Kreis der Erwachsenen aufgenommen werden; zuerst eine Veranstaltung freireligiöser Gemeinschaften für die aus der Schule ins Leben tretenden Jugendlichen (Ende 19. Jh.).

Juice m. n. 'Frucht- oder Gemüsesaft', Übernahme (20. Jh.) von engl. *juice* 'Fleisch-, Gemüse-, Obstsaft', aus frz. *jus* 'Saft, Brühe', lat. *iūs* 'Brühe, Suppe'. Vgl. aus dem Frz. entlehntes (Anfang 18. Jh.) *Jus* f. und n. 'eingedickter Fleisch-, Bratensaft'.

Jul n. m. skandinavisches Weihnachtsfest. Anord. *jōl* Plur. bezeichnet das heidnische Mittwinterfest. Nach der Christianisierung wird die Bezeichnung übertragen auf das christliche Weihnachtsfest, vgl. aengl. *gēol*, älter *geo(h)ol*, *geh(h)ol*, *gēola* 'Weihnachtstag', Plur. 'Weihnachtszeit' (engl. *Yule* aus dem Nord.), schwed. dän. *jul* 'Weihnachten'. Dazu der Monatsname anord. *ȳlir*, aengl. *Gēola* 'Julmonat, Dezember', got. *fruma jiuleis* 'Monat vor dem Julfest, November'. Die Etymologie ist ungeklärt. Aus mehreren Herleitungsversuchen (zusammengestellt bei Feist [3]301ff.) seien erwähnt: Bei vorauszusetzendem germ. **jehwla-*, **jegwla-* Anknüpfung an lat. *iocus* 'Scherzrede, Scherz, Spaß' (s. *Jo-*

kus) als 'Freudezeit', oder Verwandtschaft mit lit. (älter) *jèkti* 'blind werden' (hier vom Tage) als 'trübe, lichtlose Zeit', vgl. Grienberger in: Sitzungsber. Wien 142,8 (1900) 137. Im 14. Jh. begegnet aus dem Nord. entlehntes mnd. *jūl* m. 'Weihnachtsfest, Fest der Wintersonnenwende'; im 19. Jh. wird *Jul* (aus dem Schwed.) auch im Hd. üblich, meist in den Komposita Julfest n. und Julklapp m. 'Weihnachtsgeschenk' (nd. 18. Jh.), schwed. *julklapp*.

Juli m. siebenter Monat des Jahres. Im altrömischen Kalender beginnt das Jahr mit dem 1. März, so daß der Juli der fünfte Monat des Jahres ist, lat. *(mēnsis) Quīntīlis* (zu lat. *quīntus* 'fünfter'). Nach der Kalenderkorrektur durch *Gāius Iūlius Caesar*, die das Jahr mit dem 1. Januar beginnen läßt, wird der nunmehr siebente Monat ihm zu Ehren (*mēnsis*) *Iūlius* genannt. In der dem lat. Genitiv *Iūliī* (bei der Angabe des Datums) entstammenden Form *Juli* setzt sich die Benennung über die Kanzlei- und Urkundensprache gegen die alte Bezeichnung *Heumonat* (s. *Heu*) seit dem 16. Jh. durch.

Jumper m. 'loser weiter Pullover, über den Kopf zu ziehende Bluse', Übernahme (19. Jh.) von engl. *jumper* 'lose sitzendes Kleidungsstück'. Etymologie ungeklärt. Vielleicht zu engl. (älter) *jump* 'kurzer Männermantel, Frauenmieder', das möglicherweise zu frz. *jupe* '(Frauen)rock' (s. *Joppe*) in Beziehung zu setzen ist. Oder, wegen der flatternden Weite des Kleidungsstücks, Ableitung von engl. *to jump* 'springen, sich lebhaft hin und her bewegen'?

jung Adj. 'nicht alt, frisch, neu', ahd. *jung* (8. Jh.), mhd. *junc*, asächs. *jung*, mnd. *junc*, mnl. *jonc*, nl. *jong*, aengl. *g(e)ong*, engl. *young*, anord. *ungr*, schwed. *ung*, got. *juggs* (germ. **junga-* aus **ju(w)unga-*) führt mit aind. *yuvaśáḥ* 'jung, junger Mensch', lat. *iuvencus* 'junger Stier, junger Mensch' auf ie. **i̯uu̯n̂kós*, eine mit Gutturalerweiterung gebildete Ableitung zum Stamm ie. **i̯uu̯en-* (zur Wurzel ie. **i̯eu-* 'jung'). Dazu gehören aind. *yúvā* (Stamm *yúvan-*) 'jung, Jüngling, junger Mann', lat. *iuvenis* 'jung, Jüngling, Jungfrau' und (mit sekundärer Umbildung nach diphthongischen Komparativformen) lit. *jáunas* 'jung', aslaw. *junъ*, russ. *júnyj* (*юный*); s. auch *Jugend*, *Junior*, *Junker*. – Junge m. 'Kind männlichen Geschlechts' (überwiegend im Nordd. und Md.), wohl Verkürzung (16. Jh.) aus attributiven Fügungen (*der junge Knabe*, *Geselle* u. a.), während mhd. *junge* m. 'Jüngling, junger Mann, Jünger' als maskuline Substantivierung des Adjektivs anzusehen ist. Älter ist das substantivierte Neutrum *das Junge* 'Tierjunges', bereits ahd. *jungo* (9. Jh., daneben auch ahd. *jungīn*, *jungī*), mhd. *junge*. jungen Vb. 'Junge werfen' (15. Jh.). verjüngen Vb. 'jung machen' (16. Jh.), auch refl. 'nach oben dünner werden' (18. Jh.), vgl. ahd. *jungen* 'verjüngen, erneuern' (um 1000), *jungēn* 'sich verjüngen' (11. Jh.), mhd. *jungen*, *jüngen* 'jung machen, werden'. Jungbrunnen m. 'Brunnen, dessen Wasser jung machen soll', mhd. *juncbrunne*. Jungfrau f. 'junges, unverheiratetes Mädchen', ahd. *jungfrouwa* (um 1000), mhd. *juncvrouwe*, *-vrowe*, *-vrou* 'junge Herrin, unverheiratetes Edelfräulein', auch (durch Übertragung der ehrenvollen Bezeichnung) die als Gottesmutter verehrte *Jungfrau Maria*, Äquivalent für lat. *virgo* und Synonym für mhd. *maget* (s. *Magd*). Später allgemein 'junges, sexuell unberührtes Mädchen' (s. *Frau* und *Jungfer*). jungfräulich Adj. 'unberührt, rein, frisch', mhd. *juncvrouwelich*. Junggeselle m. 'unverheirateter Mann', aus der Fügung *der junge Gesell* zusammengerückt, zunächst 'junger Handwerksbursche' (15. Jh.), der noch nicht verheiratet ist, daraufhin allgemein 'unverheirateter (junger) Mann' (16. Jh.).

Jünger m. 'Anhänger, Schüler', ahd. *jungiro* 'Apostel, Anhänger, Schüler' (um 900), mhd. *junger* 'Jünger, Schüler, Lehrling, Klosternovize' ist substantivierter Komparativ des unter *jung* (s. d.) behandelten Adjektivs. Ahd. *jungiro* übersetzt meist lat. *discipulus* der Bibel, ist also vor allem Bezeichnung für die Vertrauten (eigentl. 'Schüler') Jesu, bes. die Apostel.

Jungfer f. heute nur in psychologisch wertendem Sinne für '(ältere, unverheiratete) empfindliche, zimperliche, prüde Frau'. Mhd. *juncvrouwe* wird durch Konzentration der Betonung auf dem ersten Kompositionsglied zu spätmhd. *juncfer* (14. Jh.) verkürzt und gilt (wie *Jungfrau*, s. *jung*) für die unverheiratete Dame ritterlichen Standes, wird bald zur Bezeichnung der unverheirateten Tochter, später der unverheirateten bürgerlichen Frau (auch in der Anrede) sowie des sexuell unberührten Mädchens, vgl. *entjungfern*, *Jungfernschaft* (17. Jh.). Abschätziger Sinn entwickelt sich daneben bereits im 17. Jh. (*jüngferlich* 'prüde, zimperlich', *alte Jungfer*). Die Bedeutung 'Dienerin, Zofe' (erhalten in *Kammerjungfer*, 15. Jh.) stammt aus dem Brauch, daß junge Mädchen adligen Damen aufwarten. – Brautjungfer f. 'ledige Freundin oder Verwandte der Braut als Begleiterin im Hochzeitszug' (18. Jh.). Jungfernrede f. 'erste öffentliche Rede eines Parlamentsmitglieds' (Anfang 19. Jh.), nach engl. *maiden-speech*.

Jüngling m. 'junger Mann', ahd. *jungeling* (9. Jh.), mhd. *jungelinc* 'Heranwachsender', auch 'Knabe' sowie im Plur. 'Kinder, junge Menschen beiderlei Geschlechts', nhd. nur noch 'zwischen Knaben- und Mannesalter stehender junger Mann', asächs. *jungling*, aengl. *geongling*, engl. (selten) *youngling*, mnd. *jüngelinc*, mnl. *jonghelinc*, nl. *jongeling* ist mit dem Abstammungs- und Deminutivsuffix *-ling* (s. d.) von dem unter *jung* (s. d.) behandelten Adjektiv abgeleitet.

jüngst Adv. 'neulich, vor kurzem, erst'. Ahd. *zi jungist* (um 800), mhd. *ze jungest*, adverbiale Fügung, gebildet aus der Präp. ahd. *zi*, mhd. *ze* (s. *zu*) und dem unter *jung* (s. d.) behandelten Adjektiv, eigentl. 'zuneuest, zuletzt'; spätmhd. verkürzt *jungist*, *jüngst*. – Jüngstes Gericht n. nach biblischer Vorstellung 'Weltgericht am Ende der Zeiten', von der Gegenwart in die Zukunft gesehen, also 'letztes Gericht', mhd. *jungistes gerichte* (12. Jh.), nach dem Vorbild von Jüngster Tag m., ahd. *jungistēr tag* (um 1000), Übersetzung von lat. *novissimus diēs*; vgl. Schnerrer in: PBB (H) 85 (1963) 248ff.

Juni m. sechster Monat des Jahres. Im 16. Jh. wird lat. *(mēnsis) Iūnius* 'der Göttin Juno geweihter Monat' ins. Dt. entlehnt und löst, zunächst in der Kanzleisprache, die alte Bezeichnung *Brachmonat* (s. *brach*) ab. Das zugrundeliegende Adjektiv lat. *Iūnius* ist eine Ableitung von lat. *Iūnō*, dem Namen der römischen Götterkönigin (*Iūnō Rēgīna*), Gemahlin des Jupiter, ursprünglich wohl eine Geburts-, Fruchtbarkeits- und Ehegöttin. Die nhd. Form *Juni* (18. Jh.) entwickelt sich aus dem vor Datumsangaben stehenden lat. Genitiv *Iūniī*.

Junior m. 'der Jüngere, der Sohn', Übernahme (19. Jh.) von lat. *iūnior* 'ein Jüngerer', Komparativ neben lat. *iuvenis* 'jung, jugendlich', substantiviert 'junger Mensch, junger Mann von etwa 20 bis 40 Jahren'; verwandt mit *jung* (s. d.), Gegenwort zu *Senior* (s. d.). Der Gebrauch in der Sportsprache 'Jugendsportler' (meist Plur. *Junioren*) folgt engl. Vorbild.

Junker m. 'adliger Besitzer von Grund und Boden'. Mhd. *junchērre*, *juncherre* (aus mhd. *junc hērre*, *herre*, s. *jung* und *Herr*) 'junger Herr, junger (noch nicht zum Ritter geschlagener) Adliger, Edelknabe' wird durch Konzentration der Betonung auf dem ersten Kompositionsglied verkürzt zu *Junker* (ähnlich wie *Jungfer*, s. d.) und in dieser Form seit dem 15. Jh. üblich. Es bezeichnet zunächst (bis ins 18. Jh.) den 'jungen adligen Sohn' (im Unterschied zum *Herrn*), der häufig an Fürstenhöfen als 'Page' oder 'Edelknabe' dient (vgl. *Fahnenjunker* 'Fähnrich, Offiziersanwärter'), aber auch den 'adligen Gutsherrn', unabhängig von seinem Alter. Infolge anhaltender Gegensätze zunächst zwischen Adel und Bauernschaft, dann auch Bürgertum entwickelt *Junker* bereits im 17. Jh. einen abschätzigen Nebensinn, der sich während der politischen Kämpfe im 19. Jh. derartig verstärkt, daß *Junker* zur oft gebrauchten herabsetzenden Bezeichnung für den Angehörigen des (zumal ostelbischen) Landadels wird; doch im Selbstverständnis feudaler Kreise gilt *Junker* weiterhin für 'Ritter, Adliger'. – Krautjunker m. Spottname für adlige Gutsbesitzer mit nur auf ihre Gutswirtschaft beschränktem Horizont (18. Jh.), später bes. für den preußischen Landadel. Junkertum n. 'Gesamtheit der Ritterschaft, Adel'; beim Gegner Scheltwort für den reaktionären, vornehmlich ostelbischen Adel bzw. dessen politische Haltung (19. Jh.).

Junktim n. 'Kopplung von mehreren Gesetzesvorlagen, Verträgen o. ä. in der Weise, daß sie nur gemeinsam beraten, angenommen oder abgelehnt werden können'. Lat. *iūnctim* Adv. 'vereinigt, beisammen' (zu *iūnctum*, Part. Perf. zu lat. *iungere* 'verbinden, vereinigen', etymologisch zu lat. *iugum*, nhd. *Joch*, s. d., gehörig) wird substantiviert in dem übertragenen Sinne 'Vereinigtes, Verflochtenes' (20. Jh.).

Junta f. 'Regierungsausschuß, -behörde, (meist) durch Staatsstreich an die Macht gekommenes (reaktionäres) Militärregime' (vorwiegend in Lateinamerika), Übernahme (um 1800) von span. *junta* 'Versammlung, Sitzung, Ausschuß, Rat', dem substantivierten Fem. von span. *junto* Adj. 'versammelt', aus lat. *iūnctum*, Part. Perf. zu lat. *iungere* 'verbinden, vereinigen'.

Jura Plur. 'Rechtswissenschaft(en)', eigentl. 'die Rechte'. Im 17. Jh. wird lat. *iūra*, der Plur. von lat. *iūs* (Gen. *iūris*) 'Satzung, Verordnung, Recht', in dt. Texte übernommen, zuerst wohl in der Wendung *Jura* ('die Rechte') *studieren*, und zwar das Römische Recht (*iūs Rōmānum*) und das geistliche bzw. kirchliche Recht (*iūs canonicum*, s. *kanonisch*). Seit dem 18. Jh. wird gelegentlich auch der Sing. *Jus* (lat. *iūs*) zur Bezeichnung der 'Rechtswissenschaft' verwendet. S. dazu *Jurist*, *Jury*, *just*.

Jurist m. 'Rechtswissenschaftler' bzw. 'Rechtskundiger' (mit akademischer Ausbildung), auch 'Student der Rechtswissenschaften', mhd. *juriste* 'Rechtsgelehrter', entlehnt (um 1300) aus mlat. *jurista* 'Rechtsgelehrter' (des weltlichen und des kanonischen Rechts), zu lat. *iūs* (Gen. *iūris*) 'Satzung, Verordnung, Recht' (s. *Jura*). – juristisch Adj. 'das Recht betreffend, rechtlich' (15. Jh.). Juristerei f. 'Rechtswissenschaft' (16. Jh.), später oft geringschätzig (seit dem 18. Jh.). Jurisdiktion f. 'Rechtsprechung, Handhabung des Rechts' (16. Jh.), aus gleichbed. lat. *iūrisdictio* (Gen. *iūrisdictiōnis*); vgl. lat. *iūs* und *dictio* 'das Sagen, Aussprechen, Ausspruch' (s. *Diktion*). Jurisprudenz f. 'Rechtswissenschaft' (18. Jh.), spätlat. *iūris prūdentia* (lat. *prūdentia* 'genaue Kenntnis, Wissenschaft, Klugheit').

Jurte f. 'rundes, zerlegbares, mit Filzdekken belegtes Zelt' (der Nomaden in West- und Zentralasien), Mitte des 17. Jhs. im Dt. nachweisbar (in Reisebeschreibungen). Entlehnung von mruss. *jurta*, russ. *júrta* (*юрта*) 'Nomadenzelt' (mit Birkenrinde, Rentierfellen umdeckt). Im heute nicht mehr üblichen Sinne 'Ansiedlung' in Sibirien, 'Nomadenlager' (18. Jh.) entspricht der dt. Ausdruck russ. (älter) *jurt* (*юрт*) 'Kosakensiedlung' sowie russ. (landschaftlich) *júrta* (*юрта*) 'Nomadenlager'; vgl. auch aruss. *jurtъ* 'Geschlecht, Sippe, Besitztum'. Die russ. Wörter sind turksprachlicher Herkunft (VASMER 3, 473); vgl. türk. *yurt* 'Haus, Wohnung, Grundstück, Besitzung, Heimat(land), Vaterland'.

Jury f. 'Preisrichterkollegium' (Ende 19. Jh.), älter '(Schieds)gericht, Schwurgericht'. Engl. *jury* bezeichnet die in England ausgebildete Institution des Geschworenengerichts und wird zur Darstellung engl. Verhältnisse sowohl ins Frz. (Ende 17. Jh.) wie ins Dt. (Anfang 18. Jh.) übernommen. Mit der Einführung des Schwurgerichts in Frankreich (1790) und unter dem Einfluß des frz. Rechts in Deutschland (Anfang 19. Jh.) gewinnen frz. *jury*, dt. *Jury* an Verbreitung. Aus dem zweiten Entlehnungsvorgang erklärt sich die frz. Aussprache des Wortes, die die englische im modernen Dt. weitgehend zurückdrängt. Engl. *jury* geht über anglonorm. *juree* 'Versammlung der Geschworenen' (13. Jh.) auf afrz. *juree* 'eidliche Aussage, Schwur, gerichtliche Untersuchung' zurück. Ausgangsform ist das Part. Perf. Fem. lat. *iūrāta* zum Verb lat. *iūrāre* 'schwören' (woraus frz. *jurer* 'schwören'), das zu lat. *iūs* (s. *Jura*) gebildet ist. – Juror m. 'Mitglied eines Preisgerichts' (19. Jh.), engl. *juror* 'Geschworener'.

just Adv. 'eben, gerade, recht' (heute nur noch historisierend) ist seit dem 16. Jh. im Dt. belegt und wohl über mnl. *juust*, *just* (nl. *juist*) eine Entlehnung aus afrz. frz. *juste* 'gerecht, richtig, passend'. Daher geht es letztlich zurück auf lat. *iūstē* 'gerecht, mit Recht, billig, gehörig', Adverb von *iūstus* 'gerecht' (s. *Justiz*); zu lat. *iūs* 'Recht' (s. *Jura*). – justieren Vb. 'technische Geräte ausrichten', früher 'Münzen in bezug auf ihr Gewicht ausgleichen, Maße und Gewichte eichen' (16. Jh.); vgl. mlat. *justare* 'berichtigen'.

Justiz f. 'Rechtspflege, Rechtsprechung', Eindeutschung (16. Jh.) von lat. *iūstitia* 'Gerechtigkeit, (gesetzlich fixiertes) Recht', mlat. auch 'Gerichtsbarkeit, Gesamtheit der Gerichte in einem Jurisdiktionsbezirk, Richterspruch, Rechtsprechung', zu lat. *iūstus* 'gerecht, recht-, gesetzmäßig' (s. *just*). – Justizmord m. 'auf einem juristischen Irrtum beruhende Hinrichtung eines Unschuldigen' (18. Jh.), eigentl. 'von der Justiz begangener Mord'. Justitiar m. 'ständiger Rechtsberater eines Betriebes' (19. Jh.).

Jute f. Der Name der hanfartigen, in Indien heimischen Faser wird mit der Jutespinnerei im 19. Jh. über England nach Deutschland vermittelt. Engl. *jute* ist entlehnt aus Oriya *jhōṭo*, *jhuṭo*, das auf aind. *jūṭaḥ* 'Haarflechte' zurückgeht. Die Benennung bezieht sich wohl auf die gewellten Wurzeln der Pflanze. Vgl. MARZELL 1, 1157.

Juwel n. 'geschliffener Edelstein, Schmuckstück' (zuerst *iuweel*, Ende 15. Jh. in Köln, sonst bis ins 17. Jh. meist *Jubel*) ist eine Entlehnung von mnl. *juweel*, *jouweel*, das, wohl über die Variante mfrz. (wallon.) *jouweal* (mit sekundärem labialem Gleitlaut), auf afrz. *joel*, *joiel* 'Kleinod, Schmuckstück' (frz. *joyau*) zurückgeht. Das auch in den Bedeutungen 'Geschenk, Spielzeug, Spiel, Scherz' bezeugte afrz. Substantiv gehört als Ableitung zu afrz. *jeu* 'Spiel, Kurzweil, Freude, Scherz' (frz. *jeu* 'Spiel, Spielraum'), aus lat. *iocus* 'Scherz, Spaß' (s. *Jokus*); möglicherweise liegt ihm bereits ein vlat. **iocāle* 'was zum Spiel gehört, kurzweilig ist, Freude bereitet' zugrunde (vgl. spätlat. *iocālis* 'spaßhaft', mlat. *jocalia* Plur. 'Kleinodien'). – J u w e l i e r m. 'Goldschmied, Schmuckhändler' (18. Jh., vereinzelt schon frühnhd. *iuwelier*, Ende 15. Jh.), im älteren Nhd. *Jubelier(er)*, *Jubilier(er)* (16./17. Jh.), vgl. mfrz. *joelier*, *jouaillier*, frz. *joaillier*.

Jux m. 'Spaß, Ulk, Neckerei', studentensprachliche Variante von *Jokus* (s. d.); seit dem 18. Jh. bezeugt. – j u x e n Vb. 'Spaß machen, scherzen' (19. Jh.). v e r j u x e n Vb. 'verjubeln, durchbringen' (19. Jh.).

Kabale f. 'Intrige, Komplott', Übernahme (17. Jh.) von mfrz. frz. *cabale* in dessen neu entwickelter Bedeutung 'heimlich abgesprochene Praktiken, Intrige'. Das frz. Substantiv ist entlehnt aus hebr. (rabbinisch) *qabbālāh* 'Überlieferung, von den Älteren überkommene Geheimlehre', dem es zunächst auch semantisch folgt; in diesem vorausgehenden Sinne gelangt der Ausdruck bereits im 16. Jh. ins Dt. (Fischart). Heute nur noch durch Schillers Dramentitel „Kabale und Liebe" (1784) bekannt.

Kabarett n. 'Kleinkunstbühne' (für literarische und zeitbezogene politisch-satirische Darbietungen). Im 17. Jh. gelangt frz. *cabaret* 'Schenke' ins Dt., eine Entlehnung aus mnl. *cabret*, wohl einer entnasalierten Form von mnl. *cambret*, *cameret*, das seinerseits auf apikard. *camberete*, Deminutivum zu *cambre* 'Zimmer, Stube' (afrz. frz. *chambre*, s. *Kammer*), zurückgehen könnte (BLOCH/W. [6]95). Noch in der 2. Hälfte des 19. Jhs. ist *Cabaret*, *Kabarett* im Sinne von 'Wirtshaus, Schenke' belegt. Die heutige Bedeutung setzt sich erst gegen Ende des 19. Jhs. mit den nach frz. Vorbild entstehenden Kleinkunstbühnen (frz. *cabarets*) durch. – K a b a r e t t i s t m. (20. Jh.).

kabbeln Vb. refl. 'sich harmlos herumstreiten, in die Haare kriegen, necken'. Mnd. *kabbelen* 'zanken', nd. *kabbelen* (neben *kibbelen*) 'laut schwatzen' setzt sich im 19. Jh. auch in hd. Texten durch. Das Verb verbindet sich mit mhd. *kibelen*, *kifelen*, *kiveren* 'scheltend zanken, keifen', *kifelen*, *kife(r)n* 'nagen, kauen', anord. *kjapta* 'reden, sprechen', norw. *kjefte* 'lärmen, schelten', aslaw. *ozobati* 'fressen', russ. (älter) *zobát'* (*зобать*) 'pikken, verschlingen, gierig fressen', lit. *žė́bti* 'langsam essen'. Verwandt sind ferner die unter *Käfer* und *Kiefer* m. (s. d.) angeführten Formen sowie air. *gop* 'Schnabel, Mund'. Ihnen allen liegt die Wurzel ie. **ĝep(h)-*, **ĝeb(h)-* 'Kiefer, Mund; essen, fressen' zugrunde, so daß für *kabbeln* eine Ausgangsbedeutung 'die Kiefer bewegen, sprechen, zanken' anzunehmen ist.

Kabel n. 'Tau, zusammengedrehte Leitungsdrähte, Überseetelegramm'. Mnd. *kābel* '(Schiffs-, Anker)tau' (13. Jh.), noch im 13. Jh. ins Westmd. (mhd. *kabel*) übernommen, geht über mnl. *cabel* auf die (wie afrz. *chaable*, *chable* auf spätlat. mlat. *capulum* 'Strick, Tau' beruhende) nordfrz. Variante apikard. anglonorm. *cable* zurück, die sich über die Seemannssprache seit dem 14. Jh. als *câble* allgemein im Frz. durchsetzt. Einfluß von arab. *ḥabl* 'Seil' (KLUGE [21]337) ist nicht gesichert. Bis zum 19. Jh. bezeichnet *Kabel* nur 'Schiffstau'; mit der Entwicklung der Elektrotechnik im 19. Jh. wird es übertragen auf Leitungsdrähte, um 1850 auf die unterseeische Telegraphenleitung zwischen Europa und Amerika (engl. *cable*), dann als Kürzung von *Kabeltelegramm* (amerik.-engl. *cablegram*) auf das mit Hilfe dieser Leitungen übertragene Telegramm. – k a b e l n Vb. 'nach Übersee telegraphieren' (19. Jh.), engl. *to cable*.

Kabeljau m. zu den Dorschen gehörender Speisefisch des Nordatlantik. Die Herkunft des Namens ist unbekannt. (Herleitungen aus dem Bask. sind nicht haltbar.) Frühestes Zeugnis ist mlat. *cabellauwus* (12. Jh.) auf nl. Sprachgebiet. Diesem entsprechendes mnl.

cabbeliau, *cabeljau*, *cablau* dringt in die Küstengebiete der Nord- und Ostsee vor, vgl. mnd. *kabelow*, *kabbelouw* (14. Jh.), und wird durch Handel und Naturbeschreibungen im Hd. bekannt, vgl. *Cabbelau* (17. Jh.), *Kabliau* (18. Jh.), danach (wohl mit erneuter Anlehnung an nl. *kabeljauw*) allgemein *Kabeljau*.

Kabine f. 'Wohn- oder Schlafraum auf einem Schiff', allgemein 'kleiner abgeschlossener Raum', im Dt. seit Anfang des 17. Jh. (*Cabbin*) belegt. Entlehnung von engl. *cabin* 'Schiffskammer für Offiziere und Fahrgäste', eigentl. 'einfaches Häuschen, Hütte', mengl. *caban(e)*, aus mfrz. frz. *cabane*, aprov. *cabana*, spätlat. *capanna* 'Hütte', eigentl. wohl 'Zeltdach'.

Kabinett n. 'kleines Zimmer, Nebenraum'. Im 16. Jh. wird mfrz. *cabinet* 'kleines Zimmer, Kammer' entlehnt. Es ist wohl das Deminutivum von frz. *cabine* 'kleiner Raum', das aus apikard. *cabine* 'Kneipe für Glücksspiele', einem gaunersprachlichen, etymologisch ungeklärten Wort, hervorgegangen ist. Mit späteren, im Frz. entstandenen Bedeutungen wird *cabinet* neu entlehnt; vgl. 'Arbeitszimmer eines Fürsten oder Ministers' (17. Jh.), dann 'Geheimkanzlei, Ministerrat, Regierung' und 'Raum zur Aufbewahrung und Ausstellung von Sammlungen' (18. Jh.), z. B. *Raritätenkabinett* 'Sammlung seltener und merkwürdiger Dinge' (17. Jh.), *Münzkabinett*, *Naturalienkabinett* (18. Jh.), *Wachsfigurenkabinett* (19. Jh.). K a b i n e t t s t ü c k n. 'besonders wertvolles Stück einer Sammlung' (18. Jh.), übertragen (wohl unter Anspielung auf *Kabinett* 'fürstliche Geheimkanzlei'; vgl. *Bubenstück machiavellistischer Kabinettspolitik*, Lassalle) 'besonders geschicktes und kluges oder raffiniertes Vorgehen' (19. Jh.), älter *Kabinettstückchen* (Lessing).

Kachel f. 'gebrannte (glasierte) Tonplatte', ahd. *kahhala* 'Topf, Gefäß der Öllampe' (11. Jh.), mhd. *kachel(e)* 'irdenes Gefäß, Geschirr', auch 'Ofenkachel', ist aus vlat. **cac(c)alus*, **cac(c)ulus* entlehnt, das entweder aus lat. *cac(c)abus* 'Tiegel, Pfanne zum Schmoren' hervorgegangen oder als Klammerform des zugehörigen Deminutivs spätlat. *cac(c)abulus* 'kleiner Tiegel' aufzufassen ist. Vorauf geht griech. *kák(k)abos*, *kak(k)ábē* (*κάκ(κ)αβος*, *κακ(κ)άβη*) 'Kochgeschirr'. Vgl. Brüch in: ZfrPh 57 (1937) 585ff. und Frings/M. Germania Romana 2 (1968) 135f. Die Kenntnis des Tonbrennes bei den Germanen geht auf die Römer zurück. Die ursprüngliche Bedeutung 'irdener Topf, Kochgeschirr' ist noch im 16. Jh. nachweisbar. – Dazu k a c h e l n Vb. 'mit Kacheln versehen' (19. Jh.). K a c h e l o f e n m., mhd. *kacheloven* (13. Jh.).

kacken Vb. 'seine Notdurft verrichten' (15. Jh.); als nicht hochsprachliches Verb erst relativ spät bezeugt. Wie lat. *cacāre* 'scheißen', griech. *kakkā̂n* (*κακκᾶν*), russ. *kákat'* (*какать*) ein altes Lallwort der Kindersprache. Dazu K a c k e f. (17. Jh.).

Kadaver m. 'toter Körper, Aas', Übernahme (16. Jh.) von lat. *cadāver* 'Leichnam, Leiche, Aas', wohl als 'Gefallenes' zu lat. *cadere* 'fallen, sinken'. – K a d a v e r g e h o r s a m m. 'unbedingte Befehlsausführung, willenlose Unterordnung', Schlagwort der Sozialdemokratie gegen den strenge Subordination fordernden Militarismus (Ende der 70er Jahre des 19. Jhs.), anknüpfend an die Regel des Jesuitenordens, die dessen Mitgliedern vorschreibt, sich von den Oberen widerspruchslos leiten zu lassen (*perinde ac si cadaver essent* 'als ob sie ein lebloser Körper wären').

Kadenz f. in der Musik 'zum Schluß überleitende Akkordfolge' bzw. (*Konzertkadenz*) 'den Schluß einleitender, Spielschwierigkeiten enthaltender, unbegleiteter Solopart', in der Metrik 'abfallende Form des Versschlusses'. Als musikalischer Terminus seit dem 16. Jh. durch Entlehnung von ital. *cadenza* (aus lat. *cadentia*, Nom. Plur. Neutr. des Part. Präs. von lat. *cadere* 'fallen, sinken', auch 'abfallen, enden' von Wort- und Tonfall) geläufig. Danach in die Metrik übertragen (18. Jh.).

Kader m. '(planmäßig herangebildeter) Bestand an Fachkräften, Stamm der für einen Wettkampf geeigneten Sportler', älter 'zur Führung eines Heeres nötiger Stamm von Offizieren und Unteroffizieren', auch 'Stamm einer Truppenabteilung' (19. Jh.). Der zunächst im Militärwesen übliche Ausdruck wird nach 1945 unter Einfluß von russ. (Plur.) *kádry* (*кадры*) 'fester Bestand, Stamm eines Heeres, fester Stamm von Mitarbeitern' neu belebt. Er ist wie das russ. Wort entlehnt aus frz. *cadre* 'Gesamtheit der Offiziere, die einen Truppenteil führen', dann auch 'Gesamtheit der Angestellten einer Behörde, eines Verwaltungsbezirks', (Plur.) 'leitende Angestellte eines Unternehmens', eigentl. '(viereckiger) Rahmen, Plan, Einfassung', übertragen daher 'Rahmen bzw. Stamm einer Truppe', das über ital. *quadro* 'Viereck, Quadrat, Bild, Stammtruppe' auf lat. *quadrus* 'viereckig', *quadrum* 'Viereck, Quadrat' zurückgeht (s. *Quader*).

Kadett m. ehemals 'Zögling einer Offiziersschule', Übernahme (18. Jh.) von frz. *cadet* 'junger Mann, Offiziersanwärter'. Der Ausdruck entwickelt sich aus agaskogn. *capdet* 'Führer, Offizier', das (mit eigenständiger Endungsform) aprov. *capdel* 'Haupt, Kopf, Führer' entspricht. Das Ausgangswort lat. *capitellum* ist eine deminutive Ableitung von lat. *caput* 'Haupt, Kopf'. Die jüngeren, von der Erbfolge ausgeschlossenen gaskognischen Adelssöhne traten oft als Offiziere (*cadets*) in das Heer des frz. Königs ein; daher gewinnt frz. *cadet* die Bedeutung 'nachgeboren, jünger', dann allgemein 'junger Mann' und bezeichnet insbes. einen jungen Mann, der sich in der Ausbildung befindet, also auch den auf einer Militärschule heranzubildenden Offiziersanwärter.

Kadi m. 'nach dem Koran rechtsprechender Richter'. Im 16. Jh. wird arab. *qāḍī* 'Richter' (in juristischen und theologischen Angelegenheiten) durch Reisebeschreibungen (zuerst in frz. Schreibung *Cadi*) und durch orientalische Erzählungen im Dt. bekannt. Später allgemein scherzhafte Bezeichnung des Richters.

Käfer m. Der Name des Insekts ist nur in den westgerm. Sprachen belegt; ahd. *kevur*, *kever* (9. Jh.), *kevar* (um 900), *kevura*, *kevera* (9. Jh.), *kevuro*, *kevero* (10. Jh.) '(junge) Heuschrecke', mhd. *kever*, *kevere*, asächs. *keƀera*, mnd. *kēver*, mnl. *kēver(e)*, nl. *kever*, aengl. *ceafor* lassen sich auf germ. **kefra-*, **kefran-*, **kafra-* zurückführen, die mit den unter *kabbeln* (s. d.) genannten Formen auf die Wurzel ie. **ĝep(h)-*, **ĝeb(h)-* 'Kiefer, Mund; essen, fressen' führen (wozu auch *Kiefer* m., s. d.), so daß *Käfer* als 'Nager, Fresser' zu deuten ist. Bis ins 15. Jh. bezeichnet *Käfer* vorwiegend die (junge, noch ungeflügelte) 'Heuschrecke', entwickelt daneben aber die Bedeutung 'Nutzpflanzen fressendes Insekt'. Erst im 18. Jh. gewinnt *Käfer* in der Literatursprache den heute üblichen Sinn. Vgl. W. PFEIFER Wb. dt. Tiernamen, Beiheft 1 (1963).

Kaff n. 'trostlose, armselige Ortschaft'; das in der Gaunersprache übliche Wort beruht wohl auf zigeunerisch *gāw* 'Dorf' und wird im 19. Jh. in der Umgangssprache üblich.

Kaffee m. Kaffeestrauch, dessen Samen und das daraus bereitete Getränk. Im 17. Jh. werden frz. *café* wie auch engl. *coffee* ins Dt. entlehnt, und bis ins 18. Jh. stehen *Kaffee* und *Koffee* nebeneinander. Die westeurop. Formen stammen aus türk. *kahve* (mit Endbetonung), das seinerseits auf arab. *qahwa* beruht. Direkt auf das Arab.-Türk. scheinen frühe Belege (vor der Einführung des Kaffees um 1670) in dt. Reisebeschreibungen zurückzugehen, vgl. *Chaube* (16. Jh.), *Kahawe*, *Cahwae* (17. Jh.). Die arab. Bezeichnung stammt wahrscheinlich aus dem Namen der abessinischen Landschaft *Kaffa*, der Heimat des Kaffeestrauches, unter Anlehnung an älteres arab. *qahwa* 'Wein', das (wohl durch Mohammeds Alkoholverbot) zurückgedrängt wird. – Café n. 'Kaffeehaus' (18. Jh.), Übernahme von gleichbed. frz. *café*, verdrängt im 19. Jh. (doch nicht in Österreich) älteres *Kaffeehaus* (18. Jh.), vorher *Coffeehaus* (17. Jh.; nach engl. *coffeehouse*). Kaffeebohne f. (18. Jh.); *Bohne* schließt sich volksetymologisch an arab. *bunn* 'Frucht des Kaffeestrauches' an.

Kaffer m. 'blöder Kerl'. Möglicherweise Übernahme (18. Jh.) von jidd. *kafer* 'Bauer', gelegentlich auch 'Mann', in die Gauner- und Studentensprache, wo es sich zum Schimpfwort entwickelt. Zweifelhaft ist die Herleitung des jidd. Ausdrucks aus hebr. *kāfār* 'Dorf'. Vielleicht aber ist *Kaffer* besser als gaunersprachliche Ableitung von *Kaff* (s. d.) anzusehen und eine parallele Entwicklung beider Wörter anzunehmen.

Käfig m. 'vergitterte Behausung für Tiere', ahd. *kevia* f. (10. Jh.), mhd. *kevje* f., auch m. n., asächs. *keƀia* 'Höhlung', mnl. *kēvie*, nl. *kevie* ist entlehnt aus lat. *cavea* 'Höhlung, Behältnis, Käfig, Vogelbauer' (s. auch *Koje*). Frühnhd. begegnet *Käfe* f. n. (noch heute mundartlich), häufiger aber geht *j* in *g* oder *ch* über bei Angleichung der Endung an Wörter, die mit dem Kollektivsuffix germ. *-ahja-* gebildet sind, vgl. nhd. *Käfig* neben *Käfich*, (mit unorganischem *-t*) *Käficht* (17./18. Jh.). Maskuline Formen werden im 18. Jh. vorherrschend.

Kaftan m. 'langes, mantelartiges Obergewand'. Die Bezeichnung des für die osteuropäischen Juden charakteristischen Kleidungsstücks gelangt zuerst im 16. Jh. über russ.-poln. Vermittlung ins Dt., vgl. russ. *kaftán* (*кафтан*) 'langschößiger Rock'. Entsprechend frz. *cafetan* wird der Ausdruck im 17. Jh. auch Bezeichnung eines türk. Ehrengewandes. Die europ. Formen beruhen auf arab. türk. *qafṭān* 'Obergewand' und gehen letztlich zurück auf pers. *ḫaftān*.

kahl Adj. 'nackt, bloß, unbelaubt'. Das nur westgerm. Adjektiv ahd. *kalo*, flektiert *kalwēr* (8. Jh.), mhd. *kal*, mnd. *kăl*, mnl. *cāle*, *cālū*, nl. *kaal*, aengl. *calu*, engl. *callow* ist verwandt mit aslaw. *golъ*, russ. *gólyj* (*голый*) 'nackt, bloß, kahl', poln. *goły*, tschech. *holý* (s. dazu *Halunke*), lett. *gāle* 'Eisschicht, Glatteis'. Die germ. und baltoslaw. Formen können auf einen Wurzelansatz ie. **gal-* 'kahl, nackt' zurückgeführt werden. – Kahlheit f. (15. Jh.). Kahlkopf m. 'Kopf ohne Haare, Glatzkopf' (16. Jh.).

Kahn m. 'kleines Boot'. Das zunächst nur nd. und md. Substantiv wird durch Luthers Bibelübersetzung in die Literatursprache eingeführt. Herkunft nicht geklärt. Man versucht mnd. *kān(e)*, mhd. (md.) *kane* und daraus entlehntes nl. *kaan* mit anord. *kani* 'Schüssel', isl. 'kleines Holzgefäß', dän. *kane* 'Schlitten', auch (älter) 'Boot', ablautendem anord. *kœna* 'kleines Boot' sowie mit unsicher belegtem mir. *gann* (aus **gandhn-* oder **gandh-*) 'Gefäß' zu verbinden und aus diesen germ. und kelt. Formen ie. **gan(dh)-* 'Gefäß (?)' zu erschließen. Umgangssprachlich gilt *Kahn* für 'Gefängnis, Karzer' (aus der Gaunersprache des 18. Jhs.) und für 'Bett' (19. Jh.).

Kai m. 'befestigtes Ufer, Anlegestelle', entlehnt (17. Jh.) aus nl. *kaai*, mnl. *ca*, *caey*, *caye*, *keye*, das seinerseits aus afrz. (norm.) *cai* 'Hafendamm, Anlegestelle' stammt. Das sich an der Küste ausbreitende Wort führt auf gall. *caio* 'Gehege' und ist verwandt mit air. *caí* 'Haus', kymr. *cae* 'Zaun, Gehege'. Mit dieser keltischen Wortgruppe verbindet sich nhd. *Hag* (s. d.).

Kaiser m. Staatsoberhaupt in bestimmten Monarchien; gilt allgemein als höchste Würde bzw. höchster Titel eines Monarchen. Ahd. *keisur* (um 800), mhd. *keiser* beruhen wie asächs. *kēsur*, mnd. *keyser*, mnl. *keiser*, nl. *keizer*, aengl. *cāsere* auf Entlehnung von lat. *Caesar* durch die Germanen. Der erbliche Bei- bzw. Familienname *Caesar* (des röm. Feldherrn und Diktators *Gāius Iūlius Caesar*) wird im röm. Weltreich zur festen Bezeichnung des Herrschers und auch von den Germanen in der Bedeutung 'Herrscher' entlehnt. Nach der Lautform, die diphthongische Aussprache von lat. *-ae-* voraussetzt, muß die Entlehnung zu einem sehr frühen Zeitpunkt (schon zu Lebzeiten Caesars, also vor Beginn unserer Zeitrechnung, spätestens aber in den ersten anderthalb Jahrhunderten danach) stattgefunden haben, so daß *Kaiser* das älteste lat. Lehnwort im Germ. sein könnte. Auf lat. *Caesar* beruht auch griech. *kaĩsar* (*καῖσαρ*), auf der griech. Form wohl got. *kaisar*. Eine ähnliche Entwicklung vom Eigennamen (Vornamen) zum allgemeinen Ausdruck für 'Herrscher, König' zeigen die gemeinslaw. Entlehnungen aus ahd. *Karal*, *Karl*, dem Namen Karls des Großen, vgl. aslaw. *kral'ь*, russ. *koról'* (*король*), bulg. *kral* (*крал*), tschech. *král*, poln. *król*, nsorb. (im 16./17. Jh.) *krol* 'König'. – Zar m. Titel des Monarchen in Rußland. Russ. *car'* (*царь*), auch Bezeichnung für Monarchen des alten Orients und der Antike, geht über aruss. *cьsarь*, *cěsarь* (aslaw. *cěsaŕь*) auf gemeinslaw. **cěsarь* 'Kaiser', eine Entlehnung des 4. Jhs. aus got. *kaisar* (s. oben), und damit letztlich ebenfalls auf lat. *Caesar* zurück. Nachdem schon aruss. *cěsarь* als Ehrenname russ. Großfürsten gebraucht wurde, wird russ. *car'* 1547 für Iwan IV. offizieller Titel des „Großfürsten von Moskau und ganz Rußland", da sich dieser als Nachfolger der byzantinischen Kaiser und Moskau als das „dritte Rom" betrachtet. Im Dt. begegnet *Zar* zur Bezeichnung des russ. Herrschers seit der Mitte des 16. Jhs. (anfänglich in den Formen *Czar*, *Cziar*, *Tzar*), als offizielle Bezeichnung des Fürsten von Bulgarien seit 1908, hier als Wiedergabe von bulg. *car* (*цар*), das gleichen Ursprungs ist wie russ. *car'*. – kaiserlich Adj., ahd. *keisurlīh* (8. Jh.), mhd. *keiserlich*.

Kaiserschnitt m. 'Schnittentbindung', gynäkologischer Terminus (17. Jh.), Äquivalent für med.-lat. *sectio caesarea*, im 18. Jh. in wörtlicher Übersetzung auch *kaiserlicher Schnitt*. Ihre Entstehung verdankt diese Benennung einem Etymologisierungsversuch in einer bei Plinius interpolierten Stelle. Dort wird der Name *Caesar* (s. *Kaiser*) von lat. *caedere* (*caesum*) 'schlagen, auf-, herausschneiden' abgeleitet (vgl. lat *ventrem caedere* 'den Kaiserschnitt machen'), da der erste Träger dieses Namens durch einen operativen Schnitt zur Welt gebracht worden sei. Diese an sich verfehlte Herleitung des alten römischen Familiennamens ist vielleicht als Beginn einer Mythenbildung anzusehen, die Caesar gleichsam als ungeboren, als göttlich darstellen will.

Kajak m., auch n. 'einsitziges Boot der Eskimos, Sportpaddelboot', Entlehnung (*Kajakka*, 17. Jh.) von *qajaq* 'einsitziges Männerboot' der Eskimosprache.

Kajüte f. 'Wohnraum an Bord eines Schiffes', nd. Seemannswort, das bereits in der 2. Hälfte des 15. Jhs. in die Literatursprache aufgenommen wird. Für den Anfang des 15. Jhs. nachzuweisendes mnd. *kajüte* entspricht dem (1455 bezeugten) mnl. *kayhute* (nl. *kajuit*), das wohl aus mfrz. frz. *cahute* 'kleine Hütte' (statt vorausgehendem gleichbed. afrz. *chahute*) entlehnt ist. Dieses frz. Substantiv beruht wahrscheinlich auf Kontamination von afrz. *hute*, belegt nur in der speziellen Bedeutung 'Teil einer Bewässerungsanlage', mfrz. frz. *hutte* 'Hütte', einer Entlehnung von mhd. *hütte* 'Hütte, Zelt, Verkaufsladen' oder schon von ahd. *hutta* 'Schuppen, Laube' (s. *Hütte*), mit bedeutungsverwandten Wörtern wie mfrz. frz. *cabane* 'Hütte' (s. *Kabine*), afrz. frz. *caverne* 'Höhle'.

Kakadu m. Name des Haubenpapageis, seit dem 17. Jh. in Reisebeschreibungen belegt (zuerst *kakethun*). Ausgangswort ist mal. *kakatūwa*, das als Zusammensetzung entweder von mal. *kakak* 'Bruder, Schwester' oder von lautmalendem mal. *kaka* 'Krähe, Papagei' mit *tūwa* 'alt' angesehen wird. Der einheimische Name ergibt nl. *kakatoe*, woraus (im 18. Jh.) nhd. *Kakadu*.

Kakao m. Der Name der Frucht des Kakaobaumes und des aus ihr hergestellten Getränks ist seit dem 16. Jh. (*Cacao*) im Dt. bezeugt. Aztek. *cacao* (Náhuatl *cacaua atl* 'Kakaobaum') wird von den Spaniern bei der Eroberung Mexikos übernommen und an die übrigen europäischen Sprachen weitergegeben (vgl. span. frz. engl *cacao*).

Kakerlak m. 'Küchenschabe'. Der Name des lästigen Ungeziefers begegnet zuerst im Nl. und Nd. (16. Jh.), dringt dann (17. Jh.) in die Literatursprache ein und stellt sich als vorwiegend nordd. Bezeichnung neben *Schabe* (s. d.). Er ist offenbar eine an der Nordseeküste entstandene germanisierte Form von span. *cucaracha*, einer Ableitung von span. *cuca* 'Raupe, Schmetterlingslarve', und gilt anfangs wohl für mit dem Südamerikahandel eingeschleppte Exemplare; vgl. engl. *cockroach*, älter *cacarootch* sowie frz. (in der Karibik) *coquerache*. Anknüpfung an eine mögliche südamerik.-indian. Benennung bietet sich nicht.

Kaktus m. Die im (sub)tropischen Amerika beheimateten, in der Regel mit Blattdornen versehenen Pflanzenarten erhalten im 18. Jh. den Namen botan.-lat. *Cactus*, eine gelehrte Entlehnung von griech. *káktos* (*κάκτος*) f., das eine stachlige, wohl distelähnliche Pflanze bezeichnet. Die Etymologie ist unbekannt. Der dazu gebildete systematische Sammelbegriff botan.-lat. *Cacteae* Plur. wird im Dt. mit *Kakteen* wiedergegeben und entwickelt einen neuen Sing. K a k t e e f. (19. Jh.).

Kalamität f. 'Schwierigkeit, peinliche Lage, Unglück', Entlehnung (17. Jh) aus gleichbed. frz. *calamité* oder direkt aus lat. *calamitās* (Gen. *calamitātis*) 'Schaden, Unheil, Unglück, Verderben'.

Kalauer m. 'billiger Witz, nicht sehr geistreiches Wortspiel', zuerst 1858 nachweisbar, entwickelt sich wohl aus der Ortsangabe *Kalau*, unter der der Kladderadatsch-Redakteur Dohm bei gelegentlichen Besuchen im niederlausitzischen Städtchen Kalau Witze nach Berlin an die Zeitschrift geschickt haben soll. Dazu ist auch das im Dt. gebrauchte (18. Jh.) frz. *calembour* 'Wortspiel' (unbekannter Herkunft) heranzuziehen, das im Hinblick auf die Witze aus *Kalau* zu *Kalauer* umgeformt wird. – k a l a u e r n Vb. 'wenig geistreiche Witze machen' (19. Jh.).

Kalb n. 'neugeborenes oder junges Rind'. Die Etymologie ist nicht klar festzulegen, da ein solches Elementarwort der Tierhaltung unterschiedliche Eigenentwicklungen erfahren haben mag. Ahd. *kalb* (8. Jh.), mhd. *kalp*, asächs. mnd. nl. *kalf*, aengl. *cælf*, mnl. engl. *calf*, anord. *kalfr*, schwed. *kalv* erweist sich nach den Pluralformen ahd. *kelbir*, aengl. *calfru*, *cealfru* als alter *es/os*-Stamm (germ. **kalƀaz*, **kalƀiz*). Im Ablaut dazu begegnet ahd. *kilbur* (11. Jh.), *kilburra*, *kilbirra* (9. Jh.), aengl. *ceolbor-*, *cilfor(lamb)* 'Mutterlamm'. Daneben steht ein femininer *n*-Stamm got. *kalbō* 'junge Kuh, Kalb', ahd. *kalba*, mhd. *kalbe* 'über ein Jahr alte Kuh, die noch nicht gekalbt hat'. Unter Berücksichtigung der Anlautverhältnisse und unter Annahme einer Bedeutungsentwicklung 'Anschwellung – Mutterleib – Leibesfrucht' ist Rückführung auf ie. **gelb(h)-* möglich, eine wohl nur im Germ. vertretene Variante von ie. **glēb(h)-*, **gleb(h)-* 'zusammballen' (s. *Klafter*, *Kolben*), Labialerweiterungen der Wurzel ie. **gel-* '(sich) ballen, Gerundetes, Kugliges', wozu auch gall.-lat. *galba* 'Schmerbauch, dicke Person', lat. *globus* 'Kugel, Ball, Klumpen' gehören. Semantische Beziehungen zu ie. **gᵘelbh-* 'Gebärmutter, Tierjunges' mit griech. *delphýs* (δελφύς) 'Gebärmutter', *délphax* (δέλφαξ) 'Sau, Mutterschwein' und aind. *gárbhaḥ* 'Mutterleib, Leibesfrucht' sind nicht zu übersehen; der ie. labiovelare Anlaut ist allerdings mit den oben genannten germ. Formen nicht vereinbar. – k a l b e n Vb. 'ein Kalb zur Welt bringen', mhd. *kalben*. k ä l b e r n , k a l b e r n Vb. 'kalben', auch 'herumalbern, Spaß machen' (16. Jh.), eigentl. 'herumtollen wie ein junges Kalb'. K a l b f e l l n., oft bildlich für 'Trommel' (16. Jh.).

Kaldaune f., meist *Kaldaunen* Plur. 'eßbare Eingeweide'. Mhd. (md.) mnd. *kaldūne* 'Eingeweide von Tieren' ist wahrscheinlich Entlehnung aus vlat. **caldūna* 'noch dampfende Eingeweide frisch geschlachteter Tiere', vgl. mlat. *caldumen*, *calduna* 'Gericht aus Eingeweiden', Ableitung von lat. *caldus* (aus *calidus*) 'warm'.

Kaleidoskop n. Guckkasten mit bunten Glasstückchen, die beim Drehen durch Spiegelung zu immer neuen Mustern fallen, Entlehnung (um 1825) von engl. *kaleidoscope*, einer künstlichen Bildung (1817) seines Erfinders Brewster zu griech. *kalós* (καλός) 'schön' und *eĩdos* (εἶδος) 'Gestalt'; dazu s. *-skop*.

Kalender m. 'Verzeichnis der Tage, Wochen und Monate eines Jahres in chronologischer Folge, Zeitrechnung', entlehnt (15. Jh.) aus mlat. *kalendarius* m. 'Kalender', das an die Stelle von lat. *calendārium* n. 'Schuldbuch', kirchenlat. 'Kalender' (10. Jh.) tritt; zu lat. *calendae* f. (Plur.) 'der erste Tag des Monats' (an dem die Zinsen bezahlt werden müssen), 'Monat', wahrscheinlich abgeleitet von lat. *calāre* 'ausrufen', nämlich den ersten Monatstag durch den Pontifex minor. – K a l e n d a r i u m n. 'Verzeichnis der kirchlichen Festtage, Terminkalender' (um 1600).

Kalesche f. 'leichter vierrädriger Einspänner', seit der 2. Hälfte des 16. Jhs. bezeugt, entlehnt entweder aus tschech. *kolesa* oder aus poln. *kolasa*, (landschaftlich) *kolosa* 'Kutschwagen', eigentl. 'Räder', Pluralbildung zu atschech. tschech. *kolo*, apoln. poln. *koło* 'Rad, Kreis'; vgl. aslaw. *kolo* 'Rad, Scheibe', im Plural *kolesa* auch 'Wagen'.

Kalfaktor, K a l f a k t e r m. 'wer alle möglichen Hausarbeiten erledigt, Sträfling, der dem Gefangenenwärter hilft', landschaftlich 'Aushorcher, Verleumder, Denunziant'. Im 15. Jh. wird mlat. *cal(e)factor* 'Heizer' (eigentl. 'Warmmacher'), abgeleitet von. lat. *cal(e)facere* 'erwärmen, erhitzen, heizen' (zu lat. *calēre* 'warm, heiß sein, glühen', *calidus* 'warm' und *facere* 'machen, tun'), in die Schulsprache übernommen, bezeichnet den 'Schüler oder Studenten, der das Heizen besorgt' und entwickelt sich zu 'Streber, der sich zu Hausdiensten drängt' und 'Lobediener, Zwischenträger', geht danach in die Allgemeinsprache über und nimmt die oben genannten Bedeutungen an. S. *Chauffeur*.

kalfatern Vb. 'die Fugen eines Schiffes mit Werg und Teer abdichten'. Zu Anfang des 17. Jh. wird nl. *kal(e)fat(er)en*, mnd. *kalväten* 'Schiffsplanken abdichten' in die Literatursprache übernommen. Zugrunde liegt gleichbed. arab. *qalfaṭa*, das wohl in den provenzalischen Häfen ins Galloroman. gelangt und aprov. *calafatar*, frz. *calfater* ergibt (vgl. FEW 19, 80ff.), woraus die nl. nd. Formen hervorgehen. Dazu in der nd. Seemannssprache die Substantivbildung *Kalfater*, *Klafater* 'Schiffszimmermann' (18. Jh.).

Kaliber n. 'innerer Durchmesser des Rohres oder Laufes von Feuerwaffen, äußerer Durchmesser eines Geschosses', übertragen (meist abschätzig) 'Art, Sorte'. Zu Anfang des 17. Jh. wird frz. *calibre* 'Durchmesser der Geschützmündung oder des Geschosses' in die dt. Militärsprache entlehnt. Es geht zurück auf arab. *qālib* 'Leisten des Schusters, Form, Modell'; dieses stammt aus griech. *kālo-*, *kālapódion* (καλο-, καλαπόδιον), Deminutivum zu *kālo-*, *kālápūs* (καλό-, καλάπους) 'Schusterleisten', eigentl. 'Holzfuß', vgl. griech. *kãlon* (κᾶλον) 'Holz' und *pũs*, Gen. *podós* (πούς, ποδός) 'Fuß'. Motiv der Übertragung ist das genaue Zusammenpassen zweier Dinge (von Leder und Leisten bzw. Lauf, Rohr und Geschoß) hinsichtlich ihres Volumens.

Kalium n. Der Name des silberweißen Alkalimetalls wird 1796 von dem dt. Chemiker Klaproth aus *Alkali* (s. d.) rückgebildet und latinisiert. Auch das Kurzwort K a l i n. wird 1800 von Klaproth als Sammelbezeichnung für Kaliumsalze vorgeschlagen.

Kalk m. 'gebrannter Kalkstein', oft auch 'Mörtel, Tünche', ahd. (8. Jh.), mhd. *kalc*, entlehnt aus lat. *calx* (Gen. *calcis*) 'Stein, Kalkstein, roher oder gelöschter Kalk', griech. *chálix* (*χάλιξ*), einem Wort, das die Germanen mit dem Steinbau bei den Römern kennenlernen, vgl. asächs. mnd. *kalk*, mnl. *calc*, nl. *kalk*, aengl. **cælc*, *cealc* (woraus engl. *chalk* 'Kreide'). – k a l k e n Vb. 'mit Kalkmilch streichen, tünchen', ahd. (9. Jh.), mhd. *kelken*. k a l k i g Adj. 'kalkhaltig, weiß von Kalk, bleich wie Kalk' (18. Jh.), älter (17. Jh.) *kalkicht*. K a l k s t e i n m. (15. Jh.). K a l z i u m n. weiches, silberglänzendes Leichtmetall, engl. *calcium*, gelehrte Bildung des engl. Chemikers Davy (1808) zu lat. *calx* (s. oben).

kalkulieren Vb. 'berechnen, veranschlagen, planen', im 16. Jh. in die Kaufmannssprache entlehnt aus spätlat. *calculāre* 'berechnen, zusammenrechnen', einer Ableitung von lat. *calculus* 'Steinchen, Spielstein, Rechenstein auf dem Rechenbrett, Berechnung', Deminutivum zu lat. *calx* (s. *Kalk*). – K a l k ü l n. m. 'Berechnung, Überschlag'. Im 17. Jh. wird lat. *calculus* m. in die Kaufmannssprache entlehnt und vielfach zu *Calcul* m. gekürzt. Dieses nimmt nach frz. *calcul* im 18. Jh. frz. Aussprache und danach die Schreibweise *Kalkül* an. K a l k u l a t i o n f. 'Berechnung' (16. Jh.), spätlat. *calculātio* (Gen. *calculātiōnis*). K a l k u l a t o r m. 'Berechner, Planer' (18. Jh.), spätlat. *calculātor* 'Rechner, Rechnungsführer'.

Kalorie f. Maßeinheit für die Wärmemenge und für den Energiewert von Nahrungsmitteln, Übernahme (19. Jh.) der gelehrten Bildung frz. *calorie* (1835), zu lat. *calor* 'Wärme, Hitze'. Dafür neuerdings *Joule* (eigentl. Name eines engl. Physikers).

kalt Adj. 'von niedriger Temperatur, erstarrt, gefühlsarm', ahd. (9. Jh.), mhd. *kalt*, asächs. *kald*, mnd. *kōlt*, mnl. *cout*, nl. *koud*, aengl. *ceald*, *cald*, engl. *cold*, anord. *kaldr*, schwed. *kall*, got. *kalds* (germ. **kalda-*) geht aus einer alten Partizipialbildung (auf ie. *-to-*) hervor, daher eigentl. 'gekühlt, gefroren'; es stellt sich zu den überlieferten germ. Verben aengl. *calan* 'erkalten, abkühlen' und anord. *kala* 'frieren, kalt machen'. Mit den ablautenden Verwandten *kühl* (s. d.), lat. *gelū* 'Kälte, Frost', *gelāre* 'gefrieren', *gelidus* 'eiskalt' (s. *Gelee*) setzt es eine (allerdings nur aus dem Germ. und Italischen zu erschließende) Wurzel ie. **gel(ə)-* 'kalt, frieren' voraus. – K ä l t e f. Adjektivabstraktum, ahd. *kaltī* (8. Jh.), mhd. *kelte*. e r k a l t e n Vb. 'kalt werden, abkühlen', ahd. *irkaltēn*, *-kaltōn* (9. Jh.), mhd. *erkalten*, zum gleichbed., im Nhd. untergegangenen Simplex ahd. *kaltēn*, *kaltōn*, mhd. *kalten*. e r k ä l t e n Vb. refl. 'durch Kälteeinwirkung erkranken', mhd. *erkelten* 'kalt machen', zum gleichbed. Simplex mhd. *kelten*, das nhd. nicht mehr gebräuchlich ist; dazu E r k ä l t u n g f. (16. Jh.). k a l t b l ü t i g Adj. 'leidenschaftslos, unerschrokken, skrupellos' (18. Jh.). K a l t s c h a l e f. 'kalt serviertes süßes (Suppen)gericht mit Früchten' (17. Jh.), Zusammenrückung aus *kalte Schale*. K a l t s c h m i e d m. 'ohne Feuer arbeitender Schmied' (z. B. Kupferschmied), ahd. *kaltsmid* (Hs. 12. Jh.), mhd. *kaltsmit* 'Kessel-, Kupfer-, Messingschmied'.

Kamel n. Der Name des höckertragenden Wiederkäuers stammt aus griech. *kámēlos* (*κάμηλος*) bzw. wie dieses aus dem Semitischen, vgl. hebr. *gāmāl*, arab. *ǧamal*. Daraus wird während der Kreuzzüge, der damaligen Aussprache arab. *gemel* bzw. byzant.-griech. *kamil-* folgend, mhd. *kemel*, *kemmel*, *kembel* entlehnt. Die heutige Namensform (mit Endbetonung) wird im 16. Jh. durch Angleichung an das aus dem Griech. stammende lat. *camēlus* üblich. Mit der Entlehnung ins Mhd. wird die alte Bezeichnung des Tieres ahd. *olbenta*, mhd. *olbende* (aus griech.-lat. *elephās*, s. *Elefant*) aufgegeben.

Kamelie f. Die aus Ostasien stammende Zierpflanze erhält den Namen botan.-lat. *Camellia* (Linné 1737), eingedeutscht *Kamelie* (19. Jh.), zu Ehren des mährischen Jesuiten *G. J. Kámel*, latinisiert *Camellus*, des Verfassers einer Beschreibung ostasiatischer Pflanzen.

Kamera f. 'fotografisches und filmtechnisches Aufnahmegerät'. Im 17. Jh. wird nlat. *camera obscura* (eigentl. 'dunkle Kammer', s. *Kammer* und *obskur*) Bezeichnung für ein optisches Gerät, einen geschlossenen Raum oder Kasten mit Loch, auf dessen Rückwand das Abbild eines davor befindlichen Gegenstandes erscheint. Im 19. Jh. steht verkürztes engl. *camera* für den 'fotografischen Apparat', das ins Dt. übernommen und im 20. Jh. auf den 'Filmapparat' (*Filmkamera*) übertragen wird. – Kameramann m. 'wer mit dem Filmapparat arbeitet' (20. Jh.).

Kamerad m. 'Gefährte'. Mit frz. *camarade* (aus span. *camarada*) konkurriert anfänglich (unter dem Einfluß von ital. *camerata*) die später aufgegebene Nebenform mfrz. frz. *camerade*, die im 16. Jh. in die dt. Militärsprache entlehnt wird. Auszugehen ist von lat. *camera* 'gewölbte Decke, Gewölbe', mlat. 'Zimmer, Schlafraum' (s. *Kammer*), offenbar auch 'eine Stube für Soldaten', denn die romanische Ableitung bezeichnet die entsprechende kleine militärische Einheit, die 'Korporalschaft' (eigentl. 'eine Stube voll Soldaten'), danach (unter Wandel vom fem. zum mask. Genus) das einzelne Mitglied, den 'Soldaten, Gefährten im Zimmer, in der Armee'. *Kamerad* wird im 30jährigen Krieg geläufig und bald auch allgemein für 'Gefährte, Genosse' verwendet. – Kameradschaft f. 'Freundschaft, Verbundenheit, Gemeinschaft' (17. Jh.), dazu kameradschaftlich Adj. (19. Jh.) neben heute unüblichem *kameradlich*.

Kamille f. wildwachsender, aromatisch riechender, oft als Heilmittel und zur Teebereitung verwendeter Korbblütler. Der Name ahd. *kamilla* (Hs. 14. Jh.), mhd. *gamille* für die seit der Antike gut bekannte Heilpflanze ist entlehnt und gekürzt aus mlat. *camomilla*, lat. *chamomilla*, *chamaemēlon*, das aus griech. *chamáimēlon* (*χαμαίμηλον*) 'Kamille', eigentl. 'Erdapfel', stammt, vgl. griech. *chamái* (*χαμαί*) 'auf der Erde' und *mēlon* (*μῆλον*) 'Apfel'; Benennung (laut Dioskurides und Plinius) nach dem apfelähnlichen Geruch der Blüten. Nd. *Kamelle* begegnet in der Fügung *olle Kamellen* (Plur.) 'altbekannte und daher oft wertlose Tatsachen, alte Geschichten' (18. Jh.), eigentl. überalterte getrocknete Kamille, die Aroma und Heilkraft verloren hat.

Kamin m. 'offene Feuerstelle mit Rauchfang', mhd. *kamīn, kemīn* 'Feuerstätte, Feuerherd', frühnhd. 'Schornstein', entlehnt aus lat. *camīnus* 'Feuerstätte, Schmelzofen, Schmiedeesse, Kamin zur Heizung des Zimmers', das seinerseits auf griech. *kámīnos* (*κάμινος*) 'Schmelz-, Brennofen' (einem Lehnwort unbekannter Herkunft) beruht. Schon früh bezeichnet *Kamin* in West- und Süddeutschland den geschlossenen Rauchabzug (gegenüber *Esse*, *Rauchfang*, *Schlot*, *Schornstein*, s. d., in anderen Landschaften); vgl. Kaminfeger m. (16. Jh.).

Kamm m. 'mit Zinken versehenes Gerät zur Haarpflege', ahd. *kamb(o)* 'Kamm, Helmbusch, Kranzgesims' (10. Jh.), mhd. *kamp*, asächs. *kamb*, mnl. *cam(b)*, mnd. nl. *kam*, aengl. *camb*, *comb*, engl. *comb*, anord. *kambr*, schwed. *kam* (germ. **kamba-*) verbinden sich als 'gezähntes Gerät' mit aind. *jámbhaḥ* 'Zahn', *jámbhatē* 'schnappt', griech. *gómphos* (*γόμφος*) 'Pflock', lit. *žam̃bas* 'Balkenkante, eckiger Gegenstand', *žem̃bti* '(zer)schneiden', aslaw. *zǫbъ* 'Zahn', russ. *zub* (*зуб*), so daß sich ie. **ĝombhos* 'Zahn' erschließen läßt. Sämtliche Formen gehören zu ie. **ĝembh-* (daneben vielleicht auch **ĝemph-*) 'beißen, zerbeißen', das als Nasalierung der Wurzel ie. **ĝep(h)-*, **ĝeb(h)-* 'Kiefer, Mund; essen, fressen ' (s. *Kiefer* m., *Käfer*) anzusehen ist. Vgl. die Wendung *alles über einen Kamm scheren* 'unterschiedliche Dinge gleich behandeln' (16. Jh.), eigentl. wohl grobe und feine Wolle, aber auch unterschiedliche Haartrachten mit demselben Kamm, also auf dieselbe Art, behandeln. – Vom Substantiv abgeleitet kämmen Vb. 'mit einem Kamm glätten, ordnen', ahd. *kemben* (um 1000), mhd. *kemben*, *kemmen*, asächs. *kembian*, aengl. *cemban*, engl. *to comb*, anord. *kemba*. Kammgarn n. 'Garn aus reiner, gekämmter (gelockerter) Wolle' (19. Jh.).

Kammer f. 'kleiner Raum, Nebenzimmer', ahd. *kamara* (8. Jh.), mhd. *kamer(e)*, Entlehnung von lat. *camera*, *camara* 'gewölbte Decke eines Zimmers, Gewölbe', griech. *kamára* (*καμάρα*) 'Gewölbe, Zimmerwölbung, gewölbte Kammer', das wohl mit lat. *camurus* 'gekrümmt' verwandt ist. Im Mittelalter entfaltet sich die Bedeutung sowohl im Mlat. wie im Ahd. und Mhd. zu 'Schlaf-, Wohn-, Vorratsraum, Schatzkammer, fürstliche Wohnung, Gerichtsstube', an die sich weitere Verwendungen sowie Zusammensetzungen und Ableitungen anschließen. Die fürstliche *Kammer* umfaßt schließlich alles, was zur fürstlichen Umgebung und Regierung gehört, vgl. *Kammerfrau* (15. Jh); *Kammerdiener* (16. Jh.); *Kammerrat* (16. Jh.); *Kammerjäger* 'fürstlicher Leibjäger', zugleich (scherzhaft)

'Ratten- und Mäusefänger' (17. Jh.), heute 'Schädlingsbekämpfer'; *Kammermusik* (17. Jh.) 'Musik am fürstlichen Hofe', dann 'Musik für kleineres, solistisch besetztes Orchester'. Zur Bedeutung 'Schatzkammer' gehört *Kammer* 'fürstliches Vermögen' (13. Jh.), 'Staatskasse, Finanzverwaltung, öffentliche Kasse' (15. Jh.); *Kämmerer* 'Leiter der Finanzverwaltung' (ahd. *kamarāri*, 8. Jh., mhd. *kamerære* 'Schatzmeister'). Aus der (fürstlichen) 'Gerichtsstube' entwickelt sich *Kammer* zu 'Gericht', vgl. *kaiserliche Kammer* (15. Jh.); *Kammergericht* (16. Jh.); danach *Zivil-*, *Strafkammer* (19. Jh.). In der Übersetzung von (ebenfalls auf lat. *camera* beruhendem) frz. *chambre* bzw. (nach afrz. *chambre*) engl. *chamber* bezeichnet *Kammer* die Körperschaften einer Landesvertretung (18. Jh.).

Kamp n. 'eingezäuntes Stück Land'. Asächs. mnd. *kamp* 'Feld, Landstück' (als Ackerland, Weide, Wiese, Holzung u. dgl.) ist wie mnl. *camp*, nl. *kamp* Entlehnung aus lat. *campus* 'flaches Feld'. Seit etwa 1500 wird das nd. Wort auch in hd. Texten üblich. Letztlich gleichen Ursprungs ist die moderne Form *Camp* n. '(Zelt)lager', in deutscher Schreibweise auch *Kamp*, eine Entlehnung (20. Jh.) von engl. *camp* '(Feld)lager', das über nordafrz. *camp* ebenfalls auf lat. *campus* beruht (s. *Camping* und *Kampf*).

Kampagne f. 'zeitlich begrenzte, größere gemeinschaftliche Aktion'. Mfrz. frz. *campagne* 'Feld, flaches Land', dann 'Gelände, auf dem militärische Operationen ausgetragen werden' entwickelt im 17. Jh. die Bedeutung 'Feldzug', mit der der Ausdruck unmittelbar danach ins Dt. übernommen wird. Das seiner Lautgestalt nach auf südfrz. oder norm.-pikard. Herkunft deutende Wort stammt aus spätlat. *campānia* 'Ebene, freies Feld', zu spätlat. *campānius*, *campāneus* Adj. 'zum flachen Land gehörig', abgeleitet von lat. *campus* 'Ebene, Fläche, Feld'. Die Bedeutung 'Feldzug' ist noch bekannt durch Goethes *Campagne in Frankreich* (1792/93). Dann auch 'Betriebszeit eines Hochofens' (18. Jh.), in Handel und Landwirtschaft 'Geschäftszeit, saisonbedingter, verstärkter Arbeitseinsatz' (19. Jh.), 'zeitlich begrenzte, politisch-propagandistische Aktion', vgl. *Pressekampagne* (20. Jh.) und älteres *Wahlkampagne* (19. Jh.).

Kampf m. 'Streit, Schlacht', ahd. *kamph* (11. Jh., älter *kamphheit*, 8. Jh., *sigikamph*, 9. Jh.), mhd. *kampf* beruht auf einer frühen Entlehnung (vor der ahd. Lautverschiebung) von lat. *campus* 'flaches Feld, Schlachtfeld', mlat. auch 'Kampf, Zweikampf'; vgl. mnd. nl. *kamp*, mnl. aengl. *camp*. *Kampf ums Dasein* (19. Jh.) nach engl. *struggle for existence*, auch *for life* (Darwin). kämpfen Vb. 'sich schlagen, verteidigen', ahd. *kemphen* (9. Jh.), mhd. *kempfen* (bes. 'einen Zweikampf bestehen'). Kämpfer m. 'wer in einem Kampf steht', mhd. *kempfer*. Kämpe m. 'Kämpfer' (18. Jh.), modern nur noch poetisch oder historisierend, meist im Sinne von 'Haudegen', zeigt nd. Lautform, vgl. asächs. *kempio*, mnd. *kempe* gegenüber ahd. *kempho* (8. Jh.), mhd. *kempfe*. kämpferisch Adj. 'wie ein Kämpfer, draufgängerisch' (16. Jh.).

Kampfer m. aus dem Holz des ostasiatischen Kampferbaumes oder synthetisch hergestellte scharf riechende und schnell verdunstende Substanz. Wort und Produkt stammen aus dem Orient. Aus ind. *karpura*, *kappūra* (FEW 19, 78; aind. *karpū́raḥ*) entlehntes arab. *kāfūr* ergibt mlat. *cafora*, afrz. *cafour*, mhd. *gaffer*. Daneben steht eine in ihrem Ursprung ungeklärte Form mit Nasaleinschub und Akzentverlagerung auf die erste Silbe mlat. *camphora*, afrz. *canfre* (seit 15. Jh. *camphre*), mhd. *kampfer* (vgl. auch engl. *camphor*, nl. *kamfer*), die sich im Nhd. durchsetzt.

kampieren Vb. 'im Freien lagern, übernachten', entlehnt (17. Jh.) aus gleichbed. frz. *camper*, einer Ableitung von frz. *camp* 'militärisches Lager' (einer Form pikard. oder prov. Ursprungs gegenüber regulär entwickeltem frz. *champ*), aus lat. *campus* 'flaches Feld', auch 'militärischer Versammlungsort und Übungsplatz' (s. auch *Kamp*, *Kampf*, *Camping*). Das Verb, im 30jährigen Krieg aufgenommen, wird als betont unkonventioneller Ausdruck für 'übernachten' Bestandteil der Studentensprache und erlangt von daher allgemeine Verbreitung.

Kanaille f. 'gemeiner Kerl, Schuft', Übernahme (17. Jh.) von frz. *canaille*, das aus ital. *canaglia* 'Hundepack, Schuft' stammt, einer Ableitung von ital. *cane* 'Hund' (lat. *canis*). Wie im Frz. und Ital. bezeichnet *Kanaille* sowohl eine Einzelperson als auch eine Gruppe ('Gesindel, Pack', auch lange Zeit herabsetzend 'das niedere Volk'); im Dt. geht kollektiver Gebrauch jedoch im 19. Jh. zurück.

Kanal m. '(künstlicher) Wasserlauf, Leitung, Rohr, Verbindung', Entlehnung (15. Jh.) aus ital. *canale* 'Wasserarm, Wasserlauf, Leitungsröhre', dem lat. *canālis* 'Röhre, Rinne, Wasserrinne' voraufgeht, eine Ableitung von lat. *canna* 'kleines Rohr, Schilfrohr', griech. *kánna* (κάννα) 'Rohr, Rohrgeflecht'; dieses stammt aus babyl.-assyr. *qanū* 'Rohr', das auf sumer.-akkad. *gin* 'Rohr' zurückgeführt wird. Die mit engl. *channel* (aus afrz. *chanel*, lat. *canālis*) verbundene moderne Verwendung 'Frequenzbereich von bestimmter Bandbreite' (bei Rundfunk und Fernsehen) wird auf nhd. *Kanal* übertragen. Eine frühe Entlehnung aus lat. *canālis* liegt vor in ahd. *canăl*, *canăli* (beide 9. Jh.), mhd. *kanel*, *kenel* 'Kanal, Röhre, Rinne'; sie ist heute noch in südd. und westmd. Mundarten erhalten, vgl. *Kanel*, *Kännel*, *Kandel* 'Wasserrinne'. – K a n a l i s a t i o n f. 'System unterirdischer Rohre zur Ableitung von Abwässern, Errichtung eines solchen Systems, das Schiffbarmachen von Flüssen', dazu k a n a l i s i e r e n Vb., beides Bildungen des 19. Jhs.

Kanapee n. 'Sitzsofa', Entlehnung (18. Jh.) von frz. *canapé*. Dieses folgt mlat. *canapeum*, lat. *cōnōpēum*, griech. *kōnōpeĩon* (κωνωπεῖον) 'feinmaschiges Mückennetz, mit einem solchen Netz überzogenes Himmelbett'. Eine Verbindung, vielleicht nur volksetymologischer Art, besteht zu griech. *kṓnōps* (κώνωψ) 'Stechmücke', für das Entlehnung aus dem Ägypt. angenommen wird.

Kanarienvogel m. Der kleine, in der Regel gelbe Sing- und Zuchtvogel ist nach der Heimat seiner Wildform, den Kanarischen Inseln (lat. *Canāriae īnsulae*) benannt. Die Spanier, die die Inseln im 15. Jh. besetzen, importieren den Vogel nach Europa. Dem span. *canario* bzw. dem zoolog.-lat. *avis canaria* (16. Jh.) entspricht der dt. Name *Canarien Vogel* (Anfang 17. Jh.).

Kandare f. 'Zaumzeug zum strengen Zügeln des Pferdes', Entlehnung (*Kantare*, 16. Jh.) aus ungar. *kantár* 'Zaum, Tragnetz', wahrscheinlich turksprachlichen Ursprungs, vgl. türk. *kantarma* 'Zügel, Zaum, Halfter'. Auch in der Redensart *an die Kandare nehmen* 'scharf zügeln, in der Freiheit einschränken, streng behandeln' (um 1900).

Kandelaber m. 'Armleuchter, monumentaler Leuchter mit mehreren Kerzenständern, mehrarmige Straßenlaterne', entlehnt im 18. Jh. aus gleichbed. frz. *candélabre*. Vorauf geht lat. *candēlābrum* 'Leuchter', das zu lat. *candēla* 'Wachs-, Talglicht, Kerze' gebildet ist und damit zum Ausgangswort lat. *candēre* 'glänzen, schimmern' gehört (s. auch *Kandidat*).

Kandidat m. 'Bewerber um einen akademischen Grad' (16. Jh.), 'Bewerber um ein Amt, Anwärter' (18. Jh.), entlehnt aus lat. *candidātus* 'Bewerber'. Das von lat. *candidus* 'schimmernd, glänzend, weiß' (zu lat. *candēre* 'glänzen, schimmern') abgeleitete Adjektiv bedeutet 'weiß gekleidet' und bezeichnet in seiner Substantivierung zunächst den 'mit einer weißen Toga (*toga candida*) bekleideten Bewerber um ein Amt in Rom', dann allgemein den 'Bewerber, Anwärter'. In erweiterter Verwendung *Wahlkandidat* (18. Jh.), scherzhaft *Heiratskandidat* (19. Jh.), *Todeskandidat* (19. Jh.). – K a n d i d a t u r f. 'Bewerbung um ein (politisches) Amt oder dgl.' (19. Jh.), im Dt. vielleicht im Anschluß an frz. *candidature*. k a n d i d i e r e n Vb. 'sich (um ein Amt, einen Posten) bewerben' (19. Jh.).

Kandiszucker m. 'kristallisierter Zucker', zuerst (um 1400) *zocker candith*, dann (16. Jh.) *Zuckerkandi(t), Zuckerkandel, -kanden*, seit dem 18. Jh. *Zuckerkandis* und *Kandiszucker*. Zugrunde liegt aus aind. *khaṇḍakaḥ* 'Kandiszucker' (wohl dravidischen Ursprungs) entlehntes arab. *qand* 'Rohrzucker'. Das zugehörige Adjektiv arab. *qandī* 'aus Rohrzucker' geht in die Fügung ital. *zucchero candì* ein, die zu *zucchero candito* (mit dem Part. Perf. von *candire*, s. unten) weitergebildet wird. Auf diesen beiden Bezeichnungen beruhen die dt. Varianten. – k a n d i e r e n Vb. 'mit Zucker überziehen' (17. Jh.), älter '(sich) kristallisieren' (16. Jh.), aus dem von ital. *candì* (s. oben) abgeleiteten Verb ital. *candire* bzw. daraus entlehntem frz. *candir*.

Känguruh n. in Australien lebendes, mit seinen kräftig entwickelten Hinterbeinen springend sich fortbewegendes Beuteltier. Der Name bezeichnet in einer australischen Eingeborenensprache jedes vierfüßige Tier (mit Ausnahme von *dingo* 'Hund'), wird jedoch im obigen Sinne im 18. Jh. (wohl 1770 über engl. *kangaroo* durch die engl. Forschungsreisenden Cook und Banks?) den europäischen Sprachen vermittelt.

Kaninchen n. hasenartiges Nagetier. Mnd. *kanīn(e)ken*, Deminutivum zu mnd. *kanīn*, gelangt mit hd. Deminutivsuffix *-chen* ins Omd. und wird durch Luthers Gebrauch in die Literatursprache (*Caninchen*, *Caninichen*, 16. Jh., *Kaninchen*, 17. Jh.) aufgenommen. Mnd. *konīn* und (mit vortonig verändertem Vokal) *kanīn* ist wie mnl. *connijn, cunijn*, nl. *konijn* entlehnt aus afrz. (bes. nordfrz.) *con(n)in*, das (mit Suffixwechsel) neben afrz. *con(n)il* steht, hervorgegangen aus lat. *cunīculus* 'Kaninchen', übertragen (im Hinblick auf den Kaninchenbau) 'unterirdischer Gang'. Auf afrz. *con(n)il* beruht ahd. *cŏnol* (Hs. 12. Jh.), auf lat. *cunīculus* mhd. *küniclīn*, *künglīn*, frühnhd. *Kun(i)glin*, *Künglīn*, *Künlīn* (15. Jh.), *Künlein* (16. Jh., verbunden mit dem Deminutivsuffix mhd. *-līn*, nhd. *-lein*, s. d.) sowie (mit *r*-Einschub) md. *Carnickelgen* (17. Jh.), md. nordd. *Karnickel*. Da die Tiere ursprünglich auf der Pyrenäenhalbinsel und in Norditalien heimisch sind, stammt lat. *cunīculus* wohl aus einer nicht-ie. Sprache des Alpengebietes und der iberischen Halbinsel, also wahrscheinlich aus dem Ligurischen.

Kanister m. 'tragbarer Behälter für Flüssigkeiten'. Im 18. Jh. wird *Kanister* 'Korb' aus gleichbed. ital. *canestro* entlehnt. Dieses stammt aus lat. *canistrum*, griech. *kánastron* (*κάναστρον*) 'aus Rohr geflochtener Brot-, Frucht-, Blumenkorb', einer Ableitung von griech. *kánna* (*κάννα*) 'Rohr' (s. *Kanal*). Die heutige Bedeutung wird im 19. Jh. unter Einfluß von engl. *canister* 'Blechbüchse, -dose' üblich.

Kanker m. Name für ein langbeiniges Spinnentier, 'Weberknecht', heute vorwiegend landschaftlich (md.), gelegentlich aber auch in der dt. zoolog. Fachsprache üblich, spätmhd. *kanker* (14. Jh.). Vergleichbar sind anord. *kǫngul-*, *kǫngurvāfa* 'Spinne', d. i. 'die ein Flechtwerk, ein Gespinst Webende' (vgl. wohl auf der gleichen Vorstellung beruhendes aengl. *gangelwǣfre*, *gangewifre* 'Spinne', das allerdings volksetymologisch durch Anlehnung an aengl. *gangan* 'gehen' umgebildet und daraufhin als 'die im Gehen Webende' zu deuten ist). Aus anord. *kǫngull*, norw. (mundartlich) *kongul, kangel*, schwed. (mundartlich) *kangel, kångel* 'Beerenbüschel', anord. *kengr* 'Biegung, Haken, Bügel' sowie kslaw. *gǫžvica* 'Weidenrute', russ. *guž* (*гуж*) 'Kummetriemen', slowen. *gôž* 'Riemen', tschech. *houžev* 'Gedrehtes, Gewundenes, Weidenrute' ist erschließbar ie. **gengh-* 'drehen, winden, flechten, weben', so daß *Kanker* als 'der Webende, ein Gespinst Herstellende' zu verstehen ist. In den md. Mundarten, wo *Kanker, Ganker, Ganger* 'Spinne' gebräuchlich ist, geht der Name vielfach auf das Spinnengewebe und auf den den Spinnen ähnlichen langbeinigen Weberknecht über, der jedoch keine Spinndrüsen besitzt. Die Übertragung mag durch volksetymologische Anlehnung (nahegelegt durch die Langbeinigkeit der Tiere) an omd. *kankern*, *gankeln*, *gangeln* 'hin- und herschwanken, unsicher gehen' beeinflußt sein.

Kanne f. 'krugartiges Gefäß mit Ausgußröhre', ahd. *kanna* (11. Jh.), mhd. *kanne* ist etymologisch nicht sicher geklärt. Wahrscheinlich ist das Wort galloroman. Ursprungs und mit der römischen Töpferei ins Dt. gelangt; germ. Herkunft für selten und spät belegtes lat. *canna* 'Gefäß' (so Walde/Hofmann [3]1, 154) wäre damit auszuschließen. Ausgangsform ist entweder lat. *canna* (aus griech. *kánna*, *κάννα*) 'kleines Rohr, Schilf' (s. *Kanal*, *Kanister*), das Bezeichnung der Ausgußröhre, dann des ganzen Gegenstandes wird, so daß lat. *canna* die Bedeutung 'Gefäß' erhält (woraus ahd. *kanna*); vgl. Frings/M. Germania Romana 2 (1968) 151ff. Oder es ist von lat. *(ōlla) *cannāta* '(Topf) mit einer Ausgußröhre' (woraus ahd. *kanta*, *kannata*) auszugehen, das das Kurzwort lat. *canna* entwickelt (woraus ahd. *kanna*); vgl. Knobloch in: Lingua 26 (1970/71) 304. K a n n e g i e ß e r m. 'politischer Schwätzer'. 1742 wird das Lustspiel "*Den politiske Kandestøber*" des Dänen Holberg unter dem dt. Titel „*Der politische Kannegießer*" bekannt. Nach der Hauptfigur, einem beschränkten politisierenden Zinngießer, wird *Kannegießer* (mhd. *kannelgieȥer*, spätmhd. *kannengieȥer*, im 15. Jh. bereits als Schimpfwort nachweisbar) in der 2. Hälfte des 18. Jhs. zusammen mit abgeleitetem k a n n e g i e ß e r n Vb. 'politische Dummheiten reden' zum politischen Schlagwort.

Kannibale m. 'Menschenfresser, roher, brutaler Mensch', aus span. *caníbal* 'Menschenfresser', ist seit dem 16. Jh. in dt. Texten nachgewiesen. Die Kariben nennen sich in ihrer Sprache *caribe*, *cariba*, *caniba* (ursprünglich 'stark, tapfer, geschickt, klug'). Kolumbus übernimmt bei seinen Entdeckungsfahrten aus den Mundarten der Festlands- und Inselkariben den Ausdruck in vielen Varianten zur Bezeichnung der (aus kultischen Gründen) menschenfressenden Indianerstämme der Karibik. Aus Formen wie span. *los de Caniba, los caribes* und (mit span. Ableitungssuffix gebildetem) *los caníbales, los caríbales* leitet sich im span. Sprachgebrauch der Kolonien *caribes* (woraus dt. *Kariben*) als Name für die Ureinwohner ab, während *caníbales* die Bedeutung 'Menschenfresser' erhält und durch span. Vermittlung in die europäischen Sprachen gelangt. k a n n i b a l i s c h Adj. 'roh, ungesittet' (16. Jh.), im 18. Jh. auch steigerndes Kraftwort, vgl. *gar kannibalisch wohl* (in Goethes „Faust"). K a n n i b a l i s m u s m. 'Menschenfresserei' (19. Jh.).

Kanon m. 'Richtschnur, Regel, Kettengesang'. Griech. *kanṓn* (*κανών*) 'gerade Stange, Richtscheit, Lineal' ist wohl, ausgehend von einer Bedeutung 'Rohrstab', eine Bildung zu griech. *kánna* (*κάννα*) 'Rohr, Rohrgeflecht' (s. *Kanal*). Bereits im Griech. entwickelt *kanṓn* die Übertragungen 'Regel, Vorschrift, Liste, Katalog, Verzeichnis der klassischen Schriftsteller', die alle von lat. *canōn* übernommen werden. Davon ausgehend bezeichnet *canōn* in der griech. und lat. Kirchensprache den unveränderlichen Hauptbestandteil der Messe, das Verzeichnis der als göttlich inspiriert geltenden Bücher der Bibel und den Katalog der Heiligen. In allen übertragenen Bedeutungen wird *canōn* zu unterschiedlichen Zeiten ins Dt. übernommen; zuerst wohl ahd. *canon* '(kirchliche) Rechtsvorschrift' (9. Jh.), dann für das eucharistische Hochgebet in der Messe (15. Jh.) und schließlich für ein Lied oder Musikstück, bei dem die Stimmen nacheinander (nach strenger kontrapunktischer Regel) einsetzen (16. Jh.). Die Wendung *unter aller Kanone* ist eine scherzhafte Übersetzung der Schülersprache von lat. *sub omni canone* 'unter allem Kanon', d. h. so schlecht, daß es sich der Beurteilungsrichtschnur entzieht. – k a n o n i s c h Adj. 'der Regel, dem Kanon entsprechend, kirchenrechtlich, mustergültig, maßgebend', lat. *canonicus*, griech. *kanonikós* (*κανονικός*); zuerst zur Kennzeichnung der von der Kirche in das Verzeichnis der maßgebenden Schriften (in den *Kanon*, s. oben) aufgenommenen biblischen Bücher (16. Jh.), Gegensatz *apokryph* (griech. *apókryphos*, *ἀπόκρυφος* 'versteckt, heimlich'); dann auch 'den katholisch-kirchlichen Rechtsbestimmungen entsprechend', im Unterschied zum bürgerlichen, weltlichen Recht (17. Jh.), daher *kanonisches Recht*, nach spätlat. *iūs canonicum*. k a n o n i s i e r e n Vb. 'in den Kanon, in das Verzeichnis der Heiligen aufnehmen, heiligsprechen', mhd. *canonizieren*, mlat. *canonicare*.

Kanone f. '(schweres) Geschütz'. Im 16. Jh. wird ital. *cannone* m., vergrößernd zu ital. *canna* 'Röhre, Rohr' (lat. *canna* 'kleines Schilfrohr, Röhre', s. *Kanal*) gebildet, ins Dt. übernommen. Bereits im 16. Jh. vollzieht sich der Bedeutungswandel von 'großes Rohr' zu 'großes Geschütz', und die als Femininum empfundene Form wird im 30jährigen Krieg fester Bestandteil der Sprache, wobei ältere Bezeichnungen wie *Kartaune*, *Feldschlange*, *Stück*, *Donnerbüchse* verdrängt werden. Im 16. Jh. belegtes *Canon* m. beruht wohl auf Übernahme des ebenfalls aus dem Ital. entlehnten frz. *canon* m. Offensichtlich von Merkmalen wie 'groß, durchschlagend, gewaltig' ausgehend, entwickelt sich die moderne (20. Jh.) Übertragung 'Sportgröße', dann allgemein 'Könner, As'. – K a n o n e n f u t t e r n. 'Truppen, die im Krieg sinnlos geopfert werden' (19. Jh.), nach engl. *food for powder* (Shakespeare). K a n o n a d e f. 'anhaltendes Geschützfeuer' (17. Jh.), frz. *canonnade* (aus ital. *cannonata*). K a n o n i e r m. 'Artillerist' (17. Jh.), für älteres *Büchsenmeister*, frz. *canonnier*.

Kantate f. 'mehrsätziges Gesangsstück für Einzelstimmen und Chor mit Instrumentalbegleitung'. Um 1700 wird ital. *cantata*, gleichsam 'Singstück' (im Unterschied zum 'Klingstück', s. *Sonate*), ins Dt. entlehnt. Ital. *cantata* ist das substantivierte fem. Part. Perf. von ital. *cantare*, aus lat. *cantāre*, dem Intensivum zu lat. *canere* (*cantum*) 'singen' (s. *Chanson*, *Kantor*). Dagegen ist der Name K a n t a t e für den vierten Sonntag nach Ostern im christlichen Kirchenjahr Übernahme von lat. *cantāte*, dem Imp. Plur. von lat. *cantāre*, und bedeutet 'Singet!'.

Kante f. '(scharfer) Rand'. Im 17. Jh. wird mnd. *kante* f. 'Kante, Ecke, Rand' (daneben *kant* m. n.) ins Hd. aufgenommen. Es geht über mnl. *cante*, *cant* 'Rand, Kante, Stück Brot' und afrz. *chant* (apikard. *can*) 'Seite' auf lat. *cantus* 'Radreifen, Radfelge' (wie auch ital. span. *canto* 'Ecke, Kante' und griech. *kanthós, κανθός* 'Radreifen') zurück, das gall. Herkunft ist, vgl. kymr. *cant* 'eiserner Reifen, Rand, Ecke', bret. *kant* 'Kreis'. Die oft belegte *th*-Schreibung in lat. *canthus* beruht auf dem Einfluß von wohl nicht verwandtem griech. *kanthós (κανθός)* 'Augenwinkel', das bei seiner Entlehnung ins Lat. mit *cantus* zusammenfällt. – k a n t e n Vb. 'wenden, auf die Kante stellen' (um 1700). k a n t i g Adj. 'mit einer Kante, spitzem Rand versehen' (18. Jh.), älter *kanticht* (um 1700). K a n t h a k e n m. 'eiserner Haken zum Kanten und Heben von Lasten', aus dem Nd.; *jmdm. beim Kanthaken nehmen* 'die Meinung sagen' (17. Jh.).

Kanten m. 'Endstück vom Brot'. Mnl. *cant, cante* 'Rand, Kante, Stück Brot' gelangt mit nl. Siedlern im 12. Jh. in ostelbische Gebiete, wird dort mit dt. Endung allgemein üblich und im 20. Jh. auch literatursprachlich. Zur Herkunft s. *Kante*.

Kantine f. 'Erfrischungs-, Speiseraum' (in Kasernen, Betrieben, auf Baustellen), Entlehnung von frz. *cantine* 'Flaschen-, Vorratsbehälter, Soldatenschenke', das aus ital. *cantina* '(Wein)keller' stammt; weitere Herkunft unsicher, vielleicht zu ital. *canto* 'Ecke' (s. *Kante*). Im Dt. zunächst belegt für 'Feldflasche' (18. Jh.), dann für 'Soldatenschenke' (19. Jh.), danach bezeichnet *Kantine* den Speiseraum der Mannschaften im Unterschied zum *Kasino* (s. d.) der Offiziere.

Kanton m. 'Bundesland der Schweiz' (seit dem 16. Jh.), zuvor vereinzelt landschaftlich schon 'Teilgebiet, Landesteil' (15. Jh.), in Preußen 'Aushebungskreis für Rekruten' (18. Jh.). Der Schweizer Ausdruck stammt aus lombard. *cantone* 'Gebiet', bes. 'Tal im Gebirge', das zur Bezeichnung der unabhängig gewordenen Gebirgstäler der Innerschweiz übernommen wird (vgl. ital. *cantone* 'Ecke, Kante', Vergrößerungsform zu ital. *canto* 'Winkel, Ecke, Kante, Seite', auch 'Ort, Gegend'). Früherer Gebrauch im Dt. (15. Jh.) und wohl auch die Verwendung von *Kanton* als Einteilungseinheit im preußischen Kantonsystem beruhen dagegen auf mfrz. frz. *canton* 'Landstrich, Kreis, Bezirk, Revier' (seit Ende 18. Jh. 'Unterbezirk eines Departements'), afrz. *canton* 'Winkel, Ecke', das wahrscheinlich gleichbed. aprov. *canton*, Ableitung von aprov. *can* 'Rand, Kante, Seite' (vgl. afrz. *chant* 'Seite') fortsetzt. Ital. *canto* und aprov. *can* gehen auf lat. *cantus* 'Radreifen, Radfelge' zurück und sind letztlich gall. Herkunft (s. *Kante*). – k a n t o n a l Adj. 'den Kanton betreffend, zu ihm gehörig' (19. Jh.). K a n t o n i s t m. 'Dienstpflichtiger' (19. Jh.), zu *Kanton* 'preuß. Wehrverwaltungsbezirk'; nur noch in der Fügung *unsicherer Kantonist* 'unzuverlässiger Mensch', eigentl. 'Dienstpflichtiger, der sich der Gestellungspflicht zu entziehen sucht'.

Kantor m. 'Organist, Leiter des Kirchenchores und der Kirchenmusik', Übernahme (15. Jh.) von lat. *cantor* 'Sänger', mlat. auch 'Vorsänger, Chorleiter', zu lat. *canere* 'singen' (s. *Kantate*). Im Dt. bezeichnet *Kantor* vor allem den 'Leiter und Lehrer des Chorgesangs in Kirche und Schule', der in dieser Eigenschaft bereits vor der Reformation als 'erster Lehrer nach dem Schulleiter', später als 'Gehilfe des Schulmeisters' wirkt.

Kanu n. 'Einbaum, Paddelboot'. Im 16. Jh. ist span. *canoa* 'Einbaum der Indianer', von Kolumbus von karib. *canoa, canaua, canoao* 'Baumkahn' (in span. Schreibung wiedergegebene Varianten der Mundarten der Insel- und Festlandkariben) übernommen, in dt. Texten belegt. Im 17. Jh. tritt die im Frz. übliche Form *canot* hinzu, im 18. Jh. die engl. Form *canoe*, die sich in der Schreibweise *Kanu* im Dt. durchsetzt. Dazu im 20. Jh. K a n u t e m. 'Kanufahrer', dessen auslautendes *-te* wohl nach einem Vorbild wie *Exote* (19./20. Jh. zu *exotisch*, s. d.) als ein Personenbezeichnungen bildendes Suffix zu fremdländischen vokalisch auslautenden Wörtern aufgefaßt wird (vgl. *Tokiote*).

Kanüle f. 'Hohlnadel, Röhrchen zum Ab- und Zuleiten von Flüssigkeiten', Entlehnung (19. Jh.) von frz. *canule* (lat. *cannula* 'Röhrchen', Deminutivbildung zu lat. *canna* 'kleines Rohr, Schilfrohr', s. *Kanal*).

Kanzel f. 'erhöhter, mit einer Brüstung umgebener Platz des Predigers in der Kirche, verglaster Pilotensitz im Flugzeug, Hochsitz des Jägers', ahd. *kanzella* f. (um 800), mhd. *kanzel* f. m. ist entlehnt aus spätlat. *cancella* 'Gitter, Schranke' (in Kirchen vor dem Altar), zu lat. *cancellī* (Plur.) 'Gitter, Einzäunung, Schranken'. Dies ist eine deminutive Bildung zu lat. *cancer* 'Schranke, Gitter', dissimiliert aus lat. *carcer* 'Schranke, Umfriedung, Kerker'. Ein zu *cancellī* hinzugebildeter

Sing. spätlat. *cancellus* bezeichnet 'den für den Geistlichen abgegrenzten Raum in der Kirche', mlat. auch 'Geländer, Podium, Lesepult'. Das mit einer Brüstung versehene Lesepult steht ursprünglich an den Chor und Mittelschiff trennenden Schranken. – abkanzeln Vb. 'von der Kanzel herab verkünden, tadeln' (17. Jh.), 'zurechtweisen, ausschelten' (18. Jh.), vgl. heute unübliches gleichbed. *kanzeln* (18. Jh.). Kanzlei f. 'Büro', mhd. *kanzelīe*, *kenzelīe* (mit dem Suffix *-īe* zu mhd. *kanzel*), spätmhd. *kanzellerīe* (aus mlat. *cancelleria*), 'der mit Schranken umgebene Raum eines Gerichtshofes, Verwaltungsbehörde, Schreibstube'. Kanzleisprache f. sprachwissenschaftlicher Terminus 'Sprache der in den mittelalterlichen Kanzleien geschriebenen Urkunden, die deutlich mundartliche Kennzeichen meidet und als Amtssprache überlandschaftlichen Charakter trägt', auch Bezeichnung für den juristisch geprägten, trokkenen Behördenstil, den Kanzleistil m. (beide 19. Jh.). Kanzler m. 'Leiter einer Verwaltungsbehörde, Regierungschef', ahd. *kanzilāri* 'Kanzlist, Schreiber, Notar' (um 900), mhd. *kanzelære*, aus lat. *cancellārius* 'Türvorsteher', spätlat. 'Vorsteher der Kanzlisten, Kanzleivorsteher'; im Mhd. speziell '(Reichs)beamter (*des rīches kanzeler*), der für die Ausfertigung von Staatsurkunden verantwortlich ist', später 'oberster Leiter einer staatlichen Verwaltung', z. B. Vorsitzender des obersten Gerichtshofes (15. Jh.), preuß. Justizminister (18. Jh.), Regierungschef, vgl. *Reichs-* (17. Jh.), *Bundeskanzler* (19. Jh.).

Kap n. 'vorspringender Teil einer Steilküste, Vorgebirge'. Mnd. *kap*, *kāpe* 'Vorgebirge' (15. Jh.) ist wie nl. *kaap* eine Entlehnung aus dem Roman., wohl aus gleichbed. mfrz. *cap*, das seinerseits auf in diesem Sinne verwendetem aprov. *cap* 'Kopf, äußerstes Ende, Spitze, Gipfel' beruht. Im 17. Jh. dringt das nd. Seemannswort in die Literatursprache ein; noch Zesen glaubt (1670) *Kap* ins Hd. übersetzen zu müssen (*Eck der guten Hoffnung*). Entsprechendes ital. *capo* gelangt bereits im 16. Jh. durch Reiseberichte als *Capo* in hd. Texte. Ausgangswort ist in allen Fällen lat. *caput* (bzw. vlat. *capus*) 'Kopf', auch 'Spitze, Oberstes, Äußerstes, vorspringender Teil', vereinzelt schon 'Felsvorsprung an der Küste' (woraus 'Vorgebirge' in den roman. Sprachen).

Kapaun m. 'zur Mast kastrierter Hahn'. Nach 1200 bezeugtes mhd. *kappūn* ist entweder unmittelbar aus vlat. **cappōnem* (Akk. von vlat. **cappo*, s. unten) oder (über mnl. *capoen*, *cappoen*?) aus gleichbed. nordafrz. (pikard.) *capon* (afrz. frz. *chapon*) entlehnt, das dieselbe vlat. Form fortsetzt. Mhd. *kappūn*, nhd. *Kapaun* verdrängt das früher belegte ahd. *kappo* (um 1000), mhd. *kappe*, frühnhd. *Kapp(e)*, *Kopp(e)*, das auf dem Nominativ vlat. **cappo* (lat. *cāpo*, älter *cāpus* 'Kapaun') beruht. Eine verdeutlichende Zusammensetzung führt zur Form *Kapphahn*, mhd. *kaphan*, zu der auch *Kapphuhn* (15. Jh.) gebildet wird. Volksetymologisch werden diese Bildungen wohl nachträglich mit *kappen* (s. d.) in Verbindung gebracht.

Kapazität f. 'geistige oder räumliche Aufnahmefähigkeit, Fassungsvermögen, Umfang', im 16. Jh. aus gleichbed. lat. *capācitās* (Gen. *capācitātis*) entlehnt, dem Abstraktum zu lat. *capāx* 'viel fassend, geräumig, physisch und geistig zu etw. befähigt' (zu lat. *capere* 'nehmen, fassen, ergreifen'). In moderner Sprache auch Bezeichnung für einen 'bedeutenden Vertreter eines Fachgebiets' (19. Jh.).

[1]**Kapelle** f. 'kleine Kirche, für Gottesdienste abgeteilter Raum, Anbau an Kirchen', ahd. *kap(p)ella* 'kleine, dem Andenken eines Heiligen geweihte Kultstätte' (9. Jh.), mhd. *kap(p)elle* (bereits in den heutigen Verwendungen) ist entlehnt aus gleichbed. mlat. *cap(p)ella*, eigentl. 'Kapuzenmantel'. Das Deminutivum zu spätlat. *cappa* 'Art Kopfbedeckung', auch 'Mantel mit Kapuze' (s. *Cape*, *Kappe*) bezeichnet (um 660) den als Heiligtum verehrten Mantelrest des heiligen Martin von Tours, über dem die frk. Könige einen Betraum (*oratorium*) errichten. Die Bezeichnung für die Reliquie wird daraufhin auf den Raum der Aufbewahrung übertragen, so daß *cap(p)ella* die Bedeutung 'Gottesdienstraum der königlichen Pfalz', dann 'kleine Kirche' entwickelt.

[2]**Kapelle** f. 'Musikorchester' ist etymologisch gleicher Herkunft wie [1]*Kapelle* (s. d.), im 16. Jh. in der Bedeutung 'Musikergesellschaft' jedoch aus dem Ital. entlehnt. Vorauf geht eine Übertragung von ital. *cappella*

'kleine Kirche' auf die bei besonderen Ereignissen in einer fürstlichen Kapelle zu gemeinsamen musikalischen Darbietungen versammelten Musiker und Sänger (16. Jh.). – Kapellmeister m. 'Leiter eines Musikorchesters' (*Capellenmeyster*, Luther 1523).

Kaper f. Der Name für die unreife, in Essig eingelegte und als Gewürz verwendete Knospe des im Mittelmeergebiet beheimateten Kapernstrauches ist seit dem 15. Jh. im Dt. gebräuchlich. Die zufrühest bezeugten pluralischen Formen lassen Vermittlung des Lat. oder roman. Sprachen erkennen; so dürfte *Cappres* aus lat. *capparēs*, dagegen *Kapperen*, *Cappern* aus ital. *capperi* und späteres *Kapern* aus frz. *câpres* (aus dem Ital. entlehnt) stammen. Ausgangsform ist griech. *kápparis* (*κάππαρις*), ein Wort unbekannter Herkunft.

kapern Vb. 'ein Schiff aufbringen' (17. Jh.), übertragen 'etw. an sich bringen, sich einer Sache bemächtigen', abgeleitet von (heute unüblichem) Kaper m. 'privates bewaffnetes Schiff in Handelskriegen, das mit einer staatlichen Vollmacht feindliche Schiffe erbeuten darf', auch 'Freibeuter', Übernahme (17. Jh.) von nl. *kaper* 'Seeräuber, Freibeuterschiff', einer Substantivbildung zu nl. *kapen* 'Seeräuberei treiben'. Weitere Anknüpfungen sind unsicher. Man kann von afries. *kāpia* 'kaufen' (zu afries. *kāp* 'Kauf') ausgehen, das euphemistisch für 'Seeräuberei treiben' eingetreten sein mag. Aber auch Verbindungen zu nl. *kaap* 'Kap, Vorgebirge' (s. *Kap*) oder zu mnl. *cāpen* 'Ausschau halten' (vgl. mnd. *kāpen*, mhd. *kapfen*, *kaffen* 'verwundert schauen') lassen sich herstellen, da sowohl ein erhöhtes Vorgebirge als Ausguck wie auch das eifrige Ausschauhalten nach fremden Schiffen für die Seeräuberei von Belang sind. Welches dieser Wörter als Ausgangsform anzusehen ist, welchem lediglich Einfluß auf die Entwicklung zugeschrieben werden kann, ist nicht zu entscheiden. – Kaperschiff n., dt. Sprachgewohnheiten folgende verdeutlichende Bildung (18. Jh.) für *Kaper*.

kapieren Vb. 'verstehen, begreifen', im 17. Jh. aus lat. *capere* 'mit dem Verstand auffassen, begreifen' (eigentl. 'nehmen, fassen, ergreifen') in die Schülersprache entlehnt; danach allgemein üblich. Daran anschließend die scherzhaft französierte Fügung *schwer von Kapee* (*Capé*) 'begriffsstutzig, geistig schwerfällig' (um 1900).

kapillar Adj. 'haarfein, sehr eng', aus lat. *capillāris* 'zum Haar (lat. *capillus*) gehörig', mlat. 'einem Haar ähnlich, dünn, fein'. Die Fügung mlat. *capillares venae* 'Haar-, Kapillargefäße' begegnet bereits im 15. Jh. in dt. medizinischen Texten; dafür später *capillaria vasa* (18. Jh.). Die Eindeutschung *kapillar* erfolgt im 19. Jh. Gleichzeitig wird das substantivierte Neutr. *capillare* mit Genuswechsel zum Fem. (wohl beeinflußt durch lat. *vēna* bzw. nhd. *Vene*) und mit dt. Schreibweise *Kapillare* f. für 'Haargefäß' (vorwiegend im Plur. *Kapillaren*) in die medizinische, für 'Glasröhrchen mit sehr kleinem Durchmesser' in die physikalische Fachsprache aufgenommen.

Kapital n. 'Vermögen, (zinstragende) Geldsumme', entlehnt (Anfang 16. Jh.) aus ital. *capitale* 'Wert, Grundsumme, Vermögen in Geld, Reichtum', das auf lat. *capitālis* 'den Kopf, das Leben betreffend, hauptsächlich', auch 'schwerwiegend, wichtig', mlat. (substantiviert) 'bewegliches Gut, Wert, Grundsumme' beruht; zu lat. *caput* 'Haupt, Kopf, Spitze, Hauptperson, Anführer, (Haupt)abschnitt, -absatz', von Geld und Geldeswert 'Hauptsumme, Grundstock, Kapital'. Durch *Kapital* werden ältere Bezeichnungen wie *Hauptgut*, spätmhd. *houbetguot*, *houbetsumme*, *houbetgelt*, deren erstes Glied lat. *capitālis* übersetzt, ungebräuchlich. Im 16. Jh. wird gelegentlich auch die Form altvenezian. *cavedal* in dt. Texten verwendet. – kapital Adj. 'groß, hervorragend, schwerwiegend' (17. Jh.), aus lat. *capitālis* (s. oben); häufig als erstes Kompositionsglied, vgl. *Kapitalfehler*, *-hirsch*, *-verbrechen* (lat. *capitāle facinus*), *-verbrecher*, *-vergehen*. Kapitalist m. 'Unternehmer, Besitzer von Produktionsanlagen' (18. Jh.), 'Geldbesitzer' (17. Jh.). kapitalistisch Adj. (19. Jh.). Kapitalismus m. 'auf dem Privateigentum an Produktionsmitteln und dem freien Unternehmertum beruhende Wirtschaftsform mit dem Markt als Regulativ' (19 Jh.); vgl. gleichbed. frz. *capitalisme* (19. Jh.), zuvor 'Reichtum' (18. Jh.). kapitalisieren Vb. 'zu Geld machen' (19. Jh.), frz. *capitaliser*.

Kapitän m. 'Kommandant eines Schiffes, eines Flugzeugs', mhd. *kapitān*, *kapitānius* (spätmhd. auch *capitānie*) begegnet seit dem

13. Jh. in der Bedeutung 'Anführer, Oberhaupt, Hauptmann', die im militärischen Bereich noch im älteren Nhd. lebendig ist. Es ist Entlehnung aus gleichbed. mlat. *capitaneus*, selten *capitanus* bzw. aus den entsprechenden (lautlich weitgehend unter lat. Einfluß bleibenden) roman. Formen, vgl. afrz. *capitaine*, *capitain*, aprov. *capitani*, *captan*, ital. *capitano*, älter auch *capitanio*. Den substantivischen Verwendungen liegt spätlat. *capitāneus* 'durch Größe hervorstechend' (teilweise in der Variante vlat. **capitānus*) zugrunde, eine Adjektivbildung zu lat. *caput* (Gen. *capitis*) 'Haupt, Kopf, Spitze, Hauptsache'. Die vom 15. Jh. an im Dt. nachzuweisende Bedeutung 'Schiffsbefehlshaber' schließt sich an zuerst in diesem Sinne gebräuchliches ital. *capitano*, *capitanio* an, doch gestattet die Vielfalt der frühnhd. Formen (*Capitain*, *Capitani*, *Capitan*, *Capitanier* u. ä.) keine klare Scheidung der Herkunftsstränge. *Kapitän* 'Mannschaftsführer' als Terminus der Sportsprache (1. Drittel 20. Jh.) folgt gleichbed. engl. *captain* (Mitte 19. Jh.), frz. *capitaine* (Anfang 20. Jh.).

Kapitel n. 'Hauptstück, Abschnitt einer Schrift, eines Buches', ahd. *kapital* (10. Jh.), *kapitula* (Hs. 12. Jh.), frühnhd. *kapitel* (um 1500), entlehnt aus spätlat. *capitulum* 'Abschnitt eines Gesetzes, eines heiligen Textes', Deminutivum (lat. 'kleiner Kopf, Köpfchen') zu lat. *caput* 'Haupt, Kopf, Spitze, Hauptperson, Anführer, (Haupt)abschnitt, -absatz'. Im Anschluß an lat. *caput* 'Führer' nimmt spätlat. *capitulum* auch die Bedeutung 'höchste kirchliche Würde', mlat. 'Zusammenkunft, Hauptversammlung, geistlicher Konvent' an, woraus mhd. *kapitel* 'Zusammenkunft von Geistlichen, von Mönchen, feierliche Versammlung', nhd. (D o m) k a p i t e l n. 'geistliche Körperschaft einer Bischofs- oder Stiftskirche' (15. Jh.).

Kapitell n. (seltener *Kapitäl*) 'Kopfstück einer Säule, eines Pfeilers', ahd. *kapitel* (Hs. 13. Jh.), mhd. *kapitel*, *kaptil*, entlehnt aus lat. *capitellum* (neben *capitulum*) 'Köpfchen, Säulenkopf', Deminutivum von lat. *caput* 'Haupt, Kopf, Spitze'. Vgl. auch *captel* (16. Jh., Dürer), wohl aus ital. *capitello*.

Kapitulation f. 'Unterwerfung, Übergabe, Ergebungsvertrag', anfangs 'Vergleichsverhandlung, -vertrag, Vertragsartikel', Entlehnung (16. Jh.) von mfrz. frz. *capitulation* 'Verhandlung, Übereinkunft, Vergleich' (mfrz. auch 'Vertragsartikel'), frz. 'Vertrag zwischen Sieger und Besiegtem', abgeleitet von mfrz. frz. *capituler* 'eine Übereinkunft treffen, vertraglich regeln', dann 'die Übergabebedingungen mit dem Feind vertraglich regeln', mlat. *capitulare* 'zu Verhandlungen zusammenkommen, übereinkommen' (zu mlat. *capitulum* 'Zusammenkunft, Abmachung, Übereinkunft', s. *Kapitel*). – k a p i t u l i e r e n Vb. 'sich unterwerfen, ergeben' (18. Jh.), älter 'übereinkommen, verhandeln' (16. Jh.), nach mfrz. frz. *capituler* (s. oben).

Kaplan m. 'einem Pfarrer (oder einer Pfarrkirche) zugeordneter (junger) katholischer Priester', mhd. *kappelān*, *kaplān*, aus mlat. *cap(p)ellanus* 'Geistlicher, der mit einer bestimmten Aufgabe, z. B. dem Dienst an einer (Hof)kapelle, betraut ist', abgeleitet von mlat. *cap(p)ella*, s. [1]*Kapelle*.

Kappe f. 'krempenlose Kopfbedeckung, Mütze', ahd. *kapha* (9. Jh.), *kappa* (Hs. 13. Jh.), mhd. *kappe* 'Kapuzenmantel, Bauernkittel, Kapuze, Mütze' ist eine Entlehnung von spätlat. *cappa* 'Art Kopfbedeckung', auch 'Mantel mit Kapuze'. – K ä p p i n. 'Soldatenmütze ohne Schirm' (19. Jh.), schweizerdt. Deminutivform. v e r k a p p e n Vb. 'mit einer Kappe bedecken und dadurch unkenntlich machen', refl. 'sich verkleiden, tarnen' (16. Jh.); dazu v e r k a p p t Part.adj. 'getarnt, verschleiert, heimlich' (17. Jh.); s. *Tarnkappe*.

kappen Vb. 'durchhauen, durchschneiden, kürzen' wird als Wort der Seemannssprache im 17. Jh. aus dem Nl.-Nd. ins Hd. übernommen. Nd. nl. *kappen*, mnl. *cappen* 'hacken, hauen' (aus dem Nd. entlehnt dän. *kappe*, schwed. *kapa*) ist möglicherweise verwandt mit elsäss. *kchapfen* 'in kleine Stücke hacken' sowie mit engl. (mundartlich) *to chap* 'spalten, rissig machen', *to chop* 'hauen, schneiden' (mit unerklärtem Anlaut), so daß germ. Herkunft erwogen wird. Verbindung mit span. port. *capar* 'verschneiden' ist nicht gesichert. KUHN in: Festgabe Hammerich (1962) 116f. hält germ. **kapp-*, **kupp-* 'spalten' ebenso wie griech. *kopís* (*κοπίς*) 'Messer' und aslaw. *skopiti* 'entmannen' für Lehnwörter aus einer vor-ie. Substratsprache (s. *Schöps*).

Kappes, Kappus m. 'Weißkohl', ahd. *kabuȥ* (11. Jh.), mhd. *kabeȥ*, entlehnt aus mlat. *caputium* 'Kohlkopf' (zu lat. *caput* 'Haupt, Kopf,

Spitze'). Heute noch landschaftlich, bes. südwestd. und westmd.

Kaprice f. 'Eigensinn, Laune, Grille', Übernahme (17. Jh.) von gleichbed. frz. *caprice*, das aus ital. *capriccio* 'Laune, Grille, Einfall' (s. *Capriccio*) entlehnt ist. Dieses beruht wohl auf älterem ital. *caporiccio* 'Wunsch, Wille', einer Ableitung von ital. *capo* (vlat. *capus*, lat. *caput*) 'Kopf', Plur. ital. (älter) und mlat. *capora*. Als semantisches Zwischenglied ist also 'im Kopf Entstandenes' anzunehmen. – k a p r i z i ö s Adj. 'eigensinnig, launenhaft' (17. Jh.), frz. *capricieux*.

Kapriole f. 'Luftsprung', übertragen 'närrischer Einfall, Streich'. Ital. *capriola* 'Bocksprung' entwickelt sich zur Bezeichnung für einen 'kunstvollen Tanzsprung' und wird in diesem Sinne im 16. Jh. ins Dt. entlehnt. Die Wendung *Kapriolen schneiden* 'Sprünge, Faxen machen' begegnet im 17. Jh., übertragener Gebrauch 'Gedankensprung, närrischer Einfall' vereinzelt bereits im 16. Jh. Ital. *capriola*, eigentl. 'weibliches Reh', stellt sich zu ital. *capriolo* 'Rehbock'; vorauf gehen spätlat. *capreola*, lat. *capreolus*, Bildungen zu lat. *caprea* 'wilde Ziege' (abgeleitet von lat. *caper* 'Ziegenbock'). – K a b r i o l e t t n. 'zweirädriger Einspänner, meist mit beweglichem Verdeck', eigentl. 'leichter Wagen, der beim Fahren Sprünge macht' (18. Jh.), frz. *cabriolet*, abgeleitet von frz. *cabrioler* 'springen' (aus dem zu ital. *capriolo*, s. oben, gebildeten ital. *capriolare*). Im 20. Jh. 'Auto mit zurückklappbarem Verdeck', verkürzt *Kabrio*.

Kapsel f. 'kleines Behältnis' (15. Jh.), ahd. *kapsilīn* (10. Jh.), entlehnt aus lat. *capsula*, *capsella* 'Kästchen', Deminutivum zu lat. *capsa* 'Behältnis, Kasten für Bücherrollen'. – a b k a p s e l n Vb., v e r k a p s e l n Vb. '(sich) mit einer Schutzhülle umgeben, abschließen, absondern' (19. Jh.).

kaputt Adj. 'entzwei', übertragen 'zerschlagen, erschöpft, am Ende'. Im 30jährigen Krieg wird die Wendung *capot*, *caput machen* 'zerstören, erschlagen, töten' aus frz. *faire qn. capot* entlehnt. Frz. *capot* Adj. ist ein Ausdruck des Kartenspiels und bedeutet 'ohne Stich, schwarz', daher *faire qn. capot* 'jmdn. schwarz spielen' (übertragen 'jmdn. gänzlich besiegen'), *être capot* 'ohne Stich sein' (übertragen 'zugrundegerichtet sein'). Man nimmt eine Verbindung von frz. *capot* mit spätlat. *cappa* 'Art Kopfbedeckung', auch 'Mantel mit Kapuze' an und deutet den Ausdruck als sprachliches Bild, das eine Person durch einen über Kopf und Gesicht gezogenen Kapuzenmantel als 'handlungsunfähig' erklärt.

Kapuze f. 'mit der Oberbekleidung fest verbundene, Kopf und Nacken bedeckende Mütze', Ende des 15. Jhs. aus gleichbed. ital. *cappuccio* entlehnt; zuvor bereits mhd. *kabütze* n. (13. Jh.) nach entsprechendem mlat. *caputium*. Die Ausgangsformen sind wahrscheinlich Ableitungen von ital. *cappa* 'Mantel (mit Kapuze)' bzw. spätlat. *cappa* 'Art Kopfbedeckung, Mantel' (s. *Kappe*), doch macht sich früh Einfluß von semantisch nahe stehendem lat. *caput* 'Kopf', *capitium* 'Kopföffnung der Tunika, von Frauen und christlichen Priestern getragener kurzer Überwurf' (spätlat. auch 'Kopfbedeckung') geltend, so daß im Mlat. *caputium*, *capucium* 'Kopfbedeckung, Kapuze' weitgehend mit *capitium*, *capicium* 'Kopföffnung, Kopfbedeckung' zusammenfällt und daher auch im Sinne von 'Kopföffnung' vorkommt; vgl. ferner mlat. *capa* neben *cappa* 'Obergewand, Mantel (mit Kapuze), Kapuze'. – K a p u z i n e r m. Angehöriger des *Kapuzinerordens*, eines jüngeren Zweiges des Franziskanerordens, Entlehnung (16. Jh.) aus gleichbed. ital. *cappuccino* (vgl. nlat. *capucinus*), dieses zu ital. *cappuccio* (s. oben) wegen der zur Ordenstracht gehörenden spitzen Kapuze an der Kutte.

Karabiner m. 'kurzes Gewehr', Entlehnung (um 1600) aus frz. *carabine* 'kurze Reiterflinte', einer Ableitung von frz. *carabin* '(mit einem kurzen Gewehr bewaffneter) Soldat der leichten Kavallerie'. Die Etymologie ist nicht gesichert. FEW 11, 290f. nimmt als Ausgangswort lat. *scarabaeus*, afrz. *escharbot* 'schwarzer, in der Erde grabender Mistkäfer' an, zu dem (Anfang 16. Jh.) mit Suffixwechsel und Bedeutungsübertragung mfrz. *escarrabin* 'schwarzgekleideter Totengräber' (für die Pesttoten) gebildet wird. Daraus entstandenes *carabin* wird in der frz. Soldatensprache auf die leichten Kavalleristen übertragen, da sie als besonders gute Schützen gelten, die ihre Gegner mit Sicherheit unter die Erde bringen.

Karacho n. 'lärmende Schnelligkeit, Tempo, Schwung', auf burschikose Ausdrucksweise beschränkt und heute nur in der Fügung *mit Karacho* gebräuchlich (älter auch *im vollen Karacho*), ist eine (die Lautung des

Originals wiedergebende) Übernahme des derben Fluchworts span. *carajo* (eigentl. 'männliches Glied'), dessen etymologische Herleitung ungeklärt ist; vgl. COROMINAS 1, 668. Im Dt. findet sich *Karacho* seit dem 1. Viertel des 20. Jhs., zunächst bei Kavalleristen des ersten Weltkriegs im Sinne von 'Galopp'. Hier liegt wohl eine scherzhafte Umformung der schon im 17. Jh. bei Reitern üblichen Wendung *in voller Karriere* 'in schnellem Galopp' vor (vgl. ital. *di gran carriera*, s. auch *Karriere*). Klangähnlichkeit mit *Krach* (s. d.) begünstigt vielleicht die Verbreitung.

Karaffe f. 'bauchige, geschliffene Glasflasche', zu Anfang des 18. Jhs. aus frz. *carafe* oder wie dieses aus ital. *caraffa* entlehnt. Das Wort geht möglicherweise auf ein (allerdings umstrittenes) arab. *ġarrāfa* 'weitbauchige Flasche' zurück (abgeleitet von arab. *ġarafa* 'schöpfen').

Karambolage f. 'Zusammenstoß', Übernahme (19. Jh.) von gleichbed. frz. *carambolage*, einer Ableitung von frz. *caramboler* 'zusammenstoßen', woraus k a r a m b o l i e r e n Vb. Substantiv und Verb sind zunächst Spielausdrücke beim Billard und beziehen sich auf das beabsichtigte Zusammenstoßen der Spielkugeln. Allgemeiner und übertragener Gebrauch entwickelt sich im Frz. und Dt. des 19. Jhs. Frz. *caramboler* ist abgeleitet von frz. *carambole* 'Billardkugel', einer Entlehnung von span. *carambola* 'Billardspiel mit drei Kugeln', eigentl. Bezeichnung für die in Form und Farbe apfelsinenähnliche Frucht des Karambolabaumes, die dem Span. aus mal. *karambil* über port. *carambola* vermittelt wird.

Karamel m. 'durch Erhitzen gebräunter Zucker' (als Geschmacks- und Farbstoff), Übernahme (19. Jh.) von gleichbed. frz. *caramel*, einer Entlehnung aus port. span. *caramelo*. Die weitere Herkunft ist umstritten. Auf jeden Fall ist von sich gegenseitig beeinflussenden Formen wie mlat. *canamella*, *calamella*, *canna mellis*, *calamellus mellitus* 'Zuckerrohr', *calamellus* 'Schalmei' (mit Übergang von *n* bzw. *l* zu *r*) auszugehen, die einerseits spätlat. *calamellus* 'kleines Rohr', Deminutivum zu lat. *calamus*, griech. *kálamos* (*κάλαμος*) 'Halm, Rohr' (s. *Halm*), fortsetzen, andererseits auf einer Verbindung von lat. *canna* 'kleines Rohr, Schilfrohr' (s. *Kanal*) mit *mel* (Gen. *mellis*) 'Honig' beruhen. – K a r a m e l l e f. 'Bonbon aus Karamel, Milch-, Sahnebonbon' (20er Jahre 20. Jh.); zuvor niederrhein. für 'Zuckerwerk, Bonbon'.

Karat n. Gewichtseinheit für Edelsteine, Maß für den Feingehalt einer Goldlegierung. Ausgangsform ist griech. *kerátion* (*κεράτιον*) 'kleines Gewicht' (der dritte Teil eines Obolus), Deminutivum von *kéras* (*κέρας*) 'Horn', also eigentl. 'Hörnchen', speziell die 'hörnchenförmig gebogene Schote des Johannisbrotbaumes', deren Kerne als feine Gewichte für Gold und Edelsteine benutzt wurden. Aus diesem (oder aus entsprechendem spätlat. *ceratēs*?) stammt arab. *qīrāt*. Über mlat. *car(r)atus* werden ital. *carato* (13. Jh.), frz. *carat* (14. Jh.) entlehnt; über mlat. *caratum*, *caratta* oder durch Vermittlung des Romanischen gelangt der Ausdruck als Gewichtseinheit für Perlen, Edelsteine sowie für Gold (hinsichtlich des Feingehalts) ins Dt., um 1270 mhd. *garāt* n. f., seit Ende des 15. Jhs. *Karat* n.

Karate n. aus Ostasien stammende Sportart, entwickelt aus der Technik der waffenlosen Selbstverteidigung, die vorwiegend auf der Wirkung von Schlag und Stoß beruht. Die seit den 60er Jahren des 20. Jhs. allgemein bekannt gewordene Zweikampfsportart stammt in ihrer heutigen Form aus Japan. Jap. *karate*, aus *kara* 'leer' und *te* 'Hand', ist die Kunst, sich 'mit bloßer, unbewaffneter Hand' zu verteidigen.

Karausche f. karpfenartiger Süßwasserfisch, frühnhd. *karutzchen*, *carusen* Plur. (Anfang 16. Jh.), mnd. *karūsse*, *karūsche*, *karutze* ist entlehnt aus gleichbed. polabopomoran. **karuś*, **karus*. Daneben steht frühnhd. *karaß*. das, aus westslaw. **karas* (vgl. poln. *karaś*, tschech. obsorb. nsorb. *karas*) entlehnt, ohne Fortsetzung in der nhd. Literatursprache bleibt. Die Herkunft des slaw. Wortes ist unklar. Vielleicht ist der slaw. Name einer Wüstung in Brandenburg (ursprünglich Gewässername?) *Carutz* (1307), *Karüsz* (1467), *Karrautz* (1595) vergleichbar. Vgl. G. SCHLIMPERT Ortsnamen des Barnim (1984) 165f.

Karawane f. 'Kamelzug, die damit sich fortbewegende Reisegesellschaft', im 15. Jh. wohl mit dem Italienhandel über ital. (älter) *caravana* (heute *carovana*), mlat. *caravanna* aus pers. *kārwān* 'Kamelzug, Reisegesellschaft' entlehnt. Auf direkter Entlehnung aus dem

Orient (durch die Kreuzzüge) scheint mhd. *karvane*, *karwan*, *karwen* 'Heeresgepäck', auch 'Ort für dessen Aufbewahrung' zu beruhen. Das pers. Wort geht vielleicht auf aind. *karabháh* '(junges) Kamel, junger Elefant' zurück. – Karawanserei f. 'Herberge, Unterkunft für Karawanen' (Mitte 17. Jh.), aus pers. *kārwān-sarāj*; vgl. pers. *sarāj* 'Palast' (woraus *Serail*).

Karbid n. chemische Verbindung von Kohlenstoff und einem Metall oder Halbmetall, in engerem Sinne eine stechend riechende, unter Einwirkung von Feuchtigkeit zerfallende und Azetylen ergebende Masse, 'Kalziumkarbid', gelehrte Bildung (2. Hälfte 19. Jh.) zu lat. *carbo* 'Kohle' (s. *karbo-*) mit dem in der Chemie gebrauchten Suffix *-id* zur Bezeichnung von einfachen Zusammensetzungen eines Elements mit einem anderen oder einem Radikal. – Karbidlampe f. Lampe, in der aus Kalziumkarbid und Wasser entstehendes Azetylengas verbrennt und zur Lichterzeugung verwendet wird (Anfang 20. Jh.).

karbo-, vor Vokalen **karb-**, in der Fachsprache der Chemie *carb(o)-*, in Ableitungen und Zusammensetzungen mit der Bedeutung 'Kohle, Kohlenstoff' (vgl. *Karbonat*, *karbonisieren*, *Karbothermie*, s. auch *Karbid*), nach lat. *carbo* (Gen. *carbōnis*) '(Holz)kohle'. – Karbolineum n. aus Steinkohlenteeröl gewonnenes, fäulnishemmendes Imprägniermittel für Holz (19. Jh.); der zweite Wortteil ist wohl eine künstliche, erweiternde Bildung zu lat. *oleum* 'Öl' im Sinne von 'Ölartiges, Öliges'. Karbolsäure f. als Desinfektionsmittel gebrauchter, einfachster aromatischer Alkohol, zuerst im Steinkohlenteer festgestellt (19. Jh.), gebildet mit der (wohl aus *Alkohol* stammenden) Endsilbe *-ol*; umgangssprachlich *Karbol* n. (20. Jh.). Dafür heute *Phenol*. Karbon n. erdgeschichtliche Formation des jüngeren Paläozoikums, 'Steinkohlenformation' (19. Jh.).

Karbonade f. Der heute vorwiegend landschaftlich, bes. noch im Öst. übliche Ausdruck für '(gebratenes) Rippenstück von Schwein, Kalb oder Hammel' ist eine Entlehnung (Anfang 18. Jh.) von frz. *carbonnade* 'auf dem Rost gebratenes Fleisch', das aus gleichbed. ital. (älter) *carbonata*, eigentl. 'auf Kohlen geröstetes Fleisch', stammt; zu ital. *carbone*, lat. *carbo* (Gen. *carbōnis*) 'Kohle'. *Carbonat* (1701) geht wohl unmittelbar auf das Ital. zurück, vielleicht auch früher bezeugtes *Carwenade* (16. Jh.).

Karbunkel m. medizinischer Ausdruck für eine Gruppe dicht nebeneinanderliegender Furunkel, 'großes Blutgeschwür' (16. Jh.). Zugrunde liegt lat. *carbunculus* 'fressendes Geschwür', eigentl. 'kleine Kohle', Deminutivum von lat. *carbo* 'Kohle'; vgl. die medizin. Interpretation: „Pest-Geschwulst, ... zeuget eine schwartz und glänzende Röthe mit grosser Hitze“ (1716). S. *Karfunkel*.

kardanisch Adj., bes. in der Verbindung *kardanische Aufhängung*, eine von dem ital. Philosophen und Naturforscher *Cardano*, latinisiert *Cardanus* (16. Jh.), erfundene und später nach ihm benannte Vorrichtung zur allseitig drehbaren Aufhängung eines Körpers, wie sie z. B. bei Kompassen und Uhren auf Schiffen verwendet wird, auch *kardanischer Ring* (19. Jh.). Vgl. ferner *kardanisches Gelenk* (19. Jh.) sowie Kardangelenk n. (20. Jh.) für eine bewegliche Verbindung zweier Wellen zur Kraftübertragung unter wechselndem Winkel; auch *Kardanwelle*.

kardial Adj. 'das Herz betreffend, vom Herzen ausgehend', medizinisches Fachwort seit Anfang des 20. Jhs., entsprechend gleichbed. mlat. *cardialis*. Zugrunde liegt mlat. *cardia* 'Herz, Herzkrankheit', griech. *kardía* (*καρδία*) 'Herz, Magen(mund)'. Vgl. medizin.-lat. *cardia* „wird von zweyen Principal-Theilen gesaget: vom Hertzen, von des lincken Magens Mund-Loch“ (1716). Daher noch in heutiger medizin. Fachsprache *Kardialgie* 'Magenkrampf' und 'Schmerzen im Bereich des Herzens', griech. *kardialgía* (*καρδιαλγία*) 'Herz-, Magenschmerz'; vgl. *Kardiospasmus* 'Krampf des Magenmundes'. – Kardiograph m. 'Gerät zur Aufzeichnung der Herzbewegungen', älter *Kardiagraph* (2. Hälfte 19. Jh.), und Kardiogramm n. 'graphisch aufgezeichnete Kurve der Herzbewegungen' (Herzstoßkurve), zuerst *Telekardiogramm* (1906), heute *Elektrokardiogramm* 'Aufzeichnung der Herzaktionsströme', meist in der Abkürzungsform *EKG*.

Kardinal m. 'hoher katholischer, zur Papstwahl berechtigter geistlicher Würdenträger', mhd. *kardenāl*, *kardināl*. Das von lat. *cardo* (Gen. *cardinis*) 'Türangel', übertragen 'Haupt-, Dreh-, Angelpunkt', abgeleitete Adjektiv lat. *cardinālis* 'zur Türangel gehörig', übertragen 'im Angelpunkt, d. h. auf einem wichtigen Platz stehend, vorzüglich', bezeichnet in der Kirchensprache in Verbindung mit *presbyter*, *sacerdōs* zunächst den 'Hauptgeistlichen' einer Kirche sowie in Verbindung mit *pontifex*, *episcopus* den 'Priester höheren Ranges'. Danach gilt substantiviertes *cardinālis* im engeren Sinne für die wichtigsten Geistlichen in und um Rom (für die suburbikarischen Bischöfe, die Priester der Hauptkirchen und bestimmte Diakone), denen im 11. Jh. das Recht der Papstwahl übertragen wird; seit dieser Zeit erhalten auch auswärtige Bischöfe die Kardinalswürde. – kardinal- Bestimmungswort in Zusammensetzungen 'Haupt-, Grund-, hauptsächlich, grundsätzlich, vorzüglich' (nach lat. *cardinālis*, s. oben) wie in Kardinalfrage f. 'Haupt-, Grundfrage' (Mitte 19. Jh.); Kardinalzahl f. 'Grundzahl, natürliche Zahl' (Anfang 19. Jh.), für spätlat. *numerus cardinālis*.

Karenz f. 'Wartezeit' (in der etw. nicht getan wird bzw. nicht getan werden darf), 'Sperrfrist', medizinisch 'Entbehrung, Verzicht', Anfang des 19. Jhs. aus spätlat. *carentia* 'das Nichthaben, das Freisein von', mlat. auch 'Enthaltsamkeit, Verzicht' (zu lat. *carēre* 'nicht haben, entbehren, sich enthalten') entlehnt; heute meist Karenzzeit f. (Ende 19. Jh.).

Karfreitag m. 'Tag der Kreuzigung Christi, Freitag vor Ostern', mhd. *karvrītac* (neben häufigerem *kartac*). Das Kompositum ist eine Bildung mit im Nhd. untergegangenem ahd. *kara* (9. Jh.), mhd. *kar* 'Trauer, Wehklage', asächs. *kara* 'Sorge, Klage', aengl. *caru*, *cearu*, engl. *care* 'Sorge, Kummer', anord. *kǫr* 'Bett', bes. 'Krankenbett', dichterisch 'Kummer, Schmerz', got. *kara* 'Sorge' (germ. **karō*). Dieses gehört mit ahd. *karōn* (um 800), asächs. *karon* 'wehklagen', *karm* 'Wehklage', aengl. *carian* 'sorgen', *cearm*, *cirm* 'Lärm, Geschrei', got. *(ga)karōn* 'sich kümmern', mhd. *karmen*, *karn* 'trauern, klagen', mnd. *karmen* 'wimmern, jammern, seufzen' und den außergerm. Verwandten osset. *zaryn* (*зарын*) 'Gesang', *zard* (*зард*) 'Lied, Gesang', griech. *gē̃rys* (*γῆρυς*) 'Stimme, Ruf', lat. *garrīre* 'schwatzen, plaudern, plappern', air. *gairm* 'Ruf, Geschrei', *gāir* 'Geschrei', *gāire* 'Lachen', kymr. *gawr* 'Geschrei, Kampf' zu einer Schallwurzel ie. **ĝăr-* 'rufen, schreien'. – Karwoche f. 'Woche vor Ostern', mhd. *karwoche*.

Karfunkel m. 'roter Schmuckstein, Granat, Rubin', auch 'Karbunkel'. Mhd. *karbunkel* 'roter Schmuckstein' (12. Jh.), bald danach (wohl in Anlehnung an mhd. *vunke* 'Funke', frühnhd. *vunkeln* 'funkeln') umgebildet zu *karfunkel*, *karvunkel*, ist entlehnt aus lat. *carbunculus* 'rötlich glänzender Schmuckstein', eigentl. 'kleine Kohle' (s. *Karbunkel*). In der medizinischen Sprache steht seit dem 16. Jh. neben *Karbunkel* 'Blutgeschwür' auch *Karfunkel*.

karg Adj. 'knapp bemessen, nicht reichlich, spärlich, kümmerlich, ärmlich, nicht sehr fruchtbar'. Das westgerm. Adjektiv ahd. *karag* 'traurig, besorgt, betrübt' (9. Jh.), mhd. *karc* 'klug, listig, schlau, streng, sparsam, knapp, knauserig', asächs. in *mōdkarag* 'bekümmert', mnd. *karch* 'sparsam, geizig, hartherzig', mnl. *cārich*, nl. *karig* 'karg, spärlich, dürftig', aengl. *cearig* 'traurig', engl. *chary* 'behutsam, sparsam' ist von dem unter *Karfreitag* (s. d.) als Bestimmungswort angeführten Substantiv germ. **karō* mit der Bedeutung 'Trauer, Klage, Kummer, Sorge' abgeleitet. Die ursprüngliche Bedeutung 'traurig, bekümmert, sorgenvoll' entwickelt sich schon im Ahd. wohl über 'besorgt, ängstlich, vorsichtig, umsichtig' zu 'klug, listig, geschickt, schlau', aber auch, da vielfach auf Geldsachen bezogen, zu 'sparsam, knauserig', weiter zu 'knapp bemessen, spärlich'. – wortkarg Adj. 'sparsam mit Worten, wenig redend' (18. Jh.). kargen Vb. 'sparsam sein, geizen', mhd. *kargen* 'betrübt, ängstlich, besorgt sein, unfreigebig sein, knausern'. Kargheit f. 'Ärmlichkeit, Dürftigkeit', ahd. *karagheit* 'Umsicht' (10. Jh.), mhd. *karcheit*, *karkeit* 'Schlauheit, Hinterlist, Sparsamkeit, Knauserei'. kärglich Adj. 'knapp bemessen, kümmerlich, ärmlich', mhd. *kerclich* 'listig, schlau, knapp, sparsam'.

kariert Adj. 'gewürfelt, mit Karos gemustert', übertragen 'durcheinander, sinnlos, unlogisch', Entlehnung (18. Jh.) aus frz. *carré* 'viereckig, kariert', dem lat. *quadrātus* 'viereckig' (s. *Quadrat*) zugrunde liegt; s. auch *Karo*. – karieren Vb. 'mit Würfelzeichnung, Karos versehen, mustern, kästeln' (19. Jh.), frz. *carrer* 'viereckig machen, quadrieren', aus lat. *quadrāre* (s. *Quader*). Karree n. 'Geviert, Viereck', öst. 'Rippenstück von Kalb, Schwein oder Hammel'; im 17./18. Jh. wird das substantivierte, gleichbed. Part. Perf. frz. *carré* (s. oben) in der frz. Form *Carré* ins Dt. übernommen und später durch *Karree* ersetzt.

Karies f. 'Zerstörung von Knochengewebe als Folge von Infektionskrankheiten, krankhafter Verfall der harten Zahnsubstanz'. Lat. *cariēs* 'Morschheit, Fäulnis', bei den römischen Ärzten auch 'Knochenfäule', wird aus der lat. Wissenschaftssprache der Medizin (vgl. *Caries ossium* 'Knochenfraß' und *Caries dentium* 'Zahnfäule') im 18. Jh. in die Allgemeinsprache übernommen. – k a r i ö s Adj. 'von Karies befallen' (18. Jh.), lat. *cariōsus* 'morsch, faul, mürbe'.

Karikatur f. 'übertrieben, komisch, grotesk, humoristisch verzerrte künstlerische Darstellung von Personen oder Sachen, Zerrbild, Spottbild', um 1760 als Fachwort der Malerei aus ital. *caricatura*, eigentl. 'Überladung, Übertreibung', entlehnt, abgeleitet von ital. *caricare* 'beladen, übertrieben komisch darstellen' (spätlat. *carricāre* 'beladen', zu lat. *carrus* 'Karren', s. *Karre*). – k a r i k i e r e n Vb. 'übertrieben oder verzerrt darstellen', übertragen 'lächerlich machen' (19. Jh.), ital. *caricare* (s. oben). K a r i k a t u r i s t m. (18. Jh.), ital. *caricaturista*.

Karitas f., auch *Caritas*, 'christliche Nächstenliebe, selbstlose Wohltätigkeit'. Lat. *cāritās* 'auf Achtung beruhende Liebe, Zuneigung, Wert-, Hochschätzung', zu lat. *cārus* 'lieb, teuer, wert', wird in der lat. Kirchensprache Bezeichnung für 'Liebe zu Gott und dem Nächsten, tätige Liebe' und in diesem Sinne (häufiger wohl erst im 19. Jh.) in dt. Texte aufgenommen. *Caritas* steht danach (in der katholischen Kirche) für die organisierte Form christlicher Nächstenliebe, bes. als Abkürzung für den *Deutschen Caritasverband*, den katholischen Wohltätigkeitsverband (gegründet 1897). – k a r i t a t i v Adj. 'im Sinne der Karitas, wohltätig' (2. Hälfte 19. Jh.).

Karmesin n. aus der Färberschildlaus (beheimatet in Südeuropa und Vorderasien), später aus der Koschenilleschildlaus (beheimatet in Mittelamerika) gewonnener tiefroter, lichtechter Farbstoff, entlehnt im 15. Jh. aus gleichbed. ital. (älter) *carmesino*. Im 17. und 18. Jh. setzt sich unter Einfluß von afrz. frz. *cramoisi* bzw. der Variante mfrz. *cramoisin* vorübergehend *Cramoisin*, *Karmoisin* durch. Zugrunde liegt das Adjektiv arab. *qirmizī* 'von der Farbe der Schildlaus, scharlachfarbig', zu arab. *qirmiz* 'Schild-, Scharlachlaus', das sich mit pers. *kirm* 'Wurm' vergleicht und höchstwahrscheinlich von aind. *kŕmiḥ* 'Wurm, Made' herzuleiten ist (vgl. die bereits im Aind. auftretenden Farbbezeichnungen *kṛmiḥ* 'von der Schildlaus erzeugte rote Farbe', *kṛmilikā* 'scharlachroter Stoff'). k a r m e s i n r o t Adj. 'rot wie Karmesin, leuchtend rot, scharlachrot' (17. Jh.). Daneben steht gleichbed. **Karmin** n., aus (Anfang 18. Jh.) afrz. frz. *carmin*, entstanden durch Kontamination von arab. *qirmiz* 'Schildlaus' mit den aus lat. *minium* 'Zinnober' (s. *Miniatur*, *Mennige*) hervorgegangenen roman. Formen (vgl. auch ital. *carminio*, span. *carmín*). k a r m i n r o t Adj. (18. Jh.).

Karneval m. ist die bes. im Rheinland und im Nordd. übliche Bezeichnung für die mit Umzügen und Maskenfesten ausgelassen gefeierten letzten Tage vor Beginn der Fastenzeit (dafür bair.-öst. *Fasching*, andernorts *Fastnacht*, s. d.). *Karneval* steht zunächst für die römischen und venezianischen (Mitte 17. Jh.), seit Ende des 17. Jhs. auch für die dt., bes. rheinischen Masken- und Narrenfeste der Vorfastenzeit und ist wie frz. *carnaval* aus ital. *carnevale* entlehnt. Auszugehen ist offenbar von einer im Mlat. und im Ital. in zahlreichen Varianten verbreiteten Bezeichnung, die den Beginn der Fastenzeit bzw. diese selbst, meist aber den der Fastenzeit unmittelbar voraufgehenden Zeitraum oder Tag als 'Fleischwegnehmen, Fleischwegnahme' charakterisiert, mlat. *carnelevare*, *carnelevarium* 'Vorfastenzeit' (zu lat. *caro*, Gen. *carnis* 'Fleisch' und *levāre* 'wegnehmen'), vgl. dazu ital. (älter) *carnelevare* sowie auch mlat. *carnevarium*, *carnislevamen*. Eine Form wie altmailänd. *carnelevale* läßt erkennen, wie (durch Eliminierung) ital. (ursprünglich tosk.) *carnevale* entsteht. Die Bezeichnung hat innerhalb des Mlat. und Roman. eine Reihe von Parallelen: (1) mlat. *carnisprivium* 'Vorfastenzeit, letzter Vorfastensonntag' (zu lat. *prīvus* 'einer Sache beraubt, ohne etw.', *prīvāre* 'berauben, befreien'); (2) span. *carnestolendas* 'Karneval', verkürzt aus kirchenlat. *dominica ante carnes tollendas*, d. h. 'Sonntag vor den wegzunehmenden Fleischspeisen', vgl. auch mgriech. *apókreōs* (ἀπόκρεως), bezogen auf den (Sonn)tag, der den Beginn der Fastenzeit darstellt, bzw. die Woche, die diesem Tage vorangeht, eigentl. 'ohne Fleisch', zu griech. *apó* (*ἀπό*) 'weg' und *kréas* (*κρέας*) 'Fleisch'; mit veränderter Sehweise (3) mlat. *carnem-laxare*, *carnelaxare* 'Fastenzeit', d. i. 'das Ablassen vom Fleisch' (zu lat. *laxāre* 'lockern, lösen, loslassen'), wozu ital. (älter) *carnasciale* 'Karneval' und rumän. *lăsare de carne* 'Weglassen des Fleisches, Fastenzeit'. Dagegen kann der ein mlat. **carne vale* 'Fleisch, lebe wohl' voraussetzende Deutungsversuch nur als Volksetymologie, als nachträgliche scherzhafte Auslegung angesehen werden. Die Herleitung von ital. *carnevale* aus lat. *carrus nāvālis* 'Schiffskarren, Räderschiff' beruft sich darauf, daß derartige Fahrzeuge bei festlichen Umzügen zur Wiedereröffnung der Schiffahrt üblich waren. Doch führt ROSENFELD in: Archiv f. Kulturgesch. 51 (1969) 177ff. gegen diese Deutung triftige Gründe an.

Karo n. 'Viereck, Rhombus, daraus bestehendes Muster', im 18. Jh. aus gleichbed. frz. *carreau* entlehnt, dem vlat. **quadrellum* zugrunde liegt, Deminutivum von lat. *quadrum* 'Viereck, Quadrat' (s. *Quader*); s. auch *kariert*, *Karree*. Die umgangssprachliche Fügung *Karo einfach* (durch das Skatspiel vermittelt) und *Karo trocken* 'trockenes Brot' (20. Jh.) kommt vermutlich aus der Soldatensprache (auf die viereckige Form einer Kommißbrotscheibe anspielend). Oder aus der Gaunersprache, vgl. jidd. *káaro* 'Schüssel, Gedeck'?

Karosse f. 'von Pferden gezogener Prunkwagen, Pracht-, Staatskutsche', im 17. Jh. aus gleichbed. frz. *carrosse* m., älter auch f., entlehnt, das auf ital. *carrozza* f. 'Wagen, Kutsche', zu *carro* 'Karren, Wagen', zurückgeht; zugrunde liegt lat. *carrus* 'Wagen, Karren' (s. *Karre*). Kurz zuvor (um 1600) findet ital. *carrozza* als *Carotze* direkten Eingang ins Dt., bes. bei obd. Schriftstellern. Dagegen ist mhd. *karrosche*, *karrotsch(e)*, *karrutsch(e)*, *karrāsch(e)* m. und f. 'Wagen, auf dem das Feldzeichen aufgerichtet ist' (bei Wolfram v. Eschenbach 'Wagen zum Transport der Speiseschüsseln bei Festen') eine Entlehnung von ital. *carroccio* 'Fahnenwagen' (der Heere ital. Städte im Mittelalter, vgl. mlat. *carrocium*), dieses wohl abgeleitet von ital. *carro* (oder aus spätlat. *carracutium* 'Wagen mit zwei hohen Rädern'?). – K a r o s s e r i e f. 'auf dem Fahrgestell ruhender Oberbau des Kraftwagens' (20. Jh.), frz. *carrosserie*.

Karotte f. 'kurze, rundliche Mohrrübe', Übernahme (Ende 16. Jh.) von frz. *carotte*, einer Entlehnung der frz. Gartenkultur aus spätlat. *carōta*, das wohl auf einem (allerdings nur unsicher überlieferten) griech. *karōtón* (*καρωτόν*) 'Möhre, Karotte' bzw. dessen Plural *karōtá* (*καρωτά*) beruht; wahrscheinlich zu griech. *kárā* (*κάρα*) 'Haupt, Kopf'.

Karpfen m. Der Name des vielfach gezüchteten großen Speisefisches ahd. *karpho* (Hs. 12. Jh.), mhd. *karpfe*, nhd. *Karpfen*, md. *Karpen* (mit auslautendem *-n* aus den flektierten Formen), mnd. frühnhd. (md.) *karpe*, mnl. *carper*, nl. *karper* stammt vermutlich aus einer nicht näher bekannten Sprache des Alpen- und Donaugebiets, wo der Fisch seit alters heimisch ist. Beziehungen zu griech. *Karpátēs óros* (*Καρπάτης ὄρος*) 'Karpaten' und *Kárpis* (*Κάρπις*), einem Nebenfluß der Donau, sämtlich verwandt mit alban. *karpë* 'Fels', oder zu aind. *śapharaḥ* 'kleiner beweglicher, in seichtem Wasser lebender Fisch' bzw. (zusammengesetzt mit aind. *mahā-* 'groß') *mahāśaphara-* Karpfenart, lit. *šãpalas* 'Döbelfisch' (Art Karpfen) sind möglich. Der von germ. Stämmen übernommene Name ist zuerst bei Cassiodor (6. Jh.) in spätlat. *carpa* 'Donaufisch' bezeugt und dringt, da der Karpfen als Fastenspeise beliebt ist, teils über das Lat. (und weiter durch roman. Vermittlung), teils über das Mnd. in die meisten europäischen Sprachen ein.

Karre f. (bes. md. und nordd.), K a r r e n m. (bes. südd. und öst.) 'einfaches, ein- bis vierrädriges Gefährt (zum Schieben oder Ziehen von Lasten)', umgangssprachlich abschätzig '(altes) Fahrzeug', ahd. *karro* m., *karra* f. (10. Jh.), mhd. *karre* f., *karre(n)* m., mnd. *karre* f., mnl. *carre*, *kerre*, nl. *kar* sind Entlehnungen aus lat. *carrus* bzw. mlat. *carrus*, *carra* 'eine Art vierrädriger Transportwagen', das aus gall. *carros* (aus **k̂r̥sos*) latinisiert und mit lat. *currus* 'Wagen', Verbalnomen zu lat. *currere* (*cursum*) 'laufen, rennen, eilen', verwandt ist. Eine Nebenform zu *Karre* ist das heute vorwiegend noch im Südwestd. übliche K a r c h m. 'zweirädriger Wagen', ahd. *karruh* (9. Jh.), mhd. *karrech*, *karrich*, entlehnt aus lat. *car(r)ūca*, *car(r)ūcha* 'Reisewagen, Staatskarosse (in der Kaiserzeit)', mlat. '(meist zweirädriges) Gefährt, Räderpflug'. Vgl. FRINGS/M. Germania Romana 2 (1968) 94ff. – k a r r e n Vb. 'mit einer Karre, einem Karren befördern' (um 1500). karriolen Vb., auch (bes. nd.) *karjolen* 'schnell umherfahren, herumkutschieren' (18. Jh.), Ableitung von heute unüblichem, um 1700 aus gleichbed. frz. *carriole* entlehntem *Karriol* n., *Karriole* f. 'zweirädriger leichter Kutschwagen'; dem frz. Substantiv geht aprov. *carriola* 'kleiner zweirädriger Wagen', Deminutivum zu aprov. *carri* 'leichte Kutsche', voraus, das wiederum über vlat. **carrium* auf lat. *carrus* (s. oben) zurückgeht. Kärrner m. Das heute seltene, von *Karren* abgeleitete Substantiv bedeutet ursprünglich 'Fuhrmann', dann 'mit einem Karren umherziehender Hausierer', auch 'Karrenschieber', schließlich 'harte körperliche Arbeit verrichtender Tagelöhner, Arbeiter' (um 1500); heute vor allem in den Zusammensetzungen *Kärrnerarbeit* 'harte, wenig geachtete Arbeit', *Kärrnerdienst* 'untergeordneter Dienst'.

Karriere f. '(schneller) erfolgreicher Aufstieg im Beruf, Laufbahn' wird im 18. Jh. als *Carriere* von frz. *carrière* 'Rennbahn, Lauf, Fahrt, Lebensweg, (berufliche) Laufbahn' übernommen, das vermutlich über aprov. *carriera* 'Fahrweg, Straße' auf spätlat. *(via) *carrāria* 'Fahrweg', eigentl. '(Straße) für Wagen' (vgl. gleichbed. mlat. *via carraria* sowie spätlat. *carrārius* 'Wagenbauer, Stellmacher', zu lat. *carrus* 'Wagen, Karren', s. *Karre*) zurückgeht. Gamillscheg ²194, der die Entlehnung aus aprov. *carriera* für unwahrscheinlich hält, führt das frz. Substantiv auf ital. *carriera* 'Rennbahn, Lauf', älter auch 'Fahrstraße' (dieses zu ital. *carro* 'Karren, Wagen', aber wohl gleichfalls dem Aprov. folgend) zurück. Als unmittelbare Entlehnung aus ital. *carriera*, das außerdem 'schnellste Gangart des Pferdes' bedeutet, erscheint Ende des 16. Jhs. *Carriera*, *Carrera*, später unter Einfluß von frz. *carrière* meist *Carrier*, *Carrière*, schließlich *Karriere* in der Bedeutung 'gestreckter Galopp'. – Karrieremacher m. 'wer in rücksichtsloser Weise seinen beruflichen Aufstieg erkämpft' (20. Jh.), aus der Wendung *Karriere machen* 'beruflich schnell vorankommen, zu Einfluß und Ansehen gelangen' (19. Jh.); Karrierist m. (20. Jh.).

Karst m. Das geologische Fachwort für eine durch Wasser ausgelaugte, meist kahle Gebirgslandschaft aus Kalkstein und Gips sowie für deren geomorphologische und hydrographische Auswirkungen geht auf die dt. Namensform *Karst* (s. unten) für den nordwestlichen, in Jugoslawien am Ufer des Golfes von Triest liegenden Teil des Dinarischen Gebirges zurück. Zum wissenschaftlichen Fachwort wird es vornehmlich in Zusammensetzungen wie *Karstablagerung*, *-gegend*, *-bildung*, *-formation* (1861). Das Appellativum *Karst* (zuerst bei Boué, Wien 1861) erscheint wie eine Rückbildung oder Verkürzung aus diesen Zusammensetzungen. Als Gebirgsname entspricht *Karst*, in älterer Zeit *Carsd* (beide 1. Hälfte 19. Jh.), im weiteren Sinne auch für die wasserarmen, öden Kalkhochflächen Istriens und Krains geltend, ital. *Carso*, slowen. *Krâs* (mit Metathese *-ar-* zu *-ra-*); vgl. dazu (zum Teil mit dentalem Element wie die dt. Form) mlat. (in Jugoslawien) *carsus* 'Fels(wand)' sowie *Carusavius*, *Carusadius mons* und bei Ptolemäus überliefertes griech. *Karūsádion* (*Καρουσάδιον*). Zum slowen. Gebirgsnamen stellen sich die Appellativa slowen. *kràs* 'Karstgestein, Karstland', serbokr. (landschaftlich) *kràs*, *kràsa* 'steiniger Boden' und eine Reihe von Ortsnamen in dieser Region. Popović Geschichte d. serbokr. Spr. (1960) 144 u. 614 und Skok Etim. rječnik 2 (1972) 179f. erschließen ie. **karso-* bzw. **kar-* 'Stein'; vgl. slowen. (landschaftlich) *kâr*, *kêr*, katalan. *quer* 'Fels', lat. *cerrus* 'Zerreiche'. Offen bleibt, welche Beziehungen zu einem für den ibero-mediterranen Bereich (vgl. bask. *harri* 'Stein') sowie für die romanischsprachigen Teile der Alpen anzusetzenden vor-ie. **karra* 'Stein' (FEW 2, 1, 408ff.) bestehen.

Kartätsche f. (ehemals) 'mit Bleikugeln gefülltes dünnwandiges Artilleriegeschoß', Anfang des 17. Jhs. entlehnt aus engl. (älter) *cartage*, *cartrage* (heute *cartridge*) 'Patrone, Geschoßhülse', das als Variante zu (allerdings erst später bezeugtem) gleichbed. engl. *cartouche* (aus frz. *cartouche*, s. unten) anzusehen ist. Dazu kartätschen Vb. 'mit Kartätschen schießen' (um 1800). Ebenfalls Anfang des 17. Jhs. wird **Kartusche** f. 'Metallhülse beim Artilleriegeschoß, in der sich die Pulverladung befindet' aus frz. *cartouche* f. 'Papphülse für die Pulverladung' entlehnt, das (ebenso wie frz. *cartouche* m. 'ornamentale Einfassung in Form eines Papiers mit eingerollten Ecken', jedoch mit Genuswechsel, vielleicht nach ital. *cartuccia* 'kleines Stück Papier, kleines Päckchen') auf ital. *cartoccio* 'gerolltes Papier, Papprolle, zylindrischer Behälter, Tüte zur Aufnahme einer Pulverladung' zurückgeht, eine deminutive Ableitung von ital. *carta* 'Papier', lat. *charta* (s. *Karte*).

Karte f. 'steifes Blatt Papier', z. B. *Ansichts-*, *Eintritts-*, *Fahr-*, *Land-*, *Post-*, *Speisekarte*, spätmhd. frühnhd. *karte* 'Stück Papier oder Pergament, ausgestellte Urkunde, gemaltes Blatt', auch 'Spielkarte' ('einzelnes Kartenblatt' und 'alle Karten eines Spiels') ist im 14. Jh. aus dem Frz. übernommen. Das zugrundeliegende mfrz. *carte* 'Spielkarte, Papier, steifes Papierblatt' (vgl. frz. *carte*) beruht in seinen verschiedenen Bedeutungen auf mehrfacher Entlehnung, vor allem wohl von ital. *carta* 'Papier, Karte, Land-, Spielkarte', teilweise vielleicht auch von mlat. *charta* 'Papyrus, Papier, Pergament, Urkunde, Brief, Buch' oder aprov. *carta* 'Papier, Brief, Buchblatt, Spielkarte'. Diese Formen setzen lat. *charta*, griech. *chártēs* (*χάρτης*) fort (s. *Charta*; vgl. daneben das wohl aus dem Deminutivum lat. *chartula* entwickelte afrz. *chartre* 'Urkunde', s. *chartern*; s. ferner *Kartätsche*, *Kartell*, *Karton*, *Kartusche*, *Skat*). Aus dem Kartenspiel stammen zahlreiche metaphorisch gebrauchte Wendungen: *die Karten aufdecken* 'seine wahren Absichten zu erkennen geben'; *mit verdeckten*, *mit offenen Karten spielen* 'seine Absichten verheimlichen, zeigen'; *sich nicht in die Karten sehen*, *gucken lassen* 'nichts von seinen Absichten verraten'; *alles auf eine Karte setzen* 'alles auf einmal wagen'; *auf die falsche Karte setzen* 'die Lage nicht richtig einschätzen, eine Sache unterstützen, die sich als falsch oder erfolglos erweist'. Dazu die Ableitung karten Vb. (obd. *karteln*) 'Karten spielen', übertragen 'klug einrichten, schlau einfädeln' (um 1500), wofür heute abkarten Vb. 'heimlich (zum Nachteil eines Dritten) vereinbaren' (Anfang 18. Jh.), eigentl. 'die Karten nach geheimer Abrede mischen oder geben', bes. in der Fügung *abgekartete Sache*, *abgekartetes Spiel* (18. Jh.). – Kartei f. 'auf Karten oder Zetteln angelegte, in Kästen aufbewahrte Materialsammlung, Zettelkasten' (Ende 19. Jh.), nach Vorbildern wie *Auskunftei*, *Bücherei* für älteres *Kartothek* (s. *karto-*).

Kartell n. Zusammenschluß selbständiger Einzelunternehmen eines Produktionszweiges zur monopolistischen Beherrschung des Marktes auf Grund von Vereinbarungen. Das seit dem 17. Jh. bezeugte, zunächst in den Bedeutungen 'schriftliche Vereinbarung der Kampfbedingungen' (bei Turnieren und Kampfspielen), 'schriftliche Herausforderung zum Zweikampf' (vgl. *Kartellträger* 'Überbringer einer Herausforderung zum Zweikampf', 18. Jh.) und 'zwischenstaatlicher schriftlicher Vertrag, bes. zwischen kriegführenden Mächten' vorkommende Substantiv ist eine Entlehnung von frz. *cartel*, das selbst auf ital. *cartello* 'öffentlicher Anschlag, Plakat, Herausforderungsbrief, Schmähschrift', Ableitung von ital. *carta* (s. *Karte*), zurückgeht. Die oben angegebene moderne Verwendung findet sich zuerst Ende des 19. Jhs. im Dt. und geht Anfang des 20. Jhs. von hier auch auf frz. engl. *cartel*, ital. *cartello* über.

karto- Bestimmungswort in gelehrten Zusammensetzungen mit der Bedeutung 'Karten-' und griech. Lautverhältnissen angepaßtem Kompositionsvokal *o*; zugrunde liegt nhd. *Karte* (s. d.) bzw. frz. *carte*. – Kartographie f. 'Technik, Lehre, Geschichte der Herstellung von Land- und Seekarten, Kartenkunde', *Kartograph*, *kartographisch* (19. Jh.); vgl. frz. *cartographie*, *cartographe*, *cartographique* (1. Hälfte 19. Jh.); zum Grundwort s. *-graph*, *-graphie*. Kartothek f. 'Kartei, Zettelkasten' (Ende 19. Jh.), nach dem Vorbild von *Bibliothek* (s. d.).

Kartoffel f. krautiges Nachtschattengewächs, anfangs auch der Korbblütler Topinambur sowie beider eßbare Wurzelknollen. Schweiz. *Cartoffel* (1. Hälfte 17. Jh.), nhd. *Kartoffel* (2. Hälfte 18. Jh.) ist durch Dissimilation entstanden aus *Tartuffel* (Mitte 17. Jh.), *Tartoffel* (2. Hälfte 17. Jh.), auch mit Umlaut *Tartüffel* (1. Hälfte 18. Jh.), die aus Formen wie ital. *tartufolo*, auch (landschaftlich) *tartüfol*, *tartufula*, *tartufole* entlehnt sind. Diese Namen gelten eigentl. für 'Trüffel', werden aber auf das aus Südamerika stammende, im 16. Jh. auch in Italien angebaute und kultivierte Nachtschattengewächs auf Grund seiner den Trüffeln ähnlich in der Erde wachsenden Knollen übertragen. Ausgangsform ist daher ital. *tartufo* 'Trüffel', hervorgegangen aus vlat. **terrae tūfer* 'Erdtrüffel', lat. *terrae tūber* 'Alpenveilchen', eigentl. 'Erdknolle'. Vgl. osk.-umbr. **tūfer*, wovon spätlat. *tūfera*, eine Variante von lat. *tūber* 'Auswuchs, Buckel, Beule, Geschwulst, Knorren, Wurzelknolle,

Erdschwamm', und lat. *terra* 'Erde'; s. *Trüffel*.

Karton m. 'steifes Papier, Pappe, daraus hergestellter Behälter', Entlehnung (um 1600) von frz. *carton*. Dieses stammt aus gleichbed. ital. *cartone*, einer Vergrößerungsform von ital. *carta* 'Papier, Karte' (lat. *charta*, s. *Karte*). *Karton* im Sinne von 'Behälter, Schachtel aus Pappe' steht vielleicht verkürzend für *Kartonschachtel* (beide Ende 18. Jh.). – Kartonage f. 'feste Verpackung aus Karton oder Pappe, Bucheinband aus Karton' (19. Jh.), frz. *cartonnage* 'Papparbeit, Pappband'. kartonieren Vb. 'ein Buch, eine Broschüre in dünne Pappe einbinden, steif heften' (19. Jh.), aus frz. *cartonner*.

Karussell n. 'großes rundes, sich im Kreis drehendes Gestell mit hölzernen Pferden, Wagen u. ä. zum Mitfahren', früher 'turnierähnliches Reiterspiel, Ringelstechen', in dieser Bedeutung Übernahme (2. Hälfte 17. Jh.) von frz. *carrousel*, das selbst aus dem Ital. stammt. Ital. *carosello* ist ein zuerst in Neapel bezeugtes, von Spanien eingeführtes Turnier (vielleicht maurischen Ursprungs?), bei dem die Reiter einander mit tönernen Kugeln werfen; die Bezeichnung ist daher wohl an neapolitan. *carusiello* 'rundes Tongefäß, Sparbüchse in Form eines Kopfes' (eigentl. 'geschorener Kopf') anzuschließen. Die weitere Herleitung dieses mundartlichen Ausdrucks, der sich offenbar mit südital. *caruso* 'kahlgeschorener Kopf, kahlköpfige Person, Junge', *carosare*, *carusare* 'scheren' verbinden läßt, bleibt unsicher, möglicherweise geht er auf lat. *cariōsus* 'morsch, faul, mürbe' (s. *kariös*) oder auf eine Kreuzung der Wortgruppen von griech. *kéirein* (κείρειν) 'scheren, abschneiden, abfressen' und gleichbed. vlat. **tōnsāre* zurück. Im Dt. bezeichnet *Karussell* seit dem letzten Viertel des 18. Jhs. das als Volksbelustigung aufkommende Drehgestell, das zuweilen noch bis gegen Ende des 19. Jhs. mit hängenden Ringen versehen ist, so daß die Mitfahrenden das ritterliche Ringelstechen nachahmen können (vgl. öst. *Ringelspiel*). Ital. *carosello* übernimmt im 19. Jh. diese Bedeutung, während frz. *carrousel* nur regional (Nordfrankreich, Belgien) hierfür üblich wird (sonst frz. *manège de chevaux de bois*).

Karzinom n., fachsprachlich meist *Carcinom*, 'bösartige Geschwulst, Tumor, Krebs'. Der schon bei den Ärzten des Altertums bezeugte medizinische Ausdruck griech. *karkínōma* (καρκίνωμα), lat. *carcinōma*, zu griech. *karkínos* (καρκίνος) 'Krebs, Krabbe, Krebsgeschwür', wird im 18. Jh. aus der lat. medizinischen Wissenschaftssprache zunächst in der Form *Carcinoma*, dann *Carcinom* (19. Jh.) in die dt. Fachsprache der Medizin und in die Bildungssprache aufgenommen.

Kasack m. 'über dem Rock getragene dreiviertellange Bluse', frühnhd. *Kasacke* 'kurzer Reit-, Reiserock' (16. Jh., im 17. Jh. auch *Casack*, zunächst meist Fem.) ist entlehnt aus mfrz. frz. *casaque* f. 'Reiserock, Art Bluse', auch 'Mantel der Musketiere'. Früher belegt ist afrz. *casingan* 'gefütterte Weste, gepolstertes Panzerhemd' (woraus mhd. *kasagān* 'Reitrock'), das wohl auf pers. *kaž-aġ-and* 'Jacke' zurückgeht. Möglicherweise hat mfrz. frz. *casaque* ebenfalls in der pers. Form seinen Ursprung, indem die Endsilbe *-and* als Suffix aufgefaßt und im ersten Wortteil ein Simplex gesehen wurde. Vgl. dazu FEW 2, 562 und 19, 92. Eine Herleitung von mfrz. *casaque* aus russ. *kazák* (казак) 'Kosak', das auf türk. *ḳazaḳ* 'freier unabhängiger Mensch, Vagabund' beruht (vgl. Vasmer 1, 502), ist aus sprachhistorischen Gründen unwahrscheinlich, wenn auch die Tracht der Kosaken den Schnitt eines Kasacks in der neueren Zeit beeinflußt haben mag.

Kaschemme f. 'schlechte Kneipe, Ganovenkneipe', im 19. Jh. aus rotw. *katschemme*, *gertschemiha*, *gritschimm* übernommen, das über zigeunerisch *katšima*, *keršima* 'Wirtshaus' mit Sicherheit von slaw. Formen (vgl. obsorb. *korčma*, poln. *karczma*, tschech. *krčma*, slowen. *kŕčma* 'Schenke, Kneipe, Krug') herrührt. Aus verwandtem asorb. **krč'ma* (vgl. atschech. *krčma*) stammt das heute im östlichen Teil des omd. Sprachgebiets noch übliche Kretscham m. 'Gasthof, Wirtshaus', mhd. *kretscheme*.

kaschieren Vb. 'verbergen, verhüllen, bemänteln', im 17. Jh. entlehnt aus frz. *cacher*. Das Verb gilt heute auch als Fachwort im Buchwesen ('einen Pappeinband mit Papier bekleben'), in der Textilindustrie ('zwei übereinandergelegte Stoffbahnen mittels Klebemasse verbinden'), im Theaterwesen ('Rohbaukonstruktionen plastischer Dekorationen mit Kaschiermasse überziehen'). Afrz. *cachier* 'bedecken, verstecken' (die ursprüngliche Bedeutung 'drücken, zerdrücken' ist erst für mfrz. *cacher* bezeugt, vgl. aber die Präfixbildung afrz. *escachier* 'zerdrücken') geht auf galloroman. **coācticāre* 'zusammendrängen' zurück, ein Intensivum zu lat. *coāctāre* 'mit aller Gewalt zwingen', das selbst Intensivbildung zu lat. *cōgere* (*coāctum*) 'zusammenbringen, treiben, zwingen, drängen' ist (vgl. lat. *agere* 'treiben, in Bewegung setzen' und s. *kon-*). Aus 'zusammendrängen' entwickeln sich im Frz. die Bedeutungen 'bedecken, schützen, zudecken' sowie 'verbergen, verstecken', mit denen das Verb ins Dt. entlehnt wird.

Käse m. 'aus saurer oder mit Lab versetzter Milch bereitetes Nahrungsmittel', ahd. *kāsi* (8./9. Jh.), mhd. *kæse* ist wie asächs. *kāsi*, *kēsi*, mnd. *kēse*, mnl. *cāse*, *kēse*, nl. *kaas*, aengl. *cēse*, *cȳse*, engl. *cheese* entlehnt aus lat. *cāseus* 'Käse'. Die Germanen, die Käse ursprünglich nur als Weichkäse, als Quark kennen (vgl. Reste einer alten Bezeichnung in anord. *ostr*, schwed. *ost*, entlehnt finn. *juusto*, estn. *jūst*), übernehmen die neue Herstellungstechnik und die Bezeichnung von den Römern. – k ä s e n Vb. 'Käse herstellen, gerinnen, zu Käse werden' (17. Jh.). k ä s i g Adj., älter *käsicht*, 'käse-, quarkartig, sehr blaß, farblos' (17. Jh.).

Kasematte f. 'durch dickes Mauerwerk gegen feindlichen Beschuß gesicherter Raum (Gewölbe) in Festungen, gepanzerter Geschützraum' (auf Kriegsschiffen früherer Bauart). Ende des 16. Jhs. wird *Casemate* als Fachwort des Festungsbaues über gleichbed. mfrz. frz. *casemate* aus ital. *casamatta* 'Wall-, Festungsgewölbe' entlehnt. Die Herkunft des Ausdrucks ist umstritten. Er wird (anfangs einen 'vorgetriebenen, überdeckten Stollen, Unterstand' bezeichnend) auf griech. *chásmata* (*χάσματα*), Plur. zu *chásma* (*χάσμα*) 'klaffende Öffnung, Spalte, Schlund, Erdkluft', zurückgeführt (FEW 2, 1, 631); aber auch lat. *casa* 'Häuschen, Hütte' und lat. *matta* 'Matte, aus Schilf u. dgl. bestehende Decke' sind als Ausgangsformen denkbar (Battisti/Alessio 1, 788f.). Andere Erklärungen bei Corominas 1, 713 und bei Gamillscheg ²196.

Kaserne f. 'Gebäude(komplex) zur ständigen Unterbringung von Soldaten', Übernahme (Ende 17. Jh.) von gleichbed. frz. *caserne*. Die Ausgangsform vlat. **quaderna*, aus lat. *quaterna*, einem fem. Singular zu dem klass.lat. nur pluralisch gebrauchten *quaternī* (vlat. **quadernī*) 'je vier, vier zusammen' (Ableitung von lat. *quater* Adv. 'viermal', zu *quattuor* 'vier'), ergibt aprov. *cazerna* 'Gruppe von vier Personen'. Daraus entlehntes mfrz. frz. *caserne* bezeichnet danach einen 'kleinen Raum auf Festungsbauten für (ursprünglich wohl vier) Wachsoldaten'. Als unter Ludwig XIV. große Soldatenunterkünfte gebaut werden, geht der Ausdruck auf die neuen Bauten über und gelangt in diesem Sinne ins. Dt. – k a s e r n i e r e n Vb. 'in Kasernen, in einer Gemeinschaftsunterkunft unterbringen' (19. Jh.), aus frz. *caserner*. M i e t s k a s e r n e f. 'großes Mietshaus, in dem viele Mieter auf engem Raum wohnen' kommt als abschätziger Ausdruck für die mehrstöckigen Großstadthäuser bald nach 1870 (wohl von Berlin ausgehend) auf; früher bezeugt sind *Wohnkaserne* (1856) und *kasernenartige Häuser* (Heine 1831).

Kasino n. 'Gebäude mit Klubräumen, Speiseraum für Offiziere, für Mitarbeiter von Betrieben, öffentlicher Betrieb für Glücksspiele'. Ital. *casino* 'Gesellschaftshaus' (für Unterhaltung und Spiel), zuvor 'Landsitz', Deminutivum von ital. *casa* 'Haus' (aus lat. *casa* 'Häuschen, Hütte'), gelangt in der 2. Hälfte des 18. Jhs. ins Dt. Allgemein gebräuchlich wird *Kasino* zunächst im Südd., wo es nicht nur die 'Gesellschaftsräume', sondern auch 'die darin versammelte Gesellschaft' bezeichnet; im Nordd. gilt dafür das schon früher aus dem Engl. entlehnte *Klub* (s. d.).

Kaskade f. 'künstlich angelegter, sich über mehrere Stufen ergießender Wasserfall'. Im 17. Jh. wird frz. *cascade* als Terminus der Gartenbaukunst übernommen; dieses ist entlehnt aus ital. *cascata* 'Wasserfall', einer Bildung zu ital. *cascare* 'fallen', das vlat. **cāsicāre* voraussetzt, eine frequentative Ableitung (wie spätlat. *cāssitāre*) von lat. *cadere* 'fallen'. In der Zirkus- und Varietékunst versteht man unter *Kaskade* einen 'gefährlichen, waghalsigen Sprung, bei dem der Artist einen Sturz vortäuscht'; dazu K a s k a d e u r m. (20. Jh.), frz. *cascadeur*.

Kasko m. 'Schiffsrumpf, Fahrzeug (im Unterschied zur Ladung)'. Der seit der 1. Hälfte des 18. Jhs. im Versicherungswesen der Seefahrt übliche Ausdruck, heute allgemein Kurzwort (fem., meist ohne Artikel) für *Kaskoversicherung* 'Versicherung gegen (selbst verursachte) Schäden am eigenen Fahrzeug' (20. Jh.), ist eine Entlehnung von span. *casco* 'Schiffsrumpf', eigentl. 'abgebrochenes Stück, Scherbe', dann auch 'Schädel, leichter Helm'. Dieses ist abgeleitet von span. *cascar* 'zerbrechen', dem gleichbed. vlat. **quassicāre* voraufgeht, vgl. lat. *quassāre* 'schütteln, erschüttern, zerschmettern', Intensivbildung zu lat. *quatere* (*quassum*) 'schütteln, (zer)schlagen, beschädigen'.

Kasper m. Hauptfigur im Handpuppenspiel, deminutiv *Kasperle, Kasperl. Kasper* ist eine Nebenform von *Kaspar* (mlat. *Casparus*), dem legendären Namen eines der Heiligen Drei Könige aus dem Morgenland, der in den mittelalterlichen Dreikönigsspielen als Mohr dargestellt wird und (etwa seit dem 15. Jh.) die Gestalt einer lustigen Person annimmt. Ende des 18. Jhs. tritt er in Wien als komische Bühnenfigur an die Stelle des Hanswurst. – Kasperletheater n. (19. Jh.). kaspern Vb. 'kindische, dumme Späße machen, sich albern benehmen' (18. Jh., landschaftlich wohl älter).

Kasse f. 'verschließbarer Behälter zur Aufbewahrung von Geld, Zahlraum, -schalter'. *Cassa* ist Entlehnung (Anfang 16. Jh.) von ital. *cassa* 'Behältnis, Ort zur Geldaufbewahrung', aus lat. *capsa* 'Behältnis, Kasten für Bücherrollen' (s. *Kapsel*), als Fachausdruck des ital. Bankwesens in die obd. Kaufmannssprache. Vom Ende des 17. Jhs. an wird, vom Nd. ausgehend unter Einfluß von nd. *Kasse*, mnd. *kasse*, Nebenform von *kaste* 'Kasten, Behälter, Truhe', auch 'Geldkasten, -truhe' (zu *Kasten*, s. d.), die fremde Endung zu *Kasse* eingedeutscht, doch bleibt *Kassa* in der kaufmännischen Geschäftssprache wie in der bair.-öst. Umgangssprache vielfach bis in die Gegenwart erhalten (*per Kassa* 'bar', *Kassabuch* 'Buch für Einnahmen', *Kassageschäft* 'Geschäft gegen Barzahlung', *Kassakauf* 'Barkauf'). Vereinzeltes frühnhd. (niederrhein., westmd.) *casse* 'Kapsel, Behälter' (15. Jh.) dürfte dagegen aus (ebenfalls auf lat. *capsa* beruhendem) afrz. mfrz. *chasse*, *casse* 'Schrein, Behälter, Truhe' entlehnt sein. – Kassette f. 'kleiner verschließbarer Behälter zur sicheren Aufbewahrung von Geld oder Wertsachen' (18. Jh.), aus frz. *cassette* bzw. ital. *cassetta* 'Kästchen', Deminutiva zu den oben genannten Formen. In neuerer Zeit bezeichnet *Kassette* auch schützende Behälter verschiedener Art (für Bücher, Schallplatten, Filme, Magnetbänder). ¹kassieren Vb. 'einen fälligen Betrag einziehen, Geld einnehmen' (17. Jh.), für älteres, heute seltener gebrauchtes einkassieren Vb. (16. Jh.), nach ital. *incassare*, eigentl. 'in eine Kiste packen'. Kassierer m. 'Angestellter, der Geld einnimmt und auszahlt, die Kasse verwaltet' (17. Jh.), zu *¹kassieren* gebildet. Daneben älteres, heute noch im Südd. und Öst. bevorzugtes Kassier m. (2. Hälfte 15. Jh.), aus gleichbed. ital. *cassiere*.

Kasserolle f., auch Kasserol n. 'flacher Schmortopf' (oft mit Stielgriff), Entlehnung (18. Jh.) von gleichbed. frz. *casserole*, zuvor *Castrol* (um 1700; von mundartlich frz. *castrole*). Mfrz. *casserole* ist von dem in nordfrz. Mundarten vorkommenden *casse* 'Pfanne' abgeleitet, dem aprov. *cassa* 'Schöpflöffel, Schmorpfanne' voraufgeht. Diesem liegt eine in mlat. *cattia* 'Schöpflöffel' überlieferte Form zugrunde, die über **ciattia* auf griech. *kyáthion* (*κυάθιον*), Deminutivum zu *kýathos* (*κύαθος*) 'Schöpfgefäß', zurückgeht.

Kassiber m. 'heimlich übermitteltes Schreiben von Häftlingen'. In der Gaunersprache des 19. Jhs. belegtes *Kasife*, *Kassiwe*, *Kassiwer*, *Kassiber* 'Brief' (auch 'Paß, Ausweis', überhaupt 'amtliche Papiere') stammt wohl aus hebr. *k^e^thīvā́*, in aschkenasischer Aussprache *k^e^sīve* 'Geschriebenes'.

²kassieren Vb. 'für nichtig, ungültig erklären, ein Gerichtsurteil aufheben', auch (seit dem 15. Jh., heute ungebräuchlich) 'bedingungslos aus dem Staats-, Militärdienst entlassen', mhd. *kas(s)ieren*, (westmd.) *casserin* 'vernichten, zunichte machen, aufheben' (1. Hälfte 14. Jh.), kanzleisprachliche Entlehnung von in der juristischen Terminologie fortlebendem spätlat. *cassāre* 'zunichte machen, für ungültig erklären' (mlat. auch 'absetzen, entlassen'), gelegentlich wohl vermittelt durch ital. *cassare*, afrz. *casser*, *quasser* 'aufheben, tilgen' bzw. mfrz. *casser* 'entlassen'; vgl. ferner mnl. *cassēren*, *quassēren* 'für ungültig erklären, aufheben, entlassen'. Neben spätlat. *cassāre*, das zu lat. *cassus* 'leer, nichtig, erfolglos' (dieses vermutlich Part. Perf. von lat. *carēre* 'leer, entblößt sein, nicht haben, entbehren') gebildet ist, steht lat. *quassāre*, dann auch *cassāre* 'heftig schütteln, zerschlagen, zerbrechen'; die Formen beider Verben vermischen sich im Mlat. und Roman., daher afrz. *casser*, *quasser*, frz. *casser* 'zerbrechen, zerschlagen, schwächen' und 'zunichte machen, für ungültig erklären'. – Kassation f. 'Aufhebung eines bestehenden rechtlichen Anspruchs' (17. Jh.), 'Aufhebung eines Gerichtsurteils' (nach 1800), älter außerdem 'bedingungslose Entlassung aus dem Staats-, Militärdienst' (18. Jh.), zu mlat. *cassatio* (Gen. *cassationis*) 'Ungültigkeit(serklärung), Abschaffung'.

Kastagnette f. den Tanzrhythmus begleitendes Handklapperinstrument. Anfang des 17. Jhs. wird *Castanete* aus span. *castañeta* entlehnt; im 18. Jh. setzt sich die aus dem Frz. übernommene (gleichfalls auf das Span. zurückgehende) Form *Castagnette* durch. Span. *castañeta* ist Deminutivform von *castaña* 'Kastanie' (s. *Kastanie*); die Benennung beruht auf der Ähnlichkeit des Instruments mit der Frucht des Kastanienbaums.

Kastanie f. Baum und eßbare Frucht der *Edelkastanie*, dann auch (auf Grund der Ähnlichkeit der Früchte) Baum und ungenießbare Frucht der *Roßkastanie* (s. d.). Ahd. *kestin(n)a* (11. Jh.), mhd. *kesten(e)* (erhalten in südd. *Keste*) sind entlehnt aus lat. *castinea*, einer Variante zu lat. *castanea*, die in nord- und mittelital. Mundarten fortlebt. Vgl. Frings/M. Germania Romana 2 (1968) 165ff. Ahd. (Hs. 13. Jh.), spätmhd. *castānie* (neben mhd. *kastāne*) und durch Luther (*Castanee*) gefördertes *Kastanie* geht direkt auf lat. *castanea* zurück. Dieses ist aus griech. *(kárya) kastáneia* (κάρυα καστάνεια) 'Früchte des Kastanienbaumes', zu *kástanon* (κάστανον) 'Kastanie', entlehnt. Die weitere Herkunft ist ungeklärt. Die thessalische Stadt *Kastanáia* oder *Kastanéa* (Καστanαία, Καστανέα) ist nach dem Baum, nicht umgekehrt der Baum nach der Stadt (wie antike Etymologen zu deuten suchen) benannt. Herleitung aus armen. *kask* 'Kastanie', *kaskeni* 'Kastanienbaum' ist kaum möglich, da *kask* im Altarmen. unbekannt, *kaskeni* nur einmal im 12. Jh. nachgewiesen ist. Vermutlich stammt sowohl das griech. wie auch das armen. Wort aus einer vorgriech. ägäischen Sprache. Vgl. Marzell 1, 863. Die Redensart *für jmdn. die Kastanien aus dem Feuer holen* 'für jmdn. eine unangenehme, gefährliche Aufgabe übernehmen' (17. Jh.) entstammt einer ursprünglich orientalischen, von La Fontaine verbreiteten Fabel, in der ein Affe eine Katze veranlaßt, geröstete Kastanien aus dem Feuer zu holen, die er dann verspeist. – kastanienbraun Adj. (17. Jh.).

Kaste f. 'in ihrer Lebenshaltung, dem Sozial- und Kultleben streng abgeschlossene Gruppe in der Gesellschaftsordnung der hinduistischen Bevölkerung', in geringschätzigem Sinne übertragen auf eine 'sich aus übertriebenem Standesbewußtsein isolierende Gesellschaftsschicht' (z. B. des Adels, der Offiziere, der Beamten). Im 18. Jh. übernommenes frz. *caste* 'streng abgeschlossene Gruppe innerhalb der hinduistischen Hierarchie' stammt aus port. *casta*, eigentl. 'Art, Rasse, Geschlecht', womit die port. Indienfahrer die streng getrennten hinduistischen Gruppierungen bezeichneten (16. Jh.). In port. *casta* wird meist das substantivierte Femininum von port. *casto* 'moralisch rein, keusch' (aus gleichbed. lat. *castus*) gesehen. Gegen diese Herleitung äußert Corominas 1, 722ff. Bedenken, da für die im älteren Iberoroman. vorherrschenden Verwendungen 'Geschlecht, Gattung, Art' (von Lebewesen und Dingen) und 'Zeugung, Fortpflanzung' der Gesichtspunkt der Reinheit unwesentlich sei, doch kann auch die von ihm erwogene Verbindung mit dem Germ. nicht voll überzeugen. – Kastengeist m. 'Haltung einer sich nach außen abschließenden Gesellschaftsschicht, Standesdünkel', zuerst bei Seume (1797) nachgewiesen (nach frz. *esprit de caste*?).

kasteien Vb. (meist refl.) 'sich als religiöse Bußübung körperliche Schmerzen zufügen, Entbehrungen auferlegen', übertragen 'aus einem bestimmten Grunde strenge Selbstzucht üben, enthaltsam leben'. Ahd. *kestigōn* (8. Jh.), mhd. *kestigen* 'sich aus religiöser Überzeugung züchtigen, quälen, büßen lassen, strafen' ist entlehnt aus lat. *castīgāre* 'zurechtweisen, rügen, züchtigen, strafen', eigentl. 'zu einer moralischen, keuschen Lebensweise anhalten', zu lat. *castus* 'enthaltsam, moralisch rein, keusch' (s. *Kaste* und *Inzest*); die religiöse Bedeutung entwickelt sich im Kirchenlat. des 5. Jhs. Neben umgelautetem mhd. *kestigen* steht md. und niederrhein. *kastīgen*, das lautgerecht (über *casteyen*, Luther) zu nhd. *kasteien* führt.

Kastell n. 'von den Römern angelegte militärische Befestigungsanlage, Burg, Schloß'. Ahd. *kastel*, *kastella* (9. Jh.), *kastelīn* (Hs. 12. Jh.), mhd. *kastel* 'befestigter Ort, Stadt,

Burg, Schloß', asächs. *kastel* sind entlehnt aus lat. *castellum* 'Schanzlager, Bollwerk', dem Deminutivum von lat. *castrum* 'mit Mauern oder Schanzen umgebener Ort' (Plur. 'Feldlager'). Aus daraus entstandenem apikard. *castel* (vgl. afrz. *chastel*, frz. *château*) stammt mnl. *casteel* (nl. *kasteel*), woraus mhd. *kastēl* 'Schloß'. Ein vereinzelter Gebrauch von mhd. *kastel* für den 'Turm auf einem Kriegsschiff' (Kärnten, 13. Jh.) ist vielleicht nicht aus dem Galloroman., sondern (wie gleichbed. frühnhd. *Castell*, 15. Jh.) aus ital. *castello* entlehnt, da der Übergang des Ausdrucks auf befestigte Schiffsaufbauten auch für Italien durch mlat. *castellum* früh bezeugt ist. Aus der Vermischung der genannten Formen ist endbetontes nhd. *Kastell* hervorgegangen. Vgl. Öhmann in: Zs. f. Mundartforsch. 20 (1951/52) 94f. – K a s t e l l a n m. 'Burgvogt, Verwalter eines Schlosses, Hausmeister in öffentlichen Gebäuden', mhd. *kastelān* 'Burgvogt' (13. Jh.), aus mlat. *castellanus*; daneben mhd. *scha(h)telān* aus afrz. *chastelain*. Zugrunde liegt lat. *castellānus* 'zu einem Kastell gehörig', substantiviert 'Bewohner eines befestigten Ortes'.

Kasten m. 'Behälter, Kiste', obd. 'Schrank', nordd. 'Kommode, Schublade', ahd. *kasto* 'Behälter, Kasten' (8. Jh.), mhd. *kaste*, auch 'Kornspeicher, Nebengebäude', mnd. *kaste*, *kasse* 'Kasten, Truhe, Geldkasten', mnl. *caste* 'Kornspeicher', nl. *kast* 'Schrank, Kasten'. Das im Frühnhd. aufkommende auslautende *-n* stammt aus den obliquen Kasus. Die Etymologie ist unklar. Stellt man einen Zusammenhang mit ahd. *kar* 'Gefäß, Schüssel, Tonne' und seinen Verwandten her (s. *Bienenkorb*, *Imker*), so läßt sich (neben **kaza-*) germ. **kasa-* 'Gefäß' erschließen, zu dem sich *Kasten* als Dentalableitung stellen würde. Eine andere Erklärung geht von der im Mhd. und Mnl. bezeugten Bedeutung 'Kornspeicher' aus (vgl. dazu rhein. *Kaste* 'Kornkasten, Garbenhaufen auf dem Feld') und vergleicht damit anord. *kǫstr* 'Haufen', norw. *kost* 'Holzhaufen' und anord. *kasta* 'werfen'. Danach ließe sich eine Bedeutungsentwicklung von 'aufgeworfener Getreidehaufen' über 'Getreidekiste' zu 'Behälter, Kiste' denken. Schließlich kann für die dt. und nl. *t*-Formen Einfluß von lat. *cista* (nhd. *Kiste*, s. d.) nicht völlig ausgeschlossen werden.

kastrieren Vb. 'verschneiden, entmannen, die Keimdrüsen (Hoden oder Eierstöcke) bei Menschen oder Tieren ausschalten bzw. operativ entfernen', entlehnt (16. Jh.) aus gleichbed. lat. *castrāre*, älteres mhd. *mün(e)chen*, frühnhd. *münchen*, *mönchen* (eigentl. 'zum Mönch machen') und mhd. *kappūnen*, *kappen*, frühnhd. *kapaunen* (s. *Kapaun*) verdrängend. – K a s t r a t m. 'Verschnittener, Entmannter', bes. durch Kastration im Kindesalter im Besitz der Knabenstimme verbliebener (meist ital.) Sänger (17. Jh.); trotz in der Fachsprache der Medizin belegtem lat. *castrātus* wohl aus ital. *castrato*, zu ital. *castrare*, lat. *castrāre* (s. oben). K a s t r a t i o n f. 'Verschneidung, Entmannung' (Anfang 19. Jh.), lat. *castrātio* (Gen. *castrātiōnis*).

Kasus f. 'Fall, Vorkommnis, Begebenheit', in der Grammatik 'Beugungsfall, Flexionsform des Nomens'. Die Übernahme des sprachwissenschaftlichen Terminus lat. *cāsus* (zu lat. *cadere* 'fallen, sinken') begegnet (zusammen mit dem dt. Übersetzungswort *Fall*, s. d.) zuerst um 1400 in grammatischen lat.-dt. Mischtexten, wobei *cāsus* als Äquivalent für griech. *ptō̃sis* (πτῶσις) 'der Fall, das Fallen', bei Aristoteles 'Abwandlungsfall der Verben und Nomina', auftritt; zu griech. *píptein* (πίπτειν) 'fallen', also auch 'unter ein bestimmtes Genus, einen Begriff, eine Methode fallen'. In der heute aufgegebenen, ebenfalls lat. Vorbild folgenden Bedeutung 'Geschehen, Vorfall' ist *Kasus* zufrühst in der Kanzleisprache des 16. Jhs. gebräuchlich.

kata-, vor Vokalen und vor *h* **kat-**, Bestimmungswort in zahlreichen aus dem Griech. stammenden Zusammensetzungen. Griech. *kata* (κάτα, κατά) Präp. '(von oben) herab, hinab, über ... hin, entlang, bei, gegen, gemäß', als Adverb mit Präfixcharakter in Zusammensetzungen 'nieder, herab, herunter' (s. *Katapult*, *Katarakt*), 'wider, entgegen' (s. *Katechismus*), oft auch verstärkend 'gänzlich, völlig' (s. *Katalyse*).

Katafalk m. 'schwarz verhängtes Gerüst, auf dem der Sarg während der Trauerfeierlichkeiten steht', im 18. Jh. von gleichbed. frz. *catafalque*, aus ital. *catafalco*, entlehnt. Die Vorstufe für das ital. Substantiv (wie auch für afrz. *chafaut* und damit für nhd. *Schafott*, s. d.) sieht man gewöhnlich in vlat. **catafalicum* 'Gerüst, erhöhte Plattform', einer Bildung zu lat. *fala* 'hohes Gerüst', die das als Bestandteil zahlreicher Entlehnungen aus dem Griech.

ins Lat. gelangte und hier vereinzelt auch in hybriden Zusammensetzungen vorkommende Kompositionsglied lat. *cata-*, griech. *kata-* (κατα-) 'von oben herab, darauf, entgegen' (s. *kata-*) enthält. Es wird vermutet, daß die Form vlat. **catafalicum* vor allem unter dem Einfluß von lat. *catasta* 'Schaugerüst beim Sklavenverkauf', spätlat. 'Rednertribüne' sowie 'Marterrost, bei Folterungen verwendetes eisernes Gestell, das von unten erhitzt wird' (wohl nach griech. *katástasis*, κατάστασις 'das Hinstellen, Aufstellung, Einsetzung, Zustand, Lage') oder von vlat. **catalectus* 'Bettgestell', einer aus roman. Wörtern zu erschließenden Erweiterung von lat. *lectus* 'Bett, Lager', zustande kommt. Kaum überzeugender ist der dieser Herleitung entgegengestellte Versuch, ital. *catafalco* auf ein vlat. **catafalsus* (zu lat. *falsus* 'falsch', denn der bei der Trauerfeier aufgestellte Sarg sei häufig nur Symbol und enthalte nicht den Leichnam) zurückzuführen, das sich möglicherweise mit ital. *palco* 'Zimmerdecke, Gerüst, Podium, Verschlag' gekreuzt habe; vgl. BATTISTI/ALESSIO 1, 803 und CORTELAZZO/ZOLLI 1, 215.

Katakombe f. 'verzweigtes System unterirdischer Gänge als gemeinsame frühchristliche Begräbnisstätte', entlehnt (18. Jh.) aus ital. *catacomba*, kirchenlat. *catacumba* 'Grabgewölbe', das aus spätlat. *catacumbae* (Plur.) hervorgegangen ist, womit (seit dem 4. Jh.) die Gegend zwischen dem 2. und 3. Meilenstein der Via Appia bezeichnet wird. Dieses ist vielleicht (im Hinblick auf lat. *-cumbere* 'sich legen') entstanden aus *cata tumbās* 'bei den Gräbern', vgl. spätlat. *tumba*, griech. *týmbos* (τύμβος) 'Grab' und s. *kata-*. Oder aus **cata cumbas*, griech. *katá kýmbas* (κατὰ κύμβας) 'bei den Niederungen' (vor der Porta S. Sebastiano in Rom), zu griech. *kýmbē* (κύμβη) 'Trink-, Hohlgefäß, Schale, Kahn', hier im Sinne von 'Höhlung, Vertiefung'?

Katalog m. 'Verzeichnis' (von Büchern, Bildern, Waren, Gegenständen), entlehnt (16. Jh.) aus lat. *catalogus*, griech. *katálogos* (κατάλογος) 'Aufzählung, Verzeichnis, Liste', bis Anfang des 19. Jhs. meist in lat. Form *Catalogus*. Zugrunde liegt das Verb griech. *katalégein* (καταλέγειν) 'aufzählen, ausführlich hersagen, in Listen eintragen', vgl. griech. *légein* (λέγειν) 'auflesen, sammeln, sagen, sprechen, nennen, aufzählen' und s. *kata-*. – k a t a l o g i s i e r e n Vb. 'in ein Verzeichnis aufnehmen, einen Katalog anlegen' (2. Hälfte 19. Jh.), älter *katalogieren* (1. Hälfte 19. Jh.); vgl. frz. *cataloguer*.

Katalyse f. Beschleunigung, Verlangsamung oder Auslösung einer chemischen Stoffumsetzung. Griech. *katálysis* (κατάλυσις) 'Auflösung, Zerstörung, Vernichtung', zu griech. *katalýein* (καταλύειν) 'losmachen, -binden, auflösen, zerstören', wird von dem engl. Chemiker Berzelius um 1836 in die Terminologie der Chemie eingeführt; vorher bereits bei Libavius (Libau) „Alchymia" (1597) mit unklarer Bedeutung. Engl. *catalysis* geht bald in andere Sprachen über, im Dt. nach *Katalysis* (bis Anfang 20. Jh.) *Katalyse*. – K a t a l y s a t o r m. Stoff, der eine chemische Reaktion, eine Katalyse veranlaßt, selbst dabei aber unverändert bleibt (20. Jh.). k a t a l y s i e r e n Vb., k a t a l y t i s c h Adj. (19. Jh.).

Katapult m. n. 'Wurf- oder Schleudermaschine' (der Antike und des Mittelalters). Lat. *catapulta*, aus griech. *katapáltēs* oder *katapéltēs* (καταπάλτης, καταπέλτης), zu griech. *katapállein* (καταπάλλειν) 'herabschütteln, -schwingen, -schleudern', begegnet zunächst in seiner lat. Form (*Catapulta*), seit Anfang des 18. Jhs. (dem lat. Vorbild entsprechend) als *Katapulte* f. im Dt., das sich neben im 19. Jh. aufkommendem *Katapult* m. und n. bis in die 1. Hälfte des 20. Jhs. behauptet. Heute bezeichnet *Katapult* vor allem eine 'Schleudereinrichtung zum Starten von Flugzeugen' (bei kurzer Startbahn) und eine 'gabelförmige, mit Gummibändern versehene Schleuder für Kinder'. – k a t a p u l t i e r e n Vb. 'wegschleudern, wegschnellen' (20. Jh.).

Katarakt m. 'Stromschnelle, Wasserfall' (2. Hälfte 16. Jh.), aus lat. *cataracta* f., *cataractēs* m., griech. *katarrháktēs* (καταρράκτης) 'Wassersturz, -fall' entlehnt, zu griech. *katarrháttein* (καταρράττειν) 'herabfallen, -stürzen'.

Katarrh m. 'Schleimhautentzündung (bes. der Atmungsorgane) mit vermehrter Flüssigkeitsabsonderung', in den Arzneibüchern zu Anfang des 16. Jhs. (wie umgangssprachlich vielfach noch heute) 'Schnupfen'. Es ist aus lat. *catarrhus*, griech. *katárrhūs* (κατάρρους) 'Schnupfen', eigentl. 'das Herabfließen', entlehnt, zu griech. *katarrheĩn* (καταρρεῖν) 'herab-, herunterfließen', nach der Vorstellung, daß aus dem Gehirn herabfließender Schleim die Krankheit verursache. S. auch ²*Kater*.

Kataster m. n. 'amtliches Grundstücksverzeichnis, Grund-, Flurbuch', früher 'Liste der steuerpflichtigen Personen, Kopfsteuerliste'. Das im 17. Jh. in nlat. Form *Catastrum* aufgenommene und im 18. Jh. eingedeutschte Wort stammt aus ital. *catast(r)o* 'Zins-, Steuerregister', dem venezian. *catastico* vorausgeht. Dieses ist entlehnt aus byzant.-griech. *katástichon* (*κατάστιχον*) 'Notizblock, Liste, Register', eigentl. 'Reihe für Reihe'; vgl. griech. *stoĩchos, stíchos* (*στοῖχος, στίχος*) 'Reihe, Linie, Ordnung'. In neuester Zeit versteht man unter *Kataster* auch ein 'Verzeichnis der untersuchten Personen bei (Röntgen)reihenuntersuchungen'. – Katasteramt n. 'Amt, in dem der Kataster geführt wird, Vermessungsamt' (19. Jh.).

Katastrophe f. 'folgenschweres Unglück, Naturereignis von verhängnisvollem Charakter, Zusammenbruch, Verderben, Untergang', im Drama 'entscheidende Wendung des Geschehens, die zum Untergang des Helden führt, das Eintreten des Verhängnisses', Entlehnung (um 1600) aus lat. *catastropha, catastrophē*, griech. *katastrophḗ* (*καταστροφή*) 'Umkehr, Wendung', speziell 'Umschwung der Handlung in der Tragödie', eigentl. 'Wendung nach unten' (d. h. 'zum Schlimmen'); zu griech. *katastréphein* (*καταστρέφειν*) 'umkehren, umwenden'. – katastrophal Adj. 'furchtbar, fürchterlich, verhängnisvoll, entsetzlich' (20. Jh.).

Kate f. 'kleines, ärmliches Haus auf dem Lande'. Nd. *Kate*, mnd. *kāte* ist eine Nebenform von nd. *Kote* f., mnd. *kōte, kotte* m. f., *kŏt* n. 'Hütte, kleines Haus, bescheidene Wohnung, Haus eines Tagelöhners, Häuslerstelle' und wird seit Anfang des 19. Jhs. durch nordd. Schriftsteller in der Literatursprache geläufig. Verwandt sind mhd. *kote* m., frühnhd. (md.) *kot* n. 'Hütte' (15. Jh.), mnl. *cot(e)* 'Hütte, Schuppen, Stall', nl. *kot*, aengl. *cot* 'Hütte, Häuschen, Höhle', engl. *cot* 'Stall, Hütte' (vgl. *cottage* 'Hütte, Landhaus'), anord. *kot* 'Hütte', norw. *kott* 'kleines Zimmer, Verschlag', ferner (als *j*-Ableitung) anord. *-kytja* (in *hūskytja* 'Hütte') sowie (ablautend) aengl. *cȳte* 'Hütte, Haus, Lager', norw. (mundartlich) *køyta* 'Waldhütte aus Rinde oder Reisig'. Zieht man vielleicht verwandtes *Kie(t)z* (s. d.) und die dort genannten Formen heran, so kann eine Grundbedeutung '(mit Flechtwerk bedeckte) Höhlung, Grube' angenommen und von einer Dentalerweiterung der Wurzel ie. **geu-, *gū-* 'biegen, krümmen, wölben' ausgegangen werden.

Katechismus m. 'in Form von Frage und Antwort angelegtes kurzes Lehrbuch für den Religionsunterricht', als Leitfaden des christlichen Glaubens seit etwa 1525 (Luther) gebräuchlich. Der Ausdruck ist eine Entlehnung von kirchenlat. *catēchismus* (4. Jh.), das die mündliche oder schriftliche Unterweisung im christlichen Glauben bezeichnet. *catēchismus* ist ein nach griech. Muster gebildetes Abstraktum zu kirchenlat. *catēchizāre* 'in der christlichen Religion unterweisen', griech. *katēchízein* (*κατηχίζειν*) 'unterrichten', einer Weiterbildung zu *katēchẽin* (*κατηχεῖν*) 'entgegentönen, durch Schall oder Klang ergötzen, bezaubern' und 'mündlich unterrichten, belehren', auch im christlichen Glauben; vgl. griech. *ēchẽin* (*ἠχεῖν*) 'schallen, tönen', zu *ēchḗ* (*ἠχή*), s. *Echo*, und s. *kata-*. – Katechese f. 'Religionsunterricht, christliche Unterweisung in Frage und Antwort, Christenlehre' (19. Jh.), älter *Katechesis*, aus kirchenlat. *catēchēsis* 'religiöse Unterweisung' (vor allem der Taufbewerber), griech. *katḗchēsis* (*κατήχησις*) 'mündlicher Unterricht'. Katechet m., anfangs auch *Katechit*, 'Lehrer für den christlichen Religionsunterricht' (16. Jh.), aus gleichbed. griech. *katēchētḗs* (*κατηχητής*); daneben in älterer Zeit auch *Katechist*, aus kirchenlat. *catēchista*, einem gleichfalls nach griech. Muster gebildeten Nomen agentis zu kirchenlat. *catēchizāre* (s. oben).

Kategorie f. 'Gruppe, Klasse, Gattung von Personen, Dingen, Begriffen', in der Philosophie 'Denk-, Anschauungsform' (18. Jh.), 'Grundbegriff, der die wesentlichen und allgemeinsten Merkmale und Zusammenhänge der Gegenstände und Erscheinungen widerspiegelt' (19. Jh.), entlehnt aus lat. *catēgoria* (in dieser Form schon im 17. Jh. in dt. Texten), griech. *katēgoría* (*κατηγορία*) 'Anklage, Vorwurf, Beschuldigung, Anklagerede', bei Aristoteles 'höchste Seins- und Aussageart, Grundaussage' (eigentl. 'Aussage über ein Subjekt'), gebildet zu griech. *katēgorẽin* (*κατηγορεῖν*) 'anklagen, beschuldigen, von jmdm.

behaupten', eigentl. 'wider jmdn. reden'; vgl. griech. *agoreúein* (*ἀγορεύειν*) 'öffentlich reden, verkünden', zu *agorá* (*ἀγορά*) 'Markt' (wo man in öffentlicher Rede auftritt), auch 'Versammlung, Verhandlung, Vortrag, Rede', dieses von griech. *ageírein* (*ἀγείρειν*) 'versammeln', und s. *kata-*. In der allgemeinen Verwendung 'Einteilungsschema' ist *Kategorie* seit der 1. Hälfte des 19. Jhs. gebräuchlich. – **kategorisch** Adj. 'unbedingt gültig, bestimmt, ohne Vorbehalt, keinen Widerspruch duldend', eigentl. 'aussagend' (17. Jh.); vorher bereits in dt. Texten das Adverb lat. *catēgoricē* 'unbedingt' (16. bis 18. Jh.), zu lat. *catēgoricus* 'zur Aussage gehörig'. **kategorisieren** Vb. 'nach Kategorien ordnen' (19. Jh.).

[1]**Kater** m. 'männliche Hauskatze', in der Jägersprache 'Männchen der Wildkatze und des Luchses', ahd. *kataro* (9. Jh.), mhd. *kater(e)*, mnd. *kāter*, mnl. *cāter(e)*, nl. *kater*, vgl. ferner engl. *to caterwaul* 'miauen, schreien'. Das nur im Westgerm. vorkommende, ursprünglich schwach flektierte Maskulinum ist an die bei *Katze* (s. d.) dargestellten, nicht sicher etymologisierbaren Bildungen anzuschließen, unterscheidet sich aber von diesen durch fehlende Gemination des Dentals, was verschiedentlich als Kennzeichen seiner frühen Entstehung im Germ. angesehen wird. Noch nicht befriedigend erklärt ist weiterhin das *r*-Suffix, das vielleicht mit der Endung von *Marder* (s. d.) in Verbindung gebracht werden kann und auch sonst (wohl erst nach dem Vorbild von *Kater*) bei einigen jüngeren Bezeichnungen für männliche Tiere auftritt (s. *Ganter*, *Ganser*, *Tauber*); vgl. dazu Wilmanns Gramm. 2 ([2]1899) 277 und Kluge in: PBB 14 (1889) 585ff.

[2]**Kater** m. 'körperliches Unwohlsein als Nachwirkung eines Rausches' (daher auch *moralischer Kater* 'Reue, Gewissensqual'). Der seit der 2. Hälfte des 19. Jhs. bezeugte, zuerst von Leipziger oder Jenaer Studenten verwendete Ausdruck ist offenbar eine durch die omd. Aussprache begünstigte Umbildung von *Katarrh* (s. d.; den inhaltlichen Zusammenhang zeigen Fügungen wie *physischer Catarrh* und *moralischer Catarrh* bei Hippel 1793). Die scherzhafte Anlehnung an [1]*Kater* erfolgt sicherlich unter dem Einfluß von älterem gleichbed. *Katzenjammer* (s. d.); zum umschreibenden Gebrauch von Tiernamen vgl. ferner *Affe* 'Rausch'.

Katheder n. m. 'Pult des Lehrers, Lehrstuhl an einer Hochschule'. Lat. *cathedra* f. 'Stuhl, Sessel, Lehrstuhl' (spätlat. auch 'Lehramt', kirchenlat. 'Stuhl des Geistlichen, Bischofssitz, kirchliches Lehramt') erscheint in deutschsprachigem Kontext seit Mitte des 16. Jhs. mit dt. Flexionsendungen (z. B. *auf sein Cathedren auftreten*). Wohl schon zu dieser Zeit, deutlich jedoch vom Ende des 17. Jhs. an befindet es sich im Übergang zum Maskulinum und Neutrum, daneben bewahrt es unter gelehrtem Einfluß (als Wort der Kirche, Schule und Universität) noch bis ins 18. Jh. das feminine Genus (*die Catheder*). Das lat. Substantiv beruht auf griech. *kathédrā* (*καθέδρα*) 'Sitz, Stuhl, Sessel'; dieses ist eine dem geläufigen Verb griech. *kathézesthai* (*καθέζεσθαι*) 'sich niedersetzen, sitzen' folgende Zusammensetzung der zum seltener belegten Simplex griech. *hézesthai* (*ἕζεσθαι*) 'sich setzen, sitzen' (verwandt mit *sitzen*, s. d.) gehörenden alten Nominalbildung griech. *hédrā* (*ἕδρα*) 'Sitz' mit dem unter *kata-* (s. d.) dargestellten Präfix.

Kathedrale f. 'bischöfliche Hauptkirche'. Während die dt. Bischofskirche in der Regel *Dom* oder *Münster* (s. d.) heißt, wird mit Bezug auf frz., span. und engl. Kirchenbauten seit dem 16. Jh. die Bezeichnung *Cathedralkirche* verwendet, die mlat. *ecclesia cathedralis* 'Hauptkirche der bischöflichen Residenz' (eigentl. 'Kirche mit einem für den Bischof bestimmten erhöhten Sitz') übersetzt. Voraus gehen ferner die entsprechenden Bildungen afrz. *eglise catedral*, frz. *église cathédrale*, span. *iglesia catedral*, engl. *cathedral church*, für die auf Substantivierung des Adjektivs beruhende Kurzformen üblich werden, vgl. frz. *cathédrale*, span. *catedral*, engl. *cathedral*. Im Anschluß an diese Vorbilder kommt auch im Dt. Ende des 18. Jhs. *Kathedrale* in Gebrauch (vereinzelt *Cathedral* schon im frühen 18. Jh.). Das zugrundeliegende Adjektiv mlat. *cathedralis* 'bischöflich' (vgl. spätlat. *cathedrālis* 'den Lehrstuhl betreffend') ist eine Ableitung von kirchenlat. *cathedra* 'Stuhl des Geistlichen, Bischofssitz' (s. *Katheder*).

Kathete f. 'jede der beiden senkrecht aufeinanderstehenden Seiten im rechtwinkligen Dreieck, Lotseite'. Der mathematische Terminus griech. *káthetos* (*κάθετος*), lat. *cathetus* f. 'Senkrechte, Lot' wird seit Anfang des 15. Jhs. in dt. Fachtexten verwendet, bis ins 18. Jh. noch in der lat. Form. Er gilt zunächst nur für diejenige der zwei den rechten Winkel einschließenden Seiten eines rechtwinkligen Dreiecks, die entsteht, wenn man von einem Punkt aus das Lot auf eine Grundlinie fällt (die andere, auf der Grundlinie liegende Seite heißt dann *Basis*, s. d.). Erst vom 17. Jh. an bezeichnet er jede dieser beiden Seiten, die damit von der *Hypotenuse* (s. d.) unterschieden werden. Griech. *káthetos*, eigentl. 'die Herabgelassene', ist Substantivierung der wohl durch ein gedanklich zu ergänzendes griech. *grammḗ* (*γραμμή*) 'Strich, Linie' bedingten femininen Form des Verbaladjektivs von griech. *kathiénai* (*καθιέναι*) 'herabschikken, herablassen, absenden'; vgl. griech. *hiénai* (*ἱέναι*) 'in Bewegung setzen, schicken, senden' und s. *kata-*.

Katheter m. röhrenförmiges medizinisches Instrument zum Einführen in Höhlen und Kanäle des Körpers, bes. zum Entleeren der Harnblase. Die Bezeichnung des bereits in der Antike bekannten Geräts griech. *kathetḗr* (*καθετήρ*), spätlat. *cathetēr* geht Ende des 17. Jhs. aus der lat. Wissenschaftssprache in den allgemeinen Gebrauch über. Das griech. Substantiv, Nomen instrumenti auf *-tēr* (*-τηρ*) zum Verb griech. *kathiénai* (*καθιέναι*) 'herabschicken, herablassen, absenden' (s. *Kathete*), wird seit alters und bis heute (vgl. *Herzkatheter*) für Gegenstände verwendet, die hinabgelassen, hineingesenkt werden. Im Dt. gleicht sich das Ableitungsmorphem dem hier üblichen Nominalsuffix *-er* an, während die Lautgestalt der parallelen Entlehnungen frz. *cathéter*, ital. *catetere* der ursprünglichen Vokallänge Rechnung trägt. – katheterisieren Vb. 'den Katheter anwenden' (Anfang 19. Jh.), entsprechend frz. *cathétériser* dem terminologischen Verb griech. *kathetērízein* (*καθετηρίζειν*) nachgebildet (vgl. jüngeres engl. *to catheterize*); dafür auch ohne fremde Endung abgeleitetes kathetern Vb. (um 1900).

Kathode, heute meist (bes. fachsprachlich) Katode f. Die mit dem Minuspol der Stromquelle verbundene Elektrode, an der die Elektronen austreten ('Ausgang'), wird 1834 von dem engl. Physiker Faraday engl. *cathode* genannt. Dieser Terminus, der an griech. *káthodos* (*κάθοδος*) 'der hinabführende Weg, das Hinabgehen', eine Zusammensetzung von griech. *katá* (*κατά*) 'herab, nieder, entgegen' und *hodós* (*ὁδός*) 'Weg, Gang', anknüpft, findet sich seit Mitte des 19. Jhs. im Dt. S. auch *Anode*, *Elektrode*.

katholisch Adj. 'zur größten christlichen Kirche, an deren Spitze der Papst steht, gehörend, diese Kirche bezeichnend bzw. betreffend', entlehnt (16. Jh.) aus gleichbed. spätlat. *catholicus*, griech. (kirchensprachlich) *katholikós* (*καθολικός*); in lat. Form bereits im 8. Jh. in ahd. Texten. Das griech. (und lat.) Adjektiv bedeutet eigentl. 'allgemein, generell, universal' und ist eine Bildung zum Adverb griech. *kathólū* (*καθόλου*) 'im ganzen, im allgemeinen, überhaupt', einer präpositionalen Fügung (s. *kata-*) mit dem Genitiv des Adjektivs griech. *hólos* (*ὅλος*) 'ganz, ungeteilt, vollständig' (also eigentlich 'über das Ganze hin'). Seit dem 2. Jh. wird griech. *katholikós* auf die christliche Kirche bezogen; dadurch entwickelt sich die Bedeutung 'universal, allgemeine Geltung besitzend' auch zu 'rechtgläubig'. Aus dem Griech. entlehntes lat. *catholicus* erscheint (adjektivisch wie substantivisch) vornehmlich im religiös-kirchlichen Bereich in den eben genannten Bedeutungen; dabei steht das substantivierte Maskulinum *catholicus* zunächst im Gegensatz zu kirchenlat. *haereticus* 'Ketzer'. – Katholik m. um 1700 aufkommend, zunächst wohl unter frz. Einfluß (vgl. die Schreibungen *Catholicke*, Plur. *Catholiquen*), nach lat. *catholicus* (s. oben). Katholizismus m. (2. Hälfte 17. Jh.).

Kattun m. 'leichtes Baumwollgewebe in Leinenbindung'. Das in der Antike unter den Bezeichnungen griech. *ḗria apó xýlū* (*εἴρια ἀπὸ ξύλου*, Herodot) 'Wolle von Bäumen' (s. *Baumwolle*), griech.-lat. *līna xylina* (Plinius) bekannte Material gelangt im Mittelalter durch arab. Vermittlung nach Europa. Auf arab. *quṭun* 'Baumwolle' beruhen daher die europ. Benennungen der Textilfaser, so afrz. (12. Jh.), frz. *coton*, dieses vielleicht nach (später bezeugtem) ital. *cotone* (14. Jh., vgl. mlat. *cottonus*, 13. Jh. in Genua, dann auch mlat. *cotonum*, *coto*), ferner (unter Beibehaltung des arab. Artikels) span. *algodón*, port. *algodão*; vgl. noch russ. (älter) *kutnjá* (*кутня*) 'asiatischer halbseidener Stoff', das auf das zugehörige arab. Adjektiv zurückgeht. Das Substantiv arab. *quṭun*, seinerseits als Lehnwort (aus dem Ägypt. oder Ind.?) geltend, repräsentiert einen im Semit. offenbar verbreiteten Handelsausdruck, vgl. aram. *kittūnā*, hebr. *kuttōneth* 'auf dem bloßen Leibe getragenes Kleid' sowie die dem Semit. entlehnten Bildungen griech. *chitṓn* (*χιτών*) 'unmittelbar am Leib getragenes Kleidungsstück, Panzer' (s. *Chitin*), lat. *tunica* 'Untergewand, Haut, Hülle'. Afrz. *coton* ist die Quelle für mnl. *cottoen*, *catoen*, nl. *katoen* und engl. *cotton* 'Baumwolle, Baumwollstoff'. Als Entlehnung aus dem Nl. wird *Kattun* im 17. Jh. im Dt. üblich; voraus geht ein einzelnes Zeugnis spätmhd. (alem.) *cottun* (oder *coccun*?, 14. Jh.). Vom 17./18. Jh. an findet sich im Bereich des Handels und der Industrie (synonym mit *Baumwolle* als Materialbezeichnung) daneben die frz. Form *Coton* (auch *Koton*) m. oder die engl. Form *Cotton* n. m., letztere wieder häufiger seit der Mitte des 20. Jhs. – k a t t u n e n Adj. 'baumwollen' (17. Jh.), nach nl. *katoenen*.

Katze f. Der Name des domestizierten, seit der Spätantike als Mäusevertilger gehaltenen kleinen Raubtiers (dann auch zoologischer Sammelbegriff für alle Angehörigen dieser Raubtierfamilie) findet sich (allerdings mit wechselnder Stammbildung) im West- und Nordgerm., ahd. *kazza* f., *kazzo* m. (9. Jh.), mhd. *katze* f., afries. mnd. *katte* f., mnl. *catte* f., nl. *kat* f., aengl. *catte* f., *catt* m., mengl. engl. (von nordafrz. anglonorm. *cat* beeinflußt) *cat*, anord. *kǫttr* m., *ketta* f., schwed. *katt* m., *katta* f.; für das Got. fehlen Belege. Die nicht zum gemeinsamen ie. Bestand gehörende Bezeichnung läßt sich in den meisten europ. und einigen außereurop. Sprachen nachweisen, doch sind Herkunft und Entlehnungswege ungeklärt. Auf spätlat. *cattus*, *catta* (4. Jh., für lat. *fēlēs*, *fēlis*) beruhen mgriech. *kátta* (*κάττα*), *káttos* (*κάττος*) und die roman. Formen frz. *chat* m., *chatte* f., ital. *gatto* m., *gatta* f., span. *gato* m., *gata* f. Möglicherweise sind auch die übereinstimmenden Formen in den baltoslaw. Sprachen hier anzuschließen, z.B. aruss. kslaw. *kotъka* 'Katze', russ. *kot* (*кот*) 'Kater', lit. *katė̃* 'Katze', *kãtinas* 'Kater'. Höheres Alter könnte dagegen den kelt. (air. *cat*, kymr. *cath*, im ir. Fürstennamen *Cenn Cait* 'Katzenkopf' vielleicht schon auf das 1. Jh. zurückgehend) und den germ. Bildungen zukommen, so daß der Ursprung der Benennung (zunächst für die einheimische Wildkatze?) mehrfach in diesen beiden Sprachgruppen vermutet wird; vgl. Kaspers in: Zs. f. vgl. Sprachforsch. 67 (1942) 218f., der *Katze* als 'Tier mit dem krummen Rücken' an germ. **kat(t)-* 'Krümmung' anzuschließen sucht. Auffällig sind aber nordafrikan. Entsprechungen wie nubisch *kadīs*, berberisch *kaddîska*, affadeisch *gâda* (FEW 2, 520), die an eine Ausbreitung des Tiernamens von Afrika her (durch kelt. Vermittlung?) denken lassen, da die gezähmte Katze zuerst in Ägypten vorkommt und von dort nach Europa gelangt. – K ä t z c h e n n. 'ährenähnlicher Blütenstand bestimmter Gehölze' (z.B. Weide, Erle, Birke, Haselstrauch), durch Vergleich mit dem weichen Katzenfell motivierte Übertragung des Deminutivums von *Katze* (s. oben), frühnhd. *ketzgin*, *palmketzel* (15. Jh.); vgl. gleichbed. nl. *katje*, engl. *catkin*. K a t z e n a u g e n. 'Rückstrahler, bes. am Fahrrad' (20. Jh.), in der Mineralogie 'einen streifenförmigen Lichtschein zeigender Edelstein' (18. Jh.). K a t z e n g o l d n. 'goldgelb glänzender Glimmer' (daneben *Katzensilber* für einen Glimmer mit silbrigem Glanz, beide 16. Jh.), vorher ahd. *kazzūngold* 'goldgelbes Kirschharz' (Hs. 12. Jh.); diesen Verwendungen liegt die Vorstellung des Falschen, Unechten zugrunde. K a t z e n j a m m e r m. 'körperliches Unwohlsein als Nachwirkung eines Rausches' (2. Hälfte 18. Jh.), anfangs vor allem in der Studentensprache; seit dem 19. Jh. häufig auf Gemütszustände übertragen 'Reue, Gewissensqual' (s. auch ²*Kater*). K a t z e n m u s i k f. 'mißtönende Musik', ursprünglich jmdm. von Studenten als Ständchen dargebracht, um ihn zu verhöhnen (letztes Viertel 18. Jh.); bei Stieler (1691) 'Geschrei der Katzen'. K a t z e n s p r u n g m. 'unbedeutende Entfernung' (17. Jh.).

kauderwelsch Adj. 'wirr, fehlerhaft oder fremdartig im sprachlichen Ausdruck und daher schwer verständlich'. Die seit der 1. Hälfte des 16. Jhs. bezeugte Bildung (frühnhd. auch *kuderwelsch*) enthält als zweiten Bestandteil das Adjektiv *welsch* 'romanisch, bes. italienisch' (s. d. sowie *Wallach*, *Walnuß*), das oft ganz allgemein eine unverständliche Sprache kennzeichnet (vgl. *rotwelsch*). Schwierigkeiten bereitet die Erklärung des ersten Kompositionsglieds. Häufig wird in ihm eine lautliche Umgestaltung des schweiz. Ortsnamens *Chur* (obd. auch *Kauer*) gesehen; danach wäre *kauderwelsch* identisch mit der seit dem Frühnhd. üblichen Bezeichnung *Churwelsch* (vgl. die Sprachbezeichnung *Kurwalchen* bei Hermann v. Sachsenheim, Mitte 15. Jh.) für die rätoroman. Sprache Graubündens. Zwischen beiden Formen wird im 16. Jh. (bei Mathesius) tatsächlich mehrfach ein enger Zusammenhang hergestellt, doch ist hierbei nachträgliche wortspielerische Gleichsetzung nicht auszuschließen. Eine andere Anknüpfungsmöglichkeit bietet obd. *Kauderer* 'Zwischenhändler, wucherischer Kleinhändler', Nomen agentis zu obd. *kaudern* 'Kleinhandel treiben', das vielleicht als Iterativum zu frühnhd. *kauten*, *käuten*, mnd. *kūten* 'tauschen' zu stellen ist. Obd. *Kauderer* ist daneben in der Bedeutung 'Werg-, Flachshändler' bezeugt; vgl. frühnhd. *Kuder*, *Kauder* 'Abfall beim Hecheln des Flachses', md. *kawte* 'Flachs in bestimmter Form und Menge' (Ende 14. Jh.), wofür von Knobloch in: Lingua 26 (1970/71) 305 Anschluß an die slaw. Wortgruppe von russ. *kudél'* (*кудель*) 'zum Spinnen vorbereiteter Flachs' vorgeschlagen wird. Dann bezöge sich *kauderwelsch* ursprünglich auf die Redeweise wandernder Händler (oder zugewanderter Flachshechler?) aus Italien oder der Schweiz. Diese Auffassung wird dadurch gestützt, daß Fischart *Kuderwelsche* in einer Aufzählung verschiedener Gewerbetreibender nennt und daß bereits im 13. bzw. 14. Jh. *Kudirwale* (Köln), *Khawderwalch* (Rain in Schwaben) als Beiname von Bürgern belegt ist. Sehr einleuchtend erscheint auch Zusammenhang mit oder Beeinflussung durch obd. *kudern*, *kaudern* 'undeutlich sprechen', ein zunächst (wohl lautmalend) das Kollern des Truthahns bezeichnendes Verb. An das Adjektiv schließen sich an Kauderwelsch n. 'wirre, schwerverständliche Sprache' (16. Jh.), kauderwelschen Vb. 'wirr, in schwerverständlicher Ausdrucksweise reden' (18. Jh.).

kauen Vb. 'mit den Zähnen zerkleinern, malmen'. Die ältesten Formen des ursprünglich stark flektierten germ. Verbs sind ahd. *kiuwan* (8. Jh.), mhd. *kiuwen*, *kiun*, aengl. *cēowan* und (mit Anlautveränderung durch Dissimilation oder unter Einfluß von bedeutungsähnlichem anord. *tǫgla* 'kauen, nagen') anord. *tyggja*, *tyggva*. Neben mhd. *kiuwen*, das in nhd. *käuen* bis ins 18. Jh. lebendig bleibt, findet sich im 14. Jh. die für die heute übliche Lautgestalt vorauszusetzende Variante mhd. (md.) *kūwen*, die bereits (ebenso wie mnd. *kouwen*, mnl. *cauwen*, nl. *kauwen*, engl. *to chew*, schwed. *tugga* 'kauen') dem Paradigma der schwachen Verben folgt. Der Übergang zur schwachen Flexion ist bei frühnhd. *käuen*, *kauen* im 16. Jh. allgemein vollzogen. Der Vergleich mit außergerm. Entsprechungen wie serb.-kslaw. *žьvati*, russ. *ževát'* (*жевать*) 'kauen', lit. *žiáunos* (Plur.) 'Kiefer, Kiemen', pers. *jāvīdan* 'kauen' führt auf die Wurzel ie. **g(i̯)eu-*, **ĝ(i̯)eu-* 'kauen'. Die Form *käuen* ist im Nhd. bis zur Gegenwart erhalten in wiederkäuen Vb. 'nochmals kauen' (bezogen auf bestimmte Paarhufer). Das seit dem 15. Jh. belegte Kompositum ersetzt nicht mehr verstandenes (und nur mannigfaltig entstellt in den Mundarten fortlebendes) gleichbed. ahd. *itarucken* (9. Jh.), mhd. *it(e)rücken*, aus ahd. *it(a)-* 'wieder' und germ. **rukjan* 'sich erbrechen, rülpsen', vgl. lat. *ērūgere* 'ausrülpsen', *ructāre* 'rülpsen, ausspeien', russ. *rygát'* (*рыгать*) 'rülpsen, wiederkäuen'. Wiederkäuer m. 'wiederkäuender Paarhufer', als Nomen agentis vereinzelt schon im 16. Jh. (bei Fischart) gebildet, tritt in den 20er Jahren des 19. Jhs. an die Stelle des älteren zoologischen Fachausdrucks *wiederkäuendes Tier* (17. Jh.). – Kautabak m. (2. Hälfte 19. Jh.), nach engl. *chewing-tobacco* (1835); vgl. die bereits im 18. Jh. vorkommende Fügung *Tabak kauen*. Kaugummi m. (20er Jahre 20. Jh.), nach amerik.-engl. *chewing gum* (1864).

kauern Vb. 'sich gekrümmt niederbücken, in sich gekrümmt hocken'. Das erst seit dem 18. Jh. in der hd. Literatur (vielleicht unter dem Einfluß des Gebrauchs bei Goethe) auftretende Verb wird noch von Campe zu den „niedrigen“ Wörtern gezählt. Vorauf geht mnd. *kūren* '(dem Wild) auflauern, spähend schauen' (daraus engl. *to cower* 'sich ducken, hocken'); verwandt sind anord. *kārr* 'kraus, lockig; krause Locke', schwed. norw. *kura* 'sich niederducken' sowie lit. *gur̃nas* 'Hüfte, Hüftknochen', griech. *gȳrós* (*γυρός*) 'rund, gebogen, krumm', die mit *r*-Suffix zur Wurzel ie. **geu-*, **gū-* 'biegen, krümmen, wölben' gebildet sind.

kaufen Vb. 'etw. durch Zahlen des Preises erwerben, jmdn. bestechen'. Ausgangswort für die gesamte Wortfamilie ist lat. *caupo* (Gen. *caupōnis*) 'Schankwirt, Herbergsvater,

Kleinhändler', das um die Zeitenwende den Germanen von röm. Soldaten am Mittel- und Niederrhein vermittelt wird, so daß in westgerm. **kaupan-* 'Händler', vertreten in ahd. *koufo* (9. Jh.), aengl. *cīepa*, die Grundlage der im Germ. abgeleiteten Verben zu sehen ist, falls sie nicht aus lat. *caupōnārī* 'schachern, hökern, Kleinhandel treiben' entlehnt sind; ahd. *koufen* (8. Jh.), *koufōn* (9. Jh.), mhd. *koufen* 'tauschen, Handel treiben, handeln', d. h. 'durch Kauf erwerben' wie auch 'verkaufen', asächs. *kōpon*, mnd. *kōpen*, aengl. *cēapian*, mnl. *cōpen*, nl. *kopen*, anord. *kaupa*, schwed. *köpa*, got. *kaupōn*. – Aus dem Verb rückgebildet ist K a u f m. 'Erwerb einer Sache gegen Geld', ahd. *kouf* 'Tausch, Handel' (9. Jh.), mhd. *kouf* 'Geschäft zwischen Käufer und Verkäufer, Tausch, Handel, Verabredung, Ware, Preis, Bezahlung', asächs. mnd. *kōp*, aengl. *cēap* (vgl. engl. *cheap* 'wohlfeil'), nl. *koop*, anord. *kaup*, schwed. *köp*. K ä u f e r m. 'wer durch Bezahlung etw. erwirbt', ahd. *koufāri* (9. Jh.), mhd. *koufer*, *köufer* 'wer kauft oder verkauft', daher bis ins 16. Jh. auch 'Kaufmann, Händler', erst danach nur noch für den, der etw. kauft. k ä u f l i c h Adj. 'durch Kauf zu erwerben, bestechlich', ahd. *kouflīh* (10./11. Jh.), mhd. *kouflich* 'erwerbbar' und 'veräußerlich', seit dem 17. Jh. nur 'kaufbar'. v e r k a u f e n Vb. 'etw. gegen Bezahlung an einen neuen Eigentümer übergeben', ahd. *firkoufen* (8. Jh.), mhd. *verkoufen*, auch refl. 'einen Fehlkauf tun' (um 1800); dazu V e r k a u f m. (16. Jh.), V e r k ä u f e r m., mhd. *verkoufære*, *-keufære*, *-keufer*, V e r k ä u f e r i n f. (17. Jh.). K a u f m a n n m. 'wer kauft und verkauft, Händler', Plur. *Kaufleute*, bis ins 16. Jh. auch *Kaufmänner*, ahd. *koufman* (9. Jh.), Plur. *koufliuti* (um 1000), mhd. *koufman* 'Verkäufer' und (bis ins 18. Jh.) 'Käufer', weitgehend synonym mit mhd. *burgære* 'Bürger, Stadtbewohner', da die Kaufleute den herausragenden Stand innerhalb des städtischen Bürgertums bilden.

Kaulbarsch m. im Süßwasser Nord-, Mittel- und Osteuropas lebender kleinerer Barsch, mnd. *kūl(e)bārs*, frühnhd. *kulperske* (um 1400), dann (mit schwankender Schreibung) *Kaulbersch*, *Kaulepers*, *Kaulperschk*, *Kaulparsch*, daneben bis ins 18. Jh. nach nd. Vorbild *Kuhlbarsch*. Das erste Glied dieser Zusammensetzung mit *Barsch* (s. d.), zuvor schon als Bestandteil eines anderen Fischnamens bezeugt (ahd. *kūlhoubit*, Hs. 13. Jh., vgl. nhd. *Kaulhaupt*, auch *Kaulkopf* 'Groppe', ein ebenfalls barschartiger Fisch mit auffällig dickem, kugelförmigem Kopf), ist identisch mit mnd. *kūle* 'runder, knotenförmiger oder verdickter Gegenstand', auch 'Vertiefung, Grube' (s. *Kuhle*), mhd. (md.) *kūle*, nhd. (md.) *Kaule* 'Kugel, Grube, Loch' (dieses noch lebendig im Deminutivum omd. *Keulchen*, *Käulchen* 'in der Pfanne gebackenes flaches Klößchen'). Das bes. auf md. Gebiet vorkommende mhd. *kūle* kann in der Bedeutung 'Kugel' kontrahierte Form von mhd. *kugel(e)* (s. *Kugel*) sein, im Sinne von 'Grube, Loch' ist es jedoch wie mnd. *kūle*, das nach außen gewölbte Gegenstände und auch nach innen gewölbte Höhlungen bezeichnet (mnd. *kugel* tritt daneben erst im 16. Jh. auf, wohl als Entlehnung aus dem Hd.), eine Bildung mit *l*-Suffix zu der für *Kugel* (dieses eine Erweiterung mit Guttural) ebenfalls vorauszusetzenden Wurzel ie. **geu-*, **gū-* 'biegen, krümmen, wölben'. An diese sich anschließende vergleichbare Formen mit dem Element *-l-* sind anord. *kūla* 'Bodenerhebung, Beule' und (mit anderer Ablautstufe) ahd. *kiol*, mhd. *kiel* 'großes Schiff' (s. [2]*Kiel*), mhd. *kiule* (s. *Keule*) sowie wahrscheinlich griech. *gyliós* (*γυλιός*) 'Tasche, Tornister', während die Zugehörigkeit von lat. *vola* 'Höhlung der Hand oder des Fußes', aind. *gōlaḥ* 'Kugel, Ball, kugelförmiger Wasserkrug' unsicher bleibt. Dasselbe *Kaul-* 'Kugel-' findet sich auch in K a u l q u a p p e f., der vor allem im Nordd. und Md. üblichen Bezeichnung für 'Froschlarve' (so *Kulquabbe* im 18. Jh. als landschaftliche Variante neben *Kulpatte*, *Kaulpadde*, *Kaulkröte* u. ä.); in älterer Zeit ist *Kaulquappe* auch Fischname (meist synonym mit *Kaulbarsch* oder *Kaulkopf*, s. oben), vgl. mnd. *kūlequappe* 'capotenus, piscis' (15. Jh.). Zum Grundwort s. *Quappe*.

kaum Adv. 'fast nicht, nur mit Mühe, gerade noch', auf Zeitverhältnisse bezogen 'fast im gleichen Augenblick, eben erst'. Das Adverb ahd. *kūmo* (9. Jh.), mhd. *kūm(e)*, frühnhd. *kaum* (auch erweitert *kaumet*, *kaumend*, 16. Jh.), mnd. *kūme*, mnl. *cūme*, dessen adjektivische Form in mnd. *kūme*, nd. *kūm* 'schwach, hinfällig, kränklich', aengl. *cȳme* 'fein, lieblich, herrlich' vorliegt (mhd. *kūme* 'schwach, gebrechlich' ist nur vereinzelt bezeugt), steht neben Bildungen wie ahd. *kūmīg* 'krank, schwach, kraftlos', *kūma*, *kūmida*, *kūmunga* 'Klage', *kūmen*, *kūmōn* 'klagen, trauern' (alle 9. Jh.), mhd. *kūmen* 'trauern, wehklagen, sich ängstlich bemühen', asächs. *kūmian* 'beklagen', nl. (landschaftlich) *kuimen* 'schwach sein, klagen'. Die Gruppe gehört wahrscheinlich wie *Kauz* und *Köter* (s. d.) zu einer schallnachahmenden Wurzel ie. **gə̌u-*, **gū-* 'rufen, schreien', die auch für ahd. *gikewen* 'nennen, heißen' (9. Jh.), aengl. *cīegan* 'rufen, nennen' sowie aind. *jṓguvē* 'lasse ertönen, preise', griech. *goā̃n* (*γοᾶν*) 'jammern, klagen', lit. *gaũsti* 'dumpf dröhnen', aslaw. *govoriti* 'lärmen', russ. *govorit'* (*говорить*) 'sprechen' vorausgesetzt wird. Im Dt. entwickelt sich die Bedeutung also von 'kläglich, kränklich, schwach' zu 'nur mit Mühe' und 'fast nicht' (mhd. und mnd. auch ironisch für 'gar nicht'); vgl. das semantisch entsprechende Verhältnis von lat. *aegrē* Adv. 'nur mit Mühe, kaum' zu lat. *aeger* Adj. 'krank, verdrießlich'. Temporaler Gebrauch kommt im Frühnhd. und Mnd. auf; ebenfalls zuerst frühnhd. findet sich partikelhafte Verwendung von *kaum* als subjektive Stellungnahme des Sprechers zu einer Aussage ('schwerlich, meiner Meinung nach nicht'). Die Verbindung *kaum daß* in konjunktionaler Funktion wird erst in jüngerer Zeit üblich.

kausal Adj. 'auf dem Zusammenhang von Ursache und Wirkung beruhend', in der Grammatik 'den Grund angebend'. Von lat. *caus(s)a* 'Veranlassung, Ursache, Angelegenheit, Rechtssache' abgeleitetes spätlat. *causālis* 'zur Ursache gehörig, den Grund angebend' lebt in der lat. Wissenschaftssprache, namentlich in der Terminologie der Sprachlehre (z. B. *coniunctio causalis* 'begründendes Bindewort'), bis in die Neuzeit fort und wird (entsprechend älterem frz. engl. *causal*) um die Wende zum 19. Jh. zu *causal* (Ende 19. Jh. *kausal*) eingedeutscht; nach Campe (1801) ersetzbar durch *begründend*, *ursächlich*. Dazu, ebenfalls als grammatischer Terminus, das Kompositum Kausalsatz m. 'den Grund angebender Gliedsatz' (19. Jh.). – Kausalität f. gesetzmäßiger Zusammenhang zwischen zwei Erscheinungen, nach dem die eine als Ursache notwendig die andere als Wirkung hervorbringt. Der Ausdruck, eine schon in der Antike erörterte, wichtige philosophische Kategorie bezeichnend, ist im Dt. seit Ende des 18. Jhs. bezeugt (zunächst *Causalität*, wofür Campe 1801 die Übersetzung *Ursächlichkeit* vorschlägt); er setzt eine gelehrte lat. Substantivbildung (bereits mlat. *causalitas*, vgl. mfrz. frz. *causalité*, 15. Jh., engl. *causality*, 17. Jh.) zum Adjektiv spätlat. *causālis* (s. oben) fort. Übliche Benennungen des begrifflich zugrundeliegenden Verhältnisses von Ursache und Wirkung sind Kausalverbindung f. (um 1800), Kausalzusammenhang m. (Mitte 19. Jh.), Kausalnexus m. (2. Hälfte 19. Jh.), vorher *causaler Nexus*; vgl. lat. *nexus* 'das Zusammenknüpfen, Verschlingung, Verbindlichkeit' (von lat. *nectere* 'binden, verknüpfen, anfügen').

kausativ Adj. 'veranlassend, verursachend', in der Grammatik Aktionsart des Verbs. In der Regel werden von starken Verben abgeleitete Verben, die ein Veranlassen bzw. ein Verursachen ausdrücken, *kausative Verben* genannt (z. B. *tränken*, eigentl. 'trinken machen'). Aus lat. *causātīvus* (zu lat. *caus(s)a* 'Ursache, Grund') im 19. Jh. entlehnt. Teilweise wird *kausativ* auch als Synonym zu *faktitiv* (s. d.) verwendet. – Kausativ(um) n. 'Bewirkungs-, Veranlassungsverb' (19. Jh.).

Kaution f. 'Bürgschaft, Sicherheitsleistung'. Lat. *cautio* (Gen. *cautiōnis*) 'Behutsamkeit, Vorsicht', rechtssprachlich 'Sicherstellung, Bürgschaft' (kontrahiert aus alat. *cavitio*) wird in der 1. Hälfte des 16. Jhs. mit seiner terminologischen Bedeutung entlehnt. Die Form *Caution* gilt allgemein bis ins 19. Jh., erst gegen dessen Ende kommt daneben die moderne Schreibung *Kaution* auf. Das lat. Substantiv gehört zu lat. *cavēre* (*cautum*, alat. *cavitum*) 'sich hüten, sich vorsehen, Fürsorge tragen, sichern, Bürgschaft leisten'.

Kautschuk m. n. Rohstoff für die Gummiherstellung, zunächst ausschließlich der an der Luft gerinnende Milchsaft bestimmter tropischer Gewächse, im 20. Jh. auch synthetisch hergestellt, weshalb jetzt *Natur-* und *Synthesekautschuk* unterschieden werden. Die Bezeichnung beruht auf dem mit span. *cauchuc* (17. Jh.), *caucho* (seit dem 18. Jh.) wiedergegebenen Ausdruck für den eingedickten Pflanzensaft in einer bisher nicht sicher ermittelten Indianersprache Perus (Ketschua?). Genauere Kenntnisse über das Produkt erlangen die Europäer durch den frz. Naturforscher de la Condamine, der das Wort *caoutchouc* (daneben *cahoutchou* entsprechend der bis in die Gegenwart üblichen frz. Aussprache mit stummem Endkonsonanten) Mitte des 18. Jhs. ins Frz. einführt. Entlehnungen von frz. *caoutchouc* sind engl. *caoutchouc*, ital. *caucciù* sowie das erst im 19. Jh. (im Anschluß an A. v. Humboldt) geläufige, jedoch vereinzelt schon für das 18. Jh. (*Cautschuck*, Wieland 1783) nachzuweisende moderne dt. *Kautschuk*; frühere Erwähnungen im Dt. (*Cachou*, *Cachuchu*, *Cahutchu*, *Cauchu*, seit Mitte 18. Jh.) gehen wohl teils aufs Frz., teils auch (bes. bei Verzicht auf Wiedergabe des *t*-Lauts im Wortinnern) direkt auf die durch das Span. vermittelte indianische Form zurück.

Kauz m., frühnhd. *Kutz(e)*, *Kautz(e)* (vereinzelt auch f.), mnd. *kūtz*. Der nur im Dt. vorkommende und hier seit dem 15. Jh. nachgewiesene, aber wahrscheinlich ältere (vgl. *Kuiz*, *Kūze* als Beiname einer Person, Anfang 14. Jh. in Hessen) Vogelname ist für kleinere, keine Federohren aufweisende Eulen unterschiedlicher Gattungen gebräuchlich, namentlich für den nach abergläubischen Vorstellungen als Todesverkünder geltenden *Steinkautz* (frühnhd. *steinkutz*, *-kutze*, *-keutz*, 15. Jh.), der auch einfach *Käuzlein*, *Käuzchen* (frühnhd. *kützlin*, *keutzlin*, 15. Jh., mnd. *kūtzken*) genannt wird, und für den *Waldkauz* (16. Jh.). Benennungsmotiv ist wohl (wie bei *Eule*, *Uhu*, s. d.) der im Dunkeln allein wahrzunehmende Schrei, daher scheint Vergleich mit mhd. *verkiuten* 'eine Absage erteilen', *kiuten* n. 'Geplauder' (s. auch *Köter*), isl. *kýta* 'streiten, sich zanken', aengl. *cȳta* 'Milan, Rohrdommel' möglich; wie diese germ. Bildungen (ebenfalls mit dentalem Formans) stellt sich *Kauz* dann zu der unter *kaum* (s. d.) angeführten Wortgruppe der schallnachahmenden Wurzel ie. **gŏu-*, **gū-* 'rufen, schreien'. Im 16. Jh. wird die (schon für den oben erwähnten Beinamen vorauszusetzende?) metaphorische Verwendung von *Kauz* im Sinne von 'wunderlicher Mensch, Sonderling' üblich, die an die zurückgezogene Lebensweise und das bei Tage unbeholfene Gebaren des Vogels anknüpft; hierzu jetzt k a u z i g Adj. 'wunderlich, schrullig', zuvor auf das Obd. beschränkt 'verdrießlich, unwillig' (schweiz. *chützig* bereits 18. Jh.) und 'mit struppigen Haaren' (19. Jh.). Diese letzte Bedeutung ist vielleicht mit dem in verschiedenen Gegenden anzutreffenden *Kauz* 'Haarknoten, aufgesteckter Zopf', vermutlich einer weiteren Übertragung des Vogelnamens, zu verbinden.

Kavalier m. 'höflicher und zuvorkommender, bes. Frauen gegenüber rücksichtsvoller Mann', scherzhaft auch 'Begleiter, Verehrer einer Frau'. Das von lat. *caballus* 'Pferd' (ursprünglich 'in der Landwirtschaft genutztes Pferd' im Unterschied zu lat. *equus* 'Reitpferd') abgeleitete spätlat. *caballārius* 'Pferdeknecht' wird im Mlat. zur Bezeichnung für die ohne Panzer kämpfenden Ritter aus dem niederen frk. Adel und ergibt afrz. *cheval(i)er* (frz. *chevalier*), aprov. *cavalier* 'Reiter, Ritter' (s. *Chevalier*). Auf der aprov. Form beruht ital. *cavaliere* 'Reiter, Soldat zu Pferde, Ritter, Adliger' (14. Jh., in älterer Schreibung daneben *cavalliere*, *cavagliere*), das seinerseits um 1470 als mfrz. *cavalier* 'Reiter, Soldat zu Pferde' wieder ins Frz. entlehnt wird. Die Übernahme ins Dt. setzt, wenn man von dem für zwei Quellen der 1. Hälfte des 14. Jhs. nachgewiesenen, aber zunächst ohne Nachfolge bleibenden mhd. *cavali(e)r* 'Ritter' (aus dem Ital. oder Aprov.) absieht, im letzten Drittel des 16. Jhs. ein. Dabei weist nhd. *Caval(l)ier*, *Cavaglier*, *Cavalierer* anfangs auf ital. Vorbild (im frühen 17. Jh. neben dt. Pluralbildung häufig noch *Cavalieri*), doch setzt sich (auch semantisch) bald der Einfluß von frz. *cavalier* 'Reiter, Kavallerist, Edelmann, Herr, Begleiter einer Dame' durch (um 1640 gelegentlich die Pluralform *Cavaliers*). *Kavalier*, um 1600 'Reiter, Ritter (bes. Mitglied eines Ritterordens), adliger Herr', wird infolge seines Vorkommens in der galanten Dichtung ('vornehmer Liebhaber') sowie durch die Gepflogenheit der Soldaten, die den adligen Offizieren zukommende Benennung für sich ebenfalls in Anspruch zu nehmen, im Laufe des 17. Jhs. Modeausdruck, allgemein verwendete höfliche Anrede (entsprechende Entwicklungen bei *Dame*, *Galan*, s. d.) und schließlich (2. Hälfte 17. Jh.) geläufiges Kennwort für den das Persönlichkeitsideal jener Zeit verkörpernden weltgewandten und gebildeten Mann (im 19. Jh. abgelöst durch *Gentleman*, s. d.). Aus dieser Bedeutungsgeschichte erklärt sich auch der gegenwartssprachliche Gebrauch (vgl. ferner *Kavalier(s)-tuch*, *Kavalierstart*, *Kavaliersdelikt*). Eine alte

Übertragung begegnet in *Kavalier* 'die Brustwehr des Hauptwalls überragende und daher bessere Sicht- und Schußmöglichkeiten bietende Erhöhung' als Terminus des Festungsbaus (bereits 1573, entsprechend gleichbed. frz. *cavalier*, seit 1546), heute noch lebendig in *Kavalierperspektive* für eine schiefe Parallelprojektion, bei der alle in die Tiefe führenden Linien unter einem Winkel von 45 Grad und um die Hälfte verkürzt wiedergegeben werden (18. Jh.).

Kavalkade f. 'Zug von Reitenden', namentlich 'feierlicher Reiteraufzug'. Auf spätlat. *caballicāre* 'reiten' (von lat. *caballus* 'in der Landwirtschaft genutztes Pferd', dann allgemein 'Pferd', s. *Kavalier*) beruht gleichbed. ital. *cavalcare*, wozu sich die Substantivbildung ital. *cavalcata* 'das Reiten, Ausritt, Reiterschar, Eskorte, kriegerischer Vorstoß zu Pferde' (13. Jh.) stellt; vgl. auch mlat. *cabal(li)cata*, *caval(li)cata* 'Kriegs-, Botendienst zu Pferde, Reiterüberfall'. Entlehnungen von ital. *cavalcata* sind mfrz. frz. *cavalcade* (in älterer Zeit daneben *cavalcate*) 'gemeinsamer Ausritt, Reitergruppe' (vom 17. Jh. an auch 'feierlicher Reiteraufzug') sowie das seit Anfang des 17. Jhs. im Dt. vor allem in der Bedeutung 'kriegerischer Vorstoß zu Pferde' vorkommende *Cavalcada*. Hingegen ist nhd. *Cavalcade* (im oben angegebenen Sinne), das in der 2. Hälfte des 17. Jhs. üblich wird, aus dem Frz. übernommen.

Kavallerie f. 'aus berittenen Truppen bestehende Waffengattung, Reiterei'. Zu ital. *cavaliere* 'Reiter, Soldat zu Pferde, Ritter, Adliger' (s. *Kavalier*) gebildetes ital. *cavalleria* (landschaftlich auch *cavallaria*) 'Reiterei, Ritterschaft, Ritterlichkeit, edles Benehmen' wird Mitte des 16. Jhs. in der Form *cavalerie* ins Frz. entlehnt und bezeichnet hier die (sich öfter aus ital. Söldnern zusammensetzenden) neuartigen Reitertruppen, während das eigenständig entwickelte, schon im Afrz. geläufige frz. *chevalerie* 'Rittertum, Ritterschaft' (zu frz. *chevalier* 'Reiter, Ritter, Adliger', aus spätlat. *caballārius* 'Pferdeknecht', s. *Chevalier*) stärker den Bezug auf das mittelalterliche Feudalheer bewahrt. Im dt. Sprachgebiet erscheint um 1300 vereinzelt mhd. *kavalerīe* 'Ritterlichkeit' (nach gleichbed. ital. *cavalleria* oder aprov. *cavalairia*, *cavalaria*?). Als Termini des Militärwesens werden frz. *cavalerie*, ital. *cavalleria* hier gegen Ende des 16. Jhs. bekannt, seit dem frühen 17. Jh. finden sich (zunächst noch neben aus dem Ital. übernommenem *Cavalleria*, *Cavallaria*) die an die frz. Lautung anschließenden Eindeutschungen *Cavallerie*, *Cavallerey*. Dazu K a v a l l e r i s t m. 'Soldat der Kavallerie' (2. Hälfte 18. Jh.; vgl. später ungebräuchliches frz. *cavaleriste*, 17. Jh.) statt älterer Benennungen wie *Reuter*, *Reiter* (s. d.), *reisiger Knecht* (s. *reisig*) und auch *Cavalier(er)* (s. *Kavalier*).

Kaviar m. 'mit Salz konservierter Rogen verschiedener Störarten'. Die ursprünglich wohl dem Pers. entstammende (vgl. de Vries Nl. 309) Bezeichnung türk. *ḫāwyār* für die durch den Levantehandel nach Europa gelangende Delikatesse ergibt im 14. Jh. ital. *caviale* (später daneben auch *caviario*); vgl. ferner mgriech. *chabiári* (χαβιάρι), mlat. *caviarium*. Von Italien aus verbreitet sich der Ausdruck im 15./16. Jh. in die meisten europ. Sprachen (davon abweichend jedoch russ. *ikrá*, *икра*), wobei wegen der dort jeweils gegenüber anderen Varianten sich durchsetzenden Lautform, z. B. mfrz. *cavyaire*, frz. *caviar*, span. *caviar*, nl. *kaviaar*, engl. *caviar(e)*, als Vermittler vor allem venezian. *caviaro* angesehen werden kann. Im Dt. findet sich Ende des 16. Jhs. *Caviard*, dann *Caviar* seit der 1. Hälfte des 17. Jhs.; die um 1800 aufkommende Schreibung *Kaviar* wird erst im späten 19. Jh. üblich.

Kebse f. 'nicht rechtmäßig angetraute Frau, Nebenfrau'. Die im Westgerm. bezeugten femininen Bildungen ahd. *kebis* (9. Jh.), *kebisa* (11. Jh.), mhd. *kebes(e)*, *kebse* (auch 'nicht rechtsgültige Ehe, Konkubinat'), asächs. *kebis*, mnd. *kēves*, mnl. *kevese* (auch 'Küchenmagd' und 'Ehebruch'), *kevisse*, *kefse*, aengl. *cifes*, neben denen ein Maskulinum anord. *kefsir* 'Sklave' (eigentl. wohl 'verheirateter Unfreier, dessen Ehe nicht als rechtmäßig gilt') steht, sind bisher nicht sicher erklärt; zu einigen älteren, sehr fraglichen Herleitungsversuchen vgl. de Vries Anord. 304. Rooth in: Festgabe Pretzel (1963) 301ff. schlägt vor, *Kebse* mit den unter *Käfig* und *Koje* (s. d.) dargestellten Formen zu verbinden, die auf lat. *cavea* 'Höhlung, Gehege, Behältnis, Käfig, Vogelbauer' zurückgehen. Danach könnte im Gebiet an Nordsee und Niederrhein zu entlehntem germ. **kavjō* eine Ableitung germ. **kavisjō* (vielleicht mit dem Sinn 'die in der Hütte wohnt' oder 'Bettgenossin', vgl. nl. *kevie, kooi* in Bedeutungen wie 'Stall, enger Verschlag, Hütte, Schlafplatz, Bett') entstanden sein. Im Nhd. kommt *Kebse* bereits im 15. Jh. ganz außer Gebrauch, wird aber in der 2. Hälfte des 18. Jhs. bei Beschäftigung mit der mhd. Literatur wieder aufgegriffen und erneut in die Sprache der Dichtung eingeführt. Durchgängig bis ins jüngere Nhd. nachweisbar ist jedoch die verdeutlichende Zusammensetzung K e b s w e i b n., ahd. *kebiswīb* (Hs. 12. Jh.), mhd. *kebeswīp*.

keck Adj. 'unbefangen, kühn, verwegen', seit Ende des 15. Jhs. auch 'dreist', ahd. (um 1000), mhd. *kec* ist eine vom Alem. ausgehende und sich in der nhd. Literatursprache durchsetzende obd. Variante von ahd. *quec* (8. Jh.), mhd. *quec*, frühnhd. *queck* (mit Vokalveränderung durch Brechung) neben asächs. *quik*, mnd. nd. *quick* (s. *quicklebendig*), mnl. *quic*, nl. *kwi(e)k*, aengl. *cwic, cuc(u)*, engl. *quick*, anord. *kvikr, kykr*, schwed. (vielleicht unter dt. Einfluß) *kvick* (den ursprünglichen Anlaut zeigen noch *Quecke, Quecksilber, erquicken, verquicken*, s. d.). Die Bedeutung des Adjektivs wandelt sich von 'lebendig' (ahd. asächs. aengl. anord., ebenso noch mhd. mnd. mnl.) zu 'lebhaft, frisch, munter' (mhd. frühnhd., mundartlich noch im Obd., ferner nd. nl. engl.) und im Dt. schließlich zu 'mutig, kühn' (zuerst mhd.); andere Entwicklungen führen zu 'fest, gedrungen' (spätmhd. und in obd. Mundarten) und 'schnell, flink' (nl. engl. schwed.). Die west- und nordgerm. Formen (germ. **kwikwaz*) unterscheiden sich durch zweifachen Guttural (Annahme eines *g*-Suffixes bereits für die ie. Vorstufe ist unsicher, vgl. aber landschaftliches lett. *dzīga, dzīgot* neben lett. *dzīve* 'Leben', *dzīvot* 'leben') von got. *qius* 'lebendig' (germ. **kwiwaz*); dieses setzt zusammen mit air. *beo* 'lebendig' und griech. *bíos* (*βίος*) 'Leben' (falls aus ie. **gᵘi̯u̯os* und nicht zweisilbiges Wurzelnomen, vgl. Frisk 1, 238; s. *bio-*) sowie mit den nur in der ursprünglichen Vokalquantität abweichenden Bildungen aind. *jīvāḥ*, lat. *vīvus*, lit. *gývas*, lett. *dzīvs*, aslaw. *živъ*, russ. *živój* (*живой*) 'lebendig' ie. **gᵘī̆u̯o-* fort, das (als Erweiterung zur Schwundstufe) zu einer Wurzel ie. **gᵘei-, *gᵘei̯ə-* 'leben' gehört, die allen genannten germ. und außergerm. Formen zugrunde liegt und mit unterschiedlichen Ablautstufen auch in griech. *hygiḗs* (*ὑγιής*) 'gesund' (eigentl. 'wohllebend'), *zō̃on* (*ζῷον*) 'Lebewesen, Tier', lat. *vīta* 'Leben' auftritt. – K e c k h e i t f. 'Kühnheit, Dreistigkeit', mhd. *kecheit* 'frisches, mutiges Wesen' (Ende 12. Jh.), vgl. früheres ahd. *keckī* (9. Jh.), *queckī* (11. Jh.) 'Lebenskraft, Lebhaftigkeit', mhd. *quecke, kecke* 'frisches, mutiges Wesen, Tapferkeit'.

¹**Kegel** m. 'nach oben spitz zulaufender Körper mit runder Bodenfläche, Holzfigur (im Kegelspiel)', ahd. *kegil* 'Pflock, Pfahl' (9. Jh.), mhd. *kegel* 'Figur im Kegelspiel, Knüppel, Stock, Eiszapfen', mnd. *kēgel*, mnl. *kēghel*, nl. *kegel* setzen germ. **kagila-* voraus, das als Deminutivum zu den Substantiven schwäb.-bair. *Kag* 'Kohlstengel, Stumpf', norw. (mundartlich) *kage* 'niedriger Busch', schwed. (mundartlich) *kage* 'Baumstumpf' und nl. *keg* 'Keil' zu stellen ist. Wenn sich außergerm. damit lit. *žãgas* '(kegelförmiger Heu-, Getreide)schober', ursprünglich 'Stangengerüst' und 'Haufen', *žãgaras* 'dürrer Zweig' verbinden läßt, kann eine Wurzel ie. **ĝeg(h)-, *ĝog(h)-* 'Ast, Pfahl, Busch' angesetzt werden; s. auch ¹*Kufe*. – k e g e l n Vb. 'Kegel schieben, purzeln wie ein Kegel', mhd. *kegelen* 'Kegel schieben'; dazu K e g l e r m., mhd. *kegeler* 'Kegelspieler'; K e g e l b a h n f. (18. Jh.). a u s k e g e l n Vb. 'ausrenken, verrenken' (17. Jh.), zu *Kegel* 'Knöchel, Gelenk' in südd. Mundarten. K e g e l s c h n i t t m. 'ebener Schnitt durch einen Kegel', Terminus der Mathematik, die, anknüpfend an die Holzfigur im Kegelspiel, einen spitz zulaufenden geometrischen Körper mit runder oder ovaler Grundfläche *Kegel* nennt, vgl. *schnydt durch ein kegel* (Dürer 1525), in der lat. Wissenschaftssprache *sectio conica*.

²**Kegel** m. 'uneheliches Kind, Bastard', mhd. *kegel* 'uneheliches Kind' (14. Jh.), bekannt bis ins 16. Jh., dann nur noch in der stabenden Wendung *(mit) Kind und Kegel* ('die ganze Familie') geläufig (15. Jh.), ist wohl gleichen Ursprungs wie ¹*Kegel* (s. d.). Die Bedeutungsentwicklung ist ungesichert. Vielleicht ist von mhd. *kegel* 'Knüppel, Stock' auszugehen, das (ähnlich wie *Bengel*, s. d.) geringschätzig für 'Kind' eintritt. Oder aus dem Gebrauch von *Kegel* als phallisches Symbol?

Kehle f. 'Gurgel, Höhlung, Vertiefung', ahd. *kela* (8. Jh.), mhd. *kel(e)* 'Kehle, Hals, Luftröhre, Speiseröhre, Schlund', asächs.

kela, mnd. mnl. *kēle*, nl. *keel*, aengl. *ceole* 'Kehle, Schlucht, Schiffsschnabel' gehören mit ²*Kiel* (s. d.), air. *gelid* 'verzehrt, frißt, grast' und den auf einer Gutturalerweiterung beruhenden Formen ahd. *kel(a)h* 'Halsgeschwulst' (10. Jh.), anord. *kjalki* 'Kinnbakken' zur Wurzel ie. **gel-* 'verschlingen'. Einer Parallelform ie. **gᵘel(ə)-* (wohl entstanden unter Einfluß der gleichbed. Wurzel ie. **gᵘer(ə)-*, s. *Gurgel*) folgen griech. *délear* (*δέλεαρ*) 'Köder, Lockspeise', *blōmós* (*βλωμός*) 'Bissen', *blétyes* (*βλέτυες*) eigentl. 'das Trinken' und wohl auch das in jedem Fall verwandte lat. *gula* 'Kehle, Schlund, Speiseröhre' (s. *Gully*). – kehlen Vb. 'mit einer Vertiefung, einer Rille versehen' (17. Jh.), heute meist auskehlen (um 1700). Kehlung f. 'Rille, Vertiefung, Höhlung' (17. Jh.). Hohlkehle f. 'langgestreckte Vertiefung zur Gliederung einer Fläche' (16. Jh.). Kniekehle f. 'hinterer Teil des Kniegelenks', mhd. *kniekel*. Kehlkopf m. 'Knorpelteil am Eingang der Luftröhre' (18. Jh.).

¹**kehren** Vb. 'etw. in eine bestimmte, namentlich die entgegengesetzte Richtung drehen, wenden', seit Beginn der Überlieferung außerdem in refl. und (wohl durch Ersparung eines Akkusativobjekts entstandenem, heute unüblichem) intrans. Gebrauch 'die Gegenrichtung einschlagen, sich umwenden', ahd. *kēren* (9. Jh.), *gikēren* (8./9. Jh.), mhd. *(ge)kēren* '(um)wenden, eine Richtung geben, sich wenden' (mhd. und frühnhd. auch allgemeiner 'eine Richtung einschlagen, sich begeben') hat nur im kontinentalen Westgerm. sichere Verwandte, vgl. asächs. *kērian*, mnd. *(ge)kēren*, aostnfrk. *kēron*, mnl. *kēren*, nl. *keren*, afries. *kēra* 'kehren, wenden'. Bei Annahme eines grammatischen Wechsels germ. **kaisjan*, **kaizjan* lassen sich diese Formen mit anord. *keisa* 'biegen, zusammenfalten', isl. *keisa* 'in die Höhe ragen, hochtragen', schwed. *kesa* 'durchgehen, fliehen' verbinden, die auf einen Ansatz ie. **geis-* zurückgeführt werden, der zu der nur in verschiedenen Erweiterungen nachzuweisenden Wurzel ie. **gei-* 'drehen, biegen' (s. auch *keifen*) gehört; vgl. Pokorny 1, 354f. Dieser fragliche Zusammenhang muß jedoch aufgegeben werden, wenn man für ahd. *kēren* von germ. **kairjan* ausgeht und dieses (wie Petersson in: PBB 44, 1920, 178f.) mit armen. *cir* 'Kreis', osset. *zilyn* (*зилын*) 'herumdrehen' vergleicht. Ebenso ist aengl. *cerran* (westsächs. *cierran*, *cyrran*) trotz semantischer Übereinstimmung von den anderen westgerm. Bildungen zu trennen, da es eine auch im Vokalismus abweichende Form germ. **karrjan* oder **karzjan* voraussetzt. Substantivische Ableitung vom Verb ist Kehre f. 'scharfe Wegbiegung', seit Jahn (1816) auch Fachwort des Turnens 'Sprung oder Abschwung, bei dem der Rücken zum Gerät gewandt ist', ahd. *kēra* 'Wendung, Beugung, Krümmung' (11. Jh.), mhd. mnd. *kēr(e)* 'Richtung, Wendung' (die einsilbige Form noch in *Einkehr*, *Umkehr*, s. unten, *Heimkehr*, s. d.); daneben steht in älterer Zeit ein Maskulinum ahd. (um 1000), mhd. mnd. *kēr*, frühnhd. *Kehr*, mnl. nl. *keer* (s. *Verkehr*). – kehrtmachen Vb. 'eine halbe Drehung vollführen, die Gegenrichtung einschlagen', im 20. Jh. zusammengewachsen aus der Fügung *kehrt* (substantiviert auch *Kehrt*) *machen* (Anfang 19. Jh.), enthält als ersten Bestandteil den Imperativ und militärischen Befehl *kehrt!* (vielleicht verkürzt aus *kehrt euch!*). Kehrreim m. 'regelmäßig am Schluß jeder Liedstrophe sich wiederholender Textteil'. Das von Bürger (1793) eingeführte Ersatzwort für *Refrain* (s. d.) ist eine Zusammensetzung mit *Reim* (s. d.) in dessen früher geläufiger Bedeutung 'Verszeile'. Kehrseite f. 'Rückseite', metaphorisch auch 'das einer zunächst günstig erscheinenden Sache anhaftende Unangenehme', in der 2. Hälfte des 18. Jhs. aufkommende und trotz Adelungs Kritik sich durchsetzende Verdeutschung von *Revers* 'Rückseite einer Münze' (s. d.), nach gleichbed. nl. *keerzijde* (dieses 1729 erstmals nachweisbar). einkehren Vb. 'in einer Gaststätte Rast machen', ursprünglich überhaupt 'sich (als Gast) hineinbegeben', mhd. *īnkēren* 'hineingehen, umkehren', in der Sprache der Mystik auch spätmhd. *īnkēren*, frühnhd. *einkehren*, mnd. *inkēren* 'in sich gehen, sich versenken'; dazu Einkehr f. 'Selbstbesinnung', älter auch 'Rast, Herberge', mhd. *īnkēr(e)* f. 'Einzug, Insichgehen'; vgl. spätmhd. *īnkēr* m., mnd. *inkēr* m. 'Insichgehen'. umkehren Vb. 'umwenden, umdrehen, in die entgegengesetzte Lage bringen', intrans. 'sich umwenden, den Rückweg antreten, anderen Sinnes werden', ahd. *umbikēren* (9. Jh.), mhd. *umbekēren*, mnd. *ummekēren*; seit dem Frühnhd. findet sich das

Part. Prät. *umgekehrt* in adjektivischer Verwendung 'gegenteilig, entgegengesetzt'; Umkehr f. 'das Umkehren, Zurückgehen', übertragen 'Sinneswandel', mhd. *umbekēr(e)* f. 'Umkehr, Umwendung'; vgl. ahd. *umbikēr* m. 'Umkehrung, Umtauschung' (um 1000), mnd. *ummekār* 'Umkehr, Wendung'; Umkehrung f. 'Veränderung ins Gegenteil' (15. Jh., frühnhd. daneben 'Zerstörung'). S. auch *bekehren*, *verkehren*.

[2]**kehren** Vb. 'fegen'. Das nur westgerm. bezeugte Verb ahd. *kerien*, *kerren* (8. Jh.), mhd. *kern*, mnd. mnl. *kēren*, nl. *keren* setzt germ. **karjan* voraus. Das zugehörige Grundwort dürfte in ahd. *ubarkara* 'Unreinigkeit, Unflat' (10./11. Jh.), isl. *kar* 'Schmutz' erhalten sein. Außergerm. bietet sich vielleicht lit. *žer̃ti* 'glühende Kohlen zusammenscharren' als vergleichbar an. DE VRIES Nl. 312 hält daher für die germ. Formen Herkunft aus einer nicht-ie. Substratsprache für möglich. – Kehricht m. (auch n.) 'was zusammengefegt ist, Müll' (15. Jh.) mit unorganisch angefügtem *-t* (wie bei *Obst*, s. d.) neben entwicklungsgeschichtlich älterem *kerach* (15. Jh.), *kehrich* (16. Jh.). Kehraus m. 'letzter starker Wein, der dem Trinker den Rest gibt' (15. Jh.); erst seit dem 18. Jh. in der wohl älteren Bedeutung 'letzter Tanz, Schlußtanz' belegt.

keifen Vb. 'schrill zanken' beruht auf md. *kīfen* (14. Jh.), mnd. *kīven*, das beim Übergang ins Hd. die dort übliche *b*-Form nhd. *keiben*, mhd. *kīben* 'scheltend zanken' verdrängt. Verwandt sind mnl. *kīven* 'fechten, streiten', nl. *kijven*, anord. *kīfa* 'mit Worten streiten, zanken', aengl. *cāf* 'schnell, flink'. Weitere etymologische Zusammenhänge sind ungewiß. Ein Anschluß an die Erweiterung ie. **geibh-* der Wurzel ie. **gei-* 'drehen, biegen', wobei für *keifen* eine Ausgangsbedeutung 'sich zanken und heftig bewegen' anzunehmen ist, bleibt fraglich.

Keil m. 'Werkzeug mit spitzwinkliger, scharfer Kante', ahd. (9. Jh.), mhd. mnd. *kīl*, wohl verwandt mit anord. *kīll*, isl. *kíll* 'enge Meeresbucht' (eigentl. 'schmaler Spalt'), ablautend mnl. *kille*, nl. *kil* 'Rinne zwischen Sandbänken' gehören zur Wurzel ie. **ĝēi-*, **ĝī-* 'keimen, sich spalten, aufblühen' (s. *Keim*). Es handelt sich wie bei der Variante mhd. *kīdel* 'Keil' um Bildungen mit dem Suffix für Gerätebezeichnungen ie. *-tlo-* (germ. **kiðla-* bzw. **kiþla-*), wobei sich die Bedeutung 'spitz zulaufendes Spaltwerkzeug' entweder aus der Vorstellung eines spitzen Pflanzenkeimes oder der aufbrechenden Knospe entwikkelt. – Keilschrift f. Bezeichnung für die aus einer Bilderschrift entstandene, mit keilförmigen Schriftzeichen geschriebene Schrift der Sumerer, Babylonier und Assyrer (19. Jh.). keilen Vb. 'mit Keilen spalten, schlagen', mhd. *kīlen*, auch 'in die Klemme bringen', nhd. 'schlagen' (um 1600); *(sich) keilen* '(sich) prügeln' (17. Jh.), bes. in der Studentensprache. Keile Plur., heute auch Sing. f., 'Schläge, Prügel' (18. Jh.). Keilerei f. 'Prügelei' (19. Jh.). verkeilen Vb. 'mit Keilen festmachen' (15. Jh.), 'verprügeln' (19. Jh.). Keiler m. 'Wildeber' (17. Jh.), zu *keilen* 'hauen, schlagen', nach der mit den Hauzähnen ausgeübten Tätigkeit.

Keim m. 'erster Trieb einer Pflanze, befruchtete Eizelle, Krankheitserreger', übertragen 'Anfang, Ursprung', ahd. *kīmo* 'Keim, Same, Gewächs' (8. Jh.), mhd. *kīm(e)* 'Pflanzenkeim, Korn', mnd. *kīme*, mnl. *kieme*, *kijme*, nl. *kiem* sowie ahd. *kīnan* 'keimen' mit seinen Verwandten (s. unten) und ahd. *kīd* (10. Jh.), mhd. *kīde*, *kīt*, nhd. (mundartlich) *Keid* 'Sproß, Schößling', asächs. *kīð*, aengl. *cīþ* 'Sproß, Keim', lit. *žydė́ti* 'blühen' sind teils *m-*, teils *n-*, teils *d*-Ableitungen der Wurzel ie. **ĝēi-*, **ĝī-* 'keimen, sich spalten, aufblühen' (germ. **kī-*), zu der auch *Keil* und [1]*Kien* (s. d.) gehören. – keimen Vb. 'Triebe entwickeln, entstehen', mhd. mnd. *kīmen* 'sich spalten, keimen, (aus)wachsen', mit *m*-Suffix dem Substantiv (s. oben) folgend. Zugrunde liegt der Wortgruppe im Germ. das starke Verb germ. **kīnan*, ahd. *kīnan* 'keimen, hervorsprießen, hervorbringen' (9. Jh.; vgl. *irkīnan* 'aufkeimen', 8. Jh.), mhd. *kīnen*, asächs. *kīnan*, mnd. *kīnen*, aengl. *cīnan* 'aufbrechen, offenstehen', got. *keinan*. keimfrei Adj. 'steril' (19. Jh.). Keimzelle f. 'Geschlechtszelle, Ursprung' (19. Jh.).

kein Indef.pron., das Vorhandensein einer Person oder Sache vollständig ausschließend, 'nicht ein, nichts von'; in substantivischer Verwendung *keiner* 'nicht einer, niemand'. Die älteste Zeit kennt ein verneinendes Pronomen ahd. *nih(h)ein* (9. Jh.), *noh(h)ein* (bereits 8. Jh.), dann auch *neh(h)ein* (um 1000), mhd. *nehein* und (mit verschobener Silbengrenze) *nechein*, *nekein*, schließlich (durch

Austausch gegen die proklitische Form der vermeintlichen Negationspartikel) *enhein*, *enkein*. Dieses ahd. *nihein*, dessen Entsprechungen asächs. *nigēn* (neben seltenerem *niēn*, *nēn*), mnd. *gēn*, *negēn*, *engēn* (neben häufigerem *nēn*), mnl. *gheen*, *negheen*, *engheen*, nl. *geen* ein *g* aufweisen, das mit grammatischem Wechsel erklärt wird, setzt sich aus dem Zahlwort ahd. mhd. *ein* (s. *ein* Num.) und einer im Ahd. nicht mehr sicher nachzuweisenden (s. aber *noch* Konj.), jedoch in got. *nih* 'und nicht, auch nicht' (got. *ni* 'nicht', verbunden mit enklitischem *-uh*, *-h* 'und') erhaltenen germ. Konjunktion zusammen, die mit lat. *neque*, osk. *nep* übereinstimmt (ie. **nekᵘe* 'und nicht'). Außerdem kann die Bedeutung 'nicht ein' durch verneinten Gebrauch von ahd. *theh(h)ein*, *thoh(h)ein*, auch *thih(h)ein* (alle 9. Jh.), mhd. *dehein*, *dechein*, *dekein* 'irgendein' umschrieben werden, dessen erstes Glied wahrscheinlich aus einer Kasusform (Lok. oder Gen.) vom Pronominalstamm ie. **te-*, **to-* (s. *der*) und (hier nur verstärkendem?) enklitischem germ. *-h* (vgl. got. *-(u)h*, s. oben) besteht (Grienberger in: ZfdWf. 9, 1907, 74ff.; Bech in: Studia Neophilologica 35, 1963, 211ff.). Schwund der Negationspartikel (wie vielfach im Mhd. bei Sätzen mit doppelter Verneinung) läßt mhd. *dehein* selbst den Sinn 'nicht ein, kein' annehmen. Damit wird um 1200 der Untergang von mhd. *nehein* eingeleitet (letzte Zeugnisse für die Variante *enkein* im 16. Jh., ein landschaftlicher Rest ist schweiz. *nekein*), *dehein* (oft synkopiert *dhein*) kommt von nun an bis ins Frühnhd. in den beiden gegensätzlichen Gebrauchsweisen vor, ohne daß die Verständigung ernsthaft beeinträchtigt scheint. Die auf Verkürzung beruhende, mit dem Guttural anlautende moderne Form *kein*, mhd. *kein*, zuerst an der Wende zum Mhd. belegt (*chein* 'irgendein', 2. Hälfte 11. Jh.), wird Ende des 12. Jhs. üblich; sie zeigt im Mhd. (und noch bis ins 16. Jh.) dieselbe semantische Doppelheit 'kein, irgendein', was für ihre Herleitung teils aus mhd. *nehein*, teils aus mhd. *dehein* (über die vereinzelt bezeugte Zwischenstufe mhd. *ichein*?) sprechen könnte. Behaghel lehnt aber wegen der frühen Zurückdrängung von mhd. *nehein* sowie aus lautlichen Gründen Zusammenfall der beiden Pronomen ab und führt *kein* ausschließlich auf mhd. *dehein* zurück; vgl. Beihefte zur Zs. d. Allg. Dt. Sprachvereins, 5. Reihe (1913) 180. Auf adverbiell gebrauchten Genitiven beruhen die Zusammenrückungen keinerlei Adv. 'keine Art von, in keiner Weise' (schon mhd.?; nachweisbar ist erst spätmhd. *keinerleie*, 14. Jh., frühnhd. *keinerlei*, *deheinerlei*, auch noch in der Bedeutung 'irgendwelcher Art'), meist bei einem Substantiv und dann wie ein flexionsloses Adjektiv aufgefaßt (zur Bildung s. *-lei*); keinesfalls Adv. 'auf keinen Fall' (1. Hälfte 19. Jh.), anfangs auch *keinenfalls*, vielleicht nach älterem *allenfalls*; keineswegs Adv. 'durchaus nicht', spätmhd. *deheins wegs*, *deheinswegs*, *keins wägs* (14. Jh.), frühnhd. *kein(e)s wegs*, vom 16. Jh. an *kein(e)swegs* (daneben noch bis ins 18. Jh. Getrenntschreibung); vgl. ferner gleichbed. frühnhd. *in kein(en) weg*.

Keks m. n. 'Kleingebäck'. Der Plural engl. *cakes* 'Kuchen-, süße Gebäckstücke' wird im 19. Jh. übernommen, später zu *Keks* eingedeutscht und als Singular empfunden (20. Jh.). Wahrscheinlich ist engl. *cake* Entlehnung aus anord. *kaka* 'Kuchen', vgl. isl. schwed. *kaka*, dän. *kage*, die im Ablaut mit dt. *Kuchen* (s. d.) stehen.

Kelch m. 'kostbares Trinkgefäß mit Fuß', ahd. *kelih* (8. Jh.), mhd. *kelch*, *kelich* ist wie asächs. *kelik*, mnl. *kēlec*, mnd. nl. *kelk*, aengl. *celc* eine Entlehnung aus lat. *calix* (Gen. *calicis*) 'tiefe Schale, Becher, Kelch', auch 'Schüssel', das mit griech. *kýlix* (*κύλιξ*) 'Trinkbecher' verwandt ist. Das ebenfalls verwandte lat. *calyx* 'Blumenkelch, Blütenknospe', Entlehnung von gleichbed. griech. *kálTyx* (*κάλυξ*), wird Bestandteil der lat. Wissenschaftssprache der Botanik und bezeichnet den äußeren Teil der Blütenhülle. Die dt. Entsprechung *Kelch* gilt seit dem 17. Jh.

Kelle f. 'Schöpflöffel', ahd. *kella* (9. Jh.; *rouhkella* 'Rauchfaß', 8. Jh.), mhd. *kelle*, mnd. *kelle*, mnl. *kele*, *keel* und aengl. *cielle* 'Feuerpfanne, Lampe'. Herkunft ungeklärt. Man kann vielleicht über germ. **kaljō* eine Verbindung zu griech. *gláphein* (*γλάφειν*) 'aushöhlen', poln. (älter) *wygłobić* 'aushöhlen', serbokr. *glȁbati* 'nagen', slowen. (älter) *glóbsti* 'aushöhlen, schnitzeln', bulg. (landschaftlich) *glob* (*глоб*) 'Augenhöhle' und Anschluß an ie. **glăbh-*, **globh-*, **gelebh-* 'schaben, aushöhlen' herstellen; vgl. Heinertz in: PBB 41 (1916) 495ff. Dazu *Maurerkelle*, *Schöpfkelle* (17. Jh.), *Suppenkelle* (19. Jh.).

Keller m. 'in die Erde gebautes unterstes Geschoß eines Hauses, unterirdischer Vorratsraum', ahd. *kellări* (8. Jh.), mhd. *keller*, *kelre*, asächs. anfrk. *kelleri*, mnd. *keller*, mnl. *kelre*, *keller*, *kelder*, nl. *kelder* ist schon früh (noch zur Zeit der *k*-Aussprache des anlautenden *c*) mit anderen Wörtern des römischen Steinbaus entlehnt worden. Ausgangspunkt ist lat. *cellārium* 'Vorratskammer', zu gleichbed. lat. *cella* (s. *Zelle*). – Kellerei f. 'Gesamtheit der Kellerräume zur Vorratshaltung' (16. Jh.), dann bes. 'Betriebsräume zur Herstellung und Lagerung von Weinen'. kellern Vb. 'in Kellern lagern', mhd. *kelren*, geläufiger einkellern (19. Jh.).

Kellner m. 'Servierer in einer Gaststätte', ahd. *kellenări* (9. Jh.), mhd. *kelnære*, *kelner* 'Kellermeister, Verwalter der Weinberge und Einkünfte' ist eine Entlehnung aus mlat. *cellenarius* 'Vorsteher der Vorratsräume, Keller-, Küchenmeister', spätlat. *cellārārius* (zu lat. *cellārium* 'Vorratskammer', s. *Keller*). Die Form mhd. *kellære*, nhd. *Keller* (bis Anfang 19. Jh.) stammt aus lat. *cellārius* 'Keller-, Küchenmeister'. Die moderne Bedeutung 'Ober in einem Restaurant' entsteht im 18. Jh., die frz. Bezeichnungen *Marqueur* und *Garçon* allmählich ablösend. – Kellnerin f. 'Serviererin', mhd. *kelnærinne* 'Hausmagd, Kindsmagd, Haushälterin', daneben mhd. *kellærinne*, nhd. *Kellerin* (bis ins 19. Jh.).

Kelter f. 'Frucht-, Traubenpresse', ahd. *calcatura* (9. Jh.), später *calcture*, *kelctere*, mhd. *kalter*, *kelter* ist als Fachwort des Weinbaus entlehnt aus lat. *calcātūra* 'das Treten, das Keltern, die Kelter', einer Ableitung von lat. *calcāre* (*calcātum*) 'mit Füßen treten, stoßen, stampfen, keltern' (zu *calx* 'Ferse'). Der Ausdruck erinnert daran, daß der Fruchtsaft anfangs, in südlichen Regionen noch heute durch Treten der Trauben gewonnen wird. – keltern Vb. 'mit der Kelter auspressen' (15. Jh.).

Kemenate f. 'Wohnraum einer Burg, Frauengemach', ahd. *kemināta* (8. Jh.), mhd. *kemenāt(e)*, *kamenāde* 'ein mit einer Feuerstätte versehenes Gemach, Schlafgemach, Wohnzimmer, Wohnhaus', entlehnt aus mlat. *caminada*, *caminata* 'mit einem Kamin versehener Raum, heizbares Zimmer, Wohngebäude', Substantivierung der fem. Adjektivform spätlat. *camīnāta* 'mit einem Kamin versehen' (zu lat. *camīnus*, s. *Kamin*). Der lat. bzw. mlat. Ausdruck, als Adjektiv wohl oft mit lat. *camera* 'Zimmer' (s. *Kammer*) verbunden, dient zur Bezeichnung eines besseren, mit einer Feuerstelle versehenen Zimmers (etwa eines Gesellschaftsraumes).

kennen Vb. 'wissen, gehört oder gesehen haben', ahd. *kennen* (9. Jh.; *bi-*, *irkennen*, 8. Jh., s. *be-*, *erkennen*), mhd. mnd. *kennen* asächs. *-kennian* (in *antkennian* 'erkennen'), aengl. *cennan* 'unterrichten, kundtun', anord. *kenna* 'bekanntmachen, wahrnehmen, genießen', schwed. *känna* 'kundtun, erkennen, kennen', got. *kannjan* 'bekanntmachen' stellen sich als kausative *jan*-Verben zum Präs. Sing. (germ. **kann-*) des unter *können* (s. d.) behandelten präteritopräsentischen Verbs. – verkennen Vb. 'nicht richtig erkennen, falsch beurteilen' (17. Jh.). Kenner m. 'wer Bescheid weiß, zuständig ist' (16. Jh.). kennerisch Adj. 'wissend' (18. Jh.). Kennerblick m. (18. Jh.), Kennermiene f. (19. Jh.). kenntlich Adj. 'erkennbar, deutlich', mhd. *kentlich*, *kantlich* 'erkennbar, bekennend, geständig'; vgl. auch mhd. *kennelich* 'kennbar, offenkundig, bekannt'. Kenntnis f. 'Wissen, Erfahrung', mhd. *kantnisse*, *kentnisse* 'Kenntnis, Erkenntnis'. Kennwort n. 'für ausführliche Angaben stehendes vereinbartes Wort, Losung, Parole' (20. Jh.). Kennzeichen n. 'charakterisierendes, heraushebendes Merkmal' (16. Jh.), dazu kennzeichnen Vb. 'charakterisieren, markieren' (19. Jh.).

kentern Vb. 'umschlagen, umkippen' (von Schiffen). Das in der Sprache der Seeleute übliche Verb nd. *kantern*, *kentern*, nl. *kenteren* (17. Jh.), eigentl. 'auf die Seite, auf die Kante legen', eine Ableitung von mnl. *cant*, *cante*, nl. *kant* 'Seite, Kante' (s. *Kante*), dringt in die Literatursprache vor und steht dort (zunächst vereinzelt, 2. Hälfte 17. Jh.) für 'umlegen, umwälzen' (z.B. von Walen zum Abspekken), dann (Ende 18. Jh.) für 'umschlagen' (von Schiffen).

Keramik f. 'Technik zur Herstellung von Gegenständen aus gebranntem Ton, Ton-, Töpferware' wird im 19. Jh. aus gleichbed. frz. *céramique* entlehnt. Die Bezeichnung stammt aus griech. *keramikḗ (téchnē)* (κεραμικὴ τέχνη) 'Töpferkunst', das Adj. *keramikós* (κεραμικός) 'irden, tönern, zur Töpferei gehörig' ist eine Ableitung von griech. *kéramos* (κέραμος) 'Töpfererde, Ziegel, Ziegeldach, Tongefäß, Topf, Krug'. – Keramiker m., keramisch Adj. (19. Jh.).

kerben Vb. 'ritzen, einschnitzen, markieren'. Das ursprünglich starke, nur westgerm. belegte Verb geht allgemein zur schwachen Flexion über. Stark flektiert aengl. *ceorfan* 'abschneiden, eingraben', schwach mhd. *kerben* 'einen Einschnitt machen, aufs Kerbholz einschneiden, feststellen' (mit einem vereinzelten starken Part. Prät. *gekurben*); starke und schwache Formen zeigen mnd. mnl. nl. *kerven*, nur schwach ist engl. *to carve* 'einschneiden, schnitzen' (mit einem Part.adj. *carven* 'geschnitzt' in poetischer Sprache). Vielleicht besteht Verwandtschaft mit griech. *gráphein* (*γράφειν*) 'einritzen, zeichnen, schreiben', aslaw. *žrěbъ*, *žrěbijь* 'Würfel, Los, Geschick, Erbe' (eigentl. 'gekerbtes Stück Holz'), russ. *žérebej* (*жеребей*) 'Los, durch Los zugefallener Anteil, kleines Stück'. Dazu stellt man auch die allerdings nur im Germ. verbreitete Wortgruppe *krabbeln*, *Krabbe*, *Krebs* (s. d.) und vereinigt alle Formen unter einem Ansatz ie. **gerbh-*, **grebh-* 'ritzen, kratzen, krabbeln'. – Kerbe f. 'Einschnitt, Einritzung', mhd. *kerbe*, auch 'Kerbholz'. Kerbholz n. 'Holzstock, in den Zahlen und Zeichen zur Schuldenberechnung eingeritzt werden' (15. Jh.), noch im 18. Jh. bei Verrechnungsaktionen in Gebrauch; daher *etw. auf dem Kerbholz haben* eigentl. 'Schulden auf dem Kerbholz eingeritzt haben', bildlich 'etw. Unrechtes getan haben'. Kerbtier n. von Campe (1791) als dt. Ausdruck für *Insekt* (s. d.) erfolgreich vorgeschlagen; daneben (in nd. Lautung mit *f*) Kerf m., von Oken (1815) geprägt.

Kerker m. 'Gefängnis, Verlies'. Bereits sehr früh (wie die *k*-Aussprache vor *e* beweist) wird lat. *carcer* (Gen. *carceris*) 'Kerker' ins Germ. entlehnt, vgl. ahd. *karkări*, *karkeri* (8. Jh.), mhd. *karkære*, *kerkære*, *kerker*, asächs. *karkari*, aengl. *carcern*, mnl. *carker*, *caerker*, nl. *kerker*, got. *karkara*. Eine zweite jüngere Entlehnung (mit *z*-Aussprache vor *e*) des gleichen Wortes ergibt Karzer m. 'Schul-, Universitätsgefängnis, Arrest' (14. Jh.). einkerkern Vb. 'zur Haft verurteilen, einsperren' (14. Jh.), vgl. mlat. *incarcerare*.

Kerl m. 'Mensch, Mann, Junge'. Die westgerm. Formen mhd. (md.) *kerl(e)* 'Mann, Ehemann, Geliebter' (mit verächtlicher Nebenbedeutung), mnd. *kěrl(e)* 'freier, gewöhnlicher Mann, kräftiger Mann', mnl. *kērel*, *kerl*, *caerl*, nl. *kerel* 'Kerl, Mann', aengl. *ceorl* 'freier Mann (ohne Rang und Adel), Ehemann, Bauer', engl. *churl* 'Tölpel, Bauer' gehen zurück auf germ. **kerlaz*, das im Ablautverhältnis zu germ. **karlaz* steht, dem ahd. *karl* (8. Jh.), mhd. *karl(e)* '(Ehe)mann, Geliebter, treuer Mann', anord. *karl* 'Mann, freier, gewöhnlicher, alter Mann', schwed. *karl* 'Mann, Kerl' und der Personenname *Karl* folgen. Außergerm. verwandt sind aind. *járan* 'alt, gebrechlich', *járati* 'macht alt, wird alt, verfällt', griech. *gérōn* (*γέρων*) 'Greis', Plur. 'die Ältesten, Angesehensten des Volkes' (vgl. *Gerontologie* 'Alternsforschung'). Sie alle sind (wie auch *Kern* und *Korn*, s. d.) an die Wurzel ie. **ĝer(ə)-* 'morsch, reif werden, altern', wohl mit einer Ursprungsbedeutung 'reiben', auch 'aufgerieben werden (von Alter oder Krankheit)' anzuschließen. Als Grundbedeutung von *Kerl* ist daher 'alter Mann' anzunehmen. Im Nhd. hat sich die nd. md. Form *Kerl* (meist in abschätzigem Sinne) durchgesetzt, während ahd. mhd. *karl* nur im Namen *Karl* weiterlebt.

Kern m. 'Samen einer Frucht, Wesen, Mittelpunkt einer Sache', ahd. *kerno* (9. Jh.), *kern* (Hs. 12. Jh.), mhd. *kern(e)*, asächs. *kerno*, mnd. mnl. *kerne*, nl. *kern*, anord. *kjarni*, schwed. *kärna* steht im Ablaut zu *Korn* (s. d.) und ist wie dieses eine Bildung mit Nasalsuffix zur Wurzel ie. **ĝer(ə)-* 'morsch, reif werden, altern', älter wohl 'reiben, aufgerieben werden'. – kernen Vb. 'Kerne herausnehmen, entfernen', ahd. *kirnen* (8. Jh.), mhd. *kirnen*, *kernen* 'Kerne ausmachen, Kerne ansetzen, bilden'; auskernen (16. Jh.), entkernen (um 1700). kernig Adj. 'voller Kerne, kraftvoll, derb, fest' (16. Jh.), daneben auch *kernicht* (17. Jh.). kerngesund Adj. 'bis ins Innerste, völlig gesund' (18. Jh.). Kernseife f. 'harte Natronseife' (19. Jh.), ursprünglich 'beste', weil 'feste Seife' im Gegensatz zur *Schmierseife*. In den Komposita *Kernspaltung*, *Kernphysik*, *Kernkraftwerk*, *Kernwaffen* (alle 20. Jh.) bezeichnet *Kern-* den inneren, positiv geladenen Teil der Atome.

Kerze f. 'Talg-, Wachslicht', ahd. *kerza* (*jōn*-Stamm, 8. Jh.), *karz* (9. Jh.), mhd. *kerze*, *kirze* 'Werg, Zunder, Docht, Licht, Kerze', mnd. *kerte*, *kerse* ist etymologisch ungeklärt. Erwogen wird Entlehnung aus lat. *charta* f. ‘Papyrusblatt, Schreibmaterial, Schriftstück’ (s. *Charta*, *Karte*). Diese Hypothese wird dadurch gestützt, daß Kerzen lange aus gewickelter, mit Öl getränkter Birkenrinde hergestellt wurden. Da Birkenrinde auch als Schreibmaterial diente, scheint eine Verbindung zwischen ‘Papyrus’ und ‘Kerze’ für lat. *charta* möglich. Oder ist Entlehnung aus lat. *(candēla) cērāta* ‘Wachslicht’ (zu lat. *cērāre* ‘mit Wachs überziehen’) anzunehmen?

Kescher m. ‘Fischernetz’ an einer Stange (16. Jh.), vornehmlich verbreitet in omd. und nordd. Mundarten, vgl. *Kescher*, *Käscher*, *Ketscher*, mnd. *kesser*, nd. *Kesser*, *Ketzer*, *Ketscher*; vielleicht verwandt mit engl. *catcher*. Weitere Herkunft unbekannt.

keß Adj. ‘aufgeweckt, vorlaut, schneidig, flott, schick’, in der Gaunersprache ‘klug, gescheit, der Gaunerei kundig’. Das Adjektiv stammt aus dem verhüllenden Kurzwort jidd. *chess*, der Bezeichnung für *ch*, den Anfangsbuchstaben von jidd. *chochom* ‘klug, weise, gelehrt’. Es dringt aus der Gaunersprache in die Umgangssprache von Berlin und gewinnt von dort aus in der 1. Hälfte des 20. Jhs. allgemeine Verbreitung.

Kessel m. ‘bauchiges Gefäß zum Erhitzen von Flüssigkeiten, gerundete Talsenke, Geländevertiefung’, ahd. *keȥȥil* (9. Jh.), mhd. *keȥȥel* ‘Behälter für Flüssigkeiten, Vertiefung’, asächs. *ketil*, mnd. mnl. *kētel*, nl. *ketel*, aengl. *cetel*, (westsächs.) *cietel*, anord. *ketill* (daraus entlehnt engl. *kettle*), got. *katilē* (Gen. Plur.) werden als Entlehnungen aus lat. *catillus* (Deminutivum von lat. *catīnus* ‘irdene Pfanne, Napf, flache Schüssel’) betrachtet, das die Germanen als Bezeichnung für den ‘Wasserbehälter der Feuerspritze’ kennenlernen. Auf unmittelbarer Entlehnung aus lat. *catīnus* beruhen ahd. (9. Jh.), mhd. *keȥȥī* ‘Kessel’, aber vielleicht auch die oben genannten Formen, die dann auf dem Wege des Suffixtausches das Suffix für Gerätebezeichnungen germ. *-ila-* angenommen hätten. – einkesseln Vb. ‘umzingeln’ (19. Jh.). Kesseljagen n. (18. Jh.), Kesseltreiben n. (19. Jh.) ‘Treibjagd, bei der das Wild eingekreist und in der Mitte zusammengetrieben wird’.

Ketchup m. n. ‘dickflüssige Würzsoße (aus Tomaten)’, Übernahme (19. Jh.) von engl. *ketchup* ‘pikante Soße aus Tomaten, Pilzen u. dgl.’, aus chin. (Amoy) *kōechiap*, *kētsiap* ‘Fischsoße’.

¹**Kette** f. ‘Schar’. Ahd. *kutti* (9. Jh.), mhd. *kütte* ‘Schar, Herde’, mnd. *küdde*, mnl. *cudde*, nl. *kudde*, afries. *kedde* ‘Trupp’ ist etymologisch ungeklärt. Herkunft aus einer nicht-ie. Substratsprache kann vermutet werden, vgl. de Vries Nl. 368. Die nhd. Lautform (in Verwendungen wie *eine Kette Wildgänse*) ist wohl von ²*Kette* (s. d.) beeinflußt.

²**Kette** f. ‘Gliederband, Halsschmuck, Reihe von Personen, Folge von Ereignissen’, ahd. *ketin(n)a* ‘Kette, Fessel, Schlinge, Schnur’ (9. Jh.), mhd. *ketene*, *keten* ‘eiserne Kette, Fessel’, mnd. *kēde(ne)* ist entlehnt aus vlat. **cadena*, lat. *catēna* ‘Kette, Fessel, Zwang, Klausel’. – ketten Vb. ‘mit Ketten anbinden, fesseln’, ahd. *ketin(n)ōn* ‘fesseln, mit Ketten belegen’ (um 1000), mhd. *ketenen* ‘an die Kette, in Ketten legen’. anketten Vb. (16. Jh.). verketten Vb. ‘wie Glieder einer Kette verbinden’ (15. Jh.). Kettenreaktion f. ‘ausgelöster und sich von selbst fortsetzender Vorgang’ (20. Jh.).

Ketzer m. ‘wer die für allein gültig erklärte Lehre der katholischen Kirche leugnet, Abtrünniger, Häretiker’. Mhd. *ketzer*, *kether* (Anfang 13. Jh.) ist entlehnt aus spätgriech. *Katharoí* (*Καθαροί*), spätlat. mlat. *Cathari* Plur. ‘die Reinen’, zu griech. *katharós* (*καθαρός*) ‘rein, sauber’. So nannten sich die Anhänger der größten, auf dem manichäischen Dualismus fußenden mittelalterlichen Sekte, deren Lehren aus dem Osten (bes. von der Balkanhalbinsel) über Italien seit dem 11. Jh. nach Westen vordringen. Ihre massenhafte Verfolgung beginnt im 13. Jh.; ihr Name wird seitdem zur Bezeichnung des Häretikers überhaupt. Die im Nhd. fortlebende Form mhd. *ketzer* beruht wahrscheinlich auf ital. Vermittlung, vgl. aital. *gazaro*, *gaçaro*, *gassaro* ‘Ketzer’ in obital. Mundarten, ferner in gleichem Sinne mlat. *gazari*, *gazeri*, *gaçari* Plur. Im Mhd. und noch im 16. Jh. steht *Ketzer* auch für ‘frevelhafter, verworfener Mensch, Sodomit’. Bereits im Mittelalter (vgl. Schreibungen wie obd. *kätzer*, md. *katzer*, 15. Jh.) und bis ins 17. Jh. wird die Bezeichnung oft in Zusammenhang mit *Katze* gebracht, daher auch *Katzenmeister* für *Ketzermeister* u. dgl. – Ketzerei f. ‘Häresie’, mhd. *ketzerīe*, *ketherīe* ‘Ketzerei, Zauberei, unnatürliche Wollust'. **ketzerisch** Adj. (15. Jh.), vgl. mhd. *ketzerlich.*

keuchen Vb. 'hörbar schnaufend atmen'. Mhd. *kīchen* 'schwer atmen', frühnhd. *keichen* entwickelt sich wohl unter Einfluß von mhd. *kūchen* 'hauchen', frühnhd. *kauchen* im 16. Jh. zu *keuchen* 'schwer atmen'. Dabei handelt es sich jeweils um lautnachahmende Bildungen, die sich teils mit schwed. (mundartlich) *kika* 'schwer atmen', teils mit nl. *kuchen* 'hüsteln', nd. *kuchen, küchen,* aengl. *cohhetan,* engl. *to cough* 'husten' und den unter *Keuchhusten* angeführten Formen verbinden. Im Nhd. stehen bis ins 19. Jh. *keuchen* und *keichen* nebeneinander, wobei *keuchen* meist als korrekte und *keichen* als entrundete Form empfunden wird. – **Keuchhusten** m. Infektionskrankheit der Schleimhäute in den Luftwegen mit krampfartigem Husten (19. Jh.), *Keichhusten* (18. Jh.); vgl. schwed. *kikhosta* und (mit *n*-Erweiterung) mnd. *kinkhōste,* nl. *kinkhoest* sowie nd. *kinken* 'schwer atmen, keuchen', mnl. *kincken.*

Keule f. 'Stock mit verdicktem (kugelartigem) Ende, Hinterschenkel (von Schlachtvieh, Wild, Geflügel)', mhd. *kiule* 'Keule, Stock, Stange', mnd. *kūle* 'Keule, Kolben(stange), Streitkolben, Stößel'. Das nur im Dt. bezeugte Wort beruht auf einer Bildung mit *l*-Suffix (ie. **geulos* 'rundes Gefäß') zur vielfach erweiterten Wurzel ie. **geu-, *gū-* 'biegen, krümmen, wölben'; s. auch *kauern, Kaulbarsch, Koben, Kugel, Kuhle.*

keusch Adj. 'rein, unberührt, enthaltsam, schamhaft', ahd. *kūski* 'geziemend, sittlich, mäßig, enthaltsam (in bezug auf Nahrungs- und Sexualtrieb), züchtig, makellos, passend' (8. Jh.), mhd. *kiusche, kiusch,* auch 'ruhig, vernünftig handelnd', asächs. *kūsko* Adv., mnd. *kūsch(e), kūsch, kūs,* aengl. *cūsc* (aus dem Asächs. entlehnt), mnl. *cuusc,* nl. *kuis.* Ahd. *kūski* verbreitet sich vom Alem. (Reichenau) aus; aus der allgemeinen Bedeutung 'geziemend', folglich auch 'beherrscht, maßvoll' (in bezug auf die menschlichen Urtriebe), entwickelt sich 'maßvoll, enthaltsam in sinnlicher Beziehung'. Auf Grund eines aprov. *cusc* 'rein, tugendhaft' (mit zugehörigen Ableitungen), in dem v. WARTBURG eine Entlehnung aus dem Germ., „vielleicht speziell dem Got.", sieht, setzen auch FRINGS/MÜLLER in: Festgabe Helm (1951) 134 ein got. **kūskeis* als Entlehnung aus lat. *cōnscius* 'mitbewußt, wissend' (um das Rechte, Gute, um Reinheit und Keuschheit) voraus und nehmen an, daß ahd. *kūski* „aus dem gotisch-arianischen Christentum des europäischen Südwestens nach Süddeutschland gekommen ist". – **Keuschheit** f. 'Reinheit, Unberührtheit, Enthaltsamkeit', mhd. *kiuscheheit.*

Khaki n. 'erdbraune, gelbbraune Farbe', m. 'Stoff in dieser Farbe', Entlehnung (20. Jh.) von gleichbed. engl. *khaki.* Die zunächst adjektivische Bezeichnung stammt aus pers. *ḫākī* 'staubfarben' (zu *ḫāk* 'Staub, Erde'), gelangt ins Ind. (Urdu) und wird während der engl. Feldzüge in Indien (1857/58) ins Engl. aufgenommen. Dazu **khakifarben** Adj. (20. Jh.).

Kibbuz m. (Plur. *Kibbuzim*) ländliche Siedlung mit kollektiver Wirtschaft und Lebensweise in Israel, deren Grund und Boden Eigentum des Staates bleibt, aber den Siedlern in Erbpacht gegeben wird. Übernahme (20. Jh.) von gleichbed. hebr. *qibbūtz,* eigentl. 'Sammlung, Haufen'.

kichern Vb. 'leise mit hoher Stimme lachen' (16. Jh.) ahmt den hellen Lachlaut nach. Auszugehen ist von einer Grundform **kichen,* zu der *kichern* iterativ gebildet ist. Vgl. mhd. und nhd. (mundartlich) *kachen* und ahd. *kahhazzen* (8. Jh.), mhd. *kachezen* 'laut lachen', denen ebenfalls lautnachahmende Verben wie griech. *kacházein* (*καχάζειν*), lat. *cachinnāre,* kslaw. *chochotati,* russ. *chochotát'* (*хохотать*) 'laut lachen', aind. *kákhati* 'lacht' zur Seite stehen. Wieweit die Übereinstimmung dieser Formen auf genetischer Verwandtschaft beruht oder in welchem Maß es sich hier um selbständige einzelsprachliche Schöpfungen handelt, kann nicht mit Sicherheit entschieden werden.

kicken Vb. 'den Fußball stoßen bzw. schießen, Fußball spielen', im 20. Jh. entlehnt aus gleichbed. engl. *to kick,* eigentl. '(mit dem Fuß) treten, stoßen', einem Wort mit ungeklärter Etymologie. – **Kicker** m. 'Fußballspieler', engl. *kicker.* **Kickstarter** m. 'Fußhebel am Motorrad zum Anwerfen des Motors' (20. Jh.), zum Grundwort s. *Start.*

kidnappen Vb. 'Kinder, Menschen entführen' (zu erpresserischen Zwecken), entlehnt (20. Jh.) aus engl. *to kidnap,* einer Rückbildung von *kidnapper* 'wer Kinder und überhaupt Menschen entführt', ursprünglich (17. Jh.) 'Entführer junger Menschen als Arbeiter oder Sklaven für die Plantagen in den überseeischen Kolonien'. Zusammengesetzt aus engl. *kid* 'Zicklein, Kind' (s. *Kitz*) und *napper* 'Dieb' (zu *to nap*, *nab* 'fangen, greifen'), einem Wort der Gaunersprache mit unbekannter Herkunft. Daher auch im Dt. Kidnapper m. 'Menschenräuber', Kidnapping n. 'Menschenraub' (20. Jh.).

[1]**Kiebitz** m. mittelgroßer, schwarzweißer Watvogel mit aufrichtbarem Federschopf, mhd. *gībitz(e)*, *gībiȝ*, mnd. *kīvit*, *kīwit*, mnl. nl. *kievit*, Substantivierung seines eigentümlichen Lock- und Warnrufes *kibit*, *kiwit*, *giwit*. Die md. obd. Formen auf *-itz* sind einer aus dem Slaw. stammenden Endung angeglichen (s. *Stieglitz*).

kiebitzen Vb. 'beim Kartenspiel zusehen und Ratschläge erteilen' (20. Jh.) stammt aus gaunersprachlichem *kiewischen*, *kiebitschen* 'durchsuchen, visitieren', vgl. jidd. *koiwesch*, *kobesch sein* 'bezwingen, bedrücken'. Daraus [2]Kiebitz m. 'wer beim Kartenspiel zusieht und Ratschläge erteilt', angelehnt an [1]*Kiebitz*.

Kiefer m. 'gebißtragender Kopfknochen'. Die mit *r-*, *l-* oder *t*-Suffix gebildeten germ. Bezeichnungen mhd. *kiver*, *kivel*, *kivele*, mnl. *kēvel*, nl. (Plur.) *kevels*, anord. *kjaptr*, *kjǫptr*, schwed. *käft*, mit Ablaut asächs. *kaflos* (Plur.), aengl. *ceafl* 'Schnabel, Kiefer von Tieren', engl. *jowl* 'Kiefer, Wange' führen wie die unter *Käfer* und *kabbeln* (s. d.) genannten Formen auf die Wurzel ie. **ĝep(h)-*, **ĝeb(h)-* 'Kiefer, Mund; essen, fressen'.

Kiefer f. 'Föhre'. Der Name des Nadelbaums ist seit dem Anfang des 15. Jhs. belegt. Daneben auftretende Zeugnisse wie *Kinforen* (15. Jh.) und landschaftlich (ostfrk.) *Kinfir*, (böhmisch) *Kinfer*, *Kimfer* legen nahe, nhd. *Kiefer* als verdunkelte Zusammensetzung aus den unter [1]*Kien* (s. d.) und *Föhre* (s. d.) genannten Formen anzusehen. Vgl. dazu auch mhd. *kienvorhe* (Hs. *kinuorha*, 14. Jh., Ahd. Gl. 3, 39, 18), das jedoch eher als Doppelglossierung (*kien*, *vorhe*) und nicht als Kompositum anzusehen ist.

kieken Vb. 'gucken, sehen', mnd. *kīken*, ungeklärte, vielleicht lautmalende Bildung. Das nd. Verb dringt im 16. Jh. in hd. Texte ein, wird aber erst nach 1900 (von Berlin aus) in der Umgangssprache geläufig. – Kieker m. 'Fernglas' (18. Jh.); redensartlich *jmdn. auf dem Kieker haben* 'ärgerlich auf jmdn. sein und ihn daher scharf beobachten' (19. Jh.), älter *im Kieker haben* (18. Jh.). Kiekindiewelt m. (19. Jh.), dafür auch hd. *Guckindiewelt* (s. d.).

[1]**Kiel** m. 'mittlerer harter Teil der Vogelfeder', früher Schreibgerät, mhd. *kil* m. n., niederrhein. *keil*, *kijl* (15. Jh.), nd. (westfäl.) *Kwiəle*, (nsächs.) *Kīl*. Herkunft ungeklärt. Vielleicht besteht Verwandtschaft mit engl. *quill* 'Feder, Federkiel', falls dieses nicht aus dem Dt. entlehnt ist. – Federkiel m. (15. Jh.).

[2]**Kiel** m. 'unterster, mittlerer Längsbalken eines Schiffes'. Mnd. *kēl*, *kiel*, *kil*, anord. *kjǫlr*, auch 'Bergrücken', schwed. *köl* (vgl. mengl. *kele*, engl. *keel* aus dem Anord.) sind bei der Annahme einer Ausgangsbedeutung 'halsförmig Geschwungenes' mit den unter *Kehle* (s. d.) genannten Formen verwandt und gehören wie diese zur Wurzel ie. **gel-* 'verschlingen'. Bedeutungsbeziehungen zwischen beiden Wortgruppen verdeutlicht aengl. *ceole* 'Kehle, Schlucht, Schiffsschnabel'. *Kiel* wird im 16. Jh. aus der nd. Seemannssprache ins Hd. aufgenommen (anfangs *Keyl*). Vielleicht ist in mnd. *kēl*, *kil* 'Längsbalken' eine alte Bezeichnung für 'Schiff' aufgegangen, vgl. ahd. (8. Jh.), asächs. *kiol*, mhd. *kiel*, aengl. *cēol*, anord. *kjōll*, verwandt mit *Keule*, *Kugel* (s. d.), also eigentl. 'gewölbtes Fahrzeug'. Entsprechend scheint die Bedeutung 'Längsbalken, Bodenbalken' aus dem Dt. ins Nl. gedrungen zu sein, vgl. de Vries Nl. 317, der nl. *kiel* 'Bodenbalken eines Schiffes' von mnl. *kiel* 'Schiff' absetzt. – kielholen Vb. 'ein Schiff zum Ausbessern auf die Seite legen, einen Menschen zur Strafe an einem Tau unter einem Schiff hindurchziehen' (17. Jh.), nd. nl. *kielhalen*, vgl. auch engl. *to keelhaul*, schwed. *kölhala*. kieloben Adj. 'mit dem Kiel nach oben' (19. Jh.). Kielschwein n. 'verstärkender Längsbalken auf dem Kiel' (18. Jh.), nd. *Kilswīn*, entlehnt aus schwed. *kölsvin* 'Kielschwelle, -bohle', mit Dissimilation des Grundwortes aus schwed. *syll*, (mundartlich) *svill* 'Schwelle' und Anlehnung an schwed. *svin*, nd. *Swīn* 'Schwein'. Elmer in: Skandinavistik 12 (1982) 128ff. verweist auf das Nebeneinander von engl. (mundartlich) *kelson* (älter *kelswyn*) und *kelsill*, ofries. *kiolswin* und *kiolswil*, erklärt beide Be-

zeichnungen als voneinander unabhängig und vermutet als Ausgangsformen anord. **kjǫlsvīn* und **kjǫlsvill*. Kielwasser n. 'die Wasserspur hinter einem fahrenden Schiff' (18. Jh.), nl. *kielwater*.

Kieme f. 'Atmungsorgan von Wassertieren'. Der Plural *Kiemen* ist seit dem 16. Jh. bezeugt, hat sich aber erst seit Adelung (1775) gegen *Fischohren* durchgesetzt. *Kieme* ist wohl als 'Kerbe' und damit als Nebenform von *Kimme* (s. d.) aufzufassen, da beide Formen im Omd., Nd. und Nl. des 16. und 17. Jhs. nebeneinander gebraucht werden.

[1]**Kien** m. 'Holzspan, Fackel', ahd. *kien* 'Kienspan, Fackel, Kiefer' (8. Jh.), mhd. *kien*, mnd. *kēn*, mnl. nl. *kien*, aengl. *cēn* 'Fakkel aus harzreichem Nadelholz' (im Ablaut zu aengl. *cīnan* 'bersten, offenstehen') gehört wie *Keil* und *Keim* (s. d.) zur Wurzel ie. **ĝēi-*, **ĝī-* 'keimen, sich spalten, aufblühen', bedeutet ursprünglich 'das Abgespaltene', der '(zum Leuchten geeignete harzreiche) Holzspan' und wird zur Bezeichnung der vornehmlich als Leuchtmittel verwendeten Holzart. S. auch *Kiefer*. Kienapfel m. 'Kiefernzapfen', frühnhd. *kienapfel*, mnd. *kēnappel*. Kienspan m. 'Scheit aus Kiefernholz' (17. Jh.), eigentl. eine tautologische Bildung.

[2]**Kien** m. in der Wendung *auf dem Kien sein* 'scharf aufpassen' (19. Jh.), Berliner Umgangssprache. *Kien* wird entweder aus engl. *keen* 'scharf' (von Blick und Verstand) hergeleitet (s. *kühn*) oder von jidd. *kiwen* 'aufmerksam, beflissen, geschäftig'. In jedem Fall ist volksetymologische Anlehnung an [1]*Kien* (s. d.) erfolgt.

Kiepe f. 'Rückentragkorb'. Mnd. *kīpe*, nd. *Kipe*, *Küpe* 'großer Tragkorb' ist bereits im 15. Jh. auch im Md. nachzuweisen; über nordd. Schriftsteller wird der Ausdruck im 18. Jh. literatursprachlich. Vergleichbar sind nl. (mundartlich) *kiep*, aengl. *cȳpa* 'Korb', engl. (mundartlich) *kipe* 'geflochtene Fischreuse, Korb', vielleicht auch anord. *kippa* 'Korb'. Herkunft unbekannt. Einfluß von nicht verwandtem lat. *cūpa* 'Kufe, Tonne, größeres Holzgefäß' (s. [2]*Kufe*, *Kübel*) auf die Bedeutung kann hinsichtlich md. *Kiepe* 'Faß' (neben 'Tragkorb') angenommen werden.

[1]**Kies** m. 'grobkörniger Sand'. Die Etymologie ist ungewiß. Für mhd. *kis* und das abgeleitete, aber früher bezeugte ahd. *kisil* (s. unten) vermutet man (vgl. Pokorny 1, 356) Verwandtschaft mit den baltischen Formen apreuß. *sixdo* 'Sand' und lit. *žiezdrà* 'Kies-, Sandkorn', so daß ie. **ĝeis-* bzw., wenn nl. *kei* 'Kieselstein' als zugehörig betrachtet wird, ie. **ĝei-* 'Kies' erschlossen werden kann. *Kies* begegnet seit dem 16. Jh. vielfach als bergmännischer Ausdruck zur Bezeichnung eines arsen- oder schwefelhaltigen Minerals mit geringerem Metallgehalt als Erz, vgl. *Kupferkies* Kupfereisensulfid (17. Jh.), *Schwefelkies* eisen- und schwefelhaltiges, metallisch glänzendes Mineral (18. Jh.). – Kiesel m. 'kleiner, von Wasser abgeschliffener Stein', Bildung mit Deminutiv- bzw. Zugehörigkeitssuffix zu *Kies* (s. oben), aber früher belegt als dieses, ahd. *kisil* (8. Jh.; vgl. auch *kisilī(n)*, Hs. 12. Jh.), mhd. *kisel* 'Kieselstein, Hagelstein, Schloße', mnl. *kēsel*, aengl. *ceosel*. Kieselgur f., s. *gären*.

[2]**Kies** m. 'Geld' (18. Jh.) ist nicht sicher zu deuten. Da *Kies* der Gaunersprache entstammt, kommt Ableitung von jidd. *kis* 'Beutel, Säckel' in Betracht, was eine Bedeutungsentwicklung von 'Beutel' zu 'Geld' voraussetzt. Möglich ist auch Herleitung von rotw. *Kies*, *Kīsel*, dessen Bedeutung 'Stein' eine Verbindung zu dem Plur. rotw. *Steiner* 'Münzgeld' ermöglicht. Da 'Scheidemünze, Silbergeld' als früheste Bedeutung von *Kies* anzusetzen ist, kann eine inhaltliche Beeinflussung von *Kies* durch *Steiner* angenommen werden.

Kie(t)z m. 'ärmliche Fischersiedlung, -vorstadt, Ortsteil, Ausbau'. Die Etymologie der vorzugsweise in Brandenburg und Mecklenburg bis zur Elbe anzutreffenden Bezeichnung (bereits 1249 als Siedlungsname bezeugt) ist umstritten. Allgemein wird Herkunft aus dem Slaw. angenommen, wenn auch die genaue Zuweisung zu einem Lexem der früheren slaw. Mundarten auf Schwierigkeiten stößt. Man kann eine Verbindung zu gemeinslaw. **chyža* bzw. **chyzъ* 'Haus, Hütte' herstellen, das (ersteres mit *-i̯a*-Suffix) eine Entlehnung aus balkangerm. nachgot. **hūs* (vgl. krimgot. *hūs*, got. *-hūs*, s. *Haus*) sein kann. Als Bedeutung (vgl. *Fischerkietz*) ist zunächst 'im Schutze einer Burg gelegene slaw. Dienstsiedlung, deren Bewohner vielfach Fischerei betreiben' anzusetzen. Jüngst wird aber (mit Hinweis darauf, daß Kietze erst in askanischer Zeit angelegt wurden) eine direkte Verbindung mit germ. Wörtern erwogen. Als vergleichbar werden angeführt nhd. (mundartlich) *Kietze* f. 'Tragkorb' (mit den Formen *Kēts*, *Kīts*, *Kītse*, *Kötz*), älteres thüringisches *Kötze* sowie mittelrhein. *Kütz*, die mit anord. *-kytja* 'kleine Hütte', aengl. *cȳte*, norw. (mundartlich) *køyta* 'Waldhütte aus Rinde oder Reisig', mnd. *ketze* 'kleiner Anbau in der Stube, Alkoven', *kitzen* 'kleine Wohnung' verbunden und zu nd. *Kote*, nl. *kot*, aengl. *cot* 'Hütte' gestellt werden (s. *Kate*). Der Ausdruck sei mit der askanischen Besiedlung in die ostelbischen Gebiete gelangt; eine Vermischung mit einem slaw. Wort wird nicht ausgeschlossen. Vgl. G. Schlimpert Ortsnamen des Teltow (1972) 108.

killen Vb. 'umbringen, töten', entlehnt (20. Jh.) aus gleichbed. engl. *to kill*, mengl. *cülle*, *kille*, *kelle*, aengl. **cyllan*, das vielleicht mit aengl. *cwellan* 'töten', engl. *to quell* 'unterdrücken' (s. *quälen*) verwandt ist. Dazu Killer m. 'Mörder, Totschläger', engl. *killer*, und in scherzhafter Übertragung Ladykiller m. 'Schürzenjäger, Frauenheld' (20. Jh.), engl. *lady-killer* (s. *Lady*).

kilo- 'tausend', in Verbindung mit Bezeichnungen von Maßeinheiten für das Tausendfache einer Grundeinheit, nach griech. *chī́lioi* (χίλιοι) 'tausend'; zuerst 1790 durch die frz. Nationalversammlung im metrischen System festgelegt und seither internationale Bezeichnung. – Kilometer m. n. (19. Jh.), nach frz. *kilomètre* (1790). Kilogramm n. (19. Jh.), nach frz. *kilogramme* (1795), meist verkürzt *Kilo* n. Kilowatt n., zu Watt n. Maßeinheit der elektrischen Leistung, so 1882 von Siemens zu Ehren des engl. Ingenieurs *J. Watt* benannt. Vgl. ferner *Kilohertz*, *Kilopond*.

Kimme f. 'Einschnitt' (am Visier der Handfeuerwaffen, in der Faßdaube, wo der Boden des Fasses eingefügt ist), mnd. *kimme* 'äußerster Rand, Horizont', nd. *Kimm* 'Rundung der Schiffswand, Horizont', mnl. *kimme* 'Rand eines Fasses', nl. *kim* 'Horizont', ofries. *kim(me)* 'Einkerbung, in die der Boden eines Fasses paßt, Rand (eines Fasses), Horizont', engl. *chime*, *chimb* 'Rand eines Fasses', vgl. auch aengl. *cimbing* 'Verbindungsstelle, Fuge'. Herkunft unbekannt. Ein Deutungsversuch sieht in *Kimme* eine Ablautform zu *Kamm* (s. d.) und stützt sich auf die Vorstellung, daß ein Kamm aus vielen Kerben ('Zähnen') bestehe. *Kimme* ist seit dem 16. Jh. vielfach fachsprachlich für 'Kerbe, Einschnitt' belegt.

Kimono m. 'langes Gewand mit weiten, angeschnittenen Ärmeln', Übernahme (19. Jh.) von jap. *kimono* 'Gewand, Kleid', eigentl. 'Zeug zum Anziehen', vgl. jap. *ki-ru* 'anziehen' und *mono* 'Sache'.

Kind n. 'Nachkomme (Sohn oder Tochter), Junge oder Mädchen', ahd. *kind* 'Kind, Sohn, Nachkomme, junger Mann, Knabe, Zögling' (8. Jh.), mhd. *kint* und (als frühe Entlehnungen aus dem Hd., vgl. Simon Sprachmischung im Heliand, 1965, 26ff.) asächs. *kind*, mnd. mnl. *kint*, nl. *kind* führen auf ein mit ie. *-to-* gebildetes Partizipialadjektiv zur Verbalwurzel ie. **ĝen(ə)-* 'erzeugen, gebären' (zur Bildungsweise s. auch *alt*). Germ. Verwandte sind (mit anderer Dentalableitung) anord. *kind* 'Geschlecht, Kind, Stamm', aengl. *cynd* 'Geschlecht, Geburt, Art, Gattung', engl. *kind*, ablautend anord. *kundr* 'Sohn, Verwandter', *kunnr* 'verwandt', got. *-kunds* 'herstammend' sowie die unter *König* (s. d.), eigentl. 'Mann eines (vornehmen) Geschlechts', behandelten Formen. Außergerm. entsprechen als *to*-Partizipien, aber in ihrer Form deutlich auf eine zweisilbige Wurzel weisend, aind. *jātáḥ*, lat. *nātus* (alat. *gnātus*) 'geboren'. Zur Wurzel gehören ferner griech. *gígnesthai* (γίγνεσθαι) 'werden, entstehen', lat. *gignere* (*genitum*) '(er)zeugen, gebären, hervorbringen', *genus* 'Abstammung, Geschlecht, Gattung, Art und Weise' (s. *Genus* und die dort genannten Verwandten). Auf Grund der aus früher Zeit überlieferten Gewohnheit, kniend zu gebären, sowie des Brauches, ein Kind dadurch anzuerkennen, daß es sich der Vater aufs Knie setzt, wird vielfach ursprüngliche Identität der Wurzel ie. **ĝen(ə)-* 'erzeugen, gebären' und **ĝen(ə)-* 'erkennen, kennen' (s. *können*) mit ie. **ĝenu-*, **ĝneu-* 'Knie' (s. *Knie*) angenommen. Das würde aber den Verbalwurzeln einen denominativen Charakter beilegen, der kaum annehmbar ist. – Kindheit f. 'Lebenszeit des Menschen von der Geburt bis zur Geschlechtsreife', ahd. *kindheiti* (8./9. Jh.), *kindheit* (Hs. 12. Jh.), mhd. *kintheit*. kindisch Adj. 'wie ein Kind, albern', ahd. *kindisc* 'kindlich, jung' (9. Jh.), mhd. *kindisch*, *kindesch*, auch schon 'albern'. kindlich Adj. 'wie ein Kind', ahd. *kindlīh* (11. Jh., zuvor *kindlīhho* Adv.,

9. Jh.), mhd. *kintlich*; dazu Kindlichkeit f. (18. Jh.). Kindbett n. 'Wochenbett', ahd. *kindbette* (um 1000), mhd. *kintbette*. Kindergarten m. 'Kindertagesstätte', 1840 von F. Fröbel als Bezeichnung für seine Vorschule für kleine Kinder geprägt. Kinderhort m. 'Tagesstätte für Schulkinder, in der sie die unterrichtsfreie Zeit verbringen', meist nur *Hort* (s. d.), 1871 nach dem Vorbild von *Kindergarten* gebildet. Kinderstube f. 'Schule' (15. Jh.), 'Aufenthaltsraum für Kinder' (18. Jh.), übertragen 'gute Manieren, gutes Benehmen' (19. Jh.). Kindeskind n. 'Enkel, Nachkomme', mhd. *kindes kint*. Kindskopf m. 'lustig-alberner Mensch, der sich wie ein Kind gebärdet' (18. Jh.), im 17. Jh. dagegen wie *Kinderkopf* verwendet.

Kinetik f. 'Lehre von den Bewegungen physikalischer Systeme unter dem Einfluß von Kräften' (19. Jh.), gelehrte Neubildung zu griech. *kīnētikós* (κινητικός) 'bewegend, beweglich', *kīnéīn* (κινεῖν) 'in Bewegung setzen'; dazu kinetisch Adj. (19. Jh.).

Kinkerlitzchen Plur. 'unnützer Kram, Albernheiten', seit dem 18. Jh. nachgewiesen, zuerst Bezeichnung für 'modische Kleinigkeiten, Putz'. Alle bisherigen etymologischen Deutungen sind unbefriedigend. Bislang meist als Umbildung von frz. *quincaille* 'Eisen-, Kupfergerät, Kurzwaren' erklärt oder als verdunkelte Zusammensetzung aus *Kanker* 'Spinnentier' und *Litze* 'Faden eines Gewebes', daher 'Wertloses wie ein Spinnengewebe'; letzthin auch zu *Konterlitze* 'kleine Art Mücken', aus nsorb. *kuntorlica*, in Beziehung gesetzt. Vgl. die von Seibicke zusammengetragenen Deutungsversuche in: Mutterspr. (1975) 213ff.

Kinn n. 'Gesichtsvorsprung am Unterkieferknochen'. Die zum Teil in andere Deklinationsklassen übergetretenen bzw. (im Dt. und Nl. zum *ja*-Stamm) weitergebildeten germ. Formen ahd. *kinni* (9. Jh.), mhd. *kinne*, *kin*, asächs. *kinni*, mnd. mnl. *kin*, *kinne*, nl. *kin*, aengl. *cin(n)*, engl. *chin* und (mit der jüngeren Bedeutung 'Wange') anord. *kinn*, schwed. *kind*, got. *kinnus* weisen im Vergleich mit den außergerm. Formen auf einen ie. *u*-Stamm, der sich im Got. deutlich erhalten hat. (Das doppelte *n* in germ. **kennu-* ist aus einem überall durchgeführten ursprünglichen *-nu̯-* obliquer Kasus hervorgegangen.) Zusammen mit den germ. Zeugnissen führen griech. *génys* (γένυς) 'Kinn, Kinnbacke', lat. *genuīnus* 'Backenzahn' (neben umgebildetem lat. *gena* 'Wange'), kymr. *gen* 'Wange, Kinn', air. *gi(u)n* 'Mund', aind. (mit sekundärem, ie. *ĝh*-entsprechendem Anlaut) *hánuḥ* 'Kinnbacke' dazu, ein ursprüngliches Femininum ie. **ĝenu-* 'Kinnbacke, Kinn' zu erschließen. Offen bleibt, wieweit ein Zusammenhang mit den unter *Knie* (s. d.) behandelten (im wesentlichen in neutralen Substantiven erscheinenden) Ausgangsformen ie. **ĝenu-*, **ĝneu-* 'Knie' besteht. Semantisch wären die ie. Formen sehr wohl unter einer Grundbedeutung 'Krümmung' zu vereinigen. – Kinnbacke f., Kinnbacken m. 'seitlich ans Kinn anschließender Wangenteil' (s. [1]*Backe*), ahd. *kinnibacko* (9. Jh.), mhd. *kin(ne)backe*. Kinnlade f. '(Unter)kiefer' (18. Jh.), eine anfangs scherzhafte Bezeichnung im Sinne von 'Zahnbehältnis' zu *Lade* 'Behälter' (s. d.).

Kino n. 'Lichtspieltheater' (Anfang 20. Jh.), verkürzt aus Kinematograph m. (Ende 19. Jh.), frz. *cinématographe*, Neubildung der Brüder Lumière (1895) zu griech. *kī́nēma*, Gen. *kīnḗmatos* (κίνημα, κινήματος) 'Bewegung, Aufregung' und *gráphein* (γράφειν) 'schreiben' (s. *-graph*). Dem frz. *cinéma* 'Kino' (ebenfalls aus *cinématographe* verkürzt) entsprechendes engl. *cinema* wird weitergebildet zu amerik.-engl. *cinemascope* 'Breitwandfilmverfahren' (im Dt. seit der Mitte des 20. Jhs.), s. *-skop*. Kintopp m. (nach 1905) von Berlin ausgehende scherzhafte Verkürzung von *Kinematograph*.

Kiosk m. 'hausartiger Verkaufsstand, kleines Ausstellungshaus', im 18. Jh. aus frz. *kiosque* 'Gartenpavillon' entlehnt. Der moderne Gebrauch im Sinne von 'Verkaufsbude' setzt im 19. Jh. ein (zuerst *Zeitungskiosk*). Frz. *kiosque* geht über ital. *chiosco* auf türk. *kyöšk* 'Gartenpavillon' zurück, das auf pers. *gōše* 'Winkel, Ecke' beruht.

kippen Vb. 'in schräge Stellung bringen, beinahe umstürzen', ein nd. md. Wort ungeklärter Herkunft, in hd. Texten seit dem 17. Jh. belegt. Deutungsversuche bringen nd. md. *kippen* mit mnl. *kippen* 'fangen' (nl. *kippen* 'umstürzen' aus dem Dt.) und anord. *kippa* 'reißen, rücken' zusammen und stellen diese mit air. *scibiud* 'rücken', lett. *šķeberēt* 'wanken, taumeln' zur Wurzel ie. **gei-* 'drehen, biegen'. Oder man sieht, da die genannten verwandtschaftlichen Beziehungen problematisch sind, in dem Verb eine lautnachahmende Bildung. Auch Ableitung von md. nd. Kippe f. 'Spitze, Kante' (hd. *Kipfe*), vgl. nd. (mundartlich) *kippen* 'die Spitze abschneiden, abhauen', wird erwogen, ohne daß damit eine etymologische Zuordnung gegeben ist. Nd. md. *Kippe* wird literatursprachlich in den Wendungen *auf der Kippe stehen*, *auf die Kippe stellen* 'so stehen oder stellen, daß das Gleichgewicht gefährdet ist' (18. Jh.) und in der Turnersprache 'Aufschwung in den Stütz'; hierher wohl auch *Kippe* für 'Endstück einer Zigarette, Zigarettenstummel' (um 1920). ¹Kipper m. 'Münzverschlechterer' (17. Jh.), bes. in der Fügung *Kipper und Wipper* (17. Jh.); vgl. *Kippe* 'Goldwaage, waageartige Vorrichtung für Münzen' (17. Jh.), *kippen* 'Gold wiegen', *wippen* 'mit der Waage (*Wippe*) auswägen' (15. Jh.). In der verstärkenden Doppelung vielleicht 'wer schwere, vollwichtige Münzen auswägt, aussondert, um sie in leichtere umzuschmelzen'. Oder 'wer beschnittene und daher nicht vollwichtige Münzen mit Schwung in die Waagschale wirft, damit diese schnell nach unten gedrückt wird und das volle Gewicht zu erbringen scheint'? Später wird *kippen* (im Anschluß an die oben genannte Bedeutung) jedenfalls im Sinne von '(den Münzrand) abzwacken' und *Kipper* als 'Münzbeschneider' verstanden. ²Kipper m. 'Transportfahrzeug mit kippbarem Laderaum' (20. Jh.). kipp(e)lig Adj. 'leicht umstürzbar, nicht fest stehend' (19. Jh.); vgl. kippeln Vb. 'hin und her wackeln' (19. Jh.), Iterativbildung zu *kippen*.

Kirche f. 'christliches Gotteshaus, Gemeinschaft gläubiger Christen gleichen Bekenntnisses', ahd. *kirihha* (8. Jh.), mhd. *kirche*, asächs. *kerika*, *kirica*, mnd. mnl. *kerke*, *karke*, nl. *kerk*, aengl. *cir(i)ce*, *cyr(i)ce*, engl. *church* ist entlehnt aus spätgriech. *kȳrikón* (*κυρικόν*) 'Gotteshaus' (4. Jh.), einer Vulgärform von griech. *kȳriakón* (*κυριακόν*), Neutr. Sing. zu *kȳriakós* (*κυριακός*) Adj. 'dem Herrn gehörig', abgeleitet von *kȳ́rios* (*κύριος*) 'Herr, Herrscher', auch Bezeichnung Gottes bzw. Christi. Daß das Gotische griech. *kȳrikón* den übrigen germ. Sprachen vermittelt habe, ist wenig wahrscheinlich, statt dessen ist Aufnahme des Wortes im griech.-lat. geprägten Christentum der römischen Kolonialstädte (z. B. Metz, Trier, Köln) im Rahmen der Bautätigkeit der konstantinischen Epoche anzunehmen. Das in den germ. Sprachen geltende feminine Genus mag unter dem Einfluß von lat. *basilica* entstanden sein. Bereits ahd. *kirihha* bezeichnet (wie kirchenlat. *ecclēsia*) sowohl das 'Gotteshaus' und die dort 'versammelte Gemeinde' als auch die 'geistige Kirche'. Vgl. Masser Bez. f. d. christl. Gotteshaus (1966) 17ff. – kirchlich Adj., ahd. *kir(i)hlīh* (9. Jh.), mhd. *kirchlich*. Kirchner m. 'Kirchendiener, Küster', mhd. *kirchenære*, *kirchener* 'Küster, Mesner', mnd. *kerkenēre*. Kirchenlicht n., heute nur in der Wendung *kein großes Kirchenlicht* ('kein kluger Mensch') *sein*, im 16. Jh. nach kirchenlat. *lūmen ecclēsiae* gebildet, einer ehrenden Charakterisierung für den Kirchenlehrer Augustinus, entsprechend *Kirchenlichter* (Mathesius 1570) für Luther und die Wittenberger Theologen, spöttisch bereits 1517 in lat. *lux theologorum* (Dunkelmännerbriefe); der dt. Ausdruck dürfte von Anfang an wenn nicht ironisch gebraucht, so doch mit diesem Nebensinn empfunden worden sein. Kirchenmaus f., meist *arm wie eine Kirchenmaus* 'sehr arm', eigentl. 'wie eine Maus, die in einer Kirche lebt, wo es keine Vorräte gibt' (18. Jh.). Kirchenvater m., meist Plur., 'Verfasser bedeutender theologischer Schriften in der Frühzeit der christlichen Kirche' (17. Jh.), nach kirchenlat. *pater ecclēsiae*. Kirchhof m. 'eingefriedeter Raum um eine Kirche, Begräbnisplatz', mhd. *kirchhof*, mnd. *kerkhof*. Kirchspiel n. 'Pfarrbezirk', ahd. *kirihspil* (Hs. 13. Jh.), mhd. *kirchspil*, *-spel* 'Bezirk, in dem ein Pfarrer predigen und amtieren darf, Gesamtheit der Pfarrkinder, Gemeinde', mnd. *ker(k)spel*; eigentl. 'Bezirk der Kirchenpredigt', zu mhd. *spel* n. '(dichterische) Erzählung, Erdichtung, Sage, Gerede, Gegenstand des Geredes' (s. *Beispiel*). Kirchtag m. 'Tag bzw. Jahrestag der Kirchweihe', mhd. *kirchtac* 'Kirchweihfest, Jahrmarkt'. Kirchweih f. 'Kirchweihfest, Jahrmarkt, Jahrmarktsgeschenk', mhd. *kirchwīhe*, vgl. formal entsprechendes ahd. *kirihwīhī* (9. Jh.); zur Bedeutungsentwicklung s. *Kirmes*.

Kirmes f. 'Kirchweihfest'. Der bes. im Md. seit dem 15. Jh. auftretende Ausdruck beruht auf mhd. *kirmesse*, mnd. *kermisse*, einer Verkürzung von Zusammensetzungen, die etwa mit nhd. **Kirchmesse*, **Kirchweihmesse* verdeutlicht werden können. Die Bedeutungsentwicklung verläuft von 'Messe zur Kirchweihe' über 'Gedächtnisfest am Jahrestag der Kirchweihe' bis zu 'Volksfest, Jahrmarkt' am Gedächtnistag der Weihe.

kirre Adj. 'gefügig, zahm', vorwiegend *kirre machen, werden*, mhd. *kürre*, (md.) *kurre, kirre* 'zahm, mild', mnd. *quere*, anord. *kyrr, kvirr* 'ruhig, friedlich', got. *qaírrus* 'freundlich, sanftmütig'. Herkunft ungewiß. Wenn die Bedeutung 'zahm, mild' aus 'matt, beschwert, niedergedrückt' erklärbar ist, lassen sich die germ. Formen verbinden mit lit. *gùrti* 'zerfallen, zerfließen, schwach werden', lett. *gurt* 'matt, schwach werden', lit. *gurlùs*, lett. *gurls* 'müde, matt, schwach' und griech. *barýs* (βαρύσ), lat. *gravis* 'schwer', auch 'niederdrückend, beschwert', weiter mit aind. *gurúḥ* 'schwer' sowie got. *kaúrus* 'lästig, schwer', *kaúrjan* 'drücken, belästigen'. Auszugehen ist von der Wurzel ie. *$g^{u}er(ə)$-* 'schwer' bzw. für die oben genannte Wortgruppe um *kirre* von einer Suffixbildung ie. *$g^{u}erəro$-*. Diese hält Knobloch in: Hist. Sprachforsch. 103 (1990) 286 ff. jedoch mit einer Bedeutung 'vom (Ochsen)stachel gezwungen' für eine Ableitung von ie. *$g^{u}eru$-* 'Stange, Spieß' (wozu awest. *grava-* 'Stock', air. *bi(u)r* 'Speer, Spieß', lat. *verū* 'Spieß', got. *qaíru* 'Stachel'); *kirre* 'zahm' (*kirre machen* bei Taubenzüchtern auch 'beruhigen, locken') würde damit (im Hinblick auf 'Ochsenstachel') einem Wort aus dem Bereich der Tierhaltung zugeordnet. – k i r r e n Vb. 'zähmen' (16. Jh.), in der Jägersprache 'lokken, ködern' (18. Jh.).

Kirsche f. Die Bezeichnung für die rote, saftige Steinfrucht (Süßkirsche) ahd. *kirsa* (11. Jh.), mhd. *kerse, kirse*, asächs. *kirs-*, mnd. mnl. *kerse*, nl. *kers*, aengl. *ciris-* wird schon früh mit dem Obstanbau von den Römern ins Westgerm. übernommen. Der Name ist eine Entlehnung aus vlat. *ceresia* oder auch (in Glossen belegtem) *ceresea*, dem zum Femininum gewordenen Plural des Neutrums spätlat. *cereseum*, älter *cerasium, cerasum* 'Kirsche'. Die lat. Bezeichnungen der Kirsche wie des Kirschbaums (lat. *cerasus*) sind ihrerseits Entlehnungen von griech. *kérasos* (κέρασος) 'Kirschbaum' (Akzent umstritten), *kerásion* (κεράσιον) 'Kirsche'. Das griech. Wort ist wohl kleinasiatischer (vielleicht thrakisch-phrygischer) Herkunft. – K i r s c h b a u m m., ahd. *kirsboum* (11. Jh.), mhd. *kers(e)boum*, asächs. *kirsbōm*, aengl. *cirisbēam*. Früher bezeugt ist im Ahd. alem. *kries(i)boum* (9./10. Jh.), zu ahd. (alem.) *kriesa* 'Kirsche' (Hs. 12. Jh.), das über eine Zwischenform **krēs-* auf die oben genannten vlat. Formen zurückgeht. K i r s c h g e i s t m. (18. Jh.), K i r s c h w a s s e r n. (18. Jh.), älter *Kirschenwasser* (16. Jh.) 'aus Kirschen gebrannter Schnaps', verkürzt *Kirsch* m. (19. Jh.).

Kissen m. 'weiches Polster, Stoffhülle mit Federfüllung', ahd. *kussīn* (9./10. Jh.), mhd. *küssen, küssīn, küsse*, nhd. *Küssen* und (vom 18. Jh. an überwiegend) entrundetes *Kissen* ist entlehnt aus afrz. *co(u)ssin, cussin* (frz. *coussin*) 'Kissen, Polster', Nebenform von afrz. *coissin*, das auf galloroman. **coxīnus* beruht, der Bezeichnung für die im Mittelalter auf ungepolsterten Stühlen und Bänken verwendeten Sitzunterlagen, abgeleitet von lat. *coxa* 'Oberschenkel, Hüfte'. Das Suffix *-īnus* ist wohl von lat. *pulvīnus* 'Polster, Kissen' übernommen.

Kiste f. 'rechtwinkliger Behälter aus Holz', ahd. *kista* (11./12. Jh.), mhd. *kiste* 'Kasten, bes. zur Aufbewahrung der Kleider', auch 'Sarg', mnd. mnl. *kiste*, nl. *kist* 'Koffer, Kasten, Sarg', aengl. *cest, cist*, engl. *chest* 'Kiste, Lade', auch 'Brust(kasten)', anord. schwed. *kista* beruhen (wie die im Dt. bis heute gültige Übernahme der *k*-Aussprache des lat. *c* zeigt) auf früher Entlehnung (vor Ende 3. Jh.) im Rahmen germ.-röm. Handelsbeziehungen von lat. *cista* 'Kiste, Kasten', das seinerseits aus griech. *kístē* (κίστη) 'Korb, Kiste' stammt.

Kitsch m. 'sentimentale Scheinkunst, Schund', seit dem letzten Viertel des 19. Jhs. bekannt, zuerst Bezeichnung für eine süßliche Richtung unrealistischer Malerei. Die Etymologie ist unklar. Versucht wird Herleitung von engl. *sketch* 'Skizze, flüchtige Malerei' (s. *Sketch*). Möglicherweise ist *Kitsch* jedoch eher eine Rückbildung zum mundartlich bezeugten Verb *kitschen* 'Straßenschlamm zusammenscharren, schmieren' (vgl. auch mundartliches *ketsch* 'zu weich gekocht, morastig'), das wie *klatschen* und *klitschen* (s. d.) lautnachahmenden Ursprungs sein dürfte, wobei der Zischlaut affektische Ablehnung symbolisiert. – k i t s c h i g Adj. 'süßlich-sentimental, geschmacklos, von pseudokünstlerischem Wert' (20. Jh.).

Kitt m. 'Klebe- und Abdichtungsmasse', ahd. *kuti* (Hs. 12. Jh.), mhd. *küte*, *küt* und die Entsprechungen aengl. *cwidu*, *cudu*, *cwudu*, anord. (dehnstufig) *kvāða*, schwed. *kåda* 'Baumharz' führen mit aind. *játu* 'Lack, Gummi', lat. *bitūmen* 'Erdpech, Erdharz' (wohl auf Entlehnung aus dem Osk.-Umbr. oder aus dem Kelt. beruhend, s. *Beton*), mir. *be(i)the* 'Buchsbaumholz', kymr. *bedw* 'Birke' auf ie. **gᵘet-* 'Harz'. Im 18. Jh. setzt sich die entrundete Form *Kitt* durch. – k i t t e n Vb. 'mit Kitt kleben, abdichten' (17. Jh.), älter *kütten* (16. Jh.).

Kittchen n. 'Gefängnis' ist als Wort der Gaunersprache (19. Jh.) wohl Deminutivum zu rotw. *Kitte(e)* 'Haus, Herberge, Gefängnis' (18. Jh.), *Kütte* 'Haus' (17. Jh.) und verwandt mit nd. *Kūte* 'Loch, Grube', md. *Kaute* oder mit mnd. *kōte*, *kotte*, *kāte* 'Hütte, kleines Haus, bescheidene Wohnung', s. *Kate*. Auch mit Einfluß von mhd. *kīche* 'Asthma, Keuchhusten, Ort, der einem den Atem hemmt, Gefängnis', zu mhd. *kīchen* (s. *keuchen*), ist zu rechnen.

Kittel m. 'hemdartiges Oberbekleidungsstück, Arbeitsmantel, Schürze', mhd. *kitel*, *kittel* 'leichtes Oberhemd für Männer und Frauen', mnd. *kēdel*, *keddel*, mnl. *keel*, *kidel*, *kēdel* 'weites, kurzes Oberkleid', nl. *kiel* wird weitgehend als Ableitung von einem aus arab. *quṭun* 'Baumwolle' (s. *Kattun*) entlehnten Wort aufgefaßt. Dagegen glaubt DE VRIES Nl. 317 eine Verbindung zu nl. (älter) *kiele* 'Schürze, oberer Teil der Hose' herstellen zu können, das er mit dem unter *Keil* (s. d.) behandelten Substantiv zusammenstellt, also über germ. **kiðla-* bzw. **kiþla-* auf die Wurzel ie. **ĝēi-*, **ĝī-* 'keimen, sich spalten, aufblühen' zurückführen möchte. Dabei ist eine Bedeutungsentwicklung von 'keilförmiger Hoseneinsatz' über 'Oberteil der Hose' zu 'Schürze, Kittel' vorauszusetzen. Beide Herleitungsversuche sind unsicher. Die bis ins 18. Jh. übliche Schreibung *Küttel* ist wohl als volksetymologisches Deminutivum unter Anlehnung an *Kutte* aufzufassen.

Kitz n. 'Junges von Ziege, Reh, Gemse und Steinwild', ahd. *kizzī(n)* (9. Jh.), mhd. *kiz*, *kitze* führt auf germ. **kittīna-* mit dem für Bezeichnungen von Tierjungen charakteristischen Suffix *-īna-* (s. *Füllen*, *Küken*, *Schwein*, *Zicke*), während anord. *kið* 'Zicklein', schwed. *kid* und aus dem Nord. entlehntes engl. *kid* 'Zicklein, Kind' (s. *kidnappen*) germ. **kiðja-* voraussetzen. Wahrscheinlich ist als Grundlage dieser Formen der Warnruf der Tiere bzw. ein Lock- oder Scheuchruf anzunehmen.

kitzeln Vb. 'durch Berühren und Streicheln der Haut Juckreiz und Lachen erzeugen', ahd. *kizzilōn* (8. Jh.), *kuzzilōn* (nur obd. 10. Jh.), mhd. *kitzeln*, *kützeln*, asächs. *kitilon*, mnd. *kettelen*, mnl. nl. *kittelen*, engl. (mundartlich) *to kittle*, anord. *kitla*, schwed. *kittla* ist wohl als eine laut- und bewegungsnachahmende affektische Bildung des Germ. anzusehen. – K i t z e l m. 'dem Juckreiz ähnliche Reizempfindung', übertragen 'Erregung, Spannung' (15. Jh.), in älterer Zeit auch *Kützel*; vgl. ahd. *kuzzil* (10. Jh.). k i t z (e) l i g Adj. 'bei streichelnder Berührung der Haut leicht zu Juckreiz und Lachen geneigt, empfindlich, heikel, spannend, nervenerregend' (15. Jh.). K i t z l e r m. Schwellkörper des weiblichen Geschlechtsorgans, der bei Berührung sexuelle Erregung auslöst, 'Klitoris' (18. Jh.).

klabastern Vb. 'poltern, schwerfällig gehen, trampeln', auch 'schlagen, prügeln' und 'schmieren, klecksen', verbreitetes Mundartwort, in hd. Texten seit dem 18. Jh. nachgewiesen. Etymologie ungeklärt. Entlehnung aus ital. *calpestare* 'mit Füßen treten' (lat. *calce pīstāre* 'mit der Ferse stampfen') wird vermutet. Besser ist wohl (angesichts des Formenreichtums in den Mundarten) in dem Verb eine intensivierende Streckform zu lautnachahmenden Bildungen wie *klappen* (s. d.), nd. *klabbern* 'in Schmierigem hantieren', westfäl. *klēstern* 'im Schlamm stapfen' u. dgl. zu sehen.

Klabautermann m. im Aberglauben der Seeleute ein Schutzgeist, der an schadhafte Stellen der Schiffswände klopft und den Schiffszimmermann damit zu Ausbesserungsarbeiten auffordert; dann auch ein unglückverheißender Schiffskobold, der den Untergang anzeigt. Der Name ist seit der 1. Hälfte des 19. Jhs. belegt (*Klabotermann* 1826, *Klabautermann* 1828) und wahrscheinlich aus der nd. Bezeichnung für den Schiffszimmermann *Kalfater*, *Klafater* (s. *kalfatern*) hervorgegangen.

Kladde f. 'Buch für vorläufige Eintragungen, (Schmier)heft', wohl gekürzt aus *Kladdebuch* und wie dieses seit dem 17. Jh. in der Literatursprache. Neben nd. (mundartlich) *Kladde* 'Schmutzfleck, Klebendes', mnl. *kladde*, nl. *klad* 'Fleck, Schmutz' und dem Verb mnd. *kladderen* 'herumschmieren, beschmieren, nachlässig, unvollkommen arbeiten' stehen als Verwandte nd. K l a t e r m. 'an-, festhaftender Schmutz', k l a t (t e) - r i g Adj. 'schmutzig' und k l a t (t) e r e n Vb. 'kleben, klettern (und sich dabei festhalten)', die in der nordd. Umgangssprache allgemein üblich sind. Alles wohl lautmalende Bildungen, die freilich auch als Expressivformen zur Dentalerweiterung ie. **gelt-* der Wurzel ie. **gel-* '(sich) ballen, Gerundetes, Kugeliges', wozu auch *kleben*, *klimmen*, *Klette*, *klettern* und wohl auch *klittern* (s. d.) gestellt werden können.

Kladderadatsch m. 'Geklirr', übertragen 'Zusammenbruch, Chaos, Skandal, Aufregung', auch Name einer 1848 in Berlin begründeten politisch-satirischen Wochenschrift, Substantivierung der im Nordd. gebräuchlichen Interjektion *kladderadatsch*, erweitert aus *klatsch* (s. *klatschen*) und *kladatsch*, die lautmalend ein krachendes, klirrendes Geräusch wiederzugeben sucht.

klaffen Vb. '(einen Spalt) offenstehen', ahd. *klaffōn* 'schallen, tönen, klatschen' (9. Jh.), mhd. *klaffen* 'schallen, tönen, klappern, schwatzen, viel und laut reden, sich öffnen', asächs. *klapen* 'klappern', mnd. mnl. *klappen* 'klatschen, schallen, schwatzen', aengl. *clappian*, engl. *to clap* 'schlagen, klatschen', anord. *klappa* 'schlagen, pochen, klopfen, streicheln', schwed. *klappa* ist (wie ähnlich gebildetes *klopfen*, s. d.) ein lautnachahmendes Verb, für das ein Schallwort germ. **klap-* bzw. (mit expressiver Gemination) **klapp-* angesetzt werden kann. Vgl. dazu mhd. *klaf*, *klapf* 'Knall, Krach', anord. *klapp* n. 'Klatsch, Schlag' sowie ahd. *anaklaph* '(lärmender) Vorstoß, Ansturm, Zusammenrottung und Geschrei' (10. Jh.). Als Ausgangsbedeutung der Verben ist '*klapp* machen, schallen, tönen' anzusetzen, woraus im Dt. (seit dem 16. Jh.) 'sich mit tönendem Knall plötzlich auftun, bersten', dann weiter 'einen Zwischenraum, eine große Spalte bilden, offenstehen'. Die alte Bedeutung 'schallen, klatschen' wird daraufhin von *klappen* (s. d.) weitergeführt.

kläffen Vb. 'bellen, schrill reden, schimpfen', seit dem 18. Jh. übliche, wohl lautmalend umgelautete Form von *klaffen* (s. d.); vgl. schon frühnhd. *kleffen* 'schwatzen' (16. Jh.). – K l ä f f e r m. 'hell und anhaltend bellender (kleiner) Hund' (18. Jh.); vgl. ahd. *klaffere* (Hs. 13. Jh.), mhd. *klaffære*, *kleffære* 'Schwätzer'.

Klafter m. n. altes Längen- und Raummaß, ahd. *klāftra* 'Maß der ausgespannten Arme, Längen- und Geviertmaß' (9. Jh.), mhd. *klāfter*, mnd. *klachter* werden zu Verben der Bedeutung 'mit den Armen umspannen' gestellt, aengl. *clyppan*, engl. *to clip*, afries. *kleppa* 'umarmen'. Vergleicht man schweiz. *Chlupfel* 'Arm voll Heu, Bündel', lat. *globus* 'Kugel, Haufen, Klumpen', lit. *glébti* 'mit den Armen umfassen', poln. *głobić* 'drücken, zusammenfügen', so lassen sich die genannten Formen auf ie. **glēb(h)-*, **gleb(h)-* 'zusammenballen' und darüber hinaus auf die Wurzel ie. **gel-* '(sich) ballen, Gerundetes, Kugeliges' zurückführen.

Klage f. 'Äußerung von Schmerz oder Trauer, Jammer, vor Gericht erhobener Anspruch'. Das im Germ. nur durch ahd. *klaga* (9. Jh.), mhd. *klage* 'Wehgeschrei, Totenklage, Not, Leid, Gerichtsklage', asächs. *klaga*, mnd. *klāge*, mnl. *clāghe* vertretene Substantiv läßt sich mit aind. *gárhati* 'schmäht, beschuldigt, tadelt', *garhā* 'Tadel, Vorwurf', pers. *gila* 'Klage' und mir. *glām* 'Geschrei, Fluch' vergleichen und auf ie. **galgh-*, **glagh-* 'klagen, schelten' zurückführen, wohl eine Erweiterung der Schallwurzel ie. **gal-* 'rufen, schreien'. Die Rechtsbedeutung von *Klage* geht auf den Brauch zurück, beim Bemerken eines Verbrechers lautes Hilfegeschrei zu erheben und ihn mit Schreien vor Gericht zu ziehen. – Vom Substantiv abgeleitet k l a g e n Vb. 'Schmerz oder Trauer ausdrücken, jammern, vor Gericht einen Anspruch erheben, tadeln', ahd. *klagōn* (9. Jh.), mhd. *klagen* 'Schmerz, Leid oder Weh ausdrücken, betrauern, sich beklagen, gerichtliche Klage erheben', asächs. *klagon*, mnd. *klāgen*, mnl. *clāghen*, nl. *klagen*. K l ä g e r m. 'wer vor Gericht Klage erhebt', ahd. *klagāri* (Hs. 12. Jh., doch *klagāra* f. bereits 9. Jh.), mhd. *klager*, *kleger* 'Klagender, Trauernder, Ankläger bei Gericht'. a n k l a g e n Vb. 'für etw. verantwortlich machen, jmdn. beschuldigen (bes. vor Gericht)', mhd. *aneklagen*; A n k l a g e f. 'Beschuldigung (bes. vor Gericht)', mhd. *aneklage*; a n k l ä g e r i s c h

Adj. 'beschuldigend (vor Gericht)' (18. Jh.); Angeklagter m. 'vor Gericht eines Verbrechens oder Vergehens Beschuldigter' (15. Jh.), substantiviertes Part. Prät. zu *anklagen*. beklagen Vb. 'bedauern, betrauern', ahd. *biklagōn* (9. Jh.), mhd. *beklagen* 'über oder gegen etw., jmdn. klagen'; Beklagter m. 'wer gerichtlich verklagt wird' (15. Jh.), substantiviertes Part. Prät. zu *beklagen*. verklagen Vb. 'gegen jmdn. gerichtlich Klage erheben', ahd. *firklagōn* 'beweinen, beklagen' (11. Jh.), mhd. *verklagen* 'mit Klagen hinbringen, aufhören zu beklagen, verschmerzen, sich durch Klagen abhärmen, anschuldigen'. kläglich Adj. 'erbärmlich, bedauernswert', ahd. *klagalīh* (10. Jh.), mhd. *klage-*, *klegelich* 'klagend, beklagenswert'.

Klamauk m. 'Geschrei, Lärm, Ulk', zuerst im 18. Jh., geläufig (von Berlin ausgehend) im 20. Jh. Sicherlich lautnachahmenden Ursprungs. Aus einer Interjektion stammend (s. *Kladderadatsch*)? Aus der Studentensprache, die es mit Endbetonung fremdsprachlichen Wörtern anähneln will? S. auch *Radau*.

Klamm f. 'enge Schlucht, Felsenge (mit Wildwasser)', auch *Klamme*, ein obd. Ausdruck, der wohl ahd. *klam* m., *klamma* f. 'Klemme' (11. Jh.), mhd. *klam(m)* m., *klamme* f. 'Krampf, Beklemmung, Klammer, Bergspalte, Schlucht' fortsetzt. Das Substantiv gehört wie *klamm* Adj. (obd. 'eng'), *klemmen*, *Klammer*, *beklommen* (s. d.) zu der unter *klimmen* (s. d.) dargestellten nasalierten Wurzelerweiterung ie. **glem-*.

klamm Adj. 'feucht, feuchtkalt, vor Kälte erstarrt', mhd. *klam* 'eng, dicht, gediegen, massiv' (in dieser Bedeutung noch obd.), mnd. *klam* 'eng, fest zusammenhaltend, vor Kälte erstarrt', mnl. *clam*, nl. *klam* 'feucht, klebrig', engl. *clammy* 'feuchtkalt, klebrig, zäh' führen mit den unter *klemmen* und *klimmen* (s. d.) behandelten Verben und vielleicht auch mit griech. *glámōn* (γλάμων) 'triefäugig', lit. *glẽmės* 'zäher Schleim' auf ie. **glem-*, eine Nasalerweiterung der Wurzel ie. **gel-* '(sich) ballen, Gerundetes, Kugeliges'. Die Ausgangsbedeutung 'fest zusammengedrückt' führt zu 'klebrig, zäh' (vor Feuchtigkeit) oder zu 'erstarrt' (vor Kälte).

Klammer f. 'Instrument zum Zusammenhalten, Schriftzeichen, mathematisches Zeichen', mhd. *klamere*, *klam(m)er*, mnd. *klāmer*, *klammer*, anord. *klǫmbr* 'Klammer, Klemme, Schraubstock', norw. *klomber* 'Klemme, Felsschlucht' gehen mit den Verben mhd. *klamben* 'fest zusammenfügen, verklammern', anord. *klembra* 'klemmen, drükken', engl. *to clamber* 'klimmen, mühsam klettern' auf ie. **glembh-*, eine nasalierte Labialerweiterung der Wurzel ie. **gel-* '(sich) ballen, Gerundetes, Kugeliges' zurück (Weiteres s. *klimmen*). – klammern Vb. 'mit einer Klammer zusammenfügen' (16. Jh.). einklammern Vb. 'in Klammern einschließen' (17. Jh.). ausklammern Vb. 'aus einer Klammer herausnehmen, beiseite lassen' (19. Jh., geläufig erst 20. Jh.).

klammheimlich Adj. 'ganz heimlich, unauffällig, unbemerkt' (19. Jh.), offenbar eine tautologisch verstärkende Bildung der Studenten- oder Schülersprache aus lat. *clam* 'verhohlen, heimlich, insgeheim' und *heimlich* (s. d.).

Klamotte f. 'zerbrochener Ziegelstein, alter Kram, veraltetes bzw. auf grober Komik beruhendes Theaterstück' breitet sich in der 1. Hälfte des 20. Jhs. von Berlin her aus; häufig ist der Plur. Klamotten 'alte Kleider, ärmliche Möbel'. Die Herkunft des Wortes, das der Berliner Gaunersprache (um 1900) entstammt, ist nicht bekannt. Verbindungen zu tschech. (älter) *klamol* 'Bruchstück', zu *Schamott* (s. d.), zu rotw. *Klabot* 'Kleidung' oder zu jidd. *k'le umonos* 'Handwerksgerät' sind ungesichert.

Klampfe f. 'Zither' (obd.), danach auch (durch die Wandervogelbewegung allgemein verbreitet) 'Gitarre' (19. Jh.). Lautmalendes Wort, dem die ebenfalls lautmalenden Verben wie *klampfern*, *klampern* 'ein metallisches Geräusch verursachen', auch *klimpern* (s. d.), *klempen* (mundartlich) 'läuten', *klempern* 'klingen, klimpern' nahe stehen. Fernzuhalten sind hier (als Nebenformen von *Klammer*, s. d.) nordd. *Klampe*, obd. *Klampfe* 'Klammer, Haken, Öse'.

klamüsern Vb. 'grübeln, in der Stube hokken', älter *kalmäusern* (16. Jh.). Zugrunde liegt *Kalmüser*, *Klamüser* 'Sinnierer, Grübler, spitzfindiger Geselle', das noch heute im Nd. gebräuchlich und seit dem 16. Jh. (auch obd.) in vielen Bedeutungsnuancen belegt ist ('Schmarotzer, Geizhals, armer Schlucker, Knauser, Schulmeister, weltfremder Stubengelehrter'). Man kann ausgehen von rotw.

Kammesierer 'gelehrter Bettler', zu jidd. *komaz* 'nehmen (mit voller Hand)', *kamzon* 'Geizhals', das wohl von lat. *calamus* 'Rohr, Schreibrohr, Feder' beeinflußt wird, so daß *Kalmäuser*, *Klamäuser*, *Kalmüser* oder *Klamüser* als der 'unfruchtbare Gelehrte' zu verstehen ist. Das Verb ist vom Substantiv abgeleitet, vgl. noch heute nd. *kalmüsern* , *klamüsern* 'grübeln, umhersuchen', nhd. *ausklamüsern* 'austüfteln' (19. Jh.).

Klang m. 'Ton, Schall', ahd. *klang* (um 1000), mhd. *klanc* (Gen. *klanges*) 'Klang' (von Gesang, Stimme, Glocken, Musikinstrumenten, vom Rauschen des Wassers), mnd. *klanc*, ablautendes Abstraktum zu dem unter *klingen* (s. d.) behandelten Verb. – klanglich Adj. (19. Jh.).

klappen Vb. 'schallen, klatschen, einen kurzen, leichten Knall von sich geben, mit einem Knall zusammenschlagen', übertragen 'gelingen'. Die lautmalende nd.-md. Form zu *klaffen* (s. d.) wird im 16. Jh. in der Literatursprache üblich und übernimmt dessen alte, aufgegebene Bedeutung. Vgl. *auf-*, *zu-*, *umklappen* 'hörbar öffnen, schließen, wenden'. Aus den Vorstellungen des gleichzeitigen Zusammenschlagens, -klingens, -treffens, des hörbaren (mit *klapp*) Einrastens von Werkstücken sowie des (mit *klapp*) Auftreffens auf ein Ziel entwickelt sich (beginnend im 16. Jh.) die übertragene Bedeutung 'passen, gut ablaufen, gelingen, glücken'. S. auch *klappern*. – Klappe f. 'Verschluß', eigentl. 'Vorrichtung, die mit leichtem Geräusch zusammenschlägt bzw. auf etw. auftrifft' (17. Jh.), dann 'Gegenstand, der etw. öffnet, schließt oder verdeckt'; vgl. ahd. *klapfa* 'Riemenpeitsche' (Hs. 12. Jh.). Fliegenklappe f. (18. Jh.). Scheuklappen Plur. 'seitlich der Augen bei Pferden angebrachte Sichtblende', übertragen 'fehlendes Interesse für Realitäten und daher Befangensein in den eigenen Meinungen' (19. Jh.). Klapphut m. 'flach zusammendrückbarer Zylinder' (19. Jh.), Übersetzung von frz. *chapeau claque*.

klappern Vb. 'durch schnelles Aufeinanderschlagen von zwei festen Gegenständen Lärm hervorrufen', mhd. *klappern* 'klappern, schwatzen, klatschen', mnd. *klapperen*, Iterativbildung zu lautnachahmendem *klappen* (s. d.). – Klapper f. 'Gerät, das klappernde Geräusche erzeugt', mhd. *klapper(e)*. klapperig Adj. 'schwatzhaft' (15. Jh.), dann 'klappernd, alt, abgenutzt'. Klapperkasten m. 'altes Klavier' (19. Jh.), dann auch 'altes Fahrzeug' u. dgl. Klapperschlange f. Giftschlange mit einer Rassel (*Klapper*) am Schwanzende (1669), möglicherweise Übersetzung von engl. *rattlesnake* (1630). Klapperstorch m., md. und kindersprachliche Bezeichnung für den Storch (17. Jh.) nach dem mit dem Schnabel erzeugten klappernden Geräusch.

Klaps m. 'leichter Schlag mit der Hand', zunächst wohl eine durch *-s* verstärkte Bildung (18. Jh.) zum Schallwort *klapp* und danach substantiviert (vgl. *klack*, *Klacks* und *schnapp*, *Schnaps*); eine unmittelbare Ableitung von *klappen* (s. d.) ist unwahrscheinlich. In scherzhaft-abschätzigem Sinne steht *Klaps* für 'leichte Verrücktheit' (19. Jh.), offenbar nach der Vorstellung, daß ein Schlag auf den Kopf Ursache der Verwirrtheit sei; vgl. *einen Klaps haben* 'nicht ganz bei Verstande sein'. Dazu *Klapsmann* m. 'Dummkopf, alberner Mensch', *Klapskiste* f., *Klapsmühle* f. 'Nervenheilanstalt' (um 1900). – klapsen Vb. 'einen leichten Schlag geben', im 18. Jh. zum Substantiv gebildet. verklapsen Vb. 'zum besten halten, veralbern' (Anfang 20. Jh.).

klar Adj. 'durchsichtig, ungetrübt, hell, rein, deutlich, verständlich, nüchtern denkend, klug, selbstverständlich, natürlich', in der Seemanns- und Fliegersprache 'bereit, fertig' (*klar zum Gefecht*, *klar zur Landung*). Mhd. *klār* 'hell, lauter, rein, glänzend, schön, deutlich' breitet sich im 12. Jh. vom Niederrhein her aus und wird (unter Einfluß von gleichbed. afrz. *cler*) zum höfischen Modewort. Es ist aus lat. *clārus* 'laut, weithin schallend, hell, leuchtend, klar, deutlich, hervorstechend, berühmt, berüchtigt' entlehnt, das wie lat. *clāmāre* 'laut rufen, schreien, ausrufen, verkünden' zu lat. *calāre* 'ausrufen, zusammenrufen' gehört; die Ausgangsbedeutung 'laut, weithin schallend' entspricht der des verwandten Adjektivs *hell* (s. d.). – Klarheit f. 'Durchsichtigkeit, Helligkeit, Reinheit, Deutlichkeit, Verständlichkeit, Scharfsinn', mhd. *klārheit* 'Helligkeit, Reinheit, Heiterkeit, Glanz, Herrlichkeit, Deutlichkeit'. klären Vb. 'klar, durchsichtig machen, Mißverständnisse, Zweifel beseitigen, (refl.) von Mißverständnissen, Zweifeln frei werden', mhd. *klæren* 'klar machen, verklären, erklären, verkünden'; K l ä r u n g f. 'das Durchsichtigmachen, Beseitigung von Mißverständnissen, Zweifeln', mhd. *klærunge* 'Aufklärung, Schlichtung einer Sache'. e r k l ä r e n Vb. 'deutlich, verständlich machen, äußern, verbindlich aussprechen, bezeichnen', mhd. *erklæren* 'klar, hell, lauter, deutlich machen, klar werden'; E r k l ä r u n g f. 'Erläuterung, Auslegung, verbindliche Aussage' (15. Jh.). v e r k l ä r e n Vb. 'eine Sache schöner, besser, leuchtender erscheinen lassen, als sie wirklich ist, (refl.) einen beseligten, glücklichen Ausdruck bekommen', oft im Part. Prät. v e r k l ä r t 'selig entrückt, beseligt', mhd. *verklæren* 'erhellen, erklären, erläutern'. K l ä r a n l a g e f. 'Anlage zur Reinigung der Abwässer' (20. Jh.). K l a r t e x t m. 'nicht chiffrierter bzw. dechiffrierter Text' (20. Jh.). S. auch *aufklären, Aufklärung.*

Klarinette f. Das von dem Nürnberger J. Denner zwischen 1690 und 1720 aus einem alten frz. Rohrblasinstrument (*Chalumeau*) entwickelte Holzblasinstrument mit einfachem Rohrblattmundstück erhält (1. Hälfte 18. Jh.) die Bezeichnung ital. *clarinetto*, frz. *clarinette*, dt. *Clarinett* (Campe). Sie ist ein Deminutivum von ital. *clarino* 'hohe Solotrompete', eigentl. 'die hell Tönende', zu ital. (älter) *claro* (heute *chiaro*) 'hell, deutlich' (vgl. lat. *clārus* 'laut, hell, klar', s. *klar*), im Dt. als *Klarin* (*Clarin*) bekannt.

Klasse f. Gegen Ende des 16. Jhs. wird *Classe* (später *Klasse*) in der allgemeinen Bedeutung 'Abteilung, Gruppe mit gemeinsamen Merkmalen', auch 'Gruppe gleichaltriger Schüler' sowie der 'für diese bestimmte Raum' (vgl. *Klassenzimmer*) aus lat. *classis* 'militärisches Aufgebot, Heer, Flotte, Abteilung, Klasse von Schülern' entlehnt. Im 18. Jh. wird *Klasse* zu einem wissenschaftlichen Einteilungsbegriff 'Einheit mit gemeinsamen, sich von anderen unterscheidenden Merkmalen', bes. im biologischen System der Tiere und Pflanzen zwischen Stamm und Ordnung (*Klasse der Säugetiere*, *der Nadelhölzer*). Schließlich gilt *Klasse* als kategorialer Begriff auch auf verschiedenen anderen Gebieten, z. B. zur Gliederung einer Akademie (*Klasse für Mathematik*, *Medizin*), im Sport zur Einteilung der Sportler, Mannschaften nach Alter, Gewicht, Leistung (*Klasse der Junioren*, *Meister aller Klassen*), bei Motorfahrzeugen zur Einteilung nach der Stärke des Motors (*Klasse bis 1000 Kubikzentimeter*), bei Segelbooten nach der Bauart (*Klasse der Jachten*), bei öffentlichen Verkehrsmitteln zur Qualitätsangabe der Dienstleistung (*Abteil*, *Fahrkarte erster Klasse*), bei Auszeichnungen zur Bezeichnung der Rangstufe (*Schwarzer Adlerorden*, *Verdienstkreuz erster Klasse*). Aus derartigen Verwendungen entwickelt sich die Bedeutung 'Qualität' (*ein Künstler*, *Geiger erster Klasse* 'hervorragend', *Hotel dritter Klasse* 'weniger gut', *große Klasse* 'ganz ausgezeichnet'). Vor allem aber steht *Klasse* seit dem 18. Jh. unter Einfluß von frz. *classe* und engl. *class* für 'Menschengruppe innerhalb der Gesellschaft' (vgl. lat. *classis* 'Volksklasse' in der von Servius Tullius eingeführten Einteilung der römischen Bürger nach ihrem Besitz in sechs Klassen). Der Begriff wird von frz. Historikern und engl. Sozialökonomen aufgenommen, die die Existenz von Klassen in der bürgerlichen Gesellschaft aus ökonomischen Verhältnissen erklären. Er wird daraufhin zu einem zentralen Wort des Marxismus. Marx und Engels bestimmen *Klasse* als 'große Gruppe von Menschen, die sich von einer anderen bes. nach ihrem Verhältnis zu den Produktionsmitteln und dadurch auch in der Erlangung und dem Umfang des Anteils am gesellschaftlichen Reichtum unterscheidet' (s. *Arbeiterklasse*). Vgl. dazu K l a s s e n b e w u ß t s e i n n. 'Widerspiegelung der materiellen Existenzbedingungen, der Klassenunterschiede im Bewußtsein der Angehörigen einer bestimmten gesellschaftlichen Klasse' (Engels 1865); k l a s s e n b e w u ß t Adj. (Engels 1888). K l a s s e n g e s e l l s c h a f t f. 'aus antagonistischen Klassen bestehende Gesellschaftsformation auf der Grundlage des Privateigentums an den Produktionsmitteln und der politischen Macht in den Händen der besitzenden Klasse' (Engels 1878). K l a s s e n k a m p f m. 'offener oder versteckter Kampf zwischen den ausgebeuteten und den ausbeutenden Klassen' (Marx, Engels 1847). K l a s s e n s t a a t m. 'Staat, in dem eine bestimmte gesellschaftliche Klasse über andere Klassen die Herrschaft ausübt' (Marx 1877). – K l a s s e m e n t n. 'Einteilung, Ordnung', im Sport 'Rangliste, Reihenfolge', Übernahme (19. Jh.) von frz. *classement*. k l a s s i e r e n Vb. 'einteilen', im Bergbau ‘das Geförderte bei der Aufbereitung nach der Größe sortieren’ (19. Jh.), nach frz. *classer* ‘nach Klassen einteilen, ordnen’; dazu deklassieren Vb. ‘ ‘jmdn. aus einer Gesellschaftsklasse, -schicht in eine niedrigere verweisen, herabsetzen’, im Sport ‘einem Gegner um eine Klasse überlegen sein und ihn unerwartet hoch besiegen’ (19. Jh.), nach frz. *déclasser* ‘die Klasseneinteilung umstoßen, aus einer (Gesellschafts-, Rang)klasse streichen’; älter (vereinzelt 18. Jh.) refl. ‘eine gesellschaftliche Ordnung verlassen’. Klassifikation f. ‘Einteilung, Einordnung’ (18. Jh.), nach frz. *classification*; klassifizieren Vb. ‘nach Klassen oder anderen Merkmalen einteilen, ordnen’; Klassifizierung f. (beide 18. Jh.). -klassig in Zusammensetzungen wie *erstklassig* ‘ausgezeichnet’, *zweitklassig* ‘von geringerem Wert’ (20. Jh.).

klassisch Adj. ‘das griechische und römische Altertum betreffend, einen Höhepunkt künstlerischer, über die Zeiten gültiger Leistungen darstellend, nach dem Vorbild der Klassik strebend, vollendet, mustergültig’. Das Adjektiv wird unter Einfluß von frz. *classique* im 18. Jh. aus lat. *classicus* (zu lat. *classis*, s. *Klasse*) ‘der ersten Bürgerklasse angehörend’, übertragen (in der Fügung *classicus scrīptor*, s. unten) ‘mustergültig, erstrangig’ entlehnt; *klassisch* wird noch im selben Jh. in den oben angeführten Bedeutungen gebraucht, zu denen später ‘herkömmlich’ (*das klassische Weltbild*) und ‘typisch’ (*ein klassischer Fall*) hinzukommen. – Klassiker m. ‘Vertreter der Klassik, Künstler, Schriftsteller, Wissenschaftler, dessen Werke eine hervorragende, über die Zeiten gültige Leistung darstellen’ (18. Jh.), anfangs nur mit Bezug auf die antiken Schriftsteller, bes. im Hinblick auf deren vorbildlichen sprachlichen Stil; unter Einfluß von gleichbed. frz. *auteur*, *poète classique* nach lat. *classicus scrīptor* ‘Schriftsteller ersten Ranges’ gebildet. Im Anschluß daran Klassik f. ‘Epoche hervorragender künstlerischer, über die Zeiten gültiger Leistungen eines Volkes’ (19. Jh.). Klassizismus m. ‘Stilrichtung in verschiedenen künstlerischen Bereichen, die sich (häufig epigonenhaft) an die klassische griechische und römische Antike anlehnt’ (19. Jh.).

klatschen Vb. schallnachahmend für Geräusche, bes. beim Zusammenschlagen der flachen Hände oder beim Aufprall eines (flachen, feuchten) Körpers, ‘einen schallenden Laut von sich geben, durch Zusammenschlagen der Hände Beifall bekunden’. Dem seit dem 17. Jh. bezeugten Verb geht frühnhd. *klatzen*, später *klatzschen*, *glatschen* ‘schallen, schallend schlagen’ vorauf; ihm vergleichen sich nd. *klats(k)en* und nl. *kletsen*. Ebenfalls schallnachahmend steht *klatschen* im Sinne von ‘schwatzen, über Abwesende reden’ (17. Jh.), in der Schülersprache ‘ausplaudern, hinterbringen, petzen’. – Klatsch m. ‘schallendes Geräusch, Schlag’, auch ‘Geschwätz, Gerede über Abwesende, üble Nachrede’ (18. Jh.); dazu *Kaffeeklatsch* m. (2. Hälfte 19. Jh.), *klatschhaft* Adj. (17. Jh.), *Klatschmaul* n. (18. Jh.). Klatsche f. ‘flaches Gerät zum Schlagen, klatschhafte Person, Schwätzerin’ (17. Jh.), Fliegenklatsche f. (17. Jh.). Klatschmohn m. scharlachrot blühendes Unkraut in Getreidefeldern (19. Jh.), nach dem Geräusch, das entsteht, wenn die in einem gefalteten Blütenblatt befindliche Luft dieses beim Zerdrücken sprengt, älter *Glaczen* (15. Jh.), *Klatsche* (17. Jh.), *Klatschrose* (17. Jh.), *Klapperrose* (16. Jh.). Abklatsch m. ‘(unvollkommene) Nachbildung, Nachahmung’, in der Druckersprache ‘Rohabzug, Probeabdruck’ (18. Jh.), weil dieser ohne Presse nur durch Klatschen und Klopfen mit der Bürste hergestellt wird, auch *Bürstenabzug*.

klauben Vb. ‘mühsam und einzeln zusammensuchen, auflesen, von der Schale befreien’, (obd.) ‘pflücken, sammeln’, ahd. *klūbōn* (10. Jh.), mhd. *klūben*, *klouben* ‘pflükken, stückweise ab-, auflesen’, mnd. *klūven*, mnl. *clūven*, nl. *kluiven* stehen ablautend und gedehnt zu dem unter *klieben* (s. d.) behandelten starken Verb. *klauben* wird heute oft in Präfixbildungen wie *ab-*, *auf-*, *aus-*, *heraus-*, *herum-*, *zusammenklauben* näher bestimmt. – Klauberei f. ‘ins einzelne gehende Arbeit, mühsame Kleinarbeit’ (18. Jh.) und Klauber m. ‘wer klaubt’ (vgl. mhd. *würfelkloubære* ‘Würfelspieler’) sind heute vor allem in den Kompositionsbildungen Wortklauberei f. ‘kleinliche, engstirnige Auslegung eines Textes, übertriebenes Festhalten am Wortlaut’ (Mitte 18. Jh.) und Wortklauber m. vertreten.

Klaue f. ‘verhornte Zehe, Huf (der Paarhufer), Kralle (der Raubvögel)'. Auf germ. *klēw- beruhen ahd. *klāwa* (9. Jh.), mhd. *klā(we)*, mnd. *klā* 'Kralle, Pfote, Tatze, Hornteil des gespaltenen Tierfußes'; auf germ. *klauw- bzw. *klaw- führen mnd. *klauwe*, mnl. *clauw*, nl. *klauw*, aengl. *clēa* (engl. mundartlich *clee*), dazu als Neubildung aus den obliquen Kasus aengl. *clawu*, engl. *claw*; germ. *klōw- setzen ahd. *klōa* (um 800), anord. *klō*, schwed. *klo* voraus. Außergerm. vergleichen sich aind. *gláuḥ* 'Ballen, kropfartiger Auswuchs', griech. *gínglymos* (γίγγλυμος) 'Knochengelenk des Ellenbogens und Oberarms, Türangel', *glūtós* (γλουτός) 'Hinterbacke, Gesäß', wahrscheinlich auch air. *glūn* 'Knie' sowie lit. *gliaumaĩ* 'Schleim', (älter) *glaumas* 'was beim Schleifen an schleimiger Substanz vom Stein abgeht'. Daraus ist ie. *gleu- erschließbar, eine Weiterbildung der unter *Kolben* (s. d.) angeführten, vielfach erweiterten Wurzel ie. *gel- '(sich) ballen, Gerundetes, Kugeliges' (s. *Kloß*, *Klotz*, *Knäuel*), und *Klaue* ist danach als 'die sich Ballende, Zusammendrückende' zu verstehen. Für entsprechende Werkzeuge im Sinne von 'Greifer, Haken' steht *Klaue* seit dem 16. Jh., geringschätzig scherzhaft für 'Fingernagel, Finger, Hand' seit dem 17. Jh.; von daher übertragen 'schlechte Handschrift' (Mitte 19. Jh.). – Klauenseuche f. (18. Jh.), heute meist *Maul- und Klauenseuche*, durch Viren hervorgerufene Krankheit der Wiederkäuer mit Bläschenbildung an Maul, Klauen und Euter. klauen Vb. 'stehlen'. Auszugehen ist von der alten (heute noch in den Mundarten bewahrten) Bedeutung 'mit den Klauen fassen, packen, kratzen, krauen, krabbeln' in ahd. *klāwen*, *klouwen* (9. Jh.), mhd. *klöuwen*, mnd. *klouwen*, frühnhd. *kläuen*, *kleien*, mnl. *clouwen*, aengl. *clāwian*, anord. *klā*. Aus 'mit den Klauen packen, fassen' entwickelt sich mundartlich 'stehlen' (19. Jh., vielleicht älter).

Klause f. 'Klosterzelle, Behausung eines Einsiedlers', ahd. *klūsa* (8. Jh.), mhd. *klūs(e)* 'Kloster, Einsiedelei' ist aus mlat. *clusa* 'Einfriedung, eingehegtes Grundstück, Zelle' entlehnt, der substantivierten fem. Form des Part. Perf. von lat. *clūdere* (*clūsum*), der Nebenform (mit aus den Verbalkomposita übernommenem *ū*) von lat. *claudere* (*clausum*) '(ab-, ver)schließen'. Daneben steht gleichbed. mhd. *klōs(e)* aus mlat. *closa* (lat. *clausa*) 'Zelle'. – Klausner m. 'Einsiedler', ahd. *klōsināri* (Hs. 12. Jh.), mhd. *klōsenære*, *klūsenære*.

Klausel f. 'abschließender Zusatz in Verträgen, Zusatzbestimmung, Vorbehalt'. In der Kanzleisprache des 14. Jhs. erscheint *clausel* 'Schlußformel, zusätzliche Bestimmung' als Eindeutschung von lat. *clausula* 'Schluß(satz), Schluß-, Gesetzesformel', zu lat. *claudere* (*clausum*) '(ab-, ver)schließen' (s. *Klause*). Daneben bleibt die dem lat. Vorbild lautlich näherstehende Form *Klausul* bis ins 18. Jh. erhalten. – klausulieren Vb. 'in Klauseln fassen, durch Klauseln einschränken, sichern' (Anfang 17. Jh.), heute meist durch gleichbed. verklausulieren Vb. (Ende 18. Jh.) ersetzt.

Klausur f. 'Abgeschlossenheit, Einsamkeit, für Außenstehende gesperrter Gebäudeteil eines Klosters', spätmhd. *clausūre* 'Verschluß an Büchern', entlehnt aus spätlat. *clausūra* 'Verschluß, Kastell', mlat. auch 'Einschließung, geschlossener Raum, Zelle', zu lat. *claudere* (*clausum*) '(ab-, ver)schließen' (s. *Klause*). – Klausurarbeit f. 'in verschlossenem Zimmer oder unter Aufsicht abzufassende Prüfungsarbeit' (19. Jh.), oft verkürzt zu *Klausur*.

Klavier n. Musikinstrument, bei dem die Saiten durch mit Tasten verbundene Filzhämmerchen angeschlagen werden. Anfang des 16. Jhs. wird frz. *clavier* 'Tastenreihe, Tastenbrett' (zunächst der Orgel) übernommen und bezeichnet die 'Gesamtheit der Tasten', die 'Klaviatur'. In der 2. Hälfte des 17. Jhs. wird die Bezeichnung auf das ganze Instrument übertragen, die Bedeutung 'Tastatur' übernimmt Klaviatur f. (18. Jh.). In der allgemeinen Bedeutung 'Saiteninstrument mit Tastatur' kann *Klavier* bis Ende des 18. Jhs. sowohl für *Klavichord* (s. unten) wie für *Klavizimbel* (s. *Cembalo*) stehen; seit der 2. Hälfte des 18. Jhs. gilt es auch für *Pianoforte* bzw. *Fortepiano* (s. *Piano*) und wird in dieser Verwendung (also zur Bezeichnung des Hammerklaviers) im 19. Jh. alleinherrschend. Mfrz. frz. *clavier* stellt sich zu frz. *clef* 'Schlüssel, Taste', aus lat. *clāvis* 'Schlüssel, Riegel', mlat. 'Schlüssel zum Ventil der Orgelpfeife' und 'Taste'; wie andere Ableitungen bewahrt es das *a* der lat. Stammsilbe in vortoniger Stellung. – Klavichord n. Vorform des Klaviers (Saitenanschlag durch Metallplättchen). Nlat. *clavicordium*, eine Bildung zu lat. *clāvis* (s. oben) und lat. *chorda* 'Darmsaite' (s. *Kordel*), erscheint im 15. Jh. in dt. Texten, wird aber erst im 18. Jh. eingedeutscht.

kleben Vb. 'mit Klebstoff befestigen, haften machen, haften, festhängen, klebrig sein'. Das schwache Verb ahd. *klebēn* (9. Jh.; *anaklebēn*, 8. Jh.), mhd. *kleben* 'kleben, heften, festsitzen' ist wie anders gebildetes asächs. *klibon*, aengl. *cleofian*, *clifian*, engl. *to cleave*, mnl. *clēven*, nl. *kleven* eine Durativbildung zum starken Verb ahd. *klīban* (8. Jh.), mhd. *klīben* 'festsitzen, anhängen', asächs. *klīban* 'Wurzel fassen, haften', aengl. *clīfan* 'anhaften, kleben', anord. *klīfa* 'klettern'. Sie führen mit den slaw. Verwandten aslaw. *uglьběti* 'steckenbleiben, versinken', serbokr. *glîb* 'Kot' auf ie. **gleibh-*, **gleip-*, eine Labialerweiterung von ie. **glei-* 'kleben, schmieren', wozu auch unter *Kleid* (s. d.) dargestelltes *Klei* und griech. *glía* (γλία) 'Leim', *gloiós* (γλοιός) 'dickes Öl, Harz, klebrige Feuchtigkeit', lat. *glūten* 'Leim', lit. *gliẽti* 'bestreichen, beschmieren, verkleben', russ. (landschaftlich) *glej* (глей) 'Ton, Lehm' sowie das alte Nasalpräsens ahd. *klenan* 'kleben, schmieren' (9./10. Jh.), mhd. *klenen* gehören. Ie. **glei-* ist seinerseits eine der zahlreichen Erweiterungen der verbreiteten Wurzel ie. **gel-* '(sich) ballen, Gerundetes, Kugeliges' (s. *Klafter*, *Kleie*, *klamm*, *Klammer*, *klettern*, *klimmen*, *Kloß*, *Knäuel*, *Kolben*). Eine Kausativbildung zu ahd. *klīban*, mhd. *klīben* (s. oben) ist das heute nur noch im Obd. gebrauchte k l e i b e n Vb. 'kleben, kleistern, mit Lehm ausfüllen', ahd. mhd. *kleiben* 'anhaften, befestigen', eigentl. 'anhaften, kleben machen', wozu K l e i b e r m. zu den Spechtmeisen gehörender kleiner Klettervogel (16. Jh.); der Name läßt sich daraus erklären, daß der Vogel die Öffnung seines Nestes bis auf ein kleines Flugloch mit Lehm und Speichel verklebt; doch ist auch eine Anknüpfung an die intransitive Bedeutung 'festkleben, sich anklammern' (vgl. anord. *klīfa* 'klettern') denkbar, so daß *Kleiber* als 'Kletterer' gedeutet werden kann; vgl. obd. (mundartlich) *Kleiber* 'Lehmarbeiter, Maurer', mhd. *kleiber* 'wer eine Lehmwand macht, mit Lehm verstreicht'. – K l e b e r m. 'Klebstoff' (19. Jh.), speziell 'der bei der Stärkeherstellung aus Weizenmehl zurückbleibende klebrige Stoff', mhd. *kleber* 'Gummi, Baumharz, Schleim'. k l e b r i g Adj. 'klebend, zäh haftend, mit Klebstoff, Zähflüssigem, Feuchtem behaftet', mhd. *kleberic*, zu mhd. *kleber*, ahd. *klebar* 'klebrig, klebend'. K l e b s t o f f m. 'Paste oder zähe Flüssigkeit zum Kleben', auch *Kleb(e)mittel* (19. Jh.).

kleckern Vb. 'tropfenweise fallen, Kleckse, Flecke machen', übertragen 'langsam, mühsam vorwärtsgehen, vorankommen', Iterativbildung (17. Jh.) zu heute nur noch mundartlichem k l e c k e n Vb. '(von Flüssigkeiten) geräuschvoll fallen, Flecke machen, schmieren', übertragen 'gut vonstatten gehen, gut ausgehen, ausreichen', ahd. (9. Jh.), mhd. *klecken* 'platzen, krachen, bersten, (sich) spalten, klecksen, klatschen, schallend schlagen', übertragen 'ausreichen, genügen, wirksam sein'. Verwandt sind ahd. (11. Jh.), mhd. *klac* (Gen. *klackes*) 'Riß, Spalt, Knall, Krach, Klecks, Fleck', expressiv verstärktes K l a c k s m. 'kleiner Fleck, Geringfügigkeit' (18. Jh., doch wohl älter) sowie die Verben *klacken* 'platzen, klatschen, schlagen, Flecke machen' (17. Jh.), iterativ *klackern* (18. Jh.), engl. *to clack* 'klappern, rasseln', anord. *klaka* 'zwitschern, gackern', vielleicht auch griech. *glázein* (γλάζειν) 'einen Gesang erklingen lassen'. Diese offensichtlich schallnachahmenden Bildungen führen auf ie. **glag-*, eine Erweiterung der Schallwurzel ie. **gal-* 'rufen, schreien', die sich auch in anord. *kalla* 'nennen, sagen, rufen' (woraus wohl engl. *to call* 'rufen'), aslaw. *glagolъ* 'Wort', *glagolati* 'reden, sprechen', russ. (älter) *gologólit'* (гологолить) 'schwatzen, plappern', mir. *gall* 'Ruhm' sowie (über andere Erweiterungen) in *Klage*, *klingen* (s. d.) fortsetzt. – e r k l e c k l i c h Adj. 'ausreichend, beträchtlich, erheblich' (17. Jh.), zu dem im 19. Jh. untergegangenen Präfixverb *erklecken* 'genügen, helfen, nützen' (16. Jh.), vielleicht schon (zweifelhaft belegtes) mhd. *erklecken*. K l e c k s m. '(Farb-, Tinten)fleck, Klümpchen' (18. Jh.), älter *Kleck* (16. Jh.), aus *klecken* rückgebildet. k l e c k s e n Vb. 'Kleckse machen, schlecht malen, schreiben, Zähflüssiges worauf fallen lassen' (18. Jh.), zu *Klecks* bzw. Iterativbildung zu *klecken*.

Klee n. Wiesen- und Futterpflanze mit dreiteiligen Blättern und kugeligen Blüten. Neben den *wa*-Stämmen ahd. *klēo* (10. Jh.), mhd. asächs. *klē* (Gen. jeweils *klēwes*) stehen die anders gebildeten Formen mnd. *klēver*, *klāver(e)*, mnl. *clāver(e)*, nl. *klaver*, aengl. *clāfre*, engl. *clover*. Außergerm. Entsprechungen des Namens fehlen, so daß DE VRIES Nl. 326 Herkunft aus einer vor-ie. Substratsprache für möglich hält. Andernfalls kann von den germ. Formen aus Anschluß an ie. **glei-* 'kleben, schmieren' gesucht werden (wozu auch *kleben*, s. d.), eine Erweiterung der Wurzel ie. **gel-* '(sich) ballen, Gerundetes, Kugeliges'. Ob in diesem Falle die Benennung nach klebrigen Pflanzensäften oder nach der Fähigkeit schneller Bewurzelung (vgl. ahd. *klīban*, mhd. *klīben* 'kleben, anhaften, Wurzel fassen und gedeihen') erfolgte, bleibt offen.

Kleid n. 'Frauengewand', im Plur. auch 'Gesamtheit der auf dem Körper getragenen Kleidungsstücke', mhd. *kleit*, mnd. *klēt* 'Kleid, Kleidungsstück, Bekleidung', mnl. *cleet* 'Kleid, Kleidungsstück, Lappen, Tuch', nl. *kleed*, aengl. *clāþ* 'Tuch, Kleid, Segel', engl. *cloth* 'Tuch, Gewebe, Stoff', *clothes* Plur. 'Kleider, Kleidung, Wäsche', anord. *klæði* 'Kleidung', schwed. *kläde* 'Tuch', afries. *klāth*, *klād*, *klēth*. Anzuschließen ist wohl an aengl. *ætclīþan* 'festkleben, anhangen', (schwundstufig) *cliþa* 'Wundpflaster' und an die unter *klettern* und *Klette* (s. d.) dargestellten Wortformen, so daß sich eine Verbindung zu ie. **gleit-* herstellen läßt, eine Dentalerweiterung des unter *kleben* (s. d.) angeführten ie. **glei-* 'kleben, schmieren' zur Wurzel ie. **gel-* '(sich) ballen, Gerundetes, Kugeliges'. Die *t*-Ableitung könnte partizipialen Sinn haben, *Kleid* würde danach das beim Walken mit fettem Ton (Walkerde) behandelte Wollgewebe, 'das gekleite Tuch' bedeuten und sich zu dem mit *kleben* (s. d.) verwandten nd. K l e i f. m. n. 'fette Tonerde, schwerer Lehmboden', asächs. *klei*, mnd. *kley*, *kleye* 'Lehmboden, fetter, schwerer, fruchtbarer Boden', mnl. *clei*, nl. *klei*, aengl. *clǣg*, engl. *clay* 'Ton, Lehm' stellen. – k l e i d e n Vb. 'Kleidung anlegen, für Bekleidung sorgen, gut stehen, passen', mhd. *kleiden*; dazu *ankleiden*, *auskleiden* (beide 15. Jh.), *bekleiden* (mhd. *bekleiden*), *einkleiden* (15. Jh.), *entkleiden* (mhd. *en-*, *entkleiden*), *umkleiden* (15. Jh.). k l e i d s a m Adj. (18. Jh.). K l e i d u n g f., spätmhd. *kleidunge*. B e i n k l e i d n. (oft im Plur.) 'Hose' (Mitte 16. Jh.).

Kleie f. beim Mahlen des Getreides anfallende Rückstände, ahd. *klī(w)a* (9. Jh.), mhd. *klī(w)e*, mnd. *klīe*, *kleye* stellen sich im Sinne von 'klebrige Masse' wie lit. *gleĩvės* Plur. 'Schleim', lett. *glīve* 'grüner Schleim auf dem Wasser, Schlick', russ. (mundartlich) *glev* (*глев*) 'Schleim der Fische' als Bildungen mit *u̯*-Formans zu der unter *kleben* (s. d.) angeführten Erweiterung ie. **glei-* 'kleben, schmieren' der Wurzel ie. **gel-* '(sich) ballen, Gerundetes, Kugeliges'.

klein Adj. 'von geringem Ausmaß, von geringer Größe (an Raum und Zeit, Gewicht, Zahl und Wert), jung, nicht erwachsen, unbedeutend', ahd. *kleini* 'glänzend, glatt, sauber, sorgfältig, zierlich, dünn, gering' (9. Jh.), mhd. *klein(e)* 'rein, niedlich, zierlich, fein, hübsch, scharfsinnig, klug, unansehnlich, gering, schwach', asächs. *klēni* 'zart, schlank, klug, scharfsinnig', mnd. *klēne* 'dünn, zierlich, wenig', mnl. *cleine*, *clēne*, nl. *klein* 'klein, gering, wenig', aengl. *clǣne* 'rein, keusch, unschuldig, klar, offen, treu', engl. *clean* 'rein, sauber' führen auf den nur im Westgerm. auftretenden *ja*-Stamm germ. **klainja-*, der sich außergerm. mit griech. *glainoĩ* (*γλαινοί*) Plur. 'Schmuck (an der Kopfbedeckung, am Helm)' vergleicht und mit ableitendem Nasal zu ie. **ĝləi-*, einer erweiterten Form der Wurzel ie. **ĝel(ə)-* 'hell, heiter glänzen, heiter sein, lächeln, lachen', gehören kann, vgl. armen. *całr* 'Gelächter', griech. *gelãn* (*γελᾶν*) 'lachen', *aglaós* (*ἀγλαός*) 'glänzend, herrlich', *glẽnos* (*γλῆνος*) 'Prachtstück'. 'Glänzend' geht im Westgerm. über zu 'rein, sauber' (wie noch in engl. *clean*), woraus sich im Dt. die zahlreichen weiteren Bedeutungen entwickeln. Aber auch Anschluß an unter *kleben* (s. d.) angeführtes ie. **glei-* 'kleben, schmieren' bei Verwandtschaft mit den Nasalableitungen griech. *glínē* (*γλίνη*) 'Leim', aslaw. *glinьnъ* 'tönern, irden', russ. (landschaftlich) *glína* (*глина*) 'Lehm, Ton' wird erwogen, wobei ein Bedeutungsübergang von 'geschmiert, verschmiert, verputzt' zu 'glänzend (vor Fettigkeit), glatt, rein' vorauszusetzen wäre. Aus 'fein, zierlich, niedlich' (mhd.) entwickelt sich *klein* zum Gegenwort von *groß*. – v e r k l e i n e r n Vb. 'kleiner machen, verringern' (17. Jh.), älter *verkleinen* (mhd. *verkleinen*). z e r k l e i n e r n Vb. 'in kleine Stücke teilen' (19. Jh.), neben *zerkleinen* (im Bergbau) 'Gestein zerschlagen' (19. Jh.). K l e i n h e i t f. 'geringe Größe, geringes Ausmaß, Beschränktheit,

Enge', mhd. *kleinheit* 'Zartheit, Feinheit'. Kleinigkeit f. 'Sache von geringem Wert, Geringfügigkeit', mhd. *kleinecheit* 'Feinheit, Kleinheit'; Kleinigkeitskrämer m. 'wer Kleinigkeiten übertrieben wichtig nimmt' (18. Jh.). kleinlich Adj. 'pedantisch, engherzig', mhd. *kleinlich* 'fein, zart, zierlich, mager, scharf sehend'; vgl. ahd. *kleinlīhho* Adv. (9. Jh.); Kleinlichkeit f. 'übertriebene Genauigkeit, Pedanterie', mhd. *kleinlīcheit* 'Fein-, Zart-, Kleinheit'. Kleinbürger m. Angehöriger der unteren Mittelschicht, im Sinne von 'Spießbürger' wohl zuerst bei Börne (um 1830), zuvor gelegentlich für 'Arbeiter' (18. Jh.); kleinbürgerlich Adj. 'spießig, beschränkt' (Immermann 1838), 'das Kleinbürgertum betreffend, zu ihm gehörend' (19. Jh.). Kleinbürgertum n. (19. Jh.); kleingläubig Adj. 'zweifelnd, nicht von festem Glauben' (16. Jh.). Kleinkunst f. 'kleine künstlerische Arbeit, die entsprechende Kunstrichtung selbst, Kunsthandwerk' (um 1860), auch 'kabarettistische Darbietungen' (20er Jahre 20. Jh.; vgl. *Kleinkunstbühne* 'Kabarett'). kleinlaut Adj. 'verlegen, nicht vorlaut', älter 'schwach lautend, leise' (15. Jh.). kleinmütig Adj. 'mutlos, verzagt, ohne Entschlußkraft', mhd. *kleinmuotic*; dazu die Rückbildung Kleinmut m. 'Mangel an Mut und Entschlußkraft' (16. Jh.). Kleinstaat m. 'kleiner, aber souveräner Staat', Kleinstaaterei f. 'Aufspaltung in viele Kleinstaaten, politische Zerrissenheit' (beide Jahn 1814). kleinstädtisch Adj. 'einer Kleinstadt eigen, provinziell' (17. Jh.), Kleinstädter m. (18. Jh.); danach Kleinstadt f. (19. Jh.).

Kleinod n. 'kostbares Schmuckstück, Juwel', übertragen 'Kostbarkeit'. Mhd. *kleinōt*, *kleinœte*, *kleinœde*, mnd. *klēnōde*, *klēnōde* bedeutet ursprünglich 'kleines Ding, Kleinigkeit', dann 'kleine (fein, zierlich, kunstreich) gearbeitete Sache', woraus 'kostbares Schmuckstück'. Es ist mit dem Suffix westgerm. *-ōðja-*, ahd. *-ōti* (s. auch *Armut*, *Einöde*, *Heimat*) zu dem unter *klein* (s. d.) dargestellten Adjektiv im Sinne von 'fein, zierlich' gebildet. Der Plural *Kleinodien* kommt im 16. Jh. auf, vermutlich unter Einfluß von kanzleisprachlichem mlat. *clenodium* (aus mhd. *kleinōt*, unter formaler Anlehnung an mlat. *allodium*?). An die frühe Bedeutung 'Kleinigkeit' anschließend (vornehmlich obsächs.) in kollektivem Sinne *kleinot* (16. Jh.), *kleinod* (17. Jh.) 'Flügel, Hals und Inneres vom Geflügel, Vorderläufe, Hals und Inneres vom Hasen', im Plural *Kleinote*, *Kleinodien* (18. Jh., auch vom Rind); vgl. obsächs. *Gänsekleind*, *-kleint* (18. Jh.). Dann allgemein *Gänse-*, *Hasenklein* (18. Jh.).

Kleister m. 'klebrige Masse, Klebstoff', mhd. (md.) mnd. *klīster* 'anhaftender Gegenstand, Pflanze mit Haftwurzeln, Klebstoff' verdrängt im 16. Jh. mhd. frühnhd. *klenster* 'Klebemittel' (zu letzterem vgl. das alte Nasalpräsens mhd. *klenen*, ahd. *klenan* 'kleben, schmieren', s. *kleben*). Es handelt sich um Bildungen mit dem Suffix germ. *-stra-* zu der unter *kleben* (s. d.) angeführten Erweiterung ie. **glei-* bzw. (schwundstufig) **gli-* 'kleben, schmieren' der Wurzel ie. **gel-* '(sich) ballen, Gerundetes, Kugeliges'. – kleistern Vb. 'mit Kleister kleben' (16. Jh.), mnd. *klīsteren* '(Wäsche) stärken'.

klemmen Vb. 'festdrücken, einzwängen', refl. 'sich quetschen', mhd. *klemmen* 'mit den Klauen packen, einzwängen, kneipen', früher bezeugt in ahd. *biklemmen* (s. *beklommen*), ist Kausativum zum starken Verb mhd. *klimmen* (intrans.) 'steigen, klettern', (trans.) 'erklimmen, zwicken, kneifen, packen' (s. *klimmen*); dazu vgl. die ablautenden Bildungen *klamm*, *Klamm*, *Klammer* (s. d.). Die Studenten- und Schülersprache hat *klemmen* zu 'ausspannen, stehlen' (um 1900) entwickelt. – Klemme f. 'Gerät zum Zusammendrücken, Festklemmen', übertragen 'Notlage, Verlegenheit', mhd. *klemme*, *klemde* 'Klemmung, Einengung'. Klemmer m. 'bügelloses, auf die Nase geklemmtes Zweiglas' (auch *Kneifer*, *Zwicker*), gekürzt (2. Hälfte 19. Jh.) aus *Nasenklemmer*, einer Übersetzung von frz. *pince-nez*.

Klempner m. 'Handwerker, der Metallgegenstände herstellt, repariert und installiert', seit dem 18. Jh. bezeugte nordd. und md. Bezeichnung für den 'Blechschmied', älter *Klemperer* (17. Jh.), nach dem Vorbild von *Blechner*, *Flaschner* wohl zu mnd. *klampe* 'Klammer, Haken, Verbindungsstück'. Obd. entsprechen *Klamperer* (16. Jh., unter dem Einfluß wandernder Handwerksburschen?), *Klampferer* 'Blechschmied' (17. Jh.), vgl. mhd. *klampfern* 'fest zusammenfügen, verklammern', frühnhd. *klampfer* 'Klammer' (15. Jh.). Die germ. *mp* aufweisenden Formen sind verwandt mit den unter *Klammer* (s. d.) angeführten, die, allerdings mit germ. *mb*, auf ie. **glembh-*, eine nasalierte Labialerweiterung der Wurzel ie. **gel-* '(sich) ballen, Gerundetes, Kugeliges', führen. Obd. *Klamperer* (s. oben) wird offenbar unter dem Einfluß von lautmalendem *klemperen*, *klempern* 'hämmern, klopfen, klingen' (s. auch *klimpern*, *Klampfe*) zu *Klempner* weitergebildet. Als Berufsbezeichnung gilt im Westmd. und Südd. vorwiegend *Spengler* (s. d.). – klempnern Vb. 'Klempnerarbeiten verrichten' (19. Jh.). Zahnklempner m. scherzhaft für 'Zahnarzt' (Ende 19. Jh.).

Klepper m. 'minderwertiges, verbrauchtes, dürres Pferd', mnd. *klepper*, *klöpper*, *klapper* 'Reitpferd', wohl (nach den klappernden Hufen) gebildet zu mnd. *kleppen* 'kurze helle Geräusche durch Schlagen hervorbringen' (vgl. frühnhd. *klepfen* 'knallen', 15. Jh.), einer Variante neben lautmalendem mnd. *klappen*, *klapperen* (s. *klappern*). Der nd. Ausdruck dringt rasch südwärts, begegnet im 15. Jh. im Md. und im 16. Jh. auch im Obd. Die heutige pejorative Bedeutung entwickelt sich (über Fügungen wie mnd. *ōlder klapper*) in der Mitte des 18. Jhs. – Buschklepper m. 'berittener Wegelagerer, Strauchdieb' (17. Jh.), der sich samt Pferd im Buschwerk (s. *Busch*) verbirgt; auch sonst steht *Klepper* in älterer Sprache gelegentlich für 'Reiter'.

Kleriker m. 'katholischer Geistlicher' (19. Jh.) sowie *Clericus* (bis Anfang 19. Jh.) bzw. ahd. *klīrih* (9. Jh.), mhd. *cleric*, *klerke*, frühnhd. *Cleric* beruhen auf kirchenlat. *clēricus* 'Angehöriger der Geistlichkeit, Geistlicher, Priester', einer Ableitung von kirchenlat. *clērus* 'Orden der Geistlichkeit, die Geistlichen in ihrer Gesamtheit'. Zugrunde liegt griech. *klḗros* (*κλῆρος*) 'Los, Anteil, Erbteil, zugeloster Besitz, Grundstück', kirchensprachlich (nach der Auffassung des Apostelamts als von Gott zugeteiltes Los bzw. Erbteil) 'Priesterstand, Geistlichkeit, Priesteramt', eigentl. 'Steinscherbe, Holzstückchen' (als Los gebraucht), zu griech. *klā̃n* (*κλᾶν*) '(ab)brechen'. Vgl. auch griech. *klērikós* (*κληρικός*) 'zur Erbschaft gehörig', kirchensprachlich 'zur Geistlichkeit gehörig'. Im Dt. auch (seit etwa 1700) Klerus m. 'Geistlichkeit, Priesterschaft, Gesamtheit der katholischen Geistlichen'. – klerikal Adj. 'geistlich, kirchlich, auf kirchlicher Grundlage beruhend, die katholische Geistlichkeit betreffend' (1. Hälfte 19. Jh.), aus kirchenlat. *clēricālis* 'priesterlich'.

Klette f. mit Widerhaken versehene und daher leicht anhaftende Samenkapsel eines purpurfarben blühenden Korbblütlers sowie diese Pflanze selbst, ahd. *kletta*, *kledda* f., *kletto*, *kleddo* m. (9. Jh.), mhd. *klette* f., asächs. *kledda* f., *kleddo* m., mnd. *klette*; verwandt sind mit Doppelspirans mnl. *clisse*, nl. *klis*, mit einfacher Spirans aengl. *cliþe* sowie mit einfachem Dental und ablautend aengl. *clāte*, engl. (mundartlich) *clote* 'Klette'. Ausgehend von einer Bedeutung 'die Anhaftende' ist anzuknüpfen an die Dentalerweiterung ie. **gleit-* bzw. **glit-* (s. *klettern* und *Kleid*) der unter *kleben* (s. d.) genannten erweiterten Form ie. **glei-* 'kleben, schmieren' zur Wurzel ie. **gel-* '(sich) ballen, Gerundetes, Kugeliges'.

klettern Vb. 'mit den Gliedmaßen sich festhaltend steil nach oben steigen, Berggipfel besteigen' (15. Jh.), Iterativum zu (allerdings nur vereinzelt bezeugtem) frühnhd. *kletten* (16. Jh.). Das Verb stellt sich zu einer Dentalerweiterung ie. **gleit-* bzw. (schwundstufig) **glit-* (s. *Klette* und *Kleid*) der unter *kleben* (s. d.) angeführten erweiterten Wurzelform ie. **glei-* 'kleben, schmieren', ist daher als '(an)haften, sich anklammern' zu verstehen.

klieben Vb. 'spalten' (nur südd. öst., im übrigen Sprachgebiet seit dem 17./18. Jh. außer Gebrauch). Das starke Verb ahd. *klioban* (9. Jh.), mhd. *klieben*, asächs. *kliob_an*, mnd. *klūven*, mnl. *clieven*, nl. *klieven*, aengl. *clēofan*, engl. *to cleave*, anord. *kljūfa*, schwed. *klyva* 'spalten' führt mit griech. *glýphein* (*γλύφειν*) 'aushöhlen, in Stein, Erz, Holz eingraben, gravieren', *glyphís* (*γλυφίς*) 'Kerbe', lat. *glūbere* 'abschälen, bes. ein Tier abdekken' und vielleicht auch aslaw. *glǫbokъ*, russ. *glubókij* (*глубокий*) 'tief' auf ie. **gleubh-* 'schneiden, schnitzen, abschälen' (dazu s. auch *klauben*, *Kloben*, *Kluft*, *Knoblauch*).

Klient m. 'der von einem Rechtsanwalt Beratene, Vertretene', Mitte des 16. Jhs. aus lat. *cliēns* (Gen. *clientis*) 'der sich schutzeshalber an einen Patron Anlehnende, Schützling, Schutzbefohlener einer Gens' (auch 'Lehnsmann, Vasall' in Gallien und Germanien) entlehnt. Das alte Rechtswort ist verwandt mit dem dt. Verb [1]*lehnen* (s. d.) und den dort aufgeführten außergerm., auch lat. Formen. – Klientel f. 'Gesamtheit der Klienten' (18. Jh.), aus lat. *clientēla* 'das zwischen einem Klienten und seinem Patron bestehende Verhältnis der Schutzgenossenschaft, Gesamtheit der Schützlinge'.

Klima n. für ein bestimmtes Gebiet alljährlich wiederkehrender und daher charakteristischer Witterungsablauf, übertragen 'Atmosphäre, Stimmung, Beziehungen zwischen Personen, Staaten', Entlehnung (Anfang 16. Jh.) von lat. *clīma* (älter *clima*), griech. *klíma* (*κλίμα*) 'Neigung der Erde vom Äquator gegen die Pole', dann spätlat. 'Himmelsgegend, Zone', spätgriech. und spätlat. die 'in solcher Zone herrschenden Witterungsverhältnisse'; Bildung zu griech. *klī́nein* (*κλίνειν*) '(sich) neigen, (an)lehnen' (s. *Klinik* und *akklimatisieren*). – klimatisch Adj. 'das Klima betreffend, durch das Klima bedingt' (18. Jh.).

Klimakterium n. 'Wechseljahre der Frau'. Das medizinische Fachwort ist eine nlat. Bildung (*climacterium*, Ende 19. Jh.) zu lat. *clīmactēr*, griech. *klīmaktḗr* (*κλιμακτήρ*) 'gefahrvoller Abschnitt im menschlichen Leben', der nach antiker Auffassung in jedem 7. Jahr, dem 'Stufen-, Wechseljahr', eintritt, eigentl. 'Stufen-, Leitersprosse'; abgeleitet von griech. *klī́max* (s. unten). – klimakterisch Adj. 'das Klimakterium betreffend, durch die Wechseljahre bedingt' (Ende 19. Jh.); zuerst *klimakterisches Jahr* im Sinne von lat. *clīmactēr* (s. oben), später *klimakterische Jahre* auf die 'Wechseljahre der Frau' (Ende 19. Jh.) eingeengt; lat. *clīmactēricus* 'zur gefährlichen Lebensepoche gehörig', griech. *klīmaktērikós* (*κλιμακτηρικός*). Klimax f. in der Stilkunde 'Steigerung im Ausdruck, Aufeinanderfolge sinnverwandter Ausdrücke mit zunehmendem Nachdruck' (Anfang 18. Jh.), 'Klimakterium' (Ende 19. Jh.), 'Steigerung, Höhepunkt' (20. Jh.); lat. *clīmax*, griech. *klī́max* (*κλῖμαξ*) 'rhetorische Steigerung', eigentl. '(schräg ans Haus gelehnte) Leiter' (um in die oberen Räume zu steigen), 'Treppe', zu griech. *klī́nein* (*κλίνειν*) '(sich) neigen, (an)lehnen'; s. *Klinik*.

Klimbim m. 'unbedeutendes Drum und Dran, lautes Treiben, Klamauk', lautmalende Bildung aus *bim* (s. *bimmeln*) und daran im Auslaut angeglichenem *kling* (zu *klingen*, s. d.). Der wohl in Berlin entstandene Ausdruck (2. Hälfte 19. Jh.) erfährt rasch eine allgemeine Verbreitung; anfangs abschätzig für jede Art 'Musik', in der Soldatensprache 'Regimentskapelle', dann 'Lärm, äußerlicher Schein, unechte Pracht, überflüssiger Kram'.

klimmen Vb. 'mühsam emporklettern', ahd. *klimban* '(er)steigen' (9. Jh.), mhd. *klimben*, (mit Assimilation) *klimmen* (intrans.) 'steigen, klettern', (trans.) 'erklimmen, zwikken, kneifen, packen', mnd. *klimmen*, mnl. *climmen*, *clemmen*, nl. *klimmen*, aengl. *climban*, engl. *to climb*. Sieht man in den Formen mit *mm* eine Assimilation aus *mb* (s. auch *beklommen*, *klemmen*), so kann als nah verwandt mhd. *klamben* 'fest zusammenfügen, verklammern', *klambe* 'Fessel, Klammer' sowie *Klammer* und *Klumpen* (s. d.) herangezogen werden. Als Ansatz ist ie. **glembh-* erschließbar, das als Labialerweiterung einer nasalierten Form ie. **glem-* (wozu *Klamm* f., *klamm* Adj., s. d.; ferner lat. *glomus* 'Kloß, Knäuel', *glomerāre* 'zusammenballen', air. *glomar* 'Zaum, Knebel') zur Wurzel ie. **gel-* '(sich) ballen, Gerundetes, Kugeliges' aufgefaßt werden kann. Oder ist besser von einer nasalierten Labialerweiterung ie. **glimbh-* 'haften, klimmen' zu ie. **glei-* 'kleben, schmieren' (s. *kleben*), einer anderen Erweiterung der vorgenannten Wurzel, auszugehen und *klimmen* als 'sich fest andrückend hinaufsteigen' zu deuten? – erklimmen Vb. 'durch Klettern ersteigen', übertragen 'erreichen', mhd. *erklimmen* 'erklettern'. Klimmzug m. Turnübung an einer Querstange, bei der der an den Händen frei hängende Körper mit Hilfe der Muskelkraft hochgezogen wird (20. Jh.).

klimpern Vb. 'gedankenlos, stümperhaft auf einem Instrument (bes. Klavier) spielen, helle metallische Klänge erzeugen oder von sich geben', lautnachahmende Bildung (17. Jh.) für das Erzeugen oder Ertönen von hellen Geräuschen, vgl. ähnliche Bildungen wie *klempern* (s. *Klempner*), *klampern*, *klampfern* (s. *Klampfe*). – In abschätzigem Sinne Klimperei f. (18. Jh.) und Klimperkasten m. '(altes, abgenutztes) Klavier' (19. Jh.).

Klinge f. 'schneidender oder stechender stählerner Teil eines Werkzeugs, einer Waffe, die Waffe selbst, Schwert, Degen, Säbel', mhd. mnd. *klinge* 'Schwert-, Messerschneide, Schwert' ist aus dem Verb mhd. mnd. *klingen* 'hell tönen, erschallen' (s. *klingen*) rückgebildet, also nach dem hellen Klang des auf Helm und Panzer treffenden Schwertes benannt. Vgl. die Wendung *einen* (eigentl. *den Kopf*) *über die Klinge springen lassen* 'jmdn. hinrichten, töten, vernichten' (16. Jh.).

klingeln Vb. 'eine Klingel ertönen lassen, läuten, schellen', ahd. *klingilōn* (11. Jh.), mhd. *klingelen* 'einen Klang geben, rauschen, plätschern' ist eine Frequentativbildung zu dem unter *klingen* (s. d.) behandelten Verb. – Klingel f. (1. Hälfte 17. Jh.), aus dem Verb rückgebildet. Klingelbeutel m. 'mit einem Glöckchen versehener Beutel für die Kollekte' (17. Jh.).

klingen Vb. 'einen (hellen) Klang von sich geben, (er)tönen', übertragen 'sich gut anhören, gut wirken', ahd. *klingan* (8. Jh.), mhd. mnd. *klingen*, mnl. *clinghen* 'hell tönen, erschallen, rauschen, plätschern', daneben (mit abweichender, wohl expressiver Konsonanz im Inlaut) mnl. *clinken*, nl. *klinken*, engl. (aus dem Nl.?) *to clink* 'klinken' (s. *Klinke*, *Klinker*). Die Formen führen auf ie. **glengh-*, eine nasalierte Erweiterung der unter *Klage* (s. d.) angegebenen Schallwurzel ie. **gal-* 'rufen, schreien'. Zum Verb sind gebildet *Klinge*, *klingeln*, *Klang* (s. d.). – abklingen Vb. 'leiser werden, verklingen, schwächer werden, nachlassen' (2. Hälfte 18. Jh.). anklingen Vb. 'anfangen zu klingen, an etw. erinnern, mit etw. übereinstimmen' (2. Hälfte 17. Jh.); Anklang m. 'durch Anschlag hervorgerufener Klang, leichte Ähnlichkeit, Zustimmung, Anerkennung' (2. Hälfte 18. Jh.). erklingen Vb. 'hell ertönen, zu klingen beginnen', mhd. *erklingen* 'erklingen (lassen, machen)'. verklingen Vb. 'immer leiser werden und allmählich aufhören zu klingen' (2. Hälfte 18. Jh.).

Klinik f. 'Krankenhaus', zugleich 'medizinische Unterrichts- und Ausbildungsstätte', zunächst (*Clinik*, um 1800) 'ausübende Heilkunde', Mitte des 19. Jhs. (unter Einfluß von frz. *clinique*) 'Anstalt für den Unterricht in der Heilkunde', eigentl. 'Anstalt für den Unterricht am Krankenbett'. Zugrunde liegt lat. *clīnicē* bzw. griech. *klīnikḗ (téchnē)* (*κλινικὴ τέχνη*) 'Heilkunst für bettlägerige Kranke', zu *klī́nē* (*κλίνη*) 'Lager, Bett', einer Ableitung von dem mit [1]*lehnen* (s. d.) verwandten Verb griech. *klī́nein* (*κλίνειν*) '(sich) neigen, (an)lehnen, niederlegen, beugen' (wozu auch *Klima*, *Klimakterium*, *Klimax*, s. d.). Andere Bezeichnungen für medizinische Heil- und Lehranstalten sind *clinisches Institut* (Campe 1801) und *Klinikum* (s. unten, in der genannten Bedeutung seit 1830). – klinisch Adj. 'die Klinik, die Behandlung bettlägeriger Kranker betreffend' (Ende 18. Jh.). Kliniker m. 'Lehrer und Forscher an einer Universitätsklinik, an einer Klinik tätiger Arzt, in der klinischen Ausbildung stehender Medizinstudent nach dem Physikum' (2. Hälfte 18. Jh.), lat. *clīnicus*, griech. *klīnikós* (*κλινικός*) 'bettlägerig Kranke besuchender Arzt, bettlägerig'. Klinikum n. 'die Kliniken einer Universität, Hauptteil der praktischen ärztlichen Ausbildung im Krankenhaus', zuerst 'Vorlesung über Heilkunde' (Campe 1813).

Klinke f. 'Griff zum Öffnen oder Schließen einer Tür, Sperr- oder Schalthebel an technischen Vorrichtungen', mhd. (md.) *klinke* 'Türriegel', spätmhd. auch 'Schlagbaum', frühnhd. *klinke*, *klinge* (15. Jh.), mnd. *klinke*, *klenke*, *klinge*, mnl. *clinke*, nl. *klink*. Vielleicht nach dem Geräusch des Fallriegels gebildet zu *klinken*, einer (im Dt. bes. omd. thür. bezeugten) Nebenform von *klingen* (s. d.). Andere verbinden das Substantiv (trotz semantischer Schwierigkeiten) mit mhd. *klanc* 'Schlinge', westfäl. *Klanke* 'Biegung', ahd. *giklenken* 'verknüpfen, verbinden' (8. Jh.), mhd. *klenken* 'schlingen, (ver)flechten', nl. *klinken*, aengl. *beclencan* 'festhalten', engl. *to clench* 'fest zusammenpressen', *to clinch* 'sicher befestigen, (ver)nieten' und knüpfen an eine nasalierte Gutturalerweiterung (s. *Klüngel*, *Klunker*) der Wurzel ie. **gel-* '(sich) ballen, Gerundetes, Kugeliges' (s. *kleben*) an. Diese Herleitung ist jedoch fraglich. – klinken Vb. 'auf die Türklinke drücken' (17. Jh.); in Präfixbildungen *auf-*, *zuklinken* (17. Jh.), *einklinken* (18. Jh.), *ausklinken* (Anfang 20. Jh., älter in den Mundarten).

Klinker m. 'scharf gebrannter, harter Ziegel'. Wort und Sache stammen aus den Niederlanden. Nl. *klinker* (mnl. *clinkaert*, *clinkert*) wird im 18. Jh. ins Dt. entlehnt. Es ist abgeleitet von mnl. *clinken*, nl. *klinken* (s. *klingen*), da Härte und Güte des Steins am hellen Klang festgestellt werden können.

klipp Interj. Seit frühnhd. Zeit in der Koppelung *klipp klapp* lautnachahmend für das Aneinanderschlagen von Gegenständen, bes. für das Aufschlagen von Hufen, Schuhabsätzen, auch zur Veranschaulichung einer in Betrieb befindlichen Mühle. Dagegen ist die stabreimende Formel *klipp und klar* 'klar und deutlich' wohl erst im späten 19. Jh. aus nd. *klipp und klaar* (18. Jh.) ins Hd. gelangt. Als prädikatives Adjektiv bedeutet *klipp* eigentl. 'passend' und stellt sich zu dem lautnachahmenden, wohl zur Interjektion *klipp* gebildeten Verb *klippen* 'hell, fein tönen', auch 'passen', d. h. wohl 'mit einem leichten Laut zum Abschluß kommen', vielleicht vom Handschlag (Zuschlag) bei Verkaufsabschlüssen. – Klippschule f. 'Elementarschule, kleine Schule für den ersten Unterricht'. In dem seit dem 17. Jh. in hd. Quellen bezeugten nd. Ausdruck (16. Jh.) setzt nd. *Klipp-* eine Übertragung von hell, fein Tönendem auf Kleines, Geringes, Abschätziges voraus, vgl. *Klippkram* m. 'Trödel, Kleinkram', *Klippkrämer* m. (17. Jh.), *Klippschenke* f. (18. Jh.).

Klipp m., auch *Klip*, *Clip*, 'festklemmbarer modischer (Ohr)schmuck, Klemme', Entlehnung (20. Jh.) von engl. *clip*, das zum Verb engl. *to clip* 'befestigen, anklammern, umarmen' gebildet ist (verwandt mit *Klafter*, s. d.).

Klippe f. 'schroffer, steil hervortretender Felsen im oder am Meer', übertragen 'Hindernis, Schwierigkeit', ein nd. Küstenwort, bereits seit dem 16. Jh. auch in der Literatursprache (vgl. *Steinklippen*, 1566). Niederrhein. *klippe* (14. Jh.), mnd. *klippe*, mnl. *clippe*, nl. *klip* ist offenbar Weiterbildung eines älteren, in ahd. *kleb* (um 900), asächs. mnd. nl. anord. *klif*, mnl. *clif*, *clef*, aengl. *clif*, engl. *cliff* vorliegenden Substantivs, das als Kliff n. 'schroffer Felsen' im 20. Jh. (unter Einfluß von engl. *cliff*?) neben *Klippe* ebenfalls in der Literatursprache üblich wird. Verwandt sind weiter (ablautend) mnd. *klēf* 'Felsvorsprung, felsige Höhe, Steilabfall', anord. *kleif*, schwed. (mundartlich) *klev*. Herkunft ungewiß. Möglich ist bei einer Grundbedeutung 'Klebriges, Schlüpfriges' oder 'Glattes, Rundes' Anschluß an ie. **gleibh-*, **gleip-* bzw. (schwundstufig) **glibh-*, **glip-*, Labialerweiterung von ie. **glei-* 'kleben, schmieren', seinerseits erweiterte Form der Wurzel ie. **gel-* '(sich) ballen, Gerundetes, Kugeliges' (s. *kleben*). – Klippfisch m. aufgeschnittener, entgräteter und an der Luft (angeblich zuerst auf Klippen) getrockneter Kabeljau oder Schellfisch (18. Jh.).

klirren Vb. 'einen hellen, zitternden Ton erzeugen oder von sich geben (bes. von Metall, Glas, Porzellan), hell, metallen klingen'. Das seit Ende des 17. Jhs. zunächst omd., dann (wie auch *erklirren*, *Geklirr*) allgemein in der Literatursprache bezeugte lautnachahmende Verb ist vermutlich eine Ableitung von dem ebenfalls dem Omd. entstammenden Schallwort *klirr*. S. ähnlich gebildete Verben wie *knarren*, *schwirren*, *surren*.

Klischee n. 'Druckstock, Druckplatte, Abklatsch, Nachahmung ohne Eigenwert, eingefahrene, überkommene Redewendung oder Vorstellung', Entlehnung (*Cliché*, 1. Hälfte 18. Jh.) von gleichbed. frz. *cliché*, dem substantivierten Part. Perf. von frz. *clicher* 'einen Abzug herstellen, klischieren', lautmalend nach dem dabei entstehenden klatschenden Geräusch. Ähnliche lautmalende Bildungen sind *Abklatsch* (s. *klatschen*) und *klitschen* (s. d.). klischieren Vb. 'einen Druckstock anfertigen, nach dem Klischee verfahren, etw. unselbständig tun, nachahmen' (1. Hälfte 19. Jh.), anfangs *clichieren*, entweder zu *Klischee* oder aus frz. *clicher*.

Klistier n. Einführung einer bestimmten Flüssigkeitsmenge in den Mastdarm zur Darmspülung bzw. -reinigung bei Verstopfung, 'Einlauf'. Das im 14. Jh. bezeugte Fachwort der Heilkunde mhd. *klister*, *kli(e)stier* ist aus den Deminutiva lat. *clystērium*, griech. *klystḗrion* (κλυστήριον) oder (mit Veränderung des Genus) aus den diesen zugrunde liegenden Maskulina lat. *clystēr*, griech. *klystḗr* (κλυστήρ) 'Klistier(spritze)' entlehnt. Dieses ist abgeleitet von griech. *klýzein* (κλύζειν) 'spülen, reinigen, ein Klistier geben' (verwandt mit *lauter*, s. d.). – klistieren Vb. (Mitte 14. Jh.).

Klitoris f. Schwellkörper des weiblichen Geschlechtsorgans, 'Kitzler'. Der bereits bei den griech. Ärzten bezeugte Ausdruck wird in seiner latinisierten Form *Clitoris* Bestandteil der medizin.-lat. Wissenschaftssprache (belegt 1716) und danach der Bildungssprache (Campe 1801). Griech. *kleitorís* (κλειτορίς) wird, bei Annahme einer Bedeutung 'kleine Erhebung, kleiner Hügel', aufgefaßt als Ableitung von **kleítōr* (*κλείτωρ) 'Hügel' (belegt als Name einer arkadischen Stadt), einem

Verbalnomen zu griech. *klīnein* (κλίνειν) '(sich) neigen, (an)lehnen, beugen'. Dagegen möchte CHANTRAINE 540 die Bezeichnung lieber vom Verb griech. *klēīein* (κλείειν) 'verschließen, verriegeln' ableiten.

Klitsche f. 'dürftiges ländliches Anwesen', oft geringschätzig für 'Landgut', auch 'Fabrik'; ursprünglich vorwiegend ostd., vgl. schles. obsächs. 'kleines ärmliches Landgut, altes Häuschen, Lehmhütte' (19. Jh.). Vielleicht entlehnt aus. poln. (älter) *kleć* 'armseliges Bauwerk, Lehmhaus'. Oder zu *klitschen* (s. d.), etwa als das 'schnell Hingeklitschte' bzw. 'auf lehmigem, klitschigem Boden Errichtete' zu verstehen?

klitschen Vb. 'einen hell klatschenden Schlag austeilen, mit hell klatschendem Geräusch aufschlagen, kleben, sich ballen'. Das (im Unterschied zu später bezeugtem ablautendem *klatschen*, s. d.) eine helle Klangfarbe wiedergebende lautmalende Verb ist seit dem 16. Jh. nachweisbar und heute noch landschaftlich üblich; älter ist *klitzen* (in spätmhd. *unbeklitzet* 'unbefleckt'); vgl. omd. *klitschnaß* Adj. – klitsch Schallwort zur Bezeichnung eines hell klatschenden Geräusches, vor allem in der ablautenden Wendung *klitsch, klatsch* für unterschiedlich helle Töne (Campe 1808, doch mundartlich gewiß älter). Klitsch m. 'hell klatschender Schall oder Schlag, zähweiche Masse, klebriger Klumpen, klitschiges Gebäck' (18. Jh.), vorwiegend md. wie klitschig Adj. 'feucht, klebrig, schlecht durchgebacken' (18. Jh.), älter nd. *klitzig*. Vgl. nordd. *Klietsch, klietschig*.

klittern Vb. 'willkürlich darstellen, schnell und unordentlich niederschreiben, zusammenstoppeln, Tatsachen unschöpferisch zusammentragen', ursprünglich (mundartlich noch heute) 'schmieren, klecksen'. Das seit dem 16. Jh. nachweisbare Verb ist eine Bildung zu frühnhd. *Klitter* 'Klecks, Fleck', das wahrscheinlich mit ablautendem *Kladde* (s. d.) verwandt ist. Die heutige Bedeutung ist wohl beeinflußt von Geschichtsklitterung f. 'willkürlich zurechtgemachte Geschichtsschreibung', von Fischart (*Geschichtklitterung*) im Titel der 2. Ausgabe des „Gargantua" (1582) geprägt anstelle von *Geschichtschrift* in der 1. Ausgabe (1575).

Kloake f. 'Abzugskanal für Abwässer, Jauchengrube', im 16. Jh. (*Cloacke* f., daneben *Cloa(c)k* f. sowie bis ins 19. Jh. auch m. und n.), meist im Sinne von 'Abtritt', entlehnt aus lat. *cloāca, cluāca* (älter *clovāca*) 'unterirdischer Abzugskanal', abgeleitet von alat. *cluere* 'reinigen, spülen' (verwandt mit *lauter*, s. d.). In der Zoologie 'gemeinsame Körperöffnung von Darm, Harnblase und Geschlechtsorgan' bei Lurchen, Kriechtieren, Vögeln und Kloakentieren (19. Jh.); dazu Kloakentiere Plur. Ordnung niederer, eierlegender Säugetiere der australischen Region (19. Jh.).

Kloben m. 'dicker, unförmiger Holzklotz, Schraubstock', ahd. *klobo* 'gespaltenes Holzstück zum Vogelfang' (11. Jh.), mhd. *klobe* 'gespaltenes Holzstück zum Klemmen, Festhalten, Fessel, Riegel', asächs. *klobo*, mnd. *klōve* 'Spalt, Felsspalte, gespaltenes Holzstück zum Vogelfang', mnl. *clōve*, nl. *kloof* 'Kluft, Spalt', aengl. *clofe* 'Schnalle', *clufu* 'Knoblauchzehe, Zwiebel', engl. *clove* 'Knoblauchzehe', (mundartlich amerik.) 'Spalte, Felsspalte, Schlucht', anord. *klofi* 'Kluft, Laderaum', schwed. *klove* 'Schraubstock' sind im Sinne von 'Gespaltenes, Spalt' ablautende Bildungen zu dem unter *klieben* 'spalten' (s. d.) behandelten Verb. – klobig Adj. 'klotzig, unförmig, massig, ungeschlacht' (Mitte 19. Jh.).

klönen Vb. 'sich behaglich unterhalten, gemütlich plaudern'. Das nd., daher vorwiegend im Nordd. gebrauchte Verb bedeutet 'mit durchdringender Stimme reden', im 18. Jh. dann 'anhaltend jammern, klagen' und 'weitschweifig reden'. *klönen* ist lautmalender Herkunft und vergleichbar mit nl. *kleunen* 'klopfen, schlagen', afries. *klinna* 'klingen, schallen', *klann* 'Klang', aengl. *clynnan* 'tönen, klopfen', für die alle eine Ausgangsbedeutung 'Ton, Schall, Geräusch machen' anzunehmen ist.

klopfen Vb. 'leicht schlagen, pochen, rhythmisch schlagen'. Das lautnachahmende Verb ahd. *klophōn* (9. Jh.), mhd. *klopfen*, mnd. mnl. *kloppen* steht im Ablaut zu ebenfalls lautnachahmendem *klaffen* und *klappen* (s. d.). Im Nd. und Md. ist unverschobenes *kloppen* gebräuchlich; dazu vgl. in der Umgangssprache bekloppt Adj. 'beschränkt, nicht ganz bei Verstand, verrückt' (20. Jh.), eigentl. 'von einem Schlag auf den Kopf benommen', Kloppe f. 'Prügel, Schläge', verkloppen Vb. 'verprügeln, verhauen', auch 'unter der Hand (billig) verkaufen' (um 1800), wohl nach dem Zuschlagen des Hammers bei Versteigerungen. K l o p f e r m. 'Gerät zum Klopfen' (16. Jh.); vgl. mhd. *klopfære* 'Klopfender'.

Klöppel m. stammt aus dem Omd. (15. Jh.), vgl. mhd. (md.) *kloppel*, bedeutet zunächst 'Glockenschwengel' sowie 'Werkzeug zum Schlagen' (z. B. 'Trommelstock, Paukenschläger, Knüppel'), dann vor allem das als Garnspule dienende Holzstäbchen (wegen seiner Ähnlichkeit mit einem Glokkenschwengel), das die Heimarbeiter des Erzgebirges zum *Klöppelwerk* (16. Jh.) benutzen. *Klöppel* ist Gerätebezeichnung zu md. nd. *kloppen* (s. *klopfen*). Die hd. Form *Klöpfel*, frühnhd. *klopfel*, *klöpfel* 'Glockenschwengel, Werkzeug zum Schlagen' wird in der Literatursprache aufgegeben. Vgl. auch (zu ahd. *klaffōn* 'schallen, tönen, klatschen', s. *klaffen*) ahd. *klephil*, *kleffil* 'Glockenschwengel' (11. Jh.), mhd. *klepfel*, *kleffel*. – k l ö p p e l n Vb. 'mit Klöppeln gewirkte Spitzen, Bänder, Litzen herstellen' (17. Jh.).

Klops m. 'Kloß aus Hackfleisch', speziell *Königsberger Klops*. Der seit dem 18. Jh. bezeugte nordostd. (ostpreuß.) Ausdruck stammt nach WEIGAND/HIRT [5]1, 1063 sowie FOERSTE in: Nd. Wort 5 (1965) 111 f. aus schwed. *kalops*, (mundartlich) *kollops*, worunter man ein Gericht aus geklopften, in Fett gebräunten Fleischstücken versteht, früher auch aus gehacktem oder geschabtem, meist zu Ballen geformtem Rind- oder Kalbfleisch. Schwed. *kalops* ist aus dem pluralisch gebrauchten, seit dem 14. Jh. bezeugten mengl. *coloppe*, *colhoppe*, engl. *collop* '(gebratene) Fleischscheibe', so in schott. *(minced) collops* 'Klops', entlehnt. Herkunft ungewiß. Vielleicht handelt es sich im Sinne von 'Geröstetes' um eine Bildung zu aengl. *col*, engl. *coal* '(Holz)kohle' und zu aengl. *hopian*, engl. *to hop* 'hüpfen, springen'; vergleichbar ist aschwed. *kolhuppad(h)er* 'gebraten, geröstet auf glühender Kohle'.

Klosett n. '(Raum für eine) Toilettenanlage mit Wasserspülung' (2. Hälfte 19. Jh.), gekürzt aus älterem *Watercloset* (1. Hälfte 19. Jh.) bzw. *Wasserklosett* (2. Hälfte 19. Jh.), einer Übernahme von engl. *water-closet* (vgl. engl. *water* 'Wasser'), später umgangssprachlich weiter verkürzt zu K l o n. (1. Hälfte 20. Jh.). Älter, ebenfalls aus dem Engl. entlehnt, C l o s e t n. 'kleines Zimmer, Kabinett' (Mitte 18. Jh., nach 1900 nicht mehr üblich), anfangs mit engl. Betonung auf der ersten Silbe, bald aber mit Endbetonung und daraufhin in entsprechender Schreibweise *Klosett* (2. Hälfte 19. Jh.). Engl. *closet* 'kleines Privatgemach, Geheim-, Privatzimmer' ist entlehnt aus afrz. *closet* 'abgetrennter, umschlossener Raum', Deminutivum von afrz. *clos* 'eingezäunter, umfriedeter Platz, Gehege', aus gleichbed. lat. *clausum*, dem substantivierten Part. Perf. zu lat. *claudere* '(ab-, ver)schließen' (s. *Klause*).

Kloß m. 'Klumpen, in Kugelform zubereitete Speise', ahd. (Hs. 12. Jh.), mhd. *klōȥ* 'Klumpen, Knolle, Knäuel, Kugel, Knauf, Klotz, Keil, Knebel', mnd. *klōt* 'Klumpen, Kugel, Hoden', mnl. *cloot*, nl. *kloot* 'Kugel, Ball', engl. *cleat* 'Keil'. Verwandt sind (ablautend) mnd. *klūt(e)* 'Klumpen, Haufen, Erdscholle, Ackerland', ofries. *klūt* 'Klumpen, Bruchstück', aengl. *clūt* 'Stück, Zeug, Metallklumpen', engl. (mundartlich) *clout* 'Lappen', anord. (aus dem Aengl.?) *klūtr* 'Lappen, Tuch' sowie das unter *Klotz* (s. d.) behandelte Substantiv. Außergerm. vergleichen sich slowen. (älter) *glûta* 'Beule, Ballen, Baumknorren', russ. (älter) *glúda* (*глуда*) 'Klumpen, Kloß'. Anzuknüpfen ist an eine Dentalerweiterung von ie. **gleu-* (s. *Klaue*, *Knäuel*), einer erweiterten Form der Wurzel ie. **gel-* '(sich) ballen, Gerundetes, Kugeliges' (s. *kleben*).

Kloster n. 'von der Außenwelt abgeschlossene Wohnstätte für Mönche oder Nonnen', ahd. *klōstar* (10. Jh.), mhd. *klōster* wird mit Einführung des römischen Christentums am Mittelrhein aus vlat. *clōstrum*, einer Nebenform zu dem seit dem 6. Jh. bezeugten kirchenlat. *claustrum* 'abgetrennter, dem Laien unzugänglicher Bereich eines Mönchskonvents, Kloster', entlehnt (vgl. FRINGS/M. Germania Romana 2, 1968, 188), dem lat. *claustrum* 'Riegel, Verschluß, Sperre' vorausgeht (bewahrt in der Entlehnung bair. *Klōster* 'Türschloß', mrhein. *Klauster* 'Vorhängeschloß'), eine Bildung zu lat. *claudere* (*clausum*) '(ab-, ver)schließen' (s. *Klause*, *Klausur*). – k l ö s t e r l i c h Adj., mhd. *klōsterlich*.

Klotz m. 'großes Stück Holz, bes. Teil eines Baumstamms' (vgl. *Hack-*, *Hauklotz*), übertragen (seit etwa 1500) 'grober, schwerfälliger, ungeschlachter Mensch', ahd. *kloz* 'Zapfen' (um 800), mhd. *kloz* 'Klumpen, Kugel,

Baumstumpf, Kloben', aengl. *clot(t)*, engl. *clot* 'Klumpen, Klümpchen' stehen (mit Verdoppelung des Dentals) im Ablaut zu dem unter *Kloß* (s. d.) behandelten Substantiv und gehören wie dieses zu der dort angeführten Dentalerweiterung von ie. **gleu-*, damit also zu der verbreiteten Wurzel ie. **gel-* '(sich) ballen, Gerundetes, Kugeliges' (s. *kleben*). *Klotz* und *Kloß* sind in der Bedeutung ursprünglich nicht wesentlich verschieden; in südd. Mundarten steht *Klotz* noch heute für 'Klumpen'. Dazu die Wendung *einen Klotz am Bein haben* 'belastet, in seinen Bewegungen gehemmt sein' (18. Jh.; ausgehend von einem mit Ketten angeschmiedeten Klotz zur Behinderung der Bewegungsfreiheit von Sträflingen). – k l o t z e n Vb. nur fachsprachlich sowie in neuerer Umgangssprache für 'unsportlich roh zutreten' (beim Fußballspiel, 20. Jh.), älter 'plump, laut auftreten', auch '(be)zahlen' (18. Jh.). k l o t z i g Adj. 'plump, wuchtig, massiv, ungeschlacht' (15. Jh.), auch *klotzicht, klotzecht*.

Klub m. 'Vereinigung von Menschen mit gemeinsamen Interessen sowie Räumlichkeit für deren Zusammenkünfte'. Mitte des 18. Jhs. wird gleichbed. engl. *club* übernommen und bleibt zunächst auf das Nordd. und Md. beschränkt, während im Südd. *Kasino* (s. d.) gilt. Im 18. Jh. wird fem. Gebrauch bevorzugt, mask. Genus setzt sich unter Einfluß von (gleichfalls dem Engl. entlehntem) frz. *club* durch, als die politischen Klubs der Revolutionszeit in Deutschland bekannt und nachgeahmt werden. Engl. *club*, mengl. *clubbe* bedeutet eigentl. 'Keule' und ist vermutlich aus anord. *klubba* 'Knäuel, Knüppel' entlehnt (verwandt mit *Klumpen*, s. d.). Das vom Substantiv abgeleitete Verb engl. *to club* 'zu einer (rundlichen) Einheit, Masse formen' entwickelt sich zu 'vereinigen, sich zusammentun', woraus das Substantiv die Bedeutung 'Vereinigung, Verein' bezieht.

[1]**Kluft** f. 'enger Gebirgseinschnitt, Schlucht, Fels-, Gletscherspalte', übertragen 'unüberbrückbarer Gegensatz, scharfe Trennung', ahd. *kluft* 'Zange, (Licht)schere' (9. Jh.), mhd. *kluft* 'Spalte, Felsenhöhle, Gruft, abgespaltenes Stück', mnd. *kluft, klucht* 'Spalte, Riß, Sprung, gespaltenes Holzstück, (Feuer)-zange', mnl. *cluft, clucht* 'Gespaltenes, Abteilung' ist schwundstufig mit *ti*-Suffix gebildetes Verbalabstraktum (germ. **klufti-*) im Sinne von 'Spaltung' zu dem unter *klieben* 'spalten' (s. d.) behandelten Verb. Die für das Ahd. bezeugte Bedeutung 'Zange, Schere' ist ursprünglich ein 'gespaltenes Stück Holz mit beweglichen Armen zum Festhalten, Einklemmen', vgl. noch westfäl. *Kluft* 'Herd-, Feuerzange'. Auf derselben Vorstellung beruht die verwandte fachsprachliche Bezeichnung K l u p p e f. 'Werkzeug zum Einspannen von Werkstücken', ahd. *klubba* (11. Jh.), mhd. *kluppe* 'abgespaltenes Stück', frühnhd. 'Zwangholz, Zange'. – z e r k l ü f t e t Part.adj. 'von Rissen, Spalten durchzogen' (18. Jh.), zu ungebräuchlichem *zerklüften*.

[2]**Kluft** f. 'uniformartige, eine Gruppe kennzeichnende Kleidung'. Rotw. *Klabot* (15. Jh.), *Claffot* (16. Jh.), *Klofft, Klifft, Kluft* (17. Jh.) 'Kleid, Anzug' gelangt Ende des 18. Jhs. über die Studentensprache (*Klüftchen*) und Soldatensprache ins Hd. Der Ausdruck stammt vielleicht aus hebr. *ḥ^{a}līfā* 'Kleid'. Oder ist eher von hebr. *qālaf* 'schälen', *q^{e}līfā* 'Schale' (vgl. rotw. *Schale* 'Anzug') auszugehen?

klug Adj. 'gescheit, begabt, umsichtig, schlau'. Das Adjektiv mnd. *klōk* 'behende, schnell, schlau, verständig', mnl. *cloec* 'tapfer, schlau', nl. *kloek* verbreitet sich Mitte des 12. Jhs. vom Niederrhein aus nach Osten und Südosten und wird im Hd. geläufig, vgl. mhd. *kluoc* (Komparativ *kluoger*), (md.) *klūc* 'fein, zierlich, tapfer, höflich, schlau, listig'. Die Herkunft ist ungewiß. Auszugehen ist offensichtlich von einer Bedeutung 'kräftig, tapfer', die in 'schlau, verständig' übergeht. Eine Verbindung von germ. **klōka-* mit air. *glicc* 'weise, einsichtsvoll' und Anschluß an eine Gutturalerweiterung der Wurzel ie. **gel-* '(sich) ballen, Gerundetes, Kugeliges' (s. *kleben*) mit einer vorauszusetzenden Ausgangsbedeutung 'glatt und beweglich wie eine Kugel' ist unwahrscheinlich. Auf mögliche etymologische Zusammenhänge im Germ. verweist E. Piirainen Germ. **frōð-* und germ. **klōk-* (1971). – k l ü g e l n Vb. 'klug tun, grübeln, scharf nachdenken', geläufiger a u s k l ü g e l n Vb. 'scharfsinnig ausdenken' (16. Jh.; beide vermutlich von Luther). K l u g h e i t f. 'Begabung, Umsicht, Besonnenheit', mhd. *kluocheit*, (md.) *clūcheit, klūgheit* 'Feinheit, Zierlichkeit, feines Benehmen, Verständigkeit, Weisheit, Schlauheit', mnd. *klōkhēt*.

Klumpen m. 'zähe, unförmige, zusammengeballte Masse', daneben gleichbed. Klump m. (im Nordd. bes. 'großer Mehlkloß', heute meist nur noch in Wendungen wie *einen Wagen in, zu Klump fahren, alles in, zu Klump schlagen, hauen*), frühnhd. *Klumpe*. Den aus dem Nd. und Md. stammenden Formen geht mnd. *klump(e)* 'Klumpen, Haufen, Häufchen, Handvoll', *klumpe, klompe* '(aus einem Stück gefertigter) Holzschuh' vorauf; verwandt sind mnl. *clompe*, nl. *klomp* 'Klumpen, Holzschuh', engl. (aus dem Mnd.) *clump* 'Büschel, (Baum)gruppe, Klotz, Klumpen, Haufen, Masse', schwed. *klump* 'Klumpen'. Sie gehören als schwundstufige Bildungen zu der nasalierten Labialerweiterung ie. **glemb(h)-* (wozu auch anord. *klubba* 'Knäuel, Knüppel', schwed. *klubba* 'Keule, Hammer', dissimiliert aus anord. *klumba* 'Knüppel, Keule', s. *klimmen*) der Wurzel ie. **gel-* '(sich) ballen, Gerundetes, Kugeliges' (s. *kleben*). Aus dem ursprünglich schwachen Mask. *Klumpe* haben sich (durch Abfall des *-e*) die starken Formen *Klump* und (aus den obliquen Kasus) *Klumpen* (beide schon bei Luther) entwickelt. – klumpen Vb. 'sich (zu Klumpen) zusammenballen' (17. Jh.). klumpig Adj. 'voller Klumpen, zusammengeballt' (18. Jh.), älter *klumpicht, klümpericht*. Klumpfuß m. 'mißgestalteter Fuß' (18. Jh.).

Klüngel m. 'um eigener Vorteile willen sich gegenseitig stützende und fördernde Personengruppe' (19. Jh.), sich von Köln (Stadtmundart) aus verbreitend. Für *Klüngel*, eigentl. 'zusammengeballter Haufen Menschen', ist auszugehen von frühnhd. *klüngel, klungelīn*, (md.) *klongelīn*, ahd. *klungelīn* 'Knäuel' (Hs. 12. Jh.), dem Deminutivum von ahd. *klunga* 'Knäuel' (Hs. 13. Jh.). Dazu stellen sich anord. *klungr* 'Dornbusch, Hundsrose' (eigentl. 'Büschel, Haufen'), schwed. *klunga* 'gedrängter Haufen, Gruppe' sowie (mit germ. Konsonantenschärfung zu *k*) *Klunker* (s. d.) und vielleicht auch (ablautend) *Klinke* (s. d.), die eine nasalierte Gutturalerweiterung der Wurzel ie. **gel-* '(sich) ballen, Gerundetes, Kugeliges' (s. *kleben*) voraussetzen. Da jedoch direkte außergerm. Vergleichsmöglichkeiten fehlen, bleibt eine Herleitung aus dem Ie. fraglich.

Klunker f. m. 'Klümpchen, Kugel, Troddel, Quaste'. Das in nd. md. Lautgestalt im 18. Jh. in die Literatursprache aufgenommene Substantiv verbindet sich mit mhd. *klungeler, glungeler* 'Troddel, Quaste', *glunke* 'baumelnde Locke', *glunkern* 'baumeln, schlenkern', obd. (vereinzelt) *Klunker* 'um die Spindel oder Kunkel Gewundenes' (16. Jh.), *Glunggel* 'Schelle', schweiz. *Glüngger* 'Gehänge'. Die (teilweise) Konsonantenschärfung aufweisenden Formen können wie *Klüngel* (s. d.) auf eine nasalierte Gutturalerweiterung der Wurzel ie. **gel-* '(sich) ballen, Gerundetes, Kugeliges' (s. *kleben*) geführt werden. Doch bleibt auch hier eine Herleitung aus dem Ie. bedenklich. In abschätzigem Sinne gilt *Klunkern* (Plur.) heute für 'baumelnden Schmuck' (wie Ohrringe, Gehänge u. ä.).

Klüver m. 'über dem Klüverbaum angebrachtes Dreiecksegel'. Der seemännische Ausdruck wird im 18. Jh. aus gleichbed. nl. *kluiver* entlehnt, einer Ableitung von nl. *kluif* 'Klaue' (vgl. mnd. *klūve* 'Handfessel, am unteren Ende gegabelter, gespaltener Stock'), das auch den 'Leitring' bezeichnet, an dem das Segel fährt. Ablautend zu dem unter *klieben* (s. d.) behandelten starken Verb. – Klüverbaum m. 'Rundholz zur Verlängerung des Bugspriets' (18. Jh.).

knabbern Vb. 'mit Geräusch nagen, hörbar abbeißen, Hartes in kleinen Bissen essen', übertragen 'sich mühen'. Das seit dem 18. Jh. in der Literatursprache belegte, wohl aus dem Omd. kommende Verb ist wie nhd. *knappern, knuppern* und nd. *knabbeln, gnabbeln*, nl. *knabbelen* 'hörbar nagen' Iterativbildung zu *knappen* 'schnappen, wippend bewegen, wakkeln, wanken', mnd. 'knacken, knistern', nd. 'klatschen, knacken, schnappen, beißen', nl. 'knabbern, knacken, prasseln, knistern'. Wohl gleicher Herkunft wie *knapp* (s. d.). Oder eher lautmalenden Ursprungs?

Knabe m. 'Kind männlichen Geschlechts, Junge', ahd. *knabo, knabbo* 'Junge, Kind' (Hs. 12. Jh.), mhd. *knabe* 'Junge, Jüngling, Bursche, Knecht, Page, Knappe', mnd. *knābe*, aengl. *cnafa* stehen neben anfrk. *knapo* 'Knecht' (9. Jh.), mnd. *knāpe*, mnl. *cnāpe*, nl. *knaap*, aengl. *cnapa*, afries. *knapa* 'Junge, Jüngling, Knecht' und mhd. *knappe*, nhd. *Knappe* (s. d.), afries. *knappa* 'Junge, Jüngling, Knecht'. Sie führen wie das unter *Knebel* (s. d.) behandelte Substantiv auf germ. **knab-*, **knap-* bzw. mit expressiver

Gemination **knabb-*, **knapp-* 'Pflock, Stock, Klotz'; vgl. dazu nhd. (mundartlich) *Knabe* 'Stift, Bolzen'. Außergerm. Vergleichsmöglichkeiten finden sich nicht. Wie bei anderen Bezeichnungen für Holzstücke erfolgt auch hier Übertragung des Ausdrucks auf eine männliche Person (s. *Bengel*, *Flegel*, *Stift*). *Knabe* ist heute in seiner Gebrauchsfähigkeit vielfach eingeschränkt durch obd. *Bub*, nordd. md. *Junge*. Es gilt noch für 'Bursche, Kerl', zumal in der vertraulichen Anrede *alter Knabe* (Mitte 18. Jh.). – k n a b e n h a f t Adj. (17. Jh.). K n a b e n k r a u t n. einheimische Orchideengattung mit einer Traube rötlicher Blüten (15. Jh.), nach den hodenförmigen Wurzelknollen.

Knäckebrot n. 'knuspriges, in dünnen Scheiben gebackenes Vollkornbrot', in dieser Form um 1900 entsprechend gleichbed. schwed. *knäckebröd* (vgl. schwed. *knäcka* 'knacken' und *bröd* 'Brot'), nach dem knakkenden Geräusch, das beim Hineinbeißen entsteht. Ältere Bezeichnungen im Dt. für das in Skandinavien heimische Schrotbrot sind *Knackenbrö* (17. Jh.), *Knackerbre* (18. Jh.), *Knackbrot* (19. Jh.).

knacken Vb. 'einen kurzen, harten, hellen Laut von sich geben, mit einem kurzen, harten, hellen Laut knallen, auf-, zerbrechen, zerquetschen, gewaltsam öffnen', frühnhd. *knacken* 'krachen, einen Sprung, Riß bekommen' (15. Jh.), mnd. *knāken*, *knacken* 'krachen', mnl. *cnāken*, *cnacken*, nl. *knakken* 'knicken, brechen, krachen', schwed. *knaka* 'krachen', engl. (mundartlich) *to knack* 'krachen, brechen' bilden mit ablautenden mhd. (niederrhein.) *knochen* 'pressen, drücken', aengl. *cnocian* 'schlagen, stoßen', engl. *to knock* 'klopfen, schlagen, stoßen', anord. *knoka* 'schlagen, prügeln' eine nur im Germ. vorkommende Gruppe von Lautnachahmungen. – K n a c k m. 'kurzer krachender Laut, Riß, Sprung' (17. Jh.; md. *gnacke*, 15. Jh.) ist entweder Rückbildung aus dem Verb oder Substantivierung der lautnachahmenden Interjektion *knack*. K n a c k e r m. 'knackendes Geräusch' (17. Jh.), heute vor allem 'komischer, (auch) geiziger alter Mann' (um 1900), oft (als Schelte) *alter Knacker*; ferner (im Anschluß an *knacken* 'geräuschvoll aufbrechen') 'Nußknacker' (1700) sowie 'Einbrecher' (19. Jh.), vgl. *Geldschrankknacker* (20. Jh.), landschaftlich (auch f.) 'Knackwurst'. K n a c k w u r s t f. angeräucherte Wurst aus gehacktem Fleisch mit Fettstückchen und dünner, spröder Schale (16. Jh.), nach dem knackenden Geräusch, das beim Hineinbeißen entsteht. K n a c k s m. 'knakkendes Geräusch, Knack, Sprung, Riß, gesundheitlicher Schaden' (18. Jh.), verstärkende Bildung zu gleichbed. *Knack* (s. oben), wie k n a c k s e n Vb. (19. Jh.), Intensivum zu *knacken* (falls nicht von *Knacks* abgeleitet). v e r k n a c k s e n Vb. in Wendungen wie *sich den Fuß*, *die Hand verknacksen* 'verstauchen', oft mit knackendem Geräusch der Knochen oder Sehnen (um 1900). Anderer Herkunft ist *verknacken* 'verurteilen' (s. d.).

Knall m. 'lautes, kurzes und scharfes Geräusch', bezeugt seit dem 16. Jh., Rückbildung aus dem im Nhd. untergegangenen starken Verb mhd. *-knellen* 'mit einem Knall zerplatzen' (mhd. *erknellen* 'erschallen', *zerknellen* 'mit Geräusch zerspringen'). Auf eine ähnliche lautnachahmende Grundform gehen zurück nl. *knallen*, aengl. *cnyll* 'Glockenton, -zeichen', *cnyllan* 'läuten', engl. *knell* 'Totenglocke, Grabgeläute', *to knell* '(bes. die Totenglocke) läuten, einläuten'. Der adverbial gebrauchten Fügung *Knall und Fall* 'plötzlich, unerwartet' (um 1700) geht eine Wendung *Knall und Fall war eins*, d. h. 'mit dem Schuß fiel zugleich der Getroffene' (17. Jh.) vorauf (aus der Jägersprache?). Umgangssprachlich *einen Knall haben* 'verrückt sein' (20. Jh.), wohl vom zu Benommenheit führenden Schlag an den Kopf; dazu das Schimpfwort *Knallkopf*, meist in nd. Lautung *Knallkopp* 'dummer, verrückter Kerl' (um 1930). – k n a l l e n Vb. 'einen Knall erzeugen, schießen, stoßen, fallen, werfen, schlagen, daß es einen Knall gibt' (16. Jh.), von *Knall* abgeleitet; *jmdm. eine (hinter die Ohren) knallen* 'jmdn. ohrfeigen' (19. Jh.). v e r k n a l l e n Vb. 'mit Knall vergehen, verpuffen', umgangssprachlich 'wegen einer Straftat gerichtlich verurteilen' (vgl. *verdonnern*), refl. 'sich verlieben' (19. Jh.). k n a l l i g Adj., älter *knallicht*, 'auffallend, in die Augen stechend, grell, effektvoll, verblüffend' (17. Jh.); vgl. *knallrot* 'grell, schreiend rot' (19. Jh., mundartlich wohl älter).

knapp Adj. 'kaum ausreichend, dürftig, eng anliegend, zu klein, zu kurz (von Kleidung)'. Mnd. *knap*, *knappe* 'eng, rar, spärlich' gelangt im 16. Jh. (zuerst Fischart 'eng angemessen, anliegend', daher 'hübsch') in die Literatursprache. Die Herkunft des Adjektivs ist ungeklärt. Verwandt sind nl. *knap* 'eng anschließend, schnell, klug', anord. *knappr* 'rasch (vom Wellenschlag)', schwed. (falls nicht aus dem Mnd.) *knapp* 'dürftig, kärglich, sparsam, schnell'. Vielleicht wie die unter *knabbern* (s. d.) behandelten Formen mit affektischer Konsonantengemination zu einer Labialerweiterung der Wurzel ie. **gen-* 'zusammendrükken, kneifen, zusammenknicken, Zusammengedrücktes, Geballtes' (s. *²kneipen*, *knicken*, *kneten*, *Knopf*, *Knochen*, *Knoten*, *Knüttel*)?

Knappe m. 'Bergmann', historisierend 'Edelknabe', mhd. *knappe*, mit expressiver Konsonantengemination (wie *Rappe* neben *Rabe*, s. d.) neben gleichbed. *Knabe* (s. d.). In der höfischen Ritterzeit bezeichnet mhd. *knappe* den 'im Dienste eines Ritters stehenden Edelknaben, den berittenen, aber noch nicht zum Ritter geschlagenen Mann', in bestimmten Gewerben den 'Gesellen', bes. in der Bergmanssprache den gelernten Bergmann, vgl. mhd. *bercknappe*. – Knappschaft f. 'Gesamtheit der Knappen eines Bergwerks und deren Organisation' (Mitte 16. Jh.); vgl. mhd. *knappeschaft* 'Art und Weise von Knappen'.

knarren Vb. 'ein knackend-schnarrendes Geräusch erzeugen oder von sich geben', mhd. (md.) *gnarren* 'knurren', spätmhd. mnd. nl. *knarren* ist wie *knirschen*, *knurren*, *schnarren* (s. d.) lautnachahmender Herkunft. – Knarre f. 'Lärminstrument, Rassel' (18. Jh.), in der Soldatensprache 'Gewehr' (19. Jh.).

Knast m. 'Haftstrafe'. Der heute umgangssprachliche, vorher gaunersprachliche Ausdruck (Anfang 19. Jh.) stammt vermutlich aus jidd. *knass*, *knast* 'Strafe, Gefängnis', vgl. hebr. *qānas* 'strafen'. *Knast* 'Gefängnis, Arrest' (*im Knast sitzen*) wird in der Soldatensprache des ersten Weltkriegs üblich. – Knastologe m. 'Strafgefangener' (überwiegend nach der Haftentlassung), scherzhafte Bildung (19./20. Jh.) aus *Knast* und *-loge* (s. d.).

Knaster m. 'schlechter Tabak'. *Canaster* (1700), *Knaster* (1703) neben *Kanastertabak* (1717) 'feiner, würziger Tabak' ist eine Entlehnung von nl. *knaster*, *kanaster*, eigentl. 'Kiste für den Tabakversand'. Diesem liegt wahrscheinlich span. *canasto*, älter auch *canastro* 'sich oben verengender Korb' zugrunde, das (vielleicht über in Glossen belegtes spätlat. *canaster*) auf griech. *kánastron* (*κάναστρον*) 'aus Rohr geflochtener Brot-, Frucht-, Blumenkorb' (woraus auch lat. *canistrum*, s. *Kanister*) zurückgeht, falls es nicht, ebenso wie span. *canasta* 'Korb zum Versand von Waren', erst sekundär zu früh bezeugtem span. *canastillo* 'kleiner, flacher Korb' (aus dem Deminutivum spätlat. *canistellum*) gebildet ist. Die Bezeichnung für die Verpackung wird (wohl als Verkürzung von *Knastertabak*) auf den Inhalt übertragen. In der Studentensprache steht *Knaster* für jede Art von Tabak, also auch für minderwertigen Pfeifentabak, und erhält von daher seinen pejorativen Sinn (19. Jh.).

knattern Vb. 'in schneller Folge kurze, knallende Geräusche erzeugen, von sich geben' (bes. von Motoren, Schußwaffen). Das vermutlich aus dem Md. stammende, seit Ende des 17. Jhs. bezeugte lautmalende Verb steht im Ablaut zu dem aus dem Nd. kommenden, hellere Töne nachahmenden *knittern* (s. d.).

Knäuel m. n. 'zu einer Kugel aufgewickelter Faden (Garn, Wolle)', übertragen 'geballte, formlose Masse, Durcheinander, Gewirr', mhd. *knüel* (14. Jh.), durch Dissimilation entstanden aus mhd. *kliuwel*, *kliuwelīn*, ahd. *kliuwilīn* (11. Jh.), dem Deminutivum von ahd. *kliuwa* (8. Jh.), *kliuiwi* (um 1000), mhd. *kliuwe* 'Knäuel, Kugel, kugelförmige Masse', das mit asächs. *kleuwīn*, mnd. *klūwen*, *klūwen*, nl. *kluwen*, aengl. *cliwen*, *cleowen*, engl. *clew* 'Knäuel', anord. *klē* 'Webstein', eigentl. 'Kugel, Knäuel', und den unter *Klaue* (s. d.) genannten Formen an ie. **gleu-*, eine Erweiterung der Wurzel ie. **gel-* '(sich) ballen, Gerundetes, Kugeliges', angeknüpft werden kann. – knäueln Vb. 'zu einem Knäuel zusammenwickeln', mhd. *kniuwelen* (14. Jh.).

Knauf m. 'kugel- oder knopfartiger Griff' (am Schwert, am Stock). Das nur im festländischen Westgerm. begegnende Substantiv ahd. *knouf* 'Knoten' (11. Jh.), mhd. *knouf* 'Knauf am Schwert, Knopf auf Türmen', mnd. *knōp*, afries. *knāp*, mnl. *cnoop*, nl. *knoop* und die Deminutiva mhd. *knoufel*, *knöufel*, frühnhd. *knoufelīn*, *knöufelīn* (15. Jh.) stehen im Ablaut zu der unter *Knopf* (s. d.) dargestellten Wortgruppe.

Knauser m. 'Geizhals' dringt vom 17. Jh. an aus dem Omd. (Schles.) in die Schriftsprache ein. Vielleicht abgeleitet von dem untergegangenen Adjektiv frühnhd. *knaus* 'hochfahrend', mhd. *knūȝ* 'vermessen, waghalsig', auch 'hochfahrend gegenüber den Armen', das im Ablaut zu aengl. *cnēatian* 'streiten' steht, vgl. WISSMANN Nomina postverbalia 1 (1932) 42. Daher wohl zu der unter *Knoten* (s. d.) angeführten Dentalerweiterung ie. **gneut-* der Wurzel ie. **gen-* 'zusammendrücken, kneifen, zusammenknicken, Zusammengedrücktes, Geballtes'. – knaus(e)rig Adj. 'geizig, übertrieben sparsam', knausern Vb. 'übertrieben sparsam, geizig sein', Knauserei f. (alle 18. Jh.).

knautschen Vb. 'durch Zusammendrücken knittern, (zer)knüllen' ist die seit dem 18. Jh. bezeugte diphthongische Form neben *knutschen* (s. d.). – knautschig Adj. 'leicht Druckfalten bildend, zerknüllt' (19. Jh.). Knautschlack m. mit einer Schicht aus Kunststofflack überzogenes, Knautschfalten enthaltendes weiches Nappa- oder Kunstleder für modische Lederwaren aller Art (um 1970).

Knebel m. 'Querholz' (zum Spannen, Festziehen), 'Holzpflock' (zum Tragen, als Verschluß), 'zusammengedrehtes Stoffknäuel' (um jmdm. den Mund zu verstopfen und ihn am Schreien zu hindern), ahd. *knebil* 'Holzstück, Querholz (zum Fesseln), Pferdekummet' (11./12. Jh.), mhd. *knebel* 'Knöchel, Holzstück, Querholz, grober Kerl, Bengel', asächs. *knebil*, mnd. *knēvel* 'Pflock (auch als Mantelverschluß), Querstange, plumper Kerl, Flegel, gedrehte Spitze des Schnurrbarts', nl. *knevel* 'Holzstück, Knebel, Knebelbart', anord. *knefill* 'Baumast, Querstange', dän. *knevel*, *knebel* 'Mundknebel' führen auf eine deminutive *l*-Ableitung von germ. **knab-* 'Pflock, Stock, Klotz' (wozu auch *Knabe*, s. d.). Außergerm. Anknüpfungsmöglichkeiten finden sich nicht. – knebeln Vb. 'fesseln, binden, mit einem Knebel den Mund verstopfen' (17. Jh.). Knebelbart m. 'gedrehter Schnurrbart' (16. Jh.).

Knecht m. ehemals 'in einem Arbeitsverhältnis bei einem Bauern stehender Landarbeiter', auch 'Diener, Untergebener, Unfreier, Unterdrückter', ahd. (8. Jh.), mhd. asächs. *kneht* 'Knabe, Jüngling, Bursche, junger Mann in lernender und dienender Stellung, Diener, Knappe, Krieger, Held, Lehrling, Geselle', mnd. *knecht*, mnl. *cnecht*, nl. *knecht* 'Diener, Knecht, Geselle', aengl. *cniht* 'Knabe, Jüngling, Diener, Krieger, Held', engl. *knight* 'Ritter'. Herkunft ungewiß. Man sieht darin gewöhnlich eine Bildung mit *t*-Suffix, die man (im Hinblick auf eine vergleichbare Bedeutungsentwicklung von 'Stock, Knüppel' zur männlichen Personenbezeichnung in *Knabe*, *Bengel*, s. d.) mit mnd. *knagge* 'dickes Holzstück, Pflock', nd. *Knagge* 'Pflock, Knorren im Holz', engl. *knag* 'Knorren, Ast', schwed. *knagg* 'Knoten, Knorren, Höcker', (mundartlich) 'untersetzter starker Kerl', anord. (mit germ. *kk*) *knakkr* '(Tisch-, Stuhl)bein, Schemel' verbinden kann. Dann ließe sich ie. **gnegh-* erschließen, das als Gutturalerweiterung der Wurzel ie. **gen-* 'zusammendrücken, kneifen, zusammenknicken, Zusammengedrücktes, Geballtes' (s. ^{2}*kneipen*) angesehen werden kann. In zahlreichen älteren Zusammensetzungen sind frühere Bedeutungen des Wortes noch erkennbar, vgl. *Fuß-*, *Kriegs-*, *Landsknecht*, *Brau-*, *Müllerknecht*, *Amts-*, *Stadtknecht*, *Folter-*, *Fuhr-*, *Haus-*, *Reit-*, *Ruderknecht*; ferner in Gerätebezeichnungen wie *Licht-*, *Stiefelknecht*. – knechtisch Adj. 'unterwürfig, kriecherisch, sklavisch' (um 1500). Knechtschaft f. 'Unfreiheit, (Leben in) Unterdrückung' (16. Jh.). knechten Vb. 'unter seine Herrschaft bringen, unterdrücken' (um 1830; bei Stieler 1691 als ungebräuchlich angeführt); mhd. *knehten* (refl.) 'den Knecht spielen', mhd. *beknehten*, frühnhd. *knechten* (refl.) 'sich mit einem Knechte versehen' sind wohl singuläre Verwendungen.

kneifen Vb. '(jmds. Haut) zwischen zwei Fingern zusammendrücken, zwicken, klemmen, pressen', zu mnd. nd. *knīpen* (s. ^{2}*kneipen*) gebildete hd. Form, die im 16. Jh. aufkommt, im 18. Jh. häufiger und danach in der Literatursprache üblich wird. Umgangssprachliches *kneifen* im Sinne von 'sich drükken, sich jmdm. oder einer Sache nicht stellen, sich einer Herausforderung, einer Verpflichtung entziehen' stammt aus dem Nd., vgl. nd. *knīpen* 'davonlaufen, rennen, sich davonmachen', eigentl. wohl 'aus einer Klemme entlaufen'; vgl. nd. *knīpen gān* 'entlaufen, entwischen, sich aus der Klemme befreien'. – auskneifen Vb. 'heimlich davonlaufen, ausreißen, sich einer Verpflichtung entziehen' (19. Jh.), älter *auskneipen* (17. Jh.), nd. *ūtknīpen* 'sich davonmachen'. verkneifen

Vb. 'auf etw. verzichten, etw. unterdrücken' (19. Jh.); *verkniffen* Part.adj. 'zusammengezogen, verzogen', speziell *verkniffenes Gesicht* 'Gesicht, das durch Erbitterung, Verärgerung harte und scharfe Züge bekommen hat, wegen blendenden Lichts verzogenes Gesicht'. K n e i f e r m. 'Klemmer, Zwikker', gekürzt (2. Hälfte 19. Jh.) aus *Nasenkneifer* (für frz. *pince-nez*, s. *Klemmer, Zwikker*). K n e i f z a n g e f. 'Zange mit zwei scharfen, gegeneinandergebogenen Schneiden' (17. Jh.), md. auch *Kneipzange*.

Kneipe f. 'einfaches Wirtshaus, Schenke'. Im 18. Jh. zuerst im Obsächs. aufkommendes *Kneipschenke* wird in der Studentensprache zu *Kneipe* verkürzt und bezeichnet eine 'kleine, schlechte Schenke' sowie die darin abgehaltene 'Zusammenkunft zum Zechen', dann auch das 'kleine Zimmer eines Studenten', die 'Studentenbude' (Ende 18. Jh.). Das Substantiv gehört wahrscheinlich zu ²*kneipen* 'kneifen, zusammendrücken, klemmen, einengen' (s. d.), so daß von einer Vorstellung 'beklemmend enger Raum' auszugehen ist. *Kneipe* wird heute meist in abschätzigem Sinne gebraucht, oft aber auch als 'vertrautes, gemütliches Lokal' verstanden. – ¹k n e i p e n Vb. 'zechen' (18. Jh.). K n e i p i e r m. 'Wirt, Inhaber einer Kneipe', französierende Bildung der Studentensprache (um 1800).

²**kneipen** Vb. 'kneifen, zusammendrücken, klemmen'. Im 15. Jh. entsteht aus mnd. *knīpen* eine diphthongierte Form md. *kneipen*, die bis ins 18. Jh. auch in der Literatursprache gilt, dann aber vielfach durch verhochdeutschtes *kneifen* (s. d.) abgelöst wird. Mnd. *knīpen*, nl. *knijpen* (mit germ. *p* aus ie. *b*) und verwandtes mnd. *knīf* 'Messer', mnl. *cnijf*, nl. *knijf*, anord. *knīfr*, schwed. *kniv* (mit germ. aus ie. *bh*) verbinden sich mit lit. *gnýbti* 'kneifen', *gnỹbis* 'Kniff, durch Kneifen entstandener Fleck', so daß ie. **gneib(h)-* erschließbar ist, eine Erweiterung der (nur erweitert darstellbaren) Wurzel ie. **gen-* 'zusammendrükken, kneifen, zusammenknicken, Zusammengedrücktes, Geballtes'; s. *kneten, Knochen, Knolle, Knopf*.

kneten Vb. '(eine weiche Masse) mit den Händen drückend bearbeiten, formen', ahd. *knetan* (9. Jh.), mhd. *kneten*, asächs. *knedan*, mnd. *knēden*, mnl. *cnēden*, nl. *kneden*, aengl. *cnedan*, engl. *to knead*, (ablautend) anord. *knoða*, schwed. *knåda* sind vergleichbar mit aslaw. *gnetǫ* 'ich (be)drücke, dränge', russ. *gnestí* (*гнести*) 'bedrücken, quälen, herausdrücken, -pressen', apreuß. *gnode* 'Trog zum Brotkneten', so daß von ie. **gnet-*, einer Erweiterung der Wurzel ie. **gen-* 'zusammendrücken, kneifen, zusammenknicken, Zusammengedrücktes, Geballtes' (s. ²*kneipen*) ausgegangen werden kann.

knicken Vb. 'in den Knien wanken, scharf umbiegen, falten, halb durch-, anbrechen, einen Riß, Sprung bekommen', frühnhd. 'schwankend gehen' (15. Jh.), wohl Übernahme von mnd. *knicken* 'im Knöchel, im Gelenk einknicken, spreizen, abbrechen, halb durchbrechen', das mit mnl. *cnicken* 'knakken, beugen, halb durchbrechen', nl. *knikken* und (ablautend) anord. *kneikja* 'biegen, zusammendrücken', schwed. *kneka* 'sich beugen' an ie. **gneig-*, eine Erweiterung der unter ²*kneipen* (s. d.) genannten Wurzel ie. **gen-* 'zusammendrücken, kneifen, zusammenknicken', angeknüpft werden kann. *knikken* steht auch, zumal in älterer Sprache, für 'die Knie beugen, knicksen' (s. *Knicks*), für 'geizen, knausern' (s. unten *knickern*), ferner (wohl unter dem Einfluß von lautmalendem *knacken*, s. d.) 'einen hellen, kurzen Laut geben, mit leichtem Geräusch zerdrücken'. – K n i c k m. 'Sprung, feiner Bruch, scharfe Biegung', auch 'heller, kurzer Laut' (17. Jh.), anfangs auch 'Knicks', nordd. 'mit Büschen bepflanzter Erdwall' (16. Jh.), mnd. *knick* 'Hecke auf einem niedrigen Wall'. K n i k k e r m. 'wer übertrieben sparsam ist, Geizhals, Knauser' (17. Jh.). k n i c k (e) r i g Adj. 'übertrieben sparsam, geizig, knauserig', k n i c k e r n Vb. 'knickrig sein' (beide 18. Jh.).

Knickerbocker(s) Plur. weite, halblange, unter dem Knie mit einer Schnalle geschlossene Überfallhose, engl. *knickerbockers*. Der Name der von W. Irving (1809) erfundenen literarischen Figur *Knickerbocker* (eines New-Yorkers in der charakteristischen Tracht seiner holländischen Heimat mit weiter Kniehose) wird im Engl. nach dem Erscheinen einer bebilderten Ausgabe (Mitte 19. Jh.) auf das Kleidungsstück übertragen, das mit der engl. Bezeichnung in den 20er Jahren des 20. Jhs. in der dt. Sport- und Wanderbewegung populär wird.

Knicks m. 'das Beugen eines Knies oder beider Knie als ehrerbietiger Gruß'. Das nur im Dt. bezeugte (Ende 17. Jh.) Substantiv ist eine affektisch verstärkte Bildung von *Knick*; zu *knicken* in dessen älterer Bedeutung 'die Knie (verehrend) beugen' (s. d.; vgl. *Klecks* zu *Kleck* und *klecken*). Vom Substantiv abgeleitet k n i c k s e n Vb. (18. Jh.).

Knie n. Gelenk zwischen Oberschenkelknochen und Schienbein, auch 'Biegung, Krümmung', ahd. *kneo*, *knio* (8. Jh.), mhd. *knie*, asächs. *knio*, mnd. *knē*, mnl. *cnie*, nl. *knie*, aengl. *cnēo(w)*, engl. *knee*, anord. *knē*, schwed. *knä*, got. *kniu* (germ. **knewa-*). Außergerm. vergleicht sich aind. *jā́nu*, griech. *góny* (γόνυ), lat. *genū* 'Knie', so daß der *u*-Stamm ie. **ĝenu-*, **ĝneu-* 'Knie' erschließbar ist, s. auch *Kinn*. Über Versuche, die hier für *Knie* genannten ie. Ausgangsformen mit den Wurzeln ie. **ĝen(ə)-* 'erzeugen, gebären' und **ĝen(ə)-* 'erkennen, kennen' zu verbinden, s. *Kind*. – k n i e n Vb. 'mit einem Knie oder beiden Knien auf dem Boden ruhen', (refl.) 'sich auf ein Knie oder die Knie niederlassen', ahd. *gikniuwen* (9. Jh.), *kniuwen* (11. Jh.), mhd. *kniewen*, *knien*; daneben mit ableitendem *l* schweiz. *chnülen*, mnd. *knēlen*, mnl. *cnielen*, nl. *knielen*, engl. *to kneel*. K n i e b e u g e f. 'das Beugen der Knie' (18. Jh.) als ehrerbietiger Gruß, auch als Turnübung (vgl. *Kniebeugung* 1795, *Kniebeugen* Jahn 1816), älter, heute unüblich, 'Kniekehle' (Anfang 17. Jh.); s. *Beuge*. K n i e f a l l m. 'das Niederlassen auf die Knie' (als Zeichen der Ehrerbietung, Huldigung, des flehentlichen Bittens, der Unterwerfung), zum Verb mhd. *knievallen* 'auf die Knie fallen', wozu auch k n i e f ä l l i g Adj. (beide 18. Jh.). K n i e s c h e i b e f. scheibenartiger Knochen an der Vorderseite des Kniegelenks, ahd. *knioskība* (Hs. 12. Jh.), mhd. *knieschībe*.

Kniff m. 'das Kneifen, dadurch entstandene Falte in Papier oder Stoff', Mitte des 18. Jhs. zum Verb *kneifen* (s. d.) gebildet. Die Bedeutung 'Kunstgriff, Trick, List' (ebenfalls 18. Jh., doch vgl. bereits gleichbed. mnd. *knēp*) leitet sich von der betrügerischen Kennzeichnung von Spielkarten durch Einkneifen her. – k n i f f e n Vb. 'in Falten legen, falzen' (19. Jh.).

kniff(e)lig Adj. 'Klugheit, Geduld und Geschicklichkeit erfordernd, schwierig, mühsam' (19. Jh.), omd. *knifflich*. Das allgemein als Ableitung von *Kniff* (s. d.) empfundene Adjektiv ist vielmehr eine Bildung zu dem nur mundartlich vorkommenden Verb *kniffeln*, *knüffeln* 'genau arbeiten, mühselige, Nachdenken erfordernde Arbeit verrichten'. Die weitere Herkunft ist unklar.

knipsen Vb. 'einen kurzen hellen Laut erzeugen, mit den Fingern schnippen, abzwikken, einen Schalter betätigen, photographieren, lochen'. Wie *Knips* m. 'leichter Schlag, Schnippchen' eine seit dem 17. Jh. bezeugte lautmalende Bildung. Vgl. die älteren Formen nd. md. *knippen*, *Knipp* (heute noch mundartlich). – K n i p s e r m. 'wer oder was *knips* macht, Schalter, kleine Klammer, Druckknopf, wer Fahrscheine locht, viel und planlos photographiert' (20. Jh.).

Knirps m. 'kleiner Kerl', abschätzig 'kleiner, unansehnlicher Mensch', Anfang 18. Jh. (*Knirbs*) aus md. Mundarten in die Literatursprache aufgenommen. Als Ausgangsform kann (wenn *i* aus *ü* entrundet) **Knürbes* angenommen werden, vgl. nd. (waldeckisch) *Knirwes*, schweiz. *Chnürbis*, vielleicht verwandt mit *Knorpel*, *Knorren* (s. d.). Übertragen 'zusammenschiebbarer Schirm, Taschenschirm' (1. Hälfte 20. Jh., zunächst Warenzeichen).

knirschen Vb. 'ein mahlendes, reibendes Geräusch von sich geben' (bes. *mit den Zähnen knirschen*), expressive Weiterbildung (Anfang 16. Jh.) von lautmalendem mhd. *knirren*. Vgl. mhd. *knir knei* (Wiedergabe eines beim Zerbeißen entstehenden Geräusches), *knyrschung mit den czenen* (14. Jh.), mnd. *knersen*, mnl. *cnersen*, nl. *knersen*; vgl. dazu auch *knarren*, *knurren* (s. d.), die dunklere Klangempfindungen wiedergeben. S. *zerknirscht*.

knistern Vb. 'leise, hell knackende, raschelnde Geräusche von sich geben'. Das seit dem 16. Jh. bezeugte lautnachahmende Verb stammt aus dem Md. und Nd. (vgl. mnd. *gnisteren*, *knisteren*).

knittern Vb. 'kleine Druckfalten bilden, faltig werden' (von Stoff und Kleidung), 'kleine Falten in etw. machen, zerdrücken', zuvor auch 'knistern' (von Papier). Im 17. Jh. wird nd. *knittern* 'leicht, hell knattern' (mnd. *knēteren*, *knetteren* 'krachen, poltern, knistern, knirschen', nl. *knitteren* 'knistern') in die Literatursprache übernommen; es steht im Ablaut zu *knattern* (s. d.) und ist wie dieses lautnachahmender Herkunft. – z e r k n i t t e r n Vb. 'durch Drücken, Knicken faltig machen' (um 1700). k n i t t (e) r i g Adj.

'leicht faltig werdend, zerknittert' (um 1800), zuvor 'knisternd, klirrend, schwirrend' (17. Jh.). knitterarm Adj. 'nur wenig knitternd', knitterfrei Adj. 'nicht knitternd' (um 1930).

knobeln Vb. 'durch ein Spiel auslosen, würfeln'; ausknobeln Vb. 'eine strittige Sache durch Würfeln entscheiden', woraus übertragen *knobeln* 'angestrengt über die Lösung eines Problems nachdenken'. Das in der Studentensprache (zuerst 1813) bezeugte Verb im Sinne von 'nach bestimmten Regeln um die Zeche würfeln' wird im Laufe des 19. Jhs. allgemeinsprachlich. Es ist abgeleitet vom Substantiv *Knobel* '(Finger)knöchel', (daraus hergestellter) 'Würfel', ahd. *knovel* (Hs. 13. Jh.), mhd. *knübel*, (md.) *knubel* '(Finger)-knöchel', Plur. auch 'Faust', verwandt mit *Knopf* (s. d.). – Knobelbecher m. 'Würfelbecher' (19. Jh.), in der Soldatensprache des ersten Weltkriegs 'kurzer Schaftstiefel' (im Vergleich mit dem ledernen Würfelbecher).

Knoblauch m. Lauchart (zum Grundwort s. *Lauch*) mit zusammengesetzter Zwiebel. Ahd. *klobalouh* (9. Jh.), mhd. *klobelouch*, asächs. *kluflōk*, mnd. *kloflōk*, mnl. *cloflooc*, *cluflooc*; der Anlaut *kl-* wird früh zu *kn-* dissimiliert, vgl. ahd. *cnufloch* (11. Jh.), mhd. *knobelouch*, mnd. *knoflōk*, *knuflōk*, nl. *knoflook*; nichtdissimilierte Formen begegnen bis ins 18. Jh. Das erste Kompositionsglied (germ. **klubō* 'Zwiebel') gehört zu den unter *klieben* 'spalten' und unter *Kloben* (s. d.) dargestellten Formen. Das Zwiebelgewächs wird als 'gespaltener Lauch' aufgefaßt und ist nach seiner aus „Zehen" bestehenden, d. h. aus Nebenzwiebeln zusammengesetzten Zwiebel benannt.

Knochen m. 'Teil des Skeletts', mhd. *knoche* 'Knochen', mnd. *knōke*, *knāke* 'Knochen, Hirnschale', mnl. *cnōke*, nl. *knook* 'Knochen, Glied, Gelenkhügel', schwed. *knoge* 'Knöchel', norw. *knoke* setzen mit lit. *gniáužti* '(mit der Hand) fest zusammendrücken, quetschen, (aus)pressen', *gniáužta(s)* 'geballte Hand, Pfote, Handvoll' und wohl auch serbokr. *gnjáviti* 'drücken, pressen, quetschen, würgen', slowen. 'quälen, belästigen' ie. **gneuĝ-* voraus, das sich zusammen mit mehreren anderen Erweiterungen an die Wurzel ie. **gen-* 'zusammendrücken, kneifen, zusammenknicken, Zusammengedrücktes, Geballtes' anschließt (s. *Knopf*, *Knorren*, *Knoten*, *Knust*, *knabbern*, [2]*kneipen*). *Knochen* hat altes *Bein* (s. d.), das noch Luther bevorzugt, weitgehend zurückgedrängt. Dazu das Deminutivum Knöchel m. 'Knochenvorsprung an Finger- und Fußgelenken', mhd. *knöchel*, *knüchel*, frühnhd. *knöchel*, *knochel*, *knuchel*, mnd. *knōkel*. Mit erneuter Deminuierung (aus dem Md.) Knöchelchen n. 'kleiner Knochen' (18. Jh.). – knöchern Adj. 'aus Knochen bestehend' (18. Jh.). verknöchern Vb. 'zu Knochen werden, durch Alter oder Mangel an Bewegung steif, unbeweglich werden' (18. Jh.); verknöchert Part.adj., auch 'geistig unbeweglich, starr, spießig' (19. Jh.). knochig Adj. 'mit starken, sichtbar hervortretenden Knochen ausgestattet, derb, plump, ungeschlacht' (15. Jh.). Knochenfraß m. (um 1800), älter *Beinfraß*. Knochenmann m. 'Tod', personifiziert vorgestellt als Skelett (17. Jh.).

knockout Adj. (nur prädikativ), abgekürzt *k. o.*, im Boxsport 'niedergeschlagen und nicht imstande, den Kampf nach 9 Sekunden fortzusetzen, kampfunfähig', substantiviert *Knockout* m. *(K. o.)* im Sinne des Adjektivs, dann auch 'Entscheidungstreffer'. Der engl. Ausdruck, etwa zu Beginn des 20. Jhs. ins Dt. übernommen, entstammt der Fügung *to knock out of time* 'jmdn. so schlagen oder treffen, daß er in einer festgelegten Zeit den Kampf nicht wieder aufnehmen kann'; vgl. lautmalendes engl. *to knock* 'schlagen' (s. *knacken*).

Knödel m. 'Kloß', spätmhd. *knödel* 'kleiner Knoten, Fruchtknoten', frühnhd. 'Kloß', heute vor allem südd.; Deminutivum zu der unter *Knoten* (s. d.) behandelten mhd. Form mit inlautendem *-d-*.

Knolle f., Knollen m. 'Auswuchs, Klumpen, Wurzelverdickung', ahd. *knollo* 'Riff, Klippe' (8. Jh.), 'Klumpen' (Hs. 13. Jh.), mhd. *knolle* 'Klumpen, Erdscholle, plumper Mensch', mnd. *knolle*, *knul* 'kleine Anhöhe' (nur als Ortsname), mnl. *cnol* 'kleine Anhöhe', nl. *knol* 'Knolle, Rübe', aengl. *cnoll*, engl. *knoll* 'Hügel, Kuppe, Bergspitze, Gipfel', anord. *knollr* 'Bergkuppe' setzen bei Entwicklung von *ll* aus germ. *zl* oder *ðl* germ. **knuzla-* bzw. **knuðla-* 'zusammengeballte Masse, Klumpen' voraus, führen also entweder auf ie. **gneus-* (s. *knüllen*, *Knust*) oder auf ie. **gneut-* (s. *Knoten*), beides Erweiterungen der Wurzel ie. **gen-* 'zusammendrücken, kneifen, zusammenknicken, Zusammengedrücktes, Geballtes'. – knollig Adj. 'knorrig, klumpig, verdickt' (18. Jh.), älter *knollicht* (15. Jh.). Knollenblätterpilz m. (20. Jh.), *Knollenblätterschwamm* (19. Jh.), künstlich geprägter Name für mehrere giftige Pilzarten mit einer kugeligen Verdickung (*Knolle*) am Grunde des Stiels.

Knopf m. '(meist rundes) Kleidungsverschlußstück, Vorrichtung zum Drücken, Griff, Knauf', ahd. *knoph* 'Knoten, Knorren, Knopf' (9. Jh.), mhd. *knopf* 'Knorren, Knospe, Kugel, kugelförmiges Ende, Knauf, Knoten, Schlinge, Hügel', mnd. *knoppe*, *knuppe* 'Knoten, Bündel, Knospe', mnl. *cnop* 'Knoten, Knorren, Knopf, Klumpen, Knauf', nl. *knop* 'Knopf, Knauf, Knospe', schwed. *knopp* 'Knospe, Knauf' führen auf germ. **knuppa-* 'Zusammengeballtes, Klumpen', woneben ohne Konsonantenschärfung germ. **knupa-* (s. *Knospe*), ablautend germ. **knaupa-* (s. *Knauf*) und germ. **knob-* (s. *knobeln*). Man kann die germ. Formen mit ir. *gnobh* 'Knoten am Holz', lit. *gniáubti* 'umfassen, umarmen' (aus älterem **gnēubh-*) und *gniùbti* 'Festigkeit verlieren, sich senken' vergleichen und ie. **gneubh-* erschließen, das als Erweiterung der Wurzel ie. **gen-* 'zusammendrücken, kneifen, zusammenknicken, Zusammengedrücktes, Geballtes' gelten kann, wenn man nicht für die Wortgruppe *Knopf*, *knüpfen*, *Knauf*, *Knüppel*, *knuffen*, *Knospe*, *knobeln* germ. Entstehung annehmen will. – knöpfen Vb. 'mit Knöpfen öffnen oder schließen', frühnhd. *knopffen*. abknöpfen Vb. 'abpflücken' (15. Jh.), 'Knöpfe lösen' (18. Jh.), übertragen 'weg-, abnehmen' (19. Jh.). vorknöpfen Vb. 'zurechtweisen, maßregeln', eigentl. 'jmdn. an den Knöpfen fassen und vor sich hinstellen' (19. Jh.). Knopfloch n. (18. Jh.).

knorke Adj. 'großartig, fabelhaft, vorzüglich' (fast nur prädikativ) erscheint etwa 1916 in Berlin und gewinnt Mitte der 20er Jahre an Verbreitung. Herkunft ist ungeklärt; spontane Entstehung (durch falsches Verstehen?, oder als Reimwort zu *Lorke* 'dünner Kaffee'?) ist wahrscheinlich.

Knorpel m. 'festes, doch elastisches, das Knochengerüst und die Gelenke stützendes Bindegewebe', frühnhd. *knorpel* und *knorpelbein* (15. Jh.), auch *Knerbel*, *Knörbel*, *Knörpel* (Luther). Als weitere (z. T. landschaftliche) Varianten begegnen *Knarpel*, *Gnarbel*, *Knerpel*, *Knurpel*, *Knorfel*, *Knürfel*, *Knorsel*, *Knorspel*. In der nhd. Literatursprache hat sich allein *Knorpel* durchgesetzt. Die genannten Formen sind als erweiterte *l*-Ableitungen des unter *Knorren* (s. d.) behandelten Substantivs anzusehen. Vgl. (ohne *l*-Suffix) mnl. *cnoersebeen*, nl. *knurf*, *knorf*.

Knorren m. 'Auswuchs an Bäumen, unförmiges Holzstück, Baumstumpf, Holzklotz', mhd. mnd. *knorre* 'knotenförmige Verdikkung, hervorstehender Knochen, Knorpel, Auswuchs, Buckel', mnl. *cnorre*, nl. *knor* 'Auswuchs, Buckel, Knoten, Knolle' sind zu vergleichen mit ahd. *kniurīg* 'knochig, stark, muskulös' (um 1000), mhd. *knūr(e)* 'Knoten, Fels, Gipfel', so daß von einer (allerdings nur im Germ. vertretenen) Erweiterung ie. **gner-* der im Germ. vielfach in Erweiterungen auftretenden Wurzel ie. **gen-* 'zusammendrükken, kneifen, zusammenknicken, Zusammengedrücktes, Geballtes' (s. *Knopf*, *Knoten*) ausgegangen werden kann. Eine expressive Weiterbildung ist gleichbed. Knorz m., ahd. (11. Jh.), frühnhd. *knorz* 'Verdickung, Auswuchs am Baum', womit sich auch dän. *knort* 'Knorren, Knoten', schwed. (mundartlich) *knort* 'Knorren, unreifes Obst, kleiner Kerl' verbinden.

Knospe f. 'Pflanzensproß mit Blatt- oder Blütenanlage' (Mitte 16. Jh.), mhd. *knospe* 'knorriger Auswuchs', (md.) *knospechin* 'kleine Pflanzenknospe'. Vielleicht ist mhd. **knofse* bzw. **knobze* vorauszusetzen und eine ähnliche Umgestaltung wie mhd. *wefse*, *webze* zu mhd. *wespe*, *webse* 'Wespe' anzunehmen, so daß das Substantiv als *s*-Ableitung von germ. **knupa-* (s. *Knopf*) aufzufassen ist. – knospen Vb. 'sprießen, Knospen treiben, ausschlagen' (18. Jh.).

Knoten m. 'Verknüpfung von Fäden, Stricken, Bändern', auch 'Verdickung, Anschwellung', ahd. *knoto* 'geflochtener Riemen' (8. Jh.), mhd. *knote* 'Verknüpfung, Verdikkung'. Daneben steht bereits früh mit grammatischem Wechsel ahd. *knodo* 'geflochtener Riemen' (9. Jh.), 'Fingerknöchel' (11. Jh.), mhd. *knode* 'Verknüpfung, Verdickung'. Zur *t*-Form gehört *Knüttel* (s. d.), zur *d*-Form *Knödel* (s. d.). Im Nhd. stehen die Doppelformen *Knote*, *Knoten* und *Knode*, *Knoden* lange nebeneinander, bis sich im 18. Jh. *Knoten* (mit auslautendem *-n* aus den obliquen Kasus) durchzusetzen beginnt. Auch die nächsten germ. Verwandten zeigen unterschiedlichen Auslaut der Wurzelsilbe. Zusammen gehören mhd. *knotze* 'Knorren', aengl. *cnotta* 'Verdikkung', engl. *knot* 'Knoten', aengl. *cnyttan* 'verknüpfen', engl. *to knit* 'stricken', mnl. *cnutten* 'knoten, festmachen', mnd. *knütten* 'zusammenknüpfen, -knoten, knüpfen, stricken'. Eine andere Gruppe bilden anord. *knūtr* 'Knoten' (s. *Knute*), schwed. *knut* 'Knoten', anord. *knūta* 'Knochenkopf, Knöchel'. Außergerm. Verwandte finden sich im Baltischen, vgl. lit. *gniùsti* 'drücken', *gniùtulas* 'Ballen, Knollen, Klumpen', *gnùtulas* '(faustgroßer) Klumpen'. Erschließbar ist eine Erweiterung ie. **gneut-* (wozu auch *knutschen*, s. d.) der Wurzel ie. **gen-* 'zusammendrücken, kneifen, zusammenknicken, Zusammengedrücktes, Geballtes', die in einer Vielzahl von (oft nur im Germ. vertretenen) Erweiterungen begegnet (s. *Knopf*, *Knorren*, *Knust*). – k n o t e n Vb. 'verschlingen, verknüpfen', mhd. *knoten*. k n o t i g Adj. (15. Jh.). K n o t e n m., meist im Plur., in der Seemannssprache Maßeinheit für die Schiffsgeschwindigkeit (Seemeilen pro Stunde), entlehnt (Anfang 18. Jh.) aus gleichbed. engl. *knot*, Plur. *knots*, eigentl. die Knoten in der Logleine zum Messen der Fahrgeschwindigkeit.

Knöterich m. (15. Jh.), Name für Unkräuter mit knotenförmig verdickten Stengelgelenken, abgeleitet von mhd. *knote*, nhd. (älter) *Knote* (s. *Knoten*), wie *Wegerich* (s. d.) von *Weg*.

Know-how n. 'Wissen um die praktische, technische Verwirklichung einer Sache, technisches Wissen, Sachkenntnis' ist eine junge Entlehnung (Mitte 20. Jh.) von engl. *know-how*, eigentl. 'wissen, wie' (vgl. engl. *to know* 'wissen', zur Etymologie s. *können*, und *how* 'wie').

knuffen Vb. 'stoßen, puffen', ein nd. Verb, das im 18. Jh. in die hd. Literatursprache eingeht. Nd. *knuffen* und die Iterativa nd. *knüffeln*, *knüwweln* '(mit den Fingerknöcheln) drücken, massieren', nl. *knuffelen* 'knuffen, puffen' sind vielleicht verwandt mit *Knopf* (s. d.). Oder ist lautmalender Ursprung (wie bei *puffen*, s. d.) anzunehmen? – K n u f f m. 'leichter Stoß, Schlag' (18. Jh.).

Knülch, Knilch m. nur umgangssprachlich (vor allem nordd., nordwestd. und md.) 'unangenehmer Mensch' oder überhaupt in lässig-lockerer Rede 'Mensch, Kerl' (Anfang 20. Jh.). Herkunft ungeklärt. Vielleicht eine Bildung des Rotw. aus *knollig* (älter *knollicht*) 'bäuerisch, grob' (zu *Knolle*, s. d.), also eigentl. 'grober Kerl'? Oder mit Knobloch in: Lingua 26 (1970/71) 307 aus *Knünich*, der kölnischen Lautung von *Kanonikus*?

knüll(e) Adj. 'zerschlagen, erschöpft, betrunken', vorzugsweise nd. und md., zuerst (1. Hälfte 19. Jh.) als Ausdruck der Studenten bezeugt. Zu *knüllen* 'knittern, zusammendrücken' (s. d.)?

knüllen Vb. 'knittern, knautschen, zusammendrücken, Druckfalten bilden', mhd. *knüllen* 'stoßen, (er)schlagen', frühnhd. 'schlagen, prügeln', aengl. *cnyllan* 'klopfen, schlagen', anord. *knylla* 'prügeln' führen bei einer Entwicklung von *ll* aus *zl* auf germ. **knuzljan* 'zusammendrücken, stoßen, schlagen', das als *l*-Bildung an die sich nur im Germ. fortsetzende Erweiterung ie. **gneus-* (wozu auch *Knust*, *verknusen*, s. d.) der Wurzel ie. **gen-* 'zusammendrücken, kneifen, zusammenknicken, Zusammengedrücktes, Geballtes' (s. *Knopf*, *Knoten*) angeschlossen werden kann.

Knüller m. 'sensationelle Sache, Schlager, Reißer', auch *Kniller* (20. Jh.). Aus jidd. *Kneller* 'Schlager', zu jidd. *knellen* 'schlagen, knallen'? Oder eigenwillige Bildung unter Anlehnung an *knüllen* (s. d.)?

knüpfen Vb. 'Fäden miteinander verbinden, eine Schleife binden, Knoten machen' (ein nur im Dt. bezeugtes Verb), ahd. *knuphen* 'knoten, schlingen' (8. Jh.), mhd. *knüpfen*, mnd. *knüppen*; mit *jan*-Suffix abgeleitet von dem unter *Knopf* (s. d.) behandelten Substantiv.

Knüppel m. 'kurzer dicker Stock, Steuer-, Gangschalthebel, Art Brötchen (nach seiner kurzen massiven Gestalt)'. Frühnhd. (omd.) *knuppel* (15. Jh.), mnd. *knüppel* 'Prügel, Knüttel' (vgl. auch nl. *knuppel*) setzt sich gegen frühnhd. (obd.) *knüpfel* 'Knüttel, Knorren, Geschwulst' (15. Jh.), das in obd. Mundarten noch heute gilt, in der Literatursprache durch. Beide Formen sind nach dem Muster der Gerätenamen auf germ. *-ila-* zu dem unter *Knopf* (s. d.) behandelten Substantiv gebildet, wohl zu dessen alter Bedeutung 'Knorren, Auswuchs', so daß *Knüppel* eigentl. als 'knorriger Stock' zu verstehen ist. – n i e d e r - , zusammenknüppeln Vb. (20. Jh.), zu (heute seltenem) *knüppeln* 'prügeln, schlagen' (18. Jh.), vgl. mnd. *knüppelen*. Knüppeldamm m. (18. Jh.).

knurren Vb. 'drohende Kehllaute ausstoßen' (vom Hund), 'kollernde Töne von sich geben' (vom Magen), 'mürrisch, unfreundlich, gereizt und undeutlich sprechen'. Das seit dem 16. Jh. bezeugte Verb ist wie *knarren*, *knirschen* (s. d.) lautmalenden Ursprungs. – knurrig Adj. 'murrend, mürrisch, verdrießlich' (um 1800). Knurrhahn m. Name eines breitköpfigen Meeresfisches mit steifen Bruststacheln, der, sobald er an die Luft kommt, mit seinen Kiemendekkelknochen ein knurrendes Geräusch von sich gibt (Anfang 18. Jh.); übertragen 'gutmütig-brummiger Mensch' (18. Jh.).

knuspern Vb. 'in kleinen Bissen hörbar knabbern'; nd. *knuspern* (neben *gnaspern*) wird etwa um 1800 in die Literatursprache aufgenommen. Das Verb ist, wie auch *knabbern* (s. d.) und dort behandeltes *knappern*, *knuppern*, lautmalend. – knusp(e)rig Adj. 'hart gebacken oder gebraten, angenehm zum Knabbern' (19. Jh.), aus dem Nd.

Knust m. 'Anschnitt des Brotes, Brotkanten, Brotrinde, Kruste', ein überwiegend nordd. Ausdruck, beruhend auf mnd. nd. *knūst* 'knotiger Auswuchs, Knorren, Verdikkung, Hornballen, Brotlaib, Brotecke'. Vgl. dazu (ebenfalls mit Dentalsuffix) mnl. *cnuust* 'Knorren, Baumstumpf, Keule', nl. *knuist* 'Faust, Knolle', ablautend schwed. (mundartlich) *knyst*, mit kurzem Vokal norw. (mundartlich) *knust* 'Knorren', anzuknüpfen an nur im Germ. sich fortsetzendes ie. **gneus-* (wozu auch *knüllen*, *verknusen*, s. d.), Erweiterung der Wurzel ie. **gen-* 'zusammendrükken, kneifen, zusammenknicken, Zusammengedrücktes, Geballtes' (s. *Knopf*, *Knoten*).

Knute f. 'Riemenpeitsche', vorzugsweise jedoch in übertragenem Sinne 'Gewalt-, Willkür(herrschaft)', entlehnt aus russ. *knut* (*кнут*) 'Peitsche', eigentl. 'Knotenpeitsche', seinerseits eine Entlehnung aus anord. *knūtr*, aschwed. *knūter* 'Knoten', die mit nhd. *Knoten* (s. d.) verwandt sind. *Knute*, in Reisebeschreibungen über Rußland seit der 1. Hälfte des 17. Jhs. bezeugt, trifft auf einheimisches *Knottpeitzsche* (Ende 16. Jh.) und entwickelt von daher die Mischform *Knuttpeitsche* (17. und 18. Jh.). In übertragenem Sinne (vgl. *die Knute geben*, *unter der Knute stehen* u. dgl.) wird der Ausdruck seit der 2. Hälfte des 18. Jhs. auch auf Verhältnisse außerhalb Rußlands bezogen.

knutschen Vb. 'liebkosend an sich drücken, heftig küssen' (19. Jh.), älter 'drücken, pressen, quetschen'. Vgl. mhd. (md.) *knutzen*, *knützen* 'drücken, quetschen', *zuknutschen* 'zerdrücken', nhd. in den landschaftlichen Varianten *knützen*, *knütschen*, *knūtschen*, wobei sich langvokalisches *knūtschen* erst spät durchsetzt. Daneben auch weithin die diphthongische (semantisch spezifizierte) Form *knautschen* (s. d.). Das Verb ist verwandt mit *Knoten* (s. d.) und schließt sich formal der dort verzeichneten Wortgruppe um mhd. *knotze* 'Knorren' an.

Knüttel m., (mit Entrundung) Knittel 'Knüppel', ahd. *knut(t)il* 'Stock mit verdicktem Ende, Keule, Knüppel' (um 1000), mhd. *knüttel*, *knütel* ist eine Bildung zu dem unter *Knoten* (s. d.) behandelten Substantiv. – Knüttel-, Knittelvers m. vierhebiger, paarweise gereimter Vers mit freier Füllung der Binnen- und Eingangssenkung, 'holpriger, schlechter Vers'. Frühnhd. *clueppel versgen* (um 1500), *knuttel verschigen* (1543 in Luthers Tischreden), *Knüppelvers* (um 1599) bezeichnet ein gereimtes Hexameterpaar bzw. spruchartige Verse, und in diesem Sinne wird schon früh (1579) *Knüttelvers* als Verdeutschung von spätlat. *versus rhopalicus* gebraucht, eigentl. ein 'Vers, in dem jedes folgende Wort um eine Silbe länger ist', vgl. griech. *rhopalikós* (*ῥοπαλικός*) 'wie eine Keule (nach oben dicker werdend)', zu griech. *rhópalon* (*ῥόπαλον*) 'Keule, Knüttel'. Liegt letztlich eine Übersetzung von nlat. *baculum* 'Kehrreim' (lat. 'Stock, Stab') zugrunde?

Koalition f. 'Vereinigung, Bündnis'. Zum Verb lat. *coalēscere* (*coalitum*) 'zusammenwachsen, verschmelzen, sich einigen' (vgl. lat. *alēscere* 'heranwachsen, gedeihen', *alere* 'nähren, aufziehen', und s. *kon-*) bildet erst das Mlat. ein Abstraktum *coalitio* zur Bezeichnung eines Klosterkonvents (doch vgl. schon spätlat. *coalitus* 'Verbindung, Vereinigung'). Die Bedeutung 'politisches Bündnis' ist zuerst für entlehntes engl. *coalition* nachweisbar (Anfang 18. Jh.); vornehmlich durch Reiseberichte wird der Ausdruck ins Frz. und (Ende 18. Jh.) ins Dt. aufgenommen. In der nlat.

Wissenschaftssprache gilt *coalitio* für die Vereinigung bestimmter Substanzen (in Chemie und Arzneimittellehre). – k o a l i e r e n Vb. 'sich vereinigen, sich verbinden' (19. Jh.), voraufgehendes *koalisieren* (vgl. frz. *coaliser*) bzw. *koaleszieren* (um 1800; vgl. lat. *coalēscere* und engl. *to coalesce*) ablösend.

Kobalt n. dem Nickel ähnliches und meist mit diesem gemeinsam vorkommendes Metall. Die im 16. Jh. aufkommende Bezeichnung *Cobalt* (Mathesius), auch *Kobolt* (Paracelsus) und *Cobel*, ist die obsächs. Form von *Kobold* (s. d.) und (wie *Nickel*, *Wolfram*, s. d.) zunächst ein Scheltwort der Bergleute für ein für wertlos gehaltenes Mineral, das bei der Verhüttung nicht das erwartete Produkt (z. B. Silber) ergibt. Nach dem Glauben der Bergleute schob ein Berggeist (*Kobold*) ein solches Metall unter, nachdem er das Silber geraubt hatte. Seit dem 17. Jh., als man das Metall zur Blaufärbung zu nutzen begann (vgl. *kobaltblau*), gewinnt der Ausdruck an Verbreitung.

Koben m. 'Verschlag, kleiner Stall', mhd. *kobe*, (md.) *kove* 'Stall, Schweinestall, Käfig, Höhlung', mnd. *kōve(n)* 'Stallverschlag', mnl. *cove(n)* 'Hütte, Stall', aengl. *cofa* 'Kammer, Versteck, Höhle', engl. (mundartlich) *cove* 'Höhle', anord. *kofi* 'kleines Zimmer, Hütte' und die Ableitung ahd. *kubisi* 'Hütte' (um 800) führen mit griech. *gȳpē* (*γύπη*) 'Erdhöhle, Kammer, Geiernest', poln. (älter) *żupa* 'Bergwerk', aslaw. *župište*, aruss. *župišče* 'Grab' auf ie. **gupā*, **geupā* 'Erdhöhle, abgedeckte Grube', eine Labialerweiterung der Wurzel ie. **geu-*, **gū-* 'biegen, krümmen, wölben' (s. *Kugel*).

Kobold m. 'übermütiger Hausgeist, Wichtel', mhd. *kobolt* (mit Betonung auf der ersten oder der zweiten Silbe) bezeichnet einen übermütigen, teils freundlichen, teils heimtückischen Hausgeist. Es handelt sich offenbar um ein Kompositum, dessen erster Bestandteil in der Bedeutung 'Hütte, Haus, Gemach' zu dem unter *Koben* (s. d.) behandelten Wort gehört, während der zweite Teil entweder (wie bei *Unhold*) zu *hold* (s. d.) oder zu *walten* (s. d.) gebildet ist, so daß *Kobold* eigentl. als 'Hausgeist' oder 'Hauswalter, Haushüter' zu verstehen ist.

Kobolz m. 'Purzelbaum', in der Fügung *Kobolz* (auch *Kobold*) *schießen* 'Purzelbäume (bzw. einen Purzelbaum) schlagen' (wie ein übermütiger Kobold). Entstanden (19. Jh.) aus der auf der zweiten Silbe betonten Form von *Kobold* (s. d.) in nordd. Mundarten, wohl als ein heute nicht mehr erkennbarer Plural auf *-s*.

Kobra f. Name der südasiatischen Brillenschlange, entlehnt (19. Jh.) entweder direkt aus port. *cobra (de) capelo* (d. i. 'Schlange mit Kapuze, Haube', daher auch nhd. *Hutschlange*; der scheibenförmig spreizbare Nakken ähnelt von weitem einem Hut) oder aus vermittelndem frz. *cobra*. Port. *cobra* geht auf vlat. **colobra* (lat. *colubra*) 'kleine Schlange, Natter' zurück.

Koch m. 'wer Speisen zubereitet bzw. sich berufsmäßig damit befaßt', ahd. *kohho* (9. Jh.), *koh* (11. Jh.), mhd. *koch*, asächs. mnd. *kok*, mnl. *coc*, nl. *kok* werden im Zusammenhang mit der verfeinerten römischen Kochkunst aus lat. *cocus* (Nebenform von lat. *coquus*) 'Koch' ins Germ. entlehnt. Aengl. *cōc*, engl. *cook* setzt dagegen sekundäre Dehnung des Vokals voraus (ähnliche Entwicklungen zeigen die unter *Brief*, *Schule*, s. d., behandelten Entlehnungen). Abgeleitet K ö c h i n f., spätmhd. *köchinne* (14. Jh.) neben dem zum Verb gebildeten *kocherīn*. – k o c h e n Vb. 'sieden, wallen, brodeln, Speisen zubereiten', ahd. *kohhōn* (10. Jh.), mhd. *kochen*, mnd. *kōken*, mnl. *cōcen*, nl. *koken*, afries. *koka* sind (parallel zum Substantiv) frühe Entlehnungen aus lat. *cocere* (Nebenform von lat. *coquere*) 'kochen, sieden'. Ahd. *kohhōn* stellt sich neben einheimisches ahd. *siodan* (nhd. *sieden*, s. d.), das noch heute im Süden des dt. Sprachgebietes für 'den Siedepunkt erreichen, gar kochen' gilt. K o c h e r m. 'Gerät zum Kochen' (18. Jh.).

Köcher m. 'länglicher Behälter, Futteral' (zum Aufbewahren und Tragen von Pfeilen, neuerdings auch von Golfschlägern, optischen Geräten). Die westgerm. Formen ahd. *kohhār(i)* (9. Jh.), mhd. *kochære*, *kocher*, asächs. *kokar*, mnd. *kōker*, *kȫker*, mnl. *cōker*, nl. *koker*, aengl. *cocer*, *cocor* (bis um 1200) stammen aus hunnisch **kukur* (als einzige Entlehnung aus dem Hunnischen). Dieses beruht, vermittelt durch turktatarische Sprachen wie Tarantschi *kökür*, oirotisch *kökör*, kasachisch *kökkör*, saghaisch, koybalisch, sojonisch *kügär* 'Lederflasche,

Schlauch', auf amongol. *køkygyr* 'rindsledener Wasser-, Weinschlauch', vgl. kalmykisch *kokür* (*кøкур*), auch 'lederner Schlauch für Kumys', einer Ableitung von amongol. *køky-* 'saugen'.

kodderig Adj. 'schäbig, abgerissen, schlecht, übel' verbindet sich mit nordd. *Kodder* m. 'Lumpen, Wischlappen', das als nd. Form neben ahd. *kozzo* (9. Jh.), mhd. *kotze*, nhd. (landschaftlich) *Kotze* 'grobes, zottiges Wollzeug, wollene Decke' steht. Weitere Herkunft ist unbekannt. In der Bedeutung 'unverschämt, frech' gehört der nordd. Ausdruck wohl zu mnd. *koder*, *kodder* 'Schleim, Rotz', dessen Ursprung ebenfalls dunkel ist.

Kode, Code m. 'System von vereinbarten Zeichen, System zum Verschlüsseln von Wörtern bzw. Texten, Schlüssel zum Entziffern dieser Systeme'. Aus lat. *cōdex* in der Bedeutung spätlat. 'Gesetzbuch, Gesetzessammlung' (s. *Kodex*) entlehntes afrz. frz. *code* wird ins Engl. übernommen. Mit den dort entwickelten Bedeutungen 'Signalsystem' (zur sichtbaren Nachrichtenübermittlung auf dem Lande und zur See), 'vereinbarte Wörtersammlung' (zur Abkürzung und Chiffrierung von Telegrammen), 'Geheimschrift' sowie 'Schlüssel zur Umsetzung derartiger Systeme in Klartext' gelangt *Code* gegen Ende des 19. Jhs. ins Dt. – kodieren, codieren Vb. (20. Jh.).

Köder m. 'Lockmittel, Lockspeise'. Ahd. *querdar* 'Köder' (10. Jh.), mhd. *querder*, (mit Verschmelzung von *u* und *e*) *korder*, *körder*, (mit getilgtem *u*) *kerder*, (mit Ausfall von *r*) *keder*, *koder*, *köder* 'Lockspeise, Flicklappen von Leder, Tuch' ist gebildet mit dem Suffix ie. *-tro-* und gehört mit aind. *giráti* 'ißt, verschlingt', griech. *borá* (*βορά*) 'Speise', lat. *vorāre* 'verschlingen', lit. *gérti* 'trinken', aslaw. *požrěti* 'verschlingen', russ. *žrat'* (*жрать*) 'verschlingen, fressen' sowie den unter *Gurgel* (s. d.) genannten Formen zu der dort genannten Wurzel ie. **gᵘer(ə)-* 'verschlingen, Schlund'. – ködern Vb. 'mittels Köder anlocken', mhd. *querdern*, *kerdern* 'als Köder an die Angel stecken, speisen'.

Kodex m. 'Gesetzbuch, Gesetzessammlung, alte Handschrift'; in die Gelehrtensprache aufgenommenes lat. *cōdex* 'Baumstamm, zu Schreibtafeln gespaltenes Holz', dann 'Urkunde, Buch, Verzeichnis, Rechnungsbuch', spätlat. 'Gesetzbuch', mlat. 'Handschrift' (zu lat. *cūdere* 'schlagen, klopfen, stampfen, verfestigen') wird im 18. Jh. in der Bildungssprache allgemein bekannt. Dazu im 19. Jh. Ehrenkodex m. 'die für eine Gruppen-, Berufs- oder Standesehre geltenden Normen'; kodifizieren Vb. 'Rechtsnormen gesetzesmäßig zusammenfassen'; Kodifikation f. 'Aufzeichnung bzw. Herstellung einer Gesetzessammlung, vom Gesetzgeber erlassene Gesetzessammlung'.

Koexistenz f. 'gleichzeitiges Vorhandensein, Nebeneinanderbestehen mehrerer Dinge' (18. Jh.), gebildet (zu *Existenz*, s. d.) nach älterem frz. engl. *coexistence* oder mlat. *coexistentia*. Vgl. *friedliche Koexistenz* 'friedliches Nebeneinanderbestehen von Staaten mit unterschiedlicher Gesellschaftsordnung' (1954), wohl nach dem Vorbild von engl. *peaceful coexistence*, davor im Dt. *friedliches Nebeneinanderbestehen* (1952). Es handelt sich jeweils um die wörtliche Wiedergabe eines Begriffs, der schon 1920 als Prinzip der sowjetischen Außenpolitik formuliert wurde, russ. *mírnoe sosuščestvovánie* (*мирное сосуществование*), vgl. auch russ. *mírnoe sožítel'stvo* (*мирное сожительство*) bei Lenin (1922), wo von einem 'friedlichen Zusammenleben' der Arbeiter und Bauern aller Nationen die Rede ist. – koexistieren Vb. 'neben-, miteinander bestehen, zueinander in wesenhafter Beziehung stehen' (18. Jh.), frz. *coexister*, spätlat. *coexistere* 'zugleich vorhanden sein'.

Koffein n. Der in der Kaffeebohne und im Blatt des Teestrauchs enthaltene pflanzliche Wirkstoff wird vom dt. Chemiker Runge entdeckt (1821) und (mit der zur Bildung von Substanzbezeichnungen geläufigen Nachsilbe *-īn*) in Anlehnung an *Caffee* zunächst *Caffein* genannt. Um 1900 wird auch im Dt., internationalem Gebrauch folgend (vgl. engl. *coffee*, offizinell nlat. *Coffeīnum*), *Koffein* üblich.

Koffer m. 'tragbarer Behälter mit aufklappbarem Deckel' (für Reisen). Griech. *kóphinos* (*κόφινος*) 'großer Korb, Tragkorb' ergibt lat. *cophinus* 'Weidenkorb', worauf afrz. *cofre* 'Truhe, Kiste' (aus Holz oder Metall) beruht. Aus diesem werden mnl. *cofre*, *cofere*, *coffer* und spätmhd. (niederrhein.) *koffer*, *kuffer* 'Kiste, Truhe, Geldkasten' (14. Jh.) entlehnt. Im 16. Jh. dringen *Koffer*, *Kopfer*, *Kuffer*, *Kuffert* ins Hd. und Nd. vor und treffen auf ein gegen Ende des 16. Jhs. aus dem Frz. entlehntes *Coffre*. Die Form

Koffer mit der Bedeutung 'Reisebehälter, -gepäck' beginnt sich im 18. Jh. durchzusetzen.

Kogge f. 'breit gebautes, bauchiges Segelschiff'. Das nd. nl. Seemannswort mnd. *kogge* 'breites, gerundetes Schiff' (13. Jh.), zuerst 'Heringsfänger', dann 'Kauffahrteischiff' der Hanse, mnl. *cogge*, *cocge*, nl. *kog*, *kogge* geht in die Literatursprache ein und verdrängt dort die bis ins 15. Jh. belegte hd. Form ahd. *kocko* (Hs. 12. Jh.), mhd. *kocke*, *kucke*. Das Substantiv ist verwandt mit *Kugel* (s. d.) und wie dieses an ie. **gugā* anzuschließen, eine nominale Gutturalerweiterung der Wurzel ie. **geu-*, **gū-* 'biegen, krümmen, wölben'.

Kognak m. aus Wein der Charente in der frz. Stadt bzw. Region *Cognac* hergestellter Branntwein; die Bezeichnung (seit dem 18. Jh. im Dt. nachweisbar) gilt (obwohl inzwischen gesetzlich geschützt) auch allgemein für 'Weinbrand'.

[1]**Kohl** m. Name einer in vielen Arten vorkommenden Gemüsepflanze, ahd. *kōl* (8. Jh.), mhd. *kōl*, *kœl(e)*, asächs. *kōli*, mnd. *kōl*, mnl. *cōle*, *cool*, nl. *kool*, aengl. *cāwel*, *cāul* sind entlehnt aus lat. *caulis* (bzw. dessen Varianten spätlat. *caulus*, vlat. *cōlis*, *cōlus*) 'Stengel, Stiel, Strunk, Kohl' (verwandt mit *hohl*, s. d.). Die Germanen übernehmen hier wie bei zahlreichen anderen Gemüsesorten Sache und Bezeichnung von den Römern. Ital. *cavolo rapa*, aus spätlat. *caulus* (s. oben) und lat. *rāpa* (s. *Rübe*), bes. dessen mundartliche Formen *cavolo rapone*, *calarabi*, *colrabi*, *cauliravi* für verschiedene Arten und Unterarten des Kohls, führt zu den Entlehnungen K o h l r ü b e f. (bezeugt 18. Jh., doch wohl älter) für eine als Viehfutter oder Kochgemüse verwendete Kohlart ('Steckrübe') mit fleischig verdickter Wurzel (unter Anlehnung des zweiten Wortbestandteils an *Rübe*) und K o h l r a b i m. (bezeugt 17. Jh.), das teils für 'Steckrübe' (landschaftlich *Kohlrabi unter der Erde*, *Unterkohlrabi*), teils (vor allem literatursprachlich) für eine Unterart des Kohls mit über der Erde knollenartig verdicktem Stengel gilt (landschaftlich *Kohlrabi über der Erde*, *Oberkohlrabi*).

[2]**Kohl** m. 'Geschwätz, Unsinn', im 18. Jh. wahrscheinlich aus jidd. *chaulem*, *cholem* 'unnützes, wertloses, sinnloses Zeug', nach hebr. *ḥ^{a}lōm* 'Traum'. Oder aus hebr. *qōl* 'Stimme'? Zunächst (Mitte des 18. Jhs.) gaunersprachlich bezeugt in der Wendung *Kohl machen* 'blauen Dunst vormachen, schwindeln', dann mit der heute geläufigen Bedeutung in der Sprache der (Theologie)studenten (Ende des 18. Jhs.). Der Ausdruck erfährt rasche Verbreitung und wird im allgemeinen Sprachempfinden als bildlicher Gebrauch von [1]*Kohl* (s. d.) aufgefaßt. Davon abgeleitet [1]k o h l e n Vb. 'törichtes Zeug reden, unsinnig schwatzen' (18. Jh.) und die Präfixbildung [1]v e r k o h l e n Vb. 'anführen, zum besten haben' (19. Jh.).

Kohldampf m. 'starkes Hungergefühl, großer Hunger' entstammt der Gaunersprache (erstmals 1835 *Kolldampf*). Herkunft unbekannt. Vielleicht zusammengesetzt aus rotw. *Kohler* 'Hunger' (dem wahrscheinlich zigeunerisch *kālo* 'schwarz, arm, ohne Geld', daher 'hungrig', zugrunde liegt) und nhd. *Dampf*, im Rotw. 'Hunger'. Es würde sich dann um ein tautologisches Kompositum zur Intensivierung der Aussage handeln. Meist in der Fügung *Kohldampf schieben* (19. Jh.), s. *schieben*.

Kohle f. 'im Bergbau gewonnener, fester, schwarzer Brennstoff', zuvor 'Holzkohle', ahd. *kolo* (8. Jh.), *kol* (9. Jh.), mhd. *kol*, asächs. *kol*, mnd. *kōle*, mnl. *cōle*, nl. *kool*, aengl. *col*, engl. *coal*, anord. schwed. *kol*. Vergleichbar ist ir. *gúal* (aus **geulo-* oder **goulo-*), so daß ie. **g(e)ulo-* 'glühende Kohle' angesetzt werden kann, während eine Verbindung mit den (meist anders hergeleiteten) Formen aind. *jválati* 'brennt, verbrennt, glüht', *jvárati* 'ist fiebrig, fiebert', *jvaryatē* 'wird in Fieberhitze versetzt' über ie. **ĝ(e)ul-*, **ĝu̯el-* herzustellen wäre. Oder man geht (vgl. W. SCHULZE Kl. Schr. 479) von der 'kalten Kohle' (d. h. von der nach der Brennerei im Meiler erkalteten Kohle, der Holzkohle) aus, dann kann *Kohle* mit aengl. *calan* 'erkalten, abkühlen', anord. *kala* 'frieren, kalt machen', ahd. *kalawa* 'Fieberschauer' (10. Jh.), ablautend anord. *kuldi* 'Kälte, Feindschaft', mnd. *kōlde*, *kōlde*, *külde* 'Kälte, Frost' sowie den unter *kalt* (s. d.) aufgeführten Wortformen verbunden und an die dort genannte Wurzel ie. **gel(ə)-* 'kalt, frieren' angeschlossen werden. – K o h l m e i s e f. Meisenart mit schwarzem Hals und Kopf, mhd. *kolemeise*. K o h l r a b e m. tiefschwarzer Rabe, 'Kolkrabe' (18. Jh.). k o h l s c h w a r z Adj. 'tiefschwarz', mhd. *kolswarz*; auch in scherzhafter Steigerung *kohlrabenschwarz*, *kohlrußraben-*

pechschwarz (18. Jh.) und (md.) *kohlpechrabenschwarz*. [2]k o h l e n Vb. 'schwelen, glimmen (und dabei zu Kohle werden)', mhd. *koln, kolen*. [2]v e r k o h l e n Vb. 'zu Kohle brennen, kohleartig werden' (18. Jh.). K ö h l e r m. 'Kohlenbrenner', mhd. *koler, köler*. K o h l e n s ä u r e f. schwache Säure, die eine Lösung von Kohlendioxid in Wasser darstellt (19. Jh.).

Koitus m. 'sexuelle Vereinigung, Begattung'. Gleichbed. lat. *coitus*, eigentl. 'das Zusammengehen, -kommen', eine Substantivbildung zu lat. *coīre* 'zusammengehen, -treffen, -kommen, sich paaren, begatten' (vgl. lat. *īre* 'gehen' und s. *kon-*), wird Fachausdruck der lat. medizinischen Wissenschaftssprache und geht von da in dt. medizinische Texte (17. Jh.), dann auch in die Bildungssprache ein. Davon abgeleitet k o i t i e r e n Vb. 'Geschlechtsverkehr ausüben' (20. Jh.).

Koje f. 'Schlafstätte auf Schiffen, festeingebautes Bett in einer Schiffskajüte', dann auch 'abgeteilter Bereich eines Raumes' (bes. bei Ausstellungen). Aus lat. *cavea* 'Höhlung, Behältnis, Käfig' (woraus auch *Käfig*, s. d.) entlehntes mnl. *cooye, coye*, mnd. *kōje* 'enger Verschlag, Stall' entwickelt in der nl. Seemannssprache die Bedeutung 'Schlafplatz', die von mnl. *cooye, coye*, nl. *kooi* auf nd. *Koje* übergeht. In diesem Sinne wird *Koje* im 17. Jh. in die Literatursprache aufgenommen.

Kokain n. Der Name eines südamerik. Strauches und seiner von den Indianern als Stimulans gekauten Blätter lautet in den peruanischen und bolivianischen Indianersprachen Aimara und Ketschua (in span. Umschrift) *coca, cuca*, im Dt. entsprechend *Coca* (zufrühest in Reisebeschreibungen des ausgehenden 16. Jhs.). Davon abgeleitet (mit der zur Bildung von Substanzbezeichnungen geläufigen Nachsilbe *-īn*) ist *Kokain* (19. Jh.) für das aus den Blättern des Kokastrauches gewonnene oder synthetisch hergestellte Alkaloid, das zur örtlichen Betäubung verwendet und auch als Rauschgift gebraucht wird. Unter Süchtigen wird der Ausdruck teils vereinfachend, teils verhüllend in Lautgestalt und Genus an [2]*Koks* (s. d.) völlig angeglichen und zu [1]K o k s m. umgebildet, mit den Ableitungen k o k s e n Vb. und K o k s e r m. (20. Jh.).

Kokarde f. 'die Nationalfarben oder ein nationales Symbol enthaltendes Abzeichen (an der Uniformmütze)' ist Entlehnung (Mitte 18. Jh.) von frz. *cocarde* 'Federschmuck, Bandschleife, Abzeichen am Hut'. Dieses Substantiv, zuerst bei Rabelais (16. Jh.) bezeugt in der Fügung mfrz. *bonnet à la cocarde* 'mit einer hahnenkammähnlichen Patte geschmückte Mütze' (so FEW 2, 860; annehmbar erscheint jedoch auch die durch NED 2, 568 nahegelegte Auffassung 'in verwegener Weise nur auf einer Seite getragene Mütze'), beruht auf der femininen Form des Adjektivs mfrz. *coquart, coquard* 'dumm, prahlerisch, eitel', einer Ableitung von afrz. *coc*, frz. *coq* 'Hahn' (s. auch *kokett*), das seinerseits auf eine lautmalende Nachahmung des Hahnenschreis zurückgeht (vgl. spätlat. *coccus* 'Hahn' sowie den Schrei ausdrückendes lat. *coco coco*).

kokett Adj. 'gefallsüchtig', Entlehnung (17. Jh.) von gleichbed. frz. *coquet*, fem. *coquette*, das zu frz. *coq* 'Hahn' gebildet ist, also eigentl. 'hahnenhaft, eitel wie ein Hahn' bedeutet (s. auch *Kokarde*). Früher (Anfang 17. Jh.) ist das entsprechende Substantiv K o k e t t e f. 'gefallsüchtige Frau' bezeugt, frz. *coquette*. Weitere Entlehnungen (18. Jh.) sind K o k e t t e r i e f., frz. *coquetterie*, und k o k e t t i e r e n Vb., frz. *coqueter*. Ebenfalls zu frz. *coq* 'Hahn' gehört die deminutive Ableitung frz. *cocotte* 'Huhn, Hühnchen', dann 'artiges, galantes junges Mädchen'; auf dessen abschätzigem Gebrauch 'gefallsüchtiges, leichtfertiges Mädchen' beruht die Entlehnung K o k o t t e f. '(elegante) Dirne, Halbweltdame' (19. Jh.).

Kokon m. aus einem Sekret gebildete feste Hülle um eine Insektenpuppe oder um die Eier mancher Tiere, Entlehnung (18. Jh. mit Einführung der Seidenraupenzucht) von frz. *cocon* 'Puppe der Seidenraupe, Seidenraupengespinst', das auf gleichbed. prov. *coucoun*, eigentl. 'Ei(schale)', zurückgeht. Diese prov. Deminutivbildung gehört zur Wortgruppe von lat. *coccum*, griech. *kókkos* (*κόκκος*) 'Kern, Beere', bes. 'Scharlachbeere'; vgl. afrz. frz. *coque* 'Eier-, Nuß-, Muschelschale', aprov. *coca* 'Nußschale, hohle Nuß', prov. *coco* 'Mandel'.

Kokosnuß f. Die Frucht der Kokospalme wird von den Portugiesen (zunächst in Indien, dann in Amerika) port. *coco* genannt, d. h. mit einem expressiven kindersprachlichen Ausdruck für 'Schreckgespenst, Popanz' bezeichnet, da die innere Schale mit ihren drei

Öffnungen und ihrer Behaarung einem bärtigen Menschen- oder Affengesicht gleiche; vgl. COROMINAS 1, 829. Der Plur. port. span. *cocos* wird ins Dt. entlehnt (Ende 16. Jh.), dann vor allem in den Zusammensetzungen *Cocosbaum*, *Cocosnußbaum*, *Cocosnuß* (17. Jh.), *Cocospalme* (18. Jh.) gebraucht und in diesen kaum noch als Plur. empfunden. FEW 2, 825 führt dagegen port. *coco* auf lat. *coccum*, griech. *kókkos* (κόκκος) 'Kern, Beere' (s. *Kokon*) zurück.

²**Koks** m. 'fester Brennstoff, der bei der Verschwelung von Stein- oder Braunkohle entsteht', um 1800 entlehnt aus engl. *cokes*, dem häufig gebrauchten Plural von *coke* 'Koks'; im Dt. in der Folge als Singular verstanden. Herkunft unbekannt. – (ver)koken Vb. 'Koks herstellen' (19. Jh.). Kokerei f. (19. Jh.).

Kolanuß f. harter Samenkern des im tropischen Westafrika vorkommenden Kolabaumes, für Genuß- und Nahrungsmittel, bes. Erfrischungsgetränke verwendet. Das erste Kompositionsglied ist eine Entlehnung (19. Jh.) aus einer Eingeborenensprache des Sudan (vielleicht über frz. *kola*, *cola*). Der Name scheint aus dem Westafrikan. zu stammen.

Kolben m., bis ins 19. Jh. vorwiegend *Kolbe* m. und f., 'Stab mit verdicktem Ende, Keule', davon ausgehend auf zahlreiche Gegenstände ähnlichen Aussehens übertragen, in der Technik Bezeichnung für ein zylindrisches Maschinenteil, in der Chemie für ein unten verdicktes Glasgefäß mit längerem Hals, in der Biologie für den ährenförmigen Blüten- oder Fruchtstand mit fleischig verdickter Achse (*Mais-*, *Schilfkolben*), bei Handfeuerwaffen für deren verstärkten hinteren Teil (*Gewehrkolben*). Ahd. *kolbo* (9. Jh.), mhd. *kolbe* 'Keule, Knüppel', asächs. *kolƀo*, mnd. *kolve*, mnl. *colve*, nl. *kolf*, anord. *kolfr* 'Bolzen, Stange, stumpfer Pfeil', schwed. *kolv* 'dickes Ende eine Pfeiles, Bolzen' gehören zur schwundstufigen Form ie. **gl̥b(h)-* der Labialerweiterungen ie. **gelb(h)-*, **gleb(h)-* 'zusammenballen' (s. *Klafter*) mit der Wurzel ie. **gel-* '(sich) ballen, Gerundetes, Kugeliges' (s. *kleben*).

Kolchos m. n. 'große landwirtschaftliche Kollektivwirtschaft in der UdSSR', Entlehnung von russ. *kolchóz* (*колхоз*), Abkürzungswort für *kollektívnoe chozjájstvo* (*коллективное хозяйство*) '(landwirtschaftliche) Kollektivwirtschaft'. Die Bezeichnung ist für die entsprechende Einrichtung in der UdSSR seit den frühen 30er Jahren des 20. Jhs. im Dt. bekannt und gewinnt seit den 40er Jahren an Verbreitung. Die in der Alltagssprache häufige feminine Form *Kolchose* entwickelt sich möglicherweise aus dem Plural *Kolchose*; sie erhält das feminine Genus vielleicht in Anlehnung an andere Bezeichnungen für landwirtschaftliche Großbetriebe wie *Plantage*, *Farm*, wobei der Wortausgang an Bildungen wie *Diagnose*, *Narkose* angelehnt wird.

Kolibri m. Der Name des in Amerika beheimateten sehr kleinen Vogels mit metallisch glänzendem Gefieder ist seit dem 17. Jh. im Frz. und Dt. bezeugt. Es scheint, daß frz. *colibri* bei frz. Siedlern der Kleinen Antillen entstanden ist. Während FRIEDERICI 199f. keine Verbindung zu einem einheimischen Wort herstellen kann, hält DE VRIES Nl. 345 Anschluß an ein in der Eingeborenensprache der Insel Cayenne vorhandenes *colib(a)ri* 'glänzende Oberfläche' für möglich, so daß der Vogel nach seiner Färbung benannt sein könnte. Dagegen glaubt BLOCH/W. ⁶141 an eine Ableitung von frz. (mundartlich) *colobro* 'Natter', da der Vogel, einer Giftschlange ähnlich, durch seine schillernde Farbe und durch aufgeregtes, aggressives Gebaren auffalle.

Kolik f. 'Anfall krampfartiger Leibschmerzen', Entlehnung (16. Jh.) aus gleichbed. mlat. *colica*, dem im medizinischen Latein des Mittelalters substantivierten Fem. des Adjektivs lat. *cōlicus*, griech. *kōlikós* (κωλικός) 'an der Kolik, an Schmerzen am Kolon leidend'. Abgeleitet von lat. *cōlon*, griech. *kṓlon* (κῶλον) 'Glied eines Tieres oder eines Menschen, Stück des Darmes' (auch 'Teil eines Satzgefüges', s. *Semikolon*).

Kolkrabe m. großer schwarzglänzender Rabe mit gebogenem Schnabel. Der seit dem 16. Jh. nachweisbare Vogelname ist wahrscheinlich lautmalenden Ursprungs und versucht, den Ruf dieses (nicht krächzenden) Raben mit der Lautfolge *kolk* wiederzugeben.

kollabieren Vb. 'einen Schwächeanfall, einen Kreislaufzusammenbruch erleiden', Entlehnung der medizinischen Fachsprache (19. Jh.) aus lat. *collābī* 'in sich zusammensinken, -brechen, einsinken', auch 'ohnmächtig zusammensinken', vgl. lat. *lābī* 'hin-, herabgleiten, sinken' (s. *labil*) und s. *kon-*. – Kollaps m. 'plötzlicher Schwächeanfall, Kreislaufzusammenbruch' (19. Jh.); spätlat. *collāpsus* 'Zusammenbruch', zu lat. *collābī* (s. oben).

Kollaboration f. 'verräterische Zusammenarbeit mit dem Landesfeind', älter allgemein 'Zusammenarbeit', entlehnt (19. Jh.) aus frz. *collaboration* 'Mit-, Zusammenarbeit', das zu spätlat. *collabōrāre* 'mitarbeiten' gebildet ist; vgl. mlat. *conlaboratio*, *collaboratio* '(gemeinsame) Tätigkeit, Ertrag, Besitz', lat. *labōrāre* (s. *laborieren*). Im zweiten Weltkrieg nimmt frz. *collaboration* die Bedeutung 'landesverräterische Zusammenarbeit mit dem Kriegsgegner, dem faschistischen Deutschland' an, mit der das Wort nach dem Kriege auch im Dt. (meist bezogen auf frz. Verhältnisse) üblich wird. Entsprechend Kollaborateur m. 'Mitarbeiter' (19. Jh.), nach gleichbed. frz. *collaborateur*, dann (im zweiten Weltkrieg, nach 1945 auch im Dt.) 'wer mit dem Kriegsgegner zusammenarbeitet' (in diesem Sinne der deutlichen Unterscheidung wegen zeitweilig auch frz. *collaborationniste*, wohl nach ital. *collaborazionista* 'wer zur Zusammenarbeit mit einer gegnerischen Partei bereit ist'); kollaborieren Vb. 'mit-, zusammenarbeiten' (19. Jh.), 'mit dem Kriegsgegner zusammenarbeiten' (nach 1945), in beiden Verwendungen frz. *collaborer* (nach spätlat. *collabōrāre*, s. oben) folgend.

Kollation f. 'Vergleich zwischen Abschrift und Original' (16. Jh.), in der Fachsprache der Buchhändler und -binder (im Anschluß an den älteren verbalen Gebrauch, s. unten) 'Prüfung der Druckbogen oder -seiten auf Vollzähligkeit' (18. Jh.), Entlehnung aus lat. *collātio* (Gen. *collātiōnis*) 'Zusammenstellung, Vereinigung, Vergleichung', mlat. 'Vergleich zwischen Kopie und Original', das zu *collātum*, dem Part. Perf. von lat. *cōnferre* 'zusammentragen, vergleichen', gebildet ist. – kollationieren Vb. 'eine Abschrift mit dem Original vergleichen' (16. Jh.), 'Druckbogen oder -seiten auf Vollzähligkeit prüfen' (17. Jh.), mlat. *collationare*.

Kollege m. 'an der gleichen Arbeitsstelle in gleicher oder ähnlicher Funktion Tätiger, Fach-, Berufsgenosse', Entlehnung (16. Jh.) aus lat. *collēga* 'Amts-, Standesgenosse', wahrscheinlich zu lat. *collēgium* (s. unten) gebildet. In der Anrede gilt die lat. Form *Collega* in bestimmten Fachkreisen bis heute. – kollegial Adj. 'kameradschaftlich, hilfsbereit', zunächst (17. Jh.) als erstes Glied in Zusammensetzungen, in adjektivischer Funktion *kollegialisch* (17. Jh.), lat. *collēgiālis*. Kollegium n. 'Gruppe von Personen mit gleichartiger Stellung und Tätigkeit' (bes. der Lehrkörper einer Schule), 'regelmäßig zusammenkommender Personenkreis, Zusammenkunft' (17. Jh.), lat. *collēgium* 'Amtsgenossenschaft, -gemeinschaft, Korporation, Verein', ursprünglich wohl 'durch Gesetz gebildete Vereinigung', zu lat. *lēx* (Gen. *lēgis*) 'Gesetz'. Auch 'Hörsaal, Behörde, Versammlung' (16. Jh., Paracelsus), im 17. Jh. 'Zusammenkunft von Studenten zu Übungszwecken', die bald von einem Privatdozenten geleitet wird und sich zur 'Vorlesung' entwickelt. Daher zunächst häufig *Privatkollegium* (17. Jh.), nach nlat. (Plur.) *privata collegia* (16. Jh., im Gegensatz zur *lectio publica*, der 'öffentlichen Vorlesung' der ordentlichen Professoren). Daraus eingedeutscht Kolleg n. (19. Jh.).

Kollekte f. 'Geldsammlung im oder nach dem Gottesdienst', entlehnt (Anfang 16. Jh.) aus lat. *collēcta* 'Geldbeitrag, Beisteuer zu einer gemeinschaftlichen Mahlzeit', kirchenlat. 'zur Unterstützung Bedürftiger veranstaltete Geldsammlung', zu lat. *colligere* (*collēctum*) 'auf-, zusammenlesen, sammeln' (vgl. lat. *legere* 'auflesen, sammeln, lesen' und s. *kon-*). – Kollektion f. 'Sammlung' (18. Jh.), 'Zusammenstellung von Warenmustern' (19. Jh.), 'Mustermodelle mit verwandten modischen Grundgedanken' (20. Jh.), entlehnt aus gleichbed. frz. *collection* bzw. unmittelbar aus lat. *collēctio* (Gen. *collēctiōnis*) 'das Zusammenlesen, (Auf-, An)sammeln'.

kollektiv Adj. 'einzelnes zusammenfassend, eine Gesamtheit bildend, gemeinschaftlich, umfassend' (18. Jh.; auch *collectivisch*), entlehnt, zuweilen wohl unter Einfluß von frz. *collectif* 'gemeinschaftlich', aus lat. *collēctīvus* 'angesammelt'; zu lat. *colligere* (s. *Kollekte*). Vielfach als erstes Kompositionsglied, vgl. *Collectivglas* 'Sammellinse', *-note* 'gemeinsames diplomatisches Schreiben mehrerer Regierungen', *-urteil* '(vereinfachtes) Gesamturteil über mehrere' (19. Jh.), *Kollektivarbeit* (Ende 19. Jh.), *Kollektivgeist*, *-leistung* (20. Jh.). Dazu die Substantivierung Kollektiv n. 'Menschengruppe' (1. Hälfte 19. Jh.), heute bes., unter Einfluß von russ.

kollektív (*коллектив*), 'durch berufliche Interessen verbundene Arbeits- bzw. Produktionsgemeinschaft' (nach 1945). Älter *Kollektivum*, *Collectiv(um)* grammatischer Terminus 'mehreres zusammenfassende Bezeichnung, Sammelbegriff' (um 1800), entsprechend spätlat. *(nōmen) collēctīvum*.

Koller m. 'Zornausbruch, (krankhafter) Wutanfall'. Das auf ahd. *koloro* (10. Jh.), mhd. *colera*, *kolre* 'Gallenbrechruhr, Gallenbrechdurchfall' (s. *Cholera*) beruhende frühnhd. *coler* nimmt (15. Jh.) unter dem Einfluß der Temperamentenlehre (vgl. mlat. *colera* 'Zornesausbruch', *cholericus* 'Choleriker', s. *cholerisch*) die Bedeutung 'Heißblütigkeit, ausbrechende oder stille Wut' an. Die Fachsprache der Medizin bildet dazu im 19. Jh. T r o p e n k o l l e r m. als Sammelname für verschiedene Formen psychischer Störungen, die sich nach längerem Tropenaufenthalt zeigen können.

[1]**kollern** Vb., landschaftlich auch *kullern*, 'rollende, gurgelnde Laute ausstoßen', bes. vom Truthahn (16. Jh.), auch 'glucksen, knurren' in Magen und Gedärm (19. Jh.). Vermutlich lautnachahmende Bildung zu den Schreien des Truthahns. Aber auch Anschluß an *Koller* 'Zorn, Wut' (s. d.) ist möglich, da die Laute des Truthahns allgemein als zornig, wütend erachtet werden; vgl. *kollern* 'von Sinnen sein, wüten, lärmen, närrisch, wunderlich sein' (16. Jh.).

[2]**kollern, kullern** Vb. 'rollen, purzeln' gelangt im 18. Jh. aus md. und nd. Mundarten ins Hd. Das auch in der Variante md. *kullen* vorkommende Verb (vgl. mhd. *kūlen* neben *kugelen* 'mit Kugeln spielen') ist abgeleitet von ebenfalls mundartlichem (md.) *Kulle* 'Kugel', dieses mit Vokalkürzung hervorgegangen aus mhd. *kūle*, der kontrahierten md. Form von mhd. *kugel(e)* (s. *Kugel*); vgl. zum Verb gebildetes omd. *Kuller* 'Kugel'. – K u l l e r a u g e n (Plur.) 'staunend aufgerissene (eigentl. kugelförmige) Augen' (20. Jh.).

Kollier n. 'wertvoller Halsschmuck', Entlehnung (19. Jh.) von frz. *collier* 'schmückende Halskette' (auch 'Halsband für Tiere, Kummet'). Voraus geht afrz. *colier*, *coler*, das auf spätlat. *collārium*, lat. *collāre* 'Halsband, Halsfessel', in Glossen auch 'Halsschmuck' (zu lat. *collum* 'Hals') beruht.

Kollision f. 'Zusammenstoß', übertragen 'Konflikt, Auseinandersetzung', Entlehnung (16. Jh.) aus gleichbed. lat. *collīsio* (Gen. *collīsiōnis*), einer Ableitung von lat. *collīdere* (*collīsum*) 'zusammenschlagen, -stoßen' (vgl. lat. *laedere* 'verletzen, beschädigen', s. *lädieren*, und s. *kon-*), woraus k o l l i d i e r e n Vb. 'zusammenstoßen, -prallen, in Konflikt kommen' (17. Jh.).

Kolloquium n. 'wissenschaftliches Gespräch', Entlehnung (16. Jh.) von lat. *colloquium* 'Unterredung, Gespräch', einer Ableitung von lat. *colloquī* 'sich besprechen, unterhalten' (vgl. lat. *loquī* 'sprechen' und s. *kon-*).

Kolonie f. 'Ansiedlung bzw. Personengruppe gleicher Nationalität außerhalb des Mutterlandes, durch Unterwerfung angeeignetes und in Abhängigkeit gehaltenes (meist überseeisches) Gebiet', entlehnt (16. Jh.) aus lat. *colōnia* 'Bauerngut, Pachtgut, Ansiedlung, Niederlassung', möglicherweise unter Einfluß von mfrz. frz. *colonie*, das zunächst (als Ausdruck der Geschichtswissenschaft) auf die griech. und röm. Kolonien, dann (seit dem 16. Jh.) auf die überseeischen Kolonien der damaligen Weltmächte Spanien und Portugal bezogen wird. Das Substantiv ist eine Ableitung von lat. *colere* 'bebauen, (be)wohnen, pflegen, ehren' (s. *Kult*, *Kultur*). – k o l o n i a l Adj. 'die Kolonien betreffend, aus ihnen stammend' (19. Jh.), Übernahme von frz. *colonial*, seit etwa 1800 bes. in Zusammensetzungen wie *Kolonialgeschichte*, *-handel*, *-politik*. K o l o n i a l w a r e n Plur. 'Lebens- und Genußmittel aus Übersee', zunächst für die durch Beschluß Napoleons (1810) im Rahmen der Kontinentalsperre mit einer Steuer belegten Waren dieser Art; zuvor *Koloniewaren* (Ende 18. Jh.). K o l o n i s t m. 'Siedler in einer Kolonie' (2. Hälfte 18. Jh.), engl. *colonist*. k o l o n i s i e r e n Vb. 'besiedeln, wirtschaftlich erschließen' (2. Hälfte 18. Jh.), 'eine Kolonie gründen, als Kolonie erobern' (19. Jh.), engl. *to colonize*. Davon unabhängig 'ansässig, einheimisch machen' (vereinzelt 16. Jh.). K o l o n i s a t i o n f. 'Besiedlung, Erschließung erworbenen, eroberten, unzureichend genutzten Landes' (um 1800), engl. *colonization*.

Kolonne f. 'Schar, Zug, Marschformation, Gliederungseinheit, Reihe', Übernahme (18. Jh.) von gleichbed. frz. *colonne*, eigentl. 'Säule, senkrechte Reihe', aus lat. *columna* 'Säule'. – K o l o n n a d e f. 'Säulengang ohne Bögen' (18. Jh.), frz. *colonnade*.

kolorieren Vb. 'mit Farben ausmalen, bemalen', entlehnt (16. Jh.) aus lat. *colōrāre* 'färben' (zu lat. *color* 'Farbe') oder ital. *colorire* (s. unten). – K o l o r i t n. 'Farbgebung, Farbwirkung, Klangfarbe', entlehnt (17. Jh.) aus ital. *colorito* (zu ital. *colorire* 'färben, ausschmücken', einer Nebenform von ital. *colorare*). K o l o r a t u r f. 'virtuose Verzierung des Gesangs', heute nur Fachwort der Gesangskunst, im 16. Jh. in der doppelten Bedeutung 'Tonverzierung' und 'Färbung, Farbgebung' entlehnt aus ital. *coloratura*, spätlat. *colōrātūra* 'Färbung'. K o l o r a t u r s o p r a n m. (19. Jh.).

Koloß m. 'riesiges Gebilde, Ungetüm, großer dicker Mensch', entlehnt (Ende 16. Jh.) aus lat. *colossus*, griech. *kolossós* (*κολοσσός*) 'Riesenstatue'. – k o l o s s a l Adj. 'riesenhaft, gewaltig, ungeheuer' tritt (um 1800) unter dem Einfluß von frz. *colossal* neben älteres *kolossalisch* (18. Jh.).

kolportieren Vb. 'verbreiten, weitererzählen', bes. ungesicherte Nachrichten, Gerüchte (Ende 19. Jh.), älter 'von Haus zu Haus ziehen und für Druckerzeugnisse Käufer, Abonnenten suchen' (19. Jh.), entlehnt aus in beiden Bedeutungen üblichem frz. *colporter*, das unter dem Einfluß von afrz. mfrz. *col* (vgl. die Wendung afrz. *porter a col* 'auf den Schultern, dem Nacken tragen'), frz. *cou* 'Hals' (lat. *collum*, s. *Hals*) aus afrz. *comporter* 'herumtragen' (lat. *comportāre* 'zusammentragen', vgl. lat. *portāre* 'tragen' und s. *kon-*) entstanden ist. – K o l p o r t a g e f. ehemals 'Hausierhandel, Vertrieb von billigen, oft literarisch minderwertigen Druckerzeugnissen' (19. Jh., vgl. *Kolportageliteratur*, *-roman*), daher heute 'minderwertige Literatur', seltener auch 'Verbreitung von Nachrichten' (20. Jh.), frz. *colportage*. K o l p o r t e u r m. 'Nachrichten-, Gerüchteverbreiter' (20. Jh.), 'Hausierer, ambulanter Buchhändler' (18. Jh.), frz. *colporteur*.

Kolumne f. 'senkrechte Reihe, Druckspalte', entlehnt (16. Jh.) als Fachwort der Druckersprache aus mlat. *columna* 'Schriftspalte', eigentl. (wie schon lat.) 'Säule'. – K o l u m n e n t i t e l m. 'Überschrift einer Buchseite bzw. Druckspalte' (18. Jh.). K o l u m n i s t m. 'Leitartikler' (20. Jh.).

Koma n. 'tiefe Bewußtlosigkeit'. Griech. *kṓma* (*κῶμα*) 'tiefer, fester Schlaf' dient bereits den Ärzten der Antike zur Bezeichnung krankhafter Schlafzustände. Es setzt sich fort in mlat. *coma* 'Schlaf(sucht)' und erscheint im 18. Jh. in der lat. Wissenschaftssprache der Medizin als *coma (somnolentum)* 'Schlafsucht'. Im 19. Jh. nimmt der Fachausdruck *Koma* die oben genannte Bedeutung an.

kombinieren Vb. 'Zusammenhänge, Beziehungen herstellen, verbinden, folgern', entlehnt im 17. Jh. aus spätlat. *combīnāre* 'je zwei zusammenbringen, vereinigen' (vgl. lat. *bīnī* 'je zwei'; s. *bi-* und *kon-*). Es gilt zunächst im Sinne des lat. Verbs, entwickelt dann (18. Jh.) entsprechend dem zugehörigen Substantiv eine Vielzahl übertragener Bedeutungen. – K o m b i n a t i o n f. 'Verknüpfung, Zusammenfügung' (17. Jh.), dann bes. 'gedankliche Verbindung von Zusammengehörigem', auch 'Ordnung verschiedener (scheinbar beziehungsloser) Wesenheiten' sowie die 'Resultate solcher Denkarbeit' (18. Jh.), schließlich 'modisch aufeinander abgestimmte Kleidungsstücke', aus spätlat. *combīnātio* (Gen. *combīnātiōnis*) 'Vereinigung'. K o m b i n a t n. (in der sozialistischen Wirtschaft) 'Zusammenschluß verschiedener Betriebe zu einer Wirtschaftseinheit', Übernahme (20. Jh.) von russ. *kombinát* (*комбинат*), das sich an spätlat. *combīnātus*, Part. Perf. von spätlat. *combīnāre*, anschließt. k o m b i - Kurzform aus *kombiniert* zur Bildung von Zusammensetzungen (20. Jh.), vgl. *Kombiwagen* 'kombinierter Personen- und Lieferwagen, Mehrzweckfahrzeug', *Kombischrank* 'Mehrzweckschrank', *Kombizange* u. dgl. K o m b i n e f. Maschine mit eigenem Fahrantrieb, die mehrere Arbeitsgänge gleichzeitig erledigt, bes. 'Mähdrescher' (2. Hälfte 20. Jh.), unter Wiederherstellung der engl. Schreibweise aus russ. *kombájn* (*комбайн*) 'Mähdrescher', einer Entlehnung von gleichbed. engl. *combine*, eigentl. 'kombinierte Maschine'.

Kombüse f. 'Schiffsküche'. Mnd. *kabūse*, *kabūs* 'Bretterverschlag, durch hölzerne Wände abgeteilter Raum, kleine Hütte' (14. Jh.) begegnet wieder in frühnhd. (omd.) *Kabuse* 'Verschlag, Hütte auf einem Schiff' (15. Jh.) und in mnl. *cabūse* 'Vorratskammer, Küche auf einem Schiff'. Eingeschobenes *m* zeigt nl. *kombuis* (um 1600), woraus nd. *Combuis* (1. Hälfte 17. Jh.), *Combüse*, *Combuse*, *Kambüse* 'abgeteilter kleiner Raum, Schiffsküche' (18. Jh.). Herkunft ungewiß. Man denkt im Hinblick auf nd. *Kabūs* 'Kerngehäuse im Obst' an eine Zusammensetzung mit mnd. *hūs* 'Haus'. Knobloch in: Lingua 26 (1970/71) 307 hält Herkunft aus spätlat. *capanna* 'Hütte', der Ausgangsform von *Kabine* (s. d.), für wahrscheinlich, dessen zweiter Wortbestandteil als Suffix aufgefaßt wurde und spielerischem Suffixtausch unterlag. – Kabuff n. 'kleiner, enger, dunkler Raum', zuerst nd. (um 1800). Vielleicht hervorgegangen aus nd. *Kabūse* (s. oben) unter Einfluß von nl. *kombof* 'kleiner, heizbarer Schuppen'? Weitere Herkunft unbekannt.

Komet m. 'Schweifstern', mhd. *komēte*, Entlehnung aus gleichbed. lat. *comēta*, *comētēs*. Zugrunde liegt griech. *komḗtēs* (κομήτης) 'haartragend, langhaarig' und danach, auf der Vorstellung 'haartragender Stern' beruhend, auch Bezeichnung des Himmelskörpers. Zu griech. *kómē* (κόμη) 'Haupthaar', auch 'Kometenschweif'.

Komfort m. 'auf moderner technischer Einrichtung beruhende Annehmlichkeit des Wohnens' ist, zunächst engl. Lebensstil und engl. Wohnkultur bezeichnend, Übernahme (Anfang 19. Jh.) von engl. *comfort*, einer Entlehnung von afrz. *confort*, abgeleitet von afrz. *conforter* 'trösten, stärken, helfen', aus lat. *cōnfortāre* 'stärken' (vgl. lat. *fortis* 'stark, kräftig, fest' und s. *kon-*). Die dem Afrz. entsprechende ältere engl. Bedeutung 'Trost, Stärkung, Zufriedenheit' geht in 'Behaglichkeit, Bequemlichkeit' über, wird auf frz. *confort* übertragen, dem daraufhin der dt. Ausdruck (um 1830) in der Betonung und teilweise in der Aussprache angeglichen wird. – komfortabel Adj. 'modern und bequem, behaglich, praktisch'. Afrz. *confortable* 'tröstlich, hilfreich' ergibt engl. *comfortable*, das sich zu 'bequem, behaglich' entwikkelt und mit dieser Bedeutung unverändert (wie oben *comfort*) ins Dt. aufgenommen wird (um 1800). Da die neue engl. Bedeutung auch auf frz. *confortable* übergeht, gewinnt dieses gleichfalls (um 1800) Einfluß auf Aussprache und Betonung von nhd. *komfortabel*.

komisch Adj. 'erheiternd, spaßhaft, drollig, sonderbar, wunderlich'. Das etwa um 1500 entlehnte Adjektiv folgt in der Bedeutung zunächst seiner Vorlage lat. *cōmicus*, griech. *kōmikós* (κωμικός) 'zur Komödie gehörig', abgeleitet von griech. *kṓmos* (κῶμος) 'Gelage, fröhlicher Umzug, Festgesang' (s. *Komödie*). Seit dem 17. Jh. nimmt das Wort unter dem Einfluß von frz. *comique* 'lustig, närrisch, possierlich' den heute üblichen Sinn an. – Komik f. 'das Komische darstellende Kunst', dann auch 'belustigend Wirkendes, Lachenerregendes' (19. Jh.), substantiviert nach Vorbildern wie *Ästhetik*, *Rhythmik*; vgl. daneben älteres, jedoch maskulines frz. *le comique*. Komiker m. 'Darsteller komischer Rollen' (18. Jh.), dann bes. 'witziger Vortragskünstler', aus lat. *cōmicus* 'Komödiendichter' und 'Schauspieler der Komödie'.

Komitee n. 'leitender Ausschuß' ist eine Entlehnung (um 1700) des parlamentarischen Ausdrucks engl. *committee*, einer Substantivbildung zu engl. *to commit* 'anvertrauen, übergeben', aus lat. *committere* 'zusammenbringen, zur Ausführung, Anwendung bringen, anvertrauen, übergeben'. Ebenfalls aus dem Engl. stammt gleichbed. frz. *comité*, das seinerseits ins Dt. übernommen wird, so daß neben anfängliches *Kommittee* auch (gegen 1800) Schreibungen wie *Comitee*, *Komitée*, *Comité* treten.

Komma n. 'Trennungszeichen, Satzglieder und Teilsätze voneinander trennendes Interpunktionszeichen', Übernahme von lat. *comma*, griech. *kómma* (κόμμα) 'Einschnitt, Abschnitt (einer Periode), Teil eines Verses', eigentl. 'Ein-, Abgeschnittenes, das Gehauene, Geschlagene', zu griech. *kóptein* (κόπτειν) 'stoßen, schlagen, hauen, hämmern'. Der griech.-lat. Fachausdruck erscheint in dt. Texten für das einen Text in Abschnitte gliedernde Satzzeichen (2. Hälfte 15. Jh.), dann auch in der alten Bedeutung 'Abschnitt eines Textes' (1. Hälfte 16. Jh.); dafür ahd. *untarskeid*, *-skeit* (8. Jh.), *untarskeitunga* (10. Jh.), *-skeidunga* (Hs. 12. Jh.). Als dt. Bezeichnung für das Interpunktionszeichen begegnen *Strichlein*, *Beistrychlein* (17. Jh.).

kommandieren Vb. 'befehligen, befehlen', entlehnt (um 1600) aus gleichbed. frz. *commander*. Dieses beruht wie entsprechendes ital. *comandare* auf lat. *commandāre*, Nebenform von lat. *commendāre* 'anvertrauen, übergeben, Weisung erteilen' (entstanden durch Angleichung an das Simplex lat. *mandāre* 'übergeben, anvertrauen, beauftragen'; s. auch *kon-*). – Kommando n. 'Befehl, Befehlsgewalt' (um 1600), 'Befehlswort' (17. Jh.), 'mit bestimmten Aufgaben betrauter Truppenteil' (18. Jh.), ital. *comando* 'Befehl, Gebot, Auftrag' (zu ital. *comandare*). K o m m a n d a n t m. 'Befehlshaber einer Festung, eines Platzes, Schiffes u. dgl.' (um 1600), ital. *comandante*, frz. *commandant*. K o m m a n d e u r m. 'Befehlshaber einer Truppenabteilung' (um 1600), frz. *commandeur*. K o m m a n d a n t u r f. 'Dienstgebäude eines Kommandanten', nlat. Bildung (19. Jh.) zu *Kommandant*. K o m m o d o r e m. 'Kapitän in Admiralsstellung, Geschwaderführer', Entlehnung (18./19. Jh.) von engl. *commodore*, das sich über *commadore*, *commandore* aus dem durch das Nl. vermittelten frz. *commandeur*, afrz. *comandeor* entwickelt haben kann.

kommen Vb. 'sich einem Ort nähern, sich von einem Ort hierher begeben, einen Ort erreichen, eintreffen, erscheinen', ahd. *queman* (8. Jh.), mhd. (mit Verschmelzung von *u* und *e* zu *o*) *komen*, asächs. *kuman*, mnd. *kōmen*, *kāmen*, *kommen*, mnl. *cōmen*, nl. *komen*, aengl. *cuman*, engl. *to come*, got. *qiman*, anord. *koma*, schwed. *komma* führt mit aind. *gámati* 'geht', toch. A *käm-*, *kam-*, *kum-*, toch. B *kä(n)m-*, *kam-*, *śem-* 'kommen', griech. *baínein* (*βαίνειν*) 'gehen', lat. *venīre* 'kommen', lit. *gim̃ti* 'zur Welt kommen, geboren werden, entstehen' auf eine Wurzel ie. **g^uem-* 'gehen, kommen, zur Welt kommen, geboren werden'. Im Dt. ist der ursprüngliche Anlaut *qu-* (germ. *kw-*) im Verbaladjektiv *bequem* (s. d.) erhalten. – K u n f t f. 'das Kommen, Ankommen' (selbständiges Substantiv bis ins 19. Jh.), ahd. *kumft* (8. Jh.), *kunft* (9. Jh.), mhd. *kumft*, *kunft* 'Ankunft, das Kommen, Eintreffen, Zukunft, das Zukünftige' neben mnd. *kumpst*, *kumst*, *komst*, mnl. *comst*, nl. *komst* sind Abstrakta mit *sti*-Suffix (vgl. auch mit *ti*-Suffix got. *gaqumþs* 'Zusammenkunft, Versammlung'), wobei im Hd. *-s-* in *-f-* übergeht mit nachfolgendem Wandel von *m* zu *n*; daran anschließend die Ableitung *künftig* (s. d.). Im frühen 19. Jh. wird das Substantiv in freier Verwendung aufgegeben, bleibt jedoch als Grundwort von Komposita erhalten. A b k u n f t f. 'Abstammung, Herkunft', älter 'Nachkommenschaft' (2. Hälfte 17. Jh.), 'Ertrag' (Anfang 17. Jh.), auch 'Übereinkunft' (18. Jh.). A n k u n f t f. 'Herkunft, Ursprung, das Ankommen, Eintreffen' (2. Hälfte 15. Jh.). A u s k u n f t f. 'Information, Mitteilung, Antwort' (18. Jh.), 'das Herauskommen, Ergebnis' (17. Jh.), 'das Ausfließen' (15. Jh.); A u s k u n f t e i f. 'Auskunftsbüro' (19. Jh.). E i n k ü n f t e Plur. 'Ertrag, Gewinn, Verdienst' (16. Jh.); vgl. mhd. *īnkumft* 'Eintreffen, Ankunft'. H e r k u n f t f. 'Brauch, Herkommen' (17. Jh.), 'Abstammung' (16. Jh.); vgl. mnd. *hērkum(p)st* 'Herkommen, Abstammung, Brauch'. N i e d e r k u n f t f. 'Zeit, Vorgang der Entbindung' (Ende 17. Jh.). Ü b e r e i n k u n f t f. 'Einigung, Übereinstimmung' (2. Hälfte 17. Jh.), 'Vertrag, Absprache, Abmachung' (18. Jh.). U n t e r k u n f t f. 'Obdach, Wohnung, Quartier' (1. Hälfte 19. Jh.). Z u k u n f t f. 'die noch bevorstehende, die kommende Zeit', ahd. *zuokumft* 'Herankunft, Ankunft' (10. Jh.), mhd. *zuokumft*, *zuokunft* 'das (Herzu)kommen, Ankunft, Verfolgung, Zukunft', bis zu Beginn des 17. Jhs. auch im räumlichen Sinne; z u k ü n f t i g Adj. 'zeitlich bevorstehend, in der Zukunft stattfindend', ahd. *zuokumftīg* 'ankommend' (9. Jh.), mhd. *zuokünftic* '(heran)kommend, künftig, noch zu erwarten' (im räumlichen Sinne bis 16. Jh.). Als grammatischer Terminus *zuekünftig zeit* (um 1400) für mlat. *(tempus) futurum*; dafür (2. Hälfte 18. Jh.) *Zukunft* (s. *Futur*). Z u s a m m e n k u n f t f. 'Treffen, Versammlung' (16. Jh.). – a b k o m m e n Vb. 'sich entfernen, frei-, loskommen', ahd. *abaqueman* 'vergehen' (11. Jh.), mhd. *abekomen* 'von etw. loskommen'; A b k o m m e n n. 'Übereinkunft, Vertrag' (2. Hälfte 17. Jh.), zuvor 'Abstammung, Herkunft' (1. Hälfte 16. Jh.); A b k o m m e m. 'Nachkomme' (Mitte 18. Jh.); a b k ö m m l i c h Adj. 'entbehrlich' (1. Hälfte 19. Jh.). a n k o m m e n Vb. 'über einen kommen, ergreifen, eintreffen', ahd. *anaqueman* (9. Jh.), mhd. *anekomen* 'über einen kommen, hereinbrechen, anfangen, angreifen'; A n k ö m m l i n g m. 'neu Hinzukommender' (17. Jh.). a u f k o m m e n Vb. 'entstehen, sich bilden, sich erheben', ahd. *ūfqueman* 'heraufkommen, auftauchen, entstehen' (8. Jh.), mhd. *ūfkomen* 'in die Höhe kommen, stark werden, heranwachsen, entspringen, am Leben bleiben'. a u s k o m m e n Vb. 'zurechtkommen, reichen', ahd. *ūʒqueman* 'herauskommen' (9. Jh.), mhd. *ūʒkomen* 'herauskommen, entstehen, Gewohnheit werden, sich verbreiten', frühnhd. 'mit Geldmitteln reichen, sich vertragen' (15. Jh.); A u s k o m m e n n. 'Lebensunterhalt, Einverständnis', frühnhd. 'Einkommen'; a u s k ö m m l i c h Adj. 'genügend, ausreichend' (17. Jh.). e i n k o m m e n Vb. 'als Gewinn eingehen, sich mit etw. an jmdn. wenden', ahd. *inqueman* 'eindringen, eintreten' (9. Jh.), mhd. *īnkomen*; E i n k o m m e n n. 'ständige Einnahme, Gehalt', mhd. *īnkomen* 'Eintreffen, Ankunft'. e n t k o m m e n Vb. 'entgehen, -fliehen, -weichen', mhd. *entkomen*. h e r k o m m e n Vb. 'hierherkommen', frühnhd. 'abstammen', ahd. *heraqueman* 'herkommen' (9. Jh.), mhd. *herkomen*; vgl. mhd. *herkomen* Part.adj. 'aus der Fremde gekommen'; H e r k o m m e n n. 'Herkunft, Abstammung, Brauch, Sitte, Überlieferung' (15. Jh.); h e r k ö m m l i c h Adj. 'der Herkunft gemäß, gebräuchlich, überliefert' (18. Jh.). n a c h k o m m e n Vb. 'später kommen', ahd. *nāhqueman* 'nachfolgen' (um 1000), mhd. *nāchkomen* 'nachfolgen'; N a c h - k o m m e m. 'Verwandter in absteigender Linie', mhd. *nāchkome* 'Nachfolger, Nachkomme'; vgl. gleichbed. ahd. *afterquemo* (10. Jh.); N a c h k o m m e n s c h a f t f. 'Gesamtheit der Nachkommen' (17. Jh.); N a c h k ö m m l i n g m. 'nachgeborenes Kind, Nachzügler', mhd. *nāchkomelinc* 'Nachfolger, Nachkömmling'. n i e d e r - k o m m e n Vb. 'gebären' (vgl. mhd. *kindes niderkomen*), ahd. *nidarqueman* 'herabsteigen, fallen' (um 800), mhd. *niderkomen* 'herabfallen, herunterfallen, zu Bett gehen, sich hinlegen' (seit frühnhd. Zeit auf das Kindbett eingeengt). ü b e r e i n k o m m e n Vb. 'sich mit jmdm. einigen', frühnhd. 'zusammenfallen, mit jmdm. einig, zufrieden werden'. ü b e r k o m m e n Vb. (von Gefühlen, Empfindungen) 'ergreifen', älter 'über etw. kommen, es in seine Gewalt bringen', ahd. *ubarqueman* 'überraschen, überwinden, besiegen' (8. Jh.), mhd. *überkomen* 'hinüberkommen, die Oberhand behalten, verabreden, übereinkommen, zu etw. gelangen, überfallen, bezwingen, überstehen'; ü b e r - k o m m e n Part.adj. 'überliefert, vererbt' (16. Jh.). u m k o m m e n Vb. 'ums Leben kommen, sterben, verderben', mhd. *umbekomen* 'vorüber-, zu Ende gehen, sterben'; vgl. ahd. *umbiqueman* 'herumgehen, umringen' (8. Jh.). u n t e r k o m m e n Vb. 'Aufnahme, Obdach, Anstellung finden', umgangssprachlich auch 'vorkommen' (Anfang 17. Jh.), ahd. *untarqueman* (9. Jh.), mhd. *underkomen* 'dazwischentreten, verhindern'. v e r k o m m e n Vb. 'den inneren Halt verlieren, verwahrlosen', älter 'vergehen', mhd. *verkomen* 'vorübergehen, zu Ende gehen, vergehen'; V e r k o m m e n h e i t f. 'sittlicher Niedergang, Verwahrlosung' (19. Jh.). v o r k o m m e n Vb. 'nach vorn kommen, zum Vorschein kommen, sich ereignen, geschehen, vorhanden sein', ahd. *furiqueman* 'zuvor-, herauskommen, zutage treten' (8. Jh.), mhd. *vorkomen* 'erscheinen, offenbar werden'; V o r k o m m n i s n. 'Vorfall' (19. Jh.). z u k o m m e n Vb. 'gebühren, zustehen, passend sein', älter auch 'sich auf etw. zubewegen, sich nähern, Nutzen haben, mit etw. genug haben', ahd. *zuoqueman* 'herannahen, hinzukommen' (8. Jh.), mhd. *zuokomen* 'eintreffen, erscheinen'.

Kommentar m. 'Erläuterung, Erklärungsschrift, Anmerkung', entlehnt (1. Hälfte 16. Jh., zuerst in lat. Form) aus lat. *commentārius* bzw. *commentārium* 'Notizbuch, Niederschrift, Denkwürdigkeit, gesammelte Beispiele, Auszüge, Auslegung', zu lat. *commentus*, Part. Perf. von lat. *comminīscī* 'sich etw. ins Gedächtnis zurückrufen, sich auf etw. besinnen, aus-, ersinnen'. Die Eindeutschung *Commentarien* Plur. erfolgt im 16., *Commentar* Sing. im 18. Jh. In älterer Zeit auch *Comment* 'Erklärung, Erläuterung' (16./17. Jh.), aus lat. *commentum* 'etw. Ausgesonnenes, Erfindung, Einfall', spätlat. 'Erklärung'. – k o m m e n t i e r e n Vb. 'erläutern, besprechen, auslegen' (17. Jh.), aus lat. *commentārī* bzw. spätlat. *commentāre* 'überdenken, erläutern, auslegen'. K o m m e n t a t o r m. (16. Jh.), aus spätlat. *commentātor* 'Erfinder, Erklärer, Ausleger'.

kommerziell Adj. 'Gewerbe und Handel betreffend, kaufmännisch', Anfang 19. Jh. mit französierender Endung (vgl. frz. *commercial*, doch Ende 18. Jh. vereinzelt auch *commerciel*) abgeleitet von *Kommerz* m. (auch n.) 'Handelsverkehr', einer Entlehnung (16. Jh., zuerst *Commerzien* Plur.) von lat. *commercium* 'Waren-, Handels-, Kaufverkehr' bzw. auf diesem beruhendem mfrz. frz. *commerce* 'Handel, Geschäft, Gewerbe'; vgl. lat. *merx* (Gen. *mercis*) 'Ware'. – k o m m e r z i a l i s i e r e n Vb. 'öffentliche Schulden in privatwirtschaftliche umwandeln' (20. Jh.), frz. *commercialiser*; dann '(ideelle

Werte) zur Erzielung von Gewinn geschäftlichen Interessen unterordnen'.

Kommilitone m. 'Mitstudent, Studiengenosse', in die Studentensprache entlehnt (16. Jh.) aus lat. *commīlito* (Gen. *commīlitōnis*) 'Mitsoldat, Waffenbruder, Kampfgefährte', mlat. 'Mitstreiter, Kamerad, Kollege' (vgl. lat. *mīlito* 'Kämpfer, Streiter', *mīles* 'Soldat' und s. *kon-*).

Kommiß m. ehemals (umgangssprachlich, teils geringschätzig, teils scherzhaft) 'Militär, Truppe, Militärdienst', zuvor 'Heeresvorräte', bes. 'Soldatenverpflegung, Proviant' (vgl. *in die Commiß greiffen*, *aus der Commiß geben*, 16. Jh.), speziell 'Brot' (vgl. *Commiß backen*, 17. Jh.). Wahrscheinlich entlehnt aus mlat. *commissa* Plur. 'das Anvertraute, Übertragene, Verliehene', lat. *commissum* 'das Anvertraute, das Geheimnis', dem substantivierten Neutr. des Part. Perf. von lat. *committere* 'zusammenbringen, zur Ausführung, Anwendung bringen, anvertrauen, anheimgeben'. – Kommißbrot n. 'Soldatenbrot' (16. Jh.).

Kommissar m. 'vom Staat, von einer Behörde Beauftragter', vgl. bes. *Kriminal-*, *Polizeikommissar* (19. Jh.). *Commissari*, Plur. *Commissarien* begegnet bereits im 15. Jh. als Entlehnung aus spätlat. *commissārius* 'mit der Erledigung eines Geschäftes Beauftragter', abgeleitet von lat. *committere* (*commissum*) 'zusammenbringen, anvertrauen, anheimgeben' (vgl. lat. *mittere* 'schicken, senden' und s. *kon-*). Die lat. Wortform *Commissarius* bleibt bis ins 19. Jh. in Gebrauch. – kommissarisch Adj. 'durch einen Beauftragten, einen Vertreter verwaltet, vorübergehend, einstweilig' (19. Jh.). Kommissariat n. 'Amt, Dienstbereich eines Kommissars, Behörde, Amtszimmer', im 16. Jh. nlat. *commissariatus*.

Kommission f. 'mit einer bestimmten Aufgabe betrauter Ausschuß, Gruppe von Beauftragten', (bis ins 19. Jh.) auch 'Auftrag' (in beiden Verwendungen seit dem 15. Jh.), in der Kaufmannssprache 'Besorgung, Handel für fremde Rechnung, im Auftrage eines anderen' (16. Jh.). Lat. *commissio* (Gen. *commissiōnis*) 'Durchführung von Wettkämpfen, Wettstreit, Preisrede', spätlat. 'Vereinigung, Verbindung', auch 'Ausführung einer unrechten, schuldhaften Tat, eines Kampfes', abgeleitet von lat. *committere* (*commissum*) 'zusammenbringen, anvertrauen, anheimgeben' (s. *Kommissar*), entwickelt im Mlat. (entsprechenden Gebrauchsweisen des Verbs folgend) Bedeutungen wie 'Empfehlung, Genehmigung, Übergabe, Bevollmächtigung, Vollmacht, Anordnung, Auftrag, Mandat, Amt'. Aus dem Mlat. wird Mitte des 15. Jhs. *Commission* 'Auftrag, Anordnung, Befehl, Vorladung' als Rechts- und Verwaltungsausdruck ins Dt. entlehnt, erscheint aber gleichzeitig auch (unter engl. Einfluß?; engl. *commission* 'bevollmächtigte Körperschaft' seit Ende 15. Jh.) im Sinne von 'Ausschuß'. Der kaufmännische Terminus beruht wohl auf gleichbed. ital. *commissione*. – Kommissionär m. 'wer in eigenem Namen für fremde Rechnung Geschäfte abschließt' (17. Jh.), nach gleichbed. frz. *commissionnaire*, mlat. *commissionarius*.

kommod Adj. 'bequem, angenehm' (heute nur noch öst. und mundartlich), im 18. Jh. entlehnt aus gleichbed. frz. *commode*, das auf lat. *commodus* 'entsprechend, zweckmäßig, bequem' (eigentl. 'mit, nach Maß', zu lat. *modus* 'Maß', s. *Modus*) zurückgeht. Bereits im 17. Jh. in dt. Texten bezeugtes *commode* beruht auf direkter Übernahme des Adverbs lat. *commodē*. – Kommode f. 'bequem, handlich eingerichtetes Möbelstück mit Schubfächern' (18. Jh.), Entlehnung von gleichbed. frz. *commode*, dem substantivierten Fem. des Adjektivs. inkommodieren Vb. 'belästigen, stören' (17. Jh.), aus gleichbed. frz. *incommoder* (lat. *incommodāre* 'unbequem sein, lästig fallen, beeinträchtigen', zu lat. *incommodus* 'unangemessen, unbequem').

Kommune f. 'Stadt, Gemeinde', mhd. *comūn(e)* f. n. 'Gemeinde' ist als Neutrum eine Entlehnung aus lat. *commūne* n. 'Gemeinwesen, Gemeinde, Stadt, Staat' (dem substantivierten Neutrum des Adjektivs lat. *commūnis*, s. *Kommunismus*), als Femininum eine Entlehnung aus dem Roman. (dessen Formen letztlich ebenfalls auf das Adjektiv lat. *commūnis* zurückgehen), vgl. ital. *comune* m., auch f., Bezeichnung der obital. Stadtstaaten des 12. bis 14. Jhs., afrz. *comune* f. 'Gemeinde'. Die auf direkter Übernahme von frz. *commune* beruhende Fügung *Pariser Commune*, auch (gleichfalls mit frz. Aussprache des zweiten Worts) *Pariser Kommune*, bezeichnet die Herrschaftsform des frz. Proletariats in Paris von März bis Mai 1871 und damit den ersten historischen Versuch, eine Diktatur des Proletariats zu errichten. – kommunal Adj. 'örtlich, gemeindeeigen' (19. Jh.), nach gleichbed. lat. *commūnālis*, häufig als Bestimmungswort in Zusammensetzungen wie *Kommunalverwaltung* (19. Jh.), *Kommunalpolitik* (20. Jh.).

Kommunion f. in der katholischen Kirche 'Altarssakrament, Empfang des Altarssakraments, Gemeinschaftsmahl', entlehnt (16. Jh.) aus lat. *commūnio* (Gen. *commūniōnis*) 'Gemeinschaft', kirchenlat. 'kirchliche Gemeinschaft, das heilige Abendmahl', zu lat. *commūnis* 'gemeinschaftlich, allgemein, gewöhnlich'.

Kommuniqué n. 'amtliche Verlautbarung, Denkschrift', Entlehnung (2. Hälfte 19. Jh.) der Diplomatensprache von gleichbed. frz. *communiqué*, das zu frz. *communiquer* 'mitteilen, zur Kenntnis bringen' gebildet ist (lat. *commūnicāre* 'etw. gemeinsam, gemeinschaftlich machen, sich besprechen, mitteilen'; s. *kommunizieren*).

Kommunismus m. Gesellschaftsformation, die auf dem gesellschaftlichen Eigentum an Produktionsmitteln beruht, sowie die Lehre vom Aufbau, den Prinzipien und Gesetzmäßigkeiten dieser Gesellschaftsordnung; **Kommunist** m. 'wer für den Kommunismus eintritt, für ihn kämpft'. Von vereinzelten Frühbelegen abgesehen (vgl. engl. *communists or socialists* 'Personen, die sich für Gemeinbesitz des Kapitals einsetzen', 1827, frz. *communiste* 'Person, die das Weiderecht auf dem Gemeindeland hat', 18. Jh., bei Mirabeau), beginnt die zusammenhängende Geschichte der hier behandelten Wortgruppe im Frz., Engl. und Dt. um 1840. Frz. *communiste*, seit 1834 (Lamennais) nachzuweisen, wird vor allem mit É. Cabets Schrift *Comment je suis communiste* (verfaßt 1840) geläufig, frz. *communisme* ist seit 1840 belegt. Die frühesten Nachweise für engl. *communist*, *communism* stammen von 1843 (engl. *communist* Adj. bereits 1841, s. unten), der Engländer Barmby hat allerdings nachträglich (1848) für sich in Anspruch genommen, bei einem Besuch in Frankreich 1840 als erster die Bildung auf *-ism* geschaffen zu haben. In Deutschland werden die Termini *Kommunisten* und *Kommunismus* durch Heines Berichte aus Paris (1841) bekannt. Da die Wortprägungen (samt den zugehörigen Begriffen) dem Kreis der frz. und engl. utopischen Sozialisten entstammen, werden *Kommunismus* bzw. engl. *communism* zunächst (1843) von Marx und (in einer engl. Veröffentlichung) von Engels noch unterschiedlich akzentuiert gebraucht, von Marx negativ in der Polemik gegen falsche, einseitige Auffassungen, von Engels dagegen positiv als Ausdruck der Erkenntnis von der Notwendigkeit entscheidender gesellschaftlicher Veränderungen. Dazu kommunistisch Adj. Vorauf gehen adjektivisches frz. *communiste* (1840), engl. *communist* (1841 gründet Barmby *The London Communist Propaganda Society*). Danach erscheint das dt. Adjektiv in Weitlings Schrift *Die Regierungsform des kommunistischen Prinzips* (1842) und bei Marx und Engels in der programmatischen Darstellung *Manifest der Kommunistischen Partei* (1847/48). Zugrunde liegt der gesamten hier behandelten Wortgruppe lat. *commūnis* 'gemeinsam, gemeinschaftlich, allgemein', dazu das substantivierte Neutrum lat. *commūne* 'gemeinschaftlicher Besitz, gemeinschaftliches Vermögen' (auch 'Gemeinwesen', s. *Kommune*), etymologisch verwandt mit *gemein*, *gemeinsam* (s. d.). Die Wortschöpfungen des 19. Jhs. heben also das Gemeineigentum als das entscheidende Moment der künftigen Gesellschaftsordnung hervor. Dazu bereits (doch ohne Auswirkung auf die vorgenannte Entwicklung) nlat. *communistae* Plur. als Bezeichnung der Angehörigen einer religiösen Gemeinschaft (16. Jh.).

kommunizieren Vb. 'durch Mitteilung gemeinschaftlich machen, Informationen austauschen', als Terminus der katholischen Kirche 'die Kommunion empfangen', entlehnt (15. Jh.) aus lat. *commūnicāre* 'etw. gemeinsam, gemeinschaftlich machen, sich besprechen', zu lat. *commūnis* (s. *Kommunion*). – exkommunizieren Vb. 'wegen schwerer Vergehen aus der Gemeinschaft der Gläubigen (d. h. vor allem vom Sakramentenempfang und vom kirchlichen Begräbnis) ausschließen', Entlehnung (1. Hälfte 16. Jh.) aus kirchenlat. *excommūnicāre* 'in den Bann tun'. Exkommunikation f. 'Ausschluß aus der Gemeinschaft der Gläubigen, Kirchenbann' (Ende 16. Jh.; anfangs, 1. Hälfte 16. Jh., mit lat. Flexion in dt. Texten), aus kirchenlat. *excommūnicātio* (Gen. *excommūnicātiōnis*) 'Kirchenbann'. Kommunikation f. 'Mitteilung, Unterredung' (16. Jh.), 'Verständigung (durch sprachliche Mittel), Informationsaustausch' (20. Jh.), aus lat. *commūnicātio* (Gen. *commūnicātiōnis*) 'Mitteilung'.

Komödie f. 'Lustspiel, Theater, in dem Lustspiele aufgeführt werden, erheiterndes Ereignis', frühnhd. *comedy* (15. Jh.), entlehnt aus gleichbed. lat. *cōmoedia*, griech. *kōmōdía* (*κωμῳδία*). Das griech. Substantiv ist wohl Ableitung von griech. *kōmōdós* (*κωμῳδός*) 'komischer Schauspieler', auch 'Lustspieldichter', eigentl. 'wer am Dionysosfest Spottlieder vorträgt', einer Zusammensetzung aus griech. *kṓmos* (*κῶμος*) 'Gelage, Umzug, Festgesang' und *ōdós* (*ᾠδός*) 'Sänger', denn die griech. Komödie geht aus den ausgelassenen Umzügen und Gesängen zu Ehren des Weingottes Dionysos hervor. Im Dt. werden zunächst (15. Jh.) diese klassischen, dann (16. Jh.) auch die dt. Lustspiele *Komödien* genannt; im 17./18. Jh. versteht man (unter Einfluß von frz. *comédie*) vielfach jedes Theaterstück sowie das Theater überhaupt darunter. Übertragener Gebrauch ist seit dem 17. Jh. bezeugt. – Komödiant m. 'Schauspieler', übertragen 'Heuchler'; die dem ital. *commediante* entlehnte Bildung wird durch engl. Schauspieltruppen bekannt (*englische Comedianten* 1592; vgl. das im 16./17. Jh. gebräuchliche engl. *comediant* neben üblicherem und bis heute gültigem *comedian*), entwickelt sich zur Bezeichnung des Berufsschauspielers und löst älteres *Komedispieler* ab. Im 18. Jh. wird *Komödiant* zunehmend pejorativ verwendet und von *Akteur*, dann *Schauspieler* (s. d.) abgelöst. Heute nur geringschätzig (nicht aber im Berufsjargon) und übertragen.

Kompagnon m. 'Geshäftsteilhaber, Mitinhaber' (17. Jh.), älter 'Geselle' (16. Jh., vereinzelt schon mhd. *kompānjūn*, *kumpānjūn*), ist eine Entlehnung von gleichbed. afrz. frz. *compagnon*, eigentl. 'Geselle, Genosse', das auf spätlat. *compāniōnem*, Akk. von *compānio* 'Brot-, Speisegenosse, Kamerad' (Lex Salica, 6. Jh.) zurückgeht. Mit dem Präfix lat. *com-* 'zusammen, mit' (s. *kon-*) zu lat. *pānis* 'Brot' gebildet, bezeichnet es den, 'der das Brot mit (einem) anderen gemeinsam hat', und ist die genaue Nachbildung (wohl der lat. Heeressprache) eines germ. Ausdrucks, wie er in got. *gahlaiba*, ahd. *gi(h)leibo* (9. Jh.; zu got. *hlaifs*, ahd. *(h)leib* 'Brot', s. *Laib*) überliefert ist (s. *Kompanie*, *Kumpan*; zur Bildungsweise s. auch [3]*Bauer*).

kompakt Adj. 'dicht, festgefügt, gedrungen, massig', Entlehnung (16. Jh.) aus gleichbed. lat. *compāctus*, Part.adj. von lat. *compingere* 'zusammenfügen' (vgl. lat. *pangere* 'befestigen, einschlagen, einsenken' und s. *kon-*).

Kompanie f. 'aus mehreren Zügen bestehende untere Truppeneinheit, Handelsgesellschaft'. Mhd. *kompānīe*, *kumpānīe*, eine Entlehnung von afrz. *compagnie*, begegnet zunächst in dessen allgemeiner Bedeutung 'Gesellschaft, Genossenschaft'. Seit dem 14. Jh. erscheint der Ausdruck in der Kaufmannssprache, anfangs nur im Norden als mnd. *kumpānīe*, *kumpenīe*, im 15. Jh. auch auf obd. Boden, hier unter ital. Einfluß meist in der Form *Compagnia* (daneben *Companey* im 16. Jh.). Ende des 16. Jhs. tritt in Anlehnung an den entsprechenden Gebrauch von frz. *compagnie* die militärische Verwendung hinzu. Das zugrundeliegende frz. Substantiv stellt sich als frühe Ableitung entweder unmittelbar zu afrz. *compain* 'Gefährte, Partner' (aus spätlat. *compānio*, s. *Kompagnon*, *Kumpan*) oder zu afrz. *compagne* 'Gesellschaft, Begleitung, Schar', das über vlat. **compānia* f., ursprünglich Plural eines in der Lex Salica (6. Jh.) belegten spätlat. *compānium* n. 'Kameradengruppe' (Bezeichnung der lat. Heeressprache für die unterste germ. Soldateneinheit), ebenfalls auf spätlat. *compānio* zurückgeht.

Komparativ m. erste Steigerungsstufe des Adjektivs, Vergleichsstufe. Der bei den röm. Grammatikern übliche Terminus lat. *(gradus) comparātīvus*, zu lat. *comparāre* 'gleichmachen, -stellen, aus-, vergleichen', wird in lat. Form bereits im 11. Jh. in dt. Texte aufgenommen und im 18. Jh. unter Aufgabe der lat. Endung entlehnt. Schon früh werden Übersetzungsversuche unternommen, vgl. ahd. *widarmeȝȝunga* 'Vergleichsform' (11. Jh.; zuvor 'Vergleich, Gleichnis', um 1000), *der geleicher* (um 1400), *ander treppe* (16. Jh.), *mittlere*, *mittelste Stufe*, *mittlere Staffel*, *der andere Grad* (17. Jh.).

Komparse m. 'Nebenperson ohne Sprechrolle, Statist' (im Theater, Film), im 18. Jh. entlehnt aus gleichbed. ital. *comparsa*, dem substantivierten Femininum des Part. Perf. von ital. *comparire* (älter auch *comparere*) 'sich zeigen, hervor-, auftreten' (lat. *compārēre* 'sichtbar werden, erscheinen'; vgl. lat. *pārēre* 'erscheinen, sich zeigen, Folge leisten', s. [3]*parieren* und *kon-*).

Kompaß m. 'Gerät zum Bestimmen der Himmelsrichtung', seit dem frühen 15. Jh. bezeugt, ist wohl Entlehnung von ital. *compasso*, das in dieser Bedeutung vom Mittelmeer her als seemännischer Ausdruck in die anderen europ. Sprachen gelangt. Das ital. Substantiv, zunächst in dem auch sonst im Roman. vorherrschenden Sinn 'Zirkel' vorkommend (vgl. afrz. *compas* 'Zirkel', 12. Jh., dagegen mfrz. *compas de mer* 'Kompaß' erst 1575), gehört zu ital. *compassare* 'abmessen', eigentl. 'rundum abschreiten' (hier im Hinblick auf die Magnetnadel), dem ein auch aus anderen roman. Sprachen zu erschließendes gleichbed. lat. **compassāre* (zu lat. *passus* 'Schritt', auch 'Doppelschritt als Längenmaß', s. [1]*Paß*) vorausgegangen sein muß.

Kompendium n. 'Handbuch, Abriß' wird seit dem 16. Jh. als Titelstichwort kurzgefaßter Lehrbücher verwendet. Es ist eine Entlehnung von lat. *compendium* 'Ersparnis, Abkürzung', mlat. 'Kurzfassung, Zusammenfassung, Überblick', einer Bildung zu lat. *pendere* '(ab)wägen, erwägen' (s. *Pensum*) und lat. *com-* (s. *kon-*). Das scheinbar zugrundeliegende Verb lat. *compendere* 'zusammenwägen' ist wohl nur eine künstliche Schöpfung der Grammatiker (Varro).

kompensieren Vb. 'aufwiegen, ausgleichen, aufrechnen', im 16. Jh. als juristischer Terminus aus dem schon in der römischen Rechtssprache üblichen gleichbed. lat. *compēnsāre* entlehnt, vgl. lat. *pēnsāre* 'wägen, beurteilen, ausgleichen', Intensivbildung zu lat. *pendere* '(ab)wägen' (s. *Pensum*), und s. *kon-*. – K o m p e n s a t i o n f. 'Ausgleich, Aufhebung' (17. Jh.), lat. *compēnsātio* (Gen. *compēnsātiōnis*).

Kompetenz f. 'Recht auf Abgaben, Einkünfte, Lebensunterhalt' (16. Jh.), 'Zuständigkeit, Fähigkeit, Sachverstand' (19. Jh.) ist eine Entlehnung aus lat. *competentia* 'Zusammentreffen, Symmetrie, Analogie', mlat. auch 'Zugehörigkeit, Zuständigkeit'. Die Verwendungen des Substantivs im Lat. und im Dt. (hier zuerst in der Rechtssprache) folgen denen des Verbs lat. *competere* 'zusammentreffen, zutreffen, entsprechen, gesetzlich fordern', mlat. auch 'angemessen, geeignet sein, zustehen, zukommen', und dessen Part.-adj. *competēns* (Gen. *competentis*) 'zuständig, geeignet, angemessen', mlat. auch 'zustehend', woraus nhd. k o m p e t e n t Adj. 'zuständig, fähig, sachverständig' (18. Jh.).

Kompilation f. 'Sammlung, aus anderen Quellen zusammengetragenes, unschöpferisches Werk', Entlehnung (16. Jh.) aus lat. *compīlātio* (Gen. *compīlātiōnis*) 'Plünderung', scherzhaft auch für eine 'Sammlung von Aktenstücken', daher auch im Dt. zunächst 'zusammengestoppeltes Werk'; zu lat. *compīlāre* 'ausplündern, berauben, ausbeuten' (eigentl. 'zusammenraffen, stehlen'), woraus im 17. Jh. k o m p i l i e r e n Vb. 'aus anderen Werken zusammenstoppeln', dann auch abgeschwächt 'zusammenstellen, -tragen'. Vgl. lat. *pīlāre* 'plündern', wohl aus *compīlāre* rückgebildet (kaum zu lat. *pīlus* 'Haar' gehörig).

komplementär Adj. 'ergänzend', Entlehnung (19. Jh.) aus gleichbed. frz. *complémentaire*, das von frz. *complément* 'Ergänzung, Vervollständigung' abgeleitet ist. Dieses beruht auf lat. *complēmentum* 'Ausfüllungs-, Ergänzungsmittel', einer Bildung zu lat. *complēre* 'vollmachen, aus-, erfüllen, vollenden'; vgl. das in zahlreichen Zusammensetzungen als Grundwort vorkommende, als Simplex jedoch nur bei antiken Grammatikern belegte lat. *plēre* 'füllen' (wozu auch lat. *plēnus* 'voll', s. *Plenum*) und s. *kon-*. – K o m p l e m e n t ä r f a r b e n Plur. 'Ergänzungsfarben', d.h. zwei Spektralfarben, die, miteinander gemischt, weißes (bzw. farblos erscheinendes) Licht ergeben (19. Jh.).

komplett Adj. 'vollständig, ganz', Entlehnung (17. Jh.) von gleichbed. frz. *complet*, das auf lat. *complētus* 'vollkommen, vollständig' zurückgeht, Part.adj. zu lat. *complēre* (s. *komplementär*). – k o m p l e t t i e r e n Vb. 'vervollständigen, ergänzen' (17. Jh.), vgl. frz. *compléter*.

komplex Adj. 'umfassend, zusammenhängend, vielschichtig', Entlehnung (18. Jh.) aus lat. *complexus*, Part.adj. zu lat. *complectī* 'umschlingen, umfassen' (vgl. lat. *plectere* 'flechten, ineinanderfügen' und s. *kon-*). – K o m p l e x m. 'geschlossenes Ganzes' (19. Jh.), in der Psychologie 'Gruppe beunruhigender Vorstellungen', entlehnt aus dem Substantiv lat. *complexus* 'Umfassung, Umschließung, Verknüpfung'.

Kompliment n. 'höfliche Redensart,

Schmeichelei', auch 'Hochachtung' (um 1600), 'Verbeugung, Gruß' (2. Hälfte 17. Jh.), Entlehnung von frz. *compliment* 'Höflichkeitsbezeigung, höfliches Anerbieten, verbindliche Anrede, Schmeichelei, Glückwunsch', anfangs gelegentlich auch direkt von gleichbed. span. *cumplimiento* (vgl. Pluralformen wie *complimientos*, *Cumpliment* im dt. Text), das dem frz. Substantiv (vielleicht vermittelt durch ital. *complimento*) zugrunde liegt. Die span. Bildung, eigentl. 'Erfüllung des Gebots der Höflichkeit', ist abgeleitet von span. *cumplir* 'erfüllen, vollenden, seine Schuldigkeit tun'. Dieses geht zurück auf lat. *complēre* (s. *komplementär*). – k o m p l i m e n t i e r e n Vb. 'Höflichkeit erweisen, mit höflichen Worten und Gesten geleiten' (17. Jh.), frz. *complimenter*.

Komplize, auch *Komplice* m. 'Mittäter, Helfershelfer', Entlehnung, zuerst noch in lat. Flexion *Complices* Plur. (um 1600), von spätlat. *complex* (Gen. *complicis*) 'eng verbunden', substantiviert 'Verbündeter, Teilnehmer', vornehmlich 'Helfershelfer, Mitschuldiger', einer Bildung zu lat. *complicāre* 'zusammenfalten, -legen, -wickeln' (vgl. lat. *plicāre* 'falten' und s. *kon-*); s. *kompliziert*. Der in der 2. Hälfte des 17. Jhs. auftretende singularische Gebrauch folgt frz. *complice* mit der dt. Pluralendung *Complicen*.

kompliziert Adj. 'schwierig, verwickelt', Entlehnung (Ende 18. Jh.), wohl nach dem Vorbild von frz. *compliqué*, aus lat. *complicitus*, dem Part. Perf. (neben *complicātus*) von lat. *complicāre* 'zusammenfalten, -legen, -wickeln' (s. *Komplize*). Später bezeugt ist k o m p l i z i e r e n Vb. 'verwickeln, erschweren' (19. Jh.), das daher (wie frz. *compliquer*) als Bildung zum Adj. angesehen werden muß. – K o m p l i k a t i o n f. 'Verwicklung, Erschwerung' (19. Jh.), frz. *complication* 'Zusammentreffen erschwerender Umstände, Verwicklung', spätlat. *complicātio* (Gen. *complicātiōnis*) 'das Zusammenwickeln, Vervielfältigung'.

Komplott n. 'Verschwörung, geheime Verabredung', Entlehnung (17. Jh.) von gleichbed. frz. *complot*, afrz. 'Gedränge'. Etymologie nicht geklärt. – k o m p l o t t i e r e n Vb. 'eine Verschwörung anzetteln, Straftaten planen' (19. Jh.), frz. *comploter*.

Komponente f. 'Teilkraft, bestimmter Bestandteil eines Ganzen', im 19. Jh. gebildet zu lat. *compōnēns* (Gen. *compōnentis*), dem Part. Präs. von lat. *compōnere* 'zusammensetzen, -stellen' (s. *komponieren*).

komponieren Vb. 'nach bestimmten Formgesetzen zusammenfügen, gestalten, ein Musikwerk schaffen'. Das Verb wird um 1500 aus lat. *compōnere* (*compositum*) 'zusammenstellen, -setzen' (vgl. lat. *pōnere* 'setzen, stellen, legen' und s. *kon-*) entlehnt und gilt zunächst mit der im Lat. vorgeprägten Bedeutung im Bereich der Medizin und Chemie. Im 16. Jh. steht *komponieren* (mlat. Gebrauch folgend) auch für das Abfassen eines Musikstücks und im 18. Jh. (unter dem Einfluß von frz. *composer*) in der bildenden Kunst für das bestimmten Gesichtspunkten folgende Anordnen der Figuren. In der Grammatik '(Redeteile) zusammenfügen, (Wörter) zusammensetzen' (seit dem 17. Jh.). – K o m p o n i s t m. 'Schöpfer von Musikwerken', gelehrte Bildung des 16. Jhs. Daneben zeitweilig (bes. 18./19. Jh.) aus dem Frz. entlehntes *Compositeur*. K o m p o s i t i o n f. 'Musikwerk' (16. Jh.), in der Sprachwissenschaft 'Wort- und Satzfügung' (16. Jh.), dann bes. 'Zusammensetzung von Wörtern' (17. Jh.), aus lat. *compositio* (Gen. *compositiōnis*) 'Zusammenstellung, Abfassung eines Schriftwerks' (mlat. auch 'eines Musikstücks'), in der Rhetorik 'Fügung, Anordnung der Worte, der Perioden'. Unter dem Einfluß von frz. *composition* auch (seit 18. Jh.) 'Aufbau eines Kunstwerks nach bestimmten harmonischen Formgesetzen'.

Kompositum n. 'zusammengesetztes Wort, Zusammensetzung', Terminus der Sprachwissenschaft, in deutschsprachigen Grammatiken seit dem 16. Jh., Entlehnung von gleichbed. lat. *compositum*, dem aus der Fügung lat. *verbum compositum* verselbständigten und substantivierten Part. Perf. von lat. *compōnere* 'zusammenstellen, -setzen' (s. *komponieren*). Für den Plur. *Komposita* gilt lat. Flexion bis heute.

Kompost m. 'Mischdünger aus verrotteten organischen Abfällen und Erde', Entlehnung (19. Jh.) von gleichbed. frz. *compost*. Dieses ist im 18. Jh. rückentlehnt aus engl. *compost* 'Mischdünger' (16. Jh., vgl. aber bereits im 13. Jh. in England mlat. *compostum* in diesem Sinne), das seinerseits auf afrz. *compost* 'Zusammenstellung, Einrichtung, Zustand', im Anglonorm. speziell 'Mischdünger', Substantivierung des Adjektivs afrz. *compost* 'zusammengesetzt, gemischt', beruht. Die afrz. Form geht zurück auf lat. *compositum* (synkopiert *compostum*), Part. Perf. von lat. *compōnere* 'zusammenstellen, -setzen, -legen' (s. *komponieren*). Ebenfalls an das Part. Perf. dieses lat. Verbs, das schon in der Antike das Einlegen von Oliven in Salzlake bezeichnen kann, schließt sich ein in der nhd. Literatursprache außer Gebrauch kommendes ahd. *kumpost* (Ende 10. Jh.), mhd. frühnhd. *kumpost*, *kompost* 'eingelegtes Gemüse oder Obst', namentlich 'durch Gärung haltbar gemachter Kohl, Sauerkohl' an (daher noch mundartliches *Kompst*, *Kumst*, *Kumpst* 'Weißkohl, Sauerkohl' in verschiedenen Landschaften; s. auch *Kompott*). K o m p o s t h a u f e n m. 'Haufen, auf den pflanzliche und tierische Abfälle geworfen werden' (19. Jh.). k o m p o s t i e r e n Vb. 'zu Kompost werden lassen, mit Kompost düngen' (1. Hälfte 19. Jh.), nach frz. *composter*, engl. *to compost* 'düngen' (vgl. schon gleichbed. mfrz. *composter*, mlat. *compostare*).

Kompott n. 'gekochtes Obst' (19. Jh.), zuvor *Compote* f. (Anfang 18. Jh.), Entlehnung von gleichbed. frz. *compote* f., afrz. *composte* f., das über vlat. **compos(i)ta* f. 'Zusammengesetztes, Gemischtes' (ursprünglich wohl Substantivierung des Neutr. Plur.) auf lat. *compositum* (synkopiert *compostum*), Part. Perf. von lat. *compōnere* 'zusammenstellen, -setzen, -legen' (s. *komponieren*), zurückgeht. Gleichen Ursprungs ist ein bis ins 18. Jh. belegtes *Compost*, *Kompost* m. 'durch Einlegen in Zucker oder Essig haltbar gemachtes Obst' (s. *Kompost*).

komprimieren Vb. 'zusammendrücken, -pressen' (16. Jh.), als Terminus der Physik 'verdichten' (18. Jh.), Entlehnung aus lat. *comprimere* (*compressum*) 'zusammen-, niederdrücken, -pressen, -drängen' (vgl. lat. *premere* 'drücken, pressen' und s. *kon-*). – K o m p r e s s i o n f. 'Zusammenpressen, Verdichtung' (19. Jh.), frz. *compression*, lat. *compressio* (Gen. *compressiōnis*) 'Zusammendrücken, -pressen'. K o m p r e s s o r m. 'Apparat zum Verdichten (von Gasen, Dämpfen)', Bildung des 19. Jhs., vielleicht im Anschluß an gleichbed. frz. *compresseur*. K o m p r e s s e f. 'feuchter Umschlag', Entlehnung (18. Jh.) von gleichbed. frz. *compresse*, afrz. 'das Zusammendrücken', abgeleitet von afrz. *compresser* 'zusammendrükken, -pressen', das auf spätlat. *compressāre* 'zusammenpressen, zerdrücken', eine Intensivbildung zu lat. *comprimere* (s. oben), zurückgeht.

Kompromiß m. (auch n.) 'Ausgleich, Verständigung, Übereinkunft durch gegenseitige Zugeständnisse', im 15. Jh. aus dem bereits bei den Römern als Rechtsterminus üblichen lat. *comprōmissum* entlehnt, dem substantivierten Part. Perf. von lat. *comprōmittere* 'sich gegenseitig versprechen, eine Entscheidung dem Schiedsrichter zu überlassen', vgl. lat. *prōmittere* 'hervorgehen lassen, versprechen', lat. *mittere* 'schicken, senden' und s. die Präfixe *kon-* und *pro-*. – K o m p r o m i ß l e r m. 'wer oft und rasch bereit ist, Kompromisse zu schließen' (20. Jh.). k o m p r o m i t t i e r e n Vb. 'bloßstellen', zunächst als Rechtsausdruck 'sich einem Schiedsspruch unterwerfen' (16. Jh.) aus dem Lat., in der Bedeutung 'jmds. Ehre in Gefahr bringen, ihn bloßstellen' (18. Jh.) unter Relatinisierung aus frz. *compromettre* entlehnt, das ebenfalls auf lat. *comprōmittere* (s. oben) zurückgeht. Das Frz. hat aus dem rechtlichen Gebrauch die Bedeutung 'seine Sache in das Ermessen eines anderen legen, jmdn. in eine kritische Lage bringen (indem man ihn dem Urteil eines Dritten aussetzt)' entwickelt.

Komsomolze m. 'Angehöriger des Komsomol', Entlehnung aus gleichbed. russ. *komsomólec* (*комсомолец*) bzw. aus der Pluralform *komsomólcy* (*комсомольцы*), abgeleitet von *komsomól* (*комсомол*), der Abkürzung für *kommunistíčeskij sojúz molodëži* (*коммунистический союз молодёжи*) 'kommunistischer Jugendverband'. Seit den 20er Jahren des 20. Jhs. im Dt. bezeugt.

Komteß, K o m t e s s e f. 'unverheiratete Tochter eines Grafen', Entlehnung (18. Jh.) von frz. *comtesse*, dem Femininum zu frz. *comte* 'Graf', aus lat. *comitem*, Akk. von lat. *comes* 'Begleiter, Gefolgsmann', eigentl. 'Mitgänger' (zur Bildung vgl. lat. *īre* 'gehen' und s. *kon-*). Im Spätlat. wird *comes* Rangbezeichnung für den Inhaber eines Hof- oder Staatsamtes; mit der Herausbildung des Feudaladels entwickelt es sich in der Karolingerzeit (7./8. Jh.) zum Adelstitel.

kon- Präf. Das auch als *ko-*, *kom-*, *kol-*, *kor-* auftretende Formans findet sich seit dem Mhd., vereinzelt bereits im Ahd. (s. *Kom-*

post) bei Nomina und Verben lat. Ursprungs, die entweder unmittelbar aus dem Lat. entlehnt sind (z. B. *Kollege*, *Kommission*, *Konflikt*, *Konvent*; *komplex*, *konkret*, *korrekt*; *kombinieren*, *konsultieren*, *korrigieren*) oder aus dem Frz. (z. B. *Kollaborateur*, *Kommuniqué*, *Konfitüre*; *komplett*, *konziliant*; *kolportieren*, *kommandieren*), seltener aus dem Engl. (z. B. *Komfort*, *Konvertit*, *Konzern*; *konservativ*) oder dem Ital. (z. B. *Komparse*, *Kompaß*, *Konfetti*, *Konzert*) ins Dt. gelangen. In allen Fällen geht *kon-* letztlich auf lat. *com-* 'zusammen, gemeinsam', häufig auch (Vollständigkeit oder besondere Intensität ausdrückend) 'gänzlich, völlig, überaus, sehr' zurück, das mit der Präposition lat. *cum* (alat. *com*) 'mit, zusammen mit, zugleich mit' identisch ist. Im Italischen und Keltischen entsprechen ferner z. B. osk. *com*, *con* Präp., *com-*, *kúm-* Präf., umbr. *com* Präp., *co(m)-*, *ku-* Präf., gall. air. *com-* Präf., kymr. *cyf-*, *cyn-*, *cy-* Präf. Vorauszusetzen ist ie. **kom* 'neben, bei, mit', wovon sich vielleicht auch germ. **ga-* (s. *ge-*) sowie das Adjektiv griech. *koinós* (*κοινός*) 'gemeinsam' (Metathese aus **κονιός*, **κομι̯ός*?) herleiten. Übereinstimmend mit dem assimilatorischen Lautwandel von lat. *com-* steht im Dt. in der Regel *kom-* vor *b*, *p* und *m*, *ko-* vor Vokalen und *h*, *kol-* vor *l* und *kor-* vor *r*; vor allen übrigen Konsonanten erscheint *kon-* (vgl. aber *Komfort* nach engl. *comfort*). Unabhängig vom nachfolgenden Laut wird jedoch in jüngster Zeit unter engl. Einfluß ko- 'mit-, bei-' als produktives Wortbildungselement gebräuchlich, namentlich in Personenbezeichnungen, z. B. *Kopilot*, *Koproduzent*, *Kodirektor*, *Kopräsident* (auch *Ko-Direktor*, *Ko-Präsident*); vgl. engl. *co-regent* 'Mitregent', *co-rival* 'Mitbewerber', *cotenant* 'Mitpächter', auch *copartner* 'Mitinhaber', *copilot* 'zweiter Flugzeugführer' (engl. *co-* seit dem 17. Jh. in dieser Verwendung, ebenso in Vorgangsbezeichnungen sowie in Adjektiven und Verben).

kondensieren Vb. '(durch Druck) verdichten, eindicken, verflüssigen', gelehrte Entlehnung (18. Jh.) aus lat. *condēnsāre* 'ganz dicht machen, verdichten, zusammenpressen' (vgl. lat. *dēnsāre* 'dicht machen', zu lat. *dēnsus* 'dicht gedrängt, gehäuft'). – Kondensation f. in der Chemie 'Reaktion, bei der sich zwei Moleküle zu einem größeren Molekül vereinigen', in der Physik 'Verdichtung von Gas oder Dampf zu Flüssigkeit' (19. Jh.), lat. *condēnsātio* (Gen. *condēnsātiōnis*) 'Verdichtung'. Kondensator m. 'Vorrichtung zur Kondensation von Dämpfen, Speicher für elektrische Ladungen', Bildung des 19. Jhs. Kondensmilch f. 'eingedickte sterilisierte Milch' (19. Jh.), nach engl. *condensed milk*.

Kondition f. 'Bedingung' (Anfang 16. Jh., bes. in der Kaufmannssprache 'Lieferungs-, Verkaufs-, Zahlungsbedingung'), 'Beschaffenheit, Zustand' (15. Jh.; vgl. *eine Person von Condition* 'von Stand, Ansehen, Würde', 18. Jh.), heute vorwiegend gute physische und psychische Verfassung, sportliche Leistungsfähigkeit', früher auch 'Dienstverhältnis, Stellung' (16. bis 18. Jh.), spätmhd. *kondition* 'Eigenschaft, Art, Natürlichkeit', entlehnt aus mlat. *conditio* (Gen. *conditionis*), nach lat. *condicio*, auch *conditio*, 'Übereinkunft, Stellung, Beschaffenheit, Zustand, Bedingung'; zu lat. *condīcere* 'verabreden, sich verständigen, übereinkommen'. – konditional Adj. 'bedingend, bedingungsweise geltend' (18. Jh.; doch vereinzelt bereits bei Luther *conditionale Absolutionen*), in der Sprachwissenschaft 'eine Bedingung kennzeichnend' (17. Jh.), vgl. *conditionaler Satz* (Adelung 1788), dafür heute *Konditionalsatz* (19. Jh.); aus spätlat. *condiciōnālis* 'auf Bedingungen beruhend, bedingungsweise angenommen'; doch vgl. bereits mfrz. frz. *conditional*, das als Terminus der Grammatik und Logik vom 16. bis ins 18. Jh. nachweisbar ist und den Gebrauch im Dt. beeinflußt haben kann. konditionell Adj. 'die Leistungsfähigkeit betreffend' (um 1800), anfangs auch (wie frz. *conditionnel*) im Sinne von *konditional*.

Konditor m. 'Fein-, Zuckerbäcker' (17. Jh.), Übernahme von lat. *condītor* 'wer Speisen schmackhaft macht, Hersteller würziger Speisen', abgeleitet von lat. *condīre* (*condītum*) 'einlegen, einmachen, lecker zubereiten, würzen'. In Anlehnung an *kandieren* 'mit Zucker überziehen' (s. *Kandiszucker*) kommt zu Beginn des 18. Jhs. die heute noch landschaftlich bekannte Form *Kanditor* auf. – Konditorei f. berufliche Tätigkeit des Konditors, 'Fein-, Zuckerbäckerei', oft mit angeschlossenem Café (19. Jh.), älter 'Backraum für Zucker-, Feinbackwaren' (18. Jh.).

Kondolenz f. 'Beileid, Beileidsbezeigung' (17. Jh.; vgl. *Condolentz zu erkennen geben*), entlehnt aus mfrz. *condolence*, frz. *condoléances* (Plur.) 'Ausdruck schmerzlicher Anteilnahme', abgeleitet von frz. *se condouloir* (s. unten). – k o n d o l i e r e n Vb. 'sein Beileid bezeigen, seine schmerzliche Anteilnahme ausdrücken' (17. Jh.), aus mfrz. *se condoloir* 'seinen Schmerz ausdrücken', frz. (älter) *se condouloir* 'seine schmerzliche Anteilnahme bekunden'. Zugrunde liegt lat. *condolēre* 'Mitleid, Mitgefühl haben'; vgl. lat. *dolēre* 'Schmerzen haben, Schmerz empfinden, sich betrüben, jmdn., etw. bedauern', lat. *dolentia* 'Schmerz'.

Konfekt n. 'feine Süßwaren (Pralinen), süßes Kleingebäck' ist ein Wort aus der Apothekersprache. Mhd. *confect* 'zubereitete Arznei, Medikament' (14. Jh.) bezeichnet speziell alle Arten von eingezuckerten oder eingekochten Früchten oder Latwergen (mit Sirup oder Mus verrührte Pulver), wie sie zu Heilzwekken verwendet werden; es ist aus gleichbed. mlat. *confectum* entlehnt, dem (erst im Mlat.) substantivierten Part. Perf. Neutr. von lat. *cōnficere* 'fertigmachen, zustande bringen, zusammenbringen, zubereiten' (vgl. lat. *facere* 'machen, tun' und s. *kon-*), und bedeutet eigentl. 'Zubereitetes'; s. auch *Konfektion*, *Konfetti*, *Konfitüre*. Seit dem 15. Jh. tritt *Konfektion* 'Zubereitung, Herstellung von Heilmitteln', auch 'Heilmittel' (vgl. lat. *cōnfectio medicāmentī*) neben *Konfekt* im alten Sinn. In der Bedeutung 'Zucker-, Backwerk' wird *Konfekt* im 16. Jh. geläufig.

Konfektion f. 'serien- und fabrikmäßige Herstellung von Kleidungs- und Wäschestükken' (im Gegensatz zur Einzelanfertigung in der Maßschneiderei), 'Fertigkleidung, Bekleidungsindustrie', Entlehnung (19. Jh.) von gleichbed. frz. *confection* (vgl. auch *vêtements de confection*); vorauf geht lat. *cōnfectio* (Gen. *cōnfectiōnis*) 'Anfertigung', Nominalbildung zu dem unter *Konfekt* (s.d.) behandelten Verb lat. *cōnficere*. Das seit frühnhd. Zeit bezeugte *Konfektion* im Sinne von 'Zubereitung, Herstellung von Heilmitteln' (s. *Konfekt*) hält sich in dieser Bedeutung bis zum Beginn des 20. Jhs. – k o n f e k t i o n i e r e n Vb. 'Kleidungs- und Wäschestücke serienmäßig herstellen' (20. Jh.), älter 'Heilmittel bereiten' (19. Jh.), frz. *confectionner* 'herstellen' (Kleidungsstücke, Ende 18. Jh.; Heilmittel, 16. Jh.).

Konferenz f. 'Beratung, Sitzung, Tagung', in der 2. Hälfte des 16. Jhs. von mlat. *conferentia* entlehnt (und noch bis ins 19. Jh. *Conferenz* geschrieben), das zu lat. *cōnferre* 'an eine Stelle zusammentragen, gegenseitig mitteilen, besprechen' gehört. Davon auch *konferieren* Vb. 'beraten, tagen' (16. Jh., schon bei Luther). Vgl. mfrz. frz. *conférence*, *conférer* gleichen Ursprungs.

Konfession f. 'Glaubensbekenntnis, Gesamtheit der Angehörigen einer (christlichen) Glaubensgemeinschaft'. Lat. *cōnfessio* (Gen. *cōnfessiōnis*) 'Ein-, Zugeständnis, Geständnis, Bekenntnis', zu lat. *cōnfitērī* (*cōnfessum*) 'eingestehen, zugestehen, zu erkennen geben' (vgl. lat. *fatērī* 'bekennen, gestehen, einräumen, zu erkennen geben'), erhält im Kirchenlat. die Bedeutung 'Bekenntnis des Glaubens', woran sich die protestantische Verwendung *Confessio Augustana*, *Augspurgische Confession* (1530) anschließt. Noch im 16. Jh. wird der Gegenbegriff *römische Confession* üblich. Später wird der Ausdruck verallgemeinert ('religiöses Bekenntnis') und auch auf nichtchristliche Glaubensrichtungen (z. B. *jüdische Konfession*) übertragen. Der heute seltene Gebrauch im Sinne von 'persönliches Geständnis, Bekenntnis' begegnet bereits in der Entlehnung mhd. *confession*. Zur Bezeichnung der Gesamtheit der Mitglieder einer Glaubensgemeinschaft entwickelt sich *Konfession* im 18. Jh. (vgl. *die von der Augspurgischen oder die von der Reformierten Confession*, 1722). – k o n f e s s i o n e l l Adj. 'eine Konfession betreffend, auf ihr beruhend' (19. Jh.), wohl unter Einfluß von frz. *confessionnel*.

Konfetti n. 'Papierschnitzel zum gegenseitigen Bewerfen' (bes. beim Karneval), öst. auch 'Süßigkeiten, Zuckergebäck, Konfekt'. Im 18. Jh. wird ital. *confetti* 'Süßigkeiten, bunte Gipsklümpchen', Plur. von *confetto* 'Bonbon', insbes. 'überzuckerte Mandel, Nuß', übernommen. Das Adjektiv ital. *confetto* 'zubereitet, zurechtgemacht' ist gelehrte Entlehnung von gleichbed. lat. *cōnfectus*, dem Part. Perf. des unter *Konfekt* (s.d.) behandelten Verbs lat. *cōnficere* 'fertigmachen, zustande bringen, zusammenbringen, zubereiten'. Wieweit die Bedeutung des substantivierten Adjektivs ital. *confetto* 'Bonbon' auf das Vorbild von mlat. *confectum* zurückgeht (s. *Konfekt*) oder auf semantischem Einfluß des verwandten afrz. frz. *confit* (s. *Konfitüre*) beruht, bleibt offen. Die Bedeutung 'Papierschnitzel' kommt von dem bei röm. Karnevalsumzügen von Narren geübten Brauch, Bonbons, kleine Zuckerkügelchen unter das Volk zu werfen, die später durch entsprechend geformte Gipsklümpchen, schließlich durch Papierschnitzel ersetzt werden.

Konfitüre f. 'Marmelade mit ganzen Früchten oder Fruchtstücken', älter (meist Plur.) 'in Zucker eingemachte Früchte, Konfekt', Entlehnung (17. Jh.) von gleichbed. frz. *confiture*, afrz. 'Eingemachtes', einer Ableitung von afrz. *confit* 'Brühe (zum Einmachen), Eingemachtes', dem substantivierten Part. Perf. von afrz. *confire* 'fertigstellen, einlegen, einmachen'. Zugrunde liegt das unter *Konfekt* (s.d.) angeführte Verb lat. *cōnficere*.

Konflikt m. 'Zusammenstoß, Auseinandersetzung, innerer Zwiespalt, Widerstreit', entlehnt (18. Jh.) aus lat. *cōnflīctus* 'das Zusammenschlagen, feindlicher Zusammenstoß, Kampf', einem Verbalabstraktum zu lat. *cōnflīgere* (*cōnflīctum*) 'zusammenschlagen, zusammenstoßen, in Kampf geraten'; vgl. lat. *flīgere* '(an)schlagen, zu Boden schlagen'.

konform Adj. 'übereinstimmend, gleichgestimmt, entsprechend', entlehnt (16. Jh.) aus spätlat. *cōnformis* 'gleichförmig, ähnlich'; zu lat. *forma* 'Form, Gestalt, Figur' (s. *Form*). Vgl. die Fügung *konform gehen* 'einer Meinung sein, übereinstimmen'. – K o n f o r m i t ä t f. 'Übereinstimmung, Entsprechung, Gleichförmigkeit, Gleichheit' (17. Jh.), aus frz. *conformité*. K o n f o r m i s t m. 'Anhänger der anglikanischen Kirche', d.h. 'wer sich den Lehren und Vorschriften der Church of England unterwirft', bzw. *Nonkonformist* 'Mitglied der engl. Freikirchen, Dissenter' (18. Jh.), entsprechend engl. *conformist*, *nonconformist* (17. Jh.), zu engl. *to conform* 'übereinstimmen, sich anpassen', dann 'sich in den Rahmen der engl. Staatskirche einfügen', aus afrz. *conformer* '(harmonisch) gestalten, sich anpassen' bzw. unmittelbar aus lat. *cōnformāre* '(harmonisch) bilden, formen, anordnen', mlat. 'gleichmachen, sich anpassen'. In neuerer Zeit auch allgemein 'wer sich der herrschenden Meinung anpaßt', entsprechend *Nonkonformist* 'von der herrschenden Meinung Unabhängiger' (Mitte 20. Jh.). K o n f o r m i s m u s m. 'Geisteshaltung, die sich der jeweils herrschenden Meinung anzupassen versucht' (20. Jh.), vermutlich aus gleichbed. frz. *conformisme*, zu älterem frz. *conformiste*, das aus engl. *conformist* entlehnt ist.

konfrontieren Vb. 'gegenüberstellen' (von Personen, Meinungen, Sachverhalten), Anfang des 17. Jhs. in der Gerichtssprache 'zwei Zeugen bzw. deren Aussagen einander gegenüberstellen', aus mlat. *confrontare*, einer Bildung zu lat. *frōns* (Gen. *frontis*) 'Stirn, Vorderseite' (s. *Front*), eigentl. 'Stirn gegen Stirn zusammenstellen'. – K o n f r o n t a t i o n f. 'Gegenüberstellung' (17. Jh.), mlat. *confrontatio* (Gen. *confrontationis*) 'Gegenüberstellung zum Vergleich'.

konfus Adj. 'verworren, unklar, verwirrt', entlehnt (16. Jh.) aus gleichbed. lat. *cōnfūsus*, Part.adj. zu lat. *cōnfundere* 'zusammengießen, vermischen, vermengen, verwirren'; vgl. lat. *fundere* 'gießen, fließen lassen, schmelzen' (s. *Fusion*). – K o n f u s i o n f. 'Verwirrung, Durcheinander, Verworrenheit, Unklarheit' (vereinzelt 15. Jh., geläufig im 16. Jh.), aus gleichbed. lat. *cōnfūsio* (Gen. *cōnfūsiōnis*).

Konglomerat n. 'Gemenge, Gemisch aus verschiedenen Dingen', in der Geologie 'aus verkitteten Geröllen bestehendes Sedimentgestein'. Als geologischer Terminus gelehrte Bildung (um 1800) zu lat. *conglomerātum*, dem Part. Perf. von lat. *conglomerāre* 'zusammenrollen, -wickeln, zusammenhäufen, -drängen'; vgl. lat. *glomerāre* 'zu einem Knäuel zusammenballen, zusammendrängen, häufen, auftürmen'. Zugrunde liegt lat. *glomus* (Gen. *glomeris*) 'Kloß, Knäuel', verwandt mit lat. *globus* 'Kugel, Haufen, Klumpen, Knäuel, Kloß' (s. *Globus*).

Kongreß m. 'Zusammenkunft, politische oder wissenschaftliche Tagung', Entlehnung (Ende 17. Jh.) aus lat. *congressus* 'Zusammentreffen, Zusammenkunft, Vereinigung, Gesellschaft', gebildet zu lat. *congredī* (*congressus sum*) 'zusammentreffen, -kommen'; vgl. lat. *gradī* 'schreiten' (s. *Grad*).

kongruieren Vb. 'übereinstimmen' (16. Jh.), in der Geometrie 'sich decken, dekkungsgleich sein' (18. Jh.), entlehnt aus lat. *congruere* 'zusammentreffen, übereinstimmen, entsprechen'. Aus dessen Part. Präs. *congruēns* (Gen. *congruentis*) stammt k o n g r u e n t Adj. 'übereinstimmend', in der Geometrie 'deckungsgleich'; K o n g r u e n z f. 'Übereinstimmung', in der Geometrie 'Deckungsgleichheit', aus lat. *congruentia*

'Übereinstimmung, Gleichförmigkeit, Harmonie'; dazu i n k o n g r u e n t Adj., I n k o n g r u e n z f. (alle 18. Jh.).

Konifere f. 'Nadelbaum, Nadelgehölz'. Zu lat. *cōnifer* 'Zapfen tragend', aus lat. *cōnus* 'Kegel, Zapfen' (s. *Konus*) und *-fer* (zu lat. *ferre* 'tragen'), wird (18. Jh.) der pluralische Sammelbegriff botan.-lat. *Coniferae* gebildet, woraus in dt. Fachsprache nhd. *Koniferen* Plur. (19. Jh.).

König m. 'Inhaber der höchsten (in Monarchien mit einem Kaiser zweithöchsten) monarchischen Würde, höchster weltlicher Herrscher in bestimmten Monarchien', übertragen 'Herrscher, der Erste, Beste seiner Art, der Oberste schlechthin'. Ahd. *kuning* (8. Jh.), mhd. *künic*, *künec*, asächs. *kuning*, mnd. *kōninc*, mnl. *cōninc*, *cueninc*, nl. *koning*, aengl. *cyning*, *cyng*, *cing*, engl. *king* setzen germ. **kuningaz* 'König' voraus, das schon früh als gleichbed. finn. *kuningas* entlehnt wird. Suffixablaut zeigen dagegen anord. *konungr*, schwed. *konung*, adän. *kunung*, *konung*, dän. *konge*. Daneben hat sich in zahlreichen aengl. Zusammensetzungen wie *cynerīce* 'Königreich', *cynestōl* 'Königssitz, königlicher Wohnsitz' und in ahd. *kunirīhhi* 'Königreich' (10. Jh.) als erstes Kompositionsglied ein kürzeres Wort für 'König', ahd. *kuni-*, aengl. *cyne-*, erhalten, das ebenso wie anord. *konr* (s. unten) auf germ. **kuniz* zurückgeführt wird. Unzweifelhaft sind germ. **kuniz*, **kuningaz* und dessen nordische Entsprechungen auf *-ung-* verwandt mit germ. **kunjam* 'Geschlecht' (s. unten). Auszugehen ist daher für alle Formen von der Bedeutung 'Mann eines (vornehmen) Geschlechts', wie sie für anord. *konr* 'Edelgeborner' bezeugt ist, während **kuniz* im Westgerm. die gleiche Bedeutungsentwicklung erfährt wie die mit den Zugehörigkeitssuffixen *-ing-*, *-ung-* gebildeten Wörter. Soweit die genannten Formen einzelsprachlich die Bedeutung 'König' annehmen, meinen sie ursprünglich wohl den Herrscher über ein räumlich und personell eingeschränktes Gebiet. Erst mit der Entwicklung des frk. Merowingerreichs und der späteren Ausbildung der engl. und nord. Königsherrschaft bezeichnen die Bildungen auf *-ing-*, *-ung-* den Inhaber der höchsten herrscherlichen Würde in einem Land. Wieweit die nord. Formen nicht nur semantisch, sondern vielleicht auch formal von dem westgerm. Vorbild (dem Titel des frk. Königs) abhängig sind, bleibt ebenso offen wie viele Fragen der lautlichen Entwicklung gerade im Anord.; vgl. (wenn auch zum Teil von der hier gegebenen Darstellung abweichend) Ekblom in: Studia Neophilologica 17 (1944/45) 1ff. und Kahl in: Zs. d. Savigny-Stiftung f. Rechtsgesch., Germ. Abt. 77 (1960) 154ff. Das oben erwähnte germ. **kunjam* 'Geschlecht', erhalten in ahd. (8. Jh.), asächs. *kunni*, mhd. mnd. *künne*, mnl. *conne*, *cunne*, nl. *kunne*, aengl. *cyn(n)*, engl. *kin*, anord. *kyn*, got. *kuni*, ist verwandt mit lat. *genus* 'Geschlecht' (s. *Genus*) und weiter mit den unter *Kind* (s. d.) genannten germ. und außergerm., auf die Wurzel ie. **ĝen(ə)-* 'erzeugen, gebären' zurückgehenden Formen. Mhd. *künic*, *künec*, eigentl. obd. Form, bleibt in der Schriftsprache (frühnhd. *künig*, *kunig*) bis in die 1. Hälfte des 16. Jhs. üblich, wird dann aber durch die md. Lautung aufweisende Form mit *-ö-* verdrängt. In mhd. Zeit ist der Nasal vor *-g* durch Dissimilation geschwunden (wie in *Honig*, *Pfennig*, s. d.). – K ö n i g i n f. 'weiblicher König, Gemahlin eines Königs', übertragen 'Herrscherin, die Erste, Beste ihrer Art, das einzige fruchtbare (weil eierlegende) Weibchen eines Bienenvolkes', im Schach 'die beweglichste und daher wertvollste Figur, Dame', ahd. *kuningin* (8. Jh.), mhd. *küniginne*, *küneginne*. k ö n i g l i c h Adj. 'den König betreffend, zu ihm gehörend, ihm gemäß, vom König ausgehend', übertragen 'vornehm, hoheitsvoll (wie ein König), großzügig, herrlich, köstlich', ahd. *kuninglīh* (8. Jh.), mhd. *küniclich*, *küneclich*. K ö n i g r e i c h n. 'Reich, Herrschaftsbereich eines Königs, Monarchie mit einem König an der Spitze', ahd. *kuningrīhhi* (9. Jh.), mhd. *künicrīche*, auch 'Königtum'. K ö n i g t u m n. 'monarchische Staatsform unter einem König, Stand, Würde eines Königs' (Ende 17. Jh.), gebildet nach *Kaisertum*; vgl. asächs. *kuningdōm* 'Königswürde, Herrschaft'.

konjugieren Vb. in der Grammatik 'ein Verb beugen, flektieren', entlehnt (16. Jh.) aus gleichbed. (durch die lat. Schulgrammatik, die Ars minor des Donat, tradiertem) spätlat. *coniugāre*, eigentl. 'zusammen unter ein Joch spannen, verbinden', vgl. lat. *iugāre* 'jochartig anbinden, verknüpfen, verbinden' (zu lat. *iugum*, s. *Joch*). – K o n j u g a t i o n f. 'Beugung, Flexion des Verbs'

(16. Jh.), aus bereits bei den antiken Grammatikern in dieser Bedeutung üblichem lat. *coniugātio* (Gen. *coniugātiōnis*), eigentl. 'Verbindung'. Für die Wahl dieses Terminus geben spätlat. Autoren unterschiedliche Motive an, entweder 'Verbindung' von Verbalstamm und Personalendungen oder 'Verbindung' derjenigen Wörter (Verben), die der gleichen Flexion folgen.

Konjunktion f. 'Bindewort', als grammatischer Terminus Anfang des 17. Jhs. aus gleichbed. lat. *coniūnctio* (Gen. *coniūnctiōnis*), eigentl. 'Verbindung, Zusammenhang', entlehnt, einer Bildung zu lat. *coniungere* (*coniūnctum*) 'zusammenbinden, (Tiere) zusammenspannen, verbinden, vereinigen'; vgl. lat. *iungere* '(ver)binden, vereinigen, (Zugtiere) anspannen' (d.h. 'durch ein Joch miteinander verbinden'). Als dt. Entsprechung konkurrieren *Bind(e)-* und *Füg(e)wort* (Anfang 17. Jh.). In der Astronomie bezeichnet *Konjunktion* (entsprechend mlat. *coniunctio*) die Stellung zweier Körper des Sonnensystems, die von der Erde aus als scheinbares Zusammentreffen (Verbindung) beobachtet wird (16. Jh.).

Konjunktiv m. in der Grammatik Aussageweise des Verbs, die eine Möglichkeit, einen Wunsch, Befehl, die Ungewißheit oder Nichtwirklichkeit ausdrückt oder die Äußerung eines anderen wiedergibt, 'Möglichkeitsform', entlehnt (17. Jh.) aus gleichbed. spätlat. *coniūnctīvus (modus)*, eigentl. 'der (Satz)verbindung dienende Aussageweise'; noch bis ins 19. Jh. oft in der lat. Form *Conjunctivus*. Zu lat. *coniungere* (s. *Konjunktion*).

Konjunktur f. 'Geschäftsgang, Wirtschaftslage, Periode wirtschaftlichen Aufschwungs'. Der aus mlat. *coniunctura* 'Verbindung', einer Bildung zu lat. *coniūnctus*, Part.Perf. von *coniungere* (s. *Konjunktion*), entlehnte Ausdruck ist zunächst ein Begriff der Astrologie und steht im 17. Jh. (wohl nur zufällig nicht früher belegt) für eine bestimmte Verbindung von Gestirnen in einem Tierkreiszeichen, ihre Konstellation und die sich daraus ergebenden vermeintlichen Einflüsse auf das Schicksal des Menschen (s. auch *Konjunktion*). Er bezeichnet danach allgemein die 'Lage der Dinge' (wie sie sich aus dem gemeinsamen Auftreten verschiedener Erscheinungen ergibt), im 18. Jh. in der Kaufmannssprache die 'gute Geschäftslage' und seit der 2. Hälfte des 19. Jhs. die 'günstige Wirtschaftslage der Industrie'; vgl. auch *Hochkonjunktur*.

konkav Adj. 'nach innen, hohl gewölbt' (von Linsen, Spiegeln), Gegensatz *konvex* (s. d.), gelehrte Entlehnung (1. Hälfte 18. Jh.) aus gleichbed. lat. *concavus* (z. B. in *concavum speculum* 'Hohlspiegel'), vgl. lat. *cavus* 'hohl, nach innen gewölbt'.

Konklave n. '(von der Außenwelt streng abgeschlossener) Versammlungsort der Kardinäle zur Papstwahl sowie die Wahlversammlung selbst', Übernahme (um 1400) von gleichbed. ital. mlat. *conclave*, vgl. lat. *conclāve* 'verschließbares Gemach', zu lat. *clāvis* 'Schlüssel, Riegel', s. *Klause*.

Konkordanz f. alphabetisches Verzeichnis von Wörtern oder sachlich zusammengehörigen Textstellen bei einem Schriftsteller bzw. aus einem oder mehreren literarischen Werken (bes. der Bibel), entlehnt (16. Jh.) aus mlat. *concordantia* 'Übereinstimmung, Parallelstelle', z. B. *(Bibliae) concordantiae* (Plur.), zu lat. *concordāre* 'in Einklang stehen, übereinstimmen, harmonisieren', einer Bildung zum Adjektiv *concors* 'eines Herzens und eines Sinnes, einträchtig, übereinstimmend', vgl. lat. *cor* (Gen. *cordis*) 'Herz, Gemüt, Seele'. *Konkordanz* wird auch im Sinne von 'Einklang, Übereinstimmung' (ebenfalls seit dem 16. Jh.) gebraucht, steht heute in der Biologie für 'übereinstimmendes Merkmal' (bei Zwillingen), in der Geologie für 'ohne Störungen oder Verwerfungen verlaufende Lagerung von Sedimentgesteinen'.

konkret Adj. 'gegenständlich, sinnlich wahrnehmbar, anschaulich'. Im 18. Jh. wird aus der lat. philosophischen Terminologie lat. *concrētus* 'zusammengewachsen, verdichtet, dicht, gegenständlich' entlehnt, Part.Perf. von lat. *concrēscere* 'zusammenwachsen, sich verdichten, gerinnen, verhärten', das sich in der mittelalterlichen Philosophie (seit 12. Jh.) zum Gegenwort von *abstractus* (s. *abstrakt*) entwickelt hat. – K o n k r e t u m n. in der Sprachwissenschaft 'Substantiv mit sinnlich wahrnehmbarem Inhalt' (Ende 18. Jh.), zuvor als Ausdruck der Logik (Gegensatz *Abstraktum*) entlehnt aus mlat. *concretum* 'etw. Gewachsenes, Gegenständliches, sinnlich Wahrnehmbares, tatsächlich Existierendes', dem substantivierten Neutrum von lat. *concrētus* (s. oben). k o n k r e t i s i e r e n Vb. 'konkret, gegenständlich machen, veranschaulichen, verdeutlichen, genau darstellen, im einzelnen ausführen' (20. Jh.; früher belegt ist *Konkretisierung*, Mitte 19. Jh.).

Konkubine f. 'ohne gesetzliche Eheschließung mit einem Manne zusammen lebende Frau, Geliebte, Mätresse', entlehnt (um 1400) aus gleichbed. lat. *concubīna*. Juristisch bedeutet lat. *concubīna* 'mit einem Unverheirateten lebende Frau' (z. B. eine Freigelassene, mit der nach röm. Recht eine vollgültige Eheschließung nicht zulässig war). Dazu lat. *concubīnātus* 'gesetzlich erlaubtes Zusammenleben von Mann und Frau ohne vollgültige Eheschließung', woraus Konkubinat n. 'eheliche Gemeinschaft ohne gesetzliche Bestätigung, wilde Ehe' (17. Jh.). Vgl. lat. *concumbere* (*concubitum*) 'sich zu jmdm. legen, mit jmdm. schlafen'.

konkurrieren Vb. 'wetteifern, sich mit anderen um etw. bewerben, im wirtschaftlichen Konkurrenzkampf stehen' (2. Hälfte 18. Jh.), 'zusammentreffen, gleichzeitig auftreten' (Mitte 16. Jh.), entlehnt aus lat. *concurrere* 'zusammenlaufen, -treffen, eilig zusammenkommen, aufeinanderstoßen' (vgl. lat. *currere* 'laufen'). – Konkurrent m. 'wer mit anderen im Wettstreit steht, Mitbewerber, Rivale' (2. Hälfte 18. Jh.), 'sportlicher Gegner' (Anfang 20. Jh.), aus dem Part. Präs. lat. *concurrēns* (Gen. *concurrentis*). Konkurrenz f. 'Rivalität, Wettbewerb, angespannter Wirtschaftskampf' (2. Hälfte 17. Jh.), 'sportlicher Wettkampf' (Anfang 20. Jh.), vgl. mlat. *concurrentia* 'das Zusammentreffen' (in diesem Sinne *Concurrenz*, 16. Jh.); heute oft 'Gesamtheit der (wirtschaftlichen, sportlichen) Konkurrenten', umgangssprachlich auch das einzelne 'Konkurrenzunternehmen', der einzelne 'Konkurrent'. Konkurrenzkampf m. 'Kampf im wirtschaftlichen Wettbewerb' (19. Jh.).

Konkurs m. 'Zahlungseinstellung, -unfähigkeit, Bankrott, gerichtliches Verfahren zur gemeinschaftlichen Befriedigung der Gläubiger eines zahlungsunfähigen Schuldners' (bes. im wirtschaftlichen Konkurrenzkampf), entlehnt (um 1700) aus lat. *concursus* 'das Zusammenlaufen, Zusammentreffen' (vgl. nlat. *concursus crēditōrum* 'Zusammentreffen der Gläubiger zur gerichtlichen Teilung des noch vorhandenen Vermögens eines Schuldners'); zu lat. *concurrere* 'zusammenlaufen, -treffen' (s. *konkurrieren*). Älter (16. Jh.), heute aber nicht mehr gebräuchlich, ist *Konkurs* im Sinne von 'Zusammenlauf, Treffen'.

können Vb. 'vermögen, fähig, in der Lage, imstande sein, verstehen, beherrschen, dürfen', ahd. *kunnan* (8. Jh.), mhd. *kunnen*, *künnen* 'geistig vermögen, wissen, kennen, verstehen', dann auch 'imstande sein, vermögen', asächs. *kunnan*, mnd. *künnen*, *kȫnen*, *können*, mnl. *connen*, *cunnen*, *cōnen*, nl. *kunnen*, aengl. *cunnan*, engl. *can*, anord. schwed. *kunna*, got. *kunnan* 'kennen, wissen, erkennen'. Die präsentischen Formen des Sing. dieses zu den Präteritopräsentien gehörenden Verbs ahd. mhd. asächs. mnd. mnl. nl. *kan*, aengl. *can(n)*, *con(n)*, engl. *can*, anord. *kann*, schwed. *kan*, got. *kann* führen auf germ. **kann-* (s. *kennen*), dessen Doppelkonsonanz auf einem präsensbildenden *n* (oder auf einer Lautentwicklung ie. *nə* zu germ. *nn*?) beruht. Als verwandt (ausgehend von germ. **knē-*, ie. **ĝnē-*) sind heranzuziehen ahd. *biknāen* 'vernehmen, verstehen, wieder zu Verstand kommen', *inknāen*, *irknāen* 'wahrnehmen, erkennen' (8. Jh.), aengl. *cnāwan*, engl. *to know* 'kennen, wissen', anord. *knā* 'kann'. Außergerm. sind vergleichbar aind. *jānā́ti* 'kennt, weiß, versteht', toch. A B *knā-* 'wissen, kennen', lit. *žinóti* 'kennen, wissen', aslaw. *znati* 'kennen', russ. *znat'* (*знать*) 'wissen, kennen', mit ie. *sk̂-* bzw. *sk*-Suffix griech. *gignṓskein* (*γιγνώσκειν*), lat. *nōscere* (alat. *gnōscere*) 'erkennen, kennenlernen' sowie mit dem Partizipialsuffix ie. *-to-* aind. *jñātáḥ* 'bekannt, verstanden', griech. *gnōtós* (*γνωτός*), lat. *nōtus* 'bekannt', air. *gnāth* 'gewohnt, bekannt'. Anzusetzen ist eine Wurzel ie. **ĝen(ə)-* 'erkennen, kennen'. Die Ausgangsbedeutung von *können* ist 'geistig vermögen, wissen, verstehen'; sie ist noch erkennbar in den unter *kennen*, *kühn*, *kund*, *Kunst* (s. d.) behandelten Wörtern. Bereits in mhd. Zeit wird das Verb im Sinne von mhd. *mügen* (s. *mögen*) auf erlernte Fertigkeiten bezogen und entwickelt so die heute geläufige Bedeutung 'vermögen, imstande sein, die Fähigkeit zu etw. haben'. – Könner m. 'wer auf einem bestimmten Gebiet Hervorragendes zu leisten vermag' (17. Jh.).

Konsens m. 'Einwilligung, Zustimmung'. Das seit dem 15. Jh. (vgl. *consensbrief* 'Einwilligungsurkunde', Frankfurt 1411, sowie mnd. *consens*, *consent*) bezeugte Substantiv gehört anfangs der Kanzleisprache an, gilt dann bes. für die bei der Obrigkeit einzuholende 'Erlaubnis zur Eheschließung'. Es ist aus lat. *cōnsēnsus* 'Übereinstimmung, Einstimmigkeit' entlehnt, einer Bildung zu lat. *cōnsentīre* (*cōnsēnsum*) 'übereinstimmen, übereinkommen, einwilligen' (spätlat. *cōnsēnsum esse* 'einverstanden sein'); vgl. lat. *sentīre* 'fühlen, empfinden, Einsicht haben, meinen, denken'. Heutiger Gebrauch im Sinne von 'Übereinstimmung der Meinungen, Einigkeit' knüpft erneut an das lat. Vorbild an.

Konsequenz f. 'Auswirkung, Folge, Folgerichtigkeit, Entschlossenheit, Beharrlichkeit', Entlehnung (16. Jh.) aus lat. *cōnsequentia* 'Folge', einer Bildung zu lat. *cōnsequēns* (s. unten); dazu das Antonym Inkonsequenz f. 'Folgewidrigkeit, Widersprüchlichkeit, Unbeständigkeit' (18. Jh.), lat. *incōnsequentia* 'Nichtfolge, Mangel an Folgerichtigkeit'. – konsequent Adj. 'folgerichtig, logisch begründet, beharrlich, beständig' (18. Jh.), aus lat. *cōnsequēns* (Gen. *cōnsequentis*) 'in richtiger Folge stehend, folgerecht, vernunftgemäß', dem adjektivisch gebrauchten Part. Präs. von lat. *cōnsequī* 'nachfolgen, nachkommen, folgen, erfolgen, streng befolgen'; vgl. lat *sequī* '(nach)folgen, begleiten, verfolgen' (s. *sehen*); inkonsequent Adj. 'nicht folgerichtig, widersprechend, unbeständig, wankelmütig' (18. Jh.), lat. *incōnsequēns* 'nicht folgerichtig, folgewidrig' (s. ²*in-*).

konservativ Adj. 'traditionsverbunden, am Alten, Herkömmlichen festhaltend', dann bes. 'an überkommenen gesellschaftlichen Zuständen hängend', auch 'den Fortschritt hemmend', Entlehnung (30er Jahre 19. Jh.) aus engl. *conservative* 'erhaltend, bewahrend', das zur Bezeichnung der traditionsverbundenen Richtung in den Namen einer der führenden Parteien Englands (*Conservative Party*) eingeht und zuerst (1830) von dem engl. Politiker J. W. Croker gebraucht wird (vielleicht in Anlehnung an Chateaubriands Zeitschrift frz. *Le Conservateur*, 1818). Das engl. Adjektiv geht wohl auf mlat. *conservativus* 'erhaltend' zurück, zu lat. *cōnservāre* (*cōnservātum*) 'bewahren' (s. *konservieren*). – Konservativer m. 'Angehöriger einer konservativen Richtung bzw. Partei'; Konservativismus m. 'dem Traditionalismus verbundene politische Richtung, Festhalten an Althergebrachtem' (beide 30er Jahre 19. Jh.).

Konservatorium n. Die Bezeichnung der seit Ausgang des 18. Jhs. in verschiedenen europ. Ländern nach ital. Vorbild gegründeten Musik(hoch)schulen ist eine latinisierte Entlehnung (letztes Viertel 18. Jh.) von ital. *conservatorio* 'Musikschule', auch 'Erziehungsanstalt, Internat, Asyl, bes. (zur Rettung) für Frauen und Mädchen'. Der auf ital. *conservare* 'bewahren, erhalten, retten' (lat. *cōnservāre*, s. *konservieren*; vgl. hierzu mlat. *conservatorium* 'Fischbecken') beruhende ital. Ausdruck erklärt sich daraus, daß in Italien die ersten öffentlichen Ausbildungsstätten für Gesang und Instrumentalmusik (im 16./17. Jh.) an Waisenhäuser und Einrichtungen der Armenpflege angeschlossen sind, wird aber seit Beginn des 19. Jhs. meist im Sinne von 'Institution zur Bewahrung und Förderung der Musikkultur' umgedeutet.

konservieren Vb. 'erhalten, bewahren, vor Verderbnis schützen, haltbar machen' wird im 16. Jh. aus lat *cōnservāre* 'bewahren, unversehrt erhalten' entlehnt (vgl. gleichbed. lat. *servāre*). – Konservator m. 'mit der Pflege und Instandhaltung von Kunstwerken, Museumsstücken, Bau- und Kulturdenkmälern Beauftragter' (19. Jh.), vorher '(Stiftungs)verwalter' (15. Jh.), lat. *cōnservātor* 'Bewahrer, Erhalter, Retter'. Konserve f. 'haltbar gemachte Nahrungs- oder Genußmittel' (19. Jh.), älter in der Apothekersprache 'mit Zucker haltbar gemachte Kräuter, Früchte, Blüten' (16. Jh.); vgl. mlat. *conserva* 'Wasserbehälter zur Haltung von Frischfischen'.

Konsole f. 'Mauervorsprung als Stütze für Balken, Gesimse oder als Träger für Statuen, kleines Wandbrett (für Ziergegenstände)'. Mfrz. *consolateur* 'Tröster' bezeichnet im 16. Jh. auch (im Sinne von 'Helfer, Stützer') einen Stützpfeiler, d. i. eine 'als Konsole dienende, geschnitzte menschliche Figur', eine 'Karyatide, Pfeilerfigur'. Vorauf geht lat. *cōnsōlātor* 'Tröster', zu lat. *cōnsōlārī* 'trösten, ermutigen, lindern' (vgl. gleichbed. lat. *sōlārī*). Aus frz. *consolateur* verkürzt oder unter dessen Einfluß vom Verb afrz. frz. *consoler* 'trösten, lindern' abgeleitet, erscheint (ebenfalls im 16. Jh.) gleichbed. mfrz. frz. *console*, das im 18. Jh. ins Dt. übernommen wird.

konsolidieren Vb. 'in seinem Bestand festigen, sichern, zusammenlegen', in der Wirtschaft 'Schulden, Anleihen umwandeln oder zusammenfassen'. Als kaufmannssprachlicher Ausdruck entlehnt (Ende 18. Jh.) aus gleichbed. frz. *consolider* bzw. engl. *to consolidate*, denen lat. *cōnsolidāre* 'festmachen, das Nutzungs- oder Eigentumsrecht sichern, feststellen' voraufgeht; vgl. lat. *solidāre* 'dicht machen, festmachen, befestigen', zu lat. *solidus* 'dicht, fest, hart, stark, ganz' (s. *solide*). Als direkte Entlehnung aus dem Lat. findet sich *consolidiren* '(von Wunden) zuheilen' (Paracelsus). – Konsolidation f. 'Festigung, Sicherung', z. B. des Eigentums- bzw. Nutzungsrechts (16. Jh.), vereinzelt 'Heilung' (Paracelsus), aus lat. *cōnsolidātio* (Gen. *cōnsolidātiōnis*) 'Feststellung, Festigung, Sicherung des Eigentumsrechts'. In der Wirtschaft 'Umwandlung kurzfristiger Kreditverbindlichkeiten in langfristige Anleihen oder Kapitalbeteiligung' (1. Hälfte 19. Jh.); vgl. engl. frz. *consolidation*; dafür auch Konsolidierung f.

Konsonant m. durch Unterbrechung oder Einengung der Luftstroms an der Artikulationsstelle erzeugter Laut, im 15. Jh. als sprachwissenschaftlicher Terminus (*consonant*) aus gleichbed. lat. *(littera) cōnsonāns*, eigentl. '(mit einem Vokal) mitklingender Buchstabe', entlehnt, dem substantivierten Part. Präs. (Gen. *cōnsonantis*) von lat. *cōnsonāre* 'zusammen-, mittönen'; vgl. lat. *sonāre* '(er)tönen, (er)schallen, klingen'. In dt. Übersetzung zuerst (16. Jh.) *mitstimm Buchstab*, *Mitschaller*, *Mitlauter*, dann (18. Jh.) *Mitlaut* (s. *mit*).

Konsorten Plur. 'Mittäter, Beteiligte, Mitschuldige', im 16. Jh. aus lat. *cōnsortēs*, dem Plural von lat. *cōnsors* 'an etw. gleichen Anteil habend, Teilhaber, Mitgenosse' entlehnt; vgl. lat. *sors* (Gen. *sortis*) 'Los, Anteil, Schicksal', danach eigentl. 'des gleichen Loses teilhaftig, Schicksalsgenosse'. Entsprechend zufrühest *Consort* (Sing.) 'Gefährte, Genosse' (16. Jh.). Die heute ausschließlich abschätzige, doch schon im 16. Jh. nachweisbare pluralische Verwendung stammt vermutlich aus der Gerichtssprache, die darunter 'Kumpane, Spießgesellen, eine Clique von Mittätern' versteht, seit Ende des 18. Jhs. bes. in der Fügung ... *und Konsorten* (hinter Eigennamen). Zu lat. *cōnsors* gebildetes lat. *cōnsortium* 'Teilhaberschaft, Mitgenossenschaft, Gütergemeinschaft' ergibt in der Kaufmannssprache Konsortium n. 'Genossenschaft, Handelsgesellschaft, Bankengruppe' (17. Jh.).

Konspekt m. 'Übersicht, Verzeichnis, schriftliche Inhaltsangabe', entlehnt (18. Jh., anfangs meist in lat. Form) aus lat. *cōnspectus* 'Blick, Anblick, Betrachtung, schriftliche Übersicht', einer Bildung zu lat. *cōnspicere* (*cōnspectum*) 'hinschauen, erblicken, ansehen' (vgl. lat. *specere* 'sehen').

konspirieren Vb. 'sich verschwören, sich heimlich gegen jmdn. zusammentun', entlehnt (16. Jh.) aus lat. *cōnspīrāre* 'im Einklang stehen, zusammenwirken, im Einverständnis handeln', insofern auch 'ein Komplott stiften, sich verschwören' (eigentl. 'zusammen hauchen', vgl. lat. *spīrāre* 'wehen, hauchen, atmen, leben'). – Konspiration f. '(geheime) politische Verschwörung' (16. Jh.), lat. *cōnspīrātio* (Gen. *cōnspīrātiōnis*) 'Einigkeit, Übereinstimmung, Komplott, Verschwörung (bes. gegen den Staat)'.

konstant Adj. 'fest, beständig, beharrlich, gleichbleibend' wird zu Beginn des 18. Jhs. aus gleichbed. lat. *cōnstāns* (Gen. *cōnstantis*) entlehnt, Part.adj. zu lat. *cōnstāre* 'feststehen' (vgl. lat. *stāre* 'stehen'). Dazu die Substantivierung Konstante f. 'unveränderliche, feststehende Größe, fester Wert' (19. Jh.), bes. in der Mathematik, aber auch allgemein, vgl. frz. *constante*; zuvor (18. Jh.) dafür lat. flektiertes *Constans*, also direkte Übernahme des lat. Part.adj. in substantivierter Form. Konstanz f. 'Unveränderlichkeit, Beharrlichkeit, Beständigkeit', entlehnt (19. Jh.) aus gleichbed. lat. *cōnstantia*.

konstatieren Vb. 'feststellen, bemerken', im 18. Jh. entlehnt aus gleichbed. frz. *constater*, einer Ableitung der Gelehrtensprache (Anfang 18. Jh.) von lat. *cōnstat* 'es steht fest' (zu lat. *cōnstāre* 'feststehen', s. *konstant*).

Konstellation f. 'Gruppierung, Zusammentreffen bestimmter Umstände und die sich daraus ergebende Situation, Planetenstand'. Der seit dem Beginn des 16. Jhs. im Dt. übliche Fachausdruck der Astrologie bezeichnet die Stellung der Gestirne zueinander und zugleich die vermeintlich sich daraus ergebenden Einflüsse auf das Schicksal des Menschen. Er ist entlehnt aus gleichbed. spätlat. *cōnstēllātio* (Gen. *cōnstēllātiōnis*), das, gebildet zu *cōnstēllātus* Adj. (vgl. lat. *stēllātus* 'mit

Sternen besetzt'), zu lat. *stēlla* 'Stern', spätlat. auch 'Gestirn, Konstellation', gehört; *stēlla* ist verwandt mit *Stern* (s. d.). Im 18. Jh. wird die übertragene Bedeutung 'aus dem Zusammentreffen bestimmter Umstände sich ergebende Lage' vorherrschend.

konsterniert Part.adj. 'bestürzt, betroffen, fassungslos', Part. Prät. zu nicht mehr üblichem *konsternieren* 'verblüffen, bestürzen, verwirren', entlehnt (Ende 17. Jh.) aus gleichbed. frz. *consterner*, das lat. *cōnsternāre* 'scheu, bestürzt machen, verblüffen, verwirren' fortsetzt. – Konsternation f. 'Bestürzung, Betroffenheit, Verblüffung' (18. Jh.), frz. *consternation*, lat. *cōnsternātio* (Gen. *cōnsternātiōnis*) 'Bestürzung, Entsetzen'.

Konstitution f. 'Staatsverfassung' (16. Jh.), mhd. *constitucion* 'Verordnung', dann 'Körperbeschaffenheit' (18. Jh.; vgl. *Leibeskonstitution*, 17. Jh.), entlehnt aus lat. *cōnstitūtio* (Gen. *cōnstitūtiōnis*) 'feste Einrichtung, (körperliche oder politische) Verfassung, Feststellung, Verordnung'. – konstituieren Vb. 'einsetzen, gründen, grundlegend sein', refl. 'sich eine Organisationsform, eine Verfassung geben' (15. Jh.), aus lat. *cōnstituere* 'hinstellen, -setzen, aufstellen, einsetzen, gründend aufstellen, eine feste Stellung, Verfassung, Halt geben'. konstitutionell Adj. 'verfassungsmäßig, auf der Konstitution beruhend, sie betreffend' (Ende 18. Jh.), nach gleichbed. frz. *constitutionnel*, abgeleitet von frz. *constitution*.

konstruieren Vb. 'entwerfen, errichten, bauen, Wörter bzw. Satzglieder zusammenordnen'. Das aus gleichbed. lat. *cōnstruere* (*cōnstrūctum*), einer Bildung zu lat. *struere* 'schichtweise über- oder nebeneinanderlegen, aufschichten, aneinanderfügen, errichten, ordnen', entlehnte Verb begegnet im 16. Jh. als grammatischer, später als technischer Terminus. – Konstruktion f. 'Entwurf, Bau, das Zusammenfügen von Wörtern bzw. Satzgliedern' (16. Jh.), aus lat. *cōnstrūctio* (Gen. *cōnstrūctiōnis*). konstruktiv Adj. 'aufbauend, entwickelnd, positiv', eine latinisierende Bildung des 19. Jhs. nach dem Vorbild von frz. *constructif*. Konstrukteur m. 'Entwerfer, Erbauer, Gestalter, Erfinder' (20. Jh.), frz. *constructeur*. Rekonstruktion f. 'Wiederherstellung, Nachbildung, Wiedergabe', rekonstruieren Vb. 'wiederherstellen, nachbilden, wiedergeben' (beide 19. Jh.), nach frz. *reconstruction*, *reconstruire*.

Konsul m. von einem Staate zur Wahrung der Interessen seiner Angehörigen und seines Handels bestellter Vertreter in einem anderen Staat. Lat. *cōnsul*, Titel der höchsten Beamten der röm. Republik in der Antike (eigentl. 'wer den Senat, das Volk zusammenruft'), ist präfigiertes Wurzelnomen neben lat. *cōnsulere*, ursprünglich 'den Senat versammeln', dann 'ihn um Rat fragen, sich mit ihm beraten' (woraus die unter *konsultieren*, s. d., dargestellte allgemeinere Bedeutung). Bereits im Lat. und verbreitet im Mlat. findet sich diese Bezeichnung auch für das Oberhaupt anderer Städte in den einstigen röm. Provinzen. Nachweislich vom 11. Jh. an heißen die höchsten Magistratspersonen mehrerer Städte Oberitaliens und Südfrankreichs mlat. *consul*, und von den Mittelmeerhäfen aus geht diese Benennung (seit dem 12./13. Jh.) auf die Interessenvertreter der eigenen Bürger in ausländischen Handelsniederlassungen über; vgl. ital. *console*, älter *consolo*, aprov. *consol*, afrz. *consule*, mfrz. frz. *consul*, span. *cónsul* in den entsprechenden Verwendungen. Aus den roman. Sprachen stammt frühnhd. *Consul(o)*, *Consol(o)*, auch *Kunsel* 'im Ausland tätiger Beauftragter eines Staates' (15. Jh.). – Konsulat n. 'konsularische Auslandsvertretung eines Staates', nach lat. *cōnsulātus* 'Amt und Würde eines Konsuls', konsularisch Adj. 'den Konsul bzw. das Konsulat und dessen Aufgaben betreffend', nach gleichbed. lat. *cōnsulāris* (19. Jh.).

konsultieren Vb. 'Rat einholen, zu Rate ziehen' (18. Jh.) löst älteres gleichbed. *konsulieren* (Anfang 17. Jh.) ab. Ausgangsformen beider Entlehnungen sind lat. *cōnsulere* 'um Rat fragen, beratschlagen, Rat schaffen' (für die ursprüngliche Bedeutung s. *Konsul*) und zu dessen Part. Perf. *cōnsultum* gebildetes iteratives lat. *cōnsultāre* 'sich reiflich beraten, um Rat fragen'. Früher entlehnt ist das zugehörige Substantiv Konsultation f. 'ärztliche Beratung, Befragung des Arztes' (16. Jh.), heute auch 'Studienberatung und -kontrolle', aus lat. *cōnsultātio* (Gen. *cōnsultātiōnis*) 'Beratschlagung, Anfrage'.

konsumieren Vb. 'verbrauchen, verzehren', im 16. Jh. entlehnt aus gleichbed. lat. *cōnsūmere* (*cōnsumptum*; zu lat. *sūmere* 'nehmen, kaufen, an-, aufwenden, verbrauchen'). – K o n s u m e n t m. 'Verbraucher' (17. Jh.), lat. *cōnsūmēns* (Gen. *cōnsūmentis*) 'verbrauchend', Part. Präs. von lat. *cōnsūmere*. K o n s u m m. 'Verbrauch', Eindeutschung (19. Jh.) von älterem *Consumo* (18. Jh.), einer Entlehnung von gleichbed. ital. *consumo*, dementsprechend auch im Dt. mit Betonung der zweiten Silbe. K o n s u m g e n o s s e n s c h a f t f. 'Interessengemeinschaft der Verbraucher' (19. Jh.); oft verkürzt (mit Betonung der ersten Silbe) *Konsum* (20. Jh.), das auch die 'genossenschaftliche Verkaufsstelle' bezeichnet. K o n s u m t i o n f. 'Verbrauch' (17. Jh.), aus lat. *cōnsūmptio* (Gen. *cōnsūmptiōnis*) 'Aufzehrung', im 19. Jh. in der Allgemeinsprache von *Konsum* (s. oben) verdrängt. K o n s u m t i o n s m i t t e l Plur. 'Produkte für den individuellen oder gesellschaftlichen Verbrauch' (20. Jh.), *Konsumptionsmittel* (19. Jh.).

Kontakt m. 'Berührung, Verbindung, Fühlungnahme', gelehrte Entlehnung (17. Jh.) aus gleichbed. lat. *contāctus*, substantiviertem Part.Perf. von lat. *contingere* 'berühren, begegnen' (vgl. lat. *tangere* 'berühren, beeindrucken', s. *Tangente*), die sich unter dem Einfluß internationaler Fachsprachen gegen den anfänglichen Widerstand der Sprachreiniger durchsetzt und bes. nach 1950 eine Vielzahl von Zusammensetzungen bildet.

Kontamination f. 'Zusammenziehung, Vermischung zweier sprachlicher Einheiten zu einer neuen', entlehnt aus lat. *contāminātio* (Gen. *contāminātiōnis*) oder frz. *contamination* 'Befleckung, Verderbnis, Verunreinigung' (zu lat. *contāmināre* 'durch Berührung, Vermischung verderben, besudeln', frz. *contaminer*), zunächst 'Besudelung, Befleckung' (Ende 18. Jh.), dann 'Verschmelzung zweier Wörter, Konstruktionen zu einem neuen Wort bzw. einer neuen Konstruktion' (19. Jh.), heute auch Fachwort des Strahlenschutzes 'radioaktive Verunreinigung, Verseuchung' (20. Jh.). Dazu k o n t a m i n i e r e n Vb. 'verderben, verunreinigen' (medizinisch auch 'anstecken'), 'vermischend ineinander verflechten', in der Sprachwissenschaft 'eine Wort-, Konstruktionsmischung vornehmen' (19. Jh.), 'mit radioaktiven Stoffen verseuchen' (20. Jh.).

Kontemplation f. 'Betrachtung, Beschaulichkeit (ohne praktisches Handeln)', spätmhd. *contemplăcie*, *contemplacion*, entlehnt aus lat. *contemplātio* (Gen. *contemplātiōnis*) 'Anschauung, Betrachtung', Abstraktum zu lat. *contemplārī* 'beschauen, betrachten', einer Bildung zu lat. *templum* in dessen ursprünglicher Bedeutung 'abgegrenzter Bezirk, Beobachtungsfeld für die Vogelschau' (s. *Tempel*). Verbum und Abstraktum müssen also einmal Fachwörter der Auguralsprache gewesen sein. Auf geistiges Schauen bezogen, wird das Substantiv zu einem Begriff in Religion und Mystik und bezeichnet die 'Versenkung in die Werke Gottes und in die Gottheit selbst'. – k o n t e m p l a t i v Adj. 'betrachtend, beschaulich, untätig' (18. Jh.), lat. *contemplātīvus*.

Konterbande f. 'zollgesetzwidrig ein- oder ausgeführte Ware, kriegführenden Ländern von neutralen Staaten zugeführte kriegswichtige Güter'. Zu ital. *bando* 'Dekret, Erlaß' (aus got. *bandwa* oder vermittelndem spätlat. *bandum* 'Zeichen', s. [1]*Bande*) entsteht die Zusammensetzung ital. *contrabbando*, eigentl. 'was gegen die Gesetze gerichtet ist', daher 'Waren, deren Einfuhr verboten ist'. Gegen Ende des 15. Jhs. begegnet entlehntes *Contrabando*, dann *Kontrebando*, *Contraband* im Dt. und gilt für 'Schmuggelware, Schleichhandel', aber auch (16. Jh.) für 'Münzfälschung'. Anfang des 17. Jhs. greift das ebenfalls aus dem Ital. entlehnte frz. *contrebande* aufs Dt. über, führt zu der Schreibung *Contreband* und (in Angleichung an andere aus dem Frz. entlehnte Zusammensetzungen mit *contre-*, s. *kontra*) *Konterbande*. Im 19. Jh. erhält der Ausdruck die oben genannte völkerrechtliche Bedeutung.

Konterfei n. 'Abbild, Bildnis'. Mhd. *kunterfeit*, *gunterfeit*, *conterfeit*, *kunterfei* 'unreines, verfälschtes Gold oder Metall', *kunterfeit*, *gunderfeit* Adj. 'nachgemacht, falsch' sind entlehnt aus afrz. *contrefait* 'mißgestaltet, entstellt, nachgemacht', einer Partizipialbildung zu afrz. *contrefaire* 'nachmachen, nachbilden'; vgl. gleichbed. mlat. *contrafacere* gegenüber lat. *contrā facere* 'entgegengesetzt handeln, feindlich vorgehen' (s. *kontra* und vgl. lat. *facere* 'machen, tun'). Die Bedeutung 'Abbild, Bild, Porträt' übernimmt das heute nur noch scherzhaft verwendete *Konterfei* im 15. Jh. aus substantiviertem afrz. mfrz. *contrefait* 'Nachahmung, Abbild'. – a b k o n -

terfeien Vb. 'abbilden, -malen, porträtieren' (um 1500).

kontern Vb. 'einen Angriff abfangen und selbst angreifen, schlagfertig entgegnen, ein Druckbild umkehren', im 20. Jh. als Fachwort des Boxsports aus engl. *to counter* 'mit einem Gegenschlag beantworten' entlehnt, einer Bildung zum Adv. engl. *counter* 'gegen, entgegen' (aus gleichbed. afrz. *contre*, lat. *contrā*). Die dt. Schreibweise zeigt Angleichung des Verbs an die Präfixbildungen mit *konter-* (aus frz. *contre-*), s. *kontra*. Zum Verb *kontern* (und nicht mit dem Präfix *konter-*) ist das Kompositum Konterschlag m. (20. Jh.) gebildet.

Kontinent m. 'Festland, Erdteil'. *Continens* 'Festland' (im Gegensatz zu *Insel*) wird Ende des 16. Jhs. von lat. *(terra) continēns* 'zusammenhängendes Land' übernommen und im 17. Jh. (unter frz. Einfluß?) zu *Continent* (vorwiegend für 'europäisches Festland') weiterentwickelt. Die Seemannssprache bevorzugt zu dieser Zeit die Fügung *festes Land*. An Verbreitung gewinnt *Kontinent* mit der von Napoleon verfügten *Kontinentalsperre* (frz. *blocus continental*, 1806ff.). kontinental Adj. 'festländisch' (18. Jh.); vgl. engl. frz. *continental*.

Kontingent n. 'Anteil, Pflichtbeitrag, begrenzte Höchstmenge' wird im 17. Jh. zunächst in der Bedeutung 'von einer Provinz, einem Land aufzubietender Pflichtteil an Truppen für ein Gesamtheer' aus gleichbed. frz. *contingent* (jedoch mit latinisierter Aussprache) übernommen. Der substantivierte frz. Ausdruck (gekürzt aus *part, portion contingente* 'dem einzelnen zufallender Anteil') geht auf das Part. Präs. lat. *contingēns*, Gen. *contingentis*, (zu lat. *contingere* 'berühren, angehen, zustehen, begegnen, zuteil werden', s. *Kontakt*) zurück und bedeutet eigentl. 'was jmdm. anteilmäßig zufällt'; dieser allgemeine Sinn wird danach auch im Dt. üblich. – kontingentieren Vb. 'ein Kontingent festsetzen, etw. in festgesetzter Menge zuteilen' (19. Jh.), vgl. frz. *contingenter*.

kontinuierlich Adj. 'zusammenhängend, ununterbrochen, fortdauernd', abgeleitet (18. Jh.) von heute nicht mehr gebräuchlichem *kontinuieren* Vb. 'fortsetzen, fortfahren, dauern' (1. Hälfte 18. Jh.), einer Entlehnung aus lat. *continuāre* 'ohne Unterbrechung fortführen, verbinden, fortsetzen' (zu lat. *continuus* 'zusammenhängend, fortlaufend, aufeinanderfolgend'). Kontinuität f. 'Fortdauer, lückenloser Zusammenhang' (18. Jh.), aus gleichbed. lat. *continuitās* (Gen. *continuitātis*).

Konto n. 'Guthaben, laufende Aufrechnung von Forderungen und Verbindlichkeiten, von Einnahmen und Ausgaben', als Terminus der Kaufmannssprache und des Bankwesens Entlehnung (um 1500) von ital. *conto* 'Rechnung', das aus spätlat. *computus* 'Berechnung' (zu lat. *computāre* 'berechnen', s. *Kontor*) hervorgegangen ist.

Kontor n. 'Geschäftszimmer, kaufmännisches Büro, Handelsniederlassung' gelangt im 16. Jh. aus dem Nd. in die nhd. Literatursprache. Mnd. *kuntōr* '(pultartiger) Rechnungstisch' (15. Jh.), auch 'Schreibstube, Handelsniederlassung' (um 1400) geht über (wohl die pikard. Lautung wiedergebendes) mnl. *contoor* auf mfrz. *comptoir* 'Zähltisch, Geschäftszimmer, Schreibstube' zurück, eine Ableitung von mfrz. *compter* 'rechnen, berechnen' (aus lat. *computāre*). Vom 17. Jh. an gilt häufig die frz. Schreibweise *Comptoir*, auch (französierend) *Contoir*. – Kontorist m. (17. Jh.), Kontoristin f. (19. Jh.) 'Angestellte(r) eines kaufmännischen Betriebes'.

kontra Adv. 'dagegen', Präp. 'gegen' ist in beiden Verwendungen gelehrte Übernahme von lat. *contrā* Adv. 'gegenüber, dagegen, umgekehrt', Präp. 'gegenüber, gegen, abweichend von' (der Form nach Ablativ Sing. Fem. des Komparativstammes italisch **comtro-*, gebildet zu dem in lat. *cum, com-* vorliegenden Wort, s. *kon-*). Es erscheint seit dem 16. Jh. in dt. Texten, bewahrt jedoch bis in neueste Zeit die lat. Schreibung. Aus der Sprache der Juristen und Philosophen (hier häufig in der Gegenüberstellung *pro und contra* 'dafür und dagegen') gelangt es bald in den allgemeineren Sprachgebrauch, bes. als Ausdruck des Kartenspiels (18. Jh.; vgl. frz. *faire contre* 'beim Spiel dagegenhalten', 17. Jh.) sowie der Fechtkunst. Die Substantivierung Kontra n. 'das Wider, Widerstand, Gegenansage im Kartenspiel' wird im 18. Jh. üblich, vgl. *das Pro und das Kontra einer Sache* 'für eine Sache und gegen sie sprechende Gründe'. Der modernen Alltagssprache angehörende Wendungen sind *jmdm. Kontra* (auch *kontra*) *geben* 'sich jmdm. widersetzen' (wohl aus dem Skatspiel) und *kontra sein* 'sich ablehnend verhalten'. – k o n t r a - Präfix 'gegen-, wider-' findet sich entsprechend lat. *contrā-* (Kompositionsform des Adverbs lat. *contrā*, s. oben) und dem daraus hervorgehenden ital. *contra-* vom Frühnhd. an in meist terminologisch gebrauchten Entlehnungen aus dem Lat. bzw. Mlat. (z.B. *Kontraindikation*, *Kontrapunkt*, *Kontrazeption*, *kontradiktorisch*, *kontrasignieren*) oder dem Ital. (z.B. *Kontrabaß*, *Kontrafagott*). Zu lat. *contrō-* (in lat. *contrōversia*, *contrōversus*) s. *Kontroverse*. Neben *kontra-* steht gleichbed. k o n t e r - (vereinzelt schon mhd. *kunter-*, s. *Konterfei*) für frz. *contre-* (dieses ebenfalls aus lat. *contrā-*) in Bildungen, die dem Frz. entstammen (z.B. *Konteradmiral*, *Konterbande*, *Konterrevolution*), in der Fachsprache gelegentlich auch vor dt. Substantiven (z.B. *Kontermutter*; dagegen *Konterschlag* zu *kontern*, s. d.). Verwandt sind ferner *Kontrast*, *Kontrolle*, *konträr* (s. d.).

kontrahieren Vb. 'zusammenziehen, einen Vertrag schließen'. Die Entlehnung (16. Jh.) aus lat. *contrahere* (*contractum*) 'zusammenziehen, eine geschäftliche Verbindung eingehen' (vgl. lat. *trahere* 'ziehen, schleppen') bezeichnet zunächst nur 'einen Vertrag schließen' (woraus in der Studentensprache 'einen Zweikampf verabreden'). Die Bedeutung 'zusammenziehen' (Anfang 19. Jh.) ist wohl (auch für *kontrahieren* als gramm. Terminus) durch erneute Anlehnung an das lat. Verb entstanden. – K o n t r a h e n t m. 'Vertragspartner, Rivale, Gegner im Zweikampf' (16. Jh.), entsprechend dem Part. Präs. lat. *contrahēns* (Gen. *contrahentis*). K o n t r a k t m. 'Vertrag, Abmachung', bereits im 15. Jh. in der Kanzleisprache aus gleichbed. lat. *contractus*. K o n t r a k t i o n f. 'Zusammenziehung, Verkürzung' (19. Jh.), lat. *contractio* (Gen. *contractiōnis*).

Kontrapunkt m. Satztechnik der Polyphonie, die Kunst der nach strengen Regeln geordneten Führung mehrerer selbständiger Melodielinien zu einem Thema (cantus firmus), entlehnt (15. Jh.) aus mlat. *contrapunctus* und *contrapunctum* (hervorgegangen aus *punctus contra punctum* 'Note gegen Note'); s. *Punkt* und *kontra*. Schon früh wird der Ausdruck im Dt. abgewandelt, vgl. *das es klingt fein contrabund* 'vielstimmig' (15. Jh.), *conterbunt* (1499), woraus schließlich mit semantischer Weiterentwicklung und Anlehnung an *bunt* (s. d.) **kunterbunt** Adj. 'vielseitig gemischt, durcheinander, verworren', vgl. *die kunterbunten* ('vielfarbigen') *Fäderbüsche* (17. Jh.), *kunterbunde* ('verworrene') *Schreiberey* (18. Jh.).

konträr Adj. 'entgegengesetzt, gegensätzlich, widrig'. Im 15. Jh. als Fachwort der Nautik bezeugtes *contrarie* 'widrig' (vom Wind) sowie diesem folgende *contrari* und *contrar* 'entgegengesetzt, zuwiderlaufend' sind entlehnt aus gleichbed. lat. *contrārius* (zu lat. *contrā* 'gegenüber, dagegen, umgekehrt', s. *kontra*). Heutiges *konträr* (seit Anfang 18. Jh.) beruht auf Einfluß oder Entlehnung von frz. *contraire*.

Kontrast m. 'Gegensatz, ausgeprägter Unterschied' (bes. bei Farbgebungen), als Fachwort der Malerei aus gleichbed. ital. *contrasto* oder aus ebenfalls dem Ital. entstammendem frz. *contraste* entlehnt (18. Jh.). Das Substantiv ist zum Verb ital. *contrastare* 'im Gegensatz, im Widerspruch stehen' gebildet, vlat. *contrāstāre* (aus lat. *contrā*, s. *kontra-*, und lat. *stāre* 'stehen'). – k o n t r a s t i e r e n Vb. 'im Gegensatz stehen, abstechen' (18. Jh.), zu *Kontrast* unter Einfluß von frz. *contraster*.

Kontrolle f. 'Überwachung, (Nach)prüfung, Beaufsichtigung', Entlehnung (18. Jh.) aus gleichbed. frz. *contrôle*, mfrz. *contrerolle*, eigentl. 'Gegenregister zur Prüfung von Angaben eines Originalregisters', vgl. frz. *contre* 'gegen' (lat. *contrā*) und frz. *rôle* 'Rolle, Register, Liste' (lat. *rotulus* 'Walze, Rolle', mlat. 'Schriftrolle', s. *Rolle*). – k o n t r o l l i e r e n Vb. 'überwachen, nachprüfen, beaufsichtigen' (16. Jh.), aus gleichbed. mfrz. *contreroller*, *controoler*, frz. *contrôler*. Die Bedeutung 'beherrschen, entscheidenden (wirtschaftlichen) Einfluß ausüben' entsteht (20. Jh.) unter dem Einfluß von (ebenfalls aus dem Frz. entlehntem) engl. *to control*. K o n t r o l l e u r m. 'Aufseher, Prüfer' (18. Jh.), frz. *contrôleur*.

Kontroverse f. 'Streit(frage), Meinungsverschiedenheit, wissenschaftliche Auseinandersetzung', gelehrte Entlehnung (17. Jh.) aus gleichbed. lat. *contrōversia*, eigentl. 'entgegengesetzte Richtung'. Das zugrundeliegende Adjektiv lat. *contrōversus* 'entgegengewandt, der Erörterung unterworfen, strittig', zu lat. *contrā* 'gegen' (s. *kontra*, hier in der Form eines alten Ablativ Sing. Mask. *contrō-*) und lat. *vertere* (*versum*) 'wenden, drehen, umkehren’ ergibt kontrovers Adj. ‘gegeneinander gerichtet, strittig’ (18. Jh.).

Kontur f. ‘Umriß(linie)’, meist im Plural *Konturen* (älter *Contours*), als Ausdruck der bildenden Kunst entlehnt (18. Jh.) aus gleichbed. frz. *contour* m. Das diesem zugrundeliegende Verb afrz. *contorner* ‘gelegen sein, (sich) wenden, drehen’, mfrz. frz. *contourner* ‘umgeben, herumgehen, verdrehen’ nimmt unter dem Einfluß von ital. *contornare* dessen Bedeutung ‘Umrißlinien zeichnen’ an; entsprechend erhält mfrz. frz. *contour* ‘Umfang, Umkreis, Umgebung, Windung’ (afrz. *contor*) die Bedeutung ‘Umriß’ (nach ital. *contorno*). Die genannten Verben gehen auf vlat. **contornāre* zurück (vgl. lat. *tornāre* ‘drechseln, runden’). Im Dt. sind frz. Schreibung und, mit dem Frz. übereinstimmend, maskulines (selten neutrales) Genus noch im 19. Jh. gebräuchlich.

Konus m. ‘Kegel, kegelförmiger Stift, Zapfen’, Entlehnung von lat. *cōnus*, griech. *kṓnos* (*κῶνος*) ‘Kegel, Pinienzapfen’; seit Beginn des 18. Jhs. in dt. fachsprachlichen Texten bezeugt. – konisch Adj. ‘kegel(stumpf)förmig’ (Ende 18. Jh.).

konvenieren Vb. ‘sich schicken, passend, angenehm sein, jmds. Billigung finden’, entlehnt (18. Jh.) aus gleichbed. frz. *convenir* (auch ‘übereinkommen, zugestehen, übereinstimmen, geziemen’), afrz. *co(n)venir* ‘geziemen, passen, sich eignen, nottun, vereinbart werden’, dem lat. *convenīre* ‘zusammenkommen, treffen, passen, übereinstimmen, geeignet, angenehm sein, in Einklang kommen’, spätlat. auch ‘sich einigen, beschließen’ (vgl. lat. *venīre* ‘kommen’) voraufgeht. Wohl unmittelbar aus dem Lat. stammendes *convenirn* ‘zusammenkommen, sich einigen, übereinstimmen’ findet sich im Dt. schon in der 2. Hälfte des 16. Jhs. – Konvenienz f. ‘was der Verhaltensnorm, dem Herkommen entspricht, Schicklichkeit, Zuträglichkeit, Übereinkunft’ (18. Jh., vereinzelt bereits 2. Hälfte 16. Jh. für ‘Vertrag, Vergleich, Übereinstimmung’), nach mlat. *convenientia* in Bedeutungen wie ‘Eintracht, Billigung, vertragliche Übereinkunft, Vergleich’ und ‘Eignung, Bequemlichkeit’ (lat. ‘Übereinstimmung, Harmonie, Sympathie’, zu lat. *convenīre*, s. oben), teilweise unter semantischem Einfluß von mfrz. frz. *convenance* ‘Übereinstimmung, Angemessenheit, Schicklichkeit’ (frz. auch ‘Annehmlichkeit, Bequemlichkeit’), im Mfrz. außerdem ‘Übereinkunft, Zusage, Vertrag’ wie afrz. *co(n)venance* (woraus entlehnt mhd. *cōvenanz*, *gōvenanz* ‘Zusammenkunft, Verabredung zu Geselligkeit und Tanz’).

Konvent m. ‘Zusammenkunft, Versammlung’, bes. ‘Versammlung der Angehörigen eines Klosters, Stifts’, daher auch ‘klösterliche Gemeinschaft und deren Wohnsitz, Kloster, Stift’, mhd. *convent*, *covent* ‘Klostergemeinschaft’, entlehnt aus lat. *conventus* ‘Zusammenkunft, Versammlung, Übereinkunft’, mlat. auch ‘Gesamtheit der Mönche, Versammlungsraum im Kloster’ (zu lat. *convenīre*, s. *konvenieren*) bzw. afrz. *co(n)vent* ‘Kloster, Orden, Genossenschaft’. Die Geschichtswissenschaft bezeichnet mit *Konvent* die frz. Nationalversammlung der Jahre 1792 bis 1795, frz. *la Convention (nationale)*.

Konvention f. ‘Übereinkunft, (völkerrechtlicher) Vertrag’ (1. Hälfte 16. Jh.) und ‘geltende, von der Gesellschaft gebilligte Verhaltensnorm, Herkommen, Brauch’ (2. Hälfte 18. Jh.), Entlehnung (zunächst als staatsrechtlicher Terminus) aus lat. *conventio* (Gen. *conventiōnis*) ‘Übereinkunft, Abrede, Vertrag, Volksversammlung’ (zu lat. *convenīre*, s. *konvenieren*), teilweise, bes. in der zweiten Bedeutung, auch aus (auf dem lat. Substantiv beruhendem) mfrz. frz. *convention* ‘Übereinkunft, Vertrag’, frz. auch ‘was willkürlich, durch stillschweigende Übereinkunft festgelegt ist’. – Konventionalstrafe f. ‘Strafe bei Nichteinhaltung eines Vertrages’ (18. Jh.), vgl. spätlat. *conventiōnālis* ‘den Vertrag betreffend’. konventionell Adj. ‘herkömmlich, den gesellschaftlichen Normen genügend, die durch stillschweigende Übereinkunft festgelegten Formen einhaltend’ (18. Jh.), nach gleichbed. frz. *conventionnel*, mfrz. frz. auch ‘auf einem Vertrag beruhend, vertraglich’.

konvergieren Vb. ‘sich einander nähern, übereinstimmen’, anfangs (in der Optik und Mathematik) ‘sich nähern, auf einen gemeinsamen Schnittpunkt zulaufen’ (von Lichtstrahlen, Linien), entlehnt (18. Jh.) aus spätlat. *convergere* ‘sich hinneigen’ (vgl. lat. *vergere* ‘sich gegen etw. neigen’). – Konvergenz f. ‘Zusammenstreben, Annäherung, Übereinstimmung’, zuerst ‘Neigung, Annäherung zweier Linien’ (18. Jh.), aus nlat. *conver-*

gentia. k o n v e r g e n t Adj. 'aufeinander zulaufend, übereinstimmend' (19. Jh.), spätlat. *convergēns* (Gen. *convergentis*), Part. Präs. von *convergere.*

Konversation f. 'gesellschaftlicher Verkehr, Umgang' (Mitte 16. Jh.), dann vor allem 'Unterhaltung' (Ende 16. Jh.), später vielfach auch 'leichtes, förmliches Gespräch', Entlehnung von gleichbed. afrz. frz. *conversation,* lat. *conversātio* (Gen. *conversātiōnis*) 'Umgang, Verkehr' (zu lat. *conversārī* 'Umgang haben, verkehren mit jmdm.'). – K o n v e r s a t i o n s l e x i k o n n. 'Nachschlagewerk über alle Wissensgebiete', vgl. *Reales Staats-, Zeitungs- und Conversations-Lexicon* (1704), weil darin „allerhand zum täglichen Politischen Umgange mit gescheuten Leuten, unentbehrliche Stücke der galanten Gelehrsamkeit enthalten sind" (1713). k o n v e r s i e r e n Vb. 'mit jmdm. verkehren, Umgang haben, sich unterreden, unterhalten' (15. Jh.), in neuerer Zeit bes. 'sich gewandt unterhalten, eine Unterhaltung pflegen'; zunächst wohl aus lat. *conversārī* (s. oben), doch bald von frz. *converser* in seiner Verbreitung gefördert.

Konvertit m. 'zu einer anderen Konfession Übergetretener', im 18. Jh. aus gleichbed. (heute jedoch veraltetem) engl. *convertite,* das aus afrz. frz. *converti* 'der Bekehrte' stammt, dem Part. Perf. von frz. *convertir* 'umwandeln, bekehren' (lat. *convertere* 'umwenden, umwandeln, hinwenden', spätlat. 'zum christlichen Glauben bekehren'). – k o n v e r t i e r e n Vb. 'umgestalten, umwandeln' (16. Jh.), 'in eine andere Währung umtauschen, die Konfession wechseln' (19. Jh.), lat. *convertere* (s. oben).

konvex Adj. 'erhaben, nach außen gewölbt', Entlehnung der Wissenschaftssprache (17. Jh.) aus lat. *convexus* 'nach oben oder unten gewölbt, gerundet, gekrümmt'.

Konvoi m. 'schützendes Geleit, Geleitzug', eine Entlehnung (Ende 16. Jh.) von afrz. frz. *convoi* 'schützendes, ehrendes Geleit' (seit dem frühen 17. Jh. auch 'Fahrzeugkolonne unter Geleitschutz' bzw. 'schützende Eskorte'), Deverbativum zu afrz. *convoiier* 'geleiten, führen, entsenden', frz. *convoyer* 'geleiten, begleiten, eskortieren', dem vlat. **conviāre* vorausgeht (vgl. lat. *via* 'Weg' und s. *kon-*). Der Ausdruck bezeichnet im Dt. anfangs ganz allgemein die schützende Begleitung, das (militärische) Schutzgeleit, dann (wohl nach dem Vorbild von ebenfalls aus dem Frz. stammendem engl. *convoy,* für das sich seemännischer Gebrauch zuerst nachweisen läßt) eine Anzahl von Kriegsschiffen (oder ein einzelnes Kriegsschiff, vgl. *Convoy-Schiff,* engl. *convoy-ship*), die Handelsschiffe zum Schutze vor Überfällen auf See begleiten (2. Hälfte 17. Jh.), schließlich den ganzen, aus Handels- und Geleitschiffen bestehenden Flottenverband (Ende 18. Jh.). Heute gilt *Konvoi* (für dessen bisher vorwiegend frz. sich im 20. Jh. die engl. Aussprache durchsetzt) entsprechend älteren Verwendungen im Frz. und Engl. auch für Begleitfahrzeuge bei Landtransporten und für eine sich im Verband fortbewegende Fahrzeugkolonne.

konzentrieren Vb. (in der Physik) 'in einem Mittelpunkt vereinigen', (in der Chemie) 'anreichern, sättigen', übertragen (refl.) 'sich geistig sammeln, seine Gedanken und Bemühungen auf ein Ziel lenken' (17. Jh.), (militärsprachlich) 'Truppen, militärische Kräfte zusammenziehen, an einer Stelle verdichten' (19. Jh.), in allen seinen Bedeutungen entlehnt aus frz. *concentrer,* zu frz. *centre* 'Mittelpunkt' (lat. *centrum,* s. *Zentrum*; vgl. mlat. *concentricus,* s. unten). – Den Verwendungen des Verbs folgen k o n z e n t r i e r t Part.adj., K o n z e n t r a t i o n f. 'Gehalt (einer Lösung an gelöstem Stoff), Zusammendrängung um einen Mittelpunkt, Anspannung, Sammlung' (17. Jh.), engl. frz. *concentration.* K o n z e n t r a t i o n s l a g e r n. 'Internierungslager im Burenkrieg', wohl (Anfang 20. Jh.) Übersetzung von engl. *concentration camp*; dann 'faschistisches Haft-, Zwangsarbeits- und Vernichtungslager für politische Gegner und rassisch Verfolgte' (in Hinweisen auf die Pläne des dt. Faschismus schon vor 1933 belegt). k o n z e n t r i s c h Adj. 'einen gemeinsamen Mittelpunkt habend, auf einen Punkt gerichtet', mathematischer Terminus seit etwa 1700, mlat. *concentricus.*

Konzern m. 'Zusammenschluß gleichartiger Unternehmen durch Kapital-, auch Personalverflechtung zu einer zentral geleiteten wirtschaftlichen Einheit bei formaljuristischer Selbständigkeit der einzelnen Betriebe', Entlehnung (Anfang 20. Jh.) von gleichbed. engl. *concern,* zuvor 'Handelshaus, Unternehmen', eigentl. 'Angelegenheit, Sache, Beziehung,

Geschäftsbeziehung, Geschäft, Unternehmung', Substantivierung von engl. *to concern* 'betreffen, angehen, sich beziehen'. Dies beruht auf mfrz. frz. *concerner* 'betreffen' oder spätlat. *concernere* 'vermischen', mlat. 'betreffen'; vgl. lat. *cernere* 'sichten, scheiden'.

Konzert n. 'Komposition für Soloinstrument und Orchester, öffentliche Musikaufführung', entlehnt (Anfang 17. Jh.) aus ital. *concerto*, doch mit latinisierter Aussprache. Zugrunde liegt lat. *concertāre*, verstärkende Bildung (s. *kon-*) zu lat. *certāre* 'kämpfen, mit Worten streiten, wetteifern'. Die im Kirchenlat. entwickelte Bedeutung 'mit jmdm. mitwirken, zusammenwirken' führt zu ital. *concertare* 'etw. miteinander verabreden', wozu das Deverbativum ital. *concerto* 'Abmachung' (früh in der adverbiellen Redensart *di concerto* 'einverstanden, abgemacht'). Die im 16. Jh. erfolgende Übertragung auf die Musik ergibt ital. *concertare* 'den Zusammenklang der Stimmen herstellen' und *concerto* 'Zusammenklang', dann 'Musikstück für mehrere Instrumente (und Gesang), Musikaufführung'. – k o n z e r t i e r e n Vb. 'ein Konzert geben' (17. Jh.), aus ital. *concertare*; dazu k o n z e r t a n t Adj. 'konzertartig, in Konzertform dargeboten' (19. Jh.).

Konzession f. 'Zugeständnis', später 'behördliche Genehmigung, Zulassung, Erschließungs-, Ausbeuterecht' ist entlehnt aus lat. *concessio* (Gen. *concessiōnis*) 'Zugeständnis, Einräumung, Bewilligung' (16. Jh.), einer substantivischen Bildung zu lat. *concēdere* (*concessum*) 'beiseite treten, das Feld räumen, zugestehen'. Die Wendung *Konzessionen machen* (19. Jh.) entspricht frz. *faire des concessions*. – k o n z e s s i v Adj. 'einräumend', auch Fachwort der Grammatik wie schon gleichbed. lat. *concessīvus*, vgl. *concessiver Satz* (Adelung 1788), danach *Konzessivsatz* m. 'Nebensatz, der ein Zugeständnis ausdrückt, das zum Inhalt des Hauptsatzes in Widerspruch steht' (19. Jh.).

Konzil n. 'Versammlung hoher katholischer Würdenträger (bes. der Bischöfe) zur Entscheidung wichtiger, die Gesamtkirche betreffender Fragen', dann auch 'Versammlung delegierter Universitätsangehöriger', mhd. *concīlje* (13. Jh.), frühnhd. *concili* (15. Jh.), entlehnt aus lat. *concilium* 'beratende, beschließende Versammlung', spätlat. auch 'Versammlung der Bischöfe' (s. oben), aus **con-caliom*, vgl. lat. *calāre* '(feierlich) aus-, zusammenrufen'.

konziliant Adj. 'verbindlich, versöhnlich, zu Zugeständnissen bereit', entlehnt (19. Jh.) aus frz. *conciliant*, Part. Präs. von frz. *concilier* 'ausgleichen, aussöhnen, vereinigen' (lat. *conciliāre* 'zusammenbringen, geneigt machen, verbinden', abgeleitet von lat. *concilium*, s. *Konzil*), in der Aussprache jedoch dem lat. Verb folgend, zu dem auch ein im 19. Jh. auftretendes *konziliatorisch* 'aussöhnend, einigend' gebildet ist. – K o n z i l i a n z f. 'Entgegenkommen, Versöhnlichkeit' (20. Jh.).

konzipieren Vb. 'aufsetzen, abfassen, entwerfen, eine erste Fassung herstellen', mhd. *concipieren*, auch 'ein Kind empfangen', entlehnt aus lat. *concipere* (*conceptum*) 'auffassen, in sich aufnehmen, schwanger werden, empfangen, etw. in einer bestimmten Formel aussprechen, sich etw. vorstellen'; vgl. lat. *capere* 'nehmen, fassen, ergreifen'. – K o n z e p t n. 'erste Niederschrift, Plan, Entwurf' (16. Jh.), aus lat. *conceptum*, dem substantivierten Neutrum des Part. Perf. von lat. *concipere* (s. oben), vielleicht unter Einfluß von lat. *conceptus* 'das Zusammenfassen, Erfassen, Empfängnis', spätlat. auch 'Gedanke, Vorsatz', da im Dt. anfangs auch 'gedanklicher Entwurf, Vorsatz, Absicht'; vgl. *aus dem Konzept kommen* (17. Jh.), *aus dem Konzept bringen* (18. Jh.). K o n z e p t i o n f. 'schöpferischer Einfall, (künstlerischer) Entwurf, Auffassung, Empfängnis', entlehnt (18. Jh.) aus lat. *conceptio* (Gen. *conceptiōnis*) 'das Zusammen-, Auffassen, Ausdruck einer Sache in Worten, Inbegriff, Empfängnis'.

Koog m. 'eingedeichtes Marschland'. Das aus dem Nd. durch Th. Storm in die Literatursprache aufgenommene Wort ist an der Nordseeküste verbreitet; vgl. mnd. *kōch*, *koech* 'durch Eindeichung dem Meer abgewonnenes Land, hohes Land vor dem Deich', mnl. *caech*, nl. *kaag*, *koog*, afries. *kāch*, nordfries. *kūch* sowie *Cuxhaven*, älter *Kuckshafen* (1570), *Koogshaven* (1700). Herkunft unbekannt.

koordinieren Vb. 'in ein Gefüge einordnen, aufeinander abstimmen, zu-, beiordnen' (um 1800), entlehnt aus mlat. *coordinare* 'zuordnen' (vgl. lat. *ōrdināre* 'ordnen, zusammenstellen' und s. *kon-*). – K o o r d i n a t i o n f. 'Zu-, Beiordnung' (um 1800), als Fachwort der Chemie 'Zusammensetzung und Aufbau', spätlat. *coōrdinātio* (Gen. *coōrdinātiōnis*) 'Zuordnung'. Zum eingedeutschten Verb Koordinierung f. (19. Jh.), bes. als Fachwort der Ökonomie. Koordinate f. 'Zahlenangabe zur Festlegung eines Punktes', im Plural 'Abszisse und Ordinate gemeinsam' (18. Jh.), nach in der lat. Fachsprache der Mathematik gebrauchtem *coordinatae*. Koordinatensystem n. (19. Jh.).

Kopf m. 'Haupt, Schädel', ahd. *koph* 'Schöpfgefäß, Becher' (8. Jh.), auch 'Hinterhaupt' (Hs. 13. Jh.), mhd. *kopf, koph* 'Trinkgefäß, Becher, Hirnschale, Haupt', mnd. *kop, koppe*, mnl. *cop* 'Schale, Becher, Haupt', nl. *kop*, aengl. *cuppe*, engl. *cup* 'Becher, Tasse', anord. (aus dem Mnd.) *koppr* 'Tasse' sind wahrscheinlich entlehnt aus spätlat. *cuppa* 'Becher' (s. *Kuppe*), einer Nebenform von lat. *cūpa* 'Kufe, Tonne, größeres Holzgefäß' (s. *Kübel*, [2]*Kufe*); vgl. Frings/M. Germania Romana 2 (1968) 211. Die heutige Bedeutung (vorgebildet in ahd. *koph* 'Hinterhaupt') entwickelt sich in mhd. Zeit, und zwar über 'Gefäß, Schalenförmiges' zu 'Hirnschale' und 'Haupt'. *Kopf* verweist danach (vom 16. Jh. an) die ältere Bezeichnung *Haupt* (die eine ähnliche Bedeutungsentwicklung zeigt, s. d.) in einen gehobeneren Sprachbereich. – köpfen Vb. 'jmdm. den Kopf abschlagen' (14. Jh.). Kopfschmerz m. (17. Jh.), älter *Kopfweh* (16. Jh.).

Kopie f. 'Abschrift, Nachbildung' (eines Kunstwerks), in der 2. Hälfte des 14. Jhs. aus mlat. *copia* 'Abschrift', lat. *cōpia* 'Vorrat, Menge, Fülle' entlehnt. Sowohl mlat. *copia* als auch frühnhd. *copie, copy* (vom 14. bis 18. Jh. auch diphthongiert *copei*; Schreibung mit *k* erst im 19. Jh.) gehören ursprünglich der Kanzleisprache an (den Vorrat vermehrende 'Vervielfältigung, Abschrift eines Schriftstücks'). In der 2. Hälfte des 17. Jhs. wird *Kopie* auch auf Nachbildungen von Kunstgegenständen übertragen und allgemein als Gegensatz von *Original* gebraucht. – kopieren Vb. 'abschreiben, nachbilden, nachahmen' (14. Jh.), von gleichbed. mlat. *copiare*.

Koppel n. 'Leibriemen, Wehrgehenk', mhd. *koppel, kopel, kuppel, kupel* f. (auch m. n.), mnd. *koppel(e), köppel(e), kōpel* n. f. 'Band, Verbindung, Strick, Riemen (zur Befestigung des Zugtieres), Hetzriemen der Jagdhunde, zusammengebundene Tiere (bes. Hunde)', daher auch 'Schar, Haufen', ferner 'gemeinschaftliches Landstück, Weideland', beruht zunächst auf einer Entlehnung (als höfisches Jagdwort?) von afrz. *cople, couple* 'Band, Hunde-, Zugleine, Paar' (frz. *couple* 'Koppelriemen, zwei gleichartige Dinge, Paar'), hervorgegangen aus gleichbed. lat. *cōpula*. Doch könnte mhd. *kuppel* (s. oben) in allgemeiner Bedeutung auch ein ahd. *kuppula* 'Band, Strick' (Hs. 12. Jh.) fortsetzen, das ebenso wie zugehöriges ahd. *kuppulōn* 'verbinden' (Hs. 13. Jh.) direkt aus dem Lat. stammen dürfte (vgl. lat. *cōpulāre* 'durch ein Band verknüpfen'). Aus der bereits im Mhd. und Mnd. üblichen Bedeutung 'Landstück, Weideland' entwickelt sich, zumal im Nordd., Koppel f. zu 'Acker-, Feld-, Waldstück', bes. 'eingezäuntes Landstück (Feld, Wiese)' und gelangt in diesem Sinne durch nordd. Schriftsteller auch in die Literatursprache (1. Hälfte 19. Jh.). – koppeln Vb. 'mit Riemen aneinanderbinden' (bes. Tiere), 'beweglich miteinander verbinden' (Fahrzeuge, Wagen), auch 'zur Weide einzäunen', mhd. *koppeln, kopelen, kuppeln, kupelen* 'binden, an die Koppel legen (bes. Hunde), fesseln', ebenfalls als Jagdausdruck entlehnt aus gleichbed. afrz. *copler, coupler*, dem lat. *cōpulāre* 'durch ein Band verknüpfen, zusammenschließen, -binden', übertragen 'Personen vereinigen, zusammenbringen (auch zur geschlechtlichen Vereinigung und zur Eheschließung)' voraufgeht. Direkt auf das lat. Verb in seiner letztgenannten übertragenen Bedeutung dürfte mhd. frühnhd. *kop(p)eln, kup(p)eln* '(geistig, in Liebe) vereinigen, zusammenbringen' zurückgehen (s. *kuppeln*).

Kopra f. 'getrocknete und zerkleinerte Kokosnußkerne'. Port. *copra*, entlehnt aus Tamil *koppera(i)*, wird mit dem Überseehandel den europäischen Sprachen und im 19. Jh. dem Dt. vermittelt.

Koralle f. Name lebender oder versteinerter, Kolonien („Stöcke") bildender Hohltiere warmer Meere, aus deren Kalkskeletten zusammenhängende versteinerte Massen (Inseln, Riffe) entstehen können, vgl. *Koralleninsel, Korallenriff* (19. Jh.), auch 'Schmuckstein aus dem Kalkgerüst der roten Edelkoralle', mhd. *koral, koralle* m., aus gleichbed. afrz. *coral* (vgl. frz. *corail*) oder mlat. *corallus*, das mit vielen Varianten auf spätlat. *co-*

rallum, lat. *corallium* (älter *cūral(l)ium*), griech. *korál(l)ion* (*κοράλ(λ)ιον*), auch *kūrálion*, *kōrál(l)ion* (*κουράλιον*, *κωράλ(λ)ιον*) zurückgeht. Wahrscheinlich handelt es sich um ein Mittelmeerwort unbekannter Herkunft. Erwogen wird auch Univerbierung von griech. *kórē halós* (*κόρη ἁλός*) 'Tochter des Meeres' als Übersetzung eines ähnlichen ind. Ausdrucks. Zumindest läßt die wechselnde Schreibweise im Griech. die Annahme eines Zusammenhangs mit griech. *kórē*, *kū́rē*, *kṓra* (*κόρη*, *κούρη*, *κώρα*) 'Jungfrau, Mädchen, Tochter' vermuten.

Koran m. das heilige Buch des Islam. Arab. *qur'ān* 'Lesung, Vortrag', zu arab. *qara'a* 'rezitieren, lesen', wird zur Bezeichnung der niedergeschriebenen Lehren Mohammeds. Der Ausdruck gelangt zunächst mit dem arab. Artikel in der Form *Alkoran* im 16. Jh. ins Dt. (wohl über span. Vermittlung, vgl. span. *alcorán*, mfrz. *alcoran*). Die korrekte Form ohne Artikel gilt im Frz. bes. seit Voltaire (*coran*), im Dt. seit Goethe (*Koran*).

Korb m. 'geflochtenes Behältnis zum Tragen, Aufbewahren', ahd. *korb* (9. Jh.), mhd. *korp*, asächs. mnd. *korf*, mnl. *corf*, *curf*, nl. *korf* werden als Entlehnungen aus lat. *corbis* 'Korb', eigentl. 'Geflochtenes', anzusehen sein. Die Wendung *einen Korb geben*, *bekommen* 'eine Ablehnung, Absage geben, erhalten' dürfte von einem Korb mit zu leichtem Boden ausgehen, durch den ein ungebetener Liebhaber, statt (nach literarisch belegtem mittelalterlichem Brauch) zum Fenster der Angebeteten emporgezogen zu werden, auf die Erde zurückfiel; s. *durchfallen*.

Kord m. 'gerippter Stoff', Entlehnung (19. Jh.) von gleichbed. engl. *cord*, eigentl. 'Schnur, Bindfaden', das auf afrz. frz. *corde* 'Seil' zurückgeht (s. *Kordel*, *Kordon*). – Kordsamt m. (20. Jh.).

Kordel f. 'Schnur aus mehreren gedrehten Fäden, Bindfaden', frühnhd. (westmd. Anfang 15. Jh.) *kordel*, mnd. *kordēl*, *kardēl* ist entlehnt aus afrz. *cordel(l)e* 'kleines Seil, Schnur', einem Deminutivum zu afrz. *corde* 'Seil'. Diesem geht lat. *chorda* 'Darmsaite' voraus, eine Entlehnung aus gleichbed. griech. *chordḗ* (*χορδή*), das mit nhd. *Garn* (s. d.) verwandt ist. Auf afrz. frz. *corde* beruht (heute unübliches) Korde f. 'schnurartiger Besatz', mhd. *korde*, mnd. *kōrde* 'Seil, Schnur'. S. *Kord*, *Kordon*.

Kordon m. 'Postenkette, Absperrung', Übernahme (18. Jh.) von gleichbed. frz. *cordon*, eigentl. 'Schnur, Band', einer Ableitung von frz. *corde* 'Seil' (s. *Kordel*). Vgl. auch frz. *cordon sanitaire* 'Postenkette zur isolierenden Absperrung eines von einer Epidemie befallenen Gebiets' (19. Jh.).

Korinthe f. 'kleine, schwarze Rosine', westmd. *carentken* Plur. (1495), mnd. *karintken*, entsprechend mnl. *corente*, *carint* Sing., sind Bildungen mit dem Namen der Hafenstadt *Korinth*, über die die in Griechenland kultivierte und getrocknete Weinbeere vorzugsweise exportiert wird. Eine vermittelnde afrz. Form des Städtenamens, die vielfach (etwa in einer ähnlichen Fügung wie frz. *raisin de Corinthe*, 17. Jh.) angenommen wird, ist nicht verifizierbar.

Kork m. 'Rinde der Korkeiche, Flaschenverschluß'. Mnd. *kork* 'Korkrinde als Pantoffelsohle' (15. Jh.) ist über mnl. *korck* entlehnt aus span. (älter) *alcorque* 'Schuhzeug mit Korksohle'; heute span. *corcha* 'Kork(rinde)', *corcho* 'Kork(stöpsel, -rinde)'. Dieses stammt aus gleichbed. hispano-arab. *al-qurq* (mit Artikel), das seinerseits auf lat. *cortex* 'Rinde, Borke', auch 'Rinde der Korkeiche als Pantoffelsohle' und 'Stöpsel', beruht. Der nd. Ausdruck dringt im 17. Jh. in Zusammensetzungen wie *Korkbaum*, *-holz* sowie als Materialbezeichnung ins Hd. Als Ausgangsstoff für Flaschenverschlüsse entwickelt (Anfang 18. Jh.) *Kork* (mit den Nebenformen *Korken* und landschaftlich *Korks*) die Bedeutung 'Pfropfen, Stöpsel'. – Kork(en)zieher m. (18. Jh.). korken, verkorken Vb. (19. Jh.).

Korn n. 'Samen' (von Gräsern und Getreide), allgemein 'Roggen, Getreide', ahd. (8. Jh.), mhd. asächs. *korn*, mnd. *kōrn*, mnl. *corn*, *cōren*, *coorn*, nl. *koren*, *koorn*, aengl. engl. *corn*, anord. schwed. *korn*, got. *kaúrn* (germ. **kurna-*) bezeichnen das 'Samenkorn', zugleich das jeweils übliche Brotgetreide und stehen z. B. im Dt. für 'Roggen' (auch allgemein für 'Getreide'), im Schwed. für 'Gerste', im Engl. für 'Weizen'. Verwandt sind ablautendes *Kern* (s. d.) sowie lat. *grānum* 'Korn, Kern', aslaw. *zrьno*, russ. *zernó* (*зерно*) 'Korn', lit. *žìrnis* 'Erbse'. Alle Formen gehören als Bildungen mit Nasalsuffix zur Wurzel ie. **ĝer(ə)-* 'morsch, reif werden, altern', älter wohl 'reiben, aufgerieben werden' (wozu auch *Kerl*, s. d.). Dabei weist *Korn* wie seine lat. und slaw. Entsprechungen partizipiales *no*-Suffix auf, ist also ursprünglich als 'etw. klein Zerriebenes, Reibefrucht' zu verstehen. – k ö r n e n Vb. 'Körner bilden, granulieren', mhd. *körnen* 'mit Körnern locken oder füttern, Körner ansetzen, bilden'. k ö r n i g Adj. 'kornförmig, gekörnt' (16. Jh.). K o r n b l u m e f. blaue, in Kornfeldern wachsende Blume, auch (heute mundartlich) die rote (purpurne) 'Kornrade', mhd. *kornbluome*. K o r n m. 'gebrannter Getreideschnaps' (19. Jh.), verkürzt aus *Kornbranntwein* m. (18. Jh.).

Korona f. 'Teilnehmerkreis, fröhliche Runde, Strahlenkranz der Sonne, Glimmentladung (an Hochspannungsleitungen)'. Lat. *corōna* 'Kranz, Krone, Zuschauerkreis, Hof um die Sonne', aus griech. *korṓnē* (*κορώνη*) 'Gekrümmtes' (s. *Krone*), übernimmt sowohl die Studentensprache ('Zuschauerkreis bei einer Mensur, Tafelrunde', 19. Jh.) als auch, davon unabhängig, die Wissenschaftssprache ('Strahlenkranz der Sonne', 19. Jh.).

Körper m. 'Leib, Rumpf, Gestalt'. Mhd. *korper* ist entlehnt (13. Jh.) aus lat. *corpus* 'Körper, Leib' und verdrängt schließlich das ältere einheimische ahd. *līh*, mhd. *līch* zur Bezeichnung des menschlichen und tierischen Körpers, das nur in nhd. *Leiche* (s. d.) erhalten bleibt. Da die Entlehnung auf den obliquen Kasusformen des lat. Substantivs beruht, kann die im Spätmhd. auftretende Form *körper* ihren Umlaut dem *i* einiger lat. Flexionsendungen (vgl. z. B. Gen. *corporis*, Dat. *corpori*) verdanken (doch noch bei Luther *corper*). Oder stammt der Umlaut aus der den Bildungen auf *-el* angeglichenen Form mhd. *körpel* (obd., vereinzelt bis ins 18. Jh.)? Die (im Lat. vorgeprägte) Bedeutung 'Zusammenschluß, Gemeinschaft von Einzelwesen' (wie in *Körperschaft*, *Lehrkörper*) findet sich ebenso wie mathematisch-naturwissenschaftlicher Gebrauch seit dem 16. Jh. – k ö r p e r l i c h Adj. (16. Jh.). v e r k ö r p e r n Vb. (18. Jh.). K ö r p e r s c h a f t f. (Anfang 19. Jh.).

Korporal m. 'Unteroffizier', Entlehnung (Anfang 17. Jh.) des gleichbed. frz. (älter) *corporal*, einer unter dem Einfluß von mfrz. frz. *corps* 'Truppenverband' umgebildeten Nebenform von mfrz. frz. *caporal*. Dieses stammt aus ital. *caporale* 'Unteroffizier', einer Ableitung von ital. *capo* (vlat. *capus*, lat. *caput*) 'Kopf, Oberhaupt, Anführer', Plur. ital. (älter) und mlat. *capora*. Ein früher (16. Jh.) unmittelbar aus dem Ital. entlehntes *Kaporal* bleibt auf den obd. Sprachraum beschränkt. – K a p o m. 'Oberhaupt, militärischer Befehlshaber' ist als Entlehnung von gleichbed. ital. *capo* nur vereinzelt im 17. Jh. bezeugt, während in der Soldatensprache (30er Jahre 20. Jh.) allgemein übliches *Kapo* für 'Unteroffizier' als Verkürzung von obd. *Kaporal* (s. oben) anzusehen ist. Davon ausgehend bezeichnet *Kapo* auch den 'aufsichtführenden Häftling' in den faschistischen Konzentrationslagern.

Korps n. 'Truppenverband, Gemeinschaft bestimmter Personen'. Afrz. *cors*, frz. *corps* 'Körper, Leib, den Rumpf umschließendes Kleidungsstück, Gesamtheit, Körperschaft' (aus lat. *corpus* 'Körper, Leib, Gesamtheit, Körperschaft', woraus dt. *Körper*, s. d.), seit dem Mfrz. auch 'Heeresabteilung', wird (Anfang 17. Jh.) als Fachwort des Militärwesens für 'Truppe, Abteilung' übernommen (vgl. *Freikorps*, *Kadettenkorps*, 18. Jh.), bezeichnet im 19. Jh. bestimmte studentische Verbindungen und in der Fügung *diplomatisches Korps* (nach frz. *corps diplomatique*) die Gesamtheit des bei einem Staat akkreditierten Gesandtschafts- und Botschaftspersonals. – K o r p o r a t i o n f. 'Körperschaft, Genossenschaft' (18. Jh.), dann auch 'studentische Verbindung' (19. Jh.). Spätlat. *corporātio* (Gen. *corporātiōnis*) 'Körperlichkeit, körperliche Wiederherstellung' hat vereinzelt bereits die Bedeutung 'Körperschaft', die im Mlat. Englands üblich wird; hierauf beruht engl. *corporation*, das ins Frz. und (vom frz. Gebrauch unterstützt) ins Dt. entlehnt wird.

korpulent Adj. 'wohlbeleibt, füllig, dick', Entlehnung (17. Jh.) aus gleichbed. lat. *corpulentus*, einer Ableitung von lat. *corpus*, s. *Körper*. – K o r p u l e n z f. 'Beleibtheit' (18. Jh.), lat. *corpulentia*, vom Adjektiv *corpulentus* abgeleitet.

korrekt Adj. 'richtig, fehlerfrei', als Fachwort der Druckersprache entlehnt (16. Jh.) aus lat. *corrēctus*, dem Part. Perf. von lat. *corrigere* 'geraderichten, Fehlerhaftes berichtigen, in Ordnung bringen' (s. *korrigieren*); seit dem 18. Jh. auch in allgemeinem Sinne 'richtig, ordentlich, der verbindlichen Verhaltensnorm entsprechend'. – K o r r e k t h e i t f.

'Richtigkeit, Fehlerlosigkeit, einwandfreies Benehmen' (um 1800). K o r r e k t o r m. 'Überprüfer von Schriftsätzen, Druckberichtiger' (16. Jh.), lat. *corrēctor* 'Berichtiger'. K o r r e k t u r f. 'Berichtigung, Verbesserung', als Fachwort des Druckwesens zunächst (16. Jh.) 'Druckfehlerverzeichnis', dann 'Verbesserung und Durchsicht der Druckbogen', mlat. *correctura* 'Berichtigung'.

korrespondieren Vb. 'zusammentreffen, übereinstimmen, in Briefwechsel stehen', entlehnt (16. Jh.) aus frz. *correspondre* oder wie dieses aus mlat. *correspondere* (vgl. lat. *respondēre* 'antworten' und s. *kon-*). – K o r r e s p o n d e n t m. 'Briefschreiber, Berichterstatter, Schriftwechselbearbeiter' (17. Jh.), mlat. *correspondens* (Gen. *correspondentis*), Part. Präs. zu mlat. *correspondere*. K o r r e s p o n d e n z f. 'Übereinstimmung, Briefwechsel' (17. Jh.), älter 'freundschaftlicher Verkehr, vertraute Beziehungen' (16. Jh.), vgl. frz. *correspondance*.

Korridor m. 'Wohnungsflur, Gang in einem Gebäude'. Das als Fachwort des Bauwesens im 17. Jh. aus ital. *corridore* 'Laufgang' (eigentl. 'Renner, Läufer', zu ital. *correre* 'laufen, rennen', lat. *currere*; s. *Kurs*) entlehnte Substantiv wird im 18. Jh. allgemeinsprachlich.

korrigieren Vb. 'regeln, ausgleichen, berichtigen, verbessern', mhd. *corrigieren*, entlehnt aus gleichbed. lat. *corrigere* (vgl. lat. *regere* 'geraderichten, lenken, herrschen' und s. *kon-* sowie *korrekt*).

korrodieren Vb. 'zerfressen, beizen, ätzen' (um 1800), 'von der Oberfläche her zerstört werden' von Zellgeweben (19. Jh.), von Gesteinen, Mineralen, Werkstoffen (20. Jh.), entlehnt aus lat. *corrōdere* (*corrōsum*) 'zernagen' (vgl. lat. *rōdere* 'nagen, verzehren' und s. *kon-*). – K o r r o s i o n f. 'Auflösung durch Ätzmittel' (19. Jh.), 'von der Oberfläche ausgehende Zerstörung' (20. Jh.), spätlat. *corrōsio* (Gen. *corrōsiōnis*) 'das Zernagen'.

korrumpieren Vb. 'bestechen, moralisch verderben', entlehnt (18. Jh.) aus lat. *corrumpere* 'verderben, vernichten' (vgl. lat. *rumpere* 'zerbrechen, zerreißen, zerspringen' und s. *kon-*); aus dem zugehörigen Part. Perf. lat. *corruptus* 'bestechlich, moralisch verdorben' stammt k o r r u p t Adj. (15. Jh.). Daneben als Neubildung zum Verb k o r r u m p i e r t Part.adj. 'verderbt' (von Lesarten alter Handschriften, 19. Jh.), danach (20. Jh.) auch gleichbed. mit *korrupt*. K o r r u p t i o n f. 'Bestechung, Käuflichkeit, moralischer Verfall' (17. Jh.), zuvor 'Zerrüttung, Zerstörung' (16. Jh.), lat. *corruptio* (Gen. *corruptiōnis*) 'Verderben, Bestechung'.

Korsett n. 'Mieder, Schnürleib, Hüftgürtel'. Im 18. Jh. wird, einheimisches *Mieder* (s. d.) zurückdrängend, frz. *corset* 'Mieder, Schnürleib' ins Dt. übernommen. Eine frühere Entlehnung, die sich im Nhd. nicht fortsetzt, begegnet bereits in mhd. *kursīt* 'gefütterter Pelzoberrock', aus afrz. *corset* 'an der Seite offener Überrock für Männer', auch 'Kleidungsstück für Frauen, Leibchen'; dieses ist Deminutivum von afrz. *cors* 'Körper, Leib, den Rumpf umschließendes Kleidungsstück' (frz. *corps*, s. *Korps*), seiner Bildung nach vergleichbar mit nhd. *Leibchen* (s. d.). – K o r s e l e t t n. 'leichtes, kleines Korsett, Leibchen' (19. Jh.), nach gleichbed. mfrz. frz. *corselet* (mfrz. auch 'leichter Brustharnisch', afrz. 'kleiner Leib'), doppelte Deminutivform (vgl. afrz. *corsel* 'kleiner Leib') von afrz. *cors* (s. oben).

Korso m. 'Schaufahrt, Prachtumzug, Prachtstraße', zunächst 'Straße für Wettrennen und Schaufahrten' (18. Jh.), dann die 'Schaufahrt' selbst (19. Jh., vgl. *Blumenkorso*). Übernahme von gleichbed. ital. *corso*, eigentl. 'Lauf, Umlauf, Wettrennen' (aus lat. *cursus* 'Lauf', s. *Kurs*).

Korvette f. 'kleines Kriegsschiff', Entlehnung (Ende 18. Jh.) von frz. *corvette* 'schnelles Schiff' (an der Kanalküste), um 1800 für einen frz., Mitte 19. Jh. auch für einen dt. Kriegsschifftyp. Zugrunde liegt möglicherweise mnl. *corver* 'Heringsfangschiff', fläm. *korf* 'Fischerboot', eigentl. 'Korb' (verwandt mit dt. *Korb*, s. d.); vgl. mnl. *te korve varen* 'auf Heringsfang gehen'.

Koryphäe f. 'bedeutende, hervorragende Persönlichkeit, ausgezeichneter Sachkenner auf einem Fachgebiet, Berühmtheit', im 18. Jh. entlehnt aus frz. *coryphée* m. 'Haupt einer wissenschaftlichen Schule, Richtung, Erster, Berühmtester seines Faches' (auf Grund der Endung frz. *-ée* irrtümlich das im Dt. übliche feminine Genus?). Zugrunde liegt lat. *coryphaeus* 'Oberhaupt einer Partei', griech. *koryphaĩos* (κορυφαῖος) 'der Erste, Haupt, Chorführer im Drama', abgeleitet von griech. *koryphḗ* (κορυφή) 'Gipfel, Scheitel, Haupt, Hauptsache'.

koscher Adj. 'sauber, einwandfrei, unverdächtig, unbedenklich, rein, den jüdischen Speisevorschriften entsprechend'. Jidd. *koscher* 'nach jüdischen Speisegesetzen rein und ohne religiöse Bedenken genießbar' (aus hebr. *kāšēr* 'rein') ist seit der 1. Hälfte des 18. Jhs. in dt. Texten bezeugt; mit der in der Studentensprache übertragenen und erweiterten Bedeutung 'sauber, ehrlich, mit rechten Dingen zugehend' wird es breiteren Kreisen bekannt.

kosen Vb. 'zärtlich sein, streicheln'. Aus lat. *causārī*, spätlat. auch *causāre* 'einen Grund vorbringen, vorschützen, ablehnen, Klage führen' (mit volkstümlicher Aussprache des *au* als *ō*) wird ahd. *kōsōn* 'sprechen, reden, erzählen' (9. Jh., *bikōsōn*, 8. Jh.), mhd. *kōsen* 'sprechen, plaudern' entlehnt. Dieser Vorgang muß sich vor den Erstbezeugungen vollzogen haben, da sich das ahd. Verb semantisch weit vom lat. Ausgangswort entfernt hat; aus 'bei einer Streitsache gewandt reden, argumentieren' wird bloßes 'reden, erzählen' (wozu mehrere Zusammensetzungen und Ableitungen). Das selten bezeugte Substantiv ahd. *kōsa* 'Gespräch, Erzählung' (9. Jh.) steht semantisch unter dem Einfluß des Verbs; nur einmal entspricht es mit der Bedeutung 'Rechts-, Streitsache' der Bedeutung von lat. *causa*, aus dem es wie aengl. *cēas(t)*, afries. *kāse* 'Streit, Zwist, Schlägerei, Gefecht' entlehnt ist, allerdings auch hier der monophthongischen Aussprache folgend, während die anglo-fries. Formen auf lat. *au* weisen. Frühnhd. *kosen* erhält auch den Sinn 'liebhaben, streicheln', wird jedoch im 17./18. Jh. selten. Daneben steht die Zusammenrückung *liebkosen* 'streicheln, zärtlich sein', mhd. *liepkōsen* 'jmdm. zuliebe sprechen, traulich, liebevoll reden', aus der im 18. Jh. einfaches *kosen* in seiner heutigen Bedeutung neu belebt bzw. rückgewonnen wird. – K o s e n a m e m. 'liebevolle, vertrauliche Anrede' (19. Jh.).

kosmetisch Adj. 'Körper- und Schönheitspflege betreffend, der Verschönerung dienend', entlehnt (17. Jh.) aus gleichbed. mfrz. frz. *cosmétique*, das seinerseits auf griech. *kosmētikós* (κοσμητικός) 'zum Schmücken geeignet, zum Herrichten, Ordnen gehörig' beruht; dieses zu griech. *kosmeîn* (κοσμεῖν) 'ordnen, einrichten, herrichten, schmücken', abgeleitet von griech. *kósmos* (κόσμος, s. *Kosmos*). – K o s m e t i k f. 'Körper-, Schönheitspflege', Entlehnung (19. Jh.) von gleichbed. frz. *cosmétique*, dem substantivierten Fem. von mfrz. frz. *cosmétique* (s. oben), entsprechend griech. *kosmētikḗ (téchnē)* (κοσμητικὴ τέχνη) 'Kunst des Schmückens'.

Kosmopolit m. 'freier, weltweit (über die nationalen Grenzen hinaus) denkender Mensch, der sich der gesamten Menschheit verpflichtet fühlt', daher 'Weltbürger', gelehrte Entlehnung (Mitte 18. Jh.) der Aufklärung (wohl in Anlehnung an mfrz. frz. *cosmopolite* Adj. 'sich als Weltbürger betrachtend, wechselweise in verschiedenen Ländern lebend') von griech. *kosmopolī́tēs* (κοσμοπολίτης) 'wer über die Polis (griech. πόλις), den Stadtstaat, (bes. nach deren Niedergang) hinausdenkt, die griech.-röm. Welt als Menschheit begreift', insofern 'Weltbürger'; vgl. griech. *polī́tēs* (πολίτης) 'Bürger' und s. *Kosmos*.

Kosmos m. 'Weltall, Universum, Weltordnung', Übernahme (vgl. A. v. Humboldts „*Kosmos*, Entwurf einer physischen Weltbeschreibung", 1845) von griech. *kósmos* (κόσμος) 'Ordnung, Anstand, Schmuck, Weltordnung, Welt'. – k o s m i s c h Adj. 'das Weltall betreffend, zu ihm gehörig' (18. Jh.). K o s m o d r o m n. 'Startplatz für Weltraumraketen in Kasachstan', Übernahme (20. Jh.) von russ. *kosmodróm* (*космодром*), einer gelehrten Bildung zu griech. *kósmos* und *drómos* (δρόμος) 'Lauf, Wettlauf, Laufbahn, Rennbahn', wohl in Analogie zu dem aus frz. *hippodrome* 'Pferderennbahn' entlehnten russ. (älter) *gippodróm* (*гипподром*) 'Rennbahn'. K o s m o n a u t m. 'Weltraumfahrer Rußlands und der osteurop. Länder', russ. *kosmonávt* (*космонавт*); vgl. griech. *naûtēs* (ναύτης) 'Schiffer' (s. *Astronaut* und *Nautik*).

Kost f. 'Essen, Ernährung, Verpflegung'. Das unter [1]*kosten* (s. d.) angeführte ahd. *kosta*, mhd. *kost*, *koste* 'Wert, Preis, Geldmittel, Aufwand, Ausgaben' (woraus nhd. *Kosten* Plur.) entwickelt bereits in mhd. Zeit die Bedeutung '(Aufwand für) Verpflegung, Speise, Lebensmittel', die der singularische Gebrauch des Wortes bis heute bewahrt. – b e k ö s t i g e n Vb. 'mit Nahrung versehen', mhd. *bekostigen*; auch v e r k ö s t i g e n Vb. (16. Jh.). K o s t g ä n g e r m. 'wer mit jmdm. zur Kost geht, Tischgenosse' (Anfang 16. Jh.), 'wer regelmäßig zu jmdm. zum Essen geht, von ihm beköstigt wird' (18. Jh.). Zukost f. 'was zum Brot gegessen wird' (17. Jh.), 'Beilage zum Hauptgericht' (um 1700).

[1]**kosten** Vb. 'einen Kaufwert, Preis haben, wert sein'. Etwa um 1200 wird am Mittelrhein mhd. *kosten* 'aufwenden, ausgeben, zu stehen kommen' aus gleichbed. afrz. *coster*, *couster* (frz. *coûter*) entlehnt. Dieses beruht auf vlat. **cōstāre*, hervorgegangen aus lat. *cōnstāre*, das bereits in der römischen Geschäftssprache aus 'feststehen' (wohl, im Hinblick auf die Waage, über 'zum Stillstand kommen') die Bedeutung 'zu stehen kommen, einen Preis haben' entwickelt. – Kosten Plur. 'Aufwand, Ausgaben', ahd. *kosta* 'kostbares Gewicht, Wert' (Hs. 13. Jh.), mhd. *kost* m., *koste* f. 'Wert, Preis, Geldmittel, Aufwand, Ausgaben' geht zurück auf gleichbed. mlat. *costus*, *costa*, Substantivbildungen zu vlat. **cōstāre* (s. oben). Die Singularformen *der Kost*, *die Kost(e)* und (schwach flektierend) *der Kosten* werden in der angegebenen Bedeutung von dem seit dem 18. Jh. allein geltenden Plural *die Kosten* verdrängt (s. aber *Kost*). Entsprechend gleichbed. Unkosten Plur., vgl. mnd. *unkost*, frühnhd. *unkostung*. kostbar Adj. 'wertvoll, prächtig', auch 'teuer', mhd. *kostebære*. kostspielig Adj. 'mit großen Kosten verbunden' (18. Jh.); zu *Spiel* in der Bedeutung 'Menge', vgl. *Kostenspiel* 'eine Menge Kosten' (westmd.). Oder ist das zweite Kompositionsglied umgebildet aus mhd. *spildec* 'verschwenderisch'? köstlich Adj. 'fein, edel, wertvoll, erlesen', mhd. *kostelich*, *kosteclich* 'aufwendig, teuer, prächtig'.

[2]**kosten** Vb. 'den Geschmack prüfen, probieren', ahd. *kostōn* 'erproben, versuchen' (8. Jh.), mhd. *kosten* 'prüfen, erkennen, wahrnehmen, schmecken', asächs. *koston* 'versuchen', aengl. *costian* 'versuchen, plagen', anord. *kosta* 'erproben, sich anstrengen, anwenden' entsprechen in ihrer Bildung genau lat. *gustāre* 'kosten, genießen, schmekken, einen Imbiß nehmen'. Die Verben sind Ableitungen zu der auch in *kiesen* und *Kür* (s. d.) erhaltenen Verbalwurzel ie. **ĝeus-* 'kosten, genießen, schmecken' mit dem auch in mehreren Nominalbildungen auftretenden dentalen Element *t*, vgl. lat. *gustus* 'das Kosten' (s. *goutieren*), got. *kustus* 'Prüfung'. Die alte Bedeutung des Schmeckens wird im Germ. zugunsten der des Prüfens, Wählens, Erkennens aufgegeben; sie tritt jedoch in mhd. (md.) *kosten* wieder zutage, wird von Luther aufgenommen und danach vorherrschend.

Kostüm n. 'Tracht, historische Kleidung, Bühnenkleidung, Damenbekleidung aus Jacke und Rock'. *Costume* ist eine Entlehnung (18. Jh.) von ital. *costume* 'Gewohnheit, Sitte, Brauch' und dient zur Bezeichnung von zeitlich bedingten Eigenarten und Besonderheiten der Völker. Der in der bildenden Kunst übliche Ausdruck wird (seit Gottsched) auch im Bereich des Theaters angewandt und bezieht sich dabei vornehmlich auf die entsprechende historische Bekleidung. Gegen Ende des 18. Jhs. beeinflußt den Begriff das (ebenfalls aus dem Ital. stammende) frz. *costume*, das den Sinn 'Tracht, Anzug' angenommen hat, und führt (mit der Schreibweise *Costüme*) zur allgemeinen Bedeutung 'historische Bekleidung', woraus (19. Jh.) der Sinn 'Tracht, Maskierung, Kleidung' vorherrschend wird. Unter dem Einfluß der frz. Mode gilt danach *Kostüm* auch für 'Damenbekleidung aus Rock und Jacke'. Ital. *costume* geht zurück auf lat. *cōnsuētūdo* (Gen. *cōnsuētūdinis*) 'Gewöhnung, Herkommen, Brauch, Sitte', eine Ableitung von lat. *cōnsuēscere* (*cōnsuētum*) 'eine Gewohnheit annehmen' (vgl. lat. *suēscere* 'sich gewöhnen, gewohnt machen'). – kostümieren Vb., bes. refl., '(sich) verkleiden, (sich) auffallend anziehen' (19. Jh.); vgl. frz. *costumer* 'be-, verkleiden'.

Kot m. 'Darmausscheidung, Schmutz'. Ahd. *quāt* (10./11. Jh.), mhd. *quāt*, *kāt*, mnd. *quāt*, mnl. *qwaet*, afries. *quād* gewinnt in der md. Lautung mhd. *quōt*, *kōt* (11./12. Jh.), frühnhd. *Kot* durch Luther literatursprachliche Geltung, obschon obd. *Kat* bis ins 17. Jh. anzutreffen ist. Im Germ. sind verwandt die Adjektive mhd. mnd. *quāt*, mnl. *quaet*, nl. *kwaad*, mengl. *cwēd* 'böse, schlecht'; außergerm. vergleichen sich poln. (älter) *żadny*, *żadliwy* 'häßlich, garstig'. Alle diese Formen gehen auf ie. ***$g^{u̯}$*ēdh-* zurück, während aslaw. *gadъ* 'Kriechtier, Gewürm' (eigentl. 'ekelhaftes Tier'), russ. *gad* (*гад*) 'Reptil, ekelhafter Mensch' ablautendem ie. ***$g^{u̯}$*ōdh-* folgen. In beiden Fällen handelt es sich um eine ursprünglich als langdiphthongisch anzusetzende Dentalerweiterung einer Wurzel ie.

g^{u}ōu-, *g^{u}ū-* 'Mist, Exkremente, Kot, Ekelhaftes', die in aind. *gūthaḥ* 'Kot, Exkrement', aslaw. *ogavije* 'Belästigung, Beschwernis', russ.-kslaw. *govьno*, russ. *govnó* (*говно*) 'Mist, Dreck, Scheiße, Kot' vorliegt. Die Bedeutung 'Straßenschmutz' ist in Kotflügel m. (19. Jh.) enthalten.

Kotau m. 'tiefe Verbeugung, demütige Ehrerweisung', bes. in der Wendung *vor jmdm. Kotau machen* 'sich demütig, unterwürfig verhalten', nach chin. *kētóu* 'schlagen (mit dem Kopf)', im chin. Hofzeremoniell der Kaiserzeit eine Verbeugung auf den Knien, bis die Stirn den Boden berührt (vor dem Kaiser und seinen Repräsentanten). Der Ausdruck begegnet seit etwa 1900 im Dt. und folgt in Schriftbild und Lautung der damaligen Umschrift *kou-tou*.

Kotelett n. 'Rippenstück vom Schwein, Kalb, Hammel', Entlehnung (Anfang 18. Jh.) aus frz. *côtelette* f. 'Rippchen', Deminutivum von frz. *côte* 'Rippe', dem gleichbed. afrz. *coste*, lat. *costa* (s. auch *Küste*) vorausgeht. Nach der Ähnlichkeit mit dem Fleischstück heißen die kleinen kurzen Bakkenbärte frz. *côtelettes*, dt. *Koteletten* Plur. (mit dem seltenen Sing. *Kotelette* f.), wohl um 1870 von Berlin aus sich verbreitend.

Köter m. 'bissiger oder wildernder Hund, Dorfhund', auch allgemein (abschätzig) 'Hund', ein nd. md. Wort, das im 18. Jh. in die Literatursprache aufgenommen wird. Mnd. *kōter*, *kōterhunt*, nd. *Köter*, md. *Kotter*, *Bawrköter* (16. Jh.) ist wohl im Sinne von 'Kläffer' vergleichbar mit mhd. *verkiuten* 'eine Absage erteilen', *kiuten* n. 'Geplauder', nd. (mecklenb.) *kœteln* 'sprechen, schwatzen', südhess. *gauzen* 'bellen, laut schreien, bellend husten', so daß Anschluß an die unter *kaum* und *Kauz* (s. d.) angeführte schallnachahmende Wurzel ie. **gŏu-*, **gū-* 'rufen, schreien' möglich ist. Für eine Form wie md. *Kotter* (s. oben) ist auch Einfluß der unter *Kate* (s. d.) genannten Substantive denkbar.

Kothurn m. Bühnenschuh mit dicker Sohle (in der antiken Tragödie), bes. in der Wendung *auf hohem Kothurn schreiten*, *gehen* 'pathetisch, hochtrabend sein, mit Bühnenpathos sprechen' (19. Jh.). Entlehnt über lat. *cothurnus* aus griech. *kóthornos* (*κόθορνος*) 'hoher Jagdstiefel, erhöhende Fußbekleidung der Schauspieler'. Bereits bei lat. Dichtern wird der Ausdruck zum Sinnbild der Tragödie und gilt für 'erhabenen, pathetischen Stil'.

kotzen Vb. 'sich übergeben, erbrechen', im 15. Jh. entstanden aus frühnhd. *koptzen*, einer Intensivbildung zu einem wohl lautmalenden Verb frühnhd. *koppen* 'aus dem Magen aufstoßen, rülpsen'; vgl. auch gleichbed. spätmhd. *koppeln*, *köppeln* sowie *koppen* 'krächzen' (vom Raben). – Kotze f. 'Erbrochenes' (16. Jh.), frühnhd. *Kotz* m. auskotzen Vb. 'erbrechen' (16. Jh.), übertragen (refl.) 'seinem Groll Luft machen' (20. Jh.). ankotzen Vb. 'anwidern, anekeln, anschreien, anfahren' (20. Jh.).

Kraal, Kral m., auch n. 'durch einen Verhau geschützte Rundsiedlung der Bantuvölker und Hottentotten in Zentral- und Südafrika, umzäunter Viehhof (in deren Mitte)', im Dt. bekannt seit Freiligraths „Löwenritt" (gedruckt 1835), ist eine wohl über das Afrikaans vermittelte Entlehnung von nl. *kraal*, älter *koraal* 'Viehpferch (in Afrika und Indien), afrikanisches Eingeborenendorf', das aus port. *curral*, älter *corral* 'Stall, Viehhof, Hürde' übernommen ist. Die weitere Herkunft dieses im Iberoroman. und Prov. verbreiteten Worts (vgl. span. aprov. *corral*) ist nicht sicher geklärt, Übernahme aus einer afrikan. Sprache jedoch unwahrscheinlich. Vielleicht liegt ein vlat. **currāle* 'Arena für Wagenrennen' oder 'Abstellplatz für Wagen' (abgeleitet von lat. *currus* 'Wagen') zugrunde, doch wäre auch vorroman. Ursprung möglich; vgl. COROMINAS Breve dicc. (1961) 168.

Krabbe f. Die Bezeichnung für den marinen Zehnfußkrebs mit verkümmertem Hinterleib gelangt im 16. Jh. aus dem Nd. ins Hd. Die den meeranwohnenden Germanen gemeinsame Bezeichnung mnd. *krabbe*, fries. *krab*, *krabbe*, mnl. *crabbe*, nl. *krab*, *krabbe*, anord. *krabbi*, aengl. *crabba*, engl. *crab* wird als 'krabbelndes Tier' verstanden, zeigt daher wie *krabbeln* (s. d.) intensivierende Doppelkonsonanz und gehört mit *Krebs* (s. d.) zu dem unter *kerben* (s. d.) dargestellten ie. Ansatz.

krabbeln Vb. 'mit raschen Bewegungen kriechen, klettern, kitzeln, jucken' setzt mnd. *krabbeln* fort, dem mnl. *crabbelen*, nl. *krabbelen*, im frühen Hd. dagegen spätmhd. *krappeln* entspricht. Das Verb ist als iterative *l*-Ableitung anzusehen, vgl. mnl. *crabben*, mnd. nl. *krabben* 'kriechen, kratzen'. Einfachen Konsonantenstand zeigen frühnhd. *krabelen* und anord. *krafla* 'kriechen, krabbeln' (woraus vielleicht engl. *to crawl*, s. ²*kraulen*), so daß die häufigere Doppelkonsonanz (wie auch bei *Krabbe*, s. d.) als intensivierende Lautgebung aufgefaßt werden kann. Mit den verwandten *Krabbe* und *Krebs* (s. d.) schließt sich die Verbgruppe an den unter *kerben* (s. d.) dargestellten Ansatz ie. **gerbh-*, **grebh-* 'ritzen, kratzen, krabbeln' an.

krachen Vb. 'laut und polternd schallen, tönen, lärmen', ahd. *krahhen* (um 800), *krahhōn* (10. Jh.), mhd. *krachen*, mnd. *krāken*, *kracken*, *krachen*, mnl. *crāken*, nl. *kraken*, aengl. *cracian*, engl. *to crack*. Vergleichbar sind aind. *gárjati* 'brüllt, brummt, tobt, tost', aruss. *grochotati* 'laut lachen', russ. *grochotát'* (*грохотать*) 'lärmen', ferner *krächzen*, *krähen*, *Kranich* (s. d.), die unterschiedlichen Erweiterungen der Schallwurzel ie. **ger-* bzw. **grā-* 'heiser schreien' folgen. – K r a c h m. 'Lärm, Getöse, polternder Schlag', ahd. *krah*, *krac* (10. Jh.), mhd. *krach*, Rückbildung aus dem Verb. Auch 'Zusammenbruch eines Unternehmens, Bankrott' (Mitte 19. Jh.), als Wiedergabe von engl. *crash*.

krächzen Vb. 'rauhe, heisere Töne von sich geben', frühnhd. *krachitzen* ist eine Intensivbildung zu dem unter *krachen* (s. d.) behandelten Verb; vgl. gleichbed. ablautendes ahd. *krockezzen* (10. Jh.), mhd. *krochzen*, nhd. *krochzen*, *krocksen*.

Kraft f. 'Stärke, Fähigkeit, Wirksamkeit', ahd. *kraft* 'Stärke, Vermögen, Fähigkeit, Macht, Tugend' (8. Jh.), mhd. *kraft* 'Stärke, Gewalt, Heeresmacht, Menge, Fülle', asächs. *kraft* und (mit Wandel von *ft* zu *cht*) *kraht*, mnd. *kraft*, *kracht*, mnl. *craft*, *cracht*, nl. *kracht*, aengl. *cræft*, engl. *craft*, anord. (aus dem Aengl.?) *kraptr*, *krǫptr*, schwed. *kraft* lassen sich auf eine Labialerweiterung ie. **grep-* der Wurzel ie. **ger-* 'drehen, winden' (s. auch *Krampf*) zurückführen. Mit *Kraft* würde sich dann ursprünglich die Vorstellung der Muskelanspannung verbinden. Rechtssprachlich bedeutet bereits ahd. *kraft* 'Gültigkeit, Wirksamkeit'; daran anknüpfend vgl. *rechtskräftig* sowie *in Kraft treten*, *sein*, *bleiben*, *außer Kraft setzen*, *treten*, *bleiben*. In neuerer Zeit (seit Ende 18. Jh.) vielfach bezogen auf den Menschen als 'Träger der Kraft', vgl. *Streitkräfte* (Ende 18. Jh.), *frische Kräfte*, *Lehrkräfte*, *Arbeitskraft* (19. Jh.), *eine qualifizierte*, *bewährte Kraft* (20. Jh.). – k r a f t Präp. (mit Gen.) 'vermöge, auf Grund, infolge' (16. Jh.), aus präpositionalen Fügungen wie *aus*, *durch*, *in Kraft* (vgl. *in kraft diß abschids*, um 1500) entstanden. e n t k r ä f t e n Vb. 'die Kraft entziehen, schwächen, etw. gegenstandslos machen, widerlegen' (16. Jh.). v e r k r a f t e n Vb. 'etw. bewältigen, damit fertig werden' (20. Jh.). k r ä f t i g Adj. 'stark, kraftvoll, derb', ahd. *kreftīg* 'stark, mächtig, gewaltig, groß, wichtig, schwer, wirksam' (8. Jh.), mhd. *kreftic*, *kreftec* 'Kraft habend, von rechtlicher Geltung und Wirksamkeit, zahlreich, kräftigend'. k r ä f t i g e n Vb. 'jmdn. stärken', ahd. *kreftīgen* (9. Jh.), *gikreftīgōn* 'groß machen' (um 1000), mhd. *kreftigen* 'stärken, mehren'; b e k r ä f t i g e n Vb. 'einer Angelegenheit Nachdruck verleihen, etw. bestätigen', mhd. *bekreftigen*. K r a f t a u s d r u c k m. 'derber Ausdruck' (18. Jh.). K r a f t b r ü h e f. 'Fleischbrühe' (18. Jh.). In Zusammensetzungen des 20. Jhs. bes. für maschinell erzeugte Energie, z. B. *Kraftfahrzeug*, *Kraftfahrer*, *Kraftrad*, *Kraftwagen*, *Kraftwerk*.

Kragen m. 'den Hals umschließender Teil der Kleidung', mhd. *krage* 'Hals, Kehle, Schlund, Nacken', dann 'Bekleidungsstück des Halses', mnd. *krāge*, mnl. *crāghe*, nl. *kraag*, schwed. *krage*, vielleicht auch engl. *craw* 'Kropf der Vögel' lassen sich außergerm. vergleichen mit griech. *bróchthos* (*βρόχθος*) 'das Verschlucken, Schluck, Schlund', air. *brāgae* 'Hals, Nacken', die eine Rückführung auf ie. **gᵘrŏgh-* ermöglichen (s. auch ²*Krug*), das als *gh*-Erweiterung der Wurzel ie. **gᵘer(ə)-* 'verschlingen, Schlund' (wozu auch *Köder*, s. d.) angesehen werden kann. In der alten Bedeutung 'Hals, Kehle, Nacken' begegnet *Kragen* noch landschaftlich in bezug auf den Hals von Geflügel und in Wendungen, bei denen an die Hinrichtung als juristische Strafe zu denken ist, z. B. *es kostet ihn den Kragen* (16. Jh.), *es geht ihm an den Kragen* (17. Jh.), *es geht um Kopf und Kragen*. An die heute allgemein übliche Bedeutung schließt an *ihm platzt der Kragen* 'er gerät in Zorn, schwillt an vor Zorn'. – K r a g s t e i n m. 'aus der Mauer vorspringender, als Träger verwendeter Stein, Konsole' (vgl. *Tragstein*), mhd. *kragstein*, eigentl. 'Halsstein', auf dem der *Kopf* eines Balkens oder Eisenträgers ruht.

krähen Vb. 'gellende Schreie von sich geben' (bes. vom Hahn), übertragen 'unschön singen, sprechen', auch (vom Säugling) 'vergnügt schreien', ahd. *krāen* (um 800), mhd. *kræ(je)n*, asächs. *krāen*, mnd. *kreyen*, mnl. *craeyen*, *crāyen*, nl. *kraaien* und (stark flektierend) aengl. *crāwan*, engl. (auch schwach) *to crow*. Außergerm. vergleichbar sind russ.-kslaw. *grajati*, russ. (landschaftlich) *grájat'* (*граять*) 'krächzen, krähen', lit. *gróti* 'krächzen, brüllen, weinen'. Auszugehen ist von der Schallwurzel ie. **ger-* bzw. (erweitert) **grā-* 'heiser schreien', deren lautnachahmender *ā*-Laut im Germ. beibehalten wird (s. auch *krachen*, *Kranich*). – K r ä h e f. Name für den mittelgroßen schwarzen Rabenvogel, eigentl. 'Krächzerin', ahd. *krā*, *krāha*, *krāja* (9. Jh.), *krāwa* (10. Jh.) 'Krähe, Kranich, Star', mhd. *krā(e)*, *krāwe*, *kreie*, auch 'Star', asächs. *krāia*, mnd. *krā*, *kreye*, mnl. *craeye*, *crāye*, nl. *kraai*, aengl. *crāwe*, engl. *crow*. K r ä h e n f ü ß e Plur. 'krakelige Schrift' (16. Jh.), 'kleine Falten in den äußeren Augenwinkeln' (19. Jh.). K r ä h w i n k e l Ortsname, auch *Kra-*, *Kreh-*, *Kran-*, *Kram-*, *Grauwinkel*, eigentl. 'Ort, wo Krähen nisten', übertragen 'provinzielle, spießbürgerliche, schwatzhafte Kleinstadt'; literarisch zuerst bei Jean Paul (1801), dann bei Kotzebue (1803).

Krake m. Der Name des riesenhaft vorgestellten Meeresfabeltieres, für das wohl im wesentlichen Polypen Pate gestanden haben, lautet in der nordischen Volksüberlieferung norw. dän. *krake* und begegnet als Entlehnung seit dem 18. Jh. im Dt. Von Oken wird der Ausdruck auf die existierenden Kopffüßer übertragen (1815); er gilt heute vornehmlich für die Arten der achtfüßigen Tintenfische (Oktopoden). Der Name des Fabeltieres hat sich entwickelt aus norw. *krake* 'verkrüppelter Baum, verkrüppeltes Tier', schwed. (mundartlich) *krake* 'Holzstamm mit halb abgehauenen Zweigen, schwacher, elender Mensch', anord. *kraki* 'Stange mit einem Haken, schwache, schmächtige Person' und ist verwandt mit *Krücke* (s. d.).

Krakeel m. 'Lärm, lärmender Streit', mnd. *krakēl(e)*, mnl. nl. *krakeel*. Die Etymologie ist nicht gesichert. Wahrscheinlich ist die Herkunft des Substantivs im nl.-nd. Sprachraum zu suchen, wo es bereits im 15. Jh. bezeugt ist. Man kann darin eine Streckform von westfläm. *kreel* 'Lärm' sehen, das auf mfrz. frz. *querelle* 'Streit' beruht. Oder die Hinzufügung des pejorativen Präfixes *ka-*, *kra-* führt zu **kakreel*, **krakreel*, woraus mit Umsprung bzw. mit Ausfall des zweiten *r* mnl. *krakeel* entstanden wäre. Ein im Obd. (Ende des 16. Jhs.) bezeugtes *gregell* 'Bauernkrawall' wird mit ital. *gorgogliare*, älter *gargagliare* 'gurgeln, lärmen' in Verbindung gebracht und als von den Landsknechten verbreitet angesehen (vgl. Kluge [21]399), ist jedoch eher eine der verschiedenen Formen, in denen *Krakeel* vom Nd. aus in das übrige Sprachgebiet eindringt. Die Studentensprache nimmt es im 17. Jh. auf und fördert seine Verbreitung. – k r a k e e l e n Vb. 'lärmen, laut streiten, schreien' (17. Jh.), mnd. *krakēlen*, nl. *krakelen*. K r a k e e l e r m. (17. Jh.).

krakeln Vb. 'zittrig, ungleichmäßig, schlecht leserlich schreiben' (19. Jh.). Die Herkunft des nd. md. Verbs ist unbekannt. Vergleichbar sind mnd. *krōken*, *krāken* 'falten', *krōke*, *krāke*, *krōkel*, *krākel* '(Gesichts)-falte, Runzel', vielleicht auch nhd. *Krakel* 'dürrer Zweig' (danach der diesem ähnliche Schriftzug?). Vgl. *Krakelfüße* 'seltsame Schrift' (Lessing), *Krakelwerk* 'seltsam gestaltetes Werk' (Goethe). – k r a k (e) l i g Adj. 'zittrig, unleserlich geschrieben' (19. Jh.). K r a k e l e i f. 'das Krakeln, Gekrakelte', nd. *Krakelie* (19. Jh.).

Kralle f. 'gebogener Zehennagel bei Tieren', seit dem 16. Jh. (in unterschiedlichen Formen wie *Kral*, *Krale*, *Gralle*, *Krelle*) bezeugt, doch wohl älter, vgl. mhd. *erkrellen* 'mit den Krallen packen, ergreifen' und vereinzeltes ahd. *kral* m. 'Haken' (10. Jh.). Wohl im Sinne von 'Gekrümmtes' zu der unter *krauen*, *krumm* (s. d.) genannten Wurzel ie. **ger-* 'drehen, winden' gehörig. – k r a l l e n Vb. 'mit den Krallen ergreifen', refl. 'sich festhalten' (17. Jh.); vgl. frühnhd. *krellen* sowie mhd. *erkrellen* (s. oben).

Kram m. '(geringwertige) Gegenstände, Zeug, Krempel', übertragen 'nicht näher bezeichnete lästige Angelegenheiten', ein nur im Dt. und Nl. heimisches Wort, das allerdings auf Grund ausgedehnter Handelsbeziehungen hansischer Kaufleute ins Nordgerm., ins Baltische und Slawische entlehnt wird. Die Herkunft von ahd. *krām* 'Kaufmannsbude, Zelt' (Hs. 12. Jh.), mhd. *krām* 'ausgespanntes

Tuch, Zeltdecke, Kaufmannsbude, Handelsgeschäft, Kaufmannsware', mnd. *krām* 'Verkaufszelt, Waren, Kleinhandel, Gardine des Wochenbetts, Wochenbett', mnl. *crāme*, *craem*, nl. *kraam* ist unbekannt. Anzunehmen ist eine Grundbedeutung 'Zeltdach über einem Verkaufsstand bzw. über dem Wagen eines reisenden Händlers'; doch Anschluß an die *s*-lose Variante der unter *Schirm* (s. d.) behandelten ie. Wurzel bleibt unsicher. Vgl. G. Richter in: Zur Ausbildung d. Norm d. dt. Literaturspr. 2 (1976) 173 ff. – kramen Vb. 'herumwühlen', mhd. *krāmen* 'Kramhandel treiben'. Kramladen m. 'Laden mit Kleinwaren' (17. Jh.). Krämer m. 'Lebensmittel-, Kleinwarenhändler', übertragen 'kleinlicher, engherziger Mensch' (wofür auch *Krämerseele*, um 1800), ahd. *krāmāri*, *krāmeri* 'Kleinhändler, Schankwirt' (Hs. 12. Jh.), mhd. *krāmære*, *kræmer*.

Krampe f. 'U-förmige Metallklammer mit spitzen Enden'. Das nd. Wort, dem asächs. *krampo* 'Haken', mnd. *krampe* voraufgehen, wird im 17. Jh. in die Literatursprache aufgenommen und stellt sich neben (unverschobenes *p* bewahrendes) bair.-öst. *Krampe(n)* 'gekrümmter Zacken, Kralle, Spitzhacke', frühnhd. (obd.) *krampe* 'Spitzhacke' (15. Jh.). Verwandt sind mnl. *cramp(e)*, nl. *kramp* 'Haken, Klammer, Krampf' sowie die unter *Krampf* und *Krempe* (s. d.) genannten Formen, die sich alle auf die unter *krumm* (s. d.) angeführte nasalierte Labialerweiterung der Wurzel ie. **ger-* 'drehen, winden' zurückführen lassen. – krampen Vb. 'etw. mit einer Krampe befestigen, anklammern' (18. Jh.).

Krampf m. 'unwillkürliches Zusammenziehen von Muskeln', übertragen 'gequältes, nutzloses Bemühen', ahd. *krampho* 'Klaue, Haken, Krampf' (9./10. Jh.), *kramph* 'Haken, Krümmung, Krampf' (Hs. 14. Jh.), mhd. *krampf* stehen wie ahd. *kramph* Adj. 'krumm' (10. Jh.), anord. *krappr* 'eng' (germ. **krampa-*) im Ablaut zu ahd. *krimphan* 'zerreiben' (8. Jh.), mhd. *krimpfen* 'sich krampfhaft zusammenziehen', mnd. nd. nl. *krimpen*, mnl. *crimpen*. Weiterhin sind verwandt *Krampe* und *Krempe* (s. d.). Alle Formen schließen sich an die unter *krumm* (s. d.) genannte nasalierte Labialerweiterung der Wurzel ie. **ger-* 'drehen, winden' an. – krampfen Vb. 'sich krampfartig zusammenziehen' (18. Jh.), vgl. kausatives spätmhd. *krempfen* 'krampfartig zusammenziehen'. krampfhaft Adj. 'krampfartig, verbissen' (18. Jh.). krampfig Adj. 'verkrampft' (15. Jh.). Krampfader f. 'krankhaft erweiterte Vene', die krampfartige Zuckungen verursacht (16. Jh.), vgl. älteres schweiz. *krumpoder* (14. Jh.).

Kran m. Hebevorrichtung für schwere Lasten (15. Jh.), landschaftlich auch 'Wasser-, Gas-, Zapfhahn'. Der alte Name des Kranichs spätmhd. (md.) *krane*, mnd. *krān(e)*, mnl. *crāne*, nl. *kraan*, aengl. *cran*, engl. *crane* (s. *Kranich*) wird (wohl im Bereich der Hanse) auf das Hebezeug wegen der Ähnlichkeit mit Kopf und Hals des Vogels übertragen; im Ostnd., Rhein. und in der Altmark gilt *Kran* auch für 'Zapfhahn'. Einen ähnlichen Bedeutungsübergang zeigen griech. *géranos* (*γέρανος*) 'Kranich' und 'Hebemaschine', lat. *grūs* 'Kranich' und 'Mauerbrecher' und russ. *žurávl'* (*журавль*) 'Kranich' und 'Brunnenschwengel'.

Kranich m. Der Name des großen Sumpfvogels ahd. *kranuh* (8. Jh.), mhd. *kranech(e)*, *kranch(e)*, aengl. *cranoc*, (mit *r*-Metathese) *cornuc* ist mit Nasalformans und dem im Germ. verbreiteten *k*-Suffix in Bezeichnungen für Tiere zu einer Schallwurzel ie. **ger-* 'heiser schreien' gebildet. Daneben stehen ohne *k*-Suffix spätmhd. (md.) *krane*, asächs. *kran*, mnd. *krān(e)*, mnl. *crāne*, nl. *kraan*, *kraanvogel*, aengl. *cran*, engl. *crane*, wozu sich außergerm. griech. *géranos* (*γέρανος*), *gérēn* (*γέρην*) 'Kranich' und lit. *garnȳs* 'Reiher, Storch' vergleichen, ferner mit *ōu*-Formans lat. *grūs*, lit. *gérvė*, aruss. *žeravlь*, russ. *žurávl'* (*журавль*) 'Kranich'. Der Name (ursprünglich wohl ein Nomen agentis) ist als 'heiserer Schreier, Krächzer' zu verstehen.

krank Adj. 'nicht gesund, leidend', ahd. *kranc* 'schwach' (Hs. 13. Jh.), mhd. *kranc* 'schwach, kraftlos, klein, schmal, gering, schlecht', spätmhd. 'leidend, nicht gesund' (und daraufhin älteres *siech*, s. d., verdrängend), mnd. *krank*, mnl. *cranc*, nl. *krank* gehen wie ahd. *krankolōn* 'straucheln' (9. Jh.), aengl. *cranc* in *crancstæf* 'gekrümmtes, beim Weben gebrauchtes Instrument', engl. *crank* 'Kurbel', ablautend aengl. *crincan* 'im Kampfe fallen' (eigentl. 'sich hoch- oder aufbiegen, krümmen') und vielleicht auch lit. *grę̃žti* 'wenden, drehen, bohren' zurück auf eine nasalierte Gutturalerweiterung ie. *greng- bzw. *greng̑- der verbreiteten, vielfach weitergebildeten Wurzel ie. *ger- 'drehen, winden' (s. *krumm*). Für *krank* ist von einer Bedeutung 'durch Schwäche krumm, gekrümmt, gebogen' auszugehen. – Kranker m. 'wer krank ist' (15. Jh.). kranken Vb. 'an etw. erkrankt sein', mhd. *kranken* 'schwach werden, krank sein'; erkranken Vb. 'krank werden' (16. Jh.); kränkeln Vb. 'ständig, immer wieder ein wenig krank sein' (17. Jh.). krankhaft Adj. 'von einer Krankheit herrührend' (17. Jh.), übertragen 'wie eine Krankheit sich äußernd' (19. Jh.). Krankheit f. 'das Kranksein, körperliche bzw. seelische Störung, Leiden', mhd. *krancheit* 'Schwäche, Dürftigkeit, Not'. kränklich Adj. 'ein wenig leidend, krankheitsanfällig', mhd. *kranclich*, *krenclich* 'schwächlich, armselig, schlecht'. kränken Vb. 'jmdn. in seinem Selbstgefühl verletzen', mhd. *krenken* 'schwächen, erniedrigen, schädigen, zunichte machen'; Kränkung f. (15. Jh.).

Kranz m. 'reifenförmiges Ziergeflecht, ringförmiges Gebilde', ahd. *kranz* 'schmükkende Kopfbinde, Krone' (11. Jh.), mhd. *kranz*; aus dem Hd. stammt mnd. nl. *krans*, aus dem Mnd. anord. *kranz*, norw. schwed. dän. *krans*. Herkunft ungewiß. Vergleichbar sind vielleicht air. *grinne* (aus *grendni̯o-) '(Reisig)bündel', lit. *grandìs* 'Ring, Kettenglied, Armband', apreuß. *grandis* 'Grindelring am Pflug', möglicherweise auch aind. *grathnā́ti* 'windet, knüpft', *granthaḥ*, *granthíḥ* 'Knoten', so daß von ie. *grend-, daneben (für das Aind.) von ie. *grenth-, nasalierten Dentalerweiterungen der Wurzel ie. *ger- 'drehen, winden' (s. *krumm*), ausgegangen werden kann. – Kaffeekränzchen n. 'Kreis von Damen, deren jede reihum eine Kaffeegesellschaft abhält' (Anfang 18. Jh.); zuvor *krentzgen* 'geheime politische Gesellschaft' (15. Jh.), *Kränzchen* 'reihumgehende Gesellschaft' (Ende 17. Jh.; vgl. *Schmauskränzchen*, 16. Jh.). Wohl hervorgegangen aus dem Brauch, den krönenden Siegerkranz bei Wettbewerben, Musik-, Schützenfesten dem Nachfolger zu übergeben mit der Verpflichtung, das nächste Fest zu gestalten (vgl. *von ort zu ort einen kranz halten*, um 1600). Liederkranz m. 'Sammlung von (Volks)liedern', auch 'Gesangsverein' (19. Jh.). kränzen Vb. 'mit einem Kranz versehen', ahd. *krenzen* 'bekränzen' (11. Jh.), mhd. *krenzen* 'den Falken in einem Kreis herumtreiben'(?), frühnhd. *krentzen* 'bekränzen'; häufiger seit dem 18. Jh.

Krapfen m. 'in Fett gebackenes Gebäckstück, Pfannkuchen' (vorwiegend obd.), ahd. *krapho* 'Haken, Kralle, ähnlich geformtes Gebäck' (9. Jh.), mhd. *krapfe*. Das Substantiv ist auf eine Labialerweiterung ie. *greb- der Wurzel ie. *ger- 'drehen, winden' (wozu auch *Kringel*, *Krampe*, *Krampf*, *Krume*, *Krüppel*, s. d.) zurückzuführen. Landschaftliche Deminutivformen sind südd. *Kräpfchen*, *Kräpfel*, md. *Kräppel(chen)*.

kraß Adj. 'stark, grob, extrem', entlehnt aus lat. *crassus* 'dick, grob, derb, plump', zunächst in dt. Texten in der Verbindung lat. *ignorantia crassa* 'grobe, extreme Unwissenheit' (Anfang 17. Jh.). Im 18. Jh. wird das inzwischen eingedeutschte Wort mit *graß* 'schrecklich, fürchterlich', auch (steigernd) 'heftig, stark' (s. *gräßlich*) vermengt, so daß beide Wörter infolge gegenseitigen Einflusses in den Schreibvarianten *graß* und *kraß* belegt sind (vgl. *grasser Ignorant*, Anfang 18. Jh.). Die studentensprachliche Fügung *krasser Fuchs* 'junger Student ohne Lebensart' (Ende 18. Jh.) mag zur allgemeinen Verbreitung des Adjektivs beigetragen haben.

Krater m. 'Vulkanöffnung', auch 'Bodenvertiefung', Entlehnung (2. Hälfte 18. Jh.) von lat. *crātēr*, griech. *krātḗr* (κρατήρ) 'Mischgefäß, -kessel' (in dem der Wein mit Wasser vermischt wird), übertragen 'vertiefter Ort, in dem sich Flüssigkeiten sammeln, Vulkanöffnung', einer Ableitung von griech. *kerannýnai* (κεραννύναι) '(ver)mischen'.

Krätze f. Bezeichnung für eine Hautkrankheit mit zum Kratzen reizendem Ausschlag, frühnhd. *kratz*, *kretz(e)*. Der nur auf das Deutsche beschränkte Krankheitsname ist ein Abstraktum zu dem unter *kratzen* (s. d.) behandelten Verb. – krätzig Adj. 'an Krätze erkrankt', frühnhd. *kretzec*; vgl. mhd. *kretzoht*, *ankretzec* 'räudig'.

kratzen Vb. 'mit einem rauhen, scharfen oder spitzen Gegenstand schaben, reiben, ritzen'. Neben ahd. *krazzōn* (9. Jh.), mhd. *kratzen*, aschwed. schwed. (mundartlich) *kratta*, dän. *kratte* stehen die *j*-Bildungen mhd. *kretzen*, mnl. *cretten*, *cretsen* sowie (ablautend) anord. *krota* 'etw. mit Figuren verzieren'.

Wenn außerhalb der germ. Sprachen alban. *gërresë* 'Kratzeisen, Topfkratzer' hierher zu stellen ist, kann von ie. **gred-* 'kratzen' ausgegangen werden. Auf einer *s*-Erweiterung beruhen wohl mnd. nd. *krassen* und mnl. *crassen*, nl. *krassen*; vgl. KASPERS in: PBB (H) 77 (1955) 235ff. – K r a t z e f. 'Werkzeug zum Kratzen', mhd. *kratze*. K r a t z e r m. 'wer kratzt' (16. Jh.), 'Kratzwunde, Schramme' (20. Jh.). a b k r a t z e n Vb. 'etw. kratzend entfernen', mhd. *abekratzen*; derb umgangssprachlich 'sterben' (19. Jh.), nach 'sich davonmachen, mit einem *Kratzfuß* (s. unten) abtreten'. z e r k r a t z e n Vb. 'durch Kratzen zerstören', mhd. *zerkratzen*, *zerkretzen*. a u f g e k r a t z t Part.adj. 'gut angezogen, munter, vergnügt' (18. Jh.), *aufkratzen* '(sich) putzen, (sich) heiter stimmen', eigentl. 'durch Kratzen aufscharren, aufreiben', z. B. Erde, Haut (16. Jh.). K r a t z b e e r e f., heute auch (in mundartlicher Lautung, vgl. omd. *kroatzen*) *Kroatzbeere* 'Brombeere', spätmhd. *kratzber*, nach den kratzenden Stacheln des Strauches. K r a t z b ü r s t e f. 'grobe, scharfe Reinigungsbürste', übertragen 'unfreundliche, widerspenstige Person' (17. Jh.); k r a t z b ü r s t i g Adj. 'unfreundlich, widerspenstig' (19. Jh.). K r a t z f u ß m. 'Verbeugung, bei der man einen Fuß scharrend nach hinten zieht' (18. Jh.).

krauchen Vb. 'sich kriechend fortbewegen' (16. Jh.) setzt älteres md. *krūchen* voraus, eine Nebenform zu mhd. *kriechen*, ahd. *kriohhan* (nhd. *kriechen*, s. d.).

krauen Vb. 'mit gekrümmten Fingern leicht kratzend streicheln' (bes. Tiere), ahd. *krouwen* (8. Jh.), *krouwōn* (11. Jh.), mhd. *krouwen*, *krowen*, *kräwen* 'kratzen', mnl. *crauwen*, *crouwen*, nl. *krauwen* sowie ahd. *krewil*, *krouwil* (um 1000), mhd. *kröuwel*, *krewel*, *kreul*, nhd. *Kräuel* 'Haken, Kratze, Kralle', asächs. *krauwil*, mnd. *krouwel* 'Gabel mit krallenförmigen Zinken, Kralle', nl. *krauwel* 'krummer Nagel, Kralle' führen auf ie. **greu-*, **grū-* 'Zusammengekratztes', eine Erweiterung der verbreiteten Wurzel ie. **ger-* 'drehen, winden' (s. *kriechen*, *Krücke*, *Krume*, *Krüppel*). Dazu die Weiterbildung ¹k r a u l e n Vb. 'sanft kratzend streicheln', frühnhd. *kraueln* (15. Jh.).

²**kraulen** Vb. 'im Kraulstil schwimmen', entlehnt (20. Jh.) aus gleichbed. engl. *to crawl*, eigentl. 'kriechen, krabbeln', mengl. *crawle*, das möglicherweise aus anord. *krafla* 'kriechen, krabbeln' stammt (s. *krabbeln*).

kraus Adj. 'geringelt, gelockt, faltig, ungeordnet', mhd. *krūs* 'gelockt', mnd. *krūs* 'gelockt, wirr, verschlungen', mnl. *croes*, nl. *kroes* lassen sich wie auch (aus germ. **kruzla*) ahd. *krul* (Hs. 14. Jh.), mhd. *krol* 'lockig', *krol*, *krul* m., *krolle*, *krülle* f. 'Locke', mnl. *crulle*, *crolle*, nl. *krul* 'Locke' auf die *s*-Erweiterung ie. **greus-*, **grūs-* (wozu auch *Gekröse*, s. d.) der Wurzel ie. **ger-* 'drehen, winden' zurückführen; dazu s. auch *krauen*, *kriechen*, *Kringel*, *Krüppel*, *Krume*, *krumm*. – K r a u s e f. 'Lockigkeit, Ringelung des Haares' (16. Jh.), 'gefältelter Stoffstreifen am (Hals)ausschnitt der Kleidung' (17. Jh.), älter *Kraus* n. (Ende 16. Jh.). k r a u s e n Vb. '(sich) in Locken ringeln, in Falten legen' (15. Jh.). k r ä u s e l n Vb. 'kraus machen, in Falten legen' (16. Jh.). K r a u s h a a r n. 'sehr lockiges Haar' (15. Jh.).

Kraut n. 'kleinere, nicht verholzende Blattpflanze, Blattwerk' (vgl. *Rüben-*, *Kartoffelkraut*), 'Gemüse, Kohl' (vgl. *Blau-*, *Rot-*, *Weiß-*, *Sauerkraut*), fachsprachlich 'ein- oder zweijährige, nicht verholzende Pflanze', ahd. (8. Jh.), mhd. *krūt*, asächs. *krūd* ('Unkraut'), mnd. *krūt*, mnl. *cruut*, nl. *kruid*. Die Herkunft des nur im Dt. und Nl. bezeugten Wortes ist unklar. Man hat, obwohl sehr unsicher, germ. **krūda-* 'Kraut' auf ein ie. **g^{u}rūto-* zurückgeführt, um es als Partizipialbildung mit griech. *brýein* (*βρύειν*) 'sprossen, strotzen, keimen' (s. *Embryo*) verbinden zu können, und hat die germ. und griech. Formen in Beziehung gesetzt zu einer auf ie. **g^{u}eru-* 'Stange, Spieß' (älter vielleicht 'Zweig'?) beruhenden Wortgruppe got. *qaíru* 'Pfahl, Stachel', lat. *verū* 'Spieß', air. *bi(u)r* 'Speer, Spieß', dazu ablautend awest. *grava-* '(Rohr)stock' (dazu s. *kirre*). Angesichts der schwierigen Vergleichsmöglichkeiten hält DE VRIES Nl. 366 Herkunft aus einer vor-ie. Substratsprache für erwägenswert. Redensartlich *ins Kraut schießen* 'sich unkontrolliert entwikkeln, ausbreiten' (eigentl. 'nur Blätter, keine Frucht bringen'); *dagegen ist kein Kraut* ('Heilmittel') *gewachsen* 'dagegen hilft nichts, das ist nicht zu ändern' (16. Jh.); *das Kraut fett machen* 'viel, Wichtiges dazutun' (17. Jh.), *der macht's Kraut auch nicht fett* 'der tut nicht viel dazu, ändert nicht viel' (19. Jh.); *wie Kraut und Rüben* 'durcheinander'

(17. Jh.). – U n k r a u t n. 'für den Menschen nicht verwertbare Pflanze', ahd. (9. Jh.), mhd. *unkrūt*. S a u e r k r a u t n. 'fein geschnittenes, mit Salz und Gewürz eingelegtes Weißkraut' (16. Jh.). K r ä u t e r Plur. 'Gewürz- und Heilpflanzen', in älterer Zeit auch singularisch mhd. *krūt* 'Gewürz' (Anfang 14. Jh.), frühnhd. *Kraut* 'Heilpflanze' (15. Jh.). k r a u t e n Vb. 'Unkraut jäten' (15. Jh.).

Krawall m. 'Volksauflauf, Aufruhr, Tumult, Unruhe, Lärm' (obd. 15. Jh., seit Unruhen von 1830 in Hanau/Hessen übliche Bezeichnung in der Literatursprache). Herkunft ungewiß. Vielleicht entlehnt aus mlat. *charavallium* (neben *chalvaricum*, *charavaria*) 'Klirren und Geschrei als Hochzeitsständchen, bes. zur Verspottung zum zweiten Male Heiratender, Katzenmusik', das wie frz. *charivari*, afrz. *chalivali*, *charivari*, aprov. *charavali* 'Lärm, Katzenmusik' auf spätlat. *carībaria*, griech. *karēbaría* (καρηβαρία) 'Schwere des Kopfes, Benommenheit, Kopfschmerz' beruht, also eigentl. die Folge des Lärms kennzeichnet.

Krawatte f. 'Halsbinde, Schlips', Übernahme (Ende 17. Jh.) von gleichbed. frz. *cravate*. Auszugehen ist von serbokr. *Hȑvāt* 'Kroate'. Zugrunde liegt der Stammesname gemeinslaw. **Chъrvat-*, der wohl aus altiran. **(fšu-)haurvatā* 'Viehhüter' stammt, vgl. Vasmer 3, 261. Aus dem Serbokr. entlehnt ist frz. *Croate*, älter *Cravate* 'Kroate', woher die Bezeichnung frz. *cravate* für den Angehörigen der im 17. Jh. aus Kroatien stammenden und für die frz. Armee angeworbenen Reiterverbände, die als Vorbild für die frz. Kavallerie dienten. Die Kroaten trugen Halsbinden, auf die ihr Name übertragen wird. Frz. Offiziere übernehmen diese Mode, und im 18. Jh. werden Halsbinden Bestandteil der Herrenkleidung.

kraxeln Vb. 'mit Anstrengung steigen, klettern'. Das seit dem 18. Jh. belegte öst.-bair. Mundartwort *krechzeln*, *krachzeln* 'klettern' wird im 19. Jh., von Touristen aufgegriffen und verbreitet, in die Literatursprache übernommen. Man sieht in dem Verb eine Intensivbildung zu öst.-bair. *krageln*, *grāgeln* 'strampeln, im Gehen die Beine krumm machen, auseinandersperren, klettern, schwerfällig mit gespreizten Beinen gehen', schwäb. *grackelen* 'schlecht, mühsam, unsicher, mit gespreizten Beinen gehen'. Dagegen verweist Bielfeldt Entlehnungen (1965) 21 auf obd. *Krächse*, *Kraxe* 'Traggestell, Rückentrage', mhd. *krechse*, ein slowen. Reliktwort, und auf davon abgeleitetes tirol. *kraxeln* 'mit der Kraxe tragen, damit den Berg hinaufsteigen, klettern'.

Kreatur f. 'Geschöpf, die geschaffene Natur', in abschätzigem Sinne 'gefügiger Mensch, willenloses Werkzeug in den Händen von Auftraggebern', mhd. *crēatūr(e)* 'Geschöpf' ist eine direkte Entlehnung aus kirchenlat. *creātūra* 'Schöpfung, Geschöpf' (zu lat. *creāre* '(er)schaffen, (er)zeugen'), während mhd. *crēatiure* auf dem (ebenfalls aus dem lat. Substantiv entlehnten) afrz. *creature* 'Geschöpf' beruht. Unter dem Einfluß des Humanismus und der md. Form *crēatur* (wo *u* aus *iu*) setzt sich dem Lat. folgendes *Kreatur* durch. Die pejorative Verwendung entwickelt sich im 17. Jh.

Krebs m. Der nur im Dt. und Nl. bezeugte Name für vorzugsweise im Wasser lebende Gliederfüßler ahd. *krebazzo* (8. Jh.), *krebizzo*, *krebiz* (9. Jh.), mhd. *krebez(e)*, *krebz(e)*, asächs. *krebit*, mnd. *krēvet*, *krēft*, mnl. *crēvet*, *creeft*, *crēft*, nl. *kreeft* ist wie *Krabbe* (s. d.) als 'kriechendes, krabbelndes Tier' aufzufassen und führt mit verwandtem *krabbeln* (s. d.) auf den unter *kerben* (s. d.) dargestellten Ansatz ie. **gerbh-*, **grebh-* 'ritzen, kratzen, krabbeln'. Bereits spätmhd. wird *Krebs*, als Übersetzungswort dem Gebrauch von lat. *cancer*, griech. *karkínos* (καρκίνος) folgend, auch Bezeichnung für das am nördlichen Himmel befindliche Sternbild des Tierkreises sowie für die bösartige, das organische Gewebe zerstörende Geschwulst (s. *Karzinom*). – k r e b s e n Vb. 'Krebse fangen', spätmhd. *krebezen*; übertragen frühnhd. 'nach etw. tasten, wühlen', nhd. 'scheinbar sinnlos tappen, krabbeln', auch 'schwer arbeiten, sich abmühen', wofür auch *herumkrebsen*. K r e b s s c h a d e n m. 'eingewurzeltes Übel' (2. Hälfte 17. Jh.). k r e b s r o t Adj. 'rot wie ein frisch gekochter Krebs', Verstärkung von *rot* (19. Jh.).

Kredenz f. 'Anrichte', entlehnt (15. Jh.) aus gleichbed. ital. *credenza*, auch 'das Vorkosten von Speisen', eigentl. 'Glauben, Vertrauen, Glaubwürdigkeit, Zuversichtlichkeit', das aus vlat. **crēdentia* (vgl. mlat. *credentia* 'Glauben, Zuversicht, Vertrauen', auch 'Anrichte') hervorgegangen ist; zu lat. *crēdere* '(ver)trauen, glauben'. Vgl. die Wendung ital. *fare la credenza* 'vorkosten', eigentl. 'eine Probe der Glaubwürdigkeit vornehmen'; diese Probe war Aufgabe des Mundschenks, der für die fürstliche Tafel bestimmte Speisen und Getränke auf ihre Unschädlichkeit (Giftlosigkeit) zu kosten und auf einen besonderen Tisch (daraufhin *credenza* genannt) zu stellen hatte. Wohl in Anlehnung an die genannte Wendung auch schon früher bezeugtes k r e d e n z e n Vb. '(Speise) darreichen, anbieten' (14. Jh.), auch 'vorkosten' und damit als unvergiftet bezeugen (15. Jh.).

Kredit m. 'Leihwürdigkeit, Darlehen'. Im 15. Jh. wird ital. *credito* 'Leihwürdigkeit, Darlehen' ins Dt. entlehnt (in den Formen *credit* und *credito* zuerst in obd. Handelszentren). Dem ital. Ausdruck des Bankwesens liegt lat. *crēditum* 'das leihweise Anvertraute, Darlehen' zugrunde, substantiviertes Part. Perf. Neutr. von lat. *crēdere* '(ver)trauen, glauben', hier 'der Ehrlichkeit im Zurückzahlen ein Darlehen anvertrauen'. Im 16. Jh. wird dafür auch das Übersetzungswort *Glauben* (in die Leihwürdigkeit) in der Kaufmannssprache üblich (vgl. *Credito oder glaub*; s. dazu ²*Gläubiger*). Auf ital. *credito* mit der schon früh entwickelten Bedeutung 'Ansehen, Achtung' beruht die Entlehnung mfrz. frz. *crédit*, das daraufhin ebenfalls ins Dt. übergeht (2. Hälfte 16. Jh.) und mit dem Bankausdruck zusammenfällt. Häufig sind Fügungen wie *Kredit haben* 'Leihwürdigkeit besitzen' (15. Jh.), allgemein 'Glaubwürdigkeit, Ansehen, einen guten Ruf besitzen'; *auf Kredit* 'ohne sofortige (volle) Bezahlung, auf Borg' (17. Jh.). K r e d i t n. 'Habenseite (rechte Seite) des Kontos' in der kaufmännischen Buchführung, daher auch 'Haben, Guthaben', Substantivierung (17. Jh.) der Überschrift lat. *crēdit* 'er vertraut an, er zahlt'; Gegensatz *Debet* n. 'Sollseite (linke Seite) des Kontos, Schuldposten', lat. *dēbet* 'er schuldet'. Zuvor bereits (in Angleichung an ital. *credito*, s. oben) *in Debito und Credito* (16. Jh.). – K r e d i t b r i e f m. 'Anweisung einer Bank an eine andere, einer Person ein Darlehen zu gewähren' (17. Jh.), nach frz. *lettre de crédit*. M i ß k r e d i t m. 'schlechtes Ansehen, schlechter Ruf' (18. Jh.), zuvor 'fehlende Leihwürdigkeit' (17. Jh.).

Kredo, C r e d o n. 'christliches Glaubensbekenntnis', mhd. *crēdō*, Substantivierung von lat. *crēdō* 'ich glaube' (lat. *crēdere* 'glauben'), dem ersten Wort des apostolischen wie des in der Messe gebeteten nicäno-konstantinopolitanischen Glaubensbekenntnisses. In neuerer Zeit vielfach auch in allgemeinem Sinne 'Glaubenssatz, Glaubensbekenntnis, Glaube, Überzeugung'.

Kreide f. Die Bezeichnung für den feinkörnigen, weißfärbenden Kalkstein ahd. (10. Jh.), asächs. *krīda*, mhd. *krīde* ist über vlat. **crēda* aus lat. *crēta* 'Kreide und andere weiße Lehmarten' entlehnt, das vielleicht aus lat. *(terra) crēta* 'gesiebte Erde', zu lat. *cernere* (*crētum*) 'sichten, scheiden, sondern', entstanden ist. – a n k r e i d e n Vb. 'die Zeche (mit Kreide auf eine Tafel) aufschreiben' (15. Jh.), übertragen 'übelnehmen, nachtragen'; vgl. auch *bei jmdm. in der Kreide sein, stehen* 'Schulden haben' (18. Jh.). k r e i d i g Adj. 'kreideartig, voller Kreide' (17. Jh.). k r e i d e b l e i c h Adj. 'weiß, farblos (im Gesicht)' (19. Jh.).

kreieren Vb. 'ernennen, erwählen', entlehnt (15. Jh.) aus lat. *creāre* '(er)schaffen, (er)zeugen, (er)wählen'. In seinen jüngeren Bedeutungen dagegen ist das Verb eine Entlehnung aus (ebenfalls auf lat. *creāre* beruhendem) frz. *créer* '(er)schaffen, erfinden', z. B. 'eine Rolle auf dem Theater erstmals (in bestimmter Weise) gestalten' (19. Jh., frz. *créer un rôle*), als Begriff der Haute Couture 'eine neue Mode, ein Modell entwerfen und erstmals vorstellen', allgemein 'eine persönliche Eigenart oder Besonderheit hervorbringen' (20. Jh.) – K r e a t i o n f. 'Modeschöpfung, Modell, künstlerische Schöpfung, Erschaffenes' (20. Jh.), aus frz. *création* 'Erschaffung, Schöpfung, Kunstwerk, Erfindung'; älter 'göttliche Schöpfung' (17. Jh.), aus lat. *creātio* (Gen. *creātiōnis*) 'das Erschaffen, Erzeugen, Erwählen'.

Kreis m. 'Ring, runde geschlossene Linie, gleichmäßige geschlossene Kurve, deren Punkte alle gleich weit vom Mittelpunkt entfernt sind', ahd. (Hs. 12. Jh.), mhd. *kreiʒ* 'Kreislinie, Umkreis, eingehegter Kampf-, Gerichtsplatz, Zauber-, Landeskreis, Bezirk', mnd. *krēt, krēte*, nl. *kreits* (aus niederrhein. *kreytz*) führen auf germ. **kraita-*; daneben stehen mnd. *krīt*, mnl. nl. *krijt* 'Ring, Gebiet, Kampfplatz' mit germ. **krīta-* und verwandtes *kritzeln* (s. d.) mit germ. **krit-*, so daß für

Kreis vielleicht eine Bedeutung ‘in den Boden geritzter Ring (mit sakraler Funktion?)’ vorauszusetzen ist. Betrachtet man die genannten Formen auf Grund eines expressiven Vokalismus als sekundär (vgl. POKORNY 1, 405), so kann *kratzen* (s. d.) herangezogen und von dort genanntem ie. **gred-* ‘kratzen’ ausgegangen werden. – Gesichtskreis m. (17. Jh.), Übersetzung (Zesen) von *Horizont* (s. d.). Umkreis m. ‘nähere oder fernere Umgebung um einen Punkt, Peripherie, Umfang’, mhd. *umbekreiȥ* ‘umschließender Kreis, Umfang, kreisförmiger Gang, Umweg, Umschweif’. Wendekreis m. ‘Breitengrad, über dem die Sonne zur Zeit der Sonnenwende noch im Zenit steht und gleichsam wieder umkehrt’, Übersetzung (17. Jh.) von lat. *tropicus circulus*, griech. *tropikós kýklos* (*τροπικὸς κύκλος*). kreisen Vb. ‘sich kreisförmig bewegen’, mhd. *kreiȥen*. einkreisen Vb. ‘durch Bildung eines Kreises einschließen’ (16. Jh.). umkreisen Vb. ‘sich kreisförmig um etw. bewegen, etw. einschließen’, mhd. *umbekreiȥen*, auch ‘umhergehen, Umschweife machen’. Kreislauf m. ‘Zirkulation’, Terminus der Chemie und Medizin, zu Anfang des 18. Jhs. als Übersetzung von engl. *circulation* für ‘Blutkreislauf’, nach Harveys Schrift *Exercitatio anatomica ... de circulatione sanguinis* (1628). Dazu verdeutlichend Blutkreislauf m. (19. Jh.).

kreischen Vb. ‘schrill, mit sich überschlagender Stimme schreien’, mhd. mnd. *krīschen*, mnl. *crīscen*, *crijsscen*, nl. *krijsen*. Das ehemals (gelegentlich noch im 19. Jh.) stark flektierende Verb ist wie *kreißen* (s. d.) und mhd. *krīsten*, nhd. (mundartlich) *kreisten* ‘ächzen, stöhnen’ von ie. **grei-*, einer Erweiterung der Wurzel ie. **ger-* ‘heiser schreien’ (s. *krähen*, *Kranich*), herzuleiten, wobei das Ableitungssuffix in affektisch veränderten Lautvarianten (*sk*, *t*, *st*) auftritt. Zur genannten Wurzelerweiterung gehören auch lat. *gingrīre* ‘schnattern’ (von Gänsen), mir. *grith* ‘Schrei’.

Kreisel m. gleichmäßig um eine Achse gebauter, drehbarer Körper als Kinderspielzeug. Mhd. *kriusel*, (md.) *krūsel* (13. Jh.), frühnhd. *Kreusel*, *Kräusel*, mnd. *krūsel*, *krūsel*, nd. *Krüsel*, daneben (mit Metathese und nachfolgendem *r*-Ausfall vor *s*?) mnd. *kūsel*, nd. *Küsel* ‘Kreisel’, auch ‘Wirbel, Haarlocke, Wirbelwind’. Der aus dem Nd. stammende, dann im Omd. und schließlich in der Literatursprache verbreitete Ausdruck kann als Bildung mit *l*-Suffix zu mhd. mnd. *krūs* ‘gekräuselt, faltig, wellig, wirr’, nhd. *kraus* (s. d.; vgl. auch mnd. *krūsen* ‘kraus machen’) gestellt und auf die dort genannte *s*-Erweiterung ie. **greus-*, **grūs-* der Wurzel ie. **ger-* ‘drehen, winden’ zurückgeführt werden, wobei für ‘Kreisel’ von ‘wirbelnd drehen’ auszugehen ist. Im 17. Jh. entwickelt sich durch Anlehnung an *Kreis*, *kreisen* (s. d.) die heute herrschende Form *Kreisel*. Zur Herkunft vgl. HILDEBRANDT in: Zs. f. Mundartforsch. 31 (1964) 239ff. – kreiseln Vb. ‘(sich) drehen wie ein Kreisel, mit dem Kreisel spielen’ (16. Jh.); vgl. mnd. *kūseln* ‘im Kreis herumwirbeln, sich schnell drehen’.

kreißen Vb. ‘in Geburtswehen liegen’, mhd. *krīȥen* ‘scharf schreien, kreischen, stöhnen’, mnd. *krīten*, mnl. *crīten*, nl. *krijten*. Für das ehemals (landschaftlich noch im 18. Jh.) stark flektierende Verb kann wie bei *kreischen* (s. d.) auf eine Erweiterung ie. **grei-* der Wurzel ie. **ger-* ‘heiser schreien’ zurückgegangen werden. Die heutige, erst im 17. Jh. entwickelte Bedeutung geht vom Schreien der an Geburtsschmerzen leidenden Frauen aus.

Krematorium n. ‘(Gebäude mit einer) Anlage zur Leichenverbrennung’, nlat. Bildung (um 1870) zu lat. *cremāre* ‘verbrennen, einäschern’, nach Vorbildern wie *Auditorium* (lat. *audītōrium*), *Direktorium* (lat. *dīrēctōrium*).

Krempe f. ‘Hutrand’. Im 17. Jh. in die Literatursprache aufgenommenes nd. *Krempe* ‘auf-, um- oder zurückgebogener (Hut)rand’ ist eine Nebenform von *Krampe* ‘Haken, Klammer’ (s. d.) und bezeichnet wie dieses eigentl. ‘etw. Gekrümmtes, Zusammengebogenes’. – krempen Vb. ‘den Rand nach oben biegen’ (18. Jh.). krempeln Vb. ‘nach oben schlagen’ (19. Jh.), geläufig in den Präfixkomposita aufkrempeln Vb. ‘(die Ärmel) aufschlagen, hochschieben’ (19. Jh.), umkrempeln Vb. ‘nach oben schlagen, das Innere nach außen kehren’, übertragen ‘von Grund auf ändern’ (20. Jh.).

Krempel m. ‘wertloses Zeug, Plunder, lästiger Kram’. In obd. Mundarten, bes. im Alem. verbreitetes *Grempel* (16. Jh.), dann auch *Grämpel*, *Krempel* ‘Kleinhandel, Verkauf von Trödelwaren oder Lebensmitteln’ entwickelt (wie sinnverwandtes *Kram*, s. d.) im 17. Jh.

die Bedeutung 'wertloser Hausrat, Plunder' (hier vielleicht begünstigt durch lautliche Ähnlichkeit mit *Gerümpel*, s. d.) und wird in dieser Verwendung über die Grenzen des Mundartgebietes hinaus üblich. Das Substantiv ist (ebenso wie das vorausgehende Kompositum *Grempelmarkt*, 15. Jh., später *Krempelmarkt*, 17. Jh.) zum Verb frühnhd. (obd.) *grempeln* 'Kleinhandel treiben' (seit dem 16. Jh. belegt, doch bereits spätmhd. *grempler* als Nomen agentis, in obd. *Grempler* 'Trödler, Händler' fortlebend) gebildet, einem Iterativum zu gleichbed. spätmhd. *grempen*. Dieses kann als Entlehnung aus dem Roman. angesehen und (unter der Voraussetzung einer schon in roman. Mundarten, namentlich im Südfrz. vielfach auftretenden *r*-Metathese) an ital. *comprare* 'kaufen' bzw. aprov. *comprar*, *crompar* 'kaufen, bezahlen, für etw. büßen' angeschlossen werden. Beide gehen zurück auf vlat. **comperāre*, lat. *comparāre* 'beschaffen, bereiten, erwerben', vom 2. Jh. an auch 'für Geld erwerben'; vgl. lat. *parāre* '(zu)bereiten, Vorkehrungen treffen, sich verschaffen, erwerben'.

Kremser m. 'vielsitziger (von Pferden gezogener) Mietwagen mit Verdeck', benannt nach dem Berliner Hofagenten *Kremser*, der in den 20er Jahren des 19. Jhs. die Erlaubnis bekam, solche Wagen am Brandenburger Tor aufzustellen und nach Bedarf fahren zu lassen.

Kren m. 'Meerrettich', ahd. *kren(e)* (Hs. 12. Jh., Quantität des Stammvokals nicht sicher bestimmbar), mhd. *krēn(e)*, Entlehnung aus gleichbed. west- bzw. südslaw. **chrěnъ* sowohl im gesamten Bereich der Grenznachbarschaft als auch in der Siedlungsgemeinschaft mit Sorben; vgl. apoln. poln. *chrzan*, atschech. *chřěn*, tschech. *křen*, slow. *hrèn* sowie obsorb. *chrěn*, nsorb. *kśěn*.

krepieren Vb. 'elend umkommen', (von Tieren) 'verenden, sterben', entlehnt (17. Jh. in die Soldatensprache des 30jährigen Krieges) aus ital. *crepare* 'verrecken' (von Tieren und dann auch von Menschen), eigentl. 'reißen, platzen, explodieren'. Anfangs durchweg vom Sterben der Soldaten gebraucht, zu Anfang des 18. Jhs. auch vom Verenden der Tiere und (als Neuentlehnung) in der ital. *crepare* gleichfalls zugehörigen Bedeutung 'bersten, platzen' (von Geschossen). Zugrunde liegt lat. *crepāre* 'kurz abgebrochene Laute von sich geben, bersten, platzen, zugrunde gehen'.

Krepp m. 'krauses, genarbtes Stoffgewebe mit rauher Oberfläche', entlehnt (16. Jh.) aus der gleichbed. Stoffartbezeichnung mfrz. frz. *crêpe*, einer Substantivierung von afrz. *cresp(e)* 'gekräuselt', hervorgegangen aus lat. *crispus* 'kraus, sich kräuselnd, runzlig' (verwandt mit *Rispe*, s. d.). – Kreppapier n. 'lockeres, mit engen Querfalten gewalztes, weiches Papier' (20. Jh.). Kreppsohle f. 'Sohle aus porigem Gummi' (20. Jh.).

Kresse f. Der Name für die aus dem Orient stammende Pflanze ahd. *kresso* (um 900), mhd. *kresse*, aengl. *cressa*, *cresse*, engl. *cress*, (mit *r*-Metathese) mnd. *kerse*, *karse*, mnl. *kersse*, *korsse*, nl. *kers*, aengl. *cærse*, *cerse* (vgl. auch *Gartenkresse*, ahd. *gartkresso*, 11. Jh.) ist etymologisch nicht geklärt. Vielleicht mit anord. *krās* 'Leckerbissen', aind. *grásati* 'verschlingt, verzehrt', griech. *grân* (γϱᾶν) 'nagen, fressen' zu ie. **grĕs-* 'fressen, knabbern'? *Kresse* würde dann 'die Eßbare' bedeuten. – Brunnenkresse f. 'an feuchten Stellen wachsende Kresse', ahd. *brun(ne)kresso* (11. Jh.), mhd. *burnenkresse*, mnd. *bornkerse* (zur Form des ersten Kompositionsgliedes s. *Brunnen*).

Krethi und Plethi abschätzig 'jedermann, gemischte Gesellschaft, Hinz und Kunz'. Die in diesem Sinne seit Anfang des 18. Jhs. gebrauchte Fügung stammt aus Luthers Bibelübersetzung, wo (z. B. 2. Sam. 8, 18; 15, 18) hebr. *ha-kk*^{e}*rēti w*^{e}*ha-pp*^{e}*lētī* mit *Crethi und Plethi* wiedergegeben wird (vgl. spätlat. *Cerethi et Phelethi* Vulgata). Der Ausdruck bezeichnet die ausländischen Söldner der Leibwache des Königs David. Das an anderen Stellen der Bibel erscheinende hebr. *k*^{e}*rētīm* steht für die nach Darstellung des Alten Testaments wahrscheinlich aus Kreta kommenden Philister und wird als 'Kreter' bzw. 'Abkömmlinge der Insel Kreta' interpretiert. Aber hebr. *p*^{e}*lētī*, das wie eine Analogiebildung zu *k*^{e}*rētīm* wirkt, ist sprachlich wohl von hebr. *p*^{e}*lištī* (*Philister*) zu trennen.

Kretin m. 'mißgestalteter Schwachsinniger', Entlehnung (Ende 18. Jh., zunächst im Plur. *Kretinen*, daher bis Anfang 20. Jh. auch *Kretine* m.) von frz. *crétin*, das Menschen mit durch Unterfunktion oder Fehlen der Schilddrüse verursachten schweren Entwicklungsstörungen bezeichnet. Der frz. Ausdruck beruht auf Übernahme eines südostfrz. Dialektwortes jener Alpentäler, in denen derartige Krankheitsfälle bes. häufig auftreten; vgl. *cretin* 'Schwachsinniger' im Wallis und in Savoyen, *creitin* 'Schwachsinniger, mit einem Kropf Behafteter, Entkräfteter' in Savoyen und der Dauphiné. Hierbei handelt es sich um eine mundartliche Variante von frz. *chrétien*, afrz. *cresti(i)en* 'Christ', auch (im Unterschied zum Tier) 'menschliches Wesen, Mensch', das lat. *Chrīstiānus* 'christlich' (substantiviert 'Christ') fortsetzt (s. *Christus*). Die wohl ursprünglich aus Mitleid gewählte Benennung (vgl. vereinzeltes afrz. *crestien* 'Leidender, Kranker') verbindet sich mit negativer Wertung und wird seit dem 19. Jh. im Frz. und dann auch im Dt. gelegentlich herabsetzend für 'Dummkopf, beschränkte, unfähige Person' gebraucht. – Kretinismus m. (um 1800), latinisierende Bildung der Mediziner nach frz. *crétinisme*.

Kreuz n. 'aus zwei sich rechtwinklig oder schräg schneidenden Balken oder Linien bestehendes Gebilde'. Lat. *crux* (Gen. *crucis*) 'Balken (mit Querholz), Marterpfahl (als Hinrichtungsgerät, an den Verbrecher geschlagen werden)', übertragen 'Marter, Qual' wird im Zuge der Christianisierung der Germanen aus der lat. Kirchensprache zunächst als Bezeichnung für das 'Kreuz Christi' entlehnt in ahd. *krūzi* (8. Jh.), mhd. *kriuz(e)*, asächs. *krūci*, *krūzi*, mnd. *krūze*, mnl. *crūce*, nl. *kruis*, aengl. *crūc*, mengl. *crouch*. Der Ausdruck löst die im Germ. dafür übliche ältere, unter *Galgen* (s. d.) dargestellte Bezeichnung ab. Bald wird in Anlehnung an die lat. Vorlage und im Hinblick auf das Leiden Christi der Verwendungsbereich erweitert zu 'Mühsal, Not' und zu 'Zeichen des Kreuzes' sowie 'Kruzifix' (mhd.), danach (an das Symbol des Christentums anknüpfend) 'Ordenskreuz' (15. Jh.), ferner 'unterer Teil des Rückgrates' (17. Jh., vgl. *Kreuzbein*) und (hinsichtlich der figürlichen bzw. graphischen Darstellung) 'Notenzeichen' (wohl 18. Jh.), 'Spielkartenfarbe' (19. Jh.). Dazu Wendungen wie *zu Kreuze kriechen* 'sich demütigen, unterwerfen', eigentl. *zum Kreuz* ('Altarkreuz, Kruzifix') *kriechen* (16. Jh.) als Teil der Kirchenbuße, bes. am Karfreitag; *sein Kreuz auf sich nehmen*, mhd. *daz kriuze nemen* 'sich in sein Schicksal fügen'; *sein Kreuz* ('Schicksal') *tragen*, vgl. *wer nicht tregt seyn kreutz vnnd folgt myr nach, der kan nit meyn iunger seyn* (Luk. 14, 27, Luther), mhd. *du solt dīn kriuze hān enbor* (nach Mark. 8, 34). – Kreuzgang m. 'zu einem Klosterhof hin offener Bogengang', mhd. *kriuz(e)ganc*, eigentl. 'Bittgang, Umgang mit dem Kreuz, Prozession', dann auch auf die mit bildlichen Darstellungen der Kreuzstationen Christi versehenen Säulengänge der Klöster und Kirchen übertragen. Kreuzfahrer m., Kreuzritter m. (18. Jh.) 'Teilnehmer an einem Feldzug (mhd. *kriuzevart*, nhd. *Kreuzzug*, 18. Jh.) zur Eroberung Palästinas, des (als Wirkungsstätte Christi) heiligen Landes, und des Grabes Christi'. Aus Fluchwörtern wie kreuzdonnerwetter u. dgl. entwickeln sich das Grundwort verstärkende Bildungen wie *kreuzgut* (16. Jh.), *kreuzbrav* (18. Jh.), *kreuzfidel* (19. Jh.). kreuzweise Adv. 'in Form eines Kreuzes', mhd. *kriuzewīse*. Kreuzspinne f. Spinne mit hellem Kreuz auf dem Hinterleib (17. Jh.). Kreuzotter f. Giftschlange mit dunkler, kreuzähnlich verschlungener Rückenzeichnung (19. Jh.). kreuzlahm Adj. 'an freier Bewegung durch Schmerzen am unteren Rückgrat gehindert, hüftlahm, erschöpft' (18. Jh.). Kreuzfeuer n. 'Beschuß von mehreren Seiten' (19. Jh.). kreuzigen Vb. 'ans Kreuz schlagen', ahd. *krūzigōn* (um 1000), mhd. *kriuzigen*, auch 'peinigen, plagen', nach lat. *cruciāre* 'kreuzigen, martern'; dazu Kreuzigung f., ahd. *krūzigunga* (11. Jh.), mhd. *kriuzigunge*.

[1]**kreuzen** Vb. 'mit einem Kreuz versehen, etw. kreuzförmig legen, überschneiden, überqueren, Pflanzen oder Tiere verschiedener Arten, Sorten, Rassen miteinander paaren', abgeleitet von dem unter *Kreuz* (s. d.) behandelten Substantiv in seinen einzelnen Bedeutungen. Vgl. ahd. *krūzōn* 'ans Kreuz schlagen' (9. Jh.), mhd. *kriuzen* 'kreuzigen, bekreuzigen, mit einem Kreuz bezeichnen'. – Kreuzung f. 'Schnittpunkt von Verkehrswegen, zweier Geraden, Bastardierung, Hybridisation' (19. Jh.); zuvor 'Kreuzigung' (15. Jh.).

[2]**kreuzen** Vb. 'hin und her (eigentl. kreuzähnlich) fahren, um Schiffe zu beobachten, zu kapern, im Zickzack gegen die Windrichtung ansegeln' (1. Hälfte 17. Jh.), nach gleichbed. nl. *kruisen* (zu nl. *kruis*, s. *Kreuz*) dt. Lautung angeglichen. – [1]Kreuzer m. 'Schiff, das

hin und her fahrend eine Küste schützt, den Gegner beobachtet' (1. Hälfte 17. Jh.), dann 'gepanzertes schnelles Kriegsschiff' (19. Jh.), vgl. (jedoch erst 2. Hälfte 17. Jh. belegtes) nl. *kruiser*.

²**Kreuzer** m. Bezeichnung einer (zuerst im 13. Jh. in Tirol geschlagenen) Scheidemünze mit einem Kreuz im Gepräge, mhd. *kriuzære*, *kriuzer*, zu mhd. *kriuz(e)* (s. *Kreuz*).

kribbeln Vb. 'sich unruhig hin und her bewegen, wimmeln, leicht kratzen, jucken, kitzeln, prickeln', mhd. *kribeln*, nl. *kribbelen* stellt sich mit expressivem *i*-Vokalismus zu *krabbeln* (s. d.). – kribbelig Adj. 'unruhig, ungeduldig, gereizt', frühnhd. *kryblecht* (16. Jh.).

kriechen Vb. 'sich dicht am Boden fortbewegen', übertragen 'sich sehr langsam fortbewegen', ahd. *kriohhan* (8./9. Jh.), mhd. *kriechen* führt mit ablautendem *krauchen* und verwandtem *Krücke* (s. d.) auf ie. **greug-*, **grūg-*, eine Erweiterung der verbreiteten Wurzel ie. **ger-* 'drehen, winden' (wozu auch *Kringel*, *Krippe*, *Kraft*, *Krume*, *krumm*, s. d.). Einer zur gleichen Wurzel gebildeten, aber auf Labial ausgehenden Erweiterung ie. **greub-*, **grūb-* folgen die (im Nhd. nicht vertretenen) Verben mhd. (md.) *krūfen*, mnd. *krūpen*, mnl. *crūpen*, nl. *kruipen* sowie aengl. *crēopan*, engl. *to creep*, anord. *krjūpa* 'kriechen' (wozu auch *Kropf* und *Krüppel*, s. d.). Übertragener Gebrauch von *kriechen* im Sinne von 'unterwürfig schmeicheln' entwikkelt sich im 18. Jh. Dazu Kriecher m. 'unterwürfiger Schmeichler', Kriecherei f. 'unterwürfiges Benehmen', kriecherisch Adj. 'unterwürfig-schmeichlerisch' (18. Jh.). – Kriechtiere Plur. in dt. zoolog. Fachsprache für Reptilien (19. Jh.).

Krieg m. 'bewaffnete Auseinandersetzung', ahd. *krieg* 'Beharrlichkeit, Hartnäckigkeit, Rechthaberei' (10. Jh.), mhd. *kriec*, *krieg* 'Anstrengung, Bemühen, Streben nach oder gegen etw., Widerstreben, Widerstand, Zwietracht', auch 'Streit mit Waffen, Kampf, bewaffnete Auseinandersetzung', mnd. *krīch*, mnl. *crijch* 'Halsstarrigkeit, Zwietracht, Streit, Kampf', nl. *krijg* 'Krieg' sowie ahd. *widarkriegelīn* 'halsstarrig' (9. Jh.), *einkrieglīh* 'sehr zäh, langausdauernd, -anhaltend, halsstarrig' (8. Jh.), afries. *halskrīga* 'Steifheit des Halses' sind ihrer Herkunft nach ungeklärt. Besteht Verwandtschaft mit lett. *grīns* 'finster, mürrisch' und möglicherweise griech. *brīthos* (βρῖθος) 'Wucht, Gewicht, Last', air. *brīg* 'Kraft, Macht, Wert' bei Ansatz von ie. **gᵘerī̆*, einer Weiterbildung der unter *kirre* (s. d.) genannten Wurzel ie. **gᵘer(ə)-* 'schwer'? Oder ist mit Aumann in: PBB 61 (1937) 257ff. im Hinblick auf ahd. *widarkriegī* (Hs. 12. Jh.) für lat. *contrōversia* Anschluß an eine Gutturalerweiterung der Wurzel ie. **ger-* 'drehen, winden' (s. *krumm*) möglich? de Vries Nl. 362 denkt angesichts der schwachen Anknüpfungsmöglichkeiten an ein Substratwort im kontinentalen Westeuropa. – kriegen Vb. 'erhalten, bekommen'. Das vom Substantiv abgeleitete schwache Verb mhd. *kriegen*, (md.) *krīgen* 'sich anstrengen, streben, ringen, trachten (körperlich und geistig), mit Worten streiten, zanken, handgreiflich werden, kämpfen, Krieg führen', mnd. *krīgen* 'streiten, einen Prozeß, Krieg führen' hat neben sich (bis ins 16. Jh.) ein (in seiner Zugehörigkeit wie das Substantiv nicht geklärtes) starkes Verb mhd. *krīgen* 'sich anstrengen, streben, ringen, trachten, streiten, kämpfen mit Worten und Waffen' und (seit dem 14. Jh.) 'erhalten, bekommen', mnd. *krīgen* 'bekommen, empfangen, erlangen, erwerben, gewinnen', mnl. *crīghen* 'sich anstrengen, streben, streiten, Krieg führen', nl. *krijgen* 'erhalten, bekommen, Krieg führen'. Ein zum schwachen Verb gebildetes mhd. *erkriegen*, im Md. 'erstreben, erlangen, zu erreichen suchen', mnd. *erkrīgen* verliert in md. und nd. Gebieten seine Vorsilbe und übernimmt mit dem Untergang des starken Verbs dessen Bedeutung 'erhalten, bekommen'. Den alten Gebrauch im Sinne von 'Krieg führen, kämpfen' bewahren südd. Mundarten; auch die gehobene Literatursprache greift darauf gelegentlich zurück. Krieger m. 'Kämpfer, Streiter', mhd. *krieger*. kriegerisch Adj. 'kampf-, angriffslustig' (16. Jh.); vgl. mhd. *kriegisch* 'trotzig, streitsüchtig'. Kriegsfuß m., in der Wendung *das Heer auf den Kriegsfuß setzen* (Campe 1808), vgl. frz. *mettre sur pied une armée* 'eine Armee aufstellen', jünger (Mitte 19. Jh.) auch *mettre sur le pied de guerre* 'angriffsbereit machen'; heute *mit jmdm. auf (dem) Kriegsfuß stehen* 'mit jmdm. im Streit leben'. Kriegsschauplatz m. (Ende 18. Jh.), zuvor *Schauplatz des Krieges* (Ende 17. Jh.).

K r i e g s g e f a n g e n e r m. (17. Jh.). K r i e g s e r k l ä r u n g f. (18. Jh.).

kriminell Adj. 'verbrecherisch, straffällig, strafbar', Entlehnung (Ende 18. Jh.) von gleichbed. frz. *criminel*, das auf lat. *crīminālis* 'ein Verbrechen betreffend, verbrecherisch' beruht; zu lat. *crīmen* (Gen. *crīminis*) 'Beschuldigung, Anklage, Verbrechen'; älter dafür (dem lat. Adj. folgend) k r i m i n a l i s c h (2. Hälfte 16. Jh.) und k r i m i n a l (Ende 17. Jh.), letzteres in vielen Zusammensetzungen, vgl. *Kriminalklage*, *-sache* (2. Hälfte 16. Jh.), *Kriminalprozeß* (1. Hälfte 17. Jh.), *Kriminalgeschichte* (18. Jh.), *Kriminalpolizei*, *-polizist* (19. Jh.), *Kriminalroman*, *-film* (20. Jh.). An mlat. *criminalitas* (Gen. *criminalitatis*) 'Schwerverbrechen' schließen sich an K r i m i n a l i s t m. 'Strafrechtsforscher, -lehrer' (17. Jh., frz. *criminaliste*), vgl. 'der über Criminalia oder peinliche Sachen geschrieben hat' (1703); heute auch 'Detektiv'; K r i m i n a l i t ä t f. 'Straffälligkeit' (19. Jh., frz. *criminalité*).

Krimskrams m. 'Kram, Plunder, wertlose Kleinigkeiten', wie *Mischmasch* (s. *mischen*) und *Wirrwarr* (s. *wirr*) eine ablautende Reduplikationsbildung (Ende 18. Jh.) wohl in Anlehnung an *krimmeln* 'kribbeln' (vgl. *es krimmelt und wimmelt*) und *Kram* 'Plunder, unnützes Zeug' (s. d.), älteres *Kribskrabs* (16. Jh., zu *kribbeln* und *krabbeln*, s. d.) verdrängend.

Kringel m. 'kleiner Kreis, Schnörkel, ringförmiges Gebäck', spätmhd. mnd. *kringel* 'Kreis, ringförmiges Gebilde, Brezel', anord. schwed. *kringla* 'Kreis' stehen als mit deminutivem *l*-Suffix abgeleitete Formen neben mhd. *krinc*, *kringe* 'Kreis, Ring, Bezirk', nhd. (landschaftlich) *Kring*, *Kringe* 'Ring, Kreis', mnd. *krinc*, anord. *kringr*, schwed. (mundartlich) *kring*; Ablaut zeigt mhd. *kranc* 'Kreis, Umkreis'. Auszugehen ist wohl von ie. **grenk-*, einer nasalierten Gutturalerweiterung (neben ie. **greng-* bzw. **grenĝ-*, s. *krank*) der Wurzel ie. **ger-* 'drehen, winden' (s. *kriechen*, *krumm*). – k r i n g e l n Vb. 'Kreise, Ringe, Schnörkel bilden oder formen, ringeln, kräuseln' (19. Jh., doch in den Mundarten gewiß älter). k r i n g (e) l i g Adj. 'geringelt, gekräuselt', älter *kringlicht* (17. Jh.).

Krippe f. 'Futtertrog'. Das nur westgerm. bezeugte Substantiv ahd. *krippa* (8. Jh.), mhd. *krippe* (vgl. daneben expressives und schwach flektierendes ahd. *kripha*, 9. Jh., mhd. *kripfe*), asächs. *kribbia*, mnl. *cribbe*, *crebbe*, nl. *krib*, *kribbe*, afries. *kribbe*, aengl. *cribb*, engl. *crib* führt mit einer ursprünglichen Bedeutung 'Flechtwerk, Geflochtenes' auf ie. **gerbh-*, **grebh-*, eine Labialerweiterung der Wurzel ie. **ger-* 'drehen, winden' (s. *kriechen*, *krumm*). Die Bezeichnung für den anfänglich geflochtenen Futtertrog geht auf den steinernen bzw. hölzernen Futtertrog über; vgl. dazu (heute seltenes) *Krippe* 'geflochtene Deich- bzw. Uferbefestigung', nd. *Kribbe* 'Buhne'. Auf der Darstellung der Heiligen Familie mit dem Jesuskind in der Krippe beruht der Gebrauch von *Krippe*, *Kinderkrippe* für eine 'Einrichtung zur Betreuung von Säuglingen und Kleinstkindern' (19. Jh.); vgl. frz. *crèche* 'Krippe', dann auch 'Heim für Findelkinder' (18. Jh.), 'Heim für Kleinstkinder arbeitender Mütter' (19. Jh.).

Krise f. 'entscheidender Punkt, Höhepunkt einer gefahrvollen Entwicklung, schwierige Lage', in der Medizin *Krisis*, *Crisis* 'rascher Fieberabfall bei Infektionskrankheiten', zuvor 'Höhepunkt, Wendepunkt einer Krankheit'. Lat. *crisis*, griech. *krísis* (κρίσις) 'Entscheidung, entscheidende Wendung von Krankheiten', auch 'Urteil, Gericht', zu griech. *krī́nein* (κρίνειν) 'scheiden, trennen, auswählen, entscheiden, (ver)urteilen, anklagen', wird (Anfang 16. Jh.) in die medizinische Wissenschaftssprache entlehnt. Unter dem Einfluß von frz. *crise* wird der Ausdruck zu *Crise* eingedeutscht (18. Jh.) und im Sinne von 'Entscheidungs-, Wendepunkt, schwierige, gefährliche Lage' auf wirtschaftliche und politische Zustände übertragen. – k r i s e l n Vb. in unpersönlicher Verwendung *es kriselt* 'eine kritische Situation macht sich bemerkbar, eine Krise droht' (um 1900).

Kristall m. 'Bergkristall', von gleichmäßig angeordneten ebenen Flächen begrenzter fester Körper, ahd. *kristallo* m. 'Bergkristall' (11. Jh.), mhd. *kristalle*, *kristal* m. f., entlehnt aus lat. *crystallus* f. (selten m.), griech. *krýstallos* (κρύσταλλος) 'Eis, Bergkristall', einer Ableitung von griech. *krýos* (κρύος) 'Eiskälte, Frost'. Für das Mhd. ist freilich auch eine Neuentlehnung von afrz. *cristal* zu erwägen. Neben das maskuline (im Mhd. und Frühnhd. auch feminine) tritt im 17. Jh. neutrales Genus, das für die seit dem 15. Jh. bestehende Verwendung im Sinne von '(Gefäße aus) Kristallglas' bestimmend wird (unter dem Einfluß von *Glas*?). – k r i s t a l l e n Adj. 'aus Kristall, kristallklar', ahd. (Hs. 13. Jh.), mhd. *kristallīn*, aus lat. *crystallinus*, griech. *krystállinos* (κρυστάλλινος) 'aus Kristall hergestellt, bestehend'. k r i s t a l l i s c h Adj. 'von, wie Kristall', mhd. *kristallisch*. k r i s t a l l i s i e r e n Vb. 'Kristalle bilden' (18. Jh.), frz. *cristalliser*. K r i s t a l l i s a t i o n f. 'Kristallbildung' (18. Jh.), frz. *cristallisation*. K r i s t a l l g l a s n. 'stark glänzendes Glas, daraus hergestelltes, meist geschliffenes Trinkglas' (18. Jh.).

kritisch Adj. 'entscheidend, bedrohlich, gefährlich'. Spätlat. *diēs criticī* bezeichnet in der Sprache der Ärzte 'die entscheidenden Tage (im Ablauf einer Krankheit)' als Nachbildung von gleichbed. griech. *hēmérai kritikaí* (ἡμέραι κριτικαί); vgl. spätlat. *criticus*, griech. *kritikós* (κριτικός) 'entscheidend, zur Entscheidung gehörig', zu griech. *krī́nein* (s. *Krise*). Die lat. Fügung wird zu Anfang des 16. Jhs. in dt. medizinische Texte aufgenommen und daraus (2. Hälfte 17. Jh.) das Adjektiv *kritisch* im Sinne von 'entscheidend' in bezug auf einen Zeitpunkt oder Zeitabschnitt entlehnt, das dann (Ende 18. Jh.) in 'bedrohlich, gefährlich' in bezug auf eine Situation oder Lage übergeht. In der im 17. Jh. aufkommenden Bedeutung 'wertend, prüfend, streng feststellend' im Sinne philologischer Textüberprüfung, dann (18. Jh.) zur Charakterisierung wissenschaftlicher Arbeiten (vgl. *Critische Dichtkunst*, *Critische Beyträge*) und schließlich allgemein für 'genau, streng beurteilend' knüpft *kritisch* unmittelbar an griech. *kritikós* 'entscheidend, zur Entscheidung gehörig, zum (Be)urteilen gehörig', substantiviert 'Beurteiler der Sprache und der Schriftwerke, Kunstrichter' an. – K r i t i k f. 'Beurteilung, Bewertung, Besprechung', auch 'Beanstandung', Übernahme (*Critique*, Ende 17. Jh., dann *Critic*, *Critik*, 18. Jh.) von frz. *critique* als Ausdruck des (zuerst in Frankreich beginnenden) ästhetischen Kunstrichtertums. Dem frz. Ausdruck liegt griech. *kritikḗ (téchnē)* (κριτικὴ τέχνη) 'Beurteilungskunst', also das substantivierte Femininum von griech. *kritikós* (s. oben) zugrunde. Redensartlich *unter aller Kritik* 'sehr schlecht' (zuerst in der Journalistik, 2. Hälfte 18. Jh.). K r i t i k e r m. 'wer Kritik übt, Beurteiler, Kunstrichter' (18. Jh.), älteres (heute nur noch geringschätzig gebrauchtes) *Criticus* (17. Jh.) ablösend, lat. *criticus*, griech. *kritikós* 'Kunstrichter' (s. oben). k r i t i s i e r e n Vb. 'beurteilen, beanstanden' (17. Jh.). K r i t e r i u m n. 'unterscheidendes und entscheidendes Merkmal' (17. Jh.), latinisierte Übernahme von griech. *kritḗrion* (κριτήριον) 'entscheidendes Kennzeichen, Merkmal'.

kritteln Vb. 'kleinliche Kritik üben, tadeln, nörgeln' entsteht (18. Jh.) unter Einfluß von *Kritik*, *kritisch*, *kritisieren* aus älterem *gritteln* 'Einwürfe machen, mäkeln, unzufrieden sein, zanken' (Ende 17. Jh.). Dessen Herkunft ist ungeklärt. – b e k r i t t e l n Vb. (18. Jh.), h e r u m k r i t t e l n Vb. (um 1900).

kritzeln Vb. 'flüchtig, undeutlich, schlecht zeichnen, schreiben' (16. Jh.), älter (heute noch landschaftlich) 'kratzen, kitzeln' (15. Jh.) gehört als Iterativum zu ahd. *krizzōn* 'einritzen' (Hs. 13. Jh.), mhd. *kritzen* 'kratzen, ritzen', nhd. (bes. landschaftlich) *kritzen* 'schnitzen, kratzen, ein kratzendes Geräusch machen, flüchtig oder mühsam schreiben', verwandt mit schwed. (mundartlich) *kreta*, norw. *krita* 'schnitzen'. Das Verb ist wohl als Nebenform mit expressivem *i*-Vokalismus von *kratzen* (s. d.) anzusehen.

Krokant m. Zuckerwerk aus zerkleinerten Mandeln, Nüssen und Karamelzucker, z.T. mit Zusätzen von Marzipan und Nugat, zuerst (19. Jh.) *Croquante* f., dann (20. Jh.) *Krokant* m. Aus frz. *croquante* 'knusprige Mandeltorte', substantiviertem Part. Präs. Fem. von frz. *croquer* 'krachen (von knusprigem Gebäck, wenn man darauf beißt)', einem Verb lautmalenden Ursprungs.

Krokodil n. Der Name der Panzerechsen ist eine Entlehnung von gleichbed. lat. *crocodīlus*. Dieses stammt seinerseits aus griech. *krokódīlos* (κροκόδιλος) 'Eidechse', wird dann auf das Krokodil des Nils und den Alligator Indiens übertragen; wohl eine volkstümliche Bildung aus griech. *krókē* (κρόκη) 'Kies' und *drī́los* (δρῖλος) 'Wurm' mit Dissimilation des zweiten *r*. Daneben stehen (mit Metathese) lat. *corcodīlus* und vlat. *c(r)ocodril(l)us*, das zu mhd. *kokodrille*, *kokadrille* führt. Im 16. Jh. setzt sich im Dt. unter Anlehnung an die bei klassischen Autoren übliche griech.-lat. Form *Krokodil* durch. – K r o k o d i l s t r ä n e n Plur. 'falsche Tränen, geheuchelte Mitleidsbekundung'. Die Fabel, daß das Krokodil die von ihm gefressenen Menschen beweine, läßt sich bis etwa 400 zurückverfolgen. Aus der späteren Umdeutung, das Krokodil weine, um seine Opfer anzulocken, stammt im Humanistenlatein *Crocodili lachryme* (1500 Erasmus, als Sprichwort bezeichnet), danach im Dt. *Crocodilen Trähern* (16. Jh.).

Krokus m. Schwertliliengewächs mit Trichterblüten. Lat. *crocus*, griech. *krókos* (κρόκος) bezeichnet den 'Safran', eine alte, als Färbemittel, als Gewürz und für Heilzwecke angebaute Kulturpflanze. Der Name stammt wohl aus einer semitischen oder kleinasiatischen Sprache. Aus dem Griech.-Lat. wird ahd. *krōg* (9. Jh.), *kruogo* (10. Jh.) 'Safran' entlehnt, das sich jedoch im Dt. nicht fortsetzt. Der heutige Name *Krokus* beruht auf einer Neuentlehnung (18. Jh.) von botan.-lat. *Crocus* und gilt für zu Zierpflanzen entwikkelte, als sehr zeitige Frühjahrsblüher geschätzte Arten.

Krone f. 'kranzartiger bzw. reifförmiger Kopfschmuck, Zeichen der Herrscherwürde, Baumgipfel mit den umgebenden Ästen', ahd. *corōna* (8. Jh.), mhd. mnd. *krōne*, *krōn* 'Kranz, Krone', mnl. *crōne*, nl. *kroon*, aengl. *corōna*, anord. *korōna* sind entlehnt aus lat. *corōna* 'Kranz, Krone', das seinerseits aus griech. *korṓnē* (κορώνη) 'Gekrümmtes', daher 'Krähe (nach dem gekrümmten Schnabel), Ring, Kranz, Krone, das gekrümmte Ende des Bogens, Ende, Spitze' stammt. In älterer Zeit bezeichnet das Wort den aus Zweigen, Blumen gewundenen Kranz als Kopfschmuck bei fröhlichen und feierlichen Anlässen oder als Siegespreis bei Wettkämpfen, dann nach orientalischem und biblischem Brauch den Metallreif als Zeichen des Herrschers. – k r ö n e n Vb. 'die Krone aufsetzen, zum Herrscher machen', übertragen 'erfolgreich abschließen, auszeichnen', mhd. *krœnen*, *krōnen* (auch 'bekränzen'), abgeleitet vom Substantiv. Voraus geht ahd. *korŏnōn* 'mit einem Kranz schmücken' (8. Jh.), entlehnt aus gleichbed. lat. *corōnāre*. K r ö n u n g f., mhd. *krœnunge*, *krōnunge*. K r o n p r i n z m. 'durch Geburt zum Nachfolger des Königs bestimmter Prinz' (17. Jh.), vgl. gleichzeitiges *Kurprinz* 'Erbprinz in kurfürstlichem Hause' und *Kronerbe*. K r o n l e u c h t e r m. 'kranz- bzw. kronenförmige Deckenleuchte' (18. Jh.). K r o n z e u g e m. 'Hauptbelastungszeuge' (19. Jh.), Wiedergabe von engl. *king's evidence*, im engl. Strafrecht ein Mittäter, den die Krone (vertreten durch den Staatsanwalt) gegen das Versprechen der Strafmilderung oder Straffreiheit als Belastungszeugen benutzt.

Kropf m. 'krankhaft vergößerte Schilddrüse des Menschen, Vormagen der Vögel, knollige Wucherung', ahd. *kroph* (9. Jh.), mhd. *kropf*, mnd. *krop* 'geschwollener Körperteil, Kropf, Vormagen der Vögel, Hals, Schlund, Rumpf, Körper', mnl. *crop* 'Kropf, Hals, Schlund, Knoten', nl. *krop* 'Kropf, Busen, Kielende', aengl. *cropp*, *croppa* 'Haufen, Büschel, Knospe, Vormagen der Vögel, Stein', engl. *crop* 'Frucht, Kropf, Vormagen der Vögel', anord. *kroppr* 'aufgeschnittenes Schlachttier, Körper', schwed. *kropp* 'Körperteil, Leib' sind verwandt mit *Krüppel* (s. d.), außergerm. vielleicht mit lit. *grubinė́ti* 'straucheln, stolpern', *grùblas* 'rauhe Unebenheit, Erdhügel' und weisen im Sinne von 'Krümmung, Rundung, Ausbiegung' auf ie. **greub-*, **grūb-*, eine Erweiterung der Wurzel ie. **ger-* 'drehen, winden', wozu auch *kriechen*, *krumm*, *Krücke*, *Kringel*, *Krippe* (s. d.) gehören. – k r ö p f e n Vb. 'Nahrung in den Kropf aufnehmen, fressen' (von Raubvögeln), mhd. *krüpfen*.

Kroppzeug n. (umgangssprachlich, vorzugsweise nordd.) 'kleine Kinder, Kleinvieh', auch 'Gesindel, Pack, wertloses Zeug' (18. Jh.), aus nd. *Krōptūg*, *Kropptūg*. Der im Siebenjährigen Krieg beim preußischen Heer beliebte Ausdruck enthält als Bestimmungswort mnd. *krūp*, *krop* 'Kleinvieh', eigentl. 'kurzbeiniges, gleichsam kriechendes Wesen', zu mnd. *krūpen* 'kriechen' (s. *Krüppel*). Die gelegentlich begegnende Form nhd. *Grobzeug* beruht auf volksetymologischer Umdeutung.

Kröte f. Nur dt. und (teilweise) nl. Name für kurzbeinige Froschlurche mit plumpem Körper und warziger Haut. Der Stammvokal zeigt unterschiedliche Ablautformen, vgl. ahd. *kreta* (9. Jh.) und *krota* (10. Jh.), mhd. *krot*, *krote*, *krotte*, *krete*, *kröte*, mnd. *krōde*, *krāde*, *krȫde*, mnl. *crode*, *crade*, südnl. *krodde*, frühnhd. *krot*, *krotte*, *krut*; in den Mundarten obd. *Krott*, rhein. *Krat*, *Krade*, *Krede*, nd. (selten) *Krot*, *Krode*, schles. *Kräte*, *Kröte*. Heute übliches *Kröte* setzt eine im Omd. entstandene, von Luther aufgenommene Mischform fort. Die Herkunft des Namens ist ungeklärt. Der Plural *Kröten* steht umgangssprachlich für 'Geld', namentlich in den Wendungen *ein paar Kröten*, *meine letzten Kröten* (19. Jh.). Nach dem Bild der Schildkröte auf agriech. Münzen? Oder nach der Vorstellung des Kleinen, Geringen, Unbedeutenden, auf der Erde Laufenden wie in *Kröte* 'kleines Kind' (falls hier nicht ein anderes, aus nd. Mundarten stammendes Wort zugrunde liegt)? – Abgeleitetes krötig Adj. 'frech, bösartig, giftig' (19. Jh.) beruht vielleicht auf der irrigen Annahme, daß die Kröte Gift speie. Oder zu mnd. *krōde*, *krade* Adj. 'giftig, bösartig, schlimm, böse, übel' mit nachträglicher Anlehnung an *Kröte*?

Krücke f. 'Stock für Gehbehinderte mit Querholz als Stütze in der Achselhöhle oder mit Unterarmstützen', ahd. *krucka* (8. Jh.), mhd. *krucke*, *krücke*, asächs. *krukka*, mnd. *krücke*, mnl. *crucke*, nl. *kruk*, aengl. *crycc*, engl. *crutch*, schwed. *krycka* setzen germ. **krukjō* bzw. **krukjōn* 'Stab mit krummem Griff' voraus, Nominalbildungen zu der unter *kriechen* (s. d.) genannten Erweiterung ie. **greug-*, **grūg-* der Wurzel ie. **ger-* 'drehen, winden'. – Krückstock m. (17. Jh.).

[1]**Krug** m. 'kannenartiges Gefäß', ahd. *kruog* (9. Jh.), mhd. *kruoc*, (md.) *krug*, mnl. *croech*, aengl. *crōg*. Die Herleitung des westgerm. Wortes bereitet Schwierigkeiten. Da Gefäße vielfach aus Flechtwerk bestanden, ist Anschluß an eine Gutturalerweiterung der Wurzel ie. **ger-* 'drehen, winden' (s. *krumm*) möglich. S. auch wahrscheinlich verwandtes *Kruke*. Erwogen wird jedoch auch eine Lehnbeziehung zu griech. *krōssós* (*κρωσσός*) '(Misch)krug, Salbgefäß', das wohl mediterranen Ursprungs ist.

[2]**Krug** m. 'Schenke, Wirtshaus' gelangt im 16. Jh. aus dem Nd. ins Hd. Die Herkunft von mnd. *krōch*, *krůch* 'Wirtshaus, Schenke' (woraus nl. *kroeg*, schwed. *krog*) ist ungewiß. Vielleicht stellt es sich zu der unter *Kragen*, das ursprünglich 'Hals, Kehle' bedeutet (s. d.), genannten *gh*-Erweiterung der Wurzel ie. **gᵘer(ə)-* 'verschlingen, Schlund'. Ein vergleichbares Bedeutungsverhältnis liegt vor zwischen lat. *gurges* 'Strudel, Wirbel, Schlund', spätlat. auch 'Gurgel', und lat. *gurgustium* 'ärmliche Wohnung, Hütte, Kneipe' (im Sinne von 'Schlund, dunkles Loch' zu *gurges* gebildet).

Kruke f. 'irdener Krug, Tonflasche' dringt vom 17. Jh. an aus dem Nd. ins Nhd. ein; vgl. asächs. *krūka*, mnd. *krūke*, aengl. *crūce*, engl. (älter) *crouke*, mnl. *crūke*, nl. *kruik*. Die entsprechende hd. Form spätmhd. *krūche* hält sich im Nhd. nur in mundartlichem (omd.) *Krauche*. Vergleichbar ist ferner (mit kurzem Vokal) aengl. *crocca*, *crocc* 'Topf'. Die Herkunft des Wortes ist unklar; Verwandtschaft mit [1]*Krug* (s. d.) ist möglich.

Krume f. 'abgebröckeltes kleines (Brot)-stückchen, weiches Inneres (von Brot), oberste lockere Schicht des Bodens' (vgl. *Ackerkrume*), mhd. (md.) *krume*, mnd. *krōme*, *krůme*, mnl. *crōme*, *crūme*, nl. *kruim*, aengl. *cruma*, engl. *crumb*, schwed. *(in)kråm* 'Krume, Eingeweide' lassen sich vielleicht mit griech. *grȳméa* (*γρυμέα*) '(Kasten für) Gerümpel', lat. *grūmus* 'Erdhaufen, Hügel' vergleichen und als Bildungen mit *m*-Suffix im Sinne von 'Zusammengekratztes' an ie. **greu-*, **grū-* (s. *krauen*), eine Erweiterung der Wurzel ie. **ger-* 'drehen, winden', anschließen. Das Wort erlangt erst nach Luther (der *Brosame* verwendet) allgemeine Geltung. – Krümel m. und n. 'kleines Teilchen' (bes. von Backwerk) (15. Jh.). krümeln Vb. 'in kleine Krumen zerfallen' (15. Jh.). verkrümeln Vb. 'sich unauffällig entfernen', eigentl. 'sich in Krümel auflösen' (2. Hälfte 18. Jh.). krümelig Adj. 'in Krümel zerfallend, aus ihnen bestehend' (19. Jh.), älter *krümelicht* (17. Jh.).

krumm Adj. 'nicht gerade, bogen-, wellenförmig', übertragen 'unehrlich', ahd. *krumb* (8. Jh.), mhd. *krump*, asächs. *krumb*, mnd. *krum*, aengl. *crumb*, mnl. *crom(b)*, nl. *krom*, mit intensivierender Konsonantendoppelung ahd. *-krumph* 'gekrümmt, gewunden' (in *sītakrumph*, 11. Jh.), mhd. *krumpf* stellen sich als schwundstufige Bildungen mit den ablautenden, unter *Krampf* (s. d.) behandelten Formen sowie mit lit. *grubùs* (aus **grumbùs*) 'holprig, hart' und möglicherweise aslaw. *grǫbъ* 'einfach, ungelehrt, ungebildet', russ. *grúbyj* (*грубый*) 'rauh, roh, grob' zu ie. **gremb(h)-*, **gremp-*, einer nasalierten Labialerweiterung der Wurzel ie. **ger-* 'drehen, winden' (zu der auch *Kringel*, *Kranz*, *Krapfen*, *Krume*, *kriechen*, *krauchen*, *Krücke*, *Krüppel*, *Kropf* und, falls nicht entlehnt, [1]*Krug* gehören). – krümmen Vb. 'biegen, wölben, eine Biegung machen, sich zusammenziehen, sich wellen', ahd. *krumben* (9. Jh.), mhd. *krümben*. Krümmung f. (15. Jh.).

Kruppe f. 'Kreuz des Pferdes', entlehnt (17. Jh.) aus frz. *croupe* (afrz. *crope*) 'erhöhter Teil des Rückens von Tieren (bes. des Pferdes), Hinterteil, Kreuz', das seinerseits aus dem Germ. stammt. Das vorauszusetzende **kruppa* bzw. **cruppa* ist eine (im Germ. oder Galloroman. entstandene) fem. Bildung neben dem Mask. germ. **kruppa-* 'Krümmung, Rundung, Ausbiegung', das den meisten unter *Kropf* (s. d.) behandelten Wörtern und in der Bedeutung 'zusammengedrängte, runde Masse' letztlich auch *Gruppe* (s. d.) zugrunde liegt. – Kruppade f. 'Hochsprung des Pferdes mit eingezogenen Hinterbeinen' (19. Jh.), frz. *croupade*.

Krüppel m. 'Körperbehinderter', mhd. *krüp(p)el* stammt über md. *kruppel*, *kropel* aus mnd. *krōpel*, *kröppel*, *krēpel* 'mißgebildeter, gehbehinderter Mensch'. Dies ist verwandt mit asächs. *crupel* 'gelähmt, verkrüppelt', aengl. *crypel*, *creopel*, engl. *cripple* 'Krüppel', mnl. *cruepel*, *crupel*, *crōpel*, *crēpel*, nl. *kreupel* 'verkrüppelt, lahm', anord. (mit aus Nasalinfix enstandenem *pp*) *kryppill* 'Krüppel'; es stellt sich als 'einer, der gewunden, zusammengekrümmt, krumm und lahm ist' zu mhd. (md.) *krūfen* 'kriechen, sich einziehen, sich in niedriger Haltung, am Erdboden fortbewegen, schmiegen, schleichen', mnd. *krūpen*, *krēpen*, *kreipen*, mnl. *crūpen*, nl. *kruipen*, anord. *krjūpa*, schwed. *krypa* 'kriechen' und mit dem unter *Kropf* (s. d.) behandelten Substantiv zu ie. **greub-*, Erweiterung der Wurzel ie. **ger-* 'drehen, winden'. – krüpp(e)lig Adj. 'mißgestaltet, behindert', zuvor *krüplicht* (18. Jh.). verkrüppeln Vb. 'lahm, mißgestaltet, behindert werden' (18. Jh.), vgl. *krüppeln* 'zum Krüppel machen, wie ein Krüppel gehen' (16. Jh.), mhd. *gekrüpelt* 'lahm'.

Kruste f. 'Brotrinde, Rinde, harter Überzug, Schorf', ahd. *krusta* (9. Jh.), mhd. *kruste* ist entlehnt aus lat. *crusta* 'Rinde, Schorf', eigentl. 'das durch Gerinnen Festgewordene' (vgl. verwandtes lat. *cruor* 'geronnenes Blut außerhalb des Körpers'). Umsprung des *r* (Metathese) zeigen mnd. *korste*, mnl. *corste*, nl. *korst* sowie nhd. (mundartlich) *Korste*, *Kurste*, *Kürste*, *Kirste*. – krustig Adj. (17. Jh.).

Kruzifix n. (bis ins 18. Jh. auch m.) 'plastische Darstellung des gekreuzigten Christus', spätmhd. *crūzifix* n., aus mlat. *crucifixum* (neben *crucifixus* m. und n.) 'Abbild des ans Kreuz Gehefteten', zu spätlat. *crucifīgere* 'ans Kreuz schlagen' mit dem Part. Perf. *crucifīxus* 'gekreuzigt', substantiviert spätlat. 'der Gekreuzigte', d. i. 'Christus' (vgl. lat. *crux*, Gen. *crucis*, 'Kreuz' und *fīgere* 'anheften', s. *fix*).

Krypta f. 'Gruft, unterirdischer gewölbter Raum' (einer Kirche), Entlehnung (18. Jh.) von lat. *crypta* 'gedeckter Gang, unterirdisches Gewölbe, Grotte, Gruft', kirchensprachlich 'Katakombe', danach 'Grabkammer eines Märtyrers, unterirdischer Kirchenraum mit Grabkammern'. Vorauf geht griech. *krýptē* (*κρύπτη*) 'gedeckter Gang, Gewölbe, Gruft', eigentl. Femininum des Verbaladjektivs von griech. *krýptein* (*κρύπτειν*) 'verbergen, verstecken, verhüllen' (s. auch *Grotte* und *Gruft*).

Kübel m. 'eimerähnliches Gefäß', ahd. *kubilo* (10. Jh.), vgl. auch *miluhkubilo*, *miluhkubilī* 'Milchkübel' (11. Jh.), mhd. *kübel*. Die Bezeichnung des Gefäßes gelangt mit der römischen Weinkultur aus der Provence (oder aus Oberitalien?, vgl. tosk. *cupile* 'Bienenstock') ins Obd. und dringt von dort aus nach Norden vor. Ausgangsform für die Entlehnung ist wahrscheinlich aprov. *cubel* 'kleiner Bottich' (vereinzelt für das 14. Jh. nachgewiesen, vgl. aber in derselben Bedeutung auch die Weiterbildung aprov. *cubelot* und in Südfrankreich belegtes mlat. *cubellus*, *cubellum*). Voraus gehen spätlat. *cūpella*, selten *cūpellum*, *cūpillum* 'kleine Kufe', Deminutiva von lat. *cūpa* 'Kufe, Tonne, größeres Holzgefäß' (s. ²*Kufe*). Zum Entlehnungsvorgang vgl. Frings/M. Germania Romana 2 (1968) 215 und FEW 2, 1550.

Kubus m. 'Würfel, dritte Potenz einer Zahl', Übernahme (16. Jh.) von gleichbed. lat. *cubus*, aus griech. *kýbos* (*κύβος*) 'Höhlung, Auge auf dem Würfel, Würfel'. – kubisch Adj. 'würfelförmig, in die dritte Potenz erhoben' (16. Jh.), lat. *cubicus*, worauf auch das Bestimmungswort in *Kubikwurzel* (16. Jh.), *Kubikzahl* (16. Jh.), *Kubikmeter* (19. Jh.) beruht. Kubismus m. zu Beginn des 20. Jhs. entwickelte Richtung in Malerei und Plastik, die die kubischen Formen der Natur betont, nlat. Bildung zu lat. *cubus*; dazu kubistisch Adj. (20. Jh.).

Küche f. 'Raum zum Zubereiten von Speisen, Kochkunst', ahd. *kuhhina* (um 800), mhd. *küche(n)*, *kuche(n)*, mnd. *kōke*, *kōken(e)*, mnl. *cōkene*, *cuekene*, nl. *keuken*, aengl. *cycene*, engl. *kitchen*, entlehnt (ins Hd. vor der Lautverschiebung) aus vlat. *cucīna*, *cocīna*, spätlat. *coquīna* 'Küche', einer Substantivierung der fem. Form des Adjektivs lat. *coquīnus* 'zum Kochen gehörig, dazu nötig'; zu lat. *coquere* 'kochen, sieden' (s. *Koch*). – Küchenlatein n. 'schlechtes, fehlerhaftes Latein', von den am klassischen Latein gebildeten Humanisten verspottetes Latein der Mönche und Kanzlisten, nlat. *latīnitās culīnāria*, mnd. *kōken latijn* (um 1500), frühnhd. *Küchenlatein* (Luther 1523); vgl. lat. *culīnārius* 'zur Küche gehörig'.

Kuchen m. 'Feingebäck', ahd. *kuohho* (9. Jh., *phan(n)kuohho*, 8. Jh.), mhd. *kuoche*, mnd. *kōke*, mnl. *coeke*, *couke*, nl. *koek*, asächs. (deminutiv) *kōkilīn*, ablautend anord. *kaka* in *kǫkukorn* 'kleiner Kuchen', schwed. *kaka* 'Kuchen, Brotlaib' sowie *koka* 'Erdscholle' führen auf germ. **kōka-*, **kaka-*. Sichere außergerm. Anknüpfungsmöglichkeiten finden sich nicht. Eine reduplizierende Bildung der Kindersprache? Ein Substratwort? Das auslautende *-n* stammt aus den flektierten Kasus, bis ins 16. Jh. begegnet noch der Nom. *Kuche*. Der Ausdruck steht zunächst für eine Art 'Brotkuchen' und nimmt etwa im 15. Jh. die heutige Bedeutung an. Terminologisch bezeichnet *Kuchen* eine 'breiartige Masse' im Hüttenwesen, bei der Kelterei und der Ölherstellung (Mitte 18. Jh.).

Kuckuck m. Die zum Namen substantivierte lautmalende Nachbildung des Vogelrufs mnd. *kukuk* dringt im 13. Jh. ins Mhd. vor und erreicht im 15. Jh. das Obd.; vgl. die ebenfalls lautnachahmenden Bildungen engl. *cuckoo*, mnl. *coecoec*, *coccuuc*, *cucuuc*, *cuycuyc*, nl. *koekoek*, schwed. *ku(c)ku* sowie aind. *kōkiláḥ*, griech. *kókkyx* (κόκκυξ), lat. *cucūlus*, afrz. *cocu*, frz. *coucou*, ital. *cuculo*, *cucco*, *cuccù*, mir. *cūach*, russ.-kslaw. *kukavica*, russ. *kukúška* (кукушка) sowie lit. *kukúoti* 'Kuckuck rufen'. Im Dt. ersetzt *Kukkuck* als treuere Nachbildung des Vogelrufs älteres Gauch m., übertragen auch (da die Eintönigkeit des Rufes den Vogel als töricht erscheinen läßt) 'Tor, Narr', ahd. *gouh* (8. Jh.), mhd. *gouch* (auch 'Tor, Narr, Schelm, Betrogener, armer Tropf'), asächs. mnd. *gōk*, mnl. *gooc*, aengl. *gēac*, engl. (mundartlich) *gowk*, anord. *gaukr*, schwed. *gök*, dazu vgl. ahd. *guckōn* (um 1000), mhd. *gucken* '(wie ein) Kuckuck rufen'. Als Vorstufe kann germ. **gauka-* und weiter ie. **ghoug-* angenommen werden, wozu als schwundstufig-reduplizierende Formen lit. *gegužė̃*, aruss. *žegъzulja*, *zegъzica*, russ. (älter) *zegzíca* (зегзица), so daß auch dieser Name sich als onomatopoetische Bildung erweist. Nach der innersprachlichen Weiterentwicklung zu *Gauch* erfolgt (über mhd. *gucgouch*) mit *Kuckuck* eine Neubildung nach dem Naturlaut. Als Euphemismus tritt (seit dem 16. Jh.) *Kuckuck* für *Teufel* u. dgl. ein, vgl. *zum Kuckuck!*, *hol dich der Kuckuck!*; scherzhaft steht der Name für den auf dem Siegel des Gerichtsvollziehers befindlichen Wappenadler (19. Jh.). – Kuckucksei n. 'etw. Untergeschobenes, für das ein anderer sorgen soll, zweifelhafte Gabe', im Hinblick auf das Brutschmarotzertum des Kuckucks, der seine Eier artfremden Vögeln unterlegt (19. Jh.).

Kuddelmuddel m.n. 'Durcheinander, Wirrwarr', nd. 'wirres Durcheinander, Lumpen-, Schmutz-, Schmierkram', eine expressive Wortbildung, die sich um die Mitte des 19. Jhs. von Berlin aus verbreitet zu haben scheint. Wohl in Anschluß an nd. *kodden*, *koddeln* 'in Eile und obenhin Leinenzeug waschen', *Koddelije* 'Sudelwäsche', rhein. (Köln) *kuddele* 'Schmutzwäsche oberflächlich durch eine Lauge ziehen', vgl. auch engl. *to coddle* 'langsam kochen lassen', und nd. *Modder* (s. *Moder*), rhein. (Köln) *Muddel* 'Schlamm, Schmutz', *muddele* 'Schlamm, Bodensatz aufwühlen, eine Flüssigkeit trüben', wohl mit Reimangleichung. Oder ist *-muddel* als Reimwort ohne Bedeutung aufzufassen?

¹**Kufe** f. 'Gleitschiene am Schlitten'. Ahd. *slitokuohho* (9. Jh.), frühnhd. *schlitkuchen* (15. Jh.), mit aus *ch* nach *k* dissimiliertem *f(f)* *Khueffe* (16. Jh.), *Kuffe* (17. Jh.), *Kufe* (18. Jh.) führen mit den unter ¹*Kegel* (s. d.) genannten Formen auf die dort angegebene Wurzel ie. **ĝeg(h)-*, **ĝog(h)-* 'Ast, Pfahl, Busch'.

²**Kufe** f. (landschaftlich) 'Bottich, Bütte', ahd. *kuofa* (9. Jh.), mhd. *kuofe*, asächs. *kōpa*, mnd. *kōpe*, mnl. *cūpe*, nl. *kuip*, entlehnt aus mlat. *copa*, lat. *cūpa* 'Tonne, größeres Holzgefäß' (s. *Kübel*, *Kuppel*). – Küfer m.

'Böttcher, Faßbinder', mhd. *küefer*, auch 'Kellermeister' (15. Jh.); zu mhd. *kuofe* (s. oben); vgl. auch lat. *cūpārius* 'Faßbinder'.

Kugel f. geometrischer Körper, bei dem alle Punkte seiner Oberfläche den gleichen Abstand von seinem Mittelpunkt haben, mhd. *kugel(e)* (kontrahiert md. obd. *kūle*, obd. im Sinne von 'Kopf'), mnl. *coghele* 'Stock mit kugelförmigem Ende', nl. *kogel* 'Kugel' führen mit verwandtem russ. (älter) *gúglja* (*гугля*) 'Beule' und lit. *gugà* 'Knopf, Buckel, Hügel' auf ie. **gugā* 'Kugel', das sich als nominale Gutturalerweiterung zur Wurzel ie. **geu-*, **gū-* 'biegen, krümmen, wölben' stellt, zu der auch *kauern*, *Keule*, *Koben*, *Kogge*, *Kuhle*, *Quaddel* (s. d.) gehören. – kugeln Vb. 'wie eine Kugel rollen' (16. Jh.), älter 'mit Kugeln spielen, kegeln', mhd. *kugelen*, *kūlen*. überkugeln Vb. refl. 'sich überschlagen' (19. Jh.). kugelig Adj. 'wie eine Kugel rund' (15. Jh., aber erst seit dem 19. Jh. geläufig); vgl. mhd. *kugeleht*, *kugeloht*, frühnhd. *kugelicht*. Kugelschreiber m. Schreibgerät mit einer Kugel an der Minenspitze (20. Jh.).

Kuh f. 'weibliches Rind' (nach dem ersten Kalben), ahd. (8. Jh.), mhd. *kuo*, asächs. mnd. *kō*, mnl. *coe*, nl. *koe*, aengl. *cū*, engl. *cow*, anord. *kȳr*, schwed. *ko* (germ. **k(w)ōu-*) und aind. *gáuḥ* 'Rind', griech. *bū́s* (*βοῦς*), lat. *bōs*, air. *bō*, lett. *govs*, aslaw. *govęždь* Adj. 'Rinder-', russ. (älter) *govjádo* (*говядо*) 'Rindvieh' führen auf ie. **gᵘōu-* m. f. 'Rind'. Möglicherweise ist der Name eines der ältesten Nutztiere der Indoeuropäer lautmalenden Ursprungs. – Kuhfuß m. 'Brechstange mit klauenförmig gespaltenem Ende', *Kühefuß* (Anfang 18. Jh.), auch (in der Soldatensprache im Hinblick auf den Kolben) 'Gewehr' (Ende 18. Jh.); früher belegt ist *Kuhfußträger* 'Musketier' (2. Hälfte 17. Jh.). Kuhhandel m. 'kleinliches Feilschen bei politischen Abmachungen, zweifelhafte Absprachen' (Ende 19. Jh.). Kuhhaut f. in der Wendung *das geht auf keine Kuhhaut* 'das übersteigt jedes Maß, ist unerträglich' (17. Jh.), *das läßt sich auf keine Kuhhaut* (Pergament von der Größe einer Kuhhaut) *schreiben* 'das ist zuviel' (Campe).

kühl Adj. 'frisch, mäßig kalt', ahd. *kuoli* (9. Jh.), mhd. *küel(e)*, mnd. *kōl* (aus **kōlja-*), mnl. *coel*, nl. *koel*, aengl. *cōl*, engl. *cool* (aus **kōlu-*) stehen ablautend zu dem unter *kalt* (s. d.) behandelten Adjektiv. – Kühle f., ahd. *kuolī* (9. Jh.), mhd. *küele*. kühlen Vb. 'kühl machen', ahd. *kuolen* 'abkühlen' (9. Jh.; vgl. *gikuolen*, um 800), *kuolēn* 'erkalten, kalt werden' (11. Jh.; vgl. *gikuolēn*, 10. Jh., *irkuolēn*, 9./10. Jh.), mhd. *küelen* 'kühl machen', *kuolen* 'kühl werden, sein'. abkühlen Vb. 'kühl machen, werden' (15. Jh.); Abkühlung f. (16. Jh.). unterkühlen Vb. 'die Temperatur unter einen Normalwert senken' und Unterkühlung f. (2. Hälfte 19. Jh.). verkühlen Vb. refl. 'sich erkälten' (2. Hälfte 19. Jh.), zuvor 'kühl werden, machen' (16. Jh.). Kühler m. 'Vorrichtung zum Kühlen' (17. Jh.).

Kuhle f. '(Boden)vertiefung, Grube, Loch', ein nd. Wort, mnd. *kūle* 'runder, knotenförmiger oder verdickter Gegenstand', auch 'Vertiefung, Grube'. Es wird im 19. Jh. ins Hd. übernommen und verdrängt hier ein auf mhd. (md.) *kūle* 'Grube, Loch' zurückgehendes nhd. *Kaule* (s. *Kaulbarsch*). Mhd. mnd. *kūle* gehört als Bildung mit *l*-Suffix (wie das eine andere Ablautstufe voraussetzende *Keule*, s. d.) zur Wurzel ie. **geu-*, **gū-* 'biegen, krümmen, wölben' (s. auch *kauern*, *Koben*, *Kogge*, *Kugel*).

kühn Adj. 'beherzt, verwegen, mutig', ahd. *kuoni* 'tapfer, stark' (9. Jh.), mhd. *küen(e)* 'kampfeslustig, stark', mnd. *kōne*, *küne*, aengl. *cēne* 'kühn, weise', engl. *keen* 'scharf, erpicht, heftig', mnl. *coene*, nl. *koen* 'mutig, herzhaft', anord. *kœnn* 'klug, kundig, erfahren' führt auf germ. **kōnja-*, Adjektivbildung im Sinne von 'wer verstehen kann, erfahren, weise' zu dem unter *können* (s. d.) behandelten Verb. Die Bedeutung 'mutig, stark, scharf' entwickelt sich aus 'im Kampfe erfahren, tüchtig'; vgl. aengl. *gārcēne* 'mutig im Kampf' (eigentl. 'ger-, speererfahren'), anord. *vīgkœnn* 'kampferfahren'. – Kühnheit f., ahd. (9. Jh.), mhd. *kuonheit*.

kujonieren Vb. 'quälen, schikanieren, niederträchtig behandeln', anfangs auch 'jmdn. einen Schuft schelten', Übernahme (1. Hälfte 17. Jh.) von frz. *coïonner* (jünger *couyonner*) 'einen Feigling nennen, foppen, verhöhnen'. Das frz. Verb ist abgeleitet von frz. *coïon* (jünger *couyon*) 'Feigling, Dummkopf', einer Entlehnung von gleichbed. ital. *coglione*, ursprünglich 'Hoden' (wozu entsprechendes ital. *coglionare* 'foppen, verhöhnen'), das auf vlat. **cōleo*, Gen. **cōleōnis* (spätlat. *cūlio*

'Hoden' und 'Entmannter') zurückgeht (zu lat. *cōleus*, meist im Plur. 'Hodensack'). Gleichen Ursprungs wie ital. *coglione* ist afrz. *coillon*, frz. *couillon* 'Hoden', das seit dem 16. Jh. in den pejorativen Gebrauch des entlehnten frz. *coïon* eintritt und dieses allmählich zurückdrängt. Auf frz. *coïon*, *couillon* beruht das schon vom 16. Jh. an im Dt. vorkommende Schimpfwort K u j o n m. 'Schuft, niederträchtiger, feiger Kerl'.

Küken n. das Junge vom Hausgeflügel (bes. vom Huhn). Mnd. *kūken* 'Vogeljunges, insbes. des Huhns' (vgl. md. *kuchen*, 14. Jh.), nd. *Küken* wird im 18. Jh. in die Literatursprache aufgenommen. Gebildet mit dem Suffix zur Bezeichnung von Tierjungen ie. *-īno-*, *-eino-*, germ. *-īna-* (s. *Füllen*, *Schwein*), ist es wie mnl. *kiekijn*, *kieken*, *kūken*, nl. *kuiken*, aengl. *cīcen*, engl. *chicken* und (mit anderem Suffix) anord. *kjūklingr* 'Gänschen', schwed. *kyckling* eine Deminutivbildung zu lautnachahmendem germ. **kiuk-*, **kŭk-*, vgl. mnd. *kuke* (15. Jh.) sowie (germ. **kok-*) aengl. *cocc*, engl. *cock*, anord. *kokr* 'Hahn' und s. *Gockel*. Das nd. Wort verdrängt gleichbed. K ü c h l e i n n., mhd. (md.) *kuchil*, frühnhd. *keuchel*, *kuchelīn*, *küchlein* (15. Jh.), ebenfalls Bildungen mit Deminutivsuffixen (s. *-lein*).

kulant Adj. 'entgegenkommend, großzügig'. Die Kaufmannssprache entlehnt (19. Jh.) gleichbed. frz. *coulant*, eigentl. 'fließend', dann 'gewandt, umgänglich, gefällig', Part.adj. zu frz. *couler* 'durchseihen, gleiten lassen, fließen', das auf lat. *cōlāre* 'durchseihen, reinigen, läutern' beruht (zu lat. *cōlum* 'Seihgefäß, Durchschlag'). Entsprechend K u l a n z f. 'Entgegenkommen, Großzügigkeit', anfangs (19. Jh.) *Coulance*, also (wie das Adjektiv) in frz. Schreibung (obwohl das Substantiv im Frz. unüblich ist).

Kuli m. 'indischer oder chinesischer Lastenträger, Tagelöhner', allgemein 'stark ausgebeuteter, schlecht bezahlter eingeborener Arbeiter'. Herkunft ungewiß. Der Ausdruck geht möglicherweise zurück auf den Namen eines im westlichen Indien beheimateten Stammes *Kulī*, *Kolī*. Dieser wird durch die Portugiesen (älter port. *coles* Plur.) nach Südindien und nach China im Sinne von 'Lastenträger' weitergetragen (Einfluß von Tamil *kūli* 'Lohn, Bezahlung für Gelegenheitsarbeiter' ist fraglich) und von den ansässigen Europäern übernommen. In englischen Texten erscheint seit der Mitte des 16. Jhs. *Col(l)es*, *Coolies*, *Collees* für die Angehörigen des genannten indischen Stammes, danach (17. Jh.) engl. *coolie*, *cooly* 'eingeborener Träger, Dienstmann', woraus nhd. *Kuli* (2. Hälfte 19. Jh.).

kulinarisch Adj. 'die feine Küche, die Kochkunst betreffend', auch übertragen 'fein, erlesen, schwelgerischen Genuß vermittelnd', gebildet (18. Jh.) zu lat. *culīnārius* 'zur Küche (lat. *culīna*) gehörig', wohl nach dem Vorbild von älterem frz. *culinaire*.

Kulisse f. 'gemalte, verschiebbare Bühnendekoration', Übernahme (*Coulisse*, 18. Jh.) von gleichbed. frz. *coulisse*, eigentl. 'Rinne, Schiebetür, -fenster', afrz. *coleïce* 'Fallgatter, -tür', der substantivierten femininen Form des Adj. afrz. *coleïz* 'gleitend, flüssig' (frz. *coulis* 'hindurchdringend, durchgeseiht'); zugrunde liegt afrz. *coler* 'seihen, gießen, gleiten, fließen' (frz. *couler* 'durchseihen, gleiten lassen, fließen'), das auf lat. *cōlāre* 'durchseihen, reinigen, läutern' beruht (s. *kulant*). Vgl. *den Blick hinter die Kulissen werfen* (Ende 18. Jh.), *einen Blick hinter die Kulissen tun* (19. Jh.) 'der Öffentlichkeit Verborgenes aufspüren'.

kulminieren Vb. 'den höchsten bzw. tiefsten Stand erreichen' (von Gestirnen), allgemein 'den Höhepunkt erreichen, gipfeln', Entlehnung (18. Jh.) aus gleichbed. frz. *culminer*, dem lat. *culmināre* 'krönen', mlat. 'seinen Höchststand durchlaufen' (von Gestirnen) voraufgeht; zu lat. *culmen* 'Höhepunkt, Gipfel, First'. – K u l m i n a t i o n f. 'höchste und tiefste Stellung eines Gestirns', allgemein 'Erreichung des Höhepunktes, Gipfelpunktes' (18. Jh.), frz. *culmination*; vgl. mlat. *culminatio* (Gen. *culminationis*) 'Durchgang eines Gestirns durch seinen höchsten Punkt'.

Kult m. 'nach festen Riten geregelte Verehrung einer Gottheit, übertriebene Verehrung einer Person bzw. übertriebene Pflege einer Sache', Entlehnung (17. Jh.) aus lat. *cultus* 'Anbau und Pflege von Pflanzen, Pflege von Kunst und Unterricht, Verehrung, Anbetung', einer Bildung zu lat. *colere* (*cultum*) 'bebauen, (be)wohnen, pflegen, (religiös) verehren'. Vgl. *Kultusministerium*, auch *Kultministerium* 'Staatsbehörde für Wissenschaft, Kunst und Bildung' (19. Jh.).

kultivieren Vb. 'bebauen, urbar machen,

pflegen, verfeinern, veredeln', entlehnt (2. Hälfte 17. Jh.) aus afrz. frz. *cultiver* 'bebauen, pflegen, verehren', auch (seit der Renaissance) 'geistige und seelische Güter pflegen', einer Übernahme von mlat. *cultivare* 'bebauen, pflegen, verehren'. Dies stellt (wie lautgesetzlich entwickeltes gleichbed. afrz. *coutiver*) eine Ableitung von vorauszusetzendem spätlat. **cultīvus* dar, das zum Part. Prät. lat. *cultum* (zu lat. *colere*, s. *Kult*) gebildet ist. – k u l t i v i e r t Part.adj. 'bebaut, nutzbar, gesittet, niveauvoll, hohem ethischem und ästhetischem Anspruch genügend' (18. Jh.).

Kultur f. 'geistig-sozialer Entwicklungsstand sowie Gesamtheit der Errungenschaften auf geistiger, künstlerischer, humanitärer Ebene' (häufig bezogen auf eine ethnische Einheit in einem historisch begrenzten Zeitraum, z. B. *die Kultur der Griechen*), 'verfeinerte, niveauvolle Lebensqualität', auch (als Fachwort) 'planvoller Behandlung und Pflege unterliegende land- bzw. forstwirtschaftliche Anlage, Pflanzung, (bakteriologisches) Präparat'. Der aus lat. *cultūra* 'Pflege (des Akkers), Bearbeitung, Bestellung, Anbau, Landbau', auch 'geistige Pflege, Ausbildung intellektueller Fähigkeiten, (religiöse, huldigende) Verehrung' (zu lat. *colere*, s. *Kult*) entlehnte Ausdruck wird gegen Ende des 17. Jhs. ins Dt. integriert, nachdem er in lat. flektierter Form bereits vorher in dt. Texten üblich war. Er gewinnt zunächst in der 2. Hälfte des 18. Jhs. mit dem Aufschwung der Land- und Forstwirtschaft an Verbreitung (s. *Agrikultur*), erhält sein eigentliches Gewicht jedoch in seiner (ebenfalls im Lat. vorgezeichneten) metaphorischen Verwendung, indem *Kultur* (seit etwa 1700) auch die Ausbildung und geistige Vervollkommnung des Individuums bezeichnet. Ins Gesellschaftliche ausgeweitet und zu einem Schlagwort der Epoche wird das Wort im philosophischen Denken der dt. Aufklärung; besonderen Anteil an seiner inhaltlichen Ausformung und Präzisierung haben Herder und Kant. – k u l t u r e l l Adj. 'im Hinblick auf die Kultur, die Kultur betreffend' (19. Jh.), daneben zunächst auch *culturlich*, *cultürlich*.

Kümmel m. Gewürzpflanze, deren als Gewürz dienende Samenkörner sowie ein mit Kümmel aromatisiertes alkoholisches Getränk. Der Ursprung der Pflanze und ihres Namens liegt im Orient. Als Vorstufen von griech. *kýmīnon* (*κύμινον*) kommen semit. Formen wie arab. *kammūn*, hebr. *kammōn* in Frage. Ahd. *kumi*, *kumin* (9. Jh.), mhd. *kumin*, mnd. *kōme(n)*, *kāme*, *kōmel*, *kömmel*, nd. *Kömen*, *Kömel*, *Köhm* ist entlehnt aus dem aus dem Griech. stammenden lat. *cumīnum*, *cymīnum*. Die heute im Dt. allein übliche Form mit auslautendem, durch Dissimilation entstandenem *-l* ist bereits ahd. belegbar, vgl. ahd. *kumil* (11. Jh.). – k ü m m e l n Vb. 'Kümmelschnaps trinken', dann allgemein 'zechen, dem Alkohol kräftig zusprechen' (18. Jh.). K ü m m e l t ü r k e m. 'Spießer, Angeber', burschikoser Ausdruck für einen Studenten aus der *Kümmeltürkei*, wie die Gegend um Halle, die als besonderes Anbaugebiet für Kümmel galt, scherzhaft genannt wurde (18. Jh.). Danach allgemeines Schimpfwort, aber auch in der Wendung *arbeiten wie ein Kümmeltürke* 'schwer arbeiten, schuften'.

Kummer m. 'Trübsal, Leid, Seelenschmerz', mhd. *kumber*, *kummer* 'Schutt, Müll, Unrat', doch auch 'Belastung, Mühsal, Not, innere Ungelegenheit, Drangsal', in spätmhd. und frühnhd. Rechtssprache 'Beschlagnahme, Arrest, Verhaftung'; vgl. mnd. *kummer*, *kumber*, mnl. *commer*, *comber* 'Belastung, Behinderung, Verhaftung, Beschlagnahme, Nachteil, Sorge, Mangel', nl. *kommer* 'Gram, Sorge, Mangel, Not'. Als Ausgangsform gilt (mit lat. *cōnferre* 'zusammentragen' verwandtes) gall. **combero-*, **comboro-* 'Zusammengetragenes' (wovon mir. *commar* 'Zusammentreffen von Tälern, Strömen, Wegen'), an das sich die Wortgruppe um afrz. **combre* (belegt ist erst mfrz. *combres* Plur. 'Sperre, Wehr, Hindernis', 15. Jh., sowie mlat. *combrus*, *cumbrus* 'Verhau, Wehr' seit dem 7. Jh.) anschließt, vgl. afrz. *descombrer* 'räumen, frei machen, befreien, trennen', *encombrer* 'versperren, erschweren, behindern, belasten, bedrängen', *encombre* 'Belästigung, Bedrängnis, Not'. Auf Entlehnung aus dem Galloroman. beruhen die Formen im Nl. und Dt.; hier breitet sich der im Frz. neben der bis heute geltenden konkreten Bedeutung (frz. *décombres* Plur. 'Trümmer, Schutt, Abraum', *encombrer* 'versperren', *encombre* 'Hindernis, Schutt') in älterer Zeit schon auftretende metaphorische Gebrauch aus und setzt sich in der Literatursprache durch; vgl. jedoch noch landschaftlich (westmd. nordd.) *Kummer*

'Schutt, Abraum'. – K ü m m e r n i s f. 'Ungemach, Gram', mhd. *kumbernisse*. k ü m m e r l i c h Adj. 'bedrückt, unterentwickelt, armselig', mhd. *kumberlich* 'belästigend, kummervoll', auch 'verhaftet'. k ü m m e r n Vb. 'dahinvegetieren', meist *sich kümmern um* 'einer Sache, jmdm. Aufmerksamkeit, Fürsorge widmen, sich befassen mit', mhd. *kumbern*, *kummern* 'belästigen, bedrängen, quälen, mit Arrest belegen'. b e k ü m m e r n Vb. 'traurig machen, kränken', refl. 'Sorge tragen für', mhd. *bekumbern*, *bekümbern* 'in Not bringen, belästigen, mit Arrest belegen, (sich) beschäftigen mit, pflegen'; dazu b e k ü m m e r t Part.adj. 'niedergeschlagen, deprimiert' (16. Jh.); u n b e k ü m m e r t Part.adj. 'unbeschwert, sorglos', mhd. *unbekumbert* 'unbeeinträchtigt'. v e r k ü m m e r n Vb. 'sich unvollkommen, dürftig entwickeln, in der Entwicklung zurückbleiben, langsam eingehen', mhd. *verkumbern*, *-kümbern*, *verkummern*, *-kümmern* 'arrestieren, auf-, vorenthalten, verpfänden'.

Kummet, Kumt n. 'um den Hals liegender gepolsterter Bügel des Geschirrs der Zugtiere', frühnhd. *kommat*, *kommet*, *kummet* gehört sicherlich zu gleichbed. slaw. **chomǫtъ*, für das trotz zahlreicher Bemühungen keine gesicherten Anknüpfungen vorliegen (vgl. Vasmer 3, 259). Es bleibt jedoch schwierig, die slawische Einzelsprache zu bestimmen, aus der das vor allem im Nd. und Omd. (gegenüber westd. und obd. *Hamen*) herrschende Wort stammen könnte. Trotz der sehr frühen und weiten Verbreitung erscheint eine Entlehnung aus sorb. *chomot* am sinnvollsten, da die lautliche Herleitung keinerlei Schwierigkeiten bereitet. Die Formen mit *-u-* beginnen sich seit dem 15. Jh. durchzusetzen.

Kumpan m. 'Gefährte, Kamerad', auch in Zusammensetzungen wie *Trink-*, *Saufkumpan*, wodurch *Kumpan* wahrscheinlich einen pejorativen Sinn (in Richtung auf 'Mittäter, Spießgeselle') erhält. Mhd. *kompān*, *kumpān* 'Geselle, Genosse. Beisitzer einer städtischen Behörde' geht zurück auf spätlat. *compānio* 'Brot-, Speise-, Tischgenosse, Kamerad' (s. *Kompagnon*). Durch Vermittlung von afrz. *compain* findet der Ausdruck Eingang in die klassische mhd. Dichtung, wird aber gegen Ende des 16. Jhs. selten. Am Ende des 18. Jhs. wird er in der Annahme, es handele sich um ein verschollenes deutsches Wort, von den Sprachreinigern bewußt und mit offensichtlichem Erfolg wiederbelebt. – K u m p e l m. 'Kamerad, Vertrauter, (Arbeits)kollege', in Anlehnung an *Kumpe* 'Innungsmitglied, Bergknappe, Geselle' (16. Jh.), eine eingedeutschte Form von *Kumpan*, im 19. Jh. entstanden und wohl als Deminutivum aufzufassen; zunächst nur unter Bergleuten üblich, hat es in neuester Zeit seinen Verwendungsbereich stark erweitert und als gehoben empfundenes *Geselle*, *Kamerad*, *Kollege* in der Umgangssprache verdrängt. K u m p a n e i f. '(fröhliche) Gesellschaft, Gemeinschaft', auch 'Komplizenschaft', mhd. *kompānīe*, *kumpānīe* 'Gesellschaft, Genossenschaft' (s. *Kompanie*).

Kumulus m. 'Haufenwolke', im 19. Jh. als Fachwort der Meteorologie eingeführt, Übernahme von lat. *cumulus* 'Haufen' (s. auch *akkumulieren*). Dazu verdeutlichend K u m u l u s w o l k e f. (19. Jh.).

kund Adj. 'bekannt, offenbar', ahd. *kund* (8. Jh.), mhd. mnd. *kunt*, asächs. *kūð*, aengl. *cūþ*, anord. *kunnr*, *kuðr*, got. *kunþs* (germ. **kunþa-*) gehört als Partizipialbildung zu dem unter *können* (s. d.) dargestellten Verb. Auf Grund vornehmlich prädikativer Verwendung wird *kund* in jüngerer Sprache vielfach erstes Kompositionsglied in Verbindung mit bestimmten Verben, vgl. *kundtun* (ahd. *kund tuon*, mhd. *kunt tuon*), *kundmachen* (mhd. *kunt machen*), *kundwerden* (mhd. *kunt werden*), *kundgeben* (18. Jh.), wozu *Kundgebung* 'Bekanntmachung' (um 1850), 'Demonstration' (um 1870). – K u n d e f. 'Nachricht, Botschaft, Verlautbarung, Kenntnis, Lehre', ahd. *-kundī* (in *anakundī* 'Anklage', um 800, *unkundī* 'Unbekanntes, Fremdes', um 1000), mhd. *künde*, *kunde* 'Kenntnis, Bekanntschaft, Zeichen, Beweis, Mitteilung, Ort, wo man bekannt ist', mnd. *künde*. Im Sinne von 'Kenntnisse, wissenschaftliche Lehre' in Zusammensetzungen, vgl. *Geschichts-*, *Natur-*, *Weltkunde* (Ende 17. Jh.), *Erd-*, *Heilkunde* (18. Jh.), *Altertumskunde* (19. Jh.). K u n d e m. 'wer (regelmäßig) ein Geschäftsangebot wahrnimmt, einen Laden, Dienstleistungsbetrieb (wiederholt) in Anspruch nimmt, Klient' (16. Jh.), ahd. *kundo* 'Verkünder, Zeuge', (8. Jh.), 'Bekannter' (9. Jh.), mhd. *kunde* 'wer bekannt ist, der Einheimische'; seit dem 16. Jh. im oben genannten kommerziellen Bereich für älteres *kuntmann* (15. Jh.).

K u n d s c h a f t f. 'Käuferkreis, Gesamtheit der Kunden' (18. Jh.), älter 'Bekanntschaft, Brüderschaft, Gemeinschaft, Freundschaftsbeziehung' (16. Jh.), mhd. *kuntschaft* 'Kenntnis, Nachricht, Auskundschaftung, Bekanntschaft'. K u n d s c h a f t e r m. 'Nachrichtenermittler, Spion' (15. Jh.), mhd. *kuntschafter* 'auskunftgebende Person, Zeuge'. k u n d s c h a f t e n Vb. 'Nachrichten ermitteln, spionieren' (15. Jh.). a u s k u n d s c h a f t e n Vb. 'erforschen, in Erfahrung bringen, ausspionieren' (16. Jh.). k ü n d e n Vb. 'ansagen, kundtun', ahd. *kunden* 'verkünden, bekanntmachen, bezeugen' (8. Jh.), daneben *kundōn* 'verkünden, bekanntmachen' (um 1000; vgl. *anakundōn* 'brandmarken', *urkundōn* 'zeigen', 9. Jh.), mhd. *künden, kunden* 'kundmachen, bekanntmachen, anzeigen'. k u n d i g Adj. 'informiert, kenntnisreich', meist auf einem bestimmten Gebiet (präzisierend *sachkundig, ortskundig, sprachkundig*), ahd. *kundīg* (Hs. 13. Jh.), *unkundīg* (Hs. 12. Jh.), mhd. *kündec, kündic* 'bekannt, kund, klug, geschickt, stolz, anmaßend'. k ü n d i g e n Vb. 'aufsagen, den Rücktritt von einem Vertrag, einer Abmachung amtlich mitteilen', mhd. *kündigen* 'mitteilen, kündigen'; dafür auch *aufkündigen* (17. Jh.). K ü n d i g u n g f. 'Erklärung des Rücktritts von einem Vertrag, einem Dienstverhältnis' (18. Jh.), älter 'Nachricht, Kunde' (15. Jh.), mnd. *kündiginge* 'Bekanntmachung, Verkündung, Anfkündung'; vgl. mhd. *kündunge* 'Verkündigung, Kunde'.

künftig Adj. 'in der kommenden Zeit, in der Zukunft liegend, noch ungeschehen', Adv. 'von nun an', ahd. *kumftīg, kunftīg* (9. Jh.), mhd. *kümftic, künftic* 'was kommen wird oder soll, sich ereignend, nachfolgend' ist abgeleitet von dem unter *Kunft* (s. *kommen*) behandelten Substantiv.

Kunst f. 'schöpferische und gestalterische Fähigkeit der Gesellschaft, vornehmlich ihrer mit besonderen Begabungen ausgestatteten Vertreter, Überlieferung und Produkte dieser Fähigkeit' (nach Gattung und Epoche näher bestimmbar, vgl. *Bau-, Dichtkunst, bildende Kunst, Kunst der Antike*), dann auch 'Gemachtes' im Gegensatz zu *Natur* (bereits 16. Jh.), 'industrielles Erzeugnis' im Gegensatz zum *Naturprodukt* (vgl. *Kunstdünger*, 19. Jh., *Kunsthonig, Kunstseide, Kunststoff*, 20. Jh.). Als Verbalabstraktum mit *sti*-Suffix (s. auch *Gunst*) zu dem unter *können* (s. d.) dargestellten Verb ist ahd. *kunst* (9. Jh.), mhd. asächs. mnd. *kunst*, mnl. *const* von umfassender Bedeutung und bezeichnet zunächst 'Wissen, Kenntnis' (vgl. mhd. *nāch mīner kunst* 'soviel ich weiß'), 'menschliche Befähigung, Fertigkeit, Kompetenz' unabhängig von ästhetischem Anspruch (vgl. *schwarze Kunst*, mhd. *swarze kunst, Kochkunst*, 16. Jh., *Staatskunst*, 17. Jh., *Heilkunst*, 18. Jh., sowie *das ist keine Kunst* 'das ist ganz einfach'). *Kunst* steht auch im Sinne von 'Wissenschaft' (vgl. *die theologei sei mer ein erfarung und empfindnus dann ein kunst*, 16. Jh.). Vorbereitet durch Komposita wie *Malkunst* (17. Jh.), das Aufkommen von *Wissenschaft* (s. *wissen*) als Bezeichnung einer gelehrten Disziplin und durch den Begriff der *schönen Künste*, auch *schöne Wissenschaften und Künste*, bildet sich, gefördert durch Batteux' Schrift „Les beaux-arts" (1746) und das Wirken der dt. Klassiker, die heutige Auffassung heraus. – k ü n s t e l n Vb. 'Künste, Fertigkeiten ausüben, experimentieren' (16. Jh.), 'künstlich herstellen' (18. Jh.). Über das 19. Jh. hinaus gültig bleibt nur das Part.adj. g e k ü n s t e l t 'unnatürlich, unecht'; vgl. auch gleichbed. e r k ü n s t e l t (18. Jh.). K ü n s t l e r m. 'Schöpfer, Interpret von Kunstwerken' (18. Jh.), zuvor 'Gelehrter, auf einem bestimmten Gebiet Bewanderter, Kenner' (16. Jh.), vgl. gleichbed. mhd. *kunster, künster*, später auch *künstener*; dazu k ü n s t l e r i s c h Adj. (18. Jh.). k ü n s t l i c h Adj. 'nachgemacht, nicht natürlich', mhd. *künstlich* 'Verständnis, Weisheit bekundend, klug, geschickt'; vgl. mhd. *künstic, künstec, kunstic* 'mit Kunst begabt, verständig, klug', ahd. *kunstīg* (9. Jh.), *unkunstīg* (8. Jh.). K u n s t s t ü c k n. 'Meisterstück, gekonnt ausgeführte Leistung', auch 'Gaukelei, Zauberei' sowie 'Kunstwerk' (16. Jh.).

Kupfer n. Halbedelmetall von rötlicher Farbe, ahd. *kuphar* (9. Jh.), mhd. *kupfer*, mnd. *kopper*, mnl. *copper* führen auf germ. **kuppar*, ahd. *koffer* (Hs. 13. Jh.), mnl. *cōper*, nl. *koper*, aengl. *copor*, anord. *koparr* dagegen auf germ. **kupar*, beide auf unterschiedlichem Wege entlehnt (ersteres auf direktem Wege in Süddeutschland, letzteres über Gallien, vgl. FRINGS/M. Germania Romana 2, 1968, 217) aus spätlat. *cuprum*, zuvor *cyprum*, lat. *(aes) Cyprium*, griech. *kýprion* (*κύπριον*), dem substantivierten Neutrum des Adjektivs griech. *kýprios* (*κύπριος*) 'aus Kupfer, kupfern', abgeleitet vom Namen der Insel *Kýpros* (*Κύπρος*) 'Zypern', die im Altertum ein Hauptlieferant dieses Metalls gewesen ist. Zu dem alten germ. Namen für dieses Metall s. *ehern*. – k u p f e r n Adj. 'aus Kupfer bestehend', ahd. *kuffarīn* (Hs. 13. Jh.), mhd. *kupferīn*, *küpferīn*.

kupieren Vb. 'abschneiden, stutzen, verschneiden, hemmen, unterbrechen', seit etwa 1800 in unterschiedlichen terminologischen Verwendungen gebräuchlich (zuvor schon *coupiren* 'sich im Tanz neigen', Anfang 18. Jh.), beruht auf Entlehnung von gleichbed. frz. *couper*, das, eine semantische Entwicklung von 'mit einem Schlag durchtrennen' zu 'schneiden' vorausgesetzt, an frz. *coup* 'Schlag, Stoß, Stich, Hieb' anzuschließen ist. Dieses Substantiv geht über spätlat. *colpus* auf lat. *colaphus*, griech. *kólaphos* (*κόλαφος*) 'Faustschlag, Ohrfeige' zurück.

Kupon m. 'Abschnitt' ist sowohl im Sinne von 'Zinsabschnitt an Wertpapieren' als auch in der Bedeutung 'abgemessenes Stück Stoff, Stoffrest' Übernahme des 18. Jhs. von frz. *coupon*, einer Ableitung vom Verb frz. *couper* 'abschneiden' (s. *kupieren*). Die frz. Schreibung ist im Dt. vielfach noch bis ins 20. Jh. beibehalten.

Kuppe f. 'abgerundeter Gipfel, gerundetes Endstück'. Im 18. Jh. wird md. *Kuppe*, auch *Koppe*, in die Literatursprache aufgenommen und neben *Gipfel* gebräuchlich (vgl. *Wasserkuppe*, *Schneekoppe*). Mhd. (md.) *kuppe* f., (obd.) *gupf(e)* m. 'Spitze, Gipfel' sowie ahd. *kupha* f. 'Kopfbedeckung, Turban' (10. Jh.), mhd. *kupfe*, *gupfe* f. 'Kopfbedeckung unter dem Helm' sind wohl wie die unter *Kopf* (s. d.) angeführten germ. Formen entlehnt aus spätlat. *cuppa* 'Becher' mit einer Bedeutungsentwicklung über 'Schale, Haube' zu 'rundlicher Gegenstand, äußerste Spitze' (vgl. präzisierende Zusammensetzungen wie *Bergkuppe*, *Fingerkuppe*, *Nagelkuppe*).

Kuppel f. 'halbkugelförmig gewölbtes Dach', entlehnt (17. Jh.) aus gleichbed. ital. *cupola*, das aus spätlat. *cūpula* 'kleine Tonne, kleines Grabgewölbe', dem Deminutivum von lat. *cūpa* 'Tonne, größeres Holzgefäß', spätlat. 'Grabgewölbe' (s. ²*Kufe*), stammt.

kuppeln Vb. 'beweglich miteinander verbinden' (Fahrzeuge, Wagen), älter auch 'mit Riemen, Stricken aneinanderbinden' (bes. Tiere), mhd. *kuppeln*, Variante neben gleichbed. *koppeln* (s. d., wo Weiteres zur Herkunft). Auch im Sinne von '(gegen Entgelt) geschlechtliche Beziehungen vermitteln, arrangieren' (14. Jh.) steht *kuppeln* zunächst unterschiedslos neben *koppeln*, doch setzt sich hier die *u*-Form (seit etwa 17. Jh.) in der Literatursprache durch. Sie gilt ferner für aus *Kupplung* (s. unten) rückgebildetes *kuppeln* 'die Kupplung (eines Kraftfahrzeugs) betätigen'. – K u p p l e r m., K u p p l e r i n f. 'Vermittler(in), Stifter(in) von amourösen Beziehungen, Eheschließungen', spätmhd. *kuppelære*, *kuppelærinne*, mnd. *koplerinne*. K u p p e l e i f. 'Vermittlung, Begünstigung amouröser Beziehungen (gegen Entgelt)' (17. Jh.), älter *Kupplerei* (15. Jh.). v e r k u p p e l n Vb. 'ein Paar zu einer Liebesbeziehung zusammenbringen, eine amouröse Beziehung ermöglichen', auch 'eine Heirat stiften' (15. Jh.). K u p p e l p e l z m. 'Lohn für Vermittlungsdienste' (18. Jh.), zunächst wahrscheinlich in Gestalt eines Pelzes, später jede Form der Entlohnung für entsprechende Dienste; geläufig *sich einen Kuppelpelz verdienen* 'erfolgreiche Vermittlungsdienste leisten, ein Paar zusammenbringen' (18. Jh.). K u p p l u n g f. 'lösbare Verbindungsvorrichtung an Maschinen, Maschinenteilen, Kraftfahrzeugen' (19. Jh.).

Kur f. 'Heilverfahren', bes. 'mit dem Aufenthalt in einem Badeort oder Sanatorium verbundene medizinische Behandlung'. Lat. *cūra* 'Sorge, Fürsorge, Behandlung, Besorgnis', dessen Ursprung ungeklärt ist, bleibt in der medizinischen Terminologie im Sinne von 'Krankenpflege, Heilbehandlung' lebendig und wird so Ende des 15. Jhs. als *Cur* ins Dt. entlehnt (daneben frühnhd. *Cure*, *Chur*, in gelehrten Texten bis ins 17. Jh. noch *Cura*). Die Schreibung *Kur* findet sich vom 17. Jh. an gelegentlich, setzt sich aber erst um 1900 durch. Das Substantiv erscheint in Komposita wie B a d e k u r f. 'Anwendung von Heilbädern' (18. Jh., zuvor *Badencur*, 17. Jh.); H u n g e r k u r f. 'Fastendiät' (18. Jh.); P f e r d e k u r f. 'Behandlung mit drastischen Mitteln', ursprünglich 'tierärztliche Versorgung eines Pferdes' (17. Jh.); W u n d e r k u r f. 'Kur mit ungewöhnlichem, an ein Wunder grenzendem Heilerfolg' (17. Jh.); K u r g a s t m. 'wer sich zur Kur oder zur Erholung in einem Badeort aufhält' (18. Jh.); Kurort m. 'Erholungs-, Badeort' (2. Hälfte 19. Jh.); Kurpfuscher m. 'wer ohne abgeschlossene medizinische Ausbildung unberechtigt Kranke behandelt', abschätzig auch 'schlechter, unfähiger Arzt' (Ende 18. Jh., zuerst in Österreich), woran sich jüngeres kurpfuschen Vb. 'sich als Kurpfuscher betätigen' (19. Jh.) anschließt (zum Grundwort s. *pfuschen*). – kurieren Vb. 'mit Erfolg ärztlich behandeln, heilen' (16. Jh.), nach lat. *cūrāre* 'Sorge tragen, besorgen, pflegen, heilen' (abgeleitet von lat. *cūra*, s. oben). kuren Vb. 'eine Kur machen' (anfangs auch synonym mit *kurieren*), denominative Bildung des ausgehenden 18. Jhs., jedoch erst im 20. Jh. stärker verbreitet.

Kür f. 'nach freier Wahl zusammengestellte Übung bei Wettkämpfen'. Der Sportausdruck, auch in Zusammensetzungen wie *Kürturnen* (19. Jh.), *Kürlaufen*, *Kürübung* (20. Jh.) und daher heute oft als Verkürzung solcher Bildungen angesehen, ist eine auf Jahn (*Turnkühr*, *-kühre* 'freiwillige Übungen' im Unterschied zu *Turnschule* 'Übungen nach Vorschrift', 1816) zurückgehende Wiederaufnahme des bis ins ältere Nhd. lebendigen Substantivs ahd. *kuri* f. 'Erwägung, Beratung, Auswahl' (9. Jh.), mhd. *kür(e)* f., auch (bes. md.) *kur(e)*, *kor(e)*, *kör(e)* m. f. 'Prüfung, Erwägung, prüfende Wahl, Stimmrecht, Beschluß, Bestimmung, Strafe, Art und Weise', nhd. *Kür*, *Kur* f. 'prüfende Erwägung, Entscheidung, Wahl' (vor allem terminologisch für die vom 13. bis Anfang des 19. Jhs., d. h. bis zur offiziellen Auflösung des „Heiligen Römischen Reiches Deutscher Nation", übliche Wahl des dt. Königs durch die hierzu berechtigten Fürsten; in dieser Verwendung bis ins 18. Jh. meist die ursprünglich obd. Schreibung *Chur*). Dieses ist in der Gegenwart erhalten in historischen Bezeichnungen wie Kurfürst m. 'zur Königswahl berechtigter Fürst' (mhd. *kür-*, *kurvürste*), kurfürstlich Adj. (spätmhd. *kurvürstlich*), Kurfürstentum n. (mhd. *kurvürstentuom*), Kurhut m. 'die Kurwürde kennzeichnender Hut' (16. Jh.), Kurwürde f. 'Würde eines Kurfürsten' (18. Jh.), ferner in *Willkür* (s. d.). Zu *Kür*, *Kur* vgl. auch asächs. *kuri* m. 'Wahl', mnd. *kōr(e)*, *kür(e)* m. f. (Bedeutungen wie im Mhd.), mnl. *cōre*, *cuere* m. f. 'Wahl, Verordnung', nl. *keur* f. 'Wahl, Auswahl, Probe, Verordnung', aengl. *cyre* m. 'Wahl, Entscheidung', anord. *kør* n., schwed. *kor* n. 'Wahl'. Die angeführten Nomina actionis folgen den tiefstufigen Formen des in seiner Konjugation grammatischen Wechsel zwischen *s* und *r* zeigenden gemeingerm. Verbs ahd. *kiosan* (8. Jh.), mhd. frühnhd. *kiesen* 'sehen, wahrnehmen, prüfend betrachten, erwägen, erkennen, aus-, erwählen', asächs. *kiosan* 'wählen', mnd. *kēsen*, mnl. *kiesen* 'prüfend betrachten, wahrnehmen, aus-, erwählen, sich entscheiden', nl. *kiezen* '(aus)wählen', aengl. *cēosan* '(aus)wählen, annehmen', engl. *to choose* 'wählen, bevorzugen', anord. *kjōsa* 'wählen, wünschen, zaubern' (eigentl. 'einen Gegenstand zur Zauberei wählen'), got. *kiusan* 'prüfen'. Hierzu stellen sich außergerm. Entsprechungen wie aind. *juṣátē*, *jṓṣati* 'hat gern, findet Gefallen, genießt', awest. *zaoš-*, apers. *dauš-* 'an etw. Gefallen finden', griech. *geū́esthai* (γεύεσθαι) 'kosten, schmecken, zu spüren bekommen', lat. *dēgūnere* 'kosten', air. *togu* 'wählen' und, mit dentalem Element wie in ²*kosten* (s. d.), lat. *gustāre* 'kosten, genießen', die auf eine gemeinsame Wurzel ie. **ĝeus-* 'kosten, genießen, schmecken' (im Germ. und Kelt. 'wählen' durch Übertragung des Wahrnehmens und Prüfens auf andere Sinnesbereiche) führen. Im Nhd. findet sich das starke Verb kiesen '(er)wählen' (s. oben) nach dem 17. Jh. nur noch in dichterischer Sprache. Dafür kommt seit dem Mhd. allmählich das schwach flektierende gleichbed. Denominativum küren (vgl. spätmhd. *er-*, *ver-*, *willekürn*, mnd. *kōren*) in Gebrauch, das in neuerer Zeit ebenfalls auf gehobene Ausdrucksweise beschränkt bleibt. Feierlichem Stil sind auch die Partizipien erkoren 'erwählt' und auserkoren 'auserwählt' vorbehalten, die (neben gelegentlich bis heute verwendeten Präteritalformen wie *ich erkor*, *wir erkoren* oder ausschließlich im Gliedsatz noch möglichem *daß er auserkor*) als Reste ehemals geläufiger Präfixbildungen von *kiesen* fortleben, vgl. ahd. *irkiosan* 'prüfen, wahrnehmen, erwählen' (9. Jh.), mhd. *erkiesen* 'wahrnehmen, ersinnen, erwählen, greifen', nhd. (bis ins 18. Jh.) *erkiesen* 'erwählen' (auch asächs. *ākiosan*, aengl. *ācēosan*, got. *uskiosan* 'aus-, erwählen') sowie aus diesem (im Anschluß an das mit Adverb verbundene Part.adj. mhd. *ūȝ* *erkorn*) weitergebildetes nhd. *auserkiesen* 'auserwählen' (16. bis 18. Jh.). Die nd. Lautvariante von *küren* ergibt das Fachwort der Tierzucht k ö r e n Vb. 'ein männliches Tier zur Zucht auswählen' (19. Jh., vgl. mnd. *kören* 'wählen, auswählen, sich entscheiden').

Küraß m. 'Brustharnisch', in älterer Zeit häufig Bezeichnung für einen aus Brust- und Rückenteil bestehenden Panzer (mit zugehörigem Helm), auch für die den ganzen Körper schützende Rüstung. Die Entlehnung (mit Genuswechsel) von gleichbed. mfrz. frz. *cuirasse* f. erscheint im 15. Jh. zunächst in der Form frühnhd. *Küriß*, *Kuriß* (mit den Varianten *Kürüß*, *Kiriß*, *Koriß*, *Kürisch*, *Kürbiß*). Dem Frz. genauer entsprechendes *Küraß* läßt sich im 15. Jh. nur vereinzelt nachweisen, findet sich erst im 17. Jh. wieder und setzt sich schließlich im 18. Jh. gegen das immer noch gebräuchliche *Küriß* durch. Auf Einfluß von ital. *corazza* 'Panzer', *corazzina* 'leichter Panzer' deuten frühnhd. Nebenformen wie *Kuratz*, *Koratz*, *Koratzin* (15./16. Jh., vgl. auch mnd. *köritz*, *köritzer* neben *körisser*, *küresser*, *kürnisser* sowie mnl. *curaetse*). Die vorausgehenden roman. Bildungen, von denen aprov. *coirassa* (12. Jh.), afrz. *curasse* (13. Jh.) am frühesten bezeugt sind, während span. *coraza* (14. Jh.) und wohl auch ital. *corazza* (13. Jh.) erst dem galloroman. Muster folgen, repräsentieren ein vlat. **cor(i)ācea* 'aus Leder gefertigter Panzer', das sich als substantiviertes Feminimum zum Adjektiv spätlat. *coriāceus* 'ledern' (Ableitung von lat. *corium* 'Leder, Haut, Hülle', woraus frz. *cuir*, span. *cuero*, ital. *cuoio* 'Leder, Haut') stellt. – K ü r a s s i e r m. 'einen Brustharnisch tragender Reiter', in der Militärterminologie für den Angehörigen der (in einigen Armeen bis zu Beginn des 20. Jhs. fortbestehenden) schweren Kavallerie üblich; Übernahme (Anfang 17. Jh.) von gleichbed. mfrz. *cuirachier*, frz. *cuirassier* (abgeleitet von mfrz. frz. *cuirasse* , s. oben), die das im 15. Jh. zu *Küriß* (s. oben) gebildete frühnhd. *Kürisser* (auch *Küresser*, *Kuresser*, *Kurischer*, *Kürbiser*) ablöst. Im 17. Jh. steht *Curas(s)ier* nur gelegentlich neben der geläufigeren eindeutschenden Erweiterung *Kürassi(e)rer*, *Curassierer*, *Kürissi(e)rer*, seit Anfang des 18. Jhs. herrscht die Form *Cürassier*, *Kürassier* (doch noch im 19. Jh. vielfach *Cuirassier* mit frz. Schreibung).

Kurator m. 'Verwalter, Pfleger', in der Rechts- und Behördensprache bis in die 1. Hälfte des 20. Jhs. üblich, namentlich im Sinne von 'Vormund', doch auch als 'Verwalter einer Stiftung, Vermögensverwalter' und 'staatlicher Aufsichtsbeamter der Universität'; heute nur noch selten. Die auf lat. *cūrātor* 'Besorger, Pfleger, Wärter, Verwalter, Vormund', Nomen agentis zu lat. *cūrāre* 'Sorge tragen, besorgen, pflegen' (von lat. *cūra* 'Sorge, Fürsorge, Behandlung, Besorgnis', s. *Kur*), zurückgehende Bezeichnung gelangt im späten 15. Jh. aus dem Juristenlatein ins Dt. – K u r a t o r i u m n. 'Verwaltungsausschuß, Aufsichtsbehörde', älter auch 'Amt, Einsetzungsurkunde eines Vormunds oder Pflegers'; seit Anfang des 18. Jhs. vorkommende terminologische Bildung zum Neutrum des Adjektivs lat. *cūrātōrius* 'zum Kurator gehörig' (vgl. mlat. *curatorium* 'Wohnsitz des Kurators'). K u r a t e l f. 'Vormundschaft, Pflegschaft', als Rechtsausdruck nicht mehr in Gebrauch, doch in der Wendung *unter Kuratel stehen* 'bevormundet werden' noch bekannt, beruht auf Übernahme (Ende 16. Jh.) von gleichbed. mlat. *curatela* (wohl kontaminiert aus lat. *cūrātio* 'Besorgung, Pflege, Verwaltung' und *tūtēla* 'Schutz, Obhut, Vormundschaft'); vgl. ferner mfrz. frz. *curatelle* (14. Jh.).

Kurbel f. 'Hebel an einer Welle, Krummzapfen', allgemeinsprachlich vor allem 'mit einem Handgriff versehener einarmiger Hebel zum Erzeugen einer Drehbewegung'. Die zuerst als frühnhd. *Körbel* (16. Jh., vielleicht schon *korbel*, *körbel* 'hamula', 15. Jh.), vom 18. Jh. an in der heutigen Form bezeugte und seit dem 19. Jh. auf Grund der industriellen Entwicklung in vielfachen technischen Verwendungen gebräuchliche Bezeichnung ist mit dem bei Gerätenamen häufigen *l*-Suffix (s. auch *Schaufel*, *Spindel*) von einem noch bis ins 19. Jh. üblichen gleichbed. *Kurbe* f. (ahd. *kurba*, 9. Jh., mhd. *kurbe* 'Winde am Ziehbrunnen', frühnhd. *korbe*, *kurbe* 'gebogener Handgriff, Kurbel') abgeleitet. Dieses Substantiv beruht auf früher Entlehnung aus dem Galloroman. und setzt ein Femininum mit der Bedeutung 'gebogener Gegenstand' (vgl. afrz. *corbe* 'krummer Ast', 12. Jh., 'Felge', Anfang 14. Jh., frz. *courbe* 'Kurve, Krummholz, Ableger des Weinstocks') voraus, das seinerseits Substantivierung des in afrz. *corp*, *corbe*, frz. *courbe* 'krumm, gebogen' vorliegenden, auf vlat. **curbus*, lat. *curvus* 'krumm, gebogen, gewölbt' (s. *Kurve*) zurückgehenden roman. Adjektivs ist. – k u r b e l n Vb. 'durch Drehen einer Kurbel bewegen' (19. Jh.), um 1930 speziell 'Filmaufnahmen machen'. a n k u r b e l n Vb. 'durch Kurbeln in Gang setzen, zu drehen anfangen' (Anfang 20. Jh.), bes. 'den Motor eines Autos mit der Handkurbel starten', wovon Übertragungen wie *die Wirtschaft ankurbeln* (um 1925). K u r b e l w e l l e f. gekröpfte Welle, die die Bewegungen einer Kolbenmaschine in eine Kreisbewegung umwandelt (19. Jh.).

Kürbis m. Der heute für eine wohl aus Amerika stammende Gattung rankenbildender Gemüsepflanzen und deren große kugelige Früchte geltende Name bezeichnet im Mittelalter andere Kürbisgewächse, vor allem den seit der Antike bekannten Flaschenkürbis, ahd. *kurbiʒ* m. (9. Jh., später auch f. und n.), mhd. *kürbiʒ* m. und n. Diese schon durch die Lautverschiebung umgestaltete hd. Form, der sich mnd. *körves*, *körvis*, mnl. *corbesch*, *corbes* anschließen, beruht wie gleichbed. aengl. *cyrfet*, *cyrfæt* und die nur vereinzelt bezeugten Varianten mnd. *körvet* (vgl. ferner das Kollektivum mnd. *gekürfte* 'cucumeres'), mnl. *curvete* auf Entlehnung aus lat. *cucurbita* 'Flaschenkürbis, Schröpfkopf', vermutlich über eine Zwischenstufe vlat. **curbita* mit bereits getilgter Reduplikation (vgl. mlat. *curbita* für ein Kürbisgewächs in einem Glossar des 14. Jh.). Von den im älteren Nhd. zahlreich auftretenden unterschiedlichen Lautungen (*Kurbiß*, *Kürbiz*, *Korbes*, *Kirbiß*, *Kurwes*, *Kürbs*, *Kurbs*, *Kürbsen*, gelegentlich mit femininem Genus; vgl. noch bei Adelung die Nebenformen *Kürbs* m., *Kürbse* f.) setzt sich schließlich *Kürbis* durch.

Kurier m. 'mit der schnellen und sicheren Überbringung wichtiger Nachrichten beauftragter Bote', bes. 'Eilbote im diplomatischen Dienst'. Die seit dem 13. Jh. mehrfach nachzuweisende Bezeichnung mhd. *kurrier*, *kurier* 'Bote, Läufer' (auch als Figur im Schachspiel), frühnhd. *kurier* 'Läufer' (Ende 15. Jh.), die im späten 16. Jh. geläufig wird (zunächst in der Schreibung *Curier*, *Courrier*, gelegentlich weitergebildet zu *Currirer*; im 18. Jh. und häufig noch im 19. Jh. *Courier*), ist eine Entlehnung von afrz. *corier*, *courier*, mfrz. frz. *courrier* 'Eilbote zu Fuß oder zu Pferde' (dann im Frz. auch 'Postbote, Postwagen, Gesamtheit gleichzeitig beförderter Postsendungen'). Das frz. Substantiv schließt sich wahrscheinlich nicht unmittelbar an afrz. *corir*, *courir*, älter *corre* 'laufen, rennen, eilen' (frz. *courir*) an, sondern beruht auf früher Übernahme von ital. *corriere* 'Eilbote, Bote, Überbringer von Briefen, Nachrichten, Zahlungen' (vgl. bereits für das 12. Jh. aus Genua bezeugtes mlat. *currerius* 'Läufer, Bote'), abgeleitet von ital. *correre* 'laufen, rennen, eilen' (dieses wie afrz. *corre* aus gleichbed. lat. *currere*, s. *Kurs*).

kurios Adj. 'seltsam, sonderbar, wunderlich, merkwürdig'. Zu lat. *cūra* 'Sorge, Fürsorge' (s. *Kur*) gehörendes lat. *cūriōsus* 'sorgfältig, aufmerksam, vorsorgend, interessiert, wißbegierig, neugierig' wird um 1600 mit eindeutschender Endung als *curiosisch*, von der 1. Hälfte des 17. Jhs. an in der Form *curios* entlehnt. Im Dt. ist das Adjektiv (von einem Einzelbeleg für 'Vorsorge treffend, sorgfältig auswählend' abgesehen) zunächst im Sinne von 'einer Sache sorgfältig nachgehend, wißbegierig' mit Bezug auf ernsthafte und gründliche Wissensaneignung (daher bis ins 18. Jh. oft ehrendes Epitheton, das Buchautoren dem von ihnen angesprochenen Leser beilegen), doch bald (2. Hälfte 17. Jh.) auch in der noch im 19. Jh. lebendigen allgemeineren Bedeutung 'neugierig, stets auf das Erfahren von Neuigkeiten bedacht' gebräuchlich. Unter dem Einfluß von frz. *curieux* 'wißbegierig' (aus afrz. *curios* 'besorgt, sorgfältig auswählend, auf etw. bedacht', gleichfalls Übernahme von lat. *cūriōsus*), das in Verbindung mit Sachbezeichnungen im 17. Jh. die Bedeutung 'wissenswert, die Aufmerksamkeit, Neugier erregend' entwickelt (nach älterem gleichbed. ital. *curioso*?), steht auch im Dt. *curios* seit Mitte des 17. Jhs. (vorher *curiosisch*, 1627) für 'wissenswert, interessant, merkwürdig'; so erscheint es als anpreisender Modeausdruck in zahlreichen Buchtiteln des späten 17. und frühen 18. Jhs., büßt aber, offenbar auf Grund allzu häufigen Vorkommens, seine Aussagekraft ein und wird Anfang des 18. Jhs. durch Ironisierung zu 'seltsam, wunderlich'. Die Annäherung ans Frz. führt zu den Lautvarianten *curiös*, *curieus* (17./18. Jh.); erst im 20. Jh. wird die seit Ende des 18. Jhs. gelegentlich auftretende Schreibung *kurios* geläufig. – K u r i o s i t ä t f. 'sonderbarer und deshalb Beachtung verdienender Gegenstand, seltsame, wunderliche Sache' (vorwiegend im Plur.), Entlehnung (1. Hälfte 17. Jh.) aus mfrz. frz. *curiosité*, das seit dem 15. Jh. in diesem Sinne bezeugt ist (doch schon spätlat. *cūriōsitās* 'was Wißbegierde, Interesse erregt'); daneben (nur im Sing.) 'Seltsamkeit, Ungewöhnlichkeit', wohl durch Wechsel der Auffassung hervorgehend aus Fügungen wie *der Kuriosität halber* (zuvor *Curiosität halben*, 17. Jh.), *aus Kuriosität* (18. Jh.), eigentl. 'um die Wißbegierde zu befriedigen, aus Gründen der Neugier' (vgl. spätlat. *cūriōsitātis causā*), also auf der älteren Verwendung 'Wißbegierde, Neugier' (Ende 16. bis 19. Jh.) des Substantivs beruhend, die ebenfalls dem Frz. oder direkt dem Lat. folgt (vgl. mfrz. frz. *curiosité*, afrz. *curioseté* 'Wißbegierde, Neugier, Sorge, wählerisches Wesen', lat. *cūriōsitās* 'Wißbegierde, Neugier'). Kuriosum n. 'sonderbare, seltsame Sache, ungewöhnlicher Sachverhalt' (1. Hälfte 18. Jh., anfangs vor allem im Plur. *Curiosa* für 'seltene, merkwürdige Gegenstände'), bildungssprachliche Substantivierung des Neutrums von lat. *cūriōsus* (s. oben).

Kurs m. 'Richtung des zurückzulegenden Weges, Fahr-, Flugroute', ferner 'Preis von Wertpapieren, Devisen, Waren, Umlauf von Zahlungsmitteln, Lehrgang, Rennstrecke'. Das in unterschiedlichen Verwendungen mehrfach ins Dt. entlehnte Substantiv geht letztlich auf lat. *cursus* 'Lauf, Fahrt, Weg, Gang, Wettlauf, Route, Umlauf' zurück, eine Ableitung von lat. *currere* (*cursum*) 'laufen, rennen, eilen'. Es begegnet zunächst in ahd. (9. Jh.), mhd. *curs* 'Reihe vorgeschriebener Gebete, geistlicher Übungen', entlehnt aus gleichbed. mlat. *cursus*. Diesem kirchlichen Gebrauch folgt wohl mlat. *cursus* 'Reihe von Lektionen, Vorlesungszyklus' im akademischen Bereich, das Mitte des 16. Jhs. in der Form *cursus* 'Vortragsreihe, Lehrgang' übernommen wird (seit dem 17. Jh. verkürzt zu *Curs*, doch bleibt in dieser Bedeutung die Nebenform Kursus im Sing. bis heute üblich). An lat. *cursus* im Sinne von 'Fahrt (in bestimmter Richtung), Route' schließen sich afrz. *cors* 'Seereise', mfrz. frz. *cours* 'Seereise, Beutefahrt über das Meer' und das dazu gebildete Femininum mfrz. frz. *course* 'Route eines Schiffes' an; die frz. Formen liegen dem nautischen Terminus mnd. *kors*, *kōrs*, *kurs* (15. Jh.), frühnhd. *Curs*, auch *Coß* 'Schiffsroute' (16. Jh.) zugrunde (vgl. ferner nl. *koers* seit dem 15. Jh.), der schon bald (um 1600) als 'Wegrichtung' in die Allgemeinsprache gelangt (namentlich *seinen Kurs nehmen*), hier metaphorisch für 'Art und Weise des Vorgehens, Generallinie' (19. Jh.) stehen kann und in neuester Zeit (20. Jh.) wiederum aus dem seemännischen Wortschatz in den der Luftfahrt übernommen wird. *Kurs* als Ausdruck des kaufmännischen Verkehrs und des Bankwesens findet sich vereinzelt in der 2. Hälfte des 15. Jhs. (frühnhd. *corrß*) mit der Bedeutung 'Ladezettel, Frachtschein', dann von der Mitte des 16. Jhs. an, häufiger jedoch erst im 17. Jh. (statt der vom 15. bis 17. Jh. geläufigen Lehnübersetzung *Lauf*) für 'Preis, von der Nachfrage abhängiger Wert', seit Ende des 17. Jhs. für 'Umlauf von Zahlungsmitteln'; vgl. hierzu die auch übertragen gebrauchten Fügungen *in Kurs kommen*, *außer Kurs setzen*, *hoch im Kurs stehen*. Diese Verwendungen schließen sich an ital. *corso* 'Umlauf des Geldes, im Umlauf erzielter Wert' (aus lat. *cursus*), dann ebenso an (aus dem Ital. entlehntes) gleichbed. frz. *cours* an (in dt. Texten des 17./18. Jhs. oft noch *Cours*, *Corso* neben *Curs*). In der Sportsprache übliches *Kurs* 'Rennstrecke' (Anfang 20. Jh.) folgt wahrscheinlich gleichbed. engl. *course*; doch vgl. auch frz. *course* f. 'Rennen, Rennstrecke'. Zu *Kurs* in der Bedeutung 'Fahrroute' stellen sich die Zusammensetzungen Kursbuch n. 'Verzeichnis aller gültigen (Eisenbahn)fahrpläne' und Kurswagen m. 'vom Anschlußzug zur Weiterbeförderung übernommener Eisenbahnwagen' (beide 19. Jh.). Auf dem Bank- und Börsenausdruck ('Preis von Wertpapieren') beruhen Wechselkurs m. (18. Jh.), Tageskurs m., Kurswert m. (beide 19. Jh.) sowie die Ableitung kursieren Vb. 'in Umlauf sein' (von Wechseln, Münzen, 17. Jh.), dann allgemein 'zirkulieren, Verbreitung finden' (18. Jh.), nach lat. *cursāre* 'unaufhörlich laufen, umherrennen'.

Kürschner m. 'Pelze verarbeitender Handwerker', ahd. *kursināri* (Hs. 13. Jh.), mhd. *kürsenære*, frühnhd. *kürsner*. Die Berufsbezeichnung ist abgeleitet von ahd. *kursina* (10./11. Jh.), mhd. *kürsen*, *kursen* 'Pelzkleid, Pelzrock' (vgl. nhd. *Kürsch* 'Pelzwerk auf Wappen'), einer Entlehnung aus offensichtlich durch slaw. Pelzlieferanten vermitteltem slaw. **kъrzьno* 'Pelz', das in russ. *kórzno*, auch (älter) *kórzen'* (*корзно*, *корзень*) 'mit Pelz verbrämter Mantel' vorliegt. Vgl. dazu M. FRENZEL in: Zur Ausbildung d. Norm d. dt. Literaturspr. 3 (1976) 59ff. – Kürschnerei f. (Ende 17. Jh.).

kursiv Adj. 'schräg, nach rechts geneigt', Terminus der Druckersprache, rückgebildet aus Kursive f. 'schräge, nach rechts geneigte Druckschrift' (*Corsiv*, Anfang 17. Jh.), aus mlat. *(scriptura) cursiva* 'laufende (geschriebene) Schrift'; vgl. mlat. *cursivus* Adj. zu lat. *currere* (*cursum*) 'laufen, rennen, eilen'. Dazu Kursivschrift f. (17. Jh.).

kursorisch Adj. 'fortlaufend, schnell durchlaufend, eilig, flüchtig', Entlehnung (18. Jh.) von spätlat. *cursōrius* 'zum Laufen gehörig', dieses abgeleitet von lat. *cursor* 'Läufer', zu lat. *currere* (*cursum*) 'laufen, rennen, eilen'.

Kurtisane f. ehemals 'Lebedame, Kokotte', auch 'Geliebte eines Fürsten, Mätresse', Mitte des 16. Jhs. in Gebrauch kommende Entlehnung von gleichbed. mfrz. frz. *courtisane*, in den frühen Belegen formal durch ital. *cortigiana* beeinflußt (frühnhd. *Kordisana*, *Cortisana*, *Curtisana*) bzw. mit eindeutschender Endung (frühnhd. *Kordisanerin*, *Cortisanin*). Zugrunde liegt letztlich lat. *cohors*, kontrahiert *cōrs* (Gen. *cohortis*, *cōrtis*) 'eingezäunter Hofraum, Viehhof, zusammengeschlossene Menschengruppe, militärische Einheit, Kohorte, Schar, Gefolge' (verwandt mit *Garten*, s. d.), woraus ital. *corte* 'Hofraum, Fürstenhof, Gerichtshof', an das sich die Ableitung ital. *cortigiano* (älter auch *cortegiano*) 'zum Hof gehörig, höfisch' anschließt. Diese begegnet schon früh in substantivischer Verwendung, zunächst als Maskulinum mit der Bedeutung 'im Hofdienst stehende Person, Höfling' (14. Jh.), das (vermutlich über Avignon, die zeitweilige Residenz der Päpste; vgl. aprov. *cortezan* 'Angehöriger des päpstlichen Hofes', 14. Jh.) in der Form mfrz. *courtisien* (mit französiertem Suffix, 14. Jh.), dann mfrz. frz. *courtisan* 'Höfling' (15. Jh.) ins Frz. gelangt. Vom 16. Jh. an ist das Femininum ital. *cortigiana* 'Hofdame', bald auch 'Buhlerin, Mätresse' nachzuweisen, dem mfrz. *courtisienne*, mfrz. frz. *courtisane* (ebenfalls mit dem für die Übernahme ins Dt. vorauszusetzenden abschätzigen Sinn) entspricht. Neben der femininen findet in älterer Zeit auch die maskuline Bildung vom Ital. oder Aprov., später vom Frz. her Eingang ins Dt., vgl. spätmhd. *curtisan*, frühnhd. *Curtisan*, *Cortesan* 'Höfling', namentlich 'Pfründenjäger, Schmarotzer am päpstlichen Hofe', nhd. (17./18. Jh.) *Courtisan* 'Liebhaber, Galan'.

Kurve f. 'gekrümmte Linie, Bogen, in einer Biegung verlaufende Straße'. Die lat. Form bewahrendes *Curva*, das aus der bereits für die Spätantike nachzuweisenden Fügung spätlat. *curva līnea* 'gekrümmte Linie' verkürzt ist, also eine Substantivierung des Femininums vom Adjektiv lat. *curvus* 'krumm, gebogen, gewölbt' (s. auch *Kurbel*) darstellt, ist in der mathematischen Terminologie zu Beginn des 18. Jhs. gebräuchlich. Es wird in der zweiten Hälfte des 18. Jhs. als *Curve* in den allgemeinen Sprachgebrauch übernommen. Die Schreibung *Kurve* setzt sich erst im späten 19. Jh. durch. – kurven Vb. 'in Kurven fahren, sich schnell in wechselnden Richtungen fortbewegen', umgangssprachliche Bildung des 20. Jhs. kurvisch Adj. 'bogenförmig, gekrümmt' (Anfang 20. Jh.), dafür heute oft *kurvig*.

kurz Adj. 'von geringer Ausdehnung in Länge oder Zeit'. Das Adjektiv ahd. (9. Jh.), mhd. *kurz* ist vor der hd. Lautverschiebung entlehnt aus lat. *curtus* 'verkürzt, gestutzt, verstümmelt', einer Partizipialbildung zu der unter [1]*scheren* (s. d.) angegebenen Wurzel ie. **(s)ker(ə)-* 'schneiden'. Daneben begegnet ahd. *kurt*, das entweder als alte, unverschobene Form oder als Neuentlehnung anzusehen ist. Aus dem Lat. stammen auch anfrk. *kurt*, mnd. *kort*, mnl. *cort*, nl. *kort*. Dazu die Wendungen *über kurz oder lang* 'früher oder später', mhd. *über kurz oder über lanc*, ahd. *noh ubar lang noh ubar kurz* (um 1000); *den kürzeren ziehen* 'im Nachteil sein, verlieren', eigentl. wohl 'beim Losen das kürzere Stäbchen ziehen und damit verlieren' (16. Jh.). – Kürze f. 'Zustand des Kurzseins', ahd. *kurtī* (9. Jh.), *kurzī* (10. Jh.), mhd. *kürze*. kürzen Vb. 'kurz machen, Länge wegnehmen', ahd. *kurzen* (9. Jh.), mhd. *kürzen*; dazu abkürzen Vb. (15. Jh.), verkürzen Vb., mhd. *verkürzen*. Kürzung f., spätmhd. *kurzunge*. kürzlich Adj., meist Adv. 'vor kurzer Zeit, neulich', ahd. *kurzlīh* (9. Jh.), mhd. *kurzlich* 'kurz'. kurzfristig Adj. 'für kurze Zeit, schnell' (19. Jh.). Kurzschluß m. unbeabsichtigte Verbindung von zwei gegeneinander unter Spannung stehenden elektrischen Leitern ohne zwischengeschalteten Widerstand (19. Jh.), dazu Kurzschlußhandlung f. 'unüberlegte, übereilte Handlung' (20. Jh.). kurzum Adv. 'um es kurz zu machen' (16. Jh.); vgl. mnd. *kortümme* 'durchaus'. Kurzwaren Plur. 'kleiner Nähbedarf' (19. Jh.), älter *kurze Waren* (18. Jh.), *kürzere Waren* (17. Jh.), eigentl. 'Waren, die nicht mit der Elle gemessen werden', daher anfangs auch Eisenwaren u. ä. umfassend. Kurzweil f. 'die Zeit vertreibende, Vergnügen bereitende Unterhaltung', mhd. *kurz(e)wīle* 'kurze Zeit, Unterhaltung, Vergnügen'; dazu kurzweilig Adj. 'unterhaltsam', mhd. *kurzwīlec*. Kurzwelle f. elektromagnetische Welle von kurzer Wellenlänge (1. Hälfte 20. Jh.). Kürzel n. 'stenographisches Zeichen, Sigel' (20. Jh.). kurzerhand Adv. 'schnell entschlossen, ohne lange zu überlegen' (18. Jh.), nach rechtssprachlichem lat. *brevī manū*.

kusch Interj., mit der dem Hund (ursprünglich dem auf frz. Kommandos hörenden abgerichteten Jagdhund, vgl. frz. *chien couchant* 'Vorsteh-, Hühnerhund') befohlen wird, sich lautlos hinzulegen, Übernahme (17. Jh., zunächst noch mit frz. Schreibung) von frz. *couche!* (im 18. Jh. auch *kusch dich!*, nach frz. *couche-toi!*), Imperativ des Verbs frz. *(se) coucher*, afrz. *(soi) couchier* 'sich niederlegen, ausstrecken' (trans. 'niederlegen, zu Bett bringen'), von lat. *collocāre* 'hinstellen, hinsetzen, niederlegen'; vgl. lat. *locāre* 'stellen, legen, unterbringen, vermieten, ausleihen' (zu lat. *locus* 'Ort, Platz, Stelle', s. *lokal*) und s. *kon-*. Neben Fügungen wie *couchi machen* (17. Jh.), *couché machen*, *kusch machen*, *sein* (18. Jh., vgl. frz. *être couché* 'liegen'), die in derber Redeweise auch auf Menschen angewandt werden, tritt im 18. Jh. kuschen Vb. 'sich niederlegen, sich ducken', von Menschen 'sich fügen, klein beigeben' (oft refl. nach frz. *se coucher*); dazu die Intensivbildung kuscheln Vb. refl. 'sich anschmiegen, in etw. Schützendes, Wärmendes schmiegen, einhüllen' (um 1900), die sich jedoch semantisch an ältere Mundartausdrücke wie rhein. *sich kutsche(l)n* 'sich einhüllen, anschmiegen, zusammenkauern', tirol. *gutsch'ln*, *gutschen* 'schlummern', schles. *(ein)kuschern* 'einschläfern' (bezeugt seit dem 19. Jh.), ostpreuß. *kutschen* 'im Bett liegen', *sich einkutschen* 'sich einhüllen' (18. Jh.) anschließt, vgl. obd. *Gutsche* 'Ruhebett' (Ende 15. Jh.), rhein. *Kutsch* '(Kinder)bett, Lager von Tieren' (nach afrz. frz. *couche* bzw. daraus entlehntem ital. *cuccia* 'Bett, Lagerstatt', s. *Couch*).

küssen Vb. 'mit den Lippen berühren (als Zeichen der Liebe und Achtung)', ahd. *kussen* (9. Jh.), mhd. mnd. *küssen*, asächs. *kussian*, mnl. *cussen*, nl. *kussen*, aengl. *cyssan*, engl. *to kiss*, anord. schwed. *kyssa* und (mit wohl kindersprachlicher Reduplikation des Anlauts) got. *kukjan* 'küssen' sind ebenso wie hethit. *kuu̯aš-*, griech. *kynein* (κυνεῖν, Aorist κύσ(σ)αι) 'küssen' lautnachahmende (sich daher der Lautverschiebung entziehende) Bildungen, für die sich eine Schallwurzel ie. **ku(s)-* 'küssen' ansetzen läßt, vgl. auch aind. *cúmbati* 'küßt'. – Altes, aus dem Verb rückgebildetes Verbalabstraktum ist Kuß m., ahd. *kus* (9. Jh.), mhd. *kus*, *kos*, asächs. *koss*, *kuss*, mnd. *kus*, mnl. *cus*, *cusse*, nl. *kus*, aengl. *coss*, engl. *kiss*, anord. *koss*, schwed. *kyss*; vgl. Wissmann Älteste Postverbalia (1938) 25ff. Handkuß m. (17. Jh.). Kußhand f. 'auf die eigenen Fingerspitzen gegebener, dem Partner mit einer Handbewegung scheinbar zugeworfener Kuß' (18. Jh.).

Küste f. 'Meeresufer' ist entlehnt (17. Jh.) aus gleichbed. nl. *kust*, dem mnl. *cost*, *coste* (woraus mnd. *kost*) voraufgeht. Dieses ist eine Übernahme von afrz. mfrz. *coste* (frz. *côte*) 'Rippe, Seite, Abhang', seit dem 16. Jh. auch 'Meeresufer' (so vorher bereits die Ableitungen afrz. *costiere*, *costil*; vgl. ferner mlat. *costa maris*), das seinerseits auf lat. *costa* 'Rippe, Seite' beruht. Die Bedeutungsentwicklung zu 'Abhang' und 'Meeresufer' erfolgt, wie die Ausbreitung dieser Verwendungen in den roman. Sprachen vermuten läßt, wohl schon im Spätlat.

Küster m. 'Kirchendiener'. Ahd. *kustor* (10. Jh.), mhd. *kuster*, *guster*, mnd. *köster*, *küster* sind entlehnt aus spätlat. *custor* 'Hüter, Pfleger, Verwalter des Kirchenschatzes, der Kirche und der kirchlichen Gerätschaften', hervorgegangen aus lat. *custōs* 'Wächter, Aufseher, Hüter'. Umgelautetes *Küster* (analog ähnlichen Bildungen wie *Bürger*, *Krämer*, *Wärter*) tritt im 15. Jh. auf. – Kustos m. 'Verwalter von Kunstschätzen, wissenschaftlicher Abteilungsleiter in einem Museum'

(19. Jh.), älter 'Küster' (17. Jh.), Übernahme von lat. *custōs* (s. oben).

Kutsche f. 'von Pferden gezogener Verdeckwagen für Personen, Reisewagen', Entlehnung aus ungar. *kocsi*, einer Verkürzung (1493) von *kocsi szekér* 'Wagen aus Kocs', nach dem Ort *Kocs* bei Komárom benannt, der, etwa auf der Hälfte der Strecke Wien – Budapest liegend, die Station für den Pferdewechsel des bereits im 15. Jh. bestehenden regelmäßigen Reisewagendienstes zwischen den beiden Hauptstädten war. Im Dt. anfangs verdeutlichend *Cotschien Wägnen*, *Gutschenwagen* (1. Hälfte 16. Jh.), *Gotschiwagen*, *Gotzig Wegen*, *Kutzschwagen* (2. Hälfte 16. Jh.), dann verselbständigt *Gutsche*, *Gotzi*, *Kotsche*, *Kutze* (2. Hälfte 16. Jh.). – Kutscher m. 'wer eine Kutsche fährt und Wagen und Pferde betreut' (16. Jh.). kutschen Vb. 'in der Kutsche bzw. eine Kutsche fahren' (16. Jh.). kutschieren Vb. 'eine Kutsche fahren' (Ende 17. Jh.).

Kutte f. 'Ordenskleid der Mönche, schmuckloses weites Gewand' (obd. noch 'Arbeitskittel'), neuerdings (Mitte 20. Jh.) auch 'dreiviertellanger großzügig geschnittener Mantel aus wetterfestem Stoff, oft mit Kapuze', mhd. *kutte*, *kut* 'Mönchsgewand' ist Entlehnung von gleichbed. mlat. *cotta*, *cota* (auch *cottus*), das seinerseits wohl auf Latinisierung von afrz. *cote*, aprov. *cota* 'schmales Gewand mit Ärmeln für Männer und Frauen' (frz. *cotte* 'Rock, blaue Arbeitshose') beruht; vgl. ferner die aus dem Galloroman. übernommenen Formen span. port. *cota* 'Panzerhemd', ital. *cotta* 'Kutte, langer Überrock, Chorhemd, Wappenrock'. Das afrz. Substantiv stammt wahrscheinlich aus dem Germ. Man nimmt eine Vorstufe anfrk. **kotta* 'wollener Mantel' an, die sich zu den (hinsichtlich ihrer Herkunft allerdings ungeklärten) Bildungen ahd. *kozzo* (9. Jh.), *koz* (10. Jh.), mhd. *kotze* 'grober, zottiger Wollstoff, Decke, Mantel aus solchem Stoff', nhd. (obd.) *Kotze(n)* 'grobe Decke, Umhang', asächs. *kott* 'Mantel' stellen läßt.

Kuttel f., meist Plur. *Kutteln* (südd.) 'eßbare Eingeweide', mhd. *kutel*, (md.) *kotel* 'Eingeweide von Tieren'. Herkunft ungewiß. Vergleichbar sind mnd. *kōder*, *kodder* 'Doppelkinn, Schwellung am Hals', (ablautend) ahd. *quiti* 'weibliche Scham' (9. Jh.), aengl. *cwiþ*, anord. *kviðr* 'Bauch, Magen, Leib', schwed. *kved* 'Mutterleib', mnd. *quede* 'Bauchfell des Eichhörnchens' und got. *qiþus* 'Magen, Mutterschoß'. Falls sich auch lat. *botulus* (aus *g^{u}ot-*) 'Wurst, Darm, Eingeweide', *guttur* 'Kehle, Kropf' heranziehen lassen, ist Anschluß an die Dentalerweiterung ie. **gŭ̄t-*, **geut-* der Wurzel ie. **geu-*, **gū-* 'biegen, wölben' möglich (s. *kauern*, *Keule*, *Kugel*, *Kuhle*, *Kate*). Zu got. *qiþus* vgl. jedoch Meid in: Sprachwiss. Forsch. (1985) 253 (= Festschr. Knobloch). Für südd. *Kutteln* steht nordd. md. *Kaldaunen*, obsächs. *Flecke*, westmd. *Rampen*, thür. *Rampanjen*.

Kutter m. 'einmastiges hochseetüchtiges Schiff mit mehreren Segeln, Küstenmotorboot', Übernahme (18. Jh.) von engl. *cutter* 'Segelschiff, Küstenboot', Ableitung von engl. *to cut* 'schneiden', also eigentl. 'die Wellen rasch durchschneidendes Fahrzeug'. Oder ist engl. *cutter* entlehnt aus port. *catur* 'kleines indisches Kriegsschiff', einem wohl in Indien oder Indonesien aufgenommenen Wort?

Kuvert n. 'Briefumschlag', auch (heute selten) 'Teller und Besteck für eine Person, Gedeck'. Ende des 17. Jhs. wird frz. *couvert* 'was bedeckt ist, Deckung bietet, schützt' (vgl. afrz. *covert* 'Zuflucht, versteckter Ort'), substantiviertes Part. Perf. von afrz. *covrir*, frz. *couvrir* '(be)decken, einhüllen' (aus lat. *cooperīre*, kontrahiert *cōperīre* 'von allen Seiten bedecken, überschütten'; vgl. lat. *operīre* 'bedecken' und s. *kon-*), in dem zu jener Zeit üblichen Sinne 'Umhüllung von Postsendungen, Briefen' (wofür jetzt frz. *enveloppe* 'Briefumschlag') mit frz. Schreibung ins Dt. übernommen. Seit dem frühen 18. Jh. steht *Couvert* außerdem für 'Gedeck' (nach mfrz. frz. *couvert* 'alles zum Eindecken des Tisches Nötige, Tafelgerät', dann 'Teller und Besteck für eine Person'), ferner im 18./19. Jh. für 'Bettdecke' (mit verändertem Genus gegenüber afrz. *coverte*, frz. *couverte* f. 'Decke, Überzug', vgl. jedoch aus dem 17. und 18. Jh. belegtes frz. *couvert* m. 'Pferdedecke, Schabracke'). Trotz früher Angleichung in der Formenbildung (Plur. *Couverte* neben *Couverts*, Anfang 18. Jh.) setzt sich die Eindeutschung zu *Kuvert* erst im 20. Jh. durch; in der jungen, dem Frz. fehlenden Bedeutung 'auf der Oberseite ausgeschnittener Bezug für Steppdecken' (20. Jh.) wird in der Regel das fremde Schriftbild *Couvert* bewahrt. Auf älterer Entlehnung aus dem Mlat. beruht das bereits vom 15. Jh.

an nachzuweisende und noch zu Beginn des 18. Jhs. gebrauchte *Copert*, *Kopert* (vereinzelt auch *Coperta*) 'Decke, Hülle, Bucheinband', seit dem 16. Jh. 'Briefumhüllung, Umschlag', vgl. mlat. *co(o)pertum* 'Bucheinband', auch 'Dickicht', *co(o)perta* 'Decke, Hülle, Dach, gedeckte Halle, Schiffsdeck', Substantivierungen des Part. Perf. von lat. *cooperīre* (s. oben). – kuvertieren Vb. 'mit einem Briefumschlag versehen' (Mitte 18. Jh.). Kuvertüre f. 'Überzug aus Schokoladenmasse für Gebäck und Süßwaren', auch (meist *Couverture*) 'buntbedruckter Leinen- oder Baumwollstoff für Bettbezüge' (20. Jh.), moderne Verwendungen des seit etwa 1800 im Dt. bekannten frz. *couverture* 'Decke, Buchumschlag, Deckung, Vorwand'. Diesem vorausgehendes afrz. *coverture* 'Bedeckung, geschützter Ort, Pferdedecke' (aus spätlat. *coopertūra* 'Verhüllung, Bedeckung') als Wort der ritterlichen Sphäre ergibt schon mhd. *covertiure*, mnd. *kōvertüre* 'verzierte Pferdedecke', während sich ahd. *kubarturi* 'Decke' (10. Jh.) an gleichbed. spätlat. *coopertōrium*, mlat. *co(o)pertorium* anschließt.

Kux m. 'Wertpapier über einen Anteil an einem Bergwerk', frühnhd. (omd., 15. Jh.) *guckes*, *gucks*, *kucks*, *ku(c)kis*, *ku(c)kes*, *kukus* bezeichnet den '128. Teil am Besitz und Gewinn einer gewerkschaftlichen Grube'. Herkunft ungeklärt. Die Annahme einer Entlehnung aus atschech. *kūsek* (tschech. *kousek*) 'Stückchen', Deminutivbildung zu atschech. tschech. *kus* 'Stück', ist umstritten und ungewiß, vgl. Bielfeldt Tschech. Lehnwörter (1966) 132. Mendels in: Modern Language Notes 76 (1961) 336 f. will (wenig überzeugend) den Ausdruck an *gucken* 'sehen, blicken, hervorsehen' (s. d.), nordd. auch *kucken*, anschließen, indem er von einer Verwendung im Sinne von 'irgendwohin blikken, um sich wißbegierig über etw. zu informieren, Ausschau halten, auf der Lauer liegen nach Geldgewinn' ausgeht.

Kybernetik f. Wissenschaft von den dynamischen, selbstregulierenden Systemen (in Natur und Technik), nach engl. *cybernetics*, von dem amerik. Wissenschaftler N. Wiener 1948 in seinem Buch „Cybernetics or control and communication in the animal and the machine" geprägt zu griech. *kybernētikós* (*κυβερνητικός*) 'zum Steuern gehörig, geeignet' (*kybernētikḗ téchnē*, *κυβερνητικὴ τέχνη* 'Steuermannskunst'), abgeleitet von griech. *kybernân* (*κυβερνᾶν*) 'steuern, leiten, regieren'. Mitte des 20. Jhs. ins Dt. übernommen. Dazu kybernetisch Adj.

Lab n. 'Milchgerinnungsmittel, Ferment zur Käseherstellung', eine nur auf dem dt.-nl. Sprachgebiet belegte Bezeichnung, ahd. *lab* (9./10. Jh.), mhd. *lap*, mnd. *laf*, (mit Umlaut) mnl. *lebbe*, nl. *leb* 'Mittel zum Gerinnenmachen'. Daneben begegnet eine *i*-Form in mnl. *libbe*, die sich mit mhd. *liberen*, mnd. *leveren*, nhd. (md. 16. bis 18. Jh.) *liefern* und *geliefern* 'gerinnen (machen)' verbinden läßt. Eine schwundstufige *u*-Form liegt vor in ahd. *kāsilubbi* (9./10. Jh.), mhd. *kæseluppe*, noch nhd. vereinzelt *Lup* (18. Jh.), aengl. *cȳslybb* 'Gerinnungsmittel für die Käsebereitung'. Wahrscheinlich ist in dem Grundwort des Kompositums ahd. *lubbi* 'Salbe, Gift, Zauberei' (8. Jh.), asächs. *lubbi* 'Saft, Gift', aengl. *lybb* 'Gift, Zauber', anord. *lyf* 'Heil-, Zaubermittel' zu sehen, da die Germanen die von den Römern übernommenen Mittel zur schnelleren Gerinnung zunächst als Gift- bzw. Zaubersäfte betrachten. Jedoch bleibt diese Anknüpfungsmöglichkeit fraglich, und die Beziehungen der drei *-a-*, *-i-* oder *-u-* enthaltenden Wortgruppen sind trotz ihrer semantischen und lautlichen Nähe nicht befriedigend zu klären. Vielleicht darf mit de Vries Nl. 387 vermutet werden, daß bei einem derartigen Stoff des täglichen Gebrauchs affektische Lautveränderungen aufgetreten sind. – Labkraut n. Pflanze, deren Saft Milch gerinnen läßt (16. Jh.). Labmagen m. mit Labdrüsen ausgestatteter Magenteil der Wiederkäuer, sog. vierter Magen (17. Jh.).

labbern Vb. 'schlaff werden, herunterhängen' (von Segeln), 'sich hin und her bewegen' (auch von schwachem Wind, der fortwährend die Richtung ändert), ein nd. Seemannswort; vgl. nl. *labberen* 'sachte wehen, flattern'. Das iterative Verb stellt sich mit den unter *Lappen* (s. d.) und (mit anlautendem *s-*) unter *schlaff*, *schlapp*, *schlafen* (s. d.) genannten Formen zur Wurzel ie. **lĕb-*, **lŏb-*, *lăb-* 'schlaff herabhängen(d)'. – labberig Adj. 'weich, schlapp', auch 'fade schmeckend' (18. Jh.).

laben Vb. 'erfrischen, erquicken', ahd. *labōn* 'waschen, erquicken, erfrischen' (9. Jh.), mhd. *laben* 'waschen, mit Wasser benetzen, erquicken, (das Vieh) tränken', asächs. *labon*, nl. *laven*, aengl. *lafian* 'waschen, baden' ist nur westgerm. nachzuweisen und wohl frühe Entlehnung aus lat. *lavāre* '(sich) waschen, baden' (s. *Lauge*). Die Annahme eines Bedeutungswandels von '(sich) waschen' zu 'erfrischen, erquicken' liegt nahe und findet eine Stütze in gelegentlichen älteren Verwendungen wie 'durch Waschen, Benetzen mit Wasser erfrischen'. Im Nhd. setzt sich der Begriff des (Sich-)Erquickens durch Speisen, frische Getränke (vgl. *Labetrunk*), Aufenthalt in kühler, schattiger Umgebung durch. – L a b e f. 'Erfrischung, labendes Getränk', ahd. *laba* (9. Jh.), mhd. *labe*; bereits ahd. in mannigfacher Verwendung, auch im Sinne von 'Hilfe, Heil', dann auf Erquickungsmittel für Körper und Geist bezogen. In neuerer Zeit als dichterisch empfunden und weniger gebräuchlich als die Abstrakta L a b s a l n. (auch f.) 'Erquickung, was zur Erquickung dient', mhd. *labesal*, und L a b u n g f., ahd. *labunga* (9. Jh.), mhd. *labunge*.

labern Vb. 'schmatzend schlürfen, unsinniges Zeug reden', seit dem 18. Jh. in der Literatursprache nach mundartlichem md. *labern*, *labbern* 'leckend trinken (wie die Hunde), langsam, einfältig reden, schwatzen', mnd. nd. *labbern* 'geräuschvoll trinken, schlecken'. Dies ist eine Iterativbildung zu mnd. nd. *labben* 'schlürfend trinken, lecken, schlecken', mnl. nl. *labben* und gehört zu der unter [1]*Löffel* (s. d.) behandelten Wortgruppe. S. auch *läppern*.

labial Adj. 'mit den Lippen gebildet, die Lippen betreffend', aus nlat. *labialis* Adj. und Subst., einer gelehrten Bildung (Anfang 17. Jh.) zu lat. *labium* 'Lippe'; ohne lat. Endung seit etwa 1800 bezeugt. Vgl. gleichbed. frz. *labial* (17. Jh.) und vereinzelt mlat. *labialis* im Sinne von 'mündlich'. – L a b i a l m. 'Lippenlaut', im 19. Jh. (anfangs auch in den Zusammensetzungen *Labialbuchstabe*, *-laut*) für älteres *Labialis* (Plur. *Labiales*) bzw. dessen Verdeutschungen *Lefzenbuchstab* (Anfang 17. Jh.), *Lippenbuchstabe* und *Lippenlaut* (18. Jh.).

labil Adj. 'schwankend, leicht veränderlich, leicht beeinflußbar', im 19. Jh. aus spätlat. *lābilis* 'leicht (dahin)gleitend' entlehnt, einer Ableitung von lat. *lābī* 'hin-, herabgleiten, sinken' (verwandt mit *schlafen*, s. d.). Zu vergleichen ist das seit dem 14. Jh. nachzuweisende und ebenfalls aus dem Lat. stammende frz. *labile*. Als Antonym zu *stabil* wird *labil* insbesondere in zahlreichen Verbindungen geläufig, vgl. *labiles Gleichgewicht*, *labile Gesundheit*, *labile Lage*. – L a b i l i t ä t f. 'Schwanken, Anfälligkeit' (20. Jh.).

laborieren Vb. 'an etw. arbeiten, sich mit etw. abmühen, an etw. leiden', im 15. Jh. aus gleichbed. lat. *labōrāre* entlehnt. Das lat. Verb ist von lat. *labor* 'Mühe, Anstrengung, Arbeit' (eigentl. 'das Wanken unter einer Last') abgeleitet und mit diesem auf lat. *labāre* 'wanken, schwanken' zurückzuführen (Intensivbildung zu dem unter *labil*, s. d., genannten lat. *lābī*, verwandt mit *schlafen*, s. d.). *laborieren* wird in älterer Zeit meist fachsprachlich, speziell in der Medizin ('an einer Krankheit leiden') und Alchimie ('als Alchimist arbeiten') verwendet. – L a b o r a n t m. 'technische Kraft für Laborarbeiten', älter 'Alchimist, Apothekergehilfe' (16. Jh.), aus lat. *labōrāns* (Gen. *labōrantis*), dem Part. Präs. von *labōrāre*. L a b o r a t o r i u m n. 'Arbeitsstätte, Arbeitsraum für naturwissenschaftliche Untersuchungen und Experimente', anfangs 'Alchimistenküche' (16. Jh.), Übernahme der gelehrten Bildung mlat. *laboratorium* 'Werkraum, Werkstatt'. Im 17. und 18. Jh. oft noch in lat. Flexion und im Sinne von 'Destillierstube'. Aus *Laboratorium* gekürzt ist das weitgehend gleichbed. L a b o r n. (20. Jh.), wobei dieses in der Regel kleinere, jenes größere labortechnische Einrichtungen bezeichnet.

Labyrinth n. 'Irrgarten, Durcheinander', im 16. Jh. aus lat. *labyrinthus*, griech. *labýrinthos* (λαβύρινθος) entlehnt. Nach der Sage ursprünglich Bezeichnung eines für den kretischen König Minos von Knossos erbauten, mit verschlungenen Gängen versehenen Gebäudes, in dem der König den Minotauros gefangenhielt. Die Bildung mit *-inthos* (-ινθος) weist auf ein vorgriech. Wort, das mit dem aus dem Lydischen stammenden *lábrys* (λάβρυς) 'zweischneidige Axt, Beil' (hier aufzufassen als Königsinsignie) in Verbindung gebracht und daher als 'Haus der Doppelaxt' gedeutet wird. Im Frühnhd. begegnet *Labyrinth* zunächst mit Bezug auf die kretische Sage, dann unter Einfluß der frz. Gartenbaukunst im Sinne von 'unübersichtlich angelegter Garten, Irrgarten' und wird zur Kennzeichnung verworrener Verhältnisse und undurchsichtiger Sachverhalte verwendet, so vor allem in genitivischen Verbindungen wie *Labyrinth des Lebens, der Welt*.

[1]**Lache** f. 'flache Pfütze', ahd. *lahha* (9. Jh.), mhd. *lache* 'Pfütze', asächs. *laka* 'Pfütze, Sumpf' (in Ortsnamen), mnd. mnl. *lāke* 'stehendes Wasser in einem Flußbett, Salzlake', nl. *laak*, aengl. *lacu* 'Fluß, Bach' (dagegen ist mengl. *lac*, engl. *lake* 'See' Entlehnung aus afrz. *lac* 'See, Grube', das auf lat. *lacus*, s. unten, beruht), ablautend hierzu anord. *lækr* 'langsam fließender Bach' und gleichbed. norw. *løk*. Die Substantive lassen sich mit den unter *leck* (s. d.) behandelten Formen und der dort dargestellten Wurzel ie. **leg-* 'tröpfeln, sickern, zergehen' verbinden. Unwahrscheinlich ist alte Entlehnung aus etymologisch nicht verwandtem lat. *lacus* 'See, Gewässer, Trog, (Wasser)becken'. Zum Nebeneinander der Formen *Lache* und *Lake* im Hd. und zur Funktionsteilung 'Pfütze' und 'Salzlösung' s. *Lake*.

lachen Vb. 'durch Mimik und ein charakteristisches Geräusch Heiterkeit erkennen lassen'. Für das Germ. ist von einem ablautenden (starken) Verb mit *j*-Präsens auszugehen, wie es in aengl. (westsächs.) *hliehhan*, (angl.) *hlæhhan*, anord. *hlæja*, got. *hlahjan* vorliegt. Auch für das Ahd. ist auf Grund eines (grammatischen Wechsel zeigenden) Präteritums *hlōc* ein starkes Verb *(h)lahhan* (9. Jh.) anzusetzen. Daneben ist seit früher Zeit ein schwaches Verb ahd. *(h)lahhēn* (8. Jh.) belegt, das sich in mhd. nhd. *lachen* fortsetzt. Schwache Flexion zeigen auch mnd. *lachen* und engl. *to laugh*, während sonst Reste starker Flexion bewahrt sind, vgl. mnl. nl. *lachen* (Part. Prät. *gelachen*), schwed. *le* (Prät. *log*), dän. *le* (Prät. *lo*). Vgl. ferner die schwachen Kausativa anord. *hlœgja* 'lachen machen, erfreuen' und got. *ufhlōhjan* 'auflachen machen'. Vergleicht man außergerm. lit. *kliugėti* 'kollern, knurren, plätschern, gurgeln', *klukčióti*, *kluk(š)nóti* 'schlucken, gackern', russ. *kloktát'* (*клокmamь*), *klochtát'* (*клохmamь*) 'glucken, gackern' und griech. *klṓzein*, *klṓssein* (*κλώζειν*, *κλώσσειν*) 'glucken, schnalzen', so dürften alle Formen als lautmalende Bildungen anzusehen und über Gutturalerweiterungen (auf ie. *-k-* bzw. *-g-*) der Schallwurzel ie. **kel(ə)-* 'rufen, schreien, lärmen, klingen' (s. *Glocke*) anzuschließen sein. Der Vokalismus weist dabei eine große Variabilität auf. Die germ. Formen führen auf ie. **klak-*, **klōk-*. – [2]L a c h e f. 'lautes Lachen, Gelächter, eine bestimmte Art zu lachen', mhd. *lache* '(einmaliges) Auflachen, Lachen'. l ä c h e l n Vb. 'lautlos lachen, schmunzeln', mhd. *lecheln*, auch 'auf hinterlistige Weise freundlich sein'. l ä c h e r l i c h Adj. 'zum Lachen reizend, unbedeutend, albern', mhd. *lecherlich* 'lächelnd, ein Lachen zeigend'; nhd. (älter) auch soviel wie 'zum Lachen aufgelegt', daneben auch 'Anlaß zum Lachen gebend', bes. in der Verbindung *sich, jmdn. lächerlich machen*. l a c h h a f t Adj. 'lächerlich, albern' (19. Jh.), älter *lacherhaft* (18. Jh.). L a c h t a u b e f. Name einer Taubenart, ostindische Turteltaube (18. Jh.), benannt nach den einem Lachen ähnlichen Gurrlauten.

Lachs m. räuberischer Speisefisch, ahd. (8. Jh.), asächs. mhd. *lahs*, mnd. *las*, aengl. *lœx* (westsächs. *leax*), anord. schwed. *lax*. Der Name fehlt im Got. und Afries., im Nl. hat sich an seiner Stelle sehr früh die unter *Salm* (s. d.) behandelte Entlehnung aus dem Lat. durchgesetzt. Das germ. Wort wird zusammen mit lit. *lašišà*, *lãšis*, lett. *lasis*, russ. *lósos'*, *losós'* (*лосось*) und toch. B *läks-* 'Fisch' auf ie. **lak̂so-* 'Lachs' zurückgeführt. Ob dieses mit lit. *lãšas* 'Tropfen', *lašė́ti* 'tröpfeln', lett. *lãse* 'Sprenkel, Tupfen', *lãsains* 'punktiert, gesprenkelt' zu einer Wurzel ie. **lak̂-* 'sprenkeln, tupfen' zu stellen und *Lachs* als 'der Gesprenkelte, Getupfte' (nach dem prächtigen kupferscheckigen Hochzeitskleid des Männchens) zu deuten ist, bleibt zweifelhaft. Das Vorkommen des Edelfisches im Norden Europas entspricht weitgehend der Verbreitung des Namens in den west-ie. Sprachen, dem Germ. und Baltoslaw. mit Ausnahme des Südslaw.; der Lachs fehlt in den in das Mittelländische und Schwarze Meer mündenden Flüssen. Die verallgemeinerte Bedeutung 'Fisch' im Toch. weist ebenfalls auf das Fehlen des Lachses in den späteren Wohnsitzen der Tocharer (zu den baltoslaw.-toch. Gemeinsamkeiten vgl. PORZIG Gliederung, 1954, 184). Da der Fisch an ein bestimmtes Gebiet gebunden ist, hält DE VRIES Anord. 349 Herkunft des Namens aus einer vor-ie. Sprache für möglich.

Lack m. meist mit Farben versetzte Lösung aus Harzen, Asphalten, Pechen, die, auf Holz, Metall aufgetragen, einen glänzenden Oberflächenschutz ergibt, entlehnt im 16. Jh.

aus gleichbed. ital. *lacca*, das wie mlat. *laca*, *lacca*, span. *laca*, mfrz. frz. *laque* über arab. *lakk*, pers. *lāk* auf aind. *lākṣā*, *rākṣā* 'Lack' zurückgeht; dieses wohl zu verbinden mit aind. *rájyati* 'färbt sich, rötet sich, ist rot' (vgl. MAYRHOFER 3, 96). Bestritten wird die Vermutung, aind. *lākṣā* setze eine verlorene Entsprechung des ie. Namens für *Lachs* (s. d.) fort und beruhe auf **lākṣa-* 'lachsfarben, rot'. Die dt. Belege aus dem 16./17. Jh. verweisen oft auf die Herkunft der Sache, so in Verbindungen wie *Florentiner Lack*, *spanischer Lack*. – l a c k e n Vb., häufiger l a c k i e r e n Vb. 'mit Lack überziehen, anstreichen' (beide Ende 17. Jh., anfangs auch *lacciren*, *lackziren* 'mit Lack vermischen'); vgl. ital. *laccare*. In übertragener Verwendung bes. als Part.adj. *lackiert* im Sinne von 'geschniegelt, eingebildet', so in der Verbindung *lackierter Affe*, gleichbed. mit *Lackaffe*. S. auch *gelackmeiert*.

Lackmus n. m. als Indikator verwendeter, aus Flechten gewonnener blauer Farbstoff. In den älteren Formen *Legmoß*, *Leckmoß* entlehnt (16. Jh.) aus mnl. *le(e)cmoes* 'blauer Farbstoff'. Das mnl. Kompositum ist gebildet aus dem Verb mnl. *lecken* 'tropfen, rinnen' (s. [1]*lecken*) und aus mnl. *moes* 'Brei, gekochtes Gemüse', hier 'Pflanzenteig' (s. *Mus*). Man ließ aus den zu Mus zerstampften Flechten (auch *Lackmusflechten* genannt) den Farbstoff abtropfen. Für den Übergang von mnl. *le(e)cmoes* zu nl. *lakmoes*, dem das Wort im Dt. seit 1700 folgt, vermutet DE VRIES Nl. 382 Einfluß von nl. *lak* 'Lack' (s. *Lack*). – L a c k m u s p a p i e r n. 'mit Lackmus getränktes Reagenzpapier' (um 1800).

Lade f. 'Behälter, Kasten, Truhe', mhd. *lade*, mnd. mnl. *lāde*, nl. *lade*, anord. *hlaða* 'Scheune, Heuschuppen', schwed. *lada* 'Scheune' sind Bildungen zu dem unter [1]*laden* (s. d.) behandelten Verb. In neuerer Sprache als Simplex zurücktretend, jedoch geläufig in Zusammensetzungen wie *Schublade* (s. *Schub*) und *Kinnlade* (s. *Kinn*).

Laden m. 'Verkaufsraum', mhd. *lade*, *laden* 'Brett, Bohle, Fensterladen', frühnhd. 'Kaufladen', mnd. *lāde* 'Auslagebrett, Verkaufsstand', ohne unmittelbare Entsprechung in den übrigen germ. Sprachen. Das Wort gehört vielleicht zu den unter *Latte* (s. d.) dargestellten Wortformen; es bezeichnet zunächst ein 'starkes Brett', dann etwas 'aus Brettern Gefertigtes', so den 'Verkaufstisch' und den 'Außenverschluß der Fenster'. In der Bedeutung 'Verkaufsraum, Geschäft', die seit Anfang des 15. Jhs. auftritt, setzt sich *Laden* gegen konkurrierende Bezeichnungen wie *Gewölbe* durch. – K a u f l a d e n m. (15. Jh.). F e n s t e r l a d e n m. (17. Jh.). L a d e n h ü t e r m. 'schwer verkäufliche Ware' (17. Jh.), offenbar Übersetzung von gleichbed. frz. *garde-boutique*, *garde-magasin*. L a d e n t i s c h m. 'Verkaufstisch' (19. Jh.).

[1]**laden** Vb. 'eine Last auf ein Transportmittel bringen, (eine Feuerwaffe) mit Munition versehen', ahd. *(h)ladan* (8. Jh.), mhd. *laden*, anord. *hlaða*, got. *afhlaþan* sowie (mit grammatischem Wechsel) asächs. *hladan*, mnd. mnl. *lāden*, nl. *laden*, aengl. *hladan*, engl. *to lade* lassen sich vergleichen mit aslaw. *klasti* 'legen, laden', russ. *klast'* (*класть*) 'legen' und auf eine Dentalerweiterung ie. **klāt-* bzw. **klād(h)-* der Wurzel ie. **klā-* 'breit hinlegen', wozu lit. *klóti* 'hin-, ausbreiten, überdecken', zurückführen (s. auch das zugehörige *Last*). Die in neuerer Sprache verselbständigte Bedeutung 'eine Feuerwaffe mit Munition versehen' (15. Jh.) geht auf das Laden großer Kanonen zurück. Hierzu stellen sich jüngere übertragene Verwendungen wie *(mit Strom, Energie) laden*, *(mit Haß, Wut) geladen sein*. – b e l a d e n Vb. 'mit Ladung versehen, belasten', ahd. *bi(h)ladan* (9. Jh.), mhd. *beladen*, auch refl. 'auf sich nehmen'. e n t l a d e n Vb. 'von der Ladung befreien, ausladen', ahd. *int(h)ladan* (um 1000), mhd. *entladen*. L a d u n g f. 'das Aufladen, das Aufgeladene, Fracht, Auffüllung' (15. Jh.), 'Sprengstoff, der ein Geschoß treibt' (16. Jh.).

[2]**laden** Vb. 'zum Kommen auffordern, zu Gast bitten', ahd. *ladōn* (8. Jh.), mhd. *laden*, asächs. *laðian*, mnd. mnl. *lāden*, nl. (älter) *laden*, aengl. *laþian*, anord. *laða*, got. *laþōn*. Vgl. dazu aengl. *laþung* 'Einladung, Versammlung', anord. *lǫð* 'Einladung', got. *laþōns* 'Einladung, Berufung'. Herkunft unbekannt; alle Deutungsversuche sind unsicher. Zu dem im Ahd. schwachen Verb treten im Mhd. unter Einfluß von nicht verwandtem [1]*laden* starke Präteritalformen. – e i n l a d e n Vb. '(als Gast) zu sich bitten, zur Teilnahme an etw. auffordern', ahd. *inladōn* (10./11. Jh.), mhd. *īnladen*. v o r l a d e n Vb. 'auffordern, vor Gericht zu erscheinen', ahd. *foraladōn* (10./11. Jh.), *furiladōn* (11. Jh.), mhd. *vürladen*.

lädieren Vb. 'verletzen, beschädigen', im

16. Jh. aus gleichbed. lat. *laedere* entlehnt, anfangs meist (wie auch im Lat.) im Sinne von 'beleidigen', dann nur noch in Verbindung mit Sachobjekten (s. *Kollision*).

Lady f. (in England) Titel und Anrede der adligen Frau, auch 'Frau, Dame', seit dem 18. Jh. auch in dt. Texten, engl. *lady*, mengl. *lavedi*, aengl. *hlǣfdīge* 'Haus-, Schloßherrin, Königin', eigentl. 'Brotkneterin', dann 'Herrin, deren Brot einer ißt'. Es handelt sich dabei um eine Zusammensetzung von aengl. *hlāf* 'Brot' (s. *Laib*) mit einem wohl aus germ. **deigjōn* 'Teigkneterin' hervorgegangenen Grundwort, das wie aengl. *dǣge* 'Kneterin des (Brot)teigs, Bäckerin' zu germ. **digan* 'kneten' (s. *Teig*) gebildet ist. Als Bezeichnung für die Frau eines Staatsoberhaupts oder Regierungschefs wird die Verbindung *First Lady* aus dem Amerik.-Engl. übernommen (20. Jh.). Von engl. Zusammensetzungen mit *Lady* als Bestimmungswort erlangen eine gewisse Verbreitung im Dt. l a d y l i k e Adj. 'nach Art einer Lady' (19. Jh.) und *Ladykiller* (s. *killen*).

Lafette f. 'Geschützgestell, -wagen', zu Anfang des 17. Jhs. entlehnt aus frz. *l'affût* 'Halterung, Gestell für ein Kanonenrohr', das ebenso wie frz. *fût* 'Stock, Schaft, Griff' (afrz. *fust*) auf lat. *fūstis* 'Knüppel, Stock' zurückgeht. Dem frz. Substantiv geht das von afrz. *fust* abgeleitete Verb afrz. *af(f)uster*, frz. *affûter* 'mit einem Griff versehen, für den Kampf einrichten, für das Losfeuern bereitmachen' voraus. Im Dt. folgt das Wort anfangs der frz. Lautung, *Affuiten* (1617), *die L'Affuite* (1665); bereits im 30jährigen Krieg setzt sich jedoch eine der Aussprache des Kriegsvolkes entsprechende Schreibung durch, die den frz. Artikel zum Wort zieht. *Lafette* bezeichnet zunächst die Haltevorrichtung für das Geschützrohr, dann den Geschützwagen und in neuester Zeit auch das ein Geschütz tragende selbstfahrende (Ketten)fahrzeug, vgl. *Selbstfahrlafette* (20. Jh.).

Laffe m. 'eitler Mensch, Geck' (15. Jh.), wahrscheinlich eine Übertragung von frühnhd. *laffe* 'Hängelippe, Maul' (16. Jh.) auf einen Menschen, vorgestellt als einer, 'der mit offenem Munde, hängender Lippe gafft'. Insofern gehört *Laffe* zur Wortgruppe von *labbern*, *Lappen*, *läppisch*, *Lippe* (s. d.) und damit zur Wurzel ie. **lĕb-*, **lŏb-*, **lăb-* 'schlaff herabhängen(d)'. Der Ausdruck bezeichnet bis zum Ende des 18. Jhs. einen jungen, faulen, unerzogenen Menschen. In der Aufklärung und im Sturm und Drang dient *Laffe* als Kraftausdruck zur Kennzeichnung geistigen Unvermögens des (literarischen) Gegners.

Lage f. 'Art, wie etw. liegt, Situation, Schicht, Tonhöhe', ahd. *lāga* 'Legung, Hinterhalt' (9. Jh.), mhd. *lāge* 'Legung, Hinterhalt, Zustand', auch 'Ort des Liegens, Warenlager' ist ablautende Bildung zu dem unter *liegen* (s. d.) dargestellten Verb. *Lage* bezeichnet zunächst das lauernde Liegen, das räumliche Gelegensein (eines Gegenstandes), im Nhd. dann vor allem den Zustand, die Beschaffenheit einer Sache, ferner die Situation, die (Lebens)umstände (vgl. *Lebenslage*, 19. Jh.), konkret eine Schicht übereinanderliegender Dinge (*eine Lage Papier, Steine*); sportsprachlich gilt der Plur. *Lagen* für die vier Schwimmstilarten Delphin, Rücken, Brust, Kraul (vgl. *Lagenschwimmen*, *-staffel*, 20. Jh.). Bildungen wie *Ab-*, *Aus-*, *Ein-*, *Unterlage* sind postverbale Ableitungen zu *ablegen*, *auslegen* usw. und schließen sich semantisch eng an diese an (s. *legen*). Zusammensetzungen mit *Lage* als Bestimmungs- bzw. als Grundwort wie *Lagebericht*, *-besprechung*, *-plan* und *Bauch-*, *Rückenlage* werden erst um 1900 gebräuchlich.

Lager n. 'Ort zum Liegen', ahd. *legar* (9. Jh.), mhd. *leger* '(Tier-, Kranken)lager, Grabstätte, Belagerung', asächs. *legar*, mnd. *lēger*, mnl. *lēgher*, nl. *leger*, aengl. *leger* 'Beilager, Bett, Grab', engl. *lair* 'Wildlager', anord. *legr* 'Grab, Beilager', schwed. *läger* 'Bett, Heerlager', got. *ligrs* 'Bett, Lager' (germ. **legra-*) gehören (mit germ. *ra*-Suffix bei gleicher Stammbildung, aber unterschiedlichem Genus) zu dem unter *liegen* (s. d.) behandelten Verb. Die alte Form *Leger*, *Läger* begegnet bis ins 17. Jh. Daneben tritt *Lager* seit dem 14. Jh. im Omd. auf, offenbar gefördert durch Anlehnung an *Lage* (s. d.). Omd. *Lager*, von Luther bevorzugt, setzt sich seit dem 16. Jh. allmählich durch. Zu der Grundvorstellung 'Liegestatt' treten als dominierende Bedeutung im Mhd. 'Heerlager', seit dem Frühnhd. 'Rastort eines Fürsten mit seinem Gefolge' (*Hoflager*), 'Aufbewahrungsraum für Waren' (*Warenlager*), bergmannssprachlich 'Vorkommen von Bodenschätzen' (*Erzlager*) sowie im Bereich der Technik 'Fläche, auf der ein Gegenstand aufliegt oder mit der er aufliegt'. In der Gegenwart häufig 'vorübergehende Unterkunftsmöglichkeit (in Baracken oder Zelten) für größere Menschenmassen' (vgl. *Barackenlager*, *Zeltlager*, so bes. auch in Zusammensetzungen wie *Ferien-*, *Flüchtlings-*, *Sammel-*, *Trainingslager*). – l a g e r n Vb. 'für längere Zeit aufbewahren, auf Lager liegen', mhd. *legeren*, *legern* 'liegen, (sich) in gehörige Stellung bringen'. L a g e r s t a t t f. 'Lager, Bett', mhd. *legerstat*, in fast allen Verwendungen des Bestimmungswortes, in der Gegenwart bes. 'Schlafstätte'. L a g e r s t ä t t e f. 'Vorkommen von Bodenschätzen' (19. Jh.), auch 'Bett' (17. Jh.). b e l a g e r n Vb. 'mit einem Heer(lager) umgeben', spätmhd. *belegern*. v e r l a g e r n Vb. 'an einen anderen Ort bringen, anders lagern', frühnhd. *verlägern* (16. Jh.).

Lagune f. 'schmaler, langgestreckter Küstensee', entlehnt im 16. Jh. aus gleichbed. ital. *laguna*, das auf lat. *lacūna* 'Vertiefung, Lache, Weiher, flacher See', eine Ableitung von lat. *lacus* 'See', zurückgeht. Die Belege im Dt. (vereinzelt seit dem 16. Jh., häufiger seit dem 18. Jh.) entstammen vorwiegend Reiseberichten und beziehen sich meist auf die Küstenseen bei Venedig.

lahm Adj. 'bewegungsuntüchtig, behindert, matt, langweilig', ahd. *lam* 'lahm, gelähmt, abgestumpft' (8. Jh.), asächs. mhd. mnd. mnl. nl. *lam*, aengl. *lama*, engl. *lame*, anord. *lami* 'lahm, verkrüppelt', schwed. *lam*. Das germ. (im Got. allerdings nicht bezeugte) Adj. führt zusammen mit einer baltoslaw. Wortgruppe aslaw. *lomiti*, russ. *lomít'* (*ломить*) 'brechen', lit. *lam̀nti* 'zerknüllen, zerknittern, zureiten', russ. *lom* (*лом*) 'Bruch, Bruchstück', *lomóta* (*ломота*) 'Gliederreißen' auf die Wurzel ie. **lem-* 'zerbrechen, zerbrochen', an die vielleicht auch das Adverb griech. *nōlemés* (*νωλεμές*) 'rastlos, unablässig, unaufhörlich, fest' anzuschließen ist, falls es als eigentl. 'nicht zusammenbrechend', mit seltenem verneinendem *n(e)-*, *ν(ε)-* zu einem Substantiv **ólemos* (*ὄλεμος*) gebildet, zu erklären ist. Im Ablautverhältnis zu *lahm* stehen innerhalb des Germ. mhd. (dehnstufig) *lüemen* 'erschlaffen, ermatten', nhd. (mundartlich) *lumm* 'schlaff, matt', wozu *Lümmel* (s. d.) gehört. Ausgangsbedeutung im Dt. ist 'gliederschwach'; *lahm* wird vor allem auf funktionsschwache, kraftlose Füße und Beine, dann auf Menschen und Tiere mit entsprechenden Gliedmaßen bezogen, auch auf Äußerungen und Handlungen übertragen, vgl. *lahme Ausrede*, *lahmer Protest*, *Vortrag*. – l a h m e n Vb. 'hinkend gehen, lahm sein', mhd. (selten) *lamen* 'lahm sein oder werden', geläufig erst seit dem 18. Jh. l ä h m e n Vb. 'lahm machen, lahmlegen', ahd. *lemmen* (9. Jh.), mhd. *lemen*, asächs. *lemmian*, aengl. *lemian*, anord. *lemja* 'lahm schlagen', Faktitivum ('lahm machen') zum oben genannten Adj. L ä h m u n g f. (17. Jh.).

Laib m. 'geformtes Brot', ahd. *(h)leib* (8. Jh.), mhd. *leip*, aengl. *hlāf*, engl. *loaf*, anord. *hleifr*, aschwed. *lēver*, got. *hlaifs* (germ. **hlaiba-*; s. dazu *Lady* und *Lord*) gilt wahrscheinlich ursprünglich für das ungesäuerte Brot, während *Brot* (s. d.) das gesäuerte Brot bezeichnet. Herkunft nicht geklärt. Eine Verbindung mit lat. *lībum* 'Kuchen, Fladen', griech. *klíbanos* (*κλίβανος*) 'Backofen', eigentl. 'tönerne oder eiserne Brotform' stößt auf lautliche Schwierigkeiten. Vielleicht ein nicht-ie. Substratwort? Anders TRIER Lehm (1951) 59, der die Formen an got. *hleibjan* 'sich jmds. annehmen' anschließt; er sieht in *Laib* eine „urgerm. Prägung, hinter der … eine nahrungsgeschichtliche Neuerung steckt", und setzt eine Wurzel **k̂el-*, **k̂lei-* 'kneten' (von Lehmbrei, Brotteig) an. Frühe Entlehnungen aus dem Germ. führen zu aslaw. *chlěbъ* 'Brot', russ. *chleb* (*хлеб*) 'Brot, Getreide', lett. *klaips* 'Laib Brot', finn. *leipä* 'Brot'. In neuester Literatursprache tritt *Laib* weitgehend zurück; es findet sich landschaftlich noch im Süden in Verbindungen wie *ein Laib von 1 kg*, *ein Laib Brot*. Die Schreibweise mit *ai* schlagen Grammatiker des 17. Jhs. zur Unterscheidung von *Leib* 'Körper' vor.

Laich m. 'von einer Schleimmasse umgebene Eier der Fische oder Amphibien', mhd. *leich* 'das Liebesspiel, Laichen der Fische' (daneben *geleich* n. 'Fischlaich'), mnd. *lēk* 'Laich, das Laichen', schwed. *lek* 'Liebesspiel der Tiere, Laich'. *Laich* ist dasselbe Wort wie *Leich* (s. d.), hat sich jedoch in der Bedeutung '(Liebes)spiel' verselbständigt; die Schreibung *Laich* wird im 18. Jh. eingeführt zur Unterscheidung von *Leiche* f. – F r o s c h l a i c h m. (16. Jh.). l a i c h e n Vb. 'den Laich ablegen', spätmhd. *leichen* 'hüpfen, aufsteigen' (auch von den auffälligen Bewegungen der laichenden Fische).

Laie m. 'Nichtgeistlicher, Nichtfachmann',

ahd. *leigo* (11. Jh.), mhd. *leie*, *leige* 'Nichtgeistlicher', auch (seit 14. Jh.) 'Ungelehrter, Ungebildeter in Wissenschaft und Kunst', mnd. mnl. *leye* sind über westroman. Formen (**laigu*, **laiju*) entlehnt aus kirchenlat. *lāicus* 'zum Volk gehörig, gemein', Subst. 'Nichtkleriker' (Gegensatz kirchenlat. *clēricus* 'Geistlicher', s. *Klerus*), griech. *lāïkós* (*λαϊκός*), abgeleitet von griech. *lāós* (*λαός*) 'das (gemeine) Volk, Volksmenge, Kriegsvolk, Völkerschaft', Plur. 'Leute, Kriegsleute, Untertanen, Hörige', auch (biblisch) 'Laien'. Bereits im Griech. wird das Adjektiv substantiviert und erhält die Bedeutung 'Nichtpriester', um den gewöhnlichen Angehörigen der Christengemeinde vom Priester zu unterscheiden. Entsprechend stehen sich ahd. *leigo* 'Nichtgeistlicher' und *phaffo* 'Geistlicher' (s. *Pfaffe*) gegenüber. Da die Nichtgeistlichen im Mittelalter in der Regel weder lesen noch schreiben können, entwickelt sich die Bedeutung 'Ungelehrter, Unkundiger', zunächst in bezug auf die Theologie, dann (außerhalb des kirchlichen Bereichs) in bezug auf die mittelalterlichen Wissenschaften wie Himmelskunde, Jura, Medizin (seit 14. Jh.). *Laie* bezeichnet daraufhin den 'Nichtfachmann in einer Wissenschaft oder Kunst', schließlich (seit dem 18. Jh.) den 'Nichtfachmann' auf jedwedem Gebiet. Etymologisierende Schreibung mit *ai* setzt Ende des 17. Jhs. ein. Neben den oben genannten Formen steht als direkte Entlehnung aus lat. *lāicus* gleichbed. ahd. *leihman* (8. Jh.), mnd. *leyke*, mnl. *leec*, nl. *leek*. – Laienbruder m. 'Klosterbruder ohne geistliche Weihen', mhd. *leienbruoder*. laienhaft Adj. 'nicht fachmännisch' (18. Jh., Goethe).

Lakai m. 'herrschaftlicher Diener, Schmeichler, Kriecher', Entlehnung (Anfang 16. Jh.) aus dem Frz., zufrühest belegt in der Form *Lagegen* (Plur.) aus mfrz. *halagues*, dann *Lakey* aus mfrz. frz. *laquais* 'Fußsoldat, Läufer, Diener für Botendienste'. Dem Ausdruck liegt (nach FEW 19, 196) wahrscheinlich türk. *ulak* 'Läufer' zugrunde, das, möglicherweise vermittelt durch gleichbed. mgriech. *ūlákēs* (*οὐλάκης*), mit modifiziertem Anlaut (wegen häufigen Vorkommens von *al-* in Wörtern orientalischer Herkunft?) ins Galloroman. gelangt und sich wohl von hier aus in die europ. Sprachen verbreitet. Im Dt. bezeichnet *Lakai* zunächst einen einfachen Soldaten, dann einen herrschaftlichen Diener in Livree und in jüngerer Sprache stark abwertend einen abhängigen, unterwürfigen Menschen von knechtischer Gesinnung.

Lake f. 'Salzwasser, Salzlösung' (zum Einlegen von Lebensmitteln), ursprünglich nd. Entsprechung zu [1]*Lache* (s. d.), mnd. mnl. *lāke*, die sich seit dem 14. Jh. in der Bedeutung 'Salzbrühe' (für die Fischkonservierung) mit dem Heringshandel allmählich ausbreitet und bereits im 14. Jh. auch md. und im 15. Jh. obd. (*lakchen*, auch *lacke*) nachzuweisen ist. Der Bedeutungswandel von 'Pfütze, flacher See' zu 'Salzlösung' im Nd. wird wohl durch die Verwendung des Wortes für die salzwasserhaltigen Pfützen und Kleinseen in Küstennähe veranlaßt.

Laken n. 'Bettuch'. Asächs. *lakan* 'Laken, Decke, Tuch, Vorhang, Obergewand', mnd. mnl. *lāken*, nl. *laken*, aengl. *lacen* ('Mantel') haben neben sich die verschobene Form ahd. *lahhan* (9. Jh.), mhd. frühnhd. *lachen* 'Tuch, Gewand, Mantel, Vorhang', die nur in obd. Mundart fortlebt sowie in *Leilach(en)* 'Bettuch, Leintuch', ahd. *līhlahhan*, meist *līlahhan* (10. Jh.), aus ahd. *līh* 'Körper, Leib, Leichnam' (s. *Leiche*) und *lahhan*, mhd. *līchlachen*, *līlach(en)*. Die Umdeutung zu 'Lein(en)tuch' durch Anlehnung an ahd. mhd. *līn* (s. *Lein*) setzt schon früh ein, ahd. *līnlahhan* (Hs. 12. Jh.), mhd. *līnlachen*, frühnhd. *Leinlach*. Vergleicht man mnd. *lak* 'schlaff, lose', asächs. mnd. *slak* 'schlaff, schwach' und weitere unter [1]*schlackern* (s. d.) aufgeführte germ. Formen sowie außergerm. air. *lacc* 'schlaff, schwach', lat. *laxus* 'schlaff, locker' (s. *lax*), *languēre* 'schlaff, matt sein', griech. *láganon* (*λάγανον*) 'dünner, breiter Kuchen', *lḗgein* (*λήγειν*) 'auflösen, ablassen, zu Ende gehen' (beide griech. Formen wohl ursprünglich mit anlautendem *s*), so ist eine Zuordnung zur Wurzel ie. **(s)lēg-* 'schlaff, matt sein' wahrscheinlich. Nd. *Laken* dringt in der Bedeutung 'Bettuch, leinene Decke' im 15./16. Jh. mit dem westfäl. Leinenhandel auf hd. Gebiet vor, bleibt den obd. Mundarten jedoch fremd. – Bettlaken n. 'Bettuch', mnd. *beddelāken*, verdeutlichende Zusammensetzung; gelegentlich unter Einfluß von obd. *lachen* auch mhd. *bettelachen*, frühnhd. *bethlachen* (md. 15. Jh.), *bettlach* (alem. 16. Jh.).

lakonisch Adj. 'kurz und treffend im Ausdruck', im 17. Jh. entlehnt aus gleichbed. lat.

lacōnicus, griech. *lakōnikós* (*λακωνικός*), dem Adjektiv zu *Lákōn* (*Λάκων*) 'Lakedämonier', das im Sinne von 'nach der Art der Lakedämonier, Spartaner' verwendet wird und sich auf die bereits im Altertum erwähnte einfache, wortkarge Redeweise der Spartaner bezieht.

Lakritze f. 'schwarze Masse aus eingedicktem Süßholzsaft', mhd. *lakerize*, *lekerize* 'Süßholz, Lakritze' (14. Jh.), Entlehnung aus mlat. *liquiricia* , *liquiritia*, *laquiricia*, das (mit volksetymologischer Anlehnung an lat. *liquidus* 'flüssig'?) auf griech.-lat. *glycyrrhiza* (*γλυκύρριζα*) 'Süßwurzel, Süßholz' beruht, einer Zusammensetzung aus griech. *glykýs* (*γλυκύς*) 'süß' und *rhíza* (*ῥίζα*) 'Wurzel'. *Lakritze* bezeichnet bis in neuere Zeit die Süßholzstaude, lange Zeit vor allem den aus der Wurzel gewonnenen und in Apotheken gehandelten Süßholzsaft, in der Gegenwart die in die Form kleiner Stangen oder Pastillen gepreßte schwarze Masse des eingedickten Safts. – Lakritzensaft m. 'Süßholzsaft' (19. Jh.). Lakritz(en)stange f. (20. Jh.).

lallen Vb. 'undeutlich, mit ungelenker Zunge sprechen, stammeln', ahd. *lalōn* (um 900), mhd. *lallen*, *lellen* läßt sich mit gleichbed. schwed. *lalla*, dän. *lalle* (isl. *lalla* 'bummeln, trödeln, schlendern'), aind. *lalallā* 'das Lallen, Lallaut', lit. *laléti* 'laut schwatzen', *lalúoti* 'lallen', lat. *lallāre* 'in den Schlaf singen', griech. *lalē̃in* (*λαλεῖν*) 'schwatzen', *lálos* (*λάλος*) 'geschwätzig', russ. *lála* (*лала*) 'Schwätzer' verbinden, so daß lautmalendes, kindersprachliches ie. **lal(l)(ă)-* als Reduplikation einer Schallwurzel ie. **lā-* (s. *Lamento*) angesetzt werden darf. Doch können die zahlreichen Wörter in den ie. Sprachen auch unabhängig voneinander schallnachahmend gebildet sein. Verwandtschaft besteht sicher auch mit *lullen* (s. d.). *lallen* bezeichnet das unartikulierte Sprechen von Kindern, Betrunkenen und Sprachbehinderten.

Lama n. Der Name der südamerikanischen Kamelart, des höckerlosen Schafkamels, wird aus den Eingeborenensprachen Perus (den Ketschua-Mundarten) von den Spaniern entlehnt und über span. *llama* vielen europ. Sprachen (vgl. engl. *llama*, älter auch *glama*, frz. *lama*) vermittelt; im Dt. seit dem 16. Jh. nachweisbar.

Lamelle f. 'kleines dünnes (Metall)plättchen'. Aus lat. *lāmella* 'kleines Metallplättchen', dem Deminutivum zu lat. *lāmina* 'dünnes Holz-, Metallblatt, Sägeblatt' (s. *Lametta*), wird mhd. *lāmel* 'Klinge' entlehnt, das in frühnhd. und nhd. (mundartlich) *Lamel* 'Messerklinge' weiterlebt. (Anders Frings/M. Germania Romana 2, 1968, 299 ff.) In der Neuzeit wird lat. *lāmella* im Sinne von '(Metall)plättchen' als wissenschaftlicher Ausdruck entlehnt, ergibt frz. *lamelle* und (nach frz. Vorbild) nhd. *Lamelle* (Anfang 19. Jh.); es bezeichnet in der Technik vorwiegend dünne Plättchen, Scheibchen (bes. als Teile eines Ganzen, einer Reihe, z. B. die Teile der Irisblende), in der Botanik das einzelne Blättchen an der Unterseite eines Blätterpilzhutes.

Lamento n. 'Gejammer'. Um 1700 wird als Fachausdruck der Musik ital. *lamento* 'Klagegesang' (in der Oper) übernommen und bald darauf (Ende 18. Jh.) auch allgemein im Sinne von 'Klage, Jammern' gebraucht. Dem Ausgangswort lat. *lāmentum* 'Wehklage' liegt die unter *lallen* (s. d.) genannte, in zahlreichen lautnachahmenden Wörtern auftretende Wurzel ie. **lā-* zugrunde. Im Dt. früher bezeugt ist das aus lat. *lāmentātio* (Gen. *lāmentātiōnis*) 'Wehklagen, Jammer' entlehnte *Lamentation* (*lamentacien* 15. Jh., *Lamentatz* 16. Jh.). – lamentieren Vb. 'jammern, klagen', auch 'jammernd erbetteln', im 16. Jh. aus lat. *lāmentārī* 'laut wehklagen' entlehnt.

Lametta n. 'schmale Streifen aus Silberpapier' (als Weihnachtsbaumschmuck), umgangssprachlich auch 'Orden und Rangabzeichen', Übernahme (Ende 19. Jh.) von ital. *lametta*, dem Deminutivum zu ital. *lama* 'Metallblatt, Klinge'. Dieses geht wohl über gleichbed. mfrz. *lame* auf lat. *lāmina* 'dünnes Holz-, Metallblatt, Sägeblatt' zurück (s. *Lamelle*). *Lametta* bezeichnet anfangs auch die feinen Metallfäden, mit denen Stoffe für bestimmte Gewänder durchwebt werden.

Lamm n. 'Schafjunges', ahd. *lamb* (8. Jh.), mhd. *lamp*, *lam*, asächs. aengl. engl. anord. got. *lamb*, mnd. mnl. nl. *lam*, schwed. *lamm*. Germ. **lambaz* (ie. **lonbhos*) entspricht formal weitgehend griech. *élaphos* (*ἔλαφος*) 'Hirsch' (ie. **el̥nbhos*). Beide Namen sind mit jeweils unterschiedlicher Ablautstufe in der ersten und zweiten Silbe Bildungen mit *n*-Suffix zur Wurzel ie. **el-* 'rot, braun' (s. *Elch*, *Erle*). Das Suffix ie. *-bhos* erscheint in Farbadjektiven, vgl. griech. *árgyphos* (*ἄργυφος*) 'weißglänzend', wie in Tiernamen, vgl. aind. *vṛṣabhá-* 'Stier' oder mit deminutivem Charakter griech. *ériphos* (ἔριφος) 'junger Bock, junge Ziege'. Im Germ. ist ie. **lonbhos* sekundär in die Flexion der *s*-Stämme überführt worden, daher der Plural ahd. *lembir*, nhd. *Lämmer*. *Lamm* bezeichnet das Junge (und Jungtier) des Schafes, vereinzelt auch das der Ziege. In übertragener Verwendung steht es für einen geduldigen, fügsamen, wehrlosen Menschen. – l a m m e n Vb. 'ein Lamm gebären' (16. Jh.), daneben *lämmern*, frühnhd. *lemmern* und vereinzelt spätmhd. *gelamben*. l a m m f r o m m Adj. (18. Jh.).

Lampe f. 'eine Lichtquelle enthaltendes Gerät, Leuchte', mhd. *lampe* ist (wie mnd. mnl. *lampe*, engl. *lamp*) Entlehnung von afrz. (frz.) *lampe*, das wohl, ebenso wie gleichbed. ital. *lampada*, span. *lámpara* (älter *lámpada*), auf (bes. in späten Texten bezeugtes) vlat. *lampada* bzw. auf die aus dem Griech. übernommene Akk.-Form lat. *lampada* von lat. *lampas* (Gen. *lampadis*) 'Fackel, Leuchte, Leuchter' zurückgeht (der FEW 5, 145 vorgeschlagene Ansatz eines spätlat. **lampa* als Ausgangsform für das Frz. erscheint unnötig). Lat. *lampas* beruht auf griech. *lampás*, Gen. *lampádos* (λαμπάς, λαμπάδος) 'Fackel', einer Ableitung von griech. *lámpein* (λάμπειν) 'leuchten, strahlen' (woraus spätlat. *lampāre* 'leuchten, glänzen'), zu dem auch griech. *lamptḗr* (λαμτήρ) 'Leuchter, Fackel, Laterne' gehört, das in *Laterne* (s. d.) weiterlebt. Neben mhd. *lampe* (aus dem Afrz.) ist auch unmittelbar aus dem Lat. stammendes mhd. *lampāde* belegt (vgl. entsprechendes mnl. *lampade*, *lampde*, *lampte*). *Lampe*, zunächst vereinzelt obd. (13. Jh.) für 'Glutpfanne' bezeugt, bleibt bis Ende des 15. Jhs. in der Bedeutung 'Glas- oder Tongefäß mit in Öl schwimmendem Docht' fast ausschließlich auf das Md. beschränkt und setzt sich mit Luthers Bibelübersetzung seit dem 16. Jh. allmählich gegen *Ampel* (s. d.) durch. Unterschiedliche Verwendungszwecke und technische Entwicklungen führen zu zahlreichen Zusammensetzungen, z. B. *Gas-*, *Hänge-*, *Karbid-*, *Löt-*, *Petroleum-*, *Stehlampe*. Terminologisch steht *Lampe* (verkürzt aus *Glühlampe*) für das in der Fachsprache gemiedene *Glühbirne* (s. d.). – L a m p e n f i e b e r n. 'Aufregung vor einem (ersten) öffentlichen Auftreten' (Mitte 19. Jh.); der Ausdruck entstammt dem Bühnenjargon (vgl. *die Lampen* Plur. 'an der Rampe angebrachte Bühnenbeleuchtung, Rampenlicht'); vergleichbar ist älteres *Kanonenfieber* (bei Goethe in der Schilderung der Kanonade von Valmy).

Lampion m. 'Laterne mit buntem Schirm aus Papier oder Seide', Übernahme (18. Jh.) von gleichbed. frz. *lampion*, einer Entlehnung aus ital. *lampione*, das als Vergrößerungsform zu ital. *lampa* (aus afrz. *lampe*, s. *Lampe*) große Wagen- und Straßenlaternen bezeichnet. Das frz. Wort, das zunächst für Laternen und Lichtbehälter verschiedener Art verwendet wird, setzt sich im Dt. in der Bedeutung 'Lampe zur Illuminierung, bunte Papierlaterne' durch.

lancieren Vb. 'eine Nachricht, Meldung gezielt (durch andere) verbreiten lassen'. Frz. *lancer*, afrz. *lancier* 'schleudern, werfen, in Schwung bringen', das auf spätlat. *lanceāre* '(die Lanze) schleudern' zurückgeht (s. *Lanze*), wird in den speziellen Bedeutungen 'Wild aufscheuchen, aufstöbern' und 'gezielte Handlungen vornehmen, Worte an oder gegen jmdn. richten' ins Dt. entlehnt. Nhd. *lancieren* steht für 'das Wild durch den Hund zum Auswechseln bringen' (in der Jägersprache, Anfang 18. Jh.), 'Worte, Schreiben wohin gelangen lassen' (Ende 18. Jh.), 'etw. oder jmdn. vorteilhaft bekanntmachen' (19. Jh.); daraus im Dt. '(in bestimmter Absicht) in die Öffentlichkeit gelangen lassen'.

Land n. 'Festland (Gegensatz *Wasser*), Erdboden, Grundstück, dörfliche Gegend (Gegensatz *Stadt*), durch Grenzen abgeteiltes Gebiet, Staat', ahd. (8. Jh.), mhd. mnd. mnl. *lant*, asächs. aengl. nl. engl. anord. schwed. got. *land* (germ. **landa-*) ist verwandt mit ablautendem schwed. *linda* 'Brachland' und wohl auch anord. *lundr* 'Hain, Baum' (eigentl. 'freier Platz, eingefriedetes Land'), schwed. *lund* 'Hain, Wald'. Im Vergleich mit air. *land* 'freier Platz', korn. *lan*, bret. *lann*, gall. **landa* (woraus frz. *lande*) 'Heide, Steppe', apreuß. *lindan* (Akk. Sing.) 'Tal', aruss. *ljadina* 'Unkraut, Gestrüpp', russ. (landschaftlich) *ljáda* (*ляда*) 'mit jungem Holz bewachsenes Feld, Neubruch, Rodeland, Bruch, Sumpflache' läßt sich ie. **lendh-* 'freies Land, Heide, Steppe' erschließen. Der Plural mhd. *diu lant* wird im Frühnhd. (in Anlehnung an die neutralen *s*-Stämme, s. *Kalb*) durch *Länder* ersetzt. Daneben begegnet (seit

15. Jh.) *die Lande*, so noch in festen Fügungen wie *aus fernen Landen* 'Ländern'; vgl. auch *die Niederlande*. – landen Vb. (vom Wasser her) 'am (Fest)land ankommen, anlegen', (aus der Luft) 'auf dem Boden niedergehen, aufsetzen', übertragen 'am Ziel ankommen', aus der Seemannssprache, mnd. mnl. nl. *landen*, engl. *to land*, älteres hd. *länden* ablösend (17. Jh.), vgl. ahd. *lenten* (8. Jh.), mhd. *lenden*, *lenten* 'an Land bringen, landen, ans Ziel bringen, beenden'. Landung f. 'das Ankommen, Anlegen an Land' (Anfang 18. Jh.), danach auch von Flugzeugen 'das Niedergehen, Aufsetzen auf dem Boden'. ländlich Adj. 'dem Land angemessen' (16. Jh.), *lantlich* (15. Jh.); auch (im Gegensatz zu *städtisch*) 'dörflich' (18. Jh.). Ländler m. Volkstanz im Dreivierteltakt (Ende 18. Jh.), aus dem *Landl* (Österreich ob der Enns) stammend. Länderei f. 'zusammenhängendes, wirtschaftlich nutzbares Gebiet' (16. Jh.), meist im Plural *Ländereien*. Landschaft f. 'geographisch zusammenhängendes Gebiet mit einem bestimmten Charakter, mit bestimmten Eigenschaften', ahd. *lantscaf* (8. Jh.), *-scaft* (um 1000), mhd. *lantschaft* 'Landschaft, Land', auch 'Einwohnerschaft des Landes, die versammelten Stände eines Landes'; in der Malerei 'Darstellung einer Landschaft' (Anfang 16. Jh.). landschaftlich Adj. 'der Landschaft angehörend', auch 'zur Sprache eines bestimmten Gebiets gehörend' (18. Jh.). Landser m. 'einfacher Soldat' (ausgehendes 19. Jh., im zweiten Weltkrieg allgemein geläufig), unter sächsischen Soldaten als Anrede im Sinne von 'Landsmann' entstanden, vgl. Küpper Wb. d. dt. Umgangsspr. 4 (1966) 142. Landenge f. 'schmaler Landstreifen zwischen zwei Meeren, der zwei größere Festlandsmassen miteinander verbindet' (18. Jh.), älter *Erdenenge* (Ende 17. Jh.), gebildet nach voraufgehendem *Meerenge* (s. d.). Landkarte f. 'Atlas, kartographische Darstellung (eines Ausschnitts) der Erdoberfläche' (2. Hälfte 17. Jh.). Landregen m. 'lang anhaltender, sich über große Gebiete ergießender Regen' (15. Jh.). Landsknecht m. 'in den kaiserlichen Ländern, nicht im Ausland angeworbener Söldner für die Fußtruppe', zuerst im Zuge der Neugestaltung des Heeres unter Maximilian I. (15. Jh.); durch volksetymologische Anlehnung an *Lanze* (s. d.) häufig auch *Lanzknecht* (um 1500). Landstreicher m. 'Vagabund' (15. Jh.), zu *streichen* (s. d.) im Sinne von 'herumstreifen, herumwandern'. Landtag m. 'politische (ursprünglich auch gerichtliche) Körperschaft, die die Interessen eines Landes vertritt, Versammlung der Stände eines Landes', eigentl. 'Tag, an dem die Vertreter eines Landes zu gerichtlicher und politischer Tätigkeit zusammenkommen', mhd. *lanttac* 'Versammlung zum Landgericht'. Landwehr f. 'Gesamtheit aller zur Landesverteidigung bestimmten Kräfte', neu belebt in den Befreiungskriegen nach mhd. *lantwer* 'Landesverteidigung, die Verteidiger des Landes, Befestigung an der Landesgrenze, die rings um die Stadt gezogenen Gräben und Schranken' (s. *Wehr* f.). Landwirt m. 'Leiter eines bäuerlichen Betriebes, ausgebildeter Agronom', zuerst 'Gastwirt auf dem Lande' (17. Jh.). Landwirtschaft f. 'Bauernhof, planmäßiger Betrieb von Ackerbau und Viehzucht' (18. Jh.). Ausland n. 'das nicht zum eigenen Land gehörige Gebiet, fremdes Land' (17. Jh.), rückgebildet aus Ausländer m. 'Fremder, aus einem anderen Land Stammender', mhd. *ūʒlender*, und ausländisch Adj. 'fremd, dem Ausland angehörend', mhd. *ūʒlendisch* (beide 14. Jh.); doch vgl. mhd. *ūʒlant* 'außerhalb der Gemarkung gelegenes Gut', mnd. *ūtlant* 'Land außerhalb des Deiches', ahd. *ūʒlenti* n. 'Strand' (9. Jh). Inland n. 'das Innere eines Landes, das Staatsgebiet innerhalb seiner Grenzen' (19. Jh.); vgl. mhd. *inlende* n. 'Heimat, Herberge, Quartier'. Inländer m., spätmhd., *inlender*, Gegenwort zu *Ausländer*. inländisch Adj. (Anfang 16. Jh.); vgl. mhd. *inlendic* 'im Lande, zu Hause'.

Landauer m. 'viersitzige Kutsche mit klappbarem Verdeck' (18. Jh.); vgl. engl. *landau*, *landaulet* (18. Jh.), frz. *landau* (1814), *landaulet* (1836), span. *landó* (1830). Ungesichert ist sowohl ein ursprünglicher Bezug zum dt. Ortsnamen *Landau* (vgl. „im geöffneten Wagen, er war in Landau verfertigt" Goethe 1797) als auch Herkunft (über Vermittlung von hispano-arab. *al-andul* 'Sänfte') aus aind. **andola-* 'Schaukel, Sänfte' (vgl. Lokotsch Etym. Wb. d. Wörter oriental. Ursprungs 8).

lang Adj. räumliche und zeitliche Erstreckung bezeichnend, ahd. *lang* 'langgestreckt, lange dauernd, ausführlich' (8. Jh.), mhd.

mnd. mnl. *lanc* 'lang, langsam', asächs. nl. *lang*, aengl. *lang*, *long*, engl. *long*, anord. *langr*, schwed. *lång*, got. *laggs* wird zusammen mit gleichbed. lat. *longus*, mpers. *drang*, pers. *dirang* 'lang' auf ie. **(d)longho-*, Adjektivbildung zu einer nasalierten Gutturalerweiterung der Wurzel ie. **del-* 'lang', zurückgeführt. Unnasaliert liegt die (ursprünglich zum Teil wohl zweisilbige) Gutturalerweiterung vor in aind. *dīrgháḥ*, griech. *dolichós* (*δολιχός*), aslaw. *dlьgъ*, russ. *dólgij* (*долгий*) 'lang', ebenso (mit *d*-Abfall) in lit. *ìlgas*, lett. *ilgs* und in got. *tulgus* 'fest, standhaft'. Das erste Zeugnis des germ. Adjektivs zeigt der bei Tacitus in lat. *Langobardī* überlieferte Name der *Langobarden*, eigentl. 'Langbärte'. Im Dt. bezeichnet *lang* sowohl die Erstreckung in einer Dimension, und zwar bei Körpern die der größten Ausdehnung (im Unterschied zu *breit* oder *dick*), als auch die Erstreckung in der Zeit. In festen Verbindungen, vgl. *lange Finger machen* 'stehlen', *einen langen Hals machen* 'neugierig sein', *ein langes Gesicht machen* 'enttäuscht sein'. – l a n g e Adv. 'lange Zeit, bei weitem', ahd. *lango* 'vor langer Zeit, längst' (8. Jh.), mhd. *lange*, *langen* 'seit langem, lange Zeit'. l ä n g s Präp. Adv. 'an etw. entlang, der Länge nach', mhd. *langes*, *lenges* Adv. 'vor langer Zeit, der Länge nach', mnd. *langes*, frühnhd. auch *längst* (mit hinzugetretenem *t*, s. unten) sind adverbiale Genitive Sing. des Adjektivs. Das Adverb ist in der Gegenwart kaum noch in Gebrauch (*etw. längs schneiden*, nordd. *längs kommen*); als Präp. wird *längs* seit dem 14. Jh. verwendet. l ä n g s t Adv. 'seit langer Zeit, schon lange, bei weitem', frühnhd. *längst*, auch *langest*, *leng(e)st*. Ursprünglich identisch mit *längs* (s. oben), dessen adverbiale Verwendung im Sinne von 'vor langer Zeit' die durch sekundäres *-t* erweiterte Form übernimmt; entsprechend u n l ä n g s t Adv. 'vor nicht langer Zeit, vor kurzem'; vgl. mhd. *unlanges*. L ä n g e f. 'Ausdehnung in die Hauptrichtung, Dauer, Längengrad', ahd. *lengī* (9. Jh.), mhd. *lenge*. *Länge* bezeichnet insbesondere die räumliche Erstreckung im Unterschied zu *Höhe* und *Breite*, auch die Körpergröße, und erscheint als Grundwort in Maßbezeichnungen wie *Hauptes-*, *Pferde-*, *Schiffslänge*. l a n g e n Vb. 'ausstrecken, sich erstrecken, reichen, auskommen', mhd. *langen* 'lang werden oder machen, sich ausstrecken, um etw. zu erreichen, Verlangen haben', ahd. *langēn* 'Verlangen haben' (9. Jh.). a n l a n g e n Vb. 'ankommen' (16. Jh.). e r l a n g e n Vb. 'bekommen, gewinnen, erwerben, erreichen', mhd. *erlangen* 'sich sehnen, verlangen, erreichen', auch (unpersönlich) 'lang dünken, langweilen'. S. auch *ge-*, *hinlangen*. v e r l a n g e n Vb. 'nach etw. Sehnsucht haben, etw. begehren, fordern', mhd. *verlangen*; V e r l a n g e n n. substantivierter Infinitiv, mhd. *verlangen*, auch 'Verdruß, Kummer'. l ä n g l i c h Adj. 'im Verhältnis zur Breite größere Länge aufweisend, ein wenig lang', ahd. *langlīh* (9. Jh.), frühnhd. *langelich*, *lengelich* (15. Jh.), daneben frühnhd. *langlecht*, *länglicht*, mhd. *lengeleht*. l a n g s a m Adj. 'zögernd, lange Zeit brauchend, träge', ahd. (8./9. Jh.), asächs. *langsam* 'lange dauernd', aengl. *langsum*; s. *-sam*. Daneben ahd. *langseimi* (10. Jh.), mhd. *lancseim*; das zweite Wortglied (ahd. *-seimi*) stellt sich zu mhd. *seine* 'langsam, träge', verwandt mit *seit*, *Seite* (s. d.), oder es gehört im Sinne von 'langsam fließend, tröpfelnd' zu dem unter *Seim* (s. d.) behandelten Substantiv; die Bedeutung 'zögernd, gemächlich, nach und nach' wird von *langsam* übernommen. L a n g e w e i l e f. 'Gefühl des Nichtausgefülltseins, des Überdrusses, Mangel an Abwechslung', mhd. *lange wīle*, Zusammenschreibung vereinzelt seit dem 14. Jh., fest im 17. Jh., doch noch bis zur Gegenwart mit Binnenflexion (*aus Langerweile*, *der Langenweile begegnen*); l a n g w e i l e n Vb. 'Langeweile bereiten', refl. 'Langeweile haben' (18. Jh.); l a n g w e i l i g Adj. 'uninteressant' (15. Jh.). L a n g f i n g e r m. 'Dieb' (17. Jh.). L a n g m u t f. 'Geduld, Nachsicht' (16. Jh.), Rückbildung (da sich ahd. *langmuotī*, 8. Jh., nicht fortsetzt) aus l a n g m ü t i g Adj. 'geduldig', ahd. *langmuotīg* (10./11. Jh.), mhd. *lancmüetec*, Weiterbildung des Adjektivs ahd. *langmuot* (8. Jh.), einer Übersetzung von gleichbed. kirchenlat. *longanimis* (zu lat. *longus* 'lang' und *animus* 'Seele, Mut'). L a n g o h r n. Name des Hasen (auch *kleines Langohr*) und des Esels (*großes Langohr*), wohl rotw. (16. Jh.); zu vergleichen ist die ähnliche Benennung des Hasen durch spätlat. *aurītus* (zu lat. *auris* 'Ohr'), des Esels durch die zugehörige Deminutivform lat. *aurītulus*. Adjektivisches *aurītus* '(in auffälliger Weise) mit Ohren versehen' dient zur Charakterisierung beider Tiere. l a n g w i e r i g Adj. 'lange während, viel Zeit erfordernd, mühsam', frühnhd. *langwiric* 'lange dauernd, lange lebend' (15. Jh.), Zusammensetzung mit dem Adjektiv ahd. *wirīg* 'dauernd, dauerhaft' (um 1000), mhd. *wiric* 'dauerhaft', zu ahd. *werēn* (s. *währen*). Weit früher als das Adjektiv erscheint das Abstraktum ahd. *langwirīgī* 'lange Dauer' (um 1000).

Languste f. Der Name des scherenlosen, im Mittelmeer lebenden großen Krebses aus der Familie der Panzerkrebse ist eine Entlehnung aus frz. *langouste*, das über aprov. *langosta* (mit Nasaleinschub) letztlich auf lat. *lōcusta* 'Heuschrecke', übertragen auch 'Meerkrebs' (eigentl. auf Grund vermeintlicher Ähnlichkeit 'Heuschreckenkrebs') zurückführt. Der Übergang des Stammsilbenvokals lat. *o* zu *a* in den meisten roman. Sprachen (vgl. schon vereinzeltes lat. *lacusta*) wird oft als Einfluß von lat. *lacus* 'See' oder *lacerta* 'Eidechse' gedeutet, ist aber wohl eher Dissimilation. Im Dt. wird *Languste* f. (vereinzelt auch *Langust* m.) erst seit der Mitte des 19. Jhs. gebraucht.

Lanze f. 'lange Angriffswaffe der Ritter, (Kampf)spieß', mhd. *lanze* (12. Jh.), zusammen mit anderen Ausdrücken des Rittertums entlehnt aus afrz. (frz.) *lance*, das auf lat. *lancea* zurückgeht; dieses bezeichnet eine im 1. Jh. v. u. Z. aus den hispanischen Provinzen zu den Römern gekommene, mit einem Riemen versehene kürzere Wurf- und Stoßwaffe und ist möglicherweise kelt. Herkunft. *Lanze*, im Mhd. bes. für die ritterliche Turnierwaffe gebräuchlich, steht in Konkurrenz mit ²*Spieß* und *Speer* (s. d., vgl. mnd. *lantspēr*, wohl eine lautlich angepaßte Zusammensetzung aus mhd. *lanze* und mnd. *spēr*), die bis ins 18. Jh. in der militärischen Terminologie überwiegen. In der Allgemeinsprache bleibt *Lanze* für unterschiedliche Stoß- oder Stichwaffen durchaus bekannt, wie die um 1500 begegnende Umdeutung von *Landsknecht* (s. d.) zu *Lanzknecht* zeigt, wird auch für den Spieß der Jäger und Walfänger verwendet und findet sich seit dem Ende des 18. Jhs. wieder häufiger in historischen Darstellungen der Ritterzeit für den Kampfspieß. Die festen Wendungen *für jmdn. eine Lanze einlegen* (18. Jh.), *für jmdn. eine Lanze brechen* (19. Jh.) 'sich für jmdn. einsetzen' knüpfen an Vorstellungen des ritterlichen Turniers an.

Lanzette f. 'kleines Operationsmesser', um 1600 aus gleichbed. mfrz. frz. *lancette*, afrz. *lancete*, dem Deminutivum zu afrz. frz. *lance* (s. *Lanze*), entlehnte Bezeichnung für das zum Aderlassen verwendete Instrument, die an die Stelle von älterem *Laßeisen* (16. Jh.) tritt. Im 17. Jh. steht für *Lanzette* gelegentlich *welsches Laßeisen*.

lapidar Adj. 'kurz und bündig, aber wirkungsvoll, wuchtig', entlehnt aus lat. *lapidārius* 'zu den Steinen gehörig' (zu lat. *lapis* 'Stein') und ebenso wie frz. *lapidaire* übertragen verwendet. Die neue Bedeutung folgt nlat. *stilus lapidārius*, das im 18. Jh. in dt. Texten begegnet, in dt. Entsprechung *Lapidarstil* (um 1800); vgl. frz. *style lapidaire*. Die Fügung knüpft an die knappe Ausdrucksweise lat. Steininschriften an. Dazu im 18. Jh. das Adjektiv *lapidarisch*; im 19. Jh. setzt sich die Form *lapidar* durch.

Lapislazuli m. 'Lasurstein, Lasurit', Name eines blauen Schmucksteins, Entlehnung von mlat. *lapis lazuli*, einer zur Verdeutlichung lat. *lapis* 'Stein' enthaltenden Fügung, deren zweiter Bestandteil über arab. *lāzaward* bzw. **lāzūrd* (mit wohl im Hispano-Arab. sich vollziehendem Wechsel von *r* zu *l*) auf pers. *lāǧward* 'Lapislazuli, Lasurstein' (s. *Lasur* und *Azur*) zurückgeht; zunächst mit Getrenntschreibung *Lapis Lazuli* (18. Jh.).

Lappalie f. 'Kleinigkeit, Belanglosigkeit', hybride studentensprachliche Bildung aus *Lappen* (s. d.) mit der neutralen Pluralform eines lat. Suffixes (*-ālia*). Zunächst nur im Plural *Lappalia* (Mitte 17. Jh.) bezeugt, dann *Lappalien* (Stieler 1691); der daraus rückgebildete feminine Singular *Lappalie* begegnet seit 1770.

Lappen m. '(abgerissenes) Stück Stoff, Fetzen', ahd. *lappo* m. (9. Jh.), *lappa* f. (10. Jh.), mhd. *lappe* m. f. 'Zipfel an der Kleidung, herabhängendes Stück Zeug' (mit expressiver und unverschobener Gemination), asächs. *lappo*, mnd. mnl. *lappe*, nl. *lap*, aengl. *læppa*, engl. *lap* führen mit den verwandten *Laffe*, *läppisch*, ²*Löffel* 'Hasenohr', *Lippe* (s. d.) auf die Wurzel ie. **lĕb-*, **lŏb-*, **lăb-* 'schlaff herabhängen(d)' (wozu mit anlautendem *s-* auch *schlapp*, *schlaff*, *schlafen*, s. d.). *Lappen* (dessen auslautendes *-n* aus den flektierten Formen übernommen wird) bezeichnet zunächst ein herabhängendes Stück Stoff oder Leder (als Teil des Gewandes), ferner lappenartige Teile des menschlichen oder tierischen Körpers, vor allem in Zusammensetzungen wie *Leber-*, *Lungen-*, *Ohrlappen* (ahd. *ōrlappa*, Hs. 12. Jh.), gebräuchlich als Deminutiv *Ohrläppchen* (*Orleplein*, 15. Jh.). Hauptverwendung in der Gegenwart ist '(abgerissenes oder eigens hergestelltes) Stück Stoff zum Reinigen', bes. als *Putz-*, *Scheuer-*, *Staub-*, *Wischlappen*. Die Wendung *durch die Lappen gehen* 'entkommen' stammt aus der Jägersprache; Lappen dienten zur Absperrung (*Verlappung*) eines Revierteiles. – l a p p i g Adj. 'weich, schlaff, ohne festen Halt' (18. Jh.), älter *lappicht* (17. Jh.).

läppern Vb. 'in kleinen Zügen trinken, schlürfen' (16. Jh.), dann auch refl. 'sich aus kleinen Mengen anhäufen', *es läppert mich nach etw.* 'es gelüstet mich nach etw., habe Appetit auf etw.'; Iterativbildung zu mnd. *lāpen* 'lecken, schlürfen', das zu der unter [1]*Löffel* (s. d.) behandelten Wortgruppe gehört. – z u s a m m e n l ä p p e r n Vb. refl. 'in kleinen Mengen zusammenkommen' (18. Jh.).

läppisch Adj. 'kindisch, albern, unbedeutend', frühnhd. *leppisch*, *läppisch* (15. Jh.), Ableitung von spätmhd. frühnhd. *lappe*, *lap* 'Narr, Dummkopf, einfältiger Mensch', das mit *Laffe* (s. d.) eng verwandt ist und von diesem aus der Literatursprache verdrängt wird. Spätmhd. *lap(pe)* 'Narr' ist in seiner Herkunft wohl identisch mit dem unter *Lappen* (s. d.) behandelten Maskulinum, vgl. *Jammerlappen*; weniger wahrscheinlich dürfte die Annahme einer Ableitung des Adjektivs *läppisch* von *lappen* Vb. 'schlaff herabhängen' sein. In den frühen obd. Belegen des 15. Jhs. steht *läppisch* semantisch noch dem Substantiv *Lapp(e)* 'tölpelhafter Mensch' nahe (auch bei Wittenwiler, der ein Dorf *Lappenhausen*, „dar inn vil esler pauren", kennt; *Lappenhäuser* wird im 16. Jh. als Scheltwort im Sinne von 'Narr' gebräuchlich). Dagegen lassen md. Verwendungen des 16./17. Jhs. die Auffassung 'schlaff (wie ein herabhängender Lappen)' erkennen (so auch bei Stieler 1691, der daher das Adjektiv ausdrücklich als zu *Lappen* gehörig erklärt). *läppisch* kennzeichnet zunächst Wesen und Verhalten eines Menschen, vor allem seine Art sich zu äußern, und wird schließlich in der Auffassung 'lächerlich, unbedeutend' auf unterschiedliche Gegenstände (*ein paar läppische Pfennige*) bezogen.

Lapsus m. 'leichter Fehler, Versehen', früh vereinzelt auch 'sittliche Verfehlung', Übernahme von lat. *lāpsus* 'Fall, Fehltritt, Versehen', zu lat. *lābī* (*lāpsus sum*) 'hin-, herab-, ausgleiten, irren' (s. *labil*). Seit dem 17. Jh. wiederholt in dt. Texten, auch in Wortverbindungen wie *Lapsus memoriae* 'Gedächtnisfehler', *Lapsus calami* 'Schreibfehler'; geläufig in der Gegenwartssprache ist *Lapsus linguae* 'Fehler beim Sprechen, Versprecher' (19. Jh.).

Lärche f. Name des zu den Kieferngewächsen gehörenden Nadelbaumes, ahd. *lerihha* (11./12. Jh.), *lerihboum* (Hs. 12. Jh.), mhd. *larche*, *lerche*, nl. (mundartlich) *lark*, *lerk*, *lork* geht auf gleichbed. lat. *larix* (Gen. *laricis*) zurück, das wohl einer Sprache des Alpengebiets entstammt. Hauptverbreitungsgebiet der Lärche sind (auch heute noch) die Alpen und die Karpaten. Nach den Regeln der hd. Lautverschiebung setzt die Form mit *-ch-k-*Aussprache von lat. *c* vor Palatal voraus und weist damit auf frühe Entlehnung. Die Schreibung *Lärche* dient der Unterscheidung vom Vogelnamen *Lerche* (s. d.). Andere germ. Sprachen übernehmen das Wort erst spät als Entlehnung aus dem Dt. (schwed. *lärkträd*, dän. *lærketræ*), aus dem Dt. oder Frz. (engl. *larch*) oder unmittelbar aus dem Lat. (nl. *lariks*).

largo Adv. 'langsam, breit und gedehnt', als musikalische Tempo- und Vortragsbezeichnung Entlehnung (18. Jh.) von gleichbed. ital. *largo*, eigentl. 'breit, weit, freigebig', aus lat. *lārgus* 'reichlich, freigebig'. – L a r g o n. 'Musikstück, -satz mit langsamem Zeitmaß' (18. Jh.).

Larifari n. 'leeres Gerede, Unsinn', nach 1700 in Anlehnung an die ital. Bezeichnung der Stammtöne *la re fa re* oder unter Einfluß volkstümlicher trällernder Gesangstonreihen gebildet. Die Schreibung *Lari fari* ist zuerst bei Abraham a S. Clara nachgewiesen. Im Wiener Theater ist *Larifari* Name des Hanswursts.

Lärm m. 'lautes Geräusch, großes Aufsehen', hervorgegangen aus *Alarm* (s. d.), das auf ital. *all'arme* zurückgeht und eigentl. 'zu den Waffen' bedeutet. Im Frühnhd. steht neben *Al(l)erma*, *Al(l)erm* seit dem 16. Jh. (unter Wegfall des unbetonten Anlauts) *Lermen*, *Lerma(n)*. Während *Alarm* ein Warnsignal bezeichnet, bedeutet *Lärm* 'Geräusch, Aufsehen', im 16. Jh. auch 'Auflauf, Aufruhr'. Die semantische Nähe beider Wörter zeigt sich im

Nebeneinander von *Feuerlärm*, *Feueralarm* und *Alarm schlagen* (mit der Trommel), *Lärm schlagen*. – l ä r m e n Vb. (17. Jh.).

Larve f. 'Gesichtsmaske, metamorphosierendes Insekt im Jugendstadium', spätmhd. *larve*, *larfe* '(Schreck)gespenst, Maske' (14. Jh.) ist Entlehnung aus lat. *lārva* 'böser Geist, Gespenst, Gerippe, Maske'; vorauf geht alat. *lārua* (aus **lāsouā*), das dehnstufig zu lat. *Larēs*, alat. *Lasēs* 'Schutzgeister im Hause, an Kreuzwegen' steht und eigentl. 'die Gestalt eines Laren habend' bedeutet. Der Brauch, Dämonen durch maskierte Personen auftreten zu lassen, führt zur Bedeutung 'Maske'. Die Verwendung als zoologischer Terminus (seit dem 18. Jh.) beruht offenbar auf der Vorstellung von der Larve als einer äußeren Gestalt, hinter der sich das eigentliche Wesen verbirgt. *Larve* wird vor allem als Bezeichnung für die vor der Fastenzeit zum Mummenschanz benutzten Gesichtsmasken geläufig, verdrängt einheimische Ausdrücke wie *Butze*, *Butzengesicht*, wird jedoch durch *Maske* (s. d.) in seinem Anwendungsbereich beschränkt. – e n t l a r v e n Vb. 'die Maske wegnehmen, das wahre Wesen eines Menschen, einer Sache enthüllen'; seit dem 17. Jh. bezeugt und vorwiegend übertragen verwendet.

lasch Adj. 'schlaff, energielos', im 18. Jh. aus dem Nd. übernommen. Mnd. *lāsich*, *las(ch)* 'müde, schlaff', anord. *lǫskr* 'faul' gehören mit *k*-Suffix, got. *lasiws* 'schwach' sowie mhd. *erleswen* 'schwach werden' mit *w*-Suffix zu ie. **ləs-*, einer schwundstufigen *s*-Erweiterung (wozu auch anord. *lasinn* 'schlaff, schwach', *las-* in *lasmeyrr*, *lasmærr* 'elend, gebrechlich') der unter *lassen* (s. d.) dargestellten Wurzel ie. **lē(i)-* 'nachlassen'. Die Annahme einer Entlehnung von nhd. *lasch* aus frz. *lâche* 'schlaff, locker, kraftlos, feige' (so FEW 5, 232) ist angesichts der nd. Bezeugung nicht zwingend; semantischer Einfluß von (nicht verwandtem) frz. *lâche* ist dagegen durchaus möglich.

Lasche f. 'Leder-, Stoffstreifen, Verbindungsteil', mhd. *lasche* '(Haut)fetzen', mnd. *las*, *lasch* 'Lappen, Fetzen', mnl. *lassce* 'Art Holzverbindung', nl. *las* 'Verbindungsteil' gehören wahrscheinlich zum Adj. *lasch* (s. d.) und bedeuten ursprünglich 'schlaff Herabhängendes'. *Lasche* ist gebräuchlich in der Sprache des Handwerks für angesetzte Stoff- oder Lederteile (an Taschen und Kleidern), bezeichnet landschaftlich die Zunge des Schnürschuhs und wird in jüngerer Sprache auch für Verbindungsstücke aus Metall verwendet.

Laser m. Gerät zur Erzeugung intensiver, stark gerichteter Lichtstrahlen (Mitte 20. Jh.), Entlehnung von engl. *laser*, dem Initialwort aus *light amplification by stimulated emission of radiation* 'Lichtverstärkung durch stimulierte Emission von Strahlung'. – L a s e r s t r a h l m.; L a s e r t e c h n i k f. 'technische Anwendung des Laserstrahls zur Bearbeitung von Werkstücken' (Mitte 20. Jh.).

lassen Vb. 'dulden, erlauben, bitten, veranlassen, daß etw. geschieht, unterlassen, aufhören mit etw., überlassen, geben, aufgeben'. Das gemeingerm., ehemals reduplizierende Verb ahd. *lāʒan* (8. Jh.), Kurzform *lān*, mhd. *lāʒen*, *lān*, asächs. *lātan*, mnd. mnl. *lāten*, nl. *laten*, aengl. *lǣtan*, engl. *to let*, anord. *lāta*, schwed. *låta*, got. *lētan* ist mit den unter *lasch* und *lässig* (s. d.) angegebenen Formen und außergerm. mit griech. *lēdein* (ληδεῖν) 'träge, müde sein', lat. *lassus* (aus **lədto-*) 'laß, matt, müde, abgespannt', alban. *lodh* 'er ermüdet jmdn.' und lit. *léisti* '(los)lassen, freilassen' auf eine Wurzelerweiterung ie. **lē(i)d-*, **ləd-* der Wurzel ie. **lē(i)-* 'nachlassen' rückführbar. – a b l a s s e n Vb. 'von etw., jmdm. abstehen, aufgeben, entweichen lassen, herniederlassen, (käuflich) überlassen', ahd. *oblāʒan* (für gewöhnliches *aba-*) 'erlassen, Nachlaß gewähren' (8. Jh.), mhd. *abelāʒen*, auch 'aufgeben, Abstand nehmen, losgehen lassen, entweichen lassen, niederlassen'; s. *Ablaß*; u n a b l ä s s i g Adj. 'nicht ablassend, andauernd, ohne Unterbrechung' (16. Jh.). a n l a s s e n Vb. '(Kleidung) nicht ablegen, eine Vorrichtung nicht ausschalten, einen Motor in Gang setzen', refl. 'beginnen, in Betrieb kommen'; vgl. ahd. *analāʒan* 'hineinlassen, etw. über jmdn. (sich) kommen lassen' (8. Jh.), mhd. *anelāʒen* 'erfinden, angeben, loslassen, in Bewegung setzen'; A n l a s s e r m. 'Vorrichtung zum In-Gang-Setzen eines Motors, einer Maschine' (älter *Anlaßhebel*, 19. Jh.), bei Elektromotoren 'vorgeschalteter Widerstand, der ein langsames Anlaufen gewährleistet' (um 1900); A n l a ß m. 'Ursache, Grund', mhd. *ane-*, *anlāʒ* 'Anfang, Beginn, Punkt, von dem ein Wettrennen ausgeht, Anreiz, Gelegenheit, Kompromiß'; a n l ä ß l i c h Präp. 'bei Gelegenheit, aus

Anlaß' (19. Jh.), älter (selten) auch adjektivisch und adverbial (15. Jh.); veranlassen Vb. (schwach flektierend) 'anregen, anordnen, bewirken', fühnhd. 'etw. auf jmdn. schieben, jmdn. für etw. auswählen' (15. Jh.). auslassen Vb. 'loslassen, weglassen, nicht beachten, (Kleider) verlängern, (Ärger, Zorn) Unschuldige entgelten lassen', ahd. *ūȝlāȝan* 'fortschicken, ausschütten, freilassen, nicht zurückhalten, vergießen, aussprechen, beenden' (9. Jh.), mhd. *ūȝlāȝen;* ausgelassen Part.adj. 'unbändig, hemmungslos' (vgl. in älterer Sprache *ausgelassener Trotz, ausgelassene Leidenschaft*), 'sehr fröhlich', eigentl. 'freigelassen' (16. Jh.). einlassen Vb. 'herein-, hineinlassen, einfügen', refl. 'auf etw. eingehen, mit jmdm. verkehren', ahd. *inlāȝan* 'hineinwerfen, einlassen' (8. Jh.), mhd. *īnlāȝen*; Einlaß m. 'das Hineinlassen, Öffnen, Eintritt, Tür' (16. Jh., *Einlaß begehren*). entlassen Vb. 'freigeben, verabschieden, (aus einem Amt) wegschikken, jmds. (Arbeits)vertrag aufkündigen', ahd. *intlāȝan* 'nachlassen, verzeihen, loslassen, lösen, entspannen, weichen' (8. Jh.), mhd. *entlāȝen* 'loslassen, fahrenlassen', refl. 'sich entfalten'; Entlassung f. 'Freilassung, Verabschiedung, Entfernung aus einem Amt' (17. Jh.). erlassen Vb. 'in Kraft treten lassen, anordnen, von etw. befreien, eine Anordnung aufheben', ahd. *irlāȝan* 'unterlassen, befreien von' (9. Jh.), mhd. *erlāȝen* 'wovon freilassen', refl. 'auseinandergehen, sich enthalten, unterlassen'; Erlaß m. 'Verfügung, Anordnung, Aufhebung' (18. Jh.); unerläßlich Adj. 'unbedingt erforderlich, nicht aufhebbar' (17. Jh.). hinterlassen Vb. '(einem anderen) zurücklassen, etw. vererben' (16. Jh.); Hinterlassenschaft f. 'Zurückgelassenes, Erbe' (19. Jh.). nachlassen Vb. 'Spannung lockern, vermindern, schlechter werden, zurücklassen, Preise herabsetzen', spätmhd. *nāchlāȝen*; Nachlaß m. 'das Nachlassen' (16. Jh.), 'Hinterlassenschaft' (18. Jh.), *literarischer Nachlaß* (19. Jh.); nachlässig Adj. 'säumig, unzuverlässig, unordentlich' (15. Jh.); vernachlässigen Vb. 'nicht gehörig betreuen oder beachten' (18. Jh., durch Lessing und Goethe verbreitet). niederlassen Vb. 'von oben herunterlassen', refl. 'sich ansiedeln, einen festen Wohnsitz, ein Geschäft, eine Firma einrichten', ahd. *nidarlāȝan* 'sinken lassen, nach unten wenden, hinab-, herablassen, versenken' (9. Jh.), mhd. *niderlāȝen*; Niederlassung f. 'das Senken, Ansiedlung, Gründung eines geschäftlichen Unternehmens, Filiale' (16. Jh.). überlassen Vb. 'abtreten, übergeben, anheimstellen' (15. Jh.). unterlassen Vb. 'nicht tun, versäumen zu tun', ahd. *untarlāȝan* (9. Jh.), mhd. *underlāȝen* 'abstehen, nicht tun'; Unterlaß m., nur noch in der Fügung *ohne Unterlaß* 'ohne Unterbrechung, unaufhörlich', ahd. *āno untarlāȝ*, mhd. *āne underlāȝ*; vgl. ahd. *untarlāȝ* 'Unterbrechung' (9. Jh.), mhd. *underlāȝ* 'das Innehalten, Unterbrechung, Beherbergen', frühnhd. auch 'Unterkunft, Lagerplatz' (16. Jh.). verlassen Vb. 'sich von einem Ort, von jmdm. entfernen, aufgeben, zurück-, alleinlassen', refl. *sich verlassen auf* 'vertrauen', ahd. *firlāȝan* 'entlassen, vorbei-, zurücklassen' (8. Jh.), mhd. *verlāȝen* 'fahrenlassen, fort-, loslassen, anbefehlen, verzeihen, zulassen, anvertrauen, hinterlassen, vertrauen'; Verlaß m. 'Vertrauen, Zuverlässigkeit' (19. Jh.), frühnhd. 'Verabredung, Absprache', auch 'Hinterlassenschaft', mhd. *verlāȝ* 'Lässigkeit, Untätigkeit'; heute in der Wendung *auf jmdn., etw. ist (kein) Verlaß*, wohl aus dem Nd., vgl. *dar is nien verlaat to* (18. Jh.); verläßlich Adj. 'zuverlässig' (19. Jh.), dafür zuvor *verlässig* (18. Jh.). zulassen Vb. 'gestatten, erlauben', ahd. *zuolāȝan* 'hinzulassen, zukommen lassen, zuschikken' (10. Jh.), mhd. *zuolāȝen*; zulässig Adj. 'erlaubt, gestattet' (16. Jh.), 'annehmbar, möglich' (18. Jh.).

lässig Adj. 'träge, gleichgültig', heute vielfach 'ungezwungen und selbstsicher', spätmhd. *leȝȝec, leȝȝic* 'müde, untätig', Ableitung von dem in der Gegenwart zurücktretenden Adjektiv *laß* 'matt, schlaff', ahd. (8. Jh.), mhd. *laȝ* 'matt, träge, säumig', asächs. mnd. *lat*, aengl. *læt*, anord. *latr*, got. *lats* (germ. **lata-*), zu der unter *lassen* (s. d.) angeführten Wurzel (s. auch *lasch, letzt*). – Lässigkeit f. 'lässiges Verhalten, Trägheit' (15. Jh.).

Lasso n. 'Seil mit Wurfschlinge zum Viehfang'. Span. *lazo*, port. *laço* 'Schnur, Schlinge', über lat. **laceus* auf lat. *laqueus* 'Strick, Schlinge' beruhend (s. auch *Latz*), führt (über Argentinien, daher südamerik. Aussprache folgend) zu der Entlehnung

Lasso, die im 18. Jh. in Reiseberichten begegnet und im 19. Jh. (durch entsprechendes amerik.-engl. *lasso* gestützt) allgemein bekannt wird.

Last f. 'etw. Schweres, Beschwerendes', ahd. *hlast*, *last* 'Last, Bedrückung' (9. Jh.), mhd. *last*, auch 'Menge, Masse, Fülle', mnd. mnl. nl. *last*, aengl. *hlæst*, engl. *last* sind nur westgerm. bezeugte Abstrakta mit *sti*-Suffix (bei Verlust des dentalen Wurzelauslauts) von den unter [1]*laden* (s. d.) dargestellten Formen. *Last* bezeichnet in zahlreichen übertragenen Verwendungen das den Menschen Bedrückende, das, was ihm *zur Last werden* kann. Ursprünglich kaufmannssprachlich ist die feste Verbindung *jmdm. etw. zur Last schreiben, legen*; *zu Lasten* entspricht *auf Kosten*; Abgaben und Steuern sind *Lasten* (vgl. *Steuerlast, Soziallasten*). Als Maß- und Mengeneinheit (*eine Last Bier, eine Last Getreide*) ist *Last* heute veraltet. In der Verwendung für die einem Schiff Tiefgang und Gleichgewicht gebende Sandladung ist es durch *Ballast* (s. d.) ersetzt. – l a s t e n Vb. 'schwer sein, drückend auf etw. liegen', als intrans. Verb meist in der Fügung *auf etw. lasten* (18. Jh.). Vorauf gehen in trans. Verwendung mhd. *lesten* 'wohin legen, beladen, belasten mit etw.', frühnhd. *lasten*. Die transitive Bedeutung ist bis ins 18. Jh. bezeugt und lebt in Präfixbildungen weiter. b e l a s t e n Vb. 'mit Last versehen' (16. Jh.); vgl. mhd. *belesten* 'belästigen'. e n t l a s t e n Vb. 'von einer Last befreien', mhd. *entlesten, entlasten*. L a s t e r m. (20. Jh.), verkürzende umgangssprachliche Bildung zu *Lastkraftwagen* bzw. *Lastwagen*. L a s t k r a f t w a g e n m. (20. Jh.). L a s t t i e r n. (18. Jh.). L a s t w a g e n m. 'Kraftwagen zum Transport von Lasten' (Ende 19. Jh.), für einen durch Pferde gezogenen Wagen bereits seit dem 16. Jh. l ä s t i g Adj. 'belastend, beschwerlich, störend, unangenehm', Ableitung des 15. Jhs. von *Last*. b e l ä s t i g e n Vb. 'unbequem sein, lästig, zudringlich werden' (15. Jh.).

Laster n. 'schändliche Gewohnheit', ahd. *lastar* (8. Jh.), mhd. mnd. *laster* 'Kränkung, Schmähung, Tadel, Sünde', asächs. *lastar* 'Tadel, Schuld, Spott', afries. mnl. nl. *laster* 'Verleumdung, Lästerung' sind Ableitungen von einem im Nhd. untergegangenen starken Verb ahd. (9. Jh.), asächs. *lahan*, aengl. *lēan* 'tadeln, verbieten', das auf eine allerdings nur im Germ. und Kelt. nachzuweisende und nur *o*-stufig belegte Wurzel ie. **lok-* 'tadeln, schmähen' führt. Als Grundform ist (mit Ausfall des *h* vor *st*) germ. **lahstra-* anzusetzen (*-stra-* steht für älteres *-tra-*, auf das aengl. *leahtor* 'Sünde, Vergehen' und mnl. *lachter* 'Schande, Hohn' hinweisen). Eng verwandt ist anord. *lǫstr* (germ. **lahstu-*) 'Schaden, Fehler, Laster'. Außergerm. stellt sich hierzu nur air. *locht* (aus **loktu-*) 'Schuld, Fehler'. Die Ausgangsbedeutung 'Schmähung, Lästerung' hält sich bis ins 16. Jh., seitdem dringt 'gewohnheitsmäßige Sünde, verwerfliches Verhalten' als dominierende Verwendung durch; gelegentlich übertragen auf lasterhafte Personen oder scherzhaft auf große Menschen (*ein langes Laster*). – l a s t e r h a f t Adj. 'dem Laster ergeben, sittlich verdorben' (16. Jh.). l ä s t e r l i c h Adj. 'schmähend, lästernd', ahd. *lastarlīh* 'tadelnswert' (9. Jh.), mhd. *lasterlich, lesterlich* 'beschimpfend, schimpflich'. l ä s t e r n Vb. 'schmähen, beschimpfen', ahd. *last(a)rōn* 'schmähen, tadeln' (8. Jh.), mhd. *lastern, lestern* 'die Ehre nehmen, beschimpfen', Ableitungen vom Substantiv in seiner alten Bedeutung 'Kränkung, Schmähung', daher heute nicht mehr als diesem zugehörig empfunden. Zum Verb gebildet sind L ä s t e r u n g f. 'Schmähung', ahd. *lasterunga* (9. Jh.), mhd. *lesterunge*. L ä s t e r m a u l n., L ä s t e r z u n g e f. (beide 16. Jh.).

Lasur f. 'durchsichtige Farb- oder Lackschicht'. Mhd. *lāsūr, lāzūr* f. 'Blaustein, blauer Farbstoff' führt über gleichbed. mlat. *lazur(i)um, lazur*, arab. *lāzaward* auf pers. *lāǧward* 'Lapislazuli, Lasurstein'. Das pers. Wort kommt offenbar durch den arab. Handel mit dem Farbstoff nach Europa und gelangt in unterschiedlicher Form und teilweise mit neuer Bedeutung in zahlreiche Sprachen; s. *Azur* und *Lapislazuli*. Seit dem 18. Jh. hat *Lasur* nur noch den Sinn 'durchsichtiger Farbüberzug' (stets mit femininem Genus), der sich aus 'Übermalung mit (ursprünglich) blauer Farbe' entwickelt (vgl. schon mhd. *mit rōter lāsūre*, Hs. 15. Jh.). – l a s i e r e n Vb. 'mit Lasur überziehen', gebräuchlich seit dem 18. Jh.; vereinzelt bleiben mhd. *lāsūren* 'mit blauer Farbe überziehen' und frühnhd. *laseuren* 'farblos übermalen, lackieren' (Anfang 15. Jh.).

latent Adj. 'verborgen, nicht sichtbar',

Ende des 18. Jhs. entlehnt (über frz. *latent*?) aus lat. *latēns* (Gen. *latentis*) 'verborgen, heimlich', dem Part. Präs. von lat. *latēre* 'verborgen, versteckt sein'. Geläufig in Verbindungen wie *latente Krankheit*, *latente Krise* sowie *latentes Bild* (nach Belichtung fotographischen Aufnahmematerials).

Laterne f. 'wettergeschützte Lampe', mhd. *laterne*, *lanterne*, mnl. *lanterne*, nl. *lantaren* ist aus spätlat. *laterna* bzw. lat. *lanterna* entlehnt, das aus griech. *lamptḗr* (λαμπτήρ) 'Leuchter, Fackel, Laterne' hervorgegangen ist (mit einer Lautentwicklung *-mpt-* zu *-mt-* zu *-nt-* und Umwandlung der Endung nach lat. *lucerna* 'Lampe').

Latrine f. 'Abtritt, Senkgrube', Entlehnung des 16. Jhs. aus gleichbed. lat. *lātrīna*, zusammengezogen aus älterem und später wiederhergestelltem *lavātrīna*, zu lat. *lavāre* '(sich) waschen, baden' (s. *laben*, *Lauge*), daher im Lat. auch 'Bad, Waschraum'. Anfangs verhüllend wie etwa *Abort* oder *Örtchen*; danach vornehmlich für die behelfsmäßigen, oft sehr primitiven und von mehreren gleichzeitig zu benutzenden Einrichtungen in Lagern und Massenunterkünften.

Latsche f. 'Krummholz-, Bergkiefer' (19. Jh.), auch *Lätsche* (18. Jh.). Herkunft unbekannt; volksetymologisch an *latsch* 'schlaff' angeschlossen wegen des verkrüppelt erscheinenden Wuchses; s. *Latsch(en)*.

Latsch(en) m., **Latsche** f. '(langer) Mensch mit schlechter Haltung und nachlässigem Gang' (19. Jh., wohl älter), frühnhd. *Lätsch* 'Tor, Narr' (16. Jh.), auch 'Schuh mit niedergetretenem Hinterleder, alter, ausgetretener Schuh, Pantoffel' (19. Jh.); vgl. frühnhd. *letfußer* 'Mensch mit einem Klumpfuß' und nhd. *latsch* Adj. 'schlaff und nachlässig gehend' (*mit latschen Füßen*, Goethe). Die genannten (vorwiegend umgangssprachlichen) Wörter sind am besten als affektisch verschärfte Bildungen zu den unter *lasch* und *lässig* (s. d.) behandelten Adjektiven aufzufassen. Vgl. (mit unerklärter Erweiterung) *Lulatsch* m. 'langaufgeschossener Kerl'. – l a t s c h e n, l ä t s c h e n Vb. 'schlurfen, wackelnd, schleppend, ohne Haltung gehen' (17. Jh.), älter 'auf dem Boden schleifen' von Vogelfedern (16. Jh.). l a t s c h i g Adj. 'schlurfend, schlaff, nachlässig' (18. Jh.), älter *latschicht* (Ende 17. Jh.).

Latte f. 'langes, schmales, zum Bauen verwendetes Schnittholz', ahd. *latta* (9. Jh.), mhd. *late*, *latte*, asächs. *latta*, mnd. mnl. *latte*, nl. *lat*, mengl. *laþþe*, engl. *lath* führen auf germ. **laþþō*, aengl. *lætt*, engl. (mundartlich) *lat*, isl. *latta* auf germ. **lattō*, jeweils mit ungeklärter stammauslautender Doppelkonsonanz. Herkunft unbekannt. Vielleicht bestehen Beziehungen zum Kelt., vgl. air. *slat* 'Rute', kymr. *llath* (aus **slatnā*).

Lattich m. krautiger, gelbblühender Korbblütler, Kopfsalat. Ahd. *lat(t)uhha* (9./10. Jh.), *lat(t)uh*, *lactoch* (10. Jh.), mhd. *latech(e)*, mnd. *lādeke*, *lādike*, *laddeke*, mnl. *lachteke*, aengl. *lactuc(e)*, *leahtric* verweisen teils auf Entlehnung aus lat. *lactūca* 'Lattich, Kopfsalat' (Ableitung von lat. *lac* (aus **lāc*), Gen. *lactis* 'Milch'; Benennungsmotiv ist also der milchige Saft der Pflanze), teils auf Anschluß an die Variante spätlat. *lattūca*; vgl. entsprechendes ital. *lattuga*. Daneben stehen aus mlat. *lapatica* 'Ampfer' (wohl für **herba lapatica*, vgl. gleichbed. lat. *lapathum*, griech. λάπαθον) entlehnte, eine Zwischenstufe **latica* (mit Silbenausfall) voraussetzende Formen wie ahd. *letihha* (10. Jh.), *let(t)ih* (Hs. 12. Jh.), mhd. *leteche*, die dem 2. Glied der Pflanzenbezeichnung *Huflattich* (s. unten) zugrunde liegen, sich jedoch trotz anderer Herkunft lautlich mit dem aus lat. *lactūca*, spätlat. *lattūca* entstandenen vermischen. Für die Weiterentwicklung des Pflanzennamens *Lattich* im Hd. sind diejenigen ahd. Bezeugungen wesentlich, die ein (von der Lautverschiebung nicht betroffenes) *-tt-* aufweisen und den Vokal *-a-* bewahren. Zum Entlehnungsvorgang und Formenreichtum im Ahd. vgl. Frings/M. Germania Romana 2 (1968) 291ff. Gartenlattich ist eine alte Kulturpflanze und dient in erster Linie zur Salatbereitung, wird aber nur selten und nur landschaftlich *Lattichsalat* (hess.), *Kopflattich* (thür.) oder *geköpfelter Lattich* (schweiz.) genannt. Im allgemeinen Sprachgebrauch hat sich vielmehr *Salat* (s. d.) mit seinen Determinativkomposita *Kopfsalat*, *Blattsalat*, *Schnittsalat* als Bezeichnung durchgesetzt. – H u f l a t t i c h m. Name einer zeitig im Frühjahr gelbblühenden und wildwachsenden Korbblütlergattung, ahd. *huofletih(ha)*, *huoflatuh(ha)* (Hs. 12. Jh.), mhd. *huofleteche*; verdeutlichende Zusammensetzung nach den einem Pferdehuf ähnlichen Blättern. Zum Grundwort s. oben.

Latz m. 'Kindern beim Essen vorzubindendes Tuch, an der Kleidung (bes. Schürzen und Hosen) angesetztes oder befestigtes Stück Stoff'. Spätmhd. *laz* 'Band, Fessel, Hosenlatz' ist entlehnt aus afrz. *laz* 'Fessel, Schnürband' oder aus einer ähnlich lautenden obital. Form. Dagegen weist schweiz. *Lätsch* 'Schleife, Schlinge' auf gleichbed. ital. *laccio*. Alle roman. Formen (vgl. auch span. *lazo*, s. *Lasso*) gehen über lat. **laceus* auf lat. *laqueus* 'Strick, Schlinge' zurück. Ausgangspunkt für die Verwendung 'Latz an der Hose' (*Hosenlatz*) ist das Band oder der Riemen, mit dem der Zwischenschlitz der beiden Hosenbeine zusammengebunden wird; danach wird der Ausdruck auf die an dieser Stelle angebrachte Klappe übertragen. *Latz*, auch *Brustlatz*, bezeichnet ferner ein als Zierde auf der Brust der Frauen- und Männertracht befestigtes Zeugstück, dann auch den oberen Teil einer Schürze oder eines Hemds.

lau Adj. 'ein wenig warm, nicht heiß', übertragen 'unentschlossen, schwankend', ahd. *lāo* (9. Jh.), mhd. *lā* (flektiert *lāwer*) 'lau, mild', mnd. *la(u)w*, mnl. *laeu*, nl. *lauw*, aengl. *hlēow* 'warm, sonnig', anord. *hlær* 'mild, warm' führen mit ablautendem *Lee* (s. d.) auf eine im Germ. verbreitete Erweiterung ie. **k̂leu-* der Wurzel ie. **k̂el-* 'warm', aber auch 'kalt, frieren'. Dazu gehören die außergerm. Verwandten lat. *calēre* 'warm sein, glühen', *calidus* 'warm, heiß', kymr. *clyd* 'warm', lit. *šìlti* 'warm werden, sich wärmen'. – l a u w a r m Adj. 'nicht warm, nicht kalt', verdeutlichende Zusammensetzung, frühnhd. *lowarm* (15. Jh.).

Laub n. 'Gesamtheit der Blätter (eines Baumes)', ahd. *loub* (8. Jh.), mhd. *loup* 'Laub, Blatt', asächs. mnd. *lōf* 'Laub', mnl. nl. *loof* 'Laub', aengl. *lēaf*, engl. *leaf* 'Blatt', anord. *lauf*, schwed. *löv*, got. *laufs* m. 'Blatt' (daneben vielleicht auch ein Kollektivum *lauf* n. 'Laub') führen wohl mit lat. *liber* (aus **luber*) 'Bast, Buch', air. *luib* 'Kraut', russ. *lub* (*луб*) 'Baumrinde, Bast', lit. *lúoba* 'Baumrinde' auf ie. **leubh-* 'abschälen, entrinden, abbrechen', während lit. *lùpti* 'schälen, abhäuten', russ. *lupít'* (*лупить*) 'schälen, enthülsen' ie. **leup-* voraussetzen. Beide ie. Formen können als Labialerweiterungen der Wurzel ie. **leu-* 'abschneiden, trennen, loslösen' angesehen werden. Das gemeingerm. Wort bezeichnet als Kollektivum die Gesamtheit der Blätter (eines Baumes, Strauches oder Waldes), steht jedoch in älterer Sprache auch für 'Blatt' oder für 'Büschel aus Zweigen und Blättern' und tritt in dieser Verwendung auch im Plur. auf (ahd. *loubir*, mhd. *löuber*, nach 1500 noch mundartlich *Lauber*). – L a u b f r o s c h m. Name eines kleinen grünen, auf Bäumen lebenden Frosches, ahd. *loubfrosc* (10. Jh.), mhd. *loupvrosch*, benannt nach seiner dem Laub der Bäume angepaßten Farbe. L a u b s ä g e f. 'feine Säge zum Aussägen laubförmiger Zierstücke aus dünnem (Sperr)-holz' (18. Jh.). b e l a u b e n Vb. '(sich) mit Laub bedecken, Blätter treiben' (17. Jh.).

Laube f. 'einfaches Gartenhäuschen, gewölbter Gang mit Läden und Verkaufsständen', ahd. *louba* 'Schutzdach, Hütte, Vorbau' (9. Jh.), mhd. *loube*, auch 'bedeckte Halle, Speicher, Galerie', asächs. *lōbia*, mnd. *lōve*, *lȫve*, mnl. *loive*, nl. (mundartlich) *luif*, *lōve*, *lōfe* ist als *jō*-Stamm von dem unter *Laub* (s. d.) behandelten Substantiv abgeleitet; vgl. auch Trier Holz (1952) 129. *Laube* bezeichnet ursprünglich ein Schutzdach aus zusammengeflochtenen grünen Zweigen und Ästen, dann eine Hütte mit solchem Dach. Auf germ. **laubjō* beruhen auch spätlat. mlat. *lobia* (mlat. daneben *laubia*, *lobium*) sowie afrz. frz. *loge* und (vielleicht aus dem Frz. entlehntes) ital. *loggia*, die ins Dt. (s. *Loge* und *Loggia*) rückentlehnt werden. Als Bezeichnung für den überdachten, nach einer Seite offenen Teil des Bauernhauses und für den überwölbten Gang am städtischen Haus (*Laubengang*, *Laubengasse*) bleibt *Laube* landschaftlich bis in jüngere Zeit gebräuchlich. Die Bedeutung 'einfaches Gartenhäuschen' setzt sich erst im 20. Jh. durch, bereitet sich aber mit dem Aufkommen der Gartenbaukunst im 16. Jh. vor, wobei *Laube* zunächst und noch bis ins 18./19. Jh. überwiegend eine aus einem Lattengerüst bestehende, mit rankenden Gewächsen überzogene Hütte oder auch nur einen durch Bäume oder Sträucher überschatteten Gang im Garten bezeichnet. – S o m m e r l a u b e f. 'Sommerhäuschen (im Garten)', frühnhd. *sommerleube* (16. Jh.). G a r t e n l a u b e f. (18. Jh.). L a u b e n k o l o n i e f. 'Kleingartenanlage' (2. Hälfte 19. Jh.).

Lauch m. Name vieler teils wildwachsender, teils als Gewürz- und Gemüsepflanze angebauter Zwiebelgewächse (u. a. Bären-, Gras-, Knoblauch, Porree, Schnittlauch, Zwiebel), ahd. *louh* (9. Jh.), mhd. *louch*, asächs. mnd. *lōk*, mnl. *looc*, nl. *look*, aengl. *lēac*, engl. *leek*, anord. *laukr*, schwed. *lök* (germ. **lauka-*). Die Herkunft ist ungesichert, da außergerm. Entsprechungen des Pflanzennamens nicht nachzuweisen sind; finn. *laukka* 'Lauch', aslaw. *lukъ* 'Knoblauch', russ. *luk* (*лук*) 'Zwiebel' sind frühe Entlehnungen aus dem Germ., lit. *lūkai* wohl aus dem Slaw. Wegen der nach unten gebogenen Blätter wird jedoch allgemein Verwandtschaft mit griech. *lygízein* (*λυγίζειν*) 'biegen, winden, drehen', *lýgos* (*λύγος*) 'biegsamer Zweig', lat. *luctārī* 'ringen', lit. *lùgnas* 'biegsam, geschmeidig' und Anschluß an die Wurzel ie. **leug-* 'biegen', außerhalb des Germ. fast nur in der Ablautform ie. **lŭg-* (wozu auch *Locke*, s. d.), angenommen. In neuerer Literatursprache ist *Lauch* hauptsächlich in Zusammensetzungen wie *Knoblauch* (s. d.) und *Schnittlauch* (s. unten) sowie in Mehrwortausdrücken wie *runder*, *gelber Lauch* gebräuchlich. – S c h n i t t l a u c h m., ahd. *snitalouh* (10. Jh.), mhd. *snitlouch*, mnd. *snēdelōk*; benannt nach der Nutzungsart, dem Schnitt der immer wieder nachwachsenden röhrenförmigen Blätter.

lauern Vb. 'auf jmdn. in feindlicher Absicht warten', spätmhd. mnd. *lūren* 'im Hinterhalt liegen, aus der Deckung heraus beobachten' (14. Jh.), nl. *loeren* 'lauern', auch 'schielen, finster blicken', engl. *to lour* 'düster, mürrisch blicken'. Die Herkunft ist unbekannt. Zieht man unter Annahme affektisch bedingter Lautvarianten vergleichend semantisch nahestehendes anord. *lymskr* 'schlau, niederträchtig', schwed. *lömsk* '(heim)tückisch, hinterhältig', nl. *loens* 'schielend, scheel', *luipen* 'schief ansehen, finster blicken', nd. *lūnen* 'sauer, mürrisch aussehen' heran, so läßt sich eine Ausgangsbedeutung 'mit halbgeschlossenen Augen blicken' erschließen. – L a u e r f. 'Hinterhalt', mhd. *lūre*, *lūr* (14. Jh.); geläufig in Verbindungen wie *auf der Lauer liegen*. a u f l a u e r n Vb. (16. Jh.). b e l a u e r n Vb. (18. Jh.).

laufen Vb. '(zu Fuß) gehen, rennen, fließen'. Für das gemeingerm. reduplizierende Verb ahd. *(h)loufan* (8. Jh.), mhd. *loufen*, asächs. *-hlōpan*, mnd. mnl. *lōpen*, nl. *lopen*, aengl. *hlēapan* 'laufen, treten, tanzen', engl. *to leap* 'springen, hüpfen', anord. *hlaupa* 'laufen, springen', schwed. *löpa* 'laufen', got. *ushlaupan* 'aufspringen' sind ie. Verwandte nicht mit Sicherheit nachzuweisen; eine (lautlich mögliche) Verbindung mit lit. *šlubúoti* 'lahmen, hinken' bzw. *klùpti* 'niederknien, stolpern' befriedigt semantisch nicht. Seebold 261 sieht Anknüpfungsmöglichkeiten in lit. *keliáuti* 'wandern, reisen', griech. *kéleuthos* (*κέλευθος*) 'Weg, Pfad, Bahn, Reise'. Dann vielleicht über eine Erweiterung ie. **keleu-* 'wandern, Weg' zur Wurzel ie. **kel-* 'treiben, zu schneller Bewegung antreiben' (s. *halten*)? Die Vorstellung größerer Schnelligkeit tritt in neuerer Sprache vielfach zurück, so daß *laufen* für *gehen* eintreten kann. In nhd. Zeit wird *laufen* häufig auf Bewegungen von Fahrzeugen und Maschinen und speziell von Flüssigkeiten bezogen. – L a u f m. 'das Laufen, Verlauf, Flußlauf, Bein des Haarwilds', auch 'Rohr von Handfeuerwaffen' (vgl. *Gewehrlauf*), ahd. *(h)louf* (9. Jh.), mhd. *louf*, mnd. *lōp*, mnl. nl. *loop* 'Gang, Lauf, Verlauf', anord. *hlaupr* 'Sprung' führen auf germ. **hlaupa-*, daneben (mit anderer Stammbildung) aengl. *hlīep* 'Sprung', anord. *hlaup* n. 'Sprung, Lauf, Galopp (des Pferdes)'. Im Dt. auch das *ti*-Abstraktum germ. **hloufti-* mit ahd. *(h)louft* (8. Jh.), mhd. *louft*, nhd. (älter) *Lauft*, erhalten in *Zeitläufte* (s. unten). L ä u f e r m. 'wer (gut) läuft, Sportler einer Laufdisziplin, langer Teppich', ahd. *(h)loufāri* (um 800), mhd. *loufære*, *löufære* 'Bote, Rennpferd'. Z e i t l ä u f t e Plur. 'Zeitabschnitte mit ihren Ereignissen' (18. Jh.), Zusammensetzung mit *Lauft*, das im Anschluß an ahd. *(h)louft*, mhd. *louft* im älteren Nhd. neben *Lauf* (s. oben) gebraucht wird; daneben Z e i t l a u f m., seit dem 17. Jh. bezeugt und im Sing. wie im Plur. verwendet. l ä u f i g Adj. 'brünstig', bes. von Hunden (15. Jh.), mhd. *löufec*, *löufic* 'gangbar, bewandert, gerieben', noch bis ins 18. Jh. im Sinne von 'häufig vorkommend, gebräuchlich' (wofür dann *geläufig*). g e l ä u f i g Adj. 'häufig vorkommend, allgemein bekannt, vertraut, fließend, perfekt' (17. Jh.). b e i l ä u f i g Adj. 'wie zufällig, nebenher', (südd.) 'ungefähr' (um 1500), daneben frühnhd. auch *beiläuftig*. l a n d l ä u f i g Adj 'üblich, allgemein bekannt', frühnhd. *lantlöufig*, auch 'im Lande umgehend' (15. Jh.). v o r l ä u f i g Adj. 'nicht endgültig, einstweilig' (17. Jh.). a b l a u f e n Vb. 'weglaufen, abfließen, zu Ende gehen, sich ereignen, seinen Verlauf nehmen', mhd. *abeloufen*; A b l a u f m. 'das

Ablaufen, Abfluß(graben), Verlauf', mhd. *abelouf*. a n l a u f e n Vb. 'sich in Bewegung setzen, anstürmen, ansteuern, beginnen, beschlagen, zunehmen', ahd. *ana(h)loufan* (9. Jh.), mhd. *aneloufen*; A n l a u f m. 'das Anlaufen, Beginn, Anstoß', ahd. *ana(h)louf* (10./11. Jh.), *ana(h)louft* (8. Jh.), mhd. *anlouf* 'Ansturm, Angriff'. a u f l a u f e n Vb. 'auf Grund laufen, aufgehen, anwachsen', mhd. *ūfloufen*, auch 'einen Auflauf bilden, anschwellen'; A u f l a u f m. 'Zusammenlaufen einer erregten Menschenmenge', mhd. *ūflouf*; 'überbackene Speise' (19. Jh.). a u s l a u f e n Vb. 'herausfahren, zu Ende gehen, aufhören', mhd. *ūʒloufen*, auch 'hinauslaufen, entlaufen'; A u s l a u f m. 'das Auslaufen, Strecke hinter dem Ziel', mhd. *ūʒlouf* 'Auszug, Durchfall, Ruhr'. b e l a u f e n Vb. 'anlaufen, beschlagen', *sich belaufen auf* 'betragen', mhd. *beloufen*, auch 'durchlaufen, überlaufen'. e i n l a u f e n Vb. 'kleiner werden, ankommen, eingehen' (17. Jh.). E i n l a u f m. 'Ankunft am Ziel, Darmspülung', frühnhd. 'Einfall, das Eindringen' (16. Jh.). ü b e r l a u f e n Vb. 'desertieren, überfließen', mhd. *überloufen*, auch 'treffen, befallen, übergehen, auslassen, durchlaufen'; Ü b e r l ä u f e r m. 'Deserteur' (15. Jh.), mhd. *überloufer* 'wer etw. kurz behandelt, abtut'. v e r l a u f e n Vb. 'ablaufen, vergehen, verirren', ahd. *fir(h)loufan* 'vorauslaufen, überholen' (9. Jh.), 'vergehen' (um 1000), mhd. *verloufen*, auch 'vorüberlaufen, sich begeben, sich abnützen'; V e r l a u f m. 'Ablauf, Entwicklung, Vorgang' (15. Jh.). z e r l a u f e n Vb. 'auseinandergehen, -fließen', ahd. *zi(h)loufan* 'herab-, auseinanderlaufen' (8. Jh.), mhd. *zerloufen*, auch 'vergehen'. L a u f b a h n f. 'Berufsweg', seit dem 18. Jh. neben *Karriere* (s. d.), älter 'Wettlaufbahn' (17. Jh.). L a u f f e u e r n. 'Feuer (zur Fernzündung), das sich über einen Strich ausgeschütteten Pulvers bewegt' (17. Jh.), in der Wendung *wie ein Lauffeuer (sich ausbreiten)* 'sehr schnell'; in jüngerer Zeit als 'sich schnell (über trockenes Laub und Gras hin) ausbreitendes Feuer' aufgefaßt (vgl. schweiz. *Laubfeuer*). L a u f g r a b e n m. 'zum Schutz vor Geschossen angelegter Graben' (16. Jh.). L a u f p a ß m. 'Ausweis für entlassene (invalide) Soldaten und Arbeitsuchende, der die freie Bewegung innerhalb eines Landes zusichert' (18. Jh.), heute noch in der Wendung *jmdm. den Laufpaß geben* 'jmdn. wegschikken'. L a u f z e t t e l m. zunächst (17. Jh.) wie jüngeres *Laufpaß*, dann 'Zettel an Werkstücken zur Eintragung bestimmter Arbeitsgänge, Zettel, der durch eine Reihe von Büros läuft'.

Lauge f. 'mit Waschmitteln versehenes Wasser', ahd. *louga* (8. Jh.), mhd. *louge*, mnd. *lōge*, mnl. *lōghe*, nl. *loog*, aengl. *lēag*, engl. *lye*, anord. *laug* 'Badewasser' führen mit griech. *lúein* (λούειν), lat. *lavāre* (aus **lovāre*) '(sich) waschen, baden' auf eine Wurzel ie. **lou-*, **lou̯ə-* 'waschen, baden'. *Lauge* bezeichnet seit alters vor allem die zum Waschen gebrauchte Flüssigkeit, dann (heute unüblich) eine scharfe, ätzende Flüssigkeit, fachsprachlich die alkalisch reagierende Lösung einer Base. – l a u g e n Vb. 'mit einer Lauge behandeln' (15. Jh.), auch 'mit Wasser herauslösen', wofür in neuerer Sprache allein a u s l a u g e n Vb. 'einer Substanz bzw. einem Stoff mit einem Lösungsmittel oder Wasser bestimmte Bestandteile entziehen' (17. Jh.), übertragen 'aussaugen, ausbeuten'.

Laune f. 'Gemütsstimmung, -zustand', mhd. mnd. *lūne* 'Mond, Mondwechsel, (wechselnde) Gemütsstimmung, Gesinnung', Entlehnung aus lat. *lūna* 'Mond' (s. *licht*). Die Erscheinung des wechselnden Mondes wird mit der Gemütsstimmung des Menschen in Verbindung gebracht, da nach Ansicht mittelalterlicher Astrologen der Mond mit seinen Phasen starken Einfluß auf die Gemütsverfassung ausübt. – l a u n e n h a f t Adj. 'wechselnden Stimmungen unterworfen' (18. Jh.). l a u n i g Adj. 'mondsüchtig' (nur vereinzelt im 16. Jh.; vgl. mhd. *vorhtlūnic* 'blödsinnig'), 'verdrießlich, verstimmt' (16. Jh.), 'wechselnder Stimmung unterworfen', dann vor allem 'heiter gestimmt, einfallsreich, witzig' (18. Jh.). l a u n i s c h Adj. 'von übler Stimmung, verdrossen' (15. Jh.), 'rasch die Stimmung wechselnd', bes. 'rasch übler Stimmung nachgebend' (18. Jh.).

Laus f. blut- oder pflanzensäftesaugendes Insekt, ahd. (9. Jh.), mhd. mnd. aengl. anord. *lūs*, mnl. *luus*, nl. *luis*, engl. *louse*, schwed. *lus* sind verwandt mit korn. *low*, kymr. *lleuen* (Plur. *llau*). Man erschließt ein altes Nomen ie. **lūs*, Gen. **lu̯ós*. Stärkere Abweichungen von dieser Ausgangsform (zumal im Anlaut und in den Suffixen), die sich in anderen ie. Sprachen zeigen, aind. *yū́kā*, Pali *ūkā-*, lit. *utė̃*, aruss. *vъšь*, russ. *voš'* (*вошь*), lit. (mit Reduplikation und Ablaut) *víevesa*, *vievesà* 'Gänselaus', sind möglicherweise tabuierende Entstellungen, eine Art Sprachzauber zur Abwehr des lästigen Ungeziefers. Vgl. PFEIFER Wb. dt. Tiernamen 18. Geläufig in der Redensart *jmdm., sich eine Laus in den Pelz setzen* 'jmdm., sich Schwierigkeiten bereiten', älter *es ist nit not, das man leuß in ein belz werf, sie wachsen wol on das darin* (16. Jh.), d. h. 'man soll sich unnützes Tun ersparen'. – l a u s e n Vb. 'die Läuse absuchen', spätmhd. *lūsen* (14. Jh.). e n t l a u s e n Vb. 'von Läusen befreien' (Anfang 20. Jh.). L a u s e r m. 'wer Läuse hat' (15. Jh.), dann 'Geizhals, Knicker' (16. Jh.); im 20. Jh. gebräuchlich für älteres *Lausekerl* (18. Jh.), *Lausejunge* (19. Jh.); vgl. auch *Lausbub* (s. *Bube*). l a u s i g Adj. 'schäbig, schlecht, erbärmlich', zunächst 'voller Läuse' (15. Jh.); in jüngerer Umgangssprache vor allem steigernd im Sinne von 'groß, sehr' (*lausige Kälte, lausig viel Geld*).

lauschen Vb. '(heimlich, im Verborgenen) horchen, aufmerksam zuhören', mhd. (omd.) *lūschen* '(heimlich) horchen'. Herkunft ungewiß. Auszugehen ist vielleicht von ahd. *lōskēn* (9. Jh.), mhd. *lōschen* 'verborgen sein, verborgen liegen', frühnhd. *lūschen* 'verborgen sein' (1. Hälfte 15. Jh.), mnd. *lūschen* 'verborgen liegen, lauern', mnl. *luu(s)schen* 'sich verstecken'; dieses steht mit *sk*-Suffix neben ahd. *lūʒēn* 'sich verborgen halten' (9. Jh.), mhd. *lūʒen* 'verborgen liegen, sich versteckt halten, lauern', aengl. *lūtian* 'lauern', anord. *lūta* 'sich beugen', die sich zu einem in aengl. *lūtan* 'sich verneigen, vorbücken', anord. *lūta* 'sich neigen, niederbeugen' belegten starken Verb stellen. Außergerm. können lit. *liū̃sti* 'traurig, betrübt, schwermütig werden', kslaw. *ludъ* 'töricht', russ. (älter) *lud* (*луд*) 'Narr', (älter) *ludít'* (*лудить*) 'betrügen, täuschen' verglichen werden, so daß ie. **leud-* 'sich ducken' angesetzt werden kann. Zieht man noch (nicht verwandtes) ahd. *(h)losēn* 'zuhören, gehorchen' (um 800), mhd. *losen* 'hörend achtgeben, zuhören, horchen', nhd. (obd.) *losen* 'zuhören' heran, das zu der unter *laut* (s. d.) behandelten Wortgruppe gehört, so kann eine lautliche und semantische Vermischung der Verben mhd. *lōschen*, frühnhd. *lūschen* 'verborgen sein' und mhd. *losen* 'zuhören, horchen' angenommen werden, die mhd. (omd.) *lūschen*, nhd. *lauschen* '(heimlich, im Verborgenen) horchen' ergibt. – L a u s c h e r m. 'wer heimlich lauscht' (17. Jh.). l a u s c h i g Adj. 'versteckt, einsam, traulich' (18. Jh.), älter *lauschicht* (17. Jh.).

laut Adj. 'weithin hörbar, geräuschvoll', ahd. *(h)lūt* 'vernehmlich, dröhnend, schallend, bekannt' (8. Jh.), mhd. *lūt* 'helltönend, hell für das Auge, klar, deutlich', asächs. *hlūd*, mnd. *lūt*, mnl. *luut*, nl. *luid*, aengl. *hlūd*, engl. *loud* (germ. **hlūda-*) führt wie aind. *śrutá-* 'gehört, genannt, berühmt', griech. *klytós* (*κλυτός*) 'berühmt', lat. *inclutus* 'berühmt' auf ein mit dem Suffix ie. *-to-* gebildetes Partizipialadjektiv, gehört jedoch zu einer anderen Ablautstufe der unten genannten Wurzel als die außergerm. Formen; vgl. die zugehörigen Verben aind. *śṛṇóti* 'hört, erfährt, merkt auf', griech. *klýein* (*κλύειν*) 'hören', lat. *cluēre* 'heißen'. Vergleichbar sind ferner die unter *Leumund* (s. d.) genannten Formen sowie got. *hliuþ* oder *hliuþs* 'Stille', anord. *hljóð* 'Gehör, Schweigen, Laut, Ton' sowie aslaw. *slovo*, russ. *slóvo* (*слово*) 'Wort', (ablautend) aslaw. *slava*, russ. *sláva* (*слава*) 'Ruhm, Ehre'. Auszugehen ist von ie. **k̂lēu-* 'hören', auch 'wovon man viel hört, berühmt, Ruhm'. – L a u t m. 'Ton, (kaum wahrnehmbares) Geräusch', mhd. *lūt* m., mnd. *lūt* m. n., mnl. *luut* m. n. ist wie ahd. *(h)lūta* f. 'Ton, Geräusch, Stimme' (10. Jh.), *(h)lūtī* f. 'Lautstärke' (8. Jh.) Abstraktbildung zum Adjektiv. Es bezeichnet das dem Ohr Hörbare, Wahrnehmbare, zum Unterschied vom Adj. seit frühnhd. Zeit ohne besondere Betonung der Lautstärke. Im Vergleich zu bedeutungsnahen Wörtern wie *Ton* und *Klang* insgesamt weniger gebräuchlich, dringt *Laut* im 18. Jh. als Ausdruck der Sprachwissenschaft im Sinne von 'kleinstes akustisch-artikulatorisches Element' schnell durch; vgl. die zahlreichen Bildungen und Zusammensetzungen wie *Mitlaut* (s. *mit*), *Selbstlaut* (s. *selb*), ferner *Ablaut* (s. d.), *Umlaut* (18. Jh.), *Lautgesetz*, *Lautlehre*, *Verschlußlaut* (19. Jh.). L a u t s p r e c h e r m. Übersetzung (20. Jh.) von engl. *loudspeaker*. L a u t v e r s c h i e b u n g f. lautgesetzliche Veränderung von Konsonanten (J. Grimm 1822). W o r t l a u t m. 'Klang des Wortes' (17. Jh.), bald danach 'wörtlicher Inhalt, wörtliche Wiedergabe eines Textes'. v o r l a u t Adj. vom Jagdhund 'zu früh Laut gebend' (16. Jh.), dann von Menschen, bes. Kindern, 'ungefragt redend, naseweis' (18. Jh.). l a u t e n Vb. 'einen bestimmten Wortlaut, Inhalt haben', ahd. *(h)lūtēn* 'ertönen, erschallen' (8. Jh.), mhd. *lūten* 'einen Laut von sich geben, ertönen, heißen, bedeuten'. Im Nhd. treten die zahlreichen alten Verwendungen zurück; in der Bedeutung 'erklingen' (von Glocken) wird *lauten* nach 1800 durch intrans. *läuten* abgelöst (s. unten). Seitdem nur noch übertragen: *das Urteil lautet auf drei Jahre Gefängnis*, *der Befund lautet ungünstig*. v e r l a u t e n Vb. 'bekanntwerden, verkünden' (15. Jh.). v e r l a u t b a r e n Vb. 'bekanntmachen, bekanntwerden', mhd. *verlūtbæren*; zu mhd. *lūtbære* 'laut, öffentlich'. l ä u t e n Vb. 'ertönen lassen, erklingen' (von Glocken), ahd. *(h)lūten* (8. Jh.), *(h)liuten* (9. Jh.) 'läuten, schallen, tönen', mhd. *liuten*, Faktitivum zum Adj. *laut*. Der Gebrauch ist im Nhd. weitgehend auf das Läuten der Glocken (intrans. und trans.) eingeschränkt; landschaftlich auch vom Ertönen der Türklingel und des Telefons.

laut Präp. 'gemäß, entsprechend, auf Grund von', im 15. Jh. verkürzt aus der Verbindung mhd. *nāch lūt* bzw. *nāch lūte (der briefe)* 'nach dem Wortlaut (der Briefe)' (s. *Laut*). In der Regel mit Gen., auch mit Dat. (*laut dem Vorbericht*, Goethe).

Laute f. Zupfinstrument mit (fünf bis) sechs Saiten. Das Femininum mhd. mnd. *lūte*, mnl. *lute*, *luyte*, nl. *luit* ist Entlehnung (mit Genuswechsel) von gleichbed. afrz. *leüt* (13. Jh.), frz. *luth* m. Dieses geht wahrscheinlich (ebenso wie die Entsprechungen aprov. *laüt*, um 1300, und ital. *liuto*, Ende 13. Jh.) auf span. *laúd*, älter auch *alaúd* (beide seit 1. Hälfte 14. Jh. belegt), *alod* (Mitte 13. Jh.) zurück, das seinerseits auf arab. *al-ʿūd* 'Laute' (mit Artikel) beruht; arab. *ʿūd* bedeutet eigentl. 'Holz', dann 'Instrument aus Holz'.

lauter Adj. 'rein, ungetrübt, aufrichtig', ahd. *(h)lūt(t)ar* (8. Jh.), mhd. *lūter* 'hell, rein, klar, unvermischt, lediglich', asächs. *hlūttar*, mnd. mnl. *lūter*, *lutter* (nl. *louter* ist aus dem Nhd. entlehnt), aengl. *hlūt(t)or*, got. *hlūtrs* führen mit griech. *klýzein* (κλύζειν) 'spülen, reinigen' (wozu *Klistier*, s. d.), alat. *cluere* 'reinigen, spülen' (s. *Kloake*), lit. *šlúoti* 'fegen, kehren', *šlúota* 'Besen', kymr. *clir* 'hell, klar' auf ie. **k̂leu-* bzw. langdiphthongische Ablautformen ie. **k̂lō(u)-*, **k̂lū-* 'spülen, rein machen', vielleicht Erweiterungen einer allerdings nur in Erweiterungen auftretenden Wurzel ie. **k̂el-* 'feucht, naß'; vgl. ie. **klep-* 'feucht' in griech. *klépas* (κλέπας) 'das Feuchte', lit. *šlãpias* 'naß, feucht, voll Wasser'. Wie bei *bitter* (s. d.) ist die hd. Verschiebung des im Westgerm. durch Einfluß des nachfolgenden *r* geminierten *t* zu *tz* unterblieben, und die Doppelkonsonanz wird nach langem Vokal aufgegeben. Die Ausgangsbedeutung 'gespült, gewaschen' wird bereits im Ahd. zu 'klar, hell, unvermischt' (vgl. mhd. *lūter silber*); dann oft übertragen von Haltung und Gesinnung des Menschen (*lauterer Charakter*, *lauteres Wesen*). Die im Mhd. auftretende Bedeutung 'ausschließlich, lediglich, nur' wird seit dem 16. Jh. in der Form des erstarrten Nominativs Sing. häufig, vgl. *aus lauter Liebe*, *vor lauter Neugier*. – l ä u t e r n Vb. 'reinigen, von Schlacken befreien, bessern', ahd. *(h)lūt(t)aren* 'läutern, reinigen, klar machen', *(h)lūt(t)arēn* 'hell sein' (8. Jh.), mhd. *liutern*, *lūtern*. e r l ä u t e r n Vb. 'erklären, verdeutlichen', mhd. *erliutern* 'rein, hell machen', auch 'erklären'. L a u t e r k e i t f. 'Reinheit, Klarheit', mhd. *lūterheit*, *lūterkeit*.

Lava f. 'Gesteinsschmelzfluß bei Vulkanausbrüchen', Entlehnung des 18. Jhs. von gleichbed. ital. *lava*. Dieses aus dem Neapolitan. stammende, auch in der Bedeutung 'die Straßen überflutender Sturzbach' vorkommende Substantiv geht ebenso wie dalmat. *labe* 'Erdrutsch' und katalan. *llavay* 'Lawine' auf lat. *lābēs* 'das Hinsinken, Fall, Sturz' (zu lat. *lābī* 'hin-, herabgleiten, fallen') zurück.

Lavendel m. Halbstrauch aus der Familie der Lippenblütler und das aus seinen Blüten gewonnene ätherische Öl, ahd. *lauendula* (9. Jh.), später auch *lauindola*, *-ila*, *lauendel(e)*, mhd. *lavendele*, *lavendel*, mnd. *lavendel*, *lovendel*, *lofengel*, mnl. *lavender*, *lavendel*, nl. *lavendel* ist Entlehnung aus (wohl in Italien gebildetem) mlat. *lavindula*, *lavendula* (zu lat. *lavāre* 'waschen, baden'), also eigentl. 'was zum Waschen dient', so daß die Pflanze nach ihrer Verwendung als wohlriechender Zusatz zum Badewasser benannt ist. Die zahlreichen Formvarianten im Mhd., Mnd. und Frühnhd. sowie in jüngerer Mundart (u. a. *Lafengel*, *Lavander*, *Laofendel*) sind auf Mißverständnisse und Umdeutungen zurückzuführen.

lavieren Vb. 'sich geschickt durch etw. hindurchwinden, Schwierigkeiten vermeiden'. Mnd. *lavēren* 'im Zickzack gegen den Wind ansegeln, kreuzen' (15. Jh.) wird bereits in der 1. Hälfte des 16. Jhs. als nautischer Ausdruck in einen hd. Text aufgenommen; übertragener Gebrauch 'sich hin und her winden, vorsichtig vorgehen' begegnet im Mnd. im 16., im Hd. im 17. Jh. Das mnd. Verb geht über mnl. (nl.) *laveren* 'kreuzen, schwankend gehen' zurück auf (allerdings erst für das 16. Jh. nachgewiesenes) mfrz. *lovier* 'gegen den Wind segeln, kreuzen' (frz. *louvoyer*), eine Ableitung von altnorm. mfrz. *lof* 'Windseite', das seinerseits wohl aus der mnl. Form (nicht bezeugt, doch vgl. mnd. *lōf*) von nl. *loef* (s. *Luv*) entlehnt ist.

Lawine f. 'herabstürzende Schneemasse im Hochgebirge'. Das zu lat. *lābī* 'hin-, herabgleiten, fallen' gebildete spätlat. *lābīna* 'Erdrutsch, Bergsturz' wird durch romanische Vermittlung im Alpengebiet (vgl. *lavina* 'Erd-, Schneeabsturz' in Mundarten des Tessin und Engadin) früh ins Obd. entlehnt, wie ahd. *lewina* (um 800), *lowin* (9. Jh.) als Übersetzung für lat. *torrēns* 'Wildbach' zeigt (mit vergleichbarer Bedeutung noch tirol. *Läne* 'Feuerstrom', 15. Jh.). Im Sinne von 'Bergsturz' lebt es in obd. Dialekten weiter (schweiz. *Lowin*, 13. Jh., *Lauene*, *Laui*, bair.-öst. *Lāne*, *Lān*, *Län* u. ä.) und wird auf abstürzende Schneemassen bzw. auf den Ort ihres Niedergehens bezogen. Erst im 18. Jh. wird schweiz. *Lauwin(e)* in die Literatursprache aufgenommen. Das zunächst als Nebenform auftretende *Lawine* (vgl. Adelung 1777) setzt sich, namentlich unter dem Einfluß von Schillers Gebrauch (Tell), seit Beginn des 19. Jhs. durch.

lax Adj. 'locker, nachlässig, nicht gefestigt', im 18. Jh. aus lat. *laxus* 'schlaff, locker, weit, zwanglos'. Früher (17. Jh.) bezeugt ist das Substantiv *Laxität*, aus lat. *laxitās* (Gen. *laxitātis*), das durch *Laxheit* (19. Jh.) ersetzt wird.

Lazarett n. 'Militärkrankenhaus', Entlehnung des 16. Jhs. aus ital. *lazzaretto* (17. bis 19. Jh. *lazzeretto*), das damals die Bedeutungen 'Quarantänestation' und 'Hospital (bes. für Leprakranke)' hat. Diesem gehen venezian. *lazareto*, *nazareto* vorauf; *nazareto* bezeichnet das im 15. Jh. bei der Kirche *Santa Maria di Nazaret* in Venedig eingerichtete Pesthaus mit Quarantänestation; der Anlautwandel zu *lazareto* kommt wohl durch Verwechslung mit dem auf einer benachbarten Insel ansässigen Aussätzigenhospital *Ospedale di S. Lazzaro* zustande (benannt nach dem heiligen *Lazarus*, dem Schutzpatron der Leprakranken; vgl. im älteren Ital. *lazzaro* 'aussätzig'). Dazu Spitzer in: Wörter u. Sachen 6 (1914/15) 201ff. Im Dt. wird *Lazarett* anfangs ganz allgemein im Sinne von 'Krankenhaus, Seuchenspital' gebraucht. Die engere Bedeutung 'Krankenhaus für verwundete und kranke Soldaten' wird zuerst Mitte des 18. Jhs. verzeichnet und ist seit dem 19. Jh. allein üblich.

leben Vb. 'lebendig, nicht tot sein, existieren, sich von etw. ernähren, wohnen', ahd. *lebēn* 'leben, wohnen, überleben' (8. Jh.), mhd. *leben*, asächs. *libbian*, mnd. mnl. *lēven*, nl. *leven*, aengl. *libban*, engl. *to live*, anord. *lifa* 'leben', schwed. *leva* und got. *liban* sind verwandt mit *bleiben* (s. d.) und im Sinne von 'beharren, dauern' (wie auch *Leib*, s. d.) an die dort genannte Wurzel anzuschließen. – L e b e n n. 'das Existieren, lebhaftes Treiben, Betrieb', ahd. *lebēn* 'Leben, Umgang' (um 1000), mhd. *leben*, auch 'Lebensweise, Stand, Orden', substantivierter Infinitiv, der für das in alter Zeit gleichbed., unter *Leib* (s. d.) behandelte Substantiv eintritt. L e b e n s l a u f m. (17. Jh.), Übersetzung von lat. *curriculum vītae*. L e b e n s m i t t e l Plur. 'Nahrungsmittel' (17. Jh.). l e b e n d i g Adj. 'lebend, lebhaft', ahd. *lebēntīg* (9. Jh.), mhd. *lebendec*, *lebendic*. l e b h a f t Adj. 'frisch, munter', mhd. *lebehaft* 'Leben habend, lebendig'. L e b e m a n n m. 'seinen Vergnügungen lebender Mann', Ende 18. Jh. für *Bonvivant* (s. d.). L e b e w e s e n n. 'lebender Organismus' (16. Jh.). L e b e w o h l n. Substantivierung des imperativischen Abschiedsgrußes *lebe wohl!* (17. Jh.). a b l e b e n Vb. 'sterben, verscheiden' (17. Jh.), zuvor 'erleben, durchleben' (16. Jh.), vgl. mnd. *aflēven* 'erleben' (14. Jh.). e r l e b e n Vb. 'bis zu einer bestimmten Zeit leben, etw. erfahren, von etw. betroffen werden' (15. Jh.). E r l e b n i s n. 'miterlebtes Geschehnis, Ereignis von nachhaltiger Wirkung' (1. Hälfte 19. Jh.). ü b e r l e b e n Vb. 'länger leben als, überstehen', ahd. *ubarlebēn* (9. Jh.), mhd. *überleben*. v e r l e b e n Vb. '(eine Zeit) verbringen, (Geld, Geldeswert) für den Lebensunterhalt aufbrauchen', mhd. *verleben* '(eine Zeit) verbringen, überleben, ableben, verwelken'. v e r l e b t Part.adj. 'alt geworden, durch ungesunde Lebensführung verbraucht' (16. Jh.).

Leber f. den Stoffwechsel regelndes Drüsenorgan (der Wirbeltiere), ahd. *lebara* (8. Jh.), mhd. *leber(e)*, mnd. mnl. *lēver(e)*, nl. *lever*, aengl. *lifer*, engl. *liver*, anord. *lifr*, schwed. *lever*. Herkunft ungeklärt. Man versucht (nicht überzeugend), das germ. (im Got. nicht belegte) Wort mit der ie. Bezeichnung der Leber aind. *yákr̥t*, Gen. *yaknáḥ*, lat. *iecur* (Gen. *iecoris* und *iecinoris*), lit. *(j)ẽknos*, *(j)ãknos* zu verbinden, und erschließt (bei Annahme eines ursprünglichen Anlauts *li̯-*) ie. **li̯ēku̯r̥t*, das zur Wurzel ie. **leiku̯-* 'lassen, zurück-, übriglassen' gestellt und als 'das beim Opfer den Göttern überlassene Organ' gedeutet wird. Meist wird jedoch für die germ. Formen Verwandtschaft mit Wörtern angenommen, die wie *Leim*, *Schleim*, *bleiben* (s. d.) auf die auch *s*-Anlaut aufweisende Wurzel ie. **lei-* 'schleimig, klebrig, durch Nässe glitschiger Boden, ausgleiten, worüber hinschleifen oder -streichen' zurückgehen, falls es sich bei *Leber* um Verselbständigung eines ursprünglichen Attributs ('die Klebrige, Fettige') handelt, das das alte ie. Wort für Leber verdrängt hat. Nicht auszuschließen ist ferner die Annahme, die Leber sei als „Sitz des Lebens" Ableitung von dem unter *leben* behandelten Verb. Auf der alten Vorstellung von der Leber als blutbildendem Organ, als Sitz der Lebenssäfte und Temperamente, also auch von Ärger und Zorn, beruhen redensartliche Wendungen wie *frisch von der Leber (weg) reden*, *sich etw. von der Leber reden*, *das mußte mal runter von der Leber*. – L e b e r f l e c k m. leberfarbener Pigmentfleck auf der Haut (17. Jh.). L e b e r t r a n m. aus der Leber verschiedener Seefische gewonnenes Öl (18. Jh.), s. *Tran*.

Lebkuchen m. landschaftliche Bezeichnung für 'Honigkuchengebäck', mhd. *lebekuoche*, mnd. *lēvekōke*. Das Bestimmungswort ist nicht sicher zu deuten. Möglich erscheint Entlehnung aus lat. *lībum* 'Fladen', wenn *e* (statt zu erwartendem mhd. *ī*, nhd. *ei*) als volkssprachliche Aussprache eines in den Klosterküchen gebrauchten mlat. *libum* aufzufassen ist; vgl. gleichbed. mhd. *lebezelte* neben mhd. *libenzelte*. Erwogen wird ferner, in *Leb-* eine ablautende Form zu dem unter *Laib* 'Brot' (s. d.) behandelten Substantiv zu sehen; danach wäre *Lebkuchen* als 'Brotkuchen' zu deuten.

lechzen Vb. 'gierig (nach etw.) verlangen', mhd. *lechezen*, *lechzen* 'austrocknen, dürsten' ist Intensivbildung zu mhd. *lechen* 'austrocknen, vor Trockenheit rissig werden und Flüssigkeit durchlassen, (ver)schmachten'. Dem schwach flektierenden, aber noch ein starkes Part. Prät. (*gelechen*, *gelochen*) aufweisenden mhd. Verb (und den zugehörigen ahd. Formen, s. unten) entsprechen die unter [1]*lecken* (s. d.) genannten starken Verben der Bedeutung 'tropfen, tröpfeln, undicht sein'. Das Hd. hat semantisch eigene Akzente gesetzt; es betont das Rissigwerden durch Trockenheit, also das Austrocknen als Grund des Undichtseins, des Ausrinnens. Die Bedeutung 'austrocknen, ausgetrocknet sein' nimmt im Intensivum *lechzen* den Sinn 'durstig sein, nach Labung verlangen' an. Reste starker Verbalflexion zeigen auch die Part. Prät. ahd. *thuruhlohhan* für lat. *pertūsus* 'durchstoßen, durchlöchert, undicht' (10. Jh.), *zilehhan* 'undicht' (um 1000; vgl. mhd. *zerlechen* 'vor Trockenheit Risse bekommen und Flüssigkeit durchlassen') und das Part. Präs. ahd. *irlehhanti* 'lechzend' (11. Jh.).

leck Adj. 'undicht, wasserdurchlässig', aus nd.-nl. Seemannssprache Ende des 16. Jhs. unverschoben ins Hd. übernommen; vgl. mnd. nd. mnl. *leck*, nl. *lek*. Diese Adjektivformen sind Weiterbildungen (*ja*-Stämme) zu gleichbed. mnl. *lac*, mnd. *lak*. Daneben stehen (mit altem *e*-Vokal) gleichbed. aengl. *hlec* (statt *lec*), anord. *lekr* und nhd. *lech*. Sämtliche Adjektive sind verwandt mit den unter [1]*lecken* (s. unten) genannten Verben. – L e c k n. 'undichte Stelle (im Schiffsboden)', spätmhd. (md., Ordensgebiet um 1400) *leck*, mnd. *lek*, mnl. *lek*, nl. *lek*, anord. *leki*, Substantivierungen der Adjektivformen bzw. Bildungen zu dem im folgenden genannten starken Verb. [1]l e c k e n Vb. 'undicht sein, Wasser durchlassen' (17. Jh.), ebenfalls ins Hd. aufgenommenes Küstenwort (oder im Hd. neu zu *leck* gebildet?); vgl. mnd. mnl. *lecken*, nl. *lekken*. Soweit sie intransitive Bedeutung aufweisen, sind die schwachen Verben in engem Zusammenhang mit den unter *leck* (s. oben) dargestellten Adjektivformen mit ursprünglichem *a* zu sehen. Als Kausativa, also mnd. mnl. *lecken* in der Bedeutung 'tropfen lassen, destillieren' sowie ahd. (8. Jh.), mhd. *lecken*, aengl. *leccan* 'benetzen, naß machen', können sie auch Ableitungen von einem starken Verb sein, erhalten in mnl. *leken* 'fließen, tropfen, Flüssigkeit durchlassen, undicht sein', anord. *leka* 'tropfen, rinnen, undicht sein (vom Schiff)' und resthaft in ahd. und mhd. Formen (s. *lechzen*). Außergerm. lassen sich kelt. Formen wie air. *legaim* 'löse mich auf, zergehe, schmelze', kymr. *llaith*, bret. *leiz* 'feucht' vergleichen, so daß eine Wurzel ie. **leg-* 'tröpfeln, sickern, zergehen' angesetzt werden kann.

[2]**lecken** Vb. 'mit der Zunge über etw. streichen'. Neben den westgerm., expressive Gemination aufweisenden Formen ahd. *lecken* (8. Jh.), *leckōn* (um 800), mhd. *lecken*, asächs. *likkon*, mnd. mnl. *licken*, *lecken*, nl. *likken*, aengl. *liccian*, engl. *to lick* steht (ablautend) got. *bilaigōn*. Außergerm. vergleichen sich griech. *lẽichein* (λείχειν), lat. (mit Nasalpräsens) *lingere*, lit. *liẽžti*, aslaw. *lizati*, russ. *lizát'* (*лизать*) 'lecken'. Zugrunde liegt eine Wurzel ie. **leiĝh-* 'lecken', zu der mit anlautendem *s-* auch *schlecken* (s. d.) gehört. – lecker Adj. 'wohlschmeckend, appetitlich (eigentl. 'was gut zu lecken ist'), mhd. *lecker*, im älteren Nhd. auch 'Wohlschmeckendes liebend, wählerisch'; dazu Leckerbissen m. 'wohlschmeckender Bissen' (16. Jh.), Leckermaul n. 'Feinschmecker' (17. Jh.); vgl. *Leckmeuligen* (16. Jh.).

Leder n. 'gegerbte Tierhaut', ahd. *ledar* (um 1000; vgl. *halsledar*, 9. Jh.), mhd. *leder*, asächs. *leðar*, mnd. *ledder*, mnl. *leder*, nl. *leder*, *leer*, aengl. *-leþer*, engl. *leather*, anord. *leðr*, schwed. *läder* (germ. **leþra-*) finden Entsprechungen in den kelt. Formen air. *lethar*, kymr. *lledr*, wobei unklar bleibt, ob das germ. Wort aus dem Kelt. entlehnt oder mit diesem verwandt ist. Da weitere Anknüpfungsversuche ungewiß sind, erwägt de Vries Nl. 387 Herkunft aus einer vor-ie. Substratsprache. Das Substantiv bezeichnet seit dem Mhd. auch unterschiedliche aus Leder gefertigte Gegenstände, u. a. die 'Schwertscheide' (hierzu *vom Leder ziehen* 'jmdn. hart angreifen, sich hart äußern'), das 'Sitzleder' des Bergmanns (auch *Arsch-*, *Bergleder*) und seit 1. Hälfte 20. Jh. den 'Fußball'. – Lederer m. 'Gerber', ahd. *ledarāri*, *ledareri* (Hs. 12. Jh.), mhd. *lederære*, *lederer*; im 17./18. Jh. durch *Gerber* verdrängt, doch noch mundartlich. ledern Adj. 'aus Leder, zäh, langweilig', ahd. *lidirīn* (9. Jh.), mhd. *liderīn*, *lederīn*, *lidern*, asächs. *liðarīn*, aengl. *liþeren*, *leþeren*, engl. *leathern*. Das auf Vokalharmonie zurückzuführende *i* der Stammsilbe in den älteren Sprachstufen hält sich literatursprachlich (bes. im Obd.) bis ins 17. Jh., wird jedoch von dem vom Md. ausgehenden *ledern* (ähnlich wie *gülden* durch *golden*) verdrängt.

ledig Adj. 'frei, unbehindert, unverheiratet', mhd. *ledec*, *ledic*, auch 'müßig', mnd. *lēdich*, *leddich* 'frei, unverheiratet, müßig', mnl. *lēdich*, nl. *ledig*, *leeg* 'leer, nichts enthaltend, frei, müßig', anord. *liðugr* 'beweglich, ungehindert, frei, wohlwollend', schwed. *ledig* 'biegsam, geschmeidig, beweglich, ungezwungen, frei'. Trotz der unterschiedlichen Verwendungsweisen in den Einzelsprachen kann man von einer ursprünglichen Bedeutung 'gelenkig, beweglich' ausgehen und die Adjektive als Ableitungen zu den unter *Glied* (s. d.) behandelten unpräfigierten germ. Formen (vgl. ahd. *lid*) stellen. Aus 'mit Gliedern, Gelenken versehen' entwickeln sich 'beweglich, ungebunden, frei (von)' und weitere einzelsprachliche Bedeutungsvarianten. – entledigen Vb. 'sich (von einer Sache) frei machen', mhd. *entledigen* neben gleichbed. *ledigen*, das im 16. Jh. zurücktritt. erledigen Vb. 'ausführen, vernichtend besiegen', mhd. *erledigen* 'frei machen, in Freiheit setzen'.

Lee f. 'dem Wind abgekehrte Seite (eines Schiffes)', aus nd.-nl. Seemannssprache im 17. Jh. ins Hd. aufgenommen (unter Einfluß des Nl. zunächst auch *Ly* und *Ley*). Mnd. *lē*, nl. *lij* 'Schutz, dem Winde abgekehrte, gegen den Wind geschützte Seite', asächs. *hleo* m. n., *hlea* f. 'Schutz, Obdach, Decke', anord. *hlē* 'Schutz, Leeseite', schwed. *lä* 'Leeseite', aengl. *hlēo* 'Schutz, Obdach', engl. *lee* 'Schutz, Obhut' (die Bedeutung 'Leeseite' aus dem Anord. entlehnt) führen auf germ. **hlewa-* und stehen ablautend zu der unter *lau* (s. d.) dargestellten Wortgruppe.

leer Adj. 'nichts enthaltend, ohne Ausdruck', ahd. *lāri* 'leer, bar' (um 1000), mhd. *lære*, *lær* 'leer, ledig (von)', asächs. *lāri*, mnl. *laer* 'leer' (hierzu stellt de Vries Nl. 379 nl. *laar* 'offener, leerer Platz im Wald', das sich insbesondere in Ortsnamen, auch nd. und md., findet), aengl. *gelǣr(e)*, westgerm. **lēzi-(ja)-*, Bildung zur Präteritalstufe des Plurals des unter *lesen* 'sammeln' (s. d.) dargestellten

Verbs, die ursprünglich 'was gelesen werden kann, auflesbar' in bezug auf das abgeerntete, (den landlosen Armen) zum Ährenlesen freigegebene Feld bedeutet. Das zunächst auf die Sphäre des Ackerbaus beschränkte Adjektiv nimmt die Bedeutung 'abgeräumt', dann 'nichts enthaltend' an und kann damit auf Flächen, Räume und Gefäße gleichermaßen bezogen werden. Übertragungsmöglichkeiten im Sinne von 'inhaltslos, nichtssagend, ausdruckslos' schließen sich an (*leere Worte, Drohungen, Versprechungen, ein leeres Gesicht*). – L e e r e f. 'Leersein, Ausdruckslosigkeit' (16. Jh.). l e e r e n Vb. 'leer machen', mhd. *læren*; vgl. ahd. *irlāren* (9. Jh.).

legal Adj. 'gesetzlich, den Gesetzen entsprechend', im 17. Jh. (zuvor *legalisch*, 16. Jh.) aus gleichbed. lat. *lēgālis* (Ableitung von lat. *lēx*, Gen. *lēgis*, 'Gesetz') entlehnt, woraus auch frz. *loyal* (s. *loyal*, auch *legitim*). – l e g a l i s i e r e n Vb. 'amtlich bestätigen, rechtskräftig machen' (18. Jh.). L e g a - l i t ä t f. 'Gesetzlichkeit' (18. Jh.). i l l e g a l Adj. 'geltenden Gesetzen zuwiderlaufend, ungesetzlich' (mlat. *illegalis*) und I l l e g a - l i t ä t f. 'Gesetzwidrigkeit' (18. Jh.), auch 'nach staatlichem Verbot im Untergrund fortgeführte Tätigkeit politischer Parteien und Organisationen' (1. Drittel 20. Jh.).

Legat m. 'päpstlicher Gesandter', im 14. Jh. aus lat. *lēgātus* 'Gesandter, Stellvertreter (eines Feldherrn, eines Statthalters)', spätlat. 'Abgesandter im Dienste der Kirche, des Papstes' entlehnt; zu lat. *lēgāre* (*lēgātum*), eigentl. 'eine gesetzliche Verfügung treffen' (s. *delegieren* und *Legat* n.). – L e g a t i o n f. '(päpstliche) Gesandtschaft', Entlehnung des 16. Jhs. aus gleichbed. lat. *lēgātio* (Gen. *lēgātiōnis*), durch *Gesandtschaft* und *Delegation* (s. d.) in seiner Gebrauchshäufigkeit eingeengt. L e g a t i o n s r a t m. 'diplomatischer Vertreter unterhalb des Gesandten' (18. Jh.).

Legat n. 'Vermächtnis, letztwillige Zuwendung', Entlehnung des 16. Jhs. aus gleichbed. lat. *lēgātum* (zu lat. *lēgāre* 'testamentarisch verfügen, vermachen', eigentl. 'eine gesetzliche Verfügung treffen', s. *delegieren* und *Legat* m.); nur rechtssprachlich gebräuchlich.

legen Vb. 'zum Liegen bringen'. Das gemeingerm. bezeugte Verb ahd. *leg(g)en* (8. Jh.), mhd. *legen* (auch *lecken, leggen*), asächs. *leggian*, mnd. *leggen*, mnl. *legghen*, *lēghen*, nl. *leggen*, aengl. *lecgan*, engl. *to lay*, anord. *leggja*, schwed. *lägga*, got. *lagjan* ist Kausativum im Sinne von 'liegen machen' zu dem unter *liegen* (s. d.) dargestellten starken Verb wie russ.-kslaw. *ložiti sja*, russ. *ložít'sja* (*ложиться*) 'sich legen' zu aslaw. *ležati*, russ. *ležát'* (*лежать*) 'liegen'. – a b l e g e n Vb. 'von sich tun, (Kleidung) ausziehen bzw. nicht mehr tragen, abladen, deponieren, vollziehen, leisten', mhd. *abelegen* '(Kleidung) ausziehen, abladen, abgelten, auszahlen, außer Kraft setzen, Abbruch tun'; A b l e g e r m. 'junger Pflanzentrieb' (18. Jh.), frühnhd. 'Auf- und Ablader' (15. Jh.). a n l e g e n Vb. 'an etwas legen, ankleiden, zielen, auf etw. abzielen, bezwecken, anzetteln, entwerfen, gestalten, bewirken, nutz- und gewinnbringend verwenden', ahd. *analeg(g)en* 'an-, auflegen, hineinschicken' (8. Jh.), mhd. *anelegen* 'ankleiden, anzetteln, vorbereiten, veranschlagen, auferlegen, auf Zinsen anlegen'; A n l a g e f. 'Hinzu-, Beigefügtes, nutzen- und gewinnbringende Verwendung, Begabung, Neigung, das Gestaltete (Grünfläche, Baugestaltung)', mhd. *anlāge* 'Anliegen, Bitte, Hinterhalt'. a u f l e g e n Vb. 'auf etw. legen, aufbürden, anordnen, (von Büchern) drucken und herausbringen', ahd. *ūfleg(g)en* (um 1000), mhd. *ūflegen* 'auf-, auslegen, aufstellen, zeigen, ausdenken, ersinnen, erschaffen, anordnen, bestimmen, veranstalten, stiften'; a u f g e l e g t Part.adj. 'geneigt, gestimmt zu etw., gelaunt' (18. Jh.); A u f l a g e f. 'das Auferlegte, zu Leistende, Anweisung, Gebot, Beschwerde, Beschuldigung' (16. Jh.), 'Auferlegung, das Aufgelegte auf eine Unterlage, Anzahl der auf einmal gedruckten und verlegten Exemplare eines Druckes' (17. Jh.). a u s l e g e n Vb. 'ausbreiten, zur Schau stellen, mit einem Belag versehen, Geld vorschießen, deuten, interpretieren', mhd. *ūʒlegen* 'zum Verkauf anbieten, besetzen, verbrämen, ausrüsten, erfüllen, schmücken, darlegen, bestimmen, verabreden, deuten, erklären'; A u s l a g e f. 'Kosten, verauslagtes Geld, zur Ansicht ausgebreitete Ware, das Auslegen, zur Ansicht Bereitlegen' (16. Jh.). b e i l e g e n Vb. 'danebenlegen, hinzufügen, mitschicken, beseitigen, (Streit) schlichten', ahd. *bileg(g)en* 'be-, hinlegen, legend bedecken' (8. Jh.), mhd. *bīlegen* '(sich) dazulegen (zum Beilager)'; B e i l a g e f. 'das Beigefügte' (vielfach kanzleisprachlich von Schriften, Listen), 'Zukost', älter auch 'anvertrautes Gut' und 'Beilager' (15. Jh.). e i n l e g e n Vb. 'hineinlegen, konservieren, mit einer Einlage verzieren, einzahlen', mhd. *īnlegen* 'ein-, hineinlegen, gegen jmdn. eine Klage vorbringen'; E i n l a g e f. 'das Hineingelegte, Versteifung (bei Kleidern), angelegtes oder eingezahltes Geld, Spargeld' (16. Jh., bereits früh im Bankwesen). e r l e g e n Vb. '(Wild) töten, (durch Tötung) niederlegen', auch 'einen Geldbetrag entrichten', ahd. *irleg(g)en* 'auferlegen, entgegensetzen, bestimmen' (8. Jh.), mhd. *erlegen* 'niederlegen, aus-, ein-, belegen, schlichten'. n i e d e r l e g e n Vb. 'etw., sich hinlegen, ein Amt aufgeben', ahd. *nidarleg(g)en* 'hinwerfen, -legen, -stellen' (9. Jh.), mhd. *niderlegen* 'niederlegen, besiegen, beseitigen, abstellen, in Beschlag nehmen'; N i e d e r l a g e f. 'das Besiegtwerden, Unterlegensein, Warenlager, Großhandelszweigstelle', mhd. *niderlāge* 'das Niederlegen, -sinken, Sichniederlassen, Aufenthalt, Ruhe, Verlust, Schaden, das Niedermetzeln'. [1]ü b e r l e g e n Vb. 'überdecken, nachdenken, bedenken, erwägen', ahd. *ubarleg(g)en* 'vorwerfen, vorhalten' (um 1000), mhd. *überlegen* 'überziehen, bedecken, belegen mit, über-, zu-, zusammenrechnen'; Ü b e r l e g u n g f. 'Erwägung, das Bedenken' (18. Jh.). [2]ü b e r l e g e n Vb. 'über etw. legen, ein Tuch umnehmen, ein Kind strafen' (18. Jh.). u n t e r l e g e n Vb. 'als Unterlage darunterschieben, zuschreiben', ahd. *untarleg(g)en* 'stützen, unterstellen' (8. Jh.), mhd. *underlegen*; U n t e r l a g e f. 'Fundament, Grundlage, das Untergelegte, (beweisendes) Schriftstück, Beweisstück', mhd. *underlāge* 'Unterwerfung'.

Legende f. '(mittelalterliche) Erzählung über das Leben und Leiden eines Heiligen', mhd. *legende* 'Heiligenerzählung, Lektüre, Lesung', aus gleichbed. mlat. *legenda* f., ursprünglich Plural des Gerundivums lat. *legendum* n. 'das zu Lesende', zu lat. *legere* 'lesen'. *Legende* entwickelt schon früh die Bedeutung 'freier Bericht, Erzählung' (15. Jh.), dann 'unbeglaubigter Bericht, sagenhafte Erzählung, unglaubwürdige Geschichte' (16. Jh.), steht weiterhin für die 'Aufschrift, Umschrift auf Münzen' (Anfang 18. Jh., früher oft in Form eines Sinnspruchs) und für die 'Zeichenerklärung auf Karten und kartenverwandten Darstellungen' (Ende 19. Jh.). – l e g e n d ä r Adj. 'sagenhaft, sagenumwoben, unglaubhaft, historisch nicht bewiesen' (20. Jh.), wohl unter Einfluß von gleichbed. frz. *légendaire* nach älterem, heute unüblichem *legendarisch* (19. Jh.); vgl. mlat. *legendarius*, *legendarium* 'Sammlung von Heiligenleben'.

leger Adj. 'ungezwungen, zwanglos, oberflächlich', anfangs auch 'leichtfertig, unbesonnen', Entlehnung (Ende 18. Jh.) von frz. *léger* (afrz. *legier*) 'leicht, unbedeutend, flink, ungezwungen, leichtfertig, oberflächlich'. Diesem liegt vlat. **leviārius* zugrunde, das, wohl als Ableitung von vlat. **levius*, letztlich zu lat. *levis* 'leicht, schnell, sanft, unbedeutend, gering(fügig), leichtfertig, wankelmütig' (verwandt mit *leicht*, s. d.) gebildet ist.

legieren Vb. 'ein Metall mit einem oder mehreren anderen zusammenschmelzen', im Münzwesen 'Edelmetall mit Metallen von geringerem Wert durch Zusammenschmelzen vermischen', d. h. 'Münzen den gesetzlichen Feingehalt geben' (17. Jh.), auch 'Suppen und Soßen mit Eigelb, Mehl binden, sämig machen' (18. Jh.), Entlehnung aus ital. *legare* 'binden, verbinden, vereinigen', lat. *ligāre* (s. *Ligatur*). – L e g i e r u n g f. 'durch Zusammenschmelzen von zwei oder mehreren Metallen entstandenes Metallgemisch' (18. Jh.).

Legion f. 'größte röm. Heereseinheit, unbestimmt große Anzahl, Menge', entlehnt (Anfang 16. Jh.; zuvor vereinzelt im 14. Jh. *ein leyo*, erläutert als eine Anzahl von 6666) aus lat. *legio* (Gen. *legiōnis*), der Bezeichnung für eine röm. Heeresabteilung von 4000 bis 6000 Mann. Luther läßt spätgriech. *legeṓn* (*λεγεών*), für das im Neuen Testament lat. *legio* steht, unübersetzt (vgl. *ihre Zahl ist Legion*, nach Mark. 5, 9, Luk. 8, 30). In neuerer Sprache, namentlich seit der napoleonischen Zeit, steht *Legion* auch für eine 'Truppe aus freiwilligen Soldaten, Söldnerheer' (19. Jh.), vgl. *Fremdenlegion* 'aus angeworbenen Ausländern bestehende frz. Truppe' (19. Jh.), frz. *légion étrangère*. Lat. *legio* bedeutet eigentl. 'ausgehobene, auserlesene Mannschaft' und ist von lat. *legere* (*lēctum*) 'auflesen, sammeln, auslesen, auswählen, lesen, vorlesen' abgeleitet; dazu s. auch *Legende, Lektion, Lektor, Lektüre* sowie *elegant, Elite, Intellekt, intelligent, Kollekte, Negligé*. – L e g i o n ä r m. 'Soldat einer röm. Legion, Soldat einer Freiwilligentruppe, eines Söldnerheeres' (19. Jh.), unter Einfluß von frz. *légionnaire* aus lat. *legiōnārius* 'zur Legion gehörig', substantiviert 'Legionssoldat'.

legislativ Adj. 'gesetzgebend, gesetzgeberisch' (Anfang 19. Jh.), **Legislative** f. 'gesetzgebende Gewalt, Gesetzgebung, gesetzgebende Versammlung bzw. Körperschaft' (Anfang 19. Jh.), **Legislatur** f. 'Gesetzgebung', älter auch 'gesetzgebende Körperschaft' (um 1800). Auszugehen ist von der Fügung lat. *lēgem ferre* 'ein Gesetz einbringen', zu lat. *lēx* (Gen. *lēgis*) 'Gesetz' und *ferre* (*lātum*) 'tragen, bringen'. Dazu sind gebildet lat. *lēgis* bzw. *lēgum lātor*, mlat. *legislator* 'wer einen Gesetzesvorschlag macht' (woraus mfrz. frz. *législateur*, 14. Jh., nhd. *Legislator*, 16. Jh., engl. *legislator*, 17. Jh.), lat. *lēgum lātio*, spätlat. *lēgislātio* 'Erhebung zum Gesetz, Gesetzgebung' (woraus mfrz. frz. *législation*, 14. Jh., engl. *legislation*, 17. Jh.). Nach diesem Muster entstehen frz. *législatif* Adj. 'mit der Gesetzgebung beauftragt' (Anfang 18. Jh.), Subst. 'gesetzgebende Gewalt', *législative* 'gesetzgebende Versammlung' (18. Jh.) und frz. *législature* 'gesetzgebende Körperschaft, Gesetzgebung, Wahlperiode' (18. Jh.) wie auch (etwa ein Jh. früher) gleichbed. engl. *legislative* (Adj. und Subst.), *legislature*, so daß die entsprechenden frz. Bildungen unter engl. Einfluß stehen können. Im Dt. werden die Ausdrücke vornehmlich durch die frz. Revolution bekannt, doch auch hier ist engl. Einwirkung nicht auszuschließen.

legitim Adj. 'rechts-, gesetzmäßig, gesetzlich zulässig, anerkannt'. Lat. *lēgitimus* (zu lat. *lēx* 'Gesetz') geht mit lat. Flexion in dt. rechtssprachlichen Gebrauch ein und dringt von dort aus in eingedeutschter Form in die Allgemeinsprache (18. Jh.). Dazu das Antonym illegitim Adj. 'unrechtmäßig, gesetzlich nicht anerkannt', auch 'unehelich' (18. Jh.), aus lat. *illēgitimus* 'ungesetzlich, gesetzwidrig, unerlaubt'. – Legitimation f. 'Berechtigung, Beglaubigung, Ausweis' (16. Jh.), auch 'Beglaubigungsdokument' (18. Jh., für älteres *Legitimationsbrief*, 17. Jh.) und 'rechtliche Anerkennung eines unehelichen Kindes', aus gleichbed. mfrz. frz. *légitimation*, mlat. *legitimatio*. legitimieren Vb. 'für legitim erklären, berechtigen, beglaubigen, rechtlich anerkennen' (16. Jh.), refl. 'sich ausweisen' (17. Jh.), unter Einfluß von mfrz. frz. *légitimer* aus mlat. *legitimare* 'rechtlich anerkennen'. Legitimität f. 'Rechtmäßigkeit' (Anfang 19. Jh.), aus gleichbed. frz. *légitimité*, in der speziellen Bedeutung 'Gesetzlichkeit der Erb- und Thronfolge des angestammten Herrscherhauses' durch Talleyrand auf dem Wiener Kongreß (1814/15) allgemein geworden; mlat. *legitimitas* (Gen. *legitimitatis*) 'Ehelichkeit'.

Leguan m. in der tropischen Zone Amerikas und auf Madagaskar lebende Kammeidechse. Ihr einheimischer Name bei den amerik. Aruaks und Kariben ergibt die Entlehnung span. *iguana*, woraus frz. *iguane*, engl. *iguana*, *guana* und (mit anlautendem *l-* aus span. *la iguana*) nl. *leguaan* sowie (wohl unter nl. Einfluß) dt. *Leguan* (1. Hälfte 17. Jh.). Früher belegt ist in dt. Reiseberichten dem Span. entsprechendes *Iguana* (16. Jh.), das sich neben *Leguan* bis ins 19. Jh. behauptet.

Lehen n. 'vom Feudalherrn gegen die Verpflichtung zu Treue und Kriegsdienst verliehenes (erbliches) Nutzungsrecht an Land, das verliehene Land', ahd. *lēhan* (um 800), mhd. *lēhen*, *lēn*, asächs. *lēhan*, mnd. *lēn*, mnl. nl. *leen*, anord. *lān* 'Lehen' (daraus engl. *loan* 'das Leihen, Anleihe, Darlehen'), schwed. *lån* (germ. **laihwna-*) und aengl. *læn* (germ. **laihwni-*) stehen ablautend zu dem unter *leihen* (s. d.) behandelten Verb; s. auch [2]*lehnen*. – Leh(e)nsherr m. 'wer jmdm. Land zu Lehen gibt', ahd. *lēhanhērro* (Hs. 13. Jh.), mhd. *lēhenherre*. Leh(e)nsmann m. 'wer Land als Lehen annimmt, Vasall', mhd. *lēhenman* (Plur. *lēhenliute*).

Lehm m. gelb bis braun gefärbtes Gemenge von Sand und Ton. Ahd. *leimo* 'Ton, Lehm' (8. Jh.), *leim* (um 800), mhd. *leim(e)*, asächs. *lēmo* (10./11. Jh.), mhd. (md.), mnd. *lēm*, mnl. *leem*, *lēme*, *leim*, *liem*, nl. *leem*, aengl. *lām*, engl. *loam* 'Lehm, Ton' stehen als Ableitungen mit *m*-Suffix (germ. **laima-*, **laiman-*; vgl. ablautendes germ. **līma-*, s. *Leim*) neben anord. *leir* 'Lehm, Schlamm', der Weiterbildung eines alten *es*-Stammes. Außergerm. sind vergleichbar griech. *alínein* (ἀλίνειν) 'bestreichen, salben', lat. *līmus* (wie germ. **laima-* aus ie. **loimos*) 'Schlamm, Kot, Schmutz', *linere* '(be)schmieren, bestreichen' (ursprünglich athematisches *nā*-Präsens), abret. *linom* 'das Ausstreichen, das Ausgestrichene', apreuß. *layso* 'Ton(erde)', *laydis*

'Lehm', lit. *laistýti* 'streichen, massieren', *laĩtas* 'Lehmklumpen, Ofenherd, Dreschboden'. Erschließbar ist eine Wurzel ie. **lei-* 'schleimig, durch Nässe glitschiger Boden, ausgleiten, worüber hinschleifen oder -streichen, schmieren' (auch mit anlautendem *s-* belegt, s. *Schleim, schleichen, schleifen*). Mit *Lehm* hat sich die omd.-nd. gegenüber der um 1800 in der Literatursprache aufgegebenen Form *Leim, Leimen* durchgesetzt. – l e h m i g Adj. 'lehmartig, aus Lehm', ahd. *leimag* (um 800), *leimīg* (9. Jh.), frühnhd. *laimig, leemich.*

¹**lehnen** Vb. 'an einen stützenden Gegenstand stellen', refl. 'sich an etw. stützen, gegen etw. stellen'. Zugrunde liegen zwei Verben, und zwar ein intrans. ahd. *(h)linēn* (8. Jh.), mhd. *linen, lenen* 'lehnen, sich stützen' mit asächs. *hlinon*, mnl. *lenen, loenen, leunen*, nl. *leunen*, aengl. *hleonian, hlinian*, engl. *to lean* und ein kausatives trans. ahd. *(h)leinen* (um 1000), mhd. *leinen* 'lehnen', nhd. *leinen* (bei obd. Schriftstellern noch bis zum 18. Jh.) mit mnl. *leinen*, aengl. *hlǣnan*. Die Vermischung von intrans. und trans. Gebrauch beginnt im Mhd., worauf beide Formen wohl in dem (neben mhd. *leinen* stehenden) md. *lēnen* zusammengefallen sind. Beide Verben führen mit ablautendem ahd. *(h)lēo* 'Grabhügel, Grabmal' (8. Jh.), asächs. *hlēo*, aengl. *hlǣw, hlāw*, got. *hlaiw* 'Grab', *hlain* 'Hügel' sowie mit aind. *śráyatē* 'heftet an etw., lehnt sich an, befindet sich', *śráyati* 'lehnt, bringt an etw. an, legt auf etw.', griech. *klī́nein* (κλίνειν) '(sich) neigen, (an)lehnen, niederlegen, beugen' (s. *Klinik, Klima, Klimakterium*), spätlat. *clīnāre* 'biegen, beugen, neigen' (nach lat. *acclīnāre* 'anlehnen', *dēclināre* 'abändern, abweichen', s. *deklinieren*, *inclīnāre* 'hinneigen, hinwenden'), lat. *cliēns* 'der sich schutzeshalber an einen Patron Anlehnende, Schutzbefohlener einer Gens' (s. *Klient*), lit. *šliẽti* 'anlehnen, stützen', *šlýti* 'sich (zur Seite oder nach vorn) neigen' auf ie. **k̂lei-* 'neigen, lehnen', Erweiterung der Wurzel ie. **k̂el-* 'neigen' (s. *Halde*). – a b l e h n e n Vb. 'zurückweisen, verweigern, nicht annehmen, ausschlagen, mißbilligen' (um 1500), daneben (bis ins 18. Jh.) *ableinen*. a u f l e h n e n Vb. 'die Arme auf etw. stützen, auflegen', (refl.) 'sich empören, widersetzen', mhd. *ūfleinen* 'auf-, anlehnen, befestigen', (refl.) 'sich aufrichten, sich empören', (md.) *ūflēnen*, obd. (bis ins 18. Jh.) *aufleinen*. L e h n e f. 'Stütze eines Sitzmöbels für Rücken oder Arme', obd. 'sanfter Berghang', ahd. *(h)lina* 'Rückenlehne, Lagerstätte' (8. Jh.), *(h)lena* (10. Jh.), mhd. *lene, lin(e)*, auch 'Geländer, Galerie'.

²**lehnen** Vb. 'zu Lehen geben', landschaftlich 'leihen, verleihen', ahd. *lēhanōn* 'borgen, leihen' (9. Jh.; vgl. *analēhanōn*, um 800), mhd. mnd. *lēhenen, lēnen* 'als Lehen geben, belehnen, leihen, entleihen', asächs. *lēhnon* 'leihen', mnl. *lēnen*, nl. *lenen*, aengl. *lǣnan* 'leihen, gewähren, geben', engl. (mit *d* aus den Präteritalformen) *to lend* '(ver)leihen', anord. *lāna* 'leihen' sind Ableitungen von dem unter *Lehen* (s. d.) behandelten Substantiv. Dazu die Präfixbildungen b e l e h n e n Vb. 'als Lehen geben, in ein Lehen einsetzen', mhd. *belēhenen*; e n t l e h n e n Vb. 'fremdes Geistesgut übernehmen und verwerten, entleihen', ahd. *intlēhanōn* (9. Jh.), mhd. *entlēh(en)en* 'entleihen, entlehnen'. L e h n - w o r t n. 'aus einer fremden Sprache entlehntes, der heimischen Lautung, Betonung und Flexion angeglichenes Wort' (Mitte 19. Jh.); zuvor *entlehntes Wort* (Mitte 18. Jh.).

Lehre f. 'Belehrung, Unterweisung, Lehrmeinung, wissenschaftliches System, Ausbildungszeit'. Das westgerm. Substantiv ahd. (8. Jh.), asächs. *lēra*, mhd. *lēre*, auch (md.) *lār, lāre*, mnd. *lēr(e), lār(e)*, mnl. *lēre*, nl. *leer*, aengl. *lār*, engl. *lore* 'Wissen, Kunde' (s. *Folklore*) ist zu dem unter *lehren* (s. d.) behandelten Verb gebildet. Die fachsprachliche Verwendung 'Meßwerkzeug' (mit dem Abmessungen von Werkstücken geprüft werden), 'Muster, Modell' (vgl. *Schraub-, Schublehre, Lehrbogen*) geht von der mhd. Bedeutung 'Anleitung (zum Messen), Maß, Modell' aus und entwickelt sich bereits in der mhd. Handwerkersprache.

lehren Vb. 'unterrichten, unterweisen, Kenntnisse vermitteln', ahd. (8. Jh.), mhd. *lēren*, asächs. *lērian*, mnd. mnl. *lēren* (auch 'lernen'), nl. *leren*, aengl. *lǣran* (daraus oder aus dem Mnd. anord. *læra* 'lehren, lernen'), got. *laisjan* 'lehren' ist Kausativbildung im Sinne von 'wissend machen' zu einem in got. *lais* 'ich weiß', eigentl. 'ich bin wissend geworden, habe erfahren, habe nachgespürt' belegten Präteritopräsens. Verbindet man *lehren*, verwandtes *lernen* und *List* (s. d.) mit den unter *leisten* und *Gleis* (s. d.) genannten Formen, so ist Anschluß an die dort angegebene Wurzel ie. *leis- 'am Boden gezogene Spur, Furche' möglich. Als verbale Ausgangsbedeutung ließe sich 'auf der Spur des Wildes sein, sie beobachten und erkennen lehren' ansetzen. – gelehrt Part.adj. 'wissenschaftlich gebildet, umfassende Kenntnisse besitzend', ahd. *gilērit* (8. Jh.), mhd. *gelēr(e)t*; dazu die Substantivierung Gelehrter m. 'wer gelehrt ist, sich der Wissenschaft und Forschung widmet', frühnhd. 'philologisch, grammatisch Geschulter' (16. Jh.); vgl. ahd. (Plur.) *thie gilērtun* (9. Jh.) für lat. *scrībae*. gelehrig Adj. 'leicht zu belehren und schnell begreifend, lernwillig' (15. Jh.; doch vgl. schon mhd. *ungelēric*), eine Verstärkung zu gleichbed., bis ins 16. und 17. Jh. üblichem *lehrig*, ahd. *lērīg* 'belehrbar' (11. Jh.); vgl. mnd. *lērich*. gelehrsam Adj. 'gelehrig', älter 'gelehrt' (16. Jh.); Gelehrsamkeit f. 'umfassende wissenschaftliche Kenntnis, Gelehrtheit' (17. Jh.). Lehrer m. 'wer lehrt, Unterricht erteilt', ahd. *lērāri*, meist 'Unterweiser im göttlichen Wort' (8. Jh.), mhd. *lērære*, *lērer* für lat. *doctor* 'Lehrer, Lehrmeister' (s. *Doktor*); vgl. got. *laisareis* 'Lehrer'; Lehrerin f. (15. Jh.), ahd. *lērārin* (Hs. 12. Jh.) für lat. *doctrīx*. Lehrling m. 'in einem Lehrverhältnis stehender Jugendlicher', zuerst (Anfang 14. Jh.) in Kölner Zunfturkunden *l(e)irlinc* (im Kunsthandwerk); es setzt sich gegen *Lehrkind* (mhd. *lērekint*, auch *lēreknabe*, *lēretohter*) und *Lehrknecht* (mhd. *lērekneht*) durch. Lehrgang m. 'zeitlich begrenzte schulmäßige Ausbildung, in der ein bestimmter Lehrstoff vermittelt wird', von Campe (1792) für lat. *cursus* (s. *Kursus*) vorgeschlagen. Lehrgeld n. ehemals 'für eine handwerkliche Ausbildung vom Lehrling an den Lehrherrn zu zahlendes Geld', mhd. *lērgelt*; heute nur noch übertragen in der Wendung *Lehrgeld (be)zahlen* 'Erfahrungen durch Schaden erkaufen'. lehrreich Adj. 'Erfahrung und Wissen bereichernd, aufschlußreich, instruktiv' (17. Jh.). Lehrsatz m. 'grundlegende, beweisbare wissenschaftliche Behauptung' (17. Jh.). Lehrstuhl m. 'planmäßige Stelle eines Hochschullehrers, Professur', mhd. *lērstuol* für lat. *cathedra* (s. *Katheder*).

-lei Suffix zur Bildung von Gattungszahlwörtern (*sechser-*, *verschiedener-*, *vielerlei*), hervorgegangen aus einem Substantiv mhd. *lei(e)*, *leige*, *leije* 'Art (und Weise), Weg', mnd. mnl. *leye*; vgl. mhd. *gewant der selben leie*. Dies ist eine Entlehnung von afrz. *loi*, *lei* 'Verhalten, Art, Weise' (vgl. afrz. *a (la) loi de* 'nach Art von'), eigentl. 'Recht, Gesetz, Glaube', aus lat. *lēgem*, Akk. von lat. *lēx* 'Gesetz' (s. *legal*, *loyal*). Mhd. *lei(e)* wird in der Regel in genitivischer Verbindung mit Zahlwörtern und Pronomina gebraucht, vgl. mhd. *drīer leie*, *sibenzehener lei* (auch ohne Genitivendung *tūsent lei*), *aller lei*, *deheiner lei*, *der lei*, und entwickelt sich von da aus zum indeklinable Gattungszahlwörter bildenden Suffix. Selbständiger substantivischer Gebrauch verliert sich im Frühnhd.

Leib m. '(menschlicher, tierischer) Körper, Unterleib, Bauch, Magen', ahd. *līb* 'Leben, Lebensweise' (8. Jh.), mhd. *līp* 'Leben, Körper, Magen', umschreibend 'Person, Mensch', asächs. mnd. *līf*, mnl. nl. *lijf*, aengl. *līf*, engl. *life*, anord. *līf*, schwed. *liv* gehört wie *leben* (s. d.) zu der unter *bleiben* (s. d.) angeführten Wurzel. *Leib* wird in seiner alten Bedeutung 'Leben' vom substantivierten Infinitiv *Leben* n. verdrängt; vgl. dazu die paarige Rechtsformel *Leib und Leben* (16. Jh.). – beileibe Adv. 'bestimmt, wirklich', meist *beileibe nicht* 'wahrhaftig, wirklich nicht, unter keinen Umständen', eigentl. 'beim Leben (nicht)', frühnhd. (16. Jh.) *bey leyb*, *bei leib*, *beyleib (nicht)*. leibeigen Adj. 'persönlich unfrei, hörig', spätmhd. *līpeigen*, entstanden aus der Formel mhd. *eigen von dem lībe* 'mit dem Leben, dem Leibe jmdm. zugehörig'; Leibeigenschaft f. 'völlige rechtliche Abhängigkeit der Bauern (und Handwerker) vom Feudalherrn' (15. Jh.). leiben Vb. 'einen Körper bilden, leben' (16. Jh.), nur noch in der Wendung *wie er leibt und lebt*. einverleiben Vb. 'zu einem Ganzen verbinden, in etw. aufgehen lassen, eingliedern' (15. Jh.), für spätlat. *incorporāre*, Kontamination aus gleichbed. *einleiben* und *verleiben* (beide 15. Jh.). Leibrente f. 'Rente auf Lebenszeit', mnd. *līfrente* (14. Jh.). leibhaft Adj. 'wirklich und wahrhaftig, echt', ahd. *lībhaft(i)* 'lebend' (um 800), mhd. *līphaft* 'Leben habend, lebend, mit Körper versehen, wohlgestaltet, persönlich'. leibhaftig Adj., mhd. *līphaftic*. leiblich Adj. 'den Leib betreffend, körperlich, wirklich, blutsverwandt', ahd. *līblīh* 'lebend, lebendig' (9. Jh.), mhd. *līplich* 'körperlich, persönlich, leibhaftig'.

b e l e i b t Adj. euphemistisch für 'dick, korpulent' (Campe 1807). L e i b c h e n n. '(den Leib bedeckendes) westenartiges Kleidungsstück, Mieder', anfangs auch 'kleiner Körper' (17. Jh.). L e i b e s ü b u n g f. 'Übung zur körperlichen Ertüchtigung, Sport' (16. Jh.). L e i b g a r d e f. 'militärische Einheit zum persönlichen Schutz, bes. eines regierenden Fürsten' (um 1600); vgl. älteres *Leibgewardi* (16. Jh.), mfrz. frz. *garde du corps*.

Leich m. Großform des einstimmigen Sololiedes aus ungleichen Strophen im Mittelalter. Ahd. *leih* 'Spiel, Melodie, Gesang' (10. Jh., vgl. auch *harfleih*, 9./10. Jh.), mhd. *leich* 'Tonstück, (epischer) Gesang', aengl. *lāc* 'Spiel, Kampf', anord. *leikr* 'Spiel, Wettkampf', schwed. *lek* 'Spiel', got. *laiks* 'Tanz' sind Ableitungen von einem (im Ahd. nicht bezeugten) germ. starken Verb got. *laikan* 'hüpfen, springen', anord. *leika* 'sich rasch bewegen, spielen, scherzen', aengl. *lācan* 'aufspringen, spielen', mhd. *leichen* (schwaches Vb.) 'hüpfen, spielen'; vgl. ahd. *wetarleih* 'Blitz' und frühnhd. *wetterleichen* 'blitzen' unter *Wetterleuchten* (s. d.) und s. *Laich*. Die germ. Formen führen zusammen mit lit. *láigyti* 'wild umherlaufen' und vielleicht mit griech. *elelízein* (*ἐλελίζειν*) 'erzittern machen' auf die Wurzel ie. **leig-* 'hüpfen, beben, beben machen', wozu als Vertreter einer lautlichen Variante ie. **leiĝ-* auch aind. *rḗjati* 'läßt beben, macht zittern' gehört. Die spezielle Bedeutung 'Lied einer bestimmten Strophenart' kommt für *Leich* wohl mit dem Minnesang nach 1180 auf, möglicherweise unter Einfluß von lautlich und inhaltlich anklingendem, aber nicht verwandtem afrz. *lai* 'kurzepisches Lied', tritt nach dem Niedergang der mhd. Liederdichtung im 14. Jh. allmählich zurück und wird erst in der germanistischen Fachliteratur des 19. Jhs. neu aufgegriffen. Resthaft findet sich *Leich* in Verwendungen, die den ursprünglicheren Bedeutungen nahestehen, noch in nhd. Zeit und in Mundarten der Gegenwart; vgl. schweiz. 'Gang von Burschen, welche Mädchen nachschleichen', auch 'festlich (mit Spiel und Tanz) zu begehende Ernte der Baumfrüchte' (*Apfelleich*, *Eichelleich*), hess. 'Spiel mit Kugeln, Spielkugel', thür. *Kugelleich* 'Kegelpartie'.

Leiche f. 'toter menschlicher oder tierischer Körper, Leichnam', südd. auch 'Leichenbegängnis'. Ahd. *līh* 'Körper, Leib, Leichnam' (8. Jh.), mhd. *līch*, asächs. mnd. *līk*, mnl. *lijc*, nl. *lijk*, aengl. *līc*, anord. *līk*, norw. schwed. *lik*, dän. *lig*, got. *leik* führen auf germ. **līka-* 'Körper, Gestalt', das schon früh als verhüllender Ausdruck für 'toter Körper, toter Mensch' gebraucht wird. Die Bedeutung 'Körper, Gestalt' ist bewahrt in L e i c h d o r n m. 'Hühnerauge' (eigentl. 'Dorn im Körper'), ahd. *līhthorn* (11. Jh.), mhd. *līchdorn*, mnd. *līkdōrn*; auf ihr beruht ferner *gleich* (eigentl. 'denselben Körper, dieselbe Gestalt habend', s. d. Weiteres zur Herkunft) und das Kompositionssuffix *-lich* ('die Gestalt habend', s. d.). Gegenüber dem Germ. vollzieht sich beim dt. Substantiv ein Genuswandel. Ahd. *līh* zeigt neben ererbtem neutr. auch fem. Genus, das sich im Mhd. durchsetzt. Die gleiche Neuerung weist mnd. *līk* gegenüber dem Asächs. auf. Nhd. *Leiche* (mit auslautendem *-e*) seit dem 16. Jh. (mhd. *līche* nur vereinzelt). – L e i c h e n b e g ä n g n i s n. 'Totenfeier, Beerdigung, Bestattung' (17. Jh.). L e i c h e n b i t t e r m. 'wer im Namen der Hinterbliebenen zur Beerdigung einlädt' (17. Jh.); L e i c h e n b i t t e r m i e n e f. 'trauriges, verzweifeltes Gesicht' (wie es ein Leichenbitter zeigt, 18. Jh.). l e i c h e n b l a ß Adj. (18. Jh.).

Leichnam m. 'toter menschlicher Körper, Leiche'. Ahd. *līhhamo* (8. Jh.), mhd. *līcham(e)* 'Leib, Körper, Fleisch, Leiche', asächs. *līkhamo*, mnd. *licham*, mnl. *lichāme*, nl. *lichaam*, aengl. *līchama* 'Körper', anord. *līkami*, *līkamr* 'Körper, Leichnam' führen auf germ. **līkhama-*, **līkhaman-* 'Körper'; daneben (aus schwach flektiertem germ. **līkan-*, **līkin-*) ahd. (bair.) *līhh(i)namo* (11. Jh.), mhd. *līchname*, das nhd. *Leichnam* ergibt. Zum Bestimmungswort s. *Leiche*; den zweiten Teil der Zusammensetzung bildet das unter *Hemd* (s. d.) angeführte germ. **hama-*, **haman-* 'Hülle, Haut' (zur Wurzel ie. **k̂em-* 'bedecken, verhüllen'), so daß *Leichnam* als ein Ausdruck der Dichtersprache (Kenning) im Sinne von 'äußere Bedeckung des Körpers, Leibeshülle' ursprünglich den lebenden (noch bis ins 17. Jh.) wie den toten Körper bezeichnet; s. auch *Fronleichnam*.

leicht Adj. 'von geringem Gewicht, nicht schwierig, bekömmlich, schnell, unbeschwert, heiter, leichtsinnig', ahd. *līhti* (8. Jh.), *līht* (11. Jh.), mhd. *līht(e)*, asächs. *līht-* (in *līhtlīk*), mnd. *licht*, *lucht*, mnl. *licht*, *lecht*, nl. *licht*, aengl. *lēoht*, *līht*, engl. *light*, anord. *léttr*, schwed. *lätt*, got. *leihts* führen auf eine Adjektivbildung germ. **lenhta-* bzw. **līht(j)a-* mit Nasalausfall und Ersatzdehnung, so daß als verwandt auch *gelingen* (s. d.) und (schwundstufig) *Lunge* und *lungern* (s. d.) herangezogen werden können. Vergleicht man ferner ebenfalls Nasalausfall aufweisendes, doch ohne *t*-Suffix gebildetes aind. *laghúḥ* 'leicht, unschwer, gering', (älter) *raghúḥ* 'eilend, schnell, geschwind, Renner', griech. *elachýs* (ἐλαχύς) 'klein, gering' sowie lit. *leñgvas* 'leicht', so kann von ie. **leng^uh-* bzw. *lṇg^uh-* ausgegangen werden, einer nasalierten Form der Wurzel ie. **leg^uh-* 'leicht in Bewegung und Gewicht', an die lat. *levis* 'leicht, schnell, sanft, unbedeutend', air. (Komp.) *laigiu* 'kleiner, schlechter', aslaw. *lьgъkъ*, russ. *lëgkij* (*лёгкий*) 'leicht' anschließbar wären. – l e i c h t e r n Vb. 'leichter machen', vom Komparativ des Adjektivs abgeleitet, ahd. *līhterōn* 'leichter machen, erleichtern, mildern' (um 1000), mhd. *līhtern*, auch 'leichter werden'; dazu e r l e i c h t e r n Vb. 'leichter machen, von einer Last befreien', ahd. *irlīhterōn* (11. Jh.), mhd. *erlīhter(e)n*. L e i c h t i g k e i t f. 'das Leichtsein, Mühelosigkeit, Ungezwungenheit', mhd. *līhtecheit*, *līhtekeit*, *līhtikeit*. l e i c h t f e r t i g Adj. 'unbesonnen, unüberlegt, leichtsinnig', mhd. *līhtvertec*, *līhtvertic* 'leicht, schnell in der Bewegung, fein', auch 'schwächlich'; L e i c h t f e r t i g k e i t f., mhd. *līhtvertecheit*. l e i c h t g l ä u b i g Adj. 'schnell etw. glaubend, leicht zu täuschen' (16. Jh.). l e i c h t s i n n i g Adj. 'leichten Sinnes, fröhlich, unbekümmert, lustig' (16. Jh.), dann 'leichtfertig, unüberlegt, unbedacht' (17. Jh.); entsprechend L e i c h t s i n n i g k e i t f. 'unbekümmerter, heiterer Sinn' (16. Jh.), dann 'Leichtlebigkeit, Mangel an Überlegtheit, Unvorsichtigkeit' (17. Jh.), in dieser Verwendung vom 18. Jh. an allmählich von L e i c h t s i n n m. zurückgedrängt.

Leid n. 'großer Kummer, seelischer Schmerz', ahd. *leid* (9. Jh.), mhd. *leit* 'das angetane Böse, Unrecht, Schädigung, Kränkung, Beleidigung, Sünde', dann auch 'durch Schädigung hervorgerufener Kummer, Schmerz, Betrübnis, Sorge', asächs. *lēð* 'Leid, Böses, Sünde', mnd. *lēt* 'Leid, Schmerz', mnl. *leet*, nl. *leed* 'Böses, Beleidigung, Verdruß, Kummer, Schaden', aengl. *lāþ* 'Leid, Schmerz, Unglück, Beleidigung, Plage'. Das Neutrum ist eine Substantivierung des in nhd. *leid* (s. unten) vorliegenden germ. Adjektivs; vgl. die an dieses ebenfalls anzuschließenden femininen Bildungen anord. *leiða* 'Unlust, Widerwille', schwed. *leda*, dän. *lede* 'Überdruß, Ekel', im Westgerm. ahd. *leida* 'Anklage, Verfolgung' (8. Jh.), mhd. *leide* 'Leid, Schmerz, Feindseligkeit', mnd. *lēde* 'Leid, Schmerz, Trauer, Angst, Bangigkeit', mnl. *lēde* 'Leid, Verdruß, Böses'. – l e i d Adj. 'schmerzlich, bedauerlich, widerwärtig', ahd. *leid* (8. Jh.), mhd. *leit* 'nicht lieb, betrübend, widerwärtig, verhaßt, schmerzlich', asächs. *lēð* 'verhaßt, feindlich, widerwärtig, böse', mnd. *lēt* 'betrübend, böse, verhaßt', mnl. *leet*, nl. *leed* 'unangenehm, lästig, verhaßt', aengl. *lāþ* 'verhaßt, feindlich, boshaft, schädlich', engl. *loath*, *loth* 'abgeneigt, nicht willens', anord. *leiðr* 'feindlich, verhaßt', schwed. *led* 'überdrüssig, böse, leidig', dän. *led* 'häßlich, widerlich'. Das für das West- und Nordgerm. allgemein bezeugte Adjektiv germ. **laiþa-* 'schädigend, kränkend, widerwärtig, unangenehm' läßt sich mit griech. *alei̋tēs* (ἀλείτης) 'Frevler', *alitein* (ἀλιτεῖν) 'freveln, fehlen, sündigen', air. *li(u)s* 'Ekel, Widerwille' vergleichen und daher wohl zur Wurzel ie. **leit-* 'verabscheuen, freveln, Böses tun' stellen. Während in den frühen dt. Sprachstufen auch attributiver Gebrauch durchaus üblich ist (so noch schweiz. im Sinne von 'unangenehm, schlecht, böse'), bleibt *leid* heute auf die festen Fügungen *leid tun*, *sein*, *werden* (mit Dat. der Person) beschränkt, die bis zum Zusammenfall beider Formen im älteren Nhd. ein Schwanken zwischen prädikativem Adjektiv ahd. *leid*, mhd. *leit*, frühnhd. *leid* (dieses nicht sicher zu scheiden vom gleichlautenden Substantiv, das an der Entstehung der Fügungen vermutlich auch beteiligt ist) und Adverb ahd. *leido* (um 1000), mhd. frühnhd. *leide* zeigen: *etw.*, *jmd. tut jmdm. leid* 'jmd. bedauert etw., jmdn.' (mhd. *daȝ tuot mir leit* 'das schmerzt mich', daneben aber *einem leit/leide tuon* 'jmdm. Schaden zufügen'); *etw. ist*, *wird jmdm. leid* 'etw. ist, wird jmdm. lästig, zuwider, verhaßt' (bereits ahd.), dann auch 'jmd. bedauert, bereut etw.'. Dazu kommt in jüngster Zeit die Wendung *jmd. ist*, *wird etw.*, *jmdn. leid* 'jmd. ist, wird einer Sache, Person überdrüssig' (zunächst in Sätzen wie *ich bin es leid*, wo das ursprünglich genitivische *es* als Akkusativ aufgefaßt wird). l e i d i g Adj. 'lästig, unangenehm' (nur attributiv, in dieser Verwendung *leid* ablösend), ahd. *leidīg*, *leidag* 'betrübt, beunruhigt, verwirrt, einer Sache überdrüssig' (um 1000), mhd. *leidec*, *leidic* 'betrübt, schmerzend, böse, widerwärtig', abgeleitet vom Substantiv (s. oben); seit dem 18. Jh. in der jetzigen Bedeutung. b e l e i d i g e n Vb. 'kränken, verletzend behandeln', spätmhd. *beleidegen* 'verletzen, schädigen'; präfigierte Variante von ahd. *leidigōn* 'Leid zufügen, betrüben, verwirren' (um 1000), mhd. *leidegen*, *leidigen* 'betrüben, kränken, verletzen' (dieses vom Adjektiv ahd. *leidīg*, mhd. *leidec*, s. oben); dazu B e l e i d i g u n g f. 'Kränkung', spätmhd. *beleidigunge* 'Schädigung, Kränkung' neben älterem ahd. *leidigunga* 'Schaden, Unheil' (um 1000), spätmhd. *leidegunge* 'Beleidigung, Verletzung'. v e r l e i d e n Vb. 'die Freude an etw. verderben, die Sympathie für jmdn. nehmen' (mit Dat. der Person), mhd. *verleiden* 'verhaßt machen', Präfixbildung zu gleichbed. ahd. (8. Jh.), mhd. *leiden*, Faktitivum zu ahd. *leid* Adj. (s. oben); vgl. dagegen ahd. *firleidōn* (um 1000), mhd. *verleiden* 'anklagen, beschuldigen', das zu ahd. *leidōn* (8. Jh.), mhd. *leiden* 'anklagen, Leid zufügen' gehört (zu unterscheiden von nhd. *leiden*, s. d.). B e i l e i d n. 'Mitgefühl, Anteilnahme an einem Todesfall', zuerst in der Bedeutung 'mitempfundenes Leid' mehrfach bei Fleming (1631/32) nachzuweisen, im 18. Jh. noch allgemein für 'Mitleid, Bedauern, Anteilnahme am Schicksal anderer' im weitesten Sinne, doch gelegentlich schon mit Bezug auf Todesfälle verwendet, gegen Ende des 18. Jhs. eingeengt auf das den Hinterbliebenen gegenüber zum Ausdruck gebrachte Mitgefühl. l e i d e r Adv. 'bedauerlicherweise, unglücklicherweise', ahd. *leidōr* (9. Jh.), mhd. *leider*, mnd. *lēder*, *leider*, eigentl. Komparativ des Adverbs (ahd. *leido*, mhd. *leide*, s. oben) mit verstärkender Funktion, seit Beginn der Überlieferung oft als Ausruf des Bedauerns und der Klage gebraucht; auffällig ist die steigernde Fügung *leider Gottes* (17. Jh.), die nach ANDRESEN in: ZfdA (1886) 417f. wahrscheinlich auf Umbildung der Beteuerungsformel *(beim) Leiden Gottes* beruht (s. *Leiden*).

leiden Vb. 'von körperlichem oder seelischem Schmerz gequält werden', mit Akk. 'etw. ausstehen müssen, ertragen, dulden, zulassen', daher auch (bereits frühnhd.) *jmdn., etw. (nicht) leiden können*; ahd. *līdan* 'ertragen, erdulden' (Otfrid, 9. Jh., doch zuvor wohl schon *gilīdan* 'mit jmdm. dulden' für spätlat. *compatī*, 8. Jh. in St. Gallen), mhd. *līden* 'ertragen, erdulden' (vereinzelt 'dulden' ohne Akkusativobjekt), mnd. mnl. *līden*, nl. *lijden*, afries. *lītha*, schwed. *lida*, dän. *lide* 'ertragen, dulden'. Das gemeingerm. Verb bedeutet ursprünglich 'sich fortbewegen, gehen, vergehen', so got. *-leiþan* (in Präfixbildungen), anord. *līða* (auch 'dahingehen, sterben'; daneben spät ein schwaches Verb anord. *līða* 'leiden, dulden', unter mnd. Einfluß), asächs. *līðan*, aengl. *līþan*; Reste des alten Gebrauchs sind gleichfalls ahd. *līdan* im Sinne von 'fahren, vergehen' (8. Jh., meist in präfigierten Formen; hierzu wohl bereits langobard. *līd in laib* 'geh ins Erbe!', 7. Jh.), mhd. mnd. mnl. *līden* 'gehen, vorübergehen', nl. *geleden* Part. Prät. 'vergangen, verflossen', ferner schwed. *lida*, dän. *lide* 'fortschreiten, vergehen' (von der Zeit); s. auch *leiten*. Der im Ahd. zuerst nachzuweisende Bedeutungswandel setzt sich offenbar von Süden (alem., rheinfrk.) nach Norden durch, erreicht um 1300 die Küste und findet vom Nd. aus Eingang ins Nl., Fries. und in die nordischen Sprachen. Diese semantische Entwicklung, die sich ebenso bei der später bezeugten Präfixbildung e r l e i d e n Vb. 'etw. ertragen müssen, erdulden, durch etw. Schaden nehmen' vollzieht (ahd. *irlīdan* 'durchlaufen, bis zu Ende gehen, erreichen, fertigbringen', 9. Jh., 'durchstehen, erdulden', um 1000, mhd. *erlīden* 'bis zu Ende gehen, bestehen, erleben, ertragen'; vgl. got. *usleiþan* 'weggehen, vergehen'), beruht vielleicht auf Einfluß der unter *Leid* (s. d.) dargestellten Wortgruppe, die jedoch etymologisch von *leiden* zu trennen ist. Da für germ. **līþan* sichere Verwandte außerhalb des Germ. fehlen, bleibt sein Ursprung trotz mehrfacher Herleitungsversuche fraglich. Möglicherweise besteht ein Zusammenhang mit toch. AB *lit-* 'fortgehen', awest. *raēϑ-* 'sterben', außerdem wird auf griech. *lóitē* (λοίτη) 'Grab', *loitēúein* (λοιτεύειν) 'begraben' hingewiesen; dann wäre eine gemeinsame Wurzel ie. **leit(h)-* 'gehen, fortgehen, sterben' anzunehmen. – L e i d e n n. 'anhaltende Krankheit', auch allgemeiner 'Qual, Pein', heute vor allem 'seelischer Schmerz', mhd. *līden* 'Leiden Trübsal, Plage'; substantivierter Infinitiv des starken Verbs mhd. *līden* 'ertragen, dulden' (s. oben), der sich im Nhd. zunehmend verselbständigt (seit dem 18. Jh. wird dazu ein Plural gebildet), wohl begünstigt durch den biblischen Gebrauch; vgl. *das Leiden Christi* (häufig als Schwur- und Beteuerungsformel *beim Leiden Gottes, Christi*). Leidenschaft f. 'intensive, das gesamte Verhalten bestimmende und vom Verstand nur schwer zu steuernde emotionale Reaktion', namentlich 'heftige Zuneigung zu einer Person, ausgeprägter Hang zu bestimmten Tätigkeiten oder Dingen', Mitte des 17. Jhs. aufkommendes, jedoch erst im 18. Jh. geläufiges Übersetzungswort für frz. *passion*, auch für frz. *passibilité* (dieses eigentl. 'Leidens-, Empfindungsfähigkeit', vgl. lat. *passio* 'Leiden', spätlat. 'Empfindsamkeit', spätlat. *passibilitās* 'Leidensfähigkeit'); Ableitung mit dem Kompositionssuffix *-schaft* (s. d.) vom substantivierten Infinitiv *Leiden* (wie *Wissenschaft*, s. d.); dazu leidenschaftlich Adj. 'von Leidenschaft getrieben, überaus heftig, von starker Zuneigung, großer Begeisterung erfüllt' (18. Jh.). leidlich Adj. 'gerade noch zu dulden, erträglich, halbwegs gut' (15. Jh.), spätmhd. *līdelich* 'leidend, für körperliche Leiden empfänglich, geduldig' (zu mhd. *līden* 'ertragen, dulden').

Leier f. Die Bezeichnung für das antike, durch Zupfen oder Anschlagen zum Tönen zu bringende Saiteninstrument lat. *lyra*, griech. *lýra* (*λύρα*) ergibt die Entlehnung ahd. *līra* (9. Jh.), mhd. *līre*. Der Ausdruck geht im ausgehenden Mittelalter (14. Jh.) auf die mechanisch betriebene Drehleier (mlat. *organistrum*) über, deren Saiten durch eine Kurbel zum Klingen gebracht werden. Zur Zeit des Humanismus wird *Leier* wieder Bezeichnung für die antike Lyra (16. Jh.), während das weiterentwickelte mechanisch betriebene Instrument Leierkasten m. (um 1800) genannt wird. An *(Dreh)leier* knüpft der umgangssprachliche Gebrauch von *Leier* als 'Kurbel zum Drehen, Drehvorrichtung' (15. Jh.) an. Redensartlich (im Hinblick auf den geringen Tonumfang bzw. den ausdruckslosen, stets wiederkehrenden Vortrag) *eine alte Leier* 'längst Bekanntes' (16. Jh.), *auf einer, bei seiner Leier bleiben* (17. Jh.), *immer die alte Leier* 'immer dasselbe' (18. Jh.). – leiern Vb. 'monoton hersagen, gleichförmig sprechen, eine Melodie auf dem Leierkasten spielen, (eine Kurbel) drehen', mhd. *līren* 'die Leier spielen, eintönig singen oder sprechen, hinausziehen, zögern'. ableiern Vb. '(bis zum Überdruß) eintönig, mechanisch vortragen, hersagen, absingen' (Ende 18. Jh.); abgeleiert Part.adj. 'abgedroschen, abgenutzt' (19. Jh.). ausleiern Vb. 'durch häufigen Gebrauch, durch vieles Drehen abnutzen' (17. Jh.); ausgeleiert Part.adj. 'überdreht, abgenutzt' (um 1800).

leihen Vb. 'gegen die Verpflichtung zur Rückgabe jmdm. etw. geben oder etw. von jmdm. annehmen, borgen', ahd. *līhan* '(ver)leihen, geben' (9. Jh.), mhd. *līhen* 'auf Borg nehmen', selten 'auf Borg geben', asächs. *līhan*, mnd. *līen*, aengl. *lēon*, anord. *ljā*, got. *leihvan* wird mit *Lehen* und davon abgeleitetem [2]*lehnen* (s. d.) und den außergerm. Verwandten aind. *riṇákti* 'läßt, überläßt, gibt auf, entbindet, läßt los', *rikthá-* 'Nachlaß, Erbschaft', *rékṇaḥ* 'ererbter Besitz, Eigentum, Habe', *atirēkaḥ* 'Überschuß, Überbleibsel', griech. *leípein* (*λείπειν*) 'verlassen, zurück-, hinterlassen' (s. *Ellipse*), *limpánein* (*λιμπάνειν*) '(ver)lassen', *loipós* (*λοιπός*) 'übriggelassen, übrig', *leĩmma* (*λεῖμμα*) 'Rest', lat. *relinquere* 'zurücklassen' (s. *Relikt*), *reliquus* 'zurückgelassen, übrig' (s. *Reliquie*), aslaw. *otъlěkъ* 'das Übrige, Rest', *lichъ* 'übermäßig, über etw. hinaus, Mangel habend', russ.-kslaw. *lěkъ* 'Überbleibsel, Rest', russ. *lichój* (*лихой*) 'böse, arg, kühn, tapfer' auf eine Wurzel ie. **leiku̯-* 'lassen, zurück-, übriglassen' zurückgeführt. Das Germ. hat den ursprünglichen Bedeutungsumfang auf 'überlassen' eingeschränkt. Die Bedeutung 'übriglassen, -bleiben' findet sich bei Formen, die jetzt zu ie. **leip-* (s. *bleiben*) gestellt werden, möglicherweise aber auf ie. **leiku̯-* zurückgehen (s. *elf*). – entleihen Vb. 'sich leihen, borgen', ahd. *intlīhan* 'aus-, ver-, entleihen' (8. Jh.), mhd. *entlīhen* 'auf Borg nehmen oder geben'. verleihen Vb. 'zeitweise zum Gebrauch überlassen, leihen, verborgen, als Auszeichnung feierlich übergeben, auszeichnen', ahd. *firlīhan* 'leihweise, als Geschenk geben, gewähren' (um 800), mhd. *verlīhen* 'als Darlehen, als Lehen oder in Miete geben, schenken, geben, zuteil werden lassen'; Verleihung f. 'feierliche Zusprechung, Übertragung' (16. Jh.); Verleiher m. 'wer etw. (gewerbsmäßig) verborgt', mhd.

verlīher; V e r l e i h m. 'Unternehmen, das etw. gewerbsmäßig gegen eine Gebühr verleiht' (1. Hälfte 20. Jh.). A n l e i h e f. '(langfristige) Aufnahme einer Geldschuld', übertragen 'Verwendung fremden geistigen Eigentums' (18. Jh.), anstelle des älteren *Anlehen* n., ahd. *analēhan* 'Anleihe' (um 800), mhd. *anlēhen*.

Leim m. 'Klebstoff', ahd. (9. Jh.), mhd. asächs. mnd. aengl. anord. *līm*, mnl. nl. *lijm*, engl. *lime*, schwed. *lim* führt auf germ. **leima-* und im Sinne von 'klebrige Erdmasse' mit ablautendem *Lehm* (s. d.) auf die dort genannte Wurzel ie. **lei-* 'schleimig, durch Nässe glitschiger Boden, ausgleiten, worüber hinschleifen oder -streichen, schmieren'. Mhd. *līm* ist vor allem der 'Vogelleim'; auf die mit Leim bestrichene Rute des Vogelstellers beziehen sich Wendungen wie *jmdm. auf den Leim gehen, kriechen* 'auf jmdn. hereinfallen', *jmdn. auf den Leim führen, locken* 'jmdn. betrügen, anführen'. Vgl. ferner *aus dem Leim gehen* 'entzweigehen, zerbrechen' (17. Jh.). – l e i m e n Vb. '(mit Leim) kleben, befestigen, mit Leim bestreichen' (Vogelruten), ahd. *līmen* (10. Jh.; *gilīmen*, um 800), mhd. *līmen* 'mit Leim bestreichen, fest zusammenfügen, vereinigen, mit Leim fangen'; die übertragene Bedeutung 'anführen, betrügen' (19. Jh.) knüpft an die Wendung *den Vogel leimen* 'mit Leim fangen' an. L e i m r u t e f. 'mit Leim bestrichene Rute zum Vogelfang', mhd. *līmruote*.

Lein m. 'Leinpflanze, Flachs', ahd. (9. Jh.), mhd. mnd. aengl. anord. *līn* 'Flachs' (auch 'Leinen, leinenes Gewand'), asächs. *līn* 'Leintuch', nl. *lijn*, engl. (mundartlich) *line*, schwed. *lin* 'Flachs', got. *lein* 'Leinwand' vergleicht sich außergerm. zunächst mit air. *līn* 'Netz' und alban. (gegisch) *lîn(ni)* 'Lein, Flachs', die sämtlich aus lat. *līnum* 'Lein, Flachs, Leinen, Leine' entlehnt sein können. Daneben stehen mit kurzem Vokal griech. *línon* (*λίνον*) 'Lein, Flachs, Leinwand, Bettlaken', lit. *lìnas* 'Flachsstengel, -pflanze', *lìnaĩ* Plur. 'Lein, Flachs', aslaw. *lьnъ* 'Lein, *lьněnъ* 'leinen, linnen', russ. *lën* (*лён*) 'Lein, Flachs'. Angesichts des hohen Alters des Flachsanbaus sind Lehnbeziehungen ungewiß. Vielleicht ist für alle Formen von ie. **līno-* 'Lein, Flachs' auszugehen, das freilich selbst aus einer nicht-ie. Sprache stammen könnte. – l e i n e n Adj. 'aus Flachs gewebt', ahd. (8. Jh.), mhd. *līnīn*; dazu die Substantivierung L e i n e n n. 'haltbares Gewebe aus Flachs, Leinentuch, Leinwand' (16. Jh.). L i n n e n n. 'Leinwand, Stoff aus Leinen', im 18. Jh. über den westfäl. Leinwandhandel erfolgte Übernahme von nd. *Linnen*, mnd. *linnen*, Substantivierung von mnd. *linnen* Adj., mit Vokalkürzung gegenüber asächs. *līnīn* 'leinen'. L e i n ö l n. 'aus Leinsamen gepreßtes Öl' (15. Jh.), vgl. mhd. *līnsātöl*. L e i n w a n d f., älter *Leinewand* 'Gewebe aus Flachs', frühnhd. (vereinzelt) *lingewand* und (Luther) *Linwand*. Diese wohl aus dem Nd. (vgl. mnd. *līn-*, *līne-*, *linne(n)-*, *lēnewant*) stammende und zu mnd. *want* 'Gewand, Tuch, Zeug' (s. *Gewand*) gehörende Form wird im 17. Jh. sprachüblich und verdrängt älteres *Leinwat* (bis 17. Jh.), ahd. (11. Jh.), mhd. *līnwāt*, zu (im Nhd. ebenfalls untergegangenem) ahd. (8. Jh.), mhd. mnd. *wāt* 'Kleidung, Kleidungsstück, Gewandstoff', das wie asächs. *wād*, aengl. *wǣd*, engl. *weed*, anord. *vāð* 'Gewebe, Zeug', schwed. *våd* '(Tuch)bahn' mit lit. *ū̃dis* 'Gewebe', *áusti* 'weben' sich an ie. **ǎudh-*, **u̯ĕdh-*, **ūdh-*, eine Dentalerweiterung der Wurzel ie. **au̯-*, **au̯ə-* 'flechten, weben' (wozu unmittelbar aind. *ṓtum* 'weben'), anschließen läßt. Nach heutigem Sprachempfinden wird das Grundwort von *Leinwand* als zu *Wand* gehörig empfunden, vgl. *Leinwand* für 'Bildwand'. L e i n (e) w e b e r m. 'Weber von Leinen', mhd. *līnweber*, (md.) *līnenweber*.

-lein Deminutivsuffix wie *-chen* (s. d.), entwickelt aus auf *l* auslautenden Suffixen (vgl. ahd. *leffil*, *fogal* u. a.) und dem Suffix germ. *-īna-*, ahd. *-īn*; es entsteht durch Übertragung von ahd. *-ilīn* auf Wörter, die ursprünglich kein *l*-Suffix besitzen (*leffil-īn* wird Vorbild für *hūs-ilīn*). Das Suffix ahd. *-ilīn*, mhd. *-elīn* (*kindelīn*), nhd. *-lein* (mit Synkope des unbetonten *-e-*), mundartlich auch *-(e)li* (schweiz.), *-le* (schwäb.), *-el* (omd.), *-erl* (bair., aus Bildungen auf *-er* entstanden: *Fingerl*) ist ursprünglich nur hd.; Heliand und Genesis kennen es nicht. Später wandert es als „literaturfähige Modeform“ nach Norden (Henzen Wortbildung, 1965, 148).

Leine f. 'dünnes Seil, Strick', in der Seemannssprache 'dünnes bis mittelstarkes Tau', ahd. *līna* (Hs. 12. Jh.), mhd. mnd. aengl. *līne*, engl. *line*, mnl. *līne*, nl. *lijn*, anord. (poetisch) *līna* 'leinene Binde, Kopftuch', schwed. *lina*

'Seil, Leine' ist von dem unter *Lein* (s. d.) behandelten Pflanzennamen abgeleitet und bezeichnet ursprünglich ein 'aus Flachs gedrehtes Seil' (bes. zum Ziehen von kleineren Schiffen); vgl. die entsprechenden Ableitungen griech. *linaía, linéa* (*λιναία, λινέα*) 'Seil, Strick' von *línon* (*λίνον*) 'Lein, Flachs' und lat. *līnea* 'Schnur, Leine' (s. *Linie*) von *līnum* 'Lein, Flachs'.

leise Adj. 'nur schwach hörbar, nur angedeutet, nur wenig spürbar, sanft, vorsichtig', ahd. *līso* Adv. (9. Jh.), mhd. *līse*, mit Nasalinfix (alem.) *linse*, mnd. mnl. *līse* 'schwach hörbar, sanft, sacht, langsam', südnl. *lijs*, substantiviert nl. *lijs* 'langsamer, träger Mensch' läßt sich verbinden mit aengl. *(ge)līsian* 'schlüpfen, gleiten', dem Komparativ asächs. *lēs*, aengl. *lǣs*, engl. *less* 'weniger' und dem Superlativ aengl. *lǣst*, engl. *least* 'am wenigsten' sowie mit krimgot. *lista* 'zu wenig'. Sichere außergerm. Anknüpfungsmöglichkeiten finden sich nicht. Zieht man jedoch griech. *liarós* (*λιαρός*) 'lau, warm, mild, gelinde', *lōĩsthos* (*λοῖσθος*) 'der Hinterste, Letzte', lit. *líesas* 'mager, hager', *líesti* 'mager werden' heran, so kann von einer *s*-Erweiterung ie. **leis-*, **lois-* der Wurzel ie. **lei-* 'eingehen, abnehmen, schwinden, mager, schlank' ausgegangen werden. Anfänglich bezeichnet das Adjektiv wohl die Sanftheit einer Bewegung, bald auch den schwachen Gehörseindruck und steht (seit dem 17. Jh.) als Antonym zu *laut*. – L e i s e t r e t e r m. 'wer seine Meinung nicht offen zu sagen wagt, Schleicher, Duckmäuser' (15. Jh.), vielleicht ursprünglich auf Tiere (Fuchs oder Katze) bezogen.

Leiste f. 'Latte', auch 'als Abschluß oder Umrandung dienender schmaler Streifen aus unterschiedlichem Material'. Das westgerm. Substantiv ahd. (10. Jh.), asächs. *līsta*, mhd. mnd. *līste*, mnl. *lijst(e)*, nl. *lijst*, aengl. *līste*, engl. *list* bedeutet 'bandförmiger Streifen, Saum, Borte'. Es wird in die nord. Sprachen entlehnt (vgl. anord. *lista* 'Rand, Leiste', schwed. *list*, dän. *liste*) und dringt ins Roman. (vgl. ital. *lista* 'Streifen, Leiste, Borte'), aus dem wiederum dt. *Liste* (s. d.) stammt. Außergerm. Verwandte lassen sich nicht mit Sicherheit angeben, so daß die Herkunft ungeklärt ist. Bereits früh in der Übertragung 'Zwerchfell' (14. Jh.), dann vor allem 'von der Hüfte sich herabziehende schmale Vertiefung, die den Oberschenkel vom Bauch abgrenzt' (15. Jh.); vgl. *Leistenbruch* (18. Jh.), *lystbrüchig* Adj. (Maaler 1561), *Schamleiste* (um 1800).

Leisten m. 'hölzernes Modell in der Form eines Fußes zur Herstellung, Reparatur oder zum Spannen von Schuhen'. Ahd. (11. Jh.), mhd. *leist* 'Weg, Spur, Form, Schusterleisten', nhd. *Leist*, *Leiste*, *Leisten* (das auslautende *n* der heutigen Form stammt aus den obliquen Kasus), mnd. *lēst*, mnl. nl. *leest* 'Schusterleisten', aengl. *lāst* 'Fußspur', *lǣst* 'Stiefel, Schuh', *lǣste* 'Schusterleisten', anord. *leistr* 'Hosenbein, Strumpf, Schritt', schwed. *läst*, dän. *læst* 'Leisten', got. *laists* 'Spur, Ziel' zeigen, daß man von der Bedeutung 'Spur, Fußspur, Fußabdruck' auszugehen hat. Der Abdruck des Fußes dient ursprünglich als Vorbild, Modell bei der Herstellung von Schuhwerk. Zur Etymologie und Verwandtschaft s. *leisten*.

leisten Vb. 'eine Arbeit zustande bringen, ausführen, eine Verpflichtung erfüllen, gewähren, bieten', häufig zur Umschreibung eines Verbalbegriffs, z. B. *Ersatz*, *Hilfe*, *Verzicht leisten* für *ersetzen*, *helfen*, *verzichten*. Ahd. (9. Jh.), mhd. *leisten* 'ein Gebot befolgen, ausführen, einer Pflicht nachkommen', asächs. *lēstian* 'befolgen, ausführen, erfüllen, tun', mnd. *lēsten*, aengl. *lǣstan* 'Gefolgschaft leisten, folgen, helfen, tun, aushalten', engl. *to last* 'dauern, währen', got. *laistjan* 'nachstreben, (be)folgen' gehören als *jan*-Verben zu den unter *Leisten* (s. d.) behandelten Substantiven mit der (ursprünglichen) Bedeutung 'Spur, Fußspur'. Die germ. Verbalbildung bedeutet demnach eigentl. 'einer Spur nachgehen, nachfolgen'; sie ist verwandt mit *lehren*, *lernen*, *List* (s. d.) und gehört mit diesen sowie mit *Gleis* (s. d.) und den dort genannten außergerm. Formen zur Wurzel ie. **leis-* 'am Boden gezogene Spur, Furche'. Der Gebrauch des dt. Verbs im Sinne von 'sich erlauben, sich gönnen, die finanziellen Mittel haben' (2. Hälfte 19. Jh.) stammt wohl aus zunächst ironischer Verwendung in der Studentensprache. – L e i s t u n g f. 'Ergebnis einer körperlichen oder geistigen Arbeit, das Vollbrachte, Geleistete' (16. Jh.), spätmhd. *leistunge* 'Übernahme einer Verpflichtung, einer Zusage'. l e i s t u n g s f ä h i g Adj. 'geeignet, tauglich zu guter Arbeit' (19. Jh.).

leiten Vb. 'führen, an der Spitze stehen und

den Verlauf bestimmen, befehligen, in eine bestimmte Richtung lenken, Elektrizität, Wärme, Schall durch einen Stoff weiterführen', ahd. (8. Jh.), mhd. *leiten* 'geleiten, lenken, führen', asächs. *lēdian*, mnd. *lēden*, mnl. *leiden*, *lēden*, nl. *leiden*, aengl. *lǣdan*, engl. *to lead*, anord. *leiða*, schwed. *leda* ist ein Kausativum im Sinne von 'Fortbewegung veranlassen, gehen, fahren machen' zu dem unter *leiden* (eigentl. 'sich fortbewegen, gehen') behandelten Verb (s. d.). Dazu gehören als Substantivbildungen ahd. *leita* 'Leichenbegängnis' (9. Jh.), 'Führung' (um 1000), mhd. *leite* 'Leitung, Führung, Weg, Fuhre, Wagenladung', asächs. *lēda* 'Leitung, Graben, Wasserlauf', anord. *leið*, aengl. *lād* 'Weg, Reise'; s. auch *Lotse*. – L e i t e r m. 'wer an der Spitze steht, verantwortlicher Vorgesetzter, energieleitender Stoff', ahd. *leitāri* (9. Jh.), mhd. *leitære* 'Führer, Anführer, Verführer'; L e i t e r i n f., mhd. *leitærinne*. L e i t u n g f. 'das Leiten, Führen, Gesamtheit der leitenden Personen, Vorrichtung zum Weiterleiten, speziell Röhren' (16. Jh.), 'Drähte, Kabel zum Leiten elektrischer Energie, zur Übermittlung elektrischer Signale' (19. Jh.). a n l e i t e n Vb. 'unterweisen, anlernen', ahd. *analeiten* 'einführen' (9. Jh.), mhd. *an(e)leiten*, auch 'in jmds. Güter einsetzen' (vgl. mhd. *anleitunge* 'Einsetzung eines um Schadenersatz Klagenden in des Beklagten Güter'); A n l e i t u n g f. 'Unterweisung' (15. Jh.). e i n l e i t e n Vb. 'in die Wege leiten, in Gang bringen, eröffnen, mit einem Vorwort versehen, einführen', ahd. *inleiten* 'einführen' (9. Jh.), mhd. *īnleiten* 'hineinführen, zu etw. bringen, bewegen, anleiten, verführen'; E i n l e i t u n g f. 'Beginn, Eröffnung, Einführung, Vorwort' (16. Jh.). g e l e i t e n Vb. 'aus Ehrerweisung, zum Schutz jmdn. begleiten', ahd. *gileiten* (8. Jh.), mhd. *geleiten* 'führen, schützend begleiten' (s. auch *begleiten*); G e l e i t n. 'der Ehrung oder dem Schutz dienende Begleitung, alle begleitenden Personen, Gefolge', mhd. *geleit(e)* 'Leitung, Führung, Begleitung, Schutz'. v e r l e i t e n Vb. '(zum Bösen) verführen', ahd. *firleiten* 'ent-, verführen' (8. Jh.), mhd. *verleiten* 'irreführen, verleiten'. L e i t a r t i k e l m. 'wesentliche, kommentierende (meist aktuelle) Abhandlung auf der ersten Seite einer Zeitung' (1848), nach *leitender Artikel* (1839) und zunächst neben *Hauptartikel* (1834), Übersetzung von engl. *leading article*. L e i t f a d e n m. 'kurzgefaßte Darstellung zur Einführung in ein Wissensgebiet, Lehrbuch, Grundgedanke' (18. Jh.), in Anlehnung an den Faden der Ariadne, also eigentl. 'Faden, der jmdn. durch ein Labyrinth hindurchleitet'. L e i t h a m m e l m. 'die Herde führender Hammel' (16. Jh.), übertragen 'Anführer, dem die Menge gedankenlos folgt' (Ende 18. Jh.). L e i t s t e r n m. 'als richtungweisender Orientierungspunkt dienender Stern', mhd. *leit(e)sterne* 'der die Schiffer leitende Polarstern', auch bildlich von der Jungfrau Maria.

Leiter f. Gerät aus zwei durch Sprossen verbundenen Längsstangen (Holmen) zum Hinaufsteigen, ahd. *(h)leitara* (9. Jh.), mhd. *leiter*, *leitere*, mnd. *ledder*, mnl. *lēder*, nl. *leer* und (mit Vokalwechsel) mnl. *ladder(e)*, *lāder(e)*, nl. *ladder*, aengl. *hlǣd(d)er*, engl. *ladder* sind mit dem Suffix für Gerätebezeichnungen ie. *-tro-* bzw. hier mit der fem. Suffixvariante *-trā* gebildet zu der unter [1]*lehnen* (s. d.) angegebenen Wurzel ie. **k̂lei-* 'neigen, lehnen', so daß *Leiter* als 'die Angelehnte, Geneigte, Schräge' zu verstehen ist. Vgl. ebenso gebildetes got. *hleiþra* 'Hütte, Zelt'. – L e i t e r w a g e n m. 'Pferde- oder Handwagen mit leiterartigen Seitenteilen' (17. Jh.).

Lektion f. 'Lehr-, Unterrichtsstunde, Abschnitt in einem (fremdsprachlichen) Lehrbuch, Lernaufgabe', übertragen 'Zurechtweisung, Verweis', mhd. *lectiōn* 'Vorlesung eines Schriftabschnitts (im Gottesdienst), biblischer Lesetext, Lehre, Schulunterricht' ist eine gelehrte Entlehnung von lat. *lēctio* (Gen. *lēctiōnis*) 'das Zusammenlesen, Auswahl, das Lesen einer Schrift (zur Unterhaltung, zum Studium), Lektüre, das Vorlesen', kirchenlat. 'das Vorlesen des Bibeltextes, der Lebensgeschichte eines Heiligen', mlat. 'Abschnitt, den ein Schüler lesen und auswendig lernen soll, Lehr-, Unterrichtsstunde', gebildet zu lat. *legere* (*lēctum*) 'auflesen, sammeln, auslesen, auswählen, (vor)lesen' (s. *Legion*). Voraus geht ebenfalls daraus entlehntes ahd. *lekz(i)a* (9. Jh.), mhd. *lecze*, auch *lecce*, *letze* 'das Vorlesen eines Schriftabschnitts (im Gottesdienst), Lesetext, Lehre, Schulunterricht' (vgl. auch got. *laíktjō*). Beide Formen bestehen nebeneinander, bis im 16. Jh. *Lektion* die Oberhand gewinnt. In Wendungen wie *jmdm. eine Lektion geben*, *er hat eine Lektion be-*

kommen steht *Lektion* schon früh (Anfang 16. Jh.) für 'Verweis, Rüge, Strafe'.

Lektor m. 'Lehrer für praktische Übungen und neuere Sprachen an einer Hochschule' (18. Jh.), zuvor '(ausländischer) Sprachlehrer (für moderne Sprachen) an einer Ritterakademie' (17. Jh.), 'Universitätslehrer' (15. Jh.), Übernahme (anfänglich in lat. Flexion) von lat. *lēctor* '(Vor)leser', mlat. 'Vorleser (von Bibeltexten), Lehrer (an Klosterschulen, später auch Universitäten)', zu lat. *legere* (*lēctum*) 'lesen' (s. *Lektion*, *Legion*). In neuerer Zeit bezeichnet *Lektor* auch den 'wissenschaftlichen Mitarbeiter eines Verlags zur Begutachtung und Bearbeitung der Manuskripte'. – L e k t o r a t n. 'Lehrauftrag, Amt, Tätigkeitsbereich eines Hochschullektors' (19. Jh.), 'Abteilung eines Verlags zur Begutachtung und Redaktion der Manuskripte' (20. Jh.). l e k t o r i e r e n Vb. 'ein Manuskript, Buch begutachten, redigieren' (20. Jh.).

Lektüre f. 'Buch, Schrift, Lesestoff, das aufmerksame, kontinuierliche Lesen', entlehnt (Anfang 18. Jh.) aus gleichbed. frz. *lecture*, das auf mlat. *lectura* 'das Lesen, Lernen, Studium, Lesestoff' zurückgeht, eine Bildung zu lat. *legere* (*lēctum*) 'lesen' (s. *Legion*, *Lektion*). Dazu vgl. das vom 16. bis Anfang des 19. Jhs. in gelehrter Sprache bezeugte, direkt aus mlat. *lectura* entlehnte *Lektur* 'andauerndes, der Bildung dienendes Lesen'. Vgl. ferner die vereinzelte frühe Entlehnung ahd. *leczurī* 'Lesung' (Hs. 12. Jh.).

Lemma n. 'Annahme, mathematischer und logischer Hilfssatz, der zum Beweis eines anderen Satzes dient, den Hauptinhalt eines Werkes kennzeichnende Überschrift, Stichwort', gelehrte Entlehnung (um 1800) von lat. *lēmma* 'Annahme, Inhalt, Überschrift', griech. *lḗmma* (*λῆμμα*) 'alles, was man nimmt oder bekommt, das Empfangene, Einnahme, persönlicher Vorteil, Annahme, Voraussetzung', zu griech. *lambánein* (*λαμβάνειν*) 'nehmen'.

Lende f. Körperteil hinter und über den Hüftknochen, das Fleisch vom Schlachtvieh unterhalb des Rückgrats, ahd. *lentī*, *lentin* 'Nieren, Lende' (8. Jh.), mhd. *lende*, älter *lente*, asächs. *lendin*, mnd. mnl. nl. *lende*, aengl. *lendenu* Pl., anord. *lend*, schwed. *länd* führen mit schwundstufigem ahd. *lunda* 'Talg' (9. Jh.), aengl. *lundlaga* 'Niere', *(ge)lynde* 'Fett', anord. *lund* 'Lende, Nierenfett' und mit lat. *lumbus* (aus **londhu̯os*) 'Lende', aslaw. *lędvij̨ę* Plur. 'Lenden', russ. (älter) *ljádveja* (*лядвея*) 'Lende, Schenkel' auf ie. **lendh-* 'Lende, Niere'. – L e n d e n b r a t e n m., ahd. *lentibrāto* (9. Jh.), mhd. *lendebrāte*. l e n d e n l a h m Adj. 'kreuzlahm' (17. Jh.).

lenken Vb. 'in eine bestimmte Richtung bewegen, steuern', mhd. *lenken* 'biegen, wenden, richten' (vgl. auch ahd. *ir(h)lenken* 'verrenken', Hs. 12. Jh., *ūȝ(h)lenken* 'aufschnallen', um 900) ist eine Bildung zu dem unter *Gelenk* (s. d.) aufgeführten Substantiv ahd. *(h)lanka* (um 800), mhd. *lanke* 'Hüfte, Lende', eigentl. 'Einbiegung, Stelle, an der man sich biegt', s. auch *Flanke*. Die Bedeutung entwickelt sich von 'biegen, in eine andere Richtung biegen' zu 'die Richtung bestimmen, steuern'. – a b l e n k e n Vb. 'in eine andere Richtung lenken, abbiegen' (um 1500), 'fernhalten, abwenden, auf andere Gedanken bringen' (Anfang 16. Jh.). e i n l e n k e n Vb. 'von einer Richtung in eine andere lenken, sich nachgiebig zeigen' (um 1700). L e n k e r m. 'wer lenkt, führt, befehligt' (17. Jh.), 'Lenkstange, Steuergerät' (20. Jh.). L e n k r a d n., L e n k s t a n g e f. (beide Ende 19. Jh.).

Lenz m. 'Frühling, Frühjahr'. Die Gegenüberstellung von ahd. *lenzo* (um 1000), mhd. *lenze*, mnd. *lente*, frühnhd. nhd. *Lenz* (15. Jh.) mit gleichbed. ahd. (11. Jh.), mhd. *langez* (vgl. noch in den Mundarten bair. *Länges*, tirol. *Langis*), den substantivierten (neutralen) Formen des unter *lang* (s. d.) behandelten Adjektivs, weist darauf hin, daß auch die erstgenannten Formen als Ableitungen zu diesem Adjektiv gehören. (Nach velarem *n* ist der Guttural vor dem Dentalsuffix unterdrückt worden.) Daneben stehen zum gleichen Adjektiv ahd. *lenzin* (8. Jh.), *lengizi(n)* (11. Jh.), asächs. *lentīn* (in *lentīnmānōð* 'Lenzmonat'), mnd. *lenten*, mnl. *lenten*, *lentijn*, aengl. *lencten*, die als Komposita mit einem Grundwort germ. **tīna-* 'Tag' aufgefaßt werden können; vgl. got. *sinteins* 'täglich' sowie aind. *dínam*, lit. *dienà*, aslaw. *dьnь*, russ. *den'* (*день*) 'Tag', lat. *nūndinae* 'der an jedem neunten Tage abgehaltene Markt', air. *trēdenus* 'Zeitraum von drei Tagen, drei Tage', zu ie. **dein-*, **din-* 'Tag' mit einer Wurzel ie. **dei-*, **dei̯ə-* 'hell glänzen, schimmern, scheinen'. In allen Fällen liegt den germ. Bezeichnungen die Vorstellung der länger werdenden Tage zugrunde. Das seit dem 18. Jh. nur noch der Dichtersprache angehörende *Lenz* wird durch seit dem 15. Jh. aufkommendes *Frühling* (s. d.) aus der Allgemeinsprache verdrängt. – l e n z e n Vb. dichterisch 'Frühling werden', mhd. *lenzen*.

Leopard m. Name für in Afrika und Asien lebende, ausgezeichnet kletternde Großkatzen mit auf gelblichem Grund schwarzgeflecktem Fell (dafür auch *Panther*, s. d.), ahd. *leopardo* (10. Jh.), später *leopart*, spätmhd. *leopard* (14. Jh.) ist eine gelehrte Entlehnung aus spätlat. *leopardus*, wofür auch (eingedeutscht) ahd. *lēbard*, mhd. *lēbart(e)*, *liebart(e)*, (md.) *lēparte*. Lat. *leopardus* und griech. *leopárdalis* (*λεοπάρδαλις*) bzw. (vielleicht erst unter lat. Einfluß gebildetes) *leópardos* (*λεόπαρδος*) sind Zusammensetzungen aus lat. *leō*, griech. *léōn* (*λέων*) 'Löwe' und lat. *pardus*, griech. *párdos*, *párdalis* (*πάρδος*, *πάρδαλις*) 'Panther, Leopard' (also eigentl. 'Löwenpanther'); s. *Löwe* und bes. *Gepard*, wo auch die dt. Formen *Pard*, *Pardel*, *Parder* behandelt sind.

Lepra f. Infektionskrankheit mit schweren (zuerst auf der Haut sichtbaren) Zerstörungen des Körpers, 'Aussatz'. Der medizinische Ausdruck lat. *lepra*, griech. *lépra* (*λέπρα*), zu griech. *leprós* (*λεπρός*) 'schuppig, schorfig, aussätzig', dem griech. *lépein* (*λέπειν*) '(ab)schälen' zugrunde liegt, dringt Anfang des 18. Jhs. aus der Wissenschaftssprache der Medizin in die Bildungssprache ein.

Lerche f. Singvogel mit erdfarbenem Gefieder, ahd. *lērihha* (9. Jh.), mhd. *lērche*, *lerche*, *lēwer(i)ch*, asächs. *lēwerka*, mnd. *lēwerk(e)*, mnl. *lēwerke*, nl. *leeuwerik*, aengl. *lǣwerce*, *lāferce*, engl. *lark*, anord. *lævirki* (wenn nicht aus dem Aengl. oder Mnd. entlehnt). Herkunft unbekannt.

lernen Vb. 'sich Kenntnisse, Fähigkeiten, Fertigkeiten aneignen, in der Lehre, in der Schulausbildung sein'. Die westgerm. Verben ahd. (frk.) *lernēn*, (obd.) *lirnēn* (9. Jh.; vgl. *gilernēn*, *gilirnēn*, 8. Jh.), mhd. *lernen*, auch *li(e)rnen*, asächs. (mit *r*-Ausfall) *līnon*, aengl. *leornian*, engl. *to learn* 'lernen' sind schwundstufige Bildungen zu dem unter *lehren* (s. d.) genannten Präteritopräsens, erhalten in got. *lais* 'ich weiß', eigentl. 'ich bin wissend geworden, habe erfahren, habe nachgespürt'. Der als unkorrekt geltende Gebrauch von *lernen* in der Bedeutung 'lehren' ist schon mhd. (md.) im 14. Jh. nachzuweisen. – v e r l e r n e n Vb. 'Gelerntes wieder vergessen, außer Übung kommen' (17. Jh.); vgl. mhd. *verlernen* (selten), verstärkend für *lernen*.

lesbisch Adj. 'homosexuell' von Frauen (20. Jh.), älter in der Fügung *lesbische Liebe* 'Homosexualität zwischen Frauen' (19. Jh.), nach der griech. Insel *Lésbos* (*Λέσβος*) im Ägäischen Meer, wo die griech. Dichterin Sappho (um 600 v. u. Z.) die Schönheit von jungen Mädchen einer Kultgemeinschaft in leidenschaftlichen Liedern pries. Danach galt in der Antike das von griech. *Lesbís* (*Λεσβίς*) 'Frau von Lesbos' abgeleitete Verb griech. *lesbiázein* (*λεσβιάζειν*) 'sich wie die Frauen von Lesbos verhalten' auch für sexuelle Kontakte zwischen Frauen. – L e s b i e r i n f. 'Frau, die zu einer anderen sexuelle Zuneigung empfindet' (19. Jh.).

lesen Vb. 'den Sinn von Schriftzeichen erfassen, Schrift durch Sprechen wiedergeben, vorlesen, Vorlesungen halten, auflesen, sammeln, ernten', ahd. *lesan* (8. Jh.), Prät. Plur. *lārum* (mit grammatischem Wechsel von *r* und *s*), mhd. *lesen* 'auswählend sammeln, aufheben, an sich nehmen, (sich ver)sammeln, in Ordnung bringen, wahrnehmen, erblicken, (vor)lesen, als Lehrer vortragen, Messe lesen, erzählen, berichten', asächs. *lesan* 'sammeln, auflesen, lesen', mnd. mnl. *lēsen*, nl. *lezen* 'lesen', aengl. *lesan* 'zusammenlesen, sammeln' (daraus mundartlich engl. *to lease* 'Ähren lesen'), anord. *lesa* 'auflesen' (die Bedeutung 'lesen' ist aus dem Mnd. entlehnt), schwed. *läsa* 'lesen, lernen, studieren', got. *lisan* 'auflesen, sammeln' sind vergleichbar mit lit. *lèsti* 'picken, pickend fressen', *lasýti* 'picken, auslesen, aussuchen, auswählen', hethit. *leššāi-* 'auflesen' und führen auf eine Wurzel ie. **les-* 'sammeln, auflesen'. Gemeingerm. ist die Bedeutung 'auflesen, sammeln', zu der im Dt. und Nl. noch 'Geschriebenes lesen' hinzutritt. Dieselbe Bedeutungsentwicklung liegt vor in lat. *legere* 'auflesen, sammeln, auslesen, auswählen, (vor)lesen' und griech. *légein* (*λέγειν*) 'auflesen, sammeln, sagen, sprechen, vortragen, vorlesen' (s. *Legion* und *Lexikon*). Möglicherweise ist für das Germ. vom Aufsammeln und Deuten der zur Weissagung ausgestreuten Runenstäbe auszugehen. Die Bedeutung 'Geschriebenes lesen' wird sich unter dem Einfluß von lat. *legere* entwickelt haben. Die ursprüngliche Bedeutung '(auf-, ein)sammeln, auflesen' ist bis heute in *Ähren, Holz, Trauben lesen*, die von 'aussondern, verlesen' in *Linsen, Erbsen lesen* bewahrt. Dazu auch L e s e f. 'das Auf-, Einsammeln, Ernte', bes. 'Weinernte' (Anfang 18. Jh.), aus älterem *Weinlese* (s. unten) gekürzt; Ä h r e n l e s e f. (18. Jh.), zuvor *Ährlese* (1700); A u s l e s e f. 'Auswahl' (18. Jh.), 'die ausgewählte Menge, die Besten, Elite, Wein aus ausgelesenen Trauben' (19. Jh.); B l ü t e n l e s e f. 'Sammlung ausgewählter Gedichte oder Prosastücke' (Ende 18. Jh.), s. auch *Anthologie*; N a c h l e s e f. 'das Nachsammeln (von Ähren, Weintrauben), Nachernte' (17. Jh.); T r a u b e n l e s e f. (17. Jh.); W e i n l e s e f. (15. Jh.). a u s l e s e n Vb. 'prüfend herauslesen, aussuchen, als untauglich aussondern, zu Ende lesen', ahd. *ūȝlesan* 'heraussuchen, aussondern' (10. Jh.), mhd. *ūȝlesen* 'auswählen, zu Ende lesen'. e r l e s e n Vb. heute noch in gehobener Sprache für 'auswählen, durch Lesen aneignen', ahd. *irlesan* (9. Jh.), mhd. *erlesen* 'durch Lesen erforschen, bis zu Ende lesen, erwählen'; dazu e r l e s e n Part.adj. 'ausgesucht, von hervorragender Qualität' (16. Jh.), daneben gleichbed. a u s e r l e s e n Part.adj., mhd. *ūȝerlesen*. v e r l e s e n Vb. 'Schlechtes, Ungeeignetes aussondern, öffentlich vorlesen', refl. 'sich beim lauten Lesen versprechen, falsch lesen', mhd. *verlesen* 'öffentlich vorlesen'. b e l e s e n Part.adj. 'durch vieles Lesen gut unterrichtet, gebildet' (17. Jh.), zu *belesen* 'durchlesen, gründlich lesen' (17. Jh.); vgl. schon *Wohlbelesenheit* (16. Jh.). L e s e b u c h n. 'Buch mit nach besonderen Gesichtspunkten zusammengestelltem Lesestoff, zumal für Schulkinder' (18. Jh.). L e s e r m. 'wer (Bücher) liest', ahd. *lesāri* '(Vor)leser eines Buches, Traubenleser ' (Hs. 12. Jh.), mhd. *lesære* '(Vor)leser, Weinleser'. l e s e r l i c h Adj. 'gut zu lesen, leicht zu entziffern' (17. Jh.), älter *leslich* (Ende 15. Jh.), daneben *lesenlich* (15. Jh.). L e s u n g f. 'das Lesen von Büchern, das laute Lesen von Texten, bes. im Gottesdienst' (15. Jh.), 'Beratung über Gesetzentwürfe, Haushaltsvorlagen, Verträge im Parlament, in der Volksvertretung' (2. Hälfte 19. Jh.), nach engl. *reading (of a bill)*, eigentl. 'Vorlesen eines Gesetzentwurfs'.

Lethargie f. 'starke Schläfrigkeit mit Bewußtseinsstörungen, Schlafsucht', als Krankheitsbezeichnung im 16. Jh. aus spätlat. *lēthargia*, griech. *lēthargía* (ληθαργία) 'Schlafsucht' entlehnt, aber erst seit dem 18. Jh. allgemein geläufig, vielfach in der übertragenen Bedeutung 'Trägheit, Gleichgültigkeit, Teilnahms-, Interesselosigkeit'. Der Ausdruck ist abgeleitet von griech. *lḗthargos* (λήθαργος) 'vergeßlich' (eigentl. 'durch Vergeßlichkeit untätig oder träge'), substantiviert 'schlummerähnlicher Zustand, Schlafsucht, lethargisches Fieber'; vgl. griech. *lḗthē* (λήθη) 'Vergessenheit, Vergeßlichkeit' und *ārgós* (ἀργός) 'untätig, unwirksam'. – l e t h a r g i s c h Adj. 'schlafsüchtig, träge, gleichgültig, teilnahms-, interesselos' (um 1800); vgl. lat. *lēthargicus*, griech. *lēthargikós* (ληθαργικός) 'von Lethargie betroffen, schlafsüchtig'.

Letter f. 'Buchstabe', in der Druckersprache 'Drucktype, in Metall gegossener Buchstabe', wohl durch gleichbed. mnl. *lettere*, *letter*, nl. *letter* vermittelte Entlehnung (17. Jh.) von mfrz. frz. *lettre*, das die Bedeutung 'Druckbuchstabe' bereits im 15. Jh. entwikkelt. Damit wird das in älterer Druckersprache geltende *Litter* (spätmhd. *litter* 'Buchstabe' folgend) abgelöst. *Litter* wie auch frz. *lettre* gehen auf lat. *littera* 'Buchstabe' zurück. S. auch *Literatur*.

Lettner m. in mittelalterlichen Kirchen Trennwand zwischen Chor, dem Aufenthaltsort der Geistlichen, und dem Mittelschiff, dem Aufenthaltsort der Gläubigen, von der aus liturgische Schriftlesungen für die Laien vorgetragen wurden. Ahd. *lector* (9. Jh.), mhd. *lecter*, (mit Assimilation von *ct* zu *tt*) *ledter*, *letter* 'Lesepult im Chorraum' ist Entlehnung aus spätlat. *lēctōrium* 'Lesepult'; zu lat. *legere* (*lēctum*) 'auflesen, sammeln, (vor)lesen' (s. *Legion*, *Lektüre*). Daraus entwickelt sich, wohl unter Einfluß von mlat. *lectionarium* 'Perikopensammlung zum Vorlesen im Gottesdienst', frühnhd. *lettener* 'Lesepult' (15. Jh.), *Letner*, *Lättner* (16. Jh.), das zur Bezeichnung der oben genannten, ein Lesepult tragenden Trenn- bzw. Querwand wird.

letzen Vb. '(sich) erquicken, laben'. Das gemeingerm. (im Nhd. nur noch dichterisch gebrauchte) Verb ahd. *lezzen* 'aufhalten, hemmen, hindern' (10. Jh.). 'verletzen' (11. Jh.; vgl. *gilezzen* 'verletzen, schädigen', 9. Jh., 'aufhalten', um 1000), mhd. *letzen*, auch ‘zu Ende bringen, Freundlichkeit erweisen, erfrischen, sich erholen, sich verabschieden’, asächs. *lettian* ‘ablassen, hemmen’, mnd. *letten* ‘aufhalten’, mnl. nl. *letten*, aengl. *lettan*, engl. (älter) *to let* ‘verhindern’, anord. *letja* ‘abhalten, hindern’, got. *latjan* ‘aufhalten’ ist faktitiv zu dem unter *lässig* (s. d.) behandelten, heute veralteten Adjektiv *laß* ‘matt, müde, schlaff’ gebildet, bedeutet also eigentl. ‘matt, müde, schlaff machen’ (s. *verletzen*). Aus ‘aufhalten, hemmen’ entwickelt sich in mhd. Zeit ‘ein Ende machen’, refl. ‘sich verabschieden’ und, da der Abschied oft in feierlicher Weise begangen wird, ‘sich zum Abschied gütlich tun’, daraus ‘sich laben, erquicken’ (bes. 18. Jh.). Zu mhd. *letzen* steht das Substantiv mhd. *letze* ‘Hemmung, Hinderung, Ende, Abschied, Abschiedsgeschenk, -trunk’, vgl. die Fügung *zuo, ze letze* ‘zum Abschied’. – zu guter Letzt ‘zum guten Ende, schließlich’, frühnhd. *zu guter letzte* ‘zum Abschied, schließlich’ (Ende 16. Jh.), hervorgegangen (mit unorganischem *t* in Anlehnung an *letzt*, s. d.) aus mhd. *zuo, ze letze* (s. oben).

letzt Adj. (heute nur mit Flexionsendung *der letzte, ein letzter*) ‘am Ende einer Aufeinanderfolge stehend (räumlich und zeitlich), das Ende einer Reihenfolge bildend, einen Vorgang abschließend, gerade erst vergangen, übriggeblieben’, md. *lezt* (14. Jh.) und (mit eingeschobenem *t*) *letzt*. Die md. Form entspricht ahd. *leȝȝisto* ‘jüngster, äußerster’ (9. Jh.), mhd. *leȝȝeste, leste* ‘letzter’, asächs. *lazto, lezto*, mnd. *leste*, eigentl. Superlativ zu dem unter *lässig* (s. d.) angeführten Adjektiv ahd. mhd. *laȝ*, asächs. mnd. *lat* ‘träge, matt, säumig’. Zu dem später als Positiv empfundenen *letzt* wird um 1600 der Komparativ *letzterer* ‘der letztgenannte, zuletzt erwähnte’ gebildet. – letztens Adv. ‘kürzlich, neulich, an letzter Stelle’ (16. Jh.), gebildet wie *erstens, zweitens* usw. letzthin Adv. ‘kürzlich, vor kurzem, unlängst’ (17. Jh.), nach älteren Bildungen wie *forthin* (16. Jh.). letztlich Adv. ‘letzten Endes, im Grunde, schließlich’ (16. Jh.). zuletzt Adv. ‘an letzter Stelle, schließlich, endlich, zum Schluß’, ahd. *zi leȝȝist* (9. Jh.), *zi laȝȝōst* (10. Jh.), mhd. *ze leȝist, ze leste*.

Leuchte f. ‘Laterne, Fackel, Lampe’, ahd. *liuhta* ‘Glutpfanne zum Leuchten’ (9. Jh.), mhd. *liuhte*, (md.) *lūchte* ‘Helligkeit, Glanz, Gerät zum Leuchten’, mnd. *lüchte, lochte* ‘Leuchte, Laterne’ sind Bildungen zu den unter *leuchten* (s. d.) behandelten Verbformen. In übertragenem Sinne gilt *Leuchte* für einen ‘klugen Menschen, Könner’, z. B. *eine Leuchte* (‘führender Vertreter’) *der Wissenschaft* (19. Jh.); vgl. lat. *lūx doctrīnārum* (für Cicero) bei Plinius.

leuchten Vb. ‘Licht ausstrahlen, glänzen, schimmern, auf jmdn., etw. Licht fallen lassen, jmdm. den Weg erhellen’. Das germ. Verb ahd. (8. Jh.), mhd. *liuhten* (md. *lūchten*), asächs. *liohtian, liuhtian*, mnd. *lüchten, lochten*, aengl. *līhtan*, engl. *to light*, got. *liuhtjan* ‘leuchten’ ist eine Denominativbildung zu dem unter *licht* (s. d.) behandelten Adjektiv und bedeutet ursprünglich ‘hell sein’. – beleuchten Vb. ‘in helles Licht setzen, erhellen, anstrahlen’, übertragen ‘ins Blickfeld rücken, behandeln’, ahd. *biliuhten* (8. Jh.), mhd. *beliuhten*; dazu Beleuchter m. ‘wer etw. beleuchtet, wer etw. erklärt, ins rechte Licht rückt’ (um 1600); Beleuchtung f. (16. Jh.). durchleuchten Vb. ‘mit Licht erfüllen, hell, leuchtend machen, durch etw. hindurchleuchten’, auch (Anfang 20. Jh.) übertragen ‘kritisch untersuchen’ und ‘mit Hilfe von Röntgenstrahlen durchdringen, durchsichtig machen, untersuchen’, ahd. *thuruhliuhten* (um 1000), mhd. *durchliuhten* ‘durchstrahlen, erklären’; s. auch *Durchlaucht*. einleuchten Vb. ‘klar, deutlich werden, überzeugend wirken’, ahd. *inliuhten* ‘(er)leuchten, sehend machen, hell werden, zum Licht führen’ (um 800), mhd. *īnliuhten* (in mystischem Sinne) ‘wie ein Licht hell eindringen’ (dazu *īnliuhtunge* f. und *īnliuhtende* Part. Präs.); bis ins 17. Jh. (Pietismus) bleibt *einleuchten* ein Wort der religiösen Sprache, erst die Aufklärung (18. Jh.) verwendet es im Sinne von ‘klar, augenscheinlich werden’, wozu einleuchtend Part. Präs. ‘klar, deutlich, verständlich’ (18. Jh.). erleuchten Vb. ‘hell machen, durch Leuchten erhellen’, übertragen ‘mit (geistiger) Klarheit erfüllen, eingeben’, ahd. *irliuhten* (9. Jh.), mhd. *erliuhten* (md. *erlūchten*) ‘hell machen, erleuchten, sehend machen, aufleuchten’; s. auch *erlaucht*; Erleuchtung f. ‘oft wunderbar anmutende Klarheit über Probleme, Fragen’, mhd. *erliuhtunge*, auch ‘Aufleuchten, Glanz’. Leuchter m. ‘Halter für Kerzen oder kleine Lämpchen, Kerzenständer', mhd. *liuhtære*, (md. *lūchtære*). L e u c h t g a s n. 'zum Heizen und zur Beleuchtung verwendetes Gasgemisch, Stadtgas' (20er Jahre 19. Jh.). L e u c h t t u r m m. 'Turm mit einem Leuchtfeuer als Seezeichen' (17. Jh.).

leugnen Vb. 'die Wahrheit von etw. bestreiten, für falsch erklären, etw. verneinen', ahd. *lougnen* (um 800), mhd. *lougenen*, *lougen*, asächs. *lōgnian*, mnd. *lŏch(e)nen*, *lŏken*, mnl. *lŏchenen*, *lŏghenen*, nl. *loochenen*, aengl. *līgnan*, got. *laugnjan*, anord. (mit lautgesetzlichem Schwund des *g* vor *n*) *leyna* 'verbergen' steht (denominativ?) wie ahd. *lougna* 'das Leugnen' (9. Jh.), anord. *laun* 'Verborgenheit, das Verbergen, Leugnung' (germ. **laugnō* f.; vgl. got. *analaugns* 'verborgen') im Ablaut zu dem unter *lügen* (s. d.) behandelten Verb. – a b l e u g n e n Vb. 'in Abrede stellen, nicht zugeben', früher auch im Sinne von '(Verpflichtungen und Verbindlichkeiten) absprechen, für nicht bestehend erklären, nicht zuerkennen' (15. Jh.). v e r l e u g n e n Vb. 'in Abrede stellen, bestreiten, leugnen', ahd. *firlougnen* (8. Jh.), mhd. *verloug(en)en*.

leuko-, vor Vokalen **leuk-**, Bestimmungswort in Zusammensetzungen vorwiegend medizinischer Termini mit der Bedeutung 'weiß, hell, farblos', aus griech. *leukós* (*λευκός*) 'leuchtend, glänzend, weiß' (verwandt mit *licht*, s. d., s. auch *Levkoje*). – L e u k ä m i e f. krankhafte Vermehrung der weißen Blutkörperchen, 'Blutkrebs', gebildet (Mitte 19. Jh.) von R. Virchow; zu griech. *haĩma* (*αἷμα*) 'Blut' (vgl. *Hämoglobin*). L e u k o p l a s t n. weißes, Zinkoxid enthaltendes Heftpflaster ohne Mullstreifen, gebildet (1901) von dem dt. Apotheker Troplowitz; zu griech. *émplaston*, *émplastron* (*ἔμπλαστον, ἔμπλαστρον*) 'das Aufgeschmierte, aufgetragene Salbe, Pflaster' (s. *Pflaster*). L e u k o z y t e n Plur. (Sing. *Leukozyt* m. ungebräuchlich) 'weiße Blutkörperchen' (2. Hälfte 19. Jh.), zu griech. *kýtos* (*κύτος*) 'Höhlung, hohler Raum, hohler Körper'.

Leumund m. 'Ruf, in dem einer steht'. Das nur im Dt. begegnende Substantiv ahd. *(h)liumunt* (8. Jh.), mhd. *liumunt* 'Ruf, Ruhm, Gerücht' gehört zu der unter *laut* (s. d.) dargestellten Wurzel ie. **k̂lēu-* 'hören, wovon man viel hört'. Suffixablaut (ie. *-men-*) zeigen got. *hliuma* 'Gehör', awest. *sraoman-* 'Gehör'; auf eine adjektivbildende *to*-Erweiterung des Suffixes in seiner schwundstufigen Form (ie. *-mn̥-*) führen dagegen ahd. *(h)liumunt* (ie. **k̂leumn̥to-*) sowie aind. *śrómata-* 'guter Ruf, Berühmtheit', so daß von einer Bedeutung 'Gehörtes, Rühmliches', auch 'öffentliche Meinung' ausgegangen werden kann. Im Mhd. stehen neben *liumunt* (md. *lūmunt*) die abgeschwächten Formen *liument*, *liumet*, *liumt*, dazu auch schwache Formen wie *liumde*, *leumde*. Im Nhd. hat sich die vollere Form gehalten, weil man das Wort volksetymologisch als *der Leute Mund* aufgefaßt hat. Die zugehörigen Verben setzen dagegen meist die Kurzform mhd. *liumde* fort: b e l e u m d e n Vb. neben b e l e u m u n d e n 'einen Leumund ausstellen', mhd. *beliumden*, *beliumunden* 'jmdn. in den Ruf von etw. bringen', oft im Part. Prät. *beleumdet*, *beleumundet* 'im Ruf, in einem bestimmten Ruf stehend'. v e r l e u m d e n Vb. 'jmdn. schlechtmachen, böswillig verdächtigen', mhd. *verlium(un)den*, *verliumen* 'in schlechten Ruf bringen'; dazu V e r l e u m d e r m. (16. Jh.), v e r l e u m d e r i s c h Adj. (17. Jh.), V e r l e u m d u n g f. (16. Jh.).

Leute Plur. 'Menschen, Öffentlichkeit, Publikum, in einem Arbeits-, Dienstverhältnis stehende Personen', ahd. *liuti* Plur. 'Volk, Völkerschaft' (8. Jh.), 'Bevölkerung, Menschenmenge' (9. Jh.), 'Untergebene' (10. Jh.), mhd. *liute*, asächs. *liudi*, mnd. *lüde*, mnl. *liede*, *lūde*, nl. (fläm.) *lieden*, (holl.) *luiden*, aengl. *lēode* ist die Pluralform zu einem in ahd. *liut* m. f. n. 'Volk, Volksstamm, Bevölkerung' (9. Jh.), mhd. *liut* m. n., mnd. *lūt*, aengl. *lēod*, anord. *ljōðr*, *lȳðr* (germ. **leudi-*) belegten Substantiv. Verwandt sind lit. *liáudis* 'niederes, gewöhnliches Volk', lett. *ļaudis* (Plur.) 'Leute, Menschen', aslaw. *l'udъ* 'Volk', Plur. *l'udije* 'Menschen, Leute, Volk, Völker', russ. *ljud* (*люд*) 'Volk', Plur. *ljúdi* (*люди*) 'Menschen, Leute'. Vergleichbar ist ahd. *liotan* 'wachsen' (9. Jh.; vgl. *irliotan*, 8. Jh., *framirliotan* 'emporwachsen', 8./9. Jh.), asächs. *liodan*, aengl. *lēodan*, got. *liudan* 'wachsen' sowie aind. *ródhati* 'wächst', *róhati* 'wächst, steigt empor, besteigt', toch. A *lutk-* 'werden lassen', griech. *eleútheros* (*ἐλεύθερος*) 'frei, freier Mann', lat. *līber* 'frei', *līberī* 'Kinder', air. *luss* 'Pflanze', so daß von einer Wurzel ie. **leudh-* 'emporwachsen, hochkommen' auszugehen ist (s. auch *lodern*). – l e u t s e l i g Adj. 'freundlich aufgeschlossen und mitteilsam, umgänglich', mhd. *liutsælec*, *liutsælic* 'den Menschen wohlgefällig, anmutig, niedlich, zierlich' (s. *selig*), seit dem 16. Jh. 'den einfachen Leuten wohlgesonnen', daher heute oft spöttisch 'herablassend freundlich'; Leutseligkeit f., mhd. *liutsælecheit* 'Wohlgefälligkeit den Menschen gegenüber, Anmut'.

Leutnant m. Offizier der untersten Rangstufe, entlehnt (*Lietenant*, *Leuttenant*, *Leutenant*, Anfang 16. Jh., *Lieutenant*, um 1700, *Leutnant*, um 1800, offiziell 1899) aus mfrz. frz. *lieutenant* 'Offizier unmittelbar unter dem Hauptmann (frz. *capitaine*)', afrz. 'Stellvertreter, Statthalter', gebildet im Anschluß an die Wendung mlat. *locum tenere*, mfrz. *tenir le lieu* 'vertreten, ersetzen', vgl. afrz. frz. *lieu* 'Ort, Stelle, Platz' (aus lat. *locus* 'Ort, Stelle') und *tenant*, Part. Präs. von afrz. frz. *tenir* 'halten' (aus spätlat. *tenīre*, lat. *tenēre* 'halten'); nach demselben Muster auch (wenn nicht aus dem Frz. entlehnt) ital. *luogotenente*, (älter) *locotenente*. Der Ausdruck wird anfänglich volksetymologisch an *Leute* und zum Teil auch an *Amt* angelehnt, vgl. *Lutinamptenn*, *Leutenampt*; auch nach lat.-ital. Vorbild *Locotenent* (16. Jh.). Die seit dem 17. Jh. übliche frz. Schreibweise *Lieutenant* wird im militärischen Bereich bis 1899 beibehalten.

Levante f. Gegend bzw. Länder um das östliche Mittelmeer (15. Jh.), zuvor *Levant* 'Ostwind' (Anfang 15. Jh.), Entlehnung von ital. *levante* 'Osten, Ostwind, Morgenland', dem substantivierten Part. Präs. von ital. *levare* 'aufheben, wegnehmen, (sich) erheben', refl. 'aufgehen (von den Gestirnen), sich erheben (vom Wind)', lat. *levāre* '(durch Heben) erleichtern, (er)heben, aufrichten, unterstützen', zu lat. *levis* 'leicht, schnell, sanft, unbedeutend, gering(fügig), leichtfertig, wankelmütig'. *Levante* bezeichnet eigentl. die 'Richtung, wo sich die Sonne erhebt', dann 'die von Italien aus östlich gelegenen Mittelmeerländer'. – Levantiner m. 'Bewohner der Levante', auch im engeren Sinne 'wer von gemischt europ.-orientalischer Herkunft ist' (19. Jh.); vgl. ital. *levantino* Adj. 'aus der Levante stammend' (substantiviert 'Levantiner'). levantinisch, levantisch Adj. (18. Jh.).

Leviten Plur. nur in der Wendung *jmdm. die Leviten lesen* 'ernste Vorhaltungen machen, energisch zurechtweisen' (15. Jh.), hervorgegangen aus dem mittelalterlichen Brauch, den Geistlichen, den Diakonen und Subdiakonen (den *Leviten*) täglich aus der Bibel, bes. aus dem *Leviticus* (dem die kultische Gesetzgebung und den Priesterkodex enthaltenden 3. Buch Mos.) vorzulesen und daran Ermahnungen und Rügen zu knüpfen. Zum biblischen Eigennamen *Lēvi* (hebr. *Lēwī* 'der Anhängliche, Treue'), Sohn Jakobs und Leas, als dessen Nachkommen die Träger priesterlicher Funktionen (kirchenlat. *Lēvītēs*, *Lēvīta*, griech *Λευΐτης*) gelten.

Levkoje f. Der Name der zur Familie der Kreuzblütler gehörenden Zierpflanze mit weiß bis violett gefärbten, meist stark duftenden Blüten in Trauben ist seit dem 18. Jh. üblich und aus botan.-lat. *Leucoium*, lat. *leucoïon*, griech. *leukóïon* (*λευκόϊον*) entlehnt; vgl. griech. *leukós* (*λευκός*) 'leuchtend, glänzend, weiß' (s. *leuko-*) und *íon* (*ἴον*) 'Veilchen'. Der Name gilt bereits im Griech. für mehrere Blumen, z. B. für Veilchenarten wie auch für die heute so benannte Art.

Lexikon n. '(meist alphabetisch) geordnetes Nachschlagewerk allgemeiner oder fachlicher Art, Wörterbuch', gelehrte Entlehnung (17. Jh.) von spätgriech. *lexikón*, eigentl. *lexikón biblíon* (*λεξικὸν βιβλίον*) 'Wörterbuch', dem substantivierten Neutrum des von griech. *léxis* (*λέξις*) 'Rede, Ausdrucksweise, Wort' abgeleiteten Adjektivs *lexikós* (*λεξικός*) 'ein Wort, eine Redensart betreffend', zu griech. *légein* (*λέγειν*) 'auflesen, sammeln, sagen, sprechen, vortragen, vorlesen' (vgl. lat. *legere*, s. *Legion*). Die dt. Entsprechung *Wörterbuch* (s. *Wort*) kommt um die gleiche Zeit auf wie *Lexikon*. – lexikalisch Adj. 'das Wörterbuch betreffend, zum Wörterbuch, Wortschatz gehörig' (18. Jh.). Lexikograph m. 'Verfasser, Bearbeiter eines Wörterbuchs, Lexikons', aus gleichbed. spätgriech. *lexikográphos* (*λεξικογράφος*); dazu Lexikographie f. '(Wissenschaft von der) Zusammenstellung und Abfassung eines Wörterbuchs, Lexikons' (beide 17. Jh.), s. *-graph*, *-graphie*.

Liane f. 'Schling-, Kletterpflanze'. Die zusammenfassende Bezeichnung für emporrankende Pflanzen, wie sie bes. in tropischen Urwäldern vorkommen, ist Mitte des 18. Jhs. aus gleichbed. frz. *liane* (älter *lienne*) entlehnt. Der aus dem Frz. der Antillen übernommene Ausdruck stammt seinerseits wahrscheinlich aus westfrz. Mundarten, wo *lien(n)e*, *lian(n)e* für den wilden Wein, die Winde und ähnliche rankenartige Gewächse gebraucht wird. Diese landschaftlichen Substantivformen sind zum Verb westfrz. (Touraine) *liener* 'Garben binden' gebildet, einer Ableitung von frz. *lien*, afrz. *li(i)en*, *loi(i)en* 'Band, Strick, Fessel', dem lat. *ligāmen* 'Band, Binde, Verband' (zu lat. *ligāre* 'binden', s. *Ligatur*, *liieren*) zugrunde liegt.

Libelle f. Das schön gefärbte, während des Fluges blitzschnell Richtung und Flughöhe ändernde Raubinsekt (volkstümlich *Wasserjungfer*, *Schleifer*, *Glaser*, *Schneider*, *Augen-*, *Kehlstecher* u. a.) nennt Linné (18. Jh.) zoolog.-lat. *Libellula*. Dieser Name ist eine gelehrte deminuierende Bildung zu lat. *lībella*, seinerseits Deminutivum von lat. *lībra* '(Blei-, Wasser)waage', weil die Flügel während des Fluges waagerecht ausgespannt sind. Daraus nhd. *Libelle* (18. Jh.).

liberal Adj. 'freiheitlich, nach unbeschränkter Entwicklung des individuellen Lebens strebend, großzügig, den Liberalismus betreffend', entlehnt (16. Jh.) in der heute unüblichen Bedeutung 'freigebig, hochherzig, großzügig' aus lat. *līberālis* 'die Freiheit betreffend, edel, vornehm, anständig (von Art oder Gesinnung), gütig, freigebig', zu lat. *līber* 'bürgerlich frei, unabhängig, ungehindert, zwanglos, freimütig, offen, ungebunden'. In der 2. Hälfte des 18. Jhs., bes. im Zusammenhang mit der frz. Revolution, erfolgt eine Entlehnung von frz. *libéral* im Sinne von 'vorurteilslos (in politischer und religiöser Beziehung), freiheitlich (gesinnt)'; vgl. die als politisches Schlagwort gebrauchte Fügung *liberale Ideen* (um 1800). – L i b e r a l e r m. 'Anhänger einer liberalen Richtung bzw. Partei' (Görres 1819). l i b e r a l i s i e r e n Vb. 'freier, großzügiger gestalten, von Einschränkungen befreien' (19. Jh.), speziell 'Beschränkungen im (Außen)handel aufheben' (20. Jh.); frz. *libéraliser* 'freisinniger machen, freier gestalten'. L i b e r a l i s m u s m. antifeudale bürgerliche politische Richtung mit dem Ziel der freien Entfaltung des wirtschaftlichen, gesellschaftlichen und individuellen Lebens (um 1820, etwa gleichzeitig mit frz. *libéralisme*, engl. *liberalism*). l i b e r a l i s t i s c h Adj. 'den Liberalismus betreffend, auf ihm beruhend' (Goethe 1807). L i b e r a l i t ä t f. 'Freigebigkeit, Hochherzigkeit, Großzügigkeit' (Mitte 16. Jh.), vgl. lat. *līberālitās* (Gen. *līberālitātis*) 'freisinnige Denk- und Handlungsart, edle Gesinnung, Güte, Freigebigkeit'; dann auch 'Vorurteilslosigkeit, liberales Wesen, liberale Gesinnung' (Anfang 19. Jh.).

Libretto n. 'Text(buch)' zu Opern, Oratorien, Operetten, Übernahme (19. Jh.) von gleichbed. ital. *libretto*, eigentl. 'Büchlein', Verkleinerungsform von ital. *libro* 'Buch', aus lat. *liber* 'Bast' (auch als Schreibmaterial), 'aus mehreren Blättern bestehende Schrift, Buch'. Vgl. *Opernbuch*, *Opernbüchelchen*, *Textbuch* (18. Jh.). – L i b r e t t i s t m. 'Verfasser eines Librettos' (19. Jh.), ital. *librettista*.

-lich Das adjektivbildende Kompositionssufix ahd. *-līh*, mhd. *-lich*, asächs. mnd. *-līk*, mnl. *-lijc*, nl. *-lijk*, aengl. *-līc*, engl. *-ly*, anord. *-līkr*, daraus (wohl nach dem Muster der Adjektive auf *-igr*) frühzeitig umgestaltetes *-ligr*, schwed. *-lig*, got. *-leiks* führt auf germ. **-līka-*, das mit dem in *Leiche*, *gleich* (s. d.) enthaltenen Substantiv germ. **līka-* 'Körper, Gestalt' identisch ist. Dieses Kompositionselement bildet im Germ. mit Adjektiven, Adverbien, Partikeln und persönlichen Substantiven Possessivkomposita im Sinne von 'die Gestalt, die Beschaffenheit habend', vgl. got. *waíraleikō* Adv. 'männlich', eigentl. 'den Körper, die Gestalt, die Beschaffenheit eines Mannes habend', ahd. *wīblīh* 'weiblich', eigentl. 'die Gestalt einer Frau habend'.

licht Adj. 'hell, leuchtend, strahlend, klar, dünn, gelichtet, mit weiten Zwischenräumen', ahd. (8. Jh.), asächs. *lioht*, mhd. *lieht*, mnd. mnl. *licht*, *lecht*, nl. *licht*, aengl. *lēoht*, *līht*, engl. *light*. Das mit Dentalsuffix gebildete Adjektiv gehört mit *leuchten* und [1]*Lohe* (s. d.) sowie aind. *rốcatē* 'leuchtet, scheint, glänzt', *rōcaná-* 'hell, licht', *rōcíṣ-* 'Licht, Glanz', griech. *leukós* (λευκός) 'leuchtend, glänzend, weiß' (s. *leuko-*, *Levkoje*), *lýchnos* (λύχνος) 'Leuchte, Lampe', lat. (mit monophthongischem *ū* aus ie. *eu* bzw. *ou*) *lūx* (Gen. *lūcis*) 'Licht', *lūcēre* 'hell sein, leuchten, strahlen, glänzen', *lūcus* 'Hain', eigentl. '(Wald)lichtung', *lūmen* 'Licht, Leuchte' (s. *illuminieren*), *lūna* 'Mond', eigentl. 'die Leuchtende', *lūstrāre* 'hell machen, beleuchten', auch 'reinigen, weihen' (s. *illuster*, *illustrieren*), (mit ungeklärtem *u*) *lucerna* 'Leuchte, Lampe' (s. *Luzerne*), air. *lōchet* 'Blitz', lit. *laũkas* 'mit einem weißen Fleck auf der Stirn, Feld, Acker, Land (Lichtung)', aslaw. *luča*, russ. *luč* (*луч*) 'Strahl' zur Wurzel ie. **leuk-* 'leuchten, licht'. – L i c h t n. 'Helligkeit, heller Schein, Tageslicht, Beleuchtung, Kerze', ahd. (8. Jh.), asächs. *lioht*, mhd. *lieht*, mnd. *licht*, *lecht*, mnl. *licht*, *lecht*, *liecht*, *lucht*, nl. *licht*, aengl. *lēoht*, engl. *light* ist eine Substantivierung des oben genannten Adjektivs oder eine got. *liuhaþ* 'Licht' entsprechende Bildung mit Dentalsuffix zur Wurzel. *Licht* bezeichnet zunächst Helligkeit und Glanz, die von einem Gegenstand ausstrahlen, dann auch die 'brennende, Licht gebende Kerze' (15. Jh.). ¹l i c h t e n Vb. 'hell machen, erhellen, (einen Wald) von (unnötigen) Bäumen befreien, ausholzen', refl. 'heller werden, sich aufhellen, klarer, verständlicher werden', Bildung (17. Jh.) zum Adjektiv *licht*, unabhängig von älterem mhd. *liehten* 'hell werden, sein, leuchten, tagen'; dazu L i c h t u n g f. 'ausgeholzte oder baumlose Stelle im Wald' (18. Jh.). b e l i c h t e n Vb. 'dem Licht aussetzen' (15. Jh.), in der Fotografie 'Licht auf ein lichtempfindliches Material kurz einwirken lassen' (19. Jh., für älteres fachsprachliches *exponieren*); B e l i c h t u n g f. 'Beleuchtung' (16. Jh.), 'Lichteinwirkung auf fotografisches Material' (20. Jh.). l i c h t e r l o h Adv. 'mit heller Flamme' (16. Jh.), zusammengebildet aus dem adverbialen Genitiv frühnhd. *li(e)chter Loh*, *Lohe* (s. ¹*Lohe*); adjektivische Verwendung (18. Jh.) bleibt selten. L i c h t b l i c k m. 'kurzes Leuchten der Sonne', übertragen 'lichter Augenblick, Hoffnungsschimmer'; vgl. mhd. *liehtblic* 'Blitz'. L i c h t j a h r n. in der Astronomie Maßeinheit für eine Strecke, die das Licht in einem Jahr zurücklegt (19. Jh.).

²**lichten** Vb. 'leicht(er) machen, (an-, hoch)heben', bes. in der Wendung *den Anker lichten* 'den Anker hochziehen', aus dem Nd. (1. Hälfte 17. Jh., anfangs auch in der dem Hd. angeglichenen Lautform *leichten*); vgl. mnd. *dat*, *den anker lüchten*, *lichten*. Mnd. *lüchten*, entrundet *lichten* 'nach oben heben, an-, aufheben, aufnehmen' entspricht (mit nd. *cht* für hd. *ft*) nhd. ¹*lüften* 'hochheben' (s. d.). Entrundetes mnd. *lichten* fällt mit nachfolgender semantischer Vermischung lautlich zusammen mit von mnd. *licht* (s. *leicht*) abgeleitetem mnd. *lichten* 'leicht(er) machen', vgl. *ēn schip lichten* 'ein Schiff von Ladung oder Ballast befreien'; dazu mnl. nl. *lichten* sowie ahd. *līhten* 'erleichtern, gering machen' (9. Jh.), mhd. *līhten* 'leicht machen, werden, sich erleichtern', nhd. *leichten* 'leicht werden'.

Lid n. Hautfalte zum Bedecken des Augapfels, ahd. *(h)lit* (9. Jh.), mhd. *lit* 'Deckel', nhd. *Lid* (mundartlich) 'Gefäßdeckel, Ofentür, Schiebefenster', (in der Literatursprache) 'Augenlid' (seit 18. Jh., verkürzt aus ahd. *oug(h)lit*, Hs. 13. Jh., mhd. *ougelit*, frühnhd. *Aug(en)lid*, nhd. *Augenlid*), mnd. *lit* 'Deckel, Augenlid', mnl. *lit*, nl. *lid* 'Deckel, Augenlid', aengl. *hlid* 'Deckel, Decke, Dach, Tür, Öffnung', engl. *lid* 'Deckel, Augenlid', anord. *hlið* 'Öffnung, Zwischenraum, Tür, Tor' stehen ablautend zu einem untergegangenen starken germ. Verb, belegt durch afries. *hlīdia* 'bedecken', asächs. *bihlīdan* 'einschließen, decken', *ahlīdan*, *anthlīdan* 'sich öffnen, erschließen', aengl. *behlīdan* 'bedecken, schließen'. Weitere Herkunft ist ungewiß. Vielleicht mit got. *hleiþra* 'Hütte, Zelt', griech. *klisía* (*κλισία*) 'Pfahlhütte, Baracke, Lehnsessel, Ruhebett', mir. *clīath* 'Geflecht, Hürde', *clethar* 'Stütze' zu dem unter ¹*lehnen* (s. d.) angeführten ie. **k̂lei-* 'neigen, lehnen', wozu mit nichtpalatalem Anlaut wohl auch aslaw. *klětь* 'Kammer, Zelle, Behausung', russ. *klet'* (*клеть*) 'Vorratskammer, Speicher'. Oder besser mit *hehlen*, ¹*Helm*, *Hülse* (s. d.) zur Wurzel ie. **k̂el-* 'bergen, verhüllen'?

lieb Adj. 'geliebt, wert, herzlich, liebenswert, freundlich, angenehm, artig', ahd. *liob* (um 800), mhd. *liep*, asächs. *liof*, mnd. *lēf*, mnl. nl. *lief*, aengl. *lēof*, engl. (älter) *lief*, anord. *ljūfr*, schwed. *ljuv*, got. *liufs* (germ. **leuba-*) führt mit den verwandten (ablautenden) Verben *erlauben*, *glauben*, *loben* (s. d.) und mit aind. *lúbhyati* 'ist gierig, empfindet Verlangen', *lōbha-* 'Gier, Habsucht', *lubdha-* 'gierig, habsüchtig', lat. *libēre* 'belieben, gefällig sein', *libēns*, *lubēns* 'willig, gern', *libīdo*, *lubīdo* 'Lust, Begierde', lit. *liaupsẽ* 'Lob(lied)', *liáupsinti* 'loben, lobpreisen, verherrlichen', aslaw. *l'ubъ* 'lieb, wert', russ. (umgangssprachlich) *ljúbo* (*любо*) 'lieb, angenehm, geliebt, freundlich', aslaw. *l'ubiti*, russ. *ljubít'* (*любить*) 'lieben, mögen', aslaw. *l'uby*, russ. *ljubóv'* (*любовь*) 'Liebe' auf eine Wurzel ie. **leubh-* 'gern haben, begehren, lieb', auch 'gutheißen, loben' und (im Germ.) 'Zutrauen, Vertrauen, Glaube'. *lieb* hat im älteren Sprachgebrauch die allgemeinere Bedeutung ‘angenehm, erfreulich’, vgl. noch heute *es ist mir lieb*. – L i e b n. heute nur noch dichterisch für ‘Geliebte(r)’, bes. in der Fügung *mein Lieb*, ahd. *liob* n. (9. Jh.), mhd. *liep* ‘das Liebe, Angenehme, Erfreuliche, Freude, Geliebte(r)’, Substantivierung des Adjektivs; dazu das Deminutivum L i e b c h e n n. ‘Liebste, Geliebte, Schatz’ (15. Jh. *liebchin*). L i e b e f. ‘starkes Gefühl der Zuneigung, Barmherzigkeit, Mildtätigkeit’, auch als Objekt der Zuneigung ‘geliebte Person’, ahd. *liubī* (9. Jh.), *lioba* (11. Jh.), mhd. *liebe* ‘das Wohlgefallen, das man über oder durch etw. empfindet, das Liebsein, Freude, das Liebhaben, Freundlichkeit, Gunst’, dann (15./16. Jh.) in den heutigen Sinn übergehend, älteres, anstößig gewordenes *Minne* (s. d.) verdrängend. Abstraktbildung zum Adjektiv. l i e b e n Vb. ‘ein starkes Gefühl der Zuneigung empfinden, gern haben’, ahd. *liobōn* (8. Jh.), *liuben* (9. Jh.) ‘angenehm, lieb machen oder sein, empfehlen, begehren, wohltun’, mhd. *lieben* ‘angenehm, lieb machen, sein oder werden, gefallen, Freundlichkeit erweisen’; in heutiger Bedeutung seit dem 16. Jh. üblich, zuvor dafür mhd. *liep haben*, älteres *minnen* (s. d.) verdrängend. v e r l i e b e n Vb. refl. ‘von Liebe ergriffen werden, in Liebe entbrennen, liebgewinnen’ (2. Hälfte 16. Jh.), anfangs trans. ‘als angenehm anstreben, belieben’ (16. Jh.); V e r l i e b t h e i t f. (19. Jh.). l i e b e l n Vb. ‘mit der Liebe spielen, flirten’ (18. Jh.), zuvor ‘seine Liebe bezeugen, liebkosen, schmeicheln’ (16. Jh.); Iterativum zu *lieben*. l i e b l i c h Adj. ‘anmutig, reizvoll, entzückend, hübsch und zart, heiter und freundlich’, ahd. *liublīh* (8. Jh.), mhd. *lieplich* ‘freundlich, angenehm’; vgl. ahd. *liublīhho* Adv. ‘freundlich, zärtlich’ (9. Jh.). L i e b l i n g m. ‘Geliebte(r), vor allen geliebte, bevorzugte, begünstigte Person’ (17. Jh.), anfangs im Sinne von ‘Günstling’ (eines Fürsten). L i e b s c h a f t f. ‘Liebesverhältnis’, mhd. *liebeschaft*, *liepschaft*. l i e b e n s w e r t Adj. ‘von gewinnender Art, sympathisch’ (17. Jh.). l i e b e n s w ü r d i g Adj. ‘freundlich, höflich, zuvorkommend’ (18. Jh.), zuvor *Liebens würdig* (Opitz), vermutlich Wiedergabe von nl. *liefwaardig*. L i e b e s e r k l ä r u n g f. ‘Geständnis der Liebe’ (18. Jh.). L i e b h a b e r m. ‘Mann, der mit einer Frau ein Liebesverhältnis hat, Geliebter einer Frau’ (oft abschätzig), auch ‘Mann, der eine Frau liebt und sich um sie bewirbt, wer für etw. eine Vorliebe hat, Amateur’, mhd. *liephaber* ‘Liebender, Freund, Anhänger’, gebildet zu mhd. *liep haben*; L i e b h a b e r e i f. ‘aus Neigung, Freude an der Sache ausgeübte Tätigkeit, Steckenpferd’ (Adelung 1777). l i e b l o s Adj. ‘unfreundlich, herzlos’, mhd. *liebelōs* ‘ohne Liebe, freudlos’. L i e b r e i z m. ‘Anmut, reizendes Aussehen, bezauberndes Wesen, Grazie, Charme’, l i e b r e i z e n d Adj. (beide 17. Jh.).

Liebstöckel n. m. als Würz- und Arzneipflanze angebautes Doldengewächs. Lat. *ligusticum*, eigentl. ‘aus Ligurien (*Liguria*) stammende Pflanze’, ist substantiviertes Neutr. des Adjektivs lat. *Ligusticus* ‘ligurisch’. Der Name wird schon früh vielfach umgebildet, vgl. mlat. *levisticum*, *livisticum*, *lubisticum* (letzteres vielleicht unter dem Einfluß von germ. **lubja-*, ahd. *lubbi* ‘Gift’). Die daraus entlehnten dt. Formen wie ahd. *lubistecko* (10. Jh.), *lubisteck*, *-stic*, *-stoc* (11. Jh.), *lubisteckal*, *-stehhal* (10. Jh.), *-stickil* (um 1100), *-steckil* (Hs. 12. Jh.), *-stuchel* (Hs. 14. Jh.) sind wohl teils an ahd. *luba* ‘Liebe’ (nur einmal bezeugt im 8. Jh., doch vgl. aengl. *lufu*, engl. *love* sowie got. *brōþrulubō* ‘Bruderliebe’), teils an ahd. *stecko*, *stehho* ‘Stock, Stecken, Pfahl’ (s. *Stecken*), ahd. *stihhil* ‘Stachel, Spitze, Pfahl’ (s. *Stichel*) und ahd. *stoc* (s. *Stock*) angeglichen und danach weitergebildet, mhd. *lubestechil*, *laubstickel*, *lobestikkel*. Aus Formen wie mhd. *lübestecke(l)* entstehen nach Entrundung des *ü* zu *i* und in Anlehnung an frühnhd. *liep* ‘lieb’ im 15. Jh. Formen wie *Liebstück*, *Liebstuckel*, *Liebstockel* und *Liebstöckel*. Vgl. Frings/M. Germania Romana 2 (1968) 304ff.

Lied n. ‘mit einer Melodie versehenes (lyrisches) Gedicht’, ahd. *liod* (8. Jh.), mhd. *liet* ‘Lied, Gesangsstrophe, Epos, Lehrgedicht, Abschnitt daraus’, asächs. *lioð*, mnl. *liet*, nl. *lied*, aengl. *lēoþ* ‘Lied’, anord. *ljōð* ‘Strophe, Lied’, got. *-liuþ* in *awiliuþ* ‘Dank, Danksagung’. Herkunft unbekannt. Die ursprüngliche Bedeutung scheint ‘Lob-, Preislied’ gewesen zu sein; vgl. die Denominativa ahd. *liudōn* ‘singen, vortragen, ertönen’ (8. Jh.), anord. *ljōða* ‘dichten, singen’, got. *liuþōn* ‘lobsingen’, ahd. *liudāri* ‘Sänger (von Preisliedern)’ (8. Jh.), got. *liuþareis*. Zugrunde liegt vielleicht die *t*-Erweiterung einer Schallwurzel ie. **lĕu-*, **lău-*, deren Ansatz sich allerdings nur auf den Vergleich mit (*d*-Erweiterung aufweisendem) lat. *laus* (Gen. *laudis*) 'Lob, Anerkennung, Achtung', *laudāre* 'loben, preisen' und den Hinweis auf die Schallwurzel ie. **lā-* (s. *lallen*, *Lamento*) neben ie. **lē-* stützt. Oder liegt Dentalbildung zu ie. **leubh-* 'gern haben, begehren, lieb', auch 'gutheißen, loben' (s. *lieb*, *loben*) vor? Vgl. SCHWARZ in: Festschr. Trier (1954) 434ff.

liederlich Adj. 'unordentlich, leichtfertig, ausschweifend', spätmhd. *liederlich* 'leicht und zierlich in Wuchs und Bewegung', frühnhd. 'leicht, geringfügig, unwichtig' (15. Jh.), 'leichtfertig, ausschweifend' (16. Jh.), etymologisierend (z. B. von Stieler) fälschlich mit *Luder* verbunden und oft *lüderlich* geschrieben; mnd. *līderlīk* 'tragbar, annehmbar', aengl. *lȳþerlic* 'schlecht, gemein', zu aengl. *lȳþre* 'elend, schlecht, gemein'. Mit einer Ausgangsbedeutung 'schlaff, schwach' wohl verwandt mit *lottern*, *schlottern*, *Schleuder* (s. d.) und wie diese auf eine Dentalerweiterung ie. **(s)leut-*, **(s)lūt-* der Wurzel ie. **(s)leu-*, **(s)lū-* 'schlaff herabhängen, schlaff' (s. *schlummern*) zurückzuführen. – L i e d e r l i c h k e i t f. 'Unachtsamkeit, Leichtsinn, zu große Freigebigkeit' (15. Jh.). L i e d e r j a n m., auch *Liedrian* 'liederlicher Mensch' (Mitte 19. Jh., omd.), zu *Jan*, *Jahn*, Kurzform von *Johann*.

liefern Vb. 'bestellte Ware an einen vereinbarten Ort bringen, zustellen, produzieren, erzeugen'. Aus der hanseatischen Kaufmannssprache wird *li(e)vern* (um 1400), *li(e)bern*, *li(e)fern* (15. Jh.) ins Hd. aufgenommen. Vorauf geht mnd. (Mitte 14. Jh.), mnl. *lēveren* 'liefern', das aus gleichbed. afrz. *livrer* (dazu s. *Livree*) entlehnt ist. Zugrunde liegt lat. *līberāre* 'frei-, losmachen, befreien' (zu lat. *līber* 'frei'), mlat. auch '(fort)schicken' sowie 'geben, aushändigen, ausliefern, leisten, spenden'. – a b l i e f e r n Vb. 'abgeben, pflichtgemäß überreichen, aushändigen'; A b l i e f e r u n g f. (beide 17. Jh.). a u s l i e f e r n Vb. 'Waren zum Verkauf ausgeben, verteilen, jmdn. der zuständigen Gerichtsbarkeit übergeben'; A u s l i e f e r u n g f. (beide 17. Jh.). ü b e r l i e f e r n Vb. 'an spätere Generationen mündlich oder schriftlich weitergeben' (18. Jh.), älter (heute selten) 'in jmds. Gewalt übergeben, ausliefern, preisgeben' (15. Jh.); Ü b e r l i e f e r u n g f. 'das aus der Vergangenheit Überlieferte, von früher her Erhaltene, überkommener Brauch, Tradition' (18. Jh.), älter (heute selten) 'Übergabe, Auslieferung' (16. Jh.). L i e f e r a n t m. 'wer anderen Waren liefert' (17. Jh.); die mit der Endung bestimmter aus dem Lat., Frz. oder anderen roman. Sprachen stammender Wörter (vgl. die älteren kaufmännischen Ausdrücke *Negoziant* 'Kaufmann', *Partizipant* 'Teilhaber', *Trafikant* 'Handelsmann') versehene Bildung zu *liefern* setzt sich gegen gleichaltriges *Lieferer* (Stieler 1691) durch. L i e f e r u n g f. 'das Liefern einer bestellten Ware, die gelieferte Ware' (Anfang 16. Jh.), dann auch 'Teil eines nach und nach erscheinenden Buches, Heft, Faszikel'.

liegen Vb. 'sich (in waagerechter Lage) befinden, der Länge nach ausgestreckt sein'. Das gemeingerm. starke Verb ahd. *liggen* (um 800), mhd. *ligen*, asächs. *liggian*, mnd. *lig(g)en*, mnl. *ligghen*, nl. *liggen*, aengl. *licgan*, engl. *to lie*, anord. *liggja*, schwed. *ligga*, got. (ohne *j*-Präsens) *ligan*, im germ. Bereich verwandt mit *Lage*, *Lager*, *Gelichter* (s. d.) und den kausativen Verben *legen*, eigentl. 'liegen machen', und [2]*löschen*, eigentl. 'sich legen machen', sowie [1]*löschen*, eigentl. 'sich legen' (s. d.), setzt mit griech. *léchos*, *léktron* (*λέχος*, *λέκτρον*) 'Lager, (Ehe)bett', *lóchos* (*λόχος*) 'das Lagern, Kindbett', gewöhnlich 'Hinterhalt, (die im Hinterhalt liegende) Schar', lat. *lectus* 'Lagerstatt, Bett', air. *lige* 'Bett, Lager', *laigid* 'legt sich', gall. *legasit* 'legte', lit. *(pa)lė́gti* 'niederlegen, schwächlich, kränklich werden', *palė̃gȳs* 'Bettlägerigkeit', aslaw. *ležati*, russ. *ležát'* (*лежать*) 'liegen', aslaw. *lešti*, russ. *leč'* (*лечь*) 'sich hin-, niederlegen', aslaw. *lože* 'Lager, Bett' eine Wurzel ie. **legh-* '(sich) legen, liegen' voraus. – a b l i e g e n Vb. 'in einigem Abstand, entfernt liegen, entlegen sein' (15. Jh.), (landschaftlich) 'durch Lagern oder Liegen an Güte zunehmen, ablagern' (16. Jh.); dazu a b g e l e g e n Part.adj. 'fern, abseits gelegen, entfernt, entlegen' (16. Jh.). a n l i e g e n Vb. 'eng am Körper sitzen, wichtig sein, am Herzen liegen, zur Bearbeitung anstehen, jmdn. bewegen, beschäftigen, mit etw. behelligen, beigefügt sein, daneben liegen, benachbart sein', ahd. *analiggen* 'liegen, lasten auf, vorliegen, jmdn. bestürmen, sich erheben, sich jmds. bemächtigen' (9. Jh.), mhd. *aneligen* 'lasten auf, angelegentlich bitten, antreiben, bevorstehen'; substantiviert A n l i e g e n n. 'Angelegenheit, die einen betrifft, Bitte, Wunsch' (15. Jh.); A n l i e g e r m. 'Anwohner, Angrenzer' (19. Jh.); a n g e l e g e n Part.adj., bes. in der Wendung *sich etw. angelegen sein lassen* 'sich um etw. kümmern, bemühen' (um 1400), zu *anliegen* im Sinne von 'wichtig sein, am Herzen liegen'; A n g e l e g e n h e i t f. 'Sache, Fall, Affäre' (17. Jh.); a n g e l e g e n t l i c h Adj. 'nachdrücklich, eindringlich, eifrig' (16. Jh.), ursprünglich zu *angelegen*, doch schon von Anfang an, wohl unter Einfluß von *gelegentlich* (s. d.), mit sekundärem *t*, zuweilen (im 17. Jh.) noch *angelegenlich*. u n t e r l i e g e n Vb. 'besiegt, bezwungen werden, einer Sache ausgesetzt, unterworfen sein', ahd. *untarliggen* (um 800), mhd. *underligen* 'nach unten zu liegen kommen, sich unterwerfen, unterworfen sein'. L i e g e f. 'gepolstertes Möbel ohne Lehnen zum Liegen' (1. Hälfte 20. Jh.). L i e g e n s c h a f t f. 'Grundstück, Grundbesitz, Immobilien' (Anfang 19. Jh.), älter *liegendes Gut*, *liegende Güter*.

Lift m. 'Aufzug', Übernahme (1889) von gleichbed. engl. *lift*, das zum Verb *to lift* (s. unten) gehört; dazu L i f t b o y m. (um 1900), vgl. (vereinzelt) engl. *liftboy*, zu engl. *boy* 'Junge, Bursche, Bediensteter'. – l i f t e n Vb. 'heben', speziell in der kosmetischen Chirurgie 'alternde, erschlaffende Haut heben, straffen', in der Technik 'Lasten in die Höhe heben' (beide Mitte 20. Jh.), älter in der Seemannssprache (belegt seit etwa 1900, doch wohl älter); Entlehnung von engl. *to lift* 'auf-, empor-, hochheben, in die Höhe heben, sich (in die Luft) erheben', mengl. *liften*, entlehnt aus anord. *lypta* 'hochheben'; verwandt mit *Luft*, [1]*lüften* (s. d.).

Liga f. 'Bund, Bündnis', Übernahme (15. Jh.) von gleichbed. span. *liga*, zu span. *ligar* 'binden, verbinden, vereinigen', dem lat. *ligāre* 'binden, an-, festbinden, verbinden, vereinigen' vorausgeht (s. auch *Ligatur*). Im 16. und 17. Jh. wird *Liga* bes. als Bezeichnung politisch-konfessioneller Bündnisse bekannt, vgl. *Heilige Liga* (1538, nach ital. *lega santa*), *Katholische Liga* (1609; Zusammenschluß fast aller katholischen Reichsstände gegen die protestantische Union). Später wird *Liga* von Ausdrücken wie *Allianz* und *Koalition* (s. d.) verdrängt, in neuerer Zeit jedoch wieder aufgenommen, vgl. *Arabische Liga*, auch *Liga der Arabischen Staaten* (1945, engl. *Arab League*). Im Sport ist *Liga* eine Spielklasse innerhalb der leistungsgerechten Gruppeneinteilung bes. von Ballspielvereinen (Ende 19. Jh.), meist in Zusammensetzungen wie *Ober-*, *Bundesliga*.

Ligatur f. im Buchdruck 'Verbindung von zwei Buchstaben zu einer Drucktype' (18. Jh.), in der Musik 'aus zusammengehörigen Notengruppen gebildete Notenfigur, Zusammenziehung zweier durch Bogen verbundener Noten gleicher Tonhöhe zu einem Ton' (18. Jh.), in der Medizin 'Abbindung, Unterbindung von Blutgefäßen zur Stillung des Blutes bei Verletzungen und Operationen' (16. Jh.), gelehrte Entlehnung aus spätlat. *ligātūra* 'Band, Verband, Amulett, Bündel', übertragen 'die Wendungen und Verschlingungen der Körper' (bei Ringenden), zu lat. *ligāre* 'binden, an-, festbinden, verbinden, vereinigen'.

Liguster m. zu den Ölbaumgewächsen gehörender Strauch mit glänzenden Blättern, weißen Blütenrispen und schwarzen Beeren, oft zur Anlage von Zierhecken verwendet, 'Rainweide', entlehnt (Ende 18. Jh.) aus lat. *ligustrum*, dessen weitere Herkunft nicht geklärt ist. Vielleicht (wie *Liebstöckel*, s. d.) auf den Landschaftsnamen lat. *Liguria* bzw. das zugehörige Adjektiv *Ligusticus* 'ligurisch' zurückzuführen.

liieren Vb. meist refl. 'sich eng verbinden, vereinigen, eine Liebschaft eingehen', oft in der Fügung *liiert sein* 'ein Liebesverhältnis haben', entlehnt (Ende 18. Jh.) aus gleichbed. frz. *lier*, das über afrz. *loier*, *leier* auf lat. *ligāre* 'binden, an-, festbinden, verbinden, vereinigen' zurückgeht. – L i a i s o n f. 'Verbindung, Liebesverhältnis, Liebschaft', Übernahme (19. Jh.) von gleichbed. frz. *liaison*, das entweder aus lat. *ligātio* (Gen. *ligātiōnis*) 'das Binden, Verbindung' entwickelt (vgl. aprov. *liazon* 'Art, sich zu kleiden', afrz. *loison* 'das Verbinden von Halbsäulen zu einem Pfeiler') oder neu von frz. *lier* (s. oben) abgeleitet ist.

Likör m. gesüßtes alkoholisches Getränk mit aromatischen Zusätzen, Entlehnung (Anfang 18. Jh.) von gleichbed. frz. *liqueur* f. (eigentl. 'Flüssigkeit', dann 'Alkoholgehalt und Süße des Weins', vgl. *vin de liqueur*, Ende

17. Jh.; schließlich 'süßer, sehr alkoholhaltiger Wein, stark alkoholisches Getränk'), anfangs in frz. Schreibweise (meist Plur. *Liqueurs*). Zugrunde liegt lat. *liquor* 'Flüssigkeit, flüssige Substanz', das wie lat. *liquidus* 'flüssig, fließend' (s. *liquidieren*) zu lat. *liquēre* 'flüssig sein' gehört. *Liquor* m. ist als Fachwort der Chemie und Arzneikunde schon im 16. Jh. zur Bezeichnung von Lösungen, flüssigen Arzneimitteln üblich. Das mask. Genus des älteren *Liquor* ist auf die jüngere Entlehnung *Likör*, das im Frz. fem. Geschlechts ist, übergegangen.

lila Adj. 'fliederfarben, rosaviolett'. Dem im 19. Jh. auftretenden unflektierten Farbadjektiv *lilas*, *lila* gehen die Zusammensetzungen *lilasfarben*, *lil(l)afarb* (18. Jh.) voraus. Zugrunde liegt frz. *lilas* (älter *lilac*) 'Flieder, Fliederblütenfarbe', seit der 2. Hälfte des 18. Jhs. auch adjektivisch verwendet (frz. *lilas* 'von der Farbe der Fliederblüten'). Auch das frz. Substantiv wird im 18. Jh. ins Dt. entlehnt und ergibt L i l a n. 'Fliederblütenfarbe', älter auch *Lilla* und (bis ins 19. Jh.) *Lilas*. Der Name des über Südosteuropa nach Mitteleuropa eingeführten Zierstrauchs (s. *Flieder*) stammt aus arab. *līlāk*, das über pers. *līlāğ* auf aind. *nīlaḥ* 'dunkelfarbig, (dunkel)blau, schwarz' (vgl. aind. *nīlī* 'Indigopflanze', s. *Anilin*) zurückgeht.

Lilie f. artenreiche Pflanze mit großen weißen oder auch farbigen trichterförmigen Blüten, ahd. *lilia* f. (um 800), *lilio* m. (um 1000), mhd. *lilje* f. m. gehen mit Verkürzung der Tonsilbe auf den Plural lat. *līlia* zurück. Lat. *līlium* n. (Sing.) und griech. *lē̆irion* (*λείϱιον*) 'Lilie' stammen wohl unabhängig voneinander aus einer Sprache der östlichen Mittelmeerländer, vielleicht aus dem Ägypt.

Liliputaner m. 'Mensch von zwergenhaftem Wuchs' (Ende 18. Jh.), älter *Lilliputianer* (1727), *Lilliputer* (Mitte 18. Jh.), aus engl. *Lilliputian*, eigentl. 'Bewohner von Liliput', dem Zwergenland aus „Gulliver's Travels" (1726), einem satirischen Roman des engl. Schriftstellers J. Swift. – l i l i p u t a n i s c h Adj. 'sehr klein, zwergenhaft' (Ende 18. Jh.), engl. *Lilliputian* Adj. (1726), im Dt. zuerst *lilliputisch* (1727).

limitieren Vb. 'begrenzen, beschränken, einschränken' (bes. den Preis, den Umfang), um 1600 entlehnt aus frz. *limiter* 'abgrenzen, bestimmen, festsetzen' oder gleichbed. lat. *līmitāre* (zu lat. *līmes*, s. unten). – L i m i t n. 'Begrenzung, festgelegte Grenze', speziell für Preisfestsetzungen 'Preisgrenze', im Sport 'festgelegte Grenze des Gewichts, der Zeit', Entlehnung (Ende 19. Jh.) von engl. *limit* (das über afrz. mfrz. *limite* 'Grenze' auf lat. *līmes*, Gen. *līmitis*, s. unten, zurückzuführen ist). Vorauf geht (bes. in der Kaufmannssprache) *Limito* (Anfang 18. Jh.), das ital. *limito*, einer älteren Nebenform von ital. *limite*, entspricht, sowie *Limitum*, auch gekürzt *Limit* (1. Hälfte 19. Jh.), entsprechend spätlat. *līmitum* 'Begrenzung, Grenze'. Zugrunde liegt lat. *līmes* (Gen. *līmitis*) 'Querweg, Rain, Grenzlinie, Weglinie, (Feld)weg, Straße' (aus lat. *līmus* 'schief, quer, schielend' und einem nur in Zusammensetzungen auftretenden Nomen agentis zu lat. *īre* 'gehen', also eigentl. 'Quergang'), dann die durch Kastelle und Wälle geschützte Grenzlinie des röm. Imperiums, bes. der germ.-rätische Limes vom Rhein bis zur Donau und der britannische an der Nordgrenze der röm. Provinz Britannia, nhd. L i m e s m. (seit dem 19. Jh. in dt. Texten).

Limonade f. 'Erfrischungsgetränk aus Fruchtsaft oder -essenz, Zucker und meist kohlensäurehaltigem Wasser', bis ins 19. Jh. nur 'Zitronenwasser' und in diesem Sinne Übernahme (Ende 17. Jh.) von frz. *limonade*, einer Ableitung von frz. *limon* 'Zitrone', das wie gleichbed. span. *limón*, ital. *limone* über arab. Vermittlung auf pers. *limun* 'Zitrone, Zitronenbaum' zurückgeht. Neben *Limonade* findet sich anfangs (um 1700) die Form *Limonada*, wohl nach gleichbed. span. *limonada* oder ital. *limonata*. Auf Entlehnung von afrz. *limon* bzw. ital. *limone* beruht seit dem 14. Jh. im Dt. nachweisbares spätmhd. (md.) *limon*, nhd. *Limone* als ältere Bezeichnung für *Zitrone* (s. d.), das noch heute in obd. Mundarten und im Öst. gebräuchlich ist.

Limousine f. 'geschlossener Personenkraftwagen mit festem Verdeck', Übernahme (Anfang 20. Jh.) von gleichbed. frz. *limousine*, eigentl. 'weiter, großer Mantel aus grober Wolle', wie er von Fuhrleuten in der frz. Landschaft *Limousin* getragen wurde. Die Übertragung vergleicht den geschlossenen Wagen mit dem schützenden Fahrermantel.

Linde f. Laubbaum, ahd. *linta* (9. Jh.), mhd. *linde*, *linte*, mnd. *linde*, mnl. *linde*, *lende*, nl. *linde*, asächs. *lindia*, aengl. *lind(e)* (auch ‘Schild’), engl. *linden* ‘Linde’, anord. *lind* ‘Linde, Schild, Speer (aus Lindenholz)’, schwed. *lind*. Dazu vgl. auch nhd. (mundartlich) *Lind* ‘Bast’, mnd. *lint* ‘flaches Band’, anord. *lindi* ‘Gürtel (aus Lindenbast)’. Außergerm. sind verwandt lit. *lentà* ‘Brett, Tafel, Platte’ (wohl aus Lindenholz), russ. (landschaftlich) *lut*, *lut’* (*лут*, *лутъ*) ‘Bast, Lindenrinde’, (älter) *lut’ë* (*лутьё*) ‘zum Abschälen tauglicher junger Lindenwald’, poln. (landschaftlich) *lęt* ‘Gerte’. Geht man davon aus, daß die Linde nach ihrem weichen Holz oder biegsamen Bast (früher von Lindenästen und -stämmen als Bindematerial gewonnen) benannt ist, kann der Name mit *lind* (s. d.) verbunden und an ie. **lent-* ‘biegsam, nachgebend’ angeschlossen werden. S. auch wahrscheinlich mit *Linde* verwandtes *Geländer*. – Lindenbaum m. (16. Jh.). Lindenblatt n., mhd. *lindenblat*.

lind(e) Adj. ‘der Empfindung wohltuend, mild, sanft, weich’, ahd. *lind(i)* (8. Jh.), mhd. *linde*, *lint*, mnd. *linde*, mit *n*-Ausfall und Vokaldehnung asächs. *līði*, aengl. *līþe*, engl. *lithe* ‘biegsam, geschmeidig’ führen mit aind. *latā* (aus **l̥ntā*) ‘Schlingpflanze, -gewächs’, lat. *lentus* ‘biegsam, träge, langsam, geduldig’, kymr. *llathr* ‘glatt, glänzend’ auf ie. **lent-* ‘biegsam, nachgebend’. S. *Linde*, *Lindwurm*. – gelind(e) Adj. ‘mild, sanft, weich, lieblich, leicht’, verstärktes *lind(e)*, mhd. *gelinde*. lindern Vb. ‘mildern, erleichtern, besänftigen’ (15. Jh.); dazu Linderung f. (16. Jh.).

Lindwurm m. großes, ungefüges Fabeltier, meist vorgestellt als schlangenähnlicher, geflügelter oder ungeflügelter Drache (Fafnir, der Wächter des Nibelungenschatzes, fliegt nicht), ahd. *lintwurm* (9. Jh.), mhd. *lintwurm* (auch *lint(t)rache*), anord. *linnormr* ist eine tautologische Zusammensetzung zweier gleichbed. Substantive. Ahd. *lint* (Hs. 13. Jh.), anord. *linnr*, *linni* ‘Schlange’ gehört zu ahd. *lindi* ‘weich, zart, nachgiebig’ und damit zu ie. **lent-* ‘biegsam, nachgebend’ (s. *lind*), so daß der Schlangenname als ‘sich Biegender, Windender’ zu deuten ist. Zur Verdeutlichung wird dem im Ahd. und Anord. nur selten gebrauchten Substantiv ahd. *wurm*, anord. *ormr* ‘Schlange, Wurm’ (s. *Wurm*) bzw. mhd. *trache* (s. *Drache*) als Grundwort angefügt.

Lineal n. ‘schmale Leiste zum Linienziehen’. Aus der substantivierten neutralen Form des Adjektivs lat. *līneālis* ‘aus Linien bestehend, aus Linien gemacht’ wird im 15. Jh. *Lineal* entlehnt; früher bezeugtes mhd. *liniere* stammt dagegen aus dem Neutrum von lat. *līneārius* ‘zur Linie gehörig’. Zum Grundwort der Adjektive s. *Linie*.

-lings adverbienbildendes Formans, im älteren Nhd. und in den Mundarten recht produktiv. Nur wenige dieser Ableitungen (in der Regel von einer nominalen Basis) sind heute noch allgemein sprachüblich; sie dienen der modalen Kennzeichnung einer Handlung (vgl. *blindlings*, *jählings*, *meuchlings*, *rittlings*), gelegentlich darüber hinaus auch der Richtungsangabe (bes. im Anschluß an Körperteilbezeichnungen, vgl. *bäuchlings*, *rücklings*, früher ebenso *ärschlings*, *häuptlings*, *köpflings* u.ä.). Neben *-lings* (mit der verbreiteten, aus erstarrten Genitiven übernommenen Adverbendung *-s*), das auf hd. Boden seit Anfang des 15. Jhs. bezeugt ist und vielleicht auf nd. Einfluß beruht (vgl. bereits mnd. *körtelinges* ‘kürzlich’, *ruggelinges* ‘rücklings’, *willinges* ‘absichtlich’ u.a.), finden sich im Frühnhd. (namentlich obd.) die Formen *-ling*, *-lingen*; sie setzen mhd. *-lingen* (z.B. in *niuwelingen* ‘kürzlich’, *rückelingen* ‘rücklings’, *vinsterlingen* ‘im Finstern’), ahd. *-lingūn*, *-lingon* (z.B. in *arselingūn* ‘rücklings’, *blintilingon* ‘blindlings’, *stuzzelingūn* ‘planlos’) fort. Daß das *l* dieses Wortbildungselements erst sekundär angetreten ist (wohl analog zu Ableitungen, die zum Wortstamm gehörendes *-l-* enthalten, vgl. etwa ahd. *hālingon*, *-un* ‘heimlich’, *ītalingūn* ‘vergeblich’, zu *Hehl* bzw. *eitel*, s. d.), zeigen die in früher Zeit gleichermaßen nachweisbaren Adverbien auf ahd. *-ingūn*, *-ingon* (z.B. ahd. *arawingūn*, *ardingūn* ‘umsonst, grundlos’, *fāringūn* ‘plötzlich, aus dem Hinterhalt’), mhd. (selten) *-ingen* (z.B. *væringen* ‘aus dem Hinterhalt’); vgl. entsprechendes asächs. *-ungo*, mnd. *-ingen*, *-inges*, aengl. *-unga*, *-inga*, got. *-iggō*. Diese Adverbialsuffixe haben offenbar in nominalen Flexionsformen ihren Ursprung. Im Kern stimmen sie wahrscheinlich überein mit dem bei maskulinen Substantiven vorkommenden, die Zugehörigkeit ausdrückenden Morphem germ. *-inga-*, *-unga-*, das in ahd. *-(l)ing*, mhd. *-(l)inc*, nhd. *-(l)ing* begegnet (z.B. *Fremdling*, *Häuptling*, *Jüngling*, *Lehrling* sowie *Hering*, *König*, *Pfennig*).

Linguist m. 'Sprachwissenschaftler', gelehrte Neubildung (Ende 16. Jh.) zu lat. *lingua* 'Zunge, Rede, Sprache', anfangs vornehmlich im Sinne von 'Sprachkenner'. Der Ausdruck bleibt im Dt. (im Unterschied zu seinen Entsprechungen engl. *linguist*, 16. Jh., frz. *linguiste*, 17. Jh.) lange Zeit selten, wird im 19. Jh. öfters für 'Sprachforscher' (bes. 'Vertreter der vergleichenden Sprachwissenschaft') gebraucht, gewinnt aber erst im 20. Jh. an Verbreitung. – L i n g u i s t i k f. 'Sprachwissenschaft' (18. Jh.); vgl. engl. *linguistics* Plur. (älter auch *linguistic* Sing.), frz. *linguistique* (beide 19. Jh.).

Linie f. 'längerer (gerader, gekrümmter) Strich, (gedachte) strichartige Bahn', ahd. *linna* (um 1000), mhd. *linie*, entlehnt aus lat. *līnea* 'Leine, leinener Faden, Schnur, Strich', dem substantivierten Femininum des Adjektivs *līneus* 'aus Lein, aus Flachs, leinen, batisten', zu lat. *līnum* 'Lein, Flachs, Faden, Schnur, Leinwand, Segel, Netz' (s. *Lein*). Anfangs bezeichnet lat. *līnea* (verkürzt aus *līnea restis* 'Schnur aus Leinen') den gespannten leinenen Faden, mit dessen Hilfe gerade Striche gezogen werden, dann diesen Strich selbst. *Linie* wird vielfach übertragen gebraucht und steht im Sinne von 'Reihenfolge der Generationen, Verwandten, Ahnenreihe' (16. Jh.) nach den genealogischen Linien auf den zeichnerischen Darstellungen von Stammbäumen (entsprechend mlat. *linea*), seemännisch für 'Äquator' (17. Jh.), militärisch für 'Schlachtreihe des Heeres oder der Flotte, Front, Kampfgebiet mit den Stellungen der kämpfenden Truppen' (18. Jh.). – l i n i (i) e r e n Vb. 'mit Linien versehen' (15. Jh.), lat. *līneāre* 'nach der Richtschnur richten', mlat. 'mit einer Linie unterstreichen'. -l i n i g 'in Linien bestehend, mit Linien gemacht', nur in Zusammensetzungen wie g e r a d l i n i g Adj. und k r u m m l i n i g Adj. (beide 18. Jh.), älter *geradelinicht*, *geradlinisch*, *krummlinisch* (17. Jh.); vgl. das Simplex *linig* 'Linien habend' (um 1500). l i n e a r Adj. 'geradlinig, linienförmig', auch 'zeichnerisch' (im Unterschied zu *malerisch*), in der Mathematik 'eindimensional, nur der Länge nach ausgedehnt', fachsprachlich 'gleichmäßig verlaufend' (Anfang 19. Jh.); lat. *līneāris* 'aus Linien bestehend'.

link Adj. (nur attributiv, *der linke*, *ein linker*) 'auf der Seite befindlich, die beim Menschen die Seite des Herzens ist', *linke* ('innere, untere') *Seite* (von Stoffen, Wäschestükken), übertragen 'ungeschickt, unbeholfen', politisch 'zur Linken gehörend' (s. unten *Linke*), mhd. *linc*, *lenc* 'link, linkisch, unwissend', mnd. nl. *link*, dazu ahd. *lenka* 'die Linke, linke Hand' (8. Jh.). Herkunft ungewiß. Mit schwed. (mundartlich) *slinka* 'lose hängen, schlottern', (älter) *linka* 'hinken, lahm gehen', aind. *laṅgaḥ* 'lahm' zu ie. **(s)leng-*, einer nasalierten Form der unter *Laken* (s. d.) angegebenen Wurzel ie. **(s)lĕg-* 'schlaff, matt sein'? Oder im Sinne von 'gebogen, schief' (im Gegensatz zu *recht* 'gerade', s. d.) verwandt mit *lenken*, *Gelenk* (s. d.)? Mhd. *linc* verdrängt ahd. *winistar* (8. Jh.), auch substantiviert 'die Linke', mhd. *winster* 'link', wozu asächs. *winistar*, aengl. *winstre*, afries. *winstere*, anord. *vinstri*, schwed. *vänster*, dän. *venstre* 'link'. Dies gehört mit ahd. *wini* 'Freund' sowie *Wonne*, *wohnen*, *Wunsch*, *gewinnen* (s. d.) und aind. *vā́maḥ* 'link' (neben *vāmáḥ* 'wert') als Komparativbildung (ie. **u̯enistro-*) im Sinne von 'auf der günstigeren, besseren Seite' (euphemistisch gebraucht, die wahre Überzeugung verdeckend) zur Wurzel ie. **u̯en(ə)-* 'streben', dann 'wünschen, lieben, befriedigt sein'. – L i n k e f. 'linke Hand', ahd. *lenka* (s. oben), frühnhd. *linke*; seit dem 19. Jh. auch 'politische Gruppierung, Strömung, Partei (in einem parlamentarischen Staat), die den gesellschaftlichen Fortschritt vertritt oder zu vertreten für sich in Anspruch nimmt', im Anschluß an frz. *la gauche* 'die Linke', nach der Sitzordnung im Parlament, wo seit der frz. Restaurationszeit die fortschrittlichen Parteien ihre Plätze vom Präsidenten aus gesehen links innehatten. l i n k i s c h Adj. 'unbeholfen, ungeschickt' (15. Jh., *linkesch*, *linkes*, *linkiß*). l i n k s Adv. 'auf der linken Seite' (15. Jh.), 'politisch zur Linken gehörend' (19. Jh.), hervorgegangen aus dem Gen. Sing. des Adjektivs.

Linoleum n. Fußbodenbelag aus einer aus Leinöl, Harzen, Kork und Farbstoffen hergestellten und auf Jute aufgepreßten Masse, künstliche Bildung (1863) seines Erfinders, des Engländers Walton, nach einem der Bestandteile, dem Leinöl, zu lat. *līnum* 'Lein' und *oleum* 'Öl'.

Linse f. seit der Steinzeit in Mitteleuropa angebaute Hülsenfrucht und deren eßbare Samen, ahd. *linsī* (9. Jh.), *linsin* (11. Jh.), mhd.

lins(e). Der Name ist ungeklärter Herkunft. Vergleichbar sind lat. *lēns*, kslaw. *lęšta*, aruss. *ljača*, russ. (landschaftlich) *ljáščа* (лящa) und lit. *lę̃šis*. Da deren Lautformen sich nicht ohne weiteres verbinden lassen, wird jeweils unabhängige Entlehnung aus einer unbekannten nicht-ie. Sprache angenommen. Aus einer alten Sprache des Mittelmeergebiets, der Heimat der Pflanze? Seit dem 18. Jh. gilt *Linse* auch für ein 'geschliffenes, in der Form dem Linsensamen ähnliches Glas' für optische Geräte. Dazu l i n s e n Vb. umgangssprachlich 'genau hinsehen, spähen, verstohlen blicken' (20. Jh.).

Lippe f. 'Rand der Mundöffnung' gelangt im 16. Jh. aus dem Nd.-Md. durch Luthers Einfluß in die nhd. Literatursprache und verdrängt verwandtes gleichbed. L e f z e f., das heute nur noch für 'Tierlippe' verwendet wird. Spätmhd. (md.) mnd. mnl. *lippe*, aengl. aschwed. *lippa*, engl. nl. *lip* führen auf mask. oder fem. *j*-Stämme (im wesentlichen germ. **lepjan-*, **lepjōn*). Demgegenüber sind ahd. *lefs* 'Lippe' (um 800), *lefse* (Hs. 12./13. Jh.), *lefz* (Hs. 13./14. Jh.) und mhd. *lefs(e)* mit vielen Varianten ebenso wie ahd. *leffur* 'Lippe' (8. Jh.), anfrk. *lepor* Umbildungen eines alten *s*-Stammes. Alle Formen führen letztlich (etwa im Sinne von 'Hautlappen') auf eine Wurzel ie. **lĕb-*, **lŏb-*, **lăb-* 'schlaff herabhängen(d)' (s. *Lappen*), zu der auch lat. *labium* 'Lippe' (s. *labial*) gehört. – L i p p e n l a u t m. 'mit Hilfe der Lippen gebildeter Laut, Labial' (18. Jh.).

liquidieren Vb. 'abrechnen, berechnen, Kosten aufstellen und fordern', um 1600 als Terminus der Kaufmannssprache entlehnt aus ital. *liquidare* '(eine geschäftliche Abrechnung) in Ordnung bringen, klarstellen, auflösen', älter 'flüssig machen', spätlat. *liquidāre* 'verflüssigen, schmelzen', zu ital. *liquido*, lat. *liquidus* 'flüssig, fließend, klar, rein'. Danach auch '(ein Unternehmen, eine Gesellschaft, ein Geschäft) auflösen und die damit verknüpften Verbindlichkeiten abwickeln' (19. Jh.), übertragen 'beseitigen, tilgen', auch (bes. aus politischen Gründen) 'umbringen, töten' (20. Jh.). – L i q u i d a t i o n f. 'Rechnungsaufstellung, Abrechnung' (um 1600), 'Geschäftsauflösung, Konkurs' (19. Jh.), 'Beseitigung, Ermordung' (20. Jh.), wohl latinisiert (vgl. mlat. *liquidatio*) nach ital. *liquidazione*, woraus auch frz. *liquidation*.

lispeln Vb. 'beim Sprechen mit der Zunge anstoßen', frühnhd. *lispeln*, seit dem 16. Jh. auch 'flüstern' (vgl. dichterisch *lispelnder Wind*, *lispelnde Bäume*), ist eine Weiterbildung zu lautmalendem ahd. *lispēn* (9. Jh.), mhd. *lispen* 'stammeln, mit der Zunge anstoßen, flüstern'. Vergleichbar sind (im Sinne von 'lispeln, flüstern') mnd. *wlispen*, *wlispelen*, mnl. *lispen*, *lespen*, nl. *lispen*, *lispelen*, engl. *to lisp*, (mit anderem Stammsilbenvokal) dän. *læspe*, schwed. *läspa* und ähnliche lautmalende Bildungen wie ahd. *(h)wispalōn* (um 800), nhd. *wispeln*, aengl. *hwisprian*, engl. *to whisper*, nhd. (landschaftlich) *pispeln*, *blispern*; vgl. auch ahd. *lisp* (10. Jh.), aengl. *wlisp*, *wlips* 'stammelnd, lispelnd'.

List f. 'geschickte Täuschung, raffiniert ausgeklügelter Plan', ahd. (um 800), asächs. mhd. aengl. *list* 'Weisheit, Klugheit, Wissenschaft, Kunst, Lehre, Zauberkunst, Schlauheit, Verschlagenheit', mnl. nl. *list*, anord. *list* 'Kunstfertigkeit, Klugheit, gutes Benehmen', schwed. *list* 'List', got. *lists* 'Erfahrung, Kenntnis, Verschlagenheit' (germ. **listi-*), ablautende Abstraktbildung zu dem unter *lehren* (s. d.) angeführten Präteritopräsens (vgl. got. *lais* 'ich weiß'). Bereits früh entwickelt sich, ausgehend von 'Wissen, Kenntnis' (hinsichtlich Kriegsführung, Jagd, Handwerk, kultisch-magischer Dinge, Zauberei), die abschätzige Bedeutung 'Verschlagenheit, Finte, geschickte Täuschung'. – l i s t i g Adj. 'schlau, verschlagen, trickreich', ahd. *listīg* (8. Jh.), mhd. *listec*, *listic* 'weise, klug, schlau'. l i s t e n Vb. 'durch einen geschickten Trick den Ball wohin gelangen lassen' (zu einem Mitspieler, ins Tor), Neubildung der Sportsprache zum Substantiv bzw. den nachfolgenden Präfixverben; zuvor ahd. *listen* 'umwerben, anlocken' (8. Jh.), mhd. *listen* 'mit, durch List erreichen'. a b l i s t e n Vb. 'mit List ablocken' (Ende 17. Jh.). ü b e r l i s t e n Vb. 'durch List überwinden, übertölpeln, betrügen', mhd. *überlisten*. H i n t e r l i s t f. (s. *hinter* Präp.).

Liste f. 'schriftliche Zusammenstellung, Verzeichnis'. Kaufmannssprachliches *Lista* 'Verzeichnis, Katalog' (so bis ins 18. Jh.) ist eine Entlehnung (Ende 16. Jh.) von gleichbed. ital. *lista*. Aus dem im Dt. dazu gebildeten Plur. *Listen*, sicherlich auch unter Einfluß von (ebenfalls aus dem Ital. stammendem) mfrz. frz. *liste*, entsteht Anfang des 17. Jhs. der neue Sing. *Liste*. Ital. *lista*, das die buchhalterische

Verwendung 'längere Aufstellung, kolumnenförmiges Verzeichnis' über 'Reihe' aus der ursprünglichen Bedeutung 'Streifen, Leiste, Borte' entwickelt, beruht (wie mlat. *lista* 'Rand, Saum, Streifen') auf dem in ahd. *līsta* (10. Jh.), mhd. *līste* 'bandförmiger Streifen, Saum, Borte' (s. *Leiste*) erhaltenen germ. Substantiv; dieses ist wohl im Handelsverkehr schon früh ins Roman. gelangt.

Litanei f. in der Liturgie der katholischen Kirche das Wechselgebet zwischen Vorbeter und der mit gleichbleibenden Bittformeln antwortenden Gemeinde, übertragen 'langatmige, eintönige Aufzählung, immer wieder vorgebrachte Klage, Ermahnung', mhd. *letanīe*, frühnhd. *letaney*, *litanie*, *litaney* sind entlehnt aus spätlat. *litanīa*, auch *letanīa*, *laetanīa* 'Bittprozession, bei Prozessionen und in der Messe im Wechsel vorgetragene Bittformeln'. Spätlat. *litanīa* wiederum ist Entlehnung aus griech. *litanẽía* (λιτανεία) 'Bitten, Flehen'; zu griech. *litanẽúein* (λιτανεύειν) 'bitten, flehen'. Zur Entwicklung der heutigen Gebetsform kommt es seit dem frühen Mittelalter.

Liter n. m. Einheit des Volumens, Hohlmaß, im 19. Jh. entlehnt aus frz. *litre* und 1868 zur gesetzlich gültigen Maßeinheit erklärt. Auszugehen ist von griech. *lítra* (λίτρα) 'Pfund' (als Gewicht und Münze). Vereinzelt bezeugtes mlat. *litra* dient bereits zur Bezeichnung eines Hohlmaßes, ebenso wie das (mit dem Ableitungssuffix *-on*) daran anschließende mfrz. *litron*. Hieraus bei Einführung des metrischen Systems rückgebildetes frz. *litre* wird in Frankreich 1795 offizielle Bezeichnung.

Literatur f. 'Gesamtheit des Schrifttums, alle über ein Wissensgebiet veröffentlichten Werke, das gesamte Gebiet der Dichtung, Belletristik', Entlehnung (16. Jh.) aus lat. *litterātūra* 'Buchstabenschrift, Sprachlehre', spätlat. auch 'Schrifttum', einer Bildung zu lat. *littera* (älter *lītera*) 'Buchstabe, Handschrift', Plur. 'Schriftstück, Brief, sprachlich-literarische Bildung, Gelehrsamkeit, Wissenschaft(en)'. Entsprechend bezeichnet *Literatur* bis ins 18. Jh. die 'Gesamtheit des Schrifttums' sowie die 'Sprach(en)kunde, Gelehrsamkeit, Wissenschaft' überhaupt, wird aber dann zunehmend auf die *schöne Literatur* (s. *Belletristik*), auf die Werke der Dichtung bezogen. Bis ins 19. Jh. gilt die Schreibung *Litteratur*. – l i t e r a r i s c h Adj. 'der Literatur entsprechend, eigen', nach einem vereinzelten Frühbeleg (16. Jh.) geläufig seit dem 18. Jh.; vgl. lat. *litterārius* 'zum Lesen und Schreiben gehörig, schriftlich'. L i t e r a t m. 'Schriftsteller' (19. Jh.), älter 'Gelehrter, Wissenschaftler' (16. Jh.), heute auch geringschätzig 'unschöpferischer Vielschreiber'; lat. *litterātus* 'schriftkundig, gelehrt, wissenschaftlich gebildet'. L i t e r a t u r g e s c h i c h t e f. (18. Jh.), gleichzeitiges *Literarhistorie*, *Litterargeschichte* (nlat. *historia litteraria*) und *Literärgeschichte* (frz. *histoire littéraire*) allmählich verdrängend. L i t e r a t u r w i s s e n s c h a f t f. (19. Jh.).

Litfaßsäule f. 'Anschlagsäule', benannt nach dem Drucker *E. Litfaß*, der als erster am 1. Juli 1855 in Berlin eine Säule für Plakate aufstellen ließ.

Lithographie f. auf eine präparierte Steinplatte aufgebrachte Zeichnung, 'Steindruck' (als Verfahren und Erzeugnis), um 1800 aufkommende Bezeichnung für eine 1796 von Senefelder erfundene graphische Technik, die sich von München ausgehend rasch einbürgert. Künstliche Bildung zu griech. *líthos* (λίθος) 'Stein' in Verbindung mit *-graphie* (s. d.), eigentl. 'Steinschrift, -zeichnung'. Vgl. auch älteres, davon unabhängiges, doch in der gleichen Weise gebildetes nlat. *Lithographia* 'Beschreibung von Versteinerungen' (Anfang 18. Jh.). – l i t h o g r a p h i s c h Adj. 'auf Stein gezeichnet, auf dem Wege der Lithographie hergestellt'; L i t h o g r a p h m. 'wer lithographische Zeichnungen anfertigt, Steindrucker' (19. Jh.), Bildung nach *Lithographie*, unabhängig von vereinzelt bezeugtem griech. *lithográphos* (λιθογράφος) 'wer Inschriften in Stein meißelt'.

Liturgie f. 'Formen und Ordnung gottesdienstlicher Handlungen', entlehnt (17. Jh.) aus kirchenlat. *lītūrgia* 'Gottesdienst', griech. *lētūrgía*, *leitūrgía* (ληтουργία, λειτουργία) 'Kirchen-, Gottesdienst' (Septuaginta), eigentl. 'jeder dem Staat oder dem Volk geleistete Dienst' (auch für Festlichkeiten und Volksfeste). Dies ist abgeleitet von griech. *lēt-*, *leitūrgẽín* (λητ-, λειτουργεῖν) 'ein öffentliches Amt auf eigene Kosten verwalten, einen (öffentlichen, auch kirchlichen) Dienst versehen, Gott dienen', gebildet mit dem Suffix *-ito-* (-ιτο-) zu griech. *lāós* (λαός) '(das gemeine) Volk, Volksmenge, Kriegsvolk, Völkerschaft' und griech. *érgon* (ἔργον) 'Werk,

Arbeit, Leistung'. – liturgisch Adj. 'die Liturgie betreffend' (18.Jh.), griech. *leitūrgikós* (λειτουργικός) 'zum Gottesdienst gehörig'.

Litze f. 'schmale geflochtene oder gedrehte Schnur, biegsame Leitung aus dünnen Drähten', spätmhd. *litze* 'Schnur', entlehnt aus dem Terminus der Webetechnik lat. *līcium* 'Schlinge, durch die der Kettfaden geht, Aufzug am Gewebe', später 'jeder Faden eines Gewebes', auch 'Band, Gewebe'. Die fem. Form erklärt sich aus dem als fem. Sing. aufgefaßten kollektiven Plur. lat. *līcia*.

Livree f. 'uniformartige Kleidung für Bedienstete' ist Entlehnung von mfrz. frz. *livrée* 'Kleidung in den Farben oder mit den heraldischen Zeichen eines Herrn', afrz. *livree* 'vom Herrn den Dienern gegebene Kleidung' (eigentl. 'das Gelieferte, zur Verfügung Gestellte'), dem substantivierten Part. Perf. von afrz. *livrer* 'mit etw. versehen, liefern' (s. *liefern*). Im Dt. erscheint der Ausdruck seit dem 15. Jh., zunächst in den Formen *Liberei* (bis ins 18. Jh.), *Liverei*, *Livrei* (noch im 19. Jh. in gehobener Sprache) mit der im Mfrz. geläufigen Bedeutung, daneben auch eingeschränkt auf 'Abzeichen, Wappen an der Kleidung, kennzeichnende Farbe der Kleidung'. Um 1600 wird frz. *livrée* erneut, nun jedoch unverändert, ins Dt. aufgenommen und drängt die älteren Varianten allmählich zurück.

Lizenz f. 'Erlaubnis, Erlaubnisschein, rechtskräftige Genehmigung', Ende 15. Jh. als Wort der Behörden- und Kaufmannssprache entlehnt aus lat. *licentia* 'Freiheit, Ungebundenheit, Erlaubnis, nach Belieben zu handeln', einer Ableitung von lat. *licēre* 'erlaubt, gestattet sein, freistehen'. – lizenzieren Vb. '(behördliche) Erlaubnis erteilen' (20. Jh.).

loben Vb. '(vor anderen) anerkennend hervorheben, rühmen', ahd. *lobōn*, *lobēn* 'anerkennen, rühmen, verherrlichen, preisen' (8. Jh.), mhd. *loben*, auch 'feierlich versprechen, geloben', asächs. *loƀon* 'preisen', mnd. mnl. *lōven*, nl. *loven*, aengl. *lofian*, anord. *lofa*, schwed. *lova* stellt sich ablautend mit den unter *erlauben* und *glauben* (s. d.) angeführten Formen zu der unter *lieb* (s. d.) dargestellten Wurzel ie. **leubh-* 'gern haben, begehren, lieb', auch 'gutheißen, loben' und (im Germ.) 'Zutrauen, Vertrauen, Glaube'. – Lob n. 'Anerkennung', ahd. *lob* (um 800), mhd. *lop* 'Preis, Lobpreisung', asächs. mnd. mnl. nl. aengl. anord. *lof*, schwed. *lov*. geloben Vb. 'feierlich versprechen', ahd. *gilobōn* 'preisen, billigen' (9. Jh.), mhd. *geloben* 'preisen, versprechen', mnd. *gelōven*; Gelöbnis n. 'feierliches Versprechen' (15. Jh.). verloben Vb. 'zur Ehe versprechen', mhd. *verloben* 'übermäßig loben, feierlich versprechen, zur Ehe versprechen, geloben, etw. nicht zu tun, aufgeben, verzichten'; Verlöbnis n. 'Eheversprechen' (15. Jh.); Verlobung f. 'Eheversprechen' (17. Jh.), zuvor allgemein 'Versprechen, Gelöbnis' (16. Jh.). löblich Adj. 'lobenswert', ahd. *lob(a)līh* (9. Jh.), mhd. *lobelich* 'rühmlich, feierlich, zum Lob gereichend'. belobigen Vb. 'eine Anerkennung aussprechen, auszeichnen' (19. Jh.), Weiterbildung zu mhd. nhd. *beloben*.

Loch n. 'offene Stelle, Öffnung, Spalte, Vertiefung, Lücke', ahd. *loh* 'Verschluß, Versteck, Höhle, Loch, Gefängnis' (8. Jh.), mhd. *loch* 'Versteck, Höhle, Loch, Öffnung, Gefängnis, Hölle', asächs. *lok* 'Loch', mnd. *lok*, mnl. *loc* 'Loch, Öffnung', aengl. *loc* 'Schloß, Riegel, verschlossener Raum, Gefängnis', engl. *lock* 'Schloß, Verschluß', anord. *lok* 'Schloß, Riegel, Raum, Schluß, Ende', schwed. *lock* 'Deckel' (germ. **luka-*) sind Abstrakta zu dem starken Verb germ. **lūkan* '(ver)schließen' (s. *Luke*). Anschluß an die Wurzel ie. **leug-*, **lŭg-* 'biegen' (wozu auch *Lauch* und *Locke*, s. d.) ist möglich, wenn von einer Bedeutungsentwicklung 'biegen, zusammenbiegen, zumachen, schließen, verschließen' ausgegangen wird (zu denken ist an ein Verschließen der Öffnung, einer Lücke im geflochtenen Zaun durch zu biegende Äste, Zweige). – lochen Vb. 'Löcher machen, mit Löchern versehen', mhd. *lochen*. löcherig Adj. 'Löcher aufweisend, durch-, zerlöchert' (15. Jh.), mhd. *lochereht*. löchern Vb. 'Löcher machen', mhd. *löchern*, bis ins 19. Jh. Iterativum zu *lochen* (danach noch in den Zusammensetzungen *durch-*, *zerlöchern*); das Simplex neuerdings nur noch in übertragenem Sinne 'durch anhaltendes Fragen oder Bitten jmdm. keine Ruhe lassen' (20. Jh.).

Locke f. 'Teil des Haares, sich ringelnde Haarsträhne', ahd. *loc* m. 'Haar, Locke' (8. Jh.), mhd. *loc* m., auch 'Mähne', asächs. *lokk* m., mnd. *locke* m., mnl. *loc*, *locke* m., nl. *lok* m. f., aengl. *locc* m., engl. *lock*, anord. *lokkr* m., schwed. *lock* führen mit griech. *lýgos* (*λύγος*) 'biegsamer Zweig', lat. *luxus* 'verrenkt' auf die schwundstufige Form ie. **lŭg-* der unter verwandtem *Lauch* (s. d.) genannten Wurzel ie. **leug-* 'biegen' (wozu auch *Loch*, *Lücke*, *Luke*, s. d.). *Lock(e)* ist in älterer Sprache mask., noch im 16./17. Jh. *der Lock*, Plur. *die Locke* (neben *die Locken*). Das Fem. *Locke*, Plur. *Locken*, tritt seit Anfang des 18. Jhs. auf und setzt sich am Ende des 18. Jhs. durch (vgl. noch *ein Lock Haare*, Schiller 1783). – [1]l o c k e n Vb. 'in Locken legen' (18. Jh.), gebildet zum Substantiv. Doch vgl. schon früher abgeleitetes (aber sich nicht fortsetzendes) ahd. *lockōn* 'lockig herabhängen' (11. Jh.). l o c k i g Adj. 'Locken habend, gelockt' (18. Jh.), mhd. *lockeht*, nhd. *lockicht* (bis ins 19. Jh.).

[2]**locken** Vb. 'durch Gebärden und Rufe zum Näherkommen auffordern' (bes. Tiere), 'durch Versprechungen zu etw. veranlassen, verführen'. Mit expressiver Konsonantendoppelung gebildetes ahd. *lockōn* (8. Jh.), mhd. mnd. *locken* 'an-, verlocken, durch Lockspeise, -ruf veranlassen, näher zu kommen', mnl. *locken*, nl. *lokken*, aengl. *loccian*, anord. *lokka*, schwed. *locka* sowie das *jan*-Verb ahd. *lucken* (um 1000; vgl. *gilucken*, 10. Jh., und *irlucken* 'auffordern', 8. Jh.), mhd. *lücken*, *lukken* 'locken, verlocken, täuschen' und nicht geminiertes, einfache Tenuis voraussetzendes ahd. *lohhōn* 'streicheln, liebkosen, fürsorgen' (8. Jh.) sind wohl wie lit. *lūgóti* 'bitten' mit den unter *lügen* (s. d.) angegebenen Formen an ie. **leugh-* 'lügen' anzuschließen. Vielleicht handelt es sich ursprünglich um ein Wort der Jägersprache? – L o c k v o g e l m. 'gefangener oder künstlicher Vogel zum Anlocken anderer Vögel', oft bildlich von Personen, die andere zu bestimmten Handlungen verleiten sollen (Anfang 16. Jh.).

löcken Vb., bis ins 18. Jh. *lecken*, 'mit den Füßen ausschlagen', heute nur noch in der durch Luthers Gebrauch in der Bibel verbreiteten Wendung *gegen*, *wider den Stachel lökken* (Luther *lecken*, seit dem 17. Jh. *löcken*) mit der übertragenen Bedeutung 'sich widersetzen', ausgehend vom gegen den Stachelstock des Viehtreibers ausschlagenden Ochsen. Die Etymologie ist nicht gesichert. Wenn sich mhd. *lecken* 'mit den Füßen ausschlagen, hüpfen' (s. auch *frohlocken*), norw. (mundartlich) *lakka* 'auf einem Fuß hüpfen, trippeln', schwed. (älter) *lacka* 'springen, hüpfen, laufen, rennen' mit lit. *lė̃kti* 'fliegen, laufen, rennen, stürzen', aind. *ṛkṣálā* 'Fessel, Fußgelenk bei Huftieren', griech. *láx* (*λάξ*), *lágdēn* (*λάγδην*) 'mit dem Fuße ausschlagend' verbinden lassen, dann ist ein Anschluß an die Wurzel ie. **lĕk-* 'biegen, winden, springen, zappeln' möglich.

locker Adj. 'unfest, lose, wacklig, leichtfertig'. Das erst im Frühnhd. (md. *loger*, 15. Jh.) bezeugte Adjektiv kann als Weiterbildung (nach dem Vorbild anderer Adjektive auf *-er* wie *bitter*, *lauter*, *munter*) von mhd. *lücke*, *lugge* 'locker' (vgl. in heutiger Mundart obd. *luck*, schweiz. *lugg*) angesehen werden. Andere direkte Entsprechungen fehlen. Vielleicht besteht Verwandtschaft mit *Lücke* und *Loch* (s. d.). Dazu die Wendung *nicht lockerlassen* 'nicht nachlassen' (eigentl. bei der straffen Handhabung der Zügel?, oder beim Spannen der Streckfolter?). – l o c k e r n Vb. (18. Jh.).

Loden m. 'gewalktes Wollgewebe', ahd. *lodo* (10. Jh.), mhd. *lode*, asächs. *loðo*, aengl. *loþa* 'Mantel, Decke', anord. *loði* 'zottiger Mantel'. Herkunft ungewiß. Vielleicht mit den unter *lottern*, *schlottern* (s. d.) abgehandelten Formen sowie mit ablautendem ahd. *lūdara* 'Windel, Lumpen' (8. Jh.), asächs. *lūðara*, mnd. mnl. *lūdere*, nl. *luier* zu ie. **(s)leut-*, **(s)lūt-*, Dentalerweiterung der Wurzel ie. **(s)leu-*, **(s)lū-* 'schlaff herabhängen, schlaff'. – L o d e n m a n t e l m. (20. Jh.).

lodern Vb. 'mit heller, großer Flamme brennen, emporflammen', frühnhd. (md.) *ludern* 'emporflammen (15. Jh.), *lodern* (16. Jh.), eigentl. wohl 'emporwachsen' (vgl. westfäl. *lodern* 'üppig wachsen, wuchern'), verwandt mit ahd. *sumarlota*, *-lata* 'Sommerschößling' (um 800), mnd. *lōde*, nhd. (landschaftlich) *Lode*, *Lote* 'Schößling, Sproß, Zweig', ahd. *liotan* 'hervorsprießen, wachsen' (9. Jh.; vgl. *irliotan*, 8. Jh.), so daß Anschluß an die unter *Leute* (s. d.) angeführte Wurzel ie. **leudh-* 'emporwachsen, hochkommen' möglich ist. In der Bedeutung 'emporflammen' durch *Lohe* 'Flamme' beeinflußt?

[1]**Löffel** m. kleines Gerät mit schalenartiger Vertiefung zum Schöpfen von Flüssigkeit, bes. 'Eßgerät', ahd. *leffil* (9. Jh.), mhd. *leffel*, nhd. (mit Rundung des *e* seit dem 15. Jh.)

Löffel, asächs. *lepil*, mnd. *lēpel*, *leppel*, mnl. *lēpel*, nl. *lepel* sind im Sinne von 'Gerät zum Lecken, zum Schlürfen' mit dem Suffix germ. *-ila-* (wie *Griffel*, *Gürtel*, *Schlüssel*, s. d.) gebildet zu einem im Nhd. untergegangenen starken Verb ahd. *laffan* 'lecken' (9. Jh.; vgl. *leffenti* Part.adj., 8. Jh.), mhd. *laffen*, *leffen*, mnd. mnl. *lāpen* 'lecken, schlürfen'; vgl. dazu schwach flektierendes ahd. *gilephen* 'austrinken' (8. Jh.), aengl. *lapian*, engl. *to lap* 'auflecken, trinken', nl. *leppen* 'schlürfen, mit kleinen Zügen trinken'. Außergerm. sind vergleichbar griech. *láptein* (*λάπτειν*) 'schlürfen, gierig trinken', lat. *lambere* 'lecken', lit. *lapénti* 'gierig herunterschlingen', aslaw. *lopotivъ* 'stammelnd, lallend', *lobъzati* 'küssen', russ. (älter) *lópot* (*лопот*) 'lärmendes Geschwätz, verworrener Lärm', *lobzát'* (*лобзать*) 'küssen', (derb) *lópat'* (*лопать*) 'fressen'. Zu erschließen ist eine lautmalende Wurzel ie. **lab(h)-*, **lap(h)-* 'schlürfend, schnalzend, schmatzend lecken'. Zur Redensart *jmdn. über den Löffel barbieren* s. *Barbier*. – löffeln Vb. 'mit dem Löffel essen, schöpfen' (16. Jh.).

[2]**Löffel** m. 'Ohr des Hasen', mhd. *leffel* läßt sich verbinden mit mhd. *erlaffen* 'erschlaffen' sowie mit *Lappen* (s. d.) und im Sinne von 'schlaff Herabhängendes' an die dort genannte Wurzel ie. **lĕ̄b-*, **lŏ̄b-*, **lă̄b-* 'schlaff herabhängen(d)' anschließen. Oder sollte das Fachwort der Jägersprache nach der löffelähnlichen Form (s. [1]*Löffel*) gebildet sein?

Log n. Gerät zum Messen der Schiffsgeschwindigkeit, Entlehnung (Ende 18. Jh.) von gleichbed. engl. *log* (seit 16. Jh.), eigentl. 'Holzklotz', denn das Gerät besteht aus einer mit einem Klotz beschwerten Knotenschnur, die man von einer Handrolle ablaufen läßt. Herkunft unbekannt. Entlehnt aus anord. *lāg* 'umgestürzter Baumstamm' oder damit verwandt? Dann vielleicht zu dem unter *liegen* (s. d.) behandelten Verb gehörig? – Logbuch n. 'Schiffstagebuch' (um 1800), engl. *logbook*.

Logarithmus m. Zahl, mit der man eine andere Zahl, die Basis, potenzieren muß, um eine vorgegebene Zahl, den Numerus, zu erhalten, nlat. *logarithmus*, geprägt vom schott. Mathematiker Napier (1614) in der Bedeutung 'Verhältniszahl, Rechenzahl' zu griech. *lógos* (*λόγος*) (s. *Logik*), hier im Sinne von 'Berechnung, Verhältnis', und griech. *arithmós* (*ἀριθμός*) 'Zahl' (s. *Arithmetik*). Im Dt. seit der Mitte des 17. Jhs. – Logarithmentafel f. (Anfang 19. Jh.).

Loge f. 'durch Seitenwände abgeteilter kleiner Raum mit wenigen Sitzplätzen im Theater', Übernahme (Ende 17. Jh.) von gleichbed. afrz. frz. *loge*, afrz. bes. 'primitive Unterkunft im Freien, Laub-, Jagdhütte, Galerie, Vorhalle (einer Burg), gedeckter Vorbau auf einer Tribüne', einer Entlehnung aus dem Germ. (s. *Laube*). Die mit (ebenfalls aus dem Afrz. stammendem) engl. *lodge* verbundene Bedeutung 'Organisationsform und Versammlungsort der Freimaurer' wird in der 1. Hälfte des 18. Jhs. mit der von England ausgehenden Ausbreitung des Freimaurertums ins Dt. übernommen und auf die hier übliche Form *Loge* übertragen. – Loggia f. 'Bogenhalle, eingezogener Balkon', Entlehnung (1. Hälfte 17. Jh.) von ital. *loggia* 'halboffene Bogenhalle' (gleichen Ursprungs wie afrz. *loge* und vielleicht durch dieses vermittelt). logieren Vb. '(vorübergehend) Wohnung nehmen, wohnen'. Aus dem von afrz. *loge* (s. oben) abgeleiteten afrz. *logier* 'Laubhütten errichten, Herberge nehmen, wohnen', (trans.) 'unterbringen, beherbergen', (refl.) 'sich lagern' wird entlehnt mhd. *loschieren* 'Herberge nehmen, sich lagern, jmdn. beherbergen, unterbringen', woraus frühnhd. (mit im Westd. aufkommendem *s* für *sch*) *losieren* (bis 17. Jh.), dann (unter Einfluß von mfrz. frz. *loger*) *logieren* 'Unterkunft nehmen, wohnen, Unterkunft geben, als Gast aufnehmen' (1. Hälfte 17. Jh.). Logis n. 'Unterkunft, Wohnung' (17. Jh.), nach gleichbed. mfrz. frz. *logis*, afrz. *logeiz*, einer Ableitung von afrz. *loge*. Daneben auch (als Bildung zu *losieren*, s. oben) *Losier* (17. und 18. Jh.).

-loge m., **-logie** f. Kompositionsglieder in Bezeichnungen für 'Vertreter einer wissenschaftlichen Disziplin, Fachwissenschaftler' und 'wissenschaftliche Disziplin, Fachwissenschaft'. Im Griech. werden Zusammensetzungen mit adjektivischer oder substantivischer Funktion gebildet, deren zweites Glied *-lógos* (*-λόγος*) Nomen agentis zu griech. *légein* (*λέγειν*) 'sammeln, sagen, vortragen' ist, während das erste Glied den Gegenstand bezeichnet, auf den sich die Tätigkeit des Nomen agentis richtet. Hierher zählen griech. *anthológos* (*ἀνθολόγος*) 'Blüten sammelnd', vor allem aber Bildungen zu *légein* in der Bedeutung 'sagen', wie *anthrōpológos (ἀνθρωπολόγος)* 'über den Menschen, über Menschliches sprechend', *theológos* (*θεολόγος*) 'wer von Göttern und göttlichen Dingen redet, lehrt, schreibt, darin erfahren und gelehrt ist', *astrológos* (*ἀστρολόγος*) 'Sternkundiger', später auch 'Sterndeuter', *etymológos* (*ἐτυμολόγος*) 'wer Etymologie treibt', eigentl. 'wer den wahren Sinn der Wörter kennt', *physiológos* (*φυσιολόγος*) 'Naturforscher, -philosoph'. Dazu gehören die Abstrakta auf *-logía* (*-λογία*), die 'das Sprechen über ..., die Kunde, Lehre von ...', im Einzelfall auch 'das Sammeln von ...' ausdrücken, und die Zugehörigkeitsadjektive auf *-ikós* (*-ικός*). Über das Lat. gelangen eine Reihe griech. Bildungen ins Dt., s. *Anthologie*, *Theologie*, *Astrologie*, *Etymologie*, *Physiologie*. Darüber hinaus werden Kompositionsformen dieser Art als Bezeichnungen für wissenschaftliche Fachgebiete und ihre Vertreter in der internationalen Wissenschaftssprache, mehrfach in der lat., dann in den nationalsprachlichen Terminologien produktiv, s. *Anthropologie*, *Biologie*, *Geologie*, *Mineralogie*, *Ökologie*, *Psychologie*, *Soziologie*. Einen anderen Bildungstyp (mit anderer Semantik und anderer Stellung des Akzents) verkörpert griech. *philólogos* (*φιλόλογος*), eigentl. 'das Wort, die Sprache liebend', s. *phil-* und *Philologe*. Für das nhd. Sprachgefühl aber dürften die ursprünglichen (im Griech. bestehenden) Bildungsunterschiede zwischen *Philologe*, *Philologie* und den oben genannten Bezeichnungen für Wissenschaften und Wissenschaftler auf *-loge*, *-logie*, die den Charakter eines Kompositionssuffixes angenommen haben, weitgehend verwischt sein.

Logik f. Lehre von den Formen und Gesetzen folgerichtigen Denkens, 'Denklehre', entlehnt (16. Jh.) aus gleichbed. lat. *logica*, griech. *lokikḗ (téchnē)* (*λογικὴ τέχνη*), dem substantivierten Fem. des von griech. *lógos* (*λόγος*) 'das Sprechen, Wort, Rede, Gegenstand der Rede, Rechnung, Berechnung, Denkvermögen, Vernunft, Ansicht, Meinung' abgeleiteten Adjektivs griech. *logikós* (*λογικός*) 'das Wort, die Vernunft, das Denken betreffend'. Voraus gehen mhd. *lōicā*, *lōic*, *lōike* 'Logik, Klugheit, Schlauheit' und lat. *logica* in dt. Texten des 15. Jhs. – l o g i s c h Adj. 'folgerichtig, denkrichtig, schlüssig' (um 1600), lat. *logicus*, griech. *logikós* (s. oben). u n l o g i s c h Adj. (18. Jh.).

[1]**Lohe** f. 'lodernde Flamme', mhd. *lohe*, mnd. *lō(he)*, daneben (mit grammatischem Wechsel von *h* und *g*) anord. *logi*, schwed. *låga*, mit Ablaut ahd. *loug* (um 800), mhd. *louc*, asächs. *lōgna*, aengl. *līeg*, anord. *leygr* stellen sich zu der unter *licht* (s. d.) angegebenen Wurzel ie. **leuk-* 'leuchten, licht'. – l o h e n Vb. 'flammen, lodern', ahd. *lohen* (11. Jh.), mhd. *lohen*.

[2]**Lohe** f. zum Gerben verwendete zerkleinerte Baumrinde (*Gerberlohe*), ahd. (Hs. 12. Jh.), mhd. mnd. mnl. *lō*, nl. *looi* führen im Sinne von 'Abgeschältes, Losgelöstes' auf die unter *los* (s. d.) angegebene Wurzel ie. **leu-*, auch **lēu-*, **leu̯ə-* 'abschneiden, trennen, lösen'. – L o h g e r b e r m. (15. Jh.). L o h m ü h l e f. 'Mühle, in der Baumrinde zerkleinert und zu Gerbstoff verarbeitet wird' (16. Jh.), mnd. *lōmȫle* (15. Jh.).

Lohn m. 'Gegenwert, Bezahlung, Entgelt für geleistete Arbeit', ahd. (8. Jh.), mhd. asächs. mnd. *lōn*, aengl. *lēan*, mnl. nl. *loon*, anord. *laun*, schwed. *lön*, got. *laun* (germ. **launa-*) enthalten ein *n*-Suffix, das die zugehörigen außergerm. Verwandten nicht aufweisen, vgl. griech. *lẽía*, ion. *lēī́ē* (*λεία*, *ληΐη*, aus **λαϝία*) 'Beute, bes. von geraubtem Vieh, Kriegs-, Jagdbeute', aslaw. *lovъ* 'Jagd', russ. *lov* (*лов*) 'Fang, Beute, Jagdbeute' und griech. *apolaúein* (*ἀπολαύειν*) 'genießen', lat. *lucrum* 'Gewinn, Vorteil' (s. *lukrativ*). Anzuknüpfen ist an eine Wurzel ie. **lāu-* 'erbeuten, genießen'. – l o h n e n Vb. 'bezahlen, vergelten', ahd. *lōnōn* (8. Jh.), mhd. *lōnen*. b e l o h n e n Vb., mhd. *belōnen*. e n t l o h n e n Vb. (16. Jh.). L ö h n u n g f. (17. Jh.), Substantivbildung zu heute seltenem l ö h n e n Vb. 'Lohn geben, auszahlen', mhd. *lœnen*.

lokal Adj. 'örtlich, auf eine bestimmte Örtlichkeit beschränkt', entlehnt (18. Jh.) aus gleichbed. frz. *local*, das seinerseits auf lat. *locālis* (zu lat. *locus* 'Ort, Platz, Stelle') beruht. Direkt aus dem Lat. älteres *localisch* (16. Jh.). – L o k a l n. 'Ort, Räumlichkeit' (Ende 18. Jh.), dann bes. 'Gaststätte' (19. Jh.), nach substantiviertem frz. *local* 'Örtlichkeit'. l o k a l i s i e r e n Vb. 'örtlich festlegen, beschränken, begrenzen' (19. Jh.), frz. *localiser*. L o k a l i t ä t f. 'Örtlichkeit, Raum' (Ende 18. Jh.), latinisierte Entlehnung aus frz. *localité* 'Ort, Örtlichkeit, Gegend'.

Lokativ m. Zu Anfang des 19. Jhs. werden in der deutschsprachigen grammatischen Beschreibung slawischer Sprachen die Ausdrücke *Localis*, *Local* für den eine Ortsangabe bezeichnenden Kasus entwickelt, zu lat. *locus* 'Ort, Platz, Stelle'; vgl. lat *locālis* Adj. 'örtlich' und *locāre* (*locātum*) '(hin)stellen. In Anlehnung daran verwendet J. Grimm *Localcasus* und *Locativform*, wobei sich nach dem Vorbild der meisten anderen Kasusbezeichnungen *Lokativ* durchsetzt.

Lokomotive f., abgekürzt *Lok*, 'Zugmaschine für Eisenbahnwagen', Übernahme (30er Jahre 19. Jh.) von engl. *locomotive*, gekürzt und substantiviert aus *locomotive (steam) engine* 'sich von der Stelle bewegende (Dampf)maschine'. Das Adjektiv ist eine Bildung aus nlat. *locomotivus*, zu lat. *locus* 'Ort, Platz, Stelle' und spätlat. *mōtīvus* 'Bewegung bewirkend, zur Bewegung geeignet, beweglich' (s. *Motiv*); vgl. spätlat. *locō mōtīva* 'sich von einem Ort zum anderen bewegend'.

Lokus m. 'Abort, Abtritt', euphemistische Kürzung der Schülersprache (17. Jh.) von nlat. *locus necessitātis* 'Ort der Notdurft'.

Look m. 'Aussehen, Moderichtung, -erscheinung' (vor allem in Verbindungen wie *Partner-Look*, *Safari-Look*), Übernahme (zuerst wohl in der Fügung *New Look* für die Nachkriegsmode von 1947) von gleichbed. engl. *look*, eigentl. 'Blick, Ansehen, Aussehen'. S. *lugen*.

Looping m. n. 'Überschlag mit dem Flugzeug' (Flugfigur beim Kunstflug), Übernahme (20. Jh.) von gleichbed. engl. *looping*, zu engl. *to loop* 'eine Schleife, eine Schlinge machen'. Herkunft ungeklärt.

Lorbeer m. Der Name für den im Mittelmeergebiet beheimateten Strauch (oder Baum) mit ledrigen, immergrünen Blättern, die auch als Gewürz verwendet werden, lautet lat. *laurus* und dürfte einer alten Mittelmeersprache entstammen. Aus dem Lat. entlehnt sind die Zusammensetzungen ahd. (9. Jh.), mhd. *lōrboum* und ahd. (Hs. 14. Jh.), mhd. *lōrberboum* sowie ahd. *lōrberi* (11. Jh.), mhd. *lōrber* 'Frucht, Beere des Lorbeerbaums'. Als Name für die Pflanze gilt nhd. *Lorbeer* (neben *Lorbeerbaum*) seit dem 16. Jh.

Lorchel f. Name für einen Pilz, für einen Faltenschwamm mit hohlem, braunem, aus gewundenen Wülsten bestehendem Hut. Zuerst in nd. Lautung *Lorken*, *Laureken* (18. Jh.), daraus wohl hd. *Lorchen*, *Lorche* (Ende 18. Jh.). Herkunft ist nicht mit Sicherheit anzugeben. Vielleicht sind die nd. Namen in Anlehnung an nd. *Lork*, *Lorke* 'Kröte' (s. *Lurch*) auf Grund einer vermeintlichen Ähnlichkeit gebildet? Hd. *Lorchel* kann dagegen als aus älterem *Morchel* (s. d.) assimiliert erklärt werden.

Lord m. hoher engl. Adelstitel, seit dem 17. Jh. (auf engl. Verhältnisse bezogen) in dt. Texten, Übernahme von engl. *lord*, auch 'Herr, Gebieter', mengl. *lōverd*, aengl. *hlāford* 'Herr, Herrscher, Hausherr, Ehemann', eigentl. 'der Herr, dessen Brot einer ißt, Brotherr, -schützer', zu aengl. *hlāf* 'Brot' (s. *Laib*) und *weard* 'Schutzherr, Wärter' (s. *Wart*).

Lore f. 'offener, auf Schienen laufender Transportwagen' (in Bergwerken, Steinbrüchen), älter auch *Lori*, Entlehnung (2. Hälfte 19. Jh.) aus gleichbed. engl. *lorry*; Herkunft unbekannt.

Los n. 'Schicksal, Geschick, verdeckt gekennzeichneter Gegenstand oder Zettel, durch den eine Zufallsentscheidung herbeigeführt werden soll, Lotterieanteilschein', ahd. *(h)lōȝ* 'Spruch, Schicksal, Anteil' (8. Jh.), mhd. *lōȝ* 'Werfen des Loses, Aus-, Verlosung, Schicksal, Weissagung, gerichtliche Teilung, Erbteilung, altes Herkommen, Losungswort', asächs. *hlōt*, mnd. *lōt*, aengl. *hlīet*, *hlȳt*, *hlēt*, anord. *hlautr*, got. *hlauts* 'Los, Erbschaft' (germ. **hlauta*-, **hlauti*-). Daneben ablautend (im Nhd. sich nicht fortsetzend) ahd. *(h)luȝ* 'Schicksal' (8. Jh.), mnd. *lot*, aengl. *hlot* 'Anteil, Erbteil, Entscheidung', engl. *lot* 'Los, Posten', mnl. nl. *lot* (s. *Lotterie*), anord. *hlutr* 'Los, Teil, Stück, Ding, Sache', *hluti* 'Losstab, zugefallenes Los, Teil, Stück', schwed. *lott* 'Los, Anteil'. Alle Bildungen sind Verbalabstrakta zu einem im Nhd. untergegangenen starken Verb ahd. *(h)lioȝan* 'losen, Wahrzeichen deuten' (8. Jh.), mhd. *lieȝen* 'losen, als Los zuteilen', asächs. *hliotan* 'erlosen, erlangen', aengl. *hlēotan* 'losen, durch Los erhalten', anord. *hljōta* '(er)losen', schwed. *ljuta*. Die Germanen versuchten, aus der Lage geworfener Runenstäbe zu weissagen. Geht man daher für das germ. Verb von einer Bedeutung 'an-, festhaken' (von einem geworfenen Stäbchen) aus und vergleicht lit. *kliū́ti* 'hängenbleiben, anstoßen, hindern, in den Bereich von etw. kommen', so ist Verwandtschaft mit den unter *schließen* und *Schloß*

(s. d.) genannten Formen und Anschluß an die dort genannte Wurzel ie. **klĕu-*, **klāu-* 'Haken, krummes Holz oder Astgabel, Pflöckchen, an-, verhaken (sich anklammern), durch einen vorgesteckten Haken, Riegel, ein Pflöckchen verschließen' möglich. – l o s e n Vb. 'durch Los ermitteln, ein Los ziehen', mhd. *lōȝen* 'das Los werfen, durchs Los bestimmen', trans. '(durch Los) verteilen', schwach flektierende Neubildung zum Substantiv. [1]L o s u n g f. 'Leitwort, Wahlspruch, Erkennungszeichen, Parole' (16. Jh.), ahd. *(h)lōȝunga* 'Los, das Loswerfen' (11. Jh.), mhd. *lōȝunge* 'das Loswerfen, Teilung'. a u s l o s e n Vb. 'durch das Los ermitteln' (16. Jh.). v e r l o s e n Vb. 'durch das Los verteilen' (18. Jh.).

los Adj. (prädikativ) 'nicht (mehr) befestigt, abgelöst, befreit von', Adv. 'weg', als Aufforderung 'vorwärts!, schnell!, ab!'. Ahd. *lōs* 'befreit, beraubt, leichtfertig, listig, zuchtlos, böse' (9. Jh.), mhd. asächs. mnd. *lōs* 'frei, ledig, bar, beraubt, mutwillig', mnl. nl. *loos* 'frei, ledig, schlau, listig', aengl. *lēas* 'frei', auch 'falsch, lügnerisch, unwahr', anord. *lauss* 'frei, ungebunden', schwed. *lös*, got. *laus* 'los, leer' führen mit ablautenden *verlieren, Verlust, Verlies* (s. d.) und möglicherweise mit lett. *lauska* 'Splitter, Scherbe', lit. *luskà, lùskos* 'Lumpen' auf eine *s*-Erweiterung der Wurzel ie. **leu-*, auch **lēu-*, **leu̯ə-* 'abschneiden, trennen, lösen', zu der griech. *lýein (λύειν)* 'lösen, befreien, auflösen, vernichten, bezahlen', lat. *luere* 'büßen, zahlen', *solvere* (aus **se-luere*) 'lösen, aufbinden, ablösen, befreien, bezahlen', vielleicht auch aind. *lunā́ti* 'schneidet, schneidet ab' sowie *[2]Lohe* (s. d.) gehören (sofern man nicht aus semantischen und formalen Gründen Wörter mit der Grundbedeutung 'abschneiden' unter einem eigenen Wurzelansatz zusammenfaßt). Als Bedeutung für germ. **lausa-* ist 'losgelöst, ungebunden, frei' anzunehmen. – l o s e Adj. 'nicht (mehr) fest anhaftend, nicht eng anliegend, locker, unverpackt, einzeln, leichtfertig'. Das zum Adjektiv mhd. *lōs* (s. oben) gehörende Adverb mhd. *lōse* 'auf anmutige, liebliche Weise', auch 'leichtfertig', entwikkelt im Frühnhd., ausgehend von einer Bedeutung 'der Tugend ledig, locker', adjektivischen Gebrauch im Sinne von 'locker' (15. Jh.), 'sittenlos' (16. Jh.) und geht danach in die oben genannte Bedeutung über. -l o s ist seit alter Zeit (vgl. ahd. asächs. *-lōs*, aengl. *-lēas*, anord. *-lauss*, got. *-laus*) Grundwort in Adjektivkomposita im Sinne von 'frei von, mangelnd'; der Kompositionstyp bleibt bis in die Gegenwart produktiv, und *-los* nimmt dadurch den Charakter eines Kompositionssuffixes an; vgl. ahd. *brōtelōs* 'hungrig', *helfelōs* 'hilflos, machtlos', *suntilōs* 'ohne Sünde, unschuldig', mhd. *gruntlōs* 'unergründlich', *herzelōs* 'gefühllos, grausam', *hoffelōs* 'ohne Hoffnung', nhd. *energielos, kontaktlos, staatenlos*. l o s - seit dem Frühnhd. erstes Glied in Verbalkomposita, hervorgegangen aus adverbiellem Gebrauch von mhd. *lōs* (s. oben), 'eine Bindung lösend, Haftendes abtrennend' (*losbinden, -lösen, -reißen*), 'frei' (*loskaufen, -kommen, -lassen*), 'plötzlich beginnend' (*losbrüllen, -lachen, -schreien, -laufen*).

[1]**löschen** Vb. 'aufhören zu brennen, zu leuchten, ausgehen', ahd. *irlescan* 'erlöschen' (s. unten), mhd. mnd. *leschen* 'aufhören zu brennen, zu leuchten, zu tönen, zu sein', asächs. *leskan*. Das im Nhd. nur noch selten gebrauchte starke Verb (vgl. *die Flamme, das Leben lischt*, Prät. *losch*) ist wohl im Sinne von 'sich legen' eine Bildung mit *sk*-Suffix zu der unter *liegen* (s. d.) dargestellten Wurzel ie. **legh-* '(sich) legen, liegen'. Es ist erhalten in e r l ö s c h e n Vb. 'aufhören zu brennen, zu leuchten', ahd. *irlescan* (9. Jh.), mhd. *erleschen*, und in v e r l ö s c h e n Vb., mhd. *verleschen*. Dazu stellt sich das schwache transitive Kausativum ('erlöschen machen') [2]l ö s c h e n Vb. 'das Brennen, Leuchten beenden, ausmachen, ersticken, beseitigen, tilgen', ahd. *lesken* 'auslöschen, beruhigen' (8. Jh.), mhd. *leschen* 'auslöschen, verdunkeln, beendigen, (ver)tilgen', asächs. *leskian*, mnd. *leschen*, mnl. *lesscen*, nl. (trans. und intrans.) *lessen*, wozu a u s l ö s c h e n Vb. 'ausmachen, tilgen' (15. Jh.). Rundung des Stammsilbenvokals von *e* zu *ö* begegnet zuerst beim schwachen Verb (15. Jh.) und wird danach auf das starke übertragen, setzt sich jedoch endgültig erst im 19. Jh. durch. – L ö s c h k a l k m. (15. Jh.). L ö s c h b l a t t n. und L ö s c h p a p i e r n. (beide 17. Jh.).

[3]**löschen** Vb. 'Frachtgüter ausladen, Schiffe entladen'. Das Seemannswort mnd. *lössen*, nd. *lossen, lössen*, mnl. nl. *lossen* 'ent-, ausladen' ist eine Ableitung von dem unter *los* (s. d.) behandelten Adjektiv und als 'los, leer,

leicht machen' zu verstehen. Das Verb wird im 18. Jh. in die Literatursprache aufgenommen und dabei lautlich an [2]*löschen* angeglichen.

lösen Vb. 'losmachen, aufbinden, zergehen lassen, klären', ahd. *lōsen* (8. Jh.), mhd. *lœsen* 'losmachen, befreien, erlösen, loskaufen, bezahlen', (md.) *lōsen* (vgl. frühnhd. *losen* 'loswerden', danach in der Jägersprache 'Kot lassen', s. [2]*Losung*), asächs. *lōsian*, mnd. *lōsen*, mnl. *lōsen*, nl. *lozen*, aengl. *līesan*, anord. *leysa*, schwed. *lösa*, got. *lausjan*, abgeleitet von dem unter *los* (s. d.) behandelten Adjektiv. – a b l ö s e n Vb. 'losmachen, absondern, durch Zahlung befreien, ersetzen, abwechseln', ahd. *abalōsen* 'losmachen' (11. Jh.), mhd. *abelœsen* 'losmachen, lostrennen, abkaufen, tilgen'. a u f l ö s e n Vb. 'eine Bindung lösen, (in einer Fllüssigkeit) zergehen lassen, klären', mhd. *ūflœsen*; A u f l ö s u n g f. 'Zerfall, Zersetzung, Klärung, Entwirrung' (15. Jh.). a u s l ö s e n Vb. 'herauslösen, hervorrufen, bewirken, zurückkaufen', spätmhd. *ūȝlœsen* 'herauslösen'; A u s l ö s e r m. 'Veranlasser, Initiator' (17. Jh.). e i n l ö s e n Vb. 'zurückkaufen, eine Geldzahlung durch Vorlegen eines Berechtigungsnachweises erwirken, Versprochenes erfüllen' (17. Jh.). e r l ö s e n Vb. 'befreien, retten, Gewinn erzielen', ahd. *irlōsen* (8. Jh.), mhd. *erlœsen*; E r l ö s e r m. 'Retter', ahd. *irlōsāri* (8. Jh.), mhd. *erlœsære*; E r l ö s u n g f. 'Rettung, Befreiung', ahd. *irlōsunga* (um 1000), mhd. *erlœsunge*; E r l ö s m. '(aus Verkauf) erzielter Gewinn' (Anfang 19. Jh.). L ö s u n g f. 'das Loslösen, Aufklärung (eines Rätsels, eines Problems)', dann 'das Auflösen eines Stoffes in einer Flüssigkeit, die einen gelösten Stoff enthaltende Flüssigkeit', ahd. *lōsunga* 'Erlösung' (9. Jh.), mhd. *lœsunge*, *lōsunge* 'Losmachung, Öffnung, Erlösung, Auslösung mit Geld, Geldeinnahme'.

Löß m. kalkhaltiger Lehmstaub als Ablagerung von Eiszeitwinden, geprägt 1823, wohl zu alem. *lösch*, *lasch* 'locker' (mundartliche Form von *los*, *lose*?, s. d.), von dem dt. Geologen K. C. v. Leonhard („Charakteristik der Felsarten"), der diese Ablagerungen zuerst am alem. Oberrhein feststellt.

[2]**Losung** f. (im 19. Jh. auch *Lösung*) 'Kot des Wildes und Hundes' (18. Jh.), in der Jägersprache zu *losen* 'Kot lassen', einer Nebenform von *lösen* (s. d.).

Lot n. 'Gewicht aus Blei, Senk-, Richtblei, Metall(legierung) zum Löten, Gerade, die senkrecht auf einer anderen steht', mhd. mnd. *lōt* 'Blei, gießbares Metall, Metall(legierung) zum Löten, aus Blei gegossenes Gewicht, Senk-, Richtblei', mnl. *loot*, nl. *lood*, aengl. *lēad*, engl. *lead*, afries. *lād*. Herkunft ungewiß. Vergleichbar ist air. *luaide* 'Blei', so daß das nur westgerm. bezeugte Substantiv aus dem Kelt. (oder aus einer Substratsprache?) stammen könnte. Im Nl. und Engl. dient der Ausdruck bis heute zur Bezeichnung des chemischen Elements, im Dt. dafür *Blei* (s. d.). – l o t e n Vb. 'mit dem Lot feststellen, die Wassertiefe, die senkrechte Lage bestimmen' (18. Jh.). l o t r e c h t Adj. 'senkrecht, im rechten Winkel stehend' (18. Jh.).

löten Vb. 'mit Hilfe einer Metallegierung verbinden', mhd. *lœten* 'zwei Metalle durch ein drittes, leichter schmelzbares verbinden', abgeleitet von mhd. *lōt* (s. *Lot*). – L ö t k o l b e n m. (17. Jh.).

Lotos m. asiatische bzw. ägyptische Seerose; im Altertum Name für verschiedene Pflanzen, z. B. für den legendären nordafrikanischen Baum, dessen Früchte den Fremden die Heimat vergessen lassen, für die märchenhafte Wasserblume aus Ägypten und für verschiedene kleeartige Futterpflanzen, Übernahme (Anfang 18. Jh.) von lat. *lōtus*, *lōtos*, griech. *lōtós* (λωτός), einem Mittelmeerwort unsicheren Ursprungs.

Lotse m. 'Schiffe durch schwieriges Fahrwasser führender, ortskundiger Seemann'. Vor Mitte des 17. Jhs. begegnet aus der nd.-nl. Seemannssprache aufgenommenes *Lootsmann* in hd. Texten. Mnd. *lōtsman* 'Schiffsführer für bestimmte Fahrtrouten' stammt wie mnl. *lootsman* aus aengl. *lādmann* 'den Weg Weisender, Führer', mengl. *lodeman* und *lodisman* (engl. älter *lodesman*) 'Geleit-, Steuermann', einer Bildung zu aengl. *lād* 'Weg, Reise'; zur Herkunft s. *leiten*. Bereits nach Mitte des 17. Jhs. entsteht aus *Lootsmann* verkürztes *Lootse* und diesem entsprechend nd. *Loots*, nl. *loods*. – l o t s e n Vb. 'als Lotse ein Schiff führen' (18. Jh.), übertragen 'jmdn. leiten, beeinflussen'.

Lotterie f. 'Verlosung von Gewinnen', frühnhd. (altkölnisch) *lotterei* (1550), *lotterie* (1570), im Hinblick auf nl. Verhältnisse *loterey* (Mathesius 1562), latinisiert *loteria* (1513), entlehnt aus nl. *loterij* (16. Jh.), einer Bildung zu nl. *lot* (s. *Los*). Das Wort wird (wie ²*Niete*) mit dem nl. Lotteriewesen ins Dt. aufgenommen.

lottern Vb. 'liederlich leben, schlampen, sich herumtreiben' (17. Jh.), zuvor 'schlaff sein, schlaff herabhängen' (16. Jh.), ist abgeleitet von einem in ahd. *lotar* 'nichtig' (8. Jh.), mhd. *loter* 'locker, leichtsinnig, leichtfertig' belegten Adjektiv. Vgl. dazu die Substantivierungen ahd. *lotar* in *zi lotare tuon* 'wanken machen, zugrunde richten' (8. Jh.), mhd. *lot(t)er* 'lockerer Mensch, Taugenichts, Gaukler', mnd. *lōder*, *lodder*, *loderer*, aengl. *loddere* 'Bettler'. Mit der unter *schlottern* (s. d.) aufgeführten Wortgruppe lassen sich alle Formen an ie. **(s)leut-*, **(s)lūt-*, Dentalerweiterung der Wurzel ie. **(s)leu-*, **(s)lū-* 'schlaff herabhängen, schlaff', anschließen. – verlottern Vb. 'herunterkommen' (16. Jh.). lott(e)rig Adj. 'liederlich, schlampig, faul' (19. Jh.), älter *lotterícht* (17. Jh.). Lotterbett n. 'Bett zum Ausruhen und Faulenzen', speziell 'Lustbett, Hurenbett' (15. Jh.), eigentl. wohl 'lockeres, weiches, bequemes Bett', vgl. noch heute öst. 'Couch'. Lotterbube m. 'heruntergekommener Mensch', mhd. *loterbuobe*; tautologische und insofern verstärkende Bildung aus substantivischem mhd. *lot(t)er* (s. oben) und *buobe* im Sinne von 'zuchtloser Mensch' (s. *Bube*).

Lotto n. Glücksspiel, bei dem mehrere Gewinnzahlen aus einer festgelegten Zahlenreihe ausgelost werden, 'Zahlenlotterie', Übernahme (Anfang 18. Jh.) von ital. *lotto*, einer Entlehnung von afrz. frz. *lot* 'Los, Anteil', das seinerseits auf anfrk. **(h)lot* 'Los, Anteil' (s. *Los*) zurückgeht. – Zahlenlotto n. (19. Jh.), zuvor *Zahlenlotterie* (Anfang 18. Jh.).

Löwe m. Der Name für die Großkatze Afrikas ahd. *lēo* (8. Jh.), mit zwischenvokalischem Übergangslaut *lewo*, mhd. *lewe*, auch *leb(e)*, *lew*, *leowe*, *leu* ist wie mnl. *lēwe*, *leeu*, nl. *leeuw*, aengl. *lēo* (woraus anord. *leō*, *leōn*) eine Entlehnung von lat. *leō*, griech. *léōn* (λέων) 'Löwe', einem Lehnwort unbekannter Herkunft. Dichterisch auch *Leu*, entsprechend mhd. *leu*. In der übertragenen Bedeutung 'tonangebende, in Gesellschaft Aufmerksamkeit erweckende Persönlichkeit' (18./19. Jh.) folgt *Löwe* dem Gebrauch von engl. *lion*; vgl. *Salonlöwe*. – Löwenmaul n. Name einer zu den Rachenblütlern gehörenden Gartenblume, deren Blüte mit einem aufgesperrten Löwenrachen verglichen wird (18. Jh.). Löwenzahn m. 'Zahn eines Löwen', mhd. *lewenzan*. Der Pflanzenname *Löwenzahn* (16. Jh.) übersetzt mlat. *dens leonis*, womit ein verbreiteter Korbblütler mit scharf gezähnten Blättern bezeichnet wird.

loyal Adj. 'Regierung, Gesetze, höhere Instanzen respektierend', auch 'Vereinbarungen haltend', Übernahme (Ende 18. Jh.) von gleichbed. frz. *loyal*, auch 'den Gesetzen entsprechend', über afrz. *loial*, *leial* auf lat. *lēgālis* 'die Gesetze betreffend, den Gesetzen gemäß' (zu lat. *lēx*, Gen. *lēgis* 'Gesetz', s. *legal*) zurückgehend. – Loyalität f., latinisierende Substantivbildung (19. Jh.) zu *loyal*; vgl. gleichbed. frz. *loyauté*.

Luch n. f. 'sumpfige Niederung, am Wasser liegendes feuchtes Gelände, Bruch, Moor', mnd. *lūch* (Mecklenburg 1. Hälfte 13. Jh., Brandenburg Ende 14. Jh.). Zufrühest bezeugt als Flurname (1157 bei Leipzig; seither vor allem in Norddeutschland vielfach als Name für Flurteile). In appellativischer Verwendung (zunächst landschaftlich, vor allem in Brandenburg) gewinnt *Luch*, vom Norden des dt. Sprachgebiets ausgehend, im 19. Jh. allgemeine Geltung und wird Fachausdruck der Bodenkunde. Die Bezeichnung bewahrt apolab.-apomoran. asorb. **ług* (vgl. polab. *laug*, nordpomoran. *łůg* neben kaschub. *łǫg*, obsorb. *łuh*, nsorb. *ług*) 'sumpfiger Boden, feuchtes Wiesenland, morastige, bewaldete Niederung'.

Luchs m. Der Name des kleinen Raubtieres zeigt in ahd. (9. Jh.), mhd. *luhs*, asächs. *lohs*, mnd. mnl. nl. *los*, aengl. *lox* suffixales *s* (vgl. dagegen das ohne *s* gebildete zugehörige Fem. aschwed. *lō*, schwed. *lo*). Nasalsuffix liegt vor in armen. *lusan* 'Luchs', Nasalinfix in griech. *lýnx* (λύγξ). Auf einer Wurzelform mit gedehnter Schwundstufe beruhen die balt. Formen lit. *lū́šis*, lett. *lūsis* sowie die slaw. Entsprechungen; russ. *rys'* (рысь), aruss. *rysь* ist wohl aus **lysь* mit Ersetzung des *l* durch *r* unter Einfluß von **rysъ* 'scheckig, rot', vielleicht durch Tabuvorstellungen begünstigt, entstanden (vgl. VASMER 2, 557). Auszugehen ist von ie. **leuk̂-* (wozu aind. *rúśan* 'hell, licht, weiß', russ. *lýsyj*, *лысый* 'kahlköpfig, mit einer Blässe versehen'), einer palatalisierten Variante der Wurzel ie. **leuk-* 'leuchten, licht' (s. *licht* und [1]*Lohe*), so daß als Benennungsmotiv die funkelnden Augen des Tieres oder sein grauweißes Fell gelten können. – l u c h s e n Vb. 'scharf aufpassen, auf der Lauer sein', landschaftlich auch 'stehlen' (18. Jh.), wofür heute häufiger a b l u c h s e n Vb. 'mit List an sich bringen' (ebenfalls 18. Jh.). L u c h s a u g e n. meist übertragen 'scharfes Auge, dem nichts entgeht' (16. Jh.).

Lücke f. 'leere Stelle, Loch, Unterbrechung einer Reihe, eines zusammenhängenden Ganzen'. Intensivgemination aufweisendes ahd. *lucka* (9. Jh.), mhd. *lucke, lücke*, ursprünglich wohl Bezeichnung für eine verschließbare Öffnung, läßt sich wie verwandtes *Loch* und *Luke* (s. d.) auf die unter *Lauch* und *Locke* (s. d.) genannte Wurzel ie. **leug-*, **lŭg-* 'biegen' zurückführen (zur möglichen Entwicklung von 'biegen' zu 'schließen' s. *Loch*). Die heute geltende umgelautete Form setzt sich unter Luthers Einfluß durch.

Lude m. 'Zuhälter' (Anfang 20. Jh. in der Berliner Gaunersprache), der umgangssprachlichen Abkürzung (Mitte 19. Jh.) des Personennamens *Ludwig* folgend; zuvor in gleichem Sinne die entsprechende frz. Namensform *Louis* (auch *Puff-Louis*). Vgl. A. Lasch Berlinisch (1928) 177.

Luder n. 'Lockspeise, Köder, Aas', übertragen 'liederlicher, durchtriebener Mensch', mhd. *luoder*, md. *lūder* 'Lockspeise, Gespött, Schlemmerei, lockeres Leben', mnd. *lōder*, mnl. nl. *loeder*. Der Jagdausdruck für das dem Falken als Raub oder Beute hingehaltene Fleisch zeigt die Bedeutungen 'Lockspeise, Köder, Aas', aber auch 'Anreizung, Lockmittel, Wohlleben, Schlemmerei'. Bereits im Mhd. gilt er als derbes Schimpfwort (wie mhd. *ās*, nhd. *Aas*, s. d.; vgl. auch mhd. *luoderære* 'Weichling, Schlemmer'), doch wird in neuerer Umgangssprache die Derbheit durch Attribute zuweilen abgeschwächt, vgl. *armes Luder, dummes Luder* (19. Jh.). Die Etymologie ist nicht gesichert; vielleicht steht *Luder* im Ablaut zu dem unter [2]*laden* (s. d.) behandelten Verb. – l u d e r n Vb. 'liederlich leben', mhd. *luodern* 'mit der Lockspeise abrichten, reizen, locken, liederlich leben'. L u d e r l e b e n n. (17. Jh.).

Luft f. 'die Erde umgebendes Gasgemenge, Atmosphäre, leichter Wind, freier Raum, Zwischenraum', ahd. *luft* m. f. (8. Jh.), mhd. asächs. *luft* m. f. 'Luft, Wind, Himmel', aengl. *lyft* m. f. n. 'Luft, Himmel', dann auch 'Dachstube', anord. *lopt* n. 'Luft, Himmel, Dachstube', schwed. *loft* 'Dachstube', got. *luftus* m. 'Luft', daneben (mit nd.-nl. *cht* für *ft*, s. *anrüchig*) mnd. *lucht* '(Tages)licht, Luft(raum), oberes Stockwerk eines Hauses, Boden', mnl. *lucht, locht* 'Luft, Rauch, oberes Stockwerk eines Hauses', nl. *lucht* 'Luft'. Die Herkunft ist ungewiß. Wenn man der vorgenannten Zusammenstellung der germ. Ausdrücke folgt und annimmt, daß die Bezeichnungen für 'Luft' und 'oberes Stockwerk, Dachstube' aus einer gemeinsamen Vorstufe hervorgegangen sind, dann darf eine ursprüngliche Bedeutung 'Bedeckung, Rinden- oder Schindeldach' vermutet werden, aus der sich *Luft* als 'nach oben abschließende Decke', gleichsam 'Dach der Welt', entwikkelt haben könnte. Als Verwandte wären vergleichbar *Laub, Laube* und die unter *Rotlauf* (s. d.) genannten Formen sowie außergerm. griech. *lýpē* (*λύπη*) 'Kummer, Trauer', lat. *liber* (aus **luber*) 'Bast, Buch', lit. *lúoba* 'Baumrinde', *lùpti* 'schälen, abhäuten', russ. *lub* (*луб*) 'Baumrinde, Bast', *lupít'* (*лупить*) 'schälen, enthülsen'. Germ. **luftu-* m. bzw. **lufti-* f. könnte dann an die Labialerweiterungen ie. **leup-*, **leub(h)-* 'abschälen, entrinden, abbrechen, beschädigen' der Wurzel ie. **leu-* 'abschneiden, trennen, loslösen' (s. *los*) angeschlossen werden. Fem. Genus setzt sich im Dt. aus md. Gebrauch seit dem 16. Jh. unter dem Einfluß Luthers in der Schriftsprache durch. – [1]l ü f t e n Vb. 'hochheben (in die Luft)', mhd. *lüften* 'in die Luft heben, auf-, emporheben', frühnhd. auch 'eine Erleichterung, eine Ausnahme gestatten', mnd. *lüchten*, mnl. *luchten*, anord. *lypta* 'hochheben' (s. *Lift, liften*). [2]l ü f t e n Vb. 'Luft einwirken lassen, der Luft aussetzen' (17. Jh.); dazu L ü f t u n g f. 'Ventilation' (17. Jh.). l u f t i g Adj. 'voller Luft, locker', mhd. *luftec, luftic, lüftic*; vgl. ahd. *luftīg* 'in der Luft befindlich' (11. Jh.). L u f t i k u s m. 'leichtsinniger Mensch, Windbeutel' (19. Jh.), in der Studentensprache latinisierend zu *luftig* 'leichtsinnig'. L u f t b a l l o n m. 'mit Heißluft oder Gas gefüllter Ballon für die Luftfahrt' (18. Jh.), s. *Ballon*; auch als Kinderspielzeug (20. Jh.). L u f t p u m p e f. 'Pumpe zum Einpressen von Luft' (1719), gebildet analog zu *Wasserpumpe* (16. Jh.). L u f t s c h l o ß n. 'Wunschvorstellung,

Phantasie-, Traumgebilde' (17. Jh.); vgl. *ein Schloß in den Lufft bawen* (16. Jh.). Luftschiff n. 'Luftfahrzeug' (18. Jh.).

lugen Vb. 'aufmerksam Ausschau halten, sehen', ahd. *luogēn* (um 800), mhd. *luogen*, (md.) *lūgen*. Wahrscheinlich verwandt mit den Intensivbildungen asächs. *lōkon*, mnl. *loeken*, aengl. *lōcian*, engl. *to look* 'blicken, schauen'. Herkunft unbekannt. *lugen* ist vorwiegend obd.; in der Literatursprache im 17. Jh. selten, doch im 18. Jh. neu belebt. – Luginsland m. 'Wachtturm' (16. oder 15. (?) Jh.), 'Berg mit Fernsicht, Aussichtspunkt', auch 'wer in die Ferne späht oder gafft, Landstreicher' (16. Jh.); imperativischer Satzname.

lügen Vb. 'bewußt Unwahres sagen'. Das starke Verb ahd. *liogan* (8. Jh.), mhd. *liugen*, *liegen*, asächs. *liogan*, mnd. *lēgen*, mnl. *lieghen*, nl. *liegen*, aengl. *lēogan*, engl. *to lie*, anord. *ljūga*, schwed. *ljuga*, got. *liugan* (germ. **leugan*) läßt sich mit den slaw. Verwandten aslaw. *lъgati*, russ. *lgat'* (*лгать*) 'lügen', aslaw. *lъža*, russ. *lož'* (*ложь*) 'Lüge' auf einen Ansatz ie. **leugh-* 'lügen' zurückführen, wozu wohl auch [2]*locken* (s. d.) gehört. In Anlehnung an zum Verb gebildetes *Lüge* (s. unten) kommt für nhd. *liegen* im 17. Jh. *lügen* auf (Präsensformen *du leugst*, *er leugt* noch im 18. Jh.), wodurch Unterscheidung von *liegen* (s. d.) ermöglicht wird. – Im Ablaut zum Verb steht Lüge f. 'Unwahrheit', ahd. *lugī* (um 800), mhd. *lüge*, *luge*, anord. *lygi*; daneben ahd. *lugina* (8. Jh.), mhd. *lügen(e)*, *lugen(e)*, nhd. (bis ins 18. Jh.) *Lügen*, asächs. *lugina*, mnd. *lōgene*, aengl. *lygen*; vgl. auch (mit anderer Stammbildung) got. *liugn*. Lügner m. 'wer die Unwahrheit sagt', ahd. *luginäri* (9. Jh.), mhd. *lügenære*, *lügener*. lügnerisch Adj. 'voller Lüge, unwahr' (17. Jh.). belügen Vb. 'jmdm. Unwahres sagen, jmdn. anschwindeln', mhd. *beliegen*. verlogen Part.adj. 'in hohem Grade unwahr, unwahrhaftig', Part. Prät. von bis ins 17. Jh. gebräuchlichem *verlügen* 'in falschem Licht darstellen, verleumden', mhd. *verliegen*; vgl. ahd. *firlogan* Part.adj. (10. Jh.). Lug m. 'Lüge, Unwahrheit', ahd. *lug* (um 1000), mhd. *luc*, nur noch in der Wendung *Lug und Trug* 'Lüge und Betrug' (16. Jh.).

Luke f. 'verschließbare Öffnung in Böden oder Wänden' (bes. auf Schiffen). Im 16. Jh. wird mnd. *lūke* 'Öffnung in den Böden und Wänden der Häuser und Schiffe, die mit einer Falltür geschlossen wird', mnl. *lūke*, nl. *luik*, ursprünglich ein Seemannswort, ins Hd. aufgenommen. Es gehört zu einem durch ahd. *-lūhhan* (in *bilūhhan* 'einschließen', *intlūhhan* 'öffnen', beide 8. Jh.), mhd. *lūchen*, *liechen* '(zu)schließen', asächs. *lūkan*, aengl. *lūcan*, mnl. *lūken*, nl. *luiken*, anord. *lūka*, got. *galūkan* 'verschließen', *uslūkan* 'aufschließen' vertretenen starken germ. Verb für 'schließen, verschließen' und kann mit *Loch* und *Lücke* (s. d.) auf die unter *Lauch*, *Locke* (s. d.) genannte Wurzel ie. **leug-*, **lŭg-* 'biegen' zurückgeführt werden; zur möglichen Entwicklung von 'biegen' zu '(ver)schließen' s. *Loch*.

lukrativ Adj. 'gewinnbringend, einträglich', Entlehnung (18. Jh.) von gleichbed. frz. *lucratif* bzw. aus lat. *lucrātīvus* 'gewonnen, mit Gewinn und Vorteil verknüpft', einer Ableitung von lat. *lucrārī* 'gewinnen, Vorteil ziehen' (zu lat. *lucrum* 'Gewinn, Vorteil').

lukullisch Adj. 'üppig, schwelgerisch und erlesen' (von Speisen und Gastmahlen), dt. Bildung (18. Jh.) zum Namen des wegen seines Reichtums und seiner Verschwendung bekannten römischen Feldherrn *Lūcullus*.

lullen Vb. lautmalende kindersprachliche Bildung, eigentl. '*lu lu* machen'. In bezug auf den Sauglaut 'saugen (an der Brust), lutschen' (Anfang 16. Jh.), weiterhin noch mundartlich *lullen*, *lüllen*. Auch *lullen*, *einlullen* 'leise ein (Schlaf)lied singen', also '*lu lu* singen' (17. Jh.), mnd. *lollen*, *lolliken* 'leise murmeln oder singen', mnl. nl. *lollen*, *lullen* 'murmeln, trällern', engl. *to lull* 'in den Schlaf singen' (14. Jh.; dazu *lullaby* 'Schlaf-, Wiegenlied', 16. Jh.), schwed. *lulla* 'singen'. S. ähnlich gebildetes *lallen*. Hierzu stellt sich ferner lautnachahmendes *lullen*, *lullern*, auch *lullu machen*, kindersprachlich (bes. omd.) für 'Wasser lassen'; vgl. zugehöriges *Lüllpott* 'Nachttopf' (16. Jh., Fischart). – Lulle f. 'Zigarette', umgangssprachlich seit etwa 1950, wohl Ableitung von *lullen* 'saugen', vgl. auch nd. (mundartlich) *Lull* 'Sauglappen für Kinder' und obd. (mundartlich) *Luller* 'Schnuller'.

Lummel m. 'Lendenfleisch, -braten, zubereitetes Nierenstück' (heute vorwiegend südd.), mnd. *lümmel* n. 'Eingeweide der Schlachttiere', nl. *lumme*, assimiliert aus mhd. *lumbel(e)*, *lumbe* m., ahd. (8. Jh.), asächs. *lumbal* m. 'Lende, Niere', einer Entlehnung aus lat. *lumbulus*, dem Deminutivum von lat. *lumbus* m. 'Lende', verwandt mit *Lende* (s. d.).

Lümmel m. 'unerzogener, frecher (junger) Mann, derber Mensch ohne Verstand, Flegel' (16. Jh.), nd. *Lummel, Lümmel.* Abgeleitet von (in nhd. Zeit nur noch mundartlich) *lummen, lummeln* 'schlaff, welk sein, herabhängen' (16. Jh.; vgl. *Lummelohr* 'herabhängendes Ohr), *lumm* Adj.'schlaff, weich, matt, träge' (16. Jh.), mit affektischer Vokalkürzung hervorgegangen aus mhd. *lüemen* 'erschlaffen, ermatten', mhd. *lüeme*, (md.) *lūme* Adj. 'matt, sanft, mild', das ablautend zu *lahm* (s. d.) steht. Hierzu auch obsächs. *Lūmich* m. 'übler, liederlicher, heimtückischer Kerl, Taugenichts'. – l ü m m e l n Vb. 'flegelhaft herumstehen, in nachlässiger Haltung sitzen', älter auch 'sich lümmelhaft betragen' (17. Jh.). L ü m m e l e i f. (17. Jh.).

Lump m. 'gesinnungsloser Mensch, Gauner, Landstreicher', eigentl. 'Mensch in schlechter, zerschlissener Kleidung', im 17. Jh. mit Bedeutungsdifferenzierung gekürzt aus *Lumpen* (s. d.), noch im 18. Jh. gelegentlich *Lumpe.* Dazu gehört die Wendung *sich nicht lumpen lassen* 'sich großzügig, freigebig zeigen', eigentl. 'sich nicht für einen Lump halten lassen, nicht einen Lump nennen lassen', vgl. *lumpen* 'schlaff herabhängen, wie ein Lump einhergehen, verlottert leben' (16. Jh.). Dazu auch L u m p e r e i f. 'Betrügerei, üble Handlungsweise' (16. Jh.), auch 'armselige Nichtigkeit' (18. Jh.).

Lumpen m. 'Lappen, Stoffetzen', Plur. 'zerrissene Kleidung', spätmhd. *lumpe* 'Lappen, Fetzen', mnd. *lumpen* (Plur.) 'schlechte, zerissene Kleider', nl. *lomp* 'Fetzen', älter *lompe* 'Fetzen, Lappen, schäbiges Kleidungsstück' stehen ablautend zu mhd. *lampen* 'welk herniederhängen'. Sie führen mit wohl verwandtem *Schlampe* (s. d.) sowie außergerm. mit aind. *rámbatē*, jünger *lámbatē* 'hängt (schlaff) herab', *lambana-* 'herabhängend', lat. *limbus* 'Besatz am Kleid, Saum' auf ie. **(s)lemb(h)-* (wozu vielleicht auch *glimpflich*, s. d.), eine nasalierte Form der unter *Lappen* (s. d.) genannten Wurzel ie. **lĕb-*, **lŏb-*, **lăb-* 'schlaff herabhängen(d)', wozu auch (mit *s*-Anlaut) *schlafen*, *schlaff*, *schlapp* (s. d.) gehören. *Lumpen* übernimmt auslautendes *-n* aus den obliquen Kasus (16. Jh., geläufig 18. Jh.). – l u m p i g Adj. 'zerlumpt, armselig' (17. Jh.), älter *lumpicht* (16. Jh.). z e r l u m p t Part.adj. 'in Fetzen zerrissen, in Lumpen gekleidet, schäbig, heruntergekommen' (16. Jh.), zu heute nicht mehr gebräuchlichem *zerlumpen* 'in Fetzen reißen, in Fetzen zerfallen' (16. Jh.).

Lunge f. 'Atmungsorgan', ahd. *lungun(na)* Plur. (8. Jh.), *lunga* (10./11. Jh.), mhd. mnd. *lunge*, asächs. *lungannia*, mnl. *longhe*, nl. *long*, aengl. *lungen*, engl. *lung* 'Lungenflügel', *lungs* (Plur.) 'Lunge', anord. *lunga*, meist *lungu* (Plur.), schwed. *lunga* führt als Substantivierung 'die Leichte' (die als Organ von Schlachttieren nach dem Schlachten im Wasser oben schwimmt) auf die nasalierte schwundstufige Wurzelform ie. **l̥ngᵘ̯h-*, hochstufig **lengᵘ̯h-* 'leicht in Bewegung und Gewicht' der unter *leicht* (s. d.) genannten Wurzel.

lungern Vb. 'müßig herumstehen, sich herumtreiben', auch 'auf etw. gierig sein, lauern'; vgl. mnd. *lungeren* 'begierig lauern', *lungerīe* 'müßiges Herumtreiben'. Das mundartlich gut bezeugte, aber erst seit dem 18. Jh. in die Schriftsprache aufgenommene Verb (doch vgl. schon ein vereinzeltes ahd. *irlungarōn* 'müßig wandern, herumlungern', um 1100) ist abgeleitet von einem Adjektiv, das in ahd. (8. Jh.), asächs. *lungar* 'kräftig, begierig' (vgl. aengl. *cēaslunger* 'streitsüchtig', *lungre* Adv. 'bald, schnell'), mhd. *lunger* 'hurtig, schnell' erhalten ist. Dies läßt sich (wie *Lunge*, s. d.) an die nasalierte Wurzelform ie. **l̥ngᵘ̯h-* anschließen. Heute häufiger h e r u m l u n g e r n Vb. (19. Jh.).

Lunte f. 'Zündschnur'. Frühnhd. *Lund* (Ende 15. Jh.), *Lunten*, *Lunte* (16. Jh.) 'Lampendocht, Lumpen, Fetzen, Zündschnur' setzt sich nur in der Bedeutung 'Zündschnur' durch, vgl. entsprechendes mnd. *lunte*, nl. *lont*. Die Herkunft ist unklar. Vielleicht ist an mhd. *lünden* 'brennen, glimmen' anzuknüpfen? Oder ist, von 'Lappen, Fetzen' (Luther) ausgehend, Verwandtschaft mit nd. *Slunt(e)*, nl. *slenter* 'Lumpen, Fetzen' anzunehmen? *Lunte riechen* 'Unheil ahnen' (17. Jh.), nl. *lont ruiken*, eigentl. 'den Gefahr verkündenden Geruch der glimmenden Zündschnur wahrnehmen'. In der Jägersprache *Lunte* 'Schwanz des Fuchses' (2. Hälfte 18. Jh.), nach seiner brandroten Farbe.

Lupe f. 'Vergrößerungsglas', Entlehnung

(um 1800) von gleichbed. frz. *loupe*. Das in seiner Bedeutung außerordentlich differenzierte frz. Wort ('unvollständig ausgebildeter Edelstein, Eisenklumpen, Auswuchs an der Perle, Knorren, Höcker', seit dem 16. Jh. auch 'zystenartige, meist kreisrunde Geschwulst unter der Haut', von hier aus offenbar auf die geschliffene Linse übertragen) wird FEW 5, 420ff. auf einen im Galloroman. lebendigen, wohl expressiv gebildeten Stamm **lopp-* 'schlaff hängendes Stück' zurückgeführt.

lupfen, l ü p f e n Vb. 'in die Höhe heben, an-, aufheben', auch mhd. *lupfen*, *lüpfen*. Herkunft unbekannt.

Lupine f. zur Familie der Schmetterlingsblütler gehörende, als wertvolles eiweißreiches Viehfutter verwendete Pflanze. Ihr Name lat. *lupīnus* ist wohl von lat. *lupus* 'Wolf' abgeleitet, das Benennungsmotiv ist jedoch nicht ersichtlich. Aus dem Lat. stammt entlehntes ahd. *luffina* (11. Jh.), das sich im Dt. nicht fortsetzt (statt dessen gilt der vom 10. Jh. an bezeugte Name *Feigbohne*). Botan.-lat. *Lupinus* erhält (1700) nomenklatorische Gültigkeit und führt zu nhd. *Lupine* (18. Jh.).

Lurch m., meist (zumal in zoolog. Fachsprache) *Lurche* Plur., eine Prägung Okens (1815) für zoolog.-lat. *Amphibia* (s. *Amphibie*), in Anlehnung an unerklärtes nd. *Lork(e)*, hd. *Lorch(e)* 'Kröte' (belegt seit Mitte 17. Jh., heute noch mundartlich).

Lusche f. 'Hündin', omd. *Lusch(e)* (17. Jh.), bair. *Lusch*, *Leusch*, mit verschärftem Auslaut schles. *Lutsch(e)*, alem. *Leutsch* (18. Jh.). Herkunft unbekannt. Übertragen omd. 'Nichtskönner, Taugenichts', hess. *Lusch*, *Lutsch* 'nachlässige, liederliche Weibsperson, Hure'. Auch omd. 'Spielkarte ohne Zählwert'; dazu vgl. bereits lat. *canis* 'Hund' mit der Übertragung 'Wurf mit geringster Augenzahl' (beim Würfelspiel).

Lust f. 'Verlangen, Wohlgefallen, Freude, Genuß, sinnliche Begierde', ahd. *lust* (9. Jh.; daneben *firinlust* 'Begierde, Wollust', *unlust*, *urlust* 'Ausschweifung', 8. Jh.), mhd. asächs. mnd. aengl. engl. nl. *lust*, mnl. *lust*, *lost*, *luste*, anord. (aus dem Mnd.) *lyst* 'Lust, Begierde, Freude', got. *lustus* führen auf germ. **lustu-* bzw. **lusti-*, schwundstufige Abstraktbildungen mit dem Suffix ie. *-tu-*, *-ti-*, dazu als *n*-Stamm anord. *losti*. Herkunft ungewiß. Etymologischer Zusammenhang mit aind. *lá̄ṣati* 'begehrt, hat Verlangen nach', griech. *lilaíesthai* (λιλαίεσϑαι) 'heftig begehren, sich sehnen, verlangen', lat. *lascīvus* (Weiterbildung zu einem Adjektiv **laskos*) 'mutwillig, ausgelassen, zügellos, üppig, geil', air. *lainn* (aus **lasnis*) 'gierig', lit. *lokšnùs* 'empfänglich, empfindsam, gefühlvoll, zärtlich', aslaw. *laskati* 'durch List überrumpeln', *laskanije* 'Schmeichelei, List', russ. *láska* (*ласка*) 'Liebkosung, Wohlwollen' unter Ansatz einer Wurzel ie. **las-* (schwundstufig **ls̥-*) 'gierig, lasziv, mutwillig, ausgelassen sein' ist umstritten. – l u s t i g Adj. 'fröhlich, ausgelassen', mhd. *lustec*, *lustic* 'verlangend, begierig, Wohlgefallen erregend, angenehm, anmutig, lieblich, vergnügt'. b e l u s t i g e n Vb. 'fröhlich stimmen, Spaß bereiten, erheitern', refl. 'spotten' (16. Jh.). g e l ü s t e n Vb. 'Verlangen haben', ahd. *gilusten* (9. Jh.), mhd. *gelüsten*, *gelusten* 'sich freuen, an etw. Wohlgefallen finden, verlangen'; G e l ü s t (e) n . 'Verlangen, Begierde'. mhd. *geluste*, *gelüste*; vgl. ahd. *gilust* 'Begierde, Verlangen' (9. Jh.). l ü s t e r n Adj. 'begierig, geil' (16. Jh., Luther), mit Konsonantenerleichterung aus *lüsternd*, Part. Präs. von frühnhd. *lüstern* 'Verlangen haben, begierig sein', Iterativbildung zu ahd. *lusten* 'gelüsten, belieben' (8. Jh.), mhd. *lusten*, *lüsten*; L ü s t e r n h e i t f. (17. Jh.). L ü s t l i n g m. 'geiler Mensch' (17. Jh.). L u s t b a r k e i t f., mhd. *lustbærecheit*. L u s t s e u c h e f. 'heftiger Sinnestrieb, krankhafte Begierde' (16. Jh.), 'Syphilis' (18. Jh.). L u s t s p i e l n. 'zum Vergnügen dargebotene szenische Aufführung' (16. Jh.), dt. Bezeichnung für *Komödie*, durch Gottsched verbreitet. l u s t w a n d e l n Vb. 'spazierengehen', zu L u s t w a n d e l m. 'Spaziergang', beide von Zesen (1645) gebildet.

Lüster m. 'Glanz, Schimmer, dünner, metallisch glänzender Überzug auf Porzellan und Keramik', auch '(mit geschliffenen Glasstükken verzierter) Kronleuchter' (1. Hälfte 18. Jh.), 'leichter, glänzender Baumwollstoff' (Mitte 19. Jh.; vgl. *Lüsterjackett*, *-jacke*, Anfang 20. Jh.), in allen Bedeutungen entlehnt aus mfrz. frz. *lustre* m. 'Schimmer, Glanz, glänzendes Äußere, Hängeleuchte, Kronleuchter', seinerseits entlehnt (zuerst 15. Jh. für glänzende Erscheinungen verschiedener Art) aus ital. *lustro* 'Glanz, Ruhm'; zu ital. *lu-*

strare 'glänzend machen, polieren', lat. *lūstrāre* 'reinigen, hell machen' sowie 'beleuchten'.

lutschen Vb. 'an etw. saugen, im Mund zergehen, zerschmelzen lassen', wie mundartliches *nutschen* (s. d.) eine den Sauglaut nachahmende Bildung (Ende 18. Jh.). – Lutscher m. 'lutschendes Kind' (vgl. *Daumenlutscher*), 'etw., woran man lutschen kann' (um 1800), heute 'Stielbonbon'.

Luv f. 'die dem Wind zugewandte Seite eines Schiffes'. Nd. *Lūf*, *Lōf*, mnd. *lōf* 'Windseite' wird als Seemannsausdruck in der 2. Hälfte des 17. Jhs. in die Literatursprache aufgenommen. Vielleicht ist von einer Bedeutung 'Ruderseite' auszugehen, nach einem ausgesetzten flachen Hilfsruder, um gegen den Wind zu halten. Vgl. nl. *loef*, älter *loeve* 'Eisenbolzen, gegen den die Ruder gestemmt werden, Ruderpinne, Hebel zum Drehen des Steuerruders', danach nl. *loefzijde* und (wohl daraus gekürzt) *loef* 'Windseite', mengl. *lof* 'großes Ruder, Windseite', anord. *lōfi* 'flache Hand', schwed. *love* 'Handwurzel', got. *lōfa* 'flache Hand', (ablautend und geminiert) ahd. *laffa* (11. Jh.), *lappo* (Hs. 12. Jh.) 'Ruderblatt', mhd. *laffe* 'flache Hand', schwed. *labb* 'Pfote' sowie russ. *lápa* (*лапа*) 'Pfote, Tatze', lit. *lópa* 'Tatze, Klaue, Pfote', die eine Wurzel ie. **lēp-*, **lōp-*, **ləp-* 'flach sein, Hand-, Fußfläche, Schulterblatt, Schaufel, Ruderblatt' erschließen lassen.

Luxus m. 'Aufwand, Verschwendung, Prunk' (16. Jh.), übertragen 'eine vom Üblichen oder Gebotenen abweichende Haltung' (19. Jh.), Entlehnung von lat. *luxus* 'üppige Fruchtbarkeit, verschwenderischer Aufwand, Schlemmerei, Ausschweifung'. Eine frühe (Paracelsus) Verwendung *Luxus* 'Üppigkeit, Geilheit' (auch 'Syphilis', *luxisch* 'syphilitisch') setzt sich nicht fort. – luxuriös Adj. 'verschwenderisch, prunkvoll' (17. Jh.), frz. *luxurieux*, lat. *luxuriōsus* 'üppig, schwelgerisch' (vgl. lat. *luxuria* 'Üppigkeit, Schwelgerei').

Luzerne f. Der Name der vielfach angebauten Futterpflanze ist eine Entlehnung (18. Jh.) von frz. *luzerne*, das seinerseits wahrscheinlich aus prov. *luzerno* stammt. Dieses ist eigentl. ein Name für das 'Glühwürmchen', der dann (wohl beim Samenhandel) auf die glänzenden Samenkörner der Pflanze übertragen wird. Vorauf geht aprov. *luzerna* 'Leuchte, Lampe', aus (zu lat. *lūcēre* 'hell sein, leuchten, glänzen' gebildetem) lat. *lucerna* (über vlat. **lūcerna* mit gelängtem Vokal nach dem Vorbild des Verbs). Lat. *lucerna* wie die daraus herzuleitenden roman. Formen werden mehrfach auf in der Sonne hell leuchtende bzw. auf phosphoreszierende Tiere (Eidechse, Fisch, Glühwürmchen, s. oben) übertragen.

Lymphe f. 'Gewebsflüssigkeit', Entlehnung (Anfang 19. Jh.) aus dem mit der Bedeutung 'Körperwasser' in die Wissenschaftssprache der Medizin (im 17. Jh.) aufgenommenen lat. *lympha* 'Wasser', auch 'Nymphe, Quellgöttin', das seinerseits auf gleichbed. griech. *nýmphē* (*νύμφη*) zurückgeht. Gegenüber der älteren Lehnwortform lat. *lumpa* hat sich lat. *lympha* wieder stärker an die griech. Ausgangsform angeglichen, allerdings unter Beibehaltung der Dissimilation des anlautenden Nasals gegenüber dem inlautenden. – Lymphgefäß n. (19. Jh.); Lymphdrüse f. (Ende 19. Jh.).

lynchen Vb. 'einen (vermeintlichen) Täter ungesetzlich richten und töten oder grausam mißhandeln', entlehnt (19. Jh.) aus amerik.-engl. *to lynch*, gebildet aus dem Eigennamen *Lynch*, vielleicht eines Farmers in Virginia (18. Jh.), der eigenmächtig mit einem selbsternannten Gremium Rechtsprechung geübt haben soll. – Lynchjustiz f. 'Tötung oder Mißhandlung eines (vermeintlichen) Täters ohne gültiges Gerichtsurteil', bes. durch eine aufgebrachte Volksmenge (19. Jh.), amerik.-engl. *lynch law*.

Lyrik f. Dichtungsart im Rhythmus, oft mit Reim, in Versen und Strophen, die unmittelbar Stimmungen, Gefühle, Gedanken ausdrückt und ein subjektiv bestimmtes Erlebnis vermittelt, entlehnt und substantiviert (1. Hälfte 19. Jh.) aus dem Adjektiv frz. *lyrique* in frz. *poésie lyrique*, wofür im Dt. zuvor *lyrische Poesie* (18. Jh.); vgl. jüngeres frz. *lyrique* m., heute auch f. Mfrz. frz. *lyrique*, aus lat. *lyricus*, griech. *lyrikós* (*λυρικός*) 'zur Lyra, zum Spiel der Lyra gehörig', von griech. *lýra* (*λύρα*) 'Lyra, Leier' abgeleitet (s. *Leier*), bezieht sich anfangs entsprechend antiker Vorstellung auf zur Leier zu singende Dichtungen (Oden, Hymnen), danach (18. Jh.) allgemein auf empfindungsvolle Dichtung, wobei der Bezug zur Musik allmählich schwindet (vgl. Batteux' Gliederung der Dichtung in *poésie épique, dramatique, lyrique*, 1750); die heutige Ausprägung des Begriffs entsteht in Frankreich um 1810. In dt. Texten begegnet zuvor lat. *lyrica* Plur. 'lyrische Gesänge, Oden', vgl. *Die Lyrica oder getichte, die man zur Music sonderlich gebrauchen kan* (Opitz, Poeterey 1624). – lyrisch Adj. 'die Lyrik betreffend, zu ihr gehörend, stimmungsvoll, empfindsam' (1. Hälfte 18. Jh.), aus frz. *lyrique* (s. oben). Lyriker m. (19. Jh.).

Lyzeum n. Die Bezeichnung für eine höhere Lehrstätte für Mädchen ist eine Entlehnung der Humanisten (16. Jh.) von lat. *Lycēum*, dem Namen für römische Gymnasien. Im Humanistenlatein wird *Lyceum* ehrender Beiname für Universitäten, danach (17./18. Jh.) Bezeichnung für Lateinschulen mit akademischem Kursus und (19. Jh.) für höhere Mädchenschulen. Griech. *Lýkeion* (*Λύκειον*) hieß das Gymnasium in Athen, an dem Aristoteles lehrte, benannt nach dem in der Nähe gelegenen Tempel des *Apóllōn Lýkeios* (*Ἀπόλλων Λύκειος*). Der Beiname des Gottes ist entweder als 'der Wölfische' (d. i. wohl 'Wolfstöter') aus griech. *lýkos* (*λύκος*) 'Wolf' zu erklären oder als 'der aus *Lykien* bzw. der Stadt *Lykía* (*Λυκία*) Stammende und dort als Beschützer Verehrte' aufzufassen.

Maat m. Unteroffizier der Marine. Mnd. *māt* 'Kamerad', nd. *Māt* wird im 18. Jh. seemännische Bezeichnung für den Steuermanns- bzw. Bootsmannsgehilfen, dann für den Unteroffiziersgrad der Seestreitkräfte. Der Ausdruck gehört wie entsprechendes ahd. *gimaȝȝo* (9. Jh.), mhd. *gemaȝȝe* 'Tischgenosse', eigentl. 'wer das Essen mit (einem) anderen gemeinsam hat, teilt', zu germ. **mat-* 'Speise', ahd. mhd. *maȝ*, asächs. *mat* (s. *Messer*; zur Bildung s. *³Bauer*).

machen Vb. 'tun, erzeugen, hervorbringen, ausführen, gestalten, verursachen, bewirken, ergeben'. Das nur im Westgerm. vertretene Verb ahd. *mahhōn* (8. Jh.), mhd. *machen*, asächs. *makon*, *macian*, mnd. *māken*, aengl. *macian*, engl. *to make*, mnl. nl. *maken* ist verwandt mit griech. *magḗnai* (*μαγῆναι*), dem Aorist Pass. von *mássein*, att. *máttein* (*μάσσειν, μάττειν*) 'kneten, zubereiten', *magís* (*μαγίς*) 'geknetete Masse, Kuchen', bret. *meza* 'kneten', aslaw. *mazati*, russ. *mázat'* (*мазать*) 'bestreichen, beschmieren, salben', aslaw. *maslo* 'Öl, Salbe', russ. *máslo* (*масло*) 'Butter, Öl'. Diesen liegt eine Wurzel ie. **maĝ-* 'kneten, drücken, streichen' zugrunde; das Germ. setzt dabei eine spezielle Anwendung im Bereich des Lehmbaus 'kneten, formen, zusammenfügen' voraus. Noch im Ahd. ist die Verwendung des Verbs im Sinne von 'zusammenfügen, -bringen', dann 'verfertigen' deutlich erkennbar. Über 'bewirken, zuwege bringen' entwickelt sich der weite, verallgemeinerte Gebrauch. – abmachen Vb. 'loslösen, erledigen, vereinbaren' (15. Jh.). aufmachen Vb. 'öffnen, eröffnen, ausstaffieren', refl. 'losgehen, aufbrechen', mhd. *ūfmachen*, auch 'errichten, bauen'. ausmachen Vb. 'auslöschen, verabreden, entdecken, ergeben', mhd. *ūȝmachen* 'vollenden, hervortreten lassen, putzen', refl. 'losgehen'. Machenschaft f. häufig im Plur. 'üble Praktik, Handlungs- oder Verfahrensweise, Intrige' (18. Jh.), schweiz. 'Vergleich, Kontrakt' (Mitte 18. Jh.). Mache f. 'Tätigkeit, Arbeit', auch 'Täuschung, Vorgeben von Wichtigkeit'; vgl. (nur in Zusammensetzungen) ahd. *-mahha* (11. Jh.), mhd. *-mache* 'das Tun, Hervorbringen'; *in der Mache haben* 'in Arbeit haben, mit etw. beschäftigt sein' (17. Jh.). Macher m. 'wer etw. macht, Hersteller', heute auch 'rühriger, aktiver Mensch'; vgl. ahd. *mahhāri* 'Urheber' (10./11. Jh.), reich bezeugt in Zusammensetzungen (seit 9. Jh.), mhd. *macher*, *mecher* 'Bewirker, Schöpfer'. Macherlohn m. 'Bezahlung, die der Verfertiger einer handwerklichen Arbeit erhält' (16. Jh.). Machwerk n. 'schlechte, untaugliche Arbeit' (18. Jh.). vermachen Vb. 'hinterlassen, übereignen', mhd. *vermachen* 'zertrümmern, verderben, bekräftigen, festmachen, einschließen, schenken, übergeben'; Vermächtnis n. 'Testament, Hinterlassenschaft' (16. Jh.).

Machorka m. f. russischer Tabak mit großen dicken Blattrippen, Entlehnung (Ende 19. Jh.) von russ. *machórka* (*махорка*) 'billiger Tabak, Bauerntabak', das nach Vasmer 2, 107 vom Namen der nl. Stadt *Amersfoort* abgeleitet wird, wobei volksetymologischer Einfluß von russ. (älter) *mochór* (*мохор*) 'Franse, Faser' (wohl wegen des groben Schnitts) wahrscheinlich ist.

Macht f. 'Vermögen, Herrschaft, Gewalt, Kraft, Stärke', ahd. *maht* 'Vermögen, Körperkraft, Anstrengung, Gewalt, Vollmacht, Menge, Fülle' (8. Jh.), auch 'männliche Genitalien' (9./10. Jh., neben den Kollektivbildungen ahd. *gimaht*, mhd. *gemaht*, nhd. *Gemächt*), mhd. *maht*, asächs. *maht*, mnd. mnl. *macht*, aengl. *miht*, engl. *might*, got. *mahts* (germ. **mahti-*) ist ein mit *ti*-Suffix gebildetes Abstraktum (*i*-Stamm) zu den unter *mögen* (s. d.) genannten Verbformen; vgl. dazu (mit *tu*-Suffix) anord. *māttr* m. 'Macht, Kraft, Gesundheit'. – Machthaber m. 'Gewaltausübender, Diktator' (16. Jh.). Machtwort n. 'befehlende, eine Entscheidung herbeiführende Rede' (16. Jh.). machtvoll Adj. 'mächtig, kräftig' (18. Jh.). Seemacht f. 'Staat mit großer Flotte, bedeutenden Seestreitkräften' (17. Jh.).

mächtig Adj. 'voller Macht, einflußreich, kräftig, wuchtig, sehr', ahd. *mahtīg* (8. Jh.), mhd. *mehtec*, *mehtic*, *mahtic* 'Macht habend, mächtig, stark, bevollmächtigt', asächs. *mahtig*, mnd. *mechtich*, aengl. *mihtig*, engl. *mighty*, mnl. *machtich*, nl. *machtig*, got. *mahteigs* (vgl. anord. *māttugr*) sind von dem unter *Macht* (s. d.) behandelten Substantiv abgeleitet. – Dazu allmächtig (s. *all*). eigenmächtig Adj. 'unerlaubt, unbefugt, ohne Anweisung' (16. Jh.). übermächtig Adj. 'sehr stark, zu mächtig, überlegen', mhd. *übermehtic*.

Mädchen n. 'Jugendliche, Kind weiblichen Geschlechts, Freundin eines jungen Mannes', mit Deminutivsuffix (s. *-chen*) zu dem unter *Magd* (s. d.) behandelten Substantiv gebildete Verkleinerungsform; zuerst mnd. *mēgedeken* (15. Jh.), omd. (mit Konsonantenvereinfachung) *Medichen* (Anfang 16. Jh.), *Mägdchen* (17. Jh.), woraus *Mädchen*. Früher häufig auch für 'Hausangestellte'; vgl. *Mädchen für alles* (1832), Übersetzung von engl. *maid, servant of all work*, heute scherzhaft für jmdn., der alles tun muß und auch alles kann. Daneben, vom Obd. ausgehend, M ä d e l n., mit dem Deminutivsuffix *-el* (s. *-lein*) gebildete Verkleinerungsform, mhd. *maidel*, gegenüber mhd. *magetlīn*, woraus nhd. *Mägdlein*.

Made f. 'fußlose Larve' (bes. der Fliegen, aber auch anderer Insekten), oft auch allgemein 'Wurm, wurmähnliches Getier', ahd. *mado* (9./10. Jh.), mhd. *made*, asächs. *maðo*, mnd. *māde*, mnl. nl. *made* 'Made, Würmchen', aengl. *maða*, got. *maþa* haben keine sicheren außergerm. Entsprechungen. Wenn sich armen. *mat'l* 'Laus' vergleichen läßt, so kann von einem Ansatz ie. **math-* oder **moth-* 'nagendes, beißendes Gewürm oder Ungeziefer' ausgegangen werden. Verwandtschaft mit *Motte* (s. d.) ist fraglich.

Madonna f. 'Jungfrau Maria, Gottesmutter' sowie deren Darstellung in der bildenden Kunst, Entlehnung (16. Jh.) von gleichbed. ital. *madonna*, Anrede für eine vornehme Frau und Bezeichnung für Maria, die Mutter Jesu; Zusammenschreibung von *ma donna* 'meine Herrin' (*ma* ist ältere unbetonte Nebenform des Poss.pron. ital. *mia*), aus lat. *mea domina* (*domina* 'Hausfrau, Gebieterin, Herrin', Femininum zu lat. *dominus* 'Herr').

Madrigal n. Die Bezeichnung für eine bestimmte Art mehrstimmiger Lieder lyrisch-idyllischen Inhalts, die besonders im 16. und 17. Jh. beliebt sind, wird mit dem Liedtyp gegen Ende des 16. Jhs. aus dem Ital. übernommen. Die Herkunft des Ausdrucks ist nicht geklärt. Die frühesten Belege stammen aus Oberitalien, mlat. *matricale* (um 1320), ital. *madriale* (2. Hälfte 14. Jh.); danach konkurrieren miteinander ital. *madriale* und *madrigale*, bis sich (im 17. Jh.) die letztere Form durchsetzt. Es bleibt unentschieden, ob an lat. *mātrīcālis* 'zur Mutter gehörig' (zu lat. *mātrīx* 'Mutter') oder an lat. *māteriālis* 'zur Materie gehörig, stofflich' (zu lat. *māteria* 'Stoff, aus dem etw. hervorgeht') anzuknüpfen ist. In beiden Fällen kann von der Vorstellung 'einfaches, natürliches (Gedicht, Lied)' ausgegangen werden, die durch den einfachen, naturverbundenen Inhalt der Lieder gestützt wird. Vgl. COROMINAS 3, 183 und FEW 6, 1, 495. Als Dichtungsform bezeichnet *Madrigal* ein kleines lyrisches, später satirisch-philosophisches Gedicht mit epigrammatischem Schluß, wie sie Petrarca und Tasso in Italien, im 18. Jh. Hagedorn, Gotter, Voß und auch Goethe in Deutschland gepflegt haben.

Magazin n. 'Vorratsraum, Lagerhaus, Speicher, (Unterhaltungs)zeitschrift'. In die Kaufmannssprache wird im 16. Jh. ital. *magazzino* 'Warenlager, Speicher, Vorratshaus, Niederlage' entlehnt. Dieses stammt aus arab. *maḫzan*, Plur. *maḫāzin* 'Speicher, Warenniederlage, Zeughaus', das durch Handelsbeziehungen mit Nordafrika im 14. Jh. ins Ital. gelangt. Ob die den europäischen Sprachen vermittelte Form ausschließlich auf den arab. Plural zurückgeht, ist fraglich, doch hat er auf die Lautform zweifellos eingewirkt. Im 18. Jh. tritt unter Einfluß von frz. *magasin* die Bedeutung 'Laden' und im 19. Jh. 'Zeughaus, Waffenlager, Munitionskammer' auf, während aus (dem Frz. entlehntem) engl. *magazine* die Verwendung '(illustrierte) Zeitschrift' stammt, die sich im Engl. aus 'Sammelstelle für Neuigkeiten und Nachrichten' bereits im 17. Jh. entwickelt. Als Titel für periodisch erscheinende Publikationen für breitere Leserschichten wird *Magazin* seit dem 18. Jh. nahezu Modewort, vgl. *Hannoverisches Magazin* (1764), *Leipziger Magazin zur Naturkunde, Mathematik und Oekonomie* (1781).

Magd f. ehemals 'Landarbeiterin', auch 'Dienerin, Mädchen für grobe Arbeiten', ahd. *magad* 'Mädchen, Jungfrau' (8. Jh.), mhd. *maget, magt* (kontrahiert *mait, meit*, s. *Maid*) 'Jungfrau' (bes. auch für Maria, die Gottesmutter), 'unfreies Mädchen, Dienerin', asächs. *magað*, mnd. *māget*, mnl. *māghet*, nl. *maagd*, aengl. *mæg(e)þ*, engl. *maid(en)*, got. *magaþs* 'Jungfrau' (germ. **magaþi-*), mit ie. *ti*-Suffix gebildetes Femininum zum Stamm ie. **magho-* (germ. **maga-*), Ausgangsbedeutung etwa 'junge Weiblichkeit'. Vgl. den zugehörigen *u*-Stamm ie. **maghu-* 'Knabe, Jüngling, unverheiratet' (germ. **magu-*) mit asächs. aengl. *magu* 'Sohn, Mann, Diener', anord. *mǫgr* 'Sohn, Knabe', got. *magus*

'Knabe', wozu die feminine Weiterbildung got. *mawi* 'Mädchen'. Außergerm. sind verwandt awest. *mayava-* 'unverheiratet', kelt. **magus* (in gall. Personennamen wie *Magurīx*), air. *maug*, *mug* 'Sklave'. S. die Deminutivbildungen *Mädchen*, *Mädel*.

Magen m. 'beutelförmiges Verdauungsorgan', ahd. *mago* (8. Jh.), mhd. *mage* (das *-n* der nhd. Form entstammt den schwach flektierten Kasus), mnd. *māge*, mnl. *māghe*, nl. *maag*, aengl. *maga*, engl. *maw* 'Kropf, Magen', anord. *magi* 'Leib, Magen', schwed. *mage*. Außergerm. sind vergleichbar kymr. *megin* 'Blasebalg', lit. *mãkas* '(Geld)beutel' und aslaw. *mošьna*, russ. *mošná* (*мошна*) 'Tasche, Beutel', so daß ie. **mak-* 'Haut-, Lederbeutel' angenommen werden kann. – M a g e n b i t t e r m. 'Kräuterlikör' zur Anregung der Produktion von Magensäften (19. Jh.).

mager Adj. 'nicht dick, ohne Fett, dünn', ahd. *magar* (8. Jh.), mhd. *mager*, *meger*, mnd. *māger*, mnl. *māgher*, nl. *mager*, aengl. *mæger*, anord. *magr*, schwed. *mager* entsprechen genau griech. *makrós* (*μακρός*) 'lang', lat. *macer* 'mager' (sämtlich aus ie. **mək̂ros*). Die Adjektivbildung gehört mit griech. *mē̃kos* (*μῆκος*) 'Länge', awest. *mas-* 'lang' zur Wurzel ie. **māk̂-*, **mək̂-* 'lang, dünn, schlank'. – a b m a g e r n Vb. 'mager werden, machen' (17. Jh.), zum nicht mehr üblichen Simplex *magern*, ahd. *magarēn*, *magaren* (9. Jh.), mhd. *mageren*.

Magier m. 'Beschwörer, Zauberer'. Lat. *magus*, griech. *mágos* (*μάγος*) bezeichnet ein Mitglied der medischen Priesterkaste, dann den 'Traumdeuter, Zauberer, Betrüger'. Zugrunde liegt apers. *Magus*, der Name eines Volksstammes mit priesterlichen Obliegenheiten. Im 16. Jh. wird *Magus* 'Zauberer' ins Dt. aufgenommen (mit lat. Flexion bzw. Endung noch im 19. Jh.). Daneben wird der Plural lat. *magī* zu *Magier* eingedeutscht und daraus ein neuer, gleichlautender Singular gebildet (Ende 18. Jh.). – M a g i e f. 'Beschwörung geheimnisvoller Kräfte, Zauberkunst', Entlehnung (16. Jh.) von lat. *magīa*, griech. *mageía*, *magía* (*μαγεία, μαγία*) 'Lehre der Magier, Zauberei'. m a g i s c h Adj. 'die Magie betreffend, unwiderstehlich, geheimnisvoll' (16. Jh.), lat. *magicus*, griech. *magikós* (*μαγικός*).

Magister m. akademischer Grad und Titel, Übernahme (bereits ahd., 9. Jh.) von lat. *magister* 'Vorsteher, Leiter, Lehrmeister, Lehrer' (s. *Magistrat*), das mit dem Komparativsuffix ie. *-tero-* zu lat. *magis* 'mehr' gebildet ist (**magisteros*), also wie lat. *minister* (s. *Minister*) einen doppelten Komparativ aufweist. Vom 15. Jh. an ist *Magister*, das sich erst allmählich der dt. Flexion angleicht, akademischer Grad mit gleicher Geltung wie *Doktor* (s. d.). Der Grad der Fakultät der (freien) Künste *magister artium (liberalium)* wird seit dem 16. Jh. vorwiegend an Angehörige der diese ablösenden philosophischen Fakultät verliehen, erhält seit dem 18. Jh. (nach allgemeiner Einführung des Doktortitels) wieder die Bedeutung 'Lehrer', wird schließlich 1957 in Deutschland (nach britischem und österreichischem Vorbild) als akademischer Grad wieder eingeführt.

Magistrat m. 'Stadtverwaltung', im 15. Jh. aus lat. *magistrātus* 'leitendes öffentliches Amt (in Rom), Staatsbeamter, obrigkeitliche Behörde' (zu lat. *magister* 'Inhaber eines leitenden Amtes, Vorsteher, Aufseher', auch 'Lehrmeister, Lehrer', s. *Magister*).

Magnat m., meist im Plural *Magnaten*. Die Bezeichnung für die Angehörigen des hohen Adels und vornehmsten Mitglieder der ständischen Vertretung eines Reiches ist seit dem 16. Jh. im Dt. in Gebrauch und wird bes. auf ungarische und polnische Verhältnisse bezogen; danach auch 'adliger Großgrundbesitzer' und (20. Jh.) 'Großindustrieller'. Es handelt sich um eine Entlehnung aus mlat. *magnas* (Plur. *magnates*) bzw. *magnatus* (Plur. *magnati*) 'Adliger, vornehme einflußreiche Person', dem bereits in der Vulgata bezeugtes spätlat. *magnātus* 'Großer, Oberhaupt eines Volkes' (Plur. *magnātī*) bzw. *magnātēs* (Plur.) vorangehen, Bildungen zu lat. *magnus* 'groß, vornehm'. Eine solche Entlehnung aus dem Lat. findet sich in zahlreichen europ. Sprachen, vgl. bes. ungar. *mágnás*, poln. *magnat*.

Magnet m. Eisen- oder Stahlstück bzw. stromdurchflossene Spule mit Eisenkern mit der Kraft, bestimmte Metalle anzuziehen. Zum Namen der thessalischen Landschaft *Magnēsía* (*Μαγνησία*), die im Altertum als bes. reich an magnetischen Erzen galt, sind gebildet griech. *Mágnēs (líthos)* (*Μάγνης λίθος*), lat. *Magnēs (lapis)* 'Magnetstein', woraus mhd. *magnes*, und griech. *Magnē̃tis (líthos)* (*Μαγνῆτις λίθος*), lat. *Magnētis (lapis)*, woraus mhd. *magnēt(e)*, nhd. *Magnet* (Paracelsus). – m a g n e t i s c h Adj. 'von der Wirkung eines Magnetsteins, Anziehungskraft besitzend' (16. Jh.), mlat. *magneticus*. m a g n e t i s i e r e n Vb. 'magnetisch machen, Anziehungskraft verleihen' (17. Jh.). M a g n e t i s m u s m. 'Lehre vom magnetischen Feld' (19. Jh.); vorher Bezeichnung für das scheinbar geheimnisvolle Wirken und Zusammenspiel der Naturkräfte (18. Jh.) und, daran anknüpfend, für die (überholte, vom dt. Arzt F. A. Mesmer 1766 begründete) Heilpraktik, die auf der angeblichen magnetischen Kraft des Menschen beruht.

Magnifizenz f. Titel und Anrede des Rektors einer Universität oder Hochschule, früher auch des Bürgermeisters einer freien Stadt. Lat. *magnificentia* 'edler Charakter, Hochherzigkeit, Großtuerei, Pracht, Prunk' gehört formal zu den Steigerungsformen *magnificentior*, *magnificentissimus* von lat. *magnificus* 'sich groß zeigend, großartig, prachtliebend' (zu lat. *magnus* 'groß' und *facere* 'machen, tun'). Im 16. Jh. wird *Magnificenz* 'Hochherzigkeit, Großartigkeit, Pracht, Herrlichkeit' entlehnt und hält sich in dieser Bedeutung bis ins 18. Jh. Das Adjektiv lat. *magnificus* wird im 4. Jh. Titel und Anrede römischer Patrizier; entsprechend gilt nlat. *rector magnificus* bzw. frz. *recteur magnifique* als Titel für den Rektor einer Universität (17. Jh.). Nach diesem Vorbild und in Anlehnung an Anredeformen wie *Eure Herrlichkeit* entsteht die Anrede *(Eure) Magnifizenz* für Doktoren, Professoren und (heute ausschließlich) Rektoren (17. Jh.).

Magnolie f. Der Name des in Asien und Nordamerika beheimateten Tulpenbaumes botan.-lat. *Magnoiia* wird 1737 von Linné zu Ehren des frz. Botanikers *P. Magnol* geprägt; seit dem 19. Jh. eingedeutscht *Magnolie*.

Mahagoni n. Name des in Amerika beheimateten Baumes und seines harten Holzes. 1671 erstmals bezeugtes engl. *mohogeney* (1762 von Linné zur botan. Bezeichnung *Mahagony* erhoben), danach engl. *mahogany*, ist seit dem 18. Jh. in dt. Texten (*Mahogany*, 1749; *Mahoganybaum*, 1754; *Mohogonyholz*, 1776) belegt. Friederici 366 hält seit 1528 nachgewiesenes *maga* oder *mara* aus der Sprache der Inselaruaks von Puerto Rico für die Grundlage des Namens, vgl. älteres nl. *Mahagonyboom* und *Maga* in dt. (*der Baum Maga*) und nl. Quellen des 17. Jhs. Die Entwicklung von *maga* zu *Magahony* bzw. *Mahagoni* ist ungeklärt.

Mahd f. 'Heu-, Getreideschnitt, das Gemähte', ahd. *māda* (9. Jh.), mhd. *māt* (Gen. *mādes*) n. f. 'das Mähen, Heuernten, Heu, Wiese', mnd. *māde* 'zu mähende Wiese', aengl. *mǣþ*, engl. (mundartlich) *math* 'das Mähen, Mahd' (vgl. engl. *after-*, *lattermath* 'Grummet') sind wie griech. *ámētos* (*ἄμητος*) 'Ernte, Ernteertrag' Bildungen mit Dentalsuffix zur Verbalwurzel ie. **mē-* 'mähen' (s. *mähen*). – Dazu M ä h d e r m. 'Schnitter', ahd. *mādāri*, *māderi* (um 1000), mhd. *mādære*, *māder*, wofür nhd. *Mäher* (s. *mähen*).

mähen Vb. 'Gras, Getreide hauen'. Die westgerm. Verben ahd. *māen* (9. Jh.), mhd. *mæjen*, *mægen*, *mæn*, mnd. *meyen*, mnl. *maeyen*, nl. *maaien*, aengl. (stark) *māwan*, engl. (schwach) *to mow* gehen wie (mit Vorschlagvokal versehenes) griech. *amā́n* (*ἀμᾶν*) 'schneiden, mähen' und das unter *Mahd* (s. d.) behandelte Abstraktum auf die Verbalwurzel ie. **mē-* 'mähen' zurück. Deren Nebenform ie. **met-* (zu erklären als **m-et-* mit präsentischem dentalen Element?) liegt lat. *metere* 'mähen, ernten' und den unter [1]*Matte* (s. d.) dargestellten Formen zugrunde. Die im Nhd. übliche Schreibweise *mähen* (mit *-h-*) ist seit dem 15. Jh. belegt. – M ä h e r m. 'Schnitter' (15. Jh.), jünger als *Mähder* (s. *Mahd*), seit dem 17. Jh. aber häufiger als dieses.

Mahl n. 'Essen, Einnahme eines Essens', mhd. *māl* 'Gastmahl, Mahlzeit'. Ahd. mhd. *māl* 'Zeitpunkt' (s. [1]*Mal*) entwickelt in mhd. Zeit über 'Zeitpunkt des Essens, zu einer festgesetzten Zeit aufgetragenes Essen' die Bedeutung 'Essen, Speise' (wie auch nl. *maal*, engl. *meal*, schwed. *mål* 'Essen, Mahlzeit'). Schreibweise mit *h* zur Unterscheidung von [1]*Mal* und [2]*Mal* kommt im 17. Jh. auf. – M a h l z e i t f. 'Essen, Essenszeit' (15. Jh.).

mahlen Vb. 'zerkleinern, zerreiben', ahd. *malan* (9. Jh.), mhd. *maln*, *malen*, asächs. *malan*, mnd. *mālen*, mnl. nl. *malen*, anord. schwed. *mala*, got. *malan*. Der Vergleich des zunächst stark flektierenden Verbs mit außergerm. Entsprechungen zeigt ie. *e/o*-Ablaut der Wurzelsilbe, vgl. air. *melim* 'mahle', lat. *molere* (s. *Mühle*), lit. *málti*, aslaw. *mlěti*, russ. *molót* (*молоть*) 'mahlen', dazu schwundstufig aind. *mṛṇā́ti*, *mṛṇáti* 'zermalmt, mahlt' und vielleicht auch griech. *mýlē* (*μύλη*) ‘Mühle’. Als Wurzel läßt sich erschließen ie. **mel(ə)-* (auch mit anlautendem *s-*, s. *schmelzen*) ‘zermalmen, schlagen, mahlen’ (bes. Korn). Zur gleichen Wurzel gehören *malmen*, *Malter*, *Malz*, *Mehl*, *Milbe*, *mild*, *Müll* (s. d.). Dadurch, daß das Germ. ie. *o* (germ. lit. *a*) zum Präsensvokal gemacht hat, ist *mahlen* in die Reihe der Verben mit germ. *a/ō*-Ablaut geraten (wie *fahren*, *schlagen*, *tragen*). Im Laufe des 17. Jhs. wird das starke Prät. (mhd. *muol*, nhd. *muhl*) durch schwache Präteritalformen ersetzt; das starke Part. Prät. *gemahlen* bleibt dagegen erhalten.

Mähne f. ‘langes Kopf-, Nacken-, Halshaar der Tiere’, ahd. *mana* (9. Jh.), mhd. *man(e)*, mnd. *māne*, mnl. (Plur.) *mānen*, nl. *manen*, aengl. *manu*, engl. *mane*, anord. *mǫn*, schwed. *man* führen mit ahd. *menni* (9. Jh.), aengl. *mene*, anord. *men* ‘Halsschmuck’ und aind. *mányā* ‘Nacken’, air. *muin-* ‘Hals’, lat. *monīle* ‘Halsband’ auf ie. **mon-* ‘Nacken, Hals’, das wohl mit dem Wurzelansatz ie. **men-* ‘emporragen’ zu verbinden ist. Nhd. *Mähne*, aus mhd. *mene*, dem Plural von mhd. *man* stammend, setzt sich als Singular im 16. Jh. durch.

mahnen Vb. ‘auffordern, erinnern’, ahd. *manōn* (8. Jh.), mhd. *manen* ‘erinnern, auffordern, antreiben’, asächs. *manon*, mnd. mnl. *mānen*, nl. *manen*, aengl. *(ge)monian*. Verwandt mit dem Präteritopräsens got. anord. *man* ‘erinnere’, asächs. *man* ‘glaube’, aengl. *man* ‘gedenke’ (germ. **man* ‘meinen, sich erinnern’) sowie mit aind. *mányatē* ‘denkt’, griech. *mimnḗskein* (*μιμνήσκειν*) ‘(sich) erinnern’, *maínesthai* (*μαίνεσθαι*) ‘rasen, wüten, von Sinnen, verzückt sein’, *manía* (*μανία*) ‘Raserei, Wahnsinn’ (s. *Manie*), *autómatos* (*αὐτόματος*) ‘von selbst, ohne menschliches Zutun geschehend’ (s. *Automat*), lat. *monēre* ‘mahnen, erinnern, auffordern’, *meminisse* ‘sich erinnern’, lit. *miñti* ‘gedenken, sich erinnern, erwähnen’, aslaw. *mьněti*, russ. (älter) *mnit'* (*мнить*) ‘meinen, halten für, glauben’. Zugrunde liegt die verbreitete Wurzel ie. **men(ə)-* ‘denken, geistig erregt sein’ (wozu auch *Minne* und *munter*, s. d.). – M a h n u n g f. ‘Erinnerung, Aufforderung’, ahd. *manunga* (um 800), mhd. *manunge* ‘Aufforderung, Forderung vor Gericht, Geldbuße’. e r m a h n e n Vb. ‘jmdn. erinnern, auffordern, warnen’, ahd. *irmanōn* (9. Jh.), mhd. *ermanen*.

Mahr m. elbisches, ehemals weiblich vorgestelltes Wesen, das sich nachts dem Schlafenden auf die Brust setzt, ‘Nachtalbe, quälendes Nachtgespenst, Traumgestalt, Alpdrücken’, ahd. *mara* f. (9. Jh.), mhd. *mar(e)* m. f., mnd. *mār(e)* m. (auch f.?), mnl. *māre* f. (vgl. mnl. nl. *nachtmerrie*), aengl. *mare* f., engl. *(night)-mare*, anord. schwed. *mara* f. ist verwandt mit tschech. *můra* ‘Albe’, russ. *kikímora* (*кикимора*) ‘Gespenst, das nachts spinnt, Hausgeist’, serbokr.-kslaw. *mora* ‘Hexe’ und air. *mor(r)īgain* ‘Alpkönigin’. Daraus erschließbares ie. **morā* f. ‘Albe’ läßt sich mit der Wurzel ie. **mer(ə)-* ‘aufreiben, reiben’ (wozu auch *morsch* und *mürbe*, s. d.) verbinden.

Mähre f. ‘klappriges altes Pferd’, ahd. *meriha* ‘Stute’ (9. Jh.), mhd. *merhe*, asächs. *merge*, mnd. *mēre*, *mērie*, mnl. *mērie*, *merrie*, nl. *merrie*, aengl. *miere*, *myre*, engl. *mare*, anord. *merr*, schwed. *märr* sind feminine Bildungen zu der in ahd. *marah-* ‘Pferd’ (nur in Zusammensetzungen seit dem 9. Jh., s. *Marschall*, *Marstall*), mhd. *marc*, (md.) *mar* ‘Streitroß’, aengl. *mearh*, anord. *marr* vorliegenden Bezeichnung für das männliche Tier. Vergleicht man ir. *marc*, kymr. *march* ‘Pferd’, so läßt sich ie. **marko-* ‘Pferd’ (bzw. **markī-* ‘Stute’) erschließen, falls nicht eine Entlehnung aus dem Kelt. stattgefunden hat. *Mähre* ist bis ins 16. Jh. wertneutrale Bezeichnung für ‘Stute’, dann auch allgemein für ‘Pferd’ (16. bis 18. Jh.). Erst gegen Ende des 17. Jhs. entwickelt sich die Bedeutung ‘altes, schlechtes, klappriges Pferd’.

Mai m. fünfter Monat des Kalenderjahres, ahd. *meio* (Hs. 12. Jh.), mhd. *meie*, *meige* ist entlehnt aus lat. *(mēnsis) Maius*. Die lat. Bezeichnung, auf der auch engl. *May*, frz. *mai*, ital. *maggio*, span. *mayo* und über mgriech. Vermittlung russ. *maj* (*май*) beruhen, enthält den Namen des als Beschützer des Wachstums verehrten röm. Gottes *Maius*, eine maskuline Bildung zu lat. *Maia* ‘große Göttin, Erde’ (Kultgenossin des Vulkan und Mutter Merkurs). Gekürztes *Mai* begegnet im 15. Jh., doch ist das ältere zweisilbige *Meie*, *Maien* noch im 17. Jh. anzutreffen. Daraus entstandenes *Maie* f. ‘grüner Baum, Zweig oder Strauß’ zum Mai- und Frühlingsbeginn (15. Jh.) gilt dagegen bis heute. – M a i g l ö c k c h e n n. nach Blütezeit und Blütenform benanntes, stark duftendes und weiß blühendes Liliengewächs (um 1800), älter *meyblome*, *-blüemlin* (15. Jh.). Maikäfer m. großer Käfer mit braunen Flügeldecken, nach seiner Flugzeit im Mai benannt (16. Jh.), älter *Majenkefer* (15. Jh.).

Maid f. 'Mädchen', mhd. *mait*, *meit* 'Jungfrau, unfreies Mädchen, Dienerin', die kontrahierte Form von mhd. *maget* (s. *Magd*), frühnhd. *Meid* (deminutiv *Meidlein*) verliert sich im Laufe des 16. Jhs. In der romantischen Dichtung wird der Ausdruck verschiedentlich neu belebt und zu Beginn des 20. Jhs. auf die Schülerinnen landwirtschaftlicher Haushaltsschulen bezogen.

Mais m. Der Name der in Zentralamerika beheimateten Getreideart lautet in der Sprache der Taino auf Haiti *mahís*. Das durch Kolumbus (um 1500) vermittelte span. *maíz* gelangt in die europäischen Sprachen, vgl. frz. *maïs*, engl. *maize* und nhd. *Maytz*, *Maiz*, *Mays* (16. Jh.), *Mais* (17. Jh.), in botan. Fachsprache *Maizum* bzw. *Maiz*, *Mays Indicum* (16. Jh.). Auf die fremde Herkunft anspielend, gelten auch *Welschkorn*, *Türkischer Weizen*, *Türkisch Korn* (seit 16. Jh., heute noch landschaftlich).

Maisch m., **Maische** f. zerdrückte Traubenmasse (zur Weinherstellung) bzw. Gemisch aus Malz und Wasser (zur Bierherstellung), mhd. *meisch* m., mnd. *masch*, *mēsch*, *meisch*, aengl. *māsc*, engl. *mash* (wozu *to mash* 'zerquetschen') sind als 'feuchte Masse, Mus' verwandt mit russ. *mezgá* (*мезга*) 'weiche Schicht an der Innenseite der jungen Baumrinde, weiche Teile von roten Rüben und Kartoffeln, Mus' und den unter *Mist* (s. d.) genannten Formen. Das seit dem 17. Jh. bezeugte feminine *Maische* bezeichnet anfangs die Handlung des Maischens, steht aber seit dem 18. Jh. auch gleichbed. neben *Maisch*.

Majestät f. Anrede für Kaiser und Könige, mhd. *majestāt* m. f., spätmhd. *majestæt* entspricht lat. *maiestās* (Gen. *maiestātis*) 'Größe, Hoheit, Würde einer Gottheit oder hochgestellter Menschen, Würde des Staates bzw. Staatsoberhauptes, Ansehen, Pracht', das zu lat. *maius*, der neutralen Form des Komparativs *maior* (zu lat. *magnus* 'groß, bedeutend, mächtig, reich') gebildet ist. Der Ausdruck dient bereits in der Antike zur Kennzeichnung kaiserlicher Würde, in der lat. Kirchensprache zur Bezeichnung der Glorie Gottes. Er wird im späten Mittelalter Titel des deutschen Kaisers (*keiserlīche majestāt*, 14. Jh.) wie auch des noch nicht zum Kaiser gekrönten deutschen Königs (*kuninglīche majestāt*, 15. Jh.) und bald feste Anrede für Kaiser und Könige und deren Gemahlinnen. Erst im 18. Jh. wird der Gebrauch unter Rückgriff auf das lat. Vorbild auf hoheitsvolle, erhabene Erscheinungen und Dinge der Natur oder des geistigen Bereichs ausgedehnt. – majestätisch Adj. 'erhaben, der Würde eines Herrschers entsprechend' (16. Jh.).

Majolika f. 'bemaltes und glasiertes Keramikgeschirr, Fayence'. Ital. *maiolica* mit der Nebenform *maiorica* 'tonhaltiger Mergel, Töpferware aus diesem Material, Keramik' geht zurück auf den Namen der Baleareninsel *Mallorca*, spätlat. *Maiōrica* (5. Jh.), mlat. *Majolica* (14. Jh.), vgl. mlat. *catinus de maiolica* 'Schüssel aus Majolika' (15. Jh.). Im 15. Jh. wird die dort (ursprünglich von arab. Handwerkern) produzierte Keramik sowie die Kenntnis der Herstellungstechnik nach Italien importiert und der Name der Insel auf Material und Geschirr übertragen. Im Dt. bezeichnet entlehntes *Magiolica* (vereinzelt 2. Hälfte 15. Jh.), danach *Majolika* (17. Jh.) das Material, den Ton, seit dem 18. Jh. die daraus hergestellten Gefäße.

Major m. Die Offiziersrangbezeichnung, seit dem Ende des 16. Jhs. üblich und einheimisches *Oberstwachtmeister* verdrängend, setzt span. *mayor* 'Vorsteher, Hauptmann' fort. Span. *mayor* entspricht sowohl als Komparativ 'höher, größer' (zu span. *grande* 'groß') wie auch in der Bedeutung 'Höhergestellter, Vorgesetzter' dem lat. *maior* 'höher, größer' (Komparativ zu lat. *magnus* 'groß'), dann 'höhergestellt, vorgesetzt'. – Majorität f. 'Mehrheit'. Engl. *majority* 'Mündigkeit, Großjährigkeit' (aus gleichbed. mfrz. frz. *majorité*, lat. *maiōritās* 'größerer Teil', mlat. auch 'Mündigkeit', zu lat. *maior* 'größer, mehr') entwickelt unter erneuter Anlehnung an die Bedeutung von lat. *maior* im engl. Parlamentswesen den Sinn 'Überzahl, Mehrheit' (17. Jh.). Als politischer Terminus wird die Bezeichnung ins Frz. rückentlehnt und relatinisiert auch ins Dt. (*Majorität* 1765) aufgenommen, gewinnt aber erst im Zuge der frz. Revolution an Verbreitung. S. *Minorität* mit paralleler Entwicklung.

Majoran m. Der Name des aus dem Orient stammenden, stark aromatischen und bes. bei der Wurstherstellung verwendeten Küchengewürzes geht zurück auf griech. *amárakos, -on* (ἀμάρακος -ον), das wohl wie aind. *maruva-(ka)ḥ* 'Majoran' aus einer orientalischen Sprache stammt. Die Entlehnung lat. *amāracus* ergibt (unter formaler Anlehnung an lat. *maior*, den Komparativ von lat. *magnus* 'groß') mlat. *majoracus, majorana*, woraus ahd. *maiolan* (Hs. 12. Jh.), mhd. *meigramme* und (unter erneuter gelehrter Anlehnung an die mlat. Form) *maiorān* (14. Jh.), *maioron* (15. Jh.), *Maioran* (16. Jh.).

makaber Adj. 'gespenstisch, schauerlich', eine Entlehnung von frz. *macabre* und wie dieses vor allem Grausiges charakterisierend, das zugleich grotesk und lächerlich erscheint. Der Ausdruck findet sich etwa seit den 20er Jahren des 20. Jhs. im Dt., verbreiteter nach der Jahrhundertmitte (nun vielleicht unter Einfluß des schon Ende des 19. Jhs. aus dem Frz. übernommenen, bes. in der Literatur- und Kunstkritik gebräuchlichen engl. *macabre*). Das frz. Adjektiv, erst seit 1876 in freier Verwendung bezeugt, entstammt der (bereits Mitte des 19. Jhs. auch im Dt. als bildungssprachlicher fremder Ausdruck bekannten) Fügung frz. *danse macabre* 'Totentanz', einer wohl durch Lesefehler entstandenen modernen Form gegenüber mfrz. *danse macabré(e)* (im ältesten Beleg *de Macabré la danse*, 1376). Die Herkunft dieser frz. Bezeichnung ist nicht sicher geklärt. Anknüpfend an arab. *maqābir* 'Gräber, Friedhof' (vgl. port. *almocávar* 'maurischer Friedhof') läßt sich kaum mit dem sprachgeschichtlichen Befund in Einklang bringen. Wahrscheinlicher ist ein Zusammenhang von *macabre* mit dem biblischen Namen kirchenlat. *Machabaeus* (vgl. frz. *Macchabée*), der in der afrz. Dichtung des 12./13. Jhs. im Sarazenennamen *Macabé, Ma(u)cabré* begegnet und vom 14. Jh. an als Familienname vorkommt. Obwohl dem 15. Jh. angehörende Zeugnisse für mlat. *chorea Machabaeorum*, mnl. *Makkabeusdans* diese Auffassung stützen, bleibt offen, ob in einem Träger dieses Namens der erste Schöpfer oder Anreger eines Totentanzbildes zu sehen ist, ob die Tradition der Totentänze möglicherweise an die in der Vulgata berichtete (und ursprünglich als Schauspiel dargebotene?) Legende vom Martyrium der sieben Brüder aus dem jüdischen Geschlecht der Makkabäer anknüpft (2. Makkabäerbuch, Kap. 7) oder ob überhaupt erst nachträglich ein anderes Wort an den Personennamen angelehnt wird. Vgl. Bloch/W. [6]379, FEW 6, 1, 2f. und Corominas 3, 166f.

Makel m. 'Schandfleck, Fehler', mhd. *makel* m., entlehnt aus lat. *macula* 'Lücke, Loch, Fleck, Schandfleck, Mal'. Mask. und (dem Lat. folgend) fem. Gebrauch bestehen lange nebeneinander, bis sich das mask. Genus (wohl nach *Fleck, Fehler, Tadel*) im 18. Jh. durchzusetzen beginnt. S. auch *Makulatur*. – m a k e l l o s Adj. 'fehlerlos, ohne Fehl, rein' (18. Jh.).

Make-up n. 'Verschönerung der Gesichtshaut durch Kosmetik, die kosmetischen Präparate dazu', Übernahme (Mitte 20. Jh.) von gleichbed. engl. *make-up*, das der Welt des Theaters entstammt und ursprünglich 'Puder, Schminke und Aufmachung' des Schauspielers bezeichnet; vgl. engl. *to make up* '(sich) zurechtmachen' (s. *machen*).

Makkaroni Plur. 'Röhrennudeln'. Die um 1600 übernommene (*Macaron, Macaronen*, 1610), aber erst seit dem 19. Jh. im Dt. wirklich übliche Bezeichnung (*Macaroni* Goethe, Seume) geht zurück auf ital. (mundartlich) *maccaroni*, Plur. von *maccarone*, ital. *maccherone* 'Röhrennudel'. Für dieses wird Herleitung aus griech. *makaría* (μακαρία) 'Glückseligkeit', spätgriech. 'die den Seligen geopferte Gerstensuppe, Totenmahl' angenommen; zu griech. *makários* (μακάριος) 'glückselig, glücklich'. S. auch *Makrone*.

Makler m. 'Vermittler von Handelsgeschäften, Unterhändler zwischen Käufer und Verkäufer'. Die Aufnahme von mnl. *mākelāre, mākelēre*, nl. *makelaar*, mnd. *mēkeler, mākeler* erfolgt zuerst ins Md. (15. Jh.). Bis zum 17. Jh. setzt sich *Makler* im gesamten dt. Sprachgebiet gegen ausschließlich obd. *Unterkäufel* und westobd. westmd. *Unterkäufer* durch; vgl. G. Richter in: Zur Ausbildung d. Norm d. dt. Literaturspr. 2 (1976) 199ff. Die Herkunft des nl. Wortes ist ungewiß. Da nl. *makelen* (s. unten) später belegt ist als mnl. *mākelāre*, wird eine Ableitung vom Verb fraglich. Zu weiteren Herleitungsversuchen vgl. de Vries Nl. 423. m a k e l n Vb. 'Maklergeschäfte betreiben, vermitteln', Übernahme (17. Jh.) von gleichbed. nl. *makelen*, dessen Herkunft ebenfalls nicht sicher geklärt ist. Erwogen wird die Ableitung von nl. *makelaar* (s. oben) oder (was glaubwürdiger erscheint) Erklärung des Verbs als Iterativbildung zu nl.

maken 'machen, handeln' (s. *machen*). Daneben steht im Nd. bis ins 18. Jh. umgelautetes gleichbed. m ä k e l n , das mit der aus 'Geschäfte machen, unterhandeln, feilschen, an der Ware etw. aussetzen' entwickelten Bedeutung 'tadeln, etw. auszusetzen haben, nörgeln' ins Hd. aufgenommen wird.

Makrele f. im Meer lebender heringsähnlicher Raub- und Speisefisch, spätmhd. *makrēle* (14. Jh.) geht auf mnd. *makkerele*, mnl. *makereel*, *macreel* zurück. Die mnl. Formen sind entlehnt aus afrz. *maquerel*, das für 'Makrele', aber auch für 'Zuhälter, Kuppler' steht und in der letztgenannten Bedeutung aus mnl. *mākelāre*, *mākelēre* 'Makler, Zwischenperson, Vermittler, Kuppler' (nl. *makelaar*, nhd. *Makler*, s. d.) stammt. Da nach altem Volksglauben die Makrele als Begleiterin junger Heringsschwärme Heringsmännchen und -weibchen kopulieren soll, kann der Fischname auf einer im Frz. erfolgten Bedeutungsübertragung beruhen, mit der er ins Nl. rückentlehnt wird; vgl. auch aus dem Frz. latinisiertes mlat. *macarellus* (Flandern 12. Jh.), *maquarellus* (Pikardie 13. Jh.) 'Makrele'. Wenn aber die Lautgleichheit beider Bezeichnungen als zufällig anzusehen ist, dann ist die Herkunft des Fischnamens unbekannt.

makro- 'lang, groß', Bestimmungswort in mehreren vorwiegend naturwissenschaftlichen Termini. Zugrunde liegt griech. *makrós* (*μακρός*) 'lang, groß, hoch', auch 'tief, schlank, fern' (verwandt mit *mager*, s. d.). Nach dem Vorbild griech. (überwiegend adjektivischer) Komposita wie *makroképhalos* (*μακροκέφαλος*) 'langköpfig' (wozu nhd. *Makrozephalie* 'abnorme Vergrößerung des Kopfes'), *makrópūs* (*μακρόπους*) 'langfüßig', *makrópteros* (*μακρόπτερος*) 'langflügelig' entstehen in der Wissenschaftssprache des 19./20. Jhs. zahlreiche (vielfach substantivische) Neubildungen, vgl. *Makrophotographie* 'photographisches Aufnahmeverfahren zur Wiedergabe kleiner Gegenstände in vergrößertem Maßstab', *Makroklima* 'Großklima (von Ländern, Kontinenten)', *Makrolinguistik* 'Gesamtwissenschaft von der Sprache und ihren Beziehungen zur Gesellschaft, zum Denken und zu anderen nicht sprachwissenschaftlich erfaßbaren Bereichen', *Makromolekül* 'aus mehr als 1000 Atomen bestehendes Riesenmolekül', *makromolekular* 'aus Makromolekülen bestehend, diese betreffend', *makrokristallin* 'aus großen Kristallen bestehend'. – M a k r o k o s m o s m. 'das (beseelt gedachte) Weltganze, Universum' (18. Jh.), anfangs auch *Makrokosmus* (eigentl. 'große Welt'), Übernahme (wohl nach früher bezeugtem frz. *macrocosme*) von mlat. *macrocosmus*, Gegenwort zu lat. *mīcrocosmus* (s. *mikro-*), zu griech. *kósmos* (*κόσμος*) 'Ordnung, Anstand, Schmuck, Weltordnung, Welt' (s. *Kosmos*).

Makrone f. 'Gebäck aus Mandeln, Zucker, Mehl und Eiweiß' stammt wie *Makkaroni* (s. d.) aus ital. (mundartlich) *maccarone* 'Röhrennudel', älter auch 'Kloß', das im 16. Jh. ins Frz. gelangt und dort (wegen der Ähnlichkeit mit einem Kloß?) die Bedeutung 'Mandeltörtchen' erhält. Frz. *macaron* m. wird Mitte des 17. Jhs. ins Dt. übernommen und um 1700 zu *Makrone* eingedeutscht.

Makulatur f. 'schadhafte oder fehlerhafte Druckbogen, Alt-, Abfallpapier', aus nlat. *maculatura* 'besudeltes Stück', einer gelehrten Bildung (Anfang 16. Jh., vgl. frz. *maculature*, 1567) der Druckersprache zu lat. *maculāre* (*maculātum*) 'fleckig machen, beflecken, entehren', abgeleitet von lat. *macula* 'Lücke, Fleck, Schandfleck' (s. *Makel*).

¹Mal n. 'Zeitpunkt', ahd. (um 1000), mhd. mnd. *māl* 'ausgezeichneter Punkt, Zielpunkt, Grenzzeichen, Zeitpunkt, festgesetzte Zeit', nhd. *Mal* 'Zeitpunkt' und (davon nur orthographisch geschiedenes) *Mahl* 'Mahlzeit, Essen' (s. d.), mnl. *mael*, nl. *maal* 'Zeit(punkt), Mahlzeit', aengl. *mǣl* 'Maß, Zeitpunkt, Jahreszeit, Mahlzeit', engl. *meal* 'Mahlzeit, Essen', anord. *māl* 'Zeit(punkt), Mahlzeit, Maß', schwed. *mål* 'Mahlzeit, Essen', got. *mēl* 'Zeit, Stunde' (germ. **mēla-*) geht mit mnd. *mēle* 'Trog, Mulde, (Butter)maß', aengl. *mēle*, *mæle* 'Napf', anord. *mælir* 'Maß, Köcher', got. *mēla* 'Scheffel' von einer Grundbedeutung 'etw. Abgestecktes, Abgemessenes' bzw. 'Gefäß zum Abmessen, Maß' aus und kann als Bildung mit *l*-Suffix an die Wurzel ie. **mē-* 'etw. abstecken, messen, abmessen' angeschlossen werden. Mit *t*-Suffix sind vergleichbar aind. *māti-* 'Maß, richtige Erkenntnis', *mímāti* 'mißt', griech. *métron* (*μέτρον*) '(das rechte, volle) Maß, Ziel, Länge, Größe, Silben-, Versmaß' (s. *Metrum*), lat. *mētīrī* '(ab)messen' und russ. *métit'* (*метить*) 'ein Zeichen machen, zielen, trachten'. Die im Germ. entstandene Bedeutung 'Zeitpunkt' entwickelt sich aus der räumlichen Auffassung 'Punkt im Raum'.

[2]**Mal** n. 'Zeichen, Fleck, verfärbte Hautstelle' (*Wund-*, *Muttermal*), hervorgegangen aus ahd. *māl*, vgl. *ougmāl* 'Augenschminke', *anamāl(i)* 'Narbe' (9. Jh.), mhd. mnd. *māl* 'Zeichen, Merkmal, Fleck', mnl. *mael*, nl. *maal*, got. *mēla* (Plur.) 'Schrift' (zu Herkunft und Verwandtschaft s. *malen*), mit dem ahd. (um 800), mhd. *meil* 'Fleck, Zeichen, Beflekkung, Sünde, Schande' in frühnhd. *mal* 'Zeichen, Fleck, Markierung' zusammenfällt, wobei zugleich vielfach semantischer Einfluß von lautgleichem [1]*Mal* (s. d.) erkennbar ist. Die Herkunft von ahd. mhd. *meil*, mnd. *mēl*, aengl. *māl*, engl. *mole* 'Muttermal', got. *mail* 'Runzel' ist ungewiß. Vielleicht sind vergleichbar griech. *miaínein* (*μιαίνειν*) 'beflekken, besudeln' und lit. *máiva* 'Sumpfboden', so daß eine Wurzel ie. **mai-* 'beflecken, beschmutzen' angenommen werden kann. – D e n k m a l n. 'Erinnerungszeichen' (16. Jh.); seit dem 17. Jh. (wohl unter Einfluß von *Monument*, s. d.) 'gegenständliches Bauwerk, Standbild'. M a h n m a l n. 'zur Mahnung, Erinnerung gesetztes Zeichen oder Denkmal' (20. Jh.). M e r k m a l n. 'Kennzeichen' (17. Jh.). M u t t e r m a l n. 'von Geburt an vorhandener Fleck, Zeichen in der Haut' (16. Jh.). W u n d m a l n. 'Zeichen einer körperlichen Verletzung, frische oder vernarbte Wunde', ahd. *wuntmāli* (um 1000), *wuntmāl* (11. Jh.), mhd. *wuntmāl*.

-mal zweites Glied in zusammengerückten Wiederholungszahlwörtern, hervorgegangen aus dem unter [1]*Mal* (s. d.) behandelten Substantiv, s. *einmal* (aus mhd. *ze einem māle*), entsprechend *zweimal* (aus mhd. *ze zweien mālen*). Die gleiche Bildungsweise zeigen Temporaladverbien, bei denen oft die ursprüngliche Form des Gen. Sing. beibehalten wird, s. *ehemals* (aus mhd. *ē māles*), *abermals* (aus *aber eines males*, 15. Jh.); danach (mit Suffixcharakter) *einstmals*, *jemals*, *nochmals*, *oftmals*, *vormals*. Seltener mit erhaltenem Gen. Plur., vgl. *dermalen*. – In der Multiplikationsrechnung begegnet m a l im Sinne von 'multipliziert mit, malgenommen mit', isoliert aus Fügungen wie *zu wunfczen malen wunfczen* '15 mal 15' (15. Jh.) u. dgl. Dazu m a l n e h m e n Vb. 'multiplizieren' (18. Jh.).

Malaria f. durch Stechmücken übertragenes, periodisch auftretendes Infektionsfieber, Übernahme (18. Jh.) von ital. *malaria* (Kompositum aus ital. *mala* 'schlecht' und *aria* 'Luft'), daher eigentl. 'ungesunde Luft', und zwar die feuchtheiße Luft der Sumpfgebiete, die als Ursache des Fiebers galt. Im 19. Jh. wird der Ausdruck Bezeichnung für die mit Fieberanfällen verbundene Infektionskrankheit.

malen Vb. 'mit Pinsel und Farbe oder Stift gestalten, mit Farbe (be)streichen', ahd. *mālōn*, *mālēn* (9. Jh., doch vgl. schon *inmālēn*, 8. Jh.), mhd. *mālen* 'ein Zeichen machen, abgrenzen, bunt verzieren, färben, schreiben, im Geist entwerfen, malen, zeichnen', asächs. *mālon* 'verzieren, bemalen', mnd. *mālen*, aengl. *gemǣlan* 'ein Zeichen machen', anord. *mæla* 'malen', got. *mēljan* 'schreiben'. Mit der Ausgangsbedeutung '(dunkle) Farbe auftragen, mit einem farbigen Zeichen versehen' (daher auch 'mit Farbe schreiben') stellen sich die Verben zu einem gemeingerm. Substantiv, das in ahd. mhd. mnd. *māl* 'Zeichen, Merkmal, Fleck', asächs. *(hōbið) māl*, aengl. *mǣl*, anord. *māl*, got. *mēla* (Plur.) 'Schrift' belegt und mit aind. *malináḥ* 'schmutzig, unrein', *málam* 'Schmutz, Kot, Dreck, Unreinlichkeit', griech. *mélās* (*μέλας*) 'dunkelfarbig, schwarz, finster', lit. *mélas* 'blau', *meȋsvas* 'bläulich', russ. *malína* (*малина*) 'Himbeere' verwandt ist. Zugrunde liegt die in Farbbezeichnungen auftretende Wurzel ie. **mel(ə)-*, bes. 'von dunklem, unreinem Farbton, Schmutz, beschmutzen' (wozu vielleicht auch *Molch*, s. d.). Vgl. dazu auch die Entwicklung von [2]*Mal* (s. d.). Redensartlich *den Teufel an die Wand malen* 'Schlimmes vorhersagen' (16. Jh.). – M a l e r m. 'mit Pinsel und Farbe gestaltender Künstler', auch 'Anstreicher', ahd. *mālāri* (9. Jh.), mhd. *mālære*, *māler*, *mæler*. M a l e r e i f. 'Kunst des Malens, Gesamtheit der Gemälde' (15. Jh.). m a l e r i s c h Adj. 'die Malerei betreffend, für die Malerei typisch, zum Malen geeignet, romantisch' (16. Jh.).

Malheur n. 'Unglück, Ungeschicklichkeit', Übernahme (18. Jh.) von gleichbed. frz. *malheur* m., zusammengesetzt aus frz. *mal* 'schlecht, schlimm, übel' (von lat. *malus* 'schlecht, böse') und heute veraltetem frz. *heur*, afrz. *ëur* 'Geschick, Glück' (von vlat. **agūrium* neben *agurium* für lat. *augurium* 'Beobachtung und Deutung der Wahrzeichen, bes. des Vogelflugs, Vorzeichen, Vorbedeutung'). Frz. *heur* übernimmt das anlautende *h-* von frz. *heure* 'Stunde' (aus lat. *hōra*), an das es volksetymologisch angelehnt wird. Mit Rückgang des Glaubens an die Wahrsagekunst tritt im Frz. die neutrale Bedeutung 'Geschick, (gute oder schlechte) Chance' in den Vordergrund, afrz. *ëur*, frz. *heur* wird deshalb früh mit determinierenden Attributen versehen. Aus solchen Fügungen erwachsen die Komposita frz. *malheur* 'schlechtes, schlimmes Geschick, Unglück', *bonheur* 'gutes, glückliches Geschick, Glück'.

Malice f. 'Bosheit, boshafte Äußerung, Tücke', Übernahme (17. Jh.) von gleichbed. frz. *malice* (lat. *malitia* 'Schlechtigkeit, Nichtswürdigkeit', zu lat. *malus* 'schlecht'). – m a l i z i ö s Adj. 'boshaft, heimtückisch, hämisch' (17. Jh.), frz. *malicieux* (lat. *malitiōsus* 'schurkisch, arglistig'). Zuvor (direkt auf das Lat. zurückgehend) *maliciosisch* (16. Jh.).

malmen Vb. 'durch anhaltenden mahlenden Druck zerkleinern'. Das seit dem 16. Jh. belegte und durch Luther über das Md. hinaus verbreitete Verb setzt ein Substantiv der gleichen Ablautstufe (germ. *a*) voraus, wie es außerhalb des dt. Sprachgebiets bezeugt ist, vgl. aengl. *mealmstān* 'Sandstein', anord. *malmr* 'Erz, Metall, Waffe', schwed. *malm* 'Erz, sandige Ebene' (germ. **malma-*), auch got. *malma* 'Sand' (germ. **malman-*) gegenüber ahd. (9. Jh.), mhd. asächs. *melm* 'Staub, Erde' (germ. **melma-*). Die mit *m*-Suffixen gebildeten Formen gehören zur Verbalwurzel ie. **mel(ə)-* 'zermalmen, schlagen, mahlen' (s. *mahlen*); Ausgangsbedeutung der Substantivbildungen ist also 'das Zermahlene'. Eine dazugehörige schwundstufige Form ist erhalten in *Mulm* (s. *mulmig*), wozu mhd. *zermülmen* 'zerreiben, zerquetschen, zermalmen'. Häufiger als das heute nur selten gebrauchte Simplex ist die Präfixbildung z e r m a l m e n (17. Jh.).

Malter n. m. altes Hohlmaß für Getreide und Kartoffeln, ahd. *maltar* (11. Jh.), mhd. *malter*, *malder* 'Getreidemaß', asächs. *maldar*, mnd. *malder*, mit Ablaut anord. *meldr* 'Mahlgut, Mehl', schwed. *mäld* 'Mahlgut' sind mit dem Suffix ie. *-tro-* abgeleitet von der Verbalwurzel ie. **mel(ə)-* 'zermalmen, schlagen, mahlen' (s. *mahlen*). Das Suffix bildet ursprünglich ein Nomen actionis 'Mahlung', woraus sich die Konkretisierung 'was man auf einmal zum Mahlen gibt' entwickelt hat. Im 19. Jh. kommt das in den einzelnen Gegenden Deutschlands unterschiedlich große Maß außer Gebrauch und wird durch den einheitlich festgelegten *Zentner* ersetzt.

malträtieren Vb. 'mißhandeln, quälen', Entlehnung (18. Jh.) aus gleichbed. frz. *maltraiter*, einer Zusammensetzung aus frz. *traiter* 'behandeln' (lat. *tractāre* 'jmdn. behandeln', eigentl. 'herumzerren, handhaben') und frz. *mal* Adv. 'schlimm, böse, schlecht' (lat. *male* 'schlecht').

Malve f. Der Name der rosa- oder lilafarbigen hohen Gartenblume erscheint im 16. Jh. in dt. botanischen Büchern in der lat. bzw. ital. Form *Malva*, seit dem 18. Jh. eingedeutscht zu *Malve*. Als wesentlich frühere Entlehnungen aus dem Lat. erweisen sich aengl. *mealuwe*, *meal(e)we* (engl. *mallow*) und mnl. *maluwe*. Lat. *malva* entstammt wahrscheinlich wie auch (unabhängig davon) gleichbed. griech. *maláchē* (μαλάχη), *molóchē* (μολόχη) einer alten Mittelmeersprache.

Malz n. Bezeichnung für angekeimtes Getreide (vor allem Gerste), das eingeweicht und danach wieder getrocknet zur Bierherstellung verwendet wird, ahd. (9. Jh.), mhd. *malz*, asächs. mnd. *malt*, mnl. nl. *mout*, aengl. *mealt*, engl. anord. schwed. *malt* haben neben sich das Adjektiv ahd. *malz* 'weich, schlaff' (um 1000), anord. **maltr* 'verfault, bitter', schwed. (mundartlich) *malt* 'verfault' sowie got. *gamalteins* 'Auflösung'. Dazu stellt sich das Verb aengl. *meltan* 'schmelzen, verbrennen, verdauen', engl. *to melt* 'zerschmelzen, zerfließen', anord. *melta* 'schmelzen, verdauen', norw. *melte* und (mit *s*-Anlaut) die unter [1]*schmelzen* (s. d.) genannten Formen. Außergerm. vergleichen sich griech. *méldein* (μέλδειν) 'schmelzen machen', *méldesthai* (μέλδεσθαι) 'schmelzen machen', intrans. 'schmelzen'. Damit ist ein Anschluß an die unter *mild* (s. d.) angeführte Dentalerweiterung ie. **meld-* 'weich' bzw. 'weich werden oder machen' der Wurzel ie. **mel(ə)-* 'zermalmen, schlagen, mahlen' (s. *mahlen*) gegeben. *Malz* bezeichnet ursprünglich 'das Weichgemachte, Aufgeweichte'.

Mama f. 'Mutter' in familiärer, liebevoller Anrede, im 17. Jh. entlehnt aus frz. *maman* (anfangs und bildungssprachlich auch noch später mit frz. Betonung auf der letzten Silbe). Ausgangsform ist lat. *mamma* 'Mutter, Amme, Mutterbrust', womit sich griech.

mámmē (μάμμη) 'Mutter, Mutterbrust' ebenso wie die balt. und slaw. Formen lit. *mamà*, lett. *māma*, russ. *máma* (*мама*), tschech. *máma*, poln. obsorb. *mama* verbinden lassen. Vorauszusetzen sind als kindersprachliche Lallwörter ie. **mǎmā*, **mammā*, wozu auch *Memme* und *Muhme* (s. d.) gehören. (Vgl. dagegen einfaches aind. *mā* 'Mutter' und s. *Mutter*.) Das der dt. Entlehnung *Mama* zugrundeliegende kindersprachliche frz. Wort beruht wohl auf einer Vorstufe **mamame* (mit Reduplikation der ersten Silbe von **mame*, aus lat. *mamma*); Entnasalierung der ersten Silbe sowie Abfall von auslautendem *-me* unter Beibehaltung der Nasalierung der zweiten Silbe (Schreibweise *-an*) ergibt afrz. frz. *maman*.

Mammon m. 'Geld, Reichtum' (geringschätzig). Aram. *māmōnā* 'Vermögen, Besitz' übernimmt die Bibel (Neues Testament) in der griech. Schreibweise *mamōnâs* (μαμωνᾶς), woraus lat. *mam(m)ōna* (Vulgata). Auch Luther läßt den Ausdruck unübersetzt, gibt dafür *Mammon*, das sich seit dem 16. Jh. im Dt. verbreitet (vgl. schon got. *mammōna* bei Wulfila).

Mammut n. Name des eiszeitlichen Riesenelefanten, dessen fossile Reste zuerst im 17. Jh. in Sibirien (Jakutien) gefunden wurden. Die im Dt. übliche Namensform *Mammut* (vgl. *Mammuth*, 1803) geht auf frz. *mammouth* zurück, das durch russ. (älter) *mámmut*, *mámut* (*маммут, мамут*) aus jakut. oder tungus. *mamut* 'unter der Erde lebend' (zu *mamma* 'Erde') vermittelt ist (vgl. FEW 20, 40 und Vasmer/T. 2, 566, wo weitere Herleitungsversuche). Andere, teilweise ältere Bezeichnungen sind *Mammon-Thier* (1730), *Mammont* (1838), vgl. russ. *mámont* (*мамонт*). – Als erstes Glied in Komposita entwickelt *Mammut-* den steigernden Sinn 'von großem Ausmaß, gewaltig, riesenhaft' (produktiv im 20. Jh.), vgl. *Mammutbetrieb*, *-programm*, *-unternehmen*, *-veranstaltung*.

Mamsell f. 'Wirtschafterin', zuvor weibliche Anrede. Frz. *mademoiselle*, entstanden aus einer Zusammenrückung von *demoiselle* und dem femininen Possessivpronomen *ma*, steht wie frz. *demoiselle* (afrz. *damoisele*, aus vlat. **domnicella*, Deminutivum von lat. *domna*, *domina* 'Herrin, Gebieterin, Hausfrau', s. *Dame*) bis Ende des 18. Jhs. als Anrede für ein adliges Mädchen, für eine verheiratete Frau des niederen Adels oder Bürgertums, dann auch für die unverheiratete Frau. Die Übernahme ins Dt. erfolgt im 17. Jh.; *Mademoiselle* wird hier Anrede für junge bürgerliche Mädchen wie auch die im 18. Jh. auftretende Verkürzung *Mamsell* (vgl. umgangssprachliches frz. *mam'selle*, *mam'zelle*), so daß für die unverheiratete bürgerliche Frau nebeneinander *Jungfer*, *Mademoiselle* und *Mamsell* als Anrede verwendet werden können (Anfang 19. Jh. allmählich von *Fräulein*, s. d., verdrängt). Noch im 18. Jh. wird das im Vergleich mit *Demoiselle* als weniger förmlich empfundene *Mamsell* in bürgerlichen Kreisen Anrede frz. Hauslehrerinnen, während niedere Hausangestellte damit die höherstehenden und qualifizierteren Kräfte bezeichnen, vgl. *Laden-*, *Schneidermamsell*, *kalte Mamsell* (für kalte Speisen); daher auch (vorwiegend nordd.) *Mamsell* 'Wirtschaftsleiterin' (auf großen Gütern).

man Indef.pron. 'irgend jemand, manche oder alle Menschen', ahd. (8. Jh.), mhd. asächs. mnd. *man*, mnl. nl. *men*, aengl. *man* entwickelt sich aus dem unter *Mann* (s. d.) behandelten Substantiv in dessen alter Bedeutung 'Mann, Mensch', die im Ahd. meist, im Mhd. gelegentlich noch durchzufühlen ist. Die obliquen Kasus werden (vom Frühnhd. an) vom Indefinitpronomen *ein* (hervorgegangen aus *ein* Num., s. d.) gestellt. Eine parallele Entwicklung liegt vor bei afrz., frz. *on* 'man' (aus lat. *homo* 'Mann, Mensch').

Manager m. 'Führungskraft in Industrie und Wirtschaft, den Geschäftsverkehr wahrnehmender Betreuer eines Berufssportlers oder Künstlers'. (Amerik.-)engl. *manager* 'Leiter, Geschäftsführer, Verwalter', als fremder Ausdruck seit Ende des 18. Jhs. in der dt. Reiseliteratur vorkommend, wird in der 2. Hälfte des 19. Jhs. zunächst im Bereich der Unterhaltungskunst ('Regisseur, Leiter einer Varietébühne') ins Dt. übernommen und verdrängt hier das aus dem Ital. stammende *Impresario*; um 1900 findet *Manager* im Sinne von 'Leiter eines Unternehmens, Geschäftsführer' Eingang in die Sprache der Wirtschaft. Das Substantiv ist Nomen agentis zum Verb engl. *to manage* 'handhaben, leiten, verwalten, zustande bringen' (Ende des 19. Jhs. als *managen* ebenfalls ins Dt. entlehnt und in moderner Alltagssprache für 'organisieren, bewerkstelligen' üblich), das seinerseits auf ital. *maneggiare* 'handhaben, gebrauchen, lenken' (s. *Manege*) zurückgeht. Engl. *management* 'Handhabung, Leitung, Verwaltung', eine weitere Ableitung vom gleichen engl. Verb, gelangt als M a n a g e m e n t n. 'Methodik des Vorgehens, Leitens, bes. in Großunternehmen der Wirtschaft', auch 'Gesamtheit der in der Wirtschaft tätigen Führungskräfte, leitenden Angetellten' Mitte des 20. Jhs. ins Dt. – M a n a g e r k r a n k h e i t f. unwissenschaftliche Bezeichnung für bestimmte, durch berufliche Überlastung begünstigte Herz- und Kreislauferkrankungen, eine seit 1950 gebrauchte dt. Zusammensetzung ohne engl. Vorbild.

manch(er) Indef.pron. zur Angabe einer unbestimmten Anzahl aus einer größeren Menge, 'der eine oder andere, einige, etliche', ahd. *manag* (8. Jh.), *manīg* (8./9. Jh.), mhd. *manec*, *manic*, *menic* 'viel, vielfach, vielgestaltig, manch', asächs. *manag* 'viel, manch', mnd. *mannich*, *mennich*, mnl. *mēnich*, *man(n)ich*, *mennich*, nl. *menig*, aengl. *manig*, *monig*, *mænig* 'viel', engl. *many* 'viele', anord. *mangr* 'manch', schwed. *mången*, got. *manags* 'viel' (germ. **managa-*) lassen sich vergleichen mit aslaw. *mъnogo*, russ. *mnógo* (*много*) 'viel' und air. *menicc* 'häufig, reichlich'. Daraus läßt sich ie. **menegh-*, **monegh-*, **monogh-* und (für das Slaw.) ie. **m$_o$nogh-* 'reichlich, viel' erschließen. Das alte Adjektiv, dessen Bedeutung 'viel' das zugehörige Substantiv *Menge* (s. d.) bewahrt, geht bereits früh in pronominalen Gebrauch über, der im Frühnhd. vorherrschend wird. Schreibung mit *ch*, in mhd. Zeit zuerst im Md. auftretend, wird im Nhd. (von Luther gestützt) zur Regel, seit dem 15. Jh. auch im Inlaut (*mancher*). Ursprüngliches *-g* bleibt erhalten in m a n n i g f a c h Adj. 'vielfältig', spätmhd. *manecvach*, und m a n n i g f a l t i g Adj. 'vielfältig', ahd. *managfaltīg* (10. Jh.), *manīgfaltīg* (um 1000), mhd. *manecvaltec*, auch 'ungleich, unbeständig'. – m a n c h m a l Adv. 'hin und wieder, gelegentlich' (16. Jh.).

Mandarine f. Der Name der aus Südostasien stammenden, seit dem 19. Jh. auch im Mittelmeerraum kultivierten kleinen und aromatischen Zitrusfrucht findet sich allgemein in Europa, vgl. engl. *mandarin orange*, *mandarin(e)*, span. *(naranja) mandarina*, nl. *mandarijn*, russ. *mandarín* (*мандарин*) sowie die bereits im 18. Jh. bezeugten Formen frz. *mandarine*, ital. *mandarino*. Die Aufeinanderfolge der Entlehnungsvorgänge ist nicht genau bekannt, doch gelangt die Bezeichnung um 1850 wohl aus dem Frz. ins Dt. Zu ihrer Erklärung wird gelegentlich auf ein *Mandara* verwiesen, das Eingeborenenname der für den Südfruchtanbau bes. geeigneten Insel Mauritius sein soll. Einleuchtender ist allerdings der verbreitetere Anschluß an das in nhd. M a n d a r i n m. (17. Jh.) vorliegende, von Europäern als Bennennung für einen hohen Würdenträger im kaiserlichen China (chin. *guan*) gebrauchte Substantiv; in diesem Falle stellt sich der Zusammenhang entweder durch die farbliche Übereinstimmung mit der Tracht der chin. Staatsbeamten oder durch die hohe Qualität der Orangenart (botan.-lat. *Citrus nobilis*) her (also z. B. span. *naranja mandarina* 'Mandarinorange'). *Mandarin* geht letztlich auf aind. *mantrín-*, hindust. *mantrī*, mal. *mantari* 'Ratgeber eines Fürsten, Minister' (zu aind. *mántraḥ* 'Rede, heiliger Spruch, Preislied') zurück, das (vermutlich unter dem Einfluß von port. *mandar* 'befehlen, herrschen') zu port. *mandarim* (1514) umgeformt, auf chin. Verhältnisse angewandt und so den anderen europ. Sprachen übermittelt wird, vgl. engl. *mandarin*, nl. *mandarijn*, frz. *mandarin*, span. *mandarín*, ital. *mandarino*, russ. *mandarín* (*мандарин*).

Mandat n. 'Auftrag, auf Wahl beruhendes Amt eines Abgeordneten, Vollmacht, durch einen fremden Staat verwaltetes Gebiet', im 14. Jh. in die Kanzlei- und Rechtssprache entlehnt aus lat. *mandātum* 'Auftrag, Befehl', dem substantivierten Part. Perf. von lat. *mandāre* 'übergeben, anvertrauen, überlassen' (Kompositum zu lat. *manus* 'Hand' und *dare* 'geben', eigentl. 'in die Hand geben'). – M a n d a n t m. 'Auftrag-, Vollmachtgeber (eines Rechtsanwalts), Klient' (19. Jh.), nach frz. *mandant* oder latinisierende Neubildung zu lat. *mandāns* (Gen. *mandantis*), dem Part. Präs. von lat. *mandāre*.

[1]**Mandel** f. Name für die Frucht des Mandelbaumes, ahd. (um 1000), asächs. *mandala*, mhd. mnd. *mandel* ist entlehnt aus spätlat. *amandula*, einer vielleicht volksetymologischen Umbildung (in Anlehnung an lat. *amandus* 'lieblich' und *mandere* 'kauen'?) von lat. *amygdala*, griech. *amygdálē* (*ἀμυγδάλη*) 'Mandel', einem Fremdwort unbekannter

Herkunft. Vgl. auch ahd. *mandalboum* (9. Jh.), mhd. *mandelboum*, frühnhd. *mandelbaum*. Übertragung auf die einem Mandelkern ähnlichen menschlichen Organe in Gaumen und Rachen erfolgt im 16. Jh. (wie zuvor im Mlat.).

[2]**Mandel** f. (bis ins 17. Jh. auch m.) altes Mengenmaß von 15 (oder 16) Stück. Auszugehen ist mit Teuchert Sprachreste 232ff. von mnl. *mandele* 'Garbenstand', auch '15 oder 16 Bund Stroh' (nl. *mandel* '10 bis 12 Garben'), auf nl. Gebiet auch latinisiert zu mlat. *mandala* (Mitte 13. Jh.). Das Wort dringt danach ostwärts (vgl. mnd. md. *mandel*, 15. Jh.), gelangt mit nl. Siedlern bis in die Mark Brandenburg und verbreitet sich im nordd. und md. Gebiet. Fernzuhalten ist südd. (bes. bair.) *Manndl*, *Mannl* n. '3 bis 10 ringförmig aufgestellte Garben', das vielmehr als Deminutivum von *Mann* (s. d.) zu erklären ist. Krogmann in: ZfdPh 65 (1940) 26f. sieht in *Mandel* eine Bildung mit dem Suffix ie. *-tlo-*, *-tlā*, so daß sich kelt. **manatlo-* in korn. *manal* 'Garbe' heranziehen läßt, Weiterbildung eines alten heteroklitischen *r/n*-Stammes, der resthaft vorliegt in lat. *manus* 'Hand', griech. *márē* (*μάρη*) 'Hand'. Ausgangsform ist ie. **mər* (Gen. **mənés*) 'Hand', zu deren Erweiterung ie. **mn̥t-* ahd. *munt* 'Hand, Schutz' (um 800), nhd. *Vormund* (s. d.) gehört.

Mandoline f. lautenähnliches Zupfinstrument, Übernahme (Ende 18. Jh.) von frz. *mandoline*, das aus ital. *mandolino* entlehnt ist, dem Deminutivum von ital. *mandola*. Diesem geht ital. *mandora* vorauf, das seinerseits auf mfrz. *mandore* 'größeres lautenähnliches Instrument, Mandola' beruht. Auszugehen ist für diese Form wie für aprov. *mandurar* 'Mandola spielen', mlat. *mandura* 'Mandola' (bei nicht geklärtem Wandel des Anlauts) von lat. *pandūra*, griech. *pandũra* (*πανδοῦρα*) 'Musikinstrument mit drei Saiten' (orientalischer Herkunft?). Das zugehörige Deminutivum griech. *pandúrion* (*πανδούριον*), spätlat. *pandūrium*, *pandōrium* führt zu span. *bandurria*. Vgl. zu den einzelnen Formen die frühen dt. Entlehnungen *Bandurichen*, *Mandor*, *Mandürichen*, *Mandurinichen*, *Mandörichen* (17. Jh.), *Mandore*, *Pandore* (Adelung).

Manege f. 'runde Vorführfläche im Zirkus, Arena'. Das Substantiv, vom frühen 18. Jh. bis in die 2. Hälfte des 19. Jhs. ausschließlich als Terminus der Reitkunst im Sinne von 'Zureiten der Pferde, Schulreiten', aber auch in der (die moderne Verwendung 'Zirkusarena' vorbereitenden) Bedeutung 'Reitbahn' gebräuchlich, ist eine Übernahme (mit Genuswechsel) von gleichbed. frz. *manège* m. Dem unter Einfluß der vorbildlichen ital. Dressurlehre geprägten frz. Ausdruck liegt ital. *maneggio* 'Handhabung, Schulreiten, Reitbahn' zugrunde. Dieses ist Verbalsubstantiv von ital. *maneggiare* 'handhaben, gebrauchen, lenken' (s. auch *Manager*), einer zu lat. *manus* (ital. *mano*) 'Hand' gehörenden Ableitung (vorauszusetzen ist wohl vlat. **manidiāre*; vgl. die roman. Entsprechungen frz. *manier*, aprov. katalan. *manejar*).

Mangel, auch (südd.) Mange f. 'Glättrolle' für Wäsche, früher auch für (gefärbte) Webwaren (15. Jh.). Mhd. *mange* 'Kriegsmaschine, Steinschleuder', mnd. *mange*, mnl. *manghe* sind Entlehnungen aus mlat. *manga*, *mangana* 'Werkzeug, Wurfmaschine, Hebelgeschütz', spätlat. *manganum* 'Werkzeug, Maschine', griech. *mánganon* (*μάγγανον*) 'Achse oder Rolle im Flaschenzug, eiserner Pflock, Bolzen, Schleudermaschine'. Die mit (Spann)walzen versehene Schleudermaschine wird mit Hilfe niederschnellender, mit Steinen gefüllter Kästen ausgelöst. Die Bezeichnung *Mange(l)* wird auf die den Tuchen Glanz verleihenden Maschinen übertragen, die mit ihren Glättwalzen, durch steingefüllte Kisten beschwert, einer Wurfschleuder ähneln. Auslautendes *-l* tritt in Analogie zu anderen Gerätebezeichnungen auf *-el* an. – mangeln Vb. 'mit beschwerten Rollen glätten' (15. Jh.).

mangeln Vb. 'nicht ausreichend vorhanden sein, fehlen', ahd. *mangalōn* (9. Jh.), mhd. mnd. *mangelen*, *mangeln* 'Mangel haben, leiden, entbehren müssen' ist wie mhd. *mangen* entlehnt aus spätlat. *mancāre* 'verstümmeln, zum Krüppel machen, mangeln, fehlen', das über Italien (vgl. ital. *mancare* 'mangeln, fehlen') nach dem Norden vermittelt wird; vgl. Frings/M. Germania Romana 2 (1968) 312ff. Zugrunde liegt lat. *mancus* 'gebrechlich, unvollständig, mangelhaft', eigentl. 'verstümmelt, verkrüppelt', woraus (über Gallien) entlehntes mnl. *manc*, nl. *mank* 'hinkend, lahm'. – Mangel m. 'Entbehrung, Knappheit, Fehler, Unzulänglichkeit', Rückbildung aus dem Verb, mhd. *mangel* 'Mangel, Gebrechen'; vgl. ahd. *mangalunga* 'Mangel, Verlust' (11. Jh.). m a n g e l h a f t Adj. 'ungenügend, notdürftig, unvollständig, fehlerhaft' (15. Jh.). b e m ä n g e l n Vb. 'beanstanden, auszusetzen haben' (19. Jh.).

Mangold m. Der Name des spinatähnlichen Gemüses mhd. *manegolt*, *mangolt* ist ungedeutet. Ein Vergleich mit dem lautlich übereinstimmenden Personennamen ahd. *Managold* (eigentl. 'Vielherrscher', vgl. ahd. *manag* 'viel', hier vielleicht durch Umstellung aus ahd. *magan* 'Stärke, Kraft, Tüchtigkeit' entstanden, und ahd. *waltan* 'herrschen') liefert keine Erklärung.

Manie f. 'Besessenheit, Sucht, krankhafte Leidenschaft'. Lat. *mania*, griech. *manía* (*μανία*) 'Wut, Raserei, Wahnsinn', abgeleitet von griech. *maínesthai* (*μαίνεσθαι*) 'rasen, wüten, von Sinnen, verzückt sein' (s. *mahnen*), führt zu medizin.-lat. *Mania* 'Tollwut, Tobsucht'. Daraus eingedeutschtes *Manie* (16. Jh.) wird dann in dem abgeschwächten Sinne 'Verlangen, Sucht' allgemein (2.Hälfte 18. Jh., geläufig 19. Jh.). Im medizinischen Bereich gilt es heute für eine Phase des manisch-depressiven Irreseins. Dazu m a n i s c h Adj. 'tobsüchtig, krankhaft erregt' (20. Jh.); vgl. griech. *manikós* (*μανικός*) 'rasend, wütend'. Nach antikem Vorbild, vgl. griech. *hydromanía* (*ὑδρομανία*) 'Wassersucht', bildet *Manie* auch im Dt. verschiedene Komposita und bezeichnet dabei eine krankhafte oder übersteigerte Sucht bzw. eine übertriebene Schwärmerei. N y m p h o m a n i e f. 'Mannstollheit' (19. Jh.), medizin.-lat. *nymphomania* (um 1700), vgl. auch frz. *nymphomanie* (1. Hälfte 18. Jh.); n y m p h o m a n Adj. 'mannstoll' (20. Jh.), älter *nymphomanisch* (19. Jh.); s. *Nymphe*. K l e p t o m a n i e f. 'zwanghafter Trieb zum Diebstahl ohne Bereicherungsabsicht, Stehlsucht' (Mitte 19. Jh.), gelehrte Bildung der Psychiatrie zu griech. *kléptein* (*κλέπτειν*) 'stehlen'; K l e p t o m a n e m., k l e p t o m a n i s c h Adj. (2. Hälfte 19. Jh.). Außerhalb der Medizin A n g l o m a n i e f. 'übertriebene Liebe zu allem, was englisch ist, kritiklose Nachahmung alles Englischen' (2. Hälfte 18. Jh.), vgl. voraufgehendes frz. *anglomanie* (Mitte 18. Jh.); A n g l o m a n e m. (Mitte 19. Jh.); a n g l o m a n Adj. (Ende 19. Jh.). B i b l i o m a n i e f. 'übertriebene Bücherliebe, Büchersammelwut' (18. Jh.); B i b l i o m a n e m. 'leidenschaftlicher Büchersammler, Büchernarr' (um 1800).

Manier f. 'charakteristische Art und Weise, Gewohnheit', Plur. 'Umgangsform(en), Benehmen', mhd. *maniere* 'Art und Weise, Betragen', entlehnt aus gleichbed. afrz. *maniere* (frz. *manière*), einer Substantivierung der femininen Form des Adjektivs afrz. *manier* 'mit der Hand gemacht, geübt, geschickt, gewöhnt', hervorgegangen aus lat. *manuārius* 'zu den Händen gehörig, handlich, passend', abgeleitet von lat. *manus* 'Hand'. Seit dem 17. Jh. steht *Manier* (dem Frz. folgend) für den 'typischen Stil' eines Künstlers und, bes. im Plural, für 'gutes gesellschaftliches Benehmen'. – m a n i e r l i c h Adj. 'wohlerzogen, anständig, höflich' (Ende 15. Jh.). m a n i e r i e r t Part.adj. 'einen besonderen, einen eigenen Stil aufweisend' (18. Jh.), dann (entsprechend frz. *maniéré*) 'unnatürlich, gekünstelt' (19. Jh.).

Manifest n. 'öffentliche Erklärung, Programm, Aufruf, Rechtfertigungsschrift', im 17. Jh. aus gleichbed. mlat. *manifestum* entlehnt, dem substantivierten Neutrum von lat. *manifestus* Adj. 'handgreiflich, offenbar, augenscheinlich', zu lat. *manus* 'Hand' mit (auch hinsichtlich der Quantität) ungeklärtem zweiten Glied *-festus*. – m a n i f e s t i e r e n Vb. 'offenbaren, bekunden, deutlich machen' (16. Jh.), aus lat. *manifestāre* 'sichtbar machen, deutlich zeigen'. M a n i f e s t a t i o n f. 'Bekanntmachung, Darlegung, öffentliche Bekundung' (18. Jh.), spätlat. *manifestātio* (Gen. *manifestātiōnis*) 'Offenbarung'.

Maniküre f. 'Pflege, Pflegerin der Hände und Fingernägel, Etui mit den dafür nötigen Instrumenten', daneben zunächst auch *Maniküre* m. 'Handpfleger', Übernahme (Anfang 20. Jh.) von frz. *manicure* f. 'Handpflege, Handpflegerin', *manicure* m. 'Handpfleger' (mit der heute geläufigeren Variante frz. *manucure* f. und m.), einer Neubildung nach älterem frz. *pédicure* (s. *Pediküre*) zu lat. *manus* 'Hand' und lat. *cūra* 'Sorge, Fürsorge, Pflege' (frz. *cure*). – m a n i k ü r e n Vb. 'Hände und Fingernägel pflegen' (20. Jh.).

Manipulation f. 'Handgriff, geschickte Handhabung, Verfahren, Handlungsweise' (18. Jh.), auch 'Kunstgriff, Kniff' (um 1800), heute vornehmlich 'gezielte Beeinflussung, Steuerung des Verhaltens anderer', im Plur.

'Machenschaften', Entlehnung von frz. *manipulation* 'chemische Bearbeitung der Metalle und Mineralien, die Handgriffe bei deren Gewinnung', im Dt. zuerst (im Zusammenhang mit gleichzeitig entlehntem *manipulieren*, s. unten) Ausdruck für die Handgriffe beim magnetischen Heilverfahren (vgl. *magnetische Manipulation*, 1787), aber auch im allgemeinen Sinne von 'Behandlungs-, Verfahrensweise' (1775). Frz. *manipulation* ist eine Ableitung von frz. *manipuler* (s. unten) bzw. in der frühesten Bedeutung 'Metallgewinnung, Erzabbau' vielleicht Übernahme von span. *manipulación*. – Manipulator m. 'Telegrafenapparat' (19. Jh., frz. *manipulateur*), 'Gerät zum Handhaben gefährlicher Substanzen' (20. Jh.), auch Nomen agentis 'Zauberkünstler' (19. Jh.). manipulieren Vb. 'als Heilverfahren die für den magnetischen Schlaf nötigen Handgriffe und -bewegungen machen' (18. Jh.), allgemein 'handhaben, verfahren, geschickt steuern', aus frz. *manipuler* 'mit der Hand auf etw. einwirken, behandeln, bearbeiten', gebildet zu mfrz. frz. *manipule* 'eine Handvoll', eigentl. (in der Pharmazie) 'soviel Kräuter, wie man auf einmal mit der Hand fassen kann', entlehnt aus lat. *manipulus* 'eine Handvoll, Bündel'; zu lat. *manus* 'Hand' und lat. *plēre* 'füllen'.

Manko n. 'Fehlbetrag', auch 'Mangel, Fehler, Beeinträchtigung'. Im 18. Jh. wird ital. *a manco* 'im Ausfall, im Defizit' in der Zusammenschreibung *Amanco* in die dt. Kaufmannssprache übernommen. Der Ausdruck wird im 19. Jh. zu *Manco* verkürzt und geht in seiner (im Ital. vorgeprägten) allgemeinen Bedeutung auch in die Literatursprache ein. Wie *mangeln* (s. d.) geht ital. *manco* 'Mangel, Fehlbetrag' auf lat. *mancus* 'gebrechlich, unvollständig' zurück.

Mann m. 'erwachsener Mensch männlichen Geschlechts, Ehemann'. Die germ. Formen ahd. (8. Jh.), mhd. *man* (Gen. *mannes*) 'Mensch (männlichen Geschlechts in gereiftem Alter), Krieger, Ehemann, Sohn, Diener', asächs. mnd. mnl. nl. *man* 'Mensch, Mann', aengl. *man(n)*, *mo(n)*, engl. *man*, anord. *mannr*, *maðr*, schwed. *man*, got. *manna* sind vergleichbar mit aind. *mánuḥ* (*mánu-*, *mánuṣ-*) 'Mensch, Mann, Menschheit' und lat. (aus dem Germ.) *Mannus* Stammvater, Gott der Germanen (Tacitus) und führen großenteils auf ie. **manu-* oder **monu-* (nord- oder westgerm. *-nn-* daher aus *-nu̯-*, während die got. Form möglicherweise einen alten *n*-Stamm germ. **mannan-* voraussetzt). Demgegenüber weisen aslaw. *mǫžь*, russ. *muž* (*муж*) 'Ehemann, Gatte' auf ein ie. Gutturalsuffix in Verbindung mit *-i̯a-*. Man stellt die genannten Bildungen meist zur Wurzel ie. **men(ə)-* 'denken, geistig erregt sein' (s. *mahnen*) und nimmt eine Ausgangsbedeutung 'denkendes Wesen' an. Aber auch Anknüpfung an die Wurzel ie. **men-* 'hervorragen, emporragen' (wozu lat. *mōns* 'Berg') wird erwogen, so daß *Mann* 'Mensch' als 'das Aufragende, das aufrecht gehende Wesen' zu erklären wäre. Die alte Bedeutung 'Mensch' ist erhalten in *jemand*, *niemand* und im Indefinitivpronomen *man* (s. d.). Zur Bezeichnung von 'Kriegern, Kampfgenossen, Dienern, Gefolge' ist historisierend der sonst veraltete Plural *Mannen* noch geläufig. – bemannen Vb. 'mit einer Mannschaft besetzen', spätmhd. *bemannen* 'mit Mannschaft besetzen', refl. 'einen Mann nehmen', entmannen Vb. 'kastrieren', mhd. *entmannen* 'der Mannschaft berauben', ermannen Vb. (in neuerer Zeit nur refl.) 'sich aufraffen', mhd. *ermannen* 'Mut fassen' und übermannen Vb. 'überwältigen' (16 Jh.) sind Präfixverben zu ungebräuchlich gewordenem *mannen* Vb., mhd. *mannen* 'zum Mann werden, sich als Mann zeigen, zum Mann nehmen, den Lehnseid leisten', trans. 'mit einem Mann versehen'. – mannbar Adj. 'heiratsfähig, geschlechtsreif' (vornehmlich vom Mann), mhd. *manbære* 'männlich, erwachsen, ehefähig' (von beiden Geschlechtern). mannhaft Adj. 'wie ein Mann, tapfer, mutig', mhd. *manhaft* 'standhaft, tapfer'. männlich Adj. 'wie ein Mann, zu einem Mann gehörend oder passend, tapfer, unerschrocken, das Geschlecht eines Mannes habend', ahd. *man(a)līh* (9. Jh.), mhd. *manlich*; in der Grammatik *männliches Geschlecht* (15. Jh.), nach lat. *genus masculīnum*. Mannheit f. 'Männlichkeit, Tapferkeit', mhd. *manheit*, auch 'mannhafte Tat, Mannesalter, Verhältnis eines Dienst- oder Lehnsmannes'. Mannschaft f. 'Abteilung, Belegschaft, Gesamtheit der Soldaten niedriger Dienstgrade', mhd. *manschaft* 'Verhältnis eines Lehnsmannes zum Lehnsherrn, Lehnspflicht, -huldigung, Hörige, Gefolgsleute'. mannstoll Adj. 'scharf auf Männer', spätmhd. *mannes tol.* Mannweib n. 'Zwitter' (17. Jh.), Übersetzung von griech. *andrógynos* (*ἀνδρόγυνος*), seit dem 19. Jh. für *Amazone* 'männlich wirkende Frau' (s. d.).

Mannequin n. 'Vorführerin von Damenkleidung'. Mfrz. *mannequin* 'Männchen, bildliche Menschendarstellung, Figürchen' ist eine Entlehnung von gleichbed. mnl. *mannekīn*, dem Deminutivum von mnl. *man* 'Mann' (vgl. vereinzeltes spätmhd. *maniggein* bei Wittenwiler, Anfang 15. Jh., mit satirischem Bezug auf die Vorliebe der höfischen Epik für Flämisches). Um 1700 erscheint das frz. Substantiv (wie das ebenfalls dem Nl. entstammende engl. *manikin* bereits 1570) in der Bedeutung 'den bildenden Künstlern als Modell dienende, bes. für Gewandstudien verwendete Gliederpuppe'. Es wird so (als Maskulinum) im 18. Jh. ins Dt. übernommen und bleibt hier bis ins 1. Drittel des 20. Jhs. lebendig, daneben auch (seit dem 19. Jh.) in dem gleichermaßen dem Frz. folgenden übertragenen Gebrauch 'willen- und charakterloser, leicht lenkbarer Mensch'. Im 19. Jh. entwickelt frz. *mannequin* die Bedeutungen 'Schneiderpuppe, Schaufensterpuppe, männlicher Modevorführer' und schließlich (Ende 19. Jh.) 'weibliche Modevorführerin'; letztere gelangt um 1900 ins Dt. Neutrales Genus setzt sich erst nach der Mitte des 20. Jhs. durch.

Manöver n. 'kriegsmäßige (periodisch wiederkehrende) Übung (von Teilen) der Armee, festgelegte Tätigkeit an Bord von Schiffen', übertragen 'Kunstgriff, Scheinmaßnahme, Ablenkungsversuch', Entlehnung (18. Jh.) aus gleichbed. frz. *manœuvre* f., hervorgegangen aus mlat. *manuopera* 'Handarbeit', auch 'Fron, Last' (in den Kapitularien Karls des Großen), einer Zusammensetzung aus lat. *manus* 'Hand' und lat. *opera* 'Arbeit, Mühe, Tätigkeit', die vielleicht als Übersetzung von ahd. *hantwerc* 'Handarbeit, Verfertigung' (s. *Handwerk*) gelten kann. Afrz. *manuevre*, frz. *manœuvre* bedeutet ursprünglich 'Arbeit mit der Hand', bezeichnet dann alle Tätigkeiten, die nötig sind, um ein Schiff zu lenken und zu führen, den Umgang mit den Ankern und Tauen, ferner den rechten Handgriff, um etw. zuwege zu bringen, 'Kunstgriff, Kniff', und gilt schließlich (seit Ende 17. Jh.) für 'militärische Truppenbewegung(en)'. – manövrieren Vb. 'Truppenübungen veranstalten, Schiffswendungen durchführen, geschickt vorgehen' (18. Jh.), frz. *manœuvrer*, eigentl. (afrz.) 'mit der Hand arbeiten'. ausmanövrieren Vb. 'durch geschicktes Vorgehen überlisten' (19. Jh.).

Mansarde f. 'ausgebauter Dachstuhl, Zimmer im Dachstuhl, Dachkammer'. Frz. *mansarde* ist abgeleitet vom Namen des frz. Architekten *Mansard*, der als Erfinder des ausgebauten Dachraumes gilt, vgl. frz. *comble* ('Dachstuhl') *à la mansarde* (17. Jh.), im Dt. *frantzösisches Dach à la Mansarde* (Anfang 18. Jh.). Danach bezeichnet *Mansarde* den 'Dachraum, in dem Kammern untergebracht werden', später (2. Hälfte 18. Jh.) die 'Dachkammer', die 'der Dachschräge entsprechende Wohnung'.

manschen, auch mantschen Vb. 'in dickflüssigem Brei herumrühren, matschen', nasalierte Form neben *matschen* (s. d.) und wie dieses lautnachahmende Bildung (seit dem 17. Jh. bezeugt), älter auch *menschen* (16. Jh.). – Mansch m. 'Gemenge, dickflüssiger (Schmutz)brei' (18. Jh.), wohl rückgebildet aus dem Verb.

Manschette f. '(gesteifter) Ärmelaufschlag' (Anfang 19. Jh.), ursprünglich 'Handkrause aus Spitze' (Ende 17. Jh.), vgl. *Spitzenmanschette* (um 1800), Übernahme von gleichbed. frz. *manchette*, eigentl. 'Ärmelchen', Deminutivum zu frz. *manche* 'Ärmel', aus lat. *manica* 'langer Ärmel an der Tunika, der bis über die Hand geht' (zu lat. *manus* 'Hand'). In fester Wendung *Manschetten haben* 'Angst haben' (18. Jh.). Aus der Studentensprache, da die beim Degenfechten hinderlichen Spitzenmanschetten als Grund für die Verweigerung einer Mensur angegeben werden? Oder anspielend auf angstvolles Zittern der Hände, das sich auf die Manschetten überträgt (vgl. *die Manschetten zittern ihm*, 18. Jh.)? Jedenfalls gilt der modische Manschettenträger als ein ängstlich um sich und seinen Putz besorgter Mensch.

Mantel m. 'geknöpftes langes Oberbekleidungsstück mit Ärmeln, schützende Hülle', ahd. *mantel* (11. Jh.; daneben auch *mantal* und *mantil*, also mit *a-* bzw. *i-*Tönung des Suffixes), mhd. mnd. *mantel*, *mandel*, Entlehnung aus vlat. *mantellus* 'kurzer Mantel' (vgl. FEW 6, 1, 277ff.), Deminutivum zu gleichbed. lat. *mantus* (wohl kelt. Herkunft). –

b e m ä n t e l n Vb. '(Schlechtes) beschönigen, zudecken', eigentl. 'mit einem Mantel bedecken', zuerst in der Reformationszeit nach lat. (Kirchensprache) *pallio Christianae amoris tegere* 'mit dem Mantel der christlichen Nächstenliebe zudecken'. D e c k m a n t e l m. 'Vorwand, Vortäuschung, Beschönigung', mhd. *deckemantel*.

manuell Adj. 'mit der Hand betrieben oder hergestellt', Übernahme (19. Jh.) von gleichbed. frz. *manuel* (lat. *manuālis* 'zur Hand gehörig, mit der Hand zu fassen, eine Hand füllend', abgeleitet von lat. *manus* 'Hand').

Manufaktur f. 'frühkapitalistische, auf Arbeitsteilung und handwerklicher Technik beruhende kooperative Produktion', Entlehnung (17. Jh.) von frz. engl. *manufacture*, einer im Frz. entstandenen Bildung zu lat. *manus* 'Hand' und lat. *factūra* 'das Machen, Bearbeitung' (vgl. lat. *facere* 'machen, tun'), gleichsam ein lat. **manufactūra* 'Handarbeit' voraussetzend. *Manufaktur* bezeichnet anfangs die 'gewerbsmäßige manuell-technische Bearbeitung bzw. Herstellung' sowie das auf diese Weise entstandene Erzeugnis, die 'Industrieware', dann die entsprechende 'Werkstatt, Produktionsstätte' (wofür später *Fabrik*, s. d., doch vgl. noch *Porzellanmanufaktur*).

Manuskript n. 'hand- oder maschinenschriftliche Ausarbeitung, Druckvorlage', Entlehnung (17. Jh.) von mlat. *manuscriptum* 'mit der Hand Geschriebenes, eigenhändig geschriebenes Dokument' (vgl. lat. *manū scrīptus* 'von Hand geschrieben', zu lat. *manus* 'Hand' und lat. *scrīptus*, Part. Perf. von lat. *scrībere* 'schreiben').

Mappe f. 'größere flache Tasche, Aktendeckel, Papphülle'. Lat. *mappa* 'Leintuch zum Abwischen (der Hände oder des Mundes bei Tisch), Signaltuch zur Ankündigung des Beginns zirzensischer Spiele' entwickelt in mlat. *mappa mundi*, eigentl. 'Leintuch mit einer Skizze der Erdteile', die Bedeutung 'Landkarte' (vgl. frz. *mappemonde*, ital. *mappamondo* 'Weltkarte'). Im 16. Jh. wird verkürztes *Mappe* 'Landkarte' im Dt. gebräuchlich, bis (im 18. Jh.) *(Land)karte* an seine Stelle tritt. Übertragung auf die Umhüllung der Landkarte erfolgt im 18. Jh., aus ihr entsteht im 19. Jh. die heutige Bedeutung.

Märchen n. im Volk überlieferte Erzählung, in der von wunderbaren Begebenheiten in Verbindung mit übernatürlichen Mächten berichtet wird, zuerst frühnhd. (md.) *mergin*, *merechyn* (15. Jh.) für kleine (in Versen abgefaßte) Erzählungen erfundenen Inhalts, sich gegen mhd. *mærelīn* 'Geschichtchen, Erdichtetes', frühnhd. (obd.) *Märlein* durchsetzend. Das den beiden Deminutivbildungen zugrundeliegende Substantiv ist ahd. *māri* n. 'Nachricht, Kunde, Erzählung' (9. Jh.), mhd. *mære* n. 'Kunde, Nachricht, Bericht, dichterische Erzählung, Gerücht' bzw. (bis ins Nhd. fortlebendes) ahd. *mārī* f. 'Ruhm, Berühmtheit, Gerücht' (um 1000), mhd. *mære* f. 'Berühmtheit, Rede, Kunde, Erzählung', nhd. *Mär*, seltener *Märe* f. 'Kunde, Erzählung' (bis ins 19. Jh. geläufig). Dies sind Abstrakta zum Verb ahd. *māren* 'verkünden, sagen' (8. Jh.), mhd. *mæren* 'verkünden, bekannt-, berühmt machen', asächs. *mārian*, aengl. *mǣran* 'erklären, rühmen', anord. *mæra* 'preisen, loben', got. *mērjan* 'verkünden', seinerseits ein Faktitivum zum Adjektiv ahd. *māri* 'bekannt, berühmt, hervorragend, glänzend' (8. Jh.), mhd. *mære* 'gern und viel besprochen, bekannt, berühmt, berüchtigt', asächs. *māri*, aengl. *mǣre*, anord. *mærr*, got. *-mēreis* in *waílamēreis* 'wohllautend, löblich' (germ. **mērija-*). Allgemein wird die Wortgruppe mit air. *mār*, *mōr* 'groß' und griech. *-mōros* 'groß' in *enchesímōros* (ἐγχεσίμωρος) 'mit dem Speer kämpfend, speerberühmt' verglichen und auf die mit *r*-Suffix erweiterte Wurzel ie. **mē-*, **mō-* 'groß, ansehnlich' zurückgeführt (s. *mehr*). Andererseits wird auch Verbindung mit griech. *marmaírein* (μαρμαίρειν) 'glänzen, flimmern', lat. *merus* 'bloß, rein', ursprünglich wohl 'klar, hell', und Anschluß an die Wurzel ie. **mer-* 'flimmern, funkeln' (s. *Morgen*) erwogen und eine Kreuzung von ie. **mer-* und **mē-* vermutet.

Marder m. Der Name des Raubtieres ahd. *mardar* (9. Jh.), mhd. *marder*, *merder*, *mader* und ahd. *mard* (Hs. 12. Jh.), mhd. *mart*, mnd. *mārt*, aengl. *mearþ*, anord. *mǫrðr*, schwed. *mård* ist etymologisch nicht geklärt. Es gibt verschiedene und nur zweifelhafte Herleitungsversuche: (1) Anschluß an die unter *Mord* (s. d.) behandelte Wortfamilie und Deutung als 'blutrünstiges, mordlustiges Tier'; (2) Verknüpfung mit der unter *Morgen* (s. d.) angegebenen Wurzel ie. **mer-* 'flimmern, funkeln' und Deutung als 'schnelles Tier'; (3) Verwandtschaft mit aind. *mr̥ṇā́ti* 'raubt, packt' und Deutung als 'zupackendes, scharfzähniges Tier'; (4) Verwandtschaft von germ. **marþ-* mit lit. *marti* 'Braut, junge Frau, Schwiegertochter', lat. *marītus* 'verheiratet, Gatte', aind. *máryaḥ* 'junger Mann, Liebhaber, Freier' bei Anschluß an ie. **merio-* 'junger Mann' und Deutung als Tabuwort. – Briefmarder m. 'Postangestellter, der Briefe unterschlägt' (vor 1885). Automarder m. 'wer Autos ausraubt' (20. Jh.).

mären Vb. (landschaftlich) 'langsam und umständlich sein, trödeln, umständlich reden, faseln', auch 'herumwühlen, -rühren'. Herkunft ungewiß. Vielleicht ist rhein. *mären* 'sich bemühen, beschäftigen, zaudern', obsächs. *mären* 'langsam sein, trödeln, langsam arbeiten, sich an etw. zu schaffen machen' eine Entlehnung aus lat. *morārī* 'verweilen, zögern', während *mären* 'mischend rühren' (vgl. frühnhd. *inmeren*, *einmeren* 'einbrocken, etw. einrühren, anstiften, beabsichtigen', 15. Jh.), mhd. *mern* 'Brot in Flüssigkeit tauchen und einweichen, umrühren, mischen' von ahd. *mērōd* 'Gemischtes, Gerührtes, Abendmahlzeit, Imbiß' (9. Jh.), mhd. *merāte*, *merōt*, *mert* 'flüssige Speise aus Brot und Wein, Abendessen' abgeleitet sein kann, das wohl aus lat. *merenda* 'Vesperbrot' (zu lat. *merēre* 'verdienen, bekommen, erwerben') entlehnt ist. Beide Formen mögen sich früh in einzelnen Landschaften vermischt haben. Vgl. auch *Märte*, *Märde* f. (omd.) 'Eingebrocktes, Mischmasch' und 'viel Aufhebens, Umstände, Trödelei' (17. Jh.).

Margarine f. Die (seit 1887 gesetzlich vorgeschriebene) Bezeichnung für das aus tierischen und pflanzlichen oder auch nur pflanzlichen Fetten hergestellte Speisefett ist eine Entlehnung (2. Hälfte 19. Jh.) von gleichbed. frz. *margarine*. Der von dem frz. Chemiker Chevreul zunächst (1813) für ein aus tierischen Fetten gewonnenes Gemisch von Stearin und Palmitin geprägte Ausdruck, der dann auf die aus diesen Ausgangsstoffen (nach einem von Mège-Mouriès 1870 entwickelten Verfahren) erzeugte Kunstbutter übertragen wird, schließt an frz. *acide margarique* 'Margarinsäure' (älter irrtümlich für ein Gemisch aus Stearin- und Palmitinsäure) an. Frz. *margarique* ist ein ebenfalls von Chevreul künstlich gebildetes Adjektiv zu griech. *márgaron* (*μάργαρον*) 'Perle' (einer Nebenform von griech. *margarítēs*, *μαργαρίτης*, s. *Margerite*), das die perlenähnliche Färbung der Säure charakterisieren soll.

Margerite f. 'Wucherblume'. Der heute verbreitete Name der mit weißen Strahlenblüten blühenden, zu den Korbblütlern gehörenden Wiesenblume wird im 16. Jh. aus frz. *marguerite* für unterschiedliche Blumen (z. B. Maßliebchen, Gänseblume) ins Dt. entlehnt (*Margaritenblum* 1580). Er geht zurück auf lat. *margarīta* 'Perle', aus gleichbed. griech. *margarítēs* (*μαργαρίτης*), einem orientalischen Lehnwort. Bereits im späten Altertum wird spätlat. *margarīta* zum Frauennamen. Die darauf beruhenden frz. und dt. Namensformen (vgl. dt. *Margarete*, *Grete*) erhalten in den Mundarten auf Grund ihrer Häufigkeit die Bedeutung 'Bauerndirne'. Der frz. Frauenname wird auf die oben genannten Blumen übertragen, daraus entlehntes nhd. *Margerite* vielfach als zu *Margarete* gehörig empfunden. Hiervon unabhängig wird aus lat. *margarīta* 'Perle' ahd. *merigrioʒ* (8. Jh.), mhd. *mergrieʒe* 'Perle' (wörtlich infolge volksetymologischer Umdeutung 'Meergrieß') entlehnt; danach (aus afrz. *margarite*) mhd. *margarīte* f., *margarit* m. 'Perle'.

Marginale n. 'Randbemerkung', aus gleichbed. nlat. *marginale*, Plur. *marginalia*, substantiviertem Neutrum von nlat. *marginalis* 'den Rand betreffend, am Rand notiert' (vgl. gleichbed. mfrz. *marginal* Adj.), Bildung zu lat. *margo* 'erhöhte Einfassung, Rand' (einer Handschrift, eines Buches). Als geläufiges Wort der Buchdrucker erscheint es seit dem 16. Jh. in lat., seit Anfang des 18. Jhs. in dt. Flexion, und zwar meist im Plural *Marginalien*; später belegt sind singularische Formen wie *Marginal* n. (2. Hälfte 19. Jh.), *Marginale* n. (1. Hälfte 20. Jh.) und (aus dem Plur. rückgebildet) *Marginalie* f. (Mitte 20. Jh.?).

Marine f. 'Flottenwesen, Seestreitkräfte', Übernahme (17. Jh.) von gleichbed. frz. *marine*, afrz. 'Küste, Gestade', mfrz. 'Meerwasser' und 'Navigation, Flotte', Substantivierung des Adjektivs afrz. *marin* 'das Meer betreffend' (aus lat. *marīnus* 'zum Meer gehörig', einer Bildung zu lat. *mare* 'Meer', verwandt mit *Meer*, s. d.). Im 19. Jh. vorzugsweise 'Gesamtheit der Kriegsschiffe, Seestreitkräfte', verdeutlichend *Kriegsmarine*, wozu unterscheidendes *Handelsmarine* (vgl.

voraufgehendes frz. *marine militaire* und *marine marchande*).

marinieren Vb. 'in Essig und Gewürze einlegen', Entlehnung (17. Jh.) aus gleichbed. frz. *mariner*. Dieses ist eine sekundäre Bildung zu adjektivischem mfrz. frz. *mariné* 'zur Konservierung in Salzwasser eingelegt' (eigentl. 'in Meerwasser'), einer Ableitung von mfrz. *marine* 'Meerwasser' (s. *Marine*). – M a r i n a d e f. 'mit Essig angerichtete Gewürzsoße' (um 1700), frz. *marinade* 'Salzlake, Gewürztunke'.

Marionette f. 'an Drähten aufgehängte und dadurch bewegliche Gliederpuppe für das Puppentheater', Übernahme (17. Jh., übersetzt mit *Gaucklerspuppe*) von gleichbed. frz. *marionnette*, einer Ableitung vom Namen *Marion*, Deminutivum zu *Maria* (frz. *Marie*), also eigentl. 'Mariechen', verallgemeinert 'Mädchen'. Mfrz. frz. *marionnette* steht ursprünglich für 'kleine Statue, Bild der Jungfrau Maria', auch für 'kleine Männer- oder Frauenfigur für Kinder, die mit Händen, Sprungfedern oder Draht bewegt wird' (16. Jh.), dann für 'eine Person, die Grimassen schneidet und nachäfft' und (übertragen) für 'einen willen-, charakterlosen Menschen' (18. Jh.). Den kulturhistorischen Hintergrund bilden die geistlichen Spiele des (späten) Mittelalters, in denen kleine Marienfiguren verwendet werden, aus denen sich die Drahtpuppen des späteren Puppentheaters entwickeln. Die übertragene Bedeutung 'willen-, charakterloser Mensch' entsteht aus der Vorstellung der nur durch fremde Hände (durch einen *Drahtzieher*, s. d.) bewegten Puppe.

maritim Adj. 'das Meer, das Seewesen, die Schiffahrt betreffend' (19. Jh.), aus lat. *maritimus* 'zum Meer gehörig, am Meer befindlich' (zu lat. *mare*, s. *Meer*).

¹Mark f. 'Grenze, Grenzland, Randgebiet', ahd. *marka* 'Grenze, Ende, Grenzland, Zeichen' (8./9. Jh.), *marc* 'Abgrenzung, Bestimmung' (9. Jh.), 'Zeichen, Beweis' (11. Jh.), 'Ziel, Grenze' (Hs. 12. Jh.), mhd. *marke*, *mark*, *march*, auch 'Gau, Bezirk, Gesamteigentum einer Gemeinde an Grund und Boden, Wald', asächs. *marka*, mnd. mnl. *marke*, nl. *mark*, aengl. (angl.) *merc*, (westsächs.) *mearc*, engl. *mark* 'Grenze', anord. *mǫrk* 'Wald, Grenzland', schwed. *mark* 'Landstück, Erde', got. *marka* 'Grenze' (germ. **markō*) führen mit lat. *margo* 'Rand, Grenze' und den unter *Bruch* n. m. (s. d.) angeführten kelt. Formen auf ie. **mereĝ-*, **morĝ-* bzw. **mr̥ĝ-* 'Rand, Grenze' (wozu auch *²Mark*, *Marke*, *merken*, s. d.). Die Bedeutung 'Rand, Grenze' entwickelt sich über 'Grenzland' zu 'abgegrenztes Gebiet, Bezirk'. Aus der alten Bedeutung 'Grenzland' erklären sich Bezeichnungen wie *Mark Brandenburg*, *Mark Meißen* (ursprünglich 'Grenzgebiet' gegen die Slawen), während sonst aus dem Slaw. entlehntes *Grenze* (s. d.) vorgedrungen ist. Aus dem Germ. entlehnt ist afrz. frz. *marche* 'Grenze, Grenzland' (s. *Markise*). – M a r k g r a f m. (in feudalistischer Zeit) 'Verwalter, Richter eines Grenzlandes', ahd. *marcgrāvo* (Hs. 12. Jh.), mhd. *marcgrāve*. M a r k s t e i n m. 'wichtiger, hervorragender Punkt', ahd. (10./11. Jh.), mhd. *marcstein* 'Grenzstein'. M a r k s c h e i d e f. 'Grenze, Grenzlinie (einer Bergbaugrube)', mhd. *marcscheide* 'Bestimmung der Grenze, der abgegrenzte Raum'; M a r k s c h e i d e r m. 'bergbaulicher Vermessungsingenieur', mhd. *marcscheider* 'Beamter, der die Berge vermißt und die Grenzen der Berge und Stollen absteckt' (14. Jh.); M a r k s c h e i d e k u n s t f. (16. Jh.).

²Mark f. 'Geldmünze', ahd. *marc* (Hs. 12. Jh.), mhd. *marke*, *marc*, *march* 'ein Stück Gold oder Silber von einem bestimmten Gewicht', ursprünglich 'ein halbes Pfund Silber oder Gold', dann 'Rechnungsmünze', nhd. *Mark*, seit 1873 Rechnungseinheitsmünze in Deutschland, mnd. *mark*, mnl. *marc*, aengl. *marc*, anord. *mǫrk* hat sich entwickelt aus dem unter *¹Mark* (s. d.) behandelten Substantiv im Sinne von 'Zeichen'; dazu s. auch *Marke*. Der Ausdruck gilt zunächst wohl für die an einem Gold- oder Silberbarren angebrachte Prägung (Kennzeichnung eines bestimmten Gewichts), bezeichnet dann den Barren selbst sowie sein Gewicht, schließlich das 'Geldstück' (von bestimmtem Gewicht und Wert). Aus dem Germ. stammt gleichbed. mlat. *marca* (9. Jh.), das die Verbreitung des beim grenzüberschreitenden Handel gebrauchten Ausdrucks befördert haben mag; vgl. afrz. *marc*.

Mark n. 'das innerste Gewebe eines Organs oder eines pflanzlichen Teils, das Innere', ahd. *marg* (9. Jh.), mhd. *marc*, *march*, asächs. *marg*, mnd. *march*, mnl. *maerch*, *march*, *me(e)rch*, nl. *merg*, aengl. *mærh*, *mærg*, (westsächs.) *mearh*, *mearg*, engl. *marrow*, anord. *mergr*, schwed. *märg* (germ. **mazga-*) führen mit aind. *majjā́* 'Mark (des Knochens, der Pflanze)', awest. *mazga-* 'Mark, Gehirn', aslaw. *mozgъ*, russ. *mozg* (*мозг*) 'Gehirn' auf ie. **mezg-* (oder **mesgh-*?) 'stricken, knüpfen', substantivisch (mit *o*-Stufe) 'Knoten, Schlinge' sowie 'Mark, Hirn' (s. *Masche*). Vgl. *durch Mark und Bein* ('durch Mark und Knochen', d. h. 'durch und durch') *gehen* (17. Jh.). S. auch *ausmergeln*. – m a r k i g Adj. 'kernig, kraftvoll' (17. Jh.).

markant Adj. 'auffallend, ausgeprägt, hervorstechend', Übernahme (19. Jh.) von gleichbed. frz. *marquant*, Part.adj. zu frz. *marquer* 'zeichnen, aus-, kennzeichnen' (s. *markieren*).

Marke f. 'Zeichen, Fabrikat, Sorte, Wertschein'. Das Neutrum mhd. *marc*, nhd. *Mark* 'Zeichen, Kennzeichen' (noch bis ins 18. Jh. in den Wörterbüchern verzeichnet), mnd. *mark*, mnl. *marc*, anord. *mark* und *merki* gehört wohl (mit anderer Stammbildung) zu dem unter [1]*Mark* (s. d.) behandelten Femininum, wenn man von einer Bedeutung 'durch Zeichen markierte Grenze, Grenzzeichen' ausgeht. Anord. *merki* 'Kennzeichen' gelangt ins Frz. (afrz. *merc* 'Grenzstein, Kennzeichen, Mal am menschlichen Körper') und liegt letztlich dem Verb mfrz. frz. *marquer* 'mit einem Kennzeichen versehen' zugrunde (s. *markieren*). Daraus abgeleitetes mfrz. frz. *marque* 'Zeichen, Merkmal' wird um 1700 mit der Bedeutung 'auf einer Ware angebrachtes Zeichen, Handels-, Fabrikzeichen, Sorte' als *Marke* f. in die dt. Kaufmannssprache rückentlehnt. S. auch *merken*.

Marketender m. 'die Truppe ins Feld begleitender Händler mit Kantinenwaren', im 16. Jh. (*Mercatenter*, *Marckadant*, *Marcketender*) durch Landsknechte auf ital. Kriegsschauplätzen in die Soldatensprache entlehnt aus (damals neben ital. *mercante* geläufigem) ital. *mercatante*, *mercadante* 'Händler', dem substantivierten Part. Präs. von ital. (älter) *mercatare* 'handeln', zu ital. *mercato* 'Markt', aus lat. *mercātus* 'Handel, Markt(platz)', s. *Markt*. – M a r k e t e n d e r i n f. 'Händlerin, Feldwirtin' (18. Jh.).

markieren Vb. 'mit einem Kennzeichen versehen', entlehnt (um 1700) aus gleichbed. mfrz. frz. *marquer*, dem unter *Marke* (s. d.) angeführtes anord. *merki* 'Kennzeichen' zugrunde liegt. – M a r k i e r u n g f. 'Kennzeichnung' (19. Jh.).

Markise f. 'einrollbares oder faltbares Sonnendach aus festem Stoff'. Zu afrz. frz. *marche*, aprov. ital. *marca* 'Grenzland, Grenze', die auf germ. **markō* 'Grenze' (s. [1]*Mark* f.) beruhen, gehören afrz. *marchis*, aprov. *marques*, ital. *marchese* 'Markgraf'. Letzteres wird reiner Adelstitel und so als *marquis* im 13. Jh. ins Frz. übernommen. Die entsprechende feminine Bildung frz. *marquise* entwickelt um 1700 (belegt seit 1718, vgl. aber aus dem Frz. entlehntes gleichbed. engl. *marquee* bereits 1690) in der Seemanns- und Soldatensprache die Bedeutung 'Überzelt, zusätzliches Zeltdach' (auf dem Achterdeck bzw. beim Offizierszelt, das sich dadurch von den einfachen Mannschaftszelten deutlich abhebt). Noch im 1. Drittel des 18. Jhs. gelangt das Substantiv in dieser zunächst wohl scherzhaft übertragenen Verwendung ins Dt.; von der 2. Hälfte des 18. Jhs. an ist es hier vor allem in dem davon abgeleiteten Sinn 'leinenes Sonnendach vor Fenster oder Tür' üblich (bis Mitte 19. Jh. meist in frz. Schreibweise *Marquise*).

Markt m. 'öffentlicher Verkauf und Einkauf von Waren an einem bestimmten Platz und zu festgesetzter Zeit, Platz des Verkaufs und Einkaufs, Angebot und Nachfrage in bezug auf Waren, Warenverkehr', ahd. *markāt* (8. Jh.), mhd. *market*, *markt* 'Marktplatz, -flecken, Handelsware, Handel, Preis', asächs. *markāt*, mnd. *market*, mnl. *market*, *marct*, *merket*, nl. *markt*, mengl. engl. *market* sind Entlehnungen aus vlat. **marcātus*, lat. *mercātus* 'Handel, Kauf und Verkauf, Jahrmarkt, Markt' (abgeleitet von lat. *mercārī* 'erhandeln, handeln, erkaufen', zu lat. *merx* 'Ware'). – S u p e r m a r k t m. 'großes Selbstbedienungsgeschäft mit umfangreichem Warenangebot' (2. Hälfte 20. Jh.), nach amerik.-engl. *supermarket*.

Marmelade f. eingedickter, süßer Brotaufstrich aus Obst oder Beeren, 'Fruchtmus', Übernahme (16. Jh.) von port. *marmelada* bzw. darauf beruhendem mfrz. *mermelade*, frz. *marmelade*. Port. *marmelada* 'eingemachte Quitte, Quittenmus' ist eine Ableitung von port. *marmelo* 'Quitte'. Dies geht (mit aus *l* dissimiliertem *r*) zurück auf spätlat. *malimellus*, lat. *melimēlum*, griech. *melímēlon* (*μελίμηλον*) 'Honigapfel, Quitte' (zur Bereitung von Quittenhonig benutzt), zusammengesetzt aus griech. *méli* (*μέλι*) 'Honig' und griech. *mēlon* (*μῆλον*) 'Apfel'. Bereits im Frz. erfolgt die Bedeutungserweiterung zu 'Fruchtmus'.

Marmor m. hartes, gemasertes Kalkgestein, ahd. *marmul* (8. Jh.), mhd. *marmel*, *mermel*, entlehnt aus lat. *marmor*, griech. *mármaros* (*μάρμαρος*) 'Stein, Felsblock', auch *mármaron* (*μάρμαρον*). Dieses gehört wohl im Sinne von 'abgeschlagener Felsblock' zu griech. *márnasthai* (*μάρνασθαι*) 'kämpfen', eigentl. 'zermalmen, zerschlagen'. Durch volksetymologische Anlehnung an griech. *marmaírein* (*μαρμαίρειν*) 'glänzen, flimmern', *marmáreos* (*μαρμάρεος*) 'glänzend, strahlend' entwickelt sich die Bedeutung 'glänzender Stein, Marmor'. Die ahd. und mhd. Formen dissimilieren das zweite *-r-* zu *-l-* (vgl. aber ahd. *marmorīn* Adj., 10./11. Jh.), während im 16. Jh. auf gelehrtem Weg die Lautform dem Lat. wieder angeglichen wird. Die dissimilierte Form *marmel*, *mormel*, *murmel* (15. Jh.) bleibt in Bezeichnungen für Spielkugeln der Kinder erhalten, vgl. nhd. (landschaftlich) *Marmel*, *Murmel* f. – m a r m o r i e r e n Vb. 'wie Marmor bemalen, ädern' (18. Jh.), heute meist *marmoriert* Part.adj.; vgl. lat. *marmorāre* 'mit Marmor überziehen'.

marode Adj. 'ermüdet, erschöpft, entkräftet' (18. Jh.), ursprünglich von Soldaten 'marschunfähig, nach Verlust des Pferdes für den Kriegsdienst unbrauchbar' (Ende 17. Jh.). Der Ausdruck geht letztlich auf frz. *maraud* 'Vagabund, Bettler, Lump, schlechter Kerl' zurück, dessen Etymologie nicht sicher geklärt ist. Vielleicht kann man (mit FEW 6, 1, 356ff.) Übertragung von (nicht schriftsprachlichem) frz. *maraud* 'Kater' annehmen, einer onomatopoetischen, das Schnurren der Katzen nachahmenden Bildung, die sich (als ablautende und reduplikationslose Form) zu lautmalendem ie. **mormor-*, **murmur-* 'murmeln, Gemurmel' (s. *murmeln*) stellen läßt und mit der pejorativen Endung frz. *-aud* versehen ist. An frz. *maraud* 'Vagabund, Bettler' schließt sich ein Verb frz. *marauder* 'im Kriege Lebensmittel stehlen, plündern' (älter auch 'betteln') und ein aus diesem rückgebildetes Femininum *maraude* 'Lebensmittelbeschaffung im Kriege, Plünderung' an. Die frz. Wortgruppe wird offenbar während des 30jährigen Krieges in Deutschland bekannt, verbindet sich hier aber mit dem Namen des schwed. Obersten *v. Merode*, dessen Regimentsangehörige nach einer Meuterei (1635) für vogelfrei erklärt wurden und sich als Plünderer herumtrieben. So werden Soldaten, die mit dem Heer nicht Schritt halten können und als Nachzügler plündernd umherstreifen, im Dt. seit der Mitte des 17. Jhs. *Merodebrüder*, *Marodebrüder* genannt; vgl. ferner *sich auf Merode begeben* (17. Jh.), *auf die Maraude gehen* (18. Jh.) 'auf Plünderung, Raub ausgehen'. Während frz. *maraud* nur vereinzelt in Mundarten adjektivisch im Sinne von 'grob, plump, ungeschickt, dumm' verwendet wird, entwickelt sich *marode* im Dt. seit dem späten 17. Jh. zum Adjektiv. – m a r o d i e r e n Vb. 'als Nachzügler (auch aus vorgetäuschter Entkräftung) plündern, plündernd im Land umherstreifen' (18. Jh.), frz. *marauder* (s. oben). M a r o d e u r m. 'plündernder Nachzügler, Plünderer' (18. Jh.), frz. *maraudeur*.

Marone f. 'eßbare Kastanie', zu Anfang des 16. Jhs. (bair. schweiz. *Marre*) entlehnt aus (nord)ital. *marone*; vgl. mlat. *mar(r)o*. Die Herkunft ist nicht geklärt. Vielleicht ist von einem von Italien bis Portugal belegten Wortstamm **marr-* 'Stein' auszugehen, der sich nicht auf das Lat. zurückführen läßt (FEW 6, 1, 368ff.); oder es handelt sich um eine Entlehnung aus mgriech. *máraon*, *máraos* (*μάραον, μάραος*) 'Frucht der Kornelkirsche' (GAMILLSCHEG ^{2}604). Der Name *Marone* wird im 19. Jh. auf einen Speisepilz mit kastanienbraunem Hut übertragen (in der botan. Literatur zuerst verdeutlichend *Maronenpilz*).

Marotte f. 'seltsame Gewohnheit, wunderliche Neigung, Schrulle' ist eine seit der 2. Hälfte des 18. Jhs. gebräuchliche Entlehnung von gleichbed. frz. *marotte*. Dieses zuerst für das 15. Jh. nachgewiesene frz. Substantiv gehört als verkleinernde Suffixbildung (wie frz. *marionnette*, s. *Marionette*, und afrz. *mariole* 'kleines Marienbild, Heiligenbild') zum Namen frz. *Marie* (aus lat. *Maria*); vgl. den seit dem 17. Jh. bezeugten frz. Mädchennamen *Marotte*. Die im Frz. zu beobachtende Bedeutungsentwicklung führt von 'Marienbild, Heiligenfigur' über 'Puppe, Marionette' zu '(aus einem Stab mit Puppenkopf bestehendes) Narrenzepter' (16. Jh.), weiter zu 'Narrenkappe' und schließlich zu 'närrischer

Einfall, Narrheit, seltsame Liebhaberei' (17. Jh.).

Marsch m. 'Fortbewegung zu Fuß über größere Entfernungen', bes. 'geordnete Bewegung einer militärischen Einheit über eine längere Strecke' sowie 'militärisches Aufbruchssignal' (1. Hälfte 17. Jh.), dann auch 'dem Marschtritt angepaßtes, durch seinen gleichmäßigen Rhythmus das Marschieren unterstützendes Musikstück' (18. Jh.), in allen Bedeutungen entlehnt (mit Genuswechsel, vielleicht nach *Zug* m.) aus mfrz. frz. *marche* f., das sich bereits im 16. Jh. zum militärischen Terminus für die geordnete Truppenbewegung entwickelt hat und auf Grund der Vorbildwirkung der frz. Armee ins Dt. gelangt (bis ins 18. Jh. auch *Marche*, *March* geschrieben). Afrz. mfrz. *marche*, zunächst im Sinne von 'Tritt, Fährte, Spur' und (mfrz.) 'das Gehen, Gangart', ist abgeleitet von afrz. *marchier* 'mit den Füßen treten, zu Fuß durchwandern, gehen', frz. *marcher* 'vorwärtsgehen, marschieren', das germ. Herkunft ist und etymologisch zu der unter [1]*Mark* (s. d.) behandelten Wortgruppe gehört. Daher ist als ursprüngliche Bedeutung des Verbs wohl '(mit den Füßen) ein Zeichen eindrükken, eine Fußspur hinterlassen' anzusetzen. – marschieren Vb. 'gleichmäßig ausschreiten, in geschlossener Gruppe bzw. im Gleichschritt gehen' (Anfang 17. Jh.), vgl. frz. *marcher* (s. oben).

Marsch f. 'fruchtbares Schwemmland am Meeresufer und an Flüssen', im 17. Jh. aus dem Nd. in die Literatursprache übernommen. Asächs. *mersk* 'sumpfige Niederung', mnd. *mersch*, *marsch*, mnl. *mersch(e)* 'Weideland', aengl. *mersc*, *merisc*, engl. *marsh* 'Sumpf' setzen westgerm. **marisk-* 'sumpfiges Gebiet' voraus, das entweder (nach Frings/M. Germania Romana 2, 1968, 317) zu einem Femininum vlat. **mara* 'Meer, stehendes Gewässer' (lat. *mare*) gebildet oder (nach FEW 16, 521f. und 533f.) von germ. **mari-* 'Meer' bzw. 'stehendes Gewässer, Binnensee, Sumpf' (s. *Meer*) abgeleitet ist.

Marschall m. höchster Offiziersrang, in der Regel nur im Kriege (gleichsam auf dem Schlachtfeld) verliehener Ehrentitel für einen siegreichen General und Feldherrn. Ahd. *marahscalc* (9. Jh.), mhd. *marschalc*, asächs. *marhskalk* 'Pferdeknecht', dann 'Beamter (am Hofe), der bei Reisen Aufsicht über Pferde und Gesinde hat, Befehlshaber der waffenfähigen Mannschaft am Hofe' ist mit ahd. *marah-*, mhd. *marc*, *mar* 'Pferd' gebildet (s. *Mähre*); zum zweiten Kompositionsglied ahd. *scalc* 'Diener, Knecht' s. *Schalk*. Der Ausdruck erfährt eine bemerkenswerte Bedeutungsentwicklung. Aus dem Reit-, Pferdeknecht wird der niedere Dienstmann, der Aufseher über Pferde und Ställe, der Stallmeister, in der sächsischen Kaiserzeit der königliche Hofbeamte, dem die Sorge um eigenes und fremdes Gefolge zu Pferde obliegt und der die Reiter befehligt; im 16./17. Jh. schließlich steht *Marschalk* für 'Reiterbefehlshaber, Reitergeneral'. Im 17. Jh. setzt sich unter dem Einfluß von (aus dem Anfrk. entlehntem) frz. *maréchal* die Form *Marschall* durch, womit nunmehr, ebenfalls nach frz. Vorbild, der ranghöchste Offizier, der Feldherr bezeichnet wird. Vgl. die Erweiterungen *Feldmarschalk* (16. Jh.), *Generalfeldmarschall* (um 1600).

Marstall m. 'Pferdestall an Fürstenhöfen, Gesamtheit der darin gehaltenen Pferde, Gestüt', ahd. *marahstal* (9. Jh.), mhd. *marstal*, *marcstal* 'Pferdestall' ist eine mit ahd. *marah-*, mhd. *marc*, *mar* 'Pferd' (s. *Mähre*) gebildete Zusammensetzung. Die allgemeine Bedeutung 'Pferdestall' geht im Nhd. verloren; erhalten bleibt *Marstall* für den Stall der Dienstpferde kommunaler Reise- und Transportinstitutionen, dann allein für die (oft auch Zucht- und Luxuspferde enthaltende) Stallung in der Hofhaltung des Adels. S. auch *Marschall*.

Marter f. 'Folter, Qual, Peinigung', ahd. *martira*, *mart(a)ra* (8. Jh.), mhd. *marter*, *martere* 'Blutzeugnis', bes. 'Christi Passion, Kruzifix, Qual, Pein, Verfolgung, Folter' ist als ein Wort des frühen Christentums entlehnt aus kirchenlat. *martyrium* 'Blutzeugnis für die Wahrheit des Christentums, der christlichen Religion, Leiden, die die Märtyrer zu erdulden haben', auch 'Märtyrergrab, Kapelle' (errichtet zum Gedenken an Märtyrer), griech. *martýrion* (*μαρτύριον*) 'das Bezeugen, Zeugnis, Beweis, Zeichen', dann auch (im Neuen Testament) 'Verkündigung des Evangeliums, Predigt'. Das im Dt. auftretende fem. Genus beruht vielleicht auf dem Einfluß von *Qual* und *Pein*. Zugrunde liegt griech. *mártys* (*μάρτυς*), (dor.) *mártyr* (*μάρτυρ*) 'Zeuge', kirchensprachlich 'Blutzeuge', eigentl. wohl

'Zeugnis', Verbalnomen zu einem Verb mit der Bedeutung 'sich erinnern', vgl. aind. *smárati* 'erinnert sich, gedenkt', griech. *mérimna* (*μέριμνα*) 'Sorge, Besorgnis' und (nicht sicher) lat. *memor* 'sich erinnernd, eingedenk'. Aus dem Griech. übernommenes kirchenlat. *martyr* gilt anfangs für den 'Augenzeugen des Lebens und Wirkens Christi', danach für einen Menschen, der sich trotz Folter und Tod zum Christentum bekennt (s. unten *Märtyrer*). Eine parallele Entwicklung erfährt *martyrium*. *Marter* bezeichnet zunächst sowohl die Passion Christi wie auch den Leidensweg der Heiligen und der Bekenner Christi, später (16. Jh.) auch die Folterung eines Gefangenen oder Verbrechers sowie das dazugehörige Gerät und geht schließlich in den (im Mhd. nur vereinzelt bezeugten) allgemeinen Gebrauch von 'Schmerz, Not, Elend' über. M a r t e r l n. 'Gedenkkreuz, -tafel am Weg für einen Unglücksfall' (19. Jh., südostd.), deminutive Ableitung von *Marter* im Sinne von 'bildliche Darstellung des Lebens und Leidens Christi, Kruzifix' zum Gedächtnis (15.Jh.). m a r t e r n Vb. 'foltern, peinigen', ahd. *martirōn*, *mart(a)rōn* (8. Jh.), mhd. *martern*, *marteren* 'zum Märtyrer machen, ans Kreuz schlagen, foltern, plagen'. M ä r t y r e r m. 'Christ, der für seinen Glauben in den Tod gegangen ist', dann allgemein 'ein für sein Glaubensbekenntnis, für seine Überzeugung oder für seine politischen Ziele und Handlungen Verfolgung, Gefangenschaft, Peinigung oder Tod Erleidender', ahd. *martarāri* (10. Jh.), *martirāri* (11. Jh.), mhd. *marterære*, *merterære*, im Nhd. bis ins 19. Jh. noch *Märterer*, aus lat. *martyr*, griech. *mártyr* (*μάρτυρ*) 'Zeuge', im Ahd. mit dem Suffix der Nomina agentis *-āri* weitergebildet; seit dem 16. Jh. in der Form *Märtyrer* formal wieder an das griech.-lat. Vorbild angelehnt. M a r t y r i u m n. 'Opfertod, Blutzeugenschaft, schweres Leiden um seines Glaubens, seiner Überzeugung willen, Qual' (19. Jh.), kirchenlat. *martyrium* (s. oben).

März m. Der Name des dritten Monats im Jahr ahd. *merzo* (8. Jh.), mhd. *merz(e)*, mnd. *merte*, mnl. *maerte*, *marte*, nl. *maart* ist aus lat. *Mārtius (mēnsis)* entlehnt, der Bezeichnung des nach dem vorjulianischen Kalender ersten Monats des Jahres, der dem römischen Kriegsgott, in alter Zeit auch Vegetationsgott *Mārs* (wozu das Adj. *Mārtius*) geweiht ist. Erst um die Mitte des 18. Jhs. setzt sich im Dt. die *ä*-Schreibung (in Anlehnung an die lat. Form) durch.

Marzipan n. weiche Masse aus Mandeln und Zucker, seit dem Anfang des 16. Jhs. im Dt. bezeugt. Wort und Sache werden mit dem Italienhandel (ital. *marzapane*) übernommen. Die weitere Herkunft ist ungewiß. Eine (sehr hypothetische) Herleitung versucht KLUYVER in: ZfdWf. 6 (1904/05) 59ff.: Arab. *mauṯabān* 'wer seinen Sessel nicht verläßt', eine Ableitung von arab. *waṯaba* 'still sitzen', wird vor 1200 bei südarabischen Händlern Bezeichnung für eine byzantinische Münze mit dem Bild eines auf dem Thron sitzenden Christus. Eine von den Venezianern geprägte Nachahmung (seit 1193) wird venezian. *mat(t)apàn* genannt. In Syrien (1202) bezeichnet *marzapanus* eine auf importierte Waren erhobene Abgabe, in Venedig (13./14. Jh.) *marzapane* eine kleine Schachtel. Schließlich wird (im 14. Jh.) die Bezeichnung auf den Inhalt der Versandschachtel 'Teig aus Zucker und Mandeln, Süßigkeiten daraus' übertragen. Bei dieser Annahme bleibt jedoch zumindest die Lautentwicklung (zumal im Konsonantismus) unerklärt. Neuerdings wird auf die burmesische Stadt *Martaban* und von dort stammende Porzellangefäße verwiesen, vgl. CORTELAZZO/ZOLLI 3,725. Der älteste dt. Beleg *marczapan* folgt der ital. Lautform (s. oben). Die zuerst Mitte des 16. Jhs. belegte, heute geläufige Form *Marzipan* beruht wohl auf einer volksetymologischen Deutung, die von mlat. **Marci panis* 'Markusbrot' ausgeht.

Masche f. 'Garnschlinge', ahd. *masca* (9. Jh.), asächs. *maska*, mhd. mnd. *masche*, mnl. *maessce*, nl. *maas*, aengl. *max* (engl. *mesh* ist aus dem Mnl. entlehnt), anord. *mǫskvi*, schwed. *maska* können mit lit. *mègzti* 'knoten, knüpfen, stricken', *mãzgas* 'Knoten, zugezogene Schlinge' verbunden und auf ie. **mezg-* 'stricken, knüpfen', substantivisch (mit *o*-Stufe) 'Knoten, Schlinge' zurückgeführt werden. Nicht sicher erweisbar ist Verwandtschaft mit russ. (landschaftlich) *mazgár'* (*мазгарь*) 'Spinne'. *Masche* ist wohl ein Wort der Jägersprache und gilt ursprünglich für die Fangschlinge oder das Fangnetz. Die in der Soldatensprache des zweiten Weltkriegs aufgekommenen Bedeutungen 'günstige Gelegenheit, Lösung, Kunstgriff, Trick, stereotype Gepflogenheit' können als Übertragungen (etwa 'Lücke im Netz, durch die man schlüpfen kann' und 'aus sich wiederholender, gleichförmiger, kunstreicher Tätigkeit des Strickens, Häkelns entstehendes Ergebnis') angesehen werden. Oder ist hierfür ein gaunersprachliches, an *Masche* angeglichenes, jedoch jidd. *mezio* 'Gewinn, Lösung' fortsetzendes Wort anzunehmen?

Maschine f. technischer Apparat zur Übertragung von Kraft und zur Ausführung von Arbeitsgängen. Im 17. Jh. wird frz. *machine* als Bezeichnung für militärische Werkzeuge und Apparate in Festungsbau und Belagerungskunst (zuerst in frz. Schreibweise, ältere dafür übliche Ausdrücke wie *Handwerk, Rüstzeug, Kunst* sowie in dt. Texten gebrauchtes lat. *māchina* verdrängend) übernommen. Mfrz. frz. *machine* ist entlehnt aus lat. *māchina* 'technisches Gerät (im Bau-, Kriegs- und Transportwesen), Gerüst, Bühne, Kunstgriff, List', übertragen auch 'Weltgebäude', aus griech. (dor.) *māchanā́* (μαχανά), (att.) *mēchanḗ* (μηχανή) 'Mittel, Hilfsmittel, Erfindung, Apparat, Kunstgriff' (s. *Mechanik*). Im 18. Jh. gilt *Maschine* auch für die durch eine mechanische Vorrichtung auf die Szene gebrachte Göttererscheinung im Theater, die in die Handlung eingreift und Verwicklungen löst (vgl. nlat. *deus ex machina* 'der Gott aus der Maschine'), dann auch (in Epik und Dramatik) 'gewollt erscheinende, zufällige Lösung von Verwicklungen, unerwartet und unmotiviert eintretende Hilfe'. *Maschine* steht seit dem 18. Jh. häufig als Grundwort in Bezeichnungen für technische Neuerungen: Dampfmaschine f., Rechenmaschine f., Schreibmaschine f. (18. Jh.), Waschmaschine f. (1. Hälfte 19. Jh.), Nähmaschine f. (Mitte 19. Jh.). – maschinell Adj. 'mit Hilfe einer Maschine, auf einer Maschine beruhend' (19. Jh.), mit Suffixaustausch nach frz. *machinal* 'maschinenmäßig, mechanisch'. Maschinist m. 'Maschinenwärter' (19. Jh.), zuvor 'wer im Theater die technischen Einrichtungen bedient' (18. Jh.), frz. *machiniste*. Maschinerie f. 'maschinelle Einrichtung, Gesamtheit der Maschinen eines Betriebes' (18. Jh.), anfangs häufig von Theatermaschinen, mit französierender Endung (gleichbed. frz. *machinerie* erst seit 1805).

Maser f. 'aderähnliche Zeichnung, Musterung in Holz', ahd. *masar, masur* m. 'knorriger Auswuchs an Bäumen' (9. Jh.), mhd. *maser* m., auch 'Becher aus Maserholz', asächs. *masur* 'Auswuchs, Beule', mnd. *māser* 'geflammtes Holz', mnl. *māser* 'Knorren im (Ahorn)holz', anord. *mǫsurr* 'Waldahorn, geflammtes Holz', schwed. *masur* 'geflammtes Birkenholz' führen wohl mit (ablautendem) ahd. *māsa* 'Hautfleck, Narbe' (9. Jh.), mhd. *māse* 'Wundmal, Narbe, entstellender Fleck, Makel', mnd. mnl. *māse* 'Fleck, Narbe' sowie mit dän. *mase* 'Holz mit anderen Holzarten einlegen', norw. (mundartlich) *masa* 'mit Flammenfiguren bemalen' auf germ. **mǣs-* 'Fleck'. Außergerm. Anknüpfungen sind unsicher; eine angenommene Verbindung mit griech. *mṓmos* (μῶμος) 'Tadel, Vorwurf, Schandfleck' oder mit griech. *áor* (ἄορ, aus **m̥s-or*) 'Schwert' ist unwahrscheinlich. – masern Vb. 'mit Maserung versehen' (18. Jh.), ahd. *masarōn* 'einen Auswuchs bilden, aufschwellen' (Hs. 12. Jh.), mhd. *maseren*. Maserung f. 'Zeichnung des Holzes' (20. Jh.).

Masern Plur. fieberhafte Infektionskrankheit mit Hautausschlag. Auszugehen ist von mnd. *māsel* 'Hautfleck', Plur. *māselen* 'rote Hautflecke, Masern', nd. *Masseln*, mnl. *masels*, nl. *mazelen*. Die *l*-Ableitung ist bei nordd. Schriftstellern bis ins 18. Jh. üblich. Zu vergleichen ist ahd. *masala* 'Krampfader' (9. Jh.), mhd. *masel* 'Blutgeschwulst'. Mnd. *māselen* Plur. wird im Md. des 16. Jhs. (vielleicht in Anlehnung an die *r*-Bildung mnl. *maseren*?) mit *Masern* wiedergegeben, also wohl mit der Pluralform von verwandtem *Maser* (s. d.).

Maske f. 'Gesichtslarve, Kostüm' (17. Jh.), 'Verkleideter' (18. Jh.), Entlehnung von gleichbed. frz. *masque*, das auf ital. *maschera*, obital. *mascara* zurückgeht. Die Herkunft des Ausdrucks ist umstritten. FEW 6, 1, 437ff. erschließt aus zahlreichen roman. Formen ein voraufgehendes **maskaro-* 'schwarz, mit Ruß bedeckt, Ruß' und nimmt für die ital. Formen eine frühe Bedeutung 'mit Ruß geschwärzte Maske, mit Ruß geschwärztes Gesicht' an. Ein der Ableitung **maskaro-* zugrundeliegendes **mask-* 'schwarz' zeigt sich in aprov. *masca* 'Hexe' ebenso wie in spätlat. bzw. mlat. *masca*, bezeugt für 'Hexe' im Edictus Rothari der Langobarden (643), für 'Maske' in England (680) und in Italien (1192). Auszugehen ist dabei von einer ursprünglichen Bedeutung 'schwarze dämonische Gestalt' bzw. 'die eine solche Gestalt darstellende Maske'. Da FEW eine Herleitung von *mask- aus dem Germ. oder Arab. ablehnt, auch keltische Anknüpfungen sich nicht bieten, nimmt es Herkunft aus einem nicht-ie. Substrat an und verweist dazu auf bask. *maskal* 'Straßenkot, Schmutzrand am Saum der Kleidung'. – M a s k e r a d e f. 'Maskenzug, -fest, Verkleidung', Entlehnung (Ende 16. Jh.) von gleichbed. obital. *mascarata*, ital. *mascherata*, dann auch von gleichfalls dem Ital. folgendem frz. *mascarade* (vgl. die frühen im Dt. vorkommenden Schreibungen *Mascarada*, *Mascarade*, Plur. *Mascaradas*, *Mascaraden*). Die Formen *Masquerade*, *Maskerade* (seit Mitte 17. Jh.) verdanken ihre Entstehung wohl erst dem Einfluß von zu dieser Zeit übernommenem frz. *masque* (s. oben). m a s k i e r e n Vb. 'eine Maske umlegen, verkleiden' (um 1700), frz. *masquer*; d e m a s k i e r e n Vb. 'die Maske abziehen, entlarven' (18. Jh.), frz. *démasquer*.

Maskottchen n. 'glückbringendes Amulett, Püppchen, Talisman', mit dt. Deminutivsuffix versehene Übernahme (20. Jh.) von frz. *mascotte* f. 'Glücksbringer (im Spiel)', aus prov. *mascoto* 'Zauberei, Glücksbringer', einer Ableitung von prov. *masco* 'Hexe' (aprov. *masca*, s. *Maske*).

maskulin Adj. 'von männlichem Geschlecht, männlich', übernommen von gleichbed. lat. *masculīnus*, zu lat. *masculus* 'männlich', einer Ableitung von lat. *mās* 'männlichen Geschlechts, mannhaft', substantiviert 'Männchen'. Der bereits bei den röm. Grammatikern übliche Terminus *genus masculīnum* wird um 1400 in dt. grammatische Texte aufgenommen und anfangs mit *mansgeslacht*, *manleich geslächt* erklärt. Dafür seit dem 15. Jh. *männliches Geschlecht* (s. *Mann*). Substantiviert M a s k u l i n u m n.

Masochismus m. durch Duldung von Mißhandlungen durch den Partner hervorgerufene sexuelle Erregung, vom dt. Psychiater Krafft-Ebing gebildeter Begriff (1886) zum Namen des öst. Schriftstellers *Sacher-Masoch*, der in seinen Romanen sich sexuell abnorm verhaltende Personen darstellt.

Maß n. 'Einheit zum Messen von Größen, die durch Messen festgestellte Größe, Meßinstrument, die richtige Mitte, das rechte Verhältnis', spätmhd. (bair.-öst.) *māʒ* n. 'eine bestimmte Quantität, Gefäß zum Messen, Grad, Art und Weise' (14. Jh.) ist durch Vermischung hervorgegangen aus ahd. *māʒa* f. (um 1000), mhd. *māʒe* f. 'Maß, angemessene Menge, richtig gemessene Größe, abgegrenzte Ausdehnung in Raum, Zeit, Gewicht, Kraft, Art und Weise, das Maßhalten' (vgl. dazu mnd. mnl. *māte* f., nl. *maat* f.) und ahd. *meʒ* n. 'Maß, Meßgerät, Ordnung, Art und Weise' (8. Jh.), mhd. *meʒ* n. 'Maß, womit (Flüssigkeit, Getreide) gemessen wird, Ausdehnung, Richtung, Ziel', das im Obd. bis ins 16. Jh. mit der Bedeutung 'Meßgerät' bewahrt wird. Beide sind Bildungen zu dem unter *messen* (s. d.) behandelten Verb. Luther verwendet *Maß* mit fem. und neutr. Genus; im 18. Jh. hat sich *das Maß* durchgesetzt, während *die Maß* nur noch im Obd. als Hohlmaß ('ein Liter') gilt (vgl. *eine Maß Bier*). Reste fem. Flexion bewahren die ursprünglichen Genitivfügungen d e r m a ß e n Adv. 'derart' (15. Jh.), e i n i g e r m a ß e n Adv. 'erträglich, ungefähr, ziemlich' (17. Jh.), g e w i s s e r m a ß e n Adv. 'sozusagen, gleichsam' (18. Jh.). – M a ß n a h m e f. 'Regelung, Anordnung' (19. Jh.), älter *Maßnehmung* (18. Jh.). M a ß r e g e l f. 'Richtlinie, Vorschrift' (18. Jh.). M a ß s t a b m. 'Meßlatte' (15. Jh.), 'Richtlinie, nach der etw. beurteilt wird' (17. Jh.). m a ß v o l l Adj. 'beherrscht, zurückhaltend' (19. Jh.). a n m a ß e n Vb. refl. 'über das Zustehende hinausgehen, übermäßig großen Anspruch erheben', mhd. *sich anemāʒen* 'für sich als angemessen beanspruchen'; A n m a ß u n g f. 'unberechtigter Anspruch, Überheblichkeit' (um 1500). m ä ß i g Adj. 'maßvoll, durchschnittlich, nicht überragend' (18. Jh.), ahd. *māʒīg* 'Maß haltend' (10./11. Jh.), mhd. *mæʒic* 'enthaltsam, maßvoll, klein', mhd. frühnhd. auch 'angemessen, gemäß, entsprechend'. In der letztgenannten Bedeutung entwickelt sich *-mäßig* zu einem in moderner Sprache überaus produktiven Kompositionssuffix (vgl. *bedeutungs-*, *funktions-*, *wetter-*, *wohnungsmäßig*); in dieser Funktion belegt seit dem 16. Jh. m ä ß i g e n Vb. 'auf das rechte Maß herabmildern', refl. 'sich beherrschen, zurückhalten', mhd. *mæʒigen* 'abmessen, ermessen, veranschlagen', refl. 'sich enthalten'.

Massaker n. 'Gemetzel, Blutbad'; im 17. Jh. wird gleichbed. frz. *massacre* übernommen und im 19. Jh. in der Schreibweise *Massaker* der im Dt. üblichen Aussprache angeglichen. Das frz. Substantiv ist zu frz. *massacrer* gebildet, woraus m a s s a k r i e r e n Vb. 'niedermetzeln, grausam hinmorden, quälen, mißhandeln' (17. Jh.) entlehnt ist. Als Ausgangsform für das Verb wird (FEW 6, 1, 517) ein frühgalloroman. **matteucculare* 'erschlagen' als Ableitung von vlat. **matteūca* 'Schlegel' angenommen, das seinerseits aus lat. *mateola* 'Werkzeug zum Einschlagen in die Erde, Schlegel' umgebildet sei.

Masse f. 'dickflüssiger Brei, Menge, Fülle, Gesamtheit, überwiegender Teil, physikalische Eigenschaft stofflicher Materie', ahd. *massa* (9. Jh.), mhd. *masse* 'ungestalteter Stoff, Klumpen, Teig' ist Entlehnung aus lat. *massa* 'Teig, Klumpen', das seinerseits aus griech. *mā̆za* (*μᾶζα*) 'aus Gerstenmehl hergestellter, getrockneter Teig, Gerstenbrei, -brot, (Metall)klumpen' stammt. Die Bedeutung 'Menge' (von Sachen, auch von Menschen) entsteht schon im Lat. bzw. Spätlat. Durch das in der 2. Hälfte des 18. Jhs. in dieser Bedeutung häufige (gleichfalls auf lat. *massa* beruhende) frz. *masse*, (Plural) *les masses* (zur Bezeichnung revolutionärer Volksmassen) wird nhd. *Masse* semantisch entscheidend beeinflußt. – m a s s i g Adj. 'schwer, wuchtig' (19. Jh.). m a s s i v Adj. 'schwer, gediegen, roh, wuchtig' (17. Jh.), aus frz. *massif*. Substantiviert M a s s i v n. 'Block, Gebirgsstock' (19. Jh.), frz. *massif* 'Grundmauer, dichtes Gebüsch, Häuserblock, Gebirgsstock'.

¹**massieren** Vb. 'eine Menschenmenge, Truppen an einer Stelle zusammenziehen, anhäufen', entlehnt (19. Jh.) aus frz. *masser* 'anhäufen, zusammenballen, (Truppen) in geschlossener Kolonne aufstellen', refl. 'sich gruppieren', zu frz. *masse* 'Menge', afrz. 'Klumpen, Teig'. Oder eigenständige Ableitung von nhd. *Masse* (s. d.).

²**massieren** Vb. 'Körperteile zur Heilbehandlung streichen, kneten oder klopfen', Entlehnung (18. Jh.) aus gleichbed. frz. *masser*. Da das frz. Verb zuerst nicht in medizinischer Literatur, sondern in Reiseberichten über den Orient begegnet, ist es eher auf arab. *massa* 'betasten' als auf griech. *mássein* (*μάσσειν*) 'kneten' zurückzuführen. Anfangs gilt *massieren* für Handauflegen und Streichen im Sinne des Magnetismus. – M a s s a g e f. (19. Jh.), frz. *massage* m. M a s s e u r m. (19. Jh.), frz. *masseur*, M a s s e u s e f. (20. Jh.), frz. *masseuse*.

Maßliebchen n. Die ältesten im Dt. nachgewiesenen Formen des Namens für das Gänseblümchen lauten *Maßleben* (14./15. Jh.), *Maßlieben* (1485), *Maßlieblin* (1500). Sie gehen wahrscheinlich auf die Namensform mnl. *matelieve* zurück, die ins Dt. entlehnt wird. Nl. Mundartformen wie *maagdelief*, *maagdelieve* führen auf eine Deutung 'der Jungfrau (Maria) lieb'. Dt. Mundartnamen wie *Marienblümchen*, *Marienblume*, *Modermarleevke* 'Muttermarienliebchen' dürften unter Bezugnahme auf eine Legende entstanden sein, nach der sich Maria, als sie für das Jesuskind Blumen pflückte, den Finger verletzte; von den herabfallenden Blutstropfen sollen die Blüten ihren roten Rand erhalten haben. Ungesichert ist der Herleitungsversuch von germ. **mat-* 'Speise' (s. *Messer*, *Mast* f.), wobei der Name mnl. *matelieve* der als appetitanregend geltenden Pflanze mit 'Eßlust' erklärt wird. Vgl. MARZELL 1,546.

Mast m. 'Stange, Rohr' (zur Befestigung von Segeln, Leitungen usw.), ahd. *mast* 'Mastbaum' (9. Jh.), mhd. *mast* 'Stange, Fahnen- oder Speerstange, Mastbaum', mnd. mnl. nl. *mast*, aengl. *mæst*, engl. *mast* (germ. **masta-*) sind mit lat. *mālus* 'senkrecht stehender Balken, Stange, Mast, Mastbaum' (aus **mādos*), air. *matan* 'Keule', mir. *maide* 'Stock' vergleichbar, so daß sich ie. **mazdos* 'Stange, Mast' erschließen läßt. Vgl. auch aslaw. *mostъ*, russ. *most* (*мост*) 'Brücke' (eigentl. 'Knüppeldamm'). Aus sachlichen Gründen vermutet man allerdings, daß die Bedeutung 'Mastbaum' erst einzelsprachlich mit der Entwicklung der Segelschiffahrt entstanden sei.

Mast f. 'reichliche Fütterung zur Beschleunigung des Fleisch- und Fettansatzes, Mastfutter', ahd. *mast* (um 1000), mhd. *mast* 'Befruchtung, fruchtbares Land, Futter, Mästung' lassen sich mit den westgerm. Verwandten asächs. mnd. mnl. nl. *mast*, aengl. *mæst*, engl. *mast* auf ie. **maddo-* 'Mästung' zurückführen, sofern das im Dt. auftretende fem. Genus als sekundär anzusehen ist gegenüber ursprünglich (im Aengl. und Nl. ausschließlich, im Mhd. auch vertretenem) mask. oder (im Ahd. wie im Mhd. erscheinendem) neutr. Genus. Diese Suffixbildung zur Wurzel ie. **mad-* 'naß, triefen', auch 'von Fett triefen, saftig, fett, gemästet' entwickelt sich über die Zwischenstufen **mad^{z}do-*, **mazdo-* zu germ. **mast-*. Als außergerm. Verwandte sind der suffigierten ie. Ausgangsform zuzurechnen aind. *mēdaḥ* 'Fett, Mark' (aus **mazdas*), *mēdana-* 'Mästung', *mēdā́tām* 'soll fett werden'. Zur gleichen Wurzel ie. **mad-* werden gestellt aind. *mádati* 'wallt, sprudelt, berauscht sich', lat. *madēre* 'naß, feucht sein, von Nässe triefen, weich, voll sein' und germ. **mat-* 'Speise' (s. *Maat*, *Messer*, *Mettwurst*). – m ä s t e n Vb. 'mit Mastfutter füttern', ahd. *mesten* (8. Jh.), mhd. *mesten*.

Mastdarm m. 'letzter, an den Dickdarm anschließender, mit dem After endender Teil des Darmes'. Zu ahd. *arstharm* (11./12. Jh.), mhd. *arsdarm* (s. *Arsch* und *Darm*) wird der verhüllende, sich (entsprechend mhd. *maȥganc* 'After') an ahd. mhd. *maȥ* 'Speise, Mahl(zeit)' (zur Etymologie s. *Messer*) anlehnende Ausdruck *mas-*, *maszdarm* (15. Jh.) gebildet. Daneben entsteht die Schreibweise frühnhd. *mastdarm* (15. Jh.), die sich, unter Einfluß von *Mast* f. (s. d.), im 17. Jh. durchsetzt.

Matador m. 'Stierkämpfer, der dem Stier den Todesstoß versetzt, Anführer, Berühmtheit', Übernahme (Anfang 18. Jh.) von gleichbed. span. *matador*, einer Ableitung von span. *matar* 'töten', das auf vlat. **mattāre* 'schlagen, stoßen, umwerfen' (vgl. mlat. *matare* 'niedermachen, töten') beruht; dem Verb liegt lat. *mat(t)us* 'betrunken, vor Trunkenheit weinerlich', spätlat. 'niedergeschlagen, traurig, feucht, schwach' zugrunde (s. [1]*matt*).

Match n. 'sportliches Wettspiel, Wettkampf zwischen zwei Gegnern oder Mannschaften', Übernahme (19. Jh.) von gleichbed. engl. *match*, das etymologisch mit dem unter *gemach* (s. d.) behandelten Wort zur Wurzel von *machen* (s. d.) gehört. Engl. *match* 'einem anderen Ebenbürtiger, zu ihm Passender, Lebensgefährte, Heirat, Gleichaltriger, Gleichgestellter', aengl. *gemæcca* (vgl. aengl. *gemæc* 'geziemend, passend', s. *gemach*) übernimmt vom zugehörigen Verb engl. *to match* '(zwei passende Personen) durch die Ehe verbinden, sich miteinander verbinden, eine Übereinkunft treffen, zusammentreffen, zusammenstoßen (in einem Zweikampf), kämpfen' die Bedeutung 'Zweikampf' (um 1400), dann 'sportlicher Wettkampf von zwei oder mehreren Gegnern oder Mannschaften gegeneinander' (16. Jh.).

Material n. 'Rohstoff, Grundstoff, Arbeitsmittel'. Im 15. Jh. wird *Materialien* (Plur.) aus spätlat. *māteriālia*, dem substantivierten Neutr. Plur. von spätlat. *māteriālis* Adj. 'zur Materie gehörig, materiell', zu lat. *māteria* 'Stoff' (s. *Materie*), ins Dt. entlehnt. Der Ausdruck bezeichnet zunächst (in der Apothekersprache) pharmazeutische 'Substanzen', danach auch 'Baustoffe'. Im 18. Jh. wird singularischer Gebrauch (*Materiale*, dann *Material*) üblich, auch mit erweiterter Bedeutung im Sinne von 'Inhalt' und (19. Jh.) 'Menschen(menge)', vgl. *Offiziersmaterial* (2. Hälfte 19. Jh.), *Menschenmaterial* (erster Weltkrieg).

Materialismus m. Bezeichnung der Weltanschauungen und philosophischen Richtungen, die im Gegensatz zum *Idealismus* (s. d.) die Materie bzw. das Sein gegenüber dem Bewußtsein als primär und bestimmend ansehen (18. Jh.), menschliche Haltung, die nur wirtschaftlichen Vorteil gelten läßt (19. Jh.), Übernahme (Mitte 18. Jh.) von frz. *matérialisme* bzw. (früher bezeugtem) engl. *materialism* (Locke), einer Bildung zu spätlat. *māteriālis* (s. *Material*). – M a t e r i a l i s t m. 'Anhänger und Vertreter des Materialismus' (1. Hälfte 18. Jh.), entsprechend engl. *materialist* (Locke, 17. Jh.), frz. *matérialiste* (um 1700), dann auch 'auf Lebensgenuß bedachter Mensch' (19. Jh.). Zuvor 'Spezerei- und Gewürzhändler, Kolonialwarenhändler' (16. bis 19. Jh.), mfrz. *materialiste* 'Spezereihändler' (16. Jh.); m a t e r i a l i s t i s c h Adj. (19. Jh.).

Materie f. 'objektive Realität, stoffliche Substanz, Masseteilchen, Gegenstand, Inhalt, Thema', mhd. *materje*, *materge* 'Stoff, Körper, Gegenstand, Flüssigkeit im Körper (bes. Eiter)' ist entlehnt aus lat. *māteria* 'Stamm und Schößlinge von Fruchtbäumen und Weinreben, Bauholz, Nutzholz, (Grund)-stoff, Aufgabe, Anlage, Ursache', einer Ableitung von lat. *māter* 'Mutter' (s. *Mutter*). *Materie* entwickelt sich in zwei Bedeutungssträngen: einerseits bezeichnet es den 'Stoff, aus dem etw. gefertigt ist' (im 18. Jh. abgelöst durch *Material*, s. d.), andererseits gilt es in der Sprache der Philosophie als die 'stoffliche Seite eines Naturkörpers' (14. Jh.), als

'Möglichkeit des Seins', das seine Bestimmung erst durch die Form erhält. – m a t e r i e l l Adj. 'die Materie betreffend, stofflich, körperlich, wirtschaftlich' (18. Jh.), von frz. *matériel*, entlehnt aus lat. *māteriālis* 'zur Materie gehörig'.

Mathematik f. Wissenschaft von den Zahlen, Raumgrößen, Mengen und deren Beziehungen, Entlehnung (um 1500) aus lat. *(ars) mathēmatica*, griech. *mathēmatikḗ (téchnē)* (*μαθηματικὴ τέχνη*). Das darin enthaltene und sich verselbständigende Adjektiv ist abgeleitet von griech. *máthēma* (*μάθημα*) 'das Gelernte, Kenntnis', Plur. *mathḗmata* (*μαθήματα*) '(mathematische) Wissenschaften', einer Bildung zum schwundstufigen Aorist *matheĩn* (*μαθεῖν*), zu (sekundär gebildetem) *manthánein* (*μανθάνειν*) 'lernen' (verwandt mit *munter*, s. d.). – M a t h e m a t i k e r m. 'Fachmann für Mathematik' (18. Jh.), seit dem 16. Jh. schon in der Form lat. *mathēmaticus* in dt. Texten. m a t h e m a t i s c h Adj. 'die Mathematik betreffend' (16. Jh.).

Matinee f. 'künstlerische Vormittagsveranstaltung', Übernahme (19. Jh.) von gleichbed. frz. *matinée*, eigentl. 'Morgenzeit, Vormittag', einer Ableitung von frz. *matin* 'Morgen'. Dieses beruht mit frühem Ausfall des *ū* (s. auch *Mette*) auf lat. *mātūtīnum* (ursprünglich zu ergänzen: *tempus*) 'Morgenzeit, Morgen', dem substantivierten Neutrum des Adjektivs lat. *mātūtīnus* 'morgendlich', eng verwandt mit lat. *mātūrus* 'reif, vollendet, früh(zeitig)'.

Matjeshering m. 'gesalzener junger Hering', im 18. Jh. entlehnt aus nl. *maatjesharing*, älter *maeghdekens haerinck* (16. Jh.), mnl. *mēdykens hēring*, eigentl. 'Jungfern-, Mädchenhering' (s. *Mädchen*), d.h. 'junger, noch nicht geschlechtsreifer Hering' (ohne Rogen oder Milch).

Matratze f. 'elastischer oder federnder Boden des Bettes, Liegepolster, Polsterkissen', entlehnt (15. Jh.) aus ital. (älter) *materazzo* (heute *materasso*), dem mlat. *matarazum*, *mataratium*, *mataracium* voraufgeht. Für Entlehnung aus dem Ital. spricht die Schreibung mit *tz*, während das früher bezeugte mhd. *mat(e)raȥ*, *matreiȥ* m. n. f. 'mit Wolle gefülltes Ruhebett, Polsterbett' auf afrz. *materas* 'Teppich, langes Kissen auf einem Bett' (frz. *matelas* 'Matratze') zurückgeht. Allen Formen liegt arab. *maṭraḥ* 'Teppich (auf dem man schläft)' zugrunde.

Mätresse f. 'Geliebte eines Fürsten', früher spöttisch auch allgemein 'Geliebte, von einem Mann ausgehaltene weibliche Person'. Das aus lat. *magister* 'Vorsteher, Leiter, Lehrer' (s. *Magister*, *Meister*) entwickelte afrz. *maistre* 'Herr, Vorgesetzter, Eigentümer, Lehrer, Meister' (frz. *maître*) hat neben sich zunächst ein (auf lat. *magistra* 'Vorsteherin, Leiterin, Lehrerin' zurückgehendes oder erst im Galloroman. abgeleitetes) Femininum afrz. *maistre* 'Herrin, Erzieherin, Lehrerin'. An dessen Stelle tritt afrz. *maistresse*, frz. *maîtresse* 'Herrin, Gebieterin, Eigentümerin, Erzieherin', eine Neubildung mit dem Suffix frz. *-esse* (lat. *-issa*), die seit dem 15. Jh. auch im Sinne von 'geliebte, umworbene, zur Ehe begehrte Frau' geläufig ist und so, namentlich durch Übersetzungen höfischer Romane (ähnlich wie *Dame*, *Kavalier*, *Galan*, s. d.), Anfang des 17. Jhs. ins Dt. gelangt. Hier erlebt um 1630 *Mai(s)tresse*, *Matresse* infolge euphemistischen Gebrauchs (anfangs wohl in Soldatenkreisen) eine Bedeutungsverschlechterung zu 'Soldatenliebchen, Hure, Konkubine', wird aber um 1700 außerdem (wie frz. *maîtresse* vom letzten Viertel des 17. Jhs. an) zur üblichen Bezeichnung für die anerkannte, meist in einen höheren Rang erhobene Geliebte eines Fürsten. Die Schreibung folgt noch bis ins frühe 20. Jh. dem frz. Vorbild, dann setzt sich eingedeutschtes *Mätresse* durch.

Matriarchat n. Entwicklungsstufe der menschlichen Gesellschaft, in der Abstammung und Erbfolge durch Zugehörigkeit der Kinder zur Sippe der Mutter geregelt sind, 'Mutterrecht', im 19. Jh. mit lat. *māter* (Gen. *mātris*) 'Mutter' dem älteren Begriff *Patriarchat* nachgestaltet, einem allerdings auf griech. Bestandteilen beruhenden Kompositum (s. *Patriarch*).

Matrikel f. 'Namen-, Aufnahmeverzeichnis' (der an einer Universität Studierenden), frühnhd. *Matrikul* (16. Jh.), entlehnt aus lat. *mātrīcula* 'öffentliches Verzeichnis, Liste', einer Deminutivbildung zu lat. *mātrīx* 'Muttertier, Stammutter, Gebärmutter, Stammrolle, öffentliches Verzeichnis', das von lat. *māter* 'Mutter' abgeleitet ist. Die Bedeutung 'öffentliches Verzeichnis, Liste' entsteht wohl unter Einfluß von griech. *Mētrṓon* (*Μητρῷον*) 'Tempel der großen Mutter, Kybele, der zugleich das Staatsarchiv mit allen Gesetzen,

Volksbeschlüssen und Dokumenten enthält', abgeleitet von griech. *mḗtēr* (*μήτηρ*) 'Mutter'. – immatrikulieren Vb. 'in die Matrikel einer Universität aufnehmen, einschreiben' (16. Jh.), aus mlat. *immatriculare* 'amtlich eintragen', das in der lat. Gelehrtensprache der Humanisten im 15. Jh. für älteres *īnscrībere*, *intitulāre* eingeführt wird. Dazu Immatrikulation f. 'Aufnahme an einer Universität' (18. Jh.). Die entsprechenden Gegenwörter exmatrikulieren Vb. 'aus der Matrikel streichen, von einer Universität entlassen', Exmatrikulation f. entstehen im 19. Jh.

Matrize f. 'Guß-, Präge- oder Preßform, gewachstes Papierblatt zur Vervielfältigung', Übernahme (17. Jh.) von frz. *matrice*, einer Entlehnung aus lat. *mātrīx* (Gen. *mātrīcis*) 'Mutter-, Zuchttier, Gebärmutter, Mutterleib', hier an den übertragenen Sinn 'Hülle, in der etw. geformt wird' anknüpfend (zu lat. *māter* 'Mutter').

Matrone f. 'würdige, gesetzte ältere Frau', spätmhd. *matrōne* (um 1400), entlehnt aus lat. *mātrōna* 'ehrbare, verheiratete Frau', Ableitung von lat. *māter* 'Mutter' (s. *Mutter*).

Matrose m. 'Seemann', in die dt. Seemannssprache um 1600 entlehnt aus nl. *matroos*, das auf mfrz. frz. *matelots* (Plur.) beruht. Der Sing. mfrz. frz. *matelot* 'Seemann', landschaftlich auch *matnot* (vereinzelt mfrz. *mathenot*), stammt seinerseits aus dem Germ. In Frage kommen (allerdings nur einmal belegtes) mnl. *mattenoot* 'Kamerad, Genosse', eigentl. 'wer mit einem anderen seinen Schlafplatz, die Matte teilt' (auf den Schiffen jener Zeit gibt es nur eine Hängematte für zwei Seeleute bzw. eine Schlafmatte auf dem Boden des Unterdecks), oder anord. *mǫtunautr* 'Eß-, Tischgenosse' oder besser wohl nl. (älter) *mātghenōt* 'Tischgenosse' (vgl. mhd. *maʒgenōʒe*), deren erstes Kompositionsglied auf germ. **mat-* 'Speise' beruht (s. *Maat*, *Mast* f., *Messer*) und deren zweites zu der unter *Genosse* (s. d.) behandelten Wortgruppe gehört.

matschen Vb. 'mit Wasser planschen, in dickflüssigem Brei herumrühren', wie *manschen* (s. d.) lautnachahmende Bildung, die das beim Planschen entstehende Geräusch wiederzugeben sucht; als in den Mundarten verbreitetes Wort seit dem 18. Jh. nachgewiesen, aber mit Sicherheit älter. – Matsch m. 'weicher, dickflüssiger (Schmutz)brei, nasser, tauender Schneebrei' (18. Jh.), wohl Rückbildung aus dem Verb. matschig Adj. 'breiig, überreif (von Obst), schmutzig, schlammig (von tauendem Schnee, Straßenschmutz)', Anfang 19. Jh.

[1]**matt** Adj. 'schwach, kraftlos, glanzlos' wird vielfach als übertragener Gebrauch des gleichlautenden Ausdrucks im Schachspiel empfunden (s. [2]*matt*) und auch so gedeutet. Vielleicht ist jedoch mhd. *mat* 'schwach, kraftlos, erschöpft' (13. Jh.) eher als Entlehnung von afrz. *mat* 'besiegt, niedergeschlagen, betrübt, müde, schwach' (mfrz. frz. 'glanzlos') anzusehen, das (nach FEW 6, 1, 518ff.) auf lat. *mat(t)us* 'vor Trunkenheit weinerlich', spätlat. 'niedergeschlagen, traurig, feucht' beruht. Dies ist über synkopiertes **maditus* oder *madidus* 'naß, feucht, betrunken, weich, schlaff, faul' (mit nachfolgendem Ersatz der Doppelmedia durch expressive Doppeltenius) an lat. *madēre* 'naß, feucht sein, triefen, betrunken, weich sein' anzuschließen. – ermatten Vb. 'schwach, kraftlos werden' (16. Jh.); vgl. ahd. *irmattēn* 'fade werden, betören' (10. Jh.). mattieren Vb. 'glanzlos, undurchsichtig machen' (19. Jh.), frz. *mater*, auch *matir*.

[2]**matt** Adj. 'handlungsunfähig im Schachspiel', mhd. *mat* (vgl. mhd. *schāch unde mat*, s. *Schach*) wird um 1200 aus afrz. frz. *mat* entlehnt, das damit arab. *māt* 'er ist gestorben' (vom König im Schachspiel, der dem Angriff des Gegners nicht mehr entgehen kann) dem Dt. vermittelt. *matt sein* 'geschlagen sein' (15. Jh.), *matt setzen* 'handlungsunfähig machen, ausschalten' (18. Jh.).

[1]**Matte** f. 'Wiese, Viehweide' (in den Alpen), heute vorwiegend landschaftlich (bes. im Alem., vgl. schweiz. Ortsnamen wie *Andermatt*, *Zermatt*) und seit dem 18. Jh. in poetischer Sprache. Ahd. nur im Kompositum *matoscrec* 'Wiesenhüpfer', d. i. 'Heuschrecke' (um 1000) erhalten, asächs. *maða* nur in Ortsnamen; danach mhd. *mate*, *matte*, mnd. mnl. *māde*, (mit anderer Vokalstufe) mnd. *mēde*, mnl. *māde*, *mēde*, *maet*, *meet* und (mit anderer Stammbildung) aengl. *mǣd*, aus dessen obliquen Kasus aengl. *mǣdwe*, engl. *meadow*. Alle Formen gehören zu der unter *mähen* (s. d.) angeführten Wurzelform ie. **met-* 'mähen', so daß von einer Bedeutung 'zu mähende Wiese' auszugehen ist.

[2]**Matte** f. 'kleiner Vorleger, Teppich, Un-

terlage'. Ahd. *matta* (9. Jh.), mhd. *matte* 'Decke aus Binsen- oder Strohgeflecht', mnd. *matte* ist wie aengl. *matt*, *matte*, *meatte*, engl. *mat* und mnl. *matte*, nl. *mat* Entlehnung von spätlat. *matta* 'Matte, grobe Decke (aus Schilf)', einem Wort semitischer Herkunft und mit hebr. *miṭṭā* 'Bett' verwandt. Spätmhd. *matze* aus vorauszusetzendem ahd. **matza* geht auf eine Frühentlehnung von spätlat. *matta* vor Abschluß der ahd. Lautverschiebung zurück.

Matur n. 'Abitur, Reifeprüfung' (19. Jh.), wohl verkürzt aus der Fügung nlat. *exāmen mātūrum* (vgl. lat. *mātūrus* 'vollzeitig, reif, tauglich, erwachsen' und s. *Examen*) oder aus wenig älterem *Maturitätsexamen* (vgl. lat. *mātūritās*, Gen. *mātūritātis*, 'Reife, Vollendung'). Auch M a t u r (a) f. (öst. und schweiz.), wohl aus nlat. (Plur.) *exāmina mātūra*.

Matz m. mit affektischer Lautverschärfung gebildete Koseform (16. Jh.) zu *Matthias*, *Matthäus*; als Appellativum 'kleiner Kerl', vgl. *Hemden-*, *Hosen-*, *Piep-*, *Starmatz*. Vielfach deminutiv *Mätzchen* 'kleiner, spaßhafter Kerl', im Plural auch 'Unsinn, Unfug, Kniff (um Aufsehen zu erregen)', geläufig in der Wendung *Mätzchen machen* 'Unfug, Ausflüchte, Schwierigkeiten machen' (belegt 19. Jh., doch vielleicht älter).

Matze f. 'ungesäuertes Osterbrot (Passahbrot) der Juden', frühnhd. *matz*, *matzenkuch* (15. Jh.). Die Bezeichnung geht über jidd. *mazo* auf hebr. *matzā* 'ungesäuerter Brotfladen' zurück.

mau Adj. 'unwohl, schwach, dürftig', überwiegend prädikativ *das ist mau*, *mir ist mau* in nordd. (bes. berlin.) Umgangssprache (bezeugt seit 2. Hälfte 19. Jh.). Kontamination aus *matt* und *flau*? Oder unter dem Einfluß von *flau* zu lautmalendem *mauen* 'weinerlich, verdrießlich sein', eigentl. 'wie eine Katze schreien' (s. *miauen*)?

Mauer f. 'aus Steinen und Mörtel errichtete Wand', ahd. (8. Jh.), asächs. *mūra*, mhd. *mūr(e)*, mnd. *mūre*, aengl. *mūr*, mnl. nl. *muur*, entlehnt in der Zeit, als die germ. Stämme die römische Steinbautechnik kennenlernen, aus gleichbed. lat. *mūrus* m. Analog zu *Wand* (s. d.) erhält das aufgenommene Wort im Dt. fem. Genus. – ¹m a u e r n Vb. 'aus Steinen und Mörtel eine Wand errichten', mhd. *mūren* 'mauern, aufbauen, mit Mauern umgeben'. u n t e r m a u e r n Vb. 'mit einer festen Grundlage von unten stützen', frühnhd. *undermauren*; übertragen 'mit Beweisen erhärten' (19. Jh.). M a u r e r m. 'wer ein Mauerwerk errichtet', ahd. *mūrāri* (um 800), mhd. *mūrære*.

²mauern Vb. 'beim Kartenspiel Angst haben, zurückhaltend und vorsichtig spielen' (1. Hälfte 20. Jh.), gebildet zu rotw. *Maure* 'Furcht, Angst, Besorgnis', aus jidd. *mora*, hebr. *mōrā'* 'Furcht'. Im Sprachempfinden sekundär im Sinne von 'eine (Abwehr)mauer errichten, sich furchtsam verschanzen' mit *¹mauern* (s. d.) verbunden.

Maul n. Die Bezeichnung für die Mundöffnung verschiedener Tiere ahd. *mūla* f. (10. Jh.), mhd. *mūl(e)* n., *mūle* f., auch 'menschlicher Mund', mnd. *mūl* n., *mūle* f., mnl. *mūle*, *muul* f. m., nl. *muil* m., anord. *mūli* m. 'obere Lippe eines Tieres, Maul, Landspitze', schwed. *mule* 'Maul' (germ. **mūla-* m., **mūlō* f., **mūlōn* n.), dazu vgl. auch got. *faúrmūljan* 'das Maul verbinden', läßt sich zu (unterschiedliche weiterbildende Formantien aufweisenden) außergerm. Verwandten wie griech. *mýllon* (*μύλλον*) 'Lippe', aind. *mūkaḥ*, griech. *mykós* (*μυκός*), *myttós* (*μυττός*), lat. *mūtus* 'stumm' stellen. Auszugehen ist von einer Schallwurzel ie. **mŭ-* 'einen dumpfen Laut von sich geben (auch mit geschlossenem Mund), undeutlich reden, unartikuliert murmeln', aber auch 'stumm' sowie 'Mund, Maul' (s. auch *muhen*, *mucken*, *Mops*). Die im Mhd. eingetretene Erweiterung der Anwendung auf den menschlichen Mund gilt (nicht pejorativ) noch heute in vielen Mundarten. – m a u l e n Vb. 'mürrisch, trotzig reden und aufbegehren, schmollen' (16. Jh.). M a u l a f f e m. 'mit offenem Mund gaffender Mensch' (15. Jh.), in der Wendung *Maulaffen feilhalten* 'mit offenem Mund untätig herumstehen und zusehen' (18. Jh.), älter *Maulaffen feil haben* (17. Jh.). Möglicherweise bezeichnet *Maulaffe* ursprünglich den als menschlichen Kopf geformten Kienspanhalter aus Ton, in dessen geöffneten Mund der Kienspan gesteckt wird. M a u l k o r b m. 'Beißkorb für Tiere', auch 'Futterkorb', den man den Tieren umhängt (16. Jh.).

Maulbeere f. den Brombeeren ähnliche Frucht des Maulbeerbaumes. Der erste Wortteil von ahd. *mūrberi* (9./10. Jh.), mhd. *mōr-*

ber und mit aus *r* dissimiliertem *l* ahd. *mūlberi* (Hs. 12. Jh.), mhd. *mūlber* ist entlehnt aus lat. *mōrum* 'Maulbeere, Brombeere'. Dieses stammt zweifellos (trotz ungeklärter Vokalquantität) aus gleichbed. griech. *móron* (*μόρον*). Offen bleibt, ob armen. *moreni* 'Brombeere', mir. *merenn* und weitergebildetes kymr. *merwydden* 'Maulbeere' als verwandte Formen oder als auf lat. *mōrum* beruhende Entlehnungen anzusehen sind. Dazu ahd. (9. Jh.), mhd. *mūrboum*, *mūlboum*, mhd. *mūlberboum*, nhd. *Maulbeerbaum*.

Maulesel m. (15. Jh.), **Maultier** n. (Anfang 16. Jh.) sind verdeutlichende Zusammensetzungen für eine Kreuzung (den Bastard) von Pferd und Esel. Vorauf geht ahd. (9. Jh.), mhd. *mūl* m., nhd. *Maul* m. (so noch vereinzelt im 19. Jh.), eine Entlehnung aus lat. *mūlus*. Der frühnhd. lautliche Zusammenfall mit *Maul* n. (s. d.) führt zu den oben genannten Verdeutlichungen (vgl. auch *Maulpferd* bei Luther, das sich jedoch nicht durchsetzt). Die zoolog. Fachsprache unterscheidet (18. Jh.) zwischen *Maultier* (Kreuzung von Eselhengst und Pferdestute, lat. *mūlus*) und *Maulesel* (Kreuzung von Pferdehengst und Eselstute, lat. *hinnus*).

Maulwurf m. unter der Erde lebender pelzbedeckter Insektenfresser, mit seinen schaufelartigen Vorderbeinen Erdhaufen aufwerfend. Der Name hat mehrfach volksetymologische Umdeutungen erfahren. Die älteste Bezeugung ahd. (8. Jh.), mhd. *mūwerf*, ahd. *mūwerfo* (11. Jh.) enthält in ihrem ersten Glied ein zu aengl. *mūga*, *mūha*, *mūwa* 'Kornhaufen', engl. *mow* 'Heu-, Kornhaufen', anord. *mūgi*, *mūgr* 'Menge, Haufen', mhd. *mocke* 'Klumpen, Brocken' gehörendes Substantiv, das vielleicht mit griech. *mýkōn* (*μύκων*) '(Korn)haufen' verwandt ist, so daß von einer Wurzel ie. **mŭk-* 'Haufen' ausgegangen werden kann. Das zweite Glied ist zu dem unter *werfen* (s. d.) behandelten Verb gebildet, der Name also als 'Haufenwerfer' zu deuten. Nachdem der erste Wortteil nicht mehr verständlich ist, erfolgt mit ahd. (11. Jh.), mhd. *moltwerf*, ahd. *moltwerfo* (Hs. 13. Jh.), asächs. *moldwerp* Anlehnung im Sinne von 'Erdwerfer' an ahd. *molta* (8. Jh.), mhd. *molte* f., *molt* m. 'Staub, Erde, Erdboden'. Eine Form ahd. *mulwerf* (11. Jh.) ist dagegen vielleicht mit den unter *Müll* (s. d.) aufgeführten Wortformen wie aengl. *myl* 'Staub', mnd. *mūl* in Beziehung zu setzen; sie erfährt jedoch bereits früh unter volksetymologischer Anlehnung an ahd. *mūla*, mhd. *mūl(e)*, nhd. *Maul* (s. d.) eine Längung des Vokals in ahd. *mūlwerf* (11. Jh.), mhd. *mūlwerf*, *-wurf*, die nunmehr eine Deutung 'Werfer mit dem Maul' voraussetzen und die Grundlage für das im Nhd. übliche *Maulwurf* abgeben.

Maus f. Der Name des kleinen grauen Nagetiers ahd. (8. Jh.), mhd. asächs. mnd. aengl. anord. *mūs*, mnl. *muus*, nl. *muis*, engl. *mouse*, schwed. *mus* führt wie aind. *mū́ḥ*, griech. *mýs* (*μῦς*), lat. *mūs*, aslaw. *myšь*, russ. *myš'* (*мышь*) auf ie. **mūs* 'Maus'. Der Name wird vielfach vergleichend auf Körperteile übertragen; er steht z. B. im Germ., Griech. und Spätlat. auch für 'Muskel' (ahd. mhd. *mūs*, nhd. *Maus* 'Muskel', bes. an Arm, Bein und Daumen, bis etwa 1800, heute noch mundartlich); vgl. ferner aind. *muṣkáḥ* 'Hoden' (eigentl. 'Mäuschen') sowie lat. *mūsculus* (s. *Muskel*). Ie. **mūs* 'Maus' gehört wohl (mit gelängter Schwundstufe?) als 'Stehler(in)' mit aind. *muṣṇā́ti* 'stiehlt, raubt' zu einer *s*-Erweiterung der Wurzel ie. **meu-*, **meu̯ə-* 'fortschieben' (wozu lat. *movēre* 'bewegen'). (Weniger wahrscheinlich ist Ableitung des genannten Verbs von aind. *mū́ḥ*.) – m a u s e n Vb. 'stehlen' (16. Jh.). Zuvor mhd. *mūsen* 'Mäuse fangen, stehlend, suchend schleichen, listig sein, betrügen', zuerst von der mäusefangenden Katze, dann von anderen mäusefangenden Tieren, schließlich auch auf den jagdbarem Wild auflauernden Menschen übertragen.

mauscheln Vb. 'undeutlich reden, Heimlichkeiten treiben, zweifelhafte und undurchsichtige Geschäfte machen, betrügen'. Das Verb, im 17. Jh. zuerst bezeugt, dürfte aus dem Rotw. stammen und aus verschiedenen Vorstufen zusammengeflossen sein. Heranzuziehen sind rotw. *mauscheln* 'betrügen', mundartliches *muscheln* 'undeutlich reden (um von anderen nicht verstanden zu werden), heimlich tun, betrügen (bes. beim Kartenspiel)', vgl. *Mauscheln* n. 'Kartenglücksspiel' (um 1900). Daneben steht rotw. *mauscheln* 'in jüdischer Sprechweise reden', abgeleitet von rotw. *Mauschel* 'armer Jude', Koseform zu *Mausche*, der aschkenasischen Form von hebr. *Mōšē*, d. i. *Moses*.

mausern Vb. (refl.) 'die Federn wechseln', übertragen 'sich zu seinem Vorteil verändern, sich herausmachen'. Ahd. *gimūʒōn* 'wechseln, verändern, verwandeln' (9. Jh.), mhd. *mūʒen* 'wechseln, tauschen' ist entlehnt aus lat. *mūtāre* '(ver)ändern, verwechseln, vertauschen'. Mhd. *mūʒen* entwickelt in refl. Verwendung den Sinn 'die Federn wechseln', auch (von Amphibien) 'die Haut wechseln', und gewinnt als Terminus der Falknerei weite Verbreitung, während die alte, umfassendere Bedeutung schwindet. Noch im 19. Jh. ist entsprechendes nhd. *sich mausen* gebräuchlich, wird aber durch die im 18. Jh. entstandene Weiterbildung *mausern* verdrängt, die wohl an *Mauser* m. 'sich mausernder Vogel' anknüpft; vgl. mhd. *mūʒære* 'Jagdvogel, der den Wechsel der Federn überstanden hat, also mindestens ein Jahr alt ist' und die Zusammensetzungen *mūʒerhabech*, *-sperwære*, *-valke*. – Mauser f. 'Federwechsel der Vögel' (19. Jh.). Voraus geht gleichbed. mhd. *mūʒe* f., auch 'Hautwechsel der Amphibien, Haarwechsel der Landtiere', entlehnt aus mlat. *muta* 'Mauser der Vögel'. Auch hier gilt bis ins 19. Jh. *Mause*, das dann von *Mauser* (entsprechend *mausern*, s. oben) abgelöst wird. mausig Adj., nur in der Wendung *sich mausig machen* 'sich wichtig machen, übermütig sein' (16. Jh.), die ein in der Falknerei gebrauchtes *mausig* '(nach der Mauser) kräftig, angriffslustig' (vom Jagdvogel) voraussetzt.

mausetot Adj. 'ganz und gar, völlig tot', im 17. Jh. aus nd. *mūsdōd*, eigentl. *mursdōd*, *morsdōd* 'ganz tot', vgl. nd. *murs*, *mors* 'plötzlich, ganz und gar' (vielleicht verwandt mit *morsch*, s. d.). Das verstärkende Kompositum wird volksetymologisch an nd. *Mūs* 'Maus' angeschlossen (vielleicht in Anlehnung an ebenfalls verstärkendes *mūsenstill* 'mäuschenstill') und in diesem Sinne ('tot wie eine Maus, die nicht mehr zuckt') ins Hd. aufgenommen.

Mausoleum n. 'monumentales Grabmal in Gebäudeform'. Lat. *Mausōlēum*, griech. *Μαυσώλειον* heißt das prächtige Grabmal des *Maúsōlos* (*Μαύσωλος*), des Königs von Karien, das dessen Witwe Artemisia in Halikarnassos errichten ließ. Es gilt in der Antike als eines der sieben Weltwunder, so daß die Bezeichnung bereits im Griech. den allgemeinen Sinn 'prächtiges, monumentales Grabmal' entwickelt. Im Dt. seit dem 16. Jh. als 'Grabmal des Mausolos', seit dem 18. Jh. verallgemeinert als 'Prunkgrab' bezeugt.

Maut f. (bair.-öst.) 'Zoll', ahd. (bair.) *mūta* 'Zoll' (Urkunde 9. Jh.), mhd. *mūte* 'Zoll(stätte)', aengl. *mōt* 'Abgabe', anord. *mūta* 'Bestechung, Bezahlung', norw. (mundartlich) *muta* 'Geheimnis, Verborgenheit' sind wohl entlehnt aus dem zur Wurzel von *messen* (s. d.) gehörenden got. *mōta* 'Zoll' (vgl. got. *mōtareis* 'Zolleinnehmer', mhd. *mūtære*). Der Übergang ins Bair. wird im 6. Jh. an der Donau erfolgt sein. Wiesinger in: Beitr. zur Erforschung d. dt. Sprache 6 (1986) 108ff. geht dagegen von einem spätgot. **mūta* 'Bestechungsgabe, -geschenk, -geld' aus, das (um 700) im Donauraum ins Ahd. (Bair.) und ins Germ. entlehnt sei. Nach ihm bleibt offen, ob slaw. **mūta*, vgl. aslaw. *myto* 'Lohn, (Bestechungs)geschenk', russ. *mýto* (*мыто*) 'Zoll', slowen. *míto* 'Bestechung, Zins', tschech. *mýto* 'Zoll, Lohn, Gabe' ebenfalls auf spätgot. **mūta* oder aber (über den Fernhandel der Wikinger) auf anord. *mūta* beruht.

Maxime f. 'allgemeine Lebensregel, Grundsatz, Denkspruch' ist seit dem 16. Jh. in der lat. Form *Maxima* in dt. Texten gebräuchlich, bis sich unter Einfluß von frz. *maxime* die auf der vorletzten Silbe betonte Form *Maxime* durchsetzt (17. Jh.). Zugrunde liegt lat. *maxima*, fem. Sing. von lat. *maximus* (Superlativ zu lat. *magnus* 'groß', auch 'bedeutend, wichtig, obenanstehend'), das im Mlat. und in der lat. Wissenschaftssprache aus Fügungen wie *maxima propositio*, *sententia*, *regula* verselbständigt und substantiviert wird.

Maximum n. 'Höchstwert', eigentl. 'das Größte', Übernahme (18. Jh.) von lat. *maximum*, dem substantivierten Sing. Neutr. von lat. *maximus*, Superlativ zu lat. *magnus* 'groß'. Dazu maximal Adj. 'sehr groß, höchst' (19. Jh.), häufig in substantivischen Kompositionen, vgl. *Maximalbetrag*, *-dosis*, *-gewicht*, *-wert*.

Mayonnaise f. aus Eidotter und Öl hergestellte, pikant gewürzte (Salat)soße, Übernahme (19. Jh.) von frz. *mayonnaise*, das angeblich von *Mahón* bzw. *Puerto Mahón*, dem Hauptort der Baleareninsel Menorca, abgeleitet sein soll. Vgl. anfänglich bezeugtes frz. *mahonnaise*, das aus der femininen Adjektivableitung zum Städtenamen *Mahón* hervorgegangen sein könnte.

Mazurka (oder, der poln. Aussprache gemäß, *Masurka*) f. Tanz in schnellem 3/4- oder 3/8-Takt, poln. *mazurek* m. Die Entlehnung ins Dt. stammt aus der Wendung poln. *tańczyć mazurka* 'eine Mazurka tanzen'. Poln. *mazurek*, ursprünglich 'Volkstanz aus Masowien', der um 1600 polnischer Nationaltanz wird, ist abgeleitet von *Mazur* 'Masowier, Masure'.

Mechanik f. Lehre von Gleichgewicht und Bewegung der Körper, 'Maschinenkunde, Getriebe', entlehnt (17. Jh.) aus spätlat. *mēchanica*, griech. *mēchaniká* (*μηχανικά*), *mēchanikḗ (téchnē)* (*μηχανικὴ τέχνη*) 'Wissenschaft von den Gesetzen und der Bewegung der Körper'. Lat. *mēchanicus*, griech. *mēchanikós* (*μηχανικός*) 'erfinderisch, kunstreich, geschickt, zu Maschinen gehörig', substantiviert 'Maschinenbauer', abgeleitet von griech. *mēchanḗ* (*μηχανή*) '(Hilfs)mittel, Erfindung, Apparat, Kunstgriff, List', ergibt mechanisch Adj. 'zur Mechanik gehörig' (16. Jh.), danach 'unbewußt, gewohnheitsmäßig' (18. Jh.), und Mechanikus m. (16. Jh.), im 19. Jh. abgelöst durch Ende des 18. Jhs. aufkommendes Mechaniker m. 'Feinschlosser, Facharbeiter zur Wartung und Reparatur von Apparaten und Maschinen'. Mechanismus m. 'Getriebe, Zusammenspiel von allen Teilen einer Maschine, selbsttätiger, maschinenmäßiger Ablauf' (18. Jh.), frz. *mécanisme*, im Dt. lautlich relatinisiert wie mechanisieren Vb. 'auf mechanischen Ablauf umstellen, Handarbeit durch Maschinenarbeit ablösen' (20. Jh.), frz. *mécaniser*.

meckern Vb. 'wie eine Ziege schreien', übertragen 'lachen' (17. Jh.), 'nörgeln, kritisieren' (18. Jh.), Iterativum zu schallnachahmendem *mecken* (um 1600); vgl. älteres *mechtzen*, *meckatzen* (15. Jh.) und mhd. *mecke* m. 'Ziegenbock'. Ähnliche lautnachahmende Bildungen begegnen in griech. *mēkā́sthai* (*μηκᾶσθαι*), lat. *miccīre*, tschech. *mekati*, lit. *mekčióti* 'meckern, blöken' sowie aind. *mēkaḥ* 'Bock', griech. *mēkás* (*μηκάς*) 'Ziege'.

Medaille f. 'künstlerisch gestaltete, zum Gedenken an eine Person oder ein Ereignis geprägte bzw. als Auszeichnung verliehene Münze ohne Geldwert'. Auf ital. *medaglia* 'florentinische Kupfermünze, antike Münze', dann (16. Jh.) 'Schau-, Gedenkmünze' beruht die Entlehnung frz. *médaille* 'ital. Goldmünze' (Ende 15. Jh.), 'Schau-, Gedenkmünze' (16. Jh.). Dieses frz. Substantiv wird in der 1. Hälfte des 16. Jhs. ins Dt. übernommen, wo es zunächst in Nachahmung der frz. Aussprache als *Medeie* (vorwiegend im Plur., auch *Medoien*), gegen Ende des 16. Jhs., vielleicht unter Einfluß der ital. Form (vgl. *Medaglie* 1563), als *Medalie* erscheint; im 17. Jh. erfolgt die Angleichung an das frz. Schriftbild. Ital. *medaglia* weist wie die Entsprechungen afrz. *meaille*, *maaille*, afrz. frz. *maille*, aprov. *mealha*, *mezalha*, span. *meaja* 'kleine Münze, meist im Wert eines halben Denar' auf eine Vorstufe **medalia*; vgl. mlat. *medal(l)ia*, *medal(l)a* 'Münze im Wert eines halben Denar', woraus früh entlehntes ahd. *medilla* (9. Jh.), spätmhd. *medele*, *melle* (letzteres kontrahiert oder nach afrz. *maille*) 'kleine Münze, Heller'. Die Erklärung der erschlossenen vorroman. Form ist strittig. In ihr wird einmal eine dissimilatorische Umbildung von *mediālia*, Neutr. Plur. von spätlat. *mediālis* 'mitten' gesehen (Schuchardt, vgl. FEW 6, 1, 571ff., und Corominas 3, 313f.), wobei die semantische Entwicklung von 'in der Mitte befindlich' zu 'halb' nur auf Grund der roman. Bedeutung 'halber Denar' vermutet und nicht (wie z.B. bei lat. *medius*) im Lat. selbst beobachtet werden kann; zum anderen wird sie (seit Diez) auf ein von lat. *metallum* 'Metall, Bergwerk' (s. *Metall*) abgeleitetes vlat. **metalleus* 'aus Metall' (etwa in **monēta metallea* 'Metallmünze') zurückgeführt, das nach im Galloroman. eingetretenem Wandel des *-t-* in *-d-* von dort aus in die übrigen roman. Sprachen (und ins Mlat.) gelangt sein könnte (vgl. Gamillscheg ^{2}588f.). – Medaillon n. 'ein Bild oder Andenken enthaltender runder oder ovaler Schmuckanhänger, rundes oder ovales Bildnisrelief, gebratene runde Fleischscheibe'. Ital. *medaglione* 'große Schaumünze, rundes oder ovales Relief' (mit dem Augmentativsuffix *-one* abgeleitet von ital. *medaglia*, s. oben) wird als *médaillon* ins Frz. entlehnt und trifft hier wahrscheinlich auf ein eigenständig gebildetes frz. *médaillon* 'Schmuckanhänger, Kapsel' (Deminutivum von frz. *médaille*, s. oben), mit dem es zusammenfällt. Aus dem Frz. kommt das Substantiv Anfang des 18. Jhs. ins Dt., wo es zuerst nur für 'große Schaumünze', seit der Wende zum 19. Jh. im Sinne von 'rundes oder ovales Bildnis, Bildkapsel' gebraucht wird. Die Übertragung 'gebratene runde Fleischscheibe' gehört erst dem 20. Jh. an.

meditieren Vb. 'sich in Gedanken, in Betrachtung versenken, nachdenken', spätmhd. *meditieren*, entlehnt aus lat. *meditārī* 'über etw. nachdenken, nachsinnen, sich auf etw. vorbereiten' (eigentl. 'etw. geistig abmessen, ermessen', verwandt mit *messen*, s. d.). – Meditation f. 'Versunkensein in Gedanken, Nachdenken, religiöse Versenkung' (16. Jh.), lat. *meditātio* (Gen. *meditātiōnis*).

Medium n. 'Mittel, Mittler, Versuchsperson', Übernahme (17. Jh.) von lat. *medium*, der substantivierten neutralen Form des Adjektivs lat. *medius* 'der in der Mitte befindliche, der mittlere', etymologisch verwandt mit *Mitte* (s. d.). *Medium* ist anfangs (17. Jh.) naturwissenschaftlicher Terminus im Sinne von 'Vermittler, Träger physikalischer Prozesse' sowie Fachwort der Grammatik für eine Aktionsrichtung des Verbs, die (z. B. im Griech.) zwischen Aktiv und Passiv steht und bei der das Subjekt Ausgang und Ziel der Handlung ist. Übertragener Gebrauch im Sinne von 'Mittel, vermittelndes Element' wird im 18. Jh. üblich; wohl daran anschließend der in spezieller Bedeutung verwendete Plural *Medien* (auch *Massenmedien*) 'Informationen und Meinungen vermittelnde Einrichtungen, bes. die Gesamtheit von Presse, Rundfunk und Fernsehen' (2. Hälfte 20. Jh.). Seit dem 19. Jh. bezeichnet *Medium* auch 'die vermeintlich vermittelnde Person im spiritistischen Geisterverkehr', wohl dem Wortgebrauch des amerik. Spiritismus folgend. Danach allgemeiner 'geeignete Versuchsperson' (für wissenschaftliche, bes. für psychologische, seltener auch medizinische Experimente).

Medizin f. 'Wissenschaft vom gesunden und vom kranken Menschen, von seiner Gesunderhaltung und Heilung' sowie 'Medikament, Arzneimittel', in beiden Bedeutungen entlehnt (15. Jh.) aus lat. *medicīna* 'Heilkunst, Arzneimittel', dem aus lat. *ars medicīna* bzw. *rēs medicīna* substantivierten Fem. des Adjektivs lat. *medicīnus* 'zur Heilkunst, zur Arznei gehörig', eine Ableitung von lat. *medicus* 'heilend, heilsam', Subst. '(Wund)arzt', zu lat. *medērī* 'heilen'. – medizinisch Adj. 'die Medizin betreffend' (17. Jh.). Mediziner m. 'Arzt', mhd. *medizīnære*, seit dem 18. Jh. auch 'Student der Medizin', wohl aus mlat. **medicinarius*. Medikament n. 'Arzneimittel' (16. Jh.), lat. *medicāmentum* 'Arznei-, Gift-, Zaubermittel'.

Meer n. 'zusammenhängende, das Festland umgebende Wassermasse'. Die germ. Bezeichnungen ahd. *meri* (8. Jh.), mhd. *mer*, asächs. *meri*, mnd. *mēr*, mnl. *mēre*, nl. *meer*, anord. *marr*, aengl. *mere* 'Meer, Binnensee, Sumpf', engl. *mere* 'Binnensee, Teich, Pfuhl', schwed. (mundartlich) *mar*, dän. (mundartlich) *mare* 'Moor, Sumpf, Morast' sowie das erste Kompositionsglied in got. *marisaiws* 'See' gehen mit lat. *mare*, air. *muir*, bret. *mor*, aslaw. *mořе* (vgl. aslaw. *pomorije* 'Küstengebiet, Strand', wozu *Pommern*), russ. *móre* (*море*), lit. *mãrė*, meist Plur. *mãrės*, *mãrios* 'Meer, See, Haff' auf ie. **mori* (bzw. ablautendes **mari*?) 'Meer' zurück (wozu auch mit *sk*-Suffix gebildetes *Marsch* f., s. d., und dehnstufiges *Moor*, s. d., gehören). Im Germ. stehen die Bedeutungen 'Meer' und 'stehendes Gewässer, Binnensee, Sumpf' nebeneinander. – Meerenge f. (17. Jh.), Zusammensetzung aus der voraufgehenden Fügung *Enge des Meeres* (16. Jh.). Meerkatze f. langgeschwänzte afrikanische Affenart, ahd. *merikazza* (11. Jh.), mhd. *merkatze*, mnd. *mērkatte*, mnl. *meercatte*, nl. *meerkat*, so benannt, weil sie aus Afrika über das Meer nach Europa gebracht wurde. Meerschaum m. in Kleinasien vorkommendes weißlichgraues Mineral (18. Jh.), das für verhärteten Meeresschaum gehalten wird; bereits im 15. Jh. steht *Meerschaum* als Übersetzung von lat. *spūma maris* 'Schaum, Gischt des Meeres' für 'Koralle' und wurde dann auf das weiße, leichte, auf dem Wasser schwimmende Mineral übertragen. Meerschweinchen n. Name für ein aus Südamerika über das Meer gekommenes, wie ein Schwein quiekendes Nagetier (17. Jh.), unabhängige Bildung neben älterem, bis ins 19. Jh. üblichem Meerschwein n. 'Delphin', ahd. *meriswīn* (9. Jh.), mhd. *merswīn* (eine Übersetzung von lat. *porcus marīnus*); gelegentlich auch 'Stachelschwein' (16. bis 18. Jh.).

Meerrettich m. Name der scharfschmekkenden Gewürzwurzel, die etwa im 9. Jh., aus Südosteuropa kommend, in Mitteleuropa bekannt wird. Ahd. *mer(i)ratih* (9./10. Jh.), mhd. *merretich* ist wohl als eine Zusammensetzung des unter *Rettich* (s. d.) behandelten Wortes mit ahd. *meri* (nhd. *Meer*, s. d.) anzusehen, der Name also als 'der über das Meer gekommene', d. h. 'der fremde, der ausländische Rettich' zu verstehen (s. *Meerkatze*,

Meerschweinchen). Dagegen ist Anschluß an ahd. *mēr* 'größer' (s. *mehr*) und Annahme einer Bedeutung 'größerer Rettich' (gegenüber dem einheimischen kleineren) wenig wahrscheinlich, da für das Ahd. langes *ē* in *mer-* durch die überlieferten Schreibungen nicht zu stützen ist.

Meeting n. 'Versammlung, Kundgebung, Sporttreffen', Übernahme (19. Jh.) von gleichbed. engl. *meeting*, Verbalsubstantiv zu engl. *to meet* 'sich treffen', aengl. *mētan*, das mit ablautendem asächs. *mōtian*, anord. *mœta*, got. *gamōtjan* 'begegnen' zu der unter *Gemahl* (s. d.) angeführten Wurzel ie. **mōd-*, **mād-*, **məd-* 'begegnen, herbeikommen' gehört.

mega- 'groß, riesig'. Griech. *mégas* (*μέγας*) 'groß, hoch, lang, weit, dick, breit, geräumig, gewaltig, bedeutend' bildet im Griech. meist adjektivische Komposita wie griech. *megáthȳmos* (*μεγάθυμος*) 'großmütig', im Dt. dagegen in der Sprache von Wissenschaft und Technik vornehmlich substantivische Zusammensetzungen wie *Megalith* 'großer Stein, in urgeschichtlichen Gräbern verwendeter Steinblock' (19. Jh.), *Megaphon* 'Schalltrichter, lautverstärkendes elektroakustisches Sprachrohr' (20. Jh.). Daneben bezeichnet *mega-* das Millionenfache einer Maßeinheit in *Megahertz*, *Megapond*, *Megawatt* (20. Jh.), vor Vokalen auch *meg-* in *Megohm* (neben *Megaohm*). Auf der fem. Form des Adjektivs griech. *megálē* (*μεγάλη*), vgl. griech. *megalópsȳchos* (*μεγαλόψυχος*) 'von großer, erhabener Gesinnung', beruhen *Megalomanie* 'Größenwahn', *Megalozephalie* 'abnorme Vergrößerung des Kopfes' (19. Jh.).

Mehl n. 'staubfein ausgemahlenes Getreide', ahd. *melo*, Gen. *melawes* (9. Jh.), mhd. *mel* 'Mehl, Staub, Erde, Kehricht, gelöschter Kalk', asächs. *melo*, mnd. *mēl*, mnl. *mēle*, nl. *meel*, aengl. *melu*, engl. *meal*, anord. *mjǫl*, schwed. *mjöl* setzen germ. **melwa-* voraus, eine eigentl. adjektivische Bildung ('das Gemahlene') mit dem Suffix germ. *-wa-*, ie. *-u̯o-* zur Wurzel ie. **mel(ə)-* 'zermalmen, schlagen, mahlen' (s. *mahlen*). Das gleiche Suffix enthält poln. *mlewo* 'Mahlgut'; ein anderes *u̯*-haltiges Suffix zeigt russ. (derb) *mélevo*, (älter) *mélivo* (*мелево, меливо*) 'Mahlgut, Korn'. – m e h l i g Adj. 'fein wie Mehl' (19. Jh.), älter *mehligt* (18. Jh.), *mehlicht*, *melbicht* (17. Jh.).

Mehltau m. ein schimmelartiger, von Pilzen hervorgerufener weißer Überzug auf Pflanzenblättern, auch der weißliche (und infolge ähnlichen Aussehens allgemein nicht unterschiedene) sog. 'Honigtau, Blattlaushonig' (heute durch die Schreibung *Meltau* abgehoben), ferner (in älterer Sprache überwiegend) der braunrote Pilzüberzug an Getreide, d. i. 'Getreiderost, Getreidebrand'. Ahd. *militou* (9. Jh.), mhd. *miltou*, asächs. *milidou*, mnd. *mēldouwe*, nl. *meeldauw*, aengl. *mil-*, *meledēaw* (auch 'Honig, Nektar'), engl. *mildew* lassen sich mit got. *miliþ*, lat. *mel*, griech. *méli* (*μέλι*), Gen. *mélitos* (*μέλιτος*), air. *mil* 'Honig' verbinden, so daß das erste Kompositionsglied auf ie. **melit* 'Honig' zurückgeführt werden kann. Zum Grundwort s. *Tau* m. Seit dem 15. Jh. erfolgt unter volksetymologischer Anlehnung an *Mehl* (s. d.) Umbildung zu *Meltau*, *Mehltau*. Andererseits kann im Gedanken an den weißlichen Überzug der Pflanzen eine unmittelbare Herleitung von der in *Mehl* und *mahlen* (s. d.) enthaltenen Wurzel ie. **mel(ə)-* nicht ausgeschlossen werden.

mehr Adv. Komparativ zu *viel* und *sehr*. Ahd. *mēro*, *mēra* Adj., *mēr* Adv. (8. Jh.), mhd. *mēr* Adj., *mēre* Adv., asächs. *mēro* Adj., *mēr* Adv., mnd. *mēr*, seltener *mēre*, *mē* Adj. Adv., mnl. *mēre* Adj., *meer* Adv., nl. *meer*, aengl. *māra* Adj., *mā* Adv., engl. *more*, anord. *meiri* Adj., *meir* Adv., schwed. *mer(a)*, got. *maiza* Adj., *mais* Adv. sind mit der schwundstufigen Form ie. *-is-* (got. *-iz-*, ahd. *-ir-*) des Komparativsuffixes ie. *-i̯es-*, *-i̯os-* zur gleichfalls schwundstufigen Form der Wurzel ie. **mē-* 'groß, ansehnlich' gebildet, zu der auch air. *māu* und sehr wahrscheinlich osk. *mais* 'mehr' sowie *meist* und mit anderer Ablautstufe *Märchen* (s. d. weitere Verwandte) gehören. Im Ahd. entwickeln sich Steigerungsformen, die ahd. *mēr* als Positiv voraussetzen und dazu einen neuen Komparativ ahd. *mēriro*, mhd. *mērer*, *mērre* 'größer, bedeutender, weiter', nhd. *mehrere* Plur. und *mehreres* (Neutr. Sing.) sowie einen Superlativ mhd. *mēreste*, *mērste*, nhd. (heute kaum noch üblich) *mehrst* bilden. – m e h r e n Vb. 'größer machen, erweitern, ausdehnen', ahd. *mērōn* (8. Jh.), mhd. *mēren*; v e r m e h r e n Vb. 'vergrößern, erweitern' (15. Jh.). m e h r f a c h Adj. 'vielfach, vielfältig' (um 1800); s. *-fach*. M e h r h e i t f. 'größere Anzahl aus einer Gesamtheit', 1719 von Kramer nach nl. *meerderheit* neu gebildet; doch vgl. schon ahd. *mērheit* 'das Mehrsein' (um 1000).

meiden Vb. 'sich fernhalten von, aus dem Wege gehen, nicht zu treffen, nicht zu tun suchen', ahd. *mīdan* (9. Jh.), mhd. *mīden* 'ausweichen, entfliehen, sich von jmdm., etw. fernhalten, etw. lassen, unterlassen, verheimlichen', asächs. *mīðan*, mnd. mnl. *mīden*, nl. *mijden*, aengl. *mīþan* '(sich) verbergen, verheimlichen'. Das nur westgerm. bezeugte Verb stellt sich wie verwandtes *miß-*, *missen* (s. d.) und got. *maidjan* 'tauschen, verfälschen' mit aind. *mḗthati* 'zürnt, befeindet, kommt in Streit', *mitháḥ* 'gegenseitig, wechselweise', aslaw. *mitě* 'abwechselnd', russ.-kslaw. *mitusъ*, *mitusь* 'abwechselnd, wechselseitig, gegenseitig', lett. *mitēties* 'aufhören, nachlassen', lat. *mūtāre* 'ändern, tauschen' zu ie. **meit(h)-*, einer Dentalerweiterung der Wurzel ie. **mei-* 'wechseln, tauschen', so daß als Ausgangsbedeutung 'den Ort wechseln, sich fernhalten' anzusetzen ist. Die unerweiterte Wurzel liegt vor in aind. *ni-mayatē* 'tauscht', lett. *mīt* 'tauschen, wechseln'. Nasalsuffix zeigen die unter *Meineid* und *gemein* (s. d.) genannten Formen. – v e r m e i d e n Vb. 'vor etw. ausweichen, aus dem Wege gehen, es nicht dazu kommen lassen', ahd. *firmīdan* (8. Jh.), mhd. *vermīden* 'fernbleiben von, ausweichen, unterlassen, verschonen, fernhalten'.

Meile f. Die alte (heute noch in verschiedenen englischsprachigen Ländern gültige) Bezeichnung für ein Längenmaß ahd. *mīla* (9. Jh.), mhd. *mīl(e)*, mnd. mnl. *mīle*, nl. *mijl*, aengl. *mīl*, engl. *mile* ist eine Entlehnung aus lat. *mīlia* (älter *mīllia*), hervorgegangen aus *mīlia passuum* (Plural zu *mīlle passuum*) 'tausend (Doppel)schritte, eine (römische) Meile' (lat. *mīlle* Sing. 'tausend'). Der häufige Gebrauch der Pluralform hat dazu geführt, diese als eigentliche Maßbezeichnung anzusehen und als Sing. Fem. zu entlehnen.

Meiler m. 'zum Verkohlen aufgeschichteter, mit Erde abgedeckter Holzstoß', spätmhd. mnd. *mīler*. Wohl entlehnt aus lat. *mīl(l)iārius* 'ein Tausend in sich begreifend', substantiviert spätlat. *mīliārium* 'ein Tausend' (zu lat. *mīlle* 'tausend'), so daß eine vermittelnde Bedeutung 'große Stückzahl, Menge, Haufen' vorauszusetzen ist. In älterer Sprache (südostd.) gilt *Meiler* auch für eine bestimmte Menge geschichteter Eisenstangen und als Erzmaß.

mein Poss.pron. der 1. Pers. Sing. 'mir zugehörig, zukommend', ahd. (8. Jh.), mhd. asächs. mnd. aengl. *mīn*, engl. *mine*, mnl. nl. *mijn*, anord. *minn*, schwed. *min*, got. *meins* gehen auf ein mit dem Suffix ie. *-no-* gebildetes Adjektiv zum Lokativ ie. **mei* vom Stamm der obliquen Formen des Personalpronomens der 1. Pers. Sing. ie. **me-* (s. *mir*, *mich*) zurück und bedeuten ursprünglich 'bei mir befindlich', dann 'zu mir gehörig'. Eine Kasusform des Possessivpronomens (nach Ausweis des Gotischen vielleicht ein alter Akk. Plur. Neutr.) bildet im Germ. auch den Genitiv der 1. Pers. Sing. des Personalpronomens ahd. mhd. *mīn*, daneben mhd. (zunächst md.) *mīner*, asächs. aengl. anord. *mīn*, got. *meina*. Die erweiterte Form auf *-er*, die sich in nhd. *meiner* (neben *mein*) durchsetzt, ist nach dem Muster der Pluralformen *unser*, *euer* (s. d.) gebildet.

Meineid m. 'auf eine vorsätzlich falsche Aussage abgelegter Eid', ahd. *meineid* (8./9. Jh.), mhd. *meineit*, asächs. *mēnēð*, mnd. *mēnēt*, mnl. *meineet*, nl. *meineed*, aengl. *mānāþ*, anord. *meineiðr*, schwed. *mened*. Die Zusammensetzung weist als zweites Glied das unter *Eid* (s. d.) dargestellte Substantiv auf. Erstes Glied ist der Nominalstamm germ. **maina-* 'falsch', der im Adjektiv ahd. (9. Jh.), mhd. *mein* 'falsch, betrügerisch' (vgl. ahd. *mein eid*, mhd. *meiner eit* 'Meineid'), aengl. *mān* 'niedrig, schlecht, falsch', anord. *meinn* 'schädlich, schlecht' (daneben germ. **mainja-* in mhd. *meine*, aengl. *mǣne*) ebenso vorliegt wie im Substantiv ahd. *mein* n. (8. Jh.), mhd. *mein* m. und n. 'Frevel, Unrecht, Missetat', asächs. *mēn* n. 'Frevel, Sünde', aengl. *mān* n. 'Verbrechen', anord. *mein* n. 'Schaden, Unglück'. Dazu stellen sich die unter *gemein* (s. d.) angegebenen Formen sowie aind. *mināti* 'tauscht, wechselt, täuscht', *mēnāmēnam* 'Tausch für Tausch', lat. *mūnia* (älter *moenia*) Plur. 'Leistungen, Pflichten', *mūnus* 'Leistung, Amt, Abgabe, Geschenk', lit. *maĩnas* 'Tausch', aslaw. *měna*, russ. *ména* (*мена*) 'Tausch, Wechsel', aslaw. *měniti* 'ändern, verändern', russ. *menját'* (*менять*) 'tauschen, wechseln', sämtlich Bildungen mit Nasalsuffix zur Wurzel ie. **mei-* 'wechseln, tauschen' (dann auch 'vertauschen, täuschen'). Auf eine Dentalerweiterung dieser Wurzel gehen die unter *meiden*, *miß-* und *missen* (s. d.) genannten Formen zurück. – meineidig Adj. 'falsch schwörend', mhd. *meineidec*, *-eidic*.

meinen Vb. 'eine bestimmte Ansicht haben, annehmen, denken', ahd. *meinen* (8. Jh.), mhd. *meinen* 'sinnen, (nach)denken, seine Gedanken auf etw. richten, (feindlich oder freundlich) gesinnt sein, einem etw. angenehm machen', asächs. *mēnian*, mnd. *mēnen*, mnl. *mēnen*, *mienen*, *meinen*, nl. *menen*, aengl. *mǣnan*, auch 'klagen', engl. *to mean* sind verwandt mit air. *mīan* 'Wunsch, Verlangen', aslaw. *měniti* 'meinen, glauben, erwähnen, halten für', poln. *mienić* 'meinen, glauben'. Erschließbar ist ie. **mein-*, **moin-* 'Meinung, Absicht, meinen'. Die Bedeutung 'seine Gedanken auf etw. richten, (freundlich) gesinnt sein' entwickelt sich im Mhd. weiter zu 'lieben', die in Prosatexten bis ins 17. Jh., in der gereimten Dichtung bis ins 19. Jh. (*Freiheit, die ich meine*, Schenkendorf) bewahrt wird. – Meinung f. 'Ansicht, Gesinnung', ahd. *meinunga* (um 1000), mhd. *meinunge* 'Sinn, Bedeutung, Gedanke, Gesinnung, Absicht, freundliche Gesinnung, Liebe'. vermeinen Vb. '(fälschlich) annehmen', ahd. *firmeinen* 'darlegen, beweisen' (9. Jh.), mhd. *vermeinen* 'denken, wollen, hoffen, zudenken, zurückweisen'. vermeintlich Adj. '(irrtümlich) angenommen, angeblich' (16. Jh.).

Meise f. Der Name des kleinen Singvogels ahd. *meisa* (9./10. Jh.), mhd. *meise*, mnd. mnl. *mēse*, nl. *mees*, aengl. *māse* (engl. *-mouse* in Anlehnung an engl. *mouse* 'Maus'), anord. (weitergebildet) *meisingr*, schwed. *mes* ist vielleicht verwandt mit norw. *meis* 'schwächlich', fläm. *mijzel* 'Bröckchen, Bißchen', so daß *Meise* auf ein Adjektiv germ. **maisa-* 'klein, winzig' zurückzuführen und der Name als die 'Kleine, Zierliche, Schwache' zu deuten wäre. Stellt man *Meise* dagegen zum kelt. Namen für 'Amsel', kymr. *mwyalch*, müßte dieser, abweichend von der unter *Amsel* (s. d.) gegebenen Erklärung, des Ablauts wegen aus ie. **meisalkā* (und die Wurzelsilbe von lat. *merula* 'Amsel' wenig wahrscheinlich aus ie. **mis-*) hergeleitet werden.

Meißel m. 'keilartig zugespitztes Werkzeug', ahd. *meiʒil* (9. Jh.), mhd. *meiʒel*, anord. *meitill*, norw. (mundartlich) *meitel* ist mit dem Suffix für Gerätebezeichnungen germ. *-ila-* zu einem (im Nhd. ausgestorbenen) starken Verb ahd. *meiʒan* '(ein-, zer)schneiden' (9. Jh.; vgl. *gimeiʒan*, um 800), mhd. *meiʒen* 'hauen, schneiden, ab-, einschneiden', got. *maitan* 'hauen, schneiden' gebildet (wozu auch *Ameise*, s. d.). Erschließbar ist eine *d*-Erweiterung der Wurzel ie. **mai-* 'hauen, abhauen, mit einem scharfen Werkzeug bearbeiten', wozu auch air. *māel* 'kahl, stumpf, ohne Hörner' und (als *t*-Erweiterung) griech. *mítylos* (*μίτυλος*) 'verstümmelt, ohne Hörner' gehören. Ie. **mai-* ist vielleicht als *s*-lose Ablautform der unter *Schmied* (s. d.) angeführten Wurzel ie. **smēi-* bzw. **sməi-* 'schnitzen, mit einem scharfen Werkzeug arbeiten' aufzufassen. – meißeln Vb., mhd. *meiʒeln*.

meist Adj. Adv. Superlativ zu *viel* und *sehr*. Ahd. *meisto* Adj. (8. Jh.), *meist* Adv. (8./9. Jh.), mhd. *meist* Adj., *meist(e)* Adv., asächs. *mēst* Adj. Adv., mnd. *mēst*, mnl. nl. *meest*, aengl. *māst*, *mǣst* Adj. Adv., engl. *most*, anord. *mestr* Adj., *mest* Adv., got. *maists* Adj., *maist* Adv. sind mit dem Superlativsuffix ie. *-isto-* (got. ahd. *-ist-*) zur schwundstufigen Form der Wurzel ie. **mē-* 'groß, ansehnlich' gebildet (s. *mehr*).

Meister m. 'leitender Handwerker oder Facharbeiter, Vorgesetzter, Könner in seinem Fach', ahd. *meistar* 'Baumeister, Künstler, Lehrer, Vorsteher' (8. Jh.), mhd. *meister* 'Lehrer, Gelehrter, Meistersänger, Künstler, Handwerksmeister, Bürgermeister, Besitzer', Entlehnung (wie asächs. *mēstar*) aus lat. *magister* 'Vorsteher, Leiter, Lehrmeister, Lehrer' (s. später entlehntes *Magister*, *Magistrat*). – meisterhaft Adj. 'vorbildlich, ausgezeichnet' (17. Jh.). meisterlich Adj. 'nach Art eines Meisters, kunstfertig, vortrefflich', ahd. *meistarlīh* (10. Jh.), mhd. *meisterlich* 'meisterhaft, kunstgemäß, künstlich'. meistern Vb. 'mit etw. fertig werden, etw. bezwingen, beherrschen', ahd. *meist(a)rōn* 'lenken, leiten, vorstehen' (10. Jh.), mhd. *meistern*, auch 'kunstreich schaffen, einrichten', frühnhd. 'lehren, erziehen'. Meisterschaft f. 'vorbildliches Können, überlegene Leistung, sportlicher Wettkampf zur Ermittlung der Besten einer Disziplin', ahd. *meistarscaft* 'Gelehrsamkeit, Wissen, Können' (um 1000), mhd. *meisterschaft* 'oberste Leitung, Herrschaft, Gelehrsamkeit, Kunstfertigkeit, Unterricht, Zucht'. Meis t e r s t ü c k n. 'Probearbeit als wesentlicher Bestandteil der Meisterprüfung, hervorragende, gelungene Arbeit' (16. Jh.).

Melancholie f. 'Schwermütigkeit, Trübsinn, Depression', spätmhd. *melancolīe*, entlehnt aus lat. *melancholia*, griech. *melancholía* (*μελαγχολία*) 'Schwarzgalligkeit, Gallsucht, Tiefsinn', einer Bildung zu griech. *meláncholos* (*μελάγχολος*) 'schwarze Galle enthaltend', vgl. griech. *mélās* (*μέλας*) 'schwarz, dunkelfarbig' und *cholḗ* (*χολή*) 'Galle, Haß, Zorn' (s. *cholerisch*). Nach der auf den griech. Arzt Hippokrates zurückgehenden Temperamentenlehre wird Schwermut durch sich ins Blut ergießende schwarze und verbrannte Galle hervorgerufen. Die Verdeutschung *Schwermütigkeit* geht auf Zesen (17. Jh.) zurück. – m e l a n c h o l i s c h Adj. 'schwermütig, trübsinnig, zu Depressionen neigend' (14. Jh.), lat. *melancholicus*, griech. *melancholikós* (*μελαγχολικός*) 'zur schwarzen Galle, zu Tiefsinn, Wahnsinn geneigt'. M e l a n c h o l i k e r m. 'schwermütiger Mensch' (19. Jh.), doch schon seit dem 14. Jh. in der lat. Form *melancholicus* in dt. Texten.

Melasse f. 'Rückstand bei der Zuckerherstellung', Übernahme (18. Jh.) von gleichbed. frz. *mélasse*. Spätlat. *mellācium* 'durch Kochen eingedickter Most' bedeutet wohl auch, da zu lat. *mel* (Gen. *mellis*) 'Honig' gebildet, 'durch Kochen eingedickter Honigsaft'. Nach Bekanntwerden des Rohrzuckers wird der lat. Ausdruck auf die dickflüssige Zuckermasse, den 'Zuckersirup', übertragen. Pluralisches mlat. **mellacea* (woraus die frz. Form) bezeichnet dann die für dessen Herstellung verwendeten nicht kristallisierbaren Überreste des Zuckerrohrs. Zur Entwicklung im Roman. vgl. FEW 6, 1, 680.

Melde f. Name für verschiedene Arten von Gänsefußgewächsen mit mehlig bestäubten Blättern; als Unkraut verbreitet. Ahd. *melta* (9. Jh.), schwundstufig *molta*, *multa* (Hs. 12. Jh.), mhd. *melde*, *melte* (und weitere Varianten), asächs. *maldia*, mnd. mnl. nl. *melde*, aengl. *melde*, engl. (mundartllich) *milds*, aschwed. *mæld*, *molde* sind an die Dentalerweiterung ie. **meldh-* (s. *mild*) der auch in *Mehl*, *mahlen* (s. d.) enthaltenen Verbalwurzel ie. **mel(ə)-* anzuschließen.

melden Vb. 'eine Nachricht (pflichtgemäß) weitergeben', ahd. *meldōn*, *meldēn* (9. Jh.), mhd. mnd. *melden* 'angeben, verkünden, verraten, zeigen, nennen', asächs. *meldon*, *meldian*, mnl. nl. *melden*, aengl. *meldian* sind Ableitungen von einem in ahd. *melda* 'Anklage, Angabe, Verrat' (9. Jh.), mhd. *melde*, aengl. *meld* 'Verkündigung' belegten Substantiv, das sich vielleicht mit lit. *maldà* 'Bitte, Gebet', *melsti* 'bitten, beten', aslaw. *moliti* 'bitten', refl. 'beten', russ. *molít'* (*молить*) 'flehen', refl. 'beten' auf ie. **meldh-* 'rituelle Worte an die Gottheit richten' zurückführen läßt. – M e l d u n g f. '(pflichtgemäße) Weitergabe einer Nachricht', ahd. *meldunga* (um 800), mhd. *meldunge* 'Verrat, Anzeige'. M e l d e r m. 'Nachrichtenübermittler, Meldevorrichtung', ahd. *meldāri* (um 800), mhd. *meldære*, *melder* 'Verräter, Angeber'. v e r m e l d e n Vb. 'bekanntgeben', ahd. *firmeldēn* (9. Jh.), mhd. *vermelden* 'bekanntgeben, verraten'.

meliert Adj. 'gemischt, vermengt, mischfarben, gesprenkelt', entlehnt (2. Hälfte 17. Jh.) aus gleichbed. frz. *mêlé*, afrz. *meslé*, Part. Perf. vom Verb frz. *mêler* '(ver)mischen, (ver)mengen, verwirren' (afrz. *mesler*), aus mlat. *misculare*, einer Erweiterung von lat. *miscēre* (s. *mischen*). Häufig g r a u m e l i e r t (18. Jh.). Später und nur selten bezeugt ist (heute aufgegebenes) *melieren* 'mischen, sich einmischen' (18./19. Jh.). – M e l a n g e f. 'Mischung' (z. B. aus verschiedenen Kaffeesorten), 'Mischfarbe', frz. *mélange*; seit Anfang des 18. Jhs. im allgemeinen Sinne, dann bes. (etwa 1830 in Wien) 'Milchkaffee'.

Melioration f. 'Verbesserung der Ertragsfähigkeit von land- oder forstwirtschaftlichem Boden', Entlehnung aus spätlat. *meliōrātio* (Gen. *meliōrātiōnis*) 'Verbesserung' (bzw. von darauf beruhendem frz. *mélioration*?), zu lat. *melior*, Komparativ zu lat. *bonus* 'gut'. Zuerst (17. Jh.) als rechtssprachlicher Ausdruck ('wertsteigernde Unterhaltungskosten an Gebäuden u. dgl.') belegt, seit dem 18. Jh. in heutigem Sinne. – m e l i o r i e r e n Vb. '(land- oder forstwirtschaftlich genutzten Boden) verbessern' (17. Jh.), lat. *meliōrāre*, frz. *méliorer* 'verbessern'.

Melisse f. Der Name der stark nach Zitrone duftenden Heilpflanze ist eine Entlehnung (um 1500) von mlat. *melissa*, d. i. als Pflanzenname gebrauchtes griech. *mélissa* (*μέλισσα*) 'Biene', eine Ableitung von griech. *méli* (*μέλι*) 'Honig'. Bereits im Altertum als

Bienenfutterpflanze angebaut, daher griech. *melissóphyllon* (*μελισσόφυλλον*), lat. *apiastrum*, *apiaster*, vgl. auch ahd. *binisūga*, nhd. unter anderem *Bienenkraut*, *Honigblume*.

melken Vb. 'Milchtieren durch Streichen und Pressen der Euter die Milch abnehmen', auch intrans. 'Milch geben', ahd. *melkan* (9. Jh.), mhd. *melchen*, *melken*, mnd. mnl. nl. *melken*, aengl. *melcan* ist verwandt mit griech. *amélgein* (*ἀμέλγειν*), lat. *mulgēre*, lit. *mélžti*, *mìlžti* 'melken', russ.-kslaw. *mlěsti* (*mъlzu*) 'melken' und mir. *bligim* (aus **mligim*) 'melke'. Sie gehen zurück auf ie. **mĕlĝ-* 'melken' (s. auch *Milch* und *Molke*), dessen ursprüngliche, umfassendere Bedeutung 'abstreifen, wischen' durch aind. *mr̥játi* 'reibt, wischt, glättet, reinigt' nahegelegt wird. – M e l k e r m. (15. Jh.).

Melodie f. 'in sich geschlossene, wohlklingende Folge von Tönen'. Aus spätlat. *melōdia*, griech. *melōdía* (*μελῳδία*) 'Singweise, Gesang', einem Kompositum aus griech. *mélos* (*μέλος*) 'Lied, Gesang' und *-ōdía* (*-ῳδία*), Abstraktbildung zu griech. *ōdós* (*ᾠδός*) 'Sänger', wird mhd. *mēlodīe* entlehnt. Daraus entwikkelt sich lautgerecht frühnhd. *Melodei*, eine Form, die in der Dichtung bis ins 19. Jh. erhalten bleibt. Daneben erfolgt im 16. Jh. erneut Anlehnung an das griech.-lat. Vorbild sowie an mfrz. frz. *mélodie*, so daß sich im Nhd. *Melodie* durchsetzt. Der bereits mit dem gregorianischen Kirchengesang in der lat. Klostersprache bekannte Ausdruck wird vor seiner Entlehnung mit ahd. *suoȝsanc* 'wohltönender Gesang' (Hs. 12. Jh.) wiedergegeben. – m e l o d i s c h Adj. 'wohlklingend' (18. Jh.).

Melone f. Der Name der kürbisartigen, saftigen Frucht ist eine Entlehnung (15. Jh.) von gleichbed. ital. *mellone*, *melone* zunächst in das südd. Sprachgebiet. Das ital. Wort geht zurück auf spätlat. *mēlo* (Akk. *mēlōnem*), eine Verkürzung von lat. *mēlopepo*, griech. *mēlopépōn* (*μηλοπέπων*) 'apfelförmige Melone, die erst vollreif gegessen wird', zu griech. *mē̆lon* (*μῆλον*) 'Apfel' und *pépōn* (*πέπων*) 'reif', eigentl. '(von der Sonne) gekocht'. Für frühe nd. Belege (mnd. *melōne*, *melūne*, *melaune*) ist wohl mit Herkunft aus mnl. *meloen* (aus afrz. frz. *melon*) zu rechnen.

Membran(e) f. 'dünnes Häutchen, dünnes, biegsames Blättchen' (aus Metall, Papier, Gummi u. dgl.), spätmhd. *membrāne* 'Stück Pergament', entlehnt aus lat. *membrāna* 'dünne, zarte Haut, Häutchen, zum Schreiben bereitete Tierhaut, Pergament', gebildet zu lat. *membrum* 'Körperglied, Glied, Teil'.

Memme f. 'weicher, ängstlicher Mensch, Feigling' wird im 16. Jh. (wohl durch Luthers Gebrauch) geläufig. Anzuknüpfen ist an spätmhd. *memme*, *mamme* 'Mutterbrust', schwäb. *Mamma*, *Mamme* 'Mutter, Mutterbrust', nd. *Mamme*, *Memme* 'stillende Mutter', auch 'Amme', die als Lallwörter der Kindersprache zu der unter *Mama* (s. d.) dargestellten Wortgruppe gehören. Das Schimpfwort bezeichnet also einen, der sich ängstlich wie ein Weib verhält, einen 'weibischen Mann'.

Memoiren Plur. 'schriftlich fixierte Lebenserinnerungen, Denkwürdigkeiten', entlehnt (Anfang 18. Jh.) aus gleichbed. frz. *mémoires*, dem Plural von frz. *mémoire* m. 'Denkschrift', afrz. *memoire* m. 'Schriftstück'. Dieses geht, wie auch afrz. *memoire* f., frz. *mémoire* f. 'das Erinnern, Erinnerung, Erinnerungsvermögen', auf lat. *memoria* 'Gedächtnis, Erinnerung', Plur. 'Annalen, Jahrbücher', zurück, eine Bildung zu lat. *memor* 'sich erinnernd, eingedenk' (s. *memorieren*). Die in Frankreich aufkommende Herausgabe von Memoiren in Buchform entwickelt sich im 18. Jh. als Darstellung von Lebenserinnerungen in Verbindung mit zeitgeschichtlichen Ereignissen zur eigenständigen literarischen Gattung.

Memorandum n. 'Denkschrift'. Die Übernahme des substantivierten Neutr. lat. *memorandum* 'was in Erinnerung zu bringen, was erinnernswert ist', Gerundivum zu lat. *memorāre* 'in Erinnerung bringen' (s. *memorieren*), erfolgt (zunächst in die Kaufmannssprache) wohl um 1800 durch vermittelndes engl. *memorandum* im Sinne von 'Erinnerungsnotiz'. Im diplomatischen Verkehr 'Zusammenstellung aller eine politische Angelegenheit betreffenden Überlegungen', auch 'Rechtfertigungsschrift für eine politische Entscheidung' (19. Jh., ebenfalls aus dem Engl.).

memorieren Vb. 'auswendig lernen, aus dem Gedächtnis hersagen, sich erinnernd wieder bewußtmachen', im 16. Jh. zu lat. *memor* 'sich erinnernd, eingedenk' gebildet oder aus dem davon abgeleiteten Verb lat. *memorāre* 'in Erinnerung bringen, mahnend an etw. erinnern' entlehnt.

Menage f. 'Ständer für Essig, Öl und Gewürze', auch 'Behälter mit Einsätzen zum Transport von Speisen'. Frz. *ménage* m. 'Haushaltung, Hausgerät, Familie, Sparsamkeit, Zurückhaltung' wird Anfang des 18. Jhs. als Femininum ins Dt. entlehnt. Im 18./19. Jh. lebt es, dem frz. Gebrauch folgend, in jetzt nicht mehr geläufigen Verwendungen wie 'Haushalt, Sparsamkeit, Rücksichtnahme' und 'Truppenverpflegung' (so im Öst. noch in jüngster Zeit). Die ebenfalls schon dem 18. Jh. angehörende Bedeutung 'Speisenträger, Speisenkorb' setzt sich bis in die Gegenwart fort. Sie liegt aber wohl nicht dem heute üblichen *Menage* 'Gewürzständer' (2. Hälfte 19. Jh.) zugrunde; dieses scheint vielmehr aus älterem *Plat(t)menage* (Campe 1801) gekürzt zu sein, das wiederum eingedeutscht ist aus *Plat de Menage*, einer seit der 2. Hälfte des 18. Jhs. nachzuweisende Bezeichnung (frz. *plat de ménage* ist in diesem Sinne nicht gebräuchlich, statt dessen frz. *huilier*, *surtout*, auch *ménagère*). Nach FEW 6, 1, 194f. ist in frz. *ménage* ein Deverbativum (afrz. *manage* 'Wohnung, Haus, Hauswesen', 12. Jh.) von afrz. *maneir*, *manoir* 'wohnen' (aus lat. *manēre* 'bleiben, übernachten', spätlat. 'wohnen', s. auch *permanent*) zu sehen, das im 13. Jh. lautlich und semantisch unter den Einfluß von afrz. *maison* 'Haus' (aus lat. *mānsio* 'das Bleiben, Nachtlager, Wohnung, Haus', von lat. *manēre*), *maisnede*, *maisniee* 'Hauswesen, Familie, Gesinde' (aus vlat. **mānsiōnāta* 'was zum Haus gehört', Ableitung von lat. *mānsio*, vgl. die Entlehnung mhd. *massenīe* 'Gesinde, Gefolge') gerät und zu afrz. *maisnage*, *mesnage* 'Hauswesen, Gesinde, Gefolge' umgestaltet wird. – Menagerie f. 'auf Jahrmärkten gezeigte Sammlung seltener Tiere, Tierschau'. Das von frz. *ménage* (s. oben) abgeleitete frz. *ménagerie* 'von einem Fürsten angelegte Sammlung fremder und seltener Tiere, Park mit Tiergehegen' (ursprünglich 'ländliches Anwesen mit Haustierhaltung') wird Anfang des 18. Jhs. ins Dt. übernommen. Mit dem Aufkommen zoologischer Gärten entwickelt sich seit Mitte des 19. Jhs. die heutige eingeschränkte Bedeutung.

Menetekel n. 'Vorzeichen drohenden Unheils'. Der Ausdruck wird mit den ersten Bibelübersetzungen (15. Jh.) im Dt. bekannt. Zugrunde liegen die Anfangsworte einer durch das Alte Testament (Daniel 5, 25) überlieferten Inschrift aram. *m*^{e}*nē m*^{e}*nē t*^{e}*qēl*, gedeutet als 'gezählt, gewogen' (und zu leicht befunden), die Belsazar, dem König Babylons, bei einem Gastmahl an der Wand erscheint und seinen Sturz ankündigt.

Menge f. 'Fülle, große Anzahl', ahd. *menigī* (8. Jh.), mhd. *menige*, *manige* 'Vielheit, große Zahl, Schar', asächs. *menigi*, mnd. *menige*, mnl. *meneghe*, aengl. *menigu*, got. *managei*, aus germ. **managīn-*, Abstraktum mit dem Suffix germ. *-īn-* zu dem unter *manch(er)* (s. d.) behandelten Adjektiv germ. **managa-* in seiner alten Bedeutung 'viel'.

mengen Vb. 'mischen', ahd. (8. Jh.), mhd. mnd. *mengen*, asächs. *mengian*, mnl. *menghen*, *minghen*, nl. *mengen*, aengl. *mengan* (dazu die Weiterbildung engl. *to mingle*) sind vergleichbar mit griech. (ion.) *mássein*, (att.) *máttein* (*μάσσειν*, *μάττειν*, aus **mn̥ki̯-*) 'kneten, zubereiten', aslaw. *mękъkъ*, russ. *mjágkij* (*мягкий*) 'weich', lit. *mìnkyti* '(Teig) kneten', aslaw. *mǫka*, russ. *muká* (*мука*) 'Mehl'. Erschließbar ist ie. **men(ə)k-* 'kneten, quetschen, weich'. – vermengen Vb. 'durcheinandermischen', mhd. *vermengen*. Gemenge n. 'Mischung, Durcheinander, Gewühl', mhd. *gemenge*. mang Präp. (nordd. umgangssprachlich) 'unter, zwischen', mnd. *manc*; vgl. asächs. *an gimang* Adv. 'dazwischen, darunter, zusammen', aengl. *ongemang*, *ongemong* Adv. 'darunter, inzwischen', Präp. 'unter, zwischen' (engl. *among*), mnd. *gemanc* Adv. und Präp., zu asächs. *gimang* 'Menge, Schar, Haufen, Gesellschaft', mhd. *gemanc* 'Gemenge, Vermischung', aengl. *gemang* 'Mischung, Menge, Schar, Versammlung'. Heute umgangssprachlich auch *mittenmang* Adv. 'dazwischen, inmitten, mitten darunter'.

Meniskus m. halbmondförmiger Zwischenknorpel im Kniegelenk. Der zu Beginn des 19. Jhs. aufkommende anatomische Ausdruck ist eine Latinisierung von griech. *mēnískos* (*μηνίσκος*) 'Mondsichel', auch Bezeichnung für verschiedene mondsichelförmige Gegenstände. Dieses ist wie griech. *mḗnē* (*μήνη*) 'Mond' von *mḗn* (*μήν*) 'Monat, Mondsichel' abgeleitet.

Menkenke f. 'Durcheinander', bes. in der Wendung *(keine) Menkenke machen* '(keine) Umstände, Schwierigkeiten machen', md. Ursprungs und seit dem 19. Jh. umgangssprachlich verbreitet. Herkunft ungesichert. Vielleicht eine wortspielerische Expressivbildung zu *mengen* und *Menge* (s. d.).

Mennige f. rote Bleioxidfarbe, 'Bleirot' (heute bes. Rostschutzfarbe), ahd. *miniga* f. oder *minigo* m. (11. Jh.), mhd. *minig* m. (femininer Gebrauch häufiger seit 15. Jh.; gestützt durch Anlehnung an *Farbe*?) ist entlehnt aus lat. *minium* 'Zinnober', der Bezeichnung für rotes Schwefelquecksilber, später rotes Bleioxid. *minium* ist wahrscheinlich Latinisierung eines iberischen Wortes, auf das auch der Flußname lat. *Mineus* 'der mit rotem Wasser' (heute span. *Miño*, port. *Minho*) zurückgeführt werden kann.

Mensa f. 'Speisesaal, Gaststätte für Studenten', verkürzt (19. Jh.) aus der Fügung nlat. *mensa academica* 'für die Angehörigen einer Universität eingerichteter Mittagstisch'; vgl. lat. *mēnsa* 'Tisch, Tafel, Speisen, Gericht' und lat. *Acadēmicus* Adj. 'zu einer Akademie (nlat. einer Hochschule) gehörig' (s. *Akademie*).

Mensch m. höchstentwickeltes gesellschaftliches Lebewesen mit der Fähigkeit zu arbeiten und zu denken, ahd. *mennisco* m. 'Mensch' (8. Jh.), mhd. *mensche*, *mensch* m. n. 'Mensch, Mädchen, Buhlerin, Magd, Knecht, das menschliche Geschlecht', mnd. *minsche*, mnl. *mensce*, nl. *mens* sind aus einer Substantivierung des in ahd. *mennisc* (um 800), mhd. *mennisch* 'menschlich, mannhaft', asächs. *mennisk*, aengl. *mennisc*, anord. *mennskr*, got. *mannisks* vorliegenden Adjektivs germ. **manniska-* hervorgegangen, einer Ableitung von dem unter *Mann* (s. d.) behandelten Substantiv. Das im Mhd. auftretende Neutrum steht bis ins 17. Jh. ohne abschätzigen Sinn neben dem Maskulinum, bezeichnet jedoch seit dem 15. Jh. häufig eine 'weibliche Person', bes. die 'Magd', und wird seit dem 18. Jh. durchgehend abwertend gebraucht; dazu auch der Plural *Menscher* (17. Jh.). – menschlich Adj. 'den Menschen betreffend, ihm gemäß, hilfsbereit, gut', ahd. *mennisclīh* (8. Jh.), mhd. *menschlich* 'nach, von Menschenart'; dazu Menschlichkeit f. 'Menschennatur, menschliche Würde, menschliches Gefühl, Freundlichkeit im Umgang mit anderen' (16. Jh., Übersetzung von lat. *hūmānitās*, s. *Humanität*), geläufig seit dem 18. Jh., vereinzelt 'Menschheit' (nur 17. Jh.); vgl. spätmhd. *menschlīcheit* 'Zustand des Menschseins, Menschheit'. Menschheit f. 'Gesamtheit der Menschen', ahd. *mennischeit* 'alle Menschen, menschliche Natur, Menschwerdung' (um 1000), mhd. *menschheit*, *menscheit* 'alle Menschen, Natur und Leben eines Menschen, Menschlichkeit'. Menschenfeind m. 'Menschenhasser, -verächter' (16. Jh.), Übersetzung von griech.-lat. *misanthropus* (s. *Misanthrop*). Menschenfresser m. 'Kannibale', Übersetzung (17. Jh.) von gleichbed. lat. *anthrōpophagus*, griech. *anthrōpophágos* (ἀνθρωποφάγος); vgl. griech. *ánthrōpos* (ἄνθρωπος) 'Mensch' und *phágos* (φάγος) 'Fresser', *phagein* (φαγεῖν) 'essen, verzehren'. menschenmöglich Adj. 'für einen Menschen möglich' (18. Jh.), aus älterem *menschmöglich* (17. Jh.), das aus *menschlich* und *möglich* (16. Jh.) mit Ersparung der Suffixwiederholung zusammengerückt ist. Menschenrecht n. zunächst 'von Menschen eingesetztes Recht' (Ende 17. Jh.); *Menschheitsrechte* Plur. 'dem Menschen von Geburt an zukommende Rechte und Würde' (nach 1750). Danach (meist im Plur.) *Menschenrechte* 'Reihe von Rechten, die die Stellung des Menschen in der Gesellschaft und sein Verhältnis zum Staat regeln' (seit 1777). Durch die amerik. Unabhängigkeitserklärung (1776) und die frz. Déclaration des droits de l'homme et du citoyen (1789) wird der Begriff zum politischen Schlagwort und mit seinem damaligen bürgerlichen Inhalt (Freiheit, Gleichheit, Brüderlichkeit, Recht auf Eigentum und Sicherheit sowie Widerstand gegen Unterdrückung) auch im Dt. geläufig; wahrscheinlich geht auch die vorherrschende Verwendung im Plural auf das frz. Vorbild zurück. Menschentum n. 'Wesen des Menschen, das Dasein als Mensch' (Anfang 19. Jh.), zuvor 'Menschheit' (17. Jh.). Übermensch m. in der Theologie gebildet (16. Jh.) aus übermenschlich Adj. 'in jeder Weise über das durchschnittliche menschliche Vermögen hinausragend' (Anfang 16. Jh.) zur Bezeichnung eines 'moralisch überdurchschnittlichen Menschen, eines übermenschlichen Wesens' (so noch im 18./19. Jh.); bei Herder im Sinne von 'Heros, Halbgott, Genie'; bei Nietzsche (Zarathustra) im Gegensatz zum Durchschnittsmenschen 'derjenige, der den Menschen überwunden hat'. Daran anknüpfend wird *Übermensch* (wie *Herrenmensch*, Gegensatz *Untermensch*,

s. unten) zum Schlagwort der faschistischen Rassenideologie. U n m e n s c h m. 'brutaler, grausamer Mensch', ahd. *unmennisco* 'Nichtmensch' (um 1000), spätmhd. *unmensch* 'was nicht den Namen Mensch verdient, Bösewicht', frühnhd. 'Bestie, Kannibale, Zauberer' (16. Jh.), 'Menschenfeind' (18. Jh.). U n t e r m e n s c h m. 'niedriges Wesen, das sittlich unterhalb der menschlichen Stufe steht' (18. Jh.); danach Schlagwort der Faschisten für die Opfer ihrer Unterdrükkungs- und Ausrottungspolitik.

menstruieren Vb. 'die Monatsblutung haben', im 19. Jh. entlehnt aus gleichbed. spätlat. *mēnstruāre*, einer Ableitung von lat. *mēnstruus* 'monatlich' (zu lat. *mēnsis* 'Monat', dann auch 'Monatsfluß'); M e n s t r u a t i o n f. (ebenfalls 19. Jh.).

Mensur f. 'räumliches oder zeitliches Maß', im 15. Jh. entlehnt aus lat. *mēnsūra* 'das Messen, Messung, Maß', Abstraktum zu lat. *mētīrī* (*mēnsus sum*) '(ab)messen' (s. [1]*Mal*). *Mensur* bezeichnet zuerst (Mitte 15. Jh.) den Takt, das Zeitmaß in der Musik, dann (um 1600) auch den Abstand zweier Fechter (*auf die Mensur treten*), woraus (Anfang 19. Jh.) 'studentischer Zweikampf mit Degen oder Säbel', schließlich (18. Jh.) ein Glasgefäß zum Abmessen.

Mentalität f. 'Denkart, Geisteshaltung, Auffassungsweise', Entlehnung (Anfang 20. Jh.) aus gleichbed. engl. *mentality* (im späten 17. Jh. bezeugt, aber erst Ende des 19. Jhs. geläufig), daraus im 19. Jh. auch frz. *mentalité*, das das Eindringen des Ausdrucks ins Dt. ebenfalls befördert haben mag. Engl. *mentality* ist eine Substantivbildung zu engl. *mental* Adj. 'geistig', das ebenso wie gleichbed. dt. *mental* (Ende 18. Jh.) auf spätlat. *mentālis* 'auf den Geist bezüglich, mit Geist, Vernunft ausgestattet, vernünftig' beruht, einer Ableitung von lat. *mēns* (Gen. *mentis*) 'Denktätigkeit, Verstand, Denkart, Gesinnung, Gedanke, Vorstellung'. Im Dt. erfolgt Relatinisierung in Analogie zu ähnlichen Bildungen (z. B. *Aktualität*).

Menthol n. aus Pfefferminzöl gewonnene aromatische Substanz, Kunstwort (19. Jh.) aus lat. *ment(h)a* (s. *Minze*) und lat. *oleum* (s. *Öl*).

Mentor m. 'erfahrener Ratgeber, Helfer, Betreuer'. Griech. *Μέντωρ* (Nomen agentis zur Wurzel ie. **men(ə)-* 'denken, geistig erregt sein', s. *mahnen*, vgl. auch aind. *mantár-* 'Denker') ist der Name des vertrauten Freundes von Odysseus in Homers Odyssee, in dessen Gestalt Athene des Odysseus Sohn Telemachos auf der Suche nach seinem Vater begleitet. Durch Fénelons Roman „Les aventures de Télémaque" (1699) wird *Mentor* in literarischen Kreisen zum Appellativum und bezeichnet den erziehenden, leitenden und beschützenden älteren Freund; danach auch 'Ratgeber, Hofmeister' (18. Jh.), '(Haus)lehrer' (19. Jh.), 'Betreuer von Studenten' (20. Jh.).

Menü n. 'aus mehreren Gängen bestehende Mahlzeit, festgelegte Speisenfolge'. Das Adjektiv frz. *menu* 'klein, dünn, fein, gering' (aus lat. *minūtus* 'klein, winzig, unbedeutend', s. *Minute*) wird im Frz. bereits im 17. Jh. substantivisch im Sinne von 'das Einzelne, die Einzelheiten' verwendet, seit Anfang des 18. Jhs. insbes. für 'detaillierte Aufzählung der zu einer Mahlzeit gehörenden Speisen'. Die im Dt. seit den 60er Jahren des 19. Jhs. gebräuchliche Entlehnung *Menü* bezeichnet zunächst ebenfalls die (namentlich in schriftlicher Form als Verzeichnis der einzelnen Gänge vorliegende) Speisenfolge. Daran anschließend entwickelt sich im 20. Jh. die heute vorherrschende Bedeutung 'Mahlzeit mit mehreren Gängen, Festessen'.

Menuett n. Tanz bzw. entsprechendes Musikstück im 3/4-Takt. Um 1700 *Menuet* m., eine Übernahme von frz. *menuet* m., der Bezeichnung für einen Tanz mit kleinen Schritten, substantiviert aus frz. *menuet* 'fein, dünn, klein', Deminutivform zu frz. *menu* 'klein, dünn' (s. *Menü*). Im 18. Jh. wird *Menuette* f. üblich, das bald in *Menuett* n. übergeht.

Mergel m. ton- und kalkhaltiges Sedimentgestein. Lat. *marga* 'Mergel', nur bei Plinius (in latinisierter Form) als Wort keltischen Ursprungs belegt, lebt in verschiedenen romanischen Sprachen weiter, wird dagegen, wie frz. Formen zeigen, auf galloromanischem Boden weitgehend von der sonst erst im Mlat. bezeugten Weiterbildung *margila* verdrängt, auf der die Entlehnung ahd. *mergil* (11. Jh.), mhd. *mergel* beruht.

Meridian m. zwischen beiden Polen der Erde liegende Hälfte eines Längenkreises, größter Kreis der Himmelskugel, der durch Zenit, Südpunkt, Nadir und Nordpunkt verläuft, entlehnt (17. Jh.) aus lat. *circulus merī-*

diānus 'Mittagskreis', eigentl. 'Äquator', dann auch 'Verbindungslinie aller Orte, die zur gleichen Zeit den Höchststand der Sonne (Mittag) haben'. Lat. *merīdiānus* 'mittäglich' ist abgeleitet von lat. *merīdiēs* 'Mittag, Mittagszeit, Mittagsgegend, Mitte', einer Rückbildung aus dem Lokativ *merīdiē* 'am Mittag, mittags', der durch Dissimilation aus **meridiei-diē* (zu lat. *medius* 'mittlerer' und *diēs* 'Tag') entstanden ist. Älter auch *Meridianzirkel* (16. Jh.). Ohne Nachfolge bleibt ebenfalls aus lat. *merīdiānus* entlehntes mhd. *merīdiān* 'Mittagszeit'.

Meriten Plur. 'Verdienste' (16. Jh.), teils eingedeutschte Pluralform zu dem in der Kanzleisprache erhaltenen lat. *meritum* 'Verdienst', teils auch Entlehnung aus gleichbed. frz. *mérites* Plur., dessen Sing. ebenfalls auf lat. *meritum* zurückgeht; zu lat. *merēre, merērī* 'verdienen, sich verdient machen'.

Merkantilismus m. Wirtschaftstheorie und -politik in der Periode der ursprünglichen Akkumulation des Kapitals (zur Zeit des Absolutismus), die Macht und Reichtum eines Staates vor allem durch eine aktive Handelsbilanz erreichen will. Die Bezeichnung wird im 19. Jh. aus frz. *mercantilisme*, einer Ableitung von frz. *mercantile* 'kaufmännisch', entlehnt. Das frz. Adjektiv ist eine Übernahme von ital. *mercantile*, einer Bildung zu ital. *mercante* 'Kaufmann' (aus lat. *mercāns*, Gen. *mercantis*, eigentl. Part. Präs. von lat. *mercārī* 'Handel treiben', zu lat. *merx*, Gen. *mercis*, 'Ware'). Früher bezeugt (etwa 1800) ist *Merkantilsystem* n., nach engl. *mercantile system*. – merkantil Adj. 'kaufmännisch, den Handel betreffend'. Als Entlehnung des Adjektivs frz. *mercantile* (s. oben) erscheinen *merkantilisch* (17. Jh.) und die verkürzte, dem Frz. angeglichene Form *merkantil* (19. Jh.).

merken Vb. 'wahrnehmen, entdecken, spüren, mit dem Verstand auffassen und im Gedächtnis festhalten', ahd. *merken* 'bezeichnen, angeben, abgrenzen' (11. Jh.), mhd. *merken* 'beachten, beobachten, wahrnehmen, sich einprägen, mit einem Zeichen versehen', asächs. *merkian*, mnd. mnl. nl. *merken* 'markieren, bezeichnen, spüren', anord. *merkja* 'kenntlich machen, bezeichnen', schwed. *märka* sind abgeleitet von den unter *Marke* f. (s. d.) angeführten neutralen Substantiven. Ebenfalls dazu sind gebildet ahd. *markōn* 'begrenzen, kennzeichnen' (um 800), asächs. *markon* 'bestimmen, bemerken', aengl. *mearcian* 'bezeichnen', engl. *to mark*, anord. *marka* 'kennzeichnen, bekanntmachen, verstehen'. Als Ausgangsbedeutung ist anzusetzen 'mit einem Zeichen versehen', woraus 'das Gekennzeichnete wahrnehmen und beachten'. – merklich Adj. 'deutlich, wahrnehmbar', mhd. *merklich* 'wohl zu beachten, bemerkbar, deutlich, bedeutend, wichtig'. merkwürdig Adj. 'seltsam, verwunderlich' (19. Jh.), 'bemerkenswert, bedeutsam' (17. Jh.); Merkwürdigkeit f. (18. Jh.). anmerken Vb. 'eine (ergänzende) Bemerkung machen, anzeichnen, be-, vermerken' (16. Jh.); vgl. ahd. *anamerken* (9./10. Jh.), mhd. *anemerken* 'angrenzen'; Anmerkung f. 'Vermerk, (kurze) Erläuterung' (15. Jh.), auch 'Fußnote' (17. Jh.), nach lat. *observātio* 'Wahrnehmung, Beobachtung'. aufmerken Vb. 'seine Gedanken konzentriert auf etw. richten, aufpassen' (15. Jh.); aufmerksam Adj. 'gut aufpassend, konzentriert folgend, höflich' (17. Jh.); Aufmerksamkeit f. (17. Jh.). bemerken Vb. 'wahrnehmen, ergänzen, seine Meinung zu etw. äußern', ahd. *bimerken* 'bezeichnen, angeben' (11. Jh.), mhd. *bemerken* 'beobachten, prüfen'; Bemerkung f. 'kurze Meinungsäußerung zu etw., Wahrnehmung, Beobachtung' (17. Jh.). vermerken Vb. 'notieren, merken', spätmhd. *vermerken* '(be)merken, gewahr werden'; Vermerk m. 'Notiz, Eintragung', älter 'Bemerkung' (17. Jh.).

meschugge Adj. 'verrückt', Übernahme (19. Jh.) von gleichbed. jidd. *meschuggo*, hebr. *m*ᵉ*šugga'*.

Mesner m. 'Küster, Kirchendiener in der katholischen Kirche' (vor allem obd.), ahd. *mesināri* (9. Jh.), mhd. *mesnære, mesner* 'Küster' ist (wie gleichbed. aengl. *mæslere*) eine kirchensprachliche Entlehnung von mlat. *mansionarius* 'Hüter des Gotteshauses, Kirchendiener', auch 'Bediensteter, Knecht, Quartiermeister des Hofes', das sich als Substantivierung zum Adjektiv spätlat. *mānsiōnārius* 'zur Herberge, zum Haus gehörig' (von lat. *mānsio* 'das Bleiben, Nachtlager, Wohnung, Haus', dieses abgeleitet von lat. *manēre* 'bleiben', s. auch *Menage*) stellt. Wie die roman. Entsprechungen (afrz. *maisnier, mesnier* 'Bediensteter, Bewohner, Pächter', aprov. *maisnier* 'Krieger, Söldner', span. *mesonero*

'Wirt') zeigen die dt. Formen Schwund des ersten *-n-* (vgl. aber vereinzeltes spätmhd. *mensner*). Durch sekundären Anschluß an sachlich naheliegendes mhd. *messe*, *misse*, nhd. [1]*Messe* (s. d.) entwickelt sich die Variante mhd. *messenære*, *messener*, die bereits im Mhd. Vorrang gewinnt und als nhd. *Meßner* noch bis ins 19. Jh. oft bezeugt ist. Im Schweiz. gilt bis zur Gegenwart die alem. Nebenform *Mesmer*.

[1]**Messe** f. 'katholischer Gottesdienst, Feier des Altarssakraments', ahd. *missa*, *messa* (9. Jh.), mhd. *misse*, *messe*, asächs. *missa*, mnd. mnl. *misse*, nl. *mis*, aengl. *mæsse*, *messe*, engl. *mass* sind Entlehnungen von kirchenlat. *missa*, Bezeichnung des in der Kirche abgehaltenen Gottesdienstes, der Meßfeier. Lat. *missa* 'das Fortlassen, Entlassung' (ein zum Abstraktum gewordenes Part. Perf. Fem. zu lat. *mittere* 'schicken, senden, entlassen') entwickelt im 4. Jh. die Bedeutung 'Gottesdienst, Meßfeier' aus der die liturgische Opferfeier beschließenden Formel *ite, missa est* 'geht, es ist Entlassung'. Faßt man hingegen die Abschlußformel als Verkürzung einer verbalen Wendung *ite, missa est contio* 'geht, die Versammlung ist entlassen' auf, dann wäre *missa* in der Bedeutung 'Meßfeier' als Substantivierung unmittelbar aus dem in dieser Formel enthaltenen Part. Perf. Fem. hervorgegangen. Da jedoch ein Substantiv spätlat. *missa* 'Entlassung' bereits in nichtkirchlichen Texten des 3. Jhs. bezeugt ist, dürfte der erstgenannten Deutung der Vorzug zu geben sein.

[2]**Messe** f. 'Verkaufsveranstaltung fliegender Händler, Jahrmarkt, internationale Handelsausstellung', semantische Weiterentwicklung von [1]*Messe* (s. d.). Seit dem 8. Jh. werden tägliche Messen zu Ehren bestimmter Heiliger gehalten, und die bes. verehrten Heiligen gewidmeten Tage treten neben die allgemeinen kirchlichen Fest- und Feiertage, so daß kirchenlat. *missa* auch die Bedeutung 'Feiertag, Heiligenfest' annimmt; daher mhd. *misse*, *messe* auch 'kirchlicher Festtag'. Auf den an hohen Festtagen in der Nähe der Kirche stattfindenden Markt wird daraufhin ebenfalls die Bezeichnung *Messe* übertragen (14. Jh.), so daß in diesen Fällen *Markt* und *Messe* bis ins 17. Jh. nahezu bedeutungsgleich nebeneinander stehen. Schon im 14. Jh. bezeichnet *Messe* sowohl Veranstaltungen fliegender Händler und Schausteller (im Sinne von 'Jahrmarkt') als auch regelmäßig stattfindende überregionale oder internationale Handelsveranstaltungen (vgl. *messe tzu Franckfurt*, 1338) und später Warenausstellungen (vgl. *Mustermesse*).

[3]**Messe** f. 'Aufenthalts- und Speiseraum auf einem Schiff' (vgl. bes. *Offiziersmesse*), entlehnt (19. Jh.) aus engl. *mess* 'Kasino, Tischgesellschaft' (auf einem Schiff), eigentl. (heute selten) 'Gericht, Gang (in der Speisenfolge), Mahlzeit'. Dieses stammt aus afrz. *mes* 'Botschaft, Sendung, aufgetragene Speise, Gericht, Portion, Wurf, Schuß' (frz. *mets* 'Gericht, Speise'), das auf lat. *missus* 'das Schikken, Absenden, Werfen, Wurf, Schuß', spätlat. 'Speisegang, Gericht' (eigentl. 'aus der Küche Geschicktes') beruht; zu lat. *mittere* (*missum*) 'schicken, senden'.

messen Vb. 'das Maß, die Größe von etw. feststellen, eine bestimmte Größe haben, prüfen', ahd. *meȥȥan* (8. Jh.), mhd. *meȥȥen* 'messen, zielen, zuteilen, mitteilen, erzählen, bestimmen, verkündigen, vergleichen, erwägen, prüfen', asächs. *metan*, mnd. *mēten*, mnl. nl. *meten*, aengl. *metan*, engl. (poetisch) *to mete*, anord. *meta*, schwed. *mäta*, got. *mitan* sowie ablautendes *Maß* (s. d.) lassen sich verbinden mit griech. *médesthai* (*μέδεσθαι*) 'für etw. sorgen, an etw. denken, auf etw. bedacht sein', lat. *meditārī* 'nachdenken, nachsinnen' (s. *meditieren*), *modus* 'Maß, Ziel, Vorschrift, Art und Weise' (s. *Modus*), air. *med* 'Waage' und können auf ie. **med-* 'messen, ermessen' zurückgeführt werden. Dies vielleicht eine Erweiterung der Wurzel ie. **mē-* 'etw. abstekken, (ab)messen' (s. [1]*Mal*)? Vgl. dazu auch das Nomen agentis *-messer* in *(Land)vermesser* sowie *Feld-, Durch-, Geschwindigkeitsmesser* u. dgl. – g e m e s s e n Part.adj. 'genau bestimmt' (18. Jh.), übertragen 'bestimmt, ruhig, zurückhaltend, würdevoll' (19. Jh.). v e r m e s s e n Vb. 'abmessen, falsch messen', ahd. *firmeȥȥan* (um 1000), mhd. *vermeȥȥen* 'aus-, abmessen, bestimmen, zumessen, falsch messen', refl. 'sich anmaßen, behaupten'; v e r m e s s e n Part.adj. 'sich überschätzend, anmaßend' (16. Jh.), ahd. *firmeȥȥan* (Hs. 13. Jh.), mhd. *vermeȥȥen* 'verwegen, kühn, leichtsinnig'; V e r m e s s e n h e i t f. 'Verwegenheit, Anmaßung, Überheblichkeit', mhd. *vermeȥȥenheit* 'Entschlossenheit, Kühnheit, Verwegenheit'.

Messer n. 'Schneidwerkzeug mit Griff und

Klinge', ahd. *meȥȥisahs* (9. Jh.), mhd. *meȥȥer*, asächs. *mezas* (vgl. dazu *mezaskōp* 'Messerkauf'), mnd. *messet, me(t)s(e)t*, mnl. *me(t)s*, nl. *mes*, aengl. *metseax*. Wie das Ahd. und Aengl. zeigen, ist *Messer* eine verdunkelte Zusammensetzung, hervorgegangen aus westgerm. **matizsahsa-*. Das erste Kompositionsglied geht auf das in verschiedenen Wortstämmen (ursprünglich als *i-* und *a-*Stamm) vorliegende germ. **mat-* 'Speise, Essen' zurück, das hier in der Kompositionsform germ. **mati-* erscheint; vgl. ahd. *maȥ* (9. Jh.; auch *tagamaȥ* 'Tagesmahlzeit', 8. Jh.), mhd. *maȥ*, asächs. *mat*, anord. *matr*, got. *mats* 'Speise' sowie asächs. *meti*, mnl. *met*, aengl. *mete* (vgl. engl. *meat* 'Fleisch' und s. *Mettwurst*). Es gehört zur Wurzel ie. **mad-* 'naß, triefen', auch 'von Fett triefen, saftig, fett, gemästet' (s. *Mast* f.). Das Grundwort wird gebildet von ahd. (9. Jh.), mhd. *sahs* (md. *sas*) 'kurzes Schwert, Messer', asächs. *sahs*, mnd. *sach, sak, sāks*, aengl. *seax*, anord. *sax*, das zur Wurzel ie. **sĕk-* 'schneiden' (wozu auch *Säge*, s. d.) gehört. Das alte Kompositum, aus dem heutiges *Messer* hervorgegangen ist, ist demnach als 'Schwert bzw. Schneidewerkzeug für Speisen' zu deuten. Auf die genannte Wurzel ie. **sĕk-* führt ferner lat. *saxum* 'Stein, Fels', so daß die Bezeichnung germ. **sahs-* anfänglich ein steinzeitliches Gerät, ein 'Steinschwert' bezeichnet haben kann. Davon abgeleitet ist schließlich der Name der S a c h s e n , der wohl als 'die mit dem **sahs-* Bewaffneten' zu erklären ist.

Messias m. Bezeichnung des den Juden (im Alten Testament) verheißenen Erlösers, der nach christlicher Auffassung (im Neuen Testament) in der Gestalt des Jesus von Nazareth erscheint; übertragen auch 'von seinen Anhängern verehrungsvoll überhöhter Stifter einer Lehre'. Kirchenlat. *Messīās*, griech. *Messías* (*Μεσσίας*) ist entlehnt aus aram. *mᵉšīḥā* 'der Gesalbte', vgl. hebr. *māšīᵃḥ*. Im Griech. mit *christós* (*χριστός*) übersetzt, s. *Christus*.

Messing n. Legierung aus Kupfer und Zink. Die Bezeichnung ist etymologisch nicht überzeugend gedeutet. Mhd. *messinc, missinc, möschinc*, mnd. *missinc, messinc* (daraus entlehnt die nord. Formen), mnl. *messinc, missinc*, nl. *messing* und (als ältestes Zeugnis) aengl. *mæstling, mæslen* (10. Jh.) werden mit dem Namen eines Volkes im Nordosten Kleinasiens, den *Mossynoiken* (griech. *Μοσσύνοικοι*), in Verbindung gebracht; der Name ist abgeleitet von griech. *móssyn* (*μόσσυν*) 'turmartiges Gebäude aus Holz, Holzbau', einem Lehnwort aus dem Pers. Die Mossynoiken (eigentl. 'die, deren Haus ein Holzbau ist, die in Holzbauten Lebenden') sollen eine bes. Art Metall, griech. *chalkós* (*χαλκός*) 'Erz, Metall, Kupfer', auch 'gemischtes Kupfer, Bronze u. dgl.', besessen haben, so daß von dem Volksnamen bzw. dem zugehörigen Adj. griech. *Mossȳnikós* (*Μοσσυνικός*) 'mossynisch, von den Mossynoiken hergestellt' die Bezeichnung der Legierung entlehnt sein könnte. Eine vermutete slaw. Vermittlung, auf der die germ. Bezeichnungen für Messing beruhen sollen, ist unwahrscheinlich, da die nur westslaw. Zeugnisse tschech. *mosaz* und poln. *mosiądz* 'Messing' eher Entlehnungen aus dem Germ. sind; überdies bleibt die frühe aengl. Bezeugung bei slaw. Vermittlung ungeklärt. Erwogen wird schließlich auch Anknüpfung an lat. *massa*, ahd. *massa*, mhd. *masse* (s. *Masse*) im Sinne von 'Metallklumpen', woraus zumindest mhd. *mess(e)* und mnl. *mes* 'Messing' stammen könnte.

Mestize m. 'Nachkomme eines weißen und eines indianischen Elternteils, Mischling'. Der seit dem späten 16. Jh. bekannte, bis ins 18. Jh. nur in der Reiseliteratur (häufig noch in der Form *Mestizo*) zu findende Ausdruck ist eine Entlehnung von gleichbed. span. *mestizo*. Dieses beruht wie die roman. Entsprechungen port. *mestiço*, frz. *métis* 'Mischling, Bastard' und die vorausgehenden Adjektive port. *mestiço* 'gemischtrassig', afrz. *mestiz* 'von unreiner, niedriger Abkunft', aprov. *mestitz* 'von niedriger Abkunft, schlecht' auf spätlat. **mixtīcius* (belegt in spätlat. *mestīcius* 'gemischtfarbig' sowie in der Substantivierung spätlat. *mistīcius* 'Mischling, Fremdblütiger'), einer Weiterbildung von lat. *mixtus* 'gemischt', dem Part. Perf. des Verbs lat. *miscēre* (s. *mischen*).

Met m. alkoholisches Getränk aus vergorenem Honig, ahd. *meto* (9. Jh.), mhd. *met(e)*, mnd. mnl. *mēde*, nl. *mede*, aengl. *medu, meodu*, engl. *mead*, anord. *mjǫðr*, schwed. *mjöd* (germ. **medu-*), verwandt mit aind. *mádhu* 'süßer Trank, Süßigkeit, Honig, Milch', griech. *méthy* (*μέθυ*) 'Wein' (s. *Amethyst*), air. *mid* 'Met', aslaw. *medъ* 'Honig', russ. *mëd* (*мёд*) 'Honig, Met', lit. *medùs* 'Honig', so daß ie. **medhu* 'Honig, bes. Met' anzusetzen ist.

meta-, auch (vor Vokalen und *h*) **met-**, dient als erstes Glied in Zusammensetzungen zur Angabe einer räumlichen und zeitlichen Folge, einer Ortsveränderung, Umstellung und Wandlung. Es entspricht griech. *méta*, *metá* (*μέτα*, *μετά*) Adv. Präp. 'inmitten, zwischen, mit, nach, hinter', wohl verwandt mit *mit* (s. d.). Bereits im Griech. bildet *meta-* zahlreiche Komposita, von denen viele (z. T. über lat. Vermittlung) in die dt. Wissenschafts- und Gelehrtensprache übernommen werden, s. *Metapher*, *Metaphysik*, *Methode*. Vgl. auch M e t a m o r p h o s e f. 'Verwandlung' (18. Jh.), griech. *metamórphōsis* (*μεταμόρφωσις*), lat. *metamorphōsis*; daher *metamorphōsēs* 'die Verwandlungen' (Titel eines Gedichts von Ovid). M e t a s t a s e f. 'Tochtergeschwulst' (19. Jh.), griech. *metástasis* (*μετάστασις*) 'das Umsetzen, Wegstellen, Umwandlung, Veränderung, Ortsveränderung', bereits bei Galen in medizinischem Sinne 'das Verschwinden einer Krankheit und Erscheinen an einer anderen Stelle'; M e t a t h e s e f. 'Umstellung von Lauten' (19. Jh.), griech. *metáthesis* (*μετάθεσις*) 'Umstellung, Umsetzung'. In Neubildungen der modernen Wissenschaftssprache noch produktiv, vgl. *Metakritik* 'Kritik der Kritik', *Metasprache* 'Zeichensystem, mit dessen Hilfe eine Objektsprache beschrieben werden kann'.

Metall n. Element oder Legierung mit hoher Leitfähigkeit und oft stark glänzend, allgemein (und in älterer Sprache) für im Bergbau gewonnenes, schmied- und gießbares Erz. Mhd. *metalle*, *metele* wird um 1300 (für ältere dt. Bezeichnungen s. *Geschmeide*) aus lat. *metallum* 'Metall, Bergwerk', griech. *métallon* (*μέταλλον*) 'Mine, Grube, Bergwerk', dann 'Mineral, Metall' entlehnt, das seinerseits möglicherweise arab. Herkunft ist; vgl. LÜLING Zwei Aufsätze zur Religions- u. Geistesgesch. (1977) 9ff. – m e t a l l i s c h Adj. 'wie Metall, aus Metall hergestellt' (16. Jh.), lat. *metallicus*, griech. *metallikós* (*μεταλλικός*) 'zum Bergwerk, Bergbau gehörig'. M e t a l l u r g m. 'Fachmann der Metallkunde' (19. Jh.), griech. *metallūrgós* (*μεταλλουργός*) 'Bergwerksarbeiter' (zur Bildungsweise s. *Chirurg*); dazu M e t a l l u r g i e f. 'Lehre von den Metallen, Hüttenkunde' (19. Jh.); vgl. frz. *métallurgie* (17. Jh.).

Metapher f. 'bildlicher Ausdruck, Übertragung', zunächst *Metaphor* (17. Jh.), dann *Metapher* (18. Jh.), eine gelehrte Entlehnung von lat. *metaphora*, griech. *metaphorá* (*μεταφορά*) 'Übertragung eines Wortes in eine uneigentliche Bedeutung, bildlicher Ausdruck', eigentl. 'das Weg- und Anderswohintragen'; vgl. griech. *phérein* (*φέρειν*) 'tragen' und s. *meta-*. – m e t a p h o r i s c h Adj. 'bildlich, uneigentlich' (17. Jh.); vgl. frz. *métaphorique* (14. Jh.), lat. *metaphoricē* Adv., griech. *metaphorikós* (*μεταφορικός*) Adj.

Metaphysik f. idealistische philosophische Lehre von den jenseits der sinnlich wahrnehmbaren Welt angenommenen Erscheinungen und Zusammenhängen. Mlat. *metaphysica* (10. Jh., oder schon bei Boethius?) ist hervorgegangen aus griech. *tá metá tá physiká* (*τὰ μετὰ τὰ φυσικά*), eigentl. 'die nach der Naturlehre', Akk. Plur. Neutr. des Adjektivs griech. *physikós* (*φυσικός*) 'natürlich, von der Natur hervorgebracht' (s. *Physik*). Unter dieser Bezeichnung werden (seit dem 1. Jh. v. u. Z.) in den Ausgaben der Schriften des Aristoteles seine 13 Abhandlungen der Philosophie zusammengefaßt, da sie in der Anordnung denen über die Natur(wissenschaften) nachfolgen (lat. *post naturālia*). Das daraus durch Zusammenrückung entstandene Substantiv mlat. *metaphysica* f. steht daher für die Philosophie des Transzendenten, begegnet seit dem 14. Jh. in dt. Texten, übersetzt mit frühnhd. *vbernaturliche kunst*. – m e t a p h y s i s c h Adj. 'die Metaphysik betreffend, zu ihr gehörend, überirdisch, transzendent' (18. Jh.), mlat. *metaphysicus*; vgl. frz. *métaphysique* (16. Jh.).

Meteor m. kosmischer Körper, der beim Eintritt in die Erdatmosphäre zu glühen beginnt, in dt. Texten seit dem 16. Jh., zunächst in der nlat. Form *Meteorum*, singularisiert aus mlat. *meteora*, griech. *metéōra* (*μετέωρα*) 'die Körper und Erscheinungen am Himmel', eigentl. 'hochgelegene Punkte'. Dies ist eine Substantivierung des Neutr. Plur. von griech. *metéōros* (*μετέωρος*) 'in die Höhe gehoben, in der Höhe oder Luft schwebend, überirdisch', aus **metaírein* (**μεταίρειν*) 'emporheben' oder durch Hypostase von *met' aéros* (*μετ' ἀέρος*) 'in der Luft' entstanden. – M e t e o r o l o g i e f. 'wissenschaftliche Wetter- und Klimakunde' (18. Jh.), griech. *meteōrología* (*μετεωρολογία*) 'Lehre von überirdischen Dingen, bes. von den Himmelserscheinungen und von der Luft'; s. *-logie*; vgl. frz. *météorologie* (16. Jh.). meteorologisch Adj. (17. Jh.), vgl. griech. *meteōrologikós* (μετεωρολογικός) 'in der Lehre von überirdischen Dingen erfahren'. Meteorologe m. 'Wetter- und Klimasachverständiger' (19. Jh.), vgl. griech. *meteōrológos* (μετεωρολόγος) 'wer von überirdischen Dingen, von den Körpern und Erscheinungen in der Luft, am Himmel redet, sie beobachtet', auch 'Astronom'.

Meter m., auch n. Längeneinheit des Maßsystems. Mfrz. frz. *mètre*, aus griech. *métron* (μέτρον) 'Maß, das rechte, volle Maß, Ziel, Länge, Größe, Meßgerät', wird 1790 als Bezeichnung für die Grundeinheit des Längenmaßes in einem von der frz. Nationalversammlung festgelegten Maßsystem empfohlen. Daraus im 19. Jh. ins Dt. entlehntes *Meter* gilt seit 1868 als gesetzliches Längenmaß. Dazu *Kilometer* (s. *kilo-*); *Millimeter* (s. *milli-*); Zentimeter m. und n. Maßeinheit für 1/100 Meter (19. Jh.), aus frz. *centimètre* (1793), dessen erstes Kompositionsglied auf lat. *centum* 'hundert' zurückgeht. – An griech. *métron* n. 'Meßgerät' anknüpfend, begegnet -meter n. 'Meßgerät' (engl. *-meter*, frz. *-mètre*) schon im 17. Jh. als Grundwort gelehrter Zusammensetzungen, s. *Baro-*, *Hygro-*, *Thermometer*; im 18. und 19. Jh. folgen weitere Bildungen diesem Muster, vgl. *Alkoholo-*, *Galvano-*, *Gaso-*, *Voltameter*. Dazu -metrie f. '-messung', aus griech. *-metría* (-μετρία), in aus dem Griech. stammenden, in die Wissenschaftssprache aufgenommenen Wörtern, s. *Geometrie*, *Symmetrie*, dann auch in Neubildungen wie *Trigonometrie* (s. d.) und *Stereometrie* 'Körpermessung' (19. Jh.), *Ergometrie* 'Messung der Arbeitsleistung der Muskulatur' (20. Jh.).

Methode f. 'systematisches Vorgehen nach bestimmten Grundsätzen und Regeln, folgerichtiges Herangehen an eine Aufgabe' (17. Jh.; vgl. frz. *méthode*, 16. Jh.), entlehnt aus lat. *methodus* f., griech. *méthodos* (μέθοδος) f. 'nach bestimmten Regeln geordnetes Verfahren', eigentl. 'das Nachgehen, Verfolgen, Nachforschen, Untersuchen'; vgl. griech. *hodós* (ὁδός) 'Weg' und s. *meta-*. Bereits im 16. Jh. in dt. Texten mit lat. Flexion für 'Lehrart, Unterrichtsverfahren'. – methodisch Adj. 'planmäßig, systematisch, einer Methode entsprechend' (18. Jh.), lat. *methodicus*, griech. *methodikós* (μεθοδικός) 'nach bestimmten Regeln und Grundsätzen verfahrend'. Methodologie f. 'Lehre, Theorie der wissenschaftlichen Methoden, Gesamtheit der Methoden' (um 1800); dazu s. *-logie*. Methodik f. 'Wissenschaft von der wissenschaftlichen Verfahrensweise, Lehr-, Unterrichtskunde, festgelegte Art des Vorgehens' (19. Jh.), vgl. griech. *methodiká* (μεθοδικά), Titel einer untergegangenen Schrift von Aristoteles (eigentl. Neutr. Plur. von griech. *methodikós*, s. oben).

Metier n. 'Handwerk, Beruf, Fach', Übernahme (18. Jh.) von gleichbed. frz. *métier*, afrz. *mestier* 'Gottesdienst, Kultfeier, Dienst, Amt, Beruf, Handwerk, Geschicklichkeit, Verpflichtung, Bedarf', aus spätlat. *misterium*, einer kontrahierten Form von lat. *ministerium* 'Dienst, Verwaltung, Amt', kirchenlat. auch 'Gottesdienst' (s. *Minister*), die sich mit lat. *mystērium* 'Geheimnis, Geheimlehre' (s. *Mysterium*) vermischt. Diese Kontamination erfolgt wohl im kirchlichen Bereich, da in priesterlicher Sicht 'Gottesdienst' und 'Zelebration des Mysteriums (in der Messe)' zusammenfallen.

Metrik f. 'Verslehre, Lehre vom Versmaß und vom Takt'. Lat. *(ars) metrica* 'Verslehre', aus griech. *metrikḗ (téchnē)* (μετρικὴ τέχνη), abgeleitet von griech. *métron* (μέτρον), hier 'Silben- oder Versmaß' (s. *Metrum*), begegnet in der lat. Form *Metrica* seit dem 16. Jh. in dt. Texten; ohne lat. Endung seit dem 18. Jh. bezeugt. – metrisch Adj. 'das Silben-, Versmaß betreffend' (16. Jh.), lat. *metricus*, griech. *metrikós* (μετρικός).

Metropole f. 'Hauptstadt, Zentrum', lat. *mētropolis*, griech. *mētrópolis* (μητρόπολις) 'Mutterstadt' (im Hinblick auf die von ihr ausgegangenen Neugründungen), dann 'große Stadt, Hauptstadt (einer Provinz)', aus griech. *mḗtēr* (μήτηρ) 'Mutter' und griech. *pólis* (πόλις) 'Stadt'. Das griech.-lat. Wort begegnet zuerst im 16. Jh. in dt. Texten. In der Endung eingedeutschtes *Metropole* wird im 19. Jh. Bezeichnung für die wachsenden Großstädte.

Metrum n. 'Versmaß, kleinste rhythmische Verseinheit', in der Musik 'Zeitmaß, Taktart', Entlehnung (19. Jh.) von lat. *metrum* 'Vers-, Silbenmaß', griech. *métron* (μέτρον) 'das rechte, volle Maß, Ziel, Länge, Größe, Silben- oder Versmaß' (verwandt mit *messen*, s. d.).

Mette f. 'Früh-, Abend-, Mitternachtsgottesdienst' (vor einem hohen kirchlichen Fest), ahd. *mattīna* (um 1000), *mettīna* (10. Jh.), mhd. *met(t)en*, *mettīn(e)*, *mettī* ist entlehnt aus kirchenlat. *mattīna*, einer substantivierten Verkürzung von kirchenlat. *mātūtīna (hōra)* 'das erste der sich siebenmal täglich wiederholenden klösterlichen Stundengebete, das vor Tagesanbruch abgehalten wird', dann allgemein 'morgendlicher Gottesdienst'. Der Ausdruck enthält das Adjektiv lat. *mātūtīnus* 'morgendlich' (s. *Matinee*). – Christmette f. 'Weihnachtsgottesdienst in der Christnacht' (24./25. Dez.), spätmhd. *kristmettīn*.

Mettwurst f. Streichwurst aus magerem Schweinefleisch, Übernahme (16. Jh.) von mnd. *metworst*, *metteworst*. Das erste Kompositionsglied mnd. *met*, nd. *Mett* 'reines (gehacktes) Schweinefleisch ohne Speck' setzt germ. **mati-* 'Speise' fort. Zur Etymologie s. *Messer*, *Mast* f.

[1]**Metze** f. altes Getreidemaß, ahd. *mezzo* m. (11. Jh.), mhd. *metze* m. 'kleineres Trokken- und Flüssigkeitsmaß', mnd. *matte*, *mette* f., aengl. *mitta* m. 'Maß, Scheffel' sind mit einem Gemination bewirkenden *j*-haltigen Suffix zu der unter *messen* (s. d.) genannten Wurzel gebildet. Das heute herrschende fem. Genus setzt sich vom Omd. her durch, während das Obd. mask. Gebrauch (*der Metze* bzw. *Metzen*) bewahrt.

[2]**Metze** f. 'Dirne'. Ausgangsform für den in der Literatur bis ins 19. Jh., doch heute nur noch altertümelnd gebrauchten Ausdruck ist der Vorname *Mechthild*, ahd. *Mahthilt*, zusammengesetzt aus dem unter *Macht* (s. d.) behandelten Substantiv und dem als selbständiges Wort schon früh ausgestorbenen, aber häufig in Namen überlieferten ahd. *hilta* (9. Jh.), mhd. *hilt(e)-* 'Kampf'. Als Kurz- bzw. Koseformen erscheinen ahd. *Matza* (11. Jh.), mhd. *Matze*, *Mäcz* und frühnhd. *Metz(e)*, das sich als weitverbreiteter weiblicher Name zur Bezeichnung für ein unverheiratetes Mädchen, eine zur Ehe begehrte Frau, aber auch für ein dienendes Mädchen, eine Magd und Haushälterin, entwickelt. In dieser Verwendung gilt *Metze* bis ins 16. Jh.; daneben aber kommt bereits im 15. Jh. abschätziger Gebrauch im Sinne von 'leichtfertige Frau, Dirne' auf, der später alleinherrschend wird.

metzeln Vb. 'schlachten' (15. Jh.), 'massenweise niedermachen, hinmorden' (16. Jh.), entlehnt aus mlat. *macellare* 'schlachten', einer Bildung zu lat. *macellum* 'Marktplatz, Fleisch-, Gemüsemarkt, Fleisch' (vgl. lat. *macellārius* 'Schlächter, Fleischhändler'), griech. *mákellon* (*μάκελλον*) 'Gehege, Gitter, Fleischmarkt, Lebensmittelhalle'. – Gemetzel n. 'Blutbad' (18. Jh.). niedermetzeln Vb. 'hinmorden' (18. Jh.), das Simplex weitgehend ablösend.

Metzger m. 'Fleischer, Schlächter', süd- und westd. verbreitet, mhd. *metzjære*, *metzjer*, frühnhd. *metzger* ist vielleicht entlehnt aus spätlat. *mat(t)iārius* 'Wursthersteller, -händler', abgeleitet von lat. *mattea*, *mat(t)ia* 'Fleischgericht, Wurst, Darm', das auf griech. *mattýē* bzw. eine Nebenform **mattéē* (*ματτύη*, **ματτέη*) 'leckeres Gericht aus gehacktem Fleisch, Geflügel und aromatischen Kräutern' zurückgeht. – Metzgerei f. (17. Jh.).

meucheln Vb. 'heimlich und hinterrücks ermorden' (18. Jh.), älter 'heimlich naschen', auch allgemein 'heimtückisch und heimlich vorgehen'; vgl. (mundartlich) *maucheln* 'heimlich und hinterlistig handeln, betrügen' (16. Jh.). Ahd. **mūhhilōn* ist aus ahd. *mūhhilāri* 'heimlich Lauernder, Wegelagerer' (11./12. Jh.) und *mūhhilswert* (10./11. Jh.) erschließbar. Das Verb ist eine Iterativbildung zu ahd. *mūhhōn* 'heimlich lauern, anfallen' (wozu auch ahd. *mūhhāri* 'Wegelagerer'; beide 8. Jh.), mhd. *mūchen* 'verstecken, verbergen', *vermūchen* 'heimlich auf die Seite schaffen und verstecken', verwandt mit engl. (mundartlich) *to miche* 'sich verstecken, stehlen', *micher* 'Dieb' und lat. *muger* 'Falschspieler beim Würfelspiel', so daß eine Wurzel ie. **meug-* 'heimlich und tückisch lauern' angenommen werden kann. – meuchlings Adv. 'aus dem Hinterhalt' (16. Jh.), vgl. mhd. *miuchelingen* 'heimlich'; s. *-lings*. Meuchelmord m. 'hinterhältiger Mord' (16. Jh.) und Meuchelmörder m. (16. Jh.) enthalten das bereits früh als erstes Kompositionsglied bezeugte ahd. *mūhhil-* (in ahd. *mūhhilswert*), mhd. *miuchel-* (in mhd. *miuchelgadem* 'Gemach zum Verstecken', *miuchelrœche* 'heimlich rächend, schadend');

vgl. auch ahd. *mūhhilāri* (s. oben), mhd. *miucheler*, *mūcheler*, nhd. *Meuchler* (bis ins 19. Jh. gebräuchlich).

Meute f. 'für die Hetzjagd abgerichtete Gruppe von Jagdhunden', Entlehnung (18. Jh.) im Zusammenhang mit Gebräuchen der frz. Hetzjagd von gleichbed. frz. *meute*, afrz. mfrz. *muete*, *meute* 'Bewegung, Aufbruch, Aufruhr, Zug', dann bes. 'Zug von Jagdhunden', das auf vlat. **movita* 'Bewegung', dem substantivierten Fem. des Part. Perf. **movitus*, lat. *mōtus* (zu lat. *movēre* 'in Bewegung setzen, bewegen') beruht. Seit dem 19. Jh. ist die Übertragung auf eine Horde wilder, ungebärdiger Menschen üblich. An afrz. mfrz. *muete*, *meute* 'Bewegung, Unruhe, Aufruhr', mfrz. *meuterie* 'Aufruhr, Revolte' schließen sich an Meuterei f. 'Empörung, Aufstand' und Meuterer m. 'Empörer, Aufrührer' (beide 16. Jh.) sowie dazu gebildetes meutern Vb. 'sich auflehnen, empören, den Gehorsam verweigern' (18. Jh.), zuvor *meuten* (17. Jh.).

miauen Vb. 'wie eine Katze schreien' (17. Jh.), abgeleitet von den Katzenlaut nachahmendem *miau*. Älter ist ebenfalls lautnachahmendes mauen Vb., mhd. *māwen* (s. *mau*), mit den expressiven Weiterbildungen maunzen (16. Jh.) und mauzen (17. Jh.).

mich Pers.pron. der 1. Person im Akk. des Singulars, ahd. *mih*, mhd. *mich*, asächs. mnd. *mik*, aengl. *mec*, anord. got. *mik*. An den Pronominalstamm ie. **me-* (vgl. aind. *mā́m*, *mā*, griech. *emé*, *me*, *ἐμέ*, *με*, lat. *mē* 'mich'; s. *mein*, *mir*) wird im Germ. analog dem Nom. der 1. Person Sing. (s. *ich*) ein *k* angefügt. Das Asächs. und Aengl. verwenden daneben auch den Dat. (asächs. *mī̆*, aengl. *mī̆*) als Akk., vgl. auch mnd. *mī*, mnl. *mi*, nl. *me*, *mij* 'mir, mich' (s. *mir*).

Mieder n. 'eng anliegendes Oberteil von Trachtenkleidern, Leibchen', ahd. *muodar* (11. Jh.), mhd. *muoder* 'Bauch, (Mutter)leib, Haut, die Brust umschließendes Kleidungsstück für Männer und Frauen, Leibchen', seit dem 15./16. Jh. auch in der vom 18. Jh. an herrschenden Form *Mieder* (aus dem Plur. mhd. *müeder* mit nachfolgender md. Entrundung von *ü* zu *ī*), afries. *mōther* 'Brustbinde der Frauen' gehören als Ableitungen zu dem unter *Mutter* (s. d.) behandelten Substantiv. Wie bei *Leib*, *Leibchen* (s. d.) wird die Bezeichnung für den Körperteil auf die ihn umgebende Hülle übertragen. – Miederwaren Plur. die weibliche Figur stützende und betonende Unterwäsche (20. Jh.).

Mief m. 'schlecht riechende, abgestandene Luft in geschlossenen Räumen' verbreitet sich seit etwa 1900 von Berlin aus. Vorwiegend umgangssprachliches *Mief* ist mit dem davon abgeleiteten Verb *miefen* (20. Jh.) wohl eine jüngere Lautvariante zu älterem [1]*Muff* 'dumpfer Geruch, Moder, Schimmel' (s. d.) und *muffen* 'nach Moder oder Fäulnis riechen' (17. Jh.).

Miene f. 'Gesichtsausdruck', Übernahme (17. Jh.) von gleichbed. frz. *mine*, das aus bret. *min* 'Schnabel, Mund, Schnauze' entlehnt ist. Die Schreibweise *Miene* setzt sich (zur Unterscheidung von *Mine*, s. d.) im 18. Jh. durch.

mies Adj. 'in Verdruß, Ablehnung hervorrufender Weise schlecht, unfreundlich, langweilig', Übernahme (19. Jh.) von rotw. *mies*, das auf jidd. *mis(er)* 'schlecht, miserabel, widerlich', aram. *m*^{e}*'īs* 'widerlich', Part. Pass. von aram. *m*^{e}*'as* 'verachten', beruht. Von Berlin aus verbreitet sich das Adjektiv in der Umgangssprache. Vgl. *mies machen* 'etw. im Wert herabsetzen, verleiden', in der Kaufmannssprache (um 1900) 'an der Börse schlechte Stimmung verbreiten'; entsprechend *Miesmacher* 'Schwarzseher, Nörgler, Pessimist'.

Miesmuschel f. Seit dem 18. Jh. bezeugter Name für eßbare Muschelarten, die sich mit Sekretfäden an Pfählen und Steinen festsetzen. Das erste Kompositionsglied wird allgemein als die im Ablaut zu [1]*Moos* (s. d.) stehende Form *Mies*, ahd. *mios* (9. Jh.), mhd. *mies* 'Moos', angesehen. Doch bleibt diese Deutung zweifelhaft.

[1]**Miete** f. 'Entgelt für die zeitweilige Überlassung einer Wohnung, eines Gegenstandes', seltener 'zeitweilige Übernahme', ahd. *mieta* 'Lohn, Geschenk' (8. Jh.), mhd. *miet(e)* 'Lohn, Belohnung, Vergeltung, Begabung, Beschenkung, Bestechung', asächs. *mēda*, mnd. *mēde*, aengl. *mēd*, engl. (poetisch) *meed* führen (mit Verlust der Spirans und Ersatzdehnung) ebenso wie (mit erhaltener oder in *r* übergegangener alter stimmhafter Spirans vor stimmhaftem Konsonanten) got. *mizdō*, aengl. *meord* auf germ. **mizdō* f. und mit griech. *misthós* (*μισθός*) 'Lohn, Sold, Miete,

Belohnung, Tagelohn', aind. *miḍhám* 'Streit, Wettkampf, Gewinn, Lohn', aslaw. *mъzda* 'Lohn', russ. (älter) *mzda* (*мзда*) 'Lohn, Entgelt, Belohnung' auf ie. **mizdho-*, **mizdhā* 'Lohn, Sold'. (Die germ. Feminina sind allerdings zum Teil in die Deklination der *n*-Stämme übergetreten.) – m i e t e n Vb. 'etw. gegen Bezahlung zur zeitweiligen Benutzung übernehmen, jmdn. für Dienstleistungen gegen Bezahlung engagieren', ahd. *mieten* 'dingen, jmdm. Geld geben' (9. Jh.), mhd. *mieten* '(be)lohnen, beschenken, dingen, für einen Zins in Besitz nehmen, erkaufen, bestechen'. v e r m i e t e n Vb. 'gegen Bezahlung zur zeitweiligen Benutzung überlassen', ahd. *firmieten* (9./10. Jh.), mhd. *vermieten*. M i e t e r m. 'wer gegen Bezahlung etw. zeitweilig benutzt, bes. eine Wohnung', mhd. *mietære*; *Vermieter* m. (17. Jh.); *Untermieter* m. (19. Jh.). M i e t s h a u s n. 'gemietetes Haus' (16. Jh.), 'Haus, dessen Wohnungen vermietet werden' (18. Jh.).

²**Miete** f. 'aufgeschütteter, zum Schutz vor Frost mit Stroh und Erde bedeckter Haufen von Knollenfrüchten' gelangt im 18. Jh. aus dem Nd. ins Hd. Das nd. *Mīte*, mundartlich auch 'aufgeschichteter Holz-, Heu-, Stroh-, Garben-, Misthaufen', beruht wie mnl. *mīte*, nl. *mijt* 'Holzstoß, Heuhaufen' auf einer im von den Römern besiedelten Rheingebiet vorgenommenen Entlehnung aus lat. *mēta* 'kegel- oder pyramidenförmige Figur, Heuschober'. Auf Grund des Übergangs von *ē* zu *ī* muß trotz später Bezeugung der germ. Formen der Entlehnungsvorgang in früher Zeit stattgefunden haben.

Mieze f. Kosebezeichnung für 'Katze'. Aus dem Lockruf der Katzen für ihre Jungen *mi-mi(-mi)* stammendes *mī* wird mit einem affektischen *z*-Laut (wie ähnlich in *Hinz*, *Kunz*) zu *Miez(e)* erweitert. Literarisch 18. Jh., doch gewiß älter.

Migräne f. 'starke (einseitige) Kopfschmerzen (mit Erbrechen)', als medizinischer Terminus Übernahme (um 1700) von gleichbed. mfrz. frz. *migraine*, afrz. *migraigne*; dieses (auch in adjektivischer Verwendung afrz. *gote*, *fievre migraigne* 'Kopfweh', eigentl. 'Krankheit, Fieber auf einer Kopfseite') beruht auf spätlat. *hēmicrānia*, griech. *hēmikrānía* (*ἡμικρανία*) 'einseitiger Kopfschmerz', zusammengesetzt aus griech. *hēmi-* (*ἡμι-*) 'halb' und griech. *krāníon* (*κρανίον*) 'Schädel, Hirnschale'.

mikro- Bestimmungswort in vorwiegend naturwissenschaftlichen Termini mit der Bedeutung 'klein'. Zugrunde liegt griech. *mīkrós* (*μικρός*) 'klein, kurz, gering', das bereits im Griech. häufig als erstes Glied in Komposita erscheint, vgl. griech. *mīkrodosía* (*μικροδοσία*) 'kleine Gabe', *mīkrópsȳchos* (*μικρόψυχος*) 'kleinmütig', *mīkrókarpos* (*μικρόκαρπος*) 'mit kleinen Früchten', *mīkróspermos* (*μικρόσπερμος*) 'mit kleinen oder mit wenig Samen'. Nach diesem Vorbild entstehen in der Wissenschaftssprache (19./20. Jh.) zahlreiche Neubildungen, vgl. *Mikroklima* 'Klima kleinster Bereiche', *Mikrographie* 'Beschreibung kleiner, mit dem Vergrößerungsglas beobachteter Körper', *Mikrometrie* 'Kleinmessung', *mikrophyllisch* 'kleinblättrig', *Mikroorganismus* 'Kleinlebewesen' (s. *Mikrobe*). – M i k r o k o s m o s m. 'der Mensch als verkleinertes Abbild des Universums, Welt der Kleinlebewesen', *Mikrokosmus* (Paracelsus), Gegenwort *Makrokosmos* (s. d.), Übernahme (16. Jh.) von lat. *mīcrocosmus*, griech. *mīkrókosmos* (*μικρόκοσμος*) 'kleine Welt', zu griech. *kósmos* (*κόσμος*) 'Ordnung, Anstand, Schmuck, Weltordnung, Welt' (s. *Kosmos*). M i k r o p h o n n. Gerät zur Umwandlung von Schallschwingungen in elektrische Stromschwankungen (19. Jh.), Übernahme von engl. frz. *microphone* (18. Jh.), gelehrte Bildung zu griech. *phōnḗ* (*φωνή*) 'Laut, Ton, Schall'. M i k r o s k o p n. 'optisches Vergrößerungsgerät' (17. Jh.), vgl. engl. frz. *microskope* (17. Jh.), alle nach nlat. *mīcroscopium* (1618); s. *-skop*. Dazu M i k r o s k o p i e f. (17. Jh.) und m i k r o s k o p i s c h Adj. (18. Jh.).

Mikrobe f. oft nur mikroskopisch sichtbares Kleinlebewesen, Mikroorganismus (19. Jh.), Übernahme von frz. *microbe*, geprägt (1878) von dem frz. Chirurgen Sedillot zu griech. *mīkrós* (*μικρός*) 'klein' und griech. *bíos* (*βίος*) 'Leben'. Daneben im Dt. bis ins 20. Jh. auch *Mikrobie* f. und gräzisierendes *Mikrobion* n.

Milbe f. Name für mikroskopisch kleine, stechende oder saugende Spinnentiere. Zugrunde liegt ahd. *mil(i)wa* (9. Jh.), mhd. *mil(e)we* 'Kleidermotte', wozu mnd. *mēle*, ablautend anord. *mǫlr*, schwed. *mal*, got.

malō, verwandt mit aslaw. *molь*, russ. *mol'* (*моль*), die als 'Mehl bzw. Staub machendes Tierchen' zu den unter *Mehl* und *mahlen* (s. d.) abgehandelten Wörtern gehören. Sie sind daher an die dort genannte Wurzel ie. **mel(ə)-* 'zermalmen, schlagen, mahlen' anzuschließen. *Milbe* bezeichnet ursprünglich die '(Kleider)motte', steht vielfach allgemein für 'kleines Ungeziefer' und wird schließlich in der dt. zoolog. Fachsprache (18. Jh.) der Name für kleine Spinnentiere (s. oben), die damals kleinsten bekannten Tiere. Vgl. W. PFEIFER Wb. dt. Tiernamen, Beiheft 2 (1965) 16ff.

Milch f. 'weiße, nahrhafte, von den Brustdrüsen weiblicher Säugetiere und Menschen ausgeschiedene Flüssigkeit', dann auch 'Samenflüssigkeit männlicher Fische, weißlicher Pflanzensaft', ahd. *miluh* (8. Jh.), mhd. *mil(i)ch*, asächs. *miluk*, mnd. *melk*, *melik*, mnl. *melc*, nl. *melk*, aengl. (angl.) *milc*, (westsächs.) *meol(o)c*, engl. *milk*, anord. *mjolk*, schwed. *mjölk*, got. *miluks* führen auf germ. **meluk-* (bzw. **milik-*). Vielleicht eine Weiterbildung von ie. **mĕlĝ-* (auch **meləĝ-*?) 'abstreifen, wischen'. Ein Zusammenhang mit *melken* und *Molke* (s. d.) ist anzunehmen. – m i l c h i g Adj. 'der Milch ähnlich, weißlich' (18. Jh.), *milchicht* (17. Jh.), *milchecht* (15. Jh.). M i l c h g l a s n. 'milchig-weißes, undurchsichtiges Glas' (19. Jh.). M i l c h - z a h n m. 'früher Zahn, der während der Stillzeit wächst' (16. Jh.).

mild Adj. 'freundlich, sanft, barmherzig', ahd. *milti* 'gütig, freundlich, freigebig' (8. Jh.), mhd. *milte*, *milde* 'freundlich, gütig, barmherzig, wohltätig', asächs. *mildi*, mnd. mnl. aengl. *milde*, nl. engl. *mild*, anord. *mildr*, schwed. *mild*, got. *-mildeis* lassen sich außergerm. vergleichen mit aind. *márdhati* 'vernachlässigt, verläßt, gibt preis' (entwickelt aus 'wird zerrieben, weich, schlaff, läßt nach'), griech. *malthakós* (*μαλθακός*) 'weich, zart', *málthē* (*μάλθη*) 'Wachs-, Pechgemisch' und führen mit diesen auf ie. **meldh-*, während die eng verwandten aind. *mr̥dúḥ* 'weich, zart, mild', lat. *mollis* 'weich, mild, sanft', aslaw. *mladъ* 'jung, zart, sanft, frisch', russ. *molodój* (*молодой*) 'jung' ie. **meld-* (bzw. **ml̥d-*) 'weich' voraussetzen. Beides sind Dentalerweiterungen der Wurzel ie. **mel(ə)-* 'zermalmen, schlagen, mahlen' (s. *mahlen*), wobei für die Adjektivbildungen eine Bedeutungsentwicklung 'zermahlen, zerrieben' zu 'weich, sanft' anzunehmen ist. Im Germ. erfolgt Übergang zu 'freundlich', das als schmückendes Beiwort des weltlichen Herrschers 'leutselig, edelmütig' und unter christlichem Einfluß 'sanftmütig' ergibt, so daß das Adjektiv als standesgemäße Eigenschaft eines Herrn soviel wie 'fürsorglich, sorgend, freigebig' und schließlich auch 'barmherzig' bedeuten kann (vgl. *milde Gabe*). Aus der Gesinnungsbezeichnung 'gütig, sanft, freundlich' (im Gegensatz zu 'streng, hart') ergibt sich vom 15. Jh. an eine Erweiterung des Anwendungsbereiches, und *mild* gilt auch vom Klima (*mildes Wetter*, *milde Jahreszeit*), von Farben, vom Geschmack (*milder Wein*) u. dgl. – M i l d e f. 'Sanftmütigkeit, Freundlichkeit, Nachsicht', ahd. *milta* (9. Jh.), mhd. *milte*, *milde* 'Freundlichkeit, Gnade, Barmherzigkeit, Zärtlichkeit, Wohltätigkeit'. m i l - d e r n Vb. 'in seiner Wirkung lindern' (15. Jh.), gegenüber ahd. *milten* 'sich erbarmen' (9. Jh.), mhd. *milten*, *milden* 'mild sein oder werden, mild machen'. m i l d t ä t i g Adj. 'freigebig, wohltätig' (17. Jh.).

Milieu n. 'natürliche und sozial bedingte Umgebung, Zeitverhältnisse, Lebensumstände'. Frz. *milieu* 'Mitte, Umgebung', zusammengesetzt aus afrz. *mi*, frz. (nur noch in Komposita) *mi-* 'halb, in der Mitte befindlich' (lat. *medius*) und afrz. frz. *lieu* 'Ort, Platz, Stelle' (lat. *locus*; vgl. entsprechendes lat. *medius locus*), wird in der Bedeutung 'Mitte' ins Dt. übernommen (19. Jh.), vor allem in der Fügung *juste-milieu* 'richtige Mitte'. Diese wird seit 1830 zum politischen Schlagwort; sie charakterisiert (im positiven wie negativen Sinne) das zwischen konservativ und liberal lavierende frz. Regierungssystem nach der Julirevolution, wird dann auch in allgemeinem Sinne auf ausgleichende Handlungsweisen, Kompromisse übertragen. In seiner Gesellschaftstheorie erklärt H. Taine (1863) *la race, le milieu et le moment* als die drei Haupttriebkräfte des Lebens. Danach wird (70er Jahre des 19. Jh.) *Milieu*, Lebenskreis, soziale Verhältnisse und Äußerlichkeiten des alltäglichen Lebens bezeichnend, erneut zum vielgebrauchten und auch bekämpften Schlagwort. Vorgeschlagene Verdeutschungen wie *Umgebung*, *Umwelt* vermögen nicht, den oben definierten Begriff befriedigend wiederzugeben, so daß *Milieu* im Dt. erhalten bleibt und auch in Fachsprachen (Biologie, Geographie) eingeht.

Militär n. 'Armee, Heerwesen', Übernahme (2. Hälfte 18. Jh.) von gleichbed. frz. *militaire*, einer kollektiven Verwendung von frz. *militaire* 'Angehöriger des Heeres', Substantivierung des Adjektivs mfrz. frz. *militaire* 'den Krieg, die Armee betreffend'. Dies ist entlehnt aus lat. *mīlitāris* 'die Soldaten, den Kriegsdienst betreffend', zu lat. *mīles* 'Soldat'. – Militärs Plur. 'höhere Offiziere' (18. Jh.), vgl. frz. *militaire* 'Angehöriger des Heeres'. militärisch Adj. 'die Armee betreffend, soldatisch' (18. Jh.), älter *militarisch* (17. Jh.), nach lat. *mīlitāris* (s. oben), später an frz. *militaire* angeglichen. Militarismus m. 'Herrschaft des Militärs über das gesamte politische, wirtschaftliche und gesellschaftliche Leben eines Volkes und Staates' (20. Jh.), zuvor 'Militärherrschaft, Militärwesen' (19. Jh.), frz. *militarisme*. Militarist m. (20. Jh.), frz. *militariste*. entmilitarisieren Vb. 'aus einem Gebiet Truppen abziehen und militärische Einrichtungen entfernen' (um 1918); vgl. frz. *militariser* 'militärisch organisieren, mit militärischen Einrichtungen versehen', *démilitariser* 'den militärischen Charakter nehmen', jünger 'von Truppen und militärischen Einrichtungen frei machen'.

Miliz f. 'im Kriegsfall aufgestellte Mannschaft' (vgl. *Land-*, *Bürgermiliz*) und 'Gesamtheit der Streitkräfte, Kriegswesen' (17. Jh.), entlehnt (anfangs mit lat. Flexion) aus lat. *mīlitia* 'Kriegsdienst' (zu lat. *mīles* 'Soldat'). Heute (seit 1945) vor allem, nach russ. *milícija* (*милиция*), poln. *milicja*, 'Polizeiorganisation' einiger osteurop. Länder.

milli- 'tausendstel'. Auf lat. *mīlli-*, einer Kompositionsform von lat. *mīlle* 'tausend', beruht fachsprachliches *milli-* in modernen europäischen Sprachen zur Bezeichnung des Tausendstels einer physikalischen Maßeinheit. Die dt. Zusammensetzungen *Milligramm*, *Milliliter*, *Millimeter* sind Übernahmen (19. Jh.) von frz. *milligramme*, *millilitre*, *millimètre*, die durch das 1795 von der frz. Nationalversammlung angenommene metrische System geläufig werden.

Million f. Die Bezeichnung für den Zahlenwert *tausend mal tausend* (so noch bis ins 18. Jh. in dt. Rechenbüchern) wird im 15. Jh. durch Übernahme von ital. *milione* m. 'Großtausend' (aus ital. *mille* 'tausend', lat. *mīlle*, und dem ital. Vergrößerungssuffix *-one*) üblich, steht aber zunächst (wie im Ital.) für eine (ungenaue) sehr große Summe Geldes. Mit dem festen Zahlenwert 'tausend mal tausend' wird der Ausdruck (auch außerhalb des Geldverkehrs) seit dem 17. Jh. verbunden. Das fem. Genus beruht auf dem Einfluß von *Zahl*. – Millionär m. 'Besitzer von Millionen, sehr reicher Mensch' (18. Jh.), frz. *millionnaire*. – **Milliarde** f. 'tausend Millionen', entlehnt (18. Jh.) aus frz. *milliard* m., mfrz. *mil(l)iart*, einer Bildung zu (aus dem Ital. stammendem) mfrz. frz. *million*, afrz. *milion* mit Suffixaustausch von *-on* durch *-art* bzw. *-ard*. Zur allgemeinen Verbreitung des Ausdrucks s. *Billion*. Geläufig wird *Milliarde* im Dt. erst anläßlich der Zahlung von fünf Milliarden Mark Kriegsentschädigung durch Frankreich nach dem Krieg von 1870/71.

Milz f. drüsenähnliches, in den Blutkreislauf einbezogenes Organ aus lymphatischem Gewebe, ahd. *milzi* n. (9. Jh.), mhd. *milz(e)* n., mnd. mnl. *milte* f., nl. *milt* f., aengl. *milte* f., *milt* m., engl. *milt*, anord. *milta*, *milti* n., schwed. *mjälte*. Die Milz gilt in der alten Medizin als ein Organ, das die Speisen auflöst und verdauen hilft, so daß Anschluß an die *s*-losen Formen der unter [1]*schmelzen* (s. d.) behandelten Verben wie aengl. *meltan* 'schmelzen, verbrennen, verdauen', anord. *melta* 'verdauen, schmelzen' und damit an die dort genannte Wurzel ie. **mel(ə)-* 'zermalmen, schlagen, mahlen' (s. auch *mahlen*) möglich ist. Oder man nimmt an, daß das Organ nach seinem Aussehen benannt ist, und verbindet *Milz* im Hinblick auf die milchig-weißen sagokornähnlichen Milzfollikeln mit den unter *Milch* (s. d.) genannten Formen. Der im Hd. auftretende Übergang vom neutralen zum femininen Genus vollzieht sich im 18. Jh. – Milzbrand m. fiebrige, tödlich verlaufende Infektionskrankheit der Milz bei Tieren, die auf Menschen übertragen werden kann (18. Jh.).

Mime m. 'Schauspieler', Entlehnung (18. Jh.) aus lat. *mīmus* 'Schauspieler' (auch 'Schauspiel, Possenspiel'), griech. *mīmos* (*μῖμος*), s. unten. *Mime* wird durch Schiller geläufig und ein gehobener Ausdruck neben leicht abschätzigem *Komödiant*. – Mimik f. 'Gebärden- und Mienenspiel' (18. Jh.), Neubildung zu lat. *mīmus*, griech. *mīmos*

'Nachahmer, Schauspieler, ohne Masken gespielte (oft derbe) Szene des Alltagslebens, Possenspiel' bzw. lat. *mīmicus*, griech. *mīmikós* (μιμικός) 'schauspielerisch, possenhaft' (daher auch 'unanständig, unzüchtig') nach dem Vorbild anderer Substantive auf *-ik* (aus lat. *-ica* für Substantivierungen fem. Adjektivformen); vielleicht in Anlehnung an (allerdings nur vereinzelt bezeugtes) lat. *ars mīmica* 'Schauspielkunst'. mimisch Adj. 'durch Gesichtsausdruck und Gebärden darstellend, schauspielerisch, die Mimik betreffend' (18. Jh.). mimen Vb. 'schauspielern', verallgemeinert 'etw. treiben, tun' (19. Jh.), 'sich den Anschein geben, vortäuschen' (20. Jh.).

Mimikry f. 'Schutz gewährende Anpassung von Tieren an die Umgebung in Gestalt und Farbe', dann allgemein 'Schutzfärbung, Tarnanstrich', Übernahme (Anfang 20. Jh.) von gleichbed. engl. *mimicry*, eigentl. 'Nachahmung', Ableitung von engl. *mimic* 'nachahmend', auch 'Schauspieler, Nachahmer' (aus lat. *mīmicus*, s. *Mime, Mimik*).

Mimose f. Name einer in Brasilien beheimateten Zierpflanze, deren Blätter bei leichter Berührung zusammenklappen. In der seit dem 17. Jh. gebräuchlichen Bezeichnung botan.-lat. *Mimosa* (wohl nach frz. *herbe mimose*, 1619) wird meist eine gelehrte Bildung zu lat. *mīmus*, griech. *mī̃mos* (μῖμος) 'Schauspieler' (s. *Mime*) gesehen, die sich offenbar aus der Vorstellung erklärt, daß die Pflanze ausdrucksvoll wie ein Schauspieler reagiere. Semantisch einleuchtender und der Herkunft der Pflanze wegen durchaus möglich scheint allerdings Anschluß an das bereits im 16. Jh. bezeugte Adjektiv span. port. *mimoso* 'zärtlich, verhätschelt, empfindlich', abgeleitet von span. port. *mimo* 'Liebkosung, Zärtlichkeit, Verhätschelung', einem nur im Iberoroman. vorkommenden Substantiv, das nach Corominas 3, 376ff. wohl lautmalenden Ursprungs ist und nicht (wie span. port. *mimo* 'Mime, Gebärdenmacher') auf lat. *mīmus* zurückgeht. In der Endung eingedeutschtes *Mimose* (19. Jh.), das ältere dt. Namen wie *Sinnpflanze, -kraut, Fühlpflanze, -kraut* (18. Jh.) verdrängt, wird auch auf einen 'sensiblen, überempfindlichen Menschen' übertragen. An diesen Gebrauch anknüpfend mimosenhaft Adj. 'bei der kleinsten Berührung sich zurückziehend, überempfindlich, zart' (19. Jh.).

Minarett n. 'Turm einer Moschee', anfangs (Ende 18. Jh.) *Minaret*, Übernahme von frz. *minaret* (älter *mineret*). Dies ist entlehnt aus gleichbed. türk. *minâre*, das seinerseits auf arab. *manāra*, eigentl. 'Leuchtfeuer, Leuchtturm', beruht. Eine um die Mitte des 18. Jhs. im Dt. bezeugte Form *Minares* (wohl Plur.) dürfte direkt auf das Türk. zurückgehen.

minder Adj. 'weniger, geringer', ahd. *minniro* (8. Jh.), mhd. *minner, minre*, (mit Gleitlaut) *minder* 'kleiner (an Größe, Zahl), geringer (an Wert, Stand, Macht)', asächs. *minnera*, mnd. *minner, minder*, mnl. *minre*, nl. *minder*, anord. *minni*, schwed. *mindre*, got. *minniza* (germ. **minnizan-*) sind mit der schwundstufigen Suffixform ie. *-is-* (got. *-iz-*, ahd. *-ir-*, s. *mehr*) gebildete Komparativformen zu einem mit *n*-Suffix gebildeten Adjektiv ie. **minu-* 'minder, klein' (s. *minus*; germ. *-nn-* aus *-nu̯-*), wozu auch das (im Nhd. untergegangene) Adverb ahd. (8. Jh.), mhd. *min*, mnd. mnl. nl. *min*, anord. *minnr*, got. *mins* 'weniger' sowie aind. *minā́ti* 'schadet, mindert', griech. *minýthein* (μινύθειν) 'geringer werden, dahinschwinden, vermindern, verkleinern', lat. *minus* 'kleiner, weniger', *minuere* 'verkleinern', korn. *minow* 'zer-, verkleinern, verringern, mindern', aslaw. *mьńijь* 'kleiner, geringer, weniger', russ. *ménee* (*менее*) Adj. 'weniger' gehören. Ie. **minu-* ist eine mit Ablaut gebildete Ableitung von der Wurzel ie. **mei-* 'mindern'. Im Dt. wird die im Mhd. auftretende Form *minder* (s. oben) vom 15. Jh. an vorherrschend und bald alleingültig. Der zugehörige Superlativ ist mindest Adj. 'geringst, wenigst', ahd. *minnisto* (9. Jh.), mhd. *minnest, minst*, asächs. *minnist*, anord. *minnstr*, got. *minnists*, schwed. *minst*, (germ. **minnista-*) gebildet mit dem Superlativsuffix ie. *-isto-* (s. *meist*). Die heutige Form *mindest*, angelehnt an *minder*, wird erst zu Anfang des 18. Jhs. üblich. – Minderheit f. 'kleinere Anzahl aus einer Gesamtheit, zahlenmäßig unterlegene Gruppe' (Campe), zuvor *Minderkeit* (1787), analog zu *Mehrheit* gebildet für *Minorität* (s. d.); doch vgl. schon ahd. *minnerheit* 'das Wenigersein' (um 1000). mindern Vb. 'verringern, (im Preis) herabsetzen', ahd. *minnirōn* (9. Jh.; auch *giminnirōn*, 8. Jh.), mhd. *minnern, minren* 'kleiner, geringer machen oder werden'; dazu vermindern Vb., mhd. *verminnern*, Verminderung f. (16. Jh.).

Mine f. 'Bergwerk, Erzgang, Sprengkörper, Bleistift- oder Kugelschreibereinlage'. Für afrz. frz. *mine* 'Erz-, Kohlengang' ist, da die Verbreitung des Wortes im roman. Sprachraum vom Galloroman. ausgeht, Herkunft aus dem Kelt. wahrscheinlich; vorauszusetzen wäre gall. **mīna*, das sich mit air. *mian*, *mēin*, kymr. *mwyn* 'Erz' in einer älteren kelt. Form **meina* 'rohes Metall' vereinigen läßt. Nach der Erfindung des Pulvers bezeichnet frz. *mine* auch die unterirdischen Gänge für Sprengladungen bei Belagerungen sowie den in diesen Gängen angebrachten Sprengsatz und schließlich einen explosiven Sprengkörper überhaupt. In diesen Verwendungen wird *Mine* gegen Ende des 16. Jhs. in die dt. Militärsprache aufgenommen. Erst nach der Mitte des 17. Jhs. ist auch die ältere Bedeutung 'Erzgang, -grube' im Dt. nachzuweisen, bes. in Komposita wie *Erz-*, *Gold-*, *Kupfer-*, *Silbermine*. Der übertragene Gebrauch des Wortes für 'Bleistift- und Kugelschreibereinlage' begegnet im 19. bzw. 20. Jh. – minieren Vb. 'unterirdische Stollen oder Gänge graben' (Anfang 17. Jh.), aus gleichbed. frz. *miner*. Häufiger ist dazu gebildetes unterminieren Vb. 'Gänge graben, Sprenglöcher anlegen, Sprengkörper auslegen' (Ende 17. Jh.), das neben älteres *untergraben* tritt und dieses (zumal in militärischer Fachsprache) ablöst.

Mineral n. Bezeichnung für jeden anorganischen Stoff der Erdrinde. Von afrz. *mine* (s. *Mine*) abgeleitetes frz. *miniere* 'Erzgrube' ergibt latinisiert mlat. *minera* 'Erzgrube, Erzgang, Ader', wozu mlat. *mineralis* 'das Erz, das Gestein betreffend' (vgl. FEW 6, 1, 645). Aus der Substantivierung mlat. *minerale* 'Erzgestein' (für *aes minerale*?) wird im 16. Jh. *Mineral* entlehnt, anfangs meist in der lat. Pluralform *Mineralia* neben *Mineralien*. – mineralisch Adj. 'aus Mineralien entstanden, bestehend' (16. Jh.). Mineralogie f. 'Lehre von den Mineralien' (18. Jh.), vorher *Mineralogia* (17. Jh.); zum zweiten Kompositionsglied s. *-logie*. Mineraloge m. 'wer sich mit Mineralogie beschäftigt' (18. Jh.), anfangs auch *Mineralogist*; mineralogisch Adj. (18. Jh.).

mini- 'sehr klein, sehr kurz, winzig'. Die wohl im Engl. aufgekommene Kurzform für engl. *miniature*, dt. *Miniatur* (s. d.) in Zusammensetzungen (vgl. *Minigolf* aus *Miniaturgolf*) entwickelt sich bald zum selbständigen Kompositionsglied (vgl. engl. *minicar* 'Kleinstwagen') und führt seit den 50er Jahren des 20. Jhs. zu einer Vielzahl von Neubildungen (vgl. *Miniformat*, *-schirm*, *-slip*). Mit *Minimode* und *Minikleid*, *Minirock* (60er Jahre) nimmt *mini-* auch die Bedeutung 'sehr kurz' (d. h. oberhalb des Knies endend) an und wird allgemein (im Sinne von 'auf ein Kleinstmaß reduziert', vgl. *Minibikini*, *Minispion* 'winzig kleines Abhörgerät') als zu *minimal*, *Minimum* (s. d.) gehörig empfunden (wozu vielleicht die bereits um 1920 auftauchende Bezeichnung *Minimax* 'Kleinstfeuerlöscher' gebildet ist).

Miniatur f. 'Kleinmalerei, kleines zierliches Bild', Entlehnung (Anfang 17. Jh.) aus gleichbed. ital. *miniatura*. Dieses ist eine Ableitung von ital. *miniare* 'in kleiner und zierlicher Weise malen', entlehnt aus lat. *miniāre* 'mit Zinnoberrot anstreichen', mlat. 'mit Zinnoberrot schreiben' (zu lat. *minium*, s. *Mennige*). Weil die Initialen in alten kostbaren Handschriften oft zinnoberrot verziert und ausgemalt sind, wird ital. *miniare* auf das Malen kleiner, zierlicher Bilder übertragen, da diese an ausgeschmückte Initialen erinnern (der lautliche Anklang von lat. *minor*, ital. *minore* 'kleiner' mag diesen Vorgang gefördert haben). Bes. seit dem 19. Jh. begegnet *Miniatur-* in Zusammensetzungen, um die Kleinheit einer Sache zu bezeichnen, vgl. *Miniaturstaat* (1767), *-tal* (1795), *-europa* (1822), *-bäumchen* (1892). Dazu die Kurzform *mini-* (s. d.).

Minimum n. 'das Kleinste, Mindeste' (an Wert, Größe, Maß und dgl.), 'Geringfügigkeit', Übernahme (18. Jh.) von lat. *minimum* 'das Kleinste, Geringste', Substantivierung der neutralen Form von lat. *minimus* Adj. 'kleinster, geringster', Superlativ zum Komparativ lat. *minor* (s. *minus*). Dazu minimal Adj. 'sehr klein, winzig, geringfügig' (19. Jh.).

Minister m. 'hoher staatlicher Verwaltungsangestellter, Mitglied einer Regierung und Staatsmann, Leiter eines Ministeriums', entlehnt (17. Jh.) aus gleichbed. frz. *ministre* (afrz. *menistre*, *ministre* 'Diener, Gottesdiener, Verwalter, Leiter'). Dieses ist seinerseits Übernahme von lat. *minister* 'Untergebener, Diener', ursprünglich **minusteros*, einer Bildung mit dem Komparativsuffix ie. *-tero-* zur neutralen Komparativform *minus* von lat. *minor* 'kleiner, geringer', Komparativ zu lat. *parvus* 'klein, gering' (s. *minus*). Diese Form wird umgestaltet zu **ministeros*, später *minister*, nach dem Vorbild des gleichfalls einen doppelten Komparativ aufweisenden lat. *magister*, älter **magisteros* (s. *Magister*). Bereits im 14. Jh. erfolgt direkte Übernahme von lat. *minister* in der Bedeutung 'Diener, Gehilfe' ins Dt. – Ministerium n. 'hohe staatliche Verwaltungsbehörde mit einem bestimmten Aufgabenbereich' (18. Jh.), aus gleichbed. frz. *ministère*, afrz. *menistere, ministere* 'Dienst, Verwaltung, Amt', doch relatinisiert nach dem auch dem afrz. Substantiv zugrundeliegenden gleichbed. lat. *ministerium*. ministeriell Adj. 'von einem Ministerium, einem Minister ausgehend' (18. Jh.), frz. *ministériel*, nach spätlat. *ministeriālis* 'zu einem Dienst beauftragt, verpflichtet', substantiviert '(kaiserlicher) Beamter'.

Minne f. 'Liebe' (heute nur noch altertümelnd oder scherzhaft), ahd. *minna* 'helfende, fürsorgliche, auch religiöse Liebe, Zuneigung, Gedenken, Eifer, Verlangen' (8. Jh.), mhd. *minne* 'freundliches Gedenken, freundschaftliche, sinnliche, religiöse Liebe, Zuneigung', auch 'Beischlaf, Geliebte, Abschiedstrunk', asächs. *minnea*, mnd. mnl. *minne*, nl. *min* (germ. **menjō*) ist verwandt mit den ein Dentalsuffix enthaltenden Formen mengl. *mind(e)*, engl. *mind* 'Sinn, Gedenken', anord. *minni* (*nn* aus *nþ*) 'Erinnerung, Andenken', schwed. *minne*, got. *gaminþi* 'Gedächtnis, Erinnerung' (germ. **menþija-*), mit Ablaut ahd. *gimunt* 'Gedenken' (9. Jh.), aengl. *gemynd* 'Erinnerung, Verlangen, Liebe', got. *gamunds* 'Andenken, Gedächtnis' (germ. **mundi-*) sowie mit anord. *munr* 'Geist, Leben, Wille, Wonne, Freude', got. *muns* 'Gedanke, Meinung' (germ. **muni-*). Diese Wortgruppe läßt sich mit den unter *mahnen* (s. d.) genannten germ. und außergerm. Formen verbinden und an die dort genannte Wurzel ie. **men(ə)-* 'denken, geistig erregt sein' anschließen. Als Ausgangsbedeutung ergibt sich 'liebendes Gedenken', woraus sich bereits in mhd. Zeit (13. Jh.) 'sinnliche Liebe' entwickelt. Im 16. Jh. wird *Minne* als derbes, anstößiges Wort empfunden und weitgehend durch *Liebe* (s. d.) ersetzt; erst die Beschäftigung mit der mittelalterlichen Literatur im 18. Jh. (durch Bodmer und Breitinger) bringt *Minne* wieder in literarischen Gebrauch. An eine andere Herleitung denkt D. Wiercinski Minne (1964), die ahd. *minna* von anord. *minni* 'Erinnerung' trennt, aus semantischen Gründen zu dem unter *meinen* (s. d.) behandelten Verb stellt und *Minne* von Anfang an als 'verbindende geistige Gesinnung der Glieder einer Gemeinschaft und deren konkrete körperliche Ausdrucksformen' auffaßt. – minnen Vb. 'lieben', ahd. *minnōn* 'lieben, verehren' (8. Jh.), mhd. *minnen* 'beschenken, erkenntlich sein für etw., lieben (von religiöser, freundschaftlicher und körperlicher Liebe)'; wie das zugrundeliegende Substantiv vom 16. Jh. an gemieden und danach im Hinblick auf die mittelalterliche Literatur wieder aufgenommen. Minnesang m. 'Liebesgedicht, literarisches Genre der mittelalterlichen höfischen Dichtung', im 18. Jh. neu belebt nach mhd. *minnesanc* 'Liebesgedicht' (von der geistigen und der sinnlichen Liebe). Minnesänger, Minnesinger m. 'Verfasser solcher Gedichte' (18. Jh.), nach mhd. *minnesenger*, *-singer*.

Minorität f. 'Minderheit'. Engl. *minority* 'Minderjährigkeit, Unmündigkeit' (aus gleichbed. mfrz. *minorité* bzw. mlat. *minoritas*, zu lat. *minor* 'kleiner, geringer, jünger', Komparativ zu lat. *parvus* 'klein, gering') entwickelt unter erneuter Anlehnung an die Bedeutung von lat. *minor* im engl. Parlamentswesen den Sinn 'Minderzahl, Minderheit'. Als politischer Terminus wird die Bezeichnung ins Frz. rückentlehnt und relatinisiert auch ins Dt. (*Minorität* 1765) aufgenommen, gewinnt aber erst im Zuge der frz. Revolution an Verbreitung. S. *Majorität* mit paralleler Entwicklung.

minus Adv. 'weniger, abzüglich', mathematischer Ausdruck der Subtraktion (Gegensatz *plus*, s. d.), Übernahme (14. Jh.) von gleichbed. lat. *minus*, der adverbial gebrauchten neutralen Form des Komparativs lat. *minor* 'kleiner, geringer' zu lat. *parvus* 'klein, gering' (s. *Minorität, Minister*); zugrunde liegt ie. **minu-* 'minder, klein' (s. *minder*). Substantiviert Minus n. 'Fehlbetrag, Verlust, Mangel' (18. Jh.), Kaufmannssprache.

Minute f. 'sechzigster Teil einer Stunde, eines Grades', entlehnt (Anfang 15. Jh.) aus spätlat. *minūta* 'kleines Teilchen', auch (bei Augustin) 'sechzigster Teil eines Winkelgrades oder einer Stunde' (im Hinblick auf das

Sexagesimalsystem des Ptolemäus), dem substantivierten Fem. von lat. *minūtus* Part.adj. 'klein, winzig, unbedeutend', zu lat. *minuere* 'zerkleinern, vermindern, verringern' (verwandt mit *minus*, s. d.). Seit dem 18. Jh. gilt *Minute* auch für einen nicht näher bestimmten sehr kleinen Zeitraum, einen Augenblick. Die Einbürgerung des Wortes in die Alltagssprache wird durch die Verbreitung öffentlicher Uhren mit Minuteneinteilung im 16. Jh. begünstigt.

minutiös, m i n u z i ö s Adj. 'peinlich genau, kleinlich, in alle Einzelheiten gehend', im 18. Jh. (z. B. Wieland 'kleinlich') entlehnt aus gleichbed. frz. *minutieux*, einer Ableitung von frz. *minutie* 'Kleinigkeit, Lappalie'; diesem liegt lat. *minūtia* 'kleines Teilchen, Kleinigkeit' zugrunde, zu lat. *minūtus* Part.adj. 'klein, winzig, unbedeutend' (s. *Minute*). Daneben im (19. Jh.) *minutios*, nach nlat. *minutiosus*.

Minze f. Name für Pflanzen, die ein ätherisches, „pfefferminzartig" riechendes Öl enthalten, ahd. *minza* (8./9. Jh.), mhd. *minz(e)*, asächs. *minta*, mnl. *mente*, *minte*, mnd. *minte* (woraus die nordgerm. Formen), aengl. *minte*, engl. *mint* sind Entlehnungen aus lat. *ment(h)a*, griech. *mínthē*, *míntha* (*μίνθη*, *μίνθα*), dessen Ursprung wohl in einer nicht-ie. Sprache liegt. Dazu P f e f f e r m i n z e f., nach dem pfefferartigen Geschmack der Blätter (belegt seit 18. Jh., doch wohl älter).

mir Pers.pron. der 1. Person im Dat. des Singulars. An den Pronominalstamm der 1. Pers. ie. **me-* (vgl. aind. *máhyam, mē*, griech. *emoī, moi*, *ἐμοί, μοι*, lat. *mihī* 'mir'; s. *mein, mich*) wird im Germ. im Dat. ein *-z* (d. h. stimmhaftes *-s*) unsicherer Herkunft angefügt, so daß von germ. **mez*, **miz* auszugehen ist. Daraus entstehen got. *mis*, (mit *-r* aus germ. *-z*) ahd. mhd. *mir*, anord. (mit Dehnung vor urnord. *-R*) *mēr*, (mit Abfall von *-z* in unbetonter Stellung) asächs. *mi*, aengl. *me*, (in betonter Stellung gedehnt asächs. *mī*, aengl. *mē*), mnd. *mī*, mnl. *mi*, nl. *me* bzw. *mij*.

Mirabelle f. Name einer kleinen süßen Pflaumenart, 'Kirschpflaume', Übernahme (18. Jh.) von frz. *mirabelle*. Die Herkunft ist unklar. Vielfach wird Ableitung aus einem frz. Ortsnamen angenommen. Vielleicht ist jedoch eher von griech. *myrobálanos* (*μυροβάλανος*) 'Gewürzeichel' auszugehen, das von dem fläm. Botaniker de l'Obel (Lobelius, 16. Jh.) auf die kleine, ebenfalls gelbliche, der Gewürzeichel ähnliche Pflaume übertragen und später zu frz. *mirabelle* umgewandelt wird.

Misanthrop m. 'Menschenfeind, Menschenhasser', Übernahme (18. Jh.) von gleichbed. frz. *misanthrope* (daher zunächst in frz. Schreibweise), das durch Molières Komödie (1666) bekannt wird. Dies ist eine Entlehnung (Rabelais) aus griech. *misánthrōpos* (*μισάνθρωπος*), zu griech. *misē̃in* (*μισεῖν*) 'hassen' und *ánthrōpos* (*ἄνθρωπος*) 'Mensch', einem Gegenwort zu griech. *philánthrōpos* (*φιλάνθρωπος*) 'menschenfreundlich, Menschenfreund' (zur Bildungsweise s. *phil-*). Die griech.-lat. Form *Misanthropus* ist vereinzelt bereits im 16. Jh. im Dt. belegt. In der Übersetzung dafür *Menschenfeind* (s. d.), *Menschenhasser* (18. Jh.).

mischen Vb. 'durcheinandermengen', ahd. *misgen, misken* (9. Jh.), mhd. *mischen*, aengl. *miscian* sind als Entlehnungen aus lat. *miscēre* '(ver)mischen' anzusehen und dürften mit dem röm. Weinhandel ins Westgerm. gelangt sein, dabei aus dem Germ. überkommenes *mengen* (s. d.), zumal im Obd. und im Rheingebiet, verdrängend; vgl. Frings/M. Germania Romana 2 (1968) 324 ff. – M i s c h u n g f., ahd. *miskunga* (9. Jh.), spätmhd. *mischunge*. M i s c h l i n g m. 'Produkt des Vermischens' (17. Jh.), in der Biologie ein Nachkomme verschiedener Tierarten bzw. Menschenrassen (um 1800). M i s c h m a s c h m. 'ungeordnetes Durcheinander' (17. Jh.), älter *Mischmesche* (16. Jh.), wortspielerisch ablautende Bildung zum Verb.

Misere f. 'Not, Elend, ausweglose Lage', Entlehnung (18. Jh.) von gleichbed. frz. *misère*, das auf lat. *miseria* 'Not, Elend, unglücklicher Zustand' zurückgeht (zu lat. *miser* 'elend, unglücklich'). Bereits im 17. Jh. begegnet als direkte Übernahme aus dem Lat. *Miseria* in dt. Texten. – m i s e r a b e l Adj. 'erbärmlich, schlecht' (17. Jh.), frz. *misérable*, lat. *miserābilis*.

Mispel f. aus den östlichen Mittelmeerländern stammender Obstbaum mit birnenähnlichen Früchten, mhd. *mispele*, frühnhd. *mispel, mespel* ist entlehnt aus lat. *mespila*, auch *mespilum*, griech. *méspilon* (*μέσπιλον*), einem Pflanzennamen unbekannter Herkunft.

miß- vornehmlich bis ins 18. Jh. (heute nur

noch gelegentlich) produktives Präfix zur Bezeichnung des Verschiedenartigen, Abweichenden, Unrichtigen, Mangelnden und (pejorativ) Üblen, Schlechten in adjektivischen, substantivischen und verbalen Bildungen. Ahd. *missa-*, *missi-*, *mis-* 'verschieden, nicht übereinstimmend, ausgewechselt, verkehrt, falsch, schlecht, übel, mangelnd, fehlend', mhd. mnd. *misse-*, *mis-*, nhd. *miß-* (die alte, volle Form nur in *Missetat*, s. unten), asächs. *mis(si)-*, mnl. nl. aengl. engl. anord. aschwed. *mis-*, schwed. *miss-*, got. *missa-* entwickeln sich wie die unter *missen* (s. d.) genannten Adjektiv- und Adverbialformen aus einer mit *to*-Suffix gebildeten Partizipialform ie. **mitˢto-*, die (ablautend) zu ie. **meit(h)-*, einer Dentalerweiterung der Wurzel ie. **mei-* 'wechseln, tauschen' (dann auch 'vertauschen, täuschen'), steht. Zur Verwandtschaft s. *gemein, Meineid, meiden, missen*. – m i ß a c h t e n Vb. 'nicht (be)achten', mhd. *misseahten*. m i ß b e h a g e n Vb. 'nicht behagen, nicht gefallen' (15. Jh.), vgl. mhd. *missehagen*; substantiviert M i ß b e h a g e n n. (17. Jh.). m i ß b i l l i g e n Vb. 'tadeln, ablehnen' (17. Jh.). M i ß e r f o l g m. 'Fehlschlag' (19. Jh.). M i ß e r n t e f. 'schlechte Ernte' (19. Jh.). M i ß g e b u r t f. 'mißgebildetes Neugeborenes' (16. Jh.). M i ß g u n s t f., s. *Gunst*. m i ß h e l l i g Adj. 'voneinander abweichend, uneins', mhd. *missehellec*; vgl. ahd. *missihel, missahel* 'uneinig' (um 1000), mhd. *missehel* (zu ahd. *missihellan* 'im Mißklang stehen, nicht zusammenstimmen', 9. Jh., vgl. ahd. *hellan* 'ertönen', s. *Hall*); s. auch *einhellig*; M i ß h e l l i g k e i t f. 'Unstimmigkeit' (15. Jh.). m i ß l i e b i g Adj. 'unbeliebt' (19. Jh.), älter *mißbeliebig* (18. Jh.). m i ß m u t i g Adj. 'verdrießlich' (17. Jh.), älter *mißmütig* (16. Jh.); vgl. ahd. *missimuoti* 'kleinlich' (11. Jh.), mhd. *missemüete* 'uneinig, übel gesinnt'; M i ß m u t m. 'Unmut, Ärger' (17. Jh.); im Anschluß an das Adjektiv neu gebildet nach voraufgegangenem ahd. *missimuotī* 'Verstimmung, Feindseligkeit' (um 900), *missimuot* 'Kleinmut' (10. Jh.). M i ß s t a n d m. 'schlechter, ärgerlicher Zustand, Übelstand' (16. Jh.). M i ß s t i m m u n g f. 'gereizte Stimmung, schlechte Laune' (18. Jh.). M i s s e t a t f. 'Verbrechen, Sünde', ahd. *missatāt, missitāt, mistāt* (8. Jh.), mhd. *missetāt*, got. *missadēþs* 'Sünde'. M i ß t r a u e n n. 'Zweifel an der Vertrauenswürdigkeit (einer Person), an der Richtigkeit (einer Sache)', spätmhd. *missetrūwen*, substantivierter Infinitiv von m i ß t r a u e n Vb. 'nicht trauen, Argwohn hegen', ahd. *missatrūēn* (9. Jh.), mhd. *missetrūwen, -triuwen*; m i ß t r a u i s c h Adj. 'nicht vertrauend, argwöhnisch', mhd. *missetrūwic*.

missen Vb. 'nicht haben, entbehren', ahd. *missen* 'entbehren, verfehlen' (9. Jh.), mhd. mnd. *missen*, mnl. *missen, messen*, nl. *missen*, aengl. *missan*, engl. *to miss*, anord. *missa* sind Bildungen zu dem den folgenden Formen ahd. *missi* Adj. 'verschieden' (9. Jh.), mhd. *mis* Adj. 'ermangelnd', mnd. *misse, mis* Adj. Adv. 'falsch, sein Ziel nicht erreichend, ermangelnd', mnl. *mis, mes*, nl. *mis* Adj. 'verfehlt, falsch, ungleich', got. *missō* Adv. 'einander, wechselseitig' sowie dem Präfix *miß-* (s. d.) zugrundeliegenden Partizipialstamm germ. **missa-*, ie. **mitˢto-*. – v e r m i s s e n Vb. 'ein Fehlen, einen Verlust bemerken', ahd. *firmissen* (9. Jh.), mhd. *vermissen* 'nicht treffen, (ver)fehlen, nicht finden, übersehen, ermangeln'.

Mission f. 'Sendung, Botschaft, Aufgabe, Auftrag' wird im 16. Jh. aus lat. *missio* (Gen. *missiōnis*) 'das Absenden, Entlassung' entlehnt, einem Verbalsubstantiv zu lat. *mittere* (*missum*) 'schicken, senden'. Der zunächst dem lat. Wortinhalt folgende Gebrauch nimmt zusätzlich im 17. Jh., kirchensprachlichem mlat. *missio* entsprechend, die Bedeutung 'Aussendung im Namen Christi, Bekehrung der Heiden' an. Den besondere zwischenstaatliche Beziehungen bezeichnenden Sinn 'diplomatischer Auftrag, zu bestimmten Aufgaben entsandte Personengruppe, Gesandtschaft (eines Staates)' vermittelt im 18. und 19. Jh. frz. *mission*. Aus den genannten Verwendungsweisen entwickelt der allgemeine Sprachgebrauch die Bedeutung 'gottgewollter bzw. ernster, bedeutsamer Auftrag, Sendung, Bestimmung'. – M i s s i o n a r m. 'beauftragter Verkünder der christlichen Religion bei Ungläubigen' (17. Jh.), nlat. *missionarius*. m i s s i o n i e r e n Vb. 'zur christlichen Religion bekehren' (19. Jh.).

mißlich Adj. 'unerfreulich, schlecht', ahd. *missalīh, missilīh* 'vielfältig, verschieden, zahlreich, unterschieden, nicht übereinstimmend, entgegengesetzt, schlecht' (8. Jh.), mhd. *misselich, mislich*, asächs. *missilīk, mislīk* 'verschieden, zahlreich', mnd. *misselīk*, *mislīk*, mnl. *misselijc*, nl. *misselijk*, aengl. *mislic*, anord. *mislīkr*, got. *missaleiks* sind zusammengesetzt mit dem unter *miß-* (s. d.) angeführten Präfix und dem unter *-lich* (s. d.) behandelten germ. **līka-* 'Körper, Gestalt'. Auszugehen ist von einer Bedeutung 'verschiedenartig', eigentl. 'verschiedene, abweichende Gestalt habend' (im Gegensatz zu *gleich* 'gleichartig', eigentl. 'dieselbe Gestalt habend', s. d.), dann (16. Jh.) 'zweifelhaft, unsicher, unerfreulich'. – Mißlichkeit f. 'Unannehmlichkeit, schlechte Verhältnisse', mhd. *misselīcheit* 'Verschiedenheit'.

Mist m. 'tierischer Kot, mit Kot und Harn vermischte Streu, Dung', ahd. (9. Jh.), mhd. asächs. *mist*, mnd. *mes(t)*, mnl. *mist, mest*, nl. *mest* gehen auf die gleiche germ. Form zurück wie got. *maíhstus*, eine tiefstufige Bildung mit *s-tu*-Suffix zu einem in mnd. *mīgen*, mnl. *mīgen*, aengl. *mīgan*, anord. *mīga*, schwed. (mundartlich) *miga* bezeugten starken Verb mit der Bedeutung 'harnen'; vgl. dazu (ohne *tu*-Suffix) asächs. *mehs*, mnl. *mis, mes*, aengl. *meox, miox* 'Harn'. Außergerm. vergleichbar sind aind. *mēhati* 'harnt', griech. *omeíchein* (*ὀμείχειν*) und lat. *meiere* 'harnen', so daß eine Wurzel ie. **meiĝh-* 'harnen' (wozu mit altem *sk*-Suffix auch *Maisch(e)*, s. d.) anzusetzen ist. Nicht verwandt sind engl. *mist*, anord. *mistr* 'Nebel'. – misten Vb. 'von Mist säubern, mit Mist düngen', ahd. *mistōn* (10./11. Jh.), mhd. *misten*; ausmisten Vb. (16. Jh.). Mistkäfer m. schwarzer, Kot und Mist (bes. der Pferde und Rinder) zur Brutpflege einbringender Käfer (16. Jh.).

Mistel f. Name der immergrünen strauchartigen, auf Holzgewächsen als Schmarotzer gedeihenden Pflanze mit weißen, beerenähnlichen Früchten, ahd. *mistil* (9. Jh.), mhd. *mistel*, asächs. *mistil*, mnd. *mistel*, schwed. *mistel* (vgl. auch aengl. *misteltān*, engl. *mistletoe*, anord. *mistilteinn* 'Mistelzweig') werden, da (wie bereits Plinius bemerkt) die Beeren von Vögeln gefressen und die Samen mit dem Vogelmist verbreitet werden, als Ableitungen von den unter *Mist* (s. d.) genannten Formen angesehen. Aber auch Abwandlung von lat. *viscum* ist möglich, vgl. mundartliche Varianten wie *Mispel, Mischgel* und *Wispel*.

mit Präp. (mit Dativ) 'zusammen, gemeinsam mit, betreffend, in bezug auf, mittels, einschließlich', Adv. 'neben anderem, ebenfalls, gemeinsam mit anderen, damit', ahd. (Präp.) *mit* (8. Jh.), *miti* (9. Jh.), (Adv.) *miti* (9. Jh.), mhd. (Präp.) *mit*, (Adv.) *mit(e)*, asächs. (Präp.) *mid*, (Adv.) *mid(i)*, mnd. (Präp. Adv.) *mēde, mit*, mnl. (Präp. Adv.) *met, mit*, nl. (Präp. Adv.) *met*, aengl. (Präp. Adv.) *mid*, anord. (Präp.) *með*, schwed. (Präp. Adv.) *med*, got. (Präp.) *miþ*, germ. **medi*. Zieht man griech. *méta, metá* (*μέτα, μετά*) 'inmitten, zwischen, mit, nach, hinter' (s. *meta-*), auch aind. *smát* 'zusammen, zugleich, miteinander' (?) heran, so kann wohl von ie. **meta* und **meti* oder **medhi* 'mitten in, mitten hinein' ausgegangen werden (zu ie. **medhi* vgl. das unter *Mitte*, s. d., angeführte ie. **medhi̯o-* 'mittlerer'). – Mitarbeiter m. 'wer mit anderen an einer gemeinsamen Aufgabe arbeitet' (16. Jh., Luther), Übersetzung von gleichbed. griech. *synergós* (*συνεργός*). Mitesser m. 'verstopfte Talgdrüse der Haut' (17. Jh.); anfangs als schmarotzender Hautwurm angesehen, daher auch *Zehrwurm* (18. Jh.). Mitlaut m. (18. Jh.), älter *Mitlauter* (16. Jh.), Übersetzung von *Konsonant* (s. d.).

Mitleid n. 'Anteilnahme am Leid anderer' (17. Jh., zuerst omd.), nach älteren *Mitleiden* n. und *Mitleidung* f., mhd. *mitelīden, mitelīdunge* 'Mitgefühl, gemeinschaftliches Leiden, Teilnahme an öffentlichen Lasten', gebildet zum Verb *mitleiden* 'gemeinschaftlich leiden, mitfühlen', mhd. *mitelīden* (s. *leiden*). In frühen Zeugnissen Übersetzungen von kirchenlat. *compassio* 'das Mitdulden, Mitempfindung' bzw. *compatī* 'zugleich leiden, Mitgefühl haben', die ihrerseits griech. *sympátheia* (*συμπάθεια*) 'gleiche Empfindung, Stimmung oder Leidenschaft, Mitleiden, Teilnahme', *sympathē̃in* (*συμπαθεῖν*) 'mit oder zugleich empfinden oder leiden' wiedergeben (s. *Sympathie*). – mitleidig Adj. 'mitfühlend, teilnahmsvoll', mhd. (md.) *mitlīdic*, frühnhd. *mitleidig* (Luther). Mitleidenschaft f. 'gemeinsames Leiden, Mitgefühl' (17. Jh.), noch in der Wendung *in Mitleidenschaft ziehen* 'etw. mit anderem zugleich beeinträchtigen, beschädigen' (19. Jh.).

Mittag m. 'Zeit(punkt) des höchsten Sonnenstandes', ahd. *mittitag* (Hs. 12. Jh.), zuvor *mittilatag* (8. Jh., zu *mittel*, s. d.), mhd. *mittetac*, mnd. *middach* (vgl. asächs. *middi dag*), mnl. *middach*, nl. *middag*, aengl. *middæg*, engl. *midday*, anord. *miðdagr* (neben *miðr dagr*), schwed. *middag* sind aus dem unter

Mitte (s. d.) behandelten Adjektiv (ahd. *mitti*) und dem unter *Tag* (s. d.) dargestellten Substantiv zusammengewachsen (frühnhd. teilweise mit innerer Flexion *mittertag, mittemtag, mittentag*). Als Übersetzung von lat. *merīdiēs* 'Mittag(szeit), Mittagsgegend, Mitte' (s. *Meridian*) bedeutet *Mittag* auch die Himmelsrichtung des Höchststandes der Sonne, 'Süden' (15. Jh.). Aus der geläufigen Wendung *zu Mittag essen* (16. Jh.) wird *Mittag* Bezeichnung für die 'Hauptmahlzeit des Tages' (18. Jh.). Doch vgl. das Kompositum *Mittagessen* (seit 15. Jh.). – Vormittag m. 'Zeit zwischen Morgen und Mittag' (17. Jh.), aus *vor mittag(e)* Adv. (um 1500); entsprechend Nachmittag m. 'Zeit zwischen Mittag und Abend' (17. Jh.), aus *nach (dem) Mittage*.

Mitte f. 'der von allen Seiten gleich weit entfernte Punkt'. Die Feminina ahd. *mittī* (um 1000), mhd. *mitte*, asächs. *middia*, mnd. *midde*, aengl. *midde*, anord. *miðja*, schwed. *midja* sind wie die Neutra ahd. *mitti* (9. Jh.), asächs. *middi*, anord. *mið* Abstrakta zu einem im Nhd. nicht mehr als selbständiges Wort erhaltenen Adjektiv ahd. *mitti* (8. Jh.), mhd. *mitte* 'in der Mitte befindlich, mittlerer', frühnhd. *mitt(e)*, nhd. nur vereinzelt *zu mittem Winter* (17. Jh.), *in mittem Carneval* (Goethe 1773), asächs. *middi*, aengl. *midd* (nur in obliquen Kasus überliefert), anord. *miðr*, got. *midjis* (germ. **medja-*), das mit lat. *medius*, griech. *mésos* (*μέσος*) und aind. *mádhyaḥ* 'mittlerer' sowie den baltoslaw. Ausdrücken für als Grenze in der Mitte Befindliches wie lit. *mẽdis* 'Baum, Holz', auch 'Wald', lett. *mežs* 'Wald, Gehölz', aslaw. *mežda* 'Straße', *meždu* 'zwischen, unter', russ. *mežá* (*межа*) 'Grenze, Rain' auf ie. **medhi̯o-* 'mittlerer' zurückgeführt werden kann. Das Adjektiv ist nhd. bewahrt in mitten Adv. 'in der Mitte', mhd. *mitten(e)*, wohl erstarrter Dat. Plur.; s. auch *mittel*. Es ist ferner eingegangen in Komposita wie *Mittag*, *Mitternacht*, *Mittwoch* (s. d.).

Mittel n. 'Durchschnitt(swert), Hilfe, Maßnahme, Arznei', mhd. *mittel* 'Mitte, Mittel, Vermittlung, was trennend und hindernd in der Mitte steht', mnd. mnl. nl. *middel*, engl. *middle* sind Substantivierungen des unter *mittel* (s. d.) abgehandelten Adjektivs. *Mittel* bezeichnet, dem Gebrauch des Adjektivs folgend, ursprünglich 'die Mitte, den in der Mitte befindlichen Teil oder Punkt', dann 'die Mitte zwischen zwei Gegensätzen', auch 'das Hindernis, das Trennende zwischen ihnen' sowie 'die Möglichkeit, das Hindernis zu überwinden, ans Ziel zu gelangen', schließlich auch 'das, was zur Erreichung eines Zweckes geeignet ist bzw. zur Verfügung steht'. Daher steht (seit dem 17. Jh.) der Plural *die Mittel* ohne nähere Bestimmung für 'Besitz, Vermögen, Kapital, Geld'. – mittels(t) Präp. 'mit Hilfe von, durch' (17. Jh.), entstanden aus dem Subst., das nach Verlust einer einleitenden Präp. in Fügungen wie frühnhd. *bei, durch (was) mittel(s)* selbst zur Präp. wird; *mittels* ist ein erstarrter (partitiver) Gen., teilweise um ein unorganisch angetretenes *-t* erweitert. bemittelt Part.adj. 'vermögend, mit Besitz versehen' (17. Jh.). mittellos Adj. 'ohne Vermögen, arm' (19. Jh.). mitteln Vb. 'zwei Hälften machen, die Mitte festsetzen, vermitteln'; mhd. *mitteln* 'in die Mitte stellen, vermitteln', heute fast nur noch in den Präfixkomposita vermitteln 'schlichten, zwischen zwei Seiten ausgleichen, zu etw. verhelfen', mhd. *vermitteln* 'hindernd dazwischentreten', ermitteln 'herausfinden' (19. Jh.), übermitteln 'weitergeben' (20. Jh.).

mittel Adj. 'in der Mitte befindlich', im Nhd. selten, vgl. frühnhd. *in mitteler nacht, in mitteler zeit*, nhd. *zum mittlen* (Segel-)*Tau* (Goethe), vornehmlich in Komposita (s. unten) erhaltener Positiv des Komparativs *mittlerer* und Superlativs *mittelster*. Ahd. *mittil-* (8. Jh.), mhd. *mittel*, asächs. *middil-*, mnd. mnl. nl. *middel*, aengl. *middel*, engl. *middle* sind von dem unter *Mitte* (s. d.) angeführten Adjektiv germ. **medja-* abgeleitet. – mittlerweile Adv. Konj. 'inzwischen' (16. Jh.), zusammengerückt aus *(in) mittler Weile*. Mittelalter n. 'mittleres Lebensalter' (17. Jh.), 'historischer Zeitraum zwischen Altertum und Neuzeit, Hauptepoche des Feudalismus' (18. Jh.), nach der Fügung nlat. *medium aevum*; vgl. andere Benennungsversuche wie *mittleres Zeitalter*, *mittlere Zeiten*, *Mittelzeit*, ferner engl. *Middle Ages*, nl. *middeleeuwen*, frz. *moyen âge*. Mittelpunkt m. 'in der Mitte befindlicher Punkt' (einer Fläche oder eines Körpers), Zusammenrückung (16. Jh.) aus voraufgehendem mhd. *der mitel punct*, in mathematischer Fachsprache Übersetzung von lat. *centrum*.

M i t t e l s t a n d m. 'mittlerer Zustand' (17. Jh.), 'bürgerliche Mittelschicht' (18. Jh.). M i t t e l w o r t n. 'Partizip' (17. Jh.), da diese Wortform Merkmale des Verbs und des Adjektivs aufweist, dadurch gleichsam zwischen diesen steht.

Mitternacht f. 'Mitte der Nacht, zwölf Uhr nachts'. Im 14. Jh. ergeben die Zeitbestimmungen im Dat. Sing. wie mhd. *nāch, ze, vor mitter nahte* die Zusammenrückung *mitternacht* 'in der Mitte der Nacht'. Sie enthalten das Adjektiv mhd. *mitte* 'in der Mitte befindlich' (s. *Mitte*). – m i t t e r n ä c h t l i c h Adj. (16. Jh.).

Mittwoch m. Name des mittelsten (vierten) Tages der Woche, ahd. *mittawehha* f. (um 1000), mhd. *mittewoche* f., später m. (nach dem Vorbild der übrigen Wochentagsnamen), ist eine Zusammenrückung des unter *Mitte* (s. d.) angeführten Adjektivs mit dem unter *Woche* (s. d.) behandelten Substantiv. Sie übersetzt kirchenlat. *media hebdomas* 'der mittlere von sieben (Wochentagen)', vgl. griech. *hebdomás* (*ἑβδομάς*) 'sieben', bes. 'Anzahl von sieben Tagen, Woche'. Die unter dem Einfluß des Christentums sich verbreitende Bildung löst eine ältere heidnische, in nl. *woensdag*, engl. *Wednesday*, schwed. *onsdag*, eigentl. 'Tag des (Gottes) Wotan bzw. Odin', erhaltene Bezeichnung ab. Vorbild dieser Benennung ist der bei den Römern nach dem Gott *Mercurius* benannte Wochentag (lat. *Mercuriī diēs*, vlat. **mercoris diēs*, woraus frz. *mercredi*); in germ. Interpretation wird *Mercur* mit *Wotan*, *Odin* identifiziert.

mixen Vb. 'mischen, durcheinandermengen', Entlehnung (20. Jh.) aus gleichbed. engl. *to mix*, einer Bildung zu engl. *mixed*, älter *mixt*, das über mfrz. *mixte* auf lat. *mixtus*, Part. Perf. zu lat. *miscēre* '(ver)mischen', zurückgeht. – M i x e r m. 'wer (in einer Bar) Getränke mischt', Entlehnung von engl. *mixer* (20. Jh.), im Dt. auch in der verdeutlichenden Zusammensetzung *Barmixer*; ferner Bezeichnung für ein elektrisches Gerät zum Mixen sowie für einen Techniker, der am Mischpult Geräusche, Musik und Text für Sendungen oder Tonaufnahmen mischt und aufeinander abstimmt.

Mixtur f. 'Mischung, Medikament aus verschiedenen flüssigen Substanzen', mhd. *mixtūre* 'Mischung, Zusammensetzung', Entlehnung aus lat. *mixtūra* 'Mischung', Verbalabstraktum zu lat. *miscēre* (*mixtum*) '(ver)mischen' (s. *mischen*, *mixen*). Im Nhd. vornehmlich in der Fachsprache der Pharmazie.

Mob m. 'aufgeputschte, randalierende Menschenmenge, Pöbel', auch geringschätzige Bezeichnung für die Volksmassen. Der nach der Mitte des 18. Jhs. bekannt werdende Ausdruck, anfangs mit Bezug auf engl. Verhältnisse, erst seit den 60er Jahren des 19. Jhs. freier verwendet, ist eine Übernahme von engl. *mob* 'Pöbel, Gesindel, ungeordnete Menge'. Dieses beruht auf Verkürzung von heute veraltetem gleichbed. engl. *mobile* (17. Jh.), das als substantiviertes Adjektiv der in der Antike und auch in einem frühen engl. Text begegnenden Fügung lat. *mōbile vulgus* 'die schwankende, wankelmütige Volksmasse' entstammt; vgl. lat. *mōbilis* 'beweglich' (s. *mobil*).

Möbel n. 'zum Sitzen, Liegen oder als Behältnis dienender Einrichtungsgegenstand'. Aus vlat. **mobilis* 'beweglich' (statt lat. *mōbilis*, s. *mobil*; Verkürzung des Tonvokals wohl durch Einwirkung des zugrundeliegenden Verbs lat. *movēre* 'bewegen') entwickelt sich das gleichbed. Adjektiv afrz. *mueble*, afrz. frz. *meuble*. Dessen Substantivierung erscheint als juristischer Terminus für 'bewegliche Habe' (entsprechend mlat. *mobile*, *mobilia* statt spätlat. *rēs mōbilēs*, s. *Mobilien*), woraus frühnhd. *mubel*, *mübel*, *möbel* (15./16. Jh., in Rechtstexten des Moselgebiets). Außerhalb des terminologischen Bereichs wandelt sich die Bedeutung von frz. *meuble* zu 'Haushaltsgegenstand, Hausrat' (15./16. Jh.), 'Einrichtungsgegenstand' (17. Jh.). Hierauf beruht die vom frühen 17. Jh. an belegte Entlehnung *Meubles* 'Hausrat', seit dem 18. Jh. 'Einrichtungsgegenstände', die durch Austausch der Pluralendung (*Meublen*, 1688) und Umlautschreibung (*Möbeln*, 18. Jh.; *Möbel*, 19. Jh.) zunehmend eingedeutscht wird. Das 18. Jh. kennt auch die Singularformen *Meuble*, *Möble*, *Möbel*, anfangs mit femininem, in der 2. Jahrhunderthälfte mit neutralem Genus; der Singular ist jedoch bis in die Gegenwart wenig gebräuchlich (dafür *Möbelstück*, 19. Jh.). – m ö b l i e r e n Vb. 'einrichten, mit Möbeln ausstatten', bis ins 18. Jh. allgemein *meubli(e)ren*, ist eine Bildung des ausgehenden 17. Jhs. im Anschluß an frz. *meubler* (zu frz. *meuble*, s. oben). Attributive Verwendung des Part. Prät. wird in der Fügung *möbliertes Zimmer* 'nur mit vollständiger Einrichtung vermietetes Zimmer' (2. Hälfte 18. Jh.) geläufig; dazu, von Berlin ausgehend und wohl zunächst im Scherz geprägt, *ein möblierter Herr* 'Mieter eines *möblierten*, d. h. vollständig eingerichteten Zimmers' (um 1900). Ein von Campe 1809 als Ersatzwort vorgeschlagenes *möbeln* bleibt ohne Nachfolge, lebt aber in den der Alltagssprache angehörenden Präfixbildungen a u f m ö b e l n Vb. 'aufmuntern, neu beleben' (1. Hälfte 19. Jh., vielleicht die Vorstellung vom Aufarbeiten alter Möbel aufgreifend, Anknüpfungsmöglichkeiten bietet jedoch auch die Semantik des Adjektivs *mobil*, s. d.) und v e r m ö b e l n Vb. 'verprügeln' (Mitte 19. Jh.), älter in der ursprünglich studentischen Verwendung 'vergeuden, durchbringen, zu Geld machen' (vgl. studentensprachliches *möbeln* 'Geld ausgeben', beide Mitte 18. Jh.), die vermutlich unter dem Einfluß des Rechtsausdrucks *Mobilien* 'bewegliche (und damit leichter zu veräußernde) Habe' (s. d.) steht.

mobil Adj. 'beweglich, einsatzbereit', umgangssprachlich (mit Bezug auf Lebewesen) 'munter, lebhaft, wohlauf', im militärischen Bereich 'bereit für den Kriegseinsatz'. Lat. *mōbilis* 'beweglich' (aus **movibilis*, zum Verb lat. *movēre* 'bewegen') wird im 14. Jh. als *mobile* ins Frz. entlehnt, wo es das ältere, regulär entwickelte frz. *meuble* Adj. (s. *Möbel*) teilweise verdrängt. In der die frz. Aussprache bewahrenden Form *mobil* gelangt das Adjektiv Mitte des 18. Jhs. ins Dt. Hier lebt es zunächst in der an die Ausgangsbedeutung 'beweglich' anknüpfenden militärischen Verwendung 'marschbereit, einsatzbereit' (im Frz. erst 1835 nachweisbar), seit der 1. Hälfte des 19. Jhs. auch in der dem Frz. fehlenden Bedeutung 'munter, lebhaft'. Zu der bereits um 1800 üblichen Fügung *mobil machen* 'die Truppen für den Kriegseinsatz bereitmachen, das Land auf die Anforderungen des Krieges umstellen' (im 20. Jh. meist *mobilmachen* geschrieben) bildet die Heeressprache das Substantiv M o b i l m a c h u n g f. 'Umstellung eines Landes auf den Kriegszustand' (Anfang 19. Jh.). Im gleichen Sinne werden daneben m o b i l i s i e r e n Vb. und M o b i l i s i e r u n g f. gebraucht (beide so seit 1814 belegt und bis in die erste Hälfte des 20. Jhs. geläufig; heute, auf andere Gebiete übertragen, allgemein ein Aktivieren, In-Gang-Setzen ausdrückend). Frz. *mobiliser*, von der 2. Hälfte des 18. Jhs. an als Rechtsterminus ('Immobilien in Mobilien umwandeln') vorkommend, steht dagegen erst 1834 für 'mobilmachen'; jünger sind auch frz. *mobilisation* 'Mobilmachung' (1834) sowie die dem Frz. entlehnten Entsprechungen engl. *to mobilize* (1853), *mobilization* (1866); vgl. aber vereinzeltes engl. *mobilification* (1794, nach dt. Vorbild?).

Mobilien Plur. 'bewegliche Habe'. Der juristische Terminus spätlat. *rēs mōbilēs* 'bewegliche Dinge' (zu lat. *mōbilis*, s. *mobil*) erscheint in mittelalterlichen Rechtstexten in den auf Substantivierung des Adjektivs beruhenden Formen mlat. *mobilia* (wohl aus mlat. *bona mobilia* 'bewegliche Güter') und *mobile* (Sing. mit kollektivem Sinn). Im Juristenlatein bleibt *mobilia* üblich, das im 2. Drittel des 17. Jhs. ein eingedeutschtes *Mobilien* ergibt. Dieses wird bis ins 18. Jh. allgemeinsprachlich auch auf 'Hausrat, Einrichtungsgegenstände' eingeengt gebraucht und konkurriert daher zunächst mit *Möbeln*, *Meubles* (s. *Möbel*), bis sich um 1800 eine begriffliche Trennung durchsetzt, die *Mobilien* wieder in die fachliche Gebrauchssphäre verweist. Zur Bezeichnung einer anderen Art von Eigentum dient das Gegenwort I m m o b i l i e n Plur. 'unbewegliche Habe, Liegenschaften, Haus- und Grundbesitz' (um 1700), aus gleichbed. mlat. *immobilia*, *immobile* für spätlat. *rēs immōbilēs* 'unbewegliche Dinge'. Zu *Mobilien* stellt sich auch die (wohl in Analogie zu Kanzleiausdrücken wie *Inventar*, *Formular* u. ä. entstandene) junge latinisierende Bildung M o b i l i a r n. 'bewegliche Habe', heute vor allem 'Gesamtheit der Möbel, Einrichtung' (Ende 18. Jh.), deren Vorbild vermutlich in gleichbed. frz. *mobilier*, Substantivierung von frz. *mobilier* 'beweglich, die Mobilien betreffend', zu sehen ist. Vgl. ferner terminologische Zusammensetzungen wie *Mobiliarvermögen* (frz. *effets mobiliers*), *Mobiliarerbschaft* (frz. *succession mobilière*).

Mode f. 'Brauch, Gepflogenheit, zeitbedingter Geschmack in Kleidung, Frisur, Umgangsformen, Literatur, Kunst u. dgl.', Entlehnung im 17. Jh. unter dem Einfluß frz. Lebensart und Kultur von frz. *mode* f. 'Art und Weise, Brauch, Sitte, zeitgemäße Kleidertracht', das mit Genuswechsel auf lat. *modus* m. 'Maß, Ziel, Vorschrift, Art und Weise' (s.

Modus) zurückgeht. Anfangs daneben *Alamode* (ebenfalls 17. Jh.), aus der Fügung frz. *à la mode* 'dem Zeitgeschmack entsprechend, beliebt, modern' (vgl. die Zusammensetzungen *Alamodekleider*, *-literatur*, *-zeit*). – m o d i s c h Adj. 'der Mode entsprechend', im 17. Jh. *alamodisch* ablösend; dazu *altmodisch* und *neumodisch* (beide 18. Jh.). S. auch *modern*.

Modell n. 'Vorbild, Muster, Entwurf' (bes. in der bildenden Kunst, in der Architektur, in der Kleidermode), entlehnt (um 1600) aus ital. *modello* 'Muster', das auf spätlat. **modellus*, zu lat. *modulus* 'Maß', in der Architektur bes. 'Maßstab, Grundmaß', beruht, dem Deminutivum zu lat. *modus* 'Maß, Ziel, Vorschrift, Art und Weise' (s. *Modus*). Das Substantiv tritt zuerst in der Künstlersprache auf (z. B. bei obd. Goldschmieden, die vielfach nach ital. Mustern arbeiten). Es verdrängt altes M o d e l m. n. 'Muster, Vorlage, Form', ahd. *modul* 'Regel, Muster, Vorbild' (um 1000), mhd. *model* 'Maß, Form, Vorbild', das unmittelbar aus lat. *modulus* entlehnt und heute noch im handwerkssprachlichen Bereich üblich ist. Dazu m o d e l n Vb. 'nach einem Muster gestalten, formen', dann auch 'unbedeutende Veränderungen anbringen', mhd. *modelen*; heute dafür vielfach u m m o d e l n 'umgestalten, verändern' (18. Jh.). – m o d e l l i e r e n Vb. 'ein Modell herstellen, etw. formen, plastisch bilden' (18. Jh.), ital. *modellare*. M o d e l l e u r m. 'Kunsthandwerker, Gestalter, Former von Mustern, Modellen' (19. Jh.), frz. *modeleur*. Daneben auch M o d e l l i e r e r m., im 19. Jh. mit dt. Endung zu *modellieren* gebildet.

Moder m. 'in Verwesung, Fäulnis Übergegangenes, Morast', spätmhd. (md.) *moder* 'in Verwesung übergegangener Körper, Sumpfland, Moor' stammt aus dem Nd. Mnd. *modder*, *modde*, *mudde*, *mōde* 'Schlamm', mnl. *modder*, *mudder*, *mōder* 'Schlamm, Kot', nl. *modder*, (mundartlich) *modde* 'faules Weib', engl. *mud* 'weiche Erde', schwed. *modd* 'Schneeschmutz' führen mit aind. *mū́tram* 'Harn', awest. *mū̆θra-* 'Kot', mir. *mothar* 'Dickicht, dichte Masse', ir. 'Sumpf' auf die Wurzel ie. **meu-*, **mū̆-* 'feucht, modrig, unreine Flüssigkeit, beschmutzen' bzw. die Dentalerweiterung ie. **meut-*; zur gleichen Wurzel gehören [1]*Moos* und (mit *s*-Anlaut der Wurzel) *Schmutz* (s. d.). Im 19. Jh. gelangt auch nd. M o d d e r m. 'Schlamm' ins Hd. und tritt neben das in seiner Bedeutung umfassendere *Moder*; dazu m o d d e r i g Adj. 'schlammig'. – m o d e r n Vb. 'faulen, in dumpfer Luft zerfallen' (17. Jh.), älter gleichbed. *vermodern* (15. Jh.). m o d r i g Adj. 'in Verwesung, Fäulnis übergehend, feucht, nach Fäulnis riechend' (18. Jh.), älter *modericht* (17. Jh.).

Moderator m. 'Leiter einer Sendung' (in Rundfunk und Fernsehen), 'Stoff, der Neutronen hoher Energie abbremst' (20. Jh.), 'wer oder was regelnd lenkt' (19. Jh.), bildungssprachliche bzw. gelehrte Aufnahme von lat. *moderātor* 'wer ein Maß setzt, Mäßigender, Lenker, Leiter', zum Verb lat. *moderārī*, *moderāre* 'ein Maß setzen, bestimmen, mäßigen, leiten, lenken' (abgeleitet von lat. *modus*, s. *Modus*), woraus die Entlehnung m o d e r i e r e n Vb. 'eine (Rundfunk-, Fernseh)sendung, -diskussion leiten' (20. Jh.); zuvor meist refl. 'sich in Grenzen halten, mäßigen, zurückhalten' (16. Jh.), *moderiert* Part.adj. '(politisch) gemäßigt' (18. Jh.).

modern Adj. 'neu, zeitgemäß, dem neuesten Entwicklungsstand, der neuesten Mode entsprechend', Übernahme (18. Jh.) von frz. *moderne*, das auf spätlat. *modernus* 'neu', eine Ableitung von lat. *modo* Adv. 'nur, soeben, gerade, jetzt eben, erst', eigentl. 'mit Maß', Ablativ von lat. *modus* 'Maß, Ziel, Vorschrift, Art und Weise' (s. *Modus*), zurückgeht. Wie das lat. und frz. Vorbild bedeutet auch im Dt. *modern* anfangs nur 'neu, neuzeitlich' und wird im 18. Jh. häufig als Gegensatz zu *alt*, *antik* (bes. in bezug auf Architektur, Kunst, Literatur) verwendet. Unter dem Einfluß von *Mode* (s. d.) nimmt *modern* auch die Bedeutung 'dem Zeitgeschmack entsprechend' an und steht bald für 'modisch, elegant, vornehm'. Dazu die Steigerung *hochmodern* (19. Jh.). – M o d e r n e f. 'neueste Zeit, Kunst der Gegenwart', 1890 von H. Bahr („Kritik der Moderne") als Gegenwort zu *Antike* (s. d.) verbreitet. m o d e r n i s i e r e n Vb. 'dem neuesten Entwicklungsstand, dem neuesten Geschmack anpassen' (18. Jh.), frz. *moderniser*.

modifizieren Vb. 'umwandeln, verändern, mildern', entlehnt (16. Jh.) aus lat. *modificāre* 'gehörig abmessen' (zu lat. *modificus* 'abgemessen', einer Bildung zu lat. *modus*, s. *Modus*, und lat. *facere* 'machen, tun'). Dazu Modifikation f. 'Umwandlung, Veränderung, Milderung', lat. *modificātio* (Gen. *modificātiōnis*) 'Abmessung einer Sache'. Verb und Substantiv sind zunächst im Sinne von 'abändern, einschränken' bzw. 'Abänderung, nähere Bestimmung' Bestandteile der Verwaltungssprache, werden jedoch im 18. Jh. durch den Einfluß von frz. *modifier* und frz. *modification* belebt und gehen in den allgemeinen Gebrauch über.

modulieren Vb. in der Musik 'Klangfarbe, Tonstärke abwandeln, die Tonart überleitend wechseln' (16. Jh.), in der Technik 'eine Frequenz zum Zwecke der Nachrichtenübermittlung beeinflussen' (20. Jh.), allgemein 'gestaltend abwandeln', entlehnt aus lat. *modulārī* 'messen, regeln, taktmäßig und melodisch spielen oder singen' (zu lat. *modulus* 'Maß(stab), Rhythmus, Takt', s. *Modell*). – Modulation f. 'Abwandlung von Klangfarbe oder Tonstärke, Akkordwechsel, harmonische Überleitung in eine andere Tonart' (16. Jh.), 'Beeinflussung einer Frequenz zum Zwecke der Nachrichtenübermittlung' (20. Jh.), aus spätlat. *modulātio* (Gen. *modulātiōnis*) 'Grundmaß, Rhythmus, das Taktmäßige, Harmonische' (in Musik und Poesie).

Modus m. 'Art und Weise, Verfahrensweise' (17. Jh.), Übernahme von lat. *modus* 'Maß, Ziel, Vorschrift, Art und Weise'. Bereits bei den lat. Grammatikern steht *modus* auch für die Aussageweise des Verbs und wird in diesem Sinne schon im 15. Jh. in die Fachsprache der dt. Grammatik aufgenommen. Bis heute gilt für *Modus* in allen seinen Bedeutungen der der lat. Flexion folgende Plural *Modi*.

mogeln Vb. 'unlautere Kniffe anwenden, kleine Schwindeleien begehen, Schmu machen', im 18. Jh. in der Studentensprache belegt, danach allgemein umgangssprachlich. Die Etymologie ist nicht geklärt. Vielleicht ist das Verb als eine Variante von mundartlichem *maucheln* 'heimlich und hinterlistig handeln, betrügen' (16. Jh.) anzusehen (s. *meucheln*).

mögen Vb. 'wollen, gern haben'. Das zu den Präteritopräsentien gehörende Verb ahd. *magan* (8. Jh.), *mugan* (9. Jh.), mhd. *mügen*, *mugen* 'kräftig, wirksam sein, vermögen, wofür können, mächtig, imstande sein, die Möglichkeit haben, sollen, dürfen', asächs. *mugan*, mnd. *mōgen*, mnl. *mōghen*, *meughen*, *mueghen*, nl. *mogen*, aengl. *magan*, engl. *may*, anord. *mega*, schwed. *må*, got. *magan* führt mit dem zugehörigen Abstraktum *Macht* (s. d.) und mit aind. *maghá-* 'Macht, Kraft, Reichtum, Gabe', aslaw. *mošti* 'können' (*mogǫ* 'ich kann'), russ. *moč'* (*мочь*) 'können', lit. *magéti* 'gefallen, angenehm sein', *magùs* 'anziehend, lockend' auf die Wurzel ie. **magh-* 'können, vermögen, helfen'. Bis ins 17. Jh. herrscht die ursprüngliche Bedeutung 'imstande sein zu etw.', erhalten in *vermögen* (s. unten); heute steht das Verb vornehmlich für 'wollen, gern haben', das sich im 16. Jh. aus der Verneinung *nicht mögen* 'nicht imstande sein' (daher 'nicht wollen') entwickelt. – möglich Adj. 'zu verwirklichen, erreichbar, denkbar', mhd. *müg(e)lich* 'was geschehen kann oder sollte, was recht und billig ist, geziemend, gehörig, vermögend', dazu Möglichkeit f., mhd. *mügelicheit* 'Vermögen, Gelegenheit, Chance'. vermögen Vb. 'imstande sein zu etw., können', anschließend an die ursprüngliche Bedeutung von *mögen*, entsprechend ahd. *firmugan* (um 1000), mhd. *vermügen*, *-mugen* 'imstande sein', auch 'Gewalt haben über', refl. 'Kraft haben, sich verstehen, im Besitze sein, besitzen' (vgl. *vermögend* Part.adj. 'einflußreich', daher auch 'wohlhabend, begütert', 18. Jh.); substantiviert Vermögen n. 'Fähigkeit, Kraft, Besitz', spätmhd. *vermügen* 'Kraft, Macht'. vermöge Präp. 'vermittels, mit Hilfe, durch' (*vermög*, 16. Jh.), hervorgegangen aus dem Subst. *Vermöge* f. 'Kraft, Fähigkeit', mhd. *vermüge*; vgl. spätmhd. *ūʒ vermog*, mnd. *nā* bzw. *mit vermōge*.

Mohn m. Der Name der seit alters bekannten Ölpflanze lautet ahd. *mago* (9. Jh.) und (ablautend mit grammatischem Wechsel) ahd. *māho* (10. Jh.; ebenso asächs. *māho*), woraus (mit auslautendem *-n* aus den flektierten Kasus) mhd. *māge(n)*, *māhen*, *mān* (mnd. *mān*) und auch das doch wohl mit Länge anzusetzende ahd. *mān* (Hs. 13. Jh.). Daneben stehen die Zusammensetzungen nd. *Mahnkopp*, nl. *maankop* (d. i. „Mohnkopf", nach der runden Fruchtkapsel) und norw. *valmue*, schwed. *vallmo*, aschwed. *valmoghe*, d. i. „Schlafmohn", vgl. norw. (mundartlich) *vale* 'tiefer Schlaf', schwed. (mundartlich) *valbjörk* 'Kreuzdorn', eigentl. „Schlafdorn", vgl.

gleichbed. schwed. *sömntorn*. Außergerm. vergleichbar sind griech. *mḗkōn* (*μήκων*), kslaw. *makъ*, russ. *mak* (*мак*). Da der Mohn aus dem Mittelmeergebiet stammt, kann eine alte Entlehnung ie. **mǎk-* bzw. **mǎken-* aus einer Mittelmeersprache angenommen werden. Nhd. hält sich *Mahn* bis ins 18. Jh. (in Mundarten bis heute); Verdunklung des Vokals setzt im 15. Jh. ein, und vom 18. Jh. an wird *Mohn* allgemein üblich.

Mohr m. 'Afrikaner, Neger' (heute selten), ahd. *mōr* (8. Jh.), mhd. *mōr(e)* 'Bewohner Mauretaniens (Marokkos), Äthiopiens', dann auch 'Mensch mit dunkler Hautfarbe' (vgl. mhd. *swarzer mōr*), entlehnt aus lat. *Maurus* 'Bewohner der nordafrikanischen Provinz Mauretanien', griech. *Maũros* (*Μαῦρος*). Erst vom 16. Jh. an gilt *Mohr* ausschließlich für 'Neger'. Vgl. übertragenes mhd. *hellemōr* 'Höllenmohr', d. i. 'der Schwarze der Hölle, Teufel'. – M o h r e n k o p f m. rundes, süßes Gebäck mit Schokoladenüberzug (19. Jh.).

Möhre f. Der Name der auch *gelbe Rübe* genannten Gemüsepflanze ahd. *mor(a)ha* (10. Jh.), mhd. *morhe*, *morche*, *more* (s. *Morchel*), mit Umlaut spätmhd. *mörhe* (Plur.), nhd. *Möhre* (allgemein seit dem 16. Jh.), asächs. *moraha*, mnd. *mōre*, mnl. *more*, aengl. *moru*, *more* (vgl. engl. mundartlich *more* 'Wurzel') ist verwandt mit der gleichbed. slaw. Bezeichnung, die in aruss. *morkovь*, russ. *morkóv'* (*морковь*), tschech. *mrkev*, serbokr. *mȑkva* vorliegt, und wohl auch mit griech. *brákana* (*βράκανα*) 'wildwachsendes Gemüse', so daß ie. **mr̥k-* 'eßbare Wurzel' angesetzt werden kann. Die umlautlose Form bewahrt das Kompositum M o h r r ü b e f. (17. Jh.).

mokieren Vb. refl. 'sich lustig machen, sich abfällig oder spöttisch äußern', entlehnt (17. Jh.) aus gleichbed. frz. *se moquer*, das wahrscheinlich affektischen Ursprungs ist. – m o k a n t Adj. 'spöttisch, spottlustig' (18. Jh.), frz. *moquant*, Part. Präs. zu *(se) moquer*.

Mokka m. 'starker Bohnenkaffee'. Zunächst (18. Jh.) Bezeichnung einer speziellen, besonders guten Kaffeesorte, nach dem am Roten Meer gelegenen arab. Ausfuhrhafen *Muḫā* (*Maḫā*); vgl. frz. *moka*, engl. *mocha* (ebenfalls 18. Jh.). Erst später (20. Jh.) bezieht sich *Mokka* auf die Art der Zubereitung.

Molch m. eidechsenähnlicher Schwanzlurch. Die Form mit auslautendem Guttural, die sich durch den Gebrauch bei Luther in der Schriftsprache durchsetzt, ist erst seit dem 15. Jh. bezeugt. Älter sind ahd. *mol* (um 800), *mol(l)o* (um 1100), *molm* (9. Jh.), *molt* (Hs. 12. Jh.), mhd. *mol*, *molle* 'Eidechse, Molch', asächs. mnd. *mol*. Die Herkunft der Bezeichnung ist unbekannt. Der auslautende Guttural mag analog zu anderen Tiernamen mit *k*-Suffix angetreten sein. Wenn man eine Herleitung von der Wurzel ie. **mel(ə)-* in Farbbezeichnungen, vor allem für dunkle, schmutzige Farben, gelten läßt, ist *Molch* verwandt mit den unter *malen* (s. d.) behandelten Formen. S. auch *Olm*.

Mole f. 'Hafendamm' wird im 16. Jh. aus gleichbed. ital. *molo* entlehnt (bis ins 19. Jh. noch häufig *Molo*) und durch Reisebeschreibungen bekannt. Dem ital. Ausdruck geht von den Genuesen aufgenommenes mgriech. *mólos*, *mõlos* (*μόλος*, *μῶλος*) 'Hafendamm' voraus, das auf lat. *mōlēs* 'Wehr, Hafendamm', eigentl. 'Last, Masse, massiger, großer Bau, Anstrengung, Mühe', beruht und von älterem griech. *mō̃los* (*μῶλος*) 'Kampf, Schlacht, Kampfgetümmel' (ursprünglich wohl 'Mühe, Anstrengung' und dann verwandt mit lat. *mōlēs* und dt. *mühen*, s. d.) zu unterscheiden ist.

Molekül n. kleinste, aus zwei oder mehr Atomen bestehende Einheit einer chemischen Verbindung, Übernahme (um 1800) von gleichbed. frz. *molécule* (17. Jh.), einer gelehrten Bildung (vgl. nlat. *molecula*) mit deminutivem Suffix zu lat. *mōlēs* 'Last, Masse' (s. *mühen*). – m o l e k u l a r Adj. (19. Jh.), vgl. frz. *moléculaire* (Ende 18. Jh.).

Molke f., auch M o l k e n m. 'Käsewasser', mhd. *molchen*, *molken*, *mulchen*, *mulken* n. 'Milch und was aus ihr hergestellt wird, Käse, Butter, Käsewasser', asächs. mnd. mnl. *molken*, aengl. *molcen* 'geronnene Milch' stellen sich tiefstufig zu unter *melken* (s. d.) genanntem ie. **mělĝ-* 'abstreifen, wischen'. Formal folgen die westgerm. Bildungen dem Part. Prät. des ehemals starken Verbs *melken*, so daß von einer Bedeutung 'Gemolkenes', also auch 'Milch', ausgegangen werden kann. – M o l k e r e i f. 'Milchverarbeitungsbetrieb' (19. Jh.).

mollig Adj. 'weich, rundlich, behaglich, warm' (19. Jh.), älter *mollicht* 'weich (anzufühlen), locker' (16. Jh.). Wahrscheinlich ist anzuknüpfen an ahd. *mol(a)wēn* 'weich werden, faulen' (9. Jh.), mhd. *molwic* 'weich' (14. Jh.), wozu auch mundartliche Formen wie nd. *molig* 'weich, mürbe', *mollig* 'mürbe, bröcklig, krümelig' gehören, die sich mit lat. *mollis* 'beweglich, biegsam, geschmeidig, weich' auf die unter *mahlen* (s. d.) genannte Wurzel zurückführen lassen. Da das Adjektiv im 19. Jh. in der Studentensprache üblich ist und sich von dorther verbreitet, mag das alte Mundartwort durch Anlehnung an lat. *mollis* belebt worden sein.

Moment m. 'Augenblick', gleicher Herkunft wie *Moment* n. (s. d.). Ein vereinzelt bezeugtes mhd. *mōmente* f. 'Augenblick' ist entweder direkt aus lat. *mōmentum* in seiner Bedeutung '(kritischer) Augenblick' oder aus darauf beruhendem afrz. *moment* m. 'kurze Zeitspanne' entlehnt. Gelegentlichem Gebrauch von lat. *mōmentum* im dt. Text oder eingedeutschtem *moment* während des 15. und 16. Jhs. folgt im 17. Jh. Entlehnung von frz. *moment* m. 'Zeit(punkt)' und damit auch die Übernahme des mask. Genus. Frz. Aussprache hält sich vielfach bis ins späte 19. Jh. – m o m e n t a n Adj. 'augenblicklich, vorübergehend' (18. Jh.), frz. *momentané* (16. Jh., mfrz. *momientené*, 14. Jh.), spätlat. *mōmentāneus* 'nur augenblicklich, zeitlich'.

Moment n. 'Beweggrund, Gesichtspunkt, Merkmal, Umstand', Entlehnung der Rechts- und philosophischen Wissenschaftssprache (17. Jh.) aus lat. *mōmentum* n. 'Bewegungskraft, -dauer, Beweggrund, Gewicht, Bedeutung', auch '(kritischer) Augenblick' (s. *Moment* m.), eigentl. 'das Übergewicht, das bei gleichschwebenden Waagebalken den Ausschlag gibt'. Das lat. Substantiv ist (über **movimentum*) zu lat. *movēre* 'bewegen' gebildet.

Monarch m. 'gekröntes Staatsoberhaupt, fürstlicher Alleinherrscher (durch Wahl oder Erbanspruch) auf Lebenszeit, Kaiser, König', Entlehnung (16. Jh.) aus mlat. *monarcha* 'Fürst' (anfangs auch in dieser lat. Form in dt. Texten), griech. *mónarchos* (*μόναρχος*) 'Alleinherrscher', Kompositum aus griech. *archós* (*ἀρχός*) 'Führer, Anführer, Heer-, Schiffsführer', dem Nomen agentis zu griech. *árchein* (*ἄρχειν*) 'herrschen', und *mono-* (s. d.). – M o n a r c h i e f. 'Staat(sform) mit einem Monarchen als Oberhaupt', üblich seit dem 16. Jh., spätlat. *monarchia*, griech. *monarchía* (*μοναρχία*) 'Alleinherrschaft'. Vereinzelt bezeugtes mhd. *monarchīe* ist wohl Entlehnung von afrz. *monarchie*.

Monat m. 'Umlaufzeit des Mondes um die Erde, zwölfter Teil eines Jahres', ahd. *mānōd* (8. Jh.), mhd. *mānōt*, *mēnōt*, (mit zu *o* verdumpftem *a* vor *n*) mhd. *mōnōt*, nhd. *Monat*, asächs. *mānuð*, mnd. *mānt*, mnl. *mānet*, *maent*, nl. *maand*, aengl. *mōnaþ*, engl. *month*, anord. *mānaðr*, schwed. *månad*, got. *mēnōþs* (germ. **mēnōþ-*) führt wie auch lit. *mėnuo* 'Mond, Monat' auf ie. **mēnōt-* 'Monat, Mond' und kann mit den unter *Mond* (s. d.) genannten Formen an die Wurzel ie. **mē-* 'messen' (s. [1]*Mal*) angeschlossen werden. Die Dentalbildung bezeichnet als zeitliche Orientierung den Zeitraum zwischen Vollmond und Vollmond, zugleich auch (wie andere entsprechende, unter *Mond* angegebene ie. Formen) als Zeitmesser den 'Mond', vgl. das Kompositum ahd. *mānōdsioh* 'mondsiech, mondsüchtig' (9. Jh.), aengl. *mōnaþsēoc*. Die Einteilung des Jahres in Monate übernehmen die Germanen vom röm. Kalender. – m o n a t l i c h Adj. 'jeden Monat stattfindend', ahd. *mānōdlīh* (10./11. Jh.), spätmhd. *mānōtlich*.

Mönch m. im Kloster lebender Angehöriger eines geistlichen Ordens, ahd. *munih* (8. Jh.), mhd. *münech*, *münich*, *munich*, *münch* ist (wie aengl. *munuc*, engl. *monk*, mnd. *mōnik*, *mönk*, mnl. *mōnic*, *monc*, nl. *monnik*, anord. *munki*, *munkr*) eine Entlehnung aus vlat. **monicus*. Dieses steht für kirchenlat. *monachus* m., spätgriech. *monachós* (*μοναχός*) 'Einsiedler, Mönch', eine Substantivierung des Adjektivs griech. *monachós* (*μοναχός*) 'einzeln, alleinlebend', abgeleitet von griech. *mónos* (*μόνος*) 'allein'. Historisch hat sich das klösterliche Gemeinschaftsleben der Mönche aus dem Einsiedlertum (über Eremitenkolonien) entwickelt.

Mond m. 'der die Erde umkreisende Himmelskörper', dann überhaupt (seit dem 18. Jh.) 'Trabant eines Planeten'. Die in der Wurzelsilbe miteinander ablautenden *n*-Stämme (germ. **mēnan-*) mit der Bedeutung 'Mond' ahd. *māno* (8. Jh.), mhd. *mān(e)*, *mōn(e)* 'Mond, Monat', asächs. *māno*, mnd. mnl. *māne*, nl. *maan*, aengl. *mōna*, engl. *moon*, anord. *māni*, schwed. *måne*, got. *mēna* stehen neben den unter *Monat* (s. d.) aufgeführten Formen. Sie haben sich wohl durch Abfall des Dentals und Übertritt in die Flexion der *n*-Stämme in gleicher Weise aus der Ausgangsform ie. **mēnōt-* (s. *Monat*) entwikkelt wie die unter *Neffe* (s. d.) angeführten germ. Formen aus ie. **nepōt-*. Die vergleichbaren außergerm. Bildungen für 'Mond, Monat' weisen ursprünglich fast alle ein *-s-* auf. Aind. *mā́ḥ* 'Mond, Monat', griech. *mḗnē* (*μήνη*) 'Mond', eine Ableitung von griech. *mḗn* (*μήν*) 'Monat', auch 'Mondsichel', lat. *mēnsis* 'Monat', air. *mī* 'Monat', lit. *ménesis*, (mundartlich) *ménas* 'Mond, Monat', aslaw. *měsęcь*, russ. *mésjac* (*месяц*) 'Mond, Monat' führen auf ie. **mēnes-*, **mēns-*, **mēs-* 'Monat, Mond', das ebenso wie ie. **mēnōt-* (s. oben) zur Wurzel ie. **mē-* 'messen' (s. [1]*Mal*) gehört, so daß der Mond als 'Zeitmesser' zu erklären ist. Die Form nhd. *Mond* entsteht im 14. Jh. durch Vermischung von mhd. *mōn(e)* und mhd. *mānōt*, *mōnōt* (s. *Monat*), breitet sich aber (obwohl von Luther verwendet) erst im 17. Jh. aus. *Mond* im Sinne von 'Monat' ist bis in die Gegenwart literarisch bezeugt. – mondsüchtig Adj. 'bei Mondschein schlafwandelnd' (18. Jh.), älter *mon-*, *mansuchtig* (15. Jh.), *monsüchtig* (Luther) für lat. *lūnāticus* 'auf dem Mond lebend, dem Mondwechsel unterworfen'; vgl. ahd. *mānōdsioh* (s. *Monat*). Mondkalb n. 'Mißgeburt', zunächst einer Kuh (16. Jh.), bedingt durch den Aberglauben, der Mond habe Einfluß auf Geburten; dann allgemein als Schimpfwort. Mondfinsternis f. (17. Jh.).

mondän Adj. 'auffallend elegant, im (oft vermeintlichen) Stil der großen Welt'. Afrz. frz. *mondain* 'weltlich' (im Gegensatz zu 'geistlich, kirchlich') geht auf lat. *mundānus* 'zur Welt gehörig, weltlich' zurück, eine Ableitung von lat. *mundus* 'Welt, Weltall'. Das frz. Adjektiv entwickelt den Sinn 'der Welt zugewandt'. Die Substantivierung frz. *mondain* m. wird um 1800 ins Dt. übernommen und mit 'Weltlichgesinnter, Weltkind' wiedergegeben. Um 1900 begegnet auch frz. *mondaine* f. (verhüllend für) 'Halbweltdame' im Dt. Erst im 20. Jh. wird das Adjektiv frz. *mondain*, nunmehr im Sinne von 'weltgewandt, weltmännisch', entlehnt und nimmt, in der Schreibweise eingedeutscht zu *mondän*, die oben genannte Bedeutung an.

Moneten Plur. 'Geld'; die umgangssprachliche Bezeichnung stammt aus der Studentensprache, in die sie aus lat. *monētae*, Plur. von *monēta* 'gemünztes Geld, Münze' (eigentl. 'Münzstätte', s. *Münze*), entlehnt wird (18. Jh.).

monieren Vb. 'beanstanden, bemängeln, rügen', entlehnt (17. Jh.) aus lat. *monēre* 'erinnern, auffordern' (verwandt mit *mahnen*, s. d.) in die Kaufmannssprache; im 19. Jh. in den allgemeinen Gebrauch übergehend.

mono- (vor Vokalen *mon-*, s. *Monarch*) 'allein-, einzel-, ein-', aus gleichbed. griech. *mono-* (*μονο-*), Kompositionsform von griech. *mónos* (*μόνος*) 'allein, einzig, einsam'. Für das bereits im Griech. häufig gebrauchte Bestimmungswort *mono-* in Nominalkomposita vgl. *Monolith* m. 'Steinblock', griech. *monólithos* (*μονόλιθος*) 'aus einem Stein bestehend, gemacht', zu griech. *líthos* (*λίθος*) 'Stein'; s. auch die folgenden Artikel. Schon das Spätlat. gebraucht *mono-* zur Bildung eigener Komposita mit griech. oder lat. Grundwort, s. *Monogramm*, *Monokel*. Noch heute ist *mono-* im Dt. (wie in anderen neueren Sprachen) produktiv für die Bildung vorwiegend wissenschaftlicher und technischer Ausdrücke, vgl. *Monofilstrumpf* 'Strumpf aus einfädig ersponnenem Dederon', *Monokultur* 'ständiger Anbau nur einer Pflanzenart auf derselben Fläche', *Monoplattenspieler* (im Gegensatz zu *Stereoplattenspieler*), *Monotype* 'Setz- und Gießmaschine für Einzelbuchstaben', *monozyklisch* 'im Molekül nur in einem Ring angeordnete Atome enthaltend'.

Monogramm n. 'künstlerisch ausgeführter Namenszug, in sich verschlungene oder nebeneinander stehende Anfangsbuchstaben des Namens', entlehnt (17. Jh.) aus spätlat. *monogramma*, *monogrammum* '(Namens)zeichen, das mehrere Buchstaben zu einer Einheit zusammenfaßt'; vgl. griech. *grámma* (*γράμμα*) 'Buchstabe, Geschriebenes', s. *-gramm* und *mono-*.

Monokel n. 'Augenglas für nur ein Auge, Einglas', Übernahme (19. Jh.) von gleichbed. frz. *monocle*, entlehnt mit diesem speziellen Sinn aus spätlat. *monoculus* 'einäugig', einer Bildung zu lat. *oculus* 'Auge'; s. *mono-*.

Monolog m. 'Selbstgespräch', Übernahme (18. Jh.) von gleichbed. mfrz. frz. *monologue*, das nach dem Muster von afrz. frz. *dialogue* (s. *Dialog*) in Anlehnung an griech. *monológos* (*μονολόγος*) 'allein sprechend' (s. *-loge*) gebildet ist. Dafür auch (ebenfalls 18. Jh.) die Verdeutschung *Selbstgespräch*.

Monopol n. 'alleiniges Recht auf den Verkauf von Waren', übertragen 'ausschließliches Recht, alleiniger Anspruch, Vorrangstellung', bes. 'Zusammenschluß wirtschaftlicher Unternehmen zur Beherrschung der Produktion und des Marktes bei weitgehender Ausschaltung der Konkurrenz'. In die Kaufmannssprache wird im 15. Jh. lat. *monopōlium*, griech. *monopṓlion* (*μονοπώλιον*) 'Recht des Alleinhandels, des Alleinverkaufs' entlehnt; vgl. griech. *pōlẽin* (*πωλεῖν*) 'verkaufen' und s. *mono-*. Die griech.-lat. Form gilt im Dt. bis ins 18. Jh. mit dem Plural *Monopolia* (neben vereinzelt *Monopolien*, *Monopolen* 16. Jh.), danach (wohl befördert durch frz. *monopole*) allgemein der Sing. *Monopol* (mit dem Plur. *Monopole*). – m o n o p o l i s i e r e n Vb. 'den Alleinhandel aufbauen, haben, der Herrschaft eines Monopolverbandes unterwerfen' (18. Jh.); vgl. frz. *monopoliser*.

monoton Adj. 'eintönig, ein-, gleichförmig' von Klängen (18. Jh.), dann allgemein 'ohne Abwechslung' (19. Jh.); anfangs auch *monotonisch*. Übernahme von gleichbed. frz. *monotone*, entlehnt aus spätlat. *monotonus*, griech. *monótonos* (*μονότονος*) 'eintönig, von einerlei Ton in Stimme, Gesang, Musik'; vgl. griech. *tónos* (*τόνος*) (s. [2]*Ton*) und s. *mono-*. – M o n o t o n i e f. 'Eintönigkeit, Gleichförmigkeit' (18. Jh.), frz. *monotonie*, griech. *monotonía* (*μονοτονία*).

Monstranz f. kostbares liturgisches Gefäß, in dem die konsekrierte Hostie sichtbar zur Verehrung ausgesetzt wird, im 14. Jh. in Verbindung mit der Ausbreitung des Fronleichnamsfestes aus mlat. *monstrantia* entlehnt, dem als fem. Singular gebrauchten neutr. Nom. Plur. des Part. Präs. von lat. *mōnstrāre* 'zeigen, (hin)weisen', also eigentl. 'die zeigenden (Gefäße)'.

Monstrum n. 'Ungeheuer, Ungetüm, Mißbildung, großer unförmiger Gegenstand', Übernahme (16. Jh.) von lat. *mōnstrum* 'Ungeheuer, Scheusal', eigentl. 'Mahnzeichen, Weisung der Götter durch ein widernatürliches Ereignis'. Der Ausdruck entstammt der römischen religiösen Terminologie und ist abgeleitet von lat. *monēre* 'an etw. denken lassen, erinnern, mahnen, warnen' (s. *monieren* und wurzelverwandtes *mahnen*). Daneben im Dt. seit Anfang des 18. Jhs. M o n s t e r n. 'Ungetüm' unter dem Einfluß von engl. *monster* (das über afrz. *monstre* ebenfalls auf lat. *mōnstrum* zurückgeht) und wohl auch von frz. *monstre*. Im 19. Jh. wird *Monster-*, *Monstre-* mit verstärkendem Sinn 'riesig, von ungeheuren Ausmaßen' in Zusammensetzungen üblich, vgl. noch M o n s t e r f i l m m. 'Gruselfilm mit Ungetümen oder Scheusalen', aber auch 'überlanger Film mit großem Aufwand an Darstellern und Ausstattung' (Mitte 20. Jh., engl. *monster film*). – m o n s t r ö s Adj. 'ungeheuerlich, mißgebildet' (17. Jh.), aus frz. *monstrueux* (lat. *mōnstruōsus* 'widernatürlich, unnatürlich, scheußlich'); auch *monstros* oder *monstrosisch* (Anfang 17. Jh.), aus lat. *mōnstrōsus*.

Monsun m. halbjährlich wechselnder Wind, bes. in Süd- und Ostasien. Aus arab. *mausim* 'Jahreszeit', auch 'der jahreszeitlich bedingte und für die Fahrt nach Indien günstige Westwind', wird port. *monção*, älter auch *moução* entlehnt. Darauf beruhen einerseits nl. (älter) *monssoen*, engl. *monsoon*, ital. *monsone*, andererseits frz. *mousson*, das zu nl. *moesson* führt. Dt. *Monsun* begegnet (wohl unter engl. Einfluß) erstmals im 17. Jh., wird aber erst im 19. Jh. allgemein gebräuchlich.

Montag m. Der Wochentagsname ahd. *mānotag* (11. Jh.), *māntag* (Hs. 12. Jh.), mhd. *mān-*, *mōn-*, *mēntac*, mnd. *māndach*, *māne(n)dach*, mnl. *mānendach*, *maendach*, nl. *maandag*, aengl. *mōnandæg*, engl. *Monday*, anord. *mānu-*, *mānadagr*, schwed. *måndag* übersetzt spätlat. *diēs Lūnae* 'Tag der Mondgöttin Luna', nach gleichbed. griech. *hēméra Selḗnēs* (*ἡμέρα Σελήνης*). *Montag* bewahrt die alte, ohne Dental gebildete Form von nhd. *Mond* (s. d.).

montan Adj. 'Bergbau und Hüttenwesen betreffend' (19. Jh.), gelehrte Entlehnung aus lat. *montānus* 'auf Bergen oder Gebirgen befindlich, dort entstehend, entspringend, gebirgig', Ableitung von lat. *mōns* (Gen. *montis*) 'Berg, Gebirge'. – M o n t a n i n d u s t r i e f. (19. Jh.).

montieren Vb. '(technische Geräte, Anlagen) aufstellen, aufbauen, zusammenfügen, anbringen, anschließen'. Mhd. (vereinzelt) *sich muntieren* wohl 'aufs Pferd steigen', nhd. *montieren*, in älterer Zeit auch *mondiren*, *muntiren*, *mundiren* '(sich) mit (militärischer) Dienstkleidung, Uniform ausstatten' (17. Jh.) sind Entlehnungen aus afrz. frz. *monter* 'steigen, aufsitzen, reiten, etw. errichten, aufbauen', seit dem Mfrz. auch 'etw. zusammensetzen, jmdn. mit Pferd und Ausrüstung versehen, ausstatten', aus vlat. **montāre* 'steigen', zu lat. *mōns* (Gen. *montis*) 'Berg, Gebirge'. In neuerer Zeit ausschließlich in technischer Verwendung. Dazu d e m o n t i e r e n Vb. 'durch Artilleriebeschuß zerstören' (17. Jh.), 'etw. auseinandernehmen, abbauen' (18. Jh.), frz. *démonter*. – M o n t a g e f. 'Aufbau, Aufstellung, Zusammensetzung' (19. Jh.), frz. *montage* m. D e m o n t a g e f. 'Abbau von Industrieanlagen' (Mitte 20. Jh.), frz. *démontage*. M o n t e u r m. 'wer technische Geräte, Anlagen aufstellt, anschließt, repariert' (19. Jh.), frz. *monteur*. M o n t u r f. 'Kleidung', vornehmlich 'Dienstkleidung und Ausrüstung des Soldaten' (Anfang 18. Jh.), mfrz. frz. *monture* 'Ausrüstung'.

Monument n. 'Denkmal', im 16. Jh. aus lat. *monumentum* 'Erinnerungszeichen, Mahnmal, Grabmal, Erkennungszeichen, Urkunde' entlehnt (zu lat. *monēre* 'erinnern, auffordern', verwandt mit *mahnen*, s. d.). *Monument* bezeichnet vor allem eine 'große bildhauerische Arbeit, Standbild', wird jedoch seit dem 17. Jh. allmählich durch *Denkmal* (s. d.) verdrängt. – m o n u m e n t a l Adj. 'wie ein Denkmal, gewaltig, großartig' (19. Jh.), Neubildung zum Substantiv, vielleicht nach gleichbed. frz. *monumental*; direkte Entlehnung aus lat. *monumentālis* 'als Merkzeichen dienend' ist unwahrscheinlich.

Moor n. 'Sumpfgelände, Torfgebiet', ein nd. Wort, das im 17. Jh. in die hd. Literatursprache aufgenommen wird. Asächs. mnd. *mōr* weist wie ahd. (9. Jh.), mhd. *muor* 'Sumpf, Morast, Moor', aengl. *mōr*, engl. *moor* 'Heide-, Hochmoor', mnl. *moor*, nl. *moer*, anord. *mœrr* 'Sumpfland', schwed. (mundartlich) *mōr* 'Buschwald' in der Wurzelsilbe dehnstufigen Vokal auf (germ. **mōr-*) gegenüber *Meer* (s. d.) und seinen Entsprechungen (germ. **mar-*). – m o o r i g Adj. 'sumpfig' (18. Jh.).

[1]**Moos** n. Name für kleine, dichte grüne Kissen bildende Sporenpflanzen, ahd. (8. Jh.), mhd. *mos* 'Moos, Sumpf, Moor', mnd. *mos*, *mōs*, aengl. *mos*, engl. *moss* 'Moos, Moor', mnl. nl. *mos* 'Moos, Morast', anord. *mosi* 'Moos, Moor', schwed. *mossa* (dazu mit Ablaut und grammatischem Wechsel anord. *mȳrr* 'Sumpf', schwed. *myr*) führen mit den unter *Miesmuschel* (s. d.) genannten ablautenden Formen sowie mit lit. *mūsas* 'Schimmel auf saurer Milch', aruss. *mъchъ*, russ. *moch* (*мох*) 'Moos' und (zusätzliches Gutturalsuffix aufweisendem) lat. *muscus* 'Moos', mnl. *mosch* 'Sumpf, Moos' auf eine *s*-Erweiterung der Wurzel ie. **meu-*, **mū̆* 'feucht, modrig'. Dazu gehören auch Dentalbildungen wie *Moder* und *Schmutz* (s. d.). *Moos* ist der feuchte, sumpfige Grund und die darauf wachsende Pflanze. – m o o s i g Adj. 'mit Moos bewachsen', mhd. *mosec*, *mosic*, auch 'sumpfig, versumpft, morastig'. b e m o o s t Part.adj. 'mit Moos bewachsen, alt, ergraut' (18. Jh.).

[2]**Moos** n. 'Geld' (18. Jh.), *Meß* (16. Jh.), *Mäß* (15. Jh.). Der umgangssprachliche Ausdruck entstammt der Gaunersprache und ist über jidd. *moo* 'Pfennig', Plur. *moos*, *mous* 'Geld' auf hebr. *māʿōth* 'kleinere Münzen, Geld' (was in aschkenasischer Aussprache schon wie *moos* klang) zurückzuführen.

Mop m. 'Staubreiniger aus Wollfäden oder Stoffstreifen an einem Stiel', Übernahme (20. Jh.) von gleichbed. engl. *mop* (17. Jh.), *mapp(e)* (15. Jh.). Herkunft unbekannt. Eine Beziehung zu ebenfalls ungeklärtem mengl. *moppe* 'Puppe aus Stoffetzen' ist möglich; dagegen bleibt eine Herleitung aus lat. *mappa* 'Leintuch, Vortuch, Serviette' über afrz. *mape* 'Serviette', mfrz. (landschaftlich) *mappe* 'Tischtuch' zweifelhaft. – m o p p e n Vb. 'mit dem Mop den Fußboden von Staub reinigen' (20. Jh.), engl. *to mop*.

Moped n. 'Fahrrad mit Hilfsmotor', danach 'Leichtmotorrad'; in den 50er Jahren des 20. Jhs. aus *Motor* (s. d.) und *Pedal* (s. d.) gebildet.

Mops m. Hund einer kleinen, dick wirkenden, wohl aus den Niederlanden eingeführten Rasse mit kurzen Beinen (Zwergform der Dogge), deren verdrießlich-verzogen scheinender Gesichtsausdruck das Benennungsmotiv abgibt, übertragen auch 'dicker Kerl', Übernahme (Anfang 18. Jh.) von nl. *mops* (neben *mop*), das zu nl. *moppen* 'verdrießlich sein, brummen, knurren' gebildet ist. Daneben begegnet bereits gegen Ende des 16. Jhs. nhd. *Mops* 'träger, unfreundlicher, verdrießlicher Mensch', das zu (mit nl. *moppen* verwandten) Verben wie nd. (westfäl.) *möpen* 'Gesichter schneiden' (engl. *to mop*), nhd. *muffen* 'das Maul hängen lassen, finster blikken, knurren, murren' zu stellen ist. Vgl. auch mengl. *moppe*, engl. *mope* 'trübsinniger Mensch, Griesgram'. Zu Herkunft und weiterer Verwandtschaft s. *muffeln*. – m o p s e n Vb. ‘Kleinigkeiten stehlen’, refl. ‘sich langweilen, sich ärgern’, also eigentl. ‘sich verhalten bzw. aussehen wie ein Mops’ (19. Jh.).

Moral f. ‘gesellschaftlich bedingtes System geltender Normen und Regeln sittlichen Verhaltens’ (18. Jh.), älter ‘aus einem Beispiel zu ziehende sittliche Nutzanwendung und Lehre’ (16. Jh., vgl. die Wendung *die Moral von der Geschichte*, 19. Jh.), danach ‘Sittenkunde, -lehre’ (17. Jh.). Auszugehen ist von lat. *mōrālis* ‘die Sitten betreffend’, einer Ableitung von lat. *mōs* (Gen. *mōris*) ‘zur Regel gewordener Wille, auf innerer Gesinnung beruhende, gewohnheitsmäßige Tätigkeit, Sitte, Brauch’ (etymologisch verwandt mit *Mut*, s. d.). Das im 16. Jh. geltende Neutrum *Morale* (entsprechend substantiviertem lat. *mōrāle* n.), Plur. *Moralia*, gerät im 17. Jh. unter den Einfluß von frz. *la philosophie morale* (nach lat. *philosophia mōrālis*) und wechselt zum fem. Genus über. – m o r a l i s c h Adj. ‘der Moral entsprechend, sittlich’ (16. Jh.). M o r a l i s t m. ‘Sittenlehrer, Moralphilosoph’, abschätzig ‘Sittenprediger’ (17. Jh.), frz. *moraliste*. m o r a l i s i e r e n Vb. ‘sittliche Überlegungen anstellen’, abschätzig ‘als Sittenprediger auftreten’ (16. Jh.), frz. *moraliser*; d e m o r a l i s i e r e n Vb. ‘sittlich zersetzend wirken’ (19. Jh.), frz. *démoraliser*. M o r e s Plur. ‘Anstand, Benehmen, Lebensart’ (15. Jh.), lat. *mōrēs* Plur. (s. oben), zuerst in der humanistischen Schulsprache verbreitet; *jmdn. Mores lehren* ‘jmdn. zurechtweisen’ (16. Jh.).

Moräne f. ‘von Gletscherablagerungen herrührendes Gestein oder Geröll’, Entlehnung von frz. *moraine* ‘Geröll’, das seit dem Ende des 18. Jhs. in frz. Schreibung in dt. Texten auftritt, dann im 19. Jh. eingedeutscht als geologischer Terminus geläufig wird. Frz. *moraine* stammt aus der Sprache des Tals von Chamonix und wird durch H. B. de Saussure (Voyage dans les Alpes, 1779) bekannt. Südostfrz. Bildungen wie savoyard. *morĕna* ‘Erdwall am Fuße eines abschüssigen Ackers’, prov. *mourreno* ‘angeschwemmtes Geröll, Hügel, Geröllhaufen’ gehören als Ableitungen zu einem (auch in aprov. *mor*, *morre* ‘Schnauze’, prov. *mourre* ‘Felsvorsprung’ begegnenden) vielleicht vorröm. Wortstamm **murr-*, der in den Bedeutungen ‘Schnauze’, ‘Hügel’ und ‘Geröll’ ebenfalls im Ital. und Span. lebendig ist.

Morast m. ‘sumpfiges Gelände, Schlamm’ gelangt um 1600 mit Anfügung eines unorganischen *-t* aus gleichbed. mnd. *mōras* ins Hd. Das auch in mnl. *maras*, *marasch*, *mares* (woraus nl. *moeras*) bezeugte Substantiv ist eine Rückentlehnung des aus westgerm. **marisk-* ‘sumpfiges Gebiet’ (s. *Marsch* f.) stammenden mfrz. frz. *marais*, afrz. *marois* ‘Sumpf, Moor’, in merowingischen und karolingischen Urkunden latinisiert zu mlat. *mariscus* ‘Sumpf’. Unter Einfluß von mnd. *mōr* (s. *Moor*) wird der Stammsilbenvokal zu *o* verdumpft. – m o r a s t i g Adj. ‘sumpfig, schlammig’ (18. Jh.), mnd. *morastich*.

Morchel f. Name für Speisepilzarten mit weißlichem, hohlem Stiel und unregelmäßig-rundlichem oder spitzkegeligem braunem Hut, mhd. *morhel*, *morchel* ‘Morchel’ (aber auch ‘kleine Möhre’) wird meist, doch wenig überzeugend, wegen der angeblichen Ähnlichkeit mit einer Möhrenwurzel als Deminutivum von ahd. *mor(a)ha*, mhd. *morhe*, *morche*, *more* (nhd. *Möhre*, s. d.) aufgefaßt; vgl. ahd. *morhila* ‘(kleine) Möhre’ (Hs. 12. Jh.). Dagegen nimmt FEW 6, 1, 545 f. an, daß mhd. *morhel*, *morchel* (mit den Nebenformen spätmhd. *maurache*, *mauroche*, vgl. ahd. *moraha* als Interpretament zu lat. *tūber* ‘Morchel’, 11. Jh.) in der Bedeutung ‘Morchel’ als Entlehnung aus einem (auch für das allerdings erst seit dem 16. Jh. bezeugte mfrz. *morille* vorauszusetzenden) vlat. **maurīcula* ‘Morchel’, eigentl. ‘kleine Mohrin’ (Übertragung nach der dunklen Farbe des Pilzes), fem. Deminutivum zu lat. *Maurus* ‘Bewohner der Landschaft Mauretanien, Maure’ (s. *Mohr*), anzusehen ist. Dann freilich müssen schon früh mhd. *morhel*, *morchel* ‘(kleine) Möhre’ (aus ahd. *morhila*) und mhd. *morhel*, *morchel* ‘Morchel’ (aus vlat. **maurīcula*) zusammengefallen sein und (analog dazu) muß mhd. *morhe*, *morche*, *more* ‘Möhre’ auch die Bedeutung ‘Morchel’ angenommen haben.

Mord m. ‘vorsätzliche (heimliche) Tötung’, ahd. *mord* (9. Jh.), mhd. *mort*, asächs. *morð*, aengl. *morþ*, mnd. *mōrt*, mnl. *moort*, *mort*, nl. *moord*, anord. *morð*, schwed. *mord* (germ. **murþa-*) und aind. *mṛta-* ‘Tod’ sind Bildungen mit ie. *to*-Suffix zur Schwundstufe der Wurzel ie. **mer(ə)-* ‘sterben’, einer semantischen Weiterentwicklung im Sinne von ‘aufgerieben werden’ der unter *mürbe* (s. d.) angeführten Wurzel ie. **mer(ə)-* ‘aufreiben, reiben’ (wozu auch *morsch*, s. d.). Zur gleichen Wurzel gehören aind. *mriyátē* 'stirbt', lat. *morī*, aslaw. *mrěti*, russ. *merét'* (*мереть*), lit. *miȓti* 'sterben', lat. *mors* (Gen. *mortis*) 'Tod' sowie mit ie. *tro*-Suffix got. *maúrþr*, aengl. *morþor*, engl. *murder* 'Mord' (germ. **murþra-*). Im Gegensatz zum (im germ. Recht sühnbaren) öffentlichen Totschlag bezeichnet *Mord* von Anfang an die heimliche, vorsätzliche Tötung, die mit dem Tod des Mörders geahndet wird. Im Nhd. steht *Mord* häufig als erstes Kompositionsglied in einem das Grundwort verstärkenden, steigernden Sinne, vgl. *Mord(s)hunger*, *-kerl*, *-spektakel* (alle 19. Jh.), zuvor ohne Fugen-*s* wie in Vorbildern wie *Mordgeist* (Luther), *-dolch* (17. Jh.), *-bube* (18. Jh.). – morden Vb. 'jmdn. (heimlich) vorsätzlich töten', ahd. *murdren*, *murden* (8. Jh.), *morden* (Hs. 12. Jh.), mhd. *mürden*, *mörden*, *morden*. Mörder m. 'wer einen Mord begeht', mhd. *mordære*, auch 'Verbrecher, Missetäter'. mörderisch Adj. 'wie ein Mörder, grausam' (15. Jh.), seit dem 19. Jh. auch nur verstärkend im Sinne von 'sehr, unglaublich'; vgl. mhd. *mordisch*, *mördisch*. Mördergrube f. 'Behausung, Schlupfwinkel von Mördern' (15. Jh.), durch Luthers Bibelübersetzung (lat. *spēlunca latrōnum*) verbreitet; vgl. mhd. *mortgruobe*. Heute nur noch in der Wendung *aus seinem Herzen keine Mördergrube machen* 'ohne Umschweife, offen reden' (19. Jh.).

Morgen m. 'Tageszeit um den Sonnenaufgang, Tagesbeginn', ahd. *morgan* (8. Jh.), mhd. mnd. *morgen*, asächs. *morgan*, mnl. *morghen*, nl. *morgen*, aengl. *morgen*, engl. (in der Dichtersprache) *morn*, sonst *morning* (in Anlehnung an *evening* 'Abend'), anord. *myrginn* (mit Palatalumlaut), *morginn*, *morgunn*, schwed. *morgon*, got. *maúrgins*, daneben ablautend mnl. *marghen*, *maerghen*, *merghen*, nl. (mundartlich) *margen*, *mergen*, aengl. *mergen*, anord. *merginn*. Die germ. Formen (mit unterschiedlich ablautenden *n*-Suffixen) sind möglicherweise verwandt mit aind. *markáḥ* 'Verfinsterung der Sonne' (?), dann 'Vernichtung, Tod', aslaw. *mrakъ* 'Finsternis, Dunkel', russ. (landschaftlich) *mórok* (*морок*) 'Finsternis, Nebel', lit. *markstýtis* 'blinzeln' und führen dann auf ie. **mer(ə)k-*, **mr̥k-* 'flimmern (vor den Augen), sich verdunkeln', eine Gutturalerweiterung der Wurzel ie. **mer-* 'flimmern, funkeln'. Seit dem 15. Jh. (häufiger seit dem 16. Jh., Luther) steht *Morgen* auch für 'Osten', also für die Himmelsrichtung, wo die Sonne aufgeht. Im Dt. und Nl. entwickelt sich das Substantiv bereits früh (ahd. 10. Jh.) zum Ackermaß, ausgehend von der Vorstellung 'soviel Land, wie ein Gespann Ochsen an einem Morgen pflügen kann'. – morgen Adv. 'am folgenden Tag', aus dem Dat. Sing. ahd. *morgane*, überliefert nur in ahd. *ubarmorgane* (9. Jh.), mhd. *morgen(e)*, eigentl. 'am Morgen', dann 'am folgenden Morgen' (nach der voraufgehenden Nacht), schließlich 'am ganzen folgenden Tag'. Morgenland n. 'im Osten gelegenes Land, Orient', zu *Morgen* 'Osten' gebildet (16. Jh.), zuerst bei Luther als Übersetzung von griech. *anatolḗ* (*ἀνατολή*) 'Aufgang (der Sonne), Osten'. morgig Adj. 'den folgenden Tag betreffend' (15. Jh.), verkürzt aus *morgenig*, *morgenic* (15. Jh.). Morgenrot n., Morgenröte f. 'rötliche Färbung des Himmels bei Sonnenaufgang', ahd. *morganrōto* (um 1000), *morganrōt* (11. Jh.), *morganrōta* (Hs. 12. Jh.), mhd. *morgenrōt*, *morgenrœte*; s. *Abendrot*. Morgenstern m. Bezeichnung für den Planeten Venus, wenn er vor Sonnenaufgang sichtbar ist, mhd. *morgenstern*; in übertragenem Sinne eine keulenförmige Waffe, deren Kopf strahlenartig mit spitzen Nägeln besetzt ist (16. Jh.).

Moritat f. von Bänkelsängern zu Leierkastenbegleitung gesungene Schauerballade, deren Anschaulichkeit durch vorgezeigte Bilder verstärkt wird (19. Jh.); etymologisch unklar. Vielleicht aus *Mordtat* durch gedehntes Zersingen der Silben entstanden. Oder aus mlat. *moritas* (Gen. *moritatis*) 'Moralpredigt'?

Morphium n. Das im Milchsaft der Samenkapsel des Mohns vorkommende Alkaloid, das als Betäubungsmittel verwendet und auch als Rauschgift gebraucht wird, entdeckt (1804) der dt. Apotheker F. Sertürner. Er nennt es (in einer Veröffentlichung von 1806) wegen seiner einschläfernden Wirkung *Morphium*, gebildet zu griech. *Morpheús* (*Μορφεύς*), lat. *Morpheus*, dem Namen des Gottes der Träume und des Sohnes des Schlafs, und (in der Endung) zu *Opium* (s. d.). Der Name des Gottes ist (nach den angeblich von ihm geschaffenen Traumgestalten) abgeleitet von griech. *morphḗ* (*μορφή*) 'äußerliche Gestalt, Form, schöne Gestalt, Anmut' (s. *Morphologie*). In der Chemie wird die Bezeichnung (mit der zur Bildung von Substanzbezeichnungen geläufigen Nachsilbe *-īn*) umgestaltet zu Morphin n. (1818). Dazu Morphinismus m. 'Morphiumsucht', Morphinist m. 'Morphiumsüchtiger' (Ende 19. Jh.).

Morphologie f. 'Lehre von der Gestalt, den Formen und ihrer Entwicklung', gelehrte Bildung Goethes (1796), danach des Mediziners K. F. Burdach (1800) zu griech. *morphḗ* (*μορφή*) 'Form, äußerliche Gestalt, Ansehen' und *-logia* (s. *-logie*). Der Begriff ist anfangs auf die Naturwissenschaft (Botanik, Zoologie, Geographie) beschränkt, wird aber dann auch in der Sprachwissenschaft auf die Formenlehre und die Wortbildungslehre angewendet.

morsch Adj. 'durch Alter brüchig geworden, zerfallend'. Das Adjektiv *mursch* (15. Jh.), *murs*, *morsch* (16. Jh.), *mors*, *mürs* (17. Jh.), nd. *murs(ch)*, nl. (älter) *morsch* 'schlapp, faul' läßt sich mit mhd. *zermürsen* 'zerdrücken, zerquetschen', nl. *vermorzelen* 'zerreiben', nl. *morzel* 'Stück, Brocken' und vielleicht auch mit aind. *maṣmaṣā́karōti* 'zermalmt zu Staub' an eine *s*-Erweiterung der unter *Mord* und *mürbe* (s. d.) angeführten Wurzel ie. **mer(ə)-* 'aufreiben, reiben' anschließen. Dazu gehören auch (aus der Partizipialform ie. **mr̥tos* 'zerrieben' entwickeltes) lat. *mortārium* und damit dessen Entlehnungen *Mörser*, *Mörtel* (s. d.). Die omd. Form *morsch* setzt sich seit dem 16. Jh. durch.

morsen Vb. 'mit Morsezeichen telegraphisch Nachrichten übermitteln' (19. Jh.), Entlehnung aus engl. *to morse* 'telegraphieren', gebildet zum Namen des Amerikaners *Morse*, des Erfinders des elektromagnetischen Schreibtelegraphen, des *Morseapparates*, des *Morsealphabets*, der *Morsezeichen*.

Mörser m. 'rundes, schalenförmiges Gefäß zum Zerkleinern fester Stoffe mit dem Stößel'. Ahd. *mortāri* (um 800), bereits in ahd. Zeit (nach der Wortgruppe um *morsch*?, s. d.) umgestaltet zu *morsāri* (11. Jh.), dissimiliert *morsāli* (10. Jh.), mhd. *morsære*, *mörser*, *mörsel*, *morsel* ist wie mnd. *mōrtēr*, aengl. *mortere* 'Gefäß' entlehnt aus lat. *mortārium* 'Mörser, Mörtelpfanne, Mörtel' (s. auch *Mörtel*), das etymologisch wie *morsch* und *mürbe* (s. d.) zur Wurzel ie. **mer(ə)-* 'aufreiben, reiben' gehört. Wort und Sache werden den Germanen durch den römischen Steinbau vermittelt. Auf Grund der Ähnlichkeit wird *Mörser* im 15. Jh. auf ein Wurfgeschütz übertragen und bezeichnet danach eine großkalibrige Kanone.

Mörtel m. 'aus Sand, Wasser und Kalk oder Zement bestehendes Bindemittel für Bausteine'. Ahd. *mortāri* (11. Jh., in der Bedeutung 'Mörser' schon um 800), mhd. *morter*, dann frühnhd. *mortel*, *mörtel* (15. Jh.) ist aus lat. *mortārium* entlehnt, das außer der Pfanne zum Zerkleinern und Anrühren des Bindemittels (s. *Mörser*) auch das Bindemittel selbst bezeichnet. Im Dt. bleibt die *t*-Form mit dissimiliertem *l* als Bezeichnung für das Bindemittel erhalten, während die (in Anlehnung an *morsch*?) umgestaltete Form *Mörser* als Gefäßbezeichnung weiterlebt.

Mosaik n., auch (heute seltener) f. 'aus verschiedenfarbigen Stein- oder Glasstückchen zusammengefügtes, Fußboden- oder Wandflächen schmückendes Bild'. Zu etymologisch ungeklärtem griech. *Mū́sa* (*Μοῦσα*), lat. *Mūsa* 'Muse' (eine der als Beschirmerinnen der Künste geltenden Göttinnen, daher appellativisch 'Gesang, Lied, Dichtung, Kunst und Wissenschaft, feine Bildung'; s. *Muse*) gehört griech. *mū́seios*, *moisãios* (*μούσειος*, *μοισαῖος*), lat. *mūsēus*, *mūsaeus* 'die Musen betreffend, musisch'; vgl. ferner griech. *mūsẽion* (*μουσεῖον*), lat. *mūsēum* 'Musensitz, Ort für Kunst und Gelehrsamkeit' (s. *Museum*). Das griech.-lat. Adjektiv wird in der Verbindung spätlat. *opus mūsēum*, *mūsīum*, *mūsīvum* 'den Musen gewidmetes Werk' (zum Nebeneinander der Endungen *-īum*/*-īvum* s. *Archiv*), ebenso substantiviert als Neutrum spätlat. *mūsēum*, *mūsī(v)um*, für die bes. zur Ausschmückung von Musengrotten in römischen Gartenanlagen dienenden Bildwerke in Mosaiktechnik geläufig; vgl. die Rückentlehnung spätgriech. *mūsẽion*, *mūsíon* (*μουσεῖον*, *μουσῖον*) in der Bedeutung 'Mosaik'. Spätlat. *(opus) mūsīvum* geht mit Suffixwechsel (vielleicht auf Grund formaler Anlehnung an griech. *Mōsaïkós*, *Μωσαϊκός* 'auf Moses bezüglich') in mlat. *musaicum*, *mosaicum opus* über, das ital. *musaico*, *mosaico* m. 'Mosaik' ergibt. Von hier aus gelangt der Ausdruck in Berichten über Italien zunächst in ital. Lautgestalt (Ende 15. Jh.), dann in Fügungen wie *mit mosaischen Steinen* (1572), *mosaische*, *musaische Arbeit*, *mosaisches Werk* (17./18. Jh.) in dt. Texte. Im frühen 18. Jh. wird gleichbed. frz. *mosaïque* f., das ebenfalls dem

Ital. folgt, ins Dt. entlehnt, anfangs *Mosaique* f., in der 2. Jahrhunderthälfte auch *Mosaik*, gelegentlich mit neutralem Genus. Außerdem findet sich seit dem 18. Jh. bis in neueste Zeit in gleichem Sinne an spätlat. *opus mūsīvum* anknüpfendes *musivische Arbeit*, *Musivarbeit*. Auf spätlat. *mūsīvum* (vielleicht vermittelt durch afrz. *museu*, *musé* 'eingelegt, mosaikartig zusammengesetzt') beruhen wohl auch mhd. *muosen*, *muosieren* (md. *mūsen*, *mūsieren*), nhd. (bis ins 18. Jh.) *musieren* 'als Mosaik einlegen, mit Einlegearbeit schmücken'; dabei ist Einfluß des semantisch entsprechenden Verbs byzant.-griech. *mūsiūn* (*μουσιοῦν*) nicht auszuschließen.

Moschee f. 'islamisches Gebetshaus'. Die Bezeichnung arab. *masǧid* 'Gebetshaus' (vom Verb arab. *saǧada* 'sich niederwerfen, anbeten', also eigentl. 'Ort, wo man sich niederwirft'; oder nach gleichbed. syr. *masgᵉdā*?) gelangt zur Zeit der Kreuzzüge nach Europa, wo sie zuerst in der Form span. *mezquita* (um 1100) nachweisbar ist (lautliche Gründe sprechen für Vermittlung durch gleichbed. armen. *mzkiṭ* oder byzant.-griech. *masgídion*, *μασγίδιον*); vgl. ferner port. *mesquita* (13. Jh.), afrz. *mesquite*, aital. *meschita* (Anfang 14. Jh.). Daneben erscheinen roman. Formen mit Vokalwechsel wie mfrz. *musquette*, ital. *moscheta* (14. Jh., vorher bereits mlat. *muscheta*, *muschea*, *moscheda* u. ä.), mfrz. *mousquaie* (15. Jh.), *mosquet* (16. Jh.) und die sich schließlich durchsetzenden Varianten ital. *moschea* (15. Jh.), frz. *mosquée* (16. Jh.). Sie beruhen vermutlich auf Angleichung an mlat. *muscum*, *muscus*, afrz. frz. *musc*, ital. *muschio* 'Moschus' (aus spätlat. *muscus*, s. *Moschus*), offenbar veranlaßt durch den das islamische Gotteshaus erfüllenden fremdartigen Duft. Die ältesten Belege im Dt., niederrhein. *misschida* (Mitte 14. Jh.), frühnhd. *meesgitt* (um 1400), schließen sich an span. *mezquita* (oder aital. *meschita*?) an; so noch *mißquit*, *Mesquita*, *Meschit* in frühnhd. Texten des 16. Jhs. Dagegen deuten frühnhd. *Muschea*, *Mus(ch)kea*, *Müschke* (Ende 15. Jh.), *Moschea* (16. Jh.) auf Übernahme von ital. *moschea*. Die seit der 2. Hälfte des 16. Jhs. geläufige moderne Form *Moschee* zeigt in ihrer Endung Einfluß von frz. *mosquée*.

Moschus m. stark riechendes Drüsensekret der Männchen von Moschustier und Bisamratte, als Duftstoff bei der Parfümherstellung verwendet. Mit aind. *muṣkáḥ* 'Hoden' (eigentl. 'Mäuschen', zu aind. *mū́ḥ* 'Maus') ist pers. *mošk* 'Moschus' verwandt (wohl kaum aus dem Aind. entlehnt), die Bezeichnung für den Duftstoff des tibetanischen Moschustieres, dessen Moschusdrüsenbeutel mit einem Hodensack verglichen oder verwechselt wurde. Aus der voraufgehenden mpers. Form entlehnt sind spätgriech. *móschos* (*μόσχος*) und spätlat. *muscus*, mlat. *muscus*, *moscus*, *moschus*, auch *muschum*. Den im Mlat. entwickelten Varianten folgen sowohl *Moschus* als auch bald wieder verdrängtes *Musch*, die beide im Dt. des 17. Jhs. aufkommen. S. auch *Muskat*.

Moskito m., seit dem letzten Viertel des 16. Jhs. (zuerst bei Fischart *Mosquiten* Plur.) stechende zweiflügelige Insekten der Tropen und Subtropen bezeichnend, die heute als unterschiedliche Arten den Familien der Stech- und der Kriebelmücken zugeordnet werden und von denen einige Malaria und Gelbfieber übertragen, ist eine Entlehnung von gleichbed. span. *mosquito*. Dieses gehört zu span. *mosca* 'Fliege' (aus gleichbed. lat. *musca*, s. auch *Muskete* und *Mücke*), ist jedoch ursprünglich nicht Deminutivableitung mit dem Suffix *-ito*, sondern folgt (wie port. *mosquito*, katalan. *mosquit*) dem roman. Bildungstyp von span. port. *cabrito*, katalan. aprov. *cabrit*, aus spätlat. *caprītus* 'Zicklein' (vgl. lat. *caper* 'Ziegenbock', *capra* 'Ziege'), dessen Endung erst sekundär unter den Einfluß von verkleinerndem span. *-ito* gerät (vgl. COROMINAS 3, 452). Im Dt. tritt die Schreibung mit *-k-* erstmals im 17. Jh. auf (*Mußkitten* Plur., 1631), doch findet sich ebenso *-qu-* weiterhin bis ins 19. Jh., dem auch noch der Plural *Moskiten* neben jetzt allein gültigem *Moskitos* geläufig ist. Vereinzelt belegtes *Moustikes*, *Mustiken* (17./18. Jh.) beruht auf gleichbed. frz. *moustique* (Mitte 17. Jh., umgestellt aus gleichfalls dem Span. entstammendem frz. *mousquite*, 1611).

Most m. 'unausgegorener Traubensaft, Obstsaft', bes. südd. auch 'Obstwein'. Die Technik des Weinbaus lernen die Germanen an Mosel und Rhein von den Römern kennen. Wie viele andere dazugehörige Ausdrücke beruhen auch ahd. (8. Jh.), mhd. *most* 'frisch gekelterter Traubensaft, Obstwein', mnd. *most*, *must*, mnl. nl. *most*, aengl. engl.

must auf frühen Entlehnungen aus lat. *mustum (vīnum)* 'junger Wein, Most'; vgl. lat. *mustus* 'jung, frisch, neu'.

Mostrich m. Würze aus zerriebenen Senfkörnern und Weinessig oder Most, 'Senf'. Mhd. (nordwestd.) *mostert*, mit Suffixumbildung *musthart* sowie jüngeres nordostd. *Mösterich, Mostrich* (18. Jh.) führen über vermittelndes mnl. *mostaert, mostert* (nl. *mosterd*) auf afrz. *mostarde* (frz. *moutarde*), eine Bildung zu lat. *mustum* 'junger Wein, Most' (s. *Most*).

Motel n. 'Hotel für motorisierte Reisende an Autostraßen', Übernahme (nach 1950) von amerik.-engl. *motel*, einer Kurzform von engl. *motorists' hotel*.

Motette f. 'mehrstimmiges geistliches Chorstück, Gesangsstück mit Instrumentalbegleitung', auch 'Instrumentalstück' (z. B. für Orgel), dem eine Bibelstelle zugrunde liegt. Mhd. *motet* 'mehrstimmiges kirchliches Lied' ist eine Entlehnung (1. Hälfte 14. Jh.) von gleichbed. afrz. (frz.) *motet*, gebildet zu afrz. (frz.) *mot* 'Wort'. Gleicher Herkunft wie afrz. *mot* oder aus diesem entlehnt ist ital. *motto* 'Denkspruch, geistreicher Ausspruch' (s. *Motto*), dessen Deminutivum ital. *mottetto* im 14. Jh. (unter frz. Einfluß?) auch die Bedeutung 'religiöses Chor- bzw. Gesangsstück' annimmt. Es gelangt daraufhin (auch in der damaligen Schreibung *muteto*) zusammen mit mfrz. frz. *motet* bzw. latinisiertem mlat. *motetum* 'Kirchengesang' ins Dt. und ergibt *Moteta*, Plur. *Muteten, Moteten* (16. und 17. Jh.), *Motette* (18. Jh.).

Motiv n. 'Beweggrund, Anlaß, Antrieb', Entlehnung (16. Jh.) aus gleichbed. mlat. *motivum*, substantiviertem Neutrum des Adjektivs spätlat. *mōtīvus* 'Bewegung bewirkend, zur Bewegung geeignet, beweglich' (vgl. nlat. *causa motiva*); zu lat. *movēre (mōtum)* 'bewegen'. Im ausgehenden 18. Jh. entwickelt das (vielfach mit *Beweggrund, Bewegungsgrund* verdeutschte) Substantiv unter dem Einfluß von gleichfalls auf spätlat. *mōtīvus* zurückgehendem ital. *motivo* 'charakteristische melodische Einheit eines Musikstücks, für den Gesamtaufbau wichtige Passage eines literarischen Werkes' und dem als Musikausdruck aus dem Ital. übernommenen frz. *motif* die Bedeutung '(künstlerisches) Thema, Leitgedanke, charakteristischer inhaltlicher Bestandteil (eines künstlerischen Werkes)'. Vgl. dazu *Leitmotiv* 'wiederkehrendes, eine Person oder Situation begleitendes musikalisches Motiv' (in Opern, sinfonischen Dichtungen), geprägt in den 70er Jahren des 19. Jhs. im Hinblick auf die Opern R. Wagners. Danach auch allgemein 'leitender Gedanke'. – m o t i v i e r e n Vb. 'begründen' (18. Jh.), wohl nach frz. *motiver*. M o t i v a t i o n f., M o t i v i e r u n g f. (beide 19. Jh.).

Motor m. 'bewegende Kraft, Triebkraft, bewegungerzeugende Maschine', für diese speziellen Bedeutungen eine gelehrte Übernahme (19. Jh.) von lat. *mōtor* 'Beweger' in die Fachsprachen der Medizin und Technik, zu lat. *movēre (mōtum)* 'bewegen'. Vgl. (bereits 18. Jh.) frz. *muscle moteur* 'ein Glied bewegender Muskel', *moteur* m. 'bewegungerzeugende Maschine'. – m o t o r i s i e r e n Vb. 'mit einem Motor versehen, mit Kraftfahrzeugen ausrüsten' (20. Jh.); vgl. frz. *motoriser*.

Motte f. Der Name für Kleinschmetterlinge, bes. für den durch Larvenfraß Textilgewebe zerstörenden Falter, ist etymologisch ungeklärt. Frühnhd. *mott, mothe* (15. Jh.), aus mnd. mnl. *motte, mutte* (nl. *mot*), dringt (befördert durch Luthers Bibelübersetzung) in die Literatursprache ein und tritt neben obd. *Schabe* (s. d.). Verwandt sind aengl. *moþþe*, engl. *moth*, anord. *motti*, schwed. *mott*. Alle weiteren Anknüpfungen (z. B. an *Made*, s. d.) sind fraglich.

Motto n. 'Leit-, Wahlspruch, Parole', Übernahme (18. Jh.) von ital. *motto* 'Denkspruch, geistreicher Ausspruch, Witzwort, Wahlspruch', älter auch 'Wort', das entweder Entlehnung aus afrz. (frz.) *mot* 'Wort' ist oder unmittelbar auf spätlat. *muttum* 'das Mucksen, Muckser' (mit sich anbahnender Entwicklung zu 'Wort') beruht und nur semantisch von afrz. *mot* (gleichen Ursprungs) beeinflußt ist. Spätlat. *muttum* ist rückgebildet aus lat. *muttīre* 'muck(s)en, halblaut reden', spätlat. 'sprechen'.

Möwe f. Der Name des Wasservogels asächs. *mēu*, mnd. *mēwe* gelangt im 15., verstärkt im 16. Jh. aus dem Nd. ins Hd. (noch im 18. Jh. *Mewe* neben gerundetem *Möwe*). Die Herkunft des den meeranwohnenden Germanen bekannten Vogelnamens, vgl. aengl. *mǣw*, engl. *mew*, mnl. *mēwe*, nl. *meeuw*, anord. *mār, mōr* (Plur. *māfar*), ist ungewiß. Vielleicht ist eine onomatopoetische Bildung zum Möwenschrei vorauszusetzen?

Mücke f. Name für ein kleines, stechendes, zweiflügeliges Insekt, ahd. *mugga*, *mucca* (8. Jh.), mhd. *mugge*, *mügge*, *mucke*, *mücke*, asächs. *muggia*, mnd. *mügge*, mnl. *mugghe*, nl. *mug* weisen als feminine Bildungen auf germ. **mugjō(n)*, aus **muwjō(n)*, während aengl. *mycg* m., engl. *midge*, aschwed. *myg* n. germ. **muwja-* und anord. *mȳ* n. ablautendes germ. **mūja-* voraussetzen. Es handelt sich in allen Fällen um Weiterbildungen einer das eindringliche Summen nachahmenden Wurzel ie. **mū̆-*. Einer *s*-Erweiterung der Wurzel folgen als Namen der 'Fliege' griech. *myĩa* (*μυῖα*, aus **μύσι̯α*), lat. *musca*, lit. *musẽ* sowie aslaw. *mъšica* 'Mücke', russ. *móška* (*мошка*) Mückenart und (ablautend) aslaw. *mucha*, russ. *múcha* (*муха*) 'Fliege'. In obd. *Mucke* verhindert der geminierte Guttural den Umlaut; der zugehörige Plural *Mucken* wird seit dem 16. Jh. in der Bedeutung 'Launen' üblich (s. auch *Grille*). In einigen dt. Mundarten gilt *Mucke*, *Mücke* teils für 'Fliege' und 'Mücke' gemeinsam, teils für 'Fliege' allein (vgl. W. Pfeifer Wb. dt. Tiernamen 689 und 696).

Muckefuck m. 'dünner, schlechter Kaffee, Ersatzkaffee' (19. Jh.); aus gleichbed. rhein. *Muckenfuck*, einer Zusammensetzung aus *Mucken* 'brauner Holzmulm' und *fuck* 'faul'. Die Deutung von *Muckefuck* als entstellt aus frz. *moka faux* 'falscher Mokka' läßt sich nicht stützen.

mucken Vb. 'mit halb geöffnetem Mund Laute von sich geben, murren, aufbegehren, sich leise, vorsichtig oder unwillkürlich bewegen', seit dem 15. Jh. nachgewiesen, aber sicher älter, vgl. ahd. *firmucken* 'stumpfsinnig sein' (8. Jh.), mnd. *mucken* 'den Mund kaum auftun und halblaut murmeln', nl. *mokken* (s. auch *mucksen*). Das Verb stellt sich mit expressiver Gemination zu der unter *Maul* (s. d.) genannten schallnachahmenden Wurzel ie. **mū̆-*, wozu auch *muhen* (s. d.) und die dort genannten außergerm. Formen gehören. – a u f m u c k e n Vb. 'aufbegehren' (19. Jh.). M u c k e r m. 'wer brummt, murrt, Duckmäuser, Scheinheiliger' (17. Jh.); im 18. Jh. abschätzig für die Anhänger des Pietismus.

mucksen Vb. in der Wendung *(sich) nicht mucksen* 'keinen Laut von sich geben, sich still verhalten, nicht rühren' (17. Jh.), doch vgl. ahd. *irmuckazzen* 'leise, mit halb geöffnetem Mund reden' (Hs. 12. Jh.), Intensivbildung zu dem unter *mucken* (s. d.) behandelten Verb. – M u c k s m. 'halb unterdrückter Laut, nur angedeutete Bewegung', Rückbildung zum Verb, vorwiegend in verneinten Sätzen (17. Jh.). M u c k s e r m. gleichbed. mit *Mucks*, aber auch 'jmd., der einen unterdrückten Laut von sich gibt, eine angedeutete Bewegung macht' (17. Jh.). Vgl. *(k)einen Mucks, Muckser, (k)ein Mückschen, Mückslein tun* (17. Jh.)

müde Adj. 'abgespannt, schlafbedürftig'. Anord. *mōðr*, dän. (älter) *mod* sind mit dem Partizipialsuffix ie. *-to-*, die westgerm. Formen ahd. *muodi* (8. Jh.), mhd. *müede*, *muode*, asächs. *mōði*, mnd. *mōde*, mnl. *moede*, nl. *moede*, aengl. *mēþe* dagegen mit dem zuweilen partizipialen Charakter tragenden Suffix ie. *-ti̯o-* gebildet. Zu ie. **mō-* (s. *mühen*) gehörig, ist *müde* daher als 'sich gemüht habend, abgemüht' zu verstehen. – e r m ü d e n Vb. 'müde, abgespannt werden, müde machen', ahd. *irmuodēn* (11. Jh.; doch vgl. *unirmuodēntlīh*, 9. Jh.), mhd. *ermüeden* (nur intransitiv), zum Simplex mhd. *müeden* 'müde machen, werden'. M ü d i g k e i t f. 'Abgespanntheit, Mattigkeit', mhd. *müedecheit*.

[1]**Muff** m. 'dumpfer, modriger Geruch, Moder, Schimmel' (17. Jh.), jünger *Mief* (s. d.). Auszugehen ist wohl von *Muff* 'dunkler, brummiger Ton' (aus verzogenem Mund, s. *muffeln*) mit Übertragung des Gehöreindrukkes auf die Empfindung eines dumpfen Geruchs (bei verzogener Nase), so daß auch hier Herleitung von der Schallwurzel ie. **mū̆-* möglich wird. Läßt man den lautmalenden Charakter des Wortes beiseite, kann man de Vries Nl. 457 folgen, der Anknüpfung an die Wurzel ie. **meu-*, **mū̆-* 'feucht, modrig' (s. *Moder*, *Schmutz*) erwägt. – Dazu mundartlich verbreitetes m u f f e n , m ü f f e n Vb. 'nach Moder oder Fäulnis riechen' (17. Jh.) und gleichbed. iteratives *muffeln*, *müffeln* (15. Jh.) sowie m u f f i g Adj. 'dumpf riechend, modrig' (17. Jh.), nd. *muffig*, nl. *muf*.

[2]**Muff** m. 'Handwärmer aus Pelz' (17. Jh.), gekürzt aus *Muffel* (ebenfalls 17. Jh.), wohl entlehnt aus mnl. *moffel*, *muffel* 'Pelzhandschuh, Muff' (nl. *mof*), das seinerseits auf frz. *moufle* 'dicker Handschuh', afrz. *mofle*

'Fausthandschuh, Handfessel', mlat. *muffula* 'Fausthandschuh' beruht. Die roman. Formen stammen wohl aus dem Germ., die Ausgangsform ist jedoch unklar. Vielleicht ist ein Kompositum anzusetzen, etwa anfrk. **molfell*, dessen erstes Glied zu dem unter *mollig* 'weich' (s. d.) behandelten Adjektiv gehört und dessen zweites Glied das unter *Fell* (s. d.) dargestellte Substantiv bildet? – M u f f e f. 'Verbindungsstück für Rohr- oder Kabelenden' (18. Jh.), nach nd. *Muffe* f., Nebenform von *Muff* (s. oben), benannt nach der äußeren Ähnlichkeit.

muffeln Vb. 'kauend die Lippen bewegen, mürrisch, verdrießlich sein, brummend reden' (15. Jh.), Iterativum zu *muffen*, *müffen*, *mupfen* 'den Mund (spöttisch) verziehen' (15. Jh.), obd. *müpfen* 'die Nase rümpfen', zu *Muff*, *Mupf* m. 'Verziehen des Mundes, Hängemaul, dunkler, brummiger Ton' (15. Jh.), vgl. mhd. *gemüffe* n. 'verdrießliches Brummen, Maulen' sowie die Interjektion *muff* und aus neuerer Sprache *aufmüpfig*. Alle Formen werden als lautnachahmende Bildungen mit nl. *moppen*, *mopperen* 'brummen, verdrießlich knurren', engl. *to mop* 'Grimassen schneiden' (s. *Mops*) zur Schallwurzel ie. **mŭ-* 'einen dumpfen Laut von sich geben (auch mit geschlossenem Mund), undeutlich reden, unartikuliert murmeln, Mund, Maul' gestellt (s. *Maul*). – M u f f e l m. 'verdrießlicher, maulfauler Mensch'; m u f f (e) l i g Adj. 'mürrisch, maulfaul' (beide 19. Jh.); vgl. älteres *muffig* (18. Jh.), *muffisch* (16. Jh.).

muhen Vb. 'brüllen' vom Rindvieh (15. Jh.), frühnhd. auch *mugen*, ist mit den verwandten gleichbed. griech. *mȳkā́sthai* (*μυκᾶσθαι*), aslaw. *mykati*, russ. *myčát'* (*мычать*), lat. *mūgīre* an die Schallwurzel ie. **mŭ-* (s. *Maul*) anzuschließen.

mühen Vb. 'sich anstrengen, plagen', ahd. *muoen* (8. Jh.), mhd. *müejen*, *müewen*, *müen* 'beschweren, quälen, bekümmern, verdrießen, sich bemühen', mnd. *mōyen*, mnl. *moeyen*, *mōyen*, nl. *moeien* 'belästigen, bemühen', vgl. auch got. *afmauiþs* Part. Prät. 'ermüdet'. Verwandt sind die unter *müde* (s. d.) genannten Formen. Außergerm. sind vergleichbar russ. (derb) *májat'* (*маять*) 'ermüden, erschöpfen, plagen' und mit *l*-Suffix lat. *mōlēs* 'Last, Masse', *mōlīrī* 'mit Anstrengung in Bewegung setzen', wahrscheinlich auch griech. *mō̃los* (*μῶλος*) 'Kampf(getümmel)' (ursprünglich wohl 'Mühe, Anstrengung'), so daß von einer Wurzel ie. **mō-* 'sich mühen' ausgegangen werden kann, die möglicherweise identisch ist mit der unter *Mut* (s. d.) genannten Wurzel ie. **mē-*, **mō-*, **mə-* 'heftigen und kräftigen Willens sein, heftig streben'. – M ü h e f. 'Anstrengung, Last, Aufwand', ahd. *muo(h)ī* (um 1000), mhd. *müeje*, *müe* 'Beschwerde, Last, Not, Bekümmernis, Verdruß'. m ü h s a m Adj. 'voller Mühe, beschwerlich, anstrengend' (16. Jh.); vgl. mhd. *müelich*. M ü h s a l f. 'Plage, Anstrengung', ahd. *muosal* n. (11. Jh.), mhd. *müejesal*, *müesal* f. n., auch 'Last, Verdruß'; dazu m ü h s e l i g Adj. 'beschwerlich, anstrengend', mhd. *müejesalic*, *müesalic*; M ü h s e l i g k e i t f. (16. Jh.).

Mühle f. 'Mahlanlage für Getreide', ahd. *mulī*, *mulīn* (10. Jh.), mhd. *mül*, *müle*, asächs. *muli*, mnd. *mōle*, mnl. *mōlen(e)*, nl. *molen*, aengl. *mylen*, engl. *mill* ist entlehnt aus spätlat. *molīna* (bzw. für das Aengl. auch *molīnum*) 'Wassermühle', einer Ableitung von lat. *molere* 'mahlen' (verwandt mit *mahlen*, s. d.). Die mit Wasserkraft betriebene Mühle der Römer verdrängt die alte Handmühle der Germanen sowie deren Bezeichnung ahd. *quirn(a)* (9. Jh.), mhd. *kürn(e)* 'Mühle, Mühlstein', asächs. *quern*, aengl. *cweorn(e)*, engl. *quern*, anord. *kvern*, got. *-quaírnus* (*n*-Ableitungen zur Wurzel ie. **g^{u}er(ə)-* 'schwer'). Als Bezeichnung eines Brettspiels begegnet *Mühle* seit dem 17. Jh. (wahrscheinlich weil die Spielsteine des Gegners durch die *Mühle* genannte Spielfigur gleichsam zerrieben werden; vielleicht ein älteres Spiel voraussetzend, s. unten *Zwickmühle*). – M ü h l r a d n. 'durch Wasserkraft betriebenes Rad der Mühle', mhd. *mülrat*. T r e t m ü h l e f. 'mit Querleisten versehenes Maschinenrad, das ein Mensch oder Tier von Leiste zu Leiste steigend durch sein Körpergewicht in Bewegung hält', spätmhd. *tretemüle*. Seit dem 19. Jh. Bezeichnung für eine aufreibende, gleichförmige Tätigkeit. W i n d m ü h l e f. 'durch Wind betriebene Mühle', spätmhd. *wintmül*. Z w i c k m ü h l e f. 'Stellung der Steine im Mühlespiel, bei der man mit einem Zug die eine Mühle schließen und eine andere eröffnen kann' (17. Jh.). Das erste Glied des Kompositums entwickelt sich wohl aus *zwie* 'zwei' unter Einfluß von gleichbed. *Fickmühle* zu *Zwickmühle*. Anfangs (15. Jh.) bezeichnet

Fickmühle, *Zwickmühle* 'zwei Möglichkeiten (die je nach Lage genutzt werden), einen doppelten Ausweg' (auch damals schon von einem Spiel ausgehend?). Vom Gegenspieler her gesehen, erscheint das als 'ausweglose Situation'. In dieser Verwendung ist *Zwickmühle* üblich in Redewendungen wie *in der Zwickmühle stecken* 'keinen Ausweg wissen' (17. Jh.), *in die Zwickmühle geraten* 'in eine ausweglose Situation geraten' (Anfang 20. Jh.).

Muhme f. 'weibliche Verwandte', ursprünglich 'Schwester der Mutter', heute nur noch scherzhaft, ahd. *muoma* (9. Jh.), mhd. *muome* 'Schwester der Mutter', spätmhd. auch 'weibliche Verwandte', mnd. *mōme*, mit Dissimilation mnd. *mōne* und anord. *mōna* 'Mutter' gehen auf das unter *Mama* (s. d.) genannte Lallwort für 'Mutter' ie. **māmā* zurück. Im 18. Jh. wird *Muhme* von den differenzierenden Bezeichnungen *Tante*, *Cousine*, *Nichte* (s. d.) verdrängt.

Mulatte m. Nachkomme eines weißen und eines schwarzen Elternteils, *Molate* (16. Jh.), *Mullato*, *Mulate* (17. Jh.), *Mulatte* (18. Jh.) ist entlehnt aus span. *mulato*, das anfangs Mischlinge verschiedener Rassen, dann Mischlinge von Weißen und Schwarzen bezeichnet und in diesem Sinne ins Dt. übergeht. Der span. Ausdruck ist eine Ableitung (mit span. *-ato*, das wie entsprechendes frz. *-at* ein Suffix vlat. *-attu-* zur Bezeichnung von Jungtieren voraussetzt) von span. *mulo*, lat. *mūlus* 'Maulesel, Maultier, Mischling von Pferd und Esel', deren Sinn zu 'Bastard, Mischling' verallgemeinert wird.

Mulde f. 'längliches, abgerundetes Gefäß', ahd. *muolt(e)ra*, *muolter*, *multer* (10. Jh.), *mulda*, *molda* (mfrk., nfrk. 11. Jh.), mhd. *multer*, *muolter*, *mulde* 'halbrundes, ausgehöhltes Gefäß zum Reinigen des Getreides, Mehl-, Backtrog', mnd. *molde*, *molle*, mnl. *moude*, *mouwe*, *molde* 'Milch- und Butterkübel, Backtrog' sind entlehnt aus lat. *mulctra* 'Melkfaß, Melkkübel' (zu lat. *mulgēre* 'melken'). Die Herkunft läßt sich am deutlichsten an einer Form wie ahd. *mulhtra* (Hs. 12. Jh.) erkennen, die die auf der Lautverschiebung beruhende Entwicklung des lat. *k*-(*c*-)Lauts zu *h* zeigt. Seit dem 18. Jh. gilt *Mulde* auch für 'Vertiefung des Erdreichs, wellenförmige Senkung eines Flözes', vgl. *Talmulde*. In Berlin übliches M o l l e f. 'Glas Bier, Bierglas' setzt mnd. *molle* (s. oben) fort.

Mull m. 'dünnes Baumwollgewebe, Verbandszeug', Übernahme (18. Jh.) von gleichbed. engl. *mull*. Ausgangsform ist Hindi *malmal*, eine Art Musselin bezeichnend (eigentl. 'sehr weich'), dessen anglisierte Schreibung *mulmull* zu engl. *mull* verkürzt wird. – M u l l b i n d e f. (20. Jh.).

Müll m. 'Haushaltsabfall, Unrat', ahd. *mulli* 'Abfall, Kehricht' (11./12. Jh.), mhd. *mulle*, *mul*, mnd. *mül* 'Staub', nd. *Mull*, *Müll* 'lockere Erde' (die umlautlose Form schriftsprachlich in *Torfmull*), nl. *mul* 'feine Erde, Sand', aengl. *myl* 'Staub' gehören wie die Kollektivbildung ahd. *gimulli* 'Staub, Schutt' (9. Jh.), mhd. *gemülle*, *gemül* 'das durch Zerreiben, Zermalmen Entstandene, Staub, Kehricht' und die Verben ahd. *mullen* (8./9. Jh.), mhd. *müllen*, *müln* 'zerstoßen, zermalmen', anord. *mylja* 'zerreiben, vermahlen' als schwundstufige Formen zu der unter *mahlen* (s. d.) angeführten Wurzel ie. **mel(ə)-* 'zermalmen, schlagen, mahlen'. Erst im 18. Jh. wird das bis dahin nur im Nordd. übliche *Müll* in die hd. Schriftsprache aufgenommen. Moderne Bildungen dazu sind *Mülleimer* (19. Jh.), *Müllabfuhr*, *Müllschlucker* (20. Jh.).

Müller m. 'wer Getreide mahlt, Mühlenbesitzer', ahd. *mulināri* (11./12. Jh.), mhd. *mülnære*, *mülner* und daraus durch Assimilation entstandenes *müller* ist eine Entlehnung aus gleichbed. spätlat. *molīnārius* (zu spätlat. *molīna* 'Wassermühle', s. *Mühle*). In gleicher Weise entlehnt sind asächs. *mulineri*, mnd. *mölner*, *möller*, nl. *molenaar*, anord. *mylnari*.

mulmig Adj. 'bedenklich, gefährlich, unwohl' (20. Jh.), 'zerfallend in Staub, staubig, verwittert' (19. Jh.), *mulmicht*, *mülmicht* (17. Jh.) ist abgeleitet von (heute seltenem) M u l m m. 'zerfallene Erde, Staub, morsches, faulendes Holz' (17. Jh.), das im Ablaut zu den unter *malmen* (s. d.) behandelten Formen steht.

multi- 'viel, vielfach'. Lat. *multi-*, Kompositionsform von lat. *multus* 'viel, groß, stark', steht nach lat. Vorbild (vgl. lat. *multicolor* 'vielfarbig, bunt', *multiformitās* 'Mannigfaltigkeit') seit dem 19. Jh. häufig als erstes Glied in nominalen Zusammensetzungen, vgl. *multiflorisch* Adj. 'vielblumig', *multiform* Adj. 'vielförmig', *multipolar* Adj. 'mehrere Pole habend' (19. Jh.), *Multimillionär* m. 'Besitzer von mehreren Millionen', *multinational* Adj. 'aus vielen Nationen bestehend, viele Nationen betreffend' (20. Jh.), vgl. *multinationale* ('in mehreren Staaten operierende und Einfluß ausübende') *Konzerne*.

multiplizieren Vb. 'malnehmen, vervielfachen', entlehnt (15. Jh.) in die mathematische Fachsprache aus lat. *multiplicāre* 'vervielfältigen, vermehren, vergrößern' (zu lat. *multiplex* 'vielfach, vielfältig, mannigfaltig', *multus* 'viel, groß, stark'). Es behauptet sich gegen älteres *mehren* (um 1400) und die in gleichem Sinne gebrauchten jüngeren *vielfältigen* (16. Jh.), *vervielfältigen* (17. Jh.). – Multiplikation f. 'Vervielfachung', anfangs auch *Multiplicatz* (15. Jh.), lat. *multiplicātio* (Gen. *multiplicātiōnis*).

Mumie f. 'durch Einbalsamierung oder natürliche Austrocknung vor Verwesung geschützter Leichnam', seit Winckelmann vornehmlich auf die ägyptischen Mumien bezogen, frühnhd. *Mummea*, *Mumia* 'einbalsamierte Leiche, daraus gewonnener Bestandteil für Arzneimittel' (16. Jh., durch Paracelsus verbreitet). Entlehnt aus gleichbed. ital. *mummia*, das über (medizinisch-)mlat. *mummia* auf arab. pers. *mūmiyā* 'harzige Masse, einbalsamierter Leichnam' beruht. Dies bezeichnet zunächst eine Art Erdpech, mit dem die Ägypter Leichen präparierten, sowie die ähnlich aussehende harzige Masse, die aus den der Sonne ausgesetzten mumifizierten Leichen fließt und als Heilmittel gilt. *Mumie* bleibt als 'Bestandteil von Arzneimitteln' in der dt. Apothekersprache bis ins 19. Jh. geläufig. – mumifizieren Vb. 'einbalsamieren und zur Mumie machen', medizinisch 'Gewebe eintrocknen und absterben lassen' (19. Jh.), wohl nach den voraufgehenden Bildungen frz. *momifier* bzw. *momification*.

Mumm m. 'Entschlossenheit, Tatkraft, Mut, Kraft', vorwiegend *Mumm haben* 'sich etw. zutrauen, entschlossen zu etw. aufraffen' (19. Jh.). Etymologisch nicht geklärt. Erwogen wird Entstehung des Ausdrucks in der Studentensprache aus lat. *animum*, dem Akk. von lat. *animus* 'Seele, Geist, Charakter, Mut, Vorsatz'. Oder handelt es sich um eine Übernahme von rotw. *Mumm* 'geistiges, körperliches Vermögen, Können', eine Übertragung von rotw. *Mum(e)* 'Geld, Schatz' (zu *Mammon*, s. d.)? Neuerdings deutet Knobloch in: Lingua 26 (1970/71) 38 *Mumm* als eine Art Lautgebärde, die 'etw. Festes', also in erster Linie 'Festigkeit, Entschlossenheit' bezeichnet.

mummen Vb. 'dumpf und undeutlich reden, brummen, murmeln' (16. Jh.), dazu das Iterativum *mummeln* (s. unten); vgl. auch nl. (mundartlich) *mommen* 'undeutlich reden, kauen', spätmhd. *mumme* 'brummende Kuh', engl. (älter) *mum* 'mit geschlossenen Lippen erzeugter Brummton'. Daneben stehen nhd. *mummen* '(sich) einhüllen (bis zur Unkenntlichkeit), sich maskieren' (16. Jh.), heute dafür vornehmlich *vermummen* (16. Jh.), *einmummen* (18. Jh.), *Mumme* f. 'verkleidete, maskierte Person', mnd. *mumme*, ferner afrz. *momer* 'sich verkleiden, maskieren', frz. *momon* 'Maskerade' und (aus dem Frz.?) nl. *mom* 'verkleidete, maskierte Person'. Der etymologische Zusammenhang beider Bedeutungsstränge scheint offensichtlich, die semantische Auseinanderentwicklung ist jedoch nicht mit Sicherheit erkennbar. Vielleicht ist von einem lautnachahmenden Lallwort *mum-*, *mom-* 'undeutliche Töne von sich geben' auszugehen. Da auch maskierte Personen Schrecklaute oder (durch die Maske behindert) verdumpfte Laute ausstoßen, kann sich 'undeutlich reden, Gebrumm' zu 'sich maskieren, Maskerade' entwickelt haben. – mummeln Vb. 'mit tiefer Stimme brummen, undeutlich reden, zahnlos kauen', auch 'verhüllen, einhüllen' (15. Jh.), mnd. *mummelen* 'brummen, undeutlich reden, zahnlos kauen', mnl. nl. *mommelen*, *mummelen* 'brummen', engl. *to mumble* 'murmeln, kauen'. Iterativbildungen zu *mummen* (s. oben). Vgl. dazu älteres, ebenfalls lautnachahmendes ahd. *mammalōn* 'stammeln' (um 800). vermummeln Vb. '(sich) einwickeln, einhüllen' (16. Jh.). Mummelgreis m. '(zahnloser) alter Mann' (19. Jh.). Mummenschanz m., älter auch f., 'Maskerade, Maskenfest', aus spätmhd. *mummen* n. 'Spiel mit Würfeln, Glücksspiel' (vgl. gleichbed. mfrz. *momon*) und mhd. *schanze* 'Würfelspiel, Glückswurf' (s. *Chance*) zusammengesetzt (16. Jh.). Da dieses Spiel während der Fastnachtzeit von maskierten Personen gespielt wurde, konnte sich die Bedeutung 'Maskerade' entwickeln und der Bezug auf das Spiel verlorengehen. Mump i t z m. 'Unsinn, Schwindel', um die Mitte des 19. Jhs. in Berliner Börsenkreisen aufkommend und sich verbreitend. Wahrscheinlich aus *Mumme* im Sinne von 'verhülltes Schreckgespenst' und *Butze* 'Kobold, Knirps', mhd. *butze* 'Poltergeist, Schreckgespenst' (s. *putzig*) zusammengesetzt, vgl. obhess. *Mombotz* 'Gespenst, Schreckgestalt', frühnhd. *Butzenmummel* 'Popanz, Vogelscheuche', *Mummelputz* 'Vogelscheuche' (17. Jh.), die als Ausgangsformen für den expressiven Ausdruck *Mumpitz* 'schreckenerregendes, unsinniges Gerede oder Tun' angesehen werden können.

Mumps m., auch f., selten *Mum(m)s*, Ohrspeicheldrüsenentzündung, 'Ziegenpeter', Entlehnung (um 1800) von gleichbed. engl. *mumps* (Plur.), auch 'schlechte Laune', (älter) *mump* (Sing.) 'Grimasse', das zu engl. *to mump* 'verdrießlich, übelgelaunt sein' (älter 'brummen, murmeln', daher wohl lautmalender Herkunft, s. *mummen*) gehört und zunächst die durch die Krankheit hervorgerufene Gemütslage bezeichnet (vgl. engl. *in the mumps* 'in verdrießlicher Stimmung'). Zur Konkurrenz mit *Ziegenpeter* (s. d.) vgl. U. Schröter in: PBB (H) 98 (1977) 306ff.

Mund m. die durch die Lippen verschließbare Öffnung in der unteren Gesichtshälfte. Die etymologische Zuordnung von ahd. *mund* (8. Jh.), mhd. mnd. *munt*, asächs. *mund*, mnl. *mont*, nl. *mond*, anord. *munnr*, schwed. *mun*, got. *munþs* und (mit Nasalausfall und nachfolgender Dehnung des Stammvokals) asächs. *mūð*, aengl. *mūþ*, engl. *mouth* (germ. **munþa-*) ist nicht sicher bestimmbar. Möglich ist Verwandtschaft mit griech. *masā́sthai* (*μασᾶσθαι*, aus **μαθ-*) 'kauen, beißen' und lat. (nasaliert) *mandere* 'kauen' und Annahme von ie. **menth-* bzw. schwundstufig **m̥nth-* 'kauen, Gebiß, Mund', so daß *Mund* als 'Kauer, Beißer' gedeutet werden könnte. Wahrscheinlicher ist jedoch eine Verbindung mit kymr. *mant* 'Kinnlade, Mund' und lat. *mentum* 'Kinn, Gebäudevorsprung'; dies würde auf eine Verbalwurzel ie. **men-* 'emporragen' führen, deren in Nominalableitungen auftretende schwundstufige Erweiterung ie. **m̥nt-* eine Bedeutungsentwicklung von 'Kinn' über 'Kiefer' zu 'Mund' zeigt. – m u n d e n Vb. 'gut schmecken' (16. Jh.). m ü n d e n Vb. 'sich ergießen, hineinfließen, enden' (19. Jh.), wohl aus *Mündung* rückgebildet; doch vgl. ahd. *munden* 'zusammenfließen' (um 1000) sowie das Kollektivum ahd. *gimundi* n. 'Mund, Flußmündung' (9./10. Jh.), aengl. *gemȳþe* n. 'Flußmündung', in Ortsnamen ahd. *Lechsgimundi,* mhd. *Gemünde,* nhd. *Gemünd(en), Schwäbisch Gmünd, Neckargemünd* und *Travemünde.* M ü n d u n g f. 'das Hinein-, Zusammenfließen, der Ort des Zusammenflusses' (18. Jh.), häufig in technischer Verwendung anschließend an *Mund* im Sinne von 'Öffnung', vgl. *Mündung eines Geschützes* (18. Jh.). m ü n d l i c h Adj. 'durch den Mund geäußert, nicht schriftlich, nur in gesprochener Rede' (16. Jh.), älter *muntliche(n)* Adv. (15. Jh.). M u n d a r t f. natürlich entstandene Form der vorwiegend gesprochenen Sprache einer geographisch bestimmbaren Sprachgemeinschaft (17. Jh.), Ersatzwort für *Dialekt* (s. d.). m u n d f a u l Adj. 'wortkarg, redefaul' (19. Jh.), oft für gröberes *maulfaul.* M u n d r a u b m. 'Entwendung von Lebensmitteln in kleiner Menge zum sofortigen Verbrauch' (18. Jh.). M u n d - w e r k n. 'Rede, gute Redegabe' (16. Jh.), anschließend an *Mund* als Organ zur Hervorbringung sprachlicher Laute, bes. *großes, flinkes Mundwerk* in bezug auf die Neigung zu anhaltendem, unüberlegtem, respektlosem Sprechen.

Mündel n. (m. f.) 'minderjährige oder entmündigte Person', die gesetzlich der Sorge eines Vormunds unterstellt ist. Spätmhd. (md.) *mundelin*, frühnhd. *mundelein* (15. Jh.), mnd. *mündel*, afries. *mondele* sind Bildungen zu dem in ahd. mhd. *munt* 'Hand, Schutz' (s. *Vormund*) vorliegenden Substantiv. Im 16. Jh. gilt *Mündlin*, *Mündlein* und *Mündel*; letzteres wird im 18. Jh. geläufig. Älter, aber nur bis ins 18. Jh. bezeugt, ist *Mündling* m. 'wer unter der Gewalt eines anderen steht, Schützling', mhd. *mundelinc*. Vgl. (in Urkunden des 10./11. Jhs.) mlat. *jamundilingus*, das wohl als ein latinisiertes ahd. **(gi)mundiling* angesehen werden kann.

mündig Adj. 'volljährig, erwachsen, zu Rechtshandlungen berechtigt', mhd. *mündec*, (md.) *mundic*, eine Ableitung von ahd. mhd. *munt* 'Hand, Schutz' (s. *Vormund*, *Mündel*), eigentl. 'fähig, sich selbst zu schützen und rechtlich zu vertreten'. – e n t m ü n d i g e n Vb. 'für unmündig erklären, unter Vormundschaft stellen' (19. Jh.).

mundtot Adj., seit dem 19. Jh. in der Wendung *mundtot machen* 'zum Schweigen bringen, nicht zu Worte kommen lassen' geläufig und als zu *Mund* (s. d.) gehörig empfunden; zunächst jedoch Rechtsausdruck im Sinne von 'unfähig, Rechtshandlungen auszuführen' (17. Jh.), gebildet mit dem in *Mündel*, *mündig*, *Vormund* (s. d.) erhaltenen Substantiv ahd. mhd. *munt* 'Hand, Schutz'.

Munition f. 'Schießbedarf (Geschosse und Treibladungen) für Feuerwaffen', Entlehnung (16. Jh.) von mfrz. *munition* 'Gesamtheit der zum Kriegführen nötigen Mittel (Waffen, Sprengstoff, Geschoßvorrat sowie Proviant), Kriegsbedarf', lat. *mūnītio* (Gen. *mūnītiōnis*) 'Befestigung, Verwahrung, Errichtung eines festen, schützenden Ortes, Befestigungsmittel, -werk', mlat. auch 'Lebensmittel, Futter', zu lat. *mūnīre* 'mauern, schanzen, in Verteidigungszustand setzen'. Im Dt. erfolgt wie im neueren Frz. Bedeutungsverengung.

munkeln Vb. 'leise, heimlich reden, gerüchtweise verbreiten'. Im 16. Jh. geht mnd. *munkelen* 'etw. heimlich treiben und besprechen' in die Allgemeinsprache über. Das Verb steht als Iterativbildung neben lautmalendem frühnhd. *munken* 'undeutlich reden, murren, brummen', wie nl. *monkelen* 'murmeln, das Gesicht verziehen' neben mnl. *moncken* 'maulen, brummen'. Vgl. *im Dunkeln ist gut munkeln* 'heimlich tun und reden' (zwischen Verliebten), älter *im tunkeln munkeln* 'leise reden, murmeln' (Luther); *allerlei munkeln hören* 'vielerlei gerücht- oder andeutungsweise heimlich reden hören' (17. Jh.).

Münster n. (heute vorwiegend südd.) 'Kloster-, Stifts-, Bischofskirche', ahd. *munistiuri* 'gesamte Anlage einer klösterlichen Niederlassung' (8. Jh.), *munistri*, *monastre* (9. Jh.), *munisturi* (11. Jh.), mhd. *münster*, *munster* 'Kloster(gemeinschaft), Kloster-, Stifts-, Bischofskirche', mnd. *münster*, mnl. *monster*, aengl. *mynster*, engl. *minster*, entlehnt aus vlat. *monisterium*, kirchenlat. *monastērium*, griech. *monastḗrion* (*μοναστήριον*) 'Einsiedelei, Kloster', zu griech. *monastḗs* (*μοναστής*) 'Einsiedler', *monázein* (*μονάζειν*) 'allein bleiben, sich absondern'; vgl. griech. *mónos* (*μόνος*) 'allein' (s. *mono-*). Die umgelautete Form ist seit dem 13. Jh. belegt, doch bleibt bis ins 15. Jh. *munster* die herrschende Schreibweise. *Münster* in seiner alten Bedeutung 'Kloster' wird schon früh durch *Kloster* (s. d.) verdrängt. Vgl. Masser Bez. f. d. christl. Gotteshaus (1966) 70ff.

munter Adj. 'lebhaft, wach', ahd. *muntar* (9. Jh.), mhd. *munder*, *munter*. Das nur im Dt. gebräuchliche Adjektiv verbindet sich mit ahd. *munt(a)rī* 'Eifer' (8. Jh.), got. *mundōn* 'sehen auf', anord. *munda* 'zielen, streben' und außergerm. mit griech. *mathéīn* (*μαθεῖν*), Aorist zu *manthánein* (*μανθάνειν*) 'lernen' (s. *Mathematik*), kymr. *mynnu* 'wollen', lit. *mañdras* 'munter, lebhaft, klug', aslaw. *mǫdrъ* 'klug, weise', russ. *múdryj* (*мудрый*) 'klug, weise'. Erschließbar ist ein vor allem *o-* und schwundstufig auftretendes ie. **mendh-* 'sein Denken, seinen Sinn worauf richten, lebhaft sein', das als Zusammenrükkung der Wurzeln ie. **men(ə)-* 'denken, geistig erregt sein' (s. *mahnen*) und ie. **dhē-* 'setzen, stellen, legen' (s. *tun*) anzusehen ist. – Zu abgeleitetem und (im 17. Jh.) zurücktretendem *muntern*, ahd. *munt(a)ren* (9. Jh.), mhd. *mundern* 'munter machen, aufwecken' sind gebildet ermuntern Vb. 'Mut zusprechen, bestärken', ahd. *irmunt(a)ren* 'aufrichten' (10./11. Jh.), *irmuntarēn* 'aufwachen' (10. Jh.), mhd. *ermundern*, *ermuntern* 'aufwecken'; aufmuntern Vb. 'munter, fröhlich machen' (16. Jh.). Munterkeit f. 'Aufgewecktheit, Lebhaftigkeit' (17. Jh.).

Münze f. 'Geldstück, geprägtes Metallstück, Prägewerkstatt', ahd. *muniȥȥa* (um 800), *muniȥ* (9. Jh.), mhd. (*z* aus *nȥ*) *münze* '(nach bestimmter Vorschrift geprägtes) Geld, Münzstätte', asächs. *munita*, mnd. *münte*, mnl. *munte*, *muynte*, *monte*, nl. *munt*, aengl. *mynet*, engl. *mint* führen auf westgerm. **munita*, eine frühe Entlehnung aus lat. *monēta* 'gemünztes Geld, Münze, Münzstätte', gekürzt aus lat. *officīna Monētae*, Bezeichnung der im Tempel der Juno befindlichen römischen Münzstätte, nach lat. *Monēta*, das als Beiname der Göttin Juno auftritt. S. *Moneten*. – münzen Vb. 'Geld prägen', ahd. *muniȥȥōn* (9. Jh.), mhd. *münzen*. Die Wendung *auf jmdn. münzen* 'zielen, anspielen, absehen' (17. Jh.) wird aus dem Brauch, Gedächtnismünzen mit Bild und Hinweisen auf eine Person zu prägen, hergeleitet.

mürbe Adj. 'leicht zerfallend, zerbrechlich, weich, widerstandslos', ahd. *mur(u)wi* 'zart, jung' (9. Jh.), mhd. *mürwe*, *mür(e)* 'zerbrechlich, dünn, zart, schwach, welk', mnd. *mȫr(e)*, mnl. *morwe*, nl. *murw* stehen schwundstufig neben hochstufigem ahd. *maro*, *mar(a)wi* (9. Jh.), mhd. *mar* 'reif, mürbe, zart', aengl. *mearu*, mnl. *maru*, *meru* und *Mahr* (s. d.). Sie lassen sich vergleichen mit griech. *marā́inein* (*μαραίνειν*) 'aufreiben, entkräften', lat. *morbus* 'Krankheit', air. *meirb* 'leblos', kymr. *merw* 'schlaff, schwach' und mit diesen auf die Wurzel ie. **mer(ə)-* 'aufreiben, reiben' zurückführen, an deren Schwundstufe sich auch *morsch* und *Mord* (s. d.) anschließen. – zermürben Vb. 'mürbe, widerstandslos machen', mhd. *zermürfen* 'mürbe machen, zerquetschen' (14. Jh.).

murksen Vb. 'schlecht, fehlerhaft, ungeschickt arbeiten, pfuschen, grob schneiden', auch 'heimlich und langsam töten, quälen' sowie 'brummen, murren', in den Mundarten allgemein (18. Jh., doch wohl älter). Intensivbildung zu *murken* 'zusammendrücken, zerknittern', (nd.) 'ermorden, (quetschend) töten', mnd. *morkėn* 'zerdrücken'; vgl. auch iteratives *murkeln* 'in unordentliche Stücke schneiden, zerdrücken, krümeln, zerknittern, undeutlich sprechen' (17. Jh.). Grundwort ist *Murk* m. 'Brocken, abgebrochenes Stück, unfertiger, zurückgebliebener Mensch' (16. Jh.), deminutiv *Murkel* 'kleiner Kerl' (20. Jh.), das an eine Gutturalerweiterung der unter *mürbe* und *morsch* (s. d.) angegebenen Wurzel ie. **mer(ə)-* 'aufreiben, reiben' angeschlossen werden kann. – Murks m. 'fehlerhafte Arbeit, wertloses, unbrauchbares Zeug' (20. Jh.), zuvor 'Grunzton der Schweine, kleiner unansehnlicher, verdrießlicher Mensch' (18. Jh.), wohl rückgebildet aus *murksen* (s. oben). abmurksen Vb. '(heimlich) umbringen, ermorden' (18. Jh.).

Murmel f. 'Spielkugel' aus Stein, Ton oder Glas, anfangs aus Marmor, so daß landschaftliches Nebeneinander der Varianten *Murmel*, *Marmel*, *Marbel* den dissimilierten Formen von *Marmor* (s. d.) entspricht, die in ihrer Bedeutungsverengung zu 'Spielkugel' (18. Jh.) jedoch als Deminutiva empfunden werden.

murmeln Vb. 'leise rauschen, leise, undeutlich sprechen', ahd. *murmurōn*, (mit dissimiliertem zweiten *-r-*) *murmulōn* (8. Jh.), mhd. *murmern*, *murmeln* 'murren, heimlich untereinander erzählen, verstohlen als Gerücht verbreiten', mnd. *murmeren*, *murmelen* 'murren', mnl. *murmelen*, *mormeren*, nl. *murmelen* sind wiederholende Lautnachahmungen, denen ähnliche Bildungen in anderen Sprachen zur Seite stehen, vgl. aind. *marmaraḥ* 'rauschend, murmelnd, raschelnd', griech. *mormȳ́rein* (*μορμύρειν*) 'rauschen, aufsprudeln', lat. *murmurāre* 'murmeln', lit. *murmė́ti*, *murmė́nti*, *murmlė́nti* 'murmeln, murren, brummen', russ. (landschaftlich) *mormotát'* (*мормотать*) 'brummen, murmeln'. Einfache (d. h. nicht wiederholende) Form zeigen das unter *murren* (s. d.) behandelte Verb sowie die Weiterbildung aengl. *murcnian* 'klagen, murren'. Auf Grund der reichen Bezeugung wird vielfach ein Schallwort ie. **mormor-*, **murmur-* 'murmeln, dumpf rauschen' angesetzt; ebensogut kann freilich auch selbständige Entstehung der lautmalenden Wörter in den einzelnen Sprachgruppen angenommen werden.

Murmeltier n. mit dem Eichhörnchen verwandtes, im Hochgebirge lebendes und einen langen Winterschlaf haltendes Nagetier. Ahd. *murmunto* m. (9. Jh.) und die Deminutivformen ahd. *murmuntīn* n. (11. Jh.; falls dies die zutreffende Normalisierung der überlieferten Form *murmenti* ist), mhd. *mürmendīn*, *murmedīn* beruhen wahrscheinlich auf einem Akk. mlat. *murem montis*, dem spätlat. *mūs montānus* (Polemius Silvius, 5. Jh.), eigentl. 'Bergmaus', voraufgeht, aus lat. *mūs* 'Maus' und *montānus* 'im Gebirge heimisch'. Der Name wird volksetymologisch an *murmeln* (s. d.) angelehnt und durch Komposition verdeutlicht zu *murmelti(e)r* (14. Jh.). Redensartlich *schlafen wie ein Murmeltier* 'sehr fest und lange schlafen' (16. Jh.), auf den Winterschlaf des Tieres anspielend.

murren Vb. 'brummen, seine Unzufriedenheit äußern' (15. Jh.), mnd. *murren* 'summen, brummen', mnl. *morren* 'knurren, schelten', anord. *murra* 'brummen, murmeln', schwed. *morra* stellen sich zu den unter *murmeln* behandelten Verben (s. d.) und sind wie diese lautnachahmenden Ursprungs. Aus der Bedeutung '(mit einem dumpfen Laut) brummen, knurren' entwickelt sich '(mit dumpf, verhalten gesprochenen Worten) Unzufriedenheit ausdrücken'. – mürrisch Adj. 'unwirsch, unzufrieden, verdrießlich' (16. Jh.).

Mus n. 'Brei', ahd. *muos* 'breiige Speise, Essen' (9. Jh.), mhd. *muos*, asächs. mnd.

aengl. *mōs*, mnl. nl. *moes* stehen im Ablaut zu den unten aufgeführten Substantiven der Wortgruppe germ. **mat-* 'Speise'. Die Ausgangsform ie. **mădso-* schließt sich an die Wurzel ie. **mad-* 'naß, triefen', auch 'von Fett triefen, gemästet' an, zu der auch *Maat*, *Mast* f., *Messer*, *Mettwurst* (s. d.) gehören. Eine Kollektivbildung zu *Mus* ist *Gemüse* (s. d.).

Muschel f. Der Name des Schalentieres ahd. *muscula* (9. Jh.), mhd. mnd. *muschel*, asächs. *muskula*, aengl. *muscle*, *muxle*, *musle*, mnl. *mosscel(e)*, *musscel(e)* ist eine Entlehnung aus (auch im Frz. fortlebendem) vlat. **muscula*, das auf lat. *mūsculus* 'Mäuschen', übertragen auch (wegen der oval-rundlichen Form) 'Miesmuschel' und 'Muskel', beruht, einer Deminutivbildung zu lat. *mūs* 'Maus' (s. auch *Muskel*). Mnd. *mussel*, mnl. *mossel(e)*, *mussel(e)*, nl. *mossel* werden dagegen durch afrz. **mosle* (FEW 6, 3, 263) vermittelt.

Muse f. Name jeder der neun griech. Göttinnen für Kunst und Wissenschaft, übertragen 'Kunst, künstlerische Tätigkeit' (seit dem 17. Jh. in dt. Texten). Griech. *Mū́sa* (*Μοῦσα*), lat. *Mūsa* 'Muse', d. i. die als Beschirmerin der Künste geltende Göttin, daher auch appellativisch 'Gesang, Lied, Dichtung, Kunst und Wissenschaft', ist etymologisch ungeklärt. Man erwägt u. a. durch Zusammenstellung mit den unter *munter* (s. d.) genannten Formen eine Deutung als 'seelische Erregung' oder Herleitung von griech. *mō̃sthai* (*μῶσθαι*) 'streben, trachten, verlangen' (s. *Mut*). – m u s i s c h Adj. 'die Kunst betreffend, künstlerisch gebildet, empfänglich für Kunsteindrücke' (19. Jh.), vgl. griech. *mūsikós* (*μουσικός*) 'zu den Musenkünsten gehörig' (s. *Musik*).

Museum n. 'Sammlung von künstlerischen, wissenschaftlichen und technischen Gegenständen aus Vergangenheit und Gegenwart, öffentliches Ausstellungsgebäude für solche Gegenstände'. Lat. *mūsēum* 'Musensitz, Ort für Kunst und Gelehrsamkeit', aus gleichbed. griech. *mūsẽion* (*μουσεῖον*), wird ins Dt. zunächst in der Bedeutung 'Studierzimmer' (16. Jh.), dann 'Kunst-, Altertumssammlung' (17. Jh.) übernommen. Der antike Ausdruck steht als substantivische Bildung neben dem Adjektiv griech. *mū́seios* (*μούσειος*), lat. *mūsēus*, *mūsaeus* 'die Musen betreffend, musisch', das zu griech.-lat. *Mūsa* (s. *Muse*) gehört. Als Titel von Sammelwerken und Zeitschriften erscheint *Museum* häufig im 18. Jh.

Musik f. 'Tonkunst, Gesamtheit der Tondichtungen (eines Volkes, einer Zeit), Wiedergabe, Darbietung einer Tondichtung', Übernahme von lat. *(ars) mūsica*, aus griech. *mūsikḗ (téchnē)* (*μουσικὴ τέχνη*) 'Musenkunst, Musik' (im Sinne der Antike auch Dichtkunst und Geistesbildung umfassend), dem substantivierten Fem. des Adjektivs lat. *mūsicus*, griech. *mūsikós* (*μουσικός*) 'zu den Musenkünsten (Dichtkunst und Musik) gehörig, ihren Regeln folgend', Ableitung von griech. *Mū́sa* (*Μοῦσα*) 'die die Künste, bes. Gesang und Dichtkunst, beschirmende Göttin' (s. *Muse*). Das lat. Wort wird, auf die Tonkunst bezogen, zum ersten Mal im 9. Jh. in einen ahd. Text aufgenommen (*musica*, Otfrid); dann folgt als Entlehnung aus dem Lat. mhd. *mūseke*, *mūsic*, frühnhd. *Music* (16. Jh.). Unter Einfluß von gleichbed. frz. *musique* setzt sich die Schreibung *Musik* (17. Jh.) und Betonung auf der Endsilbe durch. – m u s i k a l i s c h Adj. 'die Musik betreffend, nach ihren Regeln gestaltet, musikbegabt, klangvoll' (Anfang 16. Jh.), aus mlat. *musicalis*. M u s i k a n t m. 'Spielmann, wer zur Unterhaltung und zum Tanz aufspielt' (2. Hälfte 16. Jh.), zu lat. *mūsicāns* (Gen. *mūsicantis*), Part. Präs. von lat. *mūsicāre* (s. unten), heute oft geringschätzig. M u s i k u s m. 'Musik Ausübender' (um 1500), früher der gewähltere Ausdruck gegenüber *Musiker* (Adelung), heute nur noch scherzhaft, lat. *mūsicus* 'Tonsetzer, Tonkünstler', Substantivierung des Adjektivs lat. *mūsicus* (s. oben); die heute übliche Berufsbezeichnung ist die eingedeutschte Form M u s i k e r m. (Ende 18. Jh.). m u s i z i e r e n Vb. 'Musik machen, ein Instrument, ein Tonstück spielen' (Mitte 16. Jh.), aus lat. *mūsicāre* 'musikalisch, melodisch einrichten'. M u s i c a l n. 'modernes Musiktheater, heiteres musikalisches Singspiel', Übernahme (Mitte 20. Jh.) von amerik.-engl. *musical*, substantivierte Kurzform von engl. *musical comedy*.

Muskat m. als Gewürz verwendeter Samenkern des tropischen Muskatnußbaumes, mhd. *muscāt*, *muschāt* m. und f. (vgl. auch mhd. *muscātnuȝ*, spätmhd. *muskāten nuȝ*, nhd. *Muskatnuß*) ist entlehnt aus afrz. *noiz muscade* (frz. *noix muscade*, Subst. *muscade* f.), dieses nach aprov. *(notz) muscada*, einer adjektivischen fem. Weiterbildung im Sinne von 'nach Moschus riechend' (mlat. *muscata*) zu aprov. afrz. *musc* 'Moschus, nach Moschus duftende Substanz' bzw. spätlat. *muscus* (s. *Moschus*). – M u s k a t e l l e r m. 'würziger, nach Muskatnuß schmeckender Wein', mhd. *muscātel* (14. Jh.), nach mlat. *(vinum) muscatellum* bzw. ital. *moscatello* (älter *muscatelo*), aprov. *muscadel*.

Muskel m. 'fleischiger, Bewegung bewirkender Teil im menschlichen und tierischen Körper', gelehrte Entlehnung (Anfang 18. Jh.) über die medizin.-lat. Wissenschaftssprache aus lat. *mūsculus* 'Muskel', eigentl. 'Mäuschen', Deminutivbildung zu lat. *mūs* 'Maus'. Die verbreitete Bedeutungsübertragung (s. *Maus*) beruht auf dem Vergleich der Muskelbewegungen unter der Haut mit dem Laufen einer Maus bzw. mit deren oval-rundlicher Form. – m u s k u l ö s Adj. 'von Muskeln durchzogen, kräftig' (18. Jh.), frz. *musculeux*, lat. *mūsculōsus*. M u s k u l a t u r f. 'Muskelgefüge, Gesamtheit der Muskeln' (19. Jh.), gelehrte latinisierende Bildung.

Muskete f. 'Gewehr mit Luntenschloß'. Zugrunde liegt gleichbed. ital. *moschetto*, älter 'kleines Geschütz, Armbrust', zuvor 'Bolzen, Pfeil für eine Armbrust', eine deminutive Ableitung von ital. *mosca* 'Fliege' (lat. *musca*, s. auch *Moskito* und *Mücke*), indem das Geschoß mit dem raschen Flug einer kleinen Fliege verglichen wird. Das ital. Wort geht auch in andere romanische Sprachen ein, vgl. frz. *mousquet*, span. *mosquete*, und gelangt teils über diese, teils direkt ins Dt. als *Moschete*, *Moßkette*, *Muscete* (16. Jh.), *Moschette*, *Muschette*, *Muschquete* (17. Jh.), bis sich auf frz. *mousquet* zurückgehendes *Musquet(te)*, *Muskeht* (17. Jh.), *Muskete* (18. Jh.) durchsetzt. – M u s k e t i e r m. 'mit einer Muskete bewaffneter Schütze, Soldat' (um 1600, zunächst *Musketi(e)rer*), ital. *moschettiere*; vgl. mfrz. frz. *mousquetaire*.

Muße f. 'beschauliche Freizeit'. Das nur im Dt. und Nl. nachweisbare Wort ahd. *muoȥa* (um 800), mhd. *muoȥe* 'freie Zeit zu etw., Bequemlichkeit, Untätigkeit', asächs. *mōta*, mnd. *mōte*, mnl. *moet(e)*, *muete*, *mote* gehört etymologisch zum Modalverb *müssen* (s. d.) und bezeichnet eigentl. einen 'Zustand, der einem die Möglichkeit bietet, etw. zu tun'. – m ü ß i g Adj. 'untätig', auch 'überflüssig, unnötig', ahd. *muoȥīg* (8. Jh.), mhd. *müeȥec*, *müeȥic*. Häufig *müßig gehen* 'Zeit haben, unbeschäftigt sein', mhd. *müeȥec gān*. M ü ß i g g a n g m. 'Freizeit, Unbeschäftigtheit, Untätigkeit, Faulheit', mhd. *müeȥecganc*. M ü ß i g g ä n g e r m. 'wer Muße hat, unbeschäftigt ist, nichts tut', mhd. *müeȥecgenger* 'wer durch ein standesgemäßes Vermögen berechtigt ist, kein Handwerk oder Gewerbe zu treiben'.

Musselin m. feines leichtes Woll- oder Baumwollgewebe, entlehnt (18. Jh.) aus frz. *mousseline*, das wohl (trotz etwas früherer Bezeugung) auf ital. *mussolina* (älter *mussolino*) zurückgeht. Zugrunde liegt der Name der Stadt *Mosul* am Tigris, arab. *Mauṣil*, Herstellungsort feiner leichter Gewebe. Zum zugehörigen Adjektiv arab. *mauṣilī-* 'aus Mosul stammend' bildet das Ital. die substantivische Stoffbezeichnung.

müssen Vb. 'gezwungen sein, etw. zu tun, nicht anders können'. Das Präteritopräsens ahd. *muoȥan* 'in der Lage sein, können, mögen, dürfen' (8. Jh.), mhd. *müeȥen*, asächs. *mōtan*, mnd. *mōten*, mnl. nl. *moeten*, aengl. *mōtan* (Prät. *mōste*, dazu engl. *must*), got. *gamōtan* kann, wenn von einer Grundbedeutung 'frei zugemessenen Besitz an Raum, Zeit, Gelegenheit und Kraft haben' ausgegangen wird, als *ō*-stufige Bildung zur Wurzel ie. **med-* 'messen' angesehen werden (s. *messen*). – M u ß n. 'Zwang, Notwendigkeit', Substantivierung (16. Jh.) der 1. bzw. 3. Pers. Sing. Präs. von *müssen*.

Muster n. 'Probe(stück), Modell, Vorbild, Vorlage, Verzierung', entlehnt (15. Jh.) aus ital. *mostra* 'das Zeichen, Schaustellung, Ausstellung', das auf vlat. *mōstra* beruht, zu vlat. *mōstrāre*, lat. *mōnstrāre* 'zeigen, (hin)weisen'. Mnd. *munster* 'Muster, Schnitt und Farbe der Kleidung, Zierrat' geht dagegen über mnl. nl. *monster* auf afrz. *monstre*, eine der lat. Lautgestalt angenäherte Nebenform von afrz. *mostre* 'Vorlage, Beispiel, Aussehen', zurück. Obd. Varianten mit Nasal (seit Ende 14. Jh.) wie *munster*, *monster* lassen Einfluß von mlat. *monstra* 'Probestück' vermuten. – m u s t e r h a f t Adj. 'vorbildlich' (18. Jh.). m u s t e r n Vb. '(Truppen, Ausrüstung) prüfend besichtigen, inspizieren' (15. Jh.), 'Rekruten anwerben, ausheben' (16. Jh.), dann 'auf ihre Armeetauglichkeit prüfen' (19. Jh.); 'mit einer figürlichen Verzierung versehen'

(18. Jh.); M u s t e r u n g f. 'kritische Besichtigung, Prüfung, Aushebung von Rekruten, (sich wiederholende) Gewebszeichnung, Verzierung' (15. Jh.).

Mut m. 'Kühnheit, Unerschrockenheit', ahd. *muot* 'Kraft des Denkens, Seele, Herz, Gemütszustand, Gesinnung, Gefühl, Absicht, Neigung' (8. Jh.), mhd. *muot*, asächs. *mōd*, mnd. *mōt*, *mût*, mnl. *moet*, nl. *moed*, aengl. *mōd*, engl. *mood* 'Stimmung, Laune', anord. *mōðr* 'Zorn, aufgeregter Sinn', schwed. *mod* 'Mut, Beherztheit', got. *mōþs* 'Zorn' (germ. **mōþa-*) sind vergleichbar mit griech. *mṓsthai* (*μῶσϑαι*) 'streben, trachten, verlangen', lat. *mōs* 'zur Regel gewordener Wille, Sitte, Brauch' (s. *Moral*), so daß auf eine Wurzel ie. **mē-*, **mō-*, **mə-* 'heftigen und kräftigen Willens sein, heftig streben' zurückgegangen werden kann. *Mut* bezeichnet ursprünglich die inneren Triebkräfte, Gemütszustände, Erregungen und Empfindungen des Gefühls im Gegensatz zum Verstand. Vom 16. Jh. an setzt sich die verengte Bedeutung 'kühne und unerschrockene Haltung gegenüber Wagnis und Gefahr' durch. – m u t i g Adj. 'tapfer, kühn', mhd. *muotec*, *muotic* 'beherzt, kühn', asächs. *mōdag* 'zornig, aufgeregt', aengl. *mōdig* 'aufgeregt, mutig', got. *mōdags* 'zornig'. m u t e n Vb. 'etw. begehren, verlangen, seinen Sinn auf etw. richten', ahd. *muoten* (9. Jh.), *muotōn* (um 1000), mhd. *muoten*; seit etwa 1800 als Simplex ungebräuchlich. v e r m u t e n Vb. 'annehmen, für wahrscheinlich halten' (16. Jh.), mnd. *vormōden*; v e r m u t l i c h Adj. 'wahrscheinlich' (16. Jh.); V e r m u t u n g f. 'Annahme' (16. Jh.). z u m u t e n Vb. 'unbilligerweise etw. von jmdm. verlangen', mhd. *zuomuoten*; Z u m u t u n g f. (15. Jh.). m u t m a ß e n Vb. 'annehmen, für wahrscheinlich halten', spätmhd. *muotmāȝen* 'abschätzen', zu spätmhd. *muotmāȝe* 'Teilung nach Angemessenheit, Abschätzung'; m u t m a ß l i c h Adj. 'der Annahme gemäß' (18. Jh.). M u t w i l l e m. 'Absicht', ahd. *muotwillo* 'eigener freier Entschluß' (8. Jh.), mhd. *muotwille*; m u t w i l l i g Adj. 'absichtlich, leichtfertig', mhd. *muotwillec* 'dem eigenen (guten oder bösen) Willen folgend'. Ü b e r m u t m. 'Ausgelassenheit, Anmaßung, Überheblichkeit', ahd. *ubarmuot* (um 1000), mhd. *übermuot* 'stolzer, hochfahrender Sinn'; ü b e r m ü t i g Adj. 'ausgelassen, leichtsinnig, fröhlich', ahd. *ubarmuotīg* (8. Jh.), mhd. *übermüetec* 'stolz, hochfahrend gesinnt, heldenmütig'.

Mutter f. 'Frau, die geboren hat, weiblicher Elternteil', ahd. (8. Jh.), mhd. *muoter*, asächs. *mōdar*, mnd. *mōder*, mnl. nl. *moeder*, aengl. *mōdor*, engl. *mother*, anord. *mōðir*, schwed. *moder* (germ. **mōder-*) und die Verwandten aind. *mātā́* (Stamm *mātár-*), griech. *mḗtēr* (*μήτηρ*) 'Mutter', lat. *māter* 'Mutter, Amme', air. *māthir* 'Mutter', lit. *mótė* 'Weib, Ehefrau', mundartlich auch 'Mutter', aslaw. *mati*, Gen. *matere*, russ. *mat'*, Gen. *máteri* (*мать, матери*) 'Mutter' lassen sich auf eine gemeinsame Stammform ie. **māter-* 'Mutter' zurückführen, eine mit dem Suffix für Verwandtschaftsbezeichnungen ie. *-ter-* gebildete Ableitung zu ie. **mā*, dem Lallwort für 'Mutter', das belegt ist in aind. *mā* 'Mutter', griech. *mā́* (*μᾶ*) im Ausruf *mā́ gā́* (*μᾶ γᾶ*) 'o Mutter Erde'; redupliziert liegt es den unter *Mama* (s. d.) dargestellten Wörtern zugrunde. Mit demselben Suffix sind die Verwandtschaftsbezeichnungen *Bruder*, *Tochter*, *Vater* (s. d.) gebildet. – M u t t e r k o r n n. giftiger pilzartiger Getreideparasit, auch als Medikament der Gynäkologie verwendet, benannt nach seiner lindernden Wirkung bei Schmerzen der Gebärmutter (18. Jh.), dafür auch *Kornmutter* (ebenfalls 18. Jh.). M u t t e r s p r a c h e f. 'die Sprache, in die ein Mensch hineingeboren wird und in der er aufwächst', Übernahme (1522) von mnd. *mōdersprāke* (1424), älter *moder tunge* (um 1400), wohl nach mlat. *lingua materna*, *lingua maternalis*. M u t t e r w i t z m. 'natürlicher, angeborener Witz, gesunde Urteilskraft' (17. Jh.). m ü t t e r l i c h Adj. 'einer Mutter gemäß', ahd. *muoterlīh* (11. Jh.), mhd. *müeterlich*. b e m u t t e r n Vb. 'behüten, umsorgen' (18. Jh.).

Mütze f. 'weich gearbeitete, krempenlose Kopfbedeckung (mit Schirm)'. Mhd. *almuȝ* n., *ar(e)muȝ* n. 'Chorkappe der Geistlichen', dann allgemein 'Kopfbedeckung', frühnhd. (mit Abfall des Wortanfangs) *mütze*, *mycze*, *mutse*, *mutz* (seit 15. Jh.) könnte wie mnd. *almüsse*, *malmüsse*, *malmuse*, *malmutze*, *mutse*, *mutze*, *musse*, *mütze*, mnl. *mutse*, nl. *muts*, afrz. *aumuce*, frz. *aumusse* auf mlat. *almucium*, *almucia* 'geistliche Kopfbedeckung, Art Kapuze, die Kopf und Schultern bedeckt' beruhen. Die weitere Herkunft (z. B. aus dem

Arab., worauf anlautendes *al-* deuten könnte) ist ungewiß. KNOBLOCH in: Diachronica 2 (1985) 263ff. sieht dagegen in dem Ausdruck ein germ. Wort, deutet es als eine Art 'verkürzter Umhang, Überwurf', indem er es mit dt. *mutzen* 'beschneiden, kürzen, stutzen', *Mutz* 'etw. Kurzes, Verschnittenes, Verstümmeltes', obd. *Mutze* 'Wams, Jacke', rhein. *Mutzen* 'kurzes, einfach zugeschnittenes dikkes Wams für Männer' verbindet. Die zuerst im Mlat. auftretende Vorsilbe *al-* entspreche lat. *ad-*, so daß mlat. *almucium* als 'Zugeschnittenes' zu erklären wäre.

Mykologie f. 'Pilzkunde', zuerst bei Persoon, Neuer Versuch einer systemat. Eintheilung d. Schwämme (1794), wo *Mycologie*, älteres *Mycitologie* ablösend, mit „Schwammlehre" verdeutlicht wird; gelehrte Bildung zu griech. *mýkēs* (Gen. *mýkētos*) (*μύκης*, *μύκητος*) 'Pilz' mit dem für 'Lehre, Wissenschaft' üblichen Grundwort *-logie* (s. d.); vgl. KREISEL in: Boletus 5 (1981) 49.

Myriade f. 'sehr große Anzahl, ungezählte, unzählbar große Menge', entlehnt im Plural *Myriaden* (1682 durch E. v. Berge und 1742 durch Bodmer in ihren Übersetzungen von Miltons Verlorenem Paradies) aus engl. *myriads* (Plur.), das seinerseits auf lat. *mȳrias* (Gen. *mȳriadis*) bzw. unmittelbar auf griech. *mȳriás* (*μυριάς*), Gen. *mȳriádos* (*μυριάδος*) 'Zahl oder Menge von Zehntausend' beruht, einer Bildung zu griech. *mȳríos* (*μυρίος*) 'zahllos, unermeßlich', im Plur. *mýrioi* (*μύριοι*) 'zehntausend'.

Myrrhe f. aromatisches Gummiharz der im Küstengebiet des Schwarzen Meeres beheimateten Balsambäume, ahd. *mirra* (8. Jh.), *myrra* (9. Jh.), mhd. *mirre*, entlehnt aus lat. (bes. kirchenlat.) *myrrha*, griech. *mýrrha* (*μύρρα*) 'balsamischer Saft aus dem Holz der Myrrhenpflanze', semitischer Herkunft (vgl. aram. *mūrā*, hebr. *mōr*, arab. *murr*).

Myrte f. Der Name des seit dem 16. Jh. in Deutschland für Brautkränze benutzten weißblühenden Strauches ahd. *mirtilboum* (11./12. Jh.), *mirtil* (Hs. 12. Jh.), dazu die Kollektivbildung ahd. *mirtilahi* (10. Jh.), mhd. *mirtel(boum)*, nhd. *Myrte* (16. Jh.) ist entlehnt aus lat. *murtus*, *myrtus*, griech. *mýrtos* (*μύρτος*) 'Myrtenbaum, -zweig'.

Mysterium n. 'Geheimlehre, Geheimkult, religiöses Geheimnis'. Übernahme (16. Jh.) von lat. *mystērium*, griech. *mystḗrion* (*μυστήριον*) 'Geheimnis, Geheimlehre, geheimer Kult, innerstes Wesen einer Religion', zu griech. *mýstēs* (*μύστης*) 'wer die Augen schließt', dann 'der (in die eleusinischen Mysterien) Eingeweihte', zum Grundwort griech. *mýein* (*μύειν*) 'sich schließen, zusammengehen, den Mund, bes. aber die Augen (ver)schließen, einschlummern'. Vgl. afrz. *mistere*, frz. *mystère*, engl. *mystery* (14. Jh.). Das antike Mysterium ist mit dem Schweigegebot der Eingeweihten verbunden, das christliche ist eine Glaubenssache, die durch die Vernunft allein nicht erklärbar ist. – m y s t e r i ö s Adj. 'rätselhaft, geheimnisvoll, unerklärlich' (18. Jh.), frz. *mystérieux* (15. Jh.). M y s t i k f. Form religiösen Erlebens, die durch Verinnerlichung, Versenkung und Ekstase eine Vereinigung mit dem Göttlichen anstrebt (16. Jh.), bes. im Mittelalter als religiöse Bewegung verbreitet; hervorgegangen aus den gleichbed. Verbindungen mlat. *theologia*, *unio mystica* als Eindeutschung der substantivierten fem. Form des Adjektivs lat. *mysticus* 'zum Geheimkult, zu den Mysterien gehörig, geheim, geheimnisvoll', spätlat. auch 'die Geheimnisse der christlichen Religion betreffend', griech. *mystikós* (*μυστικός*) 'zu den Mysterien gehörig, geheim', wozu auch m y s t i s c h Adj. 'zur Mystik gehörig, geheimnisvoll' (18. Jh.).

Mythos m. 'Überlieferung aus der Vorzeit eines Volkes in Form von Dämonen-, Götter- und Heldensagen, zur Legende Gewordenes', Übernahme (etwa um 1800) von griech. *mȳ́thos* (*μῦθος*) 'Wort, Rede, Gespräch, Überlegung, Erzählung, Sage, Märchen', daneben auch *Mythus* (nach lat. *mȳthus*) oder eingedeutscht *Mythe* f., vor allem im Plural *Mythen* (um 1800 mit *Götter- und Heldensagen* übersetzt). – m y t h i s c h Adj. 'den Mythos betreffend, zu ihm gehörend, ihm entstammend, legendär' (18. Jh.); vgl. spätlat. *mȳthicus*, griech. *mȳthikós* (*μυθικός*) 'zur Sage, zur Mythologie gehörig'. M y t h o l o g i e f. 'Gesamtheit der Mythen eines Volkes, Götterlehre, Wissenschaft von der Sammlung und Deutung der Mythen' (18. Jh.), griech. *mȳthología* (*μυθολογία*) 'das Erzählen von Göttergeschichten und Sagen'.

na Interj. Der am Beginn von Fragen und Zurufen stehende Ausdruck unterschiedlicher Empfindungen (des Zögerns, der Verwunderung und Überraschung, des Staunens, Zweifelns, der Ablehnung) wird, oft auch in der Doppelsetzung *na, na*, vor allem umgangssprachlich gebraucht (seit dem 16. Jh. literarisch nachweisbar). Er leitet bis in jüngste Zeit gern Fragen ein (*Na, wie geht's?, Na, wird's bald?*). Ob *na* als Abschwächung von *nu* (s. *nun*) anzusehen oder selbständig, etwa als eine Pause füllende Verlegenheitslautung, entstanden ist, bleibt ungeklärt. In dieser einen Satz eröffnenden Interjektion eine Fortsetzung der in negativen Fragen auftretenden Fragepartikel ahd. *na* (meist am Satzende, selten in der Satzmitte) zu sehen, ist kaum angängig, da diese Partikel nur bei Notker (um 1000), danach nicht mehr begegnet. – n a n u Interj., am häufigsten mit Frageton als Ausdruck ungläubigen Staunens, Zusammenrückung aus *na nu* (s. *nun*); im 19. Jh. in der Schreibung *na, nu!*

Nabe f. 'walzenförmiges Mittelteil des Rades', ahd. *naba* (9. Jh.), mhd. *nabe*, asächs. *naƀa*, mnd. mnl. *nāve*, nl. *naaf*, *aaf*, aengl. *nafu*, *nafa*, engl. *nave*, anord. *nǫf*, schwed. *nav* ist verwandt mit aind. *nábhyam* n. 'Nabe', *nā́bhiḥ* f. 'Nabe, Nabel, Mittelpunkt, Ursprung, Verwandtschaft', apreuß. *nabis* 'Nabe, Nabel', lett. *naba* 'Nabel' sowie mit den ein *l*-Suffix aufweisenden Formen unter *Nabel* (s. d.). Auszugehen ist von einer Wurzel ie. **nǒbh-* bzw. **embh-*, **m̥bh-* mit einer Grundbedeutung 'Nabel', die auf 'Radnabe' übertragen wird.

Nabel m. 'runde Narbe in der Bauchwand an der Ansatzstelle der Nabelschnur', übertragen 'Mittelpunkt', ahd. *nabulo* (8. Jh.), *nabalo* (9. Jh.), mhd. *nabel(e)*, mnd. *nāvel*, *naffel*, mnl. *nāvel(e)*, nl. *navel*, aengl. *nafela*, engl. *navel*, anord. *nafli*, schwed. *navel* führen wie (ablautend) griech. *omphalós* (ὀμφαλός) 'Nabel, Nabelschnur, Schildbuckel, Mittelpunkt', lat. *umbilīcus* (wohl aus **umbilus*), air. *imbliu* 'Nabel' als mit *l*-Suffix erweiterte Formen auf die unter *Nabe* (s. d.) dargestellte Wurzel. Das Verhältnis von *Nabe* und *Nabel* zueinander ist dem von *Achse* und *Achsel* (s. d.) vergleichbar. Die Bedeutung 'Mittelpunkt' tritt im Dt. erst in jüngerer Sprache und nur in Genitivverbindungen (*Nabel der Welt*) auf. – N a b e l s c h n u r f. 'die Leibesfrucht mit dem Mutterkuchen verbindende Gefäßschnur' (18. Jh.).

nach Adv., Präp. (mit Dativ), zur Bezeichnung einer Richtung und eines räumlichen oder zeitlichen Nacheinanders. Ahd. *nāh* Adv. 'nahe, beinahe, danach', Präp. 'nahe, bei, hinter, gemäß' (8. Jh.), mhd. *nā(ch)*, mnd. mnl. *nā*, nl. *na*, aengl. *nēah* gehört zu dem unter *nahe* (s. d.) behandelten Adjektiv und ist von diesem zunächst auch in der Bedeutung nicht zu trennen. Auszugehen ist von adverbiellem Gebrauch bei Verben der Bewegung 'in die Nähe von etw.', woraus sich 'auf etw. zu' bzw. (bei beweglichem Ziel) 'hinterher' entwickelt; in der Übertragung auf Zeitliches steht *nach* als Gegenwort zu *vor*. Oft in Präfixverben (*nachfahren*, *-kommen*) und in festen Verbindungen (*nach wie vor* 'noch immer', *nach und nach* 'allmählich'). – n a c h a h m e n Vb. 'nachmachen, imitieren, zu kopieren suchen' (16. Jh.), eigentl. 'nachmessen', zu mhd. *āmen* 'visieren, eichen', abgeleitet von mhd. *āme*, (md.) *ōme* '(Flüssigkeits)-maß', nhd. (heute unüblich) *Ohm*, entlehnt aus mlat. *ama* '(Wein)maß, Faß', lat. *ama*, *hama* 'Feuereimer', griech. *ámē* (ἄμη) 'Schaufel, Eimer'. n a c h d e m Konj., Adv. 'später als, nach dieser Zeit', frühnhd. noch mit Getrenntschreibung *nach dem* (15. Jh.); statt des Dativs steht in älterer Sprache der Instrumental ahd. *nāh diu* 'so wie, nachdem, dementsprechend, wonach'. n a c h e i n a n d e r Adv. 'einer nach dem andern, hintereinander' (15. Jh.). n a c h g e r a d e Adv. 'allmählich, schließlich, direkt, geradezu', im 17. Jh. aus dem Nd. ins Hd. aufgenommen, vgl. mnd. *nāgerāde*, auch *nārāde* 'allmählich', dieses aus mnd. *nā* und vielleicht mnd. *rāt* 'Reihe, Reihenfolge, Ordnung' (vgl. anord. *rǫð* 'Reihe'), also eigentl. 'nach der Reihe' und daher 'allmählich'. n a c h h a l t i g Adj. 'lange nachwirkend, ausdauernd' (um 1800), zu *nachhalten* 'anhaltend wirken, von längerer Dauer sein' (18. Jh.), älter 'nachfolgen, nachstellen, nachträglich vorhalten' (16. Jh.), und veraltetem *Nachhalt* 'Rückhalt, Reserve' (18. Jh.). N a c h n a h m e f. 'im Frachtbrief vermerkte Auslagen und Spesen, die der Empfänger nachträglich zu zahlen hat' (1. Hälfte 19. Jh.), danach im Postwesen (1870) 'Erhebung einer Geldsumme (Rechnungsbetrag, Gebühr) bei Aushändigung einer Postsendung' (anstelle von frz. *remboursement*); zu *nachnehmen* 'nachträglich nehmen'. Nachricht f. 'Mitteilung' (um 1600), älteres, vom 16. bis 18. Jh. bezeugtes *Nachrichtung* 'wonach man sich zu richten hat, Anweisung' allmählich verdrängend. *Nachrichten* Plur. '(über Rundfunk, Fernsehen gesendete) aktuelle, bes. politische Meldungen' (20. Jh.). Nachruf m. 'Würdigung eines Verstorbenen, Nekrolog' (19. Jh.); zuvor von Zesen 1648 als Verdeutschung für *Echo* empfohlen. Nachtisch m. 'Nachspeise' (16. Jh.). Nachtrag m. 'Zusatz, Ergänzung' (18. Jh.). Nachwelt f. 'kommende Generationen' (17. Jh.) Nachwort n. 'Schlußwort mit Erläuterungen für ein Buch' (19. Jh.), frühnhd. auch 'nachträglich hinzugefügtes Wort, Nachrede', mhd. *nāchwort* 'nachträglich geltend gemachte Forderung' (14. Jh.).

Nachbar m. 'der Nächstwohnende, Nächstsitzende', ahd. *nāhgibūr*, *nāhgibūro* (8. Jh.), mhd. *nāch(ge)būre*, *nāch(ge)būr*, asächs. *nāhbūr*, mnd. *nābūr*, *nāber*, mnl. *nāghebuur*, *nābuur*, nl. *nabuur*, aengl. *nēahgebūr*, *nēahhebūr*, engl. *neighbour*, anord. *nābūi*, schwed. *nabo* sind Zusammensetzungen aus den unter *nahe* (s. d.) und unter ³*Bauer* (s. d.) behandelten Wörtern mit einer Ausgangsbedeutung 'Nahewohnender'. Das *a* der Tonsilbe wird vor *-ch* gekürzt, das zweite Kompositionselement im Übergang zum Nhd. zu *-bar* abgeschwächt. – nachbarlich Adj. 'benachbart, der Nachbarschaft gemäß', frühnhd. *nachburlich*, *nachbaurlich* (15. Jh.). Nachbarschaft f. 'Gesamtheit der Nachbarn, Verhältnis der Nachbarn zueinander, benachbarte Gegend, Nähe', mhd. *nāchbūrschaft*.

Nachen m. 'Kahn, Boot', ahd. *nahho* (11. Jh.), mhd. *nache*, asächs. *nako*, mnd. (selten) *āke*, mnl. *ake*, *achche*, nl. *aak*, aengl. *naca* 'Nachen, Einbaum', anord. *nǫkkvi* 'Boot', eigentl. 'ausgehöhlter Baumstamm', haben keine außergerm. Anknüpfungsmöglichkeiten. Geht man von einer frühen Bedeutung 'aus einem Stamm gehauenes Boot, Einbaum' aus, so ist eine allerdings unsichere Verbindung mit aind. *nágaḥ* 'Baum, Berg' und ein daraus gewonnener Ansatz ie. **nogᵘ̯o-* bzw. **nagᵘ̯o-* 'Baum' möglich. Oder kann in der Wortgruppe eine germ. Weiterentwicklung der Wurzel ie. **nāu-* 'Schiff', vgl. aind. *nā́uḥ*, griech. *nā̃us* (ναῦς), lat. *nāvis* 'Schiff', gesehen werden? *Nachen* (dessen *-n* aus den flektierten Kasus) gilt heute am Mittel- und Niederrhein (in den Mundarten *Achen*, *Aken*, *Ache* mit Schwund des anlautenden, als Rest des unbestimmten Artikels empfundenen Nasals wie im Nl.); anderwärts von *Kahn* und *Boot* verdrängt. In der Literatursprache bis zur Klassik insgesamt selten gebraucht, gilt *Nachen* seitdem als dichterisch bzw. gehoben.

Nacht f. 'Zeit zwischen Abend- und Morgendämmerung, Dunkelheit', ahd. (8. Jh.), mhd. asächs. *naht*, mnd. mnl. nl. *nacht*, aengl. *nieht*, *niht*, engl. *night*, anord. *nātt*, *nōtt* (auch als Zeiteinheit *tveim nōttum sīðarr* 'zwei Tage später'), schwed. *natt*, got. *nahts* können mit aind. *nák* (Stamm *nákt-*), lat. *nox* (Gen. *noctis*), lit. *naktìs*, aslaw. *noštь*, russ. *noč'* (ночь) auf ie. **nokt-* 'Nacht' zurückgeführt werden. Schwierigkeiten macht die Erklärung von hethit. *nekuz (mehur)* 'Nachtzeit' und griech. *nýx*, Gen. *nyktós* (νύξ, νυκτός), die auf ie. **neku̯-*, **noku̯-* mit suffixalem *t* weisen könnten. Die weitgehende Übereinstimmung der ie. Sprachen in den Ausdrücken für 'Nacht' (anders als bei 'Tag', s. *Tag*) wird auf die Verwendung der Bezeichnung als Zeiteinheit zurückgeführt. Man zählt in alter Zeit nach Nächten, weil nur in der Nacht die der Bemessung von Monat und Jahr zugrundegelegte Beobachtung des Mondes möglich ist. Reste der alten Zählung finden sich in mhd. *siben nehte*, *vierzehen nehte* 'sieben bzw. vierzehn Tage' und noch in engl. *fortnight* 'vierzehn Tage'. Neben das Femininum treten früh unter Einfluß von *Tag* flektierte Formen wie *des Nachts*, *eines Nachts* (wozu *nachts* Adv., s. unten). In der Verwendung von *Nacht* und *Abend* (s. d.) zeigen sich landschaftliche Unterschiede bis in jüngere Zeit, insbes. südd. steht *Nacht* auch anstelle von *Abend*, vgl. südd. *Nachtmahl*, nordd. *Abendbrot*. – nachts Adv. 'während der Nacht', ahd. (8. Jh.), mhd. *nahtes*, adverbiell erstarrter Genitiv, gebildet in Analogie zu den unter *tags* (s. d.) behandelten Formen. nächtlich Adj. 'bei Nacht, jede Nacht', ahd. *nahtlīh* (um 800), spätmhd. *nehteclich*. nächtigen Vb. 'übernachten, die Nacht zubringen' (19. Jh.). übernachten Vb. 'über Nacht bleiben' (16. Jh.). umnachten Vb. 'mit Nacht umhüllen, geistig verwirren' (18. Jh.), jünger insbes. als Part.adj. *(geistig) umnachtet*. Nachtschatten m. Name mehrerer Pflanzen, ahd. *nahtscato* (11. Jh.), mhd. *nahtschate*, eigentl. 'nächtlicher Schatten', als Pflanzenname hingegen unerklärt. Nach den schwarzen Beeren mancher Arten? Umdeutung aus dem unter *Schaden* (s. d.) angeführten Substantiv, da der nächtliche Blütenduft schädlich sei? Oder nach der volksmedizinischen Verwendung der Pflanzen gegen nächtliche Beschwerden wie Alpdrücken, Mondsucht? Nachtschattengewächs n. (19. Jh.).

Nachtigall f. Der Name des bes. nachts singenden Vogels ahd. *nahtagala* (8. Jh.), mhd. *nahtegal*, asächs. *nahtigala*, mnd. *nachtegāl(e)* (woraus schwed. *nächtergala*, *näktergal*), mnl. *nachtegāle*, nl. *nachtegaal*, aengl. *nihtegala*, *nehtegala*, engl. *nightingale* ist gebildet aus dem unter *Nacht* (s. d.) behandelten Substantiv und einer Ableitung von dem in ahd. (um 800), aengl. *galan* 'singen', bes. 'Zauberformeln (singend) hersagen, verzaubern, behexen', anord. *gala*, auch 'krähen', mnl. *galen* 'Lärm machen' vorliegenden germ. Verb; vgl. dazu ahd. (9. Jh.), mhd. asächs. *galm* 'Schall, Ton, Lärm, Geräusch', ahd. *galstar* (9. Jh.), mhd. *galster* 'Gesang, Zaubergesang, Zauberei, Betrug'. Die Wortgruppe ist verwandt mit *gellen* (s. d.) und den dort genannten außergerm. Formen. Der westgerm. Vogelname bedeutet eigentl. 'Nachtsängerin'.

Nacken m. 'hinterer Teil des Halses', ahd. *(h)nac* (8. Jh.), *(h)nacko* (Hs. 13. Jh.), mhd. *nac*, *nacke*, asächs. *hnakko* (in Ortsnamen), mnd. *nacke*, mnl. *nac*, *nacke*, anord. *hnakki*, *hnakkr*, schwed. *nacke* haben neben sich Formen mit *e* in der Wurzelsilbe wie mnd. mnl. *necke*, nl. *nek*, aengl. *hnecca*, engl. *neck*. Das *e* wird entweder als Ablaut angesehen (s. *Genick*) oder als Umlaut, hervorgerufen durch ein inzwischen geschwundenes *j* der Folgesilbe. Die Bildungen führen auf ein nur aus dem Germ. zu erschließendes ie. **kneg-* bzw. **knog-*, Gutturalerweiterung der (fast nur in erweiterter Form vorliegenden) Wurzel ie. **ken-* 'zusammendrücken, -knikken, Zusammengedrücktes, Geballtes' (s. auch *Nuß*, *Nocken*), so daß *Nacken* ursprünglich als 'etw. Zusammengeballtes, eine Erhöhung (auf dem Rücken von Tieren)' zu verstehen ist. Vgl. auch toch. A *kñuk* 'Genick' und air. *cnocc*, abret. *cnoch* 'Hügel' (zu ie. **kneug-*, **kneuk-*). – Nackenschlag m. 'Demütigung, üble Nachrede', im 18. Jh. vom Nd. ausgehend, auch im eigentl. Sinne 'Schlag in den Nacken'. hartnäckig Adj. 'beharrlich, unnachgiebig' (15. Jh.).

nackt, nackend Adj. 'unbekleidet, bloß', ahd. *nackot* (um 800), mhd. *nacket* 'unbekleidet, entblößt', auch 'ledig, frei von', mnd. *nāket*, mnl. *nāket*, *naect*, nl. *naakt*, aengl. *nacod*, *næcad*, engl. *naked*, anord. *nøk(k)viðr*, got. *naqaþs* ist (mit Mittelsilbenvokal) wohl wie air. *nocht*, kymr. *noeth* ein mit *to*-Suffix gebildetes Adjektiv zu ie. **nogᵘ-* 'nackt', das (ohne Dentalsuffix) in anord. *nøkkva* 'entblößen' und (dehnstufig) in lit. *núogas*, aslaw. *nagъ*, russ. *nagój* (*нагой*) 'nackt' auftritt. Eine andere Dentalableitung (ie. **nogᵘedh-* oder **nogᵘodh-*) liegt vor in lat. *nūdus*, während mit *n*-Suffix aind. *nagnáḥ*, griech. (mit ungeklärter Entwicklung des Anlauts) *gymnós* (*γυμνός*) 'nackt' und (als *n*-Partizipien?) mhd. (md.) *nacken*, afries. westfläm. mnd. *nāken*, anord. *nakinn* gebildet sind. Die Nebenform nhd. *nackend*, mhd. *nackent* (entsprechend mnd. *nākent*, mnl. *nakent*, nl. *nakend*) kann als Kontamination aus mhd. *nacket* und *nacken* aufgefaßt werden, ist aber wohl eher eine Bildung mit Nasalinfix. Vgl. auch landschaftlich weitergebildetes *nackig* (neben *nackicht*, 17. Jh.), mhd. *nackic*. *nackt* wird zunächst vor allem auf den unbekleideten Körper des Menschen bezogen, dann auch von Gegenständen im Sinne von 'unbedeckt, bloß, kahl' (*nacktes Schwert*, *nackte Stelle*, *nackter Boden*) verwendet und tritt häufig als 'unverhüllt, ungeschminkt' neben abstrakte Begriffe (*nackte Wahrheit*, *nackter Haß*). – Nackedei m. 'nacktes Kind' (19. Jh. in nordd. Kindersprache), dann auch (scherzhaft) 'nackte Person' (20. Jh.).

Nadel f. 'Nähgerät, Stechwerkzeug, Schmuck zum Anstecken, Zeiger am Kompaß, Blatt des Nadelbaums', ahd. *nādala*, mit Metathese *nālda* (9. Jh.), mhd. *nādel*, *nādele*, *nālde*, nhd. *Nadel* und (mundartlich) *Nolde*, asächs. *nāðla*, mnd. *nātel*, *nālde*, mnl. *naelde*, nl. *naald*, aengl. *nǣdl*, engl. *needle*, anord. *nāl*, schwed. *nål*, got. *nēþla* führen als Bildungen mit dem fem. Suffix ie. *-tlā* auf die unter *nähen* (s. d.) angeführte Wurzel ie. **(s)nē-* 'Fäden zusammendrehen, mit dem Faden hantieren, weben, spinnen, nähen'. *Nadel* bezeichnet ursprünglich die Nähnadel, dann auch nadelförmige Geräte und Geräteteile, häufig in Zusammensetzungen wie *Haar-*, *Injektions-*, *Kompaß-*, *Spick-*, *Zündnadel.* – Stecknadel f. 'mit einem Kopf versehene Nadel zum Feststecken', frühnhd. *stecknolde* (15. Jh.). Stricknadel f. '(Metall)nadel zum Stricken', frühnhd. *strickenalde* (15. Jh.). Nähnadel f. 'mit einem Öhr versehene Nadel zum Nähen' (17. Jh.). Sicherheitsnadel f. 'Nadel mit einem die Spitze verdeckenden Verschluß' (19. Jh.). nadeln Vb. 'die Nadeln verlieren' von Nadelbäumen (Anfang 20. Jh.), älter 'mit Nadeln nähen, sticken' (17. Jh.). Nadelbaum m. (18. Jh.).

Nagel m. 'runder Metallstift mit flachem Kopf, Hornplatte an Fingern und Zehen', ahd. *nagal* 'Nagel, Pflock, Riegel' (8. Jh.), 'Finger-, Zehennagel' (9. Jh.), mhd. *nagel*, auch 'Aststelle im Holz, Gewürznelke, Augenübel', asächs. *nagal*, mnd. *nāgel*, *negel*, *neil*, mnl. *nāghel*, nl. *nagel*, aengl. *nægl*, *nægel*, engl. *nail*, anord. *nagl* ('Finger, Zehennagel'), *nagli* ('Nagel, Pflock'), schwed. *nagel*, got. **nagls* (zu erschließen aus *ganagljan* 'annageln') führen auf germ. **nagla-* und mit aind. *áṅghriḥ* 'Fuß', griech. *ónyx*, Gen. *ónychos* (*ὄνυξ*, *ὄνυχος*) 'Finger-, Zehennagel, Klaue, Kralle, Huf', lat. *unguis* 'Finger-, Zehennagel', *ungula* 'Klaue, Kralle, Huf', air. *ingen*, lit. *nãgas* 'Finger-, Zehennagel, Klaue, Kralle', aslaw. *noga* 'Fuß', russ. *nogá* (*нога*) 'Fuß, Bein', aslaw. *nogъtь* 'Finger-, Zehennagel, Klaue, Kralle', russ. *nógot'* (*ноготь*) 'Finger-, Zehennagel' auf ie. **ongh-*, **nogh-* 'Nagel an Fingern und Zehen, Kralle'. Die Bedeutung 'Metall- oder Holzstift zum Einschlagen' findet sich im gesamten Germ., ist aber offenbar erst sekundär hinzugetreten. Die übrigen ie. Sprachen kennen im wesentlichen nur die Bedeutungen 'Finger-, Zehennagel, Kralle, Klaue' und davon ausgehend 'Huf, Fuß, Bein', doch zeigen z. B. das Griech. und Lat. auch eine Übertragung auf hakenförmige Geräte. – nageln Vb. 'mit Nägeln befestigen, mit Nägeln beschlagen', ahd. *nagalōn*, *negilōn* (8. Jh.), mhd. *nagelen*, *negelen*. nagelneu Adj. 'ganz neu', spätmhd. *nagelniuwe*, eigentl. wohl 'frisch mit Nägeln verfertigt, beschlagen'; auch verstärkend *funkelnagelneu* (18. Jh.), s. *Funke*.

nagen Vb. 'kleine Stücke abbeißen, zerstörend wirken'. Das ehemals starke Verb ahd. *gnagan* (9. Jh.), *nagan* (11. Jh.; *binagan*, 9. Jh.), mhd. *nagen*, asächs. *gnagan*, mnd. *gnāgen*, aengl. *gnagan*, engl. *to gnaw*, anord. schwed. *gnaga* führt mit awest. *aiwiγnixta-* 'angenagt, angefressen', lett. *gņēga* 'wer mit langen Zähnen ißt' auf eine Gutturalerweiterung der (nur in Erweiterungen auftretenden) Wurzel ie. **ghen-* 'zernagen, zerreiben, kratzen' (s. auch *Gnitte*, *Nisse*). Daneben stehen Formen mit anlautendem *k-* in asächs. *knagan* (11. Jh.), mnd. *knāgen*, mnl. *cnāghen*, nl. *knagen*, die entweder eine parallele Wurzel ie. **gen-* voraussetzen oder aus einem jüngeren, sich im Germ. vollziehenden affektisch bedingten Anlautswechsel zu erklären sind. Im Frühnhd. geht das Verb zur schwachen Flexion über. In jüngerer Sprache häufig in bildlichen Verwendungen wie *Kummer nagt an ihm, nagender Schmerz, Zweifel.* – Nager m. 'Nagender, Säugetier mit Nagezähnen' (17. Jh.). In zoolog. Fachsprache Nagetier n. (18. Jh.).

nahe, nah Adj. 'nicht weit entfernt, eng, vertraut', ahd. *nāh* (9. Jh.), mhd. *nāch*, *nā*, asächs. *nāh*, mnd. mnl. *nā*, nl. *na*, aengl. *nēah*, *nēh*, engl. (dichterisch) *nigh*, anord. *nā-* in Zusammensetzungen wie *nālægr* 'naheliegend', got. *nēhv*, *nēhva* Adv. (germ. **nēhwa-*). Herkunft ungesichert. Entweder Kompositum (mit Schwund der ersten Silbe) aus der unter *an* (s. d.) dargestellten Präp. und der unter *Auge* (s. d.) angegebenen Wurzel ie. **okᵘ-* 'sehen', so daß von einer Bedeutung 'heranschauend, herangewendet' auszugehen ist? Oder zu ie. **enk̑-*, **nek̑-* 'reichen, erreichen, erlangen, tragen' und damit verwandt mit *genug* (s. d.)? Eine Verbindung mit lit. *pranókti* 'überholen', lett. *nākt* 'gehen, kommen' stößt des Ablauts wegen auf Schwierigkeiten. *nah* ist anfänglich Adverb und wird noch lange überwiegend adverbial verwendet (vgl. geläufige Zusammenrückungen wie *nahelegen*, *nahebringen*). Adjektivischer Gebrauch setzt zuerst beim Superlativ (*nächst*) ein, beim Positiv überwiegt zunächst prädikative Verwendung. Das Nebeneinander von *nah* und *nach* (gelegentlich noch bis ins 18. Jh.) erklärt sich aus dem regelmäßigen Wechsel von *h* und *ch* im Mhd., der im Nhd. fast durchgängig (Ausnahme *hoch*, s. d.) zugunsten des *h* ausgeglichen wird. Der überwiegend räumlichen Verwendung folgt ein insgesamt wenig ausgeprägter zeitlicher Gebrauch. *nahe* wird (bereits ahd.) auch als Präposition mit Dativ verwendet. – n a h e n Vb. 'näher kommen, nahe herankommen', ahd. *nāhen* (8. Jh.), mhd. *nāhen*, *nān* 'nahen, sich nähern'. N ä h e f. 'geringe Entfernung, Nahesein', ahd. *nāhī* (9. Jh.), mhd. *næhe*. n ä h e r n Vb. 'näher bringen', refl. 'näher herankommen', mhd. *næhern*. N ä c h s t e r m. 'Mitmensch, Nachbar', substantivierter Superlativ, ahd. *nāhisto* (8. Jh.), mhd. *nāhste*, *næhste*, frühnhd. *neheste*, *nechste*; in starker Flexion (*mein Nächster*) seit dem 17. Jh. N ä c h s t e n l i e b e f. 'Liebe zum (hilfsbedürftigen) Mitmenschen' (18. Jh.). b e i - n a h (e) Adv. 'fast, nahezu, annähernd', ahd. *bī nāh,* spätmhd. *bīnāhe*, *bīnāch*, frühnhd. *beinah* neben *beinach*, das vereinzelt bis ins 18. Jh. begegnet. Daneben noch im 18. Jh. auseinandergeschrieben (vgl. „besser *bey nahe*" Adelung). n a h e b e i Adv. 'dicht dabei, beinahe', Zusammenrückung (16. Jh.) aus *nahe bei*, mhd. *nāhe bī*. n a h e z u Adv. 'fast, beinahe', aus *nahe zu* (18. Jh.).

nähen Vb. '(Stoff)teile mit Stichen verbinden, schneidern', ahd. *nāen* (9. Jh.), mhd. *næjen*, *næn*, *nægen*, *næwen*, mnd. *neyen*, mnl. *naeyen*, nl. *naaien* führen mit verwandten Wörtern wie griech. *nḗn* (*νῆν*, aus **σνηιειν*) 'spinnen', *nḗma* (*νῆμα*) 'Gespinst, Faden', lat. *nēre* 'spinnen', *nēmen* 'Gespinst, Gewebe', (ablautend) kymr. *nyddu* 'spinnen', lit. *nýtis* 'Weberkamm', russ. *nit'* (*нить*) 'Faden', (mit anlautendem *s*-) mir. *snīm* 'das Spinnen', air. *snāth(e)* 'Faden' auf die Wurzelformen ie. **(s)nē-*, **(s)nēi-* 'Fäden zusammendrehen, mit dem Faden hantieren, weben, spinnen, nähen'. Das innerhalb des Germ. nur im Dt. und Nl. bezeugte Verb muß, wie die Ableitung *Nadel* (s. d.) zeigt, ursprünglich weiter verbreitet gewesen sein. Auf die dentale Wurzelerweiterung ie. **ned-* gehen *Nessel*, *nesteln* und *Netz* (s. d.) zurück. – N a h t f. 'Stofflinie, an der etw. zusammengenäht ist', ahd. *nāt* (11. Jh.), mhd. mnd. *nāt*, mnl. *naet*, nl. *naad*, *ti*-Abstraktum zum Verb. Vielfach übertragen auf Nahtähnliches, bereits mhd. 'Verbindungsstelle der (Schädel)knochen' (14. Jh.), 'Verbindung zusammengelöteter oder -geschweißter Metallteile' (18. Jh.), vgl. *Schweißnaht*. N ä h e r i n f. 'mit Nadel und Faden Nähende', frühnhd. *naegerinne*, *neierin* (15./16. Jh.); voraus geht das zu den alten Formen von *Naht* gebildete Nomen agentis ahd. *nātāri*, *nāteri* (11. Jh.), mhd. *nātære* 'Näher, Schneider', wozu mhd. *nātærinne*, *næterīn* f., nhd. (älter) *Nähterin*. N ä h m a - s c h i n e f. (Mitte 19. Jh.), Übersetzung von engl. *sewing-machine*.

nähren Vb. 'mit Nahrung versorgen, den Unterhalt ermöglichen, pflegen', ahd. *nerien*, *nerren* (8. Jh.), mhd. *nern*, *neren*, *nerigen*, *nergen*, *nerren* 'genesen machen, (er)retten, am Leben erhalten, ernähren', asächs. aengl. *nerian*, mnd. *nēren*, anord. *næra*, schwed. *nära*, got. *nasjan* 'retten' sind Kausativa (in der ursprünglichen, sehr umfassenden Bedeutung 'genesen machen', d. h. 'retten, davonkommen lassen, durch Nahrung, Pflege am Leben erhalten') zu dem unter *genesen* (s. d.) aufgeführten Verb. – e r n ä h r e n Vb. 'mit Nahrung versorgen, für jmds. Lebensunterhalt sorgen', ahd. *irnerien*, *irnerren* 'erretten' (11. Jh.), mhd. *ernern* 'gesund machen, heilen, erretten, am Leben erhalten, mit Nahrung versorgen'; E r n ä h r u n g f., E r - n ä h r e r m. (19. Jh.). N a h r u n g f. 'alles zur Ernährung Dienende, Lebensmittel', ahd. *narunga* (10. Jh.), mhd. *narunge* 'Lebensunterhalt', Ableitung von (im Nhd. untergegangenem) ahd. *nara* 'Erlösung' (8. Jh.), 'Nahrung, Unterhalt' (10. Jh.; vgl. *lībnara*, 9. Jh, asächs. *līfnara* 'Lebensunterhalt'), mhd. *nar* 'Heil, Rettung, Nahrung, Unterhalt' (germ. **nazō-*), wozu auch n a h r h a f t Adj. 'reich an Nährstoffen, gewinnbringend' (17. Jh.), älter *nahrhaftig* (15. Jh.) und *Nahrhaftigkeit* (16. Jh.). N a h r u n g s m i t t e l Plur. (17. Jh.).

naiv Adj. 'natürlich, kindlich, unbefangen, arglos, treuherzig', auch tadelnd 'einfältig', Entlehnung (Anfang 18. Jh.) von gleichbed. frz. *naïf* (daher zunächst in der Schreibung *naif*), afrz. *naif*, mfrz. *naïf* 'gebürtig, ursprünglich, natürlich, echt', das auf lat. *nātīvus* 'durch Geburt entstanden, angeboren, natürlich' beruht, einer Ableitung von *nātus* 'geboren, beschaffen, geeignet', dem Part.adj. von lat. *nāscī* 'geboren werden, entstehen'. In der Literaturkritik der 2. Hälfte des 18. Jhs. ist *naiv* bes. im Sinne von 'natürlich, ursprünglich, ungezwungen, ungekünstelt' gebräuchlich (bei Schiller im Gegensatz zu *sentimentalisch* 'bewußt, reflektierend', s. *sentimental*). – N a i v i t ä t f. (18. Jh., daneben anfangs die dt. Abstraktbildung *Naivheit*), frz. *naïveté*.

Name m. 'Benennung, Bezeichnung, Eigenname, Ansehen', ahd. *namo* (8. Jh.; Gen. *namen*), mhd. *nam(e)*, asächs. *namo*, mnd. mnl. *nāme*, nl. *naam*, aengl. *nama*, engl. *name*, (mit ursprünglich neutralem Genus) got. *namō*, germ. **naman-*, (und mit veränderter Stammbildung) anord. *nafn* (aus **namn-*), schwed. *namn*. Außergerm. vergleichbar sind aind. *nā́ma*, lat. *nōmen*, griech. *ónoma* (*ὄνομα*), aslaw. *imę*, russ. *ímja* (*имя*), air. *ainmm*. Als Ansatz läßt sich erschließen ie. **en(o)men-*, **nomen-* 'Name', das in den Einzelsprachen in unterschiedlichen Ablautformen vorliegt. S. auch *nennen*. – namhaft Adj. 'bekannt, berühmt, nennenswert', ahd. *namahaft* (8. Jh.), mhd. *namhaft*. namentlich Adj., heute Adv. 'besonders erwähnenswert, vornehmlich', eigentl. '(mit Namen) benannt' (vgl. noch *namentliche Abstimmung*, *namentlich nennen*); mit unorganischem *t* gebildet (15. Jh.) nach mhd. *name(n)lich*; daneben die umgelautete Form nämlich Adj., in *der nämliche* 'eben derselbe' (heute unüblich), mhd. *dirre nemelīche*; in älterer Sprache auch 'namentlich angegeben, ausdrücklich', vgl. *auff einem nähmlichen tag* (16. Jh.), ahd. *neminlīh* (10. Jh.), *namalīh* (um 1000), mhd. *name-*, *nemelich* 'namentlich benannt, bekannt, bedeutend'. Gebräuchlicher ist heute adverbieller Gebrauch im Sinne von 'genauer gesagt, das heißt', vgl. ahd. *namalīhho* 'dem Namen nach' (10. Jh.), mhd. *nam(en)-*, *nem(e)līche* 'mit namentlicher, ausdrücklicher Hervorhebung, vorzugsweise'. Namenstag m. 'Kalendertag des Heiligen, dessen Namen man trägt' (17. Jh.). Namensvetter m. 'wer den gleichen Namen trägt' (18. Jh.).

Napf m. 'Schale, Schüssel' (vorwiegend md. und nordd.), vielfach (zumal in alter Sprache und in den Mundarten) auch 'Trinkgefäß, -schale', ahd. *(h)naph* (8. Jh.), mhd. *napf*, *naph*, asächs. *hnapp*, mnd. mnl. nl. *nap*, aengl. *hnæpp* (vgl. deminutives amerik.-engl. *nappy* 'kleine Schüssel'), anord. *hnappr*. Herkunft unbekannt. DE VRIES Nl. 463 denkt daran, germ. **hnappa-* als Anlautvariante von germ. **knappa-* (wie in anord. *knappr* 'Knopf') aufzufassen (zu der nur erweitert darstellbaren Wurzel ie. **gen-* 'zusammendrücken, kneifen, zusammenknicken, Zusammengedrücktes, Geballtes' gehörig, s. *Knecht*, ²*kneipen*, *knicken*, *kneten*, *Knopf*, *Knoten*, *Knüttel*). – Napfkuchen m. (Mitte 18. Jh.), bes. nordd.

Naphta n., auch f. 'Erdöl', bes. Destillationsprodukt aus Roherdöl, 'Schwerbenzin', zuvor 'flüchtiges Erdöl, Äther', Übernahme (Ende 16. Jh.) von lat. *nap(h)tha* oder direkt von griech. *náphtha* (*νάφθα*) f. n. 'Erdöl' (woraus sich die Schwankung im Genus erklären könnte), aus pers. *naft* 'Erdöl'.

Narbe f. 'sichtbare Spur einer verheilten Wunde auf der Haut, Wundmal', ahd. *narwa* (Hs. 12. Jh.), mhd. *narwe*, mnd. *narwe*, *nāre* ist die feminine Substantivierung (im Sinne von 'Enge, Verengung der Wundränder, Zusammenziehung der Haut über der Wunde') eines Adjektivs westgerm. **narwa-*, das in asächs. *naru*, aengl. *nearu*, engl. *narrow*, nl. *naar* 'eng' (eigentl. 'zusammengeschnürt') belegt ist (s. auch *Nehrung*). Verwandt sind lit. *nérti* 'einfädeln, stricken, (ver)knoten, (ver)schlingen', *narȳs* 'Schlinge, Gelenk, Glied', russ. (landschaftlich) *nerët* (*нерёт*) 'eine Art Fischreuse' und wohl auch *Schnur* (s. d.). Erschließbar ist ie. **(s)ner-* 'drehen, winden (von Faden und Flechtwerk), zusammendrehen, zusammenschnüren', vielleicht eine Erweiterung der Wurzel ie. **(s)nē-* 'Fäden zusammendrehen, mit dem Faden hantieren, weben, spinnen, nähen' (s. *nähen*). Für das zunächst vorwiegend nordd. und md. *Narbe* verwenden Luthers obd. Zeitgenossen *Wunde* und *Malzeichen*. *Narbe* steht auch für die Unebenheiten auf der Haarseite eines gegerbten Fells (15. Jh.), vgl. nl. *nerf*, sowie für die mit Wurzelgeflecht durchsetzte Bodenoberfläche, vgl. *Grasnarbe* (18. Jh., doch in nd. Mundarten wohl älter). – narbig Adj. 'mit Narben bedeckt' (Mitte 18. Jh.), älter *narbicht* (17. Jh.). vernarben Vb. 'abheilen' (19. Jh.).

Narkose f. künstlich herbeigeführter schlafähnlicher Zustand mit Bewußtseinsaufhebung, 'Betäubung, Schmerzunempfindlichkeit', seit Mitte des 19. Jhs. mit eindeutschender Endung (s. *Thrombose*) bezeugt. Vorauf geht medizin.-lat. *Narcosis* (um 1700), eine gelehrte Übernahme von griech. *nárkōsis* (*νάρκωσις*) 'Erstarrung, Lähmung, Betäubung', gebildet zu griech. *narkū́n* (*ναρκοῦν*) 'lähmen, betäuben'. Ausgangspunkt der Wortgruppe ist griech. *nárkē* (*νάρκη*) 'Krampf, Lähmung, Erstarrung'. – narkotisch Adj. 'einschläfernd, betäubend' (16. Jh.), mlat. *narcoticus*, aus griech. *narkōtikós* (*ναρκωτικός*); vgl. das substantivierte medizin.-lat. *Narcotica* (Neutr. Plur.) 'schmerzstillende, betäubende Mittel' (Anfang 18. Jh.). n a r k o t i s i e r e n Vb. (19. Jh.). N a r k o t i s e u r m. (20. Jh.).

Narr m. 'Tor, einfältiger Mensch'. Die Herleitung von ahd. *narro* (8. Jh.), mhd. mnd. *narre*, nhd. (bis um 1800) *Narre* (nl. *nar*, dän. *nar*, schwed. *narr* sind aus dem Dt. entlehnt) ist unklar. Vielleicht ist ahd. *narro* eine Entlehnung aus spätlat. **nario* 'Nasenrümpfer, Spötter'? Oder gehört das Wort mit frühnhd. *narren*, *nerren* 'knurren' (15. Jh.) sowie *nörgeln*, (mit *s*-Anlaut) *schnarren*, *schnurren* (s. d.) zu der schallnachahmenden Wurzel ie. **(s)ner-*, **(s)nur-* 'murren, knurren'? Das Substantiv bezeichnet in früherer Zeit auch den Geisteskranken (vgl. *Narrenhaus*, 16. Jh.) sowie den 'Spaßmacher (bei Hofe), Possenreißer, Harlekin' (vgl. *Narrenkappe*, 15. Jh., *Hofnarr*, 16. Jh.). Hierzu die Wendung *an jmdm. einen Narren gefressen haben* 'närrische Vorliebe für jmdn. haben' (16. Jh.). – n a r r e n Vb. 'irreführen, täuschen' (16. Jh.); vgl. ahd. *irnarrēn* 'sich der Torheit überlassen' (10. Jh.), spätmhd. *ernarren* 'zum Narren werden, sich wie ein Narr benehmen'. v e r n a r r e n Vb. (refl.) 'sich für etw. beigeistern, sich heftig verlieben' (16. Jh.), mhd. *vernarren* 'ganz zum Narren, zum Toren werden'. n ä r r i s c h Adj. 'unvernünftig', mhd. *nerrisch*, auch 'verkehrt'. N a r r h e i t f. 'närrischer Streich, Einfalt, Dummheit' (16. Jh.); vgl. ahd. *narrraheit* 'törichtes Benehmen' (8. Jh.) und mhd. *narrecheit*. N a r r e t e i f. 'Scherz, Posse, übermütiges Treiben, Unsinn', *Narr(e)they* (Anfang 17. Jh.), hervorgegangen aus *Narrenteiding* 'Verhandlung der Narren, Narrengeschwätz, Torheit' (16. Jh.); zum Grundwort s. *verteidigen*.

Narzisse f. Name für ein stark duftendes Zwiebelgewächs mit ansehnlichen weißen oder gelben Blüten, entlehnt (16. Jh.) aus gleichbed. lat. *narcissus*, griech. *nárkissos* (νάρκισσος). Da die Pflanze einen betäubenden Duft verbreitet und eine beruhigende Wirkung haben soll, ist der Name möglicherweise an griech. *nárkē* (νάρκη) 'Krampf, Lähmung, Erstarrung' (s. *Narkose*) anzuschließen; dabei kann eine volksetymologische Umdeutung eines Fremdwortes unbekannter Herkunft nicht ausgeschlossen werden. – N a r z i ß m u s m. 'übertriebene Selbstliebe und Verlangen, stets bewundert zu werden', Bildung (Freud 1924, vgl. frz. *narcissisme*, 1917) zu *Narziß* 'eitler, sich selbst bewundernder Mensch', nach lat. *Narcissus*, griech. *Nárkissos* (Νάρκισσος), in der griech. Sage Name eines Jünglings, der sich in sein eigenes Spiegelbild verliebte, an dieser Liebe zugrunde ging und in eine Narzisse verwandelt wurde.

nasal Adj. 'durch die Nase gesprochen', dann auch 'die Nase betreffend', zuerst (um 1800) in *Nasallaut*, *Nasalbuchstabe* (neben *Nasenlaut*, *-buchstabe*), daraus N a s a l m. 'durch die Nase tönender Laut', aus nlat. *nāsālis*, einer gelehrten Bildung zu lat. *nāsus* (s. *Nase*). Vgl. älteres frz. *voyelle nasale* 'Nasalvokal' (18. Jh.). n a s a l i e r e n Vb. 'einen Laut nasal aussprechen, eine Lautfolge um einen Nasal erweitern' (19. Jh.).

naschen Vb. 'in kleinen Mengen Gutes heraussuchen und genießen, heimlich kleine Stückchen essen', ahd. *nascōn* 'schmarotzen' (11. Jh.), mhd. *naschen*, *neschen* 'Leckerbissen, verbotene Liebesfreuden genießen', mnd. *naschen* 'heimlich an sich bringen, betteln', schwed. (mundartlich) *naska*, dän. *naske* 'Leckerbissen genießen'. Vgl. nd. *gnaschen*, dän. *gnaske* 'knabbern', schwed. *snaska* 'naschen', ferner aengl. *hnesce*, got. *hnasqus* 'weich, zart'. Herkunft unklar. Vielleicht zu *nagen* (s. d.)? Eine Verbindung mit aind. *kiknasaḥ* 'Teile des zerriebenen Korns', griech. *knéōros* (κνέωρος) eine Nesselart, lett. *knosīties* 'mit dem Schnabel im Gefieder rupfen' und Anschluß an ie. **knēs-*, eine *s*-Erweiterung der Wurzel ie. **ken(ə)-* 'kratzen, schaben, reiben' (wozu [1]*Niete*, *Nut*, s. d.), ist unsicher. – v e r n a s c h e n Vb. 'naschend aufbrauchen' (16. Jh.); häufig *vernascht sein* 'naschhaft sein' (16. Jh.). n a s c h h a f t Adj. (17. Jh.). N a s c h w e r k n. (17. Jh.).

Nase f. im Gesicht befindliches, zum Atmen und Riechen dienendes Organ; beim Menschen als Gesichtsvorsprung ausgebildet, so daß die Bezeichnung von daher vielfach übertragen verwendet wird. Ahd. (8. Jh.), asächs. *nasa*, mhd. *nase*, mnd. mnl. *nāse*, aengl. *nasu*, anord. *nǫs* führen auf germ. **nasō*, mnl. *nese*, mnd. *nēse* auf Formen mit *j*-Suffix; daneben steht (ablautend) mnd. *nōse*, mnl. *nose*, *noyse*, nl. *neus*, aengl. *nosu*, engl. *nose* (germ. **nusa-*, wozu auch *Nüster*, s. d.) und (dehnstufig) aengl. *nōse* 'Vorgebirge', schwed. *nos* 'Nase, Maul, Schnauze'; Ableitungen mit *j*-Suffix von der Wurzelsilbe germ.

**nas-* sind auch mnd. *nēse* 'Vorgebirge' (in Ortsnamen), mnl. *nesse*, *nes* 'Landzunge', nl. *nes* 'außerhalb des Deiches gelegenes, durch Ausschwemmung geformtes Land', aengl. *næs(s)*, engl. *ness* 'Vorgebirge, Landzunge', anord. *nes* 'Landspitze'. Außergerm. vergleichen sich aind. *nas-* 'Nase', Dual (hinsichtlich der zwei Nasenlöcher) *nā̊sā*, lat. *nāris* (aus **nāsis*) 'Nüster, Nasenloch, Nase', *nāsum*, *nāsus* 'Nase', lit. *nósis*, aslaw. *nosъ*, russ. *nos* (*нос*) 'Nase', so daß sich ie. **nas-* bzw. der dehnstufige Nom. Sing. (des zunächst konsonantischen Stammes) ie. **nās* 'Nase', ursprünglich wohl 'Nasenloch', ansetzen läßt. – Nasenloch n., mhd. *nasenloch*. Nasenstüber m. 'Stoß an die Nase', mit omd. hyperkorrekter Schreibung für *Nasenstieber* (17. Jh.); wohl zu *stieben* 'umherwirbeln, sprühen' (s. d.), z. B. von der Wirkung der Schläge (*daß die Funken stieben*). naseweis Adj. 'in alles seine Nase steckend, sich einmischend, neugierig, vorwitzig, vorlaut' (um 1500), mhd. *nasewīse* 'mit feinem Geruchssinn begabt (von Mensch und Hund)', eigentl. 'kundig (s. *weise*) mit der Nase'. Auch substantiviert *Naseweis* m. (16. Jh.). Nashorn n. Übersetzung (Anfang 16. Jh.) von gleichbed. *Rhinozeros* (s. d.). näseln Vb. 'durch die Nase sprechen', ahd. *nesilōn* (Hs. 12. Jh.), frühnhd. *neselen*, *niselen*.

naß Adj. 'mit Flüssigkeit benetzt, vollgesogen, feucht', ahd. (um 800), mhd. *naʒ*, mnd. mnl. nl. *nat*, got. **nats* (aus der Ableitung *natjan* 'benetzen' zu erschließen, s. *netzen*), vgl. auch anord. *Nǫt* (Flußname). Falls nicht mit aind. *nadī́* 'Fluß', *nádati* 'tönt, brüllt, rauscht' zu verbinden, dann vielleicht (nach de Vries Nl. 464) aus einer nicht-ie. Substratsprache stammend. Dazu die Substantivierung Naß n. 'Flüssigkeit, Regen, Getränk', mhd. *naʒ*, und die Abstraktbildung Nässe f. 'starke Feuchtigkeit', ahd. *naʒʒī*, *neʒʒī* (9. Jh.), mhd. *neʒʒe*, mnd. *nette*. nassen Vb. 'Feuchtigkeit absondern, naß machen' (17. Jh.).

Nassauer m. 'wer sich auf Kosten anderer einen Genuß verschafft, von anderen freihalten läßt', zuvor (19. Jh.) Ausdruck der Berliner Dirnen- und Diebessprache für 'Mensch ohne Geld, Gast ohne Geld, nichtzahlender Bordellbesucher' (auch *nasser Junge*), eine Bildung zu rotw. *naß* 'ohne Geld' in scherzhafter Anlehnung an den Orts- und Landesnamen *Nassau*. Vgl. berlin. *for naß, per naß, uff de Nasse* 'umsonst'. Dazu nassauern Vb. 'auf Kosten anderer essen, trinken, leben' (Ende 19. Jh.).

Nation f. historisch entstandene Entwicklungsform der Gesellschaft, die sich bes. in der Gemeinsamkeit des Wirtschaftslebens, des Territoriums, der Sprache und Kultur zeigt, Entlehnung (um 1400) aus lat. *nātio* (Gen. *nātiōnis*) 'Volksstamm (mit gemeinschaftlicher Abstammung, Sprache und Sitte), Volk, Sippschaft, Menschenschlag, Gattung, Klasse, Schar', eigentl. 'das Geborenwerden, Geburt', dem Verbalabstraktum zu lat. *nāscī* (*nātus sum*) 'geboren werden, entstehen, wachsen'; zuerst vielfach noch in lat. Form und Flexion *nacio*, Plur. *naciones*, daneben eingedeutscht *nacion*, *nation* (15. Jh.). In den frühen Belegen steht das Wort, dem Lat. folgend, für 'Volk' und 'Stamm', bezeichnet dann 'alle in einem Land Geborenen' (16. Jh.) und schließlich (unter frz. Einfluß) 'die hinsichtlich Abstammung, Land, Sprache, Gesetzgebung, Regierung bestehende Gemeinschaft' (18. Jh.), auch im Sinne politischer Zusammengehörigkeit (vgl. *Menge ..., welche sich durch gemeinschaftliche Abstammung für vereinigt zu einem bürgerlichen Ganzen erkennt*, Kant). – national Adj. 'die Nation betreffend, ihr eigentümlich, vaterländisch', nach nlat. *nātiōnālis*; zuerst in dem Kompositum *Nationalversammlung* (in den Reichsabschieden der 1. Hälfte des 16. Jhs.), danach (substantiviert) *National* 'Reichstag einer ganzen Nation oder eines Königreichs' (2. Hälfte 16. Jh.). Unter Einfluß von gleichbed. frz. *national* wird das Adjektiv seit der 2. Hälfte des 18. Jhs. als Wort der Politik (zeitweise zusammen mit gleichbed. *nationell*, 19. Jh.) allgemein gebräuchlich und bildet als Bestimmungswort zahlreiche Komposita, z. B. *Nationalautor*, *-bühne*, *-charakter*, *-dichter*, *-ehre*, *-eigenschaft*, *-fehler*, *-geschichte*, *-literatur*, *-sprache*, *-theater* (2. Hälfte 18. Jh.), *Nationalbewußtsein*, *-staat* (2. Hälfte 19. Jh.), *Nationalkultur* (Anfang 20. Jh.). Nationalität f. 'nationale Zugehörigkeit', latinisierende Bildung (Ende 18. Jh.) zu *national*; auch 'nationale Minderheit' (1. Hälfte 20. Jh.). Nationalismus m. 'Überbewertung der eigenen Nation und damit verbundene Mißachtung anderer Nationen' (2. Hälfte 19. Jh.), zuvor 'nationales Denken' (Mitte 18. Jh.); dazu Nationalist m. (19. Jh.).

Natron n. kristallines Natriumsalz der Kohlensäure, 'doppeltkohlensaures Natrium'. Frühnhd. *anatron*, *anachtron*, *anathron* 'Natriumsulfat, Natriumverbindung' (16. Jh., Paracelsus), *Natrum* (*ægyptiacum*), auch *Anatrum* (18. Jh.), *Natron* (seit Klaproth, 1810) wird als Wort der Alchimie wie frz. *natron* aus arab. *(a)naṭrūn* entlehnt, das auf ägypt. *nṯr(j)* 'Natron' zurückgeht (s. *Salpeter*). Der arab. Artikel *a* wird anfangs als zum Lautkörper des Wortes gehörend betrachtet. Dazu als nlat. Bildung Natrium n. (19. Jh.).

Natter f. 'Schlange', ahd. *nāt(a)ra* (8. Jh.), mhd. *nāter(e)*, asächs. *nād(a)ra*, mnd. (selten) *nāder*, mnl. *nadre*, aengl. *nǣd(d)re* und (mit Abfall des anlautenden *n*-, das als Endung eines voraufgehenden Artikels empfunden wird) mnd. *adder*, mnl. *adder*, *adre*, nl. engl. *adder* (s. *Otter* f.) zeigen ursprünglich langen Vokal (mit nachfolgender Kürzung vor der *r*-haltigen Endsilbe). Neben diesen hochstufigen Formen (germ. **nēdra-* m., **nēdrō* f.) stehen ablautend (germ. **nadra-* m., **nadrō* f.) anord. *naðr* m., *naðra* f., got. *nadrs*. Außergerm. sind mit Gutturalsuffix vergleichbar lat. *natrix* und air. *nathir* (Gen. *nathrach*) 'Wasserschlange'. Als Ausgangsform läßt sich ansetzen ie. **nētr-*, **nətr-* 'Schlange', vielleicht im Sinne von 'die Sich-Windende' eine Bildung zur Wurzel ie. **(s)nē-* 'Fäden zusammendrehen, mit dem Faden hantieren, weben, spinnen' und wohl auch 'winden' (s. *nähen*), für das Germ. als *a*- bzw. *ō*-Stamm, also mit dem Suffix ie. *-tro-/-trā*.

Natur f. 'Gesamtheit des Gewachsenen, Gewordenen, Landschaft mit Tier- und Pflanzenwelt, Wesen, Anlage, Charakter', ahd. *natūra* (9. Jh.), mhd. *natūre* ist Entlehnung von lat. *nātūra*, eigentl. 'Geburt, Geborensein', einer Bildung zu lat. *nātus* 'geboren', Part. Perf. von lat. *nāscī* 'geboren werden, entstehen, wachsen'. Eine Nebenform mhd. *natiur(e)* zeigt Einfluß von afrz. *nature*. In allen wichtigen Verwendungen folgt *Natur* den im Lat. vorgeprägten Bedeutungen. – Naturforscher m. (17. Jh.), für älteres *Naturkündiger* (16. Jh.). Naturgeschichte f., auch *Naturhistorie* (18. Jh.), lat. *historia nātūrālis*. Naturkunde f. (17. Jh.). Naturwissenschaft f. (18. Jh.). naturwüchsig Adj. 'urwüchsig', seit der 1. Hälfte des 19. Jhs. im Sinne von 'frei organisch wachsend, sich naturnah entfaltend'. natürlich Adj. 'der Natur gemäß, angeboren, nicht künstlich, unverbildet, ungezwungen', adverbial im Sinne von 'selbstverständlich, freilich', ahd. *natūrlīh* (um 1000), mhd. *natūrlich*, *natiurlich*. Naturell n. 'Veranlagung, Gemütsart', im 17. Jh. entlehnt aus gleichbed. frz. *naturel*, Substantivierung des Adjektivs frz. *naturel* 'natürlich, der Natur entsprechend', das auf lat. *nātūrālis* 'durch Geburt, durch die Natur entstanden' zurückgeht. Naturalien Plur. 'Erzeugnisse der Natur, landwirtschaftliche Produkte' (17. Jh.), bes. 'Lebensmittel' (Ende 18. Jh.), entlehnt aus lat. *nātūrālia* (dem substantivierten Neutr. Plur. von *nātūrālis*, s. oben). Seit dem 18. Jh. auch im Sinne von 'Naturmerkwürdigkeiten, Schaustücke naturkundlicher Sammlungen', vgl. *Naturalienkabinett*, *-kammer*. Naturalismus m. weitestgehende Naturtreue anstrebende Kunstrichtung, in der bildenden Kunst, bes. der Malerei, seit etwa 1800; seit den 80er Jahren des 19. Jhs. (nach frz. *naturalisme*) auch Bezeichnung für eine literarische Schule unter Einfluß der frz. Literatur, vor allem Zolas. Naturalist m. 'Vertreter des Naturalismus' (19. Jh.), 'Künstler ohne schulgerechte Ausbildung' (18. Jh.), 'Naturkundiger, -forscher' (17. Jh.); weithin dem älteren Gebrauch von frz. *naturaliste* entsprechend. naturalisieren Vb. 'einbürgern, die Staatsbürgerschaft verleihen', Entlehnung des 17. Jhs. aus gleichbed. frz. *naturaliser*.

Nautik f. 'Lehre von der Führung eines Schiffes, Schiffahrtskunde', entlehnt (2. Hälfte 18. Jh.) aus griech. *nautikḗ (téchnē)* (ναυτικὴ τέχνη) 'Schiffahrtskunde'. Das Adj. griech. *nautikós* (ναυτικός) 'zum Schiffer, zur Schiffahrt gehörig', substantiviert 'Seewesen', ist von *naū́tēs* (ναύτης) 'Schiffer, Seemann' (woraus gleichbed. lat. *nauta*) und dieses von griech. *naū́s* (ναῦς) 'Schiff' abgeleitet. *Nautik* wird seit den 50er Jahren des 20. Jhs. in den Zusammensetzungen *Astronautik* und *Kosmonautik* (s. d.) wiederbelebt. – nautisch Adj. 'die Nautik, die Seefahrt betreffend' (um 1800), aus lat. *nauticus*, griech. *nautikós* (ναυτικός); Einfluß von engl. *nautical* bzw. mfrz. frz. *nautique* auf das Dt. (auch auf das oben genannte Subst.) ist möglich.

Navigation f. 'Kurs- und Standortbestimmung von Schiffen und Flugzeugen', auch (bis ins 19. Jh.) 'Schiffahrt', entlehnt (Ende 16. Jh.) aus lat. *nāvigātio* (Gen. *nāvigātiōnis*) 'Schiffahrt'. – N a v i g a t o r m. 'für die Navigation Zuständiger' (eines Schiffes, Flugzeugs), im 19. Jh. aus lat. *nāvigātor* 'Schiffer, Seemann'; daneben auch *Navigateur*, nach frz. *navigateur*. n a v i g i e r e n Vb. 'Kurs und Standort eines Schiffes bestimmen' (19. Jh.), lat. *nāvigāre* 'segeln, schiffen'. Das der ganzen Wortgruppe zugrundeliegende lat. Verb setzt ein (durch Parallelen in anderen ie. Sprachen gestütztes) **nāvagos* 'das Schiff treibend' voraus, vgl. lat. *nāvis* 'Schiff', verwandt mit gleichbed. griech. *nāũs* (ναῦς) (s. *Nautik*), und lat. *agere* 'treiben, handeln, führen'.

Nebel m. (durch Konzentration kleinster Wassertröpfchen hervorgerufene) 'Trübung, Unklarheit der Luft, Dunst', ahd. *nebul* (8. Jh.), mhd. *nebel*, asächs. *neƀal*, mnd. mnl. *nēvel*, nl. *nevel* 'Nebel' (germ. **neƀula-*) sowie aengl. *nifol* 'dunkel' und anord. *njōl(a)* (aus urnord. **niuwul*, germ. **neƀulō*) 'Nebel, Nacht', *nifl-* (in Zusammensetzungen wie *niflhel* 'Unterwelt', *niflvegr* 'dunkle Straße') sind verwandt mit griech. *nephélē* (νεφέλη) 'Wolke, Gewölk', lat. *nebula* 'Dunst, Nebel, Staubwolke'. Neben diesem *l*-Stamm steht ein *s*-Stamm in aind. *nábhaḥ* 'Dunst, Feuchtigkeit, Wolke, Nebel', hethit. *nepis* 'Himmel', griech. *néphos* (νέφος) 'Wolke, Gewölk', air. *nem* (aus **nebhes-*) 'Himmel', aslaw. *nebo*, russ. *nébo* (небо) 'Himmel', (mit sekundärem *d*-Anlaut) lit. *debesìs* 'Wolke'. Alle Formen werden zurückgeführt auf ie. **nebh-* 'feucht, Wasser', dann 'Dampf, Dunst, Nebel, Wolke'. – n e b e l h a f t Adj. 'wie Nebel, unklar' (Ende 17. Jh.). n e b (e) l i g Adj. 'voller Nebel, dunstig', ahd. *nebulīg* (um 1000), frühnhd. *nebelig* (15. Jh.). n e b u l ö s Adj. 'neblig, unklar, verschwommen' (19. Jh.), nach frz. *nébuleux* in dessen übertragener Verwendung (aus lat. *nebulōsus* 'neblig, dunkel'). b e n e b e l t Part.adj. 'in Nebel eingehüllt', übertragen 'benommen, betäubt' (17. Jh.); zu b e n e b e l n Vb. 'in Nebel einhüllen, verdunkeln, betäuben' (17. Jh.). v e r n e b e l n Vb. 'in Nebel einhüllen, durch Nebel unklar machen' (geläufig seit 17. Jh.); doch vgl. ahd. *firnibulen* 'verdunkeln' (8. Jh.) und (seltenes) n e b e l n Vb. 'Nebel erzeugen, neblig sein, in Nebel einhüllen', ahd. *nibulen* 'sich verfinstern, sich verdunkeln' (9. Jh.), mhd. *nibelen* 'neblig, dunkel machen', spätmhd. *nebelen* 'neblig, dunstig, trübe sein oder werden'.

neben Präp. 'in unmittelbarer Nähe, an der Seite von, dicht bei, außer', ahd. (um 1000), mhd. *neben* (mit sekundärem Dental *nebent*), mnd. *nēven* ist verkürzt aus der zunächst adverbiellen, dann in präpositionalen Gebrauch übergehenden Verbindung ahd. *in eban* 'neben(einander), in gleicher Ebene' (um 1000), mhd. *eneben*, die aus der unter *in* (s. d.) behandelten Präp. und dem unter *eben* (s. d.) dargestellten Adjektiv gebildet ist. Vgl. auch asächs. *an eƀan*, aengl. *on efen*, *efn*, *emn*, engl. (älter) *anent* 'neben'. Anfangs wird die Präp. mit Dativ gebraucht, dann, in Analogie zu anderen Präp. der Richtungsangabe (z. B. *in*, *an*, *auf*), auch mit Akk. (12. Jh., md.). – n e b e n b e i Adv. 'dicht dabei, zusätzlich, beiläufig', mhd. *eneben(e) bī*. n e b s t Präp. 'zugleich mit' (17. Jh., zuerst md. *nebest*), entstanden aus Weiterbildungen der Präp. *neben* (s. oben) mit adverbiellem *-s* wie in *nebens* (Ende 15. Jh., vgl. mnd. *nēvens*) und mit sekundärem, vornehmlich im Nordd. auftretendem Dental wie in *nebenst* (1. Hälfte 17. Jh., vgl. mnd. *nēvenst*). Durch *n*-Ausfall entsteht *nebst* (seit dem 18. Jh. allein gebräuchlich). N e b e n s a c h e f. 'Unwesentliches' (Schottel 1641), nach älterem *Hauptsache* gebildet; n e b e n s ä c h l i c h Adj. 'unwesentlich' (Ende 17. Jh.).

Necessaire n. 'kleinerer Behälter, Etui' (für Toilettensachen, Nähzeug), Übernahme (2. Hälfte 18. Jh.) von gleichbed. frz. *nécessaire*, eigentl. 'das Wesentliche, Unentbehrliche' (mfrz. 'das Lebensnotwendige'), einer Substantivierung des Adjektivs frz. *nécessaire*, afrz. *necessaire* 'notwendig, unentbehrlich', aus lat. *necessārius* 'notwendig, verwandt, befreundet', spätlat. 'passend, nützlich' (vgl. Plur. Neutr. *necessāria* 'das Notwendige, Lebensbedürfnisse'); zu lat. *ne* 'nicht' und *cēdere* (*cessum*) '(einher)gehen, vonstatten gehen, weichen'.

necken Vb. 'jmdn. zum Scherz reizen, zum besten halten', spätmhd. (md.) *necken*, *neggen* 'reizen, beunruhigen, quälen, plagen' (vgl. ahd. *binecken* 'necken, herausfordern', 11. Jh.) ist eine Intensivbildung zu dem unter *nagen* (s. d.) behandelten nord- und westgerm. Verb und bedeutet zunächst 'plagen, quälen'; vgl. schwed. *nagga* 'beißen, plagen'.

Vom Omd. ausgehend, bleibt *necken* bis ins 17. Jh. selten und dringt erst im 18. Jh. in der Literatursprache durch. Die Auffassung 'ernsthaft plagen, quälen' tritt im 19. Jh. gegenüber 'hänseln, foppen, harmlose Scherze mit jmdm. treiben' völlig zurück. – Neckerei f. 'gutmütige Stichelei, harmloser Scherz' (18. Jh.). neckisch Adj. 'lustig, schelmisch, mutwillig', mhd. (md.) *neckisch* 'boshaft, tückisch', seit dem 16. Jh. auch 'possenhaft, zum Necken aufgelegt'.

Neffe m. 'Sohn des Bruders oder der Schwester', ahd. *nevo* 'Sohn des Bruders oder der Schwester, Enkel, Nachkomme, Verwandter' (9. Jh.), mhd. *neve*, *nef*, (md.) *nebe* 'Neffe (meist der Schwestersohn), Mutterbruder, Oheim', überhaupt 'Verwandter, Vetter' (bes. in der Anrede), asächs. *neƀo*, mnd. *nēve* 'Neffe, Nichte, Kindeskind, Enkel', mnl. *nēve* 'Neffe, Enkel, Freund', nl. *neef* 'Neffe, Vetter', aengl. *nefa* 'Neffe, Enkel, Stiefsohn' (engl. *nephew* aus afrz. *nevou*, *nevo*, lat. *nepōs*, s. unten), anord. *nefi* 'Neffe, Verwandter' lassen sich über germ. **nefan-*, **nefō(d)* mit aind. *nápāt* 'Sprößling, Sohn, Enkel', lat. *nepōs* (Gen. *nepōtis*) 'Enkel, Urenkel, Neffe, Nachkomme', alit. *nepuotis* 'Enkel, Neffe' auf ie. **nepōt-* m. 'Enkel, Neffe' (neben ie. **neptī-* f., s. *Nichte*) zurückführen. Dieses ist vielleicht im Sinne von 'Unmündiger, Schutzloser, Unselbständiger' als Bildung zu ie. **potis* 'Herr, Gemahl' (s. *Despot*) mit der Verneinungspartikel ie. **ne* (s. *nein*) aufzufassen. Die alte Bedeutungsvielfalt im Germ. (bei Luther noch 'Enkel, Vetter, Schwestersohn') wird allmählich aufgegeben; gegen Ende des 18. Jhs. ist das Wort in seinem heutigen Sinn üblich.

Neger m. 'Mensch mit dunkler Hautfarbe', entlehnt (Ende 17. Jh., vorher *Negres*, *Negren* Plur., Anfang 17. Jh.) aus gleichbed. mfrz. frz. *nègre*, das seinerseits auf gleichbed. span. port. *negro*, einer abschätzigen Bezeichnung für die als Sklaven gehandelten Eingeborenen Afrikas, beruht; zu lat. *niger* 'schwarz'. Zuvor begegnet (Ende 16. Jh.) auch im Dt. *Negro* als direkte Entlehnung aus dem Span. oder Port., das neben *Mohr* und *schwarze Leute* tritt.

negieren Vb. 'verneinen, ablehnen, bestreiten', entlehnt (2. Hälfte 16. Jh.) aus gleichbed. lat. *negāre*. – Negation f. 'Verneinung, Ablehnung' (2. Hälfte 16. Jh.), lat. *negātio* (Gen. *negātiōnis*); in der Grammatik (wie schon spätlat. *negātio*) 'Verneinungswort' (um 1700). negativ Adj. 'verneinend, ablehnend, ungünstig, nachteilig, ergebnislos' (Mitte 18. Jh.), aus lat. *negātīvus* 'verneinend'; mehrfach in Fachsprachen (meist im Gegensatz zu *positiv*), z. B. 'kleiner als Null' (Mathematik), 'einen Überschuß an Elektronen gegenüber positiven Ladungsteilchen aufweisend' (Physik), 'vertauschte Helligkeitswerte bzw. Komplementärfarben aufweisend' (Photographie), wozu die Substantivierung Negativ n. 'Gegenbild, Kehrbild' (Ende 19. Jh.).

Negligé n. 'bequeme Morgenkleidung, leichter eleganter Morgenrock, Nachtgewand', auch (im 18./19. Jh.) die korrekte vornehme Herren- und Damenkleidung im Unterschied zum großen, festlichen Gesellschaftsanzug, Übernahme (18. Jh.) von frz. *négligé* 'unkonventionelle Kleidung, Hauskleid, Morgenrock', dem substantivierten Part. Perf. von mfrz. frz. *négliger* 'vernachlässigen', entlehnt aus gleichbed. lat. *negligere*, einer Nebenform zu *neglegere*; vgl. lat. *nec* 'nicht' und lat. *legere* 'auflesen, sammeln, auslesen, auswählen, (vor)lesen'.

nehmen Vb. 'mit den Händen ergreifen, fassen, wegnehmen, entziehen', ahd. *neman* (8. Jh.), mhd. *nemen*, asächs. *niman*, *neman*, mnd. mnl. *nēmen*, nl. *nemen*, aengl. *niman*, engl. (älter) *to nim*, anord. *nema*, got. *niman* sind vergleichbar mit griech. *némein* (*νέμειν*) 'aus-, ver-, ordnungsgemäß zuteilen, lenken, leiten, verwalten, sich aneignen, besitzen, bebauen, Weideland zuteilen, (ab)weiden, verzehren', lett. (mit sekundärer Palatalisierung des Anlauts) *ņemt*, awest. *nəmah-* 'Darlehen', air. *nem* 'Gift', lat. *numerus* 'Zahl, Anzahl', lit. *núoma*, *núomas*, lett. *noma* 'Miete, Pacht', so daß eine Wurzel ie. **nem-* 'zuteilen, nehmen' (von der Vorstellung der hingestreckten Hand), auch (von 'zuteilen' ausgehend) 'anordnen, rechnen, zählen' angesetzt werden kann. – benehmen Vb. 'wegnehmen, entziehen', ahd. *bineman* (8. Jh.), mhd. *benemen*; refl. 'sich verhalten, sich aufführen', anfangs 'sich besprechen, mit jmdm. verständigen' (18. Jh.). benommen Part.adj. 'schwindlig, betäubt' (19. Jh.), eigentl. 'weggenommen, behindert'; Benommenheit f. 'das Gefühl, keinen klaren Kopf zu haben, Betäubtheit' (Mitte

19. Jh.). unbenommen Part.adj. 'nicht verwehrt, unversagt', eigentl. 'unbehindert', meist in der Fügung *unbenommen sein*, mhd. *unbenomen sīn*. Benehmen n. 'das Verhalten nach Regeln von Sitte und Takt (im Umgang mit Menschen)' (1. Hälfte 18. Jh.). unternehmen Vb. 'beginnen, betreiben, machen' (16. Jh., geläufig seit 18. Jh.); vgl. ahd. *untarneman* 'unterbrechen, dazwischentreten' (10. Jh.), mhd. *undernemen* 'abschneiden, unterbrechen, verhindern, wegnehmen', refl. 'sich gegenseitig fassen, sich jmds. annehmen, etw. übernehmen, antreten'; Unternehmen n. 'was unternommen wird, Vorhaben, Absicht' (Anfang 17. Jh.), auch 'wirtschaftliche Unternehmung, Betrieb' (18. Jh.), dazu Unternehmer m. 'wer einen Gewerbe- oder Industriebetrieb besitzt (und leitet)' (18. Jh.), nach engl. *undertaker*, frz. *entrepreneur*; älter allgemein 'wer etw. in die Wege leitet' (Ende 17. Jh.). vernehmen Vb. 'geistig erfassen und aufnehmen, hören, verstehen', ahd. *firneman* 'verstehen, verbrauchen', auch 'zur Kenntnis nehmen, erkennen' (8. Jh.), mhd. *vernemen* 'fest-, gefangennehmen, (an)hören, erfahren, erfassen, begreifen'; als Ausdruck der Gerichtssprache 'jmdn. befragen und anhören, verhören' (18. Jh.); Vernehmung f. 'geistige Erfassung' (15. Jh.), 'gerichtliches Verhör' (Ende 17. Jh.); vernehmlich Adj. 'hörbar, laut, deutlich' (18. Jh.), älter 'mit einem der Sinne wahrnehmbar', auch 'verständig, klug' (15. Jh.). Nahme f. 'das Nehmen, das Gewonnene', ahd. *nāma* 'Beschlagnahme, Ergreifung' (um 800), mhd. *nāme* 'gewaltsames Nehmen, Raub, Beute', Verbalabstraktum zu *nehmen*; heute nur in Präfixbildungen wie *Abnahme* (17. Jh.), *Annahme* (15. Jh.), *Aufnahme* (15. Jh.), *Einnahme* (15. Jh.), *Entnahme* (18. Jh.), *Übernahme*, mhd. *übernāme*, *Zunahme* (Mitte 17. Jh.), die von den entsprechenden Präfixverben abgeleitet sind.

Nehrung f. 'schmaler, langgestreckter Landstreifen, der ein Haff, eine Lagune vom Meer trennt'. Neben mhd. frühnhd. *Nerge* (für die kurische Nehrung) steht mit dem vielfach geographische Namen bildenden Suffix germ. *-inga-*, *-unga-* (vgl. *Fläming*, *Elbing*) nhd. *Neerung* (16. Jh.), *Näring*, *Nehrung* (17. Jh.). Es handelt sich um Bildungen zu einem (unter *Narbe*, s. d., angeführten) westgerm. Adjektiv, das in asächs. *naru*, nl. *naar*, aengl. *nearu*, engl. *narrow* 'eng' bewahrt ist.

Neid m. 'Mißgunst', ahd. *nīd* (8. Jh.), mhd. *nīt* (Gen. *nīdes*) 'feindselige Stimmung, Kampfesgrimm, Groll, Eifer, Arg', asächs. *nīð*, mnd. *nīt*, auch 'Haß, Ingrimm', mnl. *nijt*, nl. *nijd*, aengl. *nīþ* 'Streit, Feindschaft, Angriff, Haß, Übel, Verdruß', anord. *nīð* 'Hohn, Beschimpfung, Schmach', got. *neiþ*. Vergleicht man kelt. Formen wie kymr. *nwyd* 'Leidenschaft' und air. *nīth* 'Kampf', so können ie. **neito-*, **nīto-* und ie. **nītu-* 'Leidenschaft' angesetzt werden. Wieweit diese Bildungen mit Dentalsuffix den semantisch sehr weit gefaßten Ansatz einer Wurzel ie. **nei-*, **nī̆-* 'lebhaft bewegt, erregt sein, glänzen' (zu der auch lat. *nitēre* 'glänzen, blinken' zu stellen ist) stützen bzw. ermöglichen, ist umstritten. – neiden Vb. 'mißgönnen', ahd. *nīdōn* 'neidisch sein, hassen' (8. Jh.), mhd. (meist mit sekundärer starker Flexion) *nīden*; dazu beneiden Vb. 'jmdm. gegenüber Neid empfinden, mißgünstig sein', mhd. *benīden*. neidisch Adj. 'mißgünstig, von Neid geleitet', mhd. *nīdesch*, *nīdisch*; daneben (bis ins 18. Jh.) gleichbed. neidig Adj., ahd. *nīdīg* (8. Jh.), mhd. *nīdic*, *nīdec* 'feindselig, eifersüchtig, mißgönnend'. Neidhammel m. 'neiderfüllter Mensch' (16. Jh.).

Neidnagel, auch Niednagel m. 'am Nagelrand eingerissene Haut, ins Fleisch eingewachsener Nagel, im Fleisch haftender Nagelsplitter' (17. Jh.), aus nd. *Nīdnagel* ins Hd. aufgenommenes Wort; vgl. auch nl. *nijnagel*, *nijdnagel*, (älter) *nijpnaghel*, *nijnnaghel*. Wahrscheinlich ist mit de Vries Nl. 472 auszugehen von nl. *nijpnaghel*, dessen erstes Glied zu mnl. *nīpen*, nl. *nijpen* 'kneifen, kneipen, klemmen, zwicken' gehört, so daß sich als Ausgangsbedeutung 'kneipender, drükkender, schmerzender Nagel' ansetzen läßt, vgl. auch nl. *dwangnagel* 'Nagel, der drückt'. Durch Anlehnung an mnl. *nieden* und *niten* 'schlagen' entsteht nl. *nijdnagel*, dessen erster Bestandteil volksetymologisch mit nl. *nijd* (s. *Neid*) verbunden wird, gestützt durch den Aberglauben, daß ein entzündeter, eingerissener Nagel durch den Neid eines anderen Menschen hervorgerufen werde (vgl. frz. *envie* 'Neid' und 'Neidnagel'). Nd. *Nydnagel* (1755 von Richey, Idioticon Hamburgense, als Zusammensetzung mit nd. *Nyd* 'Neid' aufgefaßt) ergibt im Hd. (17. Jh.) *Nied-* und (mit

Diphthongierung) *Neidnagel*, durch Zusammenfall mit [1]*Niete* (s. d.) auch *Nietnagel* (18. Jh.).

neigen Vb. 'beugen, schräg stellen, senken', refl. 'zu Ende gehen'. Das schwache Verb ahd. *(h)neigen* 'neigen, senken, biegen, abwenden, beugen, unterwerfen' (8. Jh.), mhd. *neigen*, asächs. *gihnēgian*, mnl. *neighen*, nl. *neigen*, aengl. *hnǣgan*, anord. *hneigja*, got. *hnaiwjan* 'erniedrigen' kann entweder als Kausativum zum starken Verb (im Dt. bis 15. Jh. belegt) ahd. *(h)nīgan* 'sich neigen (vor), sich niederbücken' (8. Jh.), mhd. *nīgen*, asächs. aengl. *hnīgan*, mnd. *nīgen*, mnl. *nīghen*, nl. *nijgen*, anord. *hnīga* 'sich neigen, sinken, fallen', schwed. *niga* 'knicksen', got. *hneiwan* 'sich neigen' oder als denominative *jan*-Ableitung zu dem in aengl. *hnāg*, *hnāh* 'gebeugt, demütig', got. *hnaiws* 'niedrig, demütig' vorliegenden Adjektiv angesehen werden. Außergerm. vergleichbar ist lediglich die Wortgruppe lat. *nītī* (*nīs(s)us*, *(g)nīxus sum*) 'sich stemmen, stützen, sich in der Schwebe halten, steigen, klettern', *nictāre* 'zwinkern', *cōnīvēre* 'die Augen zudrücken, blinzeln', so daß von ie. **kneig$^{\text{u̯}}$h-* 'neigen, sich biegen' ausgegangen werden kann. Dazu stellt sich mit Labialerweiterung ie. **kneib-*, wozu anord. *hnipinn* 'mißmutig, biegsam', *hnīpa* 'den Kopf hängen lassen, mißmutig sein' und wohl auch lit. *knìbti* 'zusammenknicken, zusammensinken', *kneĩbtis*, *kneĩptis* 'sich beugen, sich versenken, sich vertiefen'. – geneigt Part.adj. 'gewogen, zugetan', in der Fügung *geneigt sein*, mhd. *geneiget sīn*; abgeneigt Part.adj. 'nicht willens, frei von jeder Neigung, übel gesinnt' (17. Jh.). Neigung f. 'Zuneigung, freundschaftliche Gesinnung', mhd. *neigunge*; dann auch 'geneigte Haltung, Lage' (2. Häfte 16. Jh.). Abneigung f. 'ablehnende Haltung, Widerwille' (17. Jh.), vgl. mhd. *abeneigunge* 'Gefälle'. Neige f. 'letzter Inhalt eines Gefäßes' (Ende 15. Jh.), vor allem in der Wendung *bis zur Neige* 'völlig, restlos' und *zur Neige gehen* 'dem Ende zugehen' (Anfang 17. Jh.); vgl. mhd. *neige* 'Biegung, Senkung, Tiefe, Ende'. verneigen Vb. refl. 'sich verbeugen' (17. Jh.); vgl. mhd. *verneigen* 'herabbeugen, unterdrücken'; Verneigung f. 'Verbeugung' (Anfang 19. Jh.). zuneigen Vb. 'hinwenden, eine Vorliebe haben', refl. 'Sympathie empfinden, sich hingezogen fühlen', mhd. *zuoneigen* 'hinwenden'; Zuneigung f. 'das Hingewendetsein, Liebe' (15. Jh.).

nein Adv. eine verneinende, ablehnende Antwort auf eine Frage ausdrückend, ahd. (9. Jh.), mhd. *nein*, asächs. mnd. *nēn*, mnl. *neen*, *nein*, nl. *neen* setzt sich zusammen aus der Verneinungspartikel ahd. *ni* (8. Jh.), mhd. *ne*, asächs. *ni*, *ne*, mnd. *nē*, got. *ni* und der neutr. Form des unbestimmten Artikels (s. *ein* Num.), so daß von einer Bedeutung 'nicht eins' auszugehen ist. Der Verneinungspartikel (auch in *nicht*, *nie*, *niemand*, s. d.) entsprechen außergerm. aind. *ná* 'nicht', griech. *ne-* (*νε-*) in *nēl(e)ḗs* (*νηλ(ε)ής*) 'ohne Mitleid, erbarmungslos', lat. *ne-* in *nescīre* 'nicht wissen', air. *ne-* in *nech* 'irgend jemand', aslaw. aruss. *ne*, russ. *ne* (*не*). Verwandt sind lat. *nē* 'nicht, daß nicht', got. *nē* 'nein', lat. *nī*, alat. *nei* 'nicht, daß nicht, wenn nicht'. Auszugehen ist von ie. **ne*, **nē*, **nei* als Satznegation; einzelsprachlich allerdings ist bes. ie. **ne* oft zur Wortnegation geworden (dazu s. auch *un-*). Der Bildungsweise von *nein* vergleichen sich aengl. *nān*, engl. *none*, afries. *nān*, *nēn*, anord. *neinn* 'irgendein, kein' sowie lat. *nōn*, alat. *noenum* (aus **noinom*) 'nicht'. – verneinen Vb., ahd. *firneinen* (11. Jh.), mhd. *verneinen*; Verneinung f. (um 1700).

Nekrolog m. 'mit einem Lebenslauf verbundener Nachruf auf einen Verstorbenen' (19. Jh.), zuvor 'Totenverzeichnis mit Lebensdaten' bes. in Klöstern, Stiften (nur 18./19. Jh.; dafür heute *Nekrologium* n.), Übernahme von gleichbed. frz. *nécrologe*, entlehnt aus mlat. *necrologium* 'Totenverzeichnis', einer Bildung zu griech. *nekrós* (*νεκρός*) 'Leiche, Leichnam, Toter', adjektivisch 'tot, verstorben', vielleicht in Anlehnung an lat. *eulogium* 'Grabinschrift'.

Nektar m. in der griech. Sage Bezeichnung für den Unsterblichkeit und ewige Jugend verleihenden Göttertrank. Griech. *néktar* (*νέκταρ*) gelangt in der 1. Hälfte des 16. Jhs. (vielfach über lat. *nectar*) in die dt. Dichtersprache. In der Biologie wird der Ausdruck auf die zuckerhaltige Absonderung der Blüten, den *Blütenhonig*, übertragen (17. Jh.).

Nelke f. duftende Wild- und Zierblume. Ahd. *negellī(n)*, *nagelken* n. (Hs. 13. Jh.), mhd. *negel(l)īn*, *negelkīn* n., mnd. *nēgelke*, ein Deminutivum zu dem unter *Nagel* (s. d.)

behandelten Substantiv, bezeichnet die Gewürznelke, die getrockneten Blütenknospen des auf den Molukken und Philippinen heimischen Gewürznelkenbaumes, deren Form Ähnlichkeit mit kleinen Nägeln hat. Der Name wird auf die einen würzigen Duft ausströmende Gartennelke übertragen (15. Jh.). Aus pluralischen Bildungen wie mnd. *nēgelken*, md. *nelekin*, *nelchin* (15. Jh.) entwickelt sich durch Kontraktion und *n*-Abfall die als Singular aufgefaßte Form *Nelke* (Ende 16. Jh.) mit (analog zu anderen Blumennamen) fem. Genus.

nennen Vb. 'mit Namen anführen, einen Namen geben', ahd. *nemnen* (8. Jh.), mit Assimilation *nemmen* (um 800) und *nennen* (9. Jh.), mhd. *nemmen*, *nennen* 'einen Namen geben, mit Namen nennen, festsetzen, bestimmen', asächs. *nemnian*, mnd. *nennen*, aengl. *nemnan*, anord. *nefna*, schwed. *nämna*, got. *namnjan* ist eine Ableitung von dem unter *Name* (s. d.) behandelten Substantiv. Auf einer Ablautform westgerm. **nōm-* beruhen mhd. *benuomen* 'namhaft machen', mnd. *nōmen*, mnl. nl. *noemen* 'nennen'. – Nenner m. 'Zahl unter dem Bruchstrich', Übersetzung (Anfang 16. Jh.) von mlat. *denominator*; zuvor (Ende 15. Jh.) vereinzelt für lat. *nōminātīvus* (s. *Nominativ*).

neo- Bestimmungswort mit der Bedeutung 'neu, erneuert, jung'. Zugrunde liegt griech. *neo-* (*νεο-*), Kompositionsform von griech. *néos* (*νέος*) 'neu, jung, jugendlich' (verwandt mit *neu*, s. d.), vorwiegend Verbaladjektive bildend, vgl. griech. *neósporos* (*νεόσπορος*) 'neu, frisch gesät', zu *speírein* (*σπείρειν*) 'säen', *neopoíētos* (*νεοποίητος*) 'neu gemacht, erneuert', zu *poieín* (*ποιεῖν*) 'machen, tun', selten bei Substantiven, vgl. *neopolítēs* (*νεοπολίτης*) 'Neubürger'. Im Dt. zuerst *neologisch* '(sprachlich) neugebildet', *Neologismus* '(sprachwidrige) Neubildung' (Mitte 18. Jh.); danach vielfach in gelehrten Bildungen, vgl. *Neopädagogen* (Plur.) 'neue Erzieher' (Anfang 19. Jh.), *neolithisch*, *Neolithikum* 'Jungsteinzeit' (19. Jh.), *Neodarwinismus* (um 1900), *Neoimpressionist*, *Neoimpressionismus* (Anfang 20. Jh.).

Neon n. farb- und geruchloses Gas, das bes. für Leuchtröhren verwendet wird; eigentl. 'das Neue', indem (1898) der engl. Chemiker Ramsay substantiviertes griech. *néon* (*νέον*), die neutrale Form von griech. *néos* 'neu, jung' (s. *neo-*), als Bezeichnung für das von ihm entdeckte Element übernimmt.

Nepotismus m. 'Vetternwirtschaft, Begünstigung Verwandter bei der Besetzung öffentlicher Ämter'. Gleichbed. ital. *nepotismo* (auch *nipotismo*), zuerst für die ihre Verwandten begünstigende Ämterverteilung der Päpste des 15. und 16. Jhs., wird zu Anfang des 18. Jhs. ins Dt. übernommen und daneben gleichzeitig latinisierend zu *Nepotismus* umgestaltet (vgl. bereits im 17. Jh. entlehntes frz. *népotisme*, engl. *nepotism*). Es handelt sich um eine Ableitung von ital. *nipote*, älter auch *nepote* 'Enkel, Neffe, Nichte', hervorgegangen aus lat. *nepōs* (Gen. *nepōtis*) 'Enkel, Urenkel, Neffe, Nachkomme' (verwandt mit *Neffe*, s. d.).

neppen Vb. 'durch ungerechtfertigt hohen Preis übervorteilen, betrügen, begaunern' gelangt im 19. Jh. aus dem Rotw. in die allgemeine Umgangssprache. Die weitere Herkunft ist unsicher. Vielleicht sind rotw. *neppen* 'etw. betrügerisch verkaufen, koitieren', *Neppe* 'Hure', *Nepper* 'Betrüger, Gauner' an hebr. *nā'af* 'unkeusch sein, ehebrechen, betrügen', eigentl. 'unrechtmäßig vermischen', anzuschließen. – Nepp m., auch Nepperei f. 'Übervorteilung, Preisgaunerei' (19. Jh.). Nepplokal n. 'Gastwirtschaft, in der überhöhte Preise gefordert werden' (20. Jh.).

Nerv m. aus parallel verlaufenden Fasern bestehender, von Bindegewebe umhüllter Strang des Nervensystems, entlehnt (Anfang 16. Jh.) aus lat. *nervus* 'Sehne, Flechse, Muskel, Nerv, aus Tiersehnen, Därmen Verfertigtes (Saite, Bogensehne, Fußfessel), Kraft, Spannkraft', verwandt mit griech. *neũron* (*νεῦρον*) 'Sehne, Faser, Bogensehne, Schnur, Saite, Nerv' (s. *Neuro-*). Nach Auffassung der antiken Medizin sind Sehnen und Nerven identisch oder wesensverwandt und werden demzufolge mit derselben Bezeichnung benannt. Im 16. Jh. vollzieht die medizinische Fachsprache eine begriffliche Begrenzung des Wortes auf 'Nerv', die sich aber in der Allgemeinsprache erst im 19. Jh. durchsetzt. Im Dt. halten sich bis ins 18. Jh. die Bedeutungen 'Band, Sehne, Muskel' (wofür in älterer Sprache *Ader*), bis ins 19. Jh. 'Bogensehne, Saite'; daneben ist *Nerv* (seit Anfang 18. Jh.) 'Leiter von Empfindungen und Bewegungen, Sinnesleiter' (wohl unter Einfluß von engl. *nerve*) nach der Lehre des schott. Arztes R. Wytt (2. Hälfte 18. Jh.) und der sich entwickelnden Psychiatrie, in deren Gefolge Nervenkrankheiten zur Modeerscheinung werden. Übertragen (17. Jh.) 'innere Kraft, Wesen, Gehalt'; vgl. auch *auf die Nerven fallen* 'nervös machen' (2. Hälfte 17. Jh.). – nervig Adj. 'sehnig, muskulös, kraftvoll' (18. Jh.), *nervicht* (Anfang 18. Jh.). nervös Adj. 'die Nerven betreffend, an schwachen Nerven leidend, reizbar, erregt' (vgl. *nervoese und hypochondrische Krankheiten*, 1758), mit dieser Bedeutung unter Einfluß von engl. *nervous* älteren Gebrauch (1. Hälfte 18. Jh.) im Sinne von 'nervig, stark, kräftig', auch 'kraftvoll, nachdrücklich' (von Ausdruck und Rede), nach frz. *nerveux* (afrz. *nervos*) 'nervig, kräftig', zurückdrängend. Zuvor (Mitte 17. Jh.) gilt im Dt. *nervos* 'kräftig, kernig', (von der Rede) 'nachdrücklich', dann (Anfang 18. Jh.) 'mit Nerven versehen, aus Nerven bestehend', und (vereinzelt Ende 17. Jh.) *nervosisch* 'mit Nerven versehen', beide aus lat. *nervōsus* 'sehnig, muskulös, kraftvoll, kernig'. Nervosität f. 'Nervenschwäche, Empfindlichkeit, Reizbarkeit, krankhafter Zustand der Nerven' (1. Hälfte 19. Jh.), nach gleichbed. frz. *nervosité*, zuvor vereinzelt 'Kraft, Stärke' (Ende 18. Jh.), nach mfrz. frz. (älter) *nervosité* 'Stärke, (Widerstands)kraft, Sehnigkeit', dieses entlehnt aus lat. *nervōsitās* (Gen. *nervōsitātis*) 'Stärke einer Faser, Kraft'. entnerven Vb. 'entkräften, der Nervenkraft berauben, nervlich erschöpfen' tritt (Ende 17. Jh.) neben nur wenig älteres, in demselben Sinne gebrauchtes enervieren Vb. (2. Hälfte 17. Jh.), dies nach gleichbed. mfrz. *énerver*, afrz. *soi esnerver* 'sich verweichlichen' (entlehnt aus lat. *ēnervāre* 'die Nerven herausnehmen, der Nerven entledigen, schwächen, entkräften').

Nerz m. Name für bestimmte als gute Schwimmer und Taucher bekannte und wegen ihres Felles geschätzte Marderarten und ihr verarbeitetes Pelzwerk, frühnhd. *Nerz, Nörz, Nürz, Nurz* (15. Jh.) ist entlehnt aus gleichbed. asorb. **nor'c* (eigentl. 'Taucher'), vgl. obsorb. *nórc, nurc*, tschech. *norek*, poln. *norka, nurka*, russ. *nórka* (*норка*) 'Nerz' sowie tschech. *nořec* 'Taucher', *norek, nůrek* 'Tauch(er)gans', poln. *nurek*, (älter) *nór* 'Taucher'; sämtlich Bildungen zu slaw. **nora* 'Loch, Grube', **noriti* 'tauchen'. Im Nhd. hält sich *Nörz* neben *Nerz* bis ins 20. Jh.

Nessel f. Name für Vertreter der Pflanzenfamilie der Nesselgewächse (meist für verdeutlichendes *Brennessel*, s. unten), ahd. *neʒʒila* (10. Jh.), mhd. *neʒʒel*, asächs. *netila*, mnd. *nettele*, mnl. *nētele, nētel, netle*, nl. *netel*, aengl. *netele, netle, netel*, engl. *nettle*, schwed. (mundartlich) *nättla*, norw. *netla* sind Bildungen mit *l*-Suffix zu einem in ahd. *naʒʒa* 'Nessel' (9./10. Jh.), anord. *nata* 'Speer', schwed. (mundartlich) *natä*, norw. *nata* 'Nessel' belegten Substantiv, das als Bezeichnung für diese alte Gespinstpflanze im Sinne von 'Zusammengedrehtes, Gesponnenes' vielleicht mit griech. *adíkē* (*ἀδίκη*) 'Nessel' (wenn aus **n̥dikā*) und lit. *nõterė, notrė̃* 'Nessel', *nõtrynė* 'Brennessel' auf ie. **ned-* (s. *Netz, nesteln*) bzw. (für die lit. Formen) **net-* 'zusammendrehen, knüpfen' zurückgeführt werden kann, Dentalerweiterungen der unter *nähen* (s. d.) angegebenen Wurzel ie. **(s)nē-* 'Fäden zusammendrehen, mit dem Faden hantieren, weben, spinnen, nähen'. Vgl. *Taubnessel* (um 1500), *Brennessel* (16. Jh.). – Nesselgarn n. aus den Fasern von Nesselgewächsen hergestelltes Garn (16. Jh.). Nesseltuch n. aus Nesselgarn (heute meist aus ungebleichter Baumwolle) hergestelltes grobes Gewebe (17. Jh.), verkürzt Nessel m. (19. Jh.).

Nest n. 'Wohn- und Brutstätte (bes. der Vögel, Insekten), Bau, Höhle, Schlupfwinkel', auch 'Heim, Bett, abgelegenes Dorf', ahd. *nest* (8. Jh.), mhd. *nest, nist* 'Nest, Lager für Vögel oder Säugetiere', mnd. mnl. nl. aengl. engl. *nest* führen mit aind. *nīḍám* 'Ruheplatz, Lager, Vogelnest' sowie möglicherweise mit (volksetymologisch umgestalteten) lit. *lìzdas*, aslaw. *gnězdo*, russ. *gnezdó* (*гнездо*) 'Nest' auf neutrales ie. **nizdom* 'das Niedersetzen, Niedersitzen' bzw. 'Ort des Niedersitzens', während aind. *nīḍáḥ* 'Ruheplatz, Lager, Vogelnest', lat. *nīdus* 'Nest', mir. *net* maskulines ie. **nizdos* voraussetzen. Auszugehen ist (wie bei ähnlich gebildetem *Ast*, s. d.) von einem Kompositum ie. **nizdo-*, das sich aus in *nieder* (s. d.) enthaltenem ie. **ni-* 'nieder' und der Schwundstufe der Wurzel ie. **sed-* (s. *sitzen*) zusammensetzt. Erwogen wird auch eine Anknüpfung des ersten Kompositionsgliedes an ie.

eni 'in' (s. *in*) bzw. ablautendes **ni-* und Deutung als 'Ort des Einsitzens'. – n i s t e n Vb. 'ein Nest bauen, ein Nest bewohnen', ahd. (um 1000), mhd. *nisten*, mnd. *nesten*. N e s t h ä k c h e n n. 'zuletzt ausgebrütetes, im Nest hockendes Vögelchen, jüngstes Kind einer Ehe' (18. Jh.) für älteres *Nestheckel*, *Nestheckchen*, *Nesthöckchen*, *Nesthöckelchen* (17. Jh.), zu *hocken* (s. d.).

nesteln Vb. 'knüpfen, schlingen, ungeschickt, ungeduldig herumfingern', ahd. *nestilōn* 'mit einer Kopfbinde versehen' (9./10. Jh.), mhd. *nesteln* 'festbinden, schnüren', asächs. *nestilon*, mnd. nl. *nestelen* 'zuschnüren' ist eine denominale Bildung zu ahd. *nestila* 'Kopfbinde' (8. Jh.), mhd. *nestel* 'Bandschleife, Schnürriemen, Binde', nhd. (noch landschaftlich) *Nestel*, asächs. *nestila*, mnd. *nestel*, mnl. *nestel(e)*, nl. *nestel*, aengl. (schwundstufig) *nostle* 'Kopfbinde, Band', Deminutivformen neben altgutnisch *nast* 'Schnalle', anord. *nest* (aus germ. **nastjō*) 'Nadel, Spange', *nisti*, *nist* 'Heftnadel', ahd. (schwundstufig) *nusta* 'Schnalle, Schlinge' (9. Jh.). Die Substantive mit *st*-Suffix stehen neben verwandtem *Netz* und wohl auch *Nessel* (s. d.), so daß ie. **ned-* 'zusammendrehen, knüpfen', Dentalerweiterung der Wurzel ie. **(s)nē-* 'Fäden zusammendrehen, mit dem Faden hantieren, weben, spinnen, nähen' (s. *nähen*) zugrunde liegt.

Nestor m. 'ältester und hervorragender Vertreter einer Gemeinschaft, eines Fachgebietes, alter, weiser Berater' (19. Jh.), eigentl. Name des griech. Königs von Pylos *Néstōr* (*Νέστωρ*), in der Sage (Ilias) ältester der griech. Helden vor Troja, ein auf Grund langer, reicher Lebenserfahrung weiser Ratgeber.

nett Adj. 'freundlich, liebenswert, hübsch'. Afrz. (frz.) *net* 'rein, sauber, lauter, rechtschaffen, höflich', aus lat. *nitidus* 'glänzend, hell, ungetrübt, sauber' (zu lat. *nitēre* 'glänzen, blinken, strahlen'), wird Ende des 14. Jhs. in die Kaufmannssprache Flanderns übernommen und im Sinne von 'rein, nach den notwendigen Abzügen (von Geld und Gewicht) verbleibend' verwendet. Von da gelangt der Ausdruck ins Westmd. (altköln. *net*, Mitte 15. Jh.) und ins Nd. (mnd. *net* 'genau, völlig, gänzlich' bei Angabe von Geldsummen, nd. *net* 'die reine Ware ohne Verpakkung betreffend', 18. Jh.), vermag sich aber nicht gegen *netto* (s. d.) durchzusetzen. In der 2. Hälfte des 15. Jhs. wird *net(t)* am Niederrhein, danach auch im Hd. (Anfang 16. Jh.) mit der Bedeutung 'sauber glänzend' (zuerst von Metall), später auch (17. Jh.) von Gestalt und Wesen des Menschen 'hübsch anzusehen, liebenswürdig, reizend' üblich. – N e t t i g k e i t f. (17. Jh.).

netto Adv. 'rein, ohne Verpackung, nach Abzug der Unkosten', Übernahme (*neto* Ende 15. Jh., *netto* Mitte 16. Jh.) als Wort der Kaufmannssprache aus gleichbed. ital. *netto*, eigentl. 'rein, sauber', das auf lat. *nitidus* (s. *nett*) beruht. – N e t t o g e w i c h t n. (19. Jh.), ital. *peso netto*.

Netz n. 'geknüpftes Maschenwerk, Gespinst der Spinne, Gesamtheit vieler sich kreuzender und voneinander abzweigender Verbindungen', ahd. *nezzi* (um 800), mhd. *netze*, asächs. *net(ti)*, mnd. *nette*, mnl. *net(te)*, nl. *net*, aengl. *net(t)*, engl. *net*, anord. *net*, schwed. *nät*, got. *nati* führen als *ja*-Stämme (germ. **natja-*) mit dehnstufigem anord. *nōt* 'Netz' (woraus finn. *nuotta* 'Netz') sowie mit *nesteln* (s. d.), vermutlich auch *Nessel* (s. d.), und mit lat. *nassa* 'Fischreuse, aus Binsen geflochtener Korb mit engem Hals', (dehnstufig) *nōdus* 'Knoten, Wulst, Schlinge, Band', air. *nascim* 'binde, verpflichte', *naidm* 'das Binden, Vertrag' auf ie. **ned-* 'zusammendrehen, knüpfen', eine Dentalerweiterung der unter *nähen* (s. d.) angeführten Wurzel ie. **(s)nē-* 'Fäden zusammendrehen, mit dem Faden hantieren, weben, spinnen, nähen'. – N e t z h a u t f. (18. Jh.), zuvor *netzförmige Haut des Auges* (1716), *Netzhäutlein* (1748), Übersetzung von mlat. *retina*, einer Bildung der medizin.-lat. Wissenschaftssprache zu lat. *rēte* '(Fisch-, Jagd)netz'; vgl. afrz. *retine*, frz. *rétine*.

netzen Vb. 'befeuchten, naß machen', ahd. *nezzen* (9. Jh.), mhd. *netzen*, mnd. mnl. nl. *netten*, got. *natjan* ist Faktitivum zu dem unter *naß* (s. d.) behandelten Adjektiv. – b e n e t z e n Vb. 'leicht befeuchten, anfeuchten', ahd. *binezzen* (11. Jh.), mhd. *benetzen*.

neu Adj. 'aus jüngster Zeit stammend, anders als früher, als bisher, noch nicht benutzt, nicht abgenutzt', ahd. *niuwi* (8. Jh.), mhd. *niuwe*, *niwe*, *niu* 'neu, frisch, sich erneuernd, veränderlich, unbeständig, wankelmütig, nie veraltend', asächs. *niuwi*, *nīgi*, mnd. *nīe*, *nige*, *nigge*, mnl. *nieuwe*, *nūwe*, *nīe*, nl. *nieuw*, aengl. *nīwe*, *nīowe*, *nēowe*, engl. *new*, anord. *nȳr*, schwed. *ny*, got. *niujis* (germ. **newja-*) sowie aind. *návyah̩* 'neu, jung', air. *nūë*, lit. *naũjas* 'neu' führen als *i̯o*-Bildungen auf ie. **neu̯i̯os*, während aind. *návah̩* 'neu, frisch, jung', griech. *néos* (*νέος*) 'neu, jung', lat. *novus*, aslaw. *novъ*, russ. *nóvyj* (*новый*) 'neu' ie. **neu̯os* 'neu' voraussetzen. – n e u e r n Vb. 'neu machen, erneuern', mhd. *niuwern*; vgl. ahd. *giniuwōn* (8. Jh.), *niuwōn* (9. Jh.); N e u e r u n g f., mhd. *niuwerunge*; N e u e r e r m. 'wer etw. neu macht, etw. Neues einführt' (18. Jh.). n e u e r l i c h Adj. 'erneut, aufs neue, wiederholt' (17. Jh.). e r n e u e r n Vb. 'neu machen, verbessern, auffrischen', mhd. *erniuwern*; vgl. ahd. *irniuwōn* (um 1000). n e u l i c h Adv. 'vor nicht langer Zeit, kürzlich', ahd. *niuwilīhho* (9. Jh.), mhd. *niuwelīche*; adjektivischer Gebrauch seit 16. Jh. N e u l i n g m. 'Anfänger, zuletzt Hinzugekommener', frühnhd. *nuling*, *newling* (15. Jh.). N e u h e i t f. 'was erst seit kurzem besteht, das Neusein', mhd. (md.) *nūweheit*. N e u i g k e i t f. 'neue Nachricht', mhd. *niuwecheit*, (md.) *nūwekeit* 'Neuheit, Neuerung'. n e u e r d i n g s Adv. 'in jüngster Zeit, jetzt', auch 'von neuem, aufs neue' (18. Jh.), nach dem Vorbild von *allerdings* gebildet mit adverbialem *-s* (s. auch *schlechterdings*). N e u j a h r n. 'erster Tag eines beginnenden Kalenderjahres' (17. Jh.), zuvor 'Geschenk zum Jahresanfang' (16. Jh.).

neun Num., ahd. (um 800), mhd. *niun*, anord. *nīu*, schwed. *nio*, got. *niun*, mit *g* aus *w* vor *u* asächs. *nigun*, mnd. *nēgen*, mnl. *nēghen*, nl. *negen*, aengl. *nigon*, engl. *nine* vergleichen sich mit aind. *náva*, lat. *novem* (mit *m* nach *septem* 'sieben' und *decem* 'zehn'), air. *nōi n-* und lit. *devynì*, aslaw. *devętь* (*ti*-Abstraktum, eigentl. 'Neunheit'), russ. *dévjat'* (*девять*), letztere mit dissimilativem *d* gegen *n*, gefördert durch *d* in lit. *dešimtìs*, aslaw. *desętь*, russ. *désjat'* (*десять*) 'zehn'. Daraus ergibt sich ie. **neu̯n̥* 'neun', während griech. *ena-* (*ἐνα-* aus **ἐνϝα-*) 'neun' in Zusammensetzungen und Ableitungen wie *énatos* 'neunter' (s. unten) eine vokalisch anlautende Variante ie. **enu̯n̥* voraussetzt. Möglicherweise besteht Beziehung zu *neu* (s. d.) im Sinne von 'neue Zahl der dritten Vierergruppe' (s. als 'zweimal vier' interpretiertes *acht*). – n e u n t e r Num. Ord., ahd. *niunto* (8. Jh.), mhd. *niunde*, asächs. *nigundo*, mnd. *nēgende*, *nēgede*, got. *niunda*, griech. *énatos* (*ἔνατος*), apreuß. *newīnts*, lit. *deviñtas*, aslaw. *devętъ*, russ. *devjátyj* (*девятый*) sind Bildungen mit ie. *to*-Suffix, während lat. *nōnus* (aus **nou̯enos*), aind. *navamáh̩*, air. *nōmad* ein *no-* bzw. *mo*-Suffix aufweisen. n e u n z e h n Num., ahd. *niunzehan* (um 1000), mhd. *niunzehen*. n e u n z i g Num., ahd. *niunzug* (9. Jh.), mhd. *niunzec*, *niunzic* (s. *-zig*). N e u n a u g e n. in Gestalt und Lebensweise fischähnliches Wirbeltier, dessen Augen, Nasenlöcher und je sieben Kiemenlöcher auf jeder Seite als neun Augen gezählt werden, ahd. *niunouga* (9./10. Jh.), mhd. *niunouge*, mnd. *nēgenōge*, nl. *negenoog*.

Neuralgie f. 'in Anfällen auftretende Nervenschmerzen', gelehrte Bildung (19. Jh.) zu griech. *neũron* (*νεῦρον*) (s. *Neuro-*) mit dem auf griech. *-algía* (*-αλγία*, s. *Nostalgie*) beruhenden, in der medizinischen lat. Wissenschaftssprache (im Sinne von 'Schmerz, Leiden') als Teil von Krankheitsbezeichnungen gebräuchlichen *-algia*, dt. *-algie*. – n e u r a l g i s c h Adj. 'auf Neuralgie beruhend' (19. Jh.), danach übertragen '(für Störungen) bes. kritisch, empfindlich, gefährlich, Spannungen verursachend', vgl. *neuralgischer Punkt*.

Neuro-, vor Vokalen **Neur-** 'das Nervensystem, Nervengewebe betreffend, von den Nerven herrührend', Bestimmungswort gelehrter Bildungen in Naturwissenschaft und Medizin (s. *Neuralgie*, *Neurose*, vgl. ferner *Neurasthenie*, *Neurochirurgie*, *Neurologe*, *neurogen*, *neurotrop*); zu griech. *neũron* (*νεῦρον*) 'Sehne, Nerv, Schnur, Saite, Spannkraft', verwandt mit lat. *nervus* (s. *Nerv*).

Neurose f. 'Nervenerkrankung, Nervenschwäche' (19. Jh., vgl. frz. *névrose*, 18. Jh.), danach präzisiert (Freud, Ende 19. Jh.) für funktionelle, mit psychischen Konfliktsituationen verbundene Störungen psychischer Prozesse als Folge abnormer Verarbeitung von Erlebnissen, gelehrte Bildung (zunächst medizin.-lat. *Neurosis*, Anfang 19. Jh.) zu griech. *neũron* (*νεῦρον*) (s. *Neuro-*) mit dem aus dem Griech. stammenden Suffix *-osis*, *-ose* zur Bezeichnung pathologischer Vorgänge und Zustände (s. *Thrombose*), in manchen Fällen für nicht differenzierendes *Nervosität* (s. d.) eintretend. – N e u r o t i k e r m., n e u r o t i s c h Adj. (Ende 19. Jh.).

neutral Adj. 'unbeteiligt, unparteiisch, als

Staat sich nicht an Kriegen oder an militärischen Bündnissen beteiligend'. Mlat. *neutralis*, Fortsetzung von (nur als grammatischer Terminus bezeugtem) spätlat. *neutrālis* (s. unten) wird (Mitte 16. Jh.) in die Sprache der Politik entlehnt, später (Ende 18. Jh.) in der Bedeutung 'weder sauer noch basisch reagierend' in die der Naturwissenschaften; heute auch 'zu allem passend'. Als Fachwort der Grammatik wird *neutral* 'sächlichen Geschlechts' im 19. Jh. geläufig, nach spätlat. *neutrālis* 'sächlich', zu lat. *neuter* (s. *Neutrum*); verdeutscht durch *keingeschlechtig* (17. Jh.). – Neutralität f. 'Nichteinmischung, Nichtbeteiligung an Kriegen, militärischen Bündnissen, unparteiisches Verhalten', entlehnt (Mitte 15. Jh.) aus mlat. *neutralitas* (Gen. *neutralitatis*) 'Zustand des Nichtgebundenseins an eine von mehreren Seiten oder Parteien'; in seiner Verbreitung durch frz. *neutralité* (14. Jh.) gefördert. neutralisieren Vb. 'neutral, unwirksam machen' (Ende 18. Jh.), in der Chemie 'saure Reaktion durch Basen und basische Reaktion durch Säuren aufheben' (um 1800); vgl. frz. *neutraliser*. Dazu Neutralisation f. (um 1800).

Neutron n. Elementarteilchen ohne elektrische Ladung als Baustein des Atomkerns, so benannt von seinem Entdecker, dem engl. Physiker Chadwick (1932); zuvor galt *Neutron* für eine enge Verbindung zwischen einem Proton und einem Elektron. Bildung zu lat. *neutrum* 'keines von beiden' (s. *Neutrum*) in Analogie zu *Elektron* (s. d.).

Neutrum n. 'sächliches Geschlecht, Nomen mit sächlichem Geschlecht', Übernahme (Mitte 18. Jh.) des gleichbed. grammatischen Terminus lat. *(genus) neutrum*, der sächlichen Form von lat. *neuter* 'keiner von beiden' (aus lat. *ne-* 'nicht' und lat. *uter* 'einer von beiden'), also 'weder männlich noch weiblich'. Im Dt. auf unterschiedliche Weise übersetzt, z. B. *daz dweder* (14./15. Jh.; zu mhd. *deweder* Indef.pron. 'irgendeiner von beiden, keiner von beiden'), *das weder geschlecht*, *keinerley geschlechts* (Ende 15. Jh.), *das unbenannte Geschlechte* (17. Jh.), *sächliches Geschlecht* (18. Jh.).

nicht Adv. der Verneinung. Ahd. *niowiht* (8. Jh.), mhd. *niwiht*, *niweht*, *niht*, asächs. *nio-*, *neo-*, *niewiht*, mnd. *nicht*, *niet*, mnl. nl. *niet*, aengl. *nōwiht*, engl. *nought* sowie got. *ni waíht* 'nichts' ist zusammengesetzt aus der unter *nein* (s. d.) angeführten Verneinungspartikel (ahd. *ni*), dem unter *je* (s. d.) dargestellten Wort (ahd. *io*) und dem unter *Wicht* (s. d.) behandelten Substantiv (ahd. *wiht* 'Wesen, Ding', als substantivisches Pronomen 'etwas'). Als Ausgangsbedeutung ergibt sich daher etwa 'nicht irgendein Ding'. Ahd. *niowiht* und mhd. *niwiht*, *niht* wird als Pronominalsubstantiv verwendet (vgl. mhd. *diu trügevreude ist ein niht*) und kann als Verstärkung zur Negationspartikel hinzutreten, vgl. mhd. *ich enweiȝ (es) niht*. Seit dem 12. Jh. schwindet die dem Verb vorangestellte Partikel, so daß *niht* allein die negierende Funktion übernimmt, vgl. mhd. *ich weiȝ (es) niht*. Reste substantivischen Gebrauchs sind erhalten in *mitnichten*, mhd. *mit nihten* (aus *mit nihte niht*), und *zunichte (machen)*, mhd. *ze nihte* (aus *ze nihte niht*); s. auch unten *nichts*. – nichtig Adj. 'ungültig, unwichtig, unwesentlich, wertlos' (15. Jh.); *für nichtig achten* (16. Jh.), *erklären* (18. Jh.). Nichtigkeit f. 'Ungültigkeit, Bedeutungslosigkeit, Wertloses', mhd. *nihtecheit*, *nihtekeit* 'Nichts'. nichts Indef.pron., mhd. *nihtes* (aus *nihtes niht* 'nichts von nichts'), erstarrter Genitiv des ehemaligen Substantivs *niht* n. (s. oben), bis ins 18. Jh. in der Form *nichtes*. Erneut substantiviert (und mit dem bestimmten, seltener unbestimmten Artikel gebraucht) *Nichts* n. (16. Jh.). Auf einer alten genitivischen Fügung beruhen auch nichtsdestoweniger Konj. 'dennoch, trotzdem' (Ende 15. Jh.) und nichtswürdig Adj. 'niederträchtig, ehrlos' (17. Jh.).

Nichte f. 'Tochter des Bruders oder der Schwester' stammt aus dem Nd., dringt im 16. Jh., verstärkt im 17. Jh. in die Literatursprache ein und verdrängt dort (endgültig im 18. Jh.) hd. *Niftel*. Mnd. *nichte(ke)*, mnl. *nicht(e)*, nl. *nicht* 'Nichte, Enkelin, weibliche Blutsverwandte' entspricht (mit nd. nl. *cht* für hd. *ft*, s. *sacht*, *Schacht*, *Schlucht*) ahd. *nift* (9. Jh.), *nifta* (um 900), mit Deminutivsuffix *niftila* (10. Jh.) 'Nichte, Enkelin, Verwandte', mhd. *niftel(e)* 'Nichte, Mutterschwester, Verwandte', aengl. *nift* 'Nichte, Enkelin', anord. *nipt* 'nahe Verwandte, Schwester, Schwestertochter'. Germ. **nefti-* ist das Femininum zu dem unter *Neffe* (s. d.) behandelten Substantiv und führt mit aind. *naptī́ḥ* 'Tochter, Enkelin', lat. *neptis* 'Enkelin', spätlat. 'Nichte', air.

necht, lit. (älter) *neptẽ* 'Enkelin, Nichte' auf ie. **neptī-* 'Enkelin, Nichte' (neben ie. **nepōt-*, s. *Neffe*), das einzelsprachlich allerdings meist in die Deklination der Stämme mit kurzvokalischem *i* überführt wird; hierher auch die Weiterbildung aruss. *netii* (aus **ne(p)tijo-*) 'Neffe'.

Nickel n. (m.) silbrig glänzendes Metall. Die Bezeichnung geht auf das aus *Nikolaus* entstandene Neck- und Scheltwort *Nickel* zurück, das in die Zusammensetzung *Kupfernikkel* (omd. 1725) für ein kupferrotes (aber kein Kupfer enthaltendes) Erz (Rotnickelkies) eingegangen ist. Bergleute des Erzgebirges haben, ähnlich wie bei *Wolfram* (s. d.), das vermeintlich unbrauchbare Erz mit einem Scheltwort belegt (s. auch *Kobalt*). Der schwed. Mineraloge Cronstedt entdeckt darin 1751 das Metall und nennt es 1754 in einer deutschsprachigen Schrift (*Kupfernickel* kürzend) *Nickel*. Herleitung aus *Nickel* 'Kobold, kleiner Mensch' wird gestützt durch das Genus, das von Adelung (1777), Campe (1809) und weiter im 19. Jh. als Mask. angegeben wird. Das Neutrum setzt sich in Analogie zu anderen Metallbezeichnungen oder nach nlat. *niccolum* Ende des 19. Jhs. durch. Das Scheltwort *Nickel* m. 'Taugenichts, mutwilliger, eigensinniger Mensch', das seit dem 16. Jh. (auch in der Gegenüberstellung *die großen Hansen und kleinen Nickel*) begegnet, lebt umgangssprachlich bis in die Gegenwart fort.

^{1}**nicken** Vb. '(den Kopf) auf und ab bewegen, niederbeugen' (zum Zeichen des Grußes oder der Bestätigung), ahd. *(h)nicken* (9. Jh.), mhd. mnd. mnl. *nicken*, nl. *nikken*. Das nur im Kontinentalwestgerm. bezeugte schwache Verb (dän. *nikke*, schwed. *nicka* sind aus dem Mnd. entlehnt) ist ein Kausativum mit Intensivgemination zu dem unter *neigen* (s. d.) dargestellten Verb, also eigentl. 'niedersinken machen, zur Verneigung bringen' (zum Zeichen der Unterwerfung). In früher Zeit in breiter (vielfach übertragener) Verwendung, ausgehend von (trans.) 'jmdn. niederbeugen, -drücken', (intrans.) 'sich niederbeugen, niedersinken', z. B. ahd. mhd. '(nieder)beugen, niederdrücken, abweichen' sowie '(durch Körper- bzw. Kopfbewegung) sich (hin)neigen, zustimmen, zuerkennen'; vgl. auch ahd. *bi(h)nicken* 'erdrücken, übertölpeln, überwältigen, verbergen', mhd. *benicken* '(sich) beugen, niederdrücken', ahd. *gi(h)nicken* 'jmdn. etw. antun, hart bedrükken, überwältigen', mhd. *genicken* '(sich) neigen, sinken, demütigen', ahd. *fir(h)nicken* 'vernichten, zerstören, vereiteln', mhd. *vernicken* 'herabbeugen, unterdrücken, demütigen', ahd. *int(h)nicken* 'sich niederlassen, niederkauern, senken', ahd. *nidar(h)nicken* 'zusammenziehen, niederdrücken, übertölpen'. Im Frühnhd. schwächt sich diese Bedeutungsvielfalt ab, im Nhd. nur noch meist intrans. *(mit dem Kopf, mit den Augen) nicken*, seltener trans. *(den Kopf, Dank, Zustimmung) nicken*. – Vom heutigen Standpunkt aus ist hierherzustellen seit dem Mhd. bezeugtes ^{2}n i c k e n Vb. 'leicht und kurz schlafen', das, obwohl auf anderer Grundlage beruhend, mit dem oben genannten Verb lautlich und im Sinne von 'im Sitzen (ein)schlafen, wobei der Kopf nach vorn sinkt' auch semantisch zusammengefallen ist; vgl. mhd. *entnicken* 'einschlafen, entschlummern'. Auszugehen ist von mhd. *nücken* bzw. (md.) *nucken* 'den Kopf bewegen, (vom Pferd) stutzen, mit sinkendem Kopf einschlafen', mnd. *nucken* 'drohend oder trotzig den Kopf bewegen'. Umlauthemmendes *-kk-* ist noch wirksam in den Mundarten (bair. schweiz. *nucken*), sonst *nücken*, das sich entrundet leicht an ^{1}*nicken* anschließt; vgl. auch mhd. *entnücken* sowie mhd. (md., heute noch obd.) *entnucken* '(sitzend) einschlafen', ferner schweiz. *Nuck* 'Schläfchen' (dafür hd. *Nickerchen*). Die Herkunft dieses Verbs ist im Hinblick auf den zugrundeliegenden abweichenden Stammvokal *-u-* unklar. Zu ie. **neug-*, einer Gutturalerweiterung der Wurzel ie. **neu-* 'einen Ruck machen, nicken, winken', wozu lat. *nuere* 'nicken, sich neigen'? Oder mit *Nacken, Nokken* (s. d.) zu ie. **kneg-*, **kneug-*, einer Bildung zu der nur erweitert darstellbaren Wurzel ie. **ken-* 'zusammendrücken, -knicken'? Oder lediglich eine intensivierende Lautvariante zu ^{1}*nicken* (s. oben)?

Nicki m. 'leichter, hemdähnlicher Pullover', eigentl. Koseform zum Namen *Nikolaus* bzw. zu dem davon ausgehenden Neck- und Scheltwort *Nickel* 'Knirps, kleiner (eigensinniger) Mensch' (s. *Nickel*); geläufig seit den 50er Jahren des 20. Jhs. – N i c k i h e m d n. 'leichtes Sommerhemd' (um 1950).

nie Adv. 'nicht ein einziges Mal, zu keiner Zeit', ahd. *nio* (8. Jh.), mhd. *nie* 'niemals, durchaus nicht', asächs. *neo*, *nio*, got. *ni aiw* ist zusammengesetzt aus der unter *nein* (s. d.) behandelten Negationspartikel (ahd. *ni*) und dem unter *je* (s. d.) dargestellten Wort (ahd. *io* 'immer, irgendeinmal'). – n i e m a l s Adv. 'zu keiner Zeit, keinmal' (16. Jh.), nach mhd. *ē māles*, *ēmāles* (s. *ehemals*). n i e m a n d Indef.pron. 'keiner, kein Mensch', ahd. (8. Jh.), asächs. *nioman*, mhd. *nieman*, *niemen*, mnd. *nēme(n)t*, *nēmant*, mnl. *nieman*, *niemen*, nl. *niemand*, zusammengesetzt aus der oben genannten Negationspartikel und dem unter *jemand* (s. d.) dargestellten Pronomen. Wie bei *Dutzend*, *irgend* u. a. ist auch hier auslautendes *-d* sekundär. n i m m e r Adv. 'nicht mehr von jetzt an', ahd. *niomēr* (9. Jh), mhd. *niemer*, *nim(m)er*, mnd. *nümmer*, *number*, mnl. *nemmer*, *nimmer*, nl. *nimmer*, aus dem oben dargestellten Adverb *nie* und dem unter *mehr* (s. d.) behandelten Komparativ; daneben *nie mehr* Adv. 'nie wieder', mhd. *niemēr(e)* 'nicht mehr, nicht wieder, nicht länger'. N i m m e r s a t t m. 'wer nicht genug kriegen kann' (17. Jh.), Zusammenrückung aus *nimmer* (s. oben) und *satt* (s. d.), seit dem 18. Jh. auch als Adjektiv geläufig.

nieder Adv. 'herab, herunter, hinunter, hinab, zu Boden', ahd. *nidar* 'unter' Präp. (10. Jh.), 'unten, herunter, herab' Adv. (um 800), mhd. *nider* Adv. 'hinunter, herunter', asächs. *niðar*, mnd. *nēder*, mnl. *nēder(e)*, nl. *neder*, *neer*, aengl. *niþer*, anord. *niðr*, schwed. *ned* sowie aind. *nitarā́m* 'niederwärts, nach unten' sind komparativische Ableitungen (ie. **nitero-* 'niederer') von in aind. *ní* 'nieder, herab, rückwärts, hinein' enthaltenem ie. **ni-* 'nieder' (s. auch *Nest*), während verwandtes aslaw. *nizъ* 'nieder, hinab, unten', russ. *vniz* (*вниз*) 'hinab, abwärts' sowie griech. (episch) *neíatos* (*νείατος*) 'unterster, äußerster' auf ie. **ni-*, **nei-* führen. – n i e d e r Adj. 'niedrig', ahd. *nidari* 'nieder, niedrig, tief, klein, gering' (8. Jh.), mhd. *nider(e)*, asächs. *niðari*, mnd. *nēder*, mnl. *nēder(e)*, nl. *neder*, aengl. *niþera*, *neoþera*, engl. *nether*, anord. *neð(ar)ri*, schwed. *nedre* ist aus dem Adverb entwickelt. N i e d e r u n g f. 'flaches, niedrig gelegenes Land, Ebene' (Ende 17. Jh., geläufig 19. Jh.), zuvor 'Erniedrigung, Demütigung', ahd. *nidarunga* 'Verdammung' (9. Jh.), mhd. *niderunge* 'Erniedrigung', mnd. *nēderinge*, Abstraktbildung zu ahd. *nideren* (um 800), mhd. *nider(e)n* 'niedrig machen, herabsetzen, erniedrigen', mnd. *nēderen*. n i e d r i g Adj. 'unten befindlich, tief gelegen, nicht hoch, gering an Wert und Würde, untergeordnet' (16. Jh), mnd. *nēderich*, Weiterbildung zum Adj. *nieder*. e r n i e d r i g e n Vb. 'demütigen, herabsetzen' (16. Jh.), zu gleichbed. *niedrigen* (16. Jh.). N i e d e r t r a c h t f. 'Gemeinheit in Gesinnung und Handlung' (Mitte 18. Jh.), rückgebildet aus n i e d e r t r ä c h t i g Adj. 'gemein, schäbig' (17. Jh.), 'gesenkt, geneigt, niedrig, tiefliegend, unterwürfig, verzagt, geringen Standes' (16. Jh.), spätmhd. *nidertrehtic* 'von oben herab angesehen, gering geschätzt, verächtlich', zu mhd. *sich tragen* 'sich benehmen, betragen' (s. *tragen*). n i e d e r d e u t s c h Adj. zur Bezeichnung des (vor allem durch die 2. Lautverschiebung nicht oder kaum betroffenen) nördlichen Sprachstandes des Deutschen; zuerst auf die nl. Sprache bezogen (2. Hälfte 15. Jh.), ausgehend wohl von der 'niedrig gelegenen, flachen' Beschaffenheit des Landes (vgl. *Nider teutschelant*, 2. Hälfte 15. Jh., und die Bezeichnung *Niederlande*), auch zur Kennzeichnung des dort lebenden Volkes (*nider dütsch*, 1. Hälfte 16. Jh.) und seiner Sprache (durchgängig seit Schottel 1641); s. das Gegenwort *hochdeutsch*.

niedlich Adj. 'zierlich, nett, angenehm anzusehen'. Zu einem im Nhd. untergegangenen ahd. *niot* 'Verlangen, Begierde, Sehnsucht' (9. Jh.), mhd. *gegenniet* 'das Gegenanstreben' stellt sich das Adverb niederrhein. *nītlīche* (12. Jh.), md. *niethlīchen* 'eifrig, freudig' (um 1400) und das Adjektiv *niedlich* 'Verlangen erweckend, angenehm' (16. Jh.); dem Adverb entspricht asächs. *niudlīko*, aengl. *nēodlīce* 'eifrig, sorgfältig'. Der *lich*-Ableitung voraus geht ahd. *niotsam* 'wünschenswert' (11.Jh., vgl. auch asächs. *niudsam* 'erwünscht, angenehm'), das jedoch nicht durchdringt. Ahd. *niot*, asächs. *niud*, aengl. *nēod* ist vergleichbar mit lit. *(pa)nū́sti* 'verlangen, gelüsten', so daß ie. **neudh-* 'begehren, gelüsten' erschlossen werden kann. Nhd. *niedlich* geht in der Gestaltung der ersten Silbe (mit unverschobenem *d*) vom Nd. und Omd. aus, bedeutet zunächst 'Eifer, Lust erweckend', wird vor allem im 16. Jh. (Luther) und noch von Wieland im Sinne von 'appetitlich, lecker' auf Speisen bezogen und erst seit dem 18. Jh. vorwiegend in der Bedeutung 'zierlich, fein, klein' verwendet. – N i e d l i c h k e i t f.

'Zartheit, Feinheit' (17. Jh.), anfangs auch im Sinne von 'Leckerei, Delikatesse'. v e r n i e d l i c h e n Vb. 'verharmlosen, verkleinern' (um 1800).

Niere f. paariges, an der Bildung und Ausscheidung des Harns beteiligtes Organ, ahd. *nioro* m. 'Niere', auch 'Hoden' (9. Jh.), mhd. *nier(e)* 'Niere, Lende', mnd. *nēre*, mnl. *niere*, nl. *nier*, aengl. **nēore*, mengl. *nēre* setzen germ. **neuran-* m., anord. *nȳra*, schwed. *njure* germ. **neurjan-* voraus. Zieht man semantisch entsprechendes griech. *nephrói* (νεφροί) 'Nieren', Sing. (selten) *nephrós* (νεφρός) sowie aus italischen Glossen belegtes (Praeneste) *nefrōnēs*, (Lanuvium) *nebrundinēs* 'Nieren' heran, so ist Verwandtschaft mit dem Germ. (unter Annahme einer Ausgangsform mit labiovelarem Guttural ie. **neg*ᵘ*hro-*) möglich und ein ie. **neg*ᵘ*hrós* 'Niere, Hoden', eigentl. 'runde Anschwellung', erschließbar. Andere versuchen, die germ. Formen mit der Wurzel ie. **snā-*, **sneu-* 'fließen, Feuchtigkeit' zu verbinden.

nieseln Vb. 'fein, in kleinen Tröpfchen (anhaltend) regnen', seit dem 18. Jh. im Omd. (Thür.) und Ostobd. bezeugt, in jüngerer Sprache allgemein. Herkunft unbekannt. Vielleicht Anlautvariante (in Anlehnung an *naß* bzw. *nässeln*) zu *rieseln* (s. d.), zunächst 'unhörbar herunterfallen' (von absterbenden Blättern), danach vom feinen Regen. – N i e s e l r e g e n m. 'feiner Sprühregen' (20. Jh.), vgl. das ältere, in der Gegenwart zurücktretende *Rieselregen* (18. Jh.).

niesen Vb. (bei Reizung der Nasenschleimhaut) 'die Luft ruckartig durch den Mund und Nase ausstoßen', ahd. *(h)niosan* (10. Jh.), mhd. *niesen*, mnd. *nēsen*, mnl. *niesen*, nl. *niezen*, anord. *hnjōsa*, schwed. *nysa* und (mit grammatischem Wechsel von *s* und *r*) aengl. *hnor* 'das Niesen', anord. *hnøri* m. (urnord. **hnoRan*, germ. **hnuzan*) 'das Niesen, Schneuzen, Rotz' sind lautnachahmenden Ursprungs. Zu ihnen stellen sich mit abweichendem Anlaut ahd. *fnehan* (9. Jh.), mhd. *phnehen* 'schnell atmen, schnauben, keuchen, schluchzen' sowie auch nl. *fniezen*, aengl. *fnēsan* (mit Lautsubstitution im Anlaut engl. *to sneeze*), anord. *fnȳsa*, schwed. *fnysa* 'prusten' und mit expressivem *pf*-Anlaut mhd. *phnūsen* 'niesen, schnauben' (wie auch *phnehen*, s. oben), schweiz. *pfnusen, pfnüsen* 'schnauben', *Pfnüssel* 'Schnupfen'. Außergerm. sind vergleichbar aind. *kṣáuti* 'niest', griech. *pnéīn* (πνεῖν) 'wehen, keuchen, atmen', lit. *čiáudėti*, *skiáudėti* 'niesen', so daß von einer Schallwurzel ie. **skě̄u-*, **ksě̄u-* 'niesen' ausgegangen werden kann, die sich in den germ. und griech. Formen mit ie. **pneu-* 'keuchen, atmen' gekreuzt haben mag. Das ehemals starke germ. Verb geht im Dt. (etwa im 16. Jh.) zur schwachen Flexion über. – N i e s w u r z f. Bezeichnung der Christrose, deren zu Pulver zerriebene Wurzel als Niespulver wirkt, ahd. *(h)nioswurz* (um 1100), mhd. *niesewurz*, asächs. *hnioswurt*. Zum Grundwort s. *Wurz*.

[1]**Niete** f., fachsprachlich *Niet* m., 'Metallbolzen mit verdicktem Ende' (zum Verbinden von Metallstücken), mhd. *niet*, *niete* 'breitgeschlagener Nagel', nd. *Nēd*, nl. *niet* ist zu dem in ahd. *bi(h)niotan* 'schlagen, befestigen' (8. Jh.), anord. *hnjōða* 'schlagen, stoßen, hämmern' belegten starken Verb gebildet, das mit ablautendem ahd. *(h)notōn* 'schütteln' (8. Jh.), mhd. *notten* 'sich hin und her bewegen', aengl. *hnossian* 'klopfen', ahd. *(h)nutten* 'schütteln, schwingen' (8. Jh.) sowie außergerm. griech. *knýzesthai* (κνύζεσθαι) 'sich kratzen' und *knýthos* (κνύθος) 'kleiner Dorn' an mit Dental erweitertes ie. **kenu-*, **kneu-* und damit an die Wurzel ie. **ken(ə)-* 'kratzen, schaben, reiben' (wozu auch *genau* und *Nut*, s. d.) angeschlossen werden kann. Vgl. *niet- und nagelfest* 'durch und durch fest' (Anfang 18. Jh.). – n i e t e n Vb. 'mit einer Niete verbinden', mhd. *nieten* 'einen Nagel krumm oder breit schlagen, mit Nieten befestigen', mnd. *nēden*, mnl. *nieden*, nl. *nieten*.

[2]**Niete** f. 'Los, das nicht gewinnt' dringt als Entlehnung (mit Genuswechsel) aus gleichbed. nl. *niet* n. Anfang des 18. Jhs. mit dem aus den Niederlanden stammenden Lotteriespiel (s. *Lotterie*) über Hamburg in den dt. Sprachraum ein. Nl. *niet* (eigentl. 'das Nichts, die Null') ist eine Substantivierung der Verneinungspartikel *niet* 'nicht', dem hd. *nicht* (s. d.) entspricht. Ein vereinzelt als Gegenwort belegtes nl. *wat* 'Gewinnummer', nd. *Wat* (Substantivierung von nl. nd. *wat*, der Entsprechung von hd. *was*, s. *wer*, *was* sowie *etwas*) kann sich dagegen nicht durchsetzen. An seine Stelle tritt *Treffer* (s. *treffen*). Seit dem 19. Jh. wird *Niete* auch übertragen für 'Mißerfolg, Versager' gebraucht.

Nihilismus m. Anschauung von der Nichtigkeit und Sinnlosigkeit aller Werte, Normen und Ziele, Bildung zu lat. *nihil* 'nichts'. Im Dt. seit ca. 1786 belegt, zunächst zur Bezeichnung eines übertriebenen, verstiegenen Idealismus; vgl. etwa gleichzeitiges frz. *nihilisme*. Danach (2. Hälfte 19. Jh.) im Dt., Frz. (wie auch in anderen europ. Sprachen) 'Mißachtung aller geltenden politischen und sittlichen Autorität' (im Hinblick auf russ. Verhältnisse, s. unten). Älter ist Nihilist m. 'Vertreter, Anhänger des Nihilismus'; zunächst frz. *nihiliste* 'wer die menschliche Natur Christi leugnet' (1761), theologischem Sprachgebrauch folgend (s. unten), in der Revolutionszeit 'wer keiner politischen Partei angehört' (1793), im Dt. in philosophischem Sinne als Gegenwort zu *Materialist* (Jean Paul, 1804). Von besonderer Bedeutung für die Geschichte des Wortes in den europ. Sprachen wird russ. *nigilíst* (*нигилист*), ausgehend von Turgenjews Roman „Väter und Söhne" (1862); der Ausdruck bezeichnet hier einen Vertreter der sich herausbildenden revolutionär-demokratischen Intelligenz der 60er Jahre des 19. Jhs., der sich radikal gegen die herrschende Ideologie und gegen überholte gesellschaftliche Formen wendet; dazu russ. *nigilízm* (*нигилизм*). Im Munde von Reaktionären dienen diese Bezeichnungen dagegen gerade der Diskreditierung fortschrittlicher Bestrebungen. Den neuzeitlichen Verwendungen vorauf geht mlat. *nichilianistae* (Plur.) 'Ketzer'. Ein Augustin zugeschriebenes spätlat. *nihilistus* 'an nichts Glaubender' läßt sich offenbar nicht verifizieren; vgl. PÖGGELER in: Archiv f. Begriffsgesch. 19 (1975) 197ff.

Nikotin n. giftiges Alkaloid des Tabaks, Entlehnung (19. Jh.) von gleichbed. frz. *nicotine*, einer gelehrten Bildung zu frz. *nicotiane* 'Tabakpflanze', wozu botan.-lat. *(herba) Nicotiana* (um 1600). Zugrunde liegt der Name des frz. Diplomaten *J. Nicot*, der als Gesandter in Portugal die Tabakpflanze kennenlernt und 1560 nach Frankreich schickt.

Nimbus m. 'Ansehen, Glanz, Ruhm, Heiligenschein', Entlehnung (18. Jh.) von spätlat. *nimbus* 'strahlender Glanz um die Köpfe der Heiligen, Heiligenschein', lat. 'Nebelhülle, in der die Götter den Menschen erscheinen' (eigentl. 'Regenguß, Sturmwolke', verwandt mit lat. *nebula*, nhd. *Nebel*).

Nippel m. 'kurzes, Rohre verbindendes Anschlußstück, Schmieröffnung, kleine vorstehende Lasche oder Handhabe' (20. Jh.), in dieser technischen Bedeutung entlehnt aus gleichbed. engl. *nipple*, eigentl. 'Brustwarze', auch '(Gummi)sauger für Kleinstkinder', das wohl zu aengl. *nebb* 'Nase, Schnabel', engl. (mundartlich) *neb*, *nib* 'Schnabel' und damit zu den ohne anlautendes *s-* auftretenden Formen der lautmalenden Wortgruppe um *Schnabel* (s. d.) gehört. Vgl. noch frühnhd. (md.) *schnepf* f. (15. Jh.), mnd. *snibbe*, *snebbe* 'Schnabel', ostpreuß. *Schnibbel* 'Schnabel, Penis (von Knaben)', nd. *Snippel* 'Zipfel, kleiner Vorsprung' und s. *nippen*.

nippen Vb. 'einen kleinen Schluck nehmen, (ein Getränk) kosten', aus dem Nd. und Md. in die Literatursprache (17. Jh.) aufgenommen. Mnd. nd. md. nl. *nippen*, in hd. Lautung obd. md. *nipfen*, *nepfen*, *nüpfen*, *nupfen*, bair. auch *nipfeln*. Vgl. schwäb. *ein Nüpflin tun* und omd. *nuppeln* 'saugen, lutschen', bair. *nupeln* 'die Lippen bewegen wie saugende Kinder' sowie bair. *schnipfen* 'mit kurzen Zügen trinken', *Schnipfer* 'kleiner Schluck'. Verwandt mit *Nippel* (s. d.) und der lautmalenden Wortgruppe um *Schnabel* (s. d.).

Nippes Plur. 'kleine zur Zierde aufgestellte Figuren und Gegenstände', Entlehnung (18. Jh.) von frz. *nippes* 'Putz-, Schmucksachen'; seit der Mitte des 19. Jhs. dafür zunehmend die Eindeutschung *Nippsachen*. Herkunft unsicher. FEW 14, 111ff. sieht in frz. *nippes* 'Putz, Schmucksachen, Kleidungsstücke', älter 'schlechte Kleidung', überhaupt 'Minderwertiges, Wertloses', eine durch Ausspracheerleichterung entstandene Pluralform zu mfrz. frz. *guenipe* 'alte Kleider, Lumpen', auch 'liederliche Frau'. Dieses wird (über eine vermittelnde Bedeutung 'nasser Lappen') in einen Zusammenhang mit Wörtern um mfrz. *gasne* 'Tümpel, Sumpf, Wasserlauf' gebracht. Ausgangspunkt der ganzen Wortgruppe ist vielleicht ein gall. **wadanu-*, **wadana-* 'Wasser', verwandt mit got. *watō* (Gen. *watins*), s. *Wasser*.

Nische f. 'Vertiefung in der Wand oder Mauer', entlehnt aus gleichbed. frz. *niche*, einer Ableitung von afrz. *nichier*, *nigier*, frz. *nicher* 'nisten, hausen', das auf vlat. **nīdicāre*, einer Bildung zu lat. *nīdus* 'Nest', beruht. Im 17. und 18. Jh. stehen *Niche* und *Nische* nebeneinander; daneben mehrfach auftretendes

Nitsche folgt wohl der Aussprache des ebenfalls aus dem Frz. entlehnten engl. *niche*. Vom Ende des 18. Jhs. an setzt sich *Nische* durch.

Nisse f. (Plur. *Nissen*), **Niß** f. (Plur. *Nisse*) 'Ei der Laus', ahd. *(h)niʒ* (9. Jh.), mhd. *niʒ*, *niʒʒe* führt mit aengl. *hnitu*, griech. *konís* (*κονίς*), mir. *sned*, kymr. *nedd* (Plur.) auf ie. **k̂nid-*, **knid-*, **sknid-*, das der Wurzel ie. **(s)ken-* 'kratzen' zugeordnet werden kann. Dagegen setzen aschwed. *gnether* (Plur.), schwed. *gnet*, dän. *gnid*, lett. *gnīda*, lit. *glìnda*, russ. *gnída* (*гнида*), poln. *gnida*, tschech. *hnida* ie.**ghneid(h)-* voraus, eine Erweiterung der Wurzel ie. **ghen-* 'zernagen, zerreiben, kratzen' (s. *nagen*). Keinen sicheren Ansatz erlauben lat. *lēns* 'Nisse' und die darauf beruhenden roman. Formen frz. *lente*, ital. *lendine*, span. *liendre*. Da eine gemeinsame ie. Grundform nicht erschließbar ist, muß ähnlich wie bei *Floh*, *Laus* (s. d.) auch hier mit Entstellungen und Umbildungen gerechnet werden, die entweder als abwehrender Sprachzauber oder als sprachlicher Spieltrieb zu erklären sind. Kleinheit und massenweises Auftreten lassen die Pluralformen im Sprachgebrauch überwiegen. Vgl. W. PFEIFER Wb. dt. Tiernamen 27.

Nitro- in Zusammensetzungen Bezeichnung für Stickstoff (*Nitrogen*) enthaltende organische Verbindungen, aus lat. *nitrum*, griech. *nítron* (*νίτρον*) 'natürliches Laugensalz, Soda, Natron'; zur weiteren Herkunft s. *Salpeter*. Seit der Mitte des 19. Jhs. erscheint *Nitro-* in Komposita wie *Nitrobenzol*, *Nitrofarbstoff*, *Nitrogen*, *Nitroglyzerin*, *Nitrophosphat*.

Niveau n. 'waagerechte Ebene, gleiche Höhe', anfänglich 'Wasserwaage', Übernahme (um 1700) von gleichbed. frz. *niveau* als Terminus der Bautechnik, erneut (18. Jh.) mit der im Frz. aus 'waagerechte Lage oder Fläche, Höhenstand, Höhenstufe' entwickelten übertragenen Bedeutung '(geistiger) Rang, Wert, Stufe, Bildungsstand'. Frz. *niveau*, mfrz. *nyvial*, *nevel*, *niveau* 'Wasserwaage, Höhenstand, -stufe (von einer Ebene zu einer andern)' ist durch Dissimilation entstanden aus afrz. *livel* 'Wasserwaage, gleiche Höhe', dem lat. *lībella* (s. *Libelle*), Deminutivum von lat. *lībra* '(Blei-, Wasser)waage', zugrunde liegt. – n i v e l l i e r e n Vb. 'Unterschiede ausgleichen, ebnen, auf gleiche Höhe bringen' (Mitte 18. Jh.), älter 'mit der Wasserwaage abmessen' (Ende 17. Jh.), aus gleichbed. frz. *niveler*.

Nix m. 'Wassergeist', ahd. *nihhus* (9. Jh.), mhd. *nickes* 'Wassergeist, Krokodil', mnd. *necker*, mnl. *nicker*, *necker*, nl. *nikker* 'Wassergeist', aengl. *nicor* 'Wassergeist, Flußpferd, Walroß', engl. *nicker* 'Wassergeist', anord. *nykr* 'Wassergeist, Flußpferd', schwed. *näck*, *neck*, *nick* und dän. *nøk* 'Wassergeist' (aus diesen entlehnt nhd. *Neck*, *Nöck*, 19. Jh.) führen auf germ. **nikwuz*, eine Bildung zur Wurzel ie. **neigᵘ-* 'waschen', zu der auch aind. *nēnēkti* 'wäscht, reinigt', griech. *nízein* (*νίζειν*) '(sich) waschen, baden', air. *nigid* 'wäscht' gehören. Geläufiger ist heute die Bezeichnung für den weiblichen Wassergeist N i x e f. 'Wasser-, Meerjungfrau', ahd. *nickesa* 'Nymphe' (um 1000), mhd. *nickese*, *waʒʒernixe*, nhd. *Nixe* (16. Jh.).

nobel Adj. 'vornehm, edel', auch 'freigebig, großzügig', Entlehnung (17. Jh.) aus gleichbed. frz. *noble*. Zugrunde liegt lat. *nōbilis* 'weit bekannt, berühmt', zu lat. *nōscere* (*nōtum*) 'kennenlernen, erkennen', das die Bedeutungen 'von edler Art, vortrefflich' und 'von edler Herkunft, adlig' entwickelt, die beide über das Frz. ins Dt. gelangen; doch geht hier der Gebrauch im Sinne von 'adlig' im 19. Jh. zurück.

noch Adv., auf das Andauern eines Vorgangs oder Zustands hinweisend ('bis zu dem in Rede stehenden Zeitpunkt', auch 'in absehbarer Zeit, rechtzeitig vor Ablauf einer bestimmten Frist'), daneben ohne temporale Aussage eine Hinzufügung ('außerdem, zusätzlich') oder Verstärkung (bes. beim Komp., vgl. *noch mehr*, *noch besser*), bis ins Frühnhd. ebenso einen Gegensatz (konjunktional, wofür heute *dennoch*, s. d.) ausdrükkend. In den westgerm. Formen ahd. *noh* (8. Jh.), mhd. *noch*, asächs. *noh*, mnd. *noch*, mnl. *noch*, nl. *nog*, afries. *noch* ist wohl wie in gleichbed. got. *naúh* eine Verbindung von ie. **nŭ* 'nun' (s. *nun*) mit ie. **-kᵘe* (vgl. aind. *ca*, griech. *te*, *τε*, lat. *-que* 'und', s. auch *kein* und *noch* Konj.) zu sehen, das im Got. noch als kopulative und intensivierende enklitische Partikel *-(u)h* (für **-ƕ*) erscheint; für das Adverb kann daher eine Ausgangsbedeutung 'und jetzt, auch jetzt' angenommen werden. Das *-o-* im Westgerm. erklärt sich dann vielleicht aus dem Einfluß des nachfolgenden gutturalen Spiranten (ähnlich dem regulären Wandel von germ. *u* vor *h* zu got. *aú*, gesprochen als kurzes offenes *o*). BRUGMANN hält allerdings eine diphthongische Aussprache der got. Form (also got. *náuh*) für wahrscheinlich, geht von einem Ansatz ie. **nou-kue* aus und sieht in ahd. asächs. *noh* (bei ihm sowohl Adv. als auch Konj., s. *noch* Konj.) das Ergebnis einer Kürzung aus **nōh*; vgl. WALDE/POKORNY 2, 340. Den Übergang vom zeitlichen Gebrauch zum ergänzenden Anfügen zeigen Beispiele wie ahd. *hōre noh* 'höre weiterhin zu!' bzw. 'höre das Weitere!' (Notker). Auf Wiederholung weisendes *noch einmal* (mhd. *noch eines*, *noch einst*) dient in Fügungen wie *noch einmal soviel, so schön* (17. Jh., frühnhd. *noch einst so vil, so gelert*, 16. Jh.) der Steigerung einer Mengen- oder Merkmalsangabe. Statt *noch einmal so* steht frühnhd. auch nur *noch so* (16. Jh., vereinzelt bis ins 18. Jh.), das jetzt, bes. in Konzessivsätzen, mit dem Sinn 'in beliebigem Grade' verwendet wird (seit dem 17. Jh., vgl. *er mag noch so klug sein*).

noch Konj. 'und nicht, auch nicht', an einen Satz mit negativem Inhalt oder ein verneintes Satzglied eine weitere negative Aussage anreihend, heute in der zweiteiligen Konjunktion *weder ... noch* (s. *weder*) lebendig; ahd. *noh*, mhd. *noch*, asächs. *noh* (daneben in gleicher Verwendung asächs. *ne* und *nek*, letzteres wohl kontrahiert aus der Negationspartikel *ne* und *ak* 'sondern, aber'), mnd. *noch*, mnl. *noch* (proklitisch *no*), nl. *noch*, afries. *noch*, *nach*, anord. *nē*, got. *nih*. Die got. Form setzt sich aus got. *ni* 'nicht' und enklitischem *-(u)h* 'und' zusammen, entspricht also genau lat. *neque*, osk. *nep* 'und nicht', mit denen sie auf gleichbed. ie. **ne-kue* zurückführt (s. auch *kein* und *noch* Adv.). Wahrscheinlich sind ahd. *noh* und die damit übereinstimmenden westgerm. Formen trotz abweichenden Vokals ebenso zu erklären; dann wäre ahd. *noh* lediglich (wie im Kompositum ahd. *nih(h)ein*, *noh(h)ein*, *neh(h)ein*, s. *kein*) eine lautliche Variante des regulär zu erwartenden ahd. **neh* (vgl. BRAUNE Ahd. Gramm. § 29, Anm. 3; GRIENBERGER in: ZfdWf. 9, 1907, 74), vielleicht als Ergebnis verdumpfender Einwirkung des ehemals labialisierten *-h*, möglicherweise auch durch Angleichung an das temporale Adverb ahd. *noh* (s. *noch* Adv.). Identität von Konjunktion und Adverb wird dagegen vermutet bei BRUGMANN/DELBRÜCK Grundriß d. vergl. Gramm. d. indogerm. Sprachen 2, 3 (^{2}1916) 1005, während BEHAGHEL Syntax 3 (1928) 218 vorschlägt, die Konjunktion ahd. *noh* als Zusammenziehung von ahd. *ni*, *ne* 'nicht' und *ouh* 'auch' (s. *auch*) aufzufassen, wozu jedoch die übrigen westgerm. Formen in Widerspruch stehen. Neben dem bis in die Gegenwart üblichen korrelativen Wortpaar *weder ... noch* ist seit dem 15. Jh. bis in jüngste Vergangenheit auch die Korrelation *nicht ... noch* gebräuchlich; alt ist ferner doppeltes Setzen der Konjunktion ahd. *noh ... noh*, mhd. nhd. *noch ... noch*, das erst Anfang des 19. Jhs. abkommt (vgl. ebenso got. *nih ... nih*, lat. *neque ... neque*, *nec ... nec*). In den älteren dt. Sprachstufen kann aber darüber hinaus jede beliebige negierte Aussage dem mit ahd. *noh*, mhd. *noch* angeschlossenen Glied vorausgehen, gelegentlich fehlt beim ersten Glied sogar die Negation.

Nocken m. 'Vorsprung an einer Welle oder Scheibe', Terminus der Technik, in der ersten Hälfte des 20. Jhs. aufkommend im Anschluß an überwiegend landschaftliche Formen wie obd. *Nock* 'kleiner, gedrungener Berg, Hügel' (16. Jh.), *Nock*, *Nocke*, *Nocken* 'Mehlkloß' (18. Jh., doch wohl älter) mit dem Deminutivum (bes. öst.) *Nockerln* Plur. '(Mehl)-klößchen', auch 'Schaumspeise', sowie anord. *hnykill* 'Knäuel, Geschwulst' und aus der nd. Seemannssprache stammendes *Nock* 'Ende einer Rah, eines Segels' (16. Jh.), wozu mnl. *nocke*, nl. *nok* 'First, Gipfel, Spitze', norw. *nokke* 'Haken', schwed. *nock*, *nocke* 'Ende eines Segels, Haken, First'. Zugrunde liegt eine Gutturalerweiterung von ie. **kneu-* (s. *Nuß*), das selbst eine Erweiterung der Wurzel ie. **ken-* 'zusammendrücken, -knicken, Zusammengedrücktes, Geballtes' ist (wozu auch *Nacken*, s. d.).

-nom, -nomie Kompositionsglieder in Bezeichnungen für '(wissenschaftlich ausgebildeter) Fachmann, Fachwissenschaftler' und 'Fachgebiet, Fachwissenschaft'. Zum Verb griech. *némein* (*νέμειν*) in der Bedeutung 'aus-, ver-, ordnungsgemäß zuteilen, lenken, leiten, verwalten' bildet das Griech. ein sowohl adjektivisch wie substantivisch auftretendes Nomen agentis *-nómos* (*-νόμος*), das in substantivischer Funktion in einer Reihe von Zusammensetzungen den Träger eines (öffentlichen) Amtes, den einer Sache Kundigen bezeichnet; vgl. griech. *kreānómos* (*κρεανόμος*) 'Opferfleisch verteilend', *agorānómos* (*ἀγορανόμος*) 'Aufseher über den Markt, die Marktgeschäfte', *agronómos* (*ἀγρονόμος*) 'Aufseher über die Stadtländereien', *oikonómos* (*οἰκονόμος*) 'wer das Haus, den Haushalt leitet, verwaltet, Hausverwalter, Wirt', auch 'wer in der Verwaltung des Staates in einem bestimmten (höheren oder niederen) Amt tätig ist', *astronómos* (*ἀστρονόμος*) 'Sternkundiger', eigentl. 'wer die Sterne (beobachtet und) in Sternbilder aufteilt, ordnet'. Dazu gehören die Abstrakta auf *-nomía* (*-νομία*), die das Amt, die Tätigkeit, das Wissensgebiet eines *-nómos* bezeichnen, und die Zugehörigkeitsadjektive auf *-ikós* (*-ικός*). Einige der griech. Bildungen sind ins Dt. gelangt, s. *Gastronomie*, *Astronom*, *-nomie*, *Ökonom*, *-nomie*, auch *Agronom*, *-nomie*, wobei sich bei diesen Zusammensetzungen im Dt. (wie in anderen neueren Sprachen) etwa im Anschluß an *Astronom*, *Astronomie* (und deren antike Ausgangsformen) die oben für die zweiten Kompositionsglieder genannten Bedeutungen stärker herausbilden. Aber im Gegensatz zu *-loge*, *-logie* (s. d.) wird *-nom*, *-nomie* niemals wirklich produktiv. Zu den seltenen Neubildungen gehören *Ergonom* 'Arbeitswissenschaftler' und *Ergonomie*, zu griech. *érgon* (*ἔργον*), s. *Werk*.

Nomade m. 'Angehöriger eines nicht seßhaften Hirtenvolkes' (vereinzelt Ende 16. Jh., geläufig seit dem 18. Jh. unter Einfluß von frz. *nomade*), entlehnt aus lat. *Nomades*, griech. *nomádes* (*νομάδες*) 'mit ihren Herden umherziehende Hirtenvölker', substantivierter Plural zum Adjektiv lat. *nomas*, griech. *nomás*, Gen. *nomádos* (*νομάς*, *νομάδος*) 'auf der Weide umherschweifend', einer Ableitung von griech. *nomḗ* (*νομή*) 'Weide(platz)' oder griech. *nomós* (*νομός*) 'Weide(platz)', beide zu griech. *némein* (*νέμειν*) 'aus-, zuteilen, sich aneignen, besitzen, bebauen, als Weide zuteilen, (ab)weiden, verzehren' (verwandt mit *nehmen*, s. d.). – n o m a d i s c h Adj. 'die Nomaden betreffend, umherziehend, unstet' (2. Hälfte 18. Jh.).

Nominativ m. erster Fall der dt. Deklination, bei den röm. Grammatikern lat. *(cāsus) nōminātīvus*, das in die frühen dt. Grammatiken übernommen wird. *Nominativ* mit Abfall der lat. Endung seit Stieler (1691), in dt. Übersetzung *Nennendung*, *Nenner*, *Tähter* (17.Jh.), *Nennfall* (Gottsched). Zu lat. *nōmināre* '(be)nennen, bezeichnen, namhaft machen, ernennen'. – n o m i n e l l Adj. 'dem Namen nach, angeblich' (Anfang 19.Jh.), französierend (s. *reell*) mit Suffixtausch älteres gleichbed. *nominal* verdrängend, das wohl als Übernahme (2. Hälfte 18. Jh.) von frz. *nominal* anzusehen ist. Zugrunde liegt lat. *nōminālis* 'zum Namen gehörig', das in Zusammensetzungen der grammatischen Terminologie wie *Nominalsatz*, *Nominalstil* eingegangen ist. n o m i n i e r e n Vb. '(be)nennen, namhaft machen, ernennen' (1. Hälfte 18. Jh.), aus gleichbed. lat. *nōmināre*.

Nonchalance f. 'Lässigkeit, Ungezwungenheit, Unbekümmertheit' (2. Hälfte 17. Jh.) und **nonchalant** Adj. 'lässig, ungezwungen, formlos, unbekümmert' (Anfang 18. Jh.), Entlehnungen von frz. *nonchalance* und *nonchalant* gleicher Bedeutung. Voraus gehen afrz. *nonchalance* 'Unbekümmertheit, Gleichgültigkeit' und *nonchalant* 'sich nicht kümmernd', letzteres adjektivisch gebrauchtes Part. Präs. von afrz. *nonchaloir* 'sich nicht kümmern, gleichgültig bleiben', einer Zusammensetzung von afrz. *chaloir* 'wichtig, angelegen sein, am Herzen liegen' (lat. *calēre* 'warm, heiß sein, beunruhigt werden, entflammt sein') mit afrz. *non* 'nicht' (lat. *nōn*).

Nonne f. 'Angehörige eines katholischen Frauenordens, Klosterfrau', ahd. *nunna* (um 900), mhd. mnd. *nunne*, (md.) *nonne* ist wie mnl. *nonne*, nl. *non*, aengl. *nunne*, engl. *nun*, anord. schwed. *nunna* entlehnt aus kirchenlat. *nonna* 'Nonne', spätlat. 'Amme, Kinderwärterin', der fem. Form zu kirchenlat. *nonnus* 'Mönch', spätlat. 'Kinderwärter, Erzieher', offenbar reduplizierend aus einem alten Lallwort der Kindersprache entstanden, vgl. ital. *nonna* 'Großmutter', *nonno* 'Großvater', aind. *nanā* 'Mütterchen', griech. *nénnos*, *nánnas* (*νέννος*, *νάννας*) 'Onkel', *nánna*, *nánnē* (*νάννα*, *νάννη*) 'Tante', *nínnē* (*νίννη*) '(Groß-, Schwieger)mutter', russ. *njánja* (*няня*) 'Kindermädchen, Wärterin'. Die Bedeutungsentwicklung von 'Amme' zu 'Nonne' erfolgt etwa über 'verehrungswürdige Frau, ehrwürdige Mutter'.

Nonsens m. 'absurdes Zeug, Unsinn, unlogisches törichtes Gerede', zuerst in der Literaturkritik im Sinne von 'ungereimter

Schwulst', Übernahme (Mitte 18. Jh.) von gleichbed. engl. *nonsense* (anfangs in engl. Schreibung), einer Bildung aus engl. *sense* 'Sinn, Verstand, Vernunft' (aus lat. *sēnsus* 'das Wahrnehmen, Wahrnehmung, Sinn, Gefühl, Verstand') mit dem negierenden Präfix engl. *non-* (aus afrz. *non*, lat. *nōn* 'nicht'). Eine frühe, vielleicht für das Engl. als Muster dienende Bildung dieser Art liegt vor in afrz. *nonsens* 'Unverstand' (während frz. *non-sens* wohl ebenfalls aus dem Engl. stammt).

Noppe f. 'Knoten, eingesponnene Verdikkung in einem Faden oder Gewebe, Wollflocke' (wohl mit affektischer Konsonantendopplung), spätmhd. (aus dem Nd.?), mnd. *nop(pe)*, mnl. *noppe*, nl. *nop*, aengl. *wullcnoppa (-hnoppa)*, schwed. *noppa* 'Noppe'. Herkunft ungewiß. Falls anord. *hnypri* 'Klumpen, Knoten', (ablautend) *hnūpgnīpa* 'überhängender Berggipfel' sowie ahd. *aba(h)nuppen* 'abpflücken' (um 1000), aengl. *hnoppian* 'pflücken, reißen', schwed. *noppa* '(aus)rupfen, -klauben', (ablautend) aengl. *āhnēapan* 'abpflücken', got. *dishniupan* 'zerreißen' verglichen werden können, ist Anschluß an mit Labial erweitertes ie. **kneu-*, seinerseits Erweiterung der Wurzel ie. **ken(ə)-* 'kratzen, schaben, reiben' (wozu auch *genau*, [1]*Niete*, *Nut*, s. d.), möglich. – n o p p e n Vb. 'Noppen abzupfen, ein Gewebe mit Noppen (als Schmuck) versehen', spätmhd. mnd. mnl. nl. *noppen* 'Gewebe von Noppen reinigen'.

Nord m. (ohne Artikel, bes. in der Seemannssprache und Meteorologie) 'Himmelsrichtung des tiefsten Sonnenstands, die vom höchsten Sonnenstand am weitesten entfernt liegende Gegend', (mit Artikel) 'aus dieser Richtung wehender Wind, Nordwind'. Ahd. *nord* n. 'Norden, Nordwind' (um 1000), mhd. *nort* n. 'Norden', asächs. *norð* Adv. 'im Norden, nordwärts', mnl. *nort*, *noort*, nl. *noord* n. f. und Adv. 'Norden, nordwärts', aengl. *norþ* Adj. und Adv. 'nördlich, nordwärts', engl. *north* Adj., Adv. und Subst. 'nördlich, Norden, Nordwind', anord. *norðr* n. und Adv. 'Norden, nordwärts', norw. dän. *nord*, schwed. *norr* 'Norden' lassen sich außergerm. wohl mit griech. *enérteros*, *nérteros* (ἐνέρτεϱος, νέϱτεϱος) 'unterer, tieferer, unterirdisch', osk. *nertrak* 'von links', umbr. *nertru* 'links' vergleichen, wobei die germ. Formen als tiefstufige Bildungen zu dem sonst hochstufig bezeugten Komparativ ie. **nertero-* und damit zur Wurzel ie. **ner-* 'unten' bzw. 'links' anzusehen sind. Auszugehen wäre dann von einem germ. Richtungsadverb, das im Sinne von 'weiter unten, weiter links' entweder die 'Gegend, wo die Sonne unten ist' oder die 'linke Seite des sich gegen Osten (Sonnenaufgang) neigenden Beters' bezeichnet. – N o r d e n m. (meist ohne Artikel) 'Himmelsrichtung des tiefsten Sonnenstands', (mit Artikel) 'das nördliche Gebiet der Erde, der nördliche Teil eines bestimmten Gebietes und dessen Bewohner'. Ahd. *nordan* n. 'Norden, Nordwind' (11. Jh.), spätmhd. *norden* n., mnd. *nōrden* n., mnl. *norden*, *noorden*, nl. *noorden* 'Norden, Nordseite', norw. dän. *norden* 'Norden', speziell 'Skandinavien', sind Substantivierungen des Richtungsadverbs ahd. *nordana* (9. Jh.), mhd. *norden*, asächs. *norðan*, aengl. *norþan*, anord. *norðan* 'von Norden' (vgl. ahd. *fon nordana*, mhd. *von norden*, wo das Adverb leicht als artikelloses Substantiv aufgefaßt werden kann). *Norden* ist heute allgemein gebräuchlich für die Himmelsrichtung und das entsprechende Gebiet im Unterschied zu der meist fachsprachlichen, aber auch dichterischen Verwendungsweise von *Nord* (s. oben). n o r d i s c h Adj. 'den (europ.) Norden betreffend, zu ihm gehörig, aus ihm stammend, für den europ. Norden eigentümlich, charakteristisch', in hd. Form zuerst *nortisch* 'nördlich' (16. Jh.), in heutiger Bedeutung seit dem 17. Jh.; vgl. nl. *noords*; dän. schwed. *nordisk* sind aus dem Dt. entlehnt. n ö r d l i c h Adj. 'im Norden gelegen, nach Norden gerichtet, aus dem Norden kommend' (Anfang 18. Jh.), älter *nordlich* (17. Jh.), *nordenlich* (15. Jh.). N o r d l i c h t n. 'Polarlicht' (1716), Übersetzung von dän. norw. *nordlys*, anfangs konkurrierend mit *Nordschein* (1717). N o r d o s t m. 'Nordosten, Wind aus Nordosten', N o r d o s t e n m. 'Himmelsrichtung zwischen Norden und Osten, in dieser Richtung gelegenes Gebiet und dessen Bewohner', ahd. *nordōstan* m. n. (10. Jh.), *nordōst* Adv. (11. Jh.), vgl. auch *nordōstrōni* Adj. 'nordöstlich' (bei Einhard, 9. Jh.), spätmhd. *nortōste* 'Nordostwind'. N o r d p o l m. 'nördlicher Pol der Erd- und Himmelskugel' (1678), älter *der nordische Polus*, *Nordwirbel* (1664), *Nordspitz* (1587). N o r d s e e f. Randmeer des Atlantischen Ozeans (17. Jh.), vgl. nl. *Noordzee*, vom nl.

Standpunkt aus benannt im Gegensatz zur *Zuiderzee* 'südliche See'; vgl. spätmhd. *nordermer*, *nortmer* 'Nordmeer'. nordwärts Adv. 'nach Norden zu, in nördliche Richtung' (17. Jh.). Nordwest m., Nordwesten m. (entsprechend der Bedeutung und Verwendungsweise von *Nordost*, *Nordosten*, s. oben), ahd. *nordwestan* m. n. (10. Jh.), *nordwest* Adv. (11. Jh.), vgl. auch *nordwestrōni* Adj. 'nordwestlich' (bei Einhard, 9. Jh.).

nörgeln Vb. 'verdrießlich tadeln, mäkeln, kritteln' gelangt Ende des 17. Jhs. aus dem Md. ins Hd., vgl. hess. omd. *nergeln*, *nirgeln* 'undeutlich sprechen, knurren, keifen, tadeln, kritteln'. Aus Schreibungen wie *nürgeln* und *nirgeln* (Goethe), *nergeln* (Lessing) bilden Adelung und Campe in die Literatursprache eingehendes *nörgeln*. Mit der Iterativbildung sind vergleichbar nd. nl. *nurken* 'knurren', nd. auch 'murren, verdrießlich sein', nl. auch 'sich zanken', anord. *snǫrgla* 'röcheln'. Außergerm. vergleichen sich lit. *niauróti* 'brummen', *niurnė́ti* 'murmeln, knurren, schnurren', *snarglỹs* 'Nasenschleim', lett. *ņurrāt* 'schnurren', *ņirgt* 'die Zähne zeigen', *ņerkstēt* 'winseln, jammern', die (mit unterschiedlichen Suffixen) auf die lautnachahmende Wurzel ie. **(s)ner-*, **(s)nur-* 'murren, knurren' zurückgeführt werden können, zu der auch *schnarchen*, *schnarren*, *schnurren* (s. d.) gehören. S. auch *Norne* und *Narr*. – Nörgelei f., Nörgler m. (18. Jh.).

Norm f. 'Regel, Richtschnur, Maßstab, Größenvorschrift (für die Technik), Richtwert (für Arbeitsaufwand, Materialeinsatz), festgelegte Arbeitsleistung, Rechtsvorschrift', mhd. *norme* 'Regel, Vorbild', entlehnt aus lat. *nōrma* 'Winkelmaß, Richtschnur, Regel, Vorschrift'. – normen Vb. 'nach einem Vorbild, Muster einheitlich festsetzen' (20. Jh.), für älteres *normieren* (s. unten), abgeleitet vom Substantiv; vgl. aber schon mhd. (md.) *normen* 'regeln, einrichten', aus lat. *nōrmāre* 'nach dem Winkelmaße abmessen, gehörig einrichten'; Normung f. 'Festsetzung von Normen, einheitliche Gestaltung, Regelung, Vereinheitlichung' (20. Jh.). normieren Vb. 'vereinheitlichen' (Anfang 19. Jh.), ebenfalls abgeleitet vom Substantiv. normal Adj. 'der Norm entsprechend, vorschriftsmäßig, gewöhnlich, allgemein üblich, durchschnittlich, geistig gesund' (Anfang 18. Jh.), nach lat. *nōrmālis* 'nach dem Winkelmaß gemacht', spätlat. 'der Vorschrift entsprechend', dann wohl auch beeinflußt von gleichbed. frz. *normal*. normalisieren Vb. 'einheitlich machen, den normalen Zustand wiederherstellen', (refl.) 'wieder normal werden' (1. Hälfte 20. Jh.), frz. *normaliser* 'vereinheitlichen, normen'.

Norne f. eine der drei Schicksalsgöttinnen der germ. Mythologie. Anord. *norn* f. 'Schicksalsgöttin' wird durch Klopstock und Herder in der Form *Norne* ins Dt. aufgenommen. Herkunft und Deutung des Wortes sind umstritten. Vergleicht man schwed. (mundartlich) *norna*, *nyrna* 'heimlich warnen', mnd. *nurren* 'knurren', frühnhd. *narren*, *nerren* 'knurren', die unter *schnarren* und *schnurren* (s. d.) angeführten Wortformen sowie lit. *niauróti* 'brummen', *niurnė́ti* 'murmeln, undeutliche Laute aussprechen, knurren, schnurren', so kann *Norne* als 'Raunende' an die unter *nörgeln* (s. d.) dargestellte lautnachahmende Wurzel ie. **(s)ner-*, **(s)nur-* 'murren, knurren' angeschlossen werden. Zieht man dagegen das unter *Schnur* (s. d.) behandelte Substantiv sowie ahd. *gisnerahan* 'verknüpfen, verbinden', *bisnerahan* 'umschlingen', *insnerahan* 'umschlingen, verknüpfen' (8. Jh.) heran, ist *Norne* als 'Spinnerin (des Schicksalsfadens)' an ie. **(s)ner-* 'drehen, winden, zusammendrehen, -schnüren' anschließbar, das als Erweiterung der unter *nähen* (s. d.) angegebenen Wurzel ie. **(s)nē-* 'Fäden zusammendrehen, mit dem Faden hantieren, weben, spinnen, nähen' gelten kann.

Nostalgie f. 'sehnsuchtsvolle Rückwendung zur Vergangenheit und deren verklärt gesehenen Lebensformen', älter 'Heimweh'. Als wissenschaftliche Bezeichnung des Heimwehs, dessen krankhafte Steigerung zuerst an in der Fremde lebenden Schweizern beobachtet wird (s. *Heimweh*), bildet Joh. Hofer 1688 (in seiner durch den Basler Professor J. J. Harder betreuten Dissertation) griech.-lat. *nostalgia*, das auf griech. *nóstos* (*νόστος*) 'Rückkehr, Heimkehr' (s. auch *genesen*) und dem zu griech. *álgos* (*ἄλγος*) 'Schmerz, Not, Trauer' gehörenden, an Adjektivbildungen auf *-algḗs* (*-αλγής*) '-leidend', d. i. 'woran Schmerz habend', anzuschließenden Kompositionsglied *-algía* (*-αλγία*) beruht (also eigentl. 'schmerzhaftes Verlangen nach Heimkehr'); vgl. antike Zusammensetzungen wie griech. *kardialgía* (καρδιαλγία) 'Herz-, Magenschmerz' (s. *kardial*), *kephalalgía* (κεφαλαλγία) 'Kopfschmerz'. Dem nlat. medizinischen Terminus folgt frz. *nostalgie* (seit Mitte des 18. Jhs. neben gängigerem frz. *maladie du pays*, später *mal du pays*), und im Anschluß an dieses wird zu Beginn des 19. Jhs. *Nostalgie* als bildungssprachliches Synonym für *Heimweh* auch im Dt. gebräuchlich, zieht sich im 20. Jh. aber stärker auf den fachlichen Bereich zurück. Dagegen entwikkeln frz. *nostalgie* und entsprechendes engl. *nostalgia*, *nostalgy* zu dieser Zeit Übertragungen wie 'Verlangen nach früheren Lebensumständen, melancholische Sehnsucht nach Vergangenem oder Unbekanntem', aus denen sich die Anfang der 70er Jahre des 20. Jhs. einsetzende moderne Verwendung von *Nostalgie* erklärt.

Not f. 'Armut, Elend, Mangel, schwierige Lage, Bedrängnis, Mühe, Schwierigkeit, Zwang', ahd. (8. Jh.), mhd. mnd. *nōt*, asächs. *nōd*, mnl. *noot*, nl. *nood*, aengl. *níed*, *nēd*, engl. *need* (Plur. *needs* 'Bedürfnisse'), anord. *nauð*, *nauðr*, schwed. *nöd*, got. *nauþs* führt als Abstraktbildung mit *ti*-Suffix wie apreuß. *nautin* (Akk.) 'Not', vielleicht im Anschluß an Verben wie lit. *nõvyti* 'bedrücken, vernichten, quälen', aslaw. *unyti* 'verzagen, nachlässig werden', russ. *nyt'* (*ныть*) 'anhaltend dumpf schmerzen', mit aslaw. *nǫžda*, *nužda* 'Zwang, Gewalt, Notwendigkeit', russ. (älter) *nudá* (*нуда*) 'Zwang, Nötigung, Not', russ. *nuždá* (*нужда*) 'Not Armut, Elend' auf eine Wurzel ie. **nāu-*, **nəu-*, **nū-* 'Tod, Leiche', verbal 'bis zur Erschöpfung abquälen, ermattet zusammensinken'. – n ö t i g Adj. 'dringend erforderlich, unentbehrlich, notwendig', ahd. *nōtag*, *nōtīg* 'in Not, bedrängt' (9.Jh.), mhd. *nōtec*, *nōtic*, *nœtic* 'Not habend, bedrängt, dürftig, notwendig, dringend, eilig'. n ö t i g e n Vb. 'jmdn. auffordern, dringend bitten, etw. zu tun', in der Rechtssprache 'jmdn. mit Gewalt oder Drohung dazu bringen, etw. zu tun, zu dulden oder zu unterlassen', ahd. *nōtagōn* (um 1000), mhd. *nōtegen*, *nōtigen*, auch 'notzüchtigen', neben gleichbed. frühnhd. *nöten*, ahd. *nōten* 'Gewalt, Zwang antun, drängen' (8. Jh.); vgl. asächs. *nōdian*, aengl. *nīedan*, anord. *neyða*, got. *nauþjan* 'zwingen'. N o t b e h e l f m. 'notdürftiger Behelf, unzureichendes Ersatzmittel' (Anfang 18. Jh.). N o t d u r f t f. 'Ausscheidung aus Darm und Blase', veraltet 'zum Leben Nötiges', nur noch in der Wendung *seine Notdurft verrichten* 'Darm und Blase entleeren' (17. Jh.), vgl. mhd. *sīne nōtdurft tuon*; ahd. *nōtthurft* (8. Jh.), mhd. *nōtdurft* 'Notwendigkeit, Not, (natürliches) Bedürfnis, Bedarf an notwendigen Dingen (zum Lebensunterhalt)', asächs. *nōdthurft* 'Notwendigkeit, Bedarf an notwendigen Dingen, zwingendes Bedürfnis', got. *naudiþaúrfts*, zusammengesetzt mit ahd. *thurft*, mhd. *durft*, got. *þaúrfts* 'Bedürfnis' (s. *dürftig*); n o t d ü r f t i g Adj. 'nicht befriedigend, behelfsmäßig, nur knapp ausreichend', mhd. *nōtdürftic* 'nötig, notwendig, bedürftig'; N o t d ü r f t i g k e i t f., mhd. *nōtdürfticheit* 'Notwendigkeit, Bedürfnis, Erfordernis', eigentl. 'was man notwendig braucht'. n o t g e d r u n g e n Adj. 'aus dringender Notwendigkeit gezwungen, weil es nicht anders geht' (18. Jh.), eigentl. Part. Prät. von veraltetem *notdringen* 'mit Not drängen, nötigen, zwingen'. N o t l ü g e f. 'durch Not erzwungene Lüge mit dem Ziel, Schaden zu verhindern oder einer Verlegenheit zu entgehen' (Ende 16. Jh.). N o t n a g e l m. 'Ersatz, Aushilfe, Lückenbüßer' (Anfang 18. Jh.). N o t p f e n n i g m. 'für Zeiten der Not aufgespartes Geld' (17. Jh.). N o t s t a n d m. 'Zustand der Not, der Bedrängnis, gefahrdrohender Zustand' (17. Jh.). N o t w e h r f. 'von einem akuten Notfall erzwungene Verteidigung' (gegen körperlichen Angriff), mhd. *nōtwer*. n o t w e n d i g Adj. 'nötig, unbedingt erforderlich', eigentl. 'geeignet, die Not zu wenden' (1. Hälfte 16. Jh.), und (nur in älterer Sprache) 'notgedrungen, sehr dringend, unaufschiebbar', eigentl. 'durch Not hervorgebracht' (ebenfalls 1. Hälfte 16. Jh.); daraus 'in der Natur der Sache liegend, unvermeidbar' (18. Jh.), vgl. *notwendige Konsequenz*; dazu N o t w e n d i g k e i t f. (16. Jh.). N o t z u c h t f. 'Vergewaltigung' (16. Jh.), Rückbildung aus mhd. (rhein.) *nōtzühten*, das eigentl. wie ahd. *nōtzogōn* (10. Jh.), mhd. *nōtzogen* 'mit Zwang (Not) eine Frau fortziehen, eine Frau rauben' bedeutet; n o t z ü c h t i g e n Vb. 'eine Frau vergewaltigen', mhd. *nōtzühtigen*.

Notar m. 'staatlich vereidigter Volljurist, der beglaubigt und beurkundet', ahd. *nōtāri* 'Schreiber' (10. Jh.), spätmhd. *notære*, *notarje*, *noter*, *noder*, frühnhd. *Notari*, *Notar*, Entlehnung aus lat. *notārius* '(Schnell)schreiber, Sekretär', mlat. 'durch kaiserliche Verfügung bestellter öffentlicher Schreiber, Gerichtsschreiber', einer Ableitung von lat. *nota* 'Zeichen, Schriftzeichen, schriftliche Anmerkung, Schriftstück' (s. *Note*). – N o t a r i a t n. 'Amt, Kanzlei eines Notars' (16. Jh.), mlat. *notariatus*. n o t a r i s c h Adj. 'von einem Notar ausgefertigt und beglaubigt' (16. Jh.), später n o t a r i e l l (19. Jh.), mit französierender Endung.

Note f. 'graphisches Zeichen für einen Ton', entlehnt aus lat. *nota* 'Kenn-, Merk-, Schrift-, Tonzeichen, Anmerkung', ablautende Bildung zu lat. *nōscere* (*nōtum*) 'kennenlernen, erkennen, anerkennen, prüfen, untersuchen'. Das lat. Substantiv ist mehrfach ins Dt. entlehnt worden. Ahd. *nŏta* (8. Jh.), mhd. *note* 'Kennzeichen, Merkmal, Merk-, Erinnerungszeichen', auch 'Tonzeichen' und (unter Einfluß von afrz. *note*?) 'gespielte Melodie', dann 'Zensurenurteil, erklärende schriftliche Anmerkung, Bermerkung (zu einem Text)' (18. Jh.), dazu *Fußnote* 'erläuternde Anmerkung am unteren Ende einer Buchseite' (2. Hälfte 19. Jh.). Die Bedeutung 'förmliche diplomatische Mitteilung einer Regierung' (Ende 18. Jh.) folgt wohl engl. *note* 'diplomatisches Schreiben', dazu (analog zu *Briefwechsel*) *Notenwechsel* (19. Jh.). *Note* 'Geldschein' (19. Jh.) ist (wie gleichbed. engl. *note* aus engl. *banknote*) verkürzt aus *Banknote* (s. d.).

notieren Vb. 'aufschreiben, vormerken, Musik, Gesang in Noten setzen', spätmhd. *notieren*, entlehnt aus lat. *notāre* 'kennzeichnen, kurz aufzeichnen, sich anmerken, tadeln', mlat. 'in Tonzeichen aufschreiben', einer Ableitung von lat. *nota* (s. *Note*). In der Kaufmannssprache 'den Kurs einer Ware, eines Wertpapiers, einer Währung festsetzen' (19. Jh.); dazu N o t i e r u n g f. (19. Jh.).

Notiz f. 'Bemerkung, Angabe, Vermerk', entlehnt (Ende 17. Jh.) aus lat. *nōtitia* 'Bekanntsein, Wissen, Begriff, Kenntnis', spätlat. 'Nachricht, schriftliches Verzeichnis', abgeleitet von lat. *nōtus* Part.adj. 'bekannt, kennend', zu lat. *nōscere* 'kennenlernen, erkennen'. – N o t i z b u c h n. (19.Jh.), zuvor *Notierbuch* (18. Jh., s. *notieren*).

notorisch Adj. 'offenkundig, allbekannt, berüchtigt, gewohnheitsmäßig'. Spätlat. *nōtōrius* 'anzeigend, kundtuend, allgemein bekannt', zu lat. *nōtus* Part.adj. (s. *Notiz*), wird zunächst (15. Jh.) als *notori*, *notari* entlehnt, daneben aber bis ins 18. Jh. auch mit lat. Endungen gebraucht. Eingedeutschtes *notorisch* erscheint Mitte des 17. Jhs.

Novelle f. gestraffte Prosaerzählung über eine aus dem Üblichen herausfallende Begebenheit (18. Jh., Lessing, durch Wieland und Goethe verbreitet), zuvor 'Neuigkeit, Bericht über eine neue, besondere Begebenheit' (17. Jh., für *neue Zeitung*), 'neue Erzählung' (16. Jh. *Nouella*, für *neue Mär*, *Historie*), Übernahme von ital. *novella* 'kurze Erzählung' (13. Jh., dann bes. bei Boccaccio, 14. Jh.), im Dt. daher zuerst in Übersetzungen des Decamerone (*daz ist cento nouelle*, 15. Jh.). Es handelt sich dabei um das substantivierte Fem. von ital. *novello* 'neu' (aus lat. *novellus*, Deminutivum von lat. *novus* 'neu, jung'). Der rechtssprachliche Gebrauch im Sinne von 'Gesetz, das ein älteres ergänzt oder teilweise ändert, Nachtrag' (Anfang 18. Jh.) geht unmittelbar auf das Lat. zurück, und zwar auf die Fügung spätlat. *novellae (cōnstitūtiōnes)*, wie die nach dem Codex Theodosianus und nach dem Codex Iustinianus herausgegebenen Gesetze bezeichnet werden. Der literaturwissenschaftliche Begriff entwickelt sich im 18. Jh. unter Einfluß von (ebenfalls aus dem Ital. stammendem) frz. *nouvelle*.

November m. Name für den elften Monat im Jahr, mhd. *november* (dafür ahd. *herbistmānōd* 'Herbstmonat', um 1000; doch vgl. got. *naúbaímbaír*) ist entlehnt aus lat. *(mēnsis) november*, einer Ableitung von lat. *novem* 'neun', da das altrömische Kalenderjahr ursprünglich mit dem 1. März begann (*s. Januar*).

Novize m. 'junger Mönch während der Probezeit vor dem Ablegen der Gelübde', spätmhd. *novize*, Entlehnung aus gleichbedeut. mlat. *novitius*, lat. *novīcius* 'neu, jung', substantiviert 'Neuling', einer Ableitung von lat. *novus* 'neu, unerfahren' (s. *Novum*).

Novum n. 'Neuheit, Neuerung, neuer Gesichtspunkt', Übernahme (18. Jh.) von lat. *novum* 'Neues', dem stubstantivierten Neutrum von lat. *novus* Adj., s. *neu*.

Nuance f. 'Abstufung, Tönung', zunächst ein Ausdruck der Malerei in bezug auf Farbgebung 'Abschattierung, Abtönung', dann auch 'Begriffsabstufung, feiner gradueller Unterschied', Übernahme (Mitte 18. Jh.) von afrz. frz. *nuance* 'Schattierung, Farbabstufung', einer Ableitung von afrz. frz. *nuer* 'schattieren, eine Farbe abstufen', das zu afrz. frz. *nue* 'Wolke' (aus vlat. **nūba*, lat. *nūbēs* 'Wolke, Färbung') gebildet ist. – nuancieren Vb. 'abstufen, in feinen Unterschieden darstellen' (Mitte 18. Jh.), aus gleichbed. frz. *nuancer*; Nuancierung f. (Mitte 18. Jh.).

nüchtern Adj. 'nicht gegessen und getrunken habend, mit leerem Magen, nicht betrunken', übertragen 'besonnen, leidenschaftslos, phantasielos', ahd. *nuohturn* (10./11. Jh.; dazu die Weiterbildung *nuohturnīn*, um 1000, z. B. in *nuohturnīn sīn* 'sich einer Sache enthalten'), mhd. *nüehtern*, auch schon 'nicht betrunken', mnd. *nöchteren*, mnl. *nuchteren, nuchterne*, nl. *nuchter* sind entlehnt aus lat. *nocturnus* 'nächtlich' (zu lat. *nox*, Gen. *noctis*, s. *Nacht*). Die vom Lat. abweichende Vokallänge erklärt sich durch Angleichung an die einheimischen Bezeichnungen für 'Morgenfrühe, Dämmerung' ahd. *uohta* (um 1000), mhd. *uohte, uhte*, nhd. (landschaftlich) *Ucht*, asächs. *ūhta*, mnd. *uchte* (verwandt mit *Nacht*). Es handelt sich wohl um ein in den Klöstern entstandenes Wort mit der Bedeutung 'in der Morgendämmerung bestehend, frühmorgendlich, im Zustand des frühen Morgens befindlich', d. h. 'noch nichts gegessen und getrunken habend', und zwar in der Zeit des der Nachtruhe folgenden Morgengottesdienstes vor Einnahme der Morgenmahlzeit. – Nüchternheit f. (Anf. 15. Jh.). ausnüchtern Vb. 'sich vom Zustand der Trunkenheit erholen' (17. Jh.); Ausnüchterung f. (Mitte 19. Jh.). ernüchtern Vb. 'einen leeren Magen bekommen' (15. Jh.), 'sich von einem Rausch erholen' (17. Jh.), 'jmdn. aus einer gesteigerten Stimmung herausreißen' (18. Jh.); Ernüchterung f. (2. Hälfte 19. Jh.).

Nuckel m. 'Sauger, Schnuller', ein vornehmlich md. Mundartwort, im 20. Jh. gelegentlich auch literatursprachlich. Md. *Nuckel, Nüggel* 'Schnuller', auch 'weibliche Brust, kleines Kind, Tierjunges', *Nückel* 'weibliche Brust' (17. Jh.), ursprünglich wohl 'Brustwarze', vgl. rhein. *Nückel, Nuckel* 'Brust der stillenden Mutter, Brustwarze', Deminutivbildungen zu den unter *Nocken* (s. d.) behandelten landschaftlichen Formen, deren Ausgangsbedeutung 'kleiner Hügel, Rundes, Spitze' ist. – nuckeln Vb. 'an der Brustwarze saugen' (Ende 17. Jh.), dann 'am Schnuller saugen, lutschen'.

Nudel f. 'in Fett schwimmend gebackener Hefeteig, (in Streifen geschnittene) Eierteigware' (16. Jh.). Herkunft ungeklärt. Vielleicht zu *Knödel* (s. d.). Kramer in: Die Schlern 64 (1990) 97ff. vermutet Entlehnung aus grödnerisch *menudli*, dieses aus lat. *minūtulus* 'winzig, zerkleinert'. – nudeln Vb. '(mit Nudeln) vollstopfen, mästen' (belegt Ende 18. Jh., wohl älter).

Nudismus m. Lehre, nach der Aufenthalt und Betätigung im Freien mit nacktem Körper zu physischer und psychischer Gesundung führe, 'Freikörperkultur', gelehrte Bildung (20. Jh.) zu lat. *nūdus* 'unbekleidet, entblößt, nackt'. – Nudist m., nudistisch Adj. (20. Jh.).

Nugat, auch *Nougat*, m. und n. 'Nuß- oder Mandelkonfekt', Übernahme (19. Jh.) von gleichbed. frz. *nougat*, aus prov. *nougat* 'aus Mandeln und Honig bereiteter Kuchen', aprov. *nogat* 'Ölkuchen, Rückstände ausgepreßter Nüsse', das auf vlat. **nucātum* 'aus Nüssen Bereitetes' zurückgeht; zu lat. *nux* (Gen. *nucis*) 'Nuß'.

nuklear Adj. 'den Atomkern betreffend, von ihm ausgehend' (vgl. *nukleare Energie*), 'auf Kernreaktion beruhend' (vgl. *nukleare Waffen*), gelehrte Ableitung von *Nukleus* 'Atomkern' (20. Jh.), zuvor 'Kern, Zellkern' (19. Jh.), voraufgehendem gleichbed. engl. *nuclear* folgend (das im Sinne von 'kernförmig' bereits im 19. Jh. zu engl. *nucleus* 'Kern, Zellkern' gebildet wird). Zugrunde liegt lat. *nucleus* (älter *nuculeus*) 'Kern, Nußkern', Deminutivum zu lat. *nux* (Gen. *nucis*) 'Nuß'.

Null f. Bezeichnung für die Ziffer 0, übertragen (meist ohne Artikel) 'Nichts', entlehnt aus ital. *nulla*, das auf lat. *nūlla* 'nichts' (Neutr. Plur. von lat. *nūllus* 'keiner') beruht, seit der 2. Hälfte des 15. Jhs. Übersetzung von arab. *ṣifr* 'Null' (eigentl. 'leer', s. *Ziffer*). In dt. Texten zuerst in der ital. Form *Nulla* (um 1500), danach *Nullen* Plur. (2. Hälfte 16. Jh.), *Null* (seit Ende 16. Jh.), daneben *Noll* (1. Hälfte 17. Jh.), *Nulle* (Anfang 18. Jh.), auch *das Nullo* (Anfang 17. Jh.). Aus Verwendungen in der Rechenkunst wie *nulla mal 5 ist 0* (Anfang 16. Jh.) entwickelt sich null Num. – null Adj. (prädikativ) 'ungültig, nichts', zuerst in der rechtssprachlichen Formel *null und nichtig* 'rechtlich ungültig' (1. Hälfte 16. Jh.), entlehnt aus lat. *nūllus* 'keiner'. Danach *null* ('unbedeutend, nichtssagend') *sein, werden* (18. Jh.); nur selten attributiv.

Nulpe f. 'Dummkopf, unbedeutender Mensch, Nichtskönner'. Das seit Anfang des 20. Jhs. bezeugte Schimpfwort ist seiner Herkunft nach unklar. Vielleicht eine Weiterbildung von *Null* im Sinne von 'einflußloser, unbedeutender Mensch'? Oder aus dem Obsächs. in der Übertragung expressiver Wörter wie *Nulpe* 'Wolke' (vgl. *enne triebe Nulpe* 'eine trübe Wolke'), *Nulp* 'Gummisauger', dann auch 'Tabakspfeife, Zigarre'?

Numismatik f. 'Münzkunde', gelehrte Bildung (Ende 18. Jh.) zu lat. *numisma*, einer Nebenform von *nomisma* (Gen. *nomismatis*), griech. *nómisma* (*νόμισμα*) 'Geldstück, Münze', vielleicht unter dem Einfluß von frz. *science numismatique*. – Numismatiker m., numismatisch Adj. (um 1800).

Nummer f. 'Ziffer, Zahl, Kennzahl', übertragen 'Größe, zirzensische Darbietung', scherzhaft 'Witzbold'. *Numero* n. (auch f., doch meist ohne Artikel) ist eine Entlehnung (Mitte 16. Jh.) der Kaufmannssprache von ital. *numero* 'Zahl, Zahlenzeichen' (aus lat. *numerus* 'Zahl, Anzahl'). Auf die heute seltene Form weist gelegentlich noch die Abkürzung *No.* sowie das Zeichen №. Eingedeutschtes *Nummer* f. (mit fem. Genus nach *Zahl* und *mm* zur Kennzeichnung der Kürze des Vokales) tritt im 18. Jh. auf. Die Grammatik übernimmt (17. Jh.) terminologisches lat. *numerus* als zusammenfassenden Begriff für Singular, Dual, Plural. – numerisch Adj. 'zahlenmäßig, der Zahl nach' (Mitte 18. Jh.), vgl. nlat. *numericus*; neuerdings (20. Jh.) gelegentlich auch *nummerisch*. numerieren Vb. 'mit Nummern, mit fortlaufenden Zahlen versehen, beziffern' (Mitte 16. Jh.), aus lat. *numerāre* 'zählen, rechnen'. Numerale n. 'Zahlwort', Übernahme (Mitte 17. Jh.) des gleichbed. grammatischen Terminus spätlat. *(nōmen) numerāle*; vgl. spätlat. *numerālis* 'zu den Zahlen gehörig', Ableitung von lat. *numerus* 'Zahl' (s. oben).

nun Adv. 'jetzt', das Gegenwärtige oft zu Vorangegangenem in Beziehung setzend ('im Anschluß daran, danach'), wobei gelegentlich ein kausaler Zusammenhang hergestellt wird ('deshalb, folglich'); ferner als Partikel lediglich eine Aufforderung, Frage unterstreichend oder Zögern, Bedenken ausdrückend. Dem gemeingerm. temporalen Adverb ahd. *nū̆* (8. Jh.), mhd. *nū̆*, *nuo*, *nuon*, spätmhd. *nun*, asächs. *nū̆*, mnd. mnl. *nū*, nl. *nu*, aengl. *nū̆*, engl. *now*, anord. *nū*, schwed. dän. *nu*, got. *nu* entsprechen außerhalb des Germ. z. B. aind. *nú*, *nū́* 'nun, jetzt, also, gewiß', griech. *ny* (*νυ*) 'nun' (enklitische Partikel), lat. *nu-* (in *nudiūstertius* 'vorgestern', eigentl. 'es ist nun der dritte Tag'), lit. *nū̃*, *nù* 'nun, jetzt' und wohl auch aslaw. *nъ*, russ. *no* (*но*) 'aber, sondern', air. *no-*, *nu-* (Verbalpartikel), so daß ie. **nū̆* 'nun' (vielleicht Tiefstufe von ie. **neu̯-*, der Wurzelsilbe der unter *neu* dargestellten Adjektivformen, s. d.) angenommen werden kann; vgl. außerdem mit nasaler Erweiterung (z. T. erstarrte Kasusformen eines Adjektivs ie. **nū-no-* 'jetzig'?) aind. *nūnám* 'jetzt, nun, heute, wohl, gewiß', griech. *nŷn* (*νῦν*) Adv., *nyn* (*νυν*) enklitische Partikel 'nun, jetzt', lat. *num* 'nun, noch, denn, doch wohl nicht', *nunc* 'jetzt, nun' (zu *-c* s. *hin*), aslaw. *nyně*, russ. *nýne* (*ныне*) 'jetzt, heute', lit. *nūnaĩ*, *nū̃n* 'nun'. An mhd. *nū̆*, *nuo* tritt ein *-n* an (zuerst *nuon*, 13. Jh.), das wahrscheinlich auf die enklitische Negationspartikel mhd. *-n(e)* in verneinten Sätzen (z. B. *nune weint niht mēre* bei Hartmann von Aue) zurückgeht, deren Funktion wegen des Schwindens der doppelten Verneinung nicht mehr erkannt wird. Die vom 14. Jh. an belegte Form *nun* setzt sich im 17. Jh. in der Literatursprache durch, doch bleibt das ältere *nu* in Mundart und lebendiger Alltagsrede weiterhin in Gebrauch. Seit mhd. Zeit und mehrfach bereits im Ahd. wird das temporale und kausale Adverb (wie allgemein im Westgerm.) auch als unterordnende Konjunktion verwendet (vgl. daneben gleichwertiges mhd. *nu daȥ*). Heute ist konjunktionales *nun* 'jetzt, da ...' nicht mehr üblich, noch im 19. Jh., vereinzelt bis ins 20. Jh. aber leitet es Gliedsätze ein, die die zeitliche Voraussetzung für das Geschehen des Hauptsatzes oder einen zum gegenwärtigen Zeitpunkt vorhandenen Grund angeben. – Nu m., älter auch n. '(gegenwärtiger) Augenblick', mhd. *nū* n., vereinzelt f., im 13. Jh. aufkommende Substantivierung des Zeitadverbs mhd. *nū̆* (s. oben); nur die adverbielle Fügung *im Nu* 'sehr schnell' (17. Jh., anfangs öfter *im Nun* entsprechend nhd. *nun*) ist jetzt noch geläufig, seltener *in einem Nu* (mhd. *in eime einzegen nū*, mnd. *in ēnem nū*); das ältere Nhd. kennt ebenso *in diesem, im gleichen Nu* u. ä.; vgl. bereits substantiviertes got. *nu* in got. *fram himma, þamma nu* 'von jetzt an'. nunmehr Adv. 'nun', ursprünglich 'jetzt und fernerhin, von nun an' (16. Jh.), Zusammenrückung aus frühnhd. *nun mehr* (15. Jh.), mhd. *nū mēre*; die Kanzleisprache des 17. bis 19. Jhs. erweitert zu klangvollerem *nunmehro*, vielleicht nach dem Muster von *dero, ihro*.

Nuntius m. 'ständiger diplomatischer Vertreter des Papstes bei einer Regierung', auch *Apostolischer Nuntius*. Die Bezeichnung *Nuntius* erscheint seit dem 16. Jh. in dt. Texten. Vorauf gehen Fügungen wie mlat. *nuntius curiae* oder *nuntius Apostolicus* 'päpstlicher Gesandter'. Zugrunde liegt lat. *nūntius* 'Bote, Verkünder, Botschafter'.

nur Adv., im Satz in der Regel die Funktion einer Partikel wahrnehmend, die sich entweder auf ein bestimmtes Satzglied (auch auf einen Gliedsatz) bezieht und die Ausschließlichkeit des Genannten, die Beschränkung auf dieses angibt ('nichts weiter, niemand weiter als, nicht mehr als, bloß') oder, weitgehend sinnentleert, als modales Element einer Aufforderung, Frage bzw. einem Wunsch Intensität verleiht; außerdem schließt *nur* in konjunktionaler Verwendung (koordinierend und in der seit dem 15. Jh. gebräuchlichen Verbindung *nur daß* subordinierend) eine den Inhalt des vorausgehenden Satzes einschränkende Aussage an. Historisch entwickelt sich das Wort selbst durch Verkürzung und lautliche Abschwächung aus einem (anfangs vorwiegend an verneinte Hauptsätze angefügten) einschränkenden Bedingungssatz: Ahd. *ni wāri, niwāri*, mhd. *newære, niwære*, auch *eȥ enwære (danne)* 'wenn es nicht wäre, es wäre denn, außer', eigentl. 'es wäre nicht', bestehend aus der Negationspartikel ahd. *ni*, mhd. *ne* (s. *nein, nicht, nie*) und der 3. Pers. Prät. Konj. von ahd. mhd. *sīn* (s. *sein*; vgl. ferner entsprechend gebildetes ahd. *ni sī*, mhd. *eȥ ensī*, woraus nach Wegfall der Verneinung nhd. *es sei denn*), ergibt im späteren Mhd. und im Frühnhd. anfangsbetonte und schließlich einsilbige Formen, vgl. *niwer, nüwer, nuwer, newer, neuer(t), niur(t), neur(t), nuor, nuer*; zu Beginn des 14. Jh. tritt erstmals spätmhd. (md.) *nūr* auf, das sich im Nhd. durchsetzt. Westgerm. Parallelen, die ebenfalls kürzende Umgestaltung erfahren, sind mnl. *newaer, newāre*, dann *nemaer, nemāre, maer, māre, mar, mer* (nl. *maar*), afries. *ne wēre*, dann *nēre* und *wēre, wēra, wara*, aengl. *ne wǣre*, dann *nǣre*; asächs. *ne wāri (that)* wird dagegen durch mnd. *men, man* 'ausgenommen, nur', nd. *man* 'nur' abgelöst, das auf gleichbed. asächs. *newan*, mnd. *wan, wen* (vgl. ahd. *niwan, wan*, mhd. *niuwan, niwan, wan*) beruht (lediglich vereinzelt mnd. *nūr, nurt, nort*). Im Nhd. ist partikelhaftes *nur* auch Bestandteil der mehrteiligen nebenordnenden Konjunktion *nicht nur ..., sondern auch ...* (16. Jh.), die Aneinanderreihung und gleichzeitig steigernde Hervorhebung ermöglicht.

nuscheln Vb. 'undeutlich sprechen', frühnhd. *nuscheln* (Ende 15. Jh.), *nüsselen* (16. Jh.) ist wohl eine lautmalende Bildung mit iterativem *l* in Anlehnung an *Nase* (s. d.).

Nuß f. 'Frucht mit harter Schale, deren eßbarer Kern', ahd. *(h)nuȥ* (um 800), mhd. *nuȥ*, mnd. *not*, aengl. *hnutu*, engl. *nut*, mnl. *not, nōte, nuete*, nl. *noot*, anord. *hnot*, schwed. *nöt* (germ. **hnut-*) führen wie gleichbed. lat. *nux* (aus **knuks*) auf ie. **kneu-* (wozu mir. *cnū* 'Nuß', auch *Nocken*, s. d.) und damit letztlich auf die schwundstufige Form der Wurzel ie. **ken-* 'zusammendrücken, -knicken, Zusammengedrücktes, Geballtes' (wozu *Nacken*, s. d.). – Nußknacker m. (18. Jh.), für älteres *Nußbrecher*, vgl. ahd. *(h)nuȥbrehha* (11. Jh.), frühnhd. *nußbreche*.

Nüster f. 'Nasenloch' (meist Plural *Nüstern*), ein nd. Wort, das in der 2. Hälfte des 18. Jhs. auch in der Literatursprache üblich wird. Nd. *Nüster*, mnd. *nüster, noster*, afries. *noster(e)n* beruht auf germ. **nusr-* (aus **unsr-*) mit dentalem Gleitlaut zwischen *s* und *r*. Es handelt sich dabei um eine schwundstufige *r*-Ableitung (ie. **n̥sr-*) von der unter *Nase* (s. d.) angegebenen Wurzel.

Nut f. 'rinnenförmige Vertiefung in der Oberfläche von Werkstoffen', nichtfachsprachlich *Nute* 'Furche, Fuge, Rille, Rinne'. Das nur im Dt. übliche Wort ahd. *(h)nuot* (9. Jh.), spätmhd. *nuot* 'Verbindung, Ritze, Fuge' steht als *ti*-Abstraktum zu dem im Nhd. untergegangenen Verb ahd. *(h)nuoen* (8. Jh.), mhd. *nüejen* 'glätten, genau zusammenfügen'. Verwandt sind ahd. *(h)nuoa*

(8. Jh.), asächs. *hnōa* 'Fuge', außergerm. (ablautend) griech. *knḗn* (*κνῆν*) 'schaben, kratzen, jucken', lit. *kn(i)ótis* 'sich abschälen, sich loslösen', so daß von der Wurzel ie. **ken(ə)-*, **knē-* 'kratzen, schaben, reiben' (wozu auch [1]*Niete*, s. d.) ausgegangen werden kann.

nutschen Vb. 'an etw. saugen, im Mund zergehen lassen' (17. Jh.), *nutscheln* (16. Jh.), schweiz. *notscheln*, auch *nätschen*, *notschen*; wie *lutschen* (s. d.) eine den Sauglaut nachahmende Bildung. Vgl. omd. *Nutsch* m. 'Saugläppchen, (Gummi)sauger', *Nutscher* 'saugendes Kind, etw. woran man nutschen kann, Stielbonbon'.

Nutte f. 'Hure', vorher 'nichtregistrierte, sehr junge Prostituierte mit noch kindlichem Aussehen' (1. Hälfte 19. Jh.), nach berlin. *Nutte* 'junges Mädchen' (Ende 18. Jh.), 'kleines Wesen' (19. Jh.); vgl. auch berlin. *nuttig* 'winzig, zierlich', auch 'unbedeutend, schlecht' (19. Jh.). Herkunft nicht geklärt. Man hat (trotz fehlenden Umlauts) einen Zusammenhang mit nd. *lütt* 'klein', vgl. ahd. *luzzi* (9. Jh.), mhd. *lütze, lüz* 'klein, gering', herzustellen versucht, das zu der unter *lauschen* (s. d.) angegebenen Wurzel ie. **leud-* 'sich ducken' gehört. Der veränderte Anlaut könnte auf Einfluß von rotw. *Nidde* 'Hure', jidd. *nid(d)o* 'menstruierende Frau' beruhen.

nütze Adj., obd. *nutz*, 'nützlich, brauchbar', heute nur noch prädikativ in der Wendung *zu nichts nütze sein*, älter auch attributiv, vgl. mhd. *nütziu wīp*, frühnhd. *nutz Leutt*. Ahd. *nuzzi* (um 800), mhd. *nütze*, asächs. *nutti*, mnd. *nütte*, mnl. *nutte*, nl. *nut*, aengl. *nytt* (germ. **nutja-*), anord. (ablautend) *nȳtr* stehen als *ja*-Stämme zu dem unter *genießen* (s. d.) behandelten Verb, dazu mit gleicher Stammbildung wohl auch das nur negiert und flektiert belegte got. *unnutjans* (Akk. Plur. Mask.). – Nichtsnutz m. 'Taugenichts' (15. Jh.).

Nutzen m. 'Ertrag, Gewinn, Vorteil'. Ahd. (8. Jh.), mhd. *nuz* m. (Gen. *nutzes*) 'Gebrauch, Nutzen, Ertrag' (germ. **nuti-*) hat neben sich schwach flektierendes ahd. (vereinzelt) *nuzza* f. (9. Jh.) und als fem. *jō*-Stamm (germ. **nutjō*) aengl. *nytt*, anord. *nyt* sowie als Adjektivabstraktum ahd. *nuzzī* f. (9. Jh.), mhd. (selten) *nütze*, frühnhd. *nütze*. Mnd. mnl. *nut* weist mask. und fem. Geschlecht auf (nl. *nut* ist Substantivierung des Adjektivs, s. *nütze*). Vereinzelt begegnet schließlich ein schwach flektierendes mhd. *nutze* m. Alle Formen stehen ablautend zu der unter *genießen* (s. d.) behandelten Verbgruppe. Nhd. *Nutzen* m. (Gen. *Nutzens*, 16. Jh.) ist wohl aus oben genanntem mhd. *nutze* m. mit Übernahme des Endungs-*n* aus den obliquen Kasus entstanden. Es verdrängt im 18. Jh. älteres *Nutz*, das fortlebt in den Wendungen *nutz und frommen* (16. Jh.), *zu Nutz und Frommen sein, gereichen, dienen* (18. Jh.), *zunutze machen* (17. Jh.). – Eigennutz m. 'Bedachtsein auf den eigenen Nutzen, Egoismus' (15. Jh., auch flektiert *eigener nutz*). Zu *Nutz* als erstem Glied in Zusammensetzungen vgl. Nutzholz n. (18. Jh.), mnd. *nutholt*; Nutzanwendung f. (18. Jh.); Nutznießung f. 'Recht zur Nutzung fremden Eigentums' (18.Jh.); nutzlos Adj. (18. Jh.); nutzbringend Adj. (16. Jh.). nutzbar Adj. 'Nutzen bringend, sich für nützliche Zwecke eignend', mhd. *nutzebære*. nützlich Adj. 'Nutzen, Vorteil bringend', mhd. *nützelich* 'Nutzen, Genuß bringend, angenehm'. nutzen, nützen Vb. 'Nutzen bringen, dienlich sein, nutzbringend verwenden, ausnutzen, Nutzen aus etw. ziehen' setzt ahd. *nuzzōn* 'genießen, verbringen' (9. Jh.), mhd. *nutzen*, abgeleitet von ahd. *nuzza* (s. oben), und (das später Umlaut aufweisende *jan*-Verb) ahd. *ginuzzen* 'nützen, Nutzen ziehen' (9. Jh.), mhd. *nutzen, nützen* 'gebrauchen, benutzen, als Nahrung genießen, dienlich sein' fort. Dazu abnutzen, abnützen Vb. 'durch anhaltenden Gebrauch Wert und Verwendungsmöglichkeit mindern' (15. Jh.); vgl. mhd. *abenutzen* 'nießbrauchen, den Ertrag nutzen'; ausnutzen, ausnützen Vb. 'Vorteil aus etw. ziehen, rücksichtslos gebrauchen' (Ende 15. Jh.); benutzen, benützen Vb. 'gebrauchen, verwenden', mhd. *benutzen, benützen*.

Nylon n. Die Bezeichnung (Handelsname) der zu den Polyamiden gehörigen synthetischen Textilfaser ist ein von der Herstellerfirma Du Pont (Ende der 30er Jahre des 20. Jhs.) geprägtes Kunstwort ohne beabsichtigte Buchstabenbedeutung, doch mit an engl. *rayon* 'Kunstseide, Kunstseidenfaden' und *cotton* 'Baumwolle, Baumwollfaser' anklingender Endung; vgl. OED Supplement 2 (1976) 1280 (nach Auskunft der Herstellerfirma). Vermutungen, daß *n* und *y* die Initialen von *New York* bedeuten (vgl. PARTRIDGE

Origins, 1966, 444), wie auch andere Deutungsversuche (vgl. FEW 18, 88) sind damit hinfällig. Nach dem Vorbild *Nylon* wird die Endung *-on* bzw. *-lon* für Bezeichnungen von Kunstfasern produktiv (s. *Perlon*).

Nymphe f. anmutige weibliche Naturgottheit niederen Ranges in der griech.-röm. Mythologie, Entlehnung (1. Hälfte 16. Jh., zuerst bei Paracelsus, dann in der Dichtersprache seit Opitz) von gleichbed. lat. *nympha, nymphē*, griech. *nýmphē* (*νύμφη*), auch 'Braut, Jungfrau' und 'Insektenpuppe'; daher auch im Dt. 'schönes, zartes Mädchen' (1. Hälfte 17. Jh.), in der Zoologie 'Insektenpuppe' (Mitte 18. Jh.), heute dagegen für das letzte Jugendstadium der Insekten mit unvollkommener Verwandlung, also jener Insekten, die kein ruhendes Puppenstadium durchmachen (im Unterschied zur *Puppe*, s. d., für das in einer Hülle befindliche Insekt im letzten Entwicklungsstadium bei Insekten mit vollkommener Verwandlung).

Oase f. 'bewässertes, fruchtbares Gebiet in der Wüste'. Seit der 1. Hälfte des 18. Jhs. nachzuweisendes *Oasis* ist (wie schon im 17. Jh. bezeugtes engl. *oasis*) Übernahme von spätlat. *Oasis*, griech. *Óasis, Aúasis* (*Ὄασις, Αὔασις*), dem antiken Namen der damals vor allem bekannten, unter den röm. Kaisern als Verbannungsorte dienenden bewohnbaren Flecken in der libyschen Wüste Ober- und Mittelägyptens. Die Bezeichnung stammt wahrscheinlich aus dem Ägypt. (vgl. kopt. *ouahe* 'Oase', eigentl. 'bewohnter Ort'). Heute übliches *Oase* kommt im 19. Jh. auf (zuerst *Oasen* Plur., Goethe 1817). Von der 1. Hälfte des 19. Jhs. an findet sich metaphorischer Gebrauch für 'erfreuliche Ausnahme von sonst unangenehmen Erscheinungen, Lichtblick, Zuflucht'.

ob Präp. 'wegen, auf Grund', heute ungebräuchlich, jedoch bis ins jüngere Nhd. noch in gehobener oder altertümelnder Ausdrucksweise; die ursprüngliche Funktion der aus einem lokalen Adverb hervorgegangenen Präposition, ein räumliches Verhältnis anzugeben ('oberhalb von', vgl. den Ortsnamen *Rothenburg ob der Tauber*), ist nur im Schweiz. länger bewahrt, während sich sonst nahe verwandtes *über* (s. d.) durchsetzt. Reste des adverbiellen Gebrauchs begegnen im präfixartigen ersten Glied nominaler und verbaler Komposita (s. unten). Ahd. *oba* (8. Jh.), mhd. *ob(e)* Adv. 'oben, oberhalb', Präp. 'über, oberhalb von', aengl. *ufe-* (in *ufeweard* Adj. 'aufwärts gerichtet, ansteigend, höher, später', Subst. 'Oberteil, Außenseite'), anord. *of* Präp. Adv. 'auf, über, durch, zwischen, wegen, gegen', got. *uf* Präp. 'unter' gehen wie aind. *úpa* 'gegen, hin, zu', apers. *upă* 'hin, bei, in', griech. *hypó* (*ὑπό*) Präp. 'unter', *hýpo* (*ὕπο*) Adv. 'unten', lat. *sub* Präp. 'unter' auf ie. **upo*, **up*, **eup* 'unten an etw. heran', dann '(von unten) hinauf, über' (s. auch *auf*) zurück. – Obacht f. 'Aufmerksamkeit, Beachtung, Vorsicht' (Anfang 17. Jh.), namentlich im Obd. verbreitete Zusammensetzung mit [2]*Acht* (s. d., daneben *Aufacht* im Md. des 17. Jhs.), heute vor allem in der Fügung *Obacht geben* 'achtgeben, aufpassen' (19. Jh., älter auch *etw. in Obacht nehmen, halten*, 17. Jh.); dazu beobachten Vb. '(über einen längeren Zeitraum) aufmerksam und genau betrachten, im Auge behalten, einhalten, sorgfältig beachten' (Mitte 17. Jh., bis Ende des 18. Jhs. auch *obachten*), im wissenschaftlichen Sprachgebrauch häufig für lat. *observāre*, frz. *observer* (s. *Observatorium*). Obdach n. '(vorübergehende) Unterkunft, Bleibe', ahd. *obthah* 'Dach, schützende Einfriedung' (10. Jh.), mhd. *ob(e)dach* 'Dach, Unterkunft, Schutz, Überzug, Baumkrone', im jüngeren Nhd. meist auf die Sphäre gehobenen Stils beschränkt; dazu von der Verwaltungssprache ausgehendes obdachlos Adj. 'wohnungslos, ohne Bleibe' (2. Hälfte 19. Jh., vgl. *Asyl für Obdachlose*, Ende 19. Jh., *Obdachlosenasyl*, 20. Jh.). Obhut f. 'fürsorgliche Beaufsichtigung' (Mitte 17. Jh.), intensivierende Zusammensetzung mit *Hut* f. (s. d.). Obmann m. 'wer anderen übergeordnet ist, sie vertritt, Anführer, Vorsteher, Vertrauensmann', auch 'Schiedsrichter', mhd. *obeman*; im Rechtswesen des 19./20. Jhs. Bezeichnung für den Vorsitzenden und Sprecher der Geschworenen. Als Pluralform steht *Obleute* (seit Ende 14. Jh.) neben *Obmänner*. obliegen Vb., heute nur geläufig in unpersönlicher Verwendung *etw. obliegt jmdm.* 'etw. ist jmds. (dienstliche) Aufgabe' (so seit Ende 19. Jh., zuerst obd.; älter *etw. liegt jmdm. ob*, um 1600), früher ebenfalls *jmd. obliegt einer Sache, liegt einer Sache ob* 'jmd.

beschäftigt sich mit einer Sache, befleißigt sich ihrer' (16. Jh.), wohl nach den entsprechenden Gebrauchsweisen von lat. *incumbere* 'sich worauf legen, werfen, auf jmdm. lasten' (spätlat. 'jmds. Aufgabe sein'); voraus geht ahd. *oba liggen* 'obenauf liegen' (9. Jh.), mhd. *obe (ge)ligen* 'oben liegen, die Oberhand gewinnen, siegen, überwinden', noch fortlebend in frühnhd. *obliegen*, dann im Nhd. in diesen Bedeutungen nicht mehr üblich. Zum Verb im neueren Sinne stellt sich Obliegenheit f. 'Aufgabe, Pflicht' (Ende 17. Jh., den seit Beginn des 16. Jhs. gebräuchlichen substantivierten Infinitiv *das Obliegen* ablösend). Veraltende Bildungen sind obsiegen Vb. 'den Sieg davontragen' (15. Jh.) und obwalten Vb. 'die Herrschaft ausüben, lenken, leiten', dann 'herrschen, vorhanden sein' (18. Jh.), die höchstens noch in gewählter Rede vorkommen, ferner vorwiegend kanzleisprachliche Partizipialadjektive wie obgedacht, obgemeldet, obberührt (16. Jh.), obgenannt (18. Jh.) 'oben erwähnt'.

ob Konj., die bis in die Gegenwart indirekte Fragen, in älterer Zeit auch konditionale ('wenn, falls') und konzessive ('wenn auch, obwohl') Gliedsätze einleitet; ahd. *ibu* (8. Jh.), dann (durch Vokalveränderung und -umstellung, wenn nicht auf anderer Grundform beruhend) Varianten wie *ibi, ubi, ube, oba*, mhd. *ob(e), op* (frühmhd. *ube*) 'ob, wenn (auch)', asächs. *ef, of*, mnd. *of, ef* und (durch Vermischung mit den mnd. Formen für *oder*, s. d.) *oft(e), eft(e)* 'ob, wenn', anfrk. *of* 'wenn', mnl. *of, jof* 'ob, wenn (auch)', nl. *of* 'ob, als', afries. *(i)ef, gef, (i)of, ieft* 'wenn', aengl. *gif*, engl. *if* 'ob, wenn (auch)', anord. *ef, if* 'wenn', got. *ibai, iba* 'ob denn, etwa, wohl, daß nicht'. Für die im Germ. bezeugten Verwendungen scheint man von einer den Zustand der Ungewißheit kennzeichnenden Partikel ausgehen zu können, deren Herleitung aber unklar bleibt. Der Wortanfang läßt wahrscheinlich den Pronominalstamm ie. **e-*, **i-* (mit ursprünglich demonstrativer Funktion, s. *er, es*) erkennen, doch weisen die westgerm. Formen mit *j-*, *i-*, *g*-Anlaut, die got. *jabai* 'wenn' entsprechen, auf Einflüsse des Relativstamms ie. **i̯o-*. Der mit dem Labial beginnende zweite Wortteil könnte wie enklitisches got. *ba* 'wenn' zu awest. *bā* 'fürwahr', griech. *phḗ* (φή, φῆ) 'wie, gleichwie', armen. *ba, bay* 'gewiß, freilich', aslaw. *bo* 'denn, nun, also', lit. *ba* 'denn, ja' gestellt und an die Beteuerungs- und Hervorhebungspartikel ie. **bhĕ*, **bhŏ* angeschlossen werden, falls nicht ie. **bhō(u)* 'beide' (zweites Glied von ie. **ambhō(u)*, s. *beide*) zugrunde liegt. Im Dt. eröffnet die Konjunktion seit den frühesten Zeugnissen abhängige Fragesätze, mit denen Zweifel an der Wahrheit eines Sachverhalts oder Streben nach Gewißheit zum Ausdruck gebracht werden; dabei wird (schon mhd.) der regierende Satz gelegentlich erspart, so vor allem bei verwundertem Wiederholen des Wortlauts einer absurden Frage (*Ob ich diese Stadt kenne? Ich bin ja dort aufgewachsen.*), woraus sich wiederum umgangssprachliches *Und ob!* als nachdrückliche Bejahung einer Entscheidungsfrage erklärt. Konditionaler Gebrauch ist im Ahd. und Mhd. üblich, seit frühnhd. Zeit wird *ob* jedoch in diesem Sinne zunehmend durch *wenn* (s. d.) verdrängt und begegnet im 18./19. Jh. nur noch vereinzelt; es bleibt lebendig in der Verbindung mhd. nhd. *als ob* 'wie wenn' (bei angenommenem Vergleich, wo im Mhd. *ob(e)* bzw. *als(ō)* auch allein stehen kann). In den ältesten dt. Sprachstufen ermöglicht die Konjunktion außerdem den Anschluß von Konzessivsätzen; später tritt häufig ein die Einräumung verdeutlichendes Adverb hinzu, das im Nhd. mit *ob* zusammenwächst und allenfalls in feierlich-altertümlicher Rede noch abgetrennt wird. Daher die zusammengesetzten Konjunktionen obwohl (17. Jh.), älter *obwoln, ob wol* (16. Jh.), *ob(e) ... wol(e)* (15. Jh.); obgleich (16. Jh.), bis ins 18. Jh. daneben *ob gleich, ob ... gleich* (16. Jh.); obschon (16. Jh.), bis ins 18. Jh. auch *ob schon* (16. Jh.), *ob ... schon* (15. Jh.), mhd. (vereinzelt) *obe schōne*; obzwar (Ende 18. Jh.), zuvor *ob zwar* (17. Jh.), *ob ... zwar* (16. Jh.).

Obduktion f. '(amtlich angeordnete) Öffnung einer Leiche zur Ermittlung der Todesursache'. Der zunächst (Anfang 18. Jh.) nur für die Besichtigung der Wunde eines Toten und deren Beurteilung als mögliche Todesursache ('gerichtlich-medizinische Untersuchung' im Unterschied zu *Sektion* 'Leichenöffnung', s. d.), seit Ende des 18. Jhs. jedoch für die Untersuchung des Gesamtzustands eines Toten einschließlich der Eröffnung des Körpers (und damit meist synonym mit *Sek-*

tion) gebrauchte medizinische Fachausdruck ist eine Entlehnung von lat. *obductio* (Gen. *obductiōnis*) 'das Verhüllen, Bedecken' (bes. 'Umhüllung des Haupts eines Hinzurichtenden'), spätlat. auch 'Betrübnis, Trübsal, Niedergeschlagenheit', Verbalsubstantiv zu lat. *obdūcere* 'davor-, überziehen, bedecken, verschließen, in sich ziehen, entgegen-, heranführen' (vgl. lat. *ob* 'entgegen, vor, über etw. hin, wegen, für' und *dūcere* 'ziehen, führen, leiten'). Unklar bleibt allerdings der semantische Anschluß an das lat. Substantiv. Vielleicht ist an das abschließende Einhüllen des Leichnams zu denken? Oder kann wegen der frühen Bedeutung 'prüfende Besichtigung einer Wunde' auf ein in der Wissenschaftssprache im Sinne von 'vorführen' verwendetes nlat. *obdūcere* geschlossen werden?

Obelisk m. 'frei stehende, nach oben sich verjüngende vierkantige Säule mit pyramidenförmiger Spitze'. Den in der Antike als Kultsymbole der Ägypter bekannten steinernen Monumenten wird wegen ihrer auffälligen Form (zunächst vielleicht in spöttischer Absicht) die Bezeichnung griech. *obelískos* (*ὀβελίσκος*), lat. *obeliscus* gegeben. Das griech. Substantiv bedeutet eigentl. 'kleiner Spieß' und ist Deminutivum zu griech. *obelós* (*ὀβελός*) 'Spieß, Bratspieß', dann auch 'Obelisk' und 'unechte Textstellen kennzeichnender waagerechter Strich' (s. *Obolus*). Der lat. Form folgend, erscheint zunächst *obiliscus* (2. Hälfte 15. Jh.), *Obeliscus* (16. bis 18. Jh., vereinzelt ein Plur. *Obelissen*, 16. Jh.) im Dt., wird hier aber erst im 18. Jh. allgemeiner bekannt und zu *Obelisk* eingedeutscht. Übersetzungsversuche wie *Spitzstein, Sonnenspitze, -säule, -finger* (17. Jh.), *Prachtkegel, Spitzsäule* (18. Jh.), *Denksäule, -kegel* (Campe 1801) finden keine Verbreitung.

oben Adv. 'in der Höhe, an höher gelegener Stelle', auch 'früher, weiter vorn in einem Text', ahd. *obana* '(von) oben, früher, vorher' (9. Jh.), mhd. *oben(e)* '(von) oben' (neben doppelt suffigiertem ahd. *obanān*, mhd. *obenān* 'von oben, oben'), asächs. *oƀana* '(von) oben', mnd. *ovene*, afries. *ova* 'oben', aengl. *ufan*, anord. *ofan* '(von) oben' ist eine zunächst die Herkunftsrichtung, dann (wie *außen, hinten, innen, unten*, s. d.) die Ruhelage angebende germ. Adverbialbildung mit dem Suffix *-ana* zu der unter *ob* Präp. (s. d.) dargestellten lokalen Partikel. Im Nordwestgerm. sind die mit germ. **bi-* (s. *be-*) präfigierten Formen asächs. *bioƀan* Adv. 'oben' sowie (in adverbieller und präpositionaler Verwendung) mnd. *bōven(e)*, mnl. *bōven*, nl. *boven*, afries. *bova*, aengl. *bufan* vorherrschend; doch vgl. auch mhd. (bes. md.) *boben(e)* Adv. Präp.

ober Adj. (heute nur mit Flexionsendung *der obere, ein oberer*) 'oben befindlich, höher gelegen, auf höherer Stufe stehend, übergeordnet', ahd. *obaro* (8. Jh.), mhd. *ober* ist wie das Adjektiv aengl. *yferra* 'nachfolgend, höher' und die Adverbien anord. *ofar(r)* 'weiter oben', got. *ufarō* 'darüber' eine komparativische Bildung mit *r*-Suffix zu der unter *ob* Präp. (s. d.) behandelten Ortsbestimmung. Die germ. Formen sind vergleichbar mit aind. *úparaḥ* 'der untere, hintere, spätere', awest. *upara-* 'der obere, höhere, überlegene', griech. *hýperon, hýperos* (*ὕπερον, ὕπερος*) 'Mörserkeule', lat. *superus* 'der obere', die einen Komparativ ie. **upero-* fortsetzen. Neben ahd. *obaro* tritt ein gleichbed. ahd. (bes. obd.) *obarōro* (um 800) mit zusätzlicher Komparativendung; diesem entspricht der Superlativ ahd. *obarōsto* (8. Jh.), auch *obaristo* (11. Jh.), mhd. *ob(e)rest, ob(e)rōst, ob(e)rist, öbrist* 'der oberste, höchste'. Substantiviertes mhd. *die oberen* Plur., frühnhd. *ain ober* (15. Jh., mit Bewahrung der endungslosen Nominativform des Mhd.) bezeichnet Personen von höherem Rang oder Stand, daher O b e r m. ihrem Wert nach unter dem König stehende Spielkarte im dt. Kartenspiel (Anfang 16. Jh., im Frühnhd. auch *Oberbild*, 15. Jh., *Obermann, Oberbub*, 16. Jh.), zu unterscheiden von *Ober* 'Kellner' (Ende 19. Jh.), einer jungen Kürzung aus *Oberkellner* 'Zahlkellner' (18. Jh., vgl. aber schon mhd. *oberkelner* 'oberster Kellermeister', 14. Jh.). Auf Substantivierung des Superlativs beruht O b e r s t m. 'hoher militärischer Befehlshaber, Regimentskommandeur', namentlich 'im Rang unmittelbar unter dem General(major) stehender Offizier' (16. Jh., bis ins 18. Jh. auch in der beim Adjektiv nicht mehr gebräuchlichen Form *Obrist*); daneben wird im älteren Nhd. (vom 15. Jh. an) außerhalb des militärischen Bereichs *der Oberste* ganz allgemein im Sinne von 'Vorgesetzter, Vorsteher' verwendet, ebenso *die Oberste* 'Vorsteherin' (16. Jh.), später ersetzt durch O b e r i n f. (Ende 18. Jh., seit dem 19. Jh.

bes. für 'Vorsteherin eines Klosters, Heimleiterin, leitende Krankenschwester'). – oberhalb Präp. mit Gen. 'über', älter auch Adv. 'weiter oben gelegen, darüber', mhd. *oberhalbe(n), oberhalp* Adv. und Präp.; zum zweiten Glied s. *-halb, -halben.* Oberwasser n., seit dem 19. Jh. (bes. nordd. und md.) vor allem 'Vorteil, günstige Position' in Fügungen wie *Oberwasser haben, bekommen*, auch *jmdm. Oberwasser geben*; das zugrundeliegende Bild entstammt dem Mühlenwesen, wo von oben auf das Mühlrad fallendes Wasser (vgl. *oberschlächtiges Rad*) vorteilhafter für den Antrieb ist. Frühere Belege (vom 15. Jh. an) zeigen *Oberwasser* in wechselndem Gebrauch für 'aufgestautes Wasser', 'Gebirgswasser' oder 'Oberlauf eines Gewässers'. Obrigkeit f. 'Träger der staatlichen oder kirchlichen Macht, Regierung' (16. Jh.), zuvor spätmhd. *oberkeit*, frühnhd. *Ober-, Öberkeit* in der Bedeutung 'Herrschaft, Macht, Gewalt', vgl. mnd. *overicheit* 'Macht, Oberherrschaft, Behörde'.

Objekt n. 'Gegenstand oder Ziel des Denkens und Handelns, Sache von besonderem Interesse, Vertragsgegenstand', spätmhd. *object* (14. Jh.), Entlehnung von spätlat. *obiectum* 'Vorwurf, Beschuldigung, Hindernis, Einwand' (im Mlat. der Scholastik auch 'sich den Sinnen darbietender Gegenstand, Ziel'), lat. *obiecta* Plur. 'Vorwürfe, Beschuldigungen', Substantivierung des neutralen Part. Perf. von lat. *obicere* (*obiectum*) 'entgegenwerfen, -stellen, vorsetzen, darbieten, vorwerfen' (vgl. lat. *ob* 'entgegen, vor, über etw. hin, wegen, für' und *iacere* 'werfen'). Im Dt. versucht man, *Objekt* (eigentl. 'das Entgegengestellte, Vorgeworfene', noch bis ins 18. Jh. auch mit lat. Flexionsendungen) zunächst mit *Gegenwurf* zu übersetzen (so schon im 14. Jh.), seit dem Ende des 17. Jhs. tritt *Gegenstand* (s. d.) teilweise an seine Stelle. Die neuere Philosophie (seit Kant) versteht unter *Objekt* 'jede Erscheinung der außerhalb des erkennenden Subjekts und unabhängig von dessen Bewußtsein existierenden Wirklichkeit'. Als grammatischer Terminus steht es für 'Ziel, auf das sich die Aussage eines Satzes richtet, Satzergänzung' (Ende 17. Jh.). – objektiv Adj. 'unabhängig vom Subjekt und seinem Bewußtsein existierend, tatsächlich vorhanden, der Wirklichkeit gerecht werdend, sachlich, vorurteilsfrei' (2. Hälfte 18. Jh., im 18./19. Jh. auch *objektivisch*, um 1800 verdeutscht mit *gegenständlich*), wohl ein nlat. *objectīvus* voraussetzend, doch vgl. in anderem Sinne schon mlat. *objectivus* 'der Vorstellung angehörend, zum geistigen Bild von einer Sache gehörig' (bei Scholastikern), mfrz. *objectivement* Adv. (15. Jh.), frz. *objectif*, engl. *objective* (beide 17. Jh.). Objektiv n. 'dem Gegenstand zugewandte Linse oder Linsengruppe eines optischen Gerätes' (1. Hälfte 19. Jh.), verkürzt aus *Objektivglas* (18. Jh., Gegenbildung zu *Okularglas*, s. *Okular*), vgl. gleichbed. frz. *objectif* m. neben *verre objectif* (17. Jh.). Objektivität f. 'die Gegebenheiten der objektiven Realität berücksichtigende Betrachtungsweise, Wirklichkeitstreue, Sachlichkeit', früher auch 'Gegenständlichkeit, reale Existenz' (Ende 18. Jh.), latinisierende Ableitung von *objektiv* (s. oben). Objektivismus m., seit Anfang des 20. Jhs. gebräuchlicher philosophischer Terminus, in der Erkenntnistheorie und Ethik für das Anerkennen allgemeingültiger Wahrheiten bzw. für das Streben nach objektiven Normen des sittlichen Handelns, Lehre, die Erfahrungswerte des objektiv Gegebenen betrachtet.

Oblate f. blattartig dünne, aus Weizenmehl und Wasser gebackene Scheibe (die bei der Kommunion bzw. beim Abendmahl gereicht wird), 'Hostie', auch 'waffelähnliches süßes Gebäck', ahd. *oblāta* (8. Jh.), mhd. *oblāt(e)* ist entlehnt aus gleichbed. spät- bzw. kirchenlat. *oblāta*, einer verselbständigten fem. Form des Part.adj. zu lat. *offerre* 'entgegentragen, anbieten, darbringen', in der Kirchensprache 'Gott darbringen, weihen, opfern' (s. *opfern*). Im Gegensatz zu kirchenlat. *hostia* (s. *Hostie*) bezeichnet *oblāta* vor allem die unkonsekrierte Hostie. Daher wird sowohl im Mlat. wie im Dt. die Übertragung auf profanes Backwerk möglich.

obligat Adj. 'erforderlich, unerläßlich, unentbehrlich' (16. Jh.), in der Musik *obligate Stimme* 'selbständig geführte und unentbehrliche Stimme' (im Instrumental- bzw. Vokalsatz), Entlehnung aus lat. *obligātus* Part.adj. 'verbindlich, verpflichtet', von lat. *obligāre* 'anbinden, verbindlich machen, verpflichten' (zu lat. *ligāre* 'binden, vereinigen'). – Obligation f. 'Verbindlichkeit, Verpflichtung, Schuldverschreibung'. Zuerst mnd. *obligācie*, mnl. *obligacie* in der Handelssprache der Hanse (um 1400), danach nhd. *Obligacion* (um 1500), entlehnt aus lat. *obligātio* (Gen. *obligātiōnis*) 'Verpflichtung, Schuldforderungsverhältnis'. o b l i g a t o r i s c h Adj. 'verbindlich, verpflichtend, vorgeschrieben' (18. Jh.), lat. *obligātōrius* 'verbindend, verbindlich'.

Oboe f. Das Holzblasinstrument in hoher Stimmlage wird zunächst (17. Jh.) *französische Schalmei* genannt. Um 1700 wird das vorher (Prätorius 1619) nur als fremde Bezeichnung erwähnte frz. *hautbois*, ein Kompositum aus frz. *haut* 'hoch' und *bois* 'Holz' (s. *Busch*), daher eigentl. 'hochklingendes Holz', mit unveränderter Schreibung ins Dt. übernommen. Im Laufe des 18. Jhs. aufkommendes *Hoboe* (auch verkürzt *Hobo*) und das zu dieser Zeit noch seltene, heute jedoch allgemein geltende *Oboe* beruhen auf Angleichung des Schriftbildes an die ältere frz. Aussprache sowie auf dem Einfluß von ebenfalls aus dem Frz. entlehntem ital. *oboe*.

Obolus m. 'geringer Geldbetrag, bes. als Spende', meist in der Fügung *seinen Obolus entrichten* 'einen kleinen Beitrag leisten, sein Scherflein beitragen', Übernahme (18. Jh.) von lat. *obolus*, griech. *obolós* (*ὀβολός*), der Bezeichnung für eine kleine griech. Münze (den sechsten Teil einer Drachme, so auch als Massemaß). Der griech. Ausdruck, durch Vokalassimilation hervorgegangen aus älterem *obelós* (*ὀβελός*) 'Spieß, Bratspieß, Obelisk' (s. *Obelisk*), läßt erkennen, daß in der Frühzeit eisernes Stabgeld als Tauschmittel verwendet wird. Die im Dt. des 18./19. Jhs. häufige Variante *Obole* f. beruht wohl auf (ebenfalls aus dem Lat. entlehntem) gleichbed. frz. *obole* f.

Observatorium n. 'astronomische, meteorologische oder geophysikalische Beobachtungsstation, Sternwarte, Wetterwarte', gelehrte nlat. Bildung (Leibniz 1699, doch vgl. bereits frz. *observatoire* 1667) zu lat. *observāre* (*observātum*) 'beobachten, auf etw. achtgeben', *observātor* 'Beobachter'; vgl. lat. *servāre* 'erhalten, bewahren, beobachten'. – o b s e r v i e r e n Vb. '(wissenschaftlich) beobachten, polizeilich überwachen', Entlehnung (16. Jh.) aus lat. *observāre*.

obskur Adj. 'unbekannt, fragwürdig, zweifelhaft, verdächtig', Entlehnung (17. Jh.) aus lat. *obscūrus* 'dunkel, unverständlich, unbekannt, unsichtbar', ursprünglich wohl 'bedeckt' (verwandt mit *Scheuer, Scheune*, s. d.). Vgl. früher bezeugtes *obskurieren* 'verdunkeln, unverständlich machen', *Obskuration* 'Verdunklung, Verfinsterung' (16. Jh.).

Obst n. Die westgerm. Kollektivbezeichnung für eßbare, meist saftige Früchte von Bäumen und Sträuchern ahd. *obaȝ* (8. Jh.), mhd. *ob(e)ȝ*, frühnhd. *obs*, (seit 16. Jh. mit unorganischem *-t* wie in *Saft, Werft*, s. d.) *obst*, mnd. *ōvet, āvet, ōves, ōvest*, mnl. nl. *ooft*, aengl. *ofet(t)*, auch 'Hülsenfrüchte', ist zusammengesetzt aus der unter *ob* behandelten Präposition (s. d.) und einem zu der unter *essen* (s. d.) angegebenen Wurzel ie. **ed-* 'essen' gebildeten Verbalnomen (s. *Aas*) mit einer Ausgangsbedeutung 'Zuspeise' (zur Grundnahrung), ursprünglich wohl Hülsenfrüchte, später (in der Klosterküche) Früchte.

obszön Adj. 'das Schamgefühl verletzend, unanständig, schlüpfrig, zotig', Entlehnung (*obscoen, obscen*, Anfang 18. Jh.) aus lat. *obscēnus, obscaenus* 'anstößig, unanständig, abscheulich, unsittlich', Rückbildung aus **obscaenāre* 'Schmutz über etw. verbreiten'; zu lat. *caenum* 'Schmutz, Kot, Unflat'. – O b s z ö n i t ä t f. (18. Jh.), lat. *obscēnitās* (Gen. *obscēnitātis*), auch *obscaenitās*. Vgl. frz. *obscène* Adj. und *obscénité* f. (16. Jh.).

Ochse m. 'kastriertes männliches Rind', landwirtschaftlich dagegen auch 'Zuchtbulle', ahd. (8. Jh.), asächs. *ohso*, mhd. *ohse*, mnd. mnl. *osse*, nl. *os*, aengl. *oxa*, engl. *ox*, anord. *oxi, uxi*, schwed. *oxe*, got. *aúhsus, aúhsa* führt auf germ. **uhsan-*, verwandt mit aind. *ukṣā́* 'Stier', *ukṣáti* 'besprengt, befeuchtet', toch. B *okso* 'Rind, Stier', kymr. *ych* 'Ochse', mir. *oss* 'Hirsch'. Ansetzbar ist ie. **uku̯s-*, eine *s*-Erweiterung der Wurzel ie. **u̯egu̯-*, **ŭgu̯-* 'feucht, netzen', zu der auch griech. *hygrós* (*ὑγρός*) 'naß, feucht, wäßrig, flüssig, weich, schlaff', lat. *ūvidus* 'feucht, naß', mnl. *wac*, nl. *wak* 'feucht' gehören. Auszugehen wäre dann für *Ochse* von einer Grundbedeutung 'Befeuchter, (Samen)spritzer', also '(Zucht)-bulle'. Falls jedoch eine Bedeutung '(kastrierter) Zugochse' bzw. 'heranwachsendes Rind' anzunehmen ist, kann Anschluß an die unter *wachsen* (s. d.) angegebene Wurzel ie. **(a)u̯eg-* 'vermehren, zunehmen' (mit *s*-Formans **uks-*) erwogen werden; vgl. ZIMMER in: Zs. f. vgl. Sprachforsch. 95 (1981) 84ff. – o c h s e n Vb. 'eifrig lernen, pauken' (19. Jh.), eigentl. 'wie ein als Zugtier verwendeter Ochse schwer arbeiten', durch die Studentensprache verbreitet (vgl. *büffeln*).

Ocker m. n. gelbbraunes Gemisch aus eisenoxidhaltigen Mineralien, gelbbraune Malerfarbe, ahd. *ockar* (10. Jh.), mhd. *ocker, ogger*, mnd. *ocker*, nl. *oker* ist eine Entlehnung aus lat. *ōchra*, griech. *ṓchra* (ὤχρα) 'gelbliche Erdfarbe', einer Ableitung von *ōchrós* (ὠχρός) 'blaßgelb, blaß, bleich'. Neben *Ocker* gelten noch die Schreibungen *Ogger* bis ins 18. und *Ocher* bis ins 19. Jh. – o c k e r Adj. (nur prädikativ) 'gelbbraun' (20. Jh.), älter *ochrageel* (16. Jh.), *ocher-, okkergelb* (18. Jh.).

Ode f. 'feierliches lyrisches Gedicht', Entlehnung (Anfang 17. Jh.) in die dt. Dichtersprache des Barock von lat. *ōdē*, griech. *ōdḗ*, unkontrahiert *aoidḗ* (ᾠδή, ἀοιδή) 'Gesang, Lied'; zu griech. *ā́dein*, unkontrahiert *aeídein* (ᾄδειν, ἀείδειν) '(be)singen'. Einfluß von frz. *ode* f. (15.Jh.) ist wahrscheinlich. S. auch *Komödie, Tragödie, Melodie, Parodie*.

öde Adj. 'verlassen, leer', ahd. *ōdi* 'leer, verlassen' (um 1000), mhd. *œde* 'leer, unbebaut, unbewohnt', aengl. *īeþe*, anord. *auðr* 'leer, wüst', got. *auþs* oder *auþeis* 'leer, verlassen' (germ. **auþja-*) ist vergleichbar mit griech. *aũtōs* (αὔτως) 'gerade so, für sich allein, lediglich, nichtig', *autós* (αὐτός) 'selbst' (s. *auto-*), *aũsios* (αὔσιος) 'eitel, vergeblich', air. *ūathad* 'Einzelheit, Vereinzelung'. Erschließbar sind ie. **auto-*, **autio̯-*, die als Bildungen mit *t*-Formans zur Wurzel ie **au-*, **u̯ĕ-* 'herab, weg von' (wozu auch *Westen*, s. d.) gestellt werden können. – Ö d e f. 'Einsamkeit, Verlassenheit, unfruchtbares, unbebautes Land', ahd. *ōdī* 'Einöde, Verwüstung' (8. Jh.), mhd. *œde* 'unbebauter und unbewohnter Grund, Wüste'.

Ödem n. 'krankhafte Ansammlung von Flüssigkeit im Gewebe', entlehnt (19. Jh.) aus griech. *oídēma* (οἴδημα) 'Aufschwellung, Geschwulst', zu griech. *oidẽin* (οἰδεῖν) 'schwellen' (verwandt mit *Eiter*, s. d.).

oder Konj. zur Verknüpfung einander ausschließender (nachdrücklich *entweder ... oder*) bzw. zur Wahl stehender Alternativen; weist ferner auf eine mögliche Konsequenz hin ('sonst, andernfalls') und leitet Fragesätze ein, die einen zu erwartenden Einwand vorwegnehmen (umgangssprachlich oft verkürzt, z.B. *Er kommt doch. Oder [meinst du nicht]?*). Ahd. *oder* (10. Jh.), *odar* (11. Jh.), mhd. *oder* ist (wohl in Analogie zu den Formen von *aber, weder*, s. d.) umgebildet aus ahd. *odo* (8. Jh.), *oda* (9. Jh.) 'oder, und', mhd. *od(e)* 'oder, oder sonst, es sei denn', das seinerseits wohl (mit einem auf überwiegend unbetonter Verwendung des Wortes im Satz beruhenden Lautwandel) aus ahd. *edo, eddo* (8. Jh.) hervorgeht (falls nicht bereits eine andere Grundform vorauszusetzen ist, vgl. LÜHR in: Münchener Studien z. Sprachwiss. 34, 1976, 83ff.). Dem ahd. *ed(d)o* entsprechen anord. *eða* 'oder, aber, sonst', mit Doppelkonsonanz asächs. *ettha, ettho*, aengl. *oþþe, eþþa*, got. *aíþþau*, deren erster Bestandteil selbständig in got. *iþ* 'aber, wenn' erhalten und mit lat. *et* 'und', griech. *éti* (ἔτι) 'überdies, ferner, noch' auf ie. **eti* 'darüber hinaus, ferner, und, auch' zurückzuführen ist; zum zweiten Teil s. *doch*. Auf eine parallele Bildung, wahrscheinlich mit dem unter *ob* Konj. (s. d.) behandelten Wort als erstem Bestandteil, deuten asächs. *eftha, eftho, ofthe*, mnl. *of(te), jof*, nl. *of*, afries. *jeftha, jef(t), (j)oftha, of(t)* 'oder'; weniger einleuchtend ist es, diese Formen mit den oben angegebenen unmittelbar zu verbinden und eine Assimilation von *fþ* zu *þþ* anzunehmen (vgl. dazu DE VRIES Nl. 479).

Odyssee f. ist als Titel des homerischen Epos, das die Irrfahrten und die Heimkehr des griech. Sagenhelden Odysseus beschreibt, und in der übertragenen Bedeutung 'lange, abenteuerliche Irrfahrt' Übernahme (19. Jh.) von gleichbed. frz. *odyssée*, das über lat. *Odyssēa* auf griech. *Odysseĩa* bzw. *Odýsseia* ('Οδυσσεία, 'Οδύσσεια) beruht; eigentl. griech. *Odysseĩa poíēsis* ('Οδυσσεία ποίησις) 'die Odysseische, d. i. die von *Odysseus* ('Οδυσσεύς) handelnde Dichtung'.

Ofen m. Vorrichtung zur Erzeugung und Abgabe von Wärme. Die germ. Labialformen ahd. *ovan, ofan* 'Feuerstätte, Backpfanne, Ofen' (8. Jh.), mhd. *oven* 'Ofen, Felsenhöhle, Fels', mnd. mnl. *ōven*, nl. *oven*, aengl. *ofen*, engl. *oven*, anord. *ofn* sind vergleichbar mit griech. *ipnós* (ἰπνός) '(Back)ofen, Herd, Laterne', bret. *offen* 'Steintrog'. Daneben stehen Gutturalformen wie got. *aúhns*, (mit grammatischem Wechsel von *h* und *g*) aschwed. *ughn, oghn*, schwed. *ugn*, aind. *ukháḥ, ukhā́* 'Kochtopf, Feuerschüssel', lat. *aulla* 'Topf' (aus **auxlā*, vgl. das Deminutivum *auxilla* 'Töpfchen'). Rückführung auf die Ausgangsformen ie. **aukᵘ̯(h)-*, **ukᵘ̯(h)-*, *ṷekᵘ̯(h)- 'Kochtopf, Wärmepfanne' ist möglich, wenn die Labialformen als einzelsprachliche Neuerungen betrachtet werden.

offen Adj. 'nicht verschlossen, nicht bedeckt', übertragen 'frei, unbegrenzt, unbesetzt, aufrichtig, unverhohlen', ahd. *offan* 'geöffnet, offenbar, klar, einleuchtend, öffentlich' (8. Jh.), mhd. *offen* 'geöffnet, ausgebreitet, voll, öffentlich, unverhohlen', asächs. *opan*, mnd. mnl. *ōpen*, nl. aengl. engl. *open*, anord. *opinn* (aus germ. **upana-*) stehen als Adjektivbildungen mit *n*-Suffix vielleicht im Sinne von 'aufwärts gezogen oder gehoben', daher 'offen', zu dem unter *auf* (s. d.) behandelten Adverb. – o f f e n b a r Adj. 'klar ersichtlich, eindeutig', ahd. *offenbāri* 'feierlich, augenscheinlich' (10. Jh.), mhd. *offenbære, offenbār, offenbar* 'offen, geöffnet, deutlich, sichtbar, unbefangen, öffentlich', mnd. *ōpenbār(e)*; dazu o f f e n b a r e n Vb. 'etw. offen zeigen, zu erkennen geben, bekennen', mhd. *offenbæren, offenbāren* 'offen zeigen, veröffentlichen'; O f f e n b a r u n g f., mhd. *offenbārunge*. O f f e n h e i t f. 'aufgeschlossene, ehrliche Wesensart' (18. Jh.). o f f e n h e r z i g Adj. 'freimütig, mitteilsam' (17. Jh.). ö f f e n t l i c h Adj. 'für die Allgemeinheit bestimmt, zugänglich, die Allgemeinheit betreffend', ahd. *offanlīh* (9. Jh.; vgl. *offanlīhho* Adv., 8. Jh.), mhd. *offenlich* 'offenbar, allen wahrnehmbar, verständlich, unverhohlen', (mit eingeschobenem Gleitlaut) *offentlich* (13. Jh.), frühnhd. (mit Umlaut) *öffentlich* (seit 15. Jh.); Ö f f e n t l i c h k e i t f. 'das Öffentlichsein, Allgemeinheit' (18. Jh.); v e r ö f f e n t l i c h e n Vb. 'öffentlich bekanntmachen, publizieren' (19. Jh.); V e r ö f f e n t l i c h u n g f. 'öffentliche Bekanntmachung, Publikation' (19. Jh.). ö f f n e n Vb. 'einen Verschluß lösen, aufmachen', übertragen (refl.) 'sich aufgeschlossen zeigen, sich erschließen', ahd. *offanōn* 'offenbaren, kundtun, enthüllen, erklären, verraten', (refl.) 'leuchten, sich offenbaren' (8. Jh.), mhd. *offen(en)* '(er)öffnen, offenbar machen, zeigen, darlegen, veröffentlichen'; dazu Ö f f n u n g f. 'das (Sich)öffnen, offene Stelle', ahd. *offanunga* 'Offenbarung, Erleuchtung, Erklärung' (8. Jh.), mhd. *offenunge* 'Öffnung, Erscheinung, Verdeutlichung, Offenbarung, Erleuchtung, Weistum'.

offensiv Adj. 'angreifend, den Angriff bevorzugend, angriffslustig', entlehnt (16. Jh.) aus gleichbed. mlat. *offensivus*, zu lat. *offēnsum*, Part. Perf. zu lat. *offendere* 'anstoßen, anschlagen, gegen etw. verstoßen, verletzen, kränken', oder aus gleichbed. mfrz. *offensif*, zu (ebenfalls auf dem Lat. beruhendem) afrz. *ofendre*, frz. (älter) *offendre* gebildet wie voraufgehendes mfrz. frz. *défensif* zu afrz. *defendre*, frz. *défendre* 'verteidigen, schützen'. Vgl. *Offensivkrieg* (Anfang 17. Jh.), *Offensivwaffen* (Anfang 18. Jh.). – O f f e n s i v e f. 'den Angriff bevorzugende Kampfweise, planmäßig vorbereiteter Angriff' (Anfang 18. Jh.), von gleichbed. mfrz. frz. *offensive*, gebildet zum oben genannten Adjektiv in Analogie zu mfrz. frz. *défensive* 'Verteidigung, Abwehr' (s. *Defensive*).

offerieren Vb. 'anbieten, darbringen', entlehnt (Anfang 16. Jh.) aus gleichbed. lat. *offerre*, eigentl. 'entgegentragen, anbieten' (vgl. lat. *ob* 'entgegen, vor, über etw. hin, wegen, für' und *ferre* 'tragen, bringen'); anfangs meist in der allgemeinen Bedeutung '(Geschenke, Dienste, Frieden) anbieten', mehrfach in der Fügung *offerieren und anbieten*, seit dem 19. Jh. geläufig in der kaufmännischen Bedeutung 'zum Kauf anbieten, anpreisen, zum Handel vorschlagen'. – O f f e r t e f. 'Anerbieten, Angebot' (Mitte 17. Jh.), aus gleichbed. frz. (älter) *offerte* (neben der bis heute üblichen Ableitung frz. *offre*), dem substantivierten Femininum des Part. Perf. von frz. *offrir*, afrz. *ofrir* '(an)bieten, darbringen' (aus lat. *offerre*, s. oben); zunächst in allgemeiner Verwendung, seit Ende des 18. Jhs. in der Kaufmannssprache '(schriftliches) Kauf-, Preisangebot', später auch im Zeitungswesen.

offiziell Adj. 'amtlich, beglaubigt, verbürgt', Entlehnung (Ende 18. Jh.) von gleichbed. frz. *officiel*. Dieses in der Sprache der Politik übliche Adjektiv stammt aus engl. *official*, dem spätlat. *officiālis* 'zur Pflicht, zum Amt, zum Dienst gehörig', mlat. 'amtsgemäß' zugrunde liegt, eine Ableitung von lat. *officium* 'Pflicht, Verpflichtung, Schuldigkeit' (s. *Offizier*). Das davon ebenfalls abgeleitete lat. *officiōsus* Adj. 'gefällig, dienstfertig, dienstbeflissen' ergibt frz. *officieux* 'dienstbeflissen, verbindlich'. Aus dem Lat. und Frz. wird in den angeführten Bedeutungen *offizios* (Ende 17. Jh.) und o f f i z i ö s Adj. (18. Jh.) entlehnt. Die speziell die Politik betreffende und heute alleingültige Bedeutung 'halbamtlich, von der Administration zwar nicht bestätigt, jedoch von ihr ausgehend' übernimmt das Dt. aus dem Frz. erst im 19. Jh.

Offizier m. 'Befehlshaber über Soldaten', entlehnt (Mitte 16. Jh., geläufig seit dem 30jährigen Krieg) aus gleichbed. mfrz. frz. *officier*, afrz. *oficier* 'Beamter', das auf mlat. *officiarius* 'Bediensteter, Beamter' zurückgeht, eine Bildung zu lat. *officium* 'Pflicht, Verpflichtung, Schuldigkeit, Dienstleistung, Amt' (s. *offiziell*). Voraus geht im 15./16. Jh., ebenfalls nach frz. Vorbild, der Gebrauch des Wortes im Sinne von 'höherer Beamter (bei Hofe)'.

oft Adv. 'häufig, viele Male nacheinander', ahd. *ofto* 'häufig, immer wieder', auch 'manchmal, bisweilen' (8. Jh., vereinzelt *ofta*, 11. Jh.), mhd. *oft(e)*, asächs. *oft(o), otho*, afries. *ofta, ofte*, aengl. engl. *oft* (wovon weitergebildet engl. *often*), anord. *opt*, schwed. *ofta*, dän. *ofte*, got. *ufta* 'häufig, oft' setzen germ. **uftō* und **ufta* voraus. Die Herleitung dieser germ. Formen ist jedoch unsicher. Vielleicht sind in ihnen Ableitungen von dem bei *ob* Präp. (s. d.) dargestellten lokalen Adverb zu sehen, das sich (wie *auf*, s. d.) an ie. **upo*, **up* 'unten an etw. heran, hinauf, über' anschließt; dann wäre eine Ausgangsbedeutung 'übermäßig, darüber hinaus' zu vermuten. Nach einem anderen Erklärungsversuch könnten germ. **uftō*, **ufta* erstarrte Kasusformen eines untergegangenen Partizipaladjektivs sein, das sich mit aind. *uptá-* 'geworfen, gestreut, gesät', Part. Perf. von aind. *vápati* 'streut, sprengt aus, wirft, sät' (von ie. **u̯ep-* 'werfen, streuen'?), vergleichen läßt; in diesem Falle ginge der Sinn 'häufig' auf 'dicht gestreut, dicht aufeinanderfolgend' zurück. Im Dt. werden zu *oft*, das noch im 18./19. Jh. gelegentlich in der Variante *ofte* erscheint, der Komparativ ahd. *oftōr* (9. Jh.), mhd. nhd. (älter) *ofter*, nhd. *öfter* (15. Jh., bis ins 18. Jh. auch mit doppelter Steigerung *öfterer*) und der Superlativ mhd. nhd. (älter) *oftest*, nhd. *öftest* (15. Jh.) gebildet (vgl. aengl. *oftor, oftost*, anord. *optarr, optast*); *öfter* verliert aber weitgehend seinen komparativischen Inhalt und steht meist (wie *oft*) für 'häufig, mehrmals'. Bei *oft* findet sich bis ins 18. Jh. vereinzelt, bei *öfter* dagegen bis heute nicht selten auch adjektivische Verwendung. – ö f t e r s Adv. 'häufig, mehrmals, manchmal' (17. Jh., anfangs daneben *ofters*), hervorgegangen aus der Genitivform von *öfter* (s. oben). o f t m a l s Adv. 'häufig, oft' (16. Jh., im älteren Nhd. auch *oft(er)mal(en), oftermals*); dazu o f t m a l i g Adj. 'häufig, mehrmalig' (17. Jh.).

Oheim m. 'Onkel', ahd. *ōheim* (9. Jh.), mhd. *ōheim(e), œheim(e)* 'Mutterbruder, Onkel, Schwestersohn, Neffe, Verwandter', mit Schwund von *h* zwischen Vokalen mnd. *ōm* 'Mutterbruder, Onkel, Schwestersohn, Neffe', mnl. nl. *oom* 'Onkel', auch 'Großvater, Schwager', aengl. *ēam* 'Onkel' ist eine verdunkelte Zusammensetzung (germ. **awaheima-*), deren erster Bestandteil mit anord. *afi* 'Großvater', *āi* 'Urgroßvater', got. *awō* 'Großmutter', lat. *avus* 'Großvater, Ahn', *avia* 'Großmutter', *avunculus* 'Bruder der Mutter' (s. *Onkel*), lit. *avýnas* 'Oheim (als Mutterbruder)', apreuß. *awis* 'Onkel', aruss. *ujь, vujь*, russ. (älter) *vuj* (*вуй*) 'Onkel (als Mutterbruder)' zu ie. **au̯os* 'Großvater mütterlicherseits' gehört. Im zweiten Bestandteil sieht Much Germ. (1937) 205 ein Adjektiv germ. **haimaz* 'vertraut', unmittelbar verwandt mit *Heim* (s. d.) und den dort genannten kelt. Formen wie akymr. *cum* 'lieb, teuer' (aus kelt. **koimos*), vgl. kymr. *tad cu* 'Großvater', eigentl. 'lieber Vater', so daß für *Oheim* von einer Bedeutung 'der dem Großvater, der Großmutter Vertraute' ausgegangen werden kann.

ohne Präp., die ein Nichtvorhandensein ('nicht versehen mit, frei von'), bes. das Fehlen von etw. Zugehörigem, ausdrückt oder den Ausschluß einer bestimmten Größe ('nicht mitgerechnet, ausgenommen') angibt; ferner konjunktional verwendet in den Fügungen *ohne zu* (mit Infinitiv) und *ohne daß*, die auf das Nichteintreten eines Geschehens, auf das Unterlassen einer Handlung hinweisen. Ahd. *ānu, āno, āna* (8. Jh.), mhd. *ān(e)* 'ohne, außer', asächs. *āno*, mnd. *ān(e)*, mnl. *aen, ān(e)* 'ohne', sämtlich Präp. und außerdem Adv. mit der Bedeutung 'frei, (von Schädlichem) verschont, (Gutes) entbehrend', sowie die nur in präpositionaler Funktion bezeugten Entsprechungen anfrk. *āna* 'außer, ausgenommen', afries. *ōni, ōn(e), ān(e)*, anord. *ān, ōn* 'ohne' stehen als dehnstufige Bildungen neben got. *inu(h)* Präp. 'ohne'. Im Hd. setzt sich seit der 2. Hälfte des 14. Jhs. vom Md. aus Verdunklung des Tonvokals zu *ō* (vor Nasal, s. *Mohn, Monat, Mond*, [1]*Ton*) durch. Sicher vergleichbare außergerm. Formen sind griech. *áneu* (ἄνευ) ‘ohne, fern von, außer’, toch. A *āñu* ‘das Aufhören, Stillstand’, so daß von ie. **ĕneu*, **ĕnu* ‘ohne’ (dieses vielleicht zu verbinden mit der Wortnegation ie. **n̥-*, s. *un-*) auszugehen ist. Die bereits im Aengl. nicht mehr nachzuweisende Partikel fehlt heute auch im Nl., in den nordischen Sprachen und teilweise im Nd. Nur in den älteren Sprachstufen ist sie Adverb, wird aber (neben einer schwach belegten Adjektivableitung ahd. *ānīg*, 11. Jh., mhd. *ænec*, frühnhd. *ahnig, ohnig*) wie ein prädikatives Adjektiv gebraucht (vgl. ahd. *ānu wesan, sīn, werdan*, mhd. *āne wesen, werden, blīben*) und in der Regel durch einen voran- oder nachgestellten Gen. ergänzt (so z.B. frühnhd. *Zweifels ohne sein*, 15. Jh., woraus *zweifelsohne* Adv.); diese Ergänzung fällt gelegentlich weg, daher *es ist nicht ohne* ‘es ist nicht zu leugnen, hat manches für sich’ (16. Jh., eigentl. *des Grundes, der Wahrheit ohne?*), jünger auch *jmd. ist nicht ohne* ‘jmd. hat bemerkenswerte Eigenschaften’. In präpositionaler Verwendung verlangt *ohne*, das seit dem Ahd. sowohl ‘nicht versehen mit’ als auch ‘außer, ausgenommen’ sein kann, von Anfang an den Akk., doch ist in älterer Zeit Verknüpfung mit dem Gen. (bei fließendem Übergang zum Adverb) und mit dem Dat. ebenfalls möglich.

Ohnmacht f. ‘Bewußtlosigkeit, Schwäche, Machtlosigkeit’, mhd. *āmaht* (13. Jh.), mnd. *āmacht* ‘Bewußtlosigkeit, Mangel an Kraft’, eine Bildung, die für das Ahd. nur aus dem Adjektiv (s. unten) zu erschließen ist (vgl. aber bedeutungsähnliches ahd. *unmaht*, 9. Jh., aengl. *unmiht*, got. *unmahts* ‘Schwäche, Krankheit’), setzt sich aus dem unter *Macht* (s. d.) dargestellten Substantiv und einem meist Trennung oder Verneinung ausdrückenden Nominalpräfix kontinentalwestgerm. *ā-*, aengl. *ǣ-* ‘fort, weg, zurück, nach’ (s. *Ameise*, vgl. ferner ahd. *āteili, āteilīg*, mnd. *āteilec* ‘unbeteiligt, ausgeschlossen’, ahd. *āmād*, mhd. *āmāt* ‘Nachmahd’, ahd. *āwiggi*, mhd. *āwicke*, anfrk. *āwigki*, mnl. mnd. *āwech* ‘Abweg, unwegsame Gegend’, aengl. *ǣwǣde* ‘unbekleidet’) zusammen. Dieses westgerm. Präfix ist wohl mit aind. *ā́* ‘her, heran, hinzu’ (z.B. in *āttah* Part.adj. ‘empfangen’), griech. *o-* (ὀ-) ‘nahe bei, an, zu, mit’ (z.B. in *okéllein*, ὀκέλλειν ‘ans Land treiben’), urslaw. **ja-* (teilweise mit abschwächender bzw. annähernder Funktion, s. Vasmer 3, 475) zur Partikel ie. **ē̆*, **ō̆* ‘nahe bei, zusammen mit’ (wahrscheinlich verwandt mit dem Pronominalstamm ie. **e-*, s. *er, es*) zu stellen. Durch Vokalverdunklung vor Nasal (s. *ohne*) entwickelt sich spätmhd. *ōmaht* (Mitte 14. Jh.), frühnhd. *Om(m)acht* (neben bis ins 16. Jh. noch gebräuchlichem *Am(m)acht*), das mit *ohne* in Verbindung gebracht und zu *Ohnmacht* (16. Jh.) umgebildet wird. Diese Lautgestalt begünstigt offensichtlich die (bes. seit dem 18. Jh. sich ausbreitende) allgemeinere Verwendung im Sinne von ‘Macht-, Hilflosigkeit, erzwungenes Unvermögen’. – o h n m ä c h t i g Adj. ‘ohne Bewußtsein, kraft-, machtlos, nicht fähig zu handeln’, ahd. *āmahtīg* ‘macht-, kraftlos, schwach’ (um 1000), mhd. *āmehtec*, frühnhd. *am(m)echtig*, mnd. mnl. *āmachtich, āmechtich* ‘kraftlos, schwach, bewußtlos’; Anlehnung an mhd. *āne* ‘ohne’ führt bereits um 1300 zur Variante mhd. *ānmehtic*, Trübung des Vokals ergibt spätmhd. *ōmehtig, ōnmehtig* (14. Jh.), frühnhd. *omechtig, onmechtig, ohnmächtig*.

Ohr n. Gehörorgan bei Mensch und Wirbeltier und sein äußerer, muschelartig gebogener Teil, ahd. (8. Jh.), asächs. *ōra*, mhd. *ōr(e)*, mnd. *ōr*, aengl. *ēare*, anord. *eyra*, got. (mit grammatischem Wechsel) *ausō* ‘Ohr’ und (in der erweiterten Bedeutung ‘Ohr, Öhr, Henkel’) mnl. *óre*, nl. *oor*, engl. *ear*, schwed. *öra* führen auf germ. **auzan-* und mit awest. (Dual) *uši*, griech. *ū́s* (οὖς aus **οὖσος*), dor. *ṓs* (ὦς, aus **ōu̯s*) ‘Ohr’, übertragen ‘Henkel’, lat. *auris* (aus **ausis*) ‘Ohr’, air. *āu, ō*, lit. *ausìs*, aslaw. *ucho*, russ. *úcho* (*yxo*) ‘Ohr’ auf ie. **ōus-*, **əus-*, **us-* ‘Ohr’. Zu *Ohr* gebildet ist *Öhr* (s. d.). – O h r f e i g e f. ‘Schlag auf die Wange, Backpfeife’, frühnhd. *ōrfīge* (Ende 15. Jh.), mnd. *ōrvīge* (neben geläufigerem *ōrslach*), nl. (älter) *oorvijg* (späteres nl. *oorveeg* in Anlehnung an nl. *vegen* ‘fegen, kehren, wischen’, *veeg* ‘Streich, Hieb, Schlag’). Grundwort ist wohl die unter *Feige* (s. d.) behandelte Fruchtbezeichnung, vergleichbar anderen Ausdrücken für ‘Wangenschlag’ wie nhd. (mundartlich) *Dachtel* (eigentl. ‘Dattel’) und mnl. *muulpēre*, nl. *muilpeer* (eigentl. ‘Maulbirne’); dazu o h r f e i g e n Vb. (Anfang 19. Jh.). O h r w u r m m. Insekt mit fadenförmigen Fühlern und Zangen am hinteren Körperende, mhd. *ōrwurm* (14. Jh.); nach (irriger) Volksmeinung soll das Insekt die Ohren der Menschen aufsuchen, darin leben und das Ohrinnere schädigen.

Öhr n. 'ohrartige Öffnung, längliches Loch am oberen Ende der Nähnadel, durch das der Faden zu ziehen ist', ahd. *ōri* (um 1000), mhd. *œr(e), ōr(e)*, eine nur im dt. Sprachgebiet bezeugte *j*-Ableitung von dem unter *Ohr* (s. d.) behandelten Substantiv. In verschiedenen anderen Sprachen haben dagegen die Bezeichnungen für *Ohr* auch den übertragenen Sinn 'Öhr' und 'Henkel' angenommen.

okay Adv. und Adj. (nur prädikativ), auch *o. k., O. K.* und *OK*, 'in Ordnung'. Die im 19. Jh. aus dem Amerik.-Engl. entlehnte Bezeichnung ist ihrer Herkunft nach trotz zahlreicher Deutungsversuche (eine Auswahl davon in Muttersprache 1952, 100) unerklärt.

okkult Adj. 'geheim, verborgen, dunkel' (von nach den Naturgesetzen scheinbar nicht erklärbaren Kräften und Dingen), Entlehnung (18. Jh.) aus lat. *occultus* Part.adj. bzw. *occultē* Adv. 'verborgen, versteckt, heimlich, geheim', zu lat. *occulere* (*occultum*) 'verdekken, verbergen, verheimlichen'. Dazu die gelehrte Neubildung O k k u l t i s m u s m. 'Geheimwissenschaft, Lehre von scheinbar übernatürlichen Erscheinungen und Kräften' (Ende 19. Jh.).

okkupieren Vb. 'fremdes Gebiet (militärisch) besetzen, sich aneignen, einnehmen', entlehnt (um 1500) aus lat. *occupāre* 'einnehmen, zuvorkommen, in Besitz nehmen, beschäftigen', einer mit lat. *ob-* 'entgegen, gegen ... hin, nach ... hin, auf ... zu' präfigierten Bildung zu lat. *capere* 'nehmen, fassen, (er)greifen, einnehmen'. *okkupieren* steht zunächst, der Bedeutung des lat. Verbs folgend, für 'einnehmen', übertragen 'in Anspruch nehmen, mit Beschlag belegen', seit dem 19. Jh. vorwiegend in militärischem Sinne. – O k k u p a t i o n f. 'militärische Besetzung fremden Staatsgebietes, widerrechtliche Aneignung' (16. Jh.) mit der *okkupieren* (s. oben) entsprechenden Bedeutungsentwicklung aus lat. *occupātio* (Gen. *occupātiōnis*) 'Besetzung, Beschäftigung, Inanspruchnahme'. O k k u p a n t m. 'wer etw. einnimmt, mit Beschlag belegt, von etw. Besitz ergreift' (2. Hälfte 19. Jh.), 'wer eine militärische Besetzung unternimmt' (Mitte 20. Jh.), befördert durch russ. *okkupánt* (*оккупант*); zu lat. *occupāns* (Gen. *occupantis*), Part. Präs. von lat. *occupāre* (s. oben).

Ökologie f. Lehre von den Wechselbeziehungen zwischen Lebewesen und ihrer Umwelt (als Teilgebiet der Biologie), gelehrte Bildung (Haeckel 1869) aus griech. *õikos* (*οἶκος*) 'Haus, Behausung, Wohnung, Heimat' und *-logie* (s. d.).

Ökonomie f. 'Wirtschaftswissenschaft, wirtschaftliche Struktur, sparsame Wirtschaftsführung, Wirtschaftlichkeit', entlehnt (1. Hälfte 16. Jh., *Oeconomey*) aus lat. *oeconomia*, griech. *oikonomía* (*οἰκονομία*) 'Hauswirtschaft, Verwaltung, Einrichtung', auch 'Staatswirtschaft, Staatshaushaltung', einer Bildung zu griech. *oikonómos* (s. unten); vgl. griech. *õikos* (*οἶκος*) 'Haus, Wohnung, Hausstand, -haltung, Heimat' und s. *-nom, -nomie*. Im Dt. zunächst im Sinne von 'Hauswirtschaft, Haushaltsführung', woraus im 18. Jh. 'sparsame Lebensführung, Wirtschaftlichkeit', ferner 'Landwirtschaft' und 'Landwirtschaftsbetrieb', schließlich 'wirtschaftswissenschaftliche Disziplin, Wirtschaftstheorie' (1. Hälfte 19. Jh., anfangs zur Unterscheidung von 'Hauswirtschaft' dafür oft *National-* oder *Staatsökonomie*). In allgemeinem Sinne 'sachgemäße Einteilung, dem Inhalt entsprechender Aufbau', z. B. von literarischen, wissenschaftlichen, auch figürlichen Darstellungen (seit 18. Jh.). – Ö k o n o m m. 'Wirtschaftswissenschaftler' (1. Hälfte 19. Jh.), älter (entsprechend der Bedeutung von *Ökonomie*, s. oben) 'Hauswirt' (Anfang 17. Jh.) und (noch üblich im Öst.) 'Landwirt, landwirtschaftlicher Verwalter' (18. Jh.), aus spätlat. *oeconomus* 'Wirtschafter, Verwalter, Landwirt', griech. *oikonómos* (*οἰκονόμος*) 'wer das Haus, den Haushalt leitet, verwaltet, Hausverwalter, Wirt', Adj. 'das Haus verwaltend'. ö k o n o m i s c h Adj. 'die Hauswirtschaft betreffend' (1. Hälfte 16. Jh.), 'geschickt in der Haushaltsführung, wirtschaftlich, sparsam' (18. Jh.), 'wirtschaftswissenschaftlich' (1. Hälfte 19. Jh.); vgl. lat. *oeconomicus*, griech. *oikonomikós* (*οἰκονομικός*) 'zur Verwaltung des Hauswesens geschickt, wirtschaftlich'.

Oktave f. achter und letzter Ton in der diatonischen Tonleiter, Intervall von acht diatonischen Tonstufen (von jedem Grundton aus), mhd. *octāv* (13. Jh.) ist entlehnt aus dem in der Musiktheorie der Klöster entstandenen gleichbed. mlat. *octava*, dem substantivierten Fem. von lat. *octāvus* 'achter' (zu lat. *octō* 'acht'). – O k t a v n. 'Buchformat von der Größe eines Achtelbogens' (17. Jh.), substantiviert aus der in der Druckersprache üblichen Fügung lat. *in octāvo* 'in Achtelgröße'. O k t e t t n. 'Musikstück für acht Instrumente oder Singstimmen, Ausführende eines solchen Musikstücks'. Gleichbed. ital. *ottetto* (zu ital. *otto*, lat. *octō* 'acht') wird im 19. Jh. in den Wortschatz der Musik übernommen und bald latinisierend zu *Oktett* umgestaltet.

Oktober m. Name für den zehnten Monat im Jahr, mhd. *october* (auch *octember*, in Anlehnung an *november*), Entlehnung von lat. *(mēnsis) octōber* (zu lat. *octō* 'acht'). Im altrömischen, mit dem März beginnenden Kalender gilt *Oktober* für den achten Monat des Jahres. Nach der röm. Kalenderreform (s. *Januar*) bleibt der Name auch für den nunmehr zehnten Monat erhalten.

oktroyieren Vb. 'aufdrängen, aufnötigen'. Das Verb wird (Anfang 17. Jh.) in der Bedeutung 'landesherrlich bewilligen, verleihen' entlehnt aus gleichbed. frz. *octroyer*, afrz. *otroiier, otriier* 'gutheißen, zusichern, bewilligen, gewähren', das über vlat. **auctōrizāre* (vgl. mlat. *auctorizare* 'billigen, bestätigen, anerkennen, garantieren, bekräftigen') auf lat. *auctōrāre* 'verbürgen, bekräftigen, bestätigen, verpflichten' zurückgeht, eine Bildung zu lat. *auctor* 'Förderer, Veranlasser, Urheber' (s. *Autor*). Die oben angeführte Bedeutung entwickelt sich im Zusammenhang mit der Revolution von 1848, auch in der heute geläufigeren präfigierten Form *aufoktroyieren*, vgl. *Gesetze, eine Verfassung dem Volk (auf)oktroyieren*.

Okular n. dem Auge zugewandte Linse oder Linsenkombination an optischen Geräten (Mitte 18. Jh.), wohl Entlehnung eines zu spätlat. *oculāris* 'zu den Augen gehörig' (vgl. lat. *oculus* 'Auge') gebildeten substantivierten Neutr. nlat. *oculāre*. Oder verkürzt aus O k u l a r g l a s n. (Mitte 18. Jh.). – o k u l i e r e n Vb. 'durch Einsetzen von Augen (d. h. von Keimen, Knospenansätzen) veredeln', Fachwort der Gärtnersprache, Bildung (Ende 17. Jh.) nach gleichbed. lat. *inoculāre* (zu lat. *oculus* 'Auge, Knospe').

Ökumene f. 'die bewohnte, wirtschaftlich nutzbar gemachte Erde', Übernahme (19. Jh.) von lat. *oecūmenē*, griech. *oikūménē (gḗ)* (οἰκουμένη γῆ) 'die (bes. von den Griechen) bewohnte Erde', substantiviertem Part. Präs. Fem. (Mediopass.) von griech. *oikeĩn* (οἰκεῖν) 'wohnen'; vgl. griech. *oĩkos* (οἶκος) 'Haus, Wohnung'. Lat. *oecūmenē* wird Fachwort der röm. Feldvermesser. In Anlehnung an mlat. *oecumenicus* (s. unten) bezeichnet *Ökumene* schließlich die 'Gesamtheit der Christen und christlichen Kirchen' (1. Hälfte 20. Jh.). – ö k u m e n i s c h Adj. 'die ganze bewohnte Erde betreffend, sie umfassend, allgemeingültig' sowie 'die Gemeinsamkeiten, das gemeinsame Vorgehen der christlichen Kirchen in der Welt betreffend' (um 1800); vgl. griech. *oikūmenikós* (οἰκουμενικός), spätlat. *oecūmenicus* 'die ganze von Griechen bewohnte Welt betreffend', dann 'das ganze römische Reich betreffend, dazu gehörend', mlat. 'zur Kirche als Ganzem gehörend, sie vertretend, allgemeine kirchliche Gültigkeit besitzend'.

Okzident m. 'Himmelsrichtung, Gegend, in der die Sonne untergeht, Westen, westlich gelegene Länder' (Gegensatz *Orient*), mhd. *occident(e)*, entlehnt aus lat. *occidēns* (Gen. *occidentis*) 'Westen, Abend, Gegend, Länder in Richtung Sonnenuntergang (von Rom aus gesehen)', dem substantivierten Part. Präs. von lat. *occidere* 'nieder-, hinfallen, untergehen' (zu lat. *cadere* 'fallen, sinken'), wohl nach lat. *in occidente sōle* 'in Richtung der untergehenden Sonne'. – o k z i d e n t a l Adj. 'den Okzident betreffend, westlich', lat. *occidentālis* 'abendlich, westlich' (Anfang 18. Jh.).

Öl n. 'flüssiges Fett, fette dicke Flüssigkeit', ahd. *oli* (8. Jh.), mhd. *ol(e), oli, öl(e)*, asächs. *oli*, mnd. *ōlie* (woraus anord. *olea, olia*), aengl. *œli, ele* (engl. *oil* jedoch aus afrz. *oile*), mnl. *ōlie, ōly*, nl. *olie* sind entlehnt aus vlat. **olium*, lat. *oleum*, das auf griech. *élaion* (ἔλαιον) 'Olivenöl, Öl' zurückgeht, ein Wort unbekannter (wohl mediterraner) Herkunft. Daneben steht ahd. (um 800), mhd. *olei*, mnd. *oley* aus vlat. **oleion*, einer Mischform aus lat. *oleum* und griech. *élaion*; vgl. Frings/M. Germania Romana 2 (1968) 346ff. Wort und Sache sind wohl vornehmlich durch das Christentum ins Germ. eingegangen, da im kirchlichen Bereich das Öl bei Taufe, Krankenölung, Priester- und Bischofsweihe ein wesentlicher kultischer Bestandteil ist. Seit dem 17. Jh. wird das Wort auch für *Erdöl* (s. *Erde*) und seit dem 18. Jh. für tierische Fette verwendet. – ö l e n Vb. 'mit Öl versehen, zubereiten, salben', mhd. *ol(e)n, öl(e)n,* *oleien.* Ö l u n g f. 'das Auftragen, Zuführen von Öl'; vgl. *letzte Ölung* 'Krankensalbung mit geweihtem Öl' vor zu erwartendem Tode, daher auch 'Sterbesakrament', mhd. *olunge, ölunge, oleiunge.* ö l i g Adj. 'ölhaltig' (16. Jh.), vgl. vorausgehendes spätmhd. *ölechtig.* Ö l b a u m m. 'Olivenbaum', ahd. *oliboum* (9. Jh.), mhd. *ölboum.* Ö l g ö t z e m. 'steifer, teilnahmsloser, verständnisloser Mensch', nur noch in der Wendung *wie ein Ölgötze (dastehen, dasitzen)*, vgl. *da stehn wir wie die ol gotzen* (Luther), in den reformatorischen Kämpfen auch eine Schelte für die bei der Weihe gesalbten Priester; vielleicht gekürzt aus *Ölberggötze* für die am Ölberg schlafenden Jünger (Matth. 26, 40). Oder ist mit KNOBLOCH Lingua 26 (1970/71) 310, ausgehend vom betretenen Schweigen der zurückweichenden Häscher auf die Frage Christi „wen sucht ihr?" im angeführten Lutherzitat, eher an die Soldaten der Kohorte zu denken, die Christus gefangennehmen sollten (Joh. 18, 4 bis 9)? Vgl. *Ölberger* Plur. (landschaftlich obd.) als Schelte für 'Häscher, Schergen, Stadtsoldaten' (16. Jh.).

Oligarchie f. 'Ausübung der Staatsmacht durch eine kleine Gruppe', gelehrte Entlehnung (16. Jh., gebräuchlich seit 18. Jh.) aus gleichbed. griech. *oligarchía* (ὀλιγαρχία); vgl. griech. *olígos* (ὀλίγος) 'wenig, klein, gering' und griech. *árchein* (ἄρχειν) 'der erste sein, vorangehen, anfangen, herrschen'. Zur Sache s. *Aristokratie.*

Olive f. 'Frucht des Ölbaums, Ölbaum', mhd. *olīve* 'Ölbaum', frühnhd. auch 'Frucht des Ölbaums' (Anfang 16. Jh.), entlehnt aus lat. *olīva* 'Olive, Olivenbaum, Ölbaum', das über **elaiva* auf griech. **ἐλαίϝα, die Grundform von griech. *elái̯ā* (ἐλαία) 'Ölbaum', verwandt mit den unter *Öl* (s. d.) genannten Formen, zurückgeht. Vgl. daneben ahd. *oliberi* (10. Jh.), mhd. *ölber* 'Frucht des Ölbaums, Olive', zusammengesetzt aus den unter *Öl* und *Beere* (s. d.) behandelten Substantiven. An *Olive* schließt sich an die Farbbezeichnung o l i v (e n) g r ü n Adj. (19. Jh.), heute auch *oliv.* Vgl. frz. *olive* Adj. (Ende 18. Jh.).

Olm m. Als dt. Bezeichnung für den in der 2. Hälfte des 18. Jhs. entdeckten, im Wasser lebenden Schwanzlurch mit verkümmerten Gliedmaßen übernimmt Oken (1816) den alten, heute noch landschaftlich gebrauchten Namen *Olm* 'Salamander, Molch', vgl. ahd. *olm* 'Sterneidechse' (11. Jh.), mhd. *olm*, auch 'Salamander', mnd. nl. *olm* 'Salamander, Molch'; Herkunft ungeklärt. Erwogen wird Umwandlung von ahd. mhd. *mol* 'Eidechse, Molch' (s. *Molch*), dessen Herkunft jedoch ebenfalls ungeklärt ist.

Olympiade f. 'Olympische Spiele', in historischem Sinne die 'Zeitspanne von vier Jahren (zwischen den altgriechischen Olympischen Spielen)'. Im Dt. zuerst (vereinzelt 1531) *Olympias* (Plur. *Olympiaden*) 'Zeitspanne von vier Jahren', nach griech. *Olympiás*, Plur. *Olympiádes* (Ὀλυμπιάς, Ὀλυμπιάδες) 'die Wettkämpfe oder heiligen Spiele zu Olympia, der Sieg zu Olympia, Zeitspanne von vier Jahren von einem olympischen Kampffest bis zum nächsten'; Bildung zum Namen der Stadt *Olympía* (Ὀλυμπία), wo die Wettspiele stattfanden, und damit letztlich zu *Ólympos* (Ὄλυμπος), Gebirge in Griechenland und Wohnsitz der Götter. Danach im Dt. *Olympiades* Plur. (Anfang 18. Jh.), dann, wohl unter Einfluß von frz. *olympiade*, auch *Olimpiade* (1. Hälfte 18. Jh.), *Olympiaden* Plur. (2. Hälfte 18. Jh.) 'Zeitraum von vier Jahren', schließlich *Olympiade* 'die (erneuerten) Olympischen Spiele' (Ende 19. Jh.), heute auch 'Wettstreit von Schülern auf mathematischem, naturwissenschaftlichem, künstlerischem Gebiet zur Förderung besonderer Fähigkeiten und Talente außerhalb des Unterrichts' (2. Hälfte 20. Jh.) nach gleichbed. russ. *olimpiáda* (олимпиада). Die Fügung *Olympische Spiele* (der Griechen) begegnet zuerst in der 1. Hälfte des 18. Jhs. Zuvor *olympisch* 'himmlisch, spirituell' (Paracelsus).

Oma f. 'Großmutter', verkürzende Bildung der Kindersprache (19. Jh.) aus *Großmama.*

Omelett n., O m e l e t t e f. 'Eierkuchen'. Aus lat. *lāmella* 'kleines Metallplättchen, dünnes Blech' hervorgehendes afrz. mfrz. *lemel(l)e*, mfrz. auch *lumelle* 'Klinge' (zu unterscheiden von der jüngeren Entlehnung mfrz. frz. *lamelle* '(Metall)plättchen', s. *Lamelle*) entwickelt die durch falsche Worttrennung bei vorangestelltem Artikel (afrz. *la lemele*) zu erklärende Nebenform afrz. mfrz. *alemel(l)e*, mfrz. *alumelle.* Der in der Pfanne gebackene Eierkuchen wird mit der flachen Klinge verglichen und im 14. Jh. ebenfalls mfrz. *alumelle* genannt. In dieser Verwendung ändert das Substantiv rasch seine Gestalt durch Suffixwechsel zu mfrz. *alumette* (um 1400) und dann durch Metathese zu mfrz. *amelette* (Ende 15. Jh.), *amolette* (16. Jh., beeinflußt von lat. *mollis*, afrz. mfrz. *mol* 'weich'). Die bis heute geltende und wohl auf volksetymologischer Anlehnung an die galloroman. Vertreter von lat. *ōvum* 'Ei' beruhende Form mfrz. frz. *omelette* (16. Jh., vgl. die Varianten mfrz. frz. *aumelette*, mfrz. *œufmollette*) wird Anfang des 18. Jhs. ins Dt. entlehnt (daneben zunächst auch *Aumelette, Omelotte, Amulett* u. ä.). Um 1900 kommt *Omelett* mit neutralem Genus auf, doch bleibt das Femininum landschaftlich (bes. obd.) und in der gastronomischen Fachsprache weiterhin erhalten.

Omen n. 'Zeichen, gutes oder böses Vorzeichen, Vorbedeutung', Übernahme (16. Jh.) von gleichbed. lat. *ōmen*. – o m i n ö s Adj. 'von böser Vorbedeutung, unheilvoll, bedenklich', entlehnt (17. Jh.) aus gleichbed. frz. *omineux* (das auch, in frz. Schreibung, bis ins 18. Jh. im Dt. gilt). Diesem zugrundeliegendes lat. *ōminōsus* ergibt im Dt. *ominos* (nur im 17. und 18. Jh. üblich) in dem dem Lat. entsprechenden Sinne 'bedeutungsvoll, eine (gewöhnlich böse) Vorbedeutung habend'.

Omnibus m. 'großer Kraftwagen zur Beförderung vieler Fahrgäste', Übernahme (1. Hälfte 19. Jh.) von frz. *(voiture) omnibus* 'zur Beförderung vieler bestimmtes und jedermann zugängiges Lohnfuhrwerk', benannt mit dem Dat. Plur. lat. *omnibus* 'für alle' (zu lat. *omnis* 'jeder'). Ein frz. Kaufmann namens *Omnès* soll ein Reklameschild *Omnes omnibus* geführt haben, durch das der Fuhrwerksbesitzer Baudry zur Benennung seines Fahrzeugs inspiriert worden sei (1825). Der Ausdruck bezieht sich bis Mitte 19. Jh. auf frz. Verhältnisse, wird danach über Berlin rasch allgemein. Die aus der letzten Silbe gewonnene Kurzform B u s wird zuerst in England (19. Jh.), dann auch in Deutschland und Frankreich üblich (Anfang 20. Jh.) und bildet ihrerseits neue Zusammensetzungen, vgl. (mit der Motorisierung entstandenes) *Autobus* (Anfang 20. Jh.), *Oberleitungsbus*, Kurzform *O-Bus* (1. Hälfte 20. Jh.), *Trolleybus*, aus dem Engl. (Mitte 20. Jh.), vgl. engl. *trolley* 'Stromabnehmerrolle' (bei über eine Oberleitung elektrisch betriebenen Fahrzeugen).

Onanie f. 'geschlechtliche Selbstbefriedigung'. Nach der Bibel (1. Mos. 38, 9) weigert sich *Onan*, auf Anordnung seines Vaters der Frau seines kinderlos verstorbenen Bruders Kinder zu zeugen und läßt seinen Samen auf die Erde fallen. Dieser Vorgang wird fälschlich als Masturbation gedeutet und (Mitte 17. Jh.) *onanitische Sünde, Onaniterey* genannt. Dazu bildet (1710) der engl. Arzt Bekker nlat. *onania*, das, eingedeutscht zu *Onanie*, in die medizinische und pädagogische Fachsprache sowie in die Bildungssprache eingeht. – o n a n i e r e n Vb. (19. Jh.).

ondulieren Vb. 'die Haare künstlich wellen' (bes. mit der Brennschere), entlehnt (1. Hälfte 20. Jh.) aus gleichbed. frz. *onduler*, eigentl. 'eine Wellenbewegung oder Wellenlinie aufweisen, wellenförmig verlaufen', einer Ableitung von frz. *ondulation* 'wellenförmige Bewegung, Schwingungswelle, Wellenlinie', das zunächst als Ausdruck der Physik zu spätlat. *undula* 'kleine Welle' gebildet ist. Dieses ist das Deminutivum von lat. *unda* 'Welle, Woge', woraus gleichbed. afrz. frz. *onde*, dessen Anlaut die Neubildung übernommen hat. – O n d u l a t i o n f. 'künstliche Wellung der Haare', nach frz. *ondulation* (s. oben), das, der Entwicklung des Verbs folgend, auch diese Bedeutung angenommen hat. Entsprechende, doch vom Frz. unabhängige dt. Bildungen zu spätlat. *undula* sind U n d u l a t i o n f. 'Wellenbewegung, Schwingung' und u n d u l i e r e n Vb. 'sich wellenförmig bewegen, wellenartig verlaufen' (18. Jh.).

Onkel m. 'Bruder der Mutter oder des Vaters', Übernahme (*Oncle*, um 1700) von gleichbed. afrz. frz. *oncle*, aus lat. *avunculus* 'Bruder der Mutter', mlat. auch 'Bruder des Vaters' (Deminutivbildung zur Grundform lat. *avus* 'Großvater'). *Onkel* (in dieser Schreibweise etwa seit Ende 18. Jh.) verdrängt einheimisches *Oheim* (s. d.).

Onyx m. Der Name des lagenartig schwarzweiß gebänderten Halbedelsteins mhd. *ōnix* ist eine Entlehnung (vielleicht über afrz. *onix*) von lat. *onyx*, griech. *ónyx* (*ὄνυξ*); vgl. daneben an die obliquen Kasus des Griech. und Lat. anzuschließenden Formen wie mhd. *ōnichel, onichel*, frühnhd. *ōnich* (nach afrz. *oniche, onicle*). Die griech. Bezeichnung des Minerals ist wegen seines an den Fingernagel erinnernden weißen Glanzes entweder als Übertragung von griech. *ónyx* (*ὄνυξ*) 'Nagel, Kralle' oder als ein daran volksetymologisch angeglichenes Fremdwort unbekannter Herkunft aufzufassen.

Opa m. 'Großvater', verkürzende Bildung der Kindersprache (19. Jh.) aus *Großpapa*.

Opal m. Der Name des milchigweißen Schmucksteins ist eine Übernahme (17. Jh.) von gleichbed. frz. *opale*, mfrz. *opale, opalle*, afrz. *optal* (mit unorganischem *-t-*), entlehnt aus lat. *opalus*, das seinerseits über griech. *opállios* (ὀπάλλιος) auf aind. *úpalaḥ* 'Stein' beruht. – O p a l g l a s n. 'schwach getrübtes Milchglas' (Ende 19. Jh.).

Oper f. 'in Musik gesetztes, mit Orchester und Gesang dargebotenes (dramatisches) Bühnenwerk, dessen Aufführung, das dafür bestimmte Theatergebäude', anfangs auch *Opera* (2. Hälfte 17. Jh. bis um 1800), Übernahme von gleichbed. ital. *opera*, eigentl. 'Handlung, Werk', auch 'musikalisches Werk, Komposition', woraus (Mitte 17. Jh.) 'Bühnenwerk mit Musik'. Zugrunde liegt lat. *opera* 'Arbeit, Tätigkeit, Mühe', der als Singular gebrauchte Plural von lat. *opus* 'Arbeit, Beschäftigung, Handlung, Werk'. Vgl. gelegentliche Verdeutschungen wie *Singspiel* (Ende 17. Jh.), *Singschauspiel* (18. Jh.), *musikalisches Drama* (R. Wagner). – O p e r e t t e f. 'unterhaltsames, heiteres musikalisches Bühnenwerk, Singspiel, in dem Gesang und gesprochener Dialog wechseln', anfangs *Operetta* 'kleine, kurze oder komische Oper' (Ende 17. Jh.), nach dem Muster der ital. Deminutiva zu *Opera* gebildet, vgl. ital. *operetta* 'Werkchen, kleines Kunstwerk' (erst im 19. Jh. Gattungsbezeichnung des Musiktheaters). O p e r n h a u s n. (Anfang 18. Jh.).

operieren Vb. 'handeln, verfahren' (1. Hälfte 16. Jh.; in militärischem Sinne seit 19. Jh.), 'Wirkung zeigen, wirken' (Mitte 16. Jh., bes. als Wort der Apothekersprache), 'einen chirurgischen Eingriff vornehmen' (Anfang 18. Jh.), entlehnt aus lat. *operārī* 'beschäftigt sein, arbeiten, wirken, verrichten', einem Denominativum zu lat. *opus* (Gen. *operis*) 'Arbeit, Beschäftigung, Handlung, Werk' bzw. lat. *opera* 'Arbeit, Tätigkeit, Mühe'. Gelegentlicher Einfluß von mfrz. frz. *opérer* (gleicher Herkunft) auf das Dt. ist wahrscheinlich. – O p e r a t i o n f. 'Verfahrensart, Verlauf von Krankheiten, Vorgang, Einfluß, Wirkung von Heilverfahren' (1. Hälfte 16. Jh.), 'chrirurgischer Eingriff' (2. Hälfte 16. Jh.), 'zielgerichtete Bewegung eines militärischen Verbandes' (Ende 17. Jh.), aus lat. *operātio* (Gen. *operātiōnis*) 'das Arbeiten, Arbeit, Verrichtung, Gewerbe' (zu lat. *operārī*, s. oben), möglicherweise mit gelegentlichem Einfluß von gleichbed. mfrz. frz. *opération*. O p e r a t e u r m. 'Wundarzt, operierender Arzt' (1. Hälfte 18. Jh.), frz. *opérateur*; seit Mitte 19. Jh. von *Chirurg* verdrängt. o p e r a t i v Adj. 'wirkend, tätig eingreifend, eine Operation betreffend' (2. Hälfte 19. Jh.), frz. *opératif*. K o o p e r a t i o n f. 'Zusammenarbeit, Zusammenwirken' (um 1800), frz. *coopération*. k o o p e r i e r e n Vb. 'zusammenarbeiten, -wirken, mitwirken' (um 1800), frz. *coopérer*.

opfern Vb. 'etw. einer Gottheit darbringen, unter Verzicht spenden, hingeben', ahd. *opharōn* 'eine Arbeit verrichten, ein religiöses Opfer darbringen' (8. Jh.), mhd. *opfern*, (md.) *oppern* 'ein (religiöses) Opfer darbringen', mnd. *opperen* ist als Wort der südd. Kirchensprache entlehnt aus kirchenlat. *operārī* 'Gott ein Opfer bringen, Almosen spenden', lat. 'beschäftigt sein, arbeiten, wirken, verrichten' (s. *operieren*). Neben diesem über die Alpen ins Dt. eingedrungenen Verb steht ahd. *offrōn* 'Gott schenken, weihen, opfern' (9. Jh.), mhd. *offern*, das wie anfrk. *offrōn*, mnl. nl. *offeren*, aengl. *offrian*, engl. *to offer*, anord. (aus dem Aengl.) *offra* über die galloroman.-rhein. Kirchensprache aus lat. *offerre* 'entgegentragen, anbieten, darbringen', kirchenlat. 'Gott darbringen, weihen, opfern' hervorgegangen ist. Vgl. Frings/M. Germania Romana 2 (1968) 340ff. – O p f e r n., ahd. *ophar* (8. Jh.), mhd. *opfer, opher*, asächs. mnd. *opper*, Rückbildung aus dem Verb.

Opium n. aus dem eingetrockneten Milchsaft der unreifen Fruchtkapseln des orientalischen Schlafmohns gewonnenes schmerzstillendes Arzneimittel bzw. Rauschgift, Übernahme (zuerst in die Apothekersprache, Anfang 16. Jh.) von lat. *opium*, griech. *ópion* (ὄπιον) 'Saft der Mohnkapsel', zu griech. *opós* (ὀπός) 'Pflanzensaft, Saft des Feigenbaums'. – O p i a t n. 'Opium, Opiumderivate enthaltendes Arzneimittel', mhd. *opiāt* 'Opiumlatwerge', aus mlat. *opiatum*, einer Ableitung von lat. *opium*.

opponieren Vb. 'Einwendungen machen, sich widersetzen, widerstreben', entlehnt (15. Jh.) zunächst als Fachwort der Schulsprache 'eine gegensätzliche Meinung vertreten' (bei Abschlußprüfungen, später Doktorpromotionen) aus lat. *oppōnere* '(zum Schutz, zur Abwehr) entgegenstellen, gegenüberstellen, mit Worten entgegenhalten, entgegensetzen'; vgl. lat. *pōnere* 'setzen, stellen, legen'. – Opponent m. 'Gegner im Redestreit, Widersacher' (17. Jh.), lat. *oppōnēns* (Gen. *oppōnentis*), Part. Präs. zu lat. *oppōnere*. Opposition f. 'Gegensatz, Widerspruch, Gegnerschaft' (16. Jh.), aus spätlat. *oppositio* (Gen. *oppositiōnis*) 'das Entgegensetzen', danach (unter dem Einfluß von engl. frz. *opposition*) 'die Politik der Regierung bzw. der Regierungspartei ablehnende Parteien oder Gruppen', zunächst (Ende 18. Jh.) in Beschreibungen auf engl., dann (19. Jh.) auch auf dt. parlamentarische Verhältnisse bezogen. oppositionell Adj. 'zum Widerspruch neigend, gegensätzlich, gegnerisch, auf seiten der Opposition stehend' (19. Jh.), nach gleichbed. engl. *oppositional*.

opportun Adj. 'genehm, gelegen, angebracht, der Gelegenheit folgend', entlehnt (1. Hälfte 18. Jh., vielleicht früher) aus gleichbed. lat. *opportūnus*, eigentl. (aus der Seemannssprache) 'zur Fahrt bequem' (vom Wind), vgl. lat. *portus* 'Einfahrt, Hafen'. – Opportunität f. 'passende Gelegenheit, Zweckmäßigkeit der Lage' (17. Jh.), aus gleichbed. lat. *opportūnitās* (Gen. *opportūnitātis*). Adjektiv und Substantiv werden unter dem Einfluß von frz. *opportun* und *opportunité* zum Schlagwort in Politik und Diplomatie. Opportunist m. 'wer sich anpaßt, Gelegenheiten nutzt' (Mitte 19. Jh.), dann 'wer seine Politik aus Nützlichkeitserwägungen den Zeitumständen anpaßt, Vertreter des Opportunismus' (2. Hälfte 19. Jh.), nach ital. *opportunista*, frz. *opportuniste*, letzteres zunächst für einen Vertreter der gemäßigten Republikaner unter Gambetta. Opportunismus m. 'Gelegenheitspolitik, bereitwillige und rasche Anpassung an die politische Lage' (Ende 19. Jh.), nach frz. *opportunisme* 'politische Lehre, die das Vorgehen von den Umständen abhängig macht', ital. *opportunismo*.

Optativ m. in der Grammatik Aussageweise des Verbs, die einen Wunsch, die Möglichkeit eines Geschehens bezeichnet. Spätlat. *(modus) optātīvus* wird im Dt. mit *wünschendes maß, begirliche weyß* (15. Jh.), *Wunschweise* (Mitte 17. Jh.) übersetzt. In dt. grammatischen Texten begegnet *Optativus* Anfang des 16. Jhs., *Optativ* gegen Ende des 18. Jhs. Das Adjektiv spätlat. *optātīvus* 'wünschend, einen Wunsch ausdrückend' ist gebildet zu lat. *optāre* 'wählen, aussuchen, wünschen'.

Optik f. 'Lehre vom Sehen und vom Licht', Entlehnung (*Optica*, 1. Hälfte 16. Jh., *Optic*, Anfang 17. Jh.) von mlat. *optica* (Plur.), lat. *opticē*, griech. *optikḗ (téchnē)* (ὀπτικὴ τέχνη) 'die Lehre vom Sehen', dem substantivierten Fem. von griech. *optikós* (ὀπτικός) 'zum Sehen gehörig, das Sehen betreffend'. In neuerer Sprache auch 'Linsensystem in einem optischen Gerät' sowie allgemein 'Sehweise, optischer Eindruck'. – optisch Adj. 'das Sehen, die Optik, die Wirkung auf den Betrachter betreffend' (16. Jh.); vgl. griech. *optikós* (s. oben). Optiker m. 'wer sich mit optischen Geräten (bes. der Anfertigung und Anpassung von Brillen) befaßt' (Anfang 19. Jh.), zuvor *Opticus* (17. Jh.), mlat. *opticus*.

Optimismus m. 'zuversichtliche, bejahende, heitere Lebenseinstellung' (18. Jh.), zuerst (wohl frz. *optimisme*, 1737) in der Fachsprache der Philosophie Bezeichnung für die von Leibniz („Essai de théodicée sur la bonté de Dieu, la liberté de l'homme et l'origine du mal", 1710) aufgestellte Lehre, daß die bestehende Welt die beste (*optimum*) aller möglichen sei. Danach im Dt. *Optimismus* (Mitte 18. Jh., Lessing?, aus dem Frz. relatinisiert oder im Dt. vollzogene Bildung?); zu lat. *optimum* (s. *Optimum*). – Optimist m. (Anfang 19. Jh.), frz. *optimiste*. optimistisch Adj. (19. Jh.).

Optimum n., Plur. *Optima*, 'Höchstmaß, günstigstes Verhältnis, Bestwert', Übernahme (20. Jh.) von lat. *optimum* (Plur. *optima*) 'das Beste', dem substantivierten Neutr. von lat. *optimus*, Superlativ zu lat. *bonus* 'gut, geeignet, zweckmäßig, nützlich, beträchtlich'. Davon abgeleitet optimal Adj. 'bestmöglich' (20. Jh.).

opulent Adj. 'üppig, reichlich, vorzüglich' (von Essen und Trinken), vorher auch 'reich, prächtig' (von Menschen), 'mit großem Aufwand' (von der Lebenshaltung), entlehnt (Anfang 18. Jh.) aus lat. *opulentus* bzw. seltenerem *opulēns* (Gen. *opulentis*) 'reich, mächtig, ansehnlich'; zu lat. *ops* (Gen. *opis*) 'Reichtum, Vermögen, Macht'. – Opulenz f. 'Reichtum, Macht, Üppigkeit, Überfluß' (um 1800), lat. *opulentia*.

Opus n. (Plur. *Opera*) 'Werk, Kunstwerk, Gesamtwerk eines Künstlers', Übernahme (2. Hälfte 16. Jh.) von lat. *opus* (Plur. *opera*) 'Arbeit, Beschäftigung, Handlung, Werk', zunächst vielfach in festen Fügungen zur Bezeichnung literarischer, wissenschaftlicher Werke wie *opera omnia* 'sämtliche Werke', *opera postuma* 'nachgelassene Werke, Schriften'. Geläufig wird *opus* (abgekürzt *op.*) zur Bezeichnung eines musikalischen Werkes in Verbindung mit einer Zahl zur Kennzeichnung der chronologischen Reihenfolge der Werke eines Komponisten (seit etwa 1800).

Orakel n. 'Schicksalsspruch, Weissagung, rätselhafter Ausspruch, Spruchstätte'. Lat. *ōrāculum* 'Stätte der Göttersprucherteilung, Schicksalsspruch der Götter oder Priester, Weissagung' (zu lat. *ōrāre* 'reden, sprechen, bitten, beten', auch 'eine Ritualformel wirksam hersagen'; zu lat. *ōs*, Gen. *ōris*, 'Mund') wird im 16. Jh. ins Dt. übernommen und neben der lat. Form, die bis ins 18. Jh. gebräuchlich bleibt, zugleich als *Oracul*, *Orakel* entlehnt. – orakeln Vb. 'weissagen, in rätselhaften Andeutungen sprechen' (2. Hälfte 18. Jh.).

Orange f. (vorwiegend südd., auch md.) 'Apfelsine'. Zunächst bezeugt sind nordd. Formen wie *oranyge appele* (Anfang 15. Jh.), *Oranienapffel* (17. Jh.) als Entlehnungen aus mnl. *appel van arancen*, *aryangen*, *aranie(n)appel*, nl. *oranje(appel)*. Dies beruht wie md. südd. *Orangenapfel* (17. Jh.), *Orange* (um 1700) auf mfrz. frz. *orange*, afrz. *pome d'orange*, das, wohl über aprov. *arange*, *auranja*, auf ital. *arancio*, *arancia*, altoberital. *naranza* (mlat. *arangia*, *arancia*, *arancium*) zurückgeht. Ebenfalls aus dem Ital. entlehnt ist das im Dt. früh bezeugte mhd. *arans* 'Apfelsinenbaum', *aranser* Plur. 'Apfelsinen' (14. Jh.), frühnhd. *Arancien* Plur. (16. Jh.). Auszugehen ist von auf pers. *nāranğ* beruhendem arab. *nāranğ(a)* 'Apfelsine'. Wahrscheinlich werden Apfelsinen seit dem 11. Jh. in Sizilien angebaut, und zwar zunächst eine aus dem Orient stammende rotgoldene, bitter schmeckende Sorte. Sie wird im 16. Jh. von einer aus China stammenden, von den Portugiesen eingeführten süßen Sorte ersetzt, auf die der alte Name übergeht. – orange Adj. 'orangefarben' (1. Hälfte 17. Jh.), wohl nach gleichbed. mfrz. frz. *orange*. Orangerie f. 'Gewächshaus', älter 'Bestand an Orangen- und Zitronenbäumen, seltene südliche Pflanzen', Übernahme im Zusammenhang mit der frz. Gartenkultur um 1700 von frz. *orangerie*.

Orang-Utan m. Der Name für den baumbewohnenden, rotbraun behaarten, auf Borneo wie Sumatra beheimateten Menschenaffen mit kurzen Beinen und sehr langen Armen ist eine Übernahme (Mitte 17. Jh.) von mal. *orang-hūtan* 'wilder Mensch, Waldmensch', vgl. mal. *orang* 'Mensch', *(h)ūtan* 'wild, Wald', einer Bezeichnung für die als Naturvölker lebenden Eingeborenen, von Europäern irrtümlich oder scherzhaft auf die an das Baumleben angepaßte Gattung der Menschenaffen übertragen. Im Dt. zuerst in Reisebeschreibungen, vielleicht vermittelt durch engl. frz. *orang-outang*, nl. *orang-oetan(g)*, die ebenfalls seit dem 17. Jh. bezeugt sind.

Oratorium n. episch-dramatisches, vornehmlich geistliches musikalisches Werk für Soli, Chor und Orchester; im Dt. wohl seit 17. Jh. Diese aus Lobgesängen, liturgischen Motetten unter dem Einfluß geistlicher Spiele im 16./17. Jh. in Italien (nlat. *oratorium*, ital. *oratorio*) entstandene Kunstform wurde gepflegt in den dort bestehenden Betsälen von Bruderschaften. Die Bezeichnung geht zurück auf spätlat. *ōrātōrium* 'Bethaus', mlat. 'Kapelle, Kirche', danach auch 'Betsaal einer Bruderschaft', das substantivierte Neutrum von lat. *ōrātōrius* 'rednerisch'; vgl. lat. *ōrātor* 'Redner', *ōrāre* 'reden, bitten, beten'.

Orchester n. '(vertiefter) Raum vor der Bühne für die Musiker' (Anfang 18. Jh.), 'größere Zahl von Instrumentalisten unter einem Dirigenten' (Mitte 18. Jh.), Übernahme von frz. *orchestre* 'Orchesterraum in Theater und Konzertsaal, Ensemble von Instrumentalisten'. Dies ist entlehnt aus lat. *orchēstra* 'Sitzplatz der Senatoren im röm. Theater', spätlat. 'Erhöhung auf der Vorderbühne für Musiker, Tänzer, Pantomimen', griech. *orchḗstra* (ὀρχήστρα) 'Tanzraum des Chores zwischen Bühne und Zuschauern' (im attischen Theater), zu griech. *orchéisthai* (ὀρχεῖσθαι) 'tanzen'.

Orchidee f. Die außerordentlich geschätzten (und in Mitteleuropa heute vielfach seltenen) Pflanzen mit auffallender Form und (zumal bei tropischen Arten und gezüchteten Sorten) Farbenpracht der Blüten erhalten im 18. Jh. den Namen botan.-lat. *Orchis*, eine

Übernahme von gleichbed. lat. *orchis*, griech. *órchis* (ὄρχις), eigentl. 'Hoden' (nach den zwei hodenähnlichen Wurzelknollen mancher Arten; vgl. das dt. Synonym *Knabenkraut*, seit 15. Jh.). Der dazu gebildete systematische Sammelbegriff botan.-lat. *Orchideae* Plur. wird im Dt. mit *Orchideen* (frz. *orchidées*) wiedergegeben und entwickelt einen neuen Sing. *Orchidee* (19. Jh.).

Orden m. 'nach bestimmten Regeln lebende religiöse oder weltliche Gemeinschaft, Ehrenzeichen, Auszeichnung'. Ahd. *ordina* 'Ordnung, Reihe(nfolge)' (um 1000), mhd. *orden* 'Ordnung, Reihe, Regel, Gesetz, Auftrag, Rang, Stand, verbindliche Regel sowie unter dieser lebende Gemeinschaft', frühnhd. auch 'das äußere Zeichen einer Gemeinschaft' (ursprünglich das Kreuz der Ordensritter), danach überhaupt (von einem Fürsten verliehene) 'Dekoration, Ehrenzeichen, Auszeichnung' (15. Jh.), entlehnt aus lat. *ōrdo* (Gen. *ōrdinis*) 'Reihe(nfolge), Glied, Stand, Ordnung', mlat. auch 'Regel' sowie 'religiöse, mönchische Gemeinschaft'. – o r d e n t l i c h Adj. 'in gehöriger Weise geordnet, vorschriftsgemäß, ordnungsliebend, anständig, tüchtig', ahd. *ordinlīhho* Adv. (um 1000), mhd. *ordenlich* 'nach der Ordnung, in gehöriger Reihenfolge', (md. mit eingeschobenem Gleitlaut) *ordentlich*. a u ß e r o r d e n t l i c h Adj. 'außerhalb der Ordnung, der Reihenfolge, der Regel', daher auch 'ungewöhnlich, sich aus dem Übrigen heraushebend', Übersetzung (Ende 17. Jh.) von lat. *extrāōrdinārius*.

Order f. 'Anordnung, Auftrag, Verfügung, Befehl', Übernahme (Mitte 17. Jh.) von frz. *ordre* 'Auftrag, Befehl' (seit dem Mfrz.), auch 'Ordnung, Anordnung, Vorschrift, Regel, Stand, Orden', im Plur. 'kirchliche Weihen', afrz. *ordre*, *ordene*, entlehnt aus lat. *ōrdo* (Gen. *ōrdinis*) 'Reihe(nfolge), Glied, Stand, Ordnung'. – b e o r d e r n Vb. 'durch (militärischen) Befehl jmdn. (an einen bestimmten Ort) kommen lassen, beauftragen' (2. Hälfte 17. Jh.). Gleichzeitig (seltener) o r d e r n Vb. 'befehlen, an-, einweisen', dann bes. 'einen Auftrag erteilen, bestellen' (Kaufmannssprache, in Anlehnung an engl. *to order*).

ordinär Adj. 'ordentlich, gebräuchlich' (Ende 17. Jh.), 'landläufig, alltäglich' (Anfang 18. Jh.), 'gemein, gewöhnlich, unanständig' (Ende 18. Jh.), Übernahme von frz. *ordinaire* 'ordnungsgemäß, gewöhnlich, alltäglich'. Im Dt. bis ins 19. Jh. in frz. Schreibung. Voraus geht (16. bis 18. Jh.) *ordinari* 'ordnungsgemäß, regelmäßig, gewöhnlich', vgl. *ordinari Diät, dem ordinari Gebrauch nach* (16. Jh.), *die ordinari Straf des Todes* (17. Jh.), *Ordinari Post* 'gewöhnliche Post' (im Gegensatz zur *Eil-* oder *Extrapost*, bis ins 19. Jh.), das wie mfrz. frz. *ordinaire* aus lat. *ōrdinārius* 'in gehöriger Reihe oder Ordnung stehend, ordentlich, regelmäßig' entlehnt ist; zu lat. *ōrdo* (Gen. *ōrdinis*) 'Reihe(nfolge), Glied, Stand, Ordnung'.

Ordinarius m. 'Professor mit Lehrstuhl bzw. ordentlicher Professor an einer Hochschule, ordentlich bestallter Arzt' (1. Hälfte 16. Jh., Paracelsus), dann auch 'Klassenlehrer an einer höheren Schule' (2. Hälfte 19. Jh.), wohl verkürzt aus nlat. *professor*, *medicus ōrdinārius* (s. *ordinär*).

ordinieren Vb. 'einen (evangelischen) Pfarrer in sein Amt einführen', (in der katholischen Kirche nur noch fachsprachlich-kirchenrechtlich) 'für ein geistliches Amt weihen' (16. Jh.), 'ärztlich verordnen, Sprechstunde halten' (19. Jh.), mhd. *ordinieren*, *ordenieren* 'anordnen, einrichten, bestimmen, zum Priester weihen', lat. *ōrdināre* 'ordnen, regeln, in ein Amt einsetzen', spätlat. 'zum Priester weihen' (s. *ordnen*). – O r d i n a t i o n f. 'Weihe eines Diakons, Priesters, Bischofs, Einsetzung eines Pfarrers' (16. Jh.), 'ärztliche Verordnung, Sprechstunde' (19. Jh.), lat. *ōrdinātio* (Gen. *ōrdinātiōnis*) 'Anordnung, Einrichtung, Amtseinsetzung', spätlat. 'Weihe eines Priesters'. Daneben auch (als Bildung zum Verb) O r d i n i e r u n g f. (18. Jh.).

ordnen Vb. 'in eine bestimmte Ordnung, richtige Reihenfolge, in einen ordentlichen Zustand bringen', ahd. *ordinōn* '(an)ordnen, einreihen, einteilen, ordnungsgemäß erfüllen' (9. Jh.), mhd. *ordenen* 'in Ordnung bringen, anordnen', entlehnt aus lat. *ōrdināre* 'in Reihen anpflanzen, in Reih und Glied aufstellen, regeln, in ein Amt einsetzen', abgeleitet von lat. *ōrdo* (Gen. *ōrdinis*) 'Reihe(nfolge), Glied, Stand, Ordnung'. – O r d n e r m. 'wer etw. nach bestimmten Gesichtspunkten gliedert, einteilt', mhd. *ordenære*, auch 'Anordner'. O r d n u n g f. 'Gliederung, Einteilung, Zustand des Geordnetseins', ahd. *ordinunga* 'Reihe, Einrichtung' (um 1000), mhd.

ordenunge ‘Reihe(nfolge), Anordnung, Regel, Vorschrift, Einrichtung, Lebensweise’.

Ordonnanz f. ‘Befehl, Anordnung’ (Mitte 16. Jh.), ‘für bestimmte Zwecke abkommandierter Soldat’ (17. Jh.), Entlehnung von gleichbed. frz. *ordonnance*, afrz. *ordenance*, *ordinance* ‘Ordnung, Anordnung, Aufstellung’, zu frz. *ordonner* ‘anordnen, verordnen, vorschreiben, befehlen’, afrz. *ordener* ‘(an)ordnen, aufstellen, befehlen, weihen’, lat. *ōrdināre* (s. *ordnen*). Älter auch *Ordinanz* ‘Ordnung, guter Zustand, Vorschrift, Befehl’ (bis etwa 1800), spätmhd. *ordinanz(e)* ‘Vorschrift, Befehl’, nach afrz. *ordinance* (s. oben) bzw. mlat. *ordinantia*.

Organ n. ‘Werkzeug, Hilfsmittel’ (16. Jh.), ‘Teil eines lebendigen Ganzen, funktioneller Körperteil, Stimme’ (18. Jh., vgl. *Sinnes-*, *Geistes-*, *Sprachorgan, inneres Organ*). Entlehnung (*Organum*, *Organon* 16. bis 19. Jh., *Organ* seit 18. Jh.) von lat. *organum* ‘Werkzeug, (Musik)instrument’, griech. *órganon* (*ὄργανον*) ‘Werkzeug, Gerät, Instrument, Sinneswerkzeug’, das im Ablaut zu griech. *érgon* (*ἔργον*) ‘Werk, Sache’ (s. *Energie*) steht. Unter dem Einfluß von frz. *organe* stehen Verwendungen wie ‘offizielle Zeitschrift einer Körperschaft’ (19. Jh., vgl. *Presse-*, *Parteiorgan*), ‘befugte, mit einer bestimmten Funktion beauftragte Person(engruppe)’ (20. Jh.). – o r g a n i s c h Adj. ‘ein Körperorgan betreffend, von ihm ausgehend, der belebten Natur angehörend, gegliedert, geordnet’ (Mitte 18. Jh.), vgl. lat. *organicus*, griech. *organikós* (*ὀργανικός*) ‘als Werkzeug dienend, wirksam, praktisch’; zunächst gebräuchlich in Naturwissenschaft und Philosophie (vgl. *organische Körper*, *Geschöpfe*), dann (Anfang 19. Jh.) unter Einfluß von frz. *organique* auch auf Politik und Recht ausgedehnt (vgl. *organisches Gesetz*, frz. *loi organique*). a n o r g a n i s c h Adj. ‘unbelebt, nicht Kohlenstoff enthaltend’ (Anfang 19. Jh.). O r g a n i s m u s m. ‘selbständiges Lebewesen, Gefüge, einheitlich gegliedertes Ganzes’ (18. Jh.), latinisierende Bildung nach gleichbed. frz. *organisme*. o r g a n i s i e r e n Vb. ‘systematisch vorbereiten, aufbauen, gestalten, (sich) in einem Verband, zu bestimmten Zwecken zusammenschließen’, entlehnt (18. Jh.) aus gleichbed. frz. *organiser*; vgl. mlat. *organizare* ‘bilden, gestalten’. O r g a n i s a t i o n f. ‘Einrichtung, Gestaltung, Bildung’, zunächst im medizinisch-naturwissenschaftlichen und philosophisch-ästhetischen Sinne vom Wesen, vom körperlichen und seelischen Zustand des Menschen (2. Hälfte 17. Jh.), unter dem Einfluß des Gedankenguts der frz. Revolution übertragen auf staatliche Einrichtungen, wirtschaftliche, politische Gebilde (18. Jh), ‘systematische Vorbereitung zusammenwirkender Abläufe bzw. Arbeitsprozesse’ (19. Jh.), ‘einheitlicher Zusammenschluß von Personen, Verband, Partei’ (20. Jh.), entlehnt aus gleichbed. frz. *organisation*. r e o r g a n i s i e r e n Vb. ‘neugestalten, neuordnen’ (19. Jh.), frz. *réorganiser*.

Orgasmus m. ‘heftiger Blutandrang, starker Trieb der Körpersäfte’ (Anfang 18. Jh.), ‘sinnliche Erregung, Erregung des Geschlechtstriebs, kulminierendes Lustgefühl beim Geschlechtsakt’ (1. Hälfte 20. Jh., wohl nach engl. *orgasm*, das um 1900 in dieser Bedeutung erscheint); Entlehnung von medizin.-lat. *orgasmus* ‘Aufwallen und Gären’ (hauptsächlich vom Blut), griech. *orgasmós* (*ὀργασμός*) ‘heftige Erregung’, Ableitung von *orgā̂n* (*ὀργᾶν*) ‘von Lust und Begierde strotzen, erfüllt sein, heftig verlangen’, eigentl. ‘von ernährender Feuchtigkeit und von Saft strotzen, schwellen’, Denominativum zu griech. *orgḗ* (*ὀργή*) ‘seelischer Trieb, Sinnesart, heftige Gemütsbewegung, Leidenschaft’. Dazu o r g a s t i s c h Adj. (Anfang 19. Jh.).

Orgel f. größtes Musikinstrument, bei dem durch Tasten sowie Pedal und Luftzuführung Pfeifen in verschiedenen Klangfarben zum Tönen gebracht werden. Ahd. *organa* (9. Jh.), Plur. (mit Dissimilation) *orgalūn* (Hs. 12. Jh.), mhd. *organā*, *organe*, *orgene*, *orgel(e)* ist entlehnt aus lat. *organa*, dem häufig gebrauchten Plural von lat. *organum* ‘Musikinstrument, Pfeifen-, Orgelwerk’, auch ‘Werkzeug’, griech. *órganon* (*ὄργανον*) ‘Werkzeug, Gerät, Instrument, Sinneswerkzeug, Organ’ (s. *Organ*). – D r e h o r g e l f. ‘Leierkasten’ (Mitte 18. Jh.). o r g e l n Vb. ‘Orgel spielen’, spätmhd. *orgelen*; auch ‘tiefe, brausende, orgelähnliche Töne hervorbringen’ (18. Jh.), vom Hirsch ‘röhren’. O r g a n i s t m. ‘Orgelspieler’, mhd. *organiste*, mlat. *organista*. O r g e l p f e i f e f. (15. Jh.); vgl. *wie die Orgelpfeifen* ‘der Größe nach’ (2. Hälfte 16. Jh.).

Orgie f. ‘Ausschweifung, wüstes Gelage’. Lat. *orgia* Plur., griech. *órgia* (*ὄργια*) Plur.

'geheime religiöse Gebräuche, Geheimkult', speziell die 'Geheimfeiern des Bacchusdienstes mit ekstatischer Ausgelassenheit', wird im 17. Jh. in seiner griech.-lat. Form in die dt. Wissenschaftssprache aufgenommen. Ende des 18. Jhs. entwickelt eingedeutschtes *Orgien* (mit dem Sing. *Orgie*) auch die oben genannte übertragene Bedeutung und steht für dem jeweiligen Moralkodex zuwiderlaufende hemmungslose oder ausgelassene Handlungen bzw. Ausschweifungen einer Gemeinschaft. Griech. *órgia* ist wohl eine Bildung zu griech. *érgon* (*ἔργον*) 'Werk, Tat' (auch 'bedenkliche, frevelhafte Tat'). Oder zu griech. *orgḗ* (*ὀργή*) 'Sinnesart, heftige Gemütsbewegung, Leidenschaft' (s. *Orgasmus*)? – o r g i a s t i s c h Adj. 'zügellos, hemmungslos' (19. Jh.), griech. *orgiastikós* (*ὀργιαστικός*) 'die Feier der Orgien betreffend, begeisternd, leidenschaftlich'.

Orient m. 'Himmelsrichtung, Gegend, in der die Sonne aufgeht, Osten, Morgenland, östlich gelegene Länder' (Gegensatz *Okzident*), mhd. *ōrīent*, *ōrient*, *ōrjent*, entlehnt aus lat. *oriēns* (Gen. *orientis*) 'Osten, Morgen, Gegend, Länder in Richtung Sonnenaufgang (von Rom aus gesehen)', substantiviertem Part. Präs. von lat. *orīrī* 'sich erheben, aufgehen, entstehen, geboren werden', wohl nach lat. *in oriente sōle* 'in Richtung der aufgehenden Sonne'. – o r i e n t a l i s c h Adj. 'den Orient betreffend, östlich, morgenländisch' (Mitte 16. Jh.), lat. *orientālis*, afrz. frz. *oriental*; vgl. spätmhd. *ōrientisch*. O r i e n t a l e m. 'Bewohner der Länder des Orients' (17. Jh.). O r i e n t a l i s t m. 'Lehrer, Forscher orientalischer Sprachen, Literatur, Kultur' (Ende 17. Jh.). o r i e n t i e r e n Vb. 'etw. nach dem Aufgang der Sonne, nach den Himmelsrichtungen ausrichten' (2. Hälfte 18. Jh.), danach 'die Lage bestimmen, ausrichten, einstellen, in Kenntnis setzen', (refl.) 'sich zurechtfinden, sich einen Überblick verschaffen', entlehnt aus gleichbed. frz. *orienter* bzw. *s'orienter*; O r i e n t i e r u n g f. (19. Jh.).

original Adj. 'ursprünglich, echt, urschriftlich' (Mitte 18. Jh.), gelehrte Entlehnung (wohl unter Einfluß von gleichbed. frz. *original*) aus lat. *orīginālis* 'vom Ursprung an, ursprünglich', zu lat. *orīgo* (Gen. *orīginis*) 'Ursprung, Abstammung', Verbalsubstantiv zu lat. *orīrī* 'sich erheben, aufsteigen, aufgehen, entstehen, geboren werden'. Vgl. schon früh entlehntes mhd. *originâle* 'ursprünglich, angeboren', aus kirchenlat. *peccātum orīginâle* 'Erbsünde'. – O r i g i n a l n. 'Urschrift, Urfassung, Urbild, Vorlage' (Mitte 14. Jh.), 'menschliches Vorbild' (Ende 17. Jh.), auch 'kauziger, durch Besonderheiten auffallender Typ' (Anfang 18. Jh.), nach mlat. *originale (exemplar)* 'Urfassung, Originalurkunde'. O r i g i n a l i t ä t f. 'Ursprünglichkeit, Echtheit, Eigenart, Selbständigkeit' (2. Hälfte 18. Jh.), latinisiert aus gleichbed. frz. *originalité*. o r i g i n e l l Adj. 'ursprünglich, schöpferisch, unabhängig, neu' (2. Hälfte 18. Jh.), anfangs oft gleichbed. neben *original* gebraucht, dann bald auch 'eigenartig, komisch' (Ende 18. Jh.); aus frz. *originellement*, dem Adverb von frz. *original* 'Neues begründend, vorbildlos, neuartig', mfrz. frz. (älter) auch *originel*.

Orkan m. 'schwerer Sturm', Übernahme (2. Hälfte 17. Jh.) von nl. *orkaan*. Dies geht über span. *huracán* 'Wirbelsturm' zurück auf Taino *huracan* 'schwerer Sturm', eigentl. Name eines Unwettergottes. Auszugehen ist wohl von dem Mayawort *hunraken* 'Einbein', der Bezeichnung für das Sternbild des Großen Wagens (dessen Deichsel in dieser Gegend nach unten zeigt), da unter diesem Zeichen die Herbststürme auftreten. Voraus gehen im Dt. Formen wie *Furacan(um)* (16. Jh.) aus port. *furacão* oder im frühen 16. Jh. bezeugtem span. *furacan*; *Hurracan von der Hell* (Name eines Sturmriesen im Amadisroman, Ende 16. Jh.) aus span. *huracán*; *Houraganes* Plur. (Ende 16. Jh.), vereinzelt auch *Ouragan* (17. Jh.) aus mfrz. *houracan*, frz. *ouragan*; *Orocaan* (ebenfalls 17. Jh.); vgl. auch engl. *hurricane*, wovon dt. *Hurrikan* 'heftiger Wirbelsturm in Mittelamerika' (1. Hälfte 19. Jh.).

Ornament n. 'Verzierung, Schmuck, schmückende Form', Entlehnung (15. Jh.) aus lat. *ōrnāmentum* 'Ausrüstung, Ausstattung, Schmuck' (zu lat. *ōrnāre* 'ordnen, ausstatten, schmücken, aus **ord(i)nāre*, zu lat. *ōrdo*, s. *Orden*, *ordnen*); anfänglich auch in der Bedeutung 'Amtsschmuck, Amtstracht' (wofür bald *Ornat*, s. d.).

Ornat m. 'feierliche Amtstracht', mhd. *ornāt*, Entlehnung aus lat. *ōrnātus* 'Ausstattung, Ausschmückung, Schmuck', zu lat. *ōrnāre*, s. *Ornament*.

Ornithologie f. 'Vogelkunde' (18. Jh.),

nlat. *ornithologia*, gelehrte Bildung zu griech. *órnis*, Gen. *órnīthos* (ὄρνις, ὄρνιθος) 'Vogel' in Verbindung mit *-logia* (s. *-logie*).

Ort m. 'Stelle, Platz, Punkt, Gegend, Ortschaft', ahd. *ort* 'Spitze, Endpunkt, Ecke' (8. Jh.), mhd. *ort* 'äußerster Punkt nach Raum und Zeit, Anfang, Ende, Spitze (bes. einer Waffe, eines Werkzeugs), Ecke, Rand, Himmelsgegend, Platz, Stelle', asächs. *ord* 'Spitze', mnd. *ort*, mnl. *ort*, *oort* 'Punkt, Kante, Rand, Ecke', nl. *oord* 'Gegend, Land, Stelle, Platz', aengl. *ord*, anord. *oddr* 'Spitze, Speer, Anführer', schwed. *udd* 'Spitze' führen auf eine Bildung mit Dentalsuffix germ. **uzda-* 'Spitze'. Weitere Herkunft ungewiß. Man versucht, aind. *vas-* 'spalten, schneiden, töten, stechen', alban. *usht* 'Ähre', lit. *usnìs* 'Distel', lett. *usne* 'Acker-, Saudistel', air. *fennaid* (aus **u̯esnāti*) 'schindet' heranzuziehen, und erschließt eine Wurzel ie. **u̯es-* 'stechen'. Die alte Bedeutung 'Spitze' ist noch landschaftlich in *Ort* 'Schusterahle, Pfriem' erhalten, im Sinne von 'äußerstes Ende, Ecke' in Ortsbezeichnungen wie *Darßer Ort*, *Ruhrort* und in der Bergmannssprache *vor Ort* 'an der Spitze, am Ende eines Grubengangs'. – o r t e n Vb. 'die augenblickliche Position (eines Flugzeugs, Schiffes) bestimmen' (20. Jh.), älter (auch mit Umlaut *örten*) 'sich erstrecken, auslaufen, zu Ende gehen' (18. Jh.), bergmännisch 'unter einem spitzen Winkel aufeinandertreffen (von Gängen, Klüften)' (16. Jh.). ö r t l i c h Adj. 'auf eine bestimmte Stelle beschränkt, einen bestimmten Ort betreffend, zu ihm gehörend, lokal' (Anfang 18. Jh.); Ö r t l i c h k e i t f. 'Gelände, Gegend, bestimmter Platz' (18. Jh.). O r t s c h a f t f. 'Siedlung, Dorf, Gemeinde' (18. Jh.). Das Deminutivum Ö r t c h e n n. steht verhüllend für 'Abtritt' (17. Jh.), wie zuvor vereinzelt auch *Ort* (15. Jh.).

ortho-, vor Vokalen meist **orth-**, Bestimmungswort in dem Griech. entstammenden Zusammensetzungen im Sinne von 'recht, richtig, gerade, aufrecht', aus griech. *orthós* (ὀρθός) 'aufrecht, aufgerichtet, geradestehend, recht, richtig'; s. *orthodox*, *Orthographie*. Als erstes Kompositionsglied in der internationalen Wissenschaftssprache noch produktiv, s. *Orthopädie* und vgl. *Orthoskopie* 'unverzeichnete Abbildung durch Linsen', *orthonym* 'unter dem richtigen Namen' (Gegenwort zu *anonym*, s. d.), *Orthoptik* 'Behandlung des Schielens durch Training der Augenmuskeln'.

orthodox Adj. 'recht-, strenggläubig, der herkömmlichen Lehre folgend', übertragen 'starr, unnachgiebig', im 16. Jh. entlehnt aus spätlat. *orthodoxus* 'rechtgläubig', griech. *orthódoxos* (ὀρθόδοξος) 'recht meinend, die rechte, richtige Meinung habend, rechtgläubig', einer Bildung aus griech. *dóxa* (δόξα) 'Ansicht, Meinung' (zu griech. *dokẽin*, δοκεῖν 'glauben, meinen') mit *ortho-* (s. d.). Bes. in der Fügung *griechisch-* bzw. *russisch-orthodoxe Kirche*, da die Ostkirche (im Gegensatz zur römisch-katholischen) bis heute im wesentlichen an den Beschlüssen der ersten sieben ökumenischen Konzilien (4. bis 8. Jh.) festhält.

Orthographie f. 'Rechtschreibung', Ende 15. Jh. entlehnt aus gleichbed. lat. *orthographia*, griech. *orthographía* (ὀρθογραφία), vgl. den Titel einer Schrift des Grammatikers Herodianos *perí orthographíās* (περὶ ὀρθογραφίας) 'über die Rechtschreibung'. Das Substantiv ist eine Ableitung von griech. *orthográphos* (ὀρθογράφος) 'richtig schreibend, Rechtschreiber', woraus spätlat. *orthographus* und wozu o r t h o g r a p h i s c h Adj. 'die Rechtschreibung betreffend, auf ihr beruhend' (16. Jh.); s. *-graph*, *-graphie* und *ortho-*.

Orthopädie f. Teilgebiet der Medizin, das sich mit Erkennung und Behandlung angeborener oder erworbener Fehler des menschlichen Bewegungsapparates beschäftigt, geprägt (1741) von dem frz. Arzt N. Andry (frz. *orthopédie*), zunächst wohl im Sinne von 'Geraderichtung jugendlicher Verwachsener', zu griech. *paidẽia* (παιδεία) 'Erziehung, Lenkung, Pflege' bzw. *pãis*, Gen. *paidós* (παῖς, παιδός) 'Kind, Knabe, Sohn, junger Mensch' (s. *Pädagoge*) in Verbindung mit *ortho-* (s. d.).

Öse f. 'kleiner Metallring, Schlinge, Schleife zum Einhängen eines Hakens oder zum Durchziehen einer Schnur', md. (15. Jh.), mnd. *ōse* 'Griff, Henkel, Schlinge'. Herkunft nicht geklärt. Vielleicht im grammatischen Wechsel stehend mit dem unter *Ohr* (s. d.) behandelten Substantiv mit einer Bedeutung 'ohrförmige Öffnung'. Aber man vergleicht auch anord. *æs* (aus germ. **ansjō*) 'Schnürloch', norw. (mundartlich) *æs* 'Loch, in das etw. eingefügt wird', *æse* 'oberer Rand des Schuhleders', außergerm. lat. *ānsa* 'Griff, Henkel, Handhabe', *ānsae crepidae* 'Ösen am Rand der Schuhsohle, durch die die Bindriemen gezogen werden', griech. *hēnía*, (dor.) *hanía* (ἡνία, ἁνία, aus *ἀνσία) 'Zügel', lit. *ąsà* 'Henkel, Handhabe, (Hand)griff', so daß auf ie. **ansā*, **ansi̯ā* 'Schlinge, Schleife' zurückgegangen werden könnte.

Osmose f. Austausch zweier miteinander mischbarer Flüssigkeiten durch eine halbdurchlässige Membran. Der frz. Physiker Dutrochet prägt 1826 die Termini frz. *endosmose* (für den Vorgang des Eindringens einer Flüssigkeit in eine andere durch eine Membran) und frz. *exosmose* (für den Vorgang des Herausdringens einer Flüssigkeit in eine andere durch eine Membran) als gelehrte Bildungen zu griech. *ōsmós* (ὠσμός) 'das Stoßen, Drängen' in Verbindung mit den Kompositionsformen der Adverbien griech. *éndon* (ἔνδον) 'innen, drinnen, hinein' bzw. *éxō* (ἔξω) 'außen, hinaus'; danach dt. *Endosmose*, *Exosmose*. Für den Oberbegriff wird aus beiden Formen frz. *osmose*, dt. *Osmose* rückgebildet (70er Jahre 19. Jh., im Dt. zunächst auch *Diosmose*) wie zuvor schon die Ableitung o s m o t i s c h Adj. 'Osmose bewirkend, auf ihr beruhend', frz. *osmotique* (Mitte 19. Jh.).

Osten m. (meist ohne Artikel) 'Himmelsrichtung des Sonnenaufgangs', (mit Artikel) 'das östliche Gebiet der Erde, der östliche Teil eines bestimmten Gebietes und dessen Bewohner'. Ahd. *ōstan* m. n. (um 1000), mhd. *ōsten* m. n., mnd. *ōsten(e)* n., mnl. *oosten(e)* n., nl. *oosten* n. sind Substantivierungen des Richtungsadverbs ahd. *ōstana* 'von Osten' (9. Jh.), mhd. *ōsten(e)* 'nach, im Osten', asächs. *ōstan(a)* 'im, von Osten', mnd. *ōsten(e)* 'im, nach Osten', aengl. *ēasten(e)* 'von Osten', anord. *austan* 'von Osten'. Dazu gehören weitere Richtungsadverbien wie ahd. *ōst* 'im Osten' (um 800), mnd. *ōst* 'im Osten', mnl. nl. *oost* 'nach, im Osten', aengl. *ēast* 'östlich, im, aus dem Osten' sowie ahd. *ōstar* 'im, nach Osten' (9. Jh.), mhd. *ōster* 'im Osten', asächs. *ōstar* 'östlich, ostwärts', mnd. *ōster*, mnl. *ooster* 'östlich', aengl. (Komparativ) *ēasterra*, *ēastra* 'östlicher', anord. *austr* 'nach Osten'. Die Formen lassen sich außergerm. vergleichen mit awest. *ušastara-* 'östlich', lat. *auster* 'Südwind', *austrālis* 'südlich', lett. *austrumi* (Plur.) 'Osten', aslaw. *zaustra* 'am Morgen', so daß von ie. **aus(e)st(e)ro-* oder auch **aust(e)ro-* 'östlich' ausgegangen werden kann. Als Formen ohne das Suffix ie. *-t(e)ro-* vergleichen sich die *s*-Stämme bzw. deren Weiterbildung aind. *uṣā́ḥ* 'Frühlicht', griech. *héos*, (ion.) *ēṓs* (ἕως, ἠώς, aus **āusōs*), lat. *aurōra* (aus **āusōsā* oder **ausōsā*) 'Morgenröte' und mit *r*-Suffix aind. *usráḥ* 'morgendlich', griech. *aũrion* (αὔριον) 'morgen', lit. *aušrà* 'Morgenröte, Morgendämmerung'. Erschließbar ist ie. **ăus-*, **us-* 'Morgenröte' (wozu auch ablautendes ie. **u̯es-*; vgl. dehnstufiges aind. *vāsará-* Adj. 'morgendlich, leuchtend', Subst. 'Tag', mir. *fāir* 'Sonnenaufgang'). – O s t m. (ohne Artikel) 'Himmelsrichtung des Sonnenaufgangs' (15. Jh.), (mit Artikel) 'aus dieser Richtung wehender Wind, Ostwind' (17. Jh.), wohl (nach *Nord* und *Süd*) verkürzt aus *Osten* (s. oben), unterstützt durch in der Seemannssprache übliches *Ost* (vgl. mnd. *ōst* n. 'Osten'). ö s t l i c h Adj. 'aus dem Osten kommend, den Osten betreffend' (16. Jh.).

ostentativ Adj. 'bewußt herausfordernd, betont', um 1900 entstandene latinisierende Bildung zu heute nicht mehr üblichem O s t e n t a t i o n f. 'das Zur-Schau-Stellen, Großtun, Prahlen', das im 16. Jh. aus gleichbed. lat. *ostentātio* (Gen. *ostentātiōnis*) entlehnt wird. Zugrunde liegt lat. *ostentāre* (*ostentātum*) 'entgegenhalten, darbieten, großtun, prahlen', Intensivbildung zu lat. *ostendere* 'entgegenhalten, zeigen, in Aussicht stellen'.

Ostern n. (oder Plur.) ältestes christliches Fest, das die im Neuen Testament berichtete Auferstehung Christi feiert. Die Herkunft der nur im Dt. und Engl. nachgewiesenen Bezeichnung ahd. *ōstra*, meist Plur. *ōst(a)rūn* (8. Jh.), mhd. *ōster(e)n*, *ōster*, mnd. *ōsteren*, aengl. *Ēastre, Ēastro*, gewöhnlich im Plur. *Ēastron*, engl. *Easter* ist unsicher. KNOBLOCH in: Die Sprache 5 (1959) 27ff. sieht hierin eine Ableitung mit dem Suffix ie. *-tero-*, die ebenso wie die Ausgangsform ie. **ăus-*, **us-* eigentl. 'Morgenröte' bedeute (also anders aufzufassen ist als die unter *Osten*, s. d., dargestellte Ableitung mit dem Suffix ie. *-t(e)ro-*). Es handele sich um eine Übersetzung von kirchenlat. *Albae paschālēs*, eigentl. die Osteroktav, d. h. die Festwoche für die Neugetauften, benannt nach den weißen Gewändern (lat. *albae*) der Täuflinge, vgl. lat. *albus* 'weiß', substantiviert *alba* f. 'weißes Gewand', kirchenlat. 'Taufkleid' sowie 'liturgisches weißes Gewand des Priesters', aber auch vlat. 'Frühlicht, Morgendämmerung, Morgenröte' (vgl. afrz. *albe*, *aube*, ital. span. *alba*, port. *alva*). Von da aus werde *Albae (paschālēs)* mit dem Plur. ahd. *ōst(a)rūn*, aengl. *Ēastron* wiedergegeben, wohl auch im Hinblick auf den in der Frühe stattfindenden Ostergottesdienst und die nach Osten gewandte Stellung der Täuflinge. Nicht aufrechtzuerhalten ist die alte Annahme, daß die Bezeichnung eines vorchristlichen Frühlingsfestes bzw. der Name einer germ. Frühlingsgöttin (bei Beda, 6. Jh., *Eostrae*) auf das Kirchenfest übertragen sei. Für eine germ. Gottheit (bei J. Grimm *Ostara*) gibt es keinen Anhaltspunkt, so daß Bedas *Eostrae* nur als Deutungsversuch der Bezeichnung aengl. *Ēastron* angesehen werden kann. Die nhd. Form *Ostern* ist, wie *Pfingsten* und *Weihnachten* (s. d.), ein erstarrter Dat. Plur., der sich im 13. Jh. aus der präpositionalen Zeitbestimmung mhd. *ze den ōstern* entwickelt. – ö s t e r l i c h Adj. 'Ostern, das Osterfest betreffend, zu ihm gehörend', ahd. *ōstarlīh* (9. Jh.), mhd. *ōsterlich*. O s t e r t a g m., ahd. *ōstartag* (9. Jh.), mhd. *ōstertac*. O s t e r e i n. gefärbtes, bemaltes Hühnerei (und dessen Nachbildungen), das zum Osterfest verschenkt wird; zuerst 'zu Ostern abzulieferndes Zinsei' (15. Jh.), als kirchlicher Osterbrauch seit Mitte des 16. Jhs. bezeugt. O s t e r h a s e m. (Ende 17. Jh.).

Otter m. Der Name der im und am Wasser lebenden Marderart ahd. *ottar* (9. Jh.), mhd. *ot(t)er*, mnd. mnl. nl. engl. *otter*, aengl. *otr*, *ot(t)or*, anord. *otr*, schwed. *utter* setzt germ. **utra-* voraus, das sich außergerm. mit aind. *udráḥ* 'Wassertier', awest. *udra-* '(Fisch)otter', griech. *hýdra*, *hýdros* (ὕδρα, ὕδρος) 'Wasserschlange', lat. *lutra*, lit. *ūdra*, russ. *výdra* (выдра) '(Fisch)otter' vergleicht und zu ie. **udros*, **ūdrā* 'Wassertier' führt. Diese Bildungen mit *r*-Suffix gehören zur Schwundstufe der unter *Wasser* (s. d.) behandelten Dentalerweiterung ie. **aud-*, **u̯ed-*, **ŭd-* 'Wasser'. *Otter* bedeutet also 'der zum Wasser Gehörige'. Zur Unterscheidung von *Otter* f. (s. d.) wird *Otter* m. häufig in der Zusammensetzung *Fischotter* verwendet.

Otter f. 'Schlange'; in der zoologischen Terminologie bezeichnet der Plural *Ottern* eine mit hochentwickeltem Giftapparat ausgestattete Unterfamilie der Vipern (s. *Kreuzotter*). Das von Luther mehrfach verwendete *Otter* ist entstanden aus älterem *nŏter* (15. Jh.), einer omd. Nebenform (mit Verdumpfung von *a* zu *o*) von mhd. *nāter(e)* 'Schlange' (s. *Natter*), mit Aufgabe des anlautenden *n-*, das als Endung eines voraufgehenden unbestimmten Artikels empfunden wurde. – O t t e r n g e z ü c h t n. übertragen für 'schlechte Menschen, Gesindel' (Luther).

Ouvertüre f. 'musikalisches Vorspiel' (bes. zu Oper und Operette). Entlehnung (Ende 17. Jh.) von gleichbed. frz. *ouverture*, eigentl. 'Öffnung, Eröffnung, Einleitung', das über vlat. **opertūra* mit Wandel von *a* zu *o* aus lat. *apertūra* 'Öffnung' entstanden ist, einer Ableitung von lat. *aperīre* 'öffnen, eröffnen, erschließen, aufmachen' (dazu s. auch *Aperitif*).

oval Adj. 'eiförmig, länglichrund', Anfang 17. Jh. entlehnt aus gleichbed. spätlat. *ōvālis*, einer Bildung zu lat. *ōvum* 'Ei, Eigestalt'. – O v a l n. 'ovale Form oder Fläche' (17. Jh.).

Ovation f. 'Huldigung, Beifallssturm', im 16. Jh. entlehnt aus lat. *ovātio* (Gen. *ovātiōnis*), das im antiken Rom den 'kleinen Triumph' bezeichnet, bei dem der siegreiche Feldherr zu Pferde oder zu Fuß, nicht auf einem Wagen, Einzug hält; zu lat. *ovāre* 'frohlocken, jubeln, siegreichen Einzug halten'. Dieser Bedeutung entsprechend, wird *Ovation* zunächst für feierliche Ehrungen von Fürsten oder bedeutenden Künstlern verwendet, danach (19. Jh.), wohl dem Bedeutungswandel von frz. *ovation* folgend, im Sinne von 'begeisterter, stürmischer Beifall' gebraucht.

Overall m. 'einteiliger (Schutz)anzug' (20. Jh.), Übernahme von gleichbed engl. *overall*, einer Bildung aus engl. *over* 'über, über … hin' und engl. *all* 'ganz, all, alle', wörtlich 'der Überalles' (d. h. 'der über den ganzen Körper Gezogene').

Oxid, älter *Oxyd* n. Verbindung eines chemischen Elements mit Sauerstoff, Übernahme (Ende 18. Jh.) von frz. *oxyde*, *oxide*, das G. de Morveau 1787 zum Adjektiv griech. *oxýs* (ὀξύς) 'scharf, herb, bitter, sauer, schnell, heftig' (s. *Sauerstoff*) bildet. – O x y d a t i o n f. (wie auch *Oxydierung*) Vereinigung eines chemischen Grundstoffes oder einer chemischen Verbindung mit Sauerstoff, frz. *oxydation*; oxydieren Vb. 'sich, etw. mit Sauerstoff verbinden, Sauerstoff aufnehmen' (beide Anfang 19. Jh.), frz. *oxyder*.

Ozean m. 'Weltmeer', entlehnt (17. Jh.) aus lat. *Ōceanus*, griech. *Ōkeanós* (*Ὠκεανός*), womit in vorklass. Zeit der große, Erde und Meer rings einschließend gedachte Weltstrom, seit Herodot aber, der diese Vorstellung verwirft, das 'Weltmeer' bezeichnet wird. Früher bezeugtes mhd. *occēne* ist in seiner Bedeutung zweifelhaft und gehört kaum hierher. – ozeanisch Adj. 'den Ozean betreffend, zu ihm gehörig', mhd. *occēanisch*; vgl. lat. *Ōceanicus*.

Ozon n. (umgangssprachlich m.) dreiatomiger Sauerstoff, charakteristisch riechendes tiefblaues Gas, das unter Einwirkung hoher Strahlung oder elektrischer Entladung entsteht, dann (in der Alltagssprache) auch 'gute, frische Luft'. Gelehrte Bildung (1839) seines Entdeckers, des Chemikers C. F. Schönbein, zu griech. *ózon* (*ὄζον*), Neutrum des Part. Präs. von *ózein* (*ὄζειν*) 'riechen, duften' (im Hinblick auf den sog. „elektrischen Geruch" des Gases).

Paar n. 'zwei zusammengehörende Dinge von gleicher oder ähnlicher Beschaffenheit, zwei zusammengehörende oder eng miteinander verbundene Lebewesen verschiedenen Geschlechts', mhd. *pār* 'zwei von gleicher Beschaffenheit' (als Adjektiv 'einem anderen gleich'), Entlehnung (nach der hd. Lautverschiebung) von lat. *pār* Adj. 'von gleicher Beschaffenheit, gleich(kommend)', substantiviert (m. f.) 'wer sich einem anderen von gleicher Beschaffenheit zugesellt, Genosse, Genossin, Gatte, Gattin', (n.) 'Paar' (in der Verbindung *quinquaginta paria bovum* 'fünfzig Paar Ochsen' mit ahd. *giwet* 'Gespann' glossiert). Vgl. mnd. *pār*, mnl. *paer*, nl. *paar*. – paar, *ein paar* indekl. Indef.pron., bezeichnet eine unbestimmte Anzahl, eine Reihe von Personen oder Sachen einer Gattung, 'einige, wenige' (vgl. *ein paar Taler*), vor Zahlen auch 'etwas mehr als' (16. Jh.); ursprünglich ungenauer Gebrauch von *Paar* (s. oben), davon orthographisch durch Kleinschreibung unterschieden. paaren Vb. 'zwei Dinge vereinigen, Tiere zur Fortpflanzung, Zucht paarweise zusammenbringen, kreuzen', refl. (bes. von Tieren) 'sich geschlechtlich vereinigen, begatten' (16. Jh.), frühnhd. *paren* 'sich zu zweien zusammenstellen, zusammenfügen, gesellen' (15. Jh.); dazu Paarung f. (17. Jh.). – Der Wendung *zu Paaren treiben* 'in die Enge treiben, in die Flucht schlagen' (18. Jh.) liegt vielleicht *zum parn, barn bringen* 'zur Krippe, zum Stall treiben' (16. Jh.) zugrunde, indem unverstandenes *parn*, mhd. *barn(e)*, zerdehnt *baren*, ahd. *barno* 'Krippe' (zu ahd. *beran* 'tragen', s. *gebären*) volksetymologisch an *Paar* angeschlossen wird. Oder zu mhd. *bēr(e)* 'sackförmiges Fischnetz', aus lat. *pēra*, griech. *pḗra* (*πήρα*) 'Beutel, Ranzen', also eigentl. 'jmdn. in ein (Fisch-, Fang)-netz treiben'.

Pacht f. 'vertraglich festgelegte Nutzung gegen Entgelt, das Entgelt des Pächters für die Nutzung, Pachtzins'. Vlat. **pacta* 'Vertrag, Steuer', der als Fem. Sing. aufgefaßte Plur. von lat. *pactum* (s. *Pakt*), wird vor der hd. Lautverschiebung entlehnt und lebt weiter in mhd. *phaht(e)* f., *phaht* m. '(kaiserliches) Recht, Gesetz, durch das Gesetz bestimmter Rang, Stand, Vertrag, Zins'. Die noch bei Stieler (1691) angeführte hd. Form *Pfacht* verliert sich im 18. Jh., bleibt aber in obd. Mundarten (*Pfacht*, *Facht* 'Vertrag, Satzung, Eichung') erhalten. In der Literatursprache setzt sich seit dem 16./17. Jh. auf westmd. Mundarten beruhendes *Pacht* durch; vgl. auch mnd. mnl. nl. *pacht*. – pachten Vb. 'gegen Entgelt zu befristeter Nutzung übernehmen', westmd. *pachten* (15. Jh.), mhd. *phahten* 'gesetzlich oder vertraglich bestimmen, ermessen, ergründen'. verpachten Vb. 'gegen Entgelt zu befristeter Nutzung überlassen' (17. Jh.), zuvor obd. *verpfachten* (14. Jh.). Pächter m. 'wer etw. gepachtet hat' (Ende 18. Jh.), älter *Pachter* (17. Jh., noch bei Goethe und Schiller). Pachtgeld n. (16. Jh.), Pachtzins m. (17. Jh.).

Pack m. (älter auch n.) 'größere Anzahl aufeinandergeschichteter und zu einem Bündel verschnürter Dinge', mhd. nur als Deminutivum *backel* 'Wolleballen' (13. Jh., nach dem Vorbild von mlat. *paculum*?) bezeugt, ist seit dem 16. Jh. als Übernahme aus dem Nd. (mnd. *pak* n., *packe* f. 'Packen, Bündel, Gepäck') gebräuchlich. Zugrunde liegt mnl. *pac* 'Packen, Bündel' (12. Jh.; nl. *pak*), ein Ausdruck des flandrischen Wollhandels, der auch in andere europ. Sprachen entlehnt wird, vgl. mengl. *packe*, engl. *pack*, anord. *pakki*, ital. *pacco*, mlat. *paccus* 'Bündel, Ballen' sowie frz. *paquet* (s. *Paket*). Die Herkunft des nl. Substantivs ist ungeklärt. Wegen der auffälligen semantischen Ähnlichkeit wird Zusammenhang mit der bei *Bagage* (s. d.) angeführten, gleichfalls etymologisch dunklen Wortgruppe von afrz. *bague* 'Bündel, Gepäck', frz. (landschaftlich) *bagues* Plur. 'Gepäck, Kleidung' erwogen, zu der sich offenbar auch engl. *bag* 'Beutel, Tasche, Ballen', anord. *baggi* 'Packen, Bündel' stellen; andere Herleitungsversuche gehen von der Annahme eines Substratwortes (de Vries Nl. 501) oder einer Entlehnung aus dem Altaischen (FEW 16, 615) aus. Im Dt. ist *Pack* vor allem in der seit dem 17. Jh. belegten Paarformel *mit Sack und Pack* 'mit aller Habe' (entsprechend nl. *met pak en zak*) noch lebendig, tritt aber sonst hinter dem üblicheren, aus einer schwach flektierenden Variante frühnhd. *Packe* hervorgegangenen Packen m. (16. Jh.) zurück. Die ursprünglich nordd. Verkleinerungsform Päckchen n. (17. Jh.) kommt seit dem 18. Jh. in der (heute auch terminologischen) Verwendung 'kleinere Postsendung' vor. – Pack n. 'Gesindel, Menschen von niedriger Gesinnung', zunächst mit dem unter *Pack* m. behandelten Substantiv identisch, entwickelt seinen im Nhd. seit dem 16. Jh. (vereinzelt auch für das Kollektivum *Gepack*, s. *Gepäck*) nachzuweisenden neuen Sinn, den vorher schon mnd. *pak* n. (15. Jh.) zeigt, soldatensprachlich (in Übereinstimmung mit dem Bedeutungswandel von *Bagage* und *Troß*, s. d.) aus 'Heeresgepäck' über die Zwischenstufe 'Troßmannschaft', da die das Gepäck begleitende Mannschaft in früherer Zeit geringes Ansehen genießt.

packen Vb. 'Gegenstände bündeln, ein Behältnis füllen', auch 'ergreifen, kraftvoll anfassen' sowie refl. 'sich davonmachen'. Das zu *Pack* m. (s. d.) gehörende, im Hd. seit dem 14. Jh. übliche spätmhd. *backen*, frühnhd. *packen* folgt mnd. *packen*, *paken*, das seinerseits (ebenso wie engl. *to pack*, frz. *pacquer*, mlat. *paccare*) auf dem Denominativum mnl. *packen* 'packen, einpacken' beruht. Die Bedeutung 'bündeln, einschichten' ist daher auch im Dt. die älteste; sie findet sich in den Erweiterungen *auspacken*, *einpacken* (beide 16. Jh.), *verpacken* (18. Jh., vereinzelt 15. Jh.), *bepacken* (17. Jh.) und *abpacken* ('Gepäck abladen', 17. Jh.; jetzt 'in handelsüblicher Menge verpacken', 20er Jahre 20. Jh.). Der bereits im Mnl. und Mnd. bezeugte, wohl aus der Vorstellung 'sich beim Weggehen sein Bündel aufladen' hervorgehende reflexive Gebrauch kommt nhd. seit dem 16. Jh. vor, meist als affektgeladener Imperativ *pack dich!* (dagegen mnd. *sik packen* auch ohne Wertung 'sich wohin begeben'). Neu im 17. Jh. und zunächst bes. in der Soldaten- und Weidmannssprache üblich ist die Verwendung 'fassen, ergreifen' (auch nl. in diesem Sinne erst 17. Jh.), bei der es sich vielleicht um eine Kürzung von *anpacken* (ebenfalls 17. Jh., anfangs vorwiegend 'tätlich angreifen, ergreifen, in seine Gewalt bringen') handelt. Hieraus ergibt sich in der 2. Hälfte des 18. Jhs. die Übertragung 'seelisch ergreifen' mit dem sich zum Adjektiv verselbständigenden Part. Präs. packend 'fesselnd, starke innere Anteilnahme weckend' (2. Hälfte 19. Jh.). – Packeis n. 'übereinandergeschobene Schollen polaren Eises' (18. Jh., vgl. nl. *pakijs*, engl. *packice*), auch *gepacktes Eis* (19. Jh.).

Pädagoge m. 'Erzieher, Lehrer, Wissenschaftler der Pädagogik', entlehnt (15. Jh.) aus lat. *paedagōgus*, griech. *paidagōgós* (*παιδαγωγός*), zusammengesetzt aus griech. *pāı̃s*, Gen. *paidós* (*παῖς, παιδός*) 'Kind, Knabe, Sohn' und *agōgós* (*ἀγωγός*) 'leitend, führend; Leiter, Führer', zu griech. *ágein* (*ἄγειν*) 'treiben, führen, geleiten'. Das griech. Wort bezeichnet ursprünglich einen Sklaven, der die Knaben zur Schule und zum Sportplatz (Gymnasium) führt und beaufsichtigt, dann den 'Aufseher, Betreuer der Knaben', schließlich den 'Erzieher, Leiter, Lehrer'. Im Dt. ist *Pädagoge* anfangs der 'Haus- oder Privatlehrer', seit dem 16. Jh. auch der 'behördlich angestellte Lehrer', seit dem 18. Jh. besonders der sich mit der wissenschaftlichen Erziehungslehre befassende Lehrer oder Theoretiker. – Pädagogik f. 'Wissenschaft von der Erziehung und Bildung', entlehnt (18. Jh.) aus griech. *paidagōgikḗ (téchnē)* (*παιδαγωγικὴ τέχνη*) '(Kunst der) Erziehung', dem Fem. des von *paidagōgós* (s. oben) abgeleiteten Adjektivs *paidagōgikós* (*παιδαγωγικός*) 'den Erzieher betreffend, zur Erziehung gehörig'. pädagogisch Adj. 'die Pädagogik betreffend, erzieherisch' (Mitte 18. Jh.).

Paddel n. 'mit beiden Händen frei zu handhabendes ein- oder zweiblättriges Ruder', entlehnt (2. Hälfte 19. Jh.) aus gleichbed. engl. *paddle*, das seit dem 17. Jh. im Engl. als Bezeichnung für das Ruder der Indianer und Malaien üblich ist. Die Herkunft ist nicht geklärt. – [1]p a d d e l n Vb. 'mit einem Paddel rudern, mit dem Paddelboot fahren' (Ende 19. Jh.), engl. *to paddle*. P a d d e l b o o t n. 'mit einem Paddel fortzubewegendes kleines Boot'; in seinem frühesten Beleg (1883 Ostpreußen) zu [2]*paddeln* (s. d.) gebildet, später teils an *Paddel* (s. oben) angelehnt, teils dazu bzw. zu [1]*paddeln* neu gebildet.

[2]**paddeln** Vb. 'mit kurzen Schritten (umher)laufen, ungeschickt gehen, schlendern, trippeln, (Hände und Füße heftig hin und her bewegend) im Wasser planschen, plätschern, mit den Händen aufs Wasser schlagen, mit kurzen Stößen schwimmen'. Das aus dem Nd. stammende, um 1800 in die Literatursprache eindringende Verb (vgl. auch engl. *to paddle* 'planschen, watscheln, torkeln') ist Iterativum zu nd. *padden* 'schreiten, treten' (vgl. *im Dreck padden* Stieler 1691), *padjen* 'mit kurzen Tritten laufen, trippeln'. Die Etymologie ist ungeklärt. Man bringt *padden* in Verbindung mit dem unter *Pfad* (s. d.) behandelten Substantiv und den dazu gebildeten Verben ahd. *phadōn* (um 1000), mhd. *phaden* 'einen Pfad betreten, gehen, schreiten', auch (falls dazugehörig) mnd. *pedden* 'treten, mit den Füßen trampeln', südnl. *padden*, *pedden* 'mit Mühe gehen', aengl. *pæþþan* 'betreten, beschreiten, durchqueren'. Oder man erklärt *padden* als 'hüpfen wie eine Padde', sieht darin also eine Ableitung von P a d d e f. (nordd.) 'Kröte, Frosch' (durch nl. Siedler des 12. Jhs. im Brandenburg. und östlichen Nordd. verbreitet); vgl. mnd. mnl. *padde*, *pedde*, nl. *pad(de)*, anord. schwed. *padda*, dän. *padde* sowie engl. (mundartlich) *pad*, *paddock* 'Kröte, Frosch'; s. auch *Schildpatt*. Die Herkunft des Namens ist ungewiß, lautmalender Ursprung wahrscheinlich.

paff Interj. lautmalend für ein kurzes, schlagartiges Geräusch, vor allem für den Knall bei einem Schuß, zuerst in der Form *baff* (Schottel 1641) in Übereinstimmung mit nd. *paff*, nl. *paf*. Dazu ablautend *piff paff (puff)*. Vgl. die Wendung *baff*, *paff sein* 'völlig überrascht, sprachlos sein' (wie bei einem unvermutet losgehenden Schuß). Substantiviert *Paff* m. 'Knall', auch 'Zug aus der Tabakspfeife'. – p a f f e n Vb. 'stark rauchen, schnell, stoßweise Tabakrauch ausstoßen', aus der Studentensprache (18. Jh.), nach dem leichten Geräusch, das beim heftigen Ziehen an der Pfeife mit den Lippen erzeugt wird. Älter *paffen*, *baffen* 'laut ertönen, erschallen, bellen' (Stieler 1691), mhd. *baffen* 'schelten, zanken, bellen', eigentl. 'den Laut *paff*, *baff* von sich geben'.

Page m. 'junger Adliger in fürstlichem Dienst, Kammerjunge, Edelknabe', danach 'livrierter junger (Hotel)diener, Bote'. In der ersten Bedeutung Entlehnung (um 1600) in den Formen *Page*, *Pasche*, nd. *Pasie* von mfrz. frz. *page*, daneben auch *Paggio*, Plur. *Paggi*, *Paschi* (17./18. Jh.) von ital. *paggio* (Sing.), *paggi* (Plur.). Die Herkunft ist nicht sicher geklärt; wahrscheinlich gehen afrz. *page* '(junger) Diener, Knecht', ital. *paggio* auf griech. *paidíon* (παιδίον) 'Junge, Knäblein', auch 'junger Sklave' zurück, zu griech. *pāĩs*, Gen. *paidós* (παίς, παιδός) 'Kind, Knabe, Sohn', auch 'Sklave, Diener' (s. *Pädagoge*).

Pagode f. 'ostasiatischer turmartiger Tempel', daneben bis ins 19. Jh. (auch mit mask. Genus) 'ind. Götterbild, Idol' (wovon 'ostasiatischen Götterbildern nachgestaltete Porzellanfigur mit beweglichem Kopf', 18. Jh.), entlehnt (Ende 16. Jh., anfangs in Reisebeschreibungen) über mfrz. frz. *pagode* aus port. *pagode* 'Götterfigur, Tempel'. Das Wort ist aus dem Drawidischen Südindiens aufgenommen, wo z. B. im Malajalam *pagōdi* als Name der Göttin Kali, der Gattin Schiwas, bezeugt ist. Diese lautlich den dortigen Sprachbedingungen angepaßte Form geht auf aind. *bhagavatī* 'die Erhabene, Heilige, Göttin' zurück, substantiviertes Fem. von *bhágavat* 'heilig, göttlich'; zu aind. *bhágaḥ* 'Wohlstand, Glück, Besitz, Vermögen', personifiziert *Bhágaḥ* 'Gott des Reichtums'. Die Bezeichnung der Gottheit wird von den Portugiesen oder schon von der ind. Bevölkerung auf die ihrer Verehrung geweihte Stätte, den Tempel, übertragen, so daß der Ausdruck allgemein in den europ. Sprachen zunächst in beiden Bedeutungen vorkommt.

Paket n. 'zusammengepackte Gegenstände, Packen, Bündel', heute bes. 'mit einer Umhüllung versehene größere Postsendung'. Zu dem wohl auf mnl. *pac* (s. *Pack* m.) beruhenden, nur im 15./16. Jh. belegten mfrz. *pakke*, *pacque* 'Ballen' gehört das Deminutivum mfrz. *pacquet*, frz. *paquet*. Dieses wird in mehrere europ. Sprachen entlehnt (z. B. span. *paquete*, ital. *pacchetto*, vermutlich ebenso engl. *packet*, das allerdings bei Onions 640 als Vorstufe der frz. Bildung gilt) und gelangt Mitte des 16. Jhs. auch ins Dt., wo es für 'Bündel, Ballen', bis ins ausgehende 18. Jh. aber vor allem in der (für das Frz. seit dem 15. Jh. bekannten) Bedeutung 'zum gemeinsamen Versand bestimmtes Bündel von Briefen' üblich ist. Dabei hält sich die frz. Schreibung *Paquet* lange neben der eingedeutschten Form, die unter dem Einfluß von *Pack* m., vielleicht auch von engl. *packet*, zunächst meist (und häufig noch im 19. Jh.) als *Packet* erscheint; infolge Anfangsbetonung findet sich im 18. Jh. gelegentlich sogar Kontraktion zu *Pa(c)kt*, *Päcktchen*. Junge Verwendungen von *Paket* im Dt. sind 'größere Anzahl von Aktien' (Anfang 20. Jh., meist im Kompositum *Aktienpaket*) und 'geschlossener Komplex von Verhandlungsangeboten oder Gesetzesvorlagen' (60er Jahre 20. Jh., nach gleichbed. amerik.-engl. *package*), z. B. in *Sozialpaket*, *Fragenpaket*.

Pakt m. 'Vertrag, Übereinkunft, (schriftliche, mündliche) Vereinbarung, politisches oder militärisches Bündnis' wird in die Kanzleisprache (Mitte 15. Jh.) entlehnt aus lat. *pactum* 'Vertrag, Vergleich, Verabredung' (bis ins 18. Jh. auch in lat. Form); s. auch *Pacht*. Lat. *pactum* ist das substantivierte Part. Perf. Neutr. von lat. *pacīscere* (jünger *pacīscī*) bzw. von wohl zugrundeliegendem *pacere* 'ein Übereinkommen treffen, einen Vertrag schließen', die zur Wortgruppe von lat. *pāx* (Gen. *pācis*) 'Frieden', *pangere* (*pānctum*, *pāctum*) 'befestigen, einschlagen' gehören. – p a k t i e r e n Vb. 'einen Pakt schließen, ein Abkommen treffen', abschätzig 'gemeinsame Sache machen' (16. Jh.); vgl. mlat. *pactare*.

paläo-, vor Vokalen **palä-**, Bestimmungswort in vorwiegend naturwissenschaftlichen Termini wie *Paläobiologie*, *Paläogeographie*, *Paläozän* mit der Bedeutung 'alt-, ur-'. Zugrunde liegt griech. *palaiós* (*παλαιός*) 'alt, früher, ehemalig'. Zuerst bildet der frz. Benediktiner Montfaucon nlat. *Palaeographia Graeca* 'griechische Schriftkunde' (Buchtitel von 1708), zu griech. *palaiós* in Zusammensetzung mit *-graphia* (s. *-graphie*); noch im selben Jahr nennt er das Buch frz. *paléographie*. Im Sinne von 'Wissenschaft von Schriften und Schreibmaterialien des Altertums und Mittelalters, Handschriftenkunde' wird der Ausdruck Ende des 18. Jhs. üblich; im Dt. ist P a l ä o g r a p h i e f. Anfang des 19. Jhs. nachweisbar. Nach diesem Vorbild werden im Laufe des 19./20. Jhs. viele andere Bildungen mit *paläo-* (frz. *paléo-*, engl. *palaeo-*, *paleo-*) geprägt; vgl. *Paläobotanik* f. 'Wissenschaft von den ausgestorbenen und versteinerten Pflanzen vergangener Erdzeitalter' (um 1900), s. *Botanik*; *Paläolithikum* n. 'Altsteinzeit' (um 1900), vgl. griech. *líthos* (*λίθος*) 'Stein'; *Paläontologie* f. 'Lehre von den ausgestorbenen Tieren und Pflanzen vergangener Erdzeitalter' (19. Jh.), nach engl. *palaeontology*, vgl. griech. *ónta* (*ὄντα*), Plur. Neutr. von *ṓn* (*ὤν*) 'seiend', und *Ontologie*; *Paläozoikum* n. 'Erdaltertum' (um 1900), vgl. griech. *zṓon* (*ζῷον*) 'Lebewesen'; *Paläozoologie* f. 'Lehre von den ausgestorbenen Tieren vergangener Erdzeitalter' (19. Jh.), s. *Zoologie*. Zu den erdgeschichtlichen Termini gehören entsprechende Bildungen mit *neo-* 'neu-' (s. d.) und *meso-* (vor Vokalen *mes-*) 'mittel-, zwischen-', vgl. griech. *mésos* (*μέσος*) 'mittel, mitten', wie *Mesolithikum* 'Mittelsteinzeit', *Mesozoikum* 'Erdmittelalter'.

Palast m. 'Schloß, schloßartiges Wohngebäude, großer Prachtbau, repräsentatives Gebäude'. Gegen Ende des 12. Jhs. wird mhd. *palas*, (seit dem 13. Jh. auch mit unorganischem *-t*) *palast* 'Hauptgebäude (einer Burg) mit Fest- und Speisesaal', dann auch 'Schloß', aus gleichbed. afrz. *palais*, *pales* entlehnt, dem lat. *palātium* 'kaiserliche Residenz, königlicher Palast' voraufgeht. Zuerst ist lat. *Palātium* der Name eines der sieben Hügel Roms, auch *mōns Palātīnus* 'Palatinischer Berg', auf dem Kaiser Augustus und seine Nachfolger ihren Wohnsitz, schließlich auch ihre Regierungsgebäude hatten. Die ältere Form *Palas* begegnet noch im 16. Jh.; sie gilt bis heute in der Geschichte der Baukunst für das 'Hauptgebäude der mittelalterlichen Burg mit Wohn- und Festsaal'. – P a l a i s n. '(kleines) Schloß, repräsentatives (Wohn)gebäude' (ursprünglich des Adels), erneute Entlehnung (17. Jh.) von frz. *palais*.

Palatschinke f. 'gefüllter Eierkuchen', Entlehnung (Anfang 20. Jh.) aus gleichbed.

tschech. *palačinka*, slowak. *palacinka*, dem ungar. *palacsinta* 'Eierkuchen' (aus rumän. *plăcintă* 'Pastete') voraufgeht, das mit slaw. *inka*-Suffix umgestaltet ist. Das rumän. Wort beruht auf lat. *placenta* 'flacher Kuchen' (s. *Plazenta*).

Palaver n. 'endlos langes, überflüssiges Gerede'. Zugrunde liegen griech. *parabolḗ* (*παραβολή*), lat. *parabolē*, kirchenlat. *parabola* 'Vergleichung, Gleichnis, lehrhafte Erzählung' (s. *Parabel* und *Parole*). Daraus entstandenes port. *palavra* (älter *paravra*), span. *palabra* (älter *parabla*, *paravla*) 'Wort, Sprache, Versprechen' gelangt auf Handelswegen an die westafrikan. Küste, wo es speziell in der Bedeutung 'von endlosem Gerede begleitete Verhandlungen mit der einheimischen Bevölkerung' (1. Hälfte 18. Jh.) verwendet wird. Die Afrikaner übernehmen das fremde Wort für ihre religiösen und gerichtlichen Versammlungen. Aus ihrem Munde nehmen es engl. Seeleute auf und führen es der engl. Allgemeinsprache zu (engl. *palaver* 'Unterredung, Besprechung, Geschwätz', 2. Hälfte 18. Jh.). Von da gelangt *Palaver* ins Dt. (1. Hälfte 19. Jh.). – palavern Vb. 'ein Palaver abhalten, endlos lange über Nichtigkeiten reden' (20. Jh.).

Paletot m. 'dreiviertellanger, doppelreihiger Herrenmantel, Überzieher', Übernahme (um 1840) von frz. *paletot*, wie der um diese Zeit in Paris in Mode gekommene Herrenmantel genannt wird. Zuvor bezeichnen mfrz. *paltoke*, mfrz. frz. *palletoc*, *paletot* wie mengl. *paltok* einen 'kurzen, mit Ärmeln versehenen Überrock', wahrscheinlich ein Kleidungsstück der engl. Invasionsarmeen in Frankreich. Die weitere Herkunft ist nicht geklärt; Verwandtschaft mit aengl. *pæll*, engl. *pall* (älter) 'Mantel' und voraufgehendem lat. *pallium* 'Überwurf' ist fraglich.

Palette f. 'Farbenmischbrett des Malers', übertragen 'reiche, detaillierte Auswahl', entlehnt, zunächst (Anfang 17. Jh.) in der (im bair.-öst. Sprachgebiet bis Mitte des 18. Jhs. üblichen) Form *Polit(t)e*, dann *Palit(t)e*, *Palette*, aus gleichbed. ital. *paletta (da pittore)*, frz. *palette*. Beide roman. Wörter sind Deminutivbildungen zur ital. bzw. frz. Fortsetzung von lat. *pāla* 'Spaten, Grabscheit, Wurfschaufel'.

Palisade f. 'Befestigungspfahl, Pfahlhindernis, Schanzwerk', als Fachwort des Militär- und Bauwesens eine Übernahme (Ende 16. Jh.) von gleichbed. mfrz. frz. *palissade*, das aprov. *palissada* 'Pfahlwerk' folgt, einem Kollektivum zu aprov. *palissa* 'Pfahlzaun' (vgl. mfrz. *palisse*), abgeleitet von aprov. *pal* 'Pfahl, Palisade' (vgl. afrz. *pel*, *pal*). Zugrunde liegt lat. *pālus* 'Pfahl' (s. *Pfahl*).

Palme f. Name für wärmeliebende Pflanzen der Tropen und Subtropen mit schlankem Stamm und gefiederten Blättern, auch 'Palmzweig', ahd. *palma* (8. Jh.), mhd. *palme*, *balme*, auch 'die am Palmsonntag geweihten blühenden Weidenzweige', Plur. 'Palmsonntag', asächs. *palma*, mnd. *palm(e)* geht zurück auf gleichbed. lat. *palma*, eigentl. 'flache Hand', wegen des fächerförmigen, einer Hand mit ausgestreckten Fingern vergleichbaren Blattes auf den Baum übertragen. Die frühe Verbreitung des Namens (auch in anderen europäischen Sprachen) erfolgt durch die Bibel, wonach der am Sonntag vor Ostern (*Palmsonntag*) in Jerusalem einreitende Jesus mit Palmzweigen begrüßt und empfangen wurde (Joh. 12, 13). – Palmsonntag m. Sonntag vor Ostern, Übersetzung (um 1700) von kirchenlat. *dominica palmārum*, *dominica in palmīs*; an diesem Tage werden in der katholischen Kirche zur Erinnerung an den Einzug Christi in Jerusalem (s. oben) Palmzweige (bzw. andere zu dieser Zeit blühende oder grünende Zweige) geweiht und in einer Prozession mitgeführt; zuvor mhd. *palmen* (Plur.), *palmetac*, nhd. *Palmtag* (bis ins 18. Jh.).

Pampelmuse f., älter auch *Pompelmuse*. Der Name für das subtropische, immergrüne Rautengewächs und seine gelbe Zitrusfrucht ist eine Übernahme (Anfang 18. Jh.) von nl. *pompelmoes*, vielleicht unter Einfluß von ebenfalls auf dem Nl. beruhendem frz. *pamplemousse*, 19. Jh., älter *pompelmous*, 17. Jh., und *pampelimouse*, um 1700), das wohl aus gleichbed. Tamil *pampalimāsu* kommt (DE VRIES Nl. 538). Oder ist nl. *pompelmoes* eine Zusammensetzung von nl. *pompel* 'groß, stark, aufgeblasen' und mal. *limoes* 'Zitrone', bei Synkopierung der ersten Silbe des zweiten Wortes?

Pamphlet n. 'Schmäh-, Flugschrift, politische Streitschrift'. Aus dem Titelwort des mlat. Liebesromans *Pamphilus seu de amore* entsteht die Kurzbezeichnung afrz. *Pamphilet* (nach Vorbildern wie *Catonet* für die Distichen Catos und *Esopet* für die Fabeln Aesops). Daraus gewonnenes (anglo)mlat. *panfletus*, mengl. *pamflet* 'kleine Schrift, Heftchen' entwickelt (im 16. Jh.) die Bedeutung 'zu Fragen von allgemeinem Interesse Stellung beziehende aktuelle kleine Schrift', auch 'politisch-satirische Flugschrift', woraus frz. *pamphlet* 'Broschüre' (um 1700), 'satirische kleine Schrift' (2. Hälfte 18. Jh.). In dieser Verwendung wird *Pamphlet* im 18. Jh. aus dem Frz. oder aus dem Engl. ins Dt. entlehnt.

pampig Adj. 'breiig, moddrig', übertragen 'frech, unverschämt, patzig' (Anfang 20. Jh.), vorwiegend nordd. nach nd. *pampig* 'breiig, klebrig, moddrig', einer Bildung zu nd. *Pamp* 'Brei, Modder', wozu nordd. Pampe f. 'breiige Masse'. Vgl. obd. *Pampf*, omd. *Pamps*, *Bamps*, *Pams* (um 1700) sowie nd. md. *pampen* 'in sich hineinstopfen, beim Essen den Mund zu voll nehmen' (16. Jh.), obd. *pampfen*. Es handelt sich wohl um Wörter lautmalender Natur.

pan- 'all, gesamt, völlig'. Die griech. bzw. dem Griech. entlehnte Kompositionsform *pan-*, *panto-* (*παν-*, *παντο-*) ist die (im Äol. und Dor. noch erhaltene) ursprüngliche neutrale Form griech. *pā̂n* (*πᾶν*) des Adjektivs griech. *pā̂s*, Gen. *pantós* (*πᾶς, παντός*) 'jeder, all, ganz' bzw. deren durch den Bindevokal *o* erweiterter Wortstamm *panto-* (*παντο-*). Sie begegnet als Bestimmungswort in Zusammensetzungen griech. Ursprungs wie *panegyrisch* Adj. 'lobrednerisch, übertrieben lobend' (17. Jh.), lat. *panēgyricus* 'zur allgemeinen Volksversammlung, zur Festversammlung gehörig, rühmend, lobend', griech. *panēgyrikós* (*πανηγυρικός*), zu griech. *panḗgyris* (*πανήγυρις*) 'allgemeine Volks-, große Festversammlung', vgl. griech. *ágyris* (*ἄγυρις*) 'Versammlung'. S. auch *Pantomime*. In Neubildungen moderner Sprachen noch heute produktiv, s. *Panoptikum*, *Panorama*, vgl. auch *Panslawismus* (Mitte 19. Jh.), *Paneuropa* (1. Hälfte 20. Jh.), *Pantograph* (19. Jh.).

Paneel n. 'Holztäfelung der unteren Wandfläche, vertiefte Fläche der Täfelung', in der 1. Hälfte des 18. Jhs. aus dem Nd. in die Literatursprache aufgenommen. Vorauf gehen mnd. *pannēl*, *panēl*, mnl. *panneel*, *paneel* 'Sattelkissen, Tafelwerk, hölzerne Bekleidung der Wand', Entlehnungen aus afrz. *panel* 'Lappen, Lumpen, Fangnetz, Sattelkissen, eingefaßte Fläche, Tafel, Wand' (woraus mhd. *panel*, *banel* 'Sattelkissen'). Afrz. *panel* (frz. *panneau*) beruht auf vlat. **pannellus*, lat. *pannulus*, Deminutivum von lat. *pannus* 'Tuch, Lappen, Lumpen' (verwandt mit *Fahne*, s. d.), doch erklärt sich die Bedeutung 'Fläche, Tafel' wohl durch frühen Einfluß der Wortgruppe von lat. *pānis* 'Brot, Laib, Fladen', auch 'Türfüllung, Tafel' (Zusammenfall mit einem Deminutivum galloroman. **pānellum*?).

panieren Vb. 'in Ei und Mehl oder geriebener Semmel wälzen', Entlehnung (1. Hälfte 18. Jh.) aus gleichbed. frz. *paner*, eigentl. 'mit geriebenem Brot bestreuen', zu frz. *pain* 'Brot' (lat. *pānis*).

panisch Adj. 'panikartig, angsterfüllt' (2. Hälfte 16. Jh.), vornehmlich in Fügungen wie *panischer Schrecken*, *panische Angst*; diese entsprechen nlat. *terror panicus*, mfrz. *terreur panice* (frz. *terreur panique*), womit die Humanisten des 16. Jhs. griech. *dē̂ima panikón* (*δεῖμα πανικόν*), eigentl. 'von Pan verursachter Schrecken', wiedergaben. Griech. *Panikós* (*Πανικός*) 'zu Pan gehörig, von Pan herrührend' ist Adjektivbildung zu *Pán* (*Πάν*), dem Namen des Wald- und Hirtengottes, auf dessen plötzliches Erscheinen die Griechen den ohne erkennbaren Grund ausbrechenden und sofort eine große Menschenmenge, bes. das Heer, ergreifenden Schrekken zurückführten. – Panik f. 'allgemeine, durch ein plötzliches beunruhigendes Ereignis ausgelöste Verwirrung, plötzlich ausbrechende Angst' (Mitte 19. Jh.), aus gleichbed. frz. *panique*, dem substantivierten Fem. des Adjektivs frz. *panique* (s. oben). In der Bedeutung 'Kurssturz an der Börse' (Mitte 19. Jh.) wohl engl. *panic* folgend. panikartig Adj. (Anfang 20. Jh.); Panikmacherei f., Panikstimmung f. (1. Hälfte 20. Jh.).

Panne f. 'Schaden, Betriebsstörung (bei Kraftfahrzeugen)', dann auch 'Hemmnis im Arbeitsablauf, Mißgeschick', Übernahme (Anfang 20. Jh.) von umgangssprachlichem frz. *panne* 'Betriebsstörung beim Kraftfahrzeug', auch allgemeiner 'Funktionsstörung, Stillstand' (von Maschinen, Motoren) und 'Elend, schlimme Lage' (vgl. frz. *être dans la panne* 'in der Patsche, Klemme sitzen'). Das frz. Substantiv löst sich im 19. Jh. aus Wendungen wie frz. *se tenir*, *rester en panne* 'untätig, abwartend bleiben, vorerst nicht weiterkönnen'. Die Fügung frz. *en panne* 'handlungsunfähig' beruht auf Übertragung von in der Segelschiffahrt üblichem *en panne* 'aufgebraßt, beigelegt' (vgl. seemännisches frz. *être*, *se tenir*, *rester en panne* 'aufgebraßt liegen, reglos verharren', *mettre en panne* 'aufbrassen, die Segel so stellen, daß sie keinen Fahrtwind bekommen'). Zugrunde liegt entweder lat. *pinna* 'Flügel, Feder', auch 'Spitze eines Gegenstandes, Ende der Segelstange' (FEW 8, 529ff.) oder lat. *panna* 'Segelwerk', eine Pluralform zu lat. **pannum*, Nebenform von lat. *pannus* 'Stück Tuch, Lappen', auch 'Ausgespanntes, Segel' (Knobloch in: Lingua 26, 1970/71, 310).

Panoptikum n. 'Wachsfigurenkabinett, Kuriositätensammlung', Entlehnung (Berlin 2. Hälfte 19. Jh., mit lat. Endung *Panopticum*) im Sinne von 'Wachsfigurenkabinett' aus gleichbed. engl. *panopticon*, zuvor Bezeichnung für ein optisches Gerät, später für ein kreisförmig angeordnetes und daher überall einsehbares Gefängnis. Engl. *panopticon* ist eine gelehrte Bildung zu griech. *optikós* (ὀπτικός) 'zum Sehen gehörig, das Sehen betreffend' (s. *Optik*) mit dem unter *pan-* (s. d.) behandelten Bestimmungswort, gleichsam 'Gesamtschau', woraus 'Schausaal, Sammlung von Sehenswürdigkeiten'.

Panorama n. 'Rund-, Ausblick in die Landschaft', zuerst 'Rundgemälde, Rundbild', d. h. Landschaftsbild auf zylindrisch aufgestellter Oberfläche und daher Räumlichkeitseindruck vermittelnd, gelehrte Neubildung des Iren Barker (ca. 1789, noch vor 1800 ins Dt. entlehnt) mit dem unter *pan-* (s. d.) behandelten Bestimmungswort zu griech. *hórāma* (ὅραμα) 'das Sehen, Anblick, Geschautes, Erscheinung', vgl. griech. *horā̃n* (ὁρᾶν) 'sehen, schauen'.

panschen, p a n t s c h e n Vb. 'mit Wasser verfälschen' (Anfang 18. Jh., doch gewiß älter, s. unten), 'mit Wasser spülen, geräuschvoll im Wasser wühlen' (19. Jh.); lautmalenden Ursprungs, vielleicht nasalierte Nebenform zu *patschen* (s. d.) unter Einfluß von *manschen* (s. d.). Vgl. bereits den Beinamen eines öst. Weinwirts *Panschenwein* (15. Jh.). – P a n (t) s c h e r m. 'wer Getränke mit Wasser verfälscht' (18. Jh.); doch vgl. schon den Namen *Greta Bantscherin* (Mitte 16. Jh.), ferner *Bierpantscher* (Anfang 17. Jh.), *Salzpanscher* (18. Jh.), danach *Milchpanscher* (19. Jh.).

Pansen m. 'erster Magen der Wiederkäuer'. Auszugehen ist von lat. *pantex* 'Wanst', *panticēs* (Plur.) 'Gedärme'. Aus darauf beruhendem afrz. *pance* bzw. mfrz. *pance*, *panse* 'Bauch, Wanst' (wozu auch *Panzer*, s. d.) sind entlehnt mhd. *panze* 'Wanst, Magen', mnd. *pantze*, *pan(t)se* 'Wanst, Schmerbauch', nhd. (landschaftlich) *Panzen* 'Magen, Bauch' sowie mnl. *pense*, *peinse*, *panse*, nl. *pens*. Ital. *pancia* (ebenfalls aus lat. *pantex* stammend) ergibt nhd. (obd. md.) *Pan(t)sch*, *Ban(t)sch* 'Schmerbauch, Magen, dicker Mensch' (17. Jh.). Wohl im 18. Jh. geht *Pansen* (in der Schreibweise nunmehr an frz. *panse* angeglichen) als Bezeichnung für den 'vordersten Teil des Wiederkäuermagens' in die Literatursprache ein.

Pantheist m. Anhänger und Verfechter einer Weltanschauung, die (im Gegensatz zum Christentum) behauptet, daß Gott und Natur eins sind. Die Bezeichnung ist Übernahme des von dem engl. Philosophen Toland (1705) mit *pan-* (s. d.) zu griech. *theós* (ϑεός) 'Gott' gebildeten engl. *pantheist*. Der Ausdruck begegnet in dt. theologischen Schriften vereinzelt um 1740, gewinnt aber Ende des 18. Jhs. an Verbreitung. Dazu bildet Tolands Gegner Fay (1709) engl. *pantheism* 'Allgottlehre', das Ende des 18. Jhs., wohl unter Einfluß von gleichzeitig aufkommendem frz. *panthéisme*, in der Form P a n t h e i s m u s ins Dt. gelangt. p a n t h e i s t i s c h Adj. (Ende 18. Jh.).

Panther m. Name für in Afrika und Asien lebende, ausgezeichnet kletternde Großkatzen mit auf gelblichem Grund schwarzgeflecktem Fell (dafür auch *Leopard*, s. d.; doch gilt für tiefschwarze Exemplare in der Regel nur *Panther*), ahd. *pantir* (Hs. 12. Jh.), *pantel* (Hs. 13. Jh.), mhd. *pantier*, *panter*, *pantel* (vgl. auch die verdeutlichenden Zusammensetzungen frühnhd. *Panter-*, *Panteltier*) sind Entlehnungen aus lat. *panthēr*, *panthēra*, griech. *pánthēr* (πάνϑηρ), einem Fremdwort östlichen Ursprungs. Jedoch wird ein mehrfach angenommener Zusammenhang mit aind. *puṇḍarīkaḥ* 'Tiger' von Mayrhofer 2, 301 bezweifelt.

Pantine f. 'Holzschuh, Holzpantoffel'.

Der vorwiegend nordd. Ausdruck gelangt (19. Jh.) aus nd. *Patīne*, mnd. *pat(t)īne*, *pottīne* 'Holzschuh, Pantoffel (bes. für Frauen), hoher Frauenschuh' mit eingefügtem *-n-* (wohl unter dem Einfluß von *Pantoffel*, s. d.) ins Hd. Die mnd. Formen gehen zurück auf mnl. *patijn*, das seinerseits aus afrz. frz. *patin* 'Schuh mit Holzsohle, Stelzschuh' (als auch im Dt. gebrauchter Ausdruck bei Campe 1813) entlehnt ist, einer Bildung zu afrz. *pate* (frz. *patte*) 'Pfote, Tatze, Klaue', zum onomatopoetischen Stamm **patt-* 'Pfote, Tatze' (s. *Patrouille*).

Pantoffel m. 'Hausschuh ohne Fersenkappe, bequemer Hausschuh', frühnhd. *Pantoffel*, mnd. *pantufelen*, *pantoffelen* (Plur.) sind Entlehnungen (Ende 15. Jh.) aus gleichbed. mfrz. frz. *pantoufle* (vgl. auch ital. *pantofola*, span. *pantuflo*, engl. *pantof(f)le*, mlat. *pantofla*). Die Herkunft des Wortes ist unsicher. Vielleicht gehört es wie afrz. frz. *patin* (s. *Pantine*) zum Stamm **patt-* 'Pfote, Tatze' (mit südfrz. Nasaleinschub). Der Versuch, es (wie die Humanisten des 16. Jhs.) auf unbezeugtes mgriech. **pantóphellos* (**παντόφελλος*) 'Korkschuh' (eigentl. 'ganz aus Kork') zurückzuführen, eine Zusammensetzung aus griech. *phellós* (*φελλός*) 'Kork, Korkeiche' und *panto-* (s. *pan-*), da solche Schuhe, vor allem in Spanien, vielfach Sohlen aus diesem Material hatten, bleibt zweifelhaft. – Pantoffelheld m. 'Mann, der sich von seiner Ehefrau beherrschen läßt, der daheim nichts zu sagen hat' (Mitte 19. Jh.). Nach alten dt. Rechtsbräuchen gilt der Schuh als Symbol der Macht und Herrschaft, daran anknüpfend wird der Pantoffel, der Hausschuh, scherzhaft zum Sinnbild des häuslichen Regiments der Ehefrau. Vgl. *unter dem Pantoffel sein*, *stehen* 'dem Willen der Ehefrau unterworfen sein' (2. Hälfte 18. Jh.).

Pantolette f. 'leichter Schuh ohne Fersenteil', künstliche Bildung (Mitte 20. Jh.) aus *Pantoffel* und *Sandalette* (s. d.).

Pantomime m. 'Gebärdenkünstler' (18. Jh., zuvor in lat. Form *Pantomimus*, Ende 17. Jh.), Entlehnung aus lat. *pantomīmus*, griech. *pantómīmos* (*παντόμιμος*), einer in Italien (zur Zeit des Augustus) aufkommenden Bezeichnung für den 'durch Tanz, Bewegung, Mienen- und Gebärdenspiel agierenden Schauspieler' und für das 'Gebärden(schau)spiel'; für letzteres steht auch lat. *pantomīma*, woraus Pantomime f. 'Gebärdenschauspiel, Ballett, Gebärde, Gebärdensprache' (Mitte 18. Jh.). Zur Zusammensetzung s. *pan-* und *Mime*.

Panzer m. 'metallener Körperschutz, Stahlhülle als Schutz gegen Geschosse (bei Befestigungen, Kriegsschiffen, Kampffahrzeugen), mit Stahlplatten geschütztes militärisches Kampffahrzeug', mhd. *panzier*, *panzer* n. 'Brustpanzer, metallene Körperumhüllung, Rüstung' ist eine Entlehnung aus afrz. *panciere* (oder *pancier*) 'den Leib bedeckende Rüstung', Ableitung von afrz. *pance* f. 'Bauch, Wanst', das auf lat. *pantex* (Gen. *panticis*) 'Wanst' beruht (s. *Pansen*). – panzern Vb. 'mit einer stählernen Schutzhülle, mit Stahlplatten versehen' (18. Jh.). Panzerabwehrkanone f. 'Geschütz zur Vernichtung gepanzerter Kampffahrzeuge', abgekürzt Pak (20. Jh.).

Papa m. 'Vater' in familiärer, liebevoller Anrede, Übernahme (2. Hälfte 17. Jh.) von gleichbed. afrz. frz. *papa* (anfangs und bildungssprachlich auch noch später mit frz. Betonung auf der letzten Silbe). Diese afrz. Lallbildung der Kindersprache ist wohl unabhängig von afrz. (mundartlich) *pape*, *papon* 'Großvater' (aus lat. *pappus* 'Großvater', zu lat. *pappa* 'Speise, Brei', *pappāre* 'essen'), jedoch in gleicher kindersprachlich-lautmalender Weise als Koseform entstanden.

Papagei m. Name farbenprächtiger, tropischer Klettervögel mit Hakenschnabel und kräftigen, als Greifhand dienenden Füßen. Auszugehen ist von arab. *babġā'*, *babbaġā'* bzw. darauf beruhendem mgriech. *papagás* (*παπαγάς*). Da der Papagei in Arabien nicht vorkommt und ind. Herkunft sich nicht erweisen läßt, kann Anknüpfung an westafrikan. *pampakei* erwogen werden. Falls mhd. *papegān*, *papigān* nicht als eine mit den Kreuzzügen erfolgte direkte Entlehnung aus dem Arab. bzw. Mgriech. angesehen werden kann, ist, wie für nhd. *Papagei* (15. Jh.), Vermittlung von afrz. mfrz. *papegai*, *papegau(t)* anzunehmen (heute dafür frz. *perroquet*).

Paperback n. 'kartoniertes, meist in Klebebindung hergestelltes Taschenbuch', Übernahme (2. Hälfte 20. Jh.) von amerik.-engl. *paperback*; vgl. engl. *paper* 'Papier' und engl. *back* 'Rücken, Rückseite', also eigentl. '(Einband mit) Papierrücken'.

Papier n. dünngepreßter Werkstoff zum

Beschreiben, Bemalen, Bedrucken und Verpacken, spätmhd. *papier*, frühnhd. *bappier*, *papier* (Anfang 15. Jh.) ist eine Entlehnung von afrz. *papier*. Zugrunde liegt lat. *papȳrus*, *papȳrum*, griech. *pápȳros* (*πάπυρος*) 'Papyrusstaude' sowie 'Beschreibstoff aus dem Stengelmark der Papyrusstaude', ein Wort unbekannter, vielleicht ägypt. Herkunft, da diese Staude in Ägypten wächst. Im 12. Jh. wird in Oberitalien mlat. *papirus* (aus dem im 13. Jh. in der Endung romanisiertes *paperium* hervorgeht) auf das neue, durch die Araber vermittelte, vorwiegend aus Stoff- bzw. Seidenabfällen hergestellte Schreibmaterial (Hadernpapier) übertragen. – Papyrus m. 'Beschreibstoff aus dem Stengelmark der ägyptischen Papyrusstaude, daraus bestehendes, meist zu einer Rolle aufgewickeltes Schriftstück'. Griech.-lat. *papȳrus* (s. oben) wird durch Winckelmann (um 1760) aufgenommen (auch in der Zusammensetzung *Papyrusrolle*) und zum Fachwort der Papyruskunde entwikkelt; vgl. dazu gebildetes *Papyrologie* (um 1900). Eine frühe Entlehnung aus lat. *papȳrus* liegt vor in ahd. *paffūr* (10./11. Jh.) und *papīr* (Hs. 13. Jh.) für 'Papyrusstaude'.

Papp m., Pappe f. 'Kinderbrei, Kleister', frühnhd. *papp(e)*, *pepp(e)* (Ende 15. Jh., doch wohl älter). Elementares Lallwort der Kindersprache, das mit seinen Lippenlauten den Eßvorgang nachahmt. Vergleichbare Formen in anderen Sprachen dürften voneinander unabhängig entstanden sein; vgl. lat. *pappa*, mnd. mnl. *pap(pe)*, engl. nl. *pap* 'Kinderbrei'. – pappen Vb. 'Brei essen, zu essen geben, kleistern, kleben' (15. Jh.); vgl. lat. *pappāre* 'essen'. Dazu das Intensivum päppeln Vb. 'sorgsam füttern, ernähren, hätscheln', mhd. *pepelen* 'füttern, zärtlich umgehen, pflegen'; meist in Zusammensetzungen *aufpäppeln*, *hochpäppeln*, *verpäppeln* (19. Jh.). pappig Adj. 'breiartig, klebrig' (belegt seit Anfang 19. Jh., doch wohl älter).

Pappe f. 'starker, flächiger, aus grobem Papierteig geschöpfter Werkstoff', früher 'dick und steif mit mehreren Kleisterschichten aufeinandergeklebte Papierbögen', Übertragung (18. Jh.) von *Pappe* 'breiartige Masse, Kleister' (s. *Papp*) auf die kleistersteifen Papierlagen. Vgl. die Wendung *nicht von Pappe* ('nicht eine nachgemachte Attrappe, sondern kräftig, solide, von Bedeutung') *sein* (19. Jh.).

[1]**Pappel** f. (landschaftlich) 'Malve', ahd. *papula* (9. Jh.), mhd. *papel*, asächs. *pappilla*, mnd. *poppele*. Die mit verschiedenen *l*-Suffixen gebildeten Namensformen gehören wohl zu den unter *Papp* (s. d.) verzeichneten Substantiven, da die schleimhaltigen Malven seit alter Zeit zu Breiumschlägen und die schleimhaltigen Früchte auch als Nahrung verwendet werden. Wegen des Gleichklangs mit [2]*Pappel* ist der Name in der Literatursprache von *Malve* (s. d.) verdrängt worden.

[2]**Pappel** f. Name für den schnellwüchsigen Laubbaum mit zweihäusigen Kätzchenblüten aus der Familie der Weidengewächse. Mhd. *papelboum* (13. Jh.), verdeutlichende Bildung neben mhd. *papel(e)*, spätmhd. *popel*, mnd. *poppele* ist eine Entlehnung aus lat. *pōpulus* f. bzw. mlat. *papulus*.

Pappenstiel m. 'Geringfügiges', nur noch in Wendungen *das ist doch kein Pappenstiel* ('keine Kleinigkeit'), *das ist keinen Pappenstiel wert* ('ist nichts wert'), *für einen Pappenstiel* ('ganz billig') *kaufen*. *Pappelstiel* (16. Jh.), *Pappenstiel* (17. Jh.) für 'Geringwertiges' ist wahrscheinlich aus **Pappenblumenstiel* verkürzt; vgl. *Pappenblume* (16. Jh.), nd. *Pāpenblōme* (eigentl. 'Pfaffenblume', s. *Pfaffe*), mnd. *pāpenplatte* für 'Löwenzahn', indem der kahle Fruchtboden des Blütenstiels nach dem Verwehen der Federkrone (Samen) mit der Tonsur eines Geistlichen verglichen wird. Der entblößt stehenbleibende Fruchtboden am Stiel wird zum Sinnbild der Wertlosigkeit. Doch versuchen Botaniker (um 1600), den Namen mit lat. *pappus*, griech. *páppos* (*πάππος*) 'wollige Samenkrone, Federkrone der Früchte' (von Löwenzahn und anderen Pflanzen) zu verbinden.

papperlapapp Interj. Ausruf als Entgegnung auf törichtes, dummes Geschwätz im Sinne von 'Unsinn!, sei still!', wortspielerische Bildung (18. Jh.) zu einer lautnachahmenden Gruppe, zu der *papp* (in der Wendung *nicht mehr papp sagen können* 'sehr satt sein', s. *Papp*) gehört. Auch substantiviert Papperlapapp n. 'leeres Gerede' (Mitte 19. Jh.).

Paprika m. aus Südamerika stammende, dann bes. in Südosteuropa angebaute Gemüsepflanze; aus den reifen Früchten einiger Arten wird ein scharf schmeckendes Gewürz bereitet. Wohl durch Vermittlung von ungar. *paprika* gelangt serbokr. *paprika* ins Dt. (19. Jh.). Der Name ist abgeleitet von serbokr.

pàpar (Gen. *pàpra*) 'Pfeffer', einer Entlehnung von lat. *piper* (s. *Pfeffer*).

Papst m. Bischof von Rom und Oberhaupt der röm.-katholischen Kirche, ahd. (um 1000), mhd. *bābes*, (seit dem 13. Jh. mit unorganischem *-t*) *bābest*. Zugrunde liegt der der Kindersprache entstammende reduplizierende Vokativ (später mit regulär hinzugebildeter Flexion) griech. *páppa* (πάππα), lat. *pappa*, *pāpa* 'Vater'. In der Kirchensprache (seit 3. Jh.) gilt lat. *pāpa* als Anrede und Bezeichnung für Bischöfe, Patriarchen, Äbte, bes. für den Bischof von Rom, der diesen Titel seit dem 9. Jh. (1075 durch Gregor VII. bestätigt) allein führt. Darauf beruhendes afrz. *pape* 'Papst' entwickelt eine (analog zu anderen maskulinen Substantiven mit *-s* versehene) Nebenform *papes*, die am Niederrhein in germ. Sprachen aufgenommen wird (vgl. asächs. *pābos*, mnd. *pāwes(t)*, mnl. *pāus*, *paewes*, *pāves*, nl. *paus*) und nach dem Süden vorrückt, der nicht vor dem 10./11. Jh. (ahd. *bābes*, Notker, s. oben) erreicht wird. Kirchenlat. *pāpa* ist bewahrt in früher entlehntem aengl. *pāpa* (engl. *pope*). Die Form *Papst* setzt sich erst spät durch; Luther schreibt wechselnd *Babst* und *Bapst*, das 17. Jh. bevorzugt *Pabst*, Adelung (1798) führt mit neuer Anlehnung an das lat. Vorbild die Schreibung *Papst* ein. – päpstlich Adj. 'den Papst, das Papsttum betreffend, zu ihm gehörig, von ihm ausgehend', mhd. *bæbestlich*. Papsttum n. 'Wesen, Würde des Papstes, Herrschaft des Papstes', mhd. *bābestuom*.

para-, vor Vokalen **par-**, Bestimmungswort in zahlreichen Zusammensetzungen mit der Bedeutung 'bei, neben, entlang, über ... hinaus, (ent)gegen, abweichend', nach griech. *pára*, *pará* (πάρα, παρά) Adv. Präp. 'daneben, dabei, von ... her, neben, bei, entlang, neben ... hin, über ... hinaus, gegen, wider', verwandt mit lat. *prae* (s. *prä-*) sowie mit *vor* (s. d.). Bereits im Griech. bildet *para-* zahlreiche Komposita, von denen einige in die dt. Wissenschafts- und Bildungssprache übernommen werden, s. *paradox*, *parallel*, *Parenthese*, *Parodie*. Dieser Bildungstyp ist noch heute produktiv und führt zu zahlreichen gelehrten Neuprägungen, vgl. *parazentrisch* 'um einen Mittelpunkt gelegen oder beweglich' (19. Jh.), *Paratyphus* 'dem Typhus ähnliche, jedoch abweichend (d. h. milder) verlaufende Infektionskrankheit', *paravenös* 'neben einer Vene liegend', *Parapsychologie* Forschungsgebiet, das sich mit Erscheinungen befaßt, die nicht auf Grund der bisher bekannten Sinnesorgane bzw. der bekannten Funktionen solcher Organe erklärt werden können, eigentl. 'neben der Psychologie stehende bzw. darüber hinausgehende Wissenschaft' (20. Jh.).

Parabel f. 'kurze, lehrhafte Erzählung, die eine allgemeine sittliche Wahrheit an einem analogen Beispiel veranschaulicht, Gleichnis', in der Geometrie 'Kegelschnitt, geometrischer Ort aller Punkte, die von einem festen Punkt und einer festen Geraden gleichen Abstand haben', ahd. *parabola* (9. Jh.), mhd. (vereinzelt) *parabelle* 'Gleichnis, lehrhafte Erzählung' ist aus gleichbed. kirchenlat. *parabola* entlehnt, Nebenform von lat. *parabolē*, das auf griech. *parabolḗ* (παραβολή) 'Vergleichung, Gleichnis, Parabel', eigentl. '(vergleichendes) Nebeneinanderstellen', zurückgeht. Dieses gehört zu griech. *parabállein* (παραβάλλειν) 'nebeneinanderstellen, vergleichen', eigentl. 'danebenwerfen, -setzen, neben einen hinwerfen'; vgl. griech. *bállein* (βάλλειν) 'werfen, treffen' und s. *para-*. Die Verwendung des Wortes zur Bezeichnung eines Kegelschnittes (im Dt. seit dem 16. Jh.) ist schon für das Griech. bezeugt. – parabolisch Adj. 'eine Parabel, lehrhafte Erzählung betreffend, gleichnishaft, gleichnisweise' (18. Jh.), in der Geometrie 'parabelförmig, durch eine Parabel darstellbar' (Anfang 17. Jh.); vgl. griech. *parabolikós* (παραβολικός) 'zur Vergleichung gehörig, vergleichsweise'.

Paradies n. im Alten Testament die 'Stätte des Friedens, der Ruhe, des immerwährenden Glücks' (des ersten Menschenpaares), nach neutestamentlicher Vorstellung 'das Jenseits, der himmlische Aufenthaltsort der Seligen', übertragen 'Ort, Zustand ungetrübten Glücks', ahd. *paradīs(i)* (8. Jh.), mhd. *par(a)-dīs(e)*, asächs. mnd. *paradīs* ist (wie nl. *paradijs*, engl. *paradise*, frz. *paradis*, ital. *paradiso*, span. port. *paraíso*) entlehnt aus kirchenlat. *paradīsus*, *paradīsum*, griech. *parádeisos* (παράδεισος), im Alten Testament (Septuaginta) 'Garten Eden' (für hebr. *gan* 'Garten', zu *ganan* 'beschützen'), im Neuen Testament 'Garten der Seligen'. Xenophon gebraucht griech. *parádeisos* von den Parks der pers. Könige und Adligen. Die Bezeichnung stellt sich als Gräzisierung eines dem awest. *pairidaēza-* 'eine ringsum-, rundumgehende, sich zusammenschließende Umwallung, Ummauerung' entsprechenden mitteliran. **pardēz* 'Garten' (woraus auch hebr. *pardēs* 'Garten') dar. Die regelrecht entwikkelte Lautform frühnhd. *Paradeis(e)* wird durch erneute Anlehnung an das lat. Vorbild wieder verdrängt, lebt aber fort in dem Namen *Paradeis(apfel)* (s. unten). – Paradiesapfel m. landschaftlich (bes. südd.) 'Tomate', auch (öst. und teilweise omd.) *Paradeisapfel* und *Paradeis* (Plur. *Paradeiser*). Früher auch landschaftliche Bezeichnung für Apfelsorten, die ihrer Schönheit und Güte wegen als aus dem Paradiese stammend angesehen wurden, vgl. mhd. *par(a)dīsapfel*, mnd. *paradīsappel* 'Granatapfel'. paradiesisch Adj. 'wie im Paradies, himmlisch, herrlich, lieblich', älter *paradeisisch* (16. Jh.).

Paradoxon n. 'wirklich oder scheinbar widersinnige bzw. auffallende, sonderbare Behauptung, widersinniges oder unvermutetes, überraschendes Ereignis', Übernahme (16. Jh.) von spätlat. *paradoxon*, griech. *parádoxon* (*παράδοξον*) 'der allgemeinen Meinung entgegenstehender, sonderbarer (Lehr)-satz'. Neben die bis heute bewahrte griech.-lat. Form (mit ihrem Plural *Paradoxa*) tritt gelegentlich latinisiertes *Paradoxum* und in neuerer Zeit auch die endungslose Form *Paradox* (mit dem schon im 16. Jh. bezeugten Plural *Paradoxe*). Der Ausdruck ist das substantivierte Neutrum von griech. *parádoxos* (*παράδοξος*) 'der gewöhnlichen Meinung zuwiderlaufend, wider Erwarten, unvermutet, auffallend, sonderbar, seltsam', einer Präfixbildung (s. *para-*) zu griech. *dóxa* (*δόξα*) 'Ansicht, Meinung'. Daraus entlehntes paradox Adj. 'der allgemeinen Meinung entgegenstehend, wunderbar, seltsam', dann vor allem 'unwahrscheinlich, widersinnig', begegnet seit dem 17. Jh.

Paraffin n. wachsähnliche Masse aus vorwiegend gesättigten Kohlenwasserstoffen (bes. zur Herstellung von Kerzen, Bohnerwachs), von dem Industriellen v. Reichenbach entdeckt und mit dem Kunstwort *Paraffin* bezeichnet (1830), zu lat. *parum* 'wenig' (aus lat. *parvum*, der neutralen Form von lat. *parvus* 'klein') und lat. *affīnis* 'angrenzend, benachbart, verwandt'. Die gelehrte Bildung im Sinne von 'wenig geneigt, chemische Verbindungen einzugehen, wenig reaktionsfähig' erfolgt im Hinblick auf die geringe chemische Reaktionsneigung des Paraffins.

Paragraph m. 'Abschnitt im Text von Gesetzen, wissenschaftlichen Werken, Verträgen' sowie das derartige Abschnitte kenntlich machende Zeichen §, mhd. *paragraf* 'Buchstabe, Zeichen für einen Schriftabsatz, Abschnitt', aus spätlat. *paragraphus* entlehnt, bei Isidor v. Sevilla ein Zeichen in Gestalt eines S, das Unterabteilungen eines Textes anzeigt. Zugrunde liegt griech. *parágraphos (grammḗ)* (*παράγραφος γραμμή*), eigentl. 'Daneben-, Beigeschriebenes', für eine waagerechte Linie, einen Strich mit einem Punkt am Rand von Buchrollen, womit der Wechsel der Personen im Dialog bzw. die Vortragsteile des Chors im antiken Drama gekennzeichnet sind; vgl. griech. *-gráphos* (*-γράφος*) 'geschrieben', s. *-graph*, *-graphie* sowie *para-*. Das heutige Paragraphenzeichen § ist wohl die Weiterentwicklung eines spätlat. C (für *Capitulum* 'Abschnitt, Kapitel'); vgl. Bauer in: Zs. f. Bücherfreunde 1 (1932) 241ff.

parallel Adj. 'in gleicher Richtung und gleichbleibendem Abstand nebeneinander laufend', als mathematischer Terminus entlehnt (1. Hälfte 16. Jh.) aus gleichbed. lat. *parallēlos*, *parallēlus*, griech. *parállēlos* (*παράλληλος*), eigentl. 'nebeneinander stehend, laufend, befindlich'; vgl. griech. *allḗlōn* (*ἀλλήλων*) 'einander, wechselseitig', *állos* (*ἄλλος*) 'anderer' und s. *para-*. Übertragener Gebrauch im Sinne von 'gleichzeitig in ähnlicher Weise bestehend oder geschehend' setzt im 18. Jh. ein. – Parallele f. 'Gerade, die zu einer anderen in gleichem Abstand verläuft', Substantivierung des Adjektivs, zuerst *Parallel* m. und n. (1. Hälfte 16. Jh.), dann in Analogie zu *Linie* oder unter Einfluß von frz. *parallèle* die heutige feminine Form (18. Jh.). Übertragen 'vergleichende Gegenüberstellung, Vergleich, Entsprechung' (18. Jh.). Parallelogramm n. 'Viereck mit paarweise gleichlaufenden Seiten' (16. Jh.), lat. *parallēlogrammum*, griech. *parallēlógrammon* (*παραλληλόγραμμον*), substantiviertes Neutrum des Adjektivs *parallēlógrammos* (*παραλληλόγραμμος*) 'parallele Linien habend, von parallelen Linien begrenzt', zu griech. *grammḗ* (*γραμμή*) 'Linie, Strich'.

Paralyse f. 'Bewegungslähmung, Gehirnerweichung'. Mhd. *parillis*, *par(a)lis* ist entlehnt aus griech.-lat. *paralysis* (*παράλυσις*) 'Lähmung der Nerven an einer Seite des Körpers', einer Substantivbildung zu griech. *paralýein* (*παραλύειν*) 'auflösen, wegnehmen, entziehen, lähmen'; vgl. *lýein* (*λύειν*) 'lösen, zerstören' und s. *para-*. Seit frühnhd. Zeit bestehen zahlreiche umgangssprachliche Formen wie *Paralys*, *Par(a)li*, *Parlay*, *Parleis*, *Parlin*, *Perli(s)*, die sich bis ins 17. Jh. halten. Neben in der medizinischen Wissenschaftssprache übliches griech.-lat. *Paralysis* tritt eingedeutschtes *Paralyse* (2. Hälfte 19. Jh.). – paralysieren Vb. 'lähmen, schwächen', übertragen 'unwirksam machen' (18. Jh.); vgl. frz. *paralyser*. paralytisch Adj. (16. Jh.).

Parasit m. 'Schmarotzer, wer von der Arbeit oder auf Kosten anderer lebt', dann (in der Biologie) tierisches oder pflanzliches Lebewesen, das in oder auf anderen Organismen lebt. Lat. *parasītus*, griech. *parásītos* (*παράσιτος*) 'Tischgenosse, Gast, Schmarotzer', eigentl. 'wer seine Speise bei einem anderen hat', vgl. griech. *sītos* (*σῖτος*) 'Weizen, Getreide, Speise, Nahrung' und s. *para-*; griech. *parásītos* bezeichnet in der Komödie einen Possenreißer, der für ein Essen die Gäste auf Kosten der eigenen Person unterhält und erheitert. Das Substantiv begegnet, an das antike Vorbild gebunden, in griech. und lat. Form seit dem 16. Jh. in dt. Texten; eingedeutschtes *Parasit* (Plur. *Parasiten*) tritt im 18. Jh. auf, fachsprachliche Anwendung mit der heute im Vordergrund stehenden Bedeutung 'Schmarotzerpflanze, -tier' im 19. Jh. – parasitär Adj. 'schmarotzerhaft, durch Parasiten hervorgebracht' (20. Jh.), nach frz. *parasitaire*; älter parasitisch Adj. (18. Jh.).

parat Adj. 'bereit, gerüstet, fertig, gebrauchsfertig', entlehnt (Ende 16. Jh.) aus lat. *parātus* Part.adj. 'bereit, bereitstehend, (aus)gerüstet', zu lat. *parāre* '(zu)bereiten, Vorkehrungen treffen, sich verschaffen, erwerben'.

Parcours m. 'Hindernisbahn beim Springreiten, abgesteckte Strecke beim Golf', Übernahme (20. Jh.) von gleichbed. frz. *parcours*, eigentl. 'durchlaufene Strecke, Umlaufbahn', aus spätlat. *percursus* 'das Durchlaufen'; zugrunde liegt lat. *percurrere* (*percursum*) 'durchlaufen, durcheilen'. S. *Kurs*.

pardauz, auch bardauz Interj. das Geräusch eines Falles nachahmende Bildung, neben *bauz*; vgl. *pardues* (nd., Mitte 17. Jh.), *perdutz* (Adelung 1777), *pardautz* (Campe 1809).

Pardon m. 'Gnade, Nachsicht, verzeihendes Verständnis', übernommen (2. Hälfte 16. Jh.) von gleichbed. afrz. frz. *pardon*, anfangs bes. für 'Begnadigung eines Verurteilten', für 'Schonung der Kriegsgefangenen' (*Pardon geben*, *gewähren*). Daneben gleichzeitig *Perdon*, aus ital. *perdono*. Beides sind postverbale Bildungen zu afrz. *pardoner*, frz. *pardonner* bzw. ital. *perdonare* 'begnadigen, verzeihen', denen spätlat. *perdōnāre* 'vergeben', eigentl. 'völlig schenken', vorausgeht; vgl. lat. *dōnāre* 'geben, schenken' (zu lat. *dōnum* 'Gabe, Geschenk', *dare* 'geben'). Anfang des 18. Jhs. setzt sich die frz. Form durch, bes. auch in der Entschuldigungsformel *Pardon!*, verkürzt etwa aus *je vous demande pardon* 'ich bitte Sie um Verzeihung'.

Parenthese f. 'Einschaltung, eingeschobener Satz oder Teil eines Satzes', auch die den Einschub markierenden Zeichen (Gedankenstriche, Klammern, Kommas). Zuerst *Parentisis*, *Parenthesis* (2. Hälfte 15. Jh.), Entlehnung von gleichbed. spätlat. *parenthesis*, griech. *parénthesis* (*παρένθεσις*), eigentl. 'das Dazwischenstellen, -setzen, Einschieben', einer Bildung zu griech. *parentithénai* (*παρεντιθέναι*) 'dazwischen stellen, legen, einschieben'; vgl. griech. *entithénai* (*ἐντιθέναι*) 'dazwischen stellen, bringen, legen, schieben', *tithénai* (*τιθέναι*) 'setzen, stellen, legen', *énthesis* (*ἔνθεσις*) 'das Hineinsetzen, -stellen, -schieben' (z.B. eines Buchstabens) und s. *para-*. Die dt. Form *Parenthese* kommt wohl unter Einfluß von gleichbed. frz. *parenthèse* in der 2. Hälfte des 18. Jhs. auf. – parenthetisch Adj. 'eingeschaltet, eingeklammert, nebenbei (gesagt), beiläufig' (1. Hälfte 19. Jh.).

Parfüm n., auch in frz. Schreibung und Aussprache *Parfum* 'Duft-, Riechstoff, von Duftstoffen ausgehender Wohlgeruch', übernommen (Anfang 18. Jh.) von gleichbed. frz. *parfum* m. (mfrz. *parfum*, *perfum*). Dieses, zunächst für jede Art angenehmen Geruchs geltend, ist eine postverbale Bildung zu mfrz. *perfumer*, mfrz. frz. *parfumer* 'wohlriechend machen, durchduften' (ursprünglich vor allem durch Erzeugen geruchsintensiver Dämpfe, namentlich zu Heilzwecken), das letztlich über vlat. **perfūmāre* auf lat. *fūmāre* 'rauchen, dampfen', *fūmus* 'Rauch, Dampf' zurückgeht. Anfang des 17. Jhs. vereinzelt belegtes nhd. *Perfumy* dürfte auf ital. (älter) *perfumo* beruhen. – p a r f ü m i e r e n Vb. 'mit Parfüm besprühen, betupfen, wohlriechend machen' (um 1600), aus mfrz. frz. *parfumer*, anfangs auch *perfümieren* nach ital. (älter) *perfumare*. P a r f ü m e r i e f. 'Betrieb zur Herstellung oder Geschäft zum Verkauf von Parfümen und Kosmetika, Kunst der Bereitung und Zusammenstellung von Duftstoffen' (Ende 18. Jh.), mit französierender Endung zu *Parfüm*, *parfümieren* gebildet (frz. *parfumerie* erst seit etwa 1800 bezeugt).

Paria m. Angehöriger einer niederen Kaste von Landarbeitern, Tagelöhnern in Südindien, in Europa Bezeichnung für 'kastenloser oder der niedrigsten Kaste angehörender Inder', übertragen 'aus der menschlichen Gesellschaft Ausgestoßener, Entrechteter, Verachteter', im Dt. seit Ende des 18. Jhs. bekannt (vgl. *Pareier* Plur., 1787), entlehnt über frz. *paria*, engl. *pariah* aus angloind. *parriar*, *pariah*, der Bezeichnung für die niederste Kaste in der Hierarchie der Hindus. Zugrunde liegt Tamil *paṛaiyar* (Plur.) 'einer niederen Kaste angehörende Trommelschläger bei gewissen Hindufestlichkeiten in Südindien', zu *paṛai* 'große Trommel'.

[1]**parieren** Vb. 'einen gegnerischen Angriff abwehren'. Das seit Mitte des 15. Jhs. als Fachwort der Fechtkunst im Sinne von 'einen Hieb oder Stoß des Gegners abwehren' bezeugte, dann in die Allgemeinsprache übergehende Verb ist entlehnt aus ital. *parare* bzw. mfrz. frz. *parer* in seinen Bedeutungen 'abwehren, einen Angriff parieren, schützen', eigentl. (afrz. frz. ital.) 'herrichten, schmükken', zurückgehend auf lat. *parāre* '(zu)bereiten, Vorkehrungen treffen, sich verschaffen, erwerben'. Dazu [1]P a r a d e f. 'Abwehr eines Angriffs', bes. beim Fechten 'abwehrender Stich, Hieb, Schlag' (*Parat* 15. Jh.), nach gleichbed. ital. *parata*, dann auch nach entsprechendem frz. *parade*. – [2]p a r i e r e n Vb. 'ein Pferd durch reiterliche Hilfen in eine langsamere Gangart übergehen lassen oder zum Stehen bringen' (16. Jh.), zunächst wohl aus gleichbed. ital. *parare*, dann aus frz. *parer*, die diese Bedeutungen aus span. *parar* 'an-, aufhalten, zum Stehen bringen' (ebenfalls auf lat. *parāre* zurückgehend) erhalten haben. Dazu [2]P a r a d e f. 'zum Verhalten, zu Richtungs- und Tempoänderungen, zum Stand führende Einwirkung des Reiters auf das Pferd' (17. Jh.), aus gleichbed. frz. *parade*, das auf span. *parada* beruht. – [3]P a r a d e f. 'Aufstellung des Heeres, der Truppe, Truppenschau, Vorbeimarsch' (Anfang 17. Jh.), auch 'gutes, stattliches Aussehen, Gepränge' (um 1700), Übernahme von gleichbed. mfrz. frz. *parade*, Verbalabstraktum zu afrz. frz. *parer* 'herrichten, schmükken' (s. oben). p a r a d i e r e n Vb. 'in voller Ausrüstung sich aufstellen, vorüberziehen' (von der Truppe), 'mit etw. prunken, sich brüsten, Eindruck zu machen suchen' (17. Jh.), nach gleichbed. mfrz. frz. *(se) parader* bzw. *faire parade*.

[3]**parieren** Vb. 'gehorchen', mhd. *parieren*, entlehnt aus lat. *pārēre* 'gehorchen, gehorsam sein, Folge leisten', eigentl. 'erscheinen, sichtbar sein, sich sehen lassen, sich zeigen'.

Parität f. 'Gleichstellung, -setzung, (zahlenmäßige) Gleichheit', Entlehnung (17. Jh.) aus spätlat. *paritās* (Gen. *paritātis*) 'Gleichheit', einer Bildung zum Adjektiv lat. *pār* (Gen. *paris*) 'gleichkommend, gleich'. Anfangs meist bezogen auf das ausgewogene Verhältnis der Konfessionen und die Rechte ihrer Angehörigen, auch der Staaten, der Parteien untereinander; in neuerer Zeit auch das 'Austauschverhältnis zwischen zwei Währungseinheiten bzw. einer Währung zum Gold'. – p a r i t ä t i s c h Adj. 'gleichgestellt, gleichwertig, gleichberechtigt, zahlenmäßig gleich' (18. Jh.).

Park m. 'großflächige, waldartig gehaltene Garten-, Grünanlage'. Afrz. frz. *parc* 'eingehegter Raum, Tiergehege', aus *parricus* 'Einfriedung, Gehege', einer (wegen der roman. Bezeugungen) wohl schon für das Spätlat. anzusetzenden, aber erst mlat. bezeugten Form (s. *Pferch*), gelangt im 15. Jh. im Sinne von 'Einzäunung, Zwinger' in das niederrhein., dann auch md. Sprachgebiet, bleibt jedoch ohne Nachwirkung. Frz. *parc* wie auch darauf beruhendes engl. *park* 'eingezäunte Grünfläche zur Hege von Bäumen und jagdbarem Wild' entwickeln sich im 17. Jh. zur Bezeichnung für die 'umschlossene großflächige Grünanlage zum Schmuck der Schlösser mit Spazierwegen für die vornehme Gesellschaft'. In diesem Sinne wird der Ausdruck aus dem Frz. und Engl. erneut ins Dt. übernommen (1. Hälfte 18. Jh.). Im Anschluß an frz. *parc d'artillerie* 'eingehegter Platz für Munition,

Geschütze und Wagen' begegnet im Dt. *Artilleriepark*, *Wagenpark*, *Fuhrpark* (1. Hälfte 19. Jh.), *Auto-*, *Fahrzeug-*, *Maschinenpark* (20. Jh.). – parken Vb. 'ein Kraftfahrzeug vorübergehend am Straßenrand oder auf einem vorgesehenen Platz abstellen', nach gleichbed. amerik.-engl. *to park*, engl. eigentl. 'einhegen, einschließen, (militärisches Gerät) lagern, deponieren', dazu Parkplatz m. (beide 20er Jahre 20. Jh.).

Parkett n. 'Fußboden aus Holztäfelung, zu ebener Erde liegender (vorderer) Teil des Zuschauerraumes im Theater, im Kino sowie die dort sitzenden Zuschauer', in beiden Bedeutungen Entlehnung (2. Hälfte 18. Jh.) von frz. *parquet*, eigentl. '(durch Schranken) abgegrenzter Raum', einer deminutiven Ableitung von frz. *parc* 'eingehegter Raum' (s. *Park*). Früh bezeichnen Ableitungen von frz. *parc* auch gegeneinander abgegrenzte Teile von Flächen. Seit dem 17. Jh. wird frz. *parquet* für die aus kleinen Hartholzbrettern zusammengesetzten Fußböden gebräuchlich. Frz. Schreibung mit *qu* ist im Dt. bis weit ins 19. Jh. üblich.

Parlament n. 'aus Wahlen hervorgegangene gesetzgebende Körperschaft eines demokratischen Staates, Abgeordnetenhaus', mhd. *parlament*, *parlemunt* 'Besprechung, Verhandlung, Versammlung' (2. Hälfte 13. Jh.), wohl unter Einfluß von mlat. *parlamentum* '(feierliche) Besprechung, Unterredung' entlehnt aus afrz. *parlement* 'Unterredung, (Gerichts)verhandlung, Gerichtshof, Adelsversammlung', einer Substantivbildung zu afrz. *parler*, *paroler* 'sprechen, reden' (frz. *parler*, s. *parlieren*). Im älteren Nhd. ist *Parlament* 'Versammlung des Rates einer Stadt, Vertretung eines Landes, rechtsprechende Behörde oder gesetzgebende Körperschaft', auch 'höchster Gerichtshof'. Das ursprünglich der Verwaltungssprache angehörende Wort bekommt seine politische Bedeutung als 'höchstes gewähltes Staatsorgan, Volksvertretung' von engl. *parliament* (aus afrz. *parlement*), das semantisch auch auf frz. *parlement* zurückgewirkt hat. Auf dt. Verhältnisse bezogen, wird *Parlament* in diesem Sinne erst durch das *Frankfurter Parlament* (1848) geläufig. – Parlamentarier m. 'Mitglied eines Parlaments, Abgeordneter' (2. Hälfte 19. Jh.), nach gleichbed. engl. *parliamentarian*, das ursprünglich denjenigen bezeichnet, der im engl. Bürgerkrieg (17. Jh.) auf der Seite des Parlaments stand, und in dieser Verwendung schon Ende des 18. Jhs. als *Parlamentarier* ins Dt. gelangt. parlamentarisch Adj. 'das Parlament betreffend, vom Parlament gebildet oder ausgehend, in ihm üblich' (Ende 18. Jh.), nach gleichbed. engl. *parliamentary*, anfangs auf engl., dann auch auf frz., im Zusammenhang mit der Frankfurter Nationalversammlung auch auf dt. Verhältnisse angewandt (Mitte 19. Jh.); dazu unparlamentarisch Adj. (selten Ende 18. Jh., häufiger Mitte 19. Jh.), engl. *unparliamentary*. Parlamentarismus m. 'Staatsform, bei der das Parlament durch sein Gesetzgebungsrecht, durch die Mitwirkung an der Regierungsbildung und durch Kontrolle der Regierung Einfluß auf die Leitung des Staates besitzt' (Mitte 19. Jh.), latinisierende Bildung, zunächst mit Bezug auf die damals als vorbildlich angesehene engl. Verfassung; vgl. (hiernach oder nach frz. *parlementarisme*, 1852) jüngeres engl. *parliamentarism* (1870).

Parlamentär m. 'beauftragter Unterhändler mit dem Feind', als militärisches Fachwort um 1800 entlehnt (mit formaler Angleichung an *Parlament*) aus gleichbed. frz. *parlementaire*, einer Bildung zum Verb afrz. frz. *parlementer* 'eine Unterredung führen, verhandeln', terminologisch auch (zuerst mfrz.) 'mit dem Gegner unterhandeln', das selbst von afrz. *parlement* (s. *Parlament*) abgeleitet ist.

parlieren Vb. 'Konversation machen, plaudern'. Das heute meist in leicht spöttischem Ton gebrauchte Verb ist schon als mhd. *parlieren*, auch *parolen* 'sprechen, reden, tuscheln' (13. Jh.) bezeugt und aus afrz. *parler*, *paroler* 'sprechen, reden' (frz. *parler*) entlehnt, dem mlat. *parabolare* 'durch Gleichnisse verdeutlichen, reden, sprechen, sich unterhalten' zugrunde liegt, ein Denominativum von kirchenlat. *parabola* 'Gleichnis, lehrhafte Erzählung' (s. *Parabel*, *Parole*). In nachhöfischer Zeit tritt *parlieren* anscheinend zurück, kommt aber, wohl auf Grund erneuter Entlehnung, im späteren 16. und vor allem im 17. Jh. wieder in Gebrauch (auch in den Formen *parlen*, *barlen* sowie *parlaren*, nach gleichfalls auf mlat. *parabolare* beruhendem ital. *parlare* 'sprechen, reden'), zu dieser Zeit namentlich im Sinne von 'vornehm, gewählt sprechen, in einer fremden Sprache, bes. der französischen, reden'.

Parodie f. satirische oder komische Nachbildung eines Kunstwerkes, bes. einer Dichtung, bzw. des Stiles eines berühmten Künstlers, 'scherzhafte Nachahmung, Verspottung, Verzerrung', Übernahme (17. Jh.) von gleichbed. frz. *parodie*, entlehnt aus lat. *parōdia*, griech. *parōdía* (*παρῳδία*) 'eine inhaltlich ins Komische gewendete Nachahmung eines Gesanges, Liedes, Gedichtes', eigentl. 'Nebengesang', Präfixbildung (s. *para-*) mit einer Ableitung von griech. *ōdḗ*, *aoidḗ* (*ᾠδή*, *ἀοιδή*) 'Gesang, Lied, Gedicht' (s. *Ode*). – p a r o d i e r e n Vb. 'in einer Parodie nachahmen, verspotten' (17. Jh.), frz. *parodier*.

Parole f. 'Losung, Wahlspruch, Kennwort'. Zufrühst wird mhd. *parol(le)* 'Wort, Rede' (13. Jh.) aus afrz. *parole* 'Wort, Rede, Sprechweise, Spruch, Unterredung, Versprechen' (frz. *parole*) entlehnt, das über vlat. **paraula* auf kirchenlat. *parabola* 'Gleichnis, lehrhafte Erzählung' (s. *Parabel*) zurückgeht. Im 17. Jh. erneut entlehntes *Parole* (aus dem Frz., anfangs auch *Parola*, *Parolla* nach ital. *parola* gleicher Herkunft) begegnet in der dem Frz. folgenden Bedeutung 'Versprechen, gegebenes Wort, Ehrenwort' sowie in der aus dem Ital. übernommenen terminologischen Verwendung 'militärisches Losungs-, Kennwort'; an letztere schließen sich später (18. Jh.) die Übertragung 'Wahlspruch, Leitsatz, Motto' und in jüngster Zeit der abschätzige Gebrauch 'unwahre Meldung, Behauptung' an.

Paroli n., heute nur in der Fügung *Paroli bieten* 'mit gleicher oder überlegener Kraft entgegnen, nichts schuldig bleiben, doppelt heimzahlen' (vgl. entsprechendes frz. *rendre le paroli*, *faire paroli*). *Paroli*, eigentl. ein Ausdruck des Karten-, bes. des Pharaospiels, der das Mithalten im Spiel durch Erhöhung des Einsatzes um den erzielten Gewinn bezeichnet, ist im 18. Jh. entlehnt aus gleichbed. frz. *paroli* m., das seinerseits auf ein etymologisch ungeklärtes ital. (neapolitan.?) *paroli* (mit Anfangsbetonung) zurückgeführt wird. Man stellt dieses (unter Hinweis auf die Wendung ital. *giocare a pari*, neapolitan. *jocà a paro* 'um den gleichen Einsatz spielen') zu ital. *pari*, älter *paro* 'gleich' (lat. *pār*, s. *Paar*) oder sieht darin eine Verbindung der Verbform ital. *paro* 'ich setze ein' (von ital. *parare* 'ausschmücken, hindern, schützen, abwehren, darbieten', älter auch 'einen Spieleinsatz machen', lat. *parāre* '(zu)bereiten, Vorkehrungen treffen') mit dem Pronomen ital. *li* 'sie' (Akk. Plur., d. h. 'die Geldstücke') bzw. mit dem Adverb ital. *lì* 'dorthin, dort'.

Part m. 'Anteil des einzelnen Mitwirkenden an der Aufführung eines Bühnen-, Gesangs-, Instrumentalwerkes, Rolle, Partie, Stimme' (vgl. *Klavier-*, *Orchester-*, *Solo-*, *Gesangs-*, *Sprechpart*), in der Seemannssprache (auch Neutr.) 'Besitz-, Gewinnanteil an einem Schiff', mhd. *part(e)* f. n., mnd. *part* n. 'Teil, Anteil, Abteilung, gemeinsam vorgehende Gruppe (im Kampf, Turnier, Spiel), Partei' sind Entlehnungen von afrz. *part* f. 'Teil, Anteil, Seite, Partei', das auf lat. *pars* (Gen. *partis*) 'Teil, Anteil, Seite' beruht. Im älteren Nhd. steht das Substantiv (gelegentlich mit fem. Genus) entsprechend dem mhd. Gebrauch für 'Anteil, Zugeteiltes' (auch in juristischer und kaufmännischer Terminologie), bezeichnet eine (militärische) Abteilung, die Prozeßpartei oder eine politische Gruppierung. Um 1800 tritt es hinter *Partei* und *Partie* (s. d.) weitgehend zurück und begegnet heute fast nur noch im oben genannten Sinne als Ausdruck der Musik und des Theaters. Mundartlich (omd.) behauptet sich die Nebenform *Parte* f. (meist *Parten* Plur.) für 'Mietspartei, Wohnung'. – W i d e r p a r t m. 'Gegner vor Gericht, im Kampf, Gegenpartei, Gegnerschaft, Gegenteil' (vereinzelt auch 'Partner, Gefährte'), mhd. *widerpart(e)*; vgl. *Widerpart halten* 'Widerstand leisten, gegensätzlicher Meinung sein', eigentl. 'die Gegenseite (aufrecht)halten' (15. Jh.); daneben auch jüngeres, heute nicht mehr gebräuchliches G e g e n p a r t m. 'Gegner, Widersacher, Partner' (15. Jh., zuerst in der Rechtssprache). h a l b p a r t Adv. 'zur Hälfte, mit gleichen Anteilen' (18. Jh.), vor allem in der Wendung *halbpart machen*, zurückgehend auf älteres *Halbpart* m. 'Hälfte' (bes. einer Beute, eines Fundes, Gewinns, 17. Jh.).

Partei f. 'Gruppe Gleichgesinnter, Vereinigung von Personen mit der gleichen politischen Überzeugung, um bestimmte Ziele durchzusetzen', auch 'Partner eines Vertrags, einer der beiden Gegner im Rechtsstreit', mhd. *partīe* 'Abteilung, Personengruppe, Gruppierung', mnd. *partī(g)e* 'Personenverband, Parteiung, einseitige Parteinahme, Prozeßpartei', entlehnt aus afrz. *partie* 'Teil, Gebiet, Anteil, Verteilung, Trennung, Rechtshandel, Heiratsmöglichkeit, Seite, Richtung, Gegner', dem substantivierten Femininum des Part. Perf. von afrz. mfrz. *partir* 'teilen, verteilen, trennen, sich entfernen, aufbrechen' (frz. *partir* 'abreisen, aufbrechen, losgehen'), dem lat. *partīre* (*partītum*), auch *partīrī* 'teilen, trennen, zuteilen' zugrunde liegt; dieses ist gebildet zu lat. *pars* (Gen. *partis*) 'Teil, Anteil, Seite'. *Partei* 'Personengruppe mit gemeinsamen Interessen', das in einigen Verwendungen noch längere Zeit im Wechsel mit später entlehntem *Partie* (s. d.) gebraucht wird, bezeichnet seit dem 15. Jh. auch jede der in Verhandlungen oder einem Rechtsgeschäft sich gegenüberstehenden Seiten ('Vertragspartner, Prozeßgegner') sowie (zuerst niederrhein.) eine Gruppe mit gemeinsamem Wohnsitz ('Haushaltung, Familie, Mietspartei'); vom 16. Jh. an steht es für 'sich von anderen sondernde politische oder konfessionelle Gesinnungsgemeinschaft' und vereinzelt schon für 'Heiratsmöglichkeit, zu heiratende Person' (bes. unter dem Gesichtspunkt der Vermögensverhältnisse, hierfür seit dem 17. Jh. auch *Partie*, das sich schließlich durchsetzt); in der Militärsprache des 17. Jhs. ist es außerdem 'Streifzüge unternehmende kleine Schar'. In mehreren seiner Bedeutungen, namentlich im Sinne von 'politische Organisation', zeigt *Partei* semantischen Einfluß des (ebenfalls zu afrz. mfrz. *partir* gehörenden) Maskulinums mfrz. frz. *parti* 'Anteil, Lage, Beruf, Stand, zu heiratende Person, Entschluß, Interessengruppe, Organisation', frz. auch 'Trupp von Soldaten, Streifkorps' (afrz. *parti* 'Teil, Anteil, Menge, Lage'). – Parteigänger m. 'Anhänger einer politischen Richtung, einer Persönlichkeit' (Anfang 19. Jh., meist abschätzig), zuvor 'Führer oder Angehöriger einer Streifzüge unternehmenden Schar' (17. Jh.). Parteigenosse m. 'Mitglied einer politischen Partei' (Anfang 19. Jh.), in der Sozialdemokratie seit den 70er Jahren des 19. Jhs. allmählich durch die kürzere Form *Genosse* (s. d.) verdrängt. parteiisch Adj. 'einseitig für eine Partei, eine bestimmte Interessengruppe, einen von zwei Gegnern eingestellt, voreingenommen, befangen' (16. Jh.), auch 'einer Gruppe, Partei angehörend, zu ihr stehend' (15. Jh.); entsprechend unparteiisch Adj. (15. Jh.). parteilich Adj. 'eine Partei betreffend, vertretend, Partei ergreifend' (20. Jh.), 'parteiisch' (15. Jh.). Parteilichkeit f. 'theoretisches und praktisches Eintreten für die Interessen einer Partei' (20. Jh.), 'einseitige Stellungnahme oder Beurteilung', auch 'Uneinigkeit' (um 1500). Parteiung f. 'Zersplitterung in einander bekämpfende Parteien, Spaltung, Zwietracht' (Ende 15. Jh.); vgl. mhd. *partīen* '(sich) in Parteien spalten'.

Parterre n. 'Erdgeschoß'. Frz. *parterre* m., eine Substantivierung der adverbialen Fügung frz. *par terre* 'zu ebener Erde, in der Höhe des Erdbodens' (vgl. lat. *terra* 'Erde'), wird in den Bedeutungen 'regelmäßig und kunstvoll angelegtes Blumenbeet' (Mitte 17. Jh.), 'Sitzreihen im Theater zu ebener Erde' (Anfang 18. Jh.), 'Gesamtheit der hier befindlichen Zuschauer' (Mitte 18. Jh.), auch allgemein 'Publikum' übernommen. Die heute im Dt. vorherrschende Bedeutung 'Erdgeschoß' (2. Hälfte 18. Jh., vgl. den adverbialen Gebrauch *parterre wohnen* 'zu ebener Erde wohnen') folgt einer nur im älteren Frz. nachzuweisenden Verwendung (jetzt frz. *rez-de-chaussée*); das Ersatzwort *Erdgeschoß* ist seit Campe (1801) belegt.

partial Adj. 'nur einen Teil erfassend, einen Teil ausmachend, teilweise (vorhanden)', entlehnt (um 1700) aus spätlat. *partiālis* '(an)teilig, teilweise vorhanden', zu lat. *pars* (Gen. *partis*) 'Teil, Anteil, Seite'. Das anfangs auch im Sinne von 'eigennützig, einseitig, parteiisch' (vgl. mlat. *partialis* 'einzeln, aufgeteilt, individuell', mfrz. frz. *partial* 'parteiisch') vorkommende Wort wird in jüngerer Zeit kaum noch verwendet, es findet sich gelegentlich in fachsprachlichen Zusammensetzungen wie Partialbruch m. (in der Mathematik) durch Zerlegung eines Bruches mit zusammengesetztem Nenner entstandener Bruch (19. Jh.). Gebräuchlicher ist heute gleichbed. partiell Adj. (seit 18. Jh.), nach frz. *partiel*, einer jüngeren Entlehnung (neben mfrz. frz. *partial*, s. oben) aus spätlat. *partiālis* mit bedeutungsdifferenzierendem Suffixwechsel (*-el* statt *-al*).

Partie f. 'Teil eines größeren Ganzen, Ausschnitt' (vgl. *Landschafts-*, *Gesichts-*, *Rückenpartie*), 'einzeln ausgeschriebene Gesangsstimme' (vgl. *Gesangs-*, *Solopartie*, älter auch 'Sprechrolle, Textpassage aus einem literarischen Werk', beide 18. Jh.), 'gemeinsamer Ausflug, Wanderung, Geselligkeit' (vgl. *Jagd-*, *Kletter-*, *Landpartie*, eigentl. 'sich zu gemeinsamem Vergnügen zusammenfindende Personengruppe', Anfang 18. Jh., dazu *(mit) von der Partie sein* 'teilnehmen', s. auch *Party*; als 'Gesellschaft, Gruppe' vereinzelt schon 17. Jh. neben *Partei*), 'Abschnitt, Runde eines Spiels' (17. Jh., vgl. *Schach-*, *Skatpartie*), kaufmannssprachlich 'bestimmte Menge einer Ware, Warenposten' (18. Jh.); in sämtlichen Verwendungen Übernahme von frz. *partie* (afrz. *partie*, s. *Partei*) in den entsprechenden Bedeutungen. Dagegen geht *Partie* im Sinne von 'Heiratsmöglichkeit, Heirat, zu heiratende Person' (bes. unter dem Gesichtspunkt der sozialen Stellung, des Vermögens, 17. Jh., vgl. *eine gute*, *vorteilhafte Partie machen*) auf gleichbed. mfrz. frz. *parti* m. (s. *Partei*) zurück.

Partikel f. 'Teilchen, kleiner Bestandteil' (15. Jh.), als grammatischer Terminus 'nicht flektierbares Wort' (17. Jh.), im Dt. anfangs (15./16. Jh.) auch 'Hostie, Teil des Kreuzes Christi' (als Reliquie), entlehnt aus lat. *particula* 'Teilchen', Deminutivum von lat. *pars* (Gen. *partis*) 'Teil'. – partikular Adj. 'auf einen Teil bezüglich, einen Teil, eine Minderheit betreffend' (16. Jh.), aus spätlat. *particulāris* 'einen Teil betreffend'. Lat. Form und Flexion hält sich im Dt. gelegentlich bis ins 18. Jh. Partikularismus m. 'das Streben einzelner Teile oder Gebiete eines Staates nach möglichst großer Selbständigkeit oder nach Unabhängigkeit von der Zentralgewalt, Kleinstaaterei' (Mitte 19. Jh.).

Partisan m. 'in einer bewaffneten Einheit organisierter Widerstandskämpfer in einem von Aggressoren besetzten Gebiet' (im zweiten Weltkrieg aufkommend), zuvor 'Angehöriger einer im Rücken des Feindes kämpfenden Freischar' (1. Hälfte 20. Jh.), 'Führer oder Angehöriger einer kleinen Truppe (mit selbständigen Aufgaben), Freibeuter' (17. Jh.). Als militärisches Fachwort Übernahme von frz. *partisan* 'Soldat in einer kleinen, selbständig operierenden Truppe', älter 'wer zu einer Person, Partei hält, deren Interessen verficht'. Dies ist entlehnt aus ital. *partigiano* 'Anhänger einer Partei', einer Ableitung von ital. *parte* 'Teil, Anteil, Partei' (aus lat. *pars*, Gen. *partis*).

Partitur f. 'Aufzeichnung sämtlicher Stimmen einer Komposition Takt für Takt untereinander', Entlehnung (Anfang 17. Jh.) aus gleichbed. ital. *partitura*, abgeleitet von ital. *partire* im Sinne von '(die Stimmen) aufteilen, trennen' (vgl. schon mlat. *partitura* 'Teilung, Einteilung'). Zugrunde liegt lat. *partīre* (*partītum*), *partīrī* 'teilen, trennen, zuteilen'.

Partizip, Partizipium n. von einem Verb abgeleitete infinite Form, die zur Bildung zusammengesetzter Zeiten und als Adjektiv dient, 'Mittelwort'. Der grammatische Terminus *Participium* (15. Jh.), *Partizip* (18. Jh.) ist eine Übernahme von gleichbed. lat. *participium*, eigentl. 'das Teilnehmen', einer Ableitung von lat. *particeps* 'Anteil habend oder nehmend, beteiligt, teilhaftig', zu lat. *pars* (Gen. *partis*) 'Teil' und *capere* 'nehmen, fassen, (er)greifen'. Die Bezeichnung deutet auf die Mittelstellung des Partizips, das zugleich an den Möglichkeiten des Verbs und des Adjektivs teilhat. – partizipieren Vb. 'teilhaben, teilnehmen, sich beteiligen', entlehnt (16. Jh.) aus lat. *participāre* 'teilhaftig machen, mitteilen, teilnehmen'.

Partner m. 'Teilhaber, Teilnehmer, Mitspieler, Gegenspieler in einem Wettkampf, Gefährte'. Die Entlehnung von gleichbed. engl. *partner* erscheint zuerst bei Goethe (1814) in der Bedeutung 'Gefährte bei Tanz und gesellschaftlicher Unterhaltung, Mitspieler'; in der 2. Hälfte des 19. Jhs. gewinnt sie, bes. in der Kaufmanns- und Sportsprache, rasch an Verbreitung. Engl. *partner* (seit 14. Jh.) ist unter Anlehnung an engl. *part* 'Teil' aus mengl. *parcener* 'Teilhaber' umgestaltet. Dies stammt aus gleichbed. anglonorm. *parcener* (neben afrz. *parçonier*, *parcenier*), einer Ableitung von afrz. *parcion*, *parçon* 'Trennung, Teilung, Anteil', das aus lat. *partītio* (Gen. *partītiōnis*) 'Teilung, Abteilung, Einteilung' bzw. gekürztem lat. **partio* hervorgegangen ist; zu lat. *partīre* (*partītum*), *partīrī* 'teilen, trennen, zuteilen'. Seinen verschiedenen Verwendungen entsprechend, erscheint *Partner* oft in Zusammensetzungen wie *Spiel-*, *Reise-*, *Tanzpartner*, ferner *Handels-*, *Verhandlungs-*, *Vertragspartner* oder *Ehe-*, *Geschlechts-*, *Lebenspartner*.

partout Adv. 'durchaus, unbedingt, um jeden Preis', Übernahme (um 1700) von frz. *partout* 'überall, allenthalben', das im dt. Sprachgebiet die oben genannte Bedeutung entwickelt. Frz. *partout* ist zusammengesetzt aus *par* 'durch, gemäß, mittels' (lat. *per*, s. *per*) und *tout* 'ganz, all' (vlat. *tottus*, zu lat. *tōtus* 'ganz'). Das im 18. Jh. nur vereinzelt bezeugte Wort gewinnt im 19. Jh. in Alltagssprache und Mundart weite Verbreitung.

Party f. 'geselliges Beisammensein, zwanglose Geselligkeit, Gesellschaft', Übernahme (aus dem Amerik.-Engl., Mitte 20. Jh.) von gleichbed. engl. *party*, in diesem Sinne nach frz. *partie* 'geselliges Vergnügen' (s. *Partie*). Engl. *party*, eigentl. 'Gruppe, Abteilung, Vereinigung, Partei, Prozeßgegner, Teilhaber', ist entlehnt aus afrz. *partie* (s. *Partei*).

Parvenü m. 'kleinbürgerlicher Emporkömmling, Aufsteiger, Neureicher', Entlehnung (Ende 18. Jh., kurz vor Ausbruch der frz. Revolution) von gleichbed. frz. *parvenu*, dem substantivierten Part. Perf. von frz. *parvenir* 'anlangen, emporkommen', das auf lat. *pervenīre* 'hin-, ankommen, gelangen, erreichen, bekommen' beruht (vgl. lat. *venīre* 'kommen, gelangen'). Das Mode- und Schlagwort des 18./19. Jhs. erhält schon bald Konkurrenz durch Verdeutschungen und Ersatzwörter wie *Emporkömmling*, *Glückspilz* (s. d.).

Parze f. in der röm. Mythologie eine der drei Schicksalsgöttinnen, im 15. Jh. in lat. Form *Parca*, woraus im 17. Jh. vereinzelt *Park* f. sowie der Plur. *Parcen* mit dem Sing. *Parce*, entsprechend lat. *Parca* 'die den Menschen ihr Los zuteilende Göttin, Schicksalsgöttin'; ursprünglich wohl 'Geburtsgöttin', aus **par(i)ca* 'die Gebärende', zu lat. *parere* 'gebären, hervorbringen'.

Parzelle f. 'durch Aufteilung einer größeren Fläche entstandenes kleines Stück Land', Entlehnung (um 1800) von frz. *parcelle* 'Teilchen, Stückchen, Grundstück', das über vlat. **particella* 'Teilchen' auf lat. *particula*, Deminutivum von lat. *pars* (Gen. *partis*) 'Teil', zurückgeht; s. auch *Partikel*. – p a r z e l l i e r e n Vb. '(Land, Boden) in kleinere Stücke aufteilen' (um 1800), frz. *parceller*.

paschen Vb. 'Waren heimlich über eine Grenze bringen, schmuggeln' stammt aus dem Rotw. des Südwestd., zuerst *passen* (1755), *baaschen* (1820) 'kaufen', *verpassen* (1687), *verbaschen* (1820) 'verkaufen'. Ausgangsbedeutung ist wohl 'kaufen und verkaufen von unehrlich erworbenem Gut', eigentl. (solche Ware) 'verteilen', so daß vielleicht von zigeunerisch *pāš* 'Teil' auszugehen ist. Das Verb verzeichnet Adelung („auf eine heimliche, verbothene Art handeln ..., auch *schwärzen* ... *smuggeln*"); es wird von Goethe aufgenommen (*wegpaschen* Faust), bleibt aber sonst im Bereich der Umgangssprache, während sich in der Literatursprache *schmuggeln* (s. d.) durchsetzt.

Paspel f. m. 'schmaler Zierstreifen, farbiger Vorstoß an Kanten und Nähten, Litze, Biese', eingedeutschte Form (Ende 19. Jh.) von *Passepoil*, einer Übernahme (Ende 18. Jh.) von frz. *passepoil*, zusammengesetzt aus frz. *passe*, dem Imperativ von *passer* 'sich von einem Ort an einen anderen bewegen, durchqueren, überschreiten', auch 'darüber hinausgehen, vorragen' (s. *passieren*), und frz. *poil* 'Haar, Tuchhaar, haarige Gewebeseite' (lat. *pilus* 'einzelnes Haar'). Frz. *passepoil* bedeutet also wörtlich 'durchdringe das Gewebe, rage über dessen Vorderseite hinaus!'. – p a s p e l i e r e n Vb. 'mit Paspeln versehen' (19. Jh.), vgl. frz. *passepoiler*.

[1]**Paß** m. 'Gebirgsübergang, Durchgang, durch eine Talenge führender Weg', mhd. *pas* 'Teile der Eingeweide des Hirsches (Gedärm?)', ferner (westmd., am Niederrhein) 'Schritt, Gang, Weg', unter mnl. Einfluß auch 'rechtes Maß', spätmhd. (md.) 'abgemessener Teil, Abschnitt', Entlehnung aus afrz. *pas* 'Schritt, Spur, gemessene Gangart, Schrittmaß, Durchgang, Übergang, bestimmte Stelle' (frz. *pas*), teilweise vermittelt durch gleichbed. mnl. mnd. *pas*, die darüber hinaus die Bedeutungen 'bestimmter Zustand, bestimmtes, richtiges Maß, Angemessenheit' entwickeln (vgl. mnl. *te pas(se)*, mnd. *to pas(se)*, *van pas(se)*, frühnhd. *zu paß*, *zu passe* 'in angemessenem Zustand, recht, gelegen', nhd. in der Wendung *zupaß*, *zupasse kommen*). Dazu tritt weiterhin frühnhd. *pass* (um 1400), *Passo* (Anfang 16. Jh.) 'Gebirgsübergang, enger Durchgang' (s. auch *Engpaß*) im Anschluß an gleichbed. ital. *passo*. Dem frz. wie dem ital. Wort liegt lat. *passus* 'Schritt, Tritt, Gang, Doppelschritt als Längenmaß, Klafter', mlat. auch 'Durchgang, Übergang, Textabschnitt' zugrunde, eigentl. 'das Ausspreizen' (der Füße beim Gehen), zu lat. *pandere* (*passum*) 'auseinanderbreiten, ausspreizen', Kausativum von lat. *patēre* 'offenstehen, klaffen, sich erstrecken, zugänglich, sichtbar sein'. In der 2. Hälfte des 16. Jhs. übernimmt *Paß* von afrz. mfrz. *pas*, ital. *passo* die Bedeutung 'auf gleichzeitigem Vorsetzen der beiden Beine einer Seite beruhende langsame, wiegende Gangart einiger Vierfüßer' (bei Kame-

len, Bären, durch Dressur bei Pferden), heute üblicher in der Zusammensetzung *Paßgang* (Anfang 18. Jh.); vgl. früher bezeugtes *Paßgänger* 'sich im Paßgang fortbewegender Vierfüßer' (17. Jh.). Die Sportsprache des 20. Jhs. gebraucht *Paß* im Sinne von 'gezieltes, meist flaches Zuspielen des Balles an einen Spieler der eigenen Mannschaft'.

[2]**Paß** m. 'Dokument zur Legitimation für Reisende ins Ausland', Anfang des 16. Jhs. verkürzt aus frühnhd. *paßport* (1498), das wie mnd. *pasbort*, mnl. nl. *paspoort* (woraus ebenso durch Kürzung nl. *pas*), engl. *passport* entlehnt ist aus mfrz. frz. *passe-port* (jetzt *passeport*), dann (seit Ende 16. Jh.) gelegentlich auch aus (gleichfalls dem Frz. folgendem) ital. *passaporto* 'Geleitbrief für Waren und Personen, Passierschein'. Die frz. Bildung, eigentl. eine Aufforderung zum Passieren des Hafens, der Grenze, ist zusammengesetzt aus mfrz. frz. *passe*, Imperativ von afrz. frz. *passer* 'sich von einem Ort an einen anderen bewegen, durchqueren, überschreiten' (s. *passieren*), und afrz. frz. *port* 'Hafen', afrz. auch 'Gebirgsübergang (in den Pyrenäen), Grenze' (lat. *portus* 'Hafen, Mündung', älter auch 'Eingang, Durchgang'). Seit der 1. Hälfte des 15. Jhs. begegnet ferner frühnhd. *paßbrif*, *bassbrief* 'Geleitbrief' (vgl. mfrz. *lettre de pas(se)*, *de passage*, mnl. *brief van pas*, 16. Jh.). Heute meist R e i s e p a ß m. (17. Jh.).

passabel Adj. 'angängig, leidlich, erträglich, annehmbar', entlehnt aus frz. *passable* (zu frz. *passer* 'sich von einem Ort an einen anderen bewegen, durchqueren, überschreiten, vorüber-, vergehen', auch 'angehen, hingehen'; s. *passieren*), zunächst (17. Jh.) in dessen Bedeutung 'überschreitbar, gangbar', dann (Anfang 18. Jh.) in der auch im Frz. vorherrschenden Übertragung (s. oben).

Passat m., häufig verdeutlichend *Passatwind* 'beständiger, in Richtung Äquator wehender tropischer Ostwind', im 17. Jh. zunächst ins Nd., von dort weiter ins Hd. übernommen aus gleichbed. nl. *passaat(wind)*, dessen Herkunft nicht sicher feststeht. Die früheste Bezeugung in einer nl. Reisebeschreibung *passade wind* (1638) legt nahe, darin die Wiedergabe einer span. Fügung (etwa eines allerdings nicht nachzuweisenden span. **viento de pasada* 'für die Überfahrt günstiger Wind, Fahrtwind') zu sehen, vgl. span. *pasada* 'Durch-, Übergang, Überfahrt, Durchquerung', zu span. *pasar* 'sich von einem Ort an einen anderen bewegen, durchqueren, überschreiten, vorüber-, vergehen', aus vlat. **passāre* '(durch)schreiten, (durch)gehen'.

passen Vb. 'sich eignen, angemessen, recht sein, gelegen kommen, in der Größe entsprechen' (17. Jh.; trans. 'angemessen, geeignet machen, genau einfügen' seit Ende 16. Jh.), auch 'achtgeben' (15. Jh.), mhd. (westmd.) *gepassen* 'erreichen' (vgl. niederrhein. *passen* 'gelangen, das Ziel erreichen' und 'zusammentreffen, übereinstimmen, angemessen sein', 1477); über mnl. *passen* 'zumessen, fügen, ordnen, abrichten, achtgeben, gelegen kommen, durchqueren', mnd. *passen* 'angemessen machen, geeignet sein, achtgeben, berücksichtigen, vorbeifahren' entlehnt aus afrz. frz. *passer* 'sich von einem Orte an einen anderen bewegen, durchqueren, überschreiten, vorüber-, vergehen', frz. auch 'annehmbar, erträglich sein' (s. *passieren*). Als Ausdruck des Würfel- und Kartenspiels steht *passen* vom 17. Jh. an für 'ein Spiel vorübergehen lassen, abgeben', daher übertragen für 'abwarten' (17. Jh.), 'nicht mithalten, verzichten' (Ende 18. Jh.). – a n p a s s e n Vb. 'passend machen, in Übereinstimmung bringen', refl. 'sich angleichen, einordnen' (wie nl. *aanpassen*), älter 'passend sein, entsprechen' (18. Jh.). a u f p a s s e n Vb. 'achtgeben, aufmerksam sein, auflauern' (17. Jh.), im Anschluß an die Fügung *auf etw. passen* (16. Jh.). v e r p a s s e n Vb. 'versäumen, durch Unachtsamkeit verfehlen' (17. Jh.), in moderner Umgangssprache (zunächst wohl soldatensprachlich) auch 'zuteilen, zukommen lassen, anprobieren' (Anfang 20. Jh.). u n p ä ß l i c h Adj. 'unwohl, leicht erkrankt' (um 1600), vgl. frühnhd. *unbäßig* (15. Jh.). P a s s e f. 'eingesetztes Schulterteil eines Kleidungsstücks' (20. Jh.), zuvor 'vorderer, das Gesicht schützender Rand am Damenhut' (19. Jh.), in diesem Sinne nach mfrz. frz. *passe*, Ableitung von afrz. frz. *passer* (s. oben).

Passepartout n. m. 'Wechselrahmen aus Karton für Fotos oder Graphiken', auch (heute weniger gebräuchlich) 'Hauptschlüssel, Passierschein', Übernahme von frz. *passepartout* m., zuerst (17. Jh.) in dessen ältester Bedeutung 'Hauptschlüssel', dann (Ende

18. Jh.) als drucktechnischer Terminus 'Druckplatte mit einem Ausschnitt, in den wahlweise andere Druckplatten eingesetzt werden können', woraus sich im 19. Jh. im Dt. wie im Frz. die Verwendung 'schützender Papierrahmen, Wechselrahmen' entwickelt. *Passepartout* wird im Dt. außerdem Bezeichnung für 'Passierschein, stets gültige Eintrittskarte' (19. Jh.). Die frz. Bildung setzt sich aus frz. *passe*, Imperativ von *passer* 'sich von einem Ort an einen anderen bewegen, durchqueren' (s. *passieren*), und frz. *partout* (s. *partout*) zusammen, wörtlich also 'geh überall durch!', daher 'was überall paßt, für unterschiedliche Zwecke geeignet ist'.

passieren Vb. 'vorübergehen, durch-, überqueren', dann 'angehen, erträglich sein' (16. Jh., heute unüblich), 'geschehen, sich ereignen' (17. Jh.) und 'durch ein Sieb pressen, durchseihen' (2. Hälfte 19. Jh.), wahrscheinlich über mnl. *passēren* 'durchqueren, vorbeigehen' entlehnt (niederrhein. *passeren* 'reisen' 1477, hd. seit Anfang 16. Jh.) aus afrz. frz. *passer* 'sich von einem Orte an einen anderen bewegen, durchqueren, überschreiten, vorüber-, vergehen, durchseihen', frz. auch 'annehmbar, erträglich sein' (woraus zuvor schon *passen*, s. d.). Das frz. Verb setzt vlat. **passāre* '(durch)schreiten, (durch)gehen' fort, eine Ableitung von lat. *passus* 'Schritt' (s. [1]*Paß*). Die Bedeutung 'sich ereignen' schließt sich an reflexiv verwendetes gleichbed. mfrz. frz. *se passer* an. Ein vereinzelter Frühbeleg spätmhd. *als diser marckt passärt* 'vorübergeht, zu Ende ist' (Oswald v. Wolkenstein) beruht wohl auf Übernahme von ital. *passare* (gleicher Herkunft und Semantik wie frz. *passer*). – P a s s a n t m. 'Vorübergehender, Fußgänger', älter auch 'Durchreisender' (Anfang 18. Jh.), nach gleichbed. afrz. frz. *passant* oder ital. *passante*, dem substantivierten Part. Präs. von afrz. frz. *passer* bzw. ital. *passare* (s. oben). P a s s a g e f. 'Durchgang, Durchfahrt, Überfahrt, Abschnitt eines Textes' (16. Jh., anfangs *Passassy*, *Passaige*, *Passasch*, *Pasagie* u. ä.), nach gleichbed. mfrz. frz. *passage* m.; voraus geht mhd. *passāsche* 'Weg, Furt' (13. Jh.), Übernahme von entsprechendem afrz. *passage*, abgeleitet von afrz. *passer* (s. oben; vgl. latinisiertes mlat. *passagium* 'Durchgang, Weg, Wegegeld, Fährgeld'). Die terminologische Verwendung von *Passage* (älter auch *Passagie*) im Sinne von 'virtuose Tonfolge in einem Musikstück' (Ende 17. Jh.) erklärt sich aus gleichbed. ital. *passaggio*, das ebenfalls auf afrz. *passage* zurückgeht. P a s s a g i e r m. 'Reisender, Fahrgast' (16. Jh., zunächst für den Schiffsreisenden), nach gleichbed. mfrz. frz. *passager* (afrz. *passagier* 'Fährmann, Schiffer', zu afrz. *passage*, s. oben), in der Bedeutung 'Durchreisender, Fremder' auch nach aus dem Frz. stammendem ital. *passegg(i)ero* (älter *passeggiere*, *passaggiere*).

Passion f. 'Leidensgeschichte Christi', dann 'starke Neigung, Leidenschaft'. Mhd. *passie* f. 'Leidensgeschichte Christi' (um 1300), *passiōn* m., auch 'Erzählung und szenische Darstellung bzw. Aufführung derselben', ist Entlehnung aus gleichbed. kirchenlat. *passio* (Gen. *passiōnis*), spätlat. 'Leiden, Erdulden, Krankheit, Empfindsamkeit, Affekt', Verbalabstraktum zu lat. *patī* (*passus sum*) '(er)dulden, sich gefallen lassen, hinnehmen, (er)leiden'. Ebenfalls auf das Spätlat. zurückgehendes mfrz. frz. *passion* f. 'seelische Erregung, starke Neigung, Liebe, Leidenschaft' wird (mit fem. Genus) Anfang des 17. Jhs. ins Dt. aufgenommen und im 18. Jh. zu einem Modewort. – p a s s i o n i e r t Part.adj. 'eingenommen für etw., begeistert, leidenschaftlich' (17. Jh.), zu (heute nicht mehr üblichem) *sich passionieren* 'sich leidenschaftlich für etw. erregen, in Hitze geraten', aus gleichbed. mfrz. frz. *se passionner*, Part. Perf. *passionné*.

Passiv n. 'Leideform', eines der Genera verbi. Der grammatische Terminus spätlat. *(verbum) passīvum* zur Bezeichnung einer Verbform, die das Subjekt als von der Handlung betroffen darstellt, geht in die deutschsprachigen Grammatiken ein, vgl. *Passivum* (Mitte 17. Jh.), *Passiv* (Ende 18. Jh.) im oben genannten Sinne. Dazu vgl. Verdeutschungen wie *leydiger* (um 1400), *Leidende Deutung* (Schottel 1641), *Leidart* (Stieler 1691). Zugrunde liegt zu lat. *patī* (*passus sum*) '(er)dulden, sich gefallen lassen, hinnehmen, (er)leiden' gebildetes lat. *passīvus* 'empfindsam, der Empfindung, der Affekte fähig, fähig zu leiden', woraus p a s s i v Adj. 'untätig, hinnehmend, teilnahmslos' (18. Jh.), wohl unter Einfluß von gleichbed. afrz. frz. *passif*. P a s s i v i t ä t f. 'Untätigkeit, Teilnahmslosigkeit, Trägheit' (18. Jh.), frz. *passivité*, älter *passiveté*, gebildet zu frz. *passif*.

Passus m. 'Abschnitt, Schriftstelle' (in einem Text oder Buch). Im 16. Jh. wird mlat. *passus*, das diese übertragene Bedeutung aus lat. *passus* 'Schritt, Tritt' (s. [1]*Paß*) entwickelt hat, in die Kanzleisprache entlehnt und nimmt im 17. Jh. auch die Bedeutung 'Angelegenheit, Fall' an. Bis ins 17. Jh. wird der Ausdruck noch häufig lat. flektiert; bes. im 19. Jh. geht er in den allgemeinen Sprachgebrauch ein. Die Verwendung lat. Fügungen (*passus juris*, *in hoc passu* u. dgl.) findet sich bis ins 18. Jh.

Paste f. 'streichbare, teigartige Masse', Entlehnung des 15. Jhs. aus mlat. *pasta* 'Teig, Brei', spätlat. 'Teig, Gericht von gemischten und eingebrockten Speisen', das auf gleichbed. griech. *pástē* (*πάστη*), eigentl. 'die Gestreute', *pastá* (*παστά*) Plur. Neutr. 'Gerstenbrei' zurückgeht; zu griech. *pássein* (*πάσσειν*) 'streuen, besprengen'. Im 17. Jh. herrscht die Form *Pasta* vor (ital. *pasta* 'Teig' folgend), die sich in einigen Verwendungen auch heute findet (vgl. *Zahnpasta*).

Pastell n. 'zarter heller Farbton, Trockenmalerei mit Pastellfarben, mit Pastellfarben gemaltes Bild', Übernahme (Anfang 18. Jh.; vgl. *in Pastell malen* Adelung) von frz. *pastel* 'Farbstift aus pulverisierten Farben', entlehnt aus ital. *pastello* 'Teigscheibchen, aus Farbenteig geformter und dann getrockneter Stift zum Malen'. Zugrunde liegt spätlat. **pastellus*, mit Suffixwechsel aus lat. *pastillus* 'Mehl-, Arzneikügelchen' (s. *Pastille*).

Pastete f. 'mit feinem Fleisch, Fisch oder Gemüse gefülltes Blätterteiggebäck'. An spätlat. *pasta* (wovon afrz. *paste*, frz. *pâte* 'Teig'; s. *Paste*) schließen sich die im Galloroman. fortlebenden Weiterbildungen vlat. **pastātum*, **pastāta* an, vgl. afrz. *pasté* (vereinzelt *pastede*), frz. *pâté* 'Pastete', afrz. *pastee* 'Färberwaid', frz. *pâtée* 'Teig zum Stopfen des Geflügels, Futterbrei', aprov. *pastada* 'gepreßtes Wachs'. Entlehnungen aus dem Roman. sind mnl. *pasteide*, *posteide*, *pasteie*, die um 1350 auch im Mnd. begegnen. Aus dem Mnl. und Mnd. stammt spätmhd. *pastēde*, *bastēde* (14. Jh.), mit Schwund des mnl. mnd. *i* vor *d*. Die seit frühnhd. Zeit gültige Form *Pastete* erklärt sich teils aus der hd.-obd. Neigung, *t* für *d* eintreten zu lassen, teils aus dem Einfluß schon früher ins Dt. eingebürgerter Wörter auf *-ete*, *-et* mlat. oder frz. Ursprungs wie mhd. *lamprēte*, *plānēt(e)*, *prophēte*, vgl. Öhmann in: Neuphilolog. Mitt. 74 (1973) 3ff.

Pastille f. 'Kügelchen, Plätzchen, Pille'; im 18. Jh. entlehnt aus lat. *pastillus* m. 'Mehl-, Arznei-, Würzkügelchen, atemerfrischendes Plätzchen', einem Deminutivum (eigentl. 'kleines Brot') zu lat. *pānis* (aus **pastnis*) 'Brot'. Seit dem 19. Jh. vorwiegend ein Terminus der Pharmazie; fem. Genus wohl nach frz. *pastille* f.

Pastor m. 'Pfarrer, Geistlicher' (bes. der evangelischen Kirche), eine Entlehnung (14. Jh.) von spätlat. *pāstor* 'Seelenhirt, Geistlicher', das diese Bedeutung nach dem neutestamentlichen Bilde von Christus als gutem Hirten angenommen hat; vgl. lat. *pāstor* 'Hirt', zu lat. *pāscere* (*pāstum*) 'fressen lassen, weiden, füttern, ernähren'.

Pate m. 'Taufzeuge, der zusammen mit den Eltern die Verantwortung für die christliche Erziehung des Kindes übernimmt', mhd. *bate*, *pate*, mnd. ostmnl. *pade* (auch 'Taufkind'), entlehnt aus mlat. *pater spiritualis* 'geistlicher Vater, Taufzeuge' (s. *Pater*). – P a t i n f. 'Taufzeugin' (17. Jh.). P a t e n s c h a f t f. 'Mitverantwortung des Paten für die christliche Erziehung des Kindes' (*pattschaft*, Luther); neuerdings auch 'Mitverantwortung für etw., jmdn. zum Zwecke der Unterstützung, Förderung'.

Patent n. 'landesherrlicher Befehl, amtliche Mitteilung' (2. Hälfte 16. Jh.), daher auch 'Freibrief, Ausweis', in der Heeressprache 'Berechtigungsschreiben zur Werbung', in der Kanzleisprache 'Bestallungs-, Beförderungsurkunde für Beamte und Offiziere', noch heute 'Befähigungszeugnis für Schiffsoffiziere', entlehnt aus mlat. *litterae patentes* 'behördliche (landesherrliche, bischöfliche) gesiegelte, aber nicht verschlossene Briefe' (vielleicht unter Einfluß von gleichbed. mfrz. frz. *lettres patentes*, afrz. *letres patentes*), zu lat. *patēns* (Gen. *patentis*) 'offen', Part.adj. von lat. *patēre* 'offenstehen, zugänglich sein, offen vor Augen liegen, sichtbar sein'. Dazu im 18. Jh. die unter Einfluß von gleichbed. engl. *patent* heute vorherrschende Bedeutung 'Schutzrecht für Erfindungen', eigentl. 'die in einem offen vorzuzeigenden amtlichen Brief bestätigte Anerkennung der Qualität einer Ware'. – p a t e n t Adj. 'geschickt, tüchtig, praktisch, brauchbar, hübsch gekleidet, elegant' (Anfang 19. Jh.), zunächst in der Studentensprache, wohl aus der Vorstellung heraus, daß patentierte (d. h. privilegierte, bevorrechtete, für die Nachahmung oder den Handel durch andere nicht freigegebene) Waren (vgl. *Patentartikel*, *-waren*, Ende 18. Jh.) besonders gut seien. patentieren Vb. 'eine Erfindung, ein neues Verfahren durch Erteilung eines Patents gegen unbefugte Benutzung schützen' (Ende 18. Jh.; anfangs vereinzelt auch *patentisieren*).

Pater m. 'Ordensgeistlicher' (1. Hälfte 16. Jh.), entsprechend mlat. *pater (monasterii)* 'Abt, Ordensgeistlicher', lat. 'Vater' (s. *Vater*). – Paternoster n. 'das Vaterunser' sowie die größeren, ein Vaterunser bezeichnenden Kügelchen des Rosenkranzes, in älterer Zeit auch dieser selbst, mhd. *pāternoster*, Zusammenrückung der beiden ersten Gebetsworte lat. *pater noster*. Paternoster m., Kurzform für *Paternosterwerk* 'Schöpf-, Wasserhebemaschine, Becherwerk, in ständiger Bewegung befindlicher Aufzug mit einer endlosen Kette' (18. Jh.), dann für *Paternosteraufzug* 'ständig umlaufender Personenaufzug mit vorn offenen Kabinen' (20er Jahre 20. Jh.); nach den aneinandergereihten Perlen der *Paternosterschnur*, einer älteren Bezeichnung für *Rosenkranz*.

pathetisch Adj. 'voller Gefühl und Leidenschaft, ausdrucksvoll, feierlich, erhaben', entlehnt (Anfang 17. Jh.) aus gleichbed. spätlat. *pathēticus*, griech. *pathētikós* (*παθητικός*), eigentl. 'leidend, empfindend, äußerer Eindrücke fähig', einer Ableitung von griech. *páthos* (s. unten). Heute oft im Sinne von 'hochtrabend, salbungsvoll'. – Pathos n. 'leidenschaftlicher Gefühlsausdruck, feierliches Ergriffensein, feierlich-erhabene Darstellungs- oder Sprechweise, Gefühlserregung' (Ende 17. Jh.), griech. *páthos* (*πάθος*) '(Miß)geschick, Leid, Gemütsbewegung, Leidenschaft'. Heute auch 'übertriebener Gefühlsausbruch'.

Pathologie f. 'Lehre von den Krankheiten', zumal von ihrer Entstehung und den durch sie verursachten Veränderungen (Anfang 18. Jh.), zuvor (seit 16. Jh., bes. in der medizinischen Wissenschaftssprache) *Pathologia*, Übernahme von griech. *pathología* (*παθολογία*) 'Lehre von den Leiden'; vgl. griech. *páthos* (*πάθος*) '(Miß)geschick, Leid, Gemütsbewegung, Leidenschaft', auch 'Krankheit, Verletzung' (s. *Pathos*) und s. *-logie*. – pathologisch Adj. 'krankhaft, die Pathologie betreffend' (18. Jh.), medizin.-lat. *pathologicus* (16. Jh.), aus griech. *pathologikós* (*παθολογικός*) 'die Leiden, die Krankheiten betreffend'. Pathologe m. 'Wissenschaftler auf dem Gebiet der Pathologie' (um 1800).

Patience f. 'Geduldsspiel mit Spielkarten für eine Person'. Die seit Ende des 18. Jhs. im Dt. gebräuchliche Bezeichnung ist Übernahme von frz. *patience* 'Geduld' (dieses erst Mitte 19. Jh. für 'Kartenlegespiel', doch in diesem Sinne engl. *patience* bereits 1816). Zugrunde liegt lat. *patientia* 'das Erleiden, Erdulden, Ertragen', dann auch 'Geduld, Langmut, Ausdauer'.

Patient m. 'in ärztlicher Behandlung stehende Person' (1. Hälfte 16. Jh.; zuerst in medizinischen Schriften), Substantivierung des Part.adj. lat. *patiēns* (Gen. *patientis*) 'erduldend, ertragend, fähig zu erdulden', zu lat. *patī* (*passus sum*) '(er)dulden, sich gefallen lassen, hinnehmen, (er)leiden'.

Patina f. 'grünliche Schicht (Oxidüberzug) auf der Oberfläche von Kupfer oder Kupferlegierungen, Edelrost', Übernahme (Winckelmann 1762) von gleichbed. ital. *patina*, lat. *patina* 'Schüssel, Pfanne', griech. *patánē* (*πατάνη*) 'Schüssel' (s. *Pfanne*). Vermutlich bezeichneten ital. Künstler mit *patina* zunächst eine kleine Schüssel, in der eine Schmiere zum Auftragen auf Kunstwerke aufbewahrt wurde, dann die Schmiere selbst, schließlich den damit erzeugten Farbton; vgl. FEW 8,19.

Patriarch m. Amts-, Ehrentitel einiger röm.-katholischer (Erz)bischöfe, Titel für oberste Geistliche der christlichen Ostkirchen, in der Bibel 'Stammvater' der Israeliten, 'Erzvater', danach auch 'ältestes männliches Familienoberhaupt, ehrwürdiger Greis', mhd. *patriarche*, *patriarke*, *patriarc* 'Kirchenoberhaupt, Stamm-, Erzvater' ist eine Entlehnung aus kirchenlat. *patriarcha*, *patriarchēs*, griech. *patriárchēs* (*πατριάρχης*) 'Erzvater' sowie Ehrenbezeichnung für die bedeutendsten Bischöfe, eigentl. 'Erster des Stammes'; aus griech. *patriá* (*πατριά*) 'Abstammung, Geschlecht, Stamm, Großfamilie', zu *patḗr* (*πατήρ*) 'Vater', und *-archēs* (*-αρχης*) 'Oberhaupt', zu *árchein* (*ἄρχειν*) 'der erste sein, Führer sein, herrschen'. – Patriarchat n. (auch m., bes. fachsprachlich) 'Würde,

Amtsbereich eines Patriarchen' (16. Jh.), aus gleichbed. mlat. *patriarchatus*; dann auch 'Entwicklungsstufe der menschlichen Gesellschaft mit besonders herausragender Stellung des Vaters als Sippenoberhaupt, Vaterrecht' (19. Jh.). patriarchisch Adj. 'nach der Art eines Patriarchen, ehrwürdig, altväterlich' (16. Jh.). Daneben (spätlat. *patriarchālis* folgend) gleichbed. patriarchalisch Adj. (18. Jh.), das auch die Bedeutung 'vaterrechtlich' annimmt (19. Jh.).

Patriot m. 'Vaterlandsfreund', älter auch (bis ins 18. Jh.) 'Landsmann, Mitbürger', entlehnt (2. Hälfte 16. Jh.) aus spätlat. *patriōta* m., griech. *patriṓtēs* (πατριώτης) m. 'Landsmann, Einheimischer', zuweilen auch aus (ebenfalls auf dem Griech.-Lat. beruhendem) frz. *patriote* 'Landsmann, Mitbürger, Vaterlandsfreund'; vgl. griech. *patriá* (s. *Patriarch*) und *pátrios* (πάτριος) 'den Vätern zugehörig, althergebracht', zu griech. *patḗr* (πατήρ) 'Vater'. – patriotisch Adj. 'vaterlandsliebend, vaterländisch' (Mitte 17. Jh.), vgl. spätlat. *patriōticus* 'vaterländisch, heimatlich', griech. *patriōtikós* (πατριωτικός) 'zu den Landsleuten, zur Heimat gehörig'. unpatriotisch Adj. (Anfang 18. Jh.). Patriotismus m. 'Vaterlandsliebe, Liebe zur Heimat und zum eigenen Volk' (Mitte 18. Jh.); vgl. engl. *patriotism* (seit 1726), frz. *patriotisme* (seit 1750).

Patrizier m. 'Mitglied des altrömischen Sippenadels, Angehöriger einer wohlhabenden, ratsfähigen Bürgerfamilie' (bes. in den freien deutschen Reichsstädten). Lat. *patricius*, die Bezeichnung für einen Angehörigen des römischen Geschlechtsadels, gebildet zu lat. *pater* (Gen. *patris*) 'Vater', Plur. *patrēs* 'Vorfahren, Senatoren', auch 'Patrizier', wird in lat. geschriebenen Urkunden und Schriftstücken auch auf die vornehmen, begüterten Bürger dt. Städte angewendet. Die lat. Form, bes. der Plur. *patriciī* bzw. mlat. *patritii* gilt in dt. Texten bis ins 18. Jh. Erst dann begegnet eingedeutschtes *Patrizier*.

Patron m. 'Schutzherr, Schutzheiliger, Stifter, Förderer'. Aus zu lat. *pater* 'Vater' gebildetem lat. *patrōnus* 'Schutzherr, Beschützer, Vertreter, Verteidiger, Advokat', mlat. auch 'Schutzheiliger, Eheherr', wird mhd. *patrōn(e)* 'Schutz-, Schirmherr' (in bezug auf Christus) entlehnt. Danach gewinnt *Patron* in verschiedenen Bedeutungen rasch an Verbreitung, vgl. 'Schutzheiliger, Schutzherr einer Kirche, einer Stiftung' (14./15. Jh.), 'Schiffseigner, Kapitän' (vielleicht unter Einfluß von ital. *padrone*), 'Handelsherr, Hausherr' (15. Jh.), 'Gönner, Förderer, Anwalt, Sachwalter, Rechtsbeistand' (16. Jh.). Wohl aus dem Gebrauch des Wortes für wunderliche Schutzheilige gehen attributive Fügungen wie *pfiffiger*, *schlauer*, *sauberer*, *schlechter Patron* hervor (seit 18. Jh.), an die sich, zumal in der Umgangssprache, abschätzige Bildungen wie *übler*, *liederlicher*, *widerlicher Patron* anschließen.

Patrone f. 'Metallhülse mit Treibladung und Geschoß für Feuerwaffen'. *Patron* m. 'Form, Muster, Modell' ist eine Übernahme (16. Jh.) von frz. *patron* m., das selbst aus lat. *patrōnus* (s. *Patron*) entlehnt ist und zusätzlich zu den aus dem Lat. bzw. Mlat. übernommenen Verwendungen 'Schutzherr, Schutzheiliger' schon in afrz. Zeit die Bedeutung 'Muster, Modell' entwickelt, die später auch das Mlat. aufweist. 'Musterform' ist eigentl. die 'Vaterform, nach der etwas entsteht' (da der Vater für die Gestalt und Art des Sohnes als Vorbild gilt), also ein bildlicher Gebrauch der Bedeutung 'Schutzherr'. Im Dt. geht *Patron* m., seit dem 17. Jh. *Patrone* f. 'Muster, Modell' in die Mundarten und verschiedene Fachsprachen ein. Gegen Ende des 16. Jhs. bezeichnet *Patron(e)* als 'Musterform' auch eine bestimmte, für eine Ladung ausreichende Menge Schießpulver in einer Papier-, später Metallhülse, danach die ganze damit zubereitete Ladung. Schließlich geht der Ausdruck auf das moderne Geschoß mit Hülse, Zünder und Treibladung über. Auf Grund äußerlicher Ähnlichkeit wird *Patrone* auf Behälter für Kleinbildfilme sowie auf Behälter für Tinte (als in Füllfederhalter einzulegende Nachfüllung) übertragen (20. Jh.).

Patrouille f. 'Streifwache, Kontrollgang, Erkundungs-, Spähtrupp', Übernahme (um 1600, anfangs auch in den Formen *Patrulle*, *Patrolle*, *Patrol*, *Patrolje*, *Patrulje*) von gleichbed. mfrz. frz. *patrouille*, einer Rückbildung aus dem Verb mfrz. frz. *patrouiller* (s. unten). – patrouillieren Vb. 'auf Streife gehen, einen Kontroll-, Erkundungsgang machen' (17. Jh.), entlehnt aus gleichbed. mfrz. frz. *patrouiller*, eigentl. 'im Schlamm, im Wasser patschen', einer jüngeren Variante (mit vielleicht lautmalendem *-r-*) zu afrz. *pa-*

toillier, mfrz. frz. *patouiller*, das zu dem zahlreichen roman. Wörtern (s. auch *Pantine*) zugrundeliegenden onomatopoetischen Stamm **patt-* 'Pfote, Tatze' (vgl. frz. *patte*) gebildet ist und wohl das patschende Aufsetzen breiter Tatzen veranschaulichen soll.

patschen Vb. 'ein klatschendes Geräusch machen' (15. Jh.), eigentl. 'den Laut *patsch* verursachen'; zur lautmalenden Interjektion *patsch*. – Patsch m. 'klatschender Schlag, Straßenschmutz' (Ende 16. Jh.). Patsche f. 'flacher Gegenstand zum Schlagen' (16. Jh.), 'klatschender Schlag, Straßenschmutz' (Anfang 18. Jh.); übertragen *in der Patsche sein, sitzen, stecken* 'in einer fatalen, unangenehmen Lage, in Not, Bedrängnis, Verlegenheit sein' (Anfang 18. Jh.). Patschhand f. 'die einschlagende Hand, Handschlag' (Anfang 18. Jh.), vgl. früher bezeugtes *Patschhändlein* (16. Jh.).

patt Adj. (nur prädikativ) 'zugunfähig' (im Schachspiel), d. h. keinen Zug machen könnend, ohne seinen König ins Schach zu bringen, daher 'unentschieden', Übernahme (Mitte 19. Jh.) von gleichbed. frz. *pat*, auch substantivisch 'Zug, der den König zwingen würde, sich ins Schach, also matt zu setzen', entlehnt aus ital. *patta* 'das Gleichsein, Unentschiedensein' (in Wendungen wie *esser patta* 'unentschieden, quitt sein', *far patta* 'remis machen') mit lautlicher Angleichung an den Schachausdruck frz. *mat* (s. ^{2}*matt*). Ital. *patta* ist wahrscheinlich gebildet zu ital. *pattare* 'quitt sein' (im Spiel), einer Ableitung von ital. *patto* 'Vertrag, Vergleich' (aus lat. *pactum* 'Vertrag'). Dazu Patt n. '(als unentschieden gewertete) Stellung im Schachspiel, bei der eine Partei patt ist' (Mitte 19. Jh.), entsprechend frz. *pat* m. (s. oben). Übertragen 'Situation, in der keine Partei einen Vorteil erringen kann' (2. Hälfte 20. Jh.), vgl. *militärisches, atomares Patt*.

patzen Vb. 'ungeschickt sein, schlecht, oberflächlich arbeiten, auf einem Musikinstrument unsauber, fehlerhaft spielen' (19. Jh.); öst. auch 'klecksen, sudeln', neben *Patzen* 'Klecks, Schmutzfleck'. Lautmalender Herkunft? – verpatzen Vb. 'falsch machen, verderben, verpfuschen'; Patzer m. 'kleiner Fehler; Stümper, Pfuscher' (19. Jh.).

patzig Adj. 'frech, barsch, unverschämt, schroff abweisend', älter 'aufgeblasen, protzig' (16. Jh.) neben seltenerem *batzig*, das in obd. Mundarten noch im Sinne von 'weich, klebrig, breiig, klumpig' bezeugt ist. Abgeleitet von *Batzen* 'Klumpen' (s. d.).

Pauke f. 'kesselförmiges Schlaginstrument', mhd. *pūke*. Herkunft unbekannt. Vielleicht lautmalenden Ursprungs und an *pochen* (s. d.) anzuschließen? – pauken Vb. 'die Pauke schlagen', mhd. *pūken*; daraus 'schlagen, prügeln' (17. Jh.) und in der Sprache der Studenten 'fechten, eine Mensur schlagen' (19. Jh.); vgl. *Paukboden* 'studentischer Fechtplatz'. Schülersprachlich 'unterrichten' (18. Jh., auch *einpauken*), wohl in Anlehnung an *Pauker* 'Lehrer' (s. unten), dann auch 'angestrengt, eifrig lernen, büffeln' (20. Jh.). Pauker m. 'Paukenschläger', mhd. *pūkære*; in der Bedeutung 'Lehrer' (18. Jh.) verkürzt aus *Arschpauker* (17. Jh.), *Hosenpauker* (um 1700), d. i. 'wer zur Bestrafung auf den Arsch, den Hosenboden der Schüler wie auf eine Pauke haut'. Standpauke f. 'nachdrückliche Strafrede' (19. Jh.), nach älterem gleichbed. *Standrede* (18. Jh.), eigentl. 'stehend, aus dem Stegreif gehaltene Rede', auch 'Grabrede'.

Pausback m. 'Person, Kind mit strotzenden Wangen' (16. Jh., doch schon *Pawspack* 1400 in Bamberg als Familienname bezeugt), daneben in älterer Zeit *Bausback*, obd. auch *Pfausback*; Pausbacken Plur. 'dicke, runde, rote Wangen' (16. Jh.), älter auch *Bausbacken*; Bildungen zu ^{1}*Backe* (s. d.) mit dem heute nicht mehr gebräuchlichen Verb spätmhd. (westmd.) *pūsen*, frühnhd. *pausen*, *bausen* 'aufgeblasen sein, sich blähen, schwellen, strotzen' (im Frühnhd. sich mit *bauschen*, mhd. *biuschen*, *būschen* 'schlagen, klopfen' vermischend und dieses semantisch beeinflussend, s. *bauschen*). Zu Herkunft und Verwandtschaft von spätmhd. *pūsen* s. *pusten*. – pausbäckig, auch *pausbackig* Adj. 'rundwangig' (2. Hälfte 18. Jh.); vgl. vorausgehendes *paußbäckicht* (Mitte 18. Jh.)

Pauschale f. 'Gesamtbetrag zur Abgeltung mehrerer einzelner Summen, überschlägig geschätzte Summe'. Zu *Pausch*, landschaftlich (obd.) neben *Bausch* (s. d.), bes. in der Fügung *im (in) Bausch, Pausch (und Bogen)* 'im ganzen genommen, völlig', bildet die öst. Kanzleisprache ein Adjektiv nlat. *pauschalis* mit dem substantivierten Neutrum *Pauschale*, das in die Kaufmannssprache aufgenommen wird (2. Hälfte 19. Jh.). Feminines Genus (wohl nach *Bausch-*, *Pauschalsumme*) setzt sich im 20. Jh. durch. – pauschal Adj. ‘im ganzen, undifferenziert gerechnet, rund’ und pauschalieren Vb. ‘zu einer Pauschale zusammenrechnen’ (Ende 19. Jh.).

[1]**Pause** f. ‘Unterbrechung einer Tätigkeit, kurze Zeit für Rast und Erholung’, mhd. *pūse*, entlehnt aus afrz. *pose* ‘Ruhe, Zeitraum’, einer Bildung zu afrz. *poser* ‘ruhen’, (refl.) ‘die Arbeit unterbrechen’ (bes. aber ‘setzen, stellen, legen’; s. *imponieren*), dem spätlat. (und wohl schon älteres vlat.) *pausāre* ‘innehalten, pausieren, ruhen’ zugrunde liegt. – pausieren Vb. ‘innehalten, aussetzen, unterbrechen, (aus)ruhen’ (15. Jh.), spätlat. *pausāre*; vgl. mhd. *pūsen* ‘sich aufhalten, rasten’.

pausen Vb., älter auch *bausen*, *bauschen*, *pauschen*, ‘durchzeichnen’, meist durchpausen, älter *durchpauschen*, *-bauschen* (2. Hälfte 17. Jh.), trotz lautlicher Differenzen wohl entlehnt aus frz. *poncer* ‘ein durchstochenes Muster, eine durchstochene Zeichnung mit einem Bimsstein-, später Kohle- oder Kreidepulver enthaltenden Beutel (daher im Dt. lautlich an *Bausch*, s. d., angeglichen?) abreiben und dadurch auf Papier übertragen’, afrz. *poncier* ‘mit Bimsstein polieren’. Zu afrz. frz. *ponce* ‘Bimsstein’, aus vlat. *pōmex*, lat. *pūmex* ‘Bimsstein’. – [2]Pause f. älter *Bause*, ‘Durchzeichnung’ (18. Jh.), Pauspapier n. (Ende 19. Jh.).

Pavian m. Die Bezeichnung für die herdenweise meist auf Felsen lebenden Angehörigen einer afrikan. Affengattung mit hundeartiger Schnauze (daher auch *Hundskopfaffe*, vgl. bereits griech.-lat. *cynocephalus*), kräftigem Gebiß und Gesäßschwielen begegnet seit dem letzten Viertel des 15. Jhs., zuerst in der Form frühnhd. *Bavian*, daneben (16. Jh.) *Pavyon*, *Pauion* u. ä. Sie beruht auf Entlehnung von gleichbed. nl. *baviaan* (älter auch *baviaen*, *babiaen*), das seinerseits (wohl unter dem Einfluß von Wörtern mit lat.-roman. Suffix wie spätmnl. *roffiaen* ‘Kuppler’) aus mnl. *baubijn*, *bobijn* umgebildet ist. Dieser mnl. Tiername geht auf mfrz. frz. *babouin* ‘Pavian, groteske Figur, Vogelscheuche’, afrz. *baboin* ‘Dummkopf’ zurück. Dem frz. Substantiv liegt wahrscheinlich afrz. *baboe* ‘Maul, Fratze, Popanz’, frz. (älter) *baboue* ‘Maul, Schnauze’ zugrunde, das wohl zu (allerdings erst um 1500 belegtem) frz. *babine* ‘Lippe von Tieren’ gehört, aber formale Angleichung an bedeutungsähnliches afrz. *moe*, frz. *moue* ‘vorgeschobene Lippen, schiefes Maul’ zeigt. Für die ganze Gruppe ist von schallnachahmendem **bab-*, einer leicht zu artikulierenden und daher in vielen Sprachen produktiven Lautkombination, auszugehen (s. *babbeln*).

Pavillon m. ‘leichtgebautes, freistehendes Gebäude im Garten, auf Ausstellungen’ (18. Jh.), zuvor ‘großes, viereckiges (Kriegs)-zelt’ (um 1600), mhd. *pavelūn(e)*, *pavilūn(e)*, *palūne*, mnd. *pauwelūn*, *paulūn* ‘Zelt’. Mehrfache Entlehnung aus dem Frz., vgl. gleichbed. nordafrz. *paveillun*, afrz. *paveillon*, *pavillon* (auch ‘Schmetterling’) bzw. frz. *pavillon*. Zugrunde liegt lat. *pāpilio* (Gen. *pāpiliōnis*) ‘Schmetterling’ (s. *Falter*), spätlat. ‘(Soldaten)zelt’ (da die am Zelteingang nach außen umgeschlagenen Enden einem Schmetterling ähneln).

Pazifik m. ‘Stiller, Großer Ozean’, auch *Pazifischer Ozean*, Übernahme (Mitte 19. Jh.) von gleichbed. engl. *Pacific (Ocean)*, nach port. *Mar Pacífico* bzw. darauf beruhendem frz. *Mer Pacifique* (später *Océan Pacifique*, *Pacifique*), eigentl. ‘das friedliche Meer’, so benannt (1520) vom port. Seefahrer Magalhães (Magellan) in der Meinung, dieses Weltmeer sei relativ frei von heftigen Stürmen. Engl. *pacific* ‘friedlich, ruhig’, aus mfrz. frz. *pacifique* oder unmittelbar aus lat. *pācificus* ‘Frieden schließend, stiftend, friedlich’ (zu lat. *pāx*, Gen. *pācis*, ‘Friede’ und lat. *facere* ‘machen, tun’).

Pazifismus m. ‘Friedensliebe, -streben, auf friedliche Verständigung der Völker gerichtete Politik’ (um 1900), danach Bezeichnung einer politischen Strömung und Ideologie, die für Frieden um jeden Preis eintritt (20er Jahre 20. Jh.), entlehnt aus frz. *pacifisme* (19. Jh.), gebildet zu frz. *pacifique*, lat. *pācificus* (s. *Pazifik*). – Pazifist m., pazifistisch Adj. (um 1900), entsprechend gleichbed. frz. *pacifiste*.

Pech n. dunkelfarbiger, zähklebriger Rückstand bei der Destillation von Stein-, Braun- und Holzkohlenteer, übertragen (18. Jh.) ‘Mißgeschick, Unglück’, ahd. *peh* (um 800), mhd. *pech*, *bech* ‘zähklebriges, eingesottenes Baumharz, durch Einkochen gewonnener Holzteer’, übertragen ‘Höllenfeuer, Hölle’ ist wie asächs. *pik*, mnl. *pec*, *pic*, nl. *pek*, *pik* entlehnt aus gleichbed. lat. *pix* f. (Gen. *picis*) bzw. aus einer darauf beruhenden galloroman. Form. Übertragener Gebrauch im Sinne von 'Unglück' schließt wohl an den älteren Gebrauch 'Höllenstrafe' an; danach verbreitet sich aus der Studentensprache des 18. Jhs. die Wendung *Pech haben* 'Unglück haben, in einer fatalen Lage sein, Widriges erfahren' (wie der am mit Pech bestrichenen Zweig klebende und daher leicht zu fangende Vogel) und das Kompositum Pechvogel m. 'Mensch, der Unglück hat bzw. Unglück bringt'.

Pedal n. 'Fußklaviatur' der Orgel, 'Fußhebel' am Spinnrad, Webschemel (16. Jh.), am Klavier (Mitte 17. Jh.), an der Harfe (18. Jh.), am Fahrrad (um 1900), zur Betätigung von Kupplung, Bremse, Drosselklappe beim Kraftfahrzeug (20. Jh.). Substantivierte Bildung zu lat. *pedālis* (Neutrum *pedāle*) 'zum Fuß gehörig' (abgeleitet von lat. *pēs*, Gen. *pedis* 'Fuß'). Als scherzhafte Bezeichnung für 'Fuß' begegnet *Pedal* bereits zu Anfang des 16. Jhs.

Pedant m. 'Kleinigkeits-, Umstandskrämer, Haarspalter', Übernahme (um 1600) von frz. *pédant* 'Schulfuchs, engstirniger Kleinigkeitskrämer', zuvor (nicht geringschätzig) mfrz. *pedante* 'Schulmeister', entlehnt aus ital. *pedante* 'Erzieher, Schulmeister, Pedant'. Herkunft unsicher. Vielleicht aus (nicht bezeugtem) mlat. **paedans* (Gen. **paedantis*), Part. Präs. zu mlat. **paedare*, einer latinisierten Entlehnung der Renaissancezeit aus griech. *paideúein* (παιδεύειν) 'erziehen, unterrichten', zu griech. *paîs*, Gen. *paidós* (παῖς, παιδός) 'Kind, Knabe, Sohn' (s. *Pädagoge*). Oder scherzhafte Entstellung von ital. *pedagogo* 'Lehrer, Erzieher' durch Anpassung an älteres ital. *pedante* 'Fußgänger, Fußsoldat' (14. Jh., zu ital. *piede*, lat. *pēs*, Gen. *pedis*, 'Fuß')? – pedantisch Adj. 'schulmeisterlich, kleinlich, förmlich, in übertriebener Weise genau' (um 1600); vgl. mfrz. frz. *pédantesque*, ital. *pedantesco*. Pedanterie f. 'kleinliche Denkart, übertriebene Genauigkeit, Einseitigkeit' (um 1600), mfrz. frz. *pédanterie*, ital. *pedanteria*.

Pedell m. 'Hausmeister einer (Hoch)schule', spätmhd. *pedel(le)*, *bedelle*, frühnhd. *bedell*, *pedell* 'Gerichtsbote (einer Universität), Universitätsbote, -diener', aus gleichbed. mlat. *bedellus*, *pedellus*, allgemein 'Amtsgehilfe, Gerichtsbote', der Latinisierung einer germ. Bildung, vgl. ahd. *bitil* (11. Jh.), mhd. *bitel*, anord. *biðill* 'wer eine Bitte, eine Aufforderung vorbringt, Wortführer, Freier, Werber', aengl. *bedul* 'Bittsteller', Nomen agentis zu dem unter *bitten* (s. d.) behandelten Verb. Damit vermischt sich die Latinisierung einer anderen, unter *Büttel* (s. d., zu *bieten*) dargestellten Bildung, so daß neben mlat. *be-*, *pe-*, *bi-*, *pidellus* gleichbed. *budellus*, *bodellus* steht.

Pediküre f. 'Fußpflege, Fußpflegerin', daneben zunächst auch *Pediküre* m. 'Fußpfleger', Übernahme (Anfang 20. Jh.) von frz. *pédicure* f. 'Fußpflege, Fußpflegerin', *pédicure* m. 'Fußarzt, Fußpfleger' (18. Jh.; adjektivisch in *chirurgien pédicure* 'Spezialist für Fußoperationen'), einer Neubildung zu lat. *pēs* (Gen. *pedis*) 'Fuß' (frz. *pied*) und lat. *cūra* 'Sorge, Fürsorge, Pflege' (frz. *cure*). – pediküren Vb. (20. Jh.).

Pegel m. 'Wasserstandsmesser, Wasserstand', im 18. Jh. aus dem Nd. in die Literatursprache aufgenommen, vgl. mnd. *pēgel*, *peil*, mnl. *pēghel*, *peil*, nl. *pegel*, *peil* 'Merkzeichen in Flüssigkeitsgefäßen, Wasserstandsmaß', aengl. *pægel* 'Flüssigkeitsmaß, Weinkrug', engl. *pail* 'Eimer' (s. *peilen*, *picheln*). Herkunft ungeklärt. Mehrfach wird Entlehnung aus lat. *pāgella* 'Spalte', auch 'Maßstab, Flächen- und Flüssigkeitsmaß' (Deminutivum von lat. *pāgina* 'Blatt, Papier, Seite') angenommen.

peilen Vb. 'Wassertiefe feststellen, ausloten, Richtung und Lage (mit dem Kompaß) bestimmen', Übernahme ins Hd. (2. Hälfte 18. Jh.) von gleichbed. nd. *peilen*, einem Ausdruck der Seemannssprache. Vgl. mnd. *pēgelen*, *peilen*, mnl. *pēghelen*, nl. *peilen* 'ein Merk-, Eichzeichen anbringen, das Maß bestimmen, messen, den Wasserstand untersuchen, Richtung und Lage bestimmen' (s. auch *picheln*), abgeleitet von mnd. *pēgel*, *peil*, mnl. *pēghel*, *peil* (s. *Pegel*).

Pein f. 'Strafe, Qual, Schmerz', ahd. *pīna* (8. Jh.), mhd. mnd. *pīne*, *pīn* 'Mühseligkeit, Drangsal, Marter, Not', asächs. *pīna*, afries. mnl. *pīne*, nl. *pijn*. Das Wort gelangt mit dem Christentum in das Germ. (frühe abgeleitete Formen zeigen im Ahd. verschobenen Anlaut, s. unten). Es ist entlehnt aus mlat. *pena* 'Strafe, Buße, Höllenqual, Folter, Mühe, Schwierigkeit' (dessen geschlossenes, im Vlat. entwickeltes *ē* mit ahd. *ī* wiedergegeben wird), lat. *poena*, griech. *poinḗ* (ποινή) ‘Sühne, Strafe, Rache’, lat. auch ‘Qual’. – peinigen Vb. ‘Schmerzen zufügen, quälen’, mhd. *pīnegen*, *pīnigen*, *pīngen*, mnd. *pīnigen*; vgl. älteres ahd. *pīnōn* und (entsprechend der Lautverschiebung) *phīnōn* (8. Jh.), mhd. *pīnen*, nhd. (älter) *peinen*; dazu Peinigung f., spätmhd. *pīnegunge*, *pīnigunge*; vgl. ahd. *phīnunga* (um 800), spätmhd. *pīnunge*. peinlich Adj. ‘qualvoll, schmerzlich, unangenehm, beschämend’, älter (in der Gerichtssprache) ‘mit Folterschmerzen verbunden’ (16. Jh.; vgl. *peinliche Frage* ‘Befragung unter Anwendung bzw. Androhung der Folter’), ‘innerliche Unruhe, Verlegenheit bereitend, innerlich quälend, voller Eifer’ (16. Jh.), danach ‘gewissenhaft, übertrieben sorgfältig’ (Mitte 18. Jh.), mhd. *pīnlich* ‘schmerzlich, quälend, grausam, straffällig, strafwürdig’. Von Köln aus (seit dem 19., bes. in der 2. Hälfte des 20. Jhs.) verbreitet sich die westd. Form pingelig Adj. ‘übertrieben gewissenhaft, übergenau, kleinlich, heikel’, aus rhein. *pingelich*, *pingelije* ‘sehr empfindlich, zimperlich, peinlich genau’ zu *Ping(k)*, der mundartlichen Entsprechung von hd. *Pein*.

Peitsche f. ‘Schlaggerät aus einem Lederriemen bzw. einer Schnur an langem Stiel’. Die frühesten Zeugnisse obd. (nordbair.) *picze* (14. Jh.), omd. *pytcze* (um 1400), *piczsche* (15. Jh.) sowie (böhmisch) *peitsche* (Ende 14. Jh.), (schles.) *peytsche*, obfrk. *peitsch* (Ende 15. Jh.) weisen auf eine Entlehnung aus asorb. **bič* m. ‘Geißel’ (vgl. obsorb. *bič*, nsorb. *bic*, auch ‘Schlegel, Dreschflegel’) oder gleichbed. atschech. *bič* m., einer gemeinslaw. postverbalen Bildung zu urslaw. **biti*, aslaw. *biti*, russ. *bit’* (*бить*) ‘schlagen’, im Dt. mit Diphthongierung des *ī* zu *ei* und wohl expressiver Verstärkung des Anlauts. Der Ausdruck findet, vom Omd. ausgehend, überlandschaftliche Verbreitung durch die Lutherbibel. *Peitsche* steht anfänglich für ‘Züchtigungsinstrument’ (zumal in religiös-kirchlichen Texten), geht dann in den allgemeinen Gebrauch über und verdrängt im Sinne von ‘Gerät des Wagenlenkers’ (Mitte 18. Jh.) einheimisches *Geißel* (s. d.), wobei dessen feminines Genus auf *Peitsche* übergeht. – peitschen Vb. (Ende 16. Jh.).

pejorativ Adj. ‘abwertend, bedeutungsverschlechternd’, gelehrte Bildung der Sprachwissenschaft (im Dt. um 1900), doch vgl. schon frz. *péjoratif* m. ‘abschätziger Ausdruck’, Ende 18. Jh., *péjoratif* Adj., 19. Jh.), zu spätlat. *peiōrāre* ‘verschlimmern, schlechter machen’ (zu lat. *peior*, Komparativ zu lat. *malus* ‘schlecht, minderwertig, übel, böse’).

Pekesche, auch *Pikesche* f. ‘mit Pelz, Litzen und Tressen verzierter Mantelrock der Polen’, dann auch ‘mit Schnüren besetzte Jacke, Festjacke der Verbindungsstudenten’, entlehnt (18. Jh.) als Bezeichnung für ein modisches Kleidungsstück aus poln. *bekiesza*, älter *bekieszka* ‘langer, auf Taille gearbeiteter, mit Litzen und Tressen versehener Pelzmantel’, einer Bildung mit dem für Kleiderbezeichnungen charakteristischen *k*-Suffix zum Namen des ungar. Heerführers *Gáspár Bekes* (1520–1579), in poln. Quellen *Kaspar Bekiesz*; eigentl. also ‘Überrock à la Bekiesz’. Gleichbed. ungar. *beke(c)s* ist poln. Ursprungs.

pekuniär Adj. ‘geldlich, finanziell’, Übernahme (Ende 18. Jh.) von gleichbed. frz. *pécuniaire*, das auf lat. *pecūniārius* bzw. spätlat. *pecūniāris* ‘zum Geld gehörig’ beruht; vgl. lat. *pecūnia* ‘Geld’, eigentl. ‘Vermögen an Vieh’, gebildet zu lat. *pecū* ‘Vieh, Vermögen’ (verwandt mit *Vieh*, s. d.). Im Dt. hält sich frz. Schreibweise bis ins 19. Jh.

Pelerine f. ‘weiter, bis etwa zur Taille reichender Umhang, Überwurf’, älter auch ‘Kragenmantel’, Übernahme (Anfang 19. Jh.) von gleichbed. frz. *pèlerine*, eigentl. ‘Kleidungsstück in der Art eines Pilgermantels’, gebildet zu frz. *pèlerin* ‘Pilger’, aus spätlat. *pelegrīnus* (s. *Pilger*).

Pelikan m. Name für den flug- und schwimmgewandten, tropische wie subtropische Gebiete bewohnenden großen Schwimmvogel, mhd. *pellicān*, entlehnt aus kirchenlat. *pelicānus*, griech. *pelekán* (πελεκάν), zu griech. *pélekys* (πέλεκυς) ‘Hammer, Axt, Beil’ (wegen der funktionellen bzw. äußeren Ähnlichkeit des Schnabels mit einem Beil).

Pelle f. ‘dünne Haut, Fruchtschale, Wursthaut, Schale der gekochten Kartoffel’. Mnl. *pelle* ‘Vlies, wolliges Fell’ (nl. *pel* ‘Schale, Haut, Fell’) beruht auf einer zur Römerzeit erfolgten Entlehnung aus lat. *pellis* ‘Fell, Haut, Pelz’ (s. *Fell*, *Pelz*). Das Substantiv verbreitet sich in den oben genannten Bedeutungen durch nl. Siedler in der Mark, Nordthür., gelangt von da ins Omd., ins Mecklenb. und Balt. Es ist zunächst wohl ein Wort der Umgangssprache, denn literarische Bezeugung setzt erst im 18. Jh. ein. Dazu die Wendungen *jmdm. auf die Pelle rücken, auf der Pelle sitzen, nicht von der Pelle gehen* (19. Jh.). – Vom Substantiv abgeleitet pellen Vb. 'schälen' (Ende 18. Jh.). Pellkartoffel f. (19. Jh.).

Pelz m. 'Fell, Haarkleid (von Tieren), für Kleidungsstücke bearbeitetes Tierfell', ahd. *pelliȥ* (10. Jh.), mhd. *bellīȥ, belleȥ, belz, pelz,* mnd. mnl. nl. *pels*, entlehnt aus spätlat. *pellīcium* 'Pelzwerk, -mantel', dem substantivierten Neutrum von spätlat. *pellīcius* 'aus Fellen gemacht' (zu lat. *pellis* 'Fell, Haut, Pelz', s. *Fell, Pelle*).

Pendel n., älter *Pendul*, länglicher, drehbar aufgehängter Körper, der um seine Ruhelage hin- und herschwingt, entlehnt (Anfang 18. Jh.) aus mlat. *pendulum* 'Herabhängendes', nlat. 'Schwinggewicht' (bei Galilei), dem substantivierten Neutrum von lat. *pendulus* 'herabhängend, schwebend' (vgl. lat. *pendēre* 'hängen, schweben, unentschieden sein'). – Pendeluhr f., älter *Penduluhr* (Anfang 18. Jh.). pendeln Vb. 'sich ständig hin- und herbewegen' (Mitte 19. Jh.).

penetrant Adj. 'durchdringend, scharf, beißend', Übernahme (2. Hälfte 17. Jh.) von gleichbed. frz. *pénétrant*, Part. Präs. von *pénétrer* 'durchdringen, durchschauen', aus lat. *penetrāre* 'durchdringen, hineindringen' (zu lat. *penitus* 'inwendig, innerlich'). In neuerer Zeit kennzeichnet das Adjektiv vorzugsweise scharfe, beißende Gerüche und entwickelt dabei die Bedeutung 'aufdringlich', die in allgemeine Verwendung übergeht (20. Jh.). Zuvor (seit 15. Jh.) begegnet im Dt. auch aus lat. *penetrāre* entlehntes, bis in die Gegenwart bes. fach- und bildungssprachlich gebrauchtes penetrieren Vb. 'hineindringen, durchdringen, ergründen, durchsetzen'.

penibel Adj. 'gewissenhaft, peinlich genau, kleinlich' (Ende 18. Jh.), zuvor 'mühsam, anstrengend, beschwerlich, peinlich' (Anfang 18. Jh.), Übernahme von frz. *pénible* 'mühsam, beschwerlich, schmerzlich, peinlich', zu frz. *peine* 'Mühe, Schwierigkeit, Schmerz, Sorge, Kummer', das auf lat. *poena* 'Sühne, Strafe, Qual' (s. *Pein*) beruht. Die Bedeutung 'gewissenhaft, peinlich genau' entwickelt sich im Dt. aus der heute nicht mehr üblichen älteren Verwendung.

Penis m. schwellfähiges Begattungsorgan des Mannes und verschiedener männlicher Tiere. Lat. *pēnis* 'Schwanz' wird in seiner übertragenen Bedeutung 'männliches Glied' Bestandteil der lat. medizinischen Wissenschaftssprache und danach üblicher bildungssprachlicher Ausdruck (19. Jh.).

[1]**Penne** f. 'höhere Schule', scherzhaft in der Schülersprache (heute veraltend). Aus mlat. *pennale* 'Federbüchse' (in der Lateinschule aufkommend), dem substantivierten Neutrum von mlat. *pennalis* 'zur Schreibfeder gehörig' (zu lat. *penna* 'Feder, Flügel', spätlat. 'Schreibfeder'), wird *Pennal* n. 'Federkasten, Federbüchse' (15. Jh.) entlehnt. Daraus bildet die Studentensprache scherzhaft *Pennal* m. 'Student der ersten Semester, der alle Vorlesungen nachschreibt, deshalb stets sein Schreibzeug bei sich führt', spottend von älteren Studenten verwendet (Mitte 17. Jh.), später (in der Schülersprache) 'Gymnasiast, angehender Student' (19. Jh.) sowie (mit neutralem Genus) 'Gymnasium' (Mitte 19. Jh.). Die verkürzende Eindeutschung *Penne* f. 'höhere Schule' entsteht wohl unter Einfluß von [2]*Penne* 'Herberge' (s. d.). Ebenfalls aus *Pennal* m. 'Gymnasiast' geht, zunächst als Schimpfwort, Pennäler m. 'Schüler' (Mitte 19. Jh.) hervor; heute ebenfalls in seiner Gebrauchshäufigkeit zurückgehend.

pennen Vb. 'schlafen', umgangssprachlich (19. Jh.) aus der Gaunersprache; vielleicht zu jidd. *pannai* 'müßig', hebr. *pᵉnaj* '(freie) Zeit', eigentl. 'Zeit zur Muße', wenn nicht besser Ableitung von [2]Penne f. 'Kneipe, schlechte Herberge, Schlafstelle' (Anfang 19. Jh.), älter *Benne* (Mitte 18. Jh.); aus der Gaunersprache, vgl. *Bonne* 'ein Haus, wo Spitzbuben ein und aus gehen' (Ende 17. Jh.); auch *stille Penne* 'Gefängnis, Zuchthaus' (dieses nach zigeunerisch *štilepen* 'Gefängnis'?). Vielleicht zu jidd. *bono* 'er hat gebaut', *binjan* 'Bau, Gebäude' (hebr. *binjāh, binjān*). Dazu Pennbruder m. 'Landstreicher' (Ende 19. Jh.) und Penner m. 'Landstreicher, Schlafmütze' (Anfang 20. Jh.).

Pension f. 'Ruhegeld, Ruhestand eines Beamten, Fremdenheim'. Mfrz. frz. *pension* wird Anfang des 15. Jhs. mit seiner Bedeutung 'jährliche Bezüge, Gehalt, Jahrgeld, Ehrensold' ins Dt. übernommen. Voraufgehendes afrz. *pension* 'Mietzins, Einkünfte, Unterhalt' beruht auf lat. *pēnsio* (Gen. *pēnsiōnis*) 'das (Ab)wägen, (Aus)zahlung, Abgabe, Miet-, Pachtzins', mlat. auch 'Jahreszins, -lohn, Lohn' (wovon mnd. *pensie* 'Zins, Pacht, Jahrgeld'); zu lat. *pendere* (*pēnsum*) '(ab)wägen, erwägen, beurteilen, schätzen, (be)zahlen' (s. *Pensum*). Im 18. Jh. geht *Pension* auch auf 'Ruhegehalt, Altersunterstützung, Witwengeld' über. Die Ende des 17. Jhs. im Anschluß an das Frz. aufkommende Bedeutung 'Kost-, Wohnungsgeld', speziell 'Zahlungen für die Unterbringung in einem Heim, einer Bildungsanstalt', wird im 18. Jh. (wie frz. *pension* bereits im 17. Jh.) auf diese, dann auch auf ähnliche Einrichtungen ('Fremden-, Familienheim', 19. Jh.) übertragen. – Pensionär m. 'wer eine Pension empfängt, Beamter im Ruhestand' (Anfang 19. Jh.), 'Gast in einem Fremdenheim' (Ende 19. Jh.), vorher 'Zögling einer Erziehungsanstalt' (Anfang 18. Jh.), frz. *pensionnaire* (vgl. mlat. *pensionarius* 'Empfänger eines jährlichen Einkommens' und 'Zinspflichtiger'). Pensionat n. 'Erziehungs-, Bildungsinstitut für Schüler, bes. Töchter aus begüterten Familien' (19. Jh.), frz. *pensionnat*. pensionieren Vb. 'in den Ruhestand (mit entsprechenden Bezügen) versetzen' (18. Jh.), zuvor (selten) 'mit einem Ehrensold ausstatten' (16. Jh.), mfrz. frz. *pensionner*.

Pensum n. 'in einer bestimmten Zeit zu erledigende Arbeit, zugeteilte Aufgabe, für eine bestimmte Zeit vorgeschriebener Lehrstoff'. Der zunächst vornehmlich in der Schul- und Gelehrtensprache übliche Ausdruck ist eine Übernahme (17. Jh.) von gleichbed. lat. *pēnsum*, eigentl. 'die einer Spinnerin zur täglichen Verarbeitung zugewogene Wollmenge'. Lat. *pēnsum* ist das substantivierte Part. Perf. von lat. *pendere* '(ab)wägen, erwägen, beurteilen, schätzen' und (weil Metall ursprünglich zur Bezahlung abgewogen wurde) '(be)zahlen'. Mit der Ausgangsbedeutung 'die Waagschalen beim Wägen herabhängen lassen' steht das transitive bzw. kausative lat. *pendere* neben intransitivem lat. *pendēre* 'hängen, schweben, unentschieden sein'.

per Präp. zur Bezeichnung des Mittels, wodurch etw. übermittelt, befördert oder erreicht wird, 'mit, durch, unter Zuhilfenahme von, mittels'. Übernahme (zuerst in die Kaufmannssprache) von ital. *per*, lat. *per* '(hin)durch, über ... hin, entlang, während, im Verlauf, durch, vermittelst' (verwandt mit *ver-*, s. d.). In Verbindung mit dem Namen des Schuldners (*solvit per Herman von der Porten 12 mark*, 1. Hälfte 15. Jh.), bei Rechnungsbeträgen (*den centner per 12 fl.*, 16. Jh., *per Rechnung*, 17. Jh.), bei Mengenbezeichnungen (*per sacko*, 15. Jh.), bei Zeitangaben (*per Monat*, 18. Jh.); auch in aus dem Ital. stammenden Fügungen (*per Cassa* 'bar', 16. Jh., *per procura* 'in Vollmacht', 18. Jh.). Dann vielfach auf das Beförderungsmittel weisend, durch die Studentensprache (zuweilen in lat. Fügung) verbreitet (*per terra* 'auf dem Landweg', *per Kutsche*, 16. Jh., *per pedes* 'zu Fuß', 17. Jh., *per Wagen*, 18. Jh., dann auch *per Telefon*, 19. Jh.).

per- erstes Glied in zahlreichen aus dem Lat. stammenden Zusammensetzungen mit der Bedeutung 'durch, hindurch' (s. *Perspektive*, *Perforation*, *perplex*), mit verstärkender Funktion 'vollkommen, völlig, ganz und gar' (s. *perfekt*, *permanent*, *pervers*). Das Präfix lat. *per-* ist seinem Ursprung nach identisch mit lat. *per* Präp. (s. *per*). Seit dem 19. Jh. ist *per-* in verstärkendem Sinne ('über-, über das Normalmaß hinaus') bes. in der Sprache der Chemie üblich zur Bezeichnung hoher Oxydationsstufen oder des größtmöglichen Vorkommens eines Elements in einer Verbindung, vgl. *Perchlorat* Salz der Perchlorsäure, d. i. Chlorsauerstoffsäure (19. Jh.), *Perchlorsäure* (früher *Überchlorsäure*) die sauerstoffreichste Säure des Chlors (20. Jh.), *Peroxid* (früher *Superoxyd*) Verbindung, die mehr Sauerstoff aufweist, als normalerweise gebunden werden kann (19. Jh.).

perfekt Adj. 'vollkommen (ausgebildet), vollendet, abgeschlossen, endgültig abgemacht', entlehnt (16. Jh.) aus lat. *perfectus* 'vollkommen, vollendet, tüchtig', dem Part.-adj. zu lat. *perficere* 'fertigmachen, zustande bringen, vollenden'; vgl. lat. *facere* 'machen, tun' und s. *per-*. – Perfektion f. 'Vollendung, Vollkommenheit, vollendete Meisterschaft', veraltet 'das Zustandekommen, Abschluß eines Rechtsgeschäfts' (Ende 16. Jh.), aus gleichbed. lat. *perfectio* (Gen. *perfectiōnis*), zu lat. *perficere* (s. oben); wohl beeinflußt von frz. *perfection*, afrz. *perfec-*

cion. perfektionieren Vb. 'vervollkommnen, vollenden' (17. Jh.); vgl. gleichbed. frz. *perfectionner*. Perfekt (19. Jh.), *Perfektum* (17. Jh.) n. den Vollzug eines Geschehens ausdrückende Zeitform des Verbs, vollendete Vergangenheit, nach lat. *perfectum (tempus)*, dem substantivierten Neutrum von *perfectus* (s. oben), d. h., die Handlung der Vergangenheit wird von der Gegenwart des Sprechenden aus als (gerade) vollendet, als (gerade) abgeschlossen vorgestellt. In frühen Grammatiken meist *praeteritum perfectum* mit den Übersetzungen *vergangen volkummen zeit* (15. Jh.), *volkummen vergangen oder verpracht* (16. Jh.). Imperfekt (19. Jh.), *Imperfektum* (17. Jh.) n. Zeitform des Verbs, die die unabgeschlossene Vergangenheit bezeichnet, gebildet zu lat. *imperfectus* 'unvollendet, unvollständig, unvollkommen', d. h., die Handlung der Vergangenheit wird als unvollendet, als nicht abgeschlossen vorgestellt. In frühen Grammatiken meist *praeteritum imperfectum* mit den Übersetzungen *vergangen unvolkummen zeit* (15. Jh.), *Halbvergangene, Fastvergangene Zeit* (17. Jh.). Plusquamperfekt (19. Jh.), *Plusquamperfektum* (17. Jh.) n. Zeitform des Verbs, die eine Handlung als zu einem Zeitpunkt der Vergangenheit vollendet bezeichnet, aus gleichbed. lat. *plus quam perfectum (tempus)*, eigentl. 'mehr als vollendete Zeit' (vgl. lat. *plus* 'mehr'). In frühen Grammatiken meist *praeteritum plusquamperfectum* mit den dt. Übersetzungen *di mer den volchomen vergangen zeit* (um 1400), *Längstvergangene, längst vergangene Zeit* (17. Jh.).

perfid(e) Adj. 'treulos. hinterhältig, (heim)tückisch, niederträchtig, falsch', Übernahme (Ende 18. Jh.) von gleichbed. frz. *perfide*, das aus lat. *perfidus* 'wortbrüchig, treulos, unredlich, falsch, unzuverlässig' entlehnt ist, einer Bildung zu lat. *fidēs* 'Treue, Glaubwürdigkeit, Vertrauen', wohl hervorgegangen aus Wendungen wie *per fidem fallere* bzw. *dēcipī* 'unter dem Anschein der Treue, Glaubwürdigkeit täuschen, getäuscht werden', also eigentl. 'scheintreu (handelnd)'; vgl. lat. *fīdere* 'vertrauen, glauben, sich verlassen'. – Perfidie f. 'Treulosigkeit, Hinterlist, Heimtücke, Niedertracht' (19. Jh.), frz. *perfidie*. Das zugrundeliegende lat. *perfidia* 'Treulosigkeit, Unredlichkeit, Wortbrüchigkeit' begegnet in lat. Form vereinzelt bereits im 17. Jh. in dt. Texten.

Perforation f. 'Durchbohrung, gleichmäßige Durchlöcherung, Reiß- oder Trennlinie (bei Papier)', in der Medizin 'Durchbruch (z. B. eines Magengeschwürs in die Bauchhöhle), Durchbohrung, Verletzung einer trennenden Gewebsschicht, der Wand eines Organs'. Zugrunde liegt lat. *perforātio* (Gen. *perforātiōnis*) 'Durchbohrung' (zu *perforāre*, s. unten), das schon bei den röm. Ärzten für 'Trepanation, Durchbohrung des Schädels, Schädelöffnung' steht. Zu Anfang des 18. Jhs. wird der Ausdruck aus der lat. medizinischen Wissenschaftssprache in die dt. Fachsprache der Medizin und in die Bildungssprache aufgenommen, kurz darauf auch im allgemeinen Sinne von 'Durchbohrung, Durchlöcherung' verwandt. – perforieren Vb. 'durchbohren, durchlöchern, lochen, zähnen', in der Medizin 'durchbrechen (bes. von Geschwüren), eine trennende Gewebsschicht, die Wand eines Organs durchstoßen, verletzen' (Anfang 19. Jh.), aus lat. *perforāre* 'durchlöchern, durchbohren'; vgl. lat. *forāre* '(durch)bohren'.

Pergament n. 'zum Beschreiben hergerichtete Tierhaut, Schriftstück, alte Handschrift auf dieser Haut'. Die Bezeichnung ist vom Namen der antiken kleinasiatischen Stadt *Pergamon* abgeleitet, in der die Verarbeitung von Tierhäuten zu Schreibmaterial entwickelt worden sein soll; jedenfalls dient die um 180 v. u. Z. erfundene Pergamentherstellung (nach einem Exportverbot für ägyptischen Papyrus) dem Aufbau der pergamenischen Bibliothek. Dafür spätlat. *pergamēna*, *pergamīna*, *pergamēnum*, woraus ahd. *pergamin* (9. Jh.) und (vielleicht als Neuentlehnung) frühnhd. *pergamen*, *pergemen*, *pergumene* sowie *Pergamen* (Luther, Lessing, Goethe). Die heutige Form geht auf mlat. *pergamentum* zurück, das mhd. *perment*, *permint(e)*, *permīt*, *pergmīt*, mnd. *perment*, *permet*, *permint*, *parment* und (mit erneuter Anlehnung an das Mlat.) spätmhd. *pergamint*, *pergemente* ergibt. – pergamenten Adj. 'aus Pergament, wie aus Pergament, eingetrocknet, ledern' (19. Jh.), *pergamen* (Lessing), *permenten* (16. Jh.), *pirmet*, *permetein*, *birmentin* (15. Jh.), mhd. *per(ga)mentīn*. Pergamentpapier n. 'durchscheinendes, fettundurchlässiges Papier (zum Einwickeln von Lebensmitteln)' (2. Hälfte 19. Jh.).

Pergola f. 'Laube, aus Pfeilern oder Stützen bestehender, von Pflanzen umrankter Laubengang', Entlehnung (17. Jh.) von ital. *pergola* '(Wein)laube', aus lat. *pergula* 'Vor-, Anbau, Weingeländer, -laube'.

Periode f. 'gegliederter Satz, Zeitabschnitt, Zeitraum, regelmäßig wiederkehrender Ablauf'. Zugrunde liegt griech. *períodos* (*περίοδος*) f. 'das Umhergehen, der Gang um etw. herum, Kreislauf (der Zeit, der Gestirne), regelmäßige Wiederkehr in der Zeit, Zeitabschnitt, abgerundeter Redesatz, Abteilung im Vers', lat. *periodus* f. 'gegliederter Satz', mlat. *periodus* m. 'Kreislauf, gegliederter Satz, Satzschlußzeichen'; vgl. griech. *hodós* (*ὁδός*) 'Weg, Gang' und griech. *perí, péri* (*περί, πέρι*) Adv. Präp. 'ringsum, um ... herum, überaus, neben, bei'. Daraus entlehnt ist *Periodus* (2. Hälfte 15. Jh., in lat. Form und Flexion bis ins 18. Jh.) bzw. *Periode* (seit 17. Jh.), teils mit femininem, teils mit maskulinem (noch im 18. Jh.) Genus, jeweils nach griech.-lat. oder mlat. Vorbild. Zuerst begegnet der Ausdruck bei den Grammatikern im Sinne von 'Satzende, Satzschlußzeichen' (15. Jh.), 'gegliederter Satz' (16. Jh.); danach allgemein 'Kreislauf der Zeit, Zeitabschnitt usw.' (s. oben). – periodisch Adj. 'in gleichen Abständen, regelmäßig wiederkehrend, sich wiederholend' (18. Jh.), lat. *periodicus* 'zeitweilig', griech. *periodikós* (*περιοδικός*) 'zum Herumwandern gehörig, bestimmte Umwege nehmend, zu bestimmter Zeit wiederkehrend'. periodisieren Vb. 'in Zeitabschnitte (Perioden) einteilen', dazu Periodisierung f. (beide 19. Jh.).

Peripherie f. 'Umfangslinie einer geometrischen Figur, Umkreis, Randgebiet (einer Großstadt)', entlehnt zunächst als Terminus der Mathematik (Mitte 17. Jh. in lat., Anfang 18. Jh. in eingedeutschter Form) aus lat. *periphería* 'Kreislinie', griech. *periphéreia* (*περιφέρεια*) 'Umlauf, Kreisumfang', eigentl. 'das Herumgehen', zu griech. *periphéresthai* (*περιφέρεσθαι*) 'sich herumbewegen', *periphérein* (*περιφέρειν*) 'herumtragen, bekanntmachen'; vgl. griech. *phérein* (*φέρειν*) 'tragen, bringen' und griech. *perí, péri* (s. *Periode*). – peripher Adj. 'am Rand befindlich, an der Peripherie liegend, nebensächlich' (Anfang 20. Jh.), gekürzt aus älterem, heute selten gebrauchtem *peripherisch*, das zuerst in der eigentl. Bedeutung 'umkreisend, umlaufend' (Campe) verwendet wird; spätlat. *peripherēs*, griech. *periphérēs* (*περιφερής*) 'sich herumbewegend, sich herumdrehend, kreis-, kugelförmig'.

Perle f. schimmerndes, von Perlmuscheln um einen eingedrungenen Fremdkörper gebildetes Kügelchen aus kohlensaurem Kalk, wegen seiner Farbe und seines Glanzes als hochwertiger Schmuck verwendet, ahd. *perala, perula* (9. Jh.), mhd. *berle, perle*, asächs. *perula*, mnd. *perle*, mnl. *pe(e)rle, parle*, nl. *parel* sind, wie auch ital. span. aprov. *perla*, frz. *perle*, Entlehnungen aus dem Lat. Auszugehen ist wohl von lat. *perna*, eigentl. 'Hinterkeule', aber auch (auf Grund äußerer Ähnlichkeit) 'Art Meeresmuschel'. Dafür eintretendes vlat. **perla* (woraus auch mlat. *perla, perula*, das allerdings kaum vor dem 12./13. Jh. bezeugt ist, also erheblich später als die frühesten oben genannten Entlehnungen) ist seiner Entstehung nach nicht geklärt. Unmittelbar aus *perna*, indem sich *n* durch Assimilation an *r* zu *l* entwickelt? Oder aus einer Deminutivbildung **pernula*? Bildlicher Gebrauch von *Perle* als Symbol für 'Schönes, Edles, Wertvolles' setzt im 16. Jh. ein. – Perlmutter f. (früher auch n.), älter *Perlenmutter*, heute meist gekürzt *Perlmutt* n. 'schillernde Innenschicht der Schale von Perlmuscheln oder Seeschnecken'. Spätmhd. *berlīnmuoter*, Übersetzung von mlat. *mater perlarum* (vgl. ital. *madreperla*, frz. *mère perle*, nl. *parelmoer*, engl. *mother-of-pearl*), bezeichnet die Perlmuschel, die gleichsam wie eine Mutter die Perle hervorbringt, sowie die aus dem gleichen Stoff bestehende Innenseite der Muschelschale, die schon im Mittelalter zu Schmuckgegenständen und Einlegearbeiten verarbeitet wird. perlen Vb. 'leicht, gleichmäßig und schimmernd herabtropfen, fließen, in Form von Perlen hervorkommen, schäumen' (um 1800); vgl. mhd. *berlen, perlen* 'tropfenweise gießen, mit Perlen schmükken, zieren'.

Perlon n. geschützter Handelsname für eine aus einem Polyamid bestehende Kunstfaser (50er Jahre 20. Jh.); nach dem Vorbild von *Nylon* (s. d.) gebildetes Kunstwort auf *-on* bzw. *-lon*, eine zur Bezeichnung von Chemiefasern übliche Endung.

permanent Adj. 'dauernd, anhaltend, ständig, bleibend, ununterbrochen', übernommen (2. Hälfte 18. Jh.) von gleichbed. frz. *permanent*, dieses nach lat. *permanēns* (Gen. *permanentis*), dem Part. Präs. von *permanēre* 'an-, fortdauern, (ver)bleiben, ausharren'; vgl. lat. *manēre* '(ver)bleiben, fortdauern, fortbestehen, erhalten bleiben'. Vereinzelte Frühbelege (2. Hälfte 16. Jh.) dürften unmittelbar an lat. Gebrauch anknüpfen. – Permanenz f. '(Fort)dauer, Dauerhaftigkeit, Beharrlichkeit' (Ende 18. Jh.), frz. *permanence*, mlat. *permanentia*. Seit Mitte des 19. Jhs. fast ausschließlich in der Fügung *in Permanenz*.

Perpendikel m. n. 'Uhrpendel' (um 1700), früher 'Bleilot' (16. Jh.), entlehnt aus lat. *perpendiculum* 'Senk-, Richtblei', zu lat. *perpendere* 'genau abwägen, untersuchen, erwägen'; vgl. lat. *pendere* '(ab)wägen, erwägen, beurteilen, schätzen, wiegen', eigentl. 'die Waagschalen beim Wägen herabhängen lassen' (s. *Pensum*). Im Dt. zuerst in lat. Form *Perpendiculum* (16. Jh.), danach *Perpendicul* (17. Jh.).

perplex Adj. 'verwirrt, bestürzt, verblüfft, überrascht', entlehnt (Anfang 17. Jh.) aus gleichbed. frz. *perplexe* oder unmittelbar (mit gelegentlicher Einwirkung des Frz.) aus lat. *perplexus* 'verflochten, verschlungen, verworren, unverständlich', mlat. 'verworren, bekümmert, niedergeschlagen, verblüfft'; vgl. lat. *plectere* (*plexum*) 'flechten, ineinanderflechten, -fügen'.

persiflieren Vb. 'auf eine feine und geistreiche Art verspotten', entlehnt in der 2. Hälfte des 18. Jhs. aus gleichbed., im gleichen Jh. entstandenem frz. *persifler*, einer latinisierenden Verstärkung von frz. *siffler* '(aus)pfeifen, spotten'; vgl. spätlat. *sīfilāre*, lautmalende Umbildung von lat. *sībilāre* 'zischen, pfeifen'. – Persiflage f. 'feine, geistreiche Verspottung, Spott, Spöttelei' (2. Hälfte 18. Jh.), frz. *persiflage* m.

Person f. 'Mensch' (als Individuum, als lebendes Wesen, als Träger bestimmter Eigenschaften), mhd. *persōn(e)*, Entlehnung aus gleichbed. lat. *persōna*, ursprünglich 'Maske des Schauspielers', dann der durch diese Maske dargestellte 'Charakter, die Rolle, die Person im Drama', schließlich 'das Wesentliche im Menschen, Individualität, Mensch (als Träger dieses Wesentlichen)'. Die ebenfalls im Lat. bei den Grammatikern ausgeprägte Bedeutung 'Handlungsträger des Verbs' wird im 15. Jh. ins Dt. aufgenommen. – persönlich Adj. 'die Einzelperson betreffend, ihr eigentümlich, ihrer Eigenart entsprechend, vertraulich, nur für eine gewisse Person bestimmt, beleidigend', auch 'in (eigener) Person, selbst', mhd. *persōnlich* 'in eigener Person'. Persönlichkeit f. 'Gesamtheit der Eigenschaften eines Menschen, Mensch mit ausgeprägter individueller Eigenart, bedeutender Mensch', spätmhd. *persōnlīcheit*.

Personal n. 'Gesamtheit der Beschäftigten, Angestellten (bes. in Dienstleistungsbetrieben), Belegschaft, Bedienungsmannschaft', auch 'die Hausangestellten', Entlehnung (Ende 18. Jh.) aus mlat. *personale* 'zusammengehörige Personen gleicher Stellung, gleichen Berufs, Dienerschaft', dem substantivierten Neutr. Sing. von *personalis* 'persönlich', aber auch 'dienerhaft' (nach mlat. *persona*, das auch die Bedeutung 'Dienstmann, Diener' angenommen hat); vgl. spätlat. *persōnālis* 'sich auf eine Person beziehend, persönlich', zu lat. *persōna* (s. *Person*). Bis ins 19. Jh. hinein ist die lat. Form *Personale* üblich. – Personalien Plur. '(schriftliche) Angaben zur Person, Ausweispapiere' (Ende 17. Jh.), aus dem Neutr. Plur. mlat. *personalia* 'persönliche Dinge'. personell Adj. 'das Personal betreffend' (Mitte 20. Jh.), älter 'persönlich' (um 1800), aus frz. *personnel* 'persönlich, an eine Person gebunden', spätlat. *persōnālis* (s. oben).

personifizieren Vb. 'Gegenstände, Begriffe, Abstraktionen in Gestalt oder mit den Eigenschaften einer Person darstellen, vermenschlichen', gelehrte latinisierende Bildung (18. Jh.) nach gleichbed. frz. *personnifier* (17. Jh.; zu frz. *personne*, lat. *persōna*, s. *Person*). – Personifikation f. 'Vermenschlichung' (18. Jh.), frz. *personnification* (ebenfalls 18. Jh.).

Perspektive f. 'Darstellung des Raumes und räumlicher Gegenstände auf ebener Fläche mit räumlicher Wirkung, Raumsicht, Ausblick, Aussicht (für die Zukunft)'. Das aus der Fügung mlat. *(ars) perspectiva* '(Wissenschaft) von der Brechung der Lichtstrahlen', eigentl. 'durchblickende Kunst', entstandene substantivierte Fem. wird im 16. Jh. als Begriff der Malerei ins Dt. entlehnt. Zugrunde liegt mlat. *perspectivus* 'durchblikkend, die Brechung der Lichtstrahlen betreffend', zu lat. *perspicere* (*perspectum*) 'mit dem Blick durchdringen, deutlich sehen, erkennen, wahrnehmen'; vgl. lat. *specere* 'sehen'. Die Bedeutung 'Zukunftsaussicht' kommt im 18. Jh. (nach frz. engl. *perspective*) auf, während der Gebrauch im Sinne von 'auf der Grundlage prognostischer Einschätzungen vorauszusehende Entwicklung, Entwicklungsmöglichkeit' (2. Hälfte 20. Jh.) Einfluß von russ. *perspektíva* (*перспектива*) zeigt. – perspektivisch Adj. 'den Gesetzen der Perspektive entsprechend, die Perspektive betreffend, (raum)bildlich' (16. Jh.), 'auf die Zukunft gerichtet' (18. Jh.).

Perücke f. 'künstliche Haartracht, über den Kopf zu ziehende Kappe mit echtem oder künstlichem Haar' (als Haarersatz, zur Verschönerung oder in der darstellenden Kunst zur Charakterisierung einer Person), Entlehnung (17. Jh.) aus gleichbed frz. *perruque*, das anfangs (15./16. Jh.) 'Haarschopf, wallendes Haupthaar' bedeutet. Die Herkunft ist nicht sicher geklärt. Gamillscheg ²696 denkt an Rückbildung aus (bei Villon vorkommendem) mfrz. *perrucat* 'wer schönes Haar hat, gut frisiert ist' (vgl. noch südwestfrz. *perrucat* 'eine Perücke tragend'), das er für eine Ableitung (mit der ursprünglichen Bedeutung 'wie ein Papagei aussehend') von einem galloroman. **perruca* 'Sittich' (vgl. frz. *perruche* 'Sittich', *perroquet* 'Papagei') hält. Die Varianten nhd. *Parucke*, *Perucke* (17./18. Jh.) beruhen auf gleichbed. ital. *parrucca*, älter und landschaftlich auch *perrucca*.

pervers Adj. 'abartig, widernatürlich (bes. in geschlechtlicher Beziehung), verkehrt', entlehnt (16. Jh.), wohl unter Einfluß von mfrz. frz. *pervers* 'schlecht, böse, entartet', aus lat. *perversus* 'umgedreht, verkehrt, schlecht', Part.adj. zu *pervertere* 'umkehren, umstürzen, vernichten, verderben'; vgl. lat. *vertere* 'kehren, wenden, drehen, umdrehen'. – Perversität f. 'Verkehrtheit' (um 1800), 'Umkehrung der natürlichen Gefühle und Triebe, widernatürliche geschlechtliche Betätigung' (Ende 19. Jh.), lat. *perversitās* (Gen. *perversitātis*) 'Verkehrtheit' (im Benehmen, in den Sinnen). Vgl. frz. *perversité*. Perversion f. 'krankhafte Abweichung vom Normalen, Natürlichen, bes. in geschlechtlicher Beziehung' (Anfang 19. Jh.), lat. *perversio* (Gen. *perversiōnis*) 'Umdrehung, Verdrehung'. Vgl. frz. *perversion* (15. Jh.). pervertieren Vb. 'verdrehen, verfälschen, ins Gegenteil verkehren, verführen, verderben' (18. Jh.), zuvor 'umkehren, zerrütten' (16. Jh.), aus lat. *pervertere* (s. oben). Mit der Bedeutung 'ins Widernatürliche verkehren, geschlechtlich entarten' (20. Jh.) knüpft das Verb jedoch unmittelbar an das Adjektiv *pervers* (s. oben) an.

Pessimismus m. 'verneinende Lebensauffassung, Hoffnungslosigkeit, Schwarzseherei, gedrückte Stimmung', gelehrte Bildung (Lichtenberg 1776) zu lat. *pessimus*, Superlativ zu lat. *malus* 'schlecht, schlimm, übel, böse', vielleicht nach dem Vorbild von frz. *pessimisme* (1759); anfangs ausdrücklich Gegenwort zu *Optimismus* (s. d.) bzw. frz. *optimisme*. – Pessimist m., pessimistisch Adj. (Mitte 19. Jh.), wohl entsprechend gleichbed. frz. *pessimiste* (18. Jh.).

Pest f. verheerende, epidemisch auftretende, meist tödlich verlaufende Infektionskrankheit mit eitriger Anschwellung der Lymphknoten (*Beulenpest*). Lat. *pestis* 'ansteckende Krankheit, Seuche' bezeichnet im Spätlat. auch die oben genannte Epidemie und gilt in diesem Sinne in der medizin.-lat. Wissenschaftssprache. Daraus die Entlehnung *Pest* (16. Jh.). Im Dt. früher bezeugt ist gleichbed. Pestilenz f., spätmhd. *pestilencie*, *pestilentz* (14. Jh.), aus lat. *pestilentia* 'ansteckende Krankheit, Seuche', zu lat. *pestilēns* (Gen. *pestilentis*) 'verpestet, verseucht, ungesund', einer Bildung zu lat. *pestis*. Übertragener Gebrauch 'Verderben, Untergang, sich rasch verbreitende Gefahr' seit 17. Jh.

Petersilie f. Der Name für das aus Südeuropa stammende, als Küchengewürz dienende Doldengewächs ahd. *petarseli* (10. Jh.), mhd. *pētersilje*, spätmhd. *pētersil* gelangt nach Abschluß der hd. Lautverschiebung ins Dt. Schon früh erfolgt Anlehnung an den Eigennamen *Peter*, vgl. ahd. *petirlīn* (Hs. 12. Jh.), mhd. *pēterlīn*, nhd. (landschaftlich) *Peterle*, *Peterling*, *Peterchen*. Der Name ist wie mnd. *pettercillige*, *pētersilie*, aengl. *petersilie*, nl. *peterselie*, *pieterselie*, schwed. *persilja* eine Entlehnung aus gleichbed. mlat. *petrosilium*, *petrosillum* n. Vorauf geht lat. *petroselīnum*, *petroselīnon*, aus griech. *petrosélīnon* (*πετροσέλινον*) n. 'Felsen-, Steineppich', ein in Makedonien an steilen Felsenhängen wachsendes Doldengewächs, vielleicht 'Petersilie'; vgl. griech. *pétros* (*πέτρος*) 'Stein, Felsblock' und *sélīnon* (*σέλινον*) 'Eppich'; s. auch *Sellerie*.

Petition f. 'Bittschrift, Eingabe, Gesuch, Bewerbung', spätmhd. (vereinzelt) *peticiōn*, entlehnt aus lat. *petītio* (Gen. *petītiōnis* 'Bitte, Verlangen, Ansuchen, Bewerbung, Anspruch', zu lat. *petere* 'zu erreichen suchen, streben, fordern, bitten, sich bewerben'.

Petroleum n. 'Erdöl', meist aber das leicht brennbare (zum Heizen und Leuchten gebrauchte) Destillationsprodukt des Erdöls, mnd. (14. Jh.), frühnhd. *petroleum* (15. Jh.), *Petrolium* (1. Hälfte 16. Jh., vgl. auch *Petroliumöle* 1430) ist eine Entlehnung von mlat. *petroleum*, einer hybriden Neubildung zu griech. *pétros* (*πέτρος*) 'Stein, Felsblock' und lat. *oleum* 'Öl', also eigentl. 'Steinöl'. Seit dem 18. Jh. dafür vielfach *Erdöl* (s. d.), zuvor *Steinöl*, *Peteröl* (16. Jh.).

Petschaft n. 'Handstempel zum Siegeln, Siegel', mhd. *petschat*, *betschad*, *betschat* (bair.-öst. um 1300), *petscheit*, *petschaft* (obd. 14. Jh.), *petschet* (omd.), *bitschit* (schwäb.), *pytzsche*, *pitzet* (westmd. 15. Jh.); vgl. dazu ein früher bezeugtes Denominativum mhd. *verpetschaten* 'versiegeln' (Steiermark 13. Jh.). Vielleicht entlehnt (auf Grund des frühen steir. Zeugnisses) aus aslowen. **pečat* 'Siegel', möglicherweise mit späterer (14. Jh.) Verbreitung durch die Prager Kanzlei; vgl. F. Hinze in: Zur Ausbildung d. Norm d. dt. Literaturspr. 3 (1976) 81f. Oder aus atschech. *pečat'* 'Siegel', tschech. *pečet'*, worauf entsprechendes omd. *petschet* (s. oben) deuten würde; vgl. Bellmann Slavoteutonica (1971) 270ff. Die genannten slaw. Formen gehören im Sinne von 'Werkzeug zum Einbrennen eines Zeichens' mit aslaw. *pečat'*, russ. *pečát'* (*печать*) 'Siegel' wohl zu aslaw. *pešti* 'braten, rösten', russ. *peč'* (*печь*) 'backen'; vgl. Vasmer 2, 351. Das im Dt. undurchsichtige Wort wird in seinem zweiten Teil schon früh (s. oben *petschaft*) an das Kompositionssuffix *-schaft* angeglichen.

Petticoat m. 'versteifter Halbunterrock', Übernahme (20. Jh.) von gleichbed. engl. *petticoat*, das für älteres *petty coat* 'kleiner, kurzer Rock' eintritt; vgl. engl. *petty* 'klein, gering' (aus gleichbed. afrz. frz. *petit*) und engl. *coat* 'Rock' (aus afrz. *cote*; zur Verwandtschaft s. *Kutte*).

Petting n. sexuell erregende körperliche Reizspiele (mit Ausnahme des Geschlechtsverkehrs), Übernahme (Mitte 20. Jh.) von gleichbed. amerik.-engl. *petting*, eigentl. 'Liebkosung, Knutscherei', zu engl. *to pet* 'verzärteln, verhätscheln, liebkosen', abgeleitet von engl. *pet* 'gehätscheltes Tier(junges)', einem Wort unbekannter Herkunft.

Petunie f. aus Südamerika stammende, dem Tabak nahestehende Pflanze mit trichterförmigen Blüten (Mitte 19. Jh.), in Deutschland seit etwa 1830 als Zierpflanze gezogen. Von dem frz. Botaniker Jussieu botan.-lat. *Petunia* (1803) benannt (davon frz. *pétunie*), nach Tupi *petyma*, *petyn* 'Tabak(pflanze)', in frz. Schreibweise *petun*.

petzen Vb. 'angeben, verraten' (bei Lehrern, Eltern), studentensprachlich (Ende 18. Jh.), zunächst auf Halle beschränkt, dann über md. Universitätsstädte (seit Mitte 19. Jh.) allenthalben in der Sprache der Studenten und Schüler verbreitet; Herkunft unsicher. Vielleicht aus rotw. *petzen*, *pezetten* 'bei der Polizei angeben, anzeigen, verraten' (zu jidd. *Peizaddik*, *Pezet* 'Polizei', das aus *pe*, der jidd. Bezeichnung für *p*, und *zadik*, der Bezeichnung für *z*, entstanden ist, vgl. Wolf Rotw. 241); oder zu *Petze* 'Hündin' (unbekannter Herkunft), eigentl. wohl 'Verbellerin' (Ende 15. Jh.), unter dessen Einfluß auch Petze f. 'Verräter(in), Angeber' (Ende 19. Jh.) entstanden sein kann. verpetzen Vb. 'verraten, anzeigen' (Ende 18. Jh.).

Pfad m. 'schmaler Fußsteig, Fußweg', ahd. *phad* (8. Jh.), mhd. *phat*, mnd. mnl. *pat*, nd. *Patt*, *Pad(d)*, nl. *pad*, aengl. *pæþ*, engl. *path*, afries. *path*, *pad*. Herkunft ungeklärt. Außergerm. läßt sich vielleicht awest. *paϑā-* 'Pfad, Weg' und aind. *pánthāḥ* 'Weg, Pfad, Bahn' heranziehen, die mit griech. *patē̃in* (*πατεῖν*) 'auf etw. treten', *pátos* (*πάτος*) 'Weg, Pfad', lat. *pōns* (Gen. *pontis*) 'Knüppelweg, Brücke' verwandt und zu der unter *finden* (s. d.) genannten Wurzel ie. **pent(h)-* 'treten, gehen, worauf treten, antreffen, finden' zu stellen sind. Dagegen bleibt die Annahme einer Entlehnung des Substantivs aus dem Iran. ins Germ. auf Grund der nur westgerm. Bezeugung bedenklich. Vielleicht stammt das Wort aus einer vor-ie. Substratsprache; vgl. de Vries Nl. 500. Ausgehend von germ. **paþ-*, **pað-* 'Weg, Tal, Sumpf', sieht Greule in: Zs. f. vgl. Sprachforsch. 94 (1980) 208ff. in *Pfad* ein altes Erbwort. Er zieht den Flußnamen *Pader* heran und erschließt eine onomatopoetische Wurzel ie. **bat-* 'schwellen' (auch vom Wasser), die durch Kontamination mit der Wurzel ie. **at-* 'gehen' im Germ. mit den Bedeutungen 'Wasser' (in Gewässernamen) und 'Weg, Tal, Sumpf' weiterlebe. – Pfadfinder m. Angehöriger einer 1911 in Deutschland, 1907 in England gegründeten weitverbreiteten Jugendorganisation; die dt. Bezeichnung folgt der Übersetzung des Romantitels engl. *The Pathfinder* (Cooper 1840).

Pfaffe m. 'Geistlicher' (seit der Reformation in abschätzigem Sinne), ahd. *phaffo* (um 1000), mhd. *phaffe* 'Weltgeistlicher', mnd. mnl. *pāpe*, nl. *paap*. Auf griech. (kirchensprachlich) *papâs* (παπᾶς) 'niederer Geistlicher' beruhendes got. *papa* gelangt (vor der hd. Lautverschiebung) mit der got.-arianischen Mission nach Süddeutschland und verbreitet sich von dort aus in die übrigen germ. Sprachen (auch das zunächst aus air. *papa* stammende anord. *papi* dürfte vom Mnd. beeinflußt sein).

Pfahl m. 'einzurammender, zugespitzter Balken', ahd. (um 900), mhd. *phāl*, asächs. mnd. *pāl*, mnl. *pael*, nl. *paal*, aengl. aschwed. *pāl(e)*, engl. *pole*, schwed. *påle*, frühe Entlehnung aus gleichbed. lat. *pālus* (aus **pakslos*), zu lat. *pangere* (*pāctum*) 'festschlagen, befestigen, einschlagen'. – Pfahlbürger m. 'außerhalb der Stadtmauern, doch innerhalb der mit Pfählen und Gräben befestigten Außenwerke wohnender Bürger', mhd. *phālburgære*, *phālburger*; übertragen 'Spießbürger, Provinzler' (19. Jh.).

Pfalz f. 'Königssitz', Bezeichnung der im ganzen mittelalterlichen Reichsgebiet verstreut befindlichen, vom König bzw. Kaiser wechselweise besuchten Wohn-, Gerichts- und Regierungsstätten (Burg, Schloß), ahd. *phalanza*, *phalinza*, *falenza* (8. Jh.), *palinza* (9. Jh.) 'Palast, Hof, Haus, Tempel' (vgl. ahd. *phalinzhūs* 'Palast', 9. Jh., *phalanzgrāvo* 'Pfalzgraf', um 1000), mhd. *phalenze*, *phalze*, *phalz* 'Wohnung eines Fürsten, Burg, Schloß', asächs. *palenca*, afries. *palense*, aengl. *palendse*, entlehnt aus mlat. *palantia* (wohl 7. Jh.), in Anlehnung an Ortsnamen auf *-antia*, *-untia* u. dgl. hervorgegangen aus spätlat. *palātia*, dem als Sing. Fem. aufgefaßten Plur. Neutr. (also eigentl. 'Gesamtheit der Gebäude eines Königssitzes') von lat. *palātium* n. 'Palast, kaiserlicher Hof'; nach *Palātium* 'Palatinischer Berg', einer der sieben Hügel Roms, wo Kaiser Augustus und seine Nachfolger ihren Wohnsitz, schließlich auch ihre Regierungsgebäude hatten (s. *Palast*).

Pfand n. 'Gegenstand als Bürgschaft, Sicherheitsleistung für eine Forderung', ahd. (8. Jh.), mhd. *phant*, asächs. afries. nl. *pand*, mnd. mnl. *pant*; Herkunft ungeklärt. Eine angenommene Entlehnung des nur im kontinentalen Westgerm. bezeugten Substantivs (anord. *pantr* aus dem Mnd.) aus afrz. *pan* 'Stück Tuch' (aus lat. *pannus* 'Stück Tuch, Lappen'), auch (nordafrz.) 'an einen Gläubiger zur Sicherheit übergebener Vorrat an Tuch', daher 'Sicherheit, Bürgschaft' (woraus engl. *pawn*), ist insofern wenig wahrscheinlich, als die letztgenannte Bedeutung im Frz. erst im 13. Jh. auftritt und der auslautende Dental im Germ. unerklärt bleibt (nordmfrz. *pand*, *pant* dürfte vielmehr auf mnl. Einfluß zurückzuführen sein). Wenig befriedigend ist auch die Herleitung von lat. *pactum* 'Vertrag, Vergleich, Abrede' (s. *Pakt*), da dabei eine nicht nachzuweisende vlat. Entwicklung über **panctum* zu **pantum* vorausgesetzt werden müßte. Schließlich wird noch Herleitung (wie bei *Pfennig*, s. d.) aus lat. *pondus* 'Gewicht' erwogen unter Annahme einer Bedeutungsentwicklung zu 'Münzsicherheit' (beim Nachwiegen von Geldstücken unterschiedlichen Feingehalts), vgl. Knobloch in: Lingua 26 (1970/71) 311; die Entlehnung müßte dann sehr früh, im Unterschied zu *Pfund* (s. d.) schon vor dem Wandel von ie. *o* zu germ. *a* erfolgt sein und würde nur die auf dem Festland mit den Römern in Beziehung stehenden germ. Stämme betroffen haben. – Unterpfand n. 'Gegenstand, Geldsumme als Sicherheit', übertragen 'Zeichen, Beweis', zuvor (rechtssprachlich) 'Gegenpfand, Sicherheit, die der Pfandempfänger dem Verpfänder hinterläßt', spätmhd. *underphant*. pfänden Vb. 'ein Pfand für eine geldliche Forderung einziehen', mhd. *phanten*, *phenden* 'jmdm. ein Pfand abnehmen', ahd. *phantōn* 'zum Pfande geben' (9. Jh.). verpfänden Vb., mhd. *verphenden*. Pfändung f., mhd. *phandunge*, *phendunge*.

Pfanne f. 'flaches Metallgeschirr mit Stiel' zum Braten oder Backen, 'Tiegel', ahd. *phanna* (9. Jh.), mhd. *phanne*, asächs. *panna*, mnd. aengl. mnl. *panne*, engl. nl. *pan* (anord.

schwed. *panna* aus dem Mnd.), Entlehnung aus gleichbed. vlat. *panna*, wohl entstanden aus einer synkopierten Form (**patna*) von lat. *patina* 'Schüssel, Pfanne', das aus griech. *patánē* (*πατάνη*) 'Schüssel' stammt. Dazu die umgangssprachlichen Wendungen *jmdn. in die Pfanne hauen* 'jmdn. kritisieren, zurechtweisen, verraten, vernichten' (18. Jh.), *etw. auf der Pfanne haben* 'eine Arbeit in Vorbereitung, etw. Überraschendes in Bereitschaft haben' (1. Hälfte 19. Jh.). – Pfannkuchen m. 'in der Pfanne Gebackenes', ahd. *phan(n)kuohho* (8. Jh.), mhd. *phankuoche*, mnd. *pannekōke*, nl. *pannekoek*.

Pfarre f. 'Bezirk, Amt, Haus eines Pfarrers', ahd. *pharra* (8. Jh.), mhd. *pharre*, mnd. *parre*, Entlehnung der südd. Kirchensprache (vor der hd. Lautverschiebung) aus kirchenlat. *par(r)ochia* 'Gesamtheit der unter einem Bischof stehenden Christen, Diözese', dann 'Pfarrsprengel einer Bischofsstadt', hervorgegangen aus (seltenem) kirchenlat. *paroecia*, das seinerseits auf gleichbed. griech. *paroikía* (*παροικία*), eigentl. 'das Wohnen in einer Stadt als Fremder', beruht. Dies ist eine Bildung zu griech. (Plur.) *pároikoi* (*πάροικοι*), wie sich die Christen der ältesten Kirche nannten, eigentl. 'die, deren Haus daneben ist, die daneben Wohnenden, die ohne Bürgerrecht in einer Stadt lebenden Fremden', da die Christen als ihre Heimat den Himmel ansahen und sich auf der Erde als Fremde betrachteten (vgl. FEW 7, 660); präfigierte Bildung (s. *para-*) zu griech. *ōĩkos* (*οἶκος*) 'Haus, Wohnung, Heimat'. – Pfarrer m. 'einer Gemeinde vorstehender Geistlicher einer christlichen Kirche', ahd. *pharrāri* (Hs. 12. Jh.), mhd. *pharrære*, als Nomen agentis gebildet zu ahd. *pharra* (s. oben). Pfarrei f. (17. Jh.).

Pfau m. Hühnervogel südasiatischer Herkunft, Männchen mit farbenprächtigem Gefieder und langen, gezierten Schwanzfedern. Der im Westgerm. bezeugte Name ahd. *phāo* (9. Jh.), mhd. *phāwe*, *phā*, frühnhd. *pfaw(e)*, *pfow(e)*, *pfauw*, nhd. *Pfaw*, *Pfauw* (bis ins 17. Jh.), asächs. *pāo*, mnd. *pāwe*, *pauwe*, aengl. *pāwa*, *pēa*, engl. (älter) *pea* (heute in *peacock*), mnl. *paeu*, *pau*, nl. *pauw* ist entlehnt aus lat. *pāvo* (Gen. *pāvōnis*), das aus einer nicht bekannten, wohl orientalischen Sprache stammt.

Pfeffer m. Gewürzpflanze sowie das aus den Früchten gewonnene scharfe Gewürz, ahd. *pheffur*, *pheffar* (8. Jh.), mhd. *pheffer*, mnd. mnl. *pēper*, nl. *peper*, aengl. *pipor*, *piper*, engl. *pepper* ist entlehnt (vor der hd. Lautverschiebung und der Abwanderung der Angeln und Sachsen) aus gleichbed. lat. *piper* n., griech. *péperi* (*πέπερι*) n., vereinzelt *píperi* (*πίπερι*); zugrunde liegt letztlich aind. *pippalī́* 'Pfeffer(korn)'. Unter Bezug auf die Herkunft des Gewürzes entsteht die Redensart *jmdn. dahin wünschen, wo der Pfeffer wächst*, d. h. nach Indien, also 'sehr weit weg, ans Ende der Welt' (Anfang 16. Jh.). – pfeffern Vb. 'mit Pfeffer würzen', mhd. *pheffern*; vgl. *gepfeffert* Part.adj. 'übermäßig hoch', z. B. vom Preis (17. Jh.), dann auch 'streng, schwierig, derb'. Pfefferkuchen m. stark gewürztes, süßes, oft mit Honig versetztes Gebäck, 'Lebkuchen', frühnhd. *pfefferkuoche* (15. Jh.).

Pfeife f. aus einer Röhre bestehendes Blasinstrument, ahd. *phīfa* (um 800), mhd. *phīf(e)*, asächs. *pīpa*, mnd. mnl. aengl. *pīpe* (auch 'Röhre, Rohr'), engl. *pipe* (vgl. Plur. *pipes* 'Dudelsack'), nl. *pijp* beruhen auf frühen Entlehnungen (ins Hd. vor der Lautverschiebung) aus vlat. **pīpa* 'Röhre, Rohrpfeife, Schalmei', einer Bildung zu lat. *pīpāre* 'piep(s)en)' (s. *piepen*). Dazu die Redensart *nach jmds. Pfeife tanzen* 'sich jmds. Willen fügen, ihm unbedingt gehorchen'; vgl. einen (wohl zweideutigen) Frühbeleg *wol tanzen nach mannes pfeifen* (15. Jh.). Nl. *pijp* wird auf das röhrenförmige Gerät übertragen, durch das man den Tabakrauch einzieht, daraus *Rauchpiep*, *Tabak(s)pfeife*, verkürzt *Pfeife* (17. Jh.).

pfeifen Vb. 'durch Luft (mit gespitztem Mund, mit einem Instrument) Töne hervorbringen', ahd. *phīfōn* (11. Jh.), mhd. *phīfen*, mnd. mnl. *pīpen*, aengl. *pīpian*, engl. *to pipe*, nl. *pijpen* 'mit dem Mund bzw. mit einem Instrument (Flöte, Geige, Trompete, Dudelsack) hohe Töne erzeugen' sind Entlehnungen aus lautmalendem lat. *pīpāre* (s. *piepen*). Unter dem Einfluß von *Pfeife* gilt das Verb im Germ. vornehmlich für das Spielen eines Instruments; entlehntes mnd. mnl. *pīpen* fällt in den Präsensformen mit altem lautmalendem *pīpen* (s. *piepen*) zusammen. Im Mhd. Mnd. Mnl. nimmt das aus dem Lat. stammende Verb (bis auf Ausnahmen) starke Flexion an (analog mhd. *grīfen*, *slīfen*, nhd. *greifen*, *schleifen*), so daß sich in der Regel gegenüberstehen entlehntes (nunmehr starkes) mnd. mnl. *pīpen*, nl. *pijpen* 'ein Instrument spielen' und altes, lautmalendes (schwaches) mnd. mnl. *pīpen*, nl. *piepen* 'piep(s)en' (entsprechend dem hd. *pfeifen* gegenüber *piepen*). – P f i f f m. 'schriller Ton des Pfeifens', ablautende Rückbildung (Anfang 16. Jh.) zu *pfeifen*; die Bedeutung 'Kniff, Trick' (Ende 18. Jh.) ist entweder gaunersprachlicher Herkunft nach dem Ablenkungspfiff der Betrüger, Taschenspieler, dem Verständigungspfiff der Kartenspieler oder entsteht nach dem Lockpfiff der Jäger, Vogelsteller. Dazu p f i f f i g Adj. 'schlau, gewitzigt' (18. Jh.). P f i f f i k u s m. 'Schlaukopf, anstelliger Mensch', studentensprachliche Bildung zu *pfiffig* mit latinisierender Endung (um 1700).

Pfeil m. 'Bogengeschoß', übertragen 'Richtungsanzeiger', ahd. (8. Jh.), mhd. *phīl*, asächs. mnd. *pīl*, mnl. nl. *pijl*, aengl. *pīl* (engl. *pile* 'Pfahl, Pfeiler') sind entlehnt aus lat. *pīlum* n. 'Wurfspieß'.

Pfeiler m. 'Stütze, Säule', ahd. *phīlari*, *phīleri* (10. Jh.), mhd. *phīlære*, *phīler*, asächs. *pīliri*, mnd. *pīlere*, *pīlar*, mnl. *pilāre*, *pīler(e)*, *pijler*, nl. *pijler*, anord. (aus dem Mnd.) *pīlarr* sind Entlehnungen aus gleichbed. vlat. **pīlāre* n. (das im Gallo- und Iberoroman. fortlebt, vgl. auch mlat. *pilare*, *pilarium*), einer (ursprünglich wohl adjektivischen) Ableitung von lat. *pīla* f. 'Pfeiler'.

Pfennig m. Münzbezeichnung, kleinste deutsche Währungseinheit, ahd. *phendi(n)g* (8. Jh.), *phenning* (9. Jh.), mhd. *phenni(n)c*, asächs. *pen(n)ing*, mnd. *pennink*, mnl. *penninc*, *pen(n)ich*, nl. *penning*, aengl. *pening*, *penni(n)g*, *pending*, engl. *penny*. Der nur westgerm. bezeugte Ausdruck ist trotz mehrerer Herleitungsversuche nicht zufriedenstellend geklärt. Vielleicht ist die Münzbezeichnung mit dem Suffix germ. *-inga-* auf Grund der Ähnlichkeit von dem unter *Pfanne* (s. d.) dargestellten Wort abgeleitet (wie möglicherweise *Schilling*, s. d., von *Schild*). Dann wären die Formen mit *d* als sekundär anzusehen und könnten unter Anlehnung an das unter *Pfand* (s. d.) dargestellte Substantiv entstanden sein. Auch aslaw. *pěnęzь*, russ. (älter) *pénjaz'* (*пенязь*), lit. *pìni(n)gas* 'Münze, Geld', die sehr wahrscheinlich aus dem Germ. entlehnt sind, deuten darauf hin, daß die *d*-Formen jünger sind. KNOBLOCH in: Bonner Jbb. 165 (1965) 143f. glaubt, daß das aus der Bodenforschung resultierende Bild von der Art des Zahlungsverkehrs in der Merowingerzeit eine Herleitung des Wortes aus lat. *pondus* 'Gewicht' erlaube, das in Verbindungen wie *pondus aurī*, *pondus argentī* 'Menge Goldes, Silbers' begegnet (vgl. lat. *pondus argentī dēnāriī* 'eine Drachme'). Erschließt man daraus für das Westgerm. eine Entlehnung (mit dem Suffix germ. *-inga-*) **panding-* 'gewogenes Geldstück', müßte diese freilich zu einer sehr frühen Zeit, schon vor dem Übergang von ie. *o* zu germ. *a* (wie möglicherweise bei *Pfand*, s. d.) erfolgt sein. Die *d*-Formen wären dann als die älteren anzusehen. Das Suffix *-ing* geht schon früh auf Grund des voraufgehenden Nasals durch Dissimilation in *-ig* über.

Pferch m. 'Gehege, eingezäunte Fläche', ahd. *pherrih* (9. Jh.), mhd. *pherrich* 'Einfriedung, Gehege, Hürde', mnd. *perk*, mnl. *perc*, *perric*, nl. *perk*, aengl. *pearruc* sind früh entlehnt aus gleichbed. mlat. (oder schon spätlat.?) *parricus* (s. *Park*). Dieses hält man (FEW 7, 667 und 662) für eine Ableitung von **parra* 'Stange', das auch in span. *parra* 'Weinlaub', port. *parra* 'Rebe, Weinlaub' weiterlebt, vielleicht einem Wort vorkelt. Ursprungs und zu verbinden mit vlat. **barra* 'Querstange' (s. *Barre*). – p f e r c h e n Vb. 'in ein Gehege sperren' (16. Jh.), übertragen 'eine größere Anzahl auf engsten Raum zusammendrängen'; dafür auch z u s a m m e n p f e r c h e n Vb. (2. Hälfte 18. Jh.), e i n p f e r c h e n Vb. (um 1800).

Pferd n. Der Name des Reit- und Zugtiers ahd. *parafred*, *pherfrit* u. a. (9. Jh.), *pherit* (Hs. 13. Jh.), mhd. *phert*, asächs. *-pereth*, mnd. *pert*, mnl. *pe(e)rt*, *pa(e)rt*, nl. *paard* ist (wohl im nördlichen Gallien) entlehnt aus spätlat. *paraverēdus* 'Postpferd für besondere Fälle, Extrapostpferd', eigentl. 'Nebenpferd', einer Bildung zu gall.-lat. *verēdus* 'Post-, Kurier-, Jagdpferd'. Das Kompositum ist wahrscheinlich dem gleichbed. griech. *párippos* (*πάριππος*), aus *παρα-* 'neben, bei' (s. *para-*) und *ἵππος* 'Pferd', nachgebildet. Gall.-lat. *verēdus* ist, wie entsprechend gebildetes kymr. *gorwydd* 'Pferd', eine präfigierte kelt. Bildung zu dem unter *reiten* (s. d.) behandelten Ansatz ie. **reidh-*, vgl. gall.-lat. *rēda* 'vierrädriger Reisewagen'. In der Literatursprache hat sich *Pferd* allgemein durchgesetzt, während die germ. Bezeichnungen *Gaul*, *Mähre*,

Roß eine semantische Eigenentwicklung erfahren bzw. auf landschaftlichen Gebrauch beschränkt werden. – Pferdestärke f., abgekürzt *PS*, Maßeinheit für die Leistung bzw. Arbeitskraft (heute noch für die Leistung eines Kraftfahrzeugmotors), festgelegt unter der Bezeichnung engl. *horse-power* (1770) von dem schott. Ingenieur J. Watt; dazu die dt. Übersetzung *Pferdekraft* (Anfang 19. Jh.), später *Pferdestärke* (2. Hälfte 19. Jh.). Steckenpferd n. Kinderspielzeug, bestehend aus einem Stock (s. *Stecken*) mit hözernem Pferdekopf (16. Jh.). Die übertragene Bedeutung 'Neigung, Liebhaberei' entwickelt sich (18. Jh.) unter dem Einfluß von engl. *hobby-horse* (s. *Hobby*) in der Übersetzung von Sternes „Tristram Shandy". Vgl. die Wendung *sein Steckenpferd reiten* 'seinen Neigungen nachgehen, über sein Lieblingsthema sprechen'.

Pfifferling m. Der Name des beliebten gelben Speisepilzes ist nach seinem etwas scharfen, pfefferähnlichen Geschmack eine Bildung zu dem unter *Pfeffer* (s. d.) behandelten Substantiv, ahd. *phiferia* (11. Jh.), danach die Suffixbildung mhd. *phefferlinc*, *phifferlinc*, nhd. *Pfefferling*, *Pfifferling*, mnd. mnl. *peperlinc*, nl. *peperling*. Der Name des oft in großen Mengen auftretenden Pilzes steht bereits im 16. Jh. in bildlichem Sinne für Wertloses, Belangloses, vgl. die Wendungen *keinen Pfifferling* ('nichts') *wert sein*, *keinen Pfifferling für etw. geben*.

Pfingsten n. das christliche Fest der Ausgießung des Heiligen Geistes und Gründung der Kirche. Mhd. *phingesten*, ein zum Nom. Plur. erstarrter Dat. Plur. aus mhd. *vor*, *ze*, *an phingesten* (s. auch *Ostern*, *Weihnachten*), geht zurück auf griech. *pentēkostḗ (hēméra)* (*πεντηκοστὴ ἡμέρα*) 'der 50. Tag' (nach Ostern; vgl. 1. Kor. 16,8), da das Fest sieben Wochen nach Ostern liegt. Auf Grund der Verschiebung von *p* zu *pf* wird das Wort vor oder während der ahd. Lautverschiebung entlehnt worden sein. Die Entlehnung erfolgt entweder über ein durch Vermittlung griech. Kaufleute im merowingischen Latein bestehendes *pentecoste*, vgl. Knobloch in: Orbis 9 (1960) 435, oder im röm. Donauraum durch die ostgerm.-arianische Mission über spätlat. *pentēcostē* f. bzw. got. *paíntēkustēn* f. (Akk. Sing.), die in ahd. *(fona) fimfkustim* (Dat. Plur., 9. Jh.) durch Übersetzung des ersten Wortteiles 'fünf' eine Umbildung erfahren haben; vgl. Frings/M. Germania Romana 2 (1968) 378f. Dem Obd. folgen asächs. *(te) pinkoston* '(zu) Pfingsten' (10. Jh.), mnd. *pinkesten*, *pinxten*, mnl. *pinxten*, mit abgewandelter Endung nach dem Vorbild von *Ostern* (s. d.) mnd. mnl. *pinxter(en)*, nl. *pinkster(en)*.

Pfirsich m. saftige, wohlschmeckende Baumfrucht mit samtartiger Haut, auch der Baum selbst, ahd. *phersih*, *phirsih*, *persih* (um 1100), mhd. *phersich* m., mnd. *persik* m. f., mnl. *perseke* m. f., nl. *perzik* f., aengl. *persic* m. sind entlehnt im Zuge der Bekanntschaft der Germanen mit der röm. Obstkultur aus vlat. *persicus* m. bzw. *persica* f. 'Pfirsich' (gegenüber lat. *Persicus* bzw. *arbor Persica* 'Pfirsichbaum', *mala Persica*, *Persicum* bzw. *mālum Persicum* 'Pfirsich'). Der Pfirsich ist also eigentl. 'der Persische' bzw. 'persischer, d. h. aus dem Osten stammender Apfel, Baum' (die Heimat ist China). Im Dt. früher bezeugt ist ahd. *phersihboum* (9. Jh.).

Pflanze f. 'Gewächs', ahd. *phlanza* 'Schößling' (um 900), mhd. *phlanze* 'Setzreis, Pflanzung, Same, Abstammung', mnd. mnl. aengl. *plante*, nl. *plant* sind Entlehnungen aus lat. *planta* 'Setzling, Pfropfreis, Schößling', wohl einer postverbalen Rückbildung aus lat. *plantāre* '(be)pflanzen', eigentl. 'den Boden zum Pflanzen, zum Säen ebnen, die Erde um den Setzling mit der Sohle (lat. *planta*) festtreten'. Lat. *planta* und seine Entlehnungen stehen zunächst für 'Setzreis'; erst im 13. Jh. entwickelt mlat. *planta* die allgemeine Bedeutung 'Pflanze' (als Oberbegriff), die im 16. Jh. im Zusammenhang mit botanischen Studien ins Dt. aufgenommen wird. Übertragung (in spöttischem oder geringschätzigem Sinne) auf Menschen begegnet seit dem 18. Jh. – pflanzen Vb. 'ein Setzreis, eine Pflanze mit den Wurzeln in die Erde setzen', ahd. *phlanzōn* 'einen Schößling, Setzling pflanzen' (um 800), mhd. *phlanzen*, mnd. *planten*, abgeleitet vom Substantiv. Pflanzer m. 'wer pflanzt', ahd. *phlanzāri* (8. Jh.), mhd. *phlanzære*, *phlanzer*. Die Bedeutung 'Besitzer einer Pflanzung in Übersee, Kolonist' folgt engl. bzw. nl. *planter* (18. Jh.). Pflanzung f. 'das Pflanzen, bepflanzte Fläche, Plantage', ahd. *phlanzunga* 'das Pflanzen, Anpflanzen, Fortpflanzen' (8. Jh.), mhd. *phlanzunge*, mnd. *plantinge*.

Pflaster n. 'Wundverband, fester Belag auf

Wegen, Straßen u. dgl.', ahd. *phlastar* 'Wundpflaster, Mörtel, gepflasterter Boden' (8. Jh.), mhd. *phlaster*, asächs. *plāstar*, mnd. *plāster*, mnl. *pla(e)ster*, nl. *plaaster*, aengl. engl. *plaster*, anord. (aus dem Mnd. oder Aengl.) *plāstr* ist entlehnt aus mlat. *plastrum* 'Wundpflaster', übertragen 'Mörtel' (im Vergleich mit der zähflüssigen Wundsalbe), 'freier, unbebauter Platz' (der sich von der Umgebung abhebt wie das Wundpflaster vom Körper), 'gepflasterter Boden'. Dies ist durch Präfixverlust entstanden aus lat. *emplastrum*, griech. *émplastron* (*ἔμπλαστρον*) 'das Aufgeschmierte, aufgetragene Salbe, Pflaster', Neubildung zu griech. *émplaston (phármakon)* (*ἔμπλαστον φάρμακον*) '(zu Heilzwecken) aufgeschmierte Salbe', dem substantivierten Part. Perf. Neutr. von griech. *emplássein* (*ἐμπλάσσειν*) 'eindrücken, hineinschmieren, verstopfen'; vgl. griech. *plássein* (*πλάσσειν*) '(eine weiche Masse) kneten, bilden, formen, gestalten'. – p f l a s t e r n Vb. 'ein Heilpflaster auflegen' (heute nur noch selten und umgangssprachlich), 'einen Boden, eine Straße mit festem Belag versehen', mhd. *phlastern*, auch 'mit Mörtel (auf)bauen', ahd. *giphlastarōn* 'mit einem Wundpflaster versehen' (Hs. 12. Jh.).

Pflaume f. Der Name der dunkelblauen (auch gelben) Steinfrucht ahd. *phrūma* (11. Jh.; doch vgl. früher bezeugtes *phrūmboum*, 9. Jh.), mnd. mnl. *prūme*, nl. *pruim* und (mit Wechsel von *r* zu *l* bei Entlehnung aus dem Lat.; s. auch *Schilf*) ahd. *phlūma* (11. Jh.), mhd. *phlūme*, mnd. aengl. *plūme*, engl. *plum* ist entlehnt aus vlat. **prūma*, dem als Sing. aufgefaßten kollektiven Plur. von vlat. **prumum* n., einer im nordwestlichen Balkan, einem Zentrum der Pflaumenkultur, entstandenen Nebenform zu lat. *prūnum* 'Pflaume', beide aus griech. *proūmnon* (*προῦμνον*). Vlat. **prūma* gelangt mit der griech.-röm. Obstkultur über die Goten und andere Germanenstämme längs der Donau zu den Burgundern, über got. und burgund. Vermittlung (neben lat. *prūna*, als fem. Sing. aufgefaßter neutr. Plur.) ins Galloroman. und von dort ins Westgerm. Vgl. Frings/M. Germania Romana 2 (1968) 416ff. und FEW 9, 496f.

pflegen Vb. 'für jmdn., etw. sorgen, etw. anhaltend ausüben, betreiben, sich etw. angelegen sein lassen, die Gewohnheit haben, etw. zu tun', ahd. *phlegan* (8. Jh.), mhd. *phlegen* 'sich für etw. einsetzen, sorgen für, Verantwortung tragen für, Aufsicht führen, ausüben, betreiben, leiten', asächs. *plegan* 'sich verbürgen, für etw. verantwortlich sein', mnd. *plēgen*, mnl. *plēghen*, nl. *plegen* und (entsprechend dem grammatischen Wechsel) aengl. *plēon* 'sich einer Gefahr aussetzen' führen auf eine Ausgangsbedeutung 'sich einsetzen'. Die weitere Herkunft des nur im Westgerm. bezeugten Verbs ist ungeklärt, sichere außergerm. Beziehungen fehlen; vgl. eine Zusammenstellung der Herleitungsversuche bei Trier in: PBB 67 (1945) 110ff. Die ehemals starke Flexion ist teilweise noch erhalten für *pflegen* (*pflog*, *gepflogen*) in der Bedeutung 'etw. anhaltend ausüben, betreiben'; dazu die Ableitung G e p f l o g e n h e i t f. 'Brauch, Gewohnheit' (19. Jh.), in der öst. Kanzleisprache gebildet. – P f l e g e f. 'Fürsorge, Obhut, Versorgung', ahd. *phlega* (11. Jh.), mhd. *phlege* 'Fürsorge, Obhut, Vormundschaft, Umgang, Amt, Zins, Abgabe, Lebensart, Gewohnheit, Beschäftigung'. P f l e g e r m. 'wer für jmdn., etw. sorgt', ahd. *phlegāri* 'Beschützer, Hüter, Aufseher, Vorsteher, Verwalter' (um 1000), mhd. *phlegære*, *phleger* 'Beschützer, Aufseher, Vormund, Verwalter, Oberer'. p f l e g l i c h Adj. 'sorgsam', mhd. *phlegelich* 'gewöhnlich'. v e r p f l e g e n Vb. 'jmdn. verköstigen', mhd. *verphlegen*; V e r - p f l e g u n g f. 'Verköstigung, Nahrung' (17. Jh.).

Pflicht f. 'Aufgabe, Forderung, Anforderung, Verbindlichkeit', ahd. *phliht* 'Fürsorge, Obhut, Auftrag, Gebot' (um 1000), mhd. *phliht(e)* 'Fürsorge, Pflege, Teilnahme, Gemeinschaft, Dienst, Obliegenheit, Sitte', mnd. mnl. nl. *plicht*, aengl. *pliht* 'Gefahr, Risiko' ist ein *ti*-Abstraktum (westgerm. **plehti-*) zu den unter *pflegen* (s. d.) dargestellten Verbformen. Die Ableitung *pflichten* Vb. 'sich woran beteiligen, (sich) verpflichten', mhd. *phlihten* 'sich woran halten, richten nach, Anteil nehmen, sich beteiligen' ist erhalten in den Präfixbildungen v e r p f l i c h - t e n Vb. 'jmdn., sich durch eine Zusage binden, jmdn. in Dienst nehmen', mhd. *verphlihten* 'in verbindliche Gemeinschaft setzen, haftbar werden für etw.', refl. 'versprechen', und b e i p f l i c h t e n Vb. 'jmdm. zustimmen' (16. Jh.).

Pflock m. 'dicker, kurzer Pfahl, hölzerner

Zapfen, Pfropfen, Nagel', spätmhd. *phloc*, *phlocke*, mnd. *plugge*, nl. *plug* (engl. *plug* und vielleicht auch norw. schwed. *plugg* stammen aus dem Mnd.). Herkunft ungeklärt. Geläufig ist die Redensart *einen Pflock zurückstecken* 'behutsamer auftreten, Nachsicht üben' (17. Jh.; ausgehend vom Keil, vom Stellpflock des Pfluges?). – pflöcken Vb. 'mit, an einem Pflock befestigen' (16. Jh.), heute vorwiegend *pflocken*, *anpflocken*.

pflücken Vb. '(Früchte, Blumen, Blätter) mit den Fingern abzupfen, losreißen', ahd. *phlockōn* (9. Jh.), mhd. *phlücken*, (md.) *pflocken*, (westmd.) *plucken*, mnd. *plucken* (auch 'zausen, rupfen' und 'im Kleinhandel verkaufen'), mnl. *plucken*, *plocken*, *pluycken* '(Früchte, Blumen) pflücken, (Haare, Wolle, Flachs) zupfen', nl. *plukken*, aengl. *pluccian*, *ploccian*, engl. *to pluck* 'pflücken, brechen, rupfen, zupfen', anord. (aus dem Aengl. oder Mnl. bzw. Mnd.) *plokka*, *plukka* 'pflücken, reißen, rauben'. Die germ. Formen sind wahrscheinlich im Zusammenhang mit dem Bekanntwerden der röm. Obst- und Weinbaukultur entlehnt aus einem auch für afrz. *peluchier* 'auf-, ablesen, abzupfen, rupfen, pflücken' (vgl. frz. *éplucher* 'auslesen, -klauben'), ital. *piluccare* '(eine Traube) abbeeren' (älter 'hier und da etw. an sich bringen, ausbeuten, zugrunde richten') vorauszusetzenden spätlat. **pilūccāre* (aus **pilūcicāre*), einer Iterativbildung zu spätlat. **pilūcāre* 'aus-, ablesen' (woraus aprov. *pelugar* 'ausklauben, rupfen'), das von lat. *pilāre* 'enthaaren' (zu lat. *pilus* 'Haar') abgeleitet ist. Der dem Lat. entstammende Ausdruck breitet sich wohl vom Rhein her vor allem im nd. und md. Gebiet aus, während im Obd. und im südlichen Rheinfrk. *brechen* üblich ist. Vgl. Frings/M. Germania Romana 2 (1968) 387f. und FEW 8, 507f.

Pflug m. 'landwirtschaftliches Gerät zum Umbrechen von Erde', ahd. *phluog* (8. Jh.), mhd. *phluoc*, mnd. *plōch*, *plūch*, mnl. *ploech*, *plouch*, nl. *ploeg*, afries. *plōch*, anord. *plōgr*, schwed. *plog* sowie aengl. (wohl aus dem Anord. entlehnt) *plōh* 'Stück Land, das ein Ochsengespann an einem Tag umpflügen kann', engl. *plough* 'Pflug' und langobard. (latinisiert) *plōvus* (oder *plōvum*) 'Pflug'. Herkunft ungewiß. Es scheint sich um einen Ausdruck für eine verbesserte Form des alten, aus einem Gabelholz bestehenden Hakenpflugs zu handeln. Vgl. offensichtlich ältere Bezeichnungen wie got. *hōha* '(Haken)-pflug', ahd. *huohilī(n)* 'Furche, Graben', eigentl. wohl 'kleiner Pflug' (10. Jh.), verwandt mit aind. *śā́khā* 'Ast, Zweig', lit. *šakà* 'Ast, Zweig', aruss. *socha* 'Pfahl, Knüppel, Stützbalken, Hakenpflug', russ. *sochá* (*coxa*) 'Hakenpflug'; ferner asächs. *erida* 'Pflug', anord. *arðr* '(Haken)pflug', verwandt mit got. *arjan* 'pflügen, ackern', ahd. *erien*, *erren* (um 800), aengl. *erian* sowie lat. *arāre* 'pflügen', *arātrum* 'Pflug', griech. *arū́n* (ἀϱοῦν) 'pflügen', *árotron* (ἄϱοτϱον) 'Pflug', zur Wurzel ie. **ar(ə)-* 'pflügen' (s. *Art*); schließlich aengl. *sūl*, *sulh*, asächs. *sulh* '(Haken)pflug', verwandt mit lat. *sulcus* 'Furche', zu ie. **selk-* 'ziehen' (s. *Seehund*). Unsichere Herleitungsversuche bei de Vries Nl. 529f. und Trier in: PBB 67 (1945) 122ff. Schmid in: Untersuchungen zur eisenzeitlichen u. frühmittelalterlichen Flur 2 (1980) 77ff. schlägt vor, germ. **plōgaz* (bei Annahme eines unverschobenen Anlauts) mit lit. *plė́šti* 'reißen, zerren, zum ersten Mal pflügen' zu verbinden und an ie. **plēk̂-*, **plōk̂-* '(ab)reißen' anzuschließen, wozu auch schwundstufiges aengl. *flēan*, anord. *flā* 'schinden' gestellt werden kann (s. ferner *Fleck* und *Fleisch*). – pflügen Vb. 'Erde mit dem Pflug umbrechen', spätmhd. *pflüegen*; Pflüger m. 'wer pflügt' (Ende 17. Jh.), mhd. *phluoger* 'wer Pflüge herstellt', mnd. *plōger* 'wer pflügt'.

Pforte f. '(kleine) Tür, Eingang', ahd. *porta*, *borta* (8. Jh.), *phorta* (9. Jh.), mhd. *phorte*, *phorze*, asächs. *porta*, mnd. *porte*, mnl. *poorte*, *porte*, nl. *poort*, aengl. *port* sind Entlehnungen aus lat. *porta* 'Tor, Eingang'. Über die Entlehnungswege des schon früh ins Germ. aufgenommenen Substantivs vgl. Frings/M. Germania Romana 2 (1968) 403f. – Pförtner m. 'Torwächter, Türhüter', ahd. *portināri* (Hs. 12. Jh.), mhd. *phortenære*, aus mlat. *portenarius*.

Pfosten m. 'Stützpfeiler', ahd. *phosto* (Hs. 12. Jh.), mhd. *phost(e)*, *post(e)* 'Stütze, Balken, Pfosten', mnd. mnl. nl. aengl. *post* sind frühe Entlehnungen aus lat. *postis* '(Tür)pfosten, Pfeiler'. Daneben auch *Pfoste* f. (Luther, bis ins 19. Jh.).

Pfote f. 'in Zehen gespaltener Tierfuß' beruht auf mnd. *pōte*, das im 16. Jh. (Luther) durch Wandel von *p-* zu *pf-* hd. Lautstand angepaßt wird (während inlautendes *-t-* erhalten bleibt) und danach Verbreitung findet. Auszugehen ist von niederrhein. *pōte* (14. Jh.), mnl. *poot*, *pōte*, nl. *poot*. Die parallelen Formen afrz. (bes. flandr. pikard.) *poe*, aprov. *pauta* (auf denen auch katalan. *pota*, galizisch *pouta* beruht) setzen galloroman. **pauta* 'Pfote' voraus, für das wie für die germ. Formen vorkelt. Ursprung angenommen wird. Vgl. FRINGS/M. Germania Romana 2 (1968) 371f. und FEW 8, 77.

Pfriem, auch *Pfriemen* m., älter (landschaftlich) *Pfrieme* f. 'Ahle, Vorstecher', mhd. *phriem(e)*, mnd. *prēme*, mnl. *priem(e)*, nl. *priem* haben neben sich Formen mit *n*-Suffix wie mnd. *prēne*, aengl. *prēon* 'Ahle' (vgl. engl. *to preen* 'mit dem Schnabel Gefieder putzen', mundartlich *preen* 'Nadel'), anord. *prjōnn* 'Stricknadel' (Entlehnung aus dem Aengl.?). Für schwed. *pryl* 'Ahle' wird Umbildung durch Anlehnung an schwed. *syl* 'Ahle, Pfriem' (zu ²*Säule*, s. unter *Saum*) angenommen. Herkunft unbekannt; sichere außergerm. Anknüpfungsmöglichkeiten fehlen.

Pfropf(en) m. Gegenstand zum Verschließen, Abdichten einer Öffnung, 'Korken, Stöpsel' ist die Anfang des 18. Jhs. bezeugte verhochdeutschte Form von nd. *Propp(en)*, ursprünglich 'jede Masse, durch die eine Öffnung fest verstopft wird', mnd. mnl. *prop(pe)*, nl. *prop*. Herkunft ungeklärt. Vielleicht eine Mischbildung aus lautnachahmenden nd. *prumpsen*, *prampen* 'vollstopfen, drücken, pressen' (vgl. md. *pfrumpfen*, 16. Jh.) und nd. *stoppen* 'verschließen, füllen' (s. *stopfen*), möglicherweise unter Einfluß von nicht verwandtem nd. *proppen* 'ein Reis einsetzen' (s. ²*pfropfen*)? *Pfropf(en)* ist wesentlich ein nordd. und md. Wort, daher gilt umgangssprachlich weithin die nd. Form *Proppen*; vgl. dazu *proppe(n)voll* 'gedrängt voll', eigentl. 'bis zum Pfropfen gefüllt'. – ¹p f r o p f e n Vb. 'mit einem Pfropfen verschließen, stöpseln' (um 1800), älter im Sinne von 'hineinstopfen, vollstopfen, füllen, mästen' (16. Jh.).

²**pfropfen** Vb. 'durch Aufsetzen eines Edelreises Pflanzen veredeln', ahd. *phrophōn* (11. Jh.), mhd. *phrophen*, (md.) *prophen*, *proffen*, nd. *proppen* ist abgeleitet von dem in mhd. Zeit untergegangenen Substantiv ahd. *phropha*, *profa* 'Setzreis' (9. Jh.), das vor der hd. Lautverschiebung aus lat. *propāgo* 'der weitergepflanzte, gesetzte Zweig, Setzling, Ableger' entlehnt ist; vgl. dazu FRINGS/M. Germania Romana 2 (1968) 283ff. – P f r o p f r e i s n. 'aufgepfropftes Reis', ahd. *phrophrīs* (Hs. 12. Jh.), *prophrīs* (Hs. 13. Jh.), mhd. *phrophrīs*; s. *Reis* n.

Pfründe f. 'Einkünfte aus einem Kirchenamt, das damit verbundene Kirchenamt', ahd. *phruonta* (9. Jh.), mhd. *phrüende*, *phruonde* ist aus (auf frz. Boden belegtem) mlat. *provenda* entlehnt; dieses ist, wohl unter Einwirkung von lat. *prōvidēre* 'vorhersehen, Vorsorge tragen, versorgen', entstanden aus spätlat. *praebenda* 'Proviant, Lebensmittel für Militär', eigentl. 'das Darzureichende', Gerundivum (Neutr. Plur.) zu lat. *praebēre* 'darreichen, gewähren' (s. auch *Proviant*). Mlat. *provenda* 'an Untergebene zu verteilende Lebensmittel' und in der Kirchensprache bewahrtes mlat. *praebenda* bezeichnen (9. Jh.) den 'Lebensunterhalt der Mönche', übertragen die 'Gesamtheit der kirchlichen Ländereien und deren Erträge'. Mit der Aufteilung der Ländereien unter die Zuständigkeit einzelner Domherren entwickelt sich im 11. Jh. die Bedeutung 'Einkommen, das ein Domherr auf Lebenszeit aus einer Stiftung bezieht' und 'Grundbesitz, der zu einer Domherrenstelle gehört'; vgl. FEW 9,278.

Pfuhl m. 'Tümpel, Sumpf, Morast', ahd. *phuol* (Hs. 12. Jh.), mhd. *phuol*, mnd. *pōl*, *pūl*, mnl. nl. *poel*, aengl. *pōl*, engl. *pool*. Die Herkunft des nur westgerm. bezeugten Substantivs (schwed. *pöl*, dän. *pøl* stammen aus der Umlaut aufweisenden mnd. Pluralform) ist ungeklärt. Außergerm. Vergleichsmöglichkeiten fehlen. Eine Verbindung von westgerm. **pōla-* mit anord. *pollr* 'runde Bucht, Teich', aengl. *pull*, *pyll* 'Pfuhl, Bucht' ist unsicher. Vgl. mhd. *der helle phuol* 'Hölle' und *Sündenpfuhl* 'Ort, wo gesündigt wird, Stätte des Lasters' (17. Jh.); vgl. mhd. *sünden phuol*.

pfui Interj. zum Ausdruck des Mißfallens, des Ekels, der Empörung, der moralischen Entrüstung, mhd. *phiu*, *phī*, *pfui*, *fī* u. ä. Lautmalender Ausdruck nach dem Geräusch des Ausspeiens, Wegblasens wie entsprechende Wörter in anderen Sprachen, ohne daß Entlehnung oder Verwandtschaft vorliegen muß; vgl. als Ausrufe des Schmerzes, des Staunens, des Unwillens griech. *phēū*, *phȳ* (φεῦ, φῦ), lat. *fū(fae)*, frz. *fi*, engl. *fie*, nl. *foei*, dän. *fy*.

Pfund n. Maßeinheit für eine Masse von einem halben Kilogramm. Die Gewichtsbezeichnung ahd. *phunt* (8. Jh.), mhd. *phunt*, asächs. aengl. got. *pund*, mnd. *punt*, mnl. *pont*, nl. *pond*, engl. *pound* (anord. *pund* aus dem Aengl. oder Mnd.) ist eine frühe, beim Handel mit röm. Kaufleuten erfolgte Entlehnung aus lat. *pondō* (indeklinabel) 'ein Pfund an Gewicht', einer erstarrten Ablativform ('dem Gewichte nach, an Gewicht'), die auf einen alten *o*-Stamm lat. **pondus* (Gen. **pondī*) hinweist gegenüber dem üblichen *s*-Stamm lat. *pondus* (Gen. *ponderis*, Ablativ *pondere*) 'Gewicht', eigentl. 'Gewicht bei der Waage', ablautend zu lat. *pendere* (*pēnsum*) '(ab)wägen, erwägen, beurteilen', auch (weil Metall ursprünglich zur Bezahlung abgewogen wurde) '(be)zahlen', eigentl. 'die Waagschalen beim Wägen herabhängen lassen' (s. *Pensum*). *Pfund* bezeichnet auch die entsprechende abgewogene Menge Geldes, vgl. engl. *pound* als Währungseinheit in Großbritannien sowie die auf einem biblischen Gleichnis (Luk. 19,12ff.) beruhende Wendung *mit seinem, dem anvertrauten Pfunde wuchern* 'seine Begabung klug anwenden, seine Fähigkeiten nutzen', Übersetzung von griech. *mnā́* (*μνᾶ*) Gewicht und Münze von 100 Drachmen. – p f u n d i g Adj. umgangssprachlich 'großartig, herrlich, prima' (20. Jh.); in ähnlicher Bedeutung erscheint *Pfund* als Bestimmungswort in Zusammensetzungen wie *Pfundskerl*, *-stimmung* (20. Jh.); zuvor schon als Verstärkung *Pfundgosche* (um 1700).

pfuschen Vb. 'unfachmännisch, unordentlich, flüchtig arbeiten', zuvor 'unberechtigt eine nicht zunftgemäß gelernte Arbeit verrichten' (16. Jh.), landschaftlich (bes. omd. westd.) auch *fuschen*. Wahrscheinlich eine Bildung zu *futsch* (s. d.), landschaftlich auch *pfu(t)sch*, das lautmalend zur Charakterisierung einer schnellen, hastigen, schwirrenden oder zischenden Bewegung dient. – v e r p f u s c h e n Vb. '(durch fehlerhafte Arbeit) verderben' (18. Jh.). P f u s c h e r m. 'wer ein Handwerk unberechtigt betreibt, wer oberflächlich, schlecht arbeitet, Stümper', bereits gegen Ende des 14. Jhs., also früher als das Verb bezeugt, daher wohl unmittelbar zu *pfu(t)sch* gebildet. P f u s c h e r e i f. 'oberflächliche Tätigkeit, schlechte, liederliche Arbeit' (17. Jh.).

Pfütze f. 'kleine Wasseransammlung, Lache'. Das im Germ. nur dem Got. fehlende Substantiv ahd. *phuzzi* m., *phuzza* f., (aostnfrk.) *putte* m. 'Pfütze, Lache, Wassergrube, Brunnen' (alle 9. Jh.), mhd. *phütze* f., mnd. *putte* m. f., nd. *Pütte* 'Pfütze, Lache, Tümpel', mnl. *put*, *pit*, *pet* m., *putte*, *pitte* m. f., nl. *put* m. 'Brunnen, Grube', aengl. *pytt* m. 'Grube, Pfütze, Brunnen', engl. *pit* 'Grube, Loch, Vertiefung', anord. *pyttr* m. 'Pfütze, Lache' ist nach FRINGS/M. Germania Romana 2 (1968) 431ff. entlehnt aus lat. *puteus* 'Grube, Brunnen, Zisterne', d. i. die 'ausgestochene (und dann gemauerte) Grube' (zu lat. *putāre* 'schneiden'). Das im Dt. sich durchsetzende fem. Genus wird auf den Einfluß eines Femininums wie etwa *Gosse* zurückgeführt. Lat. *puteus* lebt in den roman. Sprachen fort, und auf das Südroman. (vgl. ital. *pozza* f. 'Pfütze' neben *pozzo* m. 'Brunnen') geht wohl ahd. (obd.) *puzza*, *buzza* 'Brunnen' (um 800) zurück. Andere dagegen betrachten die germ. Formen nicht als Entlehnungen, versuchen vielmehr auf unterschiedliche Weise Herleitung aus dem Ie., vgl. JÓHANNESSON Isl. etym. Wb. 588 und KUHN in: Zs. f. Mundartforsch. 28 (1961) 9f.

Phalanx f. dichtgeschlossene, aus mehreren Gliedern bestehende lineare Kampfformation schwerbewaffneter Fußtruppen (Hopliten) im antiken Griechenland, seit dem 16. Jh. in dt. Texten (im Fachschrifttum und in Übersetzungen der alten Schriftsteller), übertragen 'geschlossene Reihe, Front' (18. Jh.), Übernahme von lat. *phalanx*, griech. *phálanx* (*φάλαγξ*) 'Schlachtreihe', eigentl. 'Rolle, Walze, Balken' (s. *Balken* und *Planke*).

Phallus m. 'das (erigierte) männliche Glied', bes. seine Nachbildung als Symbol der Zeugungskraft und Fruchtbarkeit, Entlehnung (17. Jh.) von spätlat. *phallus*, griech. *phallós* (*φαλλός*) 'männliches Glied' und dessen (kultischen Zwecken und Umzügen dienende) Nachbildung, bestehend aus einem länglichen Stück Holz, an das ein aus rotem Leder gefertigtes Abbild des männlichen Gliedes gehängt wird. Griech. *phallós* gehört zur Wurzel ie. **bhel-* 'aufblasen, aufschwellen, prall sein', wozu auch [1]*Ball*, *Bulle* m. (s. d.). *Phallus* wird zuerst im Zusammenhang mit der antiken Mythologie und deren Eindringen in die dt. Dichtung, seit dem

Ende des 18. Jhs. auch im allgemeinen bildungssprachlichen Schrifttum (bes. in Zusammensetzungen *Phallusdienst*, *-kult*, *-lied*, *-priester*) üblich.

Phänomen n. 'sich den Sinnen zeigende oder gedachte Erscheinung, seltenes, außergewöhnliches Vorkommnis, auffallende (Natur)erscheinung, ungewöhnlicher, überragender Mensch', entlehnt (2. Hälfte 17. Jh.) als philosophischer und naturwissenschaftlicher Terminus aus spätlat. *phaenomenon* 'Erscheinung, bes. in der Luft', griech. *phainómenon* (*φαινόμενον*) 'das Erscheinende, Einleuchtende, Himmelserscheinung', dem substantivierten Partizip von griech. *phaínesthai* (*φαίνεσθαι*) 'sichtbar werden, erscheinen'. Griech.-lat. Schreibweise ist bis ins späte 18. Jh. bezeugt, dt. Formenbildung setzt im frühen 18. Jh. ein. – phänomenal Adj. 'erstaunlich, großartig, einzigartig, außergewöhnlich' (Mitte 19. Jh.), nach frz. *phénoménal* (Anfang 19. Jh., zu frz. *phénomène*).

Phantasie f. 'Einbildungskraft, Vorstellungsvermögen, Erfindungsgabe, nicht der Wirklichkeit entsprechende Vorstellung', in der Medizin 'Fieberträume, Wahnvorstellungen', mhd. *fantasīe* 'Einbildung, Trugbild, Anfechtung', nhd. *Phantasei* (überwiegend bis etwa 1800, danach nur selten) und *Phantasie*, entlehnt aus lat. *phantasia*, griech. *phantasía* (*φαντασία*) 'Erscheinung, Aussehen, Vorstellung, geistiges Bild, Einbildung', eine Bildung zu griech. *phantázesthai* (*φαντάζεσθαι*) 'sichtbar werden, erscheinen, sich vorstellen, einbilden'. Die unter frz. Einfluß (afrz. *fantasie*, frz. *fantaisie*) stehende Schreibung mit *F-* besteht bis ins 19. Jh. neben der mit *Ph-*, die dann nach klassischem Muster gültig wird. In der Sprache der Musik dagegen meist *Fantasie* 'improvisiertes, keinen bestimmten Formgesetzen unterworfenes Instrumentalstück' (nach ital. *fantasia*). – phantasieren Vb. 'sich den wechselnden Vorstellungen der Phantasie hingeben, schwärmen, im Fieber wirr reden, Unsinn reden', in der Musik 'frei aus dem Stegreif spielen, improvisieren', frühnhd. *fantasieren* (15. Jh.); spätlat. *phantasiārī* 'sich vorstellen, sich einbilden'. Phantast m. 'wirklichkeitsfremder Träumer, Schwärmer', frühnhd. *fantast* (15. Jh.); vgl. griech. *phantastḗs* (*φανταστής*) 'wer sich zur Schau stellt oder brüstet, Prahler'. phantastisch Adj. 'nur in der Phantasie bestehend, schwärmerisch, unwirklich, ungewöhnlich' (16. Jh.), in der Umgangssprache auch 'großartig, wunderbar, unglaublich'; vgl. spätlat. *phantasticus*, griech. *phantastikós* (*φανταστικός*) 'zum Vorstellen befähigt, Vorstellungen bildend'.

Phantom n. 'Schein-, Trugbild, Sinnestäuschung', auch 'Gliederpuppe', entlehnt (18. Jh.) aus gleichbed. frz. *fantôme*, dem afrz. *fanto(s)me*, aprov. *fantauma* voraufgeht. Zugrunde liegt galloroman. **phantagma*, das durch Suffixtausch aus lat. *phantasma*, griech. *phántasma* (*φάντασμα*) 'Erscheinung, Gestalt, Trugbild, Gespenst' hervorgegangen ist, einer Substantivbildung zu griech. *phantázesthai* (*φαντάζεσθαι*) 'sichtbar werden, erscheinen, sich vorstellen, einbilden' (s. *Phantasie*). In neuerer Zeit (20. Jh.) steht *Phantom* auch für 'Nachbildung eines Körperteils, Organs für Unterrichtszwecke'.

Pharisäer m. Die Bezeichnung für den Angehörigen einer altjüdischen, das Mosaische Gesetz streng einhaltenden religiös-politischen Partei zur Zeit Christi griech. *Pharisaîos* (*Φαρισαῖος*, Neues Testament), lat. *Pharisaeus* (Vulgata) kommt von aram. *p*ᵉ*rīšajjā'* Plur. (entsprechend hebr. *p*ᵉ*rūšīm*) 'Abgesonderte'. Der Name ist dieser Gruppe wahrscheinlich von ihren Gegnern wegen der strengen Handhabung ihrer Gesetzesauslegung und der damit verbundenen scharfen Absonderung von der ihnen als 'unrein' geltenden Menge gegeben worden. Dem griech.-lat. Vorbild der Bibel folgen ahd. *phariseri* (um 800), *phariseus* (9. Jh.), mhd. *phariseus*, frühnhd. *Phariseer* (1466, danach Luther, Eck), *Phariseier* (Zwingli 1522, Aventinus ca. 1533). Im 18. Jh. entwickelt der Ausdruck im Anschluß an Bibelstellen (vor allem Luk. 18, 11) die Bedeutung 'hochmütiger, selbstgerechter Mensch, Heuchler'. – pharisäisch Adj. 'die Pharisäer betreffend' (Luther 1520), 'hochmütig, selbstgerecht, heuchlerisch, scheinheilig' (18. Jh.); vgl. mhd. *phariseilich*.

Pharmazie f. 'Lehre von der Zubereitung der Arzneimittel, Arzneimittelkunde'. In die lat. Wissenschaftssprache (15. Jh.) eingegangenes mlat. *pharmacia*, griech. *pharmakeía* (*φαρμακεία*) 'Gebrauch von Heilmitteln, Giften, Zaubermitteln', zu griech. *phármakon* (*φάρμακον*) 'Heilmittel, Arznei, Gift, Zaubermittel', begegnet in der eingedeutschten

Form *Pharmazie* seit dem 18. Jh. in den einschlägigen Texten. – Pharmazeut m. 'Fachmann auf dem Gebiet der Pharmazie, Apotheker' (um 1800, anfangs auch *Pharmazeutiker*), aus griech. *pharmakeutḗs* (φαρμακευτής) 'Hersteller von Arzneimitteln, Zaubermitteln, Giftmischer', zu griech. *pharmakeúein* (φαρμακεύειν) 'Heilmittel anwenden, Arznei verabreichen'. pharmazeutisch Adj. 'die Zubereitung von Arzneimitteln betreffend' (um 1800), spätlat. *pharmaceuticus* 'zu den Arzneimitteln gehörig', griech. *pharmakeutikós* (φαρμακευτικός) 'zum Pharmazeuten gehörig, ihn betreffend', zu griech. *pharmakeutḗs* (s. oben).

Phase f. '(Zeit)abschnitt, wechselnde Erscheinungs-, Zustandsform', in der Astronomie 'Beleuchtungsform, jeweilige Lichtgestalt nicht selbst leuchtender Himmelskörper', in der Elektrotechnik 'Schwingungszustand von Stromstärke oder Spannung bei Wechselstrom, eine der drei Leitungen des Drehstromnetzes', Übernahme (*Phasis*, Mitte 17. Jh.) von griech. *phásis* (φάσις) 'Erscheinung, das Erscheinen der Sterne, Mondphase, das Sichzeigen, Anzeichen', zu griech. *pha̋inesthai* (φαίνεσθαι) 'sichtbar werden, scheinen', anfangs (bis 18. Jh.) in griech. Form, dann *Phase*, offenbar über den im Dt. gebildeten Plural *Phasen* (2. Hälfte 18. Jh.). Zuerst auf die wechselnde Erscheinungsform des Mondes und der Planeten bezogen, dann (Ende 18. Jh.) verallgemeinert 'Erscheinung, Veränderung, Wechsel, (Zeit)abschnitt', wohl unter Einfluß von gleichbed. frz. *phase*, das auch auf den oben genannten fachsprachlichen Gebrauch eingewirkt hat. *Phase* bei Luther (*die kinder Israel ... wurden errettet durch des herrn gang oder phase*) gehört nicht hierher, sondern gibt den Text der Vulgata (Ex. 12, 11) wieder *est enim Phase (id est transitus) Domini*, beruhend auf hebr. *päsaḥ*, aram. *pisḥā* 'Passahfest', eigentl. 'das schonende Vorübergehen' des Herrn bzw. Würgeengels an den Häusern der Israeliten, die ihre Türen auf Geheiß des Herrn mit dem Blute des geschlachteten Osterlamms bestrichen und dadurch kenntlich gemacht haben (während die Kinder der Ägypter getötet wurden). Auf dieser Darstellung beruht die Feier des jüdischen Passahfestes.

phil-, -phil 'freundlich, liebend'. Griech. *phílos* (φίλος) 'lieb, liebend, freundlich, Freund' ist in der Kompositionsform *philo-* (φιλο-) bzw. (vor Vokalen und *h*) *phil-* (φιλ-) Bestandteil einer Reihe von Zusammensetzungen, die ins Dt. entlehnt wurden, s. *Philologe*, *Philosoph*, vgl. *Philanthrop*, sowie der zugehörigen Abstrakta *Philologie*, *Philosophie*, *Philanthropie* und weiterer Ableitungen wie *philologisch*, *philosophieren*. Nach antikem Vorbild entstehen in den modernen europäischen Sprachen neue Bildungen, die gleichfalls Eingang ins Dt. finden, s. *philharmonisch*, *Philatelie*. In allen Zusammensetzungen wird der Gegenstand der Zuneigung, der hingebungsvollen Beschäftigung durch das zweite Kompositionsglied ausgedrückt. Daneben findet sich der umgekehrte Bildungstyp, der das Objekt der Zuneigung durch das erste Glied bezeichnet, *-phil*, *-philie* dagegen als zweites enthält, vgl. *hydrophil*, *Anglophilie*. Der Antike ist diese Bildungsweise von Ausnahmen wie *paidóphilos* (παιδόφιλος) 'kinderliebend' abgesehen, unbekannt. Produktiv wird sie (mit dem Kompositionsglied *-phile*) erst im Frz. des 18. Jh. und von hier aus (durch Entlehnung und Vorbildwirkung) für das Dt. maßgebend (s. *Bibliophile*).

Philatelie f. 'Briefmarkenkunde', Übernahme (2. Hälfte 19. Jh.) von gleichbed. frz. *philatélie*, einer Wortschöpfung (1864) des frz. Sammlers Herpin. Die Zusammensetzung mit *phil-* (s. d.) knüpft in ihrem zweiten Bestandteil an griech. *atéleia* (ἀτέλεια) 'Freiheit von Abgaben, Steuern, Diensten, Leistungen an den Staat' an (hier in einer angenommenen Bedeutung 'sichtbares Zeichen der Gebührenfreiheit', ausgehend von dem Begriff 'Freimarke'); zu griech. *atelḗs* (ἀτελής) 'abgaben-, lasten-, steuerfrei', mit verneinendem *a-* (ἀ-privativum) abgeleitet von griech. *télos* (τέλος) 'Abgabe, Steuer, Zoll'. – Philatelist m. 'Briefmarkensammler, -kundiger' (2. Hälfte 19. Jh.), frz. *philatéliste*.

philharmonisch Adj. 'die Musik, Tonkunst liebend', im Dt. meist in den Fügungen *philharmonische Gesellschaft*, *philharmonisches Konzert*, *philharmonisches Orchester* (19. Jh.). Entlehnt aus frz. *philharmonique*, das aus ital. *filarmonico* stammt, einer gelehrten Bildung zu griech. *harmonikós* (ἁρμονικός) 'in Einklang stehend, der Harmonie kundig, die Musik verstehend' (s. *Harmonie*) in Verbindung mit dem unter *phil-* (s. d.) dargestellten ersten Kompositionsglied. Dazu P h i l h a r m o n i e f. Bezeichnung für große Orchester oder Konzertgesellschaften sowie für deren Gebäude, Konzertsaal (19. Jh.); P h i l h a r m o n i k e r m. 'Mitglied eines großen Orchesters', im Plur. 'großes Orchester, Spitzenorchester' (19. Jh.); ein Frühbeleg *Philharmoniker* Plur. bei Goethe (1786) bezieht sich auf die Mitglieder eines musikalischen Vereins in Rom.

Philister m. 'kleinbürgerlich-engstirniger Mensch, Spießbürger'. In der Bibel sind *Philister* Plur. (Luther; zuvor auch *Philistier*, *Philistiner* nach kirchenlat. *Philistaeī*, *Philistīnī*, Vulgata) die Angehörigen eines nichtsemitischen Volkes an der Küste Palästinas, eines Nachbarvolkes der Israeliten, nach dem Alten Testament die Feinde des von Gott auserwählten Volkes der Juden. Zugrunde liegt hebr. (Plur.) *Pᵉlištīm*, eigentl. 'Einwanderer'. In den Streitschriften des späteren 16. und des 17. Jhs. werden die Gegner von Gottes Wort *Philister* genannt. In der Sprache der Studenten, bes. der sich als Gottes auserwählte Schar empfindenden Theologiestudenten, wird die Bezeichnung auf deren Feinde, die 'Stadtsoldaten' und 'Polizisten' (in Jena 1687, in anderen Universitätsstädten im 18. Jh. bezeugt), dann auf den 'Nichtakademiker' und den 'im Berufsleben stehenden Alten Herrn' übertragen. Von daher dringt das Wort in der 2. Hälfte des 18. Jhs. in die Literatursprache (Goethe) und steht für den 'kleinbürgerlichen, beschränkten Geist, den Bürger mit enger, bedächtiger, ängstlicher Lebensauffassung, den Spießer'. – p h i l i s t r ö s Adj. 'philisterhaft, kleinbürgerlich-engstirnig, beschränkt, spießig' (19. Jh.), französierende Bildung.

Philologie f. Wissenschaft, die das Schrifttum einer Sprache allseitig untersucht und interpretiert (16. Jh.), aus lat. *philologia*, griech. *philología* (*φιλολογία*) 'Liebe zum Sprechen und Disputieren, wissenschaftliches Streben, Beschäftigung mit Sprache und Literatur'; s. *phil-* und *-logie*. – P h i l o l o g e m. 'Wissenschaftler auf dem Gebiet der Philologie', Entlehnung (16. Jh., bis Ende 18. Jh. in lat. Form und Flexion), zunächst im Sinne von 'wer Liebe zu den Wissenschaften und zur Beschäftigung mit Wissenschaften und schönem Schrifttum hat, Gelehrter', von lat. *philologus* 'Freund der Wissenschaften, Gelehrter, Literat', griech. *philólogos* (*φιλόλογος*) 'wer das Sprechen liebt, Freund von Reden, insbes. von gelehrter Unterhaltung', adjektivisch 'das Wort, die Sprache liebend'. p h i l o l o g i s c h Adj. 'die Philologie betreffend, zu ihr gehörend, auf ihr beruhend, peinlich genau' (17. Jh.); vgl. mlat. *philologicus*, griech. *philologikós* (*φιλολογικός*).

Philosoph m. 'Wissenschaftler auf dem Gebiet der Philosophie', in der Umgangssprache 'abgeklärter, weiser Mensch', spätmhd. *philosophe*, entlehnt aus lat. *philosophus*, griech. *philósophos* (*φιλόσοφος*) 'geistige Geschicklichkeiten, Kenntnisse liebend und übend, über etw. nachdenkend, etw. systematisch betreibend', dann (substantiviert) 'jeder Kundige' (z. B. Tonkünstler, Sänger, Dichter), bes. 'Freund gelehrter Kenntnisse, Untersuchungen, der die Redekunst Liebende', endlich 'wer das wahre Wesen der Dinge und des Menschen untersucht und erkennt'; vgl. griech. *sophós* (*σοφός*) 'geschickt, gelehrt, weise, Weiser' und s. *phil-*. – P h i l o s o p h i e f. Wissenschaft von den allgemeinen Entwicklungsgesetzen der Natur, der Gesellschaft und des Denkens und von der Stellung des Menschen in der Welt, Weltanschauung, mhd. *philosophīe*, aus lat. *philosophia*, griech. *philosophía* (*φιλοσοφία*) 'Lebensweisheit, Liebe zur Gelehrsamkeit, zu den Wissenschaften', vgl. griech. *sophía* (*σοφία*) 'Weisheit, Wissenschaft'. p h i l o s o p h i e r e n Vb. 'vernunftmäßig, methodisch denken, forschen, nachdenklich über etw. sprechen' (16. Jh.), aus lat. *philosophārī* 'Philosophie betreiben, sich um gründliche Kenntnis bemühen, forschen'; Einfluß von mfrz. frz. *philosopher* ist möglich. p h i l o s o p h i s c h Adj. 'die Philosophie betreffend, methodisch, erkenntnismäßig forschend, besinnlich, nachdenklich, weise' (16. Jh.), spätlat. *philosophicus*.

Phiole f. 'bauchige, dünnwandige Glasflasche mit langem, engem Hals', ahd. *fiala* (um 800), mhd. *viole* sind entlehnt aus lat. *phiala* bzw. daraus umgebildetem spätlat. *fiola* '(Trink)schale'. Ausgangsform ist griech. *phiálē* (*φιάλη*) 'Schüssel, Schale'.

Phlegma n. 'unerschütterliche Ruhe als Temperamentsmerkmal, Trägheit, Schwerfälligkeit, Gleichgültigkeit', mhd. *fleuma* (13. Jh.), frühnhd. *flekma* (Anfang 15. Jh.), Übernahme von lat. *phlegma*, griech.

phlégma (φλέγμα), eigentl. 'Brand, Hitze, Glut, Entzündung', seit Hippokrates ärztliche Bezeichnung für einen entzündlichen, zähen Schleimfluß im Körper, nach der antiken Lehre von den durch Körpersäfte bewirkten Temperamenten die Ursache der Schwerfälligkeit; zu griech. *phlégein* (φλέγειν) 'entzünden, entflammen, (ver)brennen, glänzen' (s. *Phlox*). – phlegmatisch Adj. 'träge, nicht zu Affekten neigend, schwerfällig, gleichgültig' (16. Jh.), spätlat. *phlegmaticus*, griech. *phlegmatikós* (φλεγματικός) 'schleimig, an zähflüssigem Schleim leidend'. Phlegmatiker m. 'Mensch von trägem, geistig unbeweglichem Temperament' (18. Jh.), älter *Phlegmaticus* (16. Jh.), Substantivierung des Adjektivs spätlat. *phlegmaticus* (s. oben).

Phlox m. f. Der Name der in vielen Arten kultivierten Zier- und Gartenpflanze ist eine Entlehnung von botan.-lat. *Phlox*. Diese von Linné (1737) aufgenommene Bezeichnung folgt formal griech.-lat. *phlox*, das bei antiken Schriftstellern jedoch für eine andere Pflanze, wahrscheinlich für eine bläulichpurpurrot blühende Nelkenart gilt. Der Name ist eine Übertragung von griech. *phlóx* (φλόξ) 'Flamme, loderndes Feuer, Brand', zu griech. *phlégein* (φλέγειν) 'entzünden, (ver)brennen, glänzen, leuchten' (verwandt mit *blecken*, s. d.), womit damals wie heute die farbenprächtigen, flammend gefärbten Blüten charakterisiert werden sollen. Im Dt. daher auch *Flammenblume* (18. Jh.).

Phobie f. 'krankhafte Aversion, zwanghaft auftretende Furcht vor bestimmten Gegenständen oder Situationen'. Zu griech. *phobeĩsthai* (φοβεῖσθαι) 'sich scheuen, fürchten' und griech. *hýdōr* (ὕδωρ) 'Wasser' (s. *hydro-*) werden das Kompositum griech. *hydrophóbos* (ὑδροφόβος) 'wasscherscheu' und das zugehörige Abstraktum griech. *hydrophobía* (ὑδροφοβία) 'Wasserscheu' gebildet, woraus lat. *hydrophobia* und, über die medizinische Wissenschaftssprache, mit dt. Endung *Hydrophobie* (18. Jh.). Nach diesem Muster entstehen im 19. Jh. (zunächst vornehmlich im Frz.) Zusammensetzungen, die eine instinktive Abneigung oder Furcht vor Personen bzw. Erscheinungen ausdrücken, vgl. frz. *anglophobe* Adj. 'allem Englischen abgeneigt', *anglophobie* Subst. 'Abneigung gegen alles Englische' (1829), danach im Dt. *anglophobisch*, *Anglophobie* (1. Hälfte 19. Jh.), *anglophob* (20. Jh.). Gegen Ende des 19. Jhs. folgen viele Bildungen im medizinischen Bereich, die krankhafte psychische Aversionen bzw. Zwangsvorstellungen bezeichnen, vgl. *Agoraphobie* 'Platzangst', zu griech. *agorá* (ἀγορά) 'Versammlungsplatz, Markt'; *Klaustrophobie* 'Angst vor dem Aufenthalt in geschlossenen Räumen', zu lat. *claustrum* im Sinne von 'abgesperrter Bereich, geschlossener Raum', s. *Kloster*; *Pyrophobie* 'Angst vor Bränden', zu griech. *pȳ́r* (πῦρ) 'Feuer'. *-phobie* bei Substantiven und *-phob* bei Adjektiven bleiben als Kompositionselemente weiterhin produktiv. Aus den Substantivbildungen hat sich *Phobie* als selbständiges Wort im oben genannten Sinne abgelöst (1. Hälfte 20. Jh., frz. *phobie* f. Ende 19. Jh.).

Phonetik f. Wissenschaft von den akustischen und artikulatorischen Eigenschaften der Laute und Lautgebilde, gelehrte Bildung (19. Jh.) zu griech. *phōnētikós* (φωνητικός) 'zum Tönen, Sprechen gehörig', abgeleitet von *phōnētós* (φωνητός) 'verlautbart, gesprochen', Verbaladj. von griech. *phōnein* (φωνεῖν) 'lauten, tönen, sprechen', Denominativum zu griech. *phōnḗ* (φωνή) 'Laut, Stimme, Klang, Ton'. – phonetisch Adj. 'die Phonetik betreffend, den Gesetzen der Phonetik entsprechend, lautlich' (19. Jh.). Phon n. Maßeinheit für die Lautstärke, gebildet (1927) von dem dt. Physiker Barkhausen nach griech. *phōnḗ* (s. oben). Phonem n. in der Sprachwissenschaft 'kleinste lineare bedeutungsdifferenzierende sprachliche Einheit' (20er Jahre 20. Jh.), vgl. gleichbed. frz. *phonème* (2. Hälfte 19. Jh.), nach griech. *phṓnēma* (φώνημα) 'Laut, Ton, Stimme, Sprache'. Phonologie f. Lehre von den Phonemen, von den Lauten und Lautgruppen im Hinblick auf ihre Bedeutung für die Wörter (1. Hälfte 19. Jh.), frz. *phonologie* (auch im Sinne von 'Lautlehre', Mitte 19. Jh.), zu griech. *phōnḗ* (s. oben) in Verbindung mit *-logie* (s. d.).

Phosphor m. nichtmetallisches, im Dunkeln leuchtendes chemisches Element, gelehrte Substantivierung (17. Jh.) des Adjektivs griech. *phōsphóros* (φωσφόρος) 'Licht tragend, bringend, gebend'; vgl. griech. *phōs* (φῶς) 'Licht' und *-phóros* (-φόρος), zu griech. *phérein* (φέρειν) 'tragen, bringen'. Vgl. bereits griech. *Phōsphóros*, lat. *Phōs-*

phoros, *Phōsphorus* als Bezeichnung für den Morgenstern, der gleichsam das Tageslicht bringt, eigentl. 'Lichtbringer, -träger'. – phosphoreszieren Vb. 'im Dunkeln leuchten', Phosphoreszenz f. Fähigkeit mancher Stoffe, nach einer Bestrahlung mit Lichtwellen selbst zu leuchten, gelehrte Weiterbildungen von *Phosphor* unter Anlehnung an lat. Inchoativa auf *-ēscere* (beide 2. Hälfte 18. Jh.).

Photographie f. Verfahren, ein mittels einer Kamera durch Strahlungen, bes. durch Lichtwellen erzeugtes Bild auf lichtempfindlichen Schichten chemisch festzuhalten, Produkt der Photographie, 'Lichtbild', gelehrte Wortbildung zu griech. *phṓs*, Gen. *phōtós* (*φῶς, φωτός*) 'Licht' in Verbindung mit *-graphie* (s. d.). *Photographie* taucht zuerst in der Vossischen Zeitung vom 25. 2. 1839 auf. Kurz darauf bildet der Astronom Herschel engl. *photography* (14. 3. 1839) vermutlich aus den gleichbed. Bezeichnungen engl. *photogenic* (Talbot, 31. 1. 1839) und frz. *héliographie* (Niepce; zuvor 'Sonnenbeschreibung'). Das Kurzwort *Photo* n. 'Lichtbild' ist seit Mitte des 19. Jhs. bezeugt. – Photograph m. 'wer (berufsmäßig) photographiert' (zum Grundwort s. *-graph*), photographieren Vb. 'mit dem Photoapparat ein Lichtbild aufnehmen', photographisch Adj. 'die Photographie betreffend, durch Photographie erzeugt' (alle Mitte 19. Jh.). Photokopie f. auf photographischem Weg hergestellte Kopie von Schriftstücken oder Bildern (um 1900); s. *Kopie*. Vgl. noch *Photoapparat*, *-chemie*, *-modell*, *-montage*, *-reporter*, *photomechanisch* (20. Jh.) sowie *photogen* (s. *-gen*). – Heute in allen Formen meist *Foto-* sowie *-grafie*, *-graf*, *-grafieren*.

Phrase f. 'Redewendung, (leere) Redensart, Floskel', in der Musik 'Gruppe von Tönen, die rhythmisch und melodisch eine sinnvolle Einheit bilden', Entlehnung (Anfang 17. Jh., zuerst im Plural *Phrasen*) aus spätlat. *phrasis*, griech. *phrásis* (*φράσις*) 'das Sprechen, Ausdruck(sweise)', zu griech. *phrázein* (*φράζειν*) 'zu erkennen geben, anzeigen, zeigen, mitteilen'. Nach voraufgehendem Gebrauch der griech.-lat. Form *Phrasis* in dt. Texten seit dem 16. Jh. in dem (heute allgemeinsprachlich seltenen, fachsprachlich jedoch üblichen) Sinne von 'Redewendung, Redeweise, Satz' steht *Phrase* (seit Mitte 18. Jh.), bes. der Plural *Phrasen* (unter Einfluß von frz. *phrases*) für 'leere Redensarten'; vgl. die Wendung *Phrasen dreschen* 'inhaltloses, leeres Geschwätz vorbringen und wiederholen' (19. Jh.). – Paraphrase f. 'Umschreibung eines sprachlichen Ausdrucks, eines literarischen Textes, freie, sinngemäße Übersetzung', in der Musik 'freie instrumentale Fantasie über eine (bekannte) Melodie', entlehnt (18. Jh.) aus lat. *paraphrasis*, griech. *paráphrasis* (*παράφρασις*) 'erweiternde und verdeutlichende Umschreibung' (s. *para-*); seit dem 16. Jh. bereits in griech.-lat. Form *Paraphrasis* in dt. Texten bezeugt. paraphrasieren Vb. '(verdeutlichend) umschreiben, erklären', in der Musik '(eine Melodie) instrumental in freier Fantasie gestalten' (17. Jh.); vgl. gleichbed. frz. *paraphraser*. Phraseologie f. 'Gesamtheit der bzw. Lehre von den Redewendungen einer Sprache und ihrer Typologie' (20. Jh.), 'leere Redensart' (Ende 18. Jh.), 'Redensart, Wortschatz' (Anfang 17. Jh.); zuerst *Phraseologey*, nach der griech.-lat. Neubildung *phraseologia* des dt. Humanisten M. Neander (eigentl. M. Neumann, 16. Jh.) für eine 'Sammlung von Redewendungen'.

Physik f. Wissenschaft von der Struktur und den Bewegungsgesetzen der unbelebten Materie, mhd. *fisike*, *physike* 'Natur-, Heilkunde', frühnhd. *Physic*, *Phisic* 'Naturkunde, innere Medizin' (16. Jh.), auch in lat. Form *Physica* (15. bis 18. Jh.), entlehnt (ins Mhd. durch Vermittlung von afrz. *fisique* 'Arznei-, Naturkunde'?) aus lat. *physica*, griech. *physikḗ (téchnē)* (*φυσικὴ τέχνη*) 'Erforschung der Natur, des Wesens der Dinge', dem substantivierten Fem. des Adjektivs griech. *physikós* (*φυσικός*) 'natürlich, von der Natur hervorgebracht', dem griech. *phýsis* (*φύσις*) 'Natur, natürliche Beschaffenheit' (s. *Physis*) zugrunde liegt. – physikalisch Adj. 'die Physik betreffend, durch die Gesetze der Physik bestimmt' (16. Jh.), mlat. *physicalis*. Physiker m. 'Wissenschaftler auf dem Gebiet der Physik' (18. Jh.), älter in lat. Form *Physicus* 'Naturkundiger, Arzt' (16. Jh.), lat. *physicus* 'Naturkundiger, -philosoph, Arzt, der physische Mittel gebraucht', griech. *physikós* (*φυσικός*) 'Naturforscher', Substantivierung von griech. *physikós* (s. oben).

Physiognomie f. 'äußere Erscheinung eines Lebewesens, bes. der Gesichtsausdruck'.

Spätmhd. *physonomīe*, frühnhd. *physonomy*, *phisonomei*, *phisomye*, *phisemy* (15. Jh.), nhd. *Physionomey* (16. Jh.), *Physionomie* (bis Anfang 19. Jh.) 'Mienendeutung, Gesichtsausdruck, Gesichtszüge' sind Entlehnungen aus mlat. *phis(i)onomia*, *phisomia*. Dies ist hervorgegangen aus spätlat. *physiognōmia*, griech. *physiognōmía* (φυσιογνωμία), wohl Verkürzung (oder fehlerhafte Schreibung?) von griech. *physiognōmonía* (φυσιογνωμονία) 'Fähigkeit, die Natur, den Charakter eines Menschen aus den Gesichtszügen zu erkennen'. Zugrunde liegt das Kompositum griech. *physiognṓmōn* (φυσιογνώμων), zusammengesetzt aus griech. *phýsis* (φύσις) 'Natur, natürliche, körperliche Beschaffenheit, Wuchs' (s. *Physis*) und *gnṓmōn* (γνώμων) 'Kenner, Beurteiler', Nomen agentis zu griech. *gignṓskein* (γιγνώσκειν) 'erkennen, kennenlernen'. Nhd. *Physiognomie* ist gelehrte Wiederaufnahme des griech.-lat. Wortes im späteren 16. Jh. – physiognomisch Adj. 'die Physiognomie betreffend' (16. Jh.), spätlat. *physiognōmicus*; vgl. griech. *physiognōmonikós* (φυσιογνωμονικός).

Physiologie f. Lehre von den funktionellen Vorgängen im Organismus von Mensch, Tier und Pflanze, entlehnt (17. Jh., nach voraufgehendem Gebrauch der lat. Form in dt. Texten seit dem 16. Jh.) aus lat. *physiologia*, griech. *physiología* (φυσιολογία) 'Untersuchung der Natur, Lehre von der Beschaffenheit der natürlichen Körper', Abstraktbildung zu griech. *physiológos* (s. unten). – Physiologe m. 'Fachmann auf dem Gebiet der Physiologie' (18. Jh., älter *Physiologist*, 17. Jh.), lat. *physiologus*, griech. *physiológos* (φυσιολόγος) 'Naturforscher, -philosoph', gebildet (mit dem Kompositionsvokal *-o-*) zu griech. *phýsis* (φύσις), s. *Physis* und (zum zweiten Kompositionsglied) *-loge*. physiologisch Adj. 'die funktionellen Vorgänge im Organismus betreffend' (Ende 18. Jh.), lat. *physiologicus*, griech. *physiologikós* (φυσιολογικός).

Physiotherapie f. 'Naturheilbehandlung', Behandlung von Krankheiten mit physikalischen Behandlungsmitteln wie Wasser, Luft, Wärme, Licht. Gelehrte Bildung (Anfang 20. Jh.) aus *Physio-* (s. *Physiologe*) in Verbindung mit *Therapie* (s. d.); auch (und älter) *physikalische Therapie* (Ende 19. Jh.). – Physiotherapeut m. (Mitte 20. Jh.).

Physis f. 'Natur, körperliche Beschaffenheit (bes. des Menschen), das Körperliche', übernommen (Anfang 16. Jh.) als Terminus der Naturwissenschaften von griech. *phýsis* (φύσις) 'Natur, natürliche, körperliche Beschaffenheit, Wuchs, Wesen', zu griech. *phýein* (φύειν) 'wachsen lassen', *phýesthai* (φύεσθαι) 'werden, entstehen, wachsen' (verwandt mit *bauen*, s. d.). – physisch Adj. 'die Physis betreffend, körperlich, natürlich, in der Natur begründet' (16. Jh.), lat. *physicus*, griech. *physikós* (φυσικός) 'natürlich, von der Natur hervorgebracht' (s. *Physik*).

piano Adv. (in der Musik) 'leise', Übernahme (Anfang 17. Jh.) als musikalischer Terminus von gleichbed. ital. *piano*, eigentl. 'glatt, eben', aus lat. *plānus* 'eben, flach, platt' (s. *plan*); dazu der Superlativ pianissimo Adv. 'sehr leise' (17. Jh.), ital. *pianissimo*, und die Substantivierungen [1]Piano n. und Pianissimo n. 'leises' bzw. 'sehr leises Spielen, Singen, (sehr) leise zu spielende Stelle in einem Musikstück, (sehr) geringe Tonstärke' (beide 18. Jh.). – [2]Piano n. 'Hammerklavier' (Mitte 19. Jh.), nach frz. *piano*, der verkürzten Form von frz. *pianoforte*, älter *piano et forte*, eigentl. 'leise und laut', aus ital. *clavicembalo col piano e forte* 'Hammerklavier mit leisem und lautem Ton' (später ital. *pianoforte*, auch *fortepiano*), weil die Tasten des Hammerklaviers im Unterschied zu seinen Vorläufern leise (*piano*) und laut (*forte*) angeschlagen werden können; danach auch im Dt. Pianoforte n. und Fortepiano n. (beide 18. Jh.). Pianist m. 'Klavierspieler, -künstler, -virtuos' (19. Jh.), frz. *pianiste*, ital. *pianista*.

picheln Vb. 'vergnüglich und lange trinken, zechen, pokulieren', landschaftlich (bes. nordd. und md.) weit verbreitet, vgl. nd. *pēgeln*, *pecheln*, *picheln*, omd. *picheln*, *biegeln*. Zugrunde liegt mnd. *pēgelen*, *peilen* 'ein Merk-, Eichzeichen anbringen, das Maß bestimmen, messen', dann auch 'zechen, saufen', eigentl. 'nach Pegeln, nach Eichzeichen trinken' (vgl. nd. *ēnen gōden Pēgel sūpen*), abgeleitet von mnd. *pēgel* 'Merkzeichen in Flüssigkeitsgefäßen, Wasserstandsmaß' (s. *Pegel*, *peilen*). Anders Foerste in: Nd. Wort 1 (1960) 12, der *picheln* im Hinblick auf gleichbed. rhein. *picken* an frz. *piquer*, vlat. **pīccāre* 'stechen', auch 'sauer schmecken' (s. *pikiert*, *pikant*, *Pökel*), anschließen möchte.

[1]**Pickel** m. 'Spitzhacke', älter *Bickel*, ahd.

bickil (Hs. 12. Jh.), mhd. *bickel* 'spitzes Werkzeug, Spitzhacke, Meißel', zu dem unter *picken* (s. d.) behandelten Verb gebildete Gerätebezeichnung. Daneben auch gleichbed. Picke f., älter *Bicke*, spätmhd. *bicke*. – Eispickel m. 'Spitzhacke des Bergsteigers zur Wegbereitung in Eis und Firn' (2. Hälfte 19. Jh.).

[2]**Pickel** m. 'kleines Hautgeschwür, Pustel, Eiterbläschen', landschaftlich verbreitet, durch Campe (1809) in die Literatursprache aufgenommen. Vielleicht Deminutivum zu *Pick*, mhd. *bic*, *pic* 'Stich, Schnitt', während Formen wie schles. *Pücklich* (um 1600), *Pucklig* 'Geschwür', *Puckel* 'Warze' eher als mundartliche Verkleinerungsbildungen zu dem unter *Pocke* (s. d.) dargestellten Substantiv angesehen werden können; vgl. nl. *pukkel* 'Pickel' zu nl. *pok* 'Pocke, Blatter'.

Pickelhaube f. 'mit einer Spitze versehener Helm'. Mhd. *beckenhūbe*, *beckelhūbe*, mnd. *pekelhūve*, frühnhd. *Beckelhaube*, zusammengesetzt aus den unter *Becken* und *Haube* (s. d.) angeführten Substantiven, bezeichnet eine mit einem Becken verglichene, unter dem Topfhelm getragene Blechhaube. Mit ihrer Entwicklung zu einer spitzzulaufenden selbständigen Helmform wird der Ausdruck volksetymologisch an [1]*Pickel* 'Spitzhacke' (s. d.) angelehnt (vgl. *Bickel-*, *Pickelhaube*, 16. Jh.) und dann umgangssprachlich auf den 1842 eingeführten preußischen (später deutschen), mit einer Metallspitze versehenen Helm übertragen.

picken Vb. 'mit der Schnabelspitze hakken'. Die Verbgruppe ahd. *anabicken* 'auf jmdn. einhauen, ihn angreifen' (9. Jh.), mhd. *bicken*, *becken* 'stechen, picken', frühnhd. *becken*, *picken*, mnd. *bicken* 'mit der Schnabelspitze beklopfen', mnl. *picken*, *pecken*, *peken* 'hauen', *bicken* 'hauen, stechen, anfallen, picken (von Vögeln)', engl. *to pick* 'hacken, hauen, auslesen', anord. (aus dem Mnd. Mnl.) *pikka* 'picken, hacken', schwed. *picka* ist als lautnachahmende Bildung zu einer Interjektion *bick*, *pick* 'Geräusch, das entsteht, wenn ein spitzer Schnabel etw. (Nahrung) von einer harten Unterlage aufnimmt' abgeleitet. Ähnliche Bildungen liegen im Roman. vor, vgl. frz. *piquer* 'stechen, anspornen, reizen, schlagen' (s. *pikiert*), die auf das Germ. eingewirkt haben können. Vgl. auch lat. *pīca* 'Elster', *pīcus* 'Specht' (s. *Specht*) und gall.-lat. *beccus* 'Schnabel' (vgl. afrz. frz. *bec*, ital. *becco* 'Schnabel').

Picknick n. 'gemeinsame Mahlzeit, zu der jeder Teilnehmer Geld oder Speisen beiträgt' (1. Hälfte 18. Jh.), dann (wohl engl. Brauche folgend) 'Mahlzeit im Freien, auf Ausflügen, bestehend aus mitgebrachten Speisen' (2. Hälfte 19. Jh.), Entlehnung von frz. *piquenique* 'gesellschaftliches Mahl in einem Landwirtshaus, bei dem jeder Teilnehmer für sich bezahlt, gemeinsames Essen in einem Privathaus, zu dem jeder Speisen, Leckerbissen beisteuert', im Dt. anfangs in der dem Frz. angenäherten Schreibung *Piquenic*, bald darauf *Picknick* (Mitte 18. Jh.), wohl unter dem Einfluß von engl. *picnic*. Frz. *pique-nique* entsteht als Reimkompositum aus frz. *piquer* 'stechen', hier in dem mfrz. und in den Mundarten bezeugten Sinn von 'aufpicken, erschnappen' (zu der unter *pikiert*, s. d., aufgeführten Wortgruppe gehörig; vgl. auch frz. *piquer les tables* 'schmarotzen') und frz. *nique* 'Nichtigkeit, Unbedeutendes', einer wahrscheinlich lautmalenden Bildung.

piekfein Adj. 'ganz besonders fein, exklusiv', Übernahme des im Nd. entstandenen, eigentl. tautologischen Kompositums *pūkfein*, dessen *ū* im Hd. entrundet wird. Das zum Grundwort *fein* (s. d.) hinzutretende Bestimmungswort nd. *pūk* 'rein, sauber, echt, ehrenhaft, redlich', bes. von Waren 'hochwertig, ausgezeichnet' (vgl. *pūke Wāre*, *pūk Gōd* 'beste Ware'), ist eine Entlehnung (18. Jh.) von nl. *puik* 'vortrefflich' (von Waren), hervorgegangen aus dem Substantiv mnl. *puuc* n. 'beste Sorte, beste Qualität', auch 'beste Sorte Laken', vgl. auch mnl. *puuclāken*, *puucwolle* und früh, mit dem Handel der Hanse entlehntes mnd. *puck* 'wollenes Tuch', *puck(e)-*, *puicklăcken* (16. Jh.). Dazu gehören verbale Bildungen wie mnl. *(ūte)pūken* 'das Beste auswählen', nl. *puiken*, *puikelen* 'pflücken, zupfen', eigentl. '(das Beste) herauslesen', sowie mnd. *pūken* 'stechen, picken, auslesen', nd. 'rupfen, zupfen, kratzen'. Weitere Anknüpfungsmöglichkeiten finden sich nicht, so daß de Vries Nl. 552 glaubt, in der gemeinsamen Stammform den Rest einer Substratsprache sehen zu können.

piepen Vb. 'einen hellen, pfeifenden Ton von sich geben' (bes. von jungen Vögeln und kleinen Tieren). Im 16. Jh. ins Hd. aufgenommenes (und dort neben *pfeifen*, s. d., tretendes) mnd. md. (1. Hälfte 15. Jh.) *pīpen* (nd. *piepen*) ist wie gleichbed. engl. *to peep*, nl. *piepen*, schwed. *pipa* lautmalender Herkunft. Außergerm. sind vergleichbar griech. *pippízein* (*πιππίζειν*), lat. *pīpilāre*, *pīpāre*, *pīpiāre*, lit. *pỹpti*, tschech. *pípati* 'piepen', ohne daß etymologische Verwandtschaft angenommen werden muß. Dazu gehört auch die Wiedergabe des Vogellauts *piep* bzw. (intensivierend) *pieps*, wozu p i e p s e n Vb., bildlich 'mit hoher oder schwacher Stimme sprechen' (17. Jh.), p i e p s i g Adj. 'dünn, leise' (von der Stimme), 'schwächlich, kränklich' und P i e p m. für den Laut des Vogels, dann auch für einen dünnen, hohen Ton (19. Jh.). P i e p v o g e l m. 'piepender, singender Vogel', vgl. auch *Piephahn*, *Pieplerche*, *Piepmatz* (s. *Matz*) und *Piepmaus* (alle 18./19. Jh., doch wohl älter). In Anlehnung an umgangssprachliches *einen Vogel haben* 'fixe Ideen haben, überspannt, verrückt sein' (vgl. *Grillen*, *Mukken im Kopf haben*) stehen Wendungen wie *einen Piepmatz*, *einen Piep(s) haben* sowie *bei dir piept's*; ferner *das ist zum Piepen* 'ist zum Lachen'.

Pier m. (seemännisch f.) 'Hafendamm rechtwinklig zum Ufer, Landungsbrücke', Übernahme (Mitte 19. Jh.) von gleichbed. engl. *pier*, mengl. *per* '(Brücken-, Stütz)pfeiler'; vgl. (anglo)lat. *pera*, *pēra*, mlat. *pera* 'Uferbefestigung, Hafendamm'. Herkunft unbekannt. Über afrz. *pier(r)e* 'Stein, Fels' (frz. *pierre*) an gleichbed. lat. *petra*, griech. *pétra* (*πέτρα*) anzuschließen?

piesacken Vb. 'peinigen, quälen, belästigen, ärgern', in vornehmlich nordd. und md. Literatursprache (seit 18. Jh.) nach nd. *pisakken* 'plagen, quälen, schlagen, stoßen'. Das Verb ist wohl abgeleitet von nd. *Pesek* 'Ochsenziemer', eigentl. 'Geschlechtsglied des Stiers', das mit gleichbed. nd. *Pesel* (vgl. auch *Bullenpesel*), mnl. *pēseric*, nl. *pezerik* zu mnd. *pēse* 'Sehne', mnl. *pēse*, nl. *pees* 'Sehne, Strang, Ziemer, Ochsenziemer' gebildet ist mit einer Ausgangsbedeutung 'mit dem Ochsenziemer schlagen'. Weitere Herkunft unbekannt.

Pietät f. 'Ehrfurcht, dankbares Gedenken, Frömmigkeit, ehrerbietige Rücksichtnahme', entlehnt (2. Hälfte 16. Jh.) aus lat. *pīetās* (Gen. *pīetātis*) 'auf sittlichem Empfinden und auf Verehrung beruhendes Pflichtgefühl, Liebe (zu Verwandten, zum Vaterland), Sanftmut, Barmherzigkeit', zu lat. *pīus* 'rechtschaffen, gottesfürchtig, gewissenhaft, zärtlich, gütig'; zuvor (15./16. Jh.) übersetzt mit *mildicheit*, *gunstig gemute*, *christenlich verbintnuß*, *glubd des thauffs*. – P i e t i s m u s m. gegen die dogmatisch erstarrte protestantische Orthodoxie, später auch gegen die Aufklärungsideologie gerichtete, stark gefühlsbetonte Frömmigkeit, die ein tätiges Christentum anstrebt, von den Gegnern spöttisch im Sinne von 'Frömmelei, Frömmlertum' gebraucht; nlat. Bildung (2. Hälfte 17. Jh.) zu lat. *pīetās* (s. oben), zuerst als Scheltname, wie auch *Pietisterei* (Ende 17. Jh.), für die von Spener 1670 in Frankfurt a. M. eingerichteten *Collegia pietatis* (gottesdienstliche Hausandachten). P i e t i s t m. 'Anhänger des Pietismus', zuerst Spottname für die Anhänger Speners, 'Frömmler, Mucker' (2. Hälfte 17. Jh.); p i e t i s t i s c h Adj. (2. Hälfte 18. Jh.).

Pigment n. in einem Bindemittel fein verteilter, unlöslicher Farbstoff, in menschlichen und tierischen Zellen eingelagerter Farbstoff, Entlehnung (Ende 18. Jh.) aus lat. *pigmentum* 'Farbe, Schminke, Spezerei', mlat. *pimentum* 'Farbstoff, Balsam, Spezerei', zu lat. *pingere* (*pictum*) 'malen, bemalen, schmücken'. Eine frühe Entlehnung aus dem Lat. ist ahd. *pimenta* (8. Jh.), *piminza* (9. Jh.) 'Schminke, Duftstoff, Spezerei, Gewürz, Kräuter', mhd. *pigment(e)*, *pīmente*, *bīment(e)*, frühnhd. *pigment*, *pigmeng*, *pigmer*, mnd. *bīminte*, mnl. *pigment*, *piment*, *pument*. Vgl. nhd. P i m e n t m. n. ein Gewürz, die getrocknete, unreife Frucht eines tropischen Baumes (botan.-lat. *Myrtus pimenta* Linné 1753, 'Gewürzmyrte, Pimentbaum', heute *Pimenta officinalis*).

Pik, P i c k m. 'heimlicher Groll' (Anfang 17. Jh.), nur noch in der Wendung *einen Pik auf jmdn. haben* 'gereizt sein, Groll hegen gegen jmdn.' (1. Hälfte 17. Jh.), aus nd. *enen Pik up jemand hebben*, nl. (westfläm.) *op iemand of tegen iemand eenen pijk hebben of dragen*. Das Substantiv ist wohl entlehnt aus mfrz. frz. *pique* 'Rachegefühl, Groll', zu mfrz. frz. *piquer* 'stechen, reizen', refl. 'sich beleidigt fühlen' (s. *pikiert*).

pikant Adj. 'scharf, bissig, stichelnd, spitz (von Wort und Rede)' (Ende 17., häufiger 19. Jh.), 'wohlschmeckend, kräftig gewürzt' (Anfang 18. Jh.), auch 'anregend, reizvoll, prickelnd' (von der äußeren Erscheinung des Menschen, seinem Gesichtsausdruck, seiner Kleidung, Wesensart, 2. Hälfte 18., vor allem 19. Jh.), Entlehnung von gleichbed. frz. *piquant*, eigentl. 'stechend, spitzig, stachelig', Part. Präs. zu frz. *piquer* 'stechen, anspornen, reizen, schlagen' (zur weiteren Herkunft s. *pikiert*). – Pikanterie f. 'reizvolle Note, Anzüglichkeit', auch 'feine Würzigkeit', französierende Ableitung von *pikant* (Ende 17. Jh.).

Pike f. 'Lanze, Spieß der Landsknechte', spätmhd. (westmd.) *pieke*, *pyecke*, dann auch *Picke* (17. Jh.), Entlehnung über gleichbed. mnd. *pēk*, *peke* aus (seit 1290 bezeugtem) mnl. *pike*, *pijc(ke)*, *pieke*, *pēke* (nl. *piek*), woraus auch afrz. frz. *pique* (vgl. mfrz. *pique de Flandres*); frz. Schreibweise *Pique* begegnet auch (Anfang 17. Jh.) in dt. Texten. Die Bezeichnung für die mit einer scharfen flachen Spitze versehene Stichwaffe ist wohl an die unter *picken* (s. d.) angeführte lautmalende Wortgruppe anzuschließen. Heute vor allem in der Wendung *von der Pike auf dienen* (17. Jh.), auch *von der Pike hinaufdienen* (18. Jh.) 'von ganz unten anfangen und sich hocharbeiten', eigentl. 'als einfacher Soldat mit dem Spieß in der Hand anfangen und dann aufsteigen' – Pique, Pik n. Spielkartenfarbe (18. Jh.), frz. *pique*, nach der Ähnlichkeit des Kartensymbols mit dem Spitzblatt der genannten Waffe.

pikiert Adj. 'gereizt, verletzt, verstimmt, gekränkt' (Ende 18. Jh.), Part.adj. zu pikieren Vb. 'stechen, anstacheln, reizen, verstimmen', refl. 'sich anspornen, sich angelegen sein lassen' (Ende 17. Jh.), einer Entlehnung aus frz. *piquer* 'stechen, anspornen, reizen, schlagen', refl. 'sich beleidigt fühlen'. Dieses gehört zu einem im Roman. verbreiteten Typus vlat. **pīccāre*, der auf lautmalendem **pīkk-* (mit expressiver Konsonantendoppelung) beruht; vgl. die sich mit ähnlichen Laut- und Bewegungsvorstellungen verbindenden parallelen Bildungen lat. *pīcus* 'Specht, Baumhacker', dt. *picken* (s. d.). Eine vereinzelte Frühentlehnung (Ende 16. Jh.) ist *pikieren* im Sinne von 'stechen, nähen, steppen'.

[1]**Pikkolo** m. 'Kellnerlehrling', Übernahme (Ende 19. Jh.) von gleichbed. nordital. *piccolo*, ital. eigentl. 'klein', substantivisch 'der Kleine, Junge'. [2]**Pikkolo** n. 'kleine Querflöte', Kurzform (19. Jh.) von Pikkoloflöte f., älter *Pickelflöte* (Campe 1813), für ital. *flauto piccolo*, eigentl. 'kleine Flöte'. Ital. *piccolo* gehört zu einem in mehreren roman. Sprachen vertretenen, wohl expressiv gebildeten Stamm roman. **pīk-* 'klein'.

Pilger m. 'Wallfahrer'. Ahd. *piligrīm* (8. Jh.), mhd. *bilgerīm*, *bilgerīn*, *pilgerīn* ist wie mnd. *pelegrime*, *pelegrīm*, *pilgerne*, mnl. *pel(e)grijm*, *pelgrim*, *pelegrijn*, nl. *pelgrim* eine Entlehnung aus spätlat. *pelegrīnus*, dissimiliert aus lat. *peregrīnus* Adj. 'fremd, ausländisch', Subst. 'Fremdling', zum Adverb lat. *peregrē* 'aus, in der, in die Fremde', eigentl. 'was über den eigenen Acker, das eigene Siedlungsgebiet, speziell den *ager Rōmānus*, also über Rom hinausgeht', vgl. lat. *per* (s. *per*) und *ager* 'Acker, Territorium'. Im mittelalterlichen Latein bezeichnet *peregrinus*, *pelegrinus* auch den 'fremden Mönch, der als Gast in ein Kloster kommt', vor allem aber den 'Wallfahrer', auch 'Kreuzfahrer'. Die lat. Bedeutungen finden sich im Alt- bzw. Mittelhochdeutschen wieder, vorherrschend wird die Bedeutung 'Wallfahrer'. Während älteres *Pilgrim* in gehobener Sprache erhalten bleibt, tritt seit dem 15. Jh. *Pilger* auf, wobei altes auslautendes *-īn* (als Kasusendung oder Deminutivsuffix mißverstanden) aufgegeben wird. Schwierigkeiten bereiten die lautlichen Differenzen zwischen den alten hd. Formen und dem lat. Ausgangswort. Man versucht, sie auf den Einfluß des Männernamens ahd. *Piligrīm* zurückzuführen. Dessen erstes Glied stellt man zu ahd. *billi*, aengl. *bill* 'Streitaxt, Schwert', das zweite zu den unter *Grimasse* (s. d.) behandelten germ. Formen (zum Auftreten in Eigennamen vgl. de Vries Anord. 188f.). – pilgern Vb. 'eine (Fuß)reise zu einer religiös verehrten Stätte machen, wallfahren' (18. Jh.).

Pille f. 'Arzneimittel in Kügelchenform', spätmhd. (md.) *pille* (14. Jh.), mnd. *pille*, Entlehnung aus gleichbed. mlat. *pilla*, *pila*, lat. *pila* 'Ball, Kugel'. Bis ins 17. Jh. sind daneben die auf dem Deminutivum lat. *pilula* 'kleiner Ball, Kügelchen, Arzneikügelchen', spätlat. mlat. auch *pillula* beruhenden Formen mhd. frühnhd. *pillule*, frühnhd. *pillel(e)* gebräuchlich. Heute ist *Pille* häufig Kürzung von *Antibabypille*.

Pilot m. 'Steuermann, Lotse' (*Pedotta*, *Pedot*, *Pelotte*, *Pillot*, 15. Jh., *Pilotto*, *Piloto*, um

1500, *Pilot*, 1. Hälfte 16. Jh., interpretiert mit 'Schiffsführer, -leiter'), mit beginnender großer Seefahrt entlehnt aus ital. *pilota*, *piloto*, älter auch *pedotta*, *pedot(t)o* 'Steuermann, Lotse, Schiffsführer', dann außerdem (wohl über mnd. *pilōt(e)*, mnl. *pilote*) aus gleichbed. mfrz. *pil(l)ot*, mfrz. frz. *pilote*, das ebenfalls auf das Ital. zurückgeht, vereinzelt auch aus span. port. *piloto*. Zu Beginn des 20. Jhs. erfolgt erneute Entlehnung im Sinne von 'Ballon-, Flugzeugführer' aus gleichbed. frz. *pilote*. Zugrunde liegt mgriech. **pēdṓtēs* (**πηδώτης*) 'Steuermann', zu griech. *pēdón* (*πηδόν*) 'Ruderblatt, Steuerruder', dieses zu griech. *pū́s*, Gen. *podós* (*πούς, ποδός*) 'Fuß, Fußspur' (wegen der flachen Form des Ruderblatts). Der Wandel von *d* zu *l* im Ital. vollzieht sich wahrscheinlich unter Einfluß von ital. (älter) *pileggiare* 'segeln, schiffen' (vgl. auch mlat. *pillottus*, *pilotus* neben *pedotta*).

Pilz m. blatt-, blüten- und grünlose Pflanze, bestehend aus fleischigem Stiel und einem meist breiten, kegelförmigen Hut, ahd. *buliȝ* 'Pilz, Trüffel' (10. Jh., bis in Hss. des 15. Jhs.), frühnhd. *pilz*, danach noch *Bölz*, *Bülz* (um 1700), *Bülz*, *Bilz*, *Pültz* (18. Jh.), entlehnt (vor der hd. Lautverschiebung) aus lat. *bōlētus* 'Pilz, Champignon'.

Pingpong n. 'Tischtennis', Übernahme (um 1900, erneut um 1925) von gleichbed. engl. *ping-pong*. Die Bezeichnung des in England entwickelten Spiels ist eine reduplizierende Bildung mit ablautendem Vokal zum Schallwort engl. *ping* (vgl. einen Klangeindruck wiedergebendes engl. *ding-dong* und ähnlich entstandenes dt. *bim*, *bam*). In der offiziellen Sportsprache dafür *Tischtennis*.

Pinguin m. Der Name für den gesellig lebenden, aufrecht gehenden, flugunfähigen, aber schwimmgewandten Vogel der Antarktis lautet engl. *penguin*, woraus nl. *pinguin*, mfrz. *penguyn*, *pinguin*, frz. *pingouin*, dt. *Pinguin* (um 1600). Er gilt zunächst für den (im 19. Jh. ausgerotteten) an den Küsten Neufundlands, Grönlands, Islands lebenden Riesenalk oder Geiervogel mit weißem Fleck zwischen Stirn und Augen; er wird dann auf den Tordalk des Nordens und (Ende 16. Jh.) auf den von Drake entdeckten Meeresvogel des Südpolargebietes übertragen. Die Herkunft der Benennung ist ungewiß. Vielleicht ist sie eine künstliche Bildung zu lat. *pinguis* 'fett, feist', so wie das Tier im Dt. auch *Fettgans* genannt wird (vgl. Adelung). Andere sehen darin eine Zusammensetzung aus bret. *penn* 'Kopf' und *gwenn* 'weiß', da der Vogel an Brust und Bauch weiß sei und beiderseits am Kopf je einen weißen Streifen habe; diese in einem Bericht über die Reise des Engländers Hore nach Cap Breton erwähnte Erklärung kann allerdings nur unter der Voraussetzung gelten, daß an dieser Fahrt auch bretonische Seeleute teilnahmen (vgl. FEW 18, 92f.).

Pinie f. Der Name für eine Kiefernart der Mittelmeerländer ist eine Entlehnung (Ende 18. Jh.) aus botan.-lat. *pinea* (Linné 1753). Dieses beruht auf lat. *pīneus* Adj. 'fichten-, kiefernartig', einer Ableitung von lat. *pīnus* f. 'Fichte, Föhre, Kiefer, Pinie'. Aus dem substantivierten Fem. lat. *pīnea (nux)* für den Samenkern der Pinie wird bereits im 16. Jh. *Pinee*, *Pinie* 'Piniennuß' entlehnt (in Glossaren, im heilkundlichen Schrifttum und in Kochbüchern bezeugt). Die eßbare, stark ölhaltige, zur Kuchenherstellung verwendete Piniennuß war ein beliebter Handelsgegenstand. Älter ist die Entlehnung ahd. *pīnboum* (9. Jh.), aus lat. *pīnus* (s. oben).

Pinke f. (umgangssprachlich, bes. nordd. und md.) 'Geld' (19. Jh.). Herkunft ungeklärt. Wolf Rotw. 242 verbindet *Pinke* mit gleichbed. rotw. *Penunge* und P e n u n s e f. 'Geld' (19. Jh.), einem berlin. wie nordostd. Ausdruck, der mit Sicherheit aus poln. *pieniądze* Plur. 'Geld' hervorgegangen ist. Die Entstehung der Lautform *pinke* ist gewiß durch das klimpernde Geräusch aneinanderfallender Münzen begünstigt. Dazu vgl. auch die reduplizierende Intensivbildung *Pinkepinke* (um 1900) und lautmalendes nordd. omd. *pinken* 'hämmern, schlagen' (auf den Amboß).

pinkeln Vb. 'Wasser lassen, urinieren', umgangssprachlich, vielleicht kindersprachliche Bildung (16. Jh.), iterativ neben *pinken* (16. Jh.), zu aus lautmalendem *pissen* (s. d.) verkürztem *pi* (vgl. *pipi machen*); vorwiegend nordd. und md. Ähnliche Bildungen liegen vor in gleichbed. dän. norw. *pinke*, schwed. *pinka*. Dazu auch ofries. *pink*, norw. (mundartlich) *pikk* 'Penis'?

Pinscher m. kleine zierliche Hunderasse, zuvor auch *Pintscher*, *Pintsch*, *Pinsch* sowie *Ratten-*, *Affenpintscher* (Anfang 19. Jh.). Herkunft unbekannt. Anknüpfung an engl. *to pinch* 'drücken, zwicken, kneifen, quetschen' (dem Hund werden vielfach Ohren und Schwanz gestutzt) ist nicht wahrscheinlich, da der Name im Engl. keine Entsprechung hat. Auch die Deutung von bair.-öst. *Binzger*, *Binscher* 'Hund von Rattenfängerart, kleiner Rattenfänger' als *Pinzger, Pinzgauer* (Hund aus dem *Pinzgau*) ist unsicher.

[1]**Pinsel** m. 'Werkzeug mit eingesetzten Borsten zum Auftragen von Farbe', mhd. *pensel*, *bensel*, (md.) *pinsel*, mnd. *pinsel*, mnl. *pinceel*, nl. *penseel*, mengl. *pensel*, *pencel*, engl. *pencil* (auch 'Bleistift'), entlehnt aus gleichbed. afrz. mfrz. *pincel* (frz. *pinceau*). Dies geht zurück auf vlat. **pēnicellus*, aus lat. *pēnicillus* 'Malerpinsel, Malerei', einer Umbildung von lat. *pēniculus* 'Bürste, Schwamm, Pinsel', eigentl. 'Haarbüschel, Schwänzchen', Deminutivum zu lat. *pēnis* 'Schwanz'. Im Dt. setzt sich im 18. Jh. die md.-nd. Form *Pinsel* durch. – p i n s e l n Vb. 'malen, Farbe aufstreichen', mhd. *pinseln*.

[2]**Pinsel** m. 'niederträchtiger Mensch, Geizhals' (Anfang 18. Jh.), dann bes. 'einfältiger Mensch' (2. Hälfte 18. Jh.), ein nd. Wort, das (über die Studentensprache?) allgemeine Verbreitung erlangt, vgl. nd. *Pinsule*, *Pinnsuhl*, *Pinnsoul* 'Geizhals, Knauser', eigentl. 'Schusterahle, Pfriem', also wohl zunächst Berufsschelte für den Schuster. Mnd. *pinsuwel*, *pinsūl* 'Schusterahle' ist ein Kompositum, das als erstes Glied asächs. *pin*, mnd. *pin, pinne* 'Spitze, Nagel, Pflock, Schusterzwecke' enthält, das wie mhd. *phinne*, *vinne* 'Nagel', mnl. *pinne*, *penne* f., *pinne*, *pin* m., nl. *pen*, *pin*, aengl. *pinn*, engl. *pin* (auch 'Stecknadel'), anord. (aus dem Mnd.) *pinni* nach FRINGS/M. Germania Romana 2 (1968) 389 aus lat. *pinna*, *penna* 'Flügel, Feder, Mauerzinne, -spitze' entlehnt ist; andere ziehen mnd. *pint*, aengl. *pintel* 'männliches Glied', engl. *pintle* 'Bolzen, Zapfen' heran, vergleichen die mit *n* suffigierten kelt. Formen mir. *benn*, kymr. *bann* 'Anhöhe, Gipfel, Horn' und erschließen ie. **bendno-/*bn̥dno-* 'vorspringende Spitze' (vgl. POKORNY 1, 96f.). Das Grundwort wird von dem unter *Saum* (s. d.) behandelten [2]*Säule* 'Ahle' gebildet.

Pinzette f. 'feine Federzange', Entlehnung (1. Hälfte 18. Jh.) von gleichbed. frz. *pincette*, afrz. *pincete* 'kleine Zange', Deminutivum von afrz. frz. *pince* 'Zange', abgeleitet von afrz. *pincier*, frz. *pincer* 'kneifen, zwicken', das (wie ital. *pinzare* 'stechen' von Insekten, span. *pinchar* 'stechen'?) einen expressiven Wortstamm **pīnts-* (auch **pīts-*, **pits-*) 'greifen, kneifen' voraussetzt; vgl. westd. (rhein.) *pitschen*, *petschen*, (hess.) *petzen*, *pitzen*, *pfetzen* 'kneifen, kneipen, zwicken'.

Pionier m. 'für kriegstechnische Arbeiten ausgebildeter Soldat' (Anfang 17. Jh.), übertragen 'Bahnbrecher, Wegbereiter, Vorkämpfer' (Mitte 19. Jh.), Entlehnung von mfrz. frz. *pionnier* 'Schanzgräber', afrz. *peonier* 'Fußgänger, Fußsoldat', abgeleitet von gleichbed. afrz. *peon*, das auf spätlat. *pedo* (Gen. *pedōnis*) 'Fußgänger, breitfüßig' beruht, vgl. lat. *pedes* (Gen. *peditis*) 'Fußgänger, Fußsoldat', *pēs* (Gen. *pedis*) 'Fuß'.

Pipeline f. 'Rohrleitung' (bes. für Erdöl), Übernahme (Mitte 20. Jh.) von gleichbed. amerikan.-engl. *pipeline*, einem Fachwort der amerikanischen Ölindustrie; vgl. engl. *pipe* 'Pfeife, Röhre, Rohr' (s. *Pfeife*) und engl. *line* 'Linie, Leitung' (s. *Linie*).

Pipette f. 'Saugröhrchen, Stechheber', Übernahme (19. Jh.) von gleichbed. frz. *pipette*, eigentl. 'Pfeifchen, Röhrchen', Deminutivum zu afrz. *pipe* 'Rohrpfeife, Röhre', frz. '(Tabaks)pfeife, großes Faß', einer Bildung zu afrz. *piper*, vlat. **pīppāre* (lat. *pīpāre*) 'piepen, piepsen' (s. *pfeifen*).

Pirat m. 'Seeräuber', mhd. *pirāte*, frühnhd. *pirat*, *birrat*, entlehnt aus gleichbed. ital. *pirata* bzw. afrz. *pirate*. Diese gehen zurück auf lat. *pīrāta* m., griech. *peirātḗs* (*πειρατής*) 'Seeräuber', eigentl. 'Versucher, Erprober, einer, der prüft, um zu erfahren, ob es gelingt', zu griech. *peirân* (*πειρᾶν*) 'versuchen, auf die Probe stellen, erproben, Seeräuberei treiben', einer denominativen Bildung von griech. *peĩra* (*πεῖρα*) 'Versuch, Untersuchung, Erfahrung'. – P i r a t e r i e f. 'Seeräuberei' (1. Hälfte 19. Jh.), mfrz. frz. *piraterie*.

Pirogge f. mit Fleisch, Fisch, Reis oder Kohl u. a. gefüllte Pastete aus Hefe-, Nudel- oder Blätterteig. Zunächst nur vereinzelte Entlehnung (vorzugsweise in Reiseberichten des 17. Jh.) aus gleichbed. mruss. *pirogъ*, dann erneut ins Dt. entlehnt (1. Hälfte 19. Jh.) aus russ. *piróg* (*пирог*). Die russ. Bezeichnung ist eine Bildung zu aruss. *pirъ*, russ. *pir* (*пир*) 'Gastmahl, Schmaus', vgl. aslaw. *pirъ* 'Gastmahl, Trinkgelage, Frühstück'. Im Dt. meist im Plur., aus dem der Sing. (unter Einfluß des fem. Geschlechts von dt. *Pastete*) rückgebildet ist.

Pirol m. Singvogel, das Männchen mit leuchtendgelbem Gefieder, schwarzen Flügeln und schwarzem Schwanz, spätmhd. *(bruoder) piro*, frühnhd. *Bruder Birolff* (15. Jh.), *Bierolff*, *Birolff*, *Berolff* (16. Jh.), obsächs. *Pyrohl* (18. Jh.) sind den Ruf des Vogels nachahmende Bildungen. Vgl. spielerische Abwandlungen der Mundarten wie *Bierhold*, *Bierholer*, *Biereule*, *Bierhahn*, *Beerhold*, *(Herr von) Bülau*, *(Vogel) Bülo(w)* u. dgl. Die genannten Bezeichnungen verdrängen älteres mhd. *witewal*, *wittewal*, (md.) *wedewal*, frühnhd. *witwol*, *weidwail*, *witwalch*, das wie mnd. mnl. *wēdewāle*, nl. *wielewaal*, mengl. *wodewale*, engl. (mundartlich) *witwall*, *woodwall* ein Kompositum darstellt, dessen erstes Glied wohl auf germ. **widu-* 'Holz, Baum, Wald' zurückgeht (wie in *Wiedehopf*, s. d.), während das Grundwort wiederum als Nachahmung des Vogellauts angesehen werden kann.

Pirouette f. 'Drehung um die eigene Längsachse', auf der Hinterhand des Pferdes beim Dressurreiten, auf einem Standbein (bzw. der Fußspitze) bei Ballett und Eiskunstlauf, Übernahme (Anfang 18. Jh.) von gleichbed. frz. *pirouette*, eigentl. 'Drehrädchen, Kreisel' (d. i. 'sich um eine Achse, einen Pflock drehender Körper'). Dieses beruht nach FEW 8, 564ff. auf Umbildung von mfrz. *pirouelle* 'Kreisel', wahrscheinlich einer Zusammensetzung von mfrz. *rouelle* 'Rädchen, Kniescheibe, runder Gegenstand' (frz. *rouelle* 'Fleisch-, Obstscheibe, Faßreifen') mit dem in afrz. mfrz. *piron* 'Spitze, Türangel' und anderen galloroman. Wörtern vorkommenden Stamm **pir-* 'Pflock', dessen Herkunft unbekannt ist.

pirschen Vb., auch *pürschen*, älter *birschen* 'sich an Wild anschleichen, auf die Schleichjagd gehen'. Mhd. *birsen*, (obd.) *pirsen* 'jagen' (um 1200 vom Westobd. her sich ausbreitend, auch *birsieren*, 1. Hälfte 14. Jh.) gilt meist (wie gleichbed. mnl. *bersen*, mnd. *bersen*, *barsen*, *bassen*) als eine Entlehnung aus afrz. mfrz. *berser* 'mit Pfeil und Bogen schießen, jagen' (vgl. entsprechendes mlat. *bersare*, *birsare*); anders FEW 15, 1, 116, wo das frz. Verb seinerseits auf ein anfrk. **birson* (vielleicht zu verbinden mit ofries. *birsen*, Nebenform von *bīsen* 'stürmen, rasen, jagen, umherrennen'?) zurückgeführt wird, da Anknüpfungsmöglichkeiten im Roman. fehlen und der Stammvokal *-i-* im Hd. sich schwer aus afrz. *-e-* erklären läßt. Danach wäre mhd. *birsen* trotz mangelnder Zeugnisse für das Ahd. eine rein germ. Bildung. – P i r s c h , *Pürsch*, *Birsch* f. 'Jagd', mhd. *birse*, *berse*, frühnhd. *Birs*, Rückbildung aus dem Verb.

pissen Vb. 'Wasser lassen, urinieren', vorwiegend nordd. und md. (gegenüber obd. *brunzen*). Mnd. nd. mnl. nl. *pissen* sind wie afrz. *pissier*, frz. *pisser* (woraus vielleicht engl. *to piss*), aprov. *pissar* (nach denen vlat. **pissiare* angesetzt werden kann) lautmalende, das Geräusch einer rieselnden Flüssigkeit nachahmende Bildungen. Dazu stellen sich auch (vorwiegend md.) *pischen*, *puschen*, *püschen* (sowie ital. *pisciare* und roman. Mundartformen) mit *sch*-Laut. Der Zischlaut wird kindersprachlich oft aufgegeben, vgl. *pi* oder (redupliziered) *pipi machen*. – P i s s e f., älter P i ß m. 'Urin' (15. Jh.), mnd. *pisse*, nd. *Piß*; vgl. gleichbed. afrz. *pis* m., frz. *pisse* f. P i s s o i r n. 'öffentliche Bedürfnisanstalt für Männer', Entlehnung (19. Jh.) von gleichbed. frz. *pissoir*, Ableitung von frz. *pisser*.

Piste f. 'erhöhte Einfassung der Manege im Zirkus, befestigte bzw. abgesteckte Wettkampf-, Rennstrecke, Start- und Landebahn auf Flugplätzen', Übernahme, zunächst im Sinne von 'Spur, Fährte' (19. Jh.), von mfrz. frz. *piste* '(Pferde)spur, Fußabdruck, Fährte', dann 'Wettkampf-, Rennstrecke, Rollbahn', entlehnt aus gleichbed. ital. *pista*, einer Nebenform von ital. *pesta* 'gestampfter Weg, Fährte, Spur', eigentl. 'ausgetretene Spur, in der das Pferd in der Reitschule laufen soll', einer Bildung zu ital. *pestare*, älter auch *pistare* 'stampfen', aus gleichbed. spätlat. *pistāre*.

Pistole f. 'kurzläufige, einhändige Handfeuerwaffe'. Atschech. *pīščala*, *pīšt'ala*, tschech. *píšťala*, *píšt'ala* 'Pfeife, Röhre', Weiterbildung einer *l*-Partizipialableitung von atschech. *pīščati*, tschech. *pískati*, *pištěti* 'pfeifen', wohl einem *sk*-Intensivum zu tschech. *pípati* 'piepen, piepsen' (vgl. MACHEK, 1968, 450ff.), wird im Hinblick auf den hellen Knallaut auf die kurze Handschußwaffe übertragen. Aus dem Atschech. werden im Zuge der Hussitenkriege entlehnt (Anfang 15. Jh.) omd. *pisschullen*, *pyscheln*, *pischaln*, *pischczaln*, *pischoln*, *bizschälen*, *bitscholn* (Plur.). Aus Formen dieser Art stammt mfrz. frz. *pistole* (Mitte 16. Jh.), das ins Dt. (und Tschech.) rückentlehnt wird (Ende 16. Jh.).

pladdern Vb. 'heftig und geräuschvoll regnen' (16. Jh.). Der vorzugsweise nordd. Ausdruck ist lautmalender Herkunft; vgl. nd. *pladdern*, *pleddern* 'plätschern, platschen, in großen Tropfen, in Strömen regnen'.

plädieren Vb. (auch *plaidieren*, bis ins 20. Jh.) 'eine Sache vor Gericht mündlich vortragen und vertreten' (18. Jh.), dann allgemein 'etw. vertreten, für etw. eintreten, etw. befürworten' (20. Jh.), entlehnt aus gleichbed. frz. *plaider*, afrz. *plaidier* 'Gericht halten, reden (vor Gericht), prozessieren', abgeleitet von afrz. *plait* 'Rechtsspruch, Verhandlung vor Gericht, Streit, Abkommen, Angelegenheit' (frz. *plaid* m.), aus mlat. *placitum* 'Gerichtstag, -verhandlung', spätlat. 'Pakt, Vertrag, Vorsatz, Entschluß, Gefallens-, Willensbekundung', lat. 'Lehrmeinung, Überzeugung, Meinung, Erlaß', substantiviertem Neutrum des Part. Perf. von lat. *placēre* 'gefallen, gut finden, wofür stimmen'. – P l ä d o y e r n. 'Vortrag der Prozeßparteien in der gerichtlichen Hauptverhandlung', Übernahme (Ende 18. Jh.) von gleichbed. mfrz. frz. *plaidoyer*, dieses wohl als substantivierter Infinitiv aufgefaßt im Unterschied zu voraufgehendem afrz. *plaidoiié* 'Verhandlung vor Gericht', substantiviertem Part. Perf. von afrz. *plaidoiier* 'vor Gericht reden, einen Rechtsstreit führen'.

Plage f. 'mühsame, schwere Arbeit, Mühe, anhaltende lästige Beschwerde', mhd. mnd. *plāge*, mhd. auch *pflāge*, *vlāge*, mnl. *plāghe* 'himmlische Strafe, Mißgeschick, Qual, Not', nl. *plaag*, mengl. *plage*, engl. *plague* 'Qual, Seuche, Pest' sind Entlehnungen aus lat. *plāga* 'Schlag, Streich, Hieb, Stoß, Schaden, Wunde'. – p l a g e n Vb. 'quälen, belästigen, schinden', ahd. (11. Jh.), mhd. mnd. *plāgen*, mnl. *plāghen* 'mit göttlichen Strafen heimsuchen, strafen, züchtigen', nl. *plagen*, engl. *to plague*, schwed. *plåga* sind entweder entlehnt aus kirchenlat. *plāgāre* 'schlagen, verwunden, peinigen' oder Ableitungen vom (allerdings erst später bezeugten) Substantiv (s. oben). Sowohl *Plage* als auch *plagen* beziehen sich zunächst (bis 16. Jh.) in religiösem Sinne auf von Gott gesandte Strafen, göttliche Heimsuchungen (zumal die im Alten Testament beschriebenen sog. biblischen bzw. ägyptischen Plagen, kirchenlat. *plāgae*); danach stehen Substantiv und Verb in abgeschwächtem Sinne für 'Last, Mühsal' bzw. 'quälen, belästigen', refl. 'sich abmühen'. p l a c k e n Vb. 'lästig quälen, angestrengt und mühselig arbeiten', eine umgangssprachliche Intensivbildung (15. Jh.) zu *plagen*; heute fast nur noch refl. 'sich abquälen, abmühen'; dazu P l a c k e r e i f. (16. Jh.).

Plagiat n. 'Veröffentlichung eines fremden geistigen Werkes als eigenes, literarischer Diebstahl, Diebstahl geistigen Eigentums'. Ausgangspunkt ist lat. *plagiārius* 'Menschendieb, Seelenverkäufer', übertragen (im Vergleich eines literarischen Werks mit freigelassenen Skaven) 'wer literarischen Diebstahl begeht', woraus mfrz. *plagiere*, frz. *plagiaire* 'Dieb geistigen Eigentums', nhd. *Plagiarius* (17. bis 18. Jh.). Davon beeinflußt, wird spätlat. *plagium* 'Menschendiebstahl, Seelenverkauf' in der Bedeutung 'literarischer Diebstahl' im 17. und 18. Jh. in dt. Texte aufgenommen (in der Regel mit lat. Flexion). Zum Verb spätlat. *plagiāre* 'Menschendiebstahl, Seelenverkauf begehen, jmdn. rauben' in übertragener Bedeutung gebildetes nhd. *Plagiat* (nach frz. *plagiat* m.?) begegnet seit Mitte 18. Jh. – P l a g i a t o r m. 'Dieb literarischen bzw. geistigen Eigentums, Ab-, Ausschreiber' (19. Jh.); vgl. spätlat. *plagiātor* 'Menschendieb, Seelenverkäufer, Knabenverführer'.

Plaid n. 'großes wollenes Umschlagtuch, karierte Reisedecke', Übernahme (2. Hälfte 18. Jh.) von gleichbed. engl. *plaid*, eigentl. 'äußeres großkariertes Gewand (deckenartiger Überwurf) der schottischen Hochlandtracht'; zunächst in Romanen, Reisebeschreibungen und Modeberichten auf engl. bzw. schott. Zustände bezogen. Zugrunde liegt gäl. *plaide*.

Plakat n. 'öffentlich angebrachte, großformatige Bekanntmachung, Maueranschlag, Werbeanzeige', Übernahme (16. Jh.) von mnl. *plackaet*, *plackaert* 'schriftliches, gesiegeltes Dokument, obrigkeitliche öffentliche Bekanntmachung', nl. *plakaat*, entlehnt aus mfrz. frz. *placard* '(gesiegelte) Urkunde, Akten-, Schriftstück, öffentlich angeschlagene Bekanntmachung', zu mfrz. frz. *plaquer* 'auflegen, anbringen, überziehen', auch 'ein Siegel anbringen, siegeln'. Dies geht wiederum zurück auf mnl. *placken* 'klecksen, (be)sudeln, (be)schmieren, schlagen' (also wohl auch 'ein Siegel aufsetzen, eindrücken'), auch '(eine Mauer, eine Wand) mit Lehm, Kalk bewerfen' (woraus gleichbed. afrz. *plaquier*), nl. *plakken* '(an-, auf)kleben', abgeleitet von mnl. *placke* 'Fleck, Klecks, Lappen, Fetzen, Münze'; vgl. mnd. *placken* 'ankleben, anheften, einen Flicken auflegen, Flecke machen', *plack(e)* 'Lappen, Fetzen'. Wahrscheinlich sind, ausgehend von 'Klecks, Fleck' und 'kleben, schmieren, schlagen', die genannten Wörter aus der Lehmverarbeitung zu erklären und geben lautmalend den Vorgang des Bewerfens wieder. – Plakette f. 'kleine, meist geprägte Platte mit einer Reliefdarstellung' (Anfang 20. Jh.), frz. *plaquette* (16. Jh.), eigentl. 'kleine Platte', Deminutivum von mfrz. frz. *plaque* '(Metall)platte', zu mfrz. frz. *plaquer* (s. oben), hier im Sinne von 'dünne, flache (Metall)platten zusammendrücken, mit etw. überziehen, belegen'.

[1]**Plan** m. 'Grundriß' eines Gebäudes, einer Stadt (Anfang 18. Jh.), übertragen 'Grundgedanke, Entwurf, Vorhaben, Absicht' (2. Hälfte 18. Jh.), Entlehnung von mfrz. frz. *plan* 'Grundfläche eines Bauwerks, Grundriß', frz. 'Entwurf' (für architektonische Objekte, literarische Werke u. dgl.), einer Rückbildung aus dem Verb frz. *planter* 'auf-, errichten, hinstellen', mfrz. 'etw. so in die Erde stecken, daß ein Teil herausragt', eigentl. (afrz. frz.) '(be)pflanzen', aus gleichbed. lat. *plantāre* (s. *Pflanze*). Im Sinne von 'verbindliche Richtlinie für die Entwickung der Volkswirtschaft in einem bestimmten Zeitraum' (Mitte 20. Jh.) folgt *Plan* der Bedeutung, die russ. *plan* (*план*) entwickelt hat. – [1]planen Vb. 'einen Plan machen, ausarbeiten, etw. vorhaben, sich etw. vornehmen' (18. Jh.). planvoll Adj. 'nach einem Plan, überlegt, systematisch', planlos Adj. 'ohne Plan, unüberlegt' (beide 18. Jh.).

plan Adj. 'eben, flach, platt, glatt', mhd. *plān*, frühnhd. *plan*, auch 'ohne Schwierigkeit, allgemein verständlich, klar und deutlich' (16. Jh.), Entlehnung aus lat. *plānus* 'eben, flach, platt, klar'. – [2]Plan m. 'Fläche, Ebene, freier Platz', mhd. *plān* m., *plān(e)* f. 'freier Platz, Ebene, Turnier-, Kampfplatz', entlehnt aus lat. *plānum* 'Ebene, Fläche', der substantivierten neutralen Form von lat. *plānus* (s. oben), bzw. (zumal in der Bedeutung 'Kampfplatz') aus afrz. *plain* m. (aus lat. *plānum*) und afrz. *plaine* f. (aus dem als fem. Singular aufgefaßten Plur. lat. *plāna*); letzteres lebt vereinzelt weiter in nhd. *Pläne* f. und (dem Frz. folgend) *Plaine* f. (bis 1. Hälfte 19. Jh.). [2]planen Vb. 'glatt, eben machen', ahd. *plānōn* (um 1000), mhd. *plānen*, auch 'flach niederlegen', aus spätlat. *plānāre* 'ebnen'; im 18. Jh. abgelöst von *planieren* (s. d.).

Plane f. 'Schutzdach aus dichtem Stoff, grobe Leinwand', ahd. *blaha* 'ein zum Schutz gegen Kälte oder Sonnenlicht ausgespanntes Zelttuch' (11. Jh.), mhd. *blahe*, (kontrahiert) *blā* 'grobes Leinentuch', frühnhd. *blahe*, *plache*, *plahe*, omd. *plane* (16. Jh., aus **plahene*, also mit in den Nominativ übergetretenem *-n* der obliquen Kasus und in Analogie zu anderen Feminina angefügtem *-e*). Als vergleichbar lassen sich heranziehen anord. *blæja*, *blægja* 'Tuch, Laken, Kopfbinde', aschwed. *blö(i)a*, *blē(i)a* 'Leinentuch', schwed. *blöja* 'Windel', aschwed. *blā(r)*, schwed. *blår* 'Werg' und außergerm. lat. *floccus* 'Wollbüschel, Flocke', so daß ein Ansatz ie. **bhlŏk-* 'Woll- oder Wergflocke, Gewebe' möglich ist.

Planet m. 'Wandelstern, das Sonnenlicht reflektierender Himmelskörper, der sich auf elliptischer Bahn um die Sonne bewegt', mhd. *plānēte*, Entlehnung aus gleichbed. spätlat. (Plur.) *planētae*, *planētēs*, nach griech. *astéres planḗtai* (ἀστέρες πλανῆται) 'Irrsterne, Wandelsterne', fem. Plur. von griech. *planḗtēs* (πλανήτης) 'umherschweifend', einer Bildung zu griech. *plánēs*, Gen. *plánētos* (πλάνης, πλάνητος) 'herumirrend, herumschweifend', *planā̂sthai* (πλανᾶσθαι) 'umherirren, umherschweifen'. – Planetarium n. 'optisches Gerät zur Veranschaulichung von Lage und Bewegung der Planeten und Gestirne, das Gebäude dafür' (19. Jh.).

planieren Vb. '(ein)ebnen, glätten', Entlehnung (Anfang 18. Jh.) aus gleichbed. afrz. frz. *planer* oder unmittelbar aus spätlat. *plānāre* 'einebnen, glatt machen', s. *plan*. Zuvor (2. Hälfte 16. Jh., aus dem Lat.) 'Papier leimen, glätten'.

Planke f. 'breites, starkes Brett, Bohle, Zaun aus flachen Holzplatten', mhd. *planke*, *blanke* 'dickes Brett' (Plur. auch 'Plankenzaun, Umplankung, Befestigung'), afries. *planke*, *plonke*, mnd. *planke*, mnl. *planc*, *planke*, nl. *plank* (engl. *plank* aus dem Afrz., anord. schwed. *planka* aus dem Mnd.) sind Entlehnungen aus spätlat. *planca* 'Bohle, Brett, Planke', durch Schwund des ersten *a* aus vlat. **palanca* hervorgegangen, einer Nebenform zu lat. *phalanga*, *palanga* 'Stange, Rolle, Walze', dem griech. *phálanx*, Gen. *phálangos* (φάλαγξ, φάλαγγος) 'Rolle, Walze, Balken, Schlachtreihe' zugrunde liegt. S. *Phalanx* und wohl verwandtes *Balken*.

plänkeln Vb. 'wiederholt und vergeblich bzw. auf Kleinigkeiten schießen' (18. Jh.), auch (von kleineren umherschwärmenden Truppeneinheiten) 'ein leichtes Vorgefecht mit dem Gegner führen' (geläufig seit den napoleonischen Kriegen). Vielleicht zurückgehend auf mhd. *blenkeln* 'hin und her bewegen, durch Schlagen erklingen lassen' (nhd. mundartlich *blänkeln*), das iterativ zu mhd. *blenken* '(sich, etw.) unstet bewegen, glänzend machen' (durch Wischen?), einer Ableitung von dem unter *blank* (s. d.) behandelten Adjektiv, gebildet sein könnte. Oder liegt in *plänkeln* eine davon unabhängige schall- und bewegungsnachahmende Neubildung vor? Vgl. bair.-öst. *Plenkel*, *Plengel* 'Glockenschwengel, Dreschflegel, Stock', *plenkeln*, *plengeln* 'bewegen wie den Plenkel, mit ihm schlagen'. – Plänkler m. 'an einem Vorgefecht Beteiligter'; Geplänkel n. 'leichter Schußwechsel, Vorgefecht', auch 'leichtes, heiteres Wortgefecht, Neckerei' (beide 19. Jh.).

planschen, plantschen Vb. 'Wasser mit Armen und Beinen in unruhige Bewegung versetzen, im Wasser spielen, sich im Wasser tummeln, mit Wasser spritzen' (18. Jh.); aus den Mundarten stammende lautmalende Bildung. S. auch *pan(t)schen*, *man(t)schen* und unnasaliertes *plätschern*, *platschen*. – Planschbecken n. 'Wasserbassin zum Spielen für Kinder' (1. Hälfte 20. Jh.).

Plantage f. 'Anpflanzung, landwirtschaftlicher Großbetrieb in überseeischen Ländern' (Mitte 17. Jh.), dann auch allgemein 'großes (mit Obst, Gemüse) bepflanztes Landstück' (Ende 17. Jh.), Übernahme von nl. *plantage*, älter auch *plantagie* 'das Pflanzen, große Anpflanzung', entlehnt aus mfrz. *plantage* 'das Pflanzen, das Gepflanzte' (frz. auch 'überseeische Pflanzung'), einer Ableitung von afrz. frz. *planter*, aus lat. *plantāre* (s. *Pflanze*).

plappern Vb. 'nichtssagend reden, lästig und unnütz schwatzen, fehlerhaft sprechen', frühnhd. *plappern*, *blabbern* 'viele gehaltlose Worte machen' (Luther); lautnachahmende Bildung.

plärren Vb. 'laut, ungezogen weinen, schreien, laut, unangenehm, unschön singen', mhd. *blēren*, *blerren* 'blöken, blökend schreien, heulen', mit intensivierendem Wechsel von *b-* zu *p-* frühnhd. *plerren* (seit dem 16. Jh. zunehmend auch von Menschen) 'schreien, herleiern', mnd. *blerren* 'blöken' (vom Schaf), 'laut weinen', mnd. nd. *blarren*, mnl. *bleren*, nl. *bleren*, *blaren*, fries. *blarre* 'blöken, weinen', engl. *to blare* 'brüllen, heulen, plärren' sowie mhd. *blæjen*, *blēn* 'blöken', lett. *blēt* 'blöken, meckern', russ. *bléjat'*, *bleját'* (блеять) 'blöken' sind lautmalenden Ursprungs (s. auch nahestehendes *blöken*). Man kann an ie. **bhlē-* als Erweiterung der Schallwurzel ie. **bhel-* (s. *bellen*) denken.

Pläsier n. (auch *Plaisier*, bis gegen 1900) 'Vergnügen, Spaß, Unterhaltung', Übernahme (um 1600) von gleichbed. afrz. frz. *plaisir*, einer afrz. Substantivierung (eigentl. 'wozu man Lust hat, Belieben') des Infinitivs afrz. *plaisir* (dann afrz. frz. *plaire*, wohl im Anschluß an die finiten Formen umgebildet) 'gefallen', unpersönlich 'es beliebt', hervorgegangen aus lat. *placēre* 'gefallen, gut finden, gefällig sein, wofür stimmen'.

Plasma n. 'Gebilde, Bildwerk' (um 1800), dann (19. Jh.) 'flüssiger Bestandteil des Blutes' (*Blutplasma*), 'Grundsubstanz aller lebenden Zellen' (*Protoplasma*), schließlich (20. Jh.) 'hocherhitztes Gas, dessen Atome fast völlig ionisiert sind', gelehrte Übernahme von spätlat. *plasma*, griech. *plásma* (πλάσμα) 'Geformtes, Gebilde', zu griech. *plássein* (πλάσσειν) '(eine weiche Masse) kneten, bilden, formen, gestalten' (s. *Pflaster*, *Plastik*).

Plast m., umgangssprachlich auch Plaste f. Bezeichnung für vollsynthetisch oder durch Umwandlung von Naturprodukten hergestellte organisch-chemische Werkstoffe, gelehrte Bildung (20. Jh.) zu griech. *plastós* (πλαστός) 'gebildet, geformt', von griech. *plássein* (πλάσσειν) '(eine weiche Masse) kneten, bilden, formen, gestalten'.

Plastik f. 'bildende Kunst, Bildhauerkunst' (2. Hälfte 18. Jh.), 'vom Bildhauer geschaffenes Kunstwerk' (Ende 19. Jh.), Übernahme von gleichbed. frz. *plastique*, Substantivierung des Adjektivs frz. *plastique* 'formbar, modellierbar, räumlich geformt, künstlerisch herausgearbeitet' (vgl. mfrz. frz. *art plastique* 'Kunst, Figuren und Ornamente zu modellieren, das so geschaffene Kunstwerk'), aus lat. *plasticus*, griech. *plastikós* (πλαστικός) 'zum

Bilden, zum Formen geeignet, geschickt', vgl. *plastikḗ téchnē* (πλαστικὴ τέχνη), substantiviert *plastikḗ* (πλαστική) 'Kunst, aus Ton, Gips, Wachs u. dgl. zu formen'; zu griech. *plássein* (πλάσσειν) '(eine weiche Masse) kneten, bilden, formen, gestalten'. – plastisch Adj. (Ende 18. Jh.), nach gleichbed. frz. *plastique* (s. oben). Ebenfalls aus dem Frz. gleichbed. engl. *plastic*, in der Substantivierung (Plur.) *plastics* 'Kunststoffe' aus formbaren Materialien (20. Jh.), woraus nhd. *Plastik* n. (auch f.). S. auch *Plast* m., *Plaste* f.

Platane f. Der Name für den hohen Laubbaum mit großen gelappten Blättern und glatter, sich in Platten ablösender Borke ist eine Entlehnung (Anfang 18. Jh.) aus gleichbed. lat. *platanus* f., griech. *plátanos* (πλάτανος), dessen Herkunft dunkel ist. Es stammt vielleicht aus einer unbekannten Sprache und ist nachträglich an griech. *platýs* (πλατύς) 'weit, breit, flach, eben' (s. *platt*; nach der Form der Blätter oder der ausladenden Krone?) angeschlossen worden.

Plateau n. 'Hochfläche, Hochebene' (1. Hälfte 19. Jh.), zuvor 'Aufsatzplatte, Tischaufsatz' (um 1800), Übernahme von gleichbed. frz. *plateau*, eigentl. 'Scheibe, flaches Stück, flacher Gegenstand' (afrz. *platel*), abgeleitet von afrz. frz. *plat* 'flach' (s. *platt*).

Platin n., älter *Platine*, *Platina* f. (Mitte 18. Jh.; das neutrale Genus seit dem 19. Jh. nach nlat. *platinum*). Die Bezeichnung für das im Sand des Flusses Pinto in Peru (wieder)-entdeckte weißglänzende schwerste Edelmetall ist eine Entlehnung aus gleichbed. span. *platino* m., älter *platina (del Pinto)* 'kleines Silber (vom Pinto)', so benannt wegen des silbrigen Aussehens. Span. *platina* f. ist Deminutivum (das Metall wurde in kleinen Körnern gefunden) von span. *plata* f. 'Silber', das (mit Bedeutungsspezialisierung) zurückgeht auf vlat. **platta* 'Blatt, Platte, Metallblättchen' (mlat. *plata*), substantiviertes Fem. von vlat. **plattus* 'flach' (s. *platt*).

Platitüde f. (in Anlehnung an dt. *platt* auch *Plattitüde*) 'abgeschmackte, nichtssagende, geistlose Redewendung, Gemeinplatz', Übernahme (2. Hälfte 18. Jh.) von gleichbed. frz. *platitude*, einer Bildung zu frz. *plat* 'flach, fade, seicht, schal' (s. *platt*).

platonisch Adj. 'von Platon herrührend, seiner Lehre entsprechend', entlehnt (16. Jh.) aus lat. *Platōnicus*, griech. *Platōnikós* (Πλατωνικός), abgeleitet vom Namen des griech. Philosophen *Plátōn* (Πλάτων). Danach 'nicht körperlich, geistig, enthaltsam, keusch', im Anschluß an die Fügung *platonische Liebe* 'von sinnlichen, körperlichen, sexuellen Interessen freie, geistige Liebe' (Mitte 18. Jh., Lessing), vorher engl. *Platonick love* (1634) als Bezeichnung für eine moralische Modeströmung, die mit Platons Namen und einem Ausspruch in seinem Dialog „Symposion" verbunden wird, nach dem ein Liebhaber schlecht sei, der mehr den Leib als die Seele liebe (bei Platon allerdings auf Verbindungen unter Männern bezogen; vgl. mlat. *amor platonicus* 'Liebe zu Knaben').

plätschern Vb. 'mit gleichmäßig klatschendem Geräusch fließen (bes. von Bächen), leicht im Wasser herumschlagen, das Wasser mit leichtem Geräusch bewegen, niederfallen (vom Regen)', Iterativbildung (17. Jh.) zu frühnhd. *platschen*, *blatschen* 'den Laut *platsch* erzeugen' (15. Jh.), zur lautmalenden Interjektion *platsch*. Vgl. auch nl. *plassen*, älter *plasschen* 'im Wasser rühren', mnd. *plasken* 'plätschern' und s. *platzen*.

platt Adj. 'flach, eben', übertragen 'geistlos, nichtssagend', ein nd. Wort, das zu Anfang des 17. Jhs. in die Literatursprache aufgenommen wird. Mnd. *plat*, nd. *platt* 'flach, eben' stammt aus gleichbed. mnl. nl. *plat* (woraus wohl auch vereinzeltes mhd. *blatevuoȝ*; nhd. *Plattfuß* erst 18. Jh.), das seinerseits eine Entlehnung von afrz. frz. *plat* 'flach, eben' darstellt. Das in der gesamten Romania Entsprechungen aufweisende Adjektiv setzt vlat. **plattus* 'flach' (belegt erst im Mlat.) voraus, mit Konsonantendopplung entlehnt aus griech. *platýs* (πλατύς) 'weit, breit, flach, eben'. – plattdeutsch Adj. Bezeichnung des (vor allem durch die zweite Lautverschiebung nicht oder kaum betroffenen) nördlichen Sprachstandes des Dt. (2. Hälfte 17. Jh.). Zuvor steht der Ausdruck als herabsetzende Bezeichnung für das im Unterschied zur hd. Schriftsprache als Mundart empfundene Nd. Es handelt sich um eine volkstümliche Entlehnung eines im Nl. aufgekommenen Sprachgebrauchs, vgl. nl. *in goede platten duytsche* (1. Hälfte 16. Jh.), d. h. 'in vertrauter, verständlicher Sprache', danach 'volkssprachlich einfach und derb' in Gegenüberstellung zu der mit Fremdwörtern verzierten höheren nl. Sprache. Zugrunde liegt nl. *plat*

(s. oben), hier im Sinne von 'einfach, deutlich, verständlich', vgl. Wendungen wie nl. *ik seggt uw plat, opt platte*, wozu entsprechend nd. *platt* Adj. (17. Jh.) und substantiviert *Platt* n. Vgl. A. Lasch in: PBB 42 (1917) 134ff. – plätten Vb. 'flach, platt, glatt machen, bügeln' (18. Jh.), mnd. *pletten*, Faktitivum zum Adjektiv. Plätte f. 'Bügeleisen' und gleichbed. Plätteisen n. (beide 18. Jh.), älter (mundartlich) *Platteisen*.

Platte f. 'ebenes, flaches Gebilde, Scheibe, Hochfläche, Ebene, flache Schüssel, Glatze'. Zugrunde liegt wohl ein zu vlat. **plattus* 'flach' (s. *platt*) gebildetes vlat. **platta* bzw. mlat. *plat(t)a* 'ebene Fläche', das ahd. *platta, blatta* 'Stein-, Marmorplatte' (um 900), 'Tonsur' (um 1000), mhd. *platte, blatte* 'Fels-, Steinplatte, Tonsur' ergibt. Gleicher Herkunft ist afrz. *plat* m. 'Teller, Schüssel', *plate* f. 'Metall-, Panzerplatte, Brustschutz der Ritterrüstung', woraus mhd. *plate, blate* 'Schüssel, metallener Brustharnisch, Panzer' entlehnt sein dürfte. Bereits im Mhd. fallen beide Formen zusammen und setzen sich in nhd. *Platte* fort.

Plattform f. 'begrenzte erhöhte Fläche, Fundament, Aussichtsterrasse, Plateau', Übernahme (Mitte 16. Jh., zunächst bis ins 18. Jh. in an frz. oder ital. Schreibweise angelehnten Formen) von gleichbed. mfrz. frz. *plate-forme* (zusammengesetzt aus afrz. frz. *plat*, s. *platt*, und afrz. frz. *forme*, lat. *forma*, s. *Form*), teilweise unter dem Einfluß von aus dem Frz. stammendem ital. *piattaforma*, in die Sprache der zivilen und militärischen Baukunst. Die Bezeichnung wird bes. im Festungsbau für 'flaches Bollwerk, starkes Fundament für Wurfgeschütze' gebräuchlich (17. Jh.), wobei mit dem Vordringen der frz. Festungsbautechnik die frz. Form überwiegt, dann aber von der dt. Nachbildung *Platte Form* (17. Jh.), *Plattform* (18. Jh.) verdrängt wird. Unter dem Einfluß von amerik.-engl. *platform* wird der Ausdruck Mitte des 19. Jhs. zum politischen Schlagwort im Sinne von 'politischer Standpunkt, Parteiprogramm', vgl. *die Plattform unserer Partei* (2. Hälfte 19. Jh.), *politische Plattform* (Anfang 20. Jh.).

[1]**Platz** m. 'freier Raum, ebene, offene Fläche, für eine Person bzw. Sache bestimmte Stelle', mhd. *pla(t)z* 'freier Raum, Tanz-, Turnierplatz, Schlachtfeld, Tanz, Spiel', mnd. *plātse, plātze*, mnl. *plaetse*, nl. *plaats*, entlehnt aus afrz. *place* f. 'weiter, offener, freier Raum, Kampfplatz, Ort, Stelle'. Dies geht zurück auf lat. *platea* f. 'breite Straße (in einer Stadt), Hauptstraße', spätlat. 'großer freier Platz im Haus, Hof', griech. *platēĩa* (πλατεῖα) 'Straße', das substantivierte Fem. aus *platēĩa hodós* (πλατεῖα ὁδός) 'breiter Weg', von griech. *platýs* (πλατύς) 'weit, breit, flach, eben'. Aus dem Lat. entlehnt ist got. *plapja* (statt **plaþja*?), aus dem Afrz. engl. *place*. Das im Dt. übliche maskuline Genus wohl in Analogie zu Substantiven wie *Markt, Ort, Raum*. – Davon übertragen (nach der breiten, flächenhaften Form) landschaftlich verbreitetes [2]Platz m. 'flach geformter Kuchen, Fladen', frühnhd. *placz, blacz* (15. Jh.); vgl. mhd. (md.) *placzbecke(r)* 'Fladenbäcker' (14. Jh.). Literatursprachlich geläufig ist das Deminutivum Plätzchen n. 'flaches Stück Kleingebäck' (16. Jh.).

platzen Vb. 'mit großem Knall zerspringen, durch übermäßigen Druck von innen auseinandergerissen werden, bersten' (um 1600), (vor Lachen, Ärger, Neugier, Zorn) 'außer sich geraten' (Anfang 18. Jh.), 'aus allen Nähten gehen' (Ende 19. Jh.), 'ein plötzliches Ende nehmen, scheitern' (Anfang 20. Jh.). Mhd. *blatzen, platzen* 'klatschend aufschlagen, geräuschvoll auffallen, schlagen, hastig stürzen, fallen' gehört zu mhd. *blaz, plaz* 'platschender Schlag', einer lautmalenden Bildung wie *plätschern* (s. d.). – zerplatzen Vb. 'auseinanderbersten' (Ende 16. Jh.); herausplatzen Vb. 'plötzlich herausbrechen', übertragen 'mit Ungeduld eine Neuigkeit erzählen, losprusten' (Mitte 18. Jh.). Platzregen m. 'plötzlich in großen Tropfen niederprasselnder Regen' (Ende 15. Jh.). Platzpatrone f. 'nur Pulver (in Holz oder Papier), kein Geschoß enthaltende, daher nur knallende Patrone' (19. Jh.). Platze f. in umgangssprachlichen Wendungen wie *die Platze kriegen, sich die Platze ärgern*, junge Rückbildung (1. Hälfte 20. Jh.) zu *platzen* 'außer sich geraten' (vor Ärger, Zorn).

plaudern Vb. 'unterhaltend erzählen, sich zwanglos unterhalten'. Mhd. *blōdern, plōdern* 'rauschen', frühnhd. *blodern, plūdern* 'ausschwatzen' (15. Jh.), (omd.) *plaudern* (16. Jh.) ist wie mnd. *bladderen, plad(d)eren*, nd. *pladdern* 'schwatzen, plaudern' lautnachahmenden Ursprungs. Das Verb wird durch

Luther verbreitet. – Plauderei f. (17. Jh.).

plauschen Vb. 'sich gemütlich unterhalten, plaudern'; das lautmalende (ähnlich wie *plaudern*, s. d., gebildete), vorwiegend bair.-öst. Mundartwort für 'schwatzen, Unsinn reden, lügen' wird in der 1. Hälfte des 19. Jhs. im oben genannten Sinne in die Literatursprache aufgenommen. – Plausch m. 'Schwatz, gemütliche Unterhaltung' (19. Jh.).

plausibel Adj. 'einleuchtend, verständlich, glaubhaft, annehmbar', Übernahme (2. Hälfte 17. Jh.) von gleichbed. frz. *plausible*, älter 'gefallend, von den Leuten gebilligt', entlehnt aus lat. *plausibilis* 'Beifall verdienend, auf Beifall berechnet, einleuchtend'; zu lat. *plaudere* (*plausum*) '(Beifall) klatschen' (s. *applaudieren*).

Plauze f. 'Lunge, Brust', verbreitet in omd. Umgangssprache, Entlehnung aus asorb. **płuco*, Plur. **płuca* 'Lunge' (vgl. obsorb. nsorb. *płuco* 'Lungenflügel', Plur. *płuca* 'Lunge'), die, wie die Diphthongierung erkennen läßt, weit vor der ersten Bezeugung (*Plautze*, 2. Hälfte 16. Jh.) stattgefunden haben muß. Bes. in der Wendung *es auf der Plauze haben* 'einen tiefsitzenden Husten haben' (19. Jh.).

Plazenta f. 'Mutterkuchen'. Lat. *placenta* 'flacher Kuchen' wird mit der oben genannten Bedeutung im 16. Jh. in die medizin.-lat. Wissenschaftssprache aufgenommen und gelangt im 19. Jh. in die Bildungssprache. Lat. *placenta* stammt wohl (bei ungeklärter Lautentwicklung) aus griech. *plakū́s*, Akk. *plakū́nta* (πλακοῦς, πλακοῦντα) 'flacher Kuchen', zu griech. *pláx*, Gen. *plakós* (πλάξ, πλακός) 'Fläche, Flachland, flacher Stein, Platte, Tafel'.

plazieren, auch **placieren** Vb. 'aufstellen, unterbringen, einen Platz zuweisen', refl. (zunächst militärisch) 'einen Platz einnehmen, Stellung beziehen, sich hinstellen, hinsetzen' (1. Hälfte 18. Jh.), im Geschäftsverkehr 'Kapital anlegen, Gelder unterbringen' (Mitte 18. Jh.), dann im Sport 'einen gut gezielten Wurf, Schuß abgeben, den Gegner mit gut gezieltem Schlag, Hieb treffen' (um 1900), refl. 'einen der vorderen Plätze erringen' (beim sportlichen Wettkampf, Ende 19. Jh.), in allen Verwendungen entlehnt aus gleichbed. frz. *placer*, mfrz. 'auf einen bestimmten Platz stellen', zu afrz. frz. *place* (s. *[1]Platz*). – deplaziert Part.adj. 'fehl am Platze, unangebracht' (2. Hälfte 18. Jh.), nach gleichbed. frz. *déplacé*, eigentl. 'schlecht untergebracht, am falschen Platze befindlich', zu frz. *déplacer*, mfrz. *desplacer* 'vom bisherigen Platz wegnehmen, verlagern, umsetzen', mfrz. frz. *placer* (s. oben). Plazierung f. 'An-, Aufstellung, Unterbringung' (um 1800, zuerst von Truppen), 'Geldanlage' (Anfang 20. Jh.), als Sportterminus seit Ende des 19. Jhs.

Plebejer m. historisch '(im antiken Rom) Angehöriger der Plebs' (18. Jh.), verächtlich 'ungehobelter, ungebildeter Mensch' (Mitte 19. Jh.), Entlehnung aus lat. *plēbēius* 'zum (einfachen) Volk gehörig, nicht patrizisch, einfach, gering', substantiviert 'Angehöriger der Plebs'; abgeleitet von lat. *plēbs* (s. *Plebs*). – plebejisch Adj. 'den unteren Schichten angehörend, ungehobelt, ungebildet' (1. Hälfte 19. Jh.), älter *plebeje* (Ende 18. Jh.).

Plebs m. (früher und auf die Antike bezogen noch heute f.) abschätzige Bezeichnung für 'ungebildete, keine Manieren besitzende Menschen', auch 'Volksmenge, breite Masse', Übernahme (18. Jh.) von lat. *plēbs* (Gen. *plēbis*) f. 'Gesamtheit der freien Schichten des Volkes, die nicht zum Patriziat gehören', später 'die unteren Schichten, die Armen'. Das maskuline Genus im Dt. wohl in Anlehnung an *Pöbel*. – Plebiszit n. 'Volksbeschluß, Volksentscheid durch allgemeine Befragung' (19. Jh.), aus gleichbed. lat. *plēbīscītum* (in dieser lat. Form seit 15. Jh. in dt. Texten); vgl. lat. *scītum* 'Verordnung, Beschluß', zu lat. *scīscere* 'durch Abstimmung entscheiden, beschließen, verordnen'.

Pleite f. 'Bankrott, Zahlungsunfähigkeit', übertragen 'Reinfall', zunächst (Mitte 19. Jh.) in der Berliner Gaunersprache, bald danach allgemein umgangssprachlich, bes. in den Wendungen *Pleite machen*, *pleite gehen*, *pleite sein*. Nach rotw. *Pleite*, *Plete* 'Flucht (vor Zahlungsunfähigkeit)', aus jidd. *plejte* 'rettende Flucht (vor der Schuldhaft durch Gläubiger)'. Zugrunde liegt hebr. *p^{e}lēṭā* 'Flucht, Rettung'. – Pleitegeier m. Sinnbild für drohende Pleite (2. Hälfte 19. Jh.) in Anlehnung an den aasfressenden Raubvogel (s. *Geier*), auch scherzhaft für den auf dem Siegel des Gerichtsvollziehers befindlichen Wappenadler; eigentl. wohl aus *Pleitegeher* 'Bankrotteur' (jidd. *-geier* für *-geher*).

plempern Vb. '(Zeit, Geld u. dgl.) unnütz vergeuden', auch (landschaftlich) 'plantschen, spritzen, müßig umhergehen, bummeln, hin und her schütteln, verspritzen' (belegt seit 19. Jh., doch mundartlich gewiß erheblich älter), Intensivbildung zu (landschaftlich) *plampen* '(sich) hin und her bewegen, baumeln, müßig einhergehen, nachlässig arbeiten' (16. Jh.). Dazu Plempe f. 'etw. Baumelndes, bes. Säbel, Degen, Seitengewehr' (17. Jh.), aber auch '(durch Schütteln) fades, dünnes Getränk'. Heute bes. verplempern Vb. 'vergeuden, unnötig ausgeben, durch unvorsichtige Bewegung verschütten' (16. Jh.), refl. 'sich unüberlegt verlieben, sich in eine unpassende Verbindung einlassen' (17. Jh.). Die Wortgruppe ist wohl bewegungsnachahmender Herkunft.

Plenum n. 'Vollversammlung, Gesamtheit der Mitglieder einer politischen Körperschaft, eines Gremiums'. Der im 19. Jh. aus dem engl. Parlamentswesen übernommene Ausdruck (doch vgl. schon *in pleno* 'vor versammeltem Kollegium', 18. Jh.) ist eine Entlehnung von lat. *plēnum (cōnsilium)* 'vollständig zur Beratung einberufene Versammlung', substantiviertem Neutrum von lat. *plēnus* 'voll, vollzählig'. In der Komposition gilt Plenar-, vgl. *Plenarversammlung*, *-sitzung* (19. Jh.), *Plenarsaal* (20. Jh.), nach spätlat. *plēnārius* 'angefüllt, völlig, vollständig', abgeleitet von lat. *plēnus* (s. oben).

Plinse f. 'Pfann-, Eierkuchen, Kartoffelpuffer', bes. omd. (vgl. *blintzenbeckerin*, Mathesius 1558), ist entlehnt aus obsorb. *blinc*, *blins*, *plinc*, *plins*, dissimiliert aus älterem *mlinc* (vgl. nsorb. *mlinc*) 'Pfannkuchen', einer Bildung zu obsorb. *mlěć*, aslaw. *mlěti* 'auf der Mühle mahlen', verwandt mit *mahlen* (s. d.).

Plissee n. 'gefälteltes Gewebe, schmale, gepreßte Falten' (im Stoff), wohl entlehnt (2. Hälfte 19. Jh.) aus gleichbed. frz. *plissé* m., dem substantivierten Part. Perf. von mfrz. frz. *plisser* 'in Falten legen, fälteln', das wahrscheinlich aus dem Plural afrz. *plis*, *plois*, frz. *plis* 'Falten' hervorgegangen ist. Afrz. *pli*, *ploi* (frz. *pli* m.) ist abgeleitet von afrz. *pleier*, *ploier* 'biegen, beugen, falten' (woraus gleichbed. frz. *ployer* sowie der neue Infinitiv mfrz. frz. *plier* 'falten, fälteln' im Anschluß an schon im Afrz. vorkommende analogisch umgebildete stammbetonte Formen). Dieses geht auf spätlat. *plicāre* '(zusammen)falten' zurück, eine Rückbildung von lat. *complicāre* 'zusammenfalten, -legen, -wickeln'. – plissieren Vb. 'mit Falten versehen, fälteln' (Ende 19. Jh.).

plombieren Vb. 'mit einem Metall-, Bleisiegel versehen, einen Verschluß durch Anbringen eines Siegels sichern' (2. Hälfte 18. Jh.), in der Zahnheilkunde (von kariösen Zähnen) 'mit Metall (früher Blei) oder einem anderen Füllmaterial verschließen, füllen' (Mitte 18. Jh.), entlehnt aus gleichbed. frz. *plomber*, afrz. *plomer* 'mit Blei versehen', einer Ableitung von frz. *plomb*, afrz. *plon(c)*, *plom* 'Blei, Senkblei, Bleisiegel' (aus lat. *plumbum* 'Blei'). – Plombe f. 'Metall-, Bleisiegel' (2. Hälfte 18. Jh.), wohl nicht Übernahme von gleichbed. frz. *plomb*, sondern ebenso wie jüngeres *Plombe* 'Zahnfüllung' (19. Jh., vgl. in diesem Sinne verwendetes frz. *plombage*) rückgebildet aus *plombieren* (s. oben).

Plötze f. Der Name für die zu den Karpfenfischen gehörende Gattung wird aus westslaw. **plotica*, eigentl. 'Flachfisch', vgl. lit. *platùs* 'breit', griech. *platýs* (*πλατύς*) 'platt, breit', ins Dt. entlehnt. Die Entlehnung erfolgt auf einem breiten Streifen, der vom Polabischen an der unteren Elbe über ostseeslawische Idiome in Norddeutschland (die frühesten Zeugnisse *plötzen* Plur. stammen aus der Ukkermark, 14. Jh.) bis hin zum Kaschubisch-Slowinzischen und Polnischen im Osten reicht, ohne daß einem bestimmten Teil dieses Gebiets eine Priorität als Übernahmeareal eingeräumt werden kann. Bes. vom 16. Jh. an verdrängt der Name einheimische Bezeichnungen (vor allem *Rotauge*, s. d.) und erreicht zu Beginn des 18. Jhs. literatursprachlich und fachterminologisch den heutigen Verbreitungsstand. Vgl. K. MÜLLER in: Beiträge zum dt.-slaw. Sprachkontakt (1977) 69ff.

plötzlich Adj., älter auch *plotzlich*, *plutzlich*, *plützlich*, (in Anlehnung an *Blitz*) *blitzlich*, 'unerwartet, mit einem Male, sehr schnell, jäh eintretend', abgeleitet von schallnachahmendem mhd. *blaz*, *plaz* 'breit auffallender, klatschender Schlag', frühnhd. *plotz* (vgl. noch redensartliches *auf den*, *auf einen Plotz*, *Plutz* 'auf einen Schlag'), mhd. *gæhelingen* Adv. 'ungestüm, heftig, mit einem Male' (s. *jäh*) ablösend. Zuerst (um 1320) mhd. (md.) *unplozlich* Adv. (mit steigerndem *un-*, s. d.), dann frühnhd. *plötzlich*, seit Luther auch in adjektivischer Verwendung.

plump Adj. 'dick, grob, unbeholfen, schwerfällig' (Ende 15. Jh.), aus mnd. *plump* 'massig, nicht scharf, stumpf', auch 'unfein, grob, dumm' in die Literatursprache aufgenommen. Der übertragene Gebrauch 'derb, zudringlich' begegnet seit dem Ende des 19. Jhs. (vgl. die Verbindung *plump vertraulich*). Das Adjektiv ist aus der einen dumpfen Fall oder Aufprall nachahmenden Interjektion mnd. nd. *plump* hervorgegangen, wozu auch mnd. *plump* 'dumpfer Fall', nd. *plumpen* 'den Laut *plump* hören lassen, dumpf fallen' gebildet sind (vgl. die parallele Entwicklung von nl. *plomp* Interj. und Adj., *plompen* Vb.). Für die Interjektion *plump* und das Verb *plumpen* stehen heute im Nhd. meist die mit *s* verschärften Bildungen *plumps* (bereits im 16. Jh. aufkommend) und *plumpsen* 'dumpf, ungeschickt fallen, ins Wasser fallen' (18. Jh.); vgl. auch *Plumps* m. 'dumpfer Fall' (19. Jh.).

Plunder m., älter auch n., 'unbrauchbarer Kram, billige, wertlose, unnütze Dinge', spätmhd. *blunder*, *plunder* 'Kleider, Wäsche, Bettzeug, Hausgerät' (14. Jh.), frühnhd. *plunder*, *blunder* 'Kleider, Gepäck, allerlei Gerät, wertlose Sachen', woraus sich der heutige Sinn des Geringwertigen entwickelt. Zu vergleichen sind mnd. *plunder*, *plonder* 'Raub', *plunderwāre* 'Kleidungsstück, Hausrat', mnl. *plunder*, *plonder* 'Hausrat' sowie mnd. *plunde*, *plunne* 'Kram, Hausrat, Gerümpel, Lumpen', nd. *Plunnen*, *Plünnen* (Plur.) 'Kleider, Gerät, geringwertige Habseligkeiten', mnl. *plundware* 'Hausrat', nl. (westfries.) *plunje* 'Kleidung'. Dazu p l ü n d e r n (früher auch *blündern*) Vb. 'ausrauben, rücksichtslos alles wegnehmen', mhd. *plundern* 'Plunder nehmen, Hausgerät aus dem Haus nehmen, retten' (woraus obd. 'umziehen'), dann bes. 'Hausrat als Beute, Raub gewaltsam wegnehmen, sich aneignen' (14. Jh.), mnd. *plunderen*, mnl. *plunderen*, *plonderen*, nl. *plunderen*, (westfries.) *plunderje*, *plonderje*. Substantiv und Verb entstammen der nl.-nd. Küstensprache und werden früh ins Hd. aufgenommen. Herkunft unbekannt. – a u s p l ü n d e r n Vb. (Ende 15. Jh.); P l ü n d e r e r m., mhd. *plunderære*; P l ü n d e r u n g f. (Mitte 17. Jh.).

Plural m. (grammatischer Terminus) 'Mehrzahl' (2. Hälfte 17. Jh.), zuvor *Plural Numerus* (Anfang 17. Jh.), nach lat. *(numerus) plūrālis* 'in der Mehrzahl stehend' (eigentl. 'aus mehreren bestehend'), substantiviert 'Mehrzahl', abgeleitet von lat. *plūs* (Gen. *plūris*) 'mehr' (s. *plus*). In frühen Grammatiken übersetzt mit *merleiche Zal* (um 1400), *der merlich* (15. Jh.), *merere Zal*, *Vielheit* (Mitte 17. Jh.), *Mehrheit* (bei Adelung neben *Plural*), *vielfache Zahl* (ebenfalls 18. Jh.), seit um 1800 M e h r z a h l f. – p l u r a l i s c h Adj. (17. Jh.). P l u r a l i s m u s m. 'Gemeinsinn, Gemeingeist, Nächstenliebe' (Kant, Ende 18. Jh., im Gegensatz zu *Egoismus*), dann eine politische Auffassung, die ein gleichberechtigtes Nebeneinander von unterschiedlichen Meinungen, Macht- und Interessengemeinschaften erstrebt (20. Jh.). P l u r a l i s t m. 'Vertreter, Anhänger des Pluralismus' (zuerst Ch. Wolff, 18. Jh.).

plus Adv. 'zuzüglich, vermehrt um', mathematischer Ausdruck der Addition (Gegensatz *minus*, s. d.), Übernahme (Ende 15. Jh.) von lat. *plūs* 'mehr', Komparativ zu lat. *multum* 'viel'. Substantiviert P l u s n. 'Überschuß, Vorteil, Gewinn' (Mitte 16. Jh.).

Plüsch m. 'Baumwollstoff mit langem Flor, Wollsamt', entlehnt (Anfang 17. Jh.) aus gleichbed. mfrz. frz. *peluche*, einer Bildung zu afrz. *peluchier* 'auf-, ablesen, abzupfen, rupfen, pflücken'. Zu dessen Herkunft s. *pflükken*.

plustern Vb. '(die Federn, das Fell) sträuben, aufrichten', meist refl., obd. (diphthongiert) *plaustern*; aus dem Nd. (um 1600). Mnd. *plūsteren* 'zerzausen, durchwühlen' (vom Federvieh, wenn es mit dem Schnabel im Gefieder herumwühlt), auch 'plündern', nd. *plūstern*, mnl. *pluusteren* 'pflücken, plündern' ist eine iterative Intensivbildung zu dem in mnd. nd. *plūsen* 'rupfen, zausen, zupfen, (die Federn) sträuben', mnl. *ūteplūsen* 'auszupfen', nl. *pluizen* 'aufblasen, stöbern, zausen' belegten, wohl lautnachahmenden Verb. – a u f p l u s t e r n Vb., meist refl. (Ende 19. Jh.).

Pöbel m. 'rohe Volksmasse'. Mhd. *bovel*, *povel* (seit 1200), *popil* (13. Jh.), *povil*, *bofel* (1. Hälfte 14. Jh.) 'Volk, Volksmenge, Leute', frühnhd. (bis ins 15. Jh. ohne verächtlichen Nebensinn) *bovel*, *povel*, *pofel*, *poffel*, (mit Umlaut seit 15. Jh.) *pöfel*, *pöffel*, *pövel*, bei Luther *Pübel*, *Pubel*, *Pobel*, schließlich *Pöbel* 'Volksmenge, einfaches, gemeines

Volk' ist entlehnt aus afrz. *pueple*, *pople* 'Volk, Bevölkerung, Leute, Menge' (frz. *peuple*), das auf lat. *populus* 'Volk' beruht. Direkt aus lat. *populus* stammt mnd. *pōpel* 'niederes Volk'; dazu p o p (e) l i g Adj. 'armselig, dürftig, knauserig' (Mitte 19. Jh.). – p ö b e l h a f t Adj. 'gemein, roh, unfein' (Mitte 18. Jh.). p ö b e l n Vb. 'sich wie der Pöbel verhalten' (Ende 19. Jh.), auch 'durch flegelhaftes Benehmen, beleidigende Äußerungen provozieren, randalieren' (20. Jh.). a n p ö b e l n Vb. 'mit derben Worten belästigen' (Anfang 20. Jh.).

pochen Vb. 'mit hartem Ton wiederholt auf eine Stelle klopfen, schlagen', mhd. *bochen*, auch 'trotzen', frühnhd. *bochen*, *puchen*, *pochen*, auch 'mißhandeln, verhöhnen, plündern, prahlen, auftrumpfen, zanken, sich abarbeiten' (vgl. *auf etw. pochen* 'auf etw. mit Nachdruck bestehen, sich berufen auf', 16. Jh.), mnd. *puchen*, *puggen*, *bōken*, *bǒken* 'pochen, schlagen, drohen, trotzen', mnl. *bōken*, nl. *beuken* 'anhaltend, wiederholt klopfen, schlagen', (mundartlich) *bocken* 'schlagen, klopfen' sind sämtlich einen klopfenden Schlag nachahmende Bildungen. Zu vergleichen sind weiterhin mnd. mnl. *pōken*, nl. *poken* 'stechen, schüren', engl. *to poke* 'stoßen, puffen', ferner aind. *búkkati* 'bellt', russ. (älter) *búkat'* (*букать*) 'laut schlagen, klatschen', tschech. *bukati* 'heulen, schreien', *bouchati* 'klopfen', serbokr. *búkati* 'heulen, schreien, brüllen', die alle als lautmalende Verben mit Guttural anzusehen sind.

Pocke f. 'Blatter, (Eiter)bläschen, Pustel'. Mnd. *pocke*, nd. *Pocke* dringt im 16. Jh. ins Hd. vor und verdrängt frühnhd. (md.) *poche*, (obd.) *pfoche*. Es gehört als Gutturalerweiterung wie aengl. *poc*, engl. *pock*, mnl. *pocke*, nl. *pok* (mit intensivierender Gemination) im Sinne von 'Schwellung, Geschwulst' zur Wurzel ie. **b(e)u-*, **bh(e)u-*, **b(h)ū-* 'aufblasen, schwellen' (s. auch *Bauch*, *Bausch*, *Beule*, *Beutel*, *Busen*). Der Plural *Pocken* wird (17. Jh.) Bezeichnung einer gefährlichen, ansteckenden Infektionskrankheit; dafür auch *Blattern* (s. d.).

Podest n., auch m. 'Treppenabsatz, erhöhter Tritt, Unterbau' (Mitte 19. Jh.). Als Ausgangsform ist vielleicht gleichzeitig bezeugtes *Pedest* anzusehen, eine Bildung zu lat. *pedester* Adj. 'zu Fuß (gehend), auf den Füßen (stehend)'; vgl. lat. *pēs* (Gen. *pedis*) 'Fuß'. *Pedest* mag in Anlehnung an *Podium* (s. d.) zu *Podest* umgestaltet worden sein und wird von diesem (bis auf seltenen fachsprachlichen Gebrauch) verdrängt.

Podex m. 'Gesäß, Hintern', Entlehnung (um 1600) von gleichbed. lat. *pōdex*, eigentl. 'Furzer', Substantivbildung zu lat. *pēdere* 'furzen'. Zunächst wohl, vermittelt durch Lateinschulen, als euphemistischer Ausdruck in dt. Texten. Daraus verkürzt mit nachfolgender Verdoppelung P o p o m., kindersprachlich (2. Hälfte 18. Jh.). Erneute euphemistische Kürzung ergibt P o (20. Jh.).

Podium n. 'trittartige Plattform, erhöhter Redner- oder Vortragsplatz', Übernahme von lat. *podium* 'Erhöhung, Untergestell', aus griech. *pódion* (*πόδιον*) 'Füßchen', Deminutivum von griech. *pū́s*, Gen. *podós* (*πούς*, *ποδός*) 'Fuß'. Im Dt. zuerst (18. Jh.) auf röm. Verhältnisse bezogen für die 'Erhöhung, Balustrade' (im Amphitheater bzw. im Zirkus, wo der Kaiser und die Ehrengäste sitzen), danach (19. Jh.) im oben genannten Sinne.

Poesie f. 'Dichtkunst' (Mitte 16. Jh.), 'Dichterwerk, Dichtung' bes. in gebundener Rede im Gegensatz zur Prosa (Anfang 17. Jh.), 'dichterischer Stimmungsgehalt, Zauber' (2. Hälfte 18. Jh.), Übernahme von gleichbed. frz. *poésie*, lat. *poēsis*, griech. *pṓiēsis* (*ποίησις*) 'Dichtung, Dichtkunst', eigentl. 'das Machen, Schaffen, Verfertigen'; zu griech. *poiẽin* (*ποιεῖν*) 'machen, schaffen, schöpferisch tätig sein, dichten'. – P o e t m. 'Dichter', vielfach abschätzig 'Dichterling' (seit etwa 1600), mhd. *pōēte*, Entlehnung aus lat. *poēta* m., griech. *poiētḗs* (*ποιητής*) 'wer etw. macht, schafft, erfindet, Dichter'. p o e t i s c h Adj. 'dichterisch' (Ende 15. Jh.), aus lat. *poēticus*, griech. *poiētikós* (*ποιητικός*) 'schöpferisch, zum Machen, zum Dichten geschickt, dichterisch', später auch beeinflußt von frz. *poétique*. P o e t i k f. 'Lehre, Lehrbuch von der Dichtkunst' (Mitte 17. Jh.), unter Einfluß von gleichbed. frz. *poétique* aus lat. *poētica*, *poēticē*, griech. *poiētikḗ (téchnē)* (*ποιητικὴ τέχνη*) 'Dichtkunst'. P o e t e r e i f. 'Werk, Kunst eines Poeten, Lehre von der Dichtkunst, poetische Diktion', frühnhd. *poetry* (15. Jh.); entlehnt aus mlat. *poētria* 'Dichtkunst'. Der im 17. Jh. geläufige Ausdruck wird bald danach von *Poesie* bzw. *Poetik* abgelöst.

Pogrom m. n. 'Hetze, Ausschreitungen gegen nationale, religiöse oder rassische Gruppen'. Im Sinne von 'Judenverfolgung' wird das Substantiv Ende des 19. Jhs., bes. aber nach den von der zaristischen Regierung gegen Juden organisierten Ausschreitungen (um 1905) übernommen von gleichbed. russ. *pogróm* (*погром*), eigentl. 'Donnerwetter, Ungewitter, Verheerung, Verwüstung, Zertrümmerung', vgl. russ. *grom* (*гром*) 'Donner, Ungewitter' (s. *Grimm*) sowie russ. *pogromít'* (*погромить*) 'verwüsten, zerstören, verheeren'.

Pointe f. 'Hauptsache, überraschender, geistreicher Schlußeffekt', Entlehnung (18. Jh.) von gleichbed. frz. *pointe*, eigentl. 'Spitze, Stachel, Schärfe' (afrz. *pointe* 'Spitze, Stich', auch 'Antritt, Angriff'), das auf spätlat. *pūncta* 'Stich' beruht, zu lat. *pungere* (*pūnctum*) 'stechen' (s. *Punkt*). Aus afrz. *pointe* entlehntes mhd. *pointe*, *punt(e)* 'Stechen, Lanzenrennen' bleibt ohne Nachfolge. – p o i n t i e r e n Vb. 'nachdrücklich betonen, herausheben' (19. Jh.), mfrz. frz. *pointer* 'mit einem Punkt kennzeichnen, markieren, auf ein Ziel richten, zielen' (zu afrz. frz. *point* 'Stich, Punkt, Zeitpunkt, Zustand, Lage', lat. *pūnctum* 'Stich, Punkt, Augenblick'); daher p o i n t i e r t Part.adj. 'gezielt, scharf, zugespitzt' (19. Jh.).

Pokal m. (älter auch n.) 'wertvolles Trinkgefäß' (mit Fuß, oft auch mit Deckel), zuerst obd. *Pocal* (16. Jh.), entlehnt aus ital. *boccale* m. 'bauchiges Trinkgefäß, Becher' (woraus auch mfrz. frz. *bocal*), dem spätlat. *baucalis*, griech. *baúkalis* (*βαύκαλις*) f. 'Gefäß zum Kühlen von Wasser und Wein' voraufgeht. Seit der 1. Hälfte des 20. Jhs. bes. als 'Siegerpreis bei sportlichen Wettkämpfen'.

Pökel m. 'Salzbrühe zum Haltbarmachen von Fleisch und Fisch', im 17. Jh. aus dem Nd. übernommen, vgl. mnd. *pēkel*, mnl. *pēkel*, nl. *pekel*, fries. *pikel*, woraus auch mengl. *pekille*, *pykyl*, engl. *pickle*. Herkunft ungewiß. DE VRIES Nl. 513 sucht über eine Ausgangsbedeutung 'scharf, bitter' eine Verbindung zu griech. *pikrós* (*πικρός*) 'scharf, spitz, bitter, stechend' und Anschluß an die (unter *Feh*, s. d., angeführten) Wurzelformen ie. **peig-*, **peiǩ-* 'buntfarbig' (hier 'stechend') herzustellen. FOERSTE in: Nd. Wort 1 (1960) 11ff. schließt dagegen die genannten Formen an vlat. **pīccāre* 'stechen', auch 'sauer schmecken', an (s. *pikiert*, *pikant*). Heute vorwiegend Bestimmungswort in Zusammensetzungen wie *Pökelfleisch*, nd. *Pekelfleesch*, *Pökelhering*, *Pickelhering*, mnd. *pēkelhērinc*, *pickelhērinc*, *Pökelzunge*, nd. *Pekeltung*. – p ö k e l n Vb., öfter e i n p ö k e l n Vb. 'in Salzbrühe einlegen' (18. Jh.), mnd. *pēkelen*.

Poker n. Kartenglücksspiel, Entlehnung (um 1900) von gleichbed. amerik.-engl. *poker*, ein wohl Mitte des 19. Jhs. in Goldgräberkreisen Kaliforniens entstandenes Spiel. Vielleicht nach dt. *Poch*, *Pochspiel* 'Glücksspiel mit Karten und dem Pochbrett' (vgl. *pochen* 'durch Schlagen, Klopfen die Mitspieler herausfordern'). – p o k e r n Vb. (Anfang 20. Jh.).

Pol m. einer der beiden Endpunkte einer Achse, um die sich eine Kugel, bes. die Erd-, Himmelskugel dreht (*Nord-*, *Südpol*). Mhd. *pōlus* 'Weltpol, Punkt, um den sich die Gestirne drehen', frühnhd. *polus* (mit lat. Endung bis ins 18. Jh.), nhd. *Pol* (Anfang 18. Jh.), Entlehnung von lat. *polus* 'Endpunkt der Erd- und Himmelsachse, Nord- und Südpol, Himmelsgewölbe, Polarstern', griech. *pólos* (*πόλος*) 'Achse, Erd-, Himmelsachse, Nord- und Südpol, Himmelsgewölbe', zu griech. *pélesthai* (*πέλεσθαι*), *pélein* (*πέλειν*) 'in Bewegung sein, sich regen, bewegen, werden, stattfinden'. Der Ausdruck wird im 18. Jh. ins Gebiet des Magnetismus und Mitte des 19. Jhs. in das der Elektrizität übernommen. Übertragener Gebrauch im Sinne von 'Ruhepunkt' setzt im 18. Jh. ein. – p o l a r Adj. 'den Pol betreffend, in der Nähe des Pols' (18. Jh.), 'entgegengesetzt wirkend, gegensätzlich' (19. Jh.), mlat. *polaris*. P o l a r i t ä t f. 'Vorhandensein zweier Pole, Gegensätzlichkeit' (um 1800). P o l a r s t e r n m. (Mitte 17. Jh.). P o l a r k r e i s m. (um 1800).

Polder m. 'Koog, angeschlammtes und eingedeichtes Marschland', Übernahme (Anfang 18. Jh.) von gleichbed. nl. *polder*, mnl. *polre*, *polder*, ofries. *poller*, *polder* in die Literatursprache. Vgl. mnl. *pol* 'angeschlammtes Land'. Herkunft nicht geklärt; möglicherweise verwandt mit mnd. *pōl*, *pūl*, nd. *Pōl*, *Pūl*, nhd. *Pfuhl* (s. d.).

Polemik f. 'scharfer politischer oder wissenschaftlicher, mündlich oder schriftlich ausgetragener Angriff, Meinungsstreit', Übernahme (Anfang 18. Jh.) von gleichbed. frz. *polémique*, Substantivierung des Adjektivs frz. *polémique* 'streitbar, aggressiv' (in Schriftstücken), das auf griech. *polemikós* (πολεμικός) 'kriegerisch, feindlich gesinnt', einer Ableitung von griech. *pólemos* (πόλεμος) 'Krieg, Kampf, Schlacht, Kriegsgetümmel', beruht. – p o l e m i s c h Adj. 'streitbar, aggressiv, scharf' in mündlichen oder schriftlichen Äußerungen (Anfang 18. Jh.), frz. *polémique* (s. oben). p o l e m i s i e r e n Vb. 'streitbar, aggressiv argumentieren, befehden' (um 1800).

Police f. 'Urkunde über eine abgeschlossene Versicherung', Entlehnung in die Kaufmannssprache (Anfang 17. Jh.) von mfrz. frz. *police* 'Bescheinigung, Schein, (Versicherungs)vertrag, Seefrachtbrief', das entweder auf gleichbed. ital. *polizza* oder eher auf aprov. *polissia*, *policia* beruht. Beide Formen gehen (ebenso wie daneben bezeugtes gleichbed. aprov. *apodisa*, *podisa*) zurück auf mlat. *apodixa* 'Empfangsbescheinigung, Quittung, Bestätigungsurkunde', aus lat. *apodīxis* 'unumstößliche Beweisführung', griech. *apódeixis* (ἀπόδειξις) 'Aufzeigung, Enthüllung, Nachweisung, Darlegung, Nachweis'. Der Wechsel von *d* zu *l* (14. Jh.) wird auf den Einfluß von bedeutungsähnlichem mlat. *polytycha* (Plural) 'Bücher mit Verzeichnissen und Eintragungen über kirchliche oder weltliche Stiftungen, Verkäufe u. dgl.' zurückgeführt. Frühe Zeugnisse im Dt. wie *poliza* (Anfang 16. Jh.) sowie noch heute übliches öst. *Polizze* schließen unmittelbar an ital. *polizza* (s. oben) an.

Polier m. 'Vorarbeiter der Maurer und Zimmerleute'. Spätmhd. *parlierer* (14. Jh.), frühnhd. *parlier*, *parlierer* (15. Jh.) stellt sich (mit der Endung *-er*) als Nomen agentis zu mhd. *parlieren* 'sprechen, reden, tuscheln', ist aber letztlich wohl Übernahme (im Sinne von 'Wortführer, Weisungsberechtigter in der Bauhütte') von afrz. *parlier* 'Sprecher, wer gut oder viel redet', einer Ableitung vom Verb afrz. *parler*, *paroler* 'sprechen, reden', das dem mhd. Verb zugrunde liegt (s. *parlieren*). Durch Dissimilation entsteht im älteren Nhd. *Palier* (so noch im Obd. 'Obergeselle, Vorarbeiter'), dann (sicherlich durch irrtümliche Anlehnung an *polieren*, s. d.; vgl. dessen Nebenformen spätmhd. *palieren*, obd. *palieren*, *balieren*) *Poli(e)rer* (so noch im 18. Jh., doch schon vereinzelt frühnhd. *polerer*, *bolerer* im 15. Jh.), schließlich *Polier* (19. Jh.).

polieren Vb. 'glänzend machen, blank reiben, Unebenheiten beseitigen, schleifen, glätten', mhd. *polieren*, entlehnt, wohl unter Einfluß von gleichbed. afrz. (frz.) *polir*, aus lat. *polīre* 'glätten, feilen, abputzen, tünchen'. Zunächst (mhd.) 'Steine glätten, Metalle und andere Werkstoffe schleifen', übertragener Gebrauch im Sinne von 'verschönern, verfeinern' setzt im 16. Jh. ein und nimmt in der 2. Hälfte des 18. Jhs. zu, wahrscheinlich nach dem Vorbild von frz. *polir*, das solche Verwendungen seit dem Afrz. kennt. P o l i t u r f. 'Glätten, Schleifen, Schliff' (Anfang 18. Jh.), übertragen 'Glanz, Verfeinerung' (Mitte 18. Jh.), lat. *polītūra*.

Poliklinik f. medizinische Einrichtung zur ambulanten Krankenbehandlung, gelehrte Bildung (1. Hälfte 19. Jh.) zu griech. *pólis* (πόλις) 'Stadt', also eigentl. 'Stadtklinik'. Die Zusammensetzung folgt semantisch und formal der Entwicklung des Grundworts *Klinik* (s. d.), hat daher zunächst auch die Bedeutung 'Heilung auf Kosten und nach Vorschrift der Stadt'. Neben der eingedeutschten Form steht (im 19. Jh.) *Poliklinikum* mit lat. Endung.

Poliomyelitis f., gekürzt *Polio*, 'Kinderlähmung', gelehrte Bildung (2. Hälfte 19. Jh.) zu griech. *poliós* (πολιός) 'grau' und *myelós* (μυελός) 'Mark', da es sich um eine entzündliche Infektion der grauen Substanz des zentralen Nervensystems handelt. Zur Nominalendung *-ītis* in Bezeichnungen für Entzündungsprozesse s. *Bronchitis*.

Politik f. 'Lenkung eines Staates, Festlegung und Durchsetzung bestimmter Ziele von Regierungen, Parlamenten, Parteien, Organisationen', verallgemeinert 'klug berechnendes Verhalten', Entlehnung (Mitte 17. Jh.) von afrz. frz. *politique* 'Wissenschaft von der Führung eines Staates', aus lat. *polītice*, griech. *polītikḗ* (πολιτική) 'Wissenschaft vom Staat', aus der Fügung *polītikḗ téchnē* (πολιτικὴ τέχνη), substantiviertes Fem. von griech. *polītikós* (πολιτικός) 'den Bürger betreffend, (staats)bürgerlich, staatlich, staatsmännisch', zu griech. *polítēs* (πολίτης) 'Bürger, Stadtbewohner', *pólis* (πόλις) 'Burg, Stadt, Stadtgemeinde, Staat'. – p o l i t i s c h Adj. 'die Politik betreffend, zu ihr gehörend' (Mitte 16. Jh.), 'geschickt, verschlagen' (17. Jh.), aus gleichbed. afrz. frz. *politique*, lat. *polīticus* 'zum Staat, zur Staatswissenschaft gehörig', griech. *polītikós* (s. oben). P o l i t i k e r m. 'Staatsmann' (18. Jh.), mlat. *politicus*. Substantivierung von lat. *polīticus*, griech. *polītikós* (s. oben). P o l i t b ü r o n. mit der politischen Leitung der Arbeit des Zentralkomitees einer marxistisch-leninistischen Partei beauftragtes Führungsorgan, nach russ. *politbjuró* (*политбюро*), verkürzt aus *politíčeskoe bjuró* (*политическое бюро*), *Politisches Büro*, auch *Polbüro* (beide 1925), daneben (seit etwa 1930) das danach allein geltende *Politbüro*. P o l i t ö k o n o m i e f. Wissenschaft von den Gesetzen der Produktion und dem Austausch materieller Güter (20. Jh.), russ. *politėkonómija* (*политэкономия*), verkürzt aus *politíčeskaja ėkonómija*; älter *politische Ökonomie* (1. Hälfte 19. Jh.), nach engl. *political economy*.

Polizei f. mit besonderen Vollmachten und Pflichten ausgestattetes staatliches Organ, das die öffentliche Ordnung und Sicherheit, gegebenenfalls auch zwangsweise, zu gewährleisten hat und damit der Aufrechterhaltung der bestehenden Gesellschaftsordnung dient (um 1800), älter 'Sorge eines Staates, einer Obrigkeit um das Wohl der Bürger' (18. Jh.), 'Regierung, Verwaltung, Ordnung, Sittenaufsicht in Staat und Gemeinde sowie die dazugehörigen Verordnungen' (15. Jh.). Frühnhd. obd. *policy*, *polizei* (15. Jh.), md. *policei* (16. Jh., Luther) ist entlehnt aus mlat. *politia*, *policia* 'Ordnung, Verwaltung von Stadt und Staat, Staat' bzw. ital. *polizia* '(Stadt)verwaltung, öffentliche Ordnung' (15. Jh., vielleicht älter). Zugrunde liegt lat. *polītīa* 'Staatsverfassung', spätlat. 'Staatsverwaltung', aus griech. *polītéīa* (*πολιτεία*) 'Bürgerrecht, Staatsverwaltung, Staatsverfassung', zu griech. *polítēs* (*πολίτης*) 'Bürger, Stadtbewohner', *pólis* (*πόλις*) 'Burg, Stadt, Stadtgemeinde, Staat'. – P o l i z i s t m., p o l i z e i l i c h Adj. (19. Jh.).

Polka f. Die Bezeichnung für den in ganz Europa einstmals beliebten schnellen Gesellschaftstanz ist eine Übernahme (Mitte 19. Jh., wohl über Prag und Wien) von gleichbed. tschech. *polka*, eigentl. 'Polin'. Der Tanz und sein Name entstanden in Böhmen in den 30er Jahren des 19. Jhs. auf der Welle der Begeisterung für die vom zaristischen Rußland unterdrückten und glücklos aufbegehrenden Polen. S. auch *Polonaise*.

Pollen m. 'Blütenstaub'. Ahd. *polla* (9. Jh.), spätmhd. *bolle* (14. Jh.), nhd. *Pollen* 'feines Mehl, Staubmehl' ist entlehnt aus gleichbed. lat. *pollen* m. n. bzw. *pollis* m. f., auch 'Staub' (s. verwandtes *Pulver*). Später in die Wissenschaftssprache der Botanik aufgenommenes lat. *pollen* für 'Blütenstaub' geht (wohl im 19. Jh.) in die Bildungssprache über.

Polo n. Mannschaftsspiel zu Pferde, bei dem ein Ball mit Schlägern ins gegnerische Tor zu treiben ist, Entlehnung (Ende 19. Jh.) von gleichbed. engl. *polo*. Der Name des von den Engländern in Kalkutta von der dortigen Bevölkerung übernommenen Spiels beruht auf Balti (einer Sprache der Bewohner im Tale des Indus) *polo* 'Ball'; vgl. gleichbed. tibet. *pulu*. – P o l o h e m d n. (ursprünglich beim Polo getragenes) 'Trikothemd mit kurzen Ärmeln' (20. Jh.).

Polonaise f. festlicher Schreittanz, meist zur Eröffnung von Bällen. Frz. *polonais* (in älterer Zeit auch *polonois*) 'polnisch' ist eine patronymische Ableitung von mlat. *Polonia*, der latinisierten Landesbezeichnung. Als Bezeichnung eines Tanzes ist das substantivierte Femininum *Polonaise* (anfangs vielfach in der Schreibung *Polonoise*) zuerst im Dt. zu Beginn des 18. Jhs. bezeugt, wird bald auch (z. B. von J. S. Bach um 1725) zur Bezeichnung einer musikalischen Form verwendet, ist dagegen in Frankreich erst zu Beginn des 19. Jhs. nachweisbar. Eine direkte Entwicklung dieses Defilier- und Schreittanzes im gemäßigten 3/4-Takt aus einem polnischen National- und Volkstanz ist wenig wahrscheinlich; jedoch seiner tänzerischen Ausprägung nach ist eine Beziehung zu Elementen polnischer Tanzbräuche bei Festen, Hochzeiten, Ehrungen nicht auszuschließen. Es darf daher angenommen werden, daß die Polonaise (auf Grund ihrer musikalischen Form) außerhalb Polens und (trotz ihrer frz. Bezeichnung auf Grund der Zeugnisse) außerhalb Frankreichs als festlicher, höfischer Zeremonientanz entstanden ist (vielleicht am kursächsischen Hofe Augusts des Starken, des damaligen Königs von Polen) und von einer frz. sprechenden Hofgesellschaft ihren Namen erhalten hat, etwa aus Fügungen wie *(danse) polonaise* 'polnischer Tanz' oder *(tanzen) à la polonaise* 'auf polnische Art'.

Polster n. 'festes Kissen, Auflegematratze, elastische Auflage für Sitz- und Liegemöbel', ahd. *bolstar* 'Kopfkissen' (9. Jh.), mhd. *polster*, *bolster*, mnd. *bolster*, *bulster*, auch

'Fruchthülle', mnl. *bolster*, *bulster*, auch 'Spreu', nl. *bolster* 'Hülse, Schale, Kopfkissen', *bulster* 'Bettstrohsack', aengl. engl. *bolster* 'Kissen', anord. *bolstr*, *bulstr* 'Unterlage, Kissen', schwed. *bolster* 'Federbett' beruhen auf germ. **bulhstra-*, einer Bildung mit dem Suffix ie. *-stro-* zu ie. **bhelĝh-* 'schwellen; Balg, Kissen, Polster', einer unter *Balg*, *balgen* (s. d.) angeführten Erweiterung (wozu auch ahd., 8. Jh., asächs. aengl. *belgan*, mhd. *belgen* 'in Zorn geraten') der Wurzel ie. **bhel-* 'aufblasen, aufschwellen' (s. [1]*Ball*). – p o l s t e r n Vb. 'mit einer weichen Auf-, Unterlage versehen' (Ende 18. Jh.). P o l s t e r e r m. (19. Jh.).

poltern Vb. 'ein dumpfes krachendes Geräusch hervorbringen oder verursachen, holpern, rumpeln', frühnhd. *buldern*, *boldern*, *bulderen*, *poldern* (15. Jh.), *poltern* (16. Jh.), mnd. *bolderen*, *bulderen*, nl. *bulderen*, älter *bolderen* 'poltern, toben, tosen', schwed. *bullra*, dän. *buldre* 'lärmen, rumoren' stehen als Bildungen mit Dental neben mhd. *boln* 'rufen, schreien, blöken', frühnhd. *bollen*, *bollern*, nhd. *bullern* 'lärmen' und lassen sich mit diesen als Schallwörter an die unter *bellen* (s. d.) angegebene lautnachahmende Wurzel ie. **bhel-* 'schallen, reden, brüllen, bellen' anschließen. – P o l t e r a b e n d m. (1. Hälfte 16. Jh.), vorher *Pulternacht* (Anfang 16. Jh.) 'Abend vor der Hochzeit', an dem durch Lärm und Zerschlagen von Geschirr böse Geister und Unheil vertrieben und von der Ehe ferngehalten werden sollen.

poly- Bestimmungswort in aus dem Griech. entlehnten Zusammensetzungen mit der Bedeutung 'mehr, viel'. Zugrunde liegt griech. *polýs* (πολύς) 'viel, häufig, zahlreich, groß'. Hierher gehören Wörter wie P o l y g a m i e f. 'Ehegemeinschaft mit mehreren Partnern, Vielehe', speziell 'eheliche Verbindung mit mehreren Frauen, Vielweiberei' (Mitte 16. Jh.), griech. *polygamía* (πολυγαμία) 'öftere Heirat, Vielmännerei, Vielweiberei', zu griech. *polýgamos* (πολύγαμος) 'viel und oft verheiratet, mehrere Männer oder Frauen gleichzeitig habend'; vgl. griech. *gámos* (γάμος) 'Hochzeit, Ehe, Beischlaf', zu griech. *gamẽin* (γαμεῖν) 'heiraten'. P o l y h i s t o r m. 'in vielen Fächern bewanderter Gelehrter' (Ende 17. Jh.), griech. *polyístōr* (πολυΐστωρ) 'viel wissend, kenntnisreich', *hístōr* (ἵστωρ) 'wissend, kundig; Wissender, Kundiger' (s. *Historie*). p o l y g l o t t Adj. 'vielsprachig' (18. Jh.), griech. *polýglōssos*, (att.) *-glōttos* (πολύγλωσσος, -γλωττος) 'vielzüngig, vielsprachig', vgl. griech. *glõssa*, *glõtta* (γλῶσσα, γλῶττα) 'Zunge, Sprache'. p o l y t e c h n i s c h Adj. 'mehrere Zweige der Technik umfassend' (Ende 18. Jh.), über frz. *polytechnique* aus griech. *polýtechnos* (πολύτεχνος) 'sich auf viele Künste verstehend', vgl. griech. *téchnē* (τέχνη) 'Kunst, Kunstfertigkeit, Geschick, Handwerk, Gewerbe'. S. auch *Polyp*. Dazu Neubildungen der heutigen Wissenschaftssprache (19./20. Jh.) wie p o l y f i l Adj. 'vielfädig', zu lat. *fīlum* 'Faden', sowie in Bezeichnungen für Kunststoffe *Polyäthylen*, *Polystyrol*, *Polyester*.

Polyp m. in der Zoologie mit Fangarmen ausgestatteter 'Kopffüßer, Tintenfisch, Krake' (16. Jh.), mit Fangarmen (Tentakeln) ausgestattetes 'Hohltier, Blumentier, Koralle' (18. Jh.), in der Medizin '(meist gestielte) Schleimhautgeschwulst' (16. Jh.), gelehrte Entlehnung aus lat. *polypus*, griech. *polýpūs* (πολύπους) Meerestier mit acht (als Füße gedeuteten) Schlinggliedern, 'Krake, Tintenfisch', bei den antiken Ärzten auch 'gestielte Nasengeschwulst', eigentl. 'vielfüßig, Vielfuß', zu griech. *polýs* (πολύς) 'viel' und griech. *pũs*, Gen. *podós* (πούς, ποδός) 'Fuß'. Die gaunersprachliche, danach auch umgangssprachliche Bedeutung 'Polizist' (2. Hälfte 19. Jh.) beruht auf zu *Polyp* (in Anspielung auf die Fangarme des Tieres) umgestaltetem rotw. *Polipee* 'Polizei'.

Pomade f. 'wohlriechendes Haar- und Hautfett' ist Entlehnung (*Pomata*, um 1600) von ital. *pomata* 'nach Apfel duftende Salbe', einer Ableitung von ital. *pomo* 'Apfel', aus lat. *pōmum* 'Obstfrucht, Baumfrucht', spätlat. 'Apfel'. Bereits im 17. Jh. setzt sich jedoch *Pomade*, aus ebenfalls aus dem Ital. stammendem mfrz. frz. *pommade*, durch.

pomadig Adj. umgangssprachlich (nordostd. omd.) für 'träge, langsam, bequem' (Anfang 19. Jh.), aus an *Pomade* (s. d.) angeglichenem *pomale* Adv. 'langsam, gemächlich', das um 1700 aus gleichbed. poln. obsorb. *pomału*, tschech. *pomalu* entlehnt ist; vgl. russ. *pomálu*, *pomalén'ku* (помалу, помаленьку) 'nicht übereilt, langsam'. Bildungen mit dem Präfix *po-* dienen zur Bezeichnung einer bestimmten Art und Weise. Dem zweiten Teil liegt urslaw. **malo* 'wenig' (zu urslaw. *malъ 'klein'; vgl. aslaw. *malo*, *malъ*) zugrunde.

Pomeranze f. 'Bitterorange', frühnhd. *pomerancz*, *pomerantze*, *pamerantze* (15. Jh.), Entlehnung aus gleichbed. mlat. *pomerancia*, *pomerancium*, *pomerangium*, einer wohl in Italien entstandenen Bildung aus lat. *pōmum* 'Obstfrucht, Baumfrucht' und mlat. *arancia*, ital. *arancio*, *arancia* (s. *Orange*); vgl. im 16. Jh. belegtes ital. *pomarancia* 'Orange'. – L a n d p o m e r a n z e f. 'durch Unbeholfenheit auffallendes rotbackiges Mädchen vom Lande', um 1820 wahrscheinlich von südd. Studenten in die Literatursprache eingeführter scherzhafter Ausdruck, in der 2. Hälfte 19. Jh. auch allgemein abschätzig für 'unerfahrener, ungebildeter Provinzler'.

Pomp m. 'feierliches Gepränge, Pracht, Prunk', mhd. *pompe* f. m., mnd. *pomp(e)* sind entlehnt aus lat. *pompa* f. 'feierlicher Aufzug, Pracht, Prunk', griech. *pompḗ* (πομπή) f. 'Sendung, Geleit, Festzug', zu griech. *pémpein* (πέμπειν) 'schicken, senden, (feierlich) geleiten, begleiten', bzw. aus (seinerseits dem Lat. folgendem) afrz. frz. *pompe* f. 'Prunk, Gepränge'. Im Dt. begegnen fem. Formen bis ins 18. Jh., danach gilt allein mask. Genus, das bereits im 15. Jh. einsetzt. – p o m p ö s Adj. 'prächtig, prunkvoll, aufwendig' (um 1700), aus gleichbed. frz. *pompeux*; zuvor *pompos* (Mitte 17. Jh.), *pomposisch* (16. Jh.), aus spätlat. *pompōsus* 'prächtig', das auch dem frz. Adj. zugrunde liegt.

Pontifikat n. 'Amt, Amtszeit, Würde des Papstes, eines Bischofs', im 15./16. Jh. entlehnt aus lat. *pontificātus* m. 'Amt und Würde eines Oberpriesters', kirchenlat. 'eines Bischofs', einer Bildung zu lat. *pontifex* 'Oberpriester', kirchenlat. 'Bischof', wörtlich 'Brückenmacher', zu lat. *pōns* (Gen. *pontis*) 'Brücke' und lat. *facere* 'machen, tun'. – P o n t i f i k a l a m t n. 'von einem Bischof zelebriertes feierliches Hochamt'; vgl. lat. *pontificālis* 'oberpriesterlich', kirchenlat. 'bischöflich'.

Ponton m. 'breites, flaches Wasserfahrzeug zum Bau von (behelfsmäßigen) Brücken', auch 'schwimmende, aus mehreren dieser Kähne zusammengesetzte Brücke'. Im 16. Jh. wird als Terminus der Militärsprache mfrz. frz. *ponton* (im 16./17. Jh. gelegentlich auch ital. *pontone*) entlehnt. Zugrunde liegt lat. *ponto* m. (Gen. *pontōnis*) 'großes, flaches Boot, Fähre, Brückenboot', eine Bildung zu lat. *pōns* m. (Gen. *pontis*) 'Brücke'. – P o n t o n b r ü c k e f. (19. Jh.).

Pony n. 'Pferd einer kleinen Rasse, Zwergpferd'. Durch Reisebeschreibungen über England und Schottland wird Ende 18. Jh. engl. *pony* (aus schott. *pown(e)y*) im Dt. bekannt. Die weitere Herkunft ist ungewiß. Vielleicht ist die Bezeichnung aus (seltenem) mfrz. *poulenet* entlehnt, einem Deminutivum zu afrz. *po(u)lain*, frz. *poulain* 'Fohlen', das aus spätlat. *pullāmen* 'Tierjunges, Fohlen' (zu lat. *pullus* 'Tierjunges', verwandt mit *Fohlen*, *Füllen*, s. d.) hervorgegangen ist. Aus dem Vergleich *Haare wie eine Ponymähne* und aus Zusammensetzungen wie *Ponylocken*, *Ponyfransen* (um 1800) entsteht die Verkürzung P o n y m. 'in die Stirn gekämmtes, kurzes glattes Haar'.

Popanz m. 'Schreckgespenst, ausgestopfte Gestalt, Strohpuppe', frühnhd. (omd.) *Popanz*, *Popenz* (Ende 16. Jh.). Die Etymologie ist ungeklärt, slawische Herkunft umstritten. Erwogen wird einerseits Anknüpfung an atschech. *bobonci*, *pobonci*, Plur. zu *bobonek*, *pobonek*, tschech. *poboněk*, *paboněk*, *pabuněk* 'Gespenst'; vgl. VASMER in: ZfslPh 19 (1947) 541; BIELFELDT Entlehnungen (1965) 51. Andererseits wird darin eine Weiterbildung von in dt. Mundarten verbreitetem *Boboz* 'Schreckgespenst für Kinder' vermutet, zu reduplizierend imitativ-interjektionalem *bobo* der Kindersprache; vgl. BELLMANN Slavoteutonica (1971) 212.

Pop-art f., verkürzt P o p m. Sammelbezeichnung für eine auf provozierenden, exzentrischen Elementen aufbauende Kunstrichtung (vgl. *Popkunst*, *-musik*, *-literatur*). Entlehnung der 60er Jahre des 20. Jhs. von gleichbed. amerik.-engl. *pop(-art)*. Der Ausdruck ist eine wohl absichtlich doppeldeutig gehaltene Bildung aus engl. *popular art* 'volkstümliche Kunst', wobei die Kurzform eine Beziehung zu lautmalendem engl. *pop* 'Knall', *to pop* 'knallen' herstellt. Vorauf geht engl. (umgangssprachlich) *pop* (für *popular concert*) 'volkstümliches Konzert, Schlager, Schnulze'.

Popeline f., P o p e l i n m. festes Gewebe aus feinen Garnen, Übernahme (Ende 18. Jh.) von gleichbed. frz. *popeline* f., wohl einer Entlehnung von engl. *poplin*. Dies stammt seinerseits aus frz. *papeline*, das wiederum auf den Namen der fläm. Stadt *Poperinge* zurückgeht, eines bedeutenden Tuchherstellungszentrums, dessen Stoffe unter den Namen apikard. *dras de Poperinghes roies* (13. Jh.), ital. *panni di Poperinghe* (14. Jh.) gehandelt wurden. Die Umgestaltung zu frz. *papeline* beruht vielleicht auf Dissimilation oder auf Einwirkung von mlat. *papalis* 'päpstlich' (ohne erkennbaren Grund). Jedenfalls zeigt engl. *poplin* Einfluß von engl. *pope* 'Papst', weil man frz. *papeline* für eine Ableitung von frz. *pape* 'Papst' hielt.

populär Adj. 'volkstümlich, allgemeinverständlich' (18. Jh.), entlehnt aus gleichbed. frz. *populaire*, dem lat. *populāris* 'zum Volk gehörig, einheimisch, volkstümlich' zugrunde liegt, eine Bildung zu lat. *populus* 'Volk' (s. *Pöbel*). – Popularität f. 'Volkstümlichkeit, Beliebtheit' (19. Jh.), nach frz. *popularité*; vgl. lat. *populāritās* (Gen. *populāritātis*) 'volkstümliches Benehmen, Leutseligkeit'.

Pore f. 'feine Hautöffnung'. Spätlat. *porus* m., aus griech. *póros* (πόρος) 'Weg, Durchgang, Öffnung', gilt bei den antiken Ärzten auch für 'Kanal, Gang, Röhre im menschlichen Körper, kleine Hautöffnung'. In diesem Sinne wird bes. der Plural *porī* Bestandteil der lat. medizinischen Wissenschaftssprache (vielfach mit *Schweißlöcher* übersetzt). Die Eindeutschung *Poren* (danach auch der fem. Sing. *Pore*) erfolgt in der 2. Hälfte des 18. Jhs., gleichzeitig setzt übertragener Gebrauch 'sehr kleines Loch, Öffnung' ein. – porös Adj. 'mit feinen Löchern versehen, durchlässig', Entlehnung (Anfang 18. Jh.) aus gleichbed. frz. *poreux*. Auf nlat. *porosus* beruhen die voraufgehenden Formen *porosisch* (16. Jh.) und *poros* (17. Jh.).

Pornographie f. 'aufreizende Darstellung sexueller Vorgänge in Wort und Bild (ohne Berücksichtigung psychischer, partnerschaftlicher Beziehungen)', Übernahme (Ende 19. Jh.) von frz. *pornographie*, einer Ableitung von frz. *pornographe*, das 1769 von Rétif de la Bretonne im Sinne von 'über die Prostitution Schreibender' als Buchtitel verwendet wird, entlehnt aus griech. *pornográphos* (πορνογράφος) 'von Huren schreibend'; vgl. griech. *pórnē* (πόρνη) 'Hure, Dirne' und s. *-graph*, *-graphie*. Frz. *pornographie* 'Abhandlung über die Prostitution' nimmt im 19. Jh. die Bedeutung 'Darstellung von Obszönitäten' an, gelangt ins Dt. und in andere Sprachen und ist heute allgemein in obigem Sinne gebräuchlich. Eine Kurzform *Porno-* bildet Zusammensetzungen wie *Pornofilm*, *-foto*, *-literatur* u. dgl., aus denen bei erneuter Kürzung umgangssprachliches *Porno* 'Pornographisches' (mit unbestimmtem oder nach dem Grundwort wechselndem Genus) entsteht.

Porphyr m. feingekörntes Eruptivgestein mit eingesprengten größeren Mineralkristallen, mhd. *porfier*, entlehnt aus gleichbed. ital. (älter) *porfiro* (heute dissimiliert zu *porfido*) bzw. vorausgehendem mlat. *porphyrium*; aus lat. *porphyrītēs*, griech. *porphyrī́tēs (líthos)* (πορφυρίτης λίθος) 'Porphyr(stein)', im Altertum in einer bräunlichen bzw. dunkelroten Art bekannt, 'porphyrartig, -haltig', zu griech. *porphýra* (πορφύρα) 'Purpur(farbe), -schnecke, -kleid'.

Porree m. Lauchart mit dickem, rundem Schaft. Ahd. *phorro* (9. Jh.), mhd. *phorre*, *porre*, asächs. *porro*, mnd. *porlōk* (das zweite Kompositionsglied hier und in den folgenden verdeutlichenden Zusammensetzungen entspricht nhd. *Lauch*) ist wie auch mnl. *porlooc*, nl. (mundartlich) *poor*, *poorlook*, aengl. *por(r)*, *porlēac* Entlehnung aus lat. *porrum*, *porrus* 'Lauch, Porree'. Zu ebenfalls auf dem Lat. beruhendem afrz. *por* 'Lauch' stellt sich die abgeleitete Kollektivbildung afrz. *poree* 'Lauchgemüse', frz. (landschaftlich) *por(r)ée* 'Lauch, Mangold' (vgl. frz. *poireau* 'Lauch, Porree', *poirée* 'Mangold'), woraus nhd. *Porree* neu entlehnt wird.

Portal n. 'architektonisch hervorgehobener, oft prunkvoll verzierter Haupteingang an einem größeren Gebäude', im 15. Jh. mit der Bedeutung 'Vorhalle, große Eingangstür' entlehnt aus mlat. *portale* (vgl. mlat. *portalis* 'an der Tür befindlich, zum Tor gehörig') bzw. wenig später bezeugtem gleichbed. afrz. mfrz. *portal*, das seinerseits ein vlat. **portale* voraussetzt (beide zu lat. *porta* 'Tor, Zu-, Eingang', s. *Pforte*). Die heutige Bedeutung kommt im 16./17. Jh. mit dem Eindringen der frz. und ital. Baukunst auf und ist wohl von gleichbed. mfrz. *portail*, *portal*, frz. *portail* oder ital. *portale* beeinflußt.

Portemonnaie n. 'Geldtasche'. Frz. *portemonnaie* m., eine junge Zusammensetzung von frz. *porter* 'tragen' (lat. *portāre*) und frz. *monnaie* 'Münze, Geld' (lat. *monēta*), kommt um 1850 gleichzeitig im Dt. und Frz. auf. Ob die Bildung aus dem Frz. übernommen oder im Dt. nach Vorbildern wie *Portefeuille* 'Brieftasche' (frz. *portefeuille*), *Portechaise* 'Tragstuhl, Sänfte' (so nur dt.; frz. *porte-chaise* eigentl. 'Hofbeamter, der bei Tische die Stühle heranrückt'), *Portepee* 'Degen-, Säbelquaste' (frz. *porte-épée*) gebildet wurde, ist derzeit nicht auszumachen.

Portier m. 'Pförtner', bes. 'Empfangschef eines Hotels', älter landschaftlich auch 'Hauswart', Entlehnung (Anfang 18. Jh.) von frz. *portier* 'Pförtner, Türhüter eines Schlosses, Privathauses' (seit Mitte 19. Jh. vor allem 'Empfangschef, livrierter Türhüter', sonst durch frz. *concierge* 'Pförtner, Hausmeister' verdrängt), dem spätlat. *portārius* 'Türhüter, Torwächter', eine Ableitung von lat. *porta* 'Tor, Eingang' (s. *Pforte*), zugrunde liegt.

Portiere f. 'Türvorhang aus schwerem Stoff', seit Mitte des 19. Jhs. geläufige, vereinzelt jedoch schon in der 1. Hälfte des 18. Jhs. bezeugte Übernahme von gleichbed. frz. *portière*, einer zuerst im Mfrz. begegnenden Bildung zu afrz. frz. *porte* 'Tor, Tür', lat. *porta* 'Tor, Eingang' (s. *Pforte*). Nach frz. Vorbild steht *Portiere* im 18./19. Jh. gelegentlich auch für 'Kutschenschlag, Wagentür'.

Portion f. 'abgemessene Menge (bes. von Speisen), Teil, Maß'. Aus lat. *portio* (Gen. *portiōnis*) 'Abteilung, zugemessener Teil, Anteil, Verhältnis, Proportion' ist entlehnt frühnhd. *Portz* (Ende 15. Jh.) und danach *Portion* (16. Jh.). Lat. *portio* stammt aus der Fügung *prō portiōne* 'dem Anteil, dem Verhältnis entsprechend, nach dem Verhältnis der Teile zueinander' (s. *Proportion*), die wohl durch Vokalassimilation aus *prō *partiōne* hervorgegangen ist. Lat. **partio* 'Teilung' ist dann als Verbalabstraktum zu lat. *partīre* bzw. *partīrī* 'teilen, trennen, zuteilen' aufzufassen, das seinerseits von lat. *pars* (Gen. *partis*) 'Teil, Anteil' abgeleitet ist.

Porto n. 'Beförderungsgebühr für Postsendungen', Übernahme (1. Hälfte 17. Jh.) von gleichbed. ital. *porto*, eigentl. 'das Tragen, (Über)bringen', in die Sprache des Handels und Postwesens; Substantivbildung zu ital. *portare* 'tragen, bringen', nach gleichbed. lat. *portāre*. Zuvor im Dt. *Briefgeld* (16. Jh.), *Postgeld* (um 1600).

Porträt n. 'bildliche Darstellung einer Person, Bildnis', Entlehnung (17. Jh., auch in frz. Schreibweise, die bis ins 20. Jh. vorherrscht) von gleichbed. frz. *portrait*, afrz. *portrait*, *portret*, substantiviertem Part. Perf. zu afrz. *portraire* '(hervor)ziehen, vor Gericht bringen, ausführen, künstlerisch bilden, gestalten, zeichnen'. Diese Präfixbildung gehört zu afrz. *traire* 'ziehen, herausholen, sich begeben', auch 'zeichnen, entwerfen' (lat. *trahere* 'ziehen, schleppen'), geht in einigen Verwendungen aber wohl unmittelbar auf lat. *prōtrahere* 'hervor-, vorwärtsziehen, ans Licht bringen, offenbaren, entdecken' zurück. – porträtieren Vb. 'ein Bildnis anfertigen' (18. Jh.).

Porzellan n. dichter, weißer keramischer Werkstoff, Tafelgeschirr daraus. Nach Europa gelangt die zunächst in China und Japan hergestellte Töpferware im 15. und 16. Jh. über Italien und nimmt hier die Bezeichnung ital. *porcellana* f. an, die ins Dt. übergeht, zuerst (1477) in einer Übersetzung von Marco Polo *schüsseln von porzelane*. Ital. *porcellana* ist eigentl. der Name für eine Art Seemuschel mit milchweißer glänzender Schale, der auf den neuen Werkstoff (wohl wegen des schimmernden Glanzes) übertragen wird. Er ist abgeleitet von lat. ital. *porcella* 'kleines weibliches Schwein, Ferkel', Deminutivum von lat. *porca* 'weibliches (Haus)schwein, Sau', *porcus* 'männliches (Haus)schwein', auch 'weibliche (jungfräuliche) Scham' (womit die Seemuschel wohl verglichen wurde).

Posaune f. Blechblasinstrument mit zwei U-förmigen Rohren, von denen eines verschiebbar ist, mhd. *busīne*, *busūne*, (md.) *basūne* eine Art Trompete, mnd. *bas(s)ūne* (woraus anord. *basūn* und *basūna*), mnl. *basūne*, nl. *bazuin* sind entlehnt aus afrz. mfrz. *bu(i)sine*, das über galloroman. **būcīna* auf lat. *būcina* 'Wald-, Jagd-, Hirten-, Signalhorn' beruht (zu lat. *bōs* 'Rind' und lat. *canere* 'singen, ertönen, spielen'), eigentl. 'aus einem Rinderhorn gefertigtes Blasinstrument'. Zahlreiche, bis ins 16. Jh. anzutreffende Wiedergaben wie *Busaun(e)*, *Bosaune*, *Busane*, *Buson* u. a. werden durch Luthers Form *Posaune* verdrängt. – posaunen Vb. 'auf der Posaune blasen, laut rufen, laut verkünden', mhd. *busīnen*, *busūnen*, mnd. mnl. *basūnen*, nl. *bazuinen*; vgl. afrz. *buisener*, *buisiner*, lat. *būcināre* 'auf der Trompete blasen'; ausposaunen Vb. '(etw. Diskretes) laut und prahlerisch verkünden' (Mitte 17. Jh.). Posaunist m. 'wer Posaune bläst' (Anfang 18. Jh.), älter *Posaunenbläser* (16. Jh.), mnd.

bas(s)ūnenblēser, *-blāser*; vgl. mhd. *busīnære*, *busūnære*.

Pose f. 'auf Wirkung abzielende, oft gekünstelte Körperhaltung', im 19. Jh. als Ausdruck der Künstlersprache Übernahme von frz. *pose* 'Stellung, Haltung', einer Ableitung von frz. *poser* 'setzen, stellen, legen' (zu dessen Herkunft und Entwicklung s. *imponieren*).

Position f. 'Haltung, Stellung, Stelle, Standort', im 16. Jh. entlehnt aus lat. *positio* (Gen. *positiōnis*) 'das Setzen, Stellen, Lage, Stellung', einer Ableitung von lat. *pōnere* (*positum*) 'setzen, stellen, legen'. Unter Einfluß von gleichbed. frz. *position* als Fachwort (Philosophie, Heeressprache, Fechtkunst, Nautik, Wirtschaft, Astronomie, Sport) und im allgemeinen Sprachgebrauch ('wichtige Stelle innerhalb einer Institution, eines Betriebes, eines Systems') sehr verbreitet.

positiv Adj. 'bejahend, zustimmend, günstig, vorteilhaft, gewiß, bestimmt', entlehnt (um 1700, zuvor *positive* Adv., Mitte 17. Jh.) aus spätlat. *positīvus* 'gesetzt, gegeben, hingestellt' bzw. *positīvē* Adv., einer Ableitung von lat. *pōnere* (*positum*) 'setzen, stellen, legen', wahrscheinlich unter Einfluß von afrz. frz. *positif*. Reich entfaltet in Fachsprachen (meist als Gegenwort zu *negativ*), z. B. Mathematik 'größer als Null' (um 1700), Philosophie 'wirklich, tatsächlich (vorhanden), gegeben' (18. Jh.), Physik 'einen Mangel an Elektronen gegenüber negativen Ladungsteilchen aufweisend', Medizin 'einen angenommenen Sachverhalt als gegeben ausweisend' (20. Jh.). – P o s i t i v m. in der Grammatik 'Grundstufe (ungesteigerte Form) des Adjektivs' (15. Jh.), vgl. spätlat. *gradus positīvus*, eigentl. 'gesetzte, gegebene Stufe'. P o s i t i v n. in der Photographie 'von einem Negativ gewonnenes Bild' (Ende 19. Jh.), wohl gebildet nach *Negativ* (s. d.).

Positur f. '(für eine bestimmte Situation gewählte) Haltung, Stellung, Lage', entlehnt (17. Jh.) aus lat. *positūra* 'Stellung, Lage', einer Bildung zu lat. *pōnere* (*positum*) 'setzen, stellen, legen'. Zunächst bes. in der Fachsprache des Sports (Tanzen, Reiten, Fechten), häufig in der Verbindung *sich in Positur setzen, stellen, werfen*. Im 17. Jh. bezeugtes *Postur* stammt aus ital. *postura*.

Possen m., meist Plur., 'derber Streich, Unfug, Schabernack', mhd. *possen* (Plur.). Auszugehen ist von (allerdings später bezeugtem) frühnhd. *posse*, *bosse* 'Zierat, Beiwerk' (an Kunstdenkmälern, Gesimsen), bes. 'groteske Figuren' (an Brunnen). Dies ist entlehnt aus afrz. *boce*, frz. *bosse* 'Buckel, Höcker, Beule, Relief, erhabene Arbeit, Gipsabguß'. Zugrunde liegt vielleicht anfrk. **bottia* 'Auswuchs, Sproß, Beule', das Substantivbildung zu einem dem ahd. *bōʒen* 'stoßen, schlagen' (s. *Amboß*) entsprechenden anfrk. Verb (mit der Bedeutungsvariante 'ausschlagen, sprießen'?) wäre; vgl. GAMILLSCHEG ²128. Schon früh erfolgt die Übertragung von 'komische Figur, Scherzfigur' auf 'Scherz, lustiger Streich', wozu die Zusammensetzung P o s s e n s p i e l n. 'derbkomisches Bühnenspiel' (16. Jh.), verkürzt P o s s e f. (18. Jh.). P o s s e n r e i ß e r m. 'Spaßmacher' (16. Jh.), Zusammenbildung aus *Possen reißen* 'Scherz und Spott treiben' (16. Jh.). p o s s i e r l i c h Adj. 'klein und lustig, drollig' (16. Jh.); vgl. *bossieren*, *possieren* 'lustig sein, scherzen, Possen treiben', eigentl. 'als Zeichnung entwerfen, Figürliches in weicher Masse formen, bilden' (16. Jh.), afrz. mfrz. *bocer* (s. *putzig*).

Post f. 'Einrichtung zur Beförderung von Brief-, Paket- und Geldsendungen und zur Übermittlung von Nachrichten, deren örtliche Dienststelle (*Postamt*), das durch die Post Beförderte, Postsendung'. Frühnhd. *Post* 'öffentliche Beförderungseinrichtung', einschließlich Personen, Wagen, Pferden (1494; s. unten *Postmeister*), 'Poststation, -gebäude, Botschaft, Nachricht' (16. Jh., s. *Hiobspost*) ist entlehnt aus ital. *posta* 'von einem Vorsteher verwaltete Station, an der Pferde und Boten gewechselt werden können', ursprünglich von ital. Kaufleuten organisierte Einrichtung zur schnellen Nachrichtenübermittlung, später auf die gesamte Beförderungseinrichtung übertragen. Ital. *posta* ist eigentl. 'festgesetzter Punkt, Ort, Platz', aus substantiviertem lat. *posita*, der fem. Form des Part. Perf. *positus* von lat. *pōnere* 'setzen, stellen, legen', auch 'festsetzen' (s. *Posten*). – P o s t m e i s t e r m. ehemals 'Leiter eines Postamtes an einem Ort, Posthalter, Vorgesetzter des Postwesens eines Landes', zufrühest 'Vorsteher einer Pferdewechselstelle' (1489), Übersetzung von ital. *maestro delle poste*. P o s t b o t e m. 'Briefzusteller' (16. Jh.). P o s t a m t n. (17. Jh.). P o s t k a r t e f. 'Karte für Mitteilungen zum Versand durch die Post'; in diesem Sinne zuerst 1869 vom öst. Volkswirt Herrmann erwähnt (er selbst schlägt *Correspondenzkarte* vor), 1875 amtlich in Deutschland eingeführt; voraus geht *Feldpostkarte* (1870/71). Zuvor steht *Postkarte* für 'Streckenkarte (Landkarte) des Postwagens, Liste der Postsendungen' (18. Jh.), 'Fahrkarte für die Postkutsche' (Anfang 19. Jh.). Postanweisung f. 'auf der Post eingezahlte Geldsendung, die dem Empfänger durch die Post zugestellt wird, das dafür erforderliche Formular' (19. Jh.). postlagernd Adj. 'auf dem Bestimmungspostamt bis zur Abholung durch den Empfänger lagernd' (1875); Übersetzung von frz. *poste restante*. postalisch Adj. 'die Post betreffend, durch die Post' (19. Jh.), vgl. frz. *postal*, ital. *postale*. postwendend Adj. 'umgehend, sofort' (20. Jh.), älter 'mit Wendung, Umkehr der Post', d. h. des Postwagens (19. Jh.), aus der Formel *mit wendender Post* 'mit der zurückkehrenden Postkutsche Rückantwort gebend'.

[1]**Posten** m. 'Standort für eine (militärische) Wache, auf Wache stehender Soldat' (1. Hälfte 18. Jh.), mit Endungs-*n* aus den obliquen Kasus für älteres *Post(e)* m. (17. Jh.) und *Posto* (nur in der Wendung *Posto fassen*, 17. Jh.), auch *Post* f. 'Standort' (17. Jh.; fem. Gebrauch nach ital. *posta* 'festgesetzter Platz', s. *Post*). Entlehnt aus ital. *posto* m. 'Ort, Platz, Standort, Stellung', das auf lat. *positus*, die mask. Form des Part. Perf. von lat. *pōnere* 'setzen, stellen, legen', auch 'festsetzen', zurückgeht und eine Fügung wie lat. *positus locus* 'festgesetzter Ort' voraussetzt. Der militärische Ausdruck wird im 18. Jh. auf den Standort im bürgerlichen Leben übertragen mit der Bedeutung 'berufliche Stellung, (Arbeits)stelle, Anstellung, Amt, Stellung innerhalb einer (organisierten) Vereinigung'. – postieren Vb. 'an einem bestimmten Ort als Wache aufstellen, an einen bestimmten Ort zur Beobachtung hinstellen' (17. Jh.), vgl. frz. *poster*, ital. *postare* 'Posten aufstellen'.

[2]**Posten** m. 'in Rechnung gebrachte Summe Geld, Einzelbetrag (in einer Rechnung), bestimmte Warenmenge (innerhalb einer größeren Menge verschiedenartiger Sachen)', entlehnt (2. Hälfte 15. Jh.) aus ital. *posta* 'bestimmter Geldbetrag, Rechnungsbetrag, Spieleinsatz', das auf lat. *posita*, die fem. Form des Part. Perf. von lat. *pōnere* 'setzen, stellen, legen', auch 'festsetzen' (s. *Post*, [1]*Posten*), zurückgeht und wohl eine Fügung wie lat. *posita summa* 'festgesetzte, aufgestellte Summe' voraussetzt. Nach dem fem. Geschlecht von ital. *posta* früher auch *die Post*.

Poster n. m. 'künstlerisch gestaltetes Plakat für dekorative Zwecke', übernommen (60er Jahre 20. Jh. mit engl. Aussprache) von gleichbed. engl. *poster*, eigentl. 'Anschlagzettel', einer Bildung zum Verb *to post* '(an einen Pfahl, Pfosten) anschlagen, ankleben', zu engl. *post* '(Tür)pfosten', dem gleichbed. lat. *postis* (s. *Pfosten*) zugrunde liegt.

Postillon m. 'Postkutscher', älter 'Kurier', entlehnt (16. Jh.) aus mfrz. frz. *postillon* bzw. (trotz etwas späterer Bezeugung wohl der frz. Form zugrundeliegendem) ital. *postiglione* 'Postknecht', einer Ableitung von ital. *posta* (s. *Post*). Dazu die frz., aber im Dt. entstandene Fügung *Postillon d'amour* 'Liebesbote, Überbringer eines Liebesbriefes' (Ende 18. Jh.).

Postskript n., auch *Postskriptum*, 'Nachschrift, Nachtrag zu einem Brief' (nach der Unterzeichnung), Entlehnung (16. Jh.) von lat. *postscrīptum* 'das Nachgeschriebene', dem substantivierten Neutr. des Part. Perf. von *postscrībere* 'nach, hinter etw. schreiben'; vgl. lat. *scrībere* schreiben'.

postulieren Vb. 'unbedingt fordern, verlangen, als Bedingung stellen' (Anfang 15. Jh.), in der Philosophie 'ein Postulat (s. unten) aufstellen, etw. vorläufig als wahr annehmen' (18. Jh.), entlehnt aus lat. *postulāre* 'verlangen, begehren, erwarten, fordern', auch 'vor Gericht fordern, gerichtlich belangen'; zu lat. *poscere* 'fordern, verlangen, forschen, fragen' (verwandt mit *forschen*, s.d.). – Postulat n. 'unbedingte (sittliche) Forderung' (Anfang 15. Jh.), in der Philosophie 'logische, methodische oder erkenntnistheoretische Annahme, These, die nicht (oder noch nicht) bewiesen werden kann' (2. Hälfte 17. Jh.), aus lat. *postulātum* 'Forderung, gerichtlicher Antrag, Gesuch', dem substantivierten Neutrum des Part. Perf. von lat. *postulāre* (s. oben).

postum Adj. 'nachgelassen, nach dem Tode veröffentlicht' (Werke), 'nach dem Tode erfolgt' (Ehrungen), entlehnt (Ende 18. Jh.; vielleicht früherem frz. und engl. Gebrauch folgend) aus lat *postumus* 'letzter, nachgeboren, nach dem Tode eintretend', Superlativ zu *posterus* 'nachfolgend' (vgl. lat. *post* 'nach, hinter, danach'). In lat. Gestalt ist das Wort ebenso wie die Nebenform *posthumus* seit Anfang des 18. Jhs. im Dt. belegt, auch substantiviert (pluralisch) im Sinne von 'nachgelassene Schriften'. Lat. *posthumus* schließt volksetymologisch an lat. *humus* 'Erde' (s. *Humus*) bzw. *humāre* 'beerdigen' an; daraus im 19. Jh. entlehntes *posthum* wird heute weithin als nicht korrekt angesehen.

Potenz f. 'Kraft, Macht, Wirksamkeit, Leistungsfähigkeit, Stärke' (16. Jh.), 'Fähigkeit des Mannes zum Geschlechtsverkehr, zur Zeugung' (19. Jh., als Gegenwort zu voraufgehendem *Impotenz*, s. unten), auch 'Herrschergewalt, politische Macht' (17. Jh.), in der Mathematik 'Produkt mehrerer gleicher Faktoren' (Anfang 18. Jh.), aus lat. *potentia* 'Vermögen, Kraft, Macht, Gewalt, (Ober)herrschaft', abgeleitet von lat. *potēns* (s. unten). – p o t e n t Adj. 'stark, einflußreich, zahlungskräftig, leistungsfähig' (um 1800), 'fähig zum Geschlechtsverkehr, zeugungsfähig' (20. Jh., als Gegenwort zu voraufgehendem *impotent*, s. unten), aus lat *potēns* (Gen. *potentis*) Part.adj. 'mächtig, vermögend, fähig, einflußreich, stark', eigentl. Part. Präs. zu einem untergegangenem Verb lat. **potēre* 'können' (vgl. lat. *posse*). p o t e n z i e r e n Vb. in der Mathematik 'eine Zahl mehrfach mit sich selbst multiplizieren', allgemein 'erhöhen, steigern, verstärken' (19. Jh.), abgeleitet von *Potenz*. P o t e n t a t m. 'Machthaber, Herrscher, regierender Fürst' (16. Jh.), aus lat. *potentātus* 'Vermögen, Kraft, Macht, Oberherrschaft', mlat. (Plur.) 'die Mächtigen'. P o t e n t i a l n. ortsabhängige Größe zur Beschreibung eines magnetischen bzw. elektrischen Feldes (Gauß 1836/1840), allgemein 'Gesamtheit der vorhandenen Mittel und Möglichkeiten, Wirkungs-, Leistungsfähigkeit', substantiviert aus spätlat. *potentiālis* 'mächtig, wirksam, möglich'. p o t e n t i e l l Adj. 'möglich, denkbar, der Anlage, der Möglichkeit nach wirkungsfähig' (Mitte 19. Jh.), frz. *potentiel*, spätlat. *potentiālis* (s. oben). i m p o t e n t Adj. 'nicht mächtig, nicht fähig' (2. Hälfte 17. Jh.), 'zum Geschlechtsverkehr, zur Zeugung nicht fähig' (2. Hälfte 18. Jh.), 'untüchtig, nicht schöpferisch' (20. Jh.), lat. *impotēns* (Gen. *impotentis*) 'nicht mächtig, schwach'. I m p o t e n z f. 'Unfähigkeit des Mannes zum Geschlechtsverkehr, zur Zeugung' (2. Hälfte 18. Jh.), 'Schwäche, Untüchtigkeit, Unfähigkeit zu schöpferischer Leistung' (20. Jh.), lat. *impotentia* 'Unvermögen'.

Potpourri n. 'Ungeordnetes, Allerlei' (2. Hälfte 18. Jh.), 'aus beliebten Melodien zusammengestelltes Musikstück' (um 1800), Übernahme von gleichbed. frz. *pot-pourri*, auch (schon mfrz.) 'aus verschiedenen Fleisch- und Gemüsesorten zusammengekochtes Eintopfgericht', eigentl. 'verfaulter Topf' (vielleicht Übersetzung von span. *olla podrida*). Zusammengesetzt aus afrz. frz. *pot* 'Topf' (s. *Pott*) und mfrz. frz. *pourri*, Part. Perf. von mfrz. frz. *pourrir*, afrz. *porrir* 'faulen, in Fäulnis versetzen', dem vlat. **putrīre* (für lat. *putrēscere*) 'in Fäulnis übergehen, verwesen, verfaulen' voraufgeht; vgl. lat. *putrēre* 'mürbe, morsch sein', *puter, putris* 'in Fäulnis übergegangen, verwest, faul, morsch, ranzig', zu lat. *pūs* 'Eiter'.

Pott m. 'Topf', aus dem Rhein. bzw. Nd., doch bereits im 16. Jh. vereinzelt literatursprachlich. Mnd. *pot, put*, rhein. *pot* (Köln, 12. Jh.), mnl. nl. *pot*, aengl. *pott*, engl. *pot*, anord. (aus dem Mnd.) *pottr* werden wie afrz. frz. *pot* und der Eigenname (gall.-)lat. *Pottus* (dem Produkt des Töpfers eingedrückt) auf ein vorkelt. (illyr. oder nicht-ie.?) **pott* 'Topf' zurückgeführt; vgl. FRINGS/M. Germania Romana 2 (1968) 111 sowie FEW 9, 269f. – P o t t a s c h e f. kohlensaures Kalium, Kaliumkarbonat (Anfang 18. Jh.), aus nl. *potas*, älter *potasch* (1598); das Laugensalz wurde durch Eindampfen von Pflanzen-, Holzasche in einem Topf (*Pott*) gewonnen.

Pottfisch m., **Pottwal** m. eine Art Wal (beide 18. Jh.), nach nl. *potvis* (älter *potvisch*) bzw. nl. *potswal* (16. Jh.), vielleicht den großen, kantig wirkenden Kopf mit einem Topf (*Pott*, s. d.) vergleichend. Allerdings scheinen Beziehungen zu aengl. *ǣlepūte*, engl. *eelpout* 'Aalquappe', engl. *to pout* 'die Lippen hängen lassen oder aufwerfen, aufschwellen', mnl. *puut, puyt*, nl. *puit* 'Frosch' mit einer Stammform germ. **pūt-* 'aufgeschwollen, aufgeblasen' zu bestehen; vgl. dazu noch schwed. *puta* 'den Mund verziehen', schwed. *puta*, dän. *pude* 'Kissen, Polster'. Doch kann ein sekundärer Anschluß an kurzvokalisches *Pott* nicht ausgeschlossen werden.

potz Interj. in Verwünschungen bzw. Ausrufen der bewundernden Überraschung, zuvor (seit 15. Jh.) in Flüchen (auch *botz, bocks,* *kotz* u. dgl.), die sich auf das Leiden Christi beziehen, vgl. *potz Angst, Jammer, Marter, Blut* u. ä. Es handelt sich um Entstellungen genitivischer Fügungen mit *Gottes*. Erhalten geblieben sind *potz Blitz, potz Donnerwetter, potz Teufel* sowie p o t z t a u s e n d (16. Jh.). Diesem gehen Flüche wie *Gotts sieben Sacrament, potzsiebenschlapperment* voraus; die Siebenzahl ist zur Tausend übersteigert in *gotts tausend sacrament* (16. Jh.), dazu *botz 100 tausend Teuffel* (2. Hälfte 16. Jh.), verkürzt *potztausend*.

poussieren Vb. 'den Hof machen, flirten, schmeichelnd umwerben'. Das im Dt. seit der 2. Hälfte des 17. Jhs. bezeugte Verb ist entlehnt aus frz. *pousser* 'stoßen, schieben, treiben, drängen', das aus lat. *pulsāre* 'kräftig stoßen, schlagen' (s. *Puls*) hervorgegangen ist. *poussieren* begegnet zuerst im Sinne von 'antreiben, drängen, um etw. bemüht sein, fördern, unterstützen', in der Kaufmannssprache 'sich mit Sorgfalt und Anstrengung der Herstellung eines Artikels widmen'. Danach entwickelt sich in der Studentensprache (Anfang 19. Jh.) die Bedeutung 'hofieren, schöntun, liebeln' (vgl. frz. *pousser les beaux sentiments* 'verliebt tun'). – P o u s s a g e f. 'Liebschaft, Liebelei, Flirt, Geliebte' (19. Jh.), anfangs neben *Poussade*, beide französierend zum Verb gebildet.

Prä n. 'jmdm. zum Vorteil gereichender Vorrang' (Ende 16. Jh.), meist in der festen Verbindung *das, ein Prä haben* 'im Vorteil sein, den Vorrang haben', ursprünglich ein Kartenspielausdruck; Substantivierung von lat. *prae* 'vor, voran' (s. *prä-*).

prä- Bestimmungswort in zahlreichen aus dem Lat. entlehnten Zusammensetzungen wie *Prädikat, Präfix, prägnant, Prälat, Präludium, Prämie, präparieren, Präposition, Präsens, präsidieren, präventiv* (s. d.), ferner *Präambel, Prädestination, Präfekt, präjudizieren, Prämisse* u.a. mit der Bedeutung 'vor, voran, voraus' (räumlich, zeitlich und übertragen). Zugrunde liegt lat. *prae* (aus **prai*, alat. *prī*) Adv. 'voran, voraus', Präp. 'vor, vorher, gegen, wegen', verwandt mit lit. *priẽ*, proklitisch *prì* 'bei, an', aslaw. *pri*, russ. *pri* (*npu*) Präp. und Präfix 'bei, an, neben, zur Zeit von', zu dem unter *ver-* (s. d.) angeführten, vielfach erweiterten und weitergebildeten ie. **per* 'vorwärts'. Als erstes Kompositionsglied noch produktiv in wissenschaftlichen Bildungen wie *prädominieren* 'vorherrschen, überwiegen' (16. Jh.), verstärktes *dominieren* (s. d.); *prähistorisch* 'vorgeschichtlich' (19. Jh.); *Präkambrium* 'vor dem Kambrium liegender Abschnitt in der Erdgeschichte' (19. Jh.); *pränatal* 'der Geburt vorausgehend' (20. Jh.).

Pracht f. 'strahlende Schönheit im Aussehen, in der Ausstattung, prunkvoller Glanz, Aufwand', ahd. (8. Jh.), mhd. asächs. *braht* 'Lärm, Geschrei, Getöse', frühnhd. *bracht, pracht* (mnd. *bracht* 'Krach, Lärm, Pracht, Herrlichkeit', *pracht* 'Herrlichkeit' und nl. *pracht* 'Staat, Prunk' sind aus dem Hd., dän. *pragt* und schwed. *prakt* aus dem Mnd. entlehnt). Dazu stellen sich asächs. *brahtum* 'Lärm, Gedränge', aengl. *breahtm, bearhtm* 'Schrei, Geräusch', ohne ableitendes *t* mhd. *brach*, mnd. anord. *brak* 'Krach, Lärm', asächs. *brakon*, anord. *braka* 'krachen, lärmen'. Sie führen mit *brechen* (s. d.) auf ie. **bhreĝ-* 'brechen, krachen', wozu auch lat. *frangere* (*frāctum*) '(zer)brechen', *fragor* 'das Zerbrechen, Krachen, Getöse', *suffrāgium* 'Abstimmung, lärmender Beifall', mir. *braigid* 'furzt', lit. *brãškėti* 'knistern, knarren knacken', lett. *brākšķēt* 'dröhnen, krachen' gehören. Die Form *Pracht* hat Luther gegenüber *Bracht* durchgesetzt. Das ursprünglich mask. Geschlecht, noch häufig im 18. Jh., hält sich im Obd., fem. Gebrauch setzt sich vom Omd. aus durch, wo er schon im 14. Jh. gilt. Die ursprüngliche Bedeutung 'Lärm' hält sich schriftsprachlich bis ins 16. Jh., doch ist seit der Mitte des 16. Jhs. allein die neue Bedeutung 'Prunk, Glanz' üblich, die sich aus Wendungen wie *Pracht haben, führen, treiben* (bei lauten, glänzenden Aufzügen) entwickelt haben dürfte. – p r ä c h t i g Adj. 'stattlich, großartig, vortrefflich, sehr schön', anfangs auch 'großtuend, hochmütig, stolz' (16. Jh.). p r a c h t v o l l Adj. 'prächtig' (18. Jh.).

Prädikat n. 'ehrenvoller Beiname, Rangbezeichnung' (17. Jh.), 'Bewertung (einer Leistung, eines Erzeugnisses), Zensur' (2. Hälfte 19. Jh.), Substantivierung von entlehntem lat. *praedicātum*, Part. Perf. Neutr. von lat. *praedicāre* 'öffentlich ausrufen, verkündigen, bekanntmachen, laut (aus)sagen, äußern'; vgl. lat. *dicāre* 'feierlich verkünden', Intensivum von lat. *dīcere* 'sagen, aussprechen, verkünden'. *Prädikat* als 'Satzaussage' (Ende 18. Jh.) geht zurück auf spätlat. (Boethius) *praedicā-*

tum 'das vom Subjekt Ausgesagte'. – prädikativ Adj. in der Grammatik 'im oder als Prädikat stehend, zum Prädikat gehörend, aussagend' (19. Jh.); vgl. lat. *praedicātīvus* 'behauptend, bejahend, kategorisch'.

Präfix n. 'Vorsilbe', in der Sprachwissenschaft vor einem Wortstamm oder ein Wort tretendes Wortbildungsmorphem, auch mit dem Stamm nicht fest verbundener, ihm nur in den infiniten Formen vorangestellter Teil eines Verbs, 'Präverb', gelehrte Übernahme (17. Jh.) von gleichbed. nlat. *praefixum*, dem substantivisch gebrauchten Neutrum des Part. Perf. von lat. *praefīgere* 'vorn anheften, vorstecken'; vgl. lat. *fīgere* (*fixum*) '(an)heften' (s. *fix*). Der sprachwissenschaftliche Ausdruck wird in der lat. Form *Präfixum* von Harsdörfer (1644) zugleich mit der dt. Entsprechung *Vorsylbe* eingeführt; dafür *Vorsatzwörtlein* (Zesen 1649) und *Vorwort* (1651). Voraus geht als unabhängige und nicht präzisierte Bezeichnung *Vorfügung* (Schottel 1641). – präfigieren Vb. 'mit einem Präfix versehen' (18. Jh.).

prägen Vb. 'Material auf seiner Oberfläche reliefartig formen, (in Münzen) ein Bild, Muster oder Schriftzeichen einpressen, Münzen herstellen', übertragen 'mit einer bestimmten Eigenart versehen, formen, gestalten, (einen sprachlichen Ausdruck) bilden, formulieren', ahd. *brāhhen* 'einritzen, eingraben, einprägen' (um 800), mhd. *bræchen, præchen*, (md.) *brēchen, prēchen*, frühnhd. (mit Übergang von *ch* in *g*) *brēgen, prēgen* (15. Jh.), aengl. *ābracian* 'einpressen', ofries. *prakken* 'pressen'. Die Verben können als Kausativa zu dem unter *brechen* (s. d.) behandelten Verb angesehen werden, etwa im Sinne von 'brechen machen, gebrochene Arbeit hervorbringen', woraus sich die Bedeutung 'eingraben, stempelnd einpressen' entwickelt. Die nhd. Schreibung schwankt bis ins 17. Jh. zwischen *präcken, pregen, preckchen* und *brechen*; *prägen* setzt sich im 18./19 Jh. durch. – ausprägen Vb. '(zu Münzen) prägen, formen', meist übertragen 'deutlich gestalten, formen', refl. 'deutlich zum Ausdruck kommen', oft im Part. Prät. *ausgeprägt* 'stark herausgebildet, entwickelt' (17. Jh.). einprägen Vb. 'eindrücken, einpressen', meist übertragen 'eindringlich ins Bewußtsein bringen', refl. 'fest in das Gedächtnis aufnehmen' (17. Jh.). Gepräge n. 'Prägung (auf Münzen)', übertragen 'besondere Note, Eigenart, Kennzeichen', ahd. *gibrāhhi* (um 800), mhd. *gebræche, gepræche* 'getriebene Arbeit, Gravier-, Ziselierarbeit'.

pragmatisch Adj. 'auf das Handeln, auf Tatsachen bezogen, dem praktischen Nutzen dienend, sachlich, fach-, geschäftskundig', entlehnt (17. Jh.) aus lat. *prāgmaticus*, griech. *prāgmatikós* (πραγματικός) 'zweckmäßig, in Geschäften tüchtig, (in Staatsgeschäften, Kriegsdingen) erfahren, geschickt'. Zugrunde liegt griech. *prā̆gma*, Gen. *prā̆gmatos* (πρᾶγμα, πράγματος) 'durchgeführte Tat, das Handeln, Tätigkeit', Plur. *tá prā̆gmata* (τὰ πράγματα) 'Staatsangelegenheiten', zu griech. *prā̆ssein*, (att.) *prā̆ttein* (πράσσειν, πράττειν) 'durchdringen, zu Ende kommen, betreiben, vollbringen, tun'. – Pragmatik f. 'Sachkunde, Sinn für Tatsachen, Orientierung auf das Nützliche', öst. auch 'Dienstordnung für Beamte' (19. Jh.), nach griech. *prāgmatikḗ (téchnē)* (πραγματικὴ τέχνη) 'Kunst, richtig zu handeln'. In der Sprachwissenschaft (nach engl. *pragmatics*) Teilgebiet der Semiotik, das die Beziehungen zwischen Zeichen und Zeichenbenutzer zum Gegenstand hat (20. Jh.).

prägnant Adj. 'gehaltvoll, umfassend, gedrängt', Entlehnung (Ende 17. Jh.) von frz. *prégnant* in seiner übertragenen Bedeutung 'inhaltsvoll, gedankenschwer', die sich aus 'schwanger, trächtig' entwickelt hat. Zugrunde liegt lat. *praegnāns* (Gen. *praegnantis*) 'schwanger, trächtig, voll, strotzend', eine Umbildung von lat. *praegnās* (Gen. *praegnātis*), das vermutlich aus einer Fügung **prai gnātid* 'vor der Geburt' hervorgegangen ist. S. auch *imprägnieren*. Die heute häufige Bedeutung 'etw. in knapper Form darstellend, scharf ausgeprägt, zutreffend' ist wohl unter dem Einfluß von *prägen* (s.d.) entstanden. – Prägnanz f. 'Inhaltsreichtum, Sinnfülle', dann 'treffende Kürze, Genauigkeit, Schärfe im Ausdruck' (Anfang 19. Jh.).

prahlen Vb. 'sich rühmen, sich wichtig machen, renommieren'. Mnd. *prālen* 'laut sprechen, sich großtun', md. *prōlen, prālen, prallen* 'lärmend großtun' (um 1500) gelangt in der Form *prahlen* (*pralen* Luther) in die Literatursprache. Bei Luther auch das Substantiv *Pral*, nach mnd. *prāl* 'Lärm, Schall, Prunk'. Herkunft nicht geklärt. Beziehungen zu *brüllen* oder zu *prallen, prellen* sind unsicher. Lautmalenden Ursprungs? – Prahler m.

'Großsprecher', P r a h l e r e i f., p r a h l e r i s c h Adj. (alle 17. Jh.).

Prahm m., *Prahme, Prähme* f. 'kastenförmiger, flacher, schwerer Lastkahn, Schleppschiff mit flachem Boden', mhd. *prām* (um 1300, Ordensland), obsächs. *prōm* (1. Hälfte 14. Jh.), *pramen, prame* f. (1. Hälfte 15. Jh.), mnd. *prām*. In nhd. *Prahm* vereinigen sich nach Bielfeldt in: Jb. d. Vereins f. nd. Sprachforsch. 86 (1963) 24f. zwei voneinander getrennte Entlehnungen, und zwar mhd. (omd.) *prām, prōm*, als Wort der Elbschifffahrt (an der oberen Elbe 'Floß') aus atschech. **prām* (vgl. tschech. *prám* 'Fähre'), und mnd. (hansisch) *prām* 'flaches Fahrzeug zum Transport schwerer Güter auf Flüssen, Fährboot', aus aruss. *poromъ*, russ.-kslaw. *pramъ* 'Fährschiff'; vgl. russ. *paróm* (*паром*), (älter) *poróm* (*пором*), *pram* (*прам*). Wohl durch hansische Vermittlung gelangt das Wort nach Westen und Norden, vgl. nl. *praam*, älter *prame*, engl. (aus dem Nl.) *pram, praam*, anord. (aus dem Mnd.) *prāmr* 'flaches Schiff', schwed. *pråm* 'Schleppkahn'.

Praktik f. 'Art der Ausübung (einer Tätigkeit), Verfahrensweise, Handhabung', frühnhd. *practic, practik* 'Ausübung und Anwendung, Art eines Geschäfts oder Verfahrens, Ausübung einer Kunst (z. B. der Kalendermacherei, der Medizin), unerlaubter Kunstgriff, Kniff, Betrug' (häufig im Plur. *practicen, practiken*, 16. Jh.), entlehnt aus mlat. *practica* 'Ausübung, Tätigkeit, Übung, Vollendung', auch 'List, Schlauheit', spätlat. *practicē* 'Unternehmen, Handlung, Tätigkeit, Ausübung', griech. *prāktikḗ (téchnē)* (*πρακτικὴ τέχνη*) 'Tätigkeit, Aktivität', eigentl. 'Kunst, Lehre vom aktiven Tun und Handeln', Substantivierung der fem. Form des Adjektivs griech. *prāktikós* (*πρακτικός*) 'das Handeln betreffend, zu Geschäften gehörig, tätig, unternehmend, tatkräftig, wirksam', zu griech. *prā́ssein*, (att.) *prā́ttein* (*πράσσειν, πράττειν*) 'durchdringen, zu Ende kommen, betreiben, vollbringen, tun' (s. *pragmatisch*). Der in abschätzigem Sinne gebrauchte Plural *Praktiken* 'Kunstgriffe, Schliche, Kniffe' steht unter Einfluß von mfrz. frz. *pratiques* 'Ränke, Umtriebe'. – p r a k t i s c h Adj. 'die Praxis betreffend, auf Praxis beruhend, in Wirklichkeit, zweckdienlich, geschickt', zuvor 'listig, schlau' (16. Jh.), spätlat. *practicus* 'tätig', griech. *prāktikós* (s. oben), gelegentlich wohl unter Einfluß von mfrz. frz. *pratique* 'angewandt, anwendbar, ausführbar, zweckmäßig'. Seit dem 18. Jh. vielfach im Gegensatz zu *theoretisch*. p r a k t i k a b e l Adj. 'durch-, ausführbar, brauchbar, zweckmäßig' (18. Jh.), frz. *praticable*, mlat. *practicabilis* 'tunlich, ausführbar'. P r a k t i k a n t m. 'wer sich auf die Ausübung eines Berufs vorbereitet' (17. Jh.), älter 'wer unsaubere Praktiken betreibt' (16. Jh.), mlat. *practicans* (Gen. *practicantis*), Part. Präs. von mlat. *practicare* 'ausüben, bewerkstelligen, fertigbringen, erfinden'. P r a k t i k e r m. 'praktischer Mensch, Mann mit praktischer Erfahrung' (*prattiger*, 16. Jh.), seit dem 18. Jh. im Gegensatz zu *Theoretiker*, Substantivierung des Adjektivs spätlat. *practicus* (s. oben). P r a k t i k u m n. 'Übungen zur praktischen Anwendung theoretischer Kenntnisse in bestimmten Fachrichtungen einer Hochschule, vorübergehende Tätigkeit eines Studenten in einem Betrieb zur Aneignung praktischer Berufskenntnisse' (20. Jh.), latinisierende Neubildung zu *Praktik*. p r a k t i z i e r e n Vb. 'ausüben' (15. Jh.), bes. den Beruf des Arztes, (Rechts)anwalts (16. Jh.), 'sich auf die Berufspraxis vorbereiten, (schlau) unterhandeln, Ränke schmieden' (16. Jh.), in neuerer Sprache '(theoretische Kenntnisse) in der Praxis anwenden', entlehnt unter Einfluß von gleichbed. mfrz. frz. *pratiquer* und wohl auch ital. *praticare* (vgl. frühnhd. *pratezieren*, 16. Jh.) aus mlat. *practicare* (s. oben).

Prälat m. kirchlicher Würdenträger (Bischof, Abt), Träger dieses vom Papst verliehenen Ehrentitels (in der katholischen Kirche), leitender kirchlicher Amtsträger (in der evangelischen Kirche), mhd. *prēlāt(e)*, entlehnt aus mlat. *praelatus* 'kirchlicher Würdenträger', spätlat. *praelātus* 'Mann von hohem Rang, Adliger', dem substantivierten Part. Perf. von lat. *praeferre* (*praelātum*) 'voran-, voraustragen, jmdm., einer Sache den Vorzug geben, vorziehen' (zu lat. *ferre* 'tragen'), danach eigentl. 'der Vorgezogene, Vorzügliche, Vorgesetzte'.

Präliminarien Plur. 'Vorverhandlungen, vorläufige Übereinkunftspunkte bei Verträgen' (Anfang 18. Jh.), aus der nlat. Prägung *praeliminaria* Plur. (17. Jh.; wohl im Zusammenhang mit dem Abschluß des Dreißigjährigen Krieges), zu lat. *līmināris* 'zur Schwelle gehörig', spätlat. 'anfänglich'; vgl. lat. *līmen*

(Gen. *līminis*) 'Schwelle, Eingang', spätlat. 'Anfang', und s. *prä-*, also eigentl. 'Verhandlungen, die vor der Schwelle (zu den eigentlichen Verhandlungen), am Anfang stattfinden'. – Präliminarfrieden m. 'vorläufiger, nicht endgültig abgeschlossener Frieden, Vorabkommen für einen Friedensvertrag' (17. Jh.).

Praline f. 'Stück Konfekt mit Schokoladenüberzug und Füllung' (Ende 19. Jh.), zuvor 'gebrannte Mandel, mit Zucker gebranntes Fruchtstück' und in diesem Sinne Übernahme (1. Hälfte 19. Jh.) von gleichbed. frz. *praline*. Das Wort leitet sich her vom Namen des frz. Marschalls *du Plessis-Praslin* (17. Jh.), dessen Koch als Erfinder dieser Konfektart gilt. Die Form *Praliné* n. (Mitte 19. Jh., auch *Pralinee*) beruht wie frz. (Schweiz) *praliné* 'mit Schokolade zubereitetes Konfekt' auf dem Part. Perf. des von frz. *praline* abgeleiteten Verbs frz. *praliner* 'in Zucker bräunen' (vgl. frz. *amande pralinée* 'gebrannte Mandel'), woraus im Dt. (selten) gleichbed. *pralinieren* (Mitte 19. Jh.).

prall Adj. 'ganz gefüllt, straff gespannt, fest und rund', auch (vom Sonnenlicht) 'direkt auftreffend, intensiv und ungehindert scheinend' (*in praller Sonne*), seit dem 18. Jh. in der Literatursprache, teils nach mnd. *pral* 'gedrungen, strotzend, gespannt, stramm', teils wohl auch in Anlehnung an *prallen, prellen* (s. d.). Herkunft unbekannt. Wahrscheinlich lautmalende Wiedergabe eines optischen Eindrucks.

prallen Vb. '(mit einem Geräusch) heftig auf etw. aufschlagen, auftreffen und zurückgeworfen werden', mhd. *prellen* (Prät. *pralte*, wozu vielleicht auch ein Infinitiv *prallen*) 'sich schnell fortbewegen, hervorbrechen, ab-, zurückspringen', auch (von der Sonne) 'mit voller Intensität scheinen, direkt und ungehindert auftreffen' (18. Jh.). Daneben **prellen** Vb. 'heftig stoßen, sich durch Stoßen verletzen', mhd. *prellen* 'fortstoßen, werfen'; in älterem Nhd. und im Mhd. (s. oben) auch intrans. und gleichbed. mit *prallen*, vgl. ebenfalls gleichbed. *zurückprallen* und *zurückprellen* 'zurückgeworfen, zurückgestoßen werden (auch von Licht und Schall), zurückfahren, -schnellen, -schrecken' (beide 16. Jh.), *vorprallen* und *vorprellen* 'sich plötzlich und schnell vorwärtsbewegen' (19. Jh.). Heute vor allem 'täuschen, übervorteilen, benachteiligen, betrügen' (18. Jh.), bes. *die Zeche prellen*; eigentl. 'mit einem gespannten Tuch oder Fell in die Höhe schnellen' (16. Jh.), z. B. *den Fuchs prellen* 'ihn (zur Belustigung der Jagdgesellschaft) in die Höhe schnellen und durch Wiederauffangen um seine Freiheit, in der er sich durch das Prellen wähnte, betrügen' (17. Jh.). Danach in der Studentensprache *den Fuchs* ('jungen Studenten') *prellen* 'sich von ihm bewirten lassen, auf seine Kosten zechen' (18. Jh.). Die Herkunft von *prallen* und *prellen* ist ungewiß. Es handelt sich wohl (wie bei *prall*, s. d.) um lautmalende, teils akustische, teils optische Eindrücke wiedergebende Wörter.

Präludium n. 'frei gestaltetes einleitendes Musikstück (bes. für Orgel), Vorspiel', Übernahme (16. Jh.) von spätlat. *praelūdium*, zu lat. *praelūdere* 'zur Übung oder Probe vorspielen, ein Vorspiel machen, halten', auch 'vorbereiten' (vgl. lat. *lūdere* 'spielen'). Die Verwendung der übertragenen Bedeutung 'was einem Vorgang vorausgeht', auch 'Anzeichen, Anfang' geht gleichfalls bis ins 16. Jh. zurück. Daneben aus dem Frz. entlehntes (19. Jh.) Prélude n. (mfrz. frz. *prélude* m.), bes. für eine 'fantasieartige selbständige Instrumentalkomposition (für Klavier, Orchester)'.

Prämie f. 'Zuwendung für eine bes. Leistung, zusätzliche Vergütung zum Arbeitslohn, Versicherungsbeitrag, Zusatzgewinn (im Lotteriespiel o. ä.)', entlehnt (16. Jh.) aus lat. *praemia*, dem als Fem. Sing. aufgefaßten Neutr. Plur. von lat. *praemium* 'Vorteil, Auszeichnung, (Ehren)preis, Belohnung', eigentl. 'die Vorausnahme, das Vorausgenommene', aus **prai-emiom*; zu lat. *emere* '(er)kaufen', eigentl. '(gegen Bezahlung) nehmen', und s. *prä-*. *Prämie* bezeichnet zuerst die 'Belohnung für Fleiß und gute Leistungen in der Schule', auch die 'Belohnung für eine wissenschaftliche, literarische, künstlerische Leistung' (16. Jh.), steht dann in der Kaufmannssprache im Sinne von 'Zugabe, Vergütung, Beitrag, Gebühr' (17. Jh.). – prämieren, prämiieren Vb. 'jmdn. für eine besondere Leistung mit einer Prämie belohnen, auszeichnen' (19. Jh.), vgl. spätlat. *praemiāre* 'belohnen'.

prangen Vb. 'in Glanz und Pracht erscheinen, leuchten, strahlen, auffällig angebracht sein', älter auch 'prahlen', mhd. frühnhd. *brangen, prangen* 'prahlen, großtun, sich zieren', mnd. *prangen* 'prunken'. Aus 'prahlen, großtun' entwickelt sich im älteren Nhd. 'mit Prunk auftreten, stolzieren', woran sich die heutige Bedeutung 'sich durch Schönheit und Glanz auszeichnen' anschließt. Im Nhd. gilt (durch Luther gefördert) der aus dem Nd. und Md. stammende Anlaut *pr-*. Herkunft ungewiß. Doch ist *prangen* wohl mit nahestehendem *Prunk, prunken* (s. d.) zu verbinden und für beide auf Grund einer vorauszusetzenden Bedeutung 'laut, lärmend, prahlend reden' lautmalender Ursprung anzunehmen. – G e p r ä n g e n. 'Prunk, Prachtentfaltung, Pomp' (15. Jh.).

Pranger m. Bezeichnung für den Schandpfahl, die Stelle auf einem öffentlichen Platz, wo ehemals jmd. für eine straf- bzw. verachtungswürdige Tat angeschlossen (in der Regel in Ketten und Halseisen) und zur Verhöhnung zur Schau gestellt wurde; heute in übertragenem Sinne in den Wendungen *an den Pranger stellen* 'öffentlich bloßstellen', *am Pranger stehen* 'dem Tadel, der Kritik ausgesetzt sein'. Mhd. (md.) *pranger* (2. Hälfte 13. Jh.) gelangt (in dieser md.-nd. Lautung) ins Obd. (14. Jh.), in die Bambergische Halsgerichtsordnung (1507) und in die Carolina (1532) und verdrängt Nebenformen wie frühnhd. *pfranger* oder *brangel*. Es handelt sich also um eine im Md. entstandene Ableitung mit dem Suffix *-er* von einem Verb, belegt in mnd. *prangen* 'einengen, mit jmdm. ringen, streiten', mnl. *pranghen* 'klemmen, zusammendrücken', nl. *prangen* 'drücken, pressen', got. *anapraggan* 'bedrängen', wozu auch mengl. *prangle* 'drücken', mhd. (mit verschobenem Anlaut) *phrengen* 'pressen, drängen, bedrücken' sowie die Substantive mhd. *phrange, phrenge* 'Einschließung, Beengung, Nötigung, Drangsal', mnd. *prange* 'Pfahl, Stange', auch 'Maulklemme' und (ohne inlautendes *n*) ahd. *phragina* 'Schranke, Beschränkung' (Hs. 12. Jh.), (mit Ablaut) engl. *prong* 'Forke, Zinke' gehören. Außergerm. Anschlußmöglichkeiten sind unsicher. Zieht man lit. *brãn(k)tas* 'Strangholz am Pferdegespann, Holzscheit, das den Schweinen um den Hals gebunden wird', altkurisch *brankti* 'fest anliegend, gedrängt, eng' heran, so kann ie. **bronk-* 'einschließen, einengen' erschlossen werden. *Pranger* bezeichnet demnach das drückende Halseisen, mit dem der Schuldige angeschlossen wird, danach auch die dafür vorgesehene Stelle bzw. Einrichtung. – a n p r a n g e r n Vb. 'öffentlich tadeln, als Mißstand herausstellen' (19. Jh.).

Pranke f. 'Vordertatze eines großen Raubtieres', übertragen 'große, starke Hand'. Mhd. *pranke* 'Tatze des Bären' (nach 1300 bei dem Tiroler Heinrich v. Burgeis) ist nach Öhmann in: Zs. f. Mundartforsch. 20 (1951/1952) 96 aus dem Südroman. entlehnt, vgl. ital. *branca*, rumän. *brîncă*, engadin. *braunka* 'Pfote, Klaue, Hand' (und mit anderer Bedeutungsentwicklung afrz. frz. *branche*, aprov. *branca* 'Zweig, Ast'), dem spätlat. *branca* 'Pfote, Tatze' (gall. bzw. kelt. Ursprungs?) vorausgeht. Als Jägerwort verbreitet sich das Substantiv im Nhd.

präparieren Vb. 'etw. vor-, zubereiten', refl. 'sich auf etw., bes. auf den Unterricht vorbereiten', in der Biologie, Anatomie 'organische Teile (von Mensch, Tier, Pflanze) zu Lehrzwecken zerlegen bzw. die zerlegten Teile als Schaustücke haltbar machen', entlehnt (16. Jh.) aus lat. *praeparāre* 'im voraus zubereiten, vorbereiten'; vgl. lat. *parāre* '(zu)bereiten, (sich) rüsten'. – P r ä p a r a t n. '(fabrikmäßig hergestelltes) gebrauchsfertiges Arzneimittel, Medikament', in der Biologie, Anatomie 'zu Lehrzwecken hergestelltes, haltbar gemachtes Schaustück' (18. Jh.), lat. *praeparātum* 'das Vor-, Zubereitete', substantiviertes Part. Perf. von lat. *praeparāre* (s. oben).

Präposition f. 'Verhältniswort', entlehnt (Mitte 17. Jh.) als grammatischer Terminus aus gleichbed. lat. *praepositio* (Gen. *praepositiōnis*), eigentl. 'das Vorsetzen, Voransetzen', zu lat. *praepōnere* (*praepositum*) 'vor-, voransetzen, voranstellen'; vgl. lat. *pōnere* 'setzen, stellen, legen'. Seit Campe (1801) wird *Präposition* mit *Verhältniswort* verdeutscht, älter *Vorwort* (Schottel 1641), *Vorsetzwort* (1687), *Vorsatzwort* (um 1700).

Prärie f. 'baumlose Grassteppe im mittleren Nordamerika', Übernahme (*Prairie* 1826, bis in die 2. Hälfte des 19. Jhs. in dieser Schreibweise) von gleichbed. amerik.-engl. *prairie*. Frz. *prairie* 'Wiesenland', afrz. *praerie, praierie*, eine Ableitung von afrz. frz. *pré* 'Wiese', aus lat. *prātum* 'Wiese', wird von frz. Siedlern auf die Grassteppe Nordamerikas übertragen und gelangt in diesem Sinne ins Frz. und in andere europ. Sprachen zurück.

Präsens n. Gegenwärtiges ausdrückende

Zeitform des Verbs, 'Gegenwart', Entlehnung (16. Jh.) als grammatischer Terminus von gleichbed. lat. *(tempus) praesēns*, eigentl. 'gegenwärtige Zeit'; vgl. lat. *praesēns* Part.-adj. (Gen. *praesentis*) 'gegenwärtig, anwesend, jetzig, augenblicklich, sofortig, dringend, wirksam'. In früher Übersetzung *gegenwürtig(e) zeit* (um 1400). – p r ä s e n t Adj. 'anwesend, gegenwärtig, zur Hand' (19. Jh.), lat. *praesēns* (s. oben). P r ä s e n z f. 'Anwesenheit, (bewußt wahrgenommene) Gegenwärtigkeit' (1. Hälfte 17. Jh.), aus gleichbed. frz. *présence*, afrz. *presence*, lat. *praesentia*, abgeleitet von lat *praesēns*.

Präsent n. 'Geschenk, kleine Aufmerksamkeit', mhd. *prēsant, prīsant, prēsent, prīsent* 'Geschenk', Entlehnung von afrz. *present* 'Anerbieten, Darbringung, Geschenk' (frz. *présent*), abgeleitet von afrz. *presenter* 'darbieten, zur Verfügung stellen, jmdm. vorstellen' (frz. *présenter*), das auf spätlat. *praesentāre* 'gegenwärtig machen, zeigen' zurückgeht; zu lat. *praesēns* (s. *Präsens*). S. auch *repräsentieren*. – p r ä s e n t i e r e n Vb. 'anbieten, darreichen, vorlegen', refl. 'sich vorstellen, zeigen', mhd. *prēsentieren* '(ein Geschenk) zur Annahme (ehrerbietig) darreichen', frühnhd. auch 'Speisen, Getränke anbieten, sehen lassen, vorzeigen', aus afrz. *presenter* (s. oben). Vgl. *den Degen, das Gewehr präsentieren* 'zur Abwehr entgegenhalten' und '(bei Ehrungen) im Paradegriff (gleichsam darbietend) halten' (17. Jh.). P r ä s e n t i e r t e l l e r m. 'großer Teller zum Anbieten von Speisen und Getränken' (18. Jh.), heute nur noch in der übertragenen Wendung *auf dem Präsentierteller (sitzen)* 'weithin sichtbar, den Blicken aller ausgesetzt (sein)'.

präsidieren Vb. 'den Vorsitz führen, (eine Versammlung) leiten', entlehnt (16. Jh.) aus lat. *praesidēre* '(be)schützen, decken, den Vorsitz haben, an der Spitze stehen, leiten', eigentl. 'vorn-, voransitzen', bzw. aus darauf beruhendem afrz. *presider*, frz. *présider*; vgl. lat. *sedēre*, 'sitzen, Sitzung halten'. – P r ä s i d e n t m. 'Vorsitzender oder Leiter einer Versammlung, wichtiger staatlicher oder gesellschaftlicher Organe, Einrichtungen, Staatsoberhaupt einer Republik' (16. Jh.), afrz. *president*, frz. *président*, nach lat. *praesidēns* (Gen. *praesidentis*) 'Vorsitzender, Vorsteher', dem substantivierten Part. Präs. von *praesidēre* (s. oben). P r ä s i d i u m n. 'Vorsitz, Leitung, leitendes Gremium einer Versammlung, wichtiger staatlicher oder gesellschaftlicher Organe, Einrichtung, Amtsgebäude eines (Polizei)präsidenten' (19. Jh.), lat. *praesidium* 'Vorsitz', eigentl. 'Schutz, Hilfe'. P r ä s e s m. 'Vorsitzender einer evangelischen Landessysnode, Kirchenpräsident und Vorsitzender der Kirchenleitung in einigen Landeskirchen, einer katholischen Vereinigung vorstehender Geistlicher' (19. Jh.), zuvor im Universitätsbereich und in der Studentensprache 'wer den Vorsitz führt, Leiter (z.B. einer Disputation), Vorsteher' (16. Jh.), dann auch 'Vorsitzender einer Gilde, Zunft, Versammlung' (18. Jh.), entlehnt aus lat. *praeses* (Gen. *praesidis*) 'vor etw. sitzend (um es zu schützen oder zu leiten), schützend, leitend', substantiviert 'Vorsteher, Vorgesetzter, Statthalter (einer Provinz), Unterfeldherr', zu lat. *praesidēre* (s. oben).

prasseln Vb. 'kurz aufeinanderfolgende knackende, knallende, zischende Geräusche von sich geben' (beim Brennen, Braten, Aufprallen). Zur Wortgruppe von *bersten* (s. d., ahd. *brestan*, mhd. *bresten*) gehört eine Reihe von Verben und Substantiven, die weniger auf den Vorgang des Zerbrechens oder Zerplatzens zielen, sondern vor allem (ursprünglich dabei erzeugte) laute Geräusche bezeichnen, ahd. *brastōn* 'knackend brennen, pfeifend niedersausen, laut erschallen, lärmen' (9. Jh.), frühnhd. *brasten* 'kurze, laute Geräusche hervorbringen', anord. *brasta* 'lärmen, prahlen', mhd. *brasten* n. 'das Krachen auseinanderbrechender Bäume, das Prasseln des Feuers', frühnhd. *brast* 'Geräusch wie von brechenden Dingen', auch 'Hochmut, Stolz, Pomp'. Hierzu stellen sich als Intensivbildungen mit *-l-* aengl. *brastlian* 'ein krachendes Geräusch von sich geben, prasselnd, knisternd brennen', mhd. *brasteln, prasteln* 'geräuschvoll, krachend brechen, knackend brennen, laut schreien, geschwätzig-dumm daherreden'. In spätmhd., bes. frühnhd. Zeit tritt in *brasseln, prasseln* eine Erleichterung der mehrfachen Konsonanz ein.

prassen Vb., frühnhd. auch *brassen* 'in Saus und Braus leben, schlemmen, schwelgen, lärmend, prunkend sich bewegen, sich benehmen', aus dem Nd. in die Literatursprache aufgenommen (um 1500). Mnd. mnl. nl. *brassen* 'lärmen, schlemmen' ist wohl mit mnd.

brās, prass 'Lärm, Saus und Braus, Pomp, Gepränge' lautmalenden Ursprungs. In *prassen* (mit anlautendem *p-*) setzt sich die von Luther gebrauchte Form durch. – v e r - p r a s s e n Vb. 'vergeuden, durchbringen' (16. Jh.). P r a s s e r m. (15. Jh.), mnd. *brasser*.

Präteritum n. Vergangenheit ausdrückende Zeitform des Verbs, in dt. grammatischen Texten seit der 2. Hälfte des 17. Jhs., Übernahme von lat. *(tempus) praeteritum*, eigentl. 'vorübergegangene Zeit', Part. Perf. von lat. *praeterīre* 'vorbei-, vorübergehen' (zu lat. *īre* 'gehen' und *praeter* 'an ... vorbei, vor, außer'). In frühen Übersetzungen *di vergangen zeit* (um 1400), *die verlaufene Zeit* (Anfang 17. Jh.).

Pratze f. 'Tatze' (bes. des Bären), auch 'starke, große Hand', frühnhd. *Bratze*, entlehnt (um 1600) aus ital. *braccio* 'Arm', dem lat. *brac(c)hium* 'Arm, Unterarm' vorausgeht.

präventiv Adj. 'vorbeugend, verhütend', Übernahme (2. Hälfte 19. Jh.) von gleichbed. frz. *préventif*, einer Bildung zu lat. *praeventus*, Part. Perf. von lat. *praevenīre* 'zuvorkommen'; vgl. lat. *venīre* 'kommen'.

Praxis f. 'Ausübung, Ausführung, Anwendung, Verfahrensweise', Übernahme (16. Jh.) von lat. *prāxis* 'Verfahren', griech. *prā̃xis* (*πρᾶξις*) 'Durchführung, Vollendung, Förderung, Handlung', Nomen actionis zu griech. *prā̃ssein*, (att.) *prā̃ttein* (*πράσσειν, πράττειν*) (s. *Praktik*). Seit Kant (18. Jh.) Gegenwort zu *Theorie*; auch 'Berufstätigkeit und -erfahrung' (bes. von Ärzten und Anwälten, 18. Jh.), von da übertragen im Sinne von 'Tätigkeitsbereich' auf die Räume, in denen der Beruf ausgeübt wird (20. Jh.).

Präzedenzfall m. 'Musterfall, der für künftige vergleichbare Fälle beispielgebend ist' (19. Jh.), eigentl. 'vorangehender Fall'. Zum Bestimmungswort vgl. *Präzedens* 'ein vorangegangener, früherer Fall' (19. Jh.) wie auch *Präzedenz* 'Vortritt, Vorrang, Vorzug' (1. Hälfte 18. Jh.), die beide auf lat. *praecēdēns* (Gen. *praecēdentis*), Part. Präs. von lat. *praecēdere* 'vorher-, voran-, vorausgehen' beruhen; zu lat. *cēdere* '(einher)gehen, vonstatten gehen, weichen'.

präzis(e) Adj. 'genau, exakt, eindeutig, klar', latinisierte Entlehnung (17. Jh.) von gleichbed. frz. *précis*; nach lat. *praecīsus* Part.adj. '(von der Rede) abgebrochen', dann 'abgekürzt, zusammengefaßt', *praecīsē* Adv. 'abgekürzt, schlechtweg, ohne Bedingung', eigentl. 'abgeschnitten', zu lat. *praecīdere* 'vorn abhauen, abschneiden, abkürzen'; vgl. lat. *caedere* (*caesum*) '(um-, nieder)schlagen, hauen, (ein-, auf-, heraus)schneiden'. – P r ä z i s i o n f. 'Genauigkeit, Klarheit, Bestimmtheit, Feinheit' (18. Jh.), frz. *précision*, das diese Bedeutung aus dem Gebrauch des Adjektivs bezieht; vgl. lat. *praecīsio* (Gen. *praecīsiōnis*) 'das Abschneiden, Abbrechen'. p r ä z i s i e r e n Vb. 'genauer angeben, eindeutig ausdrücken' (19. Jh.), frz. *préciser*.

predigen Vb. 'christliche Lehre in der Kirche bzw. vor der Gemeinde öffentlich verkünden und auslegen', ahd. *predigōn* (8. Jh.), mhd. *predigen, bredigen*, mnd. *pred(d)eken, prediken*, mnl. *prēdiken*, nl. *prediken*, aengl. *prēdician* sind entlehnt aus lat. *praedicāre* 'öffentlich ausrufen, verkündigen, bekanntmachen, laut (aus)sagen, äußern', kirchenlat. 'das Wort Gottes verkünden, auslegen'; vgl. lat. *dicāre* 'feierlich verkünden', Intensivbildung zu lat. *dīcere* 'sagen, (aus)sprechen, verkünden'. – P r e d i g e r m. 'Verkünder des göttlichen Wortes', ahd. *predigāri* (9. Jh.), mhd. *predigære, bredigære*, mnd. *predeker*. P r e d i g t f. 'Verkündigung, Auslegung der christlichen Lehre', ahd. *prediga* (9. Jh.), mhd. *predige, bredige*, mnd. *predikie*, möglicherweise Rückbildung aus dem Verb. Danach frühnhd. *Predig* und *Predigt*, entweder mit unorganischem oder unter dem Einfluß von kirchenlat. *praedicātio* 'Predigt, Offenbarung, Prophezeiung', lat. 'öffentliche Bekanntmachung, Rühmen, Lobpreisen', Verbalsubstantiv zu lat. *praedicāre*, entstandenem *-t*, vgl. mhd. *bredigāt(e), predigāt(e)*.

Preis m. 'in Geld ausgedrückter Wert einer Ware, Belohnung für einen Sieg, hohes Lob, Auszeichnung', mhd. *prīs* (seltener *brīs*) 'Lob, Ruhm, Wert, Herrlichkeit, Rühmenswertes', mnd. *prīs* 'Lob, Ruhm, Geldwert', mnl. nl. *prijs* 'Preis, Geldwert', mengl. *pris, priis, prijs, prise*, engl. *price* sind entlehnt aus afrz. *pris* 'Lob, Ruhm, Herrlichkeit, Belohnung, Kaufpreis, Wert' (frz. *prix*), aus lat. *pretium* 'Wert, Geld, Kaufpreis, Lohn, Belohnung'. Die im Lat. und Afrz. vorgeprägte Bedeutung 'Kaufpreis, Bezahlung, Wert in Geld' begegnet im Dt. zuerst im Mnd. (15. Jh.) und ist vom 17. Jh. an allgemein geläufig. – p r e i s e n Vb. 'verherrlichen, rühmen', mhd. *prīsen* 'loben, rühmen, verherrlichen, beurteilen', mnd. *prīsen* 'hochschätzen, den Preis, Wert, die Zahl bestimmen'. Wohl abgeleitet vom Substantiv unter Einfluß von afrz. *prisier* 'schätzen, taxieren, hochschätzen, rühmen' (aus spätlat. *pretiāre* 'einschätzen, rühmen'). Schwache Flexion hält sich bis ins 19. Jh., doch begegnen starke Formen bereits im Spätmhd. N o b e l p r e i s m. von dem schwed. Chemiker *A. Nobel* 1895 gestifteter, seit 1901 jährlich verliehener Geldpreis für hervorragende kulturelle und wissenschaftliche Leistungen.

Preiselbeere f. Der Name der roten Waldbeere frühnhd. (wohl obd.) *Praisselpeer* (15. Jh.), (omd.) *Preyselbeer* (Mitte 16. Jh.), *Preusselbeer* (Ende 16. Jh.), verdeutlichend zusammengesetzt mit *Beere* (s.d.), weist auf omd. Entlehnung (14. Jh.) aus obsorb. *bruslica*, vgl. poln. *brusznica*, tschech. *brusnice*, russ. *brusníka* (*брусника*), das sich über eine adjektivische Weiterbildung zu obsorb. *brusyć* 'schärfen, wetzen, schleifen', aslaw. *sъbrysati* 'abschaben', mruss. *brusiti* 'glatthauen, feilen', russ. (älter) *brusít'* (*брусить*) 'Steine brechen und vierkantig behauen' stellt (weil die reifen Beeren sich leicht abstreifen lassen; vgl. dt. *Streichbeere*), dem urslaw. **brusъ* 'Wetzstein' (aslaw. *ubrusъ* 'Schweißtuch', russ. *brus*, *брус* 'Wetzstein, Balken') zugrunde liegt. Vgl. BIELFELDT in: ZfSl. 16 (1971) 704ff.

preisgeben Vb. 'ausliefern, aufgeben, verraten' (Anfang 17. Jh.), eigentl. 'zum Nehmen, zur Beute geben', enthält wie die älteren Fügungen frühnhd. *preis sein* 'zur Beute dienen' (1. Hälfte 15. Jh.), *preis werden* 'Beute werden, zum Opfer fallen', *preis machen* 'gewaltsam erobern' (16. Jh.) als erstes Glied das Substantiv *Prise*, frühnhd. auch (mit hd. Diphthongierung) *Preis(e)* 'Plünderung, Beute' (vgl. frühnhd. *zue Preis übergeben*, Ende 16. Jh., mnd. *tom prīse geven*), entlehnt aus afrz. frz. *prise* (s. *Prise*); vgl. frz. *être en prise* 'leichte Beute sein', *donner en prise* 'als Beute geben'.

prekär Adj. 'mißlich, schwierig, bedenklich, peinlich, unangenehm', Übernahme (Ende 18. Jh.) von frz. *précaire* 'unsicher, schwankend, widerruflich', afrz. *precoire* 'auf Bitten widerruflich gewährt, unsicher', das gleichbed. lat. *precārius* fortsetzt; zu lat. *precārī* 'bitten, beten, wünschen'. Im Dt. wird das Adjektiv seit seiner Entlehnung in einem weiteren, weniger präzisen Sinne gebraucht als die frz. Vorlage.

Premiere f. 'Ur- oder Erstaufführung' (eines Bühnen-, Musikstücks, Films), Übernahme (2. Hälfte 19. Jh.) von gleichbed. frz. *première*, der substantivierten fem. Form von afrz. frz. *premier* 'erster', aus lat. *prīmārius* 'einer der ersten, ansehnlich'; zu lat. *prīmus* 'der erste, vorderste' (s. *prima*).

preschen Vb. 'wild rennen, jagen, sprengen, zur Eile treiben'. Das vorwiegend im Nordd. und Omd. übliche Verb entwickelt sich in den Mundarten durch *r*-Metathese aus *pirschen* 'jagen' (s. d.).

Presse f. 'Gerät zum Ausdrücken von Saft, Öl, typographische Druckmaschine, Gesamtheit der Zeitungen und Zeitschriften'. Aus einem zu lat. *premere* (*pressum*) 'drücken, pressen, bedrängen' und dem Intensivum lat. *pressāre* 'drücken' (s. *pressen*) gebildeten lat. *pressōrius* 'zum Ausdrücken, zum Keltern dienlich' entsteht das substantivierte Neutrum spätlat. *pressōrium* 'Presse, Kelter' (vgl. daraus hervorgegangenes afrz. frz. *pressoir* 'Kelter'); aus dieser lat. Form (mit Suffixwechsel?) ist ahd. *pressāri, fressāri* 'Kelter' (9. Jh.) entlehnt. Daneben steht ein (wohl schon im Spätlat. entstandenes) mlat. *pressa* 'Gewalt, Druck, Ungestüm', das afrz. *presse* 'Gedränge, Menge' und 'Presse, Kelter' ergibt. Mlat. *pressa* wird entlehnt als ahd. *fressa* 'Bedrängnis' (11. Jh., unter Einfluß von lat. *pressūra* 'das Drücken, Pressen des Weins, Öls', spätlat. 'Bedrängnis') und 'Presse, Kelter' (unter Einfluß von älterem *fressāri*, s. oben) sowie ahd. *pressa* 'Kelter' (Hs. 12. Jh.), mhd. frühnhd. *presse* 'Weinpresse, Kelter' und (wohl nach afrz. *presse*, im Nhd. nur noch mundartlich) 'Schar, Gedränge'. Anfang des 16. Jh. bezeichnet das Substantiv im Dt. und im Frz. auch die Presse der Buchdrucker und wird von daher übertragen zu 'Gesamtheit der Druckerzeugnisse'; es ist dann bes. für 'Gesamtheit der Zeitungen und Zeitschriften' (im Dt. Mitte 18. Jh.), schließlich überhaupt für 'Zeitungswesen' (Mitte 19. Jh.) gebräuchlich. – P r e s s e f r e i h e i t f. (20. Jh.), zuvor *Preßfreiheit* (2. Hälfte 18. Jh.).

pressen Vb. 'mit Gewalt (zusammen)drükken, (Öl, Saft) ausdrücken, keltern, (Bücher) drucken, in einen Dienst zwingen, hart bedrücken', ahd. *pressōn* (8. Jh.), spätmhd. *pressen* 'keltern, hart bedrücken', entlehnt aus lat. *pressāre* 'drücken', einer Intensivbildung zu lat. *premere* (*pressum*) 'drücken, pressen, bedrängen' (s. *Presse, pressieren*). – e r p r e s s e n Vb. 'durch Drohung oder Gewalt zu etw. zwingen, dadurch erlangen', in älterer Sprache auch 'herausdrücken' (Ende 16. Jh.); E r p r e s s e r m. (Ende 17. Jh.); E r p r e s s u n g f. (Mitte 18. Jh.).

pressieren Vb. 'eilig, dringend sein, drängen (von Sachen)', vielfach unpersönlich, zumal im Obd., entlehnt (2. Hälfte 17. Jh., zuvor schon im Sinne von 'bedrücken, bedrängen', Anfang 17. Jh.) aus frz. *presser* 'auspressen, drücken', übertragen 'bedrücken, (be)drängen, zur Eile antreiben, dringend sein', dem lat. *pressāre*, Intensivum zu lat. *premere* (*pressum*) 'drücken, pressen, bedrängen' (s. *pressen*) voraufgeht.

Prestige n. 'Blendwerk, Gaukelei' (1. Hälfte 19. Jh.), 'Einfluß, Ansehen, Geltung' (2. Hälfte 19. Jh.), in beiden Bedeutungen Übernahme von frz. *prestige* m., das auf spätlat. *praestīgium* n. (neben häufigerem lat. *praestīgia* f.) 'Gaukelei, Blendwerk' zurückgeht.

prickeln Vb. 'eine Empfindung wie von kleinen Stichen verursachen, jucken, ein erregendes Gefühl verursachen, im Glas perlen', ein nd. Wort, das im 18. Jh. in die Literatursprache aufgenommen wird. Mnd. *prekelen* 'stechen, stacheln', nd. *preckeln, prickeln*, mnl. *prickelen*, nl. *prikkelen* sind Iterativbildungen zu mnd. nd. *pricken* 'stechen, stacheln, kleine Stiche versetzen', mnl. *pricken*, nl. *prikken*, aengl. *prician* 'stechen, durchbohren', engl. *to prick* 'stechen, quälen, anstacheln'; vgl. auch (vereinzelt) md. *pfregken* (15. Jh.). Dazu das Substantiv mnd. *pricke*, nd. *Prick* 'Stachel, Spitze', nl. *prik* 'spitzer Gegenstand, Stock mit eiserner Spitze', aengl. *prica* 'Stich, Punkt', engl. *prick* 'Stich', (selten) 'Spitze, Stachel, Dorn'. Die Herkunft ist ungeklärt. Vielleicht eine onomatopoetische Bildung? Oder Anlautsvariante von *pikken* (s. d.)?

Priel m. 'schmaler Wasserlauf im Wattenmeer, enger Wasserkanal zwischen Sandbänken'; der an der Nordseeküste übliche Ausdruck ist eine Entlehnung (Mitte 18. Jh.) von gleichbed. nl. *priel* ungeklärter Herkunft.

Priem m. 'Stück Kautabak', an der Küste entlehnt (um 1800) aus gleichbed. nl. *pruim*, eigentl. 'Pflaume', da die zum Kauen gewöhnlich benutzte Menge Kautabak in Form und Farbe einer Backpflaume ähnelt. Zur Etymologie s. *Pflaume*. – p r i e m e n Vb. 'Tabak kauen' (19. Jh.), nl. *pruimen*.

Priester m. 'geweihter, mit besonderen Vollmachten und Vorrechten ausgestatteter Geistlicher', speziell der katholischen Kirche, ahd. *priest* (9. Jh.), *priester* (um 900; vgl. *priestlīh, priesterlīh*, 8. Jh.), mhd. *priester*, asächs. *prēstar*, mnd. *prēster*, mnl. nl. *priester* sind entlehnt aus galloroman. **prēstre* (vgl. afrz. *prestre*, frz. *prêtre*), das im 7./8. Jh. (nach der hd. Lautverschiebung) nach Osten vordringt. Es beruht auf kirchenlat. *presbyter* 'Priester', griech. *presbýteros* (πρεσβύτερος) 'Gemeindeältester', eigentl. 'der Ältere', dem substantivierten Komparativ von griech. *prés-bys* (πρέσβυς) 'alt', substantivisch 'der Alte, Greis'. Vgl. Frings/M. Germania Romana 2 (1968) 414f.

prima Adj. (indeklinabel) 'ausgezeichnet, großartig, erstklassig', aufgenommen (2. Hälfte 19. Jh.) aus voraufgehenden kaufmannssprachlichen Fügungen wie *prima Sorte, Qualität* (1. Hälfte 19. Jh.), *prima Ware* u. dgl. (nach ital. *prima sorte, prima qualità* 'die erste, beste oder feinste Sorte einer Ware'). Zugrunde liegt ital. *prima*, Fem. zu *primo* 'erster, bester', aus lat. *prīmus* 'der erste, vorderste', Superlativ zum Komparativ lat. *prior* 'der erste, vordere (von zweien)'. Heute gehört *prima* vor allem der Umgangssprache im Sinne von 'hervorragend, vortrefflich, vorzüglich, prächtig, wunderbar' an. – P r i m a f. 'oberste (letzte) bzw. eine der beiden obersten (letzten) Klassen in höheren Schulen' (16. Jh.), vgl. *Ober-, Unterprima*, aus lat. *prīma classis* 'erste Abteilung, erste Klasse (von Schülern)' (s. *Klasse*), also eigentl. 'die erste Klasse vom Ende der Schulzeit gerechnet'. P r i m a n e r m. 'Schüler der Prima' (Ende 16. Jh.). Vorauf geht (ebenfalls 16. Jh.) *Primanus* (lat. *prīmānus* 'von der ersten Legion', substantivierter Plural *prīmānī* 'Soldaten der ersten Legion') und *Primarius* (lat. *prīmārius* 'einer der ersten, vornehm'), beide zu lat. *prīmus* (s. oben). P r i m u s m. 'bester Schüler einer Klasse' (16. Jh.), lat. *prīmus* 'der erste, vorderste' (s. oben).

Primadonna f. 'gefeierte Sängerin, Hauptdarstellerin, erste Sängerin (bes. in der Barockoper)', Übernahme (Ende 18. Jh.) von gleichbed. ital. *prima donna*, eigentl. 'erste Dame'; vgl. ital. *prima* 'die erste' (s. *prima*) und ital. *donna* 'Herrin', aus. lat. *domina* (synkopiert *domna*) 'Herrin, Gebieterin, Hausfrau' (s. *Dame*).

primär Adj. 'ursprünglich, zuerst vorhanden, an erster Stelle stehend, grundlegend, erst-, vorrangig', Übernahme (Anfang 19. Jh., zunächst in frz. Schreibweise) von gleichbed. frz. *primaire*. Dies tritt (Ende 18. Jh. in Fügungen wie *assemblée* bzw. *école primaire*) als Entlehnung von lat. *prīmārius* 'einer der ersten, vornehm, ansehnlich' (zu lat. *prīmus* 'der erste, vorderste', s. *prima*) neben hieraus regulär entwickeltes frz. *premier* (s. *Premiere*).

[1]**Primas** m. Ehrentitel eines (ehemals mit bestimmten Hoheitsrechten ausgestatteten) Erzbischofs (15. Jh.), mhd. *primāten* (Plur.) 'Oberhirten (der Kirche), Bischöfe', entlehnt aus lat. *prīmās* (Gen. *prīmātis*) 'der dem Range nach Erste, der Vornehmste', kirchenlat. 'Vorsteher einer Kirchenprovinz, eines kirchlichen Rates', zu lat. *prīmus* 'der erste, vorderste' (s. *prima*). – Primat m. n. 'Vorrang, bevorzugte Stellung, Vorherrschaft, Vorrangstellung des Papstes gegenüber den Bischöfen' (16. Jh.), lat. *prīmātus* 'die erste Stelle, der erste Rang, Vorrang', zu lat. *prīmās* (s. oben). In der Zoologie Primaten Plur. 'Herrentiere' (Säugetiere der obersten Tierordnung, Menschen, Affen und Halbaffen umfassend), nach zoolog.-lat. *Primates* (Linné).

[2]**Primas** m., auch (mit dem Ungar. folgender *sch*-Aussprache) *Primás* '(die führende Melodiestimme spielender) erster (Vor)geiger einer Zigeunerkapelle', Übernahme von gleichbed. ungar. *prímás*, einer Weiterbildung von ital. *(viola) prima* 'erste Geige' bzw. von dt. *Prim*, *Prime* 'Grundton einer Tonleiter', auch 'erste, melodieführende (Gesangs)-stimme, erste Geige' (vgl. [1]DWB 7, 2128), aus lat. *prīma*, Fem. von *prīmus* 'der erste, vorderste' (s. *prima*).

Primel f. Der Name für die ausdauernden, meist im zeitigen Frühjahr blühenden Rosettenpflanzen (insbes. *Aurikel*, *Schlüsselblume*, s. d.) erscheint (Ende 18. Jh.) als eingedeutschte Kurzform von botan.-lat. *Primula veris* 'Echte Schlüsselblume', eigentl. 'kleiner Erstling des Frühlings'; vgl. lat. *vēr* (Gen. *vēris*) 'Frühling' und lat. *prīmula*, fem. Deminutivum von lat. *prīmus* (s. *prima*). Die von Linné (1753) aufgenommene Bezeichnung folgt der Pflanzenbezeichnung mlat. *primula*, auch schon *primula veris* (14. Jh.), die aber auch für verschiedene andre Pflanzen gilt.

primitiv Adj. 'ursprünglich, urtümlich, auf einer frühen Entwicklungs- bzw. Kulturstufe stehend', dann (in häufiger und breiter Verwendungsweise) auch 'einfach, roh, dürftig, armselig, naiv', entlehnt (18. Jh.) aus gleichbed. frz. *primitif*, das auf lat. *prīmitīvus* 'der erste in seiner Art', mlat. 'ursprünglich', zurückgeht; zu lat. *prīmus* 'der erste, vorderste' (s. *prima*). – Primitivität f. 'Ursprünglichkeit, Einfachheit, Dürftigkeit' (1. Hälfte 20. Jh.); vgl. frz. *primitivité*.

Printe f. Die Bezeichnung für das stark gewürzte, pfefferkuchenartige Gebäck gelangt in der 1. Hälfte des 19. Jhs. (vornehmlich in der Verbindung *Aachener Printen*) in die Literatursprache. Sie ist entlehnt aus gleichbed. nl. *prent*, *print*, eigentl. 'Druckplatte, (Buch)-druck, Kupferstich, Abbild, Abdruck' (mnl. *prente*, *printe* 'Werkzeug zum Drücken, eingedrückte Abbildung'; vgl. mnd. *prente* 'Druck'), und geht auf afrz. *priente*, *preinte* 'Abdruck, Aufdruck' zurück, die substantivierte fem. Form des Part. Perf. von afrz. *priendre*, *preindre*, älter *priembre* 'drücken'; zugrunde liegt lat. *premere* '(ab-, auf-, ein)-drücken, pressen' (s. *pressen*). Das Gebäck ist nach den eingedrückten (Heiligen)figuren oder Blumen benannt.

Prinz m. 'nichtregierendes Mitglied eines Fürstenhauses', bes. 'Sohn eines regierenden Fürsten'. Mhd. *prinz(e)* 'Fürst, Herrscher, Statthalter' ist wie mnd. *prince*, *prinse*, mnl. *prince*, *prinse*, *prinche* (nl. *prins*) Übernahme von afrz. *prince* 'Fürst, Vornehmster, Oberster' (frz. *prince* 'Fürst, Prinz'). Dieses beruht auf Entlehnung von lat. *prīnceps* 'der Erste in der Rangfolge, der Vornehmste, Urheber, Oberhaupt, Herrscher, Fürst', auch Ehrentitel des röm. Kaisers (aus **prīmo-caps* 'die erste Stelle einnehmend', vgl. lat. *prīmus* 'der erste, vorderste' und *capere* 'nehmen, fassen, ergreifen'). Im Nhd. steht *Prinz*, *Printz(e)*, dem älteren frz. Gebrauch entsprechend, zunächst weiterhin (mehrfach noch im 18. Jh.) allgemein für 'Fürst', entwickelt aber daneben seit Beginn des 17. Jhs. die spezielle Bedeutung 'Sohn eines Fürsten' (namentlich 'Thronfolger'), wohl nach dem Vorbild von (gleichfalls auf das Frz. zurückgehendem) engl. *prince* 'König, Fürst', das seit dem 14. Jh. dem engl. Thronfolger (wegen der ihm übertragenen walisischen Fürstenwürde, vgl. engl. *Prince of Wales*, eigentl. 'Fürst von Wales'), vom frühen 17. Jh. an jedoch auch den anderen Söhnen des Königs als Titel zukommt. – Prinzessin f. 'weibliches nichtregierendes Mitglied eines Fürstenhauses, Fürstentochter' (Anfang 17. Jh.), zusätzlich mit dt. Suffix versehene Weiterbildung von nhd. *Prinzesse* (so noch Ende 17. Jh., doch zu dieser Zeit auch schon *Prinzeß*, das neben *Prinzessin* bis ins 19. Jh. fortlebt); zuerst (15. Jh.) nachzuweisendes niederrhein. *princesse* (vgl. nl. *prinses*) ist entlehnt aus afrz. frz. *princesse* 'Fürstin, Fürstentochter', der femininen Ableitung von afrz. *prince*.

Prinzip n. 'Grundsatz, Regel, Richtschnur', entlehnt (1. Hälfte 18. Jh.; zuvor in lat. Form) aus lat. *prīncipium* 'Anfang, Ursprung, Grund(lage), erste Stelle, Vorrang', einer Substantivableitung zum Adjektiv lat. *prīnceps* (Gen. *prīncipis*) 'die erste Stelle (in einer Rangfolge) einnehmend', substantivisch 'der Erste in der Rangfolge, der Vornehmste, Urheber, Oberhaupt, Herrscher, Fürst' (s. *Prinz*). – prinzipiell Adj. 'grundsätzlich, aus Prinzip' (19. Jh.), französierende Bildung nach lat. *prīncipiālis* 'anfänglich, ursprünglich', zu lat. *prīncipium* (s. oben). Prinzipienreiter m. abschätzig 'wer hartnäckig und kleinlich auf seinen Prinzipien beharrt' (Mitte 19. Jh.).

Prinzipal m. 'Eigentümer, Leiter eines kaufmännischen oder handwerklichen Betriebes, Geschäftsinhaber, Lehrherr', Entlehnung (16. Jh.) aus lat. *prīncipālis* 'erster, vornehmster, hauptsächlichster', substantiviert 'Vorsteher', zu lat. *prīnceps* (s. *Prinzip*, *Prinz*).

Prior m. 'Oberer eines Klosters oder der Erste nach dem Abt', mhd. *prīor*, Übernahme von lat. *prior* 'der erste, vordere', mlat. auch 'Klostervorsteher, Vertreter des Abts', Komparativ zum Superlativ lat. *prīmus* 'der erste, vorderste' (s. *prima*). – Priorität f. 'Vorrang, Vorrecht, zeitliches Vorhergehen' (Ende 17. Jh.), frz. *priorité*, mlat. *prioritas* (Gen. *prioritatis*); Plur. *Prioritäten* auch 'Wertpapiere mit Vorzugsrechten' (19. Jh.).

Prise f. 'kleine Menge von pulvriger oder feinkörniger Substanz, im Seekrieg aufgebrachtes Handelsschiff oder auf diesem befördertes Handelsgut, Beute' (bis ins 17. Jh. oft diphthongiert *Preis*, *Preise*), Übernahme von afrz. frz. *prise* 'das (Weg)genommene, Ergriffene, Beute, Fang', mfrz. frz. auch 'kleine (mit den Fingern ergriffene) Menge, Dosis (von Medikamenten, Schnupftabak)', zunächst (seit 1. Hälfte 15. Jh.) 'Plünderung, Beute', vor allem in Fügungen wie *preis sein, werden, machen* (s. *preisgeben*), dann (wie mnd. *prīs*, *prīse* 'genommene Schiffe, Beute') speziell für 'aufgebrachtes feindliches Schiff, Kriegsbeute' (Mitte 16. Jh.), später allgemein 'kleine Menge' von Schnupftabak, Gewürz (Anfang 18. Jh.). Afrz. frz. *prise* ist die fem. Form des substantivierten Part. Perf. von afrz. frz. *prendre* 'nehmen, (er)greifen', aus lat. *prehendere*, kontrahiert *prēndere* '(an)fassen, (an-, er)greifen, nehmen'.

Prisma n. in der Mathematik ein Körper, dessen Grundflächen einander parallele, kongruente Vielecke und dessen Seitenflächen Rechtecke oder Parallelogramme sind (1. Hälfte 16. Jh.), in der Optik ein durchsichtiger Körper aus lichtbrechendem Stoff mit mindestens drei parallelen Kanten, der einen ihn durchlaufenden Lichtstrahl ablenkt und weißes Licht in Spektralfarben zerlegt (Anfang 18. Jh.), entlehnt aus spätlat. *prisma*, griech. *prísma* (πρῖσμα) 'dreiseitige Säule, Prisma', eigentl. 'was durch das Sägen hervorgebracht wird, das Zersägte, Sägespäne', zu griech. *príein* (πρίειν) 'sägen'.

Pritsche f. 'aus Holzstreifen, -brettchen bestehendes Gerät' (des Hanswursts, Harlekins), mit dem im Scherz klappernde Schläge ausgeteilt werden (15. Jh.), 'einfaches Holzgestell als Liegestatt' (16. Jh.), 'Sitzbrett am Schlitten' (17. Jh.). Frühnhd. *pritzschze* (15. Jh.), *britzschen* (Anfang 16. Jh.), *britsche*, *pritsche* (16. Jh.) ist wie das erste Kompositionsglied in mhd. *britzelmeister* 'die Pritsche führende lustige Person', *britzelslahen* 'Schlag mit der Pritsche' an ahd. *britissa* 'dünnes Brettchen, Latte' (Hs. 12. Jh.) anzuschließen, eine mit dem Suffix germ. *-isjō* gebildete Ableitung von ahd. *bret* (s. *Brett*). Der Übergang von mhd. *tz* in nhd. *tsch* erfolgt wie bei *fletschen*, *klatschen*, *knutschen*. – pritschen Vb. 'mit der Pritsche schlagen, Schläge austeilen' (16. Jh.).

privat Adj. 'persönlich, vertraulich, nicht amtlich, nicht öffentlich, einem oder mehreren einzelnen gehörend, nicht staatlich', Entlehnung (16. Jh.) aus gleichbed. lat. *prīvātus*, eigentl. '(der Herrschaft, Amtsgewalt) beraubt, (vom Staat, von der Öffentlichkeit) abgesondert', dem Part.adj. von lat. *prīvāre* 'berauben, befreien, (ab)sondern'; vgl. lat. *prīvus* 'für sich bestehend, einzeln, eigen(tümlich), einer Sache beraubt' (s. *Privileg*). – Privatdozent m. 'nichtbeamteter Dozent, Privatvorlesungen haltender Gelehrter' im Unterschied zum öffentliche Vorlesungen haltenden beamteten Professor (Mitte 18. Jh.); vgl. nlat. *privatim docentes* (in den Hallischen Statuten von 1697). Privateigentum n. 'persönliches Eigentum' (Ende 18. Jh.). Privatperson f. 'in eigener Sache handelnde Person, Person ohne Amtsbefugnisse'; Privatsache f. 'persönliche, nicht offizielle, nicht amtliche Angelegenheit' (beide Mitte 16. Jh.). privatim Adv. 'nicht öffentlich, vertraulich, persönlich, unter vier Augen, für sich allein' (16. Jh.), Übernahme von gleichbed. lat. *prīvātim* Adv., zu *prīvātus* (s. oben). privatisieren Vb. 'als Privatmann, ohne Ausübung eines Berufs von seinem Vermögen leben' (17. Jh.), 'staatliche Unternehmen in privates Eigentum überführen, in Privatvermögen umwandeln' (20. Jh.).

Privileg, Privilegium n. 'Vorrecht, Sonder-, Ausnahmerecht' (einer Einzelperson, einer bestimmten Klasse, Schicht oder Gruppe von Menschen), mhd. *prīvilēgje*, *prīvilei(g)e*, *prīvilēgjum* (13. Jh.), vom 15. Jh. an meist in lat. Form *Privilegium* (bis ins 19. Jh.), daneben *Privilegi(e)* (14. bis Anfang 17. Jh.); die eingedeutschte Form *Privileg* setzt sich erst im 19. Jh. durch, doch der Plur. *Privilegien* seit dem 14. Jh. Entlehnt aus lat. *prīvilēgium* 'besondere (nur eine einzelne Person betreffende) Verordnung, Ausnahmegesetz, Vorrecht, Vorzugsrecht', einer Bildung aus lat. *prīvus* 'für sich bestehend, einzeln, eigen(tümlich)' (s. *privat*) und lat. *lēx* (Gen. *lēgis*) 'Gesetz, Verordnung'. Vgl. afrz. *privilegie*, *priviliege*, frz. *privilège* m. – privilegieren Vb. 'mit einem Vorrecht oder mit Vorrechten ausstatten, von einer Verpflichtung, einer Abgabe befreien, durch Vorzugsrecht, Vorrecht schützen' (um 1400), vgl. mhd. *prīvilēgen* (13. Jh.); mlat. *privilegiare* 'ein Vorrecht einräumen', afrz. *privilegier*.

pro Präp. 'jeweils, je, für jede einzelne Person oder Sache', Adv. 'dafür' (vgl. *pro eingestellt sein*), Gegenwort *kontra* (s. d.), gelehrte Übernahme von lat. *prō* Präp. 'über etw. hinaus, vorn an, vor, für, anstatt, gemäß, im Verhältnis zu', entsprechend griech. *pró* (*πρό*) 'voran, vorwärts, vorher, vor'. In der Kaufmannssprache vor Maßen, Gewichten, Zeitangaben (seit 14. Jh.), geläufig in Fügungen wie *pro Jahr*, *Kopf*, *Person*. – pro- erstes Glied in zahlreichen auf das Lat. zurückgehenden Zusammensetzungen mit der Bedeutung 'vor, vorwärts, hervor' (s. *produzieren*, *profan*, *progressiv*, *prominent*, *Prozedur*), 'vorn (an, auf), im Angesicht' (s. *prostituieren*), 'für, zum Vorteil von, zugunsten' (s. *protegieren* und vgl. Neubildungen wie *prodeutsch*), 'an Stelle von, anstatt' (s. *Pronomen*), 'im Verhältnis, Vergleich zu' (s. *Proportion*), 'weg, fort' (s. *profund*). Auch in auf das Griech. zurückgehenden Zusammensetzungen, z. B. mit der Bedeutung räumlich 'vor' (s. *Problem*), zeitlich 'vorher, voraus' (s. *Prognose*, *Programm*, *Prolog*, *Prophet*).

probat Adj. 'erprobt, bewährt, wirksam, vortrefflich', entlehnt (16. Jh.) aus gleichbed. lat. *probātus*, dem Part.adj. von lat. *probāre* 'erproben, prüfen, untersuchen' (s. *Probe*, *proben*, *prüfen*). Vgl. die Schlußformel älterer Arzneivorschriften *probatum (est)*.

Probe f. 'Versuch, Prüfung, Untersuchung, Prüfungsstück, Muster, die einer Darbietung voraufgehende Einstudierung bzw. Versuchsaufführung', entlehnt (1. Hälfte 15. Jh.) aus spätlat. *proba* 'Prüfung, Untersuchung, Bewährungsversuch'; zu lat. *probāre* (s. unten). – proben Vb. 'üben, testen', meist 'für eine Aufführung, Darbietung üben, einstudieren', mhd. (md.) *prōben*, *prūben*, lat. *probāre* 'erproben, prüfen, untersuchen'; zu lat. *probus* 'gut, tüchtig, brav'; erproben Vb. 'über einen längeren Zeitraum Versuche anstellen, prüfen', dazu das in adjektivischen Gebrauch übergegangene Part. Prät. *erprobt* 'bewährt' (18. Jh.). probieren Vb. 'prüfen, versuchen, unternehmen, wagen, (auf seinen Geschmack hin) kosten, (ab)schmekken', mhd. *probieren* 'beweisen, dartun, prüfen', refl. 'sich erweisen als', aus lat. *probāre*; anprobieren Vb. 'anziehen, um zu sehen, wie es paßt' (um 1700); aufprobier e n Vb. 'probeweise aufsetzen' (Anfang 19. Jh.); a u s p r o b i e r e n Vb. 'auf seine Tauglichkeit prüfen, versuchen, erproben' (18. Jh.). Ebenfalls auf lat. *probāre* geht *prüfen* (s. d.) zurück.

Problem n. 'schwer zu beantwortende Frage, schwierige, noch ungelöste Aufgabe, Fragestellung, Schwierigkeit'. *Problema* (16. Jh.) ist (nach vereinzelt entlehntem mhd. *problēm*) Übernahme von lat. *problēma*, griech. *próblēma* (πρόβλημα) 'Hindernis, Schwierigkeit, gestellte (wissenschaftliche) Aufgabe, vorgelegte Streitfrage', eigentl. 'das Vorgelegte', zu griech. *probállein* (προβάλλειν) 'vor-, hinwerfen, (eine Aufgabe) vorlegen, zur Besprechung vortragen'; vgl. griech. *bállein* (βάλλειν) 'werfen'. Die eingedeutschte endungslose Form *Problem* wird im 18. Jh. üblich. – P r o b l e m a t i k f. 'die einer Frage, Aufgabe innewohnende Schwierigkeit, Fragwürdigkeit, Fraglichkeit' (Anfang 19. Jh.). p r o b l e m a t i s c h Adj. 'schwierig, schwer zu lösen, fragwürdig, zweifelhaft, ungewiß' (Ende 17. Jh.), vgl. lat. *problēmaticus*, griech. *problēmatikós* (προβληματικός) 'unentschieden, fraglich'.

produzieren Vb. '(Gebrauchsgüter) herstellen, erzeugen' (19. Jh.), 'hervorbringen, erzeugen' (Anfang 18. Jh.), 'vorführen, vorstellen' (Anfang 17. Jh.), 'heraus- oder hervorführen, aufschieben, verlängern' (2. Hälfte 16. Jh.), auch refl. 'sich (wirkungsvoll) in den Vordergrund stellen, sich auffallend benehmen' (18. Jh.), entlehnt aus lat. *prōdūcere* (*prōductum*) 'vorwärtsführen, (weiter) vorführen, ausdehnen, verlängern', kirchenlat. (in der biblischen Schöpfungsgeschichte) 'hervorbringen, erzeugen'; vgl. lat. *dūcere* 'ziehen, führen'. – P r o d u z e n t m. 'Hersteller, Erzeuger' (von Gebrauchsgütern, 19. Jh., von Feldfrüchten, 16. Jh.), aus lat. *prōdūcēns* (Gen. *prōdūcentis*), dem Part. Präs von lat. *prōdūcere* (s. oben). P r o d u k t n. 'industrielles Erzeugnis' (19. Jh.), 'Ertrag, Ergebnis menschlicher Arbeit, menschlichen Handelns und Denkens, Naturerzeugnis' (18. Jh.), älter in der Mathematik 'Ergebnis der Multiplikation' (Ende 15. Jh.), 'Ergebnis der Division' (16. Jh.), lat. *prōductum* 'das Hervorgebrachte', substantiviertes Neutrum des Part. Perf. von lat. *prōdūcere* (s. oben). P r o d u k t i o n f. 'Erzeugung, Herstellung (materieller Güter), das Erzeugte, Hergestellte, Gesamtheit der Erzeugnisse' (19. Jh.), 'Hervorbringung, Darstellung, Aufführung' (18. Jh.), nach gleichbed. frz. *production*; zuvor 'Herausführung, Aufschiebung, Verzug, Verlängerung' (2. Hälfte 16. Jh.), nach lat. *prōductio* (Gen. *prōductiōnis*) 'das Hervorführen, Ausdehnung, Verlängerung'. p r o d u k t i v Adj. 'hervorbringend, (Werte) schaffend, schöpferisch, ergiebig' (18. Jh.), aus gleichbed. frz. *productif*; vgl. spätlat. *prōductīvus* 'zur Verlängerung geeignet'. P r o d u k t i v i t ä t f. 'Ergiebigkeit, Fruchtbarkeit, Leistungsfähigkeit (bes. der menschlichen Arbeit), Schaffung materieller und geistiger Werte, schöpferische Betätigung, Schöpferkraft' (Anfang 19. Jh.). R e p r o d u k t i o n f. 'Wiedererzeugung, Fortpflanzung, Wiederaufbau, geistiges Nachempfinden' (2. Hälfte 18. Jh.), in der bildenden Kunst 'Nachbildung, Wiedergabe, Vervielfältigung' (2. Hälfte 19. Jh.), 'Prozeß der stetigen Erneuerung und kontinuierlichen Wiederholung der gesellschaftlichen Produktion' (um 1800); dazu r e p r o d u z i e r e n Vb. 'eine Anklage erneuern, Gegenbeweise vorlegen' (1. Hälfte 18. Jh.), 'wiedererzeugen, sich fortpflanzen, wieder gegenwärtig machen' (2. Hälfte 18. Jh.), 'nachbilden, nach dem Gedächtnis wiedergeben, Bildvorlagen wiedergeben und vervielfältigen' (Mitte 19. Jh.), 'im wiederholten Produktionsprozeß den Wert von etw. wiederherstellen' (Anfang 19. Jh.); zur Herkunft s. *Produktion*, *produzieren* und *re-*; Einfluß von früher bezeugtem frz. *reproduction* bzw. frz. *reproduire* ist möglich.

profan Adj. 'weltlich, unheilig, unkirchlich, alltäglich', Entlehnung (16. Jh.) aus lat. *profānus* 'nicht geheiligt, ungeweiht, nicht eingeweiht, gottlos, ruchlos, schändlich', eigentl. 'vor dem heiligen Bezirk liegend'; vgl. lat. *fānum* 'heiliger, der Gottheit geweihter Ort' (s. *fanatisch*). – p r o f a n i e r e n Vb. 'entweihen, entwürdigen, säkularisieren' (16. Jh.), lat. *profānāre* 'entheiligen, entweihen, verweltlichen'.

Profession f. 'Beruf, Gewerbe, Berufung', übernommen (16. Jh.) von mfrz. frz. *profession* 'Bekenntnis, Beruf, Stand', lat. *professio* (Gen. *professiōnis*) 'öffentliches Bekenntnis, öffentliche Angabe' (z. B. des Namens, Vermögens, Gewerbes), dann '(offiziell angegebenes) Gewerbe, Geschäft', zu lat. *profitērī* (*professus sum*) 'laut und öffentlich, frei bekennen, sich bekennen, sich erklären, sich zu etw. freiwillig anbieten'; vgl. lat. *fatērī* 'bekennen, gestehen, einräumen, zu erkennen geben'. – p r o f e s s i o n e l l Adj. 'eine Tätigkeit beruflich ausübend, berufs-, gewerbsmäßig' (19. Jh.), frz. *professionnel*. P r o f e s s i o n a l m. 'Berufssportler' (Anfang 20. Jh.), übernommen von gleichbed. engl. *professional*, einer Substantivierung des Adjektivs engl. *professional* 'berufsmäßig, beruflich'; daraus die heute verbreitete Kurzbezeichnung P r o f i m. (1. Hälfte 20. Jh.).

Professor m. einem Hochschullehrer, verdienten Wissenschaftler, Künstler verliehener höchster akademischer Titel, Inhaber dieses Titels; im 16. Jh. sich allmählich durchsetzende Berufsbezeichnung für Hochschullehrer aller Fakultäten, zum Teil auch für Lehrer an Lateinschulen, nachdem der alte Doktor- und Magistertitel durch Verleihung an Außenstehende unzulänglich geworden war. Die Bezeichnung erscheint zuerst an den theologischen Fakultäten, deren Lehrer seit etwa 1400 *sacrae theologiae professores* heißen, wobei der Gedanke an zugrunde liegendes lat. *profitērī* '(sich) bekennen' und an kirchenlat. *cōnfessor* 'Bekenner' (des christlichen Glaubens) eingewirkt haben mag. Im Grunde handelt es sich um eine Entlehnung von lat. *professor* 'öffentlicher Lehrer', einer Bildung zu lat. *profitērī* (*professus sum*) 'laut und öffentlich, frei bekennen, sich bekennen, sich erklären, sich zu etw. freiwillig anbieten, sich öffentlich (zu einem Amte) melden', daher eigentl. 'wer sich öffentlich und berufsmäßig zu seiner wissenschaftlichen Tätigkeit bekennt' (s. *Profession*). Oder ursprünglich 'wer bekannt gibt, daß er öffentlich reden und lehren will'? Zu lat. *fatērī* (*fassus sum*) 'zugestehen, einräumen, kundtun', *fārī* (*fātus sum*) 'sprechen'. – P r o f e s s u r f. 'Lehramt, Lehrstuhl eines Hochschullehrers' (17. Jh.).

Profil n. 'Längs- oder Querschnitt, Umriß, Seitenansicht (des menschlichen Körpers, Kopfes)', übertragen 'charakteristisches Erscheinungsbild'. *Profilo* (17. und 18. Jh.), *Profil* (seit 17. Jh.) sind Entlehnungen von ital. *profilo* und von (ebenfalls aus dem Ital. stammendem) frz. *profil* 'Seitenansicht, Umriß'. Es handelt sich um eine Rückbildung aus ital. *profilare* 'aufzeichnen, im Umriß zeichnen, umreißen, umsäumen, am Rande (mit Fäden) verzieren', zu ital. *filo* 'Faden, Garn, Zwirn' (aus lat. *fīlum* 'Faden, Gewebe, Form, Gepräge'). *Profil* ist zunächst Fachwort der Mathematik, der Baukunst, des Festungsbaus; um die Mitte des 18. Jhs. wird es auf die Seitenansicht des menschlichen Körpers, Kopfes übertragen. – p r o f i l i e r e n Vb. 'im Schnitt, im Umriß zeichnen, gestalten, anlegen, gliedern', dann 'die Oberfläche eines Gegenstandes mit Rillen, Kerbungen versehen', übertragen 'einer Sache, sich eine charakteristische Gestalt, Prägung geben' (Anfang 17. Jh.).

Profit m. '(finanzieller) Vorteil, Nutzen, Gewinn' gelangt um die Mitte des 16. Jhs. aus dem Nd. ins Hd. Um 1400 als niederrhein. Handelswort bezeugtes mnd. *profīt* ist entlehnt über mnl. nl. *profijt* aus afrz. *profit*, *porfit* 'Vorteil, Gewinn, Nutzen'. Dies geht zurück auf lat. *prōfectus* 'Fortgang, Wachstum, Vorteil', gebildet zu lat. *prōficere* 'vorwärtskommen, weiterkommen, Fortschritte machen', eigentl. 'voranmachen'; vgl. lat. *facere* 'machen, tun'. – p r o f i t a b e l Adj. 'vorteilhaft, gewinnbringend, einträglich' (17. Jh.), frz. *profitable*. p r o f i t i e r e n Vb. 'Gewinn erzielen, Nutzen, Vorteil haben, ziehen' (17. Jh.), frz. *profiter*. Vgl. älteres mnd. *profitēren* (15. Jh.), mnl. *profitēren*, aus afrz. *porfit(i)er*, *profit(i)er* 'vorwärtskommen, Erfolg haben, Nutzen, Vorteil bringen'.

Profos m., auch **Profoß**, ehemals 'Verwalter der militärischen Gerichtsbarkeit, Feldrichter, -polizist, Strafvollstrecker, Zucht-, Stockmeister', entlehnt (16. Jh.) über mnl. *provost* aus afrz. *prevost* (frz. *prévôt*), dies aus lat. *praepositus* 'Vorsteher, Vorgesetzter, militärischer Anführer', s. *Propst*.

profund Adj. 'tief, sehr gründlich, umfassend'. Anfang des 18. Jhs. begegnet *profond* als Übernahme von gleichbed. frz. *profond*, wird jedoch bald im Anschluß an das Ausgangswort lat. *profundus* 'bodenlos, unergründlich, unermeßlich', kirchenlat. 'geistig tief eingehend', zu *profund* umgebildet. Lat. *profundus* bedeutet eigentl. 'wo einem der Boden (unter den Füßen) weg ist', vgl. lat. *fundus* 'Grund, Boden, Grundstück, Boden eines Gefäßes' (s. *Fundus*). Lat. *pro-* hat hier die Bedeutung 'weg', vgl. lat. *profugere* 'davonfliehen, weglaufen', *prohibēre* 'fern-, abhalten, verbieten'.

Prognose f. '(wissenschaftlich begründete) Vorhersage des voraussichtlichen Verlaufs (bes. einer Krankheit, des Wetters), Darstellung des voraussichtlichen Ablaufs zukünftiger Prozesse oder Ereignisse in Natur, Gesellschaft, Wissenschaft und Technik', entlehnt (18. Jh.) aus spätlat. *prognōsis*, griech. *prógnōsis* (πρόγνωσις) 'das Vorherwissen', zu griech. *progignṓskein* (προγιγνώσκειν) 'im voraus erkennen'; vgl. griech. *gignṓskein* (γιγνώσκειν) 'erkennen' (s. *Diagnose*). Das Wort erscheint anfangs in der griech.-lat. Form *Prognosis*, woraus wenig später *Prognose*, und bezeichnet zunächst, dem Gebrauch der griech. und röm. Ärzte folgend, den voraussichtlichen Verlauf einer Krankheit. – prognostizieren Vb. 'vorhersagen, weissagen, aus dem Lauf der Gestirne Zukünftiges voraussagen' (16. Jh.), dann unter dem Einfluß des Substantivs 'den voraussichtlichen Verlauf künftiger Entwicklungen vorhersagen'; vgl. mlat. *prognosticare* 'ahnen, vorhersagen, prophezeien'.

Programm n. '(Reihen)folge, Gesamtheit von Veranstaltungen, Darbietungen, Verzeichnis der Darbietungen und Darsteller, Darlegung der Absichten und Grundsätze einer Partei, Regierung, Plan, Vorhaben', Entlehnung (um 1700) aus lat. *programma* n., griech. *prógramma* (πρόγραμμα) 'öffentlicher Anschlag, Tagesordnung', anfangs in griech.-lat. Form *Programma* mit der Bedeutung 'öffentliche Bekanntmachung, öffentliche Einladungsschrift' (eingedeutschtes *Programm* um 1800). Zugrunde liegt das Verb griech. *prográphein* (προγράφειν) 'vor-, voranschreiben, durch öffentlichen Anschlag im voraus anzeigen, bekanntmachen'; s. *-gramm*. In der Kybernetik 'eindeutige Anweisung an einen Rechenautomaten zur Lösung bestimmter Aufgaben, Probleme, zeitliche Aufeinanderfolge von Schaltvorgängen automatisch arbeitender Apparate, Maschinen' (Mitte 20. Jh.). – programmatisch Adj. 'einem Programm, Grundsatz entsprechend, richtungweisend, zielsetzend' (19. Jh.). programmieren Vb. 'ein Programm für einen Rechenautomaten aufstellen', nach amerik.-engl. *to program*; dazu Programmierer m. (beide Mitte 20. Jh.).

progressiv Adj. 'sich allmählich steigernd, sich entwickelnd, (politisch) fortschrittlich', Entlehnung (2. Hälfte 18. Jh.) von gleichbed. frz. *progressif*, eigentl. 'voranschreitend', einer Bildung zu lat. *prōgressus (sum)*, Part. Perf. von lat. *prōgredī* 'vorwärts-, vor-, fortschreiten, -gehen, öffentlich erscheinen, vorrücken, vormarschieren'; vgl. lat. *gradī* 'Schritte machen, schreiten'. Die Verwendung des Wortes für politische Strömungen, Richtungen, Parteien (Mitte 19. Jh.) folgt dem Gebrauch von engl. *progressive*, das seinerseits auf frz. *progressif* beruht.

Projektion f. 'Entwurf, Darstellung, Versuch' (Anfang 17. Jh.), 'Abbildung räumlicher Körper auf einer Ebene' (18. Jh.), 'vergrößerte Wiedergabe durchsichtiger oder undurchsichtiger Bilder auf einer hellen Fläche mit Hilfe eines Bildwerfers' (19. Jh.), entlehnt aus lat. *prōiectio* (Gen. *prōiectiōnis*) 'das Vorwerfen, Hervorwerfen, Hervortretenlassen', Verbalabstraktum zu lat. *prōicere* (*prōiectum*) 'vorwärts-, vorwerfen, hervortreten lassen, hin-, niederwerfen'; vgl. lat. *iacere* 'werfen'. – projizieren Vb. 'entwerfen, einen räumlichen Körper auf einer Ebene abbilden, darstellen' (16. Jh.), 'Bilder mit einem Bildwerfer vergrößert wiedergeben' (19. Jh.), aus lat. *prōicere* (s. oben). Projekt n. 'Plan, Entwurf, Vorhaben, Absicht, als Entwurf vorliegende oder im Entstehen begriffene Unternehmung, Bauvorhaben' (2. Hälfte 17. Jh.), gelehrte Substantivierung des Part. Perf. Neutr. von lat. *prōicere* (s. oben); vgl. frz. *projet* m. projektieren Vb. 'entwerfen, erarbeiten, planen' (17. Jh.). Projektil n. 'Geschoß', entlehnt (Anfang 19. Jh.) aus gleichbed. frz. *projectile* m., einer Bildung (Mitte 18. Jh.) zum Part. Perf. von lat. *prōicere* (s. oben); vgl. älteres nlat. *projectile*, engl. *projectile* (beide 17. Jh.).

Proklamation f. 'öffentliche (amtliche) Verkündigung, Erklärung, Bekanntgabe, (amtlicher) Aufruf in feierlicher Form', entlehnt (16. Jh.) aus gleichbed. mfrz. frz. *proclamation*, afrz. *proclamacion*, das auf lat. *prōclāmātio* (Gen. *prōclāmātiōnis*) 'das Ausrufen, Schreien' (zu *prōclāmāre*, s. unten) beruht. – proklamieren Vb. 'öffentlich (und amtlich) verkündigen, erklären, bekanntgeben, in feierlicher Form zu etw. aufrufen' (16. Jh.), aus gleichbed. mfrz. frz. *proclamer*, lat. *prōclāmāre* 'laut, heftig (aus)rufen, schreien'; vgl. lat. *clāmāre* 'laut rufen, schreien'.

Prokura f. 'einem Angestellten der Wirtschaft erteilte und im Handelsregister eingetragene Vollmacht, alle Arten von Rechtsgeschäften für seinen Betrieb vorzunehmen', als Wort der Kaufmannssprache übernommen (um 1600) von gleichbed. ital. *procura*, zu ital. *procurare* 'sorgen, sich bemühen, erstreben, verschaffen, das Amt des Sachwalters oder Staatsanwalts ausüben', lat. *prōcūrāre* 'Sorge tragen, pflegen, warten, jmds. Geschäfte besorgen, verwalten, Geschäftsführer sein'; vgl. lat. *cūrāre* 'sich angelegen sein lassen, sich um etw., jmdn. kümmern, sorgen' (zu lat. *cūra* 'Sorge, Pflege, Leitung, Geschäft', s. *Kur*). – P r o k u r i s t m. 'leitender Angestellter mit Prokura' (18. Jh.).

Proletarier m. 'besitzloser und abhängiger Lohnarbeiter', entlehnt (Anfang 19. Jh.), vielfach wohl über vermittelndes frz. *prolétaire* (vgl. schon mfrz. *prolectaire* 'Bürger der untersten Klasse im antiken Rom') aus lat. *prōlētārius* 'die Nachkommenschaft betreffend', (nach Servius Tullius' Volkseinteilung) 'der untersten Volksklasse angehörig', substantiviert 'Bürger der untersten Klasse, der dem Staate nur mit seiner Nachkommenschaft, nicht mit seinem Vermögen dient', zu lat. *prōlēs* 'Sprößling, Nachkomme, Nachwuchs, Abkömmling', aus **pro-olēs* 'was hervorwächst'; vgl. lat. *alere* '(er)nähren aufziehen'. In der Bedeutung 'Angehöriger der untersten Klasse im antiken Rom' zuerst bei Wieland in der lat. Form *Proletarius* (1779). Frz. *prolétaire* erhält seine politische Bedeutung (mit dem wesentlichen Merkmal der Besitzlosigkeit) durch die Saint-Simonisten, gelangt in diesem Sinne zu Beginn des 19. Jhs. ins Dt. (anfangs gelegentlich noch mit ans Frz. erinnernder Schreibweise) und wird in den 30er Jahren des 19. Jhs. zum politischen Schlagwort in den Schriften demokratisch-republikanischer Autoren und in den Dokumenten der Arbeiterbewegung. Als Terminus der Klassentheorie wird *Proletarier* von Marx und Engels eingeführt (seit 1842). Vgl. E. ADELBERG in: Zum Einfluß von Marx u. Engels auf die dt. Literatursprache (1978) 121ff. – P r o l e t a r i a t n. 'Klasse der abhängigen, ausgebeuteten Lohnarbeiter, die keine eigenen Produktionsmittel besitzt, Arbeiterklasse' (Anfang 40er Jahre 19. Jh.), aus gleichbed. frz. *prolétariat* (1836); dazu L u m p e n p r o l e t a r i a t n. 'sich aus Angehörigen aller Klassen rekrutierende, deklassierte, politisch käufliche Elemente in der kapitalistischen Gesellschaft' (Marx/Engels 1848). p r o l e t a r i s c h Adj. 'den Proletarier, das Proletariat betreffend' (Anfang 40er Jahre 19. Jh.); zuvor gelegentlich im Sinne von 'allgemein, einfach, oberflächlich' (18. Jh.). P r o l e t m. abschätzige Rückbildung von *Proletarier*, auch 'Mensch ohne Umgangsformen' (Ende 19. Jh.).

Prolog m. 'Einleitung, Vorrede, Vorspiel', mhd. *prologe* 'Vorrede', doch geläufig erst seit dem 18. Jh., entlehnt aus lat. *prologus* 'Vorrede', griech. *prólogos* (*πρόλογος*) 'Vorrede, Vorwort, (im Schauspiel) Anfang und erster Teil der Handlung vor dem ersten Chorgesang'; vgl. griech. *lógos* (*λόγος*) 'das Sprechen, Wort, Rede' (s. *Logik*). Die lat. Form *Prologus* hält sich vereinzelt bis gegen Ende des 18. Jhs., die eingedeutschte endungslose Form *Prolog* setzt sich um die Mitte des 18. Jhs. in dt. Texten durch.

Promenade f. 'gepflegter, durch Grünanlagen führender Spazierweg', (heute selten) 'Spaziergang', Übernahme (Anfang 17. Jh.) von gleichbed. mfrz. frz. *promenade*, gebildet zum Verb mfrz. frz. *promener* (s. unten). – p r o m e n i e r e n Vb. 'spazierengehen' (1. Hälfte 18. Jh.), entlehnt aus gleichbed. frz. *se promener*, mfrz. frz. *promener* 'spazierenführen', das nach dem Beispiel zahlreicher mit *pro-* beginnender Verben aus afrz. *pormener* 'herumführen, führen, leiten' hervorgegangen ist. Dies ist gebildet mit afrz. *por* (frz. *pour*) 'für, um ... willen', dem vlat. *por*, mit *r*-Metathese (unter Einfluß von lat. *per*, s. *per*) entstanden aus lat. *prō* (s. *pro*), zugrunde liegt, zu afrz. *mener* 'führen, geleiten, treiben, jagen, betreiben' (frz. 'führen, leiten, lenken'), aus lat. *mināre* '(Vieh) durch Schreien und Prügeln vor sich her treiben, an-, forttreiben' (spätlat. auch auf Menschen und Gegenstände bezogen), das sich an lat. *minārī* '(drohend) emporragen, (an-, be)drohen' anschließt. Dies ist abgeleitet von lat. *minae* (Plur.) 'Drohungen', eigentl. 'hervorragende Spitzen an Felsen, Zinnen auf Mauern'.

prominent Adj. 'hervorragend, bedeutend, bekannt, maßgebend', Übernahme (um 1900) aus gleichbed. engl. *prominent*. Dieses beruht auf lat. *prōminēns* (Gen. *prōminentis*) Part.-adj. 'hervorstehend, vorspringend', woraus auch im Dt. (heute in diesem Sinne unübliches) gleichbed. *prominent* (Mitte 19. Jh.); zu lat. *prōminēre* 'hervorragen, vorspringen'. – P r o m i n e n z f. 'hervorragende Bedeutung, Gesamtheit namhafter Persönlichkeiten' (1. Hälfte 20. Jh.), aus gleichbed. engl. *prominence*; zuvor (2. Hälfte 19. Jh.) 'Hervorragung (eines Teiles)'; lat. *prōminentia* 'das Hervorragen, Hervorspringen'.

promovieren Vb. 'weiterbringen, befördern' zu einem Amt (15. Jh.), 'die Doktorwürde verleihen, erwerben' (16. Jh.), aus lat. *prōmovēre* (*prōmōtum*) 'vorwärts bewegen, vorrücken, erweitern, (be)fördern, in Amt und Würden erheben' (vgl. kirchenlat. *ad sacerdōtem prōmovēre* 'zum Priester machen'); zu lat. *movēre* 'bewegen'. – Promotion f. 'Beförderung, Standeserhöhung', bes. 'Verleihung, Erwerb der Doktorwürde' (17. Jh.), spätlat. *prōmōtio* (Gen. *prōmōtiōnis*) 'Erhebung, Beförderung' (zu Ehrenstellen, bes. innerhalb kirchlicher Orden), Verbalabstraktum zu lat. *prōmovēre* (s. oben).

prompt Adj. 'unverzüglich, unmittelbar, schlagfertig, erstaunlich', Entlehnung (Anfang 17. Jh.) von frz. *prompt* 'eilig, schnell, rasch', lat. *prōmptus* Part.adj. 'gleich zur Hand, bereitwillig, rasch entschlossen'; zu lat. *prōmere* 'hervorholen, ans Licht bringen, offenbaren'.

Pronomen n. Wortart, die ein Nomen vertritt oder näher bestimmt, 'Fürwort', Übernahme (um 1400) als Fachausdruck der Grammatik von gleichbed. lat. *prōnōmen*, aus lat. *prō* 'für, anstelle' und *nōmen* 'Name, Benennung'. Dafür im Dt. *Vorname* (15./16. Jh.), später *Fürwort* (s. d.).

Propaganda f. 'schriftliche oder mündliche Verbreitung von (politischen) Ideen, Lehren; Werbung'. Auszugehen ist von der Bezeichnung kirchenlat. *Congregatio de propaganda fide* 'Kongregation (päpstliche Behörde) zur Verbreitung des (katholischen) Glaubens', als gegenreformatorische Organisation von Papst Clemens VIII. in Rom 1597 gegründet und von Gregor XV. 1622 mit verbindlichen Richtlinien (für die Missionstätigkeit) erneuert. Für diese Institution gilt im Dt. die Kurzform *Propaganda* (18. und 19. Jh.). Es handelt sich dabei um die fem. Form des Gerundivums von lat. *prōpāgāre* 'weiter ausbreiten, erweitern, ausdehnen, verlängern, durch Senker fortpflanzen', zu lat. *prōpāgēs* 'Setzling, Ableger, Kind, Nachkomme' (s. auch ²*pfropfen*). Zur Zeit der frz. Revolution bezeichnet frz. *club de la propagande* eine geheime Gesellschaft der Jakobiner zur Verbreitung revolutionärer Ideen. Daraufhin entwickelt frz. *propagande* die Bedeutung 'von einer Organisation ausgehende Verbreitung politischer Meinungen und Lehren' (um 1790) und gelangt als Schlagwort der Revolution ins Dt. In den Revolutionsjahren um 1830 und 1848 wird der Ausdruck neu belebt, meint aber zunächst noch immer eine für die Ausbreitung des Ideenguts verantwortliche Organisation. Erst in der Mitte des 19. Jhs. steht das Substantiv für 'Ausbreitung politischer (linker) Lehren' (vgl. *Propaganda machen*, 1848). In der 2. Hälfte des 19. Jhs. wird der Ausdruck auf die kommerzielle Werbung ausgedehnt. Vgl. Dieckmann in: ZfdSpr. 21, 105ff. – propagieren Vb. 'Propaganda treiben, werben, bekanntmachen' (19. Jh.), im Anschluß an *Propaganda* entsprechend frz. *propager*, lat. *prōpāgāre*. Propagandist m. (Ende 18. Jh.), frz. *propagandiste* bzw. engl. *propagandist*.

Propeller m. 'Antriebsschraube' für Schiffe und Flugzeuge, Übernahme (2. Hälfte 19. Jh.), zunächst in der Bedeutung 'Schiffsschraube', von gleichbed. engl. *propeller*, einer Bildung zu engl. *to propel* 'an-, vorwärtstreiben', entlehnt aus gleichbed. lat. *prōpellere*; vgl. lat. *pellere* (*pulsum*) 'stoßen, schlagen, treiben, in Bewegung setzen'.

proper Adj. 'sauber, ordentlich' (bes. von Kleidung), 'nett anzusehen, sorgfältig'. Zu Anfang des 17. Jhs. wird frz. *propre* 'sauber, ordentlich', auch 'eigen, eigentlich, passend, geeignet', in frz. Schreibweise (vereinzelt bis ins 19. Jh.), bald (2. Hälfte 17. Jh.) auch in eingedeutschter Form übernommen. Das Adjektiv afrz. frz. *propre* geht zurück auf lat. *proprius* 'eigen, eigentümlich, wesentlich, zuvorkommend, passend'. Vgl. schon vorher entlehntes spätmhd. *proper* 'eigen', *properheit* 'Eigenheit', frühnhd. *unproperlich* 'unangemessen' (2. Hälfte 16. Jh.).

Prophet m. 'Verkünder und Deuter des göttlichen Willens, Seher, Mahner', auch 'Verkünder der Zukunft', mhd. *prophēt(e)*, entlehnt aus gleichbed. kirchenlat. *prophēta*, *prophētēs*, lat. 'Weissager, Magier', griech. *prophḗtēs* (προφήτης) 'Deuter des Orakels, Weissager, öffentlicher Verkünder, Sänger', zu griech. *prophánai* (προφάναι) 'vorhersagen, verkünden', eigentl. wohl 'für einen anderen sprechen, aussagen', vgl. griech. *phánai* (φάναι) 'sagen, sprechen, verkünden'. –

p r o p h e t i s c h Adj. 'verkündend, weissagend', auch 'in den biblischen Schriften der Propheten enthalten', mhd. *prophētisch*, vgl. gleichbed. kirchenlat. *prophēticus*, griech. *prophētikós* (προφητικός). P r o p h e t i e f. 'Weissagung', mhd. *prophētīe*, aus gleichbed. spätlat. *prophētīa*, griech. *prophētéia* (προφητεία); auch mhd. *prophēzīe*, *prophēcīe*, wohl unter Einfluß von afrz. *profecie*. p r o p h e z e i e n Vb. 'vorhersagen, verkünden, weissagen', mhd. *prophēzīen*, frühnhd. *prophezeien*, zu mhd. *prophēzīe* (s. oben); P r o p h e z e i u n g f. 'Weissagung, Vorhersage', mhd. *prophēzīunge*.

Prophylaxe f. 'vorbeugende Maßnahme(n)' (2. Hälfte 19. Jh.), zuvor im medizinischen Schrifttum *Prophylaxis* (1. Hälfte 18. Jh.), Übernahme von griech. *prophýlaxis* (προφύλαξις) 'Vorsicht, Behutsamkeit', zu griech. *prophylássein*, (att.) *-áttein* (προφυλάσσειν, -άττειν) 'vor etw. Wache halten, bewachen', medizinisch 'vorher beachten, um Krankheiten zu verhüten'. p r o p h y l a k t i s c h Adj. 'vorbeugend, verhütend, abwehrend' (Anfang 19. Jh.), griech. *prophylaktikós* (προφυλακτικός) 'zum Bewachen, zum Verwahren gehörig oder geeignet' sowie 'vorsorglich' (auch in medizinischem Sinn), vgl. *prophylaktikḗ (téchnē)* (προφυλακτικὴ τέχνη) 'die Kunst, Krankheiten vorzubeugen'; dazu medizin.-lat. *Prophylactica* (Plur.) 'Arzneimittel mit vorbeugender Wirkung' (Anfang 18. Jh.).

Proportion f. 'Verhältnis' (Ende 15. Jh.), auch 'Verhältnisgleichung' (Ende 17. Jh.), entlehnt aus lat. *prōportio* (Gen. *prōportiōnis*) 'Ebenmaß, ähnliches Verhältnis', aus lat. *prō portiōne* (s. *Portion*). – p r o p o r t i o n a l Adj. 'verhältnismäßig, im gleichen Verhältnis stehend, angemessen' (16. Jh.), spätlat. *prōportiōnālis*. p r o p o r t i o n i e r t Part.adj. 'in einer Proportion, im richtigen Verhältnis stehend, wohlgestaltet' (Ende 15. Jh.). P r o p o r z m. (schweiz. und öst.) 'System der Proportionalwahl' (Ende 19. Jh.), dann (bes. öst.) 'Verteilung der Mandate, Ämter nach dem Stimmenverhältnis bei der Proportionalwahl' (1. Hälfte 20. Jh.); verkürzt aus *Proportion* (vgl. frühnhd. *Portz*, s. *Portion*).

Propst m., älter (bis 2. Hälfte 19. Jh.) P r o b s t, 'Leiter der äußeren Angelegenheiten eines Kapitels, Stifts' (in der katholischen Kirche), 'höherer kirchlicher Amtsträger' (in einigen evangelischen Landeskirchen), ahd. *probost* 'Leiter eines Stifts, Klosters' (8. Jh.), mhd. *probest*, *probst*, *brobest*, *brobst*, mnd. *provest*, *pravest* ist entlehnt aus kirchenlat. *prōpositus* 'Vorsteher einer mönchischen Gemeinschaft, Prior eines Klosters', mit Präfixwechsel entstanden aus lat. *praepositus* 'Vorsteher, Vorgesetzter, militärischer Anführer', dem substantivierten Part. Perf. zu lat. *praepōnere* 'voransetzen, voranstellen, mit der Führung beauftragen'; vgl. lat. *pōnere* (*positum*) 'setzen, stellen, legen'. – P r o p s t e i f. 'Bezirk, Würde, Amt eines Propstes', mhd. *brobestīe*, *probstīe*, *brobestei*.

Prosa f. 'nicht (durch Reim, Vers, Rhythmus) gebundene Form der Sprache', ahd. *prōsa* (9. Jh.), spätmhd. *prōse*, Entlehnung von lat. *prōsa* 'ungebundene Rede', Substantivierung (aus *ōrātio prōsa*, eigentl. 'geradeaus gerichtete Rede') des Adjektivs lat. *prōs(s)us*, hervorgegangen aus lat. *prōrsus*, *prōvorsus* 'nach vorwärts, geradeaus gekehrt', übertragen 'gerade, schlicht, ungebunden' (von der Rede); vgl. lat. *vertere* (*versum*) 'kehren, wenden, drehen'. Unter Einfluß von gleichbed. afrz. frz. *prose* steht bis ins 18. Jh. auch *Prose*. Übertragener Gebrauch 'Nüchternheit, rauhe Wirklichkeit' setzt in der 1. Hälfte des 18. Jhs. ein. – p r o s a i s c h Adj. 'in ungebundener Rede' (Ende 17. Jh.), 'nüchtern, hausbacken, alltäglich' (Mitte 18. Jh.), wohl unter Einfluß von gleichbed. frz. *prōsaïque*, aus spätlat. *prōsaicus* 'in Prosa'.

prosit Interj. (umgangssprachlich verkürzt p r o s t) als Zuruf 'wohl bekomm's, zum Wohl', Übernahme (Mitte 16. Jh.) von lat. *prōsit* 'es nütze, sei dienlich' (3. Pers. Sing. Präs. Konjunktiv von lat. *prōdesse* 'nützlich sein, helfen'), dem Wunsch und Zuruf beim Niesen. Im Dt. wird die Wunschformel zu unterschiedlichen Anlässen verwendet, insbes. beim Zutrunk (16. Jh.), bei Mahlzeiten (vgl. *Prosit Mahlzeit*), beim Niesen (18. Jh.), als Neujahrswunsch (19. Jh.). Dazu die Ableitung p r o s t e n bzw. z u p r o s t e n Vb. 'einander zutrinken' (zuerst nd., 18. Jh.).

Prospekt m. 'Ankündigung, Werbeschrift' (2. Hälfte 18. Jh.), aus frz. *prospectus* 'Ankündigung, Anzeige, Beschreibung eines Werkes' (bes. im Buchhandel). Zuvor *Prospekt* 'Aussicht, Anblick' (Anfang 17. Jh.), in der Architektur 'Aufriß' (eines Gebäudes, einer Stadt), auch 'Gemälde' (18. Jh.). Zugrunde liegt in beiden Fällen lat. *prōspectus* 'Fernsicht, Aussicht, Anblick', zu lat. *prōspicere* (*prōspectum*) 'aus der Ferne herabschauen, herausschauen, in die Ferne schauen, nach allen Seiten sich umsehen, vor sich erblicken, Aussicht auf etw. haben'; vgl. lat. *specere* 'schauen, sehen'.

prostituieren Vb. 'entehren', refl. 'sich öffentlich bloßstellen, demütigen' (2. Hälfte 16. Jh.), bes. 'sich gewerbsmäßig sexuell feilbieten' (Anfang 18. Jh.), entlehnt aus lat. *prōstituere* 'vorn hinstellen, seinen Körper öffentlich zur Unzucht preisgeben, schänden'; vgl. lat. *statuere* 'hinstellen, aufstellen'. – Prostitution f. 'Beschimpfung, Erniedrigung, Verkommenheit' (um 1700), 'gewerbsmäßiges sexuelles Feilbieten' (1. Hälfte 18. Jh.), spätlat. *prōstitūtio* (Gen. *prōstitūtiōnis*) 'das öffentliche Sichpreisgeben', übertragen 'Entehrung, Beschimpfung'. Prostituierte f. 'Frau, die sich gewerbsmäßig sexuell feilbietet' (Mitte 19. Jh.). Die Aufnahme der Wortgruppe ins Dt. wird unterstützt durch frz. *prostituer*, *prostitution*, *prostituée*.

protegieren Vb. 'fördern, unterstützen, begünstigen, schützen', entlehnt (2. Hälfte 16. Jh.) aus lat. *prōtegere* (*prōtēctum*) 'vorn bedecken, beschirmen, schützen' (vgl. lat. *tegere* 'decken, bedecken, verbergen, schützen'); danach (erkennbar an der Aussprache) meist gleichbed. frz. *protéger* (gleicher Herkunft) folgend. – Protegé m. 'Schützling, Günstling', Entlehnung (18. Jh.) von gleichbed. frz. *protégé*, dem substantivierten Part. Perf. zu frz. *protéger*. Protektion f. 'Schutz, Förderung, Gönnerschaft' (2. Hälfte 16. Jh.), lat. *prōtēctio* (Gen. *prōtēctiōnis*) 'Bedeckung, Beschützung'; vgl. afrz. frz. *protection*. Protektor m. 'Förderer, Schutzherr, Ehrenvorsitzender' (Anfang 18. Jh.), spätlat. *prōtēctor* 'Beschützer, Leibwächter'. Protektorat n. 'Schutzherrschaft, Gönnerschaft, Ehrenvorsitz', auch 'Form der Abhängigkeit eines Staates von einem anderen, Willkürherrschaft eines Staates über einen anderen', Bildung (1. Hälfte 19. Jh., nach Mustern wie *Konsulat*, *Magistrat*) zum Part. Perf. lat. *prōtēctum* (s. oben). Vgl. engl. *protectorate* (17. Jh.), frz. *protectorat* (18. Jh.).

Protestant m. 'Angehöriger einer der aus der Reformation hervorgegangenen evangelischen Kirchen', Bildung zu lat. *prōtestāns* (Gen. *prōtestantis*), Part. Präs. von lat. *prōtestārī* (s. *protestieren*), im Anschluß an die ausdrückliche Verwahrung der evangelischen Stände auf dem Reichstag zu Speyer (1529) gegen die Wiederherstellung des alle kirchlichen Reformen verbietenden Wormser Edikts. – Protestantismus m. Bezeichnung für die aus der Reformation hervorgegangenen Kirchengemeinschaften und die von ihnen vertretenen Glaubenslehren (18. Jh.). protestantisch Adj. (18. Jh.).

protestieren Vb. 'Einspruch erheben, Verwahrung einlegen, sein Mißfallen kundtun', spätmhd. *protestieren*, entlehnt aus gleichbed. afrz. frz. *protester*, auch 'erklären, darlegen', dem spätlat. *prōtestāre*, lat. *prōtestārī* 'Zeugnis ablegen, öffentlich beweisen, dartun' voraufgeht; zu lat. *testārī* 'bezeugen, bekunden, versichern, beweisen' (s. *Testament*). Die Verwendung des Verbs in der Kaufmannssprache 'Annahme oder Zahlung eines Wechsels verweigern' (16. Jh.) geht auf (ebenfalls aus dem Lat. stammendes) ital. *protestare* 'Verwahrung einlegen, erklären, versichern' zurück, das im genannten Sinne schon früh in der Geschäftssprache üblich wird. – Protest m. 'Beurkundung über die Verweigerung der Annahme oder Zahlung eines Wechsels' (16. Jh.), entlehnt als Wort der Kaufmannssprache aus gleichbed. ital. *protesto*, auch 'Verwahrung, Einspruch', gebildet zu ital. *protestare* (s. oben). Danach allgemein (unter dem Einfluß von *protestieren*) 'Verwahrung, Einspruch, Bekundung des Mißfallens' (18. Jh.).

Prothese f. 'künstlicher Körperteil, Zahnersatz'. Zufrühest *Prosthesis* 'künstlicher Ersatz eines fehlenden Körperteils' (Anfang 18. Jh.), Übernahme von spätlat. *prosthesis*, griech. *prósthesis* (πρόσϑεσις) 'Zusatz, speziell das Zusetzen eines oder mehrerer Buchstaben am Wortbeginn'; vgl. griech. *prós* (πρός) Adv. und Präp. 'überdies, dazu, von ... her, bei, an, zu ... hin, gegenüber, angesichts' und griech. *thésis* (ϑέσις) 'das Aufstellen' (s. *These*). Daneben tritt gleichbed. *Prothesis* (1. Hälfte 19. Jh.), spätlat. *prothesis*, griech. *próthesis* (πρόϑεσις) 'das Vor-, Ausstellen'; vgl. griech. *pró* (πρό) 'voran, vorwärts, vorher, vor' (s. *pro*). Daraus entwickelt sich (Anfang 20. Jh.) *Prothese* 'künstlicher Körperteil' (daneben *Prothetik* 'Kunstgliederbau, Lehre vom künstlichen Ersatz eines fehlenden Körperteils'). Älter sind in der Sprachwissenschaft *Prosthesis* (Mitte 17. Jh.) und *Prothesis* (Ende 17. Jh.) 'durch Verwischen der Wortgrenzen bedingte Anfügung von Lauten an den Anfang eines Wortes'; hier gelten beide Formen nebeneinander, heute *Prosthese* und *Prothese*.

Protokoll n. 'Niederschrift, Verhandlungs-, Sitzungsbericht', zunächst ein juristischer Terminus 'Niederschrift, Bericht über eine Gerichtsverhandlung, Vernehmungsschrift', entlehnt (*prothocol*, 15. Jh., *protocol*, 16. Jh., *Protokoll*, 18. Jh.) aus mlat. *protocollum* 'zusammengeleimtes Buch, in das öffentliche Verhandlungen u. dgl. eingetragen werden, Register, erste Niederschrift von Verhandlungen', eigentl. 'einer Niederschrift vorgeleimtes, vorgeheftetes Blatt mit vorgeschriebenen Angaben', griech.-byzant. *prōtókollon* (*πρωτόκολλον*) 'erstes, den amtlichen Papyrusrollen, Schriftrollen, einem Bande vorgeleimtes Blatt mit chronologischen Angaben über die Entstehung sowie den Verfasser des Schriftstückes'; vgl. griech. *prō̃tos* (*πρῶτος*) 'erster' und *kollā̃n* (*κολλᾶν*) 'leimen', zu griech. *kólla* (*κόλλα*) 'Leim'. Heute auch 'Gesamtheit der Bestimmungen über den Ablauf eines diplomatischen Zeremoniells' (19. Jh.), nach gleichbed. frz. *protocole*, das über 'Niederschrift, Bericht' auch die Bedeutung 'Zusammenstellung, Sammlung von Regeln, Formeln, Bräuchen, Beschlüssen' entwickelt hat. – p r o t o k o l l i e r e n Vb. 'einen Verhandlungs-, Sitzungsbericht anfertigen, beurkunden' (Mitte 16. Jh.), aus gleichbed. mlat. *protocollare*. P r o t o k o l l a n t m. 'wer das Protokoll schreibt' (19. Jh.), latinisierende Bildung zum Verb.

Prototyp m. 'Urbild, Grundform, Muster', zuerst *Prototypus* (Mitte 17. Jh.), vereinzelt auch *Prototypon* (18. Jh.), Übernahme von spätlat. *prōtotypos*, griech. *prōtótypon* (*πρωτότυπον*) 'Urbild, Grundform, Original', Substantivierungen von spätlat. *prōtotypos*, griech. *prōtótypos* (*πρωτότυπος*) 'ursprünglich'; vgl. griech. *prō̃tos* (*πρῶτος*) 'vorderster, erster' und *týpos* (s. *Typ*). Die endungslose Form *Prototyp* tritt gegen Ende des 18. Jhs. auf (wohl unter dem Einfluß von frz. *prototype*).

Protz m. 'Wichtigtuer, Angeber, arroganter Emporkömmling', aus dem Obd. (zuerst in Wien, Mitte 19. Jh.) in die Literatursprache aufgenommen. Obd. *Protz* 'anmaßender, aufgeblasener Mensch' ist Übertragung von schwäb. bair. öst. *Protz*, *Brotz* 'Kröte' (belegt seit Ende 16. Jh.), ausgehend von der Vorstellung, daß sich die Kröte dick mache, den Kehlsack aufblase. Dazu die Zusammensetzungen *Machtprotz* (Mitte 19. Jh.), *Geldprotz* (2. Hälfte 19. Jh.), *Muskelprotz* (1. Hälfte 20. Jh.). – p r o t z e n Vb. 'prahlen, angeben'; vgl. obd. *(sich) protzen*, *brotzen* 'aufblähen, stolz tun' (17. Jh.), auch 'schmollen, trotzen, maulen', das mit *Protz* in der Literatursprache Verbreitung gewinnt. p r o t z i g Adj. 'großtuerisch, patzig, aufgebläht, unangemessen reich ausgestattet, prunkvoll' (literatursprachlich 2. Hälfte 18. Jh.); zuvor (landschaftlich) *protz* (15. Jh.), *protzigt*, *brotzig*, *protzig* (17. Jh.) 'aufgebläht, stolz, hoffärtig', auch 'mürrisch, schmollend'. Die Herkunft ist ungewiß. Falls die Verbalsubstantive ahd. (10. Jh.), mhd. *broȝ*, nhd. (mundartlich obd.) *Brotze*, *Bross* 'Knospe, Sproß' und (wohl ein ie. *d*-Präsens voraussetzendes) mhd. *brieȝen* 'anschwellen, Knospen treiben' vergleichbar sind, ist Verwandtschaft mit (wohl zu einem Partizip ie. **bhrutos* gebildetem) lat. *frutex* 'Staude, Strauch, Gesträuch' sowie air. *broth* 'Granne, Haar' möglich und damit über ie. **bhreud-* Anschluß an ie. **bhreu-* 'sprießen, schwellen', auf dessen *s*-Erweiterung die unter *Brust* (s. d.) behandelten ie. Formen zurückgehen.

Protze f. 'zweirädriger Munitionswagen, an den ein Geschütz angehängt wird' (2. Hälfte 19. Jh.), aus älteren Komposita wie *Protzräder* (16. Jh.), *Protzkette*, *Protzwagen* (18. Jh.) isoliert. Voraus gehen tirol. *Protzn*, *Broz* 'zweirädriges Wagengestell' (2. Hälfte 15. Jh.), bair. *Brotz*, *Protz*, *Brotzen* 'Karren' (16. Jh.). Es handelt sich um eine Entlehnung aus nordital. Formen (vgl. obital. *baroz*, *baroza*) von ital. *bar(r)occio*, auch *biroccio* 'zweirädriger Wagen, großer Karren', das für die frühe Zeit (seit 12. Jh.) in Oberitalien durch mlat. *bar(r)ocium*, *barotium*, *berocium* bezeugt ist. Ital. *bar(r)occio* (im Wortanfang wohl verändert nach ital. *bara* 'Bahre, Sarg', obital. auch 'zweirädriger Wagen', s. *Bahre*) geht zurück auf ein vlat. **birotium* (vgl. spätlat. *birodium*, mlat. *byrozium*), weitergebildet aus spätlat. *birotum* 'zweirädriger Karren', Substantivierung von spätlat. *birotus* 'zweirädrig'; vgl. lat. *rota* 'Rad, Rolle, Wagen' und s. *bi-*. – abprotzen Vb. 'ein Geschütz von der Protze abheben und in Feuerstellung bringen' (Anfang 18. Jh.), 'ein Geschütz abfeuern' (18. Jh.).

Provenienz f. 'Herkunft, Ursprung', Bildung der Kaufmannssprache zu lat. *prōvenīre* 'aus etw. hervorgehen, hervorkommen, entstehen' (Part. Präs. *prōveniēns*), zunächst (1. Hälfte 19. Jh.) mit der (heute unüblichen) Bedeutung 'Ertrag, Gewinn', seit der Mitte des 19. Jhs. zur Angabe der Herkunft von Qualitätswaren.

Proviant m. 'Vorrat an Lebensmitteln, Reiseverpflegung'. Mhd. *proveance* m. f., spätmhd. (westmd.) *prophande*, frühnhd. (md. obd.) *probande*, *provande*, *prevande*, *profant*, *profand*, *prafand* sind (wie mnd. *provant*, *provande*, *provandie*, *provendie*) über mnl. *provande*, *prevende*, *privende*, *provance* aus afrz. *provende* f. 'Lebensunterhalt' entlehnt, das auf mlat. *provenda*, spätlat. *praebenda* 'Proviant, Lebensmittel für Militär' beruht (Weiteres s. *Pfründe*). Letztlich gleichen Urspungs ist ein (allerdings erst später belegbares) ital. *provianda* f., auf das wohl der seit Mitte des 15. Jhs. auftretende Typus frühnhd. (obd. md.) *prouiant*, *profiand*, *proviant*, *brobiant*, *probiande*, *profiande* zurückgeht. Aus der Vielzahl unterschiedlicher Formen setzt sich im 18. Jh. vorwiegend obd. md. *Proviant* durch. Der Übergang von lat. *prae-* zu mlat. *pro-* erfolgt durch Einwirkung von lat. *prōvidēre* 'vorhersehen, Vorkehrungen treffen, versorgen mit' (s. *Provision*).

Provinz f. 'Verwaltungsbezirk, das Land (im Gegensatz zur Hauptstadt), rückständige, vom gesellschaftlichen Leben der Großstädte abliegende Gegend', mhd. *provincie* 'Verwaltungsbezirk, erzbischöflicher Amtsbezirk', entlehnt aus lat. *prōvincia* 'Geschäfts-, Herrschaftsbereich, unter römischer Oberhoheit und Verwaltung stehendes Gebiet außerhalb Italiens', spätlat. 'Gegend, Bereich'. – Provinzler m. 'Provinzbewohner, Kleinstädter' (Anfang 19. Jh.). provinziell Adj. 'die Provinz betreffend, landschaftlich, hinterwäldlerisch, (in seinen Ansichten) beschränkt' (19. Jh.), französierende Bildung zu älterem provinzial Adj. 'eine Provinz betreffend, zu ihr gehörend' (16. Jh.), lat. *prōvinciālis*. Provinzialismus m. 'ländlicher, mundartlicher Ausdruck' (18. Jh.).

Provision f. 'anteilig berechnete Vermittlungsgebühr, Vergütung für geleistete Dienste', im kaufmännischen Bereich entlehnt (Mitte 16. Jh.) aus gleichbed. ital. *provvisione* (in dieser Verwendung heute auch *provvigione*), eigentl. 'das Vorsehen, Anschaffung, Vorrat, Versorgung, Bezahlung', zurückgehend auf lat. *prōvīsio* (Gen. *prōvīsiōnis*) 'das Vorhersehen, Fürsorge, Vorkehrung', mlat. 'Lebensunterhalt, Versorgung, Einsetzung in ein Amt, Kriegsvorrat', zu lat. *prōvidēre* (*prōvīsum*) 'vor sich sehen, vorhersehen, Vorsorge tragen, Vorkehrungen treffen'; vgl. lat. *vidēre* 'sehen, wahrnehmen, erkennen'. Bereits zuvor finden sich im Dt. die unmittelbar an das Mlat. anzuschließenden Formen mhd. *provisie*, frühnhd. *Provision* 'Verleihung eines Kirchenamtes und der damit verbundenen Einkünfte' sowie frühnhd. *Provisie* (15. Jh.), dann (unter Einfluß von ital. *provvisione* oder afrz. frz. *provision* 'Vorrat, Versorgung'?) *Provision* 'Lebensunterhalt, Lebensmittel, Vorrat' (bis ins 18. Jh. vor allem für 'Kriegsvorrat' gebräuchlich). – provisorisch Adj. 'vorläufig, einstweilig, behelfsmäßig' (2. Hälfte 18. Jh.), wohl nach dem Muster von gleichbed. frz. *provisoire*, engl. *provisory* (ursprünglich 'in Erwartung einer endgültigen Regelung zeitweilig für etw. Sorge tragend') gebildet zu lat. *prōvīsum* (s. oben), vielleicht schon ein entsprechendes mlat. Adjektiv voraussetzend (vgl. mlat. *provisorius* 'päpstlich verliehen'); dazu latinisierendes Provisorium n. 'vorläufiger Zustand' (19. Jh., vgl. gleichbed. frz. *provisoire* m.).

provozieren Vb. 'herausfordern, reizen, zu einer (unbedachten) Handlung veranlassen', entlehnt (1. Hälfte 16. Jh.) aus lat. *prōvocāre* (*prōvocātum*) 'hervor-, herausrufen, auffordern, reizen' (vgl. lat. *vocāre* 'rufen'). – Provokation f. 'Herausforderung' (Mitte 16. Jh.), aus gleichbed. lat. *prōvocātio* (Gen. *prōvocātiōnis*). provokatorisch Adj. 'herausfordernd, zu unbedachten Handlungen aufreizend' (Mitte 19. Jh.); vgl. lat. *prōvocātōrius* 'zur Herausforderung gehörig, hervorlockend'. Provokateur m. 'wer zu unbedachten Handlungen herausfordert, Aufwiegler, Spitzel' (1. Hälfte 19. Jh.), mfrz. frz. *provocateur* 'Aufwiegler', adjektivisch (ebenfalls aus dem Frz.) *Agent provocateur* 'Polizeispitzel, der Verdächtige zu unbedachten Handlungen ermuntert'; vgl. lat. *prōvocātor* 'Herausforderer (zum Kampf)'.

Prozedur f. 'Verfahren, Vorgang, Behandlungsweise' (1. Hälfte 17. Jh.), entweder kanzleisprachliche latinisierende Bildung zu *prozedieren* (s. unten) oder Entlehnung von mfrz. frz. *procédure* 'Vorgehen, Art und Weise zu handeln, Rechtsgang, Prozeßverfahren', zu afrz. *proceder*, frz. *procéder* 'vorgehen, einen Weg einschlagen, verfahren', lat. *prōcēdere* (s. *Prozeß*). – p r o z e d i e r e n Vb. 'verfahren, vorgehen, ein (Rechts)verfahren einleiten', mhd. *procedieren*, aus lat. *prōcēdere* (s. oben).

Prozent n. 'ein Teil vom Hundert, Hundertstel'. Frühnhd. *per cento* (15. Jh.), in Zusammenschreibung *percento* (16. Jh.), noch heute öst. *Perzent*, ist eine Entlehnung der Fügung ital. *per cento* 'für hundert, bezogen auf hundert, vom Hundert' (heute auch substantiviert ital. *percento* m.) in die südd. Kaufmannssprache; vgl. ital. *per* (s. *per*) und ital. *cento* 'hundert' (lat. *centum*, s. *hundert*). Schon früh begegnet daneben latinisiertes *pro cento* (Anfang 16. Jh.), *pro cent* (Mitte 16. Jh.), in Zusammenschreibung (allmählich substantivischen Charakter annehmend) *procent* (17. Jh.); vgl. lat. *prō* 'für' (s. *pro*). – - p r o z e n t i g in adjektivischen Zusammensetzungen 'eine bestimmte Zahl von Prozenten enthaltend', vgl. *hochprozentig*, *hundertprozentig* (19. Jh.). p r o z e n t u a l Adj. 'in Prozenten, im Verhältnis zum Ganzen' (Ende 19. Jh.).

Prozeß m. 'Rechtsstreit, Gerichtsverfahren, Vorgang, Verlauf', mhd. *process* 'Erlaß, gerichtliche Entscheidung', frühnhd. auch 'Gerichtsverfahren' (15. Jh.), als Rechtsterminus entlehnt aus mlat. *processus* 'Rechtshandlung, gerichtliches Vorgehen, gerichtliche Entscheidung, Gerichtsverfahren', auch 'Handlungsweise, Vorgehen', lat. *prōcessus* 'das Vorwärts-, Fortschreiten, Verlauf, (erfolgreicher) Fortgang, Wachstum', Verbalabstraktum zu lat. *prōcēdere* (*prōcessum*) 'vorwärts gehen, vorankommen, Fortschritte machen, vonstatten gehen'; vgl. lat. *cēdere* 'einhergehen, vonstatten gehen'. *Prozeß* in der bes. in den Naturwissenschaften üblichen Bedeutung 'Vorgang, Verlauf' (zuerst 1528 bei Paracelsus vom Ablauf chemischer Reaktionen, verbreitet seit dem 19. Jh.) knüpft wie das wenig später aufkommende gleichbed. mfrz. frz. *procès* semantisch unmittelbar an lat. *prōcessus* an. – p r o z e s s i e r e n Vb. 'einen Prozeß anstrengen, führen' (Anfang 18. Jh.), abgeleitet vom Substantiv; vgl. die vorausgehenden Bildungen mfrz. *processer*, ital. *processare*, engl. *to process*.

Prozession f. 'feierlicher Umzug der Geistlichen und der Gemeinde, Aufzug, Umzug', mhd. *processiōne* (neben *processje*, *processe*), entlehnt aus gleichbed. kirchenlat. *prōcessio* (Gen. *prōcessiōnis*), spätlat. 'feierlicher Aufzug (des Kaisers)', lat. 'Vorrücken, Ausrükken (des Heeres)', zu lat. *prōcēdere* (s. *Prozeß*).

prüde Adj. 'übertrieben schamhaft, zimperlich, spröde', seit dem letzten Viertel des 18. Jhs. geläufig (zunächst vornehmlich substantiviert *eine Prüde* 'eine Frau von übertriebener, oft nur vorgetäuschter Sittsamkeit'), ist Entlehnung von in gleicher Weise verwendetem frz. *prude*. Das frz. Adjektiv entstammt der Fügung frz. *prud'homme* 'tüchtiger, erfahrener Mann, Sachverständiger', älter auch 'tapferer Mann, Ehrenmann' (aus afrz. *prodome*, *preudome*, mfrz. *preudhomme*, wohl unter dem Einfluß von frz. *prudent* 'klug' lautlich umgestaltet) bzw. entsprechend gebildetem afrz. *prode feme*, afrz. frz. (bis ins 17. Jh. belegt) *preude femme* 'tüchtige, ehrenwerte Frau'. Afrz. *prode*, afrz. mfrz. *preude*, das in diesen Verbindungen wahrscheinlich schon um 1400 als Adjektiv aufgefaßt wird, ist eigentl. eine Zusammensetzung von afrz. *pro*, *preu* 'tapfer, kühn, tauglich, gut' (frz. *preux*) mit der Präposition afrz. frz. *de* 'von'; der erste Bestandteil ist adjektivisch gebrauchtes afrz. *pro*, *preu* m. 'Vorteil, Nutzen, Gewinn', dieses aus gleichbed. spätlat. *prōde* (in spätlat. *prōde est*, volkstümliche oder halbgelehrte Auflösung von klass.-lat. *prōdest* 'es nützt'). – P r ü d e r i e f. 'zur Schau getragene Schamhaftigkeit, Ziererei' (Ende 18. Jh.), nach gleichbed. frz. *pruderie*.

prüfen Vb. 'eine Probe machen, auf Brauchbarkeit untersuchen, jmds. Kenntnisse festzustellen suchen', mhd. *prüeven*, *brüeven* 'nachdenken, erwägen, beweisen, wahrnehmen, berechnen, erwägend hervorbringen, anstiften, bewirken'. Auf Grund der Diphthongierung (mhd. *prüeven*, Prät. *pruovte*) ist trotz der späten Bezeugung eine frühe Entlehnung aus vlat. **prōvāre* (vgl. afrz. *prover* 'beweisen, erweisen, erproben, jmdn. überführen', frz. *prouver* 'beweisen, dartun'), lat. *probāre* 'erproben, prüfen, untersuchen, als tüchtig oder untüchtig erkennen' (zu lat. *probus* 'gut, tüchtig, brav') anzunehmen. – Prüfung f. 'Erprobung, Untersuchung, Kontrolle', mhd. *prüevunge* 'Bewährung, Erprobung, Beweisführung, Ausrüstung, Schmückung'. Prüfer m. 'wer die Richtigkeit einer Sache untersucht, wer jmdn. auf seine Kenntnisse, Fähigkeiten prüft', mhd. *prüever* 'Untersucher, Merker, Aufpasser'. Prüfstein m. 'Maßstab, Kriterium', eigentl. 'Probierstein zur Ermittlung des Feingehalts von Gold- und Silberlegierungen' (16. Jh.). Prüfling m. 'wer geprüft wird' (19. Jh.).

Prügel m. 'Stock, Knüppel', Plur. 'Schläge, Hiebe', mhd. *brügel* 'Stock, Knüppel' ist mit *l*-haltigem Suffix für Gerätebezeichnungen gebildet zu mhd. *brüge* 'Brettergerüst'. Dies gehört zu dem unter *Brücke* (s. d., eigentl. 'Balkenwerk') behandelten Substantiv. Die heute vorherrschende pluralische Bedeutung 'Schläge' entsteht (Anfang 18. Jh.) aus Wendungen wie *(den) Prügel geben* (17. Jh.), *Prügel austeilen* (18. Jh.). – prügeln Vb. 'schlagen', eigentl. 'mit einem Prügel schlagen' (16. Jh.); vgl. ahd. *gibrugilōn* 'durch übergelegte Knüppel, Stöcke, Reißig schützend bedecken', bair. *prügeln* 'eine Brücke, einen Weg mit Stammstücken, Knüppeln, Ästen belegen'. Prügelknabe m. 'Sündenbock, wer Schläge, eine Strafe erhält, die ein anderer verdient hat' (19. Jh.), auch *Prügeljunge*, *-bube*; ehemals als literarische Figur ein Junge einfachen Standes, der gemeinsam mit einem Fürstensohne erzogen wird und die diesem gebührende Strafe erhält.

Prunk m. 'Prachtentfaltung, zur Schau gestellter Reichtum, Gepränge' wird im 17. Jh. aus dem Nd. in die Literatursprache aufgenommen, vgl. mnd. *prank* 'Gepränge', nd. *Prunk*, mhd. *branc*, (md.) *pranc* 'Gepränge', mnd. *prunken* 'prahlen, zur Schau stellen, stolzieren', mhd. *brunken* 'zur Schau stellen', mnl. *bronken* 'prangen', nl. *pronken* 'Aufwand treiben'. Herkunft ungewiß. Doch ist *Prunk*, *prunken* wohl mit nahestehendem *prangen* (s. d.) zu verbinden und für beide auf Grund einer vorauszusetzenden Bedeutung 'laut, lärmend, prahlend reden' lautmalender Ursprung anzunehmen. – prunken Vb. 'prahlend zur Schau stellen' (17. Jh.), nach mnd. nd. *prunken* (s. oben).

prusten Vb. 'schnauben, schnaufen, laut blasen, niesen, plötzlich in Lachen ausbrechen'. Mnd. nd. *prūsten* 'niesen, schnauben, fauchen', eigentl. 'einen brausenden Ton hören lassen', wird gegen Ende des 16. Jhs. in die Literatursprache aufgenommen. Lautmalenden Urspungs. Vergleichbar sind anord. *frysa*, *frusa* 'schnauben (von Pferden)', schwed. *frusta* 'schnauben, schnaufen, prusten', außergerm. aind. *pruṣṇṓti* 'besprengt, beträufelt, näßt', lit. *praũsti* 'waschen', aruss. *prysnuti* 'in Bewegung geraten (vom Meer)', russ. *prýskat'* (*прыскать*) 'spritzen, besprengen', die den Ansatz eines lautmalenden ie. **preus-* zulassen mit einer Wurzel ie. **per(ə)-* 'sprühen, spritzen, prusten, schnauben' bzw. **(s)p(h)er-* 'streuen, säen, sprengen, spritzen, sprühen' (s. *sprühen*).

Psalm m. 'geistliches Lied' (aus dem Alten Testament), ahd. *psalm(o)* (8. Jh.), *salmo*, *salm* (9. Jh.), mhd. *salme*, *salm*, mnd. *salm*, Entlehnung aus gleichbed. kirchenlat. *psalmus*, mit Ausspracheerleichterung **salmus*, griech. *psalmós* (*ψαλμός*), eigentl. 'das Zupfen der Bogensehne, der Saiten, Saitenspiel, das zum Saitenspiel vorgetragene Loblied', zu griech. *psállein* (*ψάλλειν*) 'die Bogensehne, eine Saite mit den Fingern zupfen, zur Harfe singen, lobsingen'. Durch Rückgriff auf das Griech.-Lat., bes. durch Luther, wird in der nhd. Literatursprache *Psalm* üblich und drängt *Salm* in die Mundarten (nd. md.) ab. Dort steht *Salm* auch für die (mit Psalmentexten durchsetzte) 'Predigt, Rede des Geistlichen' und danach (umgangssprachlich allgemein) für 'langweiliges Gerede, Geschwätz'. Aufgabe eines anlautenden *p-* zeigen auch Formen wie aengl. *s(e)alm*, anord. *salmr*, mnl. *salm*, afrz. *saume*, ital. span. *salmo*. **Psalter** m. 'Buch der Psalmen im Alten Testament', ahd. *psalteri*, *saltāri*, *salteri* (9. Jh.), mhd. *salter*, entlehnt aus gleichbed. kirchenlat. *psaltērium*, lat. '(zitherartiges) Saiteninstrument, Saitenspiel, das dazu Gesungene', griech. *psaltḗrion* (*ψαλτήριον*), ebenfalls zu griech. *psállein* (s. oben) gebildet.

pseudo-, vor Vokalen **pseud-**, Bestimmungswort in zahlreichen Neubildungen wie *pseudodemokratisch*, *-historisch*, *Pseudo-*

kunst, *-moral*, *-wissenschaft* mit der Bedeutung 'falsch, unecht, vorgetäuscht, schein-' nach Mustern wie griech. *pseudopaidēía* (ψευδοπαιδεία) 'falsche Gelehrsamkeit', *pseudoprophḗtēs* (ψευδοπροφήτης) 'falscher Prophet, Lügenprophet', *pseũdorkos* (ψεύδορκος) 'falsch schwörend, meineidig', *pseudographeĩn* (ψευδογραφεῖν) 'falsch oder Falsches schreiben'. S. auch *Pseudonym*. Zugrunde liegen griech. *pseudḗs* (ψευδής) 'lügenhaft, falsch', *pseũdos* (ψεῦδος) 'Täuschung, Lüge, Unwahrheit', Ableitungen von griech. *pseúdesthai* (ψεύδεσθαι) 'täuschen, (be)lügen, (be)trügen'.

Pseudonym n. 'angenommener Name, Deckname' (Anfang 19. Jh., in latinisierter Form *Pseudonymus* seit 17. Jh.) und **pseudonym** Adj. 'unter einem Decknamen verfaßt, erschienen, auftretend' (Ende 18. Jh., auch *pseudonymisch*, Anfang 19. Jh.). Zugrunde liegt griech. *pseudṓnymos* (ψευδώνυμος) 'mit, unter falschem, erdichtetem Namen', zu griech. *ónyma* (ὄνυμα), einer Nebenform von *ónoma* (ὄνομα) 'Name' (s. *anonym*) und s. *pseudo-*.

Psyche f. Gesamtheit der Prozesse der höheren Nerventätigkeit des Menschen, 'Seele, Seelenleben, Gemüt, Wesen, Eigenart', Übernahme (zufrühest Mitte 17. Jh., fachsprachlich und gemeinsprachlich seit Anfang 19. Jh.) von griech. *psȳchḗ* (ψυχή) 'Hauch, Atem, Leben, Lebenskraft, Seele (des Verstorbenen), Geist, Gemüt'; vgl. griech. *psȳ́chein* (ψύχειν) 'hauchen, atmen, aushauchen, ohnmächtig werden, sterben, abkühlen, erfrischen'. – psychisch Adj. 'die Psyche betreffend, dazu gehörend, seelisch, innerlich' (um 1800); vgl. griech. *psȳchikós* (ψυχικός) 'zur Seele, zum Leben gehörig, seelisch, geistig'. Psychose f. 'Gemütserkrankung, Geisteskrankheit, Zustand ungewöhnlich starker seelischer Erregung' (Mitte 19. Jh.), in Übereinstimmung mit der bei Krankheitsbezeichnungen geläufigen Endung *-ose* (s. *Thrombose*); zuvor (1. Hälfte 19. Jh.) 'Beseelung, Belebung, Seele', unmittelbar aus gleichbed. griech. *psȳ́chōsis* (ψύχωσις). Psychiatrie f. Lehre von der Erkennung, Behandlung und Verhütung psychischer Krankheiten (Anfang 19. Jh.); vgl. griech. *iātreía* (ἰατρεία) 'das Heilen, Heilung'. Psychiater m. 'Facharzt für Nerven-, Gemüts- und Geisteskrankheiten'; vgl. griech. *iātrós* (ἰατρός) '(Wund)arzt' (s. *Arzt*); psychiatrisch Adj. 'die Psychiatrie betreffend, dazu gehörend, darauf beruhend' (beide Anfang 19. Jh.). Psychologie f. Wissenschaft, die die Gesetzmäßigkeiten der psychischen Prozesse und psychischen Eigenschaften in ihrer wechselseitigen Abhängigkeit von der Umwelt erforscht (18. Jh.), zuvor *Psychologia* 'Seelenkunde' (16. Jh.), gelehrte Bildung zu griech. *psȳchḗ* (s. oben) in Verbindung mit *-logie* (s. d.); Psychologe m. 'Fachmann auf dem Gebiet der Psychologie' und psychologisch Adj. 'die Psychologie betreffend, darauf beruhend' (beide 18. Jh.). Psychopathie f. 'abnorme psychische Verfassung, die sich in Verhaltensstörungen äußert' (19. Jh.), zu griech. *psȳchḗ* (s. oben) und griech. *páthos* (πάθος) '(Miß)geschick, Leid, Gemütsbewegung, Leidenschaft' (s. *Pathos*), in Analogie zu anderen Bildungen auf *-pathie* (s. *Apathie*, *Antipathie*); psychopathisch Adj. (19. Jh.). Psychotherapie f. Therapie seelischer oder seelisch bedingter Leiden mit psychischen Mitteln und gemäß psychologischer Methoden (Ende 19. Jh.), zum Grundwort s. *Therapie*.

Pubertät f. 'Zeit des Eintritts der Geschlechtsreife, Entwicklungsjahre', Entlehnung (Ende 16. Jh.) aus lat. *pūbertās* (Gen. *pūbertātis*) 'Geschlechtsreife, Mannbarkeit', gebildet zu lat. *pūbēs* Adj. (Gen. *pūberis*) 'mannbar, männlich, erwachsen'.

publizieren Vb. '(in gedruckter Form) veröffentlichen, herausgeben', entlehnt (15. Jh.) aus lat. *pūblicāre* 'öffentlich bekanntmachen, öffentlich zeigen, sehen lassen', eigentl. 'zum Staatseigentum machen, dem Staat zueignen, zum öffentlichen allgemeinen Gebrauch hergeben', zu lat. *pūblicus* 'zum Volke gehörig, öffentlich, staatseigen'. – Publikation f. 'Veröffentlichung (in gedruckter Form), gedruckt vorliegendes Text- oder Bildwerk', zuerst (16. Jh.) 'öffentliche Bekanntmachung', entlehnt aus gleichbed. mfrz. frz. *publication* bzw. spätlat. *pūblicātio* (Gen. *pūblicātiōnis*) 'Veröffentlichung', lat. 'Einziehung für die Staatskasse, Konfiskation', zu lat. *pūblicāre* (s. oben). Publizist m. 'Lehrer und Kenner des öffentlichen Rechts (*iūs pūblicum*), des Staatsrechts und der Staatswissenschaften' (17. bis Anfang 20. Jh.), aus nlat. *publicista*, dann 'Schriftsteller über öffentliche, politische Dinge, über Staatsangelegenheiten' (2. Hälfte 18. Jh.), heute (wohl unter Einfluß von gleichbed. frz. *publiciste*) 'Zeitungs-, Tagesschriftsteller, Journalist'. p u b l i k Adj. 'öffentlich, offenkundig, allgemein bekannt' (um 1700), über gleichbed. frz. *public*, mfrz. *publique*, *public* aus lat. *pūblicus* (s. oben). P u b l i k u m n. 'Gesamtheit der Zuhörer, Zuschauer (bei öffentlichen Veranstaltungen), Allgemeinheit, Öffentlichkeit' (Anfang 18. Jh.), aus mlat. *publicum* (dafür die Übersetzung *gemain volck*, 15. Jh.), zu lat. *pūblicus* (s. oben), zunächst mit lat. Flexion, dann (nach Mitte 18. Jh.) unter Einfluß von frz. *public* 'versammelte Zuschauermenge bei einer Theateraufführung, Betrachter einer Ausstellung' im oben genannten Sinne von Berlin aus verbreitet (dafür älter *deutsche Welt* u. dgl.).

Puck m. mit einem Schläger zu treibende Scheibe aus Hartgummi (Eishockey), um 1900 aus dem Englischen Kanadas übernommen, wo das Spiel um 1890 entstand. Herkunft unklar. Zu engl. *pock*, nhd. *Pocke* 'Pustel, Blatter' (s. d.)? Oder zu engl. *to poke* 'stoßen, puffen, schieben' (s. *pochen*)?

Pudding m. '(im Wasserbad gekochtes) Gericht aus Mehl, Fleisch, Fisch oder Gemüse', auch 'eine Art Serviettenkloß', dann 'Kuchen, Süßspeise mit Früchten und Mandeln', in neuerer Zeit vornehmlich '(kalt servierte) Mehlsüßspeise', Übernahme (Ende 17. Jh.) von gleichbed. engl. *pudding*, auch 'Wurst' (vgl. *black pudding* 'Blutwurst'); vorauf geht mengl. *poding*, *puddyng* 'Wurst, Magen, Eingeweide'. Herleitung aus afrz. *bodin* 'Wurst' (frz. *boudin* 'Blutwurst, Wulst'), das nach FEW 1, 420ff. ein lautmalendes *bod-* 'Aufgedunsenes, Wulstiges' zur Grundlage hat, vgl. afrz. *bodine* 'Nabel, Bauch', frz. *bedaine* 'Bauch, Wanst', mfrz. frz. *bouder* 'schmollen' u. a., ist nicht gesichert. Zahlreiche frühe Varianten wie *Püdding*, *Poding*, *Potting*, *Boding* lassen auf mündliche Übernahme schließen. Die heute übliche Form tritt seit 1720 auf und bezeichnet zunächst einen in einem Leinentuch gekochten Mehlkloß.

Pudel m. Hund mit dichtem, krausem Fell, aus dem Nd. (18. Jh.), gekürzt aus älterem nd. *Pudelhund* (17. Jh.). Dies ist eine Bildung zu landschaftlichem (nd. md.) *pudeln* 'im Wasser plätschern, watscheln', wohl lautnachahmender Herkunft (s. *buddeln*). Der Hund verdankt den Namen seiner Vorliebe fürs Wasser, daher auch *Wasserhund*, zoolog.-lat. (älter) *Canis aquaticus*. – p u d e l n ä r r i s c h Adj. 'possierlich, närrisch wie ein Pudel', p u d e l n a ß Adj. 'völlig durchnäßt', eigentl. 'naß wie ein aus dem Wasser kommender Pudel' (beide 18. Jh.).

Puder m. 'feines Pulver für kosmetische oder medizinische Zwecke', im 17. Jh. entlehnt (*Buder*, *Puder* neben *Pouldre*, *Poudre*, *Pouder*) aus frz. *poudre*, afrz. *poudre*, *puldre* 'Staub, Puder, Pulver', das (wahrscheinlich über einen in mlat. *pulvera*, 10. Jh., belegten neutr. Plur., der als fem. Sing. aufgefaßt wird) auf lat. *pulvis* (Gen. *pulveris*) 'Staub' (s. *Pulver*) zurückgeht. – p u d e r n Vb. 'mit Puder bestreuen, bestäuben' (17. Jh.); vgl. frz. *poudrer*.

Puff m. 'Stoß, Schlag, dumpfer Schall', frühnhd. *buf* (15. Jh.), *puff* (16. Jh.) ist wie mnd. *puf*, *buff*, mnl. *bof*, *buf*, *boffe*, *buffe*, nl. *bof*, *pof*, engl. (älter) *buff* eine lautnachahmende Bildung (vgl. die Interjektion *puff* und ablautend *piff paff puff*) für dumpfe Geräusche und für Schalleindrücke, wie sie bei stoßartig entweichender Luft entstehen (vgl. kindersprachlich *Puff-puff* 'Eisenbahn'). Dazu mhd. (westmd.) *buffe* f. 'Aufblähen des Mundes, der Backen', frühnhd. *buf* m. (15. Jh.), dann 'Bausch an der Kleidung' (16. Jh.; vgl. *Puffärmel* 19. Jh.), *Puffe* f. 'etw. Bauschiges' (18. Jh.), ferner (wohl nach frz. *pouf* 'gepolsterter runder Hocker', einer Scherzbildung zum entsprechenden Schallwort frz. *pouf*) *Puff* 'gepolstertes Kissen, Behälter für schmutzige Wäsche, meist mit gepolstertem Sitz' (19. Jh.). *Puff* n. 'Brettspiel mit Würfeln' (wohl nach dem Geräusch der aufschlagenden Würfel), mhd. *buf* m. Aus verhüllenden Wendungen wie *hat … mit ir anfahen im pret zu spilen* (16. Jh.), dann etwa *mit einer Dame Puff spielen* entwickelt sich *Puff* m. 'Bordell' (18. Jh.), wohl unter Einfluß von *puffen* (s. unten), das landschaftlich auch (wie *stoßen*, *bumsen*) für 'mit jmdm. schlafen' steht. – p u f f e n Vb. '(an)stoßen, schlagen', frühnhd. *buffen* 'schlagen, stoßen' (16. Jh.), dann auch '(durch stoßartig entweichende Luft) einen dumpfen Knall von sich geben' (Anfang 16. Jh.; dazu *Auspuff* 'Rohr, aus dem die Abgase auspuffen, entweichen', Anfang 20. Jh.), vgl. mhd. *an buffen* 'bellen, anschlagen'; ferner 'bauschen, kräuseln' (Ende 15. Jh.). [1]P u f f e r m. federnde Vorrichtung zum Auffangen von Stößen an Schienenfahrzeugen (19. Jh.), engl. *buffer*; zuvor 'Knallbüchse, Pistole' (2. Hälfte 17. Jh.); dazu P u f f e r s t a a t m. 'kleiner Staat, der durch seine Lage zwischen Großmächten Konfliktmöglichkeiten vermindern kann' (60er Jahre 19. Jh.), nach gleichbed. engl. *buffer state*. [2]P u f f e r m. (landschaftlich auch *Puffert*) aus einem Teig von geriebenen rohen Kartoffeln in heißem Fett gebackener flacher, dünner Kuchen, *Kartoffelpuffer* (19. Jh.), benannt nach dem puffenden Geräusch beim Backen.

pulen Vb. 'sich mit den Fingern an etw. zu schaffen machen, bohren', seit dem 18. Jh. in nordd. Texten. Mnd. nd. *pūlen* 'Hülsen, Schoten von der Frucht abmachen, mit den Fingern langsam und mühsam losmachen, klauben, bohren, eine mühsame Arbeit verrichten'. Vgl. mnd. *pūle* f., nd. *Pūle*, *Pōl*, *Pāle* 'Schale, Hülse'. Herkunft ungeklärt.

Pulk m. 'Truppenabteilung, Anhäufung, Ansammlung von Menschen, Tieren, Fahrzeugen', auch (1. Hälfte 20. Jh.) 'Verband von Kampfflugzeugen'. In der Bedeutung 'Abteilung Soldaten', bes. 'Kosakenregiment, -schar', Übernahme (18. Jh.) von gleichbed. poln. *pułk*, älter *połk*, *-pełk*. Neben *Pulk* steht bis ins 19. Jh. gleichbed. *Polk*, zuerst (1. Hälfte 17. Jh.) in einer Darstellung russischer Verhältnisse, aus mruss. *polkъ*, russ. *polk* (*полк*). Die russ. wie die poln. Form beruhen auf urslaw. **pъlkъ* (vgl. aslaw. *plъkъ* 'Schar, Heer'), das aus germ. **fulka-* 'Kriegerschar, Heerhaufen' (s. *Volk*) herzuleiten ist, möglicherweise als Entlehnung aus got. **fulk* (oder **fulks*?).

Pulle f. 'Flasche', insbes. für alkoholische Getränke (18. Jh.), vornehmlich nordd. und md., vgl. nd. *Pulle* 'Kanne, Flasche', unter Aufgabe der unbetonten Anfangssilbe aus mnd. *ap(p)olle*, *appulle* 'Kanne', lat. *ampulla* 'kolbenförmiges Gefäß, kleine Flasche' (s. *Ampulle*, *Ampel*).

Pullover m. 'über den Kopf zu ziehendes gestricktes oder gewirktes Oberbekleidungsstück'. In den 20er Jahren des 20. Jhs. aufkommendes gleichbed. engl. *pullover* (vorher vereinzelt einen Überzug über den Männerhut bezeichnend) wird unmittelbar darauf ins Dt. entlehnt. Die Bezeichnung, im Engl. kurzlebig und kaum noch gebräuchlich, erfährt im Dt. rasch eine weite und anhaltende Verbreitung und entwickelt in den 50er Jahren die Kurzform P u l l i m. Zugrunde liegt engl. *to pull* 'ziehen, zerren', dessen Herkunft nicht gesichert ist, und engl. *over* (s. *über*).

Puls m. 'von der durch den Herzschlag weitergeleiteten Blutwelle verursachter Aderschlag', bes. 'das Klopfen der Schlagader an der Handwurzel sowie die betreffende Stelle', spätmhd. *puls*, Entlehnung aus dem bereits bei den röm. Ärzten als Fachwort üblichen lat. *pulsus* 'Pulsschlag, Puls' (vgl. *pulsus vēnārum* bzw. *artēriārum*). Lat. *pulsus*, eigentl. 'Stoß, Schlag', ist eine Bildung zu lat. *pellere* (*pulsum*) 'stoßen, schlagen'. – p u l s i e r e n Vb. 'schlagen, klopfen' vom Blut in den Arterien (17. Jh.), vielfach übertragen 'rege, beweglich, lebendig sein' (um 1800), aus lat. *pulsāre* 'kräftig stoßen, schlagen', einer Intensivbildung zu lat. *pellere* (s. oben). Daneben gleichbed. p u l s e n Vb. (Ende 18. Jh.); in der Medizin 'den Puls fühlen, seine Schläge zählen' (20. Jh.).

Pult n. 'tischartiges Gestell mit schräger Fläche' (zum Auflegen von Papieren, Büchern, Noten). Aus lat. *pulpitum* 'Brettergerüst (für öffentliche Darstellungen und Vorlesungen), Schaubühne' wird spätmhd. *pulpit*, *pulpet* '(Lese-, Schreib)pult' (14. Jh.) entlehnt. Volksetymologische Eindeutschung der zweiten Silbe bzw. verdeutlichende Zusammensetzung führen im 16. Jh. zu Formen wie *Pullbrett*, *Pultbret*, *Pultbrett*. Allgemein aber wird *pulpet*, *pulpt* schon im 16. Jh. zu *Pult* verkürzt. Doch hält sich daneben *Pulpet* bis ins 18., im Nd. vereinzelt bis ins 19. Jh.

Pulver n. 'staubfein zerteilter, zerriebener fester Stoff, Explosivstoffgemisch zum Schießen und Sprengen, Schießpulver', ahd. (9. Jh.), mhd. *pulver* 'Pulver, Staub, Asche, Sand', seit Mitte des 14. Jhs. auch 'Schießpulver', ist eine Entlehnung aus lat. *pulvis* (Gen. *pulveris*) 'Staub, Sandstaub, Erde' bzw. Übernahme von dessen gleichbed. Nebenform spätlat. *pulver* (mlat. 'Schießpulver'), die mit lat. *pollen*, *pollis* 'feines Mehl, Staubmehl, Staub' (s. *Pollen*) verwandt sind (s. auch *Puder*). *Pulver* für 'Geld' kommt aus der Gaunersprache (Mitte 19. Jh.). Vgl. auch Wendungen wie *das Pulver nicht erfunden haben* 'nicht besonders klug, beschränkt, dumm sein' (um 1800; die Erfindung des Schießpulvers gilt als eine außergewöhnliche Leistung), *keinen Schuß Pulver wert sein* 'nichts wert sein, nichts taugen' (18. Jh.), eigentl. 'nicht einmal den Tod durch Erschießen verdienen' (der als weniger schimpflich und entehrend gilt als der Tod durch Erhängen oder durch das Beil). – pulv(e)rig Adj. 'zu Pulver zermahlen, zerkleinert, pulverförmig, pulverartig' (17. Jh.). pulverisieren Vb. 'zu Pulver zermahlen, zerkleinern, zerreiben, zerstampfen' (16. Jh., vereinzelt bereits um 1300), aus gleichbed. afrz. *pulveriser*, mfrz. frz. *pulvériser* bzw. spätlat. *pulverizāre*, mlat. *pulverisare*, zu lat. *pulvis*, spätlat. *pulver* (s. oben). pulvern Vb. 'pulverisieren, (mit Schießpulver) schießen, darauflosschießen, knallen', mhd. *pulvern* 'zu Pulver machen, stoßen, reiben, mit Pulver bestreuen'; verpulvern Vb. '(Geld) sinnlos ausgeben, vergeuden, verschwenden' (19. Jh.), eigentl. 'wie Schießpulver verpuffen lassen'; früher (bei den Alchimisten) 'in Pulver verwandeln, für Pulver ausgeben' (Mitte 17. Jh.).

Puma m. Der Name der in Nord- und Südamerika heimischen Großkatze mit silbergrauem bis rötlich-braunem Fell, auch *Silberlöwe*, gelangt Mitte des 18. Jhs. wohl über span. Vermittlung (wie auch frz. und engl. *puma*) ins Dt.; er stammt aus Ketschua *puma*, *poma*, also aus einer Indianersprache des westlichen Südamerika (Peru).

Pumpe f. Gerät zum Fördern von Flüssigkeiten oder Gasen durch Druck- bzw. Saugwirkung. Die Bezeichnung gelangt im 16. Jh. aus mnd. *pompe*, *pumpe* ins Hd. Zuerst bezeugt ist mengl. *pump* 'Schiffspumpe' (1440), dann mnl. *pompe* 'unterirdische Wasserröhre' (1463), 'Pumpe' (16. Jh.), mnd. *pompe* (16. Jh.). Es handelt sich um einen Seemannsausdruck lautnachahmenden Ursprungs, der sich offenbar von der engl. und nl. Nordseeküste aus rasch verbreitet, vgl. span. (um 1500); port. *bomba*, mfrz. *pompe* (Anfang 16. Jh.) und aus frz. *pompe* entlehnt ital. *pompa* (17. Jh.). Die Nebenform *Plumpe* (16. Jh.) begegnet vor allem im Omd. (aber auch engl. *plump*) in Anlehnung an die lautmalende Interj. *plump(s)* (s. *plump*). – [1]pumpen Vb. 'Flüssigkeiten oder Gase mit einer Pumpe fördern' (16. Jh.), dazu die (omd.) Nebenform *plumpen*.

[2]**pumpen** Vb. '(bei jmdm.) leihen, borgen' gelangt über die Studentensprache im 18. Jh. in die Umgangssprache. Auszugehen ist wohl von rotw. *pompen*, *pumpen* 'stechen, erstechen, ermorden, verwunden' und danach (unter dem Einfluß von rotw. *stechen* 'geben, schenken') auch 'borgen', abgeleitet von *Pumps*, *Pumper* 'Stoß, Schlag', *pumpeln*, *pümpeln* 'stoßen'. Vgl. Wolf Rotw. 257. – Pump m. 'Borg, das Leihen' (18. Jh.); häufig *auf Pump* ('mit geborgtem Geld, mit gestundeter Bezahlung') *kaufen*, *leben*.

Pumpernickel m. schwarzbraunes, rindenloses Brot aus Roggenschrot mit leicht süßlichem Geschmack, (westfälisches) Schwarzbrot. Der zuerst 1628 bezeugte Ausdruck steht als Schimpfwort für einen ungeschlachten, groben Menschen. Das Grundwort *Nikkel*, die als Schelte gebrauchte Kurzform von *Nikolaus* (s. *Nickel*), ist hier verbunden mit dem Bestimmungswort *Pumper* in der Bedeutung 'Furz', so daß das Schimpfwort etwa als 'Furzkerl' aufzufassen ist. Wegen seiner blähenden Wirkung wird das schwer verdauliche Brot seit 1654 (anfänglich spöttisch) *Pumpernickel* genannt. *Pumper* 'dröhnender Ton, Gepolter, Furz' gehört zu lautmalendem *pumpen*, *pumpern*, *pompern* 'dröhnen, pochen, krachen, furzen', mhd. *pumpern*, *pümpern* 'hämmern, pochen'. Dazu auch Pimpf m. im 19. Jh. abschätzig 'kleiner Junge, Kerl', Schelte für einen Heranwachsenden, der höchstens einen *Pimpf*, nicht aber einen *Pumpf* oder *Pumper* (s. oben) zustande bringt; demnach eigentl. 'kleiner Furz'. *Pimpf* wird erst nach 1900 ohne verächtlichen Beiklang im Sinne von 'kleiner Kerl' als Bezeichnung der Jüngsten in der Jugendbewegung allgemein bekannt. Heute kaum noch gebräuchlich.

Pumps Plur. (dann auch Sing. m.) über dem Spann ausgeschnittener leichter Damenhalbschuh mit höherem Absatz in strenger Anpassung, da ohne Schnürung oder Spangen, übernommen (Anfang 20. Jh.) von gleichbed. engl. *pumps* (Plur.), dessen Herkunft nicht geklärt ist. Vielleicht eine aus engl. (älter) *pump shoe* 'Kolben im Pumpenrohr' (im Hinblick auf dessen genaue Paßform) gewonnene Übertragung?

Punkt m. 'kleiner Fleck, Tupfen, kleines, rundes Schriftzeichen, gedachtes geometrisches Gebilde ohne Ausdehnung, bestimmte Stelle, bestimmter (geographischer) Ort, zu behandelnder Gegenstand, Beratungspunkt, Abschnitt innerhalb eines gegliederten Ganzen, entscheidender Augenblick eines zeitlichen Ablaufs' (vgl. *Zeitpunkt*, 17. Jh.), mhd. *pun(c)t*, *punkt*, *puncte* 'Punkt, Mittelpunkt, Zeitpunkt, Umstand, Artikel, Abschluß, Abmachung' ist entlehnt aus gleichbed. spätlat. *pūnctus*, lat. *pūnctum*, eigentl. 'das Gestochene, Stich', speziell 'durch Stechen hervorgebrachte kleine Öffnung, Loch, auf die Wachstafel eingestochenes Schriftzeichen', ferner 'Abschnitt eines Schriftstücks, Würfelzeichen, Merkzeichen, das denkbar Kleinste, Augenblick', spätlat. 'Satzzeichen'. Lat. *pūnctum* ist substantiviertes Neutrum des Part. Perf. von lat. *pungere* 'stechen'. Die lat. Form ist noch erhalten in dem Ausruf *(damit) Punktum* '(damit) Schluß' (18. Jh.). – p ü n k t l i c h Adj. 'zur festgesetzten, verabredeten Zeit, auf die Minute genau', früher in allgemeinerem Sinne 'gewissenhaft, sorgfältig' (15. Jh., vermutlich älter). P ü n k t l i c h k e i t f. 'Sorgfalt, Genauigkeit', mhd. *punctlīcheit* (14. Jh.), 'Einhaltung einer festgesetzten Zeit' (18. Jh.); *militärische Pünktlichkeit* (1. Hälfte 19. Jh.).

punktieren Vb. 'mit Punkten versehen, tüpfeln, durch Punkte darstellen', entlehnt (14. Jh.) aus mlat. *punctare* 'Einstiche, Punkte machen', zu lat. *pungere* 'stechen' (s. *Punkt*). Früher auch 'tätowieren' (18. Jh.). In der Medizin 'eine Punktion vornehmen' (19. Jh.), im Anschluß an P u n k t i o n, P u n k t u r f. (in der Medizin) Entnahme von Flüssigkeit aus einem Hohlraum des Körpers, einem Gefäß oder Gewebe durch Einstich mit der Hohlnadel (Ende 18. Jh.), zu lat. *pūnctio* (Gen. *pūnctiōnis*), spätlat. *pūnctūra* 'das Stechen, Stich'.

Punsch m. heiß serviertes Mischgetränk aus Arrak (oder Rum), Zucker, Zitronensaft, Wasser (oder Tee, auch Wein) und Gewürz, entlehnt (um 1700) aus gleichbed. engl. *punch*. Früher bezeugtes *Pali-*, *Palepuntz* (1669) beruht wie frz. (älter) *bolleponge* auf engl. *bowl o' punch*, woraus engl. *punch* gekürzt zu sein scheint. Es wird vermutet, daß das offensichtlich von engl. Seeleuten verbreitete Getränk aus Indien und seine Bezeichnung aus Hindi *pānch* (aind. *páñca*) 'fünf' (nach den oben angeführten fünf Grundbestandteilen) stammt.

Pupille f. 'Sehloch in der Mitte der Regenbogenhaut des Auges', entlehnt (Anfang 18. Jh.; anstelle eines älteren *Sehe* f.) aus gleichbed. lat. *pūpilla*, Deminutivum von lat. *pūpa* '(Spiel)puppe, kleines Mädchen' (s. *Puppe*). Die Bedeutungsübertragung geht, dem Muster griech. *kórē* (*κόρη*) 'Mädchen, Puppe, Pupille, Augapfel' folgend, davon aus, daß der Betrachter sich als kleine Puppe im Auge seines Gegenübers gespiegelt sieht.

Puppe f. 'Nachbildung einer menschlichen Gestalt als Spielzeug', Entlehnung (15. Jh.) aus vlat. *puppa*, einer affektischen Weiterbildung von lat. *pūpa* '(Spiel)puppe, kleines Mädchen'; älteres heimisches *Docke* wird auf mundartlichen Gebrauch zurückgedrängt. *Puppe* bezeichnet zunächst das Spielzeug, später die 'Figur des Puppen- und Kasperletheaters, Marionette' (18. Jh.), dann die 'Figur zum Ausstellen oder Anprobieren von Kleidung, Kleiderpuppe' (2. Hälfte 19. Jh.). Ferner steht es (wie das lat. Vorbild) für 'junges Mädchen', oft in der Verkleinerungsform *Püppchen* (16. Jh.), neuerdings auch *Puppchen*, sowohl als Ausdruck der Zärtlichkeit oder Kleinheit als auch in abschätzigem Sinne 'putzsüchtiges, auf Äußerlichkeiten Wert legendes Mädchen', landschaftlich 'Hure'. Die Zoologie übernimmt lat. *pūpa*, nhd. *Puppe* als Ausdruck für das in einer Hülle befindliche Insekt im letzten Entwicklungsstadium, in dem es sich von der Larve zur geschlechtsreifen Imago verwandelt (18. Jh.). An diese Bedeutung schließen sich die abgeleiteten Präfixverben v e r p u p p e n Vb. (refl.) 'sich zur Puppe bilden' (von der Larve) und e n t p u p p e n Vb. (refl.) 'aus einer Puppe schlüpfen, zum Insekt werden' an, letzteres oft übertragen im Sinne von 'sein wahres Gesicht zeigen, sich anders zeigen, als man erwartet hat, sich überraschend als der herausstellen, der man in Wirklichkeit ist' (beide 1. Hälfte 19. Jh.). Landschaftlich (bes. omd.) steht *Puppe* für 'mehrere, zu einer kleinen Gruppe zum Trocknen aufrecht zusammengestellte Getreidegarben, Hocke'. Die Redensart *bis in die Puppen* ist berlin. Ursprungs und bedeutet 'wer weiß wie weit, sehr weit', dann auch zeitlich 'wer weiß wie lange, übermäßig lange'; sie soll sich zunächst auf die am Großen Stern im Berliner Tiergarten aufgestellten Statuen (im Volksmund *Puppen*, entsprechend *Puppenplatz* für den Großen Stern) und den bis dorthin für die damaligen Bewohner der Stadt weiten Weg beziehen; doch fehlt für diese Erklärung der Beweis. – P u p p e n s p i e l n. 'alte volkstümliche Kunst der theatralischen Darstellung mit Hand-, Stabpuppen oder Marionetten' (1. Hälfte 18. Jh.), früher 'das Spielen mit Puppen' (16. Jh.). Puppenspieler m. 'wer Puppenspiele vorführt' (18. Jh.).

pur Adj. 'rein, unvermischt, klar, ohne Einschränkung', spätmhd. *pūr* 'rein, lauter, unverfälscht' (14. Jh.), entlehnt aus gleichbed. lat. *pūrus*.

Püree n. 'Brei, Mus, breiige Speise', entlehnt (1. Hälfte 18. Jh.; anfangs *Purée*) als Terminus der Kochkunst von frz. *purée* f. 'Brei von passiertem Gemüse, bes. von Hülsenfrüchten', afrz. *puree* 'Erbsbrühe, Wein'. Dieses gehört als Ableitung zu afrz. *purer* 'ablaufen lassen, abgießen', eigentl. 'reinigen, sieben' (frz. *purer* nur noch in Mundarten 'durchseihen, auspressen'), dem spätlat. *pūrāre* 'reinigen', zu lat. *pūrus* 'rein' (s. *pur*), vorausgeht. *Püree* gilt auch heute noch als der gewähltere Ausdruck gegenüber *Brei* oder *Mus*; vgl. *Erbspüree*, *Kartoffelpüree*.

Purpur m. sattroter, violetter Farbstoff bzw. Farbton, entsprechend gefärbter Stoff und daraus gefertigtes Gewand (von Herrschern und Kardinälen bei offiziellem Anlaß getragen), 'Herrscher-, Kardinalswürde', ahd. *purpura* (um 1000), *purpur* (Hs. 12. Jh.), mhd. *purpur*, *purper* 'kostbarer Seidenstoff (von verschiedener Farbe) und Gewand daraus' ist (wie got. *paúrpura*, *paúrpaúra*) aus lat. *purpura*, griech. *porphýra* (πορφύρα) 'Purpurschnecke, deren färbender Saft, damit gefärbter Stoff, Purpurgewand (der Könige und Fürsten), Zeichen der königlichen Würde' (s. auch *Porphyr*) entlehnt. – purpurn Adj. 'intensiv rot, purpurfarben', frühnhd. (md.) *purpuren*, *purpern* (15. Jh.); vgl. ahd. *purpurīn* (9. Jh.), mhd. *purperīn*. Purpurkleid n., mhd. *purpur-*, *purperkleit*. purpurrot Adj., mhd. *purperrōt*.

purzeln Vb. 'sich überschlagend, stolpernd hinfallen, fallen, stürzen' (bes. von Kindern), anfangs auch 'mutwillig, freudig springen' (bes. vom Pferd, also mit dem Hinterteil nach oben). Das seit dem 15. Jh. bezeugte Iterativum *purzeln*, Nebenformen *pürzeln* und *burzeln*, ist zu mhd. *burzen* 'hinfallen, (kopfüber) niederstürzen' gebildet, das wohl mit dem unter *Bürzel* 'Steiß' (s. d.) behandelten Substantiv verwandt ist. Oft in Bildungen wie *durcheinander-*, *übereinanderpurzeln*. – Purzelbaum m. 'Rolle nach vorn über den Kopf, das Kopfüberfallen, Überschlag auf dem Boden' (*Burzelbaum* 16. Jh.), eigentl. 'Sturz und Wiederaufbäumen'.

Pustel f. 'Pickel, Hitze-, Eiterbläschen auf der Haut'. Der bei den röm. Ärzten bezeugte medizinische Ausdruck lat. *pustula* 'Bläschen auf der Haut, Blatter' geht in die lat. medizinische Wissenschaftssprache ein (meist im Plur. *Pustulae*); eingedeutschtes *Pustulen* begegnet im 16. Jh., zu Anfang des 19. Jhs. wird *Pustel* in der Allgemeinsprache üblich.

pusten Vb. 'blasen, Luft ausstoßen, (schwer) atmen, außer Atem sein, keuchen'. Mnd. nd. *pūsten* 'blasen, hauchen' wird im 18. Jh. in die hd. Literatursprache aufgenommen, erscheint jedoch vereinzelt bereits in Wörterbüchern des 15. Jhs. als frühnhd. *pusten*, *busten* und wohl schon um 1300 im Ordensland in einer Präfixbildung mhd. (md.) *anbūsten* 'blasend anfachen' (zu erschließen aus der Präteritalform *būste an*). Daneben steht diphthongiertes frühnhd. (md.) *pausten* (bei Luther 'mit starkem Hauch redend hervorbringen'), das im Nhd. untergeht, in obd. *pfausten* 'schnauben, schwer atmen, trotzen' aber noch länger fortlebt; vgl. ferner nl. *poesten* 'blasen', schwed. *pusta* 'keuchen, pusten, anblasen'. Weiterhin gehören hierzu (ohne *t*-Formans) spätmhd. *pūsen*, frühnhd. *pausen*, *bausen* 'aufgeblasen sein, sich blähen, schwellen, strotzen', nhd. *Pausback* (s. d.), frühnhd. *pfusen*, *pfausen* 'schnauben, blasen, schwer atmen' (so noch obd., auch im Sinne von 'schmollen, trotzen'). Verwandt sind außerdem aengl. *pos* 'Schnupfen', anord. *pūstr* 'Ohrfeige', schwed. (mundartlich) *pysa* 'schnauben, schwellen, überkochen'. Sie gehen sämtlich wie *Busen* (s. d.) auf eine *s*-Erweiterung der ursprünglich wohl lautnachahmenden Wurzel ie. **b(e)u-*, **bh(e)u-*, **b(h)ū-* 'aufblasen, schwellen' zurück. – Puste f. 'Atem', übertragen 'Kraft zum Aushalten, Durchstehvermögen' (19. Jh.), zu *pusten*; vgl. mnd. *pūst* 'das Blasen'. Pusteblume f. verblühter Löwenzahn, dessen zurückgebliebene Fruchtstände von Kindern weggepustet werden (zuerst bezeugt im 19. Jh. in nd. Mundart, doch wohl älter). Pusterohr n. 'Blasrohr' zum Anfachen des Feuers (18. Jh.), dann auch Kinderspielzeug zum gezielten Fortblasen kleiner Kugeln oder Bolzen; vgl. mnd. *pūster* 'Blasrohr, (kleiner) Blasebalg'.

Pute f., **Puter** m. (16. Jh.). Die aus dem Nd. stammenden Bezeichnungen für 'Truthenne' bzw. 'Truthahn' sind Bildungen zu einem den Lockruf der Truthenne (und des Huhns) nachahmenden *put, put*, nd. auch *pūt, pūt*. In abschätzigem Sinne steht *Pute*, ähnlich wie *(dumme) Gans*, für eine 'alberne, dumme weibliche Person' (18. Jh.). – p u t e r r o t Adj. 'sehr rot, knallrot im Gesicht' (19. Jh.), nach den Fleischlappen des erregten Truthahns.

Putsch m. 'Revolte, Umsturz(versuch), politischer Handstreich'. Der Ausdruck für die überraschende Aktion einer meist reaktionären Minderheit zum Sturz einer Regierung oder Regierungsform stammt aus der Schweiz. *Putsch* wird zu Anfang der 40er Jahre des 19. Jhs. von Zürich aus für einen plötzlichen, rasch vorübergehenden Auflauf oder Aufstand (nach den Vorgängen der voraufgehenden 30er Jahre in verschiedenen Teilen der deutschsprachigen Schweiz) ins Dt. übernommen. Zugrunde liegt das zufrühest (1431) in Zürich bezeugte, wahrscheinlich lautnachahmende schweiz. Mundartwort *Putsch* 'Knall, heftiger Stoß, Puff, Anprall', das im 16. Jh. den übertragenen Sinn 'plötzlicher Vorstoß, Anlauf gegen ein Hindernis, zu einem Unternehmen' entwickelt und bis ins 19. Jh. auf die Schweiz beschränkt bleibt (vgl. die einen Zusammenprall charakterisierende Interjektion *putsch*). – p u t s c h e n Vb. 'eine Revolte, einen Putsch machen' (Mitte 19. Jh.); vgl. schweiz. *putschen, pütschen* 'knallen' (16. Jh.). a u f p u t s c h e n Vb. 'aufwiegeln, aufhetzen' (2. Hälfte 19. Jh.), danach '(sich) durch Drogen, Medikamente oder andere Reizmittel aufmuntern, in einen Zustand der Erregung versetzen'. P u t s c h i s t m. (20. Jh.), älter (heute unüblich) *Putscher* m. (Mitte 19. Jh.).

Putte f., *Putto* m. in der bildenden Kunst und Malerei 'nackte, oft geflügelte Kindergestalt, kleine Engelsfigur' (bes. in der Renaissance- und Barockkunst), entlehnt (Ende 17. Jh.) aus gleichbed. ital. *putto*, eigentl. 'Knäblein'; zugrunde liegt vlat. **pūttus* (lat. *putus*) 'Knabe', zu gleichbed. lat. *puer*.

putzen Vb. 'reinigen, säubern, glänzend machen, (sich) schmücken, festlich kleiden, schönmachen'. Die Herkunft des seit dem 15. Jh. nur im Dt. bezeugten Verbs (schwed. *putsa*, nl. *poetsen* sind Entlehnungen aus dem Nhd.) ist ungeklärt. Allgemein wird frühnhd. *butzen, putzen* als Ableitung von obd. *Butze(n)* m. 'abgeschlagenes, kurzes Stück, zähe Masse, Schlacke, Klumpen, Schmutzklümpchen', speziell 'verhärteter Schleim der Nase, Eiterflocke, Schnuppe der Talgkerze, Kerngehäuse des Obstes' (15. Jh.) aufgefaßt und als verwandt mit nd. *butt* 'stumpf, plump' und vielleicht mit mnd. *bōten*, ahd. mhd. *bōȥen* 'stoßen, schlagen' (s. *Butzenscheibe*) angesehen. Hierzu möglicherweise auch obsächs. *Eiter-, Erd-, Grasbatzen*, die dann freilich unter Veränderung des Stammvokals an *Batzen* (s. d.) angeschlossen sein müßten. Frühnhd. *butzen, putzen* bedeutet danach eigentl. 'von Butzen befreien', bes. (in den frühesten Belegen) 'die Nase, eine Kerze säubern', daraus die allgemeinere Bedeutung 'von Schmutz reinigen, säubern, blank machen', auch 'schmücken' (alle 16. Jh.), später die spezielle Bedeutung '(Mauerwerk) mit Putz, Mörtel bewerfen' (18. Jh.; dafür auch *abputzen*). Anders Bach in: ZfdSpr. 22 (1966) 78ff., der *putzen* zur Wortgruppe von *Buße, büßen* (s. d.) im Sinne von 'Besserung' bzw. 'bessern', damit auch zu *besser* (s. d.) stellen will. Er setzt lautgesetzlich zu erwartendes mhd. **bü(e)tzen* und für den Stammvokal (germ. *ō*, ahd. *uo*) westmd. *ū* voraus, das vor Doppelkonsonanz gekürzt frühnhd. *butzen, putzen* ergeben habe. Danach seien die frühesten Bezeugungen als '(eifrig, mit Nachdruck) besser machen' aufzufassen; *ein Licht putzen* (mit der Lichtputzschere) bedeutet danach 'seine Leuchtkraft bessern', *die Nase putzen* 'den dem Besitzer nicht behaglichen Zustand der triefenden Nase bessern', *Mauerwerk (ver)putzen* 'es gegen die Einflüsse der Witterung wiederstandsfähiger machen, seinen Zustand bessern', woraus sich 'reinigen, schmücken' ergeben habe. Ganz anders de Vries Nl. 535, der Substantiv und Verb an frühnhd. *posse, bosse* 'Zierat, Beiwerk' (s. *Possen*) anknüpfen möchte. – P u t z m. 'Mörtel, Wand-, Deckenbewurf aus Mörtel, Mörtelverkleidung' (19. Jh.), älter, heute selten 'schöne Kleidung, schöne Frisur' (Anfang 18. Jh.), 'Gegenstände zum Schmücken, schmückendes Beiwerk, Zierat' (Ende 16. Jh.). V e r p u t z m. 'auf Mauerwerk (Wände, Decken) aufgetragene Mörtelschicht' (19. Jh.); v e r p u t z e n Vb. 'mit Putz versehen, mit Mörtel bewerfen' (19. Jh.), landschaftlich 'gierig (auf)-

essen, schnell verbrauchen, vergeuden, (Geld) ausgeben'.

putzig Adj. 'drollig, erheiternd, seltsam'. Das seit der Mitte des 18. Jhs. zunächst im Nordd. bezeugte Adjektiv ist abgeleitet von landschaftlich üblichem *Butze* m. 'Kobold, Knirps', mhd. *butze* 'Poltergeist, Schreckgespenst' (s. *Mumpitz*); vgl. auch *Butzemann*, *Butzelmann*, *Botzenmann*. Für das Adjektiv ist daher von einer Bedeutung 'wie ein Kobold aussehend und handelnd' auszugehen. Herkunft ungewiß. Vielleicht kann *Butz(e)* als affektisch verschärfte Koseform von *Burkhart* (wie *Fritz* von *Friedrich*) gedeutet und als den Dämon versöhnlich stimmende Anrede aufgefaßt werden. FOERSTE in: Nd. Wort 2 (1961) 74f. hält dagegen nordd. *putzig* ebenso wie mnd. *putze*, *pusse* 'Possen, Streich' für Entlehnungen (16. Jh.) von gleichbed. nl. *potsig* und *poets*, *pots*. Er sieht in dem nl. Substantiv eine Kreuzung von mfrz. *pocher* 'etw. nach einem Muster bilden, eine Figur nach den Umrissen einer anderen zeichnen, nachahmen' (einer Ableitung von afrz. *poche* 'Tasche, Beutel, Sack', aus gleichbed. anfrk. **pokka*) und nl. *boots*, *boets* 'Tonmodell, Skizze, Entwurf, Spaß, Possen', *bootsen* 'modellieren, nachahmen, nachäffen, Possen reißen' (aus afrz. mfrz. *bocer* 'die Rohform eines Bildwerks herausarbeiten, weiche Masse formen', abgeleitet von afrz. *boce* 'Beule, Relief, erhabene Arbeit', s. *Possen*).

Puzzle n., auch Puzzlespiel 'Geduldsspiel', bei dem viele kleine Teile zu einer Bildfläche zusammengesetzt werden müssen, übernommen (Ende 19. Jh.) von gleichbed. engl. *puzzle*, eigentl. 'Verwirrung, Verlegenheit, kniffliges Problem', einer Bildung zu engl. *to puzzle* 'verwirren, in Verlegenheit setzen, verlegen sein, sich den Kopf zerbrechen'. Die weitere Herkunft ist ungewiß.

Pyjama m. n. 'Schlafanzug', übernommen (Anfang 20. Jh.) von gleichbed. engl. *pyjamas* (Plur.), nach Urdu *pā-jāma* bzw. *pā'e-*, *paijāma* 'lose um die Hüfte geknüpfte Hose' (wie sie in Indien von Frauen sowie von Mohammedanern männlichen und weiblichen Geschlechts getragen wird), eigentl. 'Beinkleid', vgl. Urdu *pā* 'Fuß' und *jāma* 'langes, weites Gewand'.

Pyramide f. monumentaler, über einer quadratischen Grundfläche spitzzulaufender Grabbau altägypt. Könige, geometrischer Körper mit einem Vieleck als Grundfläche und einer entsprechenden Anzahl dreieckiger, in einer gemeinsamen Spitze zusammenlaufender Seitenflächen. Gegen Ende des 15. Jhs. wird lat. *pȳramis*, Gen. *pȳramidis*, griech. *pȳramís*, Gen. *pȳramídos* (πυραμίς, πυραμίδος) im Dt. bekannt. Das griech. Wort bezeichnet (neben den oben genannten Bedeutungen) eine Art Kuchen aus gerösteten, in Honig eingemachten Weizenkörnern und ist in diesem Sinne eine Ableitung von griech. *pȳrós* (πυρός) 'Weizen'. Es wird daher vermutet, daß die ägypt. Pyramiden nach der (allerdings nicht näher bekannten) Form des Kuchens benannt sind. Da jedoch angenommen werden kann, daß griech. *pȳramís* für 'Pyramide' ägypt. Urspungs ist, geht LANG in: Anthropos 18/19 (1923/24) 551ff. von ägypt. *mr* 'Pyramide' aus, erschließt unter Einsetzung des im Griech. überlieferten Vokals *i* ein mit präfigiertem Artikel versehenes **pimar*, das durch Metathese **piram* ergibt, woraus griech. *pȳramís*. In dt. Texten erscheint *Pyramis* zunächst mit lat. Flexion in den dem griech.-lat. Vorbild entsprechenden Bedeutungen 'Grabbau' und (16. Jh.) als Bezeichnung der geometrischen Figur; in der 2. Hälfte des 18. Jhs. setzt übertragener Gebrauch (für Erhabenes, Großes, Ewiges) ein. Griech.-lat. Formen halten sich bis gegen Ende des 18. Jhs., werden aber im allgemeinen vom frühen 17. Jh. an durch *Pyramide* abgelöst. – pyramidal Adj. 'pyramidenförmig' (18. Jh.), übertragen 'riesenhaft, gewaltig, überwältigend' (Mitte 19. Jh.), wohl unter Einfluß von frz. *pyramidal*, spätlat. *pȳramidālis* 'pyramidenförmig'; älter *pyramidalisch* Adj. (17. Jh.).

Quacksalber m. 'unqualifizierter Heilpraktiker, Kurpfuscher', Entlehnung des 16. Jhs. von nl. *kwakzalver*, zu mnl. *quacsalven* (s. unten), einer Bildung aus mnl. *quāken*, *quakken*, nl. *kwaken* 'quaken, schwatzen, prahlen' (s. *quaken*) und mnl. *salven*, nl. *zalven* 'salben' (s. *Salbe*). Entsprechend der früheren Praxis dieser Berufsgruppe ist der Ausdruck wohl als 'Salbenkrämer', der marktschreierisch Salben und Heilmittel bzw. Heilverfahren feilbietet, zu verstehen (vgl. ahd. *salbāri* 'Salbenhändler', 10. Jh.). Kaum einleuchtender erscheint die von DE VRIES Nl. 373 aufgezeigte Möglichkeit, in dem ersten Wortbestandteil nl. *kwak* (älter) 'kleiner Klecks' (z. B. *zalf* 'Salbe') zu sehen. – Quacksalberei f. 'unsachgemäße medizinische Praxis, unwirksames oder schädliches Heilmittel bzw. Heilverfahren' (17. Jh.), nl. *kwakzalverij*. quacksalbern Vb. 'unseriöse Heilmethoden anwenden' (18. Jh.), älter *quacksalben* (16. Jh.); vgl. mnl. *quacsalven* 'mit unzureichenden Heilmitteln kurieren'.

Quaddel f. 'kleine gerötete Hautanschwellung' (als Folge von Insektenstich, allergischer Reaktion). Nach vereinzelter früher Bezeugung ahd. *quedilla* 'Pustel, Bläschen' (8. Jh.) finden *Quaddel, Quiddel* häufigere Verwendung erst seit dem 17. Jh., vorwiegend auf nordd. Gebiet. Mit aengl. *cwydele* 'Schwellung, Bläschen' und vielleicht mit weiteren germ. Verwandten wie aengl. *cwiþ(a)*, anord. *kviðr*, got. *qiþus* 'Bauch, Mutterleib, Magen' führen die oben genannten Substantive über eine außerhalb des Germ. allerdings nur spärlich bezeugte Dentalerweiterung ie. **gu̯et-* 'Schwellung, Rundung', zu der auch schwundstufiges (ie. **gut-*) mhd. *kutel*, nhd. *Kutteln* Plur. 'tierische Eingeweide' (s. d.), mnd. *kūt, kūt* 'Eingeweide, Weichteile' gestellt werden können, auf die Wurzel ie. **geu-, *gū-* 'biegen, krümmen, wölben' (s. *Kugel*).

Quader m. 'zu einem rechteckigen Block behauener (Bau)stein', mhd. *quāder*, entlehnt aus mlat. *quadrus* 'viereckiger Stein, Grundstein', vgl. mlat. *quadrus lapis* 'viereckiger Stein', ahd. (11. Jh.), mhd. *quāderstein*, nhd. *Quaderstein*. Auszugehen ist von spätlat. *quadrus* 'viereckig', lat. *quadrum* 'Viereck, Quadrat' und *quadra*, auch 'Grundstein (eines Säulenstuhls), Platte, Scheibe (zwischen größeren Bauelementen)', zu lat. *quadrāre* 'viereckig, ebenmäßig machen, passen' und letztlich zu lat. *quattuor* 'vier' (s. *Quadrant, Quadrat, Quadrille*). In der Geometrie bezeichnet *Quader* einen Körper, dessen Oberfläche aus sechs Rechtecken besteht, von denen je zwei kongruent sind, in parallelen Ebenen liegen und senkrecht auf den andern stehen. Zuerst *Quaderstück* (Kepler, 17. Jh.).

Quadrant m. 'in Grade unterteilter Viertelkreis, Winkelmesser'. Zuerst mhd. *quādran*, spätmhd. *quadrant(e)* 'vierter Teil, Viertel', auch 'Quaderstein' (s. *Quader*), seit dem 15. Jh. 'Viertelkreis', bes. als Meßinstrument (in Astronomie und Baukunst). Entlehnt aus lat. *quadrāns* (Gen. *quadrantis*) 'ein Viertel eines Maßes, auch einer Münzeinheit (des römischen As)', Substantivierung des Part. Präs. von lat. *quadrāre* 'viereckig, ebenmäßig machen, passen', hier aber wohl 'in vier Teile teilen'. S. *Quadrat*.

Quadrat n. geometrische Figur mit vier gleichen Seiten und vier rechten Winkeln, zweite Potenz einer Zahl, um 1400 unter Aufgabe der lat. Endung entlehnt aus lat. *quadrātum*, der substantivierten neutralen Form von *quadrātus* 'viereckig', zu lat. *quadrāre* 'viereckig, ebenmäßig machen, passen' (s. *Quader*). Entgegen der eigentl. Bedeutung bezeichnet in jüngerer dt. Umgangssprache *Quadrat* als erstes Kompositionsglied (ausgehend von der Vorstellung eines kantigen, breiten Gebildes) Unförmiges, mangelhaft Ausgeformtes, vgl. *Quadratlatschen* 'riesige Füße, Schuhe', *Quadratschädel* 'grobschlächtiger Schädel', auch 'starrsinniger Mensch' (19. Jh.). – quadratisch Adj. 'von der Form eines gleichseitigen Vierecks' (16. Jh.), älter *quadrat(en)* (um 1400). quadrieren Vb. 'ins Quadrat erheben, mit sich selbst multiplizieren' (18. Jh.), mhd. 'in Vierecke teilen, viereckig machen'.

Quadrille f. Form des Kontertanzes, Tanzformation, in der vier Paare in bestimmter Weise zusammenwirken, sowie die zugehörige Tanzmelodie. Span. *cuadrilla* f. 'Aufteilung des Heeres in vier Gruppen, zusammengeschlossene Personengruppe, Reitertrupp bei Kampfspielen', eine Ableitung von span. *cuadro* 'Quadrat', das auf spätlat. *quadrus* 'viereckig' zurückgeht (s. *Quader*), ergibt die Entlehnung frz. *quadrille* f. 'Reitertrupp von etwa 25 Mann', dann 'an einem Reiterspiel teilnehmende Reitergruppe', wo es, zum Maskulinum geworden, die Bedeutungen 'Tänzergruppe beim Kontertanz, bestimmte Form des Kontertanzes' und 'für diesen Tanz geeignetes Musikstück' (18. Jh.) entwickelt. Dem Frz. folgend, erscheint *Quadrille* f. zunächst (1. Hälfte des 18. Jhs.) im Sinne von 'Reitergruppe' im Dt., übernimmt aber bald auch die jüngeren Verwendungsweisen des frz. Substantivs, ohne dessen Genuswechsel nachzuvollziehen.

quaken Vb. 'Töne in der Art von Fröschen, Enten u. ä. von sich geben', älter auch *quakken*, iterativ *quackeln* 'dummes Zeug treiben, reden schwatzen' (15. Jh.). Als Nachahmung elementarer Tierlaute hat das seit dem 15. Jh. im Dt. bezeugte Verb zahlreiche Parallelen in anderen Sprachen, vgl. mnd. mnl. *quāken*, *quacken*, engl. *to quack*, russ. *kvákat'* (*квакать*), lat. *coaxāre*. Eine wechselseitige Abhängigkeit muß nicht notwendig vorausgesetzt werden. Vgl. mnd. *quack* 'unnützes Gerede'; im hd. Grenzgebiet zum Nd. *quackeln* 'unverständlich, platt sprechen'. S. auch *quäken*, *quieken*.

quäken Vb. 'ein gepreßtes, klägliches Geschrei (auch Getön eines Musikinstruments) von sich geben', in älterer Sprache auch *quekken*; seit dem 16. Jh. bezeugt. Wie *quaken* (s.d.), mit dem es gelegentlich bedeutungsgleich verwendet wird, ahmt es vornehmlich die Lautäußerungen bestimmter Lebewesen nach, z.B. das Weinen eines Kleinkindes in einer spezifischen Tonlage oder den Klagelaut des Hasen; daher Q u ä k e f. akustisches Lockinstrument des Jägers für Fuchs und andere kleine Raubtiere durch Vortäuschung des Klagelauts des Hasen (19. Jh.). S. auch *quieken*.

Qual f. 'starker, andauernder Schmerz, schweres körperliches oder seelisches Leid', ahd. *quāla* 'Qual, Elend, Hölle' (8. Jh.), mhd. *quāl(e)*, *kāl(e)*, *kōl(e)* 'Beklemmung, Marter, Qual', asächs. *quāla*, mnd. mnl. *quāle*, nl. *kwaal* (germ. **kwēlō*) und (ablautend) aengl. *cwalu*, anord. *kvǫl*, schwed. *kval* (germ. **kwalō*) stehen als Abstrakta zu dem nur früh belegten starken Verb ahd. *quelan* 'leiden, sich quälen, martern' (9. Jh.), mhd. *queln*, *koln*, *kollen*, *keln* 'Schmerzen leiden, sich quälen', asächs. *quelan*, mnd. *quēlen* 'Schmerz erleiden', mnl. *quēlen* 'übel dran sein, betrübt sein', aengl. *cwelan* 'sterben'. Außergerm. sind vergleichbar lit. *gélti* 'stechen, wehtun', *gėlà* 'heftiger Schmerz', aslaw. *žalъ* 'Grabmal', russ. (älter) *žal'* (*жаль*) 'Mitleid, Bedauern', air. *atbaill* 'stirbt', so daß von einer Wurzel ie. **g^u̯el-* 'stechen, (stechender) Schmerz, Qual, Tod' ausgegangen werden kann. – q u ä l e n Vb. 'unausgesetzt Leid, Schmerz zufügen'. Das schwache Verb ahd. *quellen* 'plagen, martern' (8. Jh.), mhd. *queln* 'drängen, drücken, plagen, peinigen', asächs. *quellian* 'martern, töten', aengl. *cwellan* 'töten, morden', engl. (dichterisch) *to quell* 'unterdrücken', anord. *kvelja* 'plagen, martern' ist als Kausativum zu dem oben genannten starken Verb gebildet; es wird später im Dt. als Ableitung von *Qual* empfunden und in der Schreibweise diesem angeglichen. Q u ä l g e i s t m. 'jmdn. hartnäckig bedrängender, aufdringlicher Mensch' (18. Jh.).

Qualität f. 'Beschaffenheit, Eigenschaft, Verfassung', handelssprachlich '(guter) Zustand, alle Erwartungen zufriedenstellende Ausführung (von Waren), Güte', entlehnt (1. Hälfte 16. Jh.) aus lat. *quālitās* (Gen. *quālitātis*) 'Beschaffenheit, Verhältnis, Eigenschaft', einer Bildung zu lat. *quālis* 'wie beschaffen, von welcher Art'. Der Ausdruck gilt zunächst in der Heilkunde (Temperamentenlehre) im Sinne von 'Eigenschaft, Merkmal', gewinnt danach (17. Jh.) bes. Gewicht in der Kaufmannssprache (unter Einfluß von frz. *qualité*) und entwickelt vielfältige fachsprachliche Bedeutungsnuancen. – q u a l i t a t i v Adj. 'der Beschaffenheit, dem Werte nach, die Qualität betreffend' (19. Jh.), frz. *qualitatif*, spätlat. *quālitātīvus*. q u a l i f i z i e r e n Vb. 'geeignet, fähig, brauchbar machen, den Eignungsnachweis erbringen' (16. Jh.), in der Sportsprache (refl.) 'die zur Teilnahme an einem Wettkampf erforderliche Leistung erbringen' (Anfang 20. Jh.), häufig q u a l i f i z i e r t Part.adj. 'geeignet, brauchbar, anspruchsgerecht' (16. Jh.); mlat. *qualificare* 'charakterisieren, näher bestimmen' (zu lat. *quālis*, s. oben, und *facere* 'machen, tun'; im Sport nach entsprechendem engl. *to qualify*); dazu Q u a l i f i z i e r u n g f. 'Weiterentwicklung, Tauglichkeitsnachweis, Befähigung' (17. Jh.); älter Q u a l i f i k a t i o n f. 'Eignung, Befähigung, Ausbildungsgrad' (16. Jh.), mlat. *qualificatio* (Gen. *qualificationis*). Als negative Entsprechungen d i s q u a l i f i z i e r e n Vb. 'untauglich machen, die Tauglichkeit absprechen, degradieren' (Mitte 19. Jh.), in der Sportsprache 'wegen eines Regelverstoßes vom Wettbewerb ausschließen' (Anfang 20. Jh.), letzteres nach engl. *to disqualify* (zuerst 'vom Pferderennen ausschließen'); D i s q u a l i f i k a t i o n f. (Mitte 19. Jh.) und D i s q u a l i f i z i e r u n g f. 'Aberkennung der Befähigung, Degradierung, Ausschluß' (um 1900).

Qualle f. Meerestier mit durchsichtigem, im Wasser aufgetriebenem, glockenförmigem Körper, Aufnahme (16. Jh.) aus dem Nd. in die Literatursprache; vgl. nd. *Quall*, nl. *kwal*, eigentl. 'Aufgeblasenes', zu ^{1}*quellen* (s. d.).

Qualm m. 'in dichten Schwaden aufwallender Rauch', ein nd. Wort, seit dem 16. Jh. im Hd. Mnd. *quallem* 'Dampf, Rauch', nl. (aus dem Dt.) *kwalm*, mit *m*-Suffix im Sinne von 'Hervorquellendes' wohl zu mnd. *quellen* '(auf)quellen, dünn, locker werden, aufwallen vor Zorn, Schmerz' (s. [1]*quellen*). – q u a l m e n Vb. 'rauchen, Rauchschwaden bilden', dann auch 'übermäßig Tabak rauchen' (17. Jh.). q u a l m i g Adj., älter *qualmicht* 'raucherfüllt, rauchig' (17. Jh.).

Quantität f. 'Menge, Anzahl, Volumen', im 16. Jh. aus lat. *quantitās* (Gen. *quantitātis*) 'Größe, Menge, Summe', einer Ableitung von lat. *quantus* (s. *Quantum*), zunächst in die Fachsprache der Mathematik und der Kaufmannschaft entlehnt, danach allgemein. – q u a n t i t a t i v Adj. 'im Hinblick auf Menge, Anzahl, Umfang, zahlen-, mengenmäßig' (19. Jh.), lat. *quantitātīvus*.

Quantum n. 'zustehende oder einer Sache angemessene Menge, Dosis'. Die substantivierte neutrale Form des Adjektivpronomens lat. *quantus* 'wie groß, wieviel' wird zunächst in die Wissenschaftssprache (16. Jh.), dann in die Kaufmannssprache aufgenommen (17. Jh.), z. B. mit Bezug auf Geld-, dann auch Warenmengen. Das Wort hält sich in seiner lat. Gestalt bis zur Gegenwart als Bezeichnung für eine beliebige Menge, die meist einer näheren Bestimmung bedarf (noch im 19. Jh. teilweise mit lat. Flexion in den obliquen Kasus).

Quappe f. vor allem im Nordd. gebräuchliche Bezeichnung für einen das Süßwasser bewohnenden Dorschfisch, ahd. *quappa* (10. Jh., auch *quappo*, Hs. 13. Jh.), mhd. *quappe*, *kape*, frühnhd. *quappe*, *kape*, *kope*, *koppe* (15. Jh.; nhd. *Koppe* dann meist für 'Kaulkopf, Groppe', einen barschartigen Fisch), mnd. mnl. *quappe*, *quabbe*, nl. *kwab(be)*; vgl. ferner die jüngere Zusammensetzung *Aalquappe* und das bes. im Obd. übliche gleichbed. *Aalraupe* (s. d.). *Quappe*, namentlich im Kompositum *Kaulquappe* (s. d.) auch im Sinne von 'Froschlarve' gebräuchlich, läßt sich mit der Bedeutung 'weiches, schleimhäutiges Tier' zu lautmalenden Bildungen wie *quabbeln* 'sich zitternd bewegen', *quabbelig* 'weich, gallertartig' (beide ursprünglich nd. und md.), ferner mnd. *quobbe*, *quebbe*, *quabbe* 'etw. Weiches, Elastisches, bes. Wamme, fettes Fleisch, Sumpf', engl. *to quaver* 'zittern', schwed. (mundartlich) *kvabba* 'vor Fettheit zittern' stellen. Apreuß. *gabawo* 'Kröte', aslaw. *žaba* 'Frosch', russ. *žába* (*жаба*) 'Kröte' gestatten jedoch, sekundäre Verschmelzung eines alten Tiernamens ('Frosch, Kröte') mit dieser germ. Wortgruppe zu vermuten; vgl. Pokorny 1, 466 unter dem zusammenfassenden Ansatz ie. **gᵘēb(h)-*, **gᵘəb(h)-* 'schleimig, schwabbelig, Quappe, Kröte'.

Quarantäne f. 'räumliche Isolierung zur Verhinderung von Ansteckung bei Infektionskrankheiten, Zeitraum der Isolierung'. Die Gepflogenheit, Schiffe aus verseuchten Gebieten zur Vorbeugung gegen das Einschleppen von Infektionskrankheiten eine bestimmte Zeit an gesonderten Liegeplätzen zu belassen, wurde zuerst in den Mittelmeerhäfen (etwa seit dem 14. Jh.) praktiziert. Im allgemeinen war eine Isolierungszeit von 40 Tagen vorgesehen (wohl nach dem 40tägigen Aufenthalt in völliger Zurückgezogenheit von Moses und Christus), ital. *quarantena*, *quarantina*, eigentl. 'Anzahl von 40, Zeitraum von 40 Tagen', genannt (vgl. mlat. *quarentina*, *quarantena* '40 Tage'), abgeleitet vom Zahlwort ital. *quaranta* 'vierzig' (gleicher Herkunft wie afrz. *carante*, s. unten). Als Entlehnung aus dem Ital. begegnet (Anfang 17. Jh.) im Dt. *Quarantena*, *Quarantia*, auch (Plur.) *Quarentennas*, *Quaranten*. Im 18. Jh. wird dagegen *Quarantaine* üblich als Entlehnung von gleichbed. frz. *quarantaine*; vgl. afrz. *caranteine*, *quaranteine* 'Zahl von 40, Zeitraum, Frist von 40 Tagen', eine Ableitung von afrz. *carante*, *quarante* 'vierzig' (frz. *quarante*) aus vlat. **quaranta* (belegt im 5. Jh. *quarranta*), einer Verkürzung von lat. *quadrāgintā* 'vierzig'.

Quark m. beim Gerinnen der Milch entstehender Käsestoff, 'Weißkäse', spätmhd. *twarc*, frühnhd. (md.) *quark*, *quarg* mit Wandel von *tw-* zu *qu-* (s. *quer*), Entlehnung aus einer westslaw. Sprache, vgl. poln. *twaróg*, nsorb. *twarog*, obsorb. *twaroh*, tschech. *tvaroh* 'Quark', sämtlich aus gemeinslaw. **tvarogъ*, ungeklärter Herkunft. Die umgangssprachliche Verwendung im Sinne von 'Wertloses, Belangloses' entsteht im 16. Jh.

quarren Vb. 'wehleidig quäken, in weinerlichem Tonfall jammern, einen heiseren, schnarrenden Laut von sich geben', seit dem 18. Jh. in der Literatursprache bei nordd. Schriftstellern zunächst für die Lautäußerung des Frosches bezeugt, nach mnd. *quarren* 'grollende, brummende Töne ausstoßen'; lautnachahmend, vgl. (stark flektierendes) ahd. *queran* 'seufzen' (9. Jh., *irqueran*, um 800) und parallele Bildungen wie nhd. (landschaftlich) *querren*, *quirren*, *quurren*. Zieht man aind. *gṛṇấti* 'ruft, ruft an, preist', lit. *gìrti* 'rühmen, loben', aslaw. *granъ* 'Formel, Vers', lat. *grātēs* (Plur.) 'Dank' heran, so kann (trotz semantischen Schwierigkeiten) ein Anschluß an die Wurzel ie. **gᵘ̯er(ə)-* 'die Stimme erheben, loben, preisen' erwogen werden. Jedoch können die mit *qu-* anlautenden dt. Formen auch für Anlautvarianten von ahd. *kerran* 'ächzen, knarren, plappern' (8. Jh.), *karrōn* 'knarren, quietschen, toben' (11. Jh.), mhd. (landschaftlich) *karren*, *kerren*, aengl. *ceorran* 'knarren, kreischen', anord. *kurra* 'knurren, murren' gelten, so daß eine Verbindung zu der unter *krähen*, *Kranich* (s. d.) angeführten Schallwurzel ie. **ger-* 'heiser schreien' möglich ist.

Quart n. 'Viertel, vierter Teil', mhd. *quart* 'vierter Teil von etw.' (vor allem als Flüssigkeits-, Weinmaß), entlehnt aus lat. *quārtum*, Neutr. von lat. *quārtus* 'vierter', Ordinalzahl zu lat. *quattuor* 'vier'. Im Buchdruck 'Buchformat in der Größe eines Viertelbogens' (18. Jh.), aus *in quart* (Anfang 17. Jh.), nlat. *in quarto* 'in der Größe eines in vier Teile geteilten Bogens' (um 1600 in dt. Texten). Vgl. *in quart Format* (2. Hälfte 17. Jh.). – Q u a r t e f. 'vierter Teil von etw.', mhd. *quarte* (bes. Flüssigkeits-, Weinmaß), aus lat. *quārta (pars)* 'vierter Teil, Viertel'. In der Musik 'vierter Ton' vom Grundton an sowie das entsprechende Intervall (14. Jh.).

Quartal n. 'Viertel eines Kalenderjahres, Vierteljahr', entlehnt (1. Hälfte 16. Jh.) aus gleichbed. mlat. *quartale*, eigentl. 'vierter Teil von etw.', also auch 'Viertelmaß, vierter Teil eines Jahres, einer Stunde, einer Fläche, eines Holz- und Weinmaßes'; zu lat. *quārtus* 'vierter' (s. *Quart*).

Quartett n. 'Musikstück für vier Instrumente oder Singstimmen, Ausführende eines solchen Musikstücks', dann auch allgemein 'vier durch eine Gemeinsamkeit verbundene Personen'. Gleichbed. ital. *quartetto* (abgeleitet von ital. *quarto* 'vierter', lat. *quārtus*) wird im 18. Jh. entweder unverändert oder (häufiger) in der Form *Quartett* in den Wortschatz der Musik aufgenommen.

Quartier n. 'Schlafstelle, (zeitweilige) Wohnung, Unterkunft', mhd. *quartier* 'Viertel' ist eine Entlehnung von afrz. *cartier*, *quartier* 'vierter Teil von etw.' (z. B. von geschlachtetem Vieh, von einer Fläche, einer Elle, einem Panzer, Helm, Schild), frz. *quartier* 'vierter Teil, Viertel, Stadtviertel, (vorübergehende) Wohnung, Soldatenunterkunft, Kaserne, Quartalszahlung', aus mlat. *quarterium* n. 'vierter Teil (z. B. des Jahres), Stadtteil, Viertelmorgen, Teil des Schildes, eines Getreidemaßes', lat. *quārtārius* m. 'Viertel' (bes. als Getreide-, Flüssigkeitsmaß); zu lat. *quārtus* 'vierter' (s. *Quart*). – q u a r t i e r e n Vb. 'Quartier machen, Unterkunft besorgen' (16. Jh.), zu *Quartier* 'Militärunterkunft'. Vgl. mhd. *quartieren* 'in vier Teile teilen'. e i n q u a r t i e r e n Vb. '(Truppen) unterbringen, Quartier nehmen, in eine Unterkunft einweisen'; E i n q u a r t i e r u n g f. 'Unterbringung, bes. von Militäreinheiten' (beide Anfang 17. Jh.).

Quarz m. hartes, sprödes, kristallines Mineral, omd. *quarz* (Böhmen, 1. Hälfte 14. Jh.). Die Herkunft der Bezeichnung ist ungewiß. Vielleicht handelt es sich um eine Nebenform mit anlautendem omd. *qu-* für obd. *zw-* (s. *quer*) mit durch affektische Lautverschärfung entstandenem auslautendem *-z* (vgl. die Koseformen *Heinz*, *Kunz*) zu mhd. (md.) *querch* (s. *Zwerg*), indem Bergleute die Unbrauchbarkeit des Minerals für die Erzgewinnung Berggeistern zuschrieben (s. *Kobalt*, *Nickel*). Das Wort wurde in zahlreiche Sprachen entlehnt, vgl. nl. *kwarts*, engl. frz. *quartz*, ital. *quarzo*, schwed. *kvarts*, russ. *kvarc* (*кварц*). – q u a r z i g Adj. 'aus Quarz bestehend, wie Quarz beschaffen' (18. Jh.).

quasi Adv. 'gewissermaßen, gleichsam, angeblich, nur zum Schein', Übernahme (1. Hälfte 17. Jh.) von lat. *quasĭ* 'wie wenn, als wenn, gleichwie, weil angeblich' in die dt. Rechts- und Kanzleisprache. Es findet weite Verbreitung bis hinein in die Umgangssprache (vielfach auch scherzhaft). Häufig erstes Glied von Zusammensetzungen im Sinne von 'ungefähr, nahezu, fast' in bezug auf das Grundwort, vgl. *Quasi-Neutralität* (17. Jh.), *Quasiadel*, *-frau* (18. Jh.), *quasiöffentlich*, *-offiziell* (19. Jh.), *quasimondän*, *Quasi-Religion* (20. Jh.).

quasseln Vb. 'unentwegt nichtssagend schwatzen'. Nd. *dwasseln*, *quasseln* 'ohne

Überlegung, unverständlich sprechen und handeln' gelangt um 1900 von Berlin aus in die Umgangssprache. Es ist eine Iterativbildung zu nd. *quāsen* 'fressen, übermäßig essen, plaudern, schwatzen' (18. Jh.), entstanden durch Anlautsveränderung (s. *quer*) aus mnd. *dwāsen* 'Unsinn reden, irre reden, toll sein'. Dies gehört mit dem Adjektiv mnd. *dwās*, mnl. *dwaes*, nl. *dwaas*, aengl. *dwǣs* 'verkehrt, töricht, närrisch' und mit mhd. *twā̆s*, *dwā̆s* 'Tor, Narr, Bösewicht' zu der unter *dösig*, *dösen* (s. d.) behandelten Wortgruppe. Die *s*-Erweiterung weist in den oben genannten Wörtern allerdings eine andere Ablautstufe der Wurzel ie. **dheu-*, **dheu̯ə-* auf (für die langvokalischen Formen ie. **dhu̯ēs-*). – Q u a s s e l e i f. 'Geschwätz, nichtssagendes Geplauder' (19. Jh.).

Quaste f. 'Wedel, Büschel, Troddel', mhd. *quast(e)* 'Wedel von einem Baum, (Laub)büschel, Federbüschel als Helmschmuck', mnd. mnl. *quast*, nl. *kwast*, aschwed. *kvaster*, *koster*, schwed. *kvast* stehen neben ablautendem ahd. *questa* 'die Scham verhüllender Schurz aus Blättern' (um 1000), mhd. *queste*, asächs. mnd. *quest*. Sie führen als Bildungen mit Dentalsuffix zusammen mit apoln. *gwozd* 'Wald', atschech. *hvozd* 'Waldgebirge', slowen. *gòzd* 'Wald, Forst', nsorb. *gózdź* sowie aslaw. *gvozdь*, russ. *gvozdь* (*гвоздь*) 'Nagel' und griech. *bóstrychos* (*βόστρυχος*) 'Locke, krauses Haar', lat. *vespex* bzw. *vespicēs* (Plur.) 'dichtes Gesträuch', vielleicht auch aind. *guṣpitám* 'Gewirr, Anhäufung' und unerweitertem dän. *kvas* 'abgehauene, kleine Zweige' auf eine Wurzel ie. **gu̯es-* 'Gezweig, Laubwerk'. *Quaste* bedeutet daher eigentl. 'Büschel aus Laubzweigen oder Federn'.

quatschen Vb. einen Ton hervorbringen, wie er hörbar wird, wenn man mit Vehemenz in breiigen Schmutz stapft, und 'schwatzen, dummes Zeug reden' (16. Jh.), bes. md. und nd., wahrscheinlich eine lautnachahmende Bildung (ähnlich wie *klatschen*, *patschen*, s. d.) neben einer entsprechenden Interjektion *quatsch*. Denkbar ist freilich auch Ableitung mit intensivierender Lautverschärfung von dem unter *Kot* (s. d.) angeführten Adjektiv mhd. mnd. *quāt* 'böse, schlimm'. – Q u a t s c h m. 'Matsch, Dreck von breiiger Konsistenz' (18. Jh.), 'Unsinn, Geschwätz, dummes Zeug' (19. Jh.), Rückbildung aus dem Verb. q u a t s c h n a ß Adj. 'mit Feuchtigkeit völlig durchtränkt, durch und durch naß' (19. Jh.).

Quecke f. durch Kriechwurzeln stark wucherndes, schwer ausrottbares Unkraut; dieser Unverwüstlichkeit verdankt die Grasgattung ihren Namen. Ahd. *quecka* eine Art Fuchsschwanz? (11. Jh.), dann frühnhd. *Quecke* (15. Jh.), mnd. *queken* (Plur.), nl. *kweek*, aengl. *cwice*, engl. *quitch*, schwed. (mundartlich) *kvicka*, *kvecka* sind gebildet im Sinne von 'die Lebendige, Unverwüstliche' zu ahd. mhd. *quec* 'lebendig, frisch', nhd. *keck* (s. d.). Vgl. mhd. *quecke*, *kecke* 'frisches mutiges Wesen, Tapferkeit'.

Quecksilber n. silberfarbenes, bei Normaltemperaturen flüssiges Metall, das in schnellbewegliche Kügelchen zerfällt, ahd. *quecsil(a)bar* (um 800), mhd. *quec-*, *kecsilber*, mnd. *quiksulver*, mnl. *quicsilver*, *quecsilver*, nl. *kwikzilver*, aengl. *cwicseolfor*, engl. *quicksilver*, schwed. (aus dem Mnd.) *kvicksilver*; zu den Kompositionsgliedern s. *keck* und *Silber*. Übersetzung von lat. *argentum vīvum*, eigentl. 'lebendiges Silber'.

¹**quellen** Vb. 'sprudeln, sprudelnd fließen', ahd. *quellan* 'hervorsprudeln' (10. Jh.), mhd. *quellen* 'quellen, anschwellen', asächs. *quellan*, mnd. *quellen* '(auf)quellen, dünn, locker werden, aufwallen vor Zorn, Schmerz' (vgl. auch die Partizipialbildung aengl. *collenferhþ* 'mit geschwollenem Mut, stolz') schließt sich mit aind. *galati* 'träufelt herab', griech. *blýein* (*βλύειν*) 'hervorquellen (lassen), hervorsprudeln', *balanē̆ion* (*βαλανεῖον*) 'Bad, Badestube' an eine Wurzel ie. **gᵘel(ə)-* 'herabträufeln, überrinnen, quellen' an. – Q u e l l e f., auch (bes. dichterisch) Q u e l l m. 'kontinuierlich aus der Erde hervorsprudelnder Wasserstrom', übertragen 'Ursprung, Anfang' (15. Jh.), ahd. *quella* (um 1000), asächs. *quella*, aengl. *cwylla*. Oder (unabhängig vom Ahd.) frühnhd. Neubildung zum Verb? ²q u e l l e n Vb. 'weichen lassen, zum Quellen, Sieden bringen' (16. Jh.), Kausativum (im Sinne von 'quellen machen') zu ¹*quellen* (s. oben).

quengeln Vb. 'in weinerlichem Tonfall Mißbehagen, Unmut äußern, wehleidig schmollen, durch weinerliches Klagen, Nörgeln auf die Nerven gehen' (18. Jh.), wohl nd. md. Iterativbildung zu dem unter *zwängen* (s. d.) behandelten Verb. Zum Anlaut *qu-* s. *quer*.

Quentchen n. 'kleinste Menge, kleinstes Gewicht, ein bißchen' (auch als Maßeinheit), seit dem 18. Jh. neben älterem *Quentlein* (17. Jh.), *Quintel* (16. Jh.), *Quintlein*, frühnhd. *quintlīn* (15. Jh.). Vgl. *Quent*, *Quint* n. 'ein viertel (genauer ein fünftel) Lot' (15. Jh.), mit alter Vermischung der Vier- und Fünfzahl, Kürzung von gleichbed. spätmhd. mnd. *quintīn*, *quentīn*, aus mlat. *quintinus*, *quentinus* 'der fünfte Teil' (zu lat. *quīntus* 'fünfter').

quer Adj. 'schräg, die gerade Richtung kreuzend', ahd. *thwerah* (9. Jh.), mhd. *twer*, *dwer*, *quer* (auch *twerch*, *dwerch*, *querch*), nhd. (obd.) *zwerch*, (md.) *quer*, asächs. *thwerh*, mnd. *dwēr*, *dwēr(e)s*, nd. *dwer*, mnl. *dwe(e)rs*, *dwars*, nl. *dwars*, aengl. *þweorh*, *þwerh*, *þvēr* (auch 'zornig, ärgerlich'), anord. *þvērr* (auch 'unwillig'), schwed. *tvär*, got. *þwaírhs* 'zornig', germ. **þwerha-*. Außergerm. sind vergleichbar aind. *tarkúḥ* 'Spindel', griech. *átraktos* (ἄτρακτος) 'Spindel', lat. *torquēre* 'drehen, winden, martern', ir. *trochal* 'Schleuder', aruss. *torokъ*, russ. *toroká* (*торока*) Plur. 'Sattelriemen'. Heranziehen lassen sich ferner die unter *drechseln*, *Drechsler* (s. d.) angeführten dehnstufigen Bildungen, so daß von der dort genannten gutturalen Erweiterung ie. **terk-*, **trek-* 'drehen' zur Wurzel ie. **ter(ə)-* 'reiben, drehend reiben, (reibend) durchbohren' (s. *drehen*) auszugehen ist. Der für die Wortformen von *quer* vorauszusetzende Anlaut *tu̯-* ist wohl durch Kreuzung mit der unter *Quirl* (s. d.) angegebenen Wurzel ie. **tu̯er-* 'drehen' entstanden. Das im Nhd. geltende *quer* entspricht md. Lautentwicklung, wo seit dem 14. Jh. anlautendes mhd. *t-* (meist aus ahd. *th-* bzw. *d-* entstanden) vor *w* zum Guttural (geschrieben *qu-*) weiterentwickelt wird (s. *Quark*, *Quarz*, *Quirl*, *quasseln*), während dafür im Obd. (im Schwäb. bereits im 13. Jh.) *zw-* eintritt (s. *Zwerchfell*, *Zwerg*, *zwingen*). – querfeldein Adv. 'wahllos durch die Felder, über Stock und Stein' (17. Jh.), älter *querfeld einher*, *hinein*, *über* (16. Jh.), vgl. obd. *über zwerches feld* (16. Jh.). Querflöte f. 'Flöte, die beim Blasen quer (waagerecht) zu halten ist' (Anfang 16. Jh.); vgl. auch *Quer-*, *Zwerchpfeife* (16. Jh.). Querschnitt m. 'waagerechter Schnitt, repräsentativer, die wichtigsten Komponenten berücksichtigender Überblick' (18. Jh.). Quertreiber m. 'wer notorisch den normalen Ablauf eines Vorgangs behindert, Spielverderber, Querulant', wohl nach nd. *Dwarsdrīver* 'wer sein Schiff nicht richtig steuert, anderen in die Quere kommt', übertragen 'Querkopf' (18. Jh.); vgl. nl. *dwarsdrijver* (17. Jh.); Quertreiberei f. (19. Jh.).

Querele f., älter auch Querel und Querelle, 'Beschwerde, Unstimmigkeit, Plänkelei'. Das seit dem 17. Jh. bezeugte, doch wenig populäre Substantiv ist teils eine Entlehnung aus lat. *querēla*, *querella* 'Klage, Wehklage, Beschwerde' (zu lat. *querī* '(weh)-klagen, sich beschweren, vor Gericht klagen'), teils Übernahme von darauf beruhendem frz. *querelle* 'gerichtliche Klage, Streit, Zank'. Der im 19. Jh. nur selten gebrauchte Ausdruck gewinnt neuerdings wieder an Verbreitung, doch wird dabei die Schreibweise mit *-ll-* aufgegeben.

Querulant m. 'Nörgler, Besserwisser, Quengler'. Der im 18. Jh. aufkommende Ausdruck stellt sich neben seit etwa 1600 belegtes (doch heute seltenes) *querulieren* 'sich beklagen, lamentieren'. Dem Verb liegt spätlat. *querulāre* 'wehklagen', mlat. *querulari* 'vor Gericht klagen, sich beklagen, Klage äußern' zugrunde, dem Substantiv das zugehörige Part. Präs. spätlat. *querulāns* (Gen. *querulantis*). Auszugehen ist von lat. *querulus* 'klagend, wimmernd, sich beschwerend', zu lat. *querī* (s. *Querele*).

quetschen Vb. 'stark zusammenpressen, klemmen, durch heftigen Druck verletzen', nur bezeugt im Dt. und Nl., vgl. mhd. *quetzen*, *quetschen* 'schlagen, prägen, stoßen, zerdrücken', mnd. *quessen*, *quetsen* 'drücken, verletzen, beschädigen', mnl. *quetsen*, *quessen*, nl. *kwetsen* 'zerdrücken, zermalmen'. Außergerm. Anknüpfungsmöglichkeiten finden sich nicht; Herkunft unbekannt. Vielleicht lautnachahmend? Einfluß von afrz. *casser*, *quasser* 'zerbrechen, zerschlagen, zunichte machen', refl. 'sich verletzen' (frz. *casser*), aus lat. *quassāre* 'schütteln, erschüttern, zerschmettern, zerschlagen', Intensivum zu lat. *quatere* 'schütteln, erschüttern, stoßen, beschädigen', zeigt mhd. *qua(t)schiure*, (mit Umlaut) *quetschiure* 'Quetschung, Wunde', nach afrz. *casséure*, *quasséure* 'Bruch, Verletzung'. – Quetschung f. 'Einklemmung, durch starken Druck bewirkte Verletzung', mhd. *quetzunge*, *quetschunge* 'Quetschung,

Wunde'; vgl. auch gleichbed. mhd. *qua(t)-schiure*, *quetschiure* (s. oben). Quetsche f. 'Presse, Kelter' (md., 15. Jh.), 'Klitsche, dürftigen Ertrag abwerfende (Gast)wirtschaft' (19. Jh.). Quetschkommode f. scherzhaft für 'Ziehharmonika, Akkordeon' (20. Jh.).

quicklebendig Adj. 'sehr lebhaft, beweglich, temperamentvoll' (19. Jh.), Kompositum aus mnd. nd. *quick* 'lebendig, frisch' (s. *keck*) und *lebendig* (s. *leben*), dessen gleichbedeutende Glieder eine Verstärkung zum Ausdruck bringen.

quieken Vb. 'hohe, schrille Töne von sich geben', auf Tierlaute (z.B. Schwein, Maus), aber auch häufig auf vielfältige andere Geräusche bezogen. Dem seit dem 16. Jh. belegten lautmalenden Verb folgen über eine (noch mundartlich bezeugte) Übergangsform *quiekezen, quixen* intensivierende Weiterbildungen wie *quieksen*, *quietschen* (alle 17. Jh.); vgl. *quietschvergnügt* 'sehr fröhlich' (20. Jh., wohl zuerst in Berlin), eigentl. 'lustig, hell und laut lachend'. S. auch *quaken*, *quäken*.

Quintett n. 'Musikstück für fünf Instrumente oder Singstimmen, Ausführende eines solchen Musikstücks', dann auch allgemein 'fünf durch eine Gemeinsamkeit verbundene Personen'. Gleichbed. ital. *quintetto* (abgeleitet von ital. *quinto* 'fünfter', lat. *quīntus*) wird im 18. Jh. entweder unverändert oder (häufiger) in der Form *Quintett* in den Wortschatz der Musik aufgenommen.

Quirl m. 'Rührstab, Rührinstrument', ahd. *thwiril* (9. Jh.), frühnhd. (obd.) *twir(e)l*, (md.) *quirrel*, *querel* 'was sich schnell herumdreht, Rührstab', mnd. *twerl*, *dwerl*, *dwarl* 'Wirbel, Kraushaar', aengl. *þwiril* 'Rührstab', isl. *þyrill*, schwed. (mundartlich) *tyril* ist als Gerätebezeichnung mit dem Instrumentalsuffix germ. *-ila-* (s. *Meißel*, *Schlüssel*, *Zügel*) gebildet zu einem in ahd. *thweran* 'mengen, drehen' (9. Jh.), mhd. *twern*, *dwern* 'herumdrehen, durcheinanderrühren, mischen', aengl. *þweran* 'rühren' belegten starken Verb germ. **þweran*, wozu auch (anders abgeleitetes) aengl. *þwēre* 'Stößel, Stampfe', anord. *þvara* 'Rührstab', schwed. (mundartlich) *tvara*, *tvöra* gehören. Vergleichbar sind wohl aind. *tváratē* 'eilt', griech. *torýnē* (*τορύνη*, aus **τυρύνη*) 'Rührlöffel, -kelle', lat. *trua* 'Schöpfkelle (auch zum Umrühren)'; Anschluß an eine Wurzel ie. **tu̯er-*, **tur-*, **tu̯r-*, **tru-* 'drehen, quirlen, wirbeln' ist möglich, wozu mit anlautendem *s-* auch *stören* und *Sturm* (s. d.) zu stellen sind. Zum Anlaut *qu-* s. *quer*. – quirlen Vb. 'mit dem Quirl rühren' (18. Jh.). quirlig Adj. 'lebhaft, ständig im Bewegung, unruhig' (19. Jh.).

quitt Adj. (nur prädikativ) 'los, ledig, frei, nichts mehr schuldig, beglichen', nur noch in der Wendung *(mit jmdm.) quitt sein*. Mhd. *quīt*, *quit* 'los, ledig, frei' ist wie mnd. *quīt*, mnl. *quīte*, nl. *kwijt*, engl. *quit* entlehnt aus afrz. *quite* 'frei, ledig des Auferlegten, außer Gefahr, unbeteiligt, ruhig, frei zu eigen, bezahlt, erledigt' (frz. *quitte* 'nichts mehr schuldig, frei, los, ledig'), einem zuerst bildungssprachlichen juristischen und theologischen Ausdruck (afrz. auch 'frei von Verpflichtungen, von Sünde'); aus lat. *quiētus* (gesprochen *quíetus*?) 'Ruhe haltend, ruhig', eigentl. 'frei von Arbeit und Sorge', daher auch 'unangefochten, gesichert, frei', zu lat. *quiēs* (*quiētis*) 'Ruhe (von der Arbeit), Erholung'. Im Dt. ist *quitt* bereits in älterer Zeit (13. Jh.) ein geläufiges Wort der Kaufmanns- und Handelssprache. – quittieren Vb. 'den Empfang bestätigen, von einer Verpflichtung entlasten, abdanken', mhd. *quittieren* 'ledig machen, von einer Verpflichtung freisprechen', frühnhd. (Kaufmannssprache) 'den Empfang einer Zahlung bescheinigen' (15. Jh.), 'ein Amt, den Dienst aufgeben' in Heer und Verwaltung (17. Jh., nach frz. *quitter le service*, dt. *den Dienst quittieren* 'abdanken, zurücktreten'), entlehnt aus afrz. *quiter* 'jmdn. losgeben, freigeben, einer Leistung ledig erklären, etw. aufgeben, erlassen, abzahlen, überlassen', frz. *quitter* 'verlassen, aufgeben, loslassen, ablegen', abgeleitet vom Adjektiv afrz. *quite* (s. oben). Quittung f. 'Empfangsbestätigung, Beleg' (15. Jh.), abgeleitet von mhd. *quīten*, *quiten* 'frei machen, lösen', zum Adjektiv mhd. *quīt*, *quit* (s. oben); vgl. mhd. *quitbrief* und mnd. *quitunge* 'Loslassung, Befreiung'.

Quitte f. zu den Rosengewächsen zählender Obstbaum und seine birnen- bzw. apfelähnliche Frucht. Ahd. *quitina* (um 1100), mhd. *quiten*, mnd. *quēde*, *quedde*, mnl. *quēde*, nl. *kwee* führen als Entlehnungen auf vlat. *quidonea*, ahd. *kutina* (9. Jh.), mhd. *küten* dagegen auf mlat. *codonea*, lat. *cotōnea*. Die lat. Formen bezeichnen als Sing. Fem. ebenso wie der Plur. Neutr. lat. *cotōnea* die Früchte des

Baumes. Lat. (Sing.) *cotōneum mālum* entstammt entweder der gleichen Quelle wie der im folgenden genannte griech. Name oder ist (nur über etruskische Vermittlung) ebenso wie lat. *cydōnia (māla)* entlehnt aus griech. *kydṓnia (mãla)* (*κυδώνια μᾶλα*) 'Quittenäpfel', d. h. 'Äpfel aus Kydonia', einer Stadt an der Nordküste Kretas, die als Herkunftsgegend der Quittenäpfel angesehen wurde; in Wahrheit ist jedoch Asien die Heimat der Quitte. Vermutlich entstand der Name durch volksetymologische Identifizierung eines älteren kleinasiatischen Namens mit der Stadt *Kydōnía* (*Κυδωνία*). Eine Nebenform ahd. *kottana* (10. Jh.), *koȥȥana* (um 1000) stammt aus lat. *cottana* Plur., griech. *kóttana* (*κόττανα*), eigentl. 'kleine syrische Feigen' (einem Lehnwort aus dem Semit.), das jedoch später mit lat. *cotōnea* (s. oben) vermischt wurde. Zu Einzelheiten vgl. Marzell 1, 1289ff. und 1407.

Quiz n. 'Preisfrage, unterhaltsames Fragespiel' wird (2. Hälfte 20. Jh.), zumal durch Rundfunk und Fernsehen, aus dem Amerik.-Engl. ins Dt. übernommen. Wohl zu amerik.-engl. *to quiz* 'prüfen, ab-, ausfragen', *quizzes* Plur. 'Prüfung, Befragung'; Herkunft unbekannt. Oder zu engl. *to quiz* 'spaßen, necken', *quiz* 'Spaß, Ulk, komischer Kauz'; ebenfalls unbekannter Herkunft. Wenig wahrscheinlich ist der Versuch, amerik.-engl. *quiz* als Kürzung aus engl. *inquisitive* 'wißbegierig, neugierig' zu erklären.

Quote f. 'verhältnismäßiger Teil, Anteil, Teilbetrag, Beteiligungszahl', frühnhd. *quott* (15. Jh.), entlehnt aus mlat. *quota (pars)* 'auf jeden einzelnen Steuerpflichtigen fallender Betrag', eigentl. 'der wievielte Teil'; vgl. lat. *quot* 'wie viele, wieviel', *quotus*, *quota*, *quotum* 'der, die, das wievielte'. In der Kaufmannssprache des 16. bis 18. Jhs. auch *Quotum* und (wohl unter Einfluß von ital. *quota*) *Quota*.

Quotient m. in der Mathematik 'Resultat der Division'. Aus dem Adverb lat. *quotiēs*, *quotiēns* 'wievielmal, wie oft' wird, wohl über eine vorauszusetzende Fügung wie *numerus quotiēns* 'wie oft (in einer Summe) enthaltene Zahl', substantiviertes *quociens* ins Dt. entlehnt (um 1400). Da diese Form irrtümlich als Part. Präs. gedeutet wird, entsteht in Anlehnung an oblique Partizipialformen *Quotient* (2. Hälfte 15. Jh.).

Rabatt m. 'unter bestimmten Bedingungen gewährter Preisnachlaß' (Mitte 17. Jh.), aus gleichbed. ital. (älter) *rabbatto* bzw. aus afrz. frz. *rabat*, Deverbativa zu ital. (älter) *rabbattere* 'wieder abschlagen, abziehen' und afrz. *rabatre*, frz. *rabattre* '(wieder) herab-, niederschlagen, niederdrücken, abziehen, einen Preisnachlaß gewähren'. Diese Verben setzen vlat. **re-abbattere* voraus, vgl. vlat. *abattere* 'herabschlagen' (6. Jh.) und s. *re-*; zugrunde liegt lat. *battuere*, vlat. *battere* 'schlagen, klopfen' (s. *Bataillon*, *Batterie*).

Rabatte f. 'schmales (Blumen)beet', bes. als Einfassung von Wegen und Rasenflächen, entlehnt (Anfang 18. Jh.) aus gleichbed. nl. *rabat*. Die Bedeutung 'schmales Gartenbeet' hat die nl. Gartenkunst aus mnl. *rabat*, *rebat*, *robat* 'Nut, Schlagbaum, gefältelter Streifen einer Gardine', nl. (älter) 'schmaler, streifenartiger Saum an Kleidungsstücken, Umschlag, Aufschlag am Rock, Kragen' entwikkelt. Das Substantiv ist eine Übernahme von mfrz. frz. *rabat* 'Kragen, Halskrause', das in dieser Bedeutung im 17. Jh. auch ins Dt. entlehnt ist. Frz. *rabat* ist Deverbativum zu afrz. *rabatre*, frz. *rabattre* '(wieder) herab-, niederschlagen, niederdrücken, abziehen, einen Preisnachlaß gewähren' (s. *Rabatt*).

Rabauke m. 'roher, gewalttätiger Kerl, sich laut und ungesittet benehmender, übel aufführender junger Mann, Rüpel, Rowdy'. Das anfangs vorwiegend landschaftlich, bes. im Niederrhein. und Omd., seit etwa 1900 umgangssprachlich gebrauchte Wort mit der vor allem bei Eigennamen üblichen nd. Endung *-ke* (eigentl. Deminutivsuffix) ist entlehnt aus nl. *rabauw* 'Schurke, Strolch', mnl. *rabaut*, *rabauw*, *ribaut* 'Schauermann, Stallknecht, Vagabund' (vgl. altkölnisch *rebalt*, 15. Jh., *rabaw*, 16. Jh.). Dies geht zurück auf afrz. *ribaut* (frz. *ribaud*) 'Landstreicher, Lumpenkerl, Lüstling, Hurenjäger', eine Bildung zu dem (heute untergegangenen) Verb afrz. *riber* 'sich wüst aufführen, ausschweifenden Vergnügungen nachgehen', das aus mhd. *rīben* 'reiben', auch 'brünstig sein, sich begatten' (s. *reiben* und vgl. mhd. *rībe* 'Hure') entlehnt ist.

Rabe m. Der Name des großen, kräftigen Vogels mit schwarzem Gefieder und starkem Schnabel ist wie viele andere Vogelnamen lautnachahmenden Ursprungs. Ahd. *(h)raban* (9. Jh.), asächs. *-hraƀan*, mhd. *raben*, mnd.

mnl. *rāven*, nl. *raaf*, aengl. *hræfn*, engl. *raven*, anord. *hrafn*, dän. *ravn* führen auf germ. **hrabna-*. Durch Assimilation von *bn* zu *mn* zu *m(m)* entstehen die Nebenformen aengl. *hræmn*, norw. (mundartlich) *ramn*, ahd. *(h)ram* (8. Jh.), aengl. *hrǣm*, vgl. auch asächs. *nahthram*. Auf einer Variante germ. **hraban-* beruhen dagegen ahd. *(h)rabo* (um 1100), mhd. *rabe*, mnd. *rāve*. Konsonantendoppelung zeigt ahd. *(h)rappo* 'Rabe' (Hs. 12. Jh.), s. *Rappe*, *Rappen*. Mit dem Vogelnamen vergleichen sich außergerm. aind. *kṛ́patē* 'jammert, fleht, ersehnt', lat. *crepāre* 'kurz abgebrochene Laute von sich geben, bersten, platzen, klappern, knarren', russ. (älter) *krop(o)tát'* (*кроп(о)тать*) 'brummen, mürrisch sein'. Zugrunde liegt eine Labialerweiterung der Schallwurzel ie. **ker-*, **kor-*, **kr-* (auch mit anlautendem *s-* wie in der unter *schreien*, s. d., behandelten Wurzelerweiterung) zur Bezeichnung heiserer, rauher Töne und der Tiere, die sie hervorbringen, so daß *Rabe* als 'Krächzer' zu verstehen ist. Zu dieser Wurzel gehören auch griech. *kórax* (*κόραξ*), lat. *corvus* 'Rabe', *cornīx* 'Krähe', schließlich auch die unter *Harke*, *Rachen*, *schreien*, *Reiher* (s. d.) behandelten Wörter. Die stark flektierte Form ahd. *(h)raban*, mhd. *raben* wird bereits in mhd. Zeit zugunsten der schwachen Form *rabe* aufgegeben. – Rabenaas n. 'schlechte, gemeine Person', Schimpfwort seit dem 17. Jh. Rabenmutter f., Rabenvater m. in abschätzigem Sinne Bezeichnung für einen hartherzigen Elternteil (Mitte 16. Jh.), nach der früher verbreiteten irrigen Ansicht, daß der Rabe, wenn er seine Jungen nicht mehr füttern will, diese aus dem Nest stoße. rabenschwarz Adj. 'tiefschwarz', mhd. *rabenswarz*.

rabiat Adj. 'rücksichtslos, gewalttätig, wütend, außer sich', Entlehnung (Ende 17. Jh.; anfangs selten, häufiger seit 2. Hälfte 19. Jh.) aus mlat. *rabiatus* 'wütig, tollwütig' (Part. Perf. von mlat. *rabiare* 'toll sein, wüten, toben') bzw. aus gleichbed. ital. *arrabbiato* (älter wohl auch *rabbiato*, Part. Perf. von ital. *arrabbiare*, älter auch *rabbiare* 'wütend, toll werden', vgl. ital. *rabbia* 'Tollwut, Wut, Zorn'); auf Herkunft aus dem Ital. deuten die frühe Bezeugung im öst.-obd. Raum sowie die im 19. Jh. verbreitete Schreibung *rabbiat*. An die Stelle von lat. *rabere* 'toll sein, wüten' tretendes mlat. *rabiare* (früher schon vlat.?, vgl. afrz. *ragier*, span. *rabiar* 'wüten, rasen') ist eine Bildung zu spätlat. *rabia*, lat. *rabiēs* 'Wut, Tollwut, Tobsucht, Raserei'.

Rachen m. 'hinter der Mundhöhle gelegener, erweiterter Teil des Schlundes, weit geöffnetes, großes Maul', ahd. *(h)rahho* (um 900), mhd. *rache*, mnd. mnl. *rāke*, nl. *raak*, aengl. *hrace*, *hracu* sowie ahd. *(h)rahhisōn* 'sich räuspern' (9. Jh.), aengl. *hræcan* 'auswerfen, speien, sich räuspern', *hrāca* 'das Räuspern, Speichel', anord. *hrāki* 'Speichel' gehören wie die unter *Harke* (s. d.) genannten Formen zu einer Gutturalerweiterung der unter *Rabe* (s. d.) dargestellten lautnachahmenden Wurzel ie. **ker-*, **kor-*, **kr-* für heisere, rauhe Töne. Das im Frühnhd. aufkommende auslautende *-n* stammt aus den obliquen Kasus. – Rachenblütler Plur. Pflanzenfamilie, bei der die Blüten einem aufgesperrten Rachen ähneln (um 1900).

rächen Vb. 'jmdm., sich für ein Unrecht durch Vergeltung Genugtuung verschaffen, ein Unrecht vergelten', ahd. *(w)rehhan* (9. Jh.; vgl. *gi(w)rehhan*, 8. Jh.), mhd. *rechen* (md. *wrechen*), asächs. anfrk. *wrekan* 'vergelten, Genugtuung verschaffen, strafen', mnd. mnl. *wrēken*, nl. *wreken* 'rächen', aengl. *wrecan* 'drängen, treiben, (ver)stoßen, strafen', engl. (älter) *to wreak* 'rächen', anord. *reka* (älter *vreka*) 'treiben, jagen, rächen', got. *wrikan* 'verfolgen', *gawrikan* 'rächen' führt mit den unter *Recke* und *Wrack* (s. d.) behandelten Substantiven sowie mit lat. *urgēre* '(be)drängen, (fort)stoßen, treiben', vielleicht auch mit aind. *vrájati* 'schreitet (fort), geht, wandert' auf ie. **u̯reg-* 'stoßen, drängen, treiben, feindselig verfolgen'; daneben könnte eine baltoslaw. Wortsippe lit. *vérgas* 'leibeigener Knecht, Sklave', *var̃gas* 'Not, Elend, Mühsal', *var̃gti* 'Not oder Elend leiden, sich plagen', aslaw. *vragъ*, russ. (älter) *vórog* (*ворог*) und (kslaw. Lehnwort) russ. *vrag* (*враг*) 'Feind' auf eine Ablautstufe ie. **u̯erg-* weisen. *rächen* ist ursprünglich ein starkes Verbum; der Übergang zur schwachen Flexion vollzieht sich im 16. Jh., doch bleibt das Part. Prät. *gerochen* bis ins 18. Jh. gültig. – Rache f. 'Vergeltung einer als Unrecht empfundenen Tat', ahd. *(w)rāhha* (um 800), mhd. *rāch(e)*, asächs. *wrāka*, aengl. *wrǣc*, aus germ. **wrēkō* 'Verfolgung'. Rächer m. 'wer Rache nimmt', ahd. *(w)rehhāri* (8. Jh.), mhd. *rechære*.

Racker m. 'Kind, das gern Schabernack treibt, lustige Streiche, kleine Dummheiten macht, Schlingel'. Mnd. *racker*, *racher* 'der den Unflat Fortschaffende, Abtrittsfeger, Abdecker, Schinder, Totengräber' (vgl. mnd. *racke*, *rache* 'Kot, Dreck, Unflat'), nd. *Rakker* 'Schinder, Henkersknecht' gehört zu mnd. *racken*, *rachen* 'den Unflat zusammenfegen, fortschaffen', einer Intensivbildung zu mnd. *rāken* 'zusammenscharren, umwühlen, graben' (zur Etymologie s. *Rechen*). Schon im Mnd. wird das Substantiv als Schimpfwort in verschiedenen Abstufungen für Menschen und Tiere verwendet (vgl. auch nl. *rakker* 'Henkersknecht', dann 'Taugenichts, Range'), dringt in die md. und obd. Mundarten ein und geht in der 2. Hälfte des 18. Jhs. in die Literatursprache über. Fortan wird es in abgeschwächter Bedeutung Kindern zugerufen und schließlich allein auf diese beschränkt. – r a c k e r n Vb. 'schwer arbeiten, sich abmühen, plagen', eigentl. 'wie ein Racker (Abdecker) arbeiten', in md. und obd. Mundarten zum Schimpfwort *Racker* gebildet und Anfang des 19. Jhs. in die Literatursprache eingegangen; zur gleichen Zeit begegnet verstärktes a b r a c k e r n Vb. refl.

Rad n. 'kreisrundes Teil, das sich um seinen Mittelpunkt dreht (bei einem Fahrzeug die Fortbewegung ermöglichend)'. Das nur im festländischen Westgerm. begegnende Substantiv ahd. *rad* (8. Jh.), mhd. *rat* (Gen. *rades*), asächs. *rað*, mnd. mnl. *rat*, nl. *rad*, afries. *reth*, *rad* ist im Engl. und Nord. früh ausgestorben; doch finden sich hier die vielleicht verwandten Bildungen aengl. *rodor*, *rador* 'Äther, Himmel', anord. *rǫðull* 'Strahlenkranz, Sonne'. Außergerm. sind verwandt air. *roth*, kymr. *rhod* 'Rad', lat. *rota* 'Rad', *rotula*, *rotulus* 'Rädchen' (s. *Rolle*, *rollen*), *rotāre* '(sich) kreisförmig herumdrehen' (s. *rotieren*), lit. *rãtas* 'Rad, Kreis' (Plur. *rãtai* 'Wagen'), aind. *ráthaḥ* 'Wagen, zweirädriger Streitwagen', *rathī́-* 'im Wagen fahrend, Wagenlenker', awest. *raϑa-* 'Wagen'. Sie führen auf ie. **rot(h)-* 'Rad' und damit auf die Wurzel ie. **ret(h)-* 'laufen, rollen', vgl. air. *rethim* 'laufe'. – r a d e l n Vb. 'radfahren' (2. Hälfte 19. Jh.) für älteres *velozipedieren* (s. *Fahrrad*) als Neubildung zu *(Fahr)rad*; wohl in Anlehnung an bair. *radeln* 'im Kreis drehen' und an das in der Wiener Umgangssprache gebräuchliche *herumradeln* 'vergebliche, ärgerliche Fahrten machen'. R a d l e r m. 'Radfahrer' (um 1900, zuerst ironisch für *Velozipedist*). r ä d e r n Vb. im Mittelalter 'jmdn. durch das Rad hinrichten, aufs Rad flechten', mhd. *rederen*; vgl. die Wendung *wie gerädert sein* 'todmüde, völlig erschöpft sein, sich zerschlagen fühlen'. r a d f a h r e n Vb., R a d f a h r e r m. (beide 2. Hälfte 19. Jh.).

Radar m. n. Kurzwort aus den Anfangsbuchstaben von amerik.-engl. *radio detection and ranging* 'Funkortung', eigentl. 'das Auffinden und Messen der Entfernung durch Funk', in der Funkmeßtechnik verwendetes Verfahren (auch Gerät) zur Ermittlung und Standortbestimmung von Objekten, bes. von Flugzeugen und Schiffen, beruhend auf der Reflexion elektromagnetischer Wellen an Hindernissen (im zweiten Weltkrieg bekannt geworden).

Radau m. 'Lärm, Getöse, Krach' (Mitte 19. Jh.), eine von Berlin aus in die Umgangssprache eindringende (in der Studentensprache durch Endbetonung an fremdsprachige Wörter angeglichene) lautnachahmende Bildung. – R a d a u b r u d e r m. 'Krakeeler, Randalierer' (um 1880).

Rade f., auch *Raden* m. Name einer vor allem auf Getreidefeldern wachsenden meterhohen Blume (Unkraut) mit purpurnen Blüten, ahd. *ratan* (9. Jh.), *rato* (11. Jh.), mhd. *rat(t)e*, *rat(t)en*, asächs. *rado*, *radan*, mnd. *rāde(n)*, *rādel*. Herkunft ungeklärt. Das fem. Genus stammt aus dem Md., vgl. schon mfrk. *rada* (13. Jh.). Die Formen mit *d* setzen sich im 18. Jh. durch. Heute meist in der Zusammensetzung K o r n r a d e f., vgl. *Korn-Raden* m. (1600).

radebrechen Vb. 'eine (fremde) Sprache nur mühsam und unvollkommen sprechen'. Mhd. *radebrechen* 'einem Verbrecher auf dem Rad die Glieder brechen, ihn rädern' enthält als erstes Kompositionsglied das unter *Rad* (s. d.) behandelte Substantiv, als Grundwort das zu dem unter *brechen* (s. d.) behandelten Verb gehörende, im Mhd. untergegangene schwache Verb ahd. *brehhōn* 'jmdn. heimsuchen, übel zurichten', das in diesem Rechtswort erhalten bleibt (vgl. daher *er radebrecht*, *radebrechte*, *hat geradebrecht*). In frühnhd. Zeit wird die Bedeutung verallgemeinert und im Sinne von 'quälen' auf körperliche und seelische Mißhandlung ausgedehnt; die bildliche Anwendung 'eine Sprache grausam zurichten' ist seit Ende des 16. Jhs. bezeugt.

Rädelsführer m. 'wer eine Gruppe zu gesetzwidrigen Handlungen anstiftet und anführt, Anführer einer Verschwörung, eines Aufruhrs, Komplotts', aus *Radlführer* (1525), *Rädlein(s)führer* (1521). Das Bestimmungswort *Rädlein* (mhd. *redelīn* 'Rädchen', s. *Rad*) bedeutet frühnhd. 'Zusammenrottung', als militärisches Fachwort die kreisförmige Formation einer Schar von Landsknechten. *Rädlein(s)führer* ist danach eigentl. der Anführer, Hauptmann einer solchen Abteilung, dann (ebenfalls 16. Jh.) der 'Führer herrenlosen Kriegsvolks', daher auch der 'Anführer, Anstifter' (bes. bei Aufruhr und Landfriedensbruch).

radieren Vb. 'Geschriebenes oder Gezeichnetes wegkratzen, tilgen', entlehnt (15. Jh.) aus lat. *rādere* (*rāsum*) 'kratzen, schaben, reinigen, glattmachen, abscheren' (s. *rasieren*). Im Bereich der bildenden Künste erscheint *radieren* zu Anfang des 18. Jhs. für 'eine Zeichnung mit der Radiernadel auf eine Kupferplatte ritzen und diese danach ätzen'; dazu Radierung f. 'Vorgang bzw. Verfahren des Radierens, im Anschluß daran hergestelltes graphisches Blatt' (18. Jh.). – Radiermesser n. (Ende 15. Jh.), Radiergummi m. (Ende 19. Jh.). ausradieren Vb. 'durch Radieren tilgen' (um 1600).

Radieschen n. Rettichsorte mit kleinen, runden, roten oder weißen Wurzelknollen. *Radi(e)s* m. (bezeugt seit der 2. Hälfte des 17. Jhs.) ist eine Übernahme von gleichbed. nl. *radijs*. Dieses stammt aus mfrz. *radice* (frz. *radis*), einer Entlehnung von ital. *radice* 'Wurzel, Radieschen', das aus lat. *rādīx* (Gen. *rādīcis*) 'Wurzel, Rettich, Radieschen' hervorgegangen ist (s. *Rettich*). *Radies* behält nach fremdem Vorbild die Betonung auf der letzten Silbe bei, ist aber heute nur noch wenig üblich und durch die Verkleinerungsform *Radieschen* (Anfang 18. Jh.) verdrängt.

radikal Adj. 'bis auf die Wurzel, bis zum äußersten (gehend), gründlich, gänzlich, rücksichtslos, rigoros', entlehnt (16. Jh.) aus mlat. *radicalis* 'an die Wurzel gehend, von Grund auf, gründlich', zu lat. *rādīx* (Gen. *rādīcis*) 'Wurzel' (s. *Radieschen*, *Rettich*); zuerst in lat. Fügungen vorkommend, bes. als Adverb *radicaliter* (vgl. bereits spätlat. *rādīcāliter* 'mit der Wurzel, im Keime, von Grund aus, ganz'); seit dem 18. Jh. mit dt. Flexionsbildung. *radikal* erscheint zunächst in der ursprünglichen, jetzt seltenen Bedeutung 'eingewurzelt, Grund-, angeboren' (16. Jh.), dann (unter Einfluß von frz. *radical*) 'bis auf die Wurzel gehend, grundlegend, von Grund auf, gründlich' (Ende 18. Jh.), schließlich (wohl unter dem Einfluß von engl. frz. *radical*) in der heute zentralen Bedeutung 'extrem eingestellt, kompromißlos, unnachgiebig', bes. im Hinblick auf politisch-weltanschauliche Haltungen und Verhaltensweisen (Anfang 19. Jh.). – Radikalismus m. 'bis zum Äußersten gehende Verfolgung der Ziele, unnachgiebiges, rücksichtsloses Vorgehen, politisch-ideologische Denk- und Handlungsweise, die auf eine grundlegende Umwandlung bestehender gesellschaftlicher Verhältnisse abzielt, extreme politische Strömung unterschiedlicher Richtungen' (1. Hälfte 19. Jh.), vgl. gleichzeitig entstandenes engl. *radicalism*, frz. *radicalisme*.

Radio n., südd. schweiz. auch m., 'Rundfunk, Rundfunkgerät', in Verbindung mit Städte- oder Ländernamen 'Rundfunkanstalt, -sender, -station', Übernahme (um 1920) von amerik.-engl. *radio*, einer Kurzform von *radiotelegraphy* 'Übermittlung von Nachrichten durch Ausstrahlung elektromagnetischer Wellen', dessen Bestimmungswort zu lat. *radius* im Sinne von 'Strahl' (s. *Radius*) gebildet ist. Das in den oben angeführten Bedeutungen auf 'Rundfunk bzw. Rundfunktechnik' (ein Teilgebiet der Radiotelegraphie) eingeengte Kurzwort *Radio* wird laut Verfügung des Reichspostministeriums 1924 durch *Rundfunk* ersetzt, aber aus dem allgemeinen Sprachgebrauch bis heute nicht verdrängt. – Radio- Bestimmungswort in zahlreichen Zusammensetzungen mit der Bedeutung 'Rundfunk-' (vgl. *Radioapparat*, *-sprecher*, *-station*), aber auch allgemein 'die Ausstrahlung, den Empfang elektromagnetischer Wellen betreffend' (vgl. *Radioastronomie*, *-signal*, *-teleskop*) und im Anschluß an *Radium* (s. d.) 'ionisierende bzw. radioaktive Strahlung betreffend' (vgl. *Radioaktivität*, *Radiologie*).

Radioaktivität f. in der Physik die Eigenschaft der instabilen Atomkerne bestimmter Isotope, bei Zerfall eine charakteristische Strahlung auszusenden. Wie das zugehörige radioaktiv Adj. um 1900 entlehnt aus gleichbed. frz. *radioactivité* und *radioactif*, gelehrten Bildungen (1896) der Physikerin Marie Curie zu lat. *radius* (s. *Radium*, *Radius*) und frz. *activité* bzw. *actif* (s. *aktiv*).

Radium n. zerfallendes und daher radioaktive Strahlen aussendendes weißglänzendes Erdalkalimetall, Übernahme (um 1900) von nlat. *radium*, einer gelehrten Bildung (1898) seiner Entdecker, der frz. Physiker Pierre und Marie Curie und Bémont (nach frz. *radioactivité*); zu lat. *radius* 'Strahl' (s. *Radius*) im Sinne von 'das Strahlende'.

Radius m. 'halber Durchmesser (eines Kreises, einer Kugel), Halbmesser', übernommen im 15. Jh. von lat. *radius* 'Stab, Radspeiche, Zeichenstab, Strahl eines leuchtenden Gegenstandes, Halbmesser', zunächst in der dem Lat. entsprechenden, heute nicht mehr üblichen Bedeutung 'Stab, Speiche, Strahl'; bis ins 18. Jh. häufig in lat. flektierten Formen. Als Fachwort der Geometrie seit dem 17. Jh. gebräuchlich für älteres *Semidiameter* oder *halber Diameter*; daneben auch allgemein (meist pluralisch) 'von einem (Mittel)-punkt ausgehende Linie' und übertragen (Mitte 18. Jh.) 'Reichweite, Umkreis, Gesichtskreis, Horizont' (vgl. *Aktionsradius*). Der schon bei den röm. Ärzten bezeugte medizinische Ausdruck lat. *radius* 'auf der Daumenseite gelegener Unterarmknochen, Speiche' wird im 19. Jh. aus der lat. medizinischen Wissenschaftssprache in die dt. Bildungssprache aufgenommen. Die Herkunft von lat. *radius* ist nicht geklärt. Vielleicht zu lat. *rādīx* 'Wurzel' (s. *Radieschen*, *radikal*, *Rettich*), von einer Grundbedeutung 'Schößling, Zweig' ausgehend? Auf lat. *radius* gehen als gelehrte Neubildungen *Radio*, *Radar*, *Radium* (s. d.), ferner (über lat. *radiāre* 'strahlen') *Radiator* zurück. – r a d i a l Adj. 'strahlenförmig, von einem Mittelpunkt ausgehend oder zu ihm hinführend, den Radius betreffend' (um 1800), aus mlat. *radialis*.

raffen Vb. 'hastig und gierig ergreifen, an sich reißen, schriftlich Fixiertes in knappere Form bringen, Stoff locker zusammenschieben, hochnehmen', mhd. *raffen*, *reffen* 'zupfen, rupfen, eilig an sich reißen', mnd. mnl. *rāpen*, nl. *rapen* 'raffen, einsammeln' führen auf germ. **hrap-*, auf dessen Variante germ. **hreps-* die unter *raspeln* (s. d.) behandelten Formen zurückgehen. Unmittelbare außergerm. Vergleichsmöglichkeiten fehlen, doch gehören die Verben entweder wie *rümpfen* und *schrumpfen* (s. d.) zu ie. **(s)kerb(h)-*, **(s)kreb(h)-*, nasaliert **(s)kremb(h)-* 'drehen, krümmen', einer Labialerweiterung der Wurzel ie. **(s)ker-* 'drehen, biegen, kreisend bewegen', oder im Sinne von 'abschneiden, trennen' zu der unter [1]*scheren* (s. d.) angeführten Wurzel ie. **(s)ker(ə)-* 'schneiden'. *raffen* wird heute oft in der Fügung *an sich raffen* gebraucht, ferner in Präfixbildungen wie *dahin-*, *weg-*, *zusammenraffen* und a u f r a f f e n Vb. 'zusammennehmen und aufheben', refl. 'sich mit einiger Schwierigkeit erheben, aufstehen', übertragen 'alle Kräfte zusammennehmen, sich zu etw. entschließen' (16. Jh.). – R a f f g i e r f. 'Habgier, Gier nach Besitz, Gewinn, Geld' (19. Jh.), zuvor R a f f s u c h t f. (17. Jh.). R a f f z a h n m. 'hervorragender oberer Schneidezahn', eigentl. wohl 'Reißzahn, Hauer', spätmhd. *reffzan*. R a f f k e m. 'habgieriger Neureicher', in Berlin (um 1920) gebildete Bezeichnung mit dem nd. Verkleinerungssuffix *-ke* (s. *-chen*); älter R a f f e r m. (19. Jh.).

raffinieren Vb. 'von Beimengungen reinigen, veredeln', fachsprachlich, bes. von Rohstoffen (Metallen, Erdöl), Nahrungsmitteln, technischen Erzeugnissen, in dieser seit dem 18. Jh. üblichen Form entlehnt aus mfrz. frz. *raffiner* 'reinigen, läutern, feiner machen' (frz. auch 'grübeln, klügeln'), zuvor (seit 2. Hälfte 16. Jh.) bezeugt in der wohl latinisierenden oder von (dem frz. Verb semantisch entsprechendem) engl. *to refine* beeinflußten Schreibung *refinieren*. Mfrz. frz. *raffiner* ist weitergebildet aus mfrz. frz. *affiner* 'reinigen, verfeinern', afrz. *afiner* (vgl. mlat. *affinare* 'Metalle reinigen'), einer Ableitung von afrz. frz. *fin* 'fein, zart, ausgezeichnet' (s. *fein*). Von der Mitte des 18. Jhs. bis zur 2. Hälfte des 19. Jhs. wird *raffinieren* im Anschluß an die frz. Verwendungen auch allgemeiner im Sinne von 'verfeinern, vervollkommnen, kultivieren, ausklügeln, spitzfindig ersinnen' verwendet; ebenso bis heute r a f f i n i e r t Adj. 'verfeinert, fein ausgedacht, schlau, durchtrieben, gerissen' (um 1700), nach frz. *raffiné* 'listig, schlau', Part.adj. zu mfrz. frz. *raffiner*, dessen gelegentlich abschätziger Gebrauch im Dt. stärker hervortritt. – R a f f i n a d e f. 'verfeinertes Endprodukt', speziell 'gereinigter, weißer, feinkörniger Zucker' (Ende 18. Jh.), vgl. (erst für das 19. Jh. nachgewiesenes) frz. *raffinade*. R a f f i n e r i e f.

'industrielle Anlage zur Reinigung und Veredelung von Rohstoffen' (2. Hälfte 18. Jh.; vereinzelt auch 'das Verfeinern, Veredeln'), nach gleichbed. frz. *raffinerie*. Im Dt. des 18./19. Jhs. auch 'Spitzfindigkeit, schlaue Berechnung'. R a f f i n e m e n t n. 'höchste, übertriebene Verfeinerung, kluges, geschicktes Vorgehen' entsprechend frz. *raffinement* m., doch im Dt. auch stärker pejorativ 'Schlauheit, Durchtriebenheit, Gerissenheit' (1. Hälfte 18. Jh.). R a f f i n e s s e f. 'Spitzfindigkeit, Schlauheit, Durchtriebenheit' (Mitte 18. Jh.), dann auch 'höchste Vollkommenheit, vollendete Ausführung' und (meist Plur.) 'wohldurchdachte technische Besonderheiten, luxuriöses Zubehör' (20. Jh., vor allem in der Fügung *mit allen Raffinessen*), französierende Bildung zu *raffiniert* (s. oben), wohl analog zu älterem, bedeutungsverwandtem *Finesse* (s. d.).

ragen Vb. 'über Niedrigeres hervorstehen, sich deutlich an Höhe oder Länge abheben', mhd. mnl. *ragen*; vgl. auch aengl. *oferhrǣgan* 'sich emportürmen'. Herkunft ungewiß. Vielleicht besteht Verwandtschaft mit mhd. *rac* 'straff, gespannt, steif' und *ræhe* 'starr, steif', außergerm. mit griech. *króssai* Plur. (*κρόσσαι*, aus **κροκιαι*) 'Kragbalken, hervorstehende Zinnen', *prókrossos* (*πρόκροσσος*) 'stufenweise, staffelförmig aufgestellt', air. *crīch* (aus **krēku̯ā*) 'Ende, Grenze, Furche', lit. *krãkė* 'Stock, Stab', russ. (älter) *krókva* (*кроква*) 'Stange, Knebel, Dachsparren', tschech. *krokev*, poln. *krokiew* 'Dachsparren', so daß Anschluß an ie. **krĕ̄k-*, **krok-* 'vorspringender Balken, Pflock' möglich ist. *ragen* wird heute meist mit Richtungsbezeichnungen verbunden (*in die Höhe ragen*, *empor-*, *hervorragen*). Älter sind die präfigierten Bildungen a u f r a g e n Vb. 'steil in die Höhe ragen', mhd. *ūfragen*, und ü b e r r a g e n Vb. 'über etw., jmdn. herausstehen, größer sein' (17. Jh.), übertragen 'übertreffen, besser, stärker sein', oft im Part. Präs. *überragend* 'bedeutend, ausgezeichnet, außerordentlich' (19. Jh.).

Raglan m. leichter Mantel, dessen Ärmel so geschnitten sind, daß die Ansatznaht schräg von der Achselhöhle bis zum Halsausschnitt verläuft, Entlehnung (2. Hälfte 19. Jh.) von gleichbed. engl. *raglan*, benannt nach *Lord Raglan*, dem Befehlshaber der engl. Truppen im Krimkrieg (1853 bis 1856), der einen derartigen Mantel trug. Vgl. *Raglanärmel, Raglanschnitt*.

Ragout n. 'Gericht aus feingeschnittenem, gekochtem Fleisch (auch Fisch und Gemüse) mit gewürzter Soße', Entlehnung (Mitte 17. Jh., häufiger erst seit dem 18. Jh.) von gleichbed. frz. *ragoût* m., eigentl. 'appetitanregendes Gericht', einer substantivischen Rückbildung von frz. *ragoûter* 'den Gaumen reizen, den Appetit anregen', das seinerseits zu frz. *goût* (afrz. *gost*, aus lat. *gustus*; s. *goutieren*) 'Geschmack, Geschmackssinn' gebildet ist. Seit dem 18. Jh. auch in übertragenem Sinne von 'Mischmasch, Durcheinander, Allerlei'. – R a g o u t f i n n. 'aus besonders delikaten Zutaten bereitetes feines Ragout als Füllung von Pasteten oder in Muschelschalen überbacken' (18. Jh.); vgl. frz. *fin* (s. *fein*).

Rah(e) f. (unter nd.-nl. Einfluß früher auch *Raa*) 'waagerecht am Schiffsmast angebrachte Stange zum Befestigen von Segeln' (seit dem 17. Jh. in nhd. Texten). Mnd. mnl. anord. *rā*, nl. *ra*, dän. schwed. *rå* 'Segelstange', mit umfassenderer Bedeutung mhd. *rahe* 'Stange' (germ. **rahō*), ferner mit grammatischem Wechsel schwed. (mundartlich) *raaga* 'dünner langer Wurzelschößling' und ablautend norw. (mundartlich) *raaga* (aus **rēgōn-*) 'dünne Stange' sind wohl verwandt mit *Reck, regen* (s. d.).

Rahm m. 'Sahne'. Die westgerm. Bezeichnung für den fettreichen, sich an der Oberfläche absetzenden Teil der Milch ahd. *roum* (11. Jh.), mhd. *(milch)roum*, frühnhd. *raum*, (mit mundartlichem *ā*) *milchram* (15. Jh.), mnd. *rōm(e)*, mnl. *room*, *rōme*, nl. *room*, aengl. *rēam*, engl. (mundartlich) *ream* steht im Ablaut zu gleichbed. anord. *rjūmi* (nur in dem Beinamen *rjūma-rauðr*), isl. *rjómi*, norw. *rømme*, schwed. (mundartlich) *råm*, *römme*. Nhd. *Rahm* (vorwiegend südd. und nordwestd.; zu den verschiedenen landschaftlichen Formen s. *Sahne*) entstammt obd. Mundarten. Die Herkunft des Wortes ist ungeklärt. Der Versuch, awest. *raoγna-* 'Butter' und pers. *rouġan* 'Öl, Butter, Fett' heranzuziehen, stößt auf lautliche Schwierigkeiten. Vergleicht man hingegen aengl. *rēoma*, *rēama* 'dünne Haut', so ist, ausgehend von einer Bedeutung 'abgerissene, abgeschöpfte Haut', Anschluß an die Wurzel ie. **reu-*, **reu̯ə-* 'aufreißen, graben, aufwühlen, ausreißen, raffen' (wozu auch [1]*Riemen*, *raufen*, *roden*, s. d.)

möglich. Oder gehört *Rahm* (wie *Strom*, s. d.) zu ie. **(s)reu-* 'fließen', Erweiterung der Wurzel ie. **ser(ə)-* 'strömen, sich rasch und heftig bewegen'? – a b r a h m e n Vb. 'den Rahm von der Milch abschöpfen, absahnen' (18. Jh.), auch e n t r a h m e n Vb. (19. Jh.).

Rahmen m. 'festgefügtes Gestell' (vgl. *Bilder-*, *Fenster-*, *Tür-*, *Webrahmen*), 'Gestell der Kraftwagen (Chassis) und Fahrräder', übertragen 'Umwelt, Umgrenzung, Umgebung, Hintergrund, Gesamtzusammenhang, in den einzelnes sich einfügt', ahd. *rama* f. (um 1000), mhd. *ram(e)* f. 'Stütze, Säule, Gestell, Web-, Stickrahmen', mnd. mnl. *rāme* m., nl. *raam* n., Herkunft unsicher. Vielleicht verwandt mit *Rand* (s. d.) und (landschaftlich) *Ranft* 'Brotkanten', ahd. *ramft* (9. Jh.), mhd. *ranft*, *ramft* 'Einfassung, Rand', sowie mit got. *rimis* 'Ruhe' und außergerm. mit aind. *rámatē* 'beruhigt, läßt ruhen, steht still, rastet, weilt, ergötzt sich', *rambhá-* 'Stab, Stütze', griech. *ēréma* (*ἠρέμα*) 'leise, still, ruhig', lit. *rãmas* 'Ruhe', *rìmti* 'ruhig werden', *reñti* 'stützen', *rañtis* 'Stütze'. Dann wäre Anschluß an die Wurzel ie. **rem(ə)-* 'ruhen, sich aufstützen, stützen' möglich. Anders SCHÜWER in: Jb. d. Vereins f. nd. Sprachforsch. 104 (1981/82) 82ff., der im Anschluß an HEINERTZ in: Moderna Språk 48 (1954) 229ff. die im Ahd. und Mhd. auftretende Bedeutung 'Stütze, Säule' für sekundär hält und auf Grund von engl. (aus dem Afrz.) *frame* 'Rahmen, Gestell, Gebälk' (und wohl auch asächs. *hrama* 'Gestell') *h*-Anlaut für das Germ. annimmt, also germ. **hramō* f. bzw. **hraman-* m. 'Lattengestell, Umzäunung, Flechtwerk' voraussetzt (einem anfrk. **hrama* folgt nach FEW 16, 235f. als Entlehnung afr. *raime* 'Stange zum Aufhängen von Kleidung', frz. *rame* 'Gestell zum Spannen von Textilien'). Als Verwandte werden angeführt aengl. *hremman* 'einengen, behindern', anord. *hremma* 'fassen, klemmen, drücken', got. *hramjan* 'kreuzigen' (d. i. 'an ein Gestell heften'), russ. (landschaftlich) *krómy* (*кромы*) Plur. 'Webstuhl', so daß von ie. **krem-*, **krom-* 'Gestell aus Latten, hölzerne Umzäunung' ausgegangen werden kann. SCHÜWER verbindet damit auch als Labialerweiterung *Rumpf* (s. d.) und schließt den Komplex an die unter *rümpfen* (s. d.) genannte Wurzel an. Im Deutschen lange Zeit mit unterschiedlichem Genus, vgl. ahd. *rama* f., mhd. *ram(e)* f. und als schwaches Mask. mhd. (md.) *rame*, mnd. *rāme*; danach nhd. *die Rahm(e)* und *der Rahme*, seit Adelung allgemein *der Rahmen*. – r a h m e n Vb. 'mit einem Rahmen versehen' (um 1800); dazu e i n r a h m e n Vb., u m r a h m e n Vb. (19. Jh.).

Rain m. 'unbebauter Grasstreifen als Ackergrenze, begrenzende Bodenerhöhung', ahd. *rein-* (in *reinkurni* 'Korn', *reinifano* 'Rainfarn, Heilkraut', eigentl. 'Grenzfahne', wegen des hohen Wuchses und des doldenartigen Blütenstandes als Grenzzeichen angesehen, 9. Jh.), mhd. mnd. *rein*, mnl. *rein*, *reen* (nl. noch in *reengenoot* 'Besitzer angrenzenden Landes') und anord. *rein(a)* f., schwed. *ren* sind als Bildungen mit dem Suffix ie. *-no-* wohl vergleichbar mit mir. *rōen* 'Weg, Bergkette', bret. *run* 'Erhöhung, Hügel' und weiter mit lat. *rīma* 'Ritze', lit. *raĩvė̃*, *rievė̃* 'Rille, Riefe, Streif', lett. *rieva* 'Vertiefung, Falte, Furche'. Alle Formen dürften als unterschiedliche Ableitungen von der Wurzel ie. **rei-* 'ritzen, reißen, schneiden' (zu der auch *reif*, *Reihe* und *Riege*, s. d., gehören) anzusehen sein. Die im Obd. schon seit ahd. Zeit übliche Schreibung mit *-ai-* setzt sich im 18. Jh. auf Gottscheds Vorschlag (in dem Bestreben, Homonyme orthographisch zu unterscheiden) allmählich durch (s. auch *Laib*, *Laich*, *Saite*, *Waise*). – r a i n e n Vb. 'ab-, umgrenzen, angrenzen, jmds. Feldnachbar sein', ahd. (Hs. 15. Jh.), spätmhd. *reinen*; a n r a i n e n Vb. (16. Jh.); A n r a i n e r m. 'Nachbar, Anlieger' (16. Jh.). Dazu wohl auch heute als zu *reinigen*, *bereinigen* (s. *rein*) gehörig empfundenes F e l d -, F l u r b e r e i n i g u n g f. 'Festsetzung der Ackergrenzen, zweckdienliche Einteilung der Fluren, Felder, bes. Zusammenlegung von zersplittertem Landbesitz' (19. Jh.); vgl. spätmhd. *bereinen* 'abgrenzen', schweiz. *Berain* 'Verzeichnis der Grundstücke mit Beschreibung der Grenzen'.

Rakete f. 'von Pulver getriebener, aufsteigender Feuerwerkskörper' (16. Jh.), '(zylindrisches) Artilleriegeschoß zur Entfachung von Bränden oder zur Signalgebung' (17. Jh.), im Bergbau '(hülsenförmiger) Zünder' (bei Sprengungen), jetzt bes. 'zylindrischer Flugkörper, der durch Rückstoß auf Grund ausströmender Masseteilchen angetrieben wird, in den Weltraum vordringen oder, mit einem Sprengkopf ausgerüstet, als Waffe eingesetzt werden kann' (20. Jh.).

Frühnhd. *Roget* 'Feuerwerkskörper' (Mitte 16. Jh., zuvor schon in der Zusammensetzung *Rogettlzeug*, Anfang 16. Jh.) ist entlehnt aus gleichbed. obital. *rocchetta* (auch *racchetta*), eigentl. Deminutivum von obital. *rocca* 'Spinnrocken', das selbst (über das Got.?) aus germ. **rukka-* bzw. **rukkan-* (s. *Rocken*) stammt. Der hülsenförmige Feuerwerkskörper ist nach seinem dem Spinnrokken ähnlichen Aussehen benannt. Der dt. Ausdruck erscheint bald mit Vokalwechsel zu *a* (vielleicht nach der obital. Nebenform oder in Anlehnung an lautähnliches frühnhd. *Ragget(t)en* 'Schlagnetz, Schläger beim Ballspiel', ital. *racchetta*, mfrz. frz. *raquette*, dieses nach arab. *rāḥa* 'Handfläche') in den Formen *Racket(t)lein* (2. Hälfte 16. Jh.), *Rachetlin*, danach *Raget*, *Raggete*, *Raquete*, *Rakkete*.

Rallye f. 'Stern- oder Streckenfahrt für Kraftfahrzeuge' in einer oder mehreren Etappen mit verschiedenen Sonderprüfungen, Übernahme (50er Jahre 20. Jh.) von engl. frz. *rallye*, aus engl. *rally*, eigentl. 'Wiedervereinigung, das Sammeln, Zusammenkunft', zu engl. *to rally* '(sich wieder) sammeln, vereinigen, scharen', dies aus gleichbed. afrz. *ralier*, *raloier*, frz. *rallier*; vgl. frz. *allier* (afrz. *alier*, *aloier*) '(sich) vereinigen, verbinden, verbünden', lat. *alligāre* 'an-, verbinden', *ligāre* '(ver)binden, vereinigen'.

Ramme f. Gerät zum Feststampfen von lockerem Boden, zum Einschlagen von Pfählen, 'Fallklotz, -hammer', spätmhd. *ramme*. Zugrunde liegt ein (im Nhd. untergegangener) westgerm. Name für 'Widder, Schafbock', ahd. *ram* (8. Jh.), *rammo* (9. Jh.), mhd. mnd. mnl. nl. engl. *ram*, aengl. *ram(m)*. Nhd. *Ramm* und verdeutlichendes *Rammbock* 'Widder' verschwinden im 16. Jh. aus der Literatursprache. Übertragenen Gebrauch im Sinne von 'Fallhammer, Rammbug', ausgehend von der Vorstellung eines mit gesenktem Kopf gegen etw. anrennenden Widders, zeigen nl. engl. *ram* sowie das in Analogie zu anderen Bezeichnungen für Geräte und Werkzeuge zum Femininum umgebildete *Ramme*. Die Herkunft des Tiernamens ist unbekannt. Unsicher, ob als 'starkes' oder 'scharf riechendes Tier' zu anord. *ram(m)r* 'kräftig, scharf, bitter'. – r a m m e n Vb. '(mit der Ramme) in den Boden treiben, (absichtlich) heftig stoßen (und dabei verletzen, beschädigen)', mhd. *rammen* 'mit dem Mauerbrecher stoßen'.

rammeln Vb. 'decken, sich paaren' (bes. von Hasen, Kaninchen), ahd. *rammalōn*, *remmilōn* (11. Jh.), frühnhd. *rammeln* 'bespringen, begatten' (von Böcken), nl. *rammelen*, iterative Ableitung von dem unter *Ramme* (s. d.) aufgeführten, im Nhd. untergegangenen Substantiv ahd. *ram(mo)*, mhd. *ram*, *rammel* 'Widder, Bock', daher eigentl. 'widdern, bocken'. In frühnhd. Zeit wird *rammeln* auch zu '(sich) balgen, raufen' abgeschwächt. Dagegen geht die Verwendung des Verbs im Sinne von '(ein)rammen', auch 'heftig rütteln, stoßen', als Neubildung von *Ramme* (s. d., auch *Rammel*) aus. Dazu v e r r a m m e l n Vb. 'durch Hindernisse den Weg versperren' (um 1800). – R a m m l e r m. 'Schafbock, Männchen von Hase, Kaninchen', spätmhd. *rammeler*, *remler* 'Widder während der Brunstzeit', nl. *rammelaar* 'männliches Kaninchen'.

Rampe f. 'flach ansteigende Auffahrt, Lade-, Verladebühne', im Theater 'erhöhter, zum Zuschauerraum hin gelegener Rand des Bühnenbodens' (an dem innen das *Rampenlicht* angebracht ist), Übernahme (18. Jh.), zunächst als Ausdruck im Festungsbau für einen zum Geschütztransport angelegten ansteigenden Weg, von frz. *rampe* 'Auffahrt, Steigung, Abhang, Geländer', einer substantivischen Rückbildung zu afrz. frz. *ramper* 'kriechen, sich schlängeln', im Afrz. auch 'klettern (mit Hilfe von Krallen)', das selbst germ. Ursprungs ist und auf einer ablautenden Bildung zu dem in ahd. *rimphan*, mhd. *rimphen* 'in Falten zusammenziehen, krümmen' vorliegenden starken germ. Verb beruht (s. *rümpfen*, *ramponieren*). Als Bühnenwort erscheinen nhd. *Rampe* und *Rampenlicht* (wie frz. *rampe*) in der 1. Hälfte des 19. Jhs. Die Verteidigungs- und Raumfahrttechnik versteht unter *Rampe* eine 'zum Abschuß militärischer oder wissenschaftlicher Flugobjekte errichtete Anlage', vgl. *Abschuß-*, *Raketen-*, *Startrampe* (20. Jh.).

ramponieren Vb. 'stark beschädigen und dadurch im Aussehen beeinträchtigen'. Das in der 2. Hälfte des 18. Jhs. in die Literatursprache eindringende Verb kommt aus der nd. Seemannssprache, wo es sich auf Schiffe oder Schiffsteile bezieht, die Seeschaden erlitten haben. Anfang des 19. Jhs. wird es in der Kaufmannssprache auf Waren, später allgemein auf beliebige Gegenstände bezogen, in der 2. Hälfte des 19. Jhs. auch im Sinne von 'hart anfassen, verletzen, verderben, beeinträchtigen' auf die innere Verfassung oder soziale Stellung eines Menschen übertragen, bes. im Part. Prät. *ramponiert* 'arg mitgenommen, angeschlagen, heruntergekommen'. Es ist entlehnt aus mnl. *rampenēren*, *ramponēren* 'zerstören, beschädigen', auch 'verhöhnen, verspotten, lästern', das auf afrz. *rampo(s)ner*, *ramproner* '(ver)spotten, (ver)höhnen, schmähen' zurückgeht. Stellt man dieses und das zugehörige Substantiv afrz. *rampo(s)ne*, *ramprone* 'Spottrede, Verhöhnung, Schmähung' zu ital. *rampone* 'Harpune' (früher 'großer Haken, Enterhaken'), Vergrößerungsform von ital. (älter) *rampo* 'Haken' (das germ. Ursprungs ist und wie frz. *rampe* 'Auffahrt, Steigung, Abhang, Geländer' auf einer ablautenden Bildung zu dem in ahd. *rimphan*, mhd. *rimphen* 'in Falten zusammenziehen, krümmen' vorliegenden starken germ. Verb beruht, s. *rümpfen* und *Rampe*), so kann man eine im Afrz. nicht belegte Ausgangsbedeutung 'mit dem Enterhaken bearbeiten' annehmen. Eine andere semantische Anknüpfung ergibt sich, wenn man der in FEW 9, 478ff. dargestellten Herleitung des afrz. Verbs von afrz. *pro(s)ne* 'Trenngitter zwischen Chor und Kirchenschiff' (aus spätlat. *protirum*, lat. *prothyrum* 'Einfriedung vor der Tür', griech. *próthyron*, *πρόθυρον* 'Vorplatz vor der Haustür') folgt. Da an diesem Gitter nicht nur der Priester beim Erklären des Evangeliums stand, sondern hier wohl auch die Besessenen zur Dämonenaustreibung festgebunden wurden, wäre von dem Sinn 'jmdn. an das Chorgitter anbinden, als Irren zur Schau stellen' auszugehen. Die den Verwendungen im Dt. zugrundeliegende Bedeutungserweiterung zu 'zerstören, beschädigen' im Mnl. läßt sich dann vielleicht durch Einfluß von mnl. nl. *ramp* 'Unglück, Mißgeschick' (vgl. spätmhd. frühnhd. *rampf*, *rampfe* 'Krampf, Unglück, Niederlage', zu mhd. *rimphen*, s. oben) erklären.

¹**Ramsch** m. 'Ausschußware, Schund, Plunder' (Mitte 19. Jh.). Herkunft nicht sicher geklärt. Lexikalisch wird im Dt. frz. *ramas* (s. ²*Ramsch*) bereits in der 1. Hälfte des 18. Jhs. verzeichnet und mit 'gesammelter Haufen, zusammengetragener Vorrat' interpretiert. Der also offensichtlich aus dem Frz. entlehnte Ausdruck mag sich mit dem aus der Wendung mnd. *im rampe kōpen* 'in Bausch und Bogen kaufen' stammenden *Ramp* lautlich und semantisch vermischt haben. Auch Einfluß von rotw. *ramschen* 'betrügen' (zu hebr. *rammā'ūt* 'Betrug') ist möglich. – ¹r a m s c h e n Vb. 'Ramschware zu Schleuderpreisen aufkaufen, etw. in großen Mengen an sich raffen', v e r r a m s c h e n Vb. 'Waren unter ihrem Wert, zu Schleuderpreisen verkaufen' (beide 19. Jh.).

²**Ramsch** m. Spielart beim Skat, bei der kein Spieler reizt und derjenige gewinnt, der die wenigsten Zählaugen macht, wohl entlehnt (19. Jh.) aus frz. *ramas* 'das Aufsammeln, Auflesen, Haufen wertloser Dinge, Plunder' (vgl. schweiz. elsäss. *Rams* 'Kartenspiel'), abgeleitet von frz. *ramasser* 'sammeln, zusammenraffen', einer Bildung zu frz. *masse* (s. *Masse*). *Rams* für eine Art Kartenspiel kehrt in der 2. Hälfte des 19. Jhs. ins Frz. zurück. – ²r a m s c h e n Vb. 'einen Ramsch (s. oben) spielen' (19. Jh.).

Rand m. 'äußere Begrenzung einer Fläche, eines Gebietes, Gegenstandes, Grenzstreifen, Kante', ahd. (9. Jh.), mhd. *rant* 'Einfassung, Rand, Schildrand, Schild', asächs. *rand* 'Rand, Schildbuckel', mnd. mnl. *rant*, nl. *rand* 'Rand', aengl. *rand* 'Schild(rand)', anord. *rǫnd* f. 'Rand, Schild(rand)', norw. schwed. *rand* 'Rand, Saum, Kante' (germ. **randa-* m., **randō* f.), verwandt mit (ablautend) norw. (mundartlich) *rinde* 'Land-, Bergrücken, Bank' und außergerm. vielleicht mit mir. *rinde* 'Holzgefäß'. Da das *n* dieser Wörter wohl vor Dental aus *m* entstanden ist, sind auch aengl. *rima* 'Rand, Grenze, Küste', engl. *rim* 'Rand' und anord. *rimi* 'Erdrücken' vergleichbar. Damit ergibt sich ein Anschluß der Wortgruppe an die unter *Rahmen* (s. d.) dargestellte Wurzel ie. **rem(ə)-* 'ruhen, sich aufstützen, stützen', und *Rand* wäre ursprünglich als 'stützendes Gestell, Einfassung' zu verstehen. Vgl. Redensarten wie *den Rand halten* 'den Mund (die Lippen als Mundumrandung) halten' (aus der Studentensprache, 19. Jh.), *aus, außer Rand und Band* 'außer sich, ganz ausgelassen' (offenbar aus der Böttchersprache), *zu Rande kommen* 'zurechtkommen, fertig werden', älter *zu Rand und Land* ('Küste, Ufer') *kommen* (16. Jh.), *zu Rande bringen* 'schaffen, zu Ende bringen', *das ver-*

steht sich am Rande 'ist selbstverständlich' (18. Jh.). – rändern Vb. 'mit einem Rand versehen, umranden' (18. Jh.).

randalieren Vb. 'lärmenden Unfug treiben, Krach machen' (1. Hälfte 19. Jh.), aus der Studentensprache, eigentl. '*Randal* treiben', zu längere Zeit nicht mehr üblichem, gleichfalls studentensprachlichem *Randal* m. 'Lärm, Krach' (heute wieder aufgenommen, zumal im Plur. *Randale*). Dieses vermutlich eine Kontamination von mundartlichem (obd. omd.) *Rand*, *Rant* 'Possen, lärmender Spaß, Tumult' (eigentl. 'Lauf, Bewegung, Wendung', Verbalsubstantiv zu dem unter *rinnen*, s. d., behandelten Verb) und *Skandal* (s. d.).

Rang m. 'Reihe, Reihenfolge, Stellung innerhalb einer Ordnung' (vor allem im gesellschaftlichen Leben, in Beruf und Amt, in der militärischen Laufbahn). Frz. *rang*, hervorgegangen aus dem aus germ. **hringa-* im Sinne von 'kreisförmig aufgestellter Heeresverband' (s. *Ring*) entlehnten afrz. *renc* 'Reihe, Kampfreihe', wird zu unterschiedlichen Zeiten ins Dt. entlehnt und steht hier entsprechend dem frz. Gebrauch für 'Reihe, Schlachtordnung' (17. Jh.), 'Reihenfolge, Stufe der gesellschaftlichen Ordnung, Amt, Würde' (18. Jh.), 'vorkragendes Geschoß im Zuschauerraum eines Theaters' (19. Jh.). – rangieren Vb. 'eine bestimmte Stellung in einer Rangordnung einnehmen' (Mitte 19. Jh.), '(Eisenbahnwagen, -züge) verschieben' (2. Hälfte 19. Jh.). Aus dem zu afrz. *renc*, frz. *rang* (s. oben) gebildeten Verb frz. *ranger* 'aufstellen, einreihen, (ein)ordnen' (afrz. *rengier* 'in Reihen stellen, ordnen', s. *arrangieren*), wird nhd. *rangieren* in den jetzt nicht mehr gebräuchlichen Bedeutungen 'aufstellen, formieren, aufmarschieren lassen' von Truppen oder Schiffen (17. und 18. Jh.) und '(ein)ordnen, einstufen, einteilen' (2. Hälfte 17. Jh. bis Ende 19. Jh.) entlehnt; hieraus entwickeln sich die oben genannten, heute üblichen Verwendungen. einrangieren Vb. 'in etw. einreihen, rangmäßig einordnen' (Anfang 19. Jh.); ausrangieren Vb. '(Altes, Überflüssiges) aussondern, ausscheiden, wegwerfen', (von Menschen) 'außer Dienst stellen, entlassen' (Ende 18. Jh.).

Range f. und m. 'ungebärdiges, äußerst lebhaftes, übermütiges Kind, Wildfang'. Frühnhd. (omd.) und mnd. (heute landschaftlich nur noch vereinzelt) bezeichnet *Range* f. eine 'läufige (d. i. in der Brunstzeit hin und her laufende) Sau', zu jetzt nicht mehr gebräuchlichem *rangen*, mhd. *rangen* 'sich hin und her bewegen, mit Begierde streben', mnd. *(w)rangen* 'ringen, kämpfen' (s. *wringen*). Seit Ende des 15. Jhs. als Scheltwort, später abgeschwächt (in Unkenntnis der alten Bedeutung) 'unbändiger Bube, Schlingel'. – Iterativbildung zu *rangen* ist rangeln Vb. 'sich balgen, raufen', refl. auch 'sich dehnen, herumwälzen' (18. Jh., vereinzelt bereits mnd. *rangelen* 'ringen') mit den jungen Ableitungen *Rangelei*, *Gerangel* (20. Jh.).

rank Adj. 'schlank, gelenkig, geschmeidig', heute fast nur noch in der Formel *rank und schlank*. Mit dem im 17. Jh. aus dem Nd. in die Literatursprache aufgenommenen Adjektiv (im Obd. fehlend) mnd. *rank* 'lang und dünn, gerade, schlank' sind verwandt mnl. *ranc*, nl. *rank* 'schlank, dünn', aengl. *ranc* 'gerade, stolz, kühn, tapfer, edel, prächtig, erwachsen, reif', engl. *rank* 'stark wachsend, üppig, furchtbar', anord. *rakkr* (aus **rank-*) 'gerade' sowie (ablautend) ahd. *(h)rinc* (9. Jh.), asächs. *rink*, aengl. *rinc*, anord. *rekkr* 'Mann, Krieger'; außergerm. vergleichen sich aind. *ṛñjáti* (neben *ṛ́jyati*) 'streckt sich, eilt', lit. *rąžýti*, ablautend *rę́žti* 'recken, strecken'. Sie gehören sämtlich mit *n*-Infix zu der unter *recht* (s. d.) dargestellten Wurzel ie. **reĝ-* 'gerade, geraderichten, lenken, recken, strekken, aufrichten'.

Ranke f. fadenförmiger, sich um Stützen windender Pflanzenteil. Ahd. *(h)ranca* glossiert lat. *vītis alba*, d. i. hier wohl die (mit Ranken ausgestattete) 'Zaunrübe'; danach frühnhd. mnl. *rank(e)* in mittel- und niederrhein. Quellen, also in Weinbaugebieten (Ende 15. Jh.), mnd. *ranke*, *wīnranke*; im 16. Jh. ist *Ranke* im gesamten dt. Sprachgebiet verbreitet. Herkunft unbekannt, ebenso die Bedeutung, die die Germanen mit dem Wort verbanden, ehe sie von den Römern den Weinbau kennenlernten. Man vermutet Verwandtschaft mit tirol. *Rangk* 'Latte', *Rangge* 'Holzstange', kärntnerisch *Rangge* 'Stange'. – ranken Vb. 'Ranken treiben', meist refl. '(sich) emporwinden' (18. Jh.).

Ränke Plur. 'hinterhältige Anschläge, Listen, Machenschaften, Intrigen'. Das seit frühnhd. Zeit vornehmlich pluralisch verwendete Substandtiv gehört zu dem heute noch mundartlich gebräuchlichen Singular *Rank* '(plötzliche, unvermutete) Wendung, Drehung, List, heimtückische Handlung', obd. auch 'Wegkrümmung, Biegung, Kurve'. Vorauf geht mhd. *ranc* 'schnelle drehende Bewegung', das mit mnd. *wrank* 'Händeringen, Kampf, Streit', nl. (im 16. Jh. aus dem Nhd.) *rank* 'Schlauheit, Grille, Laune', aengl. *wrenc* 'List, Kniff, Betrug, Melodie, Gesang' zu der unter *renken* und *wringen* (s. d.) aufgeführten Wortgruppe gehört. Der Singular *Rank* begegnet vom 16. bis 18. Jh. in der Wendung *jmdm. den Rank* (heute *Rang*) *ablaufen* 'jmdn. überflügeln, übertreffen', eigentl. 'jmdm. die Wegkrümmung abschneiden, um ihm zuvorzukommen'. In dem Maße, wie die ursprüngliche Bedeutung verblaßt, wird die Wendung als zu (im 17. Jh. aus dem Frz. übernommenem) *Rang* (s. d.) gehörig empfunden. In der Schweiz bedeutet *Rank* 'Wegbiegung, Kurve' und 'Kniff, Trick', vgl. *den (rechten) Rank finden* 'einen geeigneten Weg, eine geschickte Lösung finden, sich zu helfen wissen'. – R ä n k e s c h m i e d m. 'wer Ränke schmiedet, heimtückischer, hinterhältiger Mensch, Intrigant' (um 1800).

Ranzen m. 'auf dem Rücken zu tragende Tasche, Rucksack, Tornister, Schultasche'. Die Herkunft des zuerst als *Rantz* '(Brot-, Trag)sack' (1510) bezeugten, der Gaunersprache angehörenden und um die Mitte des 17. Jhs. als *Ranzen* in die Literatursprache eingehenden Wortes ist dunkel. Ungeklärt bleibt auch das Verhältnis zu gleichbed. mnd. *renzel*, *rensel* 'Reisesack' (daraus nl. *ransel*), nd. *Ränzel*, das im 16. Jh. ins Hd. aufgenommen wird und dessen Herkunft ebenfalls unbekannt ist. Vielleicht aus mnd. nd. **rant*, dem hd. **ranz*, rotw. *Rantz* (s. oben) entspricht? In der Umgangssprache werden *Ranzen*, *Ränzel* und *Ränzlein* seit Ende des 17. Jhs. auch auf 'Bauch' übertragen; Adelung (1777) verzeichnet *Ranzen* 'Buckel'.

ranzig Adj. 'verdorben, schlecht riechend bzw. schmeckend' (bes. von Fett, Speiseöl, fetthaltigen Nahrungsmitteln), entlehnt (1. Hälfte 18. Jh.) aus nl. *ranzig*, *ransig* neben *rans*, das auf mfrz. frz. *rance* 'nach Fäulnis riechend, ranzig' beruht. Vorauf geht lat. *rancidus* 'ranzig, stinkend, ekelhaft, widrig', zu lat. *rancēre* 'ranzig, stinkend sein'. *ranzig* hat heimisches *garstig* (s. d.) in dieser Bedeutung seit dem 18. Jh. verdrängt.

rapid(e) Adj. 'reißend, schnell, überstürzt, stürmisch, ungestüm, unaufhaltsam', übernommen (um 1800) von gleichbed. frz. *rapide*, einer Entlehnung aus lat. *rapidus* 'hinraffend, reißend schnell, ungestüm, rasch, flüchtig', zu lat. *rapere* '(an sich) raffen, weg-, fortreißen, rasch ausführen'.

Rappe m. 'schwarzes (meist edles) Pferd'. Der in dieser Bedeutung seit Anfang des 16. Jhs. bezeugte Ausdruck geht zurück auf ahd. *(h)rappo*, mhd. *rappe* 'Rabe', eine expressive (obd.) Nebenform von ahd. *(h)rabo*, mhd. *rabe* (s. *Rabe*), bedeutet also eigentl. 'Pferd, das so schwarz ist wie ein Rabe'.

rappeln Vb. 'klappern, rasseln' (17. Jh.), refl. 'sich (mühsam) bewegen, sich aufraffen' (18. Jh.) vereint in sich wohl einerseits lautnachahmendes, mit iterativem *l*-Suffix und Konsonantengemination gebildetes nd. *rappeln* 'rasseln, klappern' (vgl. entsprechendes mhd. *raffeln* 'lärmen, klappern, schelten' sowie engl. *to rap* 'klopfen') und andererseits zu mnd. *rāpen* 'raffen', md. *rappen* 'gewaltsam an sich reißen' (16. Jh.) gebildetes nd. *rappeln* 'sich aufraffen, bewegen, an sich reißen' (s. *raffen*). Aus 'lärmen' entwickelt sich die Bedeutung 'nicht recht bei Verstande, verrückt sein' (18. Jh., doch wohl älter, s. unten *rappelig*, *rappelköpfig*); vgl. *es rappelt bei jmdm.* – a u f r a p p e l n Vb. refl. 'sich aufraffen' (18. Jh.). R a p p e l m. 'Verrücktheit, plötzlich aufsteigender Zorn' (19. Jh.); älter mundartlich *Rappel* f. 'Klapper, Flachsraufe'. r a p p e l i g Adj. 'verrückt, nervös, unruhig' (17. Jh.). R a p p e l k o p f m. 'eigensinniger, störrischer, zum Jähzorn neigender Mensch', r a p p e l k ö p f i g Adj. 'eigensinnig, störrisch, jähzornig' und gleichbed. r a p p e l k ö p f i s c h Adj. (alle 17. Jh.); vielleicht aus der Sprache der Pferdezüchter, wo *rappelköpfisch* 'am Koller leidend' neben *kollerig* gebraucht wird.

Rappen m. kleinste schweiz. Münzeinheit. Die Bezeichnung der zuerst als *Kolmar rappen* (Ende 14. Jh.) bekanntgewordenen, anfangs silbernen, später kupfernen Münze beruht wie *Rappe* (s. d.) auf der unter *Rabe* (s. d.) angeführten expressiven Nebenform ahd. *(h)rappo*, mhd. *rappe*. Mit *Rappen* ist wohl zunächst der den im 14./15. Jh. in Freiburg im Breisgau geschlagenen Münzen aufgeprägte Adlerkopf gemeint, der als *Rappe* 'Rabe' angesehen und verspottet wurde, doch trägt zu dieser Benennung vielleicht auch die

Erinnerung an die den Freiburger Münzen sehr ähnlichen schlechten Pfennige bei, die der *Herr von Rappoltstein* bei Kolmar Ende des 13. Jhs. unbefugt prägen ließ; vgl. Schweiz. Id. 6, 1173ff. In der deutschsprachigen Schweiz ist *Rappen* seit Mitte des 19. Jhs. amtliche Bezeichnung neben frz. *centime*.

Rapport m. 'dienstliche Meldung, Bericht', Übernahme (Anfang 17. Jh.) von frz. *rapport* 'Bericht, Meldung', zu frz. *rapporter*, nhd. *rapportieren* (s. unten). Ursprünglich bes. im Militär- und Polizeiwesen für '(regelmäßige) dienstliche Meldung an eine übergeordnete Stelle über Erledigung eines Auftrags'; vgl. *sich zum Rapport melden* 'wegen eines Disziplinarvergehens vor dem Vorgesetzten erscheinen, sich bei ihm melden'. Dann im kaufmännischen, später im betriebswirtschaftlichen Bereich für '(regelmäßiger) Bericht an eine zentrale Verwaltungsstelle'. Seit dem frühen 18. Jh. begegnen auch andere, heute im Dt. nicht mehr übliche Bedeutungen von frz. *rapport*, etwa 'Übereinstimmung, Einklang, Verwandtschaft, Zusammenhang, Beziehung, Verhältnis'; auf solchen Verwendungen beruht wohl der spezielle Gebrauch in der Weberei, Textil- und Tapetendruckerei 'richtiges Aneinanderpassen, regelmäßige Wiederkehr von Mustern oder Motiven' (18. Jh.). – r a p p o r t i e r e n Vb. 'berichten, Nachricht überbringen, Meldung abstatten' (Mitte 17. Jh.), dann auch fachsprachlich (von einem Motiv, Muster, Ornament) 'sich regelmäßig wiederholen', aus frz. *rapporter* 'zurück-, wiederbringen, berichten, zutragen', refl. 'passen, sich beziehen' (s. *apportieren*).

Raps m. zum Rübenkohl gehörende Öl- und Futterpflanze mit gelben Blüten und ölhaltige Samen enthaltenden Schoten. Der in dieser Form seit dem 18. Jh. bezeugte Name ist gekürzt aus nordd. *Rapsaat* (17. Jh.), nd. *Rāpsād*, (mit Vokalkürzung) *Rappsād* (wohl aus nl. *raapzaad*, ofries. *Rāpsād*), bzw. aus nordd. *Rapsamen* (17. Jh.), frühnhd. (md.) *rabsamen* (um 1500). Dies sind Zusammensetzungen (vielleicht nach dem Vorbild von lat. *sēmen rāpīcium* 'Rübensamen'?) mit nl. *raap*, ofries. *Rāp* bzw. frühnhd. *rabe*, *rape* (s. *Rübe*). Daneben tritt im 18. Jh. bei der Verbreitung der Pflanze in Süddeutschland die Form obd. *Reps*. – Eine ähnliche Kürzung liegt vor im Namen der dem Raps ähnlichen, aber etwas kleineren Kulturpflanze R ü b s e n m. (1. Hälfte 18. Jh., wo auch *Rübs*), aus *Rübsamen*, vgl. mhd. *ruobesāme*, frühnhd. *rübsamen* (um 1500).

Rapunzel f. Name für verschiedene Pflanzen, von denen teils die rübenförmigen, fleischigen Wurzeln, teils (beim 'Feldsalat') die rosettenförmig angeordneten Blätter zu Salat verwendet werden. Frühnhd. *Rapintzle*, *Rabüntzle*, *Rapüntzle*, *Rapuntzel* (16. Jh.) beruht wohl auf einer obd. Entlehnung aus ital. *raponzolo*, einer mundartlichen deminutiven Ableitung (neben ital. *raperonzolo*, *raperonzo*) von ital. *rapa* 'Rübe' (aus lat. *rāpa*, dem als Fem. Sing. aufgefaßten Neutr. Plur. von lat. *rāpum*). Dazu auch nhd. *Rapünzlein* n. (*Rapüntzelin*, 16. Jh.), *Rapünzchen* n. (um 1700).

rar Adj. 'selten, schwer erhältlich' und daher 'begehrt, kostbar', vereinzelt im 15. Jh., dann Anfang des 17. Jhs. entlehnt aus gleichbed. mfrz. frz. *rare*, das auf lat. *rārus* 'locker, nicht dicht, vereinzelt, zerstreut, selten, vortrefflich' beruht. Dazu die Wendung *sich rar machen* 'sich selten sehen, blicken lassen, zurückgezogen leben' (Anfang 18. Jh.), wohl nach gleichbed. frz. *se faire rare*. – R a r i t ä t f. 'Seltenheit, wertvoller Gegenstand, Kostbarkeit, Sammlerstück' (Anfang 17. Jh.), auch mit der Vorstellung des Sonderbaren im Sinne von 'Seltsamkeit, Merkwürdigkeit, Kuriosität, Sehenswürdigkeit', aus gleichbed. mfrz. frz. *rarité* (heute *rareté*) unter Anlehnung an lat. *rāritās* (Gen. *rāritātis*) 'Weiträumigkeit, Weite, geringe Anzahl, Seltenheit'.

rasant Adj. 'flach, annähernd horizontal verlaufend, gestreckt' (von der Flugbahn eines Geschosses), übernommen (vereinzelt im 18. Jh., häufiger seit dem 19. Jh.) von frz. *rasant* 'den Erdboden streifend, niedrig, flach', Part.adj. von frz. *raser* 'scheren, rasieren' in dessen übertragener Bedeutung 'darüber hinstreichen, streifen, schleifen' (zur Herkunft s. *rasieren*). *rasant* begegnet zunächst in der heute nicht mehr üblichen Bedeutung 'längs einer Fläche, flach über etw. hinstreichend', vgl. *rasante Linie* 'Schußlinie einer Kanone, mit der die gesamte Angriffsfläche eines Befestigungswalles bestrichen werden kann', wird im 19. Jh. im Sinne von 'gestreckt, flachbahnig' (von Geschossen) zum Fachwort der Ballistik und steht Anfang des 20. Jhs. in der Sportsprache für 'flach geschossen' (bei Ballspielen). In der Alltagssprache entwickelt *rasant* im frühen 20. Jh. in volksetymologischer Anlehnung an das Verb *rasen* die Bedeutung 'rasend, schnell, schnittig', übertragen 'sprunghaft, stürmisch' und wird in neuerer Zeit zum Modewort für 'aufregend, spannend, großartig, sportlich, attraktiv'. – Rasanz f. 'flacher Verlauf, Gestrecktheit der Flugbahn eines Geschosses' (Ende 19. Jh.), 'große Schnelligkeit, hohe Geschwindigkeit, Spannung, Großartigkeit' (20. Jh.).

rasch Adj. 'schnell, geschwind', ahd. *reski* (10. Jh., *rasco* Adv., 9. Jh.), mhd. mnd. *rasch* 'schnell, hurtig, gewandt, kräftig', mnl. *rasch*, *ras*, nl. *ras* 'rasch, schnell, geschwind', mengl. *rasch*, engl. *rash* 'hurtig, übereilt' setzen germ. **raþska-* bzw. einen abgeleiteten *ja*-Stamm, anord. *rǫskr* 'tüchtig, tapfer' dagegen germ. **raþskwa-* voraus, wobei vor ableitendem *-sk-* der Dental des Wurzelauslauts schwindet. Herkunft ungesichert. Zieht man bei Annahme eines Anlauts germ. *wr-* und einer Entwicklung von inlautendem *þ* aus *ð* got. *gawrisqan* 'Frucht bringen' heran und vergleicht anord. *rǫskvast* 'wachsen, reifen' sowie (außergerm.) aind. *várdhati* 'vermehrt, vergrößert, kräftigt', griech. *orthós* (ὀρϑός) 'aufrecht, aufgerichtet, geradestehend, recht, richtig', aslaw. *roditi*, russ. *rodít'* (*родить*) 'gebären, hervorbringen, erschaffen', so wäre Anschluß an ie. **u̯erdh-*, **u̯redh-* 'wachsen, steigen, hoch' möglich. Stellt man dagegen das Adjektiv als Ableitung zu den unter [2]*gerade* (s. d.) behandelten Wortformen, so müßte von germ. **hraþsk-* ausgegangen werden, für dessen anlautendes *h-* die oben genannten Formen jedoch keinen Anhaltspunkt bieten. Von *rasch* abgeleitet ist *überraschen* (s. *über*).

rascheln Vb. 'ein Geräusch von sich geben' (von bewegtem Laub, Papier, von kleinen, huschenden Tieren). Das nur im Dt. auftretende, im 17. Jh. aus dem Omd. in die Literatursprache eindringende Verb ist eine Iterativbildung zu gleichbed. mundartlichem (schles.) *raschen*. Es ist wie die seit dem 19. Jh. bezeugten mundartlichen Nebenformen *rischeln* und *ruscheln* lautnachahmenden Ursprungs.

Rasen m. 'gepflegte Grasfläche'. Die Herkunft des nur auf das dt. Sprachgebiet beschränkten Wortes ist nicht geklärt. Mhd. *rase*, frühnhd. *rasen* (15. Jh.) ist vielleicht eine Form (mit aussprachebedingter Vereinfachung des Anlauts) von mnd. *wrase* 'Rasen', vgl. (mit mundartlicher Entwicklung des Anlauts) göttingisch *Bräsen*, *Vräsen*, niederhess. *Fräsen*. Im Obd. gilt dafür nicht verwandtes *Wasen* (ahd. *waso*, mhd. *wase*, s. *Wrasen*). *Rasen* ist zunächst nur im Omd. üblich, gewinnt jedoch seit dem 16. Jh. an Verbreitung. Auslautendes *-n* entstammt den obliquen Kasus des anfangs schwach flektierenden Substantivs.

rasen Vb. 'wütend sein, toben, ungestüm laufen, schnell fahren', ahd. (Hs. 15. Jh.), mhd. (selten, vorwiegend md.) *rāsen* 'toll sein, toben', mnd. mnl. *rāsen*, nl. *razen* 'toll sein, toben, wüten', aengl. *rǣsan* 'stürzen, eilen, angreifen, losstürmen', anord. *rāsa* 'vorwärtsstürzen, ungestüm vorgehen', schwed. *rasa* 'toben, wüten' und (ablautend) anord. schwed. *rasa* 'gleiten, (ein)stürzen' sind verwandt mit mnd. *rās* 'heftige Strömung', aengl. *rǣs* 'Lauf, Sprung, Ansturm, Angriff', anord. *rās* 'Lauf, Fahrt, Sturz, Öffnung' (daraus entlehnt engl. *race* 'Wettlaufen, -rennen') sowie anord. *ras* 'Eile, Hast', schwed. *ras* '(Ein)sturz, (Erd)rutsch, Ausgelassenheit'. Außergerm. vergleichen sich (zu ie. **rōsā́* 'Schwung, Wurf') griech. *erōéīn* (ἐρωεῖν) 'schnell laufen, hervorströmen, fließen, strömen', *erōḗ* (ἐρωή) 'Schwung, Wucht, Andrang, Wurf', lat. *rōrāriī* (Plur.) 'junge, leicht (mit Schleudern) bewaffnete Soldaten' (als Plänklertruppe), so daß an ie. **er(ə)s-*, **rēs-* 'fließen, aufgebracht sein, erregt sein' (s. *irr*, *Auerhahn*) angeknüpft werden kann, wohl eine *s*-Erweiterung der Wurzel ie. **er-*, **or-*, **r-* 'sich in Bewegung setzen, erregen, in die Höhe bringen (auch von Bewegungen nach abwärts)' (wozu auch *Reise, rinnen, rennen, rieseln*, s. d.). Zu Beginn der nhd. Zeit sind die Bedeutungen eines irrsinnigen Gebarens und einer übergroßen Geschwindigkeit voll ausgebildet. Das Part. Präs. *rasend* wird seit dem 18. Jh. in dem steigernden, auch übertreibenden Sinne von 'in hohem Maße' gebraucht. Zum Verb *rasen* gehört auch Rosenmontag m. (19. Jh.), älter *der raesende, rasende Montag* (18. Jh.); die literatursprachliche Lautgebung folgt der mundartlichen Aussprache, vgl. rhein. *rose(n)* 'toben, tollen'. – Raserei f. 'Tobsucht'. mhd. *rāserīe*; in neuester Zeit auch 'unsinnig schnelles Fahren'.

rasieren Vb. 'den Bart scheren, die Barthaare abschneiden'. Im Dreißigjährigen Krieg wird das Verb im Sinne von 'niederreißen, zerstören, (Festungswerke) dem Erdboden gleichmachen, schleifen' entlehnt aus frz. *raser* 'scheren, glatt abschneiden, darüber hinstreichen, streifen, dem Erdboden gleichmachen, schleifen', das über gleichbed. afrz. *raser* auf vlat. **rāsāre* zurückgeht, eine Intensivbildung zu lat. *rādere* (*rāsum*) 'kratzen, schaben, reinigen, glattmachen, abscheren' (s. *radieren*, *rasant*). Ebenfalls in der 1. Hälfte des 17. Jhs. (geläufig seit dem 18. Jh.) begegnet *rasieren* (wohl gefördert durch früher bezeugtes *Rasur*, s. unten) für 'das Barthaar, den Bart wegnehmen', älteres *barbieren* und [1]*scheren* (s. d.) zurückdrängend. – R a s u r f. 'das Rasieren der Barthaare, Schrifttilgung, radierte Stelle in einer Schrift', aus lat. *rāsūra* 'das Schaben, Kratzen, Glattmachen', spätlat. 'das Abscheren (von Haar und Bart), die auf dem Kopfe geschorene Stelle, Tonsur', zu lat. *rādere* (s. oben); im Dt. zunächst 'Haarschur' (15. Jh.), 'Auskratzung von Schrift(zeichen)' (16. Jh.).

Räson f. 'Vernunft, Verstand, Einsicht, verständiges Betragen', Entlehnung (1. Hälfte 17. Jh.) von afrz. frz. *raison* 'Vernunft, Verstand, Vernünftigkeit, Grund, Ursache, Rechtfertigung, Recht' (afrz. auch 'Rede, Ausdrucksweise'), aus lat. *ratio* (Gen. *ratiōnis*) 'Rechnung, Berechnung, Rechenschaft, Denken, Denkvermögen, Vernunft, Grund, Maß, Gesetzmäßigkeit, Ordnung, Methode, Prinzip' (s. *rational*). Im Dt. in nuancierten Verwendungen 'vernünftige Überlegung, Erklärung, Rechtfertigung, Grund', auch 'Vernunft, Einsicht, Denkvermögen, vernünftiges Urteil', vgl. *zur Räson bringen* 'zur Vernunft, Einsicht bringen' (2. Hälfte 17. Jh.), *Räson annehmen* 'einsichtig, vernünftig werden' (1. Hälfte 18. Jh.), schließlich 'Recht, Rechtmäßigkeit, vernünftiger Grundsatz', vgl. *Staatsräson* (nach frz. *raison d' État*). Die Schreibung folgt bis ins 19. Jh. dem Frz.; doch vgl. frühe Eindeutschungsversuche wie *R(a)eson*, *Ressung*, *Räson* (17. Jh.) – r ä s o n i e r e n Vb. 'sich wortreich ereifern, seinem Unmut, seiner Unzufriedenheit durch Schimpfen Ausdruck geben, nörgeln' (18. Jh.), älter '(vernünftig) denken, überlegen, urteilen, argumentieren, erörtern' (2. Hälfte 17. Jh.), entlehnt aus frz. *raisonner* 'vernunftgemäß denken, urteilen, reden, argumentieren' (afrz. *raisoner* 'reden'). Im Dt. nimmt in der 2. Hälfte des 18. Jhs. *räsonieren* als Ausdruck der einsetzenden skeptischen, auch ablehnenden Haltung gegenüber der Aufklärung zunehmend pejorative Bedeutung an im Sinne von 'klug daherreden, schwatzen', dann 'kritisch und abfällig reden, widersprechen, schimpfen'.

raspeln Vb. 'mit der Raspel bearbeiten'. Frühnhd. *raspeln* (Anfang 16. Jh.), mnd. *respeln* 'kratzend zusammenscharren' ist eine Iterativbildung zu heute unüblichem *raspen* 'scharren, kratzen', ahd. *(h)raspōn* (um 1000), mhd. *raspen* 'an sich reißen, raffen', das als schwache Bildung neben dem untergegangenen starken Verb ahd. *(h)respan* 'rupfen, zupfen' (8. Jh.), aengl. *gehrespan* 'reißen' steht. Geht man (unter der Annahme von *s*-Metathese) von einer Bildung mit *s*-Suffix germ. **hreps-* aus, so lassen sich die oben genannten Formen mit dem unter *raffen* (s. d.) behandelten Verb verbinden. Seit dem 17. Jh. wird *raspeln* unter dem Einfluß von *Raspel* (s. unten) gewöhnlich im Sinne von 'mit der Raspel arbeiten' verwendet, während die Bedeutung 'scharren, kratzen' nur noch selten begegnet. – R a s p e l f. 'grobe Feile zum Bearbeiten von Holz und anderen weicheren Materialien, Küchengerät zum Zerkleinern von Obst und Gemüse' (16. Jh.), Rückbildung aus dem Verb. Vgl. mhd. *raspe* f.

Rasse f. Gruppe (Unterart) von Tieren, Pflanzen, die sich durch gemeinsame erbliche Merkmale und physiologische Eigenschaften von anderen Gruppen unterscheiden, große Gruppe von Menschen mit gemeinsamen charakteristischen erblichen Körpermerkmalen, im Dt. zuerst *Razza*, *Raza* (16./17. Jh.) nach ital. *razza*, danach *Race* (18. Jh., bis etwa 1900 in dieser Schreibweise) nach frz. *race* 'Geschlecht, Stamm, Abstammung, Nachkommenschaft, Gattung, Sorte, Art (von Menschen und Tieren)'. Herkunft ungewiß. FEW 10, 115ff. macht wahrscheinlich, daß mfrz. frz. *race* aus ital. *razzo* m. bzw. *razza* f. 'Geschlecht' (13./14. Jh.) bzw. aus einem in Italien üblichen mlat. *rassa* 'Abmachung unter den Angehörigen eines Berufes, einer Familie' entlehnt sei, dem lat. *ratio* 'Rechnung, Berechnung, Rechenschaft, Denken, Denkvermögen, Vernunft, Grund, Maß, Gesetzmäßigkeit, Ordnung, Methode, Prinzip' (s.

rational), spätlat. 'Sippenverband, Gruppe (von Tieren, Früchten)', wohl auch 'Gestüt', zugrunde liegt. *Rasse* steht zunächst für 'Geschlecht, Familie, Menschengruppe, -schlag mit bestimmten gemeinsamen Eigenschaften und Verhaltensweisen', wird in der 2. Hälfte des 18. Jhs. ein naturgeschichtlicher Ordnungsbegriff zur Bezeichnung einer Tier- bzw. Pflanzengruppe mit übereinstimmenden typischen (vererbbaren) Merkmalen des äußeren Erscheinungsbildes in einem gleichen geographischen Verbreitungsgebiet, oft im eingeschränkten Sinne '(durch systematische Züchtung gewonnenes) edles Geschlecht mit ausgeprägten, hervorragenden Eigenschaften' (vgl. *Rassehund*, *-pferd*, *-tier*). Gegen Ende des 18. Jhs. wird *Rasse* als anthropologischer Begriff auch auf Menschen in der oben angeführten Bedeutung übertragen und im 19. Jh. vielfach mit 'Volk' gleichgesetzt. In Anlehnung an die unwissenschaftliche Vorstellung von der Ungleichwertigkeit der Rassen (vgl. „Essai sur l'inégalité des races humaines" Gobineau 1853) entwickelte der dt. Faschismus eine *Rassentheorie* bzw. *-ideologie*, mit der er die Ausbeutung, Unterdrückung und Vernichtung bestimmter Völker oder ethnischer Gruppen zu rechtfertigen suchte. – rassig Adj. 'mit den Eigenschaften einer guten Rasse ausgestattet', auch (bes. von Pferden) 'edel, feurig, vollblütig' (1. Hälfte 20. Jh.). rassisch Adj. 'die Rasse, Rassenzugehörigkeit des Menschen betreffend, auf der Zugehörigkeit zu einer bestimmten Rasse, Bevölkerungsgruppe beruhend' (1922).

rasseln Vb. 'klappern, rattern, ein Geräusch von sich geben (mit aneinanderschlagenden Ketten, mit Lärminstrumenten)', mhd. *raȥȥeln* 'toben, lärmen' ist Iterativum zu gleichbed. mhd. *raȥȥen*, frühnhd. *rassen* (bis Ende 16. Jh.). Für *rasseln* kann in frühnhd. Zeit semantischer Einfluß von mnd. *rettelen* 'klappern, rattern' angenomen werden. Allgemein verbindet man diese Verben mit aengl. *hratian* 'eilen', anord. *hrata* 'fallen, stürzen, schwanken, eilen' und schließt sie mit verwandtem *Scherz* (s. d.) an eine Dentalerweiterung ie. **(s)kerd-*, **(s)kred-* der dort genannten Wurzel ie. **(s)ker(ə)-* 'springen, herumspringen', eigentl. '(sich) drehend bewegen, schwingen' an. Angesichts der semantischen Differenzen scheint es jedoch möglich, nhd. *rasseln*, mnd. *rettelen*, nd. *rateln*, nl. *ratelen*, engl. *to rattle* ebenso wie *rattern* (s. d.) als lautmalende Bildungen von den zuvor genannten Formen abzutrennen. – Rassel f. 'Knarre, Klapper' (16. Jh.), ehemals ein Gerät der Nachtwächter, um ihr Nahen anzukündigen. *Rassel* ist ein vorwiegend westd. und südd. Wort gegenüber nordd. md. *Knarre* (s. d.) und bair.-öst. *Ratsche*. Rasselbande f. 'lärmende, zu gemeinsamen Streichen aufgelegte Schar übermütiger Kinder' (19. Jh.), obsächs. 'unbändige, lärmende Gesellschaft', md. auch 'liederliches Volk'.

Rast f. 'Ruhepause', ahd. *rasta* (9. Jh.), mhd. *rast(e)*, asächs. *rasta*, mnd. *rast(e)*, mnl. *raste*, (mit Umlaut) anord. *rǫst* 'Ruhe(pause), das Verweilen, Wegstrecke, Meile', schwed. *rast* 'Rast, Ruhe, Pause', got. *rasta* 'Meile, Wegstrecke' sowie daneben ahd. *restī* (8. Jh.), *resta* (9. Jh.) 'das Verweilen', mhd. *rest(e)* 'Ruhe, Rast, Sicherheit, Ruhestätte, Grab', asächs. *resta*, auch 'Tod', mnd. *reste* 'Rast, Ruhe', aengl. *ræst*, *rest*, engl. *rest* und (ablautend) mnd. *roste*, *ruste*, mnl. *ruste*, nl. *rust* 'Ruhe, Rast, Pause' gehören wie (ohne ableitenden Dental gebildetes) aengl. *ærn*, anord. *rann*, got. *razn* 'Haus' zu einer *s*-Erweiterung der unter *Ruhe* (s. d.) dargestellten Wurzel ie. **erə-*, **rē-* 'ruhen'. Die alte Bedeutung 'Wegstrecke, Meile' bezeichnet die zwischen zwei Rastorten zurückgelegte Wegstrecke unterschiedlicher Länge. – rasten Vb. 'Rast machen, (sich) ausruhen', ahd. *resten* (8. Jh.), *rastōn* (9. Jh.), mhd. *rasten*, *resten* 'ruhen', asächs. *restian*, mnd. *resten*, *rosten*, aengl. *ræstan*, *restan*, engl. *to rest* '(aus)ruhen' sind Ableitungen von den oben genannten Substantiven. rastlos Adj. 'sich keine Ruhe gönnend, ruhelos, unermüdlich' (17. Jh.). Unrast f. 'Ruhe-, Rastlosigkeit, innere Unruhe', mhd. *unraste*, *unreste* 'Unruhe, Rast- und Ruhelosigkeit'.

Raster m. und n. bei der Herstellung von Druckformen verwendete Glasplatte oder Folie mit einem Netz aus feinen Linien zum Zerlegen der Bildtöne in verschieden große Elemente, gelehrte Entlehnung (19. Jh.) aus lat. *rāster*, *rāstrum* 'Hacke, Harke', zu lat. *rādere* (*rāsum*) 'kratzen, schaben, reinigen, glattmachen, abscheren' (s. *radieren*, *rasieren*). Vgl. auch in der älteren Druckersprache zu lat. *rāster*, *rāstrum* gebildetes *Rastral* n. 'Gerät mit fünf Zinken zum Eingravieren von Notenlinien in Druckplatten' (16. Jh.), *rastrieren* Vb.

'mit Notenlinien versehen'. In neuerer Fachsprache bezeichnet *Raster* eine 'gitterartige Blende vor einer Lichtquelle, durch die das Licht gestreut und die Blendwirkung herabgesetzt wird', in der Fernsehtechnik die 'Gesamtheit der Punkte, aus denen sich ein Fernsehbild zusammensetzt, sowie das Testbild in Form von Linien und Streifen verschiedener Helligkeitsgrade' (20. Jh.). – r a s t e r n Vb. 'ein Bild in Rasterpunkte zerlegen' (20. Jh.).

Rat m. 'Empfehlung, Vorschlag, gemeinsame Überlegung, Beratung' (vgl. *mit sich zu Rate gehen* 'gründlich nachdenken', *zu Rate ziehen* 'befragen, konsultieren', *mit Rat und Tat*), ferner 'Abhilfe, Ausweg, beratendes, beschließendes Gremium', ahd. (8. Jh.), mhd. mnd. *rāt* 'Rat(schlag), Lehre, Überlegung, Entschluß, beratende Versammlung, Für-, Vorsorge, Vorrat, Nahrungsmittel, Hilfe' (mhd. auch 'Entbehrung, Verzicht'), asächs. *rād* 'Rat, Hilfe, Vorteil', mnl. *raet*, nl. *raad* 'Rat(schluß)', aengl. *rǣd* 'Rat, Vorteil, Macht', anord. *rāð* 'Rat, Entschluß, Lage, Haushalt, Heirat', schwed. *råd* 'Rat, Ausweg, Mittel' gehört als Abstraktum zu dem unter *raten* (s. d.) dargestellten Verb. *Rat* bezeichnet ursprünglich 'alles, was für Ernährung und Erhaltung eines Haushalts vorsorgend anzuschaffen ist' (s. *Hausrat*, *Vorrat*, *Gerät*) und 'die Beschaffung, Besorgung dieser Mittel und Vorräte' (s. *Heirat*, eigentl. 'Hausbesorgung'), dann auch 'Ausweg, Hilfe, Abhilfe' (vgl. *Rat schaffen*, *Rat wissen*, *kommt Zeit, kommt Rat*) und 'gutgemeinter Vorschlag, Empfehlung, Unterweisung' (vgl. *einen Rat erteilen*). Schon im Ahd. steht *rāt* auch für 'Beratung' und daran anschließend für '(beratende) Versammlung, Ratsversammlung', später für 'Gremium, Behörde, Organ' (vgl. *Familien-*, *Staats-*, *Stadtrat*, *Ratsbeschluß*, *-sitzung*). Aus der Bezeichnung für das einzelne Mitglied eines solchen Gremiums entwickeln sich entsprechende Titel (vgl. *Geheim-*, *Regierungs-*, *Schulrat*). – r a t l o s Adj. 'keinen Rat wissend', ahd. *rātlōs* 'unberaten, unentschlossen' (um 1000), frühnhd. *ratlos* 'ohne Sorge, Pflege, Rat und Beistand' (16. Jh.). r a t s a m Adj. 'empfehlenswert, nützlich' (16. Jh.), anfangs auch 'Rat erteilend'. R a t g e b e r m. 'wer einen Rat gibt, Berater', mhd. *rātgeber*; vgl. ahd. *rātgebo* 'Berater' (um 800), mhd. *rātgebe*, auch 'Mitglied eines Rates'. R a t h a u s n. 'Amtsgebäude der Stadtverwaltung', mhd. *rāthūs*. R a t s c h l a g m. 'Empfehlung, Vorschlag, Rat' (15. Jh.), anfangs auch 'Beratung, Beschluß'; r a t s c h l a g e n Vb. (schwach flektierend) 'eine Beratung abhalten, gemeinsam überlegen, besprechen, beraten', ahd. *rātslagōn* 'erraten, vermuten' (Hs. 12. Jh.), mhd. *rātslagen* 'beraten'; dafür heute präfigiertes b e r a t s c h l a g e n Vb. (16. Jh.).

Rate f. 'in regelmäßigen Zeitabständen zu zahlender Teilbetrag'. In die Kaufmannssprache wird (Anfang 16. Jh.) mlat. *rata* 'berechneter, abgemessener, bestimmter Anteil' (unter Einfluß von gleichbed. ital. *rata*?) entlehnt. Dies ist die substantivierte fem. Form des Part.adj. lat. *ratus* 'berechnet, bestimmt, gültig' (zu lat. *rērī* 'bei sich bestimmen, glauben, meinen'), die sich aus lat. *rata pars* (z. B. in der Wendung *prō ratā parte* 'in einem durch Ausrechnung bestimmten Verhältnis') entwickelt hat; entsprechend begegnet im Dt. auch *pro rata* 'nach Verhältnis, anteilmäßig' (ebenfalls Anfang 16. Jh.). Erst zu Beginn des 19. Jhs. erscheint eingedeutschtes *Rate* 'Anteil'; die heute übliche Bedeutung 'Teilzahlungsbetrag' tritt im 20. Jh. auf; vgl. Wendungen wie *auf Raten kaufen*, *in Raten (ab)zahlen* und Zusammensetzungen wie *Abzahlungs-*, *Monatsrate*, *Ratenkauf*, *-zahlung*. Engl. *rate* folgend, wird *Rate* (Anfang 20. Jh.) auch für '(Preis-, Gebühren)satz, Tarif, Kurs, Taxe' (vgl. *Fracht-*, *Zinsrate*) sowie (Mitte 20. Jh.) für 'in Prozenten ausgedrücktes Verhältnis einer Größe zu einer anderen' (vgl. *Geburten-*, *Profit-*, *Steigerungs-*, *Sterblichkeits-*, *Wachstumsrate*) gebraucht.

raten Vb. 'jmdn. beraten, jmdm. etw. empfehlen, das Richtige durch Überlegen herauszufinden suchen'. Das gemeingerm., ehemals reduplizierende Verb ahd. *rātan* '(be)raten, überlegen, beistehen' (um 800), mhd. *rāten*, asächs. *rādan*, mnd. mnl. *rāden*, nl. *raden*, aengl. *rǣdan*, auch 'lesen', engl. *to read* 'lesen', anord. *rāða*, schwed. *råda* 'raten', got. *garēdan* 'Vorsorge treffen', *urrēdan* 'urteilen, bestimmen' gehört mit (ablautend) got. *rōdjan*, anord. *rœða* 'reden' und den außergerm. Verwandten aind. *rādhnṓti* 'bringt zustande, macht zurecht, bereitet, stellt zufrieden, erlangt', *rā́dhyatē* 'kommt zustande, fügt sich', air. *immrādim* 'überlege, überdenke', akymr. *amraud* 'Sinn', aslaw. *raditi* 'Sorge tragen für, sich kümmern um', russ. (älter) *radét'* (*pa-*

дeть) 'für jmdn. sorgen, jmdn. unterstützen' zu einer *dh*-Erweiterung von ie. **rē-*, einer Form der Wurzel ie. **ar(ə)-* 'zusammenfügen, passen' (wozu auch *Arm*, s. d.). *raten* bedeutet ursprünglich 'überlegen, (aus)sinnen', dann 'Vorsorge treffen, für etw. sorgen', weiter 'vorschlagen, empfehlen', schließlich 'deuten, erraten' (vgl. aengl. *rǣdan* 'raten, lesen', eigentl. 'Runen deuten'). – a b r a t e n Vb. 'jmdm. raten, etw. zu unterlassen', spätmhd. *aberāten*; vgl. mnd. *afrāden* 'durch Ausstattung abfinden und damit vom Erbe ausschließen, durch schlechte Ratschläge um etw. bringen'. a n r a t e n Vb. 'jmdm. etw. raten, empfehlen', ahd. *anarātan* 'Böses planen, jmdn. verraten' (um 1000), mhd. *anerāten*. b e r a t e n Vb. 'jmdm. Rat erteilen, etw. gemeinsam besprechen, über etw. zu Rate sitzen, beratschlagen', früher auch 'mit etw. versehen', ahd. *birātan* 'anfüllen, mit Vorrat versehen' (8. Jh.), mhd. *berāten* '(mit Gerät, Vorrat) versehen, versorgen, ausrüsten, anordnen, sich bedenken, überlegen'; B e r a t u n g f. 'gemeinsame Besprechung, Erteilung eines Ratschlags' (15. Jh.). e r r a t e n Vb. 'durch Raten das Richtige herausfinden', ahd. *irrātan* 'erraten, vermuten, erschließen, begreifen, feststellen' (9. Jh.), mhd. *errāten* '(ratend oder sinnend) treffen auf, geraten, anraten, im Rate beschließen'. z u r a t e n Vb. 'zu etw. raten', früher auch 'jmdm. Rat, Beistand geben', mhd. *zuorāten* 'einen Rat erteilen'; vgl. ahd. *zi-*, *zuorātan* 'sich wenden gegen, Böses ersinnen' (8. Jh.).

ratifizieren Vb. 'bekräftigen, gutheißen, (schriftlich) beglaubigen, genehmigen' (Ende 15. Jh.), bes. einen Vertrag, ein Staatsabkommen 'gesetzlich anerkennen, rechtskräftig bestätigen' (17. Jh.), entlehnt aus mlat. *ratificare* 'genehmigen, bestätigen'; zu lat. *ratus* 'berechnet, gültig, rechtskräftig' (s. *Rate*) und lat. *facere* 'machen, tun'. – R a t i f i k a t i o n f. 'Bekräftigung, Billigung, (schriftliche) Beglaubigung, rechtskräftige Bestätigung, Anerkennung', entlehnt (Mitte 16. Jh.) aus mlat. *ratificatio* (Gen. *ratificationis*) 'Genehmigung, Bestätigung'. R a t i f i z i e r u n g f. (vereinzelt Ende 18. Jh., häufiger im 20. Jh.).

Ration f. 'zugeteilte Menge, Portion', Entlehnung (18. Jh.) von gleichbed. frz. *ration*; vgl. afrz. *racion* 'Rechnungsführung und Kasse einer Gruppe von Soldaten', mfrz. 'kirchliche Pfründe', das auf lat. *ratio* (s. *rational*), mlat. 'Pfründe, zugemessener Anteil an nötiger Verpflegung (für Soldaten)' beruht. Ein vereinzelter Frühbeleg *Ractzion* (1534) in einer Reisebeschreibung von Spanien dürfte auf span. *ración* bzw. katalan. *ració* (gleicher Herkunft) zurückgehen. Im Dt. zunächst vereinzelt *Ration* 'vernünftiger Grund' (16. Jh.), dann bes. in der Heeressprache 'für einen Tag zugeteilte Menge an Lebensmitteln für die Soldaten und an Futter für die Pferde', vgl. *eiserne* ('bis zuletzt, für den Notfall aufzuhebende') *Ration* (2. Hälfte 19. Jh.); allgemein 'Maß, Portion' (Mitte 19. Jh.), dann bes. 'die dem einzelnen in Not- und Kriegszeiten zukommende (beschränkte) Menge an Lebensmitteln und anderen Verbrauchsgütern' (20. Jh.). – r a t i o n i e r e n Vb. 'in Rationen zumessen, auf Rationen setzen, planmäßig und sparsam einteilen' (Ende 19. Jh.), unter Einfluß von gleichbed. frz. *rationner* abgeleitet von *Ration*. R a t i o n i e r u n g f. 'das Einteilen, Zumessen in Portionen' (Ende 19. Jh.).

rational Adj. 'von der Vernunft ausgehend, vernünftig, zweckmäßig, logisch, begründet' (1. Hälfte 16. Jh.), entlehnt aus lat. *ratiōnālis* 'vernünftig, vernunftgemäß, mit Vernunft begabt, schließend, folgernd, berechenbar', eigentl. 'zu den Rechnungen gehörig', abgeleitet von lat. *ratio* (Gen. *ratiōnis*) 'Rechnung, Berechnung, Rechenschaft, Denken, Denkvermögen, Vernunft, Grund, Maß, Gesetzmäßigkeit, Ordnung, Methode, Prinzip', einer Bildung zu lat. *ratus* 'berechnet, durch Rechnung bestimmt', Part.adj. zu lat. *rērī* 'meinen, glauben, urteilen, dafürhalten'. Seit den 20er Jahren des 20. Jhs. auch in bezug auf Wirtschaftlichkeit, Effektivität, Zweckmäßigkeit im Sinne von 'vernünftig organisiert, angeordnet, planvoll'. – R a t i o n a l i s m u s m. in der Philosophie eine erkenntnistheoretische Richtung, die die menschliche Vernunft und das begriffliche Denken (*Ratio*) als Hauptquelle der Erkenntnis ansieht und die Erfahrung, die Sinneserkenntnis unterschätzt oder leugnet, gelehrte nlat. Bildung (Anfang 18. Jh., zunächst auch *Rationalism*). R a t i o n a l i s t m. 'Anhänger, Vertreter des Rationalismus' (1. Hälfte 18. Jh.), dann verallgemeinert 'wer dem Verstand gegenüber Gefühlen den Vorrang gibt, Verstandesmensch' (2. Hälfte 19. Jh.). r a t i o n a l i -

s t i s c h Adj. 'den Rationalismus betreffend, das Vernunftmäßige betonend, rein begrifflich' (1. Hälfte 19. Jh.). r a t i o n e l l Adj. 'zweckmäßig, auf größte Wirtschaftlichkeit berechnet, effektiv', entlehnt (Ende 18. Jh.) aus frz. *rationnel* 'vernünftig' (lat. *ratiōnālis*), vom 18. bis ins 20. Jh. gleichbed. mit *rational* (s. oben) im Sinne von 'vernünftig, vernunftgemäß', dann auch 'theoretisch, systematisch, wissenschaftlich'. Durch häufige Anwendung auf ökonomische Zusammenhänge im 19. Jh. weiterentwickelt zu 'zweckmäßig, wirtschaftlich, effektiv', seit den 30er Jahren des 20. Jhs. bes. 'haushälterisch, sparsam'. r a t i o n a l i s i e r e n Vb. 'rationalistisch denken, dem Rationalismus gemäß handeln' (2. Hälfte 19. Jh.), 'Arbeitsprozesse zur Erzielung größerer Effektivität zweckmäßiger, wirtschaftlicher gestalten' (1. Hälfte 20. Jh.), wohl unter Einfluß von frz. *rationaliser* 'vernunftgemäß gestalten' abgeleitet von *rational* (s. oben). R a t i o n a l i s i e r u n g f. 'vernunftgemäßes Handeln' (Mitte 19. Jh.), 'effektive Gestaltung des Reproduktionsprozesses unter den vorhandenen Produktionsbedingungen' (1. Hälfte 20. Jh.).

Rätsel n. 'Denkaufgabe', übertragen 'Undurchschaubares, Geheimnis', frühnhd. (mit kurzem Stammvokal) *ratsal*, *rotsal*, *ratczal*, *retzel*, *retsel* u. ä. (15. Jh.), *Retzel* (16. Jh., Luther), danach (mit Längung des Vokals im Hinblick auf *raten*) *Rathsel*, *Räthsel* (17. Jh.). Das aus dem Nd. aufgenommene Wort schließt sich wie mnd. *rēdesal* n., mnl. *raetsel* n., nl. *raadsel* n. mit Metathese an mnd. *rādelse*, *rēdelse*, mnl. *rādeles*, *rāles* n. und dieses, seinerseits mit Umstellung von *l* und *s*, an asächs. *rādisli* n. an, eine Bildung mit dem Suffix germ. *-islja-* zu dem unter *raten* (s. d.) behandelten Verb. Daneben stehen im Germ. (auf *-islan-*) ahd. *rātislo* m. (9. Jh.), asächs. *rādislo* m., aengl. *rǣdels* m., woraus (mit Suffixtausch) engl. *riddle*, (auf *-islō*) ahd. *rātisla* f. (9. Jh.), aengl. *rǣdelse* f., (auf *-isjō*, *-usjō*) ahd. *rātissa*, *rātussa* (um 800), (auf *-iskō*) *rātisca* (11. Jh.), mhd. *rātische*, *rætsche*, auch (entstellt oder assimiliert von *l* zu *r*?) mhd. *rætersche*, frühnhd. (obd.) *Rätersch*. – r ä t s e l n Vb. 'durch angestrengtes Nachdenken herauszufinden suchen, sich den Kopf zerbrechen, raten' (18. Jh.); vgl. vereinzeltes frühnhd. *retzelen* (15. Jh.). r ä t s e l h a f t Adj. 'unerklärlich, unverständlich, geheimnisvoll' (17. Jh.).

Ratte f. Die Herkunft des Namens des zur Familie der Mäuse gehörenden Nagetiers ist nicht geklärt. Ahd. *ratta* (9. Jh.), mhd. *rate*, *ratte*, asächs. *ratta*, mnd. mnl. *ratte*, nl. *rat*, aengl. *ræt*, engl. *rat* und die *o*-Formen mnd. *rotte*, nl. *rot* lassen sich vielleicht mit aind. *rádati* 'beißt, nagt, schneidet', lat. *rōdere* 'nagen, benagen, verzehren', kymr. *rhathu* 'raspeln, glätten, ebnen' sowie (mit *ē*-Stufe) ahd. *rāʒi* 'scharf (von Geschmack), wild' (9. Jh.), mhd. *ræʒe* 'scharf (von Geschmack), hell (vom Ton), wild, keck, rauh, heiser' verbinden unter einer Wurzel ie. **rēd-*, **rōd-*, **rəd-* 'scharren, schaben, kratzen, nagen', wenn man (mit einigen Zoologen) davon ausgeht, daß die Hausratte schon vor der Römerzeit (obwohl im Lat. nicht belegt, erst mlat. *ratus*, 12. Jh.) in Mitteleuropa (aus Asien eingewandert?) ansässig war und einen einheimischen Namen im Sinne von 'Nager' trägt. Andererseits könnte die (auch im Hd. übliche) Lautung *tt*, das Fehlen des Namens im Lat. und seine verhältnismäßig späte Entlehnung ins Skandinavische auf den dt. Nordwesten als Entstehungsgebiet der Bezeichnung (aus einer Substratsprache Norddeutschlands?) hinweisen. Rechnet man dagegen (auf Grund des sprachlichen Befundes) mit einem erst späten Auftreten des Tieres in Europa, so kann ein Wandername mit lautmalender Grundlage (**ratt-* als Nagegeräusch?) angenommen werden, wofür auch die roman. Bezeichnungen wie afrz. frz. *rat*, ital. *ratto* 'Ratte', span. port. *rata* 'Ratte, weibliche Maus' (neben span. port. *rato* 'Maus') sprechen. – R a t z m. 'Ratte', auch 'Hamster', (jägersprachlich) 'Iltis', R a t z e f. 'Ratte' (beide vorwiegend obd.), ahd. *ratza* (11. Jh.), mhd. *ratz(e)* sind wohl als affektisch verschärfte Formen anzusehen. r a t z e k a h l Adv. 'völlig, ganz und gar (kahl, leer)' (Anfang 19. Jh.), auch *rattenkahl*, volksetymologische Umdeutungen aus *radikal* in Anlehnung an *Ratte*, *Ratz(e)*.

rattern Vb. 'ein Geräusch wie von rasch aneinanderschlagenden Gegenständen von sich geben, sich mit derartigem Geräusch fortbewegen'. Das literatursprachlich zuerst bei Schottel (*ratteren*, 1663) bezeugte Verb stammt aus nd. *ratern*, *rätern*, einer Nebenform von nd. *rateln* 'rasseln, klappern, rattern'. Wahrscheinlich ist es wie *rasseln* (s. d.) lautnachahmenden Ursprungs.

Raub m. 'das Rauben, gewaltsame Wegnahme, geraubtes Gut, Beute', ahd. *roub* (8. Jh.), asächs. *-rōf* (in *nōdrōf*) 'gewaltsame Entreißung, Beute, Raub', mhd. *roup*, *roub* '(Sieges)beute, Geraubtes, Räuberei, Plünderung, Ernte eines Feldes', mnd. *rōf*, mnl. nl. *roof*, aengl. *rēaf* 'Raub, Beute, Kleidung, Rüstung' gehört zu einem im Dt. untergegangenen starken Verb, belegt in aengl. *rēofan* 'brechen, zerreißen', *berēofan* 'berauben', anord. *rjūfa*, *rjōfa* 'brechen, zerreißen'. Westgerm. **rauba-* bedeutet demnach eigentl. 'das Ab-, Entreißen, das Entrissene' und bezeichnet vor allem die Kriegsbeute, also auch die dem Gegner abgenommene Rüstung und Kleidung. Fraglich ist, ob im Germ. bzw. Ahd. auch ein Femininum existierte oder ob den Entlehnungen ins Mlat. und ins Roman. flektierte Formen des Maskulinums zugrunde liegen (s. *Robe*). Die nächsten außergerm. Verwandten sind aind. *rōpáyati* 'verursacht Reißen, bricht ab', *rúpyati* 'hat Reißen im Leib', lat. *rumpere* (*ruptum*) 'brechen, zerreißen', *rūpēs* 'Fels, Klippe', lit. *rūpéti* 'kümmern, Sorge machen, am Herzen liegen', *rupùs* (älter *rùpas*) 'rauh, holperig, (grob)körnig', *rūpùs* 'besorgt, sorgfältig, vor-, fürsorglich, beflissen', russ. (älter) *rúpit'* (*рупить*) 'besorgt machen, beunruhigen', anzuschließen an ie. **reup-* 'ausreißen, zerreißen, brechen', eine *p*-Erweiterung der vielfach weitergebildeten Wurzel ie. **reu-*, **reu̯ə-* 'aufreißen, graben, aufwühlen, ausreißen, raffen' (s. auch *raufen*). – r a u b e n Vb. 'gewaltsam in Besitz bringen, unter Anwendung oder Androhung von Gewalt wegnehmen, stehlen, entreißen'. Das gemeingerm. schwache Verb ahd. *roubōn* '(be)rauben' (9. Jh.; vgl. *biroubōn*, *irroubōn* 'ausplündern', 8. Jh.), mhd. *rouben*, auch 'von etw. abbringen', asächs. *rōƀon*, mnd. mnl. *rōven* '(be)rauben, plündern', nl. *roven*, aengl. *(be)rēafian* 'plündern, mit Gewalt nehmen', engl. *to bereave* '(be)rauben', anord. *raufa* 'ein Loch brechen', auch (aus dem Mnd. entlehnt) 'rauben', got. *biraubōn* 'berauben' ist entweder vom Substantiv (s. oben) abgeleitet oder gehört, wofür semantische Gründe sprechen (vgl. Wissmann Nomina postverbalia 1, 1932, 10), als Deverbativum zu dem dort erwähnten, im Dt. untergegangenen starken Verb (germ. **reufan*). R ä u b e r m. 'wer raubt, auf Raub ausgeht, vom Raub lebt, Bandit', ahd. *roubāri* (11. Jh.), mhd. *roubære*, *röubære*, *röuber*, mnd. mnl. *rōver*, nl. *rover*, aengl. *rēafere*, engl. *reaver*, anord. (aus dem Mnd.) *raufari* 'Räuber'. R ä u b e r e i f. 'fortwährender Raub', mhd. *rouberīe*. r ä u b e r n Vb. 'wie ein Räuber handeln, stehlen, rücksichtslos an sich reißen' (19. Jh.). r ä u b e r i s c h Adj. 'in der Art eines Raubes, Räubers, auf Raub ausgehend, raubgierig' (um 1600), älter *raubisch*, *räubisch* (bei Luther *reubisch*), mhd. *roubisch*, *röubisch*. R a u b b a u m. 'Produktionsweise, bei der um eines hohen und raschen Ertrags willen der Fortbestand der Erzeugungsgrundlagen nicht gesichert wird' (18. Jh.), ursprünglich bergmännisch, aus der Wendung *auf den Raub bauen* 'rücksichtslos, mit geringem Kostenaufwand ausbeuten und nicht an den künftigen Ertrag denken' (Ende 17. Jh.). r a u b g i e r i g Adj. 'gierig nach Raub drängend' (16. Jh.); dazu rückgebildet R a u b g i e r f. (18. Jh.). R a u b r i t t e r m. 'vom Straßenraub lebender Ritter des späten Mittelalters' (19. Jh.). R a u b v o g e l m. 'beuteschlagender Vogel' (16. Jh.). Entsprechend R a u b t i e r n. (Anfang 18. Jh.).

Rauch m. 'aufsteigender Qualm, Dunst von brennenden Stoffen', ahd. *rouh* (9. Jh., vgl. *wīhrouh*, 8. Jh., s. *Weihrauch*), mhd. *rouch*, asächs. mnd. *rōk*, mnl. *rooc*, nl. *rook*, aengl. *rēc*, anord. *reykr* (germ. **rauki-*) und dazu wohl denominativ gebildetes **rauchen** Vb. 'Qualm, Dunst entwickeln, aufsteigen lassen', ahd. *rouhhen* '(be)räuchern, opfern' (9. Jh.), mhd. *rouchen* 'Rauch machen, von sich geben, (be)räuchern', mnd. mnl. *rōken*, nl. *roken*, anord. *reykja*, schwed. *röka* stehen im Ablaut zu den unter *riechen* (s. d.) behandelten Verben in deren alter Bedeutung 'rauchen, dampfen'. *(Tabak) rauchen* kommt in der 2. Hälfte des 17. Jhs. auf, wohl nach frz. *fumer du tabac*; zuvor *Tabak nehmen*, *trinken*, *saufen*, *schmoren*. Dazu R a u c h e r m. (17. Jh.), N i c h t r a u c h e r m. (19. Jh.). – r a u c h i g Adj. 'von Rauch durchzogen, voller Rauch, rauchfarben, nach Rauch schmeckend', ahd. *rouhhīg* (Hs. 15. Jh.), spätmhd. *rouchic* 'rauchig, dunstig, blähend, (übel)riechend', asächs. *rōkag* (um 900). r ä u c h e r n Vb. 'Fleisch-, Fischwaren über längere Zeit dem Rauch aussetzen und dadurch haltbar machen, Rauchopfer bringen, Räuchermittel verbrennen' (15. Jh.), iterative Weiterbildung von gleichbed. frühnhd. *räuchen*, *röuchen*; dazu verräuchern Vb. 'mit Rauch erfüllen, durch Rauch schwärzen' (19. Jh.).

Räude f. durch Milben verursachte Hautkrankheit mit Bläschenbildung, Juckreiz und Haarausfall bei verschiedenen Haustieren, ahd. *(h)riudī* (8. Jh.), *(h)rūda* (9. Jh.), mhd. *riude*, *rūde*, asächs. *hrūðo*, mnd. mnl. *rūde*, nl. *ruit*, anord. *hrūðr* 'Schorf', norw. (landschaftlich) *rur* 'Schorf auf Wunden, Bodenschicht auf Bergen an der Meeresseite'. Herkunft ungewiß. Vielleicht gehört die Wortgruppe zu einer Dentalerweiterung der Wurzel ie. **kreu(ə)-* 'dickes, stockendes Blut, rohes Fleisch' (s. *roh*), wozu auch die *s*-Erweiterung ie. **kreus-*, **krus-* 'Eis, Kruste, Erdscholle, Schorf' mit ahd. *(h)rosso* 'Eis, Kruste, Rinde' (11. Jh.), aengl. *hrūse* 'Erde, Grund', anord. *hrjōstr* 'unfruchtbare Stelle, rauher Boden', griech. *krýos* (κρύος) 'Eiskälte, Frost', lat. *crusta* 'Rinde, Kruste, Schorf'. – räudig Adj. 'von Räude befallen, teilweise kahl, abgeschabt (vom Fell)', ahd. *rūdīg* (um 1000; vgl. *rūdīgī* 'Räude, Schorf', 9. Jh.), mhd. *riudec*, *rūdec*.

raufen Vb. 'zupfen, reißen', (refl.) 'sich prügeln, schlagen, balgen, streiten', ahd. *roufen* 'rupfen, zausen, ausreißen' (um 800), mhd. *roufen*, auch 'sich balgen', asächs. *rōpian*, mnd. *rōpen*, *rōfen*, mnl. *ropen*, *roopen* 'pflücken, abzupfen', got. *raupjan* 'ausrupfen' lassen sich außergerm. mit lat. *rubus* 'Brombeerstaude, Brombeere' (eigentl. 'Strauch, woran man sich reißt'), mir. *robb* '(wühlendes) Tier' (?) vergleichen, so daß sich ie. **reub-* 'reißen' erschließen läßt, eine Labialerweiterung der unter *Raub* (s. d.) angegebenen Wurzel ie. **reu-*, **reu̯ə-* 'aufreißen, graben, aufwühlen, ausreißen, raffen'. Im Dt. steht *raufen* (refl.) seit mhd. Zeit auch im Sinne von 'sich balgen, streiten, prügeln, schlagen', eigentl. '(sich) an den Haaren reißen'. Dazu Raufer m. (17. Jh.), Raufbold m. 'wer gern und oft rauft, Streitlustiger' (18. Jh.), Rauferei f. 'das Raufen, Balgerei, Prügelei' (Anfang 15. Jh.). – Raufe f. 'Gestell mit Sprossen, zwischen denen das Vieh oder Wild eingeschüttetes Futter herausziehen kann', spätmhd. *roufe*, mnd. *rōpe* 'Pferderaufe'.

rauh Adj. 'uneben, nicht glatt, rissig, derb, heiser, schroff, unwirtlich (von Klima, Landschaften)', ahd. *rūh* 'uneben, struppig, zottig, stachlig' (9. Jh.), mhd. *rūch*, *rūhe*, *rū*, *rouch* 'haarig, struppig, zottig, herb, hart, streng, unwirsch, ungebildet', mnd. *rūch*, *rū*, *rūwe*, mnl. *ruuch*, *rū*, *rou*, nl. *ruig* 'rauh, haarig, zottig', aengl. *rūh*, auch 'unbereitet, ungezähmt', engl. *rough* 'rauh, grob' (westgerm. **rūhwa-*) vergleichen sich mit asächs. *rūgi* 'rauhe Decke', *rūwi* 'rauhes Fell', mhd. *riuhe*, *rūhe* 'Rauheit, Behaartheit, Pelzwerk', aengl. *rȳhe*, *rūwa*, *rēowe* 'Wolldecke', anord. *rȳ* 'Wolldecke' und außergerm. mit aind. *rūkṣáḥ* 'rauh, trocken, dürr, abgezehrt', lit. *raũkas* 'Runzel, Falte', *raũkti* '(die Stirn) runzeln, zusammenziehen, furchen, falten', *rùkti* 'faltig, runzelig werden'. Alle Formen führen auf ie. **reuk-*, **rūk-* 'rupfen', eine Gutturalerweiterung der unter *Raub* (s. d.) angegebenen Wurzel ie. **reu-*, **reu̯ə-* 'aufreißen, graben, aufwühlen, ausreißen, raffen'. Die oben genannten germ. Formen beziehen sich also ursprünglich auf Art und Aussehen ausgerupfter, struppiger Wollzotten. Neben *rauh* besteht bis ins 19. Jh. hinein die Form *rauch* mit der speziellen Bedeutung 'behaart, haarig, mit Haaren bewachsen', entstanden aus der unflektierten Form mhd. *rūch* (neben flektiertem *rūher*; vgl. *hoch* neben *hoher*). Erhalten ist diese Adjektivform in den Zusammensetzungen Rauchwerk n. 'veredelte Pelzware' (1. Hälfte 16. Jh.; vgl. mhd. *rūchwerc* 'Kürschnerhandwerk') und Rauchware f. 'Pelze, Pelzwerk' (Anfang 17. Jh.; vgl. mnd. *rūware* 'Felle, Pelzwerk'). – rauhen Vb. 'rauh machen, aufrauhen' (18. Jh.); vgl. mhd. *riuhen*. Rauhbein n. 'nach außen grob erscheinender, aber im Grunde guter Mensch' (2. Hälfte 19. Jh.), rückgebildet aus rauhbeinig Adj., das als volksetymologische Wiedergabe von engl. *rawboned* 'hager, (grob)knochig, klapperdürr' gilt. *Die Rauhbeinigen* ist eine spöttische Bezeichnung der Studentensprache (etwa 1800 bis 1830) für die Berliner Bürgerpolizei, vgl. FABRICIUS in ZfdWf. 3 (1902) 100. Rauhreif m. bei windstillem Frostwetter aus unterkühltem Dunst oder Nebel reifartig sich niederschlagender weißer, kristalliner Belag (2. Hälfte 18. Jh.), s. [2]*Reif*.

Raum m. 'sich dreidimensional ausdehnender Platz, Weite, Zimmer, nicht genau begrenztes geographisches Gebiet, Weltall', ahd. *rūm* m. (11. Jh.), mhd. *rūm*, *rūn*, *roum*. 'Raum, Platz zu freier Bewegung oder zum Aufenthalt', auch 'was wegzuräumen ist, Kehricht' (*Abraum*, s. unten), asächs. mnd. aengl. (auch 'Gelegenheit') *rūm* m., mnl. *ruum*, nl. *ruim*, engl. *room*, schwed. *rum*, anord. got. *rūm* n. sind Substantivierungen (germ. *rūma-* m. und n.) des mit dem Suffix ie. *-mo-* gebildeten Adjektivs germ. **rūma-*, ahd. *rūmi* (neben *rūmo* Adv.) 'weit, fern' (8. Jh.), mhd. *rūm(e)* 'geräumig', nhd. *raum* (nur noch seemännisch) 'weit', (im Forstwesen) 'offen, licht' (*geraum*, *geräumig*, s. unten), asächs. *rūmo* Adv., mnd. *rūm*, mnl. *ruum*, *rūme*, nl. *ruim*, aengl. *rūm* (auch 'offen, reichlich, frei, freigebig, edel'), anord. *rūmr*, got. *rūms* 'geräumig'. Außergerm. stellt sich dazu awest. *ravah-* 'freier Raum, Freiheit', lat. *rūs* (Gen. *rūris*) 'Land (im Gegensatz zur Stadt), Landgut', mir. *rōe*, *rōi* 'ebenes Feld'. Erschließbar ist ie. **rĕu-*, **rū-* 'weiter Raum; öffnen'. – g e r a u m Adj., nur noch in den Verbindungen *eine geraume* ('längere') *Zeit*, *Weile*, ahd. *girūmi* 'weit' (8. Jh.), mhd. *gerūm(e)*. Das anfangs nur lokal verwendete Adjektiv wird seit dem 15. Jh. auch auf Zeitliches übertragen. g e r ä u m i g Adj. 'viel Raum bietend, groß' (17. Jh.), das ältere lokal gebrauchte *geraum* (s. oben) verdrängend. r ä u m e n Vb. 'einen Raum, Platz frei machen, aufgeben, etw. an einen anderen Ort bringen, wegschaffen', landschaftlich 'Ordnung schaffen, aufräumen', frühnhd. (md.) *reumen* 'Raum schaffen, verlassen, fortgehen, säubern' (15. Jh.), so auch Luther, danach allgemein nhd. *räumen*. Zuvor ahd. (8. Jh.), mhd. *rūmen*, nhd. *raumen* (in obd. Texten bis ins 17. Jh., mundartlich bis heute), asächs. *rūmian*, mnd. mnl. *rūmen*, nl. *ruimen*, aengl. *rȳman*, anord. *rȳma* 'räumen'. a b r ä u m e n Vb., älter *abraumen* 'wegräumen, wegschaffen, beseitigen, (die Tafel) abdecken', mhd. *aberūmen*. A b r a u m m. 'Erd- und Gesteinsmassen ohne Nutzgehalt, taube Schicht, Abfall' (2. Hälfte 15. Jh.), auch 'das Wegräumen' (Mitte 15. Jh.), spätmhd. *aberūm* 'das Wegzuräumende'. a u f r ä u m e n Vb. 'Unordentliches wieder in Ordnung bringen, beiseite räumen, beiseite schaffen', mhd. *ūfrūmen*. Übertragen a u f g e r ä u m t Part.adj. 'in heiterer Stimmung, gut gelaunt' (Mitte 18. Jh.), älter 'geschmückt, geputzt' (16. Jh.), eigentl. wohl 'Behinderndes beseitigt habend', daher 'klar und heiter denkend'. r ä u m l i c h Adj. 'den Raum, Platz betreffend, raumhaft', früher auch 'geräumig', R ä u m l i c h k e i t f. 'Raum in einem Gebäude, raumhafte Darstellung, Wirkung', ursprünglich 'Geräumigkeit' (beide 17. Jh.). R a u m f a h r t f. 'Flug in den Weltraum, Wissenschaft von der Weltraumfahrt, Astronautik, Kosmonautik' (20. Jh.).

raunen Vb. 'leise, murmelnd, heimlich sprechen', ahd. *rūnēn* (8. Jh.), mhd. *rūnen*, *rounen* 'heimlich und leise reden, flüstern', asächs. *rūnon*, mnd. mnl. *rūnen* 'flüstern, heimlich sprechen', nl. *ruinen* 'murmeln, murren, munkeln', aengl. *rūnian* 'flüstern, sich verschwören', engl. (älter) *to round* 'raunen, wispern', anord. *rȳna* 'sich vertraulich unterhalten, Runenzauber ausüben' gehören (ursprünglich wohl im Sinne von 'Zauberworte sprechen') als Ableitungen zu dem unter *Rune* (s. d.) behandelten Substantiv.

Raupe f. Larve des Schmetterlings mit gegliedertem Körper, die sich auf mehreren kleinen Beinpaaren kriechend fortbewegt, mnd. *rūpe* (13. Jh.), mhd. (md.) *rūpe* (1340), mnl. *rūpe*, *ruype*, nl. (mundartlich) *ruip* neben mnl. *rupse*, *ruupse*, *rupsene*, *rupseme*, nl. *rups*. Die Herkunft des nur im Dt. und Nl. bezeugten Tiernamens ist nicht geklärt. Anschluß an die unter *raufen* (s. d.) behandelten Formen (mit einer Grundbedeutung 'die Freßsüchtige') ist möglich. Redensartlich im Sinne von 'komische Einfälle, lächerliche Streiche' (18. Jh., Studentensprache) in Wendungen wie *Raupen im Kopf haben* 'verschrobene Gedanken haben' und *jmdm. Raupen in den Kopf setzen* 'jmdm. törichte Gedanken eingeben'; vgl. *Grillen im Kopf haben*, *Mukken haben*. – R a u p e n s c h l e p p e r m. Fahrzeug, das sich auf zwei aus plattenförmigen Einzelgliedern bestehenden endlosen Gleisketten fortbewegt (um 1930), Übersetzung von gleichbed. engl. *caterpillar (tractor)*, nach engl. *caterpillar* 'Raupe', im Vergleich der geschlossenen, endlosen Kette mit der vielgliedrigen Raupe.

rauschen Vb. 'ein anhaltendes Geräusch von sich geben (von im Wind bewegten Blättern oder fließendem Wasser)'. Das westgerm. Verb mhd. *rūschen*, *riuschen*, mnd. *rūschen*, *rūsken*, mnl. *ruuscen*, nl. *ruisen* 'rauschen' ist wie mnd. *rūsen* 'lärmen, schreien, toben, rasen', schwed. (aus dem Mnd.?) *rusa* 'fortstürzen, eilen' als lautnachahmende Bildung aufzufassen. Alle außergerm. Anknüpfungsversuche sind ungesichert. – Rausch m. 'Benebelung der Sinne als Folge von Genuß betäubender Mittel' (16. Jh.), daran anknüpfend 'seelische Trunkenheit, Taumel, Ekstase' (18. Jh.), zuvor 'rauschender Schall', mhd. *rūsch* 'rauschende Bewegung, Anlauf, Angriff', Rückbildung aus dem Verb. Im Sinne von '(leichte) Trunkenheit' zuerst *Reuschlin* (1551), dann *Rausch* (1575), mnd. *rūsch* (seit 1563), ursprünglich wohl scherzhaft in bezug auf das 'Rauschen im Kopf'. berauschen Vb. 'in einen Rausch versetzen, (be)trunken machen, leicht betäuben, in Begeisterungstaumel versetzen', refl. 'in Begeisterungstaumel geraten' (17. Jh.). Rauschgift n. 'Mittel, das einen Rausch oder ähnliche Lustempfindung hervorruft' (um 1920).

räuspern Vb. meist refl. 'durch Hüsteln die Kehle reinigen', frühnhd. *riuspern*, *ruspern*, *reuspern*, *reißperen* (15. Jh.) ist im Sinne von 'die Kehle (sauber)kratzen' eine Iterativbildung mit *r*-Suffix (wie spätmhd. *riuspeln* mit *l*-Suffix) zu ahd. *girūspen* 'sich sträuben' (11. Jh.), mhd. *riuspen*, mnd. *rūspen* 'aufstoßen, rülpsen'. Außergerm. vergleichbar sind lat. *rūspārī* 'durchforschen, untersuchen', eigentl. 'aufreißend, durchwühlend nach etw. forschen', und lit. *raũsti* '(die Erde) aufwühlen, wühlen', so daß von ie. **reus-*, **rūs-* ausgegangen werden kann, einer Erweiterung der unter *Raub* (s. d.) angeführten Wurzel ie. **reu-*, **reu̯ə-* 'aufreißen, graben, aufwühlen, ausreißen, raffen'.

Razzia f. 'überraschend durchgeführte polizeiliche Fahndungsaktion, -streife nach verdächtigen Personen'. Frz. *razzia* 'Streifzug, Beutekriegszug', dann übertragen 'Fahndungsaktion der Ordnungsbehörden', ist entlehnt aus maghrebinisch-arab. *ġāzia*, einer Mundartform von arab. *ġāziya*, das den Beute- und Rachezug eines Stammes gegen seine Nachbarn bezeichnet. Der frz. Ausdruck wird (Mitte 19. Jh.) ins Dt. übernommen, zunächst bezogen auf arab. Verhältnisse bzw. auf Aktionen frz. Truppen in Algerien zu Beginn der Kolonialherrschaft, danach (2. Hälfte 19. Jh.) auch in dem im Frz. entwickelten übertragenen Sinne.

Re n. beim Kartenspiel Erwiderung des Spielers auf die Gegenansage *Kontra* (s. d.) der Mitspieler, gekürzt aus *Rekontra* (wohl 18. Jh.?).

re- erstes Glied in auf das Lat. zurückgehenden verbalen Zusammensetzungen bzw. dazu gebildeten Nomina. Die untrennbare Partikel lat. *re-* (vor Vokalen meist *red-*, vgl. lat. *redigere*, s. *redigieren*) bezeichnet ein Verbringen bzw. Gelangen an den alten, gehörigen Ort, vgl. lat. *regerere* 'zurücktragen, -werfen' (s. [1]*Register*), *regredī* 'zurückgehen' (s. *Regreß*), *relinquere* 'zurück-, übriglassen' (s. *Relikt*), ein Zurückversetzen in den alten Zustand, vgl. lat. *reformāre* 'umgestalten, abändern, verbessern, wiederherstellen' (s. *reformieren*), *reparāre* 'wiedererwerben, wiederherstellen, erneuern' (s. *reparieren*), einen Vorgang in gleichsam entgegengesetzter Richtung, vgl. lat. *reclamāre* 'dagegenschreien, laut widersprechen' (s. *Reklame*), *renītī* 'sich widersetzen' (s. *renitent*), *resonāre* 'widerhallen' (s. *Resonanz*), ein Gelangen in den alten, früheren Zustand, vgl. lat. *reconvalēscere* 'wiedererstarken' (s. *Rekonvaleszent*), *resolvere* '(wieder) aufbinden, auflösen' (s. *Resolution*), auch das Wiederholen einer Handlung, vgl. lat. *repetere* 'wieder angreifen, von neuem vornehmen, wiederholen' (s. *repetieren*), *resūmere* 'wieder (vor)nehmen, wiederholen' (s. *resümieren*).

reagieren Vb. 'eine chemische Veränderung, Umwandlung eingehen, auslösen, zeigen', entlehnt (18. Jh.) in die Sprache der Chemie aus spätlat. *reagere* 'zurücktreiben', mlat. 'entgegenwirken'; vgl. lat. *agere* 'treiben, handeln, tätig sein' (s. *agieren*, *aktiv*). Gegen Ende des 18. Jhs. wird das Verb in die Sprache der Medizin und Biologie übernommen im Sinne von 'auf einen äußeren Reiz ansprechen' (von lebenden Organismen), danach (Anfang 19. Jh.) in allgemeiner Verwendung 'eine Gegenwirkung ausüben, zeigen, für etw. empfindlich sein'. – abreagieren Vb. '(durch bestimmte Erlebnisse angestaute) Affekte, eine seelische Spannung durch Handlung verringern, ableiten, neutralisieren' (Ende 19. Jh.). Reagens n. 'mit einem anderen chemisch reagierender Stoff, Nachweismittel' (2. Hälfte 18. Jh.; anfangs mit dem Plur. *Reagentia*, später *Reagentien*), in der Gelehrtensprache substantiviertes Part. Präs. von spätlat. *reagere*. Reagenz f. 'das Reagieren, chemische Reaktion'

(1. Hälfte 20. Jh.). Reaktor m. 'Anlage zur großtechnischen Durchführung chemischer, physikalischer Reaktionen', Übernahme (Mitte 20. Jh.) von gleichbed. amerik.-engl. *reactor*, zu engl. *to react* 'zurückwirken, reagieren'. Reaktion f. 'durch Einwirkung hervorgerufene Gegenwirkung'. Als Entlehnung von mlat. *reactio* (Gen. *reactionis*) 'Rückwirkung' zuerst (Mitte 18. Jh.) in der Sprache der Naturwissenschaft für 'Widerstand, den ein Körper leistet, wenn ein anderer Körper auf ihn einwirkt' (seit der 1. Hälfte des 19. Jhs. auch von physischen und psychischen Verhaltensweisen des Menschen), in der Rechtssprache 'Erneuerung eines abgeschlossenen Streites' (2. Hälfte 18. Jh.). Frz. *réaction* entwickelt während der frz. Revolution die Bedeutung 'Bewegung gegen die Meinung der Mehrheit der Bürger, politische Partei (oder Parteiengruppe), die sich gegen Demokratie und sozialen Fortschritt stellt' und wird zur Bezeichnung aller der 'Kräfte (in einem Staat), die sich dem Fortschritt entgegenstellen'. Diese Verwendung wird gegen Ende des 18. Jhs. ins Dt. aufgenommen und danach bes. bei den Vertretern des Vormärz, des jungen Deutschland und in der Revolution von 1848 geläufig. reaktionär Adj. 'rückschrittlich, fortschritts-, neuerungsfeindlich, streng konservativ' (1. Hälfte 19. Jh.), aus gleichbed. frz. *réactionnaire* (um 1790). Reaktionär m. 'Anhänger, Vertreter der Reaktion' (Mitte 19. Jh.), aus gleichbed. frz. *réactionnaire* m.

real Adj. 'dinglich, sachlich, wirklich, tatsächlich, der Wirklichkeit entsprechend' (Mitte 17. Jh., vgl. schon *Realwerk*, Anfang 17. Jh.), entlehnt aus spätlat. *reālis* 'wirklich', mlat. 'die Sache betreffend, sachlich, wesentlich', zu lat. *rēs* 'Sache, Ding, Wesen, Angelegenheit, Ereignis, Erscheinung, Interesse, Vorteil, Rechtssache'. Vielfach erstes Glied in Zusammensetzungen im Sinne von 'auf die Wirklichkeit, auf die Praxis ausgerichtet, die Dinge betreffend', vgl. *Realschule*, *Reallexikon* 'Sachwörterbuch', *Realwissenschaften* (18. Jh.), *Realpolitik* (19. Jh.). Dazu die verneinende Bildung (s. [2]*in-*) irreal Adj. 'nicht wirklich, nicht der Wirklichkeit entsprechend' (20. Jh.; vgl. frz. *irréel*, Ende 18. Jh.). – Realität f. 'Wirklichkeit, Tatsache, tatsächliche Beschaffenheit, künstlerische Wahrhaftigkeit' (Mitte 17. Jh.), auch (meist im Plur., bes. in Bayern und Österreich) 'Grundbesitz, Liegenschaften' (Ende 18. Jh.), entlehnt aus mlat. *realitas* (Gen. *realitatis*) 'Sache, Ding, Wirklichkeit, Grund und Boden'. realisieren Vb. '(einen Gedanken, ein Vorhaben) verwirklichen, durchführen' (Mitte 17. Jh.), speziell 'Papiergeld in klingende Münze umsetzen, eine Sache zu Geld machen' (Mitte 18. Jh.), heute auch 'ein Musik-, Theaterstück aufführen, verfilmen' (1. Hälfte 20. Jh.); entlehnt aus gleichbed. frz. *réaliser* (mfrz. *realiser* 'ein Kapital vertraglich zu regelmäßigen Zahlungen umwandeln'). In jüngster Zeit (unter Einfluß von engl. *to realize*) auch 'klar erkennen, verstehen, begreifen'. Realismus m. 'Wirklichkeitssinn, der Wirklichkeit entsprechende Haltung gegenüber den tatsächlichen Gegebenheiten und Verhältnissen, Sachlichkeit', in der Philosophie Bezeichnung für erkenntnistheoretische Grundrichtungen, die von der Realität der Außenwelt ausgehen (zuerst bezogen auf die Scholastik, die die Allgemeinbegriffe als bewußtseinsunabhängige Wirklichkeit auffaßte), gelehrte Bildung (Ende 18. Jh., Kant, Schiller, Goethe) zu *real*. Als Gestaltungsprinzip in der Kunst seit etwa 1830 geläufig (gleichzeitig mit frz. *réalisme*). Surrealismus m. Bezeichnung für eine (in Paris entstandene) Strömung in bildender Kunst und Literatur, die, auf Psychoanalyse und Symbolismus fußend, das Irrationale und Unbewußte sowie auch Traum- und Rauscherlebnisse ohne Rücksicht auf Logik und Kausalität darzustellen sucht (1. Hälfte 20. Jh.), nach frz. *surréalisme* (vgl. frz. *sur* 'auf, über', afrz. *sor*, *sur*, aus lat. *super* 'oben, auf, darüber'). Realist m. 'Vertreter des (philosophischen, künstlerischen) Realismus' (Mitte 18. Jh.), allgemein 'sachlich denkender und handelnder Mensch' (Ende 18. Jh.), gebildet (unter Einfluß von frz. *réaliste*, 16. Jh., engl. *realist*, 17. Jh.) zu *real*. realistisch Adj. 'zum Realismus gehörend, wirklichkeitsnah, sachlich, an der Wirklichkeit orientiert' (2. Hälfte 19. Jh.). reell Adj. 'dinglich, sachlich, wirklich, tatsächlich vorhanden' (um 1700), Entlehnung von gleichbed. frz. *réel*, afrz. *reel*, *real*, das auf spätlat. *reālis* (s. oben) beruht; im Dt. verwendet wie *real*. Daneben entwickelt sich (ebenfalls seit etwa 1700) die heute vorherrschende, jedoch unabhängig und abweichend vom Frz. entstandene Bedeutung 'anständig, ehrlich, ordentlich'.

Rebe f. 'Schößling, Zweig des Weinstocks', ahd. *reba* (um 1000), mhd. *rebe*. Vergleicht man schwed. *reva* 'Ranke', dän. *revling* 'Krähenbeere', ablautend mnd. *wīnrāve* 'Weinrebe' sowie lat. *rēpere* 'kriechen, schleichen', lit. *rėplióti*, lett. *rāpot* 'kriechen', dann ist ein Wurzelansatz ie. **rep-* 'kriechen, schleichen' möglich, und *Rebe* wäre als 'Ranke, Ausläufer, rankendes Gewächs' zu deuten. – R e b e n s a f t m. 'Wein' (15. Jh.).

Rebell m. 'wer sich auflehnt, widersetzt, Aufrührer, Empörer', Entlehnung (1. Hälfte 16. Jh.) von afrz. frz. *rebelle* Adj. und Subst. 'widerspenstig, empörerisch' bzw. 'Widerspenstiger, Empörer' oder unmittelbar aus gleichbed. lat. *rebellis* Adj. und Subst., eigentl. 'den Krieg (gegen den Überwinder) erneuernd'; vgl. lat. *bellum* 'Krieg' und s. *re-*. – r e b e l l i s c h Adj. 'aufrührerisch, widerspenstig, aufsässig' (Mitte 15. Jh.), nach afrz. frz. *rebelle* Adj., lat. *rebellis* (s. oben). r e b e l l i e r e n Vb. 'sich empören, sich auflehnen' (Anfang 16. Jh.), afrz. frz. *rebeller*, lat. *rebellāre* 'sich auflehnen'. R e b e l l i o n f. 'Aufruhr, Empörung' (Mitte 16. Jh.), afrz. *rebellion*, frz. *rébellion*, lat. *rebellio* (Gen. *rebelliōnis*).

Rebhuhn n. einheimischer Fasanenvogel mit dunkelbrauner Oberseite und braunem Fleck auf der grauen Brust, ahd. (9. Jh.), mhd. *rephuon*, benannt nach der Farbe seines braunen oder scheckigen Gefieders. Der Name enthält als ersten Bestandteil ein als selbständiges Nomen im Germ. verlorengegangenes Wort, das eng verwandt ist mit ablautenden balt. und slaw. Bezeichnungen für 'Rebhuhn' bzw. 'Haselhuhn' und Farbadjektiven im Russ. sowie (s. *Erpel*) im Germ. und Griech. Die ursprünglich Nasal vor dem Labial aufweisenden slaw. Formen russ. *rjabój* (*рябой*) 'bunt, scheckig, rauh, blatternarbig, sommersprossig', *rjábka* (*рябка*) 'Rebhuhn' und (ursprünglich auch vokalisch anlautend) kslaw. *jerębь*, russ.-kslaw. *jarjabь*, *jerjabь*, serbokr. *järēb* 'Rebhuhn', poln. (älter) *jarząb* 'Haselhuhn' sowie ukrain. (landschaftlich) *rjabók* (*рябок*) 'Flughuhn' führen gemeinsam mit lett. *irbe* 'Rebhuhn' und den unter *Erpel* angeführten Formen auf ie. **erb(h)-*, **reb(h)-* bzw. (im Hinblick auf das Slaw.) ie. **er(m)b(h)-*, **re(m)b(h)-* 'dunkelrötlich, bräunlich'. Nhd. *Rebhuhn* ist nachträglich an *Rebe* (s. d.) angelehnt worden, mnd. *raphōn* 'Rebhuhn, Feldhuhn, Wachtel' dagegen von mnd. *rap* 'schnell, ungestüm' beeinflußt.

Rechen m. (landschaftlich, bes. südd. md.) 'Harke', ahd. *rehho* (10. Jh.), mhd. *reche* 'Harke', spätmhd. auch 'rechenförmige Vorrichtung', frühnhd. (mit Endungs-*n* aus den obliquen Kasus) *Rechen*, asächs. *reko*, mnl. *rēke*, nl. (landschaftlich) *reek* (auch 'kleine Egge'), anord. *reka*, schwed. (mundartlich) *räka* stehen neben (ablautendem) mnd. mnl. *rāke* 'Harke, Rechen', nd. *Raak*, nl. (landschaftlich) *raak*, aengl. *raca* m., *racu* f., engl. *rake*, anord. *raka* 'Streifen, Reihe', schwed. *raka* 'Harke, Kratzer, Schaber'. Die Substantive sind Bildungen zu dem heute veralteten starken Verb ahd. *rehhan* 'zusammenscharren' der mit Asche überdeckten Glut (11. Jh.), mhd. *rechen* 'Feuer rechen, zusammenkratzen, raffen, scharren, häufeln', mnd. mnl. mengl. *reken* 'Feuer bzw. Asche rechen', got. *rikan* 'zusammenscharren, anhäufen'; vgl. daneben ablautendes schwach flektierendes mnd. mnl. *rāken* 'zusammenscharren, umwühlen, graben', anord. *raka* 'zusammenfegen', schwed. *raka* 'scharren, kratzen'. Außergerm. verwandt sind mit den oben sowie den unter *recken* (s. d.) genannten Formen aind. *ŕjyati*, *ṛñjáti* 'streckt sich, eilt', griech. *orégein* (*ὀρέγειν*) '(die Hand) hinstrecken, darreichen, sich strecken, zu erreichen suchen', lat. *regere* (*rēctum*) 'geraderichten, lenken, leiten, herrschen', air. *rigid* 'streckt aus', lit. *rę́žti* 'straffen, recken'. Zugrunde liegt die unter *recht* (s. d.) angeführte Wurzel ie. **reĝ-* 'gerade, geraderichten, lenken, recken, strekken, aufrichten'. Auszugehen ist für die germ. verbale Wortgruppe von 'etw. aufrichten, sich aufrichten, sich recken', dann 'die Hand ausstrecken, sich nach etw. recken', vgl. SEEBOLD 373, der auch annimmt, daß die Bedeutung des starken Verbs 'die Glut mit Asche bedecken, um sie zu bewahren' und 'die Glut von der Asche wegrechen, um das Feuer aufflammen zu lassen' unter dem Einfluß eines abgeleiteten Substantivs (also wohl *Rechen* und seiner Entsprechungen, s. oben) entstanden sei. – r e c h e n Vb. 'harken', mhd. *rechen*.

recherchieren Vb. 'ermitteln, nachforschen, erkunden', entlehnt (vereinzelt

2. Hälfte 17. Jh., häufiger im 19. Jh.) aus gleichbed. frz. *rechercher*. Dies beruht auf afrz. *recerchier* 'suchend durchstreifen', auch (in der Schreibvariante *recherger*) 'sorgfältig suchen', einer Präfixbildung zu afrz. *cerchier* 'durchstreifen, suchen', das durch Assimilation des Anlauts an den der zweiten Silbe mfrz. frz. *chercher* ergibt. Zugrunde liegt spätlat. *circāre* 'um etw. herumgehen, eine Gegend suchend durchstreifen', mlat. auch 'inspizieren, durchforschen', zu lat. *circus* 'Kreislinie, Kreis, (runde) Rennbahn für Wagenrennen' (s. *Zirkus*). – Recherche f. 'Nachforschung, Ermittlung', Übernahme (Mitte 17. Jh.) von gleichbed. mfrz. frz. *recherche*.

rechnen Vb. 'mit Zahlengrößen operieren und ein Ergebnis ermitteln, zählen, berechnen, wirtschaften, veranschlagen, zuversichtlich erwarten', ahd. *rehhanōn* 'ordnen, lenken, bereiten' (10. Jh.), mhd. *rechenen* 'zählen, rechnen, Rechenschaft ablegen', frühnhd. auch 'ermessen, taxieren, urteilen, berücksichtigen', mnd. mnl. *rēkenen* 'einrichten, herrichten, rechnen, berechnen, betrachten, erzählen', nl. *rekenen* 'rechnen', aengl. *gerecenian* 'erklären, berichten, bezahlen', engl. *to reckon* 'rechnen' ist wohl in der Ausgangsbedeutung 'in Ordnung bringen, ordnen' eine Ableitung von einem in mnd. *reken* 'von richtiger Beschaffenheit, in guter Ordnung, ordentlich, genau, offen, ungehindert', aengl. *recen* 'bereit, schnell, heftig', afries. *rekon* 'in Ordnung' belegten Adjektiv, das in der Form eines starken Part. Prät. zu der unter *recht* (s. d.) dargestellten Wurzel mit einer Ausgangsbedeutung 'geradegerichtet, geordnet' gehört. – Rechenschaft f. 'Bericht, Auskunft über Tun und Lassen' (17. Jh.), 'Rechnung, Rechnungswesen' (16. Jh.), mhd. (md.) *rechinschaft* 'Rechnungslegung' (über anvertrautes Gut). Rechnung f. 'Kostenaufstellung, -forderung, Zahlenaufgabe, Berechnung, Planung', mhd. *rech(e)nunge*; vgl. ahd. *rehhanunga* 'Ordnung' (um 1000). abrechnen Vb. 'subtrahieren, eine abschließende Rechnung aufstellen, errechnen', mhd. *aberechenen*; Abrechnung f., spätmhd. *aberechenunge*. berechnen Vb. 'ausrechnen, genau überlegen, planen, in Rechnung stellen', mhd. *berechenen*; vgl. ahd. *birehhanōn* 'vollkommen machen' (um 1000); Berechnung f. (16. Jh.). verrechnen Vb. 'rechnerisch miteinander ausgleichen', refl. 'falsch rechnen, sich irren', spätmhd. *verrechenen* 'verrechnen, Rechnung ablegen'; vgl. ahd. *firrehhanōn* 'sich umkehren, sich besinnen auf' (um 1000).

Recht n. 'Gesamtheit der Gesetze, Rechtsordnung, Berechtigung, Anspruch, Richtiges, Zustehendes', ahd. *reht* 'Recht, Gerechtigkeit, Rechtssache, Gesetz, Gebot, Pflicht, rechter Glaube, Wahrheit, das Gerechte' (8. Jh.), mhd. *reht* 'was recht und geziemend ist, Gesamtheit der rechtlichen Verhältnisse bzw. der gesetzlichen Bestimmungen, Rechtsbuch, Gericht, Rechtsverfahren, Urteilsspruch', asächs. *reht*, mnd. mnl. nl. *recht*, aengl. *riht*, engl. *right* ist die Substantivierung der neutralen Form des unter *recht* (s. d.) behandelten Adjektivs. – rechten Vb. 'sein Recht von jmdm. fordern, tadeln, streiten', ahd. *rehtōn* 'Gerechtigkeit widerfahren lassen' (um 1000), mhd. *rehten* 'prozessieren, streiten, sich auseinandersetzen'. rechtlich Adj. 'dem Recht entsprechend, gesetzlich', ahd. *rehtlīh* 'rechtsgültig, gerecht, ordnungsgemäß, rechtsfähig, durch Regel vorgeschrieben' (8. Jh.), mhd. *rehtlich*. Rechtswissenschaft f. Lehre von der Entstehung, Entwicklung und Verwirklichung der Gesetze und des Rechtswesens (Ende 18. Jh.).

recht Adj. 'richtig, dem Recht, den Gesetzen entsprechend, gut', vgl. auch *rechte* ('äußere, obere') *Seite* von Stoffen, Wäschestükken, (nur attributiv *der rechte, ein rechter*) 'auf der Seite befindlich, die beim Menschen der Herzseite gegenüberliegt', politisch 'zur Rechten gehörend' (s. unten *Rechte* f.), ahd. *reht* 'recht, gerecht, berechtigt, richtig, gerade, einfach, gut, wirklich, zutreffend, wahr' (8. Jh.), mhd. *reht* 'in gerader Linie, gerade, Sitte, Recht entsprechend, gerecht, gehörig, wahrhaft, wirklich, eigentlich', asächs. *reht* 'recht, gerecht, richtig, wahr, gut, gerade, eben', mnd. *recht* 'gerade, aufrecht, richtig, genau, passend, wahr, eigentlich, gesetzmäßig, rechtmäßig, gerecht, auf der der Herzseite gegenüberliegenden Seite befindlich', mnl. nl. *recht*, aengl. *riht*, engl. *right*, anord. *rēttr*, schwed. *rätt*, got. *raíhts* führen auf germ. **rehta-* und wie awest. *rāšta* 'gerade', griech. *orektós* (ὀρεκτός) 'ausgestreckt, erwünscht, ersehnt' (zu *orégein*, ὀρέγειν '(die Hand) hinstrecken, darreichen, sich strecken, zu erreichen suchen'), lat. *rēctus* 'gerade, richtig, recht, aufrecht, regelrecht, schlicht, einfach, rechtschaffen, tugendhaft, sittlich' (zu lat. *regere* 'geraderichten, lenken, leiten, herrschen') als *to*-Partizipialbildungen und mit anord. *rēttr* 'Recht, Rechtsanspruch' (germ. **rehtu-*), air. *recht* 'Ordnung, Gesetz, Recht' als *tu*-Stämmen auf eine Wurzel ie. **reĝ-* 'gerade, geraderichten, lenken, recken, strekken, aufrichten', wozu auch aind. *ŕ̥jyati*, *r̥ñjáti* 'streckt sich, eilt', *irajyáti* 'ordnet an, lenkt', *rā́ṭ* 'König', lat. *rēx* 'Lenker, König', air. *reg-*, *rig-* 'ausstrecken', *rī* (Gen. *rīg*) 'König' gehören; s. ferner *rank*, *recken*, *Rechen*, *rechnen*, *Reich*, *richten*. Die ursprüngliche Bedeutung 'geradegerichtet' ist erhalten in *rechter Winkel*, *Reckteck*, *aufrecht*, *senkrecht*, *waagerecht*. Die heute geläufige Verwendung als Gegenwort zu *link* (s. d.) entwickelt sich in spätmhd. Zeit aus der Vorstellung des Gebrauchs der rechten Hand als geeignet, als richtig, gleichbed. ahd. *zeso* (8. Jh.), mhd. *zese* (flektiert ahd. *zesawēr*, mhd. *zes(e)wer*) ablösend. Vgl. dazu die übertragene Fügung *rechte Hand* 'unentbehrlicher Helfer' (17. Jh.), älter *rechter Arm* (16. Jh.), vgl. mhd. *er was mīn zesewe hant*. – Rechte f. 'rechte Hand, rechter Arm' (16. Jh.), seit dem 19. Jh. auch 'politische Gruppe, Strömung, Partei (in einem parlamentarischen Staat), die konservative Ziele verfolgt', im Anschluß an frz. *la droite* 'die Rechte', nach der Sitzordnung im Parlament, wo seit der frz. Restaurationszeit die konservativen Parteien ihre Plätze vom Präsidenten aus gesehen rechts innehatten. rechts Adv. 'auf der rechten Seite' (16. Jh.), 'politisch zur Rechten gehörend' (19. Jh.), hervorgegangen aus dem Gen. Sing. des Adjektivs; vgl. mhd. *rehtes* 'richtig'. aufrecht Adj. 'gerade, aufgerichtet, rechtschaffen, redlich, unbestechlich', ahd. *ūfreht* 'aufgerichtet' von der Körperhaltung (um 1000), mhd. *ūfreht* 'gerade aufwärts gerichtet, aufrecht, emporstrebend, schlank, ohne Falsch'; in der Bedeutung 'redlich, offenherzig, unbestechlich' seit dem 18. Jh. mit *aufrichtig* (s. d.) konkurrierend; aufrechterhalten Vb. 'bestehen lassen, an etw. festhalten' (16. Jh.). rechtfertigen Vb. 'die Berechtigung eines Tuns, Handelns nachweisen, erklären', refl. 'sich von einem Verdacht befreien, nachweisen, daß etw. berechtigt ist', mhd. *rehtvertegen*, *rehtvertigen* 'ausfertigen, übergeben, von einer Schuld befreien, vor Gericht vertreten, verteidigen, gerichtlich behandeln, bestrafen', abgeleitet von mhd. *rehtvertec*, *rehtvertic* 'gerecht, rechtmäßig, rechtschaffen, übereinstimmend mit'. rechtgläubig Adj. 'strenggläubig, orthodox', eigentl. 'richtig gläubig' (15. Jh.), Übersetzung von griech.-lat. *orthodoxus* (s. *orthodox*). rechtschaffen Adj. 'ehrlich, redlich, anständig, pflichtbewußt, groß, stark, sehr' (16. Jh.), eigentl. 'richtig, gut beschaffen', älter auch *rechtgeschaffen* (16. Jh.). Rechtschreibung f. 'Lehre von der richtigen Schreibung der Wörter, Orthographie' (2. Hälfte 16. Jh.), Übersetzung von griech.-lat. *orthographia* (s. *Orthographie*).

Reck n. Turngerät, bestehend aus einer waagerecht befestigten bzw. an zwei freihängenden Seilen schwebenden Stange, von Jahn (1816) in die Turnersprache eingeführt in Anlehnung an nd. *Reck*, *Rick*, mnd. *reck(e)*, *ricke*, *rik* 'Querstange zum Aufhängen von Wäsche, Kleidern, Garn, zum Aufsitzen des Federviehs'; vgl. mnl. *rec*, *recke*, *ricke*, nl. *rek*, mhd. *ric* 'waagerechtes Gestell, lange Stange, Latte, um etw. aufzuhängen'. Herkunft ungewiß. Vielleicht (bei affektischer Gemination zu *-kk-*) verwandt mit *Rah(e)*, *regen* (s. d.). Oder man stellt *Reck* (ebenfalls bei Annahme einer Gemination) zu norw. (mundartlich) *rjaa* (aus **rīhan-*) 'Stange zum Trocknen des Getreides', anord. *reigjast* 'den Körper aufrichten', mnd. *rēch* 'steif' mit einer Wurzel ie. **reik-* 'sich aufrecken, Stange, Latte'. Vgl. de Vries Nl. 570.

Recke m. 'kampferprobter Krieger, Held', ahd. *(w)recko* (8. Jh.), mhd. *recke*, *reke* 'Verfolgter, Verbannter, Fremdling, umherziehender Krieger, Held', frühnhd. auch 'Riese', asächs. *wrekkio* 'Fremdling', mnd. *recke*, aengl. *wrecca* 'Flüchtling, Verbannter' (woraus möglicherweise engl. *wretch* 'elender Mensch, Schuft'). Der westgerm. Ausdruck (eigentl. 'Verfolgter, Vertriebener') ist verwandt mit *rächen* (s. d.) und gehört wie dieses zu dem dort genannten Ansatz ie. **u̯reg-* 'stoßen, drängen, treiben, feindselig verfolgen'. Zu Beginn des 18. Jhs. gilt *Recke* als veraltet, wird dann aber (Wieland 1777) im Sinne von 'Held, Riese' wieder aufgenommen und durch die Beschäftigung mit der mhd. Literatur neu belebt (Uhland).

recken Vb. 'strecken, aufrichten, dehnen'. Ahd. *recken* 'ausstrecken, hervorbringen, verursachen, erklären, darlegen' (8. Jh.), mhd. *recken*, *rechen* 'erheben, ausstrecken, hervorbringen, verursachen, erklären, erzählen', nhd. *recken* (nur in verengter Bedeutung) 'strecken, ausstrecken, dehnen', asächs. *rekkian* 'auseinandersetzen, darlegen, erklären', mnd. mnl. *recken* 'sich erstrecken, dehnen, darlegen, erzählen', nl. *rekken*, aengl. *reccan* 'ausstrecken, dehnen, erklären, erzählen', anord. *rekja* 'recken, ausbreiten, erklären', schwed. *räcka* 'reichen, erlangen, genügen', got. *ufrakjan* 'ausstrecken', verwandt mit dem unter *Rechen* (s. d.) genannten starken Verb und zur dort angeführten Wurzel ie. **reĝ-* 'gerade, geraderichten, lenken, strekken, aufrichten' gehörig.

Rede f. 'Äußerung, sinnvolle Wortfolge, Ansprache, Vortrag', ahd. *reda* (8. Jh.), *redī* (9. Jh.), mhd. *rede* 'Rechenschaft, Vernunft, Verstand, Sprache, Gespräch, Erzählung', asächs. *reðia* 'Rechenschaft', mnd. mnl. *rēde*, nl. *rede* 'Verstand, Bewußtsein, Rechenschaft, Argument, Rede', got. *raþjō* 'Abrechnung, Zahl, Rechenschaft' (mit dazu gebildetem *garaþjan* 'zählen') sind wie lat. *ratio* (Gen. *ratiōnis*) 'Rechnung, Rechenschaft' Ableitungen mit dem Suffix ie. *-i̯ō(n)* von mit Dental erweitertem ie. **rē-*; dazu auch *¹gerade*, das zweite Kompositionsglied von *hundert*, *raten* (s. d.) sowie lat. *rērī* (*ratus sum*) 'bei sich bestimmen, glauben, meinen' und möglicherweise lit. *ríeti* '(Holz) schichten'. Es handelt sich dabei um eine Form der Wurzel ie. **ar(ə)-* 'zusammenfügen, passen' (s. *Arm*). In fester Wendung *gebundene Rede* 'Poesie', eine Prägung der Sprachgesellschaften (17. Jh.). – r e d e n Vb. 'sprechen, sich sinnvoll äußern, sagen', ahd. *red(i)ōn*, *redinōn* (9. Jh.), mhd. *reden*, asächs. *reðion*, mnd. *rēden*, vom Substantiv abgeleitet; R e d n e r m. 'wer eine Rede hält, Vortragender', ahd. *redināri* (um 1000), mhd. *redenære*, Nomen agentis zum Verb ahd. *redinōn*. r e d n e r i s c h Adj. 'in der Art eines guten Redners' (17. Jh.). b e r e d t Part.adj. 'redegewandt, gesprächig' (15. Jh.), verkürzt aus mhd. *beredet sīn* 'mit Rede begabt sein, zu sagen wissen', zu mhd. *bereden* 'wovon reden, etw. mündlich festsetzen, durch mündliche Rede gütlich beilegen', rechtssprachlich 'beweisen, dartun, überführen, vor Gericht verteidigen'; vgl. ahd. *biredinōn* 'überführen, überreden' (9. Jh.). b e r e d s a m Adj. 'redegewandt' (17. Jh.); B e r e d s a m k e i t f. 'Redegewandtheit, Redegabe' (16. Jh.). r e d s e l i g Adj. 'geschwätzig' (15. Jh.). R e d e n s a r t f. 'geläufige, feststehende sprachliche Wendung', Übersetzung (Anfang 17. Jh.) von gleichbed. frz. *manière de parler* (jünger *façon de parler*).

redigieren Vb. 'Texte für die Veröffentlichung bearbeiten, druckfertig machen', entlehnt (um 1800) aus mfrz. frz. *rédiger* 'zusammenstellen, ordnen, abfassen, ausarbeiten, zu Papier bringen' (mfrz. auch 'zurückführen'), das auf lat. *redigere* (*redāctum*) 'zurücktreiben, zurückbringen, eintreiben', übertragen 'in einen Zustand, in eine Lage bringen, zu etw. machen, in Ordnung bringen' beruht; vgl. lat. *agere* 'treiben, handeln, tätig sein'. Heute vornehmlich Fachwort der Wissenschaft, der Publizistik und des Verlagswesens. Voraus geht *redigieren* 'etw. mit Gewalt (zusammen)treiben, in eine Ordnung bringen, ordnen' als unmittelbare Entlehnung (1. Hälfte 16. Jh.) aus lat. *redigere*. – R e d a k t i o n f. 'Überprüfung, Bearbeitung eines Manuskripts vor der Veröffentlichung' (Ende 18. Jh.), 'Gesamtheit der Redakteure einer Zeitung, eines Verlages, deren Arbeitsräume' (19. Jh.), Entlehnung von gleichbed. frz. *rédaction*, das als Nomen actionis zu den Bedeutungen des Verbs frz. *rédiger* gebildet ist; vgl. mfrz. *rédaction* 'Zurückführung', nach gleichbed. spätlat. *redāctio* (Gen. *redāctiōnis*). r e d a k t i o n e l l Adj. 'die Redaktion betreffend' (Ende 19. Jh.), frz. *rédactionnel*. R e d a k t e u r m. 'gelehrter Sammler (von Verordnungen), Anordner, (wissenschaftlich ausgebildeter) Bearbeiter oder Verfasser von Texten in der Publizistik und im Verlagswesen', Entlehnung (2. Hälfte 18. Jh.) von frz. *rédacteur* 'wer Rechtstexte sammelt, ordnet, Zeitungsartikel u. dgl. schreibt bzw. bearbeitet', gebildet als Nomen agentis (wohl in Anlehnung an *rédaction*) zu frz. *rédiger*. R e d a k t o r m. 'Bearbeiter, Herausgeber wissenschaftlicher Werke' (Mitte 19. Jh.), gelehrte nlat. Bildung in Anlehnung an lat. Nomina agentis auf *-tor*.

redlich Adj. 'ehrlich, zuverlässig', Adv. 'sehr, tüchtig', ahd. *redilīh* 'rednerisch, gut gesprochen, wohlgeordnet, vernünftig, vernunftgemäß' (um 1000), mhd. *red(e)lich* 'redend, beredt, vernünftig, verständig, rechtschaffen, brauchbar, tapfer, wichtig, geziemend', frühnhd. auch 'pflichtbewußt' (16. Jh.); im Sinne von 'so, wie man es verantworten kann, wie es sich gehört' zu ahd. *reda*, *redī* 'Rechenschaft, Vernunft, Verstand, Sprache, Gespräch, Erzählung' (s. *Rede*). – Redlichkeit f. 'Ehrlichkeit, Rechtschaffenheit', mhd. *redelīcheit* 'Gesetz-, Rechtmäßigkeit, Vernunft, Beredsamkeit'.

reduzieren Vb. 'zurückführen, einschränken, herabsetzen, mindern, verkleinern', entlehnt (1. Hälfte 16. Jh.) aus lat. *redūcere* (*reductum*) 'zurückführen, zurückziehen'; vgl. lat. *dūcere* 'führen'. Dazu Reduzierung f. 'Zurückführung, Vereinfachung, Herabsetzung, Minderung' (Mitte 16. Jh.; häufiger im 20. Jh.). – Reduktion f. 'Zurückführung, Herabsetzung, Einschränkung, Minderung' (Mitte 16. Jh.), in der Sprache der Wissenschaft 'Zurückführung von etwas Kompliziertem auf einen einfachen Sachverhalt' (1. Hälfte 16. Jh.); aus lat. *reductio* (Gen. *reductiōnis*) 'Zurückführung, Wiedereinsetzung'.

Reede f. 'Liegeplatz für Schiffe, geschützter Ankerplatz'. Das an der Nordseeküste heimische Wort wird zu Anfang des 17. Jhs. in die Literatursprache aufgenommen. Mnd. *rēde*, *reide*, mnl. *rēde*, nl. *rede*, *ree*, engl. (meist Plur.) *roads* stellt sich wohl mit einer Ursprungsbedeutung 'Platz, an dem Schiffe bereitgemacht werden' zu den unter *bereit* (s. d.) aufgeführten Wortformen und zur Wurzel von *reiten* (s. d.). – Reeder m. 'Schiffseigentümer, Schiffahrtsunternehmer', eigentl. 'Ausrüster und Befrachter von Schiffen' (Anfang 17. Jh.), aus mnd. *rēder*, mnl. *rēder*, *reeder*. Reederei f. 'Schiffahrtsunternehmen' (Mitte 18. Jh.).

referieren Vb. 'etw. zusammenfassend wiedergeben, Bericht erstatten, vortragen' (1. Hälfte 16. Jh.), älter auch 'wieder-, zurückbringen, zurückgeben, einordnen' (15. bis 18. Jh.) und (refl.) 'sich auf etw. beziehen, berufen' (16./17. Jh., vgl. terminologisches *auf etw. referieren* 'auf etw. Bezug nehmen', Mitte 20. Jh., wohl in Anlehnung an engl. *to refer*), entlehnt aus lat. *referre* 'zurückbringen, -geben, auf etw. zurückführen oder beziehen, wiederbringen, zur Sprache bringen, berichten', vielfach unter Einfluß von darauf beruhendem mfrz. frz. *référer* 'berichten, in Beziehung setzen', (refl.) 'sich beziehen, sich berufen'. – Referat n. 'Bericht, Vortrag' (um 1700), 'Amt, Stellung eines Berichterstatters' (19. Jh.), 'Arbeitsgebiet, Sachbereich' (Mitte 20. Jh.), Substantivierung eines in der Kanzleisprache üblichen Aktenvermerks lat. *referat* 'er möge berichten' (3. Pers. Sing. Präs. Konj. von lat. *referre*, s. oben). Referent m. 'Erzähler, Berichterstatter' (Mitte 17. Jh.), 'vortragender Beamter (an Gerichten, in der Verwaltung), Sachbearbeiter' (um 1700), 'Vortragender, Redner' (20. Jh.), aus lat. *referēns* (Gen. *referentis*), Part. Präs. zu lat. *referre* (s. oben). Referenz f. 'Auskunftsperson, Bezugnahme', bes. (Plur.) 'Auskünfte, Empfehlungen' (Mitte 19. Jh., zunächst in der Kaufmannssprache), nach gleichbed. engl. *reference*, frz. *référence*.

reffen Vb., nur in der Wendung *die Segel reffen* 'die Segel aufrollen, eine Segelfläche bei zunehmendem Wind verkleinern', ein nd. Seemannswort (seit etwa 1700 in der Literatursprache). Nd. *reffen* ist abgeleitet von nd. *Reff* 'Vorrichtung zum Verkürzen des Segels' (bestehend aus einem quer über das Segel genähten Streifen Tuch, an dem Bänder und Ringe zum Einholen und Festmachen angebracht sind), nl. *reef*, (älter) *rif* 'Streifen am Segel', anord. *rif*. Vergleicht man weiter ahd. *beinreft* 'Hose' (9. Jh.), aengl. *rift* 'Mantel, Schleier, Vorhang', *ārāfian* 'loswickeln', so ist Anschluß im Sinne von 'Fetzen, Streifen' an ie. **reip-* (s. [1]*Reif*), eine Labialerweiterung der Wurzel ie. **rei-* 'ritzen, reißen, schneiden' (s. *Rain*, *reif*, *Reihe*), möglich.

reflektieren Vb. '(Licht- und Schallwellen) zurückwerfen, -strahlen, wiedergeben, widerspiegeln', entlehnt (Anfang 17. Jh.) aus lat. *reflectere* (*reflexum*) 'rückwärtsbiegen, zurückbeugen, drehen, wenden, umkehren'; vgl. lat. *flectere* 'beugen, biegen, wenden, lenken'. Seit der 2. Hälfte des 17. Jhs. auch 'bedenken, nachsinnen, zurückdenken, (prüfend, vergleichend) betrachten, Rücksicht nehmen', dann (Mitte des 18. Jhs.) 'den Sinn, sein Augenmerk auf etw. richten, nach etw. streben, auf Vorteile spekulieren'; vgl. lat. *animum reflectere* 'den Sinn zurückwenden, an etw. denken'. – Reflektor m. 'Licht-, Schallwellen, elektromagnetische Strahlungen reflektierendes Gerät', zuerst 'Hohlspiegel, Spiegelteleskop', gelehrte Bildung (Ende 18. Jh.) zum Verb. Reflex i o n f. 'das Zurückgeworfenwerden von Strahlen, Wellen, Widerschein, Abglanz', entlehnt (1. Hälfte 16. Jh.) aus spätlat. *reflexio* (Gen. *reflexiōnis*) 'das Zurückbeugen' bzw. aus darauf beruhendem mfrz. frz. *réflexion*. Im Dt. auch (im Anschluß an den Infinitiv des Verbs) *Reflection* (17. Jh.) bzw. (vereinzelt bis ins 20. Jh.) *Reflektion*. Seit der 2. Hälfte des 17. Jhs. steht *Reflexion* auch (den Bedeutungen des Verbs folgend und unter Einfluß von frz. *réflexion* und engl. *reflection*) für 'Nachdenken, Betrachtung, Rücksicht'. R e f l e x m. 'Widerschein, Abglanz, Rückstrahlung', übertragen 'Abbild, Widerspiegelung' (2. Hälfte 18. Jh.), 'Reaktion des Organismus auf einen das Nervensystem treffenden Reiz' (2. Hälfte 19. Jh.), vgl. *Reflexbewegung*, *-aktion*, *-handlung*; spätlat. *reflexus* 'das Zurückbeugen', mlat. 'Krümmung, Bucht, unwillkürliche Bewegung' (in dieser lat. Form bereits im 16. Jh. im Dt.). r e f l e x i v Adj. 'auf sich selbst zurückwirkend, zurückzielend' (Anfang 19. Jh.), als Fachwort der Sprachwissenschaft 'rückbezüglich auf das Subjekt der Handlung' (19. Jh.), nach der Fügung nlat. *verba reflexiva* (Ende 17. Jh. in dt. grammatischen Texten).

reformieren Vb. 'erneuern, umgestalten, verbessern', auch mhd. *reformieren*, entlehnt aus lat. *reformāre* 'umgestalten, -bilden, verwandeln, abändern, verbessern, wiederherstellen'; vgl. lat. *formāre* 'formen, gestalten', zu lat. *forma* 'Gestalt, Figur, Äußeres' (s. *Form*). Zunächst 'in seiner ursprünglichen Gestalt wiederherstellen' (vom Zustand der Kirche, der Klöster u. dgl., 15. Jh.), dann (auch allgemein) 'umgestalten, verbessern, erneuern' (16. Jh.), vor allem bezogen auf die reformatorische Tätigkeit Luthers und die protestantische Kirchenreform. Dazu r e f o r m i e r t Part.adj. 'aus den kirchlichen Reformbestrebungen Zwinglis und Calvins hervorgegangen' (um 1600), vgl. *reformierte Kirche*; substantiviert R e f o r m i e r t e Plur. für die Anhänger dieser Kirchen (Mitte 17. Jh.). – R e f o r m a t i o n f. 'Erneuerung, Umgestaltung', frühnhd. *reformacye* (Anfang 15. Jh.), *reformatze*, *reformacion*, *reformation* (15. Jh.), entlehnt aus gleichbed. lat. *reformātio* (Gen. *reformātiōnis*). Seit der 1. Hälfte des 16. Jhs. bezeichnet der Ausdruck vornehmlich die lutherische Erneuerungsbewegung, seit der Aufklärung auch eine 'Erneuerung des politischen, sozialen und geistigen Lebens'. G e g e n r e f o r m a t i o n f. 'Gegenbewegung der katholischen Kirche (1555 bis 1648) gegen die Reformation' (geprägt 1776 von dem Staatsrechtler Pütter, Göttingen). R e f o r m a t o r m. 'Umgestalter, Verbesserer', speziell (auf Luther bezogen) 'Erneuerer der Kirche', Entlehnung (2. Hälfte 16. Jh., bis ins 18. Jh. mit lat. Flexion) von gleichbed. lat. *reformātor*. R e f o r m f. 'planmäßige Umgestaltung, Neuordnung, Verbesserung bestehender Einrichtungen und Verhältnisse durch Beseitigung von Mißständen', Übernahme (um 1700) von frz. *réforme* 'Veränderung, Verbesserung' (auch 'Wiederherstellung der alten Regel in einem Orden, Veränderung der christlichen Lehre und Ordnung durch die protestantische Bewegung'), Verbalsubstantiv zu frz. *réformer* 'umgestalten, verbessern', afrz. *reformer* 'neu gestalten, neu bilden', nach lat. *reformāre* (s. oben).

Refrain m. 'Kehrreim' (Mitte 17. Jh.), Übernahme von gleichbed. afrz. frz. *refrain*, das aus afrz. *refrait* 'sich wiederholende Melodie bzw. Worte, bes. am Ende jeder Strophe eines Liedes' in Anlehnung an den zugehörigen Infinitiv afrz. *refraindre* 'erschallen, ertönen (lassen), einen Refrain singen', eigentl. 'brechen, zurückhalten, mäßigen, mildern', hervorgegangen ist. Zugrunde liegt zu lat. *refringere* 'erbrechen, aufbrechen, zerbrechen, Lichtstrahlen zurückwerfen' auf Grund des Simplex lat. *frangere* 'zerbrechen' gebildetes vlat. **refrangere*.

Regal n. 'Gestell mit Fächern für Bücher, Haushaltsgegenstände, Waren', zuerst 1634 im typographischen Gewerbe ('Gestell für Setzkästen') nachweisbar, seit dem letzten Viertel des 17. Jhs. allgemein gebräuchlich (im 18./19. Jh. auch in der Variante *Real*); vgl. die nd. Formen *Riōle* f., *Rijōl* n. 'Bord, Fach, Regal' (18. Jh.), *Reōl*, *Rajōl* n. 'Regal' (19. Jh.), ferner (aus dem Nd.?) nl. *riool* n. 'Setzregal' als Druckereiwort (dagegen mnl. *riōle* f., nl. *riool* n. 'Wasserablauf, Abwasserkanal', wohl nach frz. *rigole* 'kleiner Wassergraben, Rinne'). Die Herkunft des dt. Substantivs ist bisher nicht befriedigend geklärt. Einleuchtend erscheint die (schon von Frisch 1741 vertretene) Annahme eines Zusammenhangs mit ahd. *rīga* 'Linie, Kreisbogen', mhd. *rige* 'Linie, Reihe, Wassergraben' und (durch

Ablaut und grammatischen Wechsel unterschieden) *rīhe* 'Reihe, Linie, schmaler Gang, Rinne' (s. *Riege* und *Reihe*). Nur ein mittelbarer Anschluß ergibt sich allerdings, wenn verschiedentlich Übernahme (in der Kaufmannssprache?) von ital. *riga* 'Reihe, Streifen, Linie, Zeile, Lineal' vermutet wird, das seinerseits aus dem Langobard. stammt. Hierfür könnte sprechen, daß *Regal* im 18. Jh. auch die Bedeutung 'Lineal' hat. Offen bleibt jedoch, wie die dt. Wortform zustande kommt. Ist an Einflüsse synonymer Ausdrücke wie *Lineal* (s. d.) oder ital. *scaffale* 'Regal' zu denken? Kann Angleichung an im älteren Nhd. geläufige Substantive wie den Rechtsterminus *Regal(e)* n. 'vom feudalen Staat verliehenes Hoheitsrecht' (15. Jh., aus gleichbed. mlat. *regale*, substantiviertem Neutr. von lat. *rēgālis* 'dem König zukommend, königlich') oder die Instrumentenbezeichnung *Regal* n. 'nur mit wenigen Zungenpfeifen ausgestattete kleine Orgel' (Anfang 16. Jh., später auch für bestimmte Register in großen Orgeln, wohl ebenfalls von lat. *rēgālis*) vorliegen? Lautliche und semantische Anknüpfungsmöglichkeiten lassen sich ferner bei lat. *rēgula* 'Leiste, Latte, Stab, Richtscheit, Lineal, Regel', mnl. *reghele, regle* 'Reihe, gerade Linie, Lineal, Regel', mnl. *rijghel* 'Riegel, Latte', nl. *richel* 'Leiste, Querbalken, Lattengestell, Bord, Sims' finden (vgl. weitere Formen unter *Regel* und *Riegel*, s. d.). – B ü c h e r r e g a l n. (Ende 17. Jh.).

Regatta f. 'Wettfahrt für Boote' (1. Hälfte 19. Jh.), zuvor 'Wettfahrt festlich hergerichteter Gondeln in Venedig' (Anfang 18. Jh.), Übernahme von ital. (venezian.) *regata* 'Gondelwettfahrt', wohl Substantivbildung zu ital. *regatare* 'wettfahren', obital. (älter) *regattare* 'wetteifern, streiten'. Weitere Herkunft ungewiß. Aus vlat. **recaptāre* 'wetteifern'? Oder (wie FEW 2, 520 vermutet) Ableitung von ital. *gatto* 'Katze, Kater' (lat. *cattus*), da dieses Tier als streitsüchtig gilt?

Regel f. 'Richtschnur, Richtlinie, Vorschrift, Norm, gewohnte Ordnung', auch (wegen der regelmäßigen Wiederkehr) 'Menstruation', ahd. *regula* 'Ordensregel, Regel, Richtschnur' (9. Jh.), mhd. *regel(e)* 'Ordensregel, Regel, Vorschrift, Norm, Maß' ist, zunächst als Ausdruck des Klosterlebens, wie mnd. *regule, reg(g)ele* f. '(Ordens)regel, Lehre, Richtschnur', mnl. *reghele, regle* f. '(Ordens)regel, Richtschnur, Reihe, gerade Linie, Lineal', nl. *regel* m. 'Linie, Zeile, Norm, gewohnte Ordnung, Richtschnur, Ordensregel, Menstruation', aengl. *regol* m. 'Regel, Kanon, Gesetz, Muster, Lineal', anord. *regula* (durch mnd. Vermittlung auch *regla*) f. 'Ordensregel' aus mlat. *regula* f. 'Ordensregel, Vorschrift, Richtschnur, Richtscheit, Meßlatte, Lineal' übernommen (vgl. die bis ins 18. Jh. gebräuchliche bildungssprachliche Variante nhd. *Regul*, gestützt durch *regulieren*, s. unten). Das mlat. Substantiv, dessen Stammvokal nach Ausweis der germ. Entlehnungen kurz zu sein scheint (falls der bei Länge meist auftretende Wandel zu *ī* im Germ. hier nicht wegen des weiterhin deutlich empfundenen Zusammenhangs mit der lat. Form unterblieb), setzt lat. *rēgula* 'Leiste, Latte, Stab, Richtscheit, Lineal, Regel, Richtschnur, Grundsatz' fort, eine dehnstufige Nominalbildung zu lat. *regere* 'geraderichten, lenken, leiten, herrschen'. Dazu r e g e l n Vb. 'in eine bestimmte Ordnung bringen, nach Regeln ordnen' (2. Hälfte 18. Jh., vereinzelt schon *geregelt* für spätlat. *rēgulāriter* im frühen 16. Jh.); R e g e l u n g f. 'das Regeln, Ordnen, Festlegung, Vorschrift' (19. Jh.); R e g l e r m. 'Vorrichtung zum selbsttätigen Regeln bestimmter Größen' in der Technik (19. Jh.), zuvor gelegentlich von Personen 'wer alles nach Regeln ordnen will' (Ende 18. Jh., ohne Zusammenhang mit mhd. *regelære* 'Mönch, bes. nach der Regel des heiligen Augustinus lebender Kanoniker', mlat. *canonicus regularis*); r e g e l m ä ß i g Adj. 'nach bestimmten Regeln geordnet, gleichmäßig' (2. Hälfte 17. Jh.), adverbiell 'in gleichbleibendem Turnus wiederkehrend, immer' (Ende 18. Jh.); r e g e l r e c h t Adj. 'ordnungsgemäß, richtig' (Anfang 18. Jh., erst im 19. Jh. geläufig). – r e g u l i e r e n Vb. 'in eine bestimmte Ordnung bringen, (bei Störungen) ausgleichen' (seit Ende 18. Jh. vorwiegend terminologisch; in der Allgemeinsprache, im 20. Jh. teilweise auch in der Technik durch *regeln* ersetzt), mhd. *regulieren* 'nach einer Regel ausführen', entlehnt aus spätlat. *rēgulāre* 'regeln, einrichten', zu lat. *rēgula* (s. oben); dazu R e g u l i e r u n g f. 'das Ordnen, Ausgleichen' (um 1800, mit zunehmender Häufigkeit vor allem Bestandteil fachlicher Komposita). r e g u l ä r Adj. 'ordnungsgemäß, richtig' (Ende 18. Jh.), zuvor 'gleiche Teile habend, regelmäßig angeordnet, symmetrisch' (von geometrischen Gebilden, namentlich im Festungsbau, 2. Hälfte 16. Jh.), anfangs in der Form *regular*, seit Ende 17. Jh. (wohl unter dem Einfluß von gleichbed. frz. *régulier*) französierend *regulär*, *regulair*, Übernahme von spätlat. *rēgulāris* 'regelmäßig, eine Richtschnur enthaltend' (lat. 'zur Schiene formbar, Schienen-', zu lat. *rēgula*, s. oben); dazu Regularität f. 'Regelmäßigkeit, Richtigkeit' (Mitte 17. Jh.), nach gleichbed. frz. *régularité*, einer gelehrten Bildung zu spätlat. *rēgulāris* (vgl. spätlat. *irrēgulāritās* 'Stand des Weltgeistlichen').

Regen m. 'atmosphärischer Niederschlag in Tropfen', ahd. *regan* (8. Jh.), mhd. *regen*, asächs. *regan*, *regin*, mnd. *rēgen*, mnl. *rēghen*, *rein*, *reen*, nl. *regen*, aengl. *regn*, engl. *rain*, anord. schwed. *regn*, got. *rign*. Herkunft unbekannt. Ein nur auf das Germ. beschränktes Wort? – Vom Substantiv abgeleitet regnen Vb. 'als Regen fallen, Regen geben', ahd. *reganōn* (8. Jh.), mhd. *regenen*, mnd. mnl. *rēgenen*, nl. *regenen*, aengl. *regnian*, engl. *to rain*, anord. schwed. *regna* sowie anord. *rigna*, got. *rignjan*. regnerisch Adj. (17. Jh.), frühnhd. *regnicht*, *regnig*, mhd. *regenic*. Regenbogen m., ahd. *reganbogo* (10. Jh.), mhd. *regenboge*, mnd. *rēgen(s)bōge*, mnl. *rēghenbōghe*, nl. *regenboog*, aengl. *rēnboga*, engl. *rainbow*, anord. *regnbogi*, schwed. *regnbåge*. Regenpfeifer m. Vogel, der seinen Ruf besonders bei (bevorstehendem) Regen hören lassen soll (18. Jh.). Regenwurm m., ahd. *reganwurm* (um 900), mhd. *regenwurm*, aengl. *rengwyrm*; so benannt, weil dieser Wurm nach Regenfall das Erdreich verläßt und auf dem Erdboden anzutreffen ist. Regenschirm m. (Anfang 18. Jh.) für (auch ins Dt. entlehntes) frz. *parapluie*, gebildet analog älterem *Sonnenschirm* (16. Jh.).

regen Vb. 'eine leichte Bewegung machen', refl. 'sich leicht bewegen, sich rühren, tätig sein, spürbar werden', mhd. *regen* 'in Bewegung setzen, aufrichten, erregen, erwecken', refl. 'sich leicht bewegen' ist das Kausativum (eigentl. 'ragen machen') zu einem starken, im Nhd. untergegangenen Verb mhd. *regen* 'emporragen, sich erheben, steif, gestreckt sein, starren'. Als verwandt kann man (auf Grund der Lautverhältnisse) wohl *Rahe*, *Ruck*, *rücken* und vielleicht auch *Reck* (s. d.) ansehen. Außergerm. Anknüpfungen fehlen. Lit. *rėklės* (Plur.) 'Stangengerüst', das man zur Rekonstruktion einer Wurzel ie. **rek-* 'emporragen, Stange' heranzieht, ist falsche Schreibung für das in einen anderen etymologischen Zusammenhang gehörende lit. *riẽklės* (vgl. Fraenkel 2, 729). – rege Adj. 'munter, lebhaft, rüstig, betriebsam', Ableitung (Anfang 16. Jh.) vom Verb; zunächst nur prädikativ, attributiver Gebrauch seit dem 18. Jh. regsam Adj. 'rührig, beweglich' (18. Jh.). aufregen Vb. 'in Erregung versetzen', refl. 'in Erregung geraten', mhd. *ūfregen*. erregen Vb. 'unruhig machen, reizen, hervorrufen, bewirken' (16. Jh.).

regenerieren Vb. 'wiederherstellen, auffrischen, erneuern, wieder wirksam machen', entlehnt (16. Jh.) aus lat. *regenerāre* 'wieder erzeugen, von neuem hervorbringen'. Vgl. lat. *generāre* '(er)zeugen, erschaffen, hervorbringen' (s. *Generation*, *Generator*), zu lat. *genus* (s. *Genus*).

Regent m. 'Herrscher, Fürst, Landesherr, (verfassungsmäßiger) Vertreter eines Monarchen' (Ende 16. Jh.), entlehnt aus lat. *regēns* (Gen. *regentis*) 'Fürst, regierender Herrscher', dem substantivierten Part. Präs. zu lat. *regere* (s. *regieren*). Zuvor schon (15. Jh.) *Regent*, auch *Regens* 'Leiter, Lenker' (geistlicher Anstalten, Schulen), nach partizipialen Fügungen wie mlat. *magister regens*.

Regie f. 'verantwortliche kaufmännische, künstlerische Leitung', Übernahme (2. Hälfte 18. Jh.) von mfrz. frz. *régie* 'Verwaltung, verantwortliche Leitung', dem substantivierten Part. Perf. von frz. *régir*, afrz. *regir* 'leiten, lenken, führen, verwalten' (lat. *regere*, s. *regieren*). In neuerer Sprache (bes. seit Goethe) vor allem 'kaufmännische und künstlerische Leitung eines Theaters, Intendanz', heute vornehmlich 'künstlerische Gestaltung und Leitung von Inszenierungen', vgl. *die Regie übernehmen* (18. Jh.), *Regie führen* (20. Jh.). – Regisseur m. '(Bühnen)rechnungsführer, Schaubühneneinnehmer' (2. Hälfte 18. Jh.), 'Intendant, Theaterleiter' (19. Jh.), 'Spielleiter' (Anfang 20. Jh.), frz. *régisseur* 'Verwalter, Spielleiter' (1. Hälfte 18. Jh.).

regieren Vb. 'lenken, herrschen, verwalten, leiten', mhd. *regieren* 'herrschen, beherrschen', entlehnt aus gleichbed. afrz. *regir* (frz. *régir*) oder unmittelbar aus lat. *regere* (*rēctum*) 'geraderichten, lenken, leiten, herrschen'; vgl. die frühe Nebenform mhd. frühnhd. (bis ins 16. Jh.) *regnieren* (nach afrz. *regner* 'herrschen, regieren, leben' oder diesem zugrundeliegendem lat. *rēgnāre* 'König sein, herrschen, gebieten, beherrschen'). Als grammatischer Ausdruck folgt *regieren* 'fordern, nach sich ziehen' (Anfang 17. Jh.) der entsprechenden terminologischen Verwendung von lat. *regere* bei Grammatikern der Neuzeit (so in dt. Sprachlehren seit dem 15. Jh., vgl. auch gleichbed. aprov. *regir*, mfrz. frz. *régir*). – Regierung f. (Mitte 15. Jh.).

Regime n. 'Leitung, Herrschaft, Regierung, Staatsverwaltung' (Ende 18. Jh.), Übernahme von gleichbed. frz. *régime*. Diesem liegt lat. *regimen* 'Lenkung, Leitung, Regierung' (zu lat. *regere*, s. *regieren*) zugrunde, das vom 15. bis 18. Jh. auch in dt. Texten begegnet. Die Bedeutung 'herrschendes politisches System, Herrschafts-, Regierungsform' in abschätzigem Sinne entwickelt *Regime* mit Beginn des 20. Jhs. Der heute auch in Wirtschaft und Technik übliche Gebrauch im Sinne von 'Ordnung, System, Arbeitsweise' (Mitte 20. Jh.) steht wohl unter dem Einfluß von (auch aus dem Frz. stammendem) gleichbed. russ. *režím* (*режим*).

Regiment n. 'Herrschaft, Leitung, Verwaltung, Obrigkeitsgewalt', entlehnt (Anfang 15. Jh.) aus spätlat. *regimentum* 'Leitung, Regierung', zu lat. *regere* (s. *regieren*). Seit der 1. Hälfte des 16. Jhs. (in den Landsknechtsheeren) 'unter dem Befehl eines Obersten stehende Kriegerschar von mehreren tausend Mann beim Fußvolk, von etwa tausend Mann bei der Reiterei'; zuerst wohl eigentl. der Ort, wo der Oberst des auf mehrere Ortschaften verteilten Kriegsvolkes sein Quartier hat. Heute 'aus mehreren Bataillonen und Spezialeinheiten bestehender (daher auch selbständig kampffähiger) Truppenteil'.

Region f. '(Himmels)gegend, Landschaft, Bereich, Verbreitungsgebiet, Körperzone', entlehnt (2. Hälfte 15. Jh.) aus lat. *regio* (Gen. *regiōnis*) 'Richtung, Linie, Gegend, Bereich, Gebiet', gebildet zu lat. *regere* 'geraderichten, lenken, leiten, herrschen' (s. *regieren*). – regional Adj. 'auf eine Region und deren Besonderheiten bezogen, beschränkt, gebietsweise' (Ende 19. Jh.); vgl. spätlat. *regiōnālis* 'zu einer Landschaft gehörig'.

[1]**Register** n. '(alphabetisch geordnetes) Verzeichnis', spätmhd. *register* 'Verzeichnis, Protokoll', kontrahiert *reister*, entlehnt aus spätlat. *registrum*, mlat. auch *register* 'Verzeichnis, Katalog' (zuerst der Briefe Papst Gregors des Großen), einer Umbildung mit Suffixwechsel von gleichbed. spätlat. *regesta* Neutr. Plur., eigentl. 'das Eingetragene', dem substantivierten Part. Perf. von lat. *regerere* 'zurücktragen, -werfen, hinbringen, eintragen, einschreiben'; vgl. lat. *gerere* (*gestum*) 'tragen, (aus)führen', refl. 'sich verhalten'. *Register* bedeutet zunächst 'fortlaufende Aufzeichnung von Verhandlungen, Protokoll' sowie 'geordnetes Verzeichnis, Index', in heutiger Sprache auch 'mit dem Alphabet versehene, stufenartig beschnittene Karteikarten oder Buchseiten'. – registrieren Vb. 'in ein Verzeichnis eintragen, einordnen, aufzeichnen, erfassen' (1. Hälfte 15. Jh.), aus spätlat. *registrāre* 'eintragen, aufführen'. Registratur f. 'das Eintragen in ein Register, Brief-, Aktenablage, -schrank, -raum' (Mitte 16. Jh.), latinisierende Bildung.

[2]**Register** n. 'Stimmen-, Pfeifenzug der Orgel, Gesamtheit der Orgelpfeifen einer Stimme, Orgelpfeifenreihe', entlehnt (2. Hälfte 16. Jh.) aus mlat. *registrum* 'Zugschnur, -seil der Glocke', eigentl. 'als Buchzeichen ins Buch gelegte Schnur' (zur Herkunft s. [1]*Register*). Die Bezeichnung wird im Mlat. des 13. Jhs. auf die Schnur der Schiebevorrichtung, die in der Orgel eine Pfeifenreihe in oder außer Betrieb setzt, dann auf die Pfeifenreihe selbst übertragen. Vgl. die Wendung *alle Register ziehen* 'alle Mittel anwenden, um etwas zu erreichen' (Anfang 19. Jh.).

Regreß m. 'Ersatzanspruch, Rückgriff auf den Hauptschuldner' (1. Hälfte 18. Jh.), 'das Zurückgehen von der Wirkung zur Ursache' (um 1900), älter 'Rücknahmerecht' (1. Hälfte 16. Jh.), entlehnt aus lat. *regressus* 'Rückkehr, Rückgang', in der Rechtssprache spätlat. 'Ersatzanspruch', Abstraktbildung zu lat. *regredī* (*regressus sum*) 'zurückgehen'; vgl. lat. *gradī* 'Schritte machen, schreiten'. – regressiv Adj. 'zurückgreifend, rückläufig, rückschrittlich, von der Wirkung auf die Ursache zurückgehend' (Mitte 19. Jh.), Bildung zum Substantiv, wohl unter Einfluß von gleichbed. frz. *régressif* (entstanden als Gegenwort zu *progressiv*, s. d., frz. *progressif*). Regression f. 'Rückgang, rückläufige

Entwicklung, Rückfall in frühere Entwicklungsstufen', gelehrte Entlehnung (1. Hälfte 20. Jh., als Gegenwort zu *Progression*), entsprechend gleichbed. frz. *régression* (2. Hälfte 19. Jh., zuvor 'Wiederholung einer Stilfigur', 18. Jh.), aus lat. *regressio* (Gen. *regressiōnis*) 'Rückkunft, Rückkehr, Wiederholung eines Wortes'.

Reh n. Gemeingerm. Name (mit Ausnahme des Got.) für Arten einer zierlich gebauten Gattung Hirsche mit kleinem, gabelig verzweigtem Gehörn, ahd. *rēh* n., *rēho* m. (9. Jh.), mhd. *rē(ch)* (Gen. *rēhes*), asächs. *rēho*, mnd. *rē*, mnl. nl. *ree*, aengl. *rā*, *rāa*, *rāha*, engl. *roe*, anord. *rā* f. ('Rehkuh'), schwed. *rå* stehen im grammatischen Wechsel (*h* und *g*) mit aengl. *rǣge* f. und vielleicht auch ahd. *reia* f. (um 1000). Falls das Reh nach der Farbe seines Fells benannt ist, sind die germ. Formen mit Gutturalsuffix vergleichbar mit aind. *riśyaḥ*, *ṛśyaḥ* 'Bock einer Antilopenart' sowie den Bildungen mit Labialsuffix air. *rīabach* 'gesprenkelt', lit. *ráibas*, *raĩbas* 'buntscheckig, graubunt, braungelb gesprenkelt', apreuß. *roaban* 'gestreift' oder mit Nasalsuffix lit. *ráimas*, *raĩmas* (gleichbed. mit *ráibas*, *raĩbas*), so daß Anschluß an eine Wurzel ie. **rei-*, **roi-* 'bunt, gestreift, fleckig' möglich ist. – R e h b o c k m., ahd. *rēhboc* (11. Jh., vgl. *rēhbockilī(n)*, um 1000), mhd. *rēchboc* (s. *Bock*); R e h g e i ß f., ahd. *rēhgeiȥ* (Hs. 12. Jh.), spätmhd. *rēchgeiȥ* (s. *Geiß*); R e h k i t z n., ahd. *rēhkizzi* (11. Jh.), mhd. *rēchkitze* (s. *Kitz*).

rehabilitieren Vb. 'wieder in den früheren (guten) Zustand versetzen, in frühere Rechte wiedereinsetzen' (Anfang 16. Jh.), entlehnt (anfangs über mfrz. frz. *réhabiliter*?) aus mlat. *rehabilitare* 'jmds. Unversehrtheit wiederherstellen, jmdn. wieder zu einem Amte tauglich machen' (zu mlat. *habilitare* 'geschickt machen', s. *habilitieren*). In neuester Zeit (wohl nach dem Gebrauch von engl. *to rehabilitate*) 'Kranke, Geschädigte in die Gesellschaft zurückgliedern, wieder erwerbsfähig machen' (Mitte 20. Jh.). – R e h a b i l i t a t i o n f. 'Wiedereinsetzung in einen früheren (guten) Zustand, in frühere Rechte, Wiederherstellung der verletzten Ehre' (Ende 18. Jh.), vgl. mlat. *rehabilitatio* (Gen. *rehabilitationis*) 'Wiedereinsetzung in einen früheren Stand, frühere Rechte'; heute dafür meist *Rehabilitierung* (Ende 18. Jh.). In neuester Zeit 'Wiederherstellung der Gesundheit und Leistungsfähigkeit Kranker, deren Wiedereingliederung in Gesellschaft und Arbeitsprozeß' (Mitte 20. Jh.), nach gleichbed. engl. *rehabilitation*; dafür auch *Rehabilitierung* (2. Hälfte 20. Jh.).

Reibach m. (auch *Rebbach, Rewwig, Rewwich*) 'Gewinn, Verdienst, Zins' (19. Jh.), aus dem Rotw. nach jidd. *re(i)bach*, hebr. *rẹwaḥ* 'Verdienst, Gewinn'. Heute bes. in der Wendung *einen Reibach machen* 'einen (überdurchschnittlichen) Gewinn erzielen'. Vgl. älteres *Rebbes, Ribbis* m. 'Gewinn, Ertrag' (17. Jh.), rotw. *rabbes*, jidd. *ribbis* 'Zins'. Dazu vielleicht (vgl. Wolf Rotw. 264) *berappen* Vb. '(widerwillig) bezahlen' (19. Jh., aus der Gauner- und Studentensprache), auch *beribbeln, berebbeln, berabbeln*.

reiben Vb. 'einen Gegenstand an einem anderen hin und her bewegen, mit den Händen unter leichtem Druck über einen Körperteil streichen'. Für das nur westgerm. bezeugte starke Verb ahd. *rīban* (um 800), mhd. *rīben*, mnd. mnl. *wrīven*, nl. *wrijven* mit dem Intensivum nd. *wribbeln* 'wirbeln, schwenken, reiben, quetschen' (vgl. auch seemännisch *Wreifholz* 'Reibeholz, das zwischen Schiff und Anlegestelle gehängt wird') bietet sich keine sichere außergerm. Anknüpfungsmöglichkeit. Am ehesten läßt sich noch griech. *rhī́ptein* (*ῥίπτειν*) 'werfen, schleudern, stoßen, stürzen' vergleichen, so daß mit einer Ausgangsbedeutung 'drehen, hin und her bewegen' über eine Labialerweiterung ie. **u̯reip-*, **u̯rīp-* Anschluß an die Wurzel ie. **u̯er-* 'drehen, biegen' (s. auch *werden*, *werfen*, *Wurm*) möglich ist. S. auch *gerieben*. – R e i b e f. 'Küchengerät mit durchlöcherter, rauher Oberfläche zum Zerkleinern, Zermahlen verschiedener Lebensmittel oder Gewürze' (15. Jh.). R e i b e i s e n n., mhd. *rībīsen*. R e i b e r e i f. 'Meinungsverschiedenheit, Auseinandersetzung, Streitigkeit' (19. Jh.), gebildet im Anschluß an *sich an jmdm. reiben* 'mit jmdm. Streit anfangen, in Streit geraten' (16. Jh.). a b r e i b e n Vb. 'durch Reiben entfernen, säubern, reibend bearbeiten, frottieren, massieren, durch Reibung abnutzen', mhd. *aberīben* 'durch Reiben entfernen, loslösen'; A b r e i b u n g f. 'das Abreiben' (16. Jh.), umgangssprachlich 'Tracht Prügel', auch 'Schelte, Abkanzelung' (Anfang 20. Jh.). a u f r e i b e n Vb. 'völlig zerreiben, wundreiben', übertragen 'eine militärische Einheit im Kampf vernichten, überbeanspruchen und völlig verbrauchen, zermürben, erschöpfen, ermüden' (um 1500). zerreiben Vb. 'durch Reiben zerkleinern, pulverisieren', mhd. *zerrīben.*

Reich n. 'Herrschaftsgebiet (eines Kaisers, Königs), Staat, Imperium', übertragen 'Bereich'. Für das gemeingerm. Substantiv ahd. *rīhhi* 'Herrschaft, Reich, Gegend, Landschaft, Umgebung, Bereich, Himmelsrichtung' (8. Jh.), mhd. *rīch(e)* 'Herrschaft, beherrschtes Land, Reich, Regierung', asächs. anord. *rīki* 'Reich, Herrschaft, Macht', mnd. mnl. *rīke*, nl. *rijk* 'Reich, Staat', aengl. *rīce* (erhalten in engl. *bishopric* 'Bistum'), schwed. *rike*, got. *reiki* 'Reich, Herrschaft, Obrigkeit' wird (wie für got. *reiks*, aengl. *rīca* 'Herrscher' und das Adjektiv *reich*, s. d.) Herkunft aus dem Kelt. angenommen. In diesem Falle ist germ. **rīkja-* 'Herrschaft' entweder als direkte Entlehnung (vor der germ. Lautverschiebung mit germ. *k* aus *g*) aus kelt. **rīgiom* (ie. **rēĝi̯om*; vgl. mir. *rīge* 'Königsherrschaft' und Ortsnamen wie *Icorigium*) oder als *ja*-Bildung zu germ. **rīk-* 'Herrscher, Obrigkeit' (vgl. got. *reiks*, s. oben) aufzufassen, das seinerseits aus kelt. **rīgs* (ie. **rēĝs*, lat. *rēx* 'König'; vgl. air. *rī*, Gen. *rīg*) stammt. Auszugehen ist (bei kelt. *ī* aus ie. *ē*) von der unter *recht* (s. d.) angeführten Wurzel ie. **reĝ-* 'gerade, geraderichten, lenken, recken, strecken, aufrichten'. Auf den Zusammenhang der Übernahme des Wortes als Herrschertitel und als Bestandteil von Personennamen aus dem Kelt. deutet de Vries Nl. 576 hin. Er verweist auf die zahlreichen (zunächst latinisiert überlieferten) germ. Namen wie *Theuderīcus* (nhd. *Dietrich*), *Ermanarīcus*, *Childericus* nach dem Vorbild gall. Namen wie (in lat. Überlieferung) *Vercingetorīx*, *Dumnorīx*. Echt germ. Bildungen zur oben genannten Wurzel liegen vor in anord. *-rekr*, *-reki* 'Herrscher, Fürst' in den Zusammensetzungen *folkrekr*, *landreki* und in Personennamen (*Gautrekr*). Dagegen lehnt Trier in: Nachr. d. Akad. d. Wiss. Göttingen, Phil.-hist. Kl. (1943) 535 ff. eine Entlehnung vor der germ. Lautverschiebung ab und meint, daß das *g* der kelt. Formen durch Anlehnung an eine im Germ. bestehende Wortsippe der „Zaun- und Hege"-Basis (**rīk-*) zu *k* geworden und eine Bedeutung 'Macht, Herrschaft' aus dem Begriff der 'Einhegung' hervorgegangen sei. v. Polenz in ZfdPh 76 (1957) 80 ff. weist kelt. Herkunft der Wortgruppe ab. Er macht geltend, daß *Reich* von ahd. Zeit an bis ins 19. Jh. nicht auf 'Macht' und 'Herrschaft' beschränkt sei, es stehe in vornehmlich unpolitischer Verwendung als allgemeine Raumbezeichnung im Sinne von 'Bereich', bezeichne also 'Landschaft, Gegend, Umgebung, Bereich, Himmelsrichtung', vgl. ahd. *erdrīhhi* 'das Reich auf Erden, Erdreich, -oberfläche, -boden' (um 800), *woroltrīhhi* 'Welt(reich)' (9. Jh.), *himilrīhhi* 'Himmelreich' (9. Jh.), *ōstarrīhhi* 'Morgenland, Orient' (8. Jh.). Zugrundeliegendes germ. **rīkja-* 'Bereich' stelle sich danach als ablautende Bildung zu dem unter *reichen* (s. d.) behandelten westgerm. *jan*-Verb, das selbst, zur Ablautstufe germ. **raik-* gebildet, zur Wurzel ie. **rēiĝ-* 'recken, ausstrecken' gehöre. Die Bedeutung 'Macht, Herrschaft' sei aus 'Bereich, räumliche Erstreckung' hervorgegangen, eine Entwicklung, die semantisch (auch angesichts der genannten Beispiele und der gesamten zu *Reich* gehörenden Wortgruppe, s. *reich*) wenig Wahrscheinlichkeit für sich hat. – Reichstag m. (zuerst Worms 1495) Versammlung der dt. Reichsstände (bis 1806), danach das Parlament des Nordd. Bundes bzw. Deutschen Reiches. Pflanzenreich n. '(geordneter) Bereich, Gesamtheit der Pflanzen in ihrer Verschiedenartigkeit', Tierreich n. '(geordneter) Bereich, Gesamtheit der Tiere in ihrer Verschiedenartigkeit' (beide 18. Jh.), Übersetzungen der in der lat. Wissenschaftssprache entwickelten Fügungen botan.-lat. *regnum plantarum* und zoolog.-lat. *regnum animalium.*

reich Adj. 'wohlhabend, vermögend, mit vielen wertvollen Dingen ausgestattet, kostbar, reichlich, großzügig, ergiebig, gehaltvoll, umfassend'. Die *ja*-Stämme ahd. *rīhhi* (8. Jh.), mhd. *rīch(e)* 'von hoher Abkunft, vornehm, edel, mächtig, gewaltig, viel besitzend, reich', asächs. *rīki* 'mächtig, gewaltig, reich', mnd. *rīk(e)*, mnl. *rīke*, nl. *rijk*, aengl. *rīce*, engl. *rich* 'reich' und (aus einem *i*-Stamm umgebildetes) anord. *rīkr* 'reich, mächtig', schwed. *rik* 'reich' (vgl. dazu als *ja-* oder *i*-Stamm vorauszusetzendes got. *reikeis* oder *reiks* 'mächtig') werden als Ableitungen von einem Substantiv germ. **rīk-* 'Herrscher, Fürst, König', überliefert in got. *reiks* 'Herrscher, Obrigkeit', betrachtet, wofür Entlehnung aus dem Kelt. angenommen wird (zu anderen Deutungsversuchen s. *Reich*). Die ursprüngliche Bedeutung 'königlich, fürstlich, von vornehmer Abstammung' entwickelt sich über 'vornehm, mächtig' (so noch im Frühnhd.) zu 'wohlhabend, begütert'; *reich* wird damit Gegenwort von *arm*. Häufig als Grundwort in Adjektivkomposita, vgl. *erfolg-, ertrag-, fett-, fisch-, geist-, hilf-, lieb-, ruhm-, sieg-, sinn-, tugend-, wald-, wortreich*; ursprünglich auch mit genitivischem ersten Glied entsprechend der Rektion von *reich*, vgl. *einfalls-, freuden-, gnaden-, segensreich*. – a n r e i c h e r n Vb. 'reicher machen, bereichern, den Gehalt an bestimmten Bestandteilen erhöhen' (17. Jh.), b e r e i c h e r n Vb. 'reicher, größer machen', refl. 'sich auf Kosten anderer einen Gewinn verschaffen' (um 1600), beide zum Komparativ *reicher* gebildet; vgl. älteres *bereichen*, mhd. *berīchen* 'reich machen'. r e i c h l i c h Adj. 'in großer, ausreichender Menge, sehr viel, mehr als, ziemlich', ahd. *rīhlīh* 'mächtig, gewaltig, königlich' (9. Jh.), mhd. *rīchelich, rīlich* 'reich, reichlich, herrlich, kostbar, freigebig'. R e i c h t u m m. 'großes Vermögen, bedeutender Besitz, Pracht, Fülle', ahd. *rīhtuom* 'Herrschaft, Macht, Herrschsucht, Reichtum' (9. Jh.), mhd. *rīchtuom*; vgl. asächs. *rīkidōm* 'Herrschaft, Macht, Reichtum', aengl. *rīcedōm* 'Herrschaft'. r e i c h h a l t i g Adj. 'vieles enthaltend, darbietend' (Anfang 18. Jh.), zuvor *reichhalt* (17. Jh.), ursprünglich als Ausdruck des Berg- und Hüttenwesens von Erzen, die reichen Gehalt an Edelmetall haben.

reichen Vb. 'sich erstrecken, eine bestimmte räumliche Ausdehnung haben, in genügender Menge vorhanden sein, mit etw. auskommen, jmdm. etw. (zum Nehmen) hinhalten, geben', ahd. *reihhōn* (10. Jh.), *reihhen* (um 1000) 'sich erstrecken', mhd. *reichen* '(er)langen, holen, bringen, darreichen, sich erstrecken, ausdehnen', mnd. *rēken*, mnl. *reiken, rēken*, nl. *reiken*, aengl. *rǣcan*, engl. *to reach* '(er)reichen' sind verwandt mit anord. *reik* 'Scheitellinie, Kopf'. Außergerm. vergleichen sich lit. *réižti* '(Körperteile) recken, straffen, stolzieren, stolz einhergehen', refl. *réižtis* 'sich recken, sich straffen, sich brüsten', air. *riag* 'Tortur (durch Recken der Glieder)', *ringid* 'foltert, peinigt', mir. *rēimm* (aus **reiĝsmi-*) 'Possenreißer'. Erschließbar ist eine Wurzel ie. **rēiĝ-* 'recken, ausstrecken, mit ausgestreckter Hand langen oder darreichen', die lautliche und semantische Berührung mit der unter *recht* (s. d.) angeführten Wurzel ie. **reĝ-* 'gerade, geraderichten, lenken, recken, strecken, aufrichten' zeigt; s. auch *Reich*. Vgl. die Wendung *jmdm. nicht das Wasser reichen (können)* 'an jmds. Fähigkeiten, Leistungen nicht heranreichen' (16. Jh.), wohl aus dem alten Brauch, durch einen Diener den Gästen vor und nach dem Essen Wasser zum Händewaschen zu reichen, also eigentl. 'nicht wert sein, jmdm. das Wasser zu reichen'. – B e r e i c h m., selten n. 'Gebiet von bestimmter Abgrenzung und Ausdehnung' (Ende 18. Jh.; in der Rechtssprache für 'Abgabe' schon im 16. Jh.), Abstraktbildung zu im 18. Jh. untergegangenem *bereichen* 'erreichen, bis wohin reichen, sich erstreckend umfassen', mhd. *bereichen*; vgl. mnl. nl. *bereiken*. *Bereich* verdrängt im 18./19. Jh. *Reich* in dessen Bedeutung 'Bereich', daher das Schwanken zwischen mask. und neutr. Genus. e r r e i c h e n Vb. 'bis wohin reichen, jmdn., etw. antreffen, sich jmdm., einer Sache nähern, etw. durchsetzen, seine Wünsche trotz Widerstandes verwirklichen', ahd. *irreihhen, irreihhōn* '(räumlich) erreichen, einholen, erfassen' (um 1000), mhd. *erreichen* 'sich ausstreckend ein Ziel erlangen, treffen, begreifen'. g e r e i c h e n Vb. 'zu etw. hinführen, dienen zu', ahd. *gireihhen* 'sich erstrecken, reichen' (um 800), mhd. *gereichen* '(er)reichen, treffen, ausreichen'.

[1]**Reif** m. 'ringförmiges Schmuckstück bzw. Spielzeug', ahd. *reif* 'Seil, Strick' (8. Jh.), 'Ring, Kreis' (um 800), mhd. *reif* 'Seil, Strick, Streifen, Band, Fessel, Ring, Gebinde, Faß', mnd. *rēp* 'Seil, Tau, Strick', mnl. nl. *reep*, aengl. *rāp*, engl. *rope*, anord. *reip*, schwed. *rep*, got. in *skaudaraip* '(Schuh)riemen' gehört vermutlich im Sinne von 'abgerissener, abgeschnittener Streifen' mit den unter *reffen* (s. d.) angeführten Formen zu ie. **reip-*, einer Labialerweiterung der unter *Rain, reif, Reihe* (s. d.) genannten Wurzel ie. **rei-* 'ritzen, reißen, schneiden'. Die Bedeutung 'Seil, Tau' bewahrt nd. *Reep*; vgl. *Fallreep* (s. *fallen*) und *Reeperbahn* (eigentl. 'Seilerbahn, langer Platz, wo Seile hergestellt werden'). – R e i f e n m. 'ringförmiges eisernes Faßband, die Felge umgebender, meist aus luftgefülltem

Gummischlauch und Decke bestehender Teil eines Rades an Fahrzeugen, zur Gymnastik oder als Kinderspielzeug dienender Ring' (18. Jh.), mit der Endung *-en* aus den schwach flektierten Formen von (ahd. mhd. stark flektiertem) [1]*Reif* (s. oben).

[2]**Reif** m. kristalline Eisablagerung in Bodennähe (am Boden, an Zweigen, an Gegenständen), 'gefrorener Tau'. Die Herkunft des nur im Dt. und Nl. begegnenden Substantivs ahd. *(h)rīfo* (8. Jh.), mhd. *rīf(e)*, asächs. *hrīpo*, mnd. *rīpe*, mnl. *rīpe*, *rijp*, nl. *rijp* ist ungewiß. Zieht man mnd. *rīm* 'Reif', mnl. nl. *rijm*, aengl. *hrīm* 'Frost', engl. *rime*, anord. *hrīm*, *hrīmi*, schwed. *rimfrost* '(Rauh)reif' sowie mhd. *rīmeln*, *berīmeln*, nhd. (bair. öst.) *reimen*, *reimeln* 'mit Reif überzogen werden' und das starke Verb ahd. *(h)rīnan* 'berühren, treffen' (8. Jh.), asächs. *hrīnan* 'berühren', mnl. *gerīnen*, aengl. *hrīnan*, anord. *hrīna* 'berühren, treffen, in Erfüllung gehen', außergerm. lit. *krėnà* 'Haut auf gekochten Speisen, bes. auf gekochter Milch' (eigentl. 'was man abstreift, abrahmt') heran, so können die genannten Formen im Sinne von 'was durch Berührung abgestreift werden kann' teils zu einer Labial-, teils zu einer Nasalerweiterung der Wurzel ie. **krei-* 'über etw. hinstreifen, berühren' gestellt werden. – [1]r e i f e n Vb. unpersönlich 'Reif fällt, bildet sich' (15. Jh.), nd. *rīpen*, nl. *rijpen*; daneben mhd. *rīmeln* (s. oben).

reif Adj. 'im Wachstum voll entwickelt und daher geeignet zur Ernte, erwachsen, erfahren, seelisch ausgeglichen, genügend vorbereitet', ahd. *rīfi* (8. Jh.), mhd. *rīf(e)*, asächs. *rīp(i)*, mnd. mnl. aengl. *rīpe*, engl. *ripe*, nl. *rijp* gehört wohl (vgl. SEEBOLD 370 f.) zu einem in aengl. *rīpan* 'mähen, ernten' vorliegenden starken Verb, wozu engl. (schwach flektierend) *to reap* 'mähen, ernten'; vgl. auch aengl. *rīp* 'Ernte', *riftre*, *riftere* 'Schnitter', *reopa* 'Garbe'. Das Adjektiv bedeutet also eigentl. 'was geerntet werden kann'. Man kann vielleicht die unter *Riffel* (s. d.) genannten Formen heranziehen und an eine Labialerweiterung ie. **reib-* der unter *Rain* (s. d.) angegebenen Wurzel ie. **rei-* 'ritzen, reißen, schneiden' anknüpfen. Ursprünglich auf Ähren und Früchte bezogen, die so weit sind, daß sie geschnitten bzw. eingesammelt werden können, wird *reif* dann auf alles übertragen, was zum Abschluß einer Entwicklung gelangt ist. – R e i f e f. 'das Reifsein, Vollendung der Entwicklung' (16. Jh.; häufiger seit 18. Jh.), aber schon ahd. *rīfī* (9. Jh.); vgl. mhd. *rīfecheit*, mnd. *rīpicheit* 'Reife'. [2]r e i f e n Vb. 'reif werden, sich entwickeln, reif machen, zur Reife bringen bzw. kommen', ahd. *rīfen*, *rīfēn* (9. Jh.), mhd. *rīfen*, asächs. *rīpon*, mnd. mnl. *rīpen*, nl. *rijpen*, aengl. *rīpian*, engl. *to ripen*. r e i f l i c h Adj. 'eingehend, gründlich', zuerst (um 1500) Adverb zum Adjektiv *reif*, seit dem 18. Jh. auch adjektivisch in Verbindung mit Wörtern wie *Erwägung*, *Nachdenken*, *Überlegung* u. dgl.

Reigen, veraltet *Reihen* m., im Mittelalter 'von Instrumentalmusik und Gesang begleiteter volkstümlicher Rundtanz im Freien, wobei die Tanzenden in einer Kette oder paarweise hintereinander den Bewegungen des Vortänzers und zugleich Vorsängers des Tanzliedes folgen', dann überhaupt 'Rundtanz', insbes. 'rhythmischer Reihentanz von Kindern', auch 'das den Tanz begleitende Lied, die Tanzmelodie' (vgl. *Bergreihen* 'Bergmannslied' noch bei Campe 1807). Mhd. mnd. *rei(e)*, *reige*, das, wohl nach nl. Vorbild, zu Anfang des 13. Jhs. (etwa gleichzeitig mit der Bezeichnung für die gemessenere, im geschlossenen Raum ausgeübte tänzerische Bewegungsform, s. *Tanz*) als höfisches Modewort aufkommt, wird ebenso wie gleichbed. mnl. nl. *rei* über eine Variante apikard. *rèy* auf afrz. *roie*, *raie* 'Streifen, Furche' (aus gall. **rica* 'Furche') zurückgeführt. Diese Herleitung bleibt allerdings fraglich, da für das als Quelle der Entlehnung angenommene afrz. Substantiv die Bedeutung 'Rundtanz' nicht sicher bezeugt ist. In frühnhd. *Reie* (auch *Reihe* mit sekundärem *h* von nur graphischem Wert) und *Reige* (so bei Luther) setzen sich zunächst beide mhd. Formen fort, daneben werden seit dem 16. Jh. auch Nominative mit der den obliquen Kasus der schwach flektierten Substantive entstammenden Endung *-n* üblich. Das 18. Jh. bevorzugt *Reihen*, im 19. Jh. wird aber im Anschluß an Luthers Gebrauch die Form *Reigen* neu belebt, wohl unter dem Einfluß Jahns, der sie für 'rhythmische, von Musik begleitete Bewegungen' in die Sprache der Turnkunst einführt.

Reihe f. 'mehrere Personen oder Sachen in geregeltem Neben- oder Hintereinander, geordnete räumliche oder zeitliche Folge, Serie', auch 'unbestimmte größere Anzahl', mhd. *rīhe* 'Reihe, Linie, schmaler Gang, Rinne', mnl. *rīe* 'Reihe, Linie, Latte, Planke, Meßlatte', nl. *rij* 'Reihe, Folge, Meßlatte'; daneben stehen mit grammatischem Wechsel und zum Teil mit Ablaut ahd. *rīga* 'Linie, Kreisbogen' (um 1000), mhd. *rige* 'Linie, Reihe, Wassergraben, gefältelter Kleidersaum', mnd. *rēge*, *rīge* 'Reihe, geordnete Folge, Zeile, Häuserreihe', mnl. *rīghe*, nl. (bis ins 18. Jh.) *rijg(e)* 'Reihe, Zeile, Planke, Latte' (s. *Riege*), auch (nur ablautend) anord. *rā-* (in *rāmerki* 'Grenzlinie, Ackergrenze') sowie der germ. *wō*-Stamm aengl. *rǣw*, *rāw*, engl. *row* 'Reihe'. Das zu dem in ahd. *rīhan*, mhd. *rīhen* (s. unten) vorliegenden starken Verb gehörende Substantiv hat außergerm. Verwandte vielleicht in aind. *rikháti* 'ritzt', *rēkhā́* 'Streifen, Linie, Ritzung', griech. *ereī́kein* (ἐρείκειν) 'zerbrechen, zerreißen, zermalmen, durchbohren, bersten', kymr. *rhwygo* 'zerreißen', lit. *riẽkti* '(Brot) schneiden, (die Brache) pflügen, (den Boden) aufreißen' und kann (obwohl unter semantischen Schwierigkeiten) mit diesen an ie. **reik(h)-*, eine Erweiterung der Wurzel ie. **rei-* 'ritzen, reißen, schneiden' (s. auch *reif*, [1]*Reif*), angeschlossen werden. – r e i h e n Vb. 'zu einer Reihe ordnen, aneinanderfügen, auffädeln, Stoff auf einem durchgezogenen Faden zu Fältchen zusammenschieben', ahd. *rīhan* (aus germ. **reihan*) in (wenn hierherzustellen) *inrīhan* 'einreihen', mhd. *rīhen* 'auf einen Faden ziehen, reihenweise anheften, fälteln, durchstechen', mnd. *rīgen* 'reihen, auffädeln, mit Schnur, Besatz versehen', mnl. *rīen*, *rīghen*, nl. *rijgen* 'auffädeln, durchstechen, schnüren, heften' ist zunächst ein starkes Verb, am ehesten wohl mit einer Ausgangsbedeutung 'durchstechen', dann 'nach Durchlöcherung auf einen Stab, eine Schnur ziehen'. Im Mnd. und Mnl. treten auch schwach flektierte Formen auf, und im Nhd. setzt sich schwache Flexion durch, vielleicht weil das Verb als denominative Ableitung empfunden wird. In der alten, vorwiegend in mundartnaher Sprache bewahrten Bedeutung 'auf einen Faden ziehen, heften, fälteln' sind allerdings bis in die Gegenwart auch starke Präteritalformen gebräuchlich. Vom oben genannten Verb zu trennen ist offenbar (vgl. Seebold 566) ahd. *rīhan* (aus germ. **wreihan* 'winden'), nur belegt im Part. Prät. *girigan* 'zusammengenäht, gewunden' (9. Jh.), sowie (schwach flektierend) ahd. *girigit* 'ausgeschmückt, zusammengenäht, geflochten' (10. Jh.), *girigōt* 'zusammengebunden, verbrämt, verziert' (um 1000), die besser an ie. **u̯reik-* 'drehen, umwickeln, binden' (s. *Rist*) anzuknüpfen sind. R e i h e n f o l g e f. 'geregelte Aufeinanderfolge' (um 1800).

Reiher m. Für den Namen des Stelzvogels mit langen Beinen, langem Schnabel, schlanker Gestalt und rauher, krächzender Stimme ahd. *reigaro* (9./10. Jh.), mhd. *reiger*, nhd. *Reiger* (bis 19. Jh.), (mit Schwund des intervokalischen *g*) mhd. *reier*, nhd. *Reiher* (um 1500), mnd. *reiger*, *rēger*, mnl. *reigher*, *rēgher*, nl. *reiger*, aengl. *hrāgra* ist von einer mit *hr-* (aus ie. **kr-*) anlautenden Form auszugehen, deren *h-* in den meisten germ. Sprachen geschwunden ist. Daneben stehen Formen mit Dissimilation des ersten *r* unter Beibehaltung des anlautenden *h* wie ahd. *heigaro* (9. Jh.), mhd. *heiger*, (ablautend) anord. *hegri*, schwed. *häger*. Außergerm. vergleichen sich griech. *krízein* (κρίζειν) 'kreischen, knirschen', lit. *krỹkšti*, *krỹkti* 'schreien, kreischen', aslaw. *kričati*, russ. *kričat'* (кричать) 'schreien, rufen', kymr. *cryg* 'heiser', *cregyr* 'Reiher', so daß auf eine Gutturalerweiterung von ie. **(s)krei-* (s. *schreien*) zur Wurzel ie. **ker-*, **kor-*, **kr-*, Schallnachahmung für heisere, rauhe Töne, solche Tierstimmen und die sie ausstoßenden Tiere (s. auch *Harke*, *Rabe*), zurückgegangen werden kann. – r e i h e r n Vb. derb für 'heftig erbrechen, Durchfall haben' (Ende 19. Jh.; vgl. *kotzen wie ein Reiher*), da der Fischreiher seinen hastig hinuntergewürgten Fang bisweilen wieder von sich gibt bzw. dünnflüssigen Kot ausscheidet.

Reim m. 'Gleichklang einer oder mehrerer Silben bei verschiedenem Anlaut (bes. am Ende einer Verszeile), kleines Gedicht, Vers', mhd. *rīm* 'Reim, Vers(zeile), Verspaar' ist entweder eine Entlehnung von afrz. frz. *rime* 'gebundene Rede, Reim' oder übernimmt vielmehr als altes germ. Wort im Sinne von 'Reihe' (wie auch das Mnd. und Mnl.) die im Afrz. übliche Bedeutung. Denn afrz. *rime* stammt wohl (vgl. FEW 16, 718) seinerseits aus dem Germ., und zwar aus anfrk. **rīm* 'Reihe' bzw. ahd. *rīm* 'Reihe, Reihenfolge, Zahl' (8. Jh.), denen asächs. *unrīm* 'Unzahl', aengl. *rīm* 'Zahl, Zählung, Rechnung', anord. *rīm* 'Berechnung, Kalender' (auch, nach dem Mnd., 'Reim, Gedicht') entsprechen. Diese sind verwandt mit griech. *ararískein* (ἀραρίσκειν) 'zusammenfügen, verfertigen', *arithmós* (ἀριθμός) 'Reihe, Zahl, (Auf)zählung', *nḗritos* (νήριτος) 'zahllos, unendlich', lat. *rītus* 'Gebrauch, Sitte, Gewohnheit, Art', air. *rīm* 'Zahl', so daß Anschluß an die Wurzelform **(a)rī̆-*, **rēi-* der unter *Arm* (s. d.) angeführten Wurzel ie. **ar(ə)-* 'zusammenfügen, passen' möglich ist. Die Bedeutungsentwicklung führt von 'Reihenfolge' über 'Reihe ähnlich klingender Versausgänge, Reimreihe' zu 'Endreim' und 'Reimvers'. Die bis ins 17. Jh. reichende Verwendung von *Reim* im Sinne von 'Vers(zeile), Verspaar' ist noch in *Kehrreim* (s. d.) und *Kinderreim* 'einfacher, leicht faßlicher, einprägsamer Reim, Vers für Kinder' bewahrt. Durch Opitz wird *Reim* (nach frz. Vorbild) als 'Endreim' definiert. – reimen Vb. 'Reime bilden, in Reimen ausdrükken, in Reime bringen', refl. 'einen (End)reim bilden, zueinander passen, einen Sinn ergeben', mhd. *rīmen* 'in Verse bringen', aus gleichbed. afrz. *rimer*; vgl. dagegen ahd. *rīmen*, aengl. *rīman* 'zählen'.

rein Adj. 'ohne fremdartige Bestandteile, unvermischt, unverfälscht, frei von Schmutz, sauber, frisch gewaschen, unberührt, keusch, vollkommen, fehlerlos', ahd. *(h)reini* (8. Jh.), mhd. *rein(e)*, asächs. *hrēni*, mnd. *rein*, mnl. *reine*, *rēne*, nl. *rein*, anord. *hreinn*, schwed. *ren*, got. *hrains*. Mit dem Suffix ie. *-ni-* gebildetes germ. **hraini-* ist verwandt mit ahd. *(h)rītara* (um 800), mhd. *rīter*, nhd. (obd.) *Reiter* 'Sieb', aengl. *hridder*, *hriddel*, engl. *riddle* 'Sieb' und außergerm. mit griech. *krī́nein* (κρίνειν) 'scheiden, trennen, unterscheiden, sichten, urteilen, entscheiden', lat. *cernere* (aus **crin-*) 'sichten, scheiden, sondern, unterscheiden, entscheiden', *crībrum* 'Sieb, Durchschlag', air. *criathar* (aus **krē̆itro-*) 'Sieb'. Auszugehen ist von ie. **(s)kerī̆-*, **(s)krē̆i-*, **(s)krī̆-* 'schneiden, scheiden', einer Form der unter [1]*scheren* (s. d.) dargestellten Wurzel ie. **(s)ker(ə)-* 'schneiden'. Im heutigen Sprachgebrauch bedeutet *rein* vor allem 'nicht schmutzig, sauber' und 'unverfälscht'; in Teilen der Schweiz und Rheinfrankens noch erhalten im Sinne von 'fein gemahlen, gesiebt' (von Mehl, Zucker, Sand u. dgl.). – Reinheit f. 'Sauberkeit, Klarheit, Lauterkeit, Unschuld' (17. Jh.), anfangs konkurrierend mit *Reinlichkeit* (s. unten) und (dem zu Anfang des 19. Jhs. untergegangenen) *Reinigkeit*, mhd. *reinecheit*, *reinekeit*, *reinikeit*, ahd. in *un(h)reinigheit* 'Unreinheit' (11. Jh.). reinigen Vb. 'säubern', mhd. *reinegen*, *rein(i)gen*, abgeleitet von mhd. *reinec*, *reinic* 'rein'; vgl. ahd. *(h)reinen* (8. Jh.), *(h)reinōn* (9. Jh.), mhd. *reinen*, asächs. *hrēnian*, *hrēnon*, got. *hrainjan*. Dazu Reinigung f., mhd. *reinegunge*, *reinigunge*. bereinigen Vb. 'ins reine, in Ordnung bringen, beilegen, klären' und Bereinigung f. (beide 15. Jh.). verunreinigen Vb. 'beschmutzen, schmutzig machen' (15. Jh.); vgl. mhd. *verunreinen*; Verunreinigung f. (15. Jh.). reinlich Adj. 'sauber, ordentlich', mhd. *reinlich*; Reinlichkeit f. 'Sauberkeit, Genauigkeit, Sorgfalt' (16. Jh.).

Reis m. Der Name der aus Südostasien stammenden, in tropischen und subtropischen Gebieten angebauten alten Kulturpflanze mhd. *rīs* m. n. ist, vielleicht vermittelt durch gleichbed. mlat. *risus*, *risum* (auch *ris(i)a*, *risi*, *rizi*), aus dem Roman. übernommen, vgl. aprov. afrz. *ris* (mfrz. frz. *riz*) und diesen vorausgehendes ital. *riso*, wahrscheinlich beruhend auf einer (im Ital. als Plur. empfundenen) Form mgriech. *rhýzi*, *rhízi* (ῥύζι, ῥίζι), die durch Verlust des griech.-lat. Anlautvokals gekennzeichnet ist. Zugrunde liegt lat. *oryza*, *oriza* (spätlat. auch *orissa*), griech. *óryza*, *óryzon* (ὄρυζα, ὄρυζον), das als Entlehnung aus dem Iranischen angesehen wird, vgl. afghan. *wrižē*. Letzte Quelle ist wohl eine ind. Sprache, vgl. aind. *vrīhíḥ* 'Reis'.

Reis n. 'junger Trieb, dünner Zweig, Schößling', auch Kurzform für *Pfropf-*, *Setz-*, *Senkreis*. Ahd. *(h)rīs* (8. Jh.), mhd. mnd. *rīs*, asächs. aengl. *hrīs*, mnl. nl. *rijs* 'Reis, Zweig', anord. *hrīs* 'Gesträuch, Gestrüpp, Wald', norw. schwed. *ris* (germ. **hreisa-*) ist verwandt mit asächs. *hrissian* 'zittern, beben', aengl. *hrisian* 'schütteln, bewegen, erschüttert werden, klirren', got. *afhrisjan*, *ushrisjan* 'abschütteln' und bedeutet demnach etwa 'was sich schüttelnd, schwingend, vibrierend bewegt', so daß man darin zunächst den 'schwingenden, sich biegenden Zweig' zu sehen hat. *Reis* gehört mit *Rispe* (s. d.) und lat. *crīnis* (aus **crisnis*) '(Haupt)haar', *crista* 'Kamm am Tierkopf, Helmbusch' (deren ursprüngliche Bedeutung etwa 'sich Schüttelndes, Zitterndes, Wallendes'), apreuß. *craysi* 'Halm', *crays* Plur. 'Heu', mir. *cressaim* 'schüttle, schwinge' zu ie. *(s)kreis-, bes. 'in vibrierender Bewegung sein, (sich) schütteln', einer *s*-Erweiterung von ie. *(s)krei-*, seinerseits Erweiterung der Wurzel ie. **(s)ker-* 'drehen, biegen, kreisend bewegen' (wozu mit anderen Erweiterungen *schräg*, *Schrank*, *Schranke*, *Ring*, *Runge*, *schreiten*, *Rücken*, s. d.; s. auch *Reisig*).

Reise f. 'Fahrt von einem Ort zu einem anderen, der zeitweilige Aufenthalt dort', ahd. *reisa* 'Aufbruch, Zug, Fahrt' (9. Jh.), mhd. *reis(e)* 'Aufbruch, Zug, Reise, Kriegs-, Heereszug', mnd. *reise*, mnl. *reise*, *rēse*, nl. *reis*, anord. (aus dem Mnd.) *reisa*, schwed. *resa* (germ. **reisō*) steht ablautend zu einem im Frühnhd. untergegangenen starken Verb ahd. *rīsan* '(nieder)fallen' (8. Jh.), mhd. *rīsen* 'sich von unten nach oben bewegen, steigen, sich erheben, sich von oben nach unten bewegen, fallen', asächs. *rīsan* 'aufstehen', mnd. mnl. *rīsen* 'sich erheben, steigen, fallen', nl. *rijzen* 'steigen, sich erheben, aufgehen', aengl. *rīsan* 'aufstehen', engl. *to rise*, anord. *rīsa*, got. *urreisan* 'aufstehen, sich erheben'. Daneben begegnet (mit grammatischem Wechsel von *s* und *r*) ein schwach flektierendes Kausativum ahd. *umbirēren* 'ergreifen, anfallen' (um 900), *anarēren* 'einschieben' (10. Jh.), mhd. *rēren* 'fallen machen oder lassen', aengl. *rǣran* 'aufrichten', engl. *to rear* 'erheben, aufrichten, errichten' sowie anord. *reisa* 'aufrichten, beginnen, erregen, büßen', got. *urraisjan* 'aufstehen machen, erwecken, aufregen, aufrichten'. Die genannten Formen gehören zu einer *s*-Erweiterung der unter *Ernst* und *rinnen* (s. d.) dargestellten Wurzel ie. **er-*, **or-*, **r-* 'sich in Bewegung setzen, erregen, in die Höhe bringen (auch von Bewegung nach abwärts)'. *Reise* bedeutet also eigentl. 'das Sich-Erheben, das Aufbrechen, Aufbruch'. – reisen Vb. 'eine Reise machen', ahd. *reisōn* (9. Jh.), mhd. *reisen* 'eine Reise tun, reisen, bes. einen Kriegszug unternehmen, ins Feld ziehen, plündern, rauben', vom Substantiv abgeleitet. reisig Adj. ehemals 'gewappnet, gerüstet' (meist von berittenem Kriegsvolk), mhd. *reisec*, *reisic* 'auf der Reise befindlich, zu Kriegszügen dienend, gerüstet, beritten', mnd. mnl. *reisich*, zu mhd. *reis(e)* 'Kriegszug'. Dazu die Substantivierung Reisiger m. im Mittelalter 'berittener Krieger', später 'Landsknecht', spätmhd. *die reisegen*, *reisigen* Plur. 'Krieger, Reiter'.

Reisig n. 'dürre, dünne Zweige, Reiser' (bes. als Brennmaterial). Das nur im Dt. vorkommende Substantiv ahd. *rīsahi* 'Geäst, Astwerk' (Hs. 12. Jh.), mhd. *rīsach*, *rīsech* 'Reis, Zweig, Rute, Gebüsch', nhd. (mit Wandel der unbetonten Endsilbe zu *-ig*) *Reisig* (16. Jh.) ist eine Kollektivbildung mit dem Suffix germ. *-ahja-* zu dem unter *Reis* n. (s. d.) behandelten Substantiv.

reißen Vb. 'entzwei-, auseinandergehen, gewaltsam (in einzelne Teile) auseinandertrennen, an etw. ziehen, zerren, sich teilen, trennen, lösen, (von Raubtieren) ein Beutetier töten', refl. 'sich ritzen, sich verletzen', ahd. *rīȥan* 'einritzen, schreiben' (9. Jh.), mhd. *rīȥen* 'reißen, zerreißen, einritzen, schreiben, zeichnen', asächs. *wrītan* 'zerreißen, verwunden, einritzen, schreiben', mnd. *wrīten* 'reißen, schreiben, zeichnen', mnl. *rīten*, nl. *rijten*, aengl. *wrītan* 'einritzen, reißen, schreiben, zeichnen', engl. *to write* 'schreiben', anord. *rīta* 'einritzen, schreiben'. Sichere außergerm. Beziehungen finden sich nicht. Man versucht, im Hinblick auf griech. *rhīnós* (ῥινός) 'Haut von Mensch und Tier, bes. Rindshaut, der aus Rindshaut hergestellte Schild', *rhī́nē* (ῥίνη, aus **u̯rīnā*) 'Feile, Raspel' die germ. Formen an eine Dentalableitung zu ie. **u̯rei-*, **u̯rī-*, Erweiterung der Wurzel ie. **u̯er-* 'aufreißen, ritzen', anzuschließen; s. auch *reizen*, *Riß*, *ritzen*. *reißen* bedeutet ursprünglich 'ritzen', speziell '(Runen)zeichen auf Buchenstäbchen einritzen', dann 'schreiben, zeichnen' und (an 'ritzen, einschneiden' anschließend) 'gewaltsam trennen'. – Reißbrett n. 'Brett als Unterlage zum Anfertigen technischer und geometrischer Zeichnungen', Reißzeug n. 'Geräte zum technischen Zeichnen' (*Reißfeder*, *-schiene*, *-zirkel* u. a.) schließen als Bildungen des 17. Jhs. an *reißen* 'zeichnen' an. Reißen n. 'Gliederschmerzen, Rheumatismus' (18. Jh.). abreißen Vb. 'losreißen, gewaltsam abtrennen, abgehen, sich lösen, niederreißen, abbrechen, abnutzen', früher auch 'ein Bild im Umriß entwerfen', mhd. *aberīȥen* 'herabreißen, entreißen, rauben'; Abriß m. 'das Niederreißen, Abbruch, Zeichnung, Entwurf, gedrängte Darstellung, Überblick' (16. Jh.). anreißen Vb. 'ein kleines Stück einreißen, einen kleinen Riß anbringen, zu verbrauchen beginnen', in der Technik 'Linien, Formen von Werkstücken vorzeichnen', umgangssprachlich 'durch marktschreierische Methoden Käufer anlocken' (15. Jh.). aufreißen Vb. 'gewaltsam öffnen, auseinanderreißen, sich öffnen, aufplatzen', mhd. *ufrīʒen*; in der Technik 'einen Aufriß zeichnen'; Aufriß m. 'Zeichnung eines senkrechten Schnittes oder der Außenseite eines Gegenstandes, gedrängter Überblick, kurze Darstellung' (17. Jh.). ausreißen Vb. 'herausreißen, herausziehen, durch Reißen entfernen, durch Reißen kaputtgehen, sich lösen, die Flucht ergreifen, davonlaufen', ahd. *ūʒrīʒan* (Hs. 12. Jh.), mhd. *ūʒrīʒen*; vgl. *Reißaus nehmen* 'davonlaufen, fliehen' (Ende 16. Jh.), aus dem Imperativ *reiß aus!* einreißen Vb. 'einen Riß bekommen, einen Riß verursachen, abbrechen, zerstören, zur Gewohnheit werden', frühnhd. 'überhandnehmen' (15. Jh.). verreißen Vb. 'vernichtend kritisieren', zuvor 'durch vieles Tragen zerreißen (von Kleidern), in Stücke reißen, vernichten', mhd. *verrīʒen* 'zerreißen'. zerreißen Vb. '(gewaltsam) trennen, in Stücke reißen, auseinanderreißen, (durch Abnutzung) entzweigehen, ein Loch in ein Kleidungsstück reißen', mhd. *zerrīʒen* 'zerreißen, zerfetzen, zerfleischen'. Reißer m. 'wer reißt, zerreißt, Gerät zum Zerreißen von Textilien' (17. Jh.), 'wer Käufer in den Laden lockt' (gleichsam an sich reißt, s. oben *anreißen*), dann auch 'Artikel, der sich gut verkauft' sowie 'spannungsvolles, auf Publikumswirksamkeit berechnetes Bühnenstück, Buch, Filmwerk' (2. Hälfte 19. Jh.).

reiten Vb. 'sich auf einem Tier, bes. einem Pferd, sitzend fortbewegen, zum Reiten benutzen (ein Tier)', ahd. *rītan* 'reiten, fahren, sich bewegen' (9. Jh.), mhd. *rīten*, asächs. aengl. *rīdan*, mnd. mnl. *rīden*, nl. *rijden*, engl. *to ride*, anord. *rīða* 'hin und her bewegen, schwingen, wanken, reiten, besiegen', schwed. *rida* 'reiten' lassen sich mit air. *rīad(a)im* 'ich fahre', *dērīad* 'Zweigespann', kymr. *rhwydd-hau* 'beeilen', gall.-lat. *rēda* 'vierrädriger Reisewagen' (dazu lat. *rēdārius* 'Lenker eines solchen Wagens') verbinden und mit *bereit* und *Reede* (s. d.) auf ie. **reidh-* 'fahren, in Bewegung sein' zurückführen, eine Erweiterung der auch in *rennen*, *rinnen*, *Reise*, *rieseln* und *Ernst* (s. d.) vorliegenden Wurzel ie. **er-*, **or-*, **r-* 'sich in Bewegung setzen, erregen'. Die Einschränkung auf die heutige Bedeutung erfolgt in frühnhd. Zeit; vgl. aber noch 'in schaukelnder oder schwingender Bewegung sein' (16. Jh.). Die umfassendere Bedeutung zeigt sich auch in den Substantiven ahd. *reita*, *reitī* 'Wagen, Streitwagen', aengl. *rād* 'Ritt, Reiten, Zug, Reise', engl. *road* 'Straße', anord. *reið* 'Ritt, Fahrt, Reise, Wagen, Schiff' sowie in anord. *reiða* 'schwingen, schieben, darreichen, fahren, treiben'. – Reiter m. 'wer reitet, wer auf einem Pferd oder einem anderen Reittier sitzt', ahd. *rītāri*, *rīteri* (11. Jh.), *ritteri* (Hs. 13. Jh.), mhd. *rīter*, *rītære* 'Reiter, Reitersmann, Kämpfer zu Pferde'. Reiterei f. 'berittene Truppe' (16. Jh.), frühnhd. *rewtterey* 'Kriegsdienst zu Pferd' (15. Jh.), *reiterey* 'das Reiten' (Anfang 16. Jh.). beritten Adj. 'mit Pferden ausgestattet, zu Pferde', mhd. *beriten*, eigentl. Part. Prät. von dem heute nur noch in der Bedeutung '(ein Pferd) zureiten, ausbilden, zu Pferde durchmessen (Strecke, Gebiet)' gebrauchten Präfixverb *bereiten*, mhd. *berīten* '(auf dem Pferd) reiten, reitend angreifen, reitend einholen, reitend besichtigen' (vgl. *Bereiter* als Berufsbezeichnung für 'Zureiter, Ausbilder von Reitpferden').

reizen Vb. 'in Erregung versetzen, herausfordern, schädlich auf einen Organismus einwirken', ahd. *reiʒen* 'anregen, verletzen' (um 1000), *reiʒōn* 'kratzen, ritzen' (Hs. 11./12. Jh.), mhd. *reiʒen*, *reizen* '(an)reizen, antreiben, (ver)locken, anregen, (sich) erregen, verlangen', mnd. *rei(t)zen* 'anreizen, antreiben', anord. *reita* 'reizen, aufhetzen' sind im Sinne von 'reißen machen' (übertragen 'machen, daß jmd. aus sich herausgeht') Kausativa zu dem unter *reißen* (s. d.) behandelten Verb. Zum Wechsel von Spirans und Affrikata s. *beizen*. – gereizt Part.adj. 'empfindlich, erregt, nervlich angespannt' (18. Jh.); Gereiztheit f. (Mitte 19. Jh.). reizend Part.adj. 'verführerisch, erregend' (1. Hälfte 15. Jh.), 'anmutig, Wohlgefallen erweckend' (18. Jh.), vgl. *liebreizend* (17. Jh.). Reiz m. 'Einwirkung auf Psyche und Sinnesorgane, verlockende Wirkung, Anmut, Schönheit' (18. Jh.); vgl. älteres *Anreiz* (Ende 15. Jh.), *Liebreiz* (Mitte 17. Jh.), ferner *Lach-*, *Nies-*, *Husten-*, *Brechreiz*. reizbar Adj. 'leicht erregbar, nervös', Reizbarkeit f. (beide 18. Jh.).

Reizker m. Der Name des Speisepilzes stammt aus dem Süden des westslaw.-dt.

Kontaktgebiets. Der nhd. *k*-Laut macht eine Entlehnung aus obsorb. nsorb. *ryzyk* (zu *ryzy* 'fuchsrot', nach dem ziegelroten Milchsaft) wahrscheinlich, die über die omd. Siedlungsmundarten vorzugsweise Sachsens und Schlesiens (hier die früheste dt. Bezeugung in der Form *risig*, 1425) in die Literatursprache gelangt und noch von der nhd. Diphthongierung erfaßt wird, vgl. *Reißken*, *Reisgen* (16. Jh.) und *Reißke* f. (Adelung 1789). Inlautendes *-z-* zeigen zuerst mnd. *rytzken* Plur. (1492) und ostd. Mundartformen (18. Jh., seitdem auch Endung *-er*); in der mykologischen Fachterminologie steht *Reizker* heute konkurrenzlos. Vgl. K. Müller in: ZfSl. 14 (1969) 545 ff.

rekapitulieren Vb. 'wiederholen, zusammenfassen', entlehnt (Anfang 16. Jh., geläufig seit dem 18. Jh.) aus gleichbed. spätlat. *recapitulāre*, zu spätlat. *capitulum* 'Abschnitt eines Gesetzes, eines heiligen Textes' (s. *Kapitel*). Das lat. Verb ist eine kirchensprachliche Übersetzung von griech. *anakephalaiūn* (*ἀνακεφαλαιοῦν*) 'in den Hauptpunkten zusammenfassen, resümieren, wiederholen', abgeleitet von griech. *kephálaios* (*κεφάλαιος*) 'die Hauptsache betreffend', griech. *kephálaion* (*κεφάλαιον*) 'Hauptsache, Hauptpunkt'. – Rekapitulation f. 'Zusammenfassung, Wiederholung' (17. Jh.), spätlat. *recapitulātio* (Gen. *recapitulātiōnis*).

rekeln Vb. (auch *räkeln*) refl. 'sich flegeln, sich nachlässig und unfein dehnen', auch 'sich ungezwungen, behaglich recken und dehnen' (1. Hälfte 19. Jh.), nach gleichbed. nd. *(sik) rekeln*, eigentl. 'sich schlaksig wie ein *Rekel*, wie ein Flegel benehmen, dasitzen', zu nd. *Rekel*, *Räkel* 'lang aufgeschossener, grober, ungeschliffener Mensch', in der Literatursprache *Reckel* 'Flegel' (Mitte 17. Jh.), aus mnd. *rekel* 'großer Bauernhund', das sich ausgehend von einer Bedeutung 'langer, schmaler Hund', mit anord. *rakki* 'Hund', schwed. *racka* 'Köter', aengl. *ræcc* 'Spürhund' vergleichen läßt. Weiteres ungewiß. Zu dem unter *recken* (s. d.) behandelten Verb?

Reklame f. 'Anpreisung, Werbung', anfangs 'bezahlte Buchbesprechung' und 'Anzeige, Werbehinweis' (Mitte 19. Jh.), dann 'Kundenwerbung' (2. Hälfte 19. Jh.), Entlehnung von gleichbed. frz. *réclame*, zuvor 'kleiner, in den Hauptteil einer Zeitung eingerückter Artikel, der die Aufmerksamkeit auf ein Buch, eine Ware lenken soll', älter (in der Druckersprache) 'das am unteren Rand einer Buchseite zur Kennzeichnung des Anschlusses gesetzte Anfangswort der nächsten Seite' (also eigentl. 'Appell an das Gedächtnis'), afrz. *reclaim* 'Zurückruf (des Vogels), Lockruf, Ruf, Befehl, Anrufung'. Dies ist ein Abstraktum zu afrz. *reclamer* '(einen Vogel) zurückrufen, locken, (bittend oder betend) anrufen, beanspruchen, Beschwerde führen', frz. *réclamer* 'beanspruchen, fordern, verlangen, Einspruch erheben, sich beschweren', entlehnt aus lat. *reclāmāre* 'dagegenschreien, laut widersprechen, Einwendungen machen, protestieren', mlat. 'anrufen, anflehen'; vgl. lat. *clāmāre* 'laut rufen, schreien, schreiend klagen'.

reklamieren Vb. in der Rechtssprache 'Einspruch erheben, widerrufen, Beschwerde führen', in der Kaufmannssprache 'beanstanden, bemängeln' (bei unsachgemäßer Warenlieferung), entlehnt (Mitte 17. Jh.) aus lat. *reclāmāre* 'dagegenschreien, laut widersprechen, Einwendungen machen, protestieren'. Eine erneute Entlehnung im Sinne von 'etw. in Anspruch nehmen, seinen Anspruch geltend machen, zurückfordern' (z. B. beschlagnahmte Güter, gekaperte Schiffe) erfolgt in der 1. Hälfte des 18. Jhs. aus frz. *réclamer* 'beanspruchen, fordern, verlangen, Einspruch erheben, sich beschweren' (s. *Reklame*). – Reklamation f. rechtssprachlich 'Widerruf vor Gericht, Beschwerde, Einspruch' und kaufmännisch 'Beanstandung, Bemängelung' (Ende 18. Jh.), entlehnt aus lat. *reclāmātio* (Gen. *reclāmātiōnis*) 'Gegenschrei, das Neinrufen', mlat. 'Einspruch, Widerruf'; im Sinne von 'Rückforderung, Inanspruchnahme des rechtmäßig Zustehenden' (Ende 18. Jh.) aus frz. *réclamation* 'Beschwerde, Einspruch, Forderung', afrz. *reclamacion*.

Rekonvaleszent m. 'Genesender', gelehrte Entlehnung (Ende 17. Jh.) aus spätlat. *reconvalēscēns* (Gen. *reconvalēscentis*), Part. Präs. von *reconvalēscere* 'wiedererstarken'; vgl. lat. *convalēscere* 'erstarken, sich erholen, genesen', *valēscere* 'kräftigwerden, erstarken' (zu lat. *valēre* 'stark, kräftig, gesund sein'). – Rekonvaleszenz f. 'Genesung, Genesungszeit' (Anfang 17. Jh.).

Rekord m. 'sportliche Höchstleistung', anfänglich 'urkundlich bestätigte sportliche Leistung (im Trabrennen)' und allgemein 'als hervorragend registrierte sportliche Leistung'

(Ende 19. Jh.), zuvor 'gerichtliche Urkunde' (nach Mitte 19. Jh.), Entlehnung von gleichbed. engl. *record*, eigentl. 'Aufzeichnung, Niederschrift, Bericht (über Verfahren, Verhandlungen)', aus afrz. *recort* 'Erinnerung, Gedächtnis, Bericht, Zeugenaussage, Besprechung, Urteil', abgeleitet von afrz. *recorder* 'sich erinnern, berichten, vortragen, aufzeichnen' (engl. *to record*) dem lat. *recordārī* 'sich vergegenwärtigen, eingedenk sein' zugrunde liegt; zu lat. *cor* (Gen. *cordis*) 'Herz'.

Rekrut m. 'Soldat in der ersten Ausbildungszeit', frühnhd. (Plur.) *Recrutten* (Anfang 17. Jh.), *Recruiten*, (Sing.) *Recruite* f. (1. Hälfte 17. Jh.) 'neu angeworbene Soldaten, neu geworbene Mannschaft, Ergänzungs-, Ersatzmannschaft', (Sing.) *Recrout* m. (Mitte 18. Jh.), *Recrut* m. 'neu geworbener Soldat, bes. solange er noch nicht zur Fahne geschworen hat' (2. Hälfte 18. Jh.), entlehnt aus mfrz. (nordfrz.) *recrute* (1592, mit *-t-* durch nl. Einfluß?) neben mfrz. *recreue* 'Ergänzung', mfrz. frz. *recrue* 'alle Soldaten, die eine Armee ergänzen, Nachschub' (1550). Es handelt sich um das substantivierte Part. Perf. Fem. von afrz. *recroistre* 'von neuem wachsen, Nachwuchs bekommen bzw. besorgen, ersetzen', frz. *recroître* 'wieder wachsen, wieder zunehmen', aus lat. *recrēscere* 'wieder (hervor)wachsen'; vgl. lat. *crēscere* 'hervorkommen, (hervor)wachsen, zunehmen, ansteigen'. – r e k r u t i e r e n Vb. '(Truppen) ergänzen, (Soldaten) anwerben, mustern, ausheben', übertragen 'stärken, mehren, wieder instand setzen' (17. Jh., vgl. mfrz. *recroistre* 'vergrößern, mehren'), 'sich zusammensetzen, aus etw. ergänzen, zu einem bestimmten Zweck beschaffen' (Mitte 19. Jh.), vom Substantiv abgeleitet (vgl. jüngeres nl. *recruteeren*, frz. *recruter*).

Rektor m. 'Leiter einer Schule, einer Hochschule, einer Universität', spätmhd. *rector* 'Leiter einer Lateinschule', frühnhd. auch 'Leiter einer Universität' (15. Jh.), Übernahme von lat. *rēctor* 'Leiter, Lenker, Verwalter, Statthalter, Pädagoge, Erzieher, Mentor', mlat. *rector (scholarum)* 'Leiter (der Schüler)'; zu lat. *regere* (*rēctum*) 'geraderichten, lenken, leiten, herrschen' (s. *regieren*). Im Dt. bis ins 18. Jh. in lat. Flexion. – R e k t o r a t n. (früher auch m.) 'Amt, Würde, Aufgabenbereich eines Rektors' (Anfang 16. Jh.), 'Amtswohnung des Rektors' (18. Jh.), 'dem Rektor unterstellte Verwaltungsinstitution, Amtszimmer des Rektors' (19. Jh.), mlat. *rectoratus* 'Amt, Würde, Haus eines Geistlichen, eines Rektors'.

Relais n. elektromagnetische Schalteinrichtung, die mittels eines schwachen Stroms Stromkreise mit einem stärkeren zu- bzw. abschaltet, d. h. beim Telegraphen 'Station zur Verstärkung des eintreffenden Stroms' (19. Jh.), 'Reiter-, Fahrzeugstaffel zur Übermittlung von Nachrichten, Meldungen' (Mitte 19. Jh.), 'Pferdewechsel, Station für den Wechsel der Postpferde, die zum Wechsel bereitstehenden Pferde' (Ende 17. Jh.), Übernahme von gleichbed. frz. *relais* (in der Jägersprache auch 'Hundewechsel, Ersatzhunde'), afrz. *relais* 'Zurückgelassenes, Rest, Erlaß, Aufenthalt, frische Jagdhunde' (neben afrz. *relai* 'Freilassung'), zu afrz. *relaissier* 'zurücklassen, erlassen, aus einem Amt entlassen, den Leithund loslassen' bzw. dessen Nebenform afrz. *relaier* 'frei-, loslassen' (mfrz. frz. *se relaisser* 'erschöpft anhalten', *relayer* 'ersetzen, ablösen'), aus lat. *relaxāre* 'schlaff, lokker machen, öffnen, nachlassen'; vgl. lat. *laxāre* 'schlaff machen, entspannen, lockern, loslassen', zu lat. *laxus* 'schlaff, locker, weit, zwanglos'.

Relation f. 'Beziehung, Wechselverhältnis' (1. Hälfte 16. Jh.), älter und heute veraltend '(amtlicher) Bericht, Berichterstattung', mhd. *relation* 'Berichterstattung (über die Erledigung eines Auftrages), Augenzeugenbericht, Vortrag, Nachricht, Erzählung, amtlicher Bericht, Gutachten', in beiden Bedeutungen entlehnt aus lat. *relātio* (Gen. *relātiōnis*) 'das Zurücktragen, das Vorbringen, Erzählung, Berichterstattung, Beziehung, Rücksicht, Verhältnis', Verbalsubstantiv zu lat. *referre* (*relātum*) 'zurückbringen, auf etw. zurückführen, beziehen, nach etw. beurteilen'; vgl. lat. *ferre* (*lātum*) 'tragen, hervorbringen, verbreiten'. Vgl. ferner die Fügung amerik.-engl. *public relations* 'Beziehungen zur Öffentlichkeit, Öffentlichkeitsarbeit, Imagepflege', seit Mitte 20. Jh. auch im Dt. – r e l a t i v Adj. 'in einem Verhältnis zu etw. stehend und dadurch bestimmt, nur unter gewissen Umständen zutreffend, bedingt, verhältnismäßig', entlehnt (Mitte 18. Jh., auch *relativisch*) aus spätlat. *relātīvus* 'sich beziehend auf, bezüglich' (zu lat. *referre*, s. oben) bzw. Übernahme von (ebenfalls auf dem Spätlat. beruhendem) gleichbed.

frz. *relatif*, afrz. 'sich beziehend auf, bezüglich'. r e l a t i v i e r e n Vb. 'in Beziehung, in ein Verhältnis zu etw. setzen, in seiner Gültigkeit einschränken' (belegt frühes 20. Jh., doch wohl älter; vgl. *Relativierung*, 2. Hälfte 19. Jh.), gebildet zum Adj.

Relief n. 'aus einer Fläche erhaben herausgearbeitetes Bildwerk', Übernahme (1. Hälfte 18. Jh.) von gleichbed. mfrz. frz. *relief*, eigentl. (im Plur.) 'Überbleibsel, Überreste', vgl. afrz. *relief* 'was bei Tische übrigbleibt und abgetragen wird', auch 'Abgabe an den Lehnsherrn'; die Bedeutung 'erhaben gearbeitetes Kunstwerk' übernimmt das Frz. im 16. Jh. von ital. *rilievo*. Es handelt sich um Bildungen zu afrz. frz. *relever* 'aufheben, aufrichten, aufstehen' bzw. ital. *rilevare* '(wieder) wegnehmen, aufheben, wiederherstellen, hervorheben, verstehen', denen beiden lat. *relevāre* 'aufheben, in die Höhe heben, wieder leicht machen, erleichtern, mildern' zugrunde liegt; vgl. lat. *levāre* 'erleichtern, heben, aufrichten', zu lat. *levis* 'leicht'. Eine im Dt. vereinzelt begegnende Frühform *relieuo* (Mitte 17. Jh.) entspricht dem ital. Ausdruck.

Religion f. 'Glaube an als existent vorausgesetzte überirdische, heilige, göttliche Mächte, dessen Lehre (Festlegungen, Dogmen u. dgl.) und seine Ausübung', entlehnt (1. Hälfte 16. Jh.) aus lat. *religio* (Gen. *religiōnis*) 'gewissenhafte Beachtung dessen, was sich auf die Verehrung der Götter bezieht, Sorgfalt, Gewissenhaftigkeit (gegenüber dem Heiligen), religiöses Gefühl, fromme Scheu, Gottesfurcht, Glaube, das Heilige, kultische Verehrung'. Es handelt sich wahrscheinlich um eine Bildung (so bereits Cicero) zu lat. *relegere* 'von neuem in Gedanken durchgehen', eigentl. 'wieder zusammennehmen, zurücknehmen, wieder, von neuem lesen' (vgl. lat. *legere* 'auflesen, sammeln, auslesen, auswählen, lesen'). Eine andere, ebenfalls antike, jedoch bereits christlich geprägte Auffassung (bei Lactantius, um 300) stellt lat. *religio* zu lat. *religāre* 'zurück-, auf-, anbinden, befestigen' (vgl. lat. *ligāre* 'binden, an-, festbinden, verbinden, vereinigen'); sie wird von Augustin aufgenommen, der *religio* als 'Bindung des Menschen an Gott' begreift, und dadurch Bestandteil der älteren Kirchensprache. – r e l i g i ö s Adj. 'die Religion betreffend, auf ihr beruhend, gläubig, fromm', Übernahme (um 1700, anfangs in frz. Schreibweise) von gleichbed. frz. *religieux* (afrz. *religios*), das im Dt. früher bezeugtes *religios* (16. Jh., vereinzelt noch im 20. Jh.) zurückdrängt. Älter ist mhd. *religiōse* m., frühnhd. *Religios* 'Priester, Mitglied eines Ordens', heute (nur noch in der zweiten Bedeutung) meist Plur. *die Religiosen*. Alle Formen beruhen auf lat. *religiōsus* 'gewissenhaft, voll religiöser Scheu, gottesfürchtig, fromm, heilig', mlat. (substantiviert) auch 'Mitglied eines Ordens, Mönch, Geistlicher'. R e l i g i o s i t ä t f. 'Gläubigkeit, Frömmigkeit' (2. Hälfte 17. Jh.), spätlat. *religiōsitās* (Gen. *religiōsitātis*); vgl. frz. *religiosité* (afrz. auch 'Ordens-, Mönchsleben').

Relikt n. 'Restform, Rückstand, Überbleibsel einer vergangenen Zeit, Überrest aus einem früheren Sprachzustand', entlehnt (2. Hälfte 19. Jh.) aus lat. *relictum* 'Übriggelassenes', dem substantivierten Neutrum des Part. Perf. von *relinquere* 'zurück-, übriglassen'; vgl. lat. *linquere* (*lictum*) '(zurück-, hinter-, über-, ver)lassen, aufgeben' (s. *leihen*). Rechtssprachlich (nur 18. und 19. Jh.) *Relikten* Plur. 'Hinterbliebene, Hinterlassenschaft, Erbe'.

Reling f. 'Schiffsbrüstung, -geländer' (1. Hälfte 19. Jh.), zuvor *Regeling* (18. Jh.), Übernahme aus der Seemannssprache, nd. *Regeling*, *Reling*, *Relling*, gebildet zu mnd. *rēgel* m. 'Riegel, Querbalken, Querstange, Latte, Reling' (s. *Riegel*).

Reliquie f. 'religiöser Verehrung ausgesetzter körperlicher Überrest eines Heiligen, von ihm stammender Gegenstand', übertragen (seit 17. Jh.) 'teures Andenken', mhd. *reliquiē* Plur., frühnhd. *reliquien* Plur. (15. Jh.), woraus der Sing. *Reliquie* f. (16. Jh.), Entlehnung von kirchenlat. *reliquiae* Plur. 'Überreste, Gebeine eines Heiligen', lat. 'Rest, Überrest (auch eines toten Menschen), Trümmer', zu lat. *reliquus* 'zurückgelassen, übrig'; vgl. lat. *relinquere* (s. *Relikt*).

Reminiszenz f. 'Erinnerung, Überbleibsel' (1. Hälfte 18. Jh.), in künstlerischer Arbeit 'Anklang, Ähnlichkeit, unwillkürlich (aus der Erinnerung) Übernommenes' (Ende 18. Jh.), entlehnt (wohl unter Einfluß von frz. *réminiscence*, mfrz. *remenissance*) aus spätlat. *reminīscentia* 'Rückerinnerung' (Übersetzung des in der platonischen Philosophie enthaltenen Ausdrucks griech. *anámnēsis*, ἀνάμνησις 'Wiedererinnerung'); zu lat. *reminīscī* 'zurückdenken, sich erinnern'.

remis Adj. (indeklinabel) 'unentschieden' (bes. vom Ausgang einer Schachpartie, dann auch anderer Sportwettkämpfe), Übernahme (19. Jh.) von gleichbed. frz. *remis*, eigentl. 'zurückgestellt (bis zur nächsten Partie), aufgeschoben', Part. Perf. von frz. *remettre* 'wieder hinbringen, zurückbringen, aufschieben', (eine Schachpartie) 'als unentschieden aufgeben', dem lat. *remittere* 'zurückgehen lassen, zurückschicken' voraufgeht; vgl. lat. *mittere* 'schicken, senden'.

Remoulade f. pikante, kalte Soße aus Öl, Essig, Ei, Senf, Gewürzen und Kräutern, Übernahme (19. Jh.) von gleichbed. frz. *rémoulade*, älter (Ende 17. Jh.) *ramolade*, dieses wahrscheinlich mit dem bei Küchentermini häufigen Suffix *-ade* (vgl. frz. *salade* f. 'Salat') abgeleitet von einer im Frz. nur landschaftlich nachweisbaren Bezeichnung für 'Rettich, Meerrettich', die in nordfrz. (wallon. pikard.) Formen wie *rémola*, *ramolas*, *ra(i)molat*, *ramonasse* begegnet und wohl (trotz ungeklärten Entlehnungsweges) auf ital. *ramolaccio*, älter *ramoraccio*, *ramoraccia* 'Meerrettich' (aus gleichbed. lat. *armoracia*, *armoracea*, *armoracium*) zurückgeht. Die Lautgestalt der frz. Bildung ist möglicherweise durch assoziativen Anschluß an die Familien von frz. *remoudre* 'wieder mahlen' (wegen der fein zerkleinerten Zutaten?) und frz. (älter) *rémoudre* 'wieder schleifen' (da der Appetit „geschärft" wird?), beide zum Verb afrz. frz. *moudre* 'mahlen', afrz. auch 'schleifen' (lat. *molere* 'mahlen'), beeinflußt.

rempeln Vb. 'absichtlich grob (weg)stoßen', zuerst belegt (1. Hälfte 19. Jh.) in der Leipziger Studentensprache 'nicht ausweichen, sondern zu stoßen versuchen'. Vgl. obsächs. *rämpeln* 'stoßen, anstoßen, Anstoß erregen', gebildet zu *Rämpel*, *Rämmel* 'knotiger Klotz, Baumstumpf, Flößholz', auch 'Flegel, ungehobelter Kerl'. Weitere Herkunft unbekannt.

Ren n. Der Name für die nordische Hirschart frühnhd. *reen* n., *rein*, *reener* m. (16. Jh.) ist aus dem Skandinavischen entlehnt. Anord. *hreinn*, schwed. dän. *ren*, norw. *rein* gehört wie gleichbed. aengl. *hrān* und vielleicht auch griech. *kriós* (κριός) 'Widder' im Sinne von 'gehörntes Tier' zu einer *i*-Erweiterung der Wurzel ie. **k̂er(ə)-* 'das Oberste am Körper, Kopf, Horn' (s. *Hirn*, *Horn* und andere Benennungen gehörnter Tiere wie *Hirsch*, *Hornisse*, *Rind*). Dazu die verdeutlichende Zusammensetzung *Rentier* n., älter *Reen-* und (mit volksetymologischer Anlehnung an *rennen*) *Rennthier* (2. Hälfte 17. Jh.), entsprechend gleichbed. anord. *hreindȳri*, schwed. *rendjur*, dän. *rensdyr*, norw. *reinsdyr*; vgl. anord. *dȳr* '(wildes) Tier', vielfach auch 'Reh, Hirsch, Ren' (s. *Tier*).

Renaissance f. von Italien ausgehende frühbürgerliche Bewegung des 14. bis 16. Jhs., die, an die Antike anknüpfend, Wissenschaft, Literatur und Kunst vom mittelalterlich-kirchlichen Dogmatismus löst und eine freie, humanistische Lebenshaltung proklamiert. Die Bezeichnung ist eine Übernahme (J. Burckhardt, 1837) von frz. *renaissance* in der 1829 bei Balzac belegten Bedeutung 'Epoche, in der das Vorbild der Antike, bes. in Literatur, Kunst und Wissenschaft, die Auffassung vom menschlichen Leben erneuert'. In diesem Sinne ist frz. *renaissance* eine Wiedergabe von ital. *rinascita* bzw. *rinascimento*. Die eigentl. Bedeutung der frz. ital. Ausdrücke ist 'Wiedergeburt, Erneuerung' als Bildungen zu frz. *renaître* 'wiedergeboren werden, wiederaufleben', afrz. *renaistre* 'wiedergeboren werden, neu entstehen, wachsen', bzw. gleichbed. ital. *rinascere*. Zugrunde liegt lat. *renāscī* 'nachwachsen', kirchenlat. 'wiedergeboren werden (durch Gnade)'; vgl. lat. *nāscī* 'geboren werden, entstehen, wachsen'.

Rendezvous n., älter auch m., 'Verabredung, Begegnung, Stelldichein', Übernahme (Anfang 17. Jh., zunächst auch in entstellter Form wie *Rendafuss*, *Randevois*, *Randebaw* u. ä.) von mfrz. frz. *rendez-vous* m. 'Ort, an den man sich begeben soll, Übereinkunft mehrerer Personen, sich an bestimmtem Orte zu treffen, Zusammenkunft Liebender', dem substantivierten Imperativ der 2. Pers. Plur. von mfrz. frz. *se rendre* 'sich wohin begeben' (also eigentl. 'findet euch ein!', vgl. Campes Übersetzung *Stelldichein*); im Dt. zuerst Ausdruck der Soldatensprache für 'das Sammeln der Soldaten im Krieg, Sammelplatz', bald auch (1. Hälfte 17. Jh.) allgemeiner 'Zusammenkunft, Treffen, Verabredung (bes. von Liebenden), Versammlungsort', in jüngster Zeit 'Begegnung von Flugkörpern im Weltall' (60er Jahre 20. Jh.). Afrz. frz. *rendre* 'zurück-, übergeben, leisten, einbringen, von sich geben, sich erbrechen', refl. 'sich wohin begeben' beruht auf lat. *reddere* 'zurückgeben, -erstatten, darbringen, von sich geben, ausspeien' (vgl. lat. *dare* 'geben'), das unter Einfluß von lat. *prēndere* (kontrahiert aus *prehendere*) '(an)fassen, (er)greifen, nehmen' im roman. Sprachbereich umgebildet wird zu vlat. **rendere*.

Reneklode f., älter auch *Reine-Claude*, *Reineclode*, Pflaumensorte mit festen, hellgrünen, rötlich überlaufenen Früchten. Die seit dem 17. Jh. bezeugte Bezeichnung frz. *(prune de) reine-claude*, *(prune de) reine-Claude*, d.h. '(Pflaume der) Königin Claude (Claudia)' (vgl. afrz. frz. *reine*, lat. *rēgīna* 'Königin'), ist gebildet zu Ehren der Gemahlin Königs Franz I. von Frankreich (1494 bis 1547). Die weite Verbreitung des Namens in den dt. Mundarten, seine verschiedenen Umdeutungen und Zersprechungen deuten auf eine frühe Entlehnung.

renitent Adj. 'widerspenstig, hartnäckig, aufsässig', Übernahme (2. Hälfte 18. Jh.) von gleichbed. frz. *rénitent* (16. Jh.), lat. *renītēns* (Gen. *renītentis*), Part. Präs. von lat. *renītī* 'sich widersetzen'; vgl. lat. *nītī* 'sich stemmen, sich stützen'. – R e n i t e n z f. 'Widerspenstigkeit, Auflehnung' (Anfang 18. Jh.), frz. *rénitence* 'Widerstand gegen Druck (bes. von Geschwüren)'.

renken Vb. 'drehend hin- und herbewegen', ahd. *birenken* 'verrenken' (10. Jh.), mhd. *renken* 'drehend ziehen, hin- und herbewegen' (mit geschwundenem *w*-Anlaut), aengl. *wrencan* 'drehen, Ränke schmieden', engl. *to wrench* 'einen Ruck geben, reißen, entwinden, drehen, verrenken, verstauchen' läßt sich mit dem unter *Ränke* (s. d.) behandelten Substantiv und außergerm. mit aind. *abhivlaṅgáḥ* 'Schlinge', lat. *ringī* 'den Mund aufsperren, die Zähne fletschen (mit unwilligem Kräuseln der Nase)', lit. *reñgtis* 'sich schwerfällig bücken, sich krümmen', dann 'sich rüsten, sich vorbereiten' auf ie. **u̯reng-* zurückführen. Nicht nasaliert vergleichen sich aind. *vr̥ṇákti* 'wendet, dreht, dreht ab, rauft aus', lat. *vergere* 'sich neigen, sich erstrecken', aslaw. *vrěšti*, aruss. *vъrgnuti* 'werfen', russ. *otvérgnut'* (*отвергнуть*) 'ablehnen' mit ie. **u̯erg-* 'drehen', Gutturalerweiterung der Wurzel ie. **u̯er-* 'drehen, biegen' (s. *wringen*, *Wurm*). – a u s r e n k e n Vb. 'drehend auskugeln' (Anfang 16. Jh.). e i n r e n k e n Vb. '(ein Gelenk) drehend in die richtige Lage zurückführen', übertragen 'wieder in Ordnung bringen' (19. Jh.). v e r r e n k e n Vb. 'auskugeln, verdrehen, verstauchen', mhd. *verrenken* 'verbiegen, umbiegen, herumdrehen'.

rennen Vb. 'schnell laufen', ahd. *rennen* 'laufen machen, jagen, treiben, zusammenlaufen lassen, sammeln' (um 900), mhd. mnd. *rennen*, auch 'schnell reiten, laufen', asächs. *rennian* 'zusammenlaufen lassen', mnl. nl. *rennen* 'schnell laufen, fließen', aengl. (mit *r*-Metathese) *ærnan* 'rennen, reiten, fahren', anord. *renna* 'laufen machen, eingießen, verschlingen, bewegen, rennen', schwed. *ränna* 'rennen, laufen', got. *urrannjan* 'aufgehen lassen' stehen als Kausativa zu dem unter *rinnen* (s. d.) angeführten Verb und bedeuten eigentl. 'fließen, laufen machen', also 'in Bewegung setzen, (an)treiben, jagen'. Daraus entwickelt sich in mhd. Zeit durch Ersparung des Objekts intrans. Gebrauch mit der Bedeutung 'laufen'. – R e n n e n n. 'sportlicher Wettkampf im Laufen, Fahren, Reiten', zuvor 'Turnier, Hetze, Jagd' (15. Jh.). R e n n e r m. 'Rennpferd', spätmhd. *renner* 'wer (hin und her) rennt, viel beschäftigt ist, Stallknecht, reitender Bote', frühnhd. 'Rennpferd'. b e r e n n e n Vb. 'gegen etw. anrennen, angreifen, stürmen', mhd. *berennen* 'überrinnen machen, begießen, laufen lassen, tummeln, angreifen, bestürmen'. v e r r e n n e n Vb. refl. 'hartnäckig an einer Sache festhalten, sich verbohren, sich verirren', mhd. *verrennen* 'überrinnen machen, übergießen, bestreichen, jagen, antreiben', refl. 'zu weit rennen, sich reitend verirren'.

Renommee n. (bis ins 19. Jh. dem Frz. folgend auch f.) 'Ruf, Leumund, Ansehen', bes. 'guter Ruf, Wertschätzung, Prestige', Entlehnung (Anfang 17. Jh.) von gleichbed. frz. *renommée*, dem substantivierten Femininum des Part. Perf. von *renommer* 'loben, rühmen', einer Präfixbildung zu frz. *nommer* 'nennen, benennen', dem gleichbed. lat. *nōmināre* (s. *nominieren*) zugrunde liegt. Aus dem frz. Verb stammt (mit bes. Bedeutungsentwicklung im Dt.) r e n o m m i e r e n Vb. '(sich) einen Namen machen, prahlen, großtun' (Ende 17. Jh.). Dagegen wird aus frz. *renommé* Part.adj. bereits in der 1. Hälfte des 17. Jhs. entlehntes r e n o m m i e r t Adj. wie seine frz. Vorlage im Sinne von 'angesehen, namhaft, berühmt' gebraucht.

renovieren Vb. 'erneuern, wiederherstellen, instand setzen', im 16. Jh. entlehnt aus afrz. mfrz. *renover* 'erneuern, verbessern', dem lat. *renovāre* 'erneuern, wiederherstellen' zugrunde liegt; vgl. lat. *novāre* 'etw. neu machen, erneuern, verändern, verwandeln' (zu lat. *novus* 'neu'). Dazu im 16. Jh. Renovation f. 'Erneuerung, Wiederherstellung', nach mfrz. *renovation* (frz. *rénovation*), lat. *renovātio* (Gen. *renovātiōnis*), seit Mitte des 17. Jhs. von dem gleichbed. Verbalsubstantiv Renovierung f. abgelöst.

Rente f. 'regelmäßiges Einkommen aus Versicherungsleistungen bzw. einer Kapitalanlage', mhd. *rent(e)* 'Einkünfte, Ertrag, Vorteil, Gewinn', Übernahme von afrz. *rente* 'Rückgabe, regelmäßige Lieferung, Tribut, regelmäßige Einkünfte' (frz. *rente* 'Einkommen, Rente'), aus vlat. **rendita* 'Pachtzins, Einkommen ohne Arbeitsleistung', eigentl. '(von einem Pächter, Schuldner) Zurückerstattetes' (vgl. gleichbed. ital. *rendita* und mlat. *rendita*, *renda*, *renta*), dem substantivierten, als Fem. aufgefaßten Neutr. Plur. des Part. Perf. von vlat. **rendere*, das, von bedeutungsnahem und lautlich anklingendem lat. *prehendere*, *prēndere* (woraus afrz. frz. *prendre*) 'fassen, ergreifen, nehmen' beeinflußt, auf lat. *reddere* 'zurückgeben, zurückerstatten, darbringen, von sich geben, ausspeien' zurückgeht; vgl. lat. *dare* 'geben'. – Rentner m. 'wer Rente bezieht, von einer Rente lebt' (Ende 15. Jh.). rentieren Vb. (heute meist refl.) 'Gewinn abwerfen, (sich) lohnen, bezahlt machen' (vereinzelt 15. Jh., häufig seit Anfang 19. Jh.). Älter (ebenfalls zu den roman. Formen gebildet) frühnhd. (bis 18. Jh.), mnd. *renten* 'Gewinn bringen', ahd. *rentōn* 'Rechenschaft geben, verantworten' (9. Jh.), vgl. afrz. *rendre* in der Bedeutung 'zurückgeben, von sich geben, (eine Erklärung) abgeben'. rentabel Adj. 'einträglich, Gewinn abwerfend, lohnend' (Mitte 19. Jh.), französierende Ableitung vom Substantiv (vgl. später bezeugtes frz. *rentable*, Ende 19. Jh.). berenten Vb. 'jmdm. eine Rente gewähren, jmdn. auf (Alters-, Invaliden)rente setzen' (20. Jh.), älter 'mit regelmäßigen Einkünften ausstatten' (Anfang 15. Jh.).

reparieren Vb. 'ausbessern, instand setzen', entlehnt (Anfang 16. Jh.) aus lat. *reparāre* 'wiedererwerben, wiederherstellen, erneuern'; vgl. lat. *parāre* '(zu)bereiten, Vorkehrungen treffen, erwerben'. – Reparatur f. 'Ausbesserung, Instandsetzung' (Anfang 18. Jh.), aus mlat. *reparatura* 'Wiederherstellung', früheres, zum Verb gebildetes *Reparierung* (17. Jh.) ablösend. Reparation f. (meist Plur.) 'Kriegsentschädigung, Wiedergutmachungsleistung an den Sieger'. Das Ende des 16. Jhs. aus lat. *reparātio* (Gen. *reparātiōnis*) 'Wiederherstellung, Erneuerung' entlehnte Substantiv tritt zunächst in der gleichen Bedeutung wie späteres *Reparatur* (s. oben) auf, wird aber in der 2. Hälfte des 19. Jhs. von diesem zurückgedrängt. Die heutige Bedeutung entsteht etwa 1920, dem Gebrauch von frz. *réparations* (Plur.) folgend. Verb und Substantive beziehen sich bis Anfang 18. Jh. vornehmlich auf Instandsetzung und Erneuerung von Festungsanlagen und Kriegsgerät.

Repertoire n. 'Gesamtheit von einstudierten dramatischen oder musikalischen Werken, Rollen, die jederzeit aufgeführt bzw. vorgetragen werden können, Spielplan', Übernahme (um 1800) von gleichbed. frz. *répertoire*, eigentl. 'Inventarverzeichnis, Register'; nach spätlat. *repertōrium* 'Verzeichnis' (eigentl. 'Ort des Findens'), zu lat. *reperīre* (*repertum*) 'wiederauffinden, finden, antreffen'; vgl. lat. *perīre* 'ganz weggehen, verlorengehen', *īre* 'gehen'.

repetieren Vb. 'durch Wiederholung einüben, lernen', älter auch 'wiederholen, erneuern', mhd. *repeteren* 'erneuern, auf etw. zurückgreifen', entlehnt aus lat. *repetere* 'wieder angreifen, zurückkehren, zurückverlangen, fordern, von neuem vornehmen, wiederholen, auf etw. zurückgreifen' (vgl. lat. *petere* 'zu erreichen suchen, streben, fordern, bitten, sich bewerben, angreifen, herbeiholen') bzw. aus hierauf beruhendem afrz. *repeter* 'wiederholen, vortragen, beanstanden', mfrz. frz. *répéter* 'wiederholen, durch Wiederholung üben, zurückfordern'. – Repetition f. 'Wiederholung' (Anfang 16. Jh.), nach lat. *repetītio* (Gen. *repetītiōnis*) 'Wiederholung, Rückforderung'.

replizieren Vb. 'entgegnen, erwidern', entlehnt (16. Jh.) aus lat. *replicāre* 'auseinanderfalten, aufrollen (eine Schrift)', spätlat. (in der Rechtssprache) 'überdenken, einwenden'; zu lat. *plicāre* 'falten, wickeln'. – Replik f. 'Erwiderung, Gegenrede' (anfangs *repli(c)k, replica, repliq,* 16. Jh.), entlehnt (unter Einfluß von frz. *réplique*) aus gleichbed. mlat. *replica*; vgl. lat. *replicātio* 'das Wiederaufrollen', spätlat. (rechtssprachlich) 'Erwiderung'.

Reporter m. 'Berichterstatter', Übernahme (1. Hälfte 19. Jh.) von engl. *reporter*, zunächst (engl. Gebrauch entsprechend) für den 'Protokollführer, Stenographen engl. Parlamentssitzungen', bald auch im allgemeineren Sinne 'Nachrichtenüberbringer, Zeitungsberichterstatter'. Das engl. Substantiv ist entlehnt aus mfrz. *repourteur* 'wer einen Bericht abfaßt bzw. liefert', daher auch 'Hinterbringer, Denunziant', einer Bildung zu afrz. mfrz. *reporter* 'zurückbringen, (einen Bericht) erstatten, vortragen', das aus lat. *reportāre* 'zurücktragen, -bringen' (vgl. lat. *portāre* 'tragen') hervorgegangen ist. – Reportage f. 'journalistischer Bericht', Übernahme (Ende 19. Jh.) von frz. *reportage* m., einer Ableitung von ebenfalls aus dem Engl. stammendem frz. *reporter* 'Berichterstatter' (s. oben).

repräsentieren Vb. 'etw., jmdn. vertreten, etw. darstellen', entlehnt (2. Hälfte 16. Jh.) aus lat. *repraesentāre* 'vergegenwärtigen, vorführen, darstellen, auf der Stelle (sogleich) verwirklichen', gebildet zu lat. *praesēns* (Gen. *praesentis*) 'gegenwärtig, anwesend, jetzig, augenblicklich, sofort, dringend, wirksam' (s. *Präsens*); vgl. spätlat. *praesentāre* 'gegenwärtig machen, zeigen' (s. *präsentieren*). Die Bedeutung 'würdig und eindrucksvoll, standesgemäß auftreten' kommt Ende des 18. Jhs. auf, wohl unter dem Einfluß von (ebenfalls auf lat. *repraesentāre* beruhendem) frz. *représenter* 'vor-, darstellen, standesgemäß auftreten', afrz. 'darstellen, vertreten'. – Repräsentant m. 'Vertreter (eines Staates, Volkes, einer Gruppe), Abgeordneter' (Mitte 18. Jh.), seit dem späten 18. Jh. auch allgemein 'Vertreter einer bestimmten Anschauung, Auffassung', mfrz. frz. *représentant*, substantiviertes Part. Präs. von frz. *représenter* (s. oben). repräsentativ Adj. 'als Vertreter die Interessen einer Gruppe wahrnehmend' (Ende 18. Jh.), 'ansehnlich, würdig, eindrucksvoll' (2. Hälfte 19. Jh.), 'als Teil typisch für eine Gesamtheit, für die Allgemeinheit', bes. im Zusammenhang mit statistischen Erhebungen (Anfang 20. Jh.), aus gleichbed. frz. *représentatif*, afrz. 'vorstellend, vertretend', mlat. *repraesentativus*. Repräsentation f. 'Vertretung, Stellvertretung, würdiges Auftreten, (gesellschaftlicher) Aufwand', auch 'Darstellung, Aufführung' (2. Hälfte 18. Jh.), vgl. gleichbed. frz. *représentation*, afrz. *representacion* 'Vertretung', lat. *repraesentātio* (Gen. *repraesentātiōnis*) 'Darstellung, Abbildung, Vorstellung'.

Repressalie f. (meist Plur.) '(rechtswidrige) Zwangsmaßnahme, Vergeltungsmaßregel, Druckmittel', bes. im politischen, wirtschaftlichen und (völker)rechtlichen Bereich, entlehnt (Anfang 16. Jh.) aus mlat. *reprensaliae*, *repraesaliae* (Plur.) 'Vergeltungsmaßregeln', eigentl. 'gewaltsame Zurücknahme dessen, was einem widerrechtlich genommen wurde', zu lat. *reprehēnsum* (*reprēnsum*), dem Part. Perf. von lat. *reprehendere* (*reprēndere*) 'etw. ergreifend fest-, zurückhalten, fassen, wieder nehmen'; vgl. lat. *prehendere* (*prēndere*) '(an)fassen, (er)greifen, nehmen'. Bei der dt. Wiedergabe irrtümlich an *pressen* (im Sinne von 'erpressen') angelehnt.

Reptil n. 'Kriechtier'. Der Plural *Reptilien* wird gegen Ende des 18. Jhs. entlehnt aus zoolog.-lat. *Reptilia*; der zugehörige Singular tritt in der 1. Hälfte des 19. Jhs. auf. Der zoolog. Sammelbegriff folgt spätlat. *rēptile* 'kriechendes Tier, Gewürm' bzw. *rēptilia* (Plur.) der Vulgata, gebildet zu lat. *rēpere* (*rēptum*) 'kriechen, schleichen'.

Republik f. Staatsform mit einer aus Wahlen hervorgegangenen Körperschaft (ohne Monarchen als Staatsoberhaupt), entlehnt (2. Hälfte 16. Jh.) aus lat. *rēs pūblica* 'Gemeinwesen, Staat(swesen), Staatsverwaltung, -gewalt', eigentl. 'öffentliche Sache'; vgl. lat. *rēs* 'Sache, Ding' und *pūblicus* 'zum Volk gehörig, öffentlich, staatseigen'. Im Dt. zunächst *Respublic(a)*, *Respublick* in bezug auf röm. Verhältnisse, im 17. Jh. (entsprechend frz. *république*) auch *Republique* (im Wechsel mit der heute gültigen Form). Im Anschluß an die frz. Revolution bezeichnet *Republik* (im Gegensatz zu *Monarchie*, *Despotie*, *Diktatur*) eine bürgerlich-freiheitliche Staatsform, deren Regierung aus einer vom Volke demokratisch gewählten Körperschaft besteht, und wird zum Schlagwort im Kampf des Bürgertums gegen Tyrannei und Absolutismus. – Republikaner m. 'Bürger einer Republik, Anhänger, Befürworter der republikanischen Staatsform', zuerst *Republicain* (Anfang 18. Jh., entsprechend mfrz. frz. *républicain*), danach *Republikaner* (Ende 18. Jh.).

r e p u b l i k a n i s c h Adj. 'die Republik betreffend, darauf beruhend, dafür eintretend' (Mitte 18. Jh.).

Requiem n. 'Totenmesse' der katholischen Liturgie, Messe für Verstorbene (*missa pro defunctis*) und deren musikalische Vertonung, benannt (15. Jh.) nach dem Anfangswort ihres Introitus lat. *requiem aeternam dona eis, Domine* 'gib ihnen die ewige Ruhe, Herr', dem Akk. von lat. *requiēs* f. 'Ruhe', kirchenlat. bes. 'Todesruhe' (Vulgata). Danach auch allgemein 'musikalische Komposition zum Totengedenken' (ohne Verwendung bzw. ohne Gesang des liturgischen Textes), vgl. *Ein deutsches Requiem* (Brahms 1869), *Sinfonia da Requiem* (Britten 1940).

requirieren Vb. 'für militärische Zwecke beschlagnahmen (Verpflegung, Fahrzeuge, Unterkunft), ohne Bezahlung beschaffen, organisieren' (Anfang 19. Jh.), zuvor 'ein Gericht anrufen, um Rechtshilfe ersuchen' (2. Hälfte 17. Jh.), 'ersuchen, auffordern, verlangen' (1. Hälfte 15. Jh.), entlehnt aus lat. *requīrere* (*requīsītum*) '(auf)suchen, verlangen, nachfragen, nachforschen, fordern'; vgl. lat. *quaerere* '(auf)suchen, (er)fragen, forschen'. – R e q u i s i t n. 'Zubehörteil, Gerät, Handwerkszeug' (1. Hälfte 16. Jh.), aus lat. *requīsīta* 'Bedürfnis, Notdurft', eigentl. 'Erfordernisse, Notwendigkeiten', dem substantivierten Neutr. Plur. des Part. Perf. von lat. *requīrere* (s. oben), früher vielfach im Plur. und lat. flektiert. Anfangs auch in der Bedeutung 'Erfordernis, Hilfsmittel', seit Mitte des 17. Jhs. übertragen 'geistiges Rüstzeug, Merkmal, (modische) Zutat', heute vor allem (Plur.) 'Ausstattungsgegenstände für das Theater' (Anfang 19. Jh.).

reservieren Vb. 'aufbewahren, zurücklegen, aufheben, (sich) zurückhalten, (sich etw.) ausbedingen, (ein Recht) vorbehalten' (1. Hälfte 16. Jh.), entlehnt, wohl unter Einfluß von gleichbed. frz. *réserver* (afrz. *reserver* 'vorbehalten, aufsparen'), aus lat. *reservāre* 'aufsparen, aufbewahren, vorbehalten' (vgl. lat. *servāre* 'erretten, erhalten, unversehrt bewahren, in acht nehmen, achtgeben', s. *konservieren*). Seit Mitte des 19. Jhs. auch '(einen Platz) freihalten, vormerken (lassen)'. Dazu r e s e r v i e r t Part.adj. 'zurückhaltend, kühl, abweisend, verschlossen' (2. Hälfte 19. Jh., nach mfrz. frz. *réservé* 'zurückhaltend, bedächtig'), 'vorbestellt, freigehalten' (um 1900) und R e s e r v i e r t h e i t f. 'kühles, zurückhaltendes Benehmen' (2. Hälfte 19. Jh.). – R e s e r v e f. 'Ersatztruppe, Nachschub, zum Kampf einsatzbereite, noch zurückgehaltene Streitkräfte' (Anfang 17. Jh.), danach 'Gesamtheit der ausgebildeten, aber nicht aktiv dienenden Soldaten' (2. Hälfte 19. Jh.), 'Ersatz, Vorrat, Aushilfe' (Anfang 19. Jh.; vgl. *eiserne Reserve*), 'Vorbehalt, Zurückhaltung, Verschlossenheit, Kühle' (Mitte 19. Jh.), Übernahme von gleichbed. mfrz. frz. *réserve*. R e s e r v i s t m. 'der Reserve angehörender Wehrpflichtiger' (2. Hälfte 19. Jh.), frz. *réserviste*. R e s e r v a t n. 'Sonderrecht bzw. Vorbehalt eines Rechts bei der Aufteilung von Befugnissen' (Anfang 16. Jh.), 'Schutz- und Wohngebiet für (vertriebene) Minderheiten' und 'Naturschutzgebiet' (Anfang 20. Jh.), aus lat. *reservātum* 'das Zurückbehaltene', dem substantivierten Neutr. des Part. Perf. von lat. *reservāre*; bis ins 18. Jh. auch in der lat. Pluralform *Reservata*. R e s e r v a t i o n f. 'zwangsweise auf Reservate beschränkter Lebensraum der Ureinwohner' (Anfang 20. Jh., entsprechend amerik.-engl. *reservation*), 'Aufbewahrung, Freihaltung' (19. Jh.), zuvor als juristischer Terminus '(innerer) Vorbehalt' (18. Jh., vereinzelt schon Anfang 16. Jh.), entlehnt aus spätlat. *reservātio* (Gen. *reservātiōnis*) 'Erhaltung, Bewahrung, Verwahrung, Vorbehalt'. R e s e r v o i r n. 'Sammelbekken, Wasserspeicher, Vorrat(sbehälter)' (Anfang 18. Jh.), mfrz. frz. *réservoir*; dann auch (Anfang 20. Jh.) '(unerschöpflicher) Vorrat, Reservebestand, Nachwuchs(kräfte)'.

Residenz f. 'Sitz eines weltlichen oder kirchlichen Würdenträgers, Regierungssitz, Hauptstadt', spätmhd. *residencie* (vgl. *residencien tun* 'residieren', frühnhd. *residencie holdende*, 15. Jh.), entlehnt aus mlat. *residentia* 'Wohnsitz', zu lat. *resīdere* (Part. Präs. *resīdēns*) 'sich niederlassen, sich setzen, ruhig werden' (vgl. lat. *sīdere* 'sich setzen, sich niederlassen'). In der 1. Hälfte des 16. Jhs. gerät das Substantiv unter den Einfluß von (gleichfalls auf mlat. *residentia* beruhendem) frz. *résidence* 'Wohn-, Amtssitz eines Bischofs, Beamten, Fürsten' (afrz. *residence* 'Wohnsitz'), vgl. *Residen(t)z*, *Recidence* 'Hoflager, Schloß, Wohn- und Amtssitz eines Fürsten, eines hohen Geistlichen'. – r e s i d i e r e n Vb. 'seinen Wohn- und Amtssitz haben' (von weltlichen und geistlichen Würdenträgern), entlehnt (2. Hälfte 15. Jh.) aus lat. *resīdere* 'sich niederlassen'.

resignieren Vb. 'verzichten, sich in sein Schicksal ergeben, sich abfinden'. Zugrunde liegt lat. *resīgnāre* 'entsiegeln, eröffnen, zurückgeben, verzichten', mlat. 'eine Pfründe, einen Besitz abtreten' (vgl. lat. *sīgnāre* 'mit einem Zeichen, Siegel-, Prägezeichen, Stempel versehen, (be)zeichnen'). Daraus entlehnt spätmhd. *resignieren* 'entsiegeln, eröffnen'. In der 1. Hälfte des 16. Jhs. steht das Verb im Sinne von 'ein Amt niederlegen, abdanken, zurücktreten, sich zurückziehen' und folgt damit (ebenfalls auf lat. *resīgnāre* beruhendem) gleichbed. afrz. mfrz. *resigner*, *resiner* (frz. *résigner*); danach (2. Hälfte 18. Jh.) 'verzichten, sich abfinden' mit dem Part.adj. *resigniert* 'ergeben, entmutigt, enttäuscht, verbittert'. – Resignation f. 'Verzicht, Entsagung, Ergebung (in das Schicksal), Mutlosigkeit' (1. Hälfte 18. Jh.), 'Amtsniederlegung, Abdankung, Rücktritt' (Mitte 15. Jh., *resignacien*), mlat. *resignatio* (Gen. *resignationis*) 'Entsagung, Verzicht', afrz. *resignacion* (frz. *résignation*).

Resistenz f. 'Widerstand, Widerstandsfähigkeit, -kraft', entlehnt (Anfang 17. Jh.) aus spätlat. *resistentia* 'Widerstand', zu lat. *resistere* 'stehenbleiben, sich entgegenstellen, Widerstand leisten', anfangs vor allem im militärischen Sinne (vgl. *Resistenz zu thun* 'Widerstand zu leisten'), seit Mitte des 19. Jhs. in der Medizin Bezeichnung für die 'Nichtanfälligkeit, Widerstandsfähigkeit gegen Krankheitserreger' bzw. die 'Widerstandskraft zählebiger Krankheitserreger'. – resistent Adj. 'widerstandsfähig' gegenüber Krankheitserregern oder schädigenden Umweltfaktoren (Mitte 20. Jh.), nach lat. *resistēns* (Gen. *resistentis*) 'sich widersetzend', dem Part. Präs. von lat. *resistere*.

Resolution f. 'Entschließung, Beschluß', entlehnt (16. Jh.) aus mfrz. *resolution*, frz. *résolution* 'Entscheidung, Entschluß, Beschluß', afrz. *resolucion* 'Erschlaffung, Auflösung', dem lat. *resolūtio* (Gen. *resolūtiōnis*) 'Auflösung, Erschlaffung, Lähmung' zugrunde liegt, eine Ableitung von lat. *resolvere* (*resolūtum*) '(wieder) aufbinden, auflösen'; zu lat. *solvere* 'lösen, befreien'. In seinem jüngeren Gebrauch folgt frz. *résolution* der semantischen Entwicklung des aus lat. *resolvere* entlehnten mfrz. *resou(l)dre*, frz. *résoudre* 'auflösen, zerlegen, zerteilen', dann 'eine Lösung finden, entscheiden, beschließen'. – resolut Adj. 'beherzt, tatkräftig, entschlossen', Entlehnung (17. Jh.) aus gleichbed. frz. *résolu* (eigentl. Part. Perf. von frz. *résoudre*, s. oben), jedoch relatinisiert im Anschluß an die Partizipialform lat. *resolūtum* (s. oben).

Resonanz f. 'Nachklang, Klangverstärkung, Klangverfeinerung durch Mitschwingung in den Obertönen, durch Schallwellen gleicher Schwingungszahl angeregtes Mitschwingen, Mittönen eines anderen Körpers', frühnhd. *resonanz* (Anfang 15. Jh.), entlehnt aus lat. *resonantia* 'Widerhall, Widerschall, Echo', Verbalsubstantiv zu *resonāre* 'widerhallen' (vgl. lat. *sonāre* '(er)tönen, (er)schallen, klingen'). Übertragener Gebrauch im Sinne von 'Anklang, Verständnis, Interesse, Wirkung' findet sich in der 2. Hälfte des 17. Jhs. zunächst vereinzelt, im 20. Jh. häufiger (dann unter dem Einfluß von gleichbed. frz. *réso(n)nance*?).

Respekt m. 'Ehrerbietung, Achtung, Scheu', Entlehnung (2. Hälfte 16. Jh.) von mfrz. frz. *respect* 'Hochachtung', afrz. 'Hinsicht, Rücksicht, Erwägung', nach lat. *respectus* 'Rückblick, Rücksicht, Berücksichtigung', Abstraktbildung zu lat. *respicere* (*respectum*) 'zurückblicken, überdenken, berücksichtigen'; vgl. lat. *specere* 'sehen'. – respektabel Adj. 'hochansehnlich, ehrenwert, beachtenswert' (2. Hälfte 18. Jh.), nach gleichbed. frz. engl. *respectable*; vgl. mlat. *respectabilis*, zu lat. *respectāre* 'zurückschauen, sich umsehen, Rücksicht nehmen'. respektieren Vb. 'achten, anerkennen, gelten lassen' (um 1600), aus gleichbed. mfrz. frz. *respecter*, nach lat. *respectāre* (s. oben) mit semantischer Anlehnung an mfrz. frz. *respect*. respektierlich Adj. 'achtbar, achtunggebietend, gebührlich' (Anfang 18. Jh.).

Ressentiment n. 'Vorbehalt, gefühlsbedingtes Vorurteil, Abneigung, Groll', Entlehnung (1. Hälfte 17. Jh.) aus gleichbed. frz. *ressentiment*, einer Bildung zu frz. *ressentir* 'lebhaft empfinden, fühlen, erkennen', refl. 'Nachwirkungen verspüren, sich grollend erinnern'; vgl. afrz. frz. *sentir* 'fühlen, empfinden, wahrnehmen, meinen', aus gleichbed. lat. *sentīre*.

Ressort n. 'Geschäftsbereich, Aufgabengebiet', Entlehnung (vereinzelt 2. Hälfte 16. Jh., geläufig seit Anfang 19. Jh.) von mfrz. frz. *ressort* 'Gerichtsbarkeit', frz. 'Geschäftsbereich, Aufgabengebiet', afrz. *res(s)ort* 'Gerichtsbarkeit, zuständiger richterlicher Bereich', einer Bildung zu mfrz. frz. *ressortir* 'zur Zuständigkeit, in die Abhängigkeit eines Gerichts-, Verwaltungsbezirks gehören', afrz. *res(s)ortir* 'zurückprallen, -weichen, -treten'. Es bereitet semantische Schwierigkeiten, darin eine Bildung zu afrz. *sortir* 'losen, durch das Los erhalten', mfrz. 'durch das Schicksal zu etw. gelangen, den Ursprung seines Geschickes irgendwo haben, auswählen, sich kundgeben', frz. 'hinausgehen, hervorkommen, geboren werden, entstehen, keimen' (aus lat. *sortīrī* 'losen, auslosen, aussuchen', zu lat. *sors* f., Gen. *sortis*, 'Los, das Losen, durch das Los zugeteiltes Amt, Schicksal, Stand, Rang') zu sehen. Man nimmt daher an, daß frz. *ressortir* (unter lautlicher Einwirkung von *sortir*) aus vlat. **resurctum* (lat. *resurrēctum*, Part. Perf. von lat. *resurgere* 'wieder aufstehen, wieder hervorkommen') hervorgegangen ist.

Ressource f. 'Hilfsmittel, Erwerbsquelle', auch 'Unterhaltungs- und Erholungsstätte' (des bürgerlichen Mittelstands), 'Verein für gesellige Vergnügungen' (18. Jh.), heute bes. im Plur. *Ressourcen* 'Hilfs-, Rohstoffquellen, Bestand an Naturprodukten, Geldmittel, Reserven', Entlehnung von gleichbed. frz. *ressource* f., afrz. *resorse* 'Hilfe', mfrz. *ressourse* 'Wiederaufrichtung, Wiederherstellung', entstanden aus dem Part. Perf. von afrz. mfrz. *resourdre* 'sich erheben, sich erholen', aus gleichbed. lat. *resurgere*; vgl. lat. *surgere* '(sich) erheben', kontrahiert aus *subrigere*, zu lat. *regere* 'geraderichten, lenken, leiten'.

Rest m. 'Überbleibsel, Rückstand' (16. Jh.), zuvor in der Kaufmannssprache Bezeichnung des bei einer Abrechnung übrigbleibenden Geldbetrags (um 1400 im Obd.), entlehnt aus gleichbed. ital. *resto*, zu ital. *restare*, lat. *restāre* 'zurückbleiben, übrigbleiben, innehalten' (vgl. lat. *stāre* 'stehen'). Dazu die Wendung *jmdm. den Rest geben* 'jmdm. den Garaus machen, ihn völlig vernichten' (17. Jh.), eigentl. wohl 'den Rest aus dem Glase, der Flasche geben, völlig betrunken machen'. – Reste(r) Plur. 'Überbleibsel von Textilwaren' (17. Jh.). restlos Adj. 'ohne Rest' (Ende 19. Jh.), 'vollkommen' (1. Hälfte 20. Jh.).

restaurieren Vb. 'etw. wieder in den alten Zustand bringen, wiederherstellen, erneuern', entlehnt (1. Hälfte 16. Jh.) aus gleichbed. frz. *restaurer*, afrz. *restorer*, *restaurer* (lat. *restaurāre* 'wiederherstellen, erneuern'). Zunächst auf gesellschaftliche Verhältnisse (z. B. Luthers Kirchenreform), dann (Mitte 17. Jh.) auch auf die Wiederherstellung verfallener Gebäude u. dgl. bezogen. Refl. 'sich erholen, erfrischen' (Ende 18. Jh.). – Restaurierung f. 'Wiederherstellung, Erneuerung' (um 1600), 'Ausbesserung' (Ende 19. Jh.). Restauration f. 'geistige, religiöse, kulturelle Erneuerung' (um 1600), bes. 'Wiederherstellung historisch überholter (konservativer, reaktionärer) politischer Zustände' (vgl. die Epoche der *Restauration*, seit dem Wiener Kongreß bis etwa 1830, in der Errungenschaften der frz. Revolution beseitigt werden), 'Wiederaufrichtung, Ausbesserung, Erhaltung, Ergänzung' von schadhaften Kunstwerken, Gebäuden (Mitte 16. Jh.), 'Wiederherstellung der körperlichen Kräfte, Erfrischung', daher auch 'Speisegaststätte' (um 1800), entlehnt aus spätlat. *restaurātio* (Gen. *restaurātiōnis*) 'Wiederherstellung, Erneuerung' bzw. mfrz. frz. *restauration*. Restaurator m. 'Erneuerer' (Anfang 18. Jh.), 'Fachmann zur Ausbesserung, Wiederherstellung von Kunstwerken, Gebäuden' (2. Hälfte 18. Jh.), lat. *restaurātor* 'Wiederhersteller' (eines Bauwerks), Nomen agentis zu lat. *restaurāre* (s. oben). Restaurant n. 'Gastwirtschaft, Speiselokal' (Anfang 19. Jh.), frz. *restaurant*, eigentl. 'stärkende, kräftige Kost, bes. Fleischbrühe', substantiviertes Part. Präs. von frz. *restaurer* '(seine Kräfte) wiederherstellen' (s. oben).

Resultat n. 'Ergebnis, Erfolg', Entlehnung (um 1700) von gleichbed. mfrz. frz. *résultat*, nach mlat. *resultatum* 'Ergebnis, Schlußfolgerung' (für das arithmetische Ergebnis, den logischen Schlußsatz), dem substantivierten Neutr. des Part. Perf. von mlat. *resultare* 'sich ergeben aus, folgen aus', das diese Bedeutung in der scholastischen Philosophie aus lat. *resultāre* 'zurückspringen, widerhallen' entwikkelt; zu lat. *saltāre* 'springen, tanzen'. – resultieren Vb. 'sich als Schlußfolgerung ergeben, folgen aus' (1. Hälfte 17. Jh.), aus mfrz. frz. *résulter*, mlat. *resultare* (s. oben).

resümieren Vb. 'zusammenfassen, zusammenfassend wiederholen', entlehnt (2. Hälfte 15. Jh.) aus gleichbed. mfrz. *resumer*, frz. *ré-*

sumer; dieses nach lat. *resūmere* 'wieder nehmen, wieder vornehmen, wiederholen'; vgl. lat. *sūmere* 'nehmen, kaufen, an-, aufwenden' (eine Verstärkung von gleichbed. lat. *emere*). – Resümee n. 'Zusammenfassung, Übersicht' (Ende 18. Jh.), frz. *résumé* m., substantiviertes Part. Perf.

Retorte f. birnenförmiges Glasgefäß mit langem, abgebogenem Hals zum Destillieren, entlehnt in der Sprache der Alchimisten (1. Hälfte 16. Jh.) aus gleichbed. mlat. *retorta*, dem substantivierten Fem. des Part. Perf. von lat. *retorquēre* 'rückwärtsdrehen, verdrehen'; vgl. lat. *torquēre* 'drehen, wenden'. Die übertragene Bedeutung 'Brutstätte, künstlicher Entstehungsort', zumal in der Fügung *aus der Retorte* 'künstlich erzeugt, geschaffen', entwickelt sich in der 1. Hälfte des 19. Jhs.

retour Adv. 'zurück', allmählich außer Gebrauch kommend. Das Substantiv mfrz. frz. *retour* 'Rückkehr, Wendung, Rücksendung, Erwiderung, Gegenleistung' gelangt im 17. Jh. ins Dt., namentlich in adverbiellen Fügungen der Kaufmannssprache wie *à retour*, *auf (die) Retour*, *per Retour* (zuvor *per returno*, 2. Hälfte 16. Jh., wohl unter Einfluß von entsprechendem ital. *ritorno*). Hieraus oder aus Zusammensetzungen wie *Retourwaren* 'Rückladung eines Schiffes, vom Ausfuhrerlös eingehandelte Waren' (17. Jh., frz. *retours* Plur.), *Retourbrief* (18. Jh.), *Retourfracht*, *-wagen* (um 1800), *Retourbillett* (19. Jh., vgl. frz. *fret*, *carrosse*, *billet de retour*) gewinnt das Dt. im 19. Jh. ein Adverb *retour* (doch vgl. schon *retourno gehen*, 2. Hälfte 16. Jh.). Mfrz. frz. *retour* m., afrz. *retor* 'Rück-, Umkehr, Ausweg, Zuflucht, Erwiderung' ist abgeleitet von afrz. *retorner* 'zurückdrehen, umwenden, verändern, zurückgeben, -kehren' (mfrz. frz. *retourner*), einer verstärkenden Präfixbildung zu afrz. *torner* 'drehen, drechseln, wenden, umkehren' (mfrz. frz. *tourner*), aus lat. *tornāre* 'mit dem Dreheisen runden, drechseln, drehen'; zu lat. *tornus* 'Dreheisen, Schnitzmesser, Meißel', griech. *tórnos* (*τόρνος*), auch 'Drehbank, Eisen zum Vorzeichnen einer Kreislinie, Kreis'. – Retourkutsche f. 'das Erwidern eines Vorwurfs mit denselben Worten, das Reagieren auf eine Handlung mit ähnlicher Handlungsweise' (eigentl. 'für die Hin- wie für die Rückfahrt benutzte Kutsche', 19. Jh.).

retten Vb. 'aus Gefahr befreien, in Sicherheit bringen, bewahren', ahd. *(h)retten* 'erretten, befreien' (9. Jh.), mhd. *retten* 'einem Übel entreißen, befreien, löschen (Feuer, Brand)', asächs. *āhreddian* 'erretten', mnd. *redden*, mnl. nl. *redden* 'retten, erretten, helfen', aengl. *hreddan*, auch 'fortnehmen'. Herkunft ungeklärt. Man versucht, wenn auch nicht ohne Bedenken, das nur westgerm. bezeugte Verb mit der Wortgruppe um ²*gerade* (s. d.) zu verbinden, vgl. lit. *krẽsti* 'schütteln, schüttelnd streuen, rütteln', *kretéti* 'zittern, schlottern', mir. *crothaim* 'ich schüttele', ahd. *redan* (9. Jh.), mhd. *reden* 'durch das Sieb schütteln, sieben, sichten' (germ. **hreþan*), ahd. *(h)rad*, *gi(h)radi* 'rasch, schnell' (8. Jh.), und an dort genanntes ie. **kret-* 'schütteln, sich rasch bewegen', Erweiterung der Wurzel ie. **(s)ker-* 'drehen, biegen, kreisend bewegen', anzuschließen. In diesem Falle müßte für *retten* von einer Grundbedeutung 'von der Gefahr wegstoßen' ausgegangen werden. – Retter m. 'wer etw., jmdn. rettet', spätmhd. *rettære*. Rettung f. 'Hilfe, Befreiung aus Gefahr', mhd. *rettunge*.

Rettich m. Wurzelgemüse mit rübenartig geformter, würzig-scharf schmeckender Wurzel. Der Name der durch die Römer vermittelten Pflanze ahd. *ratih* (um 900), *retih* (11. Jh.), mhd. *retich*, asächs. *radik*, *redik*, mnd. *redik*, *redek*, *redich*, mnl. *radic*, aengl. *rædic* ist entlehnt aus lat. *rādīx* (Gen. *rādīcis*) 'Wurzel, Rettich'. Kürzung der langen lat. Vokale dürfte im Germ. eingetreten sein; jedenfalls bezeichnen fast alle ahd. Zeugnisse den umgelauteten Tonvokal mit *e*, was für Vokalkürze spricht. S. *Meerrettich*, *Radieschen*.

retuschieren Vb. 'nachträglich überarbeiten, nachbessern', jetzt vor allem in der Photographie 'ein Lichtbild oder dessen Negativ durch kleine Korrekturen verbessern' (Ende 19. Jh.), vorher 'Veränderungen an einem Gemälde, einem Text anbringen', Entlehnung (2. Hälfte 18. Jh., bis ins späte 19. Jh. *retouchieren* geschrieben) aus gleichbed. frz. *retoucher*, eigentl. 'wieder berühren, erneut in Angriff nehmen' (afrz. *retochier*), einer Präfixbildung zu frz. *toucher*, afrz. *tochier* (s. *tuschen*). – Retusche f. 'Überarbeitung eines Lichtbilds oder seines Negativs zur Verbesserung der Bildqualität' (2. Hälfte 19. Jh.), 'nachträgliche Veränderung, Nachbesserung an einem Gemälde' (1. Hälfte 19. Jh.), nach gleichbed. frz. *retouche* (zu frz. *retoucher*, s. oben), zunächst unter Beibehaltung der frz. Schreibung.

Reue f. 'Bedauern, Zerknirschung über Getanes oder Unterlassenes', ahd. *(h)riuwa* 'Leid, Trauer, Schmerz, Unglück, Klage' (8. Jh.), mhd. *riuwe*, *riwe*, *rewe*, *riu* 'Betrübnis über Getanes, Geschehenes, Schmerz, Kummer, Trauer, Leid, Mitleid, übles Aussehen, Beschädigung', mnd. *rouwe*, *rūwe*, mnl. *rouwe*, nl. *rouw*, auch 'Trauer', aengl. *hrēow*, engl. (älter) *rue*, dazu das Adjektiv asächs. *hriuwi*, anord. *hryggr* 'traurig, betrübt', aengl. (mit anderer Stammbildung) *hrēow* 'betrübt' und das starke Verb ahd. *(h)riuwan* '(be)klagen, jammern, zu Mitleid bewegen, schmerzen', refl. 'bereuen, trauern' (um 800), mhd. *riuwen*, *riwen* 'in Betrübnis versetzen, leid tun, verdrießen', refl. 'Reue empfinden', asächs. *hreuwan* 'beklagen, schmerzlich sein', aengl. *hrēowan* 'schmerzen, reuen', anord. (schwach flektierend) *hryggja*, *hryggva* 'betrübt sein'. Außergerm. lassen sich vielleicht vergleichen aind. *karúṇaḥ* 'kläglich, mitleidig', griech. *krúein* (*κρούειν*) 'stoßen, schlagen, stampfen' und die *s*-Erweiterungen lit. *krùšti* 'zerstampfen, zerstoßen', aslaw. *sъkrušiti* 'zerbrechen, zerreißen, zerschmettern', russ. *krušít'* (*крушить*) 'zertrümmern, zerschlagen, vernichten', so daß auf eine Wurzel ie. **kreu*-, erweitert **kreus*-, **krous*- 'stoßen, schlagen, zerschlagen, brechen' zurückgegangen werden kann. Die offensichtlich übertragene germ. Bedeutung 'seelischer Schmerz, Trauer' spezialisiert sich im Mittelalter zu 'Schmerz, Zerknirschung über etw., was man getan oder unterlassen hat, das man ungeschehen machen möchte', im christlichen Sinne 'Einsicht in eine bzw. Erkenntnis einer Sündenschuld' (vgl. die Folge *Reue*, *Beichte*, *Buße*, entsprechend kirchenlat. *contrītio*, *cōnfessio*, *satisfactio*). – reuen Vb. 'leid tun, bedauern, ungeschehen machen wollen', ahd. *(h)riuwōn* (8. Jh.), *(h)riuwēn* (9. Jh.) 'beklagen, bedauern, Buße tun', mhd. *riuwen* 'beklagen, bereuen, leid sein', refl. 'klagen, Reue empfinden'; schwaches, vom Substantiv abgeleitetes Verb. bereuen Vb. 'tiefes Bedauern über etw. Getanes oder Unterlassenes empfinden', ahd. *bi(h)riuwēn* 'betrübt sein' (9. Jh.), mhd. *beriuwen* 'betrübt sein, in Betrübnis versetzen'. reuig Adj. 'voller Reue, zerknirscht', ahd. *(h)riuwag* (9. Jh.), mhd. *riuwec*, *riwec*. reumütig Adj. 'voller Reue, Bedauern' (17. Jh.); Reumütigkeit f. (Anfang 19. Jh.).

Reuse f. korbartiges Fischfanggerät aus Weidengeflecht, sackartiges Netz, ahd. *rūsa*, *riusa* (10. Jh.), mhd. *riuse*, (md.) *rūse*, mnd. *rūse*, schwed. *ryssja* gehört als grammatischen Wechsel (von *s* und *r*) aufweisender und Stoffbezeichnungen bildender *jōn*-Stamm vielleicht im Sinne von 'aus Schilf, Rohr Geflochtenes' zu dem unter *Rohr* (s. d.) behandelten Substantiv.

revanchieren Vb. (refl., älter auch trans.) 'vergelten, rächen, erwidern, sich für etw. erkenntlich zeigen, durch eine Gegenleistung ausgleichen' (Anfang 17. Jh.) ist entlehnt aus mfrz. frz. *(se) revancher* 'vergelten, rächen, verteidigen', afrz. *(soi) revenchier*, während die im Dt. daneben begegnenden Frühformen *revangieren*, *revengieren* auf mfrz. und frz. (älter) *(se) revenger*, afrz. *(soi) revengier* zurückgehen. Es handelt sich um Präfixbildungen zu afrz. *venchier* bzw. afrz. *vengier*, frz. *venger* 'vergelten, rächen', die (mit betonungsabhängiger unterschiedlicher Palatalentwicklung in den Flexionsformen) aus lat. *vindicāre* 'als Eigentum beanspruchen, (be)strafen, rächen, befreien, beschützen' hervorgegangen sind. – Revanche f. 'Vergeltung, Rache, Genugtuung', Übernahme (Ende 18. Jh.) von mfrz. *revenche*, frz. *revanche* 'Vergeltung, Rache, Erwiderung', während frühere Formen wie *Revange*, *Revance*, *Revenge* (1. Hälfte 17. bis Ende 18. Jh.) auf mfrz. *revange* bzw. mfrz. und frz. (älter) *revenge* beruhen; sämtlich Bildungen zum oben genannten Verb. revanchistisch Adj. 'eine Politik der Vergeltung, der Rückeroberung vertretend' (1. Hälfte 20. Jh.). Revanchismus m. friedensfeindliche Politik, die auf Vergeltung nach einem verlorenen Eroberungskrieg ausgerichtet ist, Revanchist m. (beide 2. Hälfte 20. Jh.).

Reverenz f. 'Ehrerbietung, Verehrung, Hochachtung', entlehnt (Anfang 15. Jh.) aus lat. *reverentia* 'Scheu, Achtung, Ehrfurcht', mlat. 'Ehrerweisung, höflicher Gruß, Andacht', Substantivbildung zu lat. *reverērī* 'etw. scheuen, fürchten, Bedenken haben, Achtung, Ehrerbietung erzeigen, ehren'; vgl. lat. *verērī* 'ängstlich beobachten, ehrfurchtsvoll scheuen, verehren, fürchten'. Seit der

1. Hälfte des 16. Jhs. auch (mlat. Gebrauch folgend und unter Einfluß von mfrz. frz. *révérence*) 'Verneigung, Verbeugung, Knicks'.

Revers m. 'schriftliche Erklärung rechtlichen Inhalts, Verpflichtung, Versicherungsschreiben', entlehnt (um 1400) aus mlat. *reversum* 'Antwort', eigentl. 'das Umgekehrte, Zurückgekehrte', lat. *reversus* 'umgekehrt', Part. Perf. von lat. *revertere* 'umkehren, zurückkehren, sich wenden an'; vgl. lat. *vertere* 'kehren, wenden, drehen'. Ebenfalls auf lat. *reversus* beruht frz. *revers* m., das in der Bedeutung 'Kehr-, Rückseite' (von Münzen, Medaillen) als *Revers* m. zu Anfang des 17. Jhs. und im Sinne von 'Aufschlag am Vorderausschnitt von Kleidungsstücken' als *Revers* n. m. in der 1. Hälfte des 19. Jhs. ins Dt. übernommen wird.

revidieren Vb. 'auf seine Richtigkeit durchsehen, überprüfen' (vor allem im Druckerei-, Verlagswesen), entlehnt (2. Hälfte 16. Jh.) aus lat. *revidēre* (*revīsum*) 'wieder hinsehen, nochmals ansehen', mlat. 'in Augenschein nehmen, untersuchen, prüfen' (vgl. lat. *vidēre* 'sehen'). Seit Ende des 18. Jhs. auch '(politische Meinungen, Programme, Verfassungen, Gesetze) ändern, berichtigen'. – R e v i s i o n f. '(neuerliche) Überprüfung, Untersuchung, Kontrolle, Durchsicht, Überarbeitung' (2. Hälfte 16. Jh.), (juristisch) Rechtsmittel, mit dem die Überprüfung eines gerichtlichen Endurteils begehrt wird, 'Berufung' (1. Hälfte 18. Jh.), 'Änderung nach eingehender Überprüfung, Berichtigung', bes. von politischen Meinungen, Programmen, Verfassungen (2. Hälfte 18. Jh.), aus spätlat. *revīsio* (Gen. *revīsiōnis*) 'Durchsicht, Überprüfung, Korrektur'. *Revision einlegen* 'Wiederaufnahme eines Rechtsverfahrens beantragen' (1. Hälfte 20. Jh.). R e v i s o r m. 'Prüfungssachverständiger, Wirtschaftsprüfer', latinisierende Bildung (Mitte 18. Jh.).

Revier n., älter (bis ins 18. Jh.) auch *Refier* f., 'Bezirk, Gebiet'. Mhd. *rivier(e)* f. n. 'Gegend, Bezirk, Jagdgelände' ist wie mnl. *riviere* 'Uferstrecke, Gelände an einem Wasserlauf (bes. für die Vogeljagd geeignet)', auch 'Fluß, Bach' (vgl. nl. *rivier* 'Fluß') entlehnt aus afrz. *riviere*, *rivere* f. 'Ufer(gelände), Niederung, Jagdgrund, Vogeljagd, Gegend, Fluß, Bach' (vgl. frz. *rivière* 'Fluß'). Dies beruht auf vlat. **rīpāria* 'Ufergelände', dem substantivierten Fem. von lat. *rīpārius* 'am Ufer befindlich'; vgl. lat. *rīpa* 'steiler Rand, Ufer eines Gewässers'. Aus der alten Bedeutung 'zur Jagd auf Wasservögel geeignetes Gelände' entwickelt sich 'Jagd-, Forstrevier' und allgemeiner Gebrauch im Sinne von '(abgegrenztes) Gebiet, Bezirk', auch 'Bergbaugebiet' (16. Jh.), 'Zuständigkeitsbereich' (vgl. *Polizeirevier*), 'Krankenstube in einer Kaserne' (18. Jh.). Bis ins 17. Jh. ist daneben *Revier* m. 'Wasserlauf, Fluß, Bach' geläufig, mhd. *rivier* m. f. n. 'Bach, Fluß', Entlehnung aus afrz. *rivier* m. 'Ufer(gelände), Fluß'.

revoltieren Vb. 'sich empören, auflehnen' (2. Hälfte 16. Jh.) aus mfrz. frz. *révolter* 'aufwiegeln, zur Empörung reizen' (mfrz. zuerst 'drehen'), refl. 'sich empören, von einer Partei abwenden', entlehnt aus ital. *rivoltare* 'zurückwenden, umwenden, umstülpen', einer Intensivbildung zu gleichbed. ital. *rivolgere*, das auf lat. *revolvere* 'zurückrollen, zurückwälzen' beruht; vgl. lat. *volvere* (*volūtum*) 'rollen, wälzen, drehen'. Auf menschliche Gefühle wie den physiologischen Bereich seit dem 19. Jh. bezogen. – R e v o l t e f. 'Aufruhr, Aufstand, Empörung' (Mitte 17. Jh.), mfrz. frz. *révolte* (um 1500).

Revolution f. 'Umlaufbewegung der Gestirne, bes. der Planeten um die Sonne, grundlegende qualitative progressive Veränderung in der menschlichen Gesellschaft', frühnhd. *revoluce* (2. Hälfte 15. Jh.), *revolucion*, *reuolution* (16. Jh.) 'Umlauf eines Himmelskörpers um ein Hauptgestirn, (tägliche) Umdrehung (der Erde um die eigene Achse)', auch 'Sternkonstellation, Sternzeichen', ist entlehnt aus spätlat. *revolūtio* (Gen. *revolūtiōnis*) 'das Zurückwälzen' (z.B. des Steins vor dem Grabe Christi), 'Ablauf, Rückkehr' (z.B. die Wiederkehr des Mondes auf seiner Bahn), mlat. 'Bahn, Umlauf der Gestirne', Verbalabstraktum zu lat. *revolvere* 'zurückrollen, zurückwälzen'; vgl. lat. *volvere* (*volūtum*) 'rollen, wälzen, drehen'. Zu Beginn des 17. Jhs. (im Frz. bereits im 16. Jh.) erlangt *Revolution* außerhalb des fachsprachlichen Gebrauchs allgemeine Geltung im Sinne von 'Wandel, Veränderung' (der äußeren Umstände wie der inneren Haltung, vgl. *Revolution der Gedanken*, *des Geistes*, 17. Jh., *Revolution im Geschmack*, 18. Jh.), steht (unter Einfluß von frz. *révolution* und engl. *revolution*) für 'Veränderung im Staat, Beseitigung von Mißständen, Änderung der Staatsform'

(18. Jh.) und bezeichnet seit der frz. Revolution vor allem den 'gewaltsamen Umsturz der bestehenden Staatsform und der bestehenden Machtverhältnisse' (Ende 18. Jh., im Frz. in diesem Sinne zuerst 17. Jh.). – Revolutionär m. 'Anhänger der frz. Revolution', daher zunächst auch 'Aufrührer' (Ende 18. Jh., zuerst auch in frz. Schreibung), dann verallgemeinert 'wer das Überkommene grundlegend verändern will' (1. Hälfte 19. Jh.), Übernahme von frz. *révolutionnaire* m. 'Anhänger der Revolution', Substantivierung des Adjektivs frz. *révolutionnaire* 'übereinstimmend mit dem Geist der politischen Veränderungen' (1789), woraus im Dt. revolutionär Adj. 'die Revolution betreffend', zunächst auf die frz. Revolution bezogen, daher auch 'aufrührerisch' (Ende 18. Jh.), dann der Bedeutungsentwicklung von *Revolution* folgend. revolutionieren Vb. 'Bestehendes durch eine Revolution erneuern, umstürzen', zunächst im Hinblick auf die frz. Revolution (Ende 18. Jh.), 'Bestehendes durch bahnbrechende neue Erkenntnisse verändern' (Anfang 19. Jh.), aus gleichbed. frz. *révolutionner*. Konterrevolution f. 'Gegenrevolution, gewaltsame Aktionen reaktionärer Gruppen gegen eine Revolution' (Anfang 19. Jh.), frz. *contre-révolution* (1790).

Revolver m. Pistole mit drehbarem Magazin, Übernahme (2. Hälfte 19. Jh.) von gleichbed. amerik.-engl. *revolver*, Substantivbildung zu engl. *to revolve* 'sich drehen, kreisen, rotieren', aus lat. *revolvere* 'zurückrollen, zurückwälzen' (vgl. lat. *volvere* 'rollen, wälzen, drehen').

Revue f. zuerst (heute nicht mehr üblich) 'Truppen-, Heerschau, Parade, Musterung der Soldaten' ist eine Übernahme (Mitte 17. Jh.) von gleichbed. frz. *revue*, mfrz. *reveue*, eigentl. 'erneute Schau', dem substantivierten Part. Perf. von mfrz. frz. *revoir* 'noch einmal anschauen, nochmals prüfen', zu afrz. *veoir*, *vedeir*, frz. *voir* 'sehen, schauen', hervorgegangen aus lat. *vidēre* 'sehen'. Vgl. *(die) Revue passieren lassen* 'die Truppen vorbeimarschieren lassen und durchmustern', übertragen 'im Geiste an sich vorüberziehen lassen, prüfend durchgehen' (18. Jh.), frz. *passer en revue*. In der 1. Hälfte des 18. Jhs. wird *Revue* verallgemeinert zu 'Vorführung, Überblick', auch 'Wiedersehen, Begegnung', dann 'geistiger Überblick, Rückblick, Bericht' (2. Hälfte 18. Jh.). Aus dem Frz. entlehntes engl. *review* wird im Anschluß an 'Überblick, Rundschau' zur Bezeichnung einer 'vielseitig informierenden, aktuelle Themen behandelnden Zeitschrift'; diese Bedeutung wird sowohl von frz. *revue* als auch von dt. *Revue* übernommen (2. Hälfte 18. Jh.). Schließlich gelangt frz. *revue* im Sinne von 'satirisches, frivoles, auf in Musik gesetzten aktuellen Ereignissen fußendes Bühnenstück' (2. Hälfte 19. Jh.) ins Engl. und Dt. und entwickelt sich (wohl in beiden Sprachen gleichzeitig, etwa 20er Jahre des 20. Jhs.) zu 'musikalisches Ausstattungsstück, Show, Musical'.

rezensieren Vb. '(in einer Zeitung, Zeitschrift) würdigen, kritisch besprechen' (2. Hälfte 17. Jh.), zuvor vereinzelt 'auf-, erzählen' (um 1600), entlehnt aus lat. *recēnsēre* '(Stück für Stück, Mann für Mann) sorgfältig prüfen, mustern, durchzählen, mit Worten durchmustern, der Reihe nach hererzählen, kritisch durchmustern, besprechen', mlat. auch 'erzählen, schildern'; vgl. lat. *cēnsēre* 'begutachten, schätzen, taxieren, (nach Prüfung aller Umstände) der Meinung sein, (an)raten, beschließen' (s. *zensieren*). – Rezension f. 'beurteilende Anzeige, kritische Würdigung, Besprechung, Kritik' einer Neuerscheinung (Ende 17. Jh.); vgl. lat. *recēnsio* (Gen. *recēnsiōnis*) 'Musterung' (durch einen Zensor). Rezensent m. (2. Hälfte 18. Jh.); vgl. lat. *recēnsēns* (Gen. *recēnsentis*), Part. Präs. zu lat. *recēnsēre* (s. oben).

Rezept n. 'Anweisung zur Herstellung bzw. Abgabe eines Medikaments', mhd. *recept*, auch 'Medikament' (bis 17. Jh.), entlehnt aus gleichbed. mlat. *receptum*, dem substantivierten Part. Perf. von lat. *recipere* 'zurücknehmen, -holen, entgegennehmen, in sich aufnehmen', von Arzneimitteln 'bestimmte Stoffe in sich aufnehmen, mit ihnen versetzt werden'; vgl. lat. *capere* 'nehmen, fassen, ergreifen'. Lat. *receptum* bedeutet eigentl. 'es ist genommen, verwendet worden' und wird zur Antwort auf die imperativische Einleitungsformel der ärztlichen Anweisung an den Apotheker *recipe* (abgekürzt *R*) 'nimm, verwende'. In verallgemeinertem Sinne steht *Rezept* für 'Allheilmittel, Lösungsvorschlag' (1. Hälfte 16. Jh.), dann auch für 'Herstellungs-, Zubereitungsvorschrift' in der Kochkunst (2. Hälfte 18. Jh.).

rezitieren Vb. 'künstlerisch vortragen, auswendig hersagen, deklamieren', entlehnt (um 1500) aus lat. *recitāre* 'vortragen, vorlesen, (aus dem Kopfe) hersagen'; vgl. lat. *citāre* 'in Bewegung setzen, vorladen, herbei-, an-, aufrufen' (s. *zitieren*). – R e z i t a t i v n. 'dramatischer Sprechgesang' (in Oper, Oratorium, Kantate, Passion), ein Fachausdruck der Musik (Anfang 18. Jh.); aus gleichbed. ital. *recitativo*, vgl. ital. *recitare*, lat. *recitāre* (s. oben).

Rhabarber m. Knöterichgewächs mit großen Blättern, deren Stiele zu Kompott verwendet werden. Mhd. *reubarber*, *rebarbe*, frühnhd. *reubarbar* (15. Jh.) ist entlehnt aus gleichbed. spätlat. *reubarbarum* (woraus auch afrz. *reubarbe*, frz. *rhubarbe*), während *Rhabarbara*, *Rabarber* (16. Jh.) Einfluß von ital. *rabarbaro* (aus mlat. *rabarbarum*) erkennen läßt. Die aus China stammende, teils über Rußland, teils über Indien seit alters zu Heilzwecken eingeführte Pflanze trägt die Namen griech. *rhā́* (ῥᾶ), vielleicht in Anlehnung an pers. *rēwend* 'Rhabarberart', und griech. *rhḗon* (ῥῆον). Griech. *rhā́*, sekundär auf den alten Namen der Wolga *Rhā́* (Ῥᾶ) bezogen (weil man dort den Anbau der Pflanze vermutete oder weil der Export über die Wolga abgewickelt wurde), führt zu mlat. *ra-*, griech. *rhḗon* zu spätlat. *reu-*, die beide, um auf die fremdländische Herkunft hinzuweisen, mit lat. *barbarus* 'ausländisch, fremd' verbunden werden.

Rhapsodie f. 'aus Einzelgesängen zusammengesetztes episches Gedicht', allgemein 'Sammelwerk' (1. Hälfte 16. Jh.), 'Tonstück in freier Form' (19. Jh.), entlehnt aus lat. *rhapsōdia*, griech. *rhapsōdía* (ῥαψῳδία) 'das von einem Rhapsoden vorgetragene Gedicht', gebildet zu griech. *rhapsōdós* (ῥαψῳδός) 'Sänger, Rhapsode', eigentl. 'Zusammensetzer' (der die einzelnen homerischen Gesänge zu einem größeren Ganzen verbunden vorträgt); vgl. griech. *rháptein* (ῥάπτειν) 'zusammennähen, -flicken, -fügen' und *ōdḗ* (ᾠδή) 'Gesang, Lied' (s. *Ode*).

Rhetorik f. 'Redekunst, Lehre von der Beredsamkeit', mhd. *rhetorica*, *retorica*, nhd. (bis ins 19. Jh.) *Rhetorica*, daneben *Rhetorice*, *Rhetoric(k)*, *Rethoric* und (im 18. Jh. unter frz. Einfluß) bisweilen *Rhetorique*, Entlehnung von gleichbed. lat. *rhētorica (ars)*, *rhētoricē*, griech. *rhētorikḗ (téchnē)* (ῥητορικὴ τέχνη), also dem substantivierten Femininum von lat. *rhētoricus*, griech. *rhētorikós* (ῥητορικός) 'den Redner, die Redekunst betreffend, rednerisch', zu griech. *rhḗtōr* (ῥήτωρ) 'Redner'. – r h e t o r i s c h Adj. 'den Regeln der Rhetorik entsprechend, die Redeweise betreffend' (1. Hälfte 16. Jh.), auch 'schönrednerisch, phrasenhaft' (18. Jh.); lat. *rhētoricus* (s. oben). Dazu die Fügung *rhetorische Frage* 'stilistisch wirkungsvolle Frage, auf die keine Antwort erwartet wird' (2. Hälfte 19. Jh.); vgl. auch *rhetorische Figur* (1. Hälfte 18. Jh.), *rhetorische Hyperbole* (17. Jh.).

Rheumatismus m. schmerzhafte Entzündung von Gelenken, Muskeln, Nerven, Sehnen, Entlehnung (Anfang 18. Jh.) von lat. *rheumatismus* 'Katarrh, Fluß', griech. *rheumatismós* (ῥευματισμός) 'im Leibe herumziehender Krankheitsstoff, Fluß', eigentl. 'das Fließende, Fluß, Strömung', zu griech. *rheumatízesthai* (ῥευματίζεσθαι) 'am Flusse leiden', eigentl. 'in strömende Bewegung gesetzt werden'. Dies sind Weiterbildungen von griech. *rheũma* (ῥεῦμα), gleichbed. mit *rheumatismós* (s. oben), das die Entlehnung lat. *rheuma* und dt. *Rheuma* (ebenfalls Anfang 18. Jh.) ergibt. Zugrunde liegt griech. *rheĩn* (ῥεῖν) 'fließen, strömen'. Nach antiken medizinischen Vorstellungen wird diese Krankheit von im Körper herumfließenden Krankheitsstoffen verursacht. – r h e u m a t i s c h Adj. 'durch Rheumatismus bedingt, auf ihm beruhend, an ihm leidend' (18. Jh.); vgl. griech. *rheumatikós* (ῥευματικός) 'an Flüssen leidend, zu ihnen gehörig'.

Rhinozeros n. 'Nashorn', übertragen 'Dummkopf, Tölpel', mhd. *rinōceros*, oft auch ohne griech.-lat. Endung *Rhinozer* (16. bis 19. Jh.), Entlehnung von gleichbed. lat. *rhīnocerōs*, griech. *rhīnókerōs* (ῥινόκερως), einer Zusammensetzung aus griech. *rhī́s*, Gen. *rhīnós* (ῥίς, ῥινός) 'Nase' und griech. *-kerōs* (-κερως, aus *-κερα(σ)ος), der für Possessivkomposita charakteristischen Kompositionsform von griech. *kéras* (κέρας) 'Horn'.

Rhythmus m. 'zeitliches Ebenmaß, gleichmäßige Gliederung eines Ton- oder Bewegungsablaufs, gleichmäßige Wiederkehr von Vorgängen', Übernahme (1. Hälfte 18. Jh.) von lat. *rhythmus*, griech. *rhythmós* (ῥυθμός) 'gleichmäßige, taktmäßige Bewegung, Takt, Zeitmaß, Gleichmaß', eigentl. 'Strömen, Strom' (als Sinnbild einer steten und gleichförmigen Bewegung, wohl der Meereswellen), Bildung zu griech. *rhein* (ῥεῖν) 'fließen, strömen'. Vgl. die frühe Entlehnung (ohne Nachfolge) ahd. *ritmus* 'gleichförmig abgemessene Bewegung' (11. Jh.). – r h y t h m i s c h Adj. 'den Rhythmus betreffend, in gleichen zeitlichen Abständen erfolgend' (2. Hälfte 18. Jh.); vgl. gleichbed. spätlat. *rhythmicus*, griech. *rhythmikós* (ῥυθμικός). R h y t h m i k f. Lehre vom Rhythmus (2. Hälfte 18. Jh.).

richten Vb. 'etw. Krummes grademachen, in eine gerade Lage, Stellung, Richtung bringen, auf ein Ziel hinlenken, in Ordnung bringen, Recht sprechen', ahd. (8. Jh.), mhd. *rihten* 'recht, grademachen, in eine Richtung bringen, aufrichten, aufstellen, in Ordnung bringen, fertigmachen, er-, einrichten, gestalten, herrschen, regieren, Recht sprechen', asächs. *rihtian*, mnd. *richten*, mnl. *rechten*, *richten*, nl. *rechten*, aengl. *rihtan*, engl. *to right*, anord. *rētta*, schwed. *räta*, got. *garaíhtjan* sind Faktitiva im Sinne von 'grademachen' zu dem unter *recht* (s. d.) behandelten Adjektiv. – R i c h t u n g f. 'das Grademachen, gerade, aufrechte Haltung' (2. Hälfte 18. Jh.), 'Gerichtetsein, Verlauf, Wendung auf ein Ziel zu' (Ende 18. Jh.), 'Strömung, Bewegung' in Kultur, Politik (Anfang 19. Jh.), abgeleitet vom oben genannten Verb in seinen verschiedenen Bedeutungen, in älterer Sprache vornehmlich an 'herrschen, regieren, Recht sprechen' anknüpfend, vgl. ahd. *rihtunga* 'Gericht, (Ordens)regel, Leitung, Verwaltung' (8. Jh.), mhd. *rihtunge* 'Gericht, gerichtliche Entscheidung, Urteil'. R i c h t e r m. 'wer über etw., jmdn. richtet, mit der Entscheidung von Rechtsstreitigkeiten Beauftragter', ahd. *rihtāri* 'Leiter, Richter' (8. Jh.), mhd. *rihtære*, *rihter* 'Lenker, Ordner, Oberherr, Regent, Richter'; r i c h t e r l i c h Adj. 'den Richter und sein Amt betreffend, auf ihm beruhend, zu ihm gehörend' (16. Jh.). R i c h t s t ä t t e f. 'Platz für Hinrichtungen' (19. Jh.), zuvor *Richtstatt* (16. Jh., älter 'Gerichtsstätte', 15. Jh.). R i c h t b e i l n. 'Beil, mit dem ein zum Tode Verurteilter enthauptet wird' (17. Jh.). R i c h t s c h e i t n. Richtlatte der Bauhandwerker, mhd. *riht(e)schīt*. R i c h t s c h n u r f. 'gespannte Schnur zum Bezeichnen gerader Linien' (15. Jh.), übertragen 'Grundsatz, Leitlinie, Norm' (1. Hälfte 16. Jh.). a n r i c h t e n Vb. 'zum Essen fertigmachen, auftragen, bereitstellen, Schaden verursachen, zustande bringen' (14. Jh.); A n r i c h t e f. 'Raum, Tisch zum Zubereiten, Bereitstellen von Speisen, niedriger Schrank für Geschirr', mhd. *anrihte*. a u f r i c h t e n Vb. 'geraderichten, senkrecht stellen, errichten, trösten, Mut zusprechen', ahd. *ūfrihten* 'emporstrecken' (9. Jh.), mhd. *ūfrihten* 'aufstellen, ins Werk setzen, trösten'. e i n r i c h t e n Vb. 'ausstatten' (mit Möbeln, Geräten), 'zur öffentlichen Nutzung gründen, nach bestimmten Gesichtspunkten gestalten, passend machen', refl. 'sich den Gegebenheiten, der Lage anpassen' (15. Jh.). e r r i c h t e n Vb. 'aufstellen, bilden' (17. Jh.); vgl. ahd. *irrihten* 'auf-, einrichten' (um 800). v e r r i c h t e n Vb. '(ordnungsgemäß) ausführen, erledigen', mhd. *verrihten* 'in Ordnung bringen, einrichten'. v o r r i c h t e n Vb. 'zurechtmachen, vorbereiten, erneuern' (16. Jh.), mhd. *vürrihten* 'hervorstrecken'. z u r i c h t e n Vb. 'herrichten, vorbereiten', mhd. *zuorihten*. Aus *übel zurichten* (16. Jh.) entwickelt *zurichten* den Sinn von 'beschädigen, mißhandeln'.

richtig Adj. 'fehlerfrei, zutreffend, so geartet, wie es sein soll, geeignet, den Tatsachen entsprechend', ahd. *rihtīg* 'gerade, ohne jede Abweichung, sich richtend' (um 1000), mhd. *rihtec*, *rihtic*, *rihtig* 'gerade, in die rechte Ordnung gebracht, gut, rechtschaffen' ist eine Ableitung teils von dem unter *richten* 'grademachen' behandelten Verb, teils von dem unter *recht* (s. d.) behandelten Adjektiv. – b e r i c h t i g e n Vb. 'richtigstellen, verbessern, korrigieren' (18. Jh.); zuvor gilt in diesem Sinne *berichten* (s. d.). R i c h t i g k e i t f. 'das Richtigsein, ordnungsgemäße Beschaffenheit', frühnhd. *richticheit* (1. Hälfte 15. Jh., geläufig seit 18. Jh.). a u f r i c h t i g Adj. 'ehrlich, anständig, offen, ohne Falsch', mhd. *ūfrihtic* 'gerade aufwärts gerichtet, aufrecht, emporstrebend, schlank, ohne Falsch, unverfälscht'.

Ricke f. weibliches Reh nach dem ersten Wurf, wahrscheinlich eine nd.-md. Bildung mit affektischem *kk* (1. Hälfte 18. Jh., bis ins 19. Jh. auf die nordd. Jägersprache beschränkt) zu dem unter *Reh* (s. d.) behandelten Tiernamen. Wohl nach Vorbildern wie *Zicke* (s. *Ziege*), vgl. *Rehziege* 'weibliches Reh' (Ende 18. Jh.), und *Sicke* 'Vogelweibchen' (1. Hälfte 18. Jh.), einer nd. Deminutivform zu dem unter *sie* (s. d.) dargestellten Pers.pron. (vgl. mhd. *siel*, frühnhd. *sielein* 'Weibchen', entsprechend mhd. *erl* 'Männchen').

riechen Vb. 'einen Geruch von sich geben, ausströmen, einen Geruch wahrnehmen', ahd. *riohhan* (8. Jh.), mhd. *riechen* 'rauchen, qualmen, dampfen, einen Geruch von sich geben', spätmhd. auch trans. 'einen Geruch wahrnehmen', entsprechend (sowohl intrans. wie trans.) mnd. *rēken*, mnl. nl. *rieken* 'riechen', (nur intrans.) aengl. *rēocan* 'rauchen, qualmen, dampfen, einen Geruch von sich geben', (intrans. und trans.) engl. *to reek* 'riechen, räuchern', anord. *rjūka* 'rauchen, dampfen, stieben, fahren', schwed. *ryka* 'rauchen, qualmen, schwelen, dampfen', daneben ablautend mhd. (md.) *rūchen*, mnd. mnl. *rūken*, nl. *ruiken* (intrans. und trans.). Die Herkunft dieser Verbalbildungen und der zugehörigen, unter *Rauch* und *Geruch* (s. d.) genannten Formen ist ungewiß. Vergleicht man jedoch griech. *erēūgesthai* (*ἐρεύγεσθαι*) 'durch den Mund von sich geben, ausspeien, rülpsen, aufstoßen', lat. *ērūgere* 'ausrülpsen, auswerfen', lit. *ráugti* 'einsäuern, gären lassen', *ráugėti* 'rülpsen, sauer aufstoßen, sauer werden', ablautend lit. *rúgti* 'gären, sauer werden', lett. *rūgt* 'säuern, aufgehen, gären, aufstoßen, aufsteigen, rauchen', russ. *rygát'* (*рыгать*) 'laut rülpsen', so ist ein Anschluß an ie. **rĕug-* 'sich erbrechen, rülpsen, hervorbrechen' möglich, wobei sich aus 'hervorbrechen' die alte germ. Bedeutung 'aufsteigen' (von Rauch) entwikkelt haben kann. – R i e c h e r m. 'Nase', umgangssprachlich (18. Jh.), auch 'Gefühl, Ahnungsvermögen' in der Wendung *einen guten, den richtigen Riecher haben* 'zutreffend ahnen, richtig vermuten' (19. Jh.).

Ried n., älter auch *Riet*, 'Sumpfgras, Schilf, Röhricht', ahd. *(h)riot* (9. Jh.), mhd. *riet*, asächs. *hriod*, mnd. *rēt*, *reit*, mnl. nl. *riet*, aengl. *hrēod*, engl. *reed*. Herkunft ungewiß. Vergleicht man aengl. *hreaþemūs* 'Fledermaus', lit. *krutéti* 'sich bewegen, sich rühren', *krutùs* 'beweglich, regsam, rührig, lebhaft', vielleicht auch toch. A *kru* 'Rohr (?)' und sieht in *Ried* 'das sich im Winde Bewegende', so kann an ie. **kreut-* bzw. **kreudh-* 'schwingen, lebhaft bewegen' gedacht werden. Ob hier auch mhd. *rütten* 'in Erschütterung versetzen, schütteln' angeschlossen werden kann, ist zweifelhaft (s. *rütteln*). – Dazu die verdeutlichende Bildung R i e d g r a s n., ahd. *(h)riotgras* (10. Jh.), mhd. *rietgras*.

Riege f. 'Gruppe von Turnern, Turnabteilung'. Ahd. *rīga* 'Linie, Kreisbogen' (um 1000), mhd. *rige* 'Linie, Reihe, Wassergraben' mit grammatischem Wechsel neben mhd. *rīhe* (s. *Reihe*) findet sich noch im Frühnhd. als *Ri(e)ge*, *Rig* 'Reihe, Zeile, Linie, Schicht', wird aber im 17. Jh. durch *Reihe* aus der hd. Literatursprache verdrängt. Auf nd. Sprachgebiet lebt jedoch mnd. *rēge*, *rīge* 'Reihe, geordnete Folge, Zeile, Häuserreihe' fortsetzendes *Rieg(e)*, *Reg(e)* weiter (vgl. berlin. *Riege Semmel* im 18. Jh.) und wird von dort („aus dem Sassischen") 1816 von Jahn als Fachausdruck in die Turnsprache übernommen.

Riegel m. 'Schieber (bzw. in älterer Zeit Querholz) als Verschlußvorrichtung, Sperre, Querbalken, in gleichgroße Abschnitte eingeteilter Streifen (z.B. von Schokolade, Seife), aufgesetzter Stoffstreifen', ahd. *rigil* 'Türriegel' (11. Jh., in der Zusammensetzung *rigilstab* 'Richtscheit, Meßlatte' bereits 10. Jh.), mhd. *rigel* 'Türriegel, Querholz, Querstange, kleine Anhöhe', mnd. *rēgel* 'Riegel, Querbalken, Querstange, Latte, Reling', mnl. *rēghel* 'Planke, Latte, gerade Linie, Lineal', *rijghel*, *rijchel* 'Riegel, Latte', mnl. nl. *richel* 'Leiste, Querbalken, Lattengestell, Bord, Sims'. Diese nur im kontinentalen Westgerm. nachzuweisenden Formen, deren Herleitung lange umstritten war, sind wohl als volkssprachliche Weiterentwicklungen einer schon in der Römerzeit erfolgten Entlehnung von lat. *rēgula* 'Leiste, Latte, Stab, Richtscheit, Lineal, Regel' (teilweise vermutlich über vlat. **regula* mit verkürztem Stammvokal, vielleicht in Anlehnung an die Vokalquantität des Präsens von zugrundeliegendem lat. *regere* 'geraderichten, lenken, leiten, herrschen') zu erklären; vgl. FRINGS/M. Germania Romana 2 (1968) 441f., DE VRIES Nl. 568, FEW 10, 223 (s. auch *Regel*). Andere Deutungen gehen, da die dt. Formen maskulines Genus zeigen (nur im Nl. daneben auch femininer Gebrauch), von der Annahme eines ursprünglich germ. Maskulinums aus, das sie an die Wortgruppen von *Reck* (s. d.), von *Rahe*, *regen* (s. d.) oder von *Reihe* (s. d.) anzuschließen suchen, und billigen dem lat. Substantiv höchstens sekundären Einfluß zu. – r i e g e l n Vb. 'mit einem Riegel verschließen', ahd. *rigilōn* 'schützen' (9. Jh.), mhd. *rigelen* 'den Riegel vorschieben, verriegeln, verschließen'; im Nhd. treten an die Stelle des Simplex meist die verdeutlichenden Präfixbildungen v e r r i e g e l n Vb., mhd. *verrigelen* 'verriegeln, versperren, einschließen', z u r i e g e l n Vb. (15. Jh.), a b r i e g e l n Vb. (Ende 18. Jh., auch übertragen 'absperren, den Zugang unterbinden').

[1]**Riemen** m. 'Lederstreifen, Band, Gürtel', ahd. *riomo* (9. Jh.), mhd. *rieme*, asächs. *riomo*, mnd. *rēme*, mnl. *rieme*, nl. *riem*, aengl. *rēoma* führen als Bildungen mit dem Suffix ie. *-men-* (wohl im Sinne von 'abgerissener Hautstreifen') mit verwandtem aind. *ru-*, *rav-* 'zerschlagen, zerschmettern', lat. *ruere* 'aufreißen, wühlen, scharren', *rutrum* 'Spaten, Hacke, Kelle', mir. *rūam* 'Spaten, Grabscheit', lit. *ráuti* 'reißen, raufen, mit der Wurzel ausreißen', aslaw. *ryti*, russ. *ryt'* (*рыть*) 'graben, wühlen', anord. *rȳja* 'Wolle abpflükken' auf die Wurzel ie. **reu-*, **reu̯ə-* 'aufreißen, graben, aufwühlen, ausreißen, raffen' (s. auch *Raub*, *raufen*, *rauh*, *roden*). – T r e i b r i e m e n m. 'endloser Riemen aus Leder, Gummi, Kunststoff zum Übertragen einer Drehbewegung' (2. Hälfte 19. Jh.).

[2]**Riemen** m. 'Ruder', ahd. *riemo* (Hs. 13. Jh.), mhd. *rieme* 'Ruder(stange)', mnd. *rēm(e)*, mnl. *rieme*, nl. *riem* sind entlehnt aus lat. *rēmus* 'Ruder' (mit *ie* aus *ē*).

Riese m. Sagengestalt mit großen Körpermaßen, übertragen 'sehr großer Mensch', ahd. *risi* (9. Jh.), mhd. *rise* (auch 'Person von hervorragenden geistigen, seelischen Eigenschaften'), mnd. *rēse*, mnl. *rēse*, (mit Rundung) *reuse*, *rōse*, nl. *reus*, anord. *risi*, schwed. *rese*, (älter) *rise* haben neben sich mit *w-* anlautende Formen wie asächs. *wrisi* (neben *riso*; vgl. auch *wrisilīk* 'riesenhaft'), anfrk. *wrisil*. Herkunft ungewiß. Falls sich (trotz Bedenken) aind. *várṣma* 'Höhe, höchster Teil, Spitze, Scheitel, Oberfläche', griech. *rhíon* (*ῥίον*, aus **Ϝρίον*) 'Berghöhe, Vorgebirge', lat. *verrūca* 'Warze', lit. *viršùs* 'Oberes, Äußeres, Spitze, Gipfel', aslaw. *vrьchъ*, russ. *verch* (*верх*) 'oberes Ende, Scheitel, Gipfel, Spitze' vergleichen läßt, kann *Riese* als 'ein Kerl wie ein Berg' oder (da in der germ. Mythologie die Riesen häufig als auf Bergen sitzend dargestellt werden) 'ein auf Bergen hausendes Wesen' gedeutet werden. Vielleicht hat sich schon früh volksetymologischer Anschluß an das starke Verb germ. **reisan* 'auf-, untergehen, sich erheben' (s. *Reise*, *reisen*) stattgefunden? Alle Erklärungen sind unsicher. – r i e s i g Adj. 'groß wie ein Riese, übermäßig groß, gewaltig, schrecklich' (19. Jh.), älter *riesicht* (Ende 17. Jh.). r i e s e n h a f t Adj. 'groß wie ein Riese' (um 1700).

rieseln Vb. 'sacht fließen, rinnen, in feinen Tropfen niederfallen', mhd. *riselen* 'tröpfeln, leise regnen', Iterativbildung zu dem unter *Reise* (s. d.) angeführten starken Verb ahd. *rīsan* 'fallen, niederfallen'.

Riesling m. edle, aromatische, goldgelbe Traubensorte, daraus hergestellter Weißwein, westmd. *Rußling* (Ende 15. Jh.), *Rißling* (Mitte 16. Jh.). Herkunft unerklärt.

Riester m. 'aufzusetzender Flecken zur Ausbesserung des Schuhwerks', mundartlich verbreitet, zuerst deminutiv frühnhd. *riesterlen* (um 1500). Eine Bildung mit ie. *tro*-Suffix, die sich wie verwandtes *Altreuse*, bei sekundärer Entrundung *Altreiß* 'Schuhflicker', mhd. *riuȝe*, *altriuȝe*, frühnhd. *rewse* (15. Jh.), *Altreuss* (16. Jh.), *Altreiß* (17. Jh.) an eine *s*-Erweiterung der Wurzel ie. **krā(u)-*, **krəu-*, **krū̆-* 'aufeinander legen, be-, zudecken, verbergen' anschließt (auf einer Dentalerweiterung der Wurzel beruht germ. **hreudan* 'bedecken', s. *rüsten*).

Riff n. 'Felsbank, langgestreckte Sandbank, Klippenreihe'. Im 17. Jh. wird nd. *Reff*, *Riff* in die Literatursprache aufgenommen. Voraufgehendes mnd. *ref*, *rif* ist eine Entlehnung aus den skandinavischen Sprachen, vgl. anord. *rif*, eigentl. 'Rippe' (s. *Rippe*), schwed. dän. norw. *rev*. Das Resultat einer ähnlichen Bedeutungsentwicklung zeigt frz. *côte* (s. *Küste*).

Riffel f. 'Flachskamm, Riffelmaschine', ahd. *riffila* 'Säge, Rechen' (10. Jh.), frühnhd. *rifel*, *riffel* 'Flachskamm', mnd. *rēpel*, nl. *repel*, engl. *ripple* sind als Labialerweiterungen mit unerweitertem *Rain* (s. d.) an die dort genannte Wurzel ie. **rei-* 'ritzen, reißen, schneiden' (wozu auch *Reihe*, *Riege*, s. d.) anzuschließen (s. auch *reffen*). Vom Substantiv abgeleitet r i f f e l n Vb. 'durch den Flachskamm ziehen, durchhecheln' (um die Samenkapseln von den Halmen zu entfernen), ahd. *riffilōn* 'ausbessern, sägen' (10. Jh.), mhd. *rifelen*, *riffeln* 'durchkämmen, -hecheln', mnd. mnl. *rēpelen*, engl. *to ripple*.

rigoros Adj. 'streng, hart, unerbittlich, rücksichtslos', entlehnt (Ende 16. Jh.) unter Einfluß von gleichbed. mfrz. *rigoreux*, mfrz. frz. *rigoureux* (deshalb bis ins späte 19. Jh. auch *rigo(u)reux*, *rigorös*) aus spätlat. (jedoch nur in der Bedeutung 'sehr kalt' belegtem) *rigorōsus* bzw. mlat. *rigorosus* 'streng, hart'; zu lat. *rigor* 'Starrheit, Härte, Strenge, Unbiegsamkeit', auch 'Kälte', einer Bildung zu lat. *rigēre* 'starr, steif sein'.

Rille f. 'Furche, Rinne, Kerbe'. Nd. *Rille* 'Rinne, Furche, Flußbett', eigentl. 'kleiner Bach' (vgl. nl. *ril* 'Furche') wird in der Mitte des 18. Jhs. in die Literatursprache aufgenommen. Es ist ein Deminutivum mit dem Suffix germ. *-(u)lō(n)* zu mnd. *rīde* 'Bach, kleiner Wasserlauf, Graben', asächs. *rīð* 'Bach' (in Ortsnamen), aengl. *rīþ*, *rīþe* 'Bach, Fluß', einer Dentalbildung zu der unter *rinnen* (s. d.) genannten Wurzel.

Rind n. Der Name für wiederkäuende, horntragende Paarhufer, bes. für deren Zuchtformen, die als Milch- und Fleischlieferanten sowie als Zugtiere gehalten werden, ahd. *(h)rind* (8. Jh.), mhd. *rint*, asächs. *hrīð*, mnd. *rint*, mnl. *rint*, *rent*, aengl. *hrīþer* und schwundstufig mnd. *runt*, *ront*, mnl. *ront*, *runt*, nl. *rund*, aengl. *hrӯþer* führt über ie. **k̂rent-*, **k̂r̥nt-* auf die Wurzel ie. **k̂er(ə)-* 'das Oberste am Körper, Kopf, Horn' (s. *Hirn*, *Horn* und andere Benennungen gehörnter Tiere wie *Hirsch*, *Hornisse*, *Ren*). – Rindvieh n. (15. Jh.).

Rinde f. 'äußere, den Stamm, die Äste, Wurzeln umgebende Schicht, Borke', ahd. *rinta* (8. Jh.), mhd. *rinde*, *rinte*, asächs. *rinda*, mnd. *rinde*, mnl. *rinde*, *rende*, aengl. *rind(e)*, engl. *rind* und (ablautend) nhd. (elsäss.) *Runge*, (schweiz.) *Runde*, *Runge* '(Käse)rinde', mnl. *runde*, *run(ne)* 'Rinde, Gerberlohe', nl. *run* 'Gerberlohe' lassen sich mit mnd. *rende* 'Zerbrochenes', aengl. *rendan* 'reißen', engl. *to rend* '(in Stücke) reißen' verbinden und führen vielleicht mit aind. *rándhram* 'Öffnung, Spalt, Höhle' auf ie. **rendh-* '(zer)reißen', so daß für *Rinde* eine Grundbedeutung '(zur Nutzung) Abgerissenes, Zerrissenes' oder 'Rissiges' angenommen werden kann.

Ring m. 'kreisförmiges Gebilde', ahd. *(h)ring* (8. Jh.), mhd. *rinc*, *ring*, auch 'Panzerring, (ringförmige) Versammlung, Gericht, Platz', asächs. *hring*, mnd. *rink*, mnl. *rinc*, nl. *ring*, aengl. *hring*, engl. *ring*, anord. *hringr*, auch 'Schwert, Schlange, Schiff', schwed. *ring* (germ. **hrenga-*, woraus finn. *rengas* 'Ring') führt mit aslaw. *krǫgъ*, russ. *krug* (*круг*) 'Kreis, runde Scheibe' auf ie. **(s)krengh-* (s. auch [2]*ringen* und ablautendes *Runge*), eine nasalierte Erweiterung der Wurzel ie. **(s)ker-* 'drehen, biegen, kreisend bewegen' (s. *schräg*, *Schrank*). – rings Adv. 'rundherum, im Kreis, überall' (1. Hälfte 16. Jh.), obd. *gerings* (Mitte 15. Jh.), aus präpositionalen Wendungen wie frühnhd. *zu ring vmb*, *zu rings vmbher* mit adverbiell erstarrtem genitivischem *-s*; vgl. *ringsherum*, frühnhd. *rings herumb*. [1]ringen Vb. 'einen Ring bilden, mit einem Ring versehen' (vereinzelt bis ins 18. Jh., heute unüblich). Als schwaches Verb vom Substantiv abgeleitet, ahd. *(h)ringen* 'zu einem Kreis formen ' (um 1000; vgl. *gi(h)ringen* 'einen Kreis bilden, umgürten', 10. Jh.), *(h)ringōn* '(im 'Kreis) aufstellen' (9. Jh.), mhd. *ringen* 'mit einem Ring versehen'; dazu die Präfixverben beringen Vb. 'mit einem Ring versehen', mhd. *beringen* 'umzingeln'; umringen Vb. 'dicht umgeben, umstellen, umdrängen', ahd. *umbi(h)ringen* (8. Jh.), mhd. *umberingen*; vgl. ahd. *umbi(h)ring* (8. Jh.), mhd. *umberinc* 'Umkreis, Kreislauf'. Ringel m. n. (auch f.) 'kleiner Ring, kleineres ring-, kreisförmiges Gebilde, Gebäck', ahd. *(h)ringila* f. 'Ringelblume, kreisförmiges Gebäck' (10. Jh.), *(h)ringilo* m. 'Ringelblume' (11. Jh.), mhd. *ringel(īn)*, *ringele*, auch 'kleines ringförmiges Gebilde, kleiner Ring', Deminutivbildung zum Substantiv. ringeln Vb. 'zu kleinen Ringen formen, Kreise, Schnörkel bilden, entstehen lassen', refl. 'die Form von Ringeln annehmen', ahd. *(h)ringilōn* 'mit Ringeln versehen' (Hs. 12. Jh.), mhd. *ringeln*, auch refl. 'sich ringeln, kräuseln'. Ringelnatter f. graugrüne, mit 3 bis 6 Reihen schwarzer Flecken und einem weißen bis gelben Fleck an beiden Seiten des Hinterkopfes gezeichnete Natter (Ende 18. Jh.). Nach den schwarzen Ringeln auf der Haut, oder weil sie sich zusammenringelt?

[2]**ringen** Vb. 'mit drehenden, kreisenden Bewegungen, mit Griffen und Schwüngen paarweise kämpfen, sich mühen, sich anstrengen'. Das starke Verb ahd. *(h)ringan* 'kämpfen, sich abmühen' (8. Jh.), mhd. *ringen*, mnd. mnl. nl. (älter) *ringen* 'kämpfen' stellt sich im Sinne von 'sich im Kreis bewegen, sich hin und her bewegen, sich mühen, kämpfen' zu

der unter *Ring* (s. d.) angegebenen nasalierten Erweiterung ie. **(s)krengh-* der Wurzel ie. **(s)ker-* 'drehen, biegen, kreisend bewegen'. Vgl. W. Pfeifer in: PBB (H) 79 (1957) Sonderbd., 94ff. und Mitzka in: Zs. f. Mundartforsch. 34 (1967) 137ff. Die vornehmlich in md. Mundarten neben intrans. 'kämpfen' begegnende trans. Bedeutung 'drückend winden, drehend zusammenpressen, Wasser aus der Wäsche wringen' stammt dagegen unter Verlust des anlautenden *w-* aus nordd. *wringen* (s. d.). – e r r i n g e n Vb. 'durch Mühe, Anstrengung erlangen, gewinnen, erkämpfen', ahd. *ir(h)ringan* (9. Jh.), mhd. *erringen*; E r r u n g e n s c h a f t f. 'durch Anstrengung Erreichtes, Erworbenes, wohltätige Neuerung' (16. Jh.), anfangs 'das von den Ehegatten während der Ehe erworbene Vermögen' (entsprechend mlat. *acquestus*); in Verbindung mit der Märzrevolution 1848 in Berlin entwickelt sich die Bedeutung 'sozialer Fortschritt'. a b r i n g e n Vb. 'etw. von jmdm. gegen seinen anfänglichen Widerstand erhalten' (Mitte 16. Jh.). n i e d e r r i n g e n Vb. 'zu Boden zwingen, überwinden, besiegen' (1. Hälfte 19. Jh.). R i n g e r m. 'Ringkämpfer, Wettkämpfer beim Ringen', ahd. *(h)ringāri* (9. Jh.), mhd. *ringer*. R i n g k a m p f m. (19. Jh.).

rinnen Vb. '(stetig, langsam) fließen', ahd. *rinnan* 'fließen, laufen' (8. Jh.), mhd. *rinnen* 'fließen, von einer Flüssigkeit fortgetragen werden, schwimmen, triefen, laufen, rennen', asächs. *rinnan*, mnd. mnl. *rinnen*, aengl. *rinnan* (engl. *to run* mit dem vom Perf. stammenden schwundstufigen *-u-*), anord. *renna*, *rinna*, schwed. *rinna*, got. *rinnan* 'rennen, laufen' ist ein ursprüngliches Nasalpräsens, das sich außergerm. vergleichen läßt mit aind. *riṇā́ti* 'läßt strömen, läßt laufen, entblößt', *ríyatē* 'rinnt, gerät ins Fließen', lat. *rīvus* 'Bach', aslaw. *rěka*, russ. *reká* (*река*) 'Fluß', aslaw. *rinǫti sę* 'sich stürzen', russ. *rínut'sja* (*ринуться*) 'sich stürzen, jagen'. Als Ausgangsform ist ansetzbar ie. **rei-* 'fließen', das sich an die unter *Ernst* und *Reise* (s. d.) angeführte Wurzel ie. **er-*, **or-*, **r-* 'sich in Bewegung setzen, erregen, in die Höhe bringen (auch von Bewegung nach abwärts)' anschließen läßt. S. auch *gerinnen*. – R u n s t f. m. 'das Strömen, Rinnen' (heute unüblich), ahd. *runst* (um 900), mhd. *runst*, schwundstufige Abstraktbildung zum Verb, wozu *blutrünstig* (s. *Blut*). R i n n e f. 'lange, schmale Vertiefung im Boden, offenes Abflußrohr, Rille', ahd. *rinna* (8. Jh.), mhd. *rinne* 'Wasserfluß, Quell, Dachtraufe, Wasserleitung, -röhre', got. *rinnō* 'Gießbach'; vgl. ablautend mhd. mnd. *renne*, schwed. *ränna* sowie mnd. *runne*, aengl. *rynel(e)*, *rinnele* 'Wasserlauf, Strom', engl. *runnel* 'Rinnsal, Rinnstein'. R i n n s t e i n m. 'in Stein gehauene, gemauerte Rinne im Straßenpflaster' (Ende 16. Jh.). R i n n s a l n. (früher auch m.), älter *Rinnsel*, 'kleiner Wasserlauf' (19. Jh.), zuvor 'Flußbett, Rinne' (16. Jh.), *rinsel*, *rintzel* 'Lab, Milchgerinnungsmittel' (15. Jh.); zum Suffix s. *-sal*, *-sel*.

Rippe f. einer der gebogenen Knochen, die den Brustkorb von Menschen und Wirbeltieren bilden, ahd. *ribbi*, *rippi* n. (9. Jh.), *ribba*, *rippa* f. (10. Jh.), mhd. *rippe*, *rib(b)e*, *riebe* f. n., asächs. *ribbi* n., mnd *ribbe*, *rebbe* m. n., mnl. *ribbe*, *rebbe*, nl. *rib(be)*, aengl. *rib(b)*, engl. *rib*, anord. *rif*, auch 'Riff' (s. *Riff*), schwed. *rev* führen als *j*-Ableitungen (germ. **rebja-*,) mit der *ro*-Ableitung aslaw. *rebro* 'Rippe, Seite', russ. *rebró* (*ребро*) 'Rippe' sowie mit griech. *eréphein* (*ἐρέφειν*) 'überdekken, überdachen' und (ablautend) *órophos* (*ὄροφος*) 'Bedeckung, Dach' auf eine Wurzel ie. **rebh-* 'überwölben, überdachen'. Die Rippen sind also die Bedeckung der Brusthöhle. – G e r i p p e n. 'Knochengerüst der Brust, des Körpers, Skelett' (17. Jh.), gebildet mit kollektivem *ge-* (s. d.). R i p p e n s p e e r m. 'gepökeltes Rippenstück vom Schwein', *Rippspeer* (18. Jh.), mnd. *ribbespēr*; das Grundwort (s. *Speer*) bezeichnet zunächst den Bratspieß, auf den das Rippenstück gesteckt wird, danach im Kompositum das Fleisch selbst.

Risiko n. (Plur. *Risiken*) 'Wagnis, Gefahr', bes. 'gewagter Einsatz bei einer geschäftlichen Unternehmung', in diesem Sinne entlehnt in die obd. Kaufmannssprache (*uff unser Rysigo* 1507, *Risigo* 1518, *Risicko*, *Risiko* 1558) aus ital. (älter) *risico*, *risco* (heute *rischio*) 'Gefahr, Wagnis' (woraus auch gleichbed. mfrz. frz. *risque*). Auszugehen ist wohl von vlat. **resecum* 'Felsklippe', übertragen 'Gefahr' (die verschifften Waren droht), Verbalsubstantiv im Sinne von 'das vom Festland Abgeschnittene' (vgl. die ähnliche Bedeutungsentwicklung von *Schäre*, s. d.) zu lat. *resecāre* 'abschneiden'. – r i s k i e r e n Vb.

'freiwillig Gefahr auf sich nehmen, ein Wagnis eingehen, aufs Spiel setzen' (2. Hälfte 17. Jh.), abgeleitet von frühnhd. *Risigo* (vgl. die Frühformen *resygiren*, *risigirn* u. ä.), danach (unter Einfluß von zu frz. *risque* gebildetem *risquer*) auch *risquieren*. r i s k a n t Adj. 'gewagt, gefährlich, waghalsig' (um 1800, geläufig 20. Jh.), frz. (landschaftlich) *risquant*.

Rispe f. 'verästelter Blüten- und Fruchtstand, Büschel', frühnhd. *rispe* 'Gezweig, Gesträuch' (15. Jh.); vgl. mhd. *rispen*, *rispeln* 'kräuseln' sowie die Kollektivbildung ahd. *(h)rispahi* 'Gesträuch, Gebüsch' (8. Jh.). Die genannten Formen gehören wie lat. *crispus* 'kraus, sich kräuselnd, sich wellenförmig bewegend' als *p*-Ableitungen zu der unter *Reis* n. (s. d.) angegebenen Wurzelerweiterung.

Riß m. 'das Auseinanderreißen, durch (Zer)reißen eines festen Körpers entstandener Spalt, Ritze', ahd. *riȥ* 'Furche, Riß, Strich, Schriftzeichen' (9. Jh.), mhd. *riȥ* 'Riß, Ritze, Wunde', frühnhd. *Riß* (auch 'Linie einer Zeichnung, Zeichnung', 16. Jh.), mnd. mnl. *rēte*, nl. *reet* 'Riß, Spalte', aengl. *writ* 'Buchstabe, Schrift', engl. *writ* 'Schreiben, behördlicher Erlaß, Verfügung, Urkunde', anord. *rit*, (älter) *vrit* 'Schrift, Schreiben', got. *writs* 'Strich' stehen als ablautende Abstrakta zu dem unter *reißen* (s. d.) behandelten Verb. – r i s s i g Adj. (17. Jh.).

Rist m. 'Fuß-, Handrücken, Übergang vom Hals zum Rücken (bes. beim Pferd)', ahd. *(w)rist* m. (Hs. 13. Jh.), mhd. *rist* m. n., *riste* f. n. 'Hand-, Fußgelenk', spätmhd. 'Halsgelenk an der Schulter des Pferdes, gebogener Rücken des Fußes', frühnhd. 'Wölbung des Fußes', *riß* 'Fußfessel, Fußschlinge, Zehe', afries. *-wrist* 'Hand-, Fußwurzel', mnl. *wrist*, aengl. engl. *wrist* 'Handgelenk', anord. *rist*, (älter) *vrist* 'Spann des Fußes', schwed. *vrist* führen auf eine *st*-Bildung germ. **wrihst-*. Verwandt sind ahd. *(w)rīho* 'Kniekehle, Wade' (9. Jh.), mhd. *rīhe* 'Rist des Fußes', mnd. *wrīch* 'verdreht' sowie (mit grammatischem Wechsel) mnl. *wrīgen* 'krumm wachsen', aengl. *wrīgian* 'gehen, drehen, wenden' und außergerm. griech. *rhoikós* (ῥοικός) 'gekrümmt, gebogen, krummbeinig', lat. *rīca* 'Kopftuch', lit. *riéša(s)* 'Handgelenk, -wurzel, Fußgelenk, -wurzel, -knöchel'. Sie führen auf ie. **u̯reik̂-* 'drehen, umwickeln, binden', eine Erweiterung der Wurzel ie. **u̯er-* 'drehen, biegen'. Zu einer Dentalableitung der gleichen Wurzel gehört das starke Verb ahd. *(w)rīdan* 'drehen, winden' (8. Jh.), aengl. *wrīþan* 'winden, flechten, fesseln', engl. *to writhe* '(sich) winden, drehen', anord. *rīða* 'flechten, knüpfen'; ferner s. auch *werfen* und *Wurm*.

Ritt m. 'das Reiten, Ausflug zu Pferde' (16. Jh.; vgl. anders gebildetes *rytte*, 15. Jh.), auch 'Reiterei, Reiterschar' (17. Jh.), mhd. mnd. *rit* 'Ritt, Kriegszug zu Pferde'; vgl. auch mnd. *rēt* n. 'Ritt, (Feld)zug von Reisigen, Reiterschar'. Ablautende Nomina actionis zu *reiten* (s. d.). – R i t t m e i s t e r m. 'Hauptmann der Kavallerie' (Mitte 16. Jh.), zuvor (in Anlehnung an mnd. *rēt*?) *Retmeister* (Mitte 15. Jh.); eigentl. 'Befehlshaber einer Reiterschar' (s. oben). r i t t l i n g s Adv. 'im Reitersitz' (17. Jh.); s. *-lings*.

Ritter m. Standesbezeichnung für den in der mittelalterlichen Feudalgesellschaft dem Lehnsherrn zu Kriegsdienst und Treue verpflichteten Angehörigen des Adels, mhd. *ritter*, *riter*, eigentl. 'Reiter, Streiter zu Pferde' (um 1170), Entlehnung (mit hd. *-tt-* aus *-dd-*) aus gleichbed. mnl. *riddere*, *ridder*, *riddare* (vgl. nl. *ridder*), einer Bildung (neben mnl. *rīder* 'Reiter') zu mnl. *rīden* (s. *reiten*). Der wohl im fläm. Sprachraum entstandene Ausdruck übersetzt zunächst afrz. *cheval(i)er* 'Reiter, Ritter', wird dann zur Standesbezeichnung und verbreitet sich im 12. Jh., als das flandrische Ritterwesen in hohem Ansehen steht (vgl. mnd. *ridder*, *ritter*, woraus anord. *riddari*, afries. *ridder*). – r i t t e r l i c h Adj. 'den Ritter betreffend, ihm gemäß, schützend-hilfreich, zuvorkommend', mhd. *riterlich*, *ritterlich* 'einem Ritter geziemend, stattlich, herrlich'. R i t t e r t u m n. die Ritterschaft als historische, gesellschaftliche, kulturelle Erscheinung (Anfang 19. Jh.). R i t t e r g u t n. ehemals ein mit Kriegsdienstpflicht und mit besonderen Privilegien verbundenes, einem Adligen übertragenes Landgut (um 1500), danach (bes. im ostelbischen Gebiet) 'aristokratischer Großgrundbesitz' als umfassender Landwirtschaftsbetrieb (19. Jh.); vgl. frühnhd. *ritterlehen* (15. Jh.), mlat. *feudum militare* (14. Jh.), auch mhd. *erbeguot*, *herrenguot*, *lēhenguot*. R i t t e r s c h l a g m. 'symbolischer Schlag mit dem Schwert zum Zeichen der Aufnahme in den Ritterstand', spätmhd. *ritterslac*. R i t t e r s p o r n m. Hahnenfußgewächs mit in Rispen wachsenden langgespornten Blüten (15. Jh.);

vgl. mhd. *ritterspor*, *rittersporn* für dem heutigen Rittersporn ähnliche Pflanzen.

Ritus m. 'religiöse Zeremonie, kultischer Brauch, Ordnung der Kulthandlungen, kultische Texte religiöser Gemeinschaften' (Ende 16. Jh.), 'Festbrauch, feststehender Ablauf einer (feierlichen) Handlung, regelmäßig sich wiederholender Ablauf' (Anfang 17. Jh.), Übernahme von lat. *rītus* 'hergebrachte Weise der Religionsübung, religiöser Brauch, Zeremonie, Sitte, Gewohnheit, Art'. – rituell Adj. 'dem Ritus, kirchlich-kultischem Brauch entsprechend, zeremoniell' (Anfang 19. Jh.), verallgemeinert 'in gleichbleibender, regelmäßig sich wiederholender feierlicher Form ablaufend' (1. Hälfte 20. Jh.), frz. *rituel*, entsprechend lat. *rītuālis* 'den religiösen Brauch, religiöse Zeremonien betreffend'. Ritual n. 'schriftlich fixierte Ordnung der röm.-katholischen Liturgie', auch (neben *Rituale* bzw. *Ritualbuch*) 'Zeremonienbuch', danach 'geordnete Gesamtheit der festgelegten Bräuche, Kultordnung' (18. Jh.), 'wiederholtes, festgelegtes und daher gleichbleibendes Vorgehen, Verfahren' (2. Hälfte 18. Jh.), aus lat. *rītuāle*, substantiviertem Neutr. von lat. *rītuālis* (s. oben). Im 20. Jh. als Fachausdruck der Psychologie und Verhaltensforschung 'genormte, typisierte Verhaltensweise, ritueller Ablauf einer Handlung'.

ritzen Vb. 'mit einem harten, spitzen Gegenstand eine schmale Vertiefung eingraben, kerben, spalten', ahd. *rizzen* (9. Jh.), *rizzōn* (10. Jh.), mhd. *ritzen*, auch 'verwunden', Intensivbildung zu dem unter *reißen* (s. d.) aufgeführten Verb. – Ritz m. n. 'Kerbe, Spalt, Schlitz, Wunde', mhd. *riz*, aus dem Verb rückgebildet. Daneben Ritze f. 'Spalte, schmale Öffnung' (15. Jh.).

Rivale m. 'Nebenbuhler, Mitbewerber, Gegenspieler' (zunächst in der Liebe), Entlehnung (17. Jh.) von gleichbed. mfrz. frz. *rival*, das seinerseits zurückgeht auf lat. *rīvālis* 'Nebenbuhler', eigentl. 'Mitberechtigter an einer Wasserrinne, Kanalnachbar' (der mit einem anderen das Anrecht an einem Wasserlauf teilt), Substantivierung von lat. *rīvālis* 'zum Bach, zum Wasserlauf gehörig'; zu lat. *rīvus* 'Bach, Wassergraben, Kanal'. Im Dt. zunächst *Rival* (Sing.) bzw. *Rival(e)*, *Rivals* (Plur.), erst seit dem 19. Jh. *Rivale* (wohl aus dem Plur.). – rivalisieren Vb. 'sich mitbewerben, wetteifern, konkurrieren' (2. Hälfte 18. Jh.), frz. *rivaliser*. Rivalität f. 'Nebenbuhlerschaft, Konkurrenz' (Ende 18. Jh.), latinisierend nach frz. *rivalité*, vgl. lat. *rīvālitās* (Gen. *rīvālitātis*).

Robbe f. (bis ins 19. Jh. auch m.) Name für verschiedene Meeressäugetiere (Flossenfüßer), ein Küstenwort, seit Anfang des 17. Jhs. in der Literatursprache (zuvor *Seehund*, *Meerkalb*, *-schwein*, *-hund*), nordfries. *Rob* f. und m., nd. *Rubbe*, nl. *rob*. Herkunft ungewiß. Eine Anschlußmöglichkeit bietet nl. *robben* 'reiben, sich balgen, ausgelassen spielen', nordfries. *rubben* 'reiben, kratzen, raufen, zerren', eigentl. 'gesponnenes Garn für Taue glattreiben, glattstreichen und in Teer tauchen', schwed. *rubba* 'vom Platz rücken, verschieben', isl. *rubba* 'kratzen, scheuern', nhd. (md.) *rubbeln* 'tüchtig abreiben' (zu der unter *Raub*, s. d., angeführten Wurzelerweiterung), falls der Name die Fortbewegungsart und das Treiben der Tiere an Land wiederzugeben sucht (vgl. DE VRIES Nl. 581). – robben Vb. 'robbenartig kriechen' (20. Jh.).

Robe f. 'langes Frauenoberkleid (mit Schleppe), festliche, feierliche Kleidung' (Ende 16. Jh.), 'Amtstracht, Talar' (18. Jh.), Übernahme von gleichbed. frz. *robe*, afrz. 'Raub, Beute, die (zunächst erbeutete, dann überhaupt vorhandene) bewegliche, bei und an sich getragene Habe, Rock, Gewand', das selbst aus dem Germ. entlehnt ist. Die afrz. Form läßt ein germ. Femininum erwarten, das allerdings nicht sicher belegt ist. Die in Frage kommenden Stellen der ahd. Glossen und des Hildebrandsliedes können auch als Nom. Akk. Plur. des unter *Raub* (s. d.) genannten Maskulinums aufgefaßt werden. Möglicherweise sind die flektierten Formen des Maskulinums erst im roman. und z. T. auch im mlat. Sprachgebrauch als Feminina angesehen worden (vgl. eindeutig feminines mlat. *rauba*, *raupa* 'gewaltsame Wegnahme, geraubtes Gut' in mlat. Rechtstexten, z. B. der Lex Alamannorum, dann 'Kleidung, Gewand').

Roboter m. künstlicher (Maschinen)-mensch, Automat, der ferngesteuert oder programmiert bestimmte Tätigkeiten ausführt. K. Čapek nennt in seinem utopischen Drama „R. U. R." (= Rossum's Universal Robots, 1920) einen künstlichen Menschen, der Arbeiten verrichten und auch reden kann, tschech. *robot*. Dies ist eine eigenwillige Bildung zu atschech. tschech. *robota* 'schwere, mühsame Arbeit, Frondienst, Knechtsarbeit, Untertanenarbeit' (verwandt mit *Arbeit*, s. d.). Der Übersetzer O. Pick gibt den Ausdruck im Dt. (erweitert um das Suffix der Nomina agentis *-er*) mit *Roboter* wieder (1922). – Robot f. (landschaftlich) 'Frondienst, -arbeit', frühe Entlehnung (omd. 1. Hälfte 14. Jh., obd. 2. Hälfte 14. Jh.) aus atschech. *robota* (s. oben). roboten Vb. 'schwer arbeiten, schuften', omd. obd. *robaten*, *roboten* (15. Jh.), wozu (jedoch ohne Tradition) md. *robäter* 'Frondienstpflichtiger' (15. Jh.); vgl. K. Müller in: Zur Ausbildung d. Norm d. dt. Literaturspr. 3 (1976) 153f.

robust Adj. 'kräftig, derb, stark, vierschrötig, widerstandsfähig, unempfindlich', entlehnt (Anfang 17. Jh.) aus lat. *rōbustus* 'hart, fest, stark, kräftig', eigentl. 'aus Hartholz, Eiche', zu lat. *rōbur*, alat. *rōbus* (Gen. *rōboris*) 'Kernholz, Eiche, Härte, Stärke, Kraft'. Die seit dem Ende des 18. Jhs. zunehmende Gebrauchshäufigkeit erfolgt unter dem Einfluß von ebenfalls auf dem Lat. beruhendem frz. *robuste*.

röcheln Vb. 'rasselnd, stöhnend atmen', mhd. *rücheln*, *rühelen*, auch 'wiehern, brüllen', ist wie mnl. *rochelen* 'brüllen, schreien', nl. 'röcheln' eine Iterativbildung zu einem in ahd. *rohōn* 'brüllen, grunzen' (9. Jh.), mhd. *rohen*, *ruohen* 'brüllen, grunzen, lärmen' belegten (im Nhd. untergegangenen) Verb lautnachahmenden Ursprungs. Außergerm. stehen nahe lit. *rūkti* 'brüllen', lett. *rūkt* 'brüllen, brausen, tosen', russ. *rykát'* (*рыкать*) 'brüllen, grunzen', so daß eine Gutturalerweiterung ie. **reuk-* zu einer Schallwurzel ie. **reu-*, **rēu-*, **rū-* 'brüllen, heisere Laute ausstoßen' und (im Hinblick auf das Germ.) 'brummen, murren, dumpfe Laute von sich geben' (wozu auch *raunen*, *Rune* und vielleicht [1]*Rost*, s. d.) angesetzt werden kann.

Rock m. 'von der Hüfte abwärts reichendes Oberbekleidungsstück' (für Frauen), 'mantelartiges Obergewand, Jacke' (für Männer), ahd. *roc* 'Obergewand, Kittel, Hemd' (9. Jh.), mhd. *roc*, *rok*, mnd. *rok*, mnl. *roc*, nl. *rok*, afries. *rokk*, aengl. *rocc* (daraus oder aus dem Mnd. anord. *rokkr*, schwed. *rock*). Daneben stehen mit unerklärtem (aus Vermischung entstandenem?), doch früh entfallendem *h* ahd. *hroc* (9. Jh., bair.), asächs. *hroc*, afries. *hrokk* und ein aus mlat. *hrocci* (Plur.) zu erschließendes anfrk. **hrokk* (woraus afrz. *froc* 'Mönchskutte'). Herkunft ungeklärt. Vielleicht ist air. *rucht* (aus **ruktu-*) 'Tunika, wollenes Unterkleid der Männer', mkymr. *rhuch(en)* (aus **roukkā*) 'Mantel' vergleichbar, so daß ein allerdings nur aus dem Germ. und Kelt. zu erschließender Ansatz ie. **ruk(k)-*, **rouk(k)-* denkbar ist. S. auch *Frack*.

Rock and Roll, verkürzend *Rock 'n' Roll*, abgekürzt *Rock*, aus den USA stammender, den Rhythmus betonender, stark synkopierter Musizierstil und Modetanz, Übernahme (50er Jahre 20. Jh.) von amerik.-engl. *rock and roll*, *rock 'n' roll*, *rock*; vgl. engl. *to rock* 'wiegen, schaukeln, schwanken, wanken' (s. *rücken*) und *to roll* 'rollen, wälzen' (gleicher Herkunft wie *rollen*, s. d.). – rocken Vb. 'Rock and Roll spielen, tanzen' (2. Hälfte 20. Jh.).

Rocken m. senkrecht am Spinnrad angebrachter Stab, um den das zu Verspinnende (Hanf, Flachs) gewickelt wird, ahd. *rocko* (9. Jh.), mhd. *rocke*, mnd. *rocken*, mnl. *rokke(n)*, nl. *rokken*, anord. *rokkr*, schwed. *rock*. Aus dem Germ. entlehnt sind aprov. *roca*, obital. *rocca*, span. *rueca*, port. *roca*, die in ihrer Verbreitung auf ein got. **rukka* weisen (doch setzen die iberoroman. Formen als Vokal der Tonsilbe ein offenes *o* voraus, stellen sich lautlich also besser zum Westgerm.). Die weitere Herkunft von germ. **rukka-* bzw. **rukkan-* ist ungeklärt. Kaum zu folgen ist Pokorny 1, 874, der die oben genannten germ. Formen mit der unter *Rock* (s. d.) behandelten germ.-kelt. Wortgruppe unter einem Oberbegriff 'Gespinst' vereinigt. Vielleicht (vgl. de Vries Anord. 451) im Sinne von 'Stock, Stab, um den der Flachs gewickelt wird' zu verbinden mit (allerdings in seiner Herkunft ebenfalls schwierig zu bestimmendem) *Reck* (s. d.) im Hinblick auf eine Grundbedeutung 'emporragen, Stange'?

rodeln Vb. 'mit dem Schlitten bergab gleiten, Schlitten fahren' (zuerst bair., Mitte 16. Jh.). Die Herkunft des seit etwa 1900 durch die Ausdehnung des Sports sich vom Bair.-Öst. her verbreitenden Ausdrucks ist ungeklärt. Vielleicht zu obd. *rodeln* 'rollen, kugeln, wälzen', refl. 'sich rühren, regen, tummeln'? Verwandt mit *rollen* (s. d.)? – Rodel m. (älter f.) 'Kinderschlitten' (obd. 1. Hälfte 19. Jh., seit Beginn des 20. Jhs. allgemein), heute auch 'Sport-, Rennschlitten'.

Der Übergang zum mask. Genus erfolgt unter dem Einfluß von *Schlitten*, wohl über die Zusammensetzung *Rodelschlitten*.

roden Vb. 'urbar machen, Wurzelstöcke herausreißen', mhd. (md.) *rūten*, *rutten*, *roten*, *roden*, mnd. *rōden* 'urbar machen', mnl. *rōden*, nl. *rooien* (s. auch die unter *ausrotten* genannten Formen) haben neben sich (ablautend) ahd. *riuten* 'roden, herausreißen, ausrotten' (10. Jh.; vgl. *irriuten*, 9. Jh.), mhd. *riuten* 'urbar machen', frühnhd. *rüten*, *reuten*, nhd. (obd.) *reuten* sowie ahd. *riutī* 'urbar gemachtes Stück Land' (10. Jh.; vgl. *niuriutī*, um 900), mhd. *riute*. Sie folgen wie awest. *raoδya-* (Part. Fut. Pass.) 'urbar zu machend' ie. **reudh-* 'roden', einer Dentalerweiterung der verbreiteten Wurzel ie. **reu-*, **reu̯ə-* 'aufreißen, graben, aufwühlen, ausreißen, raffen' (s. auch *Raub*, *raufen*, *rauh*, [1]*Riemen*).

Rogen m. 'Fischeier', ahd. *rogo* (Hs. 12. Jh.), mhd. *roge(n)*, mnd. *rōgen*, *rōge*, *rogge*, *rōgel*, mnl. *rōge*, *roch*, südnl. *roge*, mengl. (aus mnd. bzw. mnl. *rōge*) *row(e)*, *rough*, *roof*, engl. *roe*, (mundartlich, aus mnd. *rōgen* oder anord. *hrogn*) *rown*, jünger *roan*, anord. *hrogn*, schwed. *rom* lassen sich vielleicht mit lit. *kurkulaĩ*, *krakulaĩ*, lett. *kurkuļi* Plur. 'Froschlaich' sowie gleichbed. russ. (älter) *krjak*, (mundartlich) *krëk* (*кряк*, *крёк*, für die man als Ansatz zwischen **kręk-* und **krĕk-* schwankt) verbinden, so daß ie. **krek-*, **kr̥k-* 'Frosch-, Fischlaich, schleimiges Zeug im Wasser' angenommen werden kann. Oder sind die germ. Formen angesichts der geringen Verbreitung und der unsicheren Vergleichsmöglichkeiten mit de Vries Nl. 586 als Reste eines Substratwortes aufzufassen? – Rog(e)ner m. 'weiblicher, Eier enthaltender Fisch', spätmhd. *rogener*.

Roggen m. 'Brotgetreidepflanze, Korn'. Der *n*-Stamm ahd. *roggo* (10. Jh.), mhd. *rocke*, *rogge*, asächs. *roggo*, *rokko*, mnd. *rogge*, mnl. *rogghe*, nl. *rogge* sowie der *i*-Stamm aengl. *ryge*, engl. *rye*, anord. *rugr*, schwed. *råg* werden zu der baltoslaw. Gruppe lit. *rugỹs*, lett. *rudzi* Plur. 'Roggen', aruss. *ръжь* (aus **rugi*), russ. *rož'* (*рожь*) 'Roggen' gestellt. Zieht man noch thrak. *bríza* (*βρίζα*, aus **u̯rughi̯ā*) 'Emmerkorn, Roggen' heran, so ist ein Ansatz ie. **u̯rughi̯o-* 'Roggen' möglich. Oder handelt es sich um ein Wanderwort aus der sarmatischen oder kaspischen Ebene, das mit der Pflanze aus dem Thrak. über das Balt. ins Germ. gelangte? Schreibung mit *ck* hält sich neben der mit *gg* bis ins 19. Jh.

roh Adj. 'nicht zubereitet, ungekocht, unbehauen, ungeschliffen, ungebildet, gewalttätig', ahd. *(h)rō*, Gen. *(h)rōwes* (9. Jh.), mhd. *rou*, *rō*, *rā*, *rōch*, *rouch*, asächs. *hrāo*, mnd. *rō*, mnl. *raeu*, *rau*, nl. *rauw*, aengl. *hrēaw*, engl. *raw*, anord. *hrār*, schwed. *rå* (germ. **hrawa-*) und außergerm. aind. *krūráḥ* 'wund, roh, blutig, grausam, hart', air. *crūaid* 'hart, fest', lat. *crūdus* 'ungekocht, blutend, unreif, unverdaut, rauh, unbearbeitet, gefühllos' sowie aind. *kravíḥ* 'rohes Fleisch', mir. *crū* 'Blut', kymr. *crau* 'Blut', griech. *kréas* (*κρέας*) 'Fleisch, Fleischstück', lat. *cruor* 'rohes, dickes Blut außerhalb des Körpers', lit. *kraũjas* 'Blut', apoln. *kry*, poln. *krew*, aslaw. *кръвь*, russ. *krov'* (*кровь*) 'Blut' führen auf eine Wurzel ie. **kreu(ə)-*, **krū-* 'dickes, stokkendes Blut, blutiges, rohes Fleisch'. – Roheit f. 'roher Zustand, rohe Gesinnung, rohes Benehmen, Grausamkeit' (15. Jh.). Rohling m. 'grausamer, niederträchtiger Mensch' (15. Jh.), dann auch Bezeichnung für bestimmte noch zu bearbeitende Werkstücke. verrohen Vb. 'gefühllos, grausam werden' (Ende 19. Jh.). Rohstoff m. 'Naturprodukt vor der Bearbeitung' (19. Jh.).

Rohr n. 'Sumpfgras, langer runder Hohlkörper (zum Weiterleiten von Flüssigkeiten, Gasen u. dgl.)', ahd. *rōr* 'Schilfrohr' (9. Jh.), mhd. *rōr* 'Schilfrohr, Röhricht, Rohr und etw. daraus Gefertigtes, Pfeife', mnd. *rōr*, mnl. nl. *roer* 'Schilfrohr, Rohrpfeife, kurze Flinte', anord. *reyrr* (aus **rauRaR*), got. (mit grammatischem Wechsel) *raus* 'Rohr'; dazu wohl auch das unter *Reuse* (s. d.) behandelte Substantiv. Es bestehen keine sicheren Vergleichsmöglichkeiten, Etymologie daher unbekannt. *Rohr* 'Schilfrohr' bezeichnet in übertragenem Sinne 'Lauf einer Schußwaffe' (16. Jh.) und entwickelt daraus die Bedeutung 'runder Hohlkörper'. – Rohrdommel f. im Schilf lebender Sumpfvogel, ahd. *rōretumbil* (9. Jh.), mhd. frühnhd. *rōrtumel*, *Rhor-*, *Rordomel* (Luther), mnd. *rōrdum*, *-dump*, *-dumpt*, nl. *roerdomp*, mnl. (mit grammatischem Wechsel) *roesdom*, *-dommel*, *-dommer*, eine Zusammensetzung, deren zweiter Bestandteil aus einem den Paarungsruf nachahmenden Wort besteht. Daneben begegnet in älterer Sprache ahd. *horotumil* (9. Jh.), *horotumbil*, *horotubil*, *horotuhhil*

(10. Jh.), mhd. *hortūbel*, das nicht mit den entsprechenden Formen von *Rohr*, sondern mit ahd. *horo* 'Sumpf, Schlamm' (8. Jh.), mhd. *hor(e)* 'kotiger Boden, Kot, Schmutz' (verwandt mit *Ruß*, s. d.) zusammengesetzt ist. Röhricht n. 'Dickicht aus Schilfrohr', ahd. *rōrahi* (um 900), mhd. *rōrach*, *rœrach*, frühnhd. (mit unorganisch angetretenem *-t*) *roreicht* (15. Jh.); zur Bildungsweise vgl. *Kehricht* (s. ²*kehren*).

Röhre f. 'Rohr, rohrartiges Gebilde', ahd. *rōra* 'Sumpfgras, Röhre' (8. Jh.), mhd. *rōre*, *rœre* 'Sumpfgras, Röhre, Luft-, Harnröhre', abgeleitet von dem unter *Rohr* (s. d.) behandelten Substantiv. Seit frühnhd. Zeit ausschließlich auf rohrähnliche Hohlkörper beschränkt und zunehmend im technischen Bereich gebraucht, während die Bedeutung 'Sumpfgras' bei *Rohr* verbleibt.

röhren Vb. 'schreien' (vom Hirsch in der Brunstzeit), ahd. *rēren* (8. Jh.), mhd. *rēren* 'brüllen, blöken', mnd. *rēren*, *rāren*, mnl. *re(e)ren*, aengl. *rārian* 'brüllen, heulen, schreien, klagen', engl. *to roar* 'überlaut sprechen, schreien, brüllen, tosen' vergleichen sich außergerm. mit aind. *rā́yati* 'bellt', lat. *ravus* 'heiser', lit. *ríeti*, *rojóti* 'laut schelten, scheltend anschreien, anbellen', russ. (älter) *rájat'* (*раять*) 'tönen, erschallen', so daß von einer Schallwurzel ie. **rei-*, **re(i)-* 'schreien, brüllen, bellen' ausgegangen werden kann.

Rokoko n. im 18. Jh. auf das Barock folgender, durch zierliche, beschwingte, heitere Formen gekennzeichneter Stil der europäischen Kunst. Frz. *rococo* Adj. 'dem mit Ornamenten überladenen Baustil des 18. Jhs. zugehörig, altmodisch, veraltet', Subst. 'Baustil des 18. Jhs., Überfülle an äußeren Ornamenten' entsteht in der 1. Hälfte des 19. Jhs. als Spottbezeichnung des Pariser Künstlerjargons für den überladenen Dekorationsstil der Zeit Ludwigs XV. und XVI. und wird in substantivischer Verwendung sogleich ins Dt. übernommen. Es handelt sich um eine mit Reduplikation versehene Kürzung von frz. *rocaille* 'kleine Steine, Muscheln, Einlegearbeit aus Steinchen, Muschelwerk' (als Grotten nachahmende Verzierungen), einer Bildung zu afrz. *rochal*, *rocal* 'Fels', abgeleitet von afrz. frz. *roche* 'Fels, Stein', das ein nicht genau bestimmbares, wohl vorlat. **rocca* 'Fels' fortsetzt (vgl. mlat. *roc(c)a*, *roc(c)ha* 'Fels, Felsenhöhle, Burg auf einem Felsen').

Rolle f. 'Walze, kleines Rad, Auf-, Zusammengerolltes, Schriftrolle', auch 'von einem Schauspieler darzustellende Gestalt', frühnhd. (15. Jh.), mnd. *rolle*, *rulle* ist eine (teilweise vielleicht durch gleichbed. mnl. *rolle* vermittelte) Entlehnung aus afrz. mfrz. *rol(l)e* m., mfrz. *roul(l)e*, *roole* '(Pergament-, Papier)rolle, Verzeichnis' (frz. *rôle* m.), dem zu lat. *rota* f. 'Rad, rollende Scheibe, Rolle' (mit dem Deminutivum lat. *rotula* 'kleines Rad') gebildetes lat. *rotulus* m. 'Walze, Rolle' (s. *Roulade*, *rollen*) voraufgeht. Für das dt. Substantiv ist wohl auch, namentlich im kanzleisprachlichen Bereich ('Schriftrolle, Urkunde, Verzeichnis'), gleichbed. mlat. *rotulus* (kontrahiert *rollus*) bzw. (worauf feminines Genus im Dt. schließen läßt) mlat. *rotula*, *rolla* f. von Einfluß. Bereits seit frühnhd. Zeit bezeichnet *Rolle* in unterschiedlichen technischen Verwendungen bestimmte walzen-, rad- oder scheibenförmige Vorrichtungen. Im Sinne von 'Gerät zum Glätten der Wäsche' (zuerst Mitte 16. Jh., verbreitet vom 18. Jh. an) tritt *Rolle* im Omd. und zum Teil im Nordd. und Öst. an die Stelle von *Mangel* f. (s. d.). Auf speziellem Gebrauch von *Rolle* 'Schriftrolle, Verzeichnis' (nach dem damals benutzten gerollten Papierstreifen mit der Niederschrift des jeweiligen Parts) beruht die Bedeutung 'Aufzeichnung von Text und Handlung für den einzelnen Schauspieler, darzustellende Gestalt in einem Bühnenwerk' (2. Hälfte 17. Jh., zuvor schon nl. *rol*, Ende 16. Jh., nach gleichbed. mfrz. *roole*, frz. *rôle*), dann (18. Jh.) auch übertragen 'Position, Funktion, Aufgabe', vor allem in Wendungen wie *eine Rolle spielen*, *sich in die Rolle eines anderen versetzen*, *die Rollen vertauschen*. Seit der 1. Hälfte des 20. Jhs. ist *Rolle* in der Terminologie des Turnens ('Überschlag, Purzelbaum') und des Kunstflugs ('Figur, bei der sich das Flugzeug um seine Längsachse dreht') üblich.

rollen Vb. 'sich durch Drehen um die eigene Achse oder auf Rädern fortbewegen, etw. drehend bewegen, zusammenwickeln, ein rumpelndes Geräusch verursachen', mhd. (vereinzelt) *rollen* 'sich herumdrehen' (und 'poltern'?), dann (Ende 15. Jh., zuerst am Niederrhein und wohl vermittelt durch mnl. *rollen* 'dahinrollen, hinabkugeln') frühnhd. *rollen*, auch im Sinne von 'etw., sich auf Walzen, Rädern, durch Drehen fortbewegen', ist entlehnt aus afrz. mfrz. *roeler*, mfrz. *rouler* '(sich) drehend bewegen, kopfüber zu Boden stürzen, niederwerfen', Ableitung von afrz. *roele* 'runde Scheibe, kleines Rad' (frz. *rouelle*), aus spätlat. *rotella*, Deminutivum zu lat. *rota* 'Rad, rollende Scheibe, Rolle' (s. *Roulett*). Dieses Verb vermischt sich im Mfrz. mit gleichlautendem mfrz. *rouler* 'zusammenwikkeln, zu einer Rolle formen', abgeleitet von afrz. mfrz. *rol(l)e*, mfrz. *roul(l)e*, *roole* '(Pergament-, Papier)rolle, Verzeichnis' (frz. *rôle*, aus ebenfalls zu lat. *rota* gebildetem lat. *rotulus* 'Walze, Rolle', s. *Rolle*, *Roulade*), so daß frz. *rouler* beide Bedeutungen in sich vereinigt; daher nhd. *rollen* seit dem 18. Jh. auch 'zusammenwickeln' (wie schon mnd. *rullen* 'auf Rollen, Walzen bewegen, sich rollend bewegen' und 'auf-, zusammenrollen', *rollen* 'in einer Schriftrolle verzeichnen'). Im Dt. erfolgt schon früh (im Frz. erst im 18. Jh.) Übertragung des Verbs auf rumpelnde Geräusche, die denen eines fahrenden Wagens ähneln. – Roller m. 'zweirädriges Kinderfahrzeug mit Trittbrett und Lenkstange' (1. Hälfte 20. Jh., hierzu *Motorroller*, Mitte 20. Jh.), als Nomen agentis zum Verb *rollen* zuvor Personen-, Tier- oder Gerätebezeichnung in unterschiedlichen, teilweise fachsprachlichen Verwendungen, vgl. im älteren Nhd. *Roller* 'Fuhrmann' (Ende 15. Jh.), ferner *Harzer Roller* 'wegen seines rollenden Gesangs gezüchteter Kanarienvogel' (19. Jh.). Rollmops m. 'zusammengerolltes, mit Gurke, Zwiebel und Gewürz gefülltes mariniertes Heringsfilet'; Rolladen m. 'aufrollbare Vorrichtung zum Verschluß von Fenstern und Türen'; Rollstuhl m. 'fahrbarer Stuhl für Körperbehinderte' (alle 19. Jh.).

Roman m. epische Prosagroßform, die durch die Gestaltung ausgeprägter Individuen in ihren vielfältigen Beziehungen zu ihrer gesellschaftlichen Umwelt eine umfassende realistische Aussage ermöglicht. Die Gattungsbezeichnung (mit den frühen Varianten *Romain*, *Romayn*, Plur. *Romans*, bis Ende 18. Jh. *Romanen*) wird in der 1. Hälfte des 17. Jhs. entlehnt aus frz. *roman* 'umfangreiche erzählende Prosadichtung', dem afrz. mfrz. *romanz*, *romant* 'Erzählung in französischer Sprache' (anfangs in Versen, dann in Prosa) vorausgeht. Afrz. *romanz*, *romant* gilt zuerst für die meist in erzählender Form abgefaßte, auf Übersetzung oder Bearbeitung beruhende volkssprachliche Version eines ursprünglich lat. Textes und schließt sich in dieser Verwendung an afrz. mfrz. *romanz*, *roman(t)* 'galloromanische Volkssprache Nordfrankreichs, Altfranzösisch' (im Unterschied zum Latein der Gelehrten) an. Der afrz. Substantivbildung liegt (wie mehrfach daneben bezeugtem afrz. *romanz* Adv. 'in romanischer Volkssprache') das im Lat. nicht nachweisbare Adverb vlat. **Rōmānicē* 'auf romanisch, in der Volkssprache' (vgl. mlat. *Romanice*, 11. Jh.; auszugehen ist wohl von der Fügung vlat. **Rōmānicē loquī* 'romanisch sprechen') zugrunde. Dieses gehört formal zum Adjektiv lat. *Rōmānicus* 'aus Rom stammend', könnte aber in nachklassischer Zeit (nach dem Muster anderer bedeutungsgleicher Doppelformen wie lat. *barbarē*, spätlat. *barbaricē* 'ausländisch, fremd') auch unmittelbar von dem üblicherweise mit Bezug auf die Sprache gebrauchten lat. *Rōmānus* 'römisch, lateinisch' (mlat. *Romanus* 'volkssprachlich, romanisch', zu lat. *Rōma*, s. *romanisch*) abgeleitet sein. – Romancier m. 'Romanschriftsteller' (2. Hälfte 18. Jh.), aus gleichbed. frz. *romancier*.

romanisch Adj. 'dem europäischen Kunststil der hochfeudalen Epoche (etwa 1000 bis 1250) zugehörig, zur Familie der aus dem Lateinischen hervorgegangenen Sprachen gehörend oder für deren Sprecher charakteristisch'. Das nach lat. *Rōmānus* 'römisch' (vom Stadtnamen lat. *Rōma*) gebildete Adjektiv ist, zunächst in demselben Sinne, seit dem 16. Jh. gebräuchlich. Im 18./19. Jh. kommt es vereinzelt auch (als Ableitung von *Roman*, s. d.) in der Bedeutung 'romanhaft' vor. Der im ausgehenden 18. Jh. einsetzenden terminologischen Verwendung in der Sprachwissenschaft folgt Anfang des 19. Jhs. der kunstgeschichtliche Terminus, der sich auf die Feststellung gründet, daß im Baustil des Hochmittelalters Elemente der antiken römischen Baukunst fortleben; hierzu Romanik f. (Anfang 20. Jh.). – Romanist m. 'Lehrer, Forscher auf dem Gebiet der Romanistik'. Aus lat. *Rōmānus* 'römisch' und der (im Frühnhd. häufig negative Wertung ausdrückenden) Ableitungssilbe *-ist*, die auf lat. *-ista*, griech. *-istēs* (*-ιστης*) zurückgeht, wird im 16. Jh. *Romanist* 'Anhänger des Papsttums' geschaffen. Das Substantiv ist in diesem Sinne noch im 17. Jh. üblich, steht im 18. Jh. gelegentlich für 'Romanschreiber' (unter Einfluß von gleichbed. frz. *romaniste*), bezeichnet um die Mitte des 19. Jhs. (wie engl. *romanist* bereits vom 17. Jh. an) in der Rechtswissenschaft den Vertreter des römischen Rechts (im Unterschied zu *Germanist*, s. d.) und findet sich schließlich seit der 2. Hälfte des 19. Jhs. in der oben angegebenen modernen Bedeutung. Nach dem Modell von *Romanist* entstehen in der Wissenschaftssprache des 19. Jhs. zunächst *Germanist* und *Slawist* (s. d.); der Bildungstyp wird dann für die den verschiedenen Zweigen der Philologie entsprechenden Personenbezeichnungen geläufig, s. *Anglist*, vgl. *Nordist*, *Bohemist*, *Keltist*, *Orientalist*. R o m a n i s t i k f. Wissenschaft von den romanischen Sprachen und Literaturen (20. Jh.); r o m a n i s t i s c h Adj. 'in das Gebiet der Romanistik gehörend' (2. Hälfte 19. Jh.), auch 'das römische Recht vertretend' (Mitte 19. Jh.), vorher schon 'zur römischen Kirche, zum Papsttum gehörig' (16. Jh.).

romantisch Adj. 'gefühlsbetont, schwärmerisch, verträumt, stimmungs-, geheimnisvoll', zunächst (Ende 17. Jh.) in der Bedeutung 'den Roman betreffend, nach Art der Romane' (wofür im 18. Jh. *romanhaft*) entlehnt aus gleichbed. frz. *romantique* bzw. unmittelbar aus engl. *romantic*, das dem frz. Adj. zugrunde liegt. Die engl. Bildung gehört zu engl. (älter) *romant*, *romaunt* 'Roman, abenteuerliche Prosa- oder Verserzählung' (neben engl. *romance*), das seinerseits auf afrz. mfrz. *romanz*, *romant* 'Vers-, Prosaerzählung' (s. *Roman*) zurückgeht. Unter erneutem Einfluß von engl. *romantic* und dessen semantischer Entwicklung im 17./18. Jh. wird *romantisch* einerseits gegen Mitte des 18. Jhs. im Sinne von 'poetisch, phantastisch, abenteuerlich, wunderbar' üblich, woran sich Ende des 18. Jhs. die auf Personen bezogene Verwendung 'gefühlsbetont, von Stimmungen abhängig, schwärmerisch' anschließt, andererseits steht es ebenfalls seit der Jahrhundertmitte für 'stimmungsvoll, malerisch, düster, geheimnisvoll' (namentlich von Landschaften und Natureindrücken). Seit dem späten 18. Jh. dient *romantisch* (als Gegenwort zu *klassisch*, s. d.) der Charakterisierung von Dichtung, Kultur und Lebensauffassung des Mittelalters, die dem an der Antike orientierten Kunstideal der Klassik entgegengestellt werden; zu Beginn des 19. Jhs. wird es mit der Bedeutung 'die Literatur, das Denken, die künstlerischen Anschauungen der Romantik betreffend, zu dieser Richtung gehörend' kennzeichnend für die neuen geistigen Bestrebungen jener Epoche. – R o m a n t i k f., Substantivbildung zu *romantisch*, zuerst (Ende 18. Jh.) für 'das Romantische, Phantastische als Eigenart des Romans', dann (Anfang 19. Jh.) vor allem Bezeichnung der nach der frz. Revolution sich in den Ländern Europas in unterschiedlicher Weise herausbildenden, in Deutschland etwa von 1790 bis 1830 herrschenden und durch Hinwendung zum Volkstümlichen und Nationalen, aber auch zum Gefühlsmäßigen, Irrationalen geprägten künstlerisch-philosophischen Bewegung; seit Mitte des 19. Jhs. daneben allgemein 'romantische Wesensart, Verträumtheit, reizvolle, das Gefühl ansprechende Stimmung, Abenteuerlichkeit'. Dazu R o m a n t i k e r m. 'Vertreter des Kunststils der Romantik', auch 'gefühlsbetonter, schwärmerischer, unrealistisch denkender Mensch, Phantast' (1. Hälfte 19. Jh.), zuvor 'Verfasser von Romanen' (Anfang 19. Jh.).

Romanze f. 'balladenähnliche, in einfachem Volksliedton abgefaßte episch-lyrische Verserzählung' wird Mitte des 18. Jhs. (mit der durch Gleim vermittelten Kenntnis dieser Gattung) aus gleichbed. frz. *romance* übernommen; dessen jüngere Bedeutung 'schlichtes und gefühlvolles strophisches Gesangsstück, Liebeslied' ist seit der 2. Hälfte des 18. Jhs. im Dt. geläufig. Mfrz. frz. *romance* bezeichnet zunächst die in Spanien durch Verkürzung der alten Epen entstandenen strophischen Heldenlieder und ist in diesem Sinne entlehnt aus gleichbed. span. *romance* (älter auch *romanz*), ursprünglich 'erzählende Dichtung in der Volkssprache'. Der span. Ausdruck folgt wahrscheinlich afrz. *romanz*, aprov. *romans* 'Erzählung in der Volkssprache Nord- bzw. Südfrankreichs', kann aber auch unmittelbar auf span. *romance* 'Volkssprache Kastiliens, romanische Sprache' (wie afrz. *romanz* aus vlat. **Rōmānicē* 'in der Volkssprache') beruhen (s. *Roman*). *Romanze* heißen ferner seit Ende des 18. Jhs. ausdrucksvolle, melodische Stücke für Instrumentalmusik. In jüngster Zeit (Mitte 20. Jh.) entwickelt sich die metaphorische Verwendung 'romantische (d. i. gefühlvolle, schwärmerische) Liebesepisode'. Frühe dt. Belege des ausgehenden 17. Jhs. für *Romanzen* 'epische Dichtungen, Romane' erklären sich aus gesonderter Entlehnung, wohl von ital. *romanzo* 'Epos, Erzählung, Roman', das seinerseits aus dem Galloroman. stammt.

Römer m. 'geschliffenes (farbiges) Weinglas (aus Kristall)'. Man sieht in der Bezeichnung eine Übernahme im Niederrheingebiet (Anfang 16. Jh.) von nl. *roemer* 'grünes Trinkglas für Rheinwein', das, zu nl. *roemen* 'rühmen, preisen' (s. *rühmen*) gebildet, als 'Prunkglas, mit dem man zu jmds. Ruhm einen Trinkspruch ausbringt' aufgefaßt werden könnte. Aber auch an eine Bezeichnung (wohl nlat.) *vitrum Romarium* für zur Schmelze gehandelte Bruchstücke altrömischen Glases ist zu denken, woraus *Römer* hervorgegangen sein kann, vgl. mhd. *rœmisch glas* für Glasstücke in der Art von Schmucksteinen. Schließlich ist noch auf einen die farbigen Wappen des Reichs und der Kurfürsten tragenden Glashumpen, *das Römische Reich* genannt (16./17. Jh.), zu verweisen.

Rommé n. (öst. *Rummy*) in mehreren Varianten verbreitetes Kartenspiel, entlehnt (Ende der 20er Jahre des 20. Jhs.) in französierender Schreibweise (auf Grund des frz. Kartenblatts?) aus amerik.-engl. *rummy*, auch *rum* (zuerst erwähnt 1910). Herkunft unbekannt. Da der Joker als zusätzliche, beliebig einsetzbare Karte für dieses Spiel charakteristisch ist, kann es nach ihm seinen Namen haben, vgl. engl. (umgangssprachlich) *rum*, *rummy* 'ulkig, komisch, sonderbar, ulkiger, komischer Kerl'.

Röntgenstrahlen Plur. elektromagnetische Wellenstrahlung mit hohem Durchdringungsvermögen, benannt von dem Anatomen Kölliker bei der ersten Demonstration (1896) nach dem Physiker *W. C. Röntgen*, der sie 1895 entdeckte und zunächst *X-Strahlen* ('unbekannte Strahlen') nannte (vgl. engl. *X-rays*). Dazu r ö n t g e n Vb. 'mit Röntgenstrahlen durchleuchten, eine Röntgenaufnahme machen' (Anfang 20. Jh.).

rosa Adj. 'zartrot, blaßrot'. Zur Bezeichnung des der einheimischen wilden Rosenblüte (Hundsrose) entsprechenden Farbtones gelten mhd. *rōse(n)var*, *rœselvar*, *rōsīn*, *rōse(n)rōt*, *rōsic* (gebildet zu mhd. *rōse*, nhd. *Rose*, s. d.). Als die nachfolgenden nhd. Ausdrücke wie *rosenfarb*, *rosenfarbig*, *rosenrot*, *rosig* den zartroten Farbton nicht mehr zu treffen scheinen, wird (2. Hälfte 18. Jh.) der Blumenname lat. *rosa* ins Dt. aufgenommen. Er begegnet zuerst (wohl substantivisch) in Zusammensetzungen (*Rosaband*), danach folgt prädikative, in der Umgangssprache auch attributive Verwendung (*rosa Kleid*, *rosaes Kleid*, zur Tilgung des Hiatus *rosanes Kleid*). Übertragener Gebrauch begegnet in Wendungen wie *rosa Zeiten* 'hoffnungsvolle Zeiten', *durch eine rosa Brille sehen* 'schönfärben, verklären' (Anfang 20. Jh.). Zu weiterer Präzisierung der Farbbezeichnung dient r o s é Adj. 'blaßrot, zartrosa, rosig', Entlehnung (20. Jh.) von gleichbed. frz. *rosé*, einer adjektivischen Ableitung von frz. *rose* f.

Rose f. in vielen Arten und Sorten kultivierter Zierstrauch mit bestachelten Zweigen sowie seine (meist duftende) vielblättrige Blüte, ahd. *rōsa* (9. Jh.), mhd. *rōse*, mnd. *rōse*, *rūse*, mnl. *rōse*, nl. *roos*, aengl. *rōse*, engl. *rose* (vgl. anord. *rōs* aus dem Aengl. oder Mnd.) sind Entlehnungen der Klostersprache (nach dem 6. Jh.) aus einem vlat. **rōsa*, mit gedehntem *ō* aus lat. *rosa*, das sich seinerseits vielleicht in den in Italien gelegenen griech. Kolonien über Zwischenstufen aus gleichbed. griech. *rhódon* (ῥόδον) entwickelt hat. Dessen ursprüngliche Form **ϝρόδον* ist wohl wie armen. *vard* 'Rose' aus altiran. **u̯rda-* hervorgegangen. In übertragenem Sinne steht *Rose* für eine infektiöse Entzündung der Haut, motiviert durch rote Färbung (17. Jh., zuvor dafür *Antoniusfeuer*). Für 'Geweihansatz' ist *Rose* seit dem Ende des 17. Jhs. bezeugt. – r o s i g Adj. 'von zarter rosaroter Farbe', übertragen 'angenehm, hoffnungsvoll, schön', mhd. *rōsic*, ahd. *rōsag* (11. Jh.). R o s e n k r a n z m. Kette aus Perlen oder Kugeln unterschiedlicher Größe in der Abfolge bestimmter zu sprechender Gebete sowie die dafür festgelegte Gebetsreihe, Übersetzung (15. Jh., gleichsam 'Rosengirlande, mit der man das Bildnis Mariens schmückt', vgl. mhd. *rōsenkranz* 'Kranz aus Rosen') für gleichbed. kirchenlat. (mlat.) *rosarium* (lat. *rosārium* 'Rosengarten, Rosenhecke'). R o s e n g a r t e n m., mhd. *rōse(n)garte*. R o s e n k o h l m. (um 1800, landschaftlich wohl älter), benannt nach den als Gemüse verwendeten rosenförmigen Blattachsenköpfchen.

Rosette f. 'kreisrundes Ornament mit von einem Mittelpunkt strahlenförmig ausgehenden, blattförmigen Gebilden, einer stilisierten Rose ähnlich', Übernahme (2. Hälfte 18. Jh.) von gleichbed. frz. *rosette*, eigentl. 'kleine Rose', Deminutivum zu afrz. frz. *rose* 'Rose', nach gleichbed. lat. *rosa* (s. *Rose*).

Rosine f. 'getrocknete Weinbeere' (s. auch *Korinthe*, *Sultanine*), mhd. *rosīn*, mnd. *rosīn(e)* ist, wohl über mnl. *rosīne* (nl. *rozijn*), entlehnt aus apikard. *roisin* 'Weinbeere' (vgl. gleichbed. afrz. frz. *raisin* und *raisin sec* 'Rosine'), das auf spätlat. *racīmus* 'Weinbeere, Traube', lat. *racēmus* 'Kamm der Traube, Traube' zurückgeht, vielleicht ein vor-ie. Mittelmeerwort. Dazu die verbreitete Wendung *große Rosinen im Kopf* ('hochfliegende, unrealisierbare Pläne') *haben* (19. Jh.).

Roß n. 'Pferd'. Das (mit Ausnahme des Got.) gemeingerm., verschiedentlich *r*-Metathese aufweisende Substantiv ahd. *(h)ros* (8. Jh.), mhd. *ros*, *ors*, asächs. *hross*, *hors*, mnd. *ors*, *ros*, aengl. *hors*, engl. *horse*, mnl. *ors*, *hors* (nl. *ros* wohl aus dem Nhd.), afries. *hors*, *ros*, anord. *hross*, aschwed. *hors* und (ablautend) asächs. afries. *hars*, *hers*, mnl. *(h)ars*, *(h)ers* bleibt trotz verschiedener Deutungsversuche unerklärt. Vielleicht kann germ. **hrussa-* im Sinne von 'Läufer, Renner' mit mhd. *hurren* 'sich schnell bewegen', engl. *to hurry* 'beschleunigen, sich beeilen' verbunden werden; falls man (obwohl fraglich) außergerm. griech. *epíkūros* (*ἐπίκουρος*) 'Helfer, Beistand, helfend, schützend' sowie lat. *currere* (aus **k̂r̥s-*) 'laufen, rennen, eilen' heranzieht, kann von ie. **k̂ers-* 'laufen' ausgegangen werden. Oder man vergleicht *Roß* besser mit den unter *Scherz* (s. d.) angeführten Formen und stellt es mit diesen zu einer Dentalerweiterung der Wurzel ie. **(s)ker(ə)-* 'springen, herumspringen', eigentl. '(sich) drehend bewegen, schwingen'. Da die Heimat des europ. Pferdes in den asiatischen Tundren und Steppen vermutet wird, ist auch die Möglichkeit, daß es sich um ein östliches Wanderwort handelt, in Betracht zu ziehen. Bereits in mhd. Zeit wird *Roß* von *Pferd* (s. d.) zurückgedrängt, behauptet sich jedoch im Obd. Im übrigen Sprachgebiet entwickelt sich *Pferd* zur allgemeinen Bezeichnung, *Roß* meint dagegen das wertvolle, edle Pferd und wird von daher ein Ausdruck gehobener Sprache. – Rößlein n., obd. *Rössel*, 'kleines Pferd', mhd. *rössel(īn)*; auch 'Springer' (Figur im Schachspiel). Rösselsprung m. Zug des Springers im Schachspiel (um 1800), dann eine Rätselart, bei der Wortteile in Feldern einer Figur nach Art des Springerzuges im Schachspiel zu ordnen sind (19. Jh.). Roßkastanie f. Baum mit traubenförmigem Blütenstand und braunen Samen in stachligen Kapseln (16. Jh.). Die Samen dieser Kastanie dienten kranken Pferden als Heilmittel. Oder ist der Name als 'ungenießbare Kastanie' zu verstehen, da die Samen im Gegensatz zu den Früchten der *Echten Kastanie* nicht eßbar sind?

[1]**Rost** m. 'Gitter aus mehreren nebeneinanderliegenden Stäben' (unter oder über einem Feuer), ahd. *rōst*, *rōsta* (um 800), mhd. *rōst* 'Rost, Scheiterhaufen, Glut, Feuer', asächs. mnd. *rōst*, mnl. *roost*, *rooste*. Herkunft ungewiß. Man denkt an lautmalendes ie. **reus-*, eine *s*-Erweiterung der unter *röcheln* (s. d.) genannten Schallwurzel. – rösten Vb. 'auf dem Rost, in der Pfanne braten, durch Erhitzen bräunen', ahd. *rōsten* (9. Jh.), mhd. *rœsten*, mnd. *rōsten*, mnl. nl. *roosten*; vom Substantiv abgeleitet. Roastbeef n. 'Rindslende, Rinderbraten auf englische Art', d. h. nicht ganz durchgebraten (18. Jh.), engl. *roast beef*, zu *roast*, Part. Prät. von engl. *to roast* 'rösten, braten', aus gleichbed. afrz. *rostir* (frz. *rôtir*), das seinerseits aus dem Germ. (ahd. *rōsten*, s. oben, bzw. westgerm. **raustjan*) entlehnt ist. Zu engl. *beef* s. *Steak*.

[2]**Rost** m. 'rötlichbrauner Eisenbelag', auch 'Getreidebrand' (braunrot färbende Pflanzenkrankheit durch Pilzbefall), ahd. (8. Jh.), mhd. asächs. *rost*, mnd. *rost*, *rust*, mnl. nl. *roest*, schwed. *rost* (germ. **rusta-*, aus **rudsta-*) stellen sich wie lit. (landschaftlich) *rùstas* 'hellbraun, bräunlich, dunkelblond', aslaw. *rъžda*, russ. (älter) *rža* (*ржа*) 'Rost' als Bildungen mit *to*-Suffix (ie. **rudhto-*) zu der unter *rot* (s. d.) angeführten Wurzel ie. **reudh-*, **roudh-*, **rudh-* 'rot', auf deren gedehnter Schwundstufe aengl. *rūst*, engl. *rust* beruht. Der Zersetzungsbelag auf Metall ist ebenso wie der (schon ahd. bezeugte) Getreidebrand nach seiner rötlichbraunen Farbe benannt. – rosten Vb. 'sich mit Rost überziehen', ahd. *rostēn* oder *rosten* (10. Jh.), mhd. *rosten*, mnd. *rosten*, *rusten*, mnl. nl. *roesten*, schwed. *rosta*; hierzu die Präfixbildung verrosten Vb., mhd. *verrosten*. rostig Adj., ahd. *rostag* (um 1000), mhd. *rostec*, *rostic*.

rot Adj. Die Farbbezeichnung ahd. *rōt*

(8. Jh.), mhd. *rōt*, auch 'falsch, listig', asächs. *rōd*, mnd. *rōt*, mnl. *root*, nl. *rood*, aengl. *rēad*, engl. *red*, anord. *rauðr*, schwed. *röd*, got. *rauþs* (germ. **rauda-*), daneben (ablautend) aengl. *rēod* 'rötlich' (germ. **reuda-*) führt wie [2]*Rost* (s. d.) mit aind. *rudhiráḥ* 'rot, blutig', *rúdhiram* 'Blut', griech. *erythrós* (ἐρυθρός) 'rot', lat. *ruber* 'rot' (s. *Rubin*, *Rubrik*), air. *rūad* 'rot', lit. *raũdas* 'rotbraun, fuchsrot, rötlich', aslaw. *ruda* 'Erz, Bergwerk', aruss. *rudъ*, russ. (landschaftlich) *rudój* (*рудой*), *rúdyj* (*рудый*) 'blutrot' auf eine Wurzel ie. **reudh-*, **roudh-*, **rudh-* 'rot'. Es handelt sich wohl um die älteste und zugleich in den ie. Sprachen am weitesten verbreitete Farbbezeichnung. – R ö t e f. 'das Rotsein, rote Färbung', ahd. *rōtī* (um 1000), mhd. *rœte*. R ö t e l n Plur. Kinderkrankheit, bei der sich rote Flecken auf der Haut bilden (2. Hälfte 16. Jh.), älter *Rötel* Plur. (Mitte 16. Jh.). r ö t e n Vb., ahd. *rōtēn* 'rot werden, rötlich schimmern' (8. Jh.), *rōten* 'rot machen' (9. Jh.), mhd. *rōten* 'rot sein oder werden', *rœten* 'rot machen', refl. 'erröten, sich schämen'. e r r ö t e n Vb. 'rot werden', ahd. *irrōtēn* (10. Jh.), mhd. *errōten* (auch 'rot machen'). r ö t l i c h Adj. 'ins Rote spielend, leicht rot' (15. Jh.), vgl. mhd. *rœteleht* und *rœtec*. R o t a u g e n. 'Plötze', ahd. *rōtouga* (Hs. 13. Jh.), spätmhd. *rōtouge*, benannt nach einem roten Ring um die Augen. R o t k e h l c h e n n. kleiner Singvogel mit rotgefiederter Kehle und Brust (Anfang 16. Jh.); vgl. ahd. *rōtila*, *rōtilo* (Hs. 12. Jh.), frühnhd. *rötel* (15. Jh.). R o t w i l d n. Sammelbezeichnung für Edelhirsche (mit im Sommer rötlichbraunem Fell), mhd. *rōtwilt*.

rotieren Vb. 'umlaufen, sich um die eigene Achse drehen', entlehnt (um 1800) aus lat. *rotāre* '(sich) kreisförmig herumdrehen', zu lat. *rota* 'Rad, rollende Scheibe, Rolle' (verwandt mit *Rad*, s. d.). In umgangssprachlicher Übertragung 'aus der Fassung geraten, durch eine Vielzahl von Arbeiten beansprucht sein, sich in Aufregung, Unruhe befinden' (20. Jh.). – R o t a t i o n f. 'Umdrehung um die eigene Achse, kreisförmige Bewegung' (Ende 17. Jh.), aus gleichbed. lat. *rotātio* (Gen. *rotātiōnis*), Verbalsubstantiv zu lat. *rotāre* (s. oben). R o t o r m. 'sich drehender Teil, Umlautteil einer Maschine, Hubschrauberflügel, Propeller', Übernahme (1. Hälfte 20. Jh.) von gleichbed. engl. *rotor*, einer Kontraktion von engl. *rotator*; vgl. engl. *to rotate* 'kreisen', lat. *rotātor* 'Herumdreher'.

Rotlauf m. (früher auch n. und f.) infektiöse Hautkrankheit bei Schweinen (*Schweinerotlauf*), verbunden mit roten Flecken auf der Haut (19. Jh.), zuvor jede Art Hautentzündung, die mit Rotfärbung verbunden ist, auch beim Menschen, frühnhd. *roit louff* n. (1419), *rotlauffen* n., *rothlauff* f. (16. Jh.), *Rothlauff* m. (17. Jh.). Das Grundwort stellt sich (wohl im Sinne von 'Bedeckung, Hülle, Haut' bzw. 'Rinde, Schorf') zu einem in ahd. *louft* m. 'Bast' (9. Jh.), mhd. *louft* 'Hülse, Bast', *löufel*, *loufel* f. 'grüne Hülse' (der welschen Nuß und der Kastanie), nhd. (mundartlich) *Läufel* f. 'Rinde, Schale' belegten Substantiv und weiter zu der unter *Luft* (s. d.) behandelten Wortgruppe, für die eine Ausgangsbedeutung 'Bedeckung, Dach, Rinde, Bast' angenommen werden kann. Die Krankheitsbezeichnung ist offenbar eine Übersetzung von griech. *erysípelas* (ἐρυσίπελας) 'Rose, Rotlauf' (eigentl. wohl 'das die Haut Rötende'), zu griech. *erythrós* (ἐρυθρός) 'rot' und vielleicht *pélma* (πέλμα) 'Sohle am Fuß' (vgl. Frisk 1, 570). Die volkstümliche Anlehnung des Grundwortes an *Lauf* m. führt zur Festigung des mask. Genus.

Rotte f. 'Schar, Menge', bes. (seit frühnhd. Zeit) 'Haufen, Horde, üble, verbrecherische Bande', mhd. *rote*, *rot*, *rotte* 'Kriegerschar, Genossenschaft' ist wie mnd. *rōte*, *rāte* 'Schar, Abteilung', nl. *rot*, mengl. *rute*, *route*, engl. *rout* entlehnt aus afrz. *rote* 'Trupp, Kriegerschar, Gefolge, Gesellschaft'. Dies ist hervorgegangen aus mlat. *rupta*, *rut(t)a*, *rot(t)a* 'Schar, Abteilung, Räuberhaufen', dem substantivierten Part. Perf. Fem. (vielleicht über ein vorauszusetzendes *turba rupta*, *turma rupta* 'abgesprengte Schar') von lat. *rumpere* '(zer)brechen, zerreißen, zersprengen' (s. auch *Route*). – r o t t e n Vb. (heute unüblich) 'in Rotten ordnen, scharen', refl. 'eine Rotte bilden', mhd. *roten* 'scharen, ordnen, sammeln'; z u s a m m e n r o t t e n Vb. refl. 'in Mengen herbeiströmen, sich in Gruppen zusammenscharen' (17. Jh.).

Rotz m. 'Nasenschleim', ahd. *roz* (8. Jh.), mhd. *ro(t)z* '(Nasen)schleim', aengl. *hrot* 'Schleim, Schaum' ist am besten wohl zu der unter *Ruß* (s. d.) behandelten Wortgruppe zu stellen. Erwogen wird allerdings auch Deutung als Verbalnomen zum starken Verb ahd.

(h)rūȝan 'schnarchen, brüllen' (9. Jh.), asächs. *hrūtan* 'schnarchen', aengl. *hrūtan*, anord. *hrjōta* 'schnarchen, knurren, brummen', schwed. *ryta* 'brüllen', das an die unter *Harke* (s. d.) angeführte schallnachahmende Wurzel ie. **ker-*, **kor-*, **kr-* anschließbar ist. Vgl. *Rotz und Wasser heulen* 'heftig weinen' (17. Jh.). – r o t z n ä s i g Adj. 'mit Nasenschleim beschmutzt, an Schnupfen leidend' (18. Jh.), umgangssprachlich 'frech, vorlaut, unverschämt' (19. Jh.). Zu *Rotznase* f. 'laufende, triefende Nase', bes. Scheltwort für Kinder (16. Jh.) r o t z e n Vb. 'sich geräuschvoll schneuzen, ausspucken' (16. Jh.).

Roulade f. 'gefüllte Fleischrolle', Entlehnung (Mitte 19. Jh.) von gleichbed. frz. *roulade*, einer Bildung zu frz. *rouler* 'zusammenrollen, -wickeln, etwas Zusammengerolltes herstellen', abgeleitet von afrz. *rol(l)e*, frz. *rôle* '(Papier)rolle'; vorauf geht lat. *rotulus* 'Walze, Rolle', das sich an lat. *rota* 'Rad, rollende Scheibe, Rolle' anschließt (s. *Rolle*, *rollen*).

Rouleau n., bis Anfang 20. Jh. mit frz. Plur. *Rouleaux*, seit Anfang 20. Jh. verbreitet in der Schreibung R o l l o (entsprechend der schon im 19. Jh. üblichen dt. Aussprache, unter dem Einfluß von *rollen*, s. d.) 'Rolle, Walze', zunächst (Ende 18. Jh.) zur Bezeichnung zylinderförmiger Gegenstände unterschiedlicher Art, dann (Ende 18. Jh.) in der dem Frz. fehlenden speziellen Bedeutung 'aufrollbarer Fenstervorhang aus relativ festem Material', Entlehnung von frz. *rouleau* 'aufgerollter Papier-, Stoffstreifen, Rolle, Walze', das sowohl afrz. *rol(l)el* 'aufgerollter Streifen, Manuskriptrolle', eine Ableitung von afrz. *rol(l)e*, frz. *rôle* '(Papier)rolle' (s. *Roulade*), wie ein zu frz. *rouelle* (s. *Roulett*) gehörendes mfrz. *rouliau*, *rouleau* 'Mühlenwelle, Walze' fortsetzt.

Roulett n., älter *Roulette* (zunächst vereinzelt dem Frz. folgend auch f.) 'Glücksrad, Glücksspiel' (bei dem eine rollende Kugel auf einer Drehscheibe bei deren Stillstand die Gewinnzahl anzeigt), Übernahme (Anfang 19. Jh.) von gleichbed. frz. *roulette* f., afrz. *roelete* 'kleines Rad', einer Bildung zu frz. *rouelle*, afrz. *roele* 'runde Scheibe, kleines Rad', aus spätlat. *rotella*, Deminutivum zu lat. *rota* 'Rad, rollende Scheibe, Rolle' (s. *Rolle*, *rollen*).

Route f. 'geplanter (Reise)weg, vorgeschriebene Wegstrecke', Übernahme (Mitte 17. Jh.) von frz. *route* 'Weg, (ausgebaute) Straße', auch 'Richtung, in die man geht', mfrz. 'breiter Weg für Fußgänger und Wagen', afrz. *rote* 'Straße, Weg, Bahn, Spur'. Diesem geht vlat. *(via) rupta* 'durch den Wald geschlagener Weg' voraus, Part. Perf. Fem. von lat. *rumpere* '(zer)brechen, zerreißen, zersprengen'. – R o u t i n e f. 'durch Übung erworbene Gewandtheit, Fertigkeit, Erfahrung' (Mitte 18. Jh.), pejorativ 'zur Gewohnheit gewordene Tätigkeit' (1. Hälfte 19. Jh.), Übernahme von gleichbed. mfrz. frz. *routine*, eigentl. 'Erfahrung hinsichtlich des Weges', abgeleitet von mfrz. frz. *route* (s. oben). R o u t i n i e r m. 'wer auf einem Gebiet Erfahrung, Übung besitzt' (Anfang 19. Jh.), frz. *routinier*. r o u t i n i e r t Adj. 'erfahren, geschickt, geübt' (2. Hälfte 18. Jh.), gebildet wohl unter Einfluß von gleichbed. frz. *routiné*, Part. Perf. von frz. *routiner* 'nach der Gewohnheit, mit Erfahrung handeln, an etw. gewöhnen'; vgl. (vereinzeltes) *sich routinieren* Vb. 'sich Erfahrung, Geschick erwerben' (Anfang 19. Jh.).

Rowdy m. 'gewalttätiger, streitsüchtiger (junger) Mensch, Raufbold', auch '(in Banden auftretender) flegelhafter Jugendlicher', übernommen (50er Jahre 19. Jh.) von gleichbed. amerik.-engl. *rowdy*, das zuerst (1819) den rauhbeinigen Hinterwäldler, dann den pöbelhaften Straßenjungen, schließlich jeden 'Raufbold' bezeichnet. Herkunft ungeklärt. Vielleicht zu engl. (umgangssprachlich) *row* 'Krach, Lärm, Krawall, Spektakel, Streit, Rauferei, Schlägerei'. – R o w d y t u m n. 'gewalttätiges, flegelhaftes Auftreten junger Leute in der Öffentlichkeit' (2. Hälfte 19. Jh.).

Rübe f. als Nahrungs-, Futtermittel oder zur Zuckergewinnung dienende Kulturpflanze mit dicker, fleischiger Pfahlwurzel. Ahd. *ruoba* (11. Jh.), mhd. *ruobe*, *rüebe*, nhd. *Rübe*, mnd. *rōve*, mnl. *roeve* 'Rübe' setzen germ. **rōbjōn* voraus; dän. *roe* (älter *rove*), schwed. *rova* führen (wenn nicht aus dem Mnd. entlehnt) mit anord. *rōfa* 'Schwanz, Steißbein', isl. auch 'Rübe' auf germ. **rōbōn*; ablautendes ahd. *rāba* (um 1100), frühnhd. *rabe*, *rape*, *rappe* ist nach Ausweis der Entwicklung in den dt. Mundarten dagegen aus germ. **rēbjō(n)* zu erklären. Außergerm. vergleichen sich lat. *rāpum*, *rāpa* 'Rübe' (daraus mnl. *rāpe*, nl. *raap* 'Rübe', engl. *rape* 'Raps, Rübsen'), ablautend griech. *rhápys*, *rháphys* (ῥάπυς, ῥάφυς) 'Rübe', *rháphanos*, *rhaphánē* (ῥάφανος, ῥαφάνη) 'Rettich', att. 'Kohl', *rhaphanís* (ῥαφανίς) 'Rettich' und (wie ahd. *rāba*) russ.-kslaw. *rěpa*, russ. *répa* (*репа*). Zu erschließen ist ie. **rāp-*, **rēp-* 'Rübe'. Wahrscheinlich liegt eine lautlich unterschiedliche Übernahme eines Wanderwortes unbekannter Herkunft zugrunde.

Rubin m. kostbarer roter Edelstein, mhd. *rubīn*, entlehnt über afrz. *rubi(n)* aus gleichbed. mlat. *rubinus*, einer Bildung zu lat. *ruber*, *rubeus* 'rot, gerötet, rotglühend' (s. *rot*). – r u b i n r o t Adj. 'tiefrot wie Rubin', mhd. *rubīnrōt*.

Rubrik f. 'Spalte, in die (unter einer Überschrift) bestimmte Sachgruppen eingeordnet werden, Abschnitt', entlehnt (15. Jh.) aus lat. *rubrīca* 'rote Farbe', spätlat. '(mit roter Farbe geschriebener) Titel eines Gesetzes', dann das 'Gesetz' selbst; eigentl. 'rote Erde, Rötelstein', substantiviert aus der Fügung *rubrīca terra*; zu lat. *ruber* (s. *rot*, *Rubin*). Im Dt. folgt das Substantiv zunächst lat. Verwendung '(zum Schreiben dienende) rote Farbe, Tinte, Rötelstift', auch 'rote Schrift', bezeichnet dann (seit Anfang 16. Jh.) die in mittelalterlichen Handschriften und frühen Drucken auftretende '(durch rote Schrift hervorgehobene) Überschrift', auch '(in Rot gehaltenes) Initial' (eines Buches, Kapitels, Gesetzes, Paragraphen) und entwickelt von daher die heutige Bedeutung 'unter einer Überschrift stehender Abschnitt, Spalte, Kolumne'. Übertragener Gebrauch begegnet vereinzelt seit der 2. Hälfte des 17. Jhs., häufiger im 20. Jh. im Sinne von 'Kategorie, in die man jmdn., etw. gedanklich einordnet, Fach, Klasse, Abteilung'.

ruchbar Adj. '(durch umlaufendes Gerücht) bekannt, offenkundig', meist in der Wendung *ruchbar werden* 'bekannt werden, in die Öffentlichkeit dringen'. Der heute gültigen Form *ruchbar* geht frühnhd. *ruchtbar* voraus, das im 16. Jh. aus dem Nd. in die Literatursprache aufgenommen wird und sich noch bis ins 19. Jh. hält (Goethe und Schiller verwenden beide Formen, Luther gebraucht *ruchtbar*, *rüchtbar* und *ruchbar*). Nd. *ruchtbar* ist, wie *anrüchig*, *berüchtigt* und *Gerücht* (s. d.), von mnd. *ruchte* 'Ruf, Geschrei, Leumund' abgeleitet, dem mhd. *ruoft* 'Schrei, Geschrei, Gerücht, Ruf, Leumund' entspricht (bei nd. *-cht* für hd. *-ft*, s. *echt*, *Nichte*, *Schlucht* u. a.); zu *rufen* (s. d.).

ruchlos Adj. 'gewissenlos, niederträchtig, gemein, verrucht', ahd. *ruohlōs* (9. Jh.), mhd. *ruochelōs* 'sorglos, unbekümmert' ist von ahd. *ruohha* f. 'Fürsorge, Bemühung' (8. Jh.), *ruoh* m. 'Bedenken, Beachtung' (9. Jh.), mhd. *ruoche*, *ruoch* 'Acht, Bedacht, Sorge' (s. *geruhen* und *verrucht*) abgeleitet; vgl. die Entsprechungen mnd. *rōkelōs*, mnl. *roekeloos*. Aus 'sorglos, unbekümmert gegenüber dem, was als geheiligt gilt' entwickelt sich im 16. Jh. die Bedeutung 'gottlos, frevelhaft', die danach in 'gewissenlos, gemein, verbrecherisch' übergeht. – R u c h l o s i g k e i t f. 'Gemeinheit, Niedertracht', spätmhd. *ruochelōsikeit* 'Sorglosigkeit'.

Ruck m. 'durch einen plötzlichen Stoß, Zug ausgelöste schnelle, kurze Bewegung'. Die Substantive ahd. *ruc* (um 1000; vgl. auch *framruc* 'Fortschritt', 9. Jh.), mhd. *ruc* 'schnelle Ortsveränderung, Fortbewegung', mnd. *ruck*, nl. *ruk*, anord. *rykkr*, schwed. *ryck*, dän. *ryk* 'Ruck' gehören zu den unter *rücken* (s. d.) behandelten Verben. Vgl. die Fügung *in einem Ruck* 'plötzlich und ohne Halt' (16. Jh.), heute häufig *mit einem Ruck* 'auf einmal, plötzlich', ferner die Wendung *sich einen (inneren) Ruck geben* 'sich zusammenreißen, sich überwinden, etw. gegen seine Neigung zu tun'. Vom Substantiv neu abgeleitet ist r u c k e n Vb. 'Rucke machen, sich in kurzen Stößen, Schüben, Zügen fortbewegen' (18. Jh.) und a n r u c k e n Vb. 'mit einem Ruck, unvermittelt anfahren' (19. Jh.). Dazu das landschaftlich, bes. nordd. und md. gebrauchte Iterativ r u c k e l n Vb. 'leichte Rucke machen, sich stoß-, schubweise fortbewegen'. r u c k w e i s e Adv. 'in Rucken, stoßweise' (17. Jh.; anfangs auch mit Umlaut *rückweise*).

Rücken m. 'Rückseite des menschlichen Oberkörpers, Oberseite des tierischen Rumpfes', ahd. *(h)ruggi* (8. Jh.), mhd. *rügge*, *rugge*, *rück(e)*, *ruck(e)*, asächs. *hruggi-* (in *hruggibēn* 'Rückenknochen'), mnd. *rugge*, mnl. *rugghe*, *rigghe*, *regghe*, nl. *rug*, aengl. *hrycg* (auch 'Anhöhe'), engl. *ridge* (auch 'Gebirgskamm, Erhöhung, First'), anord. *hryggr*, schwed. *rygg* (germ. **hrugja-*) führen mit außergerm. Verwandten wie aind. *krúñcati* 'krümmt sich, bewegt sich in Krümmungen', lat. *crux* (Gen. *crucis*) 'Balken (mit Querholz), Marterpfahl' (s. *Kreuz*), ir. *crūach* 'Haufen, Schober, Hügel', korn. *cruc* 'Hügel', lit. *kriáuklas* '(Ge)rippe, Skelett', *kriaũklė* 'Schneckenhäuschen' auf ie. **(s)kreuk-*, eine Erweiterung von ie. **(s)kreu-*, seinerseits Erweiterung der verbreiteten und vielfach weitergebildeten Wurzel ie. **(s)ker-* 'drehen, biegen, kreisend bewegen' (s. *Reis* n.). Mhd. frühnhd. *rück(e)* nimmt im 16. Jh. die Endung *-en* aus den obliquen Kasus des zur schwachen Flexion übergetretenen ehemaligen *ja*-Stammes an. – zurück Adv. 'rückwärts, (nach) hinten, hinter, wieder zum Ausgangspunkt', ahd. *zi rugge* (9. Jh.), mhd. *ze rucke, zerucke, zerücke* 'hinter sich, rückwärts', eigentl. 'nach dem Rücken, auf dem, im Rücken, dem Rükken zu', mnd. *to rugge*, mnl. *terugghe*, nl. *terug. zurück* bildet Zusammensetzungen mit Verben (vgl. *zurückblicken, -gehen, -liegen, -rufen*) und in der Regel deren Ableitungen auf *-ung* (vgl. *Zurückbildung, -haltung*), während Verbalnomina mit eigener Stammbildung die Kurzform *Rück-* bevorzugen. Rückblick m. 'Blick auf Vergangenes' (Ende 18. Jh.). Rückfall m. 'Teil der Mitgift, der nach kinderlosem Absterben an die Verwandten zurückgeht, das Zufallen eines Lehens an den Lehnsherrn beim Tode des Lehnsträgers' (Ende 17. Jh.); dann (wohl als Übersetzung von lat. bzw. medizin.-lat. *recidīva*) 'Rückkehr in einen scheinbar überwundenen Krankheitszustand', übertragen 'Rückkehr in einen früheren (schlechteren) Zustand' (18. Jh.); rückfällig Adj. (17. Jh.). Rückgang m. 'Verringerung, Abnahme'; rückgängig Adj. 'zum Ausgangspunkt zurückführend, sinkend' (beide 17. Jh.). Rückkehr f. 'das Zurückkehren, Heimkehr, Fahrt zum Ausgangspunkt zurück' (Anfang 18. Jh.). Rücksicht f. 'Achtsamkeit gegenüber Interessen, Gefühlen anderer, wohldurchdachte Erwägungen, Gründe' (18. Jh.), Übersetzung von gleichbed. lat. *respectus* (s. *Respekt*); rücksichtslos Adj. 'ohne Rücksicht handelnd, unbedenklich, schonungslos, selbstsüchtig' (Anfang 19. Jh.), rücksichtsvoll Adj. 'voll Rücksicht handelnd, Rücksicht nehmend' (19. Jh.); berücksichtigen Vb. 'Rücksicht nehmen, in Betracht ziehen, beachten' (Anfang 19. Jh.). Rücksprache f. 'Besprechung noch ungeklärter Fragen' (18. Jh.), eigentl. 'Bericht des Verhandlungsbevollmächtigten an den Auftraggeber', wohl aus der nd. Kanzleisprache, mnd. *ruggesprāke*. Rückstand m. 'Zurückbleibendes, Rest, noch ausstehende Forderung' (17. Jh.); rückständig Adj. 'restlich, übrigbleibend, noch ausstehend (von Zahlungen), überholten Ansichten anhängend, auf niederer Entwicklungsstufe verharrend' (Ende 17. Jh.). Rückzug m. 'Zurückweichen vor dem Angriff eines Gegners und Aufgabe des bis dahin besetzten Gebietes' (17. Jh.). Mit *Rücken* bzw. älterem *Rück(e)* sind zusammengesetzt Rückhalt m. 'Stütze, Hilfe, Rückendeckung, Vorbehalt' (16. Jh.). rücklings Adv. 'rückwärts, nach hinten, mit dem Rücken nach vorn oder nach unten', ahd. *ruggilingūn* 'rückwärts, hinten' (um 900), mhd. *rückelingen*, frühnhd. *rücklings* (16. Jh., Luther), s. *-lings*. Rucksack m. 'mit Traggurten versehener, auf dem Rücken zu tragender sackartiger Behälter' (2. Hälfte 19. Jh.), aus den obd. Alpenmundarten in umlautloser Form, vgl. schweiz. *ruggsack* (Mitte 16. Jh.). Rückseite f. 'rückwärtige, hintere Seite, Kehrseite' (18. Jh.). rückwärts Adv. 'nach hinten, zurück, der ursprünglichen Bewegung entgegengesetzt, mit dem Rücken zuerst, hinten' (17. Jh.), eigentl. 'nach der Richtung, wo sich der Rücken befindet' (s. *-wärts*).

rücken Vb. 'sich vorwärts bewegen, zu einem bestimmten Ort aufbrechen, (weg)marschieren, (mit einem Ruck, ruckweise) an einen anderen Platz schieben, in eine andere Lage bringen, von der Stelle bewegen', ahd. *rucken* (9. Jh.; vgl. *irrucken* 'unterstützen, aufrichten', 8. Jh.), mhd. *rücken* (obd. *rukken*) 'sich fortbewegen, etw. schnell bewegen', mnd. mnl. *rucken*, nl. *rukken*, anord. *rykkja*, schwed. *rycka*, dän. *rykke*. Herkunft nicht geklärt. Verwandt sind sicher mhd. nl. (holl.) *rocken* 'rücken', aengl. *roccian*, engl. *to rock* 'wiegen, schaukeln' (s. *Rock and Roll*), anord. *rugga* 'schütteln, schaukeln, wiegen', schwed. (mundartlich) *rugga* 'schaukeln'. Sieht man in den Formen geminierte schwundstufige Bildungen, kann ein Zusammenhang mit *Rahe* und *regen* (s. d.) angenommen werden. – abrücken Vb. 'wegrükken, -schieben, aufbrechen, sich entfernen, abmarschieren, sich distanzieren', mhd. *abe-*

rücken 'wegziehen, entfernen'. anrücken Vb. 'aneinanderschieben, sich nähern, anmarschieren' (15. Jh.). ausrücken Vb. 'aus-, hinausmarschieren, davonlaufen, ausreißen', mhd. *ūȥrücken* 'herausziehen'. einrücken Vb. 'einsetzen, einmarschieren, den Militärdienst beginnen, dazu eingezogen werden', mhd. *īnrucken* 'hineinschieben'. verrücken Vb. 'wegrücken, an einen anderen Platz schieben, verschieben', ahd. *firrucken* (um 1000), mhd. *verrücken, verrukken*; verrückt Part.adj. 'nicht bei Verstand, geistesgestört, irre, unsinnig', eigentl. 'an eine andere, eine falsche Stelle gebracht' (16. Jh.), zumal in Fügungen wie *verrückt im Kopf, im Hirn* 'töricht, närrisch' (17. Jh.), aus denen sich rasch absoluter Gebrauch im oben genannten Sinne entwickelt. vorrücken Vb. '(weiter) nach vorn, vorwärts rücken, vorwärts marschieren, auf dem Vormarsch sein', ahd. *furirucken* (um 1000), mhd. *vorrücken* 'vorbeiziehen, -gehen'. berücken Vb. 'bezaubern, entzücken, betören, verlokken', ursprünglich ein Ausdruck des Vogel- und Fischfangs mit der Bedeutung 'listig, täuschend fangen', eigentl. 'ein Netz über das Tier rücken, das man fangen will', von Luther (1. Hälfte 16. Jh.) in die Literatursprache eingeführt. Im Frühnhd. und vor allem in der Barockzeit (17./18. Jh.) wird *berücken* oft bildlich mit dem Aspekt des Betrugs und der Liebeslist verwendet. Im 18. Jh. geht das Gefühl für die ursprüngliche Bedeutung verloren, und *berücken* steht gleichbed. neben *bezaubern*.

Rüde m. männliches Tier von Hunden, Wölfen, Füchsen, Mardern, ahd. *rudo* (8. Jh.), mhd. *rü(e)de, rude* 'großer Hund, Hetzhund', mnd. *rōde, rodde*, mnl. *reude, ruede, rōde*, nl. *reu*, aengl. *ryþþa, roþhund*. Auszugehen ist von einem *jan*-Stamm, dessen etymologische Zuordnung nicht geklärt ist. Anknüpfung an lat. *rutilus* 'rötlich' (und damit an die Wortgruppe von *rot*, s. d.) ist möglich; danach wäre *Rüde* ursprünglich ein nach der rötlichbraunen Farbe seines Fells benannter Hund. Setzt man jedoch eine Bedeutung 'reißendes Tier, Raubtier' voraus, könnte *Rüde* zu einer Dentalableitung der unter *roden* (s. d.) genannten Wurzel als 'einer, der auf-, ausreißt, wühlt' gestellt werden. *Rüde* bezeichnet ursprünglich (bis ins 19. Jh. und noch mundartlich) den großen Hund, bes. zum Jagen, Hüten, Bewachen, also 'Jagd-, Hetz-, Schäfer, Kettenhund'; die Bedeutung 'männlicher Hund, Wolf, Fuchs' entwickelt sich in der Jägersprache.

rüde Adj. 'von grober, ungehobelter Art, ungesittet, roh, rauh, im Umgang mit anderen rücksichtslos, gefühllos', übernommen (Anfang 17. Jh., zunächst in frz. Schreibweise) von gleichbed. frz. *rude*, das aus lat. *rudis* 'unbearbeitet, ungebildet, kunstlos, roh, wild' entlehnt ist.

Rudel n. 'zusammenlebende Gruppe wildlebender Säugetiere der gleichen Art' (bes. Wölfe und Rotwild), übertragen (vielfach abschätzig) 'Schar (von Menschen), Ansammlung' (18. Jh.). Die Herkunft des nur im Dt. begegnenden und erst am Ende des 17. Jhs. zunächst im Obd. auftauchenden, dann sich schnell verbreitenden jägersprachlichen Ausdrucks ist nicht geklärt. Nimmt man 'sich (geräuschvoll) bewegende, dichtgedrängte Schar' als Ausgangsbedeutung an, so kann *Rudel* mit dem seiner Herkunft nach freilich ebenfalls ungeklärten Verb obd. *rodeln, rudeln, rodlen* 'rollen, kugeln, wälzen' (s. *rodeln*) verbunden werden.

Ruder n. 'zum Fortbewegen eines Bootes dienende, in ein Blatt auslaufende Stange, Vorrichtung zum Steuern eines Schiffes', ahd. *ruodar* (9. Jh.), mhd. *ruoder*, (md.) *rūder, rōder*, mnd. *rōder, rōr*, mnl. *roeder, roeyer*, nl. *roer*, aengl. *rōþor*, engl. *rudder* (westgerm. **rōþra-* 'Steuerruder'), mit dem Suffix für Gerätebezeichnungen ie. *-tro-*. Es führt mit anders abgeleitetem anord. *rœði* 'Ruder' sowie mit mhd. *rüejen, rüegen* 'rudern', mnd. *rōien, rōjen, rōen*, mnl. *roeyen, royen*, nl. *roeien*, stark flektierendem aengl. *rōwan*, engl. *to row*, anord. *rōa*, schwed. *ro* 'rudern' und den außergerm. Verwandten aind. *arítraḥ* 'Ruder', *aritā́* 'Ruderer', griech. *erétēs* (ἐρέτης) 'Ruderer', *triḗrēs* (τριήρης) 'Dreiruderer', lat. *rēmus* 'Ruder', air. *rāme* 'Ruder', *rā-* 'rudern', lit. *ìrti* 'rudern', *ìrklas* 'Ruder, Ruderboot' auf die Wurzel ie. **erə-, *rē-, *er(e)-* 'rudern, Ruder'. – rudern Vb. 'die Ruder gebrauchen, mit den Rudern ein Boot fortbewegen', ahd. *ruodarōn* (um 1000), mhd. *ruodern* 'rudern', vom Substantiv abgeleitet. Ruderer m., mhd. *ruoderære*.

rufen Vb. 'die Stimme laut ertönen lassen'. Das ursprünglich reduplizierende germ. Verb ahd. *(h)ruofan* (8. Jh.), mhd. *ruofen*, (md.)

rūfen, *rōfen*, asächs. *hrōpan*, mnd. *rōpen*, mnl. nl. *roepen*, aengl. *hrōpan* 'rufen' ist ebenso wie schwach flektierendes ahd. *(h)ruofen* (9. Jh.), mhd. *rüefen*, *ruofen*, (md.) *rūfen*, *rōfen*, anord. *hrōpa*, *hrœpa* 'verleumden, rufen', schwed. *ropa*, got. *hrōpjan* 'rufen' vermutlich lautnachahmenden Ursprungs und gehört zu einer *b*-Erweiterung der Schallwurzel ie. **kar(ə)-* 'laut preisen, rühmen', wozu auch *Ruhm* (s. d.) und außergerm. aind. *carkarti* 'erwähnt rühmend', *karkarīḥ*, *karkarī́* 'eine Art Laute', *kīrtíḥ* 'Ruhm, Kunde, Erwähnung, Preis, Lob', griech. *karkaírein* (*καρκαίρειν*) 'erdröhnen, erbeben, zittern', *kḗryx* (*κῆρυξ*), (dor.) *kā́ryx* (*κάρυξ*) 'Herold, Bote', lit. *kar̃das* 'Widerhall, Echo', *kardìntis* 'sich bemerkbar machen, von sich hören lassen', ablautend alit. *apkerdžiu* 'ich verkünde' gestellt werden können. – R u f m. 'lautliche Äußerung, Appell, Forderung, Berufung (in ein Amt), Leumund', ahd. *(h)ruof* (11. Jh.), mhd. *ruof*, (md.) *rūf*, mnd. *rōp* 'Ruf, Geschrei', mnl. nl. *roep*, aengl. *hrōp* 'Ruf, Geschrei, Klage', anord. *hrōp* 'Verleumdung, Gerücht', got. *hrōps* 'Ruf, Geschrei' und ahd. *(h)ruoft* 'Geschrei' (8. Jh.), mhd. *ruoft* 'Ruf, Geschrei, Schall, Leumund' sind Abstraktbildungen zum Verb (vgl. auch ahd. *gi(h)ruofti*, mhd. *geruofte*, s. *Gerücht*). v e r r u f e n Vb. (veraltet) 'öffentlich bekanntmachen', mhd. (stark und schwach) *verruofen*, *verrüefen* 'öffentlich ausrufen', danach 'in schlechten Ruf bringen' (17. Jh.). Heute nur noch *verrufen* Part.adj. 'übel beleumdet, berüchtigt' (18. Jh.). R u f n a m e m. (19. Jh.).

Rüffel m. 'Verweis, Rüge, Tadel', rückgebildet (Mitte 19. Jh.) aus r ü f f e l n Vb. 'scharf zurechtweisen, streng tadeln' (md. *rieffeln* 1. Hälfte 18. Jh., *riffeln* Adelung, in der heutigen Form seit Lessing), das wohl zu nhd. *riffeln* 'durch die Riffel, den Flachskamm ziehen, durchhecheln' (s. d.) zu stellen ist, wobei sich unter dem Einfluß von nd. *Ruffel* 'Rauhhobel' zunächst der Sinn 'hobeln, glätten' entwickelt haben kann.

Rugby n. Ballspiel zwischen zwei Mannschaften mit dem Ziel, einen eiförmigen Ball mit Händen oder Füßen hinter die gegnerische Mallinie zu bringen, übernommen (Ende 19. Jh.) von gleichbed. engl. *Rugby (football)*, nach der engl. Stadt *Rugby* benannt, an deren Public School dieses Spiel in der 1. Hälfte des 19. Jhs. entwickelt wurde.

Rüge f. 'Tadel, Verweis', mhd. *rüege*, (md.) *rūge* 'gerichtliche Anklage, Anzeige, Strafe, Tadel', spätmhd. auch 'Gerichtsbarkeit, -bezirk', asächs. *wrōht* 'Streit, Aufruhr', mnd. *wrōge*, *wrōch* 'gerichtliche Anzeige, Tadel, Mahnung, Geldbuße, Bestrafung', mnl. *wroege*, *wroge*, *wruge* 'Anklage, Gerichtsbarkeit', aengl. *wrōht* 'Anklage, Streit, Tadel, Verleumdung', anord. *rōg* 'Streit, Zank, Verleumdung', got. *wrōhs* 'Klage, Anklage' und das Verb r ü g e n 'tadeln, zurechtweisen', ahd. *ruogen* (8. Jh.), mhd. *rüegen*, *ruogen*, (md.) *rūgen* 'anklagen, beschuldigen, tadeln, gerichtlich anzeigen, mitteilen, melden', asächs. *wrōgian* 'anklagen, beschuldigen', mnd. *wrōgen*, *wrūgen* 'anklagen, beschuldigen, (be)strafen', mnl. *wroeghen*, *wroughen*, nl. *wroegen* 'anklagen, beschuldigen', aengl. *wrēgan* 'anklagen', engl. (älter) *to bewray* 'verraten, enthüllen', anord. *rœgja* 'anklagen, verleumden', schwed. *röja* 'ausplaudern, enthüllen, offenbaren, verraten', got. *wrōhjan* 'anklagen, beschuldigen' führen (mit grammatischem Wechsel) auf germ. **wrōg-*, **wrōh-*. Außergerm. Beziehungen sind nicht gesichert. Die Verbindung mit der baltoslaw. Gruppe lit. *rė́kti* 'schreien, schelten, schimpfen, weinen', aslaw. *rešti* 'sagen', *rěčь* 'Wort, Rede, Anklage', *rokъ* 'Termin, Frist, Gesetz', russ. *reč'* (*речь*) 'Rede, Wort', (älter) *rok* (*рок*) 'Schicksal, Verhängnis' und damit mit der Wurzel ie. **u̯er-* 'feierlich sagen, sprechen' (s. *schwören*, *Wort*) ist auf semantische Bedenken gestoßen. Nach Trier Lehm 76 erfolgt die Anklage in einem Kreis versammelter Männer, in dem er eine besondere Form des Zauns sieht, so daß ihm Anschluß an eine Zaun- und Hegewurzel ie. **u̯er-* 'einzäunen, Zaun' als möglich erscheint. *Rüge* ist ursprünglich ein Wort der Rechtssprache und bezeichnet die 'Anzeige' eines Vergehens vor Gericht, sodann die durch das Gericht ausgesprochene 'Strafe', woraus sich 'Tadel' entwickelt hat.

Ruhe f. 'Stille, Untätigkeit, Entspannung', ahd. *ruowa* (um 800), mhd. *ruo(we)*, mnd. *rouwe*, *rōwe*, mnl. *rouwe*, *rowe*, aengl. *rōw*, anord. *rō*, schwed. *ro* 'Ruhe' setzen germ. **rōwō* (ie. **rōu̯ā*), ablautendes ahd. *rāwa* (9. Jh.), mhd. mnd. *rāwe*, mnl. *rauwe* dagegen germ. **rēwō* (ie. **rēu̯ā*) voraus. Außergerm. vergleichen sich awest. *airime* Adv. 'still, ruhig sitzend', griech. *erōḗ* (*ἐρωή*) 'das

Aufhören, Ruhe, Rast', *erōéin* (*ἐρωεῖν*) 'ruhen, rasten, nachlassen', kymr. *araf* 'ruhig, mild, langsam'. Erschließbar ist eine Wurzel ie. **erə-*, **rē-* 'ruhen' (wozu auch *Rast*, s. d.). – r u h e n Vb. 'Entspannung finden, still liegen, rasten, auf etw. fest liegen, stehen', ahd. *ruowēn* (11. Jh.), mhd. *ruo(we)n*, mnd. *ro(u)wen*, mnl. *rouwen*, *ruwen*, daneben (ablautend) ahd. *rāwēn* (um 1000), mhd. mnd. *rāwen* '(aus)ruhen' sind Bildungen zu den genannten Substantiven. r u h e l o s Adj. 'von innerer Unruhe erfüllt, unstet, voll Unrast', mhd. *ruowelōs*. R u h e s t a t t, R u h e s t ä t t e f. 'Ruheplatz, Grabstätte', mhd. *ruowestat*. r u h i g Adj. 'bewegungslos, still, nicht aufgeregt', mhd. *ruowec*, *ruowic*, frühnhd. *rūwig* (15. Jh.). b e r u h i g e n Vb. 'ruhig machen, zufriedenstellen, besänftigen', refl. 'ruhig werden, sich zufriedengeben' (16. Jh.). r u h s a m Adj. 'ruhig, behaglich, ohne Eile, ohne Aufregung' (15. Jh. *ruosam*, md. *rusam*, bei Luther *rugsam*); vgl. mnd. *rou(we)sam*; heute dafür g e r u h s a m Adj., mhd. (md.) *gerūgesam*. U n r u h e f. 'anhaltende innere Erregung, Besorgnis, störende geräuschvolle Bewegung', *Unruhen* (Plur.) 'Empörung, Aufruhr einer größeren Gruppe von Menschen', ahd. *unruowa* (8. Jh.), mhd. *unruo(we)*, (md.) *unrū* sowie ahd. *unrāwa* (um 1000), mhd. *unrāwe*; auch 'Uhrpendel' (16. Jh.), dann 'Schwungrad in Uhren, Gangregler' (Mitte 17. Jh.).

Ruhm m. 'hohes Ansehen'. Das im Dt. und Nl. begegnende Substantiv ahd. *(h)ruom* (8. Jh.), mhd. *ruom*, *ruon*, (md.) *rūm* 'Lob, Ehre, Prahlerei', asächs. *hrōm*, mnd. *rōm*, mnl. nl. *roem* 'Ruhm, Ehre' stellt sich mit (anders abgeleitetem) asächs. *hrōð* 'Ruhm', aengl. *hrōþor* 'Trost, Freude, Nutzen', got. *hrōþeigs* 'ruhm-, siegreich', ahd. *(h)ruod-* in Personennamen (vgl. *Rüdiger*, *Rudolf*) zu der unter *rufen* (s. d.) angeführten Schallwurzel ie. **kar(ə)-* 'laut preisen, rühmen'. Auszugehen ist wohl von einer Bedeutung 'Freudengeschrei', die sich einerseits über 'kriegerisches Selbstlob' zu 'Prahlerei', andererseits über 'Preis, Lob anderer' zu 'Ansehen, Ehre' entwickelt. – r ü h m e n Vb. 'jmds. Ruhm verkünden, jmdn. lobend hervorheben', ahd. *(h)ruomen* '(sich) rühmen, prahlen' (8. Jh.), mhd. *rüemen*, *ruomen*, (md.) *rūmen*, auch 'froh sein, jubeln', asächs. *hrōmian* 'sich rühmen', mnd. *rōmen* 'rühmen, prahlen', mnl. nl. *roemen* 'rühmen, loben, preisen', aengl. *hrīeman*, *hrȳman, hrēman* 'rufen, schreien, prahlen'. b e r ü h m t Adj. 'weithin bekannt, überall hoch angesehen', spätmhd. *berüemet*, eigentl. Part. Prät. von mhd. *berüemen*, ahd. *bi(h)ruomen* 'sich rühmen' (um 1000); B e r ü h m t h e i t f. 'berühmte Persönlichkeit, anerkannter guter Ruf, Ruhm' (1. Hälfte 16. Jh.). r ü h m l i c h Adj. 'rühmens-, lobenswert, löblich', mhd. *rüem(e)lich* 'lobenswert, ruhmredig, prahlerisch'; vgl. ahd. *(h)ruomlīhho* Adv. 'ruhmredig, prahlerisch' (8. Jh.). r u h m l o s Adj. 'ohne Ruhm, Verdienst' (17. Jh.). r u h m r e d i g Adj. 'prahlerisch' (1. Hälfte 17. Jh.), älter *rhumrettig* (Luther), *rumretig* (Sachs), zu mhd. *ruomreiticheit* 'Prahlerei', *ruomereiten*, (md.) *ruomerēden* 'sich rühmen', eigentl. 'sich Ruhm bereiten' (zum Grundwort s. *bereit*), dann volksetymologisch an *reden* angeschlossen. r u h m v o l l Adj., mhd. (md.) *rūmvol*.

Ruhr f. infektiöse Darmerkrankung. Zu dem unter *rühren* (s. d.) behandelten Verb steht im Dt. und Nl. im Sinne von 'heftige, eilige Bewegung' das Verbalabstraktum ahd. *(h)ruora* 'Bewegung, Lauf, das Bewegen (Spielen) der Saiten' (um 1000), mhd. *ruor(e)*, (md.) *rūr(e)* 'eilige Bewegung (zu Fuß oder Pferd), Erregung, Hatz der Hunde auf das Wild', asächs. *hrōra* 'Bewegung, Erregung', mnd. *rōr(e)*, mnl. *roere* f., *roer* n., nl. *roer* m. Im Mhd. und Mnd. bezieht sich der Ausdruck auch auf die heftige Bewegung im Darm und bezeichnet speziell den heftigen Durchfall sowie die sich seuchenartig verbreitende, oft mit Darmbluten verbundene Infektionskrankheit, vgl. frühnhd. *rote rur* (15. Jh.). Vom 17. Jh. an ist das Wort im Dt. nur noch in dieser Bedeutung gebräuchlich (doch s. *Aufruhr*).

rühren Vb. 'eine flüssige Masse kreisend bewegen und die Bestandteile vermischen, ein Körperglied, sich ein wenig bewegen, etw. vorsichtig (durch Bewegung der Körper-, Fingerglieder) anfassen, nach etw. greifen, innerlich bewegen, weich stimmen, seine Ursache haben', ahd. *(h)ruoren* 'bewegen, (an-, be)rühren, spielen, schütteln, erreichen' (8. Jh.), mhd. *rüeren*, *ruoren*, (md.) *rūren*, *rōren*, asächs. *hrōrian*, mnd. *rōren*, *rūren*, mnl. nl. *roeren*, aengl. *hrēran*, anord. *hrœra* 'rühren, bewegen' und die unter *Ruhr* (s. d.) genannten Formen führen mit aind. *śrīṇāti* 'mengt, mischt', auch 'kocht', awest. *sar-* '(sich) vereinigen mit, (sich) anschließen an, es halten mit', *sar-* f. 'Vereinigung, Verbindung, Genossenschaft, Gemeinschaft mit', griech. *kerannýnai* (*κεραννύναι*) 'mischen' auf eine Wurzel ie. **k̑erə-*, **k̑rā-* 'mischen, durcheinanderrühren', z. T. auch 'kochen'. – a n r ü h r e n Vb. '(mit der Hand) leicht anfassen, verrühren, mischen, innerlich ergreifen', mhd. *anerüeren* 'in Bewegung setzen, berühren, angreifen, betreffen'. b e r ü h r e n Vb. '(mit der Hand) leicht anfassen, streifen, kurz erwähnen, beeindrucken, bewegen', ahd. *bi(h)ruoren* 'anfassen, antreiben, bewegen' (9. Jh.), mhd. *berüeren*, *beruoren*, (md.) *berūren*. r ü h r e n d Part.adj. 'innerlich bewegend, Gefühlserregungen verursachend, zu Herzen gehend' (18. Jh.). g e r ü h r t Part.adj. 'innerlich bewegt' (18. Jh.). R ü h r u n g f. 'innerliche Bewegtheit, Ergriffenheit' (18. Jh.); vgl. mhd. *rüerunge* 'Berührung', (md.) *rūrunge* 'Bewegung'. u m r ü h r e n Vb. 'durch Rühren vermischen, quirlen' (16. Jh.). r ü h r i g Adj. 'eifrig tätig, betriebsam' (18. Jh.), frühnhd. *rüeric* 'beweglich, nicht fest' (15. Jh.); vgl. mhd. *gerüeric* 'rührig, munter', ahd. *gi(h)ruorīg* 'in Blüte stehend' (10. Jh.), *ungi(h)ruorīg* 'unbeweglich' (9. Jh.). r ü h r s e l i g Adj. 'zu Rührung neigend, übertrieben gefühlvoll' (Ende 19. Jh.), gebildet nach *redselig* (s. *Rede*).

Ruine f. 'zerfallenes, eingestürztes Gebäude, Trümmerstätte', zuerst *Ruinen* Plur. (Ende 16. Jh.), Entlehnung aus gleichbed. lat. *ruīnae* Plur. (neben seltenerem *ruīna* Sing. 'Einsturz, eingestürztes Gebäude, Zusammenbruch'), gelegentlich wohl auch aus früher als im Dt. bezeugtem afrz. frz. *ruines* Plur. Lat. *ruīna* ist Verbalabstraktum zu lat. *ruere* 'rennen, stürzen, niederreißen, niederstürzen'. – R u i n m. (anfangs auch f. nach frz. Vorbild) 'Zusammenbruch, Untergang, Verderb, Verlust der wirtschaftlichen Existenz', entlehnt (1. Hälfte 17. Jh.) aus frz. *ruine* f. 'Einsturz (eines Gebäudes), Verwüstung, Untergang', afrz. 'Einsturz, Verfall, Verheerung, Verderben, Jammer', dem lat. *ruīna* (s. oben) voraufgeht. r u i n i e r e n Vb. 'verderben, zerstören, vernichten, zugrunde richten' (2. Hälfte 16. Jh.; zuerst im militärischen Bereich), aus gleichbed. frz. *ruiner*, afrz. 'einstürzen, niederfahren (vom Blitz), zugrunde richten', Ableitung vom Substantiv afrz. frz. *ruine*. Doch vgl. auch mlat. *ruinare* '(ein)stürzen, zerstören'.

rülpsen Vb. 'laut aufstoßen', ein seit dem 17. Jh. bezeugtes, wahrscheinlich aber älteres Verb lautnachahmenden Ursprungs. Dazu rückgebildet R ü l p s m. 'lautes Aufstoßen', auch 'flegelhafter Mensch mit schlechtem Benehmen' (17. Jh., neben *Rülp*, *Rültz*; vgl. spätmhd. *rülz* 'roher, bäurischer Kerl'). R ü l p s e r m. 'lautes Aufstoßen' (19. Jh.).

Rum m. Branntwein aus vergorener Zuckerrohrmelasse, Übernahme (2. Hälfte 17. Jh.) von gleichbed. engl. *rum*. Man nimmt an, daß engl. (mundartlich) *rumbullion* 'Aufruhr, Tumult' bzw. (umgangssprachlich) *rumbustion* 'Ungestüm, Lärm, Ausgelassenheit' (beide lautmalender Herkunft?) von engl. Siedlern auf der Antilleninsel Barbados zur Bezeichnung des Zuckerrohrschnapses verwendet wurde, da dessen Genuß die Menschen erregt. Dort soll auch die Kurzform *rum* entstanden sein (um 1650).

Rumba f. (auch m.) aus einem afrokubanischen Volkstanz hervorgegangener, stark rhythmisch betonter moderner Gesellschaftstanz, Übernahme (um 1930) von kubanisch-span. *rumba* 'herausfordernder Tanz', eigentl. 'lärmendes, ausgelassenes Vergnügen', zu span. *rumbo* 'Strich der Windrose, einzuschlagende Richtung, Kurs', dann auch 'Zauberei, Ansehen, Ruhm, Prunk, Prahlerei, herausforderndes Benehmen, lärmendes Treiben'. Diesem liegt wohl (wie span. *rombo* 'Rhombus, Steinbutt') lat. *rhombus* 'Kreisel der Zauberer, Zauberrad', übertragen 'Steinbutt', spätlat. auch 'verschobenes Quadrat, Raute, Rhombus' zugrunde, dem gleichbed. griech. *rhómbos* (*ῥόμβος*), zu griech. *rhémbesthai* (*ῥέμβεσθαι*) 'sich herumtreiben, umherirren, -schweifen', vorausgeht. Der Vokalwandel zu span. *rumbo* vollzieht sich wahrscheinlich im Sprachgebrauch der Matrosen unter dem Einfluß eines ihnen geläufigeren seemännischen Ausdrucks germ. Herkunft (zur Wortgruppe von dt. *Raum*, s. d.; vgl. span. *arrumar* 'verstauen, die Ladung verteilen', port. *rumo*, mfrz. *run* 'Laderaum im Kiel des Schiffes').

Rummel m. 'Lärm, lärmende Betriebsamkeit, Gedränge, Jahrmarkt, Gerümpel, Plunder' (um 1750), 'Koitus' (16. Jh.). Der eine ungestüme Bewegung, einen dumpfen Schall nachahmende (vgl. *rumbum*, *rumbidibum*)

Ausdruck ist rückgebildet aus heute noch landschaftlich gebrauchtem r u m m e l n Vb. 'ein dumpfes, dröhnendes Geräusch verursachen, lärmen, poltern', frühnhd. *rummeln* 'lärmen, poltern, sich ungestüm, geräuschvoll bewegen'; vgl. nl. *rommelen* 'stöbern, kramen, grollen, rollen (vom Donner), knurren (vom Magen)', *rommel* 'Gerümpel, Plunder, Kram', dän. *rumle* 'rumpeln, knurren (vom Magen)', schwed. *rumla* 'lärmend zechen'. S. auch *rumpeln*. – R u m m e l p l a t z m. landschaftlich, bes. nordd. 'Vergnügungspark, Jahrmarktsplatz' (Anfang 20. Jh.).

Rumor m. 'Lärm, Unruhe, Tumult, Aufruhr', spätmhd. *rumōr*, *rumōre* m. n. f. 'Lärm, Aufstand', mnd. *rumōr*, Entlehnung von lat. *rūmor* 'dumpfes Geräusch, Gerücht, Gerede', mlat. auch 'Lärm, Tumult, Wortstreit, Zetergeschrei'. Davon abgeleitet r u m o r e n Vb. 'lärmen, poltern, rumpeln, murren, knurren (vom Magen), in der Öffentlichkeit Aufsehen erregen', übertragen 'spuken, (wie ein Gespenst) umgehen' (2. Hälfte 15. Jh.).

rumpeln Vb. 'ein dumpfes, polterndes Geräusch verursachen, (mit dem Wagen) polternd fahren', mhd. *rumpeln* 'mit Ungestüm, geräuschvoll sich bewegen oder fallen, lärmen, poltern', mnd. *rumpelen*, engl. *to rumble* 'poltern, rattern, rollen, grollen, knurren' sind iterative lautmalende Bildungen (wie *rummeln*, s. *Rummel*). – ü b e r r u m p e l n Vb. 'unerwartet angreifen, überraschen, in Verwirrung bringen' (Anfang 16. Jh.), eigentl. 'lärmend, mit Getöse überfallen'. R u m p e l k a m m e r f. 'Abstellraum für altes Gerät' (2. Hälfte 18. Jh.), vgl. nl. *rommelkamer*; d. i. die Kammer mit *Gerümpel* (s. d.), das polternd zusammenfällt, daher 'Kammer, in der es poltert, geistert, spukt', vgl. *Rumpelgeist* m. 'polternder Kobold' (Luther). R u m p e l s t i l z c h e n n. zwerghafte Gestalt des dt. Märchens (1812 in Grimms Kinder- und Hausmärchen), Deminutivum von *Rumpelstilz* 'lärmender, rumpelnder, spukender Kobold', älter *Rumpele stilt* (2. Hälfte 16. Jh.); vgl. (heute veraltet) *Stülz*, *Stülzer* (15. Jh.), *Stilzer* (16. Jh.) 'Hinkender', das wohl zu der unter *Stelze* (s. d.) angeführten Wortgruppe gehört. Daneben *Rumpenstünzchen* (1808 in einer handschriftlichen Märchenaufzeichnung J. Grimms); dazu vgl. mnd. *stunselvōt* 'Hinkefuß' (als Beiname), nd. *Stunzel* 'kleiner dicker Mensch' (18. Jh.), mhd. *stunz* 'stumpf, abgestumpft, kurz', wohl *n*-Erweiterungen zu dem unter [2]*stutzen* (s. d.) behandelten Verb.

Rumpf m. 'Körper von Mensch und Tier, Leib' (ohne Kopf und Gliedmaßen), übertragen 'Schiffskörper' (ohne Masten und Aufbauten), 'Flugzeug' (ohne Tragflächen und Fahrgestell), mhd. *rumph*, (md.) *rump* 'Körper, Leib, hölzerne Schüssel, Gefäß aus Baumrinde', mnd. *rump*, auch 'Bienenkorb, Leibchen', mnl. *romp(e)*, *rump* 'Leib, Gefäß aus Rinde, Leibchen', nl. *romp*, aschwed. *rumpa*, *rompa* 'Schwanz', schwed. *rumpa* 'Schwanz, Steiß, Hintern', dän. *rumpe* 'Steiß, Hintern', norw. *rump*, mundartlich auch 'abgestumpfter Berggipfel' (engl. *rump* ist wohl aus dem Skandinavischen entlehnt, s. *Rumpsteak*). Herkunft ungewiß. Schüwer in: Jb. d. Vereins f. nd. Sprachforsch. 104 (1981/82) 82ff. geht von einer Grundbedeutung 'Stubbe, Baumstamm, Gefäß aus Rinde, geflochtener Korb' aus und verbindet die genannten Formen mit germ. **hram-* 'Lattengestell, Umzäunung, Flechtwerk' (s. *Rahmen*). Er erklärt sie also als Labialerweiterungen (ie. **kremp-*, **kromb-*, **kr̥mb-*) von ie. **krem-* 'Gestell aus Latten, hölzerne Umzäunung' und schließt sie an die unter *rümpfen* (s. d.) genannte Wurzel an.

rümpfen Vb. 'eine Partie des Gesichts mißbilligend in Falten legen, kraus ziehen', bes. in der Wendung *die Nase (über jmdn.) rümpfen* 'sich über jmdn. erhaben fühlen, verächtlich auf jmdn. herabblicken' (15. Jh.), spätmhd. *rümphen* 'kraus, runzlig machen oder werden, in Falten legen'. Das schwache Verb steht im Ablaut zu einem im Nhd. untergegangenen starken Verb ahd. *rimphan* (9. Jh.), mhd. *rimphen* 'in Falten zusammenziehen, krümmen, runzeln, einschrumpfen, verdorren', mnd. mnl. *rimpen* (wozu die Weiterbildung mnl. nl. *rimpelen* 'runzeln'), aengl. **(h)rimpan* (in *gerumpen*) und den Substantiven mnd. mnl. *rimpe*, *rimpel*, nl. *rimpel*, engl. *rumple*, (mundartlich) *rimple* 'Runzel, Falte'. Außergerm. vergleichen sich griech. *krámbos* (*κϱάμβος*) 'eingeschrumpft, trocken, dürr, nüchtern', *krámbē* (*κϱάμβη*) 'Kohl', (unsicher) lit. *kremblȳs* 'Pfifferling' (weil 'runzlig, faltig'), kslaw. *krǫpъ* 'klein, gering', poln. *krępy* 'untersetzt, klein und stämmig, kurz und dick'. Sie gehören insgesamt zu ie.

(s)kremb(h)-, der nasalierten Nebenform von ie. *(s)kerb(h)-*, *(s)kreb(h)-* 'drehen, krümmen, sich zusammenkrümmen, schrumpfen', einer Erweiterung der Wurzel ie. *(s)ker-* 'drehen, biegen, kreisend bewegen' und 'einschrumpfen, runzeln' (dazu auch *Harfe*, *schräg*, *schrumpfen*, s. d.). Vgl. Schüwer in: Jb. d. Vereins f. nd. Sprachforsch. 104 (1981/82) 82ff., der als Verwandte auch die unter *Rahmen* und *Rumpf* (s. d.) angegebenen Formen hier anschließen will.

rund Adj. 'kugel-, kreisförmig, ohne Ekken', (vom Körper) 'füllig', mhd. *runt* 'rund, geschickt, gewandt', mnd. *runt* sind wie mnl. *ront*, nl. *rond* Entlehnungen aus afrz. *reont*, älter *roont*, (anglonorm.) *ruunt* 'rund, einfach, ruhig' (frz. *rond*). Diesem geht vlat. **retundus* vorauf, durch Dissimilation entstanden aus (noch in den frühesten afrz. Formen fortlebendem) lat. *rotundus* 'scheibenrund', dann 'kugelrund' und überhaupt 'rund', zu lat. *rota* 'Rad', übertragen 'Sonnenscheibe, Kreis' (verwandt mit *Rad*, s. d.). – Rund n. 'Rundung, Wölbung, kreis- oder kugelförmige Gestalt, umliegendes Gebiet, Umkreis, Umgebung' (17. Jh.), aus dem substantivierten Adjektiv frz. *rond* m. 'das Runde, Kreis, Ring', früher daher auch *der Rund*. Runde f. 'Umkreis' (vgl. spätmhd. *ze rund* 'ringsum', afrz. *a la reonde*), 'das Rundsein, runde Form, Kreis' (16. Jh., auch umgelautet *Ründe*), Substantivierung des Adjektivs. Im Sinne von 'gesellige Zusammenkunft, Kreis von Personen, die sich zum Essen und Trinken zusammenfinden' hervorgegangen aus *Tafelrunde*, das im 18. Jh. von Wieland aufgenommen wird nach mhd. *tavelrunde*, einer Entlehnung von afrz. *la Table Reonde* 'Tafelrunde des Königs Artus' (eigentl. 'die runde Tafel'). *Runde* in der Bedeutung 'Kontrollgang zur Überprüfung militärischer Wachtposten' (Anfang 17. Jh., zuerst *Ronde*), 'die den Kontrollgang durchführende(n) Person(en)' (Ende 17. Jh.) ist eine Entlehnung von gleichbed. mfrz. frz. *ronde*. Dies wird als Substantivierung des Adjektivs *rond* empfunden (auch im Dt. beim Entlehnungsvorgang), ist jedoch eine Rückbildung aus dem Verb mfrz. *ronder* 'einen Kontrollgang machen, die Wachtposten überprüfen', das auf aspan. *arrobdar* mit den Nebenformen *robdar*, *roldar*, *rondar* 'mit der Wache herumziehen, patrouillieren, bewachen' (span. *rondar*) beruht, einer Bildung zu arab. *ar-rubṭ* 'fünf oder mehr zusammengekoppelte Pferde, die zur Verwendung auf Grenzwacht bereitstehen'. Dazu die verbale Fügung *(die) Runde(n) gehen* 'Posten kontrollieren' (17. Jh.), dann allgemein *die Runde machen* 'einen Rundgang machen'. runden Vb. (früher auch *ründen*) 'rund machen, abrunden, vervollkommnen, vollenden', refl. 'rund werden, sich vervollkommnen, Gestalt annehmen', vgl. *gerunt* Part. Prät. (Ende 15. Jh.), *ronden* (15. Jh.). abrunden Vb. (früher auch *abründen*) '(annähernd) rund, glatt machen, bei Zahlen, Geldbeträgen die Endziffer(n) durch Null(en) ersetzen' (17. Jh.). überrunden Vb. 'jmdn. bei einem Wettlauf oder einer Wettfahrt um eine oder mehrere Runden überholen' (20. Jh.). rundlich Adj. 'annähernd rund, mollig, füllig, ein wenig dick' (18. Jh.), älter *rundlicht* (17. Jh.), *rundlächt* (16. Jh.); doch vgl. *runtlich* Adv. (15. Jh.). Rundung f. 'runde Form, Wölbung', frühnhd. 'Umdrehung im Kreise' (15. Jh.).

Rune f. altes germ. Schriftzeichen, ahd. *rūna* (8. Jh.), mhd. *rūne* 'geheime Beratung, geheime Rede, Geheimnis, Geflüster', asächs. *rūna*, aengl. *rūn* 'Geheimnis, geheime Beratung, (zu deutendes Geheim-, Zauber)schriftzeichen, Schrift', anord. *rūn* 'Geheimnis, Zauber-, Schriftzeichen', got. *rūna* 'Geheimnis, Beschluß' (germ. **rūnō*). Dazu die Kollektivbildung ahd. *girūni* 'Mysterium, religiöses Geheimnis' (8. Jh.), asächs. *girūni*, aengl. *(ge)rȳne* 'Geheimnis', got. *garūni* 'Beratschlagung' sowie das unter *raunen* (s. d.) behandelte Verb. Die Herkunft ist ungewiß. Vergleichbar sind in jedem Fall air. *rūn*, kymr. *rhin* 'Geheimnis', so daß Entlehnung aus dem Kelt. vorliegen könnte. Geht man jedoch von alter Verwandtschaft der germ. und kelt. Formen aus und zieht ablautendes mhd. *rienen* 'jammern, klagen, flehentlich bitten, beklagen, bejammern', aengl. *rēonian* 'klagen, murren, sich verschwören, planen', norw. (mundartlich) *rjona* 'schwatzen' sowie außergerm. (trotz semantischer Bedenken) aind. *ráuti*, *ruváti* 'brüllt, schreit', griech. *ōrȳesthai* (ὠρύεσθαι) 'heulen, heulend schreien, wehklagen', lat. *rūmor* 'dumpfes Geräusch, Ruf, Gerücht', *ravus* 'heiser', aslaw. *ruti*, *ŕuti*, russ. *revét'* (реветь) 'brüllen' heran, kann an eine Schallwurzel ie. **reu-*, **rēu-*, **rŭ-* 'brüllen, heisere Laute ausstoßen' und (im Hinblick auf das Germ.) 'brummen, murren, dumpfe Laute von sich geben' angeknüpft werden. Das Substantiv mhd. *rūne* kommt bereits vor der Diphthongierung von *ū* zu *au* außer Gebrauch (mit Ausnahme des bis ins 19. Jh. fortlebenden schweiz. *Raun*, alem. *Rūn* 'geheime Abstimmung, Stimmabgabe ins Ohr einer beeidigten Magistratsperson'). Im 17. Jh. wird *Rune* (mit altem Vokalismus) bei Beschäftigung mit der anord. Literatur in der gelehrten Sprache neu belebt, zunächst als Bezeichnung germ. Sänger (*Runen und Skalder*, Schottel), dann der germ. Schriftzeichen (Anfang 18. Jh.), neben *Runbuchstabe*.

Runge f. 'über der Radachse eines Wagens aufzusteckende Stange zur Stütze der Wagenleitern oder Seitenbretter', ahd. *(h)runga* (Hs. 13. Jh.), mhd. mnd. *runge* 'Stange, Stemmleiste am Wagen', mnl. *ronghe*, *runghe*, nl. *rong*, aengl. *hrung*, engl. *rung*, got. *hrugga* 'Stab' stellt sich mit einer Ausgangsbedeutung 'Rundholz, -stab' ablautend zu der unter *Ring* (s. d.) angegebenen nasalierten Erweiterung ie. **(s)krengh-* der Wurzel ie **(s)ker-* 'drehen, biegen, kreisend bewegen'.

Runkelrübe f. Name der Futter- und Zuckerrübe (18. Jh.). Eine Verwandtschaft des Bestimmungsworts mit mhd. *runke* 'Runzel' und den übrigen unter *Runzel* (s. d.) behandelten Formen im Hinblick auf den auffallend runzligen Samen ist wenig wahrscheinlich. Eher dürfte mundartlich verbreitetes *Runken*, *Runke*, *Runks*, *Runksen*, *Rank*, *Ranke* 'großes Stück Brot, Brotkanten', dessen Herkunft jedoch unbekannt ist, zur Bildung des Kompositums *Runkelrübe*, auf die dicke, fleischige Wurzel anspielend, herangezogen worden sein. Vgl. *Runks* m. 'grober Kerl' (16. Jh., vorwiegend nordd.).

Runzel f. 'Hautfalte, Falte auf der Oberfläche, Furche', ahd. *runzilo* m. (10. Jh.), *runzila* f. (11. Jh.), mhd. *runzel* 'Runzel', Deminutivum von ahd. *runza* (um 1000), mhd. *runze*. Setzt man älteres **hrunkza* aus germ. **hrunkita* voraus, aus dem ahd. *runza* durch Konsonantenerleichterung hervorgegangen sein könnte, so lassen sich vergleichen mhd. *runke* 'Runzel', anord. *hrukka* (**hrunkwōn*), schwed. *rynka* (aus **hrunkwjōn*) 'Runzel' und (ablautend) anord. *hrøkkva* (aus **hrenkwan*) 'sich krümmen, ringeln, zurückweichen' sowie kausatives *hrøkkva* (aus **hrankwjan*) 'schlingen, schleudern, fortjagen', ferner mit anlautendem *sk-* anord. *skrukka* 'Rindenkorb', eigentl. 'altes runzliges Weib', schwed. (mundartlich) *skrokka* 'runzlige alte Frau, Korb aus Birkenrinde', schwed. *skrynkla* 'Runzel; knittern', aengl. *scrincan* 'sich zusammenziehen, schrumpfen, welken', engl. *to shrink* '(ein-, zusammen)schrumpfen, eingehen, einlaufen, abnehmen', mnl. *schrinken* 'sich zurückziehen'. Alle Formen führen auf ie. **(s)kreng-*, nasalierte Form von ie. **(s)kerg-*, einer Erweiterung der verbreiteten (s. *Ring*, *Rücken*, *schräg*, *Schrank*, *Schranke*, *schreiten*) Wurzel ie. **(s)ker-* 'drehen, biegen, kreisend bewegen' und auch 'einschrumpfen, runzeln'. – r u n z (e) l i g Adj. 'von Runzeln durchzogen, faltig' (18. Jh.), älter *runzlicht*, ahd. *runziloht* (11. Jh.), mhd. *runzeleht*. r u n z e l n Vb. 'Runzeln bilden, in Falten legen, ziehen', refl. 'Runzeln bekommen', mhd. *runzeln*.

Rüpel m. 'ungeschliffener, grober Kerl, flegelhafter (junger) Mensch, Grobian, Landstreicher, Strolch', frühnhd. *Rüppel* (16. Jh.) entwickelt sich wohl aus Kurzformen des Namens *Ruprecht*, ahd. *Ruodberaht*, zu ahd. **(h)ruod* 'Ruhm' (s. *Ruhm*) und ahd *beraht* 'hell, glänzend' (s. *Birke*). Kaum aus rotw. *Rūbel* bzw. mlat. *ribaldus* 'Schurke, Schuft', wie Wolf in: Muttersprache (1955) 475ff. vermutet. In der Literatursprache setzt sich *Rüpel* 'lustige Person im Schauspiel' mit dem Bekanntwerden von Shakespeares Lustspielen durch, vgl. *Rüpelszene*.

Rupfen m. grobes Gewebe aus Jute für Säcke und Wandbespannungen, mhd. *rupfen* n. 'Leinwand aus Werg', substantiviert aus mhd. *rupfīn*, *rupfen* Adj. 'aus Werg', wohl zum Verb mhd. *rupfen*, *rüpfen* 'ausreißen, zupfen, zausen, pflücken' (s. *rupfen*) gehörig; zuerst (12. Jh.) in Verbindung mit den Substantiven mhd. *ziuc* 'Zeug, Stoff', *wāt* 'Kleidung', *tuoch* 'Tuch', dann mit Ersparung des Substantivs 'Leinwand aus Werg'. Als Substantiv eigentl. wohl 'aus dem von der Hechel Abgerauften, Abgezupften, aus Flachs- und Hanfabfall Hergestelltes'.

rupfen Vb. 'herausziehen, ruckartig ab-, ausreißen, pflücken, übervorteilen', ahd. *rophōn* (11. Jh.), mhd. *rupfen*, *rüpfen*, *ropfen* 'ausreißen, zupfen, zausen, pflücken', mnd. mnl. nl. (landschaftlich) *roppen*, nd. *ruppen*, anord. *ruppa* 'ausrupfen, plündern' ist Intensivbildung zu dem unter *raufen* (s. d.) angeführten Verb. – r u p p i g Adj. 'unhöflich, flegelhaft, grob, ungepflegt, struppig', im 18. Jh. aus dem Nd. und Md. in die Literatursprache aufgenommen, zu nd. *ruppen* 'ausreißen, zupfen' (s. oben), ursprünglich wohl 'wie ein gerupfter Vogel aussehend'.

Rüsche f. 'dicht gefältelter oder gekräuselter Besatz auf Kleidern oder Wäsche, Halskrause', Übernahme (19. Jh., zuerst *Ruche*) von gleichbed. frz. *ruche* f., eigentl. 'Bienenkorb' (seit Anfang 19. Jh. auch 'gefältete Halskrause'), afrz. *rusche, rousche* 'Bienenkorb', übereinstimmend mit mlat. *rusca* 'Rinde', da Bienenkörbe anfänglich aus Rinde hergestellt wurden (kelt. Ursprungs?, vgl. air. *rūsc*, aprov. *rusca* 'Rinde').

Ruß m. 'schwarzer, pulverartiger Kohlenstoff', ahd. *ruoʒ* (9. Jh.), mhd. *ruoʒ*, (md.) *rūʒ*, asächs. *hrōt*, mnd. *rōt, rūt*, mnl. nl. *roet* 'Ruß', daneben mit unorganisch angefügtem *-t* mhd. *ruost*, frühnhd. *Rust* und mit *m*-Suffix anengl. *hrūm* 'Ruß', afries. *(h)rūmech* 'rußig' und mhd. *Rūmolt*, Name des Küchenmeisters im Nibelungenlied. Sie setzen germ. **hrō-* voraus, das man verbinden kann mit ahd. *horo* 'Sumpf, Schlamm' (8. Jh.), mhd. *hor(e)* 'kotiger Boden, Kot, Schmutz', asächs. *horu*, mnd. *hōr* 'Dreck, Unrat, Kot, Mist, Schlamm', mnl. *hor(e)* 'Kot, Schmutz', aengl. *horh* 'Schmutz, Schleim', anord. *horr* (aus **hurhu̯az*) 'Nasenschleim, Schmutz'. Außergerm. vergleichen sich aind. *kardamaḥ* 'Schlamm, Schmutz', griech. *kóryza* (κόρυζα) 'Erkältung, Schnupfen, Rotz', mir. *corcach* 'Sumpf', so daß von einer Farbwurzel ie. **ker-*, **k̂er-* für dunkle, schmutzige und graue Farbtöne ausgegangen werden kann. – r u ß e n Vb. 'Ruß absondern, mit Ruß schwärzen' (17. Jh.), mhd. *ruoʒen* 'schwarz, schmutzig machen'. r u ß i g Adj., früher auch *rußicht*, 'mit Ruß behaftet, durch Ruß verschmutzt', ahd. *ruoʒag* (11. Jh.), mhd. *ruoʒec, ruoʒic*.

Rüssel m. spitze oder röhrenförmige Verlängerung am Kopf mancher Tiere, mhd. *rüeʒel, rüʒʒel* (im Nhd. mit Vereinfachung und Kürzung des alten Diphthongs) ist als Bildung mit dem Suffix germ. *-ila-* verwandt mit dem ehemals reduplizierenden Verb ahd. *(w)ruoʒen* 'pflügen, beackern, aufwühlen' (9. Jh.), mnd. *wrōten* 'mit der Schnauze, dem Rüssel die Erde aufwühlen', mnl. nl. *wroeten*, aengl. *wrōtan*, engl. *to root* sowie mit schwach flektierendem anord. *rōta* 'graben, wühlen, wälzen, beunruhigen', schwed. *rota* und mit mnd. *wrōte* 'Maulwurf', nd. *Wrōte* 'Schnauze', aengl. *wrōt* 'Schnauze, Rüssel'. Sichere außergerm. Vergleichsmöglichkeiten finden sich nicht. Vielleicht anschließbar an eine Dentalerweiterung ie. **u̯erd-*, **u̯rōd-* der unter *reißen* (s. d.) genannten Wurzel ie. **u̯er-* 'aufreißen, ritzen'? *Rüssel* bezeichnet als 'Wühlgerät' die Schnauze des Schweins und wird von da auf die spitzzulaufende Schnauze oder Nase anderer Tiere übertragen, seit mhd. Zeit auf die der Elefanten, seit dem frühen 18. Jh. auch auf die saugende oder stechendsaugende Mundröhre einzelner Insekten.

rüsten Vb. 'vorbereiten, fertigmachen, herrichten, sich mit Waffen versehen, Waffen produzieren', ahd. *(h)rusten* (8. Jh.), mhd. *rüsten, rusten* 'bereit-, zurechtmachen, schmükken', mnd. mnl. nl. *rusten* '(zu)rüsten', aengl. (mit Metathese) *hyrstan* 'ausrüsten, schmükken' (westgerm. **hrustjan*) ist abgeleitet von dem in ahd. *(h)rust* 'Rüstung' (8. Jh.), aengl. *hyrst* 'Schmuck, Schatz, Ausrüstung, Behänge, Waffen' bezeugten Substantiv, verwandt mit dem starken Verb aengl. *hrēodan* 'schmücken, zieren', anord. *hrjōða* 'bedecken, bekleiden, schmücken, verzieren' (germ. **hreudan* 'bedecken, schmücken'). Diese Formen können als Dentalerweiterungen an die Wurzel ie. **krā(u)-*, **krəu-*, **krū̆-* 'aufeinander, auf einen Haufen legen, zudecken, verbergen' angeschlossen werden, die unerweitert vorliegt in air. *crāu, crō* 'Stall, Hütte, Verschlag', lit. *kráuti* 'aufeinanderlegen, aufstapeln, aufhäufen, packen, laden', *krūvà* 'Haufen, Menge', aslaw. *kryti* '(be)decken, verbergen, hüllen', *krovъ* 'Dach, Deckung, verborgener Ort, Hütte', russ. *kryt'* (*крыть*) 'bedecken', *krov* (*кров*) 'Dach, Obdach', als *p*-Erweiterung in griech. *krýptein* (κρύπτειν) 'verbergen, verhüllen, verstecken'. Das germ. Verb bedeutet zunächst 'schmücken, ausstatten, herrichten, zurechtmachen'; danach folgt ahd. *gi(h)rusten* 'mit Waffen versehen', mhd. *rüsten, rusten* 'den Kampf vorbereiten', frühnhd. (refl.) 'sich zum Streit, zum Krieg fertigmachen', schließlich 'kriegerische Vorbereitungen treffen, Waffen produzieren'. – a b r ü s t e n Vb. 'die militärische Rüstung vermindern' (Anfang 19. Jh., für älteres *desarmieren*, frz. *désarmer*). Älter 'ein Gerüst wegnehmen' (18. Jh.), 'ein Schiff außer Dienst stellen, seine Ausrüstung abbauen' (19. Jh.), zuerst 'instand setzen, fertigmachen' (Anfang 16. Jh.); Abrüstung f. (Anfang 19. Jh.). aufrüsten Vb. 'die militärische Rüstung vermehren' (19. Jh., Gegenwort zu *abrüsten*), älter 'ein Gerüst aufstellen, errichten' (18. Jh.); vgl. mhd. *ūfrüsten* 'ausrüsten, veranstalten', (refl.) 'sich bereitmachen, schmücken'; Aufrüstung f. (19. Jh.); vgl. mhd. *ūfrüstunge* 'Ausrüstung'. rüstig Adj. '(trotz Alter) noch fähig, Aufgaben zu erfüllen, kräftig, leistungsfähig, rege', mhd. *rüstec*, *rüstic*, frühnhd. *rüstig* 'gerüstet, geschmückt, schön gekleidet', meist aber 'frisch, kräftig, körperlich tüchtig (für Kampf, Anstrengung, Arbeit), kampf-, kriegsbereit', mnd. *rustich* 'gerüstet, (kampf)bereit'. Ahd. *rustih, rustīg* 'ländlich, bäurisch, schlicht, plump, roh' ist dagegen Entlehnung aus gleichbed. lat. *rūsticus* (s. *rustikal*). Rüstung f. 'das Rüsten, militärische Bewaffnung eines Landes, Kriegsgerät', älter 'Gerät, Werkzeug, Baugerüst, Schutz- und Trutzwaffen des einzelnen, Bewaffnung' (16. Jh.), damit auch Bezeichnung für die ritterliche Schutzkleidung (mhd. *panzer* und dgl.); vgl. (ohne unmittelbare Fortsetzung) ahd. *(h)rustunga* 'Einrichtung' (um 1000). Rüstzeug n. 'für eine bestimmte Aufgabe erforderliche Kenntnisse und Fertigkeiten', seltener 'Ausrüstungsgegenstände und Werkzeuge für einen bestimmten Zweck' (16. Jh.). entrüsten Vb. 'sehr unwillig, zornig machen, empören', refl. 'sich empören, unwillig werden', mhd. *entrüsten* 'die Rüstung ausziehen', übertragen 'aus einem geordneten Zustand, aus der Fassung bringen, kommen', daraus frühnhd. 'aufbringen, in Zorn versetzen, erzürnen'; vgl. *entrüstet* Part.adj. 'erzürnt'. Entrüstung f. (Anfang 18. Jh.).

Rüster f. 'Ulme'. Der allein auf das dt. Sprachgebiet beschränkte Name, dessen heutige Form erst 1580 bezeugt ist (doch vgl. *Rusterbaum*, 15. Jh.), ist gebildet zu ahd. *ruost* 'Rüster' (Hs. 14. Jh.) mit der von anderen Baumnamen (wie *Flieder*, *Holunder*, *Wacholder*, s. d.) übernommenen Endung *-(d)er*, die auf einem alten Suffix für Baumnamen germ. *-ðra-*, ie. *-tro-* beruht. Die Herkunft von ahd. *ruost* ist dagegen nicht geklärt. Vielleicht ist es wie ²*Rost* (s. d.) mit *st*-Suffix zu der unter *rot* (s. d.) angeführten Wurzel ie. **reudh-*, **roudh-*, **rudh-* 'rot' zu stellen, so daß der Baum nach seinem rötlichen Holz benannt ist. In älterer Sprache gelten meist Zusammensetzungen wie frühnhd. *Ruß-*, *Rusterbaum* (15. Jh.), *Rys(t)en-*, *Rysterbaum* (16. Jh.), auch *Rüstholtz* (16. Jh.).

rustikal Adj. 'ländlich, bäuerlich, von gediegener Einfachheit', älter 'bäurisch-grob, ungehobelt'. Nach dem Vorbild von gleichbed. mlat. *rusticalis*, einer Ableitung von lat. *rūsticus* 'zum Lande gehörig, ländlich, einfach, unbeholfen, plump', substantiviert 'Bauer' (zu lat. *rūs* 'Land, Feld, Landgut') wird *rustikal* (2. Hälfte 18. Jh.) gebildet, zunächst als Kompositionsglied (*Rustical-Instinct*, 1784). Im 19. Jh. löst es in adjektivischer Verwendung selten bezeugtes nhd. *rustik* ab, entlehnt (1. Hälfte 18. Jh.) aus mfrz. frz. *rustique* 'ländlich, bäurisch, grob, unbebaut, verwildert', dies aus lat. *rūsticus* (s. oben). Auf direkter Entlehnung aus dem Lat. beruht (lat. *rūsticus* bzw. *plēbēius* glossierend) ahd. *rustih* (8. Jh.), *rustīg* (10. Jh.) 'ländlich, bäurisch, schlicht, plump, roh'.

Rute f. 'langer, dünner Stock, Zweig, Gerte', ahd. *ruota* 'Gerte, Stange, Meßstange' (8. Jh.), mhd. *ruote* 'Gerte, Zucht-, Zauber-, Wünschelrute, Stab, Stange, Ruder-, Meßstange', asächs. *rōda*, mnd. *rōde*, *rūde*, mnl. nl. *roede*, aengl. *rōd*, in christlicher Missionssprache auch 'Kreuz', engl. *rood* 'Kreuz, Längen- und Flächenmaß', anord. *rōða* 'Rute, Kreuz, Heiligenbild' (die ursprüngliche Bedeutung ist in anord. *hjalmrōða* 'Stange, die das Dach eines Heuschobers trägt' bewahrt; die Bedeutung 'Kreuz' ist aus dem Aengl. entlehnt), dän. *rode* 'Maß, Rute' ist vergleichbar mit kslaw. *ratište* 'Lanze', *ratovište* 'Lanzenschaft', aruss. *ratišče* 'Lanze', russ. (älter) *rátovišče* (*ратовище*) 'Lanzenschaft', lat. *rētae* Plur. 'am Ufer des Flusses oder aus dem Flußbett hervorragende Bäume', *ratis* 'Floß', so daß eine Wurzel ie. **rēt-*, **rōt-*, **rət-* 'Stange, Stamm, Balkengefüge' angesetzt werden kann.

rutschen Vb. 'sich gleitend auf einer Fläche fortbewegen, (aus)gleiten' (16. Jh.), *rütschen* (15. Jh.) steht mit affektischer Lautverschärfung (*-tsch-* aus *-tz-*, s. *fletschen*) zu lautmalendem spätmhd. *rutzen*. Vgl. *rutsch*, Schallwort für gleitende Bewegung, kindersprachlich (mit Sekundärablaut) *rirarutsch*. – Rutsch m. 'gleitende Abwärtsbewegung, kleiner, kurzer Ausflug', obd. 'Erdrutsch, Bergsturz', im 19. Jh. in die Literatursprache aufgenommen. rutschig Adj. 'glatt, schlüpfrig' (19. Jh.), älter *rutschicht, rütschicht* (17. Jh.).

rütteln Vb. 'in schnellen Rucken (hin und her) bewegen, heftig schütteln, erschüttert werden, ruckartig fahren', vom Vogelflug 'mit schnellen Flügelschlägen in der Luft flattern, ohne sich vorwärtszubewegen', mhd. *rütteln, rüt(e)len* 'in Erschütterung setzen, schütteln', intensiv-iterativ gebildet zu gleichbed. mhd. *rütten*, (md.) *rutten* (erhalten in *zerrütten*, s. d.). Herkunft ungewiß. Geht man von einer Grundbedeutung 'lockern, durch Schütteln losreißen' aus, so ist Anschluß an *roden* (s. d.) und die dort genannte Wurzel möglich. Wenig wahrscheinlich ist eine Verbindung mit der unter *Ried* (s. d.) genannten Wortgruppe.

Saal m. 'großer Gesellschaftsraum', ahd. (um 1000), mhd. *sal* 'Wohnsitz, Haus, Halle', auch 'Tempel, Kirche', asächs. *seli*, mnd. *sāl*, aengl. *sele*, *sæl*, mnl. *sāle*, *sael*, *sēle*, nl. *zaal*, anord. *salr*, schwed. *sal*, langobard. *sala* führen (bei unterschiedlicher Stammbildung) auf germ. **sal-*, worunter wohl das germ. Einraumhaus zu verstehen ist. Dazu gehören die Ableitungen ahd. *selida* (8. Jh.), mhd. *selde* 'Wohnung, Haus, Herberge, Lager', asächs. *seliða* 'Unterkunft, Wohnung', got. *saliþwōs* (Plur.) 'Herberge' sowie got. *saljan* 'herbergen, bleiben'; s. auch *Geselle*. Außergerm. lassen sich aslaw. *selo* 'Feld, Acker, Behausung, Dorf', russ. *seló* (*село*), lit. (landschaftlich) *salà* 'Dorf' vergleichen. Zu erschließen ist eine Wurzel ie. **sel-* 'Wohnraum'.

Saat f. 'das Aussäen, das Ausgesäte, das aus dem Samen Aufgegangene'. Die Feminina ahd. (um 800), mhd. mnd. *sāt* 'das Säen, die Aussaat, das ausgesäte Korn, Samenkorn, Getreideernte', got. *-sēþs* (in *manasēþs* 'Welt, Menschheit', eigentl. 'Menschensaat') sowie (mit anderer Stammbildung) die Neutra asächs. *sād*, mnl. *saet*, nl. *zaad*, aengl. *sǣd* (angl. *sēd*), engl. *seed*, anord. *sāð*, schwed. *säd* lassen sich wie die einer anderen Ablautstufe angehörenden Bildungen lat. *satus* 'das Säen, Saat', *satum* 'gesät', kymr. *had* 'Samen' und korn. *has* 'Samen' als Dentalableitungen von der unter *säen* und *Samen* (s. d.) genannten Wurzelform ie. **sē-*, ablautend **sə-* 'entsenden, werfen, fallen lassen, säen' erklären, so daß *Saat* eigentl. 'das Wegwerfen des Saatkorns in den Boden' wie auch 'das Weggeworfene', dann auch 'das aus Saatkorn Aufgegangene' bedeutet.

sabbern Vb. '(unkontrolliert, ungewollt) Speichel aus dem Mund ausfließen lassen', auch 'unreinlich essen', ein nd. md. Mundartwort (vgl. auch südnl. *zabberen*), das im 18. Jh. in die Literatursprache aufgenommen wird. Das Verb gehört wie gleichbed. nd. *sabbeln*, nl. *sabbelen* als Iterativbildung zu mnd. *sabben* 'geifern, speicheln, unreinlich essen', norw. *sabbe* 'langsam gehen, kleckern', die alle affektische Konsonantendoppelung aufweisen und wohl zu der unter *Saft* (s. d.) genannten Wurzel ie. **sap-* 'schmecken, wahrnehmen' zu stellen sind. – sabbeln Vb. (s. oben), ebenfalls seit dem 18. Jh. literatursprachlich; in heutiger Umgangssprache auch 'schnell und viel reden'. Sabber m. 'Speichel, Geifer' (19. Jh.), aus nd. md. Mundarten; ebenso Sabbel m. (19. Jh.), nd. *Sabbels*. Sabberlätzchen n. 'vorzubindendes Mundtuch für Kinder' (19. Jh.).

Säbel m. 'Hiebwaffe mit einschneidiger, gekrümmter, spitzer Klinge', frühnhd. *Sabel* (15. Jh.), *Sebel* (16. Jh.) stammt, wohl über poln. *szabla*, aus gleichbed. ungar. *szablya*, älter *szabla* (vielleicht Lehnwort aus dem Serbokr.; kaum zu erst später bezeugtem ungar. *szabni* 'zuschneiden'); während der Türkenkriege mag direkter Einfluß des Ungar. die Verbreitung der Bezeichnung im Dt. gefördert haben. Dazu die Wendung *mit dem Säbel rasseln* 'sich kriegerisch gebärden, Kriegsdrohungen verlauten lassen' (19. Jh.). – säbeln Vb. 'mit dem Säbel niederschlagen' (16. Jh.), 'ungeschickt, derb oder mit stumpfem Messer an etw. herumschneiden' (18. Jh.).

sabotieren Vb. 'wirtschaftliche, politische oder militärische Maßnahmen vorsätzlich behindern, sie durch heimlich betriebene Störtätigkeit zu vereiteln suchen'. Das in dieser Bedeutung zuerst um 1920 begegnende, doch bereits in der 1. Hälfte des 19. Jhs. im Sinne von 'mit dem Kreisel spielen' und 'necken, foppen' bekannte Verb ist entlehnt aus frz. *saboter* 'in Holzschuhen umhertappen, derb auftreten, mit dem Kreisel spielen' (älter auch 'stoßen, quälen'), das im 19. Jh. neben verschiedenen technischen Verwendungen die

Bedeutung 'pfuschen, eine Arbeit schnell und schlecht ausführen' entwickelt, woraus der oben angegebene, im Frz. zu Beginn des 20. Jhs. aufkommende moderne Gebrauch hervorgeht. Frz. *saboter* gehört als Ableitung zu afrz. *çabot* 'Kreisel', frz. *sabot* 'Holzschuh, Kreisel, Huf, Beschlag an Möbelfüßen', seit dem 19. Jh. auch (die Semantik des Verbs mit beeinflussend?) 'Hemmschuh, Bremsklotz'. Dieses Substantiv gilt als Kreuzung aus afrz. *çavate*, frz. *savate* f. 'abgetragener Schuh, Pantoffel' (vgl. aprov. *sabata*, span. *zapato* 'Schuh', ital. *ciabatta* 'Hausschuh' mit lautähnlichen Entsprechungen im Arab., in Turksprachen und in mehreren slaw. Sprachen, wobei die genetischen Zusammenhänge ungeklärt bleiben; hierzu FEW 21, 535ff. und Corominas 4, 832ff.) und (allerdings erst im 16. Jh. und nur in Westfrankreich bezeugtem) mfrz. *bot* m. 'Holzschuh' (vgl. afrz. *bote*, frz. *botte* f. 'Stiefel', afrz. *bot* m. 'Klumpfüßiger', frz. *pied bot* 'Klumpfuß', nach FEW 15, 2, 39ff. germ. Ursprungs und verwandt mit nd. *butt* 'stumpf, plump', nl. *bot* 'stumpf', anord. *butr* 'abgehauener Klotz', s. auch *Butt*). – S a b o t a g e f. 'im Verborgenen betriebene planmäßige Störtätigkeit' (Anfang 20. Jh.), nach frz. *sabotage* 'vorsätzlich fehlerhafte Arbeit, Sachbeschädigung' (um 1900, vorher 'Holzschuhfabrikation'). S a b o t e u r m. 'wer Sabotage treibt' (30er Jahre des 20. Jhs.), nach gleichbed. frz. *saboteur* (dieses zuvor 'schlechter Arbeiter, Pfuscher', auch 'derb auftretende, in Holzschuhen trampelnde Person' und 'kreiselndes Kind').

Saccharin, S a c h a r i n n. Die Bezeichnung für den 1878 von dem dt. Chemiker K. Fahlberg entdeckten Süßstoff ist eine gelehrte Bildung (nach voraufgehendem frz. *saccharin* 'zuckerhaltig, aus Zucker', 17. Jh.) zu lat. *saccharum*, von griech. *sákcharon* (*σάκχαρον*) 'Zucker', entlehnt aus mind. (Pali) *sakkharā-* 'Zucker', aind. *śárkarā* 'Grieß, Geröll, Kies', *śarkarā* 'Sandzucker'. S. auch *Zucker*.

Sache f. 'Gegenstand, Ding, Angelegenheit, Aufgabe', ahd. *sahha* (8. Jh.), mhd. *sache* 'Rechtssache, Rechtsstreit, Angelegenheit, Ursache, Ding', asächs. *saka*, auch 'Gericht, Feindschaft, Schuld', mnd. mnl. *sāke*, nl. *zaak* 'Sache, Angelegenheit, Handlung, Geschäft', aengl. *sacu* 'Verfolgung, Streit, Krieg, Prozeß', engl. *sake* 'Ursache, Grund', anord. *sǫk* 'Rechtshandel, Klage, Grund, Veranlassung', schwed. *sak* 'Ding, Rechtsangelegenheit' (germ. **sakō*) sowie (mit anderer Stammform) got. *sakjō* 'Streit' (germ. **sakjōn-*), ahd. *seck(e)a* (8. Jh.), aengl. *sæcc* 'Streit' (germ. **sakjō*) sind Bildungen zu einem in ahd. *sahhan* 'streiten, prozessieren, schelten' (8. Jh.), asächs. *sakan*, aengl. *sacan* 'streiten, klagen, leugnen', got. *sakan* 'streiten, schelten, Vorwürfe machen' bezeugten starken Verb, das in den germ. Sprachen bald (bis auf wenige Reste) untergegangen ist. In dem ursprünglichen Sinne von 'Rechtsangelegenheit, Rechtsstreit vor Gericht' ist *Sache* mit seinen Verwandten ein altes Wort der Rechtssprache, dessen Bedeutung sich (wie bei *Ding*, s. d.) mehr und mehr verallgemeinert. Es steht schwundstufig neben griech. *hēgeīsthai* (*ἡγεῖσθαι*) 'vorangehen, führen', dann auch 'meinen, glauben', lat. *sāgīre* 'spüren, wittern', *sāgus* 'wahrsagend, prophetisch', air. *saigim* 'suche, gehe einer Sache nach' und gehört mit diesen zu der auch für *suchen* (s. d.) geltenden Wurzel ie. **sāg-*, **səg-* '(witternd) nachspüren', so daß für das oben genannte starke Verb eine Bedeutungsentwicklung von 'witternd suchen, nachspüren' über 'eine Spur, einen Täter verfolgen' zu 'vor Gericht klagen, prozessieren' anzunehmen ist. Dazu formelhafte Wendungen wie *in Sachen* ('in der Rechtsangelegenheit') *X gegen Y* (16. Jh.), allgemeiner *in Sachen (X)* 'betreffs, bezüglich' (17. Jh.); *in eigener Sache* 'in einer persönlichen Angelegenheit', *Richter in eigener Sache* (eigentl. 'Rechtsangelegenheit') *sein* (17. Jh.); *gemeinsame Sache mit jmdm. machen* 'mit jmdm. zusammen etw. (Fragwürdiges) unternehmen' (18. Jh.); *das ist Sache* ('Angelegenheit, Aufgabe') *des X* (18. Jh.); *nichts, etw. zur Sache tun* '(keinen) Einfluß haben' (17. Jh.); *zur Sache!* 'ohne Umschweife zum Wesentlichen!' (18. Jh.); *seine sieben Sachen* 'alles, was man (nötig) hat' (19. Jh.; s. auch *Siebensachen*). – s a c h l i c h Adj. 'von der Sache her, in der Sache begründet, objektiv, ohne Vorurteile' (18. Jh.); zuvor (vereinzelt und ohne Nachfolge) für den grammatischen Ausdruck spätlat. *causālis* 'den Grund angebend' (z. B. *coniunctio causālis*) in dt. Übersetzungen des Donat (um 1400). S a c h l i c h k e i t f. 'Nüchternheit in der Betrachtungsweise, Objektivität' (19. Jh.); *Neue Sachlichkeit* (G. Hartlaub

1923) Stilrichtung in der Kunst mit dem Bestreben einer objektiven Wiedergabe der Realität. v e r s a c h l i c h e n Vb. 'vergegenständlichen, in klarer, nüchterner Form darstellen' (20. Jh.). s ä c h l i c h Adj. 'neutrales Genus aufweisend', dt. Ausdruck für *neutral* (s. d.) bzw. für lat. *neutrum* (18. Jh.). S a c h b e a r b e i t e r m. 'Angestellter für einen bestimmten abgegrenzten Arbeitsbereich' (20. Jh.). S a c h w a l t e r m. 'Anwalt, Verteidiger in Rechtsangelegenheiten', spätmhd. *sachwalter*. W i d e r s a c h e r m. 'Gegner, Feind', spätmhd. *widersacher* 'Gegner in einem Rechtshandel, Angeklagter, Gegner, Feind' (14. Jh.), als Wort der Bibel in seiner Gebrauchshäufigkeit gefördert; vgl. älteres, zum Verb ahd. *sahhan* (s. oben) gebildetes ahd. *widarsahho* (9. Jh.), mhd. *widersache*, frühnhd. *Widersache* 'Gegner im Rechtshandel' (bis 16. Jh.).

sacht Adj. 'vorsichtig, sanft, leise'. Neben ahd. *samft*, *semfti*, *senfti* stehen als lautgerecht entwickelte Formen mit Nasalausfall und Ersatzdehnung asächs. *sāfto* (Adv.), aengl. *sēfte*, mnl. *saefte* (s. *sanft*). Auf Grund des sich im Nd. und Nl. vollziehenden Wandels von *ft* zu *cht* (s. *Gerücht*, *Nichte*, *Schacht*) entstehen die Formen mnl. *saechte*, *sachte* (nl. *zacht*) und mnd. *sachte*, die vom Niederrhein aus vom 16. Jh. an auch ins Md. und Obd. vordringen.

Sack m. 'länglicher Behälter aus grobem Stoff oder Papier', ahd. (um 800), mhd. *sac*, asächs. *sakk*, mnd. *sak*, mnl. *sac*, nl. *zak*, aengl. *sacc*, engl. *sack*, got. *sakkus* beruhen (wie die unter *Arche*, *Kiste*, s. d., genannten Formen) auf früher, mit dem röm.-germ. Handel erfolgter Entlehnung. Zugrunde liegt lat. *saccus* 'Sack, Filter', griech. *sákkos* (*σάκκος*) 'Sack (aus Ziegenhaar), Seihsack, Sackleinwand, ein daraus gemachter grober Mantel', ein semitisches Lehnwort (vgl. hebr. phön. *śaq* 'härenes Zeug, Sack, Trauerkleid'; als Ausgangswort wird assyr. *šakḳu* 'Sack, Büßergewand' vermutet). – s a c k e n Vb. 'in einen Sack stecken' (15. Jh.); vgl. spätmhd. *secken* 'in einem Sack ertränken, in einen Sack stecken' (14. Jh.). e i n s a c k e n Vb. 'in einen Sack stecken' (Anfang 16. Jh.). Nicht hierher gehört *sacken* 'sich senken'; dazu s. *versacken*. S a c k t u c h n. 'grober Stoff zur Herstellung von Säcken', mhd. *sactuoch*; obd. 'Taschentuch' (um 1800), zu *Sack* in der obd. üblichen Bedeutung 'Tasche an Rock und Hose'. S a c k g a s s e f. 'Straße, die nicht weiterführt, nur einen Zugang hat', also wie ein Sack nur eine Öffnung hat (Anfang 18. Jh.), älter dafür *Sack* (17. Jh.).

Säckel m. 'Geldbeutel', ahd. *seckil* (8. Jh.), mhd. *seckel*, entlehnt aus lat. *sac(c)ellus* 'Geldsäckchen', dem Deminutivum von lat. *saccus* (s. *Sack*). Das maskuline Genus im Dt. erklärt sich aus der lat. Vorlage. *Säckel* bezeichnet schon früh auch die 'öffentliche (Staats)kasse' (vgl. *gemeiner Seckel*, 16. Jh.).

Sadismus m. krankhafte Veranlagung, durch Zufügung von körperlichen oder psychischen Quälereien sexuelle Lust und Befriedigung zu erreichen, entlehnt (durch den Psychiater R. Krafft-Ebing Ende 19. Jh.) aus gleichbed. frz. *sadisme*, einer Bildung zum Namen des frz. Schriftstellers *Marquis de Sade*, bekannt durch die Darstellung sexueller Grausamkeiten in seinen Werken. Der Terminus der Psychologie entwickelt, zunächst im Frz. (2. Hälfte 19. Jh.), dann auch im Dt. (1. Hälfte 20. Jh.), die allgemeine Bedeutung 'Lust, Freude am Quälen, an Grausamkeit und Gewalttätigkeit'. – S a d i s t m. (Ende 19. Jh.); s a d i s t i s c h Adj. (1. Hälfte 20. Jh.).

säen Vb. 'Samen in den Boden bringen'. Die teils starken, teils ehemals starken germ. Verben ahd. *sāen* (8. Jh.), mhd. *sæjen*, *sæwen*, *sæhen*, *sæn* 'ausstreuen, säen, besäen', asächs. *sāian*, mnl. *saeyen*, *sayen*, nl. *zaaien*, aengl. *sāwan*, engl. *to sow*, anord. *sā*, schwed. *så*, got. (reduplizierend) *saian* sind verwandt mit lat. *serere* (*sēvī*, *satum*) 'säen, pflanzen, hervorbringen, zeugen', aslaw. *sěti*, russ. *séjat'* (*сеять*), lit. *séti*, lett. *sēt* 'säen', den unter *Saat* und *Samen* (s. d.) genannten Formen und wohl auch mit aind. *sī́ram* 'Pflug'. Man verbindet damit weiterhin (obwohl diese Beziehung nicht unumstritten ist) aind. Formen, die auf eine Ausgangsbedeutung 'werfen' weisen, wie aind. *sā́yakaḥ* 'Wurfgeschoß, Pfeil', *prásitiḥ* 'das Dahinschießen, Schußbahn, Ansturm, Lauf' und faßt die in zahlreichen Ablautformen auftretenden Angehörigen beider semantischen Gruppen unter dem gemeinsamen Wurzelansatz ie. **sēi-*, **sē-*, auch **sei-* 'entsenden, werfen, fallen lassen, säen' zusammen.

Safari f. 'Reise durch Afrika', Übernahme (Anfang 20. Jh.; vielleicht über engl. Vermittlung) von Swahili *safari* 'Reise', einer Entlehnung aus arab. *safar* 'Reise'. Anfangs 'mehrtägiger Fußmarsch (zu Forschungszwecken oder zur Großwildjagd) mit Trägern und Tragtieren durch die ostafrikanische Wildnis', in neuerer Zeit 'organisierte Gesellschaftsreise durch Afrika' (zur Beobachtung, zum Fotografieren oder zum Jagen von Großwild).

Safe m. 'einbruchs- und feuersicherer Geldschrank, Tresor (in einer Bank), Schließ-, Sicherheitsfach', Übernahme (2. Hälfte 19. Jh.) von gleichbed. engl. *safe*, älter *save*, Substantivbildung zu engl. *to save* 'retten, (auf)bewahren'. Dieses geht über die Variante anglonorm. *saver* auf afrz. *sauver*, *salver* 'schützen, bewahren' und damit auf spätlat. *salvāre* 'retten, (auf)bewahren', abgeleitet von lat. *salvus* 'heil, wohlbehalten', zurück. Das ältere engl. *save* wird in der Schreibweise an bedeutungsnahes *safe* Adj. 'sicher, unversehrt, heil' angeglichen, dem mengl. *sauf*, *sāf*, afrz. *sauf*, *salf* (anglonorm. auch *saf*) 'unbeschädigt, wohlbehalten', lat. *salvus* (s. oben) voraufgehen.

Saffian m. 'feines Ziegenleder', Übernahme (1. Hälfte 17. Jh. in Reiseberichten) von russ. *saf'ján* (*сафьян*), das über turksprachliche Vermittlung (vgl. türk. *sahtiyan*) auf pers. *saxtijān* (zu pers. *saxt* 'fest, hart, schwer') zurückgeht.

Safran m. Der Name der als gelbes Färbe- und als Gewürzmittel verwendeten Pflanze mhd. *safrān*, *saffrān* ist eine Übernahme (Anfang 13. Jh.) von afrz. *safran*, einer Entlehnung aus arab. *za'farān*. Die Kultur des im Altertum im Orient, in Kyrene und in Sizilien angebauten Safrans wird von den Arabern aufgenommen und von Sizilien und Südspanien aus mit dem arab. Namen den mitteleurop. Ländern vermittelt.

Saft m. 'Flüssigkeit in Pflanzen und Früchten, daraus hergestelltes Getränk'. Das alte Neutrum ahd. *saf*, Gen. *saffes* (9. Jh.), mhd. *saf* 'Saft der Pflanzen, des menschlichen Körpers', mnd. mnl. nl. *sap*, aengl. *sæp*, engl. *sap* ist außergerm. mit illyr. *sabaium* 'Bier', mehreren mit *Sab-* beginnenden antiken (im wesentlichen illyrischen) Flußnamen Italiens und Belgiens und mit aind. *sabardhúk* (Name der Milchkuh) zu verbinden. Sie lassen den Ansatz einer Wurzel ie. **sab-* zu. Sieht man darin eine Variante von ie. **sap-* 'schmecken, wahrnehmen', so können auch die dieser Wurzelform folgenden Bildungen anord. *safi*, schwed. *sav* 'Baumsaft', lat. *sapa* 'Most, Saft', *sapere* 'schmecken, Geschmack haben, riechen, weise, einsichtig sein', armen. *ham* (aus **săpmo-*) 'Saft, Geschmack' sowie die unter *sabbern* (s. d.) angeführten Formen verglichen werden. Sekundäres *-t* (wie in *Obst*, *Werft*, s. d.) tritt im 14. Jh. auf und herrscht seit dem 16. Jh.; maskulines Genus setzt sich im 16. Jh. durch. – saftig Adj. 'voller Saft' (15. Jh.), mhd. *saffec*, *saffic*, *seffic*; übertragen 'derb, zotig' (18. Jh.). saften Vb. 'Obst auspressen, Saft gewinnen, saftig sein oder werden' (16. Jh.), mhd. *saffen*. entsaften Vb. 'Obst den Saft entziehen', mhd. *entsaffen*; Entsafter m. 'Saftgewinnungsgerät' (20. Jh.).

Sage f. 'Erzählung historischen Inhalts, der nicht bewiesen ist', ahd. *saga* (9. Jh.), mhd. *sage* 'das Sprechen, Rede, Aussage, Erzählung, Gerücht, Bericht', mnd. *sāge*, mnl. *saghe* (nl. *sage* aus dem Nhd.), aengl. *sagu*, engl. *saw* ('Spruch, Redensart, Maxime, Sprichwort') und (mit anderer Stammbildung) anord. *saga* 'Erzählung, Bericht', aschwed. *sagha* sind Abstraktbildungen zu den unter *sagen* (s. d.) behandelten Verben. Aus dem umfassenden und allgemeinen Sinn 'das Sprechen, das Gesagte, Aussage' entwickelt sich bereits im Spätmhd. (14. Jh.) die Bedeutung 'Kunde von Ereignissen der Vergangenheit' (ohne historische Beglaubigung), die im 18. Jh. Allgemeingültigkeit erlangt, vgl. *es geht die (allgemeine) Sage*, *wie die Sage geht*, *der Sage nach* sowie die Zusammensetzungen *Volks-*, *Helden-*, *Göttersage*. Die alte Bedeutung bleibt erhalten in *Ab-*, *An-*, *Aus-*, *Zusage* (s. *sagen*). – Saga f. literaturwissenschaftlicher Terminus für die altisländische Prosaerzählung des 11. bis 14. Jhs., seit dem 19. Jh. im Dt. gebräuchlich, Übernahme von anord. *saga*, eigentl. 'Erzählung, Bericht' (s. oben). sagenhaft Adj. 'dem Wesen der Sage entsprechend' (19. Jh.); verstärkend in Wendungen wie *sagenhaft schön* 'sehr, unvorstellbar schön'.

Säge f. aus einem scharfgezackten Stahlband bestehendes Schneidwerkzeug, ahd. *sega* (9. Jh.), mhd. *sege*, asächs. *sega*, mnl. *sēghe* stehen im Ablaut zu gleichbed. ahd. *saga* (9. Jh.), mhd. *sage*, mnd. *sāge*, mnl. *sāghe*, nl. *zaag*, aengl. *sagu*, *saga*, engl. *saw*, anord. *sǫg*, schwed. *såg*. Diese führen mit lat. *secāre* '(ab)schneiden, mähen', lat. *secūris*

'Axt', *sīgnum* '(Kenn)zeichen' (eigentl. 'Eingeschnittenes, Eingekerbtes'), mir. *tescaid* 'schneidet, beißt', aslaw. *sěšti* 'hauen', russ. *seč'* (*сечь*) 'hauen, hacken, peitschen', alit. *įsékti* 'eingraben, schneiden' sowie mit den unter *Segel* und *Sense* (s. d.) genannten Formen und dem zweiten Bestandteil von *Messer* (s. d.) auf die Verbalwurzel ie. **sĕk-* 'schneiden'. – s ä g e n Vb. 'mit der Säge abschneiden', ahd. *segōn* (9. Jh.), mhd. *segen*; vgl. daneben ablautendes ahd. *sagōn* (9. Jh.), mhd. *sagen*. S ä g e m e h l n. 'beim Sägen entstehender mehlartiger Holzstaub' (15. Jh.). S ä g e m ü h l e f. 'Sägewerk', mhd. *segemül*.

sagen Vb. 'äußern, aussprechen, reden, behaupten, erklären, (refl.) sich überlegen', ahd. *sagēn* (8. Jh.), mhd. *sagen*, mnl. *sāghen* stehen neben der (mit Umlaut bewirkendem *j*-Suffix gebildeten) Gruppe asächs. *seggian*, mnd. *seggen*, mnl. *segghen*, nl. *zeggen*, aengl. *secgan*, engl. *to say*, anord. *segja*, schwed. *säga*. Außergerm. lassen sich vergleichen air. *insce* 'Rede', *aithesc* 'Antwort', lat. *īnseque* 'sag an, erzähle', *inquit* 'er sagte', griech. *en(n)épein* (*ἐν(ν)έπειν*) 'ansagen, verkünden, erzählen', dazu (Aorist) *enispeīn* (*ἐνισπεῖν*), lit. *sakýti* (mundartlich noch *sèkti*) 'sagen, erzählen', *sèkti* '(nach)folgen, (nach)spüren', lett. *sekt* 'suchen, ausfindig machen', aruss. *sočiti* 'suchen, ausforschen', russ. (älter) *sočít'* (*сочить*) 'suchen, aufspüren'. Für die daraus zu erschließende Wurzel ie. **seku̯-* kann man eine Bedeutung 'wittern, spüren' (vom Hund bei der Jagd) voraussetzen, die sich einerseits zu 'zeigen, ankündigen' und 'sagen', andrerseits zu 'folgen', auch 'mit den Augen folgen' weiterentwickelt hat, so daß auch die unter *sehen* (s. d.) genannten Formen als Verwandte heranzuziehen sind. – a b s a g e n Vb. 'Zugesagtes, Angekündigtes rückgängig machen, etw. aufgeben, darauf verzichten', mhd. *abesagen* 'mit Worten zurückweisen, aufkündigen, rückgängig machen'; A b s a g e f. 'Ablehnung, Zurücknahme, Verzicht', mhd. *abesage*, frühnhd. auch 'Aufkündigung der Freundschaft, Fehdebrief'; vgl. ahd. *abasaga* 'verneinende Aussage' (um 1000). a n s a g e n Vb. 'ankündigen, mitteilen', ahd. *anasagēn* 'einwenden, anklagen' (10. Jh.), mhd. *anesagen* 'eingestehen, mitteilen, zusagen, versprechen, anklagen'; A n s a g e f. 'Verkündigung, Mitteilung', ahd. *anasaga* 'Aussage' (10. Jh.), mhd. *anesage* 'Aussage, Behauptung, Mitteilung'; A n s a g e r m. 'wer etw. mitteilt', heute bes. 'Sprecher' (in Rundfunk und Fernsehen), ahd. *anasagāri* 'Ankläger' (10. Jh.), mhd. *anesager*. a u s s a g e n Vb. 'mitteilen, erklären, ausdrücken', bes. *vor Gericht aussagen*, spätmhd. *ūȥsagen*; A u s s a g e f. 'Erklärung, Mitteilung, Ausdruck' (15. Jh.). b e s a g e n Vb. 'bedeuten, ausdrücken', ahd. *bisagēn* 'zusprechen, zuerkennen, auslegen, erklären' (9. Jh.), mhd. *besagen* 'sagen, bezeugen, zusprechen, aussagen, anklagen'. e n t s a g e n Vb. 'verzichten', ahd. *intsagēn* 'freisprechen, sich lossagen' (8. Jh.), mhd. *entsagen* 'Fehde ansagen, entschuldigen, verteidigen, lossagen, vorenthalten, leugnen, verheimlichen'; E n t s a g u n g f. 'Verzicht' (17. Jh.); e n t s a g u n g s v o l l Adj. 'schmerzlich verzichtend' (19. Jh.). u n t e r s a g e n Vb. 'rügen, verbieten', ahd. *untarsagēn* 'mit Worten darlegen, besprechen, mitteilen' (9. Jh.), mhd. *undersagen*, auch (unter dem Einfluß von lat. *interdīcere*) 'verbieten'. v e r s a g e n Vb. 'abschlagen, verweigern, gestellte Erwartungen, Anforderungen nicht erfüllen, scheitern', ahd. *firsagēn* 'verweigern, verschmähen, leugnen, nicht zuerkennen, sich lossagen' (9. Jh.), mhd. *versagen* 'absagen, an-, aussagen (bis zum Ende), ableugnen, verweigern, abschlagen, sich lossagen'; V e r s a g e r m. 'wer Erwartungen, Anforderungen nicht erfüllt', älter 'Verleumder' (16. Jh.). z u s a g e n Vb. 'zustimmen, versprechen, gefallen', mhd. *zuosagen*; Z u s a g e f. 'Zustimmung, Versprechen' (15. Jh.). u n s a g b a r Adj. 'unaussprechlich, unbeschreiblich', mhd. *unsagebære*; auch verstärkend 'in höchstem Maße', vgl. *unsagbar schlecht*. u n s ä g l i c h Adj. 'unaussprechlich', mhd. *unsagelich*, *unsegelich*.

Sago m. (auch n.) weißes, körniges, aufquellendes Stärkemittel aus dem Mark der (auf den Sundainseln und den Molukken heimischen) Sagopalme, verwendet zur Herstellung von Süßspeisen bzw. als Suppeneinlage, Übernahme (18. Jh.) von nl. engl. *sago*, einer Entlehnung aus mal. *sāgū*.

Sahne f. 'sehr fetthaltige Milch, Rahm'. Mnl. *sāne* 'Rahm' (nl. *zaan*) ist entlehnt (über die Pikardie) aus afrz. *saime* f. 'Rahm', das sich neben afrz. *saim*, *sain* m. 'Tierfett' entwickelt hat. Dieses geht über vlat. **sagīmen* bzw. **sagīnum* auf lat. *sagīna* 'Mast, Nahrung, Fett, Futter' zurück. Im 12. Jh. gelangt mnl. *sāne* mit südniederländischen Siedlern in die Mark Brandenburg, von wo aus es in die nord- und mitteldeutsche Umgangssprache eindringt; vgl. mnd. *sān(e)*, frühnhd. *sane* (15. Jh.). Daneben stehen die landschaftlichen Formen *Schmant* (nd., westd., ostpreuß., s. d.), *Rahm* (südd., nordwestd., s. d.), *Schmetten* (südostd., omd. im Grenzgebiet zum Tschech., s. *Schmetterling*), *Obers* (öst.), die heute allerdings von *Sahne* zurückgedrängt werden. – s a h n i g Adj. 'voller Sahne, wie Sahne' (19. Jh.). S c h l a g s a h n e f. 'schaumig geschlagene Sahne' (19. Jh.). a b s a h n e n Vb. 'Rahm abschöpfen' (18. Jh.), umgangssprachlich 'sich geschickt aneignen' (20. Jh.).

Saison f. 'Jahreszeit, Hauptzeit (für Handelsgeschäfte, Reisen, Kurbetrieb), Theaterspielzeit', Übernahme (17. Jh.) von frz. *saison* 'Jahreszeit, Zeitraum, geeignete, günstige Zeit', das auf lat. *satio* (Gen. *satiōnis*) 'das Anpflanzen', (Plur.) 'die Saaten, die Saatfelder' zurückgeht; zu lat. *serere* (*satum*) 'säen, pflanzen, hervorbringen, zeugen' (s. *säen*). In der Bedeutung 'Hauptzeit, Hochbetrieb (für etw.)' bildet *Saison* viele Komposita: *Hoch-*, *Nach-*, *Vorsaison*, *Urlaubs-*, *Reise-*, *Badesaison*, *Saisonbetrieb*, *Saisonarbeit(er)*, *saisonbedingt*.

Saite f. 'aus Pflanzenfasern, Tierdärmen, Metalldraht oder Kunststoff gedrehter Faden für Zupf- und Streichinstrumente', ahd. *seito* m. (9. Jh.), daneben *seita* f. (um 900), mhd. *seite* m. f. 'Strick, Schlinge, Fallstrick, Fessel, Darmsaite', mnd. *seyde* f. 'Saite, Sehne', aengl. *sāda* m. 'Strick, Halfter, Saite', anord. *seiðr* m. 'Band, Gürtel' sind wie die Verwandten aind. *sḗtuḥ* 'bindend, fesselnd, Fessel, Band, Damm, Brücke', lat. *saeta*, *sēta* 'starkes Haar, Tierhaar, Borste, Angelschnur', lit. *saĩtas*, *siẽtas*, lett. *saite* 'Band, Strick, Fessel, Schnur', aslaw. *sětь*, russ. *set'* (*сеть*) 'Netz, Schlinge' mit Dentalsuffix zur Wurzel ie. **sē(i)-*, **sə(i)-*, **sī-* und **sei-*, **si-* 'binden, Strick, Riemen' gebildet (wozu auch *Sehne* und *Seil*, s. d., gehören). Gegen Ende des 17. Jhs. setzt sich als Unterscheidungsmerkmal zu nicht verwandtem *Seite* Schreibung mit *ai* durch. Redensartlich: *gelindere Saiten aufziehen* 'sanfter vorgehen' (17. Jh.), *andere Saiten aufziehen* 'andere, härtere Mittel anwenden' (18. Jh.), *eine alte Leier mit einer neuen Saite beziehen* 'bereits Bekanntes wiederholen' (18. Jh.). – b e s a i t e t Part.adj. 'mit Saiten versehen' (15. Jh.), *zart besaitet* 'von sensiblem Wesen' (19. Jh.).

Sakko m. n. 'Herrenjackett' (Ende 19. Jh.), italienisierende Bildung (in Anlehnung an ital. *sacco* 'Sack') zu voraufgehendem *Sack* 'kurze, modische, nicht taillierte (also „sackartige") Männerjacke' (wohl nach amerik.-engl. *sack*, *sackcoat*).

Sakrament n. von Christus eingesetzte Handlung, bei der den Gläubigen nach ihrer Überzeugung durch ein sichtbares Zeichen göttliche Gnade zuteil wird, auch das sichtbare Zeichen, das 'Gnadenmittel' (Hostie, Wein, Öl) selbst, mhd. *sacrament* (bes. 'Abendmahl, konsekrierte Hostie'), entlehnt aus gleichbed. kirchenlat. *sacrāmentum*, älter und biblisch 'religiöses Geheimnis', lat. 'feierliche Verpflichtung (z. B. zum Kriegsdienst), Eid', einer Bildung zu lat. *sacrāre* 'einer Gottheit weihen, widmen, heilig, unsterblich machen' (vgl. lat. *sacer* 'heilig, geweiht'). Aus der Verwendung des Wortes in Beteuerungs- und Schwurformeln entwickelt sich *Sakrament* (bes. die Zersprechungen *Sackerment*, *Sapperment*, *Sakkerlot*, *Sapperlot*) seit dem 16. Jh. zum derben Ausdruck des Erstaunens oder der Entrüstung. – s a k r a l Adj. 'Religiöses, den Kult, Gottesdienst betreffend' (Mitte 19. Jh.), Neubildung zu *Sacra* (Plur.) 'Heiligtümer, heilige Gegenstände und Handlungen' (16. Jh.), Übernahme des gleichbed. substantivierten neutralen Plurals von lat. *sacer* (s. oben). S a k r i s t e i f. 'Nebenraum einer Kirche zum Umkleiden für den Geistlichen und zur Aufbewahrung kirchlicher Geräte', mhd. *sacristīe* (13. Jh.), aus gleichbed. mlat. *sacristia*, älter auch 'Amt des Kirchendieners' (zu mlat. *sacrista* 'Kirchendiener', von lat. *sacer*, s. oben). s a k r o s a n k t Adj. 'hochheilig, unverletzlich, unantastbar' (Mitte 17. Jh.), aus gleichbed. lat. *sacrōsānctus*, einer verstärkenden Zusammensetzung von lat. *sacer* (s. oben) mit lat. *sānctus* 'heilig, unverletzlich, unantastbar' (s. *Sankt*). Anfangs in dt. Texten mit lat. Flexion.

Säkulum n. 'Jahrhundert, Zeitalter', Übernahme der Gelehrtensprache (14. Jh.) von lat. *saeculum*, daneben *saeclum*, *sēc(u)lum* 'Geschlecht, Zeitalter, Zeit, Zeitgeist, Jahrhundert', spätlat. 'Welt, irdisches Leben', bis ins 18. Jh. nur mit lat., dann auch mit dt. Flexion (*vor Säklen, des Sekulums*); gelegentlich (im 19. Jh.) verkürzt bzw. eingedeutscht zu *Säkul, Säkel.* – säkular Adj. 'alle hundert Jahre, sich über lange Zeitläufe erstrekkend, weltlich' (16. Jh., anfangs vielfach erstes Glied von Komposita), aus lat. *saeculāris* 'zu einem Jahrhundert gehörig', spätlat. 'weltlich (gesinnt)'. säkularisieren Vb. 'kirchlichen Besitz in weltliches (vorwiegend staatliches) Eigentum verwandeln' (17. Jh.); vgl. mfrz. frz. *séculariser* (16. Jh.).

-sal, -sel Suffix, meist im Anschluß an die Wurzel, zur Bildung von Substantiven (Abstrakta und Konkreta) mit neutralem, seltener mit femininem oder maskulinem Genus. Das Suffix ie. *-slo-* m. (bzw. *-slā* f.) ist offensichtlich aus Formen hervorgegangen, in denen eine mit *s* (in einzelnen Fällen wohl auch mit *t*) erweiterte Wurzel mit dem Suffix ie. *-lo-* verbunden wird. So entstandenes *-slo-* ist vertreten im Lat., Balt., Slaw., vornehmlich jedoch im Germ. (*-sla-* m., *-slō* f.). Hier begegnen (mit sekundär eingeschobenem *a*) Bildungen wie ahd. *wehsal* 'Wechsel', *knuosal* 'Geschlecht', häufig mit Bindevokal *i* (*-isal*) im Anschluß an schwache *jan*-Verben wie ahd. *truobisal* 'Trübsal', *uobisal* 'Übung' und (*-sala*) wie ahd. *ahsla* neben *ahsala* 'Achsel', *ams(a)la* 'Amsel'. Vgl. daneben asächs. *-isl-* (in *dōpisli* n. 'Taufe', *irrislo* m. 'Irrtum', *rādislo* m. 'Rätsel'), aengl. *-sl* (mit Metathese in aengl. *byrgels* m. 'Begräbnis', *rēcels* 'Räucherwerk, Weihrauch'), anord. *-(i)sl(a)* (in *rennsla* f. 'Lauf'), *-(i)sl(ō)* (in *hermsl* f. 'Zorn') und got. *-sl* (in *swumfsl* n. 'Teich'); ferner außergerm. lat. *āla* (aus **agslā*) 'Achsel, Flügel', lit. *krìslas* 'Splitter, Stückchen, Teilchen', *kef̃slas* 'Schnitz-, Schabmesser', aslaw. *veslo*, russ. *vesló* (*весло*) 'Ruder'. Ahd. *-(i)sal* wird im Mhd. gekürzt zu *-sel*, wenn es unmittelbar an die Wuzelsilbe antritt (vgl. ahd. *ahsla*, mhd. *ahsel*, nhd. *Achsel*, ahd. *wehsal*, mhd. *wehsel*, nhd. *Wechsel*). In den anderen Fällen bleibt *-sal* mit Nebenton erhalten (mhd. *labesal*, nhd. *Labsal*, mhd. *ir(re)sal*, nhd. *Irrsal*). Bildungen auf *-sel* haben konkrete Bedeutung und oft einen verächtlichen Nebensinn, bes. wenn sie mit dem Präfix *ge-* gebildet sind (*Geschreibsel*).

Salamander m. Name für zu den Schwanzlurchen gehörende Tiere, von deren mit leuchtend gelben Flecken gezeichneten Arten der Volksglaube annimmt, daß sie im Feuer ausdauern können. Der *Feuersalamander* gilt daher auch als Elementargeist des Feuers. Mhd. *salamander*, *salamandra* ist Enlehnung von lat. *salamandra*, griech. *salamándra* (*σαλαμάνδϱα*); Herkunft ungeklärt. Der seit Anfang des 19. Jhs. bezeugte Studentenbrauch des *Salamanderreibens* mag an magische, mit Feuer verbundene Vorstellungen anknüpfen und erfolgte ursprünglich wohl mit brennendem Schnaps, später mit Bier.

Salami f. 'kräftig gewürzte, feste Dauerwurst', Übernahme (16. Jh.) von ital. *salami*, Plur. von *salame* 'stark geräucherte, scharf (mit Knoblauch) gewürzte Wurst aus Schweine-, Rind- und Eselsfleisch'; aus mlat. *salamen* neben *salamentum*, spätlat. *salsāmen*, lat. *salsāmentum* 'Fischlake, Salzfisch', eigentl. 'Gesalzenes', abgeleitet von erst spätlat. belegtem *salsāre* 'salzen'; zu lat. *salsus* 'gesalzen' (s. *Salz*).

Salat m. 'aus gekochten oder frischen Zutaten (Gemüse, Obst, Fleisch oder anderen Speisen) mit einer Soße säuerlich oder süß zubereitete kalte Speise', von daher übertragen auf die häufig zu Salaten verwendeten Pflanzen, bes. den *Gartenlattich*, den *Kopfsalat* (s. *Lattich*). Entlehnung (15. Jh.) aus ital. *salata*, einer älteren Nebenform von *insalata* f. 'gesalzene (Salat)speise'. In beiden Fällen handelt es sich um substantivierte Part. Perf. zu ital. *salare* bzw. *insalare* '(ein)salzen', aus spätlat. *īnsalāre*, **salāre* (vgl. spätlat. *salātus* 'gesalzen'), zu lat. *sāl*, Gen. *salis* (s. *Salz*). Übertragung auf für diese Zubereitung geeignete Pflanzen, bes. den Lattich, erfolgt schon im Ital. Bildlicher Gebrauch im Sinne von 'Durcheinander, Wirrwarr, Unordnung' ist seit der Mitte des 19. Jhs. üblich, vgl. redensartlich *da haben wir den Salat* ('das Durcheinander, die unangenehme Geschichte').

Salbader m. 'langweiliger, frömmelnder Schwätzer' (2. Hälfte 17. Jh.), wohl anknüpfend an nlat. *salbaderi* (Plur.) 'Schwätzer' (Dunkelmännerbriefe, 1515/17). Auch 'seichte Schwätzerei, alberne Rede' (1. Hälfte 17. Jh.), wofür bald *Salbaderei* f. (Mitte 17. Jh.), da *Salbader* wie ein Nomen agentis auf *-er* aufgefaßt wird. Die Herkunft ist unbekannt. Alle Deutungsversuche bleiben fragwürdig; so z.B. Anschluß an mhd. *sēlbat* 'Bad, das jmd. zum Heil seiner Seele für die Armen gestiftet hat' und das von sogenannten *Seelbadern* ('Badern, die das zum Heil der

Seele gestiftete Bad erteilen') verabreicht wird; auch Herleitung von *Sol*-('Salz-')*bad*; ferner Anknüpfung an einen um 1620 nachgewiesenen Jenenser Bader H. Kranich, der seine Badestube an einem Nebenarm der *Saale* betrieb. – salbadern Vb. 'langweilig, salbungsvoll schwatzen' (um 1800).

Salbe f. 'schmierbares, fettreiches Hautarzneimittel', ahd. *salba* f. und *salb* n. (8. Jh.), mhd. *salbe* 'Salbe, Salböl', asächs. *salƀa*, mnd. mnl. *salve*, nl. *zalf*, aengl. *salf*, *sealf(e)*, engl. *salve* (westgerm. **salbō* f.) führen mit den außergerm. Bezeichnungen aind. *sarpíḥ* 'zerlassene Butter', griech. *élpos* (*ἔλπος*) 'Öl, Talg, Fett', *ólpē*, *ólpis* (*ὄλπη*, *ὄλπις*) 'Ölflasche', alban. *gjalpë* 'Butter' auf ie. **selp-* 'Fett (Butter, Schmalz)'. – Vom Substantiv abgeleitet salben Vb. 'mit Salbe einschmieren, mit geweihtem Öl bestreichen', ahd. *salbōn* (8. Jh.), mhd. *salben*, asächs. *salƀon*, mnd. mnl. *salven*, nl. *zalven*, aengl. *s(e)alfian*, engl. *to salve*, got. *salbōn*. Salbung f. 'das Einschmieren mit Salbe, das Bestreichen mit geweihtem Öl, das Geweiht-, Gesalbtwerden', ahd. *salbunga* (8. Jh.), mhd. *salbunge*. salbungsvoll Adj. 'übertrieben feierlich, weihevoll' (18. Jh.).

Salbei m. f. Der Name der Heilpflanze ahd. *salbeia* (10. Jh.), mhd. *salveie*, *salbei(e)*, mnd. *salvī(g)e*, *salvei(g)e*, *salvei* ist entlehnt aus mlat. *salvegia*, einer Nebenform zu spätlat. *salvia* 'Salbei', zu lat. *salvus* 'gesund, heil, wohlbehalten, gerettet' (benannt nach der heilenden Wirkung). Dagegen sind asächs. *selƀia*, mnl. *selve* unmittelbar aus spätlat. *salvia* entlehnt; vgl. Frings/M. Germania Romana 2 (1968) 448ff.

Saldo m. 'Unterschied zwischen der Soll- und der Habenseite eines Kontos, Rechnungsabschluß'. Das Fachwort der Kaufmannssprache ist eine Übernahme (um 1600) von ital. *saldo* 'Rechnungsabschluß', einem Verbalabstraktum zu ital. *saldare* 'zusammenfügen, ein Konto ausgleichen, Soll und Haben aufrechnen', das seinerseits zu ital. *saldo* 'fest, dicht, vollständig' gebildet ist. Diesem liegt letztlich lat. *solidus* 'dicht, fest' (s. *solide*) zugrunde. *Saldo* bezeichnet also die Aufrechnung eines Kontos und den sich dadurch (*per Saldo*) ergebenden Betrag. – saldieren Vb. 'den Saldo ermitteln, eine Rechnung durch Zahlung des Saldobetrages ausgleichen, abschließen, bezahlen' (16. Jh.), ital. *saldare* (s. oben).

Salm m. 'Lachs'. Lat. *salmo* wird am Rhein in die westgerm. Sprachen übernommen. Ahd. (10. Jh.), asächs. *salmo*, mhd. mnd. *salm(e)*, mnl. *salme*, nl. *zalm* treten neben den heimischen, unter *Lachs* (s. d.) aufgeführten Fischnamen bzw. (im Nl.) an seine Stelle.

Salmiak m. 'Ammoniumchlorid'. In mittelalterlichen alchimistischen Texten des 12. und 13. Jhs. wird das in Persien (im Elbursgebiet), dem damaligen Armenien (lat. *Armenia*, mlat. *Armania*), gefundene Ammoniumchlorid (wohl in Anlehnung an arab. Vorlagen) mgriech. *álas Armeniakón* (*ἅλας Ἀρμενιακόν*) bzw. mlat. *sal Armoniacum* (auch *sal Armaniacum*) 'armenisches Salz' genannt. In nachfolgenden alchimistischen Rezepturen treten volkssprachliche Verschleifungen und Verkürzungen auf und führen zu Bezeichnungen wie *Salarmaniacum*, *Salarmaniak* (beide 14. Jh.) und schließlich zu *Salmiak* (15. Jh.). Da das seit der Antike bekannte Gemisch aus dem Karbonat und dem Chlorid des Natriums (lat. *sāl Ammōniacum*, s. *Ammoniak*) in vielen Texten mit dem Ammoniumchlorid (*sal Armoniacum*) teils verwechselt, teils in der Bezeichnung nicht auseinandergehalten wird, kann auch lat. *sāl Ammōniacum* die Entstehung der Kurzform *Salmiak* gefördert haben. Vgl. Plosz in: Archiv f. d. Studium d. neueren Spr. 195 (1959) 321ff.

Salon m. 'Besuchszimmer, Empfangsraum', Übernahme (Anfang 18. Jh.) von frz. *salon* 'großes Besuchs-, Empfangszimmer, Saal', seit der 2. Hälfte des 18. Jhs. 'Raum für intime Empfänge'. Dieses ist entlehnt aus ital. *salone* 'großer Saal', einer Bildung mit Augmentativsuffix zu ital. *sala* 'Saal', das aus dem Germ. stammt. Zugrunde liegt wohl langobard. *sala* 'Hof, Haus, Gebäude' (s. *Saal*), doch kann auch ein anfrk. **sal* in der romanisierten Form **salla*, auf die afrz. *sale* 'Halle, Saal, Wohngebäude, Burg', frz. *salle* 'Saal' zurückgeführt wird, über Südfrankreich ins Ital. gewandert sein. In Anlehnung an frz. Gebrauch bezeichnet *Salon* den 'Empfangssaal' in der Stadtwohnung des Adels, dann die repräsentativen Ansprüchen dienende bürgerliche 'gute Stube' und wird um 1800 auf die sich in solchen Räumen (regelmäßig) treffenden Personen sowie auf deren Zusammenkunft übertragen. *Salon* steht ferner für 'Ausstellungssaal für Kunstgegenstände' (19. Jh.), nach den ersten Ausstellungen im *Salon Carré* ('quadratischen Saal') des Louvre, und schließlich für den 'elegant eingerichteten Geschäftsraum' (20. Jh.), vgl. *Frisier-*, *Kosmetiksalon*.

salopp Adj. 'betont ungezwungen, nachlässig', älter *saloppisch*, *saloppe* (Ende 18. Jh.), Entlehnung von frz. *salope* 'unsauber, schmutzig, nachlässig', das sich aus substantivischem *salope*, älter *saloppe* f. 'sich vernachlässigende, unsaubere, unanständige Frau' entwickelt hat. Dieses ist wahrscheinlich ein Kompositum aus afrz. frz. *sale* 'schmutzig, unrein, trübe' (wohl aus anfrk. **salo* entlehnt, vgl. ahd. *salo*, mhd. *sal* 'dunkelfarbig, welk, trübe, schmutzig', s. *Salweide*) und frz. *hoppe*, Dialektform von frz. *huppe* 'Wiedehopf'. Der Vogel, der sich zur Tarnung auf den Boden zu kauern und mit Erde zu bedekken pflegt, gilt allgemein als schmutziges Tier, vgl. frz. (Lothringen) *sale comme une hoppe* 'schmutzig wie ein Wiedehopf'.

Salpeter m. Die Bezeichnung für die Salze der Salpetersäure (15. Jh.) ist vielleicht eine Entlehnung aus mlat. *salpetra*, vgl. lat. *sāl* 'Salz' (s. *Salz*) und lat. *petra*, griech. *pétrā* (*πέτρα*) 'Stein, Fels', also eigentl. 'Salz des Steins', da sich Salpeter an porösem Kaligestein in Höhlen bildet. Anders FORCHHEIMER in: Modern Language Notes 67 (1952) 103ff., der *Salpeter* als dissimilierte Form von mhd. *salniter*, aus lat. *sāl nitrum*, griech. *nítron* (*νίτρον*) 'natürliches Laugensalz, Soda, Natron' deutet, einem orientalischen Lehnwort, das wohl mit arab. *naṭrūn* auf ägypt. *nṭr(j)* 'Natron' zurückgeht. Frühnhd. *Salpeter* wird als populäre Bezeichnung für die unbearbeitete, frühnhd. *Salniter* als gelehrte Bezeichnung für die raffinierte, bearbeitete Chemikalie interpretiert.

Salto m. 'freier Überschlag in der Luft'. Entlehnung der Sport- und Artistensprache (Anfang 19. Jh.) von ital. *salto* 'Sprung', aus lat. *saltus* 'Sprung'; zu lat. *salīre* (*saltum*) 'springen, hüpfen'. Vielleicht verkürzt aus dem seit 1795 in der dt. Turnsprache bezeugten *Salto mortale*, ital. *salto mortale*, eigentl. 'tödlicher Sprung, Todessprung' (vgl. ital. *mortale*, lat. *mortālis* 'sterblich, vergänglich, tödlich').

Salut m. 'militärische Ehrenbezeigung' (durch Ehrenschüsse), Entlehnung (Mitte 19. Jh.) von gleichbed. frz. *salut*, das sich aus der Grußformel afrz. frz. *salut* entwickelt hat. Zugrunde liegt lat. *salūtem*, Akk. von lat. *salūs* 'Unverletztheit, Gesundheit, Wohlergehen, Heil, Glück', in formelhaften Fügungen 'das gewünschte Wohlsein, Gruß', zu lat. *salvus* 'gesund, heil, wohlbehalten, gerettet'. Frz. *salut* dient seit dem 17. Jh. zur Bezeichnung der feierlichen militärischen Begrüßung von (Kriegs)schiffen durch Kanonenschüsse und der Begrüßung von Vorgesetzten in Heer und Flotte. – salutieren Vb. 'militärisch grüßen', mhd. *salutieren*, entlehnt im Sinne von 'jmdm. seinen Gruß entbieten' aus lat. *salūtāre* '(be)grüßen', danach (18. Jh.) unter dem Einfluß von *Salut* (s. oben) geläufig für 'den militärischen Gruß erweisen'.

Salve f. 'einmaliges gleichzeitiges Abfeuern mehrerer Kanonen oder Gewehre zur Begrüßung bzw. als Ehrensalut', Übernahme (Anfang 17. Jh.) von gleichbed. frz. *salve*, wie dieses auch verallgemeinert (2. Hälfte 17. Jh.) zu 'gleichzeitig abgegebene Schüsse aus Feuerwaffen'. Mfrz. frz. *salve* ist im 16. Jh. mit der oben genannten Bedeutung aus der Grußformel lat. *salvē* 'sei gegrüßt' entlehnt, dem Imperativ Sing. von lat. *salvēre* 'gesund sein', zu lat. *salvus* 'gesund, heil, wohlbehalten, gerettet'. Aus dem Kirchengebet *Salve Regina* bekanntes *salve* verbreitet sich allgemein als Grußwort; es steht auch als Kurzform für 'Abendgottesdienst' (15. Jh.).

Salweide f. Der Name der trübgrüne Blätter tragenden Weide ahd. *salahwīda* (Hs. 13. Jh.), mhd. *salewīde*, mnd. *sal(e)wīde* ist eine verdeutlichende Zusammensetzung mit dem unter [1]*Weide* (s. d.) behandelten Baumnamen. Das erste Kompositionsglied bildet ahd. *salaha* 'Salweide' (um 800), mhd. *salhe*, das mit aengl. (angl.) *salh*, engl. *sallow*, anord. *selja*, schwed. *sälg* und lat. *salix*, mir. *sail* (Gen. *sa(i)lech*) auf ie. **sal(i)k-* 'Weide' zurückgeführt werden kann, eine *k*-Erweiterung der Wurzel ie. **sal-* 'schmutziggrau', zu der auch *Salz* (s. d.) sowie ahd. *salo* 'dunkelfarbig, trübe' (8. Jh.), mhd. *sal* 'dunkelfarbig, welk', aengl. *salo* 'schwärzlich, dunkel', engl. *sallow* 'blaß, fahl', anord. *sǫlr* 'schmutzig', bleich', norw. *sal* 'bleich' (germ. **salwa-*), ferner lat. *salīva* 'Speichel', russ. *solóvyj* (*соловый*) 'gelblichgrau' und air. *sal*, *sa(i)le*

'Schmutz' gehören. Der Baum ist nach seinen graugrünen Blättern benannt.

Salz n. Bezeichnung für das aus Natriumchlorid bestehende Kochsalz. Ahd. (8. Jh.), mhd. *salz*, asächs. *salt*, mnd. *solt*, mnl. *sout*, nl. *zout*, aengl. *s(e)alt*, engl. anord. schwed. got. *salt* weisen (wie *Sülze*, s. d.) ein dentales Element (ie. *-d*) auf gegenüber griech. *hals* (*ἅλς*), lett. *sāls*, aslaw. *solь*, russ. *sol'* (*соль*), air. *salann* 'Salz' und *Sole* (s. d.). Zugrunde liegt die unter *Salweide* (s. d.) genannte Wurzel ie. **sal-* 'schmutziggrau', die auch (da Salz ungebleicht verwendet wurde) substantiviert für 'Salz, Seesalz' gilt. Der Dental kann verschiedenen Ursprungs sein. Er dient zunächst der Bildung des Nominativs (auch für lat. *sāl* 'Salz' wird meist Herkunft aus **sāld* oder **sald* angenommen), erscheint aber auch in verbalen Bildungen wie *salzen* (s. unten), lat. *sallere* (aus **saldere*) 'salzen' und dem zugehörigen Part.adj. lat. *salsus* (aus **saldtos*) 'gesalzen'. Bei Verben (und den von ihnen abgeleiteten Formen) kann *d* ein ursprünglich präsensbildendes Element sein. Vor allem im Baltoslaw. zeigt sich bei Bildungen mit Dental wie aruss. *solodъ*, russ. *sólod* (*солод*) 'Malz', aslaw. *sladъkъ*, russ. *sládkij* (*сладкий*), (landschaftlich) *solódkij* (*солодкий*), lit. *saldùs* 'süß' eine besondere semantische Entwicklung, die von 'Salz' bzw. 'salzig' über die Vorstellung 'wohlschmeckend, würzig' zu 'süß' bzw. 'Süßes' führt. Im 16. Jh. wird *Salz* in der Sprache der Chemie Bezeichnung für alle durch Einwirkung einer Säure auf Metalle entstehenden kristallinen Verbindungen. – salzen Vb. 'mit Salz würzen', ahd. *salzan* (9. Jh.), mhd. *salzen*, mnd. *solten*, mnl. *souten*, nl. *zouten*, aengl. *sealtan*, got. *saltan*. Dieses ehemals stark flektierende (reduplizierende) Verb (vgl. noch nhd. *gesalzen* neben *gesalzt*) geht im Nhd. allgemein zur schwachen Flexion über. versalzen Vb. 'zu stark salzen und dadurch verderben', mhd. *versalzen*. salzig Adj. 'stark nach Salz schmeckend' (15. Jh.).

-sam Das Suffix germ. *-sama-* (ablautend *-suma-*) bildet zu Nominalstämmen Adjektive mit der Bedeutung 'Neigung zu etw. habend', die dann auch Bezeichnungen für Charaktereigenschaften werden können. Es ist vertreten in ahd. asächs. mhd. *-sam* (ahd. *gimein-*, *heil-*, *langsam*; *ēr-*, *loba-*, *situsam*; asächs. *lang-*, *lofsam*), anord. *-samr* (*friðsamr* 'friedlich', *gamansamr* 'fröhlich'), got. *-sama* (*lustusama* 'ersehnt'), aengl. *-sum* (*langsum* 'langwierig', *fremsum* 'freundlich'). Das Suffix *-sama-* ist vielleicht direkt aus dem (in den belegten Formen freilich meist schwach flektierenden) Pron.adj. germ. **sama-*, ahd. *samo*, anord. *sami*, *samr*, got. *sama* 'derselbe' hervorgegangen, in jedem Falle aber eng damit verwandt und mit den unter *samt* (s. d.) genannten Formen auf die Wurzel ie. **sem-* 'ein(s), in eins zusammen, einheitlich, samt, mit' zurückzuführen. Entsprechendes gilt für aengl. *-sum* im Verhältnis zu den unter *samt* zitierten Vertretern des Pron.adj. germ. **suma-*. In neuerer Zeit tritt *-sam* öfter auch an Verbalstämme an, s. *bieg-*, *strebsam*, s. aber auch die alte Bildung *gehorsam* (zu *hören*, ahd. *(gi)hōrsam*).

Samen m. (mit Endungs-*n* aus den obliquen Kasus), älter und noch dichterisch Same 'pflanzlicher Keim, Sperma'. Das innerhalb der germ. Sprachen nur im Dt. bezeugte Substantiv ahd. *sāmo* (8. Jh.), mhd. mnd. *sām(e)* 'Samen, Samenkorn, männlicher Samen, Nachkommenschaft, Saat(feld), Feld', asächs. *sāmo* (germ. **sēman-*) ist mit dem Konkreta bildenden Suffix ie. *-men-* von der unter *säen* (s. d.) genannten Wurzelform ie. **sē-* abgeleitet. Das Alter dieser Bildung ergibt sich aus dem Vergleich mit lat. *sēmen* 'Samen, Geschlecht, Nachkomme', aslaw. *sěmę*, russ. *sémja* (*семя*) 'Samen', apreuß. *semen*, die das gleiche Suffix, nur neutrales Genus aufweisen gegenüber der maskulinen Form im Dt. und lit. *sémenys* (Plur.) 'Saat, Leinsaat'. – Sämerei f. 'Saatgut, Samenhandlung' (18. Jh.). Sämling m. 'aus Samen gezogene junge Pflanze' (19. Jh.).

sämig Adj. 'dickflüssig'. Im 19. Jh. wird nd. *sēmig* '(von flüssigen Dingen) dick und aneinander hängend' in die Literatursprache aufgenommen. Es handelt sich um die genaue lautliche Entsprechung von (heute unüblichem) nhd. seimig Adj. 'dickflüssig' (18. Jh., vgl. *seimichte Brühe*, um 1700), einer Ableitung von Seim m. 'dickflüssiger Saft, Honig', ahd. *seim* 'Nektar, Honig (wie er aus der Wabe fließt)' (9. Jh.; vgl. dazu die frühe, sich nicht fortsetzende Ableitung ahd. *seimīg* 'wie Nektar, wie Honig', 11. Jh.), mhd. *seim*, *sein*, asächs. mnd. *sēm*, mnl. *seem*, nl. *zeem*, anord. *seimr*, norw. (mundartlich) *seima* 'Schleimschicht, zähe Flüssigkeit' (germ. **seima-*).

Verwandt sind (mit *m*-Formans) kymr. *hufen* (aus **soimeno-*) 'Rahm' und vielleicht auch griech. *hā̆ima* (*αἷμα*) '(flüssiges) Blut', (mit *l*-Formans) mir. *silid* 'tropft, fließt, läßt fließen', lit. *séilė* 'Speichel, Geifer', (älter, mit *u̯*-Formans) *sývas* 'Saft'. Angesetzt werden kann eine Wurzel ie. **sē(i)-*, **sei-* 'tröpfeln, rinnen, feucht', zu der auch *Seife*, *Sieb* und *seihen* (s. d.) gehören. – Honigseim m. 'ungeläuterter Honig', mhd. *honecseim*, *-sein*.

sammeln Vb. 'zusammenbringen, vereinigen, anhäufen', spätmhd. *samelen*, mnd. *sāmelen*, nl. *zamelen* sind durch Dissimilation entstanden aus älterem gleichbed. ahd. *samanōn* (8. Jh.), mhd. *samenen*, *sam(n)en*, asächs. *samnon*, mnd. *sām(e)nen*, mnl. *samenen*. Wie aengl. *samnian*, anord. *samna* gehören sie als Faktitiva zu den Adverbien ahd. (9. Jh.), asächs. anord. *saman*, mhd. *samen(e)*, got. *samana* 'zusammen, zugleich, miteinander' (s. *zusammen*) und durch diese zu dem unter *samt* (s. d.) genannten Pronominalstamm (enthalten in ahd. *samo* 'derselbe', mhd. *sam*, anord. *sami*, got. *sama*). S. auch *gesamt*. – Sammler m. 'wer sammelt' (16. Jh.). Sammlung f. 'Anhäufung, das Zusammenbringen, Gesamtheit bzw. Ort gesammelter Gegenstände', mhd. *samelunge*, dissimiliert (wie das Verb, s. oben) aus ahd. *samanunga* (8. Jh.), mhd. *samenunge*, *samnunge*, auch 'versammelte Menge, Schar', nhd. (älter) *Sammenung*.

Sammelsurium n. 'buntes Gemisch, Mischmasch'. Mit lat. Endung versehene scherzhafte Bildung der Studentensprache (17. Jh.) zu nd. *Sammelsūr* 'sauer zubereitetes Gericht aus allerlei Speiseresten, wenig schmackhaftes Gemüse verschiedener Art', übertragen 'allerhand zusammengerafftes Zeug', Kompositum aus dem unter *sammeln* (s. d.) behandelten Verb und nd. *sūr* (s. *sauer*).

Samowar m. russische Teemaschine; russ. *samovār* (*самовар*) ist eine Bildung mit russ. *sam* (*сам*) 'selbst' zu *varít'* (*варить*) 'kochen' und bedeutet eigentl. 'Selbstkocher'. Im Dt. werden Wort und Sache im 19. Jh. bekannt.

Samstag m. im Süden und Westen des dt. Sprachraumes geltender Wochentagsname (gegenüber *Sonnabend* in den übrigen Gebieten), ahd. *sambaȝtag* (9. Jh.), mhd. *sam(e)ȝtac* beruht als verdeutlichende Zusammensetzung auf (vor der hd. Lautverschiebung vermittelten) got. **sambatō*; diesem geht vulgärgriech. **sámbaton* (**σάμβατον*) vorauf, woraus balkanlat. **sambata* (vgl. rumän. *sîmbătă*), das auch in andere benachbarte Sprachen eingedrungen ist, vgl. aslaw. *sǫbota*, aruss. *subota*, russ. *subbóta* (*суббота*), ungar. *szombat*. Vulgär-griech. **sámbaton* steht (mit der im Syrischen üblichen volkstümlichen Aussprache *mb* für *bb*) für griech. *sábbaton* (*σάββατον*) (woraus das gelehrte got. *sabbatō* des Wulfila), singularisiert aus (nach Analogie anderer Festnamen als Plur. aufgefaßtem) *sábbata* (*σάββατα*), das aus hebr. *šabbāt* 'wöchentlicher Ruhetag (der Juden)' entlehnt ist; vgl. entsprechendes kirchenlat. *sabbata* Plur. Neutr., später Sing. Fem., neben Sing. Neutr. *sabbatum*, woraus (mit Genuswechsel nach *Tag*) nhd. Sabbat m. 'Ruhe-, Feiertag als gottesdienstlicher Tag der Juden' (15. Jh.), mhd. *sābāot*, *sābot*. *Samstag* ist ein Wort der got.-arianischen Mission, das donauaufwärts zuerst den deutschsprachigen Südosten erreicht und sich von hier aus verbreitet. Es grenzt an md. und nordd. *Sonnabend* (s. d.).

Samt m. weiches, dichtes Stoffgewebe (ursprünglich aus Seide) mit kurzem, aufrecht stehendem Flor. Mhd. *samīt*, *samāt*, *semīt*, frühnhd. *Sammet* (15. Jh.) ist eine Entlehnung von afrz. *samit* 'dicker, farbiger Seidenstoff', das auf mgriech. *hexámiton* (*ἑξάμιτον*) zurückgeht (woraus auch mlat. *(e)xamitum*, *samitum*). Diese Substantivierung von griech. *hexámitos* (*ἑξάμιτος*) 'aus sechs Fäden gewebt, sechsfädig', einem mit *hexa-* (*ἑξα-*) 'sechs-' gebildeten Possessivkompositum zu griech. *mítos* (*μίτος*) '(Kett)faden', bezeichnet einen sechsfädigen, schweren, wohl in Byzanz hergestellten Seidenstoff, der durch die Kreuzzüge nach Westeuropa gelangt. Die heute unter *Samt* verstandene Stoffart stammt möglicherweise aus Italien. – samten Adj. 'aus Samt, wie Samt' (16. Jh.).

samt Präp. 'zusammen mit, einschließlich', ahd. *samant* (mit *n*-Einschub analog zu ahd. *saman*, s. *sammeln*, *zusammen*) Präp. 'zusammen mit', Adv. 'zusammen, zugleich' (8. Jh.), mhd. *sament*, *samet*, *samt*, *sant* Präp. Adv., asächs. *samad*, *samod* Adv. 'zusammen', aengl. *samod* Präp. 'zusammen mit', Adv. 'zusammen, zugleich', got. *samaþ* Adv. 'zusammen' sind mit dem die Richtung nach einem Ort bezeichnenden Suffix ie. *-te* (mit einer zu erschließenden ursprünglichen Bedeutung 'nach demselben Orte hin') von dem Pronominalstamm abgeleitet, der in ahd. *samo* Pron.adj. (8. Jh.), mhd. *sam*, anord. *sami* (und stark flektierendem *samr*), got. *sama* 'derselbe' und ahd. *sama* Adv. (8. Jh.), asächs. *sama*, *samo* 'ebenso, auf gleiche Weise' erhalten ist. Außergerm. sind vergleichbar griech. *homós* (*ὁμός*) 'gemeinsam, derselbe, gleich, ähnlich' (s. *homo-*) sowie davon (mit dem Suffix ie. *-te*, s. oben) abgeleitetes *homóse* (*ὁμόσε*) 'nach demselben Ort hin', aind. *samáḥ* 'gleich, gleichartig, derselbe, gleichmäßig', *sám* 'mit, zusammen, zugleich', apers. *hama-* 'gleich, derselbe', lit. *są-*, *sam-*, *san-*, aslaw. *sǫ-*, russ. *su-* (*cy-*) zur Bezeichnung der Zusammengehörigkeit in Nominalkomposita. Als gemeinsame Wurzel ergibt sich ie. **sem-* 'ein(s), in eins zusammen, einheitlich, samt, mit'; dazu gehören auch *-sam*, *zusammen*, *sammeln*, *gesamt*, *sanft*, ferner aind. *samaḥ* 'irgendein, jeder', aslaw. *samъ*, russ. *sam* (*сам*) 'selbst, allein', lat. *similis* 'ähnlich', got. *sums*, anord. *sumr*, ahd. mhd. *sum* 'irgendein', lat. *semper* 'immer', germ. **sin-* (mit ursprünglichem Wurzelauslaut **sim-*) 'in einem, immerwährend, groß' (s. *Sintflut*). Der für *samt* seit alters bezeugte adverbielle Gebrauch hat sich im Nhd. nur in *allesamt* und in *samt und sonders* 'alles zusammen, ausnahmslos' (16. Jh.) erhalten. – s ä m t l i c h Pron.adj. 'alle, ohne Ausnahme' (16. Jh.), *samentlich* (15. Jh.), *semptlich* (Luther, 16. Jh.).

Sanatorium n. 'fachärztlich geleitete Einrichtung zur Behandlung chronisch Kranker bzw. zur Verabreichung von Heilkuren', auch 'Erholungsheim (für Genesende)' (Ende 19. Jh., zuvor *Brustkrankensanatorium*, 1884), gelehrte nlat. Bildung zu lat. *sānāre* (*sānātum*) 'heilen' (s. *sanieren*; lat. *sānus* 'gesund, heil, vernünftig'), im Dt. möglicherweise nach engl. *sanatorium* 'Erholungsheim für Kranke und Bedürftige' (1840); vgl. spätlat. *sānātōrius* 'heilend'.

Sand m. 'feinkörniges, lockeres Gestein', ahd. (8. Jh.), mhd. *sant*, asächs. *sand*, mnd. mnl. *sant*, nl. *zand*, aengl. engl. *sand*, anord. *sandr*, schwed. *sand* weisen auf germ. **sanda-*, assimiliert aus **samda-*, dessen *m* in der Nebenform (mit labialem Gleitlaut) mhd. *sambt*, *sampt*, nhd. (bair. tirol.) *Samt* bewahrt ist; vgl. griech. *ámathos* (*ἄμαθος*, mit Hauchdissimilation aus **ἅμαθος*) f. 'Sand'. Als Grundform läßt sich ie. **sam(ə)dho-* ansetzen. Vorausgesetzt, daß sich der *s*-Anlaut aus ursprünglichem ie. **bhs-* vereinfacht hat, kann noch lat. *sabulum* 'Sand, Kies', griech. *psámmos* (*ψάμμος*) f., *psámathos* (*ψάμαθος*) f. '(Küsten)sand, Staub', *psḗn*, *psā́n* (*ψῆν*, *ψᾶν*) 'zerreiben, zermalmen' und aind. *bábhasti*, *bápsati* 'kaut, zerkaut, zerbeißt, verzehrt' herangezogen und letztlich eine Wurzel ie. **bhes-* 'abreiben, zerreiben, ausstreuen' angesetzt werden. – s a n d i g Adj. 'wie Sand, voller Sand', mhd. *sandec*, *sandic*. S a n d b a n k f. 'flache Sandinsel' (17. Jh.).

Sandale f. leichter, luftiger Schuh mit einem aus Riemen oder durchbrochenem Leder bestehenden Oberteil, frühnhd. *Sandaly* Plur. (um 1500), Entlehnung aus lat. *sandalia*, Plur. von lat. *sandalium* n. 'Riemenschuh', das aus griech. *sandálion* (*σανδάλιον*), dem Deminutivum zu griech. *sándalon* (*σάνδαλον*) n., einem Wort unbekannter (persischer oder ägyptischer?) Herkunft, stammt. Im Dt. gilt bis zum Ende des 18. Jhs. pluralischer Gebrauch, vgl. *Sandalen* (17. Jh.), *Sandalien* (um 1700). – S a n d a l e t t e f. leichter, eleganter Absatzschuh (für Damen) mit stark durchbrochenem Oberleder oder Riemchen (1. Hälfte 20. Jh.), mit dem frz. Deminutivsuffix *-ette*; vgl. frz. *sandalette* (Anfang 20. Jh.).

sanft Adj. 'gefällig, weich, zart, leicht, still, vorsichtig'. Ahd. *semfti*, *senfti* 'bequem, leicht, gemächlich' (9. Jh.), mhd. *semfte*, *senfte* 'leicht, bequem, zart, zahm, mild, freundlich, angenehm', (mit Nasalausfall und Ersatzdehnung) asächs. *sāfto* Adv., mnl. *saefte*, aengl. *sēfte* (neben *sōfte* Adv., danach *sōfte* Adj., engl. *soft* 'weich') ist mit dem Suffix ie. *-t̯io-* und *p-* (germ. *f-*)Einschub gebildet. Es läßt sich wie unmittelbar zugehöriges, doch eine besondere Lautentwicklung aufweisendes *sacht* (s. d.) mit anord. *sama* 'geziemen, passen', *semja* 'ordnen, einrichten', got. *samjan* 'zu gefallen suchen' verbinden und, ausgehend von dem gemeinsamen Begriff des gefälligen Zusammen- und Übereinstimmens, auf die unter *samt* (s. d.) angeführte Wurzel ie. **sem-* 'ein(s), in eins zusammen, einheitlich, samt, mit' zurückführen. Die nhd. Form *sanft* bewahrt (wie schon seltenes ahd. *samft*, 9. Jh.) den alten unumgelauteten Vokal des Adverbs ahd. *samfto* (8. Jh.), mhd. *samfte* und zeigt (bereits im 9. Jh. eingetretene) Dissimilation von *mf* zu *nf* (wie in *Zukunft*, *Zunft* gegenüber *kommen*, *ziemen*). – Sanftheit f. 'Zartheit, weiches, stilles Temperament' (18. Jh.). Sanftmut f. 'ruhige, stille, zarte Wesensart und Gesinnung' (16. Jh.). besänftigen Vb. 'beruhigen, begütigen' (16. Jh.), Präfixbildung zu *sänftigen*, mhd. *senftigen*, abgeleitet von mhd. *senftec*, *senftic* 'sanft'.

Sänfte f. 'kastenartiges, tragbares Sitzgestell zur Beförderung von Personen'. Ahd. *semftī* (8. Jh.), mhd. *senfte*, nhd. *Sänfte* 'Ruhe, Gemächlichkeit, Annehmlichkeit, Bequemlichkeit, Sanftheit' (nach dem 18. Jh. in diesem Sinne unüblich), Abstraktbildung zu dem unter *sanft* (s. d.) behandelten Adjektiv, entwickelt im 16. Jh. die Bedeutung 'bequemer Tragsessel, Tragbett'.

Sang m. 'das Singen, Gesang', ahd. *sang* (8. Jh.), mhd. *sanc* 'Gesang, Lied, Musik, von Gesang begleiteter Tanz', asächs. *sang*, mnd. mnl. *sanc*, nl. *zang*, aengl. *sang*, engl. *song*, anord. *sǫngr*, auch 'Gottesdienst', schwed. *sång* (germ. **sangwa-*) und got. (*i*-Stamm, germ. **sangwi-*) *saggws*, mit Ablaut gebildetes Abstraktum zu dem unter *singen* (s. d.) behandelten Verb. Heute vor allem redensartlich *mit Sang und Klang* 'mit Musik, mit viel Aufwand', *ohne Sang und Klang* 'ohne Aufsehen' (ursprünglich *beerdigen*), beide seit 18. Jh. – Sänger m. 'wer singt', ahd. *sangāri* (8. Jh.), mhd. *senger*.

sanguinisch Adj. 'temperamentvoll, leicht erregbar, lebhaft, heiter', im Anschluß an die antike Temperamentenlehre (s. *cholerisch*) im Sinne von 'leichtblütig' gebildet (16. Jh.) zu mlat. *sanguineus* m. 'leichtblütiger, temperamentvoller Mensch', das auf lat. *sanguineus* Adj. 'zum Blut gehörig, aus Blut, blutig, blutfarbig', abgeleitet von lat. *sanguis* (Gen. *sanguinis*) 'Blut', beruht. – Sanguiniker m. 'Mensch mit sanguinischem Temperament, Hitz-, Feuerkopf' (Mitte 19. Jh.), nach voraufgehendem *Sanguinikus* (1. Hälfte 19. Jh.), das seinerseits älteres *Sanguineus* (seit etwa 13. Jh. mit lat. Flexion in dt. Texten, s. oben) ablöst.

sanieren Vb. 'heilen, in Ordnung bringen, wiederherstellen', entlehnt (19. Jh.) aus lat. *sānāre* 'heilen', einer Bildung zu lat. *sānus* 'gesund, heil, vernünftig'. Geläufig wird das Verb in der 1. Hälfte des 20. Jhs.; (medizinisch) 'desinfizieren, einen Krankheitsherd beheben', (sozialhygienisch) 'gesunde Lebens- und Wohnverhältnisse (wieder)herstellen' (vgl. *Wohnungen*, *Stadtviertel sanieren*), (ökonomisch) 'zerrüttete Wirtschafts- und Vermögensverhältnisse ordnen, regeln' (vgl. auch *sich sanieren* 'seine finanziellen Schwierigkeiten überwinden'). Zu allen Bedeutungen das Substantiv *Sanierung* f. – sanitär Adj. 'gesundheitlich, hygienisch, das Gesundheitswesen betreffend', Entlehnung (19. Jh.) von gleichbed. frz. *sanitaire* (um 1800), einer gelehrten Bildung zu (ebenfalls von lat. *sānus*, s. oben, abgeleitetem) lat. *sānitās* (Gen. *sānitātis*) 'Gesundheit'; vgl. *sanitäre Anlagen* 'Hygieneeinrichtungen, Toiletten- und Waschanlagen, Wasserleitungen', älter *sanitäre Anlage* '(öffentliche) Toilette'. Sanitäts- 'das (vor allem militärische) Gesundheitswesen betreffend', seit dem 19. Jh. Bestimmungswort (nach früherem *Sanität* f. 'Gesundheit, Gesundheitszustand', heute noch öst. schweiz. 'militärisches Gesundheitswesen', aus lat. *sānitās*, s. oben) in Komposita wie *Sanitätskommission*, *-wesen*, *-auto*, *-raum*, *-soldat*, *-offizier*. Sanitäter m. 'Krankenwärter' (vereinzelt 17. Jh.), 'zur Kranken- und Verwundetenpflege eingesetzter Soldat' (2. Hälfte 19. Jh.), dann allgemein 'wer ausgebildet und berechtigt ist, Erste Hilfe zu leisten'.

Sankt 'heilig', vor Personennamen (den Namen der Heiligen, z. B. *Sankt Nikolaus*) und vor (meist davon abgeleiteten) Namen von Örtlichkeiten (z. B. *Sankt Gallen*), abgekürzt *St.*; ahd. *sancti* m., *sancta* f. (9. Jh.), mhd. *sancte*, *sant(e)*, *sente*, entlehnt aus lat. *sānctus* 'heilig, unverletzlich, unantastbar', dann 'ehrwürdig', auch 'gottgefällig, tugendhaft, fromm, unschuldig', Part.adj. zu lat. *sancīre* 'heiligen, unverletzlich machen, bestätigen'. Kirchenlat. *sānctus* steht für alles, was Gott gehört, und gilt auch von Personen, die ihr Leben Gott geweiht haben (Märtyrer, Mönche, Geistliche). Die Heiligsprechung wird zuerst auf Grund allgemeiner Verehrung durch die Gläubigen von den Bischöfen, seit dem 12. Jh. vom Papst vorgenommen. – Gleicher Herkunft sind frz. *saint* (vgl. frz. *Saint-Claude*), das ins Engl., Amerik.-Engl. (vgl. *Saint Louis River*) sowie ins Nl. (vgl. *Sint Jan*) entlehnt wird, und ital. span. port. *santo* mit den Kurzformen ital. span. *san* (vgl. ital.

San Bonifacio, span. *San Sebastián*), port. *são* (vgl. *São Paulo*).

Sanktion f. 'Anerkennung, Bestätigung, Rechtfertigung' (18. Jh.), zuvor 'Festlegung, Anordnung, Gesetz' (16. Jh.). Das Substantiv, vom 18. Jh. an semantisch beeinflußt von frz. *sanction*, ist entlehnt aus lat. *sānctio* (Gen. *sānctiōnis*) 'Verordnung, Strafartikel, Strafgesetz, Vorbehalt', kirchenlat. 'Edikt, Entscheid über dogmatische Fragen', Ableitung von lat. *sancīre* (*sānctum*) 'heiligen, unverletzlich machen, bestätigen, anerkennen, bei Strafe verbieten'. In den Friedensverhandlungen nach dem ersten Weltkrieg entwickelt sich (wiederum nach frz. Vorbild) die (meist pluralische) Verwendung im Sinne von 'Strafandrohungen, Bestrafungen bei Übertretung einer bestimmten Verfügung', speziell 'Androhung bzw. Durchführung von Zwangsmaßnahmen beim Verstoß gegen völkerrechtliche Prinzipien und Gesetze'. – s a n k t i o n i e r e n Vb. 'zum Gesetz erheben, ein Gesetz anordnen, etw. gutheißen, billigen, anerkennen', abgeleitet vom Subst. (Ende 18. Jh.).

Saphir m. Der Name des (blauen) Edelsteins mhd. *saphīr(e)* ist entlehnt aus lat. *sappīrus*, spätlat. *sapphīrus* f., griech. *sáppheiros* (σάπφειρος) f., einem Lehnwort aus dem Semitischen, vgl. hebr. *sappīr*. Das maskuline Genus im Dt. (wie auch in afrz. *saphire*) folgt spätlat. und mlat. Gebrauch. Im Altertum wird darunter der blaue Lasurstein (Laspislazuli) verstanden; der echte, durchsichtige Saphir war vor der römischen Kaiserzeit kaum bekannt. In moderner Sprache (2. Hälfte 20. Jh.) 'Nadel mit Saphirspitze' (am Tonabnehmer von Plattenspielern). Vgl. schon ahd. *saphirīnisc* Adj. 'aus, wie Saphir' (um 800), mhd. *saphīrīn*, aus spätlat. *sapphīrīnus*.

Sardine f. 'kleiner Heringsfisch', Entlehnung (*sardien* Ende 15. Jh., *Sardinilin* 16. Jh.) aus ital. *sardina*, dem lat. *sardīna*, griech. *sardī́nē* (σαρδίνη), auch *sardī́nos* (σαρδῖνος), voraufgeht; zu lat. *sarda* 'Breitfisch', griech. *sárda* (σάρδα) 'Salz-, Pökelfisch'. Vielfach wird der Name mit *Sardinien* (lat. *Sardinia*) in Verbindung gebracht, d. h. der Fisch als dort verarbeitet angesehen. – S a r d e l l e f. 'kleiner Heringsfisch' (16. Jh.), ital. *sardella*, in Anschluß an lat. *sarda*, *sardīna* (s. oben) entstandene roman. Deminutivbildung (als Variante zu ital. *sardina*).

Sarg m. 'Holzkiste zur Bestattung von Toten', ahd. *sarc* (9. Jh.), mhd. *sarc*, *sarch* ist wie asächs. mnd. *sark*, mnl. *sarc*, *saerc*, *serc*, nl. *zerk* eine Entlehnung aus vlat. **sarcus*, einer Kürzung von lat. *sarcophagus*, griech. *sarkophágos* (σαρκοφάγος) 'Totenkiste, Sarg'. Dieses ist eine Substantivierung des Adjektivs lat. *sarcophagus*, griech. *sarkophágos* 'fleischfressend', zu griech. *sárx*, Gen. *sarkós* (σάρξ, σαρκός) 'Fleisch' und griech. *phageīn* (φαγεῖν) 'aufessen, verzehren', das in der Verbindung *líthos sarkophágos* (λίθος 'Stein') einen bei Assos (Kleinasien) gebrochenen und zu Särgen verwendeten Kalkstein bezeichnet. Vermutlich handelt es sich ursprünglich um eine Bezeichnung für 'Ätzkalk', womit Tierkadaver bedeckt und dadurch aufgelöst wurden, die dann auf eine gemaserte, für vornehme Grabmäler geeignete (Kalk)steinart übertragen wurde; vgl. Knobloch in: Glotta 60 (1982) 2ff. Direkt aus dem Griech.-Lat. entlehnt (vereinzelt um 1600) ist S a r k o p h a g m. 'prunkvoller Sarg, Steinsarg' (geläufig seit dem 18. Jh.).

Sarkasmus m. 'Hohn, bissiger Spott'. Griech. *sarkasmós* (σαρκασμός) 'das Hohnlachen eines Zornigen, höhnende Rede, bitterer Spott', abgeleitet von *sarkázein* (σαρκάζειν) 'entfleischen, das Fleisch von den Knochen abnagen', übertragen 'bitter, grimmig verhöhnen', zu griech. *sárx*, Gen. *sarkós* (σάρξ, σαρκός) 'Fleisch', wird im 16. Jh. (mit latinisierter Endung) ins Dt. übernommen; im 18. Jh. begegnen als Nebenformen auch *Sarkasmos* (nach dem Griech.), *Sarkasm* (nach engl. *sarcasm*), *Sarkasme* (nach frz. *sarcasme*). – s a r k a s t i s c h Adj. 'bitter, bissig, spottend, höhnisch' (Ende 18. Jh.), griech. *sarkastikós* (σαρκαστικός) 'hohnlachend, höhnend, bitter spottend', älter *sarcasmisch* (17. Jh.).

Satan m. 'Teufel', ahd. *Satanās* (9. Jh.; vgl. auch *sataniclīn* 'Teufelchen', 8. Jh.), mhd. *Satanās*, *Satanāt*, *Satān*, mnd. *Satān*, nl. aengl. engl. *Satan*, got. *Satana(s)* sind Entlehnungen von kirchenlat. *Satan*, *Satanās*, griech. *Satán* (Σατάν), *Satā́n* (Σατᾶν), *Satanā́s* (Σατανᾶς), hebr. *śāṭān* 'Widersacher, Feind, Teufel'. Der hebr. Ausdruck (zu hebr. *sāṭan* 'nachstellen, verfolgen') bezeichnet im Alten Testament eigentl. den 'Widersacher', speziell den 'Ankläger vor Gericht', insbes. das Wesen, das die Menschen vor Gottes Richterstuhl beschuldigt und gegen sie agiert (Buch Hiob). Im Neuen Testament ist *Satan* der Widersacher Gottes und Christi, der als Geist des Bösen, als Versucher der Gläubigen und Verführer zur Sünde auftritt. Im Mittelalter wird der biblische Name des Teufels auch im Dt. zunächst als Eigenname aufgefaßt, steht also meist ohne, im Nhd. fast durchweg mit bestimmtem Artikel. Seit dem 18. Jh. auch übertragen 'bösartiger, boshafter Mensch'. – s a t a n i s c h Adj. 'überaus böse, teuflisch' (16. Jh.); vgl. griech. *Satanikós* (*Σατανικός*).

Satellit m. 'sich um einen Zentralkörper bewegender natürlicher oder künstlicher Himmelskörper'. Lat. *satelles* (Plur. *satellitēs*) 'beschützender Begleiter (eines Fürsten), Leibwächter, Trabant' (Plur. 'Gefolge') überträgt Kepler in seiner Schrift „Narratio de observatis a se quatuor Iovis Satellitibus erronibus" (1611) auf die einen Planeten begleitenden Himmelskörper. Danach entwickelt sich der Ausdruck zum Terminus der Astronomie; er wird im 18. Jh. (zunächst noch mit lat. Flexion) ins Dt. übernommen und bezeichnet in der Raumfahrt des 20. Jhs. auch den künstlichen, die Erde zu wissenschaftlichen oder nachrichtentechnischen Zwecken umkreisenden Himmelskörper. Mit seiner alten, abschätzigen Bedeutung 'Handlanger, Spießgeselle' wird lat. *satelles* erneut ins Dt. entlehnt, und *Satellit* steht für den 'untergebenen, abhängigen Diener, Handlanger' (Anfang 19. Jh.), in der Sprache der Politik für einen 'unselbständigen, von einer imperialistischen Großmacht abhängigen Staat' (1. Hälfte 20. Jh.); dazu S a t e l l i t e n s t a a t m. (2. Hälfte 20. Jh.) und (in Anlehnung an den Gebrauch in Astronomie und Raumfahrt) S a t e l l i t e n s t a d t f. 'einer Großstadt benachbarte größere Wohnsiedlung, Trabantenstadt' (2. Hälfte 20. Jh.).

Satin m. Die Bezeichnung für einen glänzenden Seidenstoff mhd. *satīn* wird übernommen von der aus afrz. *zatouin* vereinfachten Form afrz. *satin* (frz. *satin*), einer Entlehnung aus arab. *zaitūnī* 'chinesischer Seidenstoff', eigentl. 'Seide aus *Zaitūn*', arab. Name der chinesischen Stadt *Zitong* (in alter Umschrift *Tseu-thung*), des Herstellungsortes dieser Stoffart.

Satire f. 'kritische, mit Ironie, Komik und humoristischer Überspitzung (gesellschaftliche) Mißstände verspottende Dichtung oder Darstellung', entlehnt (16. Jh.) aus lat. *satira* 'Gedicht, in dem menschliche Torheiten verspottet werden, Spottgedicht', eigentl. (älter) *satura (lanx)* 'den Göttern alljährlich dargebrachte Fruchtschüssel', übertragen 'Allerlei'; dann auch in der Schreibweise spätlat. *satyra*, in Anlehnung an lat. *Satyrus* (griech. *Σάτυρος*) 'Satyr' (Gefährte des Bacchus), wonach (bis ins 18. Jh.) nhd. *Satyre*, *Satyra*. Dafür in dt. Übersetzung *Spottgedicht*, *Strafgedicht*, *-schrift*. – s a t i r i s c h Adj. 'spöttisch, beißend' (16. Jh.), S a t i r i k e r m. 'wer Satiren verfaßt, Spötter' (18. Jh.), lat. *satiricus*.

Satisfaktion f. 'Genugtuung (bes. in Form einer Ehrenerklärung), Schadenersatz, Abfindung'. Der (heute seltener gebrauchte) Ausdruck der Rechtssprache ist entlehnt (16. Jh.) aus lat. *satisfactio* (Gen. *satisfactiōnis*) 'Befriedigung (eines Gläubigers), Genugtuung, Entschuldigung', dem Verbalabstraktum zu lat. *satisfacere* 'Genüge tun, leisten, befriedigen'; vgl. lat. *satis* 'genug' und *facere* (*factum*) 'machen, tun'. Seit der Mitte des 17. Jhs. bes. (nach dem damaligen Ehrenkodex der Offiziere und Studenten) 'Genugtuung für eine Beleidigung durch Bereitschaft zum Duell', zumal in den Wendungen *Satisfaktion geben*, *erteilen*, *fordern*, *nehmen*.

satt Adj. 'nicht hungrig', ahd. (9. Jh.), mhd. mnd. mnl. *sat* 'gesättigt, voll, genügend', asächs. *sad*, nl. *zat*, aengl. *sæd* (auch 'überdrüssig', woraus engl. *sad* 'traurig, ernst, bedrückt'), anord. *saðr*, got. *saþs* (germ. **sada-*) beruht auf einem mit dem Suffix ie. *-to-* gebildeten Partizipialadjektiv. Verwandt sind (ablautend) got. *gasōþjan* 'sättigen', *sōþ* oder *sōþs* 'Sättigung' sowie außergerm. lat. *satis* 'genug', *satur* 'satt', air. *sāith* 'Sattheit', lit. *sotùs* 'satt', so daß eine Wurzel ie. **sā-*, **sə-* 'satt, sättigen' angesetzt werden kann, wozu auch aind. *asinváḥ* 'unersättlich' und griech. (Aorist) *ãsai* (*ἆσαι*) 'sättigen', *ásē* (*ἄση*) 'Ekel, Unbehagen, Verdruß', eigentl. 'Übersättigung', gehören und wohl auch (allerdings mit Umgestaltung des Vokalismus) aslaw. *sytъ*, russ. *sýtyj* (*сытый*) 'satt'. – S a t t h e i t f. 'Zustand des Sattseins', mhd. *satheit*. s ä t t i g e n Vb. 'satt machen', mhd. *setigen*, *settigen*, älter *sat(t)en*, *set(t)en*; S ä t t i g u n g f. (15. Jh.). s a t t s a m Adj. 'genügend, hinlänglich' (17. Jh.), zuvor (bei Luther) 'gut genährt, üppig, übermütig'.

Sattel m. 'Sitzvorrichtung auf Reittieren',

ahd. *satul* (8. Jh.), mhd. *satel*, (md.) *sadel*, mnd. mnl. *sādel*, nl. *zadel*, aengl. *sadol*, *sadul*, engl. *saddle*, anord. *sǫðull*, schwed. *sadel*. Da ein unmittelbarer Anschluß der Formen an ie. **sed-* 'sitzen' auf Schwierigkeiten stößt und die Germanen nach Caesar und Tacitus keinen Reitsattel kennen, nimmt man an, daß das germ. Wort aus einer anderen ie. Sprache entlehnt sein könnte. Vorauszusetzen wäre eine Ablautform zu urslaw. **sedьlo* bzw. **sedъlo*, aruss. *sedьlo*, russ. *sedló* (*седло*) 'Sattel' (zu der unter *sitzen*, s. d., genannten Wurzel ie. **sed-* und verwandt mit *Sessel*, s. d.). Nach archäologischen Funden gelten die südöstlichen Reitervölker als Erfinder des Reitsattels. – s a t t e l n Vb. 'ein Pferd mit Sattel versehen', ahd. *satulōn* (um 800), mhd. *satel(e)n*, *satlen*. S a t t l e r m. 'Hersteller von Sätteln, Reitzeug und groben Lederwaren', ahd. *satulāri* (Hs. 12. Jh.), mhd. *sateler*, *seteler*, asächs. *saduleri*. a b s a t t e l n Vb. 'das Sattelzeug vom Pferd nehmen' (15. Jh.), 'absitzen' (16. Jh.). u m s a t t e l n Vb. eigentl. 'seinen Sattel auf ein anderes Reittier legen' (17. Jh.), älter schon übertragen '(Beruf, Meinung u. ä.) wechseln' (16. Jh.). s a t t e l f e s t Adj. 'sicher und fest im Sattel' bzw. übertragen 'gründliche Kenntnisse besitzend, beschlagen' (18. Jh.).

saturieren Vb. 'sättigen, Ansprüche befriedigen'. Entlehnt (18. Jh.) aus lat. *saturāre* 'sättigen, ein körperliches Bedürfnis befriedigen', abgeleitet von lat. *satur* 'satt' (zu lat. *satis* 'genug'; s. *Satisfaktion*). Zuerst Terminus der Pharmazie und Chemie im Sinne von '(eine Lösung) sättigen'; seit dem 19. Jh. allgemein 'Ansprüche befriedigen'. Dazu s a t u r i e r t Part.adj. 'gesättigt' (von einer Lösung), 'territorial befriedigt' im Hinblick auf imperialistische Gebietsansprüche und Kolonialpolitik (19. Jh.), dann auch 'selbstzufrieden, materiell übersättigt, bequem, spießig' (frühes 20. Jh.).

Satz m. 'das Festgesetzte, Ausspruch, Sprung' (seit mhd. Zeit), 'sprachliche, in sich abgeschlossene, nach bestimmten grammatischen Regeln konstruierte Einheit' (17. Jh.), 'eine bestimmte zusammengehörende Menge oder Anzahl' (vgl. *ein Satz Schüsseln*, 18. Jh.), 'Niederschlag' (vgl. *Bodensatz*, 18. Jh.), fachsprachlich in der Musik 'in sich geschlossener Teil eines mehrteiligen Musikstücks' (vgl. *ein langsamer Satz*, *der zweite Satz*, 18. Jh.) und in der Drucktechnik 'das Setzen eines Textes in Lettern' (18. Jh.). Ahd. *-saz* (nur in Zusammensetzungen ab 900), mhd. *saz*, *satz* 'Ort, wo etw. hingesetzt ist oder liegt, Lage, Stellung, Einsatz, Pfand, das Festgesetzte, Bestimmung, Verordnung, Vertrag, Testament, festgesetzter Preis, Ausspruch, Entschluß, Sprung' ist eine Abstraktbildung zu dem unter *setzen* (s. d.) behandelten Verb und steht daher im Ablaut zu *sitzen* (s. d.). – S a t z u n g f. 'festgelegte Bestimmung, Statut', mhd. *satzunge* '(Fest)setzung, gesetzliche Bestimmung, Vertrag, Taxierung, Übergabe eines Pfandes, Pfand'.

Sau f. Die Bezeichnung für das Mutterschwein ahd. (9. Jh.), mhd. asächs. mnd. aengl. *sū*, anord. *sȳr* zeigt genaue Übereinstimmung mit griech. *sŷs* (*σῦς*) neben *hŷs* (*ὗς*) 'Schwein, Sau, Eber' und lat. *sūs* 'Schwein', so daß von ie. **sūs* 'Schwein, Sau' ausgegangen werden kann. Der Ursprung des Wortes ist vermutlich lautnachahmendes ie. **sŭ̄-*. Wenig wahrscheinlich ist ein Anschluß der genannten Formen im Sinne von 'Gebärerin' an die unter *Sohn* (s. d.) angeführte Wurzel ie. **seu-*, **sŭ̄-* 'gebären, erzeugen'. Ebenfalls hierher (da aus den Grunzlaut nachahmenden Lockrufen hervorgegangen) gehören die *k*-Ableitungen aind. *sūkaráḥ* 'Schwein, Eber', lat. *sucula* 'Schweinchen', Deminutivum zu lat. *sūs* (s. oben), air. *socc sāil* 'Meeressäugetier' (eigentl. 'Meerschwein'), asächs. *suga* 'Sau', aengl. *sugu*, engl. *sow*, mnl. *soghe*, *seughe*, nl. *zeug*, schwed. (mit expressiver Gemination) *sugga* sowie die unter *Schwein* (s. d.) genannten Ableitungen. Ein schwach flektierender Plural *Sauen* (18. Jh.) bleibt auf die Jägersprache beschränkt. Die Wendung *unter aller Sau* 'unter aller Kritik, sehr schlecht' (um 1900) ist vielleicht (nach dem Vorbild von *unter aller Kanone*, s. *Kanon*) zu jidd. *seo* 'Maßstab' gebildet. – s a u e n Vb. 'sich schlecht, ungesittet benehmen' (16. Jh.), 'Ferkel kriegen' (17. Jh.). v e r s a u e n Vb. 'verderben' durch Schmutz oder unsachgemäße Behandlung (17. Jh.). S a u e r e i f. 'Unsauberkeit, Unflätigkeit, Schlamperei' (17. Jh.). s ä u i s c h Adj. 'wie ein Schwein, unflätig', *seuwisch* (15. Jh.). s a u d u m m Adj. 'überaus, völlig dumm' (19. Jh.) mit verstärkendem, pejorativem *Sau-*, wie auch in *Saufraß* m. 'schlechtes Essen', *Saukerl* m. 'schlechter Mensch', *Saukälte* f. 'unerträgliche, schlimme Kälte' (19. Jh.); vgl. *Hundekälte, hundekalt*. S a u s t a l l m. 'Schweinestall' (15. Jh.), 'schmutziges, liederliches Zimmer' (16. Jh.).

sauber Adj. 'rein, schmutzfrei', ahd. *sūbar, sūbiri* (9. Jh.), mhd. *sūber, sūver, sūfer* 'sauber, rein, schön', asächs. *subri*, mnl. *sūver*, nl. *zuiver*, aengl. *sȳfre* ('nüchtern, mäßig, makellos, rein') sind über vlat. **sūber* bzw. **sūbrius* 'mäßig, besonnen' entlehnt aus lat. *sōbrius* 'nüchtern (nicht betrunken), enthaltsam, besonnen' (wohl entstanden aus **sō(d)-*, Nebenform zu lat. *sē(d)* 'ohne', und lat. *ēbrius* 'trunken', eigentl. 'naß, befeuchtet'). Die Bedeutungsentwicklung führt von 'nüchtern, enthaltsam, besonnen' über 'makellos' zu 'rein'. – S a u b e r k e i t f. 'Zustand der Reinheit' (16. Jh.), anfangs auch *Sauberheit*, mhd. *sūberheit* 'Reinheit, Schönheit, Vornehmheit'; vgl. ahd. *unsūbarkeit* 'Unflat, Schmutz' (11. Jh.). s ä u b e r l i c h Adj. 'reinlich', ahd. *sūbarlīhho* Adv. (11. Jh.), mhd. *sūberlich* 'artig, züchtig, anständig'. s ä u b e r n Vb. 'saubermachen, reinigen, von Verunreinigungen befreien', ahd. *sūbaren, sūbiren, sūbarōn* (9. Jh.), mhd. *sūbern, siubern*; S ä u b e r u n g f. 'Reinigung', mhd. *sūberunge* 'Säuberung, Läuterung'.

sauer Adj. (vom Geschmack) 'scharf und zusammenziehend', auch 'säurehaltig, geronnen' (von Milch), verschiedentlich übertragen 'mühevoll, schwer, verärgert', ahd. (8. Jh.), mhd. mnd. aengl. *sūr*, mnl. *suur*, nl. *zuur*, engl. *sour*, anord. *sūrr*, schwed. *sur*. Germ. **sūra-* 'sauer, salzig', auch 'feucht' (vgl. ahd. *sūrougi* 'triefäugig, halbblind', 9. Jh., asächs. *sūrōgi*, aengl. *sūrēagede, sūrīege*, anord. *sūreygr*) läßt sich vergleichen mit lit. (älter mundartlich) *sū́ras* 'gesalzen', lett. *sūrs* 'salzig, bitter', lit. *sū́ris* '(harter und stark gesalzener) Käse', aslaw. *syrъ* 'feucht, naß', russ. *syrój* (*сырой*) 'roh, feucht, sauer', aslaw. *syrъ*, russ. *syr* (*сыр*) 'Käse', (mit Ablaut) anord. *saurr* 'Schmutz, feuchte Erde', aslaw. *surovъ* 'hart, grausam', russ. *suróvyj* (*суровый*) 'rauh, roh' und auf ie. **sūro-*, **souro-* 'sauer, salzig, bitter', eigentl. 'saftend, käsig geronnen, schleimig naß' zurückführen. Dies gehört zur Wurzel ie. **seu-*, **seu̯ə-*. **sū-* 'tropfen lassen, schlürfen, saugen' (s. *saufen, saugen, suhlen*). Vgl. die Wendungen *etw. wird jmdm. sauer* 'zur Qual, schwer', mhd. *sūr werden* 'qualvoll, peinlich werden'; *jmdm. das Leben sauer* ('zur Qual') *machen* (15. Jh.); *jmdn. sauer ankommen* 'Mühe, Qual verursachen', mhd. *sūr ankomen*. – s ä u e r l i c h Adj. 'leicht sauer schmeckend' (17. Jh.), *sauerlicht* (16. Jh.). s ä u e r n Vb. 'sauer machen', ahd. *sūren* (9. Jh.), mhd. *siuren*. v e r s a u e r n Vb. 'sauer werden, machen' (15. Jh.), zu nhd. *sauern* 'sauer werden, sein', ahd. *sūrēn* (9. Jh.), mhd. *sūren, siuren*. S ä u r e f. 'saure Beschaffenheit, Herbheit, Schärfe, sauer schmeckende Flüssigkeit' (Essig u. dgl.), ahd. *sūrī* (9. Jh.), mhd. *siure*, Abstraktum zu *sauer* (s. oben); in der Chemie 'mit Basen Salze bildende Verbindung' (18. Jh.). S a u e r a m p f e r m. Name einer sauer schmeckenden Wiesenpflanze, ahd. *sūrampho* (Hs. 12. Jh.), mhd. *sūrampfe*, dann *sūrampfer* (14. Jh.), nhd. *Sauerampfer* (15. Jh.). Daneben steht früher bezeugtes ahd. *amph(a)ra* f. (10. Jh.), *amph(a)ro* m. (11./12. Jh.), mhd. *ampfer*, nd. *Amper*, aengl. *ampre*, Substantivierung eines in anord. *apr* (aus **ampaR*) 'hart, böse', schwed. *amper* 'scharf, herb, derb', nl. *amper* (älter, doch noch mundartlich) 'scharf, herb, sauer' erhaltenen Adjektivs. Diesem vergleichbar sind aind. *amláḥ, amblaḥ* 'sauer' und lat. *amārus* 'bitter'. Erschließen läßt sich eine Wurzel ie. **am-* 'bitter, sauer' (da die genannten Bildungen aus semantischen Gründen besser nicht zu einer Wurzel ie. **om-* 'roh, bitter' gerechnet werden sollten). Die Komposition ahd. *sūrampho* ist als eine verdeutlichende Bildung zu dem (vielleicht nicht mehr verstandenen) Grundwort anzusehen. S a u e r s t o f f m. farb-, geruch-, geschmackloses Gas. Das Anfang der 70er Jahre des 18. Jhs. entdeckte chemische Element nannte Lavoisier (1783), der den sauren Charakter vieler Oxide feststellte und fälschlich annahm, daß alle Säuren Sauerstoff enthielten, frz. *gaz oxygène* 'säurebildendes Gas' bzw. substantiviert nlat. *oxygenium*, frz. *oxygène*; vgl. griech. *oxýs* (*ὀξύς*) 'scharf, herb, bitter, sauer, schnell, heftig' (s. *Oxid*) und s. *-gen*. Den frz. Ausdruck übersetzt Girtanner (in Analogie zu *Stick-* und *Wasserstoff*) mit *Sauerstoff* (1791). s a u e r s ü ß Adj. 'sauer und süß zugleich' (17. Jh.), häufiger *süßsauer* (16. Jh.); vgl. mhd. *sīn süeȥe sūreȥ ungemach*. S a u e r t e i g m. 'gärender Mehlteig, der dem Brotteig als Treibmittel zugefügt wird' (15. Jh.). S a u e r t o p f m. 'verdrießlicher, mürrischer Mensch' (16. Jh.), eigentl. 'Essigtopf', vgl. mnd. *sūr* 'Essig'. Sauregurkenzeit f. 'ereignisarme Zeit', eigentl. 'Juli und August, die Zeit, in der die Gurken reifen'. Im 18. Jh. unter Berliner Kaufleuten für den 'geruhsamen Geschäftsgang während des Sommers' verbreitet, seit der Mitte des 19. Jhs. als Ausdruck der Tagespresse für die 'ereignis- und stoffarme Zeit der Hundstage', dann allgemein zur Bezeichnung einer ereignislosen Zeit.

saufen Vb. 'trinken' (vom Vieh), 'unmäßig trinken, Alkohol zu sich nehmen' (derb), ahd. *sūfan* (9. Jh.), mhd. *sūfen* 'schlürfen, trinken', mnd. mnl. *sūpen*, nl. *zuipen*, aengl. *sūpan*, engl. *to sup*, anord. *sūpa*, schwed. *supa*. Das Verb ist mit den unter *Suppe* und *seufzen* (s. d.) genannten Formen sowie mit aind. *sū́paḥ* 'Brühe, Suppe' und aslaw. *sъsati*, russ. *sosát'* (*сосать*) 'saugen' an eine mit Labial erweiterte (ie. **seub-*, **sūb-* bzw. **seup-*, **sūp-*) lautmalende Wurzel ie. **seu-*, **seu̯ə-*, **sū-* 'tropfen lassen, schlürfen, saugen' anzuschließen (wozu auch mit Guttural erweitertes *saugen*, s. d.). Die alte Bedeutung 'schlürfen' (vgl. noch engl. *to sup* 'schlürfen, in kleinen Schlucken trinken, nippen') entwickelt sich im 16. Jh. zu 'hastig und viel, maßlos trinken' (bes. Alkohol). – Säufer m. 'wer sich (regelmäßig) betrinkt' (16. Jh.). Sauferei f. 'Trinkgelage' (15. Jh.). besaufen Vb. (refl.) 'sich betrinken', dazu besoffen Part.adj. 'betrunken' (16. Jh.). versaufen Vb. 'versinken, ertrinken', mhd. *versūfen*; dagegen ahd. *firsūfan* '(gierig) hinunterschlürfen' (8. Jh.); dann 'mit Trinken durchbringen' (15. Jh.), dazu versoffen Part.-adj. 'durch Saufen heruntergekommen, dem Alkohol ergeben' (16. Jh.). ersaufen Vb. 'in der Flut umkommen, ertrinken' (16. Jh.); vgl. mhd. *ersoffen* 'betrunken', ahd. *irsūfan* '(gierig) hinunterschlürfen' (8. Jh.). Dazu im 16. Jh. das umgelautete Kausativum ersäufen Vb. 'versenken, ertränken', mhd. *ersoufen*; dafür ahd. *bisoufen* (um 800). Suff m. (mit der Nebenform *Soff*, s. *Gesöff*) 'Trunksucht, Alkoholrausch, Betrunkenheit' (17. Jh.). süffig Adj. 'angenehm, leicht zu trinken, wohlschmeckend' (19. Jh.), älter 'trunkliebend, dem Trinken ergeben' (16. Jh.). süffeln Vb. 'mit Genuß trinken' (19. Jh.).

saugen Vb. 'Flüssigkeit mit Lippen und Zunge einziehen', ahd. *sūgan* (8. Jh.), mhd. mnd. *sūgen*, asächs. aengl. *sūgan*, mnl. *sūghen*, nl. *zuigen*, anord. *sūga*, schwed. *suga* und die verwandten Bildungen aengl. *sūcan*, engl. *to suck*, aengl. *socian*, engl. *to soak* 'durchtränkt werden, durchsickern', mhd. *suc*, *soc* 'Säugung, Säugezeit, Saft' sind mit lat. *sūgere* 'saugen', *sūcus* 'Saft', kymr. *sugno* 'Saft' (und vielleicht auch lett. *sūkt* 'saugen') auf eine Gutturalerweiterung (ie. **seug-*, **sūg-* bzw. **seuk-*, **sūk-*) der unter *saufen* (s. d.) angegebenen lautmalenden Wurzel ie. **seu-*, **seu̯ə-*, **sū-* 'tropfen lassen, schlürfen, saugen' zurückzuführen, wozu auch aind. *sunṓti* 'preßt aus, keltert' gestellt werden kann. – Sog m. 'saugende Strömung' (18. Jh.), aus nd. *Sog*, nl. *zog* 'Kielwasser', einem Wort der Seemannssprache, vgl. mnd. *soch* 'das (Ein)saugen'. suckeln Vb. 'in kleinen Zügen saugen', ablautende Iterativbildung zu *saugen* (18. Jh., doch vgl. schon *aussuckeln*, 15. Jh.). Säugling m. 'Kleinstkind', mhd. *sūgelinc*.

säugen Vb. 'saugen lassen, (mit Muttermilch) stillen', ahd. *sougen* (8. Jh.), mhd. *sougen*, *söugen*, asächs. *sōgian*, mnd. *sōgen*, mnl. *sōghen*, nl. *zogen*, Kausativum zu dem unter *saugen* (s. d.) behandelten Verb. – Säugetiere Plur. ihre Jungen mit Milchsekret ernährende Wirbeltiere, wohl 1782 von J. F. Blumenbach für den von Linné geprägten Sammelbegriff zoolog.-lat. *Mammalia* Plur. gebildet (spätlat. *mammālis* 'zu den Brüsten gehörig, Brust-', zu lat. *mamma* 'Mutterbrust'; s. *Mama*).

[1]**Säule** f. 'Stützbalken, Pfeiler', ahd. *sūl* (Plur. *sūli*, 8. Jh.), mhd. *sūl* (Plur. *siule*) 'Säule, Pfosten, Pfeiler, Pfahl, Pranger', asächs. *-sūl* (in *Irminsūl*), mnd. *sūle*, mnl. *sūle*, *suul*, nl. *zuil*, aengl. *sȳl*, anord. *sūl*, schwed. (mundartlich) *sul*, got. (ablautend) *sauls*. Herkunft ungewiß. Persson Beitr. 381 erwägt eine Verbindung mit dem unter *Schwelle* (s. d.) genannten Ansatz ie. **su̯el-* 'Balken, Brett, aus Stämmen oder Brettern Verfertigtes', indem er von einem Wechsel der Ablautformen ie. **seul-* bzw. **soul-* (got. *sauls*) und ie. **su̯el-* (ahd. *swelli*) ausgeht. Mhd. *siule* (14. Jh.), nhd. *Säule* (gegenüber mundartlichem *Saul*) entwickelt sich aus dem mhd. Plural.

Saum m. 'umgebogener, angenähter Stoffrand', ahd. (um 800), mhd. *soum* (auch 'Land, Grenze'), asächs. mnd. *sōm*, mnl.

soom, nl. *zoom*, aengl. *sēam*, engl. *seam*, anord. *saumr*, schwed. *söm* (germ. **sauma-*), Bildungen mit dem Suffix ie. *-mo-* neben aind. *syū́man-* 'Band, Riemen, Gurt, Kette, Naht am Schädel', griech. *hymḗn* (*ὑμήν*) 'dünne Haut, Membrane, Sehne' mit dem Suffix ie. *-men-*. Dazu gehören die Verben ahd. *siuwen* (9. Jh.), mhd. *siuwen*, *sūwen*, *sūen*, asächs. *siuwian*, mnd. *sūwen*, aengl. *si(o)wan*, engl. *to sew*, anord. *sȳja*, schwed. *sy*, got. *siujan* 'nähen', aind. *sī́vyati* 'näht (an), bindet zusammen, fügt zusammen', lat. *suere* '(zusammen)nähen', lit. *siū́ti*, aslaw. *šiti*, russ. *šit'* (*шить*) 'nähen' und mit Instrumentalsuffix germ. *-ilō* auch (md. und nordd.) ²S ä u l e f. 'Ahle (des Schuhmachers), Pfriem', ahd. *siuwila* (10. Jh.), mhd. *siuwele*, *siule*, mnd. *sūle*, *sūl*. Auszugehen ist von ie. **si̯ū-*, **sīu̯-* (und ie. **sū-*?) 'nähen'. Die Frage nach der Entstehung dieser Formen und ihrem genauen Verhältnis zueinander bleibt offen. – ¹s ä u m e n Vb. 'Stoff mit einem Saum versehen' (15. Jh.).

²**säumen** Vb. 'zögern, sich verweilen, trödeln', mhd. *sūmen* 'aufhalten, hinhalten, verzögern, versäumen, warten lassen, jmdn. auf-, abhalten, hindern', refl. 'sich aufhalten, verspäten', mnd. *sūmen*; der im Mhd. bezeugte transitive Gebrauch ist in neuerer Sprache unüblich. Ohne sichere Anknüpfungsmöglichkeiten; ein vermuteter Zusammenhang mit griech. *eā́n* (*ἐᾶν*) '(zu)lassen, gestatten, in Ruhe lassen, unterlassen' und dessen zu erschließender Stammform **(σ)εϝα-* ist ungewiß. – Früher belegt als das Simplex ist die Präfixbildung v e r s ä u m e n Vb. 'verpassen, nicht wahrnehmen, nicht tun', ahd. *firsūmen* (9. Jh.), mhd. *versūmen* 'ungetan, unbeachtet lassen, ab-, auf-, zurückhalten, irren, vernachlässigen, im Stich lassen, sich verspäten'; V e r s ä u m n i s n. 'Unterlassung, das Zuspätkommen', mhd. *versūmnisse*. s ä u m i g Adj. 'zögernd, langsam, verspätet, nachlässig', ahd. *sūmīg* (um 800), mhd. *sūmic*. S ä u m n i s f. n. 'das Zögern, Verspätung', mhd. *sūmnisse* f. S a u m s e l i g k e i t f. 'Neigung zum Säumen, Nachlässigkeit' (17. Jh.), zu s a u m s e l i g Adj. 'langsam, nachlässig', mhd. *sūmeselic*, abgeleitet von mhd. *sūmesal*, *-seli*, *-sele*, nhd. *Saumsal* (bis ins 18. Jh.).

Sauna f. 'Heißluftbad', Übernahme (1. Hälfte 20. Jh.) von finn. *sauna* 'hölzernes Badehaus, trockenes Heißluftbad (mit häufigen Aufgüssen zur Erzeugung von Dampf) im Wechsel mit Abkühlung durch Wasser und Luft'; zuerst in Reiseberichten über Finnland erwähnt.

Saurier Plur. Sammelbegriff der zoologischen Fachsprache für die Echsen (19. Jh.); in der Allgemeinsprache vielfach Kurzform für *Dinosaurier* (s. unten). 1799 wird von dem frz. Zoologen A. Brongniart zu lat. *saura*, griech. *saũra* (*σαῦρα*) f., *saũros* (*σαῦρος*) m. 'Eidechse' (mit unbekannter Etymologie) zoolog.-lat. *Saurii* Plur. gebildet, das später in *Sauria* Plur. umgewandelt wird. Dazu mit dt. Endung Plur. und Sing. *Saurier*. – D i n o s a u r i e r m. ausgestorbene Riesenechse des Erdmittelalters. Zu zoolog.-lat. *Sauria* und griech. *deinós* (*δεινός*) 'furchtbar' bildet R. Owen 1841 zoolog.-lat. *Dinosauria* Plur. (heute nicht mehr gebräuchlich), woraus (2. Hälfte 19. Jh.) mit dt. Endung *Dinosaurier*.

säuseln Vb. 'leise rauschen, zart rascheln' (17. Jh.), deminuierendes Iterativum zu *sausen* (s. d.); vgl. gleichbed. nl. *suizelen* (16. Jh.). – a n g e s ä u s e l t Part.adj. 'leicht angetrunken, beschwipst' (19. Jh.).

sausen Vb. 'rauschen, brausen, sich schnell (gleichsam hörbar rauschend) fortbewegen', ahd. *sūsen*, *sūsōn* (11. Jh.), mhd. *sūsen*, *siusen* 'brausen, rauschen, summen, zischen, knirschen, knarren, sich rasch fortbewegen', mnd. mnl. *sūsen*, nl. *suizen*, schwed. *susa*, dän. *suse* lassen sich mit kslaw. *sysati* 'zischen, pfeifen', tschech. *sysel*, slowak. *sysel'* 'Zieselmaus', lett. *susuris* 'Siebenschläfer' auf eine nur im Germ. und Baltoslaw. nachzuweisende, ein rauschendes, zischendes, pfeifendes Geräusch nachahmende Wurzel ie. **sūs-* zurückführen. Dazu stellen sich mit wohl auf Ablaut beruhendem Vokalwechsel die ursprünglich diphthongischen Formen aruss. *susolъ*, russ. *súslik* (*суслик*) 'Zieselmaus' (s. *Ziesel*). – S a u s m. 'lautes Geräusch, ausgelassene Fröhlichkeit', mhd. *sūs*; heute vorwiegend in der Wendung *im, in Saus und Braus (leben)* 'sorglos und im Überfluß, ausschweifend, fröhlich (leben)' (17. Jh.), mhd. *in dem sūse leben*, nhd. *im Sause leben* (bis ins 18. Jh. üblich). Dazu als neugebildetes Abstraktum zum Verb S a u s e f. 'laute, fröhliche Feier mit viel Alkohol' (belegt 20. Jh., wahrscheinlich älter).

Savanne f. 'Graslandschaft mit verstreuten Baumgruppen', Entlehnung (17. Jh.; anfangs wohl teilweise über frz. *savanne*, engl. *savanna(h)*) von span. *sabana*, älter *çavana*, *çabana*, *zavana*, das im 16. Jh. von amerik. (bei den Insel-Aruaks der Karibik) *savána*, *zavána*, einer Bezeichnung für die baumlosen Grasebenen Südamerikas, durch die Spanier übernommen und nach Europa vermittelt wird. Der Anlaut der frühen span. Formen wird entspechend der Aussprache im Amerik.-Span., seit dem 18. Jh. auch im Span. selbst durch *s* ersetzt. Für die im Norden Südamerikas geltende Bezeichnung steht im Süden (bes. Argentinien) Ketschua *pampa*, woraus (über span. Vermittlung) dt. *Pampa* f. (18. Jh.).

Saxophon n. Vom belgischen Instrumentenbauer *A. Sax* in Brüssel gebautes (1846 in Paris patentiertes) Blasinstrument. Die vom Erbauer zu seinem Namen und (im zweiten Kompositionsglied) zu griech. *phōnḗ* (φωνή) f. 'Klang, Ton, (Gesangs)stimme' gebildete Bezeichnung frz. *saxophone* m. erfährt wie das Instrument mit dem Jazz in der 1. Hälfte des 20. Jhs. weltweite Verbreitung. Im Dt. ist *Saxophon* seit der 2. Hälfte des 19. Jhs. bezeugt.

Schabe f. Name für ein abgeflachtes, käferähnliches, lichtscheues Insekt, das vornehmlich in Küchen, Backstuben und Speichern lebt, 'Kakerlak'. Ahd. *scabo* m. (9./10. Jh.), *scaba* f. (11. Jh.) 'Schabeisen', mhd. *schabe* f. 'Schabeisen, Hobel, Spreu, abgeschabte Stelle am Gewand', asächs. *skaƀo* m., aengl. *sceafa* m., anord. *skafa* f. 'Schabeisen' sind Ableitungen von dem unter *schaben* (s. d.) behandelten Verb. Als Tiername begegnet mhd. *schabe* zur Bezeichnung (13. Jh.) der 'Kleidermotte' (so noch heute gebietsweise in Süddeutschland), danach steht *Schabe* als Gemeinschaftsname für 'Holzwurm, Assel' (16. Jh.) und anderes Kleingetier, dessen schädliche Wirksamkeit sich als schabendes, raspelndes Fressen darstellt. In diesem Sinne, also gleichsam als 'Mehl, Staub machendes (oder fressendes?) Tierchen', ist auch (trotz Ebbinghaus in: General Linguistics 17, 1977, 92f.) das lat. *ērūca* glossierende aengl. *mǣlsceafa* (10. Jh.) aufzufassen. Erst im 18. Jh. wird *Schabe* (auch in den Zusammensetzungen *Bäcker-*, *Mehl-*, *Küchenschabe*) als literatursprachlicher Name im oben genannten Sinne üblich. Vgl. W. Pfeifer Wb. dt. Tiernamen, Beiheft 2 (1965). S. auch *Schwabe*.

schaben Vb. 'reiben, abkratzen, radieren'. Das gemeingerm., ursprünglich starke Verb ahd. *scaban* (9. Jh.; *giscaban*, 8. Jh.), mhd. *schaben* 'kratzen, radieren, scharren', refl. 'schäbig werden, glatt werden, polieren', intrans. 'schnell weggehen', asächs. *skaƀan*, mnd. *schāven*, mnl. *scāven*, nl. *schaven*, aengl. *sc(e)afan*, engl. *to shave*, anord. *skafa*, schwed. *skava*, got. *skaban* 'die Haare scheren' läßt sich mit lat. *scabere* 'kratzen, reiben', *scaber* 'rauh, krätzig', *scabiēs* 'Rauhigkeit, Räude', lit. *skõbti* 'mit dem Beitel, Schaber aushöhlen, (in Holz) schneiden', russ.-kslaw. *skoblь*, russ. *skóbel'* (скобель) 'Schabmesser' auf ie. **skăb(h)-* zurückführen, eine durch Labialwechsel unterschiedene Variante der Wurzel ie. **(s)kĕp-*, **(s)kŏp-*, **(s)kăp-* 'mit scharfem Werkzeug schneiden, spalten', wozu auch *schaffen*, *Schaff*, *Schaft*, *schöpfen* (s. d.) gehören. Übertritt zur schwachen Flexion erfolgt etwa im 16. Jh., zunächst im Prät. (*schabte*), zögernd im Part. Prät. (*geschabt*; doch *geschaben* vereinzelt noch im 19. Jh.).

Schabernack m. 'übermütiger, lustiger Streich'. Herkunft unklar. Mhd. *schavernac*, *schabernac* 'rauhhaariger, grober, den Nakken reibender Winterhut, höhnender, nekkender Streich', auch 'Schimpf, Hohn' (14. Jh.) lebt weiter in *Schabernack* 'Streich, Possen' (vgl. auch *schaffernack*, 15. Jh., sowie mnd. *schavernak* 'Hohn, Spott, böser Possenstreich'). Etymologisch bietet sich eine Beziehung zu *schaben* und *Nacken*, auch zu *necken* an. Sicher unabhängig davon sind mhd. *schavernac* 'Südwein', ursprünglich wohl 'Wein aus Chiavenna', und der um 1200 urkundlich nachgewiesene Name eines mittelrheinischen Weingutes *ze Schabernakken*.

schäbig Adj. 'abgeschabt, abgenutzt, kleinlich, geizig', mhd. *schebic* 'räudig, von schlechtem Aussehen', mit affektiver Geminierung mnd. mnl. *schabbich* 'krätzig, schorfig', nl. *schabbig* 'abgenutzt, abgeschabt', engl. *shabby* (vgl. aengl. *sceabbede* 'krätzig, schorfig') sind Ableitungen von Substantiven, die zu dem unter *schaben* (s. d.) behandelten Verb gebildet sind, vgl. ahd. *scaba*, aengl. *sceabb*, anord. *skabb* 'Räude, Krätze' (woraus engl. *scab*), schwed. *skabb* sowie (erst seit dem 18. Jh. bezeugtes) nhd. *Schabe*, nd.

Schabbe 'Räude, Krätze', auch ahd. *scabado, skebido* m. (9. Jh.), asächs. *skabađo* m. Die als Tierkrankheit verbreitete Räude verursacht Juckreiz, so daß sich die erkrankten Tiere reiben und abgeschabte, häßliche Stellen im Fell entstehen. Vom Aussehen ('abgeschabt, abgenutzt' von der Kleidung) wird *schäbig* auf das Verhalten ('kleinlich, geizig') übertragen.

Schablone f. '(ausgeschnittene) Vorlage, Muster, althergebrachte erstarrte Form, Routine', Entlehnung (18. Jh.) von nd. *Schabbelun*. Voraufgehendes mnd. *schampeliōn, schaplūn* 'Muster, Form, Modell' stammt aus gleichbed. mnl. nl. *schampelioen*, das im 15. Jh. am Niederrhein aus afrz. *eschantillon* 'Richtmaß, Eichmaß', frz. *échantillon* 'Probestück, Muster, Modell' entlehnt ist (nl. *sjablone* erst im 19. Jh. nach dt. *Schablone*). Die Entstehung der lautlichen Form ist unklar; man erwägt Anlehnung an mnl. *schampen* 'streifen, (ab)gleiten' (woraus *-mp-*), später an nhd. *schaben* (woraus *-b-*). Das frz. Substantiv wird auf vlat. **scandīculum* zurückgeführt, die Bezeichnung für eine Art 'Hohlmaß', an dessen Innenseite die Maßeinheiten durch horizontale Striche (gleichsam aufsteigend) eingetragen sind, zu lat. *scandere* 'steigen'. Das *-t-* (statt *-d-*) der frz. Formen mag sich aus dem Einfluß bedeutungsnaher Bildungen innerhalb der technischen Fachsprache erklären, die sich an lat. *cant(h)us* 'eiserner Reifen um ein Rad, Radschiene, Augenwinkel' anschließen. *Schablone* lebt vor allem im Bereich handwerklicher Massenproduktion und serienmäßiger technischer Herstellung. Hieraus erklärt sich der pejorative übertragene Gebrauch im Sinne des erstarrten Althergebrachten, der gedankenlosen Wiederholung und Routine (19. Jh.).

Schach n. Das alte, ursprünglich indische Brettspiel wird aus Persien durch die Araber (im 11. Jh.) nach Europa gebracht. Mhd. *schāch* 'König im Schachspiel, Schachbrett, -spiel, schachbietender Zug', mnd. *schāk*, mnl. *scaec*, nl. *schaak* geht über afrz. *eschas, esche(c)s* Plur. auf pers. arab. *šāh* 'König' zurück. Dies ist die Bezeichnung für die Hauptfigur des Spiels, bei deren Gefährdung der angreifende Spieler pers. arab. *šāh*, mhd. *schāch*, nhd. *Schach*, afrz. *eschec*, frz. *échec* '(Obacht auf) den König' zu rufen hat. Darauf beruht der Name für das ganze Spiel. Dazu die Wendungen mhd. *schāch bieten*, nhd. *Schach bieten* 'die Königsfigur angreifen', übertragen 'Einhalt gebieten', *im, in Schach halten* 'bändigen' (19. Jh.). Gleicher Herkunft ist *Schah* m., die Bezeichnung für den pers. König und späteren Kaiser des Iran (19. Jh.). – Schachbrett n. 'Brett mit den 64 aufgezeichneten, abwechselnd hell und dunkel gefärbten, quadratischen Feldern für das Schachspiel' (16. Jh.), älter ahd. *scāhzabel* (Hs. 12. Jh.), mhd. *schāchzabel* (*zabel* aus lat. *tabula* 'Brett, Tafel'), so bis ins 16. Jh. geläufig. schachmatt Adj. 'handlungsunfähig im Schachspiel (von der spielentscheidenden Figur des Königs her gesehen), besiegt', übertragen 'völlig erschöpft, müde, am Ende', mhd. *schāch unde mat* (um 1200), nach afrz. *eschec, chac et mat*, aus pers. arab. *šāh māt* 'der König ist gestorben'; s. dazu ²*matt*. Schachspiel n. (16. Jh.), vielleicht verkürzt aus gleichbed. mhd. *schāchzabelspil*.

Schächer m. 'Räuber, Verbrecher', ahd. *scāhhāri* (8. Jh.), mhd. *schāchære, schæchære, schæcher*, afries. *skākere*, mhd. *schāker, schēker*, mnl. *scāker*, aengl. *scēacere*, zu ahd. *scāh* m. 'Raub' (8. Jh.), mhd. *schāch*, afries. *skāk*, mnd. *schāk*, mnl. *scaec* (germ. **skēka-* m.) mit dem Verb mhd. *schāchen* 'auf Raub ausgehen, rauben, plündern', nhd. *schachen* (bis ins 18. Jh.), afries. *skēka*, mnd. *schāken*, mnl. *ontscāken*, nl. *schaken*. Aus dem Germ. (wohl anfrk. **skāk-*) ist entlehnt afrz. *esch(i)ec* m. 'Raub, Beute'. Weitere Beziehungen sind nicht sicher, Herkunft daher unbekannt. Im Nhd. gilt *Schächer* vielfach (auch bei Luther, jedoch nicht in der Bibel) für die beiden am Kreuz neben Christus hingerichteten Missetäter; daneben vom 18. Jh. an auch in der abschwächenden Fügung *armer Schächer* 'armer Kerl'.

schachern Vb. 'handeln, feilschen' geht aus dem Rotw. in die Allgemeinsprache über (17. Jh.). Zugrunde liegt jidd. *sachern, sochern* 'handeln, Handel treiben', das wohl aus hebr. *sāḥar* 'in Handelsgeschäften reisen', *saḥar* 'Erwerb, Gewinn' hervorgegangen ist. – Schacher m. 'gewinnsüchtiger Kleinhandel' (19. Jh.).

Schacht m. 'abwärts, meist senkrecht in die Erde führender Grubenbau, Bergwerk, hoher, enger, geschlossener Raum, schmaler Einstieg'. Mhd. (omd.) *schacht* begegnet zuerst im 13. Jh. Das ursprünglich nd. Wort (vgl. mnd. *schacht*, mnl. *scacht*, *scaft*, nl.

schacht, *schaft* 'Schaft, Stange, Stock, Speer') wird aus dem Harzer Bergbau in die erzgebirgische Bergmannssprache übernommen und gelangt von da aus ins Hd. und in andere Sprachen, vgl. z. B. russ. *šáchta* (*шахта*), poln. *szacht*, tschech. *šachta*, schwed. *schakt*. Der nd. Form entspricht mhd. *schaft* '(Speer)-stange' (s. *Schaft*); für den Wechsel von *ft* und *cht* s. auch *anrüchig*, *echt*, *Nichte*, *Schlucht*. Die Ausgangsbedeutung 'Stock, Speer, Lanze' geht über in 'Meßstange' sowie 'damit abgesteckte Fläche gleicher Länge und Breite, Quadratrute' (so noch im Nd. des 18. Jhs. belegt) und wird von daher auf den 'in die Tiefe führenden Grubenbau' übertragen. – a u s s c h a c h t e n Vb. 'Gruben, Gräben ausheben' (19. Jh.).

Schachtel f. 'kleinerer Behälter mit Dekkel', älter *Scatel*, *Scattel*, *Schattel* (15. Jh.), ist eine Entlehnung aus ital. *scatola* 'Dose, Kästchen mit Deckel', das durch Metathese aus mlat. *castulum* (bzw. **castula*) 'Behältnis', nach langobard. **kasto*, ahd. *kasto* (s. *Kasten*) entstanden sein kann (vgl. Battisti/Alessio 5, 3379). Erst relativ spät bezeugtes mlat. *scatula* 'Büchse, (Geld)schrein' dürfte als Latinisierung des ital. Ausdrucks anzusehen sein. Im Dt. ist das Wort, wohl bedingt durch den Italienhandel, zuerst in Tirol nachzuweisen. Das zwischen Vokal und *t* eingeschobene *ch* entwickelt sich im Bair. (s. *Spachtel*). *alte Schachtel* abschätzig 'alte Frau' (16. Jh.), wohl nach verhüllendem frühnhd. *Schattel* für 'weibliche Scham'. – s c h a c h t e l n Vb. 'in eine Schachtel legen' (19. Jh.), bes. *ineinanderschachteln* 'mehrfach ineinanderstekken, -schieben, -fügen'. S c h a t u l l e f. 'verschließbares (Schmuck)kästchen' (Ende 17. Jh.), ebenfalls aus ital. *scatola* (s. oben), anfangs auch *Scatulle* und (französierend) *Schatoulle* (Schiller). Im 18./19. Jh. vielfach 'Privatkasse, Hausschatz eines Fürsten'.

Schachtelhalm m. Der Name der binsenähnlichen, blütenlosen, wegen der tiefgehenden, schwer auszurottenden Wurzel als gefürchtetes Unkraut geltenden Pflanze geht wohl auf den charakteristischen Stengel oder Stiel zurück, der wie ein Schaft in einer Tülle steckend erscheint, so daß das erste Glied als nd. Form (mit nd. *-cht* für hd. *-ft*, s. *Schacht*) von nhd. *Schaft* (s. d.) angesehen werden kann. Ahd. *scafthouwi*, *scafthewi* (11. Jh.), mhd. *schafthöuwe*, *schaftelhawe*, nhd. *Safthеu*, *Schafthau* (16. Jh.); vgl. auch frühnhd. *schaftel* 'Binse'. Danach *Schachtelheu*, *Schachtelhalm* (bezeugt seit 18. Jh., doch wohl älter), auch *Schafthalm*. Heute wird *Schachtelhalm* wegen seiner ineinandergeschobenen („geschachtelten") Stengelglieder als zu *Schachtel* (s. d.) gehörig empfunden.

schächten Vb. '(nach jüdischem Ritus) schlachten', im 17. Jh. aus dem Jidd.; vgl. zugrundeliegendes hebr. *šāḥaṭ* 'schlachten'. Das Verb steht wahrscheinlich unter dem Einfluß des Substantivs S c h ä c h t e r m. 'wer nach jüdischem Ritus schlachtet' (17. Jh.), das sich seinerseits an *Schlächter* anlehnt; vgl. älteres *secher* (15. Jh.) sowie jidd. *schochet*.

Schädel m. 'Kopf, Hirnschale', mhd. *schedel* (auch Bezeichnung für ein Trockenmaß), *hirnschedel* ist verbindbar mit mnd. *schēdel* 'Schädel, Büchse, Dose' und mnl. *scēdel* 'Deckel, Augenlid', nl. (mundartlich) *scheel* 'Decke, Bedeckung' (nl. *schedel* 'Schädel' entstammt dem Nhd.). Zugrundeliegendes germ. **skiþla-* (ie. **skitlo-*) ist eine schwundstufige Weiterbildung von ie. **skĕi-* 'schneiden, trennen, scheiden', s. *scheiden*. Danach könnte von einer Bedeutung 'Schalenförmiges, Gefäß' ausgegangen werden, die in 'Hirnschale, abgetrennte Schädeldecke' (z. B. bei Schlachttieren) übergeht; vgl. die ähnliche Bedeutungsentwicklung bei *Haupt* und *Kopf* (s. d.).

Schaden, Schade m. 'negative, beeinträchtigende Einwirkung und das, was sie an Verlust, Zerstörung oder Nachteil zur Folge hat', ahd. *scado* (8. Jh.), mhd. *schade* 'Schädigung, Verlust, Nachteil, Verderben, Mühsal, Verwundung', asächs. *skaðo*, mnd. *schāde*, mnl. *scāde*, nl. *schade*, aengl. *sceaþa*, anord. *skaði*, schwed. *skada* (germ. **skaþan-*) und (mit anderer Stammbildung) got. *skaþis* sind Abstrakta zu einem in aengl. *scieþþan* und got. *skaþjan* 'schaden' belegten starken Verb. Als Nomina agentis gehören dazu ahd. *scado* und *scadāri* 'Schädiger, Räuber, Spießgeselle' (8. Jh.), mhd. *schade*, asächs. *skaðo*, aengl. *sceaþa*. Falls man außergerm. griech. *askēthḗs* (*ἀσκηθής*) 'unversehrt, wohlbehalten', eine Bildung mit verneinendem *a-* (*ἀ-* privativum), und mir. *scīth* 'müde' vergleichen kann, so ist Rückführung auf eine Wurzel ie. **skēth-*, **skəth-* 'beschädigen' möglich. Die Endung *-n* der heute vorherrschenden Form *Schaden* entstammt den obliquen Kasus des schwach flektierten Substantivs. Die Wendung *schade sein* 'bedauerlich sein' (16. Jh.) entwickelt sich aus der prädikativen Stellung des Substantivs, vgl. mhd. *schade sīn* 'schädlich sein'. Daraus (elliptisch) *schade* Interj. 'bedauerlich, betrüblich' (18. Jh.). Ferner *zu schade für etw.* 'zu wertvoll für etw., so daß durch diese Verwendung ein Schaden entstünde'. – s c h a d e n Vb. 'Schaden anrichten, verursachen, verletzen', ahd. *scadōn* (8. Jh.), mhd. *schaden*, asächs. *skaðon*, mnd. *schāden*, mnl. *scāden*, nl. *schaden*, anord. *skaða*, schwed. *skada*, von den oben genannten Abstrakta abgeleitet, dagegen aengl. *sceaþian* vom Nomen agentis *sceaþa* (s. oben); vgl. Wissmann Nomina postverbalia 1 (1932) 73f. s c h ä d i g e n Vb. 'Schaden zufügen', mhd. *schad(e)gen*, *sched(e)gen*; vgl. mhd. *schadec*, *schedec* 'schädlich'. b e s c h ä d i g e n Vb. 'schadhaft machen, an etw. Schaden verursachen', mhd. *beschedigen*. e n t s c h ä d i g e n Vb. 'entstandenen Schaden wiedergutmachen, Ersatz zahlen', spätmhd. *entschadegen*. u n b e s c h a d e t Part.adj. 'unversehrt', verneintes Part. Prät. zum Simplex *beschaden* 'beschädigen', mhd. *beschaden*, seit dem 17. Jh. als Präp. 'ohne zu schmälern' geläufig. s c h a d h a f t Adj. 'beschädigt, ramponiert', ahd. *scadohaft* 'schädlich' (9. Jh.), mhd. *schadehaft* 'Schaden, Verlust bringend, schädlich, geschädigt, beschädigt'. s c h ä d l i c h Adj. 'Schaden, Verlust, Nachteil bringend', mhd. *schedelich*; vgl. ahd. *unscadolīh* 'unschuldig, schuldlos' (11. Jh.). S c h ä d l i n g m. 'wer Schaden verursacht' (19. Jh.), anfangs nur von schädlichen Tieren (zumal Insekten), bald auch von Pflanzen; die Übertragung auf Menschen erfolgt im 20. Jh. S c h a d e n e r s a t z m. 'Wiedergutmachung für zugefügten Schaden' (Ende 18. Jh.), aus *einen Schaden ersetzen*. S c h a d e n f r e u d e f. 'Freude über den Schaden, der anderen entsteht' (16. Jh.). s c h a d e n f r o h Adj. (16. Jh.). s c h a d l o s Adj. 'ohne Schaden', mhd. *schadelōs* 'ohne Schaden, unschädlich, nicht nachteilig'; nur noch in der Fügung *sich schadlos halten* 'seinen Nachteil, Schaden (auf Kosten anderer) ersetzen' (18. Jh.), älter *jmdn. schadlos halten* 'vor Schaden bewahren' (16. Jh.).

Schaf n. Der nur westgerm. bezeugte Name des Wolle und Milch spendenden Haustieres ahd. *scāf* (8. Jh.), mhd. *schāf*, asächs. *skāp*, mnd. *schāp*, mnl. *scaep*, nl. *schaap*, aengl. *scēap*, *scǣp* (angl. *scēp*), engl. *sheep* hat keine ie. Entsprechungen, so daß de Vries Nl. 603 darin ein nicht-ie. Substratwort sieht, während Knobloch in: Sprachwissenschaft 12 (1987) 475f. *Schaf* im Sinne von 'das Geschorene' an die unter *schaben* (s. d.) angegebene Wurzel anschließen möchte. Im Ostgerm. gilt dafür das unter *Lamm* (s. d.) behandelte, im Nordgerm. ein im Ablaut zu *Vieh* (s. d.) stehendes Substantiv. Den alten Tiernamen ie. **ou̯is* 'Schaf' setzen fort griech. *óïs* (*ὄϊς*), lat. *ovis*, lit. *avìs*, air. *ōi*, aslaw. *ovьca*, russ. *ovcá* (*овца*), ahd. *ou* (8. Jh.), mhd. *ouwe*, aengl. *ēowu*. Er ist heute noch erhalten in nl. *ooi* 'Schaf' sowie in nhd. (obd.) *Aue*, engl. *ewe* 'Mutterschaf'. Die Redensart *sein Schäfchen ins Trockene bringen* 'das Seine in Sicherheit bringen, sich (auf Kosten anderer) Vorteil verschaffen' (16. Jh.) bedeutet wohl eigentl. 'Schafe von nasser, sumpfiger Weide holen, um sie vor Schaden zu bewahren'. – S c h ä f e r m. 'wer Schafe hütet und versorgt', ahd. *scāfāri*, *scāferi* (9./10. Jh.), mhd. *schæfære*, *schæfer*. Schäfer und Schäferin sind in der Idyllendichtung des 17. und 18. Jhs. das Sinnbild für Unschuld und zärtliche Liebe, daher S c h ä f e r s t u n d e f. 'eine Stunde traulichen, liebevollen Beisammenseins von Verliebten' (18. Jh.), nach frz. *heure du berger*; heute vornehmlich *Schäferstündchen*. S c h a f s k o p f m. 'einfältiger, dummer Mensch' (18. Jh.).

Schaff n. 'Gefäß für Flüssigkeiten, Bottich', ahd. *scaf* (Hs. 12. Jh.), mhd. *schaf* 'Gefäß für Flüssigkeiten', auch 'Getreidemaß, Scheffel', asächs. *skap* 'Gefäß, Weinfaß', mnd. *schap* 'Schrank, Faß', mnl. *scap*, nl. (mundartlich) *schap* 'Brett (eines Wandschranks), Schrank' schließen sich an die Variante ie. **skăb(h)-* 'schnitzend gestalten' der Wurzel ie. **(s)kĕp-*, **(s)kŏp-*, **(s)kăp-* 'mit scharfem Werkzeug schneiden, spalten' an (s. *schaffen*). Als Ausgangsbedeutung ergibt sich 'etw. Ausgehöhltes, Ausgeschabtes', die sich zu 'Gefäß' und 'Behältnis' sowie (nd.-nl.) zu 'Schrank' weiterentwickelt. *Schaff* ist im heutigen Hd. auf obd. Gebiet begrenzt.

schaffen Vb. 'in eigener Leistung hervorbringen, gestalten' und (bes. südd.) 'arbeiten, zustande bringen'. Das stark flektierende Verb (mit *j*-Präsens) ahd. *skephen* '(er)schaffen, (be)wirken, gestalten, ordnen, festsetzen' und auch '(Wasser) schöpfen' (8. Jh.) entwickelt (aus der Partizipialform *giscaffan*) einen neuen Präsensstamm mit dem Infinitiv mhd. *schaffen*, nhd. *schaffen* (*schuf*, *geschaffen*). Verwandt sind asächs. *skeppian* '(er)schaffen, bestimmen', aengl. *scieppan* '(er)schaffen, bilden anordnen, machen', got. *gaskapjan* 'erschaffen', ferner *schaben*, *Schaff*, *Schaft*, *Scheffel* (s. d.) und die dort genannten Wortformen, so daß, ausgehend von einer Bedeutung 'schnitzend gestalten', Anschluß an die Variante ie. **skă̆b(h)-* der Wurzel ie. **(s)kĕ̆p-*, **(s)kŏ̆p-*, **(s)kă̆p-* 'mit scharfem Werkzeug schneiden, spalten' möglich ist. Neben dem starken Verb ahd. *skephen* (s. oben) steht ein gleichlautendes schwaches *jan*-Verb ahd. *skephen* '(er)schaffen, gestalten, bilden' und '(Wasser) schöpfen' (8. Jh.); beide Verben haben sich anscheinend semantisch miteinander vermischt (Weiteres s. *schöpfen*). Weiterhin steht zum starken Verb die schwach flektierende Intensivbildung ahd. *scaffōn* 'tun, bilden, zustande bringen, anordnen' (8. Jh.), mhd. *schaffen*, nhd. *schaffen* (*schaffte*, *geschafft*), deren Infinitiv- und Präsensformen im Mhd. und Nhd. mit denen des oben genannten starken Verbs zusammenfallen. Für das starke Verb ist heute von einer Grundbedeutung 'etw. hervorbringen, bewirken', für das schwache Verb von einer Grundbedeutung 'einrichten, ordnen' (weiter 'anordnen, tätig sein, arbeiten, herbei-, wegbringen') auszugehen. Starke und schwache Flexion zeigen entsprechend mnd. *scheppen*, mnl. *sceppen* und engl. *to shape* (mit dem Part. Prät. *shaped* und, allerdings selten und älter, *shapen*). Zum schwachen Verb stellen sich (auch bei teilweise starker Flexion bis ins 16. Jh.) a b s c h a f f e n Vb. 'aufheben, beseitigen', mhd. *abeschaffen* (14. Jh.), südd. auch 'sich abarbeiten'; a n s c h a f f e n Vb. 'etw. in seinen Besitz bringen, sich aneignen' (16. Jh.), 'anordnen, verursachen' (15. Jh.); b e s c h a f f e n Vb. 'herbeiholen, besorgen' (15. Jh.); vgl. ahd. *biscaffōn* 'gestalten, bilden' (8. Jh.); dagegen *beschaffen* Part.adj. 'geartet, geformt, befindlich' (15. Jh.), mhd. 'vorhanden, durch das Schicksal bestimmt', zu (vorwiegend stark flektierendem) mhd. *beschaffen* '(er)schaffen, bestimmt oder zugeteilt sein, ordnen, verwalten, herbeibringen'. Zum starken Verb gehören e r s c h a f f e n Vb. 'entstehen lassen, gestalten, formen', geläufig seit dem 16. Jh.; n a c h s c h a f f e n Vb. 'gestaltend nachbilden' (18. Jh.), 'nachträglich anschaffen' (17. Jh.). – S c h a f f n e r m. 'Besorger, Ordner, Aufseher, Verwalter', mhd. *schaffenære*, *scheffenære*, nach voraufgehendem *schaffære*, *scheffære*, ahd. *scaffāri* (um 1000). Seit dem 19. Jh. fast nur noch für das Bedienungs- und Aufsichtspersonal bei Bahn und Post, vgl. *Postschaffner*, *Eisenbahnschaffner*. – Den alten Stammsilbenvokal des starken Verbs (nach ahd. *skephen*) bewahren (zu *ö* gerundet) G e s c h ö p f n. 'das Erschaffene, Geformte' (15. Jh.), anfangs auch Vorgangsbezeichnung im Sinne von 'Erschaffung'; S c h ö p f e r m. 'wer etw. erschafft, gestaltet', auch Bezeichnung des christlichen Gottes als des Erschaffers der Welt, ahd. *skephāri* (9. Jh.), mhd. *schepfære*, *schephære* (vgl. früher bezeugtes ahd. *skepho*, 8. Jh.); s c h ö p f e r i s c h Adj. 'gestaltend, Neues erschaffend' (18. Jh.); S c h ö p f u n g f. 'Vorgang und Ergebnis des Gestaltens', mhd. *schepfunge*, *schepfenunge* im Sinne des göttlichen Erschaffens der Welt, seit dem 18. Jh. 'Gesamtheit von Natur und Welt', auch 'geistiges, künstlerisches Schaffen und sein Produkt'.

Schafgarbe f. weiß blühende (als Tee zu verwendende) Heilpflanze. Der Name ahd. *gar(a)wa* (um 900), mhd. mnl. *garwe*, nl. *gerwe*, aengl. *gearwe*, engl. *yarrow* 'Schafgarbe' ist etymologisch nicht sicher gedeutet. Man verbindet ihn gewöhnlich mit dem unter *gar* (s. d.) behandelten Adjektiv (nicht mit *Garbe*) und deutet ihn als 'die Bereitstehende' (und zwar als Wundkraut) oder 'die schön Ausgerüstete' (mit vielen zierlichen Blättern). Die Verbindung mit *Schaf* (s. d.) zum Kompositum *Schafgarbe* (15. Jh.) resultiert wohl daraus, daß die Pflanze auf Schafweiden wächst und gern von Schafen gefressen wird.

Schafott n. 'Podest, erhöhte Plattform für Hinrichtungen'. Mitte 17. Jh. wird nl. *schavot*, mnl. *scafaut*, *scofaut*, *scafot*, *scavot* 'Holzgestell, Tribüne', seit dem 15. Jh. 'Gerüst, auf dem Verbrecher zur Schau gestellt werden', ins Nd., bald auch ins Hd. übernommen, anfangs in der Bedeutung 'Schaugerüst, Podest' (für Marktschreier), dann 'Blutgerüst, Plattform für Hinrichtungen' (Ende 17. Jh.). Zugrunde liegt afrz. *chafaut* 'hölzerner Aufbau, Schaugerüst' (erweitert afrz. *eschafaut*, frz. *échafaud* 'Blutgerüst, Hinrichtungsplattform'), das wahrscheinlich auf vlat. **catafalicum* (s. *Katafalk*) zurückgeht.

Schaft m. 'Stange, langgestreckter Teil eines Gegenstandes (vielfach als Handhabe), oberer Teil eines Stiefels' (vgl. *Speer-*, *Stiefelschaft*), ahd. *scaft* (8. Jh.), mhd. mnd. *schaft* '(Speer)stange, Lanze, Stange oder Stangenähnliches', asächs. *skaft*, mnl. *scaft*, nl. *schaft*, aengl. *scæft*, *sceaft*, engl. *shaft*, anord. *skapt*, schwed. *skaft* wie auch (mit nd.-nl. *cht* für *ft*) mnl. *scacht*, nl. *schacht*, mnd. *schacht*, nhd. *Schacht* (s. d.) sind wohl verwandt mit lat. *scāpus* 'Schaft, Stiel, Stengel, Stamm', griech. *skḗptron* (*σκῆπτρον*) 'Stab' (s. *Zepter*) und führen auf ie. **skăp-* 'mit scharfem Werkzeug schneiden, spalten; Stock', eine Variante der unter *schaffen* (s. d.) genannten Wurzel, zu der auch das unter *schaben* (s. d.) behandelte Verb gehört, dem sich vielleicht die kurzvokalischen, mit Dentalsuffix gebildeten germ. Formen angeschlossen haben. Als Ausgangsbedeutung ist an 'abgeschabter, rindenloser junger Baumstamm' zu denken. – schäften Vb. 'mit einem Schaft versehen', ahd. *skeften* (8./9. Jh.), mhd. *scheften*, *schiften* 'einen Schaft machen, mit einem Schaft versehen, an einem Schaft befestigen'.

-schaft Die in ahd. *scaf* (um 1000), aengl. *gesceap*, anord. *skap* 'Beschaffenheit, Form' und (mit *ti*-Suffix) in ahd. *(gi)scaft* 'Erschaffung, Geschöpf' (8. Jh.), mhd. *schaft* 'Geschöpf, Gestalt, Bildung, Beschaffenheit, Eigenschaft', aengl. *(ge)sceaft*, got. *gaskafts* 'Erschaffung' belegten Substantive sind Abstraktbildungen zu dem unter *schaffen* (s. d.) abgehandelten starken Verbum. Jene Formen (die auf germ. **skafti-* zurückgeführt werden können) bilden zunächst Komposita, deren zweites Glied sich bereits in früher Zeit zum Kompositionssuffix entwickelt. Sie treten neben Abstrakta (auf germ. **-skapi-*), die nur als Suffixbildungen bezeugt sind, im Ahd. mit fem., sonst mit mask. oder neutr. Genus. In Verbindung mit (persönlichen und unpersönlichen) Substantiven und (speziell im Dt.) mit Adjektiven, Präteritalpartizipien und (seltener) Infinitiven bilden diese Suffixe Abstrakta, die eine Tätigkeit, einen Zustand oder ein Verhalten ausdrücken, sowie Kollektivbegriffe; vgl. (mit germ. **-skapi-*) asächs. *bodskepi*, aengl. *bodscipe*, anord. *boðskapr*, ahd. *botascaf* 'Botschaft, Kunde, Sendung' und (nur westgerm. mit germ. **-skafti-*) asächs. *hugiskaft*, aengl. *hygesceaft* 'Sinn', ahd. *botascaft*. Im Ahd. sind die Bildungen auf *-scaf* die älteren und werden in der Regel nach dem 9. Jh. von den Bildungen auf *-scaft* abgelöst; vgl. *fīantscaf* 'Feindschaft' (8. Jh.), *-scaft* (um 1000), *friuntscaf* 'Freundschaft' (8. Jh.), *-scaft* (11. Jh.), *lantscaf* 'Land, Landschaft' (8. Jh.), *-scaft* (um 1000). Schon früh beginnt sich kollektive Bedeutung zu entwikkeln, vgl. ahd. *heriscaf* (9. Jh.), *-scaft* (um 1000) 'Heer, Schar, Menge', *kunniscaft* 'Geschlecht, Sippe' (11. Jh.). Seit dem 18. Jh. etwa überwiegen gegenständlich-konkrete und kollektive Bedeutungen: *Errungenschaft*, *Gerätschaft*, *Hinterlassenschaft*; *Bürgerschaft*, *Dienerschaft*, *Kaufmannschaft*, *Kundschaft*, *Lehrerschaft* 'Gesamtheit der Lehrer'. Vgl. ferner (zu Adjektiven) mhd. *bereitschaft*, (zu Partizipien) mhd. *gevangenschaft*, (zu Infinitiven) spätmhd. *wiȥȥen(t)schaft*.

Schakal m. Der Name des hundeartigen, in Asien, Afrika und im Mittelmeergebiet lebenden Raubtieres gelangt im 17. Jh. durch Reiseberichte über Persien ins Dt. und ist zunächst wohl Wiedergabe von pers. *šaġāl*, später wahrscheinlich auch von daraus entlehntem türk. *çakal*. Pers. *šaġāl* stammt sicher aus dem Indischen, vgl. aind. *śṛgāláḥ* 'Schakal'. Es liegt wohl ein Wanderwort unbekannten Ursprungs vor.

Schäker m. 'wer Späße macht, scherzt, flirtet', schäkern Vb. 'Späße treiben, scherzen, kosen, flirten' (18. Jh., anfangs auch *scheckern*, *tscheckern*, *tschäckern*). Herkunft ungeklärt. Eine Anknüpfung an jidd. *chek*, hebr. *ḥēq* 'Busen, weibliche Scham' bleibt zweifelhaft.

Schal m. 'Halstuch'. Um die Mitte des 17. Jhs. wird durch Reisebeschreibungen gleichbed. pers. *šāl* im Dt. bekannt, eine Bezeichnung, die wohl auf den Namen der indischen Textilstadt *Shāliāt* zurückgeht. Die vom 18. Jh. bis um 1900 geläufige Schreibung *Shawl*, *Schawl* folgt engl. *shawl*, während selteneres (doch heute allein gültiges) *Schal* wohl auf dem Einfluß von frz. *châle* beruht. Die Bedeutung 'schmale Übergardine' entwickelt sich im 20. Jh.

schal Adj. 'fade' im Geschmack, 'abgestanden' von Getränken (16. Jh.), übertragen 'gehaltlos, geistlos, reizlos' (17. Jh.). Mnd. *schal* 'ohne Geschmack, trübe (von den Augen)' (nd. auch 'trocken, dürr') gelangt im 14. Jh.

ins Md. und im 16. Jh. mit der oben genannten Bedeutung in die allgemeine Literatursprache. Das Adjektiv ist verwandt mit schwed. *skäll* 'mager, dünn, fade, säuerlich', aengl. *sceald* 'seicht, flach' (in Ortsbezeichnungen), wozu engl. *shallow*, *shoal* 'seicht, flach', außergerm. mit griech. *skéllesthai* (σκέλλεσθαι) 'aus-, vertrocknen, verdorren' (s. *Skelett*) und (ohne *s*-Anlaut) lett. *kalst* 'trocken werden', so daß Anschluß an die Wurzel ie. **(s)kel-* 'austrocknen, dörren' möglich ist (wozu auch die unter *behelligen*, s. d., aufgeführten Wortformen gehören).

[1]**Schale** f. 'umschließende Hülle, Hülse', ahd. *-scala* (oder *-scāla*?, in *aostorscala* 'Austernschale', s. *Auster*), mhd. *schal(e)* (aber auch *schāl(e)*, beeinflußt vom Nd. bzw. von [2]*Schale*?), mnd. *schāle*, mnl. *scāle*, nl. *schaal*, aengl. *sc(e)alu* (engl. *shale* 'Schieferton') setzen germ. **skalō*, mnd. *schelle*, *schille*, mnl. *scelle*, *scille*, nl. *schel*, *schil* 'Hülse, Schale, Schuppe' (s. *Schellfisch*), aengl. (angl.) *scell*, (westsächs.) *sciell*, engl. *shell* 'Hülle, Hülse, Muschel(schale)', anord. *skel*, norw. *skjel* 'Schale', got. *skalja* 'Ziegel' dagegen germ. **skaljō* voraus. Verwandt sind die unter [2]*Schale* (s. d.) genannten Wortformen sowie außergerm. aind. *kalā́* 'kleiner Teil, ein Sechzehntel', griech. *skállein* (σκάλλειν) 'scharren, hacken', russ.-kslaw. *skolьka*, russ. (älter) *skól'ka* (сколька) 'Muschel', wohl auch (ohne *s*-Anlaut) russ. *kolót'* (колоть) 'stechen, spalten, hacken', lit. *skélti* 'spalten', so daß von einer Wurzel ie. **(s)kel-* 'schneiden' (wozu auch *halb*, *Schild*, *verschleißen*, *Scholle*, s. d.) auszugehen ist. – Schalenwild n. Bezeichnung für Edel-, Dam-, Reh-, Schwarz-, Gems- und Steinwild in der Jägersprache (Ende 19. Jh.), zu *Schale* 'hornige Umhüllung der Hufe (Klauen) des genannten Wildes' (18. Jh.). schalen Vb. 'mit einer Schale oder Schalbrettern versehen' (17. Jh.), auch verschalen (17. Jh.). schälen Vb. 'von der Schale befreien', ahd. *skel(l)en* (um 800), mhd. *scheln* 'abstreifen, schälen, sondern, trennen'.

[2]**Schale** f. 'flache Schüssel, (flache) Tasse, Trinkschale', ahd. *scāla* (um 800), mhd. *schāl(e)* 'Hirn-, Eß-, Trink-, Waagschale', asächs. *skāla*, mnd. *schāle*, nl. *schaal*, anord. *skāl*, schwed. *skål* (aus der Bedeutung 'Trinkschale' der Zuruf *skål!* 'prosit!, Gesundheit!') gehören mit aus germ. *ē* entwickeltem *ā* zu dem unter [1]*Schale* (s. d.) behandelten Wort und stellen sich zur Dehnstufe ie. **(s)kēl-* der dort aufgeführten Wurzel ie. **(s)kel-* 'schneiden', so daß als Ausgangsbedeutung 'flach ausgeschnittenes Holzgefäß' oder '(von den übrigen Kopfknochen abgetrennte) Hirnschale' anzunehmen ist (Paulus Diaconus, der Geschichtsschreiber der Langobarden, berichtet, Trinkschalen seien aus Schädeln hergestellt worden). *Schale* wird in der Bedeutung 'Trinkgefäß' im Nhd. weitgehend durch *Tasse* (s. d.) ersetzt; doch vgl. *Teeschale*.

Schalk m. 'hinterlistiger Mensch, Schelm, listiger Spaßvogel'. Ahd. *scalc* (8. Jh.), mhd. *schalc*, asächs. *skalk*, mnd. *schalk*, mnl. *scalc*, aengl. *scealc*, anord. *skalkr*, got. *skalks* stehen für 'Unfreier, Knecht, Diener, Untertan' (s. auch *Marschall*). Daraus entwickelt sich im Mhd. die Bedeutung 'arglistiger, böser, hinterhältiger Mensch', die im 18. Jh. in 'Spötter, Schelm, Spaßvogel' übergeht. Die Herkunft von germ. **skalka-* m. ist nicht geklärt. Man hat die Bezeichnung auf den Namen eines unterworfenen Volkes, z. B. megalithischer Bewohner Norddeutschlands, zurückzuführen versucht unter Annahme von ie. **kal-* 'Fels, Stein' mit griech. *chálix* (χάλιξ) 'kleiner Stein, Kies', lat. *calx* 'Stein, Kalkstein', got. *skalja* 'Ziegel'. Als vermittelnde Bedeutung wäre dann 'Steinarbeiter' anzunehmen. Weitere Erklärungsversuche bei Feist [3]428 und de Vries Nl. 606; dazu vgl. noch Knobloch in: Muttersprache (1979) 45f., der Herleitung von spätlat. **scalcus*, mlat. *scalcius* 'barfüßig', *scalciatus* 'barhäuptig, geschoren' für möglich hält. – schalkhaft Adj. 'wie ein Schalk, schelmisch', mhd. *schalchaft* 'arg-, hinterlistig, boshaft'.

Schall m. 'Klang, Ton, Geräusch', in der Physik 'wellenförmig sich ausbreitende akustische Schwingungen', ahd. *scal* (Hs. 12. Jh.; zuvor *hornscal*, um 1000), mhd. mnd. *schal* 'lauter Ton, Geräusch, Getöse, Gesang, Gelächter, Jubel, Klage, Geschrei', mnl. *scal*, nl. *schal*, schwed. *skall* ist mit Ablaut zu dem unter [1]*Schelle* (s. d.) angeführten starken Verb für 'tönen' (im älteren Nhd. *schellen*) gebildet. – schallen Vb. 'laut und nachhallend tönen, weithin hörbar sein'. Das vom Substantiv abgeleitete schwache Verb löst starkes *schellen* 'tönen' (s. [1]*Schelle*) ab (17. Jh.), übernimmt aber zum Teil dessen starke Präteritalformen (so stehen noch heute *schallte* und *scholl* nebeneinander).

Schalmei f. 'Rohrpfeife, Hirtenflöte', dann 'Holzblasinstrument mit Rohrblattmundstück' (Vorläufer der Oboe), heute auch 'einfaches (nicht chromatisches) Blechblasinstrument mit mehreren gebündelten Röhren', mhd. *schalmīe* (13. Jh.) ist entlehnt aus (allerdings erst im 14. Jh. belegtem) afrz. *chalemie*, das mit Suffixwechsel zu afrz. *chalemel* 'Rohrpfeife', auch 'Strohhalm, Schilfrohr' (frz. *chalumeau*) gebildet ist. Dieses beruht auf spätlat. *calamellus* 'Röhrchen', Deminutivum zu lat. *calamus*, griech. *kálamos* (*κάλαμος*) 'Halm, Rohr, Rohrpfeife' (verwandt mit *Halm*, s. d.).

schalten Vb. 'mit etw. umgehen, herrschen, wirtschaften, einen Hebel, Schalter betätigen'. Das ursprünglich stark flektierende (reduplizierende) Verb ahd. *scaltan* '(ein Schiff) stoßen, schieben, fortbewegen' (9. Jh.), mhd. *schalten*, *schalden* 'mit der Stange fortstoßen, mit dem Ruder in Bewegung setzen, entfernen, vertreiben, trennen', asächs. *skaldan* läßt sich vielleicht über das zugehörige ahd. *scalta* (10. Jh.), mhd. *schalte* 'Stange zum Fortstoßen des Schiffes', wenn ursprünglich 'abgeschnittene Stange', auf eine Bildung mit Dentalsuffix zur Wurzel ie. **(s)kel-* 'schneiden' zurückführen (wozu auch *Schild* und *Schale*). Schwache Flexion begegnet zuerst im Md. des 14. Jhs.; sie wird vom 16. Jh. an vorherrschend. Wohl unter Einfluß von *walten* (s. d.) setzt sich im 16. Jh. auch die übertragene Bedeutung 'lenken, leiten, herrschen, wirtschaften' durch, vgl. formelhaftes *schalten und walten* (16. Jh.). Ausgehend von der Bedeutung 'eine Stange, einen Pflock oder Hebel betätigen' und unter dem Einfluß von *Schalter* (s. unten) gewinnt in neuerer Sprache im technischen, zumal elektrotechnischen Bereich *schalten* mit seinen Präfixbildungen wie *ab-*, *aus-*, *ein-*, *umschalten* weite Verbreitung. – Schalter m. (den verschiedenen Bedeutungen des Verbs folgend) 'Lenker, Leiter' (17. bis 19. Jh., danach kaum noch üblich); 'Gerät zum Schalten', z. B. 'Pflock, Riegel' (15. Jh.), dazu 'Hebel, Schieber, Vorrichtung zum Schließen oder Unterbrechen eines Stromkreises' (19. Jh.); 'Verschlußstück einer Öffnung, Fensterladen' (18. Jh.), auch 'Schiebefenster', das bei Öffnung den Verkehr zwischen Diensttuendem und Publikum ermöglicht (19. Jh.), dann überhaupt 'Ort, Stelle an einem langen Tisch, einer Theke, wo Publikum bedient bzw. abgefertigt wird' (20. Jh.). Schaltjahr n. 'durch den eingeschobenen 29. Februar um einen Tag verlängertes Jahr', ahd. *scaltjār* (8. Jh.), mhd. *schaltjār*; eigentl. 'Jahr, in dem (ein Tag) eingestoßen, eingeschoben wird'.

Schaluppe f. 'Beiboot auf großen Schiffen', früher auch 'als Küsten- oder Fischereifahrzeug verwendetes einmastiges Segelschiff'. Die seemännische Bezeichnung ist in der seit dem 17. Jh. üblichen Form (*Schaloepe* 1606, *Chaloupe* 1648, *Schaluppe* 1697) Übernahme von gleichbed. frz. *chaloupe*. Ein vorher (Ende 16. Jh.) bezeugtes frühnhd. *Cialupe* beruht vielleicht auf älterem ital. *cialupa* (16. Jh., wohl nach span. *chalupa*). Vom späten 16. Jh. an findet sich in Reisebeschreibungen außerdem die Variante nhd. *Schlupe*, jünger *Schlup(p)*, die gleichbed. nd. *Slūp*, nl. *sloep* bzw. aus dem Nl. entlehntes engl. *sloop* fortsetzt. Nicht sicher geklärt ist die weitere Herleitung des für die im Dt. vorherrschende Lautgestalt verantwortlichen frz. *chaloupe*. Während FEW 17, 77ff. und Bloch/W. [6]119 in mfrz. *chaloppe*, *chaloupe* 'flaches Transportschiff' (16. Jh.) eine Übertragung von mfrz. *chaloppe* 'Nußschale' sehen und nl. *sloep* (Ende 16. Jh.) wie dt. *Schaluppe* für eine Entlehnung aus dem Frz. halten, meinen andere (z. B. Gamillscheg [2]207, mit Vorbehalten auch de Vries Nl. 651), frz. *chaloupe* gehe auf nl. *sloep* zurück, das zu nl. *sluipen*, mnl. mnd. *slūpen*, mhd. *sliefen* 'schleichen, schlüpfen' gehöre (nhd. *schliefen*, s. *schlüpfen*). Zur Gesamtproblematik vgl. noch Corominas 2, 9.

Scham f. 'das Gefühl, bloßgestellt zu werden oder zu sein, Scheu, Verlegenheit', ahd. *scama* 'Beschämung, Zerknirschung, Bestürzung, Schande' (8. Jh.), mhd. *schame*, auch 'Ärgernis' und (verhüllend, wie noch heute) 'Geschlechtsteile', asächs. *skama*, mnd. *schām(e)*, mnl. *scāme*, aengl. *sc(e)amu*, engl. *shame* (germ. **skamō* f.) und das schwache Verb got. *skaman* 'sich schämen' haben keine sicheren Anknüpfungen außerhalb des Germ., so daß die Etymologie ungeklärt bleibt. Eine Herleitung von der Wurzel ie. **k̑em-* 'bedecken, verhüllen' (s. *Hemd*) ist wenig wahrscheinlich. – schämen Vb. refl. 'Scham empfinden', ahd. *scamēn* (8. Jh.), *scamōn* (9. Jh.), mhd. *schamen, schemen, schämen*, auch 'schmähen, schänden'. beschämen Vb. 'Schamgefühl bereiten, verlegen machen', mhd. *beschemen* 'in Schmach oder Scham bringen, schänden'. verschämt Part.adj. 'scheu, voller Schamgefühl' (18. Jh.), 'schamlos, voller Schande' (16. Jh.); vgl. mhd. *verschemen, verschamen* 'in Scham, Schande versinken' und ahd. *firscamēn* 'aufhören, sich zu schämen' (um 1000). unverschämt Part.-adj. 'ohne Schamgefühl, frech', spätmhd. *unverschamet*. schamhaft Adj. 'voller Scham, scheu, schüchtern', ahd. *scamahaft* (8. Jh.), mhd. *schamehaft*. schamlos Adj. 'ohne Schamgefühl, frech', ahd. *scamalōs* (10. Jh.), mhd. *scham(e)lōs*.

Schamotte f., auch *Schamott* m. 'feuerfester Ton'. *Chamotte* „ist eine gebrannte pulverisierte Thonmasse, welche man aus den Kapseln gewinnt, in denen Gegenstände, vornehmlich Porcellan, gebrannt wurden" Helfft, Encyklopäd. Wb. d. Landbaukunst 1 (1836) 68, dann auch *Charmotte*. Herkunft ungeklärt; auf Grund der Lautgestalt zu vermutende Anknüpfungen an das Frz. oder Ital. finden sich nicht. Krause in: Wörter u. Sachen 19 (1938) 158 verweist auf lat. *chāma, chēmē*, griech. *chḗmē* (χήμη) 'Gienmuschel', zu griech. *chaínein* (χαίνειν) 'gähnen, klaffen', da der Tonmasse zur Härtung zerriebene Muschel- und Porzellanteile zugesetzt würden. Ganz anders Kluge [21]634, der ein im 18. Jh. von ital. Porzellanarbeitern in Thüringen gebildetes **sc(i)armotti* (zu thür. *Scharm*, für hd. *Scherben*) erschließt. – Schamottstein m. (1. Hälfte 19. Jh.).

Schampun, Shampoo(n) n. 'schäumendes Haarwaschmittel'. Engl. *to shampoo* 'massieren' ist eine Entlehnung aus hindust. *chhāmpo*, Imperativ von *chhāmpnā* 'kneten, massieren, pressen'. Daraus substantiviertes engl. *shampoo* wird mit den im Engl. üblichen Bedeutungen ins Dt. übernommen, und zwar '(Körper)massage' (19. Jh.), 'Kopfhautmassage mit Haarwäsche' und 'Haarwaschmittel' (20. Jh.). Das im Dt. meist übliche auslautende *-n* stammt wahrscheinlich aus dem anfangs öfter gebrauchten Plural *Shampooen* 'Massagen' (19. Jh.). Eine Form wie *Schaumpun* (Anfang 20. Jh.) zeigt einen Eindeutschungsversuch unter Anlehnung an *Schaum*.

Schande f. 'etw. Beschämendes, Schmach, Schimpf, Unehre, Verachtetsein', ahd. *scanta* (8. Jh.), mhd. *schande* 'schämenswertes Tun, Laster', auch 'Schamteile', mnd. *schande*, mnl. *scande*, nl. *schande*, aengl. *scand*, got. *skanda* (germ. **skamdō*) steht mit Dentalsuffix neben den unter *Scham, schämen* (s. d.) behandelten Wörtern mit Übergang von *-m-* vor Dental zu *-n-*. Vgl. auch (mit Partizipialsuffix gebildet) ahd. *scant* Adj. 'beschämt' (9. Jh.), aengl. *scand* 'Schurke'. Als Ausgangsbedeutung der Abstraktbildung ergibt sich 'Verletzung, Verminderung der Ehre, des Ansehens'. Hierzu die Wendung (mit erstarrtem Dat. Plur.) *zuschanden werden* 'vernichtet werden', vgl. ahd. *zi scantōn werdan* 'beschämt werden' (um 1000), mhd. *ze schanden werden*. Oft als erstes Kompositionsglied (bereits im Mhd. einsetzend, danach sehr produktiv bis in die Gegenwart) für etw., das als häßlich und schmähend, als abschreckend, empörend, verabscheuungswürdig gekennzeichnet werden soll, vgl. *Schandbuch, -fleck, -lied, -maul, -pfahl, -schnauze, -tat*. – schänden Vb. 'in Schande bringen', ahd. *giskenten* (8. Jh.), *skenten* (9. Jh.), mhd. *schenden* 'entehren, beschimpfen, lästern, schimpfen, verfluchen, tadeln'. schandbar Adj. 'Schande bringend, abscheulich', mhd. *schandebære*. schändlich Adj. 'mit Schande behaftet, unehrenhaft, abscheulich', ahd. *scantlīh* (8. Jh.), mhd. *schantlich, schentlich* 'schämenswert, entehrend, schmachvoll'.

Schanker m. 'venerisches Geschwür an den Geschlechtsteilen'. Frz. *chancre* 'Krebsgeschwür', über vlat. *cancrus* aus lat. *cancer* 'Krebstier, Krebsgeschwür' hervorgegangen, wird in der speziellen Bedeutung 'syphilitisches Geschwür' im 18. Jh. ins Dt. aufgenommen und in Anlehnung an die frz. Aussprache zu *Schanker* umgebildet.

Schanze f. 'Befestigungsanlage, Erdwall', frühnhd. *Schanze* 'Reisigbündel, Wehrbau aus Flechtwerk, Schutzbefestigung, Schranke' (15. Jh.), mnd. *schanse, schantze*, nl. *schans*, älter *schantse*. Die allgemein vertretene Herleitung des Wortes aus ital. *scansi* Plur., *scanso* Sing. 'das Umgehen, Ausweichen' ist aufzugeben, da sie allein auf einer für ital. *scanso* angenommenen, jedoch nicht zu verifizierenden Bedeutung 'Abwehr' beruht. Eher ist landschaftlich (hess. frk.) belegtes *Schanze* 'Korb' heranzuziehen und die Wehranlage als ursprünglich 'durch korbartiges Reisiggeflecht haltbar gemachte Befestigung aus aufgeworfener Erde' zu deuten. Die weitere Herkunft bleibt jedoch ungeklärt. – Schanzzeug n. 'zum Schanzen nötiges Werkzeug', d. i. Spaten, Schaufel, Hacke u. dgl. (17. Jh.). schanzen Vb. 'Befestigungs-, Schutzanlagen aufwerfen' (16. Jh.), 'hart arbeiten' (18. Jh.). Sprungschanze f. 'Gerüst als Ablauf- und Absprungstelle beim Schispringen' (20. Jh.), anfangs in Form und Material einer zum Feinde hin abfallenden Befestigungsanlage ähnelnd; verkürzt *Schanze*.

¹**Schar** f. 'unbestimmt große Anzahl, Menge, Trupp', ahd. *scara* 'Heeresabteilung, Anzahl Krieger' (9. Jh.), mhd. *schar* 'Heeresabteilung, geordnet aufgestellter Heeresteil, Menge, Haufen, Gesellschaft, Umgang, Gefolge', mnd. *schār*, *schāre*, mnl. *scāre*, nl. *schaar*, anord. *skǫr* (germ. **skarō*) steht mit Ablaut zu dem unter ¹*scheren* 'schneiden' (s. d.) behandelten starken Verb. Auszugehen ist von einer Grundbedeutung 'Abgeschnittenes, Zugeteiltes, (An)teil'. Es bezeichnet als Wort der Kriegersprache anfangs eine 'Anzahl Krieger', mhd. aber auch schon eine 'Anzahl, Gruppe Menschen' überhaupt, seit dem 16. Jh. eine 'Menge Tiere' (*eine Schar Vögel*). Daneben steht *Schar* seit ahd. Zeit (bis zum 16. Jh.) für die 'in geordneter Verteilung umgehende Dienst-, Fronarbeit', entsprechend asächs. *-skara* 'Anteil', aengl. *scearu* 'Schneiden, Haarschnitt, Anteil, Grenze', engl. *share* 'Teil, Anteil, Aktie'; vgl. dazu die dem unter ¹*scheren* genannten schwachen Verb zukommenden Bedeutungen 'zu-, einteilen, bestimmen'. – scharen Vb. 'sammeln, in Scharen einteilen', ahd. *scarōn* 'sich um etw. versammeln' (um 1000), 'in Trupps einteilen' (11. Jh.), mhd. *scharn* 'in eine Gruppe bringen, einteilen und ordnen'.

²**Schar** f. (landschaftlich vielfach n.) 'die Erde durchschneidendes Pflugeisen', ahd. *scar* m. (9. Jh.), *scaro* m. (Hs. 12. Jh.), mhd. *schar* n. m. f. 'schneidendes Eisen, Pflugschar', mnd. *schār(e)* n. f., aengl. *scear*, *scær* m. n., engl. *share* (germ. **skara-*), ablautend zu dem unter ¹*scheren* (s. d.) behandelten Verb gebildet. Das Genus schwankt im Dt. bis in nhd. Zeit hinein; wohl unter Einfluß von ¹*Schar* (s. d.) setzt sich schließlich fem. Genus durch. Dazu verdeutlichend Pflugschar f., mhd. *phluocschar*.

Schäre f., meist Plur. *Schären*. Die Bezeichnung für die kleinen, von Eiszeitgletschern abgeflachten Felseninseln vor der schwedischen und finnischen Küste ist eine Entlehnung aus gleichbed. schwed. *skär* n., eigentl. 'Klippe', und wird im 17. Jh. durch Reisebeschreibungen in der Literatursprache üblich. (Mit auslautendem *-e* und fem. Genus wohl dt. Neubildung aus dem häufiger auftretenden Plur. *die Schären*.) Es gehört mit anord. *sker* n., mnd. *schēr(e)* 'Felszacke, Klippe' und ablautenden ahd. *scorro* (bzw. *scorra*?) 'steiler Felsabsturz, steiler Felsen' (9. Jh.), mhd. *schor*, *schorre* m. 'schroffer Fels, Felszacke, hohes felsiges Ufer', mnd. *schōr*, *schār* 'festes Land, Gestade, Ufer' (vgl. auch engl. *shore* 'Küste, Ufer, Strand') und den unter ¹*scheren* (s. d.) angegebenen Wortformen zur Wurzel ie. **(s)ker(ə)-* 'schneiden' und bedeutet ursprünglich 'Abgeschnittenes, Zerschnittenes'.

scharf Adj. 'gut schneidend, geschliffen, spitz', übertragen 'stark gewürzt, kalt, deutlich, genau, heftig, schonungslos', ahd. *s(c)arf(i)* (8. Jh.), mhd. *scharf* und ahd. *scarph* (9. Jh.), mhd. *scharpf*, *scharph*, *scherpfe*, *scherf*; frühnhd. (obd. md.) *scharpf*, asächs. *skarp*, mnd. *scharp*, *scherp*, mnl. *scarp*, *scaerp*, *scerp*, nl. *scherp*, aengl. *sc(e)arp*, engl. *sharp*, anord. *skarpr* ('eingeschrumpft, dürr, scharf, rauh, hart'), schwed. *skarp* (germ. **skarpa-*) läßt sich verbinden mit lett. *skarbs* 'rauh, grob', mir. *cerb* 'schneidend', aruss. *ščьrbъ* 'schadhaft', russ. (älter) *ščerbá* (*щерба*) 'Riß, Lücke, Schramme, Narbe' und führt auf die Labialerweiterung ie. **(s)kerb(h)-*, **(s)kreb(h)-* (s. auch *schürfen*, *schröpfen*) der Wurzel ie. **(s)ker(ə)-* 'schneiden' (s. ¹*scheren*). – Schärfe f. 'Zustand des Scharfseins, Klarheit, Genauigkeit, Rücksichtslosigkeit', ahd. *s(k)erphī*, *s(k)erfī* (9. Jh.), mhd. *scherpfe*, *scherfe* 'Stachel, (Speer)spitze, Rauhheit'. schärfen Vb. 'scharf machen', mhd. *scherpfen*, *scherfen*, asächs. *(gi)skerpian* (9. Jh.). einschärfen Vb. 'mit Eindringlichkeit sagen, klarmachen' (17. Jh.). scharfmachen Vb. 'aufhetzen', Scharfmacher m. 'Aufhetzer' (19. Jh.), entstanden als Ausdrücke der Reaktion für die Anführer streikender Arbeiter. S c h a r f r i c h t e r m. 'wer mit dem Schwert oder Beil hinrichtet' (14. Jh.), zuerst nsächs. (mnd. *scharprichter*) und westmd., seit dem 16. Jh. allgemein verbreitete Berufsbezeichnung für den Henker bzw. den Vollstrecker der Todesstrafe. S c h a r f s c h ü t z e m. 'im Schießen bes. ausgebildeter und daher treffsicherer Schütze' (18. Jh.). S c h a r f s i n n m. 'Fähigkeit, bes. klar und logisch zu denken' (17. Jh.), Rückbildung aus *scharfsinnig* Adj. (15. Jh.).

Scharlach m. n. 'intensive rote Farbe', dann (nur m.) 'Infektionskrankheit mit rötlichem Hautausschlag'. Mhd. *scharlachen*, *scharlach* n. 'rote Farbe, kostbarer roter Stoff' begegnet Mitte des 12. Jhs. am Rhein und folgt (wie mnd. *scharlāken*) mnl. *scarlāken* (nl. *scharlaken*), das in Anlehnung an mnl. *lāken* (s. *Laken*) in Flandern (Gent war Herstellungsort des Stoffes) aus älterem **scarlāt* entstanden ist. Dies ist wie südliches mhd. *scharlāt* n. kurz nach 1200 aus afrz. *escarlate* 'rote Farbe, kostbarer (roter) Stoff' (frz. *écarlate* f.) entlehnt, wobei Einfluß von mlat. *scarlatum* nicht ausgeschlossen werden kann. Die afrz. und mlat. Formen beruhen auf pers. *saqirlāt* 'prunkvoller Stoff', einer Variante von pers.-arab. *siqillāṭ*, das im älteren Arab. einen 'Stoff, der mit siegelförmigen Verzierungen geschmückt ist' bezeichnet. Es stammt über mgriech. **sigillátos* (**σιγιλλάτος*) aus lat. *sigillātus*' mit kleinen Figuren verziert', zu lat. *sigillum* 'kleine Figur', Deminutivum von lat. *sīgnum* 'Zeichen' (s. *Sigel*, *Signum*). Dazu vgl. Frings in: Neuphilolog. Mitt. 53 (1952) 45 und FEW 19, 149f. Die durch rötlichen Hautausschlag gekennzeichnete Infektionskrankheit wird medizin.-lat. *febris scarlatina* 'rotes Fieber' (seit 14. Jh.) genannt; dazu die dt. Übersetzung *Scharlachfieber* (18. Jh.; vgl. engl. *scarlet fever*, 17. Jh.), verkürzt *Scharlach* (1. Hälfte 19. Jh.).

Scharlatan m. 'wer nichts von seinem Fach versteht, aber vorgibt, viel zu wissen, Aufschneider, Schwindler, Hochstapler'. Auszugehen ist von ital. *Cerretano* 'Einwohner von Cerreto' (einem Ort bei Spoleto), dann appellativisch 'Quacksalber, Marktschreier', das sich mit ital. *ciarlare* 'schwatzen' verbindet und zu ital. *ciarlatano* umgestaltet wird. Daraus die Entlehnung *Ziarlatani* Plur. (Anfang 17. Jh.). Auf ebenfalls aus dem Ital. stammenden frz. *charlatan* beruhen die späteren Formen *Scarlatan*, *Scharleton*, *Charletan* (17. Jh.) und schließlich *Scharlatan* (seit 18. Jh.). Im Dt. reicht der Anwendungsspielraum von '(umherziehender) Komödiant, Spaßvogel' (Anfang 17. Jh.) über 'Marktschreier, Gaukler, Schwindler, Kurpfuscher' (Mitte 17. Jh.) bis hin zu 'Demagoge, (Volks)verführer' (20. Jh.). – S c h a r l a t a n e r i e f. (18. Jh.), frz. *charlatanerie*.

Scharmützel n. 'kleines militärisches Gefecht, Geplänkel', mhd. *scharmutzel*, *scharmützel* (14. Jh.), spätmhd. *scharmutz* (um 1400). Daneben sind bezeugt mfrz. *escarmuche*, *escarmouche* (14. Jh.), ital. *scaramuccio* (14. Jh.), span. *escaramuza* (15. Jh.), port. *escaramuça* (16. Jh.), mengl. *skarmuch* (14. Jh.), so daß Öhmann in: Festschr. Maurer (1963) 77ff. glaubt, in dem Ausdruck ein „beliebtes militärisches Wanderwort" sehen zu dürfen. Mhd. *scharmutzel*, *scharmützel* ist wohl entlehnt aus ital. *scaramuccio* m. bzw. obital. *scaramuzzo* (heute ital. *scaramuccia* f.), das durch sein Suffix *-uccio*, *-uzzo* und durch seine Bedeutung 'kleines Gefecht' auch im Dt. die deminutive Endung *-el* veranlaßt hat. Spätmhd. *scharmutz* könnte hingegen aus dem Mfrz. stammen. FEW 17, 118ff. macht wahrscheinlich, daß als Ausgangsform der oben genannten Wortgruppe mfrz. *escarmuche* f. zu gelten hat. Zugrunde liegt anfrk. **skirmjan* 'schützen' (s. *schirmen*), aus dem (als einem Ausdruck ritterlicher Kriegsführung) afrz. mfrz. *escremir* 'fechten, verteidigen, schützen' entlehnt ist. Das dazu gebildete Substantiv afrz. mfrz. *escremie* 'Kampf, Gefecht' sei, da Scharmützel vornehmlich zwischen sich versteckt bewegenden feindlichen Patrouillen entstehen, unter dem Einfluß des Verbs afrz. *mucier*, nordafrz. *muchier* '(sich) verstecken' zu mfrz. *escarmuche* und, da Plänkler mit lästigen Fliegen verglichen werden, unter dem Einfluß von afrz. *mosche*, *mouche* 'Fliege' zu mfrz. *escarmouche* umgestaltet worden.

Scharnier n. 'Drehgelenk' für bewegliche Anbringung von Türen, Fenstern, Klappen, entlehnt (18. Jh.) aus gleichbed. frz. *charnière* f., das entweder als Ableitung von afrz. *charne* (belegt apikard. anglonorm. *carne*), aus lat. *cardinem*, dem Akk. von lat. *cardo* 'Türangel, Wendepunkt', eigentl. 'Drehpunkt', aufzufassen ist, oder auf einem von lat. *cardo* abgeleiteten vlat. **cardināria* beruht (vgl. Bloch/W. [6]123). Seit der Mitte des 19. Jhs. auch von den Gelenken des menschlichen Körpers.

Schärpe f. 'breites, um die Hüften oder schräg über Brust und Schulter getragenes (Ordens)band, um die Hüfte getragener, als Schleife gebundener Schal' (als Kleiderschmuck). Auszugehen ist wohl (mit FEW 17, 121ff.) von lat. *scirpus* 'Binse', zu dem offenbar ein anfrk. **skirpja* '(aus Binsen geflochtene) Tasche, Pilgertasche' (vgl. mlat. *scrippum*, *schirpa* 'Pilgertasche') gebildet worden ist. Dieses lebt weiter in mnl. *scarpe*, *scaerpe*, *scerpe*, mhd. *schirpe*, *schurpe*, *scerpe* (Köln, 12. Jh.) und in (aus anfrk. **skirpja* über palatalisiertes **skjirpja*, dissimiliert **skjirpa*) entlehntem afrz. *escharpe*, *escherpe*, jeweils in der Bedeutung 'dem Pilger um den Hals hängende Tasche, Pilgertasche'. Aus der Wendung afrz. *a esquerpe* bzw. *en escharpe* 'schräg über Brust und Schulter' (wie der Tragegurt einer Pilgertasche) entwickelt afrz. *escharpe*, *escherpe* die Bedeutung 'schräg über Brust und Schulter oder um die Hüfte getragenes Band'. Aus darauf beruhendem frz. *écharpe*, auch '(bei Verletzung zu tragende) Armbinde, Schultertuch', wird im 17. Jh. *Scharpe*, *Scherpe*, *Schärpe* entlehnt.

scharren Vb. 'geräuschvoll (mit den Füßen) kratzen, die obere Erdschicht wegkratzen', mhd. *scharren* ist eine ablautende Intensivbildung zu ahd. *skerran* '(ab)kratzen' (9. Jh.), mhd. *scherren*, auch 'graben', nhd. (nach dem 17. Jh. nur noch selten belegt) *scherren* 'schaben, kratzen'. Verwandt sind asächs. *ofskerran* 'abkratzen', mnl. *scarren*, *scerren*, schwed. *skorra* 'schnarren', nhd. *schurren* (s. d.). Man vergleicht damit lat. *carrere* '(Wolle) krempeln', aslaw. *krasta* 'Kruste, Grind, Räude', russ. *korósta* (*коросma*) 'Krätze, Grind', lit. *kar̃šti* 'krempeln, hecheln' und die unter *harsch* (s. d.) abgehandelten Wortformen. Auszugehen ist von ie. **kars-* 'kratzen, striegeln, krempeln'. Zur Erklärung der germ. Verben muß das Hinzutreten eines anlautenden *s* und Umgestaltung der Ablautverhältnisse in Anlehnung an die Wurzel ie. **(s)ker(ə)-* 'schneiden' (s. [1]*scheren*) angenommen werden. – v e r s c h a r r e n Vb. 'oberflächlich in die Erde eingraben, mit Erde zudecken' (16. Jh.), in affektischer Umgangssprache 'beerdigen'.

Scharte f. 'Kratzer, Riß, Kerbe, spaltähnliche Öffnung', übertragen 'Fehler, Mißerfolg', mhd. *schart(e)* 'durch Schneiden, Hauen oder Bruch hervorgebrachte Vertiefung oder Öffnung, ausgebrochenes oder ausgehauenes Stück', mnd. *schārt* 'Riß, Spalte, Öffnung, Scherbe', mnl. *scaert*, *scart*, nl. *schaarde*, aengl. *sceard* 'Scharte, Bruchstück, Scherbe', engl. *shard* 'Scherbe', anord. *skarð* 'Scharte, Kluft, Mangel' sind Substantivierungen der Adjektive ahd. *-scart* (in *liduscart* 'verstümmelt', 9. Jh.; vgl. ahd. *lid* 'Glied'), mhd. *schart* 'zerhauen, schartig, verletzt, verwundet', asächs. *skard*, aengl. *sceard*, anord. *skarðr* (germ. **skarda-*), mit Dentalsuffix zu der unter [1]*scheren* (s. d.) genannten Wurzel ie. **(s)ker(ə)-* 'schneiden' gebildet. Redensartlich *eine Scharte auswetzen* 'einen Mißerfolg, Fehler, Schaden wiedergutmachen' (15. Jh.). S. auch *Hasenscharte*. – s c h a r t i g Adj. 'mit Scharten versehen' (16. Jh.), frühnhd. *schertig*, mhd. *scherteht*.

Scharteke f. 'wertloses oder unhandliches altes Buch'. Mnd. *schartēke* 'Schriftstück, Urkunde, altes Buch' ist eine Weiterbildung von gleichbed. mnd. *scharte*, *scherte*, dessen Herkunft bisher nicht überzeugend erklärt ist; wahrscheinlich geht es auf lat. *charta* 'Papyrusblatt, (aus Papyrus hergestelltes) Schreibmaterial und das darauf Geschriebene, Schriftstück, Brief', spätlat. auch 'Urkunde' (s. *Charta*) zurück und ist im Anlaut möglicherweise von afrz. mfrz. *chartre* 'Brief, Urkunde' (wohl aus lat. *chartula* 'kleines Schriftstück, kleiner Brief', s. *chartern*) beeinflußt. Der Ausdruck ist vermutlich in der Schülersprache der Lateinschulen entstanden (vielleicht Deminutivum mit latinisierender Akzentuierung, vgl. mnd. *partēke* 'Brotschnitte als Almosengabe für fahrende Schüler'); bereits im 16. Jh. ist er allgemein verbreitet (Luther, Paracelsus u. a.). Er steht im 19. Jh. auch für 'schlechtes Theaterstück, abgenutzter, wertloser Gegenstand' sowie (als Schimpfwort) für 'alte Frau'.

Scharwenzel, älter *Scherwenzel* m. 'Bube, Unter, Junge' (im Kartenspiel), daher auch eine Art Kartenspiel, übertragen 'dienstbeflissener Mensch, Allerweltsdiener' (Mitte 18. Jh.); wohl Entlehnung (Mitte 17. Jh.) in der Oberlausitz aus tschech. (mundartlich) *červenc* 'Unter aller Farben' (eigentl. 'roter Unter, Herzbube'), z. B. in dem alten tschech. Hasardkartenspiel Straschak, abgeleitet von tschech. *červený* 'rot'. Der dt. Ausdruck steht unter dem Einfluß von *Wenzel* 'Unter, Bube, Junge' (für die vier höchsten Trümpfe beim Skat), nach dem Männernamen *Wenzel*, dem böhmischen Nationalheiligen (ahd. *Wenzil*, mhd. *Wenzel*), aus atschech. **Vęceslav* (latinisiert *Venceslaus*), tschech. *Václav* (s. *Fatzke*). – scharwenzeln (landschaftlich auch *scherwenzeln*) Vb. 'das Kartenspiel Scharwenzel spielen' (Ende 17. Jh.), auch 'sich durch Dienstbeflissenheit angenehm zu machen suchen, liebedienern, übereifrig den Hof machen'; diese Bedeutung (wie auch 'dienstbeflissener Mensch', s. oben) entwickelt sich wohl unter dem Einfluß von *schwänzeln* 'geziert einherstolzieren, jmdn. umschmeicheln' (s. d.), vielleicht mit volksetymologischer Anlehnung an frz. *cher* 'teuer, lieb'. Scharwenzler m. 'wer durch Dienstbeflissenheit auffallen will' (Anfang 19. Jh.).

Schaschlyk, Schaschlik m. n. 'am Spieß gebratene, scharf gewürzte Fleischstückchen', Übernahme (1. Hälfte 20. Jh.) von russ. *šašlýk* (*шашлык*), eigentl. 'an kleinen Spießen gebratene Stückchen Hammelfleisch', einem turksprachlichen Lehnwort, vgl. krimtatar. *šišlik*, zu *šiš* 'Bratspieß'.

schassen Vb. 'jmdn. schimpflich von einer Hochschule oder einer ähnlichen Institution verweisen, relegieren', entlehnt (18. Jh.) aus frz. *chasser* 'jagen, vertreiben, aus einer Stellung fortjagen', afrz. *chacier*, aus vlat. **captiāre* 'auf etw. Jagd machen, zu ergreifen suchen' (lat. *captāre*), einer Ableitung von lat. *capere* (*captum*) 'nehmen, fassen, (er)greifen', das mit dem unter *heben* (s. d.) behandelten Verb verwandt ist. *schassen* ist anfangs in der Studenten- und Schülersprache geläufig, gilt später auch in allgemeiner Umgangssprache für 'jmdn. entlassen, hinauswerfen'.

Schatten m. 'hinter einem beleuchteten Körper entstehende dunkle Fläche, deren Umriß dem des Körpers entspricht, Dunkel, Dämmerung, visionäre Erscheinung, Geist', auch 'Sorge, Kummer, Spur, Anzeichen'. Die teils auf einem maskulinen, teils auf einem femininen *w*-Stamm (germ. **skaþwa-* m., **skaþwō* f.) beruhenden germ. Formen ahd. *scato*, Gen. *scatawes* (8. Jh.), mhd. *schate*, auch *schatewe*, *schetewe*, asächs. *skado*, mnd. *schāde*, aengl. *sc(e)adu*, mengl. *sceadewe*, *shadewe*, engl. *shade*, *shadow*, mnl. *scāde*, *scāduwe*, nl. *schaduw*, got. *skadus* lassen sich mit griech. *skótos* (*σκότος*) 'Finsternis, Dunkel' und dehnstufigem air. *scāth* 'Schatten, Schutz, Spiegel' verbinden. Weiteres ist nicht mit Sicherheit auszumachen. Bereits das Mhd. zeigt auch schwache Flexion, aus deren obliquen Kasus sich die moderne Form *Schatten* entwickelt. – schatten Vb. 'Schatten werfen, geben', ahd. *scatawen* (8. Jh.), mhd. *schatewen*, *schetewen* 'Schatten geben', unpersönlich 'schattig, dunkel werden'. Das bereits im Mhd. seltene Verb wird im 18. Jh. (durch Klopstock) wieder aufgenommen, bleibt aber nur in poetischer Sprache erhalten. beschatten Vb. 'mit Schatten versehen', ahd. *biscatawen* (9. Jh.), mhd. *beschatewen*, *-schetewen*. Nhd. *jmdn. beschatten* '(wie ein Schatten) unbemerkt (ver)folgen' (1. Hälfte 20. Jh.) ist eine Wiedergabe von engl. *to shadow* und wird durch Kriminalromane verbreitet; danach auch in der Sportsprache *seinen Gegner beschatten*. überschatten Vb. (16. Jh.). schattieren Vb. 'Schatten einzeichnen, eine Farbe durch Hell und Dunkel abtönen', Ausdruck der Malerei (17. Jh.). schattig Adj. 'voller Schatten, Schatten gebend' (15. Jh.). Schattenbild n. 'auf eine durchscheinende, beleuchtete Wand als Schatten geworfenes Bild', auch 'Trugbild' (17. Jh.). Schattenriß m. 'schwarz ausgefüllte Umrißzeichnung eines Körpers nach seinem Schatten' (17. Jh.). Schattenspiel n. Art des Puppenspiels, bei dem Schatten von Figuren auf eine beleuchtete, lichtdurchlässige Wand geworfen werden (17. Jh.).

Schatz m. 'angehäufte Kostbarkeiten (bes. Schmuck, Edelsteine, Geld), Wertgegenstände, Reichtümer (vgl. *Kunst-*, *Bodenschätze*), geachtete, geliebte Person', ahd. *scaz* 'Münze, Geld, Reichtum' (8. Jh.), mhd. *scha(t)z* 'verarbeitetes Edelmetall, Geld und Gut, Reichtum, Tribut, Steuer, Wert, Preis', asächs. *skatt*, mnd. *schat*, mnl. *scat*, nl. *schat*, aengl. *sceatt*, anord. *skattr* 'Steuer, Schatz', schwed. *skatt*, got. *skatts* 'Münze, Geld', afries. *sket*, *schet*, *schat* 'Geld, Vieh' (germ. **skatta-*) haben keine außergerm. Verwandten und sind etymologisch ungeklärt. Die wohl älteste, im Afries. bezeugte Bedeutung 'Vieh' findet sich wieder in wahrscheinlich aus dem Germ. entlehntem aslaw. *skotъ* 'Vieh, Haustier', russ. *skot* (*скот*) 'Vieh', so daß man eine Entwicklung von 'Vieh' als Zeichen des Reichtums zu 'Geld, Besitz' annehmen kann (vgl. dazu lat. *pecū* 'Vieh' und *pecūnia* 'Vermögen, Geld', s. *Vieh* und die dort dargestellte Entwicklung im Germ.). de Vries Nl. 609f. (wo zahlreiche, letztlich nicht befriedigende Herleitungsversuche angeführt werden) erwägt, da Bedeutungen wie 'Zins, Steuer' dem Germ. fremde Begriffe seien, Rückführung der Formen auf ein östliches Wanderwort. Im 13. Jh. steht *Schatz* im Sinne von 'niedergelegter, angehäufter Reichtum' neben *Hort* (s. d.) und wird im 15. Jh. Bezeichnung für 'das Liebste, das größte Glück, den liebsten Menschen'. – s c h a t z e n Vb. 'Reichtümer ansammeln' (bis ins 17. Jh.), ahd. *scazzōn* (9. Jh.), mhd. *schatzen*; die daneben im Mhd. bezeugte Bedeutung 'besteuern, mit einer Abgabe belegen' lebt weiter in dem Denominativum *brandschatzen* (s. d.). s c h ä t z e n Vb. 'den Wert (eines Vermögens) beurteilen, taxieren, vermuten', übertragen 'achten, verehren', mhd. *schetzen* 'Geld abnehmen, besteuern, Lösegeld auferlegen, nach Wert oder Zahl veranschlagen, glauben, meinen'. s c h ä t z b a r Adj. 'so beschaffen, daß der Wert bestimmt, daß taxiert werden kann' (17. Jh.); vgl. vom Substantiv abgeleitetes spätmhd. *schazbære* 'kostbar'. u n s c h ä t z b a r Adj. 'nicht taxierbar' (17. Jh.), 'sehr kostbar, außerordentlich wertvoll' (16. Jh., bes. geläufig seit dem 18. Jh.). S c h ä t z u n g f. 'ungefähre Berechnung, Taxierung, Verehrung, Achtung', mhd. *schatzunge*, *schetzunge* 'Besteuerung, Taxierung'.

schaudern Vb. 'von Angst, Entsetzen geschüttelt werden, vor Kälte zittern', frühnhd. *schauderen* (16. Jh.), übernommen (und durch Diphthongierung hd. Lautverhältnissen angepaßt) von im 14. Jh. am Niederrhein mit gelängtem Vokal auftretendem *schūderen*, das wie mnd. *schōderen*, *schāderen*, *schodderen*, nd. *schuddern*, mnl. *schuderen*, nl. (älter) *schudderen* (vgl. aus dem Mnd. mengl. *shod(d)er*, engl. *to shudder*) 'zittern, schlottern' iterativ zu dem unter *schütten* (s. d.) behandelten Verb gebildet ist. – S c h a u d e r m. 'Zittern des Körpers, Angst, Entsetzen' (16. Jh.), aus dem Verb rückgebildet. s c h a u d e r h a f t Adj. (18. Jh.).

schauen Vb. 'den Blick auf etw. richten, betrachten, achtgeben, sich kümmern um, innerlich erblicken, erfassen, erkennen', ahd. *scouwōn* (8. Jh.), mhd. *schouwen*, asächs. *skauwon*, mnd. *schouwen*, *schau(w)en*, mnl. *scouwen*, nl. *schouwen*, aengl. *scēawian*, engl. *to show* ('zeigen'). Verwandt sind weiter (unsicheres) got. *unskaus* (für **usskaus*?) 'nüchtern, vorsichtig' (d. i. *-skaus* 'schauend'), griech. *thyoskóos* (*θυοσκόος*, aus **-σκοϝός*) 'Opferschauer' sowie das unter *schön* (s. d.) behandelte Adjektiv, auch (ablautend) anord. *skoða* 'schauen, untersuchen', schwed. *skåda* und (mit nord. Entwicklung zum Guttural) anord. *skygn* 'scharfsehend, klug', *skygna* 'schauen, spähen'. Alle Formen lassen sich auf eine mit *s-* anlautende Variante ie. **skeu-* der Wurzel ie. **kĕu-* 'worauf achten, beobachten, schauen', auch 'hören, fühlen, merken' (wozu *hören*, s. d. weitere Verwandte) zurückführen. – S c h a u f. '(prüfendes) Ansehen, intuitives Erleben, Erfassen, Blickpunkt, Sichtweise', mhd. *schouwe*, *schowe*, *schou* 'suchendes, prüfendes Schauen' (erhalten in *Brautschau*), 'Blick, das Anschauen, Anblick, was angesehen wird, Gestalt' (bis ins 17. Jh. auch m.); vgl. die Wendungen *zur Schau stellen*, *zur Schau tragen* 'öffentlich zeigen, vorführen' (18. Jh.). In neuerer Zeit (unter dem Einfluß von engl. *show*) häufig in Komposita für 'Ausstellung' (*Blumen-*, *Leistungs-*, *Moden-*, *Tierschau*) oder für eine 'öffentliche, auf optische Wirkung ausgerichtete Veranstaltung' (*Bühnen-*, *Fernseh-*, *Superschau*). In der Folge tritt das Simplex *Schau* oft für aus dem Engl. entlehntes *Show* (s. d.) ein. a n s c h a u e n Vb. 'ansehen, prüfend betrachten', ahd. *anascouwōn* (9. Jh.), mhd. *aneschouwen*; a n s c h a u l i c h Adj. 'leicht, optisch gut vorstellbar, bildhaft', mhd. *anschouwelich* 'in religiöse Betrachtung versunken'; v e r a n s c h a u l i c h e n Vb. 'durch Bilder, Vergleiche u. dgl. vorstellbar, deutlich machen' (um 1800); A n s c h a u u n g f. 'das Sehen, Anblick' (15. Jh.), 'Betrachtungsweise, Vorstellung, Gesichtspunkt, Meinung' (18. Jh.), ahd. *anascouwunga* 'das Ausschauhalten, geistige Betrachtung' (8. Jh.), mhd. *anschouwunge* 'geistige, kontemplative Betrachtung'. b e s c h a u e n Vb. '(prüfend, eingehend) betrachten, besehen', ahd. *biscouwōn* 'schauen, (an)sehen, berücksichtigen' (8. Jh.), mhd. *beschouwen*; B e s c h a u e r m. 'Prüfer', ahd. *biscouwāri* 'Betrachter, Beobachter' (10. Jh.), mhd. *beschouwære* '(obrigkeitlicher) Besichtiger,

Prüfer'; beschaulich Adj. 'betrachtend, kontemplativ', spätmhd. *beschouwelich*; vgl. bes. *beschawlich leben* (1460). zuschauen Vb. 'den Blick auf einen Punkt richten, hin-, zusehen' (16. Jh.); Zuschauer m. 'wer auf etw. hinsieht, einer Vorführung zusieht' (16. Jh.). Schaufenster n. 'Fenster, in dem etw. zur öffentlichen Ansicht ausgestellt wird' (19. Jh.). Schauplatz m. 'öffentlicher Platz, auf dem Schauspiele aufgeführt werden, Theater' (16. Jh.), 'Platz, auf dem sich etw. abspielt, wo etw. geschieht' (17. Jh.), vgl. *Kriegsschauplatz*. Schauspiel n. 'jedes vor Zuschauern öffentlich gezeigte Spiel', bes. 'dramatische Dichtung und deren szenische Aufführung' (Ende 15. Jh.), neben häufigerem *Komödie, Tragödie*; vom 18. Jh. an geläufig und Lustspiel und Trauerspiel ausdrücklich zusammenfassend. Schauspieler m. 'wer in szenischen Aufführungen auftritt' (16. Jh.), danach 'darstellende Person auf dem Theater', neben *Komödiant* (s. d.), dieses jedoch vom 18. Jh. an zurückdrängend. schauspielern Vb. 'anderen etw. vormachen, vortäuschen' (19. Jh.).

Schauer m. 'kurzer, heftiger Niederschlag, plötzliche Empfindung von Kälte, Angst, Entsetzen', ahd. *scūr* (8. Jh.), mhd. *schūr(e)*, *schour*, *schoure* 'Hagel, Ungewitter', übertragen 'Leid, Verderben, Vernichtung', asächs. *skūr* 'Ungewitter, Sturm', aengl. *scūr* 'Ungewitter', engl. *shower* und anord. *skūr* f., schwed. *skur*, got. *skūra* f. (in *skūra windis* 'Sturmwind') lassen sich wohl wie armen. *çurt* 'kalt, Kälte, Schauer' als ablautende Bildungen mit lat. *caurus* 'Nordwestwind', lit. *šiáurė* 'Norden', *šiaũras* 'kalt, nördlich, streng, durchdringend' (bes. vom Wind), aslaw. *sěverъ* 'Norden, Nordwind', russ. *séver* (*север*) 'Norden' verbinden und auf ie. **k̂ēu̯er-*, **sk̂ūr-* 'Nord(wind)' zurückführen. *Schauer* im Sinne von 'vorübergehendes Zittern des Körpers, Angst, Entsetzen' und 'Anfall von Fieber oder Frösteln' wird im 17. Jh. (wohl unter Einfluß von nicht verwandtem *Schauder*, s. d.) gebräuchlich. – schauerlich Adj. (17. Jh.), schaurig Adj. (18. Jh.) 'Entsetzen erregend, fürchterlich, grausig'. schauern Vb. 'kurz und heftig regnen, hageln, stürmen, gewittern', spätmhd. *schauren* 'heulen' (vom Sturm), 'zittern, frösteln' (16. Jh.), 'Angst, Entsetzen, Freude, Ehrfurcht empfinden' (18. Jh.).

Schauermann m., Plur. *Schauerleute*, 'Hafenarbeiter'. Aus einem Verb fries. *sjouwe* (in der fries. Mundart von Hindeloopen *seeuwe*, gebildet zu *seeuw* 'See, Meer', s. *See*) 'mit Anstrengung schleppen, Lasten tragen' (eigentl. 'mit Last durch das Wasser, durch die See zu einem Schiff laufen') entsteht gleichbed. nl. *sjouwen*. Davon abgeleitetes nl. *sjouwer*, *sjouwerman* dringt an der Nordseeküste ostwärts und ergibt nd. *Schauermann* 'Hafenarbeiter für das Löschen und Laden der Schiffsfracht', das in der 1. Hälfte des 19. Jhs. in die Literatursprache aufgenommen wird.

Schaufel f. Werkzeug mit (metallenem) Trageblatt und langem Stiel, ahd. *scūfla* (8. Jh.), *scūvala* (8./9. Jh.), mhd. *schūvel(e)*, mnd. *schūfele*, asächs. *windskūfla* 'Wurfschaufel' und (mit kurzem Vokal) mnd. *schüffel(e)*, mnl. *schuffel*, nl. *schoffel*, aengl. *scofl*, engl. *shovel*, schwed. *skovel* sind (in unterschiedlichen Ablautstufen) mit femininem *l*-Suffix gebildete Gerätebezeichnungen (s. auch *Kurbel*, *Spindel*, *Windel*) zu der unter *schieben* (s. d.) verzeichneten Wurzelerweiterung ie. **skeub(h)-* '(flink) dahinschießen, schieben, stoßen'. *Schaufel* ist daher als ein 'Gerät, mit dem oder auf das etw. geschoben wird' zu verstehen. – Schaufler m. 'Elch oder Damhirsch, dessen Geweihstangen Schaufeln bilden' (18. Jh.), zu *Schaufel* 'schaufelförmig verbreitertes Geweih' (18. Jh.). schaufeln Vb. 'mit Hilfe einer Schaufel aufnehmen und transportieren', mhd. *schūveln*.

Schaukel f. 'an Seilen frei aufgehängter Sitz, der schwingend hin- und herbewegt wird' (17. Jh.), älter *Schuckel* (Luther). Die heutige Form geht wohl auf eine nd. (nachträglich diphthongierte) Form mit gelängtem *ū* (vgl. ofries. *Schukel* und *Schūkel*) zurück. Zugrunde liegt ein durch iteratives *l* erweiterter Wortstamm, dessen ursprünglicher Vokal *o* zu *u* gesenkt ist, vgl. mhd. *schoc*, *schuc* 'schaukelnde Bewegung, Schaukel, Windstoß', asächs. *skok*, *skokka*, mnd. *schocke*, *schucke* 'Schaukel', nl. *schok* 'Stoß, Schlag' und das Verb mhd. *schocken*, *schucken*, mnd. *schocken*, nd. *schokken*, *schukken* 'stoßen, schütteln, in schaukelnder Bewegung sein', mit iterativer *l*-Erweiterung frühnhd. *schockelen*, *schückeln* (Luther) sowie noch heute übliches s c h u c k e l n Vb. 'schaukeln, rütteln' (s. auch *schunkeln* und *Schock* m.). Weitere Herkunft ungeklärt. – s c h a u k e l n Vb. '(sich) auf der Schaukel bewegen, sich schwingend bewegen, wiegend tanzen' (17. Jh.). S c h a u k e l p f e r d n. (18. Jh.). S c h a u k e l s t u h l m. (19. Jh.).

Schaum m. 'lockeres Gefüge aus Luftbläschen und kleinen Substanzteilchen', ahd. *scūm* (11. Jh.), mhd. *schūm*, *schoum*, mnd. *schūm*, mnl. *scūme*, *scuum*, nl. *schuim*. Geht man von einer Bedeutung 'das (eine Flüssigkeit) Bedeckende' aus (s. unten *Abschaum*, *abschäumen*), so können die Formen als germ. Bildungen mit *m*-Suffix zur Ablautstufe ie. **(s)kū-* der unter *Scheune* (s. d.) genannten Wurzel ie. **(s)keu-*, **(s)keu̯ə-* 'bedecken, umhüllen' aufgefaßt werden. – s c h ä u m e n Vb. 'Schaum bilden', ahd. *scūmen* (9. Jh.), mhd. *schūmen*, seit dem 14. Jh. auch umgelautet *schöumen*. s c h a u m i g Adj. 'voller Schaum, aus Schaum bestehend' (16. Jh.), *schumig* (15. Jh.). S c h a u m w e i n m. mit Kohlensäure versetzter und daher 'moussierender Wein' (18. Jh.), nach frz. *vin mousseux*. A b s c h a u m m. 'was sich beim Kochen, Schmelzen u. dgl. auf Flüssigkeiten an Luftbläschen und Substanzteilchen absetzt und als wertlos entfernt wird' (18. Jh.); früher bezeugt in übertragener Verwendung für 'minderwertiger, übelster Teil der Menschheit' (Ende 15. Jh.); gebildet im Anschluß an a b s c h ä u m e n Vb. 'Schaum abschöpfen' (15. Jh.).

Scheck m. 'Zahlungsanweisung auf eine Bank', Entlehnung (19. Jh.) von gleichbed. amerik.-engl. bzw. (von daher übernommenem) engl. *check* (deshalb anfangs auch dt. *Check*), das vereinfachend aus engl. *cheque*, eigentl. 'Zeichen für die Überprüfung der Richtigkeit einer Sache', entstanden ist. Dies ist gebildet zu engl. *to check* 'hemmen, aufhalten, Einhalt gebieten, kontrollieren, überprüfen' (eigentl. 'in Schach halten') und in der Schreibweise *cheque* an engl. *exchequer* 'Schatzamt, Staatskasse, Fiskus' angeglichen. Ausgangsform ist engl. *check*, aus afrz. *eschec* (s. *Schach*, *schachmatt*).

scheckig Adj. 'mehrfarbig, gefleckt' (17. Jh.); vorauf geht spätmhd. *scheckeht* (14. Jh.), eine Weiterbildung von mhd. *schecke* Adj., das wohl auf afrz. *eschas*, *esche(c)s* Plur. 'Schachspiel' (frz. *échecs*), afrz. *eschec* 'schachbietender Zug, Schachfigur' (frz. *échec*) beruht (s. *Schach*), so daß von einer Bedeutung 'wie ein Schachbrett gemustert' (vgl. in diesem Sinne afrz. *a eschequier*) auszugehen ist. Dieses alte Adjektiv setzt sich fort in der Substantivierung S c h e c k e m. f. Bezeichnung für ein weiß und andersfarbig gezeichnetes Tier, bes. Pferd oder Kuh (16. Jh.). – g e s c h e c k t Part.adj. 'gefleckt, bunt', mhd. *geschecket*, gleichzeitig mit mhd. *schecke* (s. oben) erstmals belegt, wahrscheinlich nach afrz. *eschequeré*, *eschequeté* 'schachbrettartig gemustert'.

scheel Adj. 'abschätzig, mißtrauisch, neidisch' beruht auf mnd. *schēl(e)* 'schielend' (eigentl. 'schiefäugig, schief, von der Seite her'), das durch Luthers Gebrauch in die Literatursprache aufgenommen wird. Daneben stehen ahd. *skelah* (8. Jh.), mhd. *schelch*, *schel*, *schelwe* 'schielend, quer, schief, krumm', aengl. *sceol* und (mit grammatischem Wechsel) anord. *skjalgr*, aschwed. *skiælgher*. Das mit dem Suffix ie. *-ko-* (germ. *-ha-*) gebildete Adjektiv stellt sich mit griech. *skélos* (σκέλος) 'Schenkel, Bein', *skoliós* (σκολιός) 'krumm, gebogen, verdreht, ungerecht', lat. *scelus* 'Bosheit, Verruchtheit, Verbrechen' zur Wurzel ie. **(s)kel-* 'biegen, anlehnen, krumm, verkrümmt' (auch moralisch). Dazu gehören auch (ohne anlautendes *s* und ablautend) aind. *káṭakaḥ* 'Armband, Ring', griech. *kyllós* (κυλλός) 'verkrüppelt, verstümmelt', lit. (mit *k*-Suffix) *kul̃nas* (aus **kulkn-*) 'Ferse, Hacke', kslaw. *klъka* 'Kniekehle', serbokr. *kȕka* 'Hüfte'. Heute vorwiegend in festen Verbindungen wie *mit scheelen Augen ansehen* (vgl. mhd. *mit schilhen ougen*), *jmdn. scheel ansehen* 'mißgünstig, neidisch betrachten' (16. Jh.), eigentl. 'mit schielendem Blick, von der Seite her'. – s c h e e l ä u g i g Adj. 'schielend, neidisch', *scheeläugicht* (16. Jh.). s c h e e l s ü c h t i g Adj. 'neidisch, mißgünstig', *scheelsichtig* (17. Jh.), S c h e e l s u c h t f. (17. Jh.).

Scheffel m. 'hölzernes Gefäß, Hohlmaß für Getreide', ahd. *skeffil* (8. Jh.), mhd. *scheffel*, *schepfel*, asächs. *skepil*, mnd. *schēpel*, mnl. *scēpel*, nl. *schepel* stellt sich als Bildung mit dem Suffix für Gerätebezeichnungen germ. *-ila-* zu ie. **skăb(h)-* 'schnitzend gestalten', einer Variante der unter *schaben* und *schaffen* (s. d.) genannten Wurzel ie. **(s)kĕp-*, *(s)kŏp-, *(s)kăp- 'mit scharfem Werkzeug schneiden, spalten'. Redensartlich *sein Licht (nicht) unter den Scheffel stellen* 'Wissen und Können (nicht) aus Bescheidenheit verbergen' (16. Jh., nach Matth. 5, 15f.), *das Geld mit Scheffeln messen* 'sehr reich sein' (19. Jh.). – s c h e f f e l n Vb. 'Scheffel füllen' (17. Jh.). Redensartlich *Geld scheffeln* 'Geld in großer Menge einnehmen und anhäufen'.

Scheibe f. 'abgerundete, flache Platte, Glas des Fensters oder Spiegels', ahd. *skība* 'Scheibe, Rolle, Walze' (um 800), mhd. *schībe* 'Kugel, Kreis, Rad, Walze', auch 'Töpfer-, Glas-, Wachsscheibe', asächs. *skīƀa*, mnd. *schīve*, mnl. *scīve*, nl. *schijf* (vgl. auch wohl aus dem Mnd. Mnl. entlehntes mengl. *schive*, engl. mundartlich *shive*), anord. *skīfa*, schwed. *skiva* stellen sich mit mhd. *schīben* 'rollend fortbewegen, rollen, wälzen', nhd. (nur obd.) *scheiben* 'kegeln', mnd. mnl. *schīven*, anord. *skīfa* 'in Scheiben schneiden' und mit griech. *skī́pōn* (*σκίπων*) 'Stab, Stock', lat. *scīpio* 'Stab' zur Labialerweiterung ie. **skĕip-* der unter *scheiden* (s. d.) genannten Wurzel ie. **skĕi-* 'schneiden, trennen, scheiden'. Aus den frühen Bedeutungen geht hervor, daß *Scheibe* zunächst einen runden, rollenden, wohl vom Baumstamm abgeschnittenen Körper bezeichnet.

Scheich m. 'arabischer Stammesfürst, Machthaber, Herrscher'. Arab. *šaiḫ* 'Greis, Ältester' wird vom 17. Jh. an durch Reiseliteratur im Dt. bekannt (zunächst in unterschiedlicher Schreibweise *Schich*, *Schegh*, *Scheikh*, *Schaich*). Pejorativer übertragener Gebrauch 'schlechter Soldat' entwickelt sich in der Soldatensprache (20. Jh.), danach auch allgemein 'unangenehmer Kerl'.

Scheide f. 'Hülle, Grenze' (vgl. *Wasserscheide*), ahd. *skeida* (9. Jh.), mhd. *scheide* 'Scheidung, Trennung, Abschied, Tod, Unterscheidung, Schwert-, Messerscheide' (vgl. ahd. *swertskeida*, 11. Jh.), asächs. *skēðia*, mnd. *schēde*, mnl. *scēde*, *sceide*, nl. *schede*, aengl. *scǣþ*, *scēaþ*, engl. *sheath*, anord. (Plur.) *skeiðir* (Sing. *skeið* 'Weberkamm, Holzlöffel', eigentl. 'gespaltenes Holzstück') gehören zu dem unter *scheiden* (s. d.) behandelten Verb und bezeichnen ursprünglich die 'Schwertscheide', eine Hülle aus zwei Holzplatten zum Schutz der Schwertklinge. Die übertragene, bereits ahd. mhd. bezeugte Bedeutung 'Trennung, Abschied, Unterscheidung' ist auch erhalten in Komposita wie *Wasser-* (14. Jh.), *Grenz-* (17. Jh.), *Völkerscheide* (19. Jh.). Die Verwendung für 'weibliche Scham' entwickelt sich im 16. Jh. sowohl aus verhüllendem Gebrauch (vgl. *ein fremdes Messer in die Scheide stecken*) als auch aus der Übersetzung von lat. *vagīna* 'Schwert-, Degenscheide, weibliche Scham'.

scheiden Vb. 'trennen, weggehen'. Das ehemals reduplizierende Verb ahd. *skeidan* (8. Jh.), mhd. *scheiden* 'teilen, trennen, entscheiden, beilegen, beenden, auslegen', asächs. *skēdan*, *skēðan*, mnd. *schēden*, mnl. *sceiden*, *scēden*, nl. *scheiden*, aengl. *sc(e)ādan*, engl. *to shed*, got. *skaidan* führt mit *Scheit*, *Scheitel*, *Schädel* (s. d.) sowie mit (ablautend) lat. *scūtum*, air. *scīath*, aslaw. *štitъ*, russ. *ščit* (*щит*) 'Schild' auf ie. **skĕit-*, das sich wie **skĕid-*, wozu *scheißen* (s. d.) und aind. *chinátti* 'schneidet ab, spaltet, durchlöchert', lat. *scindere*, griech. *schízein* (*σχίζειν*) 'schlitzen, spalten, zerreißen, trennen', lit. *skíesti* 'verdünnen, trennen, scheiden', als Dentalerweiterung zur Wurzel ie. **skĕi-* 'schneiden, trennen, scheiden' stellt; dazu s. auch *Schiene*, [1]*schier* 'beinahe' sowie (mit Labial gebildetes) *Schiff*, *Schicht*. Ie. **skĕi-* kann als eine Erweiterung der Wurzel ie. **sĕk-* 'schneiden' (s. *Säge*, *Segel* und *Messer*) angesehen werden. Nebenformen bzw. Sekundärbildungen zum oben genannten Verb wie ahd. *skeidōn* (Hs. 12. Jh.), mhd. *scheiden* 'trennen, teilen, spalten, entfernen' sowie mhd. (stark) *schīden* 'auseinandergehen, scheiden, deuten, auslegen, entscheiden' (wovon *gescheit*, s. d.) und (schwach) *schiden* 'scheiden, trennen' sind im Nhd. aufgegeben. – S c h e i d u n g f. 'Trennung, Auflösung einer Ehe', ahd. *skeidunga* 'Meinungsverschiedenheit' (9. Jh.), 'Ehebruch, Ehescheidung' (10. Jh.), mhd. *scheidunge*, auch 'Entfernung, das Weggehen, Abschied, Tod, Entscheidung, Schlichtung'. e n t s c h e i d e n Vb. 'einen Entschluß fassen, bestimmen, den Ausschlag geben', mhd. *entscheiden* 'unterscheiden, richterlich entscheiden, bescheiden'; e n t s c h i e d e n Part.adj. 'fest, bestimmt, abgemacht, entschlußfest' (18. Jh.); E n t s c h e i d m. 'Beschluß, Urteil', frühnhd. *entscheit* 'Entscheidung, Bescheid' (15. Jh.); E n t s c h e i d u n g f. 'Urteil, Schiedsspruch, Entschluß' (16. Jh.). u n t e r -

scheiden Vb. ‘auf Grund abweichender Merkmale auseinanderhalten’, ahd. *untarskeidan* (8. Jh.), *untarskeitōn* (um 800), *untarskeidōn* (10. Jh.) ‘trennen, teilen’, mhd. *underscheiden*, auch ‘erklären, Bescheid geben, anweisen’. Unterschied m. ‘Verschiedenheit, Andersartigkeit, trennendes Merkmal’, mhd. *underschiet*; vgl. ahd. *untarskeit* (8. Jh.), *untarskeid* (9. Jh.), mhd. *underscheit*. Scheidekunst f. praktisch angewandte Chemie, die Substanzen in einzelne Bestandteile zerlegt, trennt (17. Jh.). verscheiden Vb. ‘sterben’, frünhd. auch ‘scheiden, weggehen, vergehen’, ahd. *firskeidan* ‘sterben’ (Hs. 12. Jh.), mhd. *verscheiden* ‘fort-, weggehen, verschwinden, sterben’, trans. ‘einrichten, anordnen, entscheiden, beilegen’.

scheinen Vb. ‘leuchten, glänzen’, übertragen ‘aussehen als ob, zu Vermutungen Anlaß geben’. Das mit Nasalformans gebildete gemeingerm. Verb ahd. *skīnan* (8. Jh.), mhd. *schīnen* ‘strahlen, glänzen, leuchten, erscheinen, sichtbar werden, dem Schein nach (aber nicht in Wirklichkeit) sein’, asächs. *skīnan*, mnd. *schīnen*, mnl. *scīnen*, nl. *schijnen*, aengl. *scīnan*, engl. *to shine*, anord. *skīna*, schwed. *skina*, got. *skeinan* (verwandt mit *Schemen*, ²*schier*, *schimmern*, s. d.) stellt sich (wie *Schein*, s. unten) mit aind. *chāyā́* ‘Schatten, Widerschein’, griech. *skiá* (*σκιά*) ‘Schatten’, aslaw. *sěnь*, russ. *sen’* (*сень*) ‘Schatten’, aslaw. *sijati*, russ. *siját’* (*сиять*) ‘strahlen, glänzen’ zu einer Wurzel ie. **sk̂āi-*, **sk̂i-* ‘gedämpft schimmern, Schatten’. *scheinen* bezeichnet anfangs vor allem das Leuchten der Himmelskörper, steht dann (bereits ahd.) für ‘zum Vorschein kommen, sichtbar werden’ (im Nhd. dafür *erscheinen*, s. unten). Aus der Wendung *mir scheint*, mhd. *eʒ schīnet mir* ‘mich dünkt’ und aus Vergleichen ‘aussehen wie etw. (ohne Übereinstimmung mit der Wirklichkeit)’ entwickelt sich der moderne Gebrauch ‘den Eindruck erwecken, zur Vermutung Anlaß geben’. – erscheinen Vb. ‘zum Vorschein kommen, sichtbar werden, hervortreten, veröffentlicht werden’, ahd. *irskīnan* ‘offenbar werden, sich zeigen, leuchten’ (um 800), mhd. (stark) *erschīnen*, daneben (schwach und kausativ) *erscheinen* ‘leuchten lassen, deutlich machen, zeigen’; Erscheinung f. ‘Aussehen, Aufmachung, Vision, Gespenst, Veröffentlichung, Wahrnehmung’, spätmhd. *erschīnunge*. wahrscheinlich Adj. ‘vermutlich’ (17. Jh.), nach nl. *waarschijnlijk*, einer Übersetzung von frz. *vraisemblable*, das seinerseits dem lat. *vērī similis* nachgebildet ist, wofür im Dt. zuvor *der Wahrheit gleich*, *wahrähnlich* (16. Jh.), *der Wahrheit ähnlich* (17. Jh.). anscheinend Adv. ‘offenbar, offensichtlich’ (18. Jh.), eigentl. Part. Präs. zu anscheinen Vb. ‘beleuchten, -strahlen’, älter ‘sichtbar werden, sich zeigen’, ahd. *anaskīnan* (um 1000), mhd. *aneschīnen* ‘bescheinen, beleuchten, sichtbar sein bzw. werden’. Schein m. ‘Lichtstrahl, Glanz, Schimmer, äußeres Aussehen, Trugbild, schriftlicher Nachweis, Bestätigung, Banknote’, ahd. *skīn* (9. Jh.), mhd. *schīn* ‘Strahl, Glanz, Helligkeit, Sichtbarkeit, sichtbarer Beweis’, woraus ‘schriftlicher Beweis, Urkunde, Dokument, schriftliche Bestätigung’ (15. Jh.), asächs. *skīn* ‘Licht, Glanz’, mnd. *schīn*, mnl. *scijn*, nl. *schijn*, aengl. *scīn*, engl. *shine*, (ablautend) anord. *skin*, schwed. *sken*. bescheinigen Vb. ‘(durch eine schriftliche Bestätigung) bezeugen’ (18. Jh.), ‘(mit Hilfe von Schriftstücken) beweisen’, mnd. *beschēnigen* (14. Jh.), niederrhein. *bescheinigen* (15. Jh.), seit dem 16. Jh. geläufig; Bescheinigung f. ‘Nachweis, Beweis’ (16. Jh.), ‘schriftliche Bestätigung’ (18. Jh.). scheinbar Adj. ‘nicht wirklich, nur vorgetäuscht’, ahd. *skīnbāri* ‘glänzend, leuchtend, offenbar, sichtbar’ (um 1000), mhd. *schīnbære*. unscheinbar Adj. ‘unauffällig’, eigentl. ‘nicht glänzend’ (15. Jh.). scheinheilig Adj. ‘sich heilig stellend, Aufrichtigkeit oder Frömmigkeit vortäuschend, heuchlerisch’ (um 1580), nl. *schijnheilig* (1557), nach *die scheynenden heilgen* (Luther 1518). scheintot Adj. ‘nur dem Schein nach, nicht wirklich tot’, Scheintod m. ‘Zustand, in dem alle Lebensäußerungen aufgehört zu haben scheinen’ (beide 19. Jh.). Scheinwerfer m. ‘einen gebündelten Lichtstrahl aussendende Lichtquelle’ (Campe 1791 für frz. *réverbère* ‘Reflektor, Hohlspiegel’).

scheißen Vb. ‘den Darm entleeren’ (als sehr derb empfunden), ahd. *biskīʒan* (s. unten), mhd. *schīʒen*, mnd. *schīten*, mnl. *scīten*, nl. *schijten*, aengl. *scītan*, engl. (mundartlich) *to shite* (neben *to shit*), anord. *skīta*, schwed. *skita* sind an die Dentalerweiterung ie. **skĕid-* der unter *scheiden* (s. d.) genannten Wurzel ie. **skĕi-* ‘schneiden, trennen, scheiden’ anzuschließen. Die Ausgangsbedeutung ist wohl 'sich teilen, zerfließen'. – Scheiße f. 'Kot', in moderner Zeit verbreiteter (häufiger als das Verb gebrauchter) Kraftausdruck der Umgangssprache für alles, was als mißlich empfunden wird, spätmhd. *schīȝe* 'Durchfall'. Daneben aus dem Nd. aufgenommenes und als weniger derb angesehenes Schiet m., Schiete f. 'Kot', aber auch 'Dreck, Schmutz, unangenehme Sache', mnd. *schīt(e)*, mnl. *scīte*, anord. *skītr* 'Kot, Dreck'. Scheißkerl m. Scheltwort 'kraftloser, mutloser, feiger Mensch' (18. Jh.). Schiß m. 'das Scheißen, Blähung' (16. Jh.), 'Angst' (19. Jh.). Anschiß m. 'grobe Zurechtweisung, Tadel' (1800). bescheißen Vb. 'mit Kot verunreinigen, betrügen', ahd. *biskīȝan* 'besudeln' (11. Jh.), mhd. *beschīȝen* 'besudeln, betrügen'; Beschiß m. 'Betrug', spätmhd. *beschiȝ*.

Scheit n. 'abgespaltenes Stück Holz', ahd. *-skīt* (vgl. *grabūnskīt*, Hs. 12. Jh.), mhd. mnd. *schīt*, aengl. *scīd*, engl. (mundartlich) *shide*, anord. *skīð* 'Scheit, Schneeschuh' (s. *Ski*) stehen im Ablaut zu dem unter *scheiden* (s. d.) behandelten Verb. Neben dem Plur. mhd. *schīte*, nhd. *Scheite* entwickelt sich in Analogie zur Pluralform der *es/os*-Stämme ein neuer Plur. mhd. *schīter*, nhd. *Scheiter*, zu dem das Verb scheitern 'zugrunde gehen, erfolglos sein', eigentl. 'in Stücke gehen' (17. Jh.), zuvor *zu-*, *zerscheitern* (16. Jh.), gebildet wird, wohl aus Wendungen wie *zu Scheitern gehen* 'in Trümmer auseinanderbrechen' (16. Jh.), bes. vom Schiffbruch (17. Jh.). – Scheiterhaufen m. 'aufgeschichteter Holzstoß', auf dem Leichen, Verbrecher, Ketzer verbrannt wurden (16. Jh.). Richtscheit n. 'Richtlatte' (der Bauleute), mhd. *riht(e)schīt*.

Scheitel n. 'Trennungslinie der Frisur, von der die Haare nach zwei Seiten sich ausbreiten, oberer mittlerer Teil des Kopfes, höchster Punkt', ahd. *skeitila* f. 'Haarscheide, Wirbel' (8. Jh.), mhd. *scheitel(e)* f., auch 'Berggipfel', mnd. *schēdel(e)* f. m., mnl. *scēdele*, *sceidele* f. m., aengl. *scēaþel* f. 'Weberschiff' (?) stellen sich mit *l*-Suffix und grammatischem Wechsel von *d* und *t* zu dem unter *scheiden* (s. d.) behandelten Verb. Sie stehen zunächst für 'Haarscheide, Wirbel', dann für den 'höchsten Punkt' des Menschen wie in der Landschaft. Der maskuline Gebrauch, allmählich vom Nd. her vordringend, setzt sich endgültig im 19. Jh. durch. – Scheitelpunkt m. 'höchster Punkt, Zenit' (16. Jh.), in der Mathematik 'Spitze eines Winkels oder Dreiecks, höchster Punkt einer Kurve' (17. Jh.). scheiteln Vb. '(Haare) mit einem Scheitel versehen', ahd. *skeitilōn* (8. Jh.), mhd. *scheiteln*.

[1]**Schelle** f. 'Glöckchen, Klingel', ahd. *skella* (11. Jh.), mhd. mnd. *schelle*, mnl. *scelle*, nl. *schel* steht als Verbalsubstantiv zu dem im 17. Jh. untergegangenen starken Verb ahd. *skellan* 'tönen, lärmen, schallen, klingen' (um 1000; vgl. *irskellan* 'ertönen, erklingen', 9. Jh.), mhd. mnd. frühnhd. *schellen*, mnl. *scellen*, anord. *skjalla*. Daneben begegnet ein (im Nhd. ebenfalls untergegangenes) Kausativum ahd. *skellen* (um 1000), mhd. frühnhd. *schellen* 'erklingen lassen', anord. *skella*. Das starke und das schwache Verb sind im Dt. jedoch bewahrt in der Präfixbildung *zerschellen* (s. d.). Nächstverwandt ist *Schall* (s. d.). Außergerm. läßt sich vielleicht russ. (mundartlich) *skólit'* (*сколить*) 'winseln, heulen' (von Hund und Wolf) heranziehen. Es handelt sich offensichtlich um schallnachahmende Bildungen, die an ie. **skel-* (wozu auch *schelten*, s. d.), eine mit *s*-anlautende Variante der Wurzel ie. **kel(ə)-* 'rufen, schreien, lärmen, klingen' (s. *hell*), angeschlossen werden können. – Schellenkappe f. 'mit Glöckchen besetzte Narrenkappe' (18. Jh.). Schellenbaum m. auf die Janitscharenmusik zurückgehendes Musikinstrument, dessen Querstangen mit Schellen (Glöckchen) bestückt sind (19. Jh.), heute Repräsentationszeichen der Militärmusik. schellen Vb. 'klingeln, läuten', Neubildung (17. Jh.) zum Substantiv (s. oben). [2]Schelle f. 'Schlag ins Gesicht, Ohrfeige' (18. Jh.), gekürzt aus älterem gleichbed. Maulschelle f. (16. Jh.), eigentl. 'schallender Schlag aufs Maul', gebildet zu frühnhd. *schellen* 'schallen, klingen' (s. oben).

[3]**Schelle** f. 'ringförmige (Metall)fessel' (Anfang 17. Jh.), vgl. *Handschelle* (18. Jh.), in der Handwerkersprache 'Befestigungsriegel, -bügel, ringförmige Klammer'. Vielleicht ist anzuknüpfen an ahd. *fuoȝscal* 'Riegel' (um 800), dessen Grundwort, ausgehend von einer Bedeutung 'abgespaltener Pfahl, Pflock', zu der unter *Schale* (s. d.) angegebenen Wurzel ie. **(s)kel-* 'schneiden' gestellt werden kann.

Schellfisch m. zur Familie der Dorsche zählender Nordseefisch, mnd. *schellevisch*, mnl. *scelvisc*, nl. *schelvis*. Der Name wird im 16. Jh. ins Hd. übernommen. Er ist auf Grund des schilfrigen, blättrigen, gleichsam in Schichten liegenden Fleisches zu mnd. *schelle*, *schille*, mnl. *scelle*, *scille*, nl. *schel*, *schil* 'Hülse, Schale, Schuppe', mnd. *schellen* 'schälen' (s. [1]*Schale*) gebildet.

Schelm m. 'Spaßvogel, schalkhaftes Kind, Schlingel'. Ahd. *scalmo* (9. Jh.), *scalm* (11. Jh.), *skelmo* (Hs. 12. Jh.), mhd. *schalm(e)*, *schelm(e)* 'Pest, Seuche' nimmt in mhd. Zeit auch die Bedeutung 'toter Körper, Aas' an, entwickelt sich von da aus zum Schimpfwort im Sinne von 'Bösewicht, Schurke, Betrüger, Dieb, Verräter' und zum Beinamen des als unehrbar geltenden Scharfrichters und Schinders; vgl. noch Ende 18. Jh.: *dein Vater ist zum Schelm* ('Verräter') *an mir geworden* (Schiller). Im 17. Jh. beginnt diese pejorative Bedeutung sich zu 'armer Kerl, bemitleidenswerter Mensch' und dann zu 'loser, neckischer Mensch' abzuschwächen, und *Schelm* kann sogar den Charakter eines Kosewortes erhalten (vgl. *kleiner Schelm*, 18. Jh.). Die Herkunft des nur im Dt. auftretenden Substantivs (anord. *skelmir* 'Teufel' und die entsprechenden schwed. dän. norw. Formen sind Entlehnungen aus mnd. *schelm*) ist ungewiß; Anschluß (mit Nasalsuffix) an die Wurzel ie. **(s)kel-* 'schneiden' (s. *Schale*, *Schild*) stößt auf semantische Schwierigkeiten. – s c h e l m i s c h Adj. 'fröhlich, neckisch, zu Schabernack bereit' (18. Jh.), älter 'abgestorben, tot, schurkisch, betrügerisch' (16. Jh.), 'ansteckend' (15. Jh.); vgl. voraufgehendes mhd. *schelmec*, *schelmic* 'pestisch, verpestet (von gefallenen Tieren), an einer Seuche leidend', frühnhd. *schelmig*. S c h e l m e n s t r e i c h m. 'lustiger Streich, Schabernack', zuvor 'Diebes-, Schurkentat' (18. Jh.).

schelten Vb. '(be)schimpfen, ausschimpfen, tadeln, Vorwürfe machen', ahd. *skeltan* (8. Jh.), mhd. *schelten*, *schelden* 'schmähen, tadeln, beschimpfen', anfrk. *skeldan*, mnd. *schelden*, mnl. *scelden*, nl. *schelden* führt auf eine Dentalerweiterung von ie. **skel-* (s. *Schall* und [1]*Schelle*), das als eine *s*-Variante der Wurzel ie. **kel(ə)-* 'rufen, schreien, lärmen, klingen' (s. *hell*) angesehen werden kann. – S c h e l t e f. 'laut geäußerter Tadel, Rüge', ahd. *skelta* (9. Jh.), mhd. *schelte* 'Schmähung, Tadel'. u n b e s c h o l t e n Part.adj. 'frei von öffentlich entehrendem Tadel', mhd. *unbescholten* (doch geläufig erst seit Mitte 19. Jh.), verneintes Part. Prät. zu mhd. *beschelten* 'durch Tadel oder Schmähung herabsetzen, verkleinern, rügen', ahd. *biskeltan* (9. Jh.).

Schema n. 'anschauliche, oft vereinfachende Darstellung, Übersicht, Rahmen, Muster, Vorbild', Entlehnung (16. Jh.) von lat. *schema*, griech. *schéma* (σχέμα), sekundär nach *schē̃ma* (σχῆμα) 'Haltung, Gebärde, Gestalt, Erscheinung, (geometrische, rhetorische) Figur', zu griech. *échein* (ἔχειν) 'besitzen, (zurück)halten, haben' bzw. dessen schwundstufigem Aorist *scheĩn* (σχεῖν) 'bekommen, in Besitz nehmen, sich verhalten'. Redensartlich *nach (dem) Schema F* 'nach vorgegebenem, festem, bürokratischem, unabänderlichem Muster' (18. Jh.), eigentl. 'etw. nach einer mit F bezeichneten Richtlinie behandeln'. – s c h e m a t i s c h Adj. 'einem Schema folgend, umrißhaft' (18. Jh.), 'mechanisch, routinehaft, gedankenlos' (19. Jh.). s c h e m a t i s i e r e n Vb. 'in einem Schema darstellen, ordnen', auch 'alles gleich behandeln, nivellieren' (18. Jh.), vgl. griech. *schēmatízein* (σχηματίζειν) 'Gestalt, Form geben, bilden'. S c h e m a t i s m u s m. 'Bild, Gestalt, Umriß, Entwurf', auch 'Einförmigkeit, Routine' (18. Jh.); ferner 'Kirchenkalender, statistisches Handbuch einer katholischen Diözese, eines Ordens, Staatskalender', öst. 'Rang-, Namensliste' (18. Jh.).

Schemel m. 'Sitz ohne Lehne, Hocker, Fußbank', ahd. *scamel*, *scamal* (9. Jh.), *scamil* (Hs. um 1100), mhd. *schamel*, *schemel*, asächs. *fōtskamel* sind wie aengl. *scamol*, mnl. *scāmel*, *scēmel*, nl. *schemel*, (mundartlich) *schamel* als Entlehnungen aus spätlat. (oder mlat.?) *scamellum* bzw. *scamillus* anzusehen, das als neu gebildetes Deminutivum (gegenüber lat. *scabellum*, *scabillum* 'Bank, Haspel, Winde') zu lat. *scamnum* 'Bank, Schemel' auftritt.

Schemen m. 'Trugbild, Gespenst, Schattenwesen', ahd. *skema* (in der Glossierung für lat. *larva*, *persona*, 11. Jh.), mhd. *schem(e)* m. 'Schatten(bild), verlarvte, maskierte Erscheinung', mnd. *schēme*, mnl. *scēme* 'Schatten, Schein, Lichtglanz', asächs. *skimo* 'Schatten', anord. *skimi* 'Glanz, Licht', schwed. (mundartlich) *skim* 'schwacher Glanz, Nordlicht' sind wie ablautendes ahd. *skīmo* (8. Jh.), mhd. *schīm(e)*, asächs. *skīmo*, aengl. *scīma*, got. *skeima* 'Glanz, Licht' (germ. **skīman-*) Bildungen mit dem Suffix ie. *-men-* zur Wurzel ie. **sk̂āi-*, **sk̂ī-* 'gedämpft schimmern, Schatten', zu der auch *scheinen* (s. d.) und die dort aufgeführten außergerm. Verwandten sowie, gleichfalls mit *m*-Suffixen, *Schimmel*, *schimmern* (s. d.) gehören. Das auslautende *-n* entstammt den obliquen Kasus (16. Jh.), doch begegnet daneben die alte Form *Scheme* noch im 18. Jh. Die Bedeutung 'schattenhaftes Trugbild, wesenlose gespenstische Erscheinung, Schattenbild eines Verstorbenen' entwickelt sich seit dem 16. Jh., doch gilt 'maskierte Gestalt' noch heute im Obd. – schemenhaft Adj. 'gespenstisch, wie ein Schattenbild' (19. Jh.).

Schenkel m. Bezeichnung für den oberen und unteren Teil des Beins (bes. den Oberschenkel), ahd. *thiohskenkil* 'Hüft-, Oberschenkel' (10. Jh.; vgl. ahd. *thioh* 'Oberschenkel, Hüfte, Hüftbein'), mhd. mnd. *schenkel*, aengl. *scencel*, mnl. *scenkel*, nl. *schenkel* stellen sich als deminutive Ableitungen zu mnd. *schenke*, aengl. *sceanca*, engl. *shank*, schwed. *skank* 'Schenkel, Bein'. Verwandt sind anord. *skakkr* 'schief, lahm', griech. *skázein* (σκάζειν) 'hinken', aind. *khañjati* (wohl aus **skañj-*) 'hinkt', vielleicht auch *sákthi* 'Schenkel', so daß auf die unter *hinken*, *schenken*, *Schinken* (s. d.) angeführte Wurzel ie. **(s)keng-* 'hinken; schief, schräg' zurückzugehen ist. In der Mathematik gilt *Schenkel* für 'Winkelseite' (18. Jh.), nach lat. *crūs angulī*.

schenken Vb. 'unentgeltlich geben, als Gabe überlassen, überreichen', ahd. *skenken* 'zu trinken geben, einschenken' (9. Jh.), mhd. mnd. *schenken* 'zu trinken geben, zum Verkauf ausschenken, geben, verleihen', asächs. *skenkian*, aengl. *scencan*, mnl. *scenken*, nl. *schenken* ist verwandt mit *Schenkel*, *Schinken*, *hinken* (s. d.) und weiteren dort genannten Wörtern. Zugrunde liegt die Wurzel ie. **(s)keng-* 'hinken; schief, schräg'. Auszugehen ist von der Bedeutung 'einschenken, zu trinken geben' (nur so ahd., asächs., aengl.), eigentl. 'das Gefäß schief halten'; der heute herrschende Sinn entwickelt sich erst im Spätmhd. Mnd. (bzw. Mnl.) aus 'darreichen'. – Schenkung f. 'Stiftung', mhd. *schenkunge* 'Geschenk' (14. Jh.), auch 'das Stillen von Kindern' (15. Jh.). Geschenk n. 'unentgeltlich Dargebrachtes', mhd. *geschenke* 'das Eingeschenkte', spätmhd. 'Geschenk'. Schenke f. 'Gasthaus, Wirtshaus' (von Obersachsen und Thüringen aus sich verbreitend), spätmhd. *schenk(e)* 'Gabe, Geschenk' (bis ins 17. Jh.), 'Schmaus bei bestimmten Feiern, wo die Gäste Geschenke bringen, Schenkmaß, Wirtshaus'. Schank m. 'das Ausschenken, Verkauf von (alkoholischen) Getränken', noch erhalten in *Schankstube*, *Schankwirt*, *Ausschank*, mhd. *schanc* 'Gefäß, aus welchem eingeschenkt wird', dann 'Wirtshaus', auch 'Geschenk' (15. Jh.), zu *schenken* 'ein-, ausschenken, zu trinken geben' gebildet.

Scherbe f. 'Stück zerschlagenes Geschirr, Bruchstück', ahd. *skirbī(n)* f. (9. Jh.), mhd. *schirbe*, *scherbe* m. f., *schirben* f. 'Stück zerschlagenes Geschirr, Topf', asächs. *habanskerbin* n. 'Topfscherbe', mnd. *scherve* f., *scherven* n. 'Scherbe', mnl. *scerf*, *sceerf* m. n., *scerve* f. 'Bruchstück, Brocken, Topf, Münzstückchen', nl. *scherf* sind verwandt mit mnd. *scharf* 'Scherbe', mnl. *scarf* m. n. 'Bruchstück, Brokken, Topf, Münze', anord. *skarfr* 'schräg abgehauenes Balkenende' und ahd. *scarbōn* 'zerschneiden, zerstückeln' (10. Jh.), aengl. *(ge)sceorfan*, *(ge)scearfian* 'abschneiden, kratzen, zerfetzen' sowie den unter *Scherflein* (s. d.) behandelten Formen. Außergerm. vergleichen sich aind. *karparaḥ* 'Schale, Topf', auch 'Hirnschale', griech. *karpós* (καρπός) 'Frucht, Feldfrucht, Ertrag' (s. *Herbst*), lat. *carpere* 'rupfen, (ab)pflücken, zerteilen', kslaw. *črěpъ*, *črěpica* 'Scherbe, irdenes Gefäß, Schale', russ. *čérep* (череп) 'Schädel, Schale (bes. der Schaltiere)'. Zugrunde liegt ie. **(s)kerp-*, **(s)krep-*, eine Labialerweiterung (s. auch verwandtes *scharf*) der Wurzel ie. **(s)ker(ə)-* 'schneiden' (s. [1]*scheren*). Als Ausgangsbedeutung ergibt sich 'scharf schneidend'. – Scherbengericht n. (um 1800), Übersetzung von griech. *ostrakismós* (ὀστρακισμός) im antiken Athen 'öffentliche Abstimmung, Verurteilung durch Scherben bzw. Tontäfelchen', auf denen der Name jener Bürger geschrieben war, von denen man glaubte, daß ihr hohes Ansehen die Demokratie gefährden könne, und die darum aus der Stadt zu verweisen seien; zu griech. *óstrakon* (ὄστρακον) 'Scherbe, irdenes Gefäß, Schale'.

Schere f. 'aus zwei sich aufeinander zubewegenden Messern bestehendes Schneidewerkzeug'. Aus einem Plural wie ahd. *scāri* (9. Jh.), *scāra* (10. Jh.) 'Schere, Zange', aengl. *scēarra* 'Schere', anord. *skæri* 'Schere, Messer' entwickelt sich singularisch aufgefaßtes mhd. *schær(e)*, auch 'Schwert, Sichel', mnd. *schēre*, mnl. *scāre*, *scēre*, nl. *schaar*, engl. (mit erneuter Pluralendung) *shears*. Die wohl auf einem alten Dual beruhenden Bildungen stehen dehnstufig neben den unter ²*Schar* 'Pflugeisen' (s. d.) behandelten Formen und gehören wie diese zu der unter ¹*scheren* (s. d.) genannten Wurzel ie. **(s)ker(ə)-* 'schneiden'.

¹**scheren** Vb. '(eine Oberfläche) kahlschneiden, rasieren, etw. kurz abschneiden'. Das starke Verbum ahd. *skeran* 'schneiden, scheren' (8. Jh.), mhd. *schern* '(ab)schneiden, scheren, durch Scheren der Tonsur zum Mönch bestimmen, abernten, belästigen, quälen, abteilen, ordnen', mnd. *schēren*, mnl. *scēren* 'schaben, kratzen, scheren', nl. *scheren*, aengl. *sceran*, engl. *to shear* 'scheren, abschneiden, mähen', anord. *skera* 'schneiden, schlachten', schwed. *skära* hat neben sich ein (im Nhd. nicht erhaltenes) schwaches Verbum ahd. *skerren* 'einordnen, einlassen, begrenzen' (um 800), mhd. *schern* '(ab)teilen, wohin schaffen, absondern, ausschließen, zuteilen', asächs. *skerian* 'zu-, einteilen', mnd. *schēren*, mnl. *scēren* 'zuteilen', aengl. *scearian* 'zuteilen, bestimmen'. Das schwache Verb gehört semantisch eng zu den unter ¹*Schar* (s. d.) behandelten Substantivformen und ist wohl als Denominativum aufzufassen. Außergerm. sind verwandt aind. *kṛṇā́ti* 'verletzt, tötet', *utkīrṇa* 'ausgeschnitten, eingeritzt', griech. *kē̆írein* (*κείρειν*) 'abschneiden, scheren', lit. *skìrti* 'trennen, teilen, scheiden, zuteilen', lat. *caro* 'Fleisch', eigentl. 'Stück (Fleisch)' sowie air. *scar(a)im* 'trenne'. Erschließbar ist eine verbreitete und vielfach erweiterte Wurzel ie. **(s)ker(ə)-* 'schneiden'. Hierher gehören Wendungen wie *sich (nicht) um etw. scheren* 'sich (nicht) kümmern, sorgen um etw.' (17. Jh.), heute meist schwach flektiert (unter dem Einfluß von ²*scheren*?, s. d.), wohl auf die Bedeutung von mhd. *schern* 'belästigen, quälen' (s. oben) zurückgehend; *(alles) über einen Kamm scheren* 'mit demselben Maß messen, auf gleiche Weise behandeln' (16. Jh.); *sein Schäfchen scheren* 'seinen Vorteil wahrnehmen' (18. Jh.). – u n g e s c h o r e n Part.adj. (*bleiben* oder *lassen*) 'unbelästigt, unbehelligt', ahd. *ungiscoran* (10. Jh.), mhd. *ungeschorn*. S c h e r e r e i f. 'Unannehmlichkeit' (18. Jh.).

²**scheren** Vb. 'sich fortmachen, sich packen, sich entfernen', älter 'schnell eilen, entkommen' (15. Jh.), vgl. nd. *scheren* 'gehen, eilen, laufen'. Die Herkunft des schwachen Verbs ist unsicher. Vielleicht kann es an ahd. *skerōn* 'mutwillig sein', aber auch 'sich ausruhen' (9. Jh.) angeschlossen werden. Außergerm. sind aind. *kiráti* 'gießt aus, streut aus, wirft', griech. *skaírein* (*σκαίρειν*) 'springen, hüpfen', aslaw. *skorъ*, russ. *skóryj* (*скорый*) 'schnell, flink', lit. *skėrỹs* 'Heuschrecke' vergleichbar, so daß auf die Wurzel ie. **(s)ker(ə)-* 'springen, herumspringen', eigentl. '(sich) drehend bewegen, schwingen' zurückgegangen werden kann. Zu deren Erweiterungen gehören *Scherz* und ¹*schrecken* (s. d.). Vgl. die Komposita *sich fort-*, *wegscheren*. – a u s s c h e r e n Vb. 'aus der Reihe gehen, den Kurs verlassen, aus dem Schiffsverband herausfahren' (19. Jh.), allgemein 'sich von einer Gruppe, einer Gemeinschaft absondern' (20. Jh.). Aus der Seemannssprache; vgl. nd. *scheren* 'gehen, eilen, laufen' (s. oben), auch 'hin und her schweben, fliegen oder fahren' und 'beim Schlittschuhlaufen nach beiden Seiten in Halbkreisen ausschweifen' (18. Jh.), 'seitlich abweichen' (19. Jh.).

Scherflein n. 'Beitrag, Anteil' (18. Jh.), zuvor 'kleinste Münze' (16. Jh.), Deminutivum von ahd. *skerph*, *skerf* (Hs. 12. Jh.), mhd. *scherpf*, *scherf*, mnd. *scherf* 'kleine Münze'. Die Substantivbildung gehört semantisch eng zu den Verben ahd. *scarbōn* 'zerschneiden, zerstückeln' (10. Jh.), mhd. *scharben*, *scherben* 'in kleine Stücke, blättchenweise schneiden, schaben', mnd. *scharven*, *scherven*, aengl. *(ge)scearfian* 'abkratzen', (stark flektierend) *(ge)sceorfan* 'abschneiden, kratzen, zerfetzen, nagen, ritzen' und stellt sich mit *Scherbe* (s. d.) zu der dort genannten Labialerweiterung ie. **(s)kerp-*, **(s)krep-* der Wurzel ie. **(s)ker(ə)-* 'schneiden' (s. ¹*scheren*).

Scherge m. 'Gerichtsdiener, Henker, Denunziant', ahd. *skerio* 'Anführer einer Schar, Scharmeister' (8. Jh.), mhd. *scherge*, *scherje* 'Gerichtsdiener, -bote, Büttel, Henkersknecht', seit dem 13. Jh. bair.-öst. Bezeichnung für die Gerichtsbeamten vom Amtsvorsteher bis zum Henker, später (16. Jh.) auch

Schimpfwort, ist Nomen agentis (*jan*-Ableitung) zu ahd. *scara* 'Heeresabteilung' (s. [1]*Schar*). Durch Übergang von *j* nach *r* in *g* entsteht nhd. *Scherge* (wie entsprechend bei *Ferge*, s. *Fähre*).

Scherz m. 'Fröhlichkeit, Spaß, witzige Rede', mhd. *scherz* 'Munterkeit, Vergnügen, Spiel' und ablautendes mhd. *scharz* 'Sprung' (im Schachspiel), *schurz* 'Sprung, Lauf' sind verwandt mit ahd. *skerōn* 'mutwillig sein' (s. [2]*scheren*), ferner mit aengl. *hratian* 'eilen', anord. *hrata* 'fallen, stürzen, schwanken, eilen', schwed. *rata* 'verwerfen, verschmähen', griech. *kradā́n* (*κραδᾶν*) 'schwingen, schwenken, schütteln', *krádē* (*κράδη*) 'Baumwipfel, Zweigspitze, Schwinge', lat. *cardo* 'Türangel' sowie ahd. *skerdo* 'Türangel' (9. Jh.), vielleicht auch mit aind. *kū́rdati* 'springt, hüpft'. Sie führen auf eine Dentalerweiterung ie. **(s)kerd-*, **(s)kred-* der Wurzel ie. **(s)ker(ə)-* 'springen, herumspringen', eigentl. '(sich) drehend bewegen, schwingen', zu der auch [2]*scheren* und [1]*schrecken* (s. d.) gehören. – s c h e r z e n Vb. 'fröhlich sein, Spaß machen, muntere, heitere Reden führen', mhd. *scherzen* 'fröhlich springen, hüpfen, sich vergnügen' ist vom Substantiv abgeleitet, wenn nicht, als vielleicht ursprünglich starkes Verbum (vgl. mhd. *er schirzet*), unmittelbar zur oben genannten Wurzel gebildet. v e r s c h e r z e n Vb. 'durch Vergnügen oder leichtfertiges, unbedachtes Verhalten verlieren', mhd. *verscherzen*. s c h e r z h a f t Adj. 'wie ein Scherz, spaßig, nicht ernst gemeint' (17. Jh.).

Scherzo n. 'munteres, heiteres Musikstück', bes. als (meist dritter) Satz von Sonaten, Sinfonien, Entlehnung (17. Jh.) von gleichbed. ital. *scherzo* m., eigentl. 'Spaß, Scherz', zu ital. *scherzare* 'Spaß machen, scherzen', für das germ. Herkunft (aus dem Langobard.?) angenommen wird (s. *Scherz*).

scheu Adj. 'schüchtern, zurückhaltend, furchtsam'. Mhd. *schiech*, *schiehe*, *schie* 'verzagt, abschreckend, häßlich' (noch obd. mundartlich *schiech*), aengl. *scēoh*, engl. *shy* und (mit Ablaut und grammatischem Wechsel von *h* und *g*) mnd. *schū(we)*, *schügge*, *schūwe*, mnl. *scū*, *scou*, nl. *schuw*, schwed. *skygg* führen auf germ. **skeuhwa-*, **skūhwa-*, **skugwa-*. Setzt man danach ie. **skeuk-* 'gehetzt' an, so kann dies als eine Gutturalerweiterung der Wurzel ie. **skĕu-* 'werfen, schießen, stoßen' (wozu auch *schieben* und *schießen*, s. d.) angesehen werden. Die heutige Form *scheu* (vgl. *schew*, *scheuch* bei Luther, *schüch* im 15. Jh.) hat sich lautlich an das Verb *scheuen* (s. unten) angelehnt. – S c h e u f. 'Schüchternheit, (furchtsame) Zurückhaltung', mhd. *schiuhe* '(Ab)scheu, Schreckbild', frühnhd. *Schew* (Luther; noch *Scheue* im 18. Jh.), mnd. *schūwe*, *schū(w)e*. S. dazu *Abscheu*, *abscheulich*. s c h e u e n Vb. 'zurückfahren, stutzen', auch trans. 'aus Bangigkeit zu vermeiden suchen' und refl. 'Furcht, Widerwillen empfinden, sich zurückhalten', ahd. *skiuhen* 'sich entsetzen, meiden' (8. Jh.), mhd. *schiuhen*, *schiuwen*, *schūen* 'scheu machen, erschrecken, meiden, sich entsetzen, scheuchen, verjagen', mnd. *schūwen*, *schū(w)en*, mnl. *scūwen*, *scouwen*, nl. *schuwen*, gebildet zum Adjektiv. S c h e u s a l n. 'Schreckbild, grauenerregendes Wesen', mhd. *schiuwesal*, frühnhd. *schusel* (15. Jh.), gebildet mit dem Suffix *-sal*, *-sel* (s. d.) zum Substantiv (s. oben) in seiner frühen Bedeutung 'Schreckbild' oder zum Verb im Sinne von '(Ab)scheuerregendes'.

scheuchen Vb. 'fort-, verjagen', in neuerer Zeit auch 'irgendwohin treiben', im 15. Jh. aus mhd. *schiuhen* (s. *scheu*, *scheuen*) hervorgegangen, indem sich dessen Spirans vor Konsonanz (z. B. vor *-t* in flektierten Formen, vgl. *er schiucht*) verschärft. Die anfangs nur lautlich voneinander abweichenden Verben werden bald auch semantisch unterschieden. – V o g e l s c h e u c h e f. mit menschlicher Kleidung behängtes Gestell, das die Vögel abschrecken soll, 'Schreckbild', frühnhd. *vogelscheuch*. Das Grundwort ist zu *scheuchen* gebildet wie frühnhd. *scheuhe*, *schewhe* (15. Jh.), mhd. *schiuhe* '(Ab)scheu, Schreckbild' zu mhd. *schiuhen*. Zu letzterem vgl. *vogelschewe* (15. Jh.), *Vogelscheue* (17. Jh., vereinzelt noch 19. Jh.). Aus *Vogelscheuche* gekürzt S c h e u c h e f. 'Schreckbild, Popanz' (18. Jh.).

scheuern Vb. '(mit der Bürste) kräftig reibend reinigen', intrans. auch 'reiben'. Das im Md. und Nordd. übliche Verb (obd. dafür *putzen*) mhd. (md.) *schiuren*, *schūren* 'scheuern, fegen, reinigen', mnd. *schūren*, mnl. *scūren*, nl. *schuren* ist vielleicht verwandt mit den unter *schüren* (s. d.) genannten Wortformen und an die dort angegebene Wurzel anzuschließen, wie Pokorny 1, 954 nahelegt. Damit wäre die Vermutung einer Entlehnung über das Mnl. aus afrz. *escurer* (frz. *écurer*) ‘säubern, reinigen’, hervorgegangen aus vlat. **excūrāre* (zu lat. *cūrāre* ‘Sorge tragen, besorgen, pflegen’), abzuweisen. *scheuern* bezeichnet anfangs (wohl als Wort handwerklichen Sprachgebrauchs) das Reinigen und Polieren von Metallgegenständen und wird Anfang des 16. Jhs. in die Haushaltssprache übernommen (*Töpfe, Dielen, den Fußboden, die Stube scheuern*). – abscheuern Vb. ‘durch Scheuern beseitigen’, mhd. *abeschūren*; ‘(sich) abnutzen’ (18. Jh.). durchscheuern Vb. ‘völlig reinigen, abnutzen’ (17. Jh.). Scheuertuch n. ‘Putzlappen’ (17. Jh.).

Scheune f. ‘Speicherhaus für die eingebrachte Ernte’, ahd. *scuginna* ‘Schuppen, Obdach’ (10. Jh.), (mit Verlust des *g* zwischen Vokalen) mhd. *schiun(e)*, mnd. *schūne* lassen sich mit den unter *Scheuer*, *Schote*, *Schuh*, wohl auch den unter *Schaum* (s. d.) genannten Formen und mit aind. *skunā́ti* ‘bedeckt’, lat. *obscūrus* ‘dunkel’ auf die Wurzel ie. **(s)keu-*, **(s)keu̯ə-*, **(s)kū-* ‘bedecken, umhüllen’ zurückführen, zu der (ohne *s*-Anlaut) auch *Haus*, *Haut*, *Hort*, *Hose* (s. d.) u. a. gehören. Von dem in der Literatursprache vorherrschenden *Scheune* werden die landschaftlichen Wörter *Scheuer* (s. unten) und *Stadel* (s. d.) zurückgedrängt. – Scheuer f. ‘Scheune’ (bes. südwestd.), ahd. *skiura* (9. Jh.), *scūra* (11. Jh.), mhd. *schiur(e)*, *schiuwer*, mnd. *schūre*, mnl. *scūre*, nl. *schuur* sind Bildungen zu einem in ahd. *scūr* (9./10. Jh.), mhd. *schūr*, asächs. *skūr* ‘Schutz, Obdach’, anord. *skūr* ‘Mandelkernhaut’ erhaltenen Substantiv, das sich mit *r*-Suffix zu der oben genannten Wurzel stellt.

scheußlich Adj. ‘grausig, eklig, unangenehm’, mhd. *schiuzlich* ‘scheu, verzagt, abscheulich, häßlich’ ist eine Ableitung von mhd. *schiuzen* ‘Scheu oder Abscheu empfinden, grauen’ (aus vorauszusetzendem **schiuhezen*), einer Intensivbildung zu mhd. *schiuhen* ‘scheu machen’ (s. *scheu*). Das Adjektiv erhält um 1500 unter Anlehnung an *Scheusal* seine heutige Lautgestalt (*scheuslich* Luther). Im Sinne von ‘unangenehm, widerlich’ (*scheußliches Wetter, scheußliche Kälte*) und ‘schlecht’ (*eine scheußliche Aufführung*) bes. seit dem 19. Jh. geläufig.

Schicht f. ‘horizontale (Gesteins)lage, Überzug, zeitliches Pensum des Arbeitstages, alle in einem bestimmten Zeitabschnitt Arbeitenden, Gruppe von Menschen mit gleicher oder ähnlicher beruflicher Tätigkeit’, mhd. (md.) *schiht*, mnd. *schicht(e)* ‘(An)ordnung, Einteilung, Reihe an- und übereinandergelegter Dinge, Gesteins- oder Erdarten, Zeit, die zum Abbau einer Gesteinsschicht erforderlich ist, Arbeitspensum, -frist, Ende des Tagwerks’ ist ein Wort des Bergbaus, das schon früh bis ins Obd. vordringt. Es gehört zum Verb schichten ‘(übereinander)ordnen, aufstellen, aufreihen’, mhd. (md.) *schihten* ‘abteilen, einteilen, in eine bestimmte Ordnung bringen, trennen’, mnd. *schichten*, mnl. *scichten*, die neben mnd. *schiften* ‘teilend ordnen, tätig sein, ins Werk setzen’, mnl. *sciften* ‘trennen, teilen’, nl. *schiften* ‘teilen, gerinnen (von Milch)’, aengl. *sciftan* ‘teilen, ordnen, bestimmen’, engl. *to shift* ‘(ver)schieben, verändern’, anord. *skipta* ‘tauschen, teilen, entscheiden’, norw. *skifte* stehen. Sie führen mit verwandtem *Schiff* (s. d.) auf die Labialerweiterung ie. **skĕib-* der unter *scheiden* (s. d.) angeführten Wurzel ie. **skĕi-* ‘schneiden, trennen, scheiden’. Das oben genannte, aus **skift*, **schift* entwickelte und sich aus der Bergmannssprache verbreitende Substantiv fällt lautlich zusammen mit wohl nicht verwandtem, sondern zu *geschehen* und *Geschichte* (s. d.) gehörenden mhd. *schiht*, md. mnd. *schicht* ‘Ereignis, Begebenheit, Zufall, Schickung, Eigenschaft’, nhd. (nur bis etwa 1700) *Schicht*. – Schichtarbeit f. ‘Arbeit in gleichmäßig sich ablösenden, über den Tag und die Nacht verteilten Zeitabschnitten’, zuvor im Bergbau ‘Arbeit, bei der der Arbeiter nach der Zahl der geleisteten Schichten bezahlt wird’ (19. Jh.). umschichtig Adj. ‘abwechselnd’ (19. Jh.).

Schick, auch *Chic* m. ‘modische Eleganz’. Das zu *(sich) schicken* (s. d.) im Sinne von ‘ordnen, (sich) fügen, einrichten’ gebildete, seit dem 15. Jh. belegte nhd. *Schick* ‘gute Art, gute Stimmung, gutes Aussehen, richtiges Verhalten’ gilt im Dt. des 18. Jhs. als veraltet (Frisch) bzw. (trotz vereinzeltem Gebrauch bei guten Schriftstellern) als nicht literatursprachlich (Adelung, Campe). Mit der im Obd., zumal im Elsaß, in der Schweiz und im Rheingebiet üblichen Bedeutung ‘Anstelligkeit, Geschick(lichkeit), Talent’ wird *Schick* ins Frz. entlehnt (1. Hälfte 19. Jh.) und ergibt frz. *chic* 'berufliche Fähigkeit, das Geschick, ohne Modell zu malen, etw. geschmackvoll zu tun, anspruchsvolle, besondere, verwegene Eleganz'. In diesem Sinne gelangt das Substantiv in der Form *Chic* ins Dt. zurück (2. Hälfte 19. Jh.), gilt als frz. Wort, und auch in der Schreibweise *Schick* wird die dt. Herkunft kaum noch empfunden. – s c h i c k , auch *chic*, Adj. 'modisch elegant', Übernahme (2. Hälfte 19. Jh.) von frz. *chic* in dessen adjektivischer Verwendung. An das dt. Substantiv bzw. unmittelbar an das Verb *schicken* schließt sich an s c h i c k l i c h Adj. 'geeignet, den Umständen angemessen, passend, geziemend', spätmhd. *schickelich* 'geordnet' (14. Jh.).

schicken Vb. 'senden', refl. 'sich fügen, einrichten, abfinden, geziemen'. Das nur im Dt. (seit dem 12. Jh.) und Nl. belegte Verb mhd. *schicken* 'machen, daß etw. geschieht, bewirken, ausrichten, gestalten, (an)ordnen, zurechtlegen, bereiten, rüsten, zuwenden, verschaffen, bewegen, richten, abordnen, senden', mnd. *schicken*, mnl. *scicken*, nl. *schikken* ist wohl eine kausative Bildung ('jmdn., etw. schnell fortgehen machen') zu dem in ahd. *skehan* 'umherstreifen, eilen', mhd. *schehen* 'jagen, rennen, eilen' (s. *geschehen*) vorliegenden Verb. Die im Mhd. entwickelte Bedeutungsvielfalt ist im Nhd. erheblich reduziert; vorherrschend wird der Gebrauch im Sinne von 'senden' (seit dem 16. Jh.). – a n - s c h i c k e n Vb. refl. 'sich vorbereiten, daranmachen' (15. Jh.), in älterer Sprache (bis ins 18. Jh.) auch trans. 'anordnen, anweisen, vorbereiten'. S c h i c k s a l n. 'Gesamtheit dessen, was dem Menschen widerfährt, Fügung, Los, Geschick' (18. Jh.), *Schicksel* (17. Jh.), Übernahme von nl. (älter) *schicksel* (für lat. *apparātus*, *ōrdo*, *dispositio*, *fātum*); 1644 von dem Oberdeutschen M. Zeiller als nl. bezeichnet und als Entsprechung für dt. *Geschick* empfunden. Zur Bildungsweise s. *-sal*, *-sel*. Häufig wird *Schicksal* personifiziert gebraucht sowie (in christlicher Vorstellung) als 'von Gott Geschicktes' verstanden.

Schickse f., auch *Schicks* f. geringschätzig 'Frau, Mädchen', in der Studentensprache 'leichtes Mädchen, Flittchen', zuvor *Schicksel* n. 'Judenmädchen', aus dem Rotw. (18. Jh.). Durch Umkehrung der Bedeutung aus jidd. *schickzo, schickzel, schickzeche* 'nichtjüdisches Mädchen, christliches (Dienst)mädchen', eine feminine Ableitung von jidd. *schekez* 'nichtjüdischer, christlicher junger Mann', eigentl. 'Greuel, Abscheu vor dem Unreinen', hebr. *šęqęṣ* 'Unwürdiges, Abscheuliches'. Auch hier die Umkehrung *Schekes*, *Scheeks* m. 'Judenjunge', dann allgemein (bes. omd.) 'junger Mann, Liebhaber, fester Freund'.

schieben Vb. 'durch Druck bewegen'. Das starke Verb ahd. *skioban* (um 800), mhd. *schieben*, mnd. *schūven*, mnl. *scūven*, nl. *schuiven*, aengl. *scūfan*, engl. *to shove*, got. *afskiuban* 'verstoßen, von sich wegstoßen' und schwach flektierendes anord. *skūfa*, *skȳfa*, norw. *skyve* führen mit *Schub*, *Schaufel*, *Schippe* (s. d.) sowie lit. *skùbti* 'anfangen, sich zu beeilen', *skubùs* 'eilig, flink, emsig', kslaw. *skubǫ*, russ. (landschaftlich) *skubú* (*скубу*) 'zause, rupfe' auf ie. **skeub(h)-* '(flink) dahinschießen, schieben, stoßen', eine Labialerweiterung der unter *schießen* (s. d.) angegebenen Wurzel. Die wohl aus der Gaunersprache stammende Bedeutung 'Waren illegal an andere Besitzer bringen, vertauschen, (auf dem schwarzen Markt) unlautere Geschäfte machen' (geläufig seit dem ersten Weltkrieg), zuvor in der Börsen- und Kaufmannssprache 'Wechsel, Hypotheken zum Schein in andere Hände bringen' (90er Jahre 19. Jh.), wird von Berlin aus verbreitet. Man vermutet, daß in Wendungen wie *Kohldampf*, *Wache schieben* 'Hunger, Wachdienst haben' nhd. *schieben* für rotw. *schefften* 'sein, sitzen, liegen, machen, tun, arbeiten, gehen' eingetreten sei; diesem liegt vielleicht jidd. *jaschwenen* 'setzen', hebr. *jāšab* 'sitzen, bleiben' zugrunde, doch dürfte rotw. *schefften* auf Grund seiner Bedeutungsbreite semantisch von *schaffen* beeinflußt sein; vgl. KLUGE [21]646. – G e s c h i e b e n. bergmannssprachlich 'Gestein, Geröll' (17. Jh.), *Geschübe* (16. Jh.), Kollektivbildung zum Verb. S c h i e b e r m. 'wer schiebt' (18. Jh.), 'junger Student, der sich während des Semesters heimlich nach Hause absetzt' (17. Jh.), in der Technik 'Werkzeug, mit dem etw. geschoben wird, verschiebbarer Verschluß' (18. Jh.), aus der Gaunersprache 'wer unlautere Handelsgeschäfte macht' (Ende 19. Jh.). S c h i e b u n g f. 'das Schieben' (17. Jh.), 'Intrige, Betrug' (80er Jahre 19. Jh., aus der Gaunersprache), später allgemein 'unrechtmäßiger Handel, unlautere Geschäfte', bes. 'ungerechtfertigte Begünstigung'.

Schiedsrichter m. 'ehrenamtlicher, unparteiischer Vermittler in privaten Streitfällen' (Anfang 16. Jh., zuvor *Scheidesrichter*, 15. Jh.), heute im Sport 'unparteiischer Beauftragter bei Wettspielen, der die Einhaltung der Regeln kontrolliert und Entscheidungen trifft', ist wie Schiedsmann m. 'Vermittler, Schlichtender' (17. Jh.), mhd. *schid(e)man*, *schiedman*, frühnhd. *Scheyd(es)man* (15. Jh.) gebildet zu mhd. *scheit* 'Scheidung, Trennung, Unterscheidung, Entscheidung, Schlichtung' bzw. spätmhd. *schit*, *schiet* 'Scheidung, richterliche oder schiedsrichterliche Entscheidung', Verbalabstrakta zu dem unter *scheiden* (s. d.) behandelten Verb. Vom Substantiv ist ebenfalls abgeleitet schiedlich Adj. 'friedlich, ohne Streit', mhd. *schid(e)lich* 'scheidend', bes. 'einen Streit entscheidend, friedfertig'.

schief Adj. 'seitwärts geneigt, nicht gerade', mhd. (md.) *schief*, *schīf* 'ungerade, verkehrt, falsch'. Das Adjektiv dringt wohl aus dem Mnd. ins Md. vor und ist zunächst selten und ungewöhnlich; vgl. aber schon vereinzeltes ahd. *skief* 'nicht gerade, schief' (11. Jh.). Die Schreibweise mit *-ie-* bzw. *-ī-* versucht, den geschlossenen langen *ē*-Laut des Nd. wiederzugeben. Doch sind Lautform und Schreibung bis ins 18. Jh. erheblichen Schwankungen unterworfen (vgl. *schieb*, *schief*, *scheif*, *schef*, *schöf* Stieler 1691, *schäf*, *scheif*, *schief* Frisch 1741). Erst in der 2. Hälfte des 18. Jhs. setzt sich *schief* durch, und das Wort gewinnt in der Literatursprache allmählich an Verbreitung. Mnd. *schēf*, nl. *scheef*, aengl. *scāf-* (in *scāffōt* 'plattfüßig'), anord. *skeifr*, schwed. *skev* sowie nhd. (mundartlich) *scheib* und (mit affektischer Konsonantendoppelung) *schepp* lassen sich mit lit. *skybẽlė* 'Stück, Scheibe, Abschnitt', (landschaftlich) *skybas* 'keilförmiges Stück Land', lett. *šķības* 'schief' und (nasaliertem) griech. *skimbós* (σκιμβός) 'hinkend, lahm' auf ie. **skĕip-*, **skĕibh-* 'schief, hinkend' zurückführen.

Schiefer m. 'in Platten brechendes Gestein' (16. Jh.), 'Splitter', ahd. *skivaro* (um 1000), mhd. *schiver(e)*, *schever(e)* 'Holz-, Steinsplitter', mnd. *schēver*, *schiver*, mengl. *scifre*, *scivre*, engl. *shiver* 'Splitter' sind wie *Scheibe* (s. d.) verwandt mit griech. *skī́pōn* (σκίπων) 'Stab, Stock', lat. *scīpio* 'Stab'. Sie lassen sich im Sinne von 'Abgetrenntes, Abgespaltenes' mit russ. (landschaftlich) *skepát'* (скепать) 'spalten, hauen', aruss. *poskepati* 'spalten' verbinden und auf die Labialerweiterung ie. **skĕip-* der unter *scheiden* (s. d.) genannten Wurzel ie. **skĕi-* 'schneiden, trennen, scheiden' zurückführen. Die Bedeutung des leicht Abspaltbaren wird deutlich im Kompositum *Schieferstein*, mhd. *schiverstein*. – Schiefertafel f. 'Schreibtafel aus Schieferstein' (19. Jh.), älter *schifferne Taffel* (16. Jh.), *Schiefertäflein* (17. Jh.). schief(e)rig Adj. 'leicht abspaltbar, splitterig' (16. Jh.); vgl. ahd. *skivaroht* (11. Jh.). schiefern Vb. 'splittern', mhd. *schiveren*, bes. *zerschiveren*.

schielen Vb. 'eine fehlerhafte Augenstellung haben, unauffällig von der Seite her nach etw. schauen', ahd. *skil(a)hen* (11. Jh.), mhd. *schilhen*, *schiln*, (md.) *schilwen*, frühnhd. *schyllen* 'schielen, blinzeln', mnd. *schēlen*, nd. *schil(we)n*, aengl. *bescȳlan* sowie anord. *skelgja* 'schief, schielend machen' sind von dem unter *scheel* (s. d.) behandelten Adjektiv abgeleitet; s. auch *schillern*.

Schiene f. 'langgestreckte Stahlleiste als Fahrspur für Eisen- und Straßenbahnen' (zuerst im Bergbau, 18. Jh.), zuvor 'Leiste aus Metall, Holz u. dgl.' (auch als Verstärkungsunterlage bei Knochenbrüchen); seit dem 18. Jh. in vielen technischen Spezialbedeutungen. Ahd. *skina* 'Schienbein' (8. Jh.), mhd. *schin(e)* 'Schienbein, Röhre, Streifen', mnd. *schēne*, mnl. *scēne*, nl. *scheen*, aengl. *scinu*, engl. *shin* 'Schienbein' stehen als *n*-Ableitungen (germ. **skīnō*) im Sinne von 'schmales Stück Holz, Span, schmaler, spanähnlicher Knochen' zu der unter *scheiden* (s. d.) angegebenen Wurzel ie. **skĕi-* 'schneiden, trennen, scheiden'; vgl. ohne *n*-Formans mhd. *schīe* 'Zaunpfahl', aengl. *scīa* 'Schienbein'. Hierzu gehört die mit *Bein* (s. d.) im Sinne von 'Knochen' zusammengesetzte Verdeutlichung Schienbein n., ahd. *skinabein* (Hs. 12. Jh.), mhd. *schinebein*, nl. *scheenbeen*, aengl. *scinbān*, engl. *shin-bone*. – schienen Vb. 'mit einer Schiene versehen' (zur Verstärkung, Stütze, Ruhigstellung), als chirurgischer Fachausdruck bereits im 17. Jh. Reißschiene f. 'Lineal mit Querleiste am Ende, Zeichenlineal' (19. Jh.), zu *reißen* 'zeichnen' (s. d.).

¹schier Adv. 'beinahe, fast', ahd. *skiero* 'schnell, sofort' (8. Jh.), mhd. *schier(e)* 'in kurzer Zeit, sogleich, schnell, bald', mnd. *schēr(e)*, mnl. *scier(e)*, nl. *schier* sind wie das zugehörige (heute untergegangene) Adjektiv ahd. *skieri* 'scharfsinnig, schnell im Unterscheiden' (8. Jh.), mhd. *schier* 'schnell, in kurzer Zeit erfolgend' als Bildungen mit *r*-Suffix an die unter *scheiden* (s. d.) angeführte Wurzel ie. **skĕi-* 'schneiden, trennen, scheiden, unterscheiden' anzuschließen. Von 'scharfsinnig im Unterscheiden' führt die Bedeutung zu 'schnell' und 'bald' und geht von dort aus, zumal über Verbindungen mit Zeitangaben wie *schier eine halbe stund*, in 'beinahe, fast' über (15. Jh.).

[2]**schier** Adj. 'unvermischt, rein'. Asächs. *skīr(i)* 'lauter, rein', mnd. *schīr* 'licht, hell, klar, durchsichtig', mhd. (md.) *schīr* 'lauter, rein, glänzend', mnl. *scier*, nl. *schier* 'weiß, grau', aengl. *scīr*, engl. (mundartlich) *shire* 'durchsichtig, hell, rein', anord. *skīrr* 'rein, klar, unschuldig, deutlich', schwed. *skir*, got. *skeirs* 'klar, deutlich' stellen sich als Bildungen mit *r*-Suffix (germ. **skeira-*) zu der unter *scheinen* (s. d.) angeführten Wurzel ie. **sk̂āi-*, **sk̂ī-* 'gedämpft schimmern' (wozu auch *Schemen* und *schimmern*, s. d.). Das im Nhd. beibehaltene *ī* weist auf Übernahme des Adjektivs aus dem Nd. Der heutige Gebrauch beschränkt sich auf wenige Verwendungsweisen wie *schieres Fleisch* 'reines Fleisch ohne Knochen', *schieres* ('unvermischtes, reines, lauteres') *Gold*.

Schierling m. Der Name der Giftpflanze ahd. *skerning* (9. Jh.), mit Dissimilation des *-n-* zu *-l-* unter Anlehnung an das Suffix *-ling* (s. *-lings*) umgebildet zu *sker(i)ling* (10. Jh.), mhd. *scherninc*, *scherlinc*, *schirlinc*, asächs. *skerning*, mnd. *schērlinc*, mnl. *scerlinc*, nl. *scheerling* ist wohl abgeleitet von einem in aengl. *scearn*, engl. (mundartlich) *sharn*, mnd. *scharn*, mnl. *scarn*, anord. schwed. *skarn* 'Mist, Dung, Kot' belegten Substantiv (germ. **skarna-* n.), das mit awest. *sairya-* 'Dünger, Mist', griech. *skṓr* (*σκῶρ*) 'Kot, Exkrement', lat. *mūscerda* 'Mäusekot' auf die Wurzel ie. **(s)ker(ə)-* 'schneiden' (s. [1]*scheren*), auch 'ausscheiden' zurückgeführt werden kann; dazu (ohne anlautendes *s-*) auch *Harn* (s. d.). Die Pflanze ist nach ihrem Geruch oder nach ihrem Standort (in der Nähe von Misthaufen) benannt (vgl. die volkstümlichen Namen nd. *Scharnpīpe*, dän. *skarntyde* 'Mistpfeife, -tute').

schießen Vb. 'ein Geschoß abfeuern, sich schnell in einer Richtung bewegen, schnell wachsen'. Das gemeingerm. Verb ahd. *skioʒan* 'schießen, schleudern, schnell bewegen' (9. Jh.), mhd. *schieʒen* 'wund- oder totschießen, schieben, stoßen, schleudern, sich schnell wie ein Geschoß bewegen', asächs. *skiotan*, mnd. *schēten*, mnl. *scieten*, nl. *schieten*, aengl. *scēotan*, engl. *to shoot*, anord. *skjōta*, schwed. *skjuta* ist im Sinne von '(sich) schnell bewegen' verwandt mit aind. *cṓdati* 'treibt an, feuert an', lett. *kūdināt*, *kūdīt* 'antreiben, hetzen', aslaw. *iskydati* 'hinaus-, abwerfen', russ. *kidát'* (*кидать*) 'werfen', ferner mit lit. *skudrùs* 'flink'. Auszugehen ist von ie. **(s)keud-* 'werfen, schießen, hetzen', intrans. 'dahinschießen, eilen, hervorschießen', einer Dentalerweiterung der Wurzel ie. **skĕu-* 'werfen, schießen, stoßen' (s. auch *scheu*, *schieben*, *Schoß*) bzw. **sk̂ĕu-*, falls auch lit. *šáuti* 'schießen, schnell laufen, schieben' hierhergehört. – v o r s c h i e ß e n Vb. 'sich heftig, schnell nach vorn bewegen, plötzlich hervorsprießen', ahd. *furiskioʒan* 'hervor-, über etw. hinauswachsen' (um 1000), mhd. *vürschieʒen* 'vorschieben, hervortreten'; dann auch 'einen Teil einer Zahlung sofort, im voraus aushändigen, leihen' (16. Jh.); V o r s c h u ß m. 'Vorauszahlung' (17. Jh.), 'plötzliche Bewegung nach vorn' (16. Jh.). z u s c h i e ß e n Vb. 'helfend beisteuern, auf ein Ziel hin schießen' (16. Jh.); Z u s c h u ß m. 'finanzielle Zuwendung' (18. Jh.), frühnhd. 'Hilfe, Begünstigung'; vgl. mhd. *zuoschuʒ* 'Stoßflug (des Falken)'. S c h u ß m. 'das Fortschleudern, Fortfliegen eines Geschosses, das Abfeuern einer Waffe, Knall, schnelle Bewegung, schnelles Wachstum, kleine Menge einer Flüssigkeit, die auf einmal zugegeben wird', ahd. *scuʒ* 'das Schleudern, Wurf, das Geworfene, Geschwindigkeit' (9. Jh.), mhd. *schuʒ* 'Stoß, Stich, Schuß, Lanzenwurf, schnelle Bewegung', aengl. *scyte*, ablautende Abstraktbildung zum Verb. S c h i e ß p r ü g e l m. verächtlich oder scherzhaft für 'Gewehr' (18. Jh.).

Schiff n. 'Wasserfahrzeug', ahd. *skif*, *skef* 'Wasserfahrzeug, Faß, Gefäß' (8. Jh.), mhd. *schif*, *schef*, asächs. *skip*, mnd. *schip*, *schep*, mnl. *scip*, *scep*, nl. *schip*, aengl. *scip*, engl. *ship*, anord. *skip*, schwed. *skepp*, got. *skip* ist eine gemeingerm. schwundstufige Bildung (**skipa-*), vielleicht zur Labialerweiterung ie. **skĕib-* (s. *Schicht*) der Wurzel ie. **skĕi-* 'schneiden, trennen, scheiden' (s. *scheiden*), so daß von einer Bedeutung 'ausgeschnittener, ausgehöhlter Baumstamm' auszugehen ist. Im Sinne von 'Kirchenlanghaus' (seit etwa 1500) folgt *Schiff* dem Gebrauch von mlat. *navis* (eigentl. 'Schiff'), das diese übertragene Verwendung vielleicht aus einer Vermischung von griech. *naós* (ναός) 'Tempel' und griech. *nāus* (ναῦς) 'Schiff' bezogen hat. – [1]s c h i f f e n Vb. 'zu Schiff reisen, mit dem Schiff befördern', mhd. *schiffen* 'sich einschiffen, zu Schiff fahren, befördern', aengl. *scipian*, engl. *to ship*, mnd. *schēpen*, anord. **skipa* 'ein Schiff ausrüsten, fortbewegen', vgl. *skipa upp* 'ausladen, löschen', heute vornehmlich in den Präfixbildungen *sich einschiffen, etw. verschiffen, umschiffen*. [2]s c h i f f e n Vb. 'Wasser lassen, harnen' (18. Jh.), aus der Studentensprache, zu *Schiff* 'Nachtgeschirr'; vgl. ahd. *skif*, nhd. (mundartlich) *Schiff* 'Gefäß' (s. oben). S c h i f f e r m. 'Schiffsführer, Schiffseigner' (15. Jh.), mnd. *schipper*. S c h i f f b r u c h m. 'Untergang eines beschädigten oder gescheiterten Schiffes, Havarie', mhd. *schifbruch*; vgl. mnd. *schipbrōke*. S c h i f f a h r t f. 'Seereise, Schiffsverkehr, Verkehr zu Wasser', ahd. *skeffart* (9. Jh.), mhd. *schifvart* (auch 'Schiffsladung'), mnd. *schipvārt*.

schikanieren Vb. 'willkürlich, mutwillig boshaft behandeln, ärgern', anfangs '(einen Sachverhalt) verdrehen, verfälschen', Entlehnung (16. Jh.) aus mfrz. frz. *chicaner* 'jmdn. mit aufgebauschten Kleinigkeiten plagen, gerichtlich belangen, grundlos streiten, ärgern', das zu einem Expressivstamm **tšik-* 'klein, Kleinigkeit' gebildet und dessen Wortendung *-aner* wahrscheinlich von dem bedeutungsähnlichen Verb mfrz. frz. *ricaner* 'grinsen, höhnen' übernommen ist (FEW 13, 2, 369). – S c h i k a n e f. 'absichtlich niederträchtige Behandlung, Bosheit' (um jmdn. zu demütigen und zu reizen), juristisch 'Rechtsverdrehung' (17. Jh.), aus gleichbed. frz. *chicane* f., auch 'Spitzfindigkeit, Kniff', wonach im Dt. *mit allen Schikanen* 'mit allen Raffinessen, mit allem Zubehör' (19. Jh.).

Schild m. gewölbte, plattenartige Schutzwaffe (zur Abwehr von Hieb, Stich und Schleudergeschossen) aus Holz (mit Lederüberzug) oder Metall (Plur. *Schilde*), ahd. *skilt* (8. Jh.), mhd. mnd. *schilt*, auch 'Heerschild' als Rangordnung lehnsrechtlicher und militärischer Art, 'Wappen(schild)', asächs. *skild*, mnl. *scilt*, nl. *schild*, aengl. *sc(i)eld*, engl. *shield*, anord. *skjǫldr*, schwed. *sköld*, got. *skildus* (germ. **skeldu-*) steht wie lit. *skìltis* 'Scheibe' als Dentalerweiterung zu der unter *Schale* genannten Wurzel ie. **(s)kel-* 'schneiden' mit einer Ausgangsbedeutung 'abgespaltenes, abgeschnittenes Holzstück, Brett', da der Schild ursprünglich wohl aus durch einen Metallring zusammengehaltenen Holzteilen besteht. Redensartlich *etw. im Schilde führen* 'eine bestimmte Absicht verfolgen' (16. Jh.), eigentl. 'ein auf den Schild gemaltes Wappen als Kennzeichen tragen'. Den Schutz- und Wappenschilden werden Abzeichen, Handwerks- und Gewerbesymbole, Hinweistafeln nachgebildet, für deren Bezeichnung das Substantiv allmählich neutrales Genus annimmt (zuerst im Mnd., 15. Jh., dann allgemein, obwohl von Adelung mißbilligt), so daß vom 18. Jh. an S c h i l d n. 'Platte, Tafel, Blatt mit einem Zeichen oder einer Aufschrift' (Plur. *Schilder*) im Dt. üblich wird. – S c h i l d b ü r g e r m. eigentl. 'mit einem Schild bewaffneter Stadtbewohner' (16. Jh.; wohl als Spottname des Rittertums für die waffentragenden Stadtbewohner entstanden, vgl. auch *Spießbürger*, s. d.), erhält durch Bezug auf die Bürger von *Schilda(u)*, deren Streiche in einem Schwankbuch (1598) behandelt werden, die Bedeutung 'wer so töricht oder unvernünftig handelt, daß der beabsichtigte Zweck verfehlt wird'. Daher *Schildbürgerstreich* (Wieland). S c h i l d d r ü s e f. am *Schildknorpel* (aus zwei schildartigen Platten bestehend) des Kehlkopfes sitzende Drüse (um 1800). S c h i l d k r ö t e f. mit einem gewölbten Panzer versehenes Reptil, mhd. *schiltkrote* (s. *Kröte*). S c h i l d p a t t n. Hornschale der Seeschildkröte (18. Jh.), mnd. *schildepadde* 'Schildkröte', nd. *Schildpadde*, auch 'Schildkrötenschale, -panzer' (zu mnd. mnl. *padde* 'Kröte', s. [2]*paddeln*). S c h i l d w a c h e f. 'das Wachestehen', mhd. *schiltwache*, *-waht(e)* 'die Wache mit dem Schilde' (d. h. in voller Rüstung), im 17. Jh. auf die Wachmannschaft bzw. den Wachposten übertragen. S c h i l d e r h a u s n. 'Schutzhäuschen für den Wachposten' (17. Jh.), zu *schildern*, auch (mit Assimilation) *schillern*, soldatensprachlich 'Wache stehen' (17. Jh.)

schildern Vb. 'mit Worten darstellen, beschreiben'. Mnd. *schilderen* 'malen', mnl. *scil-*

deren '(be)malen' (von Wappenschildern), nl. *schilderen* '(be)malen, färben, beschreiben', abgeleitet von mnd. *schilder* 'Schild-, Wappenmaler', dann auch 'Kunstmaler', mnl. *scilder*, nl. *schilder* '(Kunst)maler' (vgl. mhd. *schiltære*, *schilter* 'Schildmacher, Wappenmaler, Maler'), gebildet zu dem unter *Schild* (s. d.) dargestellten Substantiv, bedeutet anfänglich 'Schilde mit Symbolen, mit Wappen bemalen'. Das Verb wird im 17. Jh. ins Hd. aufgenommen und entwickelt im 18. Jh. die Bedeutung 'mit Worten malen', d. h. 'darstellen, beschreiben'. Die alte Bedeutung 'bemalen' hält sich in speziellen technischen Verwendungen bis ins 19. Jh., vgl. *Tapeten*, *Kattun*, *Masten schildern*. – S c h i l d e r u n g f. 'Darstellung, Beschreibung' (18. Jh.), älter 'Gemälde, Zeichnung' (17. Jh.).

Schilf n. Sammelname für Sumpfgräser, 'Binse, Rohr', ahd. *skiluf* m. n. (9./10. Jh.), mhd. *schilf* m. n., mnd. *schelp*, *schilp* n. ist eine Entlehnung aus lat. *scirpus* 'Wassergras' (mit Wechsel von *r* zu *l* wie in *Pflaume*, *Maulbeere*, s. d). *Schilf* gilt vor allem im nordd.-md. Gebiet (sonst auch *Rohr*, *Ried*, *Binse*, s. d.). Im 19. Jh. setzt sich nach dem Vorbild ähnlicher Bezeichnungen wie *Rohr*, *Gras*, im Nordd. vielleicht auch unter Einfluß von nd. *Schelp* n., neutrales Genus durch.

schillern Vb. 'von einer Farbe in die andere übergehen, changieren' (Ende 18. Jh.), frühnhd. *schilheren* 'schwachsichtig sein' (Ende 15. Jh., Übersetzung von lat. *luscus esse*) ist eine Iterativbildung zu mhd. *schilhen*, *schiln*, (md.) *schilwen* 'schielen, blinzeln', frühnhd. *schyllen* (nhd. *schielen*, s. d.). Vgl. *Schilher* m. (15. Jh.), *Schiller* (16. Jh.) 'Gegenstand mit wechselnder, spielender Farbe', *schillerfarbig* (17. Jh.), dann (im Zusammenhang mit der Herstellung farbiger Textilien) *ein schillernder Zeug*, *schillernder Taffet* (Ende 18. Jh.).

Schilling m. mittelalterliche Gold- oder Silbermünze, österreichische und britische Währungseinheit, ahd. *skilling* (8. Jh.), mhd. *schillinc*, asächs. *skilling*, mnd. *schilli(n)c*, mnl. *scellinc*, *scillinc*, *scēlinc*, nl. *schelling*, *schilling*, aengl. *scilling*, engl. *shilling*, anord. *skillingr*, schwed. *skilling*, got. *skilliggs*. Die ursprüngliche Bezeichnung für den oströmischen Goldsolidus, dann für eine Gold- oder Silbermünze von unterschiedlichem Wert, auch eine Anzahl von 12 oder 30 Stück als Zahlenmaß, ist etymologisch nicht eindeutig geklärt. Man versucht, das mit dem Suffix germ. *-(l)inga-* (s. *-lings*) gebildete Substantiv an die Wurzel ie. **(s)kel-* 'schneiden' anzuschließen (s. *Schale*), so daß *Schilling* als das von einem Gold- oder Silbermetallstab abgeschnittene Stück aufzufassen ist. Aber auch Herleitung aus germ. **skildulingaʒ* 'einem Schild Ähnliches' (zu *Schild*, s. d.) als Übersetzung von lat. *clipeolum* 'kleiner Schild, Medaillon' wird erwogen, da die Germanen einem Schild ähnliche Münzen verwendet und als Schmuck getragen haben. Eine Verbindung zu *Schild* wird gestützt durch Parallelen wie frz. *écu*, afrz. *escu* 'Schild, Münze', span. port. *escudo* 'Schild, Wappen, Münze', die auf lat. *scūtum* 'Schild' zurückgehen.

Schimmel m. 'weißliche Pilzschicht', ahd. *skimbal*, *skimb(a)li* (9. Jh.), mit Assimilation von *mb* zu *mm* mhd. *schimel*, übertragen 'Fleck, Makel, Glanz', mnl. *scimmel*, mnd. nl. *schimmel* setzen ein aus dem Ahd. (vgl. auch *irskimbalēn* und *skimb(a)lag*, s. unten) zu erschließendes germ. **skimb(a)la-* (aus **skimla-?*) voraus, wohl eine Bildung mit einem unter *Schemen* (s. d.) angeführten Wort für 'Glanz'. Mit der Bedeutung 'weißes Pferd' begegnet *Schimmel* zuerst im 15. Jh.; vorauf gehen ahd. *blancros*, spätmhd. *schemeliges perd* (1374), mnd. *dat scymelinghe perd* (1373). – s c h i m m e l n Vb. 'sich mit einer Schimmelpilzschicht überziehen, faulen', ahd. *irskimbalēn* 'vergehen, verkommen' (11. Jh.), frühnhd. *schimelen*; daneben vom Adjektiv (s. unten) abgeleitetes ahd. *irskimb(a)lagēn* (11. Jh.), mhd. *schimel(e)gen*; v e r s c h i m m e l n Vb. (16. Jh.). s c h i m m (e) l i g Adj. 'mit Schimmelpilzen bedeckt', ahd. *skimb(a)lag* (8. Jh.), mhd. *schimelec*, *schimelic*.

schimmern Vb. 'schwach leuchten, glänzen, leicht funkeln' (15. Jh.), durch Luther verbreitete Iterativbildung zu einem in niederrhein. *schimmen* (um 1300), md. *schemen* (15. Jh.) 'blinken, funkeln' belegten Verb. Entsprechende Bildungen sind mnd. *schēmeren* 'schattig bzw. dunkel sein, werden oder machen', mnl. *scēmeren* 'mit einem Schatten bedeckt sein', nl. *schemeren* 'dämmern', aengl. *scymrian*, engl. *to shimmer* 'flimmern, schimmern'. Alle stellen sich wie *Schemen* und wohl auch *Schimmel* (s. d.) mit *m*-Suffix zu der unter *scheinen* (s. d.) angegebenen

Wurzel ie. *$\hat{s}k\bar{a}i$-, *$\hat{s}k\bar{\imath}$- 'gedämpft schimmern'. – Schimmer m. 'matter Glanz, mattes Leuchten, schwacher Schein' (17. Jh.), Rückbildung aus dem Verb.

Schimpanse m. Der Name des in den west- und zentralafrikan. Wäldern gesellig lebenden Menschenaffen *kimpenzi, kipenze* (Kongosprache) wird im 18. Jh. in Europa bekannt (dt. *Schimpanse* 1796; vgl. frz. *quimpezé, champanzee* 18. Jh., *chimpanzé* 19. Jh., engl. *chimpanzee* 18. Jh.).

Schimpf m. 'Beleidigung, Demütigung, Schande', ahd. *skimph* 'Scherz, Kurzweil' (11. Jh.; vgl. *skimphāri* 'Possenreißer, fahrender Schauspieler', Hs. 12. Jh.), mhd. *schimph, schimpf*, auch '(Kampf)spiel, Spott, Verhöhnung' (vgl. mhd. *in sīme schimpfe hān, ze schimpfe hān, schimpf trīben* 'verspotten'), mnd. *schimp* 'Scherz, Spaß, Spott, Hohn', mnl. *scimp*, nl. *schimp*. Herkunft unbekannt. Die alte Bedeutung 'Scherz' hält sich bis ins 18. Jh. in der gegenüberstellenden Paarformel *Schimpf und Ernst*. Aus der bereits mhd. bezeugten Verwendung im Sinne von 'Spott' entwickelt sich im 16. Jh. 'Ehrverletzung, Schmach, Schande', vgl. *Schimpf und Schande* (18. Jh.). – schimpfen Vb. 'laut und zornig reden', ahd. *skimphen* 'scherzen, spielen, (ver)spotten' (9. Jh.), mhd. *schimphen* 'scherzen, spielen, zur Kurzweil kämpfen, (ver)spotten', nhd. *schimpfen* 'beleidigen, verunglimpfen, schelten' (17. Jh.), 'jmdn. verletzend mit einem Scheltnamen belegen' (18. Jh.). schimpflich Adj. 'beleidigend, schmachvoll' (um 1600), mhd. *schimph(e)lich* 'scherzhaft, kurzweilig, spöttisch'.

Schindel f. 'dünnes Holzbrettchen' (zum Decken des Dachs), ahd. *skintula* (Hs. 11./12. Jh.), zuvor *skintila* (8. Jh.), *skintala* (9. Jh.), mhd. *schindel*, asächs. *skindula*, mnd. *schindele*, mnl. *schindel*, mengl. (mit Übergang von *-ndl-* in *-ngl-*) *scincle, scingle, singel*, engl. *shingle* sind aus lat. *scindula*, einer jüngeren Form von lat. *scandula* 'Schindel, Dachschindel', entlehnt. – schindeln Vb. 'mit Schindeln decken' (18. Jh.), 'Schindeln machen' (17. Jh.), 'ein gebrochenes Glied in Holzbrettchen schienen' (16. Jh.).

schinden Vb. 'Viehkadaver abhäuten, jmdn. quälen, ausbeuten, (sich) abplagen'. Das ursprünglich schwache, in mhd. Zeit starke Flexion entwickelnde Verb ahd. *skinten* (9. Jh.), mhd. *schinden, schinten* 'die Haut, die Rinde abziehen, enthäuten, schälen, berauben, peinigen, mißhandeln', mnd. *schinden* 'enthäuten, plündern, rauben', mnl. *scinden* 'mißhandeln, rauben' (vgl. asächs. *biskindan* 'sich abschälen') läßt sich verbinden mit frühnhd. *schint* f. 'Obstschale' (15. Jh.), mnd. *schinne* f. 'Kopfschuppe', nl. (mundartlich) *schinde* 'Fell, Baumrinde', *schin* 'Kopfschuppe', anord. *skinn* n. 'abgezogene Haut', schwed. *skinn* 'Haut, Fell', wozu sich (außergerm.) bret. *skant* (aus *$sk\underset{\circ}{n}to$-) 'Schuppen' (Kollektivum) stellt. Auszugehen ist von einer mit *to-* bzw. *tā*-Suffix gebildeten Partizipialform ie. **skento-*, **skentā* 'Abgespaltenes' (z. B. 'Haut, Schuppe, Rinde') zu ie. **(s)ken-* 'abspalten', wohl eine Nasalerweiterung der Wurzel ie. **sĕk-* 'schneiden' (s. *Säge, Segel* und *Messer*). Dazu (mit Ablaut) auch anord. *skān* 'Borke', schwed. (mundartlich) *skån* 'Schorf'. Aus der Bedeutung 'die Haut abziehen' (von Tieren, auch in literarischer Vorstellung als grausame Hinrichtungsart von Menschen) entwickelt sich in mhd. Zeit übertragener Gebrauch im Sinne von 'quälen, mißhandeln, plagen' (dazu refl. 'sich plagen, sich abmühen', 18. Jh.), dann 'berauben, ausplündern' und 'bedrücken, aussaugen, erpressen' (15. Jh.); in der Studentensprache 'sich etw. verschaffen, ohne dafür zu zahlen, sich freihalten lassen' (18. Jh.). – Schinder m. 'Abdecker, Henker', frühnhd. *schinder* 'Rindenschäler, Abdecker, Peiniger, Straßenräuber' (15. Jh.). Leuteschinder m. 'wer seine Untergebenen übermäßig beansprucht, roh behandelt, ausbeutet' (16. Jh.). Schindluder n. Schimpfwort (18. Jh.), eigentl. 'gefallenes Vieh, Aas' (s. *Luder*); bes. in der Redensart *mit jmdm. Schindluder treiben* 'ihn verspotten, zum Narren halten' (um 1800). Schindmähre f. 'mageres, altes Pferd', das nur noch für den Schinder taugt (17. Jh.); s. *Mähre*.

Schinken m. 'Schenkel, Keule vom Schlachtvieh' (bes. vom Schwein), ahd. *skinco* m., *skinca* f. (9./10. Jh.), davon abgeleitet *skinkil* (Hs. 13. Jh.) 'Beinröhre, Schenkel', mhd. *schinke* 'Beinröhre, Schenkel, Schinken', asächs. *skinka* f. 'Schenkel, Bein', mnd. *schink(e)* m., *schinke* f. stehen mit schwundstufigem afries. *skunka*, frühnhd.

und nhd. (mundartlich) *Schungge*, *Schunke* 'Schenkel', nl. *schonk* 'Knochen' als Ablautformen neben *Schenkel* (s. d.), das mit *schenken* und *hinken* (s. d.) zur Wurzel ie. **(s)keng-* 'hinken; schief, schräg' gehört. *Schinken* bezeichnet ursprünglich den krummen, den schiefen Beinknochen, dann die gesamte Hinterkeule eines Schlachttieres, bes. das Fleisch der Schweinskeule. In übertragener Bedeutung 'altes dickes (in Schweinsleder gebundenes) Buch' (18. Jh.), daran anschließend 'Prachtband, aufwendiges Gemälde oder Theaterstück (von zweifelhaftem oder geringem künstlerischem Wert)'.

Schippe f. Bezeichnung für ein schaufelartiges Gerät. Mnd. *schüppe*, nd. *Schuppe*, *Schüppe*, md. *Schüpp*, *Schöpp*, *Schippe* (16. Jh.), mnl. *scoppe*, *scuppe*, nl. *schop* 'Spaten' wird im 17. Jh. in der entrundeten md. Form *Schippe* in die Literatursprache aufgenommen; vgl. mit hd. Lautung mhd. *schipfe* 'Schaufel, Grabscheit'. Das Substantiv gehört zur Intensivbildung (obd.) *schupfen*, (md. nd.) *schuppen*, *schüppen* 'heftig stoßen' und weiter (wie *Schaufel*, s. d.) als 'Gerät, mit dem oder auf das etw. geschoben wird' zu der unter *schieben* (s. d.) angeführten Wurzelerweiterung ie. **skeub(h)-* '(flink) dahinschießen, schieben, stoßen'. Dazu in neuerer Zeit die umgangssprachliche Redensart *jmdn. auf die Schippe nehmen* 'ihn verspotten, aufziehen'; vgl. *jmdm. die Schippe geben* 'ihn fortjagen' (18. Jh.), wohl zu *Schippe* in der Bedeutung 'Wippe, Gerät zum Fortschleudern' (mhd. *schupfe*, *schuppe* 'Wippe'). – s c h i p p e n Vb. 'mit der Schippe arbeiten, wegschaffen' (17. Jh.).

Schirm m. 'Schutz(vorrichtung)', ahd. *skirm*, *skerm* (8. Jh.), mhd. *schirm*, *scherm* 'was zur Deckung, zum Schutz dient, Schild, das Vorhalten des Schildes, das Parieren, Beschirmer, Schutz, Schutzvorrichtung, Gewähr', mnd. *scherm*, mnl. *scerm*, *sceerm*, nl. *scherm* führen mit aind. *cárma* 'Haut, Fell', griech. *kérma* (*κέρμα*) 'abgeschnittenes Stück, Münze', apreuß. *kērmens* 'Leib', aruss. *skora*, russ. (älter) *skorá* (*скора*) 'Haut, Fell', lat. *corium* 'dicke, feste Haut, Fell, Balg, Leder' auf die verbreitete, unter [1]*scheren* (s. d.) genannte Wurzel ie. **(s)ker(ə)-* 'schneiden'. *Schirm* bezeichnet ursprünglich den zurechtgeschnittenen Fell- oder Lederüberzug des Schutzschildes, dann den Schild selbst sowie die Kunst, sich mit diesem zu schützen, das Parieren; vgl. *Schirm und Schild*, mhd. *scherm und schilt* 'Schutz'. In der mhd. Rechtssprache steht mhd. *schirm*, *scherm* für die 'Verteidigung, die der Verkäufer eines Gutes gegen den Einspruch anderer übernimmt' sowie für den, 'der eingesetzt wird, diesen Schutz auszuüben'. Aber bereits in ahd. Zeit bedeutet das Wort ganz allgemein 'Schutz'; mit zunehmender Herausbildung der Handwerke gilt es daneben für eine 'Schutzvorrichtung jeder Art' und tritt oft als Kurzform für *Bett-*, *Lampen-*, *Mützen-*, *Regen-*, *Sonnen-*, *Wandschirm* ein. – s c h i r m e n Vb. 'schützen, verteidigen, Schädliches ab-, fernhalten', ahd. *skirmen* (8. Jh.), mhd. *schirmen*, *schermen* 'schützen, mit dem Schild parieren, verteidigen'. In heutiger Sprache vorwiegend a b s c h i r m e n Vb. 'aufhalten, abfangen, schützen, sichern', weitgehend in technischem Bereich (20. Jh., nur vereinzelt bereits Anfang 19. Jh.). b e s c h i r m e n Vb. 'mit Schutz versehen, schützen', ahd. *biskirmen* (9. Jh.), mhd. *beschirmen*, *beschermen*. S c h i r m h e r r m. 'wer einen Schutz über ein Land, ein Gebiet, eine Institution, eine Person ausübt, Protektor' (16. Jh.).

schirren Vb. 'dem Wagenpferd das Riemenzeug auflegen und mit der Deichsel verbinden' (17. Jh.) ist (wie früher belegtes *an-*, *ausschirren*, s. unten) eine Rückbildung aus dem unter *Geschirr* 'Seil- oder Riemenzeug für Zugtiere' (s. d.) behandelten Substantiv, das zu [1]*scheren* (s. d.) gehört. Gelegentlich (17. Jh.) erscheint *schirren* auch in der verallgemeinerten Bedeutung 'zubereiten, rüsten, fertigmachen'. Heute vor allem in den Präfixbildungen a n s c h i r r e n Vb. 'anspannen' (15. Jh.), a u s s c h i r r e n Vb. (um 1600), a b s c h i r r e n Vb. 'Zugtiere ausspannen' (17. Jh.). – S c h i r r m e i s t e r m. 'Geräteaufseher' (15. Jh.), 'Verwalter von Pferden und Wagen' (16. Jh.).

Schizophrenie f. 'Bewußtseinsspaltung, Spaltungsirresein, mit Wahnideen verbundene Persönlichkeitsauflösung', gelehrte Bildung (1908) des Schweizer Psychiaters J. E. Bleuler zu griech. *schízein* (*σχίζειν*) 'spalten' und *phrḗn* (*φρήν*) 'Zwerchfell', (nach antiker Vorstellung Sitz der Seelentätigkeit, daher auch) 'Sinn, Seele, Geist, Verstand, Herz'. Der Ausdruck verbreitet sich in den 20er Jahren als Fachwort von Psychiatrie und Psychologie und gilt seit den 50er Jahren bildungssprachlich auch in allgemeinem Sinne für 'Zwiespältigkeit, Unsinnigkeit, absurdes Verhalten, Wahn'. Danach schizophren Adj. 'bewußtseinsgespalten, an Bewußtseinsspaltung leidend, deren Symptome aufweisend' (um 1920), später auch allgemein 'widersprüchlich, zwiespältig, unsinnig, absurd'.

schlabbern Vb. 'geräuschvoll, schlürfend fressen und saufen' von Hunden, dann auch von Menschen 'gierig, schmatzend essen und trinken, schlürfen', auch so, daß man sich besudelt (vgl. *beschlabbern* 'besudeln', 18. Jh.), übertragen 'schnell und gedankenlos daherreden, plappern'; ein aus dem Nd. in die Schriftsprache aufgenommenes Verb (17. Jh.), nd. *slabbern*, nl. *slabberen* 'schlürfen', engl. (mundartlich) *to slabber* 'geifern, unreinlich essen', Iterativbildungen zu lautnachahmenden mnd. mnl. nl. *slabben* 'schlürfen', md. *schlabben* (17. Jh.), schwed. *slabba* 'sudeln'. Auch die entsprechenden hd. Formen zeigen lautmalende expressive Doppelkonsonanz in *schlappen*, *schlappern* 'geräuschvoll lecken, essen' (16. Jh.), mhd. *slappern* 'klappern'. Vgl. ferner frühnhd. *sluppern*, nl. *slobberen* 'schlürfen', engl. *to slobber* 'geifern, unreinlich essen', (mundartlich) *to slubber* 'besudeln'. – schlabb(e)rig Adj. 'weich, schmiegsam, wäßrig, dünn, fade' (19. Jh.). Schlabbermaul n. 'Schwätzer' (19. Jh.).

Schlacht f. 'Kampf, Kriegshandlung zwischen zwei Heeren bzw. größeren militärischen Einheiten, Kampf um Leben und Tod' (vgl. *Feld-*, *Seeschlacht*). Dem in dieser Bedeutung seit dem 16. Jh. geläufigen Substantiv gehen voraus ahd. *slaht* 'Niedermetzelung, Blutbad, das Schlachten' (11. Jh.; vgl. schon *faterslaht* 'Vatermord', um 800, *manslaht* 'Mord', 9. Jh.), *slahta* 'Tötung, Erschlagung, Niedermetzelung' (9. Jh.), mhd. *slaht(e)*, asächs. *-slahta*, mnd. mnl. nl. *slacht*. Die Substantive sind mit Dentalsuffix gebildete Abstrakta zu dem unter *schlagen* (s. d.) angeführten Verb. In anderen germ. Sprachen entsprechen mit zum Teil abweichender Bildung anord. *slātta* 'Mahd, Mähzeit', aengl. *slieht* 'das Schlagen, Streich, Tod, Mord', got. *slaúhts* f. 'Tötung'. Die alte Bedeutung von ahd. *slahta*, mhd. *slaht(e)* 'Geschlecht, Art, Stamm, Eigenart' (zu *schlagen* im Sinne von 'sich in einer bestimmten Richtung entwikkeln, nach jmdm. geraten', s. d. sowie *Schlag* und *Geschlecht*) wird im Nhd. aufgegeben (doch in poetischer Sprache noch im 17. Jh.). – Schlachtfeld n. 'Kampfplatz, Kriegsschauplatz' (18. Jh.); s. *Feld*. Schlachtenbummler m., s. *bummeln*.

schlachten Vb. 'zur Ernährung bestimmtes Vieh fachmännisch töten', ahd. *slahtōn* (um 800), mhd. *slahten*, auch übertragen '(wehrlose) Menschen niedermetzeln, morden', mnd. mnl. nl. *slachten* gehören zu den unter *Schlacht* (s. d.) behandelten Substantiven. – ausschlachten Vb. 'Vieh von Eingeweide befreien, ausweiden', übertragen 'in jeder Hinsicht ausnützen, ausbeuten' (17. Jh.). Schlachter m. (nordd.), Schlächter m. (nordd. und md.) 'Fleischer', ahd. *slahtāri*, *slahteri* (11. Jh.), mhd. *slahtære*, (md.) *slechtēre*. Schlachterei, Schlächterei f. 'Fleischerei' (um 1800). Schlachtvieh n. 'zum Schlachten bestimmtes Vieh' (17. Jh.); gelegentlich auch übertragen 'in aussichtsloser militärischer Situation sinnlos geopferte Truppen'.

Schlacke f. 'Verbrennungsrückstand, gesinterte, feste Bestandteile der Asche, nicht mehr verwertbarer Rückstand'. Mnd. *slagge* (14. Jh.), Ableitung von mnd. *slān* in der Bedeutung 'schmieden' (s. *schlagen*), das einen 'beim Schmieden abspringenden Metallsplitter', dann 'beim Schmelzen sich absetzende Unreinheit des Erzes' bezeichnet, wird (16. Jh.) in die md. und südd. Bergmannssprache und von dort in die Literatursprache aufgenommen. Vgl. *Hammerschlag* m. 'Metallabfall beim Hämmern', frühnhd. *hamer-*, *hamelslach*, *-slag* m., auch *hamerslag(g)e* f. (15. Jh.). Es gilt schließlich auch für 'unbrennbare Rückstände von Kohle und Koks' und (in der dt. medizinischen Fachsprache) für Rückstände im Blut und für Ausscheidungen beim Stoffwechsel (19. Jh.).

¹schlackern Vb. 'schlenkern, wackeln', vorwiegend *mit den Ohren schlackern* zunächst vom Hund, dann übertragen 'sehr erstaunt sein, sich wundern'. Das Verb gehört der Umgangssprache an und geht zurück auf nd. *slakkern* 'schlaff herunterhängen, zappeln, wakkeln', abgeleitet von mnd. *slak* 'schlaff, träge', entsprechend ahd. *slah* (um 1000), mhd. *slach* 'schlaff, welk', asächs. *slak*, aengl.

slæc, engl. *slack*, mnl. *slac*, anord. *slakr*, schwed. *slak*, das an die unter *Laken* (s. d.) behandelte Wurzel ie. **(s)lĕg-* 'schlaff, matt sein' anschließbar ist.

[2]**schlackern** Vb. 'zugleich regnen und schneien', vorwiegend nordd., nd. auch 'bespritzen, besudeln', Iterativbildung zu mnd. *slaggen, schlaggen, schlacken* 'schneien und regnen' (16. Jh., Luther); abgeleitet von nd. *Schlack* m. 'dicke, feuchte Masse, Matsch (aus Regen und Schnee), abfallender Tropfen', mnd. *slacker* m., *slagg(e)* m. 'naßkaltes Matschwetter'. Dazu nd. *schlackerig* Adj. 'feucht, schmutzig', bes. in der Fügung *schlackerig* bzw. *schlackig Wetter* 'Schneeregen', danach *Schlackerwẹtter* n. (18. Jh.), schwed. (mundartlich) *slaggväder.* Vergleichbar sind engl. (mundartlich) *slack* 'Sumpf, Morast', anord. *slag* n. 'Nässe', schwed. (mundartlich) *slagg* 'Matsch', ablautend engl. *slough* 'Sumpf-, Schmutzloch', aengl. *slōh, slō(g)*, mnd. *slōh* 'Morast'; außergerm. lit. *šlãkas* 'Tropfen, Fleck, Klecks', *šlakė́ti* 'tröpfeln, triefen', *šlė̃kti* '(be)spritzen, Wasser ausschütten', russ. *sljákot'* (*слякоть*) f. 'Schneeregen', serbokr. *slȅka* 'Flut'. Danach ist ansetzbar (lautmalend?) ie. **sk̑lek-*, **sk̑lak-*, **sk̑lək-* 'naß, spritzen'.

schlafen Vb. 'sich in einem (physiologisch bedingten) Ruhezustand befinden, in dem die Wahrnehmung der Umwelt stark herabgesetzt, nahezu ausgeschaltet ist'. Das starke, ursprünglich reduplizierende Verb ahd. *slāfan* (um 800), mhd. *slāfen*, asächs. *slāpan*, mnd. mnl. *slāpen*, nl. *slapen*, aengl. *slǣpan*, engl. *to sleep*, got. *slēpan* gehört zu einer im Germ. reich entwickelten Wortgruppe. Sie schließt sich an die unter *Lappen* (s. d.) genannte Wurzel ie. **lĕb-*, **lŏb-*, **lăb-* 'schlaff herabhängen(d)' an, die hier, wie auch in *schlapp*, *schlaff* (s. d.), mit anlautendem *s-* auftritt. Dazu stellen sich lat. *lābī* 'hin-, herabgleiten, sinken' (s. *labil*, *Lapsus*, *kollabieren*), lat. *labor* 'Mühe, Anstrengung, Arbeit' (s. *laborieren*) und mit anlautendem *s-* lit. *slõbti* 'schwach werden', aslaw. *slabъ*, russ. *slábyj* (*слабый*) 'schwach'. *schlafen* ist ursprünglich 'schlaff sein'. – S c h l a f m. 'Zustand des Schlafens', ahd. (8. Jh.), mhd. *slāf*, asächs. mnd. *slāp*, mnl. *slaep*, nl. *slaap*, aengl. *slēp*, *slǣp*, engl. *sleep*, got. *slēps*. Demgegenüber sind anord. *svefn*, schwed. *sömn*, dän. *søvn*, aengl. *swefn* (germ. **swefna-*) ebenso wie die Bezeichnungen des Schlafes in anderen ie. Sprachen aind. *svápnaḥ*, griech. *hýpnos* (*ὕπνος*) (s. *hypnotisch*), lat. *somnus* (s. *somnambul*), aslaw. *sъnъ*, russ. *son* (*сон*) Fortsetzungen eines alten *r/n*-Stammes zur Wurzelerweiterung ie. **su̯ep-*, **sup-* 'schlafen', zu der ebenso mhd. *swep* (Gen. *swebes*) 'Schlaf, Schlummer', aengl. *swefan*, anord. *sofa*, schwed. *sova*, dän. *sove* 'schlafen' gehören. Spätmhd. *slāf* wird auch Bezeichnung für 'Schläfe'. Vielleicht als 'Stirnseite, auf der der Schlafende ruht'? Vgl. mnd. *slāp*, mnl. *slaep*, nl. *slaap* 'Schlaf, Schläfe'. Der in dieser Bedeutung auftretende Plural wird im 18. Jh. zum Singular S c h l ä f e f. – b e s c h l a f e n Vb. 'mit einer Frau schlafen', mhd. *beslāfen*, auch 'schwängern'; 'eine Nacht Bedenkzeit verstreichen lassen, ehe ein Beschluß gefaßt wird' (16. Jh.). e n t s c h l a f e n Vb. 'sterben', ahd. *intslāfan* (9. Jh.), mhd. *entslāfen* 'einschlafen, sterben'. s c h l ä f e r n Vb. 'müde, schläfrig sein', mhd. *slāfern* 'schläfrig werden, einschlafen'; heute selten und meist unpersönlich *es schläfert mich*; dazu e i n s c h l ä f e r n Vb. 'müde, schläfrig machen, in Schlaf versetzen' (17. Jh.), heute bes. '(Tiere) durch Medikamente schmerzlos töten', auch 'narkotisieren, betäuben'; älter *einschläfen*, zu mhd. *slæfen* 'schläfrig machen'. s c h l ä f (e) r i g Adj. 'müde', auch 'träge' (16. Jh.), ahd. *slāf(e)rag* (9. Jh.), mhd. *slāferic*, *slæferic*. z w e i s c h l ä f r i g Adj. 'für zwei Schläfer passend' (18. Jh.). B e i s c h l a f m. 'das Miteinanderschlafen' (15. Jh.); dafür ahd. *mitislāf* (um 1000). S c h l a f m ü t z e f. 'Mütze, die im Bett aufgesetzt wird' (17. Jh.), 'langsamer, träger Mensch' (18. Jh.). S c h l a f r o c k m. 'bequemer, zum Schlafengehen und im Haus zu tragender Mantel, Morgenrock', mhd. *slāfroc* (14. Jh.); nicht aus *Schlaufrock* ('zum Hineinschlüpfen') herzuleiten (s. *Schlaufe*).

schlaff Adj. 'locker, lose herabhängend, träge, kraftlos, schwach', ahd. (um 800), mhd. *slaf* 'locker, lose, welk, ermüdet, träge', mnd. *slap* (s. *schlapp*), mnl. nl. *slap*, schwed. *slapp* 'arm, untätig' sowie anord. *slappi* 'lange, schwache Person' zeigen Verwandtschaft mit den unter *schlafen* (s. d.) genannten ablautenden Formen, mit denen sie auf die mit *s-*Anlaut versehene Wurzel ie. **lĕb-*, **lŏb-*, **lăb-* 'schlaff herabhängen(d)' (s. auch *Lappen*) zurückzuführen sind. – e r s c h l a f -

fen Vb. 'an Spannkraft verlieren, träge, kraftlos werden' (18. Jh.), Neubildung zum Adjektiv *schlaff*; doch vgl. bereits ahd. *irslaffēn* (10. Jh.), zu *slaffēn* (um 800), mhd. *slaffen* 'schlaff sein, werden'.

Schlag m. 'kurze, schnelle Bewegung, Hieb, Unglück, mit einem Aufprall verbundenes Geräusch, durch gleiche oder ähnliche charakteristische Eigenschaften und Merkmale verbundene Gruppe, Art', ahd. *slag* (um 800), mhd. *slac*, asächs. *slegi*, mnd. mnl. *slach*, nl. *slag*, aengl. *slege*, engl. *slay*, *sley* ('Weberkamm'), anord. *slagr*, schwed. *slag* und (mit grammatischem Wechsel von *g* nach *h*) got. *slahs* (germ. **slagi-*) sind Abstrakta zu dem unter *schlagen* (s. d.) behandelten Verb. *Schlag* entwickelt eine Reihe von speziellen Bedeutungen, z. B. 'Apoplexie, Schlaganfall' (bereits mhd.), 'Blitz, Donner' (18. Jh.), bergmännisch 'schlagendes Wetter' (18. Jh.), 'den Körper treffender elektrischer Stromstoß' (18. Jh.), 'Puls' (mhd.), 'die Art, wie die Falten eines Kleides fallen' (15. Jh.), 'Gepräge einer Münze' (15. Jh.), 'Wagentür' (18. Jh.), 'Ackerstück' (mnd. 14. Jh.). Feste Wendungen: *ein Schlag ins Wasser* 'ein Mißerfolg', mhd. *ein slac in daȥ mer*, *in einen bach* u. ä.; *Schlag auf Schlag* 'kurz hintereinander, zügig' (18. Jh.), mhd. *slage slags*; *mit einem Schlage* 'plötzlich, auf einmal' (um 1800). – schlagartig Adj. 'schnell, plötzlich' (19. Jh.). Schlagader f. 'Arterie' (16. Jh.). Schlaganfall m. (19. Jh.), Schlagfluß m. (17. Jh.), d. i. 'plötzlich auftretender (Krankheits)fluß' (s. *Rheumatismus*); beide für 'Apoplexie'.

schlagen Vb. 'hauen, prügeln, töten, einen Gegner überwinden, besiegen, mit einer heftigen, gezielten Bewegung geräuschvoll einen Gegenstand treffen, sich in einer bestimmten Richtung entwickeln, nach jmdm. geraten', ahd. *slahan* (8. Jh.), mhd. *slahen*, *slān*, asächs. *slahan*, mnd. *slān*, mnl. *slaen*, nl. *slaan*, aengl. *slēan*, anord. *slā*, schwed. *slå*, got. *slahan*. Auf grammatischem Wechsel zwischen *h* und *g* beruhen Präteritalformen wie ahd. *sluog*, asächs. aengl. *slōg*, denen im Nhd. die Präsensformen und der Infinitiv angeglichen werden; s. auch *Schlag*, *Schlegel* neben *Schlacht* und *Geschlecht*. Außergerm. Vergleichsmöglichkeiten bietet lediglich das Kelt. mit mir. *slacc* 'Schwert', ir. *slacaire* 'Schläger', mir. *slachta* 'geschlagen', ir. *slacht* 'gute Erscheinung, von gutem Schlag', gäl. *slachdaim* 'schlage mit dem Hammer', so daß eine Wurzel ie. **slak-* 'schlagen, hämmern' angesetzt werden kann. – Schläger m. 'wer schlägt, wer jmdn. tötet', ahd. *irslahāri* (8. Jh.), mhd. *slaher*, frühnhd. *totslaher*, *-slager*, *-sleger* (15. Jh.); auch 'Raufbold' (seit 17. Jh.). Schlägerei f. 'Prügelei' (wohl 15. Jh.), 'Duell' (17. Jh.). abschlagen Vb. 'mit einem Hieb loslösen, lostrennen, abwehren, ablehnen', ahd. *abaslahan* 'abhauen, abschneiden' (10. Jh.), mhd. *abeslahen*, auch 'abschlachten, in Abzug bringen, vergüten, zurückweisen'; abschlägig Adj. 'ablehnend' (15. Jh.); Abschlag(s)zahlung f. 'erster Teil einer abzugeltenden Summe, Teilzahlung' (18. Jh.). anschlagen Vb. 'anstoßen, mit Nägeln anhängen, gut wirken, bellen', ahd. *anaslahan* (10. Jh.), mhd. *aneslahen* 'an jmdn. oder etw. schlagen, anstoßen, mit Schlägen angreifen, durch Schlagen befestigen, rauben, anstiften, berechnen'; veranschlagen Vb. 'taxieren' (19. Jh.); Anschlag m. 'Bekanntmachung, auf etw. zielender Gedanke, Plan, Vorhaben, Vorbereitung des Schützen zum Abschießen', auch (seit 15. Jh.) 'Attentat', ahd. *anaslag* 'Hieb, Stoß, Schlag' (11. Jh.), spätmhd. *aneslac*, auch 'Berechnung'; Voranschlag m. 'vorläufige Kostenberechnung' (18. Jh.). aufschlagen Vb. '(durch Schlagen) öffnen, aufprallen, auftreffen, einen Preis erhöhen, etw. aufstellen, errichten', ahd. *ūfslahan* 'an etw. schlagen' (um 900), mhd. *ūfslahen*, auch 'errichten, aufschieben, verzögern, anzünden, durch Schlagen öffnen, vorenthalten, den Lohn, Preis erhöhen, im Preis steigen, verzichten'; Aufschlag m. 'Aufprall, Verteuerung eines Preises, umgeschlagener Teil an Kleidungsstücken', mhd. *ūfslac*, auch 'Aufschub, Verlängerung der Frist, Waffenstillstand'. ausschlagen Vb. 'Knospen treiben, grün werden, um sich schlagen, durch Schlagen zerstören, mit etw. bedecken, ablehnen', ahd. *ūȥslahan* 'herausbrechen, durch Schlagen zerstören' (9. Jh.), mhd. *ūȥslahen* 'herausschlagen, umhauen, ablehnen, zurückschlagen, ausweisen, verjagen, verbannen, freilassen, zerstören, errichten, nach auswärts schlagen, fliehen'; Ausschlag m. 'Austrieb der Schweine in die Eichelmast, Herabsinken des Waagebalkens nach der schweren Seite'

(15. Jh.), daher *den Ausschlag geben* 'entscheidend sein' (16. Jh.), 'Entscheidung, Ergebnis, Erfolg, Ausgang' (16. Jh.), medizinisch 'Hautschorf, Erkrankung der Haut' (17. Jh.), 'Trieb, Sproß' (18. Jh.). beschlagen Vb. '(durch Schlagen) mit etw. versehen, sich überziehen, anlaufen', ahd. *bislahan* 'behauen, tüchtig schlagen, fest-, niederschlagen' (8. Jh.), mhd. *beslahen* 'auf etw. schlagen, schlagend bedecken, mit Beschlag belegen, schlagend auf, an etw. befestigen, umschlagen, umschließen'; beschlagen Part.adj. 'bewandert in einer Sache, voller Kenntnisse' (16. Jh.), eigentl. 'durch (Metall)beschlag fest und dauerhaft'; Beschlag m. 'Metallstück als Schutz oder Verzierung, Überzug, Hauch' (15. Jh.), *in Beschlag nehmen* (17. Jh.), *Beschlag auf etw. legen* (18. Jh.), *mit Beschlag belegen* (19. Jh.) 'etw. oder jmdn. für sich beanspruchen'. einschlagen Vb. 'hineinschlagen, durch Schlagen zertrümmern, einwickeln, sich in eine bestimmte Richtung erfolgreich entwikkeln, gedeihen' (15. Jh.); einschlägig Adj. 'in Betracht kommend' (Anfang 19. Jh.). überschlagen Vb. 'ungefähr berechnen, übereinanderlegen (die Beine)', refl. 'sich überkugeln', ahd. *ubarslahan* 'herausgehen, sich entfernen, vorzüglich sein, übertreffen' (um 1000), mhd. *überslahen* 'schlagend überziehen, beschlagen, überwältigen, besiegen, in Kürze sagen, erzählen, auslassen, ungefähr berechnen, schätzen, überlegen'. umschlagen Vb. 'umlegen, umbiegen, zu Boden schlagen, ringsum bedekken, sich ändern (vom Wetter)', mhd. *umbeslahen* 'umgeben, -fassen, -zingeln, niederschlagen, Umschweife machen, sich verbreiten'; Umschlag m. 'Hülle, Umhüllung, Änderung, umgeschlagener Rand', auch (seit 17. Jh.) als medizinische Heilpackung, kaufmännisch 'Umsatz, Vertrieb von Waren' (16. Jh., nach mnd. *ummeslach*), mhd. *umbeslac* 'Umhüllung, Wendung, Umkehr, Ausflucht'. unterschlagen Vb. 'unrechtmäßig zurückbehalten, veruntreuen, verheimlichen', mhd. *underslahen* 'beiseite legen, abseits setzen, verbergen, aufgeben, niederschlagen, unterdrücken, überwinden, übertreffen'. verschlagen Vb. 'mit Brettern abteilen, schließen, versehentlich umblättern, durch widrige Umstände an einen ungewollten Ort gelangen (lassen)', ahd. *firslahan* 'erschlagen, töten, verschließen' (8. Jh.), mhd. *verslahen* 'zerschlagen, verwunden, töten, abhauen, auseinanderschlagen, vertreiben, zurückweisen, wegnehmen, beschmutzen, durch Verschlag absperren', refl. 'sich verstecken, beschmutzen, entfernen'; verschlagen Part.adj. 'listig, undurchsichtig, durchtrieben' (15. Jh.), eigentl. 'seine Pläne nicht bekanntgebend, versteckend, zurückhaltend'; Verschlag m. 'durch Bretter(wände) abgetrennter Raum, abtrennende Bretterwand' (18. Jh.). vorschlagen Vb. 'einen Plan vorlegen, einen Rat geben und zur Erwägung anbieten', ahd. *furislahan* 'vorher-, vorwegnehmen' (8. Jh.), mhd. *vürslahen* 'treiben, im Übergewicht sein, veranschlagen, rechnen'; Vorschlag m. 'zu erwägender Rat, Plan, Lehrsatz' (16. Jh.), mhd. *vürslac* 'erster Schlag, Befestigung, einschließende Belagerung, Berechnung als Vorlage'. – schlagfertig Adj. 'bereit zum Losschlagen' (18. Jh.), 'um keine Antwort verlegen, witzig' (19. Jh.). Schlaglicht n. 'heller Lichtstrahl zum Hervorheben eines einzelnen Gegenstandes' (18. Jh.), häufig in der Malerei. Schlagschatten m. 'von einer Person oder einem Gegenstand geworfener, scharf umrissener Schatten' (18. Jh.). Schlagseite f. 'Schräglage (eines Schiffs)' (17. Jh.). Schlagwort n. '(schmerzlich) treffendes Wort, prägnanter Ausdruck zur Kennzeichnung einer Zeiterscheinung, Bühnenstichwort' (18. Jh.), im Bibliothekswesen 'Stichwort, Kennwort'. Schlagzeile f. 'hervorgehobene, deutlich gemachte Überschrift' (um 1880). Schlagzeug n. 'Ensemble von Schlaginstrumenten' (20. Jh.). Schlager m. 'aktuelle, beim Publikum ein- bzw. durchschlagende Musiknummer', aufgekommen (1881) als Ausdruck der Musikkritik, durch die Tagespresse verbreitet; dann auf andere bes. aktuelle und wirkungsvolle Erscheinungen (Buch, Theaterstück, eine reißend abgehende Ware) übertragen.

Schlaks m. 'lang aufgeschossener, ungeschickter junger Mann' (18. Jh.), nd. *Slaks*, *Släks* 'nachlässiger, träger Mensch, fauler Schlingel', md. *Schlackes*, *Schlēks*, zu dem unter [1]*schlackern* (s. d.) abgehandelten Adjektiv mnd. *slak* 'schlaff, träge'. Dazu schlaksig Adj. 'lang aufgeschossen und etwas unbeholfen in den Bewegungen' (19. Jh.).

Schlamassel m. (auch n.) 'unangenehme Situation, Unglück, Mißgeschick', verbreitet in Umgangssprache und Mundart (seit 18. Jh.), vgl. auch *Schlemassel*, *Schlimassel*. Wohl aus jidd. *schlemasl*, *schlimasl*, eigentl. 'was nicht Glück ist', d. h. aus einer Verneinungspartikel und jidd. *masel* '(Glücks)stern, Gestirn'. Oder das Bestimmungswort erklärt sich aus nhd. *schlimm*, so daß die Zusammensetzung die Bedeutung 'schlimmer, schlechter Stern', also 'Unglück, Mißgeschick' annimmt. Die Veränderung von *i* zu *a* im ersten Kompositionsglied mag durch Angleichung an das *a* des zweiten Glieds entstanden sein. Vgl. auch rotw. *Schlamassen* Plur. 'Unglück, Mißlingen, Schaden' (1847).

Schlamm m. 'Morast, feuchter Schmutzbrei', spätmhd. (md.) *slam* (Gen. *slammes*, aus *slambes*; 14. Jh.), mnd. *slam* 'Schlamm, Kot, Abfall beim Mahlen des Getreides'; vor allem durch Luthers Gebrauch (16. Jh.) im Hd. üblich. Man kann das (allerdings erst spät bezeugte) Substantiv auf germ. **slamb-* zurückführen, das mit griech. *lémphos* (λέμφος) 'Nasenschleim' und den unter *schlemmen* und *Schlampe* (s. d.) genannten Formen zu der nasalierten Variante ie. **(s)lemb(h)-* (s. *glimpflich*) der mit anlautendem *s-* versehenen Wurzel ie. **lĕb-*, **lŏb-*, **lăb-* 'schlaff, herabhängen(d)' gehört (s. *Lappen*, *schlafen*, *schlaff*, *schlapp*). – s c h l ä m m e n Vb. 'von Schlamm reinigen', spätmhd. (omd.) *slemmen*; dann auch 'aufschwemmen' (18. Jh.). S c h l ä m m k r e i d e f. 'pulverisierte gereinigte Kreide' (19. Jh.). s c h l a m m i g Adj. 'kotig, morastig, schlammbeschmutzt' (16. Jh.).

Schlampe f. 'unordentliche, nachlässige, ungepflegte Frau' (17. Jh.), gebildet zu s c h l a m p e n Vb. 'lose und nachlässig herabhängen, (um den Körper) schlenkern', frühnhd. *schlampen* 'schlaff herabhängen' (15. Jh.). Substantiv und Verb gehören zu einer vor allem in den Mundarten verbreiteten und semantisch weiterentwickelten Wortgruppe, vgl. *schlampen* 'nachlässig gehen, sich herumtreiben, gierig und geräuschvoll essen', *Schlamp* 'Schleppe (am Kleid), Schwelgerei, Gelage, nachlässiger, ungepflegter Mensch', *Schlampen*, *Schlumpe* 'Lumpen, Fetzen'; s. auch *schlemmen*. Zusammenhang mit *Schlamm* (s. d.) und Rückführung auf ie. **(s)lemb(h)-*, die nasalierte Form der unter *Lappen* (s. d.) genannten Wurzel ie. **lĕb-*, **lŏb-*, **lăb-* 'schlaff herabhängen(d)', die hier, wie auch in *schlafen*, *schlaff*, *schlapp* (s. d.), mit anlautendem *s-* auftritt, ist wahrscheinlich. Dazu die Streckformen s c h l a m p a m p e n Vb. 'schmatzend, gierig essen, üppig schlemmen, prassen' (16. Jh.), mnd. nl. *slampampen*, und S c h l a m p a m p e f. 'unordentliche, nachlässige, ungepflegte Frau', literarisch bezeugt bei Chr. Reuter (im Titel) „... der ehrlichen Frau *Schlampampe* Krankheit" (1696). – s c h l a m p i g Adj. 'schlaff, schlottrig' (16. Jh.), 'nachlässig, ungepflegt, liederlich' (18. Jh.). S c h l a m p e r e i f. 'nachlässige Verfahrensweise, Unordnung' (19. Jh.).

Schlange f. Der Name des Kriechtieres ahd. *slango* m. (9. Jh.), mhd. *slange* m. (md. f.) 'Schlange, Drache', auch 'Teufel', asächs. *slango* m., mnd. *slange* m. f., mnl. *slanghe* m. f., nl. *slang* f. steht im Ablaut zu dem unter [1]*schlingen* (s. d.) behandelten Verb in seiner Bedeutung 'sich schlängelnd winden, kriechen'. Er verdrängt (als Tabuwort?) alte Bezeichnungen wie *Natter*, *Unke*, *Wurm* (s. d.). Fem. Genus setzt sich mit Luthers Bibelübersetzung durch. Die Schlange gilt seit alters wegen ihrer kriechenden Fortbewegung, ihres giftigen Bisses, der Fähigkeit, kleine Tiere gleichsam zu hypnotisieren, sowie auf Grund der biblischen Erzählung vom Sündenfall als ein listiges, verschlagenes, falsches Wesen, vgl. *klug wie eine Schlange*, *falsche*, *giftige Schlange* 'hinterlistiger, unaufrichtiger Mensch', auch 'böse, hinterlistige Frau', *eine Schlange an seinem Busen ziehen*, *nähren* 'für erwiesene Wohltaten Undank ernten'; vgl. ferner (*wie eine* oder *in einer*) *Schlange stehen* 'in langer (gewundener) Reihe nach etw. anstehen' (20. Jh.). – s c h l ä n g e l n Vb. 'sich wie eine Schlange in Windungen fortbewegen' (17. Jh.), seit dem 18. Jh. reflexiv.

schlank Adj. 'dünn, schmal, biegsam, nicht dick', mhd. (md.) *slanc* 'schmächtig, mager', mnd. *slank* 'nicht fest, biegsam, geschmeidig, schmächtig, dünn', mnl. *slanc* 'mager, schlapp, abgemattet', nl. *slank* führt (bei einer Ausgangsbedeutung 'sich windend, biegsam, geschmeidig') mit mnd. *slinken* '(zusammen)schrumpfen, schwinden', mnl. nl. *slinken* 'dünner werden', aengl. *slincan* 'kriechen, schleichen', engl. *to slink* 'schleichen', schwed. *slinka* 'schlüpfen' auf ie. **sleng-*, eine

Variante von ie. **slenk-* 'winden, drehen, sich schlingen, kriechen' (s. [1]*schlingen*). – Schlankheit f. 'das Schlanksein' (17. Jh.). schlankweg Adv. 'geradezu, ohne Umschweife' (um 1800).

schlapp Adj. 'schlaff, nicht prall, locker, lose herabhängend, träge, matt, müde, kraft-, energielos', Aufnahme in die Literatursprache (16. Jh.) von mnd. *slap* (das damit neben bereits bestehendes hd. *schlaff*, s. d. tritt); vgl. schon unsicheres mhd. *slap*. Dazu die Wendungen *schlapp machen* 'Anstrengungen, Strapazen nicht durchhalten, nicht mehr können, aufgeben', älter *schlapp werden* (18. Jh.). – schlappen Vb. 'lose, locker herabhängen, locker sitzen, nicht fest anliegen', frühnhd. *-slappen* (15. Jh.), mnd. *slappen*. Schlapphut m. 'Hut mit breiter, herabhängender Krempe' (17. Jh.), älter *Schlappe* f. 'Mütze' (bis ins 17. Jh.), spätmhd. *slappe* 'klappen- oder beutelförmig herunterhängender Teil der Kopfbedeckung', mnd. *slappe* 'lederner Nackenschutz am Helm'. Schlappschwanz m. Scheltwort 'unentschlossener, wankelmütiger Mensch, Schwächling' (17. Jh.); eigentl. (heute zuweilen nicht mehr empfundene) Anspielung auf männliche Impotenz (s. *Schwanz*).

Schlappe f. 'Niederlage, Mißerfolg' (16. Jh.), mnd. *slappe*, bes. in Wendungen wie *eine Schlappe geben*, *setzen* (16. Jh.), *eine Schlappe versetzen*, *kriegen* (18. Jh.), zumal im militärischen Bereich. Wohl nicht zu *schlapp* Adj. (s. d.), sondern zu der (ähnlich wie *klapp*, *klatsch*, *platsch*, s. *Klaps*, *klatschen*, *plätschern*) einen klatschenden Schall nachahmenden Interjektion *schlapp* (16. Jh., doch vielleicht älter), nd. *slapp*, engl. *slap*. Vgl. auch landschaftliches *Schlappe*, nd. *Slappe* 'klatschender Schlag, Ohrfeige' (15. Jh.), engl. *slap*.

Schlaraffe m. 'Faulenzer, gut lebender Müßiggänger', mhd. *slūraffe* zuerst Geschlechtername (1347), eigentl. 'herumschlendernder Müßiggänger', *schlauraff* (15. Jh.), *schluraff* (16. Jh.), *Schlauraffe* (17. Jh.), dann (nach Verlagerung der Betonung auf die zweite Silbe des etymologisch undurchsichtig gewordenen Wortes) *Schlaraffe* (seit 18. Jh.). Ursprünglich ein Scheltname, zusammengesetzt aus mhd. *affe* (s. *Affe*) und mhd. *slūr* 'das Schleudern, der Stoß, das Herumstreifen, Faulenzen, langsame, träge, faule oder leichtsinnige Person, Faulenzer', das wie mhd. *slier* 'Lehm, Schlamm' (s. *Schliere*) mit *r*-Suffix zu der unter *schlummern* (s. d.) angegebenen Wurzel ie. **(s)leu-*, **(s)lū-* 'schlaff herabhängen, schlaff' gebildet ist. Daneben auch, mit Anlehnung an *schludern* (s. d.), *schluderaffe* (15. Jh.), *Schlauderaffe* (17. Jh.). – Schlaraffenland n. 'Märchenland, in dem jeder ohne Arbeit in Wohlstand lebt, wo Milch und Honig fließen und einem gebratene Tauben in den Mund fliegen'; als Vorstellung bereits in der griech. Antike ausgeprägt, z. B. in der ins Komische gesteigerten und übertriebenen Beschreibung von Elysion, dem am Westrand der Erde gedachten Land der Seligen (in der attischen Komödie des 5. Jhs. v. u. Z. oder in Lukians, geb. um 120, Beschreibung des Lebens der Frommen nach dem Tode). *Schluraffen landt* (Sebastian Brant, 1494), *Schlauraffen Landt* (Hans Sachs, 1530), *Schlaraffenland* (17. Jh.).

schlau Adj. 'klug, gewitzt, listig'. Im 16. Jh. gelangt nd. *slū* in diphthongierter Form in die hd. Literatursprache und wird vom 17. Jh. an geläufig. Angesichts mnd. *slūhörer* 'Lauscher' (d. h. 'heimlich Zuhörender') kann von germ. **slūha-* 'schleichend' ausgegangen werden, das mit nl. *sluiken* 'schleichen, schlüpfen, schmuggeln' an die unter *Schlauch* (s. d.) angeführte Gutturalerweiterung ie. **(s)leuĝ-* (auch **(s)leuk̂-*) der Wurzel ie. **(s)leu-* 'gleiten, schlüpfen' anzuschließen ist. – Schlauheit f. 'Klugheit, Gewitztheit' (17. Jh.); später auch Schläue f. (19. Jh.). Schlaukopf m. 'kluger Mensch' (18. Jh.). Vgl. auch scherzhaft-ironisches, nach dem Vorbild von Personen- bzw. Einwohnernamen gebildetes Schlaumeier m., Schlauberger m. 'gewitzter Kerl' (19. Jh.).

Schlauch m. 'elastische, biegbare Röhre' (aus Gummi bzw. Kunststoff), mhd. *slūch* '(Schlangen)haut, Röhre, Schlauch', asächs. *slūk* 'Schlangenhaut' führt mit *schlau* (s. d.) und nl. *sluiken* 'schleichen, schlüpfen, schmuggeln', außergerm. vielleicht mit lit. (falls *šl-* aus ie. *sl-*) *šliūžės* Plur. 'Schlittschuhe', *šliaũžti* 'kriechen, schleichen, gleiten', aruss. *lyža*, russ. *lýža* (*лыжа*) 'Schneeschuh', (landschaftlich) *lyzgát'* (*лызгать*) 'auf dem Eis gleiten' auf ie. **(s)leuĝ-*. Daneben steht (mit anderem Guttural) ie. **(s)leuk̂-*, wozu mnd. *slū*, *slō* 'Hülse, Hülle,

Schale, Hornhaut des Pferdehufs', norw. *slo* 'fleischiger Kern in Horn oder Huf', mengl. *sloh*, engl. *slough* 'abgestreifte Haut' (bes. der Schlange) gehören. Beide Formen sind Erweiterungen der unter *schlüpfen* (s. d.) genannten Wurzel ie. **(s)leu-* 'gleiten, schlüpfen'. Als Ausgangsbedeutung ist wohl 'heraus-, hineingleiten' bzw. 'Hülle, aus der man heraus- oder in die man hineinschlüpft' anzunehmen, woraus sich auch die Vorstellung des 'Bedeckenden, Umhüllenden' entwickelt hat. – S c h l a u c h b o o t n. 'aufblasbares Gummiboot' (20. Jh.).

Schlaufe f. 'Schlinge, Lederring', ahd. *sloufa* (Hs. 12. Jh.), *slouf* (Hs. 13. Jh.), mhd. *sloufe* 'Öhr, Öse, Öffnung, Kreis', frühnhd. *Schlaufe* ist als Verbalsubstantiv gebildet zu ahd. (9. Jh.), mhd. *sloufen*, nhd. *schlaufen* 'schlüpfen machen, hineinschlüpfen lassen', einem Kausativum zum starken Verb ahd. *sliofan*, mhd. *sliefen*, nhd. *schliefen* 'schlüpfen, gleiten' (s. *schlüpfen*). *Schlaufe*, eigentl. 'etw., in das man hineinschlüpft', ist die ältere Form von *Schleife* (s. d.).

schlecht Adj. 'von minderwertiger Qualität, ungenügend, nicht gut', ahd. *sleht* (8. Jh.), mhd. *sleht* 'in gerader Fläche oder Linie, eben, glatt, leer, einfältig, gut, schlicht, einfach', asächs. *sliht* 'geschmückt', mnd. *slecht*, *slicht*, mnl. *sleht* 'eben, flach, gerade, richtig, einfältig, arglos', nl. *slecht*, engl. (aus dem Anord.) *slight* 'schmächtig, schwach, leicht, gering', anord. *slēttr* 'eben, glatt, sanft', schwed. *slät*, got. *slaíhts* 'schlicht' (germ. *slihta-*), nach Art der Part. Prät. mit dem Suffix ie. *-to-* gebildet zu der unter *schleichen* (s. d.) angegebenen Wurzelerweiterung ie. **(s)leiĝ-* 'schleimig, gleiten, glätten' der auch anlautendes *s-* aufweisenden Wurzel ie. **lei-* 'schleimig, durch Nässe glitschiger Boden, ausgleiten, worüber hinschleifen oder -streichen' (s. *Leim*, *Lehm*), so daß eine Ausgangsbedeutung 'geglättet, eben' angesetzt werden kann. Seit dem 15. Jh. gerät *schlecht* 'einfach' in Gegensatz zu 'kostbar, wertvoll, ausgezeichnet' und entwickelt die Bedeutung 'geringwertig, nicht gut', während die alte Verwendungsweise auf *schlicht* (s. d.) übergeht. Reste ursprünglicher Bedeutung haben sich erhalten in der Formel *schlecht und recht* 'einfach und richtig' und in den Komposita s c h l e c h t h i n Adv. 'ganz und gar, überhaupt, durchaus' (17. Jh.); s c h l e c h t - w e g Adv. 'ohne weiteres, einfach' (Ende 17. Jh.), mhd. *slechtis weg* (14. Jh.); s c h l e c h t e r d i n g s Adv. 'durchaus, ganz und gar, geradezu' (Ende 17. Jh.), mit adverbialem *-s* nach dem älteren Gen. Plur. *schlechter Dinge* (1. Hälfte 17. Jh.). – S c h l e c h t i g k e i t f. 'Zustand des Schlechtseins, Bosheit' (18. Jh.); vgl. spätmhd. *slehtecheit* 'Glätte, Ebene, Geradheit, Aufrichtigkeit, Geringheit'.

schlecken Vb. 'mit Genuß lecken, naschen, Süßigkeiten essen', frühnhd. *slecken* 'naschen' (15. Jh.) und die verwandten Verben mhd. *slicken* 'schlingen, schlucken', mnd. *slicken* 'schlecken, lecken, naschen', mnl. *slicken*, nl. *slikken* 'schlucken, schlingen' sowie (ablautend) anord. *sleikja* 'lecken', schwed. (mundartlich) *sleka* stellen sich mit anlautendem *s-* zu den unter ²*lecken* (s. d.) angeführten Formen der dort angegebenen Wurzel ie. **leiĝh-* 'lecken'. – S c h l e c k e r e i f. 'Naschsucht, Leckerbissen' (16. Jh.). S c h l e c k e r m a u l n. 'wer gern nascht' (17. Jh.).

Schlegel m. 'Schlagwerkzeug, Hammer, Klöppel, Trommelstock', südd. 'Keule' (vom Schlachtvieh), ahd. *slegil* (9. Jh.), mhd. *slegel* 'Werkzeug zum Schlagen, Keule, Flegel, schwerer Hammer', auch 'Ort, wo geschlagen wird, Schmiede, Schlachthaus', wie *Hebel*, *Würfel*, *Zügel* (s. d.) mit dem für die Bildung von Gerätebezeichnungen üblichen Suffix germ. *-ila-* zu dem unter *schlagen* (s. d.) behandelten Verb. Durch orthographische Regelung (im 18. Jh.) davon unterschieden S c h l ä g e l m. 'Fausthammer der Bergleute, Fäustel' (16. Jh.).

Schlehe f. Name für den im Frühjahr weiß blühenden Heckenstrauch und seine kleine, blaue, herb schmeckende Frucht, ahd. *slēha* (9. Jh.), mhd. *slēhe*, mnd. *slē*, mnl. nl. *slee*, aengl. *slā(h)*, engl. *sloe*, schwed. *slån* weist auf germ. **slaihōn*, eine Bildung mit ie. *ko-*Suffix zur Wurzel ie. **(s)lī-*, **(s)ləi-* 'bläulich'. Eine andere Suffixbildung (ie. **(s)līu̯o-*) setzen die außergerm. Verwandten lat. *līvēre* 'bleifarbig, bläulich sein', *līvor* 'bläuliche Farbe', air. *lī* 'Farbe, Glanz', akorn. *lin*, korn. *lyw* 'Farbe, Glanz', russ. *slíva* (*слива*), serbokr. *šljȉva* 'Pflaume' (Baum und Frucht; vgl. *Sliwowitz* 'serb. Pflaumenschnaps') voraus. Die Benennung *Schlehe* (ursprünglich wohl nur Bezeichnung der Frucht) ist auf die blaue

Farbe der Früchte zurückzuführen. – Schlehdorn m. Bezeichnung für den mit Dornen besetzten Strauch, mhd. *slē(h)dorn*; vgl. aengl. *slāhþorn*.

Schlei m., Schleie f. Name eines schleimigen, zu den Karpfen zählenden Fisches, ahd. *slīo* m. (11. Jh.), mhd. *slīe*, *slīhe*, *slīge* m. f., mnd. *slī* m., aengl. *slīw*, *slēow* m., nl. *slij* f. (germ. **sleiwa-* m., **sleiwō* f.) führt wie *Schleim* und *schleifen* (s. d.) auf eine anlautendes *s*-aufweisende Variante der unter *Leim* (s. d.) angeführten Wurzel ie. **lei-* 'schleimig, durch Nässe glitschiger Boden, ausgleiten, worüber hinschleifen oder -streichen, schmieren', deren *s*-loser Variante hingegen die baltoslaw. Entsprechungen wie lit. *lýnas*, russ. *lin'* (*линь*) 'Schlei' folgen. Wie bei *Schlange* (s. d.) setzt sich im Nhd. bei der auf *-e* endenden Form *Schleie* das fem. Genus durch.

schleichen Vb. 'sich geräuschlos, langsam und unbemerkt fortbewegen', ahd. *slīhhan* (9. Jh.; vgl. *furislīhhan*, 8. Jh.), mhd. *slīchen* 'leise gleitend gehen, feierlich schreiten', mnd. *slīken* führen mit isl. *slíkja* 'glätten', den unter *Schlick* (s. d.) genannten Formen und außergerm. mit griech. *lígdēn* (*λίγδην*) 'oberflächlich berührend, streifend', *lígdos* (*λίγδος*) 'Reibstein, Mörser', air. *fosligim* 'beschmiere', aslaw. *slьzъkъ*, russ. (landschaftlich) *slízkij* (*слизкий*) 'schlüpfrig, glatt, schleimig' auf ie. **(s)leiĝ-* 'schleimig, gleiten, glätten' (s. *schlecht, schlicht*), eine Erweiterung der auch anlautendes *s-* aufweisenden Wurzel ie. **lei-* 'schleimig, durch Nässe glitschiger Boden, ausgleiten, worüber hinschleifen oder -streichen' (s. *Schleim*, *Leim*, *Lehm*). – Schleichen Plur. in der zoolog. Fachsprache (Oken 1816) durch Kürzung von *Blindschleiche* (s. *blind*) gebildete Bezeichnung für eine Familie meist schlangenförmiger Echsen. Schleicher m. 'wer schleicht', mhd. *slīchære*; übertragen 'Heuchler, Leisetreter' (17. Jh.). Schlich m. 'schleichende Bewegung, geheimer Pfad', daher auch 'List, Kniff', vgl. *die Schliche* ('die geheimen Pfade, Listen, Kniffe') *kennen* (17. Jh.), *jmdm. hinter die Schliche kommen* (18. Jh.), ahd. *slih* 'verborgener Weg, Spur' (um 1000), mhd. *slich* 'leise gleitender Gang, Schleichweg, Zug, Spur, List', ablautende Abstraktbildung zum Verb.

Schleier m. 'dünnes, vielfach durchsichtiges, bes. Kopf oder Gesicht verhüllendes Gewebe, herabhängendes Kopftuch'. Das seit der Mitte des 13. Jhs. in vielen Varianten belegte mhd. *slogier*, *sloiger*, *sloier*, *sleiger*, *slei(e)r* ist wie mnd. *sloier*, *sloiger*, mengl. *sleir*, nl. *sluier* etymologisch ungeklärt. Eine zeitlich mögliche Entlehnung von Sache und Wort aus einer orientalischen Sprache läßt sich nicht nachweisen. Es wird daher versucht, das Substantiv mit mnl. *slōien* 'schleppen, schleifen', mnl. *slōi*, *slōie* 'Kleiderschleppe' zu verbinden. Der Schleier als Teil der Nonnenkleidung wird zum Symbol des klösterlichen Lebens für Frauen, vgl. *den Schleier nehmen* 'Nonne werden' (18. Jh.). – schleierhaft Adj. 'aus dünnem Gewebe' (17. Jh.), 'unklar, rätselhaft' (19. Jh.). verschleiern Vb. 'mit einem Schleier bedecken', häufig 'wissentlich oder mangels Einsicht Sachverhalte und Gründe unklar oder beschönigend darstellen' (18. Jh.). Schleiereule f. Eulenart, deren Federn um die Augen kranzförmig wie Schleier angeordnet sind (16. Jh.).

Schleife f. 'Schlinge, Verknüpfung beider Enden eines Bandes'. Das neben ahd. *sloufa*, mhd. *sloufe*, nhd. *Schlaufe* (s. d.) stehende und Umlaut (nach germ. **slaupja-*) aufweisende frühnhd. *sloif*, nhd. *Schläufe* (bis ins 18. Jh.) verbreitet sich in der entrundeten Form *Schleife* (Luther) in der Literatursprache und drängt *Schlaufe* (bis auf die dort genannten Sonderbedeutungen) zurück.

[1]**schleifen** Vb. 'eine rauhe Oberfläche bearbeiten und glätten, schärfen'. Das starke Verb ahd. *slīfan* 'schärfen' (8. Jh.), intrans. '(aus)gleiten, hinsinken, in Verfall geraten' (9. Jh.), mhd. *slīfen* 'schärfen, glätten', intrans. '(aus)gleiten, hinsinken, fallen', mnd. mnl. *slīpen*, nl. *slijpen* stellt sich mit griech. (neutr.) *olibrón* (*ὀλιβρόν*) 'schlüpfrig, glatt' und vielleicht auch kymr. *llym* 'scharf', bret. *lemm* 'scharf, Schneide eines Messers' zu ie. **(s)leib-* 'schleimig, schlüpfrig, gleiten, darüber streichen, glätten', einer mit *s-* anlautenden Labialerweiterung der unter *Leim* (s. d.) angeführten Wurzel ie. **lei-* 'schleimig, durch Nässe glitschiger Boden, ausgleiten, worüber hinschleifen oder -streichen, schmieren' (s. auch *Lehm*, *Schleim*). Die Ausgangsbedeutung 'über eine Fläche hingleiten' ist bereits im Ahd. weiterentwickelt zu '(durch Gleiten über den Schleifstein) schärfen'. Aus der übertragenen Verwendung *einen Lehrjungen*

schleifen 'ihm gute Lehren, Verhaltensregeln geben' (um 1700) wird *schleifen* in die Soldatensprache übernommen für 'im Dienst, beim Exerzieren hart rannehmen, drillen'. – S c h l e i f s t e i n m. 'Wetzstein', ahd. *slifstein* (9. Jh.), mhd. *slif-*, *slīfstein*. S c h l e i f e r m. 'wer schleift, schärft', mhd. *slīfære*, *slīfer*. S c h l i f f m. 'das Schleifen, geschliffene Stelle', ahd. *slif* 'abgeschliffene Metallreste' (Hs. 13. Jh.), mhd. *slif* 'Abgeschliffenheit, Abgenutzheit, das Ausgleiten'; übertragen 'gutes Benehmen' (19. Jh.).

²**schleifen** Vb. 'etw. über den Boden ziehen, schleppen (lassen), Festungswerke zerstören und abbrechen'. Das schwache Verb ahd. *sleifen* 'schlüpfrig machen' (11. Jh.), mhd. *sleifen*, *sleipfen* 'gleiten machen oder lassen, schleppen, dem Erdboden gleichmachen', mnd. *slēpen* 'schleppen, schleifen', mnl. *slēpen*, *sleipen*, nl. *slepen* 'mit Mühe fortziehen' steht als Kausativum zu dem unter ¹*schleifen* (s. d.) behandelten starken Verb. Vgl. auch ahd. *bisleifen* 'wanken machen, niederstoßen, zerstören' (10. Jh.) und mit derselben Ablautstufe gebildetes ahd. *sleifa* 'glatte Bahn' (9. Jh.) bzw. *sleipha* 'Bahn zum Holztransport' (um 1000).

Schleim m. 'zähe, schlierige, schmierige Flüssigkeit', ahd. (Hs. 13. Jh.), mhd. *slīm* 'Schlamm, klebrige Flüssigkeit, schmierige Substanz, Vogelleim', mnd. aengl. anord. *slīm*, mnl. nl. *slijm*, engl. *slime*, (ablautend) schwed. *slem* lassen sich mit ahd. *slīmen* 'glatt machen, schärfen' (9. Jh.), air. *slemun* 'glatt, schlüpfrig', griech. *leī́māx* (λείμαξ), lat. *līmāx*, russ. (landschaftlich) *slimák* (слимак) 'Schnecke' sowie mit aslaw. *slina*, russ. (älter) *slína* (слина), lett. *slienas* (Plur.) 'Speichel' als Bildungen mit Nasalsuffix auf eine mit *s*-Anlaut versehene Variante der Wurzel ie. **lei-* 'schleimig, durch Nässe glitschiger Boden, ausgleiten, worüber hinschleifen oder -streichen, schmieren' zurückführen (s. *Schlei*, *schleifen* und *Leim*). Als älteste Bedeutung ist 'Schlamm, klebrige Flüssigkeit' anzunehmen. Die ältere Medizin bezeichnet mit *Schleim* nicht nur die gesunden Absonderungen der Schleimhäute, sondern auch dikkes Blut, Eiter und dgl. (17. Jh.). – s c h l e i m e n Vb. 'Schleim absondern, von Schleim reinigen' (17. Jh.). s c h l e i m i g Adj. 'voller Schleim, schleimartig', mhd. *slīmec*, *slīmic* 'schleimig, klebrig, schlammig'.

schlemmen Vb. 'üppig essen und trinken, prassen', frühnhd. *slemmen*, mnd. *slom(m)en*, *slōmen* 'üppig leben' sind wohl als assimilierte Formen (*mm* aus *mp*) anzusehen neben mnl. *slampen*, *slempen* 'schmatzend essen, schlürfend trinken', nl. *slempen* 'prassen' und nhd. *schlampen* (s. d.), wo Weiteres zur Herkunft. – S c h l e m m e r m. 'wer üppig und genußvoll ißt und trinkt' (15. Jh.). S c h l e m m e r e i f. (16. Jh.).

schlendern Vb. 'gemächlich, nachlässig, entspannt gehen', Übernahme (17. Jh.) von gleichbed. nd. *slendern*, *slentern*, nl. *slenteren* in die Studentensprache, dann in die Literatursprache. Mit Ablaut entspricht ofries. *sluntern* 'schlottern, schlaff hängen, sich schlottrig bewegen'. Das Verb läßt sich mit ²*schlingen*, *Schlitten* (s. d.) an dort genanntes ie. **(s)leidh-* 'schlüpfrig, gleiten' anschließen; es ist vielleicht als Iterativbildung zu einem Verschiebung von *t* zu *z* aufweisenden nhd. *schlenzen* 'müßig, nachlässig herumgehen, sich herumtreiben' aufzufassen, vgl. dazu mhd. *slenzic* 'müßig, träge', auch (ablautend) gleichbed. *schlunzen*. – S c h l e n d r i a n m. 'Schlamperei, Liederlichkeit, althergebrachte Art und Weise' (17. Jh.), auch (nordd., md.) 'nachlässiger Mensch' (Ende 17. Jh.). Wohl gebildet in Anlehnung an die lat. Endung *-(i)ānus*, vgl. lat. *hortulānus* 'zum Garten (*hortulus*, eigentl. 'Gärtchen') gehörig', *castellānus* 'zum *castellum* gehörig', auch substantiviert 'Bewohner eines befestigten Ortes', entsprechend *Mariānus* 'Anhänger des *Marius*'; von daher wird *Schlendrian* teils als Personenbezeichnung (wie *Grobian*, s. d.), teils (obwohl im Lat. bei Wörtern solcher Endung nicht üblich) als Verbalabstraktum gebraucht. Oder liegt in letzterem Falle eine Zusammensetzung vor mit *Jahn* m. 'bei landwirtschaftlicher u. ä. Arbeit sich bildender Gang, Reihe', z. B. 'die Reihe des gemähten Getreides oder Grases, in Reihen gestapeltes abgehauenes Busch- oder Strauchholz', mhd. *jān* 'Gewinn, fortlaufende Reihe (der Reime), Reihe gemähten Grases, geschnittenen Getreides'? Dieses steht mit *n*-Suffix und einer Ausgangsbedeutung 'Arbeitsgang' zu der unter *Jahr* (s. d.) angegebenen Wurzel ie. **ei-* (oder **ei̯ə-*?) 'gehen'. *Schlendrian* wäre dann als 'nachlässig, ohne viel Überlegung ausgeführte, althergebrachte Art und Weise (zu arbeiten)' aufzufassen. Ungeklärt bleibt (mit lat. Endung) frühnhd. *schlenttrianum* 'Kniff, Dreh' (Seb. Brant, 1495) insofern, als *schlendern* im Alem. für diese Zeit nicht nachgewiesen werden kann.

schlenkern Vb. 'schnellend werfen, (die Gliedmaßen) nachlässig hin- und herschwingen', mhd. *slenkern* 'schleudern, schwingen' (vgl. auch gleichbed. frühnhd. *slenken*) ist abgeleitet von mhd. *slenker*, nhd. (älter) *Schlenker* f. 'Schleuder', der Nebenform von mhd. *slenger*, ahd. *slingira* (9. Jh.), *slengira* (10. Jh.) f. 'Schleuder', einer Bildung zu dem unter [1]*schlingen* (s. d.) behandelten Verb. – S c h l e n k e r m. 'schwingende, bogenförmige Bewegung' (19. Jh.), 'Kleid mit Schleppe' (18. Jh.), Neubildung zum Verb.

schleppen Vb. 'auf dem Boden nachziehen, mühsam forttragen, fortziehen', refl. 'sich mit Anstrengung bewegen'. Mnd. *slēpen* 'schleppen, schleifen', die nd. Form des unter [2]*schleifen* (s. d.) behandelten Verbs, wird im 13. Jh. in die Sprache der Deutschordensliteratur übernommen (vielleicht schon damals mit Kürzung des Stammvokals) und über das Md. weiter verbreitet. – s c h l e p p e n d Part.-adj. 'langsam, ohne Schwung' (vgl. mnd. *slēpen* in seinen Bedeutungen 'langsamen Schrittes gehen', übertragen 'langsamen Fortgang haben'), z. B. *schleppendes Geschäft* (17. Jh.), *schleppende Schreibart, Sprache* (18. Jh.), *schleppender Gang* (19. Jh.). S c h l e p p e f. 'hinten lang auslaufender Teil eines Rockes, Kleides' (17. Jh.), unter lautlicher Anlehnung an das Verb aus nd. *Slēpe*, *Sleep* (vgl. mnd. *slēpehoyke* 'langer, schleppender Mantel'). Die Mode, eine Schleppe zu tragen, entsteht im 12. Jh., dafür mhd. *swanz*, *swenzelīn*, *swenzel* 'Schleppe, Schleppkleid'. S c h l e p p e r m. 'wer schleppt' (17. Jh.), 'Schlepptau' (18. Jh.), 'Schiff, das andere (stromaufwärts) zieht, Schleppdampfer' (19. Jh.), 'Traktor' (20. Jh.), nd. *Slepper*. S c h l e p p t a u n. 'Tau zum Ziehen von Schiffen, von Lasten' (18. Jh.); *jmdn. ins Schlepptau nehmen* 'sich jmds. annehmen, ihm helfen' (19. Jh.).

Schleuder f. 'Wurfgerät, mittelalterliche Belagerungsmaschine', frühnhd. *slewder*, *schleuder* (15. Jh., letzteres von Luther in die Literatursprache aufgenommen), (ohne Umlaut) *sluder*, *schluder* (15. Jh.), mnd. *slūder*, (diphthongiert) *slauder* (15. Jh.), *Schlauder* (16. Jh.) führen mit *schludern* und *schlottern* (s. d.) auf ie. **(s)leut-*, **(s)lūt-*, eine Dentalerweiterung der Wurzel ie. **(s)leu-*, **(s)lū-* 'schlaff herabhängen, schlaff' (s. *schlummern*). Heute steht *Schleuder* (der Bedeutung des Verbs folgend) vorwiegend für 'Zentrifuge', bes. als Kurzform von *Wäscheschleuder*. – s c h l e u d e r n Vb. 'mit einer Schleuder, mit Schwung werfen, schlenkern', mhd. *slūdern* 'schlenkern', in älterer Sprache auch *slawdern* (15. Jh.), *schlūdern*, *schlaudern* (16. Jh.). v e r s c h l e u d e r n Vb. 'Ware unter dem Preis verkaufen' (18. Jh.), zuvor dafür das Simplex *schleudern* (17. Jh.).

schleunig Adj. 'schnell, sofort', oft im Superlativ *schleunigst* Adv. Spätmhd. *sliunec*, *sliunic* 'schnell', mnd. *slūnich*, *slūmich* sind Weiterbildungen eines älteren ahd. *sliumo* Adv. 'schnell, rasch, sogleich' (9. Jh.), mhd. *sliume*, *sliune* Adv. 'eilig', asächs. *sliumo*. Der Anlaut *sl-* ist durch Dissimilation hervorgegangen aus älterem *sn-* in ahd. *sniumo* Adv. (8. Jh.), asächs. *sniumi* Adj. 'schnell', *sniumo* Adv., aengl. *snēome* Adv., anord. *snemma*, *snimma* Adv. 'zeitig, früh, bald'; vgl. auch got. *sniumundō* Adv. 'eilig'. Es handelt sich um eine Bildung mit dem Suffix ie. *-mo-* zu einem Stamm, wie er in dem starken Verb aengl. *snēowan*, got. *sniwan* 'eilen' und in abgewandelter Form in anord. *snūa* 'winden, wenden, drehen', *snūðigr* 'schnell', *snūðr* 'Schlinge, Eile, Wendung, Vorteil' vorliegt. Als verwandt können herangezogen werden aind. *snā́va* 'Sehne', griech. *neurá* (*νευρά*) '(Bogen)sehne', *neũron* (*νεῦρον*) '(Bogen)sehne, Schnur, Saite, Nerv', lat. *nervus* 'Sehne, Muskel, Saite, Nerv', lett. *snaujis* 'Schlinge', aruss. *snovati*, russ. *snovát'* (*сновать*) 'anzetteln, den Aufzug anlegen, spannen, scheren (Weberei), hin- und herlaufen'. Danach läßt sich eine Wurzel ie. **(s)nĕu-*, **(s)nū-* bzw. **(s)nē(i)-* 'etw. drehen', bes. 'Fäden zusammendrehen, knüpfen, sich drehen, schnelle Bewegung' ansetzen (vgl. dazu auch Seebold 446f.), die wohl verwandt ist mit der Wurzel ie. **(s)nē-* 'Fäden zusammendrehen, mit dem Faden hantieren' (s. *nähen* und *Schnur*). Die Bedeutung kann sich aus 'sich schnell drehend, schnelle Bewegung machend' erklären. – b e s c h l e u n i g e n Vb. 'die Geschwindigkeit erhöhen, schneller werden lassen' (17. Jh.), vgl. ahd. *sliunīgen* 'beschleunigen' (Hs. 11./12. Jh.); B e s c h l e u n i g u n g f. (17. Jh.).

Schleuse f. 'Anlage zum Absperren eines

Wasserlaufs' (zur Überwindung von Höhenunterschieden in der Flußschiffahrt) wird im 16. Jh. aus mnd. *slūse* 'Anlage zum Stauen von Wasser' in die Literatursprache aufgenommen und lautlich dem Hd. angeglichen. Mnd. *slūse* (so zuerst 1237 in einer Hamburger Urkunde), *slūse* ist eine Entlehnung von mnl. *slūse*, *sluise* (nl. *sluis*), einem Wort, das die die Hamburger Marschen trockenlegenden Holländer dem Nd. vermitteln. Es stammt aus dem Ausdruck der Wasserbautechnik mlat. *sclusa*, *exclusa*, spätlat. *exclūsa* 'Damm, Wehr' (woraus auch afrz. *escluse*, frz. *écluse* 'Schleuse'), dem substantivierten fem. Part. Perf. von lat. *exclūdere* (*exclūsum*) 'ausschließen, abweisen, hindern'. Die oft auftretende Schreibung *Schleuße* (noch im 19. Jh.) bringt das Substantiv irrig mit *schließen* in Verbindung. – schleusen Vb., durchschleusen Vb. 'ein Schiff durch eine Schleuse befördern', übertragen 'durch Hindernisse bringen, geleiten' (beide 19. Jh.).

schlicht Adj. 'einfach, bescheiden', mhd. (md.) *sliht*, mnd. *slicht* 'eben, flach, frei, offen, kahl, gerade, glatt, einfach' entspricht der hd. Form *schlecht* (s. d.) und wird nach deren Bedeutungsentwicklung zu 'geringwertig, nicht gut' im Sinne von 'einfach, ohne Kunst oder Prunk, bescheiden, ungekünstelt, natürlich' in die Literatursprache aufgenommen (17. Jh.). Den gleichen (hier lautgerecht vor *i* bzw. *j* aus *e* hervorgegangenen) Stammvokal zeigen ahd. *slihtī* f. (9. Jh.), mhd. *slihte* 'glatte Fläche, Glätte, Ebene, Geradheit, Einfachheit' sowie schlichten Vb. 'einen Streit beilegen, Frieden stiften, besänftigen', ahd. *slihten* 'ebnen, glätten, feilen' (8. Jh.), mhd. *slihten*, auch 'Recht erteilen, ausgleichen, beilegen', mnd. *slichten*, *slechten*.

Schlick m. 'in Buchten abgesetzter, fruchtbarer Meeresschlamm'. Nd. *Slik* 'Schlamm, Morast', bes. 'Schlamm auf dem Grund von Gewässern', gelangt im 17. Jh. als Bezeichnung für den den Marschboden bildenden Meeresschlamm in die Literatursprache. Dem mnd. *slik* und (langvokalisch) *slīk* entsprechen (zum Teil ebenfalls mit langem Vokal) ahd. *slīh*, daneben auch *slic* (Hs. 12. Jh.), mhd. *slich*, *slīch* 'Schlick, Schlamm, Kot', nhd. *Schlich*, *Schleich* 'Schlamm', mnl. *slijc*, nl. *slijk* 'Morast, Kot, Schlamm', anord. *slīkr* 'Schleim auf der Fischhaut'; dazu vgl. auch engl. *sleek* 'glatt', isl. *slíkur* 'glatt'. Alle Formen gehören zu der unter *schleichen* (s. d.) genannten Erweiterung ie. **(s)leiĝ-* 'schleimig, gleiten, glätten' der auch *s*-Anlaut aufweisenden Wurzel ie. **lei-* 'schleimig, durch Nässe glitschiger Boden, ausgleiten, worüber hinschleifen oder -streichen, schmieren' (s. *Schleim*, *Leim*, *Lehm*).

Schliere f. 'schleimige Substanz, Streifen im Glas', Übernahme von obsächs. *Schliere* 'schleimige, zähe Masse' in die Literatursprache (wohl 19. Jh.). Verwandt sind mhd. *slier* 'Lehm, Schlamm', frühnhd. (vorwiegend öst., noch heute mundartlich) *Schlier* 'Mergel', mhd. *slier(e)*, frühnhd. *Schlier* 'Geschwür, Beule' (bis ins 17. Jh., dann noch in obd. und md. Mundarten), md. *Schliere* 'Geschwür' sowie mnd. *slūren*, *slūren* 'schlottern, sich schlurfend bewegen, lose und welk hängen', nl. *sleuren* 'schleppen, trödeln, zögern', engl. (mundartlich) *slur* 'dünner, feuchter Schmutz', mhd. *slūr* 'das Schleudern, Stoß, Faulenzer' (s. *Schlaraffe*), norw. *slure* 'träger Mensch', sämtlich Bildungen mit *r*-Suffix zu der unter *schlummern* (s. d.) angegebenen Wurzel ie. **(s)leu-*, **(s)lū-* 'schlaff herabhängen, schlaff'. – schlierig Adj. 'mit Geschwüren behaftet' (16. Jh.), 'schleimig, schlüpfrig, steifig' (obsächs. 18. Jh.).

schließen Vb. 'durch eine Vorrichtung (wie Pflock, Riegel, Schloß, Deckel, Knopf, Haken u. dgl.) zumachen', ahd. *sliozan* 'verschanzen'? (9. Jh.; vgl. *intsliozan* 'aufschließen, öffnen', 8. Jh.), mhd. *sliezen* '(ver)schließen, umfassen, (zusammen)fügen, aneinander befestigen', asächs. *-slūtan*, mnd. mnl. *slūten*, nl. *sluiten*; dem Nord- und Ostgerm. fehlend. Wenn germ. **sleut-* mit Konsonantenerleichterung aus ie. **skleud-* hervorgegangen ist, sind (ohne anlautendes *s*-) vergleichbar lit. *kliū́ti* 'hängenbleiben, hindern', (mit *k*-Suffix) aslaw. *kl'učь*, russ. *ključ* (*ключ*) 'Schlüssel', *kljuká* (*клюка*) 'Krücke, Krummstab', serbokr. *kljȕka* 'Haken, Schlüssel, Klammer' und (mit *-āu-* statt *-ēu-*) griech. *klēís*, Gen. *kleidós* (*κλείς*, *κλειδός*), älter *klḗs* (*κλῄς*) 'Pflock, Ruderpflock, Querriegel, Haken, Schlüssel, Schlüsselbein', lat. *claudere* (*clausum*) 'verschließen, zusperren', *clāvus* 'Nagel, Pflock', *clāvis* 'Schlüssel, Riegel', air. *clō* 'Nagel'. Daraus ergibt sich eine Wurzel ie. **klēu-*, **klāu-* 'Haken, krummes Holz oder Astgabel, Pflöckchen, an-, verhaken (sich anklammern), durch einen vorgesteckten Haken, Riegel, ein Pflöckchen verschließen' (wozu auch *Los*, s. d.). Als Grundbedeutung ist wohl 'Pflock' (als ältestes Mittel zum Verschließen), verbal 'einen Pflock einlegen und damit zumachen', anzunehmen. – Schließer m. 'Pförtner, wer abschließt' (17. Jh.); vgl. mnd. *slūter* (14. Jh.). schließlich Adj. 'endlich, abschließend, am Schluß' (16. Jh.), als Adverb *schließentlich*, *schließlichen* (16. Jh.), *schließlich* (17. Jh.). S. dazu auch *Schloß* und *Schlüssel*.

schlimm Adj. 'nicht gut, übel, böse'. Herkunft ungeklärt. Ahd. *slimb* 'verdreht, verrenkt' (11. Jh.), mhd. *slimp* 'schief, schräg, verkehrt', *slimbes* Adv., mnd. *slim* 'schief, krumm, schlecht', mnl. *slim*, *slem* 'schief', nl. *slim* und ahd. *slimbī* 'Schiefheit' (um 1000), ablautend mnl. *slom* 'schief', anord. *slœma* 'schräg hauen' möchte de Vries Nl. 650 als eine sachlich dem Hausbau entstammende Bezeichnung zu dem unter *Saal* (s. d.) behandelten Substantiv stellen und von der Wurzel ie. **sel-* 'Wohnraum' herleiten. Pokorny 1, 657 hält dagegen an dem (wenngleich mit Bedenken vorgetragenen) Vergleich mit lit. *slim̃pti* 'schlendern', lett. *slīps* (aus **slimpas*) 'schräg, steil' fest, so daß Anschluß an ie. **(s)lemb(h)-* (s. *Schlamm*, *Schlampe*), die nasalierte Form der unter *Lappen* (s. d.) genannten Wurzel ie. **lĕb-*, **lŏb-*, **lăb-* 'schlaff herabhängen(d)' (hier mit anlautendem *s-* wie auch in *schlafen*, *schlaff*, *schlapp*, s. d.), möglich wäre. Die alte, noch in obd. Mundarten erhaltene Bedeutung 'schief, schräg' geht in Verwendungen wie *etw. steht, wird schlimm* (16. Jh.), d. h. 'es geht nicht geradeaus', in 'schlecht, übel, böse' über, so daß *schlimm* als Attribut einerseits Substantive mit pejorativem Sinn verstärkt (vgl. *schlimmes Unglück*, *schlimmes Unwetter*, *schlimmes Verbrechen*), andererseits in Verbindung mit Personenbezeichnungen (*ein schlimmer Knabe*, 18. Jh.) sich zum Gegenwort von (moralisch) *gut* entwickelt. Umgangssprachlich auch im Sinne von 'krank' (*ein schlimmes* 'entzündetes, krankes' *Auge haben*). – verschlimmern Vb. 'etw. noch schlimmer machen, als es ist', älter auch (heute refl.) 'schlimmer werden' (17. Jh.). verschlimmbessern Vb. 'durch eine vermeintliche Verbesserung noch schlimmer machen' (18. Jh., von Lichtenberg geprägt?).

Schlingel m. 'Tunichtgut, Schelm', heute bes. von übermütigen Kindern, mnd. *slüngel* (15. Jh.), *slungel* (16. Jh.), dann hd. *Schlüngel*, *Schlingel* (16. Jh., von denen sich das letztere im 18. Jh. durchsetzt) 'Müßiggänger, Taugenichts, fauler, träger junger Mensch', zu dem unter [1]*schlingen* (s. d.) abgehandelten Verb, also eigentl. 'der müßig Umherschlendernde'.

[1]**schlingen** Vb. '(ineinander)winden, verflechten, verknüpfen', ahd. *slingan* 'verfallen, vergehen' (um 1000), mhd. mnd. *slingen* 'hin und her ziehend schwingen, flechten, sich schlängelnd winden, kriechen, gleiten, schleichen', aengl. *slingan* 'schlängeln, gleiten', anord. *slyngva*, *slyngja* 'schwingen, werfen, schleudern' (woraus vielleicht engl. *to sling* 'schleudern'). Dem in unterschiedlicher Bedeutung auftretenden germ. Verb vergleichbar sind wohl lit. *sliñkti* 'schleichen' (von der Schlange), kymr. *llyngyr* (Plur.) 'Würmer', russ. (landschaftlich) *slúka* (*слука*) 'Waldschnepfe' (wegen ihres geduckten Ganges), so daß ie. **slenk-* 'winden, drehen, sich schlingen, kriechen' (mit einer Variante ie. **sleng-*, s. *schlank*) erschlossen werden kann. S. dazu *Schlange*. – Schlinge f. 'Schleife, lose verknüpftes Band, Fanggerät', ahd. *slinga* (um 800), mhd. *slinge* 'Schleuder', in diesem Sinne bis 17. Jh. (mundartlich noch heute), in der oben genannten Bedeutung seit 16. Jh. Schlinggewächs n., Schlingpflanze f. 'rankende Pflanze' (beide 19. Jh.).

[2]**schlingen** Vb. 'schlucken, gierig und schnell essen'. Ahd. *slintan* (8. Jh.), mhd. *slinden* 'schlucken, (ver)schlingen', asächs. *slindan*, mnd. *slinden*, got. *fraslindan* führen vielleicht mit lit. *lį̇̃sti* (*lendù*) 'kriechen, hineingehen' als nasalierte Formen (s. auch *Schlund*) auf ie. **(s)leidh-* 'schlüpfrig, gleiten' (s. *Schlitten*), eine Erweiterung der Wurzel ie. **lei-* 'schleimig, durch Nässe glitschiger Boden, ausgleiten, worüber hinschleifen oder -streichen, schmieren' (wozu auch *Lehm* und *Leim*, s. d.). Als Ausgangsbedeutung ergibt sich 'gleiten lassen'. Seit dem 15. Jh. lassen sich Formen mit md. Übergang von *-nd-* zu *-ng-* nachweisen. *schlinden* hält sich in der Literatursprache bis ins 17. Jh. neben sich durch Luther verbreitendem *schlingen*. – verschlingen Vb. 'ganz und gar hinunterschlucken, gierig essen', ahd. *firslintan*

(8. Jh.), mhd. *verslinden*, seit dem 15. Jh. *verslingen*, *verschlingen*.

schlingern Vb. von Schiffen 'bei Seegang um die Längsachse schwanken, hin- und herpendeln'. Mnd. *slingeren*, *slengeren* 'hin- und herschlenkern', nd. *slingern* 'schleudern, schwingen, schwanken' ist eine Iterativbildung zu dem unter [1]*schlingen* (s. d.) abgehandelten Verb. Das Seemannswort wird im 17. Jh. mit der auf die oben genannte Schiffsbewegung beschränkten Bedeutung in die Literatursprache aufgenommen.

Schlips m. 'zu knotende schmale Halsbinde mit herabhängenden Enden'. Die seit etwa 1840 in nordd., dann auch md. Texten in diesem Sinne nachgewiesene Bezeichnung kommt aus dem Nd., die Mode selbst aus England; vgl. engl. *(neck)tie*, eigentl. 'Halsknoten'. *Schlips* ist ursprünglich die nordd. Pluralform ('die Zipfel, die Enden') zu nd. *Slip(p)* 'Zipfel' (an Hemd, Taschentuch, Rock), das sich mit mnd. mnl. *slippe*, nl. *slip* 'Zipfel von Halstuch oder Rockschoß', mnd. mnl. *slippen* 'zerreißen, schlitzen' (alle Formen mit expressivem *-pp-*) sowie aengl. (stark) *tōslīfan* 'spalten', engl. *sliver* 'Splitter, Span', mnd. *slēf* 'hölzerner Kochlöffel' an ie. **skleip-*, eine Labialerweiterung der unter *Schale*, *Schild*, *verschleißen* (s. d.) aufgeführten Wurzel ie. **(s)kel-* 'schneiden' anschließen läßt. Redensartlich *jmdn. beim Schlips nehmen* 'ihm eindringlich zureden, ins Gewissen reden', mnd. *bī der slippen* ('bei einem Zipfel der Kleidung, beim Rockschoß') *nēmen* als symbolische Rechtshandlung 'jmdn. rechtlich fordern'; *jmdm. auf den Schlips treten* 'ihn beleidigen', eigentl. 'auf die Rockschöße treten' (umgangssprachlich belegt nach 1900, doch wohl älter).

Schlitten m. 'auf Kufen über Schnee und Eis dahingleitendes Gefährt', ahd. *slito* (9. Jh.), mhd. *slite* 'schleifendes, gleitendes Gefährt, Schlitten', asächs. *slido*, mnd. mnl. *slēde*, nl. *slede*, anord. *sleði*, schwed. *släde* (germ. **slidan-*) stehen ablautend zu einem in mhd. *slīten* 'gleiten', aengl. *slīdan*, engl. *to slide* erhaltenen starken Verb. Als Verwandte schließen sich an aind. *srḗdhati* 'geht fehl, irrt', griech. (mit prothetischem *o*) *olistháneın* (*ὀλισθάνειν*) 'gleiten', aslaw. *slědъ*, russ. *sled* (*след*) 'Spur', lit. *slýsti* 'gleiten', *slidùs* 'glatt, schlüpfrig' sowie die unter [2]*schlingen* und *Schlund* (s. d.) genannten Formen. Zugrunde liegt ie. **(s)leidh-* 'schlüpfrig, gleiten', eine Erweiterung der Wurzel ie. **lei-* 'schleimig, durch Nässe glitschiger Boden, ausgleiten, worüber hinschleifen oder -streichen, schmieren', wozu auch *Lehm* und *Leim* (s. d.) gehören. Redensartlich *unter den Schlitten kommen* 'sozial, wirtschaftlich, moralisch absinken' (19. Jh.); *mit jmdm. schlittenfahren* 'willkürlich und rücksichtslos mit jmdm. umspringen', wohl aus der Soldatensprache des ersten Weltkrieges.

schlittern Vb. 'auf Schnee und Eis dahingleiten, -rutschen' (bezeugt seit 18. Jh., doch wohl älter), vgl. nd. *sliddern*, nl. *sledderen*, älter auch *slidderen*, aengl. *sliderian*, mengl. *slidere*, engl. *to slither*, neben (landschaftlich verbreitetem) *schlitten* 'Schlitten fahren, auf dem Eise rutschen' (16. Jh.), sämtlich Iterativ- bzw. Intensivbildungen zu den unter *Schlitten* (s. d.) angeführten, zu mhd. *slīten* 'gleiten' gehörenden Verbformen.

Schlittschuh m. 'an den Schuh anzuschraubende Stahlkufe bzw. Schuh mit angeschraubter Stahlkufe, mit der man über das Eis gleiten kann'. Ahd. *scritiscuoh* (11. Jh.), mhd. *schritschuoch* 'geflügelter Schuh, Schuh zu weitem Schritt', asächs. *skridskōh*, nhd. *Schrittschuh* (zunächst vielleicht 'Art Schneeschuh, Schneereifen, Gleitschuh'?), gebildet mit dem unter *Schritt* (s. d.) behandelten Substantiv, ist in der 2. Hälfte des 17. Jhs. in der oben genannten Bedeutung bezeugt und wird unmittelbar darauf in Anlehnung an *Schlitten* (s. d.) zu *Schlittschuh* umgebildet.

Schlitz m. 'Riß, Spalt', ahd. *gisliz* 'Zwiespalt, Riß' (um 800; vgl. auch ahd. *sliz* 'Zerstörung', um 1000, das jedoch wohl als Rückbildung aus dem Verb, s. unten, aufzufassen ist), mhd. *sliz*, *slitz* 'Schlitz, Spalte, Zerreißung, Ende, Untergang, Tod' steht mit expressiver Konsonantenverschärfung neben aengl. *geslit* 'das Bersten', engl. *slit* 'Schlitz, Spalt', anord. *slit* 'Riß, Bruch', die sich wie unter *verschleißen* (s. d.) behandeltes *schleißen* als Auslautvarianten auf ie. **skleid-*, eine erweiterte Form der unter *Schale* (s. d.) genannten Wurzel ie. **(s)kel-* 'schneiden', zurückführen lassen. – s c h l i t z e n Vb. 'der Länge nach aufreißen, mit einem Schlitz versehen', ahd. *slizzen* (Hs. 12. Jh.), mhd. *slitzen*, Intensivbildung zu *(ver)schleißen*. s c h l i t z ä u g i g Adj. 'mit schmalen, spaltförmigen Augen' (um 1800). S c h l i t z o h r

n. 'Betrüger, Gauner' (19. Jh.). Betrügern das Ohr abzuschneiden, ist eine alte Rechtshandlung. Eine Strafminderung in Gestalt des Ohrschlitzens ist nicht bekannt. Vielleicht bildlicher Ausdruck für einen gerissenen, mit dem schlitzfüßig und schlitzohrig vorgestellten Teufel im Bunde stehenden Menschen. s c h l i t z o h r i g Adj. (19. Jh.).

Schloß n. 'Vorrichtung zum Verschließen, Riegel, Burg, repräsentativer Wohnsitz', ahd. *sloȝ* 'Verschließgerät, Riegel, Umschließung, Schlußfolgerung' (8. Jh.), mhd. *sloȝ*, *slōȝ*, auch 'Burg', mnd. *slot*, *slōt*, mnl. nl. *slot*, mengl. *slot* (aus dem Mnl.?) steht ablautend zu dem unter *schließen* (s. d.) behandelten Verb. Aus dem älteren Gebrauch 'Vorrichtung, um etw. zu verschließen' entwickelt sich im 13. Jh. mit der Vorstellung 'verschlossener, befestigter Bau' und 'abschließender, abriegelnder Bau' (als Sperrbefestigung für ein Tal, eine Straße) die Verwendung des Wortes im Sinne von 'Burg, Kastell'. Mit der Errichtung prachtvoll ausgestatteter Renaissancebauten wird *Schloß* unter Aufgabe der Befestigungs- und Sperrfunktion zur Bezeichnung des repräsentativen, architektonisch gestalteten Fürsten- oder Herrensitzes. Die im Ahd. und Mhd. vertretenen Bedeutungen 'räumlicher Abschluß' und 'Schlußfolgerung' werden im Nhd. von *Schluß* (s. d.) übernommen. – S c h l o s s e r m. 'wer Schlösser anfertigt und repariert', mhd. *sloȝȝer*.

Schloße f. 'Hagelkorn', mhd. *slōȝe* f., *slōȝ* m. 'Hagelkorn, Hagelwetter', mnd. *slōten* (Plur.) 'Hagelkörner' ist verwandt mit engl. *sleet* 'Graupeln, Regen- und Schneegemisch' (aus aengl. **slēte*, **slīete*) sowie anord. *slūta* 'herabhängen', *slota* 'herabhängen, untätig sein', norw. (mundartlich) *slutr* 'Regen und Schnee durcheinander', die wie *Schleuder*, *schlottern* (s. d.) auf ie. **(s)leut-*, **(s)lūt-*, eine Dentalerweiterung der Wurzel ie. **(s)leu-*, **(s)lū-* 'schlaff herabhängen, schlaff', zurückführen. – s c h l o ß e n Vb. 'hageln', mhd. *slōȝen*. s c h l o h w e i ß Adj. 'völlig weiß', bes. von der Haarfarbe (18. Jh.), nach nd. *slōwitt*, einer kontrahierten Form, die hd. *schloßweiß* (15. bis 18. Jh.) entspricht; vgl. eine Fügung wie mhd. *wīȝer dan ein slōȝ* sowie nd. *slōhagelwitt*.

Schlot m. 'Schornstein', landschaftlich (vorwiegend ostfrk., südthür. und oberpfälz.; dafür anderwärts *Esse*, *Kamin*, *Rauchfang*), ahd. *slāt* (Hs. 12. Jh.), mhd. *slāt*, *slōt* 'Rauchfang, Kamin, Ofenloch'. Herkunft ungeklärt. Vielleicht zu (ebenfalls ungeklärtem) mhd. *slāte* 'Schilfrohr', so daß Übertragung vorliegt? Die Form mit *o* setzt sich seit dem 15. Jh. durch. – S c h l o t f e g e r m. (15. Jh.), im Sprachraum von *Schlot*.

schlottern Vb. 'heftig zittern', mhd. *slotern*, *slottern*, *sluttern* 'zittern, klappern, schwatzen', nd. *sluddern* 'schlottern', nl. *slodderen* ist eine Intensivbildung zu mhd. *sloten* 'zittern, klopfen', verwandt mit mhd. *slūdern* 'schleudern, schlenkern', anord. *sloðra* 'sich vorwärtsschleppen', schwed. *sluddra* 'undeutlich sprechen, stammeln', got. *afslauþjan* 'in Angst versetzen', *afslauþnan* 'sich entsetzen', und läßt sich mit *lottern*, *schleudern* und *schludern* (s. d.) sowie russ. (älter) *lytát'* (*лытать*) 'sich um eine Arbeit drücken, müßig umhergehen', serbokr. *lútati* 'langsam gehen, mühsam suchen' auf ie. **(s)leut-*, **(s)lūt-*, eine Dentalerweiterung der Wurzel ie. **(s)leu-*, **(s)lū-* 'schlaff herabhängen, schlaff' (s. *schlummern*), zurückführen. – s c h l o t t (e) r i g Adj. 'zitternd' (16. Jh.), heute dafür meist *schlotternd*.

Schlucht f. 'enges, tiefes Tal, steil abfallender Bergeinschnitt', seit dem 16. Jh. mit nd. Lautstand (*cht* für *ft*, s. *Gerücht*, *Nichte*, *sacht*) in der hd. Literatursprache neben hd. *Schluft*, mhd. *sluft* 'das Schlüpfen, Schlucht'. Abstraktbildung zu *schliefen*, mhd. *sliefen*, ahd. *sliofan* 'gleiten, schlüpfen' (s. *schlüpfen*). *Schlucht* setzt sich im 18. Jh. als allgemein gültige Form durch; doch versuchen einzelne Schriftsteller des 19. Jhs. (Tieck, Uhland, Rückert, Droste-Hülshoff), *Schluft* wiederzubeleben.

schluchzen Vb. 'stoßweise, krampfartig weinen' (17. Jh., doch wohl älter), früher auch 'den Schluckauf haben, krampfartig schlucken müssen' (18. Jh.), steht intensiv und iterativ (den Suffixbildungen auf ahd. *-azzen*, *-azen*, *-ezen*, *-izen* folgend, s. auch *seufzen*) zu mhd. *slūchen* 'schlingen, schlucken'. Es vermischt sich mit der zu mhd. *slucken* 'schlingen, schlucken, schluchzen', mnd. *slukken*, nhd. *schlucken* entsprechend gebildeten Intensivform *sluck(e)zen*, *sluchkczen* 'schluchzen, den Schlucken haben' (15. Jh.). Zu den Formen und zur Herkunft s. *schlukken*. – S c h l u c h z e r m. 'kurzes, stoßartiges Aufweinen' (17. Jh.).

schlucken Vb. 'feste oder flüssige (Nahrungs)stoffe aus dem Mund in den Magen befördern, hinunterschlingen', mhd. *slucken* 'schlingen, schluchzen', mnd. *slucken*, mnl. *slocken*, nl. *slokken* steht wie ahd. *slucko* 'Fresser, Schlemmer' (8. Jh.) mit expressiver Konsonantendopplung neben einem noch resthaft in mnd. *slūken* '(hinunter)schlucken', schwed. *sluka* 'verschlingen, schlucken' erhaltenen starken Verb, zu dem (als schwaches Verb) auch mhd. *slūchen*, frühnhd. (bis 16. Jh.) *schlauchen* 'schlingen, schlucken', ahd. *slūh* 'Schlund' (um 1000), mhd. *slūch* 'Schlund, Kehle, Gurgel' und anord. *slok* 'Wasserrinne' gehören. Außergerm. vergleichen sich griech. (nasaliert) *lýnx* (λύγξ) 'Schluckauf', *lýzein* (λύζειν) 'Schluckauf haben', air. *slucim*, ir. *sloigim* 'ich schlucke', atschech. *lkāti*, tschech. *lkáti*, *lykati* 'seufzen, wehklagen, jammern', apoln. poln. *łkać* 'schluchzen', apoln. *łykać* 'schluchzen', poln. *łykać* 'schlucken', so daß von einer Wurzel ie. **(s)leug-*, **(s)leuk-* 'schlucken' ausgegangen werden kann. Vgl. die Intensivbildungen *schlucksen* 'schluchzen, schlucken' (17. Jh.) und *schluchzen* (s. d.). – S c h l u c k m. 'das Hinunterschlucken, die Menge, die auf einmal geschluckt wird', mhd. *sluc* f., im Nhd. nur noch auf das Trinken bezogen. Älter auch 'das Schluchzen' (15. Jh.), 'Kehle' (16. Jh.), 'Getränk' (18. Jh.). S c h l u c k e n m. 'Schluckauf' (17. Jh.). S c h l u c k a u f m. (19. Jh.), nach nd. *Sluckup* (18. Jh.); vgl. mnd. *slūk-*, *sluckup* 'Trunkenbold, Säufer'. S c h l u c k e r m. 'wer herunterschluckt', und zwar 'Schlemmer, Prasser' (16. Jh.; vgl. ahd. *slucko*, s. oben), *guter Schlucker* 'tüchtiger Trinker', *armer Schlucker* 'Hungerleider, bemitleidenswerter Kerl' (16. Jh.).

schludern Vb. 'zu schnell, daher nachlässig, liederlich arbeiten' (verbreitet in obd. und md. Mundarten), frühnhd. (obd.) 'hastig, unsicher gehen' (15. Jh.), spätmhd. *slūdern* 'schleudern, schlenkern' (vgl. *slūderer* 'wer übereilt, nachlässig arbeitet', 15. Jh.), nhd. *schlaudern* 'nachlässig gehen, schlendern' (Luther), gewöhnlich *schludern* 'nachlässig arbeiten' (Goethe), nach nd. *slūdern* 'plaudern, die Zeit mit Schwatzen hinbringen'; vgl. auch nd. *sluddern* 'nachlässig arbeiten'. Das Verb ist verwandt mit *schleudern* und *schlottern* (s. d.) und läßt sich mit diesen auf eine Dentalerweiterung ie. **(s)leut-*, **(s)lūt-* der Wurzel ie. **(s)leu-*, **(s)lū-* 'schlaff herabhängen, schlaff' zurückführen (s. auch *schlummern*). – s c h l u d (e) r i g Adj. 'liederlich, nachlässig' (18. Jh.), *schludrich* (17. Jh.).

schlummern Vb. 'leicht, nicht sehr tief schlafen', mnd. frühnhd. (md.) *slummer(e)n* 'leise schlafen' ist wie mnl. *slūmeren*, nl. *sluimeren*, mengl. *slūmere*, engl. *to slumber* eine Iterativbildung zu einem in mnd. *slom(m)en* 'schlafen', mhd. (md.) *slummen*, nhd. *schlummen* (bis ins 16. Jh.), mnl. *slūmen*, aengl. *slūmen* belegten Verb, das sich mit aengl. *slūma* 'Schlummer', norw. *slum* 'schlaff, dünn' (vom Gras), dän. (älter) *slum* 'Schlummer' auf eine im Germ. durch *m* erweiterte Wurzel ie. **(s)leu-*, **(s)lū-* 'schlaff herabhängen, schlaff' zurückführen läßt, zu der auch got. *slawan* 'schweigen' und (mit Dentalerweiterung) *schlottern*, *lottern* (s. d.) gehören. – S c h l u m m e r m. 'leichter Schlaf', spätmhd. *slummer*, wohl Rückbildung aus dem Verb.

Schlund m. Verbindung von Mund- und Nasenhöhle mit der Speiseröhre, 'Rachen', übertragen 'tiefe, große Öffnung, Abgrund', ahd. *slunt* 'Schluck, Kehle, Gaumen' (8. Jh.), mhd. mnd. *slunt* 'Schluck, Kehle, Rachen, Kluft, Abgrund, Schwelgerei, Schlemmer', asächs. *slund*, mnl. *slont*, *slunt* steht im Ablaut zu dem unter [2]*schlingen* 'schlucken' (s. d.) behandelten Verb.

schlüpfen Vb. 'sich gleitend (durch enge Öffnungen) fortbewegen, sich schnell und geschmeidig bewegen', ahd. *intsluphen* 'entkommen, entschwinden' (9. Jh.), frühnhd. *entslüpfen*, mhd. *slüpfen*, *slupfen*, frühnhd. *schlupfen* 'schlüpfen, schlürfen', nhd. *schlupfen* und *schlüpfen* ist eine (Doppelkonsonanz aufweisende) Intensivbildung zu dem im 17. Jh. aus der Literatursprache verschwundenen, heute nur noch in der Jägersprache üblichen stark flektierenden Verb *schliefen* 'in den Fuchs- oder Dachsbau kriechen', ahd. *sliofan* (9. Jh.), mhd. *sliefen* 'gleiten, schlüpfen', mnd. mnl. *slūpen*, nl. *sluipen*, aengl. *slūpan*, got. *sliupan* 'schleichen, schlüpfen', das sich (wie *Schleife*, *Schlaufe*, *Schlucht* s. d.) mit lat. *lūbricus* 'schlüpfrig, glatt, gleitend' auf ie. **(s)leub(h)-* 'gleiten, schlüpfen' zurückführen läßt, eine Labialerweiterung der Wurzel ie. **(s)leu-* 'gleiten, schlüpfen' (wozu auch *schlau*, *Schlauch*, s. d.). – S c h l u p f m. 'das Schlüpfen, enger Durchgang, Versteck,

Schleife', spätmhd. *slupf* 'das Schlüpfen, Schlupfwinkel, Schlinge, Strick', heute bes. Grundwort in Komposita wie Durchschlupf m. (um 1600), Unterschlupf m. (16. Jh.). Schlüpfer m. 'etw., in das man hineinschlüpft, Muff' (17. Jh.), 'Damenunterhose' (20. Jh.). Schlupfloch n., mhd. *slupfloch*. Schlupfwinkel m. 'Versteck' (15. Jh.).

schlüpfrig Adj. 'glatt, rutschig, feucht'. Ahd. *sliphīg* (11. Jh.), mhd. *slipfec*, *slipfic* und (um 1300) *slipferec* 'glatt, feucht' sind zu ahd. *sliphen* (8. Jh.), mhd. *slipfen*, frühnhd. *slipfern* 'ausgleiten, fallen' gebildet, die als Intensiva zu ahd. *slīfan*, mhd. *slīfen* 'schärfen, glätten', intrans. '(aus)gleiten, hinsinken, fallen' (s. [1]*schleifen*) gehören. Im 16. Jh. wird das Adjektiv in seinem Stammvokal an (nicht verwandtes) spätmhd. *slupferic*, frühnhd. *schlüpfferig* 'glatt, zum Gleiten geeignet' (15. Jh.) angeglichen, eine Intensivbildung zu ahd. *sliofan*, mhd. *sliefen*, nhd. (gegen Ende des 17. Jhs. untergehend) *schliefen* 'gleiten, schlüpfen' (s. *schlüpfen*). Übertragene Bedeutung 'sittlich, moralisch zweideutig, anstößig' ist seit dem 17. Jh. gebräuchlich.

schlürfen Vb. 'geräuschvoll trinken, mit schleifenden Schritten gehen' (16. Jh.), lautnachahmende Bildung, die mit mnd. *slorpen*, 'schlürfen, trinken', mnl. *slorpen*, nl. *slurpen*, norw. *slurpe* sowie mhd. *slurken* 'schlucken', mhd. (md.) *slurc* 'Schlund', schwed. *slurka* 'mit großen Schlucken trinken', *slurk* 'Schluck, Mundvoll' vergleichbar ist. Daraus läßt sich ein das schlürfende, schleifende Geräusch nachahmendes germ. **slur-* ansetzen, ohne daß unbedingt Verwandtschaft mit lat. *lurcārī* 'fressen' und griech. *lárynx* (*λάρυγξ*) 'Schlund, Kehlkopf, Kehle' (Pokorny 1, 965) vorliegen muß. – schlurfen Vb. (17. Jh.), gleichbed. Nebenform von *schlürfen*.

Schluß m. 'das (Ab)schließen, festes Zusammenpassen, Zusammendrücken, räumlicher und zeitlicher Abschluß, Ende', spätmhd. (vereinzelt) *sluȝ* 'abschließendes Ende, Knoten', mnd. *slūt*, *slut* ist mit Ablaut zu dem unter *schließen* (s. d.) behandelten Verb gebildet. In älterer Rechtssprache verbreitet für 'Be-, Entschluß, Entscheidung, Verfügung' (16. Jh.), in der philosophischen Fachsprache 'Folgerung, Resultat des Denkprozesses' (17. Jh.; zuvor dafür ahd. *sloȝ*, s. *Schloß*, sowie ahd. *sloȝreda*, um 1000, frühnhd. *Sloßrede* 'Vernunftschluß', 15. Jh.); in zeitlichem Sinne 'Ende, Beendigung, abschließender Teil' (17. Jh.). – schlüssig Adj. 'übereinstimmend, entschlossen, folgerichtig', anfangs auch 'verschließbar' (16. Jh.).

Schlüssel m. 'zu einem Schloß gehöriges und dadurch zum Sperren oder Öffnen dienendes Gerät', auch 'schlüsselartiges Drehwerkzeug' (z. B. *Schraubenschlüssel*). Mit dem Suffix für Gerätebezeichnungen germ. *-ila-* gebildetes und nur kontinentalwestgerm. bezeugtes ahd. *sluȝȝil* (9. Jh.), mhd. *slüȝȝel*, asächs. *slutil*, mnd. *slötel*, *slöttel*, mnl. *slotel*, nl. *sleutel*, afries. *sletel* steht ablautend neben dem unter *schließen* (s. d.) behandelten Verb. *Schlüssel* gilt vielfach schon seit mhd. Zeit als Zeichen und Symbol von (amtlicher) Würde, Gewalt, Dienstbarkeit und steht danach sinnbildlich für Macht. Ferner wird das Substantiv übertragen auf Handlungen und Verhaltensweisen, die Geneigtheit und Sympathie erwecken, also Zugang zu Vertrauen und Liebe (vgl. mhd. *der slüȝȝel sīner minne*) ermöglichen, und auf die innere Bereitschaft und Fähigkeit, die Gedanken, Pläne, Wissen erschließt (vgl. *Schlüssel des Erkentnis* Luther, nach spätlat. *clāvis scientiae* der Bibel). In erweitertem Sinne tritt es für Auffassung und Verständnis erschließende Zeichen bzw. Zeichensysteme ein, z. B. 'Notenschlüssel' (13. Jh.), 'Zeichenkodex zur Entzifferung einer Geheimschrift, Erklärung für ein Geheimnis' (18. Jh.). – verschlüsseln Vb. 'chiffrieren, in Geheimzeichen umsetzen', entschlüsseln Vb. 'dechiffrieren', aufschlüsseln Vb. 'nach einem bestimmten, vorgegebenen System aufgliedern' (alle 20. Jh.). Schlüsselbein n. Bezeichnung des paarigen, vom oberen Brustbein zum Schulterblatt führenden Knochens (17. Jh.), eine Übersetzung von medizin.-lat. *clāvīcula* (lat. 'Schlüsselchen', spätlat. auch 'Fessel am Pferdefuß') bzw. *clāvis iugulī*, wohl nach griech. *kleĩs* (*κλείς*) 'Schlüssel' und 'Schlüsselbein', da griech. Ärzte die Bezeichnung für einen S-förmigen Schlüssel zum Öffnen von Schlössern mit Fallriegeln auf die Form des Knochens übertragen. Älter *Schlüssel der Brust* (um 1600). Schlüsselblume f. in ihrer Blütenform Schlüsseln ähnliche Primelart (15. Jh.); s. *Himmelschlüssel(chen)*.

Schmach f. 'Schande, Demütigung', ahd.

smāhī 'Kleinigkeit, Niedrigkeit, Entehrung' (9. Jh.), mhd. *smæhe*, *smāhe*, mnd. *smā*, *smāhe* 'geringschätzige Behandlung, Kränkung, Beschimpfung, Entehrung' ist eine Abstraktbildung zum Adjektiv ahd. *smāhi*, auch *smāh*, 'klein, gering, unbedeutend, verächtlich, erniedrigt' (9. Jh.), mhd. *smæhe* (s. auch *schmähen*), mnd. *smā*, das mit anord. *smār* (aus **smāhiR*) 'klein', aengl. *smēalic* 'fein, sorgfältig', außergerm. vielleicht (mit anderem Vokalismus) mit griech. *mīkrós* (*μικρός*), *smīkrós* (*σμικρός*) 'klein, kurz, gering' und lat. *mīca* 'ein Krümchen, ein bißchen' auf ie. **smē(i)k-*, **smīk-* 'zerriebenes, winziges Krümchen' zurückgeführt werden kann, eine Gutturalerweiterung der Wurzel ie. **smē-*, **smēi-* 'schmieren, darüberwischen, -streichen, darüber hinreiben' (wozu auch *schmeicheln* und [1]*schmeißen*, s. d.).

schmachten Vb. 'Entbehrung, bes. Hunger und Durst leiden, sich schmerzlich sehnen', mnd. *smachten* 'Hunger leiden, vor Entbehrung dahinsiechen', nhd. seit dem 17. Jh. bezeugt. Voraus gehen ahd. *gismahtōn* 'dahinschwinden, schwach werden' (8. Jh.) und mhd. *versmahten*, nhd. verschmachten 'Hunger und Durst leiden, verdursten', wohl von einem allerdings erst in mhd. *smaht* m. 'Geruch, das Schmachten, Verschmachten, hoher Grad von Hunger und Durst', mnd. *smacht* 'Entbehrung, entkräftender Hunger' überlieferten Substantiv abgeleitet. Als Ausgangswort ist das unter *Schmach* (s. d.) angeführte Adjektiv ahd. *smāhi* 'klein, gering', mhd. *smæhe*, mnd. *smā* anzusehen, so daß *schmachten* eigentl. 'kleiner werden, schwinden' bedeutet. Die im Mnd. gut ausgeprägte Wortgruppe (s. auch *schmächtig*) mag semantisch Einfluß auf das Nhd. genommen haben. *nach etw. schmachten* 'etw. heftig verlangen, ersehnen' (18. Jh.). – anschmachten Vb. 'sich nach jmdm. sehnen und dies schwärmerisch durch Blick und Gebärde ausdrücken' (18. Jh.). Schmachtriemen m. 'breiter lederner Leibriemen von Fuhrleuten und Reitern, dessen Druck die Empfindung von Hunger in einem leeren Magen dämpfen soll' (18. Jh.), danach *den Schmachtriemen umschnallen müssen*, *enger schnallen* 'Hunger leiden müssen' (um 1800).

schmächtig Adj. 'klein, dünn, schwächlich', mhd. *smahtec* 'Hunger und Durst leidend', mnd. *smachtich*, *smechtich* 'hungrig, verhungert, armselig, kümmerlich, dünn' sind von den unter *schmachten* (s. d.) angeführten Substantiven mhd. *smaht* 'Geruch, das Schmachten, Verschmachten, hoher Grad von Hunger und Durst', mnd. *smacht* 'Entbehrung, entkräftender Hunger' abgeleitet. Die heute übliche Bedeutung entwickelt sich aus 'durch Hunger und Durst geschwächt' (16. Jh.) über 'entkräftet, schwach, kraftlos' (17. Jh.), vielleicht gefördert durch mnd. nd. Einfluß.

schmähen Vb. '(mit Worten) verächtlich machen, beschimpfen, beleidigen', ahd. *smāhen* (10. Jh., in der Fügung *gismāhit werdan* 'im Wert gemindert, wertlos werden', vorher *bismāhen*, 9. Jh.; vgl. auch *bismāhēn* 'schmutzig, gering sein', 8. Jh., *irsmāhēn* 'wertlos werden', 9. Jh.), mhd. *smæhen*, *smāhen*, *smæen*, *smān* 'geringschätzig behandeln, verächtlich machen, verachten, beschimpfen, entehren', mnd. *smāden* ist als Faktitivum abgeleitet vom Adjektiv ahd. *smāhi*, auch *smāh* (9. Jh.), mhd. *smæhe* 'klein, gering, verächtlich' (s. *Schmach*) und bedeutet daher eigentl. 'klein, gering machen'; vgl. auch das verwandte Verb anord. *smā* 'höhnen, spotten'. – verschmähen Vb. 'geringschätzig, verächtlich zurückweisen', auch 'ärgern', ahd. *firsmāhen* 'gering achten' (um 1000), mhd. *versmāhen*, *versmæhen* 'in entehrender Weise geringschätzen, schmählich behandeln, verstoßen, verachten'. schmählich Adj. 'beschimpfend, verächtlich', ahd. *smāhlīh* 'klein, gering an Wert, schändlich, verächtlich' (9. Jh.), mhd. *smæhelich*, *smæhlich*. Im 18. Jh. auch abgeschwächt 'ärgerlich, garstig' oder 'sehr groß, arg' (*schmählich groß*, *schmähliche Hitze*). Schmähschrift f. 'Schrift beschimpfenden, beleidigenden Inhalts' (15. Jh.).

schmal Adj. 'nicht breit, klein, eng', ahd. (8. Jh.), mhd. *smal* 'klein, gering, kärglich, knapp, nicht breit', asächs. mnd. mnl. nl. *smal*, aengl. *smæl*, engl. *small*, anord. *smalr-*, schwed. *smal*, got. *smals* (germ. **smala-*) läßt sich mit den *s*-losen Formen lat. *malus* 'schlecht' (eigentl. 'gering'), aslaw. *malъ*, russ. *mályj* (*малый*) 'klein' verbinden. Dazu gehören auch (wohl aus einer Substantivierung des Adjektivs) griech. *mē̃lon* (*μῆλον*) 'Kleinvieh (Schafe und Ziegen)', armen. *mal* 'Schaf, Widder', air. *mīl* 'Tier', so daß ie. **(s)mēl-* 'klein' (bes. von Tieren) angesetzt werden kann. Mit dem Adjektiv verbinden sich auch die germ. Bildungen ahd. *smalaȥ fihu* (s. unten), anord. *smali*, schwed. (mundartlich) *smale*, anfrk. *māla* 'Kleinvieh', nl. *maal* 'junge Kuh'. Vgl. noch nhd. Schmaltier n. (Jägersprache) 'weibliches Rot- oder Damwild, das noch keine Jungen hat' (17. Jh.), Schmalvieh n. 'kleineres Hausvieh, Kleinvieh', ahd. *smalaȥ fihu* (um 1000), mhd. *smalvihe* 'kleineres Vieh, Schafe, Ziegen', Schmalvogel m. 'kleiner Vogel, Sperling', ahd. *smalfogal* (11. Jh.), mhd. *smalvogellīn*. – schmälern Vb. 'kleiner machen, herabsetzen' (15. Jh.), Iterativbildung zu heute seltenem *schmälen* 'schmal machen, verringern, herabsetzen, tadeln', mhd. *smeln*.

Schmalz n. 'ausgelassenes tierisches Fett', übertragen (um 1920) 'übertrieben gezeigtes Gefühl, Sentimentalität', ahd. (9. Jh.), mhd. *smalz*, mnd. *smalt*, *smolt*, mnl. nl. *smout*, (mit Ablaut) aengl. *smolt*, schwed. *smult* stehen zu dem unter [1]*schmelzen* (s. d.) behandelten Verb. *Schmalz* bezeichnet vor allem zerlassenes Speisefett (heute bes. *Schweine-*, *Gänseschmalz*), in obd. Mundarten auch 'ausgelassene Butter' (vgl. *Butterschmalz*) oder (wie schon frühnhd.) 'Butter'. – Ohrenschmalz n. ausgeschiedenes Sekret im äußeren Gehörgang, frühnhd. *ōrsmalz* (15. Jh.); vgl. mhd. *ōrsmer* (s. *Schmer, schmieren*). schmalzen Vb. 'mit Schmalz zubereiten', spätmhd. *smalzen*; im Part. Prät. *geschmalzt* und *geschmalzen*. Daneben auch gleichbed. *schmälzen*, mhd. *smelzen*. schmalzig Adj. 'mit Schmalz zubereitet, fett', mhd. *smalzec*, *smalzic*; übertragen 'sentimental' (20. Jh.); doch vgl. bereits *smalzige Wort* 'Schmeicheleien' (15. Jh.).

Schmant m. 'Rahm, Sahne' (15. Jh.), mnd. *smant*, nd. *Smand* sind verwandt mit asächs. *smōđi* 'sanftmütig', mnd. *smōde* 'weich, geschmeidig', aengl. *smōþ*, *smēþe*, engl. *smooth* 'glatt, eben'. Aus diesen Formen läßt sich germ. **smanþ-* 'glatt, weich' erschließen, das möglicherweise (sofern anlautendes *sm-* die schwundstufige Wurzelform darstellt) mit *samt* und *sanft* (s. d.) zu verbinden ist. Das seit dem 15. Jh. sowohl hd. als auch nd. für 'Milchrahm, Sahne' bezeugte Substantiv entwickelt (belegt seit dem 18. Jh., doch wahrscheinlich schon früher) im Nd. und Omd. auch die Bedeutung 'Schmieriges, Klitschiges, Schlamm, Schmutz'.

schmarotzen Vb. 'auf Kosten anderer leben' (16. Jh.), älter *smorotzen*, *schmorutzen*, *schmorotzen* 'betteln' (15. Jh.). Die Herkunft ist ungeklärt. Anschluß ans Rotw. ist nicht nachzuweisen. Zugehörigkeit zu dem Verbtyp auf ahd. *-azzen*, mhd. *-ezen* (s. *ächzen*, *blitzen*, *schmatzen*), landschaftlich *-o(t)-zen* (vgl. frühnhd. *glockotzen* 'rülpsen') ist möglich. Best in: Studia Neophilologica 62 (1970) 451 ff. erwägt Kontamination aus *schnorren* 'betteln' (s. d.) und spätmhd. *mutzen* 'abschneiden, stutzen' (14. Jh.). – Schmarotzer m. 'wer auf Kosten anderer lebt, Parasit' (16. Jh.), *Smorotzer* 'Bettler' (15. Jh.), *Schmorotzer* 'Knauser' (16. Jh.). Seit etwa 1800 werden Verb und Nomen agentis auch in der Naturwissenschaft für 'parasitieren' bzw. 'Parasit' gebraucht.

schmatzen Vb. 'hörbar essen, laut küssen'. Gleichbed. mhd. *smatzen* (vgl. auch die Weiterbildung spätmhd. frühnhd. *smatzigen*) ist eine Kontraktionsform aus mhd. *smackezen* 'mit Wohlgefallen laut essen', dem Intensivum (gebildet wie *ächzen*, s. d.) zu mhd. *smacken*, *smachen* 'schmecken, wahrnehmen, riechen, duften' (s. *schmekken*). – Schmatz m. 'laut schallender Kuß', mhd. *smaz*.

schmauchen Vb. 'rauchen, qualmen, behaglich Pfeife rauchen' (17. Jh.), mnd. *smōken* 'rauchen, qualmen', mnl. *smōken*, nl. *smoken*, faktitiv abgeleitet vom Substantiv Schmauch m. 'Rauch, Qualm', mhd. *smouch* 'Rauch, Dunst', mnd. *smōk*, mnl. *smooc*, nl. *smook*. Dazu stehen ablautend aengl. *smocian*, engl. *to smoke* 'rauchen, qualmen', aengl. *smoca*, engl. *smoke* 'Rauch, Qualm' und kausatives nhd. (veraltet) *schmäuchen* 'räuchern', nd. *smöken*, *schmöken* 'räuchern, rauchen'. Alle Formen sind anzuschließen an das starke Verb aengl. *smēocan* 'rauchen, räuchern' und aengl. *smēoc* 'Rauch, Qualm'. Außergerm. sind vergleichbar griech. *smýchein* (*σμύχειν*) 'verschwelen lassen', air. *mūch* 'Rauch', russ. *smúglyj* (*смуглый*) 'dunkelhäutig', so daß eine Wurzel ie. **(s)meukh-*, **(s)meug(h)-* 'rauchen, Rauch' erschließbar ist.

Schmaus m. 'fröhliches Gelage mit reichlichem Essen und Trinken' (2. Hälfte 17. Jh.); vgl. nd. ofries. *Smūs*, schweiz. schwäb. *Schmaus*, elsäss. *Geschmäus*. Dazu s c h m a u s e n Vb. 'mit Genuß und Behagen viel und gut essen und trinken' (1. Hälfte 17. Jh.); vgl. nd. ofries. *smūsen*, schweiz. schwäb. *schmausen*, elsäss. *schmäusen*. Substantiv und Verb sind in die Studentensprache eingedrungen und haben sich von dort aus verbreitet. Die Herkunft ist unklar. Man kann vielleicht schweiz. *schmauseln*, *schmuseln* 'schmuddeln, besudeln' heranziehen und von einer Bedeutung 'behaglich, aber nachlässig und unsauber essen und trinken' ausgehen. Lautlich unbefriedigend ist die meist angenommene Verwandtschaft mit (allerdings semantisch nahestehenden) nl. (älter) *smuisteren* 'schmieren, einschmieren, salben, lecker essen', *smodderen* 'beschmutzen, beschmieren, besudeln', nd. *smuddern* '(sich) besudeln, fein regnen', *smudden* 'sudeln, beschmieren, ständig unsauber und mit triefendem Mund essen und trinken' (s. *schmuddelig*), es sei denn, man sieht in *Schmaus*, *schmausen* spielerisch-affektisch entstandene Lautvarianten.

schmecken Vb. 'mit dem Geschmackssinn wahrnehmen, auf der Zunge als süß, bitter, sauer, salzig u. dgl. empfinden, munden'. In nhd. *schmecken*, mhd. *smecken* (trans.) 'den Geschmack von etw. empfinden, kosten, den Geruch von etw. empfinden, riechen', überhaupt 'durch die Sinne wahrnehmen', (intrans.) 'Geschmack, Geruch von sich geben, duften, stinken' fallen die ursprünglich durch unterschiedliche Bildungsweisen getrennten Verben (trans.) ahd. *(gi)smecken* 'den Geschmack von etw. empfinden, kosten' (9. Jh.) und (intrans.) ahd. *(gi)smackēn* 'Geschmack, Geruch von sich geben, schmecken, riechen' (10. Jh.) zusammen. Dazu stellen sich mnd. *smecken* (trans. und intrans.), aengl. *smæccan* (trans.) und mhd. *smacken* (intrans. und trans.) 'schmecken, wahrnehmen, riechen, duften', mnd. mnl. *smāken* (trans. und intrans.), nl. *smaken*, schwed. *smaka* (trans. und intrans.). Weiter gehören hierher die unter *Geschmack* (s. d.) angeführten Formen sowie (mit germ. *g*) ahd. *gismagmo* 'Geschmack' (um 1000) und außergerm. wohl lit. *smaguriáuti* 'naschen' (zu *smagùs* 'heiter, angenehm'). Daraus läßt sich eine gemeinsame, allerdings nur durch das Germ. und Balt. gestützte Ausgangsform ie. **smeg(h)-* 'schmekken' erschließen. Die Bedeutung 'riechen' wird in obd. Mundarten bewahrt. Vgl. dazu redensartlich *den Braten schmecken* 'etw. wittern, merken' (16. Jh.), dafür heute *den Braten riechen*. – s c h m a c k h a f t Adj. 'wohlschmeckend', mhd. *smachaft* 'wohlschmekkend, wohlriechend'.

schmeicheln Vb. 'zärtlich sein, überschwenglich loben, jmdm. schöntun', spätmhd. *smeicheln* 'durch sanfte Berührung liebkosen' ist Iterativbildung zu gleichbed. ahd. *smeihhen* (Hs. 12. Jh.), mhd. *smeichen* (vgl. ahd. *smeihhāri*, mhd. *smeichære*, *smeicher* 'Liebkosender'), das mit mnd. *smēken* 'schmeicheln', mnl. *smēken*, *smeiken*, nl. *smeken* 'flehen', norw. (mundartlich) *smeikja* 'streicheln, schmeicheln', ablautend *smika* 'streichen, glätten' und ahd. *smeckar* (9. Jh.), mhd. *smecker* 'zierlich, schmächtig, eingefallen' (vom Gesicht), aengl. *smicer* 'schön, zierlich', isl. *smeykur* 'ängstlich' sowie auch poln. *smagły* 'schlank, schmächtig', lit. *smaĩgas* 'Stock, Pfahl, Stange' auf die Gutturalerweiterung ie. **smē(i)g-*, **smĭg-* der Wurzel ie. **smē-*, **smēi-* 'schmieren, darüberwischen, -streichen, darüber hinreiben' (s. auch *Schmach* und [1]*schmeißen*) zurückgeführt werden kann; dazu gehört wohl auch *Schminke* (s. d.), vielleicht auch griech. *smē̃n* (σμῆν) 'abreiben, abwischen' und lat. *macula* 'Fleck, Makel'. *schmeichen* wird bereits in frühnhd. Zeit durch *schmeicheln* verdrängt. Als Ausgangsbedeutung ist '(zärtlich) darüber hin streichen, durch streichende Berührung liebkosen' anzunehmen. Der Sinn des übertriebenen Lobens, Lobhudelns ist bereits im 15. Jh. ausgebildet; er bleibt neben seit alters gültigem 'liebkosen, zärtlich sein' und später (18. Jh.) sich entwickelndem 'etw. schöner darstellen als die Wirklichkeit, jmdm. guttun, jmds. Selbstbewußtsein heben' bis heute erhalten. – S c h m e i c h e l e i f. 'Zärtlichkeit, überschwengliches Lob' (17. Jh.). s c h m e i c h e l h a f t Adj. 'angenehm, dem Selbstbewußtsein wohltuend' (16. Jh.); vgl. mhd. *smeichenhaft*. S c h m e i c h l e r m. 'wer durch Lobhudelei seine Ziele erreichen will, Schönredner' (15. Jh.).

[1]**schmeißen** Vb. 'werfen, schleudern'. Das starke Verb ahd. *smīȥan* 'aufstreichen, schmieren' (um 1000; vgl. *bismīȥan*, 8. Jh., *ūȥsmīȥan*, 9. Jh.), mhd. *smīȥen* 'streichen,

schmieren, schlagen', asächs. *bismītan* 'beflecken', mnd. *smīten* 'schlagen, werfen, schleudern', mnl. *smīten* 'schlagen, werfen', nl. *smijten*, aengl. *smītan* 'beschmieren, besudeln', engl. *to smite* (dichterisch) 'schlagen, treffen', got. *bismeitan* 'bestreichen', *gasmeitan* 'aufstreichen' läßt sich an eine Dentalerweiterung ie. **smeid-* der Wurzel ie. **smē-*, **smēi-* 'schmieren, darüberwischen, -streichen, darüber hinreiben' anschließen, zu der auch die unter *Schmach* und *schmeicheln* (s. d.) aufgeführten Wortformen gehören. Die beiden divergierenden Grundbedeutungen 'streichen, schmieren' und 'werfen, schlagen' lassen sich am ehesten aus der Lehmbauweise erklären, indem der Lehm zuerst in die Wand bzw. das Flechtwerk geworfen und dann glattgestrichen wird. In der Studentensprache entsteht die Wendung *ein Faß Bier, eine Runde schmeißen* 'spendieren' (19. Jh., eigentl. wohl 'das Geld dafür auf den Tisch werfen'?). Daneben steht schwach flektierendes ²s c h m e i ß e n Vb. 'besudeln, Kot abwerfen' bes. von Vögeln (15./16. Jh., danach noch in südd. Mundarten), ahd. *bismeizen* 'besudeln' (um 1000), mhd. *gesmeizen*. – S c h m i ß m. 'Hieb, Schlag' (17. Jh.), in der Studentensprache 'bei der Mensur durch Säbel oder Degen entstandene Wunde, Narbe' (19. Jh.), zu ¹*schmeißen*. s c h m i s s i g Adj. 'voller Narben' (Studentensprache, 19. Jh.), 'voller Schwung, verwegen' (Gaunersprache, Mitte 19. Jh.). G e s c h m e i ß n. 'Ungeziefer, Gesindel, Pack' (16. Jh.), mhd. *gesmeize* 'Unrat, Kot (von Tieren), Brut, Gezücht, Insekteneier (bes. von Fleischfliegen)'; S c h m e i ß f l i e g e f. 'Fleischfliege' (16. Jh.), vielleicht verdeutlichende Zusammensetzung zu gleichbed. (allerdings erst später bezeugtem) S c h m e i ß e f. (17. Jh.); beide Bildungen zu ²*schmeißen* 'besudeln, Kot abwerfen', da Insekteneier teils als Kot angesehen, teils damit verglichen werden.

¹**schmelzen** Vb. '(durch Wärmeeinwirkung) flüssig werden, zerfließen'. Stark flektierendes ahd. *smelzan* (8. Jh.), mhd. *smelzen*, asächs. *smeltan*, mnd. mnl. nl. *smelten* sowie ablautendes aengl. *smolt* 'sanft, ruhig', schwed. (mundartlich) *smulter* 'weich' und das unter *Schmalz* (s. d.) behandelte Substantiv stellen sich mit den unter *Malz* (s. d.) angeführten *s*-losen Formen zu einer (zunächst vielleicht präsensbildenden) Dentalerweiterung ie. **meld-* 'weich' (s. *mild*) der unter *mahlen* (s. d.) angegebenen Wurzel ie. **mel(ə)-* 'zermalmen, schlagen, mahlen'. Dazu das schwache Kausativum ²s c h m e l z e n Vb. '(durch Wärmeeinwirkung) flüssig machen', ahd. (um 800), mhd. *smelzen*, mnd. *smelten*. Jedoch gehen die starken Flexionsformen (*schmilzt*, *schmolz*, *geschmolzen*) allmählich auch in den trans. Gebrauch über, und schwache Bildungen (*schmelzt*, *schmelzte*, *geschmelzt*) sind seit dem 19. Jh. selten. S c h m e l z m. 'glänzender, glatter Überzug', ahd. *smelzi* 'Gold-Silber-Mischung' (9. Jh.), häufiger *gismelzi* (10. Jh.), mhd. *gesmelze*, frühnhd. *goltsmelz*, mnd. *smelt*, mnl. *smelt*, *smelte*. In neuerer Sprache auch 'Glasur der Zähne' (18. Jh.).

Schmerz m. 'peinigende, wehtuende körperliche oder seelische Empfindung'. Das nur westgerm. bezeugte Substantiv ahd. *smerza* f. (9. Jh., teils stark, teils schwach flektierend), mhd. *smerze* f. (stark), m. (schwach), mnd. *smerte*, *smērte*, *smarte* f., mnl. *smerte*, *smarte*, nl. *smart* und das zugehörige Verb *schmerzen* (s. unten) lassen sich mit (teilweise ohne anlautendes *s-* auftretenden) außergerm. Formen wie aind. *mṛdnā́ti* 'drückt, preßt, reibt', griech. *smerdnós* (σμερδνός), *smerdaléos* (σμερδαλέος) 'schrecklich, gräßlich, furchtbar', lat. *mordēre* 'beißen, hauen' verbinden und auf ie. **merd-* zurückführen, eine Dentalerweiterung der Wurzel ie. **mer(ə)-* 'aufreiben, reiben', wozu auch *Mord*, *morsch*, *mürbe*, *Mörser* (s. d.) gehören. Anders SEEBOLD 439, der die germ. Formen aus semantischen Gründen als *d*-Erweiterungen zur Wurzel ie. **smel-*, Variante **smer-* 'langsam und rauchend verbrennen, schwelen' (wozu auch nd. *smālen*, *smēlen*, *smōlen*, mnl. *smōlen*, nl. *smeulen* 'glimmen, glühen, schwelen', mengl. *smelle*, engl. *to smell* 'einen Geruch wahrnehmen, riechen') stellen und mit der *k*-Erweiterung lit. *smelkti* 'ersticken, qualmen, Rauch erzeugen', *smélkti* 'schmerzen, stechen' verbinden will. – s c h m e r z e n Vb. 'Schmerz empfinden, wehtun', ahd. *smerzan* (8. Jh.), mhd. *smerzen*, aengl. *smeortan*, mnl. *smerten*, *smarten*. Neben dieses stark flektierende Verb tritt (im Dt. vom 13. Jh. an) ein schwaches Verb mhd. (selten) *smerzen* 'in Schmerz verwandeln', frühnhd. (obd.) *smir(t)zen* (bis ins 17. Jh.) und *schmerzen*, mnd. mnl. *smerten*, *smarten*, nl. *smarten*, engl. *to smart*, das in der Gegenwart (im Dt. seit frühnhd. Zeit) allein gebräuchlich ist. Schmerzensmutter f. Bezeichnung für die trauernde Maria, die Mutter des gekreuzigten Christus, Übersetzung (18. Jh.) von kirchenlat. *māter dolōrōsa*, folgt einer frühen schwachen (neben der bis heute vorhandenen starken) Deklination des Substantivs. schmerzhaft Adj. 'Schmerz bereitend, mit Schmerz verbunden' (17. Jh.), älter *schmertzenhafft* (15. Jh.). schmerzlich Adj. 'voller Schmerzen', mhd. *smerzlich*. schmerzlos Adj. 'ohne Schmerz' (17. Jh.).

Schmetterling m. in vielen Arten vorkommendes Insekt mit zwei beschuppten, buntgemusterten Flügelpaaren, 'Falter'. Um die Mitte des 18. Jhs. wird omd. *Schmetterling* (zuerst *Schmetterlinck*, Leipzig um 1500) in die nhd. Literatursprache aufgenommen. Der wohl aus **Schmettenling* dissimilierte Name ist offensichtlich zu südostd. omd. *Schmetten* 'Sahne, Rahm' (s. *Sahne*) gebildet, einer Entlehnung aus gleichbed. tschech. *smetana*, und beruht auf dem Volksglauben, daß Hexen in Schmetterlingsgestalt fliegen, um Milch und Rahm zu stehlen; vgl. andere landschaftliche Bezeichnungen wie *Buttervogel*, *Milch-*, *Molkendieb*, *-stehler* sowie engl. *butterfly*.

schmettern Vb. 'mit lautem Geräusch, Krach (hin)werfen' (16. Jh.), 'Krach machen', auch 'laut klingen, laut und fröhlich singen, Blasmusik spielen' (18. Jh.), mhd. *smetern* 'klappern, schwatzen' ist lautmalenden Ursprungs. Übertragen (aus der Studentensprache) *einen schmettern* 'ein Bier, einen Schnaps trinken' (19. Jh.). – zerschmettern Vb. 'mit lautem Krach zerschlagen' (16. Jh.).

Schmied m. 'wer Metall (bes. Eisen) bearbeitet', ahd. *smid* (8. Jh.), mhd. *smit*, asächs. *-smið*, mnd. *smit*, *smet*, mnl. *smit*, *smet* (auch 'Zimmermann'), nl. *smid*, aengl. *smiþ* (auch 'Holzbearbeiter'), engl. *smith*, anord. *smiðr* (auch 'Holzbearbeiter, Handwerker, Künstler'), schwed. *smed*, got. (*n*-Stamm) *aizasmiþa* 'Erzschmied' ist eine gemeingerm., mit Dentalsuffix gebildete Handwerkerbezeichnung. Vergleichbar ist die Gerätebezeichnung griech. *smī́lē* (*σμίλη*) 'Messer, Schnitzmesser, Meißel' und vielleicht auch lit. *smailùs* 'scharf, spitz(ig), zugespitzt', so daß eine Wurzel ie. **smēi-*, **sməi-*, **smĭ-* 'schnitzen, mit einem scharfen Werkzeug arbeiten' angenommen werden kann. Der vom Schmied bearbeitete Werkstoff war ursprünglich Holz, schon früh aber auch Metall, vgl. die ablautenden (also wohl alten) Bildungen ahd. *smīda*, *gismīdi* 'Metall', s. *Geschmeide*. Der lange Vokal in nhd. *Schmied* entsteht durch Dehnung des ursprünglich kurzen Vokals in der offenen Silbe der obliquen Kasus; die Länge wird auf den Nominativ übertragen. – Schmiede f. 'Werkstatt des Schmieds', ahd. *smitta* (10. Jh.), mhd. *smitte*, asächs. *smiða*, mnd. *smēde*, *smedde*, mnl. *smitse* (unter Einfluß von *smit* aus älterem *smisse*), nl. *smidse*, aengl. *smiþþe*, engl. *smithy*, anord. *smiðja*, schwed. *smedja* führen auf germ. **smiþjō* 'Schmiedewerkstatt'. Seine heutige Lautgestalt erhält *Schmiede* in Anlehnung an *schmieden* bzw. *Schmied* (17. Jh.). schmieden Vb. 'Metall (erhitzen und) bearbeiten', ahd. *smidōn* (8. Jh.), mhd. *smiden* 'hämmern, schmieden', asächs. *smiðon*, mnd. *smēden*, *smedden*, mnl. *smēden*, nl. *smeden*, aengl. *smiþian*, engl. *to smith*, got. *gasmiþōn* '(durch Schmieden) bewirken'; vgl. (ablautend) anord. *smīða* 'arbeiten, herstellen (aus Holz oder Metall)'.

schmiegen Vb. '(sich) zärtlich eng andrükken, (sich) einer Form elastisch anpassen'. Das ursprünglich stark flektierende Verb ahd. *smiogan* 'sich zusammenziehen' (11. Jh.), mhd. *smiegen* 'in etw. eng Umschließendes drücken', refl. 'sich zusammenziehen, sich ducken, sich unterwerfen', nl. *smuigen* 'heimlich naschen', aengl. *smūgan* 'schlüpfen, kriechen', anord. *smjūga* 'sich schmiegen, schlüpfen, kriechen', schwed. *smyga* 'schmiegen, gleiten lassen, schleichen' sowie schwach flektierendes mhd. *smougen* 'sich ducken' und die unter *schmuggeln* (s. d.) und *Grasmücke* (s. *Gras*) genannten Formen lassen sich mit lett. *smaugs* 'schlank', lit. *smáugti* 'erwürgen, quälen, erdrosseln', russ. (landschaftlich) *smúga* (*смуга*) 'dunkler Fleck' und lit. *smùkti* 'gleitend sinken, entgleiten', aslaw. *smykati sę* 'sich dahinschleppen', russ. *smykát'sja* (*смыкаться*) 'kriechen, schlendern', aind. *muñcáti* 'macht los, befreit' auf ie. **(s)meugh-*, **(s)meuk-* zurückführen, eine Variante von ie. **meug-*, **meuk-* 'schlüpfen, schlüpfrig', dann 'schleimig, Schleim' und 'darüber streichen, gleiten, entgleiten'. Wenn weiter Verwandtschaft mit *Moder* (s. d.) besteht, dann wäre ie. **meug-*, **meuk-* als Erweiterung der dort genannten Wurzel ie. **meu-*, **mū̆-*

'feucht, modrig' aufzufassen. – schmiegsam Adj. 'sich anlehnend, sich anpassend, geschmeidig' (um 1800), unter Einfluß von *schmiegen* aus älterem *schmugsam* (17. Jh.). Schmiege f. 'stumpfer Winkel' (16. Jh.), 'Schrägmaß, Winkelmaß mit verstellbarem Schenkel' (18. Jh.), 'zusammenklappbarer Zollstock' (landschaftlich 19. Jh.), mhd. *smiuge* 'Schräge, Krümmung, Winkel', d. i. 'eng umschlossener Raum'.

[1]**Schmiere** f. 'Wache', nur redensartlich *Schmiere stehen* 'Wache halten, aufpassen' (bei gesetzwidrigen Vorhaben), nach Wendungen wie rotw. *(auf der) Schme(h)re stehen* (18. Jh.), *Schmi(e)re halten* (19. Jh.) 'beim Stehlen, bei einem Einbruch Wache schieben'; vgl. jidd. *schmire* 'Bewachung, Wächter', hebr. *šemīrah* 'Wache, Bewachung'.

schmieren Vb. '(be)streichen, einfetten', ahd. *smirwen* (8. Jh.), mhd. *smirwen*, *smirn*, *smern* '(ein)schmieren, salben', übertragen 'bestechen', mnd. mnl. *smēren*, nl. *smeren*, aengl. *smierwan*, engl. *to smear*, anord. *smyrva*, *smyrja*, schwed. *smörja* ist eine Bildung zum Substantiv (*wa*-Stamm) Schmer m. n. 'Fett, Schweineschmalz', ahd. *smero* (Gen. *smerwes*) 'Fett' (8. Jh.), mhd. *smer*, asächs. *smero*, mnd. *smēr*, mnl. *smēre*, *smeer*, *smāre*, nl. *smeer*, aengl. *smeoru*, engl. *smear* ('Schmiere, Fettfleck'), anord. *smjǫr*, *smør* 'Butter, Fett', schwed. *smör* 'Butter' (germ. **smerwa-*); vgl. auch (mit dem Suffix ie. *-tro-* gebildetes) got. *smaírþr* 'Fett'. Herkunft unbekannt. Eine Verbindung zu griech. *smýris*, *smíris* (σμύρις, σμίρις) 'Schleif- und Poliermittel, Schmirgel' ist unsicher, so daß Verwandtschaft mit letztlich auf dem Griech. beruhendem *Schmirgel* (s. d.) fraglich bleibt. – Schmerbauch m. 'dicker Bauch, Träger eines dicken Bauches' (16. Jh.). Schmierfink m. 'wer unsauber ist, unsauber schreibt' (16. Jh.), zu *schmieren* 'sudeln, unsauber schreiben' (16. Jh.). Schmiergeld n. 'Bestechungsgeld' (17. Jh.). anschmieren Vb. 'besudeln' (15. Jh.), 'jmdm. etw. (durch Betrug) anhängen, aufhalsen' (16. Jh.), 'betrügen, übervorteilen' (18. Jh.), refl. 'sich (mit allen Mitteln) einschmeicheln' (19. Jh.). [2]Schmiere f. 'Schmierfett' (15. Jh.), 'fettiger Schmutz' (17. Jh.). Auch 'schlechtes Theater, Wanderbühne' (19. Jh.), anschließend an *schmieren* 'unsauber schreiben' (s. oben), danach '(inhaltlich) flüchtig, schlecht schreiben' (18. Jh.), entsprechend 'solche Stücke schlecht darbieten'. schmierig Adj. 'fettig, schmutzig' (16. Jh.).

Schminke f. 'kosmetisches Mittel zum Färben der (Gesichts)haut, der Lippen und der Augenpartie'. Frühnhd. *smicke* und mit Nasaleinschub md. *smyncke* (15. Jh.), mnd. *sminke* (vgl. ofries. *smink(e)* 'fette, weiche Tonerde') ist wohl als Verbalsubstantiv (mit md. nd. Lautstand) zu ahd. mhd. *smeichen*, mnd. *smēken* 'liebevoll streichen, streicheln, liebkosen' (s. *schmeicheln*) gebildet und stellt sich mit diesen sowie mit [1]*schmeißen* (s. d.) zur Wurzel ie. **smē-*, **smēi-* 'schmieren, darüberwischen, -streichen, darüber hinreiben', so daß *Schminke* etwa als 'Streich-, Schmiermasse' zu verstehen ist. – schminken Vb. 'Schminke auftragen, die (Gesichts)haut färben' (15. Jh.), mnd. *sminken*.

Schmirgel m. 'zum Schleifen und Polieren verwendetes mittel- bis feinkörniges Mineral', seit dem 16. Jh. in der Form *Smirgel*, *Schmirgel* bezeugt (daneben vom 17. Jh. an die Variante *Schmergel*, die von Adelung und Campe bevorzugt wird und landschaftlich noch Anfang des 20. Jhs. gilt), ist eine Entlehnung aus gleichbed. ital. *smeriglio*. Dieses zuerst im 15. Jh. nachzuweisende, aber wohl ältere (vgl. mlat. *smeriglum*, 13. Jh. in Oberitalien) ital. Substantiv geht auf eine Weiterbildung von byzant.-griech. *smerí* (σμερί) 'Schmirgel' zurück; die antike Bezeichnung des damals vor allem auf Naxos und in Kleinasien gewonnenen Schleifmittels ist griech. *smýris*, *smíris* (σμύρις, σμίρις) f., später auch *smirís* (σμιρίς), spätlat. *smyris* f. Da die Herleitung des griech. Ausdrucks ungeklärt ist, bleibt die mehrfach vermutete Verwandtschaft mit *schmieren* (s. d.) fraglich. – schmirgeln Vb. 'mit Schmirgel schleifen, polieren', dann überhaupt 'mit einem Schleifmittel bearbeiten' (2. Hälfte 18. Jh. neben heute unüblichem *schmergeln*); vgl. entsprechendes ital. *smerigliare*. Schmirgelpapier n. 'Papier mit aufgeleimtem Schmirgel' (19. Jh.).

Schmöker m. 'altes Buch, anspruchslose Unterhaltungslektüre'. *Schmöker*, *Schmöcher* (18. Jh.), *Schmäucher* (19. Jh.) 'dickes altes Buch' ist zunächst ein Ausdruck der Studentensprache, gebildet zu nd. *smōken*, *smöken*, *schmöken*, nhd. *schmauchen* 'rauchen' (s. d.), vgl. nd. *Smöker* 'Raucher'. Die Bedeutung entwickelt sich wahrscheinlich im Zusammenhang mit der studentischen Gewohnheit, im Übermut Seiten als Fidibusse zum Anzünden der Pfeifen aus alten Büchern herauszureißen; vgl. schwed. *lunta* 'Lunte', dann auch 'dicker Schmöker'. – schmökern Vb. 'viel und mit Genuß lesen, geruhsam in Büchern herumlesen', anfangs 'alte, schlechte oder unwissenschaftliche Bücher lesen' (19. Jh.).

schmollen Vb. 'aus Unwillen, Trotz schweigen, sich zurückziehen', mhd. *smollen* 'unwillig schweigen', frühnhd. auch 'das Gesicht zum Lachen verziehen, lächeln', in diesem Sinne bes. 15. bis 18. Jh., danach allgemein durch *schmunzeln* verdrängt. Auszugehen ist von einer Bedeutung 'das Gesicht, den Mund verziehen'. Als verwandt können herangezogen werden die *l*-Bildungen ahd. *smielēn* (11. Jh.), mhd. *smielen* 'lächeln', schwed. *smila*, dän. *smile* 'lächeln', engl. (wohl aus dem Skandinavischen) *to smile* 'lächeln' und die *r*-Bildungen ahd. *smierēn* (11. Jh.), mhd. *smieren* 'lächeln', aengl. *smerian* sowie (mit *k*-Formans) aengl. *smearcian*, *smercian*, engl. *to smirk* 'schmunzeln'. Außergerm. sind vergleichbar aind. *smáyatē* 'lächelt, lächelt verschämt, errötet', griech. (mit *d*-Formans) *meidiā́n* (*μειδιᾶν*) 'lächeln', lat. *mīrus* 'wunderbar, erstaunlich, sonderbar', air. *mīad* 'Ruhm, Stolz', aslaw. *smijati sę*, russ. *smeját'sja* (*смеяться*) 'lachen', so daß eine Wurzel ie. **(s)mei-*, **(s)meu-* 'lächeln, erstaunen' angenommen werden kann. – Schmollwinkel m. 'abgelegener Ort, wohin man sich unwillig und schweigend zurückzieht' (18. Jh.).

schmoren Vb. 'kurz anbraten und im geschlossenen Topf garen (lassen)', ein nd. Wort, seit dem 17. Jh. in der Literatursprache. Die *r*-Bildung mnd. *smōren* (intrans.) 'ersticken', (trans.) 'langsam kochen oder braten, mit heißem Wasser austreiben, ersticken', mnl. *smōren*, nl. *smoren* 'ersticken', aengl. *smorian* 'verschmoren, ersticken', engl. (mundartlich) *to smore* 'ersticken, den Atem benehmen, (er)würgen' und mit *l*-Formans nd. *smōlen*, mnl. *smōlen*, nl. *smeulen* 'glimmen, schwelen', engl. *smoulder* 'Rauch' sind vergleichbar mit mir. *smāl*, *smōl*, *smūal* 'Feuer, Glut, Asche', russ. (älter) *smálit'* (*смалить*) 'absengen, Stinkendes, Übelriechendes verbrennen', poln. *smalić* 'versengen' und (ablautend) russ. *smolá* (*смола*) 'Harz, Pech, Teer'. Auszugehen ist von einer Wurzel ie. **smel-* 'langsam und rauchend verbrennen, schwelen', zu der sich als *k*-Erweiterung auch lit. *smil̃kti* 'glimmen, schwelen (von Feuer), qualmen, Rauch von sich geben', *smilkýti* 'räuchern' stellen läßt. S. auch *Schmerz*. – Schmorbraten m. (18. Jh.).

Schmu m. 'Vorteil, unredlicher Gewinn', auch 'Schwindel, Gerede' (18. Jh.), vorwiegend in der Wendung *Schmu machen* 'auf unlauteren Gewinn bedacht sein, betrügen', in der Studentensprache 'schöne Worte machen' (ebenfalls 18. Jh.), landschaftlich 'Unwahres sprechen oder tun', vgl. rotw. *Schmuh* 'Profit, Gewinn niederer, unreeller Art' (erworben durch Gerede und Geschwätz). Aus dem Jüd.-Dt. in der Umgangssprache allgemein verbreitet. Zugrunde liegt hebr. *š^emū'ah* 'Erzählung, Kunde, Gerücht', auf dessen Plur. *š^emū'ot* 'Erzählungen, Neuigkeiten' ebenfalls verbreitetes Schmus m. 'umständliches Gerede, Geschwätz, Schmeichelei', auch 'Gewinn, Vorteil beim Handel' beruht (18. Jh.); vgl. rotw. *Schmus* 'Erzählung, Unterhaltung, Geschwätz'. schmusen Vb. 'erzählen, schwatzen, herumreden, sich anbiedern, schönreden, schöntun, zärtlich sein' (18. Jh.).

schmücken Vb. '(ver)zieren, schönmachen'. Ahd. *firsmucken* 'zerquetschen' (Hs. um 1300), mhd. *smücken*, *smucken* 'in etw. eng Umschließendes drücken, zusammenziehen, an sich drücken', refl. 'sich zusammenziehen, ducken', trans. 'kleiden', mnd. *smükken* gehört als ablautende Intensivbildung mit Gemination zu dem unter *schmiegen* (s. d.) behandelten Verb. Die heutige Bedeutung entwickelt sich aus Wendungen wie spätmhd. *sich in ein kleit smucken* 'sich hineinschmiegen, es anziehen', *das kleit smücken* 'anschmiegen' (an den Körper), dann (entsprechend *eine mit den armen smücken* 'drücken, umarmen') *jmdn. mit einem Kleid schmücken* 'schön anziehen', endlich *ein Kleid* oder *jmdn. schmücken* 'ausstatten, verzieren, schönmachen'. *schmücken* in der Bedeutung 'zieren' wird durch Luther verbreitet. Den obd. Mundarten ist diese Bedeutung zunächst fremd; sie bewahren vielmehr (abweichend von der Literatursprache) *schmücken* im alten Sinne von 'drücken, schmiegen' (vgl. im 16. Jh. noch *schmuckten und truckten einan-*

der, sich schmucken und ducken). – schmuck Adj. 'hübsch, nett anzusehen' (16. Jh.), nach mnd. *smuk* 'geschmeidig, biegsam, schön, zierlich'. Schmuck m. 'Verzierung, Geschmeide' (16. Jh.), mnd. *smuk*, eigentl. 'dem Körper sich Anschmiegendes', daher zuerst von prächtiger, wertvoller Kleidung, älter *gesmuc* (15. Jh.). Verwandt sind ahd. *smocko* 'Untergewand' (um 1000), aengl. *smoc*, engl. *smock* 'Frauenhemd, Kittel, Kleid' sowie mhd. *smuc* mit der Bedeutung 'das Anschmiegen, die Umarmung'.

schmudd(e)lig Adj. 'unsauber, unappetitlich' (18. Jh.), nd. *smuddelig* 'schmutzig, unrein(lich)', nl. *smoddig* 'faul, schmierig, schmutzig', nd. *smudderig*, nl. *smodderig* sind Adjektivbildungen zu den Verben mnd. *smudden* 'beschmutzen', nd. *smudden*, *smuddeln* 'sudeln, beschmieren', *smuddern* '(sich) besudeln, fein regnen', nl. *smodderen* 'beschmutzen, beschmieren, besudeln', die alle (als Varianten mit anlautendem *s-*, s. auch *Schmutz*) zu der unter *Mòder* (s. d.) genannten Dentalerweiterung ie. **meut-* der Wurzel ie. **meu-*, **mŭ̄-* 'feucht, modrig, beschmutzen' zu stellen sind.

schmuggeln Vb. 'heimlich Waren über eine Zollgrenze transportieren, Schleichhandel treiben', zu Anfang des 18. Jhs. aus dem Nd. in die hd. Literatursprache aufgenommen. Das zunächst in den germ. Sprachen an der Nordsee übliche Verb nd. *smuggeln* (daraus entlehnt dän. *smugle*, schwed. *smuggla*, engl. *to smuggle*), daneben (mit *kk*-Variante) nl. *smokkelen*, engl. (älter) *to smuckle*, ofries. *smukkeln* gehört wohl (mit dem Intensivum norw. mundartlich *smokla*, *smukla* 'sich davonschleichen, verbergen') als Iterativbildung zu der unter *schmiegen* und *Grasmücke* (s. d.) behandelten Wortgruppe. Als Ausgangsbedeutung ist 'sich schleichend, sich geduckt bewegen' anzunehmen. Nhd. *schmuggeln* gewinnt vor allem zur Zeit der Kontinentalsperre (1810) an Verbreitung. Vgl. demgegenüber vom Südwestd. ausgehendes *paschen*. – Schmuggel m. 'heimlicher Warentransport ohne Zollentrichtung, Schleichhandel', Rückbildung aus dem Verb (19. Jh.), zuerst (nd. Lautung folgend) *Smuggel* (Jahn 1816). Schmuggler m. (18. Jh.).

schmunzeln Vb. 'vor sich hin, in sich hinein lächeln', frühnhd. *smonczeln* (15. Jh.), *schmünzelen*, *schmuntzelen*, eine Iterativbildung zu mhd. (md.) *smunzen* 'den Mund zum Lachen verziehen'. *schmunzeln* ist seit der Mitte des 18. Jhs. ein häufig gebrauchtes Wort der Literatursprache und verdrängt *schmollen* (s. d.) in dessen alter Bedeutung 'lächeln'. Daneben stehen ältere Formen ohne Nasaleinschub wie mhd. *smutzen* 'den Mund zum Lachen verziehen' und iteratives *smuceln* (15. Jh.), auch *smutzern* (15. Jh.). Herkunft unbekannt. Vgl. die Fügung *schmutzig lachen* 'hämisch lachen', hervorgegangen aus einem tautologischen Kompositum mhd. *smutzelachen* 'schmunzeln' mit volksetymologischer Anlehnung an *schmutzig*.

Schmutz m. 'Unrat, Kehricht, Dreck', frühnhd. *smuz* 'anhaftender Dreck, Schmiere, Fett' (15. Jh.), in obd. Mundarten auch 'Fett, Schmalz, Butter', engl. *smut* 'Schmutzfleck, Ruß' ist verwandt mit nl. (älter) *mot* 'feiner Regen', mittelrhein. *mot* 'Nebel' und führt wie *schmudd(e)lig* und *Moder* (s. d.) auf eine Dentalerweiterung der Wurzel ie. **meu-*, **mŭ̄-* 'feucht, modrig', auch 'beschmutzen'. – schmutzen Vb. 'schmutzig werden', frühnhd. *smuczen*, *smutzen* 'beflecken, schädigen', (md.) *smotzen* 'schmutzig sein' (15. Jh.). schmutzig Adj. 'dreckig, unsauber' (15. Jh.), auch *schmotzig* (16. Jh.).

Schnabel m. spitzzulaufende Verlängerung des Vogelkiefers, ahd. *snabul* 'Schnabel, Rüssel' (9. Jh.), mhd. *snabel*, auch 'langauslaufende Schuhspitze', mnd. mnl. *snāvel* 'Schnabel, Rüssel, Mund', nl. *snavel*, daneben (mit altem *j*-Suffix) mnd. mnl. *snebbe*, *snibbe* und (ohne anlautendes *s-*) mnd. *nebbe*, *nibbe*, mnl. *nebbe*, nl. *neb* 'Schnabel, Spitze', aengl. *nebb* 'Nase, Schnabel', engl. (mundartlich) *neb* 'Schnabel, Schnauze', *nib* 'Schnabel, Spitze', anord. *nef* 'Nase, Nasenbein', schwed. *näbb*, (mundartlich) *näv* 'Schnabel' sind verwandt mit anord. *snafðr* 'begierig' (Part.adj. zu nicht überliefertem **snefja* 'nachspüren'), isl. *snefja*, schwed. (mundartlich) *snavla* 'begierig an sich reißen'. Auszugehen ist von einer Anlautverbindung germ. *sn-*, die sich mit nach Qualität und Quantität unterschiedlichem Vokalismus und nachfolgender (teilweise affektisch verschärfter oder expressiv verdoppelter) Konsonanz verbindet (germ. **snaƀ-*, **snap-*, **snuƀ-*, **snup-*, **snad-*, **snat-*, **snud-*, **snut-*, **snag-*, *snak-, *snug-, *snuk- u. dgl.) und eine Gruppe lautmalender Wörter ohne außergerm. Vergleichsmöglichkeiten bildet; vgl. WISSMANN Nomina postverbalia 1 (1932) 178f. und 187f., DE VRIES Anord. 521 und ders. Nl. 662. Es handelt sich dabei vornehmlich um Wörter, die vorragende Kopfteile wie Mund und Nase (*Schnabel*, *Schnauze*) sowie damit vergleichbare spitzzulaufende Gegenstände, Geräte und damit vorgenommene Bewegungen (*schnappen*, *schnippen*) oder damit verbundene geräuschvolle Handlungen wie das Einholen und Ausstoßen der Luft (*schnacken*, *schnattern*, *schnauben*, *schnaufen*, *schneuzen*, *schnüffeln*, *schnupfen*) bezeichnen. – schnäbeln Vb. 'die Schnäbel aneinanderreiben', spätmhd. *snebelen*; vgl. ahd. *snabulōn* 'mit dem Schnabel durchwühlen' (11. Jh.); übertragen 'schwatzen, plaudern, sich küssen' (16. Jh.). schnabulieren Vb. 'in Gemütlichkeit etw. Gutes essen', zuerst *schnabelieren* 'mit dem Schnabel picken' (16. Jh.), scherzhafte Ableitung von *Schnabel*.

schnacken Vb. 'plaudern, schwatzen', ein nd. Wort, seit dem 16. Jh. auch in der Literatursprache. Mnd. *snacken* 'sprechen, plaudern, schwatzen', mnl. *snacken* 'nach etw. haschen, schwatzen', nl. *snakken* 'schnappen, verlangen, sich sehnen' stehen mit expressiver Konsonantendopplung neben nl. *snaken* 'gierig nach etw. verlangen', anord. *snaka* 'schnüffeln, wittern', isl. *snaka* 'herumschnüffeln'. Lautmalende Bildungen mit anlautendem germ. *sn-* (s. *Schnabel*). – Schnack m. 'Schwatz, Plauderei, Geschwätz' (18. Jh.), *Elsterschnak* 'Geplapper der Elstern' (17. Jh.), mnd. *snak* 'Gerede, Geschwätz, Klatsch, Unsinn'. Schnickschnack m. 'Geschwätz, Unsinn' (18. Jh.), nd. *Snicksnack*, reduplizierende Ablautbildung.

Schnake f. 'Stechmücke', landschaftlich (westmd.) auch 'Fliege', mhd. *snāke* m. f. (seit dem 18. Jh. vorwiegend f.). Vergleichbar sind anord. *snaga* 'Axt mit hervorragenden Ecken' (vgl. anord. *snaghyrnd øx* 'Axt mit einem gebogenen, in zwei scharfe Spitzen auslaufenden Blatt'), norw. (mundartlich) *snage* 'hervorspringende Spitze, Landzunge', engl. (aus dem Skandinavischen entlehnt) *snag* 'Knorren'. Es handelt sich um lautmalende Bezeichnungen mit anlautendem germ. *sn-* für etwas Spitzzulaufendes wie (Stech)rüssel bzw. Axtblätter (s. *Schnabel*).

Schnalle f. 'mit einem beweglichen Teil versehene Schließvorrichtung (an Riemen, Gürteln, Kleidern u. ä.)', mhd. *snalle*, auch 'Mund, altes geschwätziges Weib', gehört wohl als Ablautbildung wie mhd. *snal* m. 'rasche, schnelle Bewegung und der dabei entstehende Laut', *snallen* '(sich) mit einem schnappenden Geräusch schnell bewegen, schwatzen', dann auch 'krachen, knallen', zu dem unter *schnell* (s. d.) behandelten Adjektiv. – schnallen Vb. 'mit einer Schnalle schließen oder festmachen, mit Gurten, Riemen befestigen' (17. Jh.). Redensartlich *den Gürtel, Riemen fester, enger schnallen* 'sich im Essen einschränken'.

schnalzen Vb. 'durch schnelle Bewegung (mit der Zunge, den Fingern oder der Peitsche) ein knackendes, knallendes Geräusch erzeugen', frühnhd. *snalzen* 'beschlafen' (15. Jh.), '(sich) schnell und elastisch bewegen, emporschnellen, mit der Peitsche knallen' (16. Jh.) ist eine Intensivbildung zu mhd. *snallen* '(sich) mit einem schnappenden Geräusch schnell bewegen, schwatzen', dann auch 'krachen, knallen' (15. Jh.). Dieses gehört wie *Schnalle* (s. d.) zu dem unter *schnell* (s. d.) behandelten Adjektiv. – Schnalzer m. 'durch Schnalzen hervorgebrachtes Geräusch, schnalzende Bewegung' (15. Jh.).

schnappen Vb. '(mit Mund, Maul, Schnauze, Schnabel bzw. vergleichbaren Geräten geräuschvoll) ergreifen und festhalten, zupacken, eine schnell zufassende Bewegung machen, schnell zuklappen', mhd. *snappen* intrans. 'schnappen, wanken, plaudern, schwatzen', trans. 'jmdn., etw. packen, angreifen, schnappend essen bzw. fressen', mnd. *snappen* 'nach Atem schnappen, plappern, schwatzen', mnl. *snappen* 'schwatzen', nl. *snappen* 'erhaschen, verstehen, schwatzen' stehen mit expressiver Konsonantendopplung neben mhd. *snaben*, auch (md.) *sneben* 'schnelle und klappernde Bewegungen machen, schnauben, hüpfen, stolpern, wanken', trans. 'stoßen', nl. (mundartlich) *snāpen* 'schnappen', fläm. *snaperen* 'naschen', anord. *snapa* 'schnappen', isl. *snapa*, auch 'schmarotzen'. Sämtlich lautmalende Bildungen (s. auch einen anderen Vokal aufweisendes *schnippen*) mit anlautendem germ. *sn-* (s. *Schnabel*). – schnapp Interj., ein schnappendes Geräusch nachahmend; dazu mit Sekundärablaut *schnippschnapp* (15. Jh.), mhd. *snippensnap*. Schnapphahn m. 'berittener Wegelagerer' (15. Jh.), dann 'Dieb, Wegelagerer' überhaupt (16. Jh.), zu *schnappen* 'schnell zufassen' und *Hahn* 'kekker Kerl'. Vgl. mhd. *snap* m. 'das Schnappen, Straßenraub, Geschwätz'. Schnappschuß m. 'Momentaufnahme' mit dem Fotoapparat (1. Hälfte 20. Jh.), nach engl. *snapshot* (vgl. aus dem Mnd. oder Mnl. entlehntes engl. *to snap* 'schnappen').

Schnaps m. 'Branntwein'. Nd. *Snapps* 'eine kleine Menge Branntwein' (18. Jh., wohl älter), vgl. *enen Snapps nemen* 'ein Gläschen Branntwein trinken', ergibt nhd. *Schnaps* (2. Hälfte 18. Jh.). Der zu dem unter *schnappen* (s. d.) behandelten Verb und zur Interjektion *schnapp* gehörende Ausdruck bezeichnet zunächst 'einen Schluck, einen Mundvoll', eigentl. die 'Menge, die man auf einen Schnapp trinken kann'. Vgl. frühnhd. *in einem schnaps* 'mit einer schnell zufassenden Bewegung, auf einmal' (16. Jh.). – schnapsen Vb. 'Schnaps trinken' (18. Jh.), nd. *snappsen* 'einen Schluck Branntwein nehmen, einen Schnaps trinken'.

schnarchen Vb. 'beim Schlafen geräuschvoll atmen', ahd. *gisnarhhōn* (Hs. 12. Jh.), mhd. *snarchen* (auch *snarcheln*) 'schnarchen, schnauben', mnd. *snorken*, *snarken*, nl. *snorken*, schwed. *snarka* sind Expressivbildungen mit einem Suffix germ. *-k-* und wechselndem Vokal zu dem unter *schnarren* (s. d.) behandelten lautnachahmenden Verb. Vgl. (ohne *k*-Suffix) engl. *to snore* 'schnarchen' sowie die unter *Schnorchel* und *nörgeln* (s. d.) genannten, mit anderem Gutturalsuffix (germ. *-g-*) gebildeten Formen. – Schnarcher m. (16. Jh.).

schnarren Vb. 'ein knarrendes, kratzendes, rasselndes Geräusch erzeugen', mhd. *snarren* 'schnarren, schmettern, schwatzen', mnd. nl. *snarren* schließen sich als Ablautformen von *schnurren* (s. d.) mit den unter *nörgeln* (s. d.) aufgeführten verwandten Formen an die lautnachahmende Wurzel ie. **(s)ner-*, **(s)nur-* 'murren, knurren' an.

schnattern Vb. 'schreien wie Enten, Gänse, schwatzen', mhd. *snateren* 'schreien (wie die Enten), klappern (wie der Storch), quaken (wie die Frösche), den Schnabel in einer Flüssigkeit schnell und wiederholt laut öffnen und zumachen, schwatzen', mnd. mnl. *snāteren*, nl. *snateren*, norw. (mundartlich) *snatra* 'schnauben, zischen, knistern' führen auf eine Grundbedeutung 'den Schnabel, Mund schnell auf- und zumachen'. Als verwandt sind vergleichbar anord. *snata* 'Speer, Spieß', eigentl. 'Spitze', norw. *snat* 'hochstehendes Ende', ahd. *snazo* (Hs. 13. Jh.), *snez* (Hs. 14. Jh.), mhd. *snez* 'Hecht' (eigentl. 'der Schlanke, Spitze'). Die teils mit dem Mund, Schnabel u. dgl. hervorgebrachten Geräusche, teils etwas Spitzes bezeichnenden Bildungen gehören zu der lautmalenden, mit germ. *sn-* anlautenden Wortgruppe (s. *Schnabel*).

schnauben Vb. 'laut durch die Nase atmen', nordd. und md. '(sich) die Nase putzen, schneuzen', mhd. (md.) *snūben* 'schnarchen', frühnhd. '(sich) schneuzen, schwer atmen', (15. Jh.), mnd. mnl. *snūven* 'schnauben, blasen', nl. *snuiven*, aschwed. *sniuva* sowie mnd. *snōve*, *snūve* 'Schnupfen' gehören wie *schnaufen*, *Schnauze*, *schneuzen*, *schnieben*, *schnüffeln*, *schnupfen*, *Schnuppe* (s. d.) zu der mit germ. *sn-* anlautenden lautmalenden Wortgruppe (s. *Schnabel*). Das ursprünglich starke Verb *schnauben* (Prät. *schnob*), das durch Luther in die Literatursprache eingeführt wird, entwickelt bereits im 16. Jh. schwach flektierende Formen, die seit dem 18. Jh. den Vorrang haben.

schnaufen Vb. 'keuchend atmen', hervorgegangen aus spätmhd. *snūfen*, der obd. Nebenform von mhd. (md.) *snūben* (s. *schnauben*), wird im 16. Jh. gebräuchlich. Aus 'vor Anstrengung, Erschöpfung, Erregung schwer und keuchend atmen' ergibt sich in älterer Sprache 'keuchend sich anstrengen, mühen' (16./17. Jh.). – Schnaufer m. 'hörbarer Atemzug' (17. Jh.), zuvor 'wer nur mit Mühe Atem holt, Schwächling' (Mitte 15. Jh.).

Schnauze f. 'vorgestreckte Maul- und Nasenpartie bei Tieren'. Im 16. Jh. steht *Schnauße* (z. B. bei Luther) als lautgerechte Entsprechung von mnd. *snūte*. Daraus entwickelt sich, wahrscheinlich unter Einfluß von verwandtem *schneuzen* (s. d.), noch im gleichen Jh. heute übliches *Schnauze*. Die Formen gehören wie gleichbed. nl. *snuit*, mengl. *snūte*, engl. *snout*, norw. *snute* zu der lautmalenden, etwas Vorragendes bezeichnenden Wortgruppe mit anlautendem germ. *sn-* (s. *Schnabel*). – Schnute f. '(verzogener)

Mund' (18. Jh.), vornehmlich nordd. nach nd. *Snūte*, daher eigentl. 'Schnauze'; zunächst verächtlich auf Menschen übertragen, doch heute meist verniedlichend vom (verzogenen) Mund eines Kindes. Schnauzer m. Hunderasse (Anfang 19. Jh.). Schnauzbart m. 'Schnurrbart' (18. Jh.).

Schnecke f. Name eines sehr langsam kriechenden Weichtieres, von dem viele Arten mit einem Gehäuse ausgestattet sind, ahd. *sneggo* m. (9. Jh.), mhd. *snecke*, *snegge* m. (vgl. obd. *Schneck* m.), mnd. *snigge*, *snicke* f. m., mengl. *snegge* führen mit intensiver Doppelkonsonanz auf germ. **sneg-*, *snek-*. Daneben stehen mit *l*-Suffix anord. *snigill* m., schwed. *snigel* (aus germ. **snegila-*) und ablautend frühnhd. *snegel* m., nhd. (mundartlich westmd.) *Schnägel*, *Schnegel* m., (omd.) *Schniegel* m., asächs. *snegil* m., mnd. *snēgel* f., aengl. *snæg(e)l* m., engl. *snail* (aus germ. **snagila-*). Verwandt ist ein in ahd. *snahhan* 'schleichen, gleiten' (9. Jh.; vgl. *thuruhsnahhan*, 8. Jh.) erhaltenes starkes Verb, zu dem Bezeichnungen für 'Schlange, Natter' gehören wie mnd. *snāke*, nhd. (landschaftlich) *Schnake* f. '(Ringel)natter', aengl. *snaca*, engl. *snake*, nl. *snaak*, anord. (dehnstufig) *snākr*, schwed. *snok*. Auch für *Schnecke* muß daher eine Ausgangsbedeutung 'der, die Kriechende' angenommen werden. Außergerm. Verwandte finden sich (bis auf ein zweifelhaftes air. *snāigech* 'kriechend') nicht. Mit beginnendem Nhd. nimmt *Schnecke* feminines Genus an. Auf die langsame Fortbewegungsart der Schnecke weisen Komposita wie Schneckengang m. (18. Jh.), Schneckenpost f. (17. Jh.); an die Windungen eines Schneckenhauses knüpfen an Schneckenlinie f. (17. Jh.), Schneckenrad n. (18. Jh.).

Schnee m. 'weißer, in Flocken herabfallender Niederschlag', ahd. *snēo*, Gen. *snēwes* (8. Jh.), mhd. mnd. *snē*, asächs. *snēo*, mnl. *snee*, nl. *sneeuw*, aengl. *snāw*, engl. *snow*, anord. *snær*, *snjōr*, schwed. *snö*, got. *snaiws* (germ. **snaigwa-*) sind verwandt mit aslaw. *snĕgъ*, russ. *sneg* (снег), lit. *sniēgas* 'Schnee' und (schwundstufig sowie ohne anlautendes *s-*) griech. (Akk. Sing.) *nípha* (νίφα), lat. *nix* (Gen. *nivis*), kymr. *nyf* 'Schnee'. Alle Formen sind (ablautende) Abstraktbildungen zu ie. **sneig$^{u̯}$h-* 'schneien, (sich) zusammenballen, zusammenkleben', wozu auch schneien Vb. 'als Schnee niederfallen' gehört. Das überwiegend unpersönlich gebrauchte Verb zeigt starke Flexion in ahd. *snīwan* (11. Jh.), anord. *snȳr* 'es schneit' (zu einem Infinitiv **snīva*), resthaft auch in mhd. (obd.) *snīwen*, *snīen*, doch gilt im Mhd. allgemein schwache Flexion wie in nhd. *schneien* und mnd. *snī(g)en*, aengl. *snīwan*. Außergerm. vergleichen sich aind. *snihyati* 'ist feucht, klebrig', awest. *snaēža-* 'schneien', griech. *neíphei* (νείφει) 'es schneit', lat. (Nasalpräsens) *ninguere* 'schneien', air. *snigid* 'es tropft, regnet', lit. *snìgti* 'schneien'. – Schneeball m., mhd. *snēballe*. Danach Name eines im Frühjahr mit ballrunden Blütendolden weiß blühenden Zierstrauchs (16. Jh.). Schneeflocke f., mhd. *snēvlocke*. Schneeglöckchen n. Name eines kleinen, im zeitigen Frühjahr oft schon im Schnee mit weißen Glöckchen blühenden Zwiebelgewächses (18. Jh.). Schneeschuh m. 'Ski' (Ende 17. Jh.).

schneiden Vb. 'mit einem scharfen Werkzeug zertrennen', ahd. *snīdan* (8./9. Jh.), mhd. mnd. *snīden*, asächs. *snīðan*, mnl. *snīden*, nl. *snijden*, aengl. *snīþan*, anord. *snīða*, schwed. *snida*, got. *sneiþan*. Außergerm. werden herangezogen tschech. (mundartlich) *snět* 'Ast', poln. (älter) *śniat* 'Baumstamm', so daß eine Wurzel ie. **sneit-* 'schneiden' angenommen werden kann, dazu vielleicht (mit abweichendem Dental) mir. *snēid* 'klein, kurz'. Angesichts dieser geringen Vergleichsmöglichkeiten aber ist erwägenswert, auch *schneiden* zu der lautmalenden, etwas Spitzes, etwas Zupackendes, Schnappendes bezeichnenden Wortgruppe mit anlautendem germ. *sn-* (s. *Schnabel*) zu rechnen. *schneiden* ist ursprünglich wohl ein Landwirtschaftswort und bedeutet in alter Zeit 'mit der Sichel abmähen, ernten', vgl. noch heute *Gras*, *Getreide*, *Korn schneiden*. In übertragener Wendung *jmdn. schneiden* 'gesellschaftlich ignorieren' (Mitte 19. Jh.) nach gleichbed. engl. *to cut (a person)*; in der Mathematik *sich schneiden* (von zwei Linien) 'sich in einem Punkt kreuzen' (16. Jh.). – Schneid m. (bair.-öst. f.) 'Mut, Tapferkeit, Draufgängertum' (18. Jh.), bes. in Wendungen wie *(keinen) Schneid haben*; eigentl. südd. (mit Apokope eines auslautenden unbetonten *e*), im Krieg von 1870/71 durch nordd. Truppen als Mask. aufgenommen und verbreitet. schneidig Adj.

'forsch, mutig' (2. Hälfte 19. Jh.), älter nd. *een sneidigen Kopp* 'Kopf mit hellem, scharfem Verstand', *een sneidigen* ('schnellen, energischen') *Gang* (18. Jh.), mhd. *snīdec, snīdic* 'schneidend, scharf, stark, kräftig'. Schneide f. 'scharfe, schneidende Kante von Waffen, Werkzeugen, Geräten', mhd. *snīde.* zweischneidig Adj. 'mit zwei Schneiden versehen' (15. Jh.), daher auch 'sehr scharf', übertragen 'mit Vorteilen und Nachteilen versehen' (da nach zwei Seiten schneidend), 'gefährlich' (17. Jh.). Schneider m. 'Handwerker, der Kleidung anfertigt' (eigentl. 'Stoff, Tuch für Kleidung zuschneidet'), mhd. *snīdære.* schneidern Vb. 'Kleidung nähen, anfertigen' (17. Jh.). abschneiden Vb. 'mit einem Schneidwerkzeug abtrennen, durchtrennen, den Weg ab-, verkürzen, den Zugang verwehren, verhindern', ahd. *abasnīdan* (9. Jh.), mhd. *abesnīden.* Vgl. *gut, schlecht abschneiden* 'mit gutem, schlechtem Ergebnis abschließen, Erfolg bzw. keinen Erfolg haben' (Mitte 19. Jh.). Abschnitt m. 'Gliederungseinheit, Textteil, Zeitraum, Zäsur, abtrennbares, abgetrenntes Stück', mhd. *abesnit.* anschneiden Vb. 'nicht völlig durchschneiden, das erste Stück abschneiden' (*das Brot anschneiden*, übertragen *eine Frage, ein Problem anschneiden* 'eine Aussprache darüber beginnen'), mhd. *anesnīden* '(ein Kleid) anmessen, zurechtmachen'. Aufschnitt m. 'Braten- und Wurstscheiben' (19. Jh.), zuvor 'Schnittstelle' (18. Jh.), 'Prahlerei' (17. Jh.), frühnhd. *ūfsnit* 'das Anschneiden' (15. Jh.). beschneiden Vb. 'stutzen, zurückschneiden, glattschneiden, die Vorhaut entfernen', ahd. *bisnīdan* (8. Jh.), mhd. *besnīden.* durchschneiden Vb. 'mit einem Schneidwerkzeug zerteilen', mhd. *durchsnīden* 'zerschneiden, verwunden, zerteilen' (s. *Durchschnitt*). überschneiden Vb. (refl.) 'sich kreuzen, teilweise zusammenfallen' (19. Jh.), zuvor mhd. *übersnīden* 'beim Schneiden der Feldfrüchte auf den Grund und Boden eines anderen übergreifen, übertreffen'. verschneiden Vb. 'kürzen, zurechtschneiden, durch Schneiden verderben', ahd. *firsnīdan* 'weg-, abschneiden, zerschneiden' (8. Jh.), mhd. *versnīden* 'zerschneiden, fehlerhaft zuschneiden, ab-, wegschneiden, beschneiden, kastrieren, verwunden, töten, schmälern'. Verschnittener m. 'Kastrat, Eunuch' (16. Jh.). Verschnitt m. 'Wein, Branntwein, Rum mit Beimischungen anderer Sorten' (um 1900); vgl. *verschneiden* übertragen 'schädigen, verderben, verschlechtern', daher auch 'guten Wein mit schlechtem versetzen', in diesem Sinne zuerst (18. Jh.) nd. *versnīden* (als Praktik der Weinimporteure?). Schneidezähne Plur. 'die vorderen, scharfen Zähne, mit denen abgebissen wird' (um 1800).

Schneise f. '(gerader) baumfrei gehaltener Weg, Streifen im Wald', spätmhd. *sneyße* (vor 1400), ein vorwiegend md. Wort, das wie frühnhd. *sneite* 'durch den Wald gehauener Weg, Durchhau' (15. Jh.), nhd. (landschaftlich) *Schnede, Schnaid, Schnait* zu dem unter *schneiden* (s. d.) behandelten Verb gebildet ist. Durch das Zusammentreffen des wurzelhaften und eines suffixalen Dentals ergibt sich für das hier behandelte Substantiv ursprüngliches *-ss-*. Die Bedeutung 'Schlinge zum Vogelfang' (17. Jh.) entwickelt sich aus dem Brauch, auf derartigen Waldwegen Vogelschlingen aufzustellen.

schnell Adj. 'geschwind, rasch', ahd. *snel* 'tapfer, behende' (8. Jh.), mhd. *snel* (Gen. *snelles*) 'rasch, frisch und munter, stark, kräftig, tapfer, eifrig', asächs. mnd. mnl. nl. *snel*, aengl. *snell*, anord. *snjallr* 'tüchtig, beredt', schwed. *snäll* 'freundlich, lieb, nett, artig'. Herkunft ungewiß. Setzt man für germ. **snella-* eine Bedeutung '(be)gierig, rasch zupackend, scharf, spitz' voraus (vgl. anord. *snafðr* 'begierig', isl. *snefja* 'nachspüren, wittern, aufstöbern'), so ist Anschluß an die lautmalende Wortgruppe mit anlautendem germ. *sn-* (s. *Schnabel*) wahrscheinlich. Wie bei *bald* (s. d.) zeigt sich eine Bedeutungsentwicklung von 'begierig, tatkräftig, tapfer, kühn' zu 'rasch, geschwind', vgl. ahd. *snellemo rosse* '(mit einem) begierigen, hitzigen, kühnen, flinken Roß' (11. Jh.). – schnellen Vb. 'ruckartig in Schwung bringen, mit einer raschen Bewegung fortschleudern, emporfahren', mhd. *snellen* 'fortschleudern, sich rasch bewegen, eilen', auch 'schnalzen', mnd. *snellen* 'eilen, aufbrechen', Faktitivum zum Adjektiv. Vgl. ahd. *snellēn* 'kräftig sein' (9. Jh.), an die alte Bedeutung des Adjektivs anknüpfend. Schnelligkeit f. 'das Schnellsein, Geschwindigkeit', mhd. *snellecheit, snellekeit*, auch 'Kräftigkeit, Streithaftigkeit'; vgl. ahd. *snelheit* 'Schnelligkeit' (9. Jh.).

Schnepfe f. Der Name des in Sümpfen und feuchten Wiesen und Wäldern lebenden Vogels mit langem, spitzem Schnabel ahd. *snepha* f. (9. Jh.), *snepho* m. (Hs. 12. Jh.), mhd. *snepfe* f. m., mnd. *sneppe*, *snippe*, asächs. *sneppa*, mnl. *snippe*, *sneppe*, nl. *snip*, *snep*, mengl. *snippe* sowie (ablautend) anord. *mȳrisnīpa* 'Moorschnepfe', schwed. *snipa* 'langes, schmales Boot', mundartlich auch 'Schnepfe', gehört wie *Schnabel* (s. d.) zu der lautmalenden, etwas Vorragendes, Spitzes bezeichnenden Wortgruppe mit anlautendem germ. *sn-*.

schneuzen Vb. '(sich) die Nase putzen', übertragen 'das (tropfende) Licht putzen', ahd. *snūzen* (10. Jh.), *snūzōn* (Hs. 11./12. Jh.), *ūʒsnūzōn* (10. Jh.), mhd. *sniuzen* 'laut durch die Nase ein- und ausatmen, den Nasenschleim ausstoßen, die Nase putzen', mnd. *snūten*, mnl. *snūten*, nl. *snuiten*, aengl. *snȳtan*, engl. (mundartlich) *to snite*, anord. *snȳta* 'sich schneuzen, betrügen', schwed. *snyta* und ahd. (Hs. 13. Jh.), mhd. *snuz* 'Nasenschleim, Rotz', mnd. *snotte*, mnl. nl. *snot*, aengl. *gesnot*, engl. (mundartlich derb) *snot* sowie ahd. *snuzza*, *snuzzil* 'Lichtputze' (9. Jh.) gehören zu der lautmalenden Wortgruppe mit anlautendem germ. *sn-* (s. *Schnabel*). *schneuzen* 'die Nase putzen, reinigen' gilt südd. gegenüber nordd. md. *schnauben* (s. d.). In übertragenem Sinne auch 'betrügen, jmdn. um etw. bringen' (16. Jh.), eigentl. wohl 'jmdm. etw. aus der Nase ziehen'.

schnieben Vb. 'laut durch die Nase ein- und ausatmen', omd. Bildung des 17. Jhs. zu *schnauben* (s. d.) mit dem dessen starker Präteritalform *schnob* entsprechenden Präsensvokal *-ie-*. Landschaftlich (nordostd. und omd.) auch *schniefen*.

schniegeln Vb. 'sich mit Sorgfalt und Mühe kleiden, frisieren, herausputzen' (17. Jh.), häufig in der Wendung *geschniegelt und gebügelt* 'sorgfältig gekleidet und frisiert' (um 1800). Das Verb ist abgeleitet von omd. *Schniegel* m. 'wer sich herausputzt, Stutzer, Geck' (17. Jh.), 'Putz, Schmuck' (18. Jh., doch mundartlich wohl älter), vgl. auch bair. *Schneckel* 'geringelte Haarlocke'. Es handelt sich dabei um Bildungen mit *l*-Suffix zu dem unter *Schnecke* (s. d.) angeführten Substantiv, die, ausgehend von den Windungen des Schneckenhauses, auf eine Haarlocke bzw. geringelte Haartracht übertragen werden.

schnieke Adj. 'schmuck, hübsch, elegant' (berlinisch), im Vokalismus wohl angelehnt an *schniegeln*, *geschniegelt* (s. d.), nach nd. *snicker*, *snügger* 'munter, zierlich'; vgl. (umlautlos) nl. *snugger* 'gescheit', engl. *snug* 'behaglich, angenehm'. Herkunft unklar.

schnippen Vb. '(mit sich aneinander reibenden Fingern) eine schnelle, einen hellen, knipsenden Ton hervorrufende Bewegung machen' (16. Jh.), 'mit der Schere zuschnappen' (18. Jh.), md. nd. *snippen* (md. auch 'mit Worten schnellen, hadern', 15. Jh.), nl. *snippen* '(ein)schneiden', dazu (mit hd. Lautstand) ahd. *nidarsniphen* 'den Blick zu Boden senken' (um 1000), mhd. *gesnipfen* 'den Kopf senken', nhd. (obd.) *schnipfen* 'in kleine Stücke schneiden, mit einer schnellen Bewegung etw. wegschnappen'. Alle Formen mit lautmalendem Vokalwechsel (Sekundärablaut) zu *schnappen* (s. d.). – Schnippchen n. 'schnellende, knipsende Bewegung und das dabei entstehende Geräusch' (Anfang 17. Jh.), meist in der Wendung *ein Schnippchen schlagen* 'einen Streich spielen' (17. Jh.), Deminutivum zu gleichbed. *Schnipp* m. (als Personenbezeichnung bereits 15. Jh.). Schnippel m. n. 'kleines abgeschnittenes oder abgerissenes Stück' (um 1800), nd. *Snippel*; intensivierend Schnipsel m. n. (19. Jh.). schnippisch Adj. 'kurz angebunden, von oben herab und keck' (18. Jh.). Vgl. *aufschnüppig*, *aufschnüppisch*, *schnüppig* 'hochmütig, naseweis, keck, vorlaut' (16. Jh.), das wohl zu md. *(auf)schnuppen* 'die Luft laut durch die Nase einatmen, schnauben', obd. *aufschnupfen* 'zornig auffahren' gebildet ist (s. *schnupfen*) und danach (17. Jh.) mit entrundetem Vokal an *schnippen* angelehnt wird. Als Ausgangsbedeutung ist 'hochmütig (mit hocherhobenem Kopf) laut Atem holend' zu erschließen.

Schnitt m. 'Tätigkeit und Ergebnis des Schneidens, Ernte, Wunde, Zuschneidevorlage für ein Kleidungsstück', ahd. *snit* (9. Jh.), mhd. *snit* 'Schnitt, Wunde, Ernte', aengl. *snid* n. 'Scheibe, das Töten, Schnitt', m. 'Säge', anord. *snið* n. 'das Schneiden, abgeschnittenes Stück', ablautende Abstraktbildung zu dem unter *schneiden* (s. d.) behandelten Verb. – Schnitter m. 'wer Getreide (mit Sense, Sichel) mäht', ahd. *snitāri* (11. Jh.), *sniteri* (Hs. 12. Jh.), mhd. *snitære*, *sniter*. schnittig Adj. 'formschön, gut gebaut' (20. Jh.), 'mutig, schnell' (19. Jh.; s. semantisch vergleichbares *schneidig*), frühnhd. *schnittig* 'reif zur Ernte, zum Schnitt' (15. Jh.).

Schnitte f. 'dünne Scheibe Brot', ahd. *snita* 'abgeschnittenes Stück Brot' (9. Jh.), mhd. *snit(t)e*, auch 'Hieb, Eisenschiene', steht ablautend zu dem unter *schneiden* (s. d.) behandelten Verb.

schnitzen Vb. '(Figuren, Ornamente u. dgl.) aus Holz herausschneiden', ahd. *insnizzen* (11. Jh.), mhd. *snitzen* 'in Stücke schneiden, aus Holz herausschneiden, formen', bes. 'bildschnitzen', ablautende Intensivbildung zu dem unter *schneiden* (s. d.) behandelten Verb. – Schnitz m. 'kleines abgeschnittenes Stück, Span', mhd. *sniz* 'Schnitt, abgeschnittenes Stück, Schnitte', aus dem Verb rückgebildet. Südd. für getrocknete Obstscheiben, vgl. *Apfel-*, *Birnenschnitze* (Plur.). Schnitzel m. n. 'kleines abgeschnittenes Stück, kleines Stück Papier', *snitzel*, *snytzel* (15. Jh.), nur n. 'Fleischscheibe (von Kalb oder Schwein) zum Braten' (zuerst öst., Mitte 19. Jh.), Deminutivbildung zu *Schnitz* (s. oben). schnitzeln Vb. 'in kleine Stücke reißen, schneiden, Holzspäne abschneiden' (16. Jh.), älter in den Präfixkomposita mhd. *zersnitzeln*, spätmhd. *versnitzeln*. Schnitzer m. 'Holzbildhauer', ahd. *snizzāri*, *snizzeri* (11. Jh.), mhd. *snitzære*, *snitzer* '(Bild)-schnitzer, Armbrustmacher'; auch 'Schnitzmesser' (16. Jh.) und 'grober Fehler' (17. Jh.), eigentl. wohl 'falscher, fehlerhafter Schnitt'.

schnodd(e)rig Adj. 'respektlos, ohne jegliche Ehrerbietung, vorlaut', seit der Mitte des 19. Jhs. sich von Berlin aus verbreitend. Nd. *ene snoddrige Näse* 'eine Nase voller Schleim' (18. Jh.), danach *snoddrig* 'frech' (19. Jh.), eigentl. wohl 'wer sich nicht einmal die Nase putzen kann und doch überall mitreden will'. Ableitung von md. *Schnodder* 'Nasenschleim, Rotz' (16. Jh.), nd. *Snodder*, das wie ahd. *snuderāta* 'Schleimfluß' (11. Jh.), mhd. *snuder* 'Nasenschleim, Nasenverstopfung, Schnupfen' zu den unter *schneuzen* (s. d.) angeführten substantivischen Formen wie mnd. *snotte*, mnl. *snot* gehört.

schnöde Adj. 'verächtlich, geringschätzig, gemein', mhd. *snœde* 'Verachtung ausdrükkend, vermessen, übermütig, rücksichtslos', mit passivischer Bedeutung 'verächtlich, ärmlich, erbärmlich, schlecht, gering', mnd. *snōde* 'wertlos, klein, gering, armselig, schlecht, kümmerlich, ungesund, gemein, ehrenrührig', mnl. *snōde*, nl. *snood* 'verrucht, boshaft, niederträchtig', anord. *snauðr* 'arm, kahl', schwed. *snöd* 'schnöde', ablautend aengl. *besnyþian* 'berauben' sowie anord. *snoðinn* 'kahlgeschoren', frühnhd. (alem.) *beschnotten* 'knapp, kaum hinreichend' (15. Jh.) und anord. *snøggr* 'kurzhaarig'. Geht man von einer Bedeutung 'beißend, greifend, schnappend' mit Weiterentwicklung zu 'kahl, geschoren' aus, so ist Anschluß der genannten Formen an die verbreitete lautmalende, mit germ. *sn-* anlautende Wortgruppe (s. *Schnabel*) möglich. Allerdings kann auch aind. *kṣṇáuti* 'schleift, wetzt, schärft', *kṣuráḥ* 'Rasiermesser' und lat. *novācula* (als Ableitung von **novāre* aus **ksneu̯ā-*) 'Scher-, Rasiermesser' vergleichend herangezogen werden, so daß sich über ie. **ksneu-* Anschluß an die Wurzel ie. **kes-* 'kratzen, kämmen' (wozu aslaw. *česati* 'kämmen, abstreifen') bzw. deren Erweiterung ie. **ksen-*, **kseu-* ergibt. Während in älterer Sprache die ursprüngliche passivische Bedeutung vorherrscht, heute nur noch in Wendungen wie *schnöder* ('erbärmlicher') *Lohn*, *Undank*, *schnödes Gold*, setzt sich in nhd. Zeit die mhd. noch zurückstehende aktivische Bedeutung 'Geringschätzung, Verachtung ausdrückend' durch, vgl. *eine schnöde* ('gemeine') *Antwort*, *jmdn. schnöde* ('geringschätzig') *behandeln*.

Schnorchel m. 'ausfahrbare Röhre eines Unterseeboots zum Ansaugen von Frischluft, Atemrohr eines Sporttauchers', moderne Bildung (20. Jh.) in Anlehnung an nordd. *Schnorgel* f. 'Nase, Mund, Schnauze', zu nordd. *schnorgeln* Vb. 'laut durch die Nase atmen, Nasenschleim hochziehen', verwandt mit *schnarchen* (s. d.). Mit maskulinem Genus wohl in Anlehnung an andere Gerätebezeichnungen auf *-el* wie *Flügel*, *Griffel*, *Schlüssel*, *Wirbel*.

Schnörkel m. 'Verzierung in gewundenen Linien'; Herkunft ungewiß. Belegt ist *Schnirkel*, *Schnörckel*, *Schnörken* (16. Jh.), dann auch *Schnerkel*, *Schnorkel*, *Schnorchel*, *Schnörchel* 'Schnecken-, Schlangenlinie, gewundene (oft als unnötig empfundene) Verzierung' (17. und 18. Jh.); im 18. Jh. beginnt *Schnörkel* sich in der Literatursprache durchzusetzen. Vielleicht besteht ein Zusammenhang mit westmd. (mundartlich) *Schnägel*,

Schnegel 'Schnecke' (s. *Schnecke*), vgl. dazu westmd. *Schnögel* 'Schneckenlinie' (17. Jh.). Eine vermutete Vermischung von *Schnögel* mit nd. *Snirre*, hd. *Schnirre* 'Schlinge' und mit *Zirkel* (s. d.) bleibt allerdings zweifelhaft. – s c h n ö r k e l n Vb. 'mit gewundenen Linien (übertrieben) verzieren' (17. Jh.). v e r - s c h n ö r k e l n Vb. '(geschmacklos, übertrieben) verzieren' (um 1800).

schnorren Vb. '(er)betteln', auch *schnurren* (18. Jh.), aus der Gaunersprache. Den Hintergrund bildet ein alter Brauch, mit der Schnurrpfeife als Bettelmusikant herumzuziehen; s. *schnurren*, *Schnurre*. – S c h n o r - r e r m. 'Bettler' (18. Jh.).

Schnucke f. Der Name des Heideschafes nordwestnd. *Snukke*, auch *Snikke*, der im 17. Jh. in die Literatursprache übernommen wird, ist wohl zu lautnachahmenden Verben gebildet, vgl. nd. *snukken* 'schluchzen', *nukkern* (Lüneburg) 'blöken, meckern' (von Schafen). Meist in der Zusammensetzung *Heidschnucke* (18. Jh.), nd. *Heidsnukke*.

schnüffeln Vb. 'die Luft hörbar in die Nase einziehen und dadurch riechen, wittern', übertragen 'nachspüren, beobachten, spionieren' (18. Jh.), älter *beschnuffeln*, mnd. *besnüffelen* 'beriechen (mit dem Maul), untersuchen' (16. Jh.), nd. *snüffeln* 'durch die Nase schnauben, wittern, beriechen', nl. *snuffelen* 'schnuppern, suchen, stöbern', Iterativbildung zu einem in nl. *snuffen* belegten Verb, Intensivbildung zu mnd. mnl. *snūven*, 'schnauben, blasen', nl. *snuiven*, s. *schnauben*. Vgl. aengl. *snyflung*, *snofl*, engl. *snivel* 'Nasenschleim', *to snivel* 'aus der Nase triefen, schluchzen', *to sniff* 'schnüffeln, schnuppern'. – S c h n ü f f l e r m. 'wer schnüffelt, spioniert' (18. Jh.).

Schnuller m. 'Gummisauger', vorher 'Sauglåppchen' für Säuglinge (18. Jh.), zu wohl lautnachahmendem s c h n u l l e n Vb. 'lutschen, saugen' (17. Jh.); vgl. bair. *abschnullen* '(ab)küssen'.

Schnulze f. 'sentimentales kitschiges Lied, Musikstück, Theaterstück, rührseliger Film', um 1950 in der Zeitungssprache aufgekommen und von da verbreitet (bereits 1892 Name bzw. Pseudonym eines Kritikers). Herkunft nicht geklärt. Es handelt sich um eine eigenwillige affektische Bildung, vielleicht entweder (als Versprecher?) in Anlehnung an *Schmalz* 'sentimentales Gefühlsprodukt' oder (vgl. Küpper Wb d. dt. Umgangsspr. 2, 1966, 259) zu nd. *snulten* 'überschwenglich reden, gefühlvoll tun', verwandt mit nd. *snulle* 'nett, angenehm, lieb'. Vor allem mag der Name *Schulze* einen gewissen Einfluß ausgeübt haben.

schnupfen Vb. 'Schnupftabak in die Nase einziehen, Nasenschleim ausstoßen oder hochziehen', mhd. *snupfen* '(geräuschvoll) Luft einziehen, schnaufen', frühnhd. auch 'schluchzen' (16. Jh.), mnd. *snoppen*, md. *schnuppen* 'Nasenschleim ausstoßen, die Nase reinigen', Intensivbildung zu mhd. (md.) *snūben* 'schnarchen', frühnhd. '(sich) schneuzen, schwer atmen' (s. *schnauben*). Seit dem 17. Jh. vorwiegend 'Schnupftabak einnehmen'. – S c h n u p f e n m. 'krankhafte Absonderung von Nasenschleim, Entzündung der Nasenschleimhäute', frühnhd. *snupfe*, *snūpfe* m. f. (15. Jh.), mnd. *snoppe*, *snuppe*; mit auslautendem *-n* aus den obliquen Kasus. s c h n u p p e r n Vb. 'Luft einziehen, um zu riechen, wittern, schnüffeln', bes. von Tieren (17. Jh.), Iterativbildung zu md. *schnuppen* (s. oben). S c h n u p f t a b a k m. 'die Nasenschleimhäute reizendes Tabakpulver' (17. Jh.).

Schnuppe f. 'glühender Dochtabfall' (zuerst md. *snupe*, 15. Jh.), nd. *Snupp*, Substantivbildung zu md. *schnuppen* 'die Nase, das Licht putzen' (hd. *schnupfen*, s. d.); vgl. *das licht snuppen* (Anfang 16. Jh.), *schnuppen* (18. Jh.) und s. semantisch vergleichbares *schneuzen*. Die entsprechende obd. Form ist *Schnupfe*, vgl. *liechtschnupffen* (16. Jh.). Ausgehend von 'glühender Dochtabfall' wird das Substantiv im 18. Jh. auf die vermeintlichen Abfälle der Sterne (also auf sekundenschnell sich bewegende Himmelskörper bzw. auf in der Lufthülle verglühend sichtbare Materieteilchen aus dem Weltraum) übertragen, bes. in der Zusammensetzung S t e r n - s c h n u p p e f. (18. Jh.). s c h n u p p e Adj. 'gleichgültig, einerlei (wie ein wertloser Dochtabfall)', nur prädikativ in der Wendung *das ist (mir) schnuppe* (2. Hälfte 19. Jh., sich von Berlin aus verbreitend).

Schnur f. 'aus mehreren Fäden gedrehter fester Strick, Bindfaden', ahd. *snuor* (11. Jh.), mhd. *snuor* 'Schnur, Band, Seil', auch 'Richtschnur des Zimmermanns', mnd. *snōr*, mnl. nl. *snoer*, norw. *snor* 'Schnur, Band' und die Ableitungen aengl. *snēr* 'Saite', anord. *snœri* 'Strick, Leine, Tauwerk', schwed. *snöre* 'Schnur, Bindfaden', got. *snōrjō* 'Korb', mit Ablaut (aus germ. **snarh-*) ahd. *snaraha* (9. Jh.), *snar* (9./10. Jh.), mhd. *snar*, mnd. *snār(e)* 'Strick, Saite', anord. *snara* 'Schlinge, Strick', schwed. *snara*, mnl. *snāre*, *snaer*, nl. *snaar* 'Saite' können mit lit. *nérti* 'einfädeln, stricken, (ver)knoten, (ver)schlingen' und weiteren unter *Narbe* (s. d.) genannten Wortformen zu ie. **(s)ner-* 'drehen, winden (auch von Fäden und Flechtwerk), zusammendrehen, zusammenschnüren', vielleicht einer Erweiterung der Wurzel ie. **(s)nē-* 'Fäden zusammendrehen, mit dem Faden hantieren, weben, spinnen, nähen' (s. *nähen*), gestellt werden. *Schnur* ist daher als 'Zusammengedrehtes' zu verstehen. Redensartliches *über die Schnur hauen* 'das rechte Maß überschreiten', mhd. *über die snuor houwen*, entstammt der Sprache des Zimmermanns. – schnurgerade Adj. 'gerade wie eine straff gespannte Schnur' (18. Jh.). schnurstracks Adv. 'gerade, direkt, ohne Umschweife' (16. Jh.), auch *schnurstrack* (16. Jh.); s. *stracks*. schnüren Vb. 'mit einer Schnur zusammenbinden', mhd. *snüeren* 'mit Schnüren versehen, an der Schnur lenken, steuern, mit der Schnur abmessen, einrichten' (vgl. ahd. *firsnuoren* 'bestimmen', um 1000, eigentl. 'festmachen'), mnd. *snōren*, mnl. nl. *snoeren*, anord. *snœra* 'schnüren, winden', schwed. *snöra*.

schnurren Vb. 'ein brummendes, surrendes Geräusch erzeugen', mhd. *snurren* 'rauschen, sausen, brummen (bes. von Insekten und Katzen)', mnd. *snurren*, *snorren* 'surren, schwirren, brummen', nl. *snorren* stehen ablautend neben *schnarren* (s. d.) und gehören wie *schnarchen* (s. d.) zu der unter *nörgeln* (s. d.) aufgeführten lautnachahmenden Wurzel ie. **(s)ner-*, **(s)nur-* 'murren, knurren'. – Schnurre f. 'Knarre, Brummkreisel' (16. Jh.), mhd. *snurre* 'brummender Ton, summende Bewegung', übertragen 'Scherz, Schwank, lustige Erzählung'; vgl. ahd. *snurring* (Hs. 12. Jh.), mhd. *snürrinc*, *snurrære* 'Possenreißer, Tor, Narr', der das Publikum sowohl mit lärmerzeugenden Instrumenten als auch in schneller Rede mit Späßen und lustigen Erzählungen unterhält. schnurrig Adj. 'brummend', übertragen 'mürrisch, unfreundlich' (16. Jh.), 'lustig wie eine Schnurre, possierlich, drollig' (18. Jh.). Schnurrbart m. 'Schnauzbart' (18. Jh.), nach nd. *Snurrbart*, zu nd. *Snurr* 'Schnauze, Maul, Mund'; vgl. *Schnauzbart*, zu *Schnauze* (s. d.).

Schober m. 'aufgehäuftes Heu oder Getreide, der überdachte Platz dazu', spätmhd. *schober* ist eine junge Bildung neben ahd. *scoub* 'Garbe, Bündel' (9. Jh.), mhd. *schoup* 'Strohbund, -wisch, Gebund', asächs. *skōf*, mnd. *schōf*, mnl. *scoof*, nl. *schoof*, aengl. *scēaf*, engl. *sheaf* 'Garbe', anord. *skauf* 'Fuchsschwanz' (eigentl. 'Büschel'). Vergleicht man die verwandten, unter *Schopf* und *Schuppen* (s. d.) behandelten Substantive und russ. *čub* (*чуб*) 'Schopf', (älter) *kíta* (*кита*) 'Stengel und Blätter langstieliger Pflanzen, Heubündel, Blumenstrauß' (aus **kūptā?*), vielleicht auch *kist'* (*кисть*) 'Quaste, Troddel, Pinsel, Traube, Hand', so ist eine Rückführung auf die Wurzel ie. **(s)keup-*, **skeub(h)-* 'Büschel, Schopf, Quaste' möglich.

Schock m. 'großer Schreck, plötzliche Erschütterung'. Um 1700 wird frz. *choc* in der Bedeutung 'militärischer Zusammenstoß, Schlag, Attacke' ins Dt. entlehnt; bis ins 19. Jh. hält sich frz. oder französierende Schreibung *Choc*, *Choque*, *Chok*. Im 19. Jh. wird (ebenfalls aus frz. *choc* stammendes) engl. *shock* 'heftiger Stoß, Schlag, (nervliche) Erschütterung' als medizinisches Fachwort für eine durch plötzlichen Schlag, Stoß oder Schreck hervorgerufene physische oder psychische Erschütterung des Organismus (auch als Heilbehandlung für Krankheiten) im Dt. üblich (eingedeutscht *Schock*) und geht im 20. Jh. auch in die oben genannte Bedeutung 'großer Schreck, plötzliche Erschütterung' über. Mfrz. frz. *choc* ist eine Ableitung von apikard. *choquier* 'stoßen, anprallen, militärisch zusammenstoßen', frz. *choquer* 'anstoßen, (militärisch) zusammenstoßen, einen Stoß versetzen, (moralisch) anstoßen', das als schockieren Vb. zuerst (17. Jh.) in der genannten militärischen Bedeutung, dann 'mit den Gläsern anstoßen' (bis ins 18. Jh.), bes. aber im Sinne von 'Anstoß erregen hinsichtlich bestehender Vorstellungen von Anstand und gutem Ton, verletzen, beleidigen' ins Dt. gelangt. Apikard. *choquier*, *chuquier* ist aus dem Germ. (am Niederrhein?) entlehnt, vgl. mhd. *schocken*, *schucken*, mnd. *schocken* 'stoßen, schütteln, in schaukelnder Bewegung sein' und die zugehörige, unter

Schaukel (s. d.) angeführte Wortgruppe. – schocken Vb. ‘Geisteskranke oder auch psychisch Erkrankte durch Elektroschock zu heilen versuchen’ (um 1950), ‘in Furcht versetzen, verletzen, durch ein von der Norm abweichendes Verhalten provozieren, abstoßen’ (60er Jahre 20. Jh.); vgl. gleichbed. engl. *to shock*.

Schock n. Die Bezeichnungen für einen Garbenhaufen bzw. für eine Menge von 60 Stück mhd. *schoc* m. ‘Haufen, Büschel, Schopf’, als Neutrum (md.) ‘Anzahl von 60 Stück’ (13. Jh.), (obd.) *schoche* m. ‘aufgeschichteter Heuhaufen, Heuschober’, asächs. *skokk* m. ‘60 Stück’, mnd. *schok* ‘Garbenstand des Getreides, Hocke, 60 Stück’, nl. *schok* ‘60 oder 20 Stück’, aengl. **sc(e)oc*, (daraus, wenn nicht aus dem Mnd. entlehnt) mengl. engl. *shock* ‘Hocke, aufgerichteter Garbenhaufen’ stellen sich als Formen mit *s*-Anlaut zu lit. *káugė* ‘Heuhaufen’, lett. *kaudze* ‘Haufen, Schober’ und sind mit den unter ¹*Hocke* (s. d.) genannten Wortformen auf ie. **keug-*, **kūg-* zurückzuführen, eine Gutturalerweiterung der Wurzel ie. **keu-*, **keu̯ə-* ‘biegen, Wölbung, Höhlung’ (dazu s. auch *hoch*, *Hügel*, *Hobel*, *Haufen*, *hüpfen*, *Haube*). Als älteste Bedeutung ist ‘(Garben)haufen’ anzunehmen; aus dem Brauch, immer 60 Garben zusammenzusetzen, entwickelt sich die Mengenbezeichnung ‘60 Stück’. Zur Bedeutungsentwicklung s. auch ²*Mandel*. Das Zahlenmaß ist jedoch unterschiedlich, vgl. *das alte Schock* ‘20 Stück’, *das neue* oder *schwere Schock* ‘60 Stück’, *das leichte Schock* ‘40 Stück’ (18. Jh.). – schockweise Adj., meist Adv., ‘immer ein Schock (60 Stück)’, übertragen ‘in großer Anzahl, haufenweise’ (Anfang 18. Jh.). Schockschwerenot Interj., gemäßigtes Fluchwort, bei dem *Schock*, *Schwerenot* verstärkend, als den Umfang, die Last der Not betonend empfunden wird. Wahrscheinlich eine euphemistische Umbildung von *Gotts-schwere-Not* (vgl. *Schwerenot* ‘Epilepsie’, s. *schwer*).

schofel Adj. ‘schäbig, geizig, knauserig’ (18. Jh.), aus der Gaunersprache; vgl. jidd. *schophol*, *schophel* ‘gering, niedrig, schlecht’, aus hebr. *šāfāl* ‘lumpig, wertlos, gemein’. Durch den Gebrauch in der Studentensprache wird *schofel* allgemein üblich. – schof(e)lig Adj. (18. Jh.).

Schöffe m. ‘ehrenamtlicher, gewählter Beisitzer in Gerichtsverfahren, Laienrichter’, ahd. *skeffin* (8. Jh.), *skeffino* (9. Jh.), mhd. *scheffe(ne)*, *schepfe(ne)*, mnd. *schēpen(e)*, *scheppen(e)*, *schēpe*, *scheppe*, mnl. *scēpen(e)*, nl. *schepen* sind mit dem Suffix germ. *-ina-* als Nomina agentis im Sinne von ‘Ordner, Urteilsfinder’ zu den unter *schaffen* (s. d.) genannten starken Verbformen ahd. *skephen* ‘ordnen, festsetzen, gestalten’ (nhd. bewahrt in *schöpfen* ‘erschaffen, gestalten’, vgl. *die haubturtl zu schöpfen*, 15. Jh.), asächs. *skeppian*, mnl. *sceppen* gebildet. Das Schöffenamt wird von Karl dem Großen eingerichtet. – Schöffengericht n. ‘mit einem juristisch ausgebildeten Richter und mit Laienrichtern besetztes Gericht’ (Anfang 19. Jh.).

Schokolade f. die Samen des Kakaobaumes, das daraus mit Milch (bzw. Wasser) und Zucker hergestellte Getränk, später auch aus denselben Bestandteilen gewonnene Masse, zuerst *Chocolate* (Anfang 17. Jh.), entsprechend span. *chocolate*, das Náhuatl, aztek. *chokolatl* wiedergibt, die Bezeichnung für das Produkt des Kakaobaumes bzw. das damit zubereitete Getränk. Die Entlehnung, wohl befördert durch ebenfalls auf dem Span. beruhendes frz. *chocolat*, (älter) *chocolate*, mfrz. *chocholate* und nl. *chocolade*, (älter) *chocolate*, begegnet anfangs in unterschiedlichen Schreibweisen, bis sich im 18. Jh. *Schokolate*, *Choco-*, *Schokolade* durchsetzt.

Scholastik f. Bezeichnung für die mittelalterliche theologisch-philosophische Lehre, die kirchliche Dogmen und antike (aristotelische) Philosophie zu verbinden sucht. Der Ausdruck ist ein Gelehrtenwort der 2. Hälfte des 18. Jhs., gebildet aus lat. *scholasticus* ‘zur Schule, zum Rhetorikstudium gehörend, rhetorisch’, griech. *scholastikós* (*σχολαστικός*) ‘müßig, fleißig, gelehrt’; zu griech. *scholázein* (*σχολάζειν*) ‘sich Zeit nehmen, Zeit, Muße für etw. haben, sich einer Sache widmen, lehren’, einer Ableitung von griech. *scholḗ* (*σχολή*) ‘Rast, Muße, (gelehrte) Unterhaltung, Schule’. Mit pejorativem Sinn (vgl. bereits lat. *scholasticus* m. ‘Lehrer, Gelehrter’, aber auch ‘Pedant’) ‘dogmatische, engstirnige Schulweisheit, Buchstabengelehrsamkeit’ (19. Jh.). Älter als das Substantiv ist scholastisch Adj. ‘die Scholastik betreffend, nach der Methode der Scholastik’ (17. Jh.), pejorativ (seit etwa 1700) ‘schulmäßig eng, spitzfindig'; lat. *scholasticus* (s. oben). Scholastiker m. 'Vertreter der Scholastik' (Mitte 18. Jh.), auch 'Wortkrämer' (um 1800); zuvor *Scholaster* (Luther). Scholastizismus m. 'übertriebene Anwendung und Überbewertung der scholastischen Methode, Spitzfindigkeit' (Ende 18. Jh.).

[1]**Scholle** f. 'Erd- oder Eisklumpen, -brokken', ahd. *scollo* m. (9. Jh.), *scolla* f. (11. Jh.), mhd. *scholle* m. f., mnd. *schulle* f., mnl. *scolle* f., nl. *schol* f. stehen im Ablaut zu den unter *Schale* und *Schild* (s. d.) aufgeführten Wortformen und sind mit Nasalsuffix (*ll* aus *ln*) zur Wurzel ie. **(s)kel-* 'schneiden' mit der Ausgangsbedeutung 'Abgeschnittenes, Gespaltenes' gebildet. Femininer Gebrauch setzt sich im Dt. seit dem 18. Jh. durch. – Im Hinblick auf seine abgeplattete, schollenartige Form ist der in europäischen Meeren lebende Plattfisch [2]Scholle f. genannt (16. Jh.), nach älterem mnd. *schulle*, *scholle*, mnl. *sculle*, *scolle* (nl. *schol*).

schon Adv. 'bereits, früher als angenommen' geht aus dem umlautlosen Adverb des unter *schön* (s. d.) behandelten Adjektivs ahd. *scōno* (9. Jh.), mhd. mnd. *schōn(e)* hervor. Dessen Bedeutung 'auf feine, schöne Weise' geht im 13. Jh. in 'auf geziemende, gehörige, richtige Weise (an der nichts mangelt)' und von daher in 'vollständig, ganz und gar' über. Verwendungen wie mhd. *eȝ ist alleȝ schōne* ('ganz und gar') *bereit* können temporal aufgefaßt werden, so daß *schōne* die Bedeutung 'bereits' erhält. Nach dieser semantischen Trennung vom Adjektiv *schön* entwikkelt dieses auch adverbielle Funktion. (Eine ähnliche Entwicklung zeigt sich bei *fast* und *fest*, s. d.).

schön Adj. 'in jeder Hinsicht gut anzusehen, wohlgefällig, bewundernswert', ahd. *scōni* 'ansehnlich, glänzend, rein, herrlich, gut, angenehm' (8. Jh.), mhd. *schœn(e)*, auch 'schonend, freundlich', asächs. *skōni*, mnd. *schȫn(e)*, mnl. *scōne*, nl. *schoon*, aengl. *scīene*, *scēne*, engl. (poetisch) *sheen*, anord. (als zweites Kompositionsglied) *-skjōni*, got. *skauns* oder *skauneis* 'anmutig' ist ein mit dem Suffix ie. bzw. germ. *-ni-* gebildetes Verbaladjektiv zu der unter *schauen* (s. d.) genannten Wurzel ie. **(s)keu-* 'worauf achten, beobachten, schauen'. Auszugehen ist von einer Bedeutung 'sichtbar, anschaubar', die sich zu 'ansehnlich' und 'gut, angenehm' (auch von Gehörseindrücken) weiterentwickelt. Der Bezug des Wortes auf den vom humanistischen Bildungsideal geprägten ästhetischen Bereich, vgl. Fügungen wie *schöne Künste* (frz. *les beaux-arts*), *schöne Wissenschaften* (frz. *les belles-lettres*), *schöne Literatur*, erfolgt im 18. Jh. Zum alten adverbiellen Gebrauch s. *schon*. – Schönheit f. 'das Schönsein, das Schöne', mhd. *schœnheit*, *schōnheit* 'Herrlichkeit, Pracht, Zierde, Schmuck, Unterhaltung, Festlichkeit'. schönen Vb. vornehmlich fachsprachlich 'Färbungen verbessern, Wein klären' (19. Jh.); nur selten 'schönmachen, verschönern', ahd. *scōnen* (um 800), *scōnōn* (9. Jh.), mhd. *schœnen* 'schönmachen, schmücken, verherrlichen'; dafür heute verschönen Vb., mhd. *verschœnen*, oder verschönern Vb. 'schöner machen' (17. Jh.). beschönigen Vb. 'etw. weniger schwerwiegend, günstig darstellen' (18. Jh.), älter *beschönen*, mhd. *beschœnen* 'schönmachen, entschuldigen, rechtfertigen'. Schöngeist m. 'wer von den schönen Künsten begeistert ist' (18. Jh.), nach frz. *bel esprit*, bald auch ironisch; älter *schöner Geist* (17. Jh.); dazu schöngeistig Adj. (Anfang 19. Jh.), *schöngeistige Schriften* (19. Jh.). schöntun Vb. 'freundlich sein, schmeicheln' (17. Jh.).

schonen Vb. 'behutsam benutzen, rücksichtsvoll behandeln', mhd. mnd. *schōnen* gehört als Ableitung zu dem unter *schön* (s. d.) behandelten Adjektiv (ahd. *scōni*, asächs. *skōni*) in dessen Bedeutung 'freundlich, rücksichtsvoll' oder dem zugehörigen und diese Bedeutung bes. bewahrenden Adverb ahd. *scōno*, mhd. mnd. *schōne*, *schōn* 'auf feine, schöne, sorgfältige, freundliche, rücksichtsvolle Weise' (s. *schon*). – [1]Schoner m. 'wer behutsam, rücksichtsvoll benutzt oder behandelt' (18. Jh.), 'ein Tuch zur Schonung von Kleidung und Gegenständen, Schondecke' (19. Jh.). Schonung f. 'behutsame Behandlung, rücksichtsvoller Umgang', mhd. *schōnunge*; seit Ende des 18. Jhs. auch 'zu schützendes Waldstück mit jungem Baumbestand'. schonungslos Adj. 'ohne Rücksicht, brutal' (18. Jh.). Schonzeit f. 'Zeit, in der ein bestimmtes Wild nicht gejagt werden darf' (18. Jh.).

[2]**Schoner** m. 'schmales, mehrmastiges Segelschiff', Übernahme (2. Hälfte 18. Jh.) von

engl. *schooner* (älter *skooner*, *scooner*), vielleicht über nl. Vermittlung (vgl. nl. *schoener*, *schoner*). Dieser in seiner Grundform mit zwei Masten ausgerüstete Segelschifftyp geht zuerst (um 1713) in Nordamerika vom Stapel; *scooner* gilt daher als Nomen agentis zu einem dort bewahrten mundartlichen Verb *to scoon*, *scun* 'über das Wasser dahingleiten (bes. von flachen Steinen)'; vgl. NED 8, S 218. Weitere Herkunft ungewiß.

Schopf m. 'dichtes Kopfhaar, Haarbüschel', mhd. *schopf* 'Haarbüschel, Vorderkopf'. Verwandt sind (mit Dentalsuffix gebildetes) ahd. *scuft* 'Haupthaar' (11. Jh.), anord. *skopt*, got. *skuft* sowie die unter *Schuppen* und *Schober* (s. d.) behandelten Substantive, die an die Wurzel ie. **(s)keup-*, **skeub(h)-* 'Büschel, Schopf, Quaste' anschließbar sind.

schöpfen Vb. 'Flüssigkeit mit einer Kelle oder einem Gefäß entnehmen', auch '(er)schaffen' (heute selten, im 19. Jh. veraltend). Laut- und bedeutungsgleich stehen nebeneinander ein starkes Verb ahd. *skephen* und ein schwaches Verb ahd. *skephen*, beide für '(er)schaffen, gestalten, bilden' und '(Wasser) schöpfen' (s. *schaffen*). Vielleicht darf davon ausgegangen werden, daß die Bedeutung '(Wasser) schöpfen' zunächst allein dem schwachen Verb zukam, das dann als eine Bildung zu dem unter *Schaff* (s. d.) behandelten Substantiv anzusehen wäre. Die semantische Vermischung beider Verben ist jedenfalls im Ahd. bereits vollzogen. Während starkes ahd. *skephen* in *schaffen* weiterlebt (und die Bedeutung 'Wasser schöpfen' aufgibt), setzt sich schwaches ahd. *skephen* mit seinen beiden Bedeutungen in mhd. *schepfen*, nhd. (mit Rundung zu *ö*) *schöpfen* (*schöpfte*, *geschöpft*) fort. Vgl. auch (schwach flektierend) mnd. nl. *scheppen* '(Wasser) schöpfen'. – e r s c h ö p f e n Vb. 'vollständig behandeln, die Kräfte völlig aufbrauchen', eigentl. 'bis zum Ende ausschöpfen', ahd. *irskephen* 'schwächen, erschöpfen' (9. Jh.), mhd. *erschepfen*; e r s c h ö p f t Part.adj. 'am Ende seiner Kräfte, ermüdet' (18. Jh.). u n e r s c h ö p f l i c h Adj. 'unbegrenzt' (15. Jh.). S c h ö p f e r m. 'Schöpfgefäß, -kelle' (15. Jh.).

Schoppen m. Flüssigkeitsmaß, in neuerer Zeit 'ein Viertelliter, ein Glas Wein oder Bier'. Ablautend zu dem unter *Schaff* (s. d.) behandelten Wort gehörendes mnd. *schōpe*, *schoppe* f., *schōpen* m. 'Schöpfkelle', bes. 'große Füllkelle des Brauers' (vgl. entsprechendes mhd. *schuofe* 'Becken der Pfanne', spätmhd. *schueffe*, *schupfe*, frühnhd. *Schuoff*, *Schuf(f)e*, *Schof(f)e*, *Schuffen* 'Gefäß zum Schöpfen, hölzerner Kübel mit Stiel, Wassereimer') dringt bis ins Hd. vor (md. *schoppe*, *schope*, 15. Jh., vielleicht sogar obd. *Schopp* n., 16./17. Jh.?), wird aber auch, wohl als Terminus des Braugewerbes, ins Frz. entlehnt und ergibt afrz. frz. *chopine* 'Flüssigkeits-, Weinmaß'. Dieses gelangt (wahrscheinlich in der Lautung der Nebenform ostfrz. *chopaine*) als *Schoppen* (17. Jh., zuvor *Schoppenkännlein*, 2. Hälfte 16. Jh.) ins Obd. (bes. ins Alem.). Noch für Adelung (18. Jh.) ist *Schoppen* ein obd. Ausdruck. Im Nd. hält sich *Schoppen* 'Schöpfkelle' bis ins 19. Jh.

Schöps m. 'verschnittener Schafbock'. Mhd. *schopʒ*, *schöpʒ* (14. Jh.) wird meist als Entlehnung aus gleichbed. atschech. *skopec* erklärt; doch kommen auch asorb. **skop'c* (wegen *schöpcze* Plur., Mühlhausen in Thüringen, 14. Jh.) und vielleicht sogar apoln. *skopiec* (wegen *schepcz*, Elbinger Vokabular, 14. Jh.) als Ausgangsformen in Betracht. Den genannten slaw. Substantiven liegt ebenso wie aslaw. *skopьсь* und russ. *skopéc* (*скопец*) 'Entmannter' ein urslaw. **skopьсь* zugrunde. Der Umlaut im Dt. läßt sich durch den nachfolgenden palatalen Konsonanten *p'* bzw. durch den die Palatalität bewirkenden Vokal (urslaw. *ь*) des slaw. Suffixes erklären. Die slaw. Nominalbildung gehört zu urslaw. **skopiti* 'verschneiden'; vgl. aslaw. *skopiti* 'entmannen'. *Schöps* ist hauptsächlich im Omd. und Öst. gebräuchlich, wird wie *Hammel* (s. d.) weithin für das Fleisch des Tieres (*Schöpsenfleisch*, öst. *Schöpsernes*) und als Schimpfwort für einen einfältigen Menschen verwendet.

Schorf m. 'krustiges Hautgewebe über einer Wunde, Grind, schuppige, rauhe Haut', ahd. *scorf-* (in *scorfletihha* 'Grindampfer', Hs. 11./12. Jh., *scorfwurz* 'Ackerskabiose', Hs. 14. Jh.), mhd. *schorf*, *schorpf* (auch verächtlich 'Kopf'), mnd. *schorf*, aengl. *sceorf*, *scurf*, engl. *scurf*, mnl. *scorf(t)*, nl. *schurft*, anord. *skurfa*, schwed. *skorv* sind Bildungen zu einem nur in aengl. *sceorfan* 'nagen, ritzen' belegten starken Verb. Die Formen gehören wie das ablautende, unter *Scherbe* (s. d.) behandelte Substantiv im Sinne von 'rissige Haut' zu der Labialerweiterung ie. **(s)kerp-* der Wurzel ie. **(s)ker(ə)-* 'schneiden' (s. [1]*scheren*). – schorfig Adj. 'mit Schorf bedeckt, grindig', mnd. *schörvich*; daneben *schorbig* (17. Jh.), *schorficht* (17. Jh.), *schörbicht* (16. Jh.).

Schorlemorle f. (auch n.) Erfrischungsgetränk aus Wein und Selters- oder Mineralwasser; seit der 1. Hälfte des 20. Jhs. auch verkürzt *Schorle* f. Herkunft unbekannt. Als Getränkebezeichnung zuerst *Schurlemurle* (1740 im bair. Franken). Ältere, vergleichbare Bezeichnungen sind *Scormorrium* (1513) als Name für das Münstersche Bier, *Carlemorlepuff* (1673) für eine Mischung aus Bier und Wein; im 16. Jh. wird unter Studenten eine Art des Zutrinkens *den Murlepuff trinken* genannt. Da es sich um ein schäumendes, prikkelndes Getränk handelt, kann vielleicht an mundartliches (südd. und omd. seit dem 16. Jh. nachgewiesenes) *Schurimuri* angeknüpft werden, eine Bezeichnung für einen aufgeregten, lebhaften, fahrigen Menschen. Bereits 1271 ist im Lüneburgischen *Scorlemorle*, *Schorlemurle* als Familienname belegt. Auch hier aus der Bezeichnung für eine aufgeregte Person hervorgegangen? Die reduplizierende Bildung hat lautmalenden Charakter, wobei *m* den Anlaut *sch* ersetzt; vgl. *Schurrmurr* (s. *schurren*), auch engl. *huggermugger* 'Heimlichkeit, heimlich'.

Schornstein m. 'Abzugskanal für die Rauchgase der Öfen und Feuerstätten', ahd. *scorrenstein* (Hs. 13. Jh.), mhd. *schor-*, *schorn-*, *schürstein*, mnd. *schorstēn*, mnl. *scorsten*, *scoorsten*, nl. *schoorsteen*. Bereits in ahd. Zeit wird der Ausdruck auf 'Feuerstelle, Herd, Ofen' übertragen (gelegentlich noch im 17. Jh. in dieser Verwendung). Das erste Glied des Kompositums, belegt in mnd. *schōr(e)*, mnl. *scōre*, nl. *schoor* 'Stütze, Stützpfahl', stellt sich zu einem Verb ahd. *scorrēn* 'emporragen' (um 800), mhd. *schorren* 'schroff hervor-, emporragen', mnl. *scōren* 'stützen', nl. *schoren*, aengl. *scorian*, das sich mit anord. *skorða* 'Stütze, Stange', eigentl. 'gespaltenes Holzstück', sowie dem unter [1]*scheren* (s. d.) behandelten Verb auf die Wurzel ie. **(s)ker(ə)-* 'schneiden' zurückführen läßt. *Schornstein* ist daher ursprünglich wohl der 'Stützstein', auf dem sich der Rauchabzug erhebt. Das Wort gilt vornehmlich im Westd. und Nordd., anderwärts dafür *Esse*, *Schlot*, *Kamin* (s. d.) – Schornsteinfeger m. 'wer den Schornstein von Ruß reinigt' (17. Jh.), üblich im Sprachraum von *Schornstein*.

[1]**Schoß** m. 'Hüftteil bestimmter Oberbekleidungsstücke' (vgl. *Rockschoß*), 'Mitte des Leibes', zumal die 'beim Sitzen zwischen Oberschenkeln und Unterleib entstehende Nische', ahd. *scōȝ* m. (10. Jh.), *scōȝa* f. (um 800), *scōȝo* m. (um 1000) 'Ecke, Kleidersaum, Leibesmitte', mhd. *schōȝ* m. n., *schōȝ(e)* f., auch 'vom Leib niedergehender gefalteter Teil des Kleides, den Schoß deckender Teil der Rüstung', mnd. *schōt* m., *schōte* m. f., mnl. *scoot* m., nl. *schoot* 'Rockschoß, Kleidersaum, Leibesmitte, Meerbusen', aengl. *scēat* m. 'Ecke, Zipfel, Vorgebirge, Leibesmitte', anord. *skaut* n. 'Ecke, Zipfel, Leibesmitte, Kopftuch', schwed. *sköte*, got. *skaut* (n. ?) 'Saum (des Kleides)' sind wohl mit Ablaut zu dem unter *schießen* (s. d.) behandelten Verb gebildet. Auszugehen ist dabei von einer Bedeutung (vgl. ahd. *thrīscōȝ(i)* 'dreiekkig', um 1000) 'Hervorschießendes, -springendes, Spitzes, Ecke', die in 'Gewand, Zipfel, unterer faltenreicher Teil eines den Unterleib bedeckenden Kleidungsstückes' übergeht. Von daher erfolgt die Übertragung auf die durch Oberschenkel und Unterleib gebildete 'Körpermitte'. So erhält *Schoß* auch den Sinn von 'Mutterleib' und wird zum bildhaften Ausdruck für einen 'sicheren, geschützten Ort' wie auch für einen 'Ort des Werdens, des Entstehens', vgl. *der Mutter Schoß*, *der Schoß Gottes*, *in Abrahams Schoß*, *Schoß der Erde*, *Schoß der Nacht*, *Schoß der Natur*, *Schoß der Familie*. Das maskuline Genus mit starker Flexion setzt sich erst im 19. Jh. endgültig durch. – Schoßhund m. 'kleiner Hund, der sich auf den Schoß nehmen läßt' (16. Jh.). Schoßkind n. 'kleines, jüngstes Kind', auch 'Lieblingskind, Hätschelkind' (17. Jh.).

[2]**Schoß** m. 'junger, aufgeschossener Trieb', ahd. *scoȝȝa* f. (Hs. 13. Jh.), *erdscoȝȝa* (10. Jh.), mhd. *schoȝ* n. 'Schößling' stehen im Ablaut zu dem unter *schießen* (s. d.) abgehandelten Verb. Maskulines Genus wird im 16./17. Jh. üblich. Dazu die Weiterbildung Schößling m. (15. Jh.); vgl. ahd. *scuȝȝiling* (11. Jh.), mhd. *schüȝȝelinc*, *schüȝlinc* 'Schößling, Reis, Sproß'.

Schot(e) f. 'an der Ecke des Segels angebrachtes Tau, mit dem ein Segel in den Wind gespannt wird, Segelleine', seit Anfang des 18. Jhs. auch in hd. Texten. Die unter [1]*Schoß* (s. d.) behandelten, von der hd. Lautverschiebung nicht betroffenen Formen mnd. *schōte* f., nd. *Schōt(e)*, mnl. *scoot*, nl. *schoot*. aengl. *scēata*, engl. *sheet*, anord. *skaut* werden in der Seemannssprache, ausgehend von einer Bedeutung 'Ecke, Zipfel' (s. [1]*Schoß*), auf das am Segelende befestigte Tau übertragen.

Schote f. die Samen enthaltende längliche (frische) Frucht der Erbse, verschiedentlich auch der Bohne und anderer Gewächse (in botanischer Fachsprache *Fruchthülse*), im Plur. auch 'junge Erbsen'. Spätmhd. *schōte* 'Samenhülse, Erbse', mnd. mnl. *schōde* 'Samenhülse, Erbse', auch 'Scheide beim Pferd', anord. *skauð* 'Schwertscheide', Plur. 'Vorhaut beim Pferd', norw. *skau(d)* 'Vorhaut beim Pferd' und got. *skaudaraip* 'Riemen' (eigentl. 'Wadenband, Wickelgamasche') lassen sich auf eine Dentalerweiterung der unter *Scheune* (s. d.) angeführten Wurzel ie. **(s)keu-*, **(s)keu̯ə-* 'bedecken, umhüllen' zurückführen. S. auch *Haut, Hode.*

Schott n. 'wasserdichte, mit wasserdicht schließenden Türen versehene Wand im Inneren eines Schiffes', ein nd. Seemannswort, das im 18. Jh. in die hd. Literatursprache aufgenommen wird. Mnd. *schot* n. 'Verschluß, Holzwand, Absperrung', speziell 'Falltür bei Schleusen und Sielen', nd. *Schot* 'eine zum Schutze angebrachte Wand oder Täfelung, eine Schutz-, Scheide- und Sperrwand', mnl. *scot*, nl. *schot*, schwed. *skott* sind Nomina zu dem unter *schießen* (s. d.) behandelten Verb. Sie bezeichnen daher eigentl. 'etw. Eingeschossenes', einen 'schnell vorschiebbaren Verschluß', dann eine 'Schutzwand'. In die Allgemeinsprache eingegangen ist die Redensart *die Schotten dicht machen* 'ab-, verschließen' (Fenster, Türen), übertragen 'sich verschließen'.

Schotter m. 'kleingeschlagene Steine, Geröll', verwandt mit *Schutt* und *schütten* (s. d.), ist (wegen *o* statt *u* in der Stammsilbe) md. Herkunft und wird um 1800, von den Gebieten an Main und Mittelrhein aus, durch Straßen- und Bahnbau verbreitet. – s c h o t t e r n Vb. 'mit Schotter belegen'; auch *beschottern* (19. Jh.).

schraffieren Vb. '(eine Fläche) mit feinen parallel oder kreuzweise laufenden Strichen bedecken, (eine Zeichnung) schattieren', entlehnt (16. Jh. vereinzelt im Sinne von 'schröpfen', in heutiger Verwendung seit 18. Jh.) aus gleichbed. mnl. *schrafferen*, dem ital. *sgraffiare* 'kratzen, einritzen, zeichnen', Präfixbildung zu gleichbed. ital. *graffiare*, zugrunde liegt. Dieses beruht wahrscheinlich auf einem vlat. **graphiāre* (vgl. mlat. *graphiare* 'schreiben'), einer Bildung zu lat. *graphium*, griech. *graphḗion* (*γραφεῖον*) 'Schreibgerät, Metallgriffel zum Schreiben auf Wachstafeln' (s. *Griffel*), wobei Einfluß von (heute veraltetem) ital. *graffa* 'Kralle', das wohl aus dem Langobard. entlehnt ist (vgl. ahd. *krapho* 'Haken, Kralle', s. *Krapfen*), nicht ausgeschlossen werden kann.

schräg Adj. 'schief, seitlich geneigt', seit dem 16. Jh. bezeugt, doch vgl. älteres *schrägen*, *Schräge* (s. unten) und die Zusammensetzungen ahd. *scregibant* 'Haarband' (9./10. Jh.), *scregihōrī* 'Schrägheit' (um 1000). Das Adjektiv stellt sich zu mhd. *schrage* m. 'geneigt oder kreuzweise eingefügte Pfähle, kreuzweise stehende Holzfüße als Untergestell eines Tisches', *schregeln* 'kreuzweise verbinden', mnd. *schrāge(n)* m. 'Seitenstütze, Strebepfahl, Gestell aus kreuzweise gestellten Beinen, Bock, Dreibein', nhd. *Schragen* m. 'schräg oder kreuzweise stehendes Holzwerk, Gestell mit kreuzweise gestellten Füßen', mnl. *scrāghe*, nl. *schraag* 'Untersatz' und ist mit diesen an ie. **(s)krek-* anzuschließen, eine Gutturalerweiterung der verbreiteten Wurzel ie. **(s)ker-* 'drehen, biegen, kreisend bewegen', zu der auch (andere Erweiterungen voraussetzend) *Harfe*, *Reis* n., *Ring*, *Rispe*, *Runge*, *Rücken*, *Schrank*, *Schranke*, *schreiten* (s. d.) gehören. – S c h r ä g e f. 'schräge Lage, schräge Fläche', frühnhd. *schreck* (15. Jh.), *Schreg* (16. Jh.). s c h r ä g e n Vb. 'schräg machen', mhd. *schregen* 'mit schrägen Beinen gehen'. a b s c h r ä g e n Vb. 'schräg machen' (18. Jh.), refl. 'schräg verlaufen' (19. Jh.).

Schramme f. 'leichte Hautverletzung, Beschädigung einer glatten Oberfläche, Riß, Kratzer', mhd. *schram(me)* 'lange Haut- oder Fleischwunde', mnd. *schram(me)* 'Ritz auf der Oberfläche', mnl. *scramme*, nl. *schram* 'Kratzer' sind (mit *-m-* bzw. expressivem *-mm-*) verwandt mit frühnhd. *schram* 'Felsspalt, Loch' (15. Jh.) sowie mit (dehnstufig) anord. *skrāma* 'Wunde', schwed. *skråma*. Vergleichbar sind kymr. *cramen* (*-m-* aus

-*mm*-) 'Schorf', mir. *screm* 'Oberfläche, Haut' und vielleicht russ. (landschaftlich) *kromá* (*крома*) 'Brotschnitte, Rand, Kruste, Kante', so daß von einer *m*-Erweiterung ie. **(s)krēm-*, **(s)krəm-* der Wurzel ie. **(s)ker(ə)-* 'schneiden' (s. [1]*scheren*) ausgegangen werden kann. – s c h r a m m e n Vb. 'ritzen, kratzen', mhd. *schramen* '(das Maul) aufreißen', mnd. *schrammen* 'einritzen' (1400).

Schrank m. 'durch Türen verschließbares Möbelstück', ahd. *scranc* m. (nur in der übertragenen Bedeutung) 'Betrug, Tücke, Falle' (9. Jh.), mhd. *schranc* m. 'das Schrägsetzen, was einschränkt, Gitter, Einfriedung, Umschließung, Verschränkung, Gestell aus Gitterwerk', mnd. *schrank* n. 'Einfriedung, Schranke, Gitter, durch Gitter abgeschlossener Raum, Nische', mnl. *scranc*, *scrancke* m., nl. *schrank* 'Tragebalken, Untersatz, Einfriedung aus Latten, Schranke' läßt sich wie auch *Schranke* und *schränken* (s. d.) zurückführen auf ie. **(s)kreng-*, eine nasalierte Gutturalerweiterung der unter *schräg* (s. d.) genannten Wurzel ie. **(s)ker-* 'drehen, biegen, kreisend bewegen'. Auszugehen ist von einer Bedeutung 'schräg, kreuzweise Gestelltes, Einfriedung, Gitterwerk', daher auch mhd. 'Gestell aus Gitterwerk' (z. B. in Vorratskammern), woraus sich in Verbindung mit dessen handwerklicher Gestaltung seit frühnhd. Zeit der heutige Sinn entwickelt. Den Mundarten bleibt diese Verwendung weithin fremd, dafür nordostd. *Spind*, südd. *Kasten*, bair. *Kalter* (aus *Gehalter* 'Behältnis'), in Thüringen, Hessen und Teilen des Ostfrk. begegnet die *r*-lose Nebenform *Schank*.

Schranke f. 'Absperrvorrichtung', mhd. *schranke* m. f. 'Gitter, Zaun, Verschränkung, Umarmung' steht als schwacher *n*-Stamm neben dem unter *Schrank* (s. d.) behandelten Substantiv. Die beiden Wörtern gemeinsame (jedoch von *Schrank* aufgegebene) Ausgangsbedeutung 'schräg, kreuzweise Gestelltes, Einfriedung, Gitterwerk' bleibt bei *Schranke* erhalten; vgl. *Eisenbahnschranke*. Häufig redensartlich übertragen, z. B. *(sich) in Schranken halten*, *in seinen Schranken bleiben* 'eine gewisse Grenze nicht überschreiten, sich zurückhalten' (17. Jh.), *Schranken setzen* 'Einhalt gebieten' (18. Jh.), *jmdn. in die Schranken weisen* 'zur Mäßigung auffordern' (1. Hälfte 20. Jh.). – e i n s c h r ä n k e n Vb. 'in Schranken einschließen, einengen' (17. Jh.), refl. 'sparsam, ohne Aufwand leben, seine Ansprüche herabsetzen' (18. Jh.). s c h r a n k e n l o s Adj. 'unbehindert, keine Grenzen respektierend' (18. Jh.).

schränken Vb. 'kreuzweise übereinanderlegen oder -stellen', ahd. *screnken* 'ausspreizen, ein Bein stellen und zu Fall bringen, niederwerfen' (9. Jh.; dazu *firscrenken*, s. unten), mhd. *schrenken* 'quer und über Kreuz setzen, schräg stellen, verschränken, flechten', mnd. *schrenken* 'beschränken, behindern, verschränken, quer, kreuzweise übereinanderlegen' sowie asächs. *(gi)skrankon* 'ausspreizen, verschränken', aengl. *screncan* 'zu Fall bringen, stürzen, täuschen' führen wie *Schranke* und *Schrank* (s. d.) auf ie. **(s)kreng-*, nasalierte Gutturalerweiterung der unter *schräg* (s. d.) angeführten verbreiteten Wurzel ie. **(s)ker-* 'drehen, biegen, kreisend bewegen'. Als Simplex begegnet das Verb im Nhd. noch fachsprachlich *eine Säge schränken* 'die Zähne der Säge ausspreizen, d. h. abwechselnd nach links und rechts auseinanderbiegen', sonst in den Präfixbildungen: b e s c h r ä n k e n Vb. 'eingrenzen, einengen', ahd. *biscrenken* 'zu Fall bringen, niederwerfen, schwächen' (9. Jh.), mhd. *beschrenken* 'umfassen, einschränken, versperren, durch Unterschlagen eines Beines zu Fall bringen, betrügen, überlisten', vom heutigen Sprachgefühl als unmittelbare Bildung zu *Schranke* empfunden; b e s c h r ä n k t Part.adj. 'engstirnig, dumm' (18. Jh.); B e s c h r ä n k t h e i t f. 'geistige Enge, Engstirnigkeit' (18. Jh.). v e r s c h r ä n k e n Vb. 'übereinanderlegen, quer oder kreuzweise legen' (bes. von Armen und Beinen), ahd. *firscrenken* '(mit Fußfesseln) hindern, versperren, abhalten' (um 800), mhd. *verschrenken* 'mit Schranken umgeben, einschließen, einengen, versperren, quer oder kreuzweise übereinanderlegen'.

Schrapnell n. mit Bleikugeln gefülltes Hohlgeschoß, das infolge bestimmter Zündereinstellung kurz vor dem Ziel in der Luft explodiert, benannt nach seinem Erfinder, dem engl. General *H. Shrapnel* (1761–1842). Im Dt. (19. Jh.) zunächst in engl. Schreibung *Shrapnel*, danach *Schrapnell* mit Betonung auf der letzten Silbe, wohl unter Einfluß von frz. *shrapnel* (heute meist *shrapnell*).

Schrat, Schratt m. (im alten Volksglauben) 'zottiger Waldgeist, Kobold', ahd. *scrato* (9. Jh.), *scraȥ* (9./10. Jh.), *screȥ* (11. Jh.), mhd.

schrat(e), *schraȝ*, *schraz*, *schrāwaȝ*, *schrāwaze*, anord. *skratti* 'Zauberer, Troll', schwed. *skratte* 'Kobold, Narr'. Herkunft ungeklärt. Vielleicht verwandt mit mnd. *schrāde* 'elend, mager, dürftig, kärglich', norw. *skrante* 'kränkeln', *skrinn* 'mager, unfruchtbar', so daß für *Schratt* von 'verkümmertes Geschöpf' ausgegangen werden könnte. Außergerm. finden sich keine Vergleichsmöglichkeiten. – Waldschrat(t) m., ahd. *waldscrato*, *-scraz* (Hs. 12. Jh.), mhd. *waltschrate*.

Schraube f. 'nagelähnlicher Metallstift mit Gewinde'. Herkunft nicht eindeutig gesichert. Es kann angenommen werden, daß spätmhd. (md.) *schrūbe* (1361), mnd. *schrūve*, nl. *schroef* (1598) entlehnt sind aus lat. *scrōfa* 'Sau, Mutterschwein', dann auch (spätlat.) 'weibliche Scham' und (mlat.) 'Schraubenmutter' bzw. aus (volksetymologisch damit verbundenem?) spätlat. *scrobis (virginalis)* 'weibliche Scham', lat. *scrobis*, mlat. *scroba* 'Grube'. Der Bedeutungswandel dürfte sich auf dem Hintergrund eines sexuellen Bildes vollzogen haben, und zwar im Gallorom., vgl. afrz. *escroe* (frz. *écrou*) 'Schraubenmutter' gegenüber ital. *scrofa*, rumän. *scroafă* 'Mutterschwein'. Eine parallele Bedeutungsentwicklung zeigt sich bei span. *puerca* 'Sau, Schraubenmutter' (aus lat. *porca* 'Sau') sowie bei dem Ausdruck nhd. *(Schrauben)mutter* (s. unten). Angesichts einer im 9. Jh. belegten Form mlat. *scroba* 'Mutterschwein' (auch 'Grube') ist nicht auszuschließen, daß **scrōba* als die echte lat. Form und *scrōfa* als mundartliche Variante dazu anzusehen ist. Als Redensarten sind geläufig *Schraube ohne Ende* 'eine endlose, fruchtlose Angelegenheit' (18. Jh.), *die Schraube anziehen* 'die Forderung erhöhen, Druck ausüben' (19. Jh.), *bei jmdm. ist eine Schraube locker* 'jmd. ist verrückt' (19. Jh.). – schrauben Vb. 'mit einer Schraube befestigen, spiralenförmig (hinein)drehen' (15. Jh.); *die Forderungen (immer) höher schrauben* 'erhöhen' (19. Jh.). geschraubt Part.adj. 'gekünstelt, geziert im Ausdruck' (16. Jh.), nach *etw. auf Schrauben setzen* (16. Jh.), *stellen* (18. Jh.) 'gekünstelt ausdrücken, darstellen'. Schraubenmutter f. 'das Gewinde einer Schraube umschließender drehbarer Teil' (18. Jh.); vgl. älteres *Mütterlein einer Schrauben* (17. Jh.), so daß *Schraubenmutter* wohl als verdeutlichende Zusammensetzung zu geläufigerem *Mutter* (als sexuellem Bild, s. oben) entstanden ist. Schraubstock m. 'Werkzeug, in dem zu bearbeitende Teile festgeschraubt werden' (17. Jh.). Schraubenzieher m. (18. Jh.).

[1]**schrecken** Vb. 'in Schrecken geraten'. Das ursprünglich schwach flektierende, mit *j*-Suffix gebildete, intrans. gebrauchte Verb ahd. *scricken* 'empor-, aufspringen, erschrecken' (um 800), mhd. *schricken* 'springen, einen Riß bekommen', mnd. *schricken* 'Hände oder Füße rasch bewegen, klatschen, springen, tanzen', mnl. *scricken* 'große Schritte machen, sich entsetzen, erschrecken', nl. *schrikken* entwickelt die Bedeutung 'in Schrecken geraten, erschrecken' aus '(in plötzlicher Erregung oder Angst) empor-, aufspringen'. Vgl. auch norw. (mundartlich; aus dem Mnd.?) *skrikka* 'springen' und das *ōn*-Verb ahd. *screckōn* 'umherspringen, aufwallen, hervorblitzen, zurückprallen' (um 800). Die Verben lassen sich anschließen an ie. **skreg-*, eine Erweiterung der unter [2]*scheren* 'sich davonmachen' (s. d.) dargestellten Wurzel ie. **(s)ker(ə)-* 'springen, herumspringen'. Im 11. Jh. entstehen (in Anlehnung an Verben wie *brechen*) bei Präfixbildungen starke Konjugationsformen, vgl. ahd. *irscreckan* (s. unten) und *ūȝscreckan* 'hervorleuchten, vorspringen', die teilweise auf das Simplex mhd. *schrecken* und (seltenes) nhd. *schrecken* 'auffahren, erschrecken' übergreifen. Die alte Bedeutung ist erhalten in stark flektierendem intrans. [1]erschrecken Vb. 'sich entsetzen, aus plötzlicher Angst zusammenfahren', ahd. (schwach) *irscrecken* (um 1000), mhd. *erschrecken* 'auf-, zurückspringen, auffahren, aufschrecken'. Schreck m., auch mit Endungs-*n* der obliquen Kasus Schrecken m. 'plötzliches Entsetzen, plötzliche Angst', allgemein 'plötzliche Gemütserschütterung', mhd. *schrecke* 'Schreck', auch 'Hüpfer, Springer' (s. *Heuschrecke*). schreckhaft Adj. 'leicht in Schrecken geratend, furchtsam' (15. Jh.), 'Schrecken einflößend' (17. Jh.). schrecklich Adj. 'entsetzlich, grauenhaft' (15. Jh.), auch steigernd 'sehr (viel, groß)' (17. Jh.); vgl. mhd. *schriclich* 'erschreckend'. – [2]schrecken Vb. 'in Schrecken versetzen', schwach flektierendes trans. Kausativum zu [1]*schrecken*, ahd. *screkken* 'stürzen, aufreizen, anstacheln' (um 1000), mhd. *schrecken* 'aufspringen machen,

in Schrecken setzen, erschrecken, sich erschrecken', mnd. *schrecken* 'in Schrecken versetzen'. Dazu ²e r s c h r e c k e n Vb. 'jmdn. in eine plötzliche Gemütserregung, in Furcht versetzen', mhd. *erschrecken*, auch 'aufschrecken (aus dem Schlaf)'; vgl. ahd. (stark) *irscreckan* 'bestürzt machen' (11. Jh.). a b s c h r e c k e n Vb. 'ängstlich, verzagt machen, von etw. abhalten' (15. Jh.), 'plötzlich abkühlen' (16. Jh.), mhd. *abeschrecken* 'jmdm. etw. durch eingeflößte Furcht wegnehmen' (14. Jh.).

schreiben Vb. 'Buchstaben, Worte, Zahlen, Zeichen, Noten hervorbringen', ahd. *scrīban* (8. Jh.), mhd. *schrīben* '(auf)schreiben, verzeichnen, beschreiben, anordnen, verordnen, nennen, schildern, malen', asächs. *skrīban*, mnd. *schrīven*, mnl. *scrīven*, nl. *schrijven*, aengl. *scrīfan* 'anordnen, bestimmen, Beichte hören, Strafe auferlegen', engl. *to shrive* 'beichten, die Beichte abnehmen', aschwed. *skrīva* 'schreiben', schwed. *skriva* sind Entlehnungen aus lat. *scrībere* 'mit einem spitzen Griffel eingraben, einzeichnen, schreiben, (schriftlich) auftragen, anordnen, befehlen, ernennen, festsetzen, (Soldaten) anwerben, ausheben', die im Germ. starke (nur aschwed. mitunter auch schwache) Flexion annehmen. Der Übergang ins Germ. macht zwei Entlehnungsvorgänge wahrscheinlich, und zwar einen früheren im Sinne von 'anordnen, bestimmen' (s. oben aengl. *scrīfan* und vgl. asächs. *biskrīban* 'sich kümmern, sich zurückhalten') und einen späteren im Sinne von '(lat. Schriftzeichen) schreiben'. Die engl. Sonderentwicklung (s. oben) führt dazu, daß für 'schreiben' engl. *to write* eingetreten ist, die alte germ. Bezeichnung für das Einritzen der Runen (s. *reißen*). – S c h r e i b e n n. 'Schriftstück, Brief' (16. Jh.), substantivierter Infinitiv; dafür umgangssprachlich oft die nach Art der Verbalabstrakta ablautende Bildung S c h r i e b m. (um 1900). S c h r e i b e r m. 'wer schreibt', ehemals Berufsbezeichnung, ahd. *skrībāri* (8. Jh.), mhd. *schrībære*, auch 'Kanzler, Notar, Schriftgelehrter, Dichter, Tafelaufseher'. a b s c h r e i b e n Vb. 'kopieren, aus einem Schriftstück streichen' (seit mhd. Zeit), 'eine Summe abbuchen, streichen, schriftlich absagen' (15. Jh.), 'ein Schreibgerät abnutzen' (17. Jh.), mhd. *abeschrīben*. A b s c h r i f t f. 'Kopie', mhd. *abeschrift*. a n s c h r e i b e n Vb. 'sichtbar aufschreiben', mhd. *aneschrīben*; dann auch '(eine Geldsumme) zu späterer Bezahlung notieren, Waren auf Kredit geben' (15. Jh.), daher *gut oder schlecht angeschrieben sein* 'einen guten oder schlechten Ruf haben' (17. Jh.); heute auch 'an jmdn. schreiben' (20. Jh.), möglicherweise Neubildung zu A n s c h r e i b e n n. 'Brief' (16. Jh.). A n s c h r i f t f. 'Briefaufschrift' (17. Jh., Zesen). a u s s c h r e i b e n Vb. 'herausschreiben, (eine vakante Stelle u. dgl.) bekanntgeben, nicht abkürzen', mhd. *ūzschrīben* 'herausschreiben, bekanntmachen'. b e s c h r e i b e n Vb. 'mit Worten schildern, darstellen, mit Schriftzeichen bedecken', mhd. *beschrīben* 'schreiben, aufzeichnen, schildern, schriftlich auffordern zu kommen'; B e s c h r e i b u n g f. 'Schilderung', mhd. *beschrībunge*. e i n s c h r e i b e n Vb. 'schriftlich eintragen' (15. Jh.); E i n s c h r e i b e n n. seit 1875 für *Rekommandation* 'eine durch Aushändigung einer Empfangsbestätigung besonders registrierte Postsendung', eigentl. 'eine (zur sorgfältigen Beförderung) empfohlene Postsendung'. v e r s c h r e i b e n Vb. 'verordnen, beim Schreiben versehentlich Fehler machen' (17. Jh.), *sich jmdm.*, *einer Sache verschreiben* 'verpflichten, übergeben' (18. Jh.), mhd. *verschrīben* '(auf)schreiben, verzeichnen, schriftlich festsetzen, beschreiben, schriftlich mitteilen, zuerkennen'. v o r s c h r e i b e n Vb. 'als Muster schreiben, Anweisung erteilen' (16. Jh.), älter 'vor etw. schreiben', ahd. *furiscrīban* 'an den Anfang schreiben' (11. Jh.), mhd. *vorschrīben*. V o r s c h r i f t f. 'Muster zum Nachschreiben' (17. Jh.), 'Anweisung für Verhalten und Tun' (18. Jh.); vgl. ahd. *forascrift* 'Vorangeschriebenes, Überschrift, Titel' (um 1000). z u s c h r e i b e n Vb. 'jmdn. für den Urheber von etw. halten, erklären, etw. auf jmdn. zurückführen, ihn mit etw. in Verbindung bringen' (16. Jh.), ahd. *zuoscrīban* 'schriftlich hinzu-, anfügen' (10. Jh.), spätmhd. *zuoschrīben* 'schriftlich zusichern, melden'. Z u s c h r i f t f. 'Hinzugeschriebenes' (16. Jh.), 'eine Art Vorwort an den Leser eines Buches' (17. Jh.), 'Brief' (18. Jh.).

schreien Vb. 'gellende Laute von sich geben, laut rufen, weinen'. Das stark flektierende Verb ahd. *scrīan* (9. Jh.), mhd. *schrīen*, *schrīn* 'rufen, schreien, jammern', asächs. *skrīan*, mnd. *schrī(g)en*, mnl. *scrīen* sowie schwach flektierendes ahd. *giscreiōn* (um 1000), mhd. *schrīen*, *schrīn*, mnd. *schreyen*, mnl. *screyen*, nl. *schreien* sind verwandt mit mnl. *scrēuwen*, nl. *schreeuwen*, nd. *schrēwen* 'schreien', südnl. *schremen*, aengl. **scrǣman*, mengl. *shreame*, engl. *to scream* 'schreien, kreischen'. Vergleicht man ferner (ohne anlautendes *s-*) anord. *hreimr* 'Lärm, Getöse', *hrīna*, norw. *rine* 'schreien, jammern' (von Schweinen) und zieht bret. *screo* 'kreischender Meervogel', air. *scret* 'Schrei', lett. (älter) *krina* 'Sau' heran, so läßt sich ie. **(s)krei-* ansetzen als eine Erweiterung der Wurzel ie. **ker-*, **kor-*, **kr-*, Schallnachahmung für heisere, rauhe Töne (s. *Harke*, *Rabe*, *Rachen*, *Reiher*). – Schrei m. 'einmaliger gellender, durchdringender (menschlicher) Laut', ahd. *screi* (9. Jh.), mhd. *schrei*, *schrē* 'Ruf, Schrei, Geschrei, Gerücht'. Schreier m. 'wer schreit', mhd. *schrīære*, *schrīer* 'Schreier, Ausrufer, Herold'. Marktschreier m. 'wer auf Märkten laut seine Waren anpreist, fahrender Händler' (17. Jh.); marktschreierisch Adj. (18. Jh.). Geschrei n. 'lautes Schreien', ahd. *giscrei* (11. Jh.), mhd. *geschrei(e)*, *geschrē* 'Geschrei, Ruf'. Schreihals m. 'Schreier, Kind, das viel weint' (16. Jh.). verschreien Vb. 'in schlimmen Ruf bringen, verleumden', eigentl. (bei der Mordklage) 'öffentlich ausrufen, bekanntmachen', dann auch 'Übles, Böses über jmdn. öffentlich verbreiten', mhd. *verschrīen*; stark und schwach flektierende Formen stehen bis ins 18. Jh. nebeneinander.

Schrein m. 'kastenförmiger Behälter, Lade, Schränkchen' (zur Aufbewahrung von Kleinodien und Reliquien), ahd. *scrīn(i)* m. n. 'Lade, Behälter' (9. Jh.), mhd. mnd. *schrīn* m. f. n. 'Kasten für Kleider, Geld, Kostbarkeiten, Reliquien, Sarg, Archivschrank', mnl. *scrīne*, *scrijn* m. f. n., nl. *schrijn* n. m. sind wie aengl. *scrīn* n. 'Kiste, Koffer, Kästchen, Heiligenschrein', engl. *shrine* 'Lade, Reliquienschrein, Heiligengrab(mal), geheiligte Stätte' aus lat. *scrīnium* 'rollenförmige Kapsel zur Aufbewahrung von Papieren, Büchern, Salben' entlehnt. Wie *Kiste*, *Sack*, *Sarg* (s. d.) gehört *Schrein* zu den früh aus dem Lat. aufgenommenen Wörtern. Im Nhd. (17. Jh.) wird das alte neutrale Genus, wohl in Anlehnung an *Kasten* und *Schrank*, endgültig durch das maskuline ersetzt. Im 18. Jh. ist *Schrein* durch *Kiste*, *Kasten*, *Lade*, *Schrank* aus der Alltagssprache weitgehend verdrängt. – Schreiner m. landschaftlich (süd- und westd.) 'Tischler', mhd. *schrīnære*, *schrīner*. schreinern Vb. 'tischlern' (19. Jh., sicher älter).

schreiten Vb. 'feierlich, gemessen einhergehen', ahd. *scrītan* 'gleiten, gehen, vergehen' (9. Jh.; vgl. *giscrītan* 'zusammensinken, verfallen', 8. Jh.), mhd. *schrīten*, auch 'steigen, sich schwingen', asächs. *skrīdan*, mnd. *schrīden*, auch 'sich vorwärtsentwickeln', mnl. *scrīden*, nl. *schrijden*, aengl. *scrīþan* 'sich bewegen, kriechen, gleiten', anord. *skrīða* 'gleiten, kriechen, schreiten', schwed. *skrida*. Als vergleichbar kann lat. *crīsāre* (aus **creits-* oder **crīts-*) 'beim Beischlaf mit den Schenkeln wackeln', mir. *crith* 'Zittern, Fieber', bret. *skrija* 'vor Furcht zittern', lit. *skriẽsti* '(im Kreis herum)drehen', *ãpskritas* 'kreis-, kugelrund', *skritulȳs* 'Kreis' herangezogen werden. Ansetzbar ist danach ie. **(s)kreit-*, eine Dentalerweiterung der Wurzel ie. **(s)ker-* 'drehen, biegen, kreisend bewegen' (s. *schräg*). Als Ausgangsbedeutung ergibt sich 'bogenförmige Bewegungen machen', woraus in älterer Sprache 'vorwärtsgleiten' (z. B. von Wurm, Schlange, Schiff), dann 'gleichmäßig, ruhig, gemessen gehen'. – abschreiten Vb. 'eine Strecke entlanggehen, mit Schritten abmessen' (16. Jh.). ausschreiten Vb. 'mit großen, weitausholenden Schritten gehen', zuvor 'hinausgehen, (vom Weg) abgehen, aus der Bahn gehen, weggehen' (16. Jh.); Ausschreitung f. 'das Abgehen vom rechten Wege, Abweichung' (17. Jh.), 'großer Schritt' (18. Jh.), 'Gewalttätigkeit, Übergriff' (19. Jh.). einschreiten Vb. 'gegen Übergriffe, ungesetzliche Handlungen vorgehen' (18. Jh.). fortschreiten Vb. 'vorangehen, sich weiterentwickeln' (um 1600). überschreiten Vb. 'eine Grenze, einen Punkt hinter sich lassen, darüber hinausgehen', ahd. *ubarscrītan* (10. Jh.), mhd. *überschrīten*, auch 'übertreten, besteigen, überreden, bewegen zu'.

Schrift f. 'System graphischer Zeichen zur lesbaren Darstellung von Gesprochenem, geschriebener oder gedruckter Text', ahd. *scrift* 'Schrift, Zeichen, Buchstabe, Aufzeichnung, geschriebenes Gesetz' (8. Jh.), mhd. *schrift* 'Geschriebenes, Schrift, Inschrift, Schriftwerk, schriftliche Quelle (bes. die Bibel), Schreibkunst', mnd. *schrift* 'das Schreiben, das Geschriebene', mnl. *scrift*, *scricht* 'das Geschriebene, Bibel', nl. *schrift*, aengl. *scrift* 'Strafe, Buße, Beichte', engl. (älter) *shrift* 'Buße, Beichte' sind Abstraktbildungen mit *t*-Suffix zu dem unter *schreiben* (s. d.) behandelten Verb (wie *Gift* zu *geben*), stehen aber zugleich unter dem Einfluß von lat. *scrīptum* n. 'Schrift, das Geschriebene, Auftrag, Anweisung', so daß germ. Bildungsweise und Lehnwortbeziehungen einander entgegenkommen. – schriftlich Adj. 'niedergeschrieben, nicht mündlich', mhd. *schriftlich*. Schrifttum n. 'Gesamtheit der schriftlichen Überlieferung, Literatur' (19. Jh.). Schriftgießer m. 'wer für den Buchdruck Metallettern gießt' (16. Jh.). Schriftsetzer m. 'wer die für den Druck vorgesehenen Texte aus einzelnen Metallbuchstaben und -zeichen zusammensetzt' (17. Jh.). Schriftsprache f. 'schriftliche Form einer (National)sprache', im 18. Jh. als Gegenwort zu *Mundart* gebildet. Schriftsteller m. 'wer für andere Rechts- und Bittschriften aufsetzt' (16. Jh.), Zusammenbildung aus *eine Schrift stellen* (16. Jh.), dann 'Verfasser literarischer Werke' (2. Hälfte 17. Jh.), für älteres *Skribent* oder *Autor*.

schrill Adj. 'grell, durchdringend hell tönend, kreischend'. Nd. *schrell* 'scharf von Schall und Geschmack, rauh im Hals', unter Einfluß von *schrillen* (s. unten) an engl. *shrill* 'überlaut, gellend, kreischend' in Form und Bedeutung angeglichen, wird nach 1800 in die Literatursprache aufgenommen. Vergleicht man nl. *schril* 'grell tönend', mengl. *shrille* 'grell tönen', norw. (stark) *skrella* 'krachen, schallen', frühnhd. (md.) *schrellen*, *schrallen* 'grell, laut bellen, klingen, tönen, kreischen' und abgeleitetes aengl. *scrallettan* 'laut schreien', norw. (schwach) *skrella* 'schreien, laut lachen', so ist Anschluß an die (hier mit *s*-anlautende) schallnachahmende Wurzel ie. **ker-*, **kor-*, **kr-* für heisere, rauhe Töne (wozu auch *Harke*, *Rabe*, *schreien*, *Schrulle*, s. d.) möglich (vgl. de Vries Nl. 632). – schrillen Vb. 'laut und grell tönen, kreischen', hervorgegangen (18. Jh.) aus mundartlichem *schrellen*, *schrallen* (s. oben) unter Einfluß von gleichbed. engl. *to shrill*.

Schrippe f. 'Brötchen'. Die vorwiegend Berliner (nd.-märkische) Bezeichnung für 'Weißbrot mit aufgerissener Rinde' (18. Jh.) stellt sich zu frühnhd. *schripfen* '(mit dem Messer) kratzen, aufkratzen, abstutzen', das zu *schröpfen* (s. d.) und den dort aufgeführten Formen gehört.

Schritt m. 'das einmalige Vorsetzen eines Fußes und das damit gegebene Längenmaß, langsame Gangart', ahd. *scrit* (9. Jh.), mhd. *schrit*, asächs. *skrid-* (in *skridskōh* 'Flügelschuh'), mnd. *schrēde*, mnl. *scrēde*, nl. *schred(e)*, aengl. *scriþe* 'Lauf', anord. *skriðr* 'Schritt, Gang, Fahrt' (germ. **skridi-*), ablautend zu dem unter *schreiten* (s. d.) behandelten Verb. Der Gebrauch des Wortes als Maß der Strecke und Entfernung bzw. als Längenmaß setzt in mhd. Zeit ein.

schroff Adj. 'zerklüftet, steil aufsteigend oder abfallend', Rückbildung (um 1500) aus *Schroffen* m. 'Felsklippe, zerklüfteter Fels, Steinwand', mhd. *schroffe*, *schrove* 'rauher, zerklüfteter Fels, Felsklippe, -wand', das sich mit mhd. *schraf* 'Felskopf, zerklüfteter Fels, Steingerölle', mhd. *schruffen* 'spalten', ahd. *giscrefōn* 'einschneiden' (9. Jh.), aengl. *scræf* 'Höhle' wie *Scherbe* (s. d.) und die dort verzeichneten Wortformen auf die Labialerweiterung ie. **(s)kerp-*, **(s)krep-* zurückführen läßt und damit zur Wurzel ie. **(s)ker(ə)-* 'schneiden' (s. [1]*scheren*) gehört. Übertragener Gebrauch 'rauh, abweisend, unfreundlich' setzt im 17. Jh. ein. – Schroffheit f. (17. Jh.).

schröpfen Vb. 'zur Ader lassen, mit Schröpfköpfen behandeln'. Mhd. *schreffen*, *schraffen*, *schreven*, frühnhd. (mit Konsonantenschärfung) *schrepfen*, *schröpfen* (15. Jh.) 'reißen, ritzen, kratzen, zur Ader lassen' ist verwandt mit mnd. *schrāpen* 'scharren, schaben, kratzen', mnl. *scrāpen*, nl. *schrapen*, aengl. *scrapian*, engl. *to scrape* 'scharren, schaben, kratzen', anord. *skrapa* 'schaben, kratzen' und den starken Verben mhd. *schreffen*, *schreven* 'reißen, ritzen, kratzen', mnl. *screpen* 'abschaben', aengl. *screpan* 'schaben, kratzen'. Vergleichbar sind wohl lett. (älter) *skrabt* 'meißeln, schaben, kratzen', russ. *skrestí* (*скрести*) 'schaben, kratzen'. Rückführung auf ie. **(s)kerb(h)-*, **(s)kreb(h)-* (wozu auch *scharf* und *schürfen*, s. d., gehören), eine Labialerweiterung der Wurzel ie. **(s)ker(ə)-* 'schneiden' (s. [1]*scheren*), ist möglich. *schröpfen* bezeichnet in der Regel das Aderlassen, das ursprünglich durch Ritzen der Haut mit einer Lanzette geschah. In übertragener Verwendung 'jmdn. um sein Geld bringen, ihm zuviel abnehmen' (17. Jh.).

schroten Vb. 'grob zerkleinern, zerschneiden', ahd. *scrōtan* 'hauen, schneiden' (8. Jh.), mhd. *schrōten*, (md.) *schrāten*, *schrōden*, *schrāden* 'hauen, (ab)schneiden, Stoffe zu Kleidern zuschneiden, rollen, wälzen', mnd. *schrōden*, *schrāden*, mnl. *schrōden* 'beschneiden, stutzen' sowie (schwach flektierendes) aengl. *scrēadian* 'schälen, abschneiden', engl. *to shred* 'zerreißen, zerfetzen' sind mit anord. *skrjōðr* 'Schwächling', lat. *scrūta* n. Plur. 'Gerümpel', lit. *kir̃vis* 'Axt, Beil', russ. (landschaftlich) *červ* (*черв*) 'Sichel' an ie. **(s)keru-*, **(s)kreu-*, *u*-Erweiterung der Verbalwurzel ie. **(s)ker(ə)-* 'schneiden' (s. [1]*scheren*), anzuschließen. – S c h r o t n. m. 'grob gemahlenes Getreide, gehärtete Bleikügelchen (als Munition)', ahd. *scrōt* 'Schnitt' (um 1000; vgl. *āscrōt* 'Abgeschnittenes', 8. Jh.), mhd. *schrōt*, (md.) *schrāt* 'Hieb, Schnitt, Wunde, abgeschnittenes oder abgesägtes Stück, das zur Geldprägung vom Metallstab abgeschnittene Stück sowie dessen gehöriges Gewicht, Klotz, Gefäß', mnd. *schrōt*, *schrāt*, aengl. *scrēad*, engl. *shred* 'Schnitzel, Fetzen' steht als Substantivbildung zu *schroten* (s. oben). Redensartlich *von altem, gutem, echtem Schrot und Korn* (um 1700), vgl. *die münzen sollen am schroit* ('Gewicht') ... *und korn* ('Feingehalt') *gerecht sein* (1495). S c h r o t b ü c h s e f. 'mit Schrot zu ladendes Gewehr' (17. Jh.). v i e r s c h r ö t i g Adj. 'plump, grob, ungehobelt in Körperbau und Benehmen' (16. Jh.), mhd. *vierschrœtec* 'viereckig zugehauen', zu *Schrot* im Sinne von 'Klotz'.

Schrott m. 'Altmetall'. Das Substantiv *Schrot* (s. d.) gilt, ausgehend von der Bedeutung 'abgeschnittenes Stück, Klotz', im Niederrhein. auch für 'Eisenabfälle, Alteisen'. Der mundartlichen Aussprache mit kurzem Vokal folgend, wird der Ausdruck in der Schreibweise *Schrott* zu Anfang des 20. Jhs. in die Literatursprache aufgenommen. – v e r s c h r o t t e n Vb. 'als Altmetall verwerten' (20. Jh.).

schrubben Vb. 'intensiv abreiben, mit dem Schrubber reinigen', Aufnahme (17. Jh.) von mnd. *schrubben*, *schrobben* 'kratzen, scharrend entfernen' in die Literatursprache. Vergleichbare Bildungen sind mnl. *scrobben*, *scrubben*, nl. *schrobben*, engl. *to scrub*, schwed. *skrubba* 'reiben, scheuern', anord. *skrubbi* 'harter Mensch, Wolf'. Diese stehen mit affektischer Konsonantendoppelung neben verwandtem mnd. *schrāpen* '(mit Geräusch) scharren, schaben, kratzen' sowie *schröpfen* (s. d.) und *schürfen* (s. d.) und führen wie diese auf ie. **(s)kerb(h)-*, **(s)kreb(h)-*, Labialerweiterung der Wurzel ie. **(s)ker(ə)-* 'schneiden' (s. [1]*scheren*). – S c h r u b b e r m. 'Scheuerbürste mit langem Stiel' (18. Jh.), 'Kratzer, Geizhals' (17. Jh.).

Schrulle f. 'wunderlicher Einfall, Laune, Marotte, merkwürdiges Verhalten', ein nd. Wort, das im 18. Jh. in die Literatursprache eingeht und dort im 19. Jh. geläufig wird. Mnd. *schrul*, *schrol* m. n. 'Groll, Verstimmung, Raserei, Verrücktheit', nd. *Schrull* m. 'toller Einfall' steht wie nl. *schrollen* 'schmälen, schimpfen' (17. Jh.) und schwed. (mundartlich) *skrolla* 'schelten' lautmalend im Ablaut zu *schrill* (s. d.). – s c h r u l l i g Adj. 'wunderlich, launisch' (20. Jh.).

schrumpfen Vb. 'runzlig, kleiner werden, sich zusammenziehen' (17. Jh.) steht schwundstufig neben stark flektierendem mhd. *schrimpfen* 'in Falten, Runzeln zusammenziehen, krümmen', frühnhd. (mit Rundung) *schrümpfen* (16. Jh.), mnd. *schrimpen*, mnl. *scrimpen* 'runzlig werden', anord. *skreppa* 'ausgleiten, sich zusammenziehen, abnehmen', schwed. *skrympa*, das sich mit mhd. *schrimpf* 'Schramme, kleine Wunde', mnd. *schrumpe* 'Falte', engl. *shrimp* 'Krabbe, Knirps', anord. schwed. *skorpa* 'Kruste, Schorf' (zu anord. *skorpinn*, Part. Prät. zu *skreppa*, s. oben) als Variante mit *s*-Anlaut zu den unter *rümpfen* (s. d.) genannten Formen stellt. Ohne Nasal vergleichen sich außerdem lit. *skir̃bti* 'sauer werden, schrumpfen, körperlich abnehmen', russ. (älter) *skórbnut'* (*скорбнуть*) 'zusammenschrumpfen'. – s c h r u m p e l n Vb. 'schrumpfen', nd. mnd. Iterativum (17. Jh.); vgl. v e r s c h r u m p e l n Vb. (16. Jh.) und s c h r u m p (e) l i g Adj. 'runzlig, faltig' (18. Jh.), älter *schrumplich* (16. Jh.), *schrumpelicht* (17. Jh.).

Schub m. 'das Schieben, Stoß, was auf einmal geschoben wird, Schiebefach, die Kraft, mit der ein durch Rückstoß bewegter Körper angetrieben wird', Verbalabstraktum zu dem unter *schieben* (s. d.) behandelten Verb. Mhd. *schup* 'Aufschub, Fristverlängerung, das Schieben der Schuld auf einen anderen, Beweismittel, Strafe' ist zunächst ein Ausdruck der Rechtssprache. Erst vom 16. Jh. an wird *Schub* (wohl als Neubildung zum Verb) in allgemeinerem Sinne verwendet und steht für 'Stoß' (16. Jh.; s. auch *Schubs*), 'was auf einmal geschoben wird, eine gewisse Menge' (17. Jh., z. B. *ein Schub Brot, Semmeln*), 'Schiebelade, -fach' (um 1800) und (im physikalisch-technischen Bereich) 'Kraft, mit der etw. vorwärts getrieben wird'. – Schubkarren m., Schubkarre f. 'einrädriger Karren, der geschoben wird' (16. Jh.), *Schuffkarren* (15. Jh.). Schublade f. 'Lade oder Kasten, die zum Öffnen und Schließen heraus- und hineinzuschieben sind' (16. Jh.). Nachschub m. 'Hinterhergeschobenes zur Ergänzung einer (Versorgungs)lücke' (15. Jh.), vor allem im militärischen Bereich 'Versorgung der Truppe mit Proviant, Munition und mit frischen Einheiten'.

Schubbejack, auch Schubiack m. 'Schuft, Lump, Bettler' ist eine Entlehnung (18. Jh.) von gleichbed. nl. *schobbejack*, die sich vom Nordwesten aus im gesamten dt. Sprachgebiet verbreitet. Das erste Glied des Kompositums gehört zu nl. *schobben* 'kratzen, sich reiben', nd. *schubben, schobben*, einer Bildung mit affektischem *-bb-* zu dem unter *schieben* (s. d.) behandelten Verb; vgl. auch ofries. nordd. *Schubb(e)jack* u. ä. 'Pfahl, der auf baumarmen Weiden eingeschlagen wird, damit sich das Vieh daran reiben kann', dann auch 'Mensch, der jedem im Wege steht'. Das zweite Glied enthält wohl die aus *Jacob* verkürzte Namensform *Jack*.

Schubs, Schup(p)s m. 'Anschub, leichter Stoß'. Mhd. *schupf, schuf* 'Schwung, schaukelnde Bewegung', md. *Schup* (15. Jh.), obd. *Schupf* (16. Jh.), nd. md. *Schupp* (vorherrschend in der Schriftsprache des 18. Jhs.) und die intensivierende Weiterbildung *Schupps* (nd. 18. Jh.), *Schubs* (19. Jh.) stellen sich als Verbalabstrakta zu einem zu *schieben* (s. d.) gebildeten Intensivum *schupfen* 'stoßen, durch Stoß in schaukelnde Bewegung versetzen', mhd. *schüpfen, schupfen*, mnd. *schüppen*, nd. md. mnl. *schuppen, schubben*, nl. *schoppen*; vgl. auch ahd. *firscuphen* 'vergehen, unbeständig, flüchtig sein' (um 1000), anord. *skopa* 'springen, laufen'. – schubsen, schup(p)sen Vb. 'einen Stoß geben, (weg)stoßen' (19. Jh.).

schüchtern Adj. 'ängstlich, zurückhaltend' (16. Jh., zuerst von Tieren) geht zurück auf mnd. md. *schüchter*. Dies ist eine Ableitung von mnd. *schüchter(e)n* 'sich (aus Furcht) zerstreuen, durch Scheuchlaute verjagen', md. *schüchtern, schuchtern* 'scheu, zaghaft, furchtsam werden oder machen, (ver)jagen', die ihrerseits (wie *scheuchen*, s. d.) zu den unter *scheu* bzw. *scheuen* (s. d.) genannten Formen gebildet sind. Das auslautende *-n* übernimmt das Adjektiv (endgültig im 18. Jh.) aus den flektierten Kasus (ähnlich wie *albern*, s. d.). – Das oben genannte Verb *schüchtern* bewahren die Präfixbildungen einschüchtern Vb. 'schüchtern machen' (19. Jh.) und verschüchtert Part.adj. 'ängstlich, zurückhaltend' (19. Jh.). Schüchternheit f. 'Zaghaftigkeit, Zurückhaltung' (18. Jh.), *Schüchterheit* (17. Jh.).

Schuft m. 'Schurke, ehrlose, gemeine Person' (um 1800), 'armseliger, häßlicher, heruntergekommener Mensch' (18. Jh.), 'verarmter Adliger' (17. Jh.). Der Ausdruck ist nd. Herkunft, seine literatursprachliche Verwendung folgt dem jeweiligen nd. Gebrauch. Nd. *Schuft, Schufft, Schofft* gilt als Zusammenziehung von mnd. *schūvūt*, nd. *Schuvuut* 'Uhu', einer den Ruf des Tieres (als *schieb aus* gedeuteten) nachahmenden Bezeichnung. Der Name wird als Schimpfwort (Anfang 17. Jh.) auf den wie die Eule das Tageslicht scheuenden verarmten Edelmann und Raubritter übertragen. – schuftig Adj. 'wie ein Schuft, ehrlos, gemein' (um 1800), nd. *schuftig* 'armselig, zerlumpt, bettelhaft' (18. Jh.).

schuften Vb. 'viel und hart arbeiten', ein nd. md. Verb, im 19. Jh. in die Literatursprache eingegangen. Anzuknüpfen ist an mnd. *schoftīt, schochtīt* 'Arbeitszeit von drei Stunden oder einem Vierteltag, vierter Teil eines Arbeitstages' und an in nd. *Schuft* 'Arbeit, Zeit, in welcher eine Arbeit ununterbrochen und ohne Pause gemacht wird, vierter Teil des Tages, Teil des Arbeitstages von einer Mahlzeitpause zur anderen' (18. Jh.), nl. *schoft*, schwed. (mundartlich, aus dem Nd. entlehnt) *skoft* 'zusätzliche Arbeit in der Freizeit, Überstundenarbeit' belegtes Substantiv mit *t*-Suffix. Es handelt sich um Bildungen, die (wie *Schub*, s. d.) zu dem unter *schieben* (s. d.) behandelten Verb gehören, so daß für *schuften* von einer Bedeutung 'in einem Schub (ohne Unterbrechung) arbeiten' auszugehen ist. – S c h u f t e r e i f. 'harte, umfangreiche Arbeit' (20. Jh.).

Schuh m. 'Fußbekleidung', ahd. *scuoh* (9. Jh.; vgl. früher bezeugtes *giscuohi*, s. unten), mhd. *schuoch*, *schuo* (auch Längenmaß), asächs. *skōh*, mnd. *schō*, mnl. *scoen* (kollektiver Plur. von *scoe*), nl. *schoen*, aengl. *scō(h)*, engl. *shoe*, anord. *skōr*, schwed. *sko*, got. *skōhs*. Auszugehen ist wohl von dehnstufigem, mit *ko*-Suffix gebildetem ie. **skō(u)ko-*, das im Sinne von 'Umhüllung (des Fußes)' an die unter *Scheune*, *Scheuer* (s. d.) angeführte Wurzel ie. **(s)keu-*, **(s)keu̯ə-*, **(s)kū-* 'bedecken, umhüllen' angeschlossen werden kann (s. auch unterschiedlichen Wurzelerweiterungen folgendes *Haus*, *Haut*, *Hode*, *Hort*, *Hose*, *Schote*). Neben dem Mask. steht in alter Zeit die neutr. Kollektivbildung 'ein Paar Schuhe, Schuhwerk' ahd. *giscuohi* (8. Jh.), mhd. *geschuohe*, *geschüehe*, asächs. *giskōhi*, got. *gaskōhi* 'Sandalen, Schuhe'. – S c h u h m a c h e r m., mhd. *schuochmacher*. S c h u h p l a t t l e r m. oberbair.-öst. Volkstanz (belegt 19. Jh., doch wohl älter), bei dem der Tänzer, die Füße hebend, mit der flachen Hand rhythmisch auf Oberschenkel und Schuhsohlen schlägt, vgl. kärntnerisch *Schuochplattlar*, zu bair.-öst. *plattern*, *plättern* 'mit flacher (platter) Hand klatschend schlagen' (abgeleitet von *platt*, *Platte*, s. d.).

Schuld f. 'Zahlungsverpflichtung, Vergehen, Unrecht, Ursache (von etw. Bösem), Verantwortung (für etw.)', ahd. *sculd* '(Zahlungs)verpflichtung, Vergehen, Missetat, Buße, Verdienst, Ursache' (8. Jh.), mhd. *schulde*, *schult*, *scholt*, asächs. *skuld*, mnd. *schult*, mnl. *scult*, nl. *schuld*, aengl. *scyld*, anord. schwed. *skuld* (germ. **skuldi-*) ist ein mit *ti*-Suffix zu dem unter *sollen* (s. d.) behandelten Präteritopräsens gebildetes Abstraktum. Verwandt sind lit. *skolà* und *kaltẽ* 'Schuld', apreuß. *skallīsnan* (Akk. Sing. Fem.) 'Pflicht'. *Schuld* bezeichnet zunächst eine 'Verpflichtung oder Leistung', die einem obliegt, dann speziell die 'Verpflichtung zu einer Geldzahlung, die aus einem Darlehen erwächst' und steht sowohl für 'entliehenes, zurückzuzahlendes Geld' als auch (vom Gläubiger her gesehen) für 'verliehenes Geld, Guthaben'. Bereits im Ahd. nimmt *Schuld* (unter kirchlichem Einfluß) über 'Verpflichtung zur Buße' die Bedeutung 'Missetat, Vergehen, begangenes Unrecht' an. Daraus entwickelt sich in rechtssprachlicher Verwendung 'Anklage, Anschuldigung, zur Last gelegtes Verbrechen, Beschuldigung' (vgl. mhd. *schult geben*), 'Ursache, Grund' (für die Konsequenzen und Folgen eines Vergehens, vgl. mhd. *einer sache schulde hān*, nhd. *Schuld haben an etw.*, mhd. *einem schulde geben*, nhd. *die Schuld geben*). – s c h u l d e n Vb. 'jmdm. zu einer Leistung, bes. zur Rückzahlung eines Geldbetrags, verpflichtet sein, jmdm. etw. verdanken', ahd. *sculdōn* 'verschulden, verdienen' (10. Jh., *gisculdōn*, 9. Jh.), *sculden* 'verschulden, verdienen, schuldig sprechen' (9. Jh.), mhd. *schulden* 'schuldig sein, bleiben, sich schuldig machen, verpflichtet sein, beschuldigen, anklagen'. s c h u l d i g Adj. 'verpflichtet (etw. zu leisten oder zu zahlen), Urheber, Ursache, Anlaß für etw. darstellend', ahd. *sculdīg* 'schuldend, verpflichtend, verpflichtet, zugehörig, geeignet' (8. Jh.), mhd. *schuldic*, *schuldec*. b e s c h u l d i g e n Vb. 'die Schuld geben, anklagen, bezichtigen', mhd. *beschuldigen* 'anklagen'; vgl. ahd. *sculdīgōn* 'beschuldigen' (um 1000). a n s c h u l d i g e n Vb. 'die Schuld geben, bezichtigen', mhd. *aneschuldigen*. e n t s c h u l d i g e n Vb. 'verzeihen, erklären und damit um Verständnis bitten', mhd. *entschuldigen* 'von der Schuld befreien, lossagen, freisprechen'. S c h u l d n e r m. 'wer einem Gläubiger Geld zurückzahlen muß', frühnhd. *schuldener* 'Schuldner' und 'Gläubiger' (15. Jh.). U n s c h u l d f. 'Schuldlosigkeit, moralische Reinheit', ahd. *unsculd* (8. Jh.), mhd. *unschult*, *-schulde*. u n s c h u l d i g Adj. 'schuldlos, moralisch untadelig', ahd. *unsculdīg* (8. Jh.), mhd. *unschuldic -schuldec* 'frei von Schuld, schuldlos, unverschuldet, nicht gebührend'.

Schule f. 'Erziehung und Unterrichtung' (bes. von Kindern und Jugendlichen) sowie die 'Wissen und Bildung vermittelnde Einrichtung', auch 'wissenschaftliche oder künstlerische (von einem Meister ausgehende) Richtung', ahd. *scuola* (9. Jh.), mhd. *schuol(e)*, mnd. *schōle* sind wie mnl. *scōle*, nl. *school*, aengl. *scōl*, engl. *school* Entlehnungen aus lat. *schola*, griech. *scholḗ* (σχολή) 'Rast, Muße, (gelehrte) Unterhaltung, Vortrag, Ort des Vortrags, Auditorium, Schule'. Die Aufnahme ins Dt. muß etwa im 6. Jh. aus sekundär gedehntem spätlat. *schōla* erfolgt sein, wie der Stammvokal ahd. *-uo-* ausweist. Griech. *scholḗ* ist eine Bildung mit *l*-Suffix zum Aorist griech. *schẽin* (σχεῖν) von griech. *échein* (ἔχειν) 'besitzen, (zurück)halten, haben'. – s c h u l e n Vb. 'ausbilden, unterrichten, unterweisen' (18. Jh.), 'schelten' (17. Jh.). S c h u l u n g f. 'intensive Ausbildung, durch Übung erreichte Fertigkeit' (19. Jh.), heute auch 'zeitlich begrenzter Kurs, Spezialunterweisung'. S c h ü l e r m. 'wer zur Schule geht, Lernender', ahd. *scuolāri* (9. Jh.), mhd. *schuolære, schüelære, schüeler*, Nomen agentis zum Substantiv, wohl unter Einfluß von lat. *scholāris* 'zur Schule gehörig'; *fahrender Schüler* 'von einer Universität zur anderen ziehender Student' (15. Jh.), mlat. (Plur.) *scholares vagi* bzw. *vagantes*.

Schulter f. Bezeichnung für den Arm und Brustkorb verbindenden Körperteil, ahd. *scultira* (8. Jh.), mhd. *schulter, schulder*, mnd. *schulder*, mnl. *scouder(e)*, nl. *schouder*, aengl. *sculdor*, engl. *shoulder*. Geht man davon aus, daß das Schulterblatt von Tieren als Grabwerkzeug verwendet wurde, so kann vielleicht griech. *skállein* (σκάλλειν) 'scharren, hacken', *skalís* (σκαλίς) 'Schaufel, Hacke' verglichen und ie. **skl̥dhrā* 'Schulterblatt' als Bildung zur Wurzel ie. **(s)kel-* 'schneiden' (s. *Halfter, Schale, Schild, Schilling, verschleißen*) angesehen werden. Möglich ist freilich auch Zugehörigkeit zu der unter *scheel* (s. d.) genannten gleichlautenden Wurzel ie. **(s)kel-* 'biegen, anlehnen, krumm, verkrümmt' und Verwandtschaft mit griech. *skélos* (σκέλος) 'Schenkel, Bein', *skelís* (σκελίς) 'Hinterfuß, Hüfte', da *Schulter* bis ins 16. Jh. auch 'Schulterstück (Bug) sowie Hüfte, Schenkel des Tieres' bedeuten kann. – s c h u l t e r n Vb. 'auf die Schulter nehmen und tragen' (17. Jh.). S c h u l t e r b l a t t n. 'breiter, blattartiger Rückenknochen', mhd. *schulterblat*.

Schultheiß m. 'mit richterlicher und exekutiver (polizeilicher, zuweilen auch militärischer) Gewalt ausgestatteter Vertreter der Obrigkeit', auch 'örtlicher Verwaltungsbeamter, Gemeindevorsteher', ahd. *sculdheiȝo* (8. Jh.), mhd. *schultheiȝe, schultheis*, asächs. *skuldhētio*, mnd. *schulthete, schultēte* (woraus latinisiert mlat. *scultetus*), mnl. *schouthet(e)*, aengl. *sculthēta* ist ein Kompositum aus dem unter *Schuld* (s. d.) behandelten Substantiv und einem Nomen agentis zu den unter *heißen* (s. d.) verzeichneten Verbformen, bezeichnet daher eigentl. den, 'der eine Verpflichtung, eine Leistung anordnet'. Den ältesten Nachweis für dieses Amt liefert langobard. *sculdhais, sculdais, sculdaiz*. Abgeschwächte bzw. kontrahierte Formen sind frühnhd. *schultesse, schultes*, nd. *Schulte*, nl. *schout*, nhd. *Schulze*, vgl. *Dorfschulz(e)* und den Familiennamen *Schulze*.

schummeln Vb. 'betrügen' (18. Jh.). Herkunft ungeklärt. Wolf Rotw. 302 erwägt Herleitung aus zigeunerisch *chin(d)av* 'scheißen, betrügen' über rotw. *beschunden* 'betrügen', *beschundlen* 'bescheißen, verunreinigen, betrügen, anführen'. Andere sehen in frühnhd. *umbschümmeln* 'taumeln, umstürzen' (16. Jh.), *sich schummeln* 'sich davonmachen' (17. Jh.), *schummeln* 'eilig etw. tun', z. B. 'Küchenarbeit verrichten' (Anfang 18. Jh.), nd. *schummeln* 'schlotterig einhergehen, scheuern, reinigen, fegen' (18. Jh.), mnl. *scommelen*, nl. *schommelen*, nhd. *schummeln* 'durch Geschwindigkeit oder List betrügen' (2. Hälfte 18. Jh.) ein lautmalendes Wort. Althaus in: Zs. f. Mundartforsch. 30 (1963/64) 67 f. erklärt das Verb als Bildung aus *šin, wāw, mēm*, den hebr. Anfangsbuchstaben (= *Schum*) der Handelsstädte *Speyer, Worms, Mainz*, und verweist auf obd. *Schumser* '(Handels)jude'. Danach soll *schummeln* eigentl. 'handeln' (von Juden) bedeuten (so noch elsäss. und rhein.), dann '(im Handel) betrügen' (18. Jh.), vgl. nd. *beschummeln* 'auf jüdisch betrügen', elsäss. *schummeln* 'übervorteilen, beim Spiel betrügen' (beide 2. Hälfte 18. Jh.). Wie *fuggern* 'handeln' und 'betrügen' zum Namen *Fugger* (auch 'Kaufmann, Betrüger') gebildet ist, will Althaus *schummeln* von der Bezeichnung der sogennnten *Schumstädte* abgeleitet wissen.

Schummer m. 'Dämmerung', ein aus dem Nd. stammendes Wort, das sich mit seinen zugehörigen Bildungen (s. unten) vom 18. Jh. an von Berlin aus zu verbreiten beginnt. Mnd. *schummer* steht ablautend zu dem unter *schimmern* (s. d.) behandelten Verb. Die Bedeutung 'schwacher Glanz' entwickelt sich bereits im Mnd. zu 'schwacher Schein, Dämmerung, Schatten'. – s c h u m m e r n Vb. 'dämmern' (18. Jh., bes. nordd. und omd.). s c h u m m (e) r i g Adj. 'dämmrig, halbdunkel' (18. Jh.). Schummerstunde f. 'Zeit der Abenddämmerung' (18. Jh.).

Schund m. 'wertloses Zeug, schlechte Ware, Ausschuß' (18. Jh.), speziell 'schlechte, wertlose Literatur' (Lessing), '(anrüchiger) Geldgewinn' (17. Jh.), 'Unrat, Kot' (16. Jh.), ablautendes Verbalnomen zu *schinden* (s. d.), daher eigentl. 'Abfall des Abdekkers beim Schinden', z. B. 'von den Häuten abgeschabtes Fleisch', dann allgemein 'Schmutz, Dreck, Widerwärtiges, Wertloses'.

schunkeln Vb. 'schaukeln, sich mit untergehakten Armen zu Musik wiegend bewegen' (18. Jh.), abgeleitet von omd. nd. *Schunkel* 'Schaukel', eine durch Nasaleinschub erweiterte Form der unter *Schaukel* (s. d.) behandelten Wortgruppe.

Schuppe f. kleine Hautplatte auf den Körpern von Fischen, Schlangen, Eidechsen, ahd. *scuob(b)a* (10. Jh.), mhd. *schuop(e)*, (md.) *schūpe*, *schuppe*, mnd. *schōpe*, *schōve*, *schubbe*, *schuppe*, zunächst die Fischschuppe bezeichnend, die bei der Zubereitung abgeschabt wird, gehört (dehnstufig) zu der unter *schaben* (s. d.) angeführten Wurzelform ie. **skǎb(h)-* 'mit scharfem Werkzeug schneiden, spalten'. Im Nhd. setzt sich durch Luther die nd.-md., Vokalkürzung aufweisende Form *Schuppe* durch. Im Mhd. geht der Ausdruck auch auf menschliche Hautabsonderungen, zumal der Kopfhaut, und im 19. Jh. auf fischschuppenähnlich angeordnete Pflanzenteile über. Redensartlich *es fallen einem die* bzw. *es fällt wie Schuppen von den Augen* 'man erkennt plötzlich, kommt plötzlich zur Einsicht' (16. Jh.), eigentl. von der göttlichen Heilung der als Schuppen vor den Augen gedachten Starblindheit, vgl. mhd. *legete sīne hant ūf in … und zu hant vīl von sīnen ougen alse schūpen und wart sehende* (vgl. Neues Testament, Ap.gesch. 9,18). – schuppen Vb. 'Schuppen entfernen', mhd. *schuppen*, *schūpen* (14. Jh.). geschuppt Part.adj. 'entschuppt' (vom Fisch), auch 'mit Schuppen versehen' (16. Jh.). schuppig Adj. 'mit Schuppen bedeckt' (15. Jh.) löst gleichbed. *schuppicht*, mhd. *schuopeht* ab und wird im 18. Jh. die herrschende Form.

Schuppen m. '(Bretter)haus zum Abstellen von Wagen und Gerät, Speicher'. Mnd. *schoppe*, nd. *Schupp* 'Wetterdach, an die Scheune angebaute Hütte', md. (mit Endungs-*n* aus den obliquen Kasus) *Schuppen* wird im 16. Jh. in die Literatursprache aufgenommen. Ihm entspricht ahd. *scoph*, *scof* 'Feldscheune' (Hs. 12. Jh.), mhd. *schopf*, *schopfe* 'Gebäude ohne (Vorder)wand als Scheune, Remise, Vorhalle', frühnhd. *Schopf* (bis ins 17. Jh.). Es führt mit aengl. *scipen*, *scypen* f. 'Kuhstall', engl. (mundartlich) *shippon*, aengl. *sceoppa* 'Schuppen, Bude' und den unter *Schopf* und *Schober* (s. d.) behandelten Substantiven auf die Wurzel ie. **(s)keup-*, **skeub(h)-* 'Büschel, Schopf, Quaste'. *Schuppen* ist ursprünglich 'ein mit Strohbündeln gedecktes Schutzdach'.

Schur f. 'das Scheren (der Schafe)', mhd. *schuor* 'das Abscheren', unregelmäßig ablautende (wohl durch das nachfolgende *r* beeinflußte) Abstraktbildung zu dem unter [1]*scheren* (s. d.) behandelten Verb. Daneben auch *Schur* m., mhd. *schuor* in der übertragenen Bedeutung 'Schererei, Not, Plage', erhalten in *jmdm. etw. zum Schur(e) tun* 'jmdn. ärgern, ihm Scherereien bereiten', mhd. *schuor tuon*. – Schurwolle f. 'abgeschorene Schafwolle' (18. Jh.), mnd. *schōrwulle*.

schüren Vb. '(Feuer) anfachen, reizen', ahd. *scurien* 'Feuer anmachen' (11. Jh.; vgl. *fiurscuria* 'Ofenheizerin, Küchenmagd', um 900, *fiurscurio* 'Bösewicht', 11. Jh.), mhd. *schürn* 'einen Anstoß geben, reizen, brennen machen, entzünden, das Feuer unterhalten' sowie ahd. *scurgen* 'stoßen' (um 800), mhd. *schürgen*, *schurgen* 'schieben, stoßen, treiben, verleiten (zu etw.)', aengl. *scorian* 'wegstoßen, zurückweisen', anord. *skora* 'schneiden, bestimmen, fordern' sind verwandt mit ahd. *scora* (Hs. 12. Jh.), mhd. *schor* 'Grabscheit, Spitzhaue', got. *winþiskaúrō* 'Worfschaufel', mhd. *schorn* 'mit der Schaufel arbeiten, zusammenscharren, kehren, stoßen, fortschieben', vielleicht auch mit den unter *scheuern* (s. d.) angegebenen Formen, und lassen sich mit aind. *skunā́ti* 'bedeckt' (älter wohl 'stochern, stöbern, schüren, reißen'), *cōṣkūyátē* 'stöbert auf, bringt durcheinander, stochert' sowie (ohne anlautendes *s-*) mit lit. *kiáuras* 'durchlöchert' und wohl auch russ. *čúrka* (*чурка*) 'Holzklotz' auf ie. **skēu-* 'schneiden, trennen, kratzen, scharren, stochern, stöbern' zurückführen, eine Erweiterung der Wurzel ie. **sěk-* 'schneiden' (s. *Messer*, *Säge*, *Segel*).

schürfen Vb. 'die Haut aufreißen, ritzen', in der Bergmannssprache (16. Jh.) 'Erdschichten beseitigen und nach Bodenschätzen graben', ahd. *scurphen* 'in etw. hineinschneiden, etw. öffnen (den Körper von Opfer-, Schlachttieren, von Menschen mit Folterwerkzeugen), Feuer aus dem Stein schlagen' (9. Jh.), mhd. *schürpfen*, *schürfen* 'aufschneiden, ausweiden, schlagen, Feuer schlagen', aengl. *sceorpan*, *screpan* 'kratzen, nagen, schaben' stellen sich wie die unter *scharf* und *schröpfen* (s. d.) genannten Formen zur Labialerweiterung ie. **(s)kerb(h)-*, **(s)kreb(h)-* der Wurzel ie. **(s)ker(ə)-* 'schneiden' (s. [1]*scheren*).

schurigeln Vb. 'quälen, plagen, schikanieren' (Anfang 17. Jh.), Iterativbildung zu dem unter *schüren* (s. d.) aufgeführten Verb ahd. *scurgen* 'stoßen' (um 800), mhd. *schürgen*, *schurgen* 'schieben, stoßen, treiben, verleiten (zu etw.)', nhd. (nach dem 17. Jh. bes. mundartlich) *schurgen*, *schorgen*, *schörgen*, *schirgen*. Das durch den fest gewordenen und gelängten Sproßvokal *ī* undurchsichtige *schurigeln* unterliegt verschiedentlich volksetymologischen Deutungen, vgl. bes. die Schreibungen *schulriegeln* (17. Jh.) und *schuhriegeln* (noch im 19. Jh.).

Schurke m. 'gemeiner, ehrloser Mensch, Halunke' (Ende 16. Jh., wohl älter), als starkes Schimpfwort hervorgegangen aus dem Nomen agentis zu dem unter *schüren* und *schurigeln* (s. d.) angeführten Verb ahd. *scurgen* 'stoßen', mhd. *schürgen*, *schurgen* 'schieben, stoßen, treiben, verleiten (zu etw.)'. Vielleicht gehört hierher das unter *schüren* angegebene ahd. *fiurscurio* 'Bösewicht', eigentl. 'Schürer des Feuers' (11. Jh.), wenn als *fiurscurgo* aufzufassen. – Schurkerei f. 'Gemeinheit' (17. Jh.). schurkisch Adj. 'wie ein Schurke, gemein' (17. Jh.).

schurren Vb. 'sich geräuschvoll bewegen, schlurfen, rutschen', vorwiegend nordd. (17. Jh.); vgl. mnd. *schurren* 'einen dumpf kratzenden Ton hervorbringen', das im Ablaut zu *scharren* (s. d.) steht. – Schurrmurr m. 'altes Gerümpel, ausrangierter Hausrat, wertloses Zeug', nordd. (19. Jh.), wohl zu *schurren* gebildet, vielleicht in einer an *scharren* (s. d.) angelehnten Bedeutung 'zusammenkratzen', so daß von 'zusammengescharrter Dreck, Kehricht' auszugehen ist. Das zweite Kompositionsglied hat wahrscheinlich nur lautmalende und reimprägende Funktion. Vgl. nl. *schorremorrie* 'Ausschuß, niederes Volk', eigentl. 'Zusammengerafftes, Unrat'. Die mehrfach vermutete Herleitung des Ausdrucks von pers. *šur-o-mur* 'Verwirrung' ist unwahrscheinlich, vgl. de Vries Nl. 626.

Schurz m. 'kurzes, um die Hüften getragenes Kleidungsstück, kurze Schürze für Männer', spätmhd. *schurz* 'Kleidungsstück, das nur den Vorderteil des Unterleibs deckt, den Unterleib der geharnischten Reiter deckender Teil der Rüstung' ist verwandt mit dem Adjektiv ahd. *scurz* (8. Jh.), *scurt* (um 800; der Wechsel im Auslaut wohl analog zu ahd. *kurz*, *kurt*) 'kurz', mhd. *schurz* 'abgeschnitten, kurz' (das von entlehntem, aber letztlich verwandtem *kurz*, s. d., verdrängt wird), aengl. *sceort*, engl. *short* 'kurz' sowie anord. *skorta* 'mangeln, fehlen', *skort*, *skortr* 'Mangel' und (mit Ablaut) mhd. *scherze*, *scherzel* 'abgeschnittenes Stück'. Einen fem. *jōn*-Stamm setzen voraus aengl. *scyrte* 'Hemd, Schürze', engl. *shirt* 'Hemd', mnd. *schörte* 'Schurz, Schürze, den Unterleib deckender Teil der Rüstung', mnl. *scorte*, nl. *schort* 'Schürze, Schurz', anord. *skyrta* 'Hemd' (woraus engl. *skirt* 'Rock'). Außergerm. vergleichbar sind griech. *skórodon* (σκόροδον) 'Knoblauch' (nach den gespaltenen Knollen), aslaw. *oskrъdъ* 'Meißel, Spitzhacke', russ. (älter) *oskórd* (оскорд) 'großes Beil', lit. *skérsti* 'schlachten, stechen', lett. *šķērst* 'zer-, aufschneiden'. Zugrunde liegt die Dentalerweiterung ie. **(s)kerd-*, **(s)kr̥d-* der Wurzel ie. **(s)ker(ə)-* 'schneiden' (s. [1]*scheren*). – Schurzfell n. 'Schurz aus Fell oder Leder', mhd. *schurzvel* (14. Jh.). Schürze f. 'zum Schutz der Kleidung getragenes Kleidungsstück' (17. Jh.). Auf Grund der späten Bezeugung ist das Substantiv wohl nicht unmittelbar zu den oben genannten femininen Formen zu stellen. Vielleicht ist eher an eine hochdeutscher Lautung angeglichene Entlehnung von mnd. *schörte* (s. oben) zu denken, falls nicht ein singularisierter Plur. von *Schurz* vorliegt. Als meist von Frauen getragenes Kleidungsstück nimmt *Schürze* in übertragenem Sinne die Bedeutung 'Frau' an, daher Schürzenjäger m. 'wer ständig Frauen umwirbt' (2. Hälfte 19. Jh.). schürzen Vb. 'ein Kleid hochnehmen, hochbinden und damit kürzen, raffen', mhd. *schürzen*, auch 'ziehen, schlingen, bereitmachen, rüsten', zum Adjektiv mhd. *schurz* 'kurz' (s. oben).

Schussel m. 'fahriger, unkonzentrierter Mensch', zu Anfang des 19. Jhs. aus omd. und ostobd. Mundarten in die Umgangssprache aufgenommen. Vielleicht abgeleitet von *Schuß* (s. d.) im Sinne von 'schnelle, übereilte Bewegung'. – schusselig Adj. 'fahrig, unkonzentriert, unüberlegt', schusseln Vb. 'hin und her rennen, übereilt, unüberlegt handeln' (beide 19. Jh.).

Schüssel f. 'offenes Gefäß mit flachem Boden', ahd. *scuʒʒila* (9. Jh.), mhd. *schüʒʒel(e)*, asächs. *skutala*, mnd. *schōtel(e)*, mnl. *scōtele*, *scottel*, nl. *schotel*, aengl. *scutel*, engl. *scuttle* 'Kübel, Eimer, Kasten', anord. (aus dem Aengl.) *skutill* sind Entlehnungen aus lat. *scutella* 'kleine Trinkschale', Deminutivum zu lat. *scutra* 'flache Schüssel, Schale, Platte', das als 'Gefäß aus Leder' zu lat. *scūtum* 'Schild' gehört. Das lat. Deminutivsuffix hat sich an das fem. Suffix für Gerätebezeichnungen germ. *-ilō* angepaßt und Umlaut bewirkt. Das Wort wird mit anderen Küchenwörtern und Gefäßbezeichnungen (s. *Becken*, *Kessel*, *Pfanne*) noch vor dem 6. Jh. von den Germanen aufgenommen.

Schuster m. 'wer Schuhe herstellt oder ausbessert', mhd. *schuochsūtære*, *-sūter* 'Schuhnäher', kontrahiert *schuochster*, *schuoster*, frühnhd. *schūster* (15. Jh.) ist eine Zusammensetzung von mhd. *schuoch* (s. *Schuh*) mit dem nach Abschluß der zweiten Lautverschiebung aus lat. *sūtor* 'Flickschuster' (zu lat. *suere* 'nähen') entlehnten ahd. *sūtāri*, *sūteri* (11. Jh.), mhd. *sūtære*, *sūter* 'Näher, Schneider, Schuster' (noch bis Ende 14. Jh. üblich), aengl. *sūtere* 'Schuster', engl. (schott. und nordhumbrisch) *souter*, (aus dem Aengl. oder Mnd. übernommen) anord. *sūtari*, aschwed. *sūtare*. Das verdeutlichende mhd. Kompositum setzt 'Schuster' gegen 'Schneider' ab. Eine einheimische germ. Bezeichnung liegt vor in mhd. *schuochwürhte*, *-worhte*, *-würke*, aengl. *scōhwyrhta* und in mhd. *schuochmacher*. Redensartlich *auf Schusters Rappen (reiten)* 'zu Fuß (gehen)' (17. Jh.), *Schuster, bleib' bei deinem Leisten* 'mische dich nicht in Dinge, von denen du nichts verstehst'. – schustern Vb. 'Schuhe herstellen oder ausbessern' (17. Jh.), übertragen 'zurechtflicken, pfuschen' (19. Jh.). zuschustern Vb. 'Geld zusetzen, zustecken, zukommen lassen' (18. Jh.).

Schutt m. 'Gesteinstrümmer, Abfälle von Erde, Sand und dgl.' (17. Jh.), 'Erdaufwurf, Umwallung, Bollwerk' (15. Jh.), eigentl. 'Aufgeschüttetes', zu *schütten* (s. d.).

schütteln Vb. 'schnell und heftig hin und her bewegen', mhd. *schütelen*, *schütteln*, auch 'erschüttern' (vgl. ahd. *irscutilōn* 'erörtern', um 1000) ist Iterativbildung zu dem unter *schütten* (s. d.) behandelten Verb. – Schüttelfrost m. 'Kältegefühl, Zittern und Gänsehaut bei plötzlichem hohem Fieber' (19. Jh.). Schüttelreim m. Paarreim mit vertauschten Anfangskonsonanten der Reimwörter (Ende 19. Jh.).

schütten Vb. 'strömen, niederrinnen, niedergleiten lassen, gießen', ahd. *scutten* 'heftig hin und her bewegen, schütteln' (8. Jh.), mhd. *schüt(t)en* 'schwingen, schütteln, erschüttern, Erdreich an-, aufschwemmen, anhäufen, eindämmen', asächs. *skuddian* 'schütteln, erschüttern', mnd. *schüdden*, mnl. *scudden*, nl. *schudden* 'schütteln, hin und her bewegen'. Dazu gehören (ablautend) aengl. *scūdan* 'eilen' sowie die Iterativbildungen *schüttern* (s. unten), *schaudern*, *schütteln* (s. d.). Vielleicht lassen sich lit. *kutéti* 'aufrütteln', *kutrùs* 'beweglich, rührig' und russ. *skitát'sja* (*скитаться*) 'umherstreichen, umherirren' vergleichen; dann wäre der Ansatz einer Wurzel ie. **(s)kŭ̄t-* 'rütteln' möglich. – Schütte f. 'Bund Stroh', eigentl. 'die Menge Stroh, die auf einmal zum Ausdreschen der Körner auf die Tenne geschüttet wird' (16. Jh.), 'Lagerort für aufgeschüttetes Getreide, Speicher' (15. Jh.), mhd. *schüt(e)* 'Anschwemmung, angeschwemmtes Erdreich', dadurch gebildete 'Insel', auch 'Erdwall, Schutt, Unrat, Ort, wo Schutt abgeladen, wo Korn aufgeschüttet wird, Kornboden'. schüttern Vb. 'stoßen, donnern, beben' (16. Jh.), Iterativbildung zu *schütten* (s. auch *erschüttern*).

schütter Adj. 'lose, dünnstehend, gelichtet, spärlich', ahd. *sketar* (um 1000), *skitir* (11. Jh.) 'dünn, lückenhaft', mhd. *schiter* 'dünn, mager, nicht dicht, lücken-, mangelhaft', nhd. (seit dem 19. Jh. mit gerundetem Vokal) *schütter* ist wie aind. *chidráḥ* 'durchlöchert', griech. *skidarón* (*σκιδαρόν*) 'dünn, schwach, zart' mit dem Adjektivsuffix ie. *-ro-* (s. auch *bitter*, *heiser*, *lauter*) zur Dentalerweiterung ie. **skĕid-* (wozu auch *scheißen*, s. d.) der unter *scheiden* (s. d.) angeführten Verbalwurzel ie. **skĕi-* 'schneiden, trennen, scheiden' gebildet. In Verbindung mit *r* bleibt *t* im Hd. unverschoben. Ausgangsbedeutung ist 'abgesondert, abgespalten'. *schütter* wird erst im 19. Jh. durch öst. Schriftsteller in der Literatursprache wieder geläufig.

Schütze m. 'wer mit einer Schußwaffe schießt', ahd. *scuzzo* (11. Jh.), mhd. *schütze*, mnd. *schütte*, mnl. *scutte*, aengl. *scytta* (germ. **skutjan-*) und anord. *skyti* (*n*-Stamm) sind Nomina agentis zu dem unter *schießen* (s. d.) behandelten Verb. Sie bezeichnen je nach dem Entwicklungsstand der Technik den mit Pfeil und Bogen, mit der Armbrust, mit einer Feuerwaffe Schießenden. Im Mhd. entwickelt sich im Zusammenhang mit den zum Schutz der Bürger und Städte bewaffneten Wachmannschaften die Bedeutung 'Wächter' (erhalten im Kompositum *Flurschütz*, mhd. *vluorschütze*), die aber bald als zu *schützen* (s. d.) gehörig empfunden wird. S. auch *Abc-Schütze*.

schützen Vb. 'vor übler Einwirkung bewahren, absichern, behüten', mhd. *schützen*, (md.) *schutzen* 'auf-, ein-, umdämmen, Wasser aufstauen, Schutz gewähren, beschirmen, verteidigen' kann wie mnd. *schütten* 'durch Absperrung in der Bewegung behindern, hemmen, Wasser stauen, einsperren, abwehren', mnl. *scutten* 'in einen geschlossenen Raum bringen, einfrieden, absondern', nl. *schutten*, aengl. *scyttan* 'mit einem Riegel schließen', engl. *to shut* 'schließen' als Intensivbildung zu dem unter *schießen* (s. d.) behandelten starken Verb aufgefaßt werden. Als Ausgangsbedeutung ist dann 'mit einem (schnell vorschießenden) Riegel absperren, schließen' anzusetzen. Erwogen wird aber auch Herkunft (oder Einfluß?) von mhd. *schüt(t)en* in der Bedeutung 'Erdreich an-, aufschwemmen, anhäufen, eindämmen' (s. *schütten*). – vorschützen Vb. 'etw. vorbringen, das zur (vermeintlichen) Rechtfertigung oder Entschuldigung dient, als Schutz aufbauen' (17. Jh.). Schutz m. 'Sicherung, Abschirmung', mhd. (md.) *schuz* 'Umdämmung, Aufstauung des Wassers, Schutz, Schirm', Verbalabstraktum. Häufig formelhaft, vgl. *Schutz und Schirm* (16. Jh.), *Schutz und Hilfe*, mhd. *schuz unde hulfe*, oder (bereits frühnhd.) *in Schutz nehmen*, *Schutz suchen*, *unter jmds. Schutz stehen*, *Schutz genießen*. Schütz n. 'bewegliche Absperrung an Schleusen und Wehren zur Regelung des Wasserdurchlaufs' (18. Jh.), Nebenform von *Schutz*. Schützling m. 'wer dem Schutz eines anderen anvertraut ist, unter dessen Betreuung steht' (17. Jh.). Schutzmann m. 'Verteidiger' (17. Jh.), 'Polizist' (19. Jh.).

schwabbeln Vb. (von flüssigen, halbflüssigen Stoffen) 'plätschernd an oder über den Rand schlagen', (von weichen Massen) 'wackeln, zittern, sich hin und her bewegen', auch 'viel und schnell daherreden', im 17. Jh. in die Literatursprache aufgenommene nd. md. Entsprechung von gleichbed. hd. *schwappeln* (Ende 15. Jh.). Die Verben sind Iterativbildungen zu *schwappen* bzw. *schwabben*, abgeleitet von den unter *schwapp* (s. d.) dargestellten lautmalenden Interjektionen. – schwabb(e)lig Adj. 'sich wackelnd bewegend, weich und dick' (19. Jh.), früher bezeugt *schwappelicht* (17. Jh.). schwabbern Vb. 'überschwanken, Flüssigkeiten über den Rand gießen' (19. Jh.).

Schwabe f. '(Küchen)schabe'. Das in Deutschland (und Mitteleuropa) im 17. Jh. in Mengen auftretende Insekt erhält den Namen *Schabe* (s. d.), daneben in einzelnen Landesteilen *Schwabe* m. und f. (Ende 17. Jh.). Andernorts dafür *Preuße* (Baden, Schweiz), *Russe* (Schweiz, Tirol, Bayern, Böhmen, Obersachsen), *Franzose* (Trier, Lüneburg, Ostpreußen), *Saks* 'Sachse' (Estland), so daß davon auszugehen ist, daß jeweils der Landesnachbar für die vermeintliche Herkunft des lästigen Ungeziefers verantwortlich gemacht wird. Vgl. auch russ. *prusák* (*прусак*), poln. *prusak* 'Preuße', poln. *francuz* 'Franzose' sowie venezian. *sciavo* 'Slawe' und frz. *cafard* 'Kaffer'. Da anfangs auch seriöse Lexikographen und Zoologen *Schwabe* verwenden (Stieler, Frisch u. a.), ist zu vermuten, daß sie mit dieser Bezeichnung zugleich eine Unterscheidung zu älterem und landschaftlich verbreitetem *Schabe* 'Kleidermotte' treffen wollten. Vgl. W. PFEIFER Wb. dt. Tiernamen 51 ff. sowie Beiheft 2 (1965).

schwach Adj. 'kraftlos, dünn, wenig gehaltvoll', mhd. *swach* 'schlecht, gering, unedel, niedrig, armselig, kraftlos', mnd. *swak*, auch 'biegsam', mnl. *swac* 'biegsam, gebrechlich', nl. *zwak* läßt sich mit mnd. *swāken*, *swēken* 'wackeln', norw. (mundartlich) *svaga* 'schwanken, schlenkern', *svagga* 'schwankend gehen', anord. *sveggja* 'hin und her schwingen' zu der unter *schwingen* (s. d.) angeführten Wortgruppe stellen, könnte also einer nasallosen Variante ie. **su̯eg-*, **su̯ek-* des dort angegebenen Ansatzes ie. **su̯eng-*, **su̯enk-* 'biegen, drehend schwingen, schwenken' folgen. Als Ausgangsbedeutung ergäbe sich 'biegsam, schwankend', die in 'schlecht, kraftlos' übergeht. – S c h w ä c h e f. 'Kraftlosigkeit' (16. Jh.), abgeleitet vom Adjektiv; vgl. mhd. *swache* 'Unehre, Schmach', frühnhd. *sweche* 'dünner Teil der Messerklinge' (15. Jh.). S c h w a c h h e i t f. 'Kraftlosigkeit', mhd. *swachheit*, *swacheit* 'Geringheit, Unehre, Schmach, Kränklichkeit'. s c h w ä c h e n Vb. 'schwach, hinfällig, kraftlos machen', mhd. *swechen* 'verächtlich machen, beschimpfen, erniedrigen'; vgl. auch mhd. *swachen* 'schlecht, armselig sein, schlecht werden oder machen, verachten, tadeln, schänden'. s c h w ä c h l i c h Adj. 'von nicht kräftigem Körperbau, kraftlos', mhd. *swach-*, *swechlich* 'schlecht, gering, verachtet, kraftlos'. S c h w ä c h l i n g m. '(körperlich und moralisch) kraft- und haltloser Mensch' (Anfang 18. Jh.). S c h w a c h k o p f m. 'dummer, einfältiger Kerl' (um 1800). S c h w a c h m a t i k u s m. 'Schwächling' (1. Hälfte 19. Jh.), scherzhafte Latinisierung der Studentensprache (etwa nach *Rheumatikus*, *Phlegmatikus*). S c h w a c h s i n n m. 'Mangel an Empfindung und Verstand' (18. Jh.), dann auch 'Unsinn, dummes Zeug', medizinisch 'Intelligenzmangel durch Unterentwicklung des Gehirns oder durch Gehirnschädigung'; s c h w a c h s i n n i g Adj. (18. Jh.).

Schwade f., [1]**Schwaden** m. 'eine Reihe gemähten Grases oder Getreides', mhd. (md.) *swade* m., mnd. *swat*, *swāde(n)* n., auch 'Reihe gepflügter Erde', mnl. *swat*, *swaet* n., *swāde* f., nl. *zwad* n., *zwade* f., aengl. *swæþ*, *swaþu* 'Spur, Pfad', engl. *swath* 'Reihe, Schwade'; vgl. auch aengl. *swaþian*, engl. *to swathe* 'einwickeln, einhüllen, (Getreide) schneiden und in Schwaden liegen lassen'. Herkunft unklar. Im Germ. entsprechen formal anord. *svað* n., *svaði* m. 'Gleiten, schlüpfrige Stelle' und norw. *svad* 'nackte Bergseite, an der die Erde weggespült ist', afries. *swethe* 'Grenze'. Zieht man mhd. *swīmen* 'sich hin und her bewegen, schwanken, schweben', mnd. *sweimen*, *swemen* 'sich schwankend bewegen, flattern', mnl. *swīmen*, nl. *zwijmen* 'taumeln', norw. (mundartlich) *svima* 'taumeln, wanken' heran, so ließe sich eine mögliche Grundbedeutung 'Reihe gemähten Grases' von der schwingenden Bewegung der Sense herleiten. Als außergerm. Verwandte werden erwogen griech. *sīmós* (*σιμός*) 'mit eingedrückter und aufgestülpter Nase, aufwärts gebogen, ansteigend, eingebogen, hohl' und kymr. *chwid* 'lebhafte Wendung, Kunstgriff', *chwil* 'sich schnell drehend', so daß sich eine Wurzel ie. **su̯ĕ(i)-* 'biegen, drehen, schwingen', die unterschiedlich konsonantisch erweitert wird, rekonstruieren läßt. Weitere Überlegungen bei de Vries Nl. 874.

[2]**Schwaden** m. 'Rauch, Dampf, Qualm', mhd. *swadem*, *swaden* 'dicke Ausdünstung, Brodem', mnd. *swādem(e)*, *swāden*, vgl. auch anders gebildetes aengl. *swaþul* 'Flamme, Feuer, Glut'. Herkunft ungeklärt. Zieht man unter Annahme von Ablautentgleisung und trotz semantischer Bedenken ahd. *swedan* 'verschwelen, langsam verbrennen' (8. Jh.) und unsicher überliefertes *swīdan* 'brennen' (9. Jh.) mit anord. *svīða* 'verbrennen, braten, schmerzen', schwed. *svida* 'brennen, beißen, schmerzen' heran, kann ie. **su̯eit-* 'sengen, brennen' als Variante von ie. **su̯eid-* 'glänzen, schimmern' erschlossen werden, womit sich lat. *sīdus* 'Gestirn', lit. *svidéti* 'glänzen, flimmern', *svidùs* 'blank, glänzend, flimmernd', vielleicht auch russ. (älter) *svidína* (*свидина*) 'Hartriegel' (wegen der blutroten Zweige) verbinden lassen.

Schwadron f. 'kleine Einheit der Kavallerie', Anfang 17. Jh. aus gleichbed. ital. *squadrone* in die Militärsprache entlehnt. Ital. *squadrone*, eigentl. 'großes Winkelmaß, (rechtwinklig ausgerichtete) Truppe', ist zu ital. *squadra* 'Winkelmaß, (rechtwinklig ausgerichtete) Reitertruppe' gebildet, abgeleitet von ital. *squadrare* 'mit dem Winkelmaß messen, viereckig machen' (aus vlat. **exquadrāre*, Präfixbildung zu lat. *quadrāre* 'viereckig, ebenmäßig machen, passen', s. *Quadrat*). Vgl. die älteren dt. Schreibungen *Squadron*, *Squadre*, *Swadron*. Daneben auch *Eskadron* (17. Jh.), nach (ebenfalls aus dem Ital. stammendem) frz. *escadron*, mfrz. *(e)squadron*, *scadron*. S. *Geschwader*. – s c h w a d r o n i e r e n Vb. 'viel Worte machen, geschwätzig sein, mit aufschneiderischen Worten renommieren', anfangs auch (heute unüblich) 'eine Schar bilden, in Schwadronen umherziehen, sich in (Reiter)haufen herumtreiben' (18. Jh.), studentensprachlich 'wild und planlos fechten', übertragen 'mit Worten fechten, prahlen, aufschneiden'. Schwadroneur m. 'Schwätzer, Aufschneider', daneben auch Schwadronierer m. (18. Jh.).

schwafeln Vb. 'viel und gedankenlos, verworren oder unnütz reden' (19. Jh.) ist wohl wie *schwabbeln* (s. d.) und ähnliche Bildungen lautnachahmender Herkunft und wird aus omd. Mundarten in die Literatursprache aufgenommen, vgl. obsächs. *schwāfeln*, *schwōfeln*, *schwūfeln* 'schwätzen', thür. *schwāweln* 'unverständlich reden', mansfeld. 'im Scherze lügen, aufschneiden', vogtländ. *Schwab* f. 'Mund'. Vielleicht hierher auch nd. *sweeveln* 'blauen Dunst vormachen', bair. *schweibeln* 'auf schmeichlerische Art geschwätzig sein'?

Schwager m. 'Ehemann der Schwester, Bruder des Ehemannes oder der Ehefrau', ahd. *swāgur* (8. Jh.), mhd. mnd. *swāger* 'Schwager, Schwiegervater, Schwiegersohn', mnl. *swāgher*, nl. *zwager* entspricht formal aind. *śvāśuraḥ* (ie. **su̯ēk̂uro-*) 'zum Schwiegervater gehörig', einer (dehnstufig gebildeten) Adjektivableitung von aind. *śváśuraḥ* 'Schwiegervater' (s. unten *Schwäher*). Noch bis zum 18. Jh. kann *Schwager* jeden angeheirateten männlichen Verwandten bezeichnen. Vom 16. Jh. an begegnet der Ausdruck vielfach als vertrauliche Anrede, in der Studentensprache bes. Anrede des Nichtakademikers (18. Jh.), und wird in diesem Sinne üblich für den Kutscher, den Postillion. – Schwäher m. heute nicht mehr gebräuchliche Bezeichnung für den 'Schwiegervater', ahd. *swehur* (9. Jh.), mhd. *sweher*, *swæher*, *sweger*, *swēr*, mnl. *sweer* 'Schwiegervater', aengl. *swēor*, *swehor* (auch 'Vetter'), aschwed. *svær* (vgl. auch got. *swaíhra* 'Schwiegervater' als sekundäre Bildung zu got. *swaíhrō* 'Schwiegermutter') sind verwandt mit aind. *śváśuraḥ* 'Schwiegervater', griech. *hekyrós* (*ἑκυρός*) 'Schwiegervater, Vater des Ehemannes', lat. *socer* 'Schwiegervater', inschriftlich *sveceriō* 'Bruder der Frau, Sohn des Schwiegervaters', lit. *šẽšuras* 'Schwiegervater der Frau', aruss. *svekrъ*, russ. *svëkor* (*свёкор*) 'Schwiegervater, des Mannes Vater', so daß ie. **su̯ék̂uro-* 'Vater des Ehemannes, Schwiegervater der (ihre Sippe verlassenden) Ehefrau' anzusetzen ist, vielleicht abgeleitet von ie. **su̯ek̂rū́-* 'Mutter des Ehemannes' (s. *Schwiegermutter*). Zur Herleitung vgl. W. Schulze Kl. Schr. 60 ff. Schwägerin f. 'Ehefrau des Bruders, Schwester des Ehemannes oder der Ehefrau', frühnhd. *swægerinne* (15. Jh.) verschwägern Vb. 'durch Heirat verwandt werden' (17. Jh.); verschwägert Part.-adj. 'durch Heirat verwandt' (18. Jh.).

Schwalbe f. Name des schwarzen, mit heller Bauchseite und tiefgegabeltem Schwanz versehenen Singvogels, ahd. *swal(a)wa* (9. Jh.), mhd. *swalwe*, *swalbe*, *swal(e)*, asächs. *swala*, mnd. *swāle*, mnl. *swaluwe*, *swalewe*, nl. *zwaluw*, aengl. *swealwe*, engl. *swallow*, anord. schwed. *svala*. Herkunft unbekannt. Eine Beziehung zu russ. *solovéj* (*соловей*) 'Nachtigall' ist unsicher. Redensartlich *eine Schwalbe macht, bringt (noch) keinen Sommer* 'ein einzelnes gutes Zeichen läßt noch nicht auf eine Entwicklung zum Besseren schließen' (17. Jh.).

Schwamm m. im Wasser lebendes, aus lokkeren Zellansammlungen bestehendes niederes Tier, dann auch (heute vornehmlich südd.) 'Pilz'. Ahd. *swam* (8. Jh.), *swamb*, *swammo*, *swambo* (Hs. 12. Jh.) 'Pilz', mhd. *swam*, *swamp*, *swamme* 'Schwamm, Pilz', mnd. *swam*, *swamp*, mnl. *swam*, *swamme* 'Schwamm, Pilz', nl. *zwam*, aengl. *swom*, *swamm* 'Schwamm, Pilz', got. *swamms* 'Schwamm' setzen germ. **swamba-* bzw. (mit Assimilation) **swamma-* und anord. *soppr* 'Ball', *svǫppr* 'Ball' (als Übertragung von Birkenschwamm?), schwed. *svamp*, (mundartlich) *sopp* 'Pilz, Schwamm' germ. **swampu-* voraus. Verwandt ist das unter *Sumpf* (s. d.) behandelte Substantiv sowie griech. *somphós* (*σομφός*) 'schwammig, lokker, porös', so daß von ie. **su̯omb(h)o-* 'schwammig, porös' ausgegangen werden kann. Das Wort bezeichnet im Germ. wohl zuerst den Schwamm als Tier bzw. das daraus gewonnene Reinigungsgerät, schon früh aber auch den Pilz (wegen seiner oft ähnlichen lokkeren, porösen Substanz). – schwammig Adj. 'weich und locker wie ein Schwamm' (17. Jh.).

Schwan m. Name des großen weißen, langhalsigen Wasservogels, ursprünglich des Singschwanes, ahd. *swan* m. (9. Jh.), *swana* f. (9. Jh.), mhd. *swan(e)* m., mnd. *swān(e)* m. f., asächs. *swan*, mnl. *swāne*, *swan*, nl. *zwaan*, aengl. engl. *swan*, anord. *svanr*, schwed. *svan* (germ. **swana-* m.), wahrscheinlich verwandt mit aengl. *swinn* 'Musik, Gesang', *swinsian* 'singen' sowie aind. *svan-* 'tönen, tosen, lärmen, rasseln', lat. *sonāre* 'tönen, schallen, singen', *sonus* (aus **su̯onos*) 'Laut, Ton, Klang', air. *senim* 'das Spielen, Tönen' und auf eine Wurzel ie. **su̯en-* 'tönen, schallen' zurückzuführen. – Schwanengesang m. 'letztes Werk eines Dichters, Künstlers vor seinem Tod' (16. Jh.), anknüpfend an die seit der Antike überlieferte Sage, daß ein sterbender Schwan melodische Laute von sich gebe.

schwanen Vb. 'ahnen', meist in der unpersönlichen Fügung *es schwant mir* 'ich ahne, vermute'; zuerst mnd. *ome hedde so etwes geswanet* 'geahnt' (1514 Braunschweig), aber bereits in der 1. Hälfte des 16. Jhs. ins Hd. übernommen. Vielleicht entstanden durch Verschiebung der Wortgrenze zwischen Personalpronomen und Verb aus mnd. *es* (Gen.) *wānet mir*, im Anlaut dem nhd. Konsonantismus angeglichen. Oder der Fügung liegt nlat. *olet mihi* 'es ahnt mir' (lat. *olēre* 'riechen, sich durch Geruch bemerkbar machen') zugrunde, in scherzhafter Übersetzung durch Humanisten bzw. Studenten an lat. *olor* 'Schwan' angeschlossen. Die unpersönliche Konstruktion mag in beiden Fällen von *es ahnt mir* beeinflußt sein. Häufig auch in Reimbindung *mir schwant und ahnt* (18. Jh.).

Schwang m. 'schwingende Bewegung, Brauch und Sitte', ahd. *hinaswang* 'das Hinwerfen, Wegschleudern' (11. Jh.), mhd. *swanc* (Gen. *swanges*, häufiger *swankes*) 'schwingende Bewegung, Schwung, (Schicksals)schlag, Wurf, Hieb, (Fechter)streich', frühnhd. auch 'lustiger Einfall, Streich', mnd. *swanc* 'schwingende Bewegung, Schwanken, Gebrauch, Übung', mnl. *swanc*, nl. *zwang*, aengl. *sweng* 'Schlag' stehen als ablautende Abstraktbildungen zu dem unter *schwingen* (s. d.) dargestellten Verb. Mhd. *swanc* setzt sich zur Bezeichnung einer 'schwingenden Bewegung' zunächst in nhd. *Schwang*, in der Bedeutung 'lustiger Einfall' jedoch in der Schreibweise nhd. *Schwank* (s. d.) fort. Doch noch im 19. Jh. können (wenngleich selten) *Schwang* und *Schwank* für 'schwingende Bewegung' gleichbedeutend nebeneinander gebraucht werden. Als weiteres Wort tritt hinzu nhd. *Schwung* (s. d.). In der Literatursprache setzt daher etwa im 18. Jh. eine Unterscheidung ein zwischen *Schwang* in (seit dem 16. Jh. belegten) Wendungen wie *im Schwange sein* 'üblich, allgemein Brauch und Sitte sein', *in Schwang kommen* 'üblich werden', *Schwank* 'lustiger Einfall' und *Schwung* 'schwingende Bewegung'.

schwanger Adj. 'ein Kind in sich tragend', ahd. *swangar* (von Menschen und Tieren) (8. Jh.), mhd. mnd. *swanger*, nl. *zwanger*, aengl. *swangor* 'schwer(fällig), träge'. Herkunft unbekannt. *schwanger* wird naturgemäß nur von Frauen gesagt, für Tiere gilt in neuerer Sprache *trächtig*. Übertragen *mit etw. schwanger gehen* 'etw. in sich tragen, vorhaben, planen, erfüllt sein von etw.' (16. Jh.). – unglücksschwanger Adj., unheilschwanger Adj. 'unglück-, unheilbringend, -drohend' (18. Jh.). schwängern Vb. 'schwanger machen', ahd. *swangaren* (11. Jh.), spätmhd. *swengern*. Schwangerschaft f. (17. Jh.).

Schwank m. 'lustiger Einfall, Streich, lustige Begebenheit'. Zugrunde liegt das unter *Schwang* (s. d.) behandelte mhd. *swanc* 'schwingende Bewegung, Schwung, (Schicksals)schlag, Wurf, Hieb, (Fechter)streich'. Dieses entwickelt im 15. Jh., wohl aus der Verwendung 'Fechterstreich', die Bedeutung 'listiger Streich, Finte', dann 'lustiger, spaßhafter Streich' und 'Erzählung, szenische Darstellung eines solchen Streiches', die sich mit der auslautendes *-k* aufweisenden Schreibweise verfestigt. Vgl. auch mnd. *swenke* (Plur.) 'hinterlistige Machenschaften, Ränke, kuriose Bräuche', *swank* (Sing.) 'Spott, lustiger Einfall, Erzählung'; dazu die entsprechende Pluralbildung frühnhd. *schwenke*, *schwänke*. Im Anschluß an die sich im 16. Jh. reich entfaltende Schwankliteratur wird der Ausdruck zum literaturgeschichtlichen Begriff und erfährt im 19. Jh. als Bezeichnung für ein 'derbes, lustiges Bühnenstück' eine neue Belebung. Zur Ausprägung der Bedeutungsdifferenzierung von *Schwang*, *Schwank* und *Schwung* s. *Schwang*.

schwanken Vb. 'hin und her schwingen, wanken, taumelnd gehen', mhd. *swanken* 'schwanken, taumeln, schwingen, schwenken'. Das Verb ist abgeleitet von schwank Adj. 'schwankend, stürmisch, beweglich, biegsam, schlank, dünn, schmächtig', mhd. *swanc*, mnd. *swank* 'schwach, schmächtig, zart, hilfsbedürftig', vgl. auch (mit *r*-Suffix) mhd. *swanger* 'schwankend, biegsam', mnl. *swanger* 'beim Gehen schwankend', aengl. *swancor* 'biegsam, schmächtig', anord. *svangr* 'dünn, biegsam, hungrig'. Zu der unter *schwingen* (s. d.) genannten Wortgruppe. – Schwankung f. 'von der Geraden abweichende Bewegung, das Schwanken' (16. Jh.).

Schwanz m. beweglicher Fortsatz der Wirbelsäule bei Wirbeltieren, 'Schweif' ist seit dem 13. Jh. belegt, mhd. *swanz*, auch 'schwankende, tanzartige Bewegung, Schleppe, Schmuck, Zierde' und (spätmhd.) übertragen 'Penis', rückgebildet aus mhd. *swanzen* 'sich schwenkend bewegen, hin und her schwanken, umherstreifen', dem wohl eine vorauszusetzende Intensivbildung **swankezen* zu dem unter *schwanken* (s. d.) behandelten Verb vorausgeht. Dieses gehört zu der unter *schwingen* (s. d.) angegebenen Wortgruppe, so daß als Ausgangsbedeutung für *Schwanz* 'der (Hin-und-her-)Bewegliche, der Schwankende' anzunehmen ist. Mhd. *swanz* löst ahd. *zagal*, mhd. *zagel*, nhd. (älter und mundartlich) *Zagel* (s. d.) ab, das bereits in mhd. Zeit ebenfalls die Bedeutung 'Penis' annimmt und daher in der frühnhd. Literatursprache allmählich gemieden wird. – [1]schwänzen Vb. 'den Unterricht u. ä. versäumen, bummeln', seit dem 18. Jh. in der Studentensprache nachgewiesen. Die Bedeutung stammt wohl von rotw. *swensen* 'über Land laufen' (1724), *schwentzen* '(durchs Land) gehen' (16. Jh.), das auf *schwänzen* 'sich schwenkend (im Tanz) bewegen, tanzartig, geziert einherstolzieren' (bis ins 17. Jh.), mhd. *swenzen* 'schwenken, putzen, zieren', mnd. *swentzen* 'schwenkend sich bewegen, hin und her schwanken' (aus **swenkezen*, Intensivum zu dem unter *schwenken* behandelten Verb) bzw. mhd. *swanzen* (s. oben) zurückgeht; dazu auch die Iterativbildung schwänzeln Vb. 'geziert einherstolzieren, auffällig mit dem Schwanz wedeln, jmdn. umschmeicheln', mhd. *swenzeln*. Schwänzer m. 'wer Unterricht u. ä. versäumt' (19. Jh.), zuvor 'Prahler' (17. Jh.), zu [1]*schwänzen* (s. oben). [2]schwänzen Vb. 'mit einem Schwanz versehen' (16. Jh.), abgeleitet von *Schwanz*.

schwapp Interj. lautnachahmender Ausdruck für ein kurzes, klatschendes Geräusch, bes. für plötzliches Überlaufen von Flüssigkeiten, seit dem 16. Jh. bezeugt, aber wohl älter. Vielfach auch *schwab(b)*, *schwaps* sowie mit Sekundärablaut *schwipp*, *schwapp* *(schwupp)*. Substantiviert *Schwapp* m. 'Klatsch, Schlag, Menge überlaufender Flüssigkeit' (17. Jh.). – schwappen Vb. 'platschend, klatschend an- oder aufschlagen, überfließen' von Flüssigkeiten, auch 'schwanken, schlottern' von unfesten, schwammigen, weichen Massen (16. Jh.). Dazu die (wenig früher bezeugte) Weiterbildung *schwappeln* (Ende 15. Jh.); s. *schwabbeln*.

schwären Vb. 'eitern'. Das ehemals stark flektierende Verb ahd. *sweran* 'schmerzen' (10. Jh.), mhd. *swern*, auch 'schwellen, eitern', nhd. (selten, die kaum gebräuchlichen Präteritalformen in neuerer Zeit schwach) *schwären*, mnd. *swēren* 'eitern', mnl. *swēren* 'schmerzen', nl. *zweren* 'eitern' läßt sich wie zugehöriges *Geschwür* und *schwierig* (s. d.) außergerm. vergleichen mit awest. *xᵛara-* 'Wunde, Verwundung', air. *serb* 'bitter', eigentl. wohl 'brennend, stechend', russ. *chvóryj* (*хворый*) 'kränklich', atschech. *chvorȳ*, *chorȳ*, tschech. *chorý*, so daß von einer Wurzel ie. **su̯er-* 'schwären, eitern' auszugehen ist. – Schwäre f. 'eiternde Beule, Geschwür', ahd. *swero* m. 'leiblicher Schmerz, Geschwür' (8. Jh.), mhd. *swer(e)* m.

Schwarm m. 'ausfliegende, summend schwirrende Bienenschar, sich wimmelnd fortbewegende Menge', ahd. *swar(a)m* 'Bienenschwarm' (9. Jh.), mhd. asächs. mnd. *swarm*, mnl. *swarm*, *swerm*, nl. *zwerm*, aengl. *swearm*, engl. *swarm*, anord. *svarmr* 'Unruhe, Lärm', schwed. *svärm* 'Schwarm' stehen als Bildungen mit *mo*-Suffix wie frühnhd. *surm* 'Gesumse, Getöse' (15. Jh.) neben den verwandten unter *schwirren* und *surren* (s. d.) angeführten Verben. Außergerm. sind vergleichbar aind. *svárati* 'gibt einen Ton von sich, erschallt, singt', griech. *hýrax* (*ὕραξ*) 'Spitzmaus', lat. *sōrex* 'Spitzmaus' (nach dem Pfeifton des Tieres), lat. *susurrus* 'das Zischen, Flüstern', *susurrāre* 'zischen, flüstern, summen', kymr. *chwyrnu* 'brummen', aslaw. *svirati* 'flöten, pfeifen', aruss. *svirati*, *svirjati* 'flöten', aslaw. *svirělь* 'Flöte, Schalmei', russ. *svirél'* (*свирель*) 'Hirtenflöte, Schalmei, Pfeife', so daß von einer Schallwurzel ie. **su̯er-* 'surren' ausgegangen werden kann. – schwärmen Vb. 'einen Schwarm bilden', ahd. *swer(e)men* (11. Jh.), mhd. *swarmen*, *swermen*; übertragen frühnhd. *schwärmen* 'ein lustiges, freies Leben führen' (16. Jh.), 'von einer vorgeprägten geistigen Bahn oder Ordnung, einem Gedankengebäude abweichen', bes. von religiösen Sektierern 'wirklichkeitsfern denken, sich begeistern' (16. Jh.), in der literarischen Bewegung des 18. Jhs. 'sich überschwenglich begeistern, seiner Phantasie freien Lauf lassen', *für jmdn. schwärmen* 'ihn verehren, anhimmeln' (18. Jh.) mit der Rückbildung *Schwarm* m. 'verehrte Person, begeisternder Gegenstand' (19. Jh.). In der Militärsprache *(aus)schwärmen* 'eine feste Zugordnung auflösen, sich im Gelände verteilen' (18. Jh.). S c h w ä r m e r m. und S c h w a r m g e i s t m. 'religiöser Sektierer' (16. Jh.), 'wer den Boden der Wirklichkeit verliert, Phantast' (18. Jh.).

Schwarte f. 'zähe, dicke (behaarte) Haut' (bes. *Schweine-, Speckschwarte*), mhd. *swart(e)* 'behaarte menschliche (Kopf)haut, behaarte oder gefiederte Tierhaut, Speckrinde', mnd. *swārde, swārte* (vgl. auch *grönswārde* 'Grasdecke'), mnl. *swaerde* 'behaarte Haut, mit Rasen bedeckter Boden', nl. *zwoord*, aengl. *sweard* '(Schweins)haut', mengl. (wiederbelebt durch mnd. bzw. nord. Einfluß) *sward* (auch 'Grasnarbe'), engl. *sward* 'Rasen', anord. *svǫrðr* 'Schwarte, Kopfhaut, Grasdecke, Grasnarbe'. Herkunft unbekannt. Heranziehen läßt sich lediglich lett. *šērve* 'Schweinehaut, sich ablösende schmutzige Haut', falls dies nicht aus nd. *Schörfe* (Plur. zu *Schorf*) entlehnt ist. Angesichts der schwachen bzw. fehlenden Vergleichsmöglichkeiten ist Anschluß im Sinne von 'bedekkende Schicht' an die Wurzel ie. **u̯er-* 'bedekken' (mit anlautendem *s-*) zweifelhaft. Übertragen 'dickes, in Schweinsleder eingebundenes Buch' (17. Jh.), 'altes Buch. schlechtes, verachtetes Buch' (18. Jh.).

schwarz Adj. Farbadjektiv, ahd. *swarz* (8. Jh.), mhd. *swarz* 'dunkelfarbig, schwarz', asächs. *swart*, mnd. mnl. *swart*, nl. *zwart*, aengl. *sweart*, engl. (älter) *swart* ('dunkel, schwärzlich'), anord. *svartr*, schwed. *svart*, got. *swarts* (germ. **swarta-*) und verwandtes (schwundstufig) anord. *sorta* 'schwarze Farbe', *sorti* 'Dunkel, dichter Nebel', *sorta, sortna* 'schwarz, dunkel werden' sind vergleichbar mit lat. *sordēre* 'schmutzig sein, gering erscheinen', *sordēs* 'Schmutz, Unflat, Unglück, Erniedrigung', vielleicht auch mit awest. *kax^{v}arəδa-* Bezeichnung eines mythischen Wesens, eigentl. 'was für ein (abscheulicher) schwarzer Kerl', so daß ie. **su̯ordos* 'schmutzfarben, schwarz' angesetzt werden kann. – S c h w ä r z e f. 'schwarze Färbung, Dunkelheit', ahd. *swerzī* 'Schwärze, Dunkel' (um 1000), *swerza* 'Mittel zum Schwärzen' (Hs. 13. Jh.), mhd. *swerze* 'Schwärze, schwarze Farbe, Dunkelheit (der Nacht), Finsternis'. s c h w ä r z e n Vb. 'schwarz machen', ahd. (9. Jh.), mhd. *swerzen*. Auch (aus dem Rotw.) *schwärzen* 'schmuggeln' (18. Jh.), eigentl. wohl 'etw. bei Nacht (rotw. *Schwärze*, älter *schwerz(e)*, 14. Jh.) tun'; *Schwärzer* 'Schmuggler' (18. Jh.). Daran anschließend in heutiger Sprache *schwarz* Adj. 'ungesetzlich', vgl. *schwarzer Markt, Schwarzmarkt, -handel* (seit dem ersten Weltkrieg?), zunächst 'illegaler Valutahandel' (daher vielleicht auch erst seit der Inflationszeit um 1923?), dann 'unerlaubter Handel mit rationierten Lebensmitteln und Waren'. Offenbar aus dem Dt. mit derselben Bedeutungsentwicklung (amerik.-)engl. *black market* (um 1930?), ital. *mercato nero* (um 1940), frz. *marché noir* (um 1949), russ. *čërnyi rýnok* (*чёрный рынок*); vgl. auch *Schwarzarbeit, schwarzhören, -fahren, -schlachten*. a n s c h w ä r z e n Vb. 'verleumden' (17. Jh.). s c h w ä r z l i c h Adj. 'dunkel, fast schwarz' (17. Jh.), älter *schwarzlicht* (15. Jh.), mhd. *swarzlot*; vgl. auch *schwarzecht* (16. Jh.). S c h w a r z b r o t n. 'Roggenbrot' (14. Jh.). S c h w a r z w i l d n. 'Wildschweine' (im Unterschied zu *Rotwild*), mhd. *swarzwilt*.

schwatzen Vb. 'wortreich und belanglos reden', frühnhd. *swetzen, schwätzen, schwetzen, schwatzen* (15. Jh.), in der Literatursprache (seit 18. Jh.) vorwiegend *schwatzen*, während umgelautetes *schwätzen* im Südd. vorherrscht; wohl Intensivbildung (vielleicht unter Einfluß von frühnhd. *smetzen* 'schwatzen, verleumden') zu lautmalendem mhd. *swateren* 'rauschen, klappern', nhd. (landschaftlich) *schwadern* 'plätschern', auch 'schnattern, schwatzen, schlemmen, prassen'. – G e s c h w ä t z n. 'dummes, belangloses Gerede', mhd. *geswetze*, Kollektivbildung zu mhd. *swaz*, nhd. S c h w a t z m. 'Plauderei'. S c h w ä t z e r m. (15. Jh.). s c h w a t z h a f t Adj. 'redselig' (18. Jh.), frühnhd. *schwetzhafftig* (15. Jh.).

schweben Vb. 'sich langsam und frei in der Luft bewegen, unentschieden sein', ahd. *swebēn* 'hin und her bewegen, ebben und fluten, branden' (8. Jh.), mhd. *sweben* 'sich fließend, schiffend, schwimmend, fliegend hin und her bewegen, in der Schwebe, unentschieden sein', mnd. mnl. *swēven* 'von einer Seite zur anderen treiben, in der Schwebe, unentschieden sein', nl. *zweven* 'hin und her gehen, treiben', aengl. *for(þ)swefian* 'Glück, Erfolg haben' ist verwandt mit ahd. *sweibōn* 'sich drehen, bewegen, rollen' (8. Jh.) sowie dem starken Verb mhd. *swīfen* 'sich bewegen, schwingen', aengl. *swīfan* 'umherschweifen, gleiten, streichen', anord. *svīfa* 'schwingen, schweben, fahren', vgl. auch aengl. engl. *swift* 'schnell', und läßt sich mit lett. *svàipīt* 'peitschen' (eigentl. wohl 'die Peitsche schwingen') auf ie. **su̯eip-* zurückführen, eine Labialerweiterung der Wurzel ie. **su̯ĕ(i)-* 'biegen, drehen, schwingen', zu der das unter *schweifen* (s. d.) behandelte Verb und (mit Gutturalerweiterung) russ. (landschaftlich) *svigát'* (*свигать*) 'sich herumtreiben, eilen, laufen' sowie lit. *svaĩgti* 'taumeln, schwanken, schwindlig werden' gehören. – S c h w e b e f. 'Zustand des Schwebens, Unentschiedenheit, Gleichgewicht', mhd. *swebe*; vorzugsweise in bildlichen Wendungen wie *in der Schwebe* ('zwischen zwei Möglichkeiten, unentschieden') *sein*, *halten*, *bleiben* (seit dem 19. Jh. üblich). S c h w e b e b a l k e n m. Turngerät mit einem auf einem Gestell befestigten Balken für Balancier- und Gleichgewichtsübungen (20. Jh.), älter *Schwebebaum* (Anfang 19. Jh.).

Schwefel m. Die Herkunft der Bezeichnung des chemischen Elements ahd. *sweval* (9. Jh.), *swebal*, *swebul* (8. Jh.), mhd. *swebel*, *swevel*, asächs. *sweƀal*, mnl. *swēvel*, aengl. *swefl*, *swefel*, got. *swibls* und (ablautend) mnd. mnl. *swāvel*, nl. *zwavel* ist nicht geklärt. Feist [3]466 f. sieht darin ein Wanderwort mittelländischer Herkunft (aus Sizilien?). Andere versuchen, die germ. Formen mit lat. *sulpur* (in gräzisierender Schreibweise *sulphur*) 'Schwefel' und ie. **su̯elplo* 'Schwefel' zu verbinden, indem sie germ. **swe(l)fla-*, **swe(l)ƀla-* als Dissimilationsformen mit volksetymologischer Beziehung zu der unter *schwelen* (s. d.) verzeichneten Wurzel ie. **su̯el-* 'schwelen, brennen' erklären (vgl. Pokorny 1, 1046). – s c h w e f e l n Vb. 'mit Schwefel behandeln' (15. Jh.). s c h w e f (e) l i g Adj. 'Schwefel enthaltend, schwefelartig', ahd. *swevalīg* (um 1000), mhd. *swebelic*. S c h w e f e l s ä u r e f. (18. Jh.).

Schweif m. 'langer buschiger Schwanz, geschwungene Linie, Schleppe', ahd. *sweif* 'umgeschlagenes Gewand, Fußbekleidung' (9. Jh.), mhd. *sweif* 'schwingende Bewegung, (Um)gang, Umschwung, Umkreis, umschlingendes Band, Kleidungsbesatz, Schwanz' und anord. *sveipr* 'Schwingung, Krümmung, Band, gekräuseltes Haar' gehören als Abstraktbildungen zu der unter *schweifen* (s. d.) genannten Wortgruppe. Ausgehend von 'schwingende Bewegung' bezeichnet mhd. *sweif* auch 'den sich windenden, ringelnden, geschwungenen Schwanz' (z. B. von Schlange und Pferd), wird aber im Nhd. von *Schwanz* (s. d.) in seiner Gebrauchshäufigkeit eingeschränkt und gehört dann vor allem der gehobenen Sprache an. Im 17. Jh. wird *Schweif* der geläufige Ausdruck für die einem Kometen (vgl. *Schweifstern*, 18. Jh.) nachfolgenden leuchtenden Materieteilchen. – U m s c h w e i f m. 'Umständlichkeit, Umschreibung' (16. Jh.), früher auch 'hin- und hergehende Bewegung, Umdrehung, Umweg, Umfang, Umgebung, umgelegtes Kleidungsstück', ahd. *umbisweif* 'Lendenschurz' (11. Jh.; vgl. auch das *ti*-Abstraktum *umbisweift* 'Lendenschurz', 9. Jh., 'Biegung, Windung', um 1000), mhd. *umbesweif* 'hin- und hergehende Bewegung, Kreisbewegung, Umhüllung, Abirrung, Ausdehnung'. Heute bes. *ohne Umschweife* 'ohne umständliche Erklärungen, geradeheraus', vgl. *on lang umbschweiff* (16. Jh.).

schweifen Vb. 'herumstreifen, umherziehen, -wandern'. Ein starkes (reduplizierendes) Verb ahd. *sweifan* 'kämpfen' (8. Jh.), mhd. *sweifen* 'in drehende, schwingende Bewegung setzen, schwingen', intrans. 'bogenförmig gehen, herumwandern, schwanken, taumeln', asächs. *farswēpan* 'vertreiben', aengl. *swāpan* 'fegen, schwingend bewegen', engl. (schwach) *to swoop* 'niederstoßen, sich stürzen (von Vögeln)', anord. *sveipa* 'werfen, umhüllen' führt mit dem unter *Schweif* (s. d.) behandelten Substantiv sowie mit mnd. mnl. *swēpe*, nl. *zweep*, aengl. *swipu*, *swipe*, anord. *svipa* 'Peitsche', got. *midjasweipains* 'Überflutung, Sintflut' (eigentl. 'Fegung der Mitte') und vielleicht mit awest. *xšvaēwayat̰.aštrā-* 'der die Peitsche kreisen läßt, schwingt', *xšviwra-* 'flink' auf ie. **su̯eib-*, eine

Labialerweiterung der Wurzel ie. **suě(i)-* 'biegen, drehen, schwingen' (wozu auch *schweben*, s. d.). Das starke Verb fällt in frühnhd. Zeit mit dem zugehörigen schwachen Verb ahd. *sweifen* 'umstürzen' (8. Jh.), mhd. *sweifen* 'schwingen' zusammen und gibt die starke Flexion auf. – abschweifen Vb. 'sich davonmachen' (15. Jh.), 'abweichen von etw.' (16. Jh.), 'durch Hin-und-her-Bewegen im Wasser reinigen' (17. Jh.), 'beim Reden, in Gedanken vom Thema abkommen' (18. Jh.). ausschweifen Vb. 'eine gerade Linie verlassen, sich verbreiten, herumstreifen' (15. Jh.), 'vom Thema abkommen, in Gedanken abirren, über ein vertretbares (moralisches) Maß hinausgehen' (16. Jh.); ausschweifend Part.adj. 'das rechte moralische Maß übersteigend' (18. Jh., *ausschweifende Laster, Triebe, ausschweifende Lebensart*); Ausschweifung f. 'Üppigkeit' (15. Jh.), 'gekrümmte, von der Geraden abweichende Linienführung' (16. Jh.), '(moralische) Maßlosigkeit' (17. Jh.). weitschweifig Adj. 'ausgedehnt, ausführlich', spätmhd. *wītsweific* 'umherschweifend, weitläufig'.

schweigen Vb. 'still sein, nicht sprechen, keinen Laut von sich geben'. Schwach flektierendes intrans. ahd. *swīgēn* 'schweigen, still, stumm sein' (8. Jh.), mhd. mnd. *swīgen*, asächs. *swīgon*, mnl. *swīghen*, aengl. *swīgian*, (mit Ablaut) *sugian*, *suwian* hat neben sich ein Kausativum ahd. *sweigen* 'zum Schweigen bringen' (um 1000, *gisweigen*, 10. Jh.), mhd. *sweigen*. Das intrans. Verb geht schon früh zur starken Flexion über, vgl. mhd. *swīgen* 'still sein, verstummen', mnd. *swīgen*, mnl. *swīghen*, nl. *zwijgen*. Mit den Substantiven ahd. *swīga* 'das Schweigen' (9. Jh.), mhd. *swīge* 'Stillschweigen, Verbot zu sprechen', aengl. *swīge* 'Stille' und mit (zweifelhaft) griech. *sī́ga* (σῖγα) 'schweigend, im Stillen', *sīgḗ* (σιγή) 'Schweigen, Verschwiegenheit', *sīgā̂n* (σιγᾶν; aus *σϝιγ-) 'schweigen' kann auf ie. **su̯īk-* bzw. **su̯īg-* zurückgegangen werden, Gutturalerweiterungen der Wurzel ie. **su̯ī-* 'schwinden, nachlassen, schweigsam werden', die auch in isl. *svía* 'nachlassen', nasaliert in ahd. *swīnan* (um 800), mhd. *swīnen* 'abnehmen, dahinschwinden, abmagern, bewußtlos werden' (s. *schwinden*) vorliegt. – Schweigen n. 'das Stillsein', mhd. *swīgen*. schweigsam Adj. 'wortkarg, still' (18. Jh.). geschweige Konj., häufig in der Wendung *geschweige denn* 'nicht einmal, erst recht nicht, nicht zu reden von' (16. Jh.), verkürzt aus *ich geschweige*, zu (heute unüblichem) *geschweigen*, mhd. *geswīgen*, ahd. *giswīgēn* 'stillschweigen' (um 800). stillschweigen Vb. 'still sein, nicht reden, sich nicht äußern', seit dem 16. Jh. zusammengerückt nach mhd. *stille swīgen*; stillschweigend Part.adj. 'ohne darüber zu sprechen, ohne weiteres, unausgesprochen' (seit dem 16. Jh. geläufig), mhd. *stilleswīgende*. verschweigen Vb. 'etw. nicht (in vollem Umfang) sagen', ahd. *firswīgēn* (8. Jh.), mhd. *verswīgen*; verschwiegen Part.adj. 'wortkarg, nicht geschwätzig, diskret', mhd. *verswigen* 'schweigsam, diskret'; Verschwiegenheit f. (16. Jh.).

Schwein n. Der Name des fleischbringenden Nutztieres ahd. (8. Jh.), mhd. mnd. asächs. aengl. *swīn*, mnl. *swijn*, nl. *zwijn*, engl. (älter bzw. zoologisch) *swine*, anord. *svīn*, schwed. *svin*, got. *swein* ist als Substantivierung einer alten Adjektivableitung vergleichbar mit lat. *suīnus* 'vom Schwein', aslaw. *svinъ*, russ. *svinój* (свиной) 'vom Schwein', *svin'já* (свинья) 'Schwein'. Zugrunde liegt ie. **su̯īno-* oder **su̯eino-* 'zum Schwein gehörig', gebildet mit dem Beschaffenheit und Abstammung ausdrückenden, substantiviert vornehmlich Tierjunge bezeichnenden (s. *Füllen*, *Küken*) Suffix ie. *-īno-*, *-eino-* (germ. *-īna-*) zu dem unter *Sau* (s. d.) gegebenen Ansatz ie. **sūs* 'Schwein, Sau'. Mit anderen *n*-Suffixen gebildet sind griech. *hyēnós* (ὑηνός) 'schweinisch, säuisch' und *hýaina* (ὕαινα), s. *Hyäne*. *Schwein*, ursprünglich Ausdruck für das junge Tier, bezeichnet bereits früh sowohl das Wildschwein als auch das Haustier. Die Wendung *Schwein* ('Glück') *haben* (Anfang 19. Jh. aus der Studentensprache) wird auf den Brauch zurückgeführt, bei Schützenfesten dem Verlierer ein Schwein als Trostpreis zu überreichen. – Schweinerei f. 'Unreinlichkeit, Unordentlichkeit, Verwerfliches, Anstößiges' (17. Jh.); vgl. *schweinen* Vb. 'sich wie ein Schwein aufführen' (17. Jh.). schweinern Adj. 'aus Schweinefleisch' (17. Jh.), älter *schweinen* Adj., mhd. *swīnīn*, *swīnen*. schweinisch Adj. 'unanständig, anstößig' (18. Jh.); vgl. mhd. *swīnisch* 'vom

Schwein'. S c h w e i n (e) h u n d m. Schimpfwort aus der Studentensprache (19. Jh.), eigentl. 'Hund, der eine Schweineherde treiben hilft oder wilde Schweine jagt', übertragen 'unreinlicher Mensch' (18. Jh.). S c h w e i n i g e l m. 'Igel' (17. Jh.); die Volkszoologie unterscheidet nach der Form der Schnauze *Schweinigel* und *Hundsigel*. Als Schimpfwort 'unanständiger, Obszönitäten erzählender Mensch', mit volksetymologischer Umdeutung aus *Schweinenickel* (s. *Nikkel*)? s c h w e i n i g e l n Vb. 'unflätige Reden führen, sich unanständig benehmen' (18. Jh.), aus der Studentensprache.

Schweiß m. aus den Poren abgesonderte Körperfeuchtigkeit, ahd. (9. Jh.), mhd. *sweiʒ*, asächs. *swēt*, aengl. *swāt*, anord. *sveiti* 'Schweiß, Blut', mnd. *swēt*, engl. *sweat*, mnl. *sweet*, nl. *zweet*, schwed. *svett* 'Schweiß' und die unter *schwitzen* (s. d.) genannten Formen lassen sich mit aind. *svid-* 'schwitzen', *svḗda-* 'Schweiß', griech. *īdíein* (*ἰδίειν*) 'schwitzen', *ī́dos* (*ἶδος*), lat. *sūdor*, kymr. *chwŷs* und lett. *sviedri* (Plur.) 'Schweiß' auf die Wurzel ie. **su̯eid-* 'schwitzen, Schweiß' zurückführen. In der für die alten germ. Sprachstufen (s. oben) bezeugten Bedeutung 'quellendes Blut' (von Tieren) ist *Schweiß* wohl als tabuierende Umschreibung anzusehen; diese Bedeutung bleibt in der Jägersprache erhalten. – S c h w e i ß h u n d m. 'Jagdhund, der die Blutfährte von angeschossenem Wild sucht und verfolgt' (17. Jh.). s c h w e i ß i g Adj. 'feucht, naß von Schweiß', ahd. *sweiʒīg* (Hs. 12. Jh.), mhd. *sweiʒic* 'schweißnaß, blutig'. Im Sinne von 'blutig' noch in der Jägersprache, vgl. *schweißige Fährte* 'Blutspur angeschossenen Wildes'.

schweißen Vb. 'Metall- oder Kunststoffteile durch Erhitzen oder Druck miteinander verbinden', ahd. *sweiʒen* 'Schweiß vergießen, rösten' (9. Jh.), mhd. *sweiʒen* 'Schweiß vergießen, bluten, heiß, schwitzen machen, rösten, in Glühhitze verbinden, aneinanderhämmern', mnd. mnl. *swēten*, nl. *zweten* 'schwitzen', aengl. *swǣtan* 'schwitzen, bluten, sich plagen, zusammenschmieden', engl. *to sweat* 'schwitzen', anord. *sveitask* (refl.) 'schwitzen, bluten' gehören zu den unter *Schweiß* (s. d.) behandelten Substantiven. Als Terminus der Schmiedetechnik ist das Verb, ausgehend von der Bedeutung 'schwitzen machen', seit dem 14. Jh. bezeugt; die Bedeutung 'Schweiß absondern' wird im 18. Jh. aufgegeben und allein von *schwitzen* (s. d.) weitergeführt; im Sinne von 'bluten' gilt *schweißen* noch in der Jägersprache. – z u s a m m e n s c h w e i ß e n Vb. 'durch Schweißen fest miteinander verbinden' (19. Jh.). S c h w e i ß e r m. 'wer Metall- oder Kunststoffteile durch Schweißverfahren verbindet' (19. Jh.).

schwelen Vb. 'ohne Flamme langsam brennen' beruht auf mnd. nd. *swēlen* 'langsam, ohne Flamme brennen, Gras dörren, Heu machen', das im 18. Jh. in die Literatursprache aufgenommen wird. Mit mnl. *swēlen*, nl. *zwelen* 'Heu wenden' (eigentl. 'trocken machen'), aengl. *swelan* '(ver)brennen, sich entzünden, schwären (von Wunden)', den Intensivbildungen ahd. *swelzan*, *swilizōn* 'sengen, rösten' (8. Jh.) sowie anord. *svalr* 'kühl, kalt' (d. h. ein schneidendes, brennendes Gefühl erweckend), schwed. *sval* 'kühl', mnd. *swalm* 'Qualm, Dunst', den unter *schwül* (s. d.) genannten Formen und griech. *hḗlē* (*εἵλη*, aus ie. **su̯elā*) 'Sonnenwärme, Hitze', lit. *svìlti* 'sengen, ohne Flamme brennen', (älter) *svelti* 'glimmen' läßt sich das Verb auf eine Wurzel ie. **su̯el-* 'schwelen, brennen' (s. *Sonne*) zurückführen.

schwelgen Vb. 'üppig essen und trinken, schlemmen, in vollen Zügen genießen'; Herkunft ungewiß. Man versucht, das ehemals stark flektierende Verb ahd. *swelgan* (8. Jh.), mhd. *swelgen*, *swelhen* 'verschlingen, (ver)schlucken, trinken', mnd. *swelgen*, mnl. *swelghen*, nl. *zwelgen*, aengl. *swelgan*, engl. *to swallow*, anord. *svelga*, aschwed. *svælgh(i)a*, schwed. *svälja* mit anord. *sylgr* 'Schluck, Trank', auch 'Schlinger, Fresser', mhd. *swalch*, *swalc* 'Schlund, Flut, Woge' auf eine *k*-Erweiterung der aus awest. *xᵛar-* 'genießen, verzehren', aengl. *swillan*, *swilian* 'waschen, spülen', engl. *to swill* '(ab)waschen, gierig trinken', anord. *sollr* 'Spültrank für Schweine', schwed. (mundartlich) *soll*, *sull* 'Milch mit Brotbrocken' erschließbaren Wurzel ie. **su̯el-* 'schlingen, essen, trinken' zurückzuführen, die allerdings nur im Iran. und Germ. nachgewiesen werden kann (Pokorny 1, 1045). Im Nhd. (etwa 16. Jh.) wird mit der starken Flexion auch die transitive Verwendung '(ver)schlucken' aufgegeben, und *schwelgen* steht für 'schmausen, zechen, schlemmen, prassen', danach (seit dem 18. Jh.) für 'üppig, genüßlich leben'. –

S c h w e l g e r m. 'Schlemmer', ahd. *swelgāri* (8. Jh.), mhd. *swelher* 'Schlucker, Säufer'. S c h w e l g e r e i f. 'Schlemmerei, Prasserei' (16. Jh.). s c h w e l g e r i s c h Adj. 'üppig, verschwenderisch' (17. Jh.).

Schwelle f. 'waagerecht liegender Balken' (als untere Begrenzung eines Türrahmens, als Befestigungsgrundlage für Eisenbahnschienen). Die unterschiedlich gebildeten Substantive ahd. *swelli* n. 'Türschwelle, Fußgestell, Sockel' (9. Jh.), *swella* f. (Hs. 13. Jh.), mhd. *swelle* f. n. 'Balken zum Hemmen, Schwellen des Wassers', überhaupt 'Balken, Grundbalken, Schwelle', mnd. *sul* m., *sülle* m. f., mnl. *sulle*, *sille*, aengl. *syll*, *sylle* f., engl. *sill*, anord. *syll*, *svill* f., schwed. *syll* führen auf germ. **swallja-* bzw. (ablautend) **swelljō* und **sulljō*. Vergleichbar sind vielleicht griech. *selís* (σελίς) 'Querbalken eines Gebäudes, Schiffes, Querstück, Querwand, in die Quere laufende Bank- oder Sitzreihe im Theater' und (mit *m*-Suffix) griech. *sélma* (σέλμα) 'Deck-, Ruderplanke, Ruderbank, Verdeck, Gerüst', asächs. *selmo* m. 'Lager, Bett', aengl. *sealma* m. 'hölzernes Bettgestell, Bett', so daß von einer Wurzel ie. **su̯el-* bzw. deren Variante **sel-* 'Balken, Brett, aus Stämmen oder Brettern Verfertigtes' ausgegangen werden kann. Als Bedeutung für das Germ. ergäbe sich 'Grundbalken' (eines Hauses, Bauwerkes oder Bauteiles). Jedoch ist diese Herleitung umstritten. Fraglich bleibt auch, ob das unter ¹*Säule* (s. d.) behandelte Substantiv hier anzuschließen ist. *Schwelle* für 'Türschwelle' setzt sich aus omd. Gebrauch in der Literatursprache durch und entwickelt die übertragene Bedeutung 'Grenze, an der etw. beginnt oder endet' (vgl. *an der Schwelle des Jahres*, *Schwelle des Bewußtseins*, *Reizschwelle*).

¹**schwellen** Vb. 'sich aufblähen, ausdehnen, dicker werden'. Das starke Verb ahd. *swellan* (8. Jh.), mhd. *swellen* '(an)schwellen', asächs. *swellan*, mnd. *swellen*, *swillen*, mnl. *swellen*, nl. *zwellen*, aengl. *swellan*, engl. *to swell*, anord. *svella*, schwed. *svälla* (vgl. auch got. *ufswalleins* f. 'Aufgeblasenheit') und das abgeleitete, schwach flektierende Kausativum ²s c h w e l l e n Vb. 'aufgebläht, ausgedehnt, dicker machen', ahd. *biswellen* 'stauen, verstopfen' (9. Jh.), mhd. *swellen* 'stauen, hemmen', mnl. *swellen*, anord. *svella* 'vermehren' gehören (mit *Schwulst* und *Schwiele*, s. d.) zu einer isolierten Wortgruppe ohne außergerm. Anschlußmöglichkeiten. Die Form des starken Präteritums lautet ursprünglich *schwall*, erst im 18. Jh. (z. B. bei Adelung) setzt sich *schwoll* durch. – g e s c h w o l l e n Part.-adj. (zum starken Verb ¹*schwellen*) 'aufgeblasen, hochmütig' (16. Jh.). g e s c h w e l l t Part.adj. (zum schwachen Verb ²*schwellen*) 'angefüllt', *von Stolz die Brust geschwellt* (19. Jh.). S c h w a l l m. 'große Menge, Woge, Guß', mhd. *swal* 'angeschwollene Masse'.

schwemmen Vb. 'jmdn., etw. an eine Stelle hin-, von einer Stelle wegschwimmen lassen, wässern, spülen', Kausativum zu dem unter *schwimmen* (s. d.) behandelten Verb (eigentl. 'schwimmen machen'), mhd. *swemmen* 'schwimmen lassen, ins Wasser tauchen, in Wasser waschen, darüber schwimmen, übersetzen, aufschwemmen', aengl. *beswemman*. – S c h w e m m e f. 'das Schwemmen, Baden, Ort, wo geschwemmt, gebadet, gewaschen wird', vor allem 'seichte Gewässerstelle als Bad von Tieren', spätmhd. *swemme*, *swem*. Bildlich *(die Zunge, den Mund) in die Schwemme reiten* 'trinken (im Wirtshaus)' (15. Jh.), daher *Schwemme* '(einfaches) Wirtshaus' (16. Jh.). a u f s c h w e m m e n Vb. 'mit Flüssigkeit auffüllen, auftreiben, durch Flüssigkeit dick, schwammig werden lassen' (16. Jh.). ü b e r s c h w e m m e n Vb. 'über etw. strömen und es unter Wasser setzen, überfluten' (16. Jh.); Ü b e r s c h w e m m u n g f. (16. Jh.).

Schwengel m. 'schwenkbares Geräteteil, Pumpengriff, Glockenklöppel', mhd. *swengel* 'was schwingt, Zipfel, Vorrichtung zum Schleudern, wer schleudert', mnd. *swengel* 'Klöppel der Glocke, Brunnenschwengel', mnl. *swenghel*, nl. *zwengel* ist eine mit dem Suffix für Gerätebezeichnungen germ. *-ila-* gebildete Ableitung von frühnhd. *schwengen* 'schwingen machen', mnd. *swengen* 'sich schwingen, drehen', einem Kausativum zu *schwingen* (s. d.). Daneben auch gleichbed. *Schwenkel* m., mhd. *swenkel*, zu *schwenken* (s. d.), und *Schwingel* m. (18. Jh.) zu *schwingen*. – G a l g e n s c h w e n g e l m. 'Gehenkter, am Galgen hängender Verbrecher', bes. (als Scheltwort) 'schlechter, für den Galgen reifer Kerl', mhd. *galgenswengel*, *-swenkel*; Vergleich des im Winde schwingenden Gehenkten mit einem Klöppel, danach auch frühnhd. *Feldglocke* für 'Galgen'. L a d e n s c h w e n g e l m. verächtlich für 'Ladendiener' (um 1700).

schwenken Vb. 'schwingend hin und her bewegen, durch die Luft schwingen, die Richtung ändern, einbiegen', ahd. *swenken* '(mit der Peitsche) schlagen' (8. Jh.), mhd. *swenken* trans. 'schwingen machen, hin und her schwingen, schleudern', intrans. 'in schwankender Bewegung sein, schweifen, schweben, sich schlingen', mnd. *swenken* 'sein Spiel treiben (mit)', mnl. *swenken*, nl. *zwenken* 'schwenken, drehen', aengl. *swencan* 'belästigen, ärgern, beunruhigen' ist vielleicht Kausativum zu einem starken, in aengl. *swincan* 'sich mühen', engl. (mundartlich bzw. älter) *to swink* 'sich abplagen, schuften', nl. *zwinken* 'schwanken, drehen' belegten Verb, das mit *schwingen* (s. d.) und den dort genannten Formen an ie. **su̯eng-*, **su̯enk-* 'biegen, drehend schwingen, schwenken' angeschlossen werden kann. – S c h w e n k e r m. 'wer etw. hin und her schwingt' (17. Jh.), 'Jacke mit einem schwenkenden Rückenteil' (18. Jh.), 'schwenkende Bewegung' (19. Jh.), auch 'Gerät zum Schwenken' (vgl. *Kognakschwenker*).

schwer Adj. 'von großem Gewicht, von hohem Schwierigkeitsgrad', ahd. *swār* (8. Jh.), *swāri* (9. Jh.) 'schwer, drückend, schmerzlich', mhd. *swær(e)*, *swār* 'wehtuend, schmerzlich, unangenehm, beschwerlich, betrübt, von großem Gewicht, vornehm', asächs. mnd. *swār*, mnl. *swaer*, *swāre*, nl. *zwaar*, aengl. *swǣr*, *swār*, auch 'träge, schwach', anord. *svārr*, schwed. *svår*, got. *swērs* 'geachtet, geehrt' (eigentl. 'schwerwiegend') lassen sich vergleichen mit lit. *sver̃ti* 'etw. wägen (um das Gewicht zu bestimmen), wiegen, Gewicht haben', *svarùs* 'schwer', russ. (älter) *osvér*, *osvír* (*освер*, *освир*) 'Hebel', *osvérit'*, *osvírit'* (*осверить*, *освирить*) 'neigen, einer Seite das Übergewicht geben', vielleicht auch mit griech. *hérma* (*ἕρμα*) 'Stütze, Klippe, Stein, Ballast' (falls eigentl. 'schweres Gewicht, schwerer Stein, Steinblock') und lat. *sērius* 'ernsthaft, ernstlich' (eigentl. 'schwer, gewichtig'), so daß von einer auch mit anlautendem *s-* auftretenden Wurzel ie. **u̯er-* 'binden, anreihen, aufhängen', auch zum Wägen, daher 'schwer, Schnur, Strick', ausgegangen werden kann. – S c h w e r e f. 'Gewicht, Schwierigkeit', ahd. *swārī* (8. Jh.), mhd. *swære* 'Leid, Schmerz, Kummer, Bedrängnis, großes Gewicht'. s c h w e r l i c h Adv. 'kaum' (16. Jh.), ahd. *swārlīhho* (9. Jh.), mhd. *swærlīche* 'auf schwere Weise, mit Mühe, in hohem Grade', neben ahd. *swārlīh* (8. Jh.), mhd. *swærlich* Adj. S c h w e r m u t f. 'gedrückte Gemütsverfassung, Melancholie' (16. Jh.), Rückbildung aus s c h w e r m ü t i g Adj. 'gedrückt, depressiv, melancholisch', mhd. *swærmüetic*; doch vgl. bereits vereinzeltes mhd. *swārmueti* (13. Jh.). S c h w e r e n o t Interj. (18. Jh.), eigentl. mhd. *swære nōt*, nhd. *schwere Not* 'körperlicher Schmerz, Krankheit', auch 'Geburtswehen', bes. aber 'Fallsucht, Epilepsie' (17. Jh.), von der man glaubte, daß sie einem Menschen durch teuflische Beschwörung angehext werden könne; daher erklären sich Wendungen wie *die Schwerenot soll euch regieren*, *die Schwerenot kriegen* (18. Jh.), danach elliptisch *daß dich die Schwerenot!* und als Ausruf der Verwünschung, Überraschung, Beteuerung *Schwerenot!* Vgl. nd. *swärnötern* 'fluchen'. S c h w e r e n ö t e r m. 'verfluchter Kerl' (18. Jh.), 'Schalk, durchtriebener Kerl, Schürzenjäger' (19. Jh.). S c h w e r k r a f t f. 'Anziehungskraft der Erde' (18. Jh.). S c h w e r p u n k t m. 'Mittelpunkt (der Masse)', übertragen 'wichtigster Punkt' (18. Jh.). s c h w e r f ä l l i g Adj. 'langsam, unbeweglich' (18. Jh.), vgl. bereits mnd. *swārvellich* 'nicht leicht beweglich'. s c h w e r h ö r i g Adj. 'mit schlechtem Hörvermögen' (Anfang 19. Jh.).

Schwert n. 'Hieb- und Stichwaffe mit ein- oder zweischneidiger Klinge', ahd. *swert* (8. Jh.), mhd. mnd. *swert*, asächs. *swerd*, mnl. *swa(e)rt*, *swe(e)rt*, nl. *zwaard*, aengl. *sword*, *sweord*, *swyrd*, engl. *sword*, anord. *sverð*, schwed. *svärd*. Herkunft unbekannt. Eine Deutung von germ. **swerða-* im Sinne von 'das Schneidende, Stechende' als Bildung mit Dentalsuffix zu der unter *schwären* (s. d.) genannten Wurzel ie. **su̯er-* 'schwären, eitern', also vielleicht auch 'schneiden, stechen', ist unsicher. – S c h w e r t f e g e r m. 'wer roh geschmiedete Waffen in Feinarbeit gebrauchsfertig macht, Waffenschmied', mhd. *swertveger*; zu mhd. *vegen* 'reinigen, putzen, polieren' (s. *fegen*). S c h w e r t f i s c h m. Fischart mit schwertähnlichem Oberkiefer (18. Jh.). S c h w e r t l i l i e f. Lilie mit schwertförmigen Blättern, 'Iris' (18. Jh.); vgl. ahd. *swertala* (10. Jh.), mhd. *swertelbluome*.

Schwester f. 'weibliches Geschwister', ahd. (8. Jh.), mhd. *swester*, asächs. *swestar*, mnd. *süster*, mnl. *suster*, nl. *zuster*, aengl. *sweoster*, *swuster*, *swyster*, *suster* (engl. *sister* aus dem Anord.), anord. *systir* (aus **suistir*), schwed. *syster*, got. *swistar*. Vergleichbar sind aind. *svásā*, awest. *xᵛaŋhar-* 'Schwester', griech. *éor* (ἔορ) 'Tochter', lat. *soror* 'Schwester', air. *siur*, kymr. *chwaer*, aslaw. *sestra*, russ. *sestrá* (*сестра*) 'Schwester'. Sie folgen einem vielleicht zum Pronominalstamm ie. **se-*, **s(e)u̯e-*, ursprünglich 'abseits, getrennt, für sich' (s. *sich*), mit dem fem. Suffix ie. *-ser-*, *-sr-* gebildeten ie. **su̯esor-* 'Schwester'. Bei Kasusformen mit schwundstufigem Suffix ie. **su̯esr-* wird im Germ. und Slaw. ein *t* eingefügt, womit germ. **swestra-* und urslaw. **sestra* den Verwandtschaftsbezeichnungen *Vater*, *Mutter*, *Bruder*, *Tochter* (s. d.) angeschlossen werden. *Schwester* wird bereits in mhd. Zeit auf Ordensfrauen übertragen, im 20. Jh. auf Krankenpflegerinnen, vgl. *(Kranken)schwester*, vorgeprägt im 18. Jh., ausgehend von der durch Nonnen geübten Krankenpflege. – schwesterlich Adj. 'einer Schwester entsprechend, sie betreffend', mhd. *swesterlich*. verschwistert Part.-adj. 'als Geschwister zusammengehörend' (18. Jh.), zu *verschwistern* Vb. 'Geschwister sein, als Geschwister verbinden' (18. Jh.), unabhängig von mhd. *verswistern* '(ein Erbe) unter Schwestern verteilen'. S. auch *Geschwister*.

Schwiegermutter f. 'Mutter der Ehefrau (vom Ehemann aus benannt) oder des Ehemannes (von der Ehefrau aus benannt)', verdeutlichende Zusammensetzung des 16. Jhs. zu (im 18. Jh. als veraltet empfundenem) gleichbed. *Schwieger* f. Ahd. *swigar* (9. Jh.), mhd. *swiger*, aengl. *sweger*, mnl. *swēgher*, anord. *sværa*, aschwed. *sværa*, *svēra* sowie (als fem. *n*-Stamm) got. *swaíhrō* führen mit aind. *śvaśrū́ḥ*, griech. *hekyrá* (ἑκυρά), lat. *socrus*, aslaw. *svekry*, russ. *svekróv'* (*свекровь*) 'des Mannes Mutter', kymr. *chwegr* auf ie. **su̯eḱrū́-* 'Mutter des Ehemannes', wovon vielleicht maskulines ie. **su̯éḱuro-* 'Vater des Ehemannes, Schwiegervater der (ihre Sippe verlassenden) Ehefrau' (s. *Schwäher*) abgeleitet ist. *Schwieger* wird Bestimmungswort in weiteren Komposita wie Schwiegervater m. 'Vater der Ehefrau oder des Ehemannes', jeweils vom anderen Ehepartner benannt (16. Jh.), *Schwäher* (s. d.) bzw. mhd. *swegerherre* ablösend; Schwiegersohn m. 'Ehemann der Tochter' (16. Jh.); Schwiegertochter f. 'Ehefrau des Sohnes' (17. Jh.); Schwiegereltern Plur. 'Eltern der Ehefrau oder des Ehemannes' (18. Jh.).

Schwiele f. 'Hautwulst, verhärtete Schwellung', ahd. *swil* n. (10. Jh.), *swilo* m. (Hs. 12. Jh.), mhd. *swil* m. n., *swile* m. 'Schwiele, Geschwulst, Fußsohle', asächs. *swil* n., mnd. *swel* n. 'Geschwulst, Geschwür, Schwiele', mnl. *swil*, *swel*, aengl. *swyle* m., Abstrakta zu dem unter ¹*schwellen* (s. d.) behandelten Verb. Die im Nhd. übliche feminine Form *Schwiele* (Ende 17. Jh.) entwickelt sich wohl aus dem schwachen Plural *Schwielen*. – schwielig Adj. 'voller Schwielen von harter Arbeit' (18. Jh.), *schwielicht*, *schwillig* (17. Jh.), *schwillächtig* (16. Jh.).

schwierig Adj. 'kompliziert, schwer zu behandeln', frühnhd. *swiric*, *sweric*, auch *suerecht* 'schwärend, eitrig' (15. Jh.) ist abgeleitet vom Substantiv mhd. *swer(e)* 'leiblicher Schmerz, Krankheit, bes. Geschwulst, Geschwür', nhd. *Schwäre* (s. *schwären*), wird heute allerdings als zu *schwer* gehörend empfunden. Die alte Bedeutung ist bis ins 18. Jh. bewahrt, vgl. *ein schwüriger* ('schwärender') *Finger* (Adelung). Daneben entwickelt sich vom 16. Jh. an auf innere Stimmung und Haltung bezogener übertragener Gebrauch im Sinne von 'reizbar, unzufrieden, aufrührerisch' sowie 'leicht aufgebracht, empfindlich, schwer zu behandeln', der seit dem 17. Jh. in erweiterter Anwendung auch auf Verhältnisse und allgemeine Zustände ausgedehnt wird (vgl. *schwürige Zeiten*, 1660). – Schwierigkeit f. 'komplizierte Lage, Situation, Mühsal, Kummer' (18. Jh.), frühnhd. *Schwirikait* 'Eiterung' (1572), *Schwürigkeit* 'Tumult' (1660); dann (in etymologischer Unsicherheit in Verbindung gebracht mit mhd. *swærecheit* 'Schwere, Hindernis', zu mhd. *swære*, nhd. *schwer*) *Schwürigkeit* oder *Schwerigkeit* 'Beschwernis' (1664).

schwimmen Vb. 'sich im Wasser bewegen, ohne abzusinken, von einer Flüssigkeit getragen werden'. Das starke Verb ahd. *swimman* (8. Jh.), mhd. *swimmen*, mnd. mnl. *swemmen*, nl. *zwemmen*, aengl. *swimman*, engl. *to swim*, anord. *svimma*, *svima*, schwed. *simma* läßt sich mit den unter *schwemmen* (s. d.) genannten Formen, mit gleichfalls ablautenden mhd. *swamen* 'schwimmen', norw. (mundartlich) *svamla, sumla* 'plätschern' und (mit dem Suffix germ. *-sla-* abgeleitetem) got. *swumfsl* n. 'Teich' verbinden. Außergerm. bieten sich keine sicheren Vergleichsmöglichkeiten. Pokorny 1, 1046 möchte air. *to-senn-* (aus **su̯em-d-ne*) 'verfolgen' heranziehen und daraus eine (allerdings zweifelhafte) Wurzel ie. **su̯em-* 'sich bewegen' erschließen, während de Vries Nl. 877 an ein Substratwort denkt. *schwimmen* gilt von Anfang an vom Menschen, wird dann auch auf Tiere und Gegenstände übertragen; seit dem 18. Jh. erscheint es häufig mit Bezug auf Auge und Sehvermögen im Sinne von 'unklar sichtbar sein, in der Ferne als Bild zerfließen'. So auch verschwimmen Vb. 'für das Auge undeutlich werden' (18. Jh.), dazu verschwommen Part.adj. (seit dem 19. Jh. geläufig). Schwimmer m. 'wer schwimmt, die Sportart Schwimmen betreibt' (15. Jh.), 'auf der Wasseroberfläche schwimmendes technisches Gerät' (19. Jh.).

schwindeln Vb. 'sich schwindlig fühlen, betrügen', ahd. *swintilōn* 'in Ohnmacht fallen, Schwindel empfinden' (um 800), mhd. *swindeln* ist Iterativbildung zu dem unter *schwinden* (s. d.) dargestellten Verb. Bereits im Ahd. stehen persönliche Konstruktion (*swintilōmēs* 'wir schwindeln, fühlen uns schwindlig') und unpersönliche mit Dativ der Person (*uns swintilōt*) nebeneinander. Durch freieren Gebrauch entwickelt sich im 18. Jh. 'sich (wohin) versteigen, abenteuerliche Entwürfe oder Versprechungen machen' und unter Einfluß von *Schwindel* 'Betrug' und *Schwindler* 'Phantast, Flunkerer' (s. unten) die heute vorherrschende Bedeutung 'die Unwahrheit sagen, lügen'. – Schwindel m. 'Taumelgefühl, Lüge, Betrug', mhd. *swindel* 'drehendes Gefühl im Kopf, Taumelgefühl', aus dem Verb rückgebildet. Übertragen 'Taumel der Erregung, der Begeisterung' (18. Jh.). Ausgehend von einer Verwendung 'unbesonnenes Handeln' (vereinzelt bereits 16. Jh.) entwickelt sich über 'unlauteres Handeln' die heute vorherrschende Bedeutung 'Lüge, Betrug' (18. Jh., geläufig seit dem 19. Jh.). Schwindler m. 'Schwärmer, Phantast' (17. Jh.), 'unbesonnener, leichtsinniger, unlauterer Mensch' (Ende 18. Jh.), 'Betrüger, Lügner' (19. Jh.). Aus dem Dt. entlehnt engl. *swindler* für 'unbesonnener, leichtsinniger Mensch und Geschäftemacher' (18. Jh.), danach auch 'Hochstapler, Betrüger', das über Hamburg auf das Dt. zurückwirkt. Schwindelei f. 'Lüge, Betrug' (2. Hälfte 18. Jh.). schwindlig Adj. 'körperlich Schwindel empfindend' (16. Jh.).

schwinden Vb. 'sich vermindern, aufhören zu existieren', ahd. *swintan* 'abmagern, welken, bewußtlos werden' (um 800), mhd. *swinden* 'abnehmen, vergehen, abmagern, welken, bewußtlos werden', asächs. *farswindan*, aengl. *swindan*; s. auch *schwindeln* und *verschwenden*. Herkunft unsicher. Vergleichbar sind aslaw. *uvędati* 'verwelken', russ. *vjánut'*, *uvjadát'* (*вянуть, увядать*) 'welken' und (ablautend) kslaw. *ǫditi* 'räuchern', vielleicht auch armen. *k'andel* 'zerstören, ruinieren, abbrechen', so daß eine Wurzel ie. **(s)u̯endh-* 'schwinden' angenommen werden könnte. Auffällig ist hingegen semantisch nahestehendes ahd. *swīnan* 'schwinden, abnehmen' (um 800), mhd. *swīnen*, auch 'abmagern, welken, in Ohnmacht fallen', mhd. *swīnen* 'träge sein', isl. (ohne *n*-Erweiterung) *svía* 'nachlassen' zu der unter *schweigen* (s. d.) angegebenen Wurzel ie. **su̯i-* 'schwinden, nachlassen, schweigsam werden'; ein lautgerechter Anschluß von germ. **swenda-*, nhd. *schwinden* ist hier freilich nicht möglich. – Schwund m. 'Zustand der Verminderung, das Sichvermindern', junge Bildung zum Verb (zuerst bei Campe). verschwinden Vb. 'völlig aufhören zu existieren', ahd. *firswintan* 'verschmachten, verschwinden' (9. Jh.), mhd. *verswinden* 'unsichtbar, unwirklich werden, vergehen, umkommen, sterben'. Schwindsucht f. 'Auszehrung, Krankheit, bei der der Körper sich verzehrt', Bezeichnung für Tuberkulose (15. Jh., *swintsucht*). Daneben gleichbed. *swīnsuht*, *schweinsuht* (ebenfalls 15. Jh.) zu ahd. *swīnan*, mhd. *swīnen* 'abnehmen, dahinschwinden, abmagern, bewußtlos werden' (s. oben). Übersetzungen von griech. *phthísis* (*φθίσις*) 'Auszehrung, Schwindsucht'.

schwingen Vb. 'weit ausholend hin- und herbewegen', ahd. *swingan* (8. Jh.), mhd. *swingen* 'schwingen, schütteln, fliegen, schweben, sich bewegen', asächs. *swingan* 'sich schwingen, stürzen', mnd. *swingen*, mnl. *swinghen* 'schlingern, drehen, werfen', aengl. *swingan* 'sich schwingen, fliehen, schlagen, züchtigen, treiben', engl. *to swing*. Außergerm. Verwandte sind spärlich und unsicher. Wenn sich air. *seng* 'schlank' und vielleicht aind. *svájatē* 'umarmt, umschlingt, umfaßt', *párișvakta-* 'eng umschlungen' vergleichen lassen, ist ein Ansatz ie. **su̯eng-*, **su̯enk-* 'biegen, drehend schwingen, schwenken' möglich. Dazu stellen sich auch *Schwanz*, *Schwang*, *Schwank*, *schwanken*, *schwenken* und *schwach* (s. d.). Als Grundbedeutung für das Verb ist 'weit ausholend hin- und herbewegen' anzunehmen. – Schwinge f. 'Vogelflügel' (16. Jh.), asächs. *swinga* 'Knüppel, Prügel, Keule' (11. Jh.), spätmhd. *swinge* 'Gerät zum Schwingen, Flachs-, Hanfschwinge, Getreide-, Futterschwinge', verächtlich auch 'Schwert'. beschwingt Part.adj. 'beflügelt, unbeschwert' (18. Jh.), zu *beschwingen* Vb. 'in Bewegung setzen, beflügeln' (17. Jh.). Schwingung f. 'schwingende Bewegung, das Schwingen' (17. Jh.), 'sich wiederholende, zwischen zwei Grenzwerten stattfindende Bewegung', auch als Terminus der Physik (18. Jh.). erschwingen Vb. 'aufbringen, bezahlen' (16. Jh.), mhd. *erswingen* 'schwingend in Bewegung setzen, aufschwingen, abstreifen, schwingend erreichen'. erschwinglich Adj. 'finanziell tragbar' (18. Jh.).

Schwippschwager m. 'Ehemann der Schwägerin', d. h. nicht in gerader Linie stehender, also 'schiefer, nicht richtiger Schwager' (um 1900), zu *schwippen* 'hin und her schwanken, (sich) schaukelnd bewegen, von der geraden Richtung abweichen'; s. *Schwips*, *schwapp*.

Schwips m. 'kleiner, leichter Rausch' (landschaftlich verbreitet seit 19. Jh.), eigentl. 'das Schwanken', substantiviert aus der Interjektion *schwipp* (16. Jh.) bzw. verstärktem *schwips* (18. Jh.) als Ausdruck für das über den Rand Schlagen von Flüssigkeiten, für einen kurzen hellen, klatschenden Laut, vgl. nd. *Swipps* 'Schall von einem Peitschenschlag' (18. Jh.), hd. *schwippen*, *schwippsen* 'mit Geräusch hin und her schwanken, an oder über den Rand des Gefäßes schlagen' von Flüssigkeiten (18. Jh.) sowie ablautendes *schwapp*, *schwappen* (s. d.).

schwirren Vb. 'mit surrendem Geräusch fliegen' ist eine Übernahme (17. Jh.) von mnd. *swirren* 'herumschwärmen' in die Literatursprache. Das lautmalende Verb kann mit anord. *sverra* 'schwingen, wirbeln', *svarra* 'brausen, sausen', schwed. (mundartlich) *svirra* 'prasselnd brennen' und den unter *Schwarm* und *surren* (s. d.) genannten Formen verglichen und zur Schallwurzel ie. **su̯er-* 'surren' gestellt werden.

schwitzen Vb. 'Schweiß absondern', ahd. *swizzen* (9. Jh.), mhd. *switzen* ist ablautend mit iterativ-intensiver Bedeutung zu der unter *Schweiß* (s. d.) genannten Wurzel gebildet wie aind. *svidyati* 'schwitzt'. – verschwitzen Vb. 'vergessen' (18. Jh.), d. i. 'mit dem Schweiße verlieren, hinter sich bringen'. Schwitze f. 'Zustand oder Ort des Schwitzens, Erhitzens', beim Beizen in der Lederherstellung zur Enthaarung der Felle (18. Jh.), dann auch 'Vorgang bzw. Ergebnis des Röstens' in der Kochkunst, vgl. *Mehlschwitze*. Schwitzbad n. 'Schweißausbruch bewirkendes Bad' (17. Jh.).

Schwof m. 'anspruchsloses öffentliches Tanzvergnügen'. *Schwōf* 'Dorftanz', eine omd. Form, die wohl an mhd. *sweif* 'schwingende Bewegung, Gang, Umgang' anknüpft (s. *Schweif*; dessen Gebrauch im Sinne von 'Schwanz' ist den omd. Mundarten fremd), wird seit etwa 1825 durch Studenten der Universitätsstädte Ostmitteldeutschlands verbreitet. Dazu schwofen Vb. 'ein Tanzfest besuchen, dabei tanzen und sich vergnügen' (19. Jh.).

schwören Vb. '(vor Gericht feierlich) einen Eid ablegen'. Das gemeingerm., zu den *j*-Präsentien gehörende, stark flektierende Rechtswort ahd. *swer(i)en*, *swerren* (8. Jh.), mhd. *swern*, asächs. *swerian*, mnd. *swēren*, mnl. *swēren*, auch 'fluchen', nl. *zweren*, aengl. *swerian*, engl. *to swear*, anord. *sverja*, schwed. *svära* und (ohne *j*-Suffix) got. *swaran* ist verwandt mit (schwach flektierendem) anord. *svara* 'antworten, verteidigen', *svar* 'Antwort, Verteidigung', schwed. *svar* 'Antwort', asächs. *andswōr* 'Antwort', aengl. *andswaru*, engl. *answer*. Die Herkunft ist schwierig zu beurteilen. Wenn sich griech. *hermēneús* (ἑρμηνεύς) 'Übersetzer, Deuter, Ausleger', lat. *sermo* (aus **su̯ermō-*?) 'Wechselrede, Unterhaltung, Gespräch, Vortrag', aslaw. *svarъ* 'Kampf, Streit', russ. (derb) *svára* (свара), *ssóra* (ссора, aus **sъsora*) 'Streit, Zank, Hader' vergleichen lassen, kann auf eine Wurzel ie. **su̯er-* (auch **ser-*?) 'sprechen, reden' zurückgegangen werden. Es bleibt offen, ob damit die Schallwurzel ie. **su̯er-* 'surren' mit aind. *svárati* 'gibt einen Ton von sich, tönt, erschallt, (be)singt' (s. *Schwarm, schwirren, surren*) identisch ist, die hier dann auf 'sprechen, reden' ausgedehnt wäre. Vornehmlich aus semantischen Gründen hält Seebold 482 einen Anschluß des Verbs mit beweglichem *s-* an die Wurzel ie. **u̯er-* 'feierlich sagen, sprechen' (s. *Wort*) für möglich. Die Grundbedeutung ist wohl '(vor Gericht) reden, aussagen' und 'eine Formel feierlich aussprechen' (vgl. got. *aiþis swaran* 'Eide schwören'). Bereits in früher Zeit kann *schwören* die Bedeutung 'fluchen' (noch um 1700 und bis heute z. B. im Engl.) annehmen (bedingt durch den Inhalt des feierlich Versprochenen oder das biblische Verbot, einen Schwur zu leisten?). Redensartlich *Stein und Bein schwören* 'etw. fest behaupten' (16. Jh.); zu erklären aus *Stein* 'Altar' und *Bein* 'Heiligenreliquie'? – beschwören Vb. 'durch einen Schwur bekräftigen, inständig bitten, durch Zauberworte Geister und dgl. herbeirufen', ahd. *biswer(i)en, biswerren* 'flehentlich bitten' (um 800), 'durch Schwur bezeugen' (9. Jh.), mhd. *beswern*, auch 'mit Zaubersprüchen rufen oder bannen'. verschwören Vb. 'sich gegen jmdn. mit jmdm. verbinden, ein Komplott schmieden' (16. Jh.), nach lat. *coniurāre* 'sich eidlich verbünden' und daher anfangs entsprechend *sich zusammen verschwören* 'geloben, etw. (nicht) zu tun'; ahd. *firswer(i)en* 'falsch schwören' (9. Jh.), mhd. *verswern* 'falsch schwören, sich durch Eid lossagen, eidlich geloben, versichern (etw. nicht zu tun)', im Sinne von verstärktem *schwören*. Verschwörer m. 'Teilnehmer an einer Verschwörung' (Anfang 19. Jh.); mhd. *verswerer* 'wer sich von einem durch Eidschwur lossagt'. Verschwörung f. 'Komplott' (17. Jh.); vgl. ahd. *firswerunga* 'Beschwörung, Meineid' (Hs. 12. Jh.).

schwül Adj. 'feuchtwarm, drückend heiß, beklemmend'. Im 17. Jh. wird nd. *swōl, swūl* 'drückend und ermattend warm oder heiß, drückend oder ängstlich beklommen' in der md. Form *schwul* in die Literatursprache übernommen. Unter Einfluß des Antonyms *kühl* (s. d.) setzt sich gegen Anfang des 18. Jhs. die umgelautete Form *schwül* durch. Das Adjektiv steht mit nl. *zwoel* 'drückend warm' und aengl. *swol* n. 'das Brennen, Hitze' ablautend zu den unter *schwelen* (s. d.) angeführten Verben. Ältere Bildungen begegnen in omd. *geschwule* 'ängstlich' (Ende 16. Jh.), obd. *gschwilig* (16. Jh.), *swilch* 'schwül, ängstlich' (16. Jh.), *swilich* 'lau' (15. Jh.). In der Umgangssprache nimmt die umlautlose Form schwul die Bedeutung 'homosexuell' an (um 1900), vgl. die auf einer ähnlichen Vorstellung beruhende Fügung *warmer Bruder* für 'Homosexueller'. – Schwüle f. 'drükkende, feuchte Hitze' (18. Jh.). Schwulität f. 'Schwierigkeit, Verlegenheit', scherzhafte latinisierende Bildung der Studentensprache (2. Hälfte 18. Jh.) für 'heiß machende, beklemmende Verlegenheit'. Heute meist *in Schwulitäten* ('in Verlegenheit, in Schwierigkeiten') *sein, kommen*.

Schwulst m. 'überschwengliche, hochtrabende Rede- und Schreibweise, überreicher Schmuck, Überladenheit', ahd. *swulst* f. 'Geschwulst' (Hs. 12. Jh.), spätmhd. *swulst* f. 'Schwiele, Schwellung, geschwollene Körperstelle' ist (wie früher bezeugtes *Geschwulst*, s. d.) mit *st*-Suffix ablautend zu dem unter [1]*schwellen* (s. d.) behandelten Verb gebildet. Es wird jedoch in dieser Bedeutung bereits von frühnhd. Zeit an durch *Geschwulst* verdrängt; Reste des alten Gebrauchs reichen kaum über das 18. Jh. hinaus. Dagegen ist *Schwulst* seit dem 18. Jh. in der übertragenen Bedeutung 'Aufgeblähtheit, Überladenheit' geläufig, zuerst bei Hagedorn (1757), dann bei Lessing, Wieland, Winckelmann, Schiller, Herder, die auch das heute in dieser Verwendung übliche maskuline Genus durchsetzen. – schwulstig Adj. 'krankhaft geschwollen' (16. Jh.). Daneben übertragener Gebrauch wie bei umgelautetem schwülstig (16. Jh., ab 18. Jh. in diesem Sinne allein üblich) 'aufgeblasen, hochtönend, formal überladen, überreich verziert'.

Schwung m. 'schwingende Bewegung, kraftvolle, rasche Bewegung, Stoßkraft', übertragen 'Antrieb, Begeisterung'. Das zu dem unter *schwingen* (s. d.) behandelten Verb gebildete Abstraktum mhd. *swunc* ist anfangs nur wenig gebräuchlich, setzt sich aber im 18. Jh. allgemein durch und drängt dabei *Schwang* und *Schwank* in ihrer Verwendung für 'schwingende Bewegung' zurück (zur Bedeutungsdifferenzierung s. *Schwang*). Redensartlich *in Schwung kommen* 'in Gang kommen, in einen guten, vielversprechenden Zustand gelangen, vorankommen' (um 1800), *Schwung* ('Elan') *haben* (19. Jh.). –

s c h w u n g h a f t Adj. 'mit Schwung, lebhaft, erfolgreich' (Anfang 19. Jh.), *schwunghaften Handel treiben*. S c h w u n g f e d e r f. 'Hauptflügelfeder der Vögel' (18. Jh.). S c h w u n g k r a f t f. 'Kraft eines schwingenden Körpers, in schnelle, schwingende Bewegung versetzende Kraft' (18. Jh.). S c h w u n g r a d n. schweres Maschinenrad, das eine gleichmäßige Drehbewegung halten soll (18. Jh.). s c h w u n g v o l l Adj. 'voller Antrieb, Begeisterung, Elan' (18. Jh.).

Schwur m. 'Eid, feierliches Versprechen, Beteuerung'. Das ablautend zu dem unter *schwören* (s. d.) behandelten Verb gebildete Abstraktum begegnet erst in mhd. *swuor* 'Eid, Schwur, gotteslästerliche Rede, Fluch'. Doch vgl. früher bezeugte Zusammensetzungen wie ahd. *meinswuoro* 'Meineid' oder 'wer einen Meineid schwört' (10. Jh.) und asächs. *andswōr*, aengl. *andswaru*, anord. *andsvar* 'Antwort' (eigentl. 'Rede, Aussage, Verantwortung vor Gericht'). – S c h w u r g e r i c h t n. 'Gericht, bei dem neben Berufsrichtern auch Vertrauensleute aus dem Volke, die Geschworenen, an der Urteilsfindung mitwirken' (19. Jh.).

sechs Num. Das gemeingerm. Zahlwort ahd. (8. Jh.), mhd. *sehs*, asächs. *sehs*, mnd. *ses*, *sēs*, mnl. *ses*, *sesse*, nl. *zes*, aengl. *siex*, *syx*, *seox*, *sex*, engl. *six*, anord. schwed. *sex*, got. *saíhs* ist vergleichbar mit aind. *ṣáṭ* 'sechs', griech. *héx* (ἕξ), lat. *sex*, air. *sē*, lit. *šešì*, aslaw. *šestь* (*ti*-Abstraktum, eigentl. 'Sechsheit'), russ. *šest'* (*шесть*). Schwierigkeiten bereitet der Ansatz der ie. Ausgangsformen hinsichtlich des Anlauts. Es ist mit unterschiedlichen Varianten zu rechnen. Neben ie. **su̯eḱs*, **seḱs* wird ie. **ksu̯-*, **u̯-*, für das Slaw. ie. **kseḱs* vorausgesetzt. – s e c h s t e r Num. Ord., ahd. *sehsto* (9. Jh.), mhd. *sehste*. S e c h s t e l n. 'sechster Teil', spätmhd. *sehsteil* (s. *Teil*). S e c h s e r m. 'Münze im Wert von sechs Pfennigen, Kollegium aus sechs Personen' (15. Jh.). s e c h z e h n Num., ahd. *seh(s)zehan* (um 1000), mhd. *sehzehen*, mit Verschmelzung von auslautendem *-s* und anlautendem *z-*. s e c h z i g Num., ahd. *sehszug* (9. Jh.), mhd. *sehzec*, *sehzic* (s. *-zig*).

Sediment n. 'abgelagertes Gestein, Bodensatz einer Flüssigkeit', entlehnt (18. Jh.) aus lat. *sedimentum* (neben lat. *sedimen*) 'Satz, Bodensatz', zu lat. *sedēre* 'sitzen, sich senken, sich setzen'; in der Medizin 'Bodensatz, Niederschlag einer Körperflüssigkeit' (vgl. *Harnsediment*), in der Geologie '(Gesteins)ablagerung, Schichtgestein' (vgl. *Sedimentärgestein*).

See m. 'stehendes Binnengewässer', f. 'Meer, Ozean', ahd. *sēo*, Gen. *sēwes* (8. Jh.), mhd. mnd. *sē* 'Binnensee, Meer', asächs. *sēo*, mnl. *see*, nl. *zee*, aengl. *sǣ*, engl. *sea*, anord. *sær*, *sjōr*, *sjār*, schwed. *sjö*, got. *saiws* ('Binnensee, Marschland'). Herkunft ungeklärt. Zusammenstellungen mit lit. *sývas* 'Saft', lett. *sīvs* 'Jauche', griech. *aionā́n* (αἰονᾶν) 'begießen' oder lat. *saevus* 'wütend, tobend' sind zweifelhaft. Koivulehto in: Neuphilolog. Mitt. 68 (1967) 113 ff. will aengl. *sā*, anord. *sār*, isl. *sár*, dän. *saa*, schwed. *så* 'Zuber, großer (Wasser)kübel' mit den zuerst genannten germ. Formen verbinden und *See* in übertragenem Sinne als 'natürlichen großen Wasserbehälter' deuten; er verweist zur Stützung dieser Auffassung auf lat. *lacus* 'See, Trog, Kufe'. Doch bleiben Anknüpfungen dieser Art fraglich, so daß mehrfach Herleitung von einem nicht-ie. Substratwort angenommen wird. Dagegen macht Meid in: Gedenkschr. Kronasser (1982) 91 ff. wahrscheinlich, daß für *See*, womit im Germ. weithin ein Binnengewässer bezeichnet wird, von einer Bedeutung 'tropfenweise bzw. aus Rinnsalen angesammeltes Wasser' auszugehen ist. Er vergleicht das unter *seihen* (s. d.) dargestellte Verb und verbindet germ. **saiw-* (aus **saigw-*) mit der dort genannten Erweiterung ie. **seiku̯-* 'ausgießen, seihen, rinnen, träufeln' der Wurzel ie. **sē(i)-*, **sei-* 'tröpfeln, rinnen, feucht'. *See* ist ursprünglich Maskulinum. Schwankungen zwischen maskulinem und femininem Gebrauch bestehen im Aengl., Mhd., Mnd. und Mnl. Der im Dt. an das Genus gebundene Bedeutungsunterschied wird erstmals bei dem Pommern Kantzow (16. Jh.) deutlich, aber in der Literatursprache erst im 19. Jh. voll ausgebildet. – S e e m a n n m. 'wer berufsmäßig zur See fährt, Matrose' (17. Jh.); älter mnl. *seeman* (nl. *zeeman*), aengl. *sǣmann*, anord. *sjōmaðr*. s e e k r a n k Adj. 'an Übelkeit leidend durch großen Seegang' (17. Jh.). S e e n o t f. 'Gefahr des Untergangs (von Schiffen) im Meer' (18. Jh.). S e e r o s e f. Name der in Binnenseen blühenden, an Schönheit mit einer Rose verglichenen Blume (16. Jh.); vgl. mhd. *sēbluome*.

Seehund m. Der seit dem Ende des 15. Jhs.

(*seehont*, Köln 1495) belegte Name einer Robbe ist eine an *See* (s. d.) angeschlossene volksetymologische Umdeutung von mnd. *sēl-*, *sālhunt*, mnl. *sael-*, *seelhont*, woraus nhd. *Seelhund* (vereinzelt noch im 17. Jh.). Diese sind ihrerseits verdeutlichende, die Robbenart als 'Hund des Meeres' deutende Zusammensetzungen mit voraufgehendem ahd. *selaho* (9. Jh.), *selaha* (10. Jh.), *selah* (um 900), mhd. *seleh*, *sel(e)*, nhd. *Seel* (vereinzelt noch im 16. Jh.), mnd. *sāle*, *sēl(e)*, mnl. *seel*, aengl. *seolh* (vgl. engl. *seal*), anord. *selr*, schwed. *säl* 'Robbe' (germ. **selha-*). Herkunft ungeklärt. Falls sich aengl. *sūl*, *sulh* 'Furche, Pflug', lat. *sulcus* 'Furche', *sulcāre* 'pflügen', griech. *hélkein* (ἕλκειν) 'ziehen, schleppen', armen. *helg* 'träge', italo-alban. *helq*, alban. *heq* 'zieht (heraus, in die Länge)', toch. B *sälk-* 'herausziehen, vorführen' vergleichen lassen, ist Anschluß an ie. **selk-* 'ziehen' (hier etwa 'sich mühsam schleppen') möglich. Auch Verbindung mit air. *selige* 'Schildkröte, Schnecke', lit. *seléti* 'schleichen, leise auftreten' (zur Wurzel ie. **sel-* 'schleichen, kriechen') ist denkbar, vgl. PIJNENBURG in: Naamkde 17 (1985) 284 ff. Oder sind die germ. Formen mit SCHINDLER in: Die Sprache 12 (1966) 65 f. als Entlehnungen aus dem Ostseefinn., vgl. finn. *hylje* (Gen. *hylkeen*), karel. *hyleh*, estn. *hüljes* 'Seehund, Robbe', anzusehen?

Seele f. 'Gesamtbereich der menschlichen Empfindungen und des Erlebnisvermögens', in religiösem Sinne 'der für unsterblich gehaltene spirituelle Teil des Menschen', ahd. *sēla* (8. Jh.), mhd. *sēle*, asächs. *sēola*, *siola*, *sēla*, mnd. *sēle*, mnl. *siele*, nl. *ziel*, aengl. *sāwol*, *sāw(e)l*, engl. *soul*, got. *saiwala* (die nordgerm. Ausdrücke beruhen auf Entlehnung aus dem Aengl.). Herkunft unbekannt. Man vermutet in germ. **saiw(a)lō* eine *l*-Ableitung von dem unter *See* (s. d.) behandelten Substantiv ('die vom See Herstammende, zum See Gehörende'), da nach altem Glauben der Germanen die Seelen der Menschen vor der Geburt und nach dem Tod im Wasser leben sollen. Fraglich bleibt jedoch, ob dieser Glaube allgemein verbreitet war; daher wird auch die Meinung vertreten, *Seele* als bisher unerklärtes Tabuwort anzusehen. Häufig sind formelhafte Fügungen und Wendungen; vgl. *Leib und Seele* für die 'körperliche und geistige Seite' des Menschen, mhd. *līp unde sēle*, ahd. *līhhamo joh sēla* (9. Jh.); *mit, an Leib und Seele* 'völlig, ganz und gar' (16. Jh.). Auf der christlichen Vorstellung des göttlichen Ursprungs der unsterblichen Seele beruhen Beteuerungsformeln wie *bei meiner Seele*, vgl. mhd. *bī sēl und triuwe swern*. Die Seele wird als der innere, der empfindende Teil des Menschen angesehen, vgl. *jmdm. auf der Seele liegen* 'ihn belasten, bedrücken', *auf der Seele haben* (18. Jh.), *auf die Seele fallen*, *auf der Seele brennen* (19. Jh.); *etw.* (eine Last) *von der Seele wälzen* (18. Jh.); *jmdm. aus der Seele sprechen* 'die Überzeugung, die Empfindungen eines anderen ausdrücken' (19. Jh.). Die Fügung *schöne Seele*, seit den Mystikern des 14. Jhs. (mhd. *diu sēle schœne*) bis ins 17. Jh. dem religiösen Bereich angehörend, wird unter dem Einfluß Wielands (1750), der „Nouvelle Héloïse" Rousseaus (frz. *belle âme*) und der engl. Romanliteratur im Sinne von 'empfindsames, tugendhaftes Gemüt' Ausdruck einer Harmonie von innerer Haltung und äußerer Erscheinung. Häufig mit charakterisierendem Attribut für 'Mensch' schlechthin, vgl. *eine gute Seele* 'ein guter Mensch', *fromme*, *ehrliche*, *arme*, *schwarze Seele* (sämtlich 18. Jh.); auch *keine Seele* 'niemand' (17. Jh.), *200 Seelen* (18. Jh.); *eine Seele von Mann*, *von Mensch* u. ä. (18. Jh.). Die alte Vorstellung, daß sich die Seele im Hauch, im Atem manifestiere, liegt Ausdrücken für 'sterben' zugrunde: *seine Seele ausblasen* (17. Jh.), mhd. *die sēle gēt ūʒ dem munde*. – s e e l i s c h Adj. auf die Seele bezüglich, psychisch' (16. Jh.). b e s e e l e n Vb. 'mit einer Seele versehen' (17. Jh.), übertragen 'mit Inhalt, mit Leben, mit Gefühl erfüllen'. e n t s e e l t Part.adj. 'der Seele beraubt, tot' (17. Jh.), zu *entseelen* (16. Jh.). s e e l e n v e r w a n d t Adj. 'in seinem innersten Empfinden und Fühlen übereinstimmend oder ähnlich' (18. Jh.). S e e l s o r g e f. 'Hilfe, Beratung und Leitung der Gemeindemitglieder' (durch den Geistlichen im Auftrag der Kirche, 16. Jh.), nach älterem S e e l s o r g e r m. 'Pfarrer' (15. Jh.), frühnhd. vereinzelt auch 'Testamentsvollstrecker' (15. Jh.).

Segel n. 'am Schiffsmast befestigte, mit Stricken gespannte Leinwand', ahd. *segal* (8. Jh.), mhd. *segel*, *sigel* 'Segel, Vorhang', asächs. *segal*, mnd. *sēgel*, mnl. *seil*, *seel*, nl. *zeil*, aengl. *seg(e)l*, engl. *sail*, anord. *segl*, schwed. *segel*. Herkunft ungewiß. Vergleicht man anord. *sægr* ‘losgerissenes Stück’, *segi* ‘Fleischstreifen’, kann an eine Verwandtschaft mit *Säge* (s. d.) und an einen Anschluß an die Wurzel ie. **sĕk-* ‘schneiden’ gedacht werden mit der wenig befriedigenden Bedeutung ‘abgeschnittenes Stück’. Szemerényi in: Lat. u. Europa (1978) 36 f. denkt an Entlehnung aus vlat. **segellum*, lat. *sagulum*, Deminitivum zu lat. *sagum* ‘Stück Tuch, Mantel’. *Segel*, im Ahd. und Mhd. ein Mask., nimmt vom 17. Jh. an unter nd. und nl. Einfluß neutr. Genus an, wie es auch die übrigen germ. Formen aufweisen.– segeln Vb. ‘mit Segel und Windkraft, mit einem Segelschiff fahren’, mhd. *sigelen* ‘segeln, schiffen, zu Schiff befördern’, mnd. *sēgelen*, mnl. *seilen*, *sēghelen*, nl. *zeilen*, aengl. *segl(i)an*, engl. *to sail*, anord. *sigla*, schwed. *segla*; heute auch ‘mit dem Segelflugzeug fliegen’ (20. Jh.). Segler m. ‘Segelschiff, Schiffer, wer Segelsport betreibt, zur Familie der Schwalben gehörender Vogel’, spätmhd. *segeler*. Segelschiff n. ‘mit Segeln, ohne Motor- oder Ruderkraft fahrendes Schiff’ (16. Jh.). Segeltuch n. ‘Segel’, mhd. *segeltuoch*; dann auch ‘grobe Leinwand’ für Segel, Planen, Zelte (Anfang 18. Jh.). Segelflugzeug n. ‘ohne Motor, im Aufwind und im Gleitflug fliegendes Flugzeug’; Segelflug m. (20. Jh.).

Segment n. ‘Abschnitt, Teilstück’, Entlehnung (16. Jh.) von lat. *segmentum* ‘Schnitt, Einschnitt, Abschnitt, durch die Polarkreise gebildeter Erdabschnitt’, Weiterbildung von lat. *segmen* ‘Abschnitt, Stückchen’; zu lat. *secāre* ‘schneiden, ab-, zerschneiden’. In der Mathematik ‘durch einen Kurvenbogen und die dazugehörige Sehne begrenzter Teil der Kreisfläche’ (17. Jh.), in der Medizin und Zoologie ‘Körperabschnitt’ (19. Jh.).

segnen Vb. ‘Segen spenden, Gottes Segen für jmdn. erbitten, das Zeichen des Kreuzes machen’, ahd. *seganōn* (um 800), mhd. *segenen*, *segen*, mnd. *sēgenen*, *sēgen*, asächs. *segnon*, mnl. *sēghenen*, *seinen*, nl. *zegenen*, aengl. *segnian*, engl. (mundartlich) *to sain*, anord. schwed. *signa* sind Entlehnungen aus lat. *sīgnāre* ‘mit einem Zeichen, Siegel-, Prägezeichen, Stempel versehen, (be)zeichnen’, kirchenlat. (vlat. *segnāre*) ‘das Zeichen des Kreuzes machen’, zu lat. *sīgnum* ‘Zeichen, Abzeichen, Kennzeichen, Siegel’, kirchenlat. ‘Kreuzeszeichen’ (s. *Signum*). Aus dem Verb rückgebildet Segen m. ‘Kreuzeszeichen, Segensformel, Gnade Gottes, Glück, Wohlergehen’, ahd. *segan* (9. Jh.), mhd. *segen* ‘Zeichen des Kreuzes, Segensspruch, Gnade, Segensformel, Zauberformel’, mnd. *sēgen*, mnl. *sēghen*, nl. *zegen*, aengl. *segn*, auch ‘Banner’. Segnung f. ‘Vorgang des Segnens und Wirkung des Segens’, mhd. *segenunge*, *seinunge*.

sehen Vb. ‘mit dem Gesichtssinn wahrnehmen’. Mit ahd. *sehan* (8. Jh.), mhd. *sehen*, asächs. *sehan*, mnd. *sēn*, mnl. *sien*, nl. *zien*, aengl. *sēon*, engl. *to see*, anord. *sjā*, schwed. *se*, got. *saíƕan* sind verwandt ahd. *gisiuni* ‘Anblick, Erscheinung, Aussehen’ (8. Jh.), asächs. *siun* ‘Auge’, aengl. *sīen* ‘Aussehen’, anord. *sjōn* ‘Blick, Auge’, got. *siuns* ‘Gesicht, Gestalt’; s. auch die Verbalabstrakta *Sicht* und *Gesicht*. Außergerm. sind vergleichbar air. *rosc* (aus **proskᵘ̯o-*) ‘Auge, Blick’, alban. *sheh* ‘sieht’, hethit. *šakuwa* (Plur.) ‘Augen’ sowie auch griech. *hépesthai* (ἕπεσθαι) ‘folgen, begleiten’, aind. *sácatē* ‘begleitet, steht zur Seite, geht nach, folgt’, lat. *sequī* (nach)folgen, begleiten, verfolgen, gehorchen’, air. *sechithir* ‘folgt’. Man nimmt daher eine Bedeutungsentfaltung ‘folgen, mit den Augen folgen, sehen’ an, hervorgegangen aus der Wurzel ie. **sekᵘ̯-* ‘wittern, spüren’ (vom Hund bei der Jagd), die sich in einem zweiten Bedeutungsstrang zu ‘zeigen, ankündigen’ (s. *sagen*) entwickelt hat.– Seher m. ‘Prophet’ (16. Jh.); vgl. mhd. *sternseher*. sehenswürdig Adj. ‘berühmt, außergewöhnlich und daher des Ansehens wert’ (18. Jh.); Sehenswürdigkeit f. (Anfang 19. Jh.). Sehkraft f. ‘Sehvermögen des Auges’ (Anfang 18. Jh.), älter *Sehenskraft* (Ende 17. Jh.). absehen Vb. ‘durch Beobachtung erlernen, woraus erkennen, merken, überblicken’ (16. Jh.), ‘auf etw. abzielen’ (17. Jh., dazu s. *Absicht*), ‘verzichten’ (18. Jh.), mhd. *abesehen* ‘hinabsehen’; absehbar Adj. ‘überschaubar, erkennbar’ (18. Jh.), *in absehbarer Zeit* ‘bald’ (Ende 19. Jh.). ansehen Vb. ‘seinen Blick auf etw. richten, betrachten’, ahd. *anasehan* (8. Jh.), mhd. *anesehen*; Ansehen n. ‘Erscheinung’, auch (seit 16. Jh.) ‘Achtung, Wertschätzung’, mhd. *anesehen* ‘Anblick, Angesicht’; Ansicht f. ‘Seite, von der etw. betrachtet wird, Anblick, Bild’, auch (seit 19. Jh.) ‘Meinung’, ahd. *anasiht* (9. Jh.), mhd. *anesiht* 'Anblick'; Ansichtskarte f. 'Postkarte mit Landschaftsbild' (Ende 19. Jh.); angesehen Part.adj. 'geachtet' (Anfang 18. Jh.); frühnhd. *angesehen, (daß)* ... 'in Anbetracht'. ansehnlich Adj. 'angesehen, stattlich, wohlgefällig anzusehen' (Ende 15. Jh.). aufsehen Vb. 'emporschauen', ahd. *ūfsehan* (um 900), mhd. *ūfsehen*; Aufsehen n. '(öffentliche) Beachtung', spätmhd. *ūfsehen*; Aufseher m. 'Aufsichtführender, Wächter', spätmhd. *ūfseher*; Aufsicht f. 'das Aufpassen, Kontrolle' (16. Jh.); beaufsichtigen Vb. '(über etw.) die Aufsicht haben, kontrollieren' (Anfang 19. Jh.). aussehen Vb. 'einen bestimmten Anblick bieten' (16. Jh.), vgl. mhd. *ūʒsehen* 'hinaussehen'; Aussehen n. 'äußere Erscheinung' (17. Jh.), 'Aussicht, Ausblick' (16. Jh.); Aussicht f. 'Blick in die Ferne' (17. Jh.), 'Zukunftsmöglichkeit, Erwartung' (18. Jh.). nachsehen Vb. 'hinterherschauen', mhd. *nāchsehen*, auch 'nachforschen' (17. Jh.), 'duldend geschehen lassen, verzeihen' (16. Jh.); Nachsicht f. 'verzeihende Haltung' (18. Jh.), 'Beaufsichtigung' (17. Jh.). vorsehen Vb. 'sich in acht nehmen, planen, in Aussicht nehmen', ahd. *furisehan* 'vorhersehen' (8. Jh.), *forasehan* 'vorhersehen, bedenken' (9. Jh.), mhd. *vür-*, *vorsehen* 'vorwärts sehen, sich in acht nehmen, wofür Sorge tragen'; Vorsehung f. 'Schicksal', mhd. *vürsehunge* 'Obsorge, Schutz, Schicksal'; Vorsicht f. 'Achtsamkeit, Behutsamkeit', ahd. *forasiht* 'Voraussicht, Vorsehung' (um 1000, für lat. *prōvidentia*), spätmhd. *vorsiht*; vorsichtig Adj. 'achtsam, behutsam', ahd. *forasihtīg* 'vorherschauend, voraussehend' (um 1000), mhd. *vür-*, *vorsihtic* 'voraussehend, einsichtig, verständig'. versehen Vb. 'sich um etw. kümmern, ausstatten, ausrüsten, sich irren', ahd. *firsehan* 'verachten, verschmähen' (8. Jh.), *sih firsehan* 'bedacht sein' (9. Jh.), mhd. *versehen* 'vorhersehen, vorherbestimmen, besorgen, ausstatten, versorgen, übersehen, verachten, hoffen auf'; Versehen n. 'Irrtum, unbeabsichtigter Fehler' (17. Jh.), häufig *aus Versehen* 'ohne Absicht' (Anfang 19. Jh.). Zuversicht f. 'Vertrauen in die Zukunft', ahd. *zuofirsiht* 'ehrfurchtsvolles Aufschauen, Hoffen' (um 1000), mhd. *zuoversiht*.

Sehne f. 'fester, straffer, Muskel und Knochen verbindender Strang aus gebündelten Bindegewebsfasern', ahd. *senawa* (11. Jh.), mhd. *sen(e)we*, *sen(n)e* 'Sehne, Bogensehne, eine Krümmung verbindende gerade Linie, Nerv', asächs. *sinewa*, *senewa*, mnd. *sēne*, *senne*, mnl. *sēnuwe*, *sēnewe*, nl. *zenuw*, aengl. *sinu*, *seonu*, engl. *sinew*, anord. *sin*, schwed. *sena* (germ. **sinwō*) ist wie mir. *sīn* 'Kette, Halsband', lett. *pasainis* 'Band, Fessel, Schnur', lit. *síena* 'Wand, Grenze' mit *n*-Formans gebildet zur Wurzel ie. **sē(i-)* **sə(i)-*, **sī-* und **sei-*, **si-* 'binden, Strick, Riemen', zu der aind. *syáti*, *sinā́ti* 'bindet, bindet fest, fesselt' (Kausativum *sāyáyati*), awest. *hinav-* 'Band, Fessel', lit. *siẽti*, lett. *siet* 'binden' sowie die unter *Saite* und *Seil* (s. d.) genannten Wortformen gehören. *Sehne* bedeutet ursprünglich etwa 'spannendes Band', gilt auch für 'Ader, Muskel, Nerv' und bezeichnet bereits früh die Sehne des Bogens oder der Armbrust sowie (im Mhd. nach dem Bilde der Bogensehne vorbereitet) als mathematisches Fachwort (Anfang 17. Jh.) die 'Gerade, die zwei Punkte einer Kreislinie oder Kurve verbindet' als dt. Entsprechung von mlat. *chorda* 'Sehne, Kreissehne', lat. 'Darmsaite', griech. *chordḗ* (χορδή), s. *Kordel*. – sehnig Adj. 'von Sehnen durchwachsen, muskulös, kräftig, zäh' (15. Jh.).

sehnen Vb. refl. 'innig, schmerzlich nach etw. oder jmdm. verlangen', mhd. *senen* 'sich härmen, liebendes oder schmerzliches Verlangen tragen'. Herkunft ungewiß. Geht man für das mhd. Verb von einer Bedeutung 'schlaff sein' aus, wie sie wohl in ahd. *senēn* (?) (Hs. 12. Jh.) vorliegt, führt also das mhd. auf das (unsicher bezeugte) ahd. Verb zurück und setzt als ursprünglichen Wurzelvokal ein *i* voraus, so gewinnt man Anschluß an die unter *seit* und *säen* (s. d.) genannte, auch für das zweite Kompositionsglied von ahd. *langseimi* (s. *langsam*) geltende Wurzel ie. **sēi-*, **sē-*, auch **sei-*. – sehnlich Adj. 'begehrend, voller Verlangen', mhd. *sen(e)lich*; vgl. auch mnd. (vereinzelt) *sēnentlīken* Adv. 'sehnsüchtig' (15. Jh.). Sehnsucht f. 'inniges, schmerzliches Verlangen', mhd. *sensuht*, ursprünglich als peinigende, schmerzliche Krankheit (s. *Sucht*) vorgestellt; vgl. mhd. *senesiech* 'krank vor schmerzlichem Verlangen'; sehnsüchtig Adj. 'voll innigem, schmerzlichem Verlangen' (18. Jh.).

sehr Adv. 'in hohem Grade oder Maße, besonders, überaus, viel, heftig', ahd. *sēro* 'mit Schmerz, schmerzlich, traurig, betrübt, hart' (9. Jh.), mhd. *sēr(e)*, auch 'gewaltig, heftig, in hohem Grade oder Maße', asächs. *sēro*, mnd. *sēr(e)*, mnl. *sēre*, nl. *zeer*, aengl. *sāre* 'schmerzhaft, überaus' steht als Adverb zum Adjektiv ahd. (9. Jh.), asächs. *sēr* 'schmerzlich, schmerzvoll', mhd. *sēr* 'wund, verwundet, verletzt, Schmerzen bringend, leidend, betrübt', mnd. *sēr(e)*, mnl. *seer*, nl. *zeer* 'wund, verletzt', aengl. *sār*, engl. *sore* 'schlimm, wund, empfindlich', anord. *sārr* 'verwundet, schmerzlich'. Vgl. daneben das (im Nhd. untergegangene) ahd. (9. Jh.), mhd. asächs. *sēr* 'Schmerz', mnd. *sēr(e)*, mnl. *seer*, nl. *zeer*, aengl. *sār* 'Wunde, Schmerz', engl. *sore*, anord. *sār*, schwed. *sår*, got. *sair*. Alle genannten Formen lassen sich mit den außergerm. Verwandten lat. *saevus* 'wütend, tobend', griech. *aiānḗs* (*αἰανής*, aus **σαι-Ϝανής*) 'grausig, düster', air. *sāeth* (aus **saitu-*) 'Leid, Krankheit', lit. *šaižùs* 'scharf, streng, hart, rauh', lett. *sīvs* 'scharf, brennend, bitter' auf die Wurzel ie. **sāi-* 'Schmerz, Krankheit, versehren' zurückführen, an die die germ. Formen (**saira-*) mit ie. *ro*-Suffix angeschlossen sind. Steigerndes *sehr* ist dem Obd. fremd; dort statt dessen *arg*, *gar*, *recht*. S. auch *versehren*.

seichen Vb. 'Wasser lassen', auch 'schwatzhaft daherreden', ahd. *seihhen* 'weich machen, schmelzen' (8. Jh.), 'harnen' (9. Jh.), mhd. *seichen* 'harnen', mnd. *seychen*, mnl. *sēken*, *seiken*, nl. *zeiken* erscheinen semantisch wie Kausativa zu dem unter *seihen* (s. d.) an erster Stelle behandelten Verb, weisen aber im Wurzelauslaut einen abweichenden Guttural (germ. *k*) auf wie die unter *sickern* (s. d.) aufgeführten Formen. – S e i c h m. 'Harn, Geschwätz', ahd. *seih* 'Harn' (um 1000), mhd. *seich*. S e i c h e f. 'Harn', mhd. *seiche*.

seicht Adj. 'flach, nicht tief' (vom Wasser), übertragen 'oberflächlich', mhd. *sīhte*; vgl. auch schweiz. *sīcht* 'sehr feucht' (von Wiesen). Unsicher ist dagegen aengl. *sīhte* (oder *sihte*?) 'sumpfig (?)'. Die etymologische Zugehörigkeit ist nicht eindeutig zu klären. Man setzt für die Formen mit *ī* ein germ. **sinhtja-* voraus. Dies läßt sich außergerm. verbinden mit aind. *ásakraḥ* 'nicht versiegend', aslaw. *isęknǫti* 'austrocknen, versiegen', russ. (älter) *sjáknut'* (*сякнуть*) 'versiegen, verdorren, verarmen', lit. *sèkti* (*senkù*) 'sich senken, fallen, sinken, versiegen' (vom Wasser), *seklùs* 'seicht', *suñkti* 'Flüssigkeit durch Druck absikkern lassen'. Die außergerm. Formen werden üblicherweise unter einem Wurzelansatz ie. **sek-*, im Baltoslaw. auch nasaliert, 'abrinnen, versiegen, sich senken' (vom Wasser) zusammengefaßt, wozu sich dann (mit Nasalierung) auch *seicht* stellen würde sowie (mit einer speziellen semantischen Entwicklung) die unter *sengen* (s. d.) behandelten Formen. Seebold 394 erwägt allerdings, eine Form wie lit. *sèkti* auf ie. **se(n)k^u̯-* zurückzuführen, und sieht darin eine Auslautvariante zu der unter *sinken* (s. d.) genannten Wurzel ie. **seng^u̯-* 'fallen, sinken'. Auch unabhängig von den außergerm. Vergleichsmöglichkeiten läßt sich *seicht* an *sinken* anschließen; es wäre dann als 'eingesunkenes Land' zu interpretieren. Doch dürfte gerade die Semantik eher für die oben hergestellte Verbindung zur Wurzel ie. **sek-* sprechen.

Seide f. 'Gespinst der Seidenraupe, daraus hergestellte Stoffart', ahd. *sīda* (um 1000), mhd. *sīde* 'seidener Stoff, seidenes Gewand', mnd. mnl. *sīde*, nl. *zijde*, aengl. *sīde* sind entlehnt aus lat. *saeta*, *sēta* 'starkes Haar, Tierhaar, Borste', dann (nach Einführung der Seidenraupenzucht in Europa im 6. Jh.) spätlat. (?), mlat. 'Seide' (verwandt mit *Saite*, s. d.). Die Entlehnung erfolgt am Niederrhein über eine roman. Form mit *d* aus *t* (vgl. mlat. *sida*) und mit Übergang von *ē* zu *ī* (wie bei *Kreide*, *Speise*, s. d.). – s e i d e n Adj. 'aus Seide bestehend', ahd. (um 1000), mhd. *sīdīn*. s e i d i g Adj. 'aus Seide' (16. Jh.), danach (19. Jh.) auch 'wie Seide glänzend, seidenartig'.

Seidel n. (landschaftlich auch m.) 'Bierkrug, Bierglas'. Mhd. *sīdel* wird im 13. Jh. entlehnt aus (im Mlat. wohl gelängtes *ī* aufweisendem) lat. *situla*, *situlus* 'Eimer zum Wasserschöpfen'.

Seidelbast m. Der Name des im zeitigen Frühjahr blühenden Strauches ist in der heutigen Gestalt (seit 1551) eine Umformung von frühnhd. *Zeidelbast*, mhd. *zīdelbast*, dessen erstes Glied wegen des seidigen Glanzes von Blüten und Bastgewebe an *Seide* (s. d.) angelehnt wird. Mhd. *zīdelbast* ist seinerseits eine Umbildung von voraufgehendem ahd. *zigelinta* (11. Jh.), vgl. auch (für die Frucht) *zigelintberi* (10. Jh.), indem das erste Kompositionsglied im Hinblick auf die früh blühende, daher auch früh Honig gebende Pflanze mit ahd. **zīdal* 'Honig' (in ahd. *zīdalweida* 'Ort, an dem Bienenwirtschaft getrieben wird' und *zīdalāri* 'Bienenzüchter', s. *Zeidler*) in Verbindung gebracht und das zweite Kompositionsglied ahd. *-linta* in der alten Bedeutung 'Bast' (s. *Linde*) mit dessen Synonym ahd. mhd. *bast* wiedergegeben wird. Der erste Wortteil von ahd. *zigelinta* enthält entweder den Namen des Gottes ahd. *Ziu* (germ. **Tīwaz*, s. *Dienstag*) oder ist auf das (formal damit übereinstimmende) Appellativum germ. **tīwaz*, älter **teiwaz* (ie. **dei̯uos*) 'Gott' zurückzuführen, so daß eine Deutung 'Zius Bast' oder 'Götterbast' möglich ist. Entsprechungen liegen vor in norw. *ty(s)bast*, schwed. *tibast*. Vgl. MARZELL 2, 30 ff.

Seife f. Die Bezeichnung für das Wasch- bzw. Reinigungsmittel lautet ahd. *seifa* (8. Jh.), mhd. *seife*, mnd. mnl. *sēpe*, nl. *zeep*, aengl. *sāpe*, engl. *soap* und (möglicherweise aus dem Aengl. entlehnt) anord. *sāpa*, schwed. *såpa*. Zieht man aengl. *sāp* 'Harz, Bernstein' heran, so kann von der Vorstellung einer zähen, tropfenden Masse ausgegangen und eine Verbindung zu ablautendem mhd. *sīfen* 'tropfen, triefen, gleiten, rutschen', mnd. mnl. *sīpen*, nl. *sijpelen* 'tröpfeln, sickern', aengl. *sīpian* 'fallen, sich senken' hergestellt werden. Vergleicht man ferner lat. *sēbum* 'Talg', tochar. A *sep-*, *sip-* 'salben' und die unter *Sieb* (s. d.) genannten Formen, so ist ein Anschluß an ie. **sē(i)b-*, **seib-*, **seip-* 'ausgießen, seihen, rinnen, tröpfeln', Erweiterung der Wurzel ie. **sē(i)-*, **sei-* 'tröpfeln, rinnen, feucht', möglich. Seife (lat. *sāpo* m., aus dem Germ. entlehnt) besteht nach Plinius aus Talg, Asche und Pflanzensäften und dient zunächst, offenbar aus kultischen Gründen, zum Rotfärben der Haare vor dem Kampf. – seifen Vb. 'mit Seife säubern' (16. Jh.); abseifen Vb. 'mit Seife und Wasser reinigen' (in der Färbetechnik 18. Jh., allgemein 19. Jh.); einseifen Vb. 'mit Seife einschmieren' (19. Jh.); auch 'übervorteilen, betrügen' als volksetymologische Umbildung von rotw. *beseibeln*, *besefeln*, zu jidd. *sewel* 'Mist, Kot, Dreck'. Seifenblase f. 'Blase aus Seifenschaum' (17. Jh.), übertragen für 'Vergängliches, Trügerisches, ungenügend Durchdachtes' (18. Jh.). Seifensieder m. 'wer Seife herstellt' (15. Jh.), eigentl. 'kocht' (s. *sieden*); zu den Obliegenheiten der Seifensieder gehört auch das Kerzenziehen, daher redensartlich aus der Studentensprache *mir geht ein Seifensieder* ('ein Licht') *auf* (Anfang 19. Jh.).

seihen Vb. 'durch ein Sieb gießen, filtern', ahd. *sīhan* (9. Jh., *ūʒsīhan*, um 800), mhd. *sīhen* 'durch ein Sieb gießen', intrans. 'tröpfelnd durch etw. sickern, (aus)fließen', mnd. mnl. *sīen* 'tropfen, rinnen lassen, seihen', aengl. *sēon* 'ausfließen, tropfen, filtern', anord. *sīa* 'seihen' stehen (wohl mit grammatischem Wechsel) neben ahd. *sīgan* 'tröpfeln, niedersinken' (9. Jh., *gisīgan* 'herabfließen', *anasīgan* 'hereinbrechen', 8. Jh.), mhd. *sīgen* 'sich senken, niederfallen, tropfend fallen, fließen, strömend sich bewegen', asächs. *sīgan* 'sinken', mnd. *sīgen* 'niedersinken, tröpfeln', mnl. *sīghen* 'seihen, niedersinken, durch etw. hindurchfließen lassen', nl. *zijgen*, aengl. *sīgan* 'sinken, gleiten', anord. *sīga*, schwed. (mundartlich) *siga* 'sinken, tröpfeln'. Verwandt sind *versiegen*, *seichen* und *sickern* (s. d.) sowie aind. *siñcáti* 'gießt, gießt aus, begießt', *sḗka* 'das Ausgießen, Samenerguß', griech. *ikmás* (ἰκμάς) 'Feuchtigkeit, Sekret', serb.-kslaw. *sьcati*, russ. (älter) *scat'* (сцать) 'harnen'. Bei Annahme eines grammatischen Wechsels im Germ. läßt sich alles zurückführen auf ie. **seiku̯-* oder **seik-* 'ausgießen, seihen, rinnen, träufeln' als Erweiterung der Wurzel ie. **sē(i)-*, **sei-* 'tröpfeln, rinnen, feucht' (s. auch *sämig*, *Seife*, *Sieb*).

Seil n. 'dicker, gedrehter Strick', ahd. (um 800), mhd. *seil* 'Schnur, Seil, Strick, Fessel', asächs. mnd. *sēl*, mnl. *seel*, nl. *zeel*, aengl. *sāl*, anord. *seil* sowie *seilen* (s. unten) und die ablautenden unter *Siele* 'Zugriemen' (s. d.) genannten Formen stehen mit lit. *saĩlas*, *saĩlas* 'Eimerschnur, Tragbügel' als Ableitungen mit *l*-Formans zu der unter *Saite* und *Sehne* (s. d.) genannten Wurzel ie. **sē(i)-*, **sə(i)-*, **sī-* und **sei-*, **si-* 'binden, Strick, Riemen', wozu mit Suffix slaw. *dlo-* (ie. *dhlo-* oder *tlo-*) aslaw. *silo* 'Seil, Strick, Schlinge', russ. (landschaftlich) *siló* (сило) 'Schlinge, Fangschlinge', poln. *sidło* 'Schlinge, Garn, Vogelnetz'. – seilen Vb. 'mit einem Seil festbinden', mhd. *seilen* 'mit Seilen versehen, binden, fesseln', asächs. *sēlian*, mnd. *sēlen*, aengl. *sǣlan*; vgl. got. *insailjan* 'anseilen, herablassen', asächs. *antsēlian* 'losbinden' und nhd. anseilen Vb. 'an einem Seil festmachen' (14. Jh.), abseilen Vb. 'einen am Folterseil Hängenden herablassen, vom Seil losbinden' (17. Jh.), 'am Seil herunterlassen' (20. Jh.). **Seiler** m. 'wer Seile herstellt', spätmhd. *seiler*. **Seilschaft** f. 'durch ein Seil verbundene Bergsteigergruppe' (20. Jh.). **Seiltänzer** m. 'auf dem Seil arbeitender Artist' (17. Jh.), älter *Seilgänger*, frühnhd. *sailganger*, *-genger* (um 1500).

sein Vb. begegnet im wesentlichen als Verbum substantivum 'dasein, existieren' (vgl. *alles, was war, ist und noch sein wird*), als Verbindungswort (Kopula) mit einem Prädikativ (*er ist ein Mann*, *ist gesund*, *ist zu Hause*), als Hilfsverb zur Tempusbildung (*er ist gegangen*). Seine Formen leiten sich in allen germ. Sprachen von drei unterschiedlichen ie. Wurzeln ab. Auf die Wurzel ie. **es-*, schwundstufig **s-* 'sein' gehen zurück die Präsensformen des Indikativs der 3. Pers. Sing. ahd. mhd. nhd. *ist*, asächs. *is(t)*, nl. aengl. engl. *is*, anord. *es*, got. *ist* mit aind. *ásti*, griech. *estí* (ἐστί), lat. *est*, lit. *ẽst(i)*, aslaw. *jestъ*, russ. *jest'* (есть); die Präsensformen der 3. Pers. Plur. ahd. mhd. *sint*, nhd. *sind*, asächs. aengl. got. *sind* mit aind. *sánti*, griech. (dor.) *entí* (ἐντί), umbr. *sent*, lat. *sunt*; außerdem die 1. Pers. Sing. aengl. *ēom*, engl. *am*, anord. *em*, got. *im* mit aind. *ásmi*, griech. *eimí* (εἰμί), alit. *esmì*, aslaw. aruss. *jesmь*, die weiteren Präsensformen des Aengl., Anord. und Got., die Formen des Optativs (bzw. Konjunktivs) der germ. Sprachen sowie als Neubildungen der Infinitiv ahd. *sīn* (9. Jh.), mhd. *sīn*, nhd. *sein*, das Part. Präs. mhd. *sīnde*, nhd. *seiend* und der Imperativ Plur. mhd. *sīt*, nhd. *seid*. Auf eine Wurzel ie. **bheu-*, **bheu̯ə-*, **bhū-* 'wachsen, gedeihen', dann 'entstehen, werden, sein', schließlich 'gewohnheitsmäßig an einem Ort sein, wohnen' (s. *bauen*) gehen zurück die westgerm. mit *b-* anlautenden Präsensformen, am deutlichsten die 1. Pers. Sing. Präs. aengl. *bēo* 'ich bin' und die 1. 2. 3. Pers. Plur. aengl. *bēoþ* 'wir, sie sind, ihr seid' sowie der Infinitiv aengl. *bīon*, *bēon*, engl. *to be* 'sein', während die 1. Pers. Sing. ahd. *bim*, mhd. nhd. *bin*, asächs. *bium*, aengl. *bēom*, die 2. Pers. Sing. ahd. mhd. nhd. asächs. aengl. *bist*, die 1. Pers. Plur. ahd. *birum*, mhd. *birn*, die 2. Pers. Plur. ahd. *birut*, mhd. *birt* Mischformen darstellen, die beide Wurzeln enthalten (vgl. ahd. *bim* aus ie. **esmi*, germ. **izm(i)*, **imm*, **im*, kontaminiert mit *b-*). In mhd. Zeit werden die alten *b*-Formen (bis auf die 1. 2. Pers. Sing.) durch *s*-anlautende Formen ersetzt (vgl. nhd. *wir sind*, *ihr seid*). Alle Präteritalformen (z. B. ahd. *ih was* 'ich war', *wir wārum* 'wir waren'), ursprünglich auch die Imperative (z. B. ahd. *wis* 'sei', *weset* 'seid'), Partizipien (z. B. ahd. *wesanti* 'seiend') und der Infinitiv sind Formen eines stark flektierenden Verbs ahd. *wesan* (8. Jh.), mhd. *wesen* 'bleiben, verweilen, sein, existieren, dauern, geschehen', asächs. aengl. *wesan*, mnd. mnl. *wesen*, anord. *vesa*, got. *wisan*, das auf ie. **u̯es-* 'verweilen, wohnen, übernachten' zurückzuführen ist (Weiteres s. *Wesen*).

sein Poss.pron. der 3. Person Sing. m. oder n. 'ihm gehörig, zukommend', ursprünglich Reflexivum. Ahd. (8. Jh.), mhd. asächs. mnd. aengl. *sīn*, mnl. *sijn*, nl. *zijn*, anord. *sinn* (älter *sīnn*), schwed. *sin*, got. *seins* (germ. **sīna-*) gehen auf ein mit dem Suffix ie. *-no-* gebildetes Adjektiv zum Lokativ ie. **sei* zurück, der seinerseits zum Pronominalstamm ie. **se-* (s. *sich*) gehört. Mit dem gleichen Suffix ist der Akk. Sing. Fem. messap. *veinan* (ie. **su̯eināṁ*) zum Pronominalstamm ie. **seu̯e-* (s. *sich*) gebildet. Als Ausgangsbedeutung für das Possessivpronomen ist anzusetzen 'bei ihm befindlich', dann 'zu ihm gehörig'. Die Entstehung des Gen. Sing. des Personalpronomens der 3. Person m. und n., nhd. *sein*, *seiner*, entspricht der unter *mein* (s. d.) für die 1. Person Sing. dargestellten Entwicklung.

Seismograph m. 'Erdbebenmesser', gelehrte Bildung (2. Hälfte 19. Jh.) zu griech. *seismós* (σεισμός) 'Erschütterung, Erdbeben' in Verbindung mit *-graph* (s. d.) für ein in der Geophysik verwendetes Instrument zur selbsttätigen Aufzeichnung von Stärke, Dauer und Richtung natürlicher oder künstlich hervorgerufener Erdbeben und Erderschütterungen. Seit Anfang des 20. Jhs. vielfach übertragen (in den Bereichen von Literatur, Kunst, Politik) im Sinne von 'sensibler Registrator von Zeiterscheinungen, gesellschaftlichen und politischen Veränderungen'.

seit Präp. 'von einer bestimmten Zeit an bis jetzt', Konj. 'von dem Zeitpunkt an, da etw. begann'. Ahd. *sīd* (um 800), mhd. *sīt* Adv. Konj. 'seitdem, von da an, hernach, später, infolgedessen, da, weil', Präp. 'von einer bestimmten Zeit an, nach', asächs. *sīð* Adv. 'später, danach', aengl. *sīþ* Adv. 'spät, danach', Präp. Konj. 'danach', anord. *sīðr* Adv. 'weniger, kaum', Konj. 'daß nicht', got. *-seiþs* Adv.

(in *þanaseiþs* 'weiter', *ni þanaseiþs* 'nicht mehr') sind alte Formen eines adverbialen Komparativs mit der Endung ie. *-is* (vgl. lat. *magis* 'mehr', germ. *-iz*), deren Spirans im Westgerm. lautgesetzlich abfällt. Ein zugehöriges Adjektiv im Positiv ist nur in got. *seiþus* 'spät' erhalten; vgl. aber den Komparativ aengl. *sīþra* 'der spätere' und den Superlativ aengl. *sīþest* 'der späteste, letzte'. Verwandt sind mhd. *seine* 'langsam, träge, klein, gering', aengl. *sǣne*, anord. *seinn* 'langsam', got. *sainjan* 'zögern, säumen' und das unter *Seite* (s. d.) genannte Substantiv sowie lat. *sētius* 'anders, weniger, weniger gut', *sērus* 'spät', so daß Anschluß an die unter *säen* (s. d.) genannte Wurzel ie. **sēi-*, **sē-*, auch **sei-* 'entsenden, werfen, fallen lassen, säen', hier in einer sekundären Bedeutung 'kraftlos die Hand sinken lassen, nach-, loslassen, säumen, spät, langsam, sich lang hinziehend, Abspannung, Ruhe, herabsinkend', möglich ist. Ahd. *sīd*, mhd. *sīt* wird mit Dativ, der für einen im Ie. nach Komparativ üblichen Ablativ steht, als Präposition verwendet, so daß sich aus 'später als' die Bedeutung 'von einer bestimmten Zeit an bis jetzt' entwickelt. Es dient als temporale (in älterer Sprache auch kausale) Konjunktion und bezeichnet den Zeitpunkt, zu dem ein Geschehen oder Sein eingetreten ist (kausal, gestützt durch die Verbindung mhd. *sīt daȥ*, 'da, weil'). – s e i t d e m Konj. 'von da an' (18. Jh.), Adv. (um 1700), tritt an die Stelle von *seit* 'später'; wohl verkürzt aus einer Fügung wie mhd. *sīt dem māle* 'seit der Zeit'. s e i t h e r Adv. 'von dieser Zeit an' (16. Jh.), nach mhd. *sīt her* unter Einfluß des komparativen Adverbs mhd. *sīder* 'später, seitdem'.

Seite f. 'Flanke, begrenzende Linie einer Fläche, Grenzfläche eines Körpers', ahd. *sīta* (9. Jh.), mhd. *sīt(e)*, asächs. *sīda*, mnd. *sīde*, *sīt*, mnl. *sīde*, nl. *zijde*, aengl. *sīde*, engl. *side*, anord. *sīða*, schwed. *sida* sind als Substantivierungen eines in ahd. *sīto* Adv. 'schlaff' (9. Jh.), asächs. *sīd* 'weit', mnd. *sīt*, mnl. *sīde* 'niedrig, weit', aengl. *sīd* 'weit, breit, ausgedehnt, lang', anord. *sīðr* 'herabhängend, weit, groß' belegten germ. Adjektivs anzusehen. Wenn dieses mit kymr. *hyd* 'Länge, Fortdauer, Weile', air. *sīr* 'langdauernd, ewig', mir. *sith-* 'lang, andauernd', lit. *sietuvà* 'tiefe Stelle im Fluß' und den unter *seit* (s. d.) genannten Formen verbunden und an die dort angeführte Wurzel in ihrer abgeleiteten Bedeutung angeschlossen werden kann, ist *Seite* als 'das sich räumlich lang Hinziehende' zu deuten, zuerst in bezug auf die menschliche (dann auch tierische) Körperseite, die sich vom Arm aus lang nach unten hinzieht. Danach übertragen 'begrenzende Gerade einer geometrischen Figur' (15. Jh.), 'Buchseite' (Anfang 16. Jh.), 'entgegenstehende Gruppierung, Partei' (16. Jh., bereits mhd. von gegeneinander kämpfenden Heeren). – - s e i t s mit sekundärem, adverbiellem *-s* versehenes Grundwort in Komposita, denen akkusativische Verbindungen vorausgehen, vgl. *andererseits* 'auf der anderen Seite' (17. Jh.), mhd. *andersīt*; *diesseits* 'auf dieser Seite' (14. Jh.), mhd. *dissīt*; *jenseits* 'auf der anderen Seite' (16. Jh.), mhd. *jensīt*; *abseits* (s. d.). Danach produktiv als Ableitungssilbe für Adverbien, vgl. *mütterlicherseits*, *väterlicherseits* (18. Jh.). s e i t l i c h Adj. 'auf der Seite gelegen' (19. Jh.), danach auch Präp. mit Gen.; vgl. älteres mhd. *sītelīchen* Adv. 'nach der Seite hin'. b e s e i t i g e n Vb. '(zur Seite) wegschaffen, entfernen, verschwinden lassen, töten' (18. Jh.), zu frühnhd. *beseit* Adv. 'zur Seite', mhd. *besīt*, *besīte* (aus der Fügung mhd. *bī sīt*, *bī sīte*). s e i t e n s Präp. (19. Jh.) für älteres *von seite(n)* (18. Jh.) mit sekundärem, adverbiellem *-s*. S e i t e n s p r u n g m. 'Sprung in seitlicher Richtung', übertragen 'Abweichung von einer festen Linie, von der Sache' (18. Jh.), dann auch (zuerst öst.) in moralischer Hinsicht (19. Jh.).

Sekretär m. 'Mitarbeiter in Vertrauensstellung bei einer leitenden Persönlichkeit, leitender Funktionär einer Partei oder Organisation', auch 'Schreibschrank'. Spätlat. *sēcrētārius* 'Verwaltungsbeauftragter und Schriftführer einer kirchlichen Institution, eines Konsistoriums', mlat. 'vertrauter Berater, (Geheim)schreiber' wird im 15. Jh. in den Formen *Secretarius*, verkürzt *Secretari*, Plur. *Secretarien*, im Sinne von 'geheimer Ratgeber, Vertrauter, (Geheim)schreiber, Verwahrer des fürstlichen Geheimsiegels, Kanzlei-, Stadtschreiber' ins Dt. übernommen. Es handelt sich (wie bei lat. *sēcrētārium* 'geheimer, abgesonderter Ort', spätlat. 'Sakristei, Gerichtssitzungszimmer') um eine Ableitung von lat. *sēcrētum* 'Abgeschiedenheit, einsamer Ort, Heimlichkeit', mlat. auch 'Abtritt, Klosett' und 'Geheimsiegel', einer neutralen Substantivierung von lat. *sēcrētus* Part.adj. 'abgesondert, besonders, entlegen', auch 'geheim', zu lat. *sēcernere* 'ab-, aussondern, ausscheiden, trennen' (s. *Sekretion*). Die im 17. Jh. hinzutretende Bedeutung 'Staats-, Regierungsbeamter' wird von (ebenfalls auf lat. *sēcrētārius* beruhendem) frz. *secrétaire* übernommen. Auch die Schreibweise *Secretair* (17. Jh.), *Sekretär* (18. Jh.) wird unter frz. Einfluß im Dt. üblich. Aus dem Frz. stammt ferner der übertragene Gebrauch des Wortes für '(verschließbares) Schreibpult, Schreibschrank' (Ende 18. Jh.). – S e k r e t a r m. 'Geschäftsführer, Abteilungsleiter einer gelehrten Körperschaft' (18. Jh.), spätlat. *sēcrētārius* (s. oben) folgend. S e k r e t ä r i n f. '(kaufmännische) Angestellte für Schreib- und Büroarbeiten sowie Organisationsaufgaben' (Anfang 20. Jh.). S e k r e t a r i a t n. 'Geschäftsstelle mit organisatorischen und bürotechnischen Aufgaben und ihre Arbeitsräume', entlehnt (17. Jh.) aus mlat. *secretariatus* 'Amt und Würde eines Geheimschreibers', wohl vermittelt durch mfrz. frz. *secrétariat* m. 'Amt, Arbeitsraum eines Sekretärs'.

Sekretion f. 'Bildung und Absonderung von Substanzen durch Drüsen', zuvor 'Absonderung von Körpersäften, von Urin', entlehnt (um 1700, zunächst mit lat. Flexion) in die Sprache der Medizin aus lat. *sēcrētio* (Gen. *sēcrētiōnis*) 'Absonderung, Trennung' (gebildet zu lat. *sēcernere*, s. unten). In Anlehnung daran bildet die medizinische Wissenschaftssprache S e k r e t n. 'Drüsenprodukt, -flüssigkeit, Ausscheidung' (Mitte 19. Jh.), das auf einer gelehrten nlat. Substantivierung des Part. Perf. von lat. *sēcernere* (*sēcrētum*) 'ab-, aussondern, ausscheiden, trennen' beruht. Belegtes lat. *sēcrētum* steht dagegen für 'Abgeschiedenheit, einsamer Ort, Heimlichkeit', mlat. auch 'Abtritt, Klosett, Geheimsiegel', als neutrale Substantivierung von lat. *sēcrētus* Part.adj. 'abgesondert, besonders, entlegen, abgeschieden', auch 'geheim'. Daraus entlehnt *Secret(e)* 'Geheimsiegel' (14. bis 18. Jh.), 'Heimlichkeit, Geheimnis' (16. bis 18. Jh.), 'entlegener Ort, geheimes Gemach, Abtritt' (15. bis Anfang 19. Jh.).

Sekt m. 'Schaumwein'. Nach frz. *(vin) sec* 'trockener, herber Wein' (aus lat. *siccus* 'trokken'), das ursprünglich bestimmte (aus Trokkenbeeren gekelterte) Weinsorten Spaniens und der Kanarischen Inseln (vgl. dt. *Canarien-Seckt*, 1682) bezeichnet, erscheint in dt. Texten *Seck* (1647), dann (mit unorganischem *-t*) *Sect* (1663), *Seckt* (1673) für 'Südwein'. Die Bedeutung 'Schaumwein, Champagner' soll *Sekt* durch den Schauspieler Ludwig Devrient erhalten haben, der sich in der Berliner Weinstube von Lutter und Wegener (nach deren Angabe 1825) Champagner mit den Worten Falstaffs in Shakespeares „König Heinrich IV." (Schlegels Übersetzung folgend) *ein Glas Sekt* (engl. *a cup of sack* 'Südwein') bestellte. In dieser Verwendung hat sich *Sekt* von Berlin aus verbreitet (1862 lexikalisch gebucht).

Sekte f. 'religiöse Gruppe, die sich von einer größeren Glaubensgemeinschaft abgespalten hat', mhd. *secte*, entlehnt aus lat. *secta* 'befolgte Grundsätze, Denkweise, Richtlinie, Partei, philosophische Schule', spätlat. auch 'religiöse Sekte'; zu lat. *sequī* (*secūtus sum*, für älteres **sectus sum*) 'folgen'. In kirchensprachlichem Gebrauch bezeichnet *Sekte* eine von der offiziellen Kirchenlehre sich absondernde Lehre und Gemeinschaft, 'Häresie, Ketzerei'; es steht seit der 2. Hälfte des 16. Jhs. auch für sich absondernde philosophische Schulen. – S e k t i e r e r m. 'Anhänger einer Sekte, einer Irrlehre' (16. Jh.).

Sektion f. 'Aufschneidung, Öffnung eines Leichnams, Zergliederung von Leichen und deren Teilen; Abteilung, Sparte, Struktureinheit von Institutionen'. Lat. *sectio* (Gen. *sectiōnis*) 'das Schneiden, Sezieren, Operieren, Zerstückeln', Verbalsubstantiv zu lat. *secāre* (*sectum*) 'schneiden, ab-, zerschneiden, operieren, verwunden, zerteilen' (s. *Sektor*) wird mehrfach ins Dt. entlehnt; zuerst im Sinne von 'Zergliedertes, Abschnitt, Absatz, Kapitel' (Ende 16. Jh., so noch bei Campe, danach unüblich), dann (nach der antikem Gebrauch folgenden lat. medizinischen Wissenschaftssprache) 'operativer Schnitt, kunstgerechte Leichenzergliederung' (Mitte 17. Jh.), in der Mathematik '(Kreis)schnitt, Ab-, Einschnitt' (nur 17./18. Jh.), schließlich in übertragenem Sinne 'Gliederungseinheit, Abteilung, Sparte, Struktureinheit' (1. Hälfte 18. Jh.). – s e z i e r e n Vb. 'einen Leichnam zerschneiden, zergliedern, anatomisch zerlegen' (Anfang 18. Jh.), übertragen 'etw. in Einzelheiten auseinandernehmen, zerlegen, deuten' (1. Hälfte 19. Jh.), entlehnt aus lat. *secāre* (s. oben).

Sektor m. 'Kreis-, Kugelausschnitt'

(16. Jh.), übertragen 'Abschnitt, (begrenzter) Gebietsteil, Bezirk, Sachbereich' (19. Jh.), Entlehnung aus spätlat. *sector circulī* 'Kreisausschnitt', lat. *sector* 'Schneider, Ab-, Zerschneider', Nomen agentis zu lat. *secāre* (*sectum*) 'schneiden, ab-, zerschneiden, operieren, zerteilen' (s. *Sektion*).

sekundär Adj. 'zur zweiten Ordnung gehörend, an zweiter Stelle stehend, zweitrangig, nachträglich hinzukommend'. Im Dt. zuerst *secondär* als Übernahme (18. Jh.) von gleichbed. frz. *secondaire*, die bald darauf (vgl. die Schreibung *secundär, sekundär*) an das lat. Ausgangswort lat. *secundārius* 'der zweite der Ordnung nach, der nächste nach dem ersten, von der zweiten Sorte' angeglichen wird. Zu lat. *secundus* '(der Zeit, der Reihe nach) folgend, zweiter' (s. *Sekunde, sekundieren*).

Sekunde f. 'sechzigster Teil einer Minute' (in der Zeit- bzw. Gradeinteilung), entlehnt (2. Hälfte 15. Jh.) aus mlat. (spätlat.?) *secundum* 'sechzigster Teil der Minute' (eines Grades oder einer Stunde), d. h., von der *Minute* (s. d.) als erster Einteilung ausgehend, 'Teil der zweiten Unterteilung'. Vgl. lat. *secundus* '(der Zeit, der Reihe nach) folgend, zweiter', zu lat. *sequī* 'folgen'. Zunächst (wie im Lat.) mit neutralem Genus (*ein jetzlichs secund*, 1519), dann, unter Einfluß von *Minute* oder aus dem anfangs häufiger gebrauchten Plur. *Sekunden* rückgebildet, mit fem. Genus.

sekundieren Vb. 'beistehen, unterstützen, begleiten', Entlehnung (16. Jh.) aus lat. *secundāre* 'begünstigen, beglücken, gefällig sein, nachgeben', abgeleitet von lat. *secundus* in der Bedeutung 'begleitend, begünstigend, glücklich' (eigentl. 'der Zeit, der Reihe nach folgend, zweiter', zu lat. *sequī* '(nach)folgen, begleiten', s. *sekundär, Sekunde*). Zunächst in der Musik 'jmdn. (als zweite Stimme) begleiten'; danach (Anfang 17. Jh.) vorwiegend militärisch 'jmdn. unterstützen, retten, schützen, jmdm. beistehen', seit der 2. Hälfte des 17. Jhs. unter Einfluß von gleichbed. mfrz. *seconder* 'in einem Duell, in einer Mensur Beistand leisten', üblich in Offizierskreisen und schlagenden studentischen Verbindungen. – S e k u n d a n t m. 'Beistand, Zeuge in einem Duell' (Mitte 17. Jh.), später 'Berater, Betreuer', z. B. eines Sportlers im Wettkampf (18. Jh.), von lat. *secundāns* (Gen. *secundantis*), Part. Präs. zu lat. *secundāre* (s. oben).

selb Dem.pron. Als selbständiges Wort heute nur noch nach einer mit dem Artikel verschmolzenen Präposition (vgl. *zur selben Zeit, im selben Haus, vom selben Stoff*), sonst in der Zusammenrückung *derselbe* und in anderen unten genannten Formen. Das gemeingerm. Demonstrativpronomen ahd. *selb* (8. Jh.; flektiert *selbēr, selbiu, selbaȥ* bzw. *selbo, selba*), mhd. *selp*, asächs. *self*, mnd. *sülve*, mnl. *self*, nl. *zelf*, aengl. engl. *self*, anord. *sjālfr*, schwed. *själv*, got. *silba* hat keine sicheren außergerm. Vergleichsmöglichkeiten. Man zieht gewöhnlich venetisch *sselboi-sselboi* Plur. 'sich selbst' (vgl. ahd. *der selbselbo* 'der sich selbst gleiche') heran und denkt an eine Verbindung des Pronominalstamms ie. **se-* (s. *sich*) mit dem in Pronominalbildungen auftretenden *l*-Formans (vgl. lat. *tālis* 'so beschaffen, solcher', *quālis* 'wie beschaffen, von welcher Art'), die um das Suffix ie. *-bho-* 'von der Art des Grundworts seiend, dessen Qualität habend' (s. *Sippe*) erweitert ist. Die Zusammenrückung des mit dem bestimmten Artikel verbundenen Pronomens zu *der-, die-, dasselbe* setzt im Spätmhd. ein und ist etwa im 16. Jh. abgeschlossen. Dabei werden beide Kompositionsglieder flektiert, *selb-* vom 17. Jh. an nur schwach. – s e l b e r Dem.pron., erstarrte Form des stark flektierten Nom. Sing. Mask., die vom 12. Jh. an für alle Kasus eintreten kann. Sie gilt im Nhd. als umgangssprachlich für die indeklinable Pronominalform s e l b s t , entstanden aus dem Gen. Sing. Mask. *selbes* unter Anfügung eines unorganischen *-t*, zuerst (um 1300) im Omd. in der Verbindung *dā selbest*, seit dem 15. Jh. auch einsilbig *selbst*. s e l b s t ä n d i g Adj. 'für sich bestehend, unabhängig, ohne Anleitung oder Hilfe von außen, allein' (16. Jh.); vgl. *selbstendiglich* Adv. (Ende 15. Jh.), mhd. *selbstēnde* (14. Jh., md.); daneben auch (zu *selbs-*) *selbsstendig* (16. Jh.) und (zu *selbst-*) *selbstständig* (17. Jh.). s e l b s t i s c h Adj. 'egoistisch, nur an sich denkend, selbstsüchtig' (18. Jh.), gebildet nach gleichbed. engl. *selfish*. s e l b s t g e f ä l l i g Adj. 'überheblich, eitel' (18. Jh.). S e l b s t l a u t m. 'Vokal', vgl. *stimmer odder selbstlauten* (1531), im Unterschied zu *Mitlaut* (s. d.). s e l b s t l o s Adj. 'frei von Selbstsucht' (18. Jh.), heute Gegenwort von *egoistisch*. S e l b s t m ö r d e r m. 'wer sich selbst tötet' (Ende 16. Jh.), aus Luthers *sein selbs mörder* (1527) entstanden?

Dazu Selbstmord m. (17. Jh.), für gleichbed. medizin.-lat. *suicīdium*. Selbstsucht f. 'Egoismus' (18. Jh.); selbstsüchtig Adj. 'egoistisch' (18. Jh.). selbstverständlich Adj. 'von selbst, aus sich selbst zu verstehen, so daß ein Kommentar überflüssig ist' (18. Jh.). Selbstverwaltung f. 'Verwaltung durch eigene, vom Staat anerkannte Institutionen' (Anfang 19. Jh.), nach engl. *self-government*.

Selektion f. '(natürliche) Auslese, Auswahl, Zuchtwahl' (2. Hälfte 19. Jh.), Übernahme von engl. *(natural) selection* (Darwin), in dt. Übersetzung *(natürliche) Züchtung* (Bronn, 1860), *(natürliche) Zuchtwahl* (Carus, 1871), auch in allgemeinem Sinne 'Auswahl' (Mitte 19. Jh.); aus lat. *sēlēctio* (Gen. *sēlēctiōnis*) 'das Auslesen, Auswahl', Verbalabstraktum zu lat. *sēligere* (*sēlēctum*) 'auslesen, auswählen'. Der Ausdruck verbreitet sich mit Darwins Theorie der stammesgeschichtlichen Entwicklung nach dem Prinzip der natürlichen Auslese (*Selektionstheorie*, Anfang 20. Jh.). Dazu selektieren Vb. 'für Zuchtzwecke auswählen, auslesen', dann auch allgemein (20. Jh.); vgl. engl. *to select*.

selig Adj. 'überaus glücklich', (in der christlichen Religion) 'nach dem Tod der himmlischen Freuden teilhaftig', daher auch 'verstorben', ahd. *sālīg* (8. Jh.), mhd. *sælec*, *sælic* 'glücklich, zum Glück bestimmt, gesegnet, glückbringend, heilsam, fromm', asächs. *sālig*, mnd. *sālich*, *sēlich*, mnl. *sālich*, nl. *zalig*, aengl. *(ge)sǣlig*, engl. (älter) *seely* 'glücklich', daraus *silly* 'einfältig, töricht, dumm', anord. *sælligr* (auch 'reich') ist abgeleitet von einem in aengl. *unsǣle* 'böse, boshaft', *sēl* 'gut, klug, würdig, glücklich', anord. *sæll* 'glücklich', schwed. *säll* '(glück)selig', got. *sēls* 'tauglich, gütig' erhaltenen Adjektiv; vgl. dazu die substantivische Ableitung ahd. *sālida* (8. Jh.), mhd. *sælde* 'Güte, Wohlgeartetheit, Segen, Heil, Glück (von Gott), himmlische Seligkeit', asächs. *sālða*, aengl. *sǣlþ*, anord. *sæld*. Vergleicht man außergerm. lat. (ablautend) *sōlārī* 'trösten, ermutigen, entschädigen, hindern', air. *slān* 'heil, gesund' und griech. *hiláskesthai* (ἱλάσκεσθαι) '(einen Gott) gnädig, günstig stimmen, versöhnen', läßt sich eine Wurzel ie. **sel(ə)-* 'günstig, guter Stimmung, begütigen' erschließen. Aber auch Verwandtschaft mit griech. *hólos* (ὅλος) 'ganz, vollständig' und lat. *salvus* 'gesund, heil, wohlbehalten, gerettet' wird erwogen, so daß von ie. **solo-*, **sol(e)u̯o-* 'wohlbehalten, ganz' ausgegangen werden kann. – Seligkeit f. 'Zustand wunschlosen Glücks, großer Freude', kirchensprachlich 'Einheit mit Gott nach dem Tod', ahd. *sālīgheit* (um 1000), mhd. *sælecheit*, *sælekeit*, *sælikeit* 'Wohlgeartetheit, Vollkommenheit, Anmut, Beglücktheit, Heil'. beseligen Vb. 'selig, glücklich machen' (15. Jh.). gottselig Adj. 'fromm (um der Ehre Gottes willen)' (16. Jh., von Luther geprägt), formelhaft *gottseliges Gedächtnis* (16. Jh.), *gottseligen An(ge)denkens* (18. Jh.).

-selig bildet Adjektivableitungen auf *-ig* von Substantiven mit dem Suffix *-sal* (s. d.); etymologische Beziehungen zu dem unter *selig*, s. d., behandelten Adjektiv bestehen daher nicht; vgl. *armselig* 'ärmlich, dürftig' (15. Jh.), zu mhd. *armsal* 'Armut, Elend' (s. *arm*); *labselig* (16. Jh.), zu mhd. *labesal* (s. *laben*); *mühselig*, mhd. *müeje-*, *müesalic*, zu ahd. *muosal*, mhd. *müeje-*, *müesal* (s. *mühen*); *saumselig*, mhd. *sūmeselic*, zu mhd. *sūmesal* (s. ²*säumen*); *scheuselig* (16. Jh.), zu *Scheusal* (s. *scheu*). Dazu analog (ohne substantivisches Ausgangswort auf *-sal*) *feindselig* (15. Jh.), *holdselig* (15. Jh.). Davon zu trennen sind mit *selig* (s. d.) zusammengesetzte Adjektive wie *glückselig*, mhd. *gelücksælec* (s. *Glück*), *friedselig* (16. Jh.), *weinselig* (19. Jh.).

Sellerie m., auch f. Der seit dem 17. Jh. bezeugte Name der Salat- und Gewürzpflanze ist entlehnt aus frz. *céleri*, das auf lombard. *séleri* (pluralische Bildung zur obital. Variante *sellero*, neben ital. *sedano*) beruht. Zugrunde liegt lat. *selīnon*, griech. *sélīnon* (σέλινον) 'Eppich'.

selten Adj. 'nicht häufig, rar', ahd. *seltan* (9. Jh.), mhd. *selten*, *selden* Adv. (oft euphemistisch im Sinne von 'nie'), frühnhd. *selten* (seit dem 15. Jh. auch adjektivisch), mnd. mnl. *selden*, nl. *zelden*, aengl. *seldan*, engl. *seldom*, anord. *sjaldan*, schwed. *sällan*; vgl. auch das erste Glied der Komposita got. *sildaleiks* 'wunderbar, erstaunlich', asächs. *seldlīk*, aengl. *seldlic*, *sellic*. Herkunft ungewiß. Man kann daran denken, das Wort, ausgehend von einer Bedeutung 'für sich, alleinstehend, einzig', an den Pronominalstamm ie. **se-* (s. *sich*) anzuschließen. *selten* ist Gegenwort zu *oft*, *häufig*, entwickelt als Adjektiv aber auch die Bedeutungen 'hervorragend' und 'eigenartig' (Anfang 18. Jh.). – S e l t e n h e i t f. 'geringes Vorkommen, geringe Häufigkeit', auch 'rares Exemplar' (Ende 15. Jh.).

Selters n. 'kohlensaures Tafel- oder Mineralwasser', verkürzt aus *Selter(s)wasser* (19. Jh.), eigentl. 'Wasser aus den Mineralquellen von *Niederselters*' (Hessen, Taunus; älter *Salt(a)rissa*, zu *Salz*); danach auch allgemein für andere (oft mit Kohlensäure versetzte) Mineralwasser.

seltsam Adj. 'eigenartig, sonderbar, merkwürdig, befremdlich', ahd. *seltsāni* 'wunderbar, kostbar, ungewöhnlich, fremd, selten' (9. Jh.), mhd. *seltsæne*, *seltsān*, *-sām* 'wunderbar, fremdartig, unbekannt, selten', mnd. *selsen(e)*, mnl. *seltsam*, *selsam*, nl. *zeldzaam*. Das erste Glied des Adjektivs bildet der in *selten* (s. d.) enthaltene Wortstamm; das zweite Glied ahd. *-sāni* (vgl. ahd. *unsāni* 'ungepflegt, ungestalt') ist ein Verbaladjektiv zu dem unter *sehen* (s. d.) behandelten Verb, zu dem auch (ablautend) mnd. *sūne* 'ersichtlich, deutlich', mnl. *siene* 'ansehnlich', aengl. *(ge)sīene* 'sichtbar', *seldsīene* 'selten, ungewöhnlich', anord. *sȳnn* 'sichtbar' sowie mhd. *siune*, *sūne* 'das Sehen, Gesicht', asächs. *siun* 'Auge, Gesicht', *ansiuni* 'Angesicht', aengl. *ansīen* 'Anblick, Gestalt, Erscheinung' gehören. Als Ausgangsbedeutung ist daher 'selten zu sehen' anzusetzen mit Weiterentwicklung zu 'ungewöhnlich, merkwürdig, befremdlich'. Die heute gültige, auf *-m* auslautende Form ist angeglichen an Bildungen wie *arbeitsam*, *heilsam* (s. *-sam*); sie begegnet zuerst im 14. Jh. und wird zu Anfang des 18. Jhs. alleinherrschend. – S e l t s a m k e i t f. 'Seltenheit' (15. Jh.), 'Sonderbarkeit' (16. Jh.), 'Köstlichkeit' (17. Jh.); vgl. ahd. *seltsāni* n. (9. Jh.), *seltsānī* f. (um 1000), mhd. *seltsæne* 'Seltsamkeit, Seltenheit'.

Semantik f. 'Lehre von den Wortbedeutungen', dann auch 'Bedeutung eines Wortes', Entlehnung (Ende 19. Jh.) des von M. Bréal (1883) geprägten sprachwissenschaftlichen Terminus frz. *sémantique*, nach griech. *sēmantikós* (σημαντικός) 'zu einem Zeichen gehörig, bezeichnend, deutlich'; zu griech. *sēmaínein* (σημαίνειν) 'durch ein Zeichen kenntlich machen, bezeichnen', *sēma* (σῆμα) 'Zeichen, Schriftzeichen'. Dazu s e m a n t i s c h Adj. 'die Bedeutung betreffend' (20. Jh.). Zuvor ist bereits durch K. Reisig (1839) der Ausdruck S e m a s i o l o g i e f. für die 'Lehre von den Wortbedeutungen' eingeführt worden, der heute vorzugsweise gebraucht wird, wenn von deren Beziehungen untereinander und ihren historischen Veränderungen die Rede ist; vgl. griech. *sēmasía* (σημασία) 'das Bezeichnen, Bezeichnung' und s. *-logie*. Dazu s e m a s i o l o g i s c h Adj. (20. Jh.).

Semester n. 'akademisches Studienhalbjahr', anfangs *Semestre* (2. Hälfte 18. Jh., teilweise bis ins 19. Jh.), dann *Semester* (Ende 18. Jh.), Übernahme von mlat. *semestre*, *semenstre* 'sechs Monate', der substantivierten neutralen Form von lat. *sēmēstris*, *sēmēnstris* 'sechsmonatig, halbjährig' (zu lat. *sex* 'sechs' und *mēnsis* 'Monat'). Seit Ende 19. Jh. auch für 'Student(in)', z. B. *hohes*, *älteres*, *spätes Semester*, in diesen Fügungen auch verallgemeinert 'älterer Mensch'.

semi- Bestimmungswort in gelehrten Zusammensetzungen mit der Bedeutung 'halb'. Zugrunde liegt lat. *sēmis* 'halb', das bereits im Lat. viele Adjektiv- und Substantivkomposita bildet, vgl. lat. *sēmiamictus* 'halbnackt', *sēmiclausus* 'halbverschlossen', *sēmidiēs* 'halber Tag', *sēmifūnium* 'Halbseil', *sēmivōcālis* 'tönend, aber nicht sprechend', substantiviert *sēmivōcālēs* Plur. 'den Vokalen nahestehende Laute, Liquiden und Spiranten', aber auch 'Halbvokale', im 16. Jh. in dt. Grammatiken übernommen als zusammenfassende Bezeichnung für Liquiden und Spiranten, auch eingedeutscht *semiuocalen* (um 1600), *Semivokal* 'Halbvokal' (19. Jh.). Nach derartigen Mustern entstehen in der dt. Wissenschaftssprache Fachwörter wie *semiadhärent* 'nur zur Hälfte anhängend', *semibarbarisch* 'halbbarbarisch', *semihumid* 'halbfeucht' (Klima), *Semiphosphat* durch unvollständigen Aufschluß mit Schwefelsäure aus Rohphosphaten gewonnenes Phosphordüngemittel (20. Jh.). In die Allgemeinsprache sind eingegangen S e m i k o l o n n. stärker als ein Komma gliederndes Satzzeichen, 'Strichpunkt', Ende 15. Jh. von A. Manutius eingeführt, von Schottel (1663) mit *Strichpünctlein* übersetzt. Zu lat. *cōlon*, griech. *kṓlon* (κῶλον) 'Abschnitt einer (Satz)periode', eigentl. 'Glied eines Tieres oder eines Menschen, bes. Bein'; vgl. nhd. *Kolon* 'Doppelpunkt', anfangs *Colon* (16. Jh.). S e m i f i n a l e n. Sportsprache 'Halbfinale', Spielrunde, bei der aus einer

Vierergruppe die zwei Teilnehmer an der Endrunde (s. *Finale*) ermittelt werden (20. Jh.).

Seminar n. 'bestimmte Form einer Lehrveranstaltung, Hochschulinstitut, Arbeitsgemeinschaft für Studierende, Ausbildungsstätte (z. B. für Lehrer und Geistliche)'. Im 16. Jh. wird lat. *sēminārium* 'Pflanzschule, Baumschule', auch 'Ort, wo man eine gewisse Vorbildung erhält, wo bestimmte Handlungen vorbereitet werden', substantiviertes Neutrum des Adjektivs *sēminārius* 'zum Samen gehörig', abgeleitet von lat. *sēmen* 'Same, Geschlecht, Nachkomme' (s. *Samen* und vgl. lat. *serere* 'säen, pflanzen, hervorbringen, zeugen', s. *säen*), in deutschen Humanistenkreisen geläufig, steht für '(Internats)schule, Bildungsanstalt', dann für die 'mit einer Domkirche, einem Kloster oder Jesuitenkolleg verbundene Lateinschule' (2. Hälfte 16. Jh.) und wird danach für Bildungsstätten und Lehrveranstaltungen verschiedener Art üblich. Die lat. Flexion wird vielfach bis ins 20. Jh. beibehalten, zumal im Plural *Seminaria* (neben *Seminarien*).

Semmel f. aus feinem Weizenmehl gebakkenes kleines Weißbrot, 'Brötchen', ahd. *simula* (8. Jh.), *semala* (um 800), *simila* (9. Jh.) 'feinstes Weizenmehl', auch 'Gerstengraupen', mhd. *semel(e)*, *simel(e)* 'feinstes Weizenmehl, Weizenbrot, Brötchen, Hostie', mnd. *sēmel(e)*, *semmel(e)*, mnl. *sēmele*, nl. (Plur.) *zemelen* sind entlehnt aus lat. *simila* 'feinstes Weizenmehl', mlat. (seit karolingischer Zeit, im Capitulare de Villis 794) auch auf Weizengebäck übertragen im Sinne von 'Brötchen'. Die lat. Bezeichnung stammt wie griech. *semídālis* (σεμίδαλις) 'feinstes Weizenmehl, Feinmehl' aus orientalischen Sprachen, vgl. syr. *sᵊmīdā*, assyr. *samīdu* 'feines Mehl'.

Senat m. 'Ratskollegium' (auch an Gerichten), 'Regierungsbehörde, wissenschaftliches Leitungsgremium an Universitäten und Hochschulen', mhd. *senāt* 'Rat (der Alten)', entlehnt aus lat. *senātus* 'römischer Staatsrat', ursprünglich bestehend aus durch Herkunft, Alter, Erfahrung und Lebensweisheit ausgezeichneten und gewählten Männern, zur Zeit der Republik aus ehemaligen Inhabern hoher Staatsämter, auch 'Senatssitzung', eigentl. 'Ältestenrat', zu lat. *senex* 'alt, bejahrt', substantiviert 'der Alte, Greis' (s. *senil*, *Senior*, *Seneschall*). – S e n a t o r m. 'Mitglied eines Senats', mhd. *senātōr*, lat. *senātor*.

senden Vb. 'gehen lassen, schicken', ahd. *senten* (8. Jh.), mhd. *senden*, asächs. *sendian*, mnd. mnl. *senden*, nl. *zenden*, aengl. *sendan*, engl. *to send*, anord. *senda*, schwed. *sända*, got. *sandjan* ist Kausativum ('gehen oder reisen machen') zu einem starken Verb. germ. **senþnan*, in ahd. aengl. *sinnan* 'gehen, wandern, reisen', s. *Gesinde* und *sinnen*. Mit den dort genannten germ. und außergerm. Formen ist es auf eine Wurzel ie. **sent-* 'eine Richtung nehmen, gehen', übertragen 'empfinden, wahrnehmen' zurückführbar. Die Präteritalformen weisen Rückumlaut auf, der jedoch schon im Ahd. teilweise beseitigt wird (ahd. *santa*, vereinzelt *sentita*, *gisant* neben *gisentit*, mhd. nur *sante*, aber *gesant* neben *gesendet*, nhd. *sandte* neben *sendete*, *gesandt* neben *gesendet*). Diese Doppelformen wirken in neuerer Zeit insofern bedeutungsdifferenzierend, als für *senden* im Sinne von 'ausstrahlen über Funk' nur *sendete*, *gesendet* üblich ist. – S e n d e r m. 'wer etw. schickt' (15. Jh.), 'Anlage zum Ausstrahlen von Licht-, Schall- und elektromagnetischen Wellen' (Ende 19. Jh.). S e n d u n g f. 'das Schicken, das Geschickte', ahd. *sentunga* 'das Absenden' (9. Jh.), mhd. *sendunge*, *sandunge*; seit dem 18. Jh. auch 'Berufung, Auftrag, Mission' und im 20. Jh. 'das Ausstrahlen über einen Sender, das auf diese Weise Gesendete'. v e r s e n d e n Vb. 'weg-, verschicken', ahd. *firsenten* 'ins Elend schicken, verbannen, aussenden' (8. Jh.), mhd. *versenden* 'aus-, wegsenden, in die Verbannung schicken'. V e r s a n d m. 'das Versenden, Expedition' (19. Jh., Kaufmannssprache).

Seneschall m. ehemals 'Inhaber eines hohen Hofamtes (mit auch militärischen Befugnissen)' im merowingischen Frankenreich, mhd. *sene-*, *scheneschalt*, *-schlant*, *-schas* (und in weiteren Varianten), entlehnt (mit unorganischem *-t*) aus afrz. *seneschal* (frz. *sénéchal*), latinisiert in mlat. *siniscalcus* (692). Zugrunde liegt anfrk. **siniskalk*, germ. **sinaskalka*, eine Bildung zu germ. **sena* 'alt'. Vgl. got. *sineigs* 'alt' (Superlativ *sinista*), verwandt mit aind. *sána-*, awest. *hana-*, griech. *hénos* (ἕνος), lit. *sẽnas*, air. *sen* sowie lat. *senex*, *senis* 'alt', beruhend auf ie. **sen(o)-* 'alt'. Dies vielleicht im Sinne von 'der noch da Seiende' zur Wurzel ie. **es-* 'sein'? Zum Grundwort s.

Schalk, eigentl. 'Knecht, Diener' (ahd. *scalc*, mhd. *schalk*, wie in *Marschall*, s. d.).

Senf m. 'Mostrich', ahd. *senaf* (9. Jh.), mhd. *sen(e)f*, asächs. *senap*, mnd. *sennep*, aengl. *senep*, got. *sinap* (oder *sinaps*) sind entlehnt aus lat. *sinōpi*, *sinā̆pis* 'Senf', griech. *sínāpi*, *sínāpis* (σίναπι, σίναπις), einem Fremdwort unbekannter Herkunft (ägypt. Ursprung wird bezweifelt). Die Zubereitung des Gewürzes aus den zerriebenen Samenkörnern der Senfpflanze übernehmen die Germanen von den Römern ebenso wie die Verwendung anderer Küchengewürze (s. *Essig*, *Kümmel*, *Pfeffer*).

sengen Vb. 'die Oberfläche von etw. leicht, ein wenig verbrennen', ahd. *bisengen* 'sengen, an-, verbrennen' (8. Jh.), mhd. mnd. *sengen*, mnl. *senghen*, *singhen*, nl. *zengen*, aengl. *(be)sencgan*, engl. *to singe* und schwed. (mundartlich) *sjängla* lassen sich vergleichen mit frühnhd. *senge* 'Trockenheit, Dürre' (15. Jh.), mhd. (ablautend) *sungen*, *sunken* 'anbrennen, versengt werden', isl. *sangur* 'angebrannt' sowie aslaw. *prěsǫčiti* 'versiegen lassen, austrocknen', russ.-kslaw. *sučitisja* 'kochen, sieden' und den unter *seicht* (s. d.) genannten germ. und außergerm. Formen. Die dort angeführte Wurzel ie. **sek-*, nasaliert **senk-*, hat aus der Bedeutung 'versiegen (lassen)' die Bedeutungen 'trocknen, austrocknen', in den oben genannten germ. Formen darüber hinaus die Bedeutung 'verbrennen' entwickelt. – versengen Vb. heute geläufiger als das Simplex, mhd. *versengen*.

senil Adj. 'greisenhaft, altersschwach', gelehrte Entlehnung (19. Jh.) aus lat. *senīlis* 'zu den Greisen gehörig, greisenhaft', zu lat. *senex* 'alt, bejahrt', substantiviert 'der Alte, Greis' (s. *Senior*).

Senior m. 'der Ältere, Älteste, Altmeister, Vater (im Verhältnis zum Sohn), älterer bzw. alter Mensch', Übernahme (14. Jh.) von lat. *senior* 'der Ältere, erwachsener, reifer Mann von etwa 45 bis 60 Jahren', Komparativ zu lat. *senex* (Gen. *senis*, *senicis*) 'alt, bejahrt', substantiviert 'der Alte, Greis, Mann über 60 Jahre' (s. *Seneschall*). Gegenwort zu *Junior* (s. d.). Seit dem 18. Jh. geläufig für 'Oberhaupt (der Familie), Altmeister', kaufmannssprachlich 'älterer Teilhaber, Geschäftspartner', modern dem Leistungssport bzw. dem Jugendalter entwachsener 'älterer Sportler'.

Senkel m. '(Schuh)schnürband', früher auch 'Bleilot', ahd. *senkil* 'Anker, Wurfnetz' (11. Jh.), mhd. *senkel* 'Nestel, Schnürband, Anker, mit Bleikugeln beschwertes Zugnetz' ist als Gerätebezeichnung (wie *Meißel*, *Schlüssel*, *Zügel* u. a.) mit dem Suffix germ. *-ila-* zu dem unter *senken* (s. d.) behandelten Verb gebildet und bezeichnet eigentl. das 'Gerät, das man sinken läßt'. Als Bezeichnung für eine mit Blei beschwerte Schnur bzw. Leine geht der Ausdruck auf das vielfach mit metallisch eingfaßten Enden versehene Schnürband über. – Schnürsenkel m. 'Band zum Schnüren der Schuhe' (16. Jh.).

senken Vb. 'abwärts, nach unten bewegen', ahd. (9. Jh.), mhd. mnd. *senken* 'sinken machen, niederlassen, zuwenden, zu Fall bringen, zunichte machen', asächs. *senkian*, aengl. *sencan*, anord. *søkkva*, schwed. *sänka*, got. *saggqjan* sind Kausativa (im Sinne von 'sinken lassen') zu dem unter *sinken* (s. d.) behandelten starken Verb. – Senke f. 'Vertiefung, Tal', mhd. *senke*. Senker m. 'zum Wachstum in die Erde gesenktes Reis, Pflanzenableger' (18. Jh.), ebenso Absenker m. (18. Jh.). Senkung f. 'das Senken, Gefälle, Verringerung, Herabsetzung (des Preises), unbetonte Verssilbe' (17. Jh.). senkrecht Adj. 'im rechten Winkel auf einer Ebene, einer Geraden stehend, vertikal' (18. Jh.); älter *senkelrecht* (17. Jh.), zu *Senkel* 'Bleilot'. versenken Vb. 'untergehen lassen, verschwinden lassen', ahd. *firsenken* (8. Jh.), mhd. *versenken*; übertragen (refl.) 'sich in etw. vertiefen'.

Senn(e) m. 'Alpenhirt', ahd. *senno* 'Schafhirte' (11. Jh.), frühnhd. *Senn(e)* (15. Jh.), ein südd. Wort (vorwiegend des Alpengebiets), das mit engadin. *sañ* und obwaldisch *siñun* 'Hirte' vergleichbar ist. Als Ausgangsform wird **sanio* 'Hirte, Melker' angesetzt, ein Alpenwort vorröm., kelt. Ursprungs (Meyer-Lübke [3]7578), das durch rätoroman. Vermittlung in die südd. Mundarten gelangt; vgl. Öhmann in: Neuphilolog. Mitt. 42 (1941) 151. Vgl. air. *sine* m. 'Zitze' sowie verwandtes ahd. *spunni* n., mhd. *spün(n)e* f. n. und *spen* f. 'Muttermilch, Brustwarze' (s. *Spanferkel*). Angeglichen an die dt. Bildungsweise von Nomina agentis *Senner*, mhd. *sennære*. – Senne f. 'Alpenweide, -hütte', spätmhd. *senne*. Sennhütte f. 'Wohnung des Alpenhirten, zugleich Stall und Räumlichkeit der Käsezubereitung' (16. Jh.).

Sensation f. 'aufsehenerregendes Ereignis, unerwartete Neuigkeit', zuvor (und noch terminologisch in der Medizin) 'Sinneswahrnehmung, Empfindung', auch 'Eindruck, Aufsehen', Entlehnung (2. Hälfte 17. Jh.) von engl. frz. *sensation* 'Sinneswahrnehmung, Empfindung' bzw. diesen voraufgehendem mlat. *sensatio* (Gen. *sensationis*) 'Empfindung, Einsicht, Verstand' (vgl. vereinzeltes spätlat. *sēnsātio* 'Verständnis, Gedanke'), zu spätlat. *sēnsātus* 'mit Verstand begabt, verständig', lat. *sēnsus* 'das Wahrnehmen, die Wahrnehmung', *sentīre* (*sēnsum*) 'fühlen, empfinden, Einsicht haben, meinen, denken'. Die heute im Dt. geläufige, im Frz. jedoch fehlende Bedeutung 'aufsehenerregendes Ereignis' entwickelt sich im 20. Jh. (wohl unter dem Einfluß von gleichbed. engl. *sensation*, 2. Hälfte 19. Jh.) aus der seit dem letzten Viertel des 18. Jhs. üblichen Fügung *Sensation machen* 'Aufsehen erregen, einen starken Eindruck hervorrufen' (nach gleichbed. frz. *faire sensation*, älter *faire une sensation*) und aus Zusammensetzungen wie *Sensationsblatt*, *-nachricht*, *-presse* (19. Jh.). – s e n s a t i o n e l l Adj. 'aufsehenerregend, außergewöhnlich, einmalig, verblüffend' (1. Hälfte 19. Jh.), nach frz. Wortbildungsmustern abgeleitet (frz. *sensationnel* erst Ende 19. Jh.).

Sense f. 'scharfes, gebogenes Metallblatt an einem langen Stiel zum Gras- und Getreideschnitt', ahd. *segansa* (9. Jh.), mhd. *segense*, *segens*, kontrahiert (md.) *seinse*, *sēnse*, *sense*, mnd. *seyse*, nhd. *Sense* steht (mit Umstellung der Suffixverbindung) neben ahd. (9. Jh.), asächs. *segisna*, mnl. *seisene* (daneben aber auch *seinse*, *seine*), nl. *zeis*. Zugrunde liegt das (mit Bindevokal versehene) Suffix germ. *-asnō*, *-isnō* als Weiterbildung eines alten *es/os*-Stammes; vgl. lat. *sacēna* (aus **sacesnā*) 'Haue, Picke des Pontifex'. Dentalsuffix zeigen dagegen mnd. *segede* 'Sichel', mnl. *sichte*, nl. *zicht* 'kleine Sense', aengl. *sīþe*, engl. *scythe*, anord. *sigðir* 'Schwert', *sigð* 'Sense, Schwert', norw. *sigd* 'Sichel'. Die genannten Formen sind verwandt mit *Säge* (s. d.) und gehören zu der dort angeführten Verbalwurzel ie. **sĕk-* 'schneiden'. – S e n s e n m a n n m. Bezeichnung für den Tod (17. Jh.), den schon das Mittelalter als Schnitter mit der Sense in Totentanzbildern darstellt.

sensibel Adj. 'empfindsam, feinfühlig, seelisch leicht beeinflußbar, reizempfindlich', im 17. Jh. entlehnt aus gleichbed. frz. *sensible*, das auf lat. *sēnsibilis* 'was empfunden werden kann, empfindbar, der Empfindung fähig, mit Empfindung begabt' beruht; zu lat. *sentīre* (*sēnsum*) 'fühlen, empfinden, wahrnehmen'. Zuerst in medizinischer Fachsprache 'reizempfindlich', seit dem 18. Jh. in der Psychologie und dann allgemein 'empfindsam, feinfühlig', auch 'überempfindlich, mimosenhaft, leicht verletzbar'. – S e n s i b i l i t ä t f. 'Empfindungsfähigkeit' (18. Jh.), 'Empfindsamkeit, Feinfühligkeit' (19. Jh.), frz. *sensibilité*, nach lat. *sēnsibilitās* (Gen. *sēnsibilitātis*) 'Empfindungsfähigkeit'.

Sentenz f. '(bekannter) Ausspruch, Denkspruch, treffend formulierte Meinung', mhd. *sententie* 'Gottesurteil, päpstlicher oder kirchlicher Urteilsspruch, Beschluß', frühnhd. *sententz*, auch (rechtssprachlich) 'Urteilsspruch, Rechtsspruch' (15. Jh.), entlehnt aus lat. *sententia* '(amtliche) Meinung, Sinn, Gedanke, Ausspruch, Urteil, Verstand, Denkspruch, Kernspruch'; zu lat. *sentīre* (*sēnsum*) 'fühlen, empfinden, wahrnehmen, Einsicht haben, meinen, denken'. Im 16. und 17. Jh. wird die Verwendung des Wortes im Sinne von 'Satz, Gedanke, Sinn', in den theologischen reformatorischen Schriften 'thesenhafter Lehrsatz, Ausspruch' (aus der Bibel oder den Kirchenvätern) üblich. Aber auch der oben genannte heutige Gebrauch ist seit der 1. Hälfte des 16. Jhs. in dt. Texten nachweisbar. *Sentenz* zeigt bis ins 18. Jh. meist maskulines Genus (wohl in Anlehnung an *Spruch*). – s e n t e n z i ö s Adj. 'treffend, zugespitzt, knapp formuliert, reich an Sentenzen' (18. Jh.), frz. *sentencieux* 'spruchartig, sentenzenreich, feierlich', afrz. *sentencios* 'sentenzenreich', entlehnt aus lat. *sententiōsus* 'gedankenreich'.

sentimental Adj. '(übertrieben) empfindsam, gefühlvoll, rührselig' verbreitet sich in der 2. Hälfte des 18. Jhs. mit der Übersetzung von L. Sternes Roman „A Sentimental Journey through France and Italy" (1768) durch J. J. C. Bode „Yoricks empfindsame Reise durch Frankreich und Italien" (1768) im Dt. Engl. *sentimental* 'empfindsam, gefühlvoll, moralisch, reflektierend', dann auch 'übertrieben empfindsam, rührselig', von Sterne angeblich zuerst 1739/40 in einem Brief benutzt, ist zu engl. *sentiment* 'Meinung, Ansicht, Gefühl, (seelische) Empfindung, Gefühlsregung', dann auch 'Rührseligkeit' gebildet, einer Übernahme von frz. *sentiment* 'Gefühl, Empfindung, Meinung' (afrz. *sentement*); zu afrz. frz. *sentir*, aus lat. *sentīre* 'fühlen, empfinden, wahrnehmen, Einsicht haben, meinen, denken'. Zur Bedeutungsgeschichte von engl. *sentimental* vgl. Rieve in: Europ. Schlüsselwörter 2 (1964) 167 ff. Daneben steht im 18. Jh. *sentimentalisch*, vgl. Schillers *Über naive und sentimentalische* ('reflektierende') *Dichtung*. – Sentimentalität f. 'Empfindsamkeit, Gefühlsüberschwang, Rührseligkeit', latinisierte Übernahme (Ende 18. Jh.) von gleichbed. engl. *sentimentality*.

separat Adj. 'getrennt, gesondert', Entlehnung (1. Hälfte 17. Jh.) aus lat. *sēparātus*, Part. Perf. zu lat. *sēparāre* 'absondern, trennen'. Bereits Ende des 16. Jhs. begegnet vereinzelt lat. *sēparātim* Adv. 'besonders, gesondert' in dt. Texten. Seit dem 18. Jh. erscheint *separat* häufig als Bestimmungswort in Komposita, vgl. *Separatartikel*, *-frieden* (18. Jh.), *Separatpolitik*, *-erklärung*, *-stellung* (19. Jh.), *Separatvorstellung*, *-staat* (20. Jh.). – Séparée n. 'abgetrennter Raum, Nebenraum in Restaurants für ungestörte Zusammenkünfte', verkürzt (19. Jh.) aus der im Dt. gebildeten Fügung frz. *chambre séparée* 'besonderer, abgetrennter Raum', Part. Perf. von frz. *séparer* 'abteilen, abtrennen' (lat. *sēparāre*, s. oben).

Sepsis f. 'Blutvergiftung', medizinisches Fachwort seit der 1. Hälfte des 19. Jhs., Entlehnung von griech. *sḗpsis* (*σῆψις*) 'Fäulnis, Gärung', zu griech. *sḗpesthai* (*σήπεσθαι*) 'verfaulen, faul werden'. – Asepsis f. 'Keimfreiheit' (2. Hälfte 19. Jh.), nach griech. Muster mit negierendem *α-* (*ἀ-* privativum) zu *Sepsis* neugebildet. septisch Adj. 'nicht keimfrei', vgl. griech. *sēptós*, *sēptikós* (*σηπτός*, *σηπτικός*) 'Fäulnis verursachend'; aseptisch Adj. 'keimfrei', vgl. griech. *ásēptos* (*ἄσηπτος*) 'nicht faulend'; beide 19. Jh.

September m. Name für den neunten Monat im Jahr, mhd. *september* (für ahd. *herbistmānōd*, 11. Jh., *witumānōd* 'Holzmonat', um 1100) ist entlehnt aus lat. *(mēnsis) september* (zu lat. *septem* 'sieben') 'der siebente Monat' des ursprünglich mit dem März beginnenden römischen Jahres. Auch nach der röm. Kalenderreform, als das Jahr mit *Januar* (s. d.) beginnt, wird diese Bezeichnung beibehalten.

Sequenz f. 'Reihe, Folge', gelehrte Entlehnung (19. Jh.) aus lat. *sequentia* 'Folge, Reihenfolge', dem substantivierten Part. Präs. Plur. Neutr. von lat. *sequī* '(nach)folgen, begleiten, verfolgen' (s. *sehen*). Auf gleichbed. mfrz. frz. *séquence* (afrz. *sequence* 'Folge von Schwerthieben') beruht die seit dem 16. Jh. im Dt. auftretende Verwendung des Ausdrucks beim Kartenspiel für 'Spiel mit drei oder mehr aufeinanderfolgenden Karten derselben Farbe', auch 'Kartenfolge'. Unabhängig von der vorgenannten Entwicklung erscheint als Entlehnung bereits mhd. *sequenzie*, *sequentie*, frühnhd. *sequentz* (15. Jh.), nhd. *Sequenz* (17. Jh.) 'Gesang in der Meßliturgie, der durch Unterlegung eines Textes unter die Tonfolge eines Alleluja entstanden ist', aus gleichbed. mlat. *sequentia*. Seit Ende des 19. Jhs. in der Fachsprache der Musik Wiederholung eines melodisch-rhythmischen oder harmonischen Musikabschnitts auf einer anderen Tonstufe.

Serenade f. 'Abendmusik, (am Abend dargebrachtes) Ständchen', Übernahme (17. Jh.) von gleichbed. frz. *sérénade*, das seinerseits aus ital. *serenata* 'Abendständchen (des Liebhabers vor dem Fenster der Geliebten), die dabei gesungene oder gespielte Musik' entlehnt ist. Dies, der Form nach Fem. vom Part. Perf. des heute unüblichen Verbs ital. *serenare* 'aufheitern, klar, heiter werden', ist im Sinne von 'heiteres Wetter, ruhige, klare Nacht' zu ital. *sereno* 'klar, hell, heiter, wolkenlos (von Wetter und Gemüt)' gebildet (aus lat. *serēnus* 'heiter, hell, klar, trocken'), nimmt aber (15. Jh.) in volksetymologischer Anlehnung an ital. *sera* 'Abend' (aus spätlat. *sēra* 'Abend', lat. *sērus* 'spät') die Bedeutung 'am Abend dargebrachtes Konzert' an. Seit dem 18. Jh. bezeichnet *Serenade* auch eine 'am Abend unter freiem Himmel stattfindende musikalische Darbietung'.

Sergeant m. Die bis zum Ende des ersten Weltkriegs auch in der dt. Armee gebräuchliche Bezeichnung für einen Unteroffiziersdienstgrad ist eine Entlehnung aus dem Frz. Auf spätlat. *serviēns* (Gen. *servientis*) 'Diener, Sklave, Gottesdiener, Beamter', substantiviertes Part. Präs. von lat. *servīre* 'dienen, dienstbar sein' (s. *servieren*), geht afrz. *serjant*, *serg(e)ant* 'Diener, Fußknecht, Ministeriale, Verwalter im Dienste des Feudalherrn, Gerichtsbeamter' zurück (vgl. mlat. *serviens*, auch *serjantus* in denselben Verwendungen), das zunächst (um 1200) mhd. *sarjant*, *serjant* 'Diener des Ritters, Knappe, Fußknecht' ergibt. Spätmhd. und häufig im Frühnhd. finden sich, wohl in Anlehnung an mhd. frühnhd. *schar*, vielleicht auch an mhd. frühnhd. *scherge* (s. [1]*Schar* und *Scherge*), Formen wie *schariant(e)*, *schargante*, *schergant*, vor allem im Sinne von 'Gerichtsdiener'. Anfang des 17. Jhs. wird von mfrz. frz. *sergent* die dort im 16. Jh. aufkommende Bedeutung 'Unteroffizier (der Infanterie)' übernommen. Die im jüngeren Nhd. übliche Schreibung *Sergeant* steht wahrscheinlich unter dem Einfluß von (ebenfalls aus dem Frz. entlehntem) gleichbed. engl. *sergeant*, dessen Aussprache heute auch gilt, wenn von Angehörigen der amerikanischen oder britischen Streitkräfte die Rede ist.

Serie f. 'zusammengehörige Reihe von Objekten ein und derselben Art, Folge einander ähnlicher Geschehnisse'. Mhd. *serje* 'Reihe, Streifen, Reihenfolge, Zeitlauf' ist entlehnt aus lat. *seriēs* 'Reihe, Reihenfolge, Kette zusammengefügter, stetig ineinandergreifender Gegenstände', Verbalsubstantiv zu lat. *serere* 'fügen, reihen, knüpfen'. Das danach erst wieder im frühen 18. Jh. bezeugte *Serie* dürfte als Neuentlehnung aus dem Lat. aufzufassen sein. – serienweise Adj., serienmäßig Adj. (20. Jh.).

seriös Adj. 'ernst(haft), gediegen, anständig' (17. Jh.), in der Kaufmannssprache bes. 'vertrauenswürdig, glaubwürdig, zuverlässig', Übernahme von frz. *sérieux* 'ernst(haft), aufrichtig, wahrhaft, wichtig', einer Entlehnung aus mlat. *seriosus* 'ernst, besonnen' (zu lat. *sērius* 'ernsthaft').

Sermon m. 'Rede, Predigt', mhd. *sermōn*, im 14. Jh. entlehnt aus lat. *sermo* (Gen. *sermōnis*) 'Rede, Gespräch, Disputation', kirchensprachlich 'Predigt'. Aus häufigen Verbindungen des Substantivs mit entsprechenden Attributen (wie z. B. *lang*, *langgeschweift*) entwickelt sich seit dem 18. Jh. pejorativer Gebrauch im Sinne von 'langweilige, trockene, moralisierende Rede' und schließlich 'langweiliges, leeres Gerede, Geschwätz'.

Serpentine f. 'in Windungen ansteigender Weg' (Anfang 19. Jh.), zuvor 'sich windender Flußlauf' (Ende 18. Jh.), gelehrte Bildung (wohl unter Einfluß der früher bezeugten, substantiviert vielfach zur Bezeichnung für gewundene, spiralförmige Dinge dienenden Adjektive frz. *serpentin*, engl. *serpentine* 'schlangenförmig, gewunden') zu spätlat. *serpentīnus* 'schlangenförmig, -ähnlich, von Schlangen', einer Ableitung von lat. *serpēns* (Gen. *serpentis*) 'Schlange', dem substantivierten Part. Präs. von lat. *serpere* 'kriechen, schleichen'.

Serum n. bei der Blutgerinnung sich absondernde, ungerinnbare Flüssigkeit, die Immunstoffe und Mineralien enthält, 'Blutwasser'. Im 16. Jh. wird lat. *serum* 'wäßriger Teil geronnener Milch, Molke, Käsewasser', bei Plinius auch 'Blutwasser' (als Heilmittel) ins Dt. entlehnt und bezeichnet zunächst die wäßrigen Bestandteile des Blutes (vgl. auch mfrz. frz. *sérum*) und der Lymphe, auch die 'Molke'. Seit der 1. Hälfte des 19. Jhs. wird es in der oben angegebenen medizinischen Bedeutung verwendet, seit Ende des 19. Jhs. für '(meist aus Tierblut gewonnenen, mit Immunstoffen angereicherten) Impfstoff zur Heilung von (Infektions)krankheiten', vgl. *Heilserum*, *Serumtherapie* (Ende 19. Jh.), *Serumdiagnose*, *Serumbehandlung* (um 1900).

Service n. 'mehrteiliges, in Form und Dekor übereinstimmendes Tafelgeschirr', Übernahme (17. Jh.) von gleichbed. frz. *service* (entsprechend frz. Aussprache anfangs auch *Servies*, *Servis* geschrieben). Aus lat. *servitium* 'Sklaverei, Sklavenstand, Sklavendienst', übertragen 'jede Art von Dienstbarkeit', zu lat. *servus* 'Sklave', wird afrz. *servise*, *service* 'Dienst, Dienstleistung' entlehnt, das unter dem Einfluß von afrz. frz. *servir* 'bei Tisch bedienen' (s. *servieren*) auch für 'Bedienung bei Tische', dann (mfrz.) für das 'was zum Mahle dient, Tafelgeschirr' steht. – Service m. 'Dienstleistung, Kundendienst, Kunden- oder Gästebedienung', Übernahme (1. Hälfte 20. Jh.) von gleichbed. engl. *service*, allgemein 'Dienst, Dienstleistung', aus afrz. *servise* (s. oben).

servieren Vb. 'bei Tisch bedienen, Speisen und Getränke auftragen, vorlegen, einschenken', entlehnt im 16. Jh., geläufig seit dem 18. Jh., aus gleichbed. frz. *servir*, allgemein 'dienen, Dienste erweisen', nach voraufgehendem lat. *servīre* 'dienen, dienstbar, Sklave sein', einer Ableitung von lat. *servus* 'Sklave' (s. auch *Service*).

Serviette f. 'Mundtuch', Übernahme (Anfang 16. Jh.) von gleichbed. mfrz. frz. *ser-*

viette, einem zu afrz. frz. *servir* 'bei Tisch bedienen' (s. *servieren*, *Service*) gebildeten Substantiv; im Dt. anfangs auch mit Verkleinerungssuffix (*Seruetlein*, *Servetlein*, 16. Jh.). Man bezeichnet damit das vom Servierenden dargereichte Tuch zum Säubern von Mund und Händen, dann das dem Gedeck beigelegte, auch dem Schutz der Kleidung dienende Vortuch.

Sessel m. 'Polsterstuhl mit Rücken- und Armlehne', (bes. in älterer Sprache) 'der sichtbarlich herausgehobene Einzelsitz', ahd. *seȥȥal* (um 800), mhd. *seȥȥel*, mnd. mnl. *sētel*, nl. *zetel*, aengl. *setl*, engl. *settle* ('Sitzbank'), got. *sitls* 'Sitz' sind Ableitungen mit dem Suffix ie. *-lo-* (germ. *-la-*, mit Bindevokal *-ula-*) zu der unter *sitzen* (s. d.) genannten Wurzel ie. **sed-* 'sitzen'. Ähnlich gebildet sind griech. *hellá* (*ἑλλά*) 'Sitz', lat. *sella* 'Stuhl, Sessel', aruss. *sedъlo*, russ. *sedló* (*седло*) 'Sattel' (s. *Sattel*) mit einer Ausgangsbedeutung 'Sitzgelegenheit'.

seßhaft Adj. 'mit festem Wohnort, an einem festen Ort siedelnd', mhd. *seȥhaft* 'seinen Wohnsitz habend' ist mit dem unter *-haft* (s. d.) behandelten Suffix zu dem in ahd. (9. Jh.), mhd. *seȥ* 'Sitz, Lager, Wohnsitz' (vgl. anord. *set* 'Sitz, Sitzbank', aengl. *set* 'Sitz, Heerlager, Stall') belegten Substantiv gebildet, das zu dem unter *sitzen* (s. d.) dargestellten Verb gehört.

Session f. '(sich über einen längeren Zeitraum hinziehende) Tagung, Sitzung', Entlehnung (Mitte 16. Jh.) von lat. *sessio* (Gen. *sessiōnis*) 'das Sitzen, Sitzung, Sitzplatz', Abstraktbildung zu lat. *sedēre* (*sessum*) 'sitzen, Sitzung halten'. Der Gebrauch wird gefördert durch Einfluß von frz. *session* 'Sitzungsperiode' (afrz. 'das Sitzen', mfrz. 'sitzende Stellung, Sitzung') gleicher Herkunft.

Set n. 'Satz zusammengehörender Gegenstände', Übernahme (1. Hälfte 20. Jh.) von engl. *set* 'Gruppe oder Kollektion von Gegenständen', auch 'Personengruppe', älter 'religiöse Gemeinschaft, Sekte', im letztgenannten Sinne entlehnt aus gleichbed. afrz. *secte*, *sete* (frz. *secte*), das auf lat. *secta* 'befolgte Grundsätze, Denkweise, Richtlinie, Partei, philosophische Schule', spätlat. auch 'religiöse Sekte' beruht; zu lat. *sequī* (*secūtus sum*) 'folgen' (s. *Sekte*). Die im Engl. vollzogene Übertragung auf Gegenständliches erfolgt vielleicht unter Einfluß von mnd. *gesette* 'Aufstellung' (von einzelnen Teilen) und von engl. *to set* 'setzen, stellen' (verwandt mit *setzen*, s. d.), vgl. engl. *set* 'das Setzen, die Art und Weise, in der etw. (zusammen)gesetzt, -gestellt ist'. Ins Dt. gelangt *Set* zunächst im Zusammenhang mit Tennis für 'Satz', vgl. *ein Set spielen*, und im Sinne von 'zusammengehörende Personengruppe mit gleichen Gewohnheiten und Meinungen, Kreis, Zirkel'; geläufig wird *Set* in der 2. Hälfte des 20. Jhs. in der oben angegebenen Bedeutung.

setzen Vb. 'sitzen machen', refl. 'sich auf einem Platz niederlassen', auch 'an einer bestimmten Stelle abstellen, einpflanzen, festlegen, bestimmen', ahd. *sezzen* 'ab-, aufstellen, festlegen' (8. Jh.), mhd. *setzen*, auch 'stellen, legen, erzählen, bestellen, bestimmen', refl. 'sich niederlassen', asächs. *settian*, mnd. mnl. *setten*, nl. *zetten*, aengl. *settan*, engl. *to set*, anord. *setja*, schwed. *sätta*, got. *satjan* sind Kausativa zu dem unter *sitzen* (s. d.) behandelten Verb und verwandt mit den zur gleichen Wurzel gehörenden Kausativen air. *adsuidi* 'schiebt auf, verzögert, hält auf' und mit Dehnstufe aind. *sādáyati* 'läßt niedersitzen', aslaw. *saditi*, russ. *sadít* (*садить*) 'setzen, pflanzen, anbauen' sowie umgebildetem lit. *sodìnti* 'setzen, pflanzen'. – S e t z e r m. 'Schriftsetzer' (16. Jh.), ahd. *sezzāri* 'Stifter, Ordner, Verfasser' (10. Jh.), mhd. *setzer* 'wer etw. setzt, Aufsteller, Taxator'. S e t z l i n g m. 'zum Verpflanzen bestimmte junge Pflanze, junger, in einen Teich einzusetzender Fisch', mhd. *setzelinc*. a b s e t z e n Vb. 'des Amtes entheben, außer Funktion setzen, abtrennen, herunternehmen, abziehen, mindern, verkaufen, (sich) abheben', mhd. *abesetzen* 'des Amtes entheben, Bestehendes abschaffen, Personen abwerben, entwöhnen, herunternehmen, abziehen'; *es setzt etw. ab* 'es gibt etw., es springt etw. dabei heraus' (17. Jh.); A b s a t z m. 'Unterbrechung, Abschnitt, Abstufung' (15. Jh.), 'Verkauf, Vertrieb' (16. Jh., geläufig seit 2. Hälfte 18. Jh.), 'Ablagerung' (18. Jh.), spätmhd. *abesaz* 'Minderung, Einschränkung, Amtsenthebung'; A b s e t z u n g f. 'Entlassung, Herabsetzung' (15. Jh.), mnd. *afsettinge* (14. Jh.). a u f s e t z e n Vb. 'auf den Kopf setzen, schriftlich formulieren', ahd. *ūfsezzen* 'auf etw. setzen, aufhängen' (9. Jh.), mhd. *ūfsetzen* 'aufladen, aufs Haupt setzen, zuerkennen, auferlegen, anordnen, einsetzen, feindselig behandeln, sich aufmachen'; A u f s a t z m. 'Aufbau, aufgesetzter Teil, kurze Abhandlung, Artikel', mhd. *ūfsaz* '(Auferlegung von) Steuern, Festsetzung, Bestimmung, Vorsatz, Plan, Feindschaft'. a u s s e t z e n Vb. 'festsetzen, zur Verfügung stellen, ins Freie setzen, unterbrechen, aufhören, beanstanden', mhd. *ūȝsetzen* 'absondern, entfernen, ausräumen, ausstatten, verpfänden, festsetzen, bestimmen'. b e i s e t z e n Vb. 'neben anderes hinzusetzen, hinzufügen' (15. Jh.), 'begraben, bestatten' (17. Jh.); B e i s e t z u n g f. 'Bestattung, Hinzufügung' (17. Jh.). b e s e t z e n Vb. 'einen Platz belegen, eine Stelle vergeben, einnehmen, erobern, mit Truppen belegen', ahd. *bisezzen* 'einnehmen, bewachen' (8. Jh.), mhd. *besetzen* 'umstellen, umlagern, festsetzen, bestimmen, anklagen, in Beschlag nehmen'; B e s a t z m. 'Besatzung' (17. Jh.), 'aufgenähte Bänder, Rüschen, Aufgesetztes' (18. Jh.), jägersprachlich 'Wildbestand' (18. Jh.); B e s a t z u n g f. 'besetzte Stellung, Festung' (15. Jh.), 'Truppen, die fremdes Staatsgebiet besetzt halten, Truppe einer Verteidigungsanlage, Schiffsmannschaft' (16. Jh.). [1]d u r c h s e t z e n Vb. 'mit etw. versehen, ausstatten, etw. miteinander vermischen, einer Masse beimengen', mhd. *durchsetzen* 'vollständig mit etw. besetzen, belegen, auslegen, zieren'; [2]d u r c h s e t z e n Vb. 'sich hindurchbewegen' (16. Jh.), 'ein Vorhaben (gegen Widerstand) ausführen' (17. Jh.). e i n s e t z e n Vb. 'in etw. hineinsetzen, ernennen, wirksam werden lassen, beginnen', ahd. *insezzen* 'ins Grab legen, jmdn. mit etw. beladen' (9. Jh.), mhd. *īnsetzen* 'ein-, hineinsetzen, -legen, verpfänden'; E i n s a t z m. 'das Einsetzen, das Eingesetzte, Beginn, Anstrengung, Bemühung, auswechselbarer Teil', mhd. *īn-*, *insaz* 'das Hineinsetzen, Hineingesetzte, Einsetzung'. e r s e t z e n Vb. 'auswechseln, als Ersatz dienen, vertreten, erneuern', ahd. *irsezzen* 'wiederherstellen', auch (z. B. von Grütze) 'ansetzen' (8. Jh.), mhd. *ersetzen* 'eine entstandene Lücke ausfüllen, ansetzen, anflicken, mit Gewürz versetzen, bereiten'; E r s a t z m. 'was als Erneuerung, Vertretung oder Wiederherstellung dient' (18. Jh.), älter 'Strafe' (15. Jh.). n a c h s e t z e n Vb. 'hinterherjagen, verfolgen' (16. Jh.), 'später dazugeben, unterordnen, beifügen' (15. Jh.). [1]ü b e r s e t z e n Vb. 'von einem Flußufer zum anderen fahren, bringen', ahd. *ubarsezzen* 'von einem Ort an einen anderen bringen' (um 800), mhd. *übersetzen* 'hinüberversetzen'; [2]ü b e r s e t z e n Vb. 'aus einer Sprache in eine andere übertragen, dolmetschen' (17. Jh., vgl. bereits mnd. *ōversetten*, 15. Jh.), nach lat. *trādūcere* oder *trānsferre*; vgl. mhd. *übersetzen* 'übermäßig besetzen, besteuern, schriftlich verfassen'; Ü b e r s e t z u n g f. 'Übertragung in eine andere Sprache' (16. Jh.), in der Technik 'Getriebeteil' (um 1900); vgl. mhd. *übersetzunge* 'Überordnung, Erhöhung'. [1]u m s e t z e n Vb. 'umhegen, einfassen, umstellen, umzingeln', ahd. *umbisezzen* 'umschließen, umstellen' (um 1000), spätmhd. *umbesetzen*; [2]u m s e t z e n Vb. 'an einen anderen Ort bringen' (14. Jh.), 'umtauschen, verkaufen' (17. Jh., vgl. mnd. *ummesetten*, um 1400), 'in eine andere Form bringen' (17. Jh., vorher bereits mnd.); U m s a t z m. 'Tausch, Kauf und Verkauf im Handel' (Anfang 18. Jh., zuvor mnd. *ummesat*). u n t e r s e t z e n Vb. 'daruntersetzen, unterlegen', mhd. *undersetzen*; vgl. ahd. *untarsezzen* 'unterwerfen, unterordnen' (um 900); U n t e r s a t z m. 'Unterlage', mhd. *undersaz*; u n t e r s e t z t Part.adj. 'gedrungen, kräftig' (16. Jh.), eigentl. wohl 'mit Muskelfleisch unterlegt, fleischig'. v e r s e t z e n Vb. 'zusammenfügen, anordnen, an einen anderen Platz setzen, verrücken, zum Pfand geben, verkaufen, antworten, einen Schlag zufügen' (*eins versetzen*, 17. Jh.), ahd. *firsezzen* 'abwenden, aussetzen, verpflichten' (9. Jh.), mhd. *versetzen* 'hinsetzen, legen, als Bürgen stellen, verpfänden, beiseite setzen, verlieren, abwehren, parieren, versperren, aufstauen'. v o r s e t z e n Vb. 'weiter nach vorn setzen (in der Ordnung oder Reihenfolge), vor jmdn. hinsetzen, anbieten', ahd. *furisezzen* (8. Jh.), mhd. *vürsetzen*; V o r g e s e t z t e r m. 'Chef, Leiter' (16. Jh.); vgl. ahd. *foragisaztēr* (9. Jh.), Übersetzung von lat. *praepositus* 'Aufseher, Vorsteher'; V o r s a t z m. 'Vorhaben, Plan, Absicht', mhd. *vürsaz*. z u s e t z e n Vb. 'hinzufügen, draufzahlen und damit verlieren, Reserven angreifen, jmdn. bedrängen', ahd. *zuosezzen* 'hinzufügen' (8. Jh.), mhd. *zuosetzen* 'hinzustellen, feindlich eindringen, verfolgen'; Z u s a t z m. 'Hinzugefügtes, das Hinzufügen', mhd. *zuosaz*, auch 'Hilfstruppen, Besatzung, Beisitzer'.

Seuche f. 'grassierende, ansteckende Krankheit, Epidemie', ahd. *siuhhī* (9. Jh.), mhd. *siuche*, mnd. *sūke*, got. *siukei* 'Krankheit' ist als *ī*-Abstraktum zu dem unter *siech* (s. d.) behandelten Adjektiv gebildet. In frühnhd. Zeit gilt *Seuche* bes. für 'schleichende, langwierige Krankheit, Siechtum', im 17. Jh. für 'ansteckende Krankheit', seit Ende 18. Jh. nur noch für 'Epidemie'. Nd. *Sūk* dagegen steht auch heute noch für 'Krankheit'. – verseuchen Vb. 'mit Krankheitserregern, mit gesundheitsschädlichen Stoffen, Giften durchsetzen' (19. Jh.), älter 'krank machen' (16. Jh.).

seufzen Vb. 'hörbar tief und schwer Luft holen bzw. ausstoßen', mhd. *siufzen* steht als Intensivum (den Suffixbildungen auf ahd. *-azzen*, *-azen*, *-ezen*, *-izen* folgend, s. *ächzen*) zu ahd. *sūftōn* 'ächzen, stöhnen' (um 800, vgl. auch *irsūftōn*, 8. Jh.), mhd. *siuften*, daneben (mit nd.-nl. *cht*, s. *sacht*) mnd. *süchten*, aber auch *süften* 'schwer atmen, röcheln' (vgl. asächs. *sūftunga*), mnl. *suchten*, *sochten*, nl. *zuchten* 'seufzen'. Dieses ist abgeleitet von dem in mhd. *sūft* 'Seufzer', eigentl. 'das Einschlürfen des Atems', mnd. *sucht(e)* 'Atemzug des Sterbenden, Seufzer' erhaltenen Abstraktum, das zu dem unter *saufen* (s. d.) abgehandelten Verb gehört (vgl. ahd. *sūfan* 'schlürfen'), so daß sich für *seufzen* eine Ausgangsbedeutung 'den Atem einsaugen, einschlürfen' ergibt. – Seufzer m. 'tiefer, stoßhafter Atemzug' (Anfang 17. Jh.); älter *Seufze*, mhd. *siufze*, *siufte* (neben *sūft*, s. oben).

Sex m. '(natürliches) Geschlecht', bes. '(dargestellte) Sexualität, sexuelle Betätigung, geschlechtliche Anziehungskraft', Übernahme (20. Jh.) von gleichbed. engl. *sex*, eigentl. 'Zugehörigkeit zum männlichen oder weiblichen Geschlecht', entlehnt aus afrz. *sexe* bzw. direkt aus diesem zugrundeliegendem lat. *sexus* 'das männliche und weibliche Geschlecht', einer wohl aus einem alten Dual zu einem *o*-Stamm (**sexo-*) oder einem *es/os*-Stamm (dessen erstarrter Nom. Sing. das indeklinable lat. *secus* 'Geschlecht' ist) 'die beiden Geschlechter, die beiden Teile, Hälften' hervorgegangenen Bildung zu lat. *secāre* 'schneiden, trennen, unterscheiden'. Seit der 2. Hälfte des 20. Jhs. gilt *Sex* durch amerik.-engl. Einfluß bes. für 'das Nurgeschlechtliche, die geschlechtliche Anziehungskraft, Ausstrahlung, Betätigung, Potenz' und löst damit im Dt. früher belegtes Sex-Appeal m. 'starke geschlechtliche Anziehungskraft (bes. der Frau), erotische Ausstrahlung, Charme' (1. Viertel 20. Jh.) ab, nach amerik.-engl. *sex-appeal*, vgl. engl. *appeal* 'Gefallen, Anklang, Anziehungskraft, Reiz', letztlich wie *Appell* (s. d.) auf lat. *appellāre* zurückgehend. – sexual Adj. 'geschlechtlich, auf das Geschlecht bezogen' (18. Jh.), von spätlat. *sexuālis* 'zum Geschlecht gehörig'; meist als Bestimmungswort in Komposita, vgl. *Sexualsystem* (18. Jh.), *-krankheit* (19. Jh.), *-leben*, *-trieb* (20. Jh.). sexuell Adj. 'das Geschlecht betreffend, auf die Sexualität bezogen, erotisch', Entlehnung (18. Jh.) von frz. *sexuel*, nach spätlat. *sexuālis* (s. oben). Sexualität f. 'Geschlechtlichkeit, Gesamtheit des Geschlechtslebens und seiner Erscheinungen, Geschlechtstrieb' (Anfang 19. Jh.), gebildet zu *sexual* (s. oben). sexy Adj. (indekl.) 'geschlechtsbetont, körperlich anziehend, erregend, erotisch attraktiv' (Mitte 20. Jh.), engl. *sexy*, Adjektivableitung von engl. *sex* (s. oben). Sexus m. '(natürliches) Geschlecht, (der Fortpflanzung und Arterhaltung dienender) Geschlechtstrieb', meist fachsprachlich (Anfang 18. Jh., häufiger im 20. Jh.), lat. *sexus* 'das männliche und weibliche Geschlecht' (s. oben).

Sextett n. 'Musikstück für sechs Instrumente oder Singstimmen, Ausführende eines solchen Musikstücks'. Gleichbed. ital. *sestetto* (abgeleitet von ital. *sesto* 'sechster', lat. *sextus*) wird gegen Ende des 18. Jhs. in den Wortschatz der Musik übernommen, danach (Anfang 19. Jh.) latinisierend zu *Sextett* umgestaltet.

Shorts Plur. 'kurze sportliche Sommerhose', Übernahme (20. Jh.) von gleichbed. engl. *shorts*, pluralische Substantivierung des Adjektivs engl. *short* 'kurz' (zu dessen Herkunft s. *Schurz*).

Show f. 'großangelegte artistische oder musikalische Unterhaltungsdarbietung, Revue, Schau', Übernahme (nach 1945) von gleichbed. engl. *show*, eigentl. 'Erscheinung, Anblick, Schauspiel, Darbietung, Vorstellung' (in diesem Sinne im Dt. vereinzelt 2. Hälfte 19. Jh.), Substantivierung des Verbs engl. *to show* 'zeigen' (verwandt mit *schauen*, s. d.). Vgl. *jmdm. die Show* (auch *Schau*) *stehlen* 'jmdn. ausstechen, übertrumpfen', nach engl.

to steal the show 'andere an die Wand spielen, übertrumpfen' (aus der Theatersprache); *eine Show, Schau abziehen* 'eine wirkungsvolle Vorstellung geben', umgangssprachlich 'Aufsehen erregen, sich aufspielen, sich in Szene setzen'.

sich Refl.pron., ursprünglich nur Akk., dann auch Dat., ahd. *sih* (8. Jh.), mhd. *sich*, mnd. *sik*, *sek*, anfrk. *sig*, anord. *sik*, schwed. *sig*, got. *sik*; im Aengl., Asächs. und Afries. durch die entsprechenden Formen des Pers.-pron. ersetzt, nl. *zich* aus dem Nhd. entlehnt. Verwandt sind aind. (indekl.) *svayám* 'selbst', griech. *hé* (ἕ) 'sich', lat. *sē* 'sich', lit. *savę̄s* 'seiner', aslaw. aruss. *sebe*, russ. *sebjá* (*себя*) 'seiner, sich'. Alle Formen sind von den Pronominalstämmen ie. **se-*, **seu̯e-*, eigentl. 'abseits, getrennt, für sich', hergeleitet, die gleiche Ablautformen aufweisen wie die unter *du* (s. d.) genannten Pronominalstämme der 2. Pers. Sing.

Sichel f. 'gebogene Metallklinge zum Schnitt von Gras und Getreide', ahd. *sihhila* (9. Jh.), mhd. *sichel*, mnd. *sēkel(e)*, mnl. *sikk(e)le*, nl. *sikkel*, aengl. *sicol*, engl. *sickle* ist eine Entlehnung (noch vor Abwanderung der Angelsachsen vom Festland, also etwa Mitte 5. Jh.) aus vlat. **sicila*, das (in der Endung wohl an lat. *sēcula* 'kleine Sichel' angeglichen) aus lat. *sicilis* 'Sichel' hervorgegangen ist; zu lat. *secāre* 'schneiden, ab-, zerschneiden, operieren, zerteilen' (verwandt mit *Säge*, *Sense*, s. d.). Der einheimische Ausdruck für das auch den Germanen bekannte Werkzeug ist unter *Hippe* (s. d.) behandelt. Die Entlehnung des neuen Wortes erfolgt wahrscheinlich mit der Übernahme der sogenannten Bogensichel, die die ältere Hakensichel ersetzt; vgl. KRATZ in: Muttersprache (1966) 70. – sicheln Vb. 'Gras, Getreide mit der Sichel abmähen' (15. Jh.).

sicher Adj. 'gewiß, ohne Zweifel, geschützt, in Fertigkeiten geübt, ruhig und überzeugend', ahd. *sihhur* (9. Jh.), mhd. *sicher* 'sorgenfrei, sorglos, ohne Furcht oder Zweifel, gesichert, behütet, beschützt, zuverlässig, gewiß', asächs. *sikor*, mnd. mnl. *sēker*, nl. *zeker*, aengl. *sicor*, engl. (schott.) *sicker* ist entlehnt (ins Aengl. noch vor Abwanderung der Angelsachsen vom Festland?) aus vlat. **sicūrus*, lat. *sēcūrus* 'ohne Sorge, unbesorgt, unbekümmert, furchtlos, voll Sicherheitsgefühl' (zu lat. *sēd*, *sē* 'ohne' und *cūra* 'Sorge, Fürsorge, Behandlung, Besorgnis'). Das Adjektiv ist zunächst (wie im Lat.) ein Wort der Rechtssprache, bedeutet daher 'nicht haftpflichtig, frei von Verantwortung und Schuld', dann verallgemeinert 'frei von Schaden und Gefahr, geschützt', im Mhd. auch (auf seelisches Verhalten bezogen) 'fest und ruhig, sorglos, ohne Zweifel' und vom 17. Jh. an in zunehmendem Maße 'geübt, erfahren in (handwerklichen) Fähigkeiten und Fertigkeiten'. – sicherlich Adv. 'mit Gewißheit, gewiß', ahd. *sihhurlīhho* (11. Jh.), mhd. *sicherlīche*, Adjektivischer Gebrauch 'gewiß, zuverlässig' setzt im Mhd. ein, verliert sich jedoch im 17. Jh. Sicherheit f. 'das Geschütztsein, Schutz (vor Gefahr), Sorglosigkeit, Gewißheit, Festigkeit, Geübtheit', ahd. *sihhurheit* (9. Jh.), mhd. *sicherheit* 'Sorglosigkeit, Unbesorgtheit, Schutz, Gewißheit, Bestimmtheit, Gelöbnis'. sichern Vb. 'sicher machen', ahd. *sihhurōn* 'rechtfertigen, sich entschuldigen, verbürgen' (9. Jh.), mhd. *sichern* 'sicherstellen, ein Versprechen leisten, geloben, Sicherheit geben'. Sicherung f. 'das Schützen, Schutz', mhd. *sicherunge*. versichern Vb. 'als wahr beteuern, versprechen, beruhigen', mhd. *versichern* 'sicher machen, schützen, versorgen, erproben, versprechen'. Heute in der vorherrschenden Bedeutung 'durch Abschluß eines Vertrages gegen Geldzahlung Schadenersatz zusagen' (seit 17. Jh., neben *assekurieren*, aus ital. *assicurare*, älter *assecurare*), anfangs von Schiffen, Seehandel und Schiffsverkehr, dann mit Ausbreitung des Versicherungswesens in erweiterter Anwendung. Versicherung f. 'Schutzgewährung, Zusage, Verpflichtung, rechtliche Sicherstellung' (15. Jh.), 'gegen einen Geldbetrag eingegangene vertragliche Bindung, bei einem Schaden Ersatz zu leisten' (17. Jh., neben *Assekuranz*).

Sicht f. 'Fähigkeit zu sehen, Sehweite, Ausblick', auch 'Betrachtungsweise', ahd. (9. Jh.), mhd. *siht* 'das Sehen, Ansehen, Anblick', mnd. mnl. *sicht*, nl. *zicht*, aengl. *-siht*, *sihþ*, engl. *sight* sind westgerm. Abstraktbildungen zu dem unter *sehen* (s. d.) behandelten Verb. Als Übersetzung von ital. *a vista* begegnen in der mnd. Handelssprache der Hanse Wendungen wie *na gesichtes myns weselbreyffs* ('nach Vorlage meines Wechsels') *betalen* (15. Jh.), (Wechsel) *up sichtt* (bezahlen), *8 dage nae sichtte der handtt schryfft* (16. Jh.), dann auch im Hd. *nach Sicht des Wechselbrieffs* (16. Jh.). Daraus entwickelt sich im 17. Jh. die Bedeutung 'Laufzeit (eines Wechsels)', und es entsteht formelhaftes *auf lange, auf kurze Sicht* 'für lange, für kurze Zeit' (17. Jh.). In der Seemannssprache gilt mnd. *sicht* m. für 'Sehweite'; es geht in diesem Sinne im 19. Jh. in die Literatursprache ein, vgl. *in, außer, ohne Sicht* (ohne erkennbares Genus, aber als Fem. aufgefaßt). S. *Gesicht*; für *-sicht* in Abstraktbildungen zu Verbalkomposita (*An-, Aufsicht* usw.) s. *sehen*. – s i c h t b a r Adj. 'was zu sehen ist' (16. Jh.). s i c h t i g Adj. 'hell, klar' vom Wetter (um 1800 aus der nd. Seemannssprache); vgl. ahd. *gisihtīg* (um 1000), mhd. *sihtec, sihtic*, nhd. (bis ins 17. Jh.) *sichtig* 'sichtbar, wahrnehmbar, deutlich'; heute nur noch in Zusammensetzungen wie d u r c h s i c h t i g Adj. 'so beschaffen, daß man hindurchsehen kann', übertragen 'zart, blaß, leicht durchschaubar', ahd. *thuruhsihtīg* (um 1000), mhd. *durchsihtec*; k u r z s i c h t i g Adj. 'Sehschärfe nur für die Nähe besitzend, nicht vorausdenkend' (18. Jh.); u m s i c h t i g Adj. 'bedachtsam, überlegt', mhd. *umbesihtic*; w e i t s i c h t i g Adj. 'weit sichtbar, weitblickend' (16. Jh.), 'Sehschärfe nur für die Ferne besitzend' (18. Jh.). s i c h t l i c h Adj. 'offenkundig, deutlich', mhd. *sihtlich* 'was gesehen werden kann, sichtbar, leibhaftig'. [1]s i c h t e n Vb. 'erblicken' (19. Jh.), Übernahme aus der nd. Seemannssprache. b e s i c h t i g e n Vb. 'in Augenschein nehmen, genau ansehen' (15. Jh.), älter *besichten* (Anfang 15. Jh.); B e s i c h t i g u n g f. 'das genaue Ansehen, Inspizieren' (15. Jh.).

[2]**sichten** Vb. 'prüfend auswählen'. Seit dem 15. Jh. belegtes mnd. *sichten* 'sieben' wird im 16. Jh. in seiner eigentl. wie in der übertragenen Bedeutung 'auswählen' durch Luther (vgl. *der Satanas hat ewer begert, das er euch möcht sichten, wie den weitzen* Luk. 22, 31) in die hd. Literatursprache aufgenommen. Das westgerm. Verb aengl. *siftan*, engl. *to sift*, mnl. *siften*, nl. *ziften* und, mit *cht* gegenüber *ft*, mnd. mnl. *sichten*, nl. (mundartlich) *zichten* gehört zu dem unter *Sieb* (s. d.) abgehandelten Substantiv und bedeutet ursprünglich 'durch ein Sieb hindurchschütten und dadurch von fremden Bestandteilen reinigen'.

sickern Vb. 'langsam und tropfenweise (ab)fließen'. Das im Dt. eine intensivierende Konsonantendoppelung aufweisende, zunächst mundartlich verbreitete, seit dem 18. Jh. auch literatursprachlich bezeugte Verb steht wie nd. *sīkern*, aengl. *sicerian* 'tröpfeln, rieseln' iterativ neben den unter *seihen* (s. d.) dargestellten Formen, enthält jedoch wie *seichen* (s. d.) sowie mnd. *sīk* 'sumpfige Niederung, Tümpel', aengl. *sīc*, engl. (mundartlich) *sike* 'Rinnsal, Bach, (sumpfiger) Graben', anord. *sīk* 'stehendes oder langsam fließendes Gewässer' germ. *k* im Wurzelauslaut. – S i c k e r w a s s e r n. 'langsam in den Boden eindringendes Oberflächenwasser' (19. Jh.).

sie Pers.pron. f. der 3. Person Sing. und m. f. n. der 3. Person Plur. Das Pers.pron. der 3. Person wird im Germ. allgemein mit dem Pronominalstamm ie. **ei-, *i-* (s. *er, es*) gebildet. Daneben steht ein mit *s-* anlautender Stamm, der in got. *si* und ahd. *sī̆* (Nom. Sing. Fem.) wie auch in einigen Formen des Demonstrativums (s. *der, die, das*, dort auch Weiteres zur Verwandtschaft) bzw. als zweiter Bestandteil des verstärkten Demonstrativums (s. *dieser, diese, dieses*) vertreten ist. Das Pers.pron. der 3. Person Sing. entwickelt in Analogie zum einfachen Demonstrativum (Nom. Sing. Fem. ahd. asächs. *thiu*, Akk. Sing. Fem. ahd. asächs. *thia*) einen entsprechenden femininen Nom. ahd. asächs. *siu* bzw. Akk. ahd. asächs. *sia*. Das dadurch mit den starken Adjektiven endungsgleiche Pers.pron. bildet daraufhin diesen folgende Pluralformen wie Nom. Akk. Mask. ahd. *sie*, asächs. *sia, sea*, Fem. ahd. *sio*, asächs. *sia, sea*, Neutr. ahd. *siu*, asächs. *siu, sia, sea*. Bereits im Ahd. werden die vollen Formen vereinfacht zu *sī, sie* und *si*, die auch im Mhd. gelten (mnd. *sē*, mnl. *si*), bis sich im Nhd. *sie* (nl. *zij*) an allen Stellen durchsetzt. Die Anrede *Sie* f. Sing. an eine weibliche Person (17. Jh.), anfänglich höflicher als *Ihr* (s. d.), sinkt (18. Jh.) zur Anrede an sozial Niedrigstehende herab. Sie wird ersetzt (in beiden Geschlechtern) durch den Plural *Sie*, der zunächst (Anfang 17. Jh.) als Anrede einer fürstlichen Person im Anschluß an pluralische Höflichkeitsformeln (wie *Euer Gnaden* u. dgl.) entsteht und bald als allgemeine Form der Anrede (Ende 17. Jh., anfangs noch neben *Ihr*) üblich wird. – s i e z e n Vb. 'jmdn. mit *Sie* anreden' (17. Jh.); s. *duzen, ihrzen*.

Sieb n. 'löcheriges Geflecht, mit dessen Hilfe gröbere Bestandteile von feineren durch

Schütteln getrennt werden', ahd. *sib* (9. Jh.), mhd. *sip*, *sib*, mnd. mnl. *sēve*, nl. *zeef*, aengl. *sife*, engl. *sieve* lassen sich verbinden mit ahd. *seivar* (10. Jh.), mhd. *seifer*, mnd. *sēver* 'Speichel, Geifer, Schaum', den unter *Seife* (s. d.) und *²sichten* (s. d.) genannten Formen sowie mit serbokr. *sípiti* 'rieseln, fein regnen' und auf ie. **sē(i)b-*, **seib-*, **seip-* 'ausgießen, seihen, rinnen, tröpfeln' zurückführen, Erweiterung der Wurzel ie. **sē(i)-*, **sei-* 'tröpfeln, rinnen, feucht' (s. auch *sämig*, *seihen* und *seichen*). – sieben Vb. 'durch ein Sieb geben' (15. Jh.), 'auswählen, nach strengen Gesichtspunkten aussondern' (nach 1850).

sieben Num. Ahd. *sibun* (8. Jh.), mhd. *siben* (md. *siven*), asächs. *sibun*, mnd. *sēven*, *sōven*, mnl. *sēven*, nl. *zeven*, aengl. *seofon*, engl. *seven*, anord. *sjau* (wohl umgebildet durch frühen Einfluß des unter *acht*, s. d., behandelten Zahlworts, vgl. got. *ahtau*), schwed. *sju*, got. *sibun* lassen sich mit aind. *saptá*, griech. *heptá* (ἑπτά), lat. *septem*, air. *secht n-* auf ie. **septm̥* 'sieben' zurückführen, wobei das Germ. den inlautenden Dental aufgegeben hat, wohl dissimilatorisch unter Einfluß der gleichfalls mit Dental gebildeten Ordinalzahl ie. **sep(t)m̥to-*. – siebenter, auch *siebter* Num. Ord., ahd. *sibunto* (9. Jh.), mhd. *sibende*. Siebentel n., auch *Siebtel* 'siebenter Teil eines Ganzen' (Anfang 18. Jh.), aus *Siebenteil* (16. Jh.) zusammengezogen. siebzehn Num., ahd. *sibunzehan* (um 1000), mhd. *sibenzehen*. siebzig Num., ahd. *sibunzug* (9. Jh.), mhd. *sibenzec*, *-zic* (s. *-zig*). Siebensachen Plur. 'alles, was man für etw. Bestimmtes braucht, alle Habseligkeiten' (Anfang 18. Jh.), 'Plunder, Kram' (17. Jh.), auch verhüllend für 'Geschlechtsteile, -verkehr' (in der 1. Hälfte des 17. Jhs.). Siebenschläfer m., ursprünglich Plur., mhd. *die siben slāfære*, frühnhd. *die Sübensleffer* (15. Jh.), seit dem 17. Jh. auch Sing. m. Der Ausdruck bezeichnet nach einer mittelalterlichen Legende sieben Jünglinge, die sich bei einer Christenverfolgung (251) in einer Höhle bei Ephesus verbargen, dort eingemauert wurden und die Zeit ihrer Gefangenschaft schlafend verbrachten; sie erwachten (447) bei der zufälligen Öffnung der Höhle. Der kirchliche Gedenktag der sieben heiliggesprochenen Märtyrer ist der 27. Juni, der *siben schlaffertag* (15. Jh.), verkürzt *Siebenschläfer*; wenn es an diesem Tage regnet, soll nach dem Volksglauben während der folgenden sieben Wochen jeden Tag Regen fallen. Danach entwickelt sich *Siebenschläfer* zur Bezeichnung für 'jmdn., der viel und lange schläft' (17. Jh.) und zu einem Namen der Haselmaus wegen ihres festen Winterschlafes (18. Jh.).

siech Adj. 'krank, hinfällig, schwer leidend (ohne Besserungsaussichten)'. Die Herkunft des Adjektivs ahd. *sioh* (8. Jh.), mhd. *siech* 'krank', bes. 'aussätzig', asächs. *siok*, mnd. *sēk*, mnl. *siec*, nl. *ziek*, aengl. *sēoc*, engl. (mit Vokalkürzung) *sick*, anord. *sjūkr*, schwed. *sjuk*, got. *siuks* (germ. **seuka-*) ist trotz mehrerer Deutungsversuche nicht geklärt. Man hat für die Wortgruppe *siech*, *siechen*, *Seuche*, *Sucht* Verwandtschaft mit *saugen* (s. d.) und Anschluß an die dort genannte Wurzel erwogen und auf die alte Vorstellung verwiesen, nach der Dämonen dem Kranken das Leben aussaugen; vgl. Lid in: Norsk Tidsskrift f. Sprogvidenskap 7 (1934) 170. Andere hingegen ziehen armen. *hiucanim* 'sieche hin' und mir. *socht* (aus ie. **sug-to-*) 'Schweigen, Depression' vergleichend heran und erschließen eine Wurzel ie. **seug-* 'bekümmert, traurig, gekränkt, krank'; vgl. Pokorny 1, 915. *siech* wird bereits seit spätmhd. Zeit verdrängt von *krank* (s. d.). – siechen Vb. 'langsam durch schwere Krankheit verlöschen', ahd. *siohhēn* 'krank sein, schwach werden' (um 800), mhd. *siechen* 'krank sein oder werden, durch Krankheit abgehen', mnd. *sēken*, mnl. *sieken*, anord. *sjūkna* 'erkranken'; ein starkes Verb liegt dagegen vor in got. *siukan* 'krank sein' (s. *Sucht*). In neuerem Dt. steht für *siechen* weithin dahinsiechen Vb. (19. Jh.). Siechtum n. 'sich lange hinziehende Krankheit ohne Besserungsaussichten', ahd. *siohtuom* (10. Jh.), mhd. *siechtuom* 'Krankheit, Kränklichkeit'.

siedeln Vb. 'seßhaft werden, sich niederlassen, eine Wohnstätte gründen', ahd. *gisidalen* 'ansiedeln, ausbreiten', refl. 'sich niederlassen' (9. Jh.), *sidalen* (11. Jh.), mhd. *sidelen* 'ansässig machen, Wohnsitze errichten'. Das nur im Dt. bezeugte, erst in neuerer Sprache auch intrans. gebrauchte Verb ist zu ahd. *sidil(l)a* 'Sitz, Stuhl, Wohnsitz' (11. Jh.), mhd. *sidel*, *sidele* 'Sitz, Sessel, Bank' bzw. ahd. *sedal* 'Sitz, Thron, Platz' (8. Jh.), mhd. *sedel* 'Sessel, Sattel, Sitz, Land-, Wohnsitz, Ruhesitz, Lager', asächs. *seđal*, aengl. *seþel* gebildet

(s. auch *Einsiedler*) und gehört mit den genannten Substantiven zu der unter *sitzen* (s. d.) angeführten Wurzel ie. **sed-* 'sitzen'. In frühnhd. Zeit schwindet *siedeln* aus dem allgemeinen Sprachgebrauch und lebt nur in obd. Mundarten weiter, wird jedoch seit dem 18. Jh. wieder geläufig. – b e s i e d e l n Vb. 'eine Gegend bebauen und Wohnsitze darauf errichten, ansässig werden' (19. Jh.), mhd. *besidelen* 'als Pächter einsetzen'. Wie das Simplex erst in neuerer Zeit wieder gebräuchlich. S i e d l e r m. 'wer ein Gebiet bebaut und und erschließt, sich dort niederläßt' (um 1800), älter 'Einsiedler' (17. Jh.) und in der Zusammensetzung *Landsiedler* (17. Jh.); vgl. ahd. *sidilo* (9. Jh.), mhd. *lantsidel(e)*. S i e d l u n g f. 'das (Be)siedeln' (um 1800), 'Ort der Niederlassung', auch 'Wohn- oder Gartenkolonie' (19. Jh.); vgl. frühnhd. *sidelungereht* 'Abgabe für Ansässigmachung' (15. Jh.).

sieden Vb. 'wallen, kochen', ahd. *siodan* (9. Jh.; vgl. *ungisotan* Part. Prät., 8. Jh.), mhd. *sieden*, mnd. *sēden*, mnl. *sieden*, nl. *zieden*, aengl. *sēoþan*, engl. *to seethe*, anord. *sjōða*, schwed. *sjuda*. Als ablautende Bildungen sind verwandt (mit kurzem Vokal) die unter *Sud* (s. d.) und (mit langem Vokal bzw. Diphthong) die unter *Sodbrennen* (s. d.) angegebenen Formen sowie anord. *seyðir* 'Kochfeuer', *seyðr* 'Wirbelstrom', *sauðr* 'Schaf' (eigentl. 'was gekocht wird'), got. *sauþs* '(Brand)opfer'. Außergerm. vergleichen sich lit. *siaũsti* '(herum)tollen, aussgelassen sein, toben, wüten, branden, wogen', auch 'schlagen, werfen, (Getreide) worfeln, die Spreu vom Korn sondern', russ.-kslaw. *šutъ* 'Narr', russ. *šut* (*шут*) 'Narr, Possenreißer', *šutít'* (*шутить*) 'Spaß machen, scherzen', so daß sich ie. **seut-* 'heftig bewegt sein' und (für das Germ.) 'brodeln, sieden' erschließen läßt. – In fester Verbindung h a r t g e s o t t e n Part.adj. 'hartgekocht', übertragen (Ende 18. Jh.) 'seelisch abgestumpft, unempfindlich'. T a u c h s i e d e r m. 'in Wasser zu dessen Erhitzung einzutauchender Heizkörper' (20. Jh.). S i e d e h i t z e f., S i e d e p u n k t m. 'Temperatur, bei der Wasser siedet, kocht' (beide 19. Jh.).

Sieg m. 'Erfolg (nach einem Kampf, einem Wettstreit)', ahd. *sigu* (8. Jh.), *sig* (9. Jh.), mhd. *sige*, asächs. *sigi-*, mnd. *sēge*, mnl. *sēghe*, nl. *zege*, aengl. *sigor*, *sige*, anord. *sigr*, schwed. *seger*, got. *sigis* n. sind als alte *s*-Stämme (ie. **seĝhos-*, **seĝhes-*) im Germ. in unterschiedliche Deklinationsklassen übergetreten. Sie führen mit den außergerm. Verwandten aind. *sáhatē* 'bewältigt, überwältigt, besiegt, gewinnt', *sáhaḥ* 'Gewalt, Macht, Sieg', awest. *hazah-* 'Gewalt, Gewalttat, Raub', griech. *échein* (ἔχειν) 'besitzen, (zurück)halten, haben', (Aorist) 'erobern, in Besitz nehmen', mir. *seg* 'Stärke' und überlieferten Namen wie z. B. illyr. *Segesta* (Ortsname in Pannonien, Ligurien, Sizilien), kelt. *Segisū*, *Segomāros* (Personennamen) auf die Wurzel ie. **seĝh-* 'festhalten, halten, jmdn. im Kampf überwältigen, Sieg'. – s i e g e n Vb. 'einen Kampf gewinnen', mhd. *sigen*; vgl. ahd. *ubarsiginōn* 'besiegen, überwinden' (um 1000) und (gleichbed.) *ubarsigirōn* (9. Jh.). S i e g e r m. 'Gewinner im Kampf', mhd. *segere* (vereinzelt 13. Jh.), geläufig seit frühnhd. Zeit, vgl. *Siger* (16. Jh.), *Sieger* (17. Jh.). s i e g h a f t Adj., ahd. *sigihaft* (um 800), mhd. *sige-*, *segehaft*. s i e g r e i c h Adj. (16. Jh.), mhd. *sigerīche*, mnd. *sēgenrīk*.

Siegel n. 'Stempel zum Eindrücken eines Zeichens in weiche Masse (als Verschluß an Schriftstücken, Behältnissen usw.), Abdruck des Zeichens', mhd. *sigel* 'Siegel, Stempel, mit Siegel versehene Urkunde', mnd. *sēgel*, mnl. *sēghel*, nl. *zegel*, schwed. *sigill* sind entlehnt aus lat. *sigillum* 'kleine Figur, kleines Bildnis, kleine Statue, Siegel(abdruck), Zeichen', Deminutivum zu lat. *sīgnum* 'Zeichen, Abzeichen, Kennzeichen, Signal, Bild, Siegel' (s. *Signum*); zu lat. *secāre* 'schneiden'. Vgl. mit abweichender Endung got. *sigljō* 'Siegel'. Redensartlich *(mit) Brief und Siegel* 'mit Urkunde und amtlicher Bestätigung' (14. Jh.), übertragen '(mit) Sicherheit' (etwa seit 16. Jh.); *ein Buch mit sieben Siegeln* 'eine geheimnisvolle, unverständliche (weil mit Siegeln verschlossene) Sache', nach Offenb. Joh. 5, 1 *liber septem sigillis signatus*, Luther (1522) *eyn buch ... versiggelt mit sieben siegelln* (zuvor um 1466 *insigeln*); *unter dem Siegel der Verschwiegenheit* (18. Jh.). Älter ist I n s i e g e l n. 'Siegel(bild), Zeichen', ahd. *insigili* (10. Jh.), mhd. *insigel(e)* 'Siegel, Petschaft, Stempel, Zeichen', jägersprachlich 'Kennzeichen der Fährte des Hirsches', mnd. *ingesēgel*, mnl. *in(ge)sēghel*, aengl. *inseg(e)l*, anord. (aus dem Mnd.) *innsigli*, schwed. *insegel*, das aus einer Kontamination von lat. *sigillum* mit lat. *īnsīgne* 'Kennzeichen, Abzeichen' (s. *Insignien*) hervorgegangen sein könnte. Oder aber zu (allerdings erst später bezeugtem) mlat. *insigillare* 'ein Siegel eindrücken' gebildet? – s i e g e l n Vb. 'mit einem Siegel versehen, verschließen', ahd. *sigilen* (8. Jh.), mhd. *sigelen* 'mit einem Siegel, Stempel versehen, zusiegeln, schließen, beenden'. Vgl. spätlat. *sigillāre* 'kenntlich bzw. künstlich eindrücken'. b e s i e g e l n Vb. 'durch ein Siegel bekräftigen, schließen', ahd. *bisigilen* (10. Jh.), mhd. *besigelen*. v e r s i e g e l n Vb. 'durch ein Siegel verschließen', mhd. *versigelen* 'fest verschließen, verwahren, bekräftigen', refl. 'sich einschließen'; vgl. ahd. *firsigilen* 'anzeigen, verkünden' (10. Jh.). S i e g e l l a c k m. 'leicht schmelzbare Masse zum Siegeln' (17. Jh.), zuvor mhd. *sigelwahs*. S i e g e l r i n g m. 'Ring mit einem gravierten Stein als Petschaft zum Siegeln' (16. Jh.).

Siel n. m. '(Deich)schleuse (zur Entwässerung), Abzugsgraben, Abwasserkanal', in der Literatursprache seit 18. Jh., afries. *sīl* m. 'Schleuse', asächs. *sīl* 'Wassergraben' (in Ortsnamen), mnd. *sīl* m., mnl. *sīle* f., *sijl* f. m. 'Wasserlauf, Schleuse, Abzugskanal', nl. *zijl* m. 'Schleuse'. Wohl aus dem Fries. stammende Bildung mit *l*-Formans zu dem unter *seihen* (s. d.) behandelten Verb, also 'Stelle, wo Wasser ausfließen kann'.

Siele f. 'Zugriemen von Zugtieren', ahd. *silo* m. (11. Jh.), mhd. *sil(e), sele* m. n. f. 'Seil, Riemen, Riemenwerk, Geschirr für Zugvieh', mnd. *sēle* m., anord. *seli, sili* m., schwed. *sele* stehen im Ablaut zu den unter *Seil* (s. d.) angeführten Formen und sind wie diese mit *l*-Formans zur Wurzel ie. **sē(i)-*, **sei-* 'binden, Strick, Riemen' gebildet. Nach Genusschwankungen im Mhd. setzt sich im Nhd. femininer Gebrauch weithin durch. Redensartlich *in den Sielen gehen* 'immerzu hart arbeiten' (um 1800), *in den Sielen sterben* 'bis zum Tode arbeiten' (19. Jh.).

sielen Vb. refl. 'sich herumwälzen' (17. Jh.), entrundete omd. Form zu mhd. *süln* 'besudeln', während sich die unumgelautete Form mhd. *suln* fortsetzt in nhd. *suhlen* 'sich im Schlamm wälzen' (s. d.); heute vielfach *sich herumsielen* (ebenfalls 17. Jh.).

Sigel n., auch S i g l e n. f. 'feststehendes Abkürzungszeichen' (bes. in der Stenographie), Übernahme (18. Jh.) von gleichbed. frz. *sigle*, einer gelehrten Entlehnung aus (als fem. Sing. aufgefaßtem) spätlat. *sigla* Plur. Neutr. 'Abkürzungen, Abkürzungszeichen'. Dieses stammt aus der Juristensprache (zuerst bei Justinian) und ist eine synkopierte Form zu vlat. **sigulum* für lat. *sigillum* 'kleine Figur, kleines Bildnis, Abdruck des Siegelringes, Siegel, Zeichen', Deminutivum zu lat. *sīgnum* 'Zeichen' (s. *Siegel, Signum*).

Signal n. 'verabredetes Zeichen mit festgelegter Bedeutung, Verständigungsmittel, Warn-, Startzeichen', Entlehnung (16. Jh.) von gleichbed. frz. *signal*, afrz. *seignal*, aus spätlat. *sīgnāle* '(Merk)zeichen', dem substantivierten Neutr. von lat. *sīgnālis* 'bestimmt, ein Zeichen zu geben' (zu lat. *sīgnum* 'Zeichen', s. *Signum*). Anfangs vorwiegend soldaten- und seemannssprachlich. – s i g n a l i s i e r e n Vb. 'durch ein Zeichen andeuten, ein Signal geben, durch Signal übermitteln, ankündigen' (Ende 17. Jh.), anfangs auch *signalieren*, nach frz. *signaler*.

Signatur f. 'Aufschrift, Unterschrift, Unterzeichnung, Standortnummer (eines Buches)', entlehnt (15. Jh., anfangs in lat. Flexion) aus spätlat. *sīgnātūra* 'Kennzeichnung, Kennzeichen', mlat. 'Unterschrift, Siegelzeichen', zu lat. *sīgnāre* 'mit einem Zeichen, Siegel-, Prägezeichen, Stempel versehen, (be)zeichnen', gebildet zu lat. *sīgnum* (s. *Signum*). *Signatur* steht in der Kanzleisprache für '(abgekürzte) Unterschrift, Namenszug, Siegel' (bei Briefen, Akten und Urkunden), seit dem 16. Jh. in der Kaufmannssprache für 'Bezeichnung, Kennzeichen, Marke', seit dem 17. Jh. in der Druckersprache für 'Bogenzeichen'. – s i g n i e r e n Vb. 'mit einem (Kenn)zeichen versehen, unterschreiben, unterzeichnen' (15. Jh.), aus lat. *sīgnāre* (s. oben); in der Kanzleisprache 'mit einem abgekürzten Namenszug, einer Chiffre, einem Siegel versehen, bestätigen', dann allgemein 'mit einer Signatur versehen', in der Kaufmannssprache 'unterschreiben' (16. Jh.), 'Waren, Frachtgut mit dem Handelszeichen versehen' (17. Jh.). s i g n i f i k a n t Adj. 'bezeichnend, bedeutsam, bedeutungsvoll' (19. Jh.), nach lat. *sīgnificāns* (Gen. *sīgnificantis*) 'bezeichnend, treffend, deutlich, anschaulich', Part.adj. zu lat. *sīgnificāre* (*sīgnificātum*) 'ein Zeichen geben', auch 'bezeichnen, bedeuten'; vgl. lat. *-ficus* 'machend', zu lat. *facere* 'machen, tun'. In der Sprachwissenschaft substantiviert *Signifikant* m. 'Bezeichnendes, Wortform, Wortkörper', daneben *Signifikat* n. 'Bezeichnetes, Wortbedeutung' (20. Jh.).

Signum n. 'Zeichen, Merkmal, abgekürzte Unterschrift', Übernahme von lat. *sīgnum* 'Zeichen, Abzeichen, Kennzeichen, Signal, Bild, Siegel', eigentl. wohl 'eingeschnitzte Marke, geschnitztes Bild' oder auch 'auf Holzstäben eingekerbtes Zeichen beim Losorakel', zu lat. *secāre* 'schneiden', auch 'schnitzen'; zuerst (14. Jh.) in der lat. Kaufmannssprache der Hanse für 'Firmenzeichen, Handelsmarke' gebräuchlich, von da im 16. Jh. in den allgemeinen Sprachgebrauch übergegangen für '(abgekürzte) Unterschrift, Namenszeichen, Monogramm', seit dem 18. Jh. übertragen 'Kennzeichen, Merkmal, Stempel, Gepräge'.

Silbe f. 'phonetisch-sprecherisch zusammengehörende Lautgruppe in einem Wort', ahd. *sillaba* (8. Jh.), mhd. *sillabe*, *silbe* wird in den Klosterschulen entlehnt aus gleichbed. lat. *syllaba*, griech. *syllabḗ* (συλλαβή), eigentl. 'das Zusammenfassen, das Zusammengefaßte'; zu griech. *syllambánein* (συλλαμβάνειν) 'zusammennehmen, -fassen, -raffen'.

Silber n. Die Bezeichnung des Edelmetalls ahd. *sil(a)bar* (8. Jh.), mhd. *silber*, asächs. *silubar*, mnl. *silver*, *selver*, *sulver*, nl. *zilver*, aengl. *siolfor*, *seolfor*, engl. *silver*, anord. *silfr*, schwed. *silver*, got. *silubr* ist wahrscheinlich wie aslaw. *sьrebro*, russ. *serebró* (*серебро*), alit. *sidrabas*, lit. *sidābras*, *sudābras*, lett. *sidrabs*, *sudrabs* 'Silber' aus einer nicht-ie. Sprache Kleinasiens entlehnt. Die in anderen ie. Sprachen überlieferten Bezeichnungen für Silber lat. *argentum*, air. *argat*, dazu gall.-lat. *Argentorātum* (Name für Straßburg) oder griech. *árgyros* (ἄργυρος) gehen wie (trotz dem problematischen Anlaut) wohl auch aind. *rajatám* auf die Wurzel ie. **arĝ-* 'glänzend, weißlich' (vgl. aind. *árjunaḥ* 'licht, weiß') zurück. Sie sind im Germ., Slaw. und Balt. durch die oben genannten Entlehnungen östlicher Herkunft verdrängt worden. – s i l b e r n Adj. 'aus Silber bestehend', ahd. *silbarīn* (um 1000), mhd. *silberīn*. s i l b (e) r i g Adj. 'wie Silber glänzend' (16. Jh.). v e r s i l b e r n Vb. 'in (Silber)geld umsetzen, verkaufen' (15. Jh.), 'mit Silber überziehen' (16. Jh.). s i l b e r h e l l Adj. 'klar, durchsichtig, glänzend', auch von der Stimme (17. Jh.). S i l b e r h o c h z e i t f. '25jähriges Ehejubiläum' (18. Jh.), gelegentlich auch (19. Jh.) '50jähriges Ehejubiläum'. S i l b e r p a p i e r n. 'silberfarbenes glänzendes Papier' (18. Jh.), 'Aluminiumfolie' als Verpackungsmaterial (20. Jh.). S i l b e r p a p p e l f. Pappelart mit an der Unterseite silbern glänzenden Blättern (18. Jh.).

Silhouette f. 'Umriß, Kontur', Übernahme (18. Jh.) von frz. *silhouette* 'Schattenriß, Scherenschnitt, Umriß'. In Anspielung auf den nur 8 Monate amtierenden, dann in Ungnade gefallenen frz. Finanzminister Ludwigs des XV. *E. de Silhouette* entsteht die adverbielle Wendung frz. *à la silhouette* 'vorübergehend, unvollständig', danach *portrait à la silhouette* 'Schattenriß' (eigentl. 'nicht ausgeführtes Bildnis'), verkürzt und substantiviert *silhouette*. Seit der ersten Hälfte des 20. Jhs. in der Sprache der Damenmode (ebenfalls nach frz. Vorbild) auch '(schlanke, schmale) Linienführung' (eines Kleides o. ä.).

Silo m., neuerdings auch n. 'Großspeicher' (für Schüttgüter wie Getreide, Chemikalien, Zement, Kohle, Erz) sowie 'Gärfutterbehälter'. Die ursprünglich für (seit alters in Südeuropa, Nordafrika und Vorderasien als Getreidespeicher gebräuchliche) fest verschlossene Erdgruben, dann (Ende 19. Jh.) ebenso für schacht- oder kastenförmige Speichergebäude geltende Bezeichnung wird in den 20er Jahren des 19. Jhs. aus span. *silo* 'Getreidegrube, Kornkeller, unterirdische Höhle' entlehnt. Dieses setzt wahrscheinlich gleichbed. lat. *sĭ̄rus* fort, eine Übernahme von griech. *sirós*, *seirós* (σιρός, σειρός) 'Getreidegrube, Fallgrube, Gefängnis', dessen weitere Herkunft ungeklärt ist (vgl. FEW 11, 658 f.). Wegen der Seltenheit des Wandels von *r* zu *l* und angesichts des Fehlens eigenständig entwickelter Entsprechungen in den anderen roman. Sprachen (vereinzeltes aprov. *sil* 'Getreidegrube' ist Hispanismus) bestreitet COROMINAS 4, 224ff. allerdings den griech.-lat. Ursprung von span. *silo* und sucht dessen Etymon in einem kelt. **sīlon* 'Samenkorn, Samen' (mit Bedeutungsverschiebung über kollektives 'Korn, Menge von Samen' zu 'Kornspeicher, Getreidegrube'); vgl. air. *sīl* 'Samen', kymr. *hil*, *sil* 'Nachkommenschaft'. – S i l a g e f. 'das Einbringen des aufzubewahrenden Getreides oder des zu vergärenden Grünfutters in Silos', heute in der Landwirtschaft vor allem 'im Silo bereitetes Gärfutter' (neben *Silofutter*); in der 1. Hälfte des 20. Jhs. sich durchsetzende Kürzung aus älterem *Ensilage* m., dann f. 'Einlagerung in Silos' (um 1900), nach gleichbed. frz. *ensilage* m. (zu aus dem Span. stammendem frz. *silo* gebildet im Anschluß an span. *ensilar* 'im Silo verwahren', vgl. span. *ensilaje* 'Silage').

simpel Adj. 'einfach, einfältig', spätmhd. *simpel*, entlehnt aus afrz. *simple* 'einfach, schlicht, freundlich, bescheiden, arglos, einfältig', das auf lat. *simplex* 'aus einem Teil bestehend, einfach', moralisch 'schlicht, offen' beruht. Das anfangs wertneutral gebrauchte Adjektiv steht bald in geringschätzigem Sinne für 'anspruchslos, banal, geistig unbedarft'. Entsprechend substantiviert S i m p e l m. 'argloser, einfältiger Mensch, Dummkopf' (17. Jh.). S i m p l e x n. in der Sprachwissenschaft 'nicht zusammengesetztes, nicht präfigiertes oder abgeleitetes Wort' (18. Jh.), älter in der Heilkunde 'nicht vermischtes (Natur)heilmittel' (16./17. Jh.), dazu *Simplicist* 'wer sich auf Kräuter und Wurzeln versteht' (17. Jh.), vgl. mlat. *simplex medicina* und *medicamentum simplex*. s i m p l i f i z i e r e n Vb. 'vereinfachen' (18. Jh.), frz. *simplifier*; vgl. spätlat. *simplicāre*, mlat. *simplificari*.

Sims m. n. 'vorstehender Rand' (an Bauwerken), ahd. *simiʒ* (Hs. 12. Jh.; vgl. *simiʒstein* 'Säulenkapitell', Hs. 13. Jh.), mhd. *simeʒ*, *simʒ*, auch 'vorderer Teil des Gestühls', gilt als frühe (etwa gleichzeitig mit *Pfeiler*, *Pfosten*, s. d., vollzogene) Entlehnung aus dem Lat., und zwar aus einem Wort (vielleicht spätlat. *sīmātus* 'plattgedrückt, aufwärtsgebogen'?) der Gruppe um lat. *sīma* 'Rinnleiste, Teil des Säulenkranzes', *sīmus* 'von unten aufwärtsgebogen, plattnäsig', griech. *sīmós* (σιμός) 'mit eingedrückter und aufgestülpter Nase, aufwärtsgebogen'. Dazu das Kollektivum G e s i m s n., mhd. *gesimeʒe*.

simulieren Vb. '(eine Krankheit, Schmerzen und dgl.) vortäuschen', spätmhd. *simulieren* 'sich stellen als ob', frühnhd. 'eine Krankheit vortäuschen' (16. Jh.) ist entlehnt aus lat. *simulāre* 'ähnlich machen, nachahmen, zum Schein äußern oder vorgeben, sich stellen als ob'; zu lat. *similis* 'ähnlich'. Die Umgangssprache entwickelt über 'vortäuschen, heucheln, geheime Gedanken hegen' die Bedeutung 'nachdenken, grübeln, aussinnen' (18. Jh.). Seit der 2. Hälfte des 20. Jhs. (angelehnt an die lat. Bedeutung) in der Wissenschaftssprache üblich für 'technische Vorgänge oder Naturprozesse wirklichkeitsgetreu (im Modell) nachbilden'. – S i m u l a n t m. 'wer etw. (eine Krankheit) vortäuscht' (19. Jh.); lat. *simulāns* (Gen. *simulantis*), Part. Präs. zu *simulāre*. S i m u l a t o r m. 'Anlage zur Reproduktion wirklichkeitsgetreuer Bedingungen und Verhältnisse im Modell' (20. Jh.); vgl. lat. *simulātor* 'Nachahmer, Heuchler'.

simultan Adj. 'zu gleicher Zeit, gleichzeitig, gemeinsam' (Ende 18. Jh.), wohl Entlehnung von gleichbed. frz. *simultané*, älter *simultanée*; vgl. jedoch die schon früher bezeugten Entsprechungen engl. *simultaneous*, ital. *simultaneo* (beide 17. Jh.). Diese Formen gehen sämtlich zurück auf mlat. *simultaneus* 'geheuchelt, fiktiv', dann auch (durch Anlehnung an lat. *simul* 'zu gleicher Zeit, zugleich') 'gleichzeitig', eine Bildung zu lat. *simultās* 'feindliches Verhältnis zwischen Gleichartigen, Rivalität, Wettkampf' (abgeleitet von lat. *similis* 'ähnlich'), die in der nlat. Terminologie der Kirchen- und Verwaltungssprache fortlebt, vgl. *Simultaneum* n. (17. Jh.) als Bezeichnung für 'vertraglich geregeltes Recht zur gemeinsamen Nutzung kirchlicher Einrichtungen durch unterschiedliche Konfessionen'. Seit dem 19. Jh. ist *simultan* auch Bestimmungswort in Komposita wie *Simultankirche* f., *Simultanschule* f. 'Kirche, Schule für mehrere Konfessionen' (19. Jh.), *Simultanspiel* n. 'gleichzeitig gegen mehrere Gegner geführtes Schachspiel', *Simultanbühne* f. 'Bühne mit mehreren gleichzeitig sichtbaren und bespielbaren Schauplätzen' (20. Jh.).

Sinfonie, S y m p h o n i e f. 'mehrsätziges Instrumentalwerk für großes Orchester'. Mhd. *symphonīe* 'Zusammenklang, Wohlklang (verschiedener Instrumente oder Singstimmen), Harmonie, Konzert' (Anfang 13. Jh.) ist entlehnt aus lat. *symphōnia*, griech. *symphōnía* (συμφωνία) 'das Zusammenstimmen, Harmonie, Einklang, Konzert', Abstraktum zu griech. *sýmphōnos* (σύμφωνος) 'zugleich mit etw. ertönend, zusammenstimmend, harmonisch', einer Bildung (s. *syn-*) zu griech. *phōnḗ* (φωνή) 'Stimme, Klang, Ton'. Wohl auf dem Einfluß von afrz. *symphonie*, *simphonie*, *si(n)fonie* 'Konzert von Instrumenten und Gesangsstimmen', bes. aber 'Musikinstrument' (verschiedener Art), zumal ‘Saiteninstrument’, beruht der mhd. frühnhd. Gebrauch im Sinne von ‘Saiteninstrument, schönklingendes Saitenspiel’. Entsprechend ital. *sinfonia* gilt der Ausdruck seit dem 17. Jh. (bis ins 19. Jh.) für musikalische, in sich abgeschlossene Vor- und Zwischenspiele bei Opern und Theaterstücken, die auch für sich gespielt werden können, und im Anschluß daran für ein selbständiges Orchesterwerk. Die heutige, aus mehreren in sich abgeschlossenen Sätzen bestehende Form der Sinfonie (als ‘große Sonatenform’) entwickelt sich im 18. Jh. aus der festgelegten Satzfolge (schnell, langsam, schnell) neapolitanischer Opernouvertüren. Auf ital. *sinfonia* geht auch die in der 2. Hälfte des 18. Jhs. aufkommende Schreibung *Sinfonie* zurück. Übertragener Gebrauch ‘Übereinstimmung, Einklang’ setzt im 18. Jh. (nach einem Einzelbeleg des 16. Jhs.) ein. – s i n f o n i s c h Adj. ‘in der Art einer Sinfonie’ (18. Jh.). S i n f o n i k e r m. ‘Komponist von Sinfonien, Mitglied eines Sinfonieorchesters’ (Anfang 20. Jh.).

singen Vb. ‘Gesang vortragen’. Mit dem gemeingerm., stark flektierenden Verb ahd. *singan* ‘singen, preisen, ein (Saiten)instrument spielen, Zauberformeln sagen’ (8. Jh.), mhd. *singen*, auch ‘dichten, frohlocken, pfeifen, knistern’, asächs. *singan*, mnd. *singen*, mnl. *singhen*, nl. *zingen*, aengl. *singan*, engl. *to sing*, anord. *syngja*, *syngva*, schwed. *sjunga*, got. *siggwan* ‘singen, vorlesen, rezitierend vortragen’ sind vergleichbar griech. *omphḗ* (ὀμφή, aus *$song^{u}h\bar{a}$*) ‘Götterstimme, göttliche Offenbarung, Orakelspruch, Wahrzeichen’ und mkymr. *de(h)ongl* ‘erklären’, so daß sich ie. *$seng^{u}h$-* ‘singen, mit singender Stimme feierlich vortragen’ ansetzen läßt. Dazu *Sang*, *Gesang* (s. d.). – s i n g b a r Adj. ‘durch Gesang darstellbar, sich singen lassend’ (Anfang 18. Jh.). S i n g e r m. ‘wer singt’, mhd. *singære*; vgl. *Meistersinger* (15. Jh.). S i n g s a n g m. geringschätzig für ‘Gesang, immer wiederkehrendes Gerede’ (18. Jh.), lautnachahmende, reduplizierende Bildung mit Sekundärablaut. S i n g s p i e l n. ‘Bühnenstück mit musikalischen Einlagen’ (17. Jh.), auch im Sinne von ‘Oper’ (18. Jh.).

Singular m. (grammatischer Terminus) ‘Einzahl’ (2. Hälfte 17. Jh.), nach lat. *(numerus) singulāris* ‘in der Einzahl stehend’ (eigentl. ‘aus einem einzelnen bestehend’, s. unten), substantiviert ‘Einzahl’. In älterer Sprache übersetzt mit *der einig*, *eynige zal* (um 1400), dann *eintzele Zahl*, *Einzelzahl* ‘Singular in der Deklination’, *Eintzelweis* ‘Singular in der Konjugation’ (17. Jh.), *die Einheit*, *einfache Zahl* (18. Jh.), seit Ende 18. Jh. E i n z a h l f. – s i n g u l ä r Adj. ‘nur vereinzelt auftretend, selten’, anfangs (dem Frz. entsprechend) *singulier* und (in Anlehnung an das Lat.) *singular* (Mitte 17. Jh.), dann französierend *singulair*, *singulär* (18. Jh.). Vgl. von lat. *singulus* ‘einzeln, ein einziger, einer allein’ abgeleitetes lat. *singulāris* ‘zum einzelnen gehörig, vereinzelt, außerordentlich, ausgezeichnet’; daraus entlehnt afrz. *singuler*, (mit Suffixwechsel) *singulier* ‘einzeln, einzig’, frz. *singulier* ‘einzeln, einzig, eigentümlich, ausgezeichnet’.

sinken Vb. ‘nach unten gleiten, langsam fallen’ (stark flektierend), ahd. (9. Jh.), asächs. *sinkan*, mhd. *sinken* ‘sich senken, versinken, untersinken, verschwinden’, mnd. mnl. *sinken*, nl. *zinken*, aengl. *sincan*, engl. *to sink*, anord. *søkkva*, schwed. *sjunka*, got. *sigqan* ist vielleicht mit armen. *ankanim* ‘falle, weiche, nehme ab’ und griech. (homerisch) *heáphthē* (ἑάφθη) ‘fiel, sank’ (?) vergleichbar, so daß eine Wurzel ie. *$seng^{u}$-* ‘fallen, sinken’ angesetzt werden kann. S. auch *senken* und *versakken*. Strittig ist die Frage, in welchem Verhältnis die unter *seicht* (s. d.) genannten germ. und außergerm. Formen zu den hier behandelten stehen. – v e r s i n k e n Vb. ‘untergehen’, übertragen ‘in etw. völlig aufgehen und seine Umwelt vergessen’, ahd. *firsinkan* ‘untertauchen, untergehen’ (um 900), mhd. *versinken*, auch ‘sich in etw. vertiefen’.

Sinn m. ‘Fähigkeit, Reize zu empfinden, Denken, Gedanken, Gesinnung, Gemüt, Verstand, geistiger Inhalt’, ahd. (9. Jh.), mhd. mnd. mnl. *sin*, nl. *zin* stellt sich als Verbalsubstantiv zu dem unter *sinnen* (s. d.) behandelten stark flektierenden Verb und gehört mit den dort sowie den unter *Gesinde* und *senden* (s. d.) angeführten Formen zu einer Wurzel ie. **sent-* ‘eine Richtung nehmen, gehen’, übertragen ‘empfinden, wahrnehmen’. Die Übertragung der Bedeutung fällt bei *Sinn* bereits vollständig in vorgerm. Zeit (anders als bei *sinnen*, s. d.). Häufig in festen Wendungen wie *bei Sinnen* (‘bei Verstand’) *sein*, mhd. *bī sinne sīn*; *von Sinnen* (‘nicht bei Verstand’) *sein*, vgl. mhd. *von sinnen komen*; *Sinn* (‘Lust, Neigung’) *für etw. haben*

(18. Jh.), *im Sinn haben* 'beabsichtigen' (Anfang 17. Jh.), *seine fünf Sinne beisammen haben* 'gesunden Menschenverstand besitzen' (18. Jh., älter *seine fünf Sinne haben*, 15. Jh.). – s i n n i g Adj. 'durchdacht, überlegt', ahd. *sinnīg* 'mit Sinnen, Vernunft begabt, verständig, erkennend, weise' (um 1000), mhd. *sinnec*, *sinnic* 'verständig, besonnen, klug, sinnreich'. u n s i n n i g Adj. 'ohne Sinn, töricht, unvernünftig, absurd', ahd. *unsinnīg* (um 1000), mhd. *unsinnec*, *-sinnic* 'nicht bei Verstand, verrückt, sinnlos'. U n s i n n m. 'Albernheit, Nonsens' (18. Jh., nach engl. *nonsense*), älter 'Torheit, Raserei, Wahnsinn, Bewußtlosigkeit' (so bis ins 19. Jh.), mhd. *unsin*, rückgebildet aus *unsinnec*. s i n n l i c h Adj. 'mit den Sinnen wahrnehmbar, körperlich, sexuellen Dingen leicht zugänglich', vom Plur. *Sinne* ausgehend (bes. seit dem 18. Jh. geläufig), mhd. *sin(ne)lich* 'durch die Sinne geschehend', im Unterschied zu mhd. *geistec* 'verständig, klug'; dazu S i n n l i c h k e i t f., mhd. *sinnelīcheit*. s i n n l o s Adj. 'ohne Sinn und Verstand, zwecklos, ohne Zusammenhang', ahd. *sinnilōs* 'nicht mit Sinnen begabt, wahnsinnig' (um 1000), mhd. *sinnelōs*, auch 'ohnmächtig, bewußtlos'. ü b e r s i n n l i c h Adj. 'mit den Sinnen nicht wahrnehmbar, übernatürlich' (17. Jh.). S i n n b i l d n. 'Symbol' (17. Jh.), Übersetzung für *Emblem* (s. d.), zunächst für eine mit den Augen wahrnehmbare Darstellung allegorischen Inhalts, seit dem 18. Jh. für 'Symbol'. S i n n g e d i c h t n. (Mitte 17. Jh.), Übersetzung für *Epigramm* (s. d.). s i n n r e i c h Adj. 'zweckentsprechend', mhd. *sinnerīche* 'verständig, klug, erfahren, scharfsinnig'. s i n n v o l l Adj. 'gehaltvoll' (18. Jh.), 'zweckdienlich'.

sinnen Vb. 'nachdenken, grübeln, seine Gedanken planend auf etw. richten', ahd. *sinnan* 'gehen, reisen, wandern, streben, verlangen' (9. Jh.), mhd. *sinnen* 'gehen, reisen, wahrnehmen, merken, verstehen, seine Gedanken oder Begierden auf etw. richten', mnd. *sinnen* 'erstreben, denken, nachsinnen', nl. (aus dem Dt.) *zinnen*, aengl. *sinnan*, auch 'achthaben, sorgen'. Für das stark flektierende Verb und das zugehörige, unter *Sinn* (s. d.) behandelte Verbalsubstantiv ist von einem Nasalpräsens germ. **senþnan*, **sendnan* auszugehen, das sich mit ahd. *sind* 'Weg, Richtung, Seite' (8. Jh.), mhd. *sint*, auch 'Reise, Fahrt', asächs. *sīð*, aengl. *sīþ* 'Weg, Gang, Reise', anord. *sinn* 'Mal, Gang', got. *sinþs* 'Gang' (s. *Gesinde* sowie verwandtes *senden*) und dem dazu gebildeten schwach flektierenden Verb ahd. *sindōn* 'sich auf den Weg begeben, reisen' (um 800), mhd. *sinden*, asächs. *sīðon*, aengl. *sīþian*, anord. *sinna* sowie mit air. *sēt* 'Weg', awest. *hant-* 'gelangen (lassen)', kymr. *hynt* 'Weg, Straße', lit. *sių̃sti* 'senden, schicken', auch mit lat. *sentīre* 'fühlen, empfinden, wahrnehmen, Einsicht haben, meinen, denken', *sēnsus* 'Empfindung, Gesinnung, Ansicht, Sinn', lit. *sintéti* 'sich entschließen, denken' auf eine Wurzel ie. **sent-* 'eine Richtung nehmen, gehen', übertragen 'empfinden, wahrnehmen' zurückführen läßt. Als Ausgangsbedeutung für die heute allein geltende übertragene Verwendung ist 'seine Gedanken in eine Richtung gehen lassen, sie auf etw. richten' anzusetzen. – b e s i n n e n Vb. 'überlegen, nachdenken, sich erinnern', in neuerer Zeit nur refl., mhd. *besinnen* 'worüber nachdenken, etw. ausdenken', refl. 'sich bewußt werden, überlegen'. b e s i n n l i c h Adj. 'nachdenklich, beschaulich', mhd. *besintlīche* Adv. 'mit Überlegung' (mit unorganischem *-t-*), frühnhd. *besynnlich* (16. Jh.). B e s i n n u n g f. 'Überlegung, Erinnerung, Bewußtsein' (17. Jh.), *ohne Besinnung* 'ohne Bewußtsein' (18. Jh.). e n t s i n n e n Vb. refl. 'sich erinnern', älter auch trans. 'der Sinne berauben', mhd. *entsinnen* 'von Sinnen kommen', refl. 'zu Verstand kommen, bei Verstand sein, etw. in seinen Verstand aufnehmen, erkennen, erinnern'. e r s i n n e n Vb. 'erdenken, ausdenken', mhd. *ersinnen* 'erforschen, erdenken, erwägen'. s i n n i e r e n Vb. 'grübeln, nachdenken' (19. Jh.), moderne Weiterbildung in Analogie zu anderen Verben auf *-ieren*. A n s i n n e n n. 'Forderung, (nicht zumutbarer) Vorschlag' (15. Jh.).

Sinter m. durch Ablagerung aus fließendem Wasser entstandenes poröses Gestein, ahd. *sintar* 'Metallschlacke' (um 800), mhd. *sinder*, *sinter* 'Abfall von bearbeitetem (glühendem) Metall, Metallschlacke', asächs. *sinder*, mnd. *sinder*, *sünder*, mnl. *sinder*, nl. *sinter*, aengl. *sinder*, anord. *sindr*, schwed. *sinter*, daneben mit *l*-Suffix gleichbed. mhd. *sindel*, woraus mnl. *sijntel* 'Metallschlacke', nl. *sintel* 'halb ausgebranntes Stück Steinkohle', sind vergleichbar mit russ.-kslaw. *sjadra* 'geronnene

Flüssigkeit', tschech. *sádra* 'Gips', so daß sich als Ausgangsformen ie. **sendhro-*, **sendhrā* 'geronnene, sich verdichtende Flüssigkeit' erschließen lassen. In heutiger Verwendung (s. oben) seit etwa 1700. – s i n t e r n Vb. 'durch Einwirken von Hitze (und Druck) oberflächlich schmelzen, zusammenwachsen und sich verfestigen', in der frühen Bergmannssprache 'gerinnen, sich aus dem Wasser absetzen, mit einer Kruste überziehen' (16. Jh.), vom Wasser 'langsam, tropfenweise (durchs Gestein) rinnen' (Ende 17. Jh.), mhd. *sindern*, refl. 'zu Sinter, Abfall werden, sich als untauglich absondern'.

Sintflut f. Ahd. *sinfluot* (9. Jh.), mit Gleitlaut *sintfluot* (11. Jh.), mhd. *sinvluot*, seit dem 13. Jh. in der Regel *sintvluot* bezeichnet eine 'große allgemeine Flut oder Überschwemmung', bes. aber nach biblischer Überlieferung (1. Mos. 6, 17 ff.) die als Strafe für die sündige Menschheit von Gott bewirkte Überschwemmung der Erde durch einen vierzigtägigen Regen. Die Zusammensetzung enthält neben ahd. *fluot*, mhd. *vluot* (s. *Flut*) germ. **sin-* (mit ursprünglichem Wurzelauslaut **sim-*) 'in einem, immerwährend, groß', das in Komposita begegnet wie ahd. *singruoni*, mhd. *singrüene*, aengl. *singrēne*, anord. *sīgrœnn* 'immergrün', asächs. *sinnahti*, aengl. *sinnihte* 'ewige Nacht', ahd. *sin(a)wel*, mhd. *sin(e)wel*, asächs. *sinuwell*, aengl. *sinewealt*, anord. *sīvalr* 'ganz rund, kugelig', got. *sinteins* 'täglich', aengl. *sinhere* 'großes Heer'. Es gehört (wie got. *simlē* 'einst, vormals', ahd. *simb(a)les*, *simb(u)lum*, asächs. *simbla*, *simlun*, aengl. *simble(s)* 'immer, fortwährend', lat. *semper* 'immer') zu der unter *samt* (s. d.) genannten Wurzel ie. **sem-* 'ein(s), in eins zusammen, einheitlich, samt, mit' (wozu auch *-sam*, *sanft*, *sammeln*, s. d.). Bereits vor 1500 wird dieses erste Glied volksetymologisch umgedeutet und an *Sünde* angelehnt, wodurch der alleinige Bezug auf die in der Bibel beschriebene Überschwemmung hergestellt wird, vgl. (obd.) *Sündfluß*, *Süntfluß*, *Sundfluß*, dann (1. Hälfte 16. Jh.) *Sündflut*. Erst seit der sprachwissenschaftlichen Deutung des Wortes im 19. Jh. nimmt der Gebrauch der Form *Sintflut* wieder zu. Die Verwendung von *-fluß* neben *-flut* vom 15. bis zum 17. Jh. beruht auf der Synonymie von mhd. *vluot* und *vluȝ* (s. *Fluß*). – v o r s i n t f l u t l i c h Adj. 'völlig veraltet, modernen Anforderungen nicht entsprechend' (19. Jh.), eigentl. '(wie) vor der Sintflut'; älter *vorsündflutisch* 'zeitlich vor der biblischen Flut' (16. Jh.).

Siphon m. 'gekrümmtes, ständig mit Wasser gefülltes Rohr, Geruchsverschluß, Gefäß, aus dem durch den Druck zugefügter Kohlensäure moussierende Getränke ausgespritzt werden', Übernahme (19. Jh.) von frz. *siphon* 'Flüssigkeitsheber, Flasche für kohlensäurehaltige Getränke', aus lat. *sīpho* (Gen. *sīphōnis*), griech. *sī́phōn* (*σίφων*) 'Röhre, Wasserrinne, Weinheber, Spritze, Springbrunnen'.

Sippe f. 'Gesamtheit der (Bluts)verwandten', ahd. *sibba* (8. Jh.), mhd. *sippe* 'Blutsverwandtschaft, Verwandtschaftsgrad, angeborene Art', asächs. *sibbia*, mnd. mnl. nl. *sibbe*, aengl. *sibb* 'Verwandtschaft, Liebe, Freundschaft', anord. *sifjar* (Plur.) 'Verwandtschaft', got. *sibja* 'Verwandtschaft' (germ. **sebjō*); vgl. aengl. *godsibb*, engl. (älter) *gossip*, anord. *guðsifi* 'Pate', eigentl. 'gute(r) Verwandte(r)'. Außergerm. Vergleichsmöglichkeiten sind unsicher. Man kann die germ. Formen zusammen mit aslaw. *osobь* 'vereinzelt, für sich allein, besonders', russ. *osóba* (*особа*) 'Person', *osóbyj* (*особый*) 'besonders' auf ie. **sebh-*, **sobh-*, daneben **su̯ebh-*, **su̯obh-* 'von eigener Art' zurückführen, also auf Bildungen mit *bh*-Formans zu den Pronominalstämmen ie. **se-*, **seu̯e-* (s. *sich*), eigentl. 'abseits, getrennt, für sich'. Ebenfalls unsicher ist der Versuch, hier die Namen der germ. bzw. italischen Völkerstämme ahd. *Swāba*, *Swābi*, nhd. *Schwaben*, lat. *Suēbī*, *Semnonēs*, *Sabīnī* anzuschließen. Im Germ. bezeichnet *Sippe* anfangs wohl die 'durch ein Bündnis begründete Verwandtschaft', dann die 'Zugehörigkeit durch Abstammung und Verwandtschaft'. *Sippe* wird im 16. Jh. ungebräuchlich, vielleicht durch *Familie* verdrängt, im 19. Jh. aber als umfassendere Bezeichnung neu belebt. – S i p p s c h a f t f. 'Verwandtschaft', mhd. *sippeschaft* '(Bluts)-verwandtschaft, Verwandtschaftsgrad'; seit dem 18. Jh. oft geringschätzig. v e r s i p p t Part.adj. 'verwandt' (16. Jh.).

Sirene f. Name märchenhafter, auf einer Insel lebender Mädchen mit Vogelleib, die (z. B. in Homers Odyssee) vorbeifahrende Seeleute durch ihren betörend schönen Gesang anlocken, ihnen das Blut aussaugen und sie dadurch töten, mhd. *sirēn(e)*, *syrēn(e)*, Entlehnung von lat. *Sīrēn* (Akk. *Sīrēna*), griech. *Seirēn* (Σειρήν), häufig im Plur. lat. *Sīrēnēs*, griech. *Seirēnes* (Σειρῆνες). Übertragener Gebrauch 'Verführerin, schöne verführerische Frau' seit dem 16. Jh. Frz. *sirène* wird seit 1820 zur Bezeichnung unterschiedlicher akustischer Geräte gebraucht, zunächst für ein Unterwassergerät, einen Meßapparat für Tonhöhen und schließlich für eine Signaleinrichtung mit an- und abschwellenden Tönen (wie ein Nebelhorn), und in den beiden letztgenannten Verwendungen in der 2. Hälfte des 19. Jhs. ins Dt. entlehnt.

Sirup m. 'zähflüssige Zuckerlösung, mit Zucker eingedickter Fruchtsaft', älter auch (bis ins 16. Jh.) 'dickflüssige, süße Arznei'. Als Wort der mittelalterlichen Arzneikunde ist mhd. *sirop(e)*, *syrop(e)*, *sirup(e)* wie mnd. *sirop* (woraus anord. *sirop*), engl. *syrup*, afrz. frz. *sirop* (woraus mnl. *sirope*, *siroop*) entlehnt aus gleichbed. mlat. *sirup(p)us*, *sirop(p)us*, das seinerseits auf arab. *šarāb* 'Trank' beruht. In der arabischen Medizin wurden mit Zucker eingedickte Pflanzensäfte als Heilmittel verwendet. Seit dem 18. Jh. steht *Sirup* bes. für die bei der Zuckerherstellung (aus Rohrzucker oder Zuckerrüben) entstehende dickflüssige Zuckerlösung.

Sitte f. 'Brauch, Gewohnheit, (moralischer) Anstand', ahd. *situ* (8. Jh.), mhd. *site* 'Art und Weise, wie man lebt und handelt, Volksart, -brauch, Gewohnheit, Beschaffenheit, Anstand' (ursprünglich m., durch häufigen pluralischen Gebrauch bereits spätmhd. f.), asächs. *sidu*, mnd. *sēde*, *sedde*, mnl. *sēde*, nl. *zede*, aengl. *sidu*, anord. *siðr*, schwed. *sed*, got. *sidus* (germ. **sedu-* m.). Herkunft nicht geklärt. Die übliche Herleitung vergleicht aind. *svadhā́* 'Eigenheit, Eigenkraft, Charakter, gewohnte Art, Gewohnheit', griech. *éthos* (ἔϑος, aus *ϝέϑος, ie. **su̯édhos*) 'Gewohnheit, Brauch, Übung', lat. *sodālis* 'Genosse, Kamerad, Gefährte, Mitglied einer Gemeinschaft' und geht von ie. **su̯ĕdh-* aus, in dem eine Bildung zum Pronominalstamm ie. **seu̯e-* (s. *sich*) gesehen wird. Dagegen erklärt WISSMANN in: Münchener Studien zur Sprachwiss. 6 (1955) 129 das stammhafte *i* in aengl. *sidu* und anord. *siðr* für alt (also nicht aus *e* hervorgegangen). Aus dem gleichen Grunde lehnt TRIER Lehm (1951) 41 die oben vorgetragene Etymologie (also auch die Verbindung mit griech. *éthos*) ab und schließt die germ. Formen von *Sitte* an die unter *Saite* und *Seil* (s. d.) behandelten Substantive an, so daß *Sitte* (im Ablaut zu *Saite* stehend) als 'Verbindendes, Bindung' gedeutet werden kann. – U n s i t t e f. 'Anstand und Benehmen Zuwiderlaufendes', ahd. *unsitu* (9. Jh.), mhd. *unsite* 'üble Gewohnheit, Aufgebrachtheit, Zorn, unfeines oder grobes Benehmen'. s i t t l i c h Adj. 'der Sitte, Moral entsprechend, moralisch' (15. Jh.), ahd. *situlīh* (um 800), mhd. *sitelich* 'dem Brauch gemäß, ruhig, milde, bescheiden, anständig'. S i t t l i c h k e i t f. 'Wohlanständigkeit, Moral' (Anfang 16. Jh.). u n s i t t l i c h Adj. 'unanständig, anstößig, unmoralisch', ahd. *unsitulīh* (um 800), mhd. *unsitelich* 'ungehörig, unziemlich, unpassend'. s i t t s a m Adj. 'brav, ehrbar, geziemend' (15. Jh.), ahd. *situsam* 'passend, geeignet' (8. Jh.). S i t t e n l e h r e f. 'Lehre von den Sitten, der Moral und Ethik, Moralphilosophie' (17. Jh.).

Sittich m. Name für schlanke, langschwänzige Papageien, ahd. *sitih* (Hs. 12. Jh.), mhd. *sitich*, *sitech*, *setich* ist entlehnt aus mlat. *sitacus*, spätlat. *sittacus*, lat. *psittacus*, griech. *psittákē*, *psittakós*, auch *sittakós* (ψιττάκη, ψιττακός, σιττακός) 'Papagei', einem Fremdwort orientalischen Ursprungs, das lautmalend das menschenähnliche Sprechen des Vogels nachamt.

Situation f. 'Verhältnisse, Zustände, (augenblickliche) Lage', zunächst in der (bis ins 19. Jh. geläufigen) Bedeutung 'geographische Lage, Beschaffenheit (eines Ortes), Gegend' (bes. in militärischem Gebrauch) entlehnt (16. Jh.) aus mfrz. frz. *situation* 'Lage, Stellung', das in Anlehnung an mlat. *situatio* (Gen. *situationis*) zu afrz. frz. *situé* 'gelegen' gebildet ist. Dieses beruht auf gleichbed. spätlat. *situātus*, zu lat. *situs* 'Lage, Stellung'. Die oben genannte heutige Bedeutung ist seit der Mitte des 18. Jhs. üblich. – s i t u i e r t Adj. 'gestellt, gelegen' (17. Jh.), 'wirtschaftlich in bestimmter Weise gestellt' (1. Hälfte 19. Jh.), frz. *situé* (s. oben); vgl. *wohl-*, *gutsituiert*.

sitzen Vb. 'mit aufrechtem Oberkörper auf dem Gesäß ruhen', ahd. *sizzan* (8. Jh.), mhd. *sitzen*, auch 'wohnen, regieren, besitzen, sich aufhalten, steckenbleiben', asächs. *sittian*, mnd. mnl. *sitten*, nl. *zitten*, aengl. *sittan*, engl. *to sit*, anord. *sitja*, schwed. *sitta*, got. (mit Verlust des präsensbildenden *j*) *sitan* führt mit aind. *sī́dati* 'setzt sich, sitzt', air. *sa(i)did* 'sitzt', griech. *hézesthai* (ἕζεσϑαι) 'sich setzen, sitzen', lat. *sedēre*, lit. *sėdė́ti*, aslaw. *sěděti*, russ. *sidét'* (*сидеть*) 'sitzen' auf eine Wurzel ie. **sed-* 'sitzen', an die sich auch *Satz*, *setzen*, *Sessel*, *seßhaft*, *siedeln* sowie *Ast* und *Nest* (s. d.) anschließen. – Sitz m. 'Platz, auf dem man sitzt, Ort des Wohnens, Ansässigseins', mhd. *siz*. Ursprünglich nur im Hd. vorkommendes, zum Verb gebildetes Substantiv (daraus entlehnt mnd. mnl. *sit*, nl. *zit*). Sitzung f. 'beratende Zusammenkunft, Versammlung' (15. Jh.), anfangs auch 'das Sichniedersetzen'. Sitz(e)fleisch n. (17. Jh.), fast nur in der Wendung *kein Sitzfleisch haben* 'nicht ruhig sitzen können, nicht ausdauernd arbeiten können', entsprechend *Sitzfleisch haben* 'sich für längere Zeit niederlassen, nicht gleich wieder weggehen'. vorsitzen Vb. 'die erste Stelle einnehmen, eine Verhandlung, eine Versammlung leiten, führen' (15. Jh.); dazu Vorsitzender m. 'wer in einer Vereinigung, in einer Partei die Führung und Verantwortung hat' (2. Hälfte 18. Jh.), älteres Vorsitzer m. (15. Jh.) verdrängend. Vorsitz m. 'oberster, vorrangiger Platz, Leitung, leitendes Amt einer Versammlung oder Gesellschaft' (16. Jh.), anfangs wohl Übersetzung von lat. *praesidium*.

Skala f. 'Stufenleiter, Reihe, graduelle Maßeinteilung'. Entlehnung (16. Jh.), zunächst vereinzelt in der Bedeutung 'Stufe, Treppe', von ital. *scala* 'Treppe, Stiege, Abstufung', das auf (meist pluralisch gebrauchtem) lat. *scāla* (aus **scandslā*) 'Leiter, Stiege, Treppe, Stufen einer Treppe' (zu lat. *scandere* 'steigen') beruht. Seit etwa 1700 nur im übertragenen Sinne 'Stufenleiter, Stufenfolge, Reihenfolge' geläufig, vor allem in technischen Bereichen für 'graduelle Maßeinteilung'.

Skalde m. 'altnordischer Dichter und Sänger im Gefolge eines fürstlichen Herrn', im 17. Jh. aus anord. *skāld* n. entlehnt, seit dem 18. Jh. durch H. W. Gerstenbergs *Gedicht eines Skalden* (1766) und durch Klopstock geläufig. Etymologie ungeklärt. Mit air. *scēl* 'Erzählung', mir. *scoth* 'Wort' zu der unter *sagen* (s. d.) genannten Wurzel?

Skalp m. 'dem getöteten Gegner abgezogene Kopfhaut mit Haaren' (Siegeszeichen der nordamerik. Indianer), Übernahme (1. Hälfte 18. Jh.) von gleichbed. engl. *scalp*, eigentl. 'oberes Kopfende, Schädel, Hirnschale', das vermutlich auf anord. *skalpr* 'Schwertscheide, Schiff', eigentl. 'etw. Ausgehöhltes oder Gewölbtes', zurückgeht und mit verwandtem dän. (mundartlich) *skalp* 'Samenhülse', mnl. *scelpe*, nl. *schelp* 'Muschel, Schale, Schuppe' an die Erweiterung ie. **skelb-* (wozu auch aslaw. *sklabiti sę* 'den Mund aufmachen, lächeln') der Wurzel ie. **(s)kel-* 'schneiden' (s. *Schale*, *Schild*) anzuschließen ist. – skalpieren Vb. 'die Kopfhaut abziehen' (18. Jh.). Beide Wörter verbreiten sich um die Mitte des 18. Jhs. mit der die Sitten der nordamerik. Indianer beschreibenden Literatur, die viele Bezeichnungen aus dem Amerik.-Engl. übernimmt.

Skalpell n. 'chirurgisches Operationsmesser', entlehnt (18. Jh.) aus lat. *scalpellum* 'chirurgisches Schneidinstrument, Lanzette zum Aderlassen' (zu lat. *scalpere* 'kratzen, ritzen, einschneiden'); vgl. ahd. *scalpellīn* (9. Jh.).

Skandal m. 'anstoß-, aufsehenerregendes Vorkommnis'. Griech. *skándalon* (*σκάνδαλον*) 'Anstoß, Verführung', eigentl. 'ein aufgehängtes oder frei herabhängendes Holz, Auslösevorrichtung einer Tierfalle, losschnellendes Gerät', in der Bibel (Septuaginta) die 'Versuchung, die der Teufel dem Menschen in den Weg legt', übernehmen die Kirchenväter in kirchenlat. *scandalum* 'Fallstrick, Ärgernis, Verführung zum Bösen' (vgl. Vulgata Matth. 18, 7). Daraus wie auch aus darauf beruhendem afrz. frz. *scandale* wird *Skandal* 'anstoßerregender Vorgang, Ärgernis, Aufsehen' ins Dt. entlehnt (Ende 16. Jh.). Daneben halten sich (vom Anfang des 16. Jhs. an, bildungssprachlich bis ins 20. Jh.) auch die griech.-lat. Formen *Scandalum*, *Skandalon* in dt. Texten. – skandalös Adj. 'unerhört, Ärgernis erregend' (Anfang 18. Jh.), nach gleichbed. frz. *scandaleux*; zuvor *scandelos*, *scandalos* (2. Hälfte 16. Jh.), nach mlat. *scandalosus*.

Skat m. Die Bezeichnung für das weitverbreitete Kartenspiel stammt aus ital. *scarto* 'das Wegwerfen, Ausscheiden der unnützen Spielkarten, die beim Spiel beiseite gelegten Karten', einer Bildung zu ital. *scartare* '(die unnützen Karten) abwerfen, ablegen', Präfixverb zu ital. *carta* 'Papier, Karte, Land-, Spielkarte' (s. *Karte*). Der Ausdruck gelangt mit dem Tarockspiel nach Tirol (18. Jh.), vgl. tirol. *Scartkarte* 'das Blatt, das auf die Seite gelegt wird'. Durch Konsonantenentlastung entsteht Ende 18. Jh. *Skat* 'weggelegte Karten im Tarock', das in der 1. Hälfte des 19. Jhs. auf das zu Anfang des Jhs. aus den Spielen Schafkopf, L'hombre, Solo und Tarock entwickelte Skatspiel übertragen wird. – s k a t e n Vb. 'Skat spielen' (19. Jh.).

Skelett n. 'Knochengerüst, Knochengerippe'. Griech. *skeletós* (σκελετός) Adj. 'ausgetrocknet, ausgedörrt, abgemagert, trocken, dürr', Subst. 'ausgetrockneter, zusammengeschrumpfter Körper, Mumie', auch 'Knochengerippe', ist gebildet zu griech. *skéllesthai* (σκέλλεσθαι) 'vertrocknen, verdorren, hinsiechen, ermatten, erhärten, austrocknen, ausdörren'. Das zugehörige Neutrum, etwa in *skeletón sõma* (σκελετὸν σῶμα) 'ausgetrockneter Körper', wird als Substantiv *Skeleton* und (latinisiert) *Sceletum* im Sinne von '(Knochen)gerippe' ins Dt. entlehnt (Mitte 16. Jh.) und unter Einfluß von frz. *squelette* m. (16. Jh., gleicher Herkunft) zu *Skelett* eingedeutscht (1. Hälfte 18. Jh.). Gleichzeitig damit setzt auch übertragener Gebrauch im Sinne von 'Entwurf, Rohfassung, Grundriß, Skizze' ein.

Skepsis f. 'Zweifel, Bedenken, mißtrauische Vorsicht', gelehrte Übernahme (vereinzelt 2. Hälfte 17. Jh., geläufig seit 19. Jh.) von griech. *sképsis* (σκέψις) 'Betrachtung, Überlegung, Untersuchung', zu griech. *sképtesthai* (σκέπτεσθαι) 'umherschauen, sich umsehen, spähen, betrachten, erwägen, prüfen'. – s k e p t i s c h Adj. 'zweifelnd, bedenklich, mißtrauisch, kühl abwägend' (18. Jh.), griech. *skeptikós* (σκεπτικός) 'nachdenkend, überprüfend'. S k e p t i k e r m. 'wer zweifelt, immer mißtrauische Vorbehalte hat, Anhänger oder Vertreter des Skeptizismus', einer griech. Philosphenschule des 3. Jhs. v. u. Z., bzw. (seit 17. Jh.) 'Vertreter agnostizistischer (zuerst in Frankreich und England aufgekommener) philosophischer Richtungen'; seit dem 16. Jh. in der latinisierten Form *Scepticus* in dt. Texten, dann (Anfang 18. Jh.) eingedeutscht *Skeptiker*; vgl. griech. *Σκεπτικός* 'Vertreter der skeptizistischen Philosphenschule'.

Sketch m., auch S k e t s c h, '(literarische) Skizze, Studie, Entwurf' (frühes 19. Jh.), 'kurzes Bühnenstück mit zugespitzter Pointe' (Anfang 20. Jh.), Übernahme von gleichbed. engl. *sketch*; dieses ist entlehnt aus nl. *schets* 'Skizze', das auf ital. *schizzo* 'erster Entwurf, Versuch' zurückgeht. Zur weiteren Etymologie s. *Skizze*.

Ski m., seit Anfang 20. Jh. meist *Schi*, 'Schneeschuh', Übernahme (Anfang 19. Jh.) von gleichbed. norw. *ski*, aus anord. *skīð* 'Scheit, Schneeschuh'; s. das im Dt. etymologisch entsprechende *Scheit*.

Skizze f. 'Entwurf' ist im 17. Jh. als Fachwort der bildenden Kunst aus ital. *schizzo* 'das Spritzen, Spritzer, erster Entwurf, Versuch' (zu ital. *schizzare* 'spritzen, herausspritzen', dann 'in großen Strichen, Zügen entwerfen, skizzieren'), anfangs noch mit fremder Schreibung und Flexion (*Scizzo*, *Schizzi*), z. T. auch maskulinem Genus, entlehnt. Den ital. Formen wird teils onomatopoetischer Ursprung zugeschrieben, teils werden sie zurückgeführt auf lat. *schedium* 'ein aus dem Stegreif verfertigtes Gedicht', Substantivierung der neutralen Form des Adjektivs lat. *schedius*, griech. *schédios* (σχέδιος) 'in der Eile, leichthin, aus dem Stegreif gemacht, unvorbereitet, improvisiert', eigentl. 'in der Nähe befindlich, naheliegend, auf die nächste Gegenwart bezüglich', zu griech. *schedón* (σχεδόν) 'nahe' (von Ort und Zeit), 'beinahe'. Dem ital. *schizzo* entlehnt ist auch gleichbed. nl. *schets* (s. *Sketch*). – s k i z z i e r e n Vb. 'einen Entwurf machen' (18. Jh.).

Sklave m. 'als Eigentum eines Sklavenhalters aller Rechte (Freiheit, Wohnung, Besitz) Beraubter, Mensch, der von etw., einer Person abhängig ist'. Das Substantiv ist gleichen Ursprungs wie *Slawe*. Mlat. *Sclavus*, das sich wie mlat. *Slavus* aus der Eigenbenennung der slaw. Völker- und Sprachgruppe herleitet (s. *Slawist*), erscheint in Urkunden der Karolingerzeit, die sich auf bayerische Klöster beziehen, in doppelter Bedeutung. Es dient einerseits zur Bezeichnung von Angehörigen slaw. Stämme und kann dabei in gleicher Weise Freie und Unfreie (bzw. in Abhängigkeit Lebende) meinen (vgl. mlat. *Sclavi, liberi et servi*, 9. Jh.). Es bezeichnet andererseits Unfreie im Gegensatz zu den Freien (vgl. mlat. *homines liberos et Sclavos*, 9. Jh.). Auch im Mlat. Italiens entsteht im 10. Jh. die Bedeutung 'Sklave'. Aus sachlichen Gründen (Entwicklung des Sklavenhandels) vermutet man einen Bedeutungsübergang 'Slawe' zu 'Sklave' (von dem auch byzant.-griech. *Sklábos*, *Σκλάβος*, s. *Slawist*, betroffen wird) bereits für das 9. oder 10. Jh. auf dem Balkan.

Wann sich in mlat. *Sclavus*, *Slavus* 'Unfreier, Höriger' die Vorstellung des 'unfreien Slawen' verliert, läßt sich nicht genau sagen. Das aus dem Mlat. entlehnte mhd. *slave* 'Unfreier, Knecht' kann jedenfalls ohne diesen Nebensinn gebraucht werden. Mhd. *sl-* entwickelt sich lautgerecht zu nhd. *Schl-*, daher findet sich seit dem 16. (bis ins 18.) Jh. die Form *Schlav(e)*. Daneben stehen weiterhin mit *Sl-* anlautende Formen wie *Slaf(e)*, aber auch solche mit *Scl-*, *Skl-*. Die endgültige formale und semantische Differenzierung zwischen *Slawe* und *Sklave* setzt sich erst im 18. Jh. durch. Zuvor können alle Formen in doppelter Bedeutung auftreten. Andere germ. Sprachen haben auch in den Wörtern für 'Sklave' den Anlaut *sl-*, vgl. mnd. *slāve*, nd. *Slāw(e)*, engl. dän. *slave*, nl. *slaaf*. – Sklaverei f. 'Zustand der Unfreiheit, Rechtlosigkeit und vollständigen Abhängigkeit des Sklaven vom Sklavenhalter, schwere politische Unterdrükkung' (17. Jh.). sklavisch Adj. 'unbedingt und uneingeschränkt gehorsam, unterwürfig, unfrei, unselbständig' (16. Jh.). versklaven Vb. 'zum Sklaven machen, in Sklaverei führen' (17. Jh.).

Sklerose f. 'krankhafte Verhärtung von Geweben und Organen'. Griech. *sklḗrōsis* (σκλήρωσις) 'Härtung', zu griech. *sklērós* (σκληρός) 'hart, spröde, herb, streng' bzw. dem davon abgeleiteten *sklērū́sthai* (σκληροῦσθαι) 'gehärtet werden', erscheint in der dt. Medizinersprache zunächst als *Sclerosis* (1. Hälfte 19. Jh.), dann mit Eindeutschung des vielfach in Krankheitsnamen (s. *Thrombose*) üblichen Suffixes als *Sklerose* (Ende 19. Jh.); vgl. frz. *sclérose* 'harte Geschwulst am Augenlid' (1812). – sklerotisch Adj. 'die Sklerose betreffend, an Sklerose erkrankt' (19. Jh.).

-skop Grundwort in Komposita mit neutralem Genus zur Bezeichnung von Instrumenten, mit deren Hilfe eine Beobachtung vorgenommen werden kann. Zugrunde liegt griech. *-skopḗion* (-σκοπεῖον), eine Bildung zu dem in zahlreichen Zusammensetzungen enthaltenen griech. *-skopos* (-σκοπος), Nomen agentis zu griech. *sképtesthai* (σκέπτεσθαι) 'umherschauen, sich umsehen, spähen, betrachten, erwägen, prüfen' (s. *Skepsis*). Griech. *-skopḗion* bezeichnet entweder einen 'Beobachtungsort', vgl. griech. *oiōnoskopḗion* (οἰωνοσκοπεῖον) 'Ort für die Vogelschau', zu *oiōnoskópos* (οἰωνοσκόπος) 'Vogelschauer, Augur', oder ein 'Beobachtungsgerät', vgl. griech. *hōroskopḗion* (ὡροσκοπεῖον) 'Stundenanzeiger, Instrument zur Ermittlung der Planetenkonstellation in der Geburtsstunde eines Menschen' (s. *Horoskop*). Nach diesem Muster werden in der Sprache von Wissenschaft und Technik zahlreiche gelehrte Neubildungen geschaffen, z. B. *Spektroskop* 'Instrument zum Beobachten und Ausmessen von Spektren', zu lat. *spectrum* 'Erscheinung von Vorstellungen', *Stereoskop* 'optisches Gerät, das beim Betrachten zweier Bilder desselben Gegenstandes einen räumlichen Eindruck vermittelt', zu griech. *stereós* (στερεός) 'steif, starr, fest, dauerhaft', *Stethoskop* 'Höhrrohr' (zum Abhören der Atem- und Herztätigkeit), zu griech. *stē̃thos* (στῆθος) 'Brust' (alle 19. Jh.); ferner *Cinemascope* (s. *Kino*), *Mikroskop* (s. *mikro-*). Den griech. Bildungen auf *-skopos* (s. oben) sind auch moderne Bildungen vergleichbar wie *Demoskop* (20. Jh.). – -skopie Grundwort zur Bildung femininer Substantive, die eine spezielle Beobachtung, Erforschung oder deren Ergebnis bezeichnen, aus griech. *-skopía* (-σκοπία) 'das Umherschauen, das Spähen, die Beobachtung', gleichfalls zu griech. *-skopos* (s. oben), vgl. *oiōnoskopía* (οἰωνοσκοπία) 'Vogelschau'; für zahlreiche Termini in Wissenschaft und Technik verwendet, z. B. *Mikroskopie*, *Spektroskopie*, *Stereoskopie*, *Teleskopie* (alle 19. Jh.), *Demoskopie* (20. Jh.).

Skorbut m. schwere, durch Vitaminmangel hervorgerufene Krankheit mit Blutung des Zahnfleischs, der Haut und des Verdauungstraktes, entlehnt (18. Jh.) aus mlat. *scorbutus* (zuerst 14. Jh.). Herkunft nicht sicher geklärt. Vasmer in: ZfdWf. 9 (1907) 20 f. möchte von der Wortgruppe um russ. (landschaftlich) *skrobát'* (скробать) 'kratzen, schaben' ausgehen und nimmt an, daß russ.-kslaw. *skrobotъ* 'Lärm, Getöse, Zischen' im Sinne von 'durch Kratzen verursachtes Geräusch' mit *r*-Metathese zu der Krankheitsbezeichnung medizin.-lat. *scorbutus* geführt habe, an die sich alle Formen der Einzelsprachen anschließen. Da die Krankheit jedoch zuerst in den nördlichen Gebieten aufgetreten sein dürfte, geht man besser von anord. *skyrbjūgr* (13. Jh., doch wohl älter), aschwed. *skörbjug* (14. Jh.) aus, vgl. anord. *skyr* 'saure Milch' und *bjūgr* 'Geschwulst, Ödem' (da Skorbutsymptome auf den Genuß von auf langen Seefahrten mitgeführter saurer Milch zurückgeführt wurden). Dann wären aus dem Nord. entlehnt mnd. *schorbuk*, *schar-*, *scherbuk*, *scharbok*, frühnhd. (md.) *Schorbock* (15. Jh.), nl. *scheurbuik*, (mundartlich) *scheurbot*, aus denen medizin.-lat. *scorbutus* hervorgegangen sein könnte.

Skorpion m. Name eines in warmen Ländern lebenden Spinnentieres mit langem, gegliedertem Hinterleib, der als Anhang eine Giftblase mit spitzem beweglichem Endstachel trägt, ahd. *scorp(i)o* (9. Jh.), mhd. *schorpiōn*, *sc(h)orpe* ist entlehnt aus lat. *scorpio* (Gen. *scorpiōnis*), griech. *skorpíōn* (σκορπίων) neben *skorpíos* (σκορπίος) 'giftiges Spinnentier', übertragen Name eines Sternbildes. Zugrunde liegt wohl ein aus einer alten Mittelmeersprache stammender Ausdruck, worauf der Lebensraum des Tieres schließen läßt. Seit dem 16. Jh. gilt auch im Dt. *Skorpion* als Bezeichnung für das Sternbild.

Skrupel m. '(moralisches) Bedenken, Zweifel', Entlehnung (16. Jh.) von lat. *scrūpulus* 'spitzes Steinchen', übertragen 'stechendes, ängstliches Gefühl, Besorgnis, beunruhigender Zweifel', Deminutivum zu lat. *scrūpus* 'spitzer Stein'. – skrupellos Adj. 'rücksichtslos, nur im eigenen Interesse handelnd' (Anfang 20. Jh.).

Skulptur f. 'Bildhauerkunst, plastische Gestaltung, plastisches Kunstwerk, Plastik', Entlehnung (Mitte 16. Jh.) aus lat. *sculptūra* 'das Bilden durch Graben, Stechen, Schnitzen, Hauen in Holz, Elfenbein, Marmor usw.', Plur. 'plastische Arbeiten', zu lat. *sculpere* (*sculptum*) 'durch Graben, Stechen, Schneiden etw. bilden, schnitzen, meißeln', zunächst in lat. Form in dt. Texten, dann ohne lat. Endung (Anfang 17. Jh.).

skurril Adj. 'possenhaft, spaßig, sonderbar, verschroben', Entlehnung (Mitte 18. Jh.) aus lat. *scurrīlis* 'possenreißermäßig, übertrieben im Scherzen, lustig, schäkerhaft', abgeleitet von lat. *scurra* 'Pflastertreter, Tagedieb, Lebemann, Stutzer, Spaßmacher, Possenreißer', einem Wort etruskischer Herkunft. Älter *skurrilisch* (Mitte 17. Jh.).

Slalom m. 'Durchfahren einer mit Stangen gekennzeichneten Bahn' (beim Ski-, dann auch Kanu- oder Motorsport), Übernahme (Anfang 20. Jh.) des gleichbed. Kompositums norw. *slalåm*. Das Bestimmungswort bildet norw. *slad* 'schwach geneigt', verwandt mit (ablautend) anord. *slōð* 'Spur, Weg', norw. *slod* 'Schleppweg, Spur, Reihe', schwed. (mundartlich) *slō* 'Winterweg im Wald oder auf dem Wasser', aengl. *slæd* 'sich sanft senkendes Tal', engl. *slade* '(enges) Tal, Waldschneise' und möglicherweise mit lit. *slė̃dnas* 'nicht steil, flach, leicht abfallend'. Zum Grundwort vgl. norw. (mundartlich) *lȭm*, *laam*, auch *laan* 'Spur von etw., das gezogen oder geschleppt wird', von dem Verwandtschaft mit (als *no*-Partizip zu deutendem?) norw. *laan*, anord. *lǫn* 'Scheune, Haufen, Häuserreihe, Straße', mnl. *lāne*, nl. *laan* 'Seitenweg, mit Bäumen bepflanzter Weg', aengl. *lane* 'schmaler Weg', engl. *lane* 'Heckenweg, Gasse' angenommen wird, dessen weitere Rückführung mit griech. *eláān* (ἐλάαν) 'treiben, stoßen, schmieden, fahren, reiten, ziehen', air. *luid* 'ging' auf die Wurzel ie. **el(ə)-* 'treiben, in Bewegung setzen, sich bewegen, gehen' jedoch nicht gesichert ist. Als Ausgangsbedeutung für *Slalom* ergibt sich 'Skispur mit ebenmäßiger Absenkung'.

Slang m. 'nachlässige Umgangssprache', Übernahme (1. Hälfte 19. Jh.) von engl. *slang* 'Berufs-, Sondersprache, familiäre, lässige und zu Neuerungen neigende Sprechweise'. Zuerst nur auf englische (Londoner), dann auch auf amerik.-engl. und im 20. Jh. auf dt. Formen der Umgangssprache bezogen (vgl. *deutscher Slang*). Als Terminus der Sprachwissenschaft Bezeichnung für 'Sondersprache' oder 'Soziolekt'. Herkunft unbekannt.

Slawist m., im wissenschaftlichen Gebrauch entsprechend der wissenschaftlichen Transliteration häufig auch *Slavist* (ebenso *Slavistik*, *slavistisch*, s. unten) 'Lehrer, Forscher auf dem Gebiet der Slawistik'. Die seit der 1. Hälfte des 19. Jhs. gebräuchliche Bezeichnung, deren Bildungsweise der von *Romanist* und *Germanist* (s. d.) entspricht, ist abgeleitet vom Namen der Slawen. Urslaw. **slověne* Plur. 'Slawen' (**slověninъ* Sing.), die Eigenbenennung der großen ie. Völker- und Sprachgruppe (auch auf einzelne Stämme übertragen, vgl. aslaw. *slověne* slaw. Stamm bei Thessalonike), für die trotz zahlreicher Deutungsversuche eine gesicherte etymologische Herleitung bisher fehlt, ergibt byzant.-griech. *Sklabēnoí* (Σκλαβηνοί, älter auch **Sthlabēnoí*, **Σθλαβηνοί?*) 'im balkanischen Hinterland ansässige Slawen' (mit byzant.-

griech. Lautentwicklung von *-bē-* zu *-vī-*) und (wohl als Rückbildung aus dem vermeintlichen Adj.) byzant.-griech. *Sthlábos*, *Sklábos* (*Σϑλάβος*, *Σκλάβος*) 'Slawe'; hierauf beruht mlat. *Sclavi* Plur., *Sclavus*, *Slavus* Sing. 'Slawe' (neben spätlat. *Sclavenī* Plur. bei Jordanes) und aus dem Mlat. entlehntes frühnhd. *Schlaff* 'Slawe' (Mitte 15. Jh., zuvor mhd. *slave* 'Unfreier, Knecht', s. *Sklave*), nhd. *Slawe* mit dem in dieser Bedeutung sich durchsetzenden, bereits im Mlat. (als Ausspracheerleichterung oder auf Grund erneuter Anlehnung an die slaw. Form) auftretenden *sl*-Anlaut. – S l a w i s t i k f. 'Wissenschaft von den slawischen Sprachen und Literaturen' (20. Jh.), vgl. Ende des 19. Jhs. belegtes engl. *Slavistic* sowie russ. *slavístika* (*славистика*, um 1900) neben *slavjanovédenie* (*славяноведение*). s l a w i s t i s c h Adj. 'in das Gebiet der Slawistik gehörend' (20. Jh., vgl. aber *panslawistisch*, Mitte 19. Jh.).

Slip m. 'kurzer Herren- oder Damenschlüpfer', mit dieser im Dt. entwickelten Bedeutung Entlehnung (Mitte 20. Jh.) von engl. *slip* 'leicht überzuziehendes Kleidungsstück', bes. 'Damenunterrock' (auch *slips* Plur. 'Badehose'); zu engl. *to slip* 'gleiten, schlüpfen, schleichen', das wohl aus gleichbed. nl. *slippen* entlehnt ist, einer Intensivbildung zu mnl. *slīpen*, nl. *slijpen* 'schleifen, schärfen', verwandt mit nhd. [1]*schleifen* (s. d.). – S l i p p e r m. 'bequemer Straßenhalbschuh mit flachem Absatz, der weder zugeschnürt noch geknöpft wird', Übernahme (19. Jh., geläufig 20. Jh.) von engl. *slipper* 'Pantoffel, leichter Damenschuh' (zu engl. *to slip*, s. oben).

Slogan m. 'knapp und einprägsam formulierte Redewendung, Wahlspruch, Losung, Werbeformel in Wirtschaft oder Politik'; Übernahme (1. Hälfte 20. Jh.) von gleichbed. engl. *slogan*, das auf schott. *slog(g)orne*, *sloghorne*, *slughorne* 'Feldgeschrei, Schlachtruf', gäl. *sluaghgairm* (vgl. *sluagh* 'Heer', *gairm* 'Schrei') beruht.

Slums Plur. 'Elendsviertel (am Rande) von Großstädten', Übernahme (19. Jh.) von gleichbed. engl. *slums* Plur.; zu engl. *slum* 'finstere, schmutzige Hinterstraße'; wohl ein Wort der Gaunersprache.

Smaragd m. Der Name für den grünleuchtenden Edelstein mhd. *smarac(t)*, *smaragt*, *smarāt* ist entlehnt aus lat. *smaragdus*, griech. *smáragdos* (*σμάραγδος*), einer Bezeichnung, die in der Antike für alle grünen Schmucksteine gilt. Das griech. Wort ist vergleichbar mit aind. *marak(a)tam* 'Smaragd', akkad. *barraqtu*, hebr. *bāräqät* und wohl an semit. *brq* 'glänzen, blitzen' anzuschließen. – s m a r a g d e n Adj. 'wie ein Smaragd, smaragdgrün', mhd. *smaractīn*, auch 'mit Smaragden besetzt', lat. *smaragdinus*, griech. *smarágdinos* (*σμαράγδινος*).

Smog m. 'Gemisch aus Nebel, Rauch, Schmutz und Abgasen, Dunstglocke', Übernahme (Mitte 20. Jh.) von gleichbed. amerik.-engl. *smog*, einer Neubildung aus engl. *smoke* 'Rauch' (vgl. *to smoke* 'rauchen', s. *schmauchen*) und engl. *fog* '(dichter) Nebel', älter auch 'hohes Gras, Moos, Moor, sumpfiger Boden'. Wohl skandinavischen Ursprungs, vgl. norw. *fogg* 'hohes Gras in einer feuchten Niederung'. Verwandt mit *feucht* (s. d.)?

Smoking m. 'schwarzer, kleiner Gesellschaftsanzug mit seidenen Jackettaufschlägen' (19. Jh.), verkürzt aus engl. *smoking-jacket*, eigentl. 'Rauchjackett, Hausjacke', aus engl. *smoking* 'das Rauchen', zu *to smoke* 'rauchen' (s. *schmauchen*), und engl. *jacket* (s. *Jacke*), d. i. 'Rauchjacke', die nach dem Essen zum Rauchen zur Erleichterung angezogen wird anstelle des Fracks, des großen Gesellschaftsanzugs. Im Engl. dafür vorwiegend *dinner-jacket*.

Snob m. 'sich überheblich, extravagant und geistig überlegen gebärdender Mensch, Wichtigtuer', Übernahme (nach Mitte 19. Jh., erst nur auf engl. Verhältnisse bezogen) von gleichbed. engl. *snob*. Dieses ist zunächst ein spöttischer (mundartlicher bzw. umgangssprachlicher) Ausdruck unbekannter Herkunft für den 'Schuhmacher, Flickschuster'. Er wird in der (vor allem Cambridger) Studentensprache (18. Jh.) auf 'den nicht zur Universität Gehörenden' (mit dem Beisinn des Minderwertigen) übertragen, bezeichnet (um 1830) eine 'Person ohne Bildung und Geschmack' und wird durch Thackerays Roman *Book of Snobs* (1848) zum Modewort für 'Geck, Protz'. Vgl. dazu HORSTRUP in: ZfdWf. 19 (1963) 64 ff., der die ältere Erklärung für studentisches engl. *snob* aus *s. nob.*, Abkürzung für lat. *sine nobilitate* 'ohne Adel' als Kennzeichnung bürgerlicher Studenten in den Matrikeln engl. Universitäten, mit guten Gründen zurückweist. Im Dt. wird *Snob* vor allem durch Sternheims Komödie *Der Snob* (1913) als Bezeichnung für einen blasierten, anmaßenden Menschen geläufig. – Snobismus m. 'Haltung und Benehmen eines Snobs, Vornehmtuerei, Blasiertheit' (Mitte 19. Jh.), nach engl. *snob(b)ism.* snobistisch Adj. (Anfang 20. Jh.).

so Adv. 'in dieser Weise, in solchem Maße oder Grade, sehr', alleinstehend als abschließende Äußerung oder Frage; Konj. (konsekutiv) 'so daß, deshalb, dann', (konditional) 'falls, wenn', (konzessiv) 'wenn auch, obwohl', vergleichend in der Koppelung *so ... so*, (temporal) 'schon', in älterer Sprache auch stellvertretend für ein Relativpronomen. Ahd. mhd. asächs. mnd. mnl. *sō*, nl. *zo*, aengl. *swa*, *swā*, engl. *so*, anord. *svā*, schwed. *så*, got. *swa* 'so daß, daher', ablautend *swē* 'wie, gegen' führen mit alat. *suād*, lat. *sī* 'wenn' (ursprünglich 'so', wie noch in lat. *sīc* 'so'), osk. *svaí*, *svae*, umbr. *sve*, *sue* 'wenn', griech. *hōs* (*ὥς*, aus **Ϝως*) 'wie' (nachgestellt) auf unterschiedliche Ablautstufen (und zum Teil erstarrte Kasusformen) von ie. **su̯e-*, **se-* 'so', das sich zu den Pronominalstämmen ie. **se-*, **seu̯e-* (s. *sich*), eigentl. 'abseits, getrennt, für sich', stellt. Nach Horn in: Archiv f. d. Studium d. neueren Spr. 155 (1929) 68 wäre allerdings von einer Kreuzung des Dem.pron. ie. **sod* (einer neutralen Form des Pronominalstammes ie. **so*, **sā*, s. *der*) mit dem Interr.pron. ie. **kʷod* (s. *wer*, *was*) auszugehen. – sofern Konj. zur Einleitung hypothetischer Sätze 'vorausgesetzt, daß; wenn', entstanden aus mhd. *sō verre (sō)*, frühnhd. *so fern(e)* (16. Jh., Luther), *sofern* (18. Jh.). sofort Adv. 'gleich, ohne Verzug' (16. Jh., zuerst nordd.), Zusammenrükkung von *sō* (aus verstärkendem *also*) und mnd. *vōrt* 'vorwärts', zeitlich 'alsbald, gleich' (s. *fort*); sofortig Adj. 'unverzüglich' (19. Jh.). sogar Adv. zur Anreihung eines Satzgliedes bzw. Satzes (18. Jh.), zuvor (in Getrenntschreibung) *so gar* 'so völlig, bis zu dem Grade' in Wendungen wie *so gar edel* (16. Jh.), dann zusammengeschrieben *sogar* (17. Jh.). sogleich Adv. 'alsbald, unverzüglich', zusammengerückt aus verstärkendem *so* und *gleich* 'eben, gerade', dann 'sofort' (*so gleich*, 17. Jh., *sogleich*, 18. Jh.).

Socke f. (südd. auch m.), umgangssprachlich *Socken* m. (mit auslautendem *-n* aus den obliquen Kasus), 'kurzer Strumpf'. Ahd. *soc* (9. Jh.), *socko* (Hs. 13. Jh.), mhd. *soc*, mnd. *sok*, asächs. *sokk*, mnl. *soc*, nl. *sok*, aengl. *socc*, engl. *sock* sind entlehnt aus lat. *soccus* 'niedriger, leichter (griechischer) Schuh' (eine Art Schlüpfschuh, der zur Hausbekleidung und von den Schauspielern in der Komödie getragen wird), nach griech. **sokchos* (**σοκχος*), einer Nebenform von griech. *sykchís* (*συκχίς*), einem wohl orientalischen Lehnwort. Anfangs wird im Dt. übereinstimmend mit dem Lat. das maskuline Genus bewahrt; aus dem Plural (ahd. *socka*, mhd. *socke*) entwickelt sich jedoch bereits im Frühnhd. (16. Jh.) die feminine Form *Socke* (Plur. *Sokken*). Die Wendung *sich auf die Socken machen* 'davongehen, fortlaufen' (18. Jh.) stammt aus der Studentensprache; vgl. *jmdm. auf den Socken sein* 'ihm auf den Fersen sein, folgen', *auf den Socken nachgehen* 'unmittelbar folgen' (16. Jh.).

Sockel m. 'Fundament, Unterbau' (eines Gebäudes, eines Denkmals, einer Säule), im 18. Jh. als Fachwort des Bauwesens entlehnt aus gleichbed. frz. *socle* m. (17. Jh.), das aus ital. *zoccolo* (eigentl. 'Holzschuh, -pantoffel', wovon frühnhd. *Zochel*, *Zockel* in diesem Sinne im Obd. des 15. Jhs.) stammt. Zugrunde liegt lat. *socculus* 'leichter Schuh, Sandale', Deminutivum zu lat. *soccus* (s. *Socke*).

Soda f. n. in wäßriger Lösung alkalisch reagierendes Natriumkarbonat, das ursprünglich bei der Verbrennung einer aus Nordafrika stammenden, arab. *suwwād* (botan.-lat. *Suaeda* 1775, dt. *Salzmelde*) genannten Pflanze entsteht. Wort und Sache gelangen nach Sizilien, arab. *suwwād* ergibt ital. *soda*, das mit der Chemikalie vom Dt. (18. Jh.) und anderen europ. Sprachen aufgenommen wird, z. B. frz. *soude*, engl. span. *soda*, russ. *sóda* (*coда*). Vgl. FEW 19, 165.

Sodbrennen n. (durch Mangel oder Überschuß an Magensäure hervorgerufenes) 'brennendes Gefühl in Schlund, Speiseröhre oder am Mageneingang' (16. Jh.); verdeutlichendes Kompositum zu (heute kaum noch üblichem) *Sod* m. 'das Sieden, das Siedende', auch 'brennendes Gefühl in Schlund und Speiseröhre'. Ahd. *sōd*, *gisōd* (9. Jh.), mhd. *sōt* 'das Wallen, Sieden, siedende Flüssigkeit, Brühe, Brunnen', *sōte* 'das (Auf)wallen', auch (14. Jh.) 'brennender Schmerz in Schlund und Speiseröhre', asächs. *sōð* 'Brunnen', mnd. *sōde* 'das Sieden, (Auf)wallen,

Aufgekochtes, Brühe, Brunnen', mnl. *soot* 'Kochendes, Gekochtes, Pfuhl, Pfütze', aengl. *sēaþ* 'Pfütze, Pfuhl, Tümpel' stehen wie die unter *Sud* (s. d.) angeführten Formen ablautend zu dem unter *sieden* (s. d.) behandelten Verb und gehören zu ie. **seut-* 'heftig bewegt sein, sieden'.

Sode f. 'abgestochenes Rasen- oder Torfstück', im 17. Jh. in die Literatursprache aus dem Nd. aufgenommen. Etymologie ungewiß. Mnd. mnl. *sōde* 'Rasenstück' (aus dem Mnd. oder Mnl. entlehnt engl. *sod*), nl. *zode*, afries. *sātha*, *sāda*. Falls von einer Grundbedeutung 'zur Feuerung beim Kochen verwendetes Stück Torf' ausgegangen werden kann, ist Anschluß an *sieden* (s. d.) und die dort genannte Wurzel möglich. Vielleicht aber ist das Wort besser zu verbinden mit ahd. *sou* (9. Jh.), aengl. *sēaw* 'Saft', isl. *söggur* 'feucht' sowie den unter *saufen*, *saugen* und *suhlen* (s. d.) genannten Formen und an eine Dentalerweiterung der dort angeführten lautmalenden Wurzel ie. **seu-*, **sū-* 'tropfen lassen, schlürfen, saugen' anzuschließen, so daß *Sode* als 'etw. Feuchtes' aufzufassen ist.

Sofa n. 'gepolstertes Sitzmöbel für mehrere Personen mit Rücken- und Armlehne', Übernahme (Ende 17. Jh.) von gleichbed. frz. *sofa* m. (älter *sopha*, daher die bis zum Ende des 19. Jhs. gängige Schreibung *Sopha* im Dt.), entlehnt (mfrz. *sopha*) im Sinne von 'erhöhtes, mit Teppichen und Kissen belegtes Podium als Sitz- und Ruheplatz (orientalischer Fürsten)' aus arab. *ṣuffa* 'steinerner Vorsprung, Vordach, Sims, Bank'.

Sohle f. 'Lauffläche des Fußes, Schuhes, Talboden', ahd. *sola* (9. Jh.), mhd. *sol(e)* 'Schuhsohle', asächs. *sola*, mnd. mnl. *sōle*, nl. *zool*, aengl. **solu*, *sole*, engl. *sole* 'Fuß-, Schuhsohle, Talsohle', entlehnt aus vlat. **sola* 'Fuß-, Schuhsohle', eigentl. wohl Plural von lat. *solum* 'unterster Teil einer Sache, Boden, Grund, Grundfläche, Fuß-, Schuhsohle' und nicht Umbildung von lat. *solea* 'Schnürsohle, Sandale' (das zu got. *sulja* oder *suljō* 'Sandale' geführt hat). Wie bei *Socke* (s. d.) werden auch hier Wort und Sache von den Römern übernommmen. Bereits in mhd. Zeit geht der Ausdruck in übertragenem Sinne in die Sprache des Bergbaus für den 'Stollenboden' ein. – sohlen Vb. 'mit einer Sohle versehen', vereinzelt mhd. *solen*; häufiger besohlen (18. Jh.). versohlen Vb. 'mit einer Sohle beschlagen' (um 1700), geläufiger übertragen 'verprügeln' (um 1800).

Sohn m. 'männliches Kind in seinem Verhältnis zu Vater und Mutter'. Der *u*-Stamm ahd. (8. Jh.), asächs. aengl. *sunu*, anord. *sonr*, *sunr*, got. *sunus* (germ. **sunu-*) und (zu den *i*-Stämmen übergegangenes) ahd. *sun* (8. Jh.) sowie mhd. *sun*, *suon*, (md.) *son*, *sūn*, mnd. *sōne*, mnl. *sōne*, *zuene*, nl. *zoon*, engl. *son*, schwed. *son* sind wie aind. *sūnúḥ* 'Sohn', lit. *sūnùs*, aslaw. *synъ*, russ. *syn* (сын) mit *n*-Formans zur Wurzel ie. **seu-*, **sŭ-* 'gebären, erzeugen' gebildet, wozu auch griech. *hyiýs* (*υἱύς*), jünger *hyiós* (*υἱός*) 'Sohn', aind. *sū́tē* 'gebiert', *sū́-* 'Erzeuger(in)', air. *suth* 'Geburt, Frucht' gehören. Im Nhd. setzt sich vor Nasal *o* durch (s. *Sonne*, *Wonne*). Obwohl die übereinstimmende bzw. ähnliche Bildung der hier behandelten germ. Formen von *Sohn* und ihrer ie. Entsprechungen für ein beträchtliches Alter der genannten Wörter sprechen, fällt auf, daß sie in ihrer Bildungsweise (und etymologischen Durchsichtigkeit) ganz aus der Reihe der Verwandtschaftsnamen *Vater*, *Mutter*, *Tochter*, *Bruder* (s. d.) herausfallen, möglicherweise also ein noch älteres verlorengegangenes Wort ersetzen.

solar Adj. 'die Sonne betreffend, zur Sonne gehörend', im 19. Jh. in die Sprache der Wissenschaft und Technik entlehnt aus gleichbed. lat. *sōlāris*, *sōlārius*, Ableitungen von lat. *sōl* (s. *Sonne*). Häufig Bestimmungswort in Komposita, vgl. *Solarchemie*, *Solarmikroskop*, *Solaröl*, *Solartubus* (19. Jh.), *Solarbatterie*, *Solarzelle* 'von (Sonnen)licht gespeiste Batterie, Zelle' (20. Jh.).

solch(er) Dem.pron. 'so beschaffen, so gestaltet', ahd. *solīh*, *sulīh* (8. Jh.), mhd. *solich*, *solch*, *sulch*, asächs. *sulīk*, mnd. *sölk*, *söllik*, *sülk*, *süllik*, mnl. *sulc*, *soelc*, *selc*, *swilc*, nl. *zulk*, aengl. *swilc*, *swelc*, *swylc*, mengl. *swich*, *swech*, *swuch*, engl. *such*, anord. *slīkr*, schwed. *slik*, got. *swaleiks* beruhen auf einer Zusammensetzung der unter *so* (s. d.) behandelten Formen mit dem unter *-lich* (s. d.) abgehandelten Substantiv germ. **līka-* 'Körper, Gestalt', so daß sich eine Ausgangsbedeutung 'eine so beschaffene Gestalt habend, so beschaffen' ergibt.

Sold m. 'Löhnung des Soldaten', mhd. *solt* 'Lohn für geleistete Dienste (z. B. Kriegsdienste)', auch 'Schuld, Pflicht, Dienst, Geschenk', wird (um 1150) entlehnt aus afrz.

solt, *sou(t)* 'Münze' (frz. *sou* m.), das seinerseits auf spätlat. *solidus* (seit Kaiser Konstantin eine im Wert wechselnde) 'Goldmünze' beruht, einer aus der Fügung lat. *nummus solidus* 'gediegene Goldmünze' hervorgegangenen Substantivierung von lat. *solidus* 'dicht, gediegen, fest, echt, wahrhaft, vollständig' (s. *solide* und *Soldat*). Die Bedeutung 'Löhnung des Soldaten' entwickelt mhd. *solt* noch im 12. Jh. als Übersetzungswort für lat. *dōnātīvum* 'Geldgeschenk des Kaisers an das Heer (Mann für Mann)'. Die mhd. Verwendung im Sinne von 'Pflicht, Dienst' mag dagegen unter dem Einfluß des Verbs *sollen* (s. d.) oder aus der Übertragung von mhd. *solt* 'Lohn (als Folge) für geleistete Dienste' auf die 'zu leistenden Dienste', also auf die 'Pflicht' (als Voraussetzung für den Lohn) entstanden sein. – besolden Vb. 'mit Sold versehen, Gehalt zahlen', mhd. *besolden*. Söldner m. 'Soldat, der für Geld dient', mhd. *soldenære*, *soldener*, mit dem Suffix ahd. *-(i)nări*, mhd. *-(e)nære*, *-(e)ner* zu mhd. *solt* gebildet.

Soldat m. 'Angehöriger der Armee, der Streitkräfte', zuvor '(in Sold stehender) Krieger, Kriegs-, Gefolgsmann', entlehnt (Anfang 16. Jh.) aus gleichbed. ital. *soldato*, dem substantivierten Part. Perf. von ital. (älter) *soldare* 'in Sold nehmen', abgeleitet von ital. *soldo* 'Münze, Lohn, Sold', aus lat. *solidus* (s. *Sold*), also eigentl. 'der Besoldete'. – soldatisch Adj. (17. Jh.). Soldateska f. 'Kriegsvolk, Soldaten' (Anfang 17. Jh.), dann bald abschätzig '(zügelloser, plündernder, rücksichtsloser) Soldatenhaufen' (17. Jh.), ital. *soldatesca* 'Truppe von Soldaten' (substantiviertes Fem. des Adjektivs ital. *soldatesco* 'soldatisch'), im Plur. *soldatesche* 'Kriegsvolk' meist tadelnd.

Sole f. 'salzhaltiges Quellwasser, Kochsalzlösung'. Im 16. Jh. setzt sich mnd. *sōle* 'Salzwasser' (frühester Beleg *zalen* Lüneburg 14. Jh.) gegenüber frühnhd. *sul*, *sol* 'Salzwasser, Salzbrühe' (15. Jh.; vgl. spätmhd. *lebersol* 'Leberbrühe, Lebersülze'?, 14. Jh.) durch. Die Bezeichnungen könnten, da sie im Unterschied zu verwandtem *Salz* (s. d.) wie ebenfalls aslaw. *solь*, russ. *sol'* (*соль*), nsorb. *sol*, obsorb. *sól*, tschech. *sůl*, poln. *sól* 'Salz' keinen Dental aufweisen, aus einer slaw. (westslaw.?) Sprache entlehnt sein. Doch Lautformen und geographische Verbreitung lassen eine sichere Bestimmung des Entlehnungsvorgangs nicht zu; vgl. Bielfeldt Entlehnungen (1965) 19. – Solbad n. 'Bad, Badeort mit salzhaltigem Wasser' (19. Jh.). Solei n. 'hartgekochtes, in Salzwasser eingelegtes Ei' (18. Jh.).

solidarisch Adj. 'füreinander einstehend, miteinander eng verbunden', im rechtlichen Sinne 'gemeinsam berechtigt oder verpflichtet', entlehnt (Anfang 19. Jh., neben vereinzeltem *solidar*) aus frz. *solidaire* 'gemeinschaftlich, gemeinsam verantwortlich' (bes. rechtssprachlich), älter auch 'vollständig, ganz'. Das frz. Adjektiv, abgeleitet von frz. *solide* 'fest, dicht, haltbar, echt, stark, zuverlässig', gibt den juristischen Terminus lat. mlat. *in solidum* 'für das Ganze' wieder, eine Fügung mit der neutralen Form von lat. *solidus* 'dicht, fest, ganz, vollständig' (s. *solide*). Entsprechend wird auch *solidarisch* zuerst in der juristischen Fachsprache für 'gemeinsam haftend, verantwortlich, gegenseitig verpflichtend', dann im allgemeinen Sinne von 'gemeinsam eintretend, sich verbunden fühlend, übereinstimmend' gebraucht; vgl. *sich mit jmdm. oder etw. solidarisch fühlen* (19. Jh.), *sich mit jmdm. oder etw. solidarisch erklären* (Anfang 20. Jh.). – solidarisieren Vb. refl. 'für jmdn. eintreten, sich mit jmdm. zur Durchsetzung gemeinsamer Interessen und Ziele verbünden' (1. Hälfte 20. Jh.), nach gleichbed. frz. *se solidariser* (19. Jh.). Solidarität f. 'Zusammengehörigkeitsgefühl, Verbundenheit, gegenseitige Hilfsbereitschaft' (Ende 18. Jh.), frz. *solidarité* (Ende 17. Jh.).

solide, auch *solid*, Adj. 'sicher, zuverlässig, ordentlich, widerstands- und strapazierfähig, anständig, moralisch einwandfrei', Entlehnung (17. Jh.) von gleichbed. frz. *solide*, das lat. *solidus* 'dicht, gediegen, fest, echt, wahrhaft, vollständig' fortsetzt. Seit dem Beginn des 19. Jhs. auch auf menschliche Gewohnheiten, Eigenschaften und soziale Lebensbedingungen bezogen im Sinne von 'maßvoll, anständig, rechtschaffen, wohlsituiert'. – Solidität f. 'Festigkeit, Haltbarkeit, Zuverlässigkeit' (17. Jh.), frz. *solidité*, lat. *soliditās* (Gen. *soliditātis*) 'Dichtheit, Festigkeit, Dauerhaftigkeit'.

Soljanka f. russisches Gericht aus mit Zwiebeln gedämpftem Sauerkraut, das mit gebratenem Fleisch geschichtet, mit Pfeffergurken, Pilzen, Würstchen bedeckt im Ofen leicht gebacken wird (um 1900, zunächst wohl nur Ausdruck der Küchenkunst); später (Mitte 20. Jh.) eine Suppe mit Fleisch oder Fisch, Gemüse und saurer Sahne. In beiden Fällen handelt es sich um Übernahme von russ. *soljánka* (*солянка*), das, als Bezeichnung eines stark gewürzten Gerichts, wohl unter dem Einfluß von russ. *sol'* (*соль*) 'Salz', aus russ. *seljánka* (*селянка*) 'warme Brühe aus verschiedenartigem Fleisch, Kohl, Lauch, Gurken' entsteht, eigentl. 'Bauernessen'; vgl. russ. (älter) *seljanín* (*селянин*) m., *seljánka* (*селянка*) f. 'Dorf-, Landbewohner(in), zu russ. *seló* (*село*) 'Dorf'.

sollen Vb. 'genötigt, verpflichtet, schuldig sein'. Das zu den Präteritopräsentien gehörende gemeingerm. Verb. ahd. *scolan*, *sculan* (8. Jh.), mhd. *scholn*, *schuln* 'verpflichtet, genötigt sein, gebühren, nützen, schulden', mnd. *schōlen*, *schōllen*, *schullen*, asächs. *skulan*, aengl. *sculan*, *sceolan*, engl. *shall*, anord. *skulu*, schwed. *skola*, got. *skulan*, mit Konsonantenerleichterung ahd. *solan*, *sulan* (9. Jh.), mhd. *soln*, *suln*, nhd. *sollen*, mnd. *sōlen*, mnl. *sullen*, nl. *zullen* vergleicht sich mit lit. *skeléti* 'schuldig sein', apreuß. *skellānts* 'schuldig', (ablautend) *skallīsnan* (Akk. Sing. Fem.) 'Pflicht' und (ohne anlautendes *s-*) lit. *kaltė̃* 'Schuld', *kaltas* 'schuldig', so daß sich eine (allerdings nur aus dem Germ. und Balt. erschließbare) Wurzel ie. **(s)kel-* 'schuldig sein, schulden, sollen' ansetzen läßt. Das heute nur noch als Hilfszeitwort verwendete Verb bewahrt seine alte volle Bedeutung in der Kaufmannssprache 'zur Zahlung verpflichtet sein, schulden' bis Anfang des 19. Jhs. – S o l l n. 'Schulden, Zahlungsverpflichtung', allgemein 'Gebot, Pflicht, Zwang' (17. Jh.), Substantivierung der 3. Pers. Sing. Präs. *er soll* 'er ist schuldig, hat zu zahlen' (lat. *dēbet*), vielfach Überschrift auf der linken Seite von Rechnungsbüchern (16. Jh.).

Söller m. 'offener Umgang, Altan, erhöhter offener Saal, Raum unter dem Dach', ahd. *solāri* 'der Sonne ausgesetzter Ort, Terrasse, Altan, oberes Stockwerk, Speiseraum im oberen Stockwerk' (um 800), mhd. *sölre*, *solre*, *soller* 'Boden über einem Gemach oder Haus, Vorplatz, Flur im oberen Stockwerk, Laube, Saal', asächs. *soleri*, mnl. *solre*, *soller*, *solder*, nl. *zolder* 'Boden, Speicher', aengl. *solor* sind entlehnt aus lat. *sōlārium* 'der Sonne ausgesetzter Ort, flaches Dach, Terrasse', dem substantiverten Neutrum von lat. *sōlārius* 'zur Sonne gehörig' (abgeleitet von lat. *sōl* m. 'Sonne'). Wie *Kammer*, *Keller*, *Mauer* u. dgl. übernehmen die Germanen das lat. Wort, als sie die röm. Steinbauweise kennenlernen. Die umgelautete Form *Söller* setzt sich mit Luthers Bibelübersetzung durch.

Solo n. 'musikalische oder tänzerische Einzeldarbietung, Alleinvortrag, -spiel, Einzelstimme', Entlehnung (1. Hälfte 18. Jh.) von gleichbed. ital. *solo*, der Substantivierung des Adjektivs ital. *solo* 'allein', aus lat. *sōlus* 'allein, einzig, einsam'. Die Entwicklung des Ausdrucks zum gängigen Terminus der Musik mag durch Fügungen wie ital. *cantar*, *suonar (a) solo* begünstigt worden sein. Dazu entstehen im Dt. Zusammensetzungen wie *Solotänzer*, *Hornsolo* (18. Jh.), *Soloinstrument* (19. Jh.), *Solopartie*, *Soloprogramm* (20. Jh.) und (außerhalb der Musiksprache) *Solofahrer* (im Sport), *Soloarbeit* (20. Jh.). – s o l o Adv. 'allein, einzeln, ohne Begleitung' (Ende 17. Jh.), zunächst vorwiegend in allgemeiner Verwendung entsprechend ital. *solo* Adj. und Adv. 'allein' (s. oben). S o l i s t m. 'mit einer Solopartie auftretender Künstler' (19. Jh.); vgl. ital. *solista*, frz. *soliste*.

Sommer m. zwischen Frühling und Herbst liegende Jahreszeit, ahd. *sumar* (8. Jh.), mhd. *sumer*, nhd. (mit Wandel des *u* zu *o* vor Nasal seit etwa 16. Jh., s. auch *Sonne*) *Sommer*, asächs. *sumar*, mnd. *sōmer, sommer*, mnl. *somer*, nl. *zomer*, aengl. *sumor*, engl. *summer*, anord. *sumar* n., *sumarr* m., schwed. *sommar* ist vergleichbar mit aind. *sámā* 'Jahr, Halbjahr, Jahreszeit', awest. *ham-* 'Sommer', armen. *am* 'Jahr', *amaṙn* 'Sommer', air. *sam* 'Sommer' und läßt sich auf ie. **sem-* 'Sommer' zurückführen. – s o m m e r l i c h Adj. 'wie Sommer, dem Sommer entsprechend', ahd. *sumarlīh* (um 900), mhd. *sumerlich*. s o m m e r s Adv. 'im Sommer', mhd. *(des) sumers*, erstarrter Gen. S o m m e r s p r o s s e f. '(durch Sonneneinwirkung hervorgerufener) kleiner, brauner Pigmentfleck der Haut' (17. Jh.), meist im Plur., zuerst nordd. nachgewiesene verdeutlichende Zusammensetzung in Anschluß an mnd. *sprōte(le)*, *sprūte(le)*, frühnhd. *sprusse* '(im Sommer) aufsprießender Hautfleck' (s. *Sprosse, sprießen*). Älter *Sommerfleck* (16. Jh.). – Formal an das Stichwort ist anzuschließen *(fliegender) Sommer* (17. Jh.) für die im Spätsommer umherfliegenden weißen Fäden kleiner Spinnen, bildlich 'Nachsommer, schöne, heitere Herbsttage'; für beides auch *Sommerfäden*, *-flocken*, *-weben* (18. Jh.; vgl. nl. *zomerdraden*, Plur.) sowie *Unser(er) lieben Frauen Sommer* (18. Jh.), *Mariensommer*, *-fäden*, *-garn*, *Frauenfäden* (19. Jh.); vgl. frz. *fils de la vierge* (18. Jh.), ital. *fili della Vergine*, *fili Santa Maria*. Im Nordd. *Metten-*, *Mettkensommer*, *-samer* (18. Jh.), oft gedeutet als 'Mädchensommer', eher vielleicht zu *Made* gehörig, wenn aufzufassen als 'Schmetterlings-, Raupengespinst'. In die Literatursprache ist eingegangen Altweibersommer m. (18. Jh., wohl älter), die fliegenden Gespinstfäden offensichtlich mit den grauen bzw. weißen Haaren alter Frauen vergleichend (wie in den Pflanzennamen *Altweibergras* 'Buschwindröschen' im Hinblick auf die weiße Blütenfarbe, *alte Mägde*, *alte Jungfern* 'Wollgras' im Hinblick auf die weiße Fruchtwolle). Der älteste Beleg für diese Erscheinung liegt vor in aengl. *gosesomer*, *gossomer* (14. Jh., mlat. *fil(i)andra* 'Fadenwerk, Gespinst' glossierend, zu lat. *fīlum* 'Faden'; engl. *gossamer*), der einen Anschluß an engl. *summer* 'Sommer' (wie auch an engl. *goose* 'Gans') allerdings fraglich erscheinen läßt, daher etymologisch unklar. Man muß demzufolge davon ausgehen, daß auch die entsprechenden dt. Belege erst nachträglich und volksetymologisch an *Sommer* angelehnt wurden, ihrer Herkunft nach also nicht zu bestimmen sind. Der teils poetische (zuerst Ende 17. Jh.), teils mundartliche Gebrauch von *Altweibersommer* im Sinne von 'zweite Jugend bei Frauen' beruht auf einer von der vorgenannten unabhängigen Bildung, wahrscheinlicher aber auf sekundärer Interpretation.

somnambul Adj. 'schlafwandelnd', seit dem 19. Jh. im Dt. üblich; wohl unabhängig von frz. *somnambule* (17. Jh.) aus medizin.-lat. *somnambulus*. Dieses ist eine Neubildung zu lat. *somnus* 'Schlaf' und lat. *ambulāre* 'umhergehen, wandeln' (s. *ambulant*), nach dem Vorbild von mlat. *noctambulus* 'nachtwandlerisch, Nachtwandler' (zu lat. *nox*, Gen. *noctis* 'Nacht'), mit dem es in den medizinischen Lexika des 18. Jhs. synonym gebraucht und (substantiviert) durch *Nachtwandler*, *Mondsüchtiger* verdeutscht wird.

Sonate f. 'mehrsätziges Musikstück für ein oder mehrere Instrumente'. In der 1. Hälfte des 17. Jhs. wird ital. *sonata*, gleichsam 'Klingstück' (im Unterschied zum 'Singstück', s. *Kantate*), ins Dt. entlehnt. Ital. *sonata* ist das substantivierte Part. Perf. Fem. von ital. *sonare*, aus lat. *sonāre* '(er)tönen, (er)schallen, klingen'. – Dazu Sonatine f. Bezeichnung für die kleine Sonatenform, Entlehnung (Anfang 18. Jh.) aus ital. *sonatina*, Deminutivum von ital. *sonata*.

Sonde f. 'nautisches Senkblei, Lot' zum Messen der Meerestiefe (18. Jh.), daraus verallgemeinert 'Meß-, Prüfgerät' in unterschiedlichen technischen Bereichen, vgl. *Mond-*, *Radio-*, *Raketen-*, *Raumsonde* (20. Jh.), in der Medizin 'Wundeisen, Senknadel' zur Untersuchung der Tiefe von Wunden (18. Jh.), 'Instrument, das zur Untersuchung und Behandlung in das Körperinnere eingeführt wird, Katheter' (20. Jh.), vgl. *Blasen-*, *Magen-*, *Herzsonde*. Der Ausdruck ist in seinen frühen Bedeutungen eine Übernahme von gleichbed. frz. *sonde*. Man nimmt an (vgl. FEW 17, 270f.), daß afrz. *sonde* 'Lot, Senkblei' als Seemannsausdruck aus germ. **sund-* hervorgegangen sei, das als Entlehnung frz. Seeleute aus Bildungen wie aengl. *sundgyrd* 'Stange zum Messen der Wassertiefe', *sundlīne* 'Lot', *sundrāp* 'Meßleine' (vgl. aengl. *sund* 'das Schwimmen, Meer, Wasser', s. *Sund*) aufgefaßt wird. – sondieren Vb. '(eine Meinung) vorsichtig erkunden, erforschen' (Mitte 17. Jh.), medizinisch 'mit der Sonde untersuchen' (Anfang 18. Jh.), nautisch 'Wassertiefe messen' (1. Hälfte 18. Jh.), aus frz. *sonder* 'loten, untersuchen, ergründen', afrz. 'loten, peilen', vom Substantiv abgeleitet.

sonder Präp. mit Akk. 'ohne'; heute nur noch in Fügungen wie *sonder Tadel*, *sonder Zweifel*, *sondersgleichen*. Ahd. *suntar* (9. Jh.), mhd. mnd. *sunder* 'außer, ohne' (vgl. auch anfrk. *sundir*) setzt sich seit dem 16. Jh. in der durch Senkung von *u* zu *o* vor Nasal entstandenen md. Form *sonder* durch (s. auch *Sommer*, *Sonne*, *Wonne* u. a.). Voraus geht ein Adverb ahd. *suntar* 'abseits, gesondert, für sich' (8. Jh.), mhd. mnd. *sunder* 'auf eine gesonderte Weise, abseits, im einzelnen, für sich, ausschließlich, ausgezeichnet, sehr', asächs. *sundar* 'abgesondert, besonders', mnl. *sonder*, aengl. *sundor* 'beiseite, für sich' (in engl. *asunder* 'auseinander, entzwei'), anord. *sundr* 'gesondert, auseinander, entzwei', got. *sundrō* 'abgesondert, allein'; verwandt sind aind. *sanutáḥ* 'weg, fort, abseits', griech. *áter* (*ἄτερ*) 'ohne, fern von', air. *sain* 'verschieden, besonders', lat. *sine* 'ohne', so daß auf Formen wie ie. **seni-*, **senu-*, **sn̥ter-* 'für sich, abgesondert' zurückgegangen werden kann, die möglicherweise zu dem unter *sich* (s. d.) genannten Reflexivstamm ie. **se-*, eigentl. 'abseits, getrennt, für sich', gebildet sind. Das Adverb wird seit dem 16. Jh. von *besonders* (s. *besonder*) abgelöst. – Daneben s o n d e r Adj. 'für sich abgetrennt, extra', bis ins 18. Jh. geläufig, danach nur vereinzelt und von *besonder* (s. d.) verdrängt (erhalten in Komposita wie *Sonderdruck*, *-stellung*, *-zuteilung*), ahd. *suntar* 'entlegen, entfernt, abgesondert' (11. Jh., vielleicht bereits 8. Jh.?), mhd. mnd. *sunder* 'abgesondert, alleinstehend, einsam, besonder, ausschließlich, eigen, ausgezeichnet'. s o n d e r Konj. 'vielmehr' (bis ins 17. Jh.), ahd. *suntar* 'sonder, doch' (9. Jh.), mhd. mnd. *sunder* 'ausgenommen, außer, gleichwohl, vielmehr, indessen, aber'. Dazu tritt gleichbed. s o n d e r n Konj., mhd. (md.) *sundern* (14. Jh.), eigentl. Dat. Plur. des Adjektivs (s. oben), das sich vom Omd. im 16. Jh. durch Luther ausbreitet. – S o n d e r l i n g m. 'wer sich durch auffallendes, abweichendes Verhalten von seinen Mitmenschen abhebt und absondert, Kauz' (17. Jh.), zuvor wertneutral 'wer sich absondert' (16. Jh.). s o n d e r b a r Adj. 'merkwürdig, herausfallend, unerklärlich', ahd. *suntarbāri* 'abgesondert' (10. Jh.), mhd. *sunderbære*, *-bar* 'besonder, ausgezeichnet, alleinstehend, unverheiratet', zusammengesetzt mit dem unter *-bar* (s. d.) behandelten Suffix. s o n d e r l i c h Adj. 'merkwürdig', Adv. 'besonders', ahd. *suntarlīh* (um 1000, *suntarlīhho* Adv., 9. Jh.), mhd. *sunderlich* 'abgesondert, besonder', *sunderlīche*, *-līchen* Adv. s o n d e r n Vb. 'trennen, aussortieren', ahd. *suntarōn* (9. Jh., *gisuntarōt* Part. Prät., um 800), mhd. *sundern* 'abtrennen, unterscheiden'. a b s o n d e r n Vb. 'loslösen, isolieren, ausscheiden (von Flüssigkeiten), sich abheben', mhd. *abesundern* 'vermögensrechtlich abfinden, loslösen'. a u s s o n d e r n Vb. 'auswählen und aussortieren', mhd. *ūȝsundern* 'abtrennen, entfernen'.

Sonett n. Bezeichnung für ein in Italien entstandenes vierzehnzeiliges, in zwei Abteilungen (zu zwei Vierzeilern und zwei Dreizeilern) gegliedertes lyrisches Gedicht mit besonderer Reimfolge, entlehnt (16. Jh.) aus ital. *sonetto*, einer Deminutivbildung zu ital. *suono*, älter auch *sono* 'Schall, Klang, Ton', aus gleichbed. lat. *sonus* (zu lat. *sonāre* '(er)-tönen, (er)schallen, klingen').

Song m. 'Lied mit aktuellem politischem oder folkloristischem Inhalt', Übernahme (Ende 18. Jh.) von engl. *song* 'Lied, Gesang' (s. *Sang*). Seit Brecht und Weill Bezeichnung für einen balladenhaften, satirischen, sozialkritischen Sprechgesang, der der Moritat und dem Bänkelsang nahesteht und in das moderne Drama eingeschoben wird. In neuester Zeit (seit der Mitte des 20. Jhs.) auch 'Lied der populären Unterhaltungsmusik'.

Sonnabend m. im östlichen Md. und Nordd. geltender Wochentagsname (gegenüber *Samstag* in den übrigen Gebieten). Ahd. *sunnūnāband* (9. Jh.), mhd. *sunnenābent*, *sunābent*, mnd. *sonāvent* wird im Zuge der angelsächsischen Mission aufgenommen als Entsprechung von aengl. *Sunnanǣfen*, aus **Sunnandægǣfen* 'Vorabend des Sonntags' und in diesem Sinne auf den ganzen dem Sonntag vorausgehenden Tag ausgedehnt (vgl. aengl. *ǣfen*, engl. *eve* 'Vorabend' sowie *Vorabend*, s. *Abend*). Damit (wie auch von Süden her durch *Samstag*) wird eine (heidnische) aus lat. *Sāturnī diēs* 'Tag des Gottes Saturn' hervorgegangene Bezeichnung, erhalten in aengl. *Sætern(es)dæg*, engl. *Saturday*, mnl. *saterdach*, nl. *zaterdag*, mnd. *sāter(s)dach*, heute noch nordwestd. (mundartlich) *Sater(s)tag*, durch eine einheimische ersetzt. Zur weiteren Herkunft s. die unter *Sonne* und *Abend* (s. d.) dargestellten Substantive. *Sonnabend* grenzt im Süden und Westen an *Samstag* (s. d.).

Sonne f. 'der Erde Licht und Wärme spendender Himmelskörper', ahd. *sunna* f. (8. Jh.), *sunno* m. (11. Jh.), mhd. *sunne* f. m., (md.) *sonne*, auch 'Tageslicht, östliche Himmelsgegend', asächs. *sunna* f., *sunno* m., mnd. *sunne*, mnl. *sonne*, nl. *zon*, aengl. *sunne* f., *sunna* m., engl. *sun*, anord. *sunna*, got. *sunnō* (germ. **sunnō*) und awest. *xᵛan-* 'Sonne' stehen neben anord. *sōl*, schwed. *sol*, got. *sauil* sowie awest. *hvar-*, aind. *sū́ryaḥ*, *svàḥ*, griech. *hḗlios* (*ἥλιος*, aus **σαϝέλιος*), lat. *sōl*, kymr. *haul* 'Sonne', air. *sūil* (aus **sūli-*) 'Auge', lit. *sáulė*, aslaw. *slъnece*, russ. *sólnce* (*солнце*). Die Formen weisen auf einen alten *l/n*-Stamm ie. **sau̯el-*, **s(u)u̯el-*, **sūl-*

mit einer die obliquen Kasus bildenden Stammform *suen-, *sun- 'Sonne', zu dem wohl die unter *schwelen* (s. d.) genannte Wurzel ie. *suel- 'schwelen, brennen' gehört. – s o n n e n Vb. meist refl. 'von der Sonne bescheinen lassen', mhd. *sünnen*, *sunnen*, frühnhd. *sonnen*, *sönnen*. s o n n i g Adj. 'voller Sonne' (18. Jh.), älter *sonnicht* (17. Jh.), *sonnechtig* (16. Jh.); vgl. mhd. *sunneclich*. S o n n e n b l u m e f. Name verschiedener Blumenarten, die in der Farbe und den strahlenförmig angeordneten Blüten als Abbild der Sonne gelten (16. Jh.). S o n n e n f i n s t e r n i s f. 'Verfinsterung der Sonne durch das Dazwischentreten des Mondes' (16. Jh.); vgl. frühnhd. *sunnenfinster* f. (15. Jh.). S o n n e n f l e c k m. 'dunkler Fleck in der Sonne' (17. Jh.), zuvor 'Sommersprosse' (16. Jh.). S o n n e n s c h e i n m. 'Licht, Strahlen der Sonne', mhd. *sunne(n)schīn*. S o n n e n s t i c h m. 'das heiße, stechende Scheinen der Sonne' (17. Jh.), 'Gehirnschädigung durch intensive Einwirkung von Sonnenstrahlen auf den Kopf' (18. Jh.). S o n n e n s t r a h l m. (17. Jh.). S o n n e n u h r f., frühnhd. *sunnen ur* (15. Jh.). S o n n e n w e n d e f. 'Tag des Sommer- oder Winterbeginns, an dem die Sonne ihren höchsten oder niedrigsten Stand hat', eigentl. 'Umkehr der Sonne', mhd. *sunnewende* 'Sonnenwende im Sommer, Johannistag'; vgl. auch frühnhd. *sunnenstat*, *-stant* (15. Jh.), mhd. *-standunge*, das lat. *sōlstitium* 'Sonnenwende', eigentl. 'Sonnenstillstand' (zu lat. *sistere* 'anhalten, stillstehen'), nachgebildet ist im Hinblick auf die Vorstellung, daß die Sonne auf ihrem Höchst- und Tiefstpunkt anhalte. Anders ahd. *sunnawendīg* Adj. (von einem Edelstein) 'das Sonnenlicht verwandelnd' (um 1000).

Sonntag m. Die nach dem Sonnengott benannte antike Bezeichnung für den ersten Tag der Woche griech. *hēméra Hēlíū* (*ἡμέρα Ἡλίου*) 'Tag des Sonnengottes Helios' und entsprechend lat. *diēs sōlis* wird vor dem 4. Jh., d. h. vor der Christianisierung, also vor Einwirkung von kirchenlat. *(diēs) dominicus* bzw. *dominica* (vgl. frz. *dimanche*, ital. *domenica*, span. *domingo*), von den Germanen nachgebildet in ahd. *sunnūntag* (9. Jh.), mhd. *sunne(n)tac*, *sun(n)tac*, asächs. *sunnundag*, mnd. *sondach*, mnl. *sonnendach*, *sondach*, nl. *zondag*, aengl. *Sunnandæg*, engl. *Sunday*, anord. *sunnudagr*, schwed. *söndag*, einem Genitivkompositum aus den unter *Sonne* (s. d.) und *Tag* (s. d.) behandelten Substantiven. Seit dem 15. Jh. setzt sich die md. Form mit *o* (s. *Sonne*) durch in *Sonnentag* (15. Jh.) und *Sonntag* (16. Jh.); bereits im 16. Jh. mit Bedeutungsdifferenzierung *Sonnentag* 'sonniger Tag'. – S o n n t a g s k i n d n. 'an einem Sonntag geborener Mensch' und daher nach dem Volksglauben mit besonderen Kräften (z. B. der Fähigkeit, Geister und Gespenster sehen zu können) ausgestattet (16. Jh.), dann 'Glückskind' (18. Jh.).

sonor Adj. 'voll und wohl tönend, klangvoll' (bes. von der Stimme), Entlehnung (2. Hälfte 18. Jh.) von gleichbed. mfrz. frz. *sonore*, lat. *sonōrus* 'schallend, klingend, ertönend, klangvoll', zu lat. *sonor* 'Klang, Ton, Geräusch' (vgl. lat. *sonāre* '(er)tönen, (er)schallen, klingen').

sonst Adv. 'bei anderer Gelegenheit, zu anderer Zeit, für gewöhnlich', Konj. 'andernfalls'. Ahd. (8. Jh.), mhd. *sus* 'so, in solchem Grade, so sehr, in solcher Weise', asächs. mnl. *sus*, mnd. *süs*, nl. *zus* gehen wohl auf ein gleichbed. Adverb, erhalten in mhd. (md.) *dus*, asächs. *thus*, mnd. *düs*, mnl. nl. *dus*, aengl. *þus*, engl. *thus*, zurück, gebildet zu dem unter *der* (s. d.) genannten Pronominalstamm ie. *te-, *to-, dessen Anlaut jedoch unter den Einfluß von *so* (s. d.) geraten ist. Ahd. mhd. *sus* hält sich bis ins 15. Jh. Daneben begegnet mhd. *sust* mit unorganischem *-t* (bis ins 16. Jh.), woraus im 14. Jh. durch Nasalierung spätmhd. *sunst*, seit dem 16. Jh. *sonst* (mit Wandel von *u* zu *o* vor Nasal, s. *sonder*) entsteht. Die heutige Bedeutung entwickelt sich seit mhd. Zeit über 'so aber, aber nun, wenn nicht' (nach Bedingungssätzen, Aufforderungen und Wünschen). – s o n s t i g Adj. (nur attributiv) 'übrig' (18. Jh.). u m s o n s t Adv. 'ohne Lohn, ohne Gegenleistung, ohne Kosten, erfolglos, vergebens', mhd. *umbesunst*, *umbesus(t)*, Zusammenrückung von mhd. *umbe* 'um' und substantiviert aufgefaßtem mhd. *sus(t)*, eigentl. also 'für ein Sonst, für ein Nichts'.

Sophist m. 'Vertreter einer griech. Philosophenschule (des 5. bis 4. Jhs. v. u. Z.), Rhetor' (18. Jh.), älter 'Überredungskünstler, Wortverdreher, Schwätzer, Betrüger' (Ende 15. Jh.), bei den Anhängern Luthers abschätzige Bezeichnung für ihre Gegner, entlehnt aus lat. *sophista*, *sophistēs*, griech. *sophistḗs* (*σοφιστής*) 'Künstler, Gelehrter, (Wander)-lehrer, der für Geld die Kunst zu denken und zu sprechen, Weltweisheit, Politik, Rhetorik lehrt, Redner, Verfasser von Reden', dann auch 'Großsprecher, Aufschneider, Wortspieler, Betrüger'; zu griech. *sophízein* (*σοφίζειν*) 'unterrichten, belehren', medial 'geschickt, klug oder listig reden oder handeln, aussinnen, erfinden', Denominativum zu griech. *sophós* (*σοφός*) 'geschickt, gelehrt, weise, Weiser' (s. *Philosoph*). – s o p h i s t i s c h Adj. 'in der Art eines Sophisten, spitzfindig' (16. Jh.), lat. *sophisticus*, griech. *sophistikós* (*σοφιστικός*).

Sopran m. 'höchste Frauen- oder Knabenstimmlage, in dieser Stimmlage Singende(r), alle Sopranstimmen eines Chores', Entlehnung (18. Jh., *Soprano*) von gleichbed. ital. *soprano* (als Bezeichnung der Singstimme seit etwa 1600), eigentl. 'der Oberste, der darüber Befindliche', Substantivierung des heute nicht mehr üblichen Adjektivs ital. *soprano* 'darüber, oben befindlich', aus vlat. **supranus* (zu lat. *suprā* 'oben') oder vlat. **superanus* (zu lat. *super* 'oben, darüber', s. *souverän*) 'oben befindlich'. – S o p r a n i s t i n f. 'Sängerin mit Sopranstimme' (19. Jh.), älter *Sopranist* m. 'sopransingender Knabe', anfangs vornehmlich 'Kastrat, Falsettist' (1700).

Sorge f. 'Befürchtung, Unruhe, Kummer, Bemühung um Abhilfe, Fürsorge', ahd. *sorga* (8. Jh.), *sworga* (9. Jh.), mhd. *sorge* 'Besorgnis, Kummer, Furcht, Gefahr', asächs. *sorga*, mnd. *sorge*, mnl. *sorghe*, *surghe*, nl. *zorg*, aengl. *sorh*, *sorg*, engl. *sorrow*, anord. schwed. *sorg*, got. *saúrga* (germ. **surgō*). Herkunft ungewiß. Falls *w* in ahd. *sworga* (Tatian, Otfrid) und *sworgēn* (s. unten) als ursprünglich anzusehen ist (mit nachfolgendem Ausfall vor *o*), ist eine Verbindung mit aind. *sū́rkṣati* 'kümmert sich um' möglich und ie. **su̯ergh-* 'sorgen, sich worum kümmern' ansetzbar. Ist dieses *w* hingegen sekundär, kann auch air. *serg* 'Krankheit', lit. *sir̃gti* 'krank sein', russ.-kslaw. *sragъ* 'furchtbar drohend', russ. (älter) *soróga* (*сорога*) 'mürrischer, schwer zugänglicher Mensch' verglichen werden, so daß von ie. **sergh-* 'sorgen, sich worum kümmern, krank sein' ausgegangen werden kann. Nimmt man an, daß *su̯-* und *s-* im Anlaut wechseln, so lassen sich alle Formen vereinigen unter einem gemeinsamen Bedeutungskern 'körperliche oder seelische Gedrücktheit, mürrisches Wesen, auch infolge von Krankheit'. MAYRHOFER 3, 495 möchte dagegen die germ. Formen und das aind. Verb mit lit. *sérgėti* 'behüten, bewahren' verbinden unter einem Ansatz ie. **serəgh-*, **sr̥̄gh-*, was freilich voraussetzen würde, daß germ. *w* sekundär ist. Zugrunde läge dann die Wurzel ie. **ser-* bzw. **ser(ə)-* 'sorgend Obacht geben, schützen, bewahren', vgl. awest. *har-* 'achthaben, wachen über, behüten', lat. *servāre* 'bewahren, unversehrt erhalten'. Im Germ. entwickelt *Sorge* die Bedeutungen 'Furcht vor Bedrohung' und 'Bemühung um Beseitigung der Bedrohungen'. – s o r g e n Vb. 'sich in Befürchtungen quälen, sich kümmern um', ahd. *sorgēn* (8. Jh.), *sworgēn* (9. Jh.), mhd. mnd. *sorgen*, asächs. *sorgon*, mnl. *sorghen*, *surghen*, nl. *zorgen*, aengl. *sorgian*, engl. *to sorrow*, anord. *syrgja*, schwed. *sörja*, got. *saúrgan*. b e s o r g e n Vb. 'sich um etw. oder jmdn. kümmern, betreuen, beschaffen', ahd. *bisorgēn*, *-sworgēn* (9. Jh.), mhd. *besorgen* 'befürchten, sorgen für, versorgen mit, beschützen vor etw.'; b e s o r g t Part.adj. 'ängstlich, vorsorglich', mhd. *besorget*. B e s o r g n i s f. 'Befürchtung', spätmhd. *besorgnis* 'Sorge, Befürchtung, Fürsorge'. v e r s o r g e n Vb. 'jmdn. betreuen, etw. beschaffen', mhd. *versorgen* 'aufhören zu sorgen, sicherstellen, besorgen', bis ins 17. Jh. auch 'zuviel sorgen'; vgl. ahd. *forasorgēn* 'ein Amt ausüben, Verwaltertätigkeit leisten' (9. Jh.), Übersetzung von lat. *prōcūrāre* 'für etw. Sorge tragen'. V o r s o r g e f. 'auf Zukünftiges gerichtete Bemühung' (16. Jh.). F ü r s o r g e f. 'das Sichkümmern um jmdn. oder etw., Unterstützung, Beistand' (auch in staatlich organisierter Form), mhd. *vürsorge* 'sich auf die Zukunft erstreckende Besorgnis'. F ü r s o r g e r i n f. 'wer (berufsmäßig) Fürsorge leistet' (Anfang 19. Jh.); vgl. älteres *Fürsorger* m. 'wer für eine Sache (auch für deren Vorhandensein) Sorge trägt' (16. Jh.). s o r g l i c h Adj. 'Sorge tragend, Beistand leistend, sich kümmernd, achtsam', ahd. *sorglīh*, *sworglīh* (9. Jh.), mhd. *sorc-*, *sorgelich* 'Sorge erregend, gefährlich, bedenklich, bekümmert, ängstlich'. s o r g s a m Adj. 'achtsam, vorsichtig, genau, fleißig', ahd. *sorgsam* 'wachsam, argwöhnisch' (9. Jh.), mhd. *sorc-*, *sorgesam* 'Sorge erregend, empfindend, tragend'. s o r g f ä l t i g Adj.

'achtsam, vorsichtig, genau', mhd. *sorc-*, *sorgeveltic* 'sorgend, besorgt, bekümmert, Besorgnis erregend, gefährlich'; S o r g f a l t f. 'Achtsamkeit, Vorsichtigkeit, Genauigkeit, Verantwortungsbewußtheit' (17. Jh.), Rückbildung aus dem Adjektiv. s o r g e n f r e i Adj. 'ohne Sorgen, frei von Kummer, unbeschwert' (17. Jh.), vgl. mhd. *der sorgen vrī*. s o r g e n v o l l Adj. 'bedrückt von Sorgen, Befürchtungen, Kummer' (17. Jh.); vgl. ahd. *sorgfol* (9. Jh.).

Sorte f. 'Art, Wertgruppe, Qualität'. Mnd. (in der Geschäftssprache der Hanse) *sorte* 'Art einer Handelsware, Auswahl, Lieferung', mnl. *sorte*, *soorte*, nl. *soort* ist eine Entlehnung (14. Jh.) von afrz. (frz.) *sorte* 'Art' wie gleichbed. obd. *sorta*, *sort* (15. Jh., Kaufmannssprache) von ital. *sorta*. Die auf verschiedenen Wegen ins Dt. gelangten Ausdrücke werden im 16. Jh. in die Literatursprache aufgenommen und allgemein gebräuchlich. Dem frz. wie dem (wohl aus dem Frz. stammenden) ital. Wort liegt lat. *sors* (Gen. *sortis*) 'Los(stäbchen), Orakel(spruch), Anteil an etw., Schicksal, Stand, Art, Kategorie, Kapital, Geld', spätlat. mlat. auch 'Art und Weise, Beschaffenheit' (woraus sich 'Qualität' entwickelt) zugrunde; zu lat. *serere* (*sertum*) 'reihen, (ver)knüpfen, zusammenfügen'. Die anfangs vorwiegend auf Waren bezogene Verwendung wird Ende 16. Jh. erweitert (meist pluralisch) auf 'Münzen', bes. 'Geld ausländischer Währungen, Devisen'. – s o r t i e r e n Vb. 'nach seiner Zusammengehörigkeit ordnen' (Ende 15. Jh.), entlehnt aus gleichbed. ital. *sortire*, das auf lat. *sortīrī* '(durch das Los) verteilen, aussuchen' beruht, abgeleitet von lat. *sors* (s. oben); daneben gelegentlich auch *sorten* Vb. (17. Jh.). S o r t i m e n t n. 'Gesamtheit vorhandener Warenarten, Warenlager' (Anfang 17. Jh.), ital. (älter) *sortimento* (heute *assortimento*).

Soße f. 'Tunke, Brühe für Speisen', Entlehnung (15. Jh.) von gleichbed. mfrz. frz. *sausse*, *sauce*. Diesem geht afrz. *salse* vorauf, das auf der Substantivierung der fem. Singular- bzw. neutr. Pluralform des Part.adj. lat. *salsus* 'gesalzen' (zu lat. *sallere* 'salzen', s. *Salz*) beruht; vgl. lat. *salsa* 'gesalzene Speisen', mlat. 'gesalzene Brühe'. *Soße* 'salzige, gewürzte Brühe' wird im 17. Jh. auch auf nichtsalzige Tunken übertragen, vgl. *Birn-*, *Kirsch-*, *Weinsoße*. Neben die der frz. Aussprache angepaßte Schreibung *Sosse*, *Soß(e)*, *Soos* (15./16. Jh.) tritt im 18./19. Jh. dem Frz. entsprechendes *Sauce*; noch im 20. Jh. stehen *Soße* und *Sauce* nebeneinander. Aus afrz. *salse* bzw. mlat. *salsa* (s. oben) entlehntes mhd. *salse*, nhd. *Salse*, *Salze* bleibt (neben *Soße*) bis ins 18. Jh. in Gebrauch. – S a u c i e r e f. 'Soßenschüssel' (19. Jh.), frz. *saucière*.

soufflieren Vb. 'Schauspielern den Rollentext vorsagen, zuflüstern', entlehnt (18. Jh.) aus frz. *souffler* 'blasen, pusten, schnaufen, vorsagen, zuflüstern', afrz. *sofler* '(an-, aus)blasen', dem lat. *sufflāre* 'an-, aufblasen' (vgl. lat. *flāre* 'blasen, wehen' und s. *sub-*) voraufgeht. – S o u f f l e u r m. (18. Jh.), frz. *souffleur*. In der 2. Hälfte des 19. Jhs. entsteht (offensichtlich im Dt. und Frz. gleichzeitig und voneinander unabhängig) die feminine Form S o u f f l e u s e f., frz. *souffleuse*. Diese Bildung bleibt im Frz. selten, wird im Dt. dagegen ein geläufiger Ausdruck.

soupieren Vb. '(festlich) zu Abend essen'; **Souper** n. '(festliche) Abendmahlzeit'. Ausgangsform ist (aus dem Germ. stammendes) afrz. *sope*, *soupe* 'eingetunkte Brotschnitte, Brühe mit eingeweichtem Brot' (zur Herkunft s. *Suppe*). Davon ist abgeleitet afrz. *soper* 'die (meist aus Brotsuppe bestehende) Abendmahlzeit einnehmen', frz. *souper* 'zu Abend essen' mit dem substantivierten Infinitiv afrz. *soper*, frz. *souper* und dem substantivierten Part. Perf. frz. *soupée* f., *soupé* m. 'Abendbrot, Abendessen'. In der 1. Hälfte des 18. Jhs. wird *Soupé*, gelegentlich auch *Soupée*, und wenig später *Souper* (das vom 19. Jh. an allein üblich ist) ins Dt. entlehnt. Die Bedeutung folgt dem Frz., wo *souper* zunächst die 'Abendmahlzeit', dann, nach Verschiebung der Hauptmahlzeit (frz. *dîner*) auf die Abendstunden (im 19. Jh.), die 'kleine Mahlzeit in vorgerückter Abendstunde' (nach dem Theaterbesuch u. dgl.) bezeichnet. In dt. Eigenentwicklung nimmt *Souper* den Sinn 'festliches, erlesenes Abendessen' an (etwa Ende 19. Jh.). In der 2. Hälfte des 18. Jhs. begegnet im Dt. auch das Verb *soupieren* in den dem Substantiv entsprechenden Bedeutungen 'zu Abend essen, eine kleine Mahlzeit am späten Abend einnehmen', dann 'festlich zu Abend speisen'.

Soutane f. 'langes Gewand katholischer Geistlicher', Übernahme (Anfang 19. Jh.)

von gleichbed. frz. *soutane*, in Frankreich bis ins 18. Jh. auch Kleidungsstück von Ärzten und Juristen; aus ital. *sottana* 'Unterrock, langer Priesterrock', dem substantivierten Femininum des Adjektivs ital. (älter) *sottano* 'unten befindlich, niedriger, geringer', vgl. ital. *sotto* 'unter', aus lat. *subtus* 'unten', zu lat. *sub* 'unter'.

Souterrain n. '(zur Wohnung ausgebautes) Kellergeschoß' (Ende 18. Jh.), zuvor (im Plural) 'unterirdische Anlagen eines Festungsbaus, Kasematten' (um 1700), dann allgemein 'unterirdische Gewölbe, Räume' (Mitte 18. Jh.), Übernahme von frz. *souterrain* m., substantiviert aus Fügungen wie *étage souterrain* 'unterirdisches Stockwerk'. Frz. *souterrain* Adj. 'unter der Erde, unterhalb der Erdoberfläche befindlich, unterirdisch' beruht auf gleichbed. lat. *subterrāneus* (vgl. lat. *terra* 'Land, Erde').

Souvenir n. 'Erinnerungsstück, als kleines Geschenk mitgebrachtes Andenken', Übernahme (18. Jh.) von frz. *souvenir* m. 'Erinnerungsgeschenk', Substantivbildung zu frz. *se souvenir* 'sich erinnern', afrz. *sovenir* 'helfen, beistehen, ins Bewußtsein, in die Erinnerung kommen', refl. 'sich erinnern', aus lat. *subvenīre* '(von unten) herankommen, zu Hilfe kommen, in die Gedanken kommen, einfallen' (vgl. lat. *venīre* 'kommen' und s. *Subvention*).

souverän Adj. 'staatliche Hoheitsrechte ausübend, uneingeschränkt herrschend, unabhängig, überlegen, darüberstehend', Entlehnung (17. Jh.) von gleichbed. frz. *souverain*, eigentl. (afrz. mfrz.) 'oberst, höchst, vortrefflich', aus vlat. **superanus* 'oben befindlich' (spät bezeugtes mlat. *superanus* dürfte aus afrz. *soverain* latinisiert sein), zu lat. *super* 'oben, darüber' (s. *super-*). Die bereits im Afrz. übliche Verwendung des Adjektivs in den Bereichen der sozialen Rangordnung führt zu substantivischem Gebrauch im Sinne von 'Vorgesetzter, Landesherr, (höchster, unumschränkter) Herrscher', entsprechend im Dt. S o u v e r ä n m. (17. Jh.). – S o u v e r ä n i t ä t f. 'unumschränkte Herrschaft, höchste staatliche Herrschaftsgewalt, (staatliche) Überlegenheit' (17. Jh.), frz. *souveraineté* (afrz. *soveraineté* 'Höhe, Gipfel, Oberherrschaft').

Sowjet m. 'gewählte (oberste oder örtliche) Volksvertretung in der UdSSR, revolutionäres Machtorgan zur Ausübung der Diktatur des Proletariats'. Übernahme (20er Jahre 20. Jh.) von gleichbed. russ. *sovét* (*совет*), eigentl. 'Rat'; anfangs in Reden von E. Thälmann und W. Pieck auch auf deutsche Verhältnisse bezogen. Gegen Ende der 30er Jahre verdrängt *Sowjet* vollständig die bis dahin auch übliche Übersetzung *Rat*.

sozial Adj. 'das Zusammenleben der Menschen in der Gesellschaft betreffend, gesellschaftlich, gemeinschaftlich, der Allgemeinheit verbunden', auch 'die Zugehörigkeit eines Menschen zu einer bestimmten Klasse, Schicht, Gruppe in der Gesellschaft, seine wirtschaftliche Situation sowie die ökonomische und politische Struktur der Gesellschaft betreffend'. Entlehnung (Anfang 19. Jh.) von frz. *social*, lat. *sociālis* 'die Gesellschaft betreffend, gemeinschaftlich, gesellig', abgeleitet von lat. *socius* 'gemeinsam' (s. *Sozius*). Frz. *social*, zu Beginn des 17. Jhs. in der Bedeutung 'gesellig', wird im 18. Jh. bei den Enzyklopädisten, die in der Tradition der Naturrechtler (Grotius, Pufendorf) stehen, im Sinne von 'auf die Beziehungen des Zusammenlebens gerichtet, der Gemeinschaft verbunden und ihr dienend' zum Ausdruck einer natur- und vernunftgemäßen Moral, die das menschliche Zusammenleben prägt. Der Gebrauch des Adjektivs durch die Physiokraten setzt es in Beziehung zur Wirtschaft, bei Saint-Simon entwickelt es sich zum Gegensatz von frz. *individuel*, im weiteren erhält es im Hinblick auf eine Lösung ökonomisch bedingter gesellschaftlicher Gegensätze den Sinn 'durch Beseitigung überkommener Privilegien den gesellschaftlich und wirtschaftlich Benachteiligten stützend'. Im Dt. begegnet *sozial* als selbständiges Adjektiv zuerst Anfang 19. Jh. (Schelling, Goethe), während die im Jahre 1800 erschienenen Übersetzungen von Rousseaus „*Contrat social*“ dafür *gesellschaftlich*, *Gesellschafts-* oder *öffentlich* als Äquivalent benutzen. Erst in Zusammenhang mit dem nach 1830 merkbar eindringenden revolutionären frz. Ideengut bürgert sich *sozial* im Dt. ein und wird zum politischen Schlagwort, vgl. *soziale Frage*, *soziale Verhältnisse*, *soziales Leben*, *soziale Idee*, *soziale Reform* (19. Jh.). Ältere Komposita wie *Social(zu)stand*, *Socialgesetz* (Ende 18. Jh.) dürften dagegen auf einer früheren, direkten Entlehnung aus dem Lat. beruhen. – a s o z i a l

Adj. 'die Gesellschaft schädigend, gesellschaftliche Bindungen ablehnend, sich nicht in die Gemeinschaft einfügend', gelehrte Bildung (Anfang 20. Jh.) zu *sozial* mit verneinendem *a-* (griech. *ἀ-* privativum). S o z i a l i s m u s m. 'erste Entwicklungsstufe der sozialökonomischen Gesellschaftsformation des Kommunismus' sowie 'Lehre vom Aufbau und der Entwicklung der sozialistischen und kommunistischen Gesellschaft', latinisierte Übernahme (1839) von frz. *socialisme*. Die Substantivbildung steht zunächst für jede Lehre, die das gesellschaftliche Zusammenleben durch Beseitigung extremer Gegensätze neu ordnen will. Die frz. Bezeichnung ist zuerst 1831 in philosophisch-theologischem Zusammenhang belegt, gewinnt danach (1840) unter engl. Einfluß an Verbreitung, vgl. engl. *socialism* (1837), geprägt anstelle der alten Bezeichnung *Owenism*. Der Ausdruck wird sowohl für die Theorie und das System Owens als auch für alle sozialen Systeme und Bestrebungen (einschließlich der historischen), die diesem nahe stehen, also auch für die Vorstellungen Fouriers und Saint-Simons verwendet, dann umfassend für alle Lehren, die eine Verbesserung der gesellschaftlichen Verhältnisse anstreben. 1842 wird *Sozialismus* im Sinne von 'Sozial- oder Gesellschaftswissenschaft' gebraucht, muß aber dem neuen Terminus *Soziologie* (s. d.) weichen. 1843 wird *Sozialismus* von Engels, 1845 von Marx und Engels im Zusammenhang mit den Auseinandersetzungen über die Zeitströmungen aufgenommen. Um eine Abgrenzung von utopischen Theorien vorzunehmen, prägt Grün 1845 den Ausdruck *wissenschaftlicher Sozialismus*, der später durch Engels („Die Entwicklung des Sozialismus von der Utopie zur Wissenschaft") eine theoretische Begründung erhält. Der heutige Bedeutungsinhalt (s. oben) bildet sich im Laufe der geschichtlichen Entwicklung der Arbeiterbewegung heraus. S o z i a l i s t m. 'Anhänger und Vertreter des Sozialismus und sozialistischen Gedankenguts', Übernahme (1840) von engl. *socialist* (1822), 'Anhänger Owens' (1827), dann 'Vertreter ähnlicher Ideen außerhalb Englands' (z. B. in Frankreich), vgl. frz. *socialiste* (1830). Älter 'Vertreter des Naturrechts' (Ende 18. Jh.). s o z i a l i s t i s c h Adj. 'den Sozialismus betreffend' (1839), engl. *socialistic*; zuvor 'die Naturrechtslehre betreffend' (*socialistisches System*, 1802). s o z i a l i s i e r e n Vb. 'zu einer Gemeinschaft zusammenschließen, humanisieren' (vor Mitte 19. Jh.), '(Individuen) in die Gesellschaft eingliedern' (Anfang 20. Jh.), dann 'private Industrie verstaatlichen' (um 1920); frz. *socialiser*.

Soziologie f. 'Wissenschaft zur Erforschung des Zusammenlebens in der Gesellschaft oder Gemeinschaft', Übernahme (2. Hälfte 19. Jh.) von gleichbed. frz. *sociologie*, einer 1830 von A. Comte geprägten Zusammensetzung (s. *-logie*) mit dem in lat. *socius*, *sociālis* (s. *sozial*) enthaltenen Wortstamm. – S o z i o l o g e m., s o z i o l o g i s c h Adj. (beide 2. Hälfte 19. Jh.).

Sozius m. 'Geschäftsteilhaber' (17. Jh.), 'Motorradbeifahrer' (20. Jh.), daneben auch (Anfang 17. Jh.) 'Hilfsgeistlicher, Hilfslehrer' sowie (17./18. Jh.) allgemein 'Begleiter, Gefährte, Freund', Entlehnung von lat. *socius* 'Gefährte, Genosse, Teilnehmer, Bundesgenosse', Substantivierung von lat. *socius* Adj. 'gemeinsam'.

Spachtel f. und m. 'flaches, schaufelartiges Werkzeug der Maler zum Abkratzen oder Auftragen' (16. Jh.), entstanden aus frühnhd. *Spat(e)l*, *Spatil* (s. *Spatel*) durch Einfügen eines *ch*-Lautes zwischen Stammsilbenvokal und *t* (wie bei *Schachtel*, s. d.) in bair. Mundarten. – s p a c h t e l n Vb. (19. Jh.).

Spagat m., auch n. 'Spreizschritt bis zum Sitz mit in entgegengesetzter Richtung gestreckten Beinen'. Die seit Anfang des 20. Jhs. nachzuweisende, zunächst häufiger in der Form *Spakat* vorkommende Bezeichnung für eine gymnastisch-akrobatische Übung ist entlehnt aus gleichbed. ital. *spaccata* (ursprünglich Terminus der Fechtkunst), dem substantivierten Femininum des Part. Perf. von *spaccare* 'spalten, zerhacken'. Für dieses Verb wird germ. Ursprung (aus dem Langobard.?) angenommen, vgl. die mit Gutturalsuffixen aus dem bei *Span* (s. d.) angegebenen Ansatz ie. **sp(h)ē-*, **sp(h)ə-* in Worten für 'langes, flaches Holzstück' entwickelten Bildungen mnd. *spăk* 'ausgetrocknet, vor Trokkenkeit rissig', nd. *spack*, *spāk* 'dürr, trokken', mhd. *spachen* 'zum Bersten bringen, (sich) spalten', nhd. (landschaftlich, bes. obd.) *spachen*, *spachten*, (westmd.) *spachern*, nd. *spaken* 'durch Austrocknung bersten, rissig, undicht werden', mnl. *spāken*, *spaeken* 'dürr, trocken sein', ferner ahd. *spah*, *spahha*

(10. Jh.), mhd. *spache* 'dürres Reis, trockener Zweig', mnd. *spāken* Plur. 'dürre Zweige', mnl. *spāke*, *spaeke* 'Stange, abgehauenes Stück Holz', nl. *spaak* 'Handgriff, Hebel, Speiche', aengl. *spæc* 'dünner Zweig, Ranke'. Der Wandel von *k* zu *g* erfolgt vielleicht unter dem Einfluß von nicht verwandtem obd., bes. öst. *Spagat* 'Bindfaden' (älter auch *Spaget*, namentlich im Bair.-Öst., *Spagen* im Alem.), einer Entlehnung (2. Hälfte 16. Jh.) von ital. *spago* (bzw. dessen Deminutivum *spaghetto*) 'Schnur' (s. *Spaghetti*).

Spaghetti Plur. 'lange, dünne Nudeln', Übernahme (20. Jh.) von gleichbed. ital. *spaghetti* Plur., zu ital. *spaghetto* 'Schnürchen', Deminutivum von ital. *spago* 'Schnur', aus spätlat. *spacus* 'Bindfaden'.

spähen Vb. 'intensiv und vorsichtig Ausschau halten', ahd. *spehōn* (11. Jh.), daneben (diphthongiert) *spiohōn* (9. Jh.), mhd. *spehen* 'suchend oder kundschaftend, beurteilend oder wählend schauen, betrachten', mnd. *spē(g)en*, *spēn*, mnl. *spien*, nl. (mit Dentaleinschub) *spieden* ist verwandt mit ahd. (8. Jh.), asächs. *spāhi* 'klug, geschickt', mhd. *spæhe* sowie anord. *spā* 'Prophezeihung', *spār* 'prophetisch'. Außergerm. vergleichen sich aind. *spáṭ* 'Späher, Wächter, Aufseher', griech. (mit Metathese) *sképtesthai* (σκέπτεσθαι, aus *σπεκ-) 'schauen, spähen', lat. *specere*, *spicere* 'sehen' und (ohne anlautendes *s*-) aind. *páśyati* 'sieht', awest. *pašna*- 'Hinsehen auf' bei einer Wurzel ie. **spek̂*- 'spähen, scharf hinsehen'. *spähen*, nach etwa 1600 ungebräuchlich, wird im 18. Jh. von Schriftstellern wie Klopstock, Wieland, Gleim für die Literatur neu belebt. – Späher m. 'wer intensiv und vorsichtig Ausschau hält, auskundschaftet', ahd. *spehāri* (8. Jh.), *spiohāri* (um 800), mhd. *spehære*, *speher* 'Kundschafter, Spion, Vorausseher'.

Spalier n. 'Holzgittergerüst zum Hochziehen von (jungen) Obstbäumen, Reben u. dgl.' (Anfang 17. Jh.), übertragen 'zur Ehrenbegrüßung zu beiden Seiten einer Straße aufgestellte Personenreihen' (Ende 18. Jh.), Entlehnung in beiden Bedeutungen aus ital. *spalliera* f. 'Schulterstütze, Rückenlehne, Gartengeländer, Pflanzenbewuchs an der Wand, Reihe von Personen', einer Bildung zu ital. *spalla* 'Schulter, Stütze', aus spätlat. *spat(h)ula* 'kleiner Rührlöffel', dann auch 'Schulterblatt', Deminutivum zu lat. *spatha* 'Rührlöffel' (s. *Spatel*). Im 18. Jh. ist bei der Aufnahme frz. Gartenbaukunst mit Einfluß von ebenfalls aus dem Ital. stammendem frz. *espalier* zu rechnen. Vgl. die Fügung *Spalier bilden* 'Ehrenreihen zu beiden Seiten einer Straße aufstellen' (19. Jh.). Hierzu auch mhd. *spalier*, *spaldenier* m. n. 'die Schultern (unter dem Harnisch) dekkendes gefüttertes Kleidungsstück', eine von Vorstehendem unabhängige Frühentlehnung aus ital. *spalliera* im Sinne von 'Schulterharnisch'.

spalten Vb. 'der Länge nach gewaltsam durchtrennen'. Das ehemals reduplizierende Verb ahd. *spaltan* (9. Jh., *zispaltan*, 8. Jh.), mhd. *spalten*, mnd. *spalden*, mnl. *spouden*, nl. *spouwen*, engl. (mundartlich) *to spald* ist verwandt mit mhd. mnd. *spelte* 'abgespaltenes Holzstück, Lanzensplitter, Handgerät der Weberei', aengl. *speld* 'glühende Kohle, Holzstück', anord. *spjald* 'Holzscheibe, Brett', got. *spilda* 'Schreibtafel' und den unter *Spule* (s. d.) angeführten, ohne Dental gebildeten Wortformen. Als Erweiterung mit *t* kann es wie die unter *Spelt* (s. d.) behandelte Wortgruppe mit (allerdings unsicherem) aind. *sphāṭati* 'zerplatzt, reißt auf, birst' und mit unerweitertem aind. (ohne anlautendes *s*-) *phálati* 'birst, springt entzwei', griech. *sphalós* (σφαλός) 'Fußblock, Wurfscheibe', eigentl. 'gespaltenes Holz', *spolás* (σπολάς) 'lederner Harnisch, Koller', lat. *spolium* 'abgezogene oder abgelegte Tierhaut, dem Feind abgewonnene Rüstung, Beute', lit. *spãlis*, Plur. *spãliai* 'Abfall beim Flachsbrechen', aslaw. *plěti*, russ. *polót'* (полоть) 'jäten' auf die Wurzel ie. **(s)p(h)el*- 'spalten, abspalten, absplittern, abreißen' zurückgeführt werden. – Spalt m. 'schmale Öffnung, Ritze', ahd. *spalt* (um 1000), mhd. *spalt* 'Ritze, Schlitz'. Spalte f. 'Spalt' (15. Jh.), mhd. (md.) *spalde* (13. Jh.), 'Kolumne einer Druckseite' (17. Jh.).

Span m. 'dünnes, abgetrenntes Stück' (von Holz, Metall, Horn), bes. 'breiter Holzsplitter', ahd. (9. Jh.), mhd. mnd. *spān*, mnl. *spaen*, *spāne* 'Holzstückchen, Holzscheit', nl. *spaan*, aengl. *spōn* 'Splitter', engl. *spoon* 'Löffel', anord. *spānn* 'Span, Schindel, Holzspan zum Losen', schwed. *spån* 'Span, Schindel'. Außergerm. läßt sich vielleicht griech. *sphḗn* (σφήν, aus ie. **sphənes*-?) 'Keil' heranziehen, so daß von ie. **sp(h)ē*-, **sp(h)ə*- in Wörtern für 'langes, flaches Holzstück' ausgegangen werden kann (s. dazu *Spaten*, *Spagat*, *Spat*).

Spanferkel n. 'junges, noch saugendes Ferkel', ahd. *spenifar(a)h, spunnifar(a)h* (Hs. 12. Jh.), mhd. *spenvarch*, frühnhd. *Spen-, Spanferkel*, mnd. *spōn(e)verken*, mnl. *spēnevarken*, nl. *speenvarken* (zum Grundwort s. *Ferkel*). Das Bestimmungswort enthält eine in ahd. *spunni* (um 1000), mhd. *spün(n)e, spun(n)e*, mnd. *spōn, spun*, mnl. *spon(ne), spun(ne)*, ablautend mhd. *spen*, mnd. mnl. *spēne*, nl. *speen*, aengl. *spane, spanu*, anord. *speni*, schwed. *spene* erhaltene Bezeichnung für 'Muttermilch, Brustwarze', die sich mit lit. *spenỹs*, apreuß. *spenis* 'Brustwarze', air. *sine* 'Zitze', (ohne anlautendes *s-*) pers. *pestān* 'weibliche Brust' sowie (bei wechselndem Anlaut aus verhüllender Umgestaltung?) mit aind. *stánaḥ* 'weibliche Brust', vielleicht auch griech. *stḗthos* (στῆϑος) 'männliche oder weibliche Brust' auf ie. **speno-* bzw. **stēno-, *p(ə)stĕno-* 'Zitze, Brustwarze, Brust' zurückführen lassen; s. auch *Senn(e)*. Seit dem 18. Jh. gilt die Form *Spanferkel* mit der Bedeutung 'zum Braten vorgesehenes bzw. gebratenes Jungschwein'.

Spange f. Gerät zum Zusammenfassen, -halten, 'Klammer, Schnalle, Fibel', ahd. *spanga* 'Spannbalken, kleiner Verschluß, Beschlag' (9. Jh.), mhd. *spange* 'Spange, Band, Schild-, Helmbeschlag, Metallstück zum Heften eines Kleides, Fibel', mnd. *spange* 'Metallstück, Schließe, Rosette', mnl. *spanghe* 'Band, Beschlag, Schnalle', nl. *spang*, anord. *spǫng* 'dünnes Plättchen, Eisscholle, Spange', schwed. *spång* 'schmale Brücke' stehen als Bildungen mit Guttural zu den unter *spannen* (s. d.) genannten Verbformen, lassen sich also als 'Vorrichtung, die etw. straff anzieht, klammert und verbindet' (ursprünglich beim Hausbau) erklären. Dazu s. *Spengler*.

spannen Vb. 'etw. straff (an)ziehen, dehnen', intrans. 'zu eng, zu straff sein' (bes. von der Kleidung), refl. 'straff werden'. Das ursprünglich stark flektierende (reduplizierende) Verb ahd. *spannan* 'fesseln, spannen' (9. Jh.), mhd. *spannen* 'dehnen, straff anziehen', intrans. 'sich dehnen, gespannt sein', asächs. *spannan*, mnd. mnl. nl. *spannen*, aengl. *spannan* 'spannen, festbinden, anfügen' und das schwach flektierende zugehörige Kausativum mhd. mnd. *spennen* 'spannen, dehnen', anord. *spenna* 'spannen, festbinden, fügen', schwed. *spänna* 'spannen, schnallen' stehen mit Gemination neben dem (in *abspenstig*, s. d., resthaft erhaltenen) stark flektierenden Verb ahd. *spanan* (9. Jh.), mhd. *spanen* 'locken, reizen, antreiben', asächs. aengl. *spanan* sowie der unter *Spange* (s. d.) abgehandelten Gutturalerweiterung. Diese ein präsensbildendes *n* aufweisenden Verben lassen sich außergerm. mit griech. *spā́n* (σπᾶν) 'ziehen, zerren, reißen, verrenken', *spasmós* (σπασμός) 'das Ziehen, Zuckung, Krampf', air. *sēim* 'winzig, mager', *sēime* 'Dünne' vergleichen, so daß eine Wurzel ie. **sp(h)ē(i)-* 'ziehen, spannen' möglich ist. Vielleicht ist daran auch ie. **(s)pen(d)-* (s. *spinnen*) anzuschließen. Grundlage der Bedeutung von *spannen* ist wohl das Straffziehen der Bogensehne. – s p a n n e n d Part.adj. 'das Interesse erregend' (19. Jh.). g e s p a n n t Part.adj. 'interessiert, neugierig, in ungeduldiger Erwartung begriffen', übertragen 'konfliktgeladen, gereizt, unharmonisch' (18. Jh.). a n g e s p a n n t Part.-adj. 'angestrengt, aufmerksam, kompliziert, schwierig' (18. Jh.). a b g e s p a n n t Part.-adj. 'erschlafft, ermüdet' (18. Jh.). ü b e r s p a n n t Part.adj. 'übertrieben, unrealistisch, wirklichkeitsfremd' (18. Jh.). e i n s p a n n e n Vb. '(Zugtiere) vor den Wagen spannen', übertragen 'für bestimmte Zwecke einsetzen', mhd. *īnspannen* 'umschließen, fesseln'. a u s s p a n n e n Vb. 'ausdehnen, ausstrecken, das Zaumzeug abnehmen, sich ausruhen' (15. Jh.). v o r s p a n n e n Vb. 'Zugtiere anschirren, etw. straff anziehend ausbreiten' (16. Jh.); V o r s p a n n m. 'dem Hauptgespann vorangespannte Zugtiere' (17. Jh.), modern 'einem Film oder Text (als Einleitung) Vorangestelltes'. S p a n n m. 'oberer Teil des Fußes vom Schienbeinansatz bis zu den Zehen, Gespann' (18. Jh.), älter (16. Jh.) vereinzelt auch für S p a n n e f. Maßbezeichnung für die Entfernung zwischen den Spitzen von ausgestrecktem Daumen und Zeigefinger bzw. kleinem Finger, ahd. *spanna* (9. Jh.), mhd. *spanne* 'Breite der ausgebreiteten Hand'; vgl. *spannenlang*, mhd. *spannelanc*. Später (18. Jh.) auch übertragen für die Dauer einer Zeit *eine (kurze) Spanne Zeit*. S p a n n u n g f. 'Tätigkeit des Spannens, Gespanntsein' (17. Jh.), 'Zustand gestörter Harmonie' (18. Jh.), 'psychischer Zustand der Erwartung und angestrengter Aufmerksamkeit' (19. Jh.), in der Elektrotechnik Kurzwort für *Stromspannung* (19. Jh.). S p a n n k r a f t f. 'Elastizität', übertragen 'Elan, Energie, Leistungsfähigkeit' (18. Jh.).

Spant n. m. 'Schiffsrippe' zur Verstärkung der Außenwände von Schiffen, später auch von Flugzeugen, Plur. *Spanten*, im 18. Jh. aus dem Nd.; erklärbar als Ableitung von *spannen* (s. d.). Vgl. mnd. *span* n. 'Dachsparren, Schiffsrippe'.

sparen Vb. 'nicht völlig aufbrauchen, Geld nicht (völlig) ausgeben', ahd. *sparōn* (8. Jh., vorwiegend frk.), *sparēn* (9. Jh., vorwiegend obd.), mhd. *sparn* '(ver)schonen, bewahren, beschützen, aufschieben, unterlassen', asächs. *sparon*, mnd. *spāren*, *sparren*, mnl. *spāren*, nl. *sparen*, aengl. *sparian*, engl. *to spare*, anord. schwed. *spara* ist abgeleitet von dem in ahd. *spar* 'sparsam, knapp' (10. Jh.), mnl. *spaer*, aengl. *spær* 'kärglich, spärlich', engl. *spare*, anord. *sparr* 'sparsam, karg' belegten Adjektiv. Vergleichbar sind aind. *sphirá-* 'feist', lat. *prosperus* (aus **prospəros*) 'günstig, glücklich', aruss. *sporъ* 'reichlich, sich vermehrend', russ. *spóryj* (*спорый*) 'schnell, gelungen, erfolgreich', die wie das germ. Adjektiv mit *ro*-Suffix im Sinne von 'weit reichend, ausreichend' zur Wurzel ie. **sp(h)ē(i)-*, **spī-* und **sphē-*, **sphə-* 'gedeihen, sich ausdehnen, vorwärtskommen, Erfolg haben, gelingen' (s. auch *spät* und *sputen*) gebildet sind. Die heutige Bedeutung 'etw. (bes. Geld) zurücklegen, nicht aufbrauchen' entwickelt sich im 16. Jh. – Sparer m. 'wer spart' (16. Jh.), daher heute auch 'Besitzer eines Sparkontos'. spärlich Adj. 'kümmerlich, selten' (16. Jh.), aus dem Adverb ahd. *sparalīhho* (9. Jh.), mhd. *sperlīche* 'auf karge Weise' (zum Adjektiv ahd. *spar*, s. oben). sparsam Adj. 'nichts vergeudend, zum Sparen geneigt', anfangs auch 'kärglich' (16. Jh.); dazu Sparsamkeit f. (16. Jh.). Sparbüchse f. 'Behälter zum Aufbewahren von gespartem Geld', mhd. *sparbuchse* (13. Jh.), *sparbusse* (14. Jh.). Sparkasse f. 'öffentliche Einrichtung zur Aufbewahrung von Ersparnissen mit Zinszahlung' (18. Jh.).

Spargel m. Der Name des Gemüses frühnhd. *Spargen*, *Sparger* (15. Jh.), *Spargel* (16. Jh.) ist entlehnt aus spätlat. *sparagus*, lat. *asparagus* 'Spargel', eigentl. 'fetter Keim einer Pflanze, ehe sich die Blätter entwickeln', griech. *aspáragos* (ἀσπάραγος), *aspháragos* (ἀσφάραγος) 'junger Trieb, Spargel'. Die Endung ist vielleicht an Muster wie *Kümmel* (s. d.) und *Kerbel* angeglichen.

Sparren m. 'schräger Dachbalken', ahd. (um 1000), asächs. *sparro*, mhd. mnd. mnl. *sparre* 'Stange, Balken', nl. *spar*, anord. *sparri*, auch 'Pflock', schwed. *sparre* 'Sparren'. S. zugehöriges *sperren* und wohl verwandtes *Speer*. Herkunft unbekannt. Wenn lat. *sparus* 'kurzer Speer des Landvolks als Jagd- und Kriegswaffe', griech. *spáros* (σπάρος) ein Fischname 'kleiner Seebrassen' und (ohne anlautendes *s*-) lat. *paries* 'Wand, Zwischenwand' vergleichbar sind, kann eine Wurzel ie. **(s)per-* 'Sparren, Stange, Speer', verbal 'mit Sparren verspreizen, stützen, stemmen, sich sperren' angenommen werden. Vom schadhaften Dach her erklärt sich umgangssprachliches *einen Sparren zuviel, zuwenig haben* 'geistig nicht normal, verrückt sein' (17. Jh.), *ains Sparn im Kopff zu weng oder zu vil haben* (16. Jh.).

spartanisch Adj. 'streng, hart, anspruchslos und einfach', im 17. Jh. (in Anlehnung an die schon in der Antike sprichwörtlich bekannte Härte und Einfachheit der Spartaner) gebildet zu lat. *Spartānus* 'aus Sparta stammend, die Verhältnisse in Sparta betreffend', abgeleitet vom Namen der altgriech. Stadt lat. *Sparta*, griech. *Spártē*, dor. *Spártā* (Σπάρτη, Σπάρτα).

Sparte f. 'spezieller Bereich, zu-, abgeteiltes (Fach)gebiet, Sportart, Zeitungsspalte' (19. Jh.). Herkunft ungewiß. Möglicherweise aus dem Ital., vielleicht durch Substantivierung entstanden aus adverbiellen Ausdrücken wie ital. *in disparte*, auch (florentinisch) *a sparte* 'beiseite, abgesondert' (vgl. kalabrisch *sparti* 'besonders, extra'), die präfigierte Formen (ital. *dis-*, *s-*) von ital. *parte* 'Teil, Anteil' enthalten (aus lat. *pars*, Gen. *partis*, 'Teil').

Spaß m. 'Scherz, Unterhaltung, Vergnügen' (17. Jh.), zuvor *Spasso* (16. Jh.), Entlehnung von gleichbed. ital. *spasso*, gebildet zu ital. *spassare* 'die Zeit vertreiben, jmdn. belustigen, ergötzen', hervorgegangen aus vlat. **expassāre*, Intensivum zu lat. *expandere* (*expassum*) 'ausbreiten, auseinanderspannen'; vgl. lat. *pandere* (*passum*) 'auseinanderbreiten, ausspreizen'. – spaßen Vb. 'Spaß machen, scherzen' (18. Jh.). spaßig Adj. 'lustig, zum Lachen' (Anfang 18. Jh.), älter *spaßicht* (17. Jh.). Spaßmacher m. 'wer Spaß macht, lustiger Mensch, Clown'

(18. Jh.). S p a ß v o g e l m. 'lustiger, witziger Mensch' (17. Jh.).

Spat m. glanzloses, blättrig brechendes und schiefrig spaltbares Mineral, häufig in Zusammensetzungen wie *Fluß-* (s. d.) sowie *Feld-*, *Kalkspat*, ahd. (11. Jh.), mhd. *spat* (mit nicht gesicherter Vokalquantität) 'blättrig brechendes Gestein, Splitter', mnd. *spāt* führt wie verwandtes *Spaten* und *Span* (s. d.) auf ie. **sp(h)ē-*, **sp(h)ə-* in Worten für 'langes, flaches Holzstück', mit denen das Mineral auf Grund seiner Sprödigkeit und leichten Spaltbarkeit vergleichbar ist.

spät Adj. Adv. 'in der Zeit fortgeschritten, gegen Ende eines Zeitabschnitts, nicht (recht)zeitig', ahd. *spāti* (9. Jh.; vgl. *spātīn* f. 'Langsamkeit', um 800), mhd. *spæte*, mnd. mnl. *spāde*, nl. *spa(de)*; vgl. dazu das Adverb ahd. *spāto* (9. Jh.), *spāt(e)*, mnd. *spāde* sowie den Komparativ got. *spēdiza* 'späterer' und den Superlativ got. *spēdumists* 'der letzte'. Auszugehen ist von einer Bedeutung 'sich hinziehend, in der Zeit fortgeschritten', so daß an die unter *sparen* und *sputen* (s. d.) entwickelte Wurzel ie. **sp(h)ē(i)-*, **spī-* und **sphē-*, **sphə-* 'gedeihen, sich ausdehnen, vorwärtskommen, Erfolg haben, gelingen' angeknüpft werden kann. – v e r s p ä t e n Vb. refl. 'erst nach der vereinbarten Zeit kommen', mhd. *verspæten*, *verspāten*, auch 'versäumen'; vgl. ahd. *spāten* 'sich verspäten' (um 1000).

Spatel f. und m. kleine, stabähnliche Apothekerschaufel zum Rühren, Pflasterstreichen, Malerwerkzeug zum Streichen, Mischen der Farben auf der Palette, frühnhd. *Spat(e)l*, *Spatil* (15. Jh.), entlehnt aus spätlat. *spat(h)ula* 'kleiner Rührlöffel', Deminutivum zu lat. *spatha*, aus griech. *spáthē* (σπάθη) 'Rührlöffel (bes. für Arzneien), Weberwerkzeug zum Festschlagen des Einschlags, Schwert(klinge), Schulterblatt' (verwandt mit *Spaten*, s. d.). Maskulines Genus entwickelt sich in Analogie zu anderen Gerätebezeichnungen auf *-el*, s. *Schlüssel*, *Wirbel*, *Zügel*.

Spaten m. 'Grabewerkzeug, Grabscheit', mhd. *spade*, schweiz. *Spat* (15. Jh.), asächs. *spado*, mnd. mnl. *spāde*, nl. *spade*, aengl. *spada*, *spade*, *spadu*, engl. *spade* lassen sich mit griech. *spáthē* (σπάθη) 'Rührlöffel (bes. für Arzneien), Weberwerkzeug zum Festschlagen des Einschlags, Schwert(klinge), Ruderblatt, Schulterblatt' (s. *Spatel*) auf ie. **sp(h)ədh-*, einen mit *dh*-Formans erweiterten Ansatz ie. **sp(h)ē-*, **sp(h)ə-* in Wörtern für 'langes, flaches Holzstück', zurückführen (s. *Span*). Im 18. Jh. setzt sich die Form *Spaten* durch, deren Nominativ-*n* den obliquen Kasus entstammt.

Spatz m. 'Sperling', mhd. *spaz*, *spatze* (14. Jh., obd.) ist mit dem affektiven, bes. für Kurznamen (vgl. *Heinz*, *Kunz*) verwendeten Suffix ahd. *-(i)zo* zu ahd. *sparo*, mhd. *spar(e)* gebildet (s. *Sperling*). – S p ä t z l e Plur., Bezeichnung für eine südd. (schwäb.) Mehlspeise, bestehend aus kleinen, in Wasser oder Milch gekochten, mit Spatzen verglichenen Klößen (18. Jh.).

spazieren Vb. 'zur Erholung umhergehen', mhd. *spazieren*, *spacieren* (13. Jh.), entlehnt entweder aus ital. *spaziare* 'umherschweifen, sich ergehen' oder unmittelbar aus diesem zugrundeliegendem lat. *spatiārī* 'mit gemessenen Schritten einhergehen, sich ergehen', abgeleitet von lat. *spatium* 'Raum, Zwischenraum, Bahn', auch 'Spaziergang' (verwandt mit *spät*, *sputen*, s. d.). Zesen schlägt als Verdeutschung *lustwandeln* vor (1645). In der Verbindung mit *gehen* tritt der Infinitiv *spazieren* bereits im Spätmhd. auf; danach auch mit anderen Verben der Bewegung, z. B. *spazieren reiten* (15. Jh.), *fahren* (16. Jh.), *laufen* (18. Jh.). – S p a z i e r g a n g m. 'Gang im Freien zur Erholung', in älterer Sprache auch 'der dafür vorgesehene Weg' (15. Jh.). S p a - z i e r s t o c k m. (17. Jh.).

Specht m. Der Name des bunten Vogels, der mit spitzem Schnabel Insekten und Würmer aus Holz und Baumrinde geräuschvoll klopfend heraushackt, ahd. *speht*, auch *speh* (9. Jh.), mhd. asächs. *speht*, mnd. *specht*, anord. (poetisch) *spætr*, *spettr* (aus **spihtaR*), schwed. *-spett* (in *hackspett*, eigentl. 'hackender Specht') ist wohl verwandt mit den ohne anlautendes *s-* auftretenden Namensformen lat. *pīca* 'Elster', *pīcus* 'Specht', vielleicht auch (wenngleich unsicher) mit aind. *pikáḥ* 'der indische Kuckuck'. Danach läßt sich ie. **(s)pĭko-* 'Specht, großer Vogel' erschließen, wobei vielleicht an die unter *spitz* und [1]*Spieß* (s. d.) genannte Wurzel ie. **(s)p(h)ĕi-*, **(s)p(h)ĭ-* 'spitz, spitzes Holzstück' angeknüpft und von 'Vogel mit spitzem Schnabel' ausgegangen werden kann. Die germ. Erweiterung mit *-t* ist sekundär. Nach den jeweils vorherrschenden Gefiederfarben werden unterschieden G r ü n s p e c h t, ahd. *gruon(i)speht* (9. Jh.), mhd. *gruon-*, *grüenespeht*, B u n t s p e c h t (16. Jh.) und S c h w a r z s p e c h t (18. Jh.).

Speck m. 'unter der Haut sitzendes festes Fettgewebe' (bes. beim Schwein), ahd. *spec* (10. Jh., *ubarspicki* 'Schmer, Fett', 8. Jh.), mhd. *spec* (Gen. *speckes*), asächs. *spekk*, mnd. *spek*, mnl. *spec*, nl. *spek*, aengl. *spic*, anord. *spik*, schwed. (wohl aus dem Mnd.) *späck* setzen germ. **spik(k)a-* voraus. Verwandtschaft mit aind. *sphik* 'Hinterbacke, Hüfte' ist möglich, so daß von einer Bildung mit Gutturalformans zu ie. **spi-*, Variante der unter *sparen*, *spät* und *sputen* (s. d.) angeführten Wurzel ie. **sp(h)ē(i)-* 'gedeihen, sich ausdehnen, dick werden, vorwärtskommen, Erfolg haben, gelingen', ausgegangen werden kann, wozu auch aind. *sphā́yatē* 'wird feist, nimmt zu', *sphirá-* 'feist' gehören. – s p e c k i g Adj. 'wie Speck glänzend, fettig, abgegriffen und schmutzig' (18. Jh.), älter *speckicht* (17. Jh.). S p e c k s e i t e f. 'großes geräuchertes Speckstück von einer Körperseite des Schweins' (16. Jh.).

spedieren Vb. '(Frachtgut) abfertigen, befördern, versenden', entlehnt in die Kaufmannssprache (um 1600) aus ital. *spedire* 'beschleunigen, befördern, versenden, fortschicken', dem lat. *expedīre* 'losbinden, fertigmachen, erledigen', eigentl. 'aus der Fessel losmachen', zugrunde liegt (s. *expedieren*). – S p e d i t i o n f. 'Güterversand, Transportunternehmen' (2. Hälfte 17. Jh.), latinisierend aus ital. *spedizione* 'Abfertigung, Abwicklung von Geschäften, Absendung, Beförderung', beruhend auf lat. *expedītio* (Gen. *expedītiōnis*) 'Erledigung, Abfertigung, Durchführung, Feldzug' (s. *Expedition*). S p e d i t e u r m. '(Fracht)güter versendender Kaufmann, Transportunternehmer' (frühes 18. Jh.), anfangs *Speditor* (Plur. *Speditori*), Entlehnung von gleichbed. ital. *speditore*, doch bald französierend *Spediteur*.

Speer m. 'mit einer Spitze versehener Wurfspieß'. Das ursprüngliche Neutrum ahd. (8. Jh.), mhd. *sper*, asächs. *sper*, mnd. *spēr(e)*, mnl. *spēre*, nl. *speer*, aengl. *spere*, engl. *spear*, anord. *spjǫr* (Plur.) ist wohl im Sinne von 'Wurfstange' verwandt mit *Sparren* (s. d.). Der wahrscheinlich durch ²*Spieß* veranlaßte Genuswechsel zum Maskulinum beginnt vereinzelt im 15. Jh. und setzt sich gegen Ende des 17. Jhs. durch.

Speiche f. 'von der Nabe zur Felge reichende Strebe im Rad', ahd. *speihha*, *speihho* (9. Jh.), *speih* (um 1000), mhd. *speiche*, asächs. *spēka*, mnd. *spēke*, mnl. *spēke*, *speec*, nl. (mundartlich) *speek*, aengl. *spāca*, engl. *spoke* sind verwandt mit ablautendem spätmhd. (md.) *spīcher* (14. Jh., erhalten in der verdeutlichenden Zusammensetzung nhd. *Speichernagel*), mnd. mnl. *spīker*, nd. *Spīker*, nl. *spijker*, aengl. *spīcing*, anord. *spīkr*, schwed. *spik* 'Nagel'. Alle Formen stellen sich wie lat. *spīca*, *spīcus* 'Ähre' als Bildungen mit Gutturalsuffix zu der unter ¹*Spieß* (s. d.) genannten Wurzel ie. **(s)p(h)ĕi-*, **(s)p(h)ī̆-* 'spitz, spitzes Holzstück', wozu auch *spitz* (s. d.). Als Ausgangsbedeutung ist 'langer, angespitzter Holzstab' anzusetzen. Die Übertragung von *Speiche* auf den vorderen Unterarmknochen erfolgt im 18. Jh. (entsprechend lat. *radius* 'Radspeiche, Armspeiche').

Speichel m. 'von Munddrüsen abgesonderte Flüssigkeit', ahd. *speihhil(l)a* f. (9. Jh.), mhd. *speichel* f., mnd. *spēkel(e)* f., *spēkel* m., mnl. *spēkel* m. f. n. steht als Bildung mit dem (einen Bindevokal *i* enthaltenden) Suffix germ. *-ila-* bzw. *-ilō* und ahd. *speihhaltra* f. (9. Jh.), mhd. *speicholter* f., asächs. *spēkaldra* f., mnd. *spēkeldere* m., got. *spaiskuldr* n. mit dem Suffix germ. *-aldra-/-uldra-* bzw. *-aldrō/ uldrō(n)* neben mhd. *speich* m., *speiche* f., mnd. *spēke* f. Alle Formen stellen sich als Gutturalableitungen zu der unter *speien* (s. d.) angegebenen lautnachahmenden (auch hier vielfach affektisch beeinflußten) ie. Vorstufe. Übergang zum maskulinen Genus des in älterer Sprache vornehmlich femininen Wortes erfolgt im 16. Jh. – S p e i c h e l l e c k e r m. 'Kriecher, übler Schmeichler' (18. Jh.); vgl. *jmds. Speichel lecken* 'vor jmdm. kriechen, ihm würdelos schmeicheln' (17. Jh.).

Speicher m. 'Vorratsraum, -haus', landschaftlich 'Dachboden', ahd. *spīhhāri* (9. Jh.), mhd. *spīcher*, asächs. *spīkari*, mnd. mnl. *spīker*, nl. (landschaftlich) *spijker* ist entlehnt aus spätlat. *spīcārium* n. 'Vorratshaus', das wohl in germanischer Umgebung (zuerst belegt um 500 in den ältesten Teilen der Lex Salica) zu lat. *spīca* 'Ähre' gebildet wird. Als Muster können andere Bezeichnungen für Vorratsräume wie lat. *cellārium* (s. *Keller*), *grānārium* 'Kornspeicher' (zu lat. *grānum* 'Korn') gedient haben. *Speicher* ist ursprünglich der 'Aufbewahrungsort für Getreide'. – speichern Vb. '(in einem Speicher) aufbewahren' (18. Jh.).

speien Vb. 'spucken, sich übergeben', ahd. *spīwan*, (alem. und südrheinfrk.) *spīan* 'spukken, aus-, anspeien, sich erbrechen' (9. Jh.; vgl. *firspīwan* 'verwerfen, zurückweisen', 8. Jh.), mhd. *spī(w)en*, (md.) *spūwen*, asächs. *spīwan*, mnd. *spī(g)en*, mnl. *spīen*, *spijen*, *spuwen*, nl. *spuwen*, aengl. *spīwan*, engl. *to spew*, anord. *spȳja*, schwed. *spy*, got. *speiwan*; in der Entwicklung zeigen die Formen teilweise Schwund von altem *w*, teilweise Übergang von *īw* zu *ūw*. Das gemeingerm., stark flektierende Verb für 'spucken, sich erbrechen' ist verwandt mit den unter *Speichel*, *Spott* und *spucken* (s. d.) behandelten Wörtern sowie mit aind. *ṣṭhī́vati* (*ṣṭh-* dissimiliert aus *ṣp-*) 'spuckt, speit aus', griech. *ptȳ́ein* (*πτύειν*) 'spucken, ausspeien', lat. *spuere* 'spucken', lit. *spiáuti* 'spucken, speien', aslaw. *pl'ьvati*, aruss. *plьvati*, russ. *plevát'* (*плевать*) 'speien, spucken'. Auszugehen ist von einem den Spucklaut nachahmenden (in den einzelnen Sprachen unterschiedlich abgewandelten) Ansatz ie. **(s)p(i̯)eu̯(ə)-*, **(s)pi̯ū-*, **(s)pīu̯-* 'speien, spucken'.

Speise f. 'feste bzw. zubereitete Nahrung, Gericht', ahd. *spīsa* (9. Jh.), mhd. *spīse* 'feste Nahrung, Kost, Lebensmittel, eigene Haushaltung', auch 'Metallgemisch zum Glockenguß' (vgl. *Glockenspeise*), mnd. mnl. *spīse*, nl. *spijs* ist entlehnt aus mlat. **spēsa* (vgl. aital. *spesa* Sing. 'Nahrung', *spese* Plur. 'Vorräte'), einem Wort der Klostersprache, dessen aus mlat. *spensa*, *expensa* 'Nahrung, Lebensmittel' entwickeltes geschlossenes *ē* mit germ. *ī* wiedergegeben wird. Zugrunde liegt lat. *expēnsa* f. 'Ausgabe, Aufwand', kirchenlat. (Klostersprache) 'Lebensunterhalt, Proviant', das (wohl aus einer Fügung *pecūnia expēnsa* 'ausgegebenes Geld') substantivierte Part. Perf. von lat. *expendere* 'gegeneinander aufwägen, abwägen, erwägen, auszahlen, ausgeben, bezahlen'. Die gleiche Lautentwicklung von *ē* zu germ. *ī*, nhd. *ei* zeigen *Feier*, *Kreide*, *Seide* (s. d.). – speisen Vb. in gehobener Sprache 'eine Mahlzeit einnehmen, essen', trans. 'zu essen geben, versorgen', mhd. *spīsen*, auch 'Metalle miteinander mischen'. abspeisen Vb. 'beköstigen, aufhören zu essen' (16. Jh.), übertragen 'jmdn. unbefriedigend, mit wenigem abfertigen, vertrösten' (17. Jh.). verspeisen Vb. 'aufessen' (17. Jh.). Speisung f. 'Beköstigung', mhd. *spīsunge*, auch 'Proviant'. Speisekammer f. 'Vorratsraum für Nahrungsmittel' (15. Jh.).

Spektakel n. 'Schauspiel', m. 'Lärm', entlehnt (1. Hälfte 16. Jh.) aus lat. *spectāculum* n. 'Anblick, Schau, Schauspiel (Theater, Zirkus), Bühne, Schauplatz, Wunderwerk', Ableitung von lat. *spectāre* '(an)sehen, anschauen, betrachten', dem Intensivum zu lat. *specere* (*spectum*) 'sehen'. Der lat. Bedeutung folgend, steht *Spektakel* zunächst für 'Schauspiel, theatralische Aufführung, Schaustellung', auch für 'Schrecken, Trauer oder Mitleid erregende Szenen' sowie für 'bewegte, lärmende Volksszenen' (Hinrichtungen, Einbringung von Gefangenen und dgl.). Daraus entwickelt sich im 18. Jh. einerseits 'ärgerlicher, aufsehenerregender Auftritt, Spott, Schande', andererseits 'Lärm, Krach, Getöse, Tumult, Zank, Streit', dieses (in Anlehnung an Synonyma wie *Krach*, *Lärm*) mit Übergang zum maskulinen Genus. *Spektakel* m. 'Lärm, Krach, Streit', verbreitet durch die Studentensprache, ist heute überwiegend, *Spektakel* n. 'Schauspiel' seltener gebräuchlich. spektakeln Vb. 'lärmen' (Ende 18. Jh.). spektakulär Adj. 'aufsehenerregend, sensationell' (Mitte 20. Jh.), in Anlehnung an frz. *spectaculaire* (Anfang 20. Jh.); vgl. engl. *spectacular* (17. Jh.).

Spektrum n. 'durch Aufspaltung von weißem Licht in die Regenbogenfarben zerlegtes Lichtband'. Lat. *spectrum* 'Erscheinung in der Vorstellung, Schemen, Gesicht', eine Ableitung von lat. *specere* (*spectum*) 'sehen', wird in der 1. Hälfte des 16. Jhs. im Sinne von 'gespensterhafte Erscheinung, Einbildung' mit lat. Flexion ins Dt. übernommen (nach dem 17. Jh. ungebräuchlich). Erneut entlehnt wird *Spektrum* von Goethe (1791) über Newton, der lat. engl. *spectrum* für das optische Phänomen des farbigen Bandes, in das ein Lichtstrahl mittels eines Prismas oder eines Gitters zerlegt wird, verwendet (1671). Der Ausdruck wird daraufhin ein Terminus der Optik, dann auch der Physik für die 'Gesamtheit der elektromagnetischen Strahlung verschiedener Wellenlänge'. Übertragener Gebrauch im

Sinne von 'Vielfalt, Breite, reiche Auswahl' setzt in der 2. Hälfte des 19. Jhs. ein. – s p e k t r a l Adj. 'das Spektrum betreffend' (19. Jh.), bes. in Komposita wie *Spektralapparat, -analyse, -farben* (alle 19. Jh.).

Spekulatius m. Der Ausdruck für das mit reliefartigen Figuren versehene knusprige Gebäck ist seiner Herkunft nach nicht sicher geklärt. Nd. (bes. ofries.) *Spikelātsje, Spekelātsje*, rhein. *Spekulaties* (19. Jh.) gehen wohl auf ein in den Grenzgebieten zu den Niederlanden übernommenes nl. *speculatie* (18. Jh.) zurück, zunächst Bezeichnung für ein plastisches Zuckerwerk, dann für figürliches Gebäck. Die nd. bzw. rhein. Formen werden latinisiert zu *Spekulatius* (da als Ableitung von lat. *speculum* 'Spiegel, Abbild' aufgefaßt?). Bisherige Erklärungsversuche werden zusammenfassend abgehandelt von DE TOLLENAERE in: Neuphilolog. Mitt. 84 (1983) 522ff., der, unter Rückgriff auf frühere Ansätze, nl. *spekulatie* 'Zuckerbackwerk als Tischschmuck, Gebäck' von mnl. *speculatie* 'Betrachtung, Beschauung', dann auch 'Überlegung, Sinn, Wohlgefallen, Phantasie' (aus lat. *speculātio* 'das Ausspähen, Betrachtung, das Beschauen') herleiten will und von einer Bedeutung 'Gebäck für Feinschmecker, Phantasiegebäck zum Vergnügen, als Tischschmuck' ausgeht. Er sieht eine parallele Entwicklung in dt. *Spekulation* 'glatt gewebtes, halbseidenes Tuch' (18. Jh.), frz. *spéculation* 'Mischstoff aus Seide und Zwirn oder Baumwolle', d. h. 'Erzeugnisse zum Wohlgefallen, Luxuserzeugnisse'.

spekulieren Vb. 'nachdenken, gewagte, riskante Geschäfte machen, auf etw. rechnen', mhd. *speculieren* 'sich in religiöse Betrachtung versenken, (Gott) zu erforschen suchen, sinnen' wird durch die Mystiker entlehnt aus lat. *speculārī* '(umher)spähen, sich umsehen, auskundschaften, beobachten'; zu lat. *specere* 'sehen'. Bei den Reformatoren (Luther) erhält *spekulieren* den abschätzigen Nebensinn 'forschen, nachdenken auf phantastischer (d. h. nicht auf biblischer Überlieferung beruhender) Grundlage', verallgemeinert 'ohne Bezug zur Wirklichkeit nachsinnen, forschen', auch 'dichten' (16. Jh.). Doch bleibt daneben wertneutraler Gebrauch im Sinne von 'nachdenken, überlegen, mutmaßen' erhalten, in der Philosophie weiterentwickelt zu 'durch bloßes Denken (ohne Empirie) Erkenntnisse zu gewinnen suchen' (18. Jh.). Eine eigene Verwendungsweise zeigt die Kaufmannssprache, wo 'Berechnungen, Überlegungen anstellen, die einen Erfolg möglich erscheinen lassen, solche Absichten und Geschäfte ausführen' (16. Jh., geläufig 18. Jh.) in 'riskante Geschäfte machen' übergeht. Davon herzuleiten ist der allgemeinsprachliche Gebrauch *spekulieren* ('rechnen') *auf etw.* (Ende 18. Jh.). – S p e k u l a n t m. philosophisch 'wer über metaphysische Dinge nachdenkt, Grübler' (17. Jh.), kaufmannssprachlich 'wer mit Risiko nach Gewinn strebt, auf Gewinn rechnender Unternehmer' (18. Jh.); vgl. lat. *speculāns* (Gen. *speculantis*), Part. Präs. zu lat. *speculārī* (s. oben). S p e k u l a t i o n f., mhd. *speculācie* (Anfang 14. Jh.), frühnhd. *Speculacz* (15. Jh.), *Speculation* (16. Jh.), aus spätlat. *speculātio* (Gen. *speculātiōnis*) 'das Ausschauhalten, Ausspähen, Betrachtung, das Beschauen'; entsprechend dem Gebrauch des Verbs zuerst bei den Mystikern 'Betrachtung Gottes und seiner Schöpfung, geistliche Verzückung', dann 'tiefsinniges Nachdenken, Betrachten, Forschen' (16. Jh.), philosophisch 'kontemplatives, von der Wirklichkeit losgelöstes Erkenntnisstreben' (18. Jh.), bald auch abschätzig *windige, müßige Speculation* 'Spintisiererei' (18. Jh.). Kaufmannssprachlich 'kaufmännische Berechnung, riskante, auf Gewinn zielende Unternehmung' (18. Jh.). s p e k u l a t i v Adj. philosophisch (als Gegensatz zu *empirisch*) 'in reinen Begriffen denkend, wirklichkeitsfremd, übersinnlich', verallgemeinert 'grübelnd, forschend, zur Spekulation neigend' (Anfang 18. Jh.), kaufmannssprachlich 'berechnend, auf Gewinn, Handelsvorteil bedacht' (19. Jh.), aus mlat. *speculativus* 'in forschendes Denken sich versenkend, betrachtend'.

Spelt, Spelz m. weizenähnliche Getreidesorte, 'Dinkel', deren Ährenspindel beim Dreschen in einzelne kleine Ähren zersplittert, während die Körner in den Hülsen eingeschlossen bleiben, ahd. *spelta*, auch 'Ähre' (8. Jh.), *spelza* f. (9. Jh.), *spelt* (9. Jh.), *spelzo* m. (Hs. 12. Jh.), mhd. *spelte, spelze* f., asächs. *spelta* f., mnd. *spelte*, aengl. *spelt* m. (engl. *spelt* aus dem Asächs.), mnl. *spelte*, nl. *spelt* ist als germ. *t*-Erweiterung wie die unter *spalten* (s. d.) genannten Formen zu der dort angeführten Wurzel ie. **(s)p(h)el-* 'spalten, abspalten, absplittern, abreißen' zu stellen. Aus dem Germ. entlehnt (in Pannonien?) ist spätlat. *spelta*, das daraufhin (als Rückentlehnung) auf das Ahd. einwirkt, so daß unverschobenes ahd. *spelta*, nhd. *Spelt* neben verschobenen Formen (s. oben) erhalten bleibt. *Spelt* bedeutet etwa 'Splitterfrucht' und bezeichnet zunächst die kleinen Ähren mit den Körnern, erst dann die ganze Pflanze. Seit dem 17. Jh. setzt sich in Analogie zu anderen Getreidesorten maskulines Genus durch. Der Plural lautet *Spelze*. – S p e l z e f. (Plur. *Spelzen*) 'beim Dreschen abfallende Hülse des Getreidekorns, Spreu' (17. Jh.), von der reichlich Spreu liefernden Getreideart *Spelt*, *Spelz* übertragen.

Spelunke f. 'verrufener Unterschlupf, Räubernest, Verbrecherhöhle' (Mitte 14. Jh.), dann auch (dem Griech.-Lat. folgend) 'Höhle', bes. aber 'schlechte Kneipe, schmutzige Unterkunft, unordentliches Zimmer', entlehnt aus lat. *spēlunca* 'Höhle, Grotte', griech. *spḗlynx* (σπῆλυγξ) 'Höhle', wohl zu griech. *spéos* (σπέος) 'Höhle, Grotte'.

spenden Vb. 'gemeinnützig, für einen bestimmten Zweck schenken, geben', ahd. *spentōn* (9. Jh.; *firspentōn*, um 800), mhd. *spenden* 'als Geschenk austeilen, Almosen geben', mnd. mnl. *spenden*, *spinden* 'Almosen austeilen', aengl. *spendan*, engl. *to spend* 'ausgeben, aufwenden', vgl. auch asächs. *spendunga* 'Aufwand', sind entlehnt aus mlat. *spendere* 'ausgeben, verausgaben', nach lat. *expendere* 'gegeneinander aufwägen, abwägen, erwägen, auszahlen, ausgeben, bezahlen' (s. *Speise*); vgl. lat. *pendere* '(ab)wägen, (be)zahlen'. – S p e n d e f. 'Gabe, Geschenk', ahd. *spenta* (um 800), mhd. *spende* 'Austeilung von Almosen, Geschenk, Gabe, Almosen (im Sinne der Kirche)', mnd. *spende* 'Darreichung, Austeilung von Almosen, Spende (im Sinne der Kirche), Almosen, liebevolle Gabe' sind entweder Bildungen zu *spenden* (s. oben) oder Entlehnungen aus mlat. *spenda*, *spenta* 'Almosengabe der Klöster an die Armen, Ausgabe, Gabe' (zu mlat. *spendere*, s. oben). S p e n d e r m. 'wer spendet', ahd. *spentāri*, *spenteri* (9. Jh.), mhd. *spendære*. s p e n d i e r e n Vb. 'großzügig (und reichlich) ausgeben, freihalten' (17. Jh.), Weiterbildung zu *spenden* mit dem Verbalsuffix *-ieren*; vgl. mnd. *spendēren*, nl. *spenderen*. s p e n d a b e l Adj. 'freigebig, großzügig, andere freihaltend' (18. Jh.), mit französierender Endung.

Spengler m. westmd. und südd. für 'Klempner', mhd. *speng(e)ler* 'Blechschmied', abgeleitet von mhd. *spengelīn*, *spengel*, dem Deminutivum zu mhd. *spange* 'Spange, Band, Beschlag' (s. *Spange*), daher ursprünglich etwa 'Hersteller von Spangen und Metallbeschlägen'.

Sperber m. Der Name des den Kleinvögeln, also auch den Sperlingen nachjagenden, zur Gruppe der Habichte gehörenden Raubvogels ahd. *spar(a)wāri* (11. Jh.), mhd. *sparwære*, *sperwære*, *sperbære*, *sperber*, mnd. *sparwer*, *sperwer*, mnl. *sperwāre*, nl. *sperwer* ist eine Zusammensetzung aus dem unter *Sperling* (s. d.) behandelten ahd. *sparo*, mhd. *spar(e)*, *sparwe*, *sperwe* und dem unter *Aar* (s. d.) behandelten Substantiv ahd. *aro*, mhd. *ar* 'Adler' und ist daher als 'Sperlingsaar' zu verstehen (vgl. engl. *sparrow hawk* 'Sperlingshabicht, Sperber'). Schon früh wird der Name den lautlich nahestehenden Nomina agentis auf ahd. *-āri*, mhd. *-ære* angeglichen und nicht mehr als Kompositum empfunden.

Sperenzchen, auch *Sperenzien* Plur. 'Umstände, Umschweife, Schwierigkeiten', älter auch 'Komplimente'; bes. in der Wendung *Sperenzchen machen* 'Schwierigkeiten machen, sich sträuben'. *Sperantz* (17. Jh.), *Speranzien* (18. Jh.) sowie mundartliches (nd. md.) *Sperenzen*, *Speranzen*, *Sper(r)anzien*, *Sper(r)enzien*, *Sper(r)enzchen* 'Umschweife, Ausreden, Ausflüchte, Schwierigkeiten' ist wohl entlehnt aus mlat. *sperantia* 'Hoffnung' (Plur. *sperantiae*), zu lat. *sperāre* 'erwarten, hoffen', also 'Umschweife, Ausflüchte, Schwierigkeiten als Hoffnungen auf einen damit erstrebten Erfolg'; vgl. ital. *tener in speranza* 'in der Hoffnung halten, mit Hoffnung, mit guten Worten abspeisen'. In der Bedeutungsentwicklung (und vielfach in der Lautgestalt) angeglichen an *sich sperren* 'sich wiedersetzen, sträuben'.

Sperling m. Der Name des kleinen Vogels ahd. *sparo* (8. Jh.), mhd. *spar(e)*, *sparwe*, *sperwe*, aengl. *spearwa*, engl. *sparrow*, anord. *spǫrr*, schwed. *sparv*, got. *sparwa* sowie mit (häufig in Tier- und Pflanzennamen auftretendem) *k*-Suffix (s. *-chen*) gebildetes ahd. *sperih* m., *sperihha* f. (Hs. 12. Jh.), mhd. (md.) *sperc*, *sperke*, *sperche* führt mit den Gutturalerweiterungen apreuß. *spurglis*, griech. *sporgílos* (σποργίλος), *spérgūlos* (σπέργουλος) 'Sperling, kleiner Vogel' und gleichbed. griech. *spa-*

rásion (σπαράσιον) auf ie. **sper(g)-*, das sich vielleicht im Sinne von 'Zappler' zu der unter *Sporn* (s. d.) genannten Wurzel ie. **sp(h)er(ə)-* 'zucken, mit dem Fuß wegstoßen, zappeln, schnellen' stellen läßt. Bereits früh verbindet sich ahd. *sparo* (s. oben) mit dem deminutiv gebrauchten Suffix *-ling* zu ahd. *sperili(n)g* (11. Jh.), mhd. *sperlinc*, *spirlinc*, mnd. *sperlinc*, *sparlinc*, nhd. *Sperling*, eigentl. 'kleiner, junger Spatz', das als vorwiegend md. und nd. Ausdruck (gegenüber obd. *Spatz*, s. d.) in die Literatursprache eindringt.

Sperma n. 'Samenflüssigkeit von Mensch und Tier'. Gleichbed. lat. *sperma* n., griech. *spérma* (σπέρμα) n., auch allgemein 'Samen, Saat, Keim, Stamm, Sproß', wird in die lat. Wissenschaftssprache der Medizin übernommen, geht dann in dt. medizinische Texte (17. Jh.) und schließlich in die Bildungssprache ein.

sperren Vb. 'schließen, den Zugang verhindern, auseinanderspreizen', refl. 'sich widersetzen', ahd. *sperren* (11. Jh.; vgl. *bisperren* 'verschließen', *intsperren* 'öffnen', beide bereits 9. Jh.), mhd. *sperren* 'mit Dachbalken versehen, (durch einen vorgeschobenen Sparren oder Riegel) ein-, zu-, verschließen, verhindern, auseinanderspreizen, ausdehnen, sich widersetzen', mnd. *spēren*, *sperren*, mnl. nl. *sperren* 'verschließen, ausdehnen', anord. *sperra* 'mit Dachsparren versehen, spreizen, verhindern', schwed. *spärra* 'verschließen' sind zu dem unter *Sparren* (s. d.) dargestellten Substantiv gebildet. Aus der Bedeutung 'mit Sparren versehen' entwickelt sich einerseits '(mit Sparren) verschließen', woraus 'verhindern', und andererseits '(durch Sparren) auseinanderspreizen', woraus 'ausdehnen' und (refl.) 'widerstreben, sich widersetzen'. – S p e r r e f. 'das Absperren, Verschließen, Vorrichtung zum Abschließen, Riegel, Barrikade', mhd. *sperre* 'Klammer, Riegel, Schloß (eines Buches)'. s p e r r i g Adj. 'auseinandergespreizt und dadurch viel Raum einnehmend' (16. Jh.), spätmhd. *sperric* 'was gesperrt, mit Beschlag belegt werden kann', auch 'widersetzlich, widerstrebend'. s p e r r w e i t Adj. 'auseinandergespreizt, ganz offen' (17. Jh.), geläufiger *sperrangelweit* (18. Jh.), Kontamination aus *sperrweit* und *angelweit* 'ganz offen, so weit, wie es die Türangeln gestatten' (17. Jh.). S p e r r h o l z n. aus mehreren so übereinandergeleimten Platten gefügtes Holz, daß sich ihre Faserrichtung kreuzt und ein Verziehen des Holzes verhindert (gesperrt) wird (19. Jh.). S p e r r s i t z m. 'Sitzplatz im Zuschauerraum eines Theaters oder Kinos', der ursprünglich Abonnenten vorbehalten und für andere Besucher gesperrt war (19. Jh.).

Spesen Plur. 'Unkosten, Auslagen', mit dt. Pluralendung in die Kaufmannssprache (17. Jh.) entlehnt aus ital. *spese*, der Pluralform zu *spesa* 'Ausgabe, Kosten, Aufwand', das auf lat. *expēnsa* 'Ausgabe, Aufwand' beruht (s. *Speise*). Voraus gehen in der obd. Kaufmannssprache variierende Formen wie *despessa*, *spesa*, *spessa*, auch *speise*, *speiz* (in Anlehnung an *Speise*, 15. Jh.), *spexa*, *Conto de Spese* (16. Jh.).

Spezerei f. 'überseeisches Gewürz', meist im Plur. *Spezereien*. Mhd. *specierīe*, *spezerīe* 'orientalische Gewürze, Drogen, Aromen, Duftstoffe, Balsame', mnd. *spēcerīe*, *spēcirīe*, *spisarīe* wird im Zuge des Orienthandels und der Einfuhr orientalischer Waren entlehnt aus ital. *spezierie* 'Gewürze, Drogen, Aromen', Plur. von ital. *spezieria* 'Gewürzhandlung, Apotheke', älter 'Drogen', einer Bildung zu ital. *spezie*, älter *spezia* 'Gewürz, Droge'. Zugrunde liegt lat. *speciēs* (s. *Spezies*), spätlat. (Plur.) 'Gewürze, Drogen, Aromen, Zutaten zum Einmachen und für Apotheken'.

spezial Adj. 'besonder, eigentümlich, extra, einzeln'. Das seit dem Ende des 15. Jhs. im Dt. belegte, aus lat. *speciālis* 'besonder, speziell, eigentümlich' (zu lat. *speciēs*, s. *Spezies*) entlehnte Wort ist nur selten als selbständiges Adjektiv bezeugt, vgl. *speciale rapporten*, *speciale Articul* (17. Jh.), *mit der specialen Versicherung* (18. Jh.), *auf specialen Befehl* (19. Jh.); in dieser Verwendung heute von *speziell* (s. unten) verdrängt. In der Regel (heute ausschließlich) bildet *spezial* das Bestimmungswort in Komposita und bezeichnet 'das Besondere, Eigentümliche, Spezielle' des Grundwortes. Zuerst vielfach noch in Getrenntschreibung, vgl. *special superintendent*, *special Namen*, *special tugend* (16. Jh.), *Special Wein* neben *Specialwein* (17. Jh.), doch setzt sich vom 16. Jh. an allmählich Zusammenschreibung durch. – s p e z i e l l Adj. 'von eigener Art, besonder, eigentümlich, einzeln, eingehend' (Gegenwort zu *generell*), mit französierender Endung zu älterem *spezial* (s. oben) gebildet (Anfang 18. Jh.) und dieses als selbständiges Adjektiv ersetzend. S p e z i m. 'besonderer Freund' (Ende 18. Jh.), verkürzt aus gleichbed. *Spezial* m. (2. Hälfte 18. Jh.), älter *specialer Freund* (1. Hälfte 18. Jh.), *Specialfreund* (2. Hälfte 17. Jh.). S p e z i a l i t ä t f. 'Besonderheit, Charakteristikum, Fachgebiet, besondere Fähigkeit, Liebhaberei' (Anfang 17. Jh.), entlehnt aus spätlat. *speciālitās* (Gen. *speciālitātis*) 'besondere Beschaffenheit' bzw. mfrz. frz. *spécialité* 'Besonderheit, Spezialgebiet'. s p e z i a l i s i e r e n Vb., jetzt vorwiegend refl. 'sich von anderem unterscheiden, auf ein bestimmtes Gebiet festlegen' (Anfang 20. Jh.), zuvor trans. 'auf ein Spezialgebiet ausrichten, besonderen Bedingungen anpassen, einzeln aufführen, ins einzelne gehen' (1. Hälfte 19. Jh.), aus gleichbed. mfrz. frz. *(se) spécialiser*. S p e z i a l i s t m. 'Fachmann, Sachverständiger auf einem bestimmten Gebiet' (1. Hälfte 19. Jh.); vgl. etwa gleichzeitig auftretendes frz. *spécialiste*.

Spezies f. 'besondere Art, Sorte, Gestalt, Erscheinung(sform)', in der Biologie die wichtigste Ordnungseinheit im System der Tiere und Pflanzen für die Gesamtheit aller Einzelwesen, die in wesentlichen Merkmalen übereinstimmen und fruchtbare Nachkommen erzeugen. Spätmhd. *specien*, frühnhd. *species* Plur. '(orientalische) Gewürze, Drogen, Kräuter, Arznei, Spezerei' ist entweder über ital. *spezie* 'Gewürz, Droge' oder direkt entlehnt aus lat. *speciēs* 'das Sehen, der Anblick, Gesicht, Gestalt, äußere Erscheinung, Ideal, Bild, Statue, Art, Fall, einzelnes Stück', daher im Plural 'einzelne Dinge, die verbunden sind', also auch spätlat. 'Waren, Gewürze, Drogen' und dgl. (s. *Spezerei*); zu lat. *specere* 'sehen'. Auf erneuter Entlehnung (16. Jh.) des lat. Substantivs beruht die heute übliche Bedeutung 'durch bestimmte Merkmale sich auszeichnende Art, Erscheinungsform, Typus'. Vgl. ältere Verwendungen des Wortes, und zwar (pluralisch) als Bezeichnung für die Grundrechnungsarten (15. Jh.) und (singularisch) für 'geprägtes Geldstück' im Unterschied zum Papiergeld (Anfang 17. Jh.) mit den Komposita *Speciesgeld*, *-dukaten*, *-gulden*, *-taler*. – s p e z i f i s c h Adj. 'der besonderen Art, Beschaffenheit, Eigentümlichkeit gemäß' (um 1700), spätlat. *specificus* 'von besonderer Art, eigentümlich'; vereinzelt auch *spezifik* (18. Jh.) unter Einfluß von mfrz. frz. *spécifique*. s p e z i f i z i e r e n Vb. 'einzeln anführen, auf Grund eigentümlicher Merkmale unterscheiden, aufgliedern, genau in seine Bestandteile zerlegen' (15. Jh.), spätlat. *specificāre* 'der Art nach unterscheiden', mlat. 'besonders bezeichnen'. S p e z i f i k u m n. 'Besonderheit, entscheidendes Merkmal' (19. Jh.), 'gezielt wirkende Medizin' (16. Jh.), Substantivierung der neutralen Form von spätlat. *specificus* (s. oben).

Sphäre f. 'Himmelszone, Kreis, Wirkungskreis, Bereich'. Ahd. *spēra*, auch *himilspēra* (um 1000), mhd. *spære*, *spēre*, *spēr* 'das (kugelig vorgestellte) Himmelsgewölbe, Himmelskörper, Kreisbahn eines Himmelskörpers und die dadurch umschriebene Himmelszone, Hof und Umgebung eines Himmelskörpers', frühnhd. *sper*, *spere* ist entlehnt aus mlat. *spera*, dem lat. *sphaera*, griech. *sphaĩra* (σφαῖρα) 'Kugel, Ball, Himmelskugel, Himmelskörper' voraufgehen. Seit dem 16. Jh. auftretendes *Sphaera*, *Sphaere* schließt in der Schreibweise wieder an das Griech.-Lat. an. Ebenfalls nach griech.-lat. Vorbild wird *Sphäre* im 16. Jh. als geometrischer Terminus für 'Kugel' aufgenommen und steht danach auch für kugelähnliche Dinge jeder Art (18. Jh.). Übertragener Gebrauch im Sinne von 'Bereich, Gebiet, Umgebung' setzt im 18. Jh. ein; vgl. in gleichem Sinne gebrauchtes frz. *sphère* (17. Jh.). – s p h ä r i s c h Adj. 'die Kugel bzw. die Himmelskugel betreffend, kugelförmig' (16. Jh.), 'in den Bereichen des Himmels vorkommend, überirdisch' (18. Jh.), mlat. *spericus*, lat. *sphaericus*, griech. *sphairikós* (σφαιρικός) 'rund, kugelförmig, die Kugel betreffend'. Vgl. *sphärische Trigonometrie* (18. Jh.).

Sphinx f. Bezeichnung für ein Wesen der griech. Mythologie, dargestellt als geflügelter Löwe mit dem Oberkörper einer Frau, das, in der Nähe von Theben lebend, jeden tötet, der das von ihm gestellte Rätsel nicht lösen kann; Übernahme (16. Jh.) von lat. *Sphinx*, griech. *Sphínx* (Σφίγξ) f., vielleicht Rückbildung zu griech. *sphíngein* (σφίγγειν) '(durch Zauber) zuschnüren, umfassen, einklemmen'; dann auch 'rätselhafte, undurchschaubare Person, rätselhafte Sache' (18. Jh.). Mit (teilweise in der Wissenschaft) mask. Genus übertragen auf eine Steinfigur der ägyptischen Kunst, eine Mischgestalt mit dem Körper eines Löwen und dem bärtigen Kopf eines Königs (Pharao).

Spickaal m. 'geräucherter Aal' (18. Jh.), nach nd. *Spikkaal*; vgl. mnd. *spikhērinc* 'getrockneter Hering', wohl im Anschluß an nord. Bildungen wie anord. aschwed. *spikilax* 'gedörrter Lachs'. Mnd. *spik* 'trocken', nd. *spikk* 'so geräuchert, daß es ungekocht gegessen werden kann' ist verwandt mit norw. (mundartlich) *spikjen* 'gesalzen und geräuchert, mager', schwed. *spicken* 'gesalzen und geräuchert', isl. *speikja* 'dörren', dän. *spege* 'Fleisch oder Fisch salzen und dörren oder räuchern'. Weitere Anknüpfungen sind fraglich. Vielleicht mit Gutturalsuffix bei einer Ausgangsbedeutung 'schmal, dürr wie ein Holzstück' zu der unter [1]*Spieß* (s. d.) genannten Wurzel ie. **(s)p(h)ĕi-*, **(s)p(h)ĭ-* 'spitz, spitzes Holzstück'? Oder im Sinne von 'trocknen, indem Fleisch oder Fisch mit Holzpflökken gespannt wird' zu der unter *spannen* (s. d.) angeführten Wurzel ie. **sp(h)ē(i)-* 'ziehen, spannen'?

spicken Vb. 'mageres Fleisch mit Speckstreifen durchziehen'. Frühnhd. *spicken* (15. Jh.), mnd. *specken*, *spicken*, nd. *spicken*, nl. *spekken* sind von den unter *Speck* (s. d.) behandelten Substantiven abgeleitet. Die anfängliche Verwendung 'mit etw. anfüllen', auch 'fett machen, mästen' (15. Jh.) wird bald erweitert, z. B. 'Reden, Schriftstücke mit Zitaten anfüllen' (16. Jh.), *ein gespickter* ('gefüllter') *(Geld)beutel* (um 1700), 'jmdn. bestechen' (17. Jh.), nd. *sik spicken* 'sich bereichern' (um 1800). Daraus (wenn nicht entlehnt aus lat. *specere*, *spicere* 'sehen', *cōnspicere* 'hin-, anschauen' oder als Intensivbildung zu *spähen*, s. d., aufzufassen, wie *zücken* zu *ziehen*) entwickelt sich schülersprachliches *spicken* 'abgucken, abschreiben' (Anfang 18. Jh.), vgl. *nachspicken* (2. Hälfte 17. Jh.), *abspicken* (Ende 17. Jh.), *Spicker* 'Abschreiber' (Anfang 17. Jh.), *Spickzettel* 'Zettel, von dem heimlich abgeschrieben wird' (19. Jh.). – S p i c k n a d e l f. 'Nadel, mit der Speckstreifen durch Fleisch gezogen werden' (16. Jh.).

Spiegel m. 'glatte Fläche (aus Glas oder Metall), die Abbilder davor befindlicher Personen und Gegenstände zeigt', ahd. *spiagal* (um 800), mhd. *spiegel*, mnd. *spēgel*, *spigel*, mnl. *spieghel*, nl. *spiegel* ist über vorauszusetzendes vlat. **spēglum* entlehnt aus lat. *speculum* n. 'Spiegel, Abbild'; zu lat. *specere* 'sehen'. Das im Vlat. gelängte *ē* ergibt den Diphthong ahd. *ia* (s. auch *Brief*). Anord. *spegill*, schwed. *spegel* stammen aus dem Mnd. Unter Einfluß maskuliner Gerätebezeichnungen auf *-el* erhält *Spiegel* im Germ. maskulines Genus. – s p i e g e l n Vb. 'wie ein Spiegel Lichtstrahlen zurückwerfen, Abbilder erzeugen, glänzen', refl. 'als Spiegelbild erscheinen', mhd. *spiegeln* 'wie ein Spiegel glänzen, hell machen wie einen Spiegel'; S p i e g e l u n g f. 'das Spiegeln', mhd. *spiegelunge*; auch 'Spiegelbild' (17. Jh.). v o r s p i e g e l n Vb. '(wie) in einem Spiegel sichtbar machen' (16. Jh.), 'vortäuschen' (18. Jh.); V o r s p i e g e l u n g f. 'Vortäuschung, Blendwerk' (18. Jh.). S p i e g e l b i l d n. 'im Spiegel sichtbares (seitenverkehrtes) Bild' (16. Jh.). S p i e g e l e i n. 'unzerrührt gebratenes Ei', geformt (im Unterschied zum *Rührei*) wie ein runder Spiegel (18. Jh.). S p i e g e l f e c h t e r e i f. 'Scheinkampf, Heuchelei' (17. Jh.), zuvor *Spiegelfechten* n. (um 1500). Zu verstehen als Schaugefecht mit glitzernden, spiegelnden, jedoch nicht treffenden Waffen? Oder eher als unwirkliches, nur vorgespiegeltes Gefecht?

Spiel n. 'nicht auf Nutzen ausgerichtete, vergnügliche, mit Ernst betriebene Tätigkeit, Zeitvertreib, Vergnügen, Wettkampf'. Die Herkunft des nur kontinentalwestgerm. bezeugten Substantivs (bzw. Verbs, s. unten) ahd. (9. Jh.), mhd. *spil* 'Tanz, Zeitvertreib, Scherz, Unterhaltung, Vergnügen, Musik, Waffen-, Kampfspiel, Wettkampf', asächs. *spil*, mnd. mnl. *spel*, *spil*, nl. *spel* (schwed. *spel*, dän. *spil*, norw. *spill* sind wie aengl. *spilian*, schwed. *spela*, dän. *spille* Entlehnungen) ist unbekannt. Dazu schwach flektierendes s p i e l e n Vb., ahd. *spilōn* (8. Jh.), mhd. *spiln*, *spilen* 'Scherz treiben, sich vergnügen (mit Leibesübungen, Kampfspiel, Brett- oder Würfelspiel), sich lebhaft bewegen, fröhlich sein, musizieren', asächs. *spilon*, mnd. *spēlen*, *spillen*, mnl. *spēlen*, nl. *spelen*. Die Ausgangsbedeutung ist 'Tanz, tänzerische Bewegung' bzw. 'tanzen, sich lebhaft bewegen'. Das Substantiv erscheint vielfach in festen Wendungen, vgl. *das Spiel verderben* 'einen Spaß zunichte machen', *(mit) im Spiel sein* 'aktiv beteiligt sein, von Bedeutung sein' (16. Jh.), *die Hand mit im Spiel haben* 'beteiligt sein', *ins Spiel bringen* 'beteiligen, einbeziehen' (18. Jh.). – s p i e l e n d Adv. 'leicht, mühelos wie im Spiel' (17. Jh.), eigentl. Part. Präs.

zum oben genannten Verb. abspielen Vb. 'probeweise durchspielen' (16. Jh.), 'etw. bis zum Ende darbieten' (17. Jh.), '(sich) durch Spielen ermüden, abnutzen' (17. Jh.), 'abgewinnen' im Spiel (17. Jh.), 'von einer Vorlage spielen' (19. Jh.), im Fußball 'den Ball an den nächsten Spieler abgeben', auch 'eine Schallplatte, ein Tonband ablaufen lassen' (20. Jh.), refl. 'sich ereignen, vor sich gehen' (Anfang 19. Jh.). aufspielen Vb. '(auf einem Instrument Musik) vortragen, musizieren' (16. Jh.), refl. 'sich in den Vordergrund rücken, großtun' (19. Jh.). zuspielen Vb. 'jmdm. etw. (heimlich) verschaffen, einen Vorteil zukommen lassen' (17. Jh., ausgehend vom Kartenspiel). Anspielung f. '(versteckte) Andeutung' (17. Jh.), nach gleichbed. lat. *allūsio*. Spieler m. 'wer spielt' (bes. *Schauspieler*), 'wer ein Glücksspiel spielt', ahd. *spilāri* 'Handpaukenschläger, Tänzer, Gaukler, Schauspieler' (um 900), mhd. *spilære, spiler*. spielerisch Adj. 'ohne ernste Absicht, locker, leicht' (17. Jh.), 'wie ein Spieler' (16. Jh.). Spielmann m. 'volkstümlicher Musikant' (16. Jh.), 'Regimentsmusiker' (18. Jh.), ahd. *spilman* 'Spaßmacher, Schauspieler, Musiker' (9. Jh.), mhd. *spilman* 'fahrender Sänger, Musikant, Gaukler'. Spielraum m. 'Bewegungsraum, Möglichkeit' (18. Jh.); anfangs bes. das Verhältnis der Weite eines Geschützrohres zu dem angepaßten, die Gleitfähigkeit gewährenden Durchmesser des Geschosses. Spielsachen Plur. 'für Kinder zum Spielen hergestellte Gegenstände', Spielwaren Plur. 'Spielsachen als Handelsgegenstand' (beide 18. Jh.). Spielzeug n. 'Spielsachen' (17. Jh.), 'Musikinstrument' (17. Jh.), 'Gewinnspiel, Brett-, Würfel-, Kartenspiel' (16. Jh.).

[1]**Spieß** m. 'Bratspieß', ahd. (9. Jh.), mhd. *spiȥ* 'Brat-, Holzspieß, Splitter', mnd. *spit*, mnl. *spit, spet*, nl. *spit*, aengl. *spitu*, engl. *spit*, schwed. *spett* führen auf germ. **spita-*, verwandt mit den unter *spitz* (s. d.) genannten Formen. Neben diesen Bildungen mit Dentalsuffix stehen (mit anderen Suffixen abgeleitet) lat. *spīna* 'Dorn, Stachel, Rückgrat', lett. *spina* 'Gerte, Rute', vielleicht auch russ. *spiná* (*спина*) 'Rücken' (s. [1]*Finne*) und lit. *speiglȳs* 'Spule (der Vogelfeder), der beim Rupfen in der Haut zurückbleibende Federteil, Stachel' sowie das unter *Speiche* (s. d.) behandelte Substantiv. Auszugehen ist von der Wurzel ie. **(s)p(h)ē̆i-*, **(s)p(h)ī̆-* 'spitz, spitzes Holzstück', der Bratspieß also als 'spitzer Holzstab' zu erklären. Im Nhd. fallen [1]*Spieß* und [2]*Spieß* (s. d.) lautlich und auch semantisch (beide vorgestellt als mit Spitzen versehene Stange) zusammen. – Bratspieß m. (15. Jh., daneben anfangs noch *Bratspiß*). Spießrute f. 'spitze, lange, biegsame Gerte' (16. Jh.), auch *Spißgerte, Spitzrute* (17. Jh.). Verdeutlichende Zusammensetzung (vgl. ahd. *spiȥ*, auch 'Zweig, Gerte'). Die Spießrute wird als Reitgerte und auch als soldatische Prügelgerte verwendet, daher *Spießruten laufen (müssen)* 'zur Strafe mit entblößtem Rücken durch eine von mit Spießruten prügelnden Soldaten gebildete Gasse gehen' (18. Jh.), auch *durch die Spießruten jagen* (18. Jh.). Übertragen *Spießruten laufen* 'von anderen durchgehechelt werden' (18. Jh.), dann 'neugierigen, kritischen oder spöttischen Blicken ausgesetzt sein' (19. Jh.).

[2]**Spieß** m. alte Wurf- und Stoßwaffe, ahd. *spioȥ* (um 800; vgl. als Jagdwaffe *swīnspioȥ*, 8. Jh.), mhd. *spieȥ* 'Kampf-, Jagdspieß', auch 'Spießträger', asächs. *spiot*, mnd. *spēt*, mnl. *spiet*, anord. *spjōt* 'Spieß, Speer', schwed. *spjut* 'Speer'. Herkunft unbekannt. Ein Zusammenhang mit griech. *speū́dein* (*σπεύδειν*) 'sich sputen, eilen, streben, sich anstrengen', trans. 'antreiben, beschleunigen', *spūdḗ* (*σπουδή*) 'Eile, Eifer, Mühe, Ernst, Wohlwollen', lit. *spáusti* (aus **spáudti*) '(aus)drükken, -pressen', intrans. 'eilen' mit einer Ausgangsform ie. **(s)p(h)eud-* 'drücken, mit Nachdruck betreiben, eilen' (vgl. Pokorny 1, 999), wonach der geschleuderte Spieß als 'Eilender' zu deuten wäre, ist wenig befriedigend. de Vries in: PBB (T) 80 (1958) 20 faßt dagegen germ. **speuta-* 'Spieß' als vokalische Variante von germ. **spita-* 'Spitze' (s. [1]*Spieß*) auf. – [3]Spieß m. in der Soldatensprache 'Kompanie-, Hauptfeldwebel' (um 1900), anspielend auf den Offizierssäbel, den dieser früher zu tragen berechtigt war; vgl. bereits mhd. *spieȥ*, nhd. *Spieß* 'Spießträger, Krieger' (bis 17. Jh.). spießen Vb. '(mit dem Spieß) durchbohren' (17. Jh.). Nicht hierher, sondern zu [1]*Spieß* gehört mhd. *spiȥȥen* 'an den Bratspieß stecken' und auch frühnhd. *spissen* 'mit dem Spieß, mit der Stichwaffe durchstechen' (16. Jh.), das sich jedoch semantisch an [2]*Spieß* anlehnt. Unklar in seiner Zugehörig-

keit ist mhd. (md.) *spīȝen* 'aufspießen'. Spießbürger m. 'kleinlich denkender, engstirniger Mensch' (17. Jh.), studentisches Schimpfwort, eigentl. 'der mit dem Spieß bewaffnete, zu Fuß kämpfende Bürger'; im 18. Jh. (Wieland) in die Literatursprache aufgenommen. Daraus verkürzt Spießer m. (19. Jh.). spießbürgerlich Adj. 'kleinstädtisch, kleinlich, engstirnig' (18. Jh.); entsprechend spießig Adj. (um 1900). Spießgeselle m. 'Mittäter in einer üblen Sache' (17. Jh.), eigentl. 'der (ebenfalls mit einem Spieß kämpfende) Waffengefährte' (16. Jh.). Den pejorativen Sinn erhält das Wort durch den schlechten Ruf, den in älterer Zeit Landsknechte und Soldaten genießen.

Spikes Plur. 'Rennschuhe mit Stahlstiften an der Sohle, in Autoreifen einzusetzende Stahlstifte zur Verringerung der Rutschgefahr', Übernahme (20. Jh.) von gleichbed. engl. *spikes*, eigentl. Plur. von *spike* 'Spitze, Nagel, Dorn', mengl. *spyk*. Es handelt sich vielleicht um eine Entlehnung von mnl. *spike* 'Nagel', verwandt mit gleichbed. mnl. mnd. *spīker* und den übrigen unter *Speiche* (s. d.) genannten Formen.

Spinat m. Der Name des bes. im Iran beheimateten und durch die Araber nach Europa (islamisches Spanien, 11. Jh.) vermittelten Gemüses mhd. *spināt* (14. Jh.) ist wie mnd. *spinās(i)e*, mnl. *spinage*, *spinagie*, *spinaetse*, nl. *spinazie*, engl. *spinach*, älter *spinage* entlehnt (vielleicht teilweise über mlat. *spinac(h)ia*, *spinac(h)ium*) aus einem während der Kreuzzüge von Italien nach Nordfrankreich vordringenden roman. Typus afrz. *espinache*, *espinage*, ital. *espinace* 'Spinat', dessen Grundlage arab. *isfināǧ* bildet, eine Variante von arab. *asfānāḫ*, *isfānāḫ*, das auf pers. *aspanāḫ*, *ispanāḫ*, auch *aspanāǧ*, *asfināǧ* 'Spinat' beruht. Die iberoroman. Formen port. *espinafre*, span. *espinaca*, katalan. *espinac* und aus dem Katalan. übernommenes aprov. *spinarch*, *espinarc*, das nach Nordfrankreich ausstrahlt und dort afrz. *espinarde*, *espinart*, mfrz. *espinard*, frz. *épinard* ergibt, gehen dagegen auf vulgärarab. *isbināḫ* zurück; vgl. FEW 19, 11f. und 210. Im roman. Bereich hat möglicherweise (wegen der spitzen Blätter der Pflanze?) Anlehnung an lat. *spīna* 'Dorn' stattgefunden.

Spind m., auch n. 'schmaler Schrank' (bes. in Kasernen). Das im 16. Jh. in die Literatursprache aufgenommene Substantiv beruht auf mnd. *spinde* f. n. 'Vorratsbehälter, Schrank', *spint* m. n. 'Reliquienschrein, kastenähnlicher Behälter, kleiner Schrank', mnl. *spende*, *spinde* 'Austeilung von Speisen an Arme, das Ausgeteilte, Almosen, Vorrats-, Speisekammer, Speiseschrank, Schrank', nl. *spinde*, entlehnt aus mlat. *spinde*, *spenda*, *spenta* f. 'Almosengabe an die Armen in den Klöstern, Ausgabe, Gabe'. Der mlat. Ausdruck der Klostersprache gehört zu dem unter *spenden* (s. d.) angeführten Verb mlat. *spendere* 'ausgeben, verausgaben'. Die Bedeutung 'Behälter (in dem die als Almosen vorgesehenen Gaben aufbewahrt werden), Speisekammer, Speise-, Vorratsschrank' entwickelt sich wohl erst im nl. nd. Bereich. In die Mark Brandenburg gelangt das Wort mit nl. Kolonisten. Mask. Genus setzt sich offenbar in Analogie zu *Schrank* durch.

Spindel f. 'in Drehung versetzbares walzenförmiges Holzstück, auf das sich beim Spinnen der Faden aufwickelt', ahd. *spinula*, *spenula* (9. Jh.), mit eingeschobenem Dental *spindel* (Hs. 13. Jh.), mhd. *spinnel*, *spinele*, *spille*, frühnhd. *spindel*, asächs. *spinnila*, mnd. *spindel*, *spinnel*, aengl. *spinel*, engl. *spindle* ist eine mit dem fem. Suffix germ. *-ilō(n)* gebildete Gerätebezeichnung zu dem unter *spinnen* (s. d.) behandelten Verb. – spindeldürr Adj. 'dünn wie eine Spindel, sehr mager' (19. Jh.).

Spinett n. Bezeichnung für ein Tasteninstrument, dessen Saiten mit den Spitzen eines Federkiels angerissen werden, entlehnt (16. Jh.) aus gleichbed. ital. *spinetta* bzw. älterem *spinetto*. Von ital. Etymologen als Bildung zum Namen eines Erfinders *Giovanni Spinetto* bzw. *Spinetti* erklärt. Dennoch vielleicht eher als Ableitung von lat. *spīna* 'Stachel, Dorn' aufzufassen?

spinnen Vb. 'aus Fasern (mit Hilfe des Spinnrads oder einer Maschine) Fäden drehen'. Das gemeingerm., ein präsensbildendes *n* enthaltende Verb ahd. *spinnan* (8. Jh.), mhd. mnd. mnl. nl. *spinnen*, aengl. *spinnan*, engl. *to spin*, anord. schwed. *spinna*, got. *spinnan* läßt sich mit lit. *spę́sti* (*spéndžiu*) 'spannen, Fallen stellen, Fallstricke legen, etw. erstreben' und den Formen ohne anlautendes *s-* lit. *pìnti* 'flechten, winden', aslaw. *pędь* 'Spanne, Handbreit', *raspęti* 'ausbreiten, ausspannen, kreuzigen', russ. *raspját'* (*распять*) 'kreuzigen', *pnut'* (*пнуть*) 'mit den Füßen stoßen' auf ie. **(s)pen(d)-* 'ziehen, spannen' und 'spinnen' (da die zu webenden Fäden zuerst ausgespannt wurden) zurückführen. Vergleichbar ist vielleicht auch griech. *pénesthai* (*πένεσθαι*) 'sich anstrengen, sich abmühen, bearbeiten' (von häuslicher Arbeit, zu der auch die Tätigkeit des Spinnens gehören könnte). Die Bedeutung 'spinnen' ist aus dem 'Ziehen der Faser', die versponnen werden soll, herzuleiten. – Spinne f. Name für Tiere, die aus Drüsen lange Fäden produzieren und zu einem Fangnetz verweben, ahd. *spinna* (10. Jh.), mhd. mnd. mnl. *spinne*, nl. *spin*, eigentl. 'die Fadenziehende, Spinnerin'. Anders abgeleitet sind aschwed. *spinnil*, schwed. *spindel*, dän. *spinder*, aengl. *spīþra*, engl. *spider*. spinnefeind Adj. 'sehr feindlich, todfeind' (18. Jh.), zuvor *spinnenfeind* (16. Jh.), nach der Gewohnheit mancher Spinnenweibchen, die Männchen nach der Begattung auszusaugen und dadurch zu töten. Spinn(en)gewebe n., landschaftlich Spinn(e)webe f. 'Netz der Spinne', ahd. *spinnawebbi* n. (9. Jh.), *spinnūnwebbi* n. (10. Jh.), mhd. *spinne-*, *spinnenweppe* n., md. *spinnenwebe* f., mnd. mnl. *spinnewebbe*, nl. *spinneweb*, eine Zusammensetzung mit ahd. *webbi* (8. Jh.), mhd. *weppe*, *webbe* 'Webfaden, Gewebe, Spinnengewebe, Gürtel, Riemen', mnd. *webbe* (s. *Gewebe*), zu dem unter *weben* (s. d.) behandelten Verb. Spinner m. 'wer spinnt, Fasern zu Fäden verarbeitet' (15. Jh.), dann Bezeichnung für Schmetterlinge, deren Raupen sich in gesponnenen Kokons verpuppen (18. Jh.), umgangssprachlich 'wer sich unrealistische, phantastische Dinge ausdenkt, wunderliche Gedanken hat' (19. Jh.). Spinnrad n. 'Gerät mit Fußantrieb zum Drehen von Fäden aus Fasern' (16. Jh., vgl. *Spinnredlain*, 15. Jh.).

spintisieren Vb. 'wunderlichen, abwegigen Gedanken nachgehen', zuvor 'nachdenken, grübeln' (Paracelsus, 1. Hälfte 16. Jh.). Wahrscheinlich mit der zu jener Zeit häufigen Endung *-isieren* (vgl. *poetisieren*, *grillisieren* 'phantasieren, grübeln') unter Zusatz eines Gleitlautes *-t-* zu *spinnen* (s. d.) in seiner übertragenen Verwendung 'Gedanken spinnen, zurechtbauen, nachdenken, grübeln' gebildet.

Spion m. 'wer sich Informationen über geheimgehaltene Dinge, bes. über Wirtschaft und Militärwesen, verschafft und an einen Auftraggeber, Interessenten bzw. an eine fremde Macht weiterleitet', entlehnt (2. Hälfte 16. Jh.) aus ital. *spione* 'Beobachter, Kundschafter' (vgl. den Plur. ital. *spioni* in dt. Texten des 17. Jhs.), einem Augmentativum zu ital. *spia* 'Späher' (heute auch 'Spion'), das seinerseits zu ital. *spiare* '(aus)spähen, aushorchen, auskundschaften' gebildet ist. Das ital. Verb ist eine Entlehnung aus dem Germ., etwa aus einem ahd. *spehōn* (s. *spähen*) entsprechenden, jedoch nicht belegten Verb des Langobard. oder Got. Ebenfalls aus dem Germ. (aus ahd. *spehōn* bzw. dessen nicht bezeugter anfrk. Entsprechung) stammt afrz. *espiier*, *espier*, frz. *épier* '(aus)spähen' mit der dazu gebildeten Ableitung afrz. *espion*, mfrz. *épion*, dann (unter Einfluß von ital. *spione*) mfrz. frz. *espion* 'Kundschafter, Spitzel, Spion'. Die Verbreitung des Wortes im Dt. erfolgt während des 30jährigen Krieges. – spionieren Vb. 'heimlich auskundschaften, als Spion tätig sein' (Ende 17. Jh.), nach gleichbed. mfrz. frz. *espionner* (gebildet zu *espion*, s. oben). Spionage f. 'das Auskundschaften politischer, wirtschaftlicher, militärischer Geheimnisse' (1. Hälfte 18. Jh.), nach gleichbed. frz. *espionnage* m.

Spirale f. 'sich um einen Punkt windende, unendliche, sich immer weiter von diesem Punkt entfernende Kurve, Schnecken-, Schraubenlinie', Entlehnung (16. Jh.) aus mlat. *spiralis linea* bzw. substantiviertem *spiralis* 'schneckenförmig gewundene Linie', abgeleitet von lat. *spīra*, griech. *spe͞ira* (*σπεῖρα*) 'Windung (z. B. einer Schlange, eines Netzgeflechtes), geflochtenes Band, gedrehtes Tau'. Bis ins 18. Jh. gilt vorwiegend die Zusammensetzung *Spirallinie* bzw. dem Lat. entsprechendes *Spiralis* (neben vereinzeltem *Spiral*), bis sich im 19. Jh. *Spirale* durchsetzt. – spiralförmig Adj. (Anfang 19. Jh.).

Spiritismus m. 'Geisterglaube', Anschauung, nach der eine Verbindung zwischen Verstorbenen und Lebenden und die Beschwörung Verstorbener möglich ist (Mitte 19. Jh.), gelehrte Bildung zu lat. *spīritus* 'Hauch, Lebensatem, Geist' (s. *Spiritus*), die das wenig ältere (frühes 19. Jh.) gleichbed. *Spiritualismus* (zu lat. *spīrituālis* 'zur Luft, zum Atem gehörig', kirchenlat. 'geistig') allmählich verdrängt. – Spiritist m., spiritistisch Adj. (2. Hälfte 19. Jh.).

Spirituosen Plur. 'stark alkoholische Getränke' (2. Hälfte 19. Jh.), vorher *Spirituosa* (Anfang 18. Jh. bis 1. Hälfte 19. Jh.), substantivierte Form des Neutr. Plur. von nlat. *spirituosus* 'destilliert, alkoholisch', einer Bildung der Alchimistensprache zu lat. *spīritus* 'Hauch, Lebensatem, Geist', alchimistisch 'Weingeist, Alkohol' (s. *Spiritus*). Vgl. auch seit der 1. Hälfte des 18. Jhs. belegtes *spirituos*, *spirituös* Adj. 'Weingeist, Alkohol enthaltend, alkoholisch'.

Spiritus m. 'Hauch, Atem, Geist' sowie 'vergällter, ungenießbar gemachter Alkohol'. Lat. *spīritus* 'Hauch, Lebensatem, Seele, Geist, Begeisterung', gebildet zu lat. *spīrāre* 'blasen, wehen, atmen', wird mit der lat. Bedeutung und anfangs auch mit lat. Flexion in dt. Texte übernommen (Mitte 15. Jh.). Noch heute in lat. Fügungen wie *spīritus familiāris* 'guter Hausgeist, Vertrauter der Familie', *spīritus rēctor* 'Initiator, treibende Kraft'; vgl. auch kirchenlat. *Spīritus sānctus* 'Heiliger Geist'. In der 1. Hälfte des 16. Jhs. bezeichnet *Spiritus* in der Sprache der Alchimie den durch Destillation entstandenen 'Geist' einer Flüssigkeit (bes. von Wein), den 'Extrakt, Weingeist, Alkohol', später in der Chemie den 'vergällten (Äthyl)alkohol' (für technische und medizinische Gebrauchszwecke). – S p r i t m. 'Alkohol, Schnaps' (2. Hälfte 19. Jh.), 'Benzin, Treibstoff' (20. Jh.), verkürzt aus *Spiritus*, wohl unter Einfluß von frz. *esprit* 'Geist, Alkohol, Spiritus'.

spitz Adj. 'schmal zusammenlaufend und in einem scharfen, stechenden Punkt endend', übertragen 'anzüglich, verletzend', ahd. *spizzi* (9. Jh.), mhd. *spiz*, *spitze* und die verwandten unter [1]*Spieß* (s. d.) angeführten Wortformen stellen sich als Bildungen mit Dentalsuffix zur Wurzel ie. **(s)p(h)ĕi-*, **(s)p(h)ĭ-* 'spitz, spitzes Holzstück'. – S p i t z m. Hunderasse mit spitzer Schnauze, spitzen Ohren und spitzgeformtem Kopf (18. Jh.). S p i t z e f. 'spitzzulaufendes, scharf spießendes Ende, höchster Punkt', ahd. *spizza* (8. Jh.), mhd. *spitze*. Seit dem 17. Jh. auch 'durchbrochene feine Borte, Gewebe', eigentl. 'spitze Zacken bildendes Garngeflecht'. S p i t z e l m. 'Spion, wer andere aushorcht' (19. Jh., zuerst öst. 'Späher, Polizeidiener, heimlicher Denunziant'), wohl zu gaunersprachlich *Spitz* 'Polizeiagent', der die Ohren spitzt; dazu s p i t z e l n Vb. 'andere aushorchen und denunzieren' (19. Jh.) und trans. b e s p i t z e l n Vb. (20er Jahre 20. Jh.); vgl. dagegen spätmhd. *spitzeln* 'mit zarten Spitzen, Zacken versehen', dann auch 'mit Worten sticheln' (16. Jh.). s p i t z e n Vb. 'mit einer Spitze versehen, spitz machen', ahd. *spizzōn* (9. Jh.), *spizzen* (11. Jh.), mhd. *spitzen* 'spitz machen, mit Spitzen versehen', seit dem 14. Jh. (refl.) 'auf etw. mit Hoffnung und Sehnsucht warten', faktitive Bildung zum Adjektiv. s p i t z i g Adj. 'spitz', mhd. *spitzec*, *spitzic*, bis ins 18. Jh. gebräuchlicher als *spitz*, das von Adelung als nur „im gemeinen Leben" gültig bezeichnet wird. S p i t z m a u s f. insektenfressendes, der Maus ähnliches, spitzschnauziges Tier, ahd. *spizzimūs* (11. Jh.), mhd. *spitzmūs*. S p i t z n a m e m. 'eine bestimmte Eigenschaft oder ähnliches hervorhebender Übername, Spottname' (17. Jh.), zu *spitz* 'anzüglich, verletzend'.

Spleen m. 'merkwürdige Eigenart, Schrulle, Überspanntheit'. In der 2. Hälfte des 18. Jhs. wird engl. *spleen* 'Milz' in seiner übertragenen Bedeutung '(auf Erkrankung der Milz zurückgeführte) Verdrießlichkeit, Mißstimmung, Schwermut, Laune' ins Dt. übernommen und wird hier (2. Hälfte 19. Jh.) im Sinne von 'plötzlicher Einfall, Verschrobenheit, Tick' üblich. Engl. *spleen* ist entweder über afrz. *esplen*, *esplein* 'Milz' oder direkt entlehnt aus lat. *splēn*, griech. *splḗn* (*σπλήν*) 'Milz'. Schon nach den antiken Ärzten verursacht die Milz (und ihre Erkrankung) Hypochondrie und Melancholie. – s p l e e n i g Adj. 'verschroben, überspannt' (20. Jh.), zuvor 'schwermütig', auch in der Schreibung *spleenisch* (2. Hälfte 18. Jh.).

spleißen Vb. vorwiegend nordd. '(Holz) spalten, abreißen, (Federn) schleißen (d. h. den Flaum vom Kiel abtrennen)', in der Seemannssprache '(Tauenden in einzelne Stränge) auseinanderfasern (und dann verknüpfen)'. Das ehemals stark, heute stark und schwach flektierende Verb mhd. (md.) *splīʒen* 'spalten, (ab)trennen, bersten', intrans. 'sich spalten', mnd. mnl. *splīten*, nl. *splijten* und das gleichbed. Intensivum mnd. mnl. nl. *splitten* (daraus entlehnt engl. *to split*) gehören mit *Splitter* (s. d.) und verwandtem air. *sliss* 'Schnitzel, Splitter, Span' sowie nasaliertem *Splint* (s. d.) und den *s*-losen Formen unter *Fliese* und *Flinte* (s. d.) zu einer Dentalerweiterung von ie. **(s)plei-* 'spalten, abspalten, spleißen', das selbst eine Erweiterung der Wurzel ie. *(s)p(h)el- 'spalten, abspalten, absplittern, abreißen' ist (s. *spalten*).

Splint m. 'gebogener bzw. gespaltener Eisenstift, Quereisen zur Sicherung von Bolzen und Schraubenmuttern'. Ahd. *splinza* 'Riegel' (11. Jh.), mnd. *splinte*, *splente* 'Quereisen, Vorsteckstift', mnl. *splinte* 'Keil, Zapfen, Pflock', nl. *splint* (aus dem Mnd. bzw. Mnl. mengl. *splente*, *splinte*, engl. *splint* 'Span, Splitter, Schiene', schwed. *splint*) führen auf eine nasalierte Dentalerweiterung des unter *spleißen* (s. d.) genannten ie. *(s)plei-, das selbst eine Erweiterung der Wurzel ie. *(s)p(h)el- (s. *spalten*) ist. Ahd. *splinza* setzt sich im Mhd. nicht fort. *Splint* wird im 18. Jh. aus dem Nd. in die nhd. Literatursprache aufgenommen.

Splitter m. 'kleines abgespaltenes (Holz)-stück, Span'. Seit dem 13. Jh. bezeugtes mhd. (md.) mnd. *splitter* ist eine Ableitung von dem zu *spleißen* (s. d.) gehörenden Intensivum mnd. *splitten* 'spalten'. *Splitter* wird durch Luther im Hd. bekannt und seit dem 17. Jh. allgemein üblich. – splittern Vb. '(in kleine Stückchen) auseinanderbrechen, (sich) abspalten' (16. Jh.), mnd. *splitteren*. splitternackt Adj. 'völlig nackt' (wie ein frisch abgespaltener Splitter?), 'ohne jede Hülle' (17. Jh.), mnd. *splitternāket* (15. Jh.); dazu verstärktes *splitterfasernackt* (s. *Faser*). Gedankensplitter m. dt. Ausdruck (1. Hälfte 20. Jh.) für *Aphorismus* (s. d.).

Spondylose, auch *Spondylosis* f. nicht entzündliche Abnutzungsschäden der Wirbelsäule, medizinische Bildung (20. Jh., nach früher bezeugtem *Spondylitis* 'Wirbelentzündung', Mitte 19. Jh.) zu lat. *spondylus*, griech. *sp(h)óndylos* (σπόνδυλος neben σφόνδυλος) 'Halswirbel, Wirbelknochen'; zum Suffix *-ose* (*-ōsis*) in der Fachsprache der Medizin s. *Thrombose*.

Spontaneität f. 'Freiwilligkeit, Selbsttätigkeit', allgemein 'Unmittelbarkeit, Plötzlichkeit', auch 'Natürlichkeit, Direktheit', entlehnt (2. Hälfte 18. Jh.) aus gleichbed. frz. *spontanéité* (Leibniz 1695) und relatinisiert in Analogie zu Bildungen wie *Aktivität*, *Realität* u. dgl. Dazu wenig später (Ende 18. Jh.) spontan Adj. 'freiwillig, eigenem Antrieb folgend, impulsiv, unmittelbar, plötzlich', gelehrte Entlehnung, wohl unter dem Einfluß von frz. *spontané* (Ende 17. Jh.), aus spätlat. *spontāneus* 'freiwillig, frei'; zu lat. *spōns* (Gen. *spontis*) 'freier Wille, Antrieb'.

sporadisch Adj. 'vereinzelt, verstreut, gelegentlich, selten', zunächst häufig in der Verbindung *sporadische* ('nichtepidemische') *Krankheiten*, im 18. Jh. entlehnt entweder über gleichbed. frz. *sporadique* (Anfang 17. Jh.) oder direkt aus griech. *sporadikós* (σποραδικός) 'zerstreut, einzeln'; zu griech. *spe͞irein* (σπείρειν) 'säen, (aus)streuen', wozu griech. *sporá* (σπορά), s. *Spore*.

Spore f. ungeschlechtliche Fortpflanzungszelle mit meist nur einem Kern (bei Algen, Pilzen, Farnen), zuerst *Sporen* Plur., Bildung (Oken 1841, mit der dt. Erklärung *Keimpulver*; zuvor frz. *spore* f., 1817) zu griech. *sporá* (σπορά) 'das Säen, die Saat, Zeugung, Abstammung', zu griech. *spe͞irein* (σπείρειν) 'säen', wozu auch *Sperma* (s. d.).

Sporn m. (Plur. *Sporen*) 'nach hinten gerichteter Hornstachel an der Ferse mancher Vögel, am Absatz des Reitstiefels angebrachter Metallstachel, mit dem das Pferd angetrieben wird'. Neben ahd. *sporo* (9. Jh.), mhd. *spor(e)* 'Reiter-, Hahnensporn, Antrieb', mnd. *spōre*, asächs. *sporo*, mnl. *spōre*, nl. *spoor*, aengl. *spora*, *spura*, engl. *spur*, anord. *spori*, schwed. *sporre* stehen die (Nasalsuffix aufweisenden) stark flektierenden Verben ahd. *spurnan* 'mit dem Fuß treten, anstoßen' (10. Jh.; vgl. *bispurnan* 'beleidigen', 9. Jh., *firspurnan* 'anstoßen', 8. Jh.), *spirnan* 'eine Spur eindrücken' (um 1000; vgl. *firspirnan* 'anstoßen, stolpern', 9. Jh.), asächs. aengl. *spurnan*, anord. *sperna*, *spenna*, *sporna* 'treten, fortstoßen', schwed. *spjärna*, die die Neigung haben, schwach flektierende Formen zu entwickeln wie ahd. *spurnen* 'mit dem Fuß stoßen, ausschlagen' (10. Jh.; vgl. *widarspurnen* 'störrisch, widerspenstig sein', 9. Jh.), mhd. *spürnen*, mengl. *spurnen* 'mit dem Fuß, dem Sporn antreiben', engl. *to spurn* 'verschmähen, verächtlich wegstoßen', anord. *sperna* 'treten, drängen'. Verwandt sind aind. *sphuráti* 'schnellt, tritt, stößt (weg), schleudert, funkelt, blinkt', griech. *spa͞irein* (σπαίρειν) 'zucken, zappeln' (von sterbenden Lebewesen), lat. *spernere* 'wegstoßen, verwerfen, verschmähen, verachten', *asper* 'rauh, barsch, abstoßend', air. *seir* (aus *sperets) 'Ferse', lit. *spìrti* 'mit dem Fuß stoßen, nach hinten ausschlagen, trotzen, sich widersetzen'. Zugrunde liegt eine Wurzel ie.

**sp(h)er(ə)-* 'zucken, mit dem Fuß wegstoßen, zappeln, schnellen' (wozu auch *Spur* und *Sperling*, s. d.). Das auslautende *-n* des Nominativs der nhd. Form (seit etwa 1700) entstammt den flektierten Kasus des Sing. bzw. dem (häufiger belegten) Plur. *Sporen*. Auszugehen ist wohl von einer alten Bedeutung 'Fußstoß, -tritt', die auf das den Hackentritt (zum Antreiben des Pferdes) verstärkende Gerät, danach auf die damit verglichene rückwärts gerichtete Kralle des Hahnes übergeht. Vielfach in festen Wendungen, vgl. *dem Roß, Pferd die Sporen geben* 'es antreiben' (16. Jh.), *sich (goldene) Sporen* (ehemals Kennzeichen des Ritters) *verdienen* 'sich gut bewähren' (18. Jh.), *mit den Sporen klirren* 'sich kämpferisch gebärden' (19. Jh.). – s p o r n e n Vb. 'mit dem Sporn antreiben, mit Sporen versehen' (17. Jh.), von nhd. *Sporn* abgeleitet. Älter gleichbed. mhd. *spor(e)n*, nhd. *sporen* (bis ins 18. Jh. bezeugt), abgeleitet von mhd. *spor(e)*, frühnhd. *Spore*. Dazu die Wendung *gestiefelt und gespornt* 'startbereit, fertig' (18. Jh.), zuvor *gestiefelt und gesport* (16. Jh.). a n s p o r n e n Vb. 'antreiben, ermuntern' (17. Jh.), eigentl. 'mit den Sporen vorwärtstreiben'. Daraus rückgebildet A n s p o r n m. 'Aufmunterung, Unterstützung' (19. Jh.). s p o r n s t r e i c h s Adv. 'in höchster Eile, schleunigst' (17. Jh.), *sporstreichs* 'unter Anwendung von Streichen, Stößen mit den Sporen' (um das Pferd zur Eile anzutreiben, 16. Jh.); adverbieller Genitiv von vorauszusetzendem *Spor(en)streich* (s. *Streich*). Seit dem 18. Jh. nur noch im oben genannten übertragenen Sinne.

Sport m. '(als Wettkampf betriebene) körperliche Ertüchtigung, Körperübungen', Übernahme (1. Hälfte 19. Jh.) von gleichbed. engl. *sport*, eigentl. 'Vergnügen, Kurzweil'. Dies ist durch Aphärese entstanden aus engl. (älter) *disport* 'Zeitvertreib', zu engl. *to disport* 'sich vergnügen, sich unterhalten, ausgelassen sein'. Das engl. Verb folgt afrz. *soi desporter*, durch Präfixwechsel hervorgegangen aus afrz. *soi deporter* 'sich benehmen, sich unterhalten, sich die Zeit vertreiben, Kurzweil treiben', dem lat. *dēportāre* 'wegbringen, -tragen, fortschaffen', spätlat. auch 'belustigen, amüsieren', eigentl. 'seine Aufmerksamkeit von etw. ablenken', zugrunde liegt. – s p o r t l i c h Adj. 'den Sport betreffend, für den Sport geeignet, vom Sport geprägt' (2. Hälfte 19. Jh.). S p o r t l e r m. 'wer (regelmäßig) Sport treibt' (1. Hälfte 20. Jh.). S p o r t s m a n n m. 'Sportler' (Ende 19. Jh.), zuvor (1. Hälfte 19. Jh.) in der dem Engl. entsprechenden Form *Sportsman* in dt. Texten.

Spott m. 'empfindlich treffender Scherz, Hohn', ahd. (8. Jh.), mhd. *spot*, auch 'Zweifel, Sünde', asächs. *spott*, mnd. mnl. nl. *spot*, anord. *spottr* m., *spott* n. und das abgeleitete, expressive Konsonantendoppelung aufweisende s p o t t e n Vb. 'sich über jmdn., etw. lustig machen, verhöhnen', ahd. *spottōn* (10. Jh.; *bispottōn*, 9. Jh.), mhd. *spot(t)en*, mnd. mnl. nl. *spotten*, anord. *spotta* 'verhöhnen', schwed. *spotta* 'speien, spucken' lassen sich mit ahd. *spīwizzōn* (Hs. 12. Jh.), mhd. *spiutzen*, *spūtzen* 'speien', mnl. *spoiten*, nl. *spuiten* '(Wasser) speien, spritzen', anord. *spýta* 'spucken' als Intensivbildungen (s. auch *spucken*) zu dem unter *speien* (s. d.) behandelten Verb stellen. Die Bedeutungsentwicklung geht von 'jmdn. anspucken als Zeichen der Verachtung' aus. – s p ö t t e l n Vb. 'leicht spotten', Iterativbildung zum Verb (16. Jh.). S p ö t t e r m. 'wer spottet', ahd. *spottāri* 'gewerbsmäßiger Spaßmacher' (Hs. 12. Jh.), mhd. *spottære*, *spotter*, auch (mit Umlaut seit 13. Jh.) *spötter*. s p ö t t i s c h Adj. 'voller Spott, höhnisch' (16. Jh.); vgl. mhd. *spottec*, *spottic* und *spöttischen* Adv. s p o t t b i l l i g Adj. 'sehr, außerordentlich preiswert' (18. Jh.); vgl. *spottwohlfeil* (17. Jh.) sowie *Spottgeld* 'lächerlich geringer (eigentl. den Spott herausfordernder) gebotener Betrag für etw.' (17. Jh.), dann 'äußerst niedriger Preis', ferner *um ein Spott* ('ganz billig') *geben* (16. Jh.).

Sprache f. 'Anlage, Fähigkeit zu sprechen, auf menschlichen Lauten aufbauendes System von Zeichen, die der Mensch mit Hilfe seiner Sprechorgane hervorbringt, Verständigungsmittel, Mittel des Ausdrucks von Gedanken und Bewußtseinsinhalten', ahd. *sprāhha* (8. Jh.), mhd. *sprāche*, asächs. *sprāka*, mnd. mnl. *sprāke*, nl. *spraak* (germ. **sprēkō*), aengl. *sprǣc* (germ. **sprēki-*), ablautende Abstrakta zu dem unter *sprechen* (s. d.) behandelten Verb. Sie bezeichnen zunächst den 'Vorgang des Sprechens' und die 'Fähigkeit zu sprechen'. Neben den genannten Formen stehen (wie bei *sprechen*) solche ohne *-r-*, vgl. aengl. *spēc*, (westsächs.) *spǣc*, engl. *speech*, mhd. *spaht.* – s p r a c h l i c h Adj. ‘die Sprache betreffend’ (19. Jh.); vgl. bereits (ohne unmittelbare Nachfolge) ahd. *sprāhlīh* ‘erwägend, beratend’ (um 1000). -s p r a c h i g Adj. ‘eine bestimmte Zahl von Sprachen sprechend, in einer bestimmten Sprache abgefaßt’, nur als Grundwort in adjektivischen Komposita, vgl. *zweisprachig, deutschsprachig* (19. Jh.). S p r a c h f o r s c h e r m. ‘wer die Sprache wissenschaftlich untersucht’ (18. Jh.). S p r a c h l e h r e f. ‘Morphologie und Syntax, Grammatik’ (Anfang 17. Jh.), dafür älter *Sprachkunst* (16. Jh.), Übersetzung von lat. *ars grammatica.* s p r a c h l o s Adj. ‘(vor Erstaunen, Entsetzen) unfähig zu sprechen, stumm’, ahd. *sprāhhalōs* (11. Jh.), mhd. *sprāchlōs* ‘stumm’. S p r a c h w i s s e n s c h a f t f. (17. Jh.).

Spray m. n. ‘Dusche’ (um 1900), ‘Sprühflüssigkeit’ in einem mit Flüssigkeitszerstäuber versehenen Behälter (um 1950), Übernahme von engl. *spray* ‘Sprühregen, zerstäubte Flüssigkeit’, medizinisch ‘Sprühapparat, Desinfektionssprühmittel’. Das dazugehörige Verb engl. *to spray* ‘Flüssigkeit fein verteilt sprühen, zerstäuben’ entspricht mnl. *spraeyen* ‘stieben’ (s. *sprühen*) und könnte daraus entlehnt sein. – s p r a y e n Vb. ‘(sich) mit Spray besprühen’ (20. Jh.).

sprechen Vb. ‘reden’, ahd. *sprehhan* (8. Jh.), mhd. *sprechen*, asächs. *sprekan*, mnd. mnl. *sprēken*, nl. *spreken*, aengl. *sprecan* und die *r*-losen Formen ahd. *spehhan* (9. Jh.), asächs. *spekan*, mhd. *spehten* ‘schwatzen’, aengl. *specan*, engl. *to speak* ‘reden’, mnl. *spēken* werden wie mnd. *sprāken* ‘Funken sprühen’, mnl. *sparken*, aengl. *spearcian*, anord. schwed. *spraka* ‘knistern, prasseln’ und die unter *Sprache* (s. d.) genannten Formen als Schallwörter mit alban. *shpreh* ‘ich spreche aus’, kymr. *ffreg* ‘Geschwätz’ und aind. *sphū́rjati* ‘donnert, grollt’, griech. *spharagéisthai* (σφαραγεῖσθαι) ‘knistern, zischen, strotzen, zum Platzen voll sein’, lit. (ablautend) *sprógti* ‘bersten, platzen’, ohne anlautendes *s-* kslaw. *prъžiti, pražiti* ‘rösten, dörren’, russ. (älter) *prjážit’* (*пряжить*) ‘in Butter backen’ auf ie. **(s)p(h)ereg-, *(s)p(h)erəg-, *(s)p(h)rēg-* zurückgeführt, eine *g*-Erweiterung der unter *Sporn* (s. d.) genannten Wurzel ie. **sp(h)er(ə)-* ‘zucken, zappeln, schnellen’ (auch ‘streuen, sprengen, spritzen’, s. *sprühen, Spur*). Diese Wurzelerweiterung läßt sich nur im Germ. und Kelt. für den Bereich ‘sprechen’ nachweisen. Ungeklärt ist das Nebeneinander der germ. Formen mit und ohne *r*. Vielleicht handelt es sich um ein emphatisches *r* in jüngeren Formen oder um *r*-Ausfall zwischen Labial und ie. *g*? – S p r e c h e r m. ‘wer (als Beauftragter) spricht’, ahd. *sprehhāri* (11. Jh.), mhd. *sprechære.* a b s p r e c h e n Vb. ‘aberkennen, vereinbaren’, mhd. *abesprechen* ‘ein Urteil sprechen, aberkennen, leugnen, widerrufen’; A b s p r a c h e f. ‘Vereinbarung’ (18. Jh.). a n s p r e c h e n Vb. ‘anreden’, ahd. *anasprehhan* (11. Jh.), mhd. *anesprechen* ‘anfangen zu sprechen, in Anspruch nehmen, einen mit Worten (herausfordernd, beschuldigend, anklagend) angehen’, übertragen ‘gefallen, anrühren’ (Anfang 19. Jh.); A n s p r a c h e f. ‘kürzere Rede, Anrede’, in älterer Sprache ‘Anklage, Anspruch’, ahd. *anasprāhha* (9. Jh.), mhd. *anesprāche*; A n s p r u c h m. ‘Anrecht, Forderung’, mhd. *anspruch* ‘Anklage, Einspruch’. b e s p r e c h e n Vb. ‘über etw. reden, etw. festlegen, rezensieren, (Krankheiten) beschwören, mit Zaubersprüchen zu heilen suchen’, ahd. *bisprehhan* ‘anfechten, tadeln, verleumden’ (8. Jh.), mhd. *besprechen* ‘verabreden, jmdn. anreden, anklagen, verlangen’; B e s p r e c h u n g f. ‘Gespräch, Beratung’ (16. Jh.), ‘Rezension, Behandlung von Krankheiten durch Beschwörung mit Zauberformeln’ (19. Jh.). E i n s p r u c h m. ‘Einwand, Protest, Widerspruch, Beschwerde’ (15. Jh.). v e r s p r e c h e n Vb. ‘zusichern, (refl.) versehentlich falsch sprechen’, ahd. *firsprehhan* ‘in Abrede stellen, zurückweisen, vertreten, verteidigen, rechtfertigen’ (9. Jh.), mhd. *versprechen* ‘bürgen, verteidigen, entschuldigen, in Anspruch nehmen, zusichern, widersprechen, leugnen, zurückweisen, unrichtig sprechen, zaubern, beschwören’; V e r s p r e c h e n n. ‘Zusicherung, Gelöbnis’ (16. Jh.); V e r s p r e c h u n g f. ‘Zusicherung, Versicherung, Gelöbnis’ (15. Jh.). z u s p r e c h e n Vb. ‘trösten, zuerkennen, Speise und Trank sich schmecken lassen’, ahd. *zuosprehhan* ‘mit jmdm. reden’ (8. Jh.), mhd. *zuosprechen* ‘jmdm. zureden, zu jmdm. ein Wort sprechen, fordern, anklagen’; Z u s p r u c h m. ‘Trost, Zulauf’ (17. Jh.), mhd. *zuospruch* ‘Anspruch, rechtliche Forderung oder Klage’.

spreizen Vb. ‘auseinanderstellen, -strekken, grätschen', refl. (übertragen) 'geziert einhergehen, sich aufspielen, sich sträuben, sich zieren', spätmhd. *spreutzen* '(sich) stützen, spreizen, stemmen', frühnhd. auch 'auseinanderstrecken, weit öffnen, auseinandersperren mit einem Querholz' (in dieser Lautform noch bis Anfang 18. Jh.), frühnhd. (entrundet) *spreizen* (16. Jh.) stehen als Varianten mit Affrikata neben ahd. *spriuʒen* '(unter)stützen, befestigen, sich stemmen' (8. Jh.), mhd. *spriuʒen*, frühnhd. *spreussen*, *spreissen* (16. Jh.). Es sind Ableitungen von dem zu *sprießen* (s. d.) gehörenden Substantiv ahd. *spriuʒa* (10. Jh.), spätmhd. *spreitze*, *spräutze*, frühnhd. *sprücze*, *sprütze*, *sprutz* (15. Jh.), nhd. Spreize f. (17. Jh.) 'Stützbalken, Stütze'. Zugrunde liegt vielleicht die Vorstellung des sich wie ein gegabelter Ast emporreckenden Stützpfeilers.

Sprengel m. 'Amtsbereich eines Geistlichen'. Mhd. mnd. *sprengel* 'Büschel', bes. 'Weihwedel' ist eine mit dem mask. Suffix germ. *-ila-* gebildete Gerätebezeichnung zu dem unter *sprengen* 'spritzen' (s. d.) behandelten Verb und bezeichnet zunächst das 'Gerät zum Verspritzen des (Weih)wassers'. Bereits im 15. Jh. wird das Wort im Nd. auf den Amtsbezirk des Geistlichen (Bischofs) übertragen, steht also für den Bezirk, den der Geistliche mit dem Weihwasserwedel geweiht hat und der unter seiner Weihe steht (vgl. mnd. *sprengelbischop* 'Weihbischof'). Luther greift den Ausdruck in dieser Verwendung auf, der später auch auf weltliche Obrigkeitsbezirke ausgedehnt wird (18. Jh.), vgl. *Gerichtssprengel* 'Gerichtsbezirk' (Anfang 19. Jh.).

sprengen Vb. 'galoppieren, mit Wasser (be)spritzen, durch Sprengstoff bersten lassen, mit Gewalt auseinandertreiben', ahd. *sprengen* 'verbreiten, bespritzen, beflecken' (8. Jh.), mhd. *sprengen* '(das Pferd) springen lassen, galoppieren, (be)spritzen, streuen, (mit Farbe) sprenkeln', mnd. *sprengen*, mnl. *sprenghen*, nl. *sprengen*, aengl. *sprengan*, anord. *sprengja*, schwed. *spränga* ist Kausativum (eigentl. 'springen machen') zu dem unter *springen* (s. d.) behandelten starken Verb. – aussprengen Vb. 'ver-, bespritzen, (ein Gerücht) verbreiten, zu Pferde galoppierend ausreiten' (16. Jh.), '(mit Pulver, Dynamit, Gewalt) auseinandertreiben, beseitigen' (17. Jh.). besprengen Vb. '(mit Wasser) bespritzen', ahd. *bisprengen* 'beflecken' (8. Jh.), mhd. *besprengen*. versprengen Vb. 'auseinanderjagen, in verschiedene Richtungen in die Flucht treiben, verspritzen' (16. Jh.). zersprengen Vb. 'mit Gewalt, mit Sprengstoff auseinandertreiben, zerstören', mhd. *zersprengen* 'zerspringen machen, zerstreuen'.

Sprenkel m. '(Haut-, Spritz)fleck', spätmhd. *sprinkel* '(Haut)fleck, Sommersprosse', frühnhd. *sprenkel*, mnd. *sprinkel*, nl. *sprenkel*, (ohne Nasal) mhd. *spreckel* n., schwed. (mundartlich) *spräkkel* 'Fleck', isl. norw. *sprekla* sowie (ablautend) mnl. *spranke* 'Funke, kleiner Fleck', nl. *sprank*, aengl. (mit Metathese) *spærca*, *spearca* 'Funke', engl. *spark* 'Funke' und aind. *sphū́rjati* 'bricht hervor, kommt zum Vorschein', lat. *spargere* 'streuen, sprengen, spritzen' führen (wie auch *sprechen*, s. d.) auf ie. **(s)p(h)ereg-*, **(s)p(h)erəg-*, **(s)p(h)rēg-*, nasaliert **spreng-*, eine *g*-Erweiterung der Wurzel ie. **sp(h)er(ə)-* 'zucken, mit dem Fuß wegstoßen, zappeln, schnellen' und 'streuen, sprengen, spritzen' (s. *Sporn* und *sprühen*). – sprenkeln Vb. 'mit (Farb)spritzern versehen, bunt machen' (Anfang 17. Jh.), älter *spreckeln* (16. Jh.); gesprenkelt Part.adj. 'mit Farbspritzern, Tupfen versehen' (16. Jh.).

Spreu f. 'Hülsen, Spelzen und Grannen des ausgedroschenen Getreides'. Das zunächst obd. md. Substantiv ahd. *spriu* n. (8. Jh.; Gen. *spriuwes*), mhd. *spriu* n. und f., übertragen 'das Geringste', mnd. *sprū(e)* und außergerm. kymr. *ffrau* 'das Hervorsprudeln, Strom', *ffreuo* 'hervorspritzen', lett. *spraũtiês* 'hervordringen, emporkommen' führen auf ie. **spreu-*, eine Erweiterung der unter *sprühen* (s. d.) angeführten Wurzel ie. **(s)p(h)er-* 'streuen, säen, sprengen, spritzen, sprühen', so daß *Spreu* als 'Stiebendes' gedeutet werden kann (das abgedroschene Korn wird in alter Zeit in den Wind geworfen, damit sich die leichteren Hülsen vom schwereren Korn trennen). Häufige pluralische (kollektive) Verwendung bewirkt Umdeutung des Plurals (mhd. *spriuwe*) zum Singular, so daß bereits in mhd. Zeit der Übergang zum fem. Genus beginnt. Auch die Bedeutung 'Geringstes, Wertloses, Vergängliches' entwickelt sich bereits in mhd. Zeit unter dem Einfluß biblischen Gebrauchs; daran anknüpfend z.B. mhd. *er* (Christus) *ist daʒ korn, ir sīt diu spriu* ('Verwehendes, Vergängliches').

Sprichwort n. in ausdrucksvoller, einprägsamer, apodiktischer Formulierung überlieferte Lebensweisheit, mhd. *sprichwort* 'geläufiges Wort, Redensart, Rätsel', eigentl. wohl 'oft-, vielgesprochenes Wort, häufig gebrauchte Redewendung', gebildet zu den unter *sprechen* und *Wort* (s. d.) behandelten Formen. Vielleicht besteht das erste Kompositionsglied aus mhd. (selten) *spriche* 'Wort, Rede'? Im 16. Jh. wird unter dem Eindruck des lautlichen und semantischen Zusammenhangs mit *Spruch* (s. d.) auch *Sprüchwort* (vereinzelt *Spruchwort*) geläufig, bis sich im 18. Jh. *Sprichwort* durchsetzt. Vgl. ältere Bezeichnungen wie mhd. *altez*, *altsprochen*, *gemeinez wort*, *alter gemeiner spruch*. – sprichwörtlich Adj. 'in der Art eines Sprichworts', auch 'geläufig und bekannt wie ein Sprichwort' (18. Jh.).

sprießen Vb. 'hervorwachsen', mhd. *spriezen*, ablautend (md.) *sprūzen*, asächs. *ūtsprūtan* (9. Jh.), mnd. mnl. *sprūten*, nl. *spruiten*, aengl. *-sprūtan*, engl. *to sprout*, schwed. *spruta* 'spritzen' (germ. **spreut-*, **sprūt-*) ist verwandt mit den unter *spreizen*, *Spreu*, *Sprosse* und *sprühen* genannten Wortformen (s. d.) und stellt sich mit got. *sprautō* 'schnell, bald', kymr. *ffrwst* (aus **sprudto-*) 'Hast', lit. *spráusti*, *spriáusti* '(hinein)zwängen, (ein)klemmen' zu einer Dentalerweiterung ie. **spreud-* 'spritzen, schnell hervorwachsen, sprießen' der unter *sprühen* (s. d.) angegebenen Wurzel ie. **(s)p(h)er-*, erweitert **sprei-*, **spreu-* 'streuen, säen, sprengen, spritzen, sprühen', zu der als weitere Verwandte griech. *spe͂írein* (σπείρειν) 'säen, besäen', auch 'ausstreuen, aussprengen, verbreiten', mir. *sreb* 'Strom' gehören. – ersprießlich Adj. 'nutzbringend, vorteilhaft' (15. Jh.).

Spriet n. 'Stange', bes. (Seemannssprache) 'vom Mast abgespreiztes Rundholz zum Ausspannen des viereckigen Sprietsegels', in der Literatursprache (Anfang 18. Jh.) nach nd. *Spriet*, mnd. *spriet*, *sprēt* n., mnl. nl. *spriet* m., aengl. *sprēot* m., engl. *sprit*. Substantivbildung zu den unter *sprießen* bzw. *spreizen* genannten Verben. – Bugspriet n. 'über den Bug hinausragende Segelstange' (17. Jh.), mnd. *bōchsprēt*, nl. *boegspriet*, engl. *bowsprit*.

springen Vb. 'durch einen Sprung vom Boden weg-, in die Höhe schnellen, bersten'. Das bis auf das Got. gemeingerm. bezeugte, stark flektierende Verb ahd. *springan* (8. Jh.), mhd. *springen* 'springen, tanzen, eilend gehen, laufen, hervorquellen, wallen, wachsen', asächs. *springan*, mnd. *springen*, mnl. *springhen*, nl. *springen*, aengl. *springan*, engl. *to spring*, anord. *springa*, auch 'bersten', schwed. *springa* läßt sich im Sinne von 'hastig auffahren, hervorbrechen' mit nichtnasaliertem aind. *spṛhayati* 'eifert, verlangt eifrig', griech. *spérchesthai* (σπέρχεσθαι) 'einherstürmen, sich drängen, aufgebracht, leidenschaftlich bewegt sein' vergleichen, so daß Anschluß an ie. **sperĝh-*, **spreĝh-*, nasaliert **sprenĝh-* 'sich hastig bewegen, eilen, springen', eine Erweiterung der unter *Sporn* (s. d.) angeführten Wurzel ie. **sp(h)er(ə)-* 'zucken, zappeln, schnellen', möglich ist. – bespringen Vb. '(von Rindern, Pferden u. ä.) auf ein weibliches Tier zur Begattung steigen' (18. Jh.), mhd. *bespringen* 'benetzen'. beispringen Vb. 'helfen, beistehen' (15. Jh.). entspringen Vb. 'entlaufen, hervorspringen', ahd. *intspringan* (8. Jh.), mhd. *entspringen* 'wegspringen, entrinnen, hervorsprudeln, erwachen'. überspringen Vb. 'springend über etw. hinwegsetzen, überholen, übergehen, unbeachtet lassen, auslassen', ahd. *ubarspringan* (um 1000), mhd. *überspringen*. vorspringen Vb. 'nach vorn springen, weit herausragen (aus einem zurückliegenden Ganzen)', ahd. *furispringan* (10. Jh.), mhd. *vorspringen* 'vor(aus)springen, anspringen, übertreffen'; Vorsprung m. 'schnelle Bewegung nach vorn, räumlicher und zeitlicher Gewinn in Vorwärtsbewegung und Entwicklung gegenüber anderen, vorragender Teil an Bauwerken, Felsen', mhd. *vorsprunc*. Springer m. 'wer springt', mhd. *springer*, auch 'Tänzer, Gaukler'; Bezeichnung einer als Pferd dargestellten Schachfigur (17. Jh.). Springbrunnen m. 'sprudelnde Quelle', dann bes. 'Fontäne' (17. Jh.). Springflut f. 'große Meeresflut' (16. Jh.). Springinsfeld m. 'junger, leichtfüßiger und unbekümmerter Mensch' (17. Jh.), nd. *ein springe ynt velt* (16. Jh.), eigentl. *springe in das Feld*, imperativischer Satzname, anfänglich Bezeichnung für Soldaten und Landsknechte (Grimmelshausen).

Sprint m. 'Kurzstreckenlauf mit höchster Geschwindigkeit', Übernahme (1. Hälfte 20. Jh.) von gleichbed. engl. *sprint*. Dazu sprinten Vb. '(über kurze Strecken) sehr schnell rennen', entlehnt (30er Jahre 20. Jh.) von gleichbed. engl. *to sprint*, das als Entlehnung aus dem Skandinavischen gilt, vgl. stark flektierendes anord. *spretta* '(auf)springen, spritzen' sowie schwed. (mundartlich) *sprinta*, *spritta* 'ausschlagen' (von Pflanzen). Dazu stellen sich vielleicht das starke Verb mhd. *sprenzen* 'in verschiedenen Farben glänzen, gesprenkelt sein' und das schwache Verb mhd. *sprenzen* 'sprengen, spritzen, bunt schmücken, sprenkeln', intrans. und refl. 'sich spreizen, einherstolzieren', so daß die angeführten Formen als nasalierte Dentalerweiterungen an die Wurzel ie. **sp(h)er(ə)-* 'zucken, mit dem Fuße wegstoßen, zappeln, schnellen' (s. *Sporn*, *Spur*) angeschlossen werden können. – S p r i n t e r m. 'Kurzstreckenläufer' (30er Jahre 20. Jh.).

spritzen Vb. 'Flüssigkeit (in Tropfen oder als Strahl) mit Druck verteilen oder herauspressen, mit Druck hervorquellen', mhd. *sprützen* 'spritzen, sprossen', seit dem 16. Jh. in entrundeter Form *spritzen*. Das Verb stellt sich wie gleichbed. mhd. (ohne Umlaut) *sprutzen* und aengl. *spryttan* 'Sprossen treiben, keimen' mit Konsonantenverschärfung zu dem unter *sprießen* (s. d.) behandelten Verb. Es bezeichnet auch das Einspritzen in Körperöffnungen, zunächst bei Tieren (16. Jh.), dann bei Menschen (18. Jh.), schließlich (in der Sprache der Medizin) 'eine Injektion verabreichen' (19. Jh.). – S p r i t z e f. 'Gerät zum Spritzen', ahd. *sprizza* (Hs. 12. Jh.), mhd. *sprütze* '(Feuer)-spritze', frühnhd. *spritze* (15. Jh.), seit dem 17. Jh. für entsprechende medizinische Instrumente, bes. als Verkürzung von *Klistierspritze* und später *Injektionsspritze*; in neuerer Sprache auch 'Injektion'. S p r i t z e r m. 'wer spritzt, Gerät zum Spritzen' (17. Jh.), dann 'angespritzter Fleck, Wassertropfen'. s p r i t z i g Adj. 'prickelnd, anregend' (19. Jh.), älter *spritzicht* (17. Jh.); in neuerer Sprache auch 'geistreich, witzig'. S p r i t z - t o u r f. 'kleiner Ausflug' (Studentensprache, 19. Jh.), zu studentensprachlichem *Spritze* 'für einen Ausflug gemietetes Fahrzeug, Ausflug', *spritzen* 'reiten, fahren' (19. Jh.).

spröde Adj. 'ungeschmeidig, brüchig', übertragen von Wesen und Denkungsart 'zurückhaltend, verschlossen, abweisend'. Frühnhd. *sprod* (15. Jh.), *spröde* (16. Jh.), bes. in der Bergmannssprache 'nicht biegbar, sondern zerbrechend', aber auch schon allgemein 'kümmerlich, dürftig, elend', mnd. *sprōde* 'wenig ergiebig, dürftig, mager, kärglich' (16. Jh.) ist im Sinne von 'leicht zerspringend' wohl verwandt mit Wörtern wie *sprießen* (s. d.) sowie (mit anderem Vokalismus) *spreizen*, *spreiten*, *spritzen*, *Sprosse* und wie diese als Dentalableitung zur Wurzel ie. **(s)p(h)er-* 'streuen, säen, sprengen, spritzen, sprühen' zu stellen (s. *sprühen*). – S p r ö - d i g k e i t f. 'Brüchigkeit, starre Zurückhaltung, Herbheit des Charakters und Verhaltens' (17. Jh.).

Sprosse f. 'Trittleiste einer Leiter', ahd. *sproȝȝo* m. (um 1000; *stigilsproȝȝo*, 9. Jh.), mhd. *sproȝȝe* m. f. 'Leitersprosse, Stufe', frühnhd. *sprosse* m., daneben auch *spross* m. 'Leitersprosse' (15. bis 17. Jh.) und 'Trieb, Schößling' (s. unten), mnd. *sprōte*, *sprāte* f., auch 'Schößling', mnl. (mit *r*-Metathese) *sporte*, nl. *sport* 'Leitersprosse', aengl. *sprota* m. 'Keim, Schößling, Pflock', engl. *sprout* 'Sproß, Schößling', anord. *sproti* m. 'Zweig, Stab', schwed. *spröt* 'Sprosse, Stab, dünne Stange', (mundartlich) *språte* sowie mnd. *sprūte* 'Schößling, Sproß' stehen ablautend zu dem unter *sprießen* (s. d.) behandelten Verb. Möglicherweise liegt der Bedeutung 'Leitersprosse' die Ursprungsform der Leiter 'Baumstamm mit Aststümpfen' zugrunde. Dazu in gleicher Weise gebildetes **Sproß** m. 'Trieb, Schößling' (15. Jh.), übertragen 'Nachkömmling eines Geschlechts' (18. Jh.), aengl. *sprot(t)* n. 'Schößling', norw. (mundartlich) *sprot* 'kleine Stange' sowie asächs. *gisprot* 'Schößling' und (ablautend) mnd. *sprūt* 'Schößling', aengl. *sprēot* 'Stange, Stecken', mnl. nl. *spriet* 'Stange'. Die literatursprachliche Unterscheidung von *Sprosse* f. 'Leitersprosse' und *Sproß* m. 'Schößling' geht wohl auf Gottsched zurück. – s p r o s s e n Vb. 'mit Trieben hervorwachsen, emporsprießen' (16. Jh.). S p r ö ß l i n g m. 'Zweig, Trieb' (15. Jh.), 'Nachkomme' (17. Jh.), frühnhd. *sprüßling* 'heranwachsender Junge' (15. Jh.).

Sprotte f. Der Name des mit dem Hering verwandten, in der Nord- und Ostsee lebenden Fisches mnd. mnl. nl. *sprot*, aengl. *sprot*, mit abgewandeltem Vokalismus mengl. engl. *sprat* ist in hd. Texten als *Sprott* m. (16. Jh.) und *Sprotte* f. (17. Jh.) bezeugt. Er gilt anfangs für unterschiedliche kleine Fische ('junger Hering, geräucherte Sardine') und läßt sich im Sinne von 'Fischbrut, junger Fisch' wie *Sproß* (s. d.) zu dem unter *sprießen* (s. d.) behandelten Verb stellen.

Spruch m. 'einprägsam und treffend formulierter Gedanke', literarisch '(gereimte) lyrische Form, Reimpaar', juristisch 'endgültig formuliertes Urteil' (vgl. *Schiedsspruch, Urteilsspruch*), mhd. *spruch* 'was gesprochen wird, Wort, Vers, Rede, nicht gesungenes kleineres Gedicht, Sentenz, Sprichwort, Zauberspruch, richterlicher Ausspruch, rechtliche Forderung, Klage', mnd. *sprōke*, mnl. *sprōke*, *sprooc*, nl. *spreuk* steht ablautend zu dem unter *sprechen* (s. d.) behandelten Verb. Formelhaft *(große) Sprüche machen* 'das große Wort führen, hochtönende, jedoch leere Worte machen' (Ende 19. Jh.). – spruchreif Adj. 'bis zum Urteilsspruch gediehen', auch 'verhandlungsreif' (2. Hälfte 19. Jh.).

sprudeln Vb. '(vom Wasser) wirbelnd hervorquellen, wallen', übertragen 'lebhaft und schnell reden' (17. Jh.) ist wohl aus mundartlichem *prudeln* (s. *brodeln*) unter Einwirkung von *sprühen* (s. d.) entstanden. – Sprudel m. '(Mineral)quelle' (18. Jh.), *Karlsbader Sprudel* für die Karlsbader Quelle (19. Jh.); dann 'Kohlensäure enthaltendes Getränk'.

sprühen Vb. 'fein verteilt spritzen, stieben (von Wasser, Funken), fein regnen'. Das seit dem 16. Jh. bezeugte Verb (auf ein älteres anfrk. **sprōwan* deutet entlehntes afrz. *esproer*, *esproher* 'schnauben, fauchen, sprühen, (be)sprengen') stellt sich mit nl. *sproeien* 'ausgießen, spritzen, Funken sprühen' und (ablautendem) mhd. *spræjen*, *spræwen* 'spritzen, stieben, sprühen machen, streuen', mnl. *spraeyen* 'stieben', norw. (mundartlich) *spra* 'spritzen, sprengen' sowie außergerm. griech. *spéirein* (σπείρειν) 'säen, besäen', auch 'ausstreuen, aussprengen, verbreiten', mir. *sreb* 'Strom' zu der Wurzel ie. **(s)p(h)er-*, erweitert **sprei-*, **spreu-* 'streuen, säen, sprengen, spritzen, sprühen' (wozu *spreizen*, *sprießen*, *Spreu*, *Sprosse*, s. d.), und deren Variante ie. **sp(h)er(ə)-* 'zucken, mit dem Fuß wegstoßen, zappeln, schnellen' (wozu *Sporn*, *Spur* und *Sprenkel*, s. d.).

Sprung m. 'vom Boden abschnellende Bewegung', ahd. *sprung* (11. Jh.; *gisprungi*, 10. Jh.), mhd. mnd. *sprunc* 'Sprung, Galopp, das Hervorsprießen, Ursprung, Quell', mnl. *spronc*, nl. *sprong*, mit Ablaut gebildetes Abstraktum zu dem unter *springen* (s. d.) behandelten Verb. In der Bedeutung 'gesprungene Stelle, feiner Riß' seit etwa 1700. – sprunghaft Adj. 'jäh, unvermittelt, unzusammenhängend' (19. Jh.). Gedankensprung m. 'unvermittelter, plötzlicher Übergang zwischen nicht zusammenhängenden Themen' (Ende 18. Jh.).

spucken Vb. 'Speichel von sich geben, ausstoßen', frühnhd. (omd.) *spūchen*, *spūgen* (15. Jh.), nhd. (mundartlich) *spauchen*, mit expressiver Konsonantendoppelung *spucken* (16. Jh.), eine Intensivbildung mit Guttural zu mhd. (md.) *spūwen* (s. *speien*). – Spucke f. 'Speichel' (18. Jh.), rückgebildet aus dem Verb.

Spuk m. 'Gespenst, gespenstisches Treiben, Lärm', mnd. *spōk*, *spoek*, *spūk*, *spȫk*, mnl. *spooc*, nl. *spook* 'Geistererscheinung, Gespenst'. Daneben stehen auf hd. Gebiet (vereinzelt; unter nd. Einfluß?) mhd. *gespüc*, frühnhd. *gespug* (15. Jh.), nhd. *Gespeuck* (17. Jh.) und *Spugniß* (Luther, nach mnd. *spȫknisse*), die sich jedoch nicht fortsetzen. Vielmehr dringt nd. *Spuk* über nordd. Schriftsteller in die Literatursprache ein (17. Jh.). Alle bisherigen Erklärungsversuche sind unbefriedigend, z. B. Verbindung mit lett. *spīgana* 'Geistererscheinung, Drache, Hexe', *spīgainis* 'Irrlicht', lit. *spingéti* 'flimmern, flakkern, glitzern' oder mit aengl. *pūca*, engl. *puck* 'Kobold', anord. *pūki* 'Teufel', schwed. (mundartlich) *puke* 'Kobold'. DE VRIES Nl. 682 erwägt daher Herkunft des nd. nl. Wortes aus der Substratsprache eines Hünengräbervolkes. – spuken Vb. 'als Geist sein Wesen treiben, als Geist erscheinen, umgehen' (17. Jh.). Ausgangsform ist mnd. nd. *spȫken*, wie auch nordd. Schriftsteller des 16. und 17. Jhs. schreiben. In der Literatursprache wird hingegen der Stammvokal an *Spuk* angeglichen. spukhaft Adj. 'gespenstisch' (19. Jh.), vgl. nd. *spȫkhaftig*.

Spule f. '(Holz)rolle zum Aufwickeln (von Garn und dgl.)', ahd. *spuola* f., *spuolo* m. (9. Jh.), mhd. *spuol(e)* m. 'Weberspule, Röhre, Federkiel', mnd. *spōle* f. m., mnl. *spoele* f., nl. *spoel* f. sind verwandt mit mhd. *spale* 'Leitersprosse', anord. *spǫlr* (aus germ. **spaluz*) 'Speiler, Stange', schwed. *spjäla* 'Latte' und stehen im Ablaut zu dem unter *spalten* (s. d.) behandelten, mit Dental erweiterten Verb. Die Ausgangsbedeutung ist 'abgespaltenes (rundes) Holzstück', das beim Weben zum Aufwickeln des Garns dient; seit dem 15. Jh. auch 'Federkiel', der zum Aufwickeln von Garn und zum Schreiben verwendet wird. – spulen Vb. 'auf die Spule wikkeln' (15. Jh.). Spulwurm m. im Verdauungstrakt schmarotzender Fadenwurm (15. Jh.), nach seiner spulenartigen Gestalt benannt.

spülen Vb. 'im Wasser schwenkend reinigen', mhd. *spüelen*, mnd. *spölen*, mnl. nl. *spoelen* sowie ahd. *irspuolen* 'waschen' (um 1000), aengl. *āspylian* 'sich waschen'. Vgl. auch mnd. *spōl* 'Spülwasser'. Außergerm. Entsprechungen fehlen; die Herkunft der nur westgerm. bezeugten Formen ist ungeklärt. Die Bedeutung 'mitreißen und irgendwohin schwemmen, sich in Menge, in einem Schwall ergießen (von bewegtem Wasser)' wird erst im 18. Jh. üblich und stammt vielleicht aus dem Nd., vgl. mnd. *spōlebōrt* 'auf den Bord kleinerer Schiffe aufgesetzte Erhöhung, um die Fracht gegen Überspülung zu schützen'. – Spülicht n. 'durch Spülen entstandenes Abwasser', gebildet wie *Kehricht* (zu [2]*kehren*, s. d.), mhd. *spüelach*, *spüelech*, nhd. *Spülich*.

Spund m. 'Verschlußzapfen' (an Fässern), mhd. *spunt* m. n. 'Zapfen, Spundloch', mnd. *spunt*, mnl. *spond* (in *spondgat* 'Spundloch'), nl. *spon* sind wohl herzuleiten von lat. *expungere* (*expūnctum*) 'ausstechen', indem von substantiviertem *expūnctum* mit einer vorauszusetzenden Bedeutung 'das (aus der Faßwand) Herausgestochene, die Öffnung' auszugehen ist. Die daneben auftretenden *s*-losen Formen frühnhd. *pont*, *puncte* (15. Jh.) beruhen auf lat. *pūnctum* 'das Gestochene, Stich, eingestochene Öffnung, kleines Loch' (s. *Punkt*). *Spund* bezeichnet also zunächst die Öffnung des Fasses, das Stichloch, erst danach den Verschlußzapfen. – Spundloch n. 'Öffnung für den verschließenden Zapfen', ahd. *spuntloh* (Hs. 12. Jh.), mhd. *spuntloch*.

Spur f. '(Fuß)abdruck, hinterlassenes Zeichen, Fährte', ahd. *spor* 'Fußspur' (8. Jh.), mhd. *spor*, *spur*, *spür* 'Fährte, Spur', mnd. *spōr*, mnl. *spōr(e)*, nl. *spoor*, aengl. anord. *spor*, schwed. *spår* gehören mit den unter *Sporn* (s. d.) aufgeführten Verwandten zur Wurzel ie. **sp(h)er(ə)-* 'zucken, mit dem Fuße wegstoßen, zappeln, schnellen'. Das zunächst neutrales Genus aufweisende germ. **spura-* entwickelt im Mhd. feminin gebrauchte Formen, die sich im 16. Jh. durchsetzen. *Spur* bedeutet als altes Jagdwort 'durch Tritt mit dem Fuß hinterlassener Abdruck' (auf einer Unterlage, im Boden), übertragen das 'hinterlassene Zeichen', vgl. *keine Spur* 'kein Zeichen' (z. B. *keine Spur von Mitleid*), *nicht die geringste Spur* 'nicht das geringste Merkmal, nicht der geringste Anhaltspunkt' (alle 18. Jh.). – spurlos Adv. 'ohne jeden Anhaltspunkt, Nachweis' (18. Jh.). Spurweite f. 'Schienenabstand' bei der Eisenbahn (19. Jh.). großspurig Adj. 'aufgeblasen, angeberisch' (19. Jh.). spuren Vb. (von Wagen) 'eine Spur halten', übertragen 'sich einordnen, nicht abweichen, gehorchen' (19. Jh.). spüren Vb. jägersprachlich 'die Spur suchen, ihr folgen', übertragen (13. Jh.) 'wahrnehmen, merken', (17. Jh.) 'empfinden, fühlen', ahd. *spurien*, *spurren* 'der Spur des Wildes nachgehen' (8. Jh.), mhd. *spürn*, auch 'etw. aufsuchen, wahrnehmen', mnl. *spōren*, *spueren* 'nachspüren, forschen, untersuchen', nl. *speuren*, aengl. *spyrian* 'eine Spur machen, verfolgen, reisen, nachforschen', anord. *spyrja*, schwed. *spörja* 'fragen, hören, erfahren'. spürbar Adj. 'fühlbar, merklich' (18. Jh.). Spürhund m. 'Jagdhund für das Aufspüren der Fährte des Wildes', ahd. *spurihunt* (11. Jh.), mhd. *spürhunt*. Spürsinn m. 'Fähigkeit zur Fährtensuche' (beim Jagdhund), 'feines, untrügliches Gefühl, etw. zu finden' (18. Jh.).

Spurt m. 'plötzliche Steigerung der Geschwindigkeit' (zuerst in der Endphase beim Wettrudern, dann auch bei einem Lauf, einem Rennen), Übernahme (Ende 19. Jh.) von gleichbed. engl. *spurt*, eigentl. 'plötzliche, ruckartige Bewegung, Anstrengung', zu engl. *to spurt*, Variante von *to spirt* '(heraus)spritzen, -schießen'. Herkunft unbekannt. – Endspurt m. 'höchste Beschleunigung in der letzten Wettkampfphase' (Ende 19. Jh.). spurten Vb. 'die Geschwindigkeit auf ein Höchstmaß steigern', auch allgemein 'Tempo vorlegen' (Ende 19. Jh.).

sputen Vb. refl. 'sich beeilen'. Zugrunde liegt mnd. *spōden* 'eilig entsenden, antreiben', meist refl. 'sich beeilen', das in die Literatursprache (*spuden*, 17. Jh., *sputen*, 18. Jh.) aufgenommen wird. Voraus gehen ahd. *gispuoten* 'gelingen lassen', refl. 'eilen' (um 1000; im Mhd. ohne Fortsetzung), asächs.

spōdian ‘fördern’, die wie mnl. nl. *spoeden* ‘eilen’, aengl. (ablautend) *spēdan* ‘gelingen, Erfolg haben’, engl. *to speed* ‘eilen, (älter) Glück haben’ zu einem in ahd. *spuot* f. ‘Erfolg, Fortgang, Wesen’ (8. Jh.), mhd. *spuot* f. ‘glückliches Fortschreiten, Gelingen, Schnelligkeit, Beschleunigung’, asächs. *spōd* ‘Gelingen’, mnl. *spoet*, nl. *spoed* ‘Eifer, Gedeihen’, aengl. (ablautend) *spēd*, *spǣd* ‘Gedeihen, Beschleunigung, Eile’, engl. *speed* ‘Erfolg, Eile’ belegten Substantiv (germ. **spōdi-*) gebildet sind. Dieses steht als *ti*-Abstraktum zu einem nur in aengl. *spōwan* ‘gelingen, glücken, Erfolg haben’ überlieferten starken Verb, zu dem sich als schwach flektierende Ableitung ahd. *spuoen* ‘gelingen, Erfolg haben’ (um 1000), mhd. *spuon* ‘vonstatten gehen, gelingen, beschleunigen’ stellt. Mit aind. *sphā́yatē* ‘wird feist, nimmt zu’, *sphītá-* ‘gedeihlich, reichlich’, lat. *spatium* ‘Raum, Zwischenraum, Bahn, Zeitraum, Frist, Dauer, Länge’, lit. *spėti* ‘Muße haben, schnell genug sein’, aslaw. *spěti* ‘fortschreiten, gedeihen, einen guten Fortgang haben’, russ. *spet’* (*спеть*) ‘reifen’ und den unter *spät* und *sparen* (s. d.) genannten Wortformen ist auf die Wurzel ie. **sp(h)ē(i)-*, **spī-* und **sphē-*, **sphə-* ‘gedeihen, sich ausdehnen, vorwärtskommen, Erfolg haben, gelingen’ zurückzugehen.

Sputnik m. von der Sowjetunion gestarteter künstlicher Erdsatellit, Entlehnung nach dem Start (4. Oktober 1957) des ersten Raumflugkörpers dieses Namens von gleichbed. russ. *spútnik* (*спутник*), eigentl. ‘Reisegefährte, Trabant eines Planeten’, Ableitung mit russ. *s-* (*с-*) ‘mit’ und *-n-ik* (*-н-ик*) von russ. *put’* (*путь*) ‘Weg’.

Staat m. ‘politische Herrschaftsform, die das Zusammenleben einer Gesellschaftsformation innerhalb festgelegter territorialer Grenzen regelt, Pracht, Aufwand’. Nur spärlich und unsicher ist belegt mhd. *stat* ‘Rechtszustand, Ausstattung’, häufiger dagegen in hansischen Urkunden (seit 14. Jh.) mnd. *stāt* ‘äußere und innere Verfassung, Lage, Umstände, Stand, Klasse, Stellung, Ansehen, Gesamtheit der Vertreter eines Standes, Aufwand’, verbreitet dann (vom 15. Jh. an) frühnhd. *Stat* ‘(sozialer) Stand, (gesellschaftliche) Stellung, Rang, Lebensweise, Zustand (auch des Vermögens), standesgemäßer Aufwand, Pracht, Prunk’. Der Ausdruck wird im 14. Jh. (ein zweifelhafter mhd. Beleg stammt aus dem 13. Jh.) aus lat. *status* ‘das Stehen, Stand, Wuchs, Zustand, Umstände, Lage, (durch die Geburt bedingte) soziale Stellung, fester Bestand, Wohlstand’, mlat. auch ‘Hofhaltung, Haushalt, Einkünfte, Rechnungslegung’ (s. *Status*), einer Bildung zu lat. *stāre* (*statum*) ‘stehen’ (verwandt mit *stehen*, s. d.), entlehnt. Der Übergang in den politischen Bereich beginnt sich bereits im Lat. anzubahnen, vgl. bei Cicero Fügungen wie *status cīvitātis*, *status reī pūblicae*, bei Tertullian *Rōmānus status*, *status Iūdaeōrum* (wo *status* statt sonst üblichem *imperium*, *cīvitās*, *rēs pūblica* steht). Doch Verwendungen dieser Art bleiben ohne nachhaltige Wirkung. Bis ins 16. Jh. entsprechen die dt. Bedeutungen des Wortes im wesentlichen dem allgemeinen lat. und mlat. Gebrauch. Erst vom 17. Jh. an erweitert sich der Bedeutungsumfang in Verbindung mit der staatlich-politischen Entwicklung in Europa (verschiedentlich beeinflußt von ital. *Stato* und frz. *État*); er erfaßt das Territorium, den Verwaltungsapparat, das fiskalische System, die fürstlichen Hoheitsrechte und die Rechte und Pflichten der Stände- oder Klassengesellschaft, die Vertretung der Macht nach außen und nach innen. Im einzelnen vgl. dazu Weinacht Staat (1968). Die bereits früh ausgebildete Bedeutung ‘Ausstattung, Aufwand, Pracht’ bleibt daneben unverändert lebendig und geht in der Umgangssprache auch in ‘Prunk, Putz, kostbare Kleidung, prächtiges Hausgerät’ über, vgl. redensartlich *sich in Staat werfen* (18. Jh.), *Staat machen* ‘sich herausputzen’ (19. Jh.), älter *Staat* (‘Eindruck, viel Aufhebens’) *von etw. machen* (um 1700). – staatlich Adj. ‘den Staat (im politischen Sinne) betreffend, von ihm ausgehend’ (Anfang 19. Jh.); älter in der Übersetzung für lat. *polīticus* (16. Jh.), dann im Sinne von ‘prächtig’ (18. Jh.). verstaatlichen Vb. ‘in Staatseigentum überführen, staatlicher Verwaltung unterstellen’ (2. Hälfte 19. Jh.). Staatsangehörigkeit f. (19. Jh.). Staatsbürger m. ‘Mitglied der *Staat* genannten Gemeinschaft’ (18. Jh.). Staatsmann m. ‘bedeutender Politiker eines Staates’ (2. Hälfte 17. Jh.), Übersetzung von frz. *homme d’État*; geläufig seit dem 18. Jh. (Schiller). Staatsstreich m. ‘auf einen plötzlichen Regierungswechsel abzielende Unternehmung, Putsch’ (19. Jh.), zuvor ‘staatskluge Unternehmung’ (17. Jh.);

in beiden Fällen nach frz. *coup d' État.* Hofstaat m. 'Aufwand, Lebensführung, Haushaltung eines fürstlichen Hofes, Gesamtheit der zu einem Hof gehörenden Personen, schriftlich festgelegte Ordnung einer fürstlichen Hofhaltung' (Ende 15. Jh.).

Stab m. 'dünne Stange, runder, glatter Stock', ahd. *stab* (8. Jh.), mhd. *stap* (md. auch *staf*) 'Stab, Stock, Stütze', auch 'Pilger-, Hirten-, Bischofsstab, Kreuz, Maßstab', asächs. mnd. mnl. nl. *staf*, aengl. *stæf*, auch 'Buchstabe', engl. *staff* 'Stab, Stecken, Stock, Knüppel, Stütze', anord. *stafr* 'Stab, Stock, Pfeiler, Formular, Buchstabe, Rune', schwed. *stav* 'Stab, Stock', got. *stabim*, Dat. Plur. zu **stafs* 'Buchstabe', sowie ahd. *stabēn* 'starr, steif sein bzw. werden', *gistabēn* 'erstarren' (9. Jh.) vergleichen sich mit aind. *stabhnā́ti* 'befestigt, stützt', (Nasal aufweisendem) *stambha-* 'Pfosten, Pfeiler, Säule' und setzen eine auf *bh* endende Form der in verschiedenen Varianten auftretenden Wurzel ie. **stē̆b(h)-*, **stəb(h)-*, **step-*, nasaliert **stemb(h)-*, **stemp-* 'Pfosten, Pfeiler, Stamm, Baumstamm' sowie 'stützen, versteifen, festhalten, anhalten, (auf)stampfen, treten, beschimpfen, staunen' voraus, während lit. *stem̃bti* 'widerstreben, Widerstand leisten', *stãbas*, lett. *stabs* 'Pfeiler, Säule' auf eine Wurzelsilbe mit auslautendem *b* oder *bh* zurückgehen können. Ob die genannten Ansätze als Erweiterungen der Wurzel ie. **stā-*, **stə-* 'stehen, stellen' anzusehen sind, bleibt zweifelhaft. Als zugehörig gelten *Staffel*, *stampfen*, *Stapel*, *Stapfe*, *Stempel*, *Stufe*, *Stummel*, *stumpf*, *Stumpen* (s. d.). *Stab* als Kennzeichen der Macht und Befehlsgewalt (vgl. *Bischofsstab*, *Marschallstab*) wird im militärischen Bereich im 17. Jh. auf die 'Gesamtheit der höheren Offiziere eines Heeres' und von da auch auf einen 'Kreis von verantwortlichen Mitarbeitern' übertragen. Formelhaftes *über jmdn. den Stab brechen* 'ein hartes Urteil fällen' (18. Jh.) entstammt der mittelalterlichen Gerichtsbarkeit, wo bei Todesurteilen der Stab des Richters über dem Haupt des Verurteilten zerbrochen wird. Die alte Bedeutung 'Rune, Buchstabe' geht vom senkrechten Hauptstrich (*Stab*) des Runen- oder Schriftzeichens aus (s. *Buchstabe*). – Stabreim m. 'gleicher Anlaut mehrerer Wörter oder betonter Silben, Alliteration' (Mitte 19. Jh.), nach der Verslehre des Isländers Snorri Sturluson (um 1220), in der anord. *stafr* 'Buchstabe, Laut' auch den sich wiederholenden, den alliterierenden Anlaut bezeichnet. Dazu staben Vb. 'Stabreim aufweisen' (20. Jh.).

stabil Adj. 'fest, dauerhaft, beständig, im gleichen Zustand verharrend', Entlehnung (Ende 18. Jh.) von lat. *stabilis* 'fest, feststehend, nicht wankend, unveränderlich, dauerhaft, standhaft', zu lat. *stāre* 'stehen'. – stabilisieren Vb. 'fest, dauerhaft machen, das Gleichgewicht sichern' (Anfang 20. Jh., wahrscheinlich unter Einfluß von frz. *stabiliser*, 18. Jh.), gebildet zu *stabil*, älteres (16. bis 1. Hälfte 20. Jh.), aus lat. *stabilīre* 'befestigen, aufrechterhalten' entlehntes *stabilieren* ablösend. Stabilität f. 'Beständigkeit, Festigkeit, Standfestigkeit, Gleichgewichtssicherheit' (18. Jh.), lat. *stabilitās* (Gen. *stabilitātis*), afrz. frz. *stabilité*.

Stachel m. 'spitzer Auswuchs (bei Pflanzen), stechende Spitze (bei Insekten)'. Das nur im Dt. bezeugte Substantiv ahd. *stahhil* (9. Jh.), mhd. *stachel* ist mit dem Suffix für Gerätebezeichnungen germ. *-ila-* zu der unter *stechen* (s. d.) angeführten Wurzelerweiterung ie. **(s)teg-* gebildet; daneben auch (mit intensivierender Konsonantendoppelung) ahd. *stackila* (10. Jh.), *stackulla* (8. Jh.). *Stachel* ist seit dem 16. Jh. (anfangs bes. in md. Quellen) oft auch für mit Spitzen versehene Geräte verbreitet, z. B. 'Viehstock mit Eisenspitze' (zum Antreiben), 'Stoßstange der Schiffer' (16. Jh.). – stachlig Adj. 'mit Stacheln versehen, wie mit Stacheln stechend' (17. Jh., geläufig seit dem 18. Jh.), *stachlich*, *stachlicht* (16. Jh.). stacheln Vb. 'mit Stacheln stechen, antreiben, reizen (mit dem Viehstock)', übertragen 'kränken, höhnen' (16. Jh.). Stachelbeere f. mit spitzen Dornen versehener, wegen seiner Beeren kultivierter Strauch, seine mit kleinen Borsten besetzte Frucht (17. Jh., geläufig seit dem 18. Jh.). Stacheldraht m. 'mit Stacheln versehener Eisendraht' (Anfang 20. Jh.). Stachelschwein n. lange Stacheln tragendes Nagetier, das wegen seiner Grunzlaute an ein Schwein erinnert (16. Jh.), wohl nach mlat. *porcus spinosus*; zuvor spätmhd. *dornswīn*.

Stadel m. '(Feld)scheune, Holzgestell für Heu' (heute nur obd.), ahd. *stadal* 'Stand, Kornscheune' (8. Jh.), mhd. *stadel* 'Scheune,

Herberge, Wohnung', asächs. *staðal* 'Stellung', mnd. *stādel* 'Schober, Miete für Feldfrüchte', aengl. *staþol* 'Grundlage, Stätte, Platz', engl. *staddle* 'Unterlage, Gestell', anord. *stǫðull* 'Melkplatz' ist in dem ursprünglichen Sinne von 'Standort' mit dem Suffix ie. *-tlo-* (ie. **stətlo-*) zu der unter *stehen* (s. d.) angegebenen Wurzel ie. **stā-*, **stə-* 'stehen, stellen' gebildet.

Stadion n. 'mit Zuschauertribünen versehene sportliche Wettkampfstätte' (2. Hälfte 18. Jh., geläufig im 20. Jh.), zuvor *Stadium* (14. bis 19. Jh.), Übernahme von griech. *stádion* (*στάδιον*) bzw. lat. *stadium* 'Rennbahn, mit Zuschaueranlage ausgerüstete Wettlaufbahn', daher auch 'Länge der olympischen Rennstrecke', ein Längenmaß unterschiedlicher Ausdehnung.

Stadium n. 'Verlaufszeit, Abschnitt, Entwicklungsphase, Zustand, Stand' (18. Jh.), vgl. *Krankheitsstadium*, *Entwicklungsstadium*. Entlehnung von lat. *stadium* 'Rennbahn, Rennstrecke', auch ein Längenmaß (s. *Stadion*), im Nlat. 'abgesteckte Strecke' und übertragen 'zeitlicher Abschnitt' (vgl. medizin.-lat. *stadium morbi*).

Stadt f. 'große, in sich geschlossene, ein wirtschaftliches und kulturelles Zentrum bildende Siedlung'. Mhd. *stat* 'Ort, Stelle' (s. *Statt*) entwickelt im 12. Jh. die Bedeutung 'Siedlung, Ortschaft', nach mittelalterlichem Recht mit bestimmten Rechten (z. B. Marktrecht) und Privilegien ausgestattet, und konkurriert dabei mit der entsprechenden älteren Bezeichnung ahd. *burg*, mhd. *burc* 'Burg, Stadt' (s. *Burg*), deren Stelle es allmählich einnimmt. Im 16. Jh. begegnet erstmals die Schreibung *Stadt*; eine eindeutige orthographische Unterscheidung zu *Statt* besteht jedoch erst seit dem 18. Jh. – Städter m. 'Bewohner einer Stadt', mhd. *steter*; im Unterschied zu *Bürger* ohne politischen Bedeutungsinhalt. städtisch Adj. 'eine Stadt, die Stadtverwaltung betreffend, zu ihr gehörend, von ihr verwaltet' (15. Jh.). verstädtern Vb. 'städtische Lebensform annehmen, zu städtischem Lebensraum werden' (19. Jh.).

Stafette f. 'Eilbote, Kurier' (17. Jh.), auch 'Gruppe einander ablösender Eilboten', daher im Sport 'Gruppe einander ablösender Läufer, Staffel, Staffellauf', anfangs *Staffet(t)a*, Übernahme von ital. *staffetta* 'berittener Eilbote', deminutive Ableitung von ital. *staffa* 'Steigbügel', also eigentl. 'Reiter, der aus Eile im Steigbügel bleibt'. Für ital. *staffa* wird Entlehnung aus einem (zur Wortgruppe von *Stapfe*, s. d., gehörenden) langobard. **staffa* 'Steigbügel', eigentl. 'Schritt, Fußstapfe', angenommen, zumal die Römer Steigbügel von den Germanen kennenlernten.

Staffel f. 'Stufe, militärischer Verband, Sportmannschaft', ahd. *staffal* 'Fußgestell, Sockel' (10. Jh.), mhd. *stapfel*, *staffel* 'Stufe, Grad', frühnhd. 'Stapelplatz' (15. Jh.) entspricht mit hd. Lautung dem aus dem Nd. aufgenommenen *Stapel* (s. d. Angaben zur Herkunft). Maskulines Genus ist bis ins 18. Jh. belegt. Die vorwiegend obd. Bedeutung 'Stufe, Leitersprosse, Treppe, Treppenabsatz' wird übertragen auf grad- oder etappenmäßige Einteilungen (vgl. *Gehaltsstaffel*, *staffelförmig*) und bezeichnet im militärischen Bereich (19. Jh.) 'in bestimmten Abständen aufeinanderfolgende Einheiten eines größeren Truppenverbandes', auch (20. Jh.) 'eines Verbandes von Kriegsschiffen oder Flugzeugen', im Sport (seit den 20er Jahren des 20. Jhs.) 'eine Mannschaft im Stafettenlauf' (älteres *Stafette*, s. d., ablösend), danach allgemein 'Sportlergruppe, deren Leistungen im Wettkampf gemeinsam gewertet werden'. – Staffelei f. 'hölzernes Arbeitsgestell mit verstellbarem Stufenbrett' für Maler zum Aufstellen der Leinwand (17. Jh.). staffeln Vb. 'stufenförmig aufstellen, nach bestimmten Graden einteilen' (Anfang 19. Jh.), älter (17. Jh., obd.) auch im Sinne von *stapeln* (s. d.). Staffellauf m. 'von einzelnen Sportlern einer Mannschaft in Teilstrecken zurückzulegender Wettlauf' (20. Jh.), älter *Stafette* (s. d.).

Stagnation f. 'das Nichtabfließen' von Wasser, 'Stauung' des Blutes (Ende 17. Jh.), aus zu lat. *stāgnāre* (s. unten) gebildetem medizin.-lat. *stāgnātio* 'Flüssigkeitsstau' (im Körper); danach übertragen 'Stockung, Stillstand' (Mitte 18. Jh.). – stagnieren Vb. 'stokken, stehenbleiben, beharren, sich nicht weiterentwickeln', Entlehnung (1. Hälfte 18. Jh. in Anlehnung an *Stagnation*) aus lat. *stāgnāre* 'überschwemmen, überschwemmt sein, unter Wasser stehen, nicht abfließen', zu lat. *stāgnum* 'durch Überschwemmung entstandenes Gewässer, See, Teich, Tümpel'. Zunächst nur im Sinne von 'nicht abfließen, sich stauen' (vom Blut), seit Ende 18. Jh. vornehmlich übertragen im oben genannten Sinne.

Stahl m. 'schmiedbares Eisen', übertragen 'Waffe, Härte', ahd. *stahal* (10. Jh.), mhd. *stahel*, *stāl*, mnd. *stāl*, mnl. *stael*, nl. *staal*, aschwed. *stāl*, schwed. *stål* sowie (wohl schon früh aus einer dieser Sprachen entlehntes) anord. *stāl* und (als *ja*-Stämme) asächs. *stehli*, aengl. (angl.) *stēli*, *stǣli*, engl. *steel* lassen sich (wenngleich unsicher) mit aind. *stákati* 'widerstrebt', awest. *staxta-* 'stark, fest', *staxra-* 'stark, fest, streng (vom Frost)' auf ie. **stāk-*, **stek-* 'stehen, stellen, stehend, Ständer', eine Erweiterung der unter *stehen* (s. d.) angegebenen Wurzel ie. **stā-*, **stə-* 'stehen, stellen', zurückführen. Die germ. Formen sind danach als Substantivierungen eines Adjektivs 'standhaft, stark' aufzufassen. – stählen Vb. 'härten, widerstandsfähig machen (wie Stahl)', mhd. *stehelen*, *stahelen*, kontrahiert *stælen*, *stālen*, *stēlen*. stählern Adj. 'aus Stahl, hart wie Stahl' (16. Jh.), zuvor *stählen*, ahd. *stelīn* (Hs. 13. Jh.), mhd. *stehelīn*, *stahelīn*, *stælīn*, auch *stālīn*, *stēlen*. stahlhart Adj. 'wie Stahl, sehr hart', mhd. *stahel-*, *stālherte*.

Stake f., auch Staken m. 'Pfahl, Stange, Bootsstange', im 15. Jh. aus dem Nd. in die Literatursprache aufgenommen. Mnd. mnl. *stāke* 'Knüppel, dicker Stock, Bootsstange', nl. *staak*, aengl. *staca*, engl. *stake* 'Pfahl, Pfosten', anord. *-staki* in *lȳsistaki* 'Leuchter', schwed. *stake* 'Stange, Pfahl' sowie ahd. *stah* 'einjähriger Hirsch, Spießhirsch' (um 900) führen mit lat. *tīgnum* (wenn aus **tegnom*) 'Bauholz, Balken', lit. *stãgaras* 'dürrer, langer Stengel', lett. *stagars* 'Stachelbarsch', russ.-kslaw. *stogъ* 'Haufen', russ. *stog* (*стог*) 'Heuschober' auf ie. **steg-*, eine Variante von ie. **(s)teig-*, **(s)tig-* 'stechen, spitz, Stange, Pfahl, Stock', Gutturalerweiterung der Wurzel ie. **(s)tei-* 'spitzig' (s. *stechen*). – staken Vb. 'Stangen setzen, mit Stangen versehen, ein Boot im flachen Wasser mit einer Stange fortbewegen, mit großen, steifen Schritten ungelenk gehen', seit dem 17. Jh. aus mnd. nd. *stāken* bei nordd. Schriftstellern. Dazu die md. Intensivbildung staksen Vb. 'mit steifen, großen Schritten gehen', vgl. md. *Staks* 'langer, dünner Kerl' (18. Jh.) und *staksig* Adj. 'lang und dünn, hager, ungelenk' (20. Jh.).

Staket n. 'Lattenzaun, Lattenwerk'. Der aus dem Festungsbau hervorgegangene Ausdruck verbreitet sich seit dem 15. Jh. vom Niederrhein aus; niederrhein. (clevisch) *staeckette*, *staecket* 'Palisaden-, Pfahlverschanzung', westmd. *stekat*, *stekate* (Anfang 16. Jh.), mnd. *stacket(te)*, *stackit(te)*, *steckette*, *steckitte* (16. Jh.) sowie mnl. *staket* 'Pfahl, Palisade', nl. *staket* sind entlehnt aus afrz. *estakete*, *estachete* '(als Zielscheibe benutzter) Palisadenpfahl', einer Ableitung von afrz. *estache* 'Pfahl'. Dies stammt wohl aus dem Germ., vielleicht aus got. **stakka* 'Pfahl' oder einem entsprechenden, in Nordgallien aufgenommenen anfrk. Wort (mit affektiver Konsonantenverdoppelung?), die etymologisch zu dem unter *Stake* (s. d.) behandelten Substantiv gehören (vgl. FEW 17, 203f.). Das im Dt. anfänglich feminine Genus geht seit dem 16. Jh. (vielleicht unter Einfluß von *Gitter*?) zum neutralen Genus über. Doch findet sich *Stakete* f. im Sinne von 'Zaunlatte' seit dem 18. Jh. Aus der 'kriegerischen Verschanzung aus dicken Pfählen' entwickelt sich seit dem 17. Jh. die allgemeine Bedeutung 'Zaun'.

Stalagmit m. vom Höhlenboden kerzenartig nach oben wachsendes Tropfsteingebilde, 'das Getröpfelte' (18. Jh.), gelehrte Bildung (nlat. *stalagmites* Plur., um 1700) zu griech. *stalagmós* (σταλαγμός) 'das Tröpfeln, tropfenweises Abfließen, der Tropfen'. – Stalaktit m. von der Höhlendecke zapfenartig nach unten wachsendes Tropfsteingebilde, 'das Tröpfelnde' (18. Jh.), zu griech. *stalaktós* (σταλακτός) 'tröpfelnd'. Beide zu griech. *stalássein*, *stalázein* (σταλάσσειν, σταλάζειν) 'träufeln, tropfen lassen, tropfen'.

Stall m. 'Gebäude zur Viehhaltung', ahd. *stal* (Gen. *stalles*) 'Standort, Stelle, Gebäude zum Einstellen von Vieh' (8. Jh.), mhd. *stal* 'Steh-, Sitz-, Wohnort, Stand, Gebäude zum Einstellen von Vieh', mnd. mnl. nl. *stal*, aengl. *steall* 'Stand, Stelle, Stellung, Stall', engl. *stall* 'Platz, Stand, Box, Rinder-, Pferdestall', anord. *stallr* 'Gerüst, Altar, Stall, Krippe', schwed. *stall* 'Stall' führen auf germ. **stalla-* 'Standort, Platz'. Vergleicht man aind. (zweifelhaft) *sthálam* 'Erhebung, Anhöhe, trockenes, festes Land', *sthalī́* 'Anhöhe, hochgelegene Ebene', *sthal-* '(fest)stehen', griech. *stéllein* (στέλλειν) 'in Ordnung bringen, fertigstellen, ausrüsten, bekleiden', *stólos* (στόλος) 'Ausrüstung, Feldzug, Heer,

Schar, Zug, Fahrt', apreuß. *stallit* 'stehen', so kann von ie. **stel-* 'stellen, aufstellen; stehend, unbeweglich, steif; Ständer, Pfosten, Stamm, Stiel' (s. dazu auch *stellen*, *Stelze*, *still*, *Stollen*, *stolz* und *stülpen*) ausgegangen werden bzw. für das Germ. von mit *no*-Suffix abgeleitetem ie. **stolno-*, woraus (mit Assimilation) germ. **stalla-*. Zieht man als den germ. Formen nah verwandt lat. *stabulum* 'Standort, Gehege, Stall' heran, so kann auch ie. **stədhlo-* vorausgesetzt werden, eine Variante von ie. **stətlo-*, das dem unter *Stadel* (s. d.) behandelten Substantiv zugrunde liegt. Auf jeden Fall sind alle genannten ie. Formen Weiterbildungen bzw. Ableitungen von der Wurzel ie. **stā-*, **stə-* 'stehen, stellen' (s. *stehen*).

Stamm m. senkrecht gewachsener Teil eines Baumes, von dem die Äste abgehen, übertragen 'Geschlecht, durch gesellschaftliche, sprachliche und kulturelle Gemeinsamkeiten verbundene Menschengruppe, Sippenverband', ahd. *stam* (um 800; vgl. auch *liutstam* 'Volksstamm, Leute', 8. Jh.), mhd. *stam* (Gen. *stammes*) '(Baum)stamm, Geschlecht, Abstammung', mnd. *stam(me)*, mnl. nl. *stam* führen auf germ. **stamna-* (vgl. dazu das unter *Steven*, s. d., behandelte Substantiv). Dies läßt sich wie griech. *stámnos* (*στάμνος*) 'großer Krug', eigentl. 'stehendes Gefäß', air. *tamun* 'Baumstamm', toch. A *ṣtām* 'Baum' mit *m*-Formans von der unter *stehen* (s. d.) genannten Wurzel ie. **stā-*, **stə-* 'stehen, stellen' herleiten. Als Ausgangsbedeutung ist 'Ständer' anzunehmen. Die übertragene Bedeutung 'Teil eines Volkes, Volksstamm, Geschlecht, Familie' (vgl. oben ahd. *liutstam*) folgt dem Bild des sich nach allen Seiten ausbreitenden Baumes, dessen Äste aus einem gemeinsamen Stamm wachsen. Von einer ähnlichen Vorstellung ausgehend (in der Sprachwissenschaft) 'einer Ableitung, einer Wortfamilie zugrundeliegendes Wort' (17. Jh.), dann 'bedeutungstragender Teil eines Wortes' ohne wort- und formbildende Elemente, (in der Wirtschaft) 'Grundstock, Kapital' im Unterschied zu den Zinsen (18. Jh.), 'fester Bestand an Personen, Mitarbeitern, Kunden, Mitgliedern' (19. Jh.). – s t a m m e n Vb. 'seinen Ursprung haben', mhd. *stammen*; dafür auch a b s t a m m e n Vb. (17. Jh.); A b s t a m m u n g f. 'Herkunft, Ursprung' (Ende 17. Jh.). a n g e - s t a m m t Part.adj. 'ererbt, überkommen, althergebracht' (16. Jh., geläufig seit dem 18. Jh.). s t ä m m i g Adj. '(wie ein Baumstamm) kräftig, fest' (17. Jh.). S t a m m - b a u m m. '(wie ein Baum mit Geäst dargestelltes) Geschlechtsregister mit dem ältesten Vorfahren als Stamm' (17. Jh.), vgl. lat. *arbor generātiōnis*. S t a m m b u c h n. 'Register, Buch, in das die Mitglieder einer Familie, eines Geschlechts eingetragen werden' (16. Jh.), dann 'Buch, in das sich Freunde und Bekannte mit einem Denkspruch eintragen' (17. Jh.). S t a m m h a l t e r m. 'männlicher Nachkomme, der das Geschlecht erhalten soll' (17. Jh.). S t a m m v a t e r m. 'Begründer eines Geschlechts' (18. Jh.).

stammeln Vb. 'stotternd, abgehackt und unzusammenhängend reden', ahd. *stam(m)alōn* (10. Jh.), mhd. *stamelen*, *stamlen*, *stammeln*, mnd. *stam(m)elen*, mnl. *stāmelen*, nl. *stamelen* ist abgeleitet von einem in ahd. *stam(m)al*, *stam(m)ul* 'stammelnd' (9. Jh.) belegten Adjektiv, das seinerseits eine Weiterbildung vom Adjektiv ahd. *stam* (10. Jh.), aengl. *stam* 'stammelnd', anord. *stamr* 'stammelnd, beraubt', got. *stamms* 'stammelnd' darstellt. Zu diesem gehören auch die Verben mhd. *stamen*, anord. *stama* 'stammeln'. Neben dem mit *l*-Suffix gebildeten ahd. Adjektiv stehen mit *r*-Suffix mnd. *stāmer*, aengl. *stamor* 'stotternd' und mhd. *stammern*, asächs. *stamaron*, aengl. *stamerian*, engl. *to stammer* 'stottern, stammeln'. Verwandt sind *stemmen* und *stumm* (s. d.) sowie lett. *stomīties* 'stocken, stockend sprechen', lit. *stùmti* 'stoßen, schieben', so daß, allerdings nur aus dem Germ. und Balt., eine Wurzel ie. **stem-* 'stoßen, anstoßen, stottern, stammeln, hemmen' erschließbar ist. – S t a m m l e r m., ahd. *stamalāri* (Hs. 12. Jh.), mhd. *stameler*.

stampfen Vb. 'schwer und kräftig mit dem Fuß auftreten, (im Mörser) zerkleinern', ahd. *stamphōn* (um 1000), mhd. *stampfen* 'zerstoßen, enthülsen', mnd. mnl. nl. *stampen*, engl. *to stamp* 'aufstampfen, trampeln', anord. *stappa* (aus **stampa-*) 'stampfen, zusammenpacken', schwed. *stampa* 'stampfen, treten, walken' sowie ahd. *stamph* (8. Jh.), mhd. *stampf*, asächs. mnd. *stamp* 'Werkzeug zum Stoßen, Stampfen, Mörserstößel', mnd. *stamp(e)*, aengl. *pīlstampe* 'Stößel' und die *jan*-Bildung mhd. *stempfen* 'stampfen, schlagen, prägen, mit einem Stempel versehen', mnd. mnl. *stempen*, aengl. *stempan* '(im Mörser) zerstoßen' lassen sich mit aind. *stambáḥ* '(Gras)büschel', griech. *stémbein* (*στέμβειν*) 'unaufhörlich schütteln, mißhandeln, schmähen' und (ohne *s*-Anlaut) lat. *temnere* (aus **tembn-*) 'verachten, verschmähen', eigentl. 'mit den Füßen treten', auf die nasalierte Variante ie. **stemb-* '(auf)stampfen, treten, beschimpfen' der verbreiteten, unter *Stab* (s. d.) angeführten Wurzel zurückführen. Die Ausgangsbedeutung 'mit den Füßen stampfen' entwickelt sich im Germ., als Gewebe nicht mehr mit den Füßen, sondern in Holzfässern gewalkt werden, zu 'stampfend bearbeiten, im Mörser zerstoßen'. – Stampfer m. 'Gerät zum Stampfen' (17. Jh.), mnd. *stamper* (14./15. Jh.); 'wer stampfend etw. bearbeitet' (16. Jh.), 'wer mit den Füßen stampft' (17. Jh.).

Stand m. 'aufrechte Stellung, das Stehen, Standort, Zustand, sozial zusammengehörige Gruppe, Gesellschaftsschicht, Rang', ahd. *-stant* (in *firstant* 'Weisheit', 8. Jh., *urstant* 'Auferstehung', 11. Jh.), mhd. mnd. mnl. *stant*, nl. aengl. engl. *stand*, schwed. *stånd* ist Verbalabstraktum zu dem unter *stehen* (s. d.) angeführten nasalierten Präsensstamm germ. **stand-* (s. auch *Stunde*). Für *-stand* in Abstraktbildungen zu Präfixverben s. *stehen*. – Ständchen n. 'als Huldigung stehend dargebrachte kleine Musik' (17. Jh.). standhaft Adj. 'ausdauernd, beharrlich' (Anfang 16. Jh.). ständig Adj. 'feststehend, dauernd, immer wiederkehrend' (16. Jh.); vgl. ahd. *instentīgo* Adv. 'eifrig, unablässig' (um 1000), mhd. *gestendec* Adj. 'unveränderlich', *widerstendic* 'Widerstand leistend, widersetzlich, widerlich'. ständisch Adj. 'den Land- oder Reichsständen zukommend' (18. Jh.), 'eine bestimmte soziale Gruppe betreffend' (19. Jh.). Standbild n. 'Statue' (Ende 18. Jh.). Standpunkt m. 'Punkt, auf dem jmd. steht' (18. Jh.), meistens übertragen 'Einstellung, Haltung, aus der heraus etw. beurteilt wird'. Standgericht n. 'rasch einberufenes (ursprünglich im Stehen tagendes) Kriegs- oder Ausnahmegericht, bei dem in vereinfachtem Strafverfahren das Urteil sofort nach dem Verhör gefällt und vollstreckt wird' (um 1500); entsprechend Standrecht n. 'verschärftes Straf- bzw. Kriegsrecht' (Ende 16. Jh.).

Standard m. 'Richtschnur, Maßstab (als Vorbild), Norm' (Anfang 19. Jh.), 'Qualitätsniveau, erreichter Stand' (z. B. der Lebensführung, vgl. *Lebensstandard*, um 1900 nach engl. *standard of living* bzw. dem dafür im Dt. gebildeten *standard of life*), 'Durchschnittsbeschaffenheit, Normalausführung, Mittelmaß' (1. Hälfte 19. Jh.), zuvor 'gesetzlich festgelegter Feingehalt einer Münze, Münzfuß' (Ende 17. Jh.). In allen Bedeutungen Entlehnung von gleichbed. engl. *standard*, ursprünglich 'militärische oder Schiffsfahne, aufrecht stehendes Zeichen, Vorbildmaß, Vorbildgewicht' (wohl aus *king's standard* entwickelt, eigentl. 'Königszeichen, Königsfahne als Mittel- und Sammelpunkt des Heeres bzw. eines Schiffsverbandes'). Dieses stammt aus afrz. *estandart*, *estendart* 'militärisches Feldzeichen' (zur weiteren Herleitung s. *Standarte*). Seit der 1. Hälfte des 20. Jhs. häufig Bestimmungswort in Komposita im Sinne von 'Grund-, Normal-', vgl. *Standardausführung*, *-modell*, *-typ*. – standardisieren Vb. 'nach einem vorgeschriebenen Muster vereinheitlichen, normen' (1. Hälfte 20. Jh.), engl. *to standardize*.

Standarte f. 'Feldzeichen, Reiterfahne, kleine quadratische Fahne'. Mhd. *stanthart* m. (niederrhein. *standart*, *standert*) 'große, dem Heer vorangetragene Schlacht- oder Sturmfahne' wird zu Anfang des 13. Jhs. entlehnt aus afrz. *estandart*, *estendart* 'militärisches Feldzeichen' (frz. *étendard* m.). Dieses stammt (wie FEW 17, 220 wahrscheinlich macht) aus dem Germ. und ist als Substantivierung eines Adjektivs anfrk. **standhard* 'standfest' aufzufassen (dessen erster Bestandteil aus dem unter *Stand*, s. d., und dessen zweiter Bestandteil aus dem unter *hart*, s. d., behandelten Wort herzuleiten ist). Es erklärt sich als Bezeichnung für fest in die Erde eingerammte, an Stangen befestigte Fahnen, die weithin sichtbar dem kämpfenden Heere als Orientierungs- und Sammelpunkt dienen. *Standarte* gilt im 30jährigen Krieg für 'Feldzeichen, Banner, (Reiter)fahne', dann auch (Mitte 17. Jh.) für 'Reiterschar, Fähnlein', in der Seemannssprache für die 'Schiffsflagge' (Anfang 17. Jh.), vgl. mnd. *standert*, *standerde*. In neuerer Zeit steht *Standarte* vornehmlich für die in Farbe und Zeichnung jeweils festgelegte, vielfach quadratische Flagge, die bei Anwesenheit eines Souveräns, eines Staatsoberhaupts gehißt wird (auf seiner Residenz, einem Schiff, am Auto usw.). Der Übergang vom ursprünglich mask. zum fem. Genus vollzieht sich im 17. Jh. ähnlich wie bei *Fahne*.

Stange f. 'langer (Holz)stab', ahd. *stanga* (um 800), mhd. mnd. *stange*, asächs. *stanga*, mnl. *stanghe*, nl. *stang*, anord. *stǫng*, schwed. *stång* (germ. **stangō*) und (*i*-Stamm) aengl. *steng*, Bildungen zu dem in aengl. *stingan*, engl. *to sting* 'stechen', anord. *stinga* 'stechen, stoßen', vielleicht auch in (allerdings erst spätem) ahd. *stingen* 'zur Ader lassen' (Hs. 13. Jh.) bezeugten starken Verb, das mit *Stengel* (s. d.), got. *usstagg* 'stich aus' (Imperativ) und ablautendem ahd. *stung* 'Stich, Stiel' (?) (um 800), mhd. *stunge* 'Stachel, Antrieb, Anreizung', ahd. *stungen* 'stechen, quälen, anstacheln' (8. Jh.) verwandt ist. Man kann griech. *stáchys* (*στάχυς*) 'Ähre, Kornähre', übertragen 'Sprößling', lit. *stangùs*, *stángus* 'steif, starr', *stangà* 'Anstrengung', *stìngti* 'fest, starr, steif werden' und wohl auch griech. *stóchos* (*στόχος*) 'aufgerichteter Pfeiler, Pfosten, Mal, aufgestelltes Ziel, Vermutung' vergleichen und eine Wurzel ie. **stegh-*, nasaliert **stengh-* 'stechen; Stange, Halm, Spitzes, Steifes' ansetzen. In festen Wendungen *jmdm. die Stange halten* 'ihn schützen, im Kampf beistehen' (17. Jh.), eigentl. 'im mittelalterlichen Turnier mit einer Stange vor dem Sieger schützen', vgl. auch mhd. *der stangen gern* '(als Besiegter) die Stange, Schutz begehren, sich für überwunden erklären'; *bei der Stange halten* oder *bleiben* 'standhaft ausharren, nicht aufgeben' (18. Jh.), d. h. bei der Fahnenstange (als Orientierungs- und Sammelpunkt für das kämpfende Heer, s. *Standarte*). Oder ist besser von einer Mischung der Redensarten *die Stange halten* und *bei der Sache bleiben* auszugehen?

stänkern Vb. 'Gestank verursachen', bes. übertragen 'Streit, Zank anstiften', auch 'unberechtigt fremdes Eigentum durchsuchen' (eigentl. 'dem Gestank nachgehen'), belegt seit dem 17. Jh. nach älter bezeugtem *bestenkkern*, *erstenckern* (16. Jh.). Es handelt sich um Iterativbildungen zu frühnhd. *stänken* 'Gestank erzeugen', ahd. *stenken* 'räuchern, duften' (um 900), mhd. *stenken* 'Geruch erzeugen', einem Kausativum zu dem unter *stinken* (s. d.) behandelten Verb. – S t ä n k e r m. 'Zanksüchtiger', auch 'unberechtigt fremdes Eigentum durchsuchende Person', früher 'wer stinkt' (17. Jh.). S t ä n k e r e i f. 'Streiterei, Händel' (17. Jh.), zuerst in der Studentensprache, von da aus allgemein.

Stanniol n. 'feine Zinn- oder Aluminiumfolie' (heute als Verpackungsmaterial verwendet), früher jene Zinnfolie, die in der mittelalterlichen Malerei als Träger von Blattgold oder mit Goldfarbefirnis überzogen statt des teuren Goldes benutzt wurde, frühnhd. *stannyoll* (Mitte 15. Jh.), nhd. *Stagnol* (17. Jh.), *Stanniol* (seit Anfang 18. Jh.), entlehnt aus ital. *stagnolo* 'dünnes Blättchen Zinn, Blattzinn', zu ital. *stagno* 'Zinn', aus lat. *stagnum* 'Mischung aus Silber und Blei', dann auch 'Zinn'. Die dt. Form folgt der ital. Aussprache in Verbindung mit dem zur Bildung chemischer Substanzbezeichnungen verwendeten Suffix *-iol(um)*, vgl. *Vitriol*.

[1]**Stanze** f. 'Strophe', in der dt. Verslehre insbes. die achtzeilige Strophe der ital. Ependichtung, die Oktave (ital. *ottava rima*) bezeichnend, ist entlehnt (18. Jh.) aus ital. *stanza* 'Strophe, (gedanklich zusammengehöriger, in sich geschlossener) Abschnitt eines Gedichts, Haltepunkt', auch 'Zimmer, Wohnung, Aufenthaltsort', einer Substantivbildung, die auf dem Part. Präs. lat. *stāns* (Gen. *stantis*) von lat. *stāre* 'stehen, emporstehen, stillstehen, verharren, sich aufhalten' (mlat. ital. *stare* auch 'wohnen') beruht; vgl. mlat. *stantia* 'Zimmer, Wohnung'. Der Ausdruck ist volkstümlich geworden in bair.-öst. *Gstanz(e)l* 'Lied, Couplet'.

[2]**Stanze** f. 'Prägestempel, Ausschneidewerkzeug, -maschine' (18. Jh.), wohl gebildet zu mundartlichem (südd.) *stanzen* 'wegstoßen', mit Umlaut (südd. md. nd.) *stenzen* 'stoßen, schlagen, forttreiben, -jagen'; weitere Herkunft unbekannt. Vielleicht aus **stangezen*, zu ahd. (8. Jh.), mhd. *stungen* 'stechen, stoßen, antreiben' (s. *Stange*)? Vom technischen Begriff *Stanze* erfolgt die Ableitung s t a n z e n Vb. 'Formstücke, Löcher ausschneiden (durch Schlagen oder Pressen), etw. auf, in ein Material prägen' (19. Jh.).

Stapel m. 'aufgeschichteter Haufen, Stoß, Warenniederlage, Lagerplatz'. Asächs. *stapal* 'Haufen', mnd. *stāpel* 'Sockel, Postament, Unterlage, auf der ein Schiff gebaut wird, Pfosten, Stütze, Warenlager', verbreitet in der hansischen Geschäftssprache, wird (von Köln aus) vereinzelt im 15. Jh., in größerem Umfange im 17. Jh. in die nhd. Kaufmanns-

und Literatursprache aufgenommen und tritt damit neben die semantisch weniger ausgeprägte hd. Entsprechung *Staffel* (s. d.). Das Substantiv stellt sich mit mnl. *stāpel*, aengl. *stapol* 'Säule, Pfosten', anord. *stǫpull* 'dicker Pfahl, Kirchturm', aschwed. *stapul* 'Turm' zur Variante ie. **stĕb-*, **stəb-* 'Pfeiler, Pfosten' der unter *Stab* (s. d.) angegebenen Wurzel und ist verwandt mit den dort aufgeführten Wortgruppen. Die Ausgangsbedeutung 'Pfeiler, Pfosten' ergibt '(aus Pfosten errichtete Holz)-unterlage', dann 'aufgeschichteter (Holz)haufen, -stoß' und schließlich 'Warenlager (Stoß gleichartiger, geordneter Gegenstände), Verkaufsplatz'. In der Schiffsbauterminologie *vom Stapel* ('vom Unterbau') *laufen*, seit dem 17. Jh. geläufig. Danach S t a p e l l a u f m. (19. Jh.). – s t a p e l n Vb. 'in geordneten Haufen aufschichten' (18. Jh.), mnd. *stāpelen*. S t a p e l p l a t z m. 'Handelsplatz mit Warenniederlagen' (18. Jh.).

Stapfe f., S t a p f (e n) m. 'Fußabdruck, Fußspur', ahd. *stapho* 'Stufe, Fußspur' (8. Jh.), *staph* 'Schritt' (um 1000), mhd. *stapfe* 'Auftreten des Fußes, Tritt, Fußspur, Stufe', *stapf* 'Schritt', mnd. *stappe* 'Fußspur, Grad, Stufe', mnl. nl. *stap* 'das Auftreten, Schritt', aengl. *stepe*, *stæpe* 'Schritt, Tritt, Gang, Stufe, Fußgestell, Grad', engl. *step* 'Schritt, Tritt' (s. *Step*) sind Verbalabstrakta zu einem ursprünglich stark flektierenden germ. Verb, erhalten in den Präteritalformen asächs. *stōp*, *stōpun* und in aengl. *stæppan*, afries. *stapa*, *steppa*, mnl. *stappen* 'fest auftreten, schreiten' (engl. *to step* und nl. *stappen* sind zur schwachen Flexion übergetreten). Sie führen, teilweise mit wohl affektischer Konsonantendoppelung, auf ie. **stĕb-*, **stəb-*, eine Variante der unter *Stab* (s. d.) angegebenen Wurzel, zu der auch *stampfen* (s. d.) gehört. An germ. **stap-* schließt sich (ebenfalls mit Doppelkonsonanz, aber schwacher Flexion) an s t a p f e n Vb. 'kräftig und derb auftreten, mühsam (bes. in Sand, Schlamm, Schnee) gehen', ahd. *staphōn* (8. Jh.), *stephen* (um 1000) 'fest auftreten, schreiten' (vgl. *anastephen* 'betreten, hineingehen', 8. Jh.), mhd. *stapfen*, *stepfen*, mnd. *stappen*.

[1]**Star** m. Der germ. Name des schwarzgefiederten Singvogels ahd. *stara* (9. Jh.), *staro*, *star* (Hs. 12. Jh.), mhd. *star*, mnd. *stār(e)*, mnl. *sterre*, aengl. *stær*, engl. (mundartlich) *stare*, anord. *stari*, schwed. *stare* sowie aengl. *stearn*, nl. *stern* 'Seeschwalbe' ist verwandt mit lat. *sturnus* 'Star' und apreuß. **starnite* (für fehlerhaft überliefertes *stamite*) 'Möwe', so daß eine onomatopoetische Ausgangsform ie. **stor-*, **storn-* bzw. **str̥n-* für 'Star' (und Vögel mit vergleichbarem Lauteindruck) angenommen werden kann. Eine ähnliche Lautverbindung (vorslaw. **strin-*) liegt russ. *strenátka* (*стренатка*), tschech. *strnad* 'Goldammer' zugrunde.

[2]**Star** m. krankhafte Trübung der Augenlinse (*grauer Star*) bzw. durch erhöhten Augeninnendruck verursachte Augenkrankheit (*grüner Star*), frühnhd. *Star* (16. Jh.), substantivierte Verselbständigung (eigentl. 'krankhafte Starrheit der Augen') des ersten Kompositionsglieds von ahd. *starablint* (8. Jh.), mhd. *starblint* 'mit offenen, starren Augen blind', mnd. *stār(e)blint*, mnl. *staerblint*, afries. *starublind*, *star(e)blind*, aengl. *stær(e)-blind*, verwandt mit *starren* (s. d.). Redensartliches *einem den Star stechen* 'ihm die Augen öffnen, ihn aufklären' (17. Jh.) geht auf alte medizinische Behandlungsmethoden der Krankheit (des grauen Stars) zurück.

[3]**Star** m. 'berühmter (Film)schauspieler, Künstler', Übernahme (19. Jh.) von gleichbed. engl. *star*, eigentl. 'Stern' (s. *Stern*). Vielfach in Komposita, vgl. *Film-*, *Bühnen-*, *Fußballstar*, in steigerndem Sinne ('erfolgreich, anerkannt, beliebt') *Staranwalt*, *-spieler*, *-reporter* (20. Jh.). – S t a r l e t n. 'angehender Filmstar', eigentl. 'Sternchen' (Mitte 20. Jh.), engl. *starlet*.

stark Adj. 'voller Kraft, kräftig, groß, dick', ahd. (8. Jh.), mhd. *starc* 'gewaltig, kräftig, schwer zu ertragen, schlimm', asächs. mnd. *stark*, mnl. *starc*, *staerc*, *sterc*, nl. *sterk*, aengl. *stearc*, engl. *stark* 'steif, starr', anord. *sterkr*, *starkr*, schwed. *stark* führt mit einer Ausgangsbedeutung 'starr, steif' wie (ablautend) ahd. *gistorkanēn* 'erstarren' (9. Jh.), anord. *-storkinn* in *blōðstorkinn* 'von Blut steif', *storkna* 'steif werden, vertrocknen', schwed. *storkna* 'ersticken', got. *gastaúrknan* 'verdorren' und die unter *Storch* und *stracks* (s. d.) genannten Formen auf eine Gutturalerweiterung der unter *starren* (s. d.) angeführten Wurzel ie. **(s)ter(ə)-* 'starr, steif sein'. – [1]S t ä r k e f. 'Kraft, Gewalt, Dicke', ahd. *sterkī(n)* (9. Jh.), mhd. *sterke*, Abstraktbildung zum Adjektiv. s t ä r k e n Vb. 'stark machen, neue Kraft verleihen, unterstützen', ahd. *sterken* (8. Jh.), mhd. *sterken*. Seit mhd. Zeit auch 'Wäsche steifen', mhd. *sterken*, wozu die Rückbildung [2]S t ä r k e f. 'zum Steifen verwendete Substanz' (Weizen-, Reis-, Kartoffelmehl, früher auch Wachs), mhd. *sterke*. b e s t ä r k e n Vb. '(in einer Meinung) bekräftigen, unterstützen', mhd. *besterken*. v e r s t ä r k e n Vb. 'stärker machen' (17. Jh.).

starren Vb. 'steif sein, strotzen von etw., mit unbewegtem Auge blicken, unentwegt in eine Richtung blicken'. Zugrunde liegen zwei ursprünglich getrennte, aber etymologisch verwandte Verben. Ahd. *storrēn* 'steif, starr hervorragen' (11. Jh.), got. *andstaúrran* 'Unwillen zeigen' und (durch Ablaut unterschiedenes) mhd. *starren*, (md.) *staren* 'starr, steif sein oder werden' bilden mit mhd. *storre* 'Baumstumpf', dem unter *störrisch* (s. d.) behandelten Adjektiv und mhd. *sterre* 'starr, steif', mnl. *sterre*, *starre*, nl. *star*, anord. *starr* 'steif, starr' eine etymologisch zusammengehörige Gruppe. Daneben stehen die verwandten Verben ahd. *starēn* (8. Jh.), *starōn* (um 1100), mhd. *star(e)n* 'mit unbewegten Augen blicken, stieren', mnd. mnl. *stāren*, nl. *staren*, aengl. *starian*, engl. *to stare*, anord. *stara*, die offensichtlich von einem als erstes Kompositionsglied in ahd. *starablint*, aengl. *stær(e)-blind* (weitere Formen s. [2]*Star*) belegten Adjektiv germ. **stara-* 'starr (bes. vom Auge)' abgeleitet sind. Im Nhd. fallen beide Verben (ahd. *storrēn* 'steif hervorragen', mhd. *starren* 'steif sein' und ahd. *starēn*, *starōn*, mhd. *star(e)n* 'unbeweglich blicken') lautlich und semantisch zusammen. Außergerm. sind vergleichbar griech. *stereós* (*στερεός*) 'steif, hart, fest, hartnäckig', *strēnḗs* (*στρηνής*) 'rauh, hart, schrill', eigentl. 'kraftvoll, Kraft', dann 'streng, hart', lat. *strēnuus* 'kräftig, rührig, betriebsam, unternehmend, schnell', kymr. *trin* 'Mühe, Kampf', lit. *starìnti* 'spannen, straff anziehen, steifen, angestrengt ziehen, schleppen, steif gehen', russ. *starát'sja* (*стараться*) 'sich bemühen'. Zugrunde liegt die im Germ. überaus häufig (in verschiedenen Erweiterungen) vertretene Wurzel ie. **(s)ter(ə)-*, **(s)trē-* 'starr, steif sein, starrer, fester Gegenstand, bes. Pflanzenstamm oder -stengel; steif gehen, stolpern, fallen, stolzieren'. Die Gruppe um ahd. *storrēn* (s. oben) dürfte sich an eine *r*-Erweiterung oder, wenn *rr* aus *rn*, an eine *n*-Erweiterung der Wurzel anschließen. – s t a r r Adj. 'steif, unbewegt, unbeeinflußbar' (16. Jh.), aus dem Verb rückgebildet. S t a r r h e i t f. 'Zustand des Starrseins' (17. Jh.). Eine späte Abstraktbildung zum Verb ist S t a r r e f. 'das Starrsein' (um 1700), zuerst in *Hals-*, *Kopfstarre* (Ende 17. Jh.); danach *Leichen-*, *Totenstarre* (19. Jh.; medizin.-lat. *rigor mortis*).

Start m. 'Ausgangspunkt und Beginn eines sportlichen Wettkampfes' (2. Hälfte 19. Jh.), anfänglich 'Ablaufstelle, Rennposten beim Pferderennen', dann auch auf andere Sportarten ausgedehnt; allgemein 'Beginn einer Bewegung mit dem Ziel der Ortsveränderung' (einer Reise, eines Flugzeugs, einer Rakete), übertragen 'Anfangszeit' (20. Jh.), Übernahme von gleichbed. engl. *start*, Substantivierung von engl. *to start* 'plötzlich loslaufen, fortstürzen, sich plötzlich bewegen'; dies steht ablautend zu dem unter *stürzen* (s. d.) behandelten Verb. – s t a r t e n Vb. 'sich in Bewegung setzen, loslaufen, -rennen, -fliegen', anfangs im Rennsport, dann verallgemeinert 'aktiv teilnehmen' (2. Hälfte 19. Jh.), vgl. engl. *to start* (s. oben). S t a r t e r m. 'wer das Zeichen zum Wettkampfbeginn gibt, wer am Wettkampf teilnimmt' (2. Hälfte 19. Jh.), 'technische Vorrichtung zum Ingangsetzen einer Maschine, eines Gerätes, eines Motors' (1. Hälfte 20. Jh.), engl. *starter*.

Statik f. Lehre vom Gleichgewicht der Kräfte, entlehnt (1. Hälfte 17. Jh.) aus mlat. (Plur. n.), nlat. (Sing. f.) *statica*, griech. *statikḗ (téchnē)* (*στατικὴ τέχνη*) 'Lehre, Kunst vom Wägen, vom Gleichgewicht', dem substantivisch gebrauchten Fem. von griech. *statikós* (*στατικός*) 'stellend, stehen machend, wägend'; zu griech. *histánai* (*ἱστάναι*) 'stellen'. Fachwort der Physik (vgl. *Aero-*, *Geo-*, *Hydrostatik*) und der Architektur. – S t a t i k e r m. 'Fachmann für Statik' (1. Hälfte 20. Jh.). s t a t i s c h Adj. 'das Gleichgewicht der Kräfte, die Statik betreffend, im Gleichgewicht, in Ruhelage befindlich, stillstehend' (Ende 18. Jh.).

Station f. 'Standort, Aufenthaltsort, Haltestelle öffentlicher Verkehrsmittel, Krankenhausabteilung', mhd. *statze*, frühnhd. *statziān*, *stacion*, *station*. In allen seinen Bedeutungen zu verschiedener Zeit entlehnt aus lat. *statio* (Gen. *statiōnis*) 'das Stehen, Stillstehen, Standort, Aufenthalt', mlat. auch 'Verkaufsbude, -stand, Apotheke'; zu lat. *stāre* (*statum*) 'stehen'. Zuerst (mhd. frühnhd.) 'Verkaufsbude', danach 'das Anhalten auf einem Wege, das Verweilen', z.B. vor den festgelegten Stellen des Kreuzwegs, vor Heiligenbildern bei Prozessionen (15. Jh.), überhaupt 'Ort, wo haltgemacht wird', z.B. 'Anlegeplatz für Schiffe' (1. Hälfte 16. Jh.), '(Post)haltestelle' (18. Jh.), 'die Stelle, die jmd. innehat, Posten, Amt (im Staatsdienst), Dienststelle' (17. Jh.), 'Standort und Unterkunft für Personal und Einrichtung' (vgl. *Gendarmeriestation*, *meteorologische*, *zoologische Station*), auch 'Krankenhausabteilung' (19. Jh.). In festen Wendungen *freie Station* 'kostenlose Unterkunft und Verpflegung' (17. Jh.), *Station machen* 'eine Rast machen, eine Reise unterbrechen' (19. Jh.). – stationär Adj. 'ortsfest, ortsgebunden, unverändert' (Anfang 19. Jh.), z.B. *stationäre Behandlung* (im Krankenhaus, im Unterschied zur *ambulanten Behandlung*), auch 'eine Krankenhausabteilung, den Aufenthalt daselbst betreffend' (1. Hälfte 20. Jh.); nach gleichbed. afrz. frz. *stationnaire*, spätlat. *statiōnārius* 'stillstehend, zum Standort gehörend'. stationieren Vb. militärisch 'Truppen an einen bestimmten Ort legen' (18. Jh.), zuvor (im Anschluß an die frühen Verwendungen von *Station*) 'mit Reliquien durchs Land ziehen, um sie gegen Geld zur Schau zu stellen oder zu verkaufen' (16. Jh.).

Statist m. 'Darsteller einer untergeordneten, einer stummen Rolle', Terminus der Bühnensprache, gebildet (Mitte 18. Jh.) zu lat. *status* 'das Stehen, Stand' (auch 'Zustand, Lage, Stellung, Wohlstand', s. *Status*), zu lat. *stāre* (*statum*) 'stehen'. Übertragen (Anfang 19. Jh.) 'unbeteiligter Zuschauer, Rand-, Nebenfigur, unbedeutende Person'.

Statistik f. 'Wissenschaft von der Erfassung, Erforschung und Beschreibung von Massenerscheinungen in Natur und Gesellschaft, graphische oder tabellarische Darstellung solcher Ergebnisse'. Zu einem im 17. und 18. Jh. üblichen, von *Status* im Sinne von 'Staat' (s. d.) abgeleiteten *Statist* 'Staatsmann, Politiker' (vgl. vorausgehendes gleichbed. engl. *statist*, ital. *statista*) wird in der 2. Hälfte des 17. Jhs. nlat. *Statistica* 'Staatslehre, Staatswissenschaft' gebildet (vgl. ital. *statistica*, 17. Jh.), das bald (Anfang 18. Jh.) in der Form *Statistik* für 'Beschreibung eines Staates, eines Landes' steht und seit der 2. Hälfte des 18. Jhs. zunehmend im heutigen, oben genannten Sinne, im 20. Jh. auch für 'Zusammenstellung, Darstellung der Ergebnisse von Massenuntersuchungen oder Befragungen' gebraucht wird. – Statistiker m. 'Staatswissenschaftler, Staatenkenner', dann 'Fachmann der Statistik' (18. Jh.). statistisch Adj. 'die Statistik betreffend, durch Zahlen belegt' (Ende 18. Jh.), zuvor 'Staatsverhältnisse betreffend' (Mitte 17. Jh.).

Stativ n. 'sicher stehendes Gestell' zum Aufbau eines Gerätes (Ende 17. Jh.), substantivische Bildung zu lat. *statīvus* '(still) stehend'; zu lat. *stāre* (*statum*) 'stehen'.

Statt f. 'Ort, Platz, Stelle'. Die mit dem Suffix ie. *-ti-* gebildeten *i*-Stämme ahd. *stat* f. (8. Jh., in den flektierten Kasus *steti*), mhd. *stat* f., asächs. *stedi* m. f., mnd. *stat* f., mnl. *stat*, *stēde* f., nl. *stad* f., aengl. *stede* m. 'das Stehen(bleiben), Stätte', engl. *stead* 'Stelle, Platz', anord. *staðr* m. 'Stehen, Stätte, Ort', schwed. *stad*, got. *staþs* m. 'Stätte, Stelle, Gegend' stellen sich mit aind. *sthíti-* 'Standort, Rang', griech. *stásis* (στάσις) 'das Stehen, Stillstehen, Stand(ort), Stellung', auch 'das Stellen, Abwägen', lat. *statio* 'das Stehen, Standort, Aufenthalt', *statim* 'feststehend auf der Stelle, stehenden Fußes, sofort', lit. *statùs* 'gerade, direkt, schroff, unhöflich, steil, abschüssig' zu der unter *stehen* (s. d.) angegebenen Wurzel ie. **stā-*, **stə-* 'stehen, stellen'. Daneben begegnen (mit Suffix ie. *-tā*) ahd. *stata* 'rechter, bequemer Ort, günstiger Zeitpunkt, Gelegenheit' (9. Jh.), mhd. *state*, mnd. *stāde*, mnl. *stade*, anord. *staða* 'Stelle, Standort, Richtung'; die dt. Formen fallen bereits im Spätmhd. durch Aufgabe des auslautenden *-e* mit oben genanntem mhd. *stat* zusammen. Das Substantiv nhd. *Statt* wird nach seiner Aufspaltung in *Stadt* (s. d.) und *Stätte* (s. unten) selten, begegnet aber noch als zweites Kompositionsglied, vgl. *Heim-*, *Lager-*, *Ruhe-*, *Werkstatt*, außerdem in festen Fügungen *an meiner Statt* (Dat. Sing.) 'an meiner Stelle', vgl. mhd. *an sīne stat* 'an seiner Stelle', *an Eides Statt* (18. Jh.) aus *an eines aids stat* (15. Jh.), *an Kindes Statt* (18. Jh.), vgl. *jmdn. an Kindsstatt annehmen* (um 1700). – Stätte f. 'Stelle, Ort' (16. Jh.), frühnhd. *stete* 'Schießplatz' (15. Jh.), vgl. mnd. *schērstēde* 'Haus, in dem Schafe geschoren werden', aus den flektierten Kasus (Gen. Dat.) von mhd. *stat* (s. oben) hervorgegangen, wohl unter Einfluß von mnd. *stēde, stedde* 'Stätte, Stelle, Ort, Gegend, Gebiet'. *Stätte* ersetzt in allgemeiner Verwendung zurücktretendes *Statt*, wird dann aber selbst vielfach von *Stelle* abgelöst (vgl. *Brandstatt, -stätte, -stelle*). Es bildet in frühnhd. Zeit einen neuen schwachen Plural *Stätten*. anstatt Präp. mit Gen. 'an Stelle von', entwickelt aus Konstruktionen mit nachgestelltem Genitiv (15. Jh.; vgl. *ziecht frische Hembder an, das ist anstatt viel Badens*, 16. Jh.). Aus Verwendungen von *anstatt* ohne abhängigen Kasus entsteht im 17. Jh. konjunktionaler Gebrauch (vgl. *anstatt erfreuliche Antwort zu erlangen*). statt Präp. Konj. (17. Jh.), aus *anstatt* gekürzt. Dazu *statt daß, statt zu* (18. Jh.). abstatten Vb. 'ableisten, ablegen' (17. Jh.), 'abfinden, entrichten, bezahlen' (16. Jh.), zu mhd. *staten* 'an seine Stelle bringen'. erstatten Vb. 'zurückgeben, bezahlen, ersetzen, Bericht geben', mhd. *erstaten* 'ersetzen', eigentl. 'wieder an seine Stelle bringen'. Semantischer Einfluß von ahd. *stata*, mhd. *state, stat* f. 'bequemer Ort oder Zeitpunkt, gute Gelegenheit' (s. oben sowie *gestatten*) scheint vorzuliegen bei stattfinden Vb. 'geschehen, erfolgen, sich abspielen', eigentl. 'einen guten Platz, eine gute Gelegenheit finden', vgl. *ein gut wort find eine gute stadt* (Luther), ahd. *stat findan* (9. Jh.), mhd. *stat vinden*; Zusammenschreibung erst im 19. Jh.; stattgeben Vb. 'gewähren, bewilligen', eigentl. 'Platz oder Gelegenheit geben', mhd. *stat geben*, ebenfalls seit dem 19. Jh. zusammengeschrieben. Statthalter m. 'Stellvertreter' (15. Jh.), in der Kanzleisprache entstanden als Übersetzung von lat. *locum tenēns*, eigentl. 'den Platz Haltender' (s. *Leutnant*).

stattlich Adj. 'ansehnlich, imposant anzusehen, vortrefflich' (16. Jh.), in der Literatursprache nach mnd. *statlīk, stātlīk* 'ansehnlich, reichlich, kostbar, prunkvoll, herrlich', mnl. *stātelijc*, nl. *statelijk*; mit dem Suffix *-lich* (s. d.) abgeleitet von dem unter *Staat* (s. d.) behandelten Substantiv in dessen Bedeutung 'Aufwand, Prunk, Pracht'. Davon unabhängig ist das zu ahd. *stata* (9. Jh.), mhd. *stat(e)* 'bequemer Ort oder Zeitpunkt, gute Gelegenheit' (s. *Statt, gestatten*) gebildete ahd. *statlīhho* Adv. (um 1000), mhd. *statelīche* 'auf gehörige, passende Weise', frühnhd. *stat(t)lich* Adj. Adv. 'unter günstigen Umständen, nützlich, förderlich, gehörig, geziemend'.

Statue f. 'Standbild', Entlehnung (Ende 16. Jh., anfangs auch mit lat. Flexion) von gleichbed. lat. *statua*; zu lat. *statuere* (*statūtum*) 'hin-, aufstellen' (s. *Statut*). – Statuette f. 'kleine Statue' (1. Hälfte 19. Jh.), frz. *statuette* (um 1800), Deminutivum zu (ebenfalls auf lat. *statua* beruhendem) frz. *statue*.

Statur f. '(Körper)wuchs, Gestalt, Größe', Entlehnung (15. Jh. in lat., seit dem 16. Jh. auch in eingedeutschter Form) von gleichbed. lat. *statūra*; zu lat. *stāre* (*statum*) 'stehen'. In moderner Übertragung *an Statur* ('Profil') *gewinnen*.

Status m. '(Familien)stand, Stellung, Zustand, Vermögensstand, Rechtslage', Entlehnung von lat. *status* 'das Stehen, Stand, Wuchs, Zustand, Umstände, Lage, (durch die Geburt bedingte) Stellung, fester Bestand, Wohlstand', zu lat. *stāre* (*statum*) 'stehen'. Anfangs (1. Hälfte 16. Jh.) in einem dem frühen Gebrauch des (daraus entlehnten) Wortes *Staat* (s. d.) entsprechenden Sinne (vgl. auch die nlat. Fügung *status in statu* 'Staat im Staate', 18. Jh.), seit Mitte des 16. Jhs. vornehmlich in der oben angegebenen Bedeutung; dann (18. Jh.) auch als medizinischer Terminus für 'Gesundheits- oder Krankheitszustand, Untersuchungsergebnis, klinischer Befund', vgl. *Blutstatus*. – Statussymbol n. 'Besitz oder Verhalten, die das soziale Prestige eines Menschen in den Augen seiner Umwelt ausmachen' (Mitte 20. Jh.), nach amerik.-engl. *status symbol*; vgl. auch *sozialer Status* (Ende 19. Jh.). Status quo m. 'der gegenwärtige (rechtliche) Zustand' (Anfang 19. Jh.), Schlagwort im Völkerrecht, wörtlich 'Zustand, in dem' (ergänze: 'sich etw. befindet'); nach nlat. *in statu quo (ante)* 'im früheren, bisherigen Zustand' (18. Jh.).

Statut n. 'Festgelegtes, Satzung, Ordnung, gesetzlicher Beschluß', mhd. *statut* (14. Jh.), entlehnt aus lat. *statūtum*, dem im Spätlat. substantivisch ('das Festgesetzte, Bestimmung, Beschluß') gebrauchten Part. Perf. von lat. *statuere* 'hin-, aufstellen, festsetzen, bestimmen, beschließen'; zu lat. *sistere* (*statum*) 'hinstellen, hinbringen', weiter zu lat. *stāre* 'stehen'. Anfangs häufig in Doppelformeln wie *Satzung, Statut* oder *Statut und Ordnung, Statuten und Gesetz*. – statuieren Vb. 'aufstellen, rechtsverbindlich festsetzen, bestimmen', Entlehnung (2. Hälfte 15. Jh.) von lat. *statuere* (s. oben); heute vornehmlich in der Wendung *ein Exempel statuieren* (s. *Exempel*).

Staub m. '(aufwirbelnder) feiner Schmutz', ahd. *stoub* (um 1000), mhd. *stoup*, *stoub* und (mit anderer Bildungsweise) mnd. *stof*, *stōf*, mnl. nl. *stof* sowie (mit *j*-Suffix) ahd. *stubbi* (8. Jh.), mnd. *stübbe*, mnl. *(ge)stubbe*, got. *stubjus* sind ablautende Verbalsubstantive zu dem unter *stieben* (s. d.) behandelten Verb. – s t a u b i g Adj. 'voller Staub, mit Staub bedeckt', mhd. *stoubec*, *stoubic*. s t a u b e n Vb. 'als Staub umherwirbeln, Staub abgeben, Staub beseitigen', ahd. *stouben* 'stieben machen' (10. Jh.; vgl. *irstouben*, 8. Jh.), mhd. *stouben* 'stieben machen, Staub erregen, aufwirbeln, aufscheuchen, aufjagen' und gleichbed. s t ä u b e n Vb., mhd. *stöuben* sind Kausativa zu dem unter *stieben* (s. d.) behandelten Verb; heutiges Sprachempfinden sieht darin Ableitungen vom Substantiv *Staub*. a b s t a u b e n Vb., auch *abstäuben*, 'Staub abschütteln, entfernen' (16. Jh.), 'von Staub reinigen' (17. Jh.), 'sich etw. (unerlaubt) aneignen, zunutze machen' (Anfang 20. Jh.). v e r s t a u b e n Vb. 'staubig werden, sich mit Staub überziehen' (18. Jh.); vgl. mhd. *verstouben* 'verscheuchen'. v e r s t ä u b e n Vb. 'wie Staub auseinanderwirbeln, versprühen', mhd. *versteuben* 'sich verflüchtigen'. v e r s t a u b t Part.adj. 'mit Staub bedeckt', übertragen 'veraltet, altmodisch' (18. Jh.). b e s t ä u b e n Vb. 'mit Staub bedecken', ahd. *bistouben* (um 1000), mhd. *bestouben*; 'mit Blütenstaub befruchten' (19. Jh.). z e r s t ä u b e n Vb. 'auseinanderjagen, zerstreuen', ahd. *zistouben* (um 1000), mhd. *zerstouben*; 'zu Staub machen, wie Staub verwehen, verschwinden lassen' (17. Jh.), 'fein versprühen' (19. Jh.); Z e r s t ä u b e r m. 'wer etw. auseinanderjagt' (17. Jh.), 'Gerät zum Versprühen einer wohlriechenden Flüssigkeit' (19. Jh.).

Staude f. 'strauchartige, winterharte Pflanze, Salatkopf', ahd. *stūda* (9. Jh.), mhd. *stūde* 'Staude, Strauch, Busch, Rute', mnd. *stūde* (auch n.) 'Gebüsch, Gestrüpp' stellt sich wie *stützen* (s. d.) als Dentalbildung zur schwundstufigen Form der unter *stauen* angeführten Erweiterung **st(h)āu-*, **st(h)ū-* der Wurzel ie. **stā-*, **stə-* 'stehen, stellen' (s. *stehen*).

stauen Vb. 'fließendes Wasser in seinem Lauf hemmen' (17. Jh.), 'Waren, Gegenstände fest schichten' (18. Jh.), aus dem Nd. ins Hd. aufgenommen; vgl. als vereinzelten Vorläufer bereits mhd. (md.) *stouwen* 'Wasser zum Stehen bringen'. Mnd. *stouwen*, (ablautend) *stūwen* 'hemmen, stauen, stillen, stocken, nicht abfließen (lassen)', (hansisch) 'Güter im Schiff fest verpacken', mnl. nl. *stouwen* 'aufstauen (vom Wasser), jagen, quälen, reizen', aengl. *stōwian* 'zurückhalten', engl. *to stow* 'verstauen, packen' und (in der Bedeutung abweichend) ahd. *stouwōn* (9. Jh.), *stouwen* (10. Jh.; *irstouwen*, 9. Jh.), mhd. *stöuwen*, *stouwen*, *stöun*, *stoun* '(an)klagen, (Einhalt) gebieten, schelten', got. *stōjan* 'richten' lassen sich mit der gemeinsamen Ausgangsbedeutung 'zum Stehen bringen' wie aslaw. *staviti* 'stellen, zum Stehen bringen, verhindern, beenden', russ. *stávit'* (*ставить*) 'stellen, setzen', lit. *stovéti* '(da-, still)stehen', lett. *stāvēt* 'stehen' auf die zur Wurzel ie. **stā-*, **stə-* 'stehen, stellen' (s. *stehen*) gehörende Erweiterung ie. **st(h)āu-*, **st(h)ū-* zurückführen (s. auch *Staude*, *staunen*, *stützen*). – S t a u m. 'Hemmung, Stillstand von Fließendem' (Wasser, Verkehr), auch 'das angestaute Wasser' (18. Jh.), mnd. *stouw* 'Stauung eines fließenden Gewässers, Stauwerk'. S t a u d a m m m., S t a u m a u e r f. (19. Jh.), S t a u s e e m. (20. Jh.). S t a u u n g f. 'Abdämmung, aufgestautes Gewässer' (18. Jh.), mnd. *stöuwinge*. v e r s t a u e n Vb. 'fest und ordnungsgemäß in einen Raum, einen Behälter packen' (19. Jh.).

staunen Vb. 'verwundert sein', im 18. Jh. von dem Schweizer A. v. Haller in die Literatursprache eingeführt, schweiz. *stūnen* 'in Gedanken versunken vor sich hinblicken', eigentl. 'starr sein, starr blicken'. Vergleichbar ist mnd. *stūnen*, mnl. *stunen* 'sich widersetzen' und wohl auch griech. *stýein* (*στύειν*) 'steif emporrichten', aind. *sthū́ṇā* 'Pfosten, Pfeiler, Säule', so daß Anschluß an die schwundstufige Form der Erweiterung ie. **st(h)āu-*, **st(h)ū-* (s. *stauen*, *Staude*, *stützen*) der unter *stehen* (s. d.) angegebenen Wurzel ie. **stā-*, **stə-* 'stehen, stellen' möglich ist. Im Hd. früher bezeugt ist e r s t a u n e n Vb. 'in Verwunderung versetzen, geraten' (16. Jh.), ebenfalls aus dem Schweiz., eigentl. 'erstarren, vor Verwunderung starr werden'. e r s t a u n l i c h Adj. (17. Jh.).

Staupe f. 'Schandpfahl, an den Straffällige gebunden und mit Ruten geschlagen werden,

Züchtigung mit Ruten', afries. *stūpa*, mnd. *stūpe*, *staup* 'Züchtigungspfahl'. Oft in der Wendung *zur Staupe schlagen*, mnd. *to der stupe slan* (um 1300). Entlehnung aus polab. *staup* 'Altar', eigentl. 'Opfersäule', älter **stup* (aus aslaw. **stlpъ*). Vgl. BIELFELDT Entlehnungen (1965) 39. – stäupen Vb. 'mit Ruten schlagen, öffentlich auspeitschen' (16. Jh.), mnd. *stūpen*.

Steak n. 'kurz gebratene Fleischscheibe', Übernahme (19. Jh.) von gleichbed. engl. *steak*, aus anord. *steik* 'Braten', zu anord. *steikja* 'braten', eigentl. 'an den Bratspieß stecken', verwandt mit dem unter *stechen* (s. d.) behandelten Verb. – Beefsteak n. (um 1800), engl. *beefsteak*. Vgl. engl. *beef*, mengl. *boef*, *beef* 'Rind, Rindfleisch', entlehnt aus afrz. *buef*, *boef* (frz. *bœuf*), das auf lat. *bōs* (Gen. *bovis*) 'Rind' zurückgeht. Rumpsteak n. (19. Jh.), engl. *rumpsteak*; vgl. engl. *rump*, mengl. *rumpe* 'Hinterteil, Schwanzstück, Lende', s. *Rumpf*.

Stearin n. festes, stearinsäurehaltiges Fett, das zur Kerzenherstellung verwendet wird (1. Hälfte 19. Jh.), gelehrte Bildung, zuerst wohl frz. *stéarine*, zu griech. *stéār* (στέαρ) 'Fett, Talg'. – Stearinkerze f. (19. Jh.).

stechen Vb. 'mit einer Spitze verletzen bzw. in etw. eindringen', ahd. *stehhan* (um 800), mhd. *stechen* (auch 'turnieren'), asächs. *stekan*, mnd. mnl. *stēken*, nl. *steken* führen mit den unter *stecken*, *Stachel*, *Stake* (s. d.) genannten Formen sowie mit ahd. *stehhōn* 'anstacheln, erstechen' (8. Jh.), got. *staks* 'Wundmal' auf ie. **(s)teg-*. Demgegenüber setzen die außergerm. Verben und Nomina aind. *tḗjatē* 'ist, wird scharf, schärft', *tigmáḥ* 'scharf, spitzig, heiß, heftig', griech. *stízein* (στίζειν) 'stechen, punkten, tätowieren, brandmarken', *stígma* (στίγμα) 'Stich, Brandmal, Malzeichen, Kennzeichen', lat. *īnstīgāre* 'anstacheln, anspornen, aufreizen' ie. **(s)teig-*, **(s)tig-* voraus. Mit Sicherheit liegt eine ie. Ausgangsform mit *i*-Vokal bzw. *i*-Diphthong auch in aengl. *stician* 'stechen, durchstoßen', engl. *to stick* 'stechen, stoßen, stecken', einem Teil der unter *Stecken* (s. d.) genannten Formen sowie in ablautendem anord. *steikja* 'braten', eigentl. 'an den Bratspieß stecken', vor. Bei einer Reihe verwandter Wörter aber (s. *Stich*, *Stichel*, *sticken*, *ersticken*) bleibt offen, ob das *i* der Wurzelsilbe aus dem Ie. ererbt oder (außerhalb des Got.) durch ein ursprüngliches *i* bzw. *j* der Folgesilbe aus *e* entstanden ist. Ie. **(s)teig-*, **(s)tig-* und die Variante **(s)teg-* 'stechen, spitz, Stange, Pfahl, Stock' sind Gutturalerweiterungen der Wurzel ie. **(s)tei-* 'spitzig', die unerweitert in lat. *stilus*, *stimulus* (s. *Stil*, *stimulieren*) enthalten ist. – ausstechen Vb. 'durch Stechen herausnehmen oder entfernen', asächs. *ūtstekan*, spätmhd. *ūȥstechen*; auch 'beim Turnier aus dem Sattel stechen', daher 'jmdn. von seinem Platze verdrängen, seine Stellung einnehmen, ihn übertreffen' (17. Jh.). Stecher m. 'wer sticht', mhd. *stechære*, *stecher*, auch 'gedungener Mörder, Turnierkämpfer, stechende Waffe, Dolch'; vgl. *Kupferstecher*, s. auch *Feldstecher*. Stechapfel m. giftiges Nachtschattengewächs mit stachligen Früchten (16. Jh.). Stechpalme f. Strauch mit glänzenden, stachligen Blättern, dessen immergrüne Zweige vielfach am Palmsonntag geweiht und in der Prozession mitgeführt werden (16. Jh.). abstechen Vb. 'mit einem Stichwerkzeug abtrennen, durch einen Stich schlachten, ablaufen lassen, markieren, abgrenzen, sich von oder gegen etw. abheben', mhd. *abestechen* 'abtrennen, durchtrennen, schlachten, durch Stechen (im Turnier) besiegen, übertreffen'. Abstecher m. 'kleiner, von der vorgegebenen Route abweichender Ausflug' (18. Jh.), zu *abstechen* in der älteren Bedeutung 'sich entfernen, davonmachen' (16. Jh.). anstechen Vb. 'in etw. hineinstechen, es damit öffnen' (ein Faß), mhd. *anestechen* 'anzapfen', auch 'antreiben (mit den Sporen), Feuer anlegen', ahd. *anastehhan* 'hineinstechen' (9. Jh.). Anstich m. 'das Anzapfen' (eines Fasses, 15. Jh.).

Stecken m. 'Stock, Stab', ahd. *stecko* (um 800), mhd. *stecke* 'Stab, Knüttel, Pfahl, Pflock', mnl. *stecke*, *stec*, nl. *stek* 'Pfahl, Stock', aengl. *sticca*, engl. *stick*, anord. *stikka*, schwed. *sticka* 'Splitter, Stäbchen' stehen mit expressiver Konsonantendoppelung neben ahd. *stehho* (9. Jh.), mhd. *steche*, anord. *stik* und stellen sich zu ie. **(s)teg-* bzw. **(s)teig-*, **(s)tig-* 'stechen, spitz, Stange, Pfahl, Stock' (s. *stechen*).

stecken Vb. (trans.) 'stechend befestigen, an einen bestimmten Platz bringen, unterbringen', (intrans.) 'haftenbleiben, festsitzen' vereint in seiner mhd. Lautform zwei ehemals eigenständige Verben, einerseits das Kausativum ahd. *stecken* 'anheften, annageln' (9. Jh.), mhd. *stecken* 'einstechend befestigen', andrerseits (mit expressiver Konsonantendoppelung) das Durativum ahd. *steckōn* (8. Jh.), mhd. *stecken* 'eingestochen festhaften, sich befinden', das seit dem 16. Jh. unter Einfluß von *stechen* zuweilen stark flektiert (vgl. *der Brief stak im Kasten*). Beide sind zu dem unter *stechen* (s. d.) behandelten Verb gebildet. – Stecker m. 'wer oder was steckt' (17. Jh.), 'Geräteteil zur Herstellung elektrischer Kontakte' (20. Jh.). Steckling m. 'zum Anwurzeln in die Erde gestecktes Reis' (18. Jh.), gebildet nach älterem *Setzling* (s. *setzen*). Steckbrief m. 'öffentliche Aufforderung zur Mithilfe bei der Ergreifung eines flüchtigen Täters mit dessen genauer Personenbeschreibung' (16. Jh.), eigentl. wohl 'Haftbefehl', d.h. Anweisung, jmdn. ins Gefängnis zu stecken. Steckdose f. 'verkapselte stromführende Kontaktstelle, in die der Stecker eines elektrischen Kabels geschoben wird' (20. Jh.). Steckrübe f. Rübensorte, die als junge Pflanze verpflanzt (*gesteckt*) wird (16. Jh.). abstecken Vb. 'abgrenzen (mit Pfählen), loslösen' (16. Jh.), 'mit Stecknadeln anpassen' (20. Jh.). anstecken Vb. 'an etw. befestigen, einen Brandsatz anbringen und dadurch in Brand setzen, ein Faß öffnen', mhd. *anestecken* 'anzünden, ein Faß öffnen'; bildlich '(Krankheiten) zündstoffartig mitteilen, (sich) infizieren' (16. Jh.); ansteckend Part.adj. 'infizierend' (17. Jh.); Ansteckung f. 'Infektion' (17. Jh.), älter 'Entzündung von Feuer' (15. Jh.). aufstecken Vb. 'hochstecken, oben anbringen, aufsetzen', mhd. *ūfstecken*; übertragen 'etw. aufgeben, auf etw. verzichten' (19. Jh.), *jmdm. ein Licht aufstecken* 'jmdm. etw. klarmachen, ihn aufklären' (17. Jh.). bestecken Vb. 'steckend mit etw. versehen, hineinstecken', ahd. *bistecken* 'hineinstecken' (11. Jh.), mhd. *bestecken* 'bedecken, festsetzen, steckenbleiben'. Besteck n. 'was zusammengesteckt ist', z.B. '(zur Zierde) Aufgestecktes' am Helm oder Degen (16. Jh.), 'Messer, Gabel, Löffel' als zusammengehörender (ehemals in einem Futteral befindlicher) Satz (17. Jh.), 'Futteral, Etui für Werkzeuge und sein Inhalt' (18. Jh.). verstecken Vb. 'verbergen' (16. Jh.); vgl. ahd. *firstecken* 'verstopfen' (Hs. 13. Jh.), mhd. *verstecken* 'ersticken machen'; Versteck n. 'heimlicher Aufbewahrungsort' (18. Jh.), mnd. (in der Seemannssprache) *vorstecke* 'Hinterhalt, geheime Absicht'.

Steg m. 'kleine (Holz)brücke' (über einen Graben, einen Wasserlauf), 'schmaler Fußweg', ahd. *steg* (8. Jh.), mhd. *stec* 'schmale Brücke, schmaler Weg', mnd. *stech* 'Fußpfad, Brett über einen Graben', nl. *steg* 'schmaler Weg' führen auf germ. **stiga-*, das ablautend zu der unter *steigen* (s. d.) behandelten Wurzel steht. *Steg* bezeichnet ursprünglich wohl nur den Auf- und Abstieg zu der das Wasser überbrückenden (Holz)konstruktion, dann erst die Brücke selbst.

Stegreif m. 'Steigbügel', heute nur noch in der Wendung *aus dem Stegreif* 'ohne Vorbereitung, ohne lange Überlegung', ahd. *stegareif* (11. Jh.), mhd. *stegereif* 'Steigbügel' (vgl. mnd. *stēgerēp*, mnl. *stēghereep*, aengl. *stigrāp*, engl. *stirrup*, anord. *stigreip*) ist eine Bildung zum schwachen Verb ahd. *stegōn* (um 1000), mhd. *stegen* 'gehen, (auf-, empor)steigen' (neben dem unter *steigen*, s. d., behandelten starken Verb) in Verbindung mit ahd. mhd. *reif* 'Seil, Strick, Streifen, Band, Fessel, Ring' (s. [1]*Reif*). *Stegreif* bleibt bis ins 18. Jh. üblich, wird aber vom 17. Jh. an durch *Steigbügel* (s. *Bügel*) verdrängt. Übertragener Gebrauch *aus dem Stegreif* 'ohne Vorbereitung', eigentl. 'ohne vom Pferd abzusteigen' (oder 'sofort nach dem Absteigen'?), wird im 18. Jh. geläufig; vgl. schon *sich in*, *aus dem Stegreif nähren* 'als berittener Wegelagerer leben' (16. Jh.).

stehen Vb. 'auf die Füße gestellt sein, auf einer Stelle verharren' geht zurück auf ahd. (8. Jh.), mhd. *stēn*, woraus (bei Überführung in die regelmäßige Konjugation mit zur Silbentrennung und wohl auch als Dehnungszeichen nach dem Muster von *sehen*, s. d., eingefügtem *h*) *stehen* (zuerst md. 14. Jh.) wird. Ahd. mhd. *stēn* ist eine (wohl unter dem Einfluß von ahd. mhd. *gēn* neben *gān*, s. *gehen*, entstandene) Nebenform zu ahd. (8. Jh.), mhd. asächs. mnd. *stān*, mnl. *staen*, nl. *staan*, schwed. *stå*. Daneben besteht ein nasalierter und Dentalerweiterung aufweisender Stamm germ. **stand-* in ahd. *stantan* (8. Jh.), mhd. *standen*, asächs. *standan*, mnl. *standen*, aengl. *standan*, engl. *to stand*, anord. *standa*, got. *standan* (wozu auch *Stand* und mit sekundärem Ablaut *Stunde*, s. d., gehören). Wie Präteritalformen ohne *n* (got. *stōþ*, *stōþum*, aengl.

stōd, *stōdon*, engl. *stood* 'stand, standen') zeigen, war der Nasal in germ. **stand-* ursprünglich nur präsensbildend. Verwandt sind aind. *sthā-* 'stehen', *tíṣṭhati* 'steht', griech. *histánai*, Aorist *stḗnai* (*ἱστάναι*, *στῆναι*) 'stellen', lat. *stāre* 'stehen', air. *tair(ṡ)issiur* 'stehe, bleibe stehen', lit. *stóti* 'sich (hin)stellen, treten', aslaw. *stojati*, russ. *stoját'* (*стоять*) 'stehen', aslaw. *stati* 'sich stellen', russ. *stat'* (*стать*) 'werden, anfangen, sich stellen'. Man vereinigt alle Formen unter einem Wurzelansatz ie. **stā*, **stə-* 'stehen, stellen' und betrachtet die aspirierte Tenuis (*th*) des Aind. als Neuerung gegenüber der ie. Ausgangsform. Das *ā* in den Kurzformen des germ. Verbs (statt eines lautgesetzlich zu erwartenden germ. *ō*) geht auf eine frühe Angleichung an das unter *gehen* (s. d.) behandelte, zur Wurzel ie. **ĝhē-*, **ĝhēi-* gehörende Gegenwort zurück (vgl. ahd. mhd. *gān*, s. oben). An die Wurzel ie. **stā-* bzw. deren unterschiedliche Erweiterungen schließen sich eine Vielzahl von Wörtern an (s. z. B. *Stadel*, *Stadt*, *Statt*, *Staude*, *stauen*, *staunen*, *stet*, *Steuer* f. und n., *stieren*, *Stuhl*, *stur*, *Stute*, *stützen*). – a b s t e h e n Vb. 'von etw. ablassen, abgehen, von etw. entfernt sein', seit dem 16. Jh. auch 'durch langes Stehen an Qualität verlieren, verderben', mhd. *abestān*, *abestēn*, auch 'absteigen' (vom Pferd); A b s t a n d m. 'Distanz, Entfernung' (17. Jh.), 'das Ablassen, Aufgeben von etw.' (15. Jh.), *Abstand nehmen von etw.* 'auf etw. verzichten' (19. Jh.). a u f e r s t e h e n Vb. 'vom Tode wieder erstehen', ahd. *ūfirstantan*, *-stān*, *-stēn* (9. Jh.), mhd. *ūferstān* 'aufstehen, sich erheben, vom Tode auferstehen'; A u f e r s t e h u n g f. 'Wiedererwecktwerden vom Tode' (15. Jh.); vgl. mhd. *ūferstandunge*. a u f s t e h e n Vb. 'sich erheben', ahd. *ūfstantan*, *-stān*, *-stēn* (9. Jh.), mhd. *ūfstān*, auch 'jmdm. aufkündigen, aus dem Dienst treten'; A u f s t a n d m. 'Erhebung, Empörung, Aufruhr', spätmhd. *ūfstant*; a u f s t ä n d i s c h Adj. 'aufrührerisch, sich erhebend, empörend' (19. Jh.). a u s s t e h e n Vb. 'fällig, zu zahlen sein' (14. Jh.), 'weggehen, seinen Dienst verlassen, eine Verpflichtung erfüllen' (15. Jh.), 'etw. bis zum Ende durchstehen, ertragen, aushalten' (16. Jh.), mhd. *ūʒstān*, *-stēn* 'aus-, wegbleiben, ausruhen (vom Pferd)'; A u s s t a n d m. 'Arbeitsniederlegung, Streik'; seit dem 17. Jh. im Obd. (zunächst im Bair.) in der speziellen Bedeutung 'Ausscheiden aus einem Dienst, einer Stellung' (Gegensatz *Einstand*, s. unten); seit den 80er Jahren des 19. Jhs. auf Arbeitsniederlegungen bezogen; in dieser Bedeutung seit etwa 1890 allgemein verbreitet neben dem aus dem Engl. entlehnten Konkurrenzwort *Streik* (s. d.). A u ß e n s t ä n d e Plur. 'fälliges, noch nicht (zurück)gezahltes Geld' (19. Jh.); älter *Ausstände* Plur., *Ausstand* m., mhd. *ūʒstant* 'ausstehendes Geld'. b e i s t e h e n Vb. 'unterstützen, helfen', ahd. *bīstantan*, *-stān*, *-stēn* (9. Jh.), mhd. *bīstān* 'dabeistehen, Hilfe leisten'; B e i s t a n d m. 'Hilfe, Unterstützung', spätmhd. *bīstant*. b e s t e h e n Vb. '(auf längere Zeit) existieren, vorhanden sein, erfolgreich zum Ende führen', ahd. *bistantan*, *-stān*, *-stēn* 'bleiben, verharren' (9. Jh.), mhd. *bestān*, *bestēn* 'stehenbleiben, standhalten, umstehen, entgegentreten, feindlich angreifen, etw. unternehmen'; B e s t a n d m. 'Dauer, Existenz, Vorrat', frühnhd. *bestant* (Anfang 15. Jh.), auch 'Waffenstillstand, Pacht'; vgl. ahd. *bistentida* f. (10. Jh.); b e s t ä n d i g Adj. 'dauerhaft, immer wiederkehrend, festbleibend', mhd. *bestendec*; B e s t a n d t e i l m. 'Teil eines Ganzen, einer größeren Einheit' (18. Jh.). e i n s t e h e n Vb. 'für etw. eintreten, bürgen, etw. verantworten' (18. Jh.), frühnhd. 'in eine Gemeinschaft eintreten, einen Dienst antreten', spätmhd. *īnstān* (substantiviert) 'das In-sich-selbst-Sein'; E i n s t a n d m. 'Amts-, Dienstantritt, Eintrittsleistung, -geld, Eintrittsschmaus', spätmhd. *īnstant* 'Vorkaufsrecht, Einstellung der Gerichtsverhandlung'. e n t s t e h e n Vb. 'sich entwickeln, hervorgehen', ahd. *intstantan*, *-stān*, *-stēn* 'verstehen' (8. Jh.), mhd. *entstān*, *-stēn* 'verstehen, wahrnehmen, merken', vom Mhd. an auch (gemäß den unterschiedlichen Verwendungen von *ent-*, s. d.) 'sich von etw. wegstellen, entgehen, mangeln' (so bis ins 19. Jh.) und 'zu sein beginnen, werden'. g e s t e h e n Vb. 'bekennen, nicht leugnen', ahd. *gistantan*, *-stān*, *-stēn* '(be)stehen, fest-, stillstehen, beruhen, aufhören, anfangen, standhalten' (9. Jh.), mhd. *gestān*, *-stēn*, auch 'sich stellen, treten, beistehen, zugestehen, wozu stehen, bekennen (vor Gericht), kosten'; e i n g e s t e h e n Vb. 'bekennen' (18. Jh.); z u g e s t e h e n Vb. 'gewähren, einräumen' (17. Jh.); vgl. mhd. *zuogestēn* 'mit jmdm. einmütig sein, zur Seite stehen'; gєständig Adj. 'seine Schuld bekennend' (16. Jh.), mhd. *gestendec* 'beständig, unveränderlich, einwilligend, zustimmend, hilfreich'; Geständnis n. 'Bekenntnis der Schuld, das Eingestehen' und 'das Eingestandene' (17. Jh.). Umstand m. 'besondere Lage, Sachverhalt' (15. Jh.), *in (gesegneten, anderen) Umständen sein* 'schwanger sein' (17. Jh.), 'Umschweif, Umständlichkeit' (15. Jh.), *(keine) Umstände* ('Umständlichkeiten') *machen* (16. Jh.), '(keine) Mühe, Förmlichkeit machen' (18. Jh.); vgl. mhd. *umbestant* 'was, wer herumsteht' (kollektiver Sing.). ¹unterstehen Vb. 'unter einem Schutzdach stehen, sich unterstellen', spätmhd. *understān*, *-stēn*; Unterstand m. 'Unterkunft, wo man sich unterstellt, Schutz' (16. Jh.), militärisch 'abgedeckter Schutzraum' (19. Jh.), spätmhd. *understant* 'Stütze, Hilfe'. ²unterstehen Vb. 'untergeordnet, unterstellt sein' (17. Jh.), refl. 'wagen, sich erlauben, erdreisten' (16. Jh.), ahd. *untarstantan*, *-stān*, *-stēn* 'haltmachen, zukommen' (8. Jh.), mhd. *understān*, *-stēn* 'zustande bringen, bewirken, bestehen, bekämpfen', refl. 'etw. unternehmen, sich einer Sache unterziehen'. verstehen s. d. vorstehen Vb. 'hervorragen, an der Spitze stehen, leiten', ahd. *forastantan*, *-stān*, *-stēn* 'voranstehen, sich auszeichnen, vorhanden sein' (9. Jh.), mhd. *vorestān*, *-stēn* 'bevorstehen, sorgen für, regieren'; Vorsteher m. 'Leiter' (16. Jh.); Vorstand m. 'Leitungsgremium, Leiter' (Anfang 19. Jh.), älter 'Verteidiger, Bürge' (15. Jh.), ursprünglich auch 'Zustand des Stehens vor einem anderen oder etw. anderem, Bürgschaft, erste Stelle' (16. Jh.). Widerstand, widerstehen s. *wider*. zustehen Vb. 'von Rechts wegen gebühren, Anspruch auf etw. haben' (15. Jh.), mhd. *zuostān*, *-stēn* 'verschlossen sein, zu einem treten, ihm beistehen, zukommen, angehören, zuständig sein'; Zustand m. 'Art und Weise, Verhältnisse, worin sich Personen und Dinge befinden' (17. Jh.), älter 'Hinzugehöriges, Dabeistehendes' (15. Jh.); zuständig Adj. 'zur Sache gehörig, kompetent', auch 'dazugehörig' (16. Jh.), 'zeitlich bevorstehend' (17. Jh.).

stehlen Vb. 'jmdm. etw. wegnehmen, entwenden, sich unrechtmäßig aneignen', ahd. *stelan* (8. Jh.), mhd. *stel(e)n*, auch refl. 'sich heimlich wegbegeben', mnd. mnl. *stēlen*, nl. *stelen*, asächs. aengl. *stelan*, engl. *to steal*, anord. *stela*, schwed. *stjäla*, got. *stilan*. Keine gesicherten Anschlußmöglichkeiten. Wenn griech. *stéresthai* (*στέρεσθαι*) 'beraubt sein, entbehren, verlustig gehen' und mir. *serb* (aus **steru̯ā*) 'Diebstahl' vergleichbar sind, so kann von einer Wurzel ie. **ster-* 'rauben, stehlen' mit einer für das Germ. verbindlichen Variante **stel-* ausgegangen werden, sofern man das im Germ. auftretende *-l-* nicht aus einer Kreuzung mit dem unter *hehlen* (s. d.) genannten Verb erklären will. Die seit dem Mhd. begegnende refl. Verwendung 'sich heimlich davonmachen' (vgl. *stahl ich mich aus Carlsbad* Goethe) wird vornehmlich in nhd. *sich davonstehlen* (vgl. mhd. *sich dan stelen*, spätmhd. *sich von dannen stelen*) und *sich wegstehlen* (vgl. mhd. *sich enwec stelen*) bewahrt.

steif Adj. 'nicht biegsam, starr, förmlich im Umgang', spätmhd. *stīf* 'starr, fest, aufrecht, wacker, stattlich'. Das im 14. Jh. vom Niederrhein. ins Hd. eingedrungene Adjektiv mnd. *stīf*, mnl. nl. *stijf*, aengl. *stīf* 'unbiegsam, starr, fest, hart', engl. *stiff* ist verwandt mit afries. *stīva* 'steif sein' und den (ablautenden) unter *Stift* (s. d.) genannten Formen. Außergerm. schließen sich an lat. *stīpes* 'Pfahl, Stamm, Stock, Stange', lat. *stīpāre* 'dicht zusammendrängen', (ablautend) *stipula* 'Strohhalm', lit. *stìpti* 'erstarren, verenden', *stiprùs* 'stark' sowie griech. *stḗibein* (*στείβειν*) '(auf etw.) treten, durch Treten dicht machen, fest-, zertreten', aruss. *stьblo*, *stьblь*, russ. *stébel'* (*стебель*) 'Stengel' und lit. *stíebas* 'Mastbaum, Säule, Stamm, Stengel'. Zugrunde liegt ie. **stē̆ip-*, **stī̆p-* bzw. **stē̆ib(h)-*, **stī̆b(h)-* 'Stange, Stecken; steif; zusammendrängen'. *steif* 'unbiegsam, starr, aufrecht' bezeichnet zuerst wohl eine Eigenschaft von hölzernen Pfählen. – Steife f. 'Zustand, Eigenschaft des Unbiegsamseins' (16. Jh.) neben älterem gleichbed. Steifheit f. (15. Jh.), übertragen 'förmliches, unzugängliches Wesen und Verhalten' (18. Jh.). steifen Vb. 'steif machen, stärken' (16. Jh.), aus dem Nd. bzw. Nl., vgl. mnd. *stīven*, nl. *stijven*. versteifen Vb. '(mit Stützen) steif machen, stärken, steif werden' (um 1800), refl. 'hartnäckig auf etw. bestehen' (1. Hälfte 19. Jh.), vgl. mnd. *vorstīven* 'steif werden oder machen', übertragen 'hartnäckig machen'.

Steige f., auch (nordd. md.) S t i e g e, 'Lattenverschlag, Stall, Käfig, Lattenkiste (für Kartoffeln, Obst)', ahd. *stīga* 'Viehstall' (9. Jh.), mhd. *stīge*, *stīc* 'Verschlag, Stall für Kleinvieh', asächs. *stīga* 'Schweinestall', mnd. *stēge* 'Schweinestall, Gitter, Verschlag', mnl. *stīe*, *stije*, aengl. *stig* 'Pferch, Verschlag, Haus, Halle', *stī-* 'Gehege, Stall' in *stīfearh* 'junges, im Stall gehaltenes Schwein', engl. *sty* 'Schweinestall', anord. *stīa* 'Gehege', *svīnstī* 'Schweinestall', schwed. *stia* sowie anord. *stīa* 'einhegen (Vieh im Stall)' sind vielleicht verwandt mit *Stein* (s. d.) und an die dort genannte Wurzel ie. **stāi-*, **stǐ-* '(sich) verdichten, zusammendrängen, stopfen, gerinnen, stocken' anzuschließen. In nhd. Zeit lebt das Wort nur noch in Mundarten bzw. in mundartnaher Sprache.

steigen Vb. 'sich aufwärts bewegen', ahd. *stīgan* (8. Jh.), mhd. mnd. *stīgen*, asächs. *stīgan*, mnl. *stīghen*, nl. *stijgen*, aengl. *stīgan*, anord. *stīga*, schwed. *stiga*, got. *steigan* läßt sich mit aind. (tiefstufig) *stighnōti* 'schreitet, tritt, steigt', griech. *stéīchein* (στείχειν) 'einherschreiten, marschieren, steigen, ziehen, gehen', air. *tīagu* 'schreite, gehe', lit. *steĩgti* '(be)gründen, errichten', älter 'eilen, sich beeilen, hasten', lett. *steigt* 'eilen, beschleunigen', aslaw. *postignǫti* 'hingelangen, erreichen, treffen', russ. *postígnut'* (постигнуть), *postigát'* (постигать) 'ereilen, treffen, begreifen, fassen' sowie (schwundstufig) aslaw. *stьza*, russ. *stezjá* (стезя) 'Pfad' und vielleicht auch mit lat. *vestīgium* 'Fußstapfe, -spur, -sohle' auf eine Wurzel ie. **steigh-* 'schreiten, steigen' zurückführen. – S t e i g u n g f. 'Erhöhung, Höhenunterschied', spätmhd. *stīgunge* (Hs. 15. Jh.). S t e i g m. 'Fußweg', ahd. *stīg* 'Pfad' (Hs. 12. Jh., zuvor schon *nidar-*, *ūfstīg*, 9. Jh.), mhd. *stīc*, mnd. *stīch*, aengl. *stīg*, anord. *stīgr*, schwed. *stig*. S t i e g m. 'Ersteigung, steiler Pfad, schmaler Fußweg' (18. Jh.), nhd. Abstraktbildung in Analogie zu seit dem 16. Jh. belegten *Ab-*, *An-*, *Aufstieg*. Vereinzelt belegtes frühnhd. *stig* (15. Jh.) dürfte noch als undiphthongierte Form (mit langem Vokal) aufzufassen sein. S t e i g e r m. 'wer steigt, Kletterer', spätmhd. *stīger*; in der Bergmannssprache 'aufsichtführender Bergmann' (16. Jh.). v e r s t e i g e n Vb. refl. 'zuweit steigen und sich dadurch in Gefahr begeben' (16. Jh.), vereinzelt spätmhd. *verstīgen* 'über etw. steigen und es dadurch verletzen'; übertragen 'sich vermessen (in Gedanken und Taten)' (17. Jh.), 'sich in etw. verrennen' (18. Jh.); dazu v e r s t i e g e n Part.adj. 'überspannt, abwegig' (17. Jh.).

steigern Vb. 'verstärken, vergrößern, erhöhen', refl. 'sich in einen bestimmten Gemütszustand versetzen, sich verbessern', spätmhd. *steigern* '(den Preis) erhöhen', zuerst bair. (14. Jh.), dann md. (15. Jh.), schließlich allgemein literatursprachlich (18. Jh.), steht als Iterativum zu schwach flektierendem mhd. frühnhd. *steigen* 'steigen machen, aufrichten, erhöhen, sich erheben' (nach dem 16. Jh. kaum noch bezeugt), Kausativum zu dem unter *steigen* (s. d.) behandelten Verb. *steigern* entwickelt sich zum Fachausdruck für das Bieten bei Auktionen 'mehr bieten, den Preis hinauftreiben' (16. Jh.) und zum grammatischen Terminus 'die Komparationsstufen des Adjektivs bilden' (18. Jh.), dafür älter *vergleichen*, *ergrößern*, *vergrößern* (17. Jh.). – S t e i g e r u n g f. 'Verstärkung, Vergrößerung, Zunahme' (15. Jh.), in der Grammatik 'Komparation' (18. Jh.). e r s t e i g e r n Vb. 'in einer Auktion erwerben' (18. Jh.), 'teurer machen, den Preis erhöhen' (16. Jh.). v e r s t e i g e r n Vb. 'in einer Auktion an den Meistbietenden verkaufen' (18. Jh.); V e r s t e i g e r u n g f. 'Auktion' (15. Jh.).

steil Adj. 'jäh ansteigend oder abfallend'. Frühnhd. (15. Jh.), mnl. nl. *steil*, mnd. *stēl* ist eine Kontraktionsform aus ahd. *steigal* (um 800), mhd. *steigel*, mnd. *stēgel*, (ablautend) aengl. *stǣgel*, gebildet mit dem Suffix (mit Bindevokal) germ. *-ala-* zu dem unter *steigen* (s. d.) behandelten Verb. Vgl. noch asächs. *stēgili* 'abschüssige Stelle', aengl. *stǣger* (engl. *stair*) 'Stufe, Treppe', mnl. *steigher* 'steil', anord. *steigurliga* 'steil, aufrecht'. *steil* setzt sich erst im 18. Jh. gegen *steigel* durch. – S t e i l e f. 'steile Beschaffenheit' (18. Jh.), abgelöst von S t e i l h e i t f. (19. Jh.).

Stein m. 'natürlicher, aus Mineralien bestehender, fester, harter Körper, Fels', ahd. (8. Jh.), mhd. *stein*, asächs. mnd. *stēn*, mnl. nl. *steen*, aengl. *stān*, engl. *stone*, anord. *steinn*, schwed. *sten*, got. *stains* (germ. **staina-*) kann wie griech. *stíon* (στῖον) 'Kiesel', aslaw. *stěna*, russ. *stená* (стена) 'Wand' als Bildung mit dem Suffix ie. *-no-* im Sinne von 'das Harte, Verdichtete' zu einer Wurzel ie. **stāi-*, **stǐ-* '(sich) verdichten, zusammendrängen, stopfen, gerinnen, stocken' gestellt werden, zu der vielleicht auch aind. *styā́yatē* 'gerinnt, wird fest', griech. *stīā́* (στία) 'Steinchen, Kiesel', *stéār* (στέαρ) '(stehendes) Fett, Talg' (s. *Stearin*), lat. *stīria* 'Tropfen', lit. *stìngti* 'fest werden, starr, steif werden, gerinnen' gehören. Redensartlich *Stein des Anstoßes* 'Ursache für ein Ärgernis' (Luther), *jmdm. einen Stein in den Garten werfen* 'etw. jmdm. zum Ärger tun', *Steine in den Weg legen* 'Hindernisse bereiten' (16. Jh.). – steinhart Adj. 'hart wie Stein, sehr hart, mitleidlos', mhd. *steinherte*, *-hart*. steinreich Adj. 'viele Steine, Felsbrocken aufweisend', vor allem steigernd 'sehr reich' (15. Jh.). Ebenfalls vergleichend-steigernd steinalt Adj. 'hochbetagt' (16. Jh.). steinern Adj. 'aus Stein bestehend' (um 1500), älter ahd. (um 800), mhd. *steinīn*. steinig Adj. 'voller Steine, uneben', ahd. *steinag* (um 800), mhd. *steinec*, *steinic*. steinigen Vb. 'durch Steinwürfe töten' als Art der Hinrichtung (15. Jh.); älter *steinen* nach entsprechendem ahd. *steinōn* (9. Jh.), mhd. *steinen*; vgl. dagegen ahd. *steinen* 'mit Edelsteinen besetzen' (8. Jh.). versteinern Vb. 'zu Stein machen oder werden' (Ende 17. Jh.), für älteres *versteinen*, mhd. *versteinen*; versteinert Part.adj. 'zu Stein geworden' (von Fossilien), 'erstarrt' (18. Jh.); Versteinerung f. 'zu Stein gewordener Überrest eines Lebewesens' (18. Jh.). Steingut n. 'Geschirr aus Ton, glasierte Tonware' (18. Jh.). Steinmetz m. 'Bearbeiter von Steinen', ahd. *steinmezzo* (um 1000), mhd. *steinmetze*. Dessen zweiter Bestandteil gilt als Rückentlehnung aus galloroman. **matsio* 'Maurer' (woraus mlat. *macio*, *matio* sowie afrz. frz. *maçon* 'Maurer'), das seinerseits aus dem Germ. hergeleitet wird, und zwar aus einem zu germ. **makō(n)* in der Endung latinisierten **makjo* 'Maurer, Steinmetz'. In germ. **makō(n)* sieht man eine Substantivbildung zu dem unter *machen* (s. d.) behandelten Verb, hier in seiner frühen, vorauszusetzenden Bedeutung 'kneten, formen, zusammenfügen' im Bereich des Lehmbaus. Steinpilz m. (Anfang 18. Jh.), wohl nach seinem festen Fleisch und dem steinähnlichen Äußeren der jungen Pilze.

Steiß m. 'Hintern', jägersprachlich 'kurze Schwanzfedern bei Federwild', ahd. *stiuȥ* (Hs. 12. Jh.), mhd. *stiuȥ*, *stouȥ*, frühnhd. *steuß*, mnd. *stūt*, mnl. *stuut*, *stuyt*, nl. *stuit* 'Hintern', anord. *stūtr* 'junger Ochse, Horn, Stumpf' (nach den abgestumpften Hörnern benannt), schwed. *stut* 'junger Ochse' stellt sich wohl als 'abgestumpftes (Hinter)teil' wie *Stutzen* m., *stutzen* Vb. (s. d.) ablautend zu den unter *stoßen* (s. d.) behandelten Wortformen und damit zu einer Dentalerweiterung der Wurzel ie. **(s)teu-* 'stoßen, schlagen'. Seit dem 17. Jh. setzt sich die entrundete md. Form gegen hd. (obd.) *Steuß* durch. – Steißbein n. 'aus Wirbeln zusammengewachsener Endknochen der Wirbelsäule' (18. Jh.), anfangs vereinzelt auch *Steußbein*. Zu *Bein* 'Knochen', s. d.

Stelldichein n. 'verabredete Zusammenkunft (bes. zweier Liebender)', Verdeutschungsvorschlag Campes (1791) für frz. *rendez-vous* nach dem Bildungsmuster imperativischer Satznamen wie *Springinsfeld*, *Vergißmeinnicht* (s. d.). Der Ausdruck wird anfangs verspottet, verschiedentlich aufgegriffen (Jean Paul u. a.) und schließlich ohne Vorbehalt in die Literatursprache aufgenommen.

stellen Vb. 'an einem Ort zum Stehen bringen, aufstellen', ahd. *stellen* (8. Jh.), mhd. *stellen*, *stallen* (Prät. mit Rückumlaut ahd. *stalta*, mhd. *stalte*, s. auch *Anstalt*, *Gestalt*), asächs. *stellian* 'hinstellen', mnd. mnl. nl. *stellen*, aengl. *stellan* sind im Sinne von 'an einem Standort aufstellen' gebildet zu germ. **stalla-* 'Standort, Platz' (s. *Stall*). – Stelle f. 'Ort, Platz, Amt, Behörde', Rückbildung des 16. Jhs. aus dem Verb, eigentl. 'Platz, Ort, wo etw. steht'; vgl. mhd. *himelstelle* 'Stelle, Sitz im Himmel, Himmelsthron'. Stellmacher m. 'wer Gestelle für Wagen herstellt', spätmhd. (omd.) *stellemacher*, im Nordd. und Omd. verbreitet, zum *ja*-Stamm *Stell* n. 'Gestell' (frühnhd. bis ins 17. Jh., noch mundartlich im Nordd.), vgl. ahd. *-stelli* in *forastelli* 'Stuhlverstopfung' (um 1100); s. auch *Bettgestell*. Stellvertreter m. 'wer im Auftrag und Namen eines anderen handelt' (17. Jh.). Stellung f. 'das Stellen, Körperhaltung, Stand, Anordnung, Lage, Amt, Posten, militärisch befestigter Punkt bzw. Abschnitt', mhd. *stallunge*, *stellung*; vgl. *stellungslos* (Ende 19. Jh.). Stellage f. 'Gerüst, Gestell', Übernahme (16. Jh.) von nl. *stellage* 'Bau- oder Schaugerüst', einer Bildung mit frz. Endung zu mnl. *stellen* (s. oben). abstellen Vb. 'etw. abschaffen, beseitigen' (15. Jh.), 'niedersetzen' (16. Jh.), 'außer Betrieb setzen, abschalten, auf etw. abzielen' (18. Jh.). anstellen Vb. 'nahe woran stellen, lehnen, in eine Stelle, ein Amt einsetzen, bewerkstelligen, unternehmen, anstiften, zum Fließen, Strömen bringen', refl. 'sich anreihen', mhd. *anestellen* 'einstellen, aufschieben'; Angestellter m. 'in einem abhängigen Arbeitsverhältnis Stehender' (Anfang 19. Jh.); Anstellung f. 'Arbeitsverhältnis, Arbeitsplatz' (19. Jh.), 'Einrichtung, Anordnung, Bewirkung', auch 'Aufschub' (15. Jh.), *Anstellung machen* (17. Jh.) für älteres *Anstalt(en) machen* (s. *Anstalt*). ausstellen Vb. 'anfertigen, öffentlich zur Schau stellen, bemängeln, kritisieren', auch 'hinausstellen' (15. Jh.); Ausstellung f. 'öffentliches Zurschaustellen einer Sammlung o. ä., Ausfertigung, Bemängelung' (17. Jh.). bestellen Vb. 'in Auftrag geben, anfordern, bearbeiten, (eine Botschaft) ausrichten', ahd. *bistellen* 'besetzen, bekränzen' (9. Jh.), mhd. *bestellen* 'von allen Seiten umstellen, besetzen, einsäumen, einstellen, anordnen, besorgen, instand setzen'. entstellen Vb. 'verunstalten', mhd. *entstellen*, auch refl. 'sich verstellen', eigentl. 'aus der rechten Stellung oder Form bringen'. herstellen Vb. 'an einen bestimmten Platz stellen, restaurieren, anfertigen, produzieren' (16. Jh.); wiederherstellen Vb. 'in den alten Zustand versetzen, ausbessern, reparieren' (18. Jh.); Hersteller m. 'Produzent' (19. Jh.), anfangs auch 'Restaurator'; Herstellung f. 'das Anfertigen, Produktion, Verlagsabteilung für typographische Gestaltung und Kalkulation der Bücher' (19. Jh.). nachstellen Vb. 'auflauern, verfolgen' (16. Jh.). verstellen Vb. 'verbarrikadieren, an einen anderen Platz stellen, falsch stellen', übertragen (refl.) 'sich anders geben, als man ist, etw. vortäuschen', mhd. *verstellen* 'zum Stehen bringen, im Fließen aufhalten, (sich) verwandeln, verunstalten, unkenntlich machen'; Verstellung f. 'Umstellung, Verunstaltung, (Vor)täuschung' (15. Jh.). vorstellen Vb. 'nach vorn stellen, bekannt machen', refl. 'sich ein geistiges Bild machen' (16. Jh.); Vorstellung f. 'das Bekanntmachen, geistiges Bild, Idee, Aufführung, Einwand, Vorhaltung' (um 1600).

Stelze f. einfache, aus einem Rundholz besehende Beinprothese, 'Holzbein, -fuß', dann (16. Jh.) auch (fast nur im Plur.) 'Stangen mit Trittklotz', mit denen man erhöht und andere überragend gehen kann, ahd. *stelza* (Hs. 12. Jh.), mhd. *stelze* 'Holzbein, Krücke, Schemel, womit sich ein Krüppel fortbewegt', mnd. mnl. *stelte*, nl. *stelt* sowie (als *jō*-Stämme) nl. *Stilt(e)* 'Stamm, Stange, Stengel, Bein', mengl. *stilte*, engl. *stilt* und (ablautend) schwed. *stylta* führen im Sinne von 'Stütze, Pfahl' auf ie. **steld-*, eine Dentalerweiterung von unter *Stall* (s. d.) angeführtem ie. **stel-* 'stellen, aufstellen; stehend, unbeweglich, steif; Ständer, Pfosten, Stamm'. *auf stelzen* ('auf Holzbeinen, auf Krücken') *gēn* (15. Jh.), 'sich aufgeblasen benehmen und bewegen' (16. Jh.), 'unechte Größe vortäuschen' (17. Jh.), 'sich schwülstig ausdrücken' (Anfang 18. Jh.). – stelzen Vb. 'auf einem Holzbein, auf Krücken gehen, hinken' (15. Jh.), 'auf Gehstelzen schreiten' (18. Jh.), 'mit langen, steifen Schritten gehen', übertragen 'sich steif und stolz bewegen' (19. Jh.). Stelzfuß m. 'Holzbein, Träger eines Holzbeines' (17. Jh., mhd. *stelzervuoȝ*), 'verkrüppelter, mißgestalteter Fuß' (18. Jh.).

stemmen Vb. 'dagegendrücken, sich widersetzen', mhd. mnd. mnl. *stemmen* 'stehen machen, steif machen, aufgestaut werden (vom Wasser)', anord. *stemma* 'dämmen, aufhalten' (woraus gleichbed. engl. *to stem*), schwed. *stämma* 'hemmen' und anders gebildetes ahd. *gistemen* 'bezähmen' (8. Jh.), *gistemōn* '(sich) beruhigen' (11. Jh.), mhd. *gestemen* 'Einhalt tun, einhalten' stehen wohl im Ablaut zu den unter *ungestüm* (s. d.) und *stumm* (s. d.) genannten Formen, können daher vielleicht an die unter *stammeln* (s. d.) angeführte Wurzel ie. **stem-* 'stoßen, anstoßen, stottern, stammeln, hemmen' angeschlossen werden. Auszugehen wäre von einer Bedeutung 'im Lauf hindern, stehen machen' (vor allem von Wasserläufen und vom Stillen des Blutes). Seit dem Ende des 17. Jhs. bedeutet *stemmen* vor allem '(sich) kräftig und fest gegen etw. drücken', in der Sportsprache 'ein Gewicht mit festem Druck der Arme nach oben drücken' (Ende 19. Jh.).

Stempel m. 'Gerät mit spiegelbildlichen (Schrift)zeichen zum Drucken oder Prägen mit der Hand', zuvor 'Gerät zum Stampfen'. Ahd. *stemphil* 'Stößel' (Hs. 13. Jh.), mhd. *stempfel*, (md.) *stempel*, auch 'Grabstichel, Münzstempel, Prägestock, Petschaft, das durch Einprägung entstandene Bild', mnd. *stempel* 'Stößel, Prägestock', nl. *stempel* sind mit dem Suffix für Gerätebezeichnungen germ. *-ila-* zu den unter *stampfen* (s. d.) behandelten Verben gebildet und bezeichnen zunächst ein Werkzeug zum Stampfen und Zerstoßen. Die oben genannte heutige Bedeutung ist erst seit dem 18. Jh. gebräuchlich. Die unverschobene md.-nd. Form setzt sich im 17. Jh. in der Literatursprache durch. Nicht unmittelbar an *stampfen* anzuschließen ist *Stempel* im Sinne von 'Stützholz im Grubenbau, in den Boden eingeschlagener Holzpfosten'. Das seit dem Anfang des 14. Jhs. bezeugte mhd. *stempfel* bzw. schon früh (auch obd.) in der md.-mnd. Form *stempel* 'Pfahl, hölzerne Stütze' ist vielmehr als selbständige Bildung mit dem Suffix *-ila-* zu germ. **stamp-* 'Pfosten' aufzufassen, das (neben *stampfen* und wie ablautendes *Stumpf*, s. d.) zu der unter *Stab* (s. d.) genannten nasalierten Wurzelform ie. **stemb-* gehört. – s t e m p e l n Vb. 'einen Stempel aufdrücken' (18. Jh.), übertragen *jmdn. zu etw. stempeln* 'charakterisieren, in eine bestimmte Kategorie einordnen' (19. Jh.), selten 'zerstampfen' (18. Jh.). In der Bergmannssprache 'festrammen' (16. Jh.). Vgl. die Wendung *stempeln gehen* 'auf Grund eines behördlichen Stempels Arbeitslosenunterstützung erhalten' (nach 1920).

Stengel m. 'aus der Wurzel aufwachsender, Blätter, Blüten oder Fruchtstände tragender Pflanzenteil', ahd. *stengil* (um 900), mhd. *stengel*, asächs. *stengil*, mnd. nl. *stengel* gehören im Sinne von 'stechender, steifer Pflanzenschoß' als *l*-Ableitungen zu der unter *Stange* (s. d.) angeführten germ. Wortgruppe. In fester Wendung *(nicht) vom Stengel fallen* '(nicht) außer Fassung geraten', eigentl. 'vor Erstaunen oder Schreck herunterfallen', z. B. vom Stuhl oder dgl. (19. Jh.).

Stenografie (- g r a p h i e) f. 'Schrift mit stark verkürzten Schriftzeichen, Kurzschrift, Schnellschreibschrift'; die Bezeichnung stammt von dem engl. Systemerfinder J. Willis (*The Art of Stenography*, 1602) und ist eine Bildung zu griech. *stenós* (*στενός*) 'eng, eingeengt, schmal, knapp, schmächtig' in Verbindung mit engl. *-graphy* (s. *-graphie*), also eigentl. 'Engschrift'. In der 1. Hälfte des 17. Jhs. ins Dt. entlehnt in der latinisierten Form *Stenographia*, gegen Ende des 18. Jhs. *Stenographie*; 1845 von Stolze mit *Kurzschrift* verdeutscht. Dazu die umgangssprachliche Kurzform *Steno* f. (1. Hälfte 20. Jh.). – s t e n o g r a f i e r e n Vb. (Mitte 19. Jh.). S t e n o g r a f m. (1. Hälfte 19. Jh.). s t e n o g r a f i s c h Adj. (Mitte 17. Jh.); vgl. latinisiertes *ars stenographica* (1. Hälfte 17. Jh.). S t e n o g r a m m n. 'stenografische Aufzeichnung, in Kurzschrift geschriebenes Diktat' (2. Hälfte 19. Jh., geläufig seit Anfang 20. Jh.), zu griech. *grámma* (*γράμμα*) 'Buchstabe, Geschriebenes' (s. *-gramm*). S t e n o t y p i s t i n f. 'Büroangestellte, die Stenografie und Schreibmaschine schreibt' (1. Hälfte 20. Jh.), feminine Bildung zu *Stenotypist* m., nach frz. *sténotypiste*, engl. *stenotypist* 'wer Stenografie mit einer besonderen Stenografiermaschine schreibt' (eine Schreibmaschine besonderer Konstruktion); zu engl. *typist* 'Maschinenschreiber' (vgl. engl. *type* 'Druckbuchstabe', s. *Type*).

Step m. 'artistischer Bühnentanz' (bei dem die Füße in mit Metallplatten an Spitze, Sohle und Absatz beschlagenen Schuhen schnelle, den Rhythmus unterstreichende Wirbel schlagen), Übernahme (1. Hälfte 20. Jh.) von gleichbed. engl. *step*, eigentl. 'Schritt, Tritt', verwandt mit *Stapfe* (s. d.). Dazu [1]s t e p p e n Vb. 'Step tanzen'; vgl. engl. *to step*.

Steppe f. 'weite, baumlose, mit Gras und verholzten Stauden bewachsene Ebene', entlehnt (Mitte 18. Jh.) aus gleichbed. russ. *step'* (*степь*), älter 'Niederung'. Herkunft ungewiß. Zunächst ausschließlich mit Bezug auf die Steppengebiete Rußlands gebraucht, dann (19. Jh.) auch von entsprechenden Landschaften außerhalb Europas (vgl. *afrikanische Steppe*), allgemein 'öde, baumlose Gegend' (vgl. *öde, wüste, glühende Steppe*) und übertragen (vgl. *Steppen der ehemaligen Gelehrsamkeit*).

[2]**steppen** Vb. 'mit lückenlosen, geraden Stichen nähen', mhd. *steppen* 'stellenweise stechen, reihenweise nähen, durchnähen, stikken, zur Verzierung mit einer Steppnaht versehen' stammt (mit unverschobenem *-pp-*) aus dem über nd. oder rheinfrk. Gebiet vorgedrungenen asächs. *steppon* (dem Vieh ein Kennzeichen) 'einstechen, zeichnen', verwandt mit *stippen* (s. d.). – S t e p p d e c k e f. 'mit Wolle oder Daunen gefüllte, durch lange Nähte in Felder gegliederte Bettdecke' (19. Jh.).

Steppke m. 'kleiner Kerl, Knirps' (um

1900), nd. Deminutivbildung (s. *-chen*) zu hd. *Stopf, Stopfen* 'Öffnungsverschluß, Korken' (s. *stopfen*), die wohl von Berlin aus verbreitet wird. Vgl. in ähnlicher übertragener Verwendung gebrauchtes *Stöpsel* (s. d.).

sterben Vb. 'das Leben verlieren'. Das nur westgerm. bezeugte starke Verb ahd. *sterban* (9. Jh.), mhd. *sterben*, asächs. *sterƀan*, mnd. mnl. nl. *sterven*, aengl. *steorfan*, engl. *to starve* 'vor Hunger und Durst umkommen' ist verwandt mit ahd. *sterbo* 'Pest, Tod' (9. Jh.), mhd. *sterb(e)* 'das Sterben, Tod, ansteckende Krankheit, Pest', asächs. *-sterƀo*, aengl. *steorfa* 'Pest', anord. *stjarfi* 'Starrkrampf', *stirfinn* 'halsstarrig, trotzig', *starfa* 'sich abmühen' und mit mir. *ussarb* (aus **uks-sterbhā*) 'Tod', griech. *stérphos* (*στέρφος*) 'Haut, Fell, Hülle', russ. (älter) *stérbnut'* (*стербнуть*) 'fest, hart werden, erstarren, absterben' sowie den *s*-losen Formen lat. *torpēre* 'erstarrt, betäubt, gefühllos, taub sein', lit. *tir̃pti* 'erstarren, gefühllos werden', aslaw. *trьpěti* 'ertragen', russ. *terpét'* (*терпеть*) 'leiden, dulden'. Alle Bildungen sind auf ie. **(s)terp-*, **(s)terbh-* rückführbar, eine Labialerweiterung der unter *starren* (s. d.) verzeichneten Wurzel ie. **(s)ter(ə)-*, **(s)trē-* 'starr, steif sein', so daß für das germ. Verb von einer verhüllenden Bedeutung 'steif, starr werden' auszugehen ist. – a b s t e r b e n Vb. 'das Leben beenden, eingehen, welken', mhd. *abesterben*, rechtssprachlich 'durch den Tod des Besitzers frei werden'; seit dem 18. Jh. auch 'gefühllos werden' (durch Druck, Abschnürung, Kälte). a u s s t e r b e n Vb. 'untergehen, aufhören zu existieren, sich verlieren' (15. Jh.). e r s t e r b e n Vb. 'vergehen', ahd. *irsterban* (8. Jh.), mhd. *ersterben* '(ab)sterben'. v e r s t e r b e n Vb. 'sterben', mhd. *versterben*; V e r s t o r b e n e r m. substantiviertes Part.adj. (16. Jh.). s t e r b e n s k r a n k Adj. 'sehr krank' (17. Jh.), anfangs neben *sterbekrank* S t e r b e n s w ö r t c h e n n. in der Fügung *kein Sterbenswörtchen* 'überhaupt nichts' (19. Jh.), verkürzt aus *kein sterbendes* ('schwaches, vergängliches') *Wörtchen* (18. Jh.); vgl. auch *kein Sterbenswort* (18. Jh.). s t e r b l i c h Adj. 'dem Tod unterworfen, vergänglich', mhd. *sterblich*; vgl. ahd. *stirbīg* (9. Jh.); S t e r b l i c h k e i t f. 'Vergänglichkeit, Zahl der Todesfälle', mhd. *sterbelīcheit*; u n s t e r b l i c h Adj., mhd. *unsterbelich*; vgl. ahd. *unstirbīg* (11. Jh.); U n s t e r b l i c h k e i t f., mhd. *unsterbelīcheit*.

stereo- begegnet im Anschluß an griech. *stereós* (*στερεός*) 'steif, hart, fest' (verwandt mit *starren*, s. d.), substantiviert *stereón* (*στερεόν*) 'die räumliche Figur, Rauminhalt', seit etwa der Mitte des 20. Jhs. als erstes Glied in Komposita der modernen Tonwiedergabetechnik zur Bezeichnung für eine elektroakustisch raumgetreue, einen der Wirklichkeit entsprechenden räumlichen Klangeffekt erzielende Tonwiedergabe oder -übertragung, z. B. *Stereoanlage, -lautsprecher, -(schall)platte, -ton*. Voraus geht S t e r e o p h o n i e f. 'raumgetreue Tonwiedergabe' (1. Hälfte 20. Jh.), nach engl. *stereophony*, zu griech. *phōnḗ* (*φωνή*) 'Laut, Stimme, Klang, Ton', in der Umgangssprache verkürzt zu *Stereo* n. Dazu s t e r e o p h o n Adj. 'räumlich klingend, die Stereophonie betreffend' (nach Mitte 20. Jh.), älter s t e r e o p h o n i s c h (vor Mitte 20. Jh.), engl. *stereophonic*. Früher bezeugt sind gelehrte Zusammensetzungen des 19. Jhs. in den Bereichen Photographie, Optik und Geometrie, vgl. *Stereophotographie* 'Herstellungstechnik von räumlich wirkenden Photographien', *Stereoskopie* 'Aufnahme und Wiedergabe raumgetreuer Bilder', *stereoskopisch* Adj. 'räumlich wiedergegeben'.

stereotyp Adj. 'feststehend, unveränderlich, ständig wiederkehrend, in der Form erstarrt, leer, langweilig' (20er Jahre 19. Jh.), anfangs Fachwort der Buchdruckersprache 'mit feststehendem Schriftsatz, gegossener Schriftplatte gedruckt' (um 1800, zuerst mit dt. Ableitungssilbe *stereotypisch*, auch in der Zusammensetzung *Stereotyp-Platte* und substantiviert *Stereotype* f. 'nach dem Schriftsatz gegossene Druckplatte'), in dieser terminologischen Verwendung entlehnt aus frz. *stéréotype* 'mit Schriftplatten gedruckt' (auch *stéréotype* m. 'gegossene Schriftplatte'), einer Bildung aus frz. *stéréo-* (nach Vorbildern wie mfrz. frz. *stéréométrie*, griech. *stereometría, στερεομετρία* 'das Messen fester Körper', vgl. griech. *stereós, στερεός*, 'steif, hart, fest') und mfrz. frz. *type* m. 'Druckstock', griech. *týpos* (*τύπος*) 'Schlag, Abdruck, Gepräge, erhabene Arbeit, Bildwerk, Abbild' (s. *Typ*). Das frz. Adjektiv und seine Substantivierung werden erst in jüngerer Zeit ebenfalls übertragen gebraucht.

steril Adj. 'unfruchtbar, geistig unproduktiv, keimfrei', entlehnt aus frz. *stérile* 'unfruchtbar, fortpflanzungsunfähig, geistig unschöpferisch, unproduktiv', das auf lat. *sterilis* 'unfruchtbar, ertrag-, erfolglos' zurückgeht. Das Adjektiv begegnet im Dt. zuerst (Anfang 18. Jh.) in philosophischen und literarischen Texten in seiner übertragenen Verwendung 'geistig unproduktiv', erst danach (2. Hälfte 18. Jh.) auch im Sinne von 'unfruchtbar, ertraglos' (von Vegetation und Bodenverhältnissen), 'fortpflanzungsunfähig' und steht schließlich (in der Medizin und Lebensmittelherstellung) für 'keimfrei' (20. Jh.). – sterilisieren Vb. 'unfruchtbar, zeugungsunfähig machen' (Ende 19. Jh.), auch '(Lebensmittel, medizinische Instrumente) keimfrei machen'; vgl. mfrz. frz. *stériliser* (15. Jh.); zuvor (vereinzelt) *sterilisiren* 'unfruchtbar machen, (von Arzneien) 'unwirksam werden' (Paracelsus, 1. Hälfte 16. Jh.).

Stern m. '(strahlenförmig funkelnder) Himmelskörper'. Mit dem Suffix ie. *-ro-* gebildetes ahd. (8. Jh.), asächs. *sterro,* mhd. mnd. *sterre*, mnl. *sterre, starre*, nl. *ster*, aengl. *steorra*, engl. *star* und mit dem Suffix ie. *-no-* (unter Einfluß entsprechender Bildungsweisen von *Mond* und *Sonne*?, s. d.) gebildetes ahd. *sterno* (8. Jh.), mhd. *stern(e)*, mnd. *stērn(e)*, mnl. *sterne, steerne*, anord. *stjarna*, schwed. *stjärna*, got. *staírnō* führen mit aind. *stṛbhiḥ*, Instr. Plur. zu *s*-losem *tā́raḥ* Nom. Plur. 'Sterne', *tārā́*, hethit. *hašter-*, mir. *ser* 'Stern', bret. *sterenn*, griech. *astḗr* (ἀστήρ), lat. *stēlla* (aus **stērlā* oder **stēlnā*) auf ie. **hstĕr-* 'Stern'. – Sternbild n. 'als Bild gedeutete Gruppe von Sternen' (17. Jh.); älter mhd. *himelzeichen*. Sternstunde f. 'entscheidende, schicksalhafte (eigentl. eine besondere Konstellation der Gestirne aufweisende) Stunde' (18. Jh., anfangs *Sternenstunde*). Sternwarte f. 'Observatorium' (18. Jh.). Unstern m. 'unheilbringender Stern, Unglück, Mißgeschick, unglückliche Umstände, unter denen sich etw. vollzieht' (16. Jh.), wohl Übersetzung von gleichbed. mfrz. frz. *désastre*, einer Entlehnung von ital. *disastro*; vgl. mfrz. frz. *astre*, ital. *astro* aus lat. *astrum*, griech. *ástron* (ἄστρον) 'Stern, Sternbild, Gestirn', sekundärer Sing. nach griech. *astḗr*, Plur. *ástra* (ἀστήρ, ἄστρα), s. oben.

Sterz m. 'Schwanz' (der Tiere), 'hervorstehendes Hinterteil', ahd. (Hs. 12. Jh.), mhd. *sterz*, (md.) *stert* 'Schweif, Stengel, Stiel, Griff zum Führen des Pfluges', mnd. *stērt, stert*, mnl. *ste(e)rt, staert, start*, nl. *staart*, aengl. *steort*, engl. (älter) *start*, anord. *stertr*, schwed. *stjärt* stellt sich mit mhd. *sterzen, starzen* 'steif emporragen, stelzen, sich rasch bewegen, starr aufwärts richten', mhd. *stürzel, sturzel* 'Pflanzenstrunk' und kymr. *serth* 'steil, obszön' sowie den unter *stürzen* angeführten Formen als Dentalerweiterung zu der unter *starren* (s. d.) angegebenen Wurzel ie. **(s)ter(ə)-* 'starr, steif sein, starrer, fester Gegenstand'. Für germ. **sterta-* kann also von einer Bedeutung 'hervorragender steifer Teil' ausgegangen werden. In der Literatursprache vornehmlich bewahrt in Pflugsterz m. 'dem Pflügenden zugewandter, hervorragender Griff, an dem der Pflug geführt wird', ahd. *phluogsterz* (um 1100), mhd. *phluocsterz*, während sonst vielfach hd. *Schwanz* gilt.

stet Adj. 'gleichmäßig fortdauernd, dauerhaft, beständig', ahd. *stāti* 'fest, dauerhaft, beständig' (um 1000, *unstāti*, 10. Jh.), mhd. *stæt(e)*, mnd. *stēde*, mit Dentalformans und einer Ausgangsbedeutung 'fest stehend', zeitlich 'andauernd, ohne Ende' zu der unter *stehen* (s. d.) behandelten Wurzel ie. **stā-*, **stə-* 'stehen, stellen' gebildet. Dazu die Weiterbildung stetig Adj. 'beständig', ahd. *stātīg* (8. Jh.), mhd. *stætec, stætic*. Stetigkeit f. 'Beständigkeit, Gleichmäßigkeit', ahd. *stātīgheit* (11. Jh.), mhd. *stætec-, stæticheit, stætekeit* 'Festigkeit, Beständigkeit, Sicherheit', md. *stēde-, stētekeit*. stets Adv. 'immer', mhd. *stætes* 'beständig', md. *stētes*, erstarrter Gen. des Adjektivs mhd. *stæt(e)* (s. oben).

Steuer f. 'Geldabgabe (an den Staat)'. Die fem. *jō*-Bildung ahd. *stiura* 'Stütze, stützender Pfahl, stützendes Fundament, Steuerruder', übertragen 'Unterstützung, Hilfe, Beistand', auch bereits 'rechtlich begründete, regelmäßige Geldabgabe an die Obrigkeit' (um 900), mhd. *stiur(e)* 'Stütze, Steuerruder, Hinterteil des Schiffes, Unterstützung, Hilfe, Gabe, Abgabe, Einkommen', asächs. *-stiuria* (in *heristiuria* 'Heersteuer, Sold'), mnd. *stür(e)* 'Abwehr, Abhilfe, Unterstützung, Beistand, Gabe, finanzielle Abgabe', mnl. *sture* 'Hilfe, Stütze', aengl. *stēor* 'Lenkung, Anordnung, (Ver)ordnung, Strafe, Bestrafung' steht neben den unter *Steuer* n. (s. d.) angegebenen Formen. Vergleichbar ist (ablautend) anord.

staurr 'Stange', schwed. *stör* und griech. *staurós* (σταυρός) 'Pfahl'. Es handelt sich um Bildungen mit *r*-Suffix zu ie. **st(h)ău-*, **st(h)ū-* (s. *stauen, staunen, stützen*) bzw. ie. **stēu-*, **stəu-*, Erweiterungen bzw. Ablautformen der unter *stehen* (s. d.) angegebenen Wurzel ie. **stā-*, **stə-* 'stehen, stellen'. Die Ausgangsbedeutung '(stützender) Pfahl, Stock' entwickelt sich über 'Unterstützung, helfende Abgabe' zu 'obligatorische Geldabgabe an den Staat'. Im Sinne von 'Unterstützung, Hilfe, Beistand' ist *Steuer* bis ins 16. Jh. allgemein üblich, danach nur noch resthaft, vgl. *zur Steuer* ('Unterstützung') *der Wahrheit, Gerechtigkeit* (bis 19. Jh.). Die Bedeutung 'Steuerruder' ist frühnd. bereits selten (lexikographisch noch im 16. Jh.); sie wird von dem aus dem Nordd. stammenden *Steuer* n. übernommen. – s t e u e r n Vb. 'mit dem Steuer lenken', ahd. *stiuren* 'lenken, leiten, (unter)stützen, fördern' (8. Jh.), mhd. *stiuren* 'lenken, stützen, treiben, stoßen, unterstützen, helfen, beschenken, ausstatten, eine Abgabe entrichten', mnd. *stūren* 'in eine Richtung bringen, lenken', mnl. *stūren, stieren* 'steuern, richten', aengl. *stīeran*, engl. *to steer* 'lenken', anord. *stȳra* 'steuern, regieren, besitzen', schwed. *styra* 'steuern, lenken', got. *stiurjan* 'aufstellen, geltend machen'. a u s s t e u e r n Vb. 'ausstatten, mit Heiratsgut versehen', spätmhd. *ūȝstiuren*; A u s s t e u e r f. (16. Jh.). b e i s t e u e r n Vb. 'beitragen, dazugeben' (Ende 16. Jh.); B e i s t e u e r f. 'Gabe, Geschenk' (16. Jh.). b e s t e u e r n Vb. 'mit Abgaben belegen', spätmhd. *bestiuren*. v e r s t e u e r n Vb. 'die Abgaben für etw. entrichten', mhd. *verstiuren*.

Steuer n. 'Vorrichtung zum Lenken (eines Schiffes), Steuerruder'. Der bei den meeranwohnenden Germanen übliche neutrale *ja*-Stamm mhd. (vereinzelt) *stiur*, (md.) *stūr*, nhd. *Steuer* (zunächst bei nordd. Autoren, seit dem 18. Jh. allgemein), asächs. *stior*, mnd. *stūr(e)*, mnl. *stuur, stier(e)*, nl. *stuur*, aengl. *stēor*, anord. *stȳri*, schwed. *styre* entspricht in seiner Herkunft (bis auf die Stammbildung) dem unter *Steuer* f. (s. d.) behandelten Substantiv. – S t e u e r b o r d n. 'rechte Schiffsseite' (in Fahrtrichtung gesehen), an der sich in alter Zeit das Steuerruder befand, nach mnd. *stūrbōrt* seit dem 17. Jh. in hd. Texten. Vgl. mnl. *stuurbort*, nl. *stuurboord*, aengl. *stēorbord*, engl. *starbord*, anord. *stjōrnborði*, schwed. *styrbord*. Aus dem Germ. entlehnt (wohl aus einer Nebenform mnl. *stierboord*) mfrz. frz. *tribord* (15. Jh.) und aus diesem ital. *tribordo*, span. *estribor*, port. *estibordo*. S. auch *Backbord*.

Steven m. 'Bug und Heck eines Schiffes begrenzende Holz- oder Eisenschienen' (den Kiel nach oben fortsetzend), ursprünglich wohl nur vom Bugsteven. Als nautisches Wort bei allen meeranwohnenden Germanen nachgewiesen, ins Hd. (allgemein geläufig seit 17. Jh.) aus dem Nd. übernommen. Mit unterschiedlicher Stammbildung lassen sich mhd. (md.) *stebene* f. 'Schiffsvorderteil', mnd. *stēven* f., nd. *Steven* m., mnl. *stēvene* m., nl. *steven* m., afries. *stev(e)ne* f. 'Steven', aengl. *stefn* m. 'Steven, Baumstamm', anord. *stafn* m. 'Steven, Raum im Vordersteven, Giebel, Kopftuch' und (mit Lautentwicklung *-ƀn-* zu *-mn-*) asächs. *stamn* m., aengl. *stemn* m. 'Steven, Baumstamm', aschwed. *stamn* '(Vorder)steven' an die unter *Stab* (s. d.) behandelte Wurzelform ie. **stĕbh-* anschließen. Bei den letztgenannten Formen besteht, soweit die Bedeutung 'Stamm' vorliegt, die Möglichkeit der Vermischung mit den unter *Stamm* (s. d.) genannten Formen.

Steward m. 'Betreuer der Passagiere' (Ende 18. Jh.) auf Schiffen, dann in Flugzeugen, zuvor 'Statthalter, Amtsperson' (1. Hälfte 18. Jh.), Übernahme von gleichbed. engl. *steward*, aengl. *stigweard, stīweard* '(königlicher) Haushofmeister', mengl. 'hoher Verwaltungsbeamter, Verwalter der Lebensmittel auf einem Schiff', eigentl. 'Hausverwalter, Stallwärter'. Dies ist eine Zusammensetzung aus aengl. *stig* 'Pferch, Verschlag, Haus, Halle' bzw. *stī-* 'Gehege, Stall', engl. *sty* 'Schweinestall' (zur Herkunft s. *Steige*) und aengl. *weard* 'Aufseher, Wärter' (s. *Wart*). Anfangs im Dt. nach der Aussprache auch *Stuart* geschrieben (bis in die 1. Hälfte des 19. Jhs.). – S t e w a r d e ß f. 'Betreuerin der Passagiere' (2. Hälfte 19. Jh.) auf Schiffen, dann bes. in Flugzeugen, engl. *stewardess*.

stibitzen Vb. 'heimlich und listig Kleinigkeiten entwenden', in den Mundarten (*stibitzen, stipitzen, stiwitzen, stripitzen*) verbreitetes, seit dem Anfang des 18. Jhs. auch in der Studentensprache bezeugtes Verb. Etymologie ist nicht geklärt. Vielleicht ist es eine durch Einfügen der Lautgruppe *-bi-*, *-pi-* gestreckte Form von mundartlichem *stīzen, strīzen* 'stehlen'; Einfluß von nd. *stippen* 'sich eine Sache aneignen', eigentl. 'durch Eintunken erwerben' (s. d.), rotw. 'kleinere Gegenstände stehlen', schwäb. *stippen, stibben* 'einen Stoß geben, betteln' ist möglich.

Stich m. 'Einbohren eines spitzen Gegenstandes, die dadurch entstandene Wunde, Einstechen einer Nadel (mit Faden), das dadurch entstehende Fadenmuster, stechender Schmerz, steile Anhöhe, beginnende Fäulnis', ahd. *stih* (um 900), mhd. *stich*, auch 'Knoten, Punkt, Augenblick, abschüssige Stelle, steile Anhöhe', asächs. *stiki*, mnd. *stēk(e)*, mnl. *stēke*, nl. *steek*, aengl. *stice*, engl. *stitch*, got. *stiks* 'Stich, Punkt' steht als Verbalabstraktum zu den unter *stechen* (s. d.) angeführten Wurzelerweiterungen ie. **(s)teg-* bzw. **(s)teig-*, **(s)tig-* 'stechen, spitz'. Die Wendung *im Stich lassen* 'bei Gefahr allein lassen, verlassen' (15. Jh., geläufig seit 17. Jh.) bedeutet eigentl. 'im Stich des Gegners lassen' (beim ritterlichen Turnier). – stichhaltig Adj. 'unwiderlegbar, überzeugend' (um 1800); vgl. *Stich halten* 'standhalten, sich als zuverlässig erweisen' (16. Jh.), wohl ebenfalls aus dem ritterlichen Turnierwesen stammend. Stichprobe f. 'Prüfung ausgewählter einzelner Exemplare' (19. Jh.), eigentl. 'beim Abstich des Schmelzofens entnommene Probe' (16. Jh.). Stichtag m. 'für etw. Bestimmtes (durch Auswahl) festgelegter Tag' (18. Jh.), vgl. mnd. *stēkedach*. Stichwahl f. 'zwischen zwei Kandidaten eine Entscheidung herbeiführende Wahl' (19. Jh.). Stichwort n. 'stechendes, verletzendes Wort' (15. Jh.), 'für einen bestimmten Zweck aus einem Zusammenhang herausgenommenes Wort, letztes Wort eines Schauspielers, nach dem ein anderer einsetzt' (18. Jh.), 'Lemma, behandeltes Wort in Lexika', im Plural 'Anhaltspunkte, Gedanken für den Aufbau einer Rede, eines Aufsatzes' (19. Jh.), in den letztgenannten modernen Verwendungen im Sinne von 'hervorstechendes, herausgestochenes Wort'.

Stichel m. 'spitzes Instrument', ahd. *stihhila* (um 1100), *stihhil* 'Stachel, Spitze, Pfahl' (Hs. 12. Jh.), mhd. *stichel* 'Stachel' (neben *stickel* 'spitzer Pfahl'), mnl. *stekele* 'stachlige Pflanze', nl. *stekel* 'Stachel', aengl. *sticel* 'Stachel', anord. *stikill* 'Spitze eines Trinkhorns', ahd. *stehhal* 'Becher' (9. Jh.) und (ohne Bindevokal) got. *stikls* 'Becher, Kelch' sind mit den für Gerätebezeichnungen typischen *l*-Suffixen gebildet; sie stellen sich mit dem bis ins 17. Jh. verbreiteten Adjektiv nhd. *stickel* 'steil ansteigend, hoch', mhd. *stechel, stichel, stickel* 'stechend, spitzig, jäh, steil' (vgl. ahd. *hornstehhal* 'mit den Hörnern stoßend', 9. Jh.), asächs. *stekul* 'rauh, steinig', aengl. *sticol* 'steil, stechend' zu den unter *stechen* und *Stich* (s. d.) genannten Wurzelerweiterungen ie. **(s)teg-* bzw. **(s)teig-*, **(s)tig-* 'stechen, spitz'. *Stichel* bezeichnet in neuerer Zeit vor allem ein spitzes Werkzeug zum Gravieren in Metall (bes. bei der Herstellung von Kupferstichen). – Grabstichel m. 'mit einer Spitze versehenes Gerät zum Graben, Gravieren u. dgl.', mhd. *grabestickel, -stichel*. Stichling m. Name für Fische, deren Rücken- und Bauchflossen Stacheln aufweisen (14. Jh.), mhd. *stichelinc* 'Sägefisch (?)', spätmhd. 'Stachel' (der Disteln, der Mücken).

sticheln Vb. 'mit spitzem Gegenstand wiederholt in etw. einstechen', mhd. *stichelen* 'umgraben'; übertragen 'mit spitzen Worten reizen' (15. Jh.). Iterativbildung zu *stechen* (s. d.). – Stichelei f. 'freundschaftlich neckende oder böswillig aufreizende Rede' (17. Jh.).

sticken Vb. 'mit Nadel und Faden in feinen Stichen erhabene Muster in Stoff einnähen', ahd. *gisticken* 'befestigen, herrichten' (8. Jh.), mhd. *sticken* 'erhabene Muster einnähen, gestalten, fälteln, mit (Zaun)pfählen versehen', mnd. *sticken* 'herrichten, Muster einnähen, Pfeile schäften', mnl. *sticken* 'hineinstechen, feststecken, sticken', nl. *stikken* 'steppen, sticken' steht als Intensivum zu dem unter *stechen* (s. d.) behandelten Verb bzw. der dort angegebenen Gutturalerweiterung ie. **(s)teg-* bzw. **(s)teig-*, **(s)tig-* 'stechen, spitz, Stange, Pfahl, Stock'. – Stickerei f. 'gesticktes Muster, Werkstatt, in der gestickt wird' (17. Jh.).

Stickstoff m. Die Bezeichnung für den Feuer erstickenden Bestandteil der Luft wird (wie *Sauerstoff* und *Wasserstoff*) zuerst 1791 von Girtanner für *Nitrogen(ium)* in Anlehnung an *ersticken* (s. d.) bzw. das dort angeführte Simplex *sticken* gebildet. Daneben anfangs auch *Stickgas, Stickluft*.

stieben Vb. 'fortwirbeln, umherwirbeln sprühen'. Das stark (nhd. auch schwach) flektierende Verb ahd. *stioban* (8. Jh.), mhd. *stie-*

ben, stiuben 'als oder wie Staub umherfliegen, Staub von sich geben, schnell laufen, rennen, fliegen', mnd. mnl. *stūven*, nl. *stuiven*, (mundartlich) *stieven* hat keine sicheren Anschlußmöglichkeiten. Nahe steht griech. *týphesthai* (τύφεσθαι) 'rauchen, qualmen, Rauch machen, langsam verbrennen', *tȳphṓs* (τυφώς) 'Wirbelwind', *týphos* (τῦφος) 'Rauch, Dampf, Qualm, Dunst', zu ie. **dheubh-* 'stieben, rauchen', Labialerweiterung der unter *Dunst* (s. d.) angeführten Wurzel ie. **dheu-*, **dheu̯ə* 'stieben wirbeln', bes. von Staub, Rauch, Dampf. Zugehörige Kausativa sind *stauben, stäuben* (s. *Staub*). – auseinanderstieben Vb. 'umher-, auseinanderwirbeln' (18. Jh.); zerstieben Vb., ahd. *zi(r)stioban* (um 1000), mhd. *zerstieben*.

Stief- erstes Glied in zusammengesetzten Verwandtschaftsnamen, das 'durch spätere Wiederheirat (nach Todesfall) zustandegekommene, nichtleibliche Verwandtschaftsverhältnisse' bezeichnet. Ahd. *stiof-* (selbständig in ahd. *stiufi*? 'Schwägerin', 9. Jh.), mhd. *stief-*, (mit unerklärtem *-f* statt zu erwartendem *-p*, vielleicht assimiliert aus **stiopfader*?) mnd. *stēf-*, mnl. nl. *stief-*, aengl. *stēop-*, engl. *step-*, afries. *stiap-, stiep-*, anord. *stjūp-* (selbständig in anord. *stjūpr* 'Stiefsohn'), schwed. *styv-* führen mit den Verben ahd. *stiufen* (9. Jh., *irstiufen*, 8. Jh.) 'der Eltern oder der Kinder berauben', aengl. *āstȳpan* 'berauben', *āstȳpte* 'verwaist' auf germ. **steupa-* 'abgestutzt, abgestumpft, beraubt'. Außergerm. Bezeichnungen für das Stiefverhältnis fehlen; doch Verwandtschaft mit der unter *stoßen* (s. d.) angegebenen Wurzel ie. **(s)teu-* 'stoßen, schlagen' ist wahrscheinlich. – Stiefkind n. 'nichtleibliches, aus einer früheren Ehe eines Elternteils mitgebrachtes Kind', ahd. *stiofkind* (um 1000), mhd. *stiefkint*, auch 'zu unrecht Vernachlässigtes, Nichtbeachtetes' (18. Jh.), mnd. *stēfkint*, mnl. *stiefkint*, nl. *stiefkind*, aengl. *stēopcild*, engl. *stepchild*. Stiefmutter f. 'nichtleibliche, durch eine Wiederheirat des Vaters erhaltene Mutter', ahd. *stiofmuoter* (8. Jh.), mhd. *stiefmuoter*, bereits in früher Zeit literarisch den Typ der bösen, ungerechten Frau verkörpernd, mnd. *stēfmōder*, mnl. nl. *stiefmoeder*, aengl. *stēopmōdor*, engl. *stepmother*, anord. *stjūpmōðir*, schwed. *styvmoder*; stiefmütterlich Adj. 'hart, ungerecht, vernachlässigend, zurücksetzend' (17. Jh.), älter 'einer Stiefmutter zugehörig, eigen' (16. Jh.), zuerst adverbial (15. Jh.). Stiefmütterchen n. Name der veilchenartigen Gartenpflanze (18. Jh.), älter *Stiefmütterlein, Stiffmuttrigen* (16. Jh.), *Stiefmuterkraut* (15. oder schon 14. Jh.). Benennungsmotiv ungeklärt; eine Anspielung auf die „böse" Stiefmutter (s. oben) ist wahrscheinlich, indem die Anordnung und das Aussehen der Blütenblätter als grimmiges Gesicht gedeutet wird (vgl. Namen wie *Affengesichtchen, Schief-, Fratzengesicht* u. dgl.). Stiefvater m., ahd. *stioffater* (9. Jh.), mhd. *stiefvater*, mnd. *stēfvāder*, mnl. *stiefvāder*, nl. *stiefvader*, aengl. *stēopfæder*, engl. *stepfather*, anord. *stjūpfaðir*, schwed. *styvfader*.

Stiefel m. 'Schuh mit langem Schaft', mhd. *stival, stivāl, stivel* 'hoher, auch den Unterschenkel bedeckender Schuh', mnd. *stēvele*, mnl. *stevel* sind entlehnt aus afrz. *estival, estivel* 'Stiefel', einer Ableitung von afrz. *estive* 'Bein, Flöte', dem lat. *stīpes* 'Pfahl, Stamm, Stock, Stange' zugrunde liegt. Die weithin vertretene Herleitung des Worts aus mlat. *aestivalia* (Plur.) 'sommerliches Schuhwerk' (vgl. lat. *aestīvālis* 'sommerlich', *aestīvus* 'was im Sommer stattfindet, sommerlich', zu lat. *aestās* 'Sommer') ist unwahrscheinlich. – stiefeln Vb. '(in Stiefeln) gehen' (18. Jh.), älter 'Stiefel anziehen' und übertragen 'sich rüsten, bereitmachen' (16. Jh.). Stiefelknecht m. (17. Jh.).

[1]**Stiege** f. 'schmale Treppe, Leiter', ahd. *stiega* 'das Hinaufsteigen, Zugang, Aufgang, Stufe, Treppe' (10. Jh.), mhd. *stiege* 'Treppe, Leiter, Stufe' beruht wohl auf ie. **stēigh-*, einer Ablautform der unter *steigen* (s. d.) angegebenen Wurzel (zur Lautentwicklung s. *hier*). Das nur dt. Wort ist vor allem im Obd. verbreitet und hier weitgehend synonym mit aus dem Nd. und Md. vordringendem *Treppe* (s. d.); es bezeichnet jedoch in neuerer Zeit (19. Jh.) auch in der Literatursprache eine 'hölzerne, schmale, steile Treppe'.

[2]**Stiege** f. altes, vor allem in der Landwirtschaft gebräuchliches Zählmaß '20 Stück' (z. B. Garben, die auf dem Feld als Hocke zusammengestellt werden, Kleinvieh, Bretter u. dgl.). Der aus dem Nd. stammende Ausdruck, vgl. asächs. *stīga* '20 Stück', mnd. nd. afries. *stīge*, mnl. *stīge*, nl. *stijg* sowie krimgot. *stēga*, wird im 16. Jh. in das Hd. aufgenommen. Die Herkunft des Wortes ist ungewiß.

Vielleicht ist griech. *stíchos* (στίχος) 'Reihe, Glied', zu griech. *steíchein* (στείχειν) 'einherschreiten, marschieren, steigen', vergleichbar, so daß Anschluß an *steigen* (s. d.) und die dort genannte Wurzel möglich ist?

Stieglitz m. 'Distelfink', mhd. *stig(e)liz, stig(e)litze*, mnd. *stēgelitze, stēgelisse*, Entlehnung aus dem Slaw., einer frühen Form von slowen. *štígelc* bzw. einer Vorform mit *g*-Lautung von atschech. *stehlec*, tschech. *stehlík*; vgl. auch russ. *ščegól* (щегол), poln. *szczygieł*. Der Ausdruck ist lautmalender Natur.

Stiel m. 'Pflanzenstengel, länglicher, stabförmiger Teil eines Gerätes als Griff zum Anfassen', ahd. (8. Jh.), mhd. asächs. *stil*, mnd. *stēl*, vereinzelt *stil* 'Pflanzenstiel, Stengel, Griff' ist wohl entlehnt aus lat. *stilus* 'spitzer Pfahl' (im Krieg zum Stechen und Werfen, in der Landwirtschaft zum Auflockern), 'Stiel, Stengel, Griffel zum Schreiben, Schreibart' (s. *Stil*). Dieses Lehnwort scheint sich mit einem semantisch entsprechenden Substantiv germ. Herkunft mnl. *stēle*, nl. *steel*, aengl. *stela* 'Stiel, Stengel', (mit anderer Stammbildung) anord. *stjǫlr* 'Steiß' vermischt zu haben, das mit griech. *steleá, steleós* (στελεά, στελεός) 'Stiel einer Axt, einer Hacke, eines Hammers, *stélechos* (στέλεχος) 'Stammende an der Wurzel eines Baumes, Strunk, Klotz, Stamm, Ast', armen. *steln* 'Stamm, Schaft, Stengel, Zweig' und den ablautenden unter *Stollen* (s. d.) genannten Formen zu der unter *stellen* (s. d.) angeführten Wurzel gehört.

Stier m. 'männliches Zuchtrind', ahd. *stior* (9. Jh.), mhd. *stier* 'junges männliches Rind', mnd. *stēr(e)*, mnl. nl. *stier*, aengl. *stēor*, engl. *steer* 'junger Ochse', got. *stiur* 'Kalb, junger Stier' und (ohne anlautendes *s*-) anord. *þjórr* 'Stier', schwed. *tjur* 'Stier, Bulle'. Herkunft nicht sicher geklärt. Als verwandt ist awest. *staora*- 'Großvieh (Pferd, Rind)' zu betrachten, so daß von ie. **steuro*- 'Stier' ausgegangen werden kann, einer Weiterbildung von ie. **steu*- 'massiv, fest, dick, breit', zur Wurzel ie. **stā-, *stə-* 'stehen, stellen' (s. *stehen*). Wohl fernzuhalten sind die (ebenfalls keinen *s*- Anlaut aufweisenden) außergerm. Formen griech. *taũros* (ταῦρος), lat. *taurus*, mir. *tarb* 'Stier', lit. *taũras* 'Büffel, Auerochse, Stier', apreuß. *tauris* 'Wisent', aslaw. *turъ*, russ. *tur* (*myp*) 'Auerochse'. Sie führen auf ie. **tauro*- 'Stier', das zu einer Wurzel ie. **tĕu-, *teu̯ə-, *tū̆-* 'schwellen' (s. *Daumen, tausend, deuten, deutsch, tosen*) gestellt werden kann. Auffällig ist die Lautähnlichkeit mit akkad. *šūru*, aram. *tōr*, hebr. *šōr*, so daß eine Entlehnung aus dem Semit. ins Ie. bzw. ins Semit. aus dem Ie. denkbar ist. Oder handelt es sich um ein Wanderwort, einem alten Stierkult entstammend, das ins Ie. (mit unterschiedlicher Ausprägung, s. oben) und ins Semit. gedrungen ist?

stieren Vb. 'mit starrem Blick auf einen Punkt sehen' (18. Jh.). Angesichts der späten Bezeugung ist Verwandtschaft mit anord. *stīra* 'stieren' unwahrscheinlich. Eher liegt eine Ableitung vor von s t i e r Adj. 'unbewegt, stumpf, starr, wild' (von Blick und Haltung), vereinzelt seit dem 15. Jh. bezeugt, seit der Mitte des 17. Jhs. 'scharf, durchbohrend, wild' (vom Blick), seit den 70er Jahren des 18. Jhs. abgeschwächt 'starr'. *stier* dürfte aus mnd. *stūr(e)* 'streng, hartherzig, barsch, unfreundlich' (s. *stur*) unter Einfluß von *Stier* (als dessen Charakteristikum der wilde Blick angenommen wird) umgebildet sein.

Stiesel, Stießel m. 'unhöflicher, ungebildeter, langweiliger Mensch' (19. Jh.), als Schimpfwort bes. im Omd. und Berlin.; vgl. obsächs. *Stießel* '(stoßender) Ochse oder Schafbock'. Wohl (wie *Stößel* zu *stoßen*) zu landschaftlichem *stießen*, mhd. (vereinzelt) *stiezen* 'stoßen', ablautend neben dem unter *stoßen* (s. d.) behandelten Verb.

Stift m. 'länglicher Pflock, kopfloser Nagel (aus Holz oder Metall)', ahd. *stift, steft* 'Pflock, Dorn, Zapfen' (um 1000), mhd. *stift, steft* 'Stachel, Dorn, oberstes Ende, Spitze, Stengel', mnd. *stift* (daraus entlehnt nl. schwed. dän. *stift*) und verwandtes ahd. *stival* (11. Jh.), mhd. *stivel*, (md.) *stibel* '(hölzerne) Stütze, Stange', nhd. (überwiegend mundartlich) *Stiefel*, nd. *Stīpel* 'Stützholz', mnl. *stīpel*, nl. *stiepel* 'Stütze, Stützbalken' stellen sich mit *t*- bzw. *l*-Suffix zu der unter *steif* (s. d.) angeführten Erweiterung ie. **stĕip-, *stī̆p-* bzw. **stĕib(h)-, *stī̆b(h)-* 'Stange, Stekken; steif; zusammendrängen'. Vom Ende des 17. Jhs. an steht *Stift* häufig als Kurzform von *Blei-, Schreib-, Schiefer-, Zeichenstift* u. dgl. Übertragener Gebrauch im Sinne von 'Lehrling, Gehilfe' wird im 19. Jh. üblich, wohl im Gedanken an etw. Kleines, Schmales, Geringes (vielleicht 'kleiner Penis'?), vgl. vorausgehendes *Stifftgen* 'halbwüchsiger Junge' (17. Jh.), *Stift* 'Knabe' (18. Jh.).

stiften Vb. 'einrichten, gründen, spenden, schenken', ahd. *gistiften* (8. Jh.), *stiften* (9. Jh.), mhd. mnd. *stiften* 'gründen, erbauen, einrichten, einsetzen, veranlassen, veranstalten, erfinden', afries. *stifta*, aostnfrk. (unsicher) *stiftōn* 'erbauen, gründen' sowie (mit *cht* statt *ft*) aostnfrk. *stihten* (9. Jh.), mnd. mnl. nl. *stichten*. Wenn man eine (in dieser Weise nicht belegte) Grundbedeutung 'ein Bauwerk mit Holzpfählen (s. *Stift* m.) errichten' voraussetzt, läßt sich das Verb an die unter *steif, Stift* m. (s. d.) genannte Wurzelform anschließen. In den frühesten Zeugnissen steht *stiften* im Sinne von 'gründen' (Gebäude, Städte, Kultstätten), dann 'erbauen lassen, zur Verfügung stellen, schenken' (kirchliche Gebäude, aber auch weltliche gemeinnützige Anstalten und Einrichtungen), 'als Vermächtnis aussetzen, übereignen' (Gegenstände, Geld); seit alters auch übertragen 'etw. ins Werk setzen, ein Geschehen, einen Zustand herbeiführen' (*Frieden, Unruhe stiften*). – anstiften Vb. 'den Anstoß geben, daß etw. geschieht, jmdn. zu etw. veranlassen' (16. Jh.). Stift n. 'mit geschenktem Vermögen und Grundbesitz gegründete und ausgestattete, vorwiegend kirchliche Einrichtung', mhd. *stift* 'Einrichtung, Gründung, geistliche Stiftung, Gotteshaus, rechtlich Festgestelltes', mnd. *sticht(e), stift(e)* 'geistliche Korporation, Stiftung, Bauwerk', mnl. *stichte, stift*, nl. *sticht, stift*. Stiftskirche f. 'zu einem Stift gehörende Kirche' (16. Jh.). Stifter m. 'Gründer, Spender, Schenker', mhd. *stifter*. Stiftung f. 'Gründung, Einsetzung, Schenkung, geschenkte Einrichtung', mhd. *stiftunge*; vgl. ahd. *stiftunga* 'Zurüstung' (10. Jh.).

Stigma n. 'Merkmal, (entehrendes) Kennzeichen, Wundmal'. Lat. *stigma*, hervorgegangen aus griech. *stígma* (*στίγμα*) 'Stich, Brandmal, Malzeichen, Kennzeichen', zu griech. *stízein* (*στίζειν*) 'stechen, punkten, tätowieren, brandmarken' (verwandt mit *stechen* und *Stich*, s. d.), wird Anfang des 17. Jhs. in seinen Bedeutungen 'den Sklaven und Verbrechern zur Beschimpfung eingebranntes Zeichen, Brandmal' und (mlat.) 'eins der fünf Wundmale Christi' ins Dt. übernommen. Seit der 2. Hälfte des 19. Jhs. begegnet übertragener Gebrauch 'Kennzeichen, Merkmal, Schandmal', in der Medizin 'Krankheitsanzeichen' (1. Hälfte 19. Jh.). Früher bezeugt ist stigmatisieren Vb. 'brandmarken, mit den fünf Wundmalen Christi zeichnen' (16. Jh.), (aus kultischen bzw. rituellen Gründen) 'Wundmale, Narben beibringen' (18. Jh.), übertragen '(kenn)-zeichnen, verleumden' (19. Jh.), mlat. *stigmatizare* 'mit den Wundmalen Christi zeichnen', griech. *stigmatízein* (*στιγματίζειν*) 'punktieren, brandmarken', spätlat. *stigmāre* 'brandmarken'. stigmatisiert Part.-adj. 'mit Wundmalen versehen' (16. Jh.), auf Grund religiöser Ergriffenheit 'mit Wundmalen wie der gekreuzigte Christus behaftet' (19. Jh.).

Stil m. 'zweckabhängige Art und Weise des schriftlichen und mündlichen sprachlichen Ausdrucks, charakteristische Ausdrucksform in Kultur und Kunst', Entlehnung (1. Hälfte 15. Jh.) von lat. *stilus* 'spitzer Gegenstand, Pfahl, Stiel, Stengel, Griffel zum Schreiben', übertragen 'das Schreiben, schriftliche Abfassung, Darstellung, Ausdrucksweise, Schreibart, Literatur, Sprache', mlat. auch 'Gewohnheit, Herkommen.' Im Dt. zuerst 'Schreibgriffel' und 'schriftliche und mündliche Ausdrucksweise, Darstellungsart', bes. die 'übliche Form der Abfassung von (amtlichen) Schriftstücken, der Rechtsprechung und Prozeßordnung', dann (seit dem 17. Jh.) übertragen auf die Ausdrucksform in Musik und bildender Kunst sowie auf die jmdm. entsprechende 'spezielle Lebensweise und Lebensführung', neuerdings auch 'Art, Technik der Ausübung einer Sportart' (1. Hälfte 20. Jh.). Die bis Anfang des 19. Jhs. geltende Schreibung *Styl* beruht (wie bei frz. engl. *style*) auf einer orthographischen Variante, entstanden aus einer irrtümlichen Verbindung des Wortes mit griech. *stýlos* (*στῦλος*) 'Säule, Pfeiler'. – Stilist m. 'wer einen bestimmten (guten) Stil schreibt', anfangs '(Prosa)-schriftsteller' (18. Jh.). Stilistik f. 'Stilkunde, Lehre vom sprachlichen Ausdruck und seinen Mitteln' (um 1800). stilistisch Adj. 'den Stil betreffend' (19. Jh.). stilisieren Vb. 'einen Text abfassen, formulieren' (17. Jh.), 'natürliche Strukturen in künstlerisch abstrahierter Form darstellen, typisieren' (18. Jh.), mit negativem Unterton 'verkünsteln, einengen, schematisieren' (18. Jh.); gebildet zum Substantiv.

Stilett n. 'kleiner Dolch', entlehnt (um 1600) aus gleichbed. ital. *stiletto* m. (woraus auch mfrz. frz. *stylet* m.), Deminutivum zu ital. *stilo* m. 'Griffel, Dolch', aus lat. *stilus* (s. *Stil*).

still Adj. 'ohne Bewegung, lautlos, ruhig, leise, verborgen, geheim', ahd. *stilli* (8. Jh.), mhd. *stille*, asächs. *stilli*, mnd. mnl. *stille*, nl. *stil*, aengl. *stille*, engl. *still* (westgerm. **stellja-*) läßt sich, ausgehend von 'unbeweglich stehend', als Ableitung mit (zu *ll* assimiliertem) *n*-Suffix an die unter *Stall* (s. d.) angegebene Wurzel ie. **stel-* 'stellen, aufstellen; stehend, unbeweglich, steif; Ständer, Pfosten, Stamm, Stiel' anschließen. Die im Mhd. verbreitete Bedeutung 'verborgen, geheim, heimlich' bewahren Fügungen wie *stiller* ('heimlich gehegter') *Wunsch* (18. Jh.), *im stillen* 'im geheimen, im verborgenen' (17. Jh.). – S t i l l e f. 'Bewegungslosigkeit, Lautlosigkeit, Ruhe, Verborgenheit, Heimlichkeit', ahd. *stillī* (8. Jh.), mhd. *stille*. s t i l l e n Vb. 'beruhigen, zum Schweigen bringen, befriedigen', ahd. *stillen* 'zum Schweigen bringen, beruhigen' (8. Jh.), *stillēn* 'ruhig werden, verstummen, nachlassen' (10. Jh.), mhd. *stillen* 'beruhigen, zur Ruhe kommen', auch 'einem Säugling die Brust geben', eigentl. 'durch Nahrung beruhigen'. S t i l l e b e n n. 'bildliche Darstellung alltäglicher Gegenstände in künstlerischer Anordnung' (2. Hälfte 18. Jh.), älter *stilliegende Sachen* (Anfang 18. Jh.), nach nl. *stilleven* bzw. *stilstaand* oder *stilliggend leven*; vgl. auch (ebenfalls aus dem Nl.) engl. *still life*, in dt. Übersetzung *stilles Leben* (1. Hälfte 18. Jh.).

Stimme f. 'mit Hilfe der Stimmbänder erzeugte Laute, Fähigkeit zur Erzeugung solcher Laute, Meinung, Urteil', ahd. *stimna, stimma* (8. Jh.), *stemna, stemma* (9. Jh.), mhd. *stimme*, asächs. *stemna*, mnd. *stemne, stem(me), stimme*, mnl. *stemme, stēvene*, nl. *stem*, aengl. *stefn, stemn*, engl. (mundartlich) *steven*, afries. *stifne, stemme*, got. *stibna*, mit sekundärem Labial mnd. *stempne*, frühnhd. *stimb*, aus germ. **stemnō* (mit aus *ƀn* entstandenem *mn*), ohne gesicherte außergerm. Entsprechungen. Verwandtschaft mit griech. *stóma* (στόμα) 'Mund, Maul, Mündung, Front, Spitze, Schneide' (ie. **stomen-* 'Mund, Spalte', zu einer Wurzel ie. **(s)tem-* 'schneiden') ist möglich; vgl. Wennerberg in: Die Sprache 18 (1972) 24 ff. *Stimme* in der Sprache der Musik im Sinne von 'Singstimme, Singbegabung' ist bereits ahd., dazu vgl. Fügungen wie *hohe, tiefe Stimme* (vor allem seit dem 18. Jh. geläufig); auch 'Teil einer mehrstimmigen (Vokal)komposition' (16. Jh.). *Stimme* für 'Entscheidung für jmdn., etw., Votum' bei einer Abstimmung, Beratung ist seit dem 14. Jh. bezeugt, vgl. *Sitz und Stimme* ('das Recht, ein Votum in einem bestimmten Kreis abgeben zu können') *haben* (18. Jh.), *Stimmen haben* 'das Votum anderer zugunsten der eigenen Wahl haben' (16. Jh.), *eine Stimme* ('das Recht zu urteilen') *haben* (18. Jh.), *jmdm. die, seine Stimme geben* 'sich für ihn entscheiden' (16. Jh.). – S t i m m r e c h t n. 'Recht, an Abstimmungen und Wahlen teilzunehmen' (18. Jh.). S t i m m v i e h n. 'politisch unentschiedene, unkritische und abhängige Wähler, die bei Wahlen zu erwünschten Entscheidungen veranlaßt werden können' (2. Hälfte 19. Jh.), nach amerik.-engl. *voting cattle*, zuerst auf amerikanische Verhältnisse bezogen. S t i m m e n m e h r h e i t f. (18. Jh.). s t i m m e n Vb. 'zusammenpassen, richtig sein, übereinstimmen, seine Stimme für jmdn., etw. abgeben', mhd. *stimmen* 'eine Stimme hören lassen, rufen, mit einer Stimme versehen, erfüllen, anstimmen, nennen, festsetzen, abschätzen' und ahd. *gistimnen* 'zusammen-, anstimmen' (8. Jh.); in der Musik 'die Höhe der einzelnen Töne kontrollieren' (16. Jh.), 'jmdn. in eine bestimmte Gemütslage versetzen' (18. Jh.). a n s t i m m e n Vb. 'zu singen beginnen, einen Termin festsetzen' (16. Jh.). a b s t i m m e n Vb. 'in Einklang bringen, harmonisch, passend machen' (17. Jh.), 'die Stimme, das Votum abgeben' (18. Jh.), älter 'Münzen abwerten' (schweiz., 15. Jh.), 'nicht übereinstimmen mit etw. oder jmdm.' (16. Jh.), 'überstimmen' (18. Jh.). b e i s t i m m e n Vb. 'recht geben, beipflichten' (17. Jh.). u m s t i m m e n Vb. 'anders stimmen, die Meinung ändern' (17. Jh.). z u s t i m m e n Vb. 'übereinstimmen, beipflichten' (16. Jh.). ü b e r e i n s t i m m e n Vb. 'den gleichen Klang haben, zusammenpassen, einer Meinung sein' (16. Jh.). S t i m m u n g f. 'Gemütslage, -zustand, innere Disposition' (18. Jh.), 'Kolorit, Milieu', bes. auf Ausstrahlung von Kunstwerken, Landschaften u. dgl. bezogen (19. Jh.); dazu s t i m m u n g s v o l l Adj. (19. Jh.). s t i m m i g Adj. 'übereinstimmend, zusammenpassend, richtig' (18. Jh.), zuerst 'was Stimme hat, zur Stimme gehört' (17. Jh.).

e i n s t i m m i g Adj. musikalisch 'aus nur einer Stimme bestehend' (17. Jh.), 'ohne Gegenstimme' (18. Jh.); vgl. ahd. *einstimmi* 'einmütig' (9. Jh.). m e h r s t i m m i g Adj. 'aus mehreren Stimmen bestehend' (beim Gesang, 19. Jh.).

stimulieren Vb. 'anstacheln, antreiben, anregen, ermuntern', entlehnt (16. Jh.) aus lat. *stimulāre* '(mit dem Stachel) antreiben, quälen, anspornen, anstacheln, anregen'; zu lat. *stimulus* 'Stachel zum Antreiben der Tiere, Sporn, Antrieb'. – S t i m u l a n s n. 'Mittel zum Anregen, Aufmuntern, Aufputschen'. Das in der Wissenschaftssprache der Medizin übliche lat. *stimulantia* ist der substantivierte neutrale Plural des Part. Präs. lat. *stimulāns* 'anregend', von lat. *stimulāre* (s. oben). Medizin.-lat. *Stimulantia* steht für (den Kreislauf, das Nervensystem, den Stoffwechsel oder die Potenz) 'anregende Medikamente', wird im 18. Jh. in dt. Texte aufgenommen und (seit dem 19. Jh.) auch im allgemeinen Sinne von 'Reizmittel' gebraucht. Neben pluralisches *Stimulantia, Stimulantien, Stimulanzien, Stimulanzen* tritt (um 1800) singularisches *Stimulans* bzw. *Stimulanz*. Daneben auch S t i m u l u s m. 'Berunruhigung, Anreiz, Ansporn, Anregung', Übernahme (16. Jh.) von lat. *stimulus* (s. oben).

stinken Vb. 'üblen Geruch von sich geben, unangenehm riechen', ahd. *stinkan* 'Geruch von sich geben, duften, riechen', auch 'nach Fäulnis, übel riechen' (um 800), mhd. *stinken* '(üblen) Geruch von sich geben, durch den Geruchssinn wahrnehmen', mnd. mnl. nl. *stinken* 'üblen Geruch verbreiten', aengl. *stincan* 'springen, hüpfen, stieben, Geruch verbreiten und wahrnehmen', engl. *to stink* 'üblen Geruch verbreiten', anord. *støkkva* 'springen, bersten, (be)spritzen, fliehen', norw. *støkke* 'erschrecken', got. *stigqan* 'zusammenstoßen'. Herkunft ungewiß. Mit Ablautentgleisung zu den unter *Stock* und *Stück* (s. d.) angeführten Formen zur Wurzelerweiterung ie. **(s)teug-* 'stoßen, schlagen' (Pokorny 1, 1032)? Lautlich stehen nahe lat. *stinguere* 'auslöschen', *exstinguere* 'auslöschen, austrocknen, vernichten', intrans. 'ausgehen (vom Feuer)', lit. *stìgti* 'entbehren', vielleicht auch aind. *táṅgati* 'strauchelt, zittert' und *tyájati* 'gibt auf, läßt im Stich' (vgl. Seebold 472). Die Bedeutungsentwicklung dürfte dann ausgehen von 'stoßen', woraus über 'spritzen, stieben' im Westgerm. 'ausdünsten, Geruch verbreiten'. – S t u n k m. 'Zänkerei, Streit', späte Ablautbildung (Ende 19. Jh., obsächs. und berlin.) zu *stinken* und *Stank* (s. *Gestank*), nach Vorbildern wie *trinken, Trank, Trunk*. Unabhängig davon asächs. *stunk* 'Gestank, Geruch'. Vgl. *Stunk machen* 'Streit, Ärger anfangen'. e r s t u n k e n u n d e r l o g e n verstärkend 'erdichtet, nicht der Wahrheit entsprechend, gelogen' (16. Jh.); ahd. *irstinkan* 'stark duften' (um 1000), mhd. *erstinken* 'anfangen zu stinken, verfaulen'. S t i n k t i e r n. Marderart, die Angreifer mit einem übelriechenden Drüsensekret bespritzt (18. Jh.).

Stint m. Name eines kleinen, lachsartigen Fisches, mnd. *stint*, nd. *Stint, Stent*, mnl. nl. *stint*, seit der 1. Hälfte des 16. Jhs. im Hd., wo auch (mit hd. Lautung) frühnhd. *Stinz* (15. Jh.). Vgl. norw. (mundartlich) *stinta*, dän. (mundartlich) *stint(e)*, schwed. (mundartlich) *stint* 'kleiner Fisch', *stinta* 'halberwachsenes Mädchen'. Vielleicht als 'kurzer, kleiner Fisch' mit ablautendem mhd. *stunz* 'kurz, stumpf', aengl. *stunt* 'dumm', eigentl. 'kurz', engl. *stunt* 'Verkümmerung, verkümmerter Wuchs, Kümmerling', anord. *stuttr* (aus urnord. **stunta-*) 'kurz, unfreundlich' zu einer nasalierten Dentalerweiterung der unter *stoßen* (s. d.) dargestellten Wurzel ie. **(s)teu-* 'stoßen, schlagen'. Oder mit (ohne anlautendes *s-*) lat. *tondēre* (*tōnsum*) 'scheren, abrupfen, abschneiden' zu einer Dentalerweiterung ie. **tend-* der Wurzel ie. **tan-* 'schneiden', wozu auch griech. *témnein* (τέμνειν) '(ab-, zer)schneiden, spalten'. Anders dagegen Kutzelnigg in: Muttersprache (1978) 183 f., der *Stint* aus den Namensformen frühnhd. *Stincks, Stinks, Stinckfisch* (16. Jh.) und *Stinkts*, also letztlich von dem unter *stinken* (s. d.) behandelten Verb herleiten will unter Hinweis auf den unangenehmen, gurkenartigen Geruch des frischen Fisches. Ebensogut kann freilich auch *Stinks* usw. in Anlehnung an *stinken* aus *Stint, Stinz* hervorgegangen sein.

Stipendium n. 'Geldunterstützung' (bes. für Schüler und Studierende), Übernahme (um 1500) von lat. *stīpendium* 'Steuer, Tribut, Kontribution, Zoll, Sold, Löhnung', auch (spätlat.) 'Einkünfte', (mlat.) '(finanzielle) Unterstützung'; aus **stip(i)pendium*, zu lat.

stips (Gen. *stipis*) 'Beitrag an Geld, Gabe, Spende, Almosen, Ertrag, Gewinn' und lat. *pendere* '(ab)wägen, erwägen, beurteilen, schätzen, (be)zahlen, leisten' (s. *Pensum*). Der Ausdruck bezeichnet anfangs das 'Einkommen, Gehalt eines (Universitäts)lehrers', dann (bereits im 16. Jh.) die 'finanzielle Unterstützung' (für Schüler, Studenten, Wissenschaftler, Künstler), verallgemeinert die 'Unterhaltszahlung, (Geld)stiftung' sowie das 'Wohnheim für bedürftige Schüler, Alumnat'. Neben den lat. Plural *Stipendia* tritt seit dem Ende des 17. Jhs. die dt. Pluralform *Stipendien*.

stippen Vb. 'stechen, leicht anstoßen, eintauchen, eintunken', Übernahme (16. Jh.) von mnd. mnl. *stippen* 'in etw. stoßen, einen Punkt machen, tüpfeln, eintauchen', nd. md. nl. *stippen* (auch 'sich eine Sache aneignen', wohl aus 'durch Eintunken erwerben') in die hd. Literatursprache. Vgl. iteratives nl. *stippelen* 'punktieren', woraus engl. *to stipple*. Die Verben stellen sich wie ²*steppen* (s. d.), das zugehörige Substantiv mnd. *stippe, stip*, mnl. nl. *stip* 'Punkt, Tupf, Hautfleck' und darauf beruhendes nhd. (nordd. md.) S t i p p e f. 'Stich, Punkt, Fleck' (17. Jh.), dann auch 'Tunke' (18. Jh.) mit Intensivgemination zu ie. **(s)teib-*, einer Labialerweiterung der Wurzel ie. **(s)tei-* 'spitzig' (s. *stechen*). Geläufig ist das Kompositum S t i p p v i s i t e f. 'kurzer Besuch' (18. Jh.), zu nd. *Stipp* 'Punkt, kurzer Zeitpunkt, Augenblick'. In der Bedeutung 'nähen' folgt frühnhd. (15. Jh.), mnd. *stippen* sowie nl. *stippelen* verwandtem ²*steppen*.

Stirn f. 'oberer Teil des Gesichts über den Augen'. Das nur im Dt. und Mnl. bezeugte Substantiv ahd. *stirna* (um 1100), mhd. *stirne*, mnd. *stērn(e)*, mnl. *stern(e)* ist verwandt mit aengl. *steornede* 'kühn', außergerm. mit aind. *stīr̥ṇá-* 'ausgebreitet, hingestreut', griech. *stérnon* (*στέρνον*) 'Brust, Herz', kymr. *sarn* 'das Hingebreitete, Decke, Estrich', aslaw. *strana*, russ. *storoná* (*сторона*) 'Seite, Gegend' und stellt sich mit ie. *no*-Suffix zu der unter *streuen* (s. d.) genannten Wurzel ie. **ster(ə)-* 'ausbreiten, (aus)streuen', so daß für *Stirn* von 'das Ausgebreitete, Fläche' auszugehen ist. Dazu Wendungen wie *die Stirn bieten* 'entgegentreten' (17. Jh.), *die Stirn* ('Frechheit, Kühnheit') *haben* (18. Jh.); vgl. auch den aus der Übersetzung von lat. *frōns* 'Stirn, Vorderseite, Fassade, vordere Linie des Heeres' hervorgegangenen Gebrauch in der Militärsprache 'Front, Spitze des Heeres' (16. bis 18. Jh.), in der Architektur 'vordere, dem Betrachter zugewandte Seite' (16. Jh.). – S t i r n f l ä c h e f. 'Vorder- oder Schmalseite' eines Gegenstandes (17. Jh.), 'Außenseite der menschlichen Stirn' (19. Jh.). S t i r n w a n d f. 'Vorderfront' von Gebäuden (18. Jh.), 'Schmalseite, schmale Wand' (19. Jh.). e n g s t i r n i g Adj. 'beschränkt' (20. Jh.), anknüpfend an *Stirn* im Sinne von 'geistige Kraft'.

¹**stöbern** Vb. 'wirbelnd umherfliegen' (18. Jh.), *stobern* (16. Jh.), Iterativbildung zu nd. *stowen, stöben* 'als Staub umherwirbeln' (entsprechend nhd. *stauben*, s. *Staub*). Häufig vom Schneetreiben *es stöbert* (18. Jh.). Dazu ¹G e s t ö b e r n. 'das Durcheinanderwirbeln von niedergehendem Schnee, das Aufwirbeln' (18. Jh.), 'aufwirbelnde Staubmasse' (15. Jh.). – ²s t ö b e r n Vb. 'aufwirbelnd, kramend herumsuchen, suchend aufscheuchen' (16. Jh.), ursprünglich ein Jagdwort, abgeleitet von S t ö b e r m. 'Jagdhund zum Suchen und Aufscheuchen' (17. Jh.), auch S t ä u b e r (17. Jh.), *Steuber* (16. Jh.), mhd. *stöuber*, mnd. *stōver* 'kleiner Jagdhund zum Aufspüren und Aufscheuchen kleineren Wildes, Spürhund', Nomen agentis zu mnd. *stōven*, mhd. *stouben, stöuben* 'aufscheuchen, aufspüren, (ver)jagen' (s. *stauben, Staub*). ²G e s t ö b e r n. 'Aufscheuchung, Aufruhr, Auflauf', mhd. *gestubere, gestobere*.

stochern Vb. 'wiederholt in etw. herumstechen' (16. Jh.), Iterativbildung zu seltenem (allerdings später bezeugtem, aber sicher älterem) *stochen* 'das Feuer schüren, in etw. herumstechen', mnd. *stōken* 'wiederholt stechen, Feuer schüren', mnl. *stōken* 'stoßen, stechen', nl. *stoken*, das wie *Stock, Stück* (s. d.) auf ie. **(s)teug-* zurückführbar ist, eine Gutturalerweiterung der unter *stoßen* (s. d.) verzeichneten Wurzel ie. **(s)teu-* 'stoßen, schlagen'. – S t o c h e r m. 'Heizer, wer das Feuer schürt' (15. Jh., md. *Stogker*), 'Instrument zum Stochern' (17. Jh.); Z a h n s t o c h e r m. (17. Jh.).

Stock m. 'Baumstumpf mit Wurzel, Knüttel, Stab, Geschoß eines Hauses, Grundlage', ahd. (8. Jh.), mhd. *stoc* 'Baumstumpf, Knüttel, Balken, Stange, Stab', asächs. *stokk*, mnd. *stok*, mnl. *stoc*, nl. *stok*, aengl. *stoc(c)*, engl. *stock*, anord. *stokkr*, schwed. *stock* (germ. **stukka-*) sind verwandt mit *Stück* und *verstauchen* (s. d.) sowie außergerm. mit aind. *tujáti, tuñjáti* 'bewegt sich heftig, treibt an, reizt auf, schleudert', mir. *tūag* 'Axt, Bogen', *tōcht* 'Teil, Stück', lit. *stúgti* 'in die Höhe stehen', *stùguras* 'dürrer, verstrockneter Stengel, Strunk, Pfosten'. Alle Formen lassen sich auf ie. **(s)teug-* zurückführen und damit letztlich auf eine (allerdings nur in Erweiterungen vorliegende) Wurzel ie. **(s)teu-* 'stoßen, schlagen' (wozu auch *stoßen*, s. d.). Als Ausgangsbedeutung ist 'abgeschlagener Ast, Stamm', auch 'Stumpf' anzunehmen. Die Bedeutung 'in der Erde stehengebliebener Baumstumpf mit den Wurzeln, Klotz' ist erhalten in *(über) Stock und Stein* '(durch) ungerodetes Land, ohne Weg', mhd. *stoc unde stein*, ähnlich *Stock und Block, Stock und Stumpf*; ferner in *Bienenstock* (s. d.), *Opferstock* 'kirchlicher Kollektebehälter' (15. Jh.), dafür mhd. *stoc*, eigentl. 'ausgehöhlter, verschließbarer Holzklotz'. Sie wird vielfach in Bezeichnungen aus Holzklötzen hergestellter Geräte bewahrt (vgl. *Amboßstock, Hackstock, Prägestock*) und dient in übertragenem Sinne zur Bezeichnung einer Masse (vgl. *Eiterstock, Gebirgsstock*). Die Bedeutung 'Balken, Stab' (so noch in *Spazier-, Takt-, Zeige-, Zollstock*) entwickelt sich zu 'hölzernes Ständerwerk eines Hauses' (im Unterschied zum gemauerten Fundament), dann (spätmhd.) zu 'Geschoß eines Gebäudes' (vgl. *Stockwerk*, um 1500). Bereits ahd. *stoc* steht für den 'Hauptschoß einer Pflanze', vgl. ahd. *kōl-, reba-, wīnstoc*, danach 'in einen Topf gesetzte Blumenpflanze' (16. Jh.), vgl. *Blumenstock*. Aus Vergleichen (z. B. mhd. *lac er stille alsam ein stoc*) entwickelt sich *stock-* zu einem verstärkenden Kompositionselement zunächst bei Adjektiven, vgl. *stockstill* 'unbeweglich, schweigsam', *stockfinster, stockblind* (16. Jh.), *stockdumm, stockdunkel, stocksteif* (17. Jh.), *stocktaub* (18. Jh.), *stockreaktionär* (19. Jh.), dann auch bei Personenbezeichnungen, die einen Menschen als befangen in den Ansichten, Anschauungen, Überzeugungen seines Landes, Stammes oder Standes charakterisieren sollen, z. B. *Stockengländer, Stockpreuße, Stockaristokrat, Stockphilologe* (19. Jh.). – Grundstock m. 'Grundlage, Beginn einer Anhäufung', bes. '(Grund)vermögen, Fonds' (18. Jh.), aus *Grund* (s. d.) und *Stock* in der übertragenen Bedeutung 'Masse, Menge' (s. oben); vgl. engl. *stock* 'Kapital'. Stockfisch m. 'getrockneter Kabeljau', spätmhd. *stocvisch*, eigentl. 'an einer Holzstange, einem Stangengerüst zum Trocknen aufgehängter Fisch', als eingeführte Fastenspeise nach mnd. (hansisch) *stokvisch*.

stocken Vb. 'innehalten, nicht vorankommen', im 16. Jh. als medizinischer Ausdruck 'dick, fest, steif, starr werden, gerinnen' (vom Blut) wohl zu dem unter *Stock* (s. d.) dargestellten Substantiv gebildet (älter mhd. *verstocken*, s. unten). Als Ausgangsbedeutung ist 'steif wie ein Stock, wie ein Klotz, bewegungslos werden' anzunehmen. Danach erweitert von der Funktion des Herzens, des Pulses, des Atems (18. Jh.), der Funktion technischer Geräte (Maschine, Uhr-, Triebwerk, 17. Jh.), vom Gelingen von Unternehmungen und Geschäften (18. Jh.), vom Verkehrsstrom (19. Jh.). Vgl. *ins Stocken geraten* 'nicht mehr zügig vorangehen' (19. Jh.). – Stockschnupfen m. 'nicht fließender, verdickter Schnupfen' (18. Jh.). verstockt Part.adj. 'auf etw. versteift, verhärtet, uneinsichtig, unzugänglich' (16. Jh.), zu mhd. *verstocken* 'erstarren'. stockig Adj. 'durch Feuchtigkeit verdorben, dumpf' (17. Jh.), eigentl. wohl 'durch unbeweglich stehende Luft faulend', vgl. *stocken* im Sinne von 'durch Feuchtigkeit verderben, faulen' (16. Jh.). Stockfleck m. 'durch stehende Feuchtigkeit entstandener Fleck' (19. Jh.).

Stoff m. 'Materie in ihrer körperhaften, gegenständlichen Erscheinungsform, Material, aus dem etw. besteht, hergestellt wird', bes. 'Gewebe, Tuch'. Das seit der Mitte des 17. Jhs. geläufige Substantiv ist eine wohl durch gleichbed. nl. *stof* f., mnl. *stoffe* f. vermittelte Entlehnung (mit Genuswechsel) aus dem Femininum afrz. *estofe*, mfrz. frz. (bis ins 18. Jh.) *estoffe* 'Material, Zubehör, Zeug, Gewebe' (heute frz. *étoffe*). Dieses gehört als Ableitung zum Verb afrz. *estofer*, mfrz. frz. (älter) *estoffer*, frz. *étoffer* 'gut ausstatten' (s. *ausstaffieren*), das zunächst im Afrz. auch im Sinne von 'ausstopfen, polstern' bezeugt ist und wahrscheinlich auf das unter *stopfen* (s. d.) behandelte westgerm. Verb (in einer im nordwestlichen Frankenreich verbreiteten Form mit bereits von der hd. Lautverschiebung geprägtem Lautstand) zurückgeht. Mit der Bedeutung 'thematische Grundlage, Gegenstand einer wissenschaftlichen oder künstlerischen Darstellung eines Gesprächs' (Anfang 18. Jh.) folgt *Stoff* entsprechenden übertragenen Verwendungen von frz. *étoffe*, die sich an den älteren Gebrauch 'für eine Arbeit notwendiges Material' anschließen. Seit dem frühen 19. Jh. begegnet *Stoff* ferner in studentischen Kreisen als verhüllende Bezeichnung für 'Getränk, Bier', vielleicht nach (ebenfalls aus dem Frz. stammendem) engl. *stuff*, das schon früh die Bedeutung 'Trunk, Essen' entwickelt. Euphemismus ist auch *Stoff* 'Rauschgift' (um 1920).– Stoffwechsel m. 'Gesamtheit der zur Erhaltung des lebenden Organismus nötigen biochemischen Umwandlungsprozesse' (Mitte 19. Jh., anfangs auch *Wechsel des Stoffes*, 1843). stofflich Adj. 'aus Stoff bestehend, gegenständlich, materiell, den Stoff, Inhalt betreffend' (Ende 18. Jh.); vgl. vorausgehendes *stoffen* Adj. 'aus Seidenstoff gefertigt' (Frisch 1741).

Stoffel m. 'Tölpel, ungeschickter Kerl' (16. Jh.), Kurzform von *Christoffel*, der Koseform des männlichen Eigennamens *Christoph(orus)*, griech. *Christophóros* (*Κριστοφόρος*), eigentl. 'Christus tragend' im Sinne von 'ihn hervorbringend' (von der Geburtsstadt Bethlehem), übertragen 'Christus in sich tragend, Christusverehrer'; vgl. griech. *-phóros* (*-φόρος*) '-tragend, -träger', zu griech. *phérein* (*φέρειν*) 'tragen, hervorbringen'. Der heilige Christophorus gilt als einer der vierzehn Nothelfer (gegen Wetterschaden und schnellen Tod) und als Patron der Schiffer, Fährleute, heute auch der Autofahrer. Nach einer aus dem Namen gebildeten Legende soll er das Christuskind durch einen Strom getragen haben. Er wird als ungelenker, einfältiger, gutmütiger Riese vorgestellt; sein in der Kurzform *Stoffel* auf Personen übertragener Name entwickelt sich zum Appellativum. – stoff(e)lig Adj. 'ungeschickt, ungelenk, tölpelhaft' (19. Jh.).

stöhnen Vb. 'laut seufzen, klagen'. Die schwach flektierenden Formen mhd. (md.) *stenen* (14. Jh.), frühnhd. (mit gerundetem Vokal) *stönen* (16. Jh.), mnd. *stēnen* haben neben sich mnl. (stark und schwach flektierend) *stēnen*, nl. *stenen* und stark flektierendes aengl. *stenan* sowie die ablautenden Formen mnd. *stōnen,* aengl. *stunian*, anord. *stynja*, schwed. *stöna*. Sie sind verwandt mit griech. *sténein* (*στένειν*) 'stöhnen, seufzen, jammern', lit. *stenéti* 'stöhnen', aslaw. *stenati,* russ. *stenát'* (*стенать*) 'stöhnen' und gehören mit den unter *Donner* (s. d.) angeführten Wortformen zur Wurzel ie. **(s)ten(ə)-* 'donnern, rauschen, dröhnen, stöhnen'.

stoisch Adj. 'die Philosophie der Stoa betreffend' (15. Jh.), 'selbstbeherrscht', daher auch 'unerschütterlich, gleichmütig' (17. Jh.), aus lat. *stōicus*, griech. *stōïkós* (*στωϊκός*) 'die Philosophie der Stoa betreffend, zu ihr gehörig', substantiviert 'Stoiker', abgeleitet von griech. *stoá* (*στοά*) bzw. *stōïá* (*στωϊά*) 'Säule, Pfeiler, Säulenhalle, Säulengang' bzw. der danach (*Stoa*) benannten, von Zenon und Kition um 308 v. u. Z. zu Athen in der Säulenhalle *poikílē* ('buntbemalte') *stoá* gegründeten Philosophenschule, deren Philosophie von ihren Anhängern unerschütterlichen Gleichmut der Seele in allen Situationen des Lebens verlangt. – Stoiker m. 'Anhänger und Vertreter der Stoa, gleichmütiger, unerschütterlicher Mensch' (17. Jh.; bereits im 15. Jh. lat. *Stōicus* in dt. Texten). Stoizismus m. 'Lehre und Weltanschauung der Stoa, Gleichmut, Unerschütterlichkeit' (18. Jh.); vgl. frz. *stoïcisme* (17. Jh.).

Stola f. 'über Hals und Schultern hängender, schärpenartiger Streifen als Teil des Meßgewandes katholischer Priester', heute auch '(von Frauen) um die Schultern getragener langer, breiter Schal', ahd. *stōla* (um 800), mhd. *stōl(e)*, nhd. *Stol(e)* 'Priesterbinde', entlehnt aus lat. *stola* 'langes Kleid für Frauen (an Ärmeln, Halsausschnitt und Saum mit Borten verziert)', griech. *stolḗ* (*στολή*) 'Ausrüstung, Kleid, Gewand', in der Kirchensprache 'Priesterornat', zu griech. *stéllein* (*στέλλειν*) 'in Ordnung bringen, fertigstellen, mit Waffen, Kleidern ausrüsten'. Lat. *stola* (s. oben) wird Bezeichnung für das talarartige Priestergewand mit von den Schultern bis zu den Füßen reichenden verzierten Borten, von dem, nach zunehmender Ausgestaltung des priesterlichen Untergewands, der Albe, nur noch die kostbaren Bortenstreifen als Teil der liturgischen Kleidung erhalten bleiben (8. Jh.). Im älteren Nhd. herrscht die Form *Stole*, erst im 19. Jh. beginnt durch neuerliche Anlehnung an das Lat. *Stola* zu dominieren.

Stollen m. 'in einen Berg getriebener waagerechter Gang, brotförmiges Weihnachtsgebäck', in älterer Sprache 'Stütze, Pfosten,

Säule', ahd. *stollo* 'Stütze, Pfosten' (9. Jh.), mhd. *stolle* 'Stütze, Gestell, Pfosten, Fuß, hervorragender Teil, Spitze', (in der Bergmannssprache) 'waagerechter Gang', nhd. (mit Endungs-*n* aus den obliquen Kasus) *Stollen*, asächs. *stollo* 'Gestell', mnd. *stolle* 'waagerechter Erzgang' ist verwandt mit griech. *stḗlē* (*στήλη*) 'Säule, Strebepfosten' und steht ablautend mit (zu *-ll-* assimiliertem) *n*-Suffix wie *Stall* (s. d.) zur Wurzel ie. **stel-* 'stellen, aufstellen; stehend, unbeweglich, steif; Ständer, Pfosten, Stamm, Stiel'. Ausgehend von 'tragender, stützender Pfosten' (zur Absteifung der Grubendecke), entwickelt sich 'vorgetriebener unterirdischer Gang' (13. Jh., in der Bergmannssprache); aus dem Vergleich mit einem Pfosten, Klotz stammt die Verwendung des Wortes für 'großer, brotförmiger Kuchen, Weihnachtsgebäck' (18. Jh.), zuerst (wohl unter Einfluß von fem. *Semmel*) S t o l l e f. (14. Jh., omd.).

stolpern Vb. 'mit dem Fuß beim Gehen anstoßen und straucheln', Iterativbildung des 16. Jhs. neben seltenem gleichbed. frühnhd. *stolpen, stölpen* (16. Jh.). Aus dem Nordd. stammend? Oder in Anlehnung an *holpern*? Lautlich nahe stehen (falls einheimisch) norw. (mundartlich) *stolpe* 'mit steifen, langen Schritten gehen', *stolpre* 'stolpern' und die unter *stülpen* (s. d.) genannten Wortformen. Daher an die dort genannte Wurzel anschließbar?

stolz Adj. 'seines eigenen Wertes bewußt', auch 'hochmütig, überheblich'. Das nur im kontinentalen Westgerm. bezeugte Adjektiv ahd. *stolz* 'hochfahrend, sich überhebend' (Hs. 12. Jh.), mhd. *stolz* 'töricht, übermütig, stattlich, prächtig, herrlich, hochgemut', mnd. *stolt* 'hochgeboren, ritterlich, edel, vornehm, berühmt, standesbewußt, hochmütig', mnl. nl. *stout* 'kühn, verwegen', afries. *stult* 'stolz' stellt sich mit Ablaut zu den unter *Stelze* (s. d.) angegebenen Formen, so daß eine Ausgangsbedeutung 'steif aufgerichtet, gerade' vermutet werden kann. Dagegen vertritt FRINGS die Auffassung, daß ahd. *stolz* wie afrz. *estout* 'kühn, tapfer, hart, hochmütig' aus lat. *stultus* 'töricht, albern, dumm' hervorgegangen sei, vgl. FRINGS in: Studien zur Goethezeit (1968) 58f. Anders FEW 17, 245f., wo für afrz. *estout* Herkunft aus dem Germ. (anfrk. **stolt*) angenommen wird. – S t o l z m. 'Selbstbewußtsein, Hochmut, Überheblichkeit' (15. Jh.); vgl. mhd. *stolzheit*. s t o l z i e r e n Vb. 'stolz einhergehen', mhd. *stolzieren*; vgl. mhd. *stolzen*.

Stomatologie f. 'Zahn-, Mund- und Kieferheilkunde' (1. Hälfte 20. Jh.), gelehrte Bildung mit *-logie* (s. d.) zu dem in der medizinischen Wissenschaftssprache üblichen (aus dem Griech. stammenden) *Stoma* 'Mund, Mundhöhle' bzw. dessen Kompositionsform *Stomato-* 'den Mund, die Mundhöhle und deren Teile betreffend'; nach griech. *stóma*, Gen. *stómatos* (*στόμα, στόματος*) 'Mund'. Vgl. frz. *stomatologie* (Mitte 19. Jh.), engl. *stomatology* (Ende 19. Jh.). Dazu s t o m a t o l o g i s c h Adj. (20. Jh.).

stopfen Vb. 'undurchlässig, dicht machen, füllen, hineinpressen', ahd. *stophōn* 'stechen, anstacheln' (9. Jh.), mhd. *stopfen*, (md.) *stoppen* 'stechen, dicht machen, verstopfen', mnd. mnl. nl. *stoppen* 'dicht machen, verstopfen, anhalten, hindern' (s. *stoppen*), aengl. *forstoppian* 'zustoßen, dicht machen', engl. *to stop* 'füllen, dicht machen, zum Stehen bringen, anhalten' stellt sich mit intensivierender Konsonantengemination wohl zu ie. **(s)teup-*, **(s)teub(h)-* 'stoßen' (s. auch *Stief-*), einer Labialerweiterung der unter *stoßen* (s. d.) angeführten Wurzel ie. **(s)teu-* 'stoßen, schlagen' (vgl. die alten Bedeutungen 'stechen, zustoßen'). Das Verb gerät (vermutlich am Niederrhein) unter den Einfluß von mlat. *stuppare* 'mit einem Wergpfropfen verschließen, dicht machen', zu lat. *stuppa, stūpa* 'Werg, grober Flachs', griech. *stýppē* (*στύππη*) 'Werg', und übernimmt dessen Bedeutung. Für 'ein Loch zunähen, flicken, mit Nadel und Faden ausbessern' seit dem Anfang des 18. Jhs. belegt. – S t o p f e n m. 'Stöpsel, Korken', eigentl. 'Wergbausch zum Verschließen' (18. Jh.). a u s s t o p f e n Vb. 'einen Hohlraum füllen' (17. Jh.) v o l l s t o p f e n Vb. 'fest mit etw. ausfüllen' (17. Jh.). v e r s t o p f e n Vb. 'dicht, undurchlässig machen oder werden', ahd. *firstophōn* (11. Jh.), mhd. *verstopfen*, *-stoppen*; V e r s t o p f u n g f. 'Abdichtung, Darmverstopfung', mhd. *verstopfung* 'das Verstopftsein'.

Stoppel f. 'Rest des abgeschnittenen Halmes', eine md. nd. Wortform, seit dem 16. Jh. durch Luther in der Literatursprache geläufig. Ahd. *stuphila, stophila* (Hs. 12. Jh.), langobard. *stupla*, mhd. *stupfel*, (md.) *stupela*, (rhein.) *stoppele*, mnd. *stoppel*, mnl. *stoppele*, nl. *stoppel* sind entlehnt aus spätlat. *stup(u)la* 'Strohhalm', einer Variante zu lat. *stipula* '(Korn-, Stroh)halm'. Das Wort entstammt (wie *Pflanze, Sichel, Spelze* und dgl.) dem röm. Ackerbau. Übertragen 'kurzes, borstiges Barthaar' (17. Jh.). – s t o p p (e) l i g Adj. 'mit Stoppeln versehen' (19. Jh.), älter *stoppelicht* (17. Jh.). s t o p p e l n Vb. '(in den Stoppeln) Ähren lesen' (15. Jh.), allgemein 'sammeln', von geistiger Arbeit 'kompilieren' (16. Jh.). z u s a m m e n s t o p p e l n Vb. 'mühsam zusammenlesen, notdürftig zusammensetzen' (16. Jh.).

stoppen Vb. 'zum Halten bringen, etw. aufhalten, zum Stillstand kommen, anhalten'. Mnd. mnl. *stoppen* 'verstopfen, dicht machen, aufhalten' entwickelt die im entsprechenden Verb hd. *stopfen* (s. d.) nicht enthaltene Bedeutung 'eine Strömung versperren, eine fließende, strömende Bewegung hindern' und in der Seemannssprache 'das Schiff verankern, vor Anker gehen, stilliegen'. Im Sinne von 'anhalten' gelangt *stoppen* in die Literatursprache, zuerst (noch in hd. Umsetzung *stopfen*) 'ein auslaufendes Tau an-, festhalten' (17. Jh.), später '(die Jagd, die Hunde) anhalten' (18. Jh.). Im 19. Jh. begegnet das Verb (teilweise unter dem Einfluß von engl. *to stop* 'anhalten' trans. und intrans.) in breiter Verwendung, bes. 'zum Halten bringen, zum Stillstand kommen, in seinem Fortgang, seiner Bewegung hemmen, etw. unter-, abbrechen', in neuerer Zeit 'mit der Stoppuhr messen' bzw. 'den Sekundenzeiger der Stoppuhr anhalten' (20. Jh.). – S t o p p e r m. 'Vorrichtung zum Festmachen eines Taues, Ankerkette' (18. Jh.), engl. *stopper*; anfangs mit engl. Pluralbildung *Stoppers*. Beim Ballspiel 'im Mittelfeld spielender Abwehrspieler' (1. Hälfte 20. Jh.). s t o p p ! Interj. 'halt!', ursprünglich seemännisches Kommando (Anfang 19. Jh.); vgl. engl. *stop here!* S t o p p m. 'Einhalt, das Anhalten' (18. Jh.). S t o p p l i c h t n. 'Bremslicht', S t o p p s t r a ß e f., S t o p p s c h i l d n. (20. Jh.). S t o p p u h r f. Uhr mit Sekundenzeiger, der durch Knopfdruck zum Messen kürzerer Zeitspannen angehalten werden kann (1. Hälfte 20. Jh.), engl. *stopwatch*.

Stöpsel m. 'verschließender Pfropfen' (18. Jh.), früher bezeugt in übertragener Verwendung 'kurzer dicker Mensch' (17. Jh.), später 'kleiner Junge', gebildet mit dem Suffix *-sal, -sel* (s. d.) zu md. nd. *stoppen* 'dicht machen, verschließen' (s. *stopfen*). Maskulines Genus erklärt sich wohl aus dem Einfluß von *Stopfen, Korken, Pfropfen*. – (z u) s t ö p s e l n Vb. 'mit einem Stöpsel verschließen' (18. Jh.).

Stör m. Name des (Kaviar liefernden) Speisefisches, ahd. *stur(i)o* (um 900), mhd. *stör(e), stür(e)*, asächs. *sturio*, mnd. *stōr(e)*, mnl. *stōre, steur(e), stuer(e)*, nl. *steur*, aengl. *styria*, anord. *styrja*, schwed. *stör*. Herkunft ungeklärt. Verbindung mit apreuß. *esketres* 'Stör', lit. (ablautend) *ešerȳs* 'Barsch', *asētras* 'Stör', russ. *osëtr* (*осётр*) 'Stör' (im Kaspischen und Schwarzen Meer liegen besondere Fanggebiete) wird von VASMER 2, 282 abgelehnt. DE VRIES Nl. 698 will den Namen als 'im Morast wühlender Fisch' an das unter *stören* (s. d.) behandelte Verb anschließen.

Storch m. Der Name des Stelzvogels ahd. *stor(a)h* (10. Jh.), mhd. *storch(e)*, (md.) *stork(e)*, mnd. *stork(e)*, mnl. *storke, storc, sturc*, aengl. *storc*, anord. *storkr*, nl. engl. schwed. *stork* führt auf germ. **sturka-*. Dieses kann zu ie. **str̥g-* gestellt werden, einer Ablautform von ie. **(s)terg-* (s. *stark, stracks*), Gutturalerweiterung der unter *starren* (s. d.) angeführten Wurzel ie. **(s)ter(ə)-* 'starr, steif sein; steif gehen, stolpern, fallen, stolzieren'. Vielleicht gehört hierher auch griech. *tórgos* (*τόργος*) 'Geier'. Der Storch ist nach seinem steifen, stelzenden Gang benannt, vgl. *wie ein Storch im Salat gehen* (2. Hälfte 19. Jh.). – S t o r c h s c h n a b e l m. im Vergleich mit dem Schnabel eines Storches Bezeichnung der *Geranie* (s. d.) nach ihren schnabelförmig verlängerten Fruchtgrannen, ahd. *stor(a)hessnabul* (11. Jh.), mhd. *storchsnabel*, und eines Gerätes mit spitzwinklig gekreuzten Schienen zum Vergrößern oder Verkleinern von Zeichnungen, 'Pantograph' (18. Jh.).

Store m. 'durchscheinender Fenstervorhang, Gardine', Entlehnung (19. Jh.) von frz. *store* 'Matte, Fenstervorhang, Rollvorhang', mfrz. *estore* 'Matte, Decke für einen Sitz, einen Stuhl', seinerseits entlehnt aus obital. *stora* 'Strohmatte, Rohrgeflecht' (ital. *stuoia, stoia*), das auf lat. *storea* 'geflochtene Decke aus Stroh, Binsen oder Stricken' zurückgeht.

stören Vb. 'den ruhigen Fortgang hindern, belästigen, nicht in einen Zusammenhang hineinpassen'. Ahd. *stōren* 'zerstören' (9. Jh., *ir-*

stören, um 800), mhd. *stœren* 'auseinanderstreuen, zerstreuen, verwirren, vernichten, zerstören', asächs. *testōrian* 'zerstören', mnd. *stōren* '(ver)hindern, unterbrechen', mnl. *stōren* 'hindern, verwüsten' (germ. **staur-*) und andererseits ablautendes nhd. *stüren* 'stochern, herumwühlen' (bis 18. Jh.), ahd. *stur(i)en* 'vernichten' (um 800), mhd. *stürn* 'stochern, stacheln, antreiben', asächs. *farsturian* 'zerstören, verwirren', mnl. *steuren*, nl. *storen* 'berühren, hindern, verwüsten', aengl. *styrian* 'bewegen, verwirren, aufrühren', engl. *to stir* 'bewegen, anregen, aufrühren, rütteln' sowie anord. *styrr* 'Tumult, Kampf', *sturla* 'in Unordnung bringen, stören' (germ. **stur-*) lassen sich wie *Sturm* (s. d.) mit *s*-Anlaut zu der unter *Quirl* (s. d.) angeführten Wurzel ie. **tu̯er-*, **tur-*, **tu̯r̥-*, **tru-* 'drehen, quirlen, wirbeln' stellen. Die beiden ursprünglich getrennten Verben ('zerstreuen' und 'stochern') sind in nhd. *stören* zusammengefallen. – entstören Vb. elektrotechnisch 'störungsfrei machen' (20. Jh.). verstört Part.adj. 'verwirrt, aus dem seelischen Gleichgewicht gebracht, erschreckt, beunruhigt' (17. Jh.). zerstören Vb. 'vernichten', ahd. *zistōren, zirstōren* (9. Jh.), mhd. *zerstœren* 'völlig auseinanderbringen und zerstreuen, in Verwirrung bringen, zunichte machen'. Zerstörer m. 'wer etw. vernichtet', ahd. *zistōrāri* (11. Jh.), mhd. *zerstœrer*; 'schnelles Kriegsschiff' (Anfang 20. Jh.), nach voraufgehendem engl. *destroyer* (1882). Störenfried m. 'Unruhestifter', anfangs auch im Sinne von 'Teufel', zuerst imperativischer Satzname *Störefried* (16. Jh.).

störrisch Adj. 'widerspenstig, uneinsichtig' (16. Jh.) ist wie (heute seltenes) störrig (älter auch *storrig*) 'steif, hart, emporstarrend', übertragen 'halsstarrig, starrsinnig, widerstrebend, widerspenstig' (15. Jh.) abgeleitet von dem unter *starren* (s. d.) angeführten Substantiv mhd. *storre*, frühnhd. *Storre(n)* 'Baumstumpf' (nhd. noch mundartlich), also eigentl. 'starr, steif wie ein Baumstumpf'.

Story f. 'Erzählung, Kurzgeschichte, wahre oder erfundene Geschichte, Begebenheit, Fabel (eines Romans, Dramas)', Übernahme (Ende 19. Jh.) von gleichbed. engl. *story*, auch '(historischer) Bericht, Erzählung', aus afrz. (bes. anglonorm.) *estorie, storie* 'Geschichtserzählung' (neben afrz. *estoire*), entlehnt aus lat. *historia* 'Kunde, Wissenschaft, Erzählung, Geschichte' (s. *Historie*).

stoßen Vb. 'mit kurzer, heftiger Bewegung an etw. anprallen, etw. mit heftigem Druck in eine Richtung bewegen'. Das stark flektierende Verb ahd. *stōȝan* (um 800), mhd. *stōȝen*, asächs. *stōtan*, mnd. mnl. *stōten*, nl. *stoten*, got. *stautan* und schwach flektierendes anord. *stauta* führen mit den außergerm. Verwandten aind. *tudáti* 'stößt, schlägt, sticht', air. *dotuit* 'fällt', lat. *tundere* 'stoßen, schlagen', *studēre* 'betreiben, streben, trachten' auf mit Dental weitergebildetes ie. **(s)teud-* der nur in Erweiterungen auftretenden Wurzel ie. **(s)teu-* 'stoßen, schlagen' (s. *Stief-, Stock, Stubbe, Stück*). – Stoß m. 'kurzer, heftiger Anprall, ruckartige gezielte Bewegung', ahd. (8. Jh.), mhd. *stōȝ* 'Stoß, Stich, Streit'; auch 'aufgeschichteter, zusammengestoßener Haufen' (15. Jh.). Dazu die Wendung *sich einen Stoß geben* 'sich ermuntern, aufraffen' (19. Jh.), älter *seinem Herzen einen Stoß geben* (18. Jh.), *seiner Seele einen Stoß tun* (17. Jh.). Stößel m. 'Werkzeug zum Zerkleinern und Zerstampfen', ahd. *stōȝil* (Hs. 12. Jh.), mhd. *stœȝel*, mit dem Suffix germ. *-ila-* gebildete Gerätebezeichnung. abstoßen Vb. 'durch einen Stoß entfernen, absondern, lostrennen, etw. ausscheiden, sich einer Sache oder Person entledigen, zurückweisen', ahd. *abastōȝan* 'herabstoßen, seines Amtes entheben, vertreiben, verdrängen' (um 1000), mhd. *abestōȝen* 'herabstoßen, entfernen, abladen, brechen, absegeln, von der rechten Fährte abweichen'; abstoßend Part.adj. 'Abneigung, Widerwillen hervorrufend, ekelerregend' (Ende 18. Jh.). anstoßen Vb. 'an etw. stoßen, Gläser klingen lassen, Ärgernis verursachen', ahd. *anastōȝan* 'an etw. stoßen, anstürmen, anschlagen' (9. Jh.), mhd. *anestōȝen* 'in See stechen, anzünden, befallen'; Anstoß m. 'erster, auslösender Stoß, Anprall, Ärgernis', ahd. *anastōȝ* 'Stoß, Anprall, Antrieb' (11. Jh.), mhd. *anstōȝ* 'Angriff, Anfechtung'; anstößig Adj. 'angrenzend' (15. Jh.), 'Ärgernis erregend' (16. Jh.). verstoßen Vb. 'jmdn. von sich stoßen, abweisen, sich vergehen, zuwiderhandeln', ahd. *firstōȝan* 'vertreiben, ablehnen, Anstoß nehmen' (9. Jh.), mhd. *verstōȝen* 'stoßen, aus der Richtung bringen, vertreiben, entfernen, sich irren, verirren'; Verstoß m. 'Verletzung einer Bestimmung, Versehen, Fehler' (17. Jh.), älter (vereinzelt) 'Mittel zum Verstopfen von Öffnungen' (16. Jh.). v o r s t o ß e n Vb. 'nach vorn stoßen' (15. Jh.), militärisch 'vordringen, plötzlich angreifen' (19. Jh.), ahd. *furistōȝan* 'in Bewegung setzen, nach vorn stoßen' (11. Jh.); V o r s t o ß m. 'Angriff' (19. Jh.), älter 'Hervortretendes' an Kleidungsstücken, Bauwerken (17. Jh.), 'das Nachvorngestoßene', z. B. 'das Wachs, womit die Bienen den Stock für den Winter verschließen' (16. Jh.).

stottern Vb. 'stoßweise, krampfartig mehrmals einsetzend sprechen, stammeln', ein nd. Verb, seit dem 16. Jh. in der Literatursprache. Mnd. *stōt(e)ren, stotern, stötern* (15. Jh.), nl. *stotteren*, engl. *to stutter* sind Intensivbildungen zu dem unter *stoßen* (s. d.) behandelten Verb. – S t o t t e r e r m. (17. Jh.), mnd. *stōterer* (15. Jh.). a b s t o t t e r n Vb. 'nach und nach bezahlen' (1. Hälfte 20. Jh.).

stracks Adv. 'geradewegs, unverzüglich, sofort', mhd. *strackes* 'geradezu, auf der Stelle', mnd. *strack(e)s, strākes* 'geradewegs, kurzerhand, unverzüglich', nl. (älter) *strackes, stracks*, nl. *straks* 'bald, gleich nachher, soeben' ist ein zum Adverb erstarrter Genitiv des in ahd. *framstrac* 'starr' (9. Jh.), mhd. *strac*, nhd. (heute selten) *strack* 'gerade, straff, ausgestreckt, stramm, stark, steif, unmittelbar', mnd. *strak*, auch 'schroff, starrköpfig', mnl. *strac*, nl. *strak* 'straff, starr', aengl. *stræc, strec* 'gerade, streng, starr' bezeugten Adjektivs. Es gehört wie das unter *strecken* (s. d.) behandelte Verb, ferner wie *stark* und *Storch* (s. d.) zu einer Gutturalerweiterung der unter *starren* (s. d.) angegebenen Wurzel ie. **(s)ter(ə)-* 'starr, steif sein'. Das Adverb entwickelt sich in mhd. Zeit aus Fügungen wie *strackes loufes, weges* 'geraden Laufes, Weges', dann 'sogleich, sofort'. Die alte Bedeutung 'gerade' ist erhalten in *schnurstracks* (s. *Schnur*).

strafen Vb. 'züchtigen, wegen begangener Delikte zur Rechenschaft ziehen', mhd. *strāfen* 'mit tadelnden Worten zurechtweisen, schelten, züchtigen, mit Leibes- oder Geldstrafe belegen' und mnd. *straffen, strāfen*, mnl. nl. *straffen*. Herkunft unbekannt. Das Verb erscheint um 1200 im Mhd. und löst ahd. *refsen* 'schelten, scharf tadeln, schlagen, strafen' (um 800; vgl. *ungirefsentlīh* 'untadelig', 8. Jh.), mhd. *reffen, refsen* 'mit Worten strafen, tadeln, schelten, züchtigen' ab. Eine Beziehung zu afries. *straf(f)ia* 'bestreiten, schelten' bietet sich an, so daß das Verb auch aus dem Fries., Nd., Nl. ins Hd. gelangt sein kann. Ein Zusammenhang mit wenig später auftretendem spätmhd. mnl. *straf* (s. *straff*), ausgehend von einer Bedeutung 'straff, streng behandeln', sowie Anschluß an ie. **strep-*, Labialerweiterung der Wurzel ie. **(s)ter(ə)-* 'starr, steif sein' (s. *starren*), ist, wenngleich semantisch möglich, unsicher. Älter als die Verwendung im Sinne des körperlichen Züchtigens ist die des Scheltens und Tadelns mit Worten. – S t r a f e f. 'Tadel, Schelte, Sühne für ein begangenes Delikt, Züchtigung', mhd. *strāfe* 'Tadel, Schelte, Strafe, Züchtigung', mnd. *straff(e), strāfe*, nl. *straf*. Im Dt. wenig später bezeugt als das Verb. s t r a f b a r Adj. 'unter Strafe gestellt' (15. Jh.). s t r ä f l i c h Adj. 'strafenswert', in älterer Sprache auch 'zu Strafen geneigt, strafwillig', mhd. *stræflich* 'tadelnswert'. S t r ä f l i n g m. 'in einer Strafanstalt Inhaftierter, zu einer Strafe Verurteilter' (Anfang 18. Jh.).

straff Adj. 'angespannt, gedehnt', spätmhd. *straf* 'hart, streng', mnl. nl. *straf*. Herkunft ungewiß. Zusammenhang des erst spät bezeugten Wortes mit (ebenfalls erst relativ spät belegbarem) *strafen* (s. d.) ist nicht zu sichern. Semantisch jedenfalls scheint eine Verbindung zur Wurzel ie. **(s)ter(ə)-* 'starr, steif sein' (s. *starren*) denkbar. Vgl. das lautlich nahestehende, unter *streben* (s. d.) angeführte mnd. *strif* 'angespannt, steif, starr', *stref* 'straffgespannt, fest angezogen (von Sehnen), starr, steif, kräftig, standhaft'. – s t r a f f e n Vb. 'straff machen, fest anziehen, die Spannung erhöhen' (18. Jh.).

Strahl m. 'als schmaler Streifen von einer Lichtquelle ausgehender Schein, Lichtbündel', übertragen (18. Jh.) auf aus einer engen Öffnung hervorschießendes Wasser, ahd. *strāla* f. 'Pfeil, Blitz' (8. Jh.), mhd. *strāle, strāl* 'Pfeil, Blitz, Streifen' (mit Übergang vom fem. zum mask. Genus unter Einfluß von *Pfeil*), asächs. *strāla* f. 'Pfeil', mnd. *strāle* f. m. 'Pfeil, Stachel der Biene', mnl. *strael* 'Pfeil, Stachel', nl. *straal*, aengl. *strǣl* 'Pfeil' und (ablautend) norw. (mundartlich) *strīl, strīla* 'Strahl, Ader, Streifen', schwed. *stril* 'Brause, Strahl', *strila* 'besprengen, berieseln' sowie außergerm. lit. *strėlà* 'Pfeil', aslaw. *strěla* 'Geschoß, Pfeil', russ. *strelá* (*стрела*) 'Pfeil' führen als Bildungen mit *l*-Suffix auf ie. **strē*-, eine Form der Wurzel ie. **ster*- 'Streifen, Strich, Strähne, Strahl', in Erweiterungen auch 'über etw. hinwegstreifen, -streichen', wohl eine semantische Variante der Wurzel ie. **ster(ə)*- 'ausbreiten, (aus)streuen' (s. *streuen*). Die Bedeutung 'Pfeil' bleibt bis ins 18. Jh. bewahrt; die Übertragung auf Blitz und Donner (gleichsam Wetterstrahl) erfolgt bereits im Ahd., auf Licht- und Sonnenstrahl im 17. Jh. Als physikalische Termini *Wärmestrahl* (um 1800), *Röntgenstrahlen* (Ende 19. Jh.), *Alpha-, Beta-, Gammastrahlen* (20. Jh.). – strahlen Vb. 'als Blitz niederfahren' (16. Jh.), 'Strahlen aussenden, Helligkeit verbreiten' (17. Jh.), Strahlung f. 'Glanz' (17. Jh.), physikalisch 'von einer Quelle aus sich in Strahlen ausbreitende Energie, Materie', z. B. in Optik, Wärmetechnik, Radiologie (19. Jh.).

Strähne f. 'einen Streifen bildende Haare, Fäden u. dgl., Strang', ahd. *fahsstreno* m. 'Haarflechte, -strähne' (11. Jh.), mhd. *stren(e)* m. 'Flechte von Haaren, von Flachs', mnl. *strēne* m., südnl. *streen* f. 'Garnbündel, Flechtwerk', schwed. (mundartlich) *strena* 'Striemen auf der Haut' steht wie das verwandte, unter *Strieme* (s. d.) behandelte Substantiv mit Nasalsuffix zu der unter *Strahl* (s. d.) angeführten Wurzel ie. **ster*- 'Streifen, Strich, Strähne, Strahl'. Fem. Gebrauch des ursprünglich mask. Substantivs seit dem 18. Jh. – strähnig Adj. 'aus Strähnen bestehend, wie Strähnen' (19. Jh.); vgl. mhd. *drīstrenec* 'dreifädig, aus drei Strähnen bestehend'.

stramm Adj. 'straff, fest gespannt, prall, kräftig'. Seit dem Anfang des 15. Jhs. belegtes mnd. *stram*, vereinzelt auch *stramp* 'straff gespannt, steif, steil, hochaufgerichtet' ist zu Ende des 17. Jhs. auch in hd. Wörterbüchern nachweisbar und wird im 18. Jh. von Schriftstellern nd. Herkunft, immer noch als mundartlich geltend, im Hd. verbreitet, setzt sich aber im 19. Jh., wohl durch die Militärsprache, allgemein durch. Es kann (bei *m(m)* aus *mb*, wie das vereinzelte mnd. Zeugnis nahelegt) mit nl. *stram* 'stark, steif, gespannt', anord. *-strambr* (in *hafstrambr* eine Walart), isl. *strembinn* 'mühevoll, schwierig, schwer verdaulich', norw. (mundartlich) *stremben* 'aufgebläht', *stremba* 'spannen, Brust oder Magen aufblähen', den unter *strampeln* (s. d.) und *Strumpf* (s. d.) verzeichneten Formen und lit. *stram̃pas* 'Knüttel', apreuß. *strambo* 'Stoppel' auf ie. **stremb*-, **stremp*- zurückgeführt werden, eine nasalierte Labialerweiterung der unter *starren* (s. d.) genannten Wurzel ie. **(s)ter(ə)*- 'starr, steif sein'. de Vries Nl. 707 möchte allerdings in dem relativ spät bezeugten Wort eine sekundäre Bildung (ähnlich *straff*) annehmen. Im Hd. wird in allgemeiner Verwendung *straff* bevorzugt. Jedoch bildet *stramm* die Verbalkomposita strammstehen Vb. 'militärisch geradestehen' und strammziehen Vb. 'straffziehen' (beide 19. Jh.); vgl. *die Hosen strammziehen* 'durch Schläge bestrafen'.

strampeln Vb. (bes. von Kleinkindern) 'die Beine schnell ausstrecken und wieder anziehen, sich lebhaft bewegen' (15. Jh., daneben seit dem 16. Jh. in hd. Lautung *strampfeln*), Iterativbildung zu mnd. *strampen* 'mit den Füßen hart auftreten, aufstampfen'; vgl. nhd. *strampfen* (16. Jh.). Verwandt sind (mit Ablaut) mnd. *strumpen* 'hinken, betrunken einhertorkeln', *strumpel(e)n* 'straucheln, stolpern, fehltreten', mnl. *strompen*, nl. *strompelen* 'stolpern, humpeln' sowie die unter *stramm* und *Strumpf* (s. d.) genannten Formen.

Strand m. 'vom Meer bespülter Küstenstreifen, Sandstreifen am Meer', mhd. *strant*, von Seeleuten der Ostsee (Ende 13. Jh.) aus dem Skandinavischen entlehnt, zuerst in der Literatur des Deutschen Ordens, also im Nordosten des dt. Sprachgebietes und von da nach Westen vordringend, vgl. mnd. mnl. *strant*, nl. *strand*, dann (17. Jh.) auch bei obd. Autoren. Anord. *strǫnd* 'Strand, Küste', schwed. *strand*, (ablautend) anord. *strind* 'Kante, Seite, Rand' stellen sich als 'ausgebreiteter Streifen' zu der unter *streuen* (s. d.) angeführten Wurzel ie. **ster(ə)*- 'ausbreiten, (aus)streuen'. de Vries Nl. 708 möchte lieber von einer Bedeutung 'Trennlinie' (zwischen Wasser und Land) ausgehen und daher an die Wurzelbedeutung 'Streifen, Strich' (s. *Strahl, streichen, Strich, Streifen*) anknüpfen. Auch aengl. engl. (älter) *strand* stammen wohl aus dem Skandinavischen. Dem Dt. eigene, ältere Bezeichnungen sind *Gestade* und *Ufer* (s. d.). – stranden Vb. 'auf den Strand oder eine Untiefe geraten' (15. Jh.), 'scheitern, Mißerfolg haben' (17. Jh.). Strandgut n.

'am Strand angespülte (vornehmlich aus einem Schiffbruch stammende) und daher herrenlose Gegenstände' (17. Jh.), übertragen 'herrenlos Zurückgebliebenes' (19. Jh.).

Strang m. 'dickes, gedrehtes Seil', ahd. *strang* (8. Jh.), mhd. *stranc* 'Strick, Seil', mnd. *stranc, strenc*, mnl. *strenc* 'Strang, Band, Tau', nl. *streng*, aengl. *streng*, engl. *string*, auch 'Saite', anord. *strengr* 'Strang, Seil, Bogensehne', schwed. *sträng* 'Saite, Sehne, Strang' lassen sich wie das unter *streng* (s. d.) behandelte Adjektiv und griech. *strangós* (*στραγγός*) 'tröpfchenweise fließend', auch 'zusammengeschnürt, verwickelt, ruckweise, unregelmäßig', *stránx* (*στράγξ*) 'aussickernder, ausgespreßter Tropfen', *strangálē* (*στραγγάλη*) 'Strick, Strang, Schlinge', mir. *srengim* 'ziehe, schleppe', *sreng* 'Strick', lett. (altkurisch) *stringt* 'stramm werden, verdorren', *strangs* 'mutig, frisch' auf ie. **strenk-*, **streng(h)-* 'straff, beengt, Strang, zusammendrehen, zusammenziehen' zurückführen, eine Erweiterung der unter *starren* (s. d.) angegebenen Wurzel ie. **(s)ter(ə)-* 'starr, steif sein'. *Strang* erscheint häufig in festen Fügungen wie *über die Stränge* ('Zuggeschirr') *schlagen* 'übermütig sein' (16. Jh.), *am gleichen Strang ziehen* 'übereinstimmen' (18. Jh.), älter *gleiche Stränge führen* u. ä. (17. Jh.), *wenn alle Stränge reißen* 'im äußersten Notfall' (18. Jh.), *zum Tode durch den Strang* ('durch Erhängen') *verurteilen* (17. Jh.).

strangulieren Vb. 'erdrosseln, erhängen', entlehnt (16. Jh.) aus lat. *strangulāre* 'erwürgen, erdrosseln, ersticken', griech. *strangalū́n* (*στραγγαλοῦν*) 'zusammenschnüren, erdrosseln, erwürgen', zu griech. *strangálē* (*στραγγάλη*) 'Strick, Strang, Schlinge', das mit den unter *Strang* (s. d.) behandelten Formen verwandt ist. – S t r a n g u l a t i o n f. 'das Erwürgen, das Erhängen' (16. Jh.), lat. *strangulatio* (Gen. *strangulātiōnis*).

Strapaze f. 'große Anstrengung', entlehnt (17. Jh.) aus ital. *strapazzo* m. 'Abarbeitung, Quälerei, schlechte Behandlung', zu ital. *strapazzare* 'mißhandeln, schlecht behandeln, pfuschen', dessen Herleitung unsicher ist. Mit hoher Wahrscheinlichkeit kann man in dem ital. Verb eine Bildung mit steigerndem ital. *stra-* 'überaus, äußerst' (lat. *extrā* 'außerhalb') zum Präsensstamm des Verbs lat. *patī* '(er)dulden, sich gefallen lassen, hinnehmen, (er)leiden' sehen. Im Dt. ist *Strapatz,* dem Ital. folgend, zunächst Mask., seit dem 18. Jh., vielleicht unter Einfluß von *Anstrengung, Mühe, Qual*, gilt fem. Genus. – s t r a p a z i e r e n Vb. 'sehr beanspruchen, (refl.) sehr anstrengen, sich abarbeiten' (17. Jh.), ital. *strapazzare.* s t r a p a z i ö s Adj. 'sehr anstrengend' (19. Jh.), französierende Bildung zu *Strapaze*, wohl nach gleichbed. ital. *strapazzoso.*

Straße f. 'befestigter Verkehrsweg', ahd. *strāʒa* (8. Jh.), mhd. *strāʒe*, asächs. *strāta*, mnd. mnl. *strāte*, nl. *straat*, aengl. *strǣt*, engl. *street* sind Entlehnungen von spätlat. *strāta*, dem aus der Fügung lat. *via strāta* 'gepflasterte Straße' (anfangs 'Heerstraße', dann auch 'Stadtstraße') substantivierten femininen Part. Perf. von lat. *sternere* 'hinbreiten, streuen, ebnen, bedecken'.

Stratege m. 'Feldherr, Heerführer, Fachmann für den Einsatz und das Zusammenwirken von Streitkräften, Waffen und Gerät', entlehnt (1. Hälfte 19. Jh.), wohl über frz. *stratège* (18. Jh.), aus griech. *stratēgós* (*στρατηγός*) 'Feldherr' (bes. einer der zehn gewählten Heerführer, die die oberste Militärbehörde Athens bilden); zu griech. *stratós* (*στρατός*) 'Heer' und *ágein* (*ἄγειν*) 'treiben, leiten, führen, ziehen, gehen'. – S t r a t e g i e f. 'Kunst, Wissenschaft von der Heerführung, Vorbereitung, Planung und Durchführung der Feldzüge' (18. Jh.), aus griech. *stratēgía* (*στρατεγία*) 'Feldherrnamt, Feldherrnkunst, Heerführung'. In allgemeinem Sinne 'höhere Planung' (19. Jh.), dann auch 'Generallinie einer Arbeiterpartei in einer historischen Entwicklungsetappe' (1. Hälfte 20. Jh.). s t r a t e g i s c h Adj. 'die Strategie, den organisierten Einsatz der Streitkräfte betreffend, für die Kriegsführung (übertragen: für jede Art von Planung) entscheidend' (19. Jh.); vgl. griech. *stratēgikós* (*στρατηγικός*) 'in der Heerführung erfahren'.

Stratosphäre f. mittlere Schicht der Erdatmosphäre (in etwa 12 bis 50 km Höhe), gegen Ende des 19. Jhs. (wohl nach dem Muster von älterem *Atmosphäre*, s. d.) entstandene gelehrte Bildung zu lat. *strātum* 'das Hingebreitete, Lager, Decke, Straßenpflaster', nlat. auch '(geologische) Schicht', dem substantivierten Part. Perf. von lat. *sternere* 'hinbreiten, streuen, ebnen, bedecken' (s. *Straße*), in Verbindung mit *Sphäre* (s. d.) im Sinne von 'Himmelszone'.

sträuben Vb. 'starr emporrichten', refl. 'sich aufrichten', übertragen 'sich widersetzen', ahd. *strūbēn* 'starren, rauh sein' (10. Jh.), *strūben* 'nach oben richten, rauh machen' (10. Jh.), mhd. *strūben* 'starren, rauh emporstehen (von Haaren und Federn), starr emporrichten, sich widersetzen', asächs. *strūbian*, mnd. *strūven*, mnl. *strūven*, gebildet zum Adjektiv mhd. *strūp, strūbe* 'starrend, rauh emporstehend (von Haaren, Federn), struppig, krauskopfig', frühnhd. *straub*, asächs. mnd. *strūf* 'rauh, uneben, holperig, struppig, wirr', nl. *stroef*, verwandt mit den unter *strubb(e)lig* und *struppig* (s. d.) aufgeführten Formen. Außergerm. sind vergeichbar griech. *stryphnós* (*στρυφνός*) 'herb vom Geschmack, sauer, zusammenziehend, streng', lit. *strùbas* 'kurz, stumpf, abgestumpft', vielleicht auch aslaw. *strupъ* 'Wunde, Verwundung', russ. *strup* (*струп*) 'Schorf, Grind, Kruste einer Wunde'. Rückführung auf eine Labialerweiterung von ie. **streu-*, **strŭ-* (wozu auch *Strauch, straucheln*, s. d.), einer Form der unter *starren* (s. d.) angeführten Wurzel ie. **(s)ter(ə)-*, **(s)trē-* 'starr, steif sein', ist möglich. Das intrans. *ēn*-Verb und das trans. *jan*-Verb (s. oben die ahd. Formen) sind frühzeitig miteinander vermischt worden; im Nhd. herrscht aus dem *jan*-Verb entstandenes umgelautetes *sträuben*. Die Bedeutung 'sich widersetzen, sich wehren' (bereits mhd.) ergibt sich aus dem Emporrichten der Fellhaare, der Federn, des Kammes, der Mähne widerstrebender Tiere. – haarsträubend Adj. 'entsetzlich, schrecklich', eigentl. 'die Haare sträuben machend' (19. Jh.).

Strauch m. 'buschartiges Holzgewächs'. Das nur im Dt. und Nl. bezeugte Substantiv mhd. (vorwiegend md.) *strūch*, mnd. *strūk(e)*, mnl. *struuc*, auch 'Strunk, (gekappter) Stamm', nl. *struik* ist wie *straucheln* und wohl auch nasaliertes *Strunk* (s. d.) verwandt mit lit. *strùgas, strùkas* 'kurz, verstümmelt', *strùgė* eine Grasgattung 'Zwenke' und vielleicht griech. *strýchnon* (*στρύχνον*) 'Nachtschatten' (und andere Pflanzen). Auszugehen ist von ie. **streug-*, **strug-*, einer Gutturalerweiterung der unter *starren* (s. d.) genannten Wurzel ie. **(s)ter(ə)-* 'starr, steif sein'. – Gesträuch n. Kollektivbildung zu *Strauch*; mhd. *gestriuche*. strauchig Adj. 'mit Sträuchern bewachsen' (16. Jh.), 'in der Art eines Strauches' (18. Jh.). Strauchdieb m. 'Straßenräuber, verhungert und elend aussehender Mensch' (16. Jh., durch Luther verbreitet); vgl. mnd. *strūkdēf*.

straucheln Vb. 'stolpern', spätmhd. *strūcheln* 'stolpern, zu Fall kommen, sinken, stürzen', mnd. *strūkelen*, mnl. *strūkelen*, nl. *struikelen* ist als Iterativum mit *l*-Suffix zu ahd. *strūhhōn* 'rennen, stürzen' (10. Jh.), mhd. *strūchen*, frühnhd. *strauchen* (bis 17. Jh.) gebildet, dessen Herkunft nicht eindeutig geklärt ist. Entweder steht es mit den unter *Strauch* (s. d.) abgehandelten Wortformen zu der unter *starren* (s. d.) verzeichneten Wurzel ie. **(s)ter(ə)-* 'starr, steif sein, steif gehen, stolpern, fallen', wobei als Ausgangsbedeutung 'mit steifen Beinen gehen und folglich stolpern' anzusetzen ist (vgl. de Vries Nl. 713). Oder es gehört als Intensivbildung (vgl. Wissmann Nomina postverbalia 1, 1932, 131) zu nl. *stroken* 'streicheln, liebkosen', anord. *strjūka* 'streichen, nehmen, schlagen, eilen', schwed. *stryka* 'streichen', verwandt mit griech. *streūgesthai* (*στρεύγεσθαι*) 'hinschmachten, erschöpft, geplagt werden' (eigentl. 'gestrichen, aufgerieben werden'?), aslaw. *struga* 'Vernichtung, Zerstörung', russ. *strug* (*струг*) 'Hobel', dazu ablautend aslaw. *strъgati* 'zerfleischen', russ. *strogát'* (*строгать*) 'hobeln, schaben', zu ie. **streug-*, einer Erweiterung der unter *streichen, Strahl, Streifen, Strieme* (s. d.) angegebenen Wurzel ie. **ster-* 'Streifen, Strich, Strähne, Strahl', in Erweiterungen auch 'über etw. hinwegstreifen, -streichen', wohl eine semantische Variante der Wurzel ie. **ster(ə)-* 'ausbreiten' (s. *streuen*).

[1]**Strauß** m. 'Streit', mhd. *strūʒ* 'Widerstand, Zwist, Streit, anmaßende Herausforderung, Reizrede, Gefecht', engl. (mundartlich) *strout* 'Streit', ablautend engl. (älter) *strut* 'Streit, Zank' gehört mit mhd. *striuʒen* 'sich sträuben, spreizen' und (ohne *s*-Anlaut) mir. *trot*, ir. *troid* 'Streit' zu der unter *strotzen* (s. d.) behandelten Wortgruppe. *Strauß* entwickelt sich im Obd. und bezeichnet eigentl. eine 'sich erhebende', d. h. 'heftige, ungestüme Kampfaktion', später auch ein 'Wortgefecht'. Gleicher Herkunft ist [2]*Strauß* (s. d.), das in der Allgemeinsprache geläufig wird und [1]*Strauß* in die gehobene Sprache abdrängt.

[2]**Strauß** m. 'Blumengebinde', frühnhd. *strūß, strauß* 'Federbusch, Kamm auf dem Kopf eines Vogels, Schmuck auf Helm oder

Hut', auch 'Strauch, Busch, Dickicht' (16. Jh.) und in heutigem Sinne 'Blumengebinde' (vgl. *rosen struß*, Murner 1512), hat neben sich die Kollektivbildungen ahd. *strūȥahi* n. 'Gebüsch' (Hs. 12. Jh.), frühnhd. *striuȥach, strūȥach* 'Gebüsch' (15. Jh.), spätmhd. *gestriuȥe* 'Buschwerk, Gesträuch' und stellt sich als 'Hervorstehendes' (wie [1]*Strauß*, s. d.) zu der unter *strotzen* (s. d.) behandelten Wortgruppe.

[3]**Strauß** m. Der Name des in den Steppen Afrikas und Vorderasiens lebenden großen Laufvogels ahd. *strūȥ* (9. Jh.), mhd. *strūȥ(e)*, mnd. *strūs(e)*, mnl. *struus*, nl. *struis*, aengl. *strȳta* ist entlehnt aus spätlat. *strūthiō*, griech. *strūthíōn* (στρουθίων) 'Strauß', zu griech. *strūthós* oder *strū́thos* (στρουθός, στροῦθος) 'Sperling, kleiner Vogel', auch 'Strauß'. Während aengl. *strȳta* genau zum Lat. stimmt, wird die Grundlage der kontinentalgerm. Entlehnungen eine spätlat. oder vlat. Form **strūcio* gewesen sein. Verdeutlichendes *Vogel Strauß* (16. Jh.) ist wahrscheinlich eine im Dt. entstandene volkstümliche Bildung, unabhängig von der Fügung vlat. *avis strūthiō* (aus der frz. *autruche* hervorgegangen ist).

streben Vb. 'auf eine körperliche oder geistige Vorwärtsbewegung gerichtet sein, seine Bemühungen auf etw. richten, wonach trachten'. Das nur im Dt. und Nl. bezeugte schwache Verb ahd. *streben, strebōn* 'sich regen, bewegen' (11. Jh.), mhd. *streben* (md. auch *streven*) 'sich heftig bewegen, zappeln, Widerstand leisten, sich aufrichten, abmühen, kämpfen, starren, steif sein, strotzen', mnd. *strēven* 'zappeln, sich bewegen, sich bemühen, starr in eine Richtung weisen, sich auflehnen', mnl. *strēven* 'nach etw. trachten, sich widersetzen', nl. *streven* steht deverbativ neben einem resthaft belegten gleichbed. stark flektierenden Verb mhd. **strīben* (vgl. bezeugtes *strep, gestreben*) und wahrscheinlich nl. (älter) *strijven* 'streben, streiten'. Verwandt ist das Adjektiv mnd. *strif* 'angespannt, steif, starr', *stref* 'straffgespannt, fest angezogen (von Sehnen), starr, steif'. Vergleichbar ist griech. *striphnós* (στριφνός) 'dicht, fest, hart', so daß auf eine Labialerweiterung ie. **strĕibh-* der unter *starren* (s. d.) dargestellten Wurzel ie. **(s)ter(ə)-*, **(s)trē-* 'starr, steif sein' zurückgegangen werden kann. Möglicherweise sind im Verb *streben* zwei ursprünglich getrennte, wenn auch zu einer Wurzel gehörende Bildungen zusammengefallen, die sich in älterer Zeit nach ihren Bedeutungen trennen lassen; einmal 'starren, steif sein, emporragen' (bis 15. Jh.), dem Adjektiv mnd. *strif, stref* (s. oben) nahestehend, zum anderen '(sich) regen, bewegen' auf ein ursprünglich räumliches Ziel zu, auch gegen Widerstand, bereits früh (mhd. beginnend) übertragen auf Gedanken und willensbestimmte Handlungen. – Strebe f. 'Stützpfeiler, Querbalken' (16. Jh.), anfangs 'schräge Neigung von Wand- und Mauerflächen'; vgl. mhd. *widerstrebe* 'Widerstand'. verstreben Vb. 'mit Stützbalken versehen' (19. Jh.), von *Strebe* abgeleitet. Unabhängig davon mhd. *verstreben* 'strebend überwinden'. Strebebogen m. 'bogenförmige Stütze' (16. Jh.), in gotischen Kirchen 'frei schwebender Bogen, der den Schub vom Mittelschiff zu den Strebepfeilern des Seitenschiffs herableitet' (19. Jh.). Strebepfeiler m. 'Stützpfeiler' (15. Jh.). Streber m. 'wer sich um ein Ziel bemüht' (18. Jh.), meist abschätzig 'Ehrgeizling', vor allem in der Schülersprache (19. Jh.), älter '(Wider)streiter' (16. Jh.). strebsam Adj. 'beharrlich und fleißig ein Ziel verfolgend' (Anfang 19. Jh.). zielstrebig Adj. 'sich um ein bestimmtes Ziel bemühend, zweckgerichtet' (19. Jh.). widerstreben Vb. 'Widerstand leisten, sich sträuben, zuwider sein', mhd. *widerstreben*.

strecken Vb. 'gerade und straff ausdehnen', refl. 'sich dehnen, ausgedehnt hinlegen, sich erstrecken'. Das nur westgerm. bezeugte Verb ahd. (um 800), mhd. mnd. mnl. *strecken* 'gerademachen, ausdehnen, ausbreiten, -spannen', nl. *strekken*, aengl. *streccan*, engl. *to stretch* stellt sich (faktitiv?) zu dem unter *stracks* (s. d.) angegebenen Adjektiv (z. B. ahd. *-strac*) und bedeutet eigentl. 'gerade, straff, steif machen'. In fester Wendung *die Waffen strecken* ('niederlegen') als Zeichen der Kapitulation (18. Jh.). – Strecke f. 'Wegabschnitt bis zu einem Zielpunkt' (18. Jh.), zuvor (im Bergbau) 'horizontaler Grubenbau' (Ende 15. Jh.), 'Reichweite' einer Schiffsbrücke, (in der Mathematik) 'gerade Linie' (17. Jh.), dann 'durch zwei Punkte begrenzter Abschnitt einer Geraden' (19. Jh.), 'bestimmter Abschnitt einer Verkehrslinie' (19. Jh.). Vgl. die ältere Zusammensetzung mhd. *zilstrecke*, dafür nhd. *Wegstrecke* (17. Jh.), und die Wendung *zur*

Strecke bringen 'erlegen' (19. Jh.), wohl zu *Strecke* im Sinne von 'reihenweise nebeneinandergelegtes bei einer Jagd erlegtes Wild' (19. Jh.). niederstrecken Vb. 'ausgestreckt niederlegen, zu Boden werfen, töten', ahd. *nidarstrecken* (9. Jh.), mhd. *niderstrekken.* vorstrecken Vb. (bes. einen Körperteil) 'nach vorn bringen, recken', mhd. *vürstrecken*; vgl. ahd. *forastrecken* 'hinstrekken, niederwerfen' (9. Jh.). Seit dem 16. Jh. auch 'vorschießen, leihen' (von Geld und anderen Dingen). erstrecken Vb. refl. 'umfassen, eine Ausdehnung haben', mhd. *erstrecken* 'ausstrecken, ausdehnen, verlängern'.

Streich m. 'Hieb, Schlag', übertragen 'überraschende, kühne Tat' (s. auch *Hand-, Staatsstreich*), mhd. *strīch* 'Streich, Schlag' ist wie ablautendes mengl. *strōk*, engl. *stroke* Verbalabstraktum zu dem unter *streichen* (s. d.) behandelten stark flektierenden Verb. Redensartlich *auf einen Streich* 'mit einem Hieb, auf einmal' (16. Jh.), *jmdm. einen Streich* ('Schabernack') *spielen* (18. Jh.). – Backenstreich m. 'Ohrfeige' (15. Jh.).

streicheln Vb. 'wiederholt und sanft (als Liebkosung) mit der Hand über etw. hinstreichen' (14. Jh.), mit deminutiv-iterativem *l*-Suffix zu gleichbed. ahd. *streihhōn* (um 1000), mhd. *streichen* 'streifen, berühren, streicheln, glattstreichen, pflegen' gebildet. Dieses schwache Verb fällt im Frühnhd. mit dem aus ahd. *strīhhan*, mhd. *strīchen* (s. *streichen*) hervorgegangenen starken Verb durch Diphthongierung von *ī* zu *ei* in den Präsensformen lautlich zusammen, wird daraufhin aufgegeben und durch *streicheln* ersetzt.

streichen Vb. 'sich fortbewegen, gehen, (mit der Hand) etw. streifend berühren, über etw. hinstreifen, (be)schmieren, durch streichende Bewegung entfernen, einen Strich ziehen', ahd. *strīhhan* (8. Jh.), mhd. *strīchen* 'Striche machen, streichend bewegen, glätten, bestreichen, schärfen, streichend berühren, schlagen, sich rasch bewegen, herumstreifen', mnd. mnl. *strīken*, nl. *strijken*, aengl. *strīcan*, engl. *to strike* sowie (ablautend) schwach flektierendes ahd. *streihhōn* 'streicheln' (um 1000), mhd. *streichen* (s. *streicheln*) führen mit dem zugehörigen, unter *Strich* (s. d.) behandelten Abstraktum und lat. (mit *n*-Infix) *stringere* 'schnüren, zusammenbinden, (ab)streifen', *striga* 'Strich, Schwaden, Zeltreihe, Längsfurche', *strigilis* 'Schabeisen', aslaw. *strišti*, russ. *strič'* (*стричь*) 'scheren' auf ie. **streig-*, eine durch Guttural erweiterte Form der Wurzel ie. **ster-* 'Streifen, Strich, Strähne, Strahl', in Erweiterungen auch 'über etw. hinwegstreifen, -streichen', wohl eine semantische Variante der unter *streuen* (s. d.) angegebenen Wurzel ie. **ster(ə)-* 'ausbreiten, (aus)streuen'. – Streicher m. 'Landstreicher, Vagabund' (16. Jh.; s. *Landstreicher*), 'Maler' (17. Jh.; s. unten *Anstreicher*), 'Spieler eines Streichinstruments' (1. Hälfte 20. Jh.), mhd. *strīcher* als Bezeichnung für unterschiedliche Handwerker. Streichholz n. 'Zündholz' (19. Jh.), älter Bezeichnung für unterschiedliche Geräte, z. B. zum Abstreichen gefüllter Gefäße (15. Jh.). abstreichen Vb. 'durch streichende Bewegung entfernen, sich entfernen, herumstreifen, beschmieren, streichend berühren, durch einen Strich tilgen', mhd. *abestrīchen* 'beseitigen, abwischen, forteilen'; Abstrich m. 'Abzug' (17. Jh.), 'abwärtsgehender Schriftstrich' (19. Jh.), in der Medizin 'Entnahme von Haut, Schleimhaut' zu Untersuchungen (19. Jh.), mhd. *abestrich* 'Tilgung'. anstreichen Vb. 'mit Farbe bedecken, mit einem Strich versehen, bezeichnen', mhd. *anestrīchen* 'bedecken, beschmieren (mit Salbe), sich putzen'; Anstreicher m. 'Maler, Tüncher' (18. Jh.), bei Kepler für *Tangente* im Sinne von 'Berührer, berührende Linie' (17. Jh.); Anstrich m. 'aufgemalte Farbe, Tünche, Salbe' (16. Jh.), mhd. *anstrich* 'auf den Geigenbogen gestrichenes Harz, Kolophonium'. verstreichen Vb. 'verschmieren, breitstreichen, durch Streichen aufbrauchen, vergehen (von der Zeit)', ahd. *firstrīhhan* 'tilgen' (8. Jh.), mhd. *verstrīchen* 'ver-, überstreichen, verschmieren, ausstreichen, sich bewegen, sich schnell oder heimlich davonmachen, vergehen'.

Streifen, Streif m. 'sich abhebender Farbstrich, Strahl, langes schmales Stück, Band', mit *-en* aus den Endungen der flektierten Kasus, mhd. *strīfe*, mnd. mnl. *strīpe* 'Streifen', schwed. *stripa* 'herabhängendes Haarbüschel, Haarsträhne', anord. *strip* n. 'gestreiftes Zeug' (aus dem Mnd.?, doch vgl. *strīprendr* 'gestreift') sowie ahd. *striph* 'Schuttbingelkraut', *stripha* 'Grindampfer' (Hs. um 1200) und das unter *streifen* (s. d.) behandelte Verb lassen sich mit air. *srīab* (aus **streibā*) 'Streifen' auf ie. **streib-* zurückführen, eine Labialerweiterung der unter *Strahl, streichen* (s. d.) genannten Wurzel ie. **ster-*, **sterə-*, **strē-*, **strei-*, **streu-* 'Streifen, Strich, Strähne, Strahl', auch 'über etw. hinwegstreifen, -streichen', die wohl identisch ist mit der unter *streuen* (s. d.) angeführten Wurzel ie. **ster(ə)-* 'ausbreiten, (aus)streuen'. – s t r e i f i g Adj. 'mit Streifen versehen' (18. Jh.), älter *streificht*, ahd. *strīfaht* 'gestreift' (11. Jh.), mhd. *strīfeht*. g e s t r e i f t Part.adj. 'mit Streifen versehen', mhd. *gestrīft*, zu mhd. *strīfen* 'mit Streifen versehen', abgeleitet von mhd. *strīfe* 'Streifen' (s. oben).

streifen Vb. 'gleitend berühren, abstreifen, herumschweifen', mhd. *streifen* 'gleitend berühren, gleiten, ziehen, marschieren, abhäuten', mnd. mnl. *strīpen* steht ablautend zu dem unter *Streifen* (s. d.) behandelten Substantiv. Aus 'gleitend berühren, flüchtig über etw. hinfahren' entwickelt sich 'durch Entlanggleiten etw. Umhüllendes abstreifen, abziehen' und (spätmhd.) 'umherziehen, umherschweifen'. – a b s t r e i f e n Vb. 'etw. Umhüllendes, Enganliegendes abziehen, entfernen, enthäuten', ahd. *abastreifen* (11. Jh.), mhd. *abestreifen*, frühnhd. auch 'sich davonmachen' (Ende 15. Jh.), 'ein Gebiet durchstreifen, eine Strecke zurücklegen' (19. Jh.). S t r e i f e f., älter *Streif* m. 'Streifzug, Wanderung', spätmhd. *streif* m.; 'Gruppe, kleine Einheit des Militärs oder der Polizei auf Kontrollgang' (18. Jh.), zuvor 'umherziehender Heerhaufen' (16. Jh.). S t r e i f s c h u ß m. 'Verletzung durch ein den Körper nur leicht berührendes Geschoß' (18. Jh.).

Streik m. 'gewerkschaftlich organisierte Arbeitsniederlegung zur Durchsetzung wirtschaftlicher, sozialer Forderungen, Arbeitskampf', Übernahme (1. Hälfte 19. Jh.) von gleichbed. engl. *strike* (Substantivierung von engl. *to strike*, s. unten), das seit 1810 in dieser Verwendung bezeugt ist. Der in dt. Texte in engl. Schreibweise *Strike* (bis etwa 1890) aufgenommene Ausdruck bezieht sich zunächst auf engl. Verhältnisse, wird aber seit dem Leipziger Buchdruckerstreik (1865) auch auf Arbeitskämpfe in Deutschland angewendet und durch die Presse verbreitet. Obwohl nach 1880 im allgemeinen Sprachgebrauch geläufig, findet *Streik* in Gesetzestexte erst nach 1945 (zuerst *Streikrecht*) Eingang. – s t r e i k e n Vb. 'in Streik treten, die Arbeit niederlegen', um 1865 in der Form *striken* (doch in der Regel engl. Aussprache folgend) zu damals üblichem *Strike* gebildet, nach engl. *to strike* 'stoßen, schlagen, sich fortbewegen, (Segel) niederlassen, (Gerüste, Zelte) abbrechen', seit 1768 auch (elliptisch für *to strike work*) 'die Arbeit niederlegen', verwandt mit *streichen* (s. d.). Die Schreibung *streiken* setzt (entsprechend der des Substantivs *Streik*) um 1890 ein. Verallgemeinerter Gebrauch im Sinne von 'sich weigern, etw. zu tun, nicht (mehr) mitmachen' begegnet seit Ende des 19. Jhs.

streiten Vb. 'sich mit Worten auseinandersetzen, kämpfen'. Das starke Verb ahd. *strītan* 'sich im Meinungsstreit auseinandersetzen, einen Rechtsstreit führen, zanken, bewaffnet kämpfen', (selten) 'wetteifern' (8. Jh.), mhd. *strīten*, vor allem 'bewaffnet kämpfen', auch 'streben, trachten', mnd. (stark und schwach) *strīden* 'streiten', (schwach) 'große Schritte machen', mnl. *strīden*, nl. *strijden* 'streiten', aengl. *strīdan* 'schreiten, spreizen', engl. *to stride* 'schreiten, große Schritte machen', schwed. (stark und schwach) *strida* 'kämpfen, streiten' hat neben sich das schwache Verb asächs. *strīdian* 'streiten, bestreiten', anord. *strīða* 'plagen, Schaden zufügen' sowie das unten dargestellte Substantiv *Streit* und anord. *strīðr* 'hart, stark, hartnäckig, widerspenstig', (mit anderer Ablautstufe) *streitask* 'sich anstrengen, kämpfen', *strita* 'angestrengt ziehen, sich plagen'. Außergerm. Vergleichsmöglichkeiten fehlen. Ausgehend von einer Bedeutung 'sich starrsinnig, widerspenstig, hartnäckig verhalten', läßt sich ie. **strĕidh-* ansetzen, Dentalerweiterung der Wurzel ie. **(s)ter(ə)-, *(s)trē-* 'starr, steif sein' (s. *starren*). Die Verwendung im Sinne von 'schreiten, große Schritte machen' entwickelt sich vielleicht unter Einfluß von *schreiten* (s. d.; vgl. SEEBOLD 476). – a b s t r e i t e n Vb. 'im (Rechts)streit, im Kampf abgewinnen, streitig machen, hartnäckig absprechen, aberkennen', seit dem 18. Jh. vor allem 'in Abrede stellen, leugnen', mhd. *abestrīten* 'im (Rechts)streit, Kampf abgewinnen'. b e s t r e i t e n Vb. '(eine Meinung, eine Behauptung) anfechten, angreifen', mhd. *bestrīten* 'bekämpfen'; seit dem 17. Jh. 'die Kosten, den Aufwand tragen', entwickelt aus 'einer Sache gewachsen sein, sie bewältigen'. u m s t r i t t e n Part.adj. 'dem Streit der Ansprüche, der Meinungen unterliegend, umkämpft, zweifelhaft' (19. Jh.). Streit m. 'Meinungs-, Rechtsauseinandersetzung, Hader, Zerwürfnis innerhalb einer Gemeinschaft', ahd. *strīt* 'Auseinandersetzung mit Worten (über Meinungen oder rechtliche Dinge), Konflikt, Hader, tätlicher Kampf, Wettkampf, Empörung, Aufruhr' (8. Jh.), mhd. mnd. *strīt* 'Auseinandersetzung mit Worten (vor Gericht) oder mit Waffen, innerer Kampf, Widerstand, Streitmacht, Heeresabteilung, Schlachtordnung, Rache, Streben', asächs. *strīd* 'Streit, Eifer', mnl. *strijt*, nl. *strijd*, anord. *strīð*, schwed. *strid*. In den oben angegebenen Bedeutungen ist *Streit* vor allem seit dem 19. Jh. gebräuchlich, nachdem älterer Gebrauch im Sinne von 'Auseinandersetzung mit Waffen, Waffengang' gegen Ende des 18. Jhs. von *Kampf* übernommen wird. Den alten Sinn bewahren Streitaxt f. 'als Hieb- oder Wurfwaffe verwendete Axt', spätmhd. (omd.) *strīthax* (um 1400); redensartlich *die Streitaxt begraben* 'Frieden schließen' (19. Jh.); Streitwagen m. 'mit Kriegern besetzter Kampfwagen' (15. Jh.) und Streitmacht f. 'Kampfkraft eines bewaffneten Verbandes, kampfbereite Truppe' (18. Jh.). Streitfall m. 'Konflikt' (rechtssprachlich, 19. Jh.). Streitschrift f. 'polemische Abhandlung über religiöse, politische, wissenschaftliche Fragen' (17. Jh.). Streithammel m. 'zänkischer Mensch' (um 1800). streitbar Adj. 'kriegerisch, zu Polemik und Auseinandersetzung neigend', mhd. *strītbære* 'streithaft, zum Kampf dienlich oder gerüstet'. streitig Adj. 'uneins, umstritten', ahd. *strītīg* (um 1000), mhd. *strītec, strītic* 'streithaft, kampflustig, streitsüchtig, rechthaberisch, ungestüm, ungehorsam, eifrig, strebend'; *jmdm. etw. streitig machen* 'anfechten' (16. Jh.). strittig Adj. 'umstritten, uneins, streitsüchtig' (15. Jh.). Streitigkeit f. 'Konflikt, Uneinigkeit, Zank' (16. Jh.).

streng Adj. 'hart, unnachsichtig, herb, beißend (von Geruch und Geschmack)'. Das im Germ. teils als *a/ō*-Stamm, teils als Umlaut bewirkender *ja/jō*-stamm belegte Adjektiv ahd. *strengi* (8. Jh.), mhd. *strenge, strange* 'stark, gewaltig, tapfer, hart, unfreundlich, herb, unerbittlich, schwierig', asächs. *strang*, mnd. *strenge*, auch 'nicht biegsam, starr', mnl. *stranc, strenghe*, nl. *strang, streng*, aengl. *strong, strang, strenge*, engl. *strong*, anord. *strangr*, schwed. *sträng* gehört zu der unter *Strang* (s. d.) dargestellten Wortgruppe. Als Ausgangsbedeutung der dt. Entwicklung ist 'stark, kampftüchtig, tapfer' anzusetzen. Aus 'stark' entwickelt sich einerseits steigerndes 'sehr', andererseits charakterisierendes 'grimmig, hart, beschwerlich, schwierig, unnachgiebig (von zu bearbeitenden Gegenständen)' sowie durch Übertragung auf Fessel, Kleidung u. ä. 'straff, eng, knapp'. Die im modernen Dt. vorherrschende Bedeutung '(erzieherisch) hart, unnachsichtig' steht im Anschluß an 'grimmig, unnachgiebig' wie auch 'peinvoll' von Strafe und Urteil, dann übertragen auf den Strafenden, den Richter, den Erzieher. – Strenge f. 'Härte, Unnachsichtigkeit', ahd. *strengī* (8. Jh.), mhd. *strenge* 'Stärke, Tapferkeit, Härte, Beschwerlichkeit'. anstrengen Vb. 'stark beanspruchen, ermüden, (refl.) sich mühen, hart arbeiten', in älterer Zeit 'nachdrücklich bitten, bedrängen, etw. mit Nachdruck betreiben, gerichtlich belangen' (15. Jh.), vgl. *einen Prozeß, eine Klage anstrengen* (17. Jh.), zu ahd. *strengen* 'stark machen' (8. Jh.), mhd. *strengen*, auch 'kräftig ausüben, verkürzen, abstumpfen, bedrängen, belästigen, strecken, richten nach, sich sträuben'.

Streß m. '(gesundheitsschädigende) Überbeanspruchung des menschlichen Organismus durch große physische und psychische Belastungen', Übernahme (50er Jahre 20. Jh.) von gleichbed. amerik.-engl. *stress*, das zuerst 1936 von dem kanadischen Physiologen H. Selye als medizinischer Terminus im oben angegebenen Sinne verwendet wird. Engl. *stress* 'Nachdruck, Gewicht, Beanspruchung, Belastung, Spannung' geht entweder als Kürzung von engl. *distress* 'Qual, Schmerz, Kummer, Not, Erschöpfung' auf afrz. *destrece* 'Bedrängnis, Angst, Not' (vlat. **districtia* 'Enge', abgeleitet von lat. *districtus*, Part. Perf. zu lat. *distringere* 'auseinanderziehen, -dehnen, von allen Seiten zusammenschnüren, einengen') oder auf afrz. *estrece* 'Enge, Druck, Bedrükkung' (zu afrz. *estrecier* 'enger machen, zusammenziehen', dieses aus gleichbed. vlat. **strictiāre*, abgeleitet von lat. *strictus* 'dicht, straff, stramm, eng', Part.adj. zu lat. *stringere* 'schnüren, zusammenbinden, (ab)streifen') zurück.

streuen Vb. 'werfend gleichmäßig ausbreiten', ahd. *strewen, strouwen* (8. Jh.), mhd. *strewen, ströuwen, ströun, strouwen, streun* 'niederstrecken, zu Boden werfen, (aus)streuen, -schütten, vergießen, ausbreiten, zerstreuen, verbreiten, bedecken', asächs. *strōian, streuwian*, mnd. *ströu(w)en*, mnl. *strōien, strouwen*, nl. *strooien*, aengl. *strewian, streowian*, engl. *to strew*, anord. *strā* (statt **streyja*, Neubildung zum schwach gebildeten Prät. *strāða*), schwed. *strö*, got. *straujan* führt mit lat. *struere* (*strūctum*) 'schichten, über-, aneinanderlegen, aufbauen', *struēs* 'Haufen, Menge' auf ie. **streu-*, Erweiterung der Wurzel ie. **ster(ə)-*, **strē-*, **stru-* 'ausbreiten, (aus)streuen', wozu (mit Nasalpräsens) aind. *str̥ṇā́ti* 'streut (hin), bestreut, wirft hin', *str̥ṇṓti* 'streckt nieder, unterwirft, besiegt', griech. *stornýnai* (στορνύναι) 'hinbreiten, ausbreiten, ein Bett machen, ebnen, bahnen, ausstreuen, bestreuen', lat. *sternere* 'hinbreiten, streuen, ebnen, bedecken', air. *sernim* 'breite aus' sowie (ohne Nasal) aslaw. *prostrěti*, russ. *prosterét'* (*простереть*) 'ausbreiten, ausdehnen'. Verwandt sind u.a. die unter *Strahl, Stirn, streichen, Streifen, Stroh* behandelten Wortgruppen. Im Nhd. hat sich aus einer Vielzahl mundartlicher Formen *streuen* durchgesetzt. Zur Bedeutungsentwicklung von 'ausbreiten' zu 'verteilend auswerfen' vgl. W. Pfeifer in: PBB 82 (1960) 132ff. – Streu f. 'das Hingestreute, Material zum Unterstreuen, Stallstroh', Abstraktbildung auf *ī* zum Verb, mhd. *ströuwe, strewe, ströu*; vgl. ahd. *gistrewi, gistrouwi* (8. Jh.). Streusel m. n. 'Klümpchen aus Mehl, Butter und Zucker, auf Kuchen gestreut' (19. Jh.; dazu *Streuselkuchen*, ebenfalls 19. Jh.), mundartlich und in der bäuerlichen Umgangssprache gleichbed. mit *Streu*, Deverbativum mit dem Suffix *-sal, -sel* (s. d.); vgl. mnd. *strouwelse*. zerstreuen Vb. 'auseinanderstreuen, -jagen', mhd. *zerströuwen, -ströun*. Übertragener Gebrauch der Mystik *daȝ gemüet, herze zerströuwen* 'die Seele von der Gemeinschaft mit Gott ablenken' geht im 15. Jh. auf Störungen des seelischen Gleichgewichts über, wird jedoch in mystisch-religiösem Sinne vom Pietismus übernommen. Zu Anfang des 18. Jhs. entwickelt sich daraus *jmdn., sich zerstreuen* 'ablenken, vergnügen', beeinflußt von zerstreut Part.adj. (15. Jh.), das Anfang des 18. Jhs., wohl in Anlehnung an frz. *distrait*, die Bedeutung 'unaufmerksam, durch fremde Eindrücke abgelenkt, unkonzentriert' annimmt. Zerstreuung f. 'Ablenkung, Vergnügen, Zeitvertreib' (18. Jh.), zuvor 'das Auseinanderwerfen, -treiben, Auflösen', spätmhd. *zerströuwunge* 'Uneinigkeit'. Zerstreutheit f. 'Unaufmerksamkeit, Unkonzentriertheit' (18. Jh.), vereinzelt 'Abgesondertheit, Isoliertheit' (19. Jh.).

streunen Vb. 'umherstreifen, vagabundieren'. Das nur westgerm. und selten bezeugte Verb ahd. *striunen* 'gewinnen, erwerben' (8. Jh.), mhd. *striunen* 'schnuppernd umherstreifen, auf neugierige oder verdächtige Weise nach etw. forschen', asächs. *striunian* 'schmücken', aengl. *strīenan* 'erwerben, erzeugen' kann mit ahd. (8. Jh.), asächs. *gistriuni* 'Gewinn', aengl. *strēon* 'Gewinn, Eigentum', mhd. *Striun* Hundename (vor 1300), eigentl. 'der schnuppernd Suchende, Umherstreifende', nd. *Strūn(e)* 'liederliches Frauenzimmer, Dirne', eigentl. 'die sich Herumtreibende', als *n*-Ableitung an die unter *streuen* (s. d.) angeführte Wurzelerweiterung ie. **streu-* 'ausbreiten, (aus)streuen' angeschlossen werden. Die Bedeutung 'umherziehen' mag sich über 'nach Erwerb, Gewinn umherstreifen, forschen, gewinnen, erwerben' und 'anhäufen' aus 'ausbreiten' entwickelt haben. – Streuner m. 'wer neugierig umherstreift' (16. Jh.), 'Herumtreiber, Vagabund' (17. Jh.).

Strich m. 'das Streichen, Linie', ahd. *strih* (10. Jh.), mhd. *strich* 'Linie, Richtung, Weg, Landstrich, das Streichen, Schlag', mnd. mnl. *strēke*, nl. *streek*, aengl. *strica*, engl. *streak*, got. *striks* sowie (mit anderer Stammbildung) anord. *strik* n. 'gestreiftes Zeug, Haube', schwed. *streck* 'Strich, Richtung, Streich', ablautende Abstraktbildung zu dem unter *streichen* (s. d.) behandelten Verb. Bezeichnet wird damit der Vorgang des Streichens (im Sinne von 'gehen'), auch 'Vogelflug' sowie 'Weg, Richtung, Erstreckung, Gebiet', (im Sinne von 'streifend berühren') 'das Hinwegstreichen über eine Oberfläche' und die 'gezogene, gestrichene Linie' (beim Schreiben und Zeichnen; in der frühen Geometrie Übersetzung von lat. *līnea*). Vgl. *einen Strich durch die Rechnung machen* 'jmds. Pläne zunichte machen', *einen Strich darunter machen* 'etw. abschließen, als beendet betrachten' (18. Jh.); *jmdn. auf dem Strich* ('Visierlinie des Gewehrs'?, 'Zielstrich' bei Zielfernrohren?) *haben* 'ihm nicht gewogen sein' (19. Jh.); *wider, gegen den Strich* ('natürliche Richtung und Lage', von Haaren, Fäden, Fasern oder dgl.) *gehen* 'zuwider sein, mißfallen' (18. Jh.). – Landstrich m. 'Gebiet' (17. Jh.). stricheln Vb. 'mit kleinen Strichen versehen', zuerst *gestrichelt* Part. Prät. (17. Jh.). Strichpunkt m. 'Semikolon' (18. Jh.); s. *semi-*.

Strick m. 'kurzes, gedrehtes Seil, kräftige Schnur', nur dt. und nl. Ahd. *stric* '(Fang)-schlinge' (8. Jh.), mhd. *stric* 'Schlinge, Fessel, Fallstrick, Seil', mnd. *strik* 'derbe Schnur, Fangnetz, Falle', mnl. *stric, strec, stricke*, nl. *strik*, auch 'Knoten, geknüpfte Schleife' führen auf (expressives *kk* aufweisendes) germ. **strikk-*, das sich mit lat. *stringere* (*strictum*) in der Bedeutung 'straff anziehen, zusammenbinden, schnüren' (vgl. *strictus* 'straff') zu ie. **streig-* 'steif, straff, zusammendrehen, Strick' stellt, wohl eine Erweiterung der unter *starren* (s. d.) angegebenen Wurzel ie. **(s)ter(ə)-* 'starr, steif sein'. Im Sinne von 'Fangschlinge' hält sich *Strick* in der Jägersprache (bei Vogel- und Wildfang) bis ins Nhd., wird aber schließlich von *Schlinge* abgelöst. Seit mhd. Zeit zunehmend für 'Seil, kräftige Schnur', vgl. *wenn alle Stricke reißen* 'im äußersten Notfall' (18. Jh.); dann auch 'Strang des Henkers', vgl. *den Strick* ('Tod am Galgen') *verdient haben* (18. Jh.), *jmdm., sich einen Strick drehen* 'auf sein Verderben hinarbeiten' (16. Jh.). Aus der Übertragung auf eine Person (*Strick* 'einer, der den Galgenstrick verdient hat', 16. Jh.) entwickelt sich 'Tunichtgut, Schlingel', meist von Kindern (ebenfalls 16. Jh.). – Fallstrick m. 'Schlinge, Strick, der zu Fall bringt' (16. Jh.). stricken Vb. 'einen Faden zu einem Maschengewebe verknüpfen' (mit Stricknadeln), ahd. *stricken* 'eine Schlinge, einen Knoten knüpfen' (um 1000), mhd. *stricken* '(Stricke) zusammenfügen, verknüpfen (zu Netzen für Fisch- und Vogelfang), festschnüren, heften, schlingen, binden, stricken'. bestricken Vb. 'umgarnen, bezaubern, betören', eigentl. 'mit Stricken, mit Netzen fangen', ahd. *bistricken* 'zusammenbinden, schnüren' (8. Jh.), mhd. *bestricken* '(mit einem Strick) fangen, fesseln', auch 'umgarnen, betören'. Strickzeug n. (18. Jh.).

Striegel m. kammartiges Instrument zur Pflege bestimmter Haustiere, bes. 'Pferdekamm', ahd. *strigil* (9. Jh.), mhd. *strigel*, entlehnt aus lat. *strigilis* f. 'Schabeisen zum Abreiben der Haut'; zu lat. *stringere* in der Bedeutung 'abstreifen, abscheren'. Im Dt. erfolgt in Analogie zu anderen Gerätebezeichnungen auf *-el* (s. *Schlüssel, Wirbel, Zügel*) Übergang zum mask. Genus. – striegeln Vb. 'mit dem Striegel bearbeiten, glätten, pflegen', mhd. *strigelen*.

Strieme f., Striemen m. 'auf der Haut sichtbarer blutunterlaufener Streifen'. Mhd. *strieme* m., nhd. *Striemen* m. (mit *-n* aus den obliquen Kasus, Anfang 17. Jh.), *Strieme* f. (aus dem Plural gebildet, 16. Jh.) 'Streifen', seit dem 14. Jh. 'blutunterlaufener Streifen auf der Haut als Folge von Schlägen', auch 'Riefe, Rippe, Furche' (16. Jh.), mnd. *strēme* 'Narbe, Strich, Streifen', mnl. *strieme*, nl. *striem* und (ablautend) ahd. *strīmo* (um 1000), mhd. *strīm(e)* 'Streifen', nhd. (mundartlich) *Streim(e)* sowie mhd. *strām* 'Streifen', nhd. (älter, aber noch mundartlich) *Stram* führen als Bildungen mit *m*-Suffix (sofern nicht Vokalwechsel innerhalb des Germ. anzunehmen ist) auf ie. **streu-* (bei mhd. *-ie-*) bzw. **strei-* (bei mhd. *-ī-*) oder **strē-* (bei mhd. *-ā-*), sämtlich Erweiterungen der Wurzel ie. **ster-* 'Streifen, Strich, Strähne, Strahl' (s. *Strahl*).

strikt Adj. 'genau, unbedingt, streng'. Lat. *strictē* 'genau, streng', Adverb von lat. *strictus* Part.adj. 'dicht, straff, stramm, eng, streng', zu lat. *stringere* 'schnüren, zusammenbinden, (ab)streifen', wird in der 1. Hälfte des 17. Jhs. unverändert in dt. Texte übernommen. Eingedeutschtes *strikt* wie auch attributiver Gebrauch werden in der 2. Hälfte des 18. Jhs. üblich.

Strippe f. 'Schlinge, Riemen, Strick, Bindfaden', vorwiegend nordd. und md., seit dem 17. Jh. in der Literatursprache. Zugrunde liegt einerseits mnd. *strippe* 'Riemen für die Sattelgurte, Schlaufe, Schlinge', verwandt mit der unter *Streifen* (s. d.) dargestellten Wortgruppe, andererseits damit lautlich zusammenfallendes omd. *Strüppe*, entrundet *Strippe* 'Riemen, gedrehter Strick, Bindfaden', das mit entsprechendem obd. westmd. *Strupf(e), Strüpfe* 'Knoten, Schlinge, Band', mhd. *strüpfe*, mnd. mnl. nl. *strop* 'gedrehter Strick, Schlinge' entlehnt ist aus lat. *struppus, stroppus* 'gedrehter Riemen', griech. *stróphos* (στρόφος) 'Band, Strick, Seil'; zu griech. *stré-*

phein (*στρέφειν*) 'drehen, wenden' (s. *Strophe*); vgl. LASCH Berlinisch 211 und FRINGS/M. Germania Romana 2 (1968) 472f. *Strippe* verbreitet sich im 19. Jh. bes. von Berlin aus als Bezeichnung für jede gedrehte oder geflochtene Schnur.

Striptease n. 'tänzerisch umrahmte Entkleidungsszene' (in Nachtlokalen), Übernahme (nach 1945) von gleichbed. amerik.-engl. *striptease*; aus engl. *to strip* 'abziehen, abstreifen, ausziehen, entkleiden', aengl. *bestrīpan* 'abziehen, abstreifen, plündern', das zu ie. **streub-* (ablautend neben ie. **streib-*) gehört, Labialerweiterung der unter *Streifen* (s. d.) genannten Wurzel, und engl. *to tease* 'necken, hänseln, Wolle kämmen', Subst. 'Neckerei', vgl. aengl. *tǣsan* 'Wolle kämmen, zupfen', verwandt mit ahd. *zeisan* (9. Jh.), mhd. frühnhd. *zeisen* '(auseinander)zupfen' (s. *zausen*).

Stroh n. 'Halme von ausgedroschenem Getreide', ahd. (8. Jh.), mhd. *strō* (Gen. *strōwes*), mnd. mnl. *strō*, nl. *stro*, aengl. *strēaw*, engl. *straw*, anord. *strā*, schwed. *strå* steht im Sinne von 'Aus-, Hingestreutes' zu der unter *streuen* (s. d.) angegebenen Wurzelform ie. **streu-* 'ausbreiten, (aus)streuen'. Hierzu die Wendung *leeres Stroh dreschen* 'sinnloses, unnützes, schon mehrmals gesagtes Zeug reden', mhd. *lær strō dreschen.* – Strohblume f. Korbblütler, dessen Blüten nach dem Welken strohartig trocknen und Form und Farbe behalten (17. Jh.). Strohhalm m. 'einzelner Getreidestengel' (15. Jh.), übertragen 'geringe oder trügerische Hoffnung' (16. Jh.), 'Trinkröhrchen' (19. Jh.). Strohmann m. 'Puppe aus Stroh' (16. Jh.), 'Vogelscheuche' (17. Jh.), 'vorgeschobene Person' (19. Jh.). Strohwitwe f. scherzhafte Bezeichnung für eine 'Frau, deren Mann vorrübergehend nicht anwesend, z. B. verreist ist', die also allein auf dem *Stroh* (der Lagerstatt) liegt (Anfang 18. Jh.); voraus gehen Bildungen wie spätmhd. *strōbrūt* 'Mädchen, das schon vor der Hochzeit ein Kind erwartet', mnd. *graswēdewe* 'Mädchen, das keine Jungfrau mehr ist' (16. Jh.). Dazu entsprechendes Strohwitwer m. (ebenfalls Anfang 18. Jh.).

Strolch m. 'Landstreicher, Spitzbube, Lump', zuerst (Anfang 17. Jh.) als gaunersprachlicher Ausdruck (nach älterem *Strölchling*, 16. Jh.), danach (17./18. Jh.) vor allem bei schweiz. und südwestd. Schriftstellern belegt, schließlich (seit 19. Jh.) allgemein literatursprachlich. Herkunft unbekannt. Vielleicht mit Gutturalerweiterung aus alem. *strollen* 'ziellos umherstreifen', *Stroll* 'Landstreicher' hervorgegangen. STORFER Wörter (1935) 336f. glaubt, daß ital. *astrologo* 'Astrologe, Sterndeuter, Prophet' (s. *Astrologe*), lombard. *strolago, strolegh* 'Astrologe im Heerestroß, Gaukler, Vagabund' (vgl. ital. *strolago* 'Astrologe', auch 'böser, pfiffiger Mensch') im 15. und 16. Jh. durch schweiz. und schwäb. Landsknechte in die alem. Mundarten aufgenommen und zu *Strolch* umgebildet wurde. – strolchen Vb. 'sich herumtreiben, umherstreifen' (18. Jh., seit dem 19. Jh. auch literarisch).

Strom m. 'großer breiter Fluß, Strömung', ahd. *stroum* (8. Jh.), mhd. *stroum, strōm, strām* 'Fluß, Strömung', asächs. *strōm*, mnd. *strōm(e)*, mnl. nl. *stroom*, aengl. *strēam*, engl. *stream*, anord. *straumr*, schwed. *ström* (germ. **strauma-*), Bildungen mit dem Suffix ie. *-mo-* gegenüber griech. *rhéūma* (*ῥεῦμα*) 'das Fließen', russ. (älter) *strúmen'* (*струмень*) 'Bach', lett. *straume* 'Strom' mit dem Suffix ie. *-men-*; alle lassen sich mit aind. *srávati* 'strömt, fließt', griech. *rhéīn* (*ῥεῖν*, aus **ῥεϝειν*) 'fließen, strömen', lit. *sravéti* 'gelinde fließen, rieseln, sickern', aslaw. *ostrovъ* 'Insel, Bach', russ. *óstrov* (*остров*) 'Insel', eigentl. 'Umflossenes', verbinden und mit diesen auf ie. **sreu-* 'fließen' zurückführen, eine Erweiterung der Wurzel ie. **ser(ə)-* 'strömen, sich rasch und heftig bewegen', die in lat. *serum* (s. *Serum*) und griech. *hormā́n* (*ὁρμᾶν*) (s. *Hormon*) vorliegt. Die germ. (teilweise auch die slaw. und balt.) Formen zeigen *t*-Einschub zwischen *s* und *r*. Die im Mhd. bestehenden Vokalschwankungen (s. oben) setzen sich im Nhd. fort, bis sich im 17. Jh. *Strom* durchsetzt. *Strom* bedeutet zunächst 'schnell fließendes Wasser' ohne Beachtung seiner Größe, dann (frühnhd.) 'großer Fluß mit starker Strömung' (als Synonym neben *Fluß*), danach (18. Jh.) 'großer breiter Fluß' (ohne Berücksichtigung der Art seiner Strömung). Daneben bleibt bis ins 19. Jh. die Verwendung im Sinne von 'Strömung' erhalten. Seit dem 18. Jh. begegnet übertragener Gebrauch für eine 'sich in einer Richtung bewegende Menschen- und Volksmenge', in der Physik für die fließend vorgestellten magnetischen Kräfte bzw. galvanischen, elektrischen Ladungen. Allgemeinsprachlich steht *Strom* für 'Elektrizität'. – s t r ö m e n Vb. 'breit und gewaltig dahinfließen' (16. Jh., geläufig erst seit dem 18. Jh.). S t r ö m u n g f. 'gleichmäßig fließende Bewegung des Wassers' (Ende 17. Jh., geläufig gegen Ende des 18. Jhs.), übertragen 'historisch bedingte geistige Grundhaltung, Einstellung oder Bewegung, Tendenz' (Mitte 19. Jh.). S t r o m l i n i e f. 'Stromverlauf', in der Physik eine Linie, die den Verlauf einer Strömung angibt (19. Jh.). S t r o m l i n i e n f o r m f. Konstruktionsprinzip für Fahrzeuge zur besseren Überwindung des Reibungswiderstandes (20. Jh.).

Stromer m. 'Landstreicher, Strolch', zuerst 1350 (mit dem Interpretament *kelsnyder*) in einer rotw. Quelle bezeugt, gelangt im 18. Jh. in die Studentensprache und wird danach umgangssprachlich. Der Ausdruck ist wohl zu mhd. *strūmen, strōmen* 'strömen, hin und her fahren, stürmend einherziehen, verzweifeln' gebildet, vgl. rotw. *stromen, strömen* 'umhertreiben', möglicherweise verwandt mit der unter *Strom* (s. d.) behandelten Wortgruppe. Oder ist rotw. *stromen*, *Stromer* (mit [1]DWB 10, 4, 59) als Ableitung von rotw. *Strom* 'Bordell, Hurenhaus' (belegt seit 1510) aufzufassen, einem Wort unbekannter Herkunft? – s t r o m e r n Vb. 'sich herumtreiben, umherstrolchen' (19. Jh.), älteres *stromen* (s. oben) verdrängend.

Strophe f. 'größere, sich wiederholende, aus mehreren Versen bestehende rhythmische Einheit eines Gedichts', gelehrte Entlehnung des 17. Jhs. von lat. *stropha, strophē*, griech. *strophḗ* (*στροφή*) 'Wendung, Gewandtheit, Abwandlung, Veränderung', bes. 'die Wendung oder der Tanz des Chores im Theater', auch 'der während des Tanzes gesungene Gesang, Verbindung mehrerer Verse zu einem metrischen Ganzen', zu griech. *stréphein* (*στρέφειν*) 'drehen, wenden' (s. auch *Apostroph*). *Strophe* wird vor allem von Opitz aufgenommen und verbreitet (vorher dafür *Gesetz*). In allgemeiner Sprache steht (seit dem 18. Jh.) vielfach *Vers* (s. d.) statt *Strophe*, zumal (bes. im Nordd. und Md.) beim Kirchenlied.

strotzen Vb. 'übervoll, prall gefüllt sein', mhd. *strozzen, strotzen* 'prall voll, angeschwollen sein', engl. *to strut* 'stolzieren', schwed. *strutta* 'trippeln', eigentl. 'steif gehen'. Verwandt sind nd. *strutt* 'starr, steif', mit langem Stammsilbenvokal [1]*Strauß* und [2]*Strauß* (s. d.), aengl. *strūtian* 'steif vorstehen, emporragen', anord. *strūtr* 'Spitze eines Hutes', ohne *s*-Anlaut anord. *þrūtna* 'aufschwellen, übermütig werden', *þrūtinn* 'geschwollen', got. *þrūtsfill* 'Aussatz' und die unter [2]*Drossel* 'Kehle' (s. d.) angeführten Formen sowie kymr. *trythu* 'schwellen'. Auszugehen ist von ie. **(s)trŭ̄d-* 'Angeschwollenes, Hervorstehendes', Dentalerweiterung der unter *starren* (s. d.) angegebenen Wurzel ie. **(s)ter(ə)-* 'starr, steif sein'. Für *strotzen* dürfte daher eine Bedeutung 'steif emporragen, von etw. starren, prall sein' anzusetzen sein.

strubb(e)lig Adj. 'zerzaust, struppig, wirr, unordentlich' bes. von Haaren und Federn, frühnhd. *strobelecht* (15. Jh.), nhd. *stroblecht, strobelicht* (17. Jh.), *stroblich* (18. Jh.), *strobelig, strubbelig, struwelig* (19. Jh.) stellt sich mit ahd. *strobal* Adj. 'struppig' (11. Jh.), *strobalōt* 'das Sträuben der Haare, Schauder' (10. Jh.), *irstrobalōn* 'sträuben' (11. Jh.), mhd. *zerstrobelen* 'struppig machen, zerzausen', mnl. *strubbelen, struvelen* und den unter *struppig* (s. d.) genannten Formen zu dem unter *sträuben* (s. d.) behandelten Verb. – S t r u w w e l p e t e r m., mundartlich (md.) auch *Strub(b)elpeter*, eigentl. 'Junge mit wirren, unordentlichen Haaren', dann 'unordentlicher Mensch' (18. Jh.), durch das von H. Hoffmann verfaßte Kinderbuch *Der Struwwelpeter* (Frankfurt/M. 1847) geläufig.

Strudel m. 'Wasserwirbel, lebhaftes Treiben', frühnhd. *strudel* (15. Jh.; vgl. den Ortsnamen *Strodelbach*, 1394), Rückbildung aus s t r u d e l n Vb. 'trichterförmig wirbeln, wallen, brodeln, sprudeln' (15. Jh.), mundartlich auch *strodeln*, das sich mit Ablaut und iterativem *l*-Suffix zu ahd. *stredan* 'geräuschvoll brennen, zischen' (9. Jh.) stellt. Vergleichbar (obwohl lautlich nicht befriedigend) sind griech. *rhóthos* (*ῥόθος*) 'das Rauschen der Wogen, der Ruder', übertragen 'Geräusch', akorn. *stret* 'Flüssigkeit', mkorn. *streyth* 'Fluß', mir. *srithit* 'Strahl von Milch oder Blut', so daß von ie **sredh-*, **stret-* 'strudeln, wallen, brausen, rauschen', einer Erweiterung der unter *Strom* (s. d.) angeführten Wurzel ie. **ser(ə)-* 'strömen, sich rasch und heftig bewegen', ausgegangen werden kann (mit *t*-Einschub im Germ. zwischen *s* und *r*). Südd.-öst. *Strudel* 'Mehlspeise mit eingerolltem

Obst oder Fleisch' (17. Jh.), nach dem spiraligen Muster der aus der Teigrolle geschnittenen Stücke.

Struktur f. 'Gefüge, Bau, äußere und innere Gliederung, Anordnung der einzelnen Teile eines Ganzen und ihr Verhältnis zueinander', mhd. *structūre* 'Bauart, Bauweise eines Gebäudes' (13. Jh., vereinzelt), frühnhd. *Structur* (16. Jh.), danach allgemein im Sinne von 'Grundanlage, innerer Aufbau, Gefüge aus voneinander abhängigen Teilen', entlehnt aus lat. *strūctūra* 'ordentliche Zusammenfügung, Ordnung, Bauart, Bau(werk)', übertragen 'Ordnung, Aufbau (der Rede, Worte, Gedanken)'; zu lat. *struere* (*strūctum*) 'schichtweise über- oder nebeneinanderlegen, aufschichten, aneinanderfügen, errichten, ordnen'. – s t r u k t u r i e r t Part.adj. 'eine Struktur besitzend, gegliedert' (19. Jh.).

Strumpf m. 'gestrickte oder gewirkte enganliegende Beinbekleidung', mhd. *strumpf* 'Stummel, (Baum)stumpf, verstümmeltes Glied des menschlichen Körpers, Rumpf', mnd. *strump* 'verstümmeltes Glied, (Baum)-stumpf, Bekleidung des Unterschenkels (aus Leder und Stoff, später gestrickt)', norw. (mundartlich) *strump* 'kleine Holzschüssel, Kübel' (eigentl. wohl 'ausgehöhlter Baumstumpf') sind verwandt mit den unter *strampeln* und *stramm* (s. d.) verzeichneten Formen und stellen sich wie diese zu ie. **stremb-*, **stremp-*, Labialerweiterung der Wurzel ie. **(s)ter(ə)-* 'starr, steif sein' (s. *starren*). Ausgangsbedeutung ist 'Baumstamm, Baumstumpf'; in diesem Sinne werden *Strumpf* und *Stumpf* (s. d.) bis ins 18. Jh. synonym gebraucht. Danach bedeutet *Strumpf* nur noch 'Beinbekleidung' (erstmals im 16. Jh.) als Ergebnis einer modischen Entwicklung, die die ursprünglich aus einem Stück gearbeitete Bekleidung des Unterkörpers (vgl. *Hosenstrumpf*, 16. Jh.) in zwei Teile (Hose und Strumpf) trennt, so daß *Strumpf* als der übriggebliebene Rest, der 'Stumpf' zu deuten ist.

Strunk m. 'stehengebliebener Teil eines Baumes, Stumpf, dicker Stengel des Kohls', mhd. *strunc* (in md. *kolstrunk*), mnd. *strunk* 'dicker Stengel des Kohls, Strumpf ohne Füßling, Stutzen', mnl. *stronc*, nl. *stronk* 'Baum, Stumpf, Kohl' läßt sich verbinden mit norw. *strokk* (aus **strunka-*) 'Holzkübel', eigentl. 'ausgehöhlter Baumstamm', und lit. *strùngas* 'gestutzt, mit gekapptem Schwanz'. Auszugehen ist daher von einer schwundstufigen Bildung zur nasalierten Gutturalerweiterung ie. **strenk-*, **streng(h)-* (s. *Strang*) der unter *starren* (s. d.) angegebenen Wurzel ie. **(s)ter(ə)-* 'starr, steif sein, starrer, fester Gegenstand, bes. Pflanzenstamm oder -stengel'.

struppig Adj. 'rauh behaart, zottig emporstarrend, ungepflegt', daneben *strupisch*, *struppicht* (16. Jh.), wohl nd. Herkunft, vgl. nd. *struppig* 'knorrig', niederrhein. *strubbich* 'uneben, ungleich' und nd. *Strubbik* 'niedriges Buschwerk'; dazu stellt sich spätmhd. *struppe* 'Gestrüpp' (s. *Gestrüpp*). Alle Formen mit *strubb(e)lig* (s. d.) zu *sträuben* (s. d.).

Stubbe f., **Stubben** m. 'Baumstumpf', nach mnd. *stubbe* m. 'Baumstumpf' zu Anfang des 19. Jhs. in der Literatursprache; das Endungs-*n* der mask. Form entstammt den flektierten Kasus. Dazu mnl. *stubbe, stobbe*, aengl. *stub(b)* neben (mit anderer Stammbildung) *styb*, engl. *stub*, anord. *stubbi* neben *stubbr*, schwed. *stubbe* und außergerm. aind. *túmpati, tupáti, tṓpati* 'verletzt', *pra-stumpati* 'stößt mit den Hörnern', griech. *týptein* (*τύπτειν*) 'mit einer Waffe, einem Stock u. dgl. stoßen, stechen, schlagen', lat. *stupēre* 'starr, unbeweglich, verblüfft, betäubt sein', russ.-kslaw. *тъпътъ* 'pochen', russ. *tópot* (*топот*) 'das Stampfen', so daß von ie. **(s)teup-* 'stoßen, Stock, Stumpf', einer Labialerweiterung der unter *stoßen* (s. d.) angegebenen Wurzel ie. **(s)teu-* 'stoßen, schlagen', ausgegangen werden kann.

Stube f. 'Zimmer', ahd. *stuba* 'heizbares Gemach, Badezimmer' (9. Jh.), mhd. *stube* 'heizbares Gemach, Badezimmer, Speisesaal, kleines Wohnhaus', frühnhd. bes. 'Wohnzimmer' (15. Jh.), mnd. *stōven*, auch 'Glutpfanne, Ofen', mnl. *stōve* 'warmes Bad, Trokkenofen', nl. *stoof*, aengl. *stofa* 'Badestube' (engl. *stove* 'Ofen, Treibhaus' aus dem Mnd. Mnl.?), anord. *stofa* 'Stube, Haus', schwed. *stuga* 'Hütte, Stube'. Herkunft ungeklärt. Man denkt an Entlehnung aus afrz. *estuve* 'Badezimmer' (frz. *étuve*), vlat. **extūpa* 'Raum für Dampf- und Schwitzbäder', abgeleitet aus vlat. **extūpāre* 'räuchern', einer Präfixbildung zu vlat. **tūpāre*, seinerseits Entlehnung aus griech. *týphesthai* (*τύφεσθαι*) 'rauchen, qualmen'. Andere möchten *Stube* als germ. Wort auffassen und im Sinne von 'Dampfbad' mit *stieben* und *Staub* (s. d.) und verwandtem engl. *steam*, nl. *stoom* 'Dampf' verbinden, ohne freilich nachträglichen roman. Einfluß auszuschließen. Aber auch anord. *stūfr* 'Stumpf, Stück', mnd. *stūf* 'stumpf' wird vergleichend herangezogen und damit Herleitung von der unter *Stubbe* (s. d.) verzeichneten Wurzelerweiterung ie. **(s)teup-* 'stoßen, Stock, Stumpf' angenommen, wobei an die hölzerne Bauweise der Dachstuben oder an die alten Gluttöpfe aus ausgehöhlten, mit Lehm bestrichenen Baumstümpfen zu denken ist.

Stuck m. 'Mischung aus Gips, Sand und Kalk, die daraus hergestellten Ornamente und Verzierungen', Entlehnung (16. Jh.) aus ital. *stucco* 'Gips, Gipsmörtel, Gemenge aus Gips und Kitt, Stuckarbeit', das wiederum aus dem Germ., wohl aus langobard. **stucchi* 'Kruste' (vgl. ahd. *stucki* 'Rinde, Kruste', s. *Stück*) stammt. Im Dt. anfangs in der ital. Form, dann *Stuc, Stuck* (18. Jh., vgl. frz. *stuc*). – S t u k k a t e u r m. 'wer Stuckarbeiten anfertigt' (19. Jh.), nach frz. *stucateur.* Zuvor *Stuckhator, Stuckhatorer, Stuckador* (seit Ende 16. Jh.) nach ital. *stuccatore*, dann auch nach (auf diesem beruhenden) span. *estucador*, nl. *stukadoor*, ältere Bezeichnungen wie *Decker, Besetzer, Tüncher* und *Kleber* (16. Jh.) ablösend.

Stück n. 'Teil eines Ganzen, für sich bestehendes, eigenes Ganzes (*Stück Butter, Seife*), gezähltes Exemplar (*drei Stück Vieh*), Schauspiel, musikalische Komposition', auch Maßbezeichnung (*Stück Tuch, Holz*), Hohlmaß, ferner (16. Jh.) 'Kanone' als Teil einer Batterie, einer Gruppe zusammenwirkender gleichartiger Waffen, ahd. *stucki* 'Teil, Abschnitt, eigenes Ganzes, Brocken, Rinde, Kruste' (8. Jh.), mhd. *stück(e), stuck(e)* 'Teil, Abschnitt, Artikel, einzelner ganzer Gegenstand, Ding, Art und Weise, bestimmtes Maß', asächs. *stukki*, mnd. *stücke*, mnl. *stucke, stuc*, nl. *stuk*, aengl. *stycce*, anord. *stykki*, schwed. *styck* (germ. **stukkja-* mit expressiver Konsonantendoppelung und *j*-Suffix) ist wie die unter *Stock* (s. d.) genannten Formen im Sinne von 'Abgeschlagenes' zu ie. **(s)teug-*, Gutturalerweiterung der unter *stoßen* (s. d.) angegebenen Wurzel ie. **(s)teu-* 'stoßen, schlagen', zu stellen. Vgl. *kein Stück* 'nichts', *große Stücke* ('viel') *auf jmdn. halten, aus* (älter *von*) *freien Stücken* 'freiwillig, ohne Aufforderung', *aus einem Stück* (17. Jh.), *Stück für Stück* (18. Jh.), älter *Stück vor Stück* (17. Jh.) 'eins nach dem anderen, der Reihe nach, jedes einzeln'. – b e s t ü c k e n Vb. 'mit Kanonen versehen' (18. Jh.), 'mit etw. ausstatten, ausrüsten' (19. Jh.). s t ü c k e l n Vb. 'in kleine Stücke teilen, aus kleinen Stükken zusammensetzen' (15. Jh.), auch z e r s t ü c k e l n Vb. (16. Jh.). S t ü c k g u t n. 'aus einzelnen Stücken bestehendes Frachtgut' (17. Jh.), älter 'rentetragende liegende Habe' (16. Jh.). S t ü c k l o h n m. 'nach der Anzahl der gefertigten einzelnen Stücke berechneter Lohn' (um 1600). S t ü c k w e r k n. 'Unfertiges, Unvollkommenes, Mangelhaftes' (Luther, 16. Jh., als Übersetzung von lat. *ex parte*, 1. Kor. 13,9), zuvor 'nach Menge der gefertigten Stücke entlohnte Arbeit' (Ende 14. Jh.).

studieren Vb. 'sich intensiv um etw. (bes. um einen Wissenschaftszweig) bemühen, sich etw. aneignen, lernen, zu erforschen suchen, eine Universität oder Fachschule besuchen', mhd. *studieren*, entlehnt aus lat. *studēre* 'betreiben, streben, trachten, Partei nehmen, begünstigen, sich ernstlich um etw. bemühen, sich wissenschaftlich beschäftigen'. In älterer Sprache bes. vom Lernen der Lateinschüler, vom Absolvieren einer geschlossenen höheren Schulbildung (15. Jh.), später vom Besuchen einer Universität, vgl. *studiert haben* 'eine Universität besucht haben', *studieren lassen* 'eine Universität besuchen lassen' (16. Jh.). Daneben auch 'sich mit einer Sache beschäftigen, sich intensiv informieren, nachdenken über etw.', vgl. in der Mystik 'nachdenken, meditieren'; in freier Verwendung 'in das Wesen einer Sache eindringen, forschen'; *eine Rolle studieren* (vom Schauspieler, 18. Jh.). – S t u d e n t m. 'wer studiert, an einer Fach- oder Hochschule, Universität immatrikuliert ist', mhd. *studente*, auch 'Schüler', aus lat. *studēns* (Gen. *studentis*), Part. Präs. von lat. *studēre*, substantiviert 'Lernender, sich Bemühender'; vgl. mlat. *fratres studentes* bei den Franziskanern und Dominikanern 'jüngere Ordensbrüder, die sich mit der Wissenschaft befassen'. Anfangs daher 'Theologieschüler einer höheren geistlichen Schule' (bes. der Franziskaner und Dominikaner), 'Studierender an einer Universität' (seit 15. Jh.). s t u d e n t i s c h Adj. 'einem Studenten gemäß, ihn betreffend', anfangs 'nach Wahrheit strebend, dem Studium ergeben' (16. Jh.). S t u d i u m n. 'intensive Beschäftigung mit einer (wissenschaftlichen) Sache oder Fragestellung, Hochschulausbildung' (15. Jh.), anfangs auch 'Studienanstalt, Lateinschule, Universität' (14. Jh.), 'Arbeitszimmer' (15. Jh.), mhd. *studium* 'intensive Beschäftigung mit etw.', spätmhd. 'Ort, wo man studiert, Universität', Übernahme von lat. *studium* 'innerer Trieb, eifriges Streben, Neigung, Lieblingsbeschäftigung, wissenschaftliches Streben, wissenschaftliche Beschäftigung, Studienort', mlat. auch 'geistliche Schule, Lateinschule, Universität'. Studie f. 'Untersuchung, Vorarbeit zu einem wissenschaftlichen oder künstlerischen Werk' (um 1800), rückgebildet aus dem zu *Studium* geschaffenen Plural *Studien*. Studio n. 'Arbeitszimmer, Künstleratelier' (18. Jh.), 'Aufnahmeraum für Rundfunk- und Fernsehsendungen, Versuchsbühne' (20. Jh.), ital. *studio* 'Studier-, Arbeitszimmer, Laboratorium, Künstleratelier', aus lat. *studium*.

Stufe f. 'waagerechte Trittfläche' (und Teil einer Treppe), übertragen (seit 17. Jh.) 'Abschnitt, Etappe', ahd. *stuofa* (um 1000), mhd. *stuofe* 'Stufe, Schritt, Grad', mnd. *stōpe* 'Treppenstufe', mnl. *stoep(e), stoop(e)* 'Sitzbank an der Tür, Auffahrt', nl. *stoep* 'Tritt (vor der Tür), Freitreppe, Bürgersteig' führen auf germ. **stōpō* f. Dessen wohl ursprüngliche Bedeutung 'Tritt, (Fuß)spur' bewahren asächs. *stōpo* m. und (mit *l*-Formans) aengl. *stōpel* m. Es handelt sich um dehnstufige Bildungen, verwandt mit den unter *Staffel, Stapfe* (s. d.) angegebenen Formen; sie sind daher anschließbar an die unter *Stapel* (s. d.) genannte Wurzelform ie. **stĕb-, *stəb-* und damit auf die unter *Stab* (s. d.) behandelte Wurzel zurückzuführen. – stufen Vb. 'mit Stufen versehen, in Stufen, Abschnitte gliedern' (15. Jh.). stufenweise Adj. 'in Stufen, nach und nach' (17. Jh.).

Stuhl m. 'Sitzgelegenheit', ahd. *stuol* 'Sitz, Thron' (8. Jh.), mhd. *stuol* (auch 'Stuhlgang'), asächs. mnd. *stōl*, mnl. nl. *stoel*, aengl. *stōl*, engl. *stool*, anord. *stōll*, schwed. *stol*, got. *stōls* (germ. **stōla-*) und lit. *pastōlas* 'Gestell, Ständer', aslaw. *stolъ* 'Sitz, Thron', russ. *stol* (*стол*) 'Tisch, Mahl, Büro, Zarenthron' sind mit *l*-Suffix zu der unten *stehen* (s. d.) angeführten Wurzel ie. **stā-, *stə-* 'stehen, stellen' gebildet. Ausgehend von einer Bedeutung 'Gestell' (bewahrt in *Dach-, Glokken-, Webstuhl*) entwickelt sich der Ausdruck im Germ. zur Bezeichnung für 'Hoch-, Ehrensitz, Thron' (eines Herrschers, Richters u. dgl.). – Stuhlgang m. 'Ausscheidung von Kot' (15. Jh.), danach 'menschlicher Kot' (16. Jh.), eigentl. 'Gang zum Stuhl' (d. h. zum Nachtstuhl bzw. Abortsitz), vgl. mhd. *ze stuole gān* (14. Jh.).

Stulle f. '(zusammengeklappte) bestrichene und belegte Scheibe Brot', bes. in Berlin (seit dem 17. Jh.) und in Norddeutschland. Die Bezeichnung, durch nl. Siedler (vgl. Teuchert Sprachreste 297 f.) vermittelt, beruht auf dem zu *Stollen* m. (s. d.) gehörenden nl. (landschaftlich) *stul* m. 'Kloß Butter, Brokken, Stück, Lappen, Torfklumpen', so daß von 'Klumpen, Brocken von Brot' auszugehen ist. Der Übergang zum fem. Genus erfolgt wohl unter Einfluß von *Scheibe* oder *Schnitte*.

stülpen Vb. 'umkehren, umstürzen' (15. Jh.), '(den Rand) nach oben biegen, umschlagen, bedecken, darüberdecken' (17. Jh.), Übernahme von mnd. *stulpen, stülpen* 'mit der Öffnung nach unten aufsetzen, zudecken' in die Literatursprache. Mit entsprechendem gleichbed. mnl. nl. *stulpen*, ablautendem mnd. *stalpen* 'stillen, hemmen', mnl. nl. *stelpen* 'dagegenhalten, stillen, hemmen', anord. *stelpa* 'niederhalten, verhindern' (vielleicht mit einem Pfosten oder Balken?), schwed. *stjälpa* 'umkippen, -werfen, stürzen' und mnd. *stolpen* (Plur.) 'dicke Balken, Ständer, Pfosten', anord. *stolpi* 'Pfeiler, Säule', schwed. *stolpe* 'Pfosten, Stange, Pfahl' sowie außergerm. lit. *stūlbas* 'Pfosten, Pfeiler, Säule', kslaw. *stlъba*, aruss. *stъlbъ*, russ. *stolb* (*столб*) 'Säule, Pfeiler' und vielleicht den unter *stolpern* (s. d.) angeführten Formen kann auf ie. **stelb-, *stelp-* zurückgegangen werden, eine Labialerweiterung der unter *Stall* (s. d.) abgehandelten Wurzel ie. **stel-* 'stellen, aufstellen; stehend, unbeweglich, steif; Ständer, Pfosten, Stamm, Stiel'. – Stulpe f. 'Auf-, Umschlag an Ärmeln, Stiefeln oder Handschuhen, Hutkrempe' (17. Jh.), auch *Stülpe* und *Stülp(en)* m., älter *Stulp* m. (16. Jh.), nach mnd. *stulpe* 'umgeschlagenes Kniestück an hohen Stiefeln', vgl. auch mnd. *stülpe(n)* 'gewölbter Deckel eines Gefäßes', nd. *Stülpe* 'Deckel, Hutkrempe, Stiefelaufschlag', Rückbildung aus dem Verb. Stulpenstiefel m. (18. Jh.). Stulphandschuh m. (18. Jh.). Stülpnase

f. 'Nase mit nach oben gebogener Spitze' (17. Jh.).

stumm Adj. '(physisch oder psychisch) unfähig zu sprechen, sprachlos'. Das nur im Dt. und Nl. bezeugte Adjektiv ahd. (um 800), mhd. mnd. *stum* (Gen. *stummes*), asächs. *stumm*, mnl. nl. *stom*, daneben, in Anlehnung an die unter *dumm* (s. d.) genannten Formen mit labialem Verschlußlaut, mhd. *stump*, mnl. *stomp* steht im Ablaut zu den unter *stammeln* und *stemmen* (s. d.) angeführten Verben und kann wie diese auf die Wurzel ie. **stem-* 'stoßen, anstoßen, stottern, stammeln, hemmen' zurückgeführt werden. Als Ausgangsbedeutung ist 'im Sprechen gehemmt' anzunehmen. *stumm* verdrängt *dumm* in dessen älterer Bedeutung 'stumm'. – S t u m m h e i t f. 'Zustand des Stummseins' (15. Jh.); vgl. mhd. *stumme, stumbe* m. (noch im 18. Jh. auch f.) und *stummede* f. v e r s t u m m e n Vb. 'stumm, still werden', mhd. *verstummen, verstumben.*

Stummel m. 'Reststück, Stumpf', mnd. *stümpel* (um 1300, am Niederrhein), frühnhd. *stumbel, stumpel, stimmel* (15. Jh.), mnl. nl. *stommel* ist substantiviert aus einem in ahd. *stumbal* 'verstümmelt, gestutzt, stumpfsinnig' (8. Jh.) überlieferten Adjektiv, anzuschließen an ie. **stembh-*, nasalierte Variante der unter *Stab* (s. d.) genannten Wurzel ie. **stĕb(h)-*, **stəb(h)-*, **step-* 'Pfosten, Pfeiler, Stamm, Baumstamm'. – v e r s t ü m m e l n Vb. 'gewaltsam verunstalten', mhd. *verstümbeln, verstumeln*, zu ahd. *stumbalōn* 'abschneiden, stutzen, verstümmeln' (um 800; vgl. *stumbilōn, stumbilen*, 11. Jh., und *bistumbalōn*, 8. Jh., *bistumbilen*, 10. Jh.), mhd. *stümbeln, stümmeln, stummeln.*

Stumpen m. 'nicht verzierte Grundform eines Filz- oder Strohhutes' (19. Jh.), 'dicke, kurze Zigarrensorte mit stumpfem Ende' (Anfang 20. Jh.), in ihrer Bedeutung verselbständigte obd. Nebenform von *Stumpf.* Obd. *Stumpe(n)*, seit dem 14. Jh. belegt, enthält möglicherweise einen anderen Wurzelauslaut (germ. *b*) als die unter *Stumpf* (s. d.) genannten Formen.

Stümper m. 'Nichtskönner, Pfuscher', mhd. (md.) *stümper* 'Schwächling, unbedeutender Tropf', mnd. *stümper* 'wer sozial schlecht gestellt ist, nichts leistet', mnl. *stomper, stumper* 'langsamer Schwächling, Trödler', nl. *stumper*, abgeleitet von dem unter *Stumpf* (s. d.) behandelten Substantiv, eigentl. wohl 'Verstümmelter, Krüppel, Schwächling' und daher bemitleidenswert (bis 16./17. Jh.; vgl. ahd. *stumbal* 'verstümmelt', s. *Stummel*), danach 'wer physisch unvermögend, untüchtig ist, ohne Fähigkeit und Fertigkeit in seiner Arbeit' und daher verachtenswert. – s t ü m p e r h a f t Adj. 'unzulänglich, wie ein Pfuscher' (17. Jh.). s t ü m p e r n Vb. 'pfuschen, unzulänglich, schlecht arbeiten' (17. Jh.).

Stumpf m. 'zurückgebliebener, aufrecht ragender Rest eines Ganzen' (vgl. *Baum-, Bein-, Kerzenstumpf*). Das nur im Dt. und Nl. bezeugte Substantiv ahd. *stumph* (10. Jh.), mhd. *stumpf(e)*, (md.) *stumpe* 'Stumpf, Stummel, Stoppel, Baumstumpf, verstümmeltes Glied', mnd. *stump*, mnl. *stompe*, nl. *stomp* 'abgestumpfter Gegenstand' (engl. *stump* aus dem Mnd. bzw. Mnl.) ist gleicher Herkunft wie das unter *stumpf* (s. d.) behandelte Adjektiv. Auch hier ist als älteste Bedeutung 'Verstümmeltes, Verkürztes' anzusetzen. Formelhaft *mit Stumpf und Stiel* 'völlig, ganz und gar' (16. Jh.).

stumpf Adj. 'ohne Spitze, nicht scharf', ahd. *stumph* (Hs. 12. Jh.), mhd. *stumpf*, (md.) *stump* 'verstümmelt, gestutzt, unvollkommen, übel', mnd. *stump*, mnl. nl. *stomp.* Das nur im Dt. und Nl. heimische Adjektiv stellt sich mit *Stumpf, Stümper* und (ablautend) *Stempel* (s. d.) sowie lit. *stùmbas* 'Strunk, Stamm', *stimburỹs* 'Schwanzstumpf, Stummel' zu der unter *stampfen* (s. d.) angegebenen Variante ie. **stemb-* der unter *Stab* (s. d.) genannten Wurzel. Die älteste Bedeutung ist 'verstümmelt, verkürzt'. In der Mathematik *stumpfer Winkel* (um 1400), d. h. 'nicht spitzer, sondern breiter, weiter Winkel' (wohl Übersetzung von lat. *angulus obtūsus*). – s t u m p f e n Vb. 'stutzen, beschneiden, stumpf machen', mhd. *stumpfen.* a b s t u m p f e n Vb. 'stutzen, stumpf machen bzw. werden' (16. Jh.), übertragen 'abschwächen, unempfindlich, gefühllos machen bzw. werden' (Ende 18. Jh.). S t u m p f h e i t f. 'Zustand des Stumpfseins', spätmhd. *stump-, stumpfheit*; überwiegend übertragen (seit Ende 18. Jh.) auf die körperliche und geistige menschliche Haltung der 'Unempfindlichkeit, Trägheit, mangelnden Reaktionsfähigkeit'. s t u m p f s i n n i g Adj. 'geistesschwach, dumm' (15. Jh.; vgl. mhd. *stumpfer sin*), 'geistig uninteressiert und träge, gefühllos' (18. Jh.); daraus rückgebildet Stumpfsinn m. 'Geistesschwäche' (Ende 18. Jh.), dann bes. 'geistige Trägheit, Teilnahmslosigkeit', auch 'Langweiligkeit, Monotonie'.

Stunde f. 'Zeitmaß von 60 Minuten, Zeitpunkt', ahd. *stunta* 'Stunde, Zeit, Zeitpunkt' (8. Jh.), mhd. mnd. *stunde, stunt* 'Zeitabschnitt, Zeit(punkt), Gelegenheit', asächs. *stunda* 'Stunde, Zeit, Weile', mnl. *stonde* 'Zeit(punkt)', nl. *stonde* 'Stunde', aengl. *stund* 'Zeitpunkt, Augenblick, Stunde', anord. *stund* 'Weile, Zeit, Stunde', schwed. *stund* 'Weile, Augenblick, Stunde' gilt allgemein als Bildung (mit Ablautentgleisung) zu dem unter *stehen* (s. d.) dargestellten nasalierten Präsensstamm germ. **stand-* mit einer Ausgangsbedeutung 'stehender Punkt, Haltepunkt' (im Zeitverlauf), dann 'feststehende, festgesetzte Zeit, bestimmter Zeitraum'. Etwa vom 15. Jh. an bezeichnet *Stunde* den festgesetzten, an der Uhr markierten Zeitraum (des 24stündigen Tages), bald darauf auch den Inhalt dieses Zeitraumes, z. B. 'Andacht, Versammlung' (16. Jh.; vgl. *in die Stunde kommen*) und bes. (seit dem 18. Jh.) 'Unterricht'. In adverbiellen Verbindungen *von Stund an* 'sofort, sogleich, von diesem Augenblick an' (15. Jh.), *auf die Stunde* 'sofort' (16. Jh.), *alle Stunden* 'immerzu, ununterbrochen' (16. Jh.). – stunden Vb. 'Aufschub gewähren' (in Geldangelegenheiten, 17. Jh.), wohl nach in der hansischen Geschäftssprache entwickeltem mnd. *stunden* 'noch nicht kommen, auf sich warten lassen', trans. 'vertagen, aufschieben, rechtlich aussetzen, verschieben, Aufschub oder Frist gewähren'; vgl. mhd. *stunden* 'in Stunden einteilen, sich aufhalten, beharren'. Stundung f. 'Aufschub' (17. Jh.), mnd. *stundinge* 'Aufschub einer Gerichtsverhandlung, Befristung einer Schuld', vgl. spätmhd. *stundunge* 'Stundeneinteilung'. stündlich Adj. 'zu jeder Stunde, dauernd', mhd. *stundelich*; vgl. ahd. *stuntlīh* 'zeitlich, augenblicklich' (8. Jh.); als Adv. 'sogleich' (bis 17. Jh.), mhd. *stundelīche*.

stupid(e) Adj. 'stumpfsinnig, beschränkt, monoton, geisttötend', zu Anfang des 18. Jhs. entlehnt aus lat. *stupidus* 'verdutzt, verblüfft, staunend, stumpfsinnig' (zu lat. *stupēre* 'starr, unbeweglich, verblüfft, betäubt sein'). Die Schreibung *stüpide* (vereinzelt 19. Jh.) weist auf Einfluß von gleichbed. mfrz. frz. *stupide*. – Stupidität f. 'Stumpfsinnigkeit, Borniertheit, Beschränktheit' (vereinzelt 2. Hälfte 17. Jh., geläufig Ende 18. Jh.), lat. *stupiditās* (Gen. *stupiditātis*) 'Sinnlosigkeit, Verdutztheit, Dummheit'; vgl. mfrz. frz. *stupidité*.

stupsen Vb. 'leicht anstoßen', ein nd. Wort, seit Anfang des 19. Jhs. in der Literatursprache; Intensivbildung zu nd. md. *stuppen*, hd. *stupfen* 'stechen, stoßen', ahd. *stuphen* 'stechen' (10. Jh.), mhd. *stüpfen, stupfen* 'stechend stoßen, stacheln, antreiben, mit den Fingern berühren, wegstoßen, hervordringen', das mit dem zugehörigen Substantiv *Stupf* m. 'Punkt, Stich, Stachel', ahd. *stuph* 'Punkt' (9. Jh.), mhd. *stopf, stupf* 'kurzer Stich oder Stoß', nd. Stups m. 'kleiner Stoß' (ebenfalls seit dem 19. Jh. in der Literatursprache) zu einer Labialerweiterung der unter *stoßen* (s. d.) angegebenen Wurzel ie. **(s)teu-* 'stoßen, schlagen' gestellt wird. – Stupsnase f. 'kleine, leicht nach oben gebogene Nase' (19. Jh.).

stur Adj. 'starr, hart, uneinsichtig', im 19. Jh. aus dem Nd., vgl. mnd. *stūr(e)*, nd. *stūr* 'starr, störrisch', mnl. *stuur* 'streng, hartherzig, barsch' sowie anord. *stūra* f. 'Düsterheit, Trauer, Kummer', *stūra* 'betrübt sein', schwed. (mundartlich) *stur* 'betrübt', ferner ahd. *stūr(i)* (8. Jh.) neben ablautendem *stiuri* 'stark, groß, stattlich, stolz' (9. Jh.). Außergerm. ist ebenfalls *r*-Suffix aufweisendes aind. *sthūráḥ* 'groß, stark, dick' heranzuziehen, so daß von ie. **steu-*, **steu̯ə-* bzw. **stū-* 'massiv, dick, breit, standsicher, feststehend' ausgegangen werden kann, einer Form der unter *stehen* (s. d.) angegebenen Wurzel ie. **stā-*, **stə-* 'stehen, stellen'. – Sturheit f. 'Uneinsichtigkeit, Engstirnigkeit' (20. Jh.), mnd. *stūrhēt* 'Strenge, Festigkeit'.

Sturm m. 'starker Wind, Aufruhr, Angriff', ahd. *sturm* (um 800), mhd. *sturm* (md. auch *storm*) 'Unruhe, Lärm, Kampf, Unwetter', asächs. mnd. mnl. nl. aengl. engl. schwed. *storm*, anord. *stormr* (germ. **sturma-*) kann mit Formen ohne anlautendes *s-* wie aengl. *þrymm* 'Menge, lärmende Schar', anord. *þrymr* 'Lärm, Krachen', lat. *turma* 'Schar, Schwadron, Schwarm' verbunden und als *m*-Ableitung zu der unter *Quirl* (s. d.) angeführten Wurzel ie. **tu̯er-*, **tur-*, **tu̯r̥-*, **tru-* 'drehen, quirlen, wirbeln' gestellt werden, wozu auch das unter *stören* (s. d.) behandelte Verb gehört. Ausgehend von einer Bedeutung 'quirlende, lebhafte, wirbelnde Bewegung', steht das Substantiv in älterer Zeit häufig für 'Kampf, Streit, kriegerischer Angriff', z. B. *Sturm laufen* 'anrennen' (17. Jh.), älter *den Sturm anlaufen* (16. Jh.), *zum Sturm* ('Angriff') *antreten*, älter *den Sturm antreten* 'angreifen' (16. Jh.), *(zum) Sturm* ('Aufruhr') *schlagen* (16. Jh.). Vgl. *Sturm und Drang* literarische Strömung des 18. Jhs., sogenannte *Geniezeit* (19. Jh.), benannt nach einem Dramentitel von F. M. Klinger (1776) im Sinne von 'innerer Aufruhr'. – s t ü r m e n Vb. 'sehr windig sein, kriegerisch anrennen, erobern', ahd. *sturmen* (8. Jh.), mhd. *stürmen* 'Unruhe machen, lärmen, sich bewegen, schwirren, streiten, kämpfen, berennen'. a n s t ü r m e n Vb. 'anrennen, angreifen, vorwärtsstürmen', mhd. *anestürmen*; A n s t u r m m. 'Angriff, Andrang, große Nachfrage' (14. Jh.). S t ü r m e r m. 'wer stürmt, Kämpfer', mhd. *sturmære, stürmære*. s t ü r m i s c h Adj. 'drängend, lebhaft, lärmend', geläufig seit dem 16. Jh., vgl. mhd. *stürmec* sowie *stürmische* Adv. und ahd. *sturmlīh* (Hs. 12. Jh.).

stürzen Vb. 'hinunterstoßen, umstülpen, fallen, eilen', ahd. *sturzen* (um 1000, vgl. *bi-, firsturzen*, 9. Jh.), mhd. *sturzen* 'umstoßen, umstülpen, umsinken, fallen', frühnhd. (mit Umlaut) *stürzen*, mnd. *störten*, mnl. *storten, sturten*, nl. *storten*, aengl. *styrtan* (in nordhumbrisch *sturtende*, Part. Präs.) 'aufspringen, plötzlich loslaufen, fortstürzen' stellt sich mit den unter *Sterz* (s. d.) angeführten ablautenden Formen sowie mit aengl. *steartlian* 'stolpern', engl. *to startle* 'auf-, erschrecken', anord. *stirtla* 'mit Mühe aufrichten' zu einer Dentalerweiterung der unter *starren* (s. d.) angegebenen Wurzel ie. **(s)ter(ə)-* 'starr, steif sein, starrer, fester Gegenstand; steif gehen, stolpern, fallen, stolzieren'. Im Dt. wird die (bereits spätmhd. bezeugte) Bedeutung 'eilen, ungestüm und schnell laufen' im 18. Jh. geläufig. – S t u r z m. 'Fall, das Fallen, das Umstülpen, das von oben Deckende', ahd. (8. Jh.), mhd. *sturz*; vgl. *Fenster-, Türsturz*. Auch *Sturz* m., häufiger *Sturze, Stürze* f. '(Topf)deckel' (14. Jh.). u m s t ü r z e n Vb. 'zu Boden werfen, umkippen, zu Fall bringen, zerstören', mhd. *umbestürzen*. U m s t u r z m. 'umgestürzte Bäume' (als Kollektivum vereinzelt 16. Jh.), dann 'das Umstürzen' und übertragen 'plötzliche Umwälzung, Änderung ins Gegenteil, revolutionäre Beseitigung einer bestehenden Regierungsform' (18. Jh.).

Stuß m. 'unsinnige Äußerung, Dummheit' (18. Jh.), jidd. *schtus* 'Narrheit, Torheit, Unsinn', aus nhebr. *šṭūt* (in aschkenasischer Aussprache etwa *šṭūs*) 'Dummheit, Torheit'. Landschaftlich auch 'Spaß, Albernheit' und (bei alem. Schriftstellern des 19. Jhs.) 'Zank, Streitigkeit' (durch Vermischung mit *Stoß* 'Zank, Streit'?).

Stute f. 'weibliches Pferd', ahd. *stuot* 'im freien Gelände gehaltene Herde von (Zucht)pferden' (9. Jh.; vgl. *stuot(h)ros*, Hs. 12. Jh.), mhd. *stuot* 'Pferdeherde, weibliches Pferd, weibliches Tier überhaupt', mnd. *stōt*, aengl. *stōd* 'Pferdeherde', engl. *stud* 'Gestüt', anord. *stōð* 'Stutenherde', schwed. *sto* 'Stute' führen mit aslaw. *stado*, russ. *stádo* (*стадо*) 'Herde', lit. (landschaftlich) *stodas* 'junge Kohlpflanze, Setzling' als Dentalerweiterungen auf die unter *stehen* (s. d.) angegebene Wurzel ie. **stā-*, **stə-* 'stehen, stellen', so daß als Ausgangsbedeutung 'Standort, Aufenthaltsort der Herde' anzunehmen ist. *Stute*, ein alter Kollektivbegriff, entwickelt gegen Ende des 14. Jhs. die singularische Bedeutung 'weibliches Pferd, Mutterpferd'. Als neues Kollektivum entsteht zu mhd. *stuot* bzw. nhd. *Stute* G e s t ü t n. 'Zuchtstätte für Pferde' (16. Jh.), später (18. Jh.) auch 'Herde von Zuchtstuten, die im Gestüt befindlichen Pferde'.

Stutzen m. 'Stumpf, Stummel', mit Endungs-*en* aus den flektierten Kasus neben S t u t z. Auszugehen ist wohl von mhd. *stuz, stutz* m. 'Stoß, Anprall'. Danach auch etw. gleichsam durch Stoß, Anprall 'Gestauchtes, Abgestumpftes, Gedrungenes', vgl. spätmhd. *stotze* m. 'Stamm, Klotz', *stutze* m. 'Trinkglas ohne Fuß, Becher', *stutze* f. 'rundes, weites Gefäß', nhd. *Stutz(en)* m., *Stütze* f., (obd.) *Stotz(en)* m. 'Stumpf, Holzgefäß'. Dann im Sinne von 'Kurzes, Abgeschnittenes, Abgestutztes' in zahlreichen speziellen Bedeutungen wie 'Pulswärmer, Muff' (17. Jh.), 'kurzes Gewehr' (18. Jh.), 'kurzes Rohrstück' (Ende 19. Jh.), '(Sport)strumpf ohne Füßling, Wadenstrumpf' (19. Jh.). Wahrscheinlich (wie auch *stutzen* Vb., s. d.) Intensivbildung zu der unter *stoßen, Stoß* (s. d.) behandelten Wortgruppe.

stutzen Vb. 'innehalten, (erschreckt) stehenbleiben, aufmerksam werden, zurückschrecken', auch (älter bzw. landschaftlich) 'zum Stillstand bringen, hemmen, gegenstoßen, Widerstand leisten', ahd. *irstuzzen* 'wegscheuchen, ins Unglück stürzen' (um 1000), spätmhd. *stutzen* 'scheu werden' (vom Pferd), eigentl. 'durch Anstoßen gehemmt werden', wohl eine Intensivbildung mit expressiver Konsonantengemination zu dem unter *stoßen* (s. d.) behandelten Verb. Die heutige Bedeutung entwickelt sich aus 'anstoßen und dadurch scheu und gehemmt sein', dann 'stehenbleiben, zurückschrecken'; anfangs auf das Verhalten der Pferde, seit dem 16. Jh. auch auf menschliche Reaktionen bezogen. Dann auch (unter Einfluß von *Stutzen* m., s. d.) 'kürzer machen, abschneiden, verstümmeln' (16. Jh.), übertragen 'beeinträchtigen' (17. Jh.). – stutzig Adj. 'mißtrauisch, befremdet' (16. Jh.).

stützen Vb. 'Halt geben, am Fallen, Zusammenbrechen hindern', refl. 'auf etw. ruhen, zur Grundlage haben'. Ahd. *untarstuzzen* (Hs. 12. Jh.), mhd. *understützen*, mnd. *stütten*, mnl. nl. *stutten*, eigentl. 'von unten etw. mit einer Stütze halten, dagegenhalten', steht als Intensivbildung (mit Konsonantendoppelung) zu gleichbed. ahd. *gistuden* (8. Jh.), anord. *styðja*, schwed. *stödja*, das von einem in spätmhd. *stud* 'Stütze, Pfosten, Säule', aengl. *studu, stuþu*, engl. *stud* 'Knopf, Knauf', (älter) 'Pfosten', anord. *stoð* 'Stütze, Säule, Pfeiler', schwed. *stöd* 'Stütze, Halt, Unterstützung' überlieferten Substantiv abgeleitet ist. Dieses wird als Bildung mit :-Formans (wie *Staude*, s. d.) zur schwundstufigen Form der unter *stauen* (s. d.) angeführten Erweiterung ie. **st(h)āu-*, **st(h)ū-* der Wurzel ie. **stā-*, **stə-* 'stehen, stellen' (s. *stehen*) gestellt. Als Simplex ist das Verb im Hd. erst seit Anfang des 17. Jhs. belegt. – Stütz m. in der Turnersprache 'Stellung, bei der das Gewicht des Körpers auf den (gestreckten) Armen ruht' (19. Jh.), bes. Liegestütz m. 'sich auf Hände und Füße stützende Turnfigur' (19. Jh.). Stütze f. 'stützender Pfahl, Pfosten', mhd. *stütze*, mnd. *stütte*, abgeleitet vom Verb; seit dem 16. Jh. auch 'Halt und Hilfe bietender Mensch'. Stützpunkt m. 'fester, Halt bietender Punkt oder Ort' (19. Jh.).

sub- in Zusammensetzungen 'unter, unterhalb'. Lat. *sub* Präp. 'unter, unterhalb, unten, unmittelbar hinter, bei' bildet im Lat. eine Vielzahl von Komposita, z. B. *subicere, subiectum* (s. *Subjekt*), *subscrībere* (s. *subskribieren*), *subtrahere* (s. *subtrahieren*). Dabei wird das auslautende *-b* an folgende Konsonanten assimiliert, z. B. *suf-* (s. *Suffix*), *sug-* (s. *suggerieren*), *sur-* (s. *Surrogat*); außerdem *sus-* aus *subs-* mit Ausfall von *b* (s. *suspendieren, suspekt*). Vgl. auch subaltern Adj. 'untergeben, untergeordnet, abhängig', entlehnt (Anfang 17. Jh.) über mfrz. frz. *subalterne* 'untergeben, untergeordnet' (frz. auch 'mittelmäßig, beschränkt') aus spätlat. *subalternus* 'untergeordnet'; vgl. lat. *alternus* 'einer um den andern, abwechselnd, gegenseitig', zu lat. *alter* 'der eine von zweien, der andere'. Oft (nach mlat. Vorbild) innerhalb einer Rangordnung, vgl. *subalterner Offizier* (18. Jh.), *subalterner Beamter* (19. Jh.). subkutan Adj. 'unterhalb der Haut befindlich' (19. Jh.), medizinischer Terminus, spätlat. *subcutāneus*; vgl. lat. *cutis* 'Haut, Vorhaut, Leder'. subsumieren Vb. 'unterordnen, einordnen, das Besondere dem Allgemeinen unterordnen' (Ende 18. Jh.), mlat. *subsumere* 'zusammenfassen, unter-, einordnen'; vgl. lat. *sūmere* 'nehmen, kaufen, an-, aufwenden'. Subsumtion f. 'Einordnung, Einbeziehung, Zusammenfassung' (18. Jh.), gleichbed. mlat. *subsumptio*; vgl. lat. *sūmptio* (Gen. *sūmptiōnis*) 'Aufwand, Voraussetzung'. Als Neuprägung z. B. subarktisch Adj., subpolar Adj. 'zwischen Arktis und gemäßigter Zone befindlich' (19. Jh.); s. *arktisch* und *polar*. Auch in hybriden Bildungen wie Subverlag m. (im Musikverlagswesen) 'Verlag, der vom Originalverlag die Verlagsrechte für einen bestimmten Bereich erhält', Subunternehmer m. 'Unternehmer, der von einem anderen Unternehmer einen Auftrag erhält' (beide 20. Jh.).

Subbotnik m. ehemals 'freiwillige, im Bewußtsein gesellschaftlicher Notwendigkeit erbrachte unentgeltliche Arbeitsleistung im sozialistischen Staat' (ursprünglich an Sonnabenden), Übernahme (Mitte 20. Jh., möglicherweise, jedoch nur bezogen auf sowjetische Verhältnisse, bereits 20er Jahre des 20. Jhs.) von gleichbed. russ. *subbótnik* (*субботник*), einer Ableitung von russ. *subbóta* (*суббота*) 'Sonnabend, Samstag' (s. *Samstag*), eigentl. 'Samstagsarbeit', im östl. Dt. voraufgehendes *Aufbausonntag* verdrängend.

Subjekt n. 'das Zugrundegelegte, Untergeordnete, Abhängige, Substanz, (Roh)stoff' (1. Hälfte 16. Jh.), 'Gegenstand der Erkenntnis, zugrundeliegender Begriff in einem Urteil' (Ende 16. Jh.), in Kunst und Literatur 'Gegenstand, Thema, Motiv' (s. auch *Sujet*), in der Grammatik 'Träger der Aussage, Satzgegenstand' (Mitte 18. Jh.), in der Kanzleisprache 'Person in abhängiger, untergeordneter Position' (17. Jh.; später 'anrüchige Person', 19. Jh.), in der Philosophie (Kant) 'mit Bewußtsein begabtes, erkennendes, handelndes Wesen, Ich, Individuum' (18. Jh.), entlehnt aus spätlat. *subiectum* 'das Daruntergelegte, Substanz, ursprünglich Gegebenes, grammatischer Satzgegenstand', mlat. 'Begriff, Gegenstand', Substantivierung des neutralen Part. Perf. von lat. *subicere* 'unter oder an etw. werfen, legen, setzen, stellen, fügen, unterlegen, unterbreiten, unterwerfen', zu lat. *iacere* 'werfen'. Die Anwendung des Ausdrucks auf Personen ist vorgeprägt in lat. *subiectī* m. (Plur.) 'die Unterworfenen, die Untertanen' (mlat. auch der Sing. *subiectus*), doch zeigt das Dt. auch in diesem Falle das sonst übliche neutrale Genus. – s u b j e k t i v Adj. 'das Subjekt betreffend, von ihm abhängig, ausgehend, auf das Subjekt bezogen, persönlich, individuell bedingt' (18. Jh.), danach auch 'einseitig, willkürlich, abwertend', vgl. lat. *subiectīvus* 'hinzugefügt, nachgesetzt, zum Subjekt gehörig'. S u b j e k t i v i s m u s m. philosophische Richtung, Denk- und Verhaltensweise, die das Subjektive überbewertet und das Objektive vernachlässigt, allgemein 'Ichbezogenheit' (1. Hälfte 19. Jh.), gelehrte Bildung zu *subjektiv*. s u b j e k t i v i s t i s c h Adj. 'den Subjektivismus betreffend, ichbezogen' (2. Hälfte 19. Jh.). S u b j e k t i v i t ä t f. 'Individualität, (nur) vom Subjekt bestimmte Verhaltens- und Handlungsweise, nur persönliche Auffassung, Unsachlichkeit durch Nichtbeachtung des Objektiven' (Ende 18. Jh.).

sublim Adj. 'erhaben, verfeinert, vergeistigt', Entlehnung (2. Hälfte 17. Jh.) aus lat. *sublīmis* 'hoch, erhaben, emporstehend, emporragend', übertragen auch von Rede und Dichtung; zu lat. *līmen* 'Schwelle, Türschwelle'. Im Dt. anfangs vom erhabenen Stil, seit dem 18. Jh. in erweiterter Anwendung. Einfluß von gleichbed. mfrz. frz. *sublime* ist wahrscheinlich. – s u b l i m i e r e n Vb. 'ins Erhabene steigern, verfeinern, veredeln' (18. Jh.), zuvor (Mitte 15. Jh.) als Fachwort der Alchimie bzw. der Chemie 'unmittelbar aus dem festen in den gasförmigen bzw. aus dem gasförmigen in den festen Aggregatzustand übergehen oder überführen', aus lat. *sublīmāre* '(hoch) erheben, emporheben'; vgl. mfrz. frz. *sublimer*. S u b l i m a t n. 'unmittelbar aus dem gasförmigen Zustand (mit Überspringen des flüssigen) ausgeschiedener fester Niederschlag' (16. Jh.), auch Bezeichnung für 'Quecksilberchlorid', lat. *sublīmātum*, substantiviertes Neutrum des Part. Perf. von lat. *sublīmāre* (s. oben).

subskribieren Vb. 'unterzeichnen, beglaubigen' (1. Hälfte 16. Jh.), 'vorbestellen, sich als Abnehmer einer noch nicht gelieferten Ware (bes. eines angekündigten Buches) vormerken lassen' (wohl unter Einfluß von frz. *souscrire*), häufig *auf etw. subskribieren* (18. Jh.), entlehnt aus lat. *subscrībere* (*subscrīptum*) 'unten hinschreiben, unterschreiben, beipflichten'; zu lat. *scrībere* '(ein)zeichnen, schreiben' (s. *schreiben*). – S u b s k r i b e n t m. 'Unterzeichner' (2. Hälfte 16. Jh.), 'wer sich durch Unterschrift zur Abnahme eines noch nicht erschienenen Buches verpflichtet' (18. Jh.), aus lat. *subscrībēns* (Gen. *subscrībentis*), Part. Präs. zu lat. *subscrībere* (s. oben). S u b s k r i p t i o n f. 'Unterzeichnung, Unterschrift, Billigung' (2. Hälfte 16. Jh.), 'verpflichtende Zeichnung, Unterschrift für einen bestimmten Zweck, Eintragung, schriftliche Verpflichtung zur Abnahme einer später zu liefernden Ware (bes. eines Buches)' (18. Jh.), aus lat. *subscrīptio* (Gen. *subscrīptiōnis*) 'Unterschrift'; vgl. frz. *souscription*.

Substantiv n. 'Hauptwort, Dingwort' (18. Jh.), zuvor *Substantivum* (1. Hälfte 16. Jh.), hervorgegangen aus der Fügung spätlat. *verbum substantīvum*, womit der Grammatiker Priscian das Verb lat. *esse* 'sein' bezeichnet, wenn es für sich allein, d. h. als Prädikat steht, also eigentl. 'selbständiges Wort'; vgl. lat. *substantīvus* 'selbständig, für sich selbst bestehen könnend', abgeleitet von lat. *substantia* (s. unten *Substanz*). *substantīvum (nōmen)* 'Haupt-, Dingwort' erscheint seit der 1. Hälfte des 16. Jhs. in dt. grammatischen Schriften, verdeutscht durch *selbständiges Nennwort* (17. Jh.), *Hauptwort* (Gottsched, 18. Jh.). – s u b s t a n t i v i e r e n Vb. 'zum Substantiv machen, als Substantiv verwenden' (20. Jh.). Substanz f. 'Stoff, Material, Wesentliches, Inhalt', mhd. *substanci(e), substanz* 'das den Phänomenen als wesentlich und selbständig Zugrundeliegende', vorwiegend in theologischen und philosophischen Zusammenhängen verwendet, verbreitet bei den Mystikern (13. Jh.), entlehnt aus lat. *substantia* 'Bestand, Wesenheit, Existenz, Wesen, Beschaffenheit, Stoff, Sache, Speise, Vermögen, Hab und Gut', einer Ableitung von lat. *substāre* (Part. Präs. *substāns*, Gen. *substantis*) 'darunter-, dabei-, darinsein, vorhanden sein, standhalten' (zu lat. *stāre* 'stehen'). Frühnhd. *Substanz* wird in seiner Bedeutung und Anwendung erweitert zu 'zugrundeliegende Materie, Stoff, Masse, Materialbeschaffenheit' im naturwissenschaftlichen Bereich (15. Jh.), 'wesentlicher Inhalt, Kern einer Sache, wesentliches Merkmal' (16. Jh.), dem Lat. entsprechend auch 'Vermögen, Besitz, Kapital' (ebenfalls 16. Jh.). substantiell Adj. 'wesentlich, entscheidend, inhaltlich', in älterer Zeit auch 'stofflich, materiell, nahrhaft, kräftig' (18. Jh.), von gleichbed. frz. *subtantiel*, afrz. *substanciel, sustanciel*, nach spätlat. *substantiālis* 'wesentlich'; älteres, dem Lat. folgendes *substantial, substantialisch* 'wesenhaft, wesentlich, selbständig' (16. Jh.) ablösend.

Substrat n. 'Grundlage, Unterlage, Basis', gelehrte substantivierte Entlehnung (18. Jh., anfangs mit lat. Endung) aus lat. *substrātum* im Sinne von 'das Untergelegte, Zugrundegelegte, Grundlage' (mlat. 'Viehstreu'), dem neutralen Part. Perf. von lat. *substernere* 'unterstreuen, unterbreiten, unterlegen' (zu lat. *sternere* 'hinbreiten, streuen, ebnen, bedekken', s. *Straße*). In der Philosophie 'Substanz als Träger von Eigenschaften', danach in der Sprachwissenschaft 'Relikte der untergegangenen Sprache eines Volkes in der Sprache der Eroberer' (wohl nach frz. *substrat*, 19. Jh.); in der Biologie 'Nährboden' (bes. für Mikroorganismen).

subtil Adj. 'zart, fein, sorgsam, spitzfindig, schwierig', mhd. *subtīl*, entlehnt aus lat. *subtīlis* 'fein, dünn, zart', übertragen 'genau, gründlich, feinfühlend, fein unterscheidend'. In der Sprache der Mystiker bezeichnet *subtīl* die Feinheit geistiger Substanz, die Genauigkeit und Differenziertheit menschlichen Wahrnehmens, Erkennens und Denkens oder die Schwierigkeit, geistige Sachverhalte zu verstehen. Bereits bei den Mystikern entwikkelt sich aus '(allzu)fein zergliedernd' die Bedeutung 'spitzfindig' (danach mehrfach bei Luther).

subtrahieren Vb. 'eine Zahl von einer anderen abziehen', entlehnt (15. Jh.) in die Fachsprache der Mathematik aus lat. *subtrahere* (*subtractum*) 'hervorziehen unter etw., unter der Hand, nach und nach (heimlich) entziehen, entreißen, entfernen' (zu lat. *trahere* 'ziehen, schleppen', s. *trachten*); die mathematische Bedeutung entwickelt sich im Spätlat. (Boethius, 6. Jh.). In moderner Sprache auch in allgemeiner Verwendung 'reduzieren'. – Subtraktion f. 'das Abziehen' als eine der vier Grundrechnungsarten (15. Jh.), aus spätlat. *subtractio* (Gen. *subtractiōnis*) 'das Sichentziehen, Abweichen', auch 'Kürzung eines Wortes um eine Silbe' und (ebenfalls bei Boethius) im oben genannten mathematischen Sinne.

Subvention f. '(finanzielle) Unterstützung, zweckgebundener Zuschuß (aus staatlichen Mitteln) ohne Rückerstattungspflicht', Entlehnung (1. Hälfte 18. Jh., geläufig seit Mitte 19. Jh.) von spätlat. *subventio* (Gen. *subventiōnis*) 'Hilfeleistung, Beistand', zu lat. *subvenīre* '(von unten) herankommen, zu Hilfe kommen, beistehen, in die Gedanken kommen' (vgl. lat. *venīre* 'kommen'). – subventionieren Vb. 'durch Subvention unterstützen und finanzieren' (2. Hälfte 19. Jh.); vgl. frz. *subventionner* (1. Hälfte 19. Jh.).

Subversion f. 'Umsturz, Zerstörung' (Ende 18. Jh.), danach (Mitte 19. Jh., unter Einfluß von engl. *subversion*) 'versteckt betriebene, verschwörerische Tätigkeit zur Untergrabung der Grundlagen eines Staates', entlehnt aus spätlat. *subversio* (Gen. *subversiōnis*) 'Umkehrung, Umsturz, Zerstörung', zu lat. *subvertere* (*subversum*) 'umkehren, umstürzen, vernichten' (vgl. lat. *vertere* 'kehren, wenden, drehen, umdrehen'). – subversiv Adj. 'auf Umsturz bedacht, zerstörerisch' (Mitte 19. Jh.), nach gleichbed. engl. *subversive*, einer latinisierenden Bildung zu lat. *subversum* (s. oben).

suchen Vb. 'intensiv finden wollen, nachforschen, erstreben', jägersprachlich 'aufspüren', ahd. *suohhen* (8. Jh.), mhd. *suochen*, (md.) *sūchen* '(auf)suchen, erforschen, versuchen, trachten nach, besuchen, nachstellen', asächs. *sōkian* '(auf)suchen, fordern, klagen', mnd. *sōken*, mnl. *soeken, souken*, nl. *zoeken*, aengl. *sēcan* 'suchen, Ausschau halten, erfragen', engl. *to seek*, anord. *sœkja* 'suchen, angreifen, vor Gericht bringen', schwed. *söka*, got. *sōkjan* 'suchen', *miþsōkian* 'mit jmdm. streiten' stellt sich wohl, ursprünglich im Sinne von 'nachspüren, auf etw. losgehen, etw. erstreben', ablautend zum starken Verb ahd. *sahhan* 'streiten, prozessieren, schelten', asächs. *sakan*, aengl. *sacan* 'streiten, klagen, leugnen', got. *sakan* 'streiten, schelten, Vorwürfe machen' (s. *Sache,* wo Weiteres zur Etymologie). Auch als Wort der Jägersprache bedeutet *suchen* eigentl. 'auf-, nachspüren'. – S u c h e f. 'das Suchen, Nachforschung, Fahndung', ahd. *suohha* (9. Jh.), mhd. *suoche.* S u c h e r m. 'wer sucht', ahd. *suohhāri* (9. Jh.), mhd. *suocher* 'Sucher, Erforscher, Angreifer, Verfolger'. a u s s u c h e n Vb. 'auswählen' (Anfang 15. Jh.), 'durchsuchen' (16. Jh.); a u s g e s u c h t Part.adj. 'ausgewählt, vorzüglich, erlesen' (16. Jh.). b e s u c h e n Vb. 'zu jmdm. (als Gast) hingehen', ahd. *bisuohhen* 'untersuchen, prüfen, (be)fragen, erfahren, versuchen' (um 1000), mhd. *besuochen* 'suchen, aufsuchen, benutzen, feindlich anfallen, besichtigen, durch-, untersuchen'; B e s u c h m. 'das Besuchen' (17. Jh.), später (18. Jh.) 'Gast', ahd. *bisuoh* 'Versuchung' (11. Jh.), mhd. *besuoch* 'das Recht, einen Ort als Weideplatz zu benutzen, Zinsen von ausgeliehenem Geld, Prüfung'. In festen Wendungen *Besuch abstatten, machen, zum* (später *zu*) *Besuch gehen, zum* (dann *zu*) *Besuch sein* (18. Jh.), *auf Besuch sein, kommen* (19. Jh.); B e s u c h e r m. 'Gast' (17. Jh.), zuvor 'Prüfer, Kontrolleur' (16. Jh.). e r s u c h e n Vb. 'höflich, dringlich bitten' (16. Jh.), ahd. *irsuohhen* (um 800), mhd. *ersuochen* 'suchen, begehren, ergründen, untersuchen, heim-, aufsuchen, reizen, erregen'. u n t e r s u c h e n Vb. 'prüfen, erforschen' (15. Jh.), 'wissenschaftlich erforschen' (17. Jh.); U n t e r s u c h u n g f. 'Erforschung, Prüfung' (15. Jh.). v e r s u c h e n Vb. 'auf die Probe stellen, probieren', mhd. *versuochen* 'zu erfahren suchen, forschen nach, prüfen, auf die Probe stellen, angreifen'; V e r s u c h m. 'naturwissenschaftliches Experiment' (16. Jh.), 'Probe, Prüfung, Unternehmen' und (als Wiedergabe von *Essay*) 'Abhandlung' (18. Jh.), ahd. *firsuoh* 'Prüfung, Erprobung' (Hs. 12. Jh.), mhd. *versuoch* 'das Streben, Unternehmen, Prüfung, Untersuchung'; V e r s u c h e r m. 'wer versucht', bes. (biblisch, Luther) 'Verführer, Teufel', mhd. *versuocher* 'wer auf die Probe stellt, Münz-, Weinprobierer, Verführer'; V e r s u c h u n g f. 'Aufreizung, Anfechtung zum Bösen' (im biblischen Sinne), mhd. *versuochunge* 'das Prüfen, Probieren, Kosten, Prüfung, Verführung'.

Sucht f. 'krankhaft gesteigertes Verlangen, Bedürfnis, Gier', ahd. (8. Jh.), mhd. asächs. *suht* 'Krankheit', mnd. *sucht*, mnl. *sucht, socht*, nl. *zucht* 'Krankheit, starke Begierde', aengl. (aus dem Asächs.) *suht*, anord. *sōtt* 'Krankheit, Gram', dän. schwed. *sot*, got. *saúhts* ist ein *ti*-Abstraktum (germ. **suhtiz*) und schwundstufig zu einem in got. *siukan* 'krank sein' belegten starken Verb gebildet, damit zu der unter *siech* (s. d.) behandelten Wortgruppe gehörend. In seiner ursprünglichen Bedeutung 'Krankheit' (im Mittelalter auch prägnant 'Pest, Aussatz, Fieber, Tobsucht') tritt *Sucht* seit dem 17. Jh. gegenüber Synonymen wie *Krankheit, Siechtum, Seuche* (s. d.) stark zurück und ist in diesem Sinne im 19. Jh. als Simplex nahezu ungebräuchlich. Es bleibt geläufig in der Verbindung *fallende Sucht* 'Epilepsie' (noch zu Beginn des 20. Jhs.) sowie in den Krankheitsnamen *Fallsucht, Gelbsucht, Schwindsucht*, s. auch *Sehnsucht.* Wohl unter dem semantischen Einfluß von (nicht verwandtem) *suchen* (s. d.) entwikkelt *Sucht* die Bedeutung 'intensives Verlangen nach etw.', vgl. *Gefallsucht* (18. Jh.), *Herrschsucht* (18. Jh.), *Trinksucht* (17. Jh.), *Trunksucht* (19. Jh.), und gewinnt in der 1. Hälfte des 20. Jhs. Verbreitung als Bezeichnung für 'krankhafte Abhängigkeit von Betäubungs- und Rauschgiftmitteln'. – s ü c h t i g Adj. 'von einem krankhaften Trieb erfüllt, gierig nach etw.' (16. Jh.), 'drogenabhängig' (20. Jh.), ahd. *suhtīg* (8. Jh.), mhd. *sühtec* 'krank'.

Sud m. 'das Sieden, dadurch entstandene zurückbleibende Brühe, Extrakt', mhd. *sut* 'das Sieden, Kochen, das Gekochte, Gebraute', aengl. *(ge)sod* 'das Kochen', *syde* 'das Gekochte, Brühe', anord. *soð* 'Gekochtes' sind Bildungen zu dem unter *sieden* (s. d.) angegebenen ie. **seut-*, zu dem auch die unter *Sodbrennen* (s. d.) verzeichneten Formen gehören. Geläufig ist *Sud* seit dem 15. Jh., anfänglich auch mit Umlaut *Süd* (15./16. Jh.). – A b s u d m. 'durch Sieden gewonnener Extrakt' (17. Jh.).

Süd m. (ohne Artikel, bes. in der Seemannssprache und Meteorologie) 'Himmelsrichtung des höchsten Sonnenstandes, die vom tiefsten Sonnenstand am weitesten entfernt liegende Gegend', (mit Artikel) 'aus dieser Richtung wehender Wind, Südwind'. Ahd. *sund* m. 'Süden' (9. Jh.), mhd. *sunt* m. 'Süden' (erhalten in Ortsnamen wie *Sonthofen, Sundgau*), (mit aus dem Nd. Nl. stammendem *n*-Ausfall) *sūd* (zuerst Veldeke), nhd. *Sud* und (seit 15. Jh. nl. Aussprache folgend) *Süd*, asächs. *sūð* Adv. 'im Süden', mnl. *suut* Adv. 'im, nach Süden', nl. *zuid* f. und Adv. 'Süden, südwärts', aengl. *sūþ* Adj. Adv. 'südlich, im, nach Süden', engl. *south* Adj. Adv. und Subst. 'südlich, südwärts, Süden' stehen neben einem älteren Richtungsadverb, erhalten in ahd. *sundar* 'südlich' (um 800), asächs. *sūðar*, mnd. *sūder*, anord. *suðr* 'südlich', das mit dem Komparationssuffix ie. *-tero-* (vgl. aengl. *sūþerra* 'südwärts') zu einem Stamm germ. **sun-* 'Sonne' zu der unter *Sonne* (s. d.) genannten Wurzel ie. **sau̯el-*, **s(u)u̯el-*, **sūl-* bzw. **su̯en-*, **sun-* 'Sonne' gebildet sein kann, so daß von einer Bedeutung 'der Sonnenseite zugewandt' auszugehen ist, was auch (analog zu *Nord*, s. d.) als 'rechts', also die rechte Seite des sich gegen Osten (Sonnenaufgang) neigenden Beters, deutbar ist, ohne daß zur Begründung dieser Bedeutung eine Verwandtschaft mit den unter *geschwind* (s. d.) genannten Formen um mhd. *swinde, swint* 'gewaltig, stark, heftig, schnell', also vielleicht auch 'rechts', angesetzt werden muß. Zweifelhaft bleibt auch, ob eine dentale Bildung im Anschluß an griech. *hýper* (ὕπερ) 'über, über... hinweg', lat. *super* '(von, nach) oben' zu ie. **upér(i)* 'über, oberhalb' (s. *über*) angenommen werden kann, was eine Deutung 'oben, die Gegend, wo die Sonne oben ist' erlauben würde. – S ü d e n m. (meist ohne Artikel) 'Himmelsrichtung des höchsten Sonnenstandes', (mit Artikel) 'das südliche Gebiet der Erde, der südliche Teil eines bestimmten Gebietes und dessen Bewohner'. Ahd. *sundan* (9. Jh.), mhd. *sunden* und (seit etwa 1200, s. oben) *sūden* 'Süden, Südwind', mnd. *sūden*, nl. *zuiden* sind Substantivierungen des Richtungsadverbs ahd. *sundan* 'aus dem Süden' (um 800), mhd. *sunden, sūden* 'von Süden her, südlich', asächs. *sūðan* 'von Süden', mnd. *sūden* 'südlich, im Süden', aengl. *sūþan*, anord. *sunnan* 'aus dem Süden, südwärts' (vgl. ahd. *fon sundana*, mhd. *von sūden*, wo das Adverb als artikellos gebrauchtes Substantiv aufgefaßt werden kann). *Süden* bezeichnet in neuerer Sprache in der Regel die Himmelsrichtung und das dort gelegene Gebiet; *Süd* dagegen wird fachsprachlich (s. oben) und dichterisch verwendet. Unter nd. nl. Einfluß treten bes. im Md. (seit etwa 1200) *n*-lose Formen auf. Die Lautung mit *-ü-*, beruhend auf nl. Aussprache, begegnet seit dem 15. Jh. auch in md. und obd. Quellen und setzt sich bis zum Ende des 18. Jhs. in der Literatursprache durch. In obd. Mundarten dafür lange *Mittag*, das noch bis ins 18. Jh. als Verdeutlichung von *Süd(en)* (vgl. *Süd oder Mittag*, 18. Jh.) gebraucht wird. s ü d l i c h Adj. 'im Süden gelegen, nach Süden weisend' (15. Jh.), mnd. *sūtlīk*, mnl. *zuydelik* (15. Jh.). S ü d p o l m. 'südliches Ende der Erdachse' (17. Jh.), auch *Süderpol* (20er Jahre des 18. Jhs., Ende 18. Jh. von *Südpol* verdrängt).

sudeln Vb. '(sich) beschmutzen, unsauber arbeiten, schmutzige Arbeit verrichten', Ableitung des 15. Jhs. von *Sudel* m. 'Morast, Sumpf, Pfütze, Schmutz', einer Bildung, die sich mit *l*-Suffix neben mhd. *sut(t)e* 'Lache, Pfütze', mnd. *südde* 'Morast, sumpfige Wiese', aengl. *(ge)syd* 'Pfuhl, in dem sich die Schweine wälzen' zu einer Dentalerweiterung der unter *saufen, saugen, suhlen* (s. d.) angeführten Wurzel ie. **seu-*, **sū-* 'tropfen lassen, schlürfen, saugen' stellen läßt. – S u d e l e i f. 'Schmutz, unsaubere Arbeit' (16. Jh.).

süffisant Adj. 'selbstgefällig, aufreizend, arrogant, dünkelhaft' (2. Hälfte 18. Jh.; vgl. die Fügungen *süffisantes Lächeln, süffisante Miene*), zuvor 'ausreichend, fähig, geschickt' (1. Hälfte 17. Jh.), Entlehnung von frz. *suffisant* in beiden Verwendungen, hervorgegangen aus afrz. *sofisant* 'befriedigt, genügend, angemessen, recht' (mfrz. *suffisant* auch 'fähig, vornehm'), Part.adj. von afrz. *sofire*, frz. *suffire* 'ausreichend sein, genügen', aus gleichbed. lat. *sufficere*, eigentl. 'etw. daruntertun, unterbauen, nachfügen' (vgl. lat. *facere* 'machen, tun' und s. *sub-*). – S ü f f i s a n c e f. 'Dünkel, Herablassung, Selbstgefälligkeit' (2. Hälfte 18. Jh.), vorher 'Fähigkeit' (um 1700), mfrz. frz. *suffisance*.

Suffix n. 'Nachsilbe, Flexionsformen oder

Wörter bildendes Morphem', eigentl. 'Angefügtes', gelehrte Übernahme in die Terminologie der Grammatik (2. Hälfte 18. Jh., anfänglich oft mit lat. Endung) von lat. *suffixum*, dem substantivierten Part. Perf. Neutr. von lat. *suffīgere* 'auf, an, unter etw. fügen, anfügen, anheften'; vgl. lat. *fīgere* 'anheften' und s. *sub-*.

suggerieren Vb. 'einen Wink geben, einflüstern, einreden, anraten' (Ende 16. Jh.), später '(durch Hypnose) bestimmte Vorstellungen und Gefühle bei einem Menschen hervorrufen, seinen Willen beeinflussen', in allgemeinem Sinne 'auf jmdn. einwirken, ihn zu etw. veranlassen' (um 1900), entlehnt aus lat. *suggerere* (*suggestum*) 'darunterbringen, unterlegen, hinzufügen, unter der Hand beibringen, liefern, eingeben, einreden'; vgl. lat. *gerere* 'tragen, (aus)führen, (refl.) sich verhalten' und s. *sub-*. – Suggestion f. 'Beeinflussung, Einflüsterung, Erinnerung, Rat' (1. Hälfte 17. Jh.), aus gleichbed. lat. *suggestio* (Gen. *suggestiōnis*), dann (um 1900) 'Hervorrufen von Gefühlen und Verhaltensweisen durch Hypnose, Versenken in hypnotischen Schlaf', allgemein 'Überredungs-, Überzeugungskraft'. suggestiv Adj. 'beeinflussend, eindringlich, wirkungsvoll' (Anfang 19. Jh.), nach gleichbed. latinisierendem engl. *suggestive*, zu lat. *suggestum* (s. oben).

suhlen Vb. 'sich im Schlamm wälzen', ahd. *bisullen* (Hs. 12. Jh.), mhd. *süln, suln* 'besudeln' (s. *sielen*), aengl. *sylian* 'beschmutzen' und ablautendes got. *bisauljan* 'beflecken', schwed. (mundartlich) *saula* 'beschmutzen' lassen sich mit ahd. *gisol* (um 800), *sol* (9. Jh.) 'Kotlache', mhd. *sol, söl*, mnd. *sōle* 'Schlamm, Schmutz, Dreck', aengl. *sol* 'Schlamm, Pfütze', lit. *sulà* 'abfließender Baumsaft', lett. *sula* 'Saft', apreuß. *sulo* 'geronnene Milch' auf eine *l*-Erweiterung der unter *saugen* und *saufen* (s. d.) angegebenen, einen tropfenden, saugenden, schlürfenden Laut nachahmenden Wurzel ie. **seu-*, **sū-* zurückführen. *suhlen* ist heute vorwiegend in der Jägersprache gebräuchlich im Sinne von 'sich im Schlamm, in einer Suhle wälzen' (von Rot- und Schwarzwild). – Suhle f. 'sumpfige Stelle im Wald, Kotlache', im 17. Jh. aus dem Verb rückgebildet.

Sühne f. 'Genugtuung, Vergeltung, Strafe für begangenes Unrecht, Versöhnung'. Herkunft ungeklärt. Ahd. *suona* 'Gericht, Urteil, Gerichtsverhandlung', auch 'Beilegung von Rechtshändeln, Vertrag, Frieden' (8. Jh.), mhd. *suon, suone* 'Urteil, Gericht, Versöhnung, Frieden, Ruhe', asächs. *sōna* 'Gericht', mnd. *sōne* 'Schlichtung von Rechtsstreitigkeiten, Friede, gewährte Verzeihung', mnl. *soen(e)* 'Versöhnung', nl. *zoen* (seit Kiliaen auch 'Kuß' als Besiegelung der Versöhnung), afries. *sōn(e)* hat keine außergerm. Anknüpfungsmöglichkeiten. Es werden Formen mit *sw*-Anlaut vorausgesetzt, erhalten in mnd. *swōne*, mnl. *swoene* 'Friedensschluß'. Als germ. Verwandte werden dazugestellt anord. *sōa* 'opfern, töten', isl. *sóa* 'vernichten, verzehren', norw. (mundartlich) *sōnast* 'ohnmächtig werden', *svana* 'abnehmen, sich besänftigen', aengl. *āswōgan* 'ersticken', *(ge)-swogen* 'ohnmächtig'. *Sühne* ist ein Wort der Rechtssprache; es verlagert seinen Bedeutungsschwerpunkt von 'Gericht, Urteil' (ahd.) auf 'Beilegung, Wiedergutmachung, Versöhnung' durch Gericht, Urteil (vgl. *Schuld und Sühne*) und 'Preis, der als Wiedergutmachung gezahlt wird'. Um 1700 ist *Sühne* nahezu ungebräuchlich; durch Luthers Bibelübersetzung im Sprachbewußtsein bewahrt, wird es zur Zeit des Sturm und Drang neu belebt. – sühnen Vb. 'begangenes Unrecht wiedergutmachen', ahd. *suonen* 'richten, einen Ausgleich herbeiführen' (8. Jh.), mhd. *süenen, suonen* 'versöhnen, ausgleichen, abhelfen, beseitigen', asächs. *gisōnian* 'aussöhnen', mnd. *sōnen*, mnl. *soenen, suenen*, auch 'küssen', nl. *zoenen*; vgl. auch gleichbed. mnl. *swoenen*. S. *versöhnen*.

Suite f. 'musikalische Komposition aus einer losen Folge von mehreren in sich geschlossenen Sätzen' (1. Hälfte 18. Jh.), älter 'Gefolge, Begleitung' (vereinzelt 1. Hälfte 15. Jh., geläufig seit Anfang 17. Jh.), in diesem Sinne entlehnt aus mfrz. frz. *suite* 'Gefolge, Aufeinanderfolge, Abfolge, Reihe, Folgeerscheinung, Folgezeit', afrz. *suite, siute, sieute* 'Gefolge, Verfolgerschar, Verfolgung', das auf dem Fem. vlat. **sequita* eines Part. Perf. vlat. **sequitus* (statt lat. *secūtus*) zum Verb lat. *sequī* 'folgen, nachfolgen, begleiten' (auch alat. vlat. *sequere*, vlat. **sequīre*, woraus afrz. *sivre*, frz. *suivre* 'folgen, verfolgen, befolgen, nachahmen') beruht. Im Dt. entwickelt *Suite* (anfangs auch *Swede, Svite, Swit(t)e*), das zunächst 'das militärische oder fürstliche Gefolge, die Dienerschaft einer hochgestellten Persönlichkeit' bezeichnet, weiter die Bedeutung 'mehrsätzige musikalische Komposition' (wohl nach gleichbed. engl. *suit*, 17./18. Jh., heute *suite*, während frz. *suite* als Musikterminus erst im 19. Jh. auftritt), 'Folge, Reihe zusammengehöriger Gegenstände' und (im Plur.) 'Konsequenzen, Folgen einer Tat, eines Ereignisses' (beide 18. Jh. im Anschluß an das Frz.), ferner 'Zimmerflucht' (um 1800, engl. *suite* seit 18. Jh., im Frz. erst fürs 20. Jh. nachgewiesen) sowie in der Studentensprache 'lustiger Streich' (1. Hälfte 18. Jh.).

Sujet n. 'Gegenstand künstlerischer Gestaltung, Thema, Stoff, Motiv', Übernahme (1. Hälfte 18. Jh.) von gleichbed. frz. *sujet* m., das daneben nahezu dieselben Bedeutungen wie *Subjekt* (s. d.) aufweist und wie dieses auf lat. *subiectum* zurückgeht.

sukzessiv Adj. 'allmählich fortschreitend, schrittweise sich vollziehend'. Dem seit dem 18. Jh. (im 17. Jh. gelegentlich *sukzessivisch*) gebräuchlichen Adj. geht s u k z e s s i v e Adv. 'nach und nach, allmählich' (2. Hälfte 15. Jh.) voraus, eine Übernahme von mlat. *successive* Adv. 'hernach, später in der Folge, nachfolgend', einer Bildung zu lat. *succēdere* (*successum*) 'hinaufsteigen, heranrücken, (nach)folgen' (vgl. lat. *cēdere* 'einhergehen, schreiten, weichen' und s. *sub-*).

Sultan m. 'islamischer Herrscher', Entlehnung (1. Hälfte 16. Jh. während der Türkenkriege) als Bezeichnung für den Herrscher des türkischen Osmanenreiches, vielleicht durch Vermittlung von gleichbed. mfrz. frz. *sultan*, von arab. *sulṭān* 'Herrschaft, Herrscher'. Voraus geht mhd. *soldān* für einen heidnischen Herrscher, den Gegner der christlichen Kreuzfahrer (vgl. mhd. *soldān von Babilōnie, von Baldac*), nhd. *Soldan* (bis ins 18. Jh.), entlehnt aus (ebenfalls auf dem Arab. beruhenden) aprov. *so(l)dan*, afrz. *soudan* bzw. ital. *soldano*. – S u l t a n i n e f. große kernlose Rosine (Anfang 20. Jh., älter *Sultaninrosine*, 19. Jh.), d. h. wohl 'edle, fürstliche Rosine' für eine zunächst aus Kleinasien eingeführte Sorte; zuvor 'Frau des Sultans' (18. Jh.).

Sülze f. 'in Aspik salzig-sauer angerichtete Fleisch- oder Fischstückchen', ahd. *sulza* 'Salzwasser, Sülzwurst' (9. Jh.), mhd. *sulz(e),* (md.) *sülze* 'Salzwasser, Sole, Brühe, gallertartige Speise', nhd. *Sülze,* (obd.) *Sulz,* asächs. *sultia*, mnd. *sülte*, mnl. *sult(e)*, nl. *zult* 'Sülzwurst, Sülze' gehören mit Ablaut zu dem unter *Salz* (s. d.) behandelten germ. Substantiv. Schon früh wird die Bezeichnung für 'Salzwasser, -brühe' auf die in salziger, zu Gallert erstarrender Masse zubereiteten Fleischspeisen übertragen. – s ü l z e n Vb. 'Sülze herstellen' (15. Jh.), 'Salz sieden' (18. Jh.); in heutiger Umgangssprache 'umständlich, nichtssagend daherreden', wohl ausgehend von der Vorstellung der weichen, wabbeligen Gallertmasse.

Summe f. 'Ergebnis einer Addition, Geldbetrag', übertragen 'das Ganze, Gesamtheit', mhd. *summe* 'Gesamtzahl, Betrag, Anzahl, Menge, Inbegriff', entlehnt aus lat. *summa* 'höchste Stelle bzw. Zahl, Gesamtzahl' (da von unten nach oben addiert wurde), 'Vorrang, Hauptsache, Gesamtheit, Inbegriff', dem substantivierten Fem. von lat. *summus* 'der Höchste, Äußerste, Größte, Vollkommenste'. Bis heute vielfach in lat. Form. In der Bedeutung 'Geldbetrag' seit Mitte des 14. Jhs. Vgl. lat. *summa summārum* 'Summe aller Summen, Hauptergebnis', seit 14. Jh. in dt. Texten, auch formelhaft für 'insgesamt, alles zusammen'. – s u m m a r i s c h Adj. 'kurz zusammengefaßt' (1. Hälfte 16. Jh.), mlat. *summarius* 'kurz, prägnant'; vgl. lat. *summārium* 'der kurze Inhalt, Inbegriff der Hauptpunkte'. s u m m i e r e n Vb. 'zusammenzählen, eine Summe bilden', refl. 'sich anhäufen, anwachsen', mhd. *summieren* 'zusammenstellen', frühnhd. 'berechnen, zusammenzählen, dazuzählen' (15. Jh.), auch refl., aus lat. *summāre* 'auf den Höhepunkt bringen', mlat. 'zusammenzählen'.

summen Vb. 'einen vibrierenden Ton hervorbringen', bes. vom Fluggeräusch der Insekten, mhd. *summen*, eine lautnachahmende Bildung. – S u m m e r m. 'summendes Insekt' (19. Jh.), auch 'einen summenden Ton erzeugende Signalanlage' (20. Jh.). S u m s m. 'Geschwätz, sinnloses, unnötiges Gerede' (19. Jh.), rückgebildet aus s u m s e n Vb. 'summen' (16. Jh.), 'leise murmelnd sprechen' (18. Jh.), Intensivbildung zu *summen*.

Sumpf m. 'nasses, morastiges Gelände', mhd. *sumpf*, mnd. *sump*, mnl. *somp, tsomp, sump*, nl. (landschaftlich) *somp*, auch engl. (mundartlich, aus dem Mnd.) *sump* und anders gebildetes gleichbed. ahd. *sunft* (9. Jh.), mnd. *sumpt* steht wie engl. *swamp* 'feuchtes, sumpfiges Gelände' im Ablaut zu dem unter *Schwamm* (s. d.) behandelten Substantiv, setzt also wie dieses ie. **su̯omb(h)o-* 'schwammig, porös' voraus. Halbvokalisches *u̯* ist im Germ. vor *u* geschwunden. *Sumpf* ist ursprünglich auf Nord- und Mitteldeutschland beschränkt, wird jedoch im 17. Jh. durch die (nordd. und md.) Sprachgesellschaften in die Literatursprache eingeführt. – versumpfen Vb. 'sumpfig, zu Sumpf werden' (16. Jh.), 'zu Sumpf machen' (18. Jh.), übertragen (aus der Studentensprache) 'ein liederliches Leben führen, verbummeln, verwahrlosen' (19. Jh.). sumpfig Adj. 'morastig' (15. Jh.), in älterer Sprache auch *sumpficht* (16. Jh.).

Sund m. 'Meerenge', ein Wort der küstenanwohnenden Germanen, das im 16. Jh. aus dem Nd. in die Literatursprache aufgenommen wird; mnd. *sunt* 'Meerenge (der Ostsee)', aengl. *sund* 'das Schwimmen, Meer, Wasser', engl. *sound* 'Meerenge', anord. *sund* 'Schwimmen, Meerenge, Meer', schwed. *sund* 'Meerenge'. Man stellt germ. **s(w)um(m)da-* als Ablautbildung zu dem unter *schwimmen* (s. d.) genannten Verb mit lautgesetzlichem Ausfall von *w* vor dunklem Vokal. Dagegen möchte de Vries Anord. 561 im Hinblick auf die Bedeutung 'enger Zugang, Zwischenraum' an anord. *sundr* 'gesondert, auseinander' (s. *sonder*) anknüpfen und deutet anord. *sund* etwa als 'Stelle, wo ein Zusammenhang getrennt, unterbrochen ist'. Eine angenommene Verwandtschaft mit *Schwund* (s. d.) ist dagegen wenig wahrscheinlich.

Sünde f. (im Sinne des Christentums) 'Verstoß gegen ein göttliches Gebot', (allgemein) 'Übertretung des Sittengesetzes, Verstoß gegen Verhaltensnormen, Verfehlung, Irrtum', ahd. *sunta* (8. Jh.), mhd. *sünde, sünte, sunte*, asächs. *sundia*, mnd. *sünde*, mnl. *sonde, sunde*, nl. *zonde*, aengl. *syn(n)*, engl. *sin*; aus dem Mnd. stammen wohl anord. schwed. *synd*. Die Herleitung des Wortes bereitet Schwierigkeiten. Schröder in: Zs. f. vgl. Sprachforsch. 56 (1928) 106 ff. versucht, eine Verbindung von *Sünde* mit dem alten unter *Schande* (s. d.) behandelten rechtssprachlichen Ausdruck herzustellen. Er erschließt germ. **skm̥tjō* 'Scham' und ein zugehöriges (mit Übergang von *m* zu *n* vor Dental) **skantō* 'Schande', das nach (sonst kaum belegtem) Ausfall von *k* schwundstufiges germ. **sundjō* ergeben habe. Andere sehen in den germ. Formen frühe Entlehnungen in die Kirchensprache aus lat. *sōns* (Gen. *sontis*) Adj. 'schädlich, sträflich, straffällig, schuldig', Subst. 'Schuldiger, Missetäter' (Ausdruck der röm. Rechtssprache; zur Etymologie von *sōns* s. unten); vgl. de Vries Nl. 869, ebenso Walter Lehngut im Altwestnord. (1976) 87, der als Ausgangsform für das Germ. vlat. **sontia* vermutet, eine als Fem. Sing. aufgefaßte Substantivierung des Adjektivs. Doch nach Frings in: PBB (H) 81 (1959) 427 und vor allem nach Seebold in: Die Sprache 15 (1969) 14 ff. ist germ. **sundjō* bzw. (mit Aufgabe des Dentals) **sunjō* im Sinne von 'Schuld für eine strafwürdige Tat' als alter germ. Rechtsausdruck aufzufassen, der in die Kirchensprache zur Wiedergabe von lat. *peccātum* 'Sünde (gegen Gott)' aufgenommen wird, vgl. ahd. *sunta, suntea*, asächs. *sundia*, afries. *sende, sonde* und aengl. *syn(n)* 'Schuld, Vergehen, Sünde'. Als verwandte Bildungen stehen daneben ahd. *sunna* (9. Jh.), asächs. *sunnia* 'wahrer Zustand, gesetzlich anerkannter Hinderungsgrund, Entschuldigung, Notwendigkeit', anord. *syn* 'Wahrheitsbekräftigung', auch 'Einspruch, Leugnung', *nauðsyn* 'gesetzlich anerkannter Hinderungsgrund, Notwendigkeit, Zwang' und got. *sunja* (aus **sundj-*) 'Wahrheit' (vgl. auch got. *bisunjanē* Gen. Plur. 'der ringsum Seienden, der Herumwohnenden'). Sie sind mit anord. *sannr, saðr* 'wahr, schuldig', asächs. *sōð* 'wahr, Wahrheit', aengl. *sōþ-* 'wahr' (germ. **sanþ-*, **sund-* 'wahr'), außergerm. mit lat. *sōns* (s. oben), griech. *ónt-* (ὄντ-) 'seiend', aind. *satyáḥ* 'wahr, wirklich' zu **sn̥tió-*, vgl. aind. *sánt-* 'seiend, gut, wahr', Part. Präs. zu *ásti* 'ist', zusammenzustellen und auf die unter *sein* (s. d.) angegebene Wurzel ie. **es-*, schwundstufig **s-* 'sein' bzw. auf das zugehörige Part. Präs. ie. **sont-*, **sn̥t-* zurückzuführen. Dabei ist für die den Begriff 'Sünde' wiedergebenden Ausdrücke eine Bedeutungsentwicklung von 'das Seiende, Wahre, die Wahrheit' über 'festgestellte Schuld, (richtige) Sachverhältnisse, die den gegnerischen Aussagen entgegengestellt werden, Widerspruch, Verneinung' zu (im christlich-kirchlichen Sinne) 'Vergehen gegen Gottes Gebot, Böses' anzunehmen. – Sünder m. 'wer eine Sünde begeht', ahd. *suntāri* (11. Jh.), mhd. *sündære, sünder.* sündh a f t Adj. 'einer Sünde entsprechend, mit Sünde behaftet, sündig', steigernd im Sinne von 'sehr' (vgl. *sündhaft dumm, sündhaft teuer*, 19. Jh., doch wohl älter und bereits Ende 17. Jh. sich anbahnend), ahd. *sunt(i)haft* (8. Jh.), mhd. *sündehaft*. s ü n d i g Adj. 'mit Sünde behaftet, gegen Gottes Gebot, gegen Sitte und Moral gerichtet', ahd. *suntīg* (8. Jh.), mhd. *sündec, sündic*; dazu (oder als Weiterbildung von mhd. *sünden* Vb.) s ü n d i g e n Vb. 'eine Sünde begehen', mhd. *sündigen*; v e r s ü n d i g e n Vb. 'schuldig werden', meist refl. 'sich in Schuld verstricken, sich gegen Gott vergehen, Fehler machen', mhd. *versündigen* '(sich) in Sünden stürzen, durch Sünden verderben'. S ü n d e n b o c k m. 'Mensch, dem unberechtigt alle Schuld zugeschoben wird, ohne daß er wirklich schuldig ist' (Ende 18. Jh.), eigentl. 'der Bock, der (nach 3. Mos. 16) die Sünde des Volkes stellvertretend in die Wüste trägt' (seit dem 17. Jh. belegt), daher auch 'schlimmer Sünder' (17. Jh.). S ü n d e n f a l l m. '(schwere) Versündigung', mhd. *sündenval*, bes. (nach christlichem Glauben) 'das Sündigwerden des Menschen', eingeleitet (nach der Bibel 1. Mos. 3) durch den 'Abfall von Gott' des ersten Menschenpaares Adam und Eva (seit 17. Jh.).

super- erstes Glied in aus dem Lat. stammenden Zusammensetzungen mit der Bedeutung 'über alle Maßen, besonders', entsprechend lat. *super* Adv. 'oben, darüber, (oben)darauf', auch 'mehr', Präp. 'über, oben auf'. Im Lat. bildet *super-* vorwiegend verbale, aber auch nominale Komposita, vgl. lat. *superfundere* 'darüber-, daraufgießen', *superscrībere* 'darüberschreiben', *supervacuus* 'überflüssig, unnütz', spätlat. *superglōrificāre* 'über die Maßen preisen', *superglōriōsus* 'besonders ruhmreich'. Im Dt. wird vom 16. an *super-* als erstes Kompositionsglied in nominalen Zusammensetzungen zur Bezeichnung einer inhaltlichen Steigerung im Sinne von 'besonders, über alle Maßen, überdurchschnittlich' geläufig, vgl. *superfein* Adj. 'besonders, überaus fein' (16. Jh.), *superklug* Adj. 'besonders klug, überscharfsinnig' (17. Jh.), dazu *Superklugheit* f. (18. Jh.), *superfaul* Adj. 'besonders faul' (19. Jh.). Im 20. Jh. entstehen Neubildungen (oft nach engl. bzw. amerik.-engl. Vorbild) wie *Superbenzin* 'Benzin mit hoher Oktanzahl' (im Gegensatz zu *Normalbenzin*), *-bombe, superbraun, -billig, -schnell, Superhit, -markt, -schau, -schiff, -star*. – S u p e r i n t e n d e n t m. 'leitender evangelischer Pfarrer einer größeren kirchlichen Verwaltungseinheit', Entlehnung (16. Jh.) aus mlat. *superintendens* (Gen. *-intendentis*), Part. Präs. zu spätlat. *superintendere* 'die Aufsicht haben', eigentl. also 'Oberaufseher' und in diesem Sinne bis ins 17. Jh. gebraucht. Die Amtsbezeichnung innerhalb der evangelischen Kirche entwickelt sich mit der Entstehung der evangelischen Landeskirchen (1. Hälfte 16. Jh.). S u p e r l a t i v m. Bezeichnung der zweiten Steigerungsstufe des Adjektivs, Übernahme dt. Grammatiker (*superlativus*, um 1400, in lat. Form und Flexion bis ins 19. Jh.; *Superlativ* seit 18. Jh.) von gleichbed. spätlat. *superlātīvus (gradus)* 'höchster (Steigerungs)grad', Intensivbildung zu lat. *superlātus,* Part. Perf. von lat. *superferre* 'darübertragen, -führen, -bringen, -legen, über die Zeit hinaus tragen, den höchsten Grad bilden'. In dt. Übersetzung *der übertreter* (um 1400), *übertrager, der höchst vbertrefflichst grad* (15. Jh.), *die oberste Stufe, höchste Staffel* (17. Jh.), *dritte Staffel* (18. Jh.). Heute auch allgemein, vgl. *Jahr, Film der Superlative* 'besonders herausragendes Jahr, herausragender, nicht zu überbietender Film'.

Suppe f. 'flüssige, zu löffelnde Speise'. Bereits im 14. Jh. treffen mnd. md. *soppe, suppe* und aus afrz. *sope, soupe* 'eingetunkte Brotschnitte, Brühe mit eingeweichtem Brot' (das seinerseits wie schon spätlat. *suppa* 'eingetunkte Brotschnitte' aus dem Germ. stammt, s. *Souper*) entlehntes obd. *suppe* aufeinander und verbreiten sich rasch über das gesamte dt. Sprachgebiet. Auszugehen ist von mnd. *soppe, suppe* 'eingeweichtes Brot, Brühe, Brei, Soße', mnl. *soppe, sop* 'eingeweichtes Brot', nl. *sop,* aengl. *sopp* 'eingetauchter Bissen', engl. (mundartlich) *sop*. Daneben stehen ahd. *gisopho* 'gebrühter Getreideabfall' (um 800), *suphila* 'schlürfbares Brühchen, Süppchen' (9. Jh.), ablautend *souf* 'Brühe' (9. Jh.). Vergleichbar sind ferner anord. *saup* 'Buttermilch', *sopi* 'Schluck' und die Verben got. *supōn*, ahd. *soffōn* 'würzen', eigentl. 'in gewürzte Brühe eintauchen' (um 800), mnl. nl. *soppen* 'Brot in Flüssigkeit eintunken', aengl. *soppian,* engl. *to sop* wie auch mhd. *supfen* 'schlürfen, trinken', so daß für *Suppe* von einer Bedeutung 'Schlürfspeise bzw. schlürfend gegessene eingetunkte Schnitte' auszugehen ist. Alle genannten Formen lassen sich mit dem unter *saufen* (s. d.) dargestellten Verb an die dort genannte Labialerweiterung der lautmalenden Wurzel ie. **seu-, *sū-* 'tropfen lassen, schlürfen, saugen' anschließen. Vgl. die Wendungen *jmdm. die Suppe versalzen* 'eine Sache verderben, einen Plan durchkreuzen' (16. Jh.), *ein Haar in jeglicher, in der Suppe finden* 'eine negative Seite an etw. entdecken' (18. Jh.).

surren Vb. 'schwirrend brummen' (von Insekten), 'scharf, metallisch tönen' (von Maschinenrädern, Flugzeugen), ein seit dem 17. Jh. bezeugtes, doch wohl älteres lautmalendes Verb, vgl. mnd. *surringe* 'das Murren', schwed. *surra* 'summen, schnurren, schwirren', das an die unter *Schwarm* und *schwirren* (s. d.) genannte Schallwurzel ie. **su̯er-, *sur-* 'surren' anzuschließen ist; vgl. lat. *susurrāre* 'zischen, flüstern, summen'.

Surrogat n. 'Ersatz, Ersatzmittel, Austauschstoff' (für Genußmittel, für bestimmtes Material sowie für geistige und seelische Erscheinungen und Vorstellungen), vielfach 'minderwertiger Behelf', entlehnt (Anfang 16. Jh.) aus lat. *surrogātum*, dem (im Sinne von 'an die Stelle von etw. anderem Gesetztes') substantivierten Part. Perf. von lat. *surrogāre*, Nebenform von *subrogāre* 'jmdn. an die Stelle eines anderen durchs Volk wählen lassen' (vgl. lat. *rogāre* 'holen, (be)fragen, zur Wahl vorschlagen, bitten').

suspekt Adj. 'zweifelhaft, verdächtig', entlehnt (Mitte 16. Jh.) aus lat. *suspectus* Part.-adj. 'beargwöhnt, verdächtig, Verdacht erregend', zu lat. *suspicere* 'in die Höhe, aufwärts sehen, hochachten, verehren, heimlich auf etw. oder jmdn. sehen, (be)argwöhnen, vermuten' (vgl. lat. *specere* 'sehen' und s. *sub-*).

suspendieren Vb. 'zeitweilig aufheben, vorübergehend beurlauben, von einer Verpflichtung entbinden', entlehnt (2. Hälfte 15. Jh.) aus lat. *suspendere* 'aufhängen, erheben, in der Schwebe halten, schweben lassen, hemmen, unterbrechen, aufheben, unentschieden lassen', mlat. 'des Amtes entheben, (ein Urteil) aufheben' (vgl. lat. *pendere* '(ab)wägen, beurteilen, schätzen, (be)zahlen', eigentl. 'die Waagschalen beim Wägen herabhängen lassen', und s. *sub-*).

süß Adj. 'wie Zucker oder Honig schmeckend' (von Speisen), im Geruch diesem Geschmack vergleichbar, übertragen 'lieblich, wohlklingend, entzückend, wohltuend', später auch abschätzig (2. Hälfte 18. Jh.) 'geziert, weichlich, fade', ahd. *suoȝi* (8. Jh.), mhd. *süeȝe, suoȝe*, (md.) *sūȝe, sōȝe* 'süß, mild, angenehm, lieblich, freundlich', asächs. *swōti*, mnd. *sōte*, mnl. *soete*, nl. *zoet*, aengl. *swēte*, engl. *sweet*, anord. *sœtr*, schwed. *söt* (germ. **swōtja-*, aus **swōtu-*) führen mit aind. *svādúḥ* 'wohlschmeckend, süß', griech. *hēdýs* (ἡδύς, aus *Ϝαδύς) 'erfreulich, süß, lieblich', *hḗdesthai* (ἥδεσθαι) 'sich freuen', lat. *suāvis* 'lieblich, angenehm, anziehend' auf eine Wurzel ie. **su̯ād-* 'süß, an etw. Geschmack, Freude finden'. Der Anlaut germ. *sw-* verliert *w* vor dumpfen Vokal. – S ü ß e f. 'das Süßsein, süßer Geschmack, Geruch, süße Art, (übertriebene) Freundlichkeit, Liebenswürdigkeit', ahd. *suoȝī* (8. Jh.), mhd. *süeȝe, suoȝe* 'Süßigkeit, Lieblichkeit, Freundlichkeit, Wohlgeruch'. s ü ß e n Vb. '(Speisen, Getränke) süß machen, zuckern', ahd. *suoȝen* 'süß machen' (9. Jh.), mhd. *süeȝen, suoȝen*, auch 'angenehm machen, erquicken, erfreuen'. v e r s ü ß e n Vb. 'angenehm machen, erleichtern', mhd. *versüeȝen* 'ganz süß machen'. S ü ß i g k e i t f. 'das Süßsein, Süße', mhd. *süeȝecheit, süeȝekeit*, zu dem weitergebildeten Adjektiv mhd. *süeȝec* 'süß, lieblich'; heute vor allem *Süßigkeiten* (Plur.) 'Naschereien, Süßes in Form von Schokolade, Pralinen, Bonbons o. ä.' (18. Jh.). s ü ß l i c h Adj. 'ein wenig süß schmeckend, riechend, freundlich, angenehm', auch (seit 2. Hälfte 18. Jh.) abschätzig im Sinne von 'unangenehm, geziert, fade, kitschig, weichlich', ahd. *suoȝlīh* (9. Jh.; vgl. *suoȝlīhho* Adv., 8. Jh.), mhd. *süeȝlich*, (md.) *sūȝlich* 'süß, milde, angenehm, lieblich, freundlich'. S ü ß h o l z n. süßschmeckende, zur Lakritzengewinnung verwendete Wurzel des Süßholzstrauches, mhd. *süeȝholz*, für griech.-lat. *glycyrrhiza* 'Süßwurzel, -holz' (s. *Lakritze*); dafür auch *Süßwurz(el)* (16. Jh.); in übertragenem Sinne seit dem 16. Jh. verwendet; vgl. dazu *Süßholz raspeln* 'einer Frau in auffallender Weise schmeicheln, ihr den Hof machen, mit ihr schöntun', S ü ß h o l z r a s p l e r m. 'Schmeichler, Schöntuer' (beide Mitte 19. Jh.). S ü ß s t o f f m. synthetisch hergestellte organische Verbindung, die ohne Nährwert süßt (2. Hälfte 19. Jh.).

Swing m. Stil des Jazz, der den harten Grundrhythmus mit melodisch rhythmischem Vorwärtsdrängen und insofern afroamerikanische mit europäischer Musizierweise verbindet (20er Jahre 20. Jh.); dann auch in der Wirtschaftsterminologie 'Kreditspielraum' (im bilateralen Außenhandel). Beiden Bedeutungen liegt engl. *swing* 'das Schwingen, Schaukeln, Schwung, Rhythmus' zugrunde, zu engl. *to swing* 'hin und her schwingen, baumeln' (s. *schwingen*). – s w i n g e n Vb. 'Swingstil aufweisen, Swing spielen'.

Symbiose f. 'dauerndes Zusammenleben artverschiedener, einander angepaßter Organismen zu gegenseitigem Nutzen', fachsprachliche Bildung der Biologie (Ende 19. Jh.) zu griech. *symbíōsis* (συμβίωσις) 'das Zusammenleben, partnerschaftliches Leben, gesellschaftliche Verbindung, Verkehr, Umgang', einer Ableitung von griech. *symbiū̃n* (συμβιοῦν) 'mit jmdm. leben, zusammenleben'.

Symbol n. 'Zeichen, Merkmal', bes. eine optische oder akustische Darstellung, die einen bestimmten abstrakten Sinn oder Wert mitteilt, 'Sinnbild', entlehnt (15. Jh.) aus lat. *symbolum*, griech. *sýmbolon* (σύμβολον) 'Merkmal, Kenn-, Wahrzeichen', einer Bildung zu griech. *symbállein* (συμβάλλειν) 'zusammenwerfen, -legen, -fügen'. Griech. *sýmbolon* ist ursprünglich das Anfügestück ('was zusammengelegt werden muß'), das gebrochene und daher aus zwei Teilen bestehende Zeichen (Ring, Scherbe u. dgl.), durch dessen Zusammenfügen sich die Besitzer wiedererkennen. – s y m b o l i s c h Adj. 'als Sinnbild für etw. stehend, ein Sinnbild darstellend' (17. Jh.), lat. *symbolicus*, griech. *symbolikós* (συμβολικός) 'sinnbildlich, figürlich'. S y m b o l i k f. 'sinnbildlicher Gehalt, sinnbildliche Bedeutung, Darstellung, Erklärung der Sinnbilder' (18. Jh.). s y m b o l i s i e r e n Vb. 'durch ein Sinnbild darstellen', um 1800 im Anschluß an gleichbed. frz. *symboliser* in Gebrauch kommend (mlat. *symbolizare*), zuvor (Ende 17. Jh.) vereinzelt *symbolizirt* Part. Prät. als latinisierende Bildung.

Symmetrie f. 'Ebenmaß, spiegelbildliche Gleichheit', entlehnt (1. Hälfte 16. Jh.) aus lat. *symmetria*, griech. *symmetría* (συμμετρία) 'Eben-, Gleichmaß, richtiges Verhältnis'; zu griech. *sýmmetros* (σύμμετρος) 'gemeinschaftliches Maß habend, im Maß zueinander passend, angemessen, verhältnis-, gleichmäßig', vgl. griech. *métron* (μέτρον) 'das rechte, volle Maß, Ziel, Länge, Größe, Silben- oder Versmaß' (s. *Metrum*). Dem Gebrauch des röm. Baumeisters Vitruv folgend, Ausdruck der bildenden Kunst, bes. der Architektur im Sinne einer 'harmonischen Übereinstimmung der einzelnen Teile eines Ganzen', dann der 'gleichmäßigen, harmonischen Anordnung zweier oder mehrerer Gegenstände oder Teile im Hinblick auf eine (gedachte) gemeinsame Mittellinie, spiegelbildliche Deckungsgleichheit' (18. Jh.); in neuerer Zeit übertragen für 'Gleichgewicht, Ausgleich'. – s y m m e t r i s c h Adj. 'ebenmäßig, in gleichförmiger Anordnung stehend, ausgewogen, proportioniert, harmonisch, spiegelgleich' (vereinzelt seit Mitte 16. Jh., häufiger seit Anfang 18. Jh.).

Sympathie f. 'Zuneigung, Wohlwollen', entlehnt (Mitte 16. Jh., bis ins 17. Jh. in lat. Form) aus lat. *sympathīa*, griech. *sympátheia* (συμπάθεια) 'gleiche Empfindung, Stimmung oder Leidenschaft, Mitleiden, Teilnahme', einer Substantivbildung zu griech. *sympathḗs* (συμπαθής) 'mitfühlend, mitempfindend, mitleidend'; vgl. griech. *páthos* (πάθος) '(Miß)geschick, Leid, Gemütsbewegung, Leidenschaft' (s. *Pathos*). Zuerst (vor dem Hintergrund naturphilosophischer und naturmystischer Anschauungen) 'geheimnisvolle Übereinstimmung durch übernatürliche Zusammenhänge', danach erweitert 'gefühlsmäßige Übereinstimmung, Wesensverwandtschaft', auch 'Mitleiden, Teilnahme, Rührung' (2. Hälfte 17. Jh.), als Modewort der Empfindsamkeit 'Einklang, Harmonie' zwischen empfindsamen Seelen (18. Jh., bes. durch Wieland), schließlich (seit dem 19. Jh.) zunehmend in der heute abgeschwächten Bedeutung '(Zu)neigung, Wohlgefallen, freundliche Gesinnung'. Fachsprachlich im medizinischen Bereich 'gegenseitige Beeinflussung, Aufeinanderwirken' von Körperteilen, Organen, körperlichen Reaktionen (Anfang 18. Jh.). Vgl. die Fügung *aus Sympathie* 'aus dem Gefühl innerer Verbundenheit und Übereinstimmung' (18. Jh.). – s y m p a t h i s c h Adj. 'in geheimnisvoller Wechselbeziehung stehend, mit Heilkräften ausgestattet' (2. Hälfte 17. Jh.), in diesem Sinne mit gleichbed. *sympathetisch* (s. unten) konkurrierend, in der Medizin 'gleichzeitig betroffen, in Mitleidenschaft gezogen' (2. Hälfte 18. Jh., vgl.

sympathische Nerven), 'gefühlsmäßig mitempfindend, gleichgestimmt' (2. Hälfte 18. Jh.), danach 'Zuneigung erweckend, zusagend'; vgl. mfrz. *sympathic,* frz. *sympathique.* sympathetisch Adj. '(über Entfernungen hinweg) in geheimnisvoller Wechselbeziehung stehend, auf übernatürlichen Kräften beruhend' von Heilmitteln, Heilverfahren (2. Hälfte 17. Jh.), 'in gefühlsmäßiger Wechselbeziehung stehend, (geistig, seelisch) mitfühlend, mitempfindend, mitleidend' (Mitte 18. Jh.), medizin.-lat. *sympatheticus*, spätgriech. *sympathētikós* (*συμπαθητικός*) 'mitempfindend, mitleidend, in innerer Beziehung stehend'. sympathisieren Vb. 'angenehm, erfreulich machen' (2. Hälfte 17. Jh.), dann 'übereinstimmen, harmonieren, mitempfinden' und '(Zu)neigung empfinden, zugetan sein, wohlwollend gesinnt sein' (18. Jh.), in neuerer Zeit weiterentwickelt zu 'gleicher Gesinnung, Ansicht oder Meinung sein'; vgl. frz. *sympathiser.*

Symposium, Symposion n. 'dem Austausch von Gedanken und Erkenntnissen dienende Zusammenkunft von Wissenschaftlern, Kolloquium, Fachkonferenz', Übernahme (vereinzelt 1. Hälfte 16. Jh., häufiger 18. Jh.) von griech. *sympósion* (*συμπόσιον*) 'Trinkgelage, Gastmahl, die Teilnehmer am Gelage', eigentl. 'das Mit-, Zusammentrinken', zu griech. *sympī́nein* (*συμπίνειν*) 'gemeinsam trinken, an einem Trinkgelage teilnehmen'; vgl. griech. *pī́nein* (*πίνειν*) 'trinken'. Im 20. Jh. tritt (wohl unter Einfluß von engl. *symposium*) die dem Lat. folgende Form *Symposium* in den Vordergrund. Mit Bezug auf Platons Dialog „Symposion" zunächst 'Trinkgelage, Gastmahl mit intellektuellen Gesprächen', danach in der oben genannten Bedeutung (20. Jh.).

Symptom n. 'Krankheitszeichen' (16. Jh.), danach auch allgemein 'Anzeichen, Kennzeichen, Merkmal' (18. Jh.). Griech. *sýmptōma* (*σύμπτωμα*) 'das Zusammenfallen, Zufall, Begebenheit' entwickelt in der griech. Medizin die Bedeutung 'widernatürlicher, krankheitsbedingter Zufall, Krankheitserscheinung', wird in diesem Sinne ins Dt. entlehnt und geht in allgemeinen Gebrauch über. Die griech. Lautform *Symptoma*, Plur. *Symptomata*, hält sich bis ins 18. Jh. Substantivbildung zu griech. *sympíptein* (*συμπίπτειν*) 'zusammenfallen, -treffen, -stoßen'; vgl. griech. *píptein* (*πίπτειν*) 'fallen, stürzen'. – symptomatisch Adj. 'kennzeichnend, typisch' (18. Jh.); vgl. griech. *symptōmatikós* (*συμπτωματικός*) 'zufällig'.

syn- (vor *b, m, p* assimiliert zu *sym-*, vor *l* zu *syl-*, vor *s* und *z sy-*) in der Bedeutung 'mit, zusammen (mit), gemeinsam, zugleich' erstes Glied in zahlreichen aus dem Griech. stammenden Zusammensetzungen, s. *Symmetrie, Sympathie, Symptom, Synagoge, Synkope, Synonym, System* und *Sinfonie*; vgl. auch *Syllogismus.* Zugrunde liegt griech. *sýn*, älter *xýn,* (*σύν, ξύν*) Adv. 'zusammen, zugleich', Präp. 'mit, zusammen mit, gleichzeitig mit, übereinstimmend mit'. Der Bildungstyp ist noch heute in der Sprache von Wissenschaft und Technik produktiv, vgl. *Synarthrose* 'feste Knochenverbindung, Knochenfuge', *Synökologie* 'Lehre von den Einflüssen der Umwelt auf Lebensgemeinschaften', *Synurie* 'Ausscheidung von Fremdstoffen durch den Harn'.

Synagoge f. 'Versammlungshaus der jüdischen Gemeinde zu Gottesdienst und Belehrung', mhd. *synagoge*; entlehnt aus kirchenlat. *synagōga*, griech. *synagōgḗ* (*συναγωγή*) 'Versammlung, Vereinigung', im Neuen Testament und bei den Kirchenvätern 'Versammlungsort der jüdischen Gemeinde'. Zu griech. *synágein* (*συνάγειν*) 'zusammenführen, -bringen, versammeln'; vgl. griech. *ágein* (*ἄγειν*) 'treiben, führen'.

synchronisch Adj. 'zeitlich zusammenfallend, übereinstimmend, gleichzeitig verlaufend', entlehnt (vereinzelt 1. Hälfte 19. Jh., häufiger seit frühem 20. Jh.) über spätlat. *synchronus* aus griech. *sýnchronos* (*σύγχρονος*) 'gleichzeitig, von gleicher Zeit und Dauer'; vgl. griech. *chrónos* (*χρόνος*) 'Zeit, Dauer'. Daneben auch gleichbed. synchron Adj. (20er Jahre 20. Jh.), das in verschiedenen technischen Bereichen, vor allem der Filmtechnik von Ton- und Bildablauf, aber auch als Bestimmungswort von Zusammensetzungen wie *Synchronsprecher, -getriebe, -uhr* verwendet wird; vgl. das aus dem Amerik.-Engl. übernommene Synchrotron n. in der Kernphysik 'Anlage zur Beschleunigung geladener Elementarteilchen auf der gleichen Laufbahn' (Mitte 20. Jh.), aus *synchro(n)* und *(elec)tron.* Zur Verwendung des Wortes in der Sprachwissenschaft s. unten. – synchronisieren Vb. 'zeitlich aufeinander abstimmen, zeitlich gleichschalten, koordinieren', in der Filmtechnik 'Bild- und Tonablauf in zeitliche Übereinstimmung bringen', in der Technik 'den Gleichlauf zwischen zwei Vorgängen, Maschinen oder Geräteteilen herstellen' (20er Jahre 20. Jh.), möglicherweise unter Einfluß von älterem gleichbed. engl. *to synchronize*, frz. *synchroniser.* Synchronisation f. in der Filmtechnik 'zeitliches Aufeinanderabstimmen von Bild- und Tonablauf, nachträgliche Vertonung eines ohne Ton oder in fremder Sprache aufgenommenen Films' (1. Hälfte 20. Jh.), nach gleichbed. amerik.-engl. *synchronization.* Synchronie f. in der Sprachwissenschaft 'Betrachtung einer zeitlichen Entwicklungsstufe einer Sprache' (ohne Einbeziehung ihrer historischen Entwicklung), frz. *synchronie* (Saussure vor 1913, publiziert 1916, im Dt. 1917). Dazu gleichzeitig *synchronisch* Adj. 'sprachliche Erscheinungen, einen Sprachzustand eines bestimmten Zeitraums betrachtend', frz. *synchronique*; auch gekürzt *synchron* (Mitte 20. Jh.). Gegensatz *diachronisch* bzw. *Diachronie* (s. d.).

Syndikat n. 'Zusammenschluß in Form eines Kartells mit festen Preisbestimmungen und eigener Verkaufsorganisation' (2. Hälfte 19. Jh.), wohl Übernahme von gleichbed. frz. *syndicat* m. Zuvor frühnhd. 'Amt oder Vollmacht eines Syndikus, eines Rechtsbevollmächtigten' (15. Jh.; vgl. mnd. *sindicāt* 'Amt, Stellung eines Syndikus'), aus gleichbed. mlat. *syndicatus* 'Amt, Stellung eines Rechtsbeistands', zu mlat. *syndicare* 'jmds. Handlungen (in einer Zusammenkunft vor Gericht) sorgfältig prüfen', spätlat. *syndicus* 'Vertreter der Gerechtsame einer Gemeinde', griech. *sýndikos* (σύνδικος) 'einem vor Gericht beistehend, behilflich, mitwirkend', substantiviert 'Sachwalter, Anwalt vor Gericht'; vgl. griech. *díkē* (δίκη) 'Sitte, Recht, Rechtsverhandlung, -sache'. – Syndikus m. 'ständiger Rechtsbeistand einer Gemeinde, Stadt, Rechtsbevollmächtigter, juristischer Beirat oder Vertreter' (15. Jh.; vgl. mnd. *sindicus*, 13. Jh.), 'Rechtsvertreter eines großen Unternehmens, Geschäftsführer, Sachwalter' (19. Jh.), spätlat. *syndicus* (s. oben).

Synkope f. in der Medizin 'Hirndurchblutungsstörung mit kurzdauerndem Bewußtseinsverlust, Ohnmacht', mhd. *sincopa*, frühnhd. *syncopis* (Paracelsus), nhd. *Syncope* (18. Jh.) 'Ohnmacht', in der Grammatik 'Ausfall eines unbetonten Vokals oder einer Lautfolge im Wortinnern' (1. Hälfte 18. Jh., vermutlich älter), in der Musik 'Verlagerung des rhythmischen Akzents auf einen unbetonten Taktteil durch Herüberbinden des gleichen Tones' (Mitte 17. Jh.), Entlehnung von spätlat. *syncopē, syncopa,* griech. *synkopē* (συνκοπή) 'das Verkürzen der Wörter durch Ausstoßung eines Buchstabens oder einer Silbe in der Mitte, plötzliches Stocken der Lebensfunktionen, plötzliche Erstarrung oder Entkräftung', zu griech. *synkóptein* (συγκόπτειν) 'zusammenschlagen, -hauen, -prügeln, einen Buchstaben oder eine Silbe aus der Wortmitte ausstoßen, sich wie zerschlagen fühlen, völlig entkräftet werden'; vgl. griech. *kóptein* (κόπτειν) 'stoßen, schlagen, hauen'. – synkopieren Vb. 'ohnmächtig, schwindlig machen' (Paracelsus, heute veraltet), 'einen Vokal oder eine Silbe ausstoßen, ausfallen lassen' (1. Hälfte 16. Jh.), 'einen leichten Taktteil mit dem folgenden schweren zu einer Note zusammenziehen, synkopisch hinüberbinden' (1. Hälfte 18. Jh.).

Synode f. 'Kirchenvertretung, -versammlung'. Aus spätlat. *synodus* f. 'Priesterkollegium, Kirchenversammlung', griech. *sýnodos* (σύνοδος) 'Zusammenkunft, (beratende) Versammlung', gebildet (s. *syn-*) zu griech. *hodós* (ὁδός) 'Gang, Weg', ist entlehnt mhd. *sent* 'beratende (geistliche) Versammlung, geistliches Gericht, Jüngstes Gericht, Reichs-, Landtag' (volksetymologisch wohl von mhd. *senāt*, lat. *senātus* beeinflußt), danach (vornehmlich lat. flektierend) *Synodus* (15. Jh.) *Synod* (16. Jh.), *Synode* f. (18. Jh., in formaler Anlehnung an frz. *synode* m.), zunächst in der Bedeutung 'geistliche, kirchliche Versammlung', dann bes. 'beratende, beschließende und gesetzgebende Versammlung von Bischöfen in einem Konzil (unter Vorsitz des Papstes)', in der evangelischen Kirche 'aus gewählten Gemeindevertretern (Geistlichen und Laien) bestehende Versammlung, die als Gesetzgebungs- und Regierungsorgan neben der bischöflichen Leitung Trägerin kirchlicher Selbstverwaltung ist'. – synodal Adj. 'die Synode betreffend, dazu gehörend' (Mitte 18. Jh.), älter *synodalisch* (17. Jh.), spätlat. *synodālis*, meist in Zusammensetzungen wie *Synodalversammlung* 'Synode' (18. Jh.), *Synodalverfassung* 'Verfassung evangelischer Kirchen, deren Leitung durch eine Synode erfolgt' (19. Jh.); auch substantiviert S y n o d a l e r m. 'Mitglied einer Synode' (2. Hälfte 19. Jh.).

Synonym n. 'einem anderen ganz oder teilweise in Bedeutung und Gebrauch entsprechendes Wort', Entlehnung (Ende 15. Jh., bis ins 18. Jh. in griech.-lat. Flexion) von gleichbed. spätlat. *synōnymum, synōnymon*, griech. *synṓnymon* (*συνώνυμον*), dem substantivierten Neutrum von griech. *synṓnymos* (*συνώνυμος*) 'von gleichem Namen, von gleicher Bedeutung'; vgl. griech. *ónyma* (*ὄνυμα*), Nebenform von *ónoma* (*ὄνομα*) 'Name' (verwandt mit *Name*, s. d.). – s y n o n y m Adj. 'sinnverwandt, von gleicher oder ähnlicher Bedeutung' (Anfang 19. Jh.), älter *synonymisch* (Mitte 18. Jh.).

Syntax f. 'Lehre vom Satzbau, Satzlehre', gelehrte Entlehnung (*Syntaxis*, 1. Hälfte 16. Jh., *Syntax*, 2. Hälfte 16. Jh.) von lat. *syntaxis* (Cicero), griech. *sýntaxis* (*σύνταξις*) f. bei den Grammatikern die 'sprachrichtige Verbindung der Wörter untereinander und zu ganzen Sätzen, Wortfügung, die Lehre davon', eigentl. 'Zusammensetzung, -stellung, Anordnung, Einrichtung, Regelung', einer Bildung zu griech. *syntássein* (*συντάσσειν*) 'zusammensetzen, -stellen, -ordnen, anordnen, einrichten'; vgl. griech. *tássein* (*τάσσειν*) 'auf-, feststellen, festsetzen, (ver)ordnen'. Mask. Genus für *Syntax* gilt bis ins 18. Jh., danach setzt (in Anlehnung an frz. *syntaxe* f.?) fem. Gebrauch ein. – s y n t a k t i s c h Adj. 'den Satzbau, die Wortverbindung im Satz betreffend' (Anfang 18. Jh.); vgl. griech. *syntaktikós* (*συντακτικός*) 'zusammensetzend, -stellend, -ordnend'.

Synthese f. 'Vereinigung, Zusammenfügung von Teilen zu einem einheitlichen Ganzen', entlehnt (18. Jh.) aus lat. *synthesis* 'Verbindung mehrerer zusammengehöriger Geschirrteile, Tafelgeschirr, -aufsatz', spätlat. 'Zusammensetzung, Mischung (eines Heilmittels)', griech. *sýnthesis* (*σύνθεσις*) 'Zusammensetzung, -stellung, -fügung', zu griech. *syntithénai* (*συντιθέναι*) 'zusammensetzen, -stellen, -fügen, übereinkommen'; vgl. griech. *tithénai* (*τιθέναι*) 'setzen, stellen, legen' (s. *These*). Anfangs und in der Wissenschaftssprache zuweilen noch heute in griech.-lat. Form *Synthesis*, seit dem frühen 19. Jh. *Synthese* (wohl nach älterem frz. *synthèse*, Descartes). Zuerst (Anfang 18. Jh. und vereinzelt) 'Zusammenfügung, anatomischer Aufbau des Körpers', dann in der Philosophie Bezeichnung einer erkenntnistheoretischen Methode, die die Teile des Erkenntnisvorgangs (Wahrnehmung, Vorstellung) zu einer höheren Einheit zusammenfügt (Kant, Mitte 18. Jh.; Gegensatz *Analyse*), speziell 'dialektische Aufhebung des sich durch These und Antithese ergebenden Widerspruchs' (Hegel), seit Anfang des 19. Jhs. auch im allgemeinen, oben genannten Sinne. – s y n t h e t i s c h Adj. 'zusammengesetzt, verbindend, verknüpfend', in der Philosphie 'zur Einheit, Ganzheit verknüpfend, ganzheitlich darstellend' (Mitte 18. Jh.), in der Chemie 'auf chemischem Wege, künstlich erzeugt, hergestellt' (1. Hälfte 20. Jh.); vgl. griech. *synthetikós* (*συνθετικός*) 'zum Zusammenstellen, Ordnen gehörig, geeignet, geschickt'. S y n t h e t i c s Plur. 'auf chemischem Wege hergestellte Textilrohstoffe, Gewebe aus Kunstfaser' (Mitte 20. Jh.), Übernahme von amerik.-engl. *synthetics* (zu engl. *synthetic* 'künstlich hergestellt').

Syphilis f. chronisch verlaufende infektiöse Geschlechtskrankheit, im Dt. seit der 2. Hälfte des 18. Jhs. bezeugt. Die Benennung entstammt dem Titel eines um 1520 von dem Veroneser Arzt und Dichter G. Fracastoro in nlat. Sprache verfaßten (1530 erschienenen) Lehrgedichts *Syphilidis, sive morbi gallici libri tres* („Drei Bücher über die Syphilis oder die Gallische Krankheit"), in dem ein Hirt namens *Syphilus* von einer Krankheit befallen wird, die alle Symptome der Syphilis aufweist. Nlat. *Syphilis* ist zu *Syphilus* gebildet wie *Aeneis* zu *Aeneas*. Der Name *Syphilus* scheint nach dem in Ovids Metamorphosen 6,231 *Sipylus* (auch *Siphylus*) genannten ältesten Sohn der Niobe gewählt zu sein.

System n. 'sinnvoll in sich gegliedertes, geordnetes Ganzes'. In den Formen *Sistemata* Plur. (Mitte 16. Jh.), *Systemate* (aus dem Plur. gebildeter Dat. Sing., 1. Hälfte 18. Jh.), *Systema* und *System* (Mitte 18. Jh.) Entlehnung von spätlat. *systēma* n., griech. *sýstēma* (*σύστεμα*) 'aus Einzelteilen zusammengefügtes und gegliedertes Ganzes, Vereinigung, Gruppe, die in einem Staat Zusammenlebenden, Staatsgebäude, Staatsverfassung, aus mehreren Lehrsätzen zusammengesetztes Lehrgebäude (einer Kunst oder Wissenschaft)', zu griech. *synistánai* (συνιστάναι) 'zusammenstellen, -fügen, -bringen, vereinigen, zustande bringen'; vgl. griech *histánai* (ἱστάναι) '(hin)stellen, aufstellen, errichten'. Zunächst von der Ordnung und dem Gefüge der Himmelskörper, dem Weltgebäude (Mitte 16. Jh.; vgl. *Planeten-, Sonnensystem*), dann (Mitte 18. Jh.) von zusammenwirkenden Teilen des menschlichen Körpers (vgl. *Gefäß-, Kreislauf-, Nervensystem*) sowie der gesellschaftlichen bzw. politischen Einrichtungen (vgl. *Staats-, Verwaltungs-, Wirtschaftssystem*). *System* ist vor allem ein Begriff der Philosophie und der Wissenschaft im Sinne einer 'gegliederten Gesamtheit von Anschauungen, Erkenntnissen, Lehren' (1. Hälfte 17. Jh.), allgemein 'Plan, Konzept, Methode' (2. Hälfte 18. Jh.), vgl. *ein System entwerfen, ändern, System in etw. bringen.* – systematisch Adj. 'ein System betreffend, sinnvoll, geordnet, sachlich gegliedert' (Anfang 18. Jh.), spätlat. *systēmaticus*, griech. *systēmatikós* (συστεματικός) 'zu einem Ganzen zusammenfassend'; davon abgeleitet Systematik f. 'planmäßiger, geordneter Aufbau einer Wissenschaft' (Ende 18. Jh.) und Systematiker m. 'wer ein System beherrscht, wer systematisch vorgeht, arbeitet' (2. Hälfte 18. Jh.) systematisieren Vb. 'in ein System bringen, nach einem Ordnungsprinzip gliedern und aufbauen' (Anfang 19. Jh.).

Szene f. 'Bühne, Ort der Handlung, Schaubühne, Theater, Öffentlichkeit, Schauplatz' (1. Hälfte 16. Jh.), 'Auftritt (als kleinste Einheit eines Bühnenstücks), Bild' (vereinzelt Mitte 16. Jh., häufiger seit Mitte 18. Jh.), '(dramatischer) Vorfall, Vorgang, (malerischer) Anblick' (Mitte 18. Jh.), 'Auseinandersetzung, heftiger Wortwechsel, Streit' (Anfang 19. Jh.), entlehnt aus lat. *scaena, scēna* 'Schauplatz, Schaugepränge', spätlat. 'äußerer Anblick, Gestalt, Erscheinung, Hergang, Lage', griech. *skēnḗ* (σκηνή) 'Brettergerüst für Schauspieler, Bühne, Szene', eigentl. 'Zelt, Hütte, Wohnung, Behausung, Laube', bis ins 18. Jh. hinein auch in lat. (flektierter) Form. Jung, wohl unter Einfluß von amerik.-engl. *scene*, ist die Bedeutung 'soziales, kulturelles Milieu, Gesamtheit von Aktivitäten, Erscheinungen auf einem bestimmten Gebiet' (Mitte 20. Jh.). – szenisch Adj. 'die Szene betreffend, in der Art einer Szene, bühnenmäßig' (2. Hälfte 18. Jh.). Szenerie f. '(Rundblick über eine) Landschaft, Landschaftsbild, Bühnendekoration' (Anfang 19. Jh.; anfangs auch in der Nebenform *Szenerei*); in neuester Zeit auch 'Schauplatz eines politischen, kulturellen Geschehens' (Mitte 20. Jh.). inszenieren Vb. 'die Aufführung eines Bühnenwerks, die Aufnahme eines Films technisch und künstlerisch vorbereiten und leiten, ins Werk, in Szene setzen, hervorrufen' (2. Hälfte 19. Jh.); vgl. seltenes gleichbed. *szenieren*.

Tabak m. in Amerika beheimatetes nikotinhaltiges Nachtschattengewächs, das aus dessen Blättern hergestellte 'Genußmittel zum Rauchen, Kauen, Schnupfen'. Aus der Sprache der Insel-Aruaks stammendes *tabaco* (Bezeichnung für eine Art Zigarillo, d. h. für in ein Deckblatt eingerollte Tabakblätter zum Rauchen) wird ins Span. übernommen; entsprechend steht in dt. abgefaßten Reisebeschreibungen aus span. *tabaco* entlehntes *Tabacco, Tabaco* (2. Hälfte 16. Jh.). Danach (1. Hälfte 17. Jh.) begegnet eingedeutschtes *Taback, Tabak*; Einfluß von (ebenfalls aus dem Span. stammendem) frz. *tabac* ist möglich. Nebenformen wie *Tuback, Tubak, Toback* (ebenfalls 17. Jh.) entstehen nach engl. *tobacco* und sind vielleicht unter Einfluß von arab. *ṭubbāq*, der Bezeichnung für eine aromatische Pflanze entstanden. Corominas 4, 318 ff. vermutet sogar, daß das arab. Wort durch die Spanier nach Amerika gelangt sei und die Grundlage für das europ. Wort sein könnte. In Mundarten und (scherzhaft) in der Umgangssprache gilt noch heute *Tobak*, ebenso in umgangssprachlichen Redensarten wie *das ist starker Tobak* 'ein starkes Stück, unglaublich' (18. Jh.) und (wortspielerisch) *Anno Tobak* 'dazumal, in alter, längst vergangener Zeit' (s. *Anno*).

Tabelle f. 'listenförmige Zusammenstellung, Übersichtstafel, Verzeichnis', entlehnt (2. Hälfte 16. Jh.) aus lat. *tabella* 'Brettchen, Gemälde, Schreibtafel, Brief, Stimmtäfelchen, Urkunde, Akte, Register, Liste', Deminutivum von lat. *tabula* (s. *Tafel*). Eine davon unabhängige frühere Entlehnung aus lat. *tabella* liegt vor in ahd. *tabel(l)a*, auch *tavela, tafela* 'Tafel, Täfelchen' (um 1000, Notker). – tabellarisch Adj. 'in Form einer Tabelle, listenförmig geordnet, in übersichtlicher Zusammenstellung dargetan' (2. Hälfte 18. Jh.); vgl. lat. *tabellārius* 'zu den Briefen, Stimmtäfelchen, Dokumenten gehörig'.

Tabernakel n. m. 'kunstvoll gestaltetes Schutzdach über Heiligenstatuen, Altären, Grabmälern', bes. 'Schrein zur Aufbewahrung der geweihten Hostien, Sakramentshäuschen, Ziborium' in katholischen Gotteshäusern. Mhd. *tabernakel* m. 'Zelt, Hütte' (nhd. bis 18. Jh.), auch (nach kirchenlat. *tabernāculum* bei den Kirchenvätern, entsprechend Vulgata 2. Mos. 26,1) 'das heilige Zelt, Stiftshütte' (Aufbewahrungsort der Bundeslade), dann (seit 14. Jh.) im oben genannten Sinne. Entlehnung, wohl (nach Ausweis des maskulinen Genus im Mhd.) über afrz. (frz.) *tabernacle* m., aus lat. *tabernāculum* n. 'Hütte, Zelt, Beobachtungszelt der Auguren' (zum kirchenlat. Gebrauch s. oben), einer Ableitung von lat. *taberna* f. 'Hütte, Laden, (Schau)bude, Gasthaus'; mit Dissimilation gebildet zu lat. *trabs* f. 'Balken, Baum(stamm), Dach, Haus'.

Tablett n. 'Servierbrett', älter 'Abstellbrett', entlehnt (Anfang 18. Jh.) mit Genuswechsel aus frz. *tablette* f. 'Abstellbrett', auch 'Brett, Fach, (Tisch)platte, Tischchen, Schreibtäfelchen, Tafel, Pastille, Tablette', afrz. *tablete, tavelete* 'Platte, Tafel, Brettchen (als Rhythmusinstrument)', Deminutivum von afrz. frz. *table* 'Tisch, Tafel, Platte, Brett, Tabelle, Verzeichnis', aus lat. *tabula* (s. *Tafel*).

Tablette f. 'Pastille' (Arzneimittel als Scheibchen oder Kügelchen), Übernahme (um 1900) von gleichbed. frz. *tablette* (s. *Tablett*). Zuvor (entsprechend dem frz. Vorbild) auch (im Plur. *Tabletten*, nach frz. *tablettes*) 'Notiz-, Zeichenblock, Heft' und 'an der Wand befestigtes Abstellbrett' für Bücher, Geschirr, Getränke, Speisen (Anfang 18. Jh.), im Befestigungswesen 'Deckplatte auf einer Mauer, Mauergesims, -abschluß' (2. Hälfte 18. Jh.).

Tabu n. kultisches Gebot bei Naturvölkern, gewisse als heilig und geweiht verstandene Lebewesen, Gegenstände, Pflanzen, Orte, Wörter u. ä. zu meiden, Entlehnung (Anfang 19. Jh.) von engl. *tabu* bzw. *taboo*, wie Cook (1777) polynes. *tapu*, eigentl. 'gekennzeichnet' (als Reservat des Herrschers), daher 'unberührbar, heilig', wiedergibt. In übertragenem Sinne 'heilige, unberührbare Sache, Unverletzlichkeit' (2. Hälfte 19. Jh.), auch 'konventionelle Schranke, Vorschrift, über bestimmte Dinge nicht zu sprechen oder bestimmte Handlungen nicht auszuführen' (1. Hälfte 20. Jh.). – t a b u Adj. 'heilig, unantastbar, verboten' (2. Hälfte 19. Jh.), aus gleichbed. engl. *tabu, taboo* (s. oben). t a b u i e r e n Vb. 'für tabu erklären, mit Tabu belegen' (1. Hälfte 19. Jh.), heute mit t a b u i s i e r e n Vb. (Mitte 20. Jh.) konkurrierend.

Tacheles ohne bestimmbares Genus, da nur in der umgangssprachlichen Wendung *Tacheles reden* 'unverblümt die Meinung sagen, offen reden' (wohl kaufmannssprachlich 1. Hälfte 20. Jh., in jüngster Zeit, um 1970, als Modeausdruck in den journalistischen und allgemeinen Sprachgebrauch eingegangen). Nach jidd. *tachles* 'Ziel, Zweck', *tachles reden* 'zur Sache kommen'; aus hebr. *tak̲līt̲* 'Ende, Äußerstes, Zweck'.

Tachometer n. m. 'Geschwindigkeits-, Drehzahlmesser', gelehrte Bildung (1. Hälfte 19. Jh.) mit dem Grundwort *-meter* 'Meßgerät' (s. *Meter*) zu griech. *táchos* (τάχος) 'Schnelligkeit, Geschwindigkeit'. Dazu die umgangssprachliche Kurzform T a c h o m. (Mitte 20. Jh.).

Täcks m. (öst. *Tacks*) 'Nagel', bes. 'Metall-, Holzstift (zum Verbinden von Oberleder und Brandsohle bei Schuhen)', als Singular aufgefaßte Entlehnung (1. Hälfte 20. Jh.) von gleichbed. engl. *tacks* Plur. Herkunft ungewiß. Am besten wird engl. *tack* unmittelbar zu dem unter *Zacke* (s. d.) behandelten Substantiv zu stellen sein. Die vielfach angenommene Herleitung von engl. *tack* aus (nord)afrz. *tacon*, einem geläufigen Ausdruck der Flickschuster, der wohl seinerseits aus dem Germ. stammt und auf anfrk. **takko* 'Zacke' zurückgeht, scheitert daran, daß afrz. *tacon* nur in der Bedeutung 'Absatz, Flicken (am Schuh)' bezeugt ist.

Tadel m. 'mißbilligende Äußerung, Rüge, Verweis, Vorwurf', mhd. (bes. md.) *tadel* 'Fehler, Makel, Gebrechen'. Sieht man in dem gut bezeugten mhd. Ausdruck eine aus dem Asächs. bzw. Mnd. stammende, dort allerdings nicht nachweisbare Form (vgl. aber aengl. *tǣl* f. 'Tadel, Vorwurf, Verleumdung, Lästerung'), so kann als hd. Entsprechung das von der Lautverschiebung betroffene ahd. *za-*

dal 'Mangel, Not' (um 800), mhd. *zadel, zādel* 'Mangel, Gebrechen' herangezogen werden. Die Herkunft des Wortes ist jedoch mangels weiterer Anknüpfungsmöglichkeiten unbekannt. Der alte Wortsinn 'Fehler, Gebrechen' ist erhalten in der Wendung *ohne Furcht und Tadel*; im freien Gebrauch setzt sich jedoch im 17. Jh. die heute dominierende oben genannte Bedeutung durch, und zwar unter dem Einfluß von tadeln Vb. 'einen Fehler feststellen, aussprechen, vorwerfen, rügen' (16. Jh.), zuvor 'Unrecht, Schmach zufügen' (15. Jh.). – tadellos Adj. 'ohne Makel, fehlerfrei' (17. Jh.), dann 'was keinen Vorwurf verdient, einwandfrei', umgangssprachlich auch 'großartig, erstklassig'.

Tafel f. 'Brett, Platte, Schreibtafel, langer großer (Speise)tisch, der um diesen versammelte Personenkreis, festliche Mahlzeit', ahd. *tavala, tabul(a)* (9. Jh.), mhd. *tavel(e)* 'Tafel, Gemälde, (Speise)tisch', asächs. *tāfel, tāfla* (auch 'Würfelbrett'), mnd. *tāvele, taf(e)le, tāfel, taffel*, mnl. *tāfel(e), tāvel(e), taffel(e)*, nl. *tafel* sind (der vlat. Aussprache *v* statt *b* folgend, vgl. ital. *tavola*, afrz. *table, tavle*) entlehnt aus lat. *tabula* 'Brett, Spielbrett, Gemälde, Schreibtafel, Verzeichnis, Urkunde, Landkarte, (Wechsler)tisch'. Anlautendes *t-* im Ahd. deutet auf Entlehnung nach der hd. Lautverschiebung im Unterschied zu früher ins Hd. aufgenommenem ahd. *zabal* n. (9. Jh.), mhd. *zabel* 'Spielbrett, Brettspiel'. Vgl. *die Tafel aufheben* 'das Zeichen zur Beendigung der Mahlzeit, zum Aufstehen von der Tafel geben' (1. Hälfte 18. Jh.), eigentl. 'die (auf ein Gestell gelegten) Tischplatten nach dem Essen aufheben und wegräumen'. – tafeln Vb. 'an einer Tafel sitzen und festlich speisen, gut essen und trinken', mhd. *tavelen*, auch 'auf dem Brette spielen, durch Anschlagen an eine hölzerne Tafel ein Zeichen geben'. täfeln Vb. '(Wände, Decken) mit (Holz)täfelchen verkleiden', mhd. *tevelen*; vgl. ahd. *tavalōn* 'mit Brettern versehen' (um 800). Tafelrunde f., s. *rund*.

Taft m. leicht steifer, glänzender Stoff aus Seide oder Kunstseide, zuerst in der Zusammensetzung *zcindeldavt* (15. Jh.), dann (16. Jh.) in Formen wie *Taffat, Daffet, Taffent* und der noch bis in jüngste Zeit lebendigen Variante *Taffet* bezeugt (vgl. auch mnd. *tafetta, taft* seit dem 15. Jh.). Entlehnt aus gleichbed. ital. *taffetà* oder afrz. mfrz. *taffetas*, die auf pers. *tāfta* 'glänzender Seidenstoff' (eigentl. 'Gewebtes') beruhen.

Tag m. 'Zeit zwischen Morgen- und Abenddämmerung, Zeitraum von 24 Stunden (von Mitternacht bis Mitternacht)', ahd. *tag* (8. Jh.), mhd. *tac, tag* (Gen. *tages*) 'Tag, Tageszeit, Zeit, Gerichtstag, Gericht, Jüngstes Gericht, Frist, Termin, Aufschub, Waffenstillstand, höheres Alter, Mannbarkeit, Volljährigkeit, Lebensalter, Leben', asächs. nl. *dag*, mnd. mnl. *dach*, aengl. *dæg*, engl. *day*, anord. *dagr*, schwed. *dag*, got. *dags*, dazu ablautend aengl. *dōgor* 'Tag', anord. *dœgr* 'Halbtag von 12 Stunden', got. *fidurdōgs* 'viertägig'. Die Herkunft des Substantivs germ. **daga-* ist nicht gesichert. Wahrscheinlich ist anzuschließen an aind. *áhar-, áhan-, áhas-* 'Tag', dessen unterschiedliche Stammbildungen auch im Germ. auftreten, vgl. den *r*-Stamm anord. *dœgr*, den *n*-Stamm anord. *dœgn* und den *s*-Stamm in got.-griech. (Eigenname) *Dagis-theos* (*Δαγισ-ϑεος*, got. **Dagisþius*). Sie führen auf ie. **ăĝher-*, **ăĝhen-*, **ăĝhes-* 'Tag'. Anlautender Dental im Germ. könnte durch Einfluß eines germ. **ðăgwaz* (ie. **dhŏgᵘ̯ho-*) 'warme Tageszeit' entstanden sein, das sich mit lit. *dãgas* '(Sommer)hitze' vergleichen und zu einer Wurzel ie. **dhegᵘ̯h-* 'brennen' stellen läßt, wozu auch aind. *dáhati* 'brennt, verbrennt', *dāhaḥ* 'Brennen, Hitze', *ni-dāgháḥ* 'Hitze, Sommer', lat. *fovēre* 'wärmen, warm halten, hegen und pflegen', *favilla* (aus **dhogᵘ̯hlolā*) '(glühende) Asche, Flugasche', mir. *daig* 'Feuer, Schmerz', lit. *dègti* 'brennen, anzünden'. An den früher (seit mhd. Zeit) in der Rechtssprache üblichen Gebrauch von *Tag* in der Bedeutung 'festgesetzter Tag, Termin, Versammlung, Verhandlung' erinnern Zusammensetzungen wie *Land-, Reichstag* (s. d.), ferner *Gerichts-, Ratstag* sowie *tagen, vertagen* (s. unten). Vgl. die Fügung *Tag und Nacht* 'immer, ununterbrochen, beständig', ahd. *tages inti nahtes* (8. Jh.), mhd. *naht unde tac*. – tagen Vb. 'Tag werden, an einem bestimmten Tag zur Beratung zusammentreten, auf einer Tagung verhandeln', ahd. *tagēn* 'Tag werden' (10. Jh.), mhd. *tagen, tegen* 'Tag werden, leuchten (wenn es Tag wird), sich zeigen, die Tage hinbringen, verbleiben, auf einen bestimmten Tag anberaumen', spätmhd. frühnhd. 'Gericht halten, vor Gericht bringen, verteidigen, verhandeln, vorladen'. Die

Verwendung im Sinne von ‘eine Beratung, Sitzung (in Rechtssachen) abhalten’ kommt im 14. Jh. in der westobd. Rechtssprache auf, hält sich in der Schweiz, wird von Schiller („Tell“, 1804) übernommen und gelangt in die Literatursprache. Dazu T a g u n g f. ‘das Tagwerden, Dämmern’ (heute veraltet), ‘Versammlung, Sitzung, Verhandlung, Beratung’ (15. Jh.). v e r t a g e n Vb. ‘verschieben, aufschieben’, mhd. *vertagen* ‘einen Gerichtstag ansetzen, zu einer Verhandlung vorladen, versäumen, aufschieben, verschieben’, intrans. ‘Jahr und Tag bleiben, wohnen’, refl. ‘ablaufen (von der Zeit)’. b e t a g t Part.adj. ‘alt, hoch an Jahren’, mhd. *betaget* ‘ein gewisses Alter habend’, Part. Prät. von mhd. *betagen* refl. ‘alt werden’. t ä g l i c h Adj. ‘jeden Tag sich wiederholend, vor sich gehend, an jedem Tag’, ahd. *tagalīh* (8. Jh.), mhd. *tagelich, tegelich*; dazu verstärkendes t a g t ä g l i c h Adj. ‘jeden Tag, immer wiederkehrend’, mhd. *tactaglich* Adv. t a g s Adv. ‘am Tage’, ahd. (8. Jh.), mhd. *tages*, adverbiell erstarrter Gen. Sing. T a g e b a u m. ‘Bergbau an der Erdoberfläche’ (19. Jh.) T a g e - b l a t t n. ‘Tageszeitung’, eigentl. ‘täglich erscheinendes Blatt’ (Anfang 19. Jh.), für gleichbed. *Journal* (s. d.) T a g e b u c h n. ‘Buch für tägliche Eintragungen persönlicher Erlebnisse, Gedanken, dienstlicher Vorkommnisse’, von Kepler (1613) als Übersetzung von spätlat. *diurnum (commentāriolum)* ‘Tagebuch, Journal’ (das ein Sklave über die häuslichen Angelegenheiten führt) geprägt; vgl. mlat. *diurnale, jurnale, jornale* ‘Tagewerk, Rechnungs-, Tagebuch’ (s. *Journal*); anfangs vor allem in kaufmännischem Sinne ‘Buch, worin die laufenden Geschäfte der Zeit nach geordnet eingetragen werden’. T a g e d i e b m. ‘Faulenzer, wer die Zeit unnütz verbringt’, eigentl. ‘wer die Zeit stiehlt’ (Ende 17. Jh.), vgl. mnd. *dachdēf*. T a g e - g e l d n., meist Plur. *Tagegelder* ‘Vergütung für die Arbeit, die Unkosten eines Tages’, zuerst (Ende 18. Jh.) von Wieland für *Diäten*. T a g e l o h n m. (bes. in der Landwirtschaft) ‘nach Arbeitstagen berechneter und meist auch täglich ausgezahlter Lohn’, ahd. *tagalōn* (9. Jh.), mhd. *tag(e)lōn*; dazu T a g e l ö h - n e r m. ‘(Land)arbeiter im Tagelohn’ (15. Jh.). T a g e w e r k n. ‘die Arbeit eines Tages, Arbeit, Aufgabe’, ahd. *tagawerc* (11. Jh.), mhd. *tagewerc* ‘Arbeit um einen Tagelohn, Fronarbeit von einem Tage’, auch ein Flächenmaß; vgl. asächs. *dagwerk*, mnd. *dachwerk, dāgewerk*, aengl. *dægweork*. T a - g e s o r d n u n g f. ‘Reihenfolge der Themen, die bei einer Sitzung, Versammlung behandelt werden sollen’ (Ende 18. Jh.), nach frz. *ordre du jour*, das selbst als parlamentarischer Ausdruck nach engl. *order of the day* gebildet ist. T a g e s z e i t f. ‘eine bestimmte Zeit am Tage’ (18. Jh.); vgl. ahd. *tagozīt* ‘Tageszeit, Stunde’ (9. Jh.), mhd. *tag(e)zīt* ‘Zeitdauer eines Tages, Tageszeit, bestimmter Tag, Termin’.

Taifun m. ‘tropischer Wirbelsturm’ (bes. in Südostasien), Entlehnung (Anfang 19. Jh.) von gleichbed. engl. *typhoon*, älter *tuffoon*. Das ins Engl. übernommene chin. (mundartlich, wohl südchin.) *taifung*, eigentl. ‘großer Wind’ (vgl. chin. *da* ‘groß’ und *feng* ‘Wind’), trifft einerseits auf engl. (älter) *touffon, tuffon* ‘heftiger Sturm in Indien’, das über port. *tafão* aus hindust. *ṭūfān* hervorgegangen ist, andrerseits auf engl. (älter) *typhon* ‘Wirbelwind’, aus gleichbed. lat. *tȳphōn*, griech. *tȳphṓn* (*τυφῶν*), so daß sich die Mischform engl. *typhoone* ergibt. Auch im Dt. verbindet ein vereinzelter Frühbeleg *Tifon* (2. Hälfte 16. Jh.) sowie die gelegentliche Schreibweise *Typhon* (Mitte 19. Jh.) das chin. Wort mit griech.-lat. *tȳphōn*.

Taiga f. großes, zusammenhängendes, teilweise sumpfiges Waldgebiet, bes. in Sibirien, Übernahme als geographischer Terminus (1. Hälfte 20. Jh.) von russ. *tajgá* (*тайга*) ‘dichter, undurchdringlicher, oft sumpfiger Wald’, das auf turksprachliches *taiga* ‘Felsengebirge’ (Vasmer 3, 69) zurückgeht; letztlich wohl mongol. Herkunft, vgl. mongol. *tajga* (*тайга*) ‘Bergwald’. Eine Reisebeschreibung (1721) enthält einen vereinzelten Frühbeleg *Taiga* (mit der Erklärung ‘Schwarzwald’) als Entlehnung aus der Sprache der Tschulym-Tataren.

Taille f. ‘schmalste Stelle des Körpers zwischen Brust und Hüfte, Gürtelgegend’, auch historische Bezeichnung für eine vom 15. Jh. bis zur frz. Revolution von der königlichen Staatskasse in Frankreich erhobene Steuer; in beiden Verwendungen Übernahme (Mitte 18. Jh.) von gleichbed. frz. *taille*, das schon zuvor (Mitte 17. Jh.) in dem heute nicht mehr üblichen Sinne ‘Größe, Form, Gestalt, Wuchs, Statur’ (bes. von Frauen) entlehnt wird, aus dem sich im Dt. (Ende 18. Jh.) die Bedeutung 'enganliegendes Leibchen, Mieder' entwickelt. Afrz. frz. *taille* 'das Schneiden, Zuschnitt, Form, Gestalt, Wuchs, Schneide, Kerbholz, Steuer' (frz. auch 'Oberkörper, Gürtelgegend') ist Verbalsubstantiv zu afrz. *taillier*, frz. *tailler* '(zer)schneiden, zerlegen, zuschneiden', aus spätlat. *tāliāre* 'spalten, schneiden', einer Ableitung von lat. *tālea* 'Stäbchen, Setzling, jedes abgeschnittene stabförmige Stück' (s. auch *Detail, Teller*). – tailliert Part.adj. 'auf Taille gearbeitet' (1. Hälfte 20. Jh.), älter 'wohlgeformt, gut geschnitten' (2. Hälfte 18. Jh.), frz. *taillé* 'geschnitten, geformt', Part. Perf. von frz. *tailler* (s. oben). Tailleur n. 'tailliertes Jackenkleid, Schneiderkostüm' (1. Hälfte 20. Jh.), nach gleichbed. frz. *(costume) tailleur*, zu frz. *tailleur*, afrz. *tailleor* 'Schneider'; vgl. engl. *tailor-made (costume)*.

Takelage f. 'gesamte Segeleinrichtung einschließlich Masten', französierende Bildung (Anfang 18. Jh.) zu Takel n. 'Tauwerk, Hebezeug, Schiffsausrüstung' (16. Jh.), mnd. *tākel* 'Ausrüstung, Ackergerät, Schiffsausrüstung, Tauwerk und Hebezeug'; vgl. auch mnl. *tākel* 'Tau(werk), Schiffsausrüstung'. Die Herkunft dieses offenbar im nl.-nd. Küstenbereich aufgekommenen Ausdrucks ist unbekannt. Zieht man mnl. *taken*, mnd. *takken*, anord. *taka* 'nehmen, ergreifen, packen' heran, so ist unter Annahme einer unregelmäßigen Lautentwicklung im Germ. oder einer Anlautdublette ie. *d-* lat. *tangere* (*tāctum*) 'an-, berühren' vergleichbar und Zuordnung zu einer Wurzel ie. **tag-* bzw. **teg-* 'berühren, angreifen' möglich. – takeln Vb. 'ein Schiff mit Takelwerk versehen' (Ende 16. Jh.), dafür neuerdings häufiger auftakeln Vb., auch übertragen 'sich unfein, geschmacklos herausputzen, übertrieben und aufdringlich kleiden' (2. Hälfte 18. Jh.). abtakeln Vb. 'das Takelwerk vom Schiff abbauen, ein Schiff außer Dienst stellen' (Ende 17. Jh.), übertragen auch 'jmdn. abbauen, absetzen, des Amtes entheben' (Mitte 19. Jh.).

[1]**Takt** m. 'Berührung, Tastsinn' (1. Hälfte 16. Jh., vereinzelt noch 19. Jh.), 'regelmäßiger, durch eine Berührung ausgelöster Schlag von Uhren' (2. Hälfte 16. Jh.), 'Schlag, der den Rhythmus angibt' (Ende 16. Jh.), danach 'kleinste, in der Notenschrift durch senkrechte Striche eingegrenzte Einheit im Aufbau eines Musikstückes' sowie 'zu Beginn eines Musikstückes angegebene rhythmische Gliederungsart, Zeit-, Notenmaß' (Anfang 17. Jh.), in der Verslehre 'kleinste metrische Zeiteinheit zwischen zwei Hebungen, Versfuß, Metrum' (Mitte 17. Jh.), ferner in der Technik 'rhythmisch gegliederter Ablauf von Bewegungsphasen', vgl. *Viertakt-, Zweitaktmotor* (1. Hälfte 20. Jh.), in der Industrie 'festgelegte gleichmäßige Aufeinanderfolge ineinandergreifender Teilschritte eines Arbeitsablaufs, aufeinander abgestimmter Produktionsphasen in einer technischen Anlage' (2. Hälfte 20. Jh.). Entlehnt aus lat. *tāctus* 'Berührung, Gefühlssinn, Gefühl', zu lat. *tangere (tāctum)* 'an-, berühren, beeindrucken'.

[2]**Takt** m. 'feines Gefühl für Anstand und Schicklichkeit, rücksichtsvolles Verhalten', Übernahme (Ende 18. Jh.) von gleichbed. mfrz. frz. *tact*, eigentl. 'Gefühlssinn, Berührung', dann 'Feinheit, Sicherheit bezüglich des Geschmacks' und 'guter Ton im gesellschaftlichen Verkehr, Gefühl für Schicklichkeit im Umgang mit Menschen', entlehnt aus lat. *tāctus* (s. [1]*Takt*). – taktlos Adj. 'ungeschickt, plump-vertraulich, unverschämt' (Mitte 19. Jh.); Taktlosigkeit f. (Mitte 19. Jh.). taktvoll Adj. 'rücksichtsvoll, zurückhaltend' (Ende 19. Jh.).

Taktik f. 'Theorie und Praxis der Planung, Vorbereitung und Durchführung militärischer Operationen' (1. Hälfte 18. Jh.), verallgemeinert 'klug vorausberechnetes, planmäßiges Vorgehen' (2. Hälfte 18. Jh.), entlehnt aus gleichbed. frz. *tactique*, das auf griech. *taktikḗ (téchnē)* (τακτικὴ τέχνη) '(Kunst der) Anordnung, Aufstellung (eines Heeres)', dem substantivierten Fem. von griech. *taktikós* (τακτικός) 'die Stellung eines Heeres betreffend', beruht; zu griech. *tássein*, (att.) *táttein* (τάσσειν, τάττειν) 'auf einen bestimmten Posten, in Reih und Glied stellen, feststellen, ordnen, regeln'. – taktisch Adj. 'die militärische Taktik betreffend, auf ihr beruhend' (2. Hälfte 18. Jh.), in allgemeiner Verwendung 'auf kluger Berechnung beruhend, geschickt und planvoll vorgehend' (Anfang 20. Jh.). taktieren Vb. (bes. im politisch-diplomatischen Bereich) 'sich der jeweiligen Lage entsprechend geschickt verhalten, taktisch vorgehen' (1. Hälfte 20. Jh.). Taktiker m. militärisch 'Lehrer der Taktik, geschickter Heerführer' (2. Hälfte 18. Jh.), allgemein (bes. im politisch-diplomatischen Bereich) 'wer planvoll, geschickt, methodisch vorgeht' (Anfang 20. Jh.).

Tal n. 'langgestreckter Einschnitt in der Erdoberfläche', ahd. *tal* (8. Jh.), mhd. *tal*, asächs. mnd. mnl. nl. *dal*, aengl. *dæl*, engl. (mundartlich) *dale*, anord. *dalr*, schwed. *dal*, got. *dals* m. (oder *dal* n.?), germ. **dala-* gehört mit aslaw. *dolъ*, russ. (älter) *dol* (*дол*) 'Tal', vielleicht auch griech. *thólos* (*θόλος*) 'Kuppelbau, rundes Gebäude', *thalámē* (*θαλάμη*) 'Höhle, Lager von Tieren', zur Wurzel ie. **dhel-* 'Höhlung, Wölbung' (s. *Delle*).

Talar m. 'weitärmeliges, bis zu den Knöcheln hinabreichendes Obergewand, meist dunkle Amtstracht von Geistlichen, Richtern, Anwälten, Professoren', entlehnt (16. Jh.) aus mlat. *talare* n. bzw. aus lat. *tālāria* n. (Plur.) 'knöchellanges Gewand', einer Substantivierung des Adjektivs lat. *tālāris* 'zu den Knöcheln gehörig, bis an die Knöchel reichend' (z. B. in Fügungen wie lat. *tālāris tunica* 'knöchellange Tunika'), zu lat. *tālus* 'Fußknöchel, Fesselknochen, Ferse'.

Talent n. antike Gewichtseinheit und die ihr entsprechende 'Geldsumme' (Anfang 16. Jh.), übertragen 'Fähigkeit, Vermögen, auf einem bestimmten Gebiet etw. zu leisten, wozu nicht jedermann in der Lage ist, (besondere) Begabung' (16. Jh., Paracelsus; zunächst in lat. Form), 'Mensch, der Talent hat' (2. Hälfte 18. Jh.), aus lat. *talentum*, griech. *tálanton*, Plur. *tálanta* (*τάλαντον, τάλαντα*) 'Geldsumme, (Gold)gewicht', eigentl. 'Waage, Waagschalen', d. i. (Plur.) 'die Emporhebenden, Tragenden', partizipiale Bildung mit *nt*-Suffix zu *tala-* in griech. (Aorist) *talássai* (*ταλάσσαι*) 'ertragen, (er)dulden'. Die mit Paracelsus einsetzende übertragene Verwendung beruht auf allegorischer Auslegung des biblischen Gleichnisses vom zinsbringend anzulegenden Gelde (griech. *tálanta* Matth. 25, 14ff., Luther: *Zentner*), das als von Gott verliehene Gabe des Verstandes bzw. Geistes gedeutet wird. – talentlos Adj. 'ohne Geschick, ohne besondere Begabung' (Ende 18. Jh.); Talentlosigkeit f. (1. Hälfte 19. Jh.). talentvoll Adj. 'begabt, befähigt' (2. Hälfte 18. Jh.). talentiert Adj. 'Talent besitzend, begabt' (2. Hälfte 19. Jh.).

Taler m. Münze mit unterschiedlichem Wert, im 16. Jh. verkürzt aus *Joachimsthaler (Guldengroschen)* für eine in Joachimsthal (Jáchymov) in Böhmen seit 1518 geprägte Silbermünze. Die Bezeichnung verbreitet sich rasch im dt. Sprachgebiet. Entlehnt aus mnd. *dāler, dalder*, nd. *Dāler*, begegnet schon im 16. Jh. nl. *daelder, daeler* (modern *daalder*) engl. *daler, daller* und (um 1600) *dollar*, das weiterlebt in amerik.-engl. *dollar*.

Talg m. 'festes, gelbliches Fett' (bes. von Rind und Schaf), in der 1. Hälfte des 16. Jhs. aus dem Nd. ins Hd. übernommen, vgl. mnd. *tallich, talch*, mnl. *talch, tallick*, nl. *talk*, aschwed. *talgher*, schwed. *talg* und vielleicht auch (wenn nicht aus dem Nd. entlehnt) mengl. *talȝ, taluȝ, talow*, engl. *tallow*. Herkunft ungewiß. Falls (bei Annahme einer Grundbedeutung 'Festgewordenes') Zusammenhang mit ablautendem got. *tulgus* 'fest, standhaft', asächs. *tulgo* 'sehr' besteht, läge Verwandtschaft mit den unter *lang* (s. d.) angeführten Formen vor. – Dazu talgartig Adj. (1. Hälfte 19. Jh.) sowie talgicht, talgig Adj., früher *talkicht* (17. Jh.).

Talisman m. 'vermeintlich unheilabwendender, glückbringender kleiner Gegenstand', Übernahme (Mitte 17. Jh.) von gleichbed. frz. engl. *talisman*, dann vielleicht auch von jüngerem span. *talismán*, die wohl (mit Vertauschung der Vokalfolge) auf den Dual arab. *ṭilasmān*, zum Sing. *ṭilasm* 'Zauberbild', zurückgehen (vgl. FEW 19, 187). Das arab. Wort beruht auf griech. *télesma* (*τέλεσμα*) 'entrichtetes oder zu entrichtendes Geld, Abgabe, geweihter Gegenstand', byzant. 'Zaubergegenstand', gebildet zu griech. *telẽin* (*τελεῖν*) 'beendigen, vollenden, bezahlen, in die Mysterien einweihen'; vgl. griech. *télos* (*τέλος*) 'Ende, Ziel, Vollendung, Amt, Abgabe', (Plur.) 'Weihen, Mysterien'.

Talk m. Die Bezeichnung für das sehr weiche, sich fettig anfühlende weiße Mineral (Bestandteil von Pudern, Schminken) ist eine Übernahme (1. Hälfte 16. Jh.) von gleichbed. mfrz. frz. *talc*, das auf arab. *ṭalq* beruht. Auf die latinisierte Form (mlat. *talcum, talcus*) geht *Talkum* n. 'Talk', bes. feiner weißer Talk als Streupulver, (16. Jh.) zurück.

Talmi n. wie Gold aussehende, d. h. mit dünner Goldauflage versehene Kupfer-Zink-Legierung, für Modeschmuckgegenstände verwendet, verkürzt aus *Talmigold* (1863); übertragen (seit 1874) in Zusammensetzungen 'Unechtes' (vgl. *Talmi-Adel*, 1876). Herkunft unbekannt. Als Ursprung wird vielfach die Handelsabkürzung *Tal.mi-or, Talmior* angenommen, die aus *Tallois-demi-or* 'Tallois-Halbgold' entstanden sein soll, angeblich benannt nach einem Pariser Schmuckwarenfabrikanten *Tallois*; vgl. russ. *francúzskoe zóloto* (*французское золото*). Oder handelt es sich bei *Talmi* um ein dt. bzw. öst. Handelskunstwort? Zur Ungewißheit über die Entstehung des Ausdrucks vgl. Seibicke in: Muttersprache (1979) 40ff.

Talon m. 'Kontrollabschnitt' (einer Wertmarke, Eintrittskarte, 20. Jh.), kaufmännisch 'Papierstreifen, von dem (bei Wertpapieren) die Zinsscheine abgeschnitten werden, Erneuerungsschein bei Kuponbogen' (1. Hälfte 19. Jh.), beim Kartenspiel 'der nach dem Geben übrigbleibende Kartenstoß', auch *Stamm* oder *Block* genannt (um 1800), in der Architektur 'Kehlleiste' (Mitte 18. Jh.), Übernahme von frz. *talon* 'Gesims, letztes Stück, Rest, Kartenrest (nach dem Geben), Kontroll-, Stammabschnitt, abtrennbarer Abschnitt', eigentl. 'Absatz, dickes Ende am Schuh, Ferse' (d. h. 'hinteres verdicktes Ende', daher 'Rest'), afrz. *talon* 'Ferse', aus vlat. **talo* (Gen. **talōnis*) 'Ferse' (vgl. mlat. *talo*), lat. *tālus* 'Fußknöchel, Fesselknochen, Ferse' (s. *Talar*).

Tambour m. 'Trommler'. Auszugehen ist von während der Kreuzzüge aus pers. *tabīr* 'Pauke' entlehntem afrz. *tabor* 'Trommel' bzw. unter iberoroman. Einfluß nasaliertem *tambor* (vgl. katalan. *tambor*, aspan. *atamor*, port. *atambor, tambor*, die in Anlehnung an arab. *ṭunbūr*, Bezeichnung für ein Saiteninstrument, entstanden sind). Aus dem Afrz. entlehnt ist mhd. *tambūr, tabūr* m. f., *tambūre, tabūre* f. 'Trommel', wozu die Ableitung *tambūrære, tambūrer* 'Trommler'. Wohl im 30jährigen Krieg wird frz. *tambour* und entsprechendes dt. *Tambour* auf den 'Trommler' übertragen (belegt im Frz. 1671, im Dt. 1652); die Bedeutung 'Trommel' wird im Dt. danach aufgegeben. Heute vor allem in der Zusammensetzung *Tambourmajor* 'Leiter eines Spielmannszuges', nach frz. *tambour-major.* – T a m b u r i n n. 'kleine, flache Handtrommel (mit am Rand befestigten Schellen)' bzw. 'flaches trommelartiges, unten offenes Gerät (zum Taktschlagen bei gymnastischen Übungen)', mhd. *tamburīn*, entsprechend (später bezeugtem) mfrz. *tambourin* m. (neben *tabourin*) 'kleine Handtrommel'.

Tampon m. 'Pfropf, Stopfen' (zum Verschließen einer Öffnung, z. B. eines Kanonenrohrs, einer Orgelpfeife, einer Wunde), 'Tupfbällchen' (der Kupferstecher zum Schwärzen der Druckplatte), 'Bausch aus Watte, Mull', Übernahme (1. Hälfte 19. Jh.) von gleichbed. mfrz. frz. *tampon*, der nasalierten Variante von mfrz. frz. *tapon* 'Spund, Zapfen, Pfropfen, Stoffknäuel', das seinerseits aus dem Germ. (etwa anfrk. **tappo*; vgl. ahd. *zapho*, s. *Zapfen*) entlehnt ist. Seit dem 19. Jh. bes. geläufig in der Medizin im Sinne von 'mit Mull überzogener Wattebausch, der zum Blutstillen und Aufsaugen von Flüssigkeiten in Wunden und Körperöffnungen eingeführt wird'. Übertragen auch 'Pufferstaat' (2. Hälfte 20. Jh.), vgl. frz. *tampon* im Sinne von 'Puffer' (Mitte 19. Jh.), *État tampon* 'Pufferstaat' (Anfang 20. Jh.).

Tamtam n. mit einem filzüberzogenen Klöppel anzuschlagende Bronzescheibe, Übernahme (1. Hälfte 19. Jh.) von frz. *tamtam* m. 'Becken' und 'Trommel' (zuerst indischer und afrikanischer Völker). Lautmalende Bezeichnung; vgl. hindust. *tam tam*, woraus gleichbed. engl. *tom-tom*. Seit der 2. Hälfte des 19. Jhs. gilt der Ausdruck auch für jedes trommelartige Geräusch und, von daher übertragen (auch m.), für 'laute Betriebsamkeit, Reklame, Aufwand, Lärm', vgl. *mit viel, mit großem Tamtam*.

Tand m. 'wertloses Zeug, wertlose hübsche Kleinigkeiten', mhd. mnd. *tant* 'Nichtigkeit, leeres Geschwätz, Possen', in der Kaufmannssprache mhd. *ūf den tant* 'auf Borg', mnd. *tant van Nurenberch* 'Nürnberger Spielwaren', ist wohl entlehnt aus lat. *tantus* 'so groß, so viel' bzw. aus dessen substantiviertem Neutrum *tantum* 'Kleinigkeit, Nichtigkeit'. Eine Vermischung mit zu ahd. *tantarōn* 'verrückt sein, faseln' (10. Jh.), einem Verb unbekannter Herkunft, gebildeten Wörtern ist nicht auszuschließen. – t ä n d e l n Vb. 'spielen, verspielt sein, scherzen, flirten, mit Nichtigkeiten die Zeit totschlagen' (15. Jh.), frühnhd. auch 'mit Kleinigkeiten, mit Kram handeln', Iterativbildung zu spätmhd. *tanten, tenten* 'spielen, Kurzweil, Possen treiben, schwatzen', einer Ableitung vom Substantiv; vgl. mhd. *tendelieren* 'feilschen, schachern'. T ä n d e l e i f. 'Spielerei, Liebhaberei, Flirt'

(17. Jh.); vgl. mhd. *tenterīe*, frühnhd. *tanderei, tänderei, tentelei* 'Spielerei, Possen'.

Tandem n. 'leichter Wagen mit zwei hintereinandergespannten Pferden' (Ende 18. Jh.), danach auch 'Fahrrad mit zwei hintereinander angeordneten Sitzen und Tretlagern für zwei Personen' (Ende 19. Jh.), Übernahme von gleichbed. engl. *tandem*, aus lat. *tandem* 'endlich, zuletzt doch', dem engl. *at length* entspricht. In lässiger Umgangssprache wird wortspielerisch, wohl als Schülerwitz, an das zugrundeliegende engl. *length* Subst. 'Länge' angeknüpft, die Fügung im Sinne von 'in voller Länge' aufgefaßt und das vermeintliche Äquivalent lat. *tandem* auf das langgezogene Gespann übertragen.

Tang m. große Meeresalge, Bezeichnung für die derben Formen der Braunalgen, Entlehnung (2. Hälfte 18. Jh.) wohl aus den nord. Sprachen, vgl. anord. isl. *þang*, norw. dän. *tang*, schwed. *tång*, die mit mnd. *danc* 'Tang' im Sinne von 'dichte, verfilzte Masse' an die Wurzel ie. **tenk-* '(sich) zusammenziehen, fest, dicht werden' anzuschließen sind (s. *dicht, gedeihen*).

Tangente f. in der Geometrie 'Gerade, die eine Kurve in einem Punkt berührt', früher auch 'Verhältnis von Gegen- zu Ankathete im rechtwinkligen Dreieck' (wofür heute ausschließlich *Tangens*), gelehrte Bildung (1583) des dän. Mathematikers Thomas Finck (im Dt. seit Anfang 17. Jh. bezeugt), entsprechend lat. *tangēns* (Gen. *tangentis*), Part. Präs. von lat. *tangere* 'an-, berühren, beeindrucken' (s. *tangieren*); vgl. in der lat. Wissenschaftssprache *linea tangens* 'berührende Linie' (zu lat. *līnea*, s. *Linie*). Heute auch 'große Straße, Schnellstraße, die dicht am Rande eines Siedlungsgebietes, einer Stadt vorbeiführt' (Mitte 20. Jh.).

tangieren Vb. 'innerlich berühren, angehen, beeindrucken', auch 'ein Thema kurz erwähnen, streifen, anschneiden', entlehnt (Mitte 19. Jh.) aus lat. *tangere* 'an-, berühren, innerlich rühren, beeindrucken'. Eine vereinzelte Frühentlehnung im Sinne von 'an-, berühren, anfassen' begegnet bereits in der 2. Hälfte des 16. Jhs.

Tango m. auf Motiven lateinamerikanischer Volkstänze beruhender figurenreicher europ. Gesellschaftstanz mit synkopiertem Rhythmus, vor allem durch den Berliner Ballettmeister P. Mürich 1911 ausgearbeitet und in den 20er Jahren des 20. Jhs. als Modetanz beliebt. Der Ausdruck ist übernommen von span. *tango*, das Anfang des 20. Jhs. einen argentin. Gesellschaftstanz bezeichnet, zuvor aber als 'Zigeunertanz' und (seit 1. Hälfte 19. Jh.) für verschiedene lateinamerikanische Länder als 'Geselligkeit des einfachen Volkes, namentlich der afroamerikanischen Bevölkerung, bei der zum Klang einer Trommel getanzt wird' sowie als Benennung der dabei verwendeten Trommel belegt ist (vgl. noch *tango* 'Handtrommel' in Honduras). Deshalb wurde Herleitung aus einer westafrikan. Sprache erwogen, doch handelt es sich wohl eher um eine onomatopoetische Bildung, vergleichbar dem ebenfalls lautmalenden *Tingeltangel* (s. d.); ähnlich vielleicht auch mfrz. *tangue* (16. Jh.) für einen bestimmten Tanz in der Normandie.

Tank m. 'Trinkwasserbehälter' (bes. auf Schiffen, Mitte 19. Jh.), 'Behälter für (feuer)-gefährliche Flüssigkeiten' (Treib-, Heizstoffe, Gifte, um 1900), zuvor 'Vorratsanlage für Wasser, Zisterne, Teich' (in Reisebeschreibungen, vereinzelt im 17. Jh.), Entlehnung von gleichbed. engl. *tank*, das von einer Eingeborenensprache Indiens übernommen wurde, vgl. Gujarāti *tānkh*, Marāṭhi *ṭānken*, denen möglicherweise aind. *taḍāgam* 'Teich, Wasserbehälter, künstlicher See' zugrunde liegt. In England werden im ersten Weltkrieg die zur Produktion von gepanzerten und bewaffeneten Fahrzeugen gefertigten Werkstücke aus Geheimhaltungsgründen als Bestandteile für Benzintanks deklariert, daher engl. *tank* 'Kampfpanzer', dt. *Tank* (1917); heute im Dt. nicht mehr üblich. – t a n k e n Vb. 'Treibstoff in den Tank aufnehmen' (um 1910), entsprechend gleichbed. engl. *to tank*. T a n k e r m. 'Tansportschiff für Erdöl' (1. Hälfte 20. Jh.), engl. *tanker*.

Tanne f. immergrüne Gattung der Kieferngewächse, landschaftlich auch 'Fichte' und allgemein 'Nadelbaum', ahd. *tanna* 'Nadelbaum' (9. Jh.), mhd. *tanne*, auch 'Mastbaum', asächs. *danna*, mnd. mnl. *danne* (aus germ. **danwō*) stellen sich zu asächs. *dennia*, nl. *den* (aus germ. **danniō*). Herkunft unsicher. Vergleichbar sind aind. *dhánuḥ* und (bei abweichendem Anlaut) awest. *ϑanvan-, ϑanvar-* 'Bogen', wenn man annimmt, daß dieser Bezeichnung für ein hölzernes Gerät ein Baumname (ie. **dhanu-* oder **dhonu-*) zugrunde liegt. Da der Name für Tanne nur im kontinentalen Westgerm. begegnet und der Baum in Mitteleuropa heimisch ist, kann darin freilich auch ein vor-ie. Substratwort vermutet werden (vgl. DE VRIES Nl. 111). – t a n n e n Adj. 'aus Tannenholz bestehend' (Anfang 18. Jh.), zuvor frühnhd. *tennen*, mhd. *tennīn*.

Tante f. 'Schwester des Vaters oder der Mutter', Übernahme (um 1700) von gleichbed. afrz. frz. *tante*, einer in der Kindersprache entstandenen spielerischen Umbildung (Reduplikation durch Vorwegnahme des Dentals) von afrz. mfrz. *ante* 'Tante', aus lat. *amita* 'Schwester des Vaters', mlat. auch 'Schwester der Mutter' (dieses zu einem Lallwort **am(m)a, *amĭ*, s. *Amme*). *Tante* löst im Dt. die älteren Bezeichnungen *Base, Muhme* (s. d.) ab, kann aber wie im Frz. auch die Frau des Onkels sowie andere weibliche Verwandte bezeichnen und außerdem kindliche Anrede für jede erwachsene weibliche Person sein.

Tantieme f. 'Einnahmebeteiligung, Gewinnanteil eines Autors, Anteil am Gewinn eines Unternehmens', Übernahme (Anfang 19. Jh., zunächst in frz. Schreibung) von gleichbed. frz. *tantième*, eigentl. 'eine gewisse, eine anteilige Menge', Substantiverung des Adjektivs frz. *tantième* 'soundsovielter'. Dieses gehört (als mit dem Suffix der Ordnungszahlen gebildete Ableitung) zu frz. *tant* 'so groß, so viel, so sehr', aus lat. *tantus* 'so groß, so viel'.

tanzen Vb. 'sich rhythmisch (zu Musik) bewegen', auch 'hüpfen, springen, sich leicht und froh bewegen', mhd. *tanzen*, mnd. *dansen, danzen*, Entlehnung des höfischen Rittertums (mit hd. *t-* aus *d-* und *-z-* als Übergangslaut zwischen *n* und *s*) über Flandern (vgl. mnl. nl. *dansen*) aus gleichbed. afrz. *dancer, dancier, danser* (frz. *danser*). Herkunft ungeklärt. Man hat auf Grund der zuerst nordfrz. Bezeugung des Verbs germ. Ursprung angenommen und setzt anfrk. **dintjan* 'sich hin und her bewegen' voraus (vgl. mnl. *deinsen*, nl. *deinzen* 'zurückweichen, -schrecken', fries. *dintje* 'leicht zittern', isl. *dynta* 'den Körper auf- und niederbewegen'). FEW 15, 2, 63 möchte dagegen (im Hinblick auf den Stammvokal afrz. *-a-*) eher anfrk. **dantisōn* vorziehen. Anders MEIER/PEÑA in: Archiv f. d. Studium d. neueren Spr. 203 (1966/67) 321 ff., die, ausgehend von lat. *rotāre* '(sich) kreisförmig herumdrehen', *rotundāre* 'rund machen, abrunden', Formen wie vlat. **retundāre* oder **rotantiāre, *retantiāre* 'drehen, tanzen' und **rotantia, *retantia* 'Drehung, Tanz' erschließen, woraus sich im Westroman. **redançare* und **redança* bzw. mit Abfall von *re- *dançare* und **dança* entwickelt habe. – T a n z m. 'Folge rhythmischer (von Musik begleiteter) Körperbewegungen', auch das diese begleitende 'Instrumentalstück' sowie 'Tanzveranstaltung', mhd. *tanz*, mnd. *dans, danz*, entlehnt (wie das Verb) über mnl. *dans* aus afrz. *dance, danse*.

Tapete f. 'Wandverkleidung aus Stoff oder Papier' (17. Jh.), zuvor '(bunte) Decke' für Tische, Betten, als Wandbehang und Bodenbelag (2. Hälfte 15. Jh.), aus lat. *tapēte* n. bzw. mlat. *tapeta* f. (singularisiert aus lat. *tap(p)ēta* Plur. Neutr. von lat. *tap(p)ētum*) 'Teppich, Decke' (s. *Teppich*). Daraus T a p e t n. 'Decke, Teppich' (Anfang 16. Jh.); dazu *etw. aufs Tapet bringen* 'auf den Verhandlungstisch, zur Sprache bringen' (um 1700), wohl nach gleichbed. frz. *mettre sur le tapis*; vgl. frz. *tapis* 'Decke, Teppich, Wandverkleidung', auch 'der mit einer Decke versehene (Konferenz)tisch' (s. *tapezieren*).

tapezieren Vb. 'Wände mit Stoff bzw. Papier (s. *Tapete*) bespannen oder bekleben' (Mitte 16. Jh.), 'Möbel mit Stoff beziehen' (19. Jh.), entlehnt (anfangs *tapissieren, tapessieren*) aus mfrz. frz. *tapisser* 'die Wände eines Zimmers verkleiden', abgeleitet von afrz. *tapiz, tapis*, frz. *tapis* 'Decke, Teppich, Wandverkleidung', aus griech. *tapḗtion* (ταπήτιον) bzw. (entsprechend byzant. Aussprache) *tapition*, Deminutivum zu griech. *tápēs* (τάπης) 'Teppich, Decke' (s. *Teppich*). In der Mitte des 17. Jhs. setzt sich *tapezieren*, nach (aus dem Frz. stammendem) ital. *tappezzare*, durch. – T a p e z i e r e r m. 'wer Wände verkleidet, Vorhänge anbringt, Möbel polstert', abgeleitet vom Verb (Anfang 18. Jh.), zuerst (und südd. noch heute) *Tapezier*. Eine vereinzelte Frühform *Dappicirer* (1564) dürfte sowohl unter dem Einfluß von *tapissieren* (s. oben) als auch von ital. *tappezziere* stehen.

tapfer Adj. 'mutig, kühn, furchtlos'. In älterer Sprache sind (teilweise mit unterschiedlicher Bedeutung) belegt ahd. *taphar* 'schwer, gewichtig' (10. Jh.), mhd. *tapfer, dapfer* 'fest, gedrungen, gewichtig, bedeutend, ansehnlich', mnd. *dapper* 'schwer, gewichtig, gewaltig, ausdauernd, furchtlos', mnl. *dapper* 'stark, kräftig, tüchtig', anord. *dapr* 'traurig, betrübt'. Außergerm. sind vergleichbar apreuß. *debīka* 'groß' sowie (als *l*-Ableitung) aslaw. *debelьstvo* 'Dicke', russ. (derb) *debëlyj* (*дебёлый*) 'wohlbeleibt, stark, fett', toch. A *tpär*, B *tappre, täpr-* 'hoch', so daß von einer Wurzel ie. **dheb-* mit der Bedeutung 'dick, fest, gedrungen' bzw. (für die germ. Formen) 'gedrungen, kräftig, schwer, schwermütig' ausgegangen werden kann. Im späteren Mhd., Mnd. und Mnl. entwickelt sich über die Verwendung des Adjektivs im Sinne von 'wichtig, bedeutend, tüchtig' die heute für nhd. *tapfer*, nl. *dapper* geltende Bedeutung 'furchtlos, kühn, mutig', während sich norw. *daper*, isl. *dapur* 'schwer, betrübt, trächtig' zu anord. *dapr* (s. oben) stellt. Aus dem Mnd. bzw. Mnl. ist entlehnt engl. *dapper* 'flink, gewandt, nett'. – Tapferkeit f. 'Kühnheit, Mut, unerschrockenes Verhalten', frühnhd. *Tapfrigkeit, Tapferkeit* 'Schwere, Stärke, Wichtigkeit, Bedeutung, Würde' (15. Jh.), mnd. *dapperhēt*.

Tapir m. schweineähnlicher Pflanzenfresser in den Urwäldern Süd-, Mittelamerikas sowie Südostasiens, Entlehnung der naturwissenschaftlichen Gelehrtensprache (2. Hälfte 18. Jh.) von gleichbed. frz. *tapir* (1. Hälfte 18. Jh.), älter *tapyyre* (17. Jh.), bzw. aus zoolog.-lat. *Tapirus* (Brisson 1756). Zugrunde liegt die in südamerik. Indianersprachen heimische Bezeichnung Tupi *tapira*, bes. in der Verbindung (in port. Umschrift) *tapiruçu*, eigentl. 'großes Säugetier, großer Tapir'. Entsprechend gilt in älteren dt. Reisebeschreibungen *Tapiroussou* (Ende 16. Jh.); vgl. mfrz. frz. *tapiroussou* (16. Jh.).

tappen Vb. 'plump auftreten oder gehen, ungeschickt, unbeholfen, tastend gehen und umherfühlen' (16. Jh., vgl. auch frühnhd. *betappen* 'betasten', 15. Jh.), abgeleitet von (heute nur noch mundartlichem) Tappe f. 'Pfote, Tatze, deren Spur im Boden', frühnhd. *tappe, dappe*, mhd. *tāpe*; auch verhochdeutscht (selten) *Tapfe* (Anfang 17. Jh.). Lautmalende Bildung, vgl. *tapp*, häufiger *tapp tapp* Interj., *Tapp, Tappe* m. 'Schlag, Klaps' (16. Jh.). – täppisch Adj. 'schwerfällig, unbeholfen, plump, linkisch', mhd. *tæpisch*. ertappen Vb. 'bei Verbotenem erwischen, überraschen' (16. Jh.).

Tara f., früher auch n. 'Gewicht der Verpackung', auch (älter) 'Abzug des Verpackungsgewichts vom Gesamtgewicht', Übernahme der Kaufmannssprache (um 1400) von ital. *tara* 'Gewichtsabzug, Abzug für Verpackung, Preisnachlaß', das aus arab. *ṭarḥ*, vulgärarab. *ṭaraḥ* 'Abzug', Verbalsubstantiv zu arab. *ṭaraḥa* 'entfernen, beseitigen, wegwerfen, abziehen', entlehnt ist. – tarieren Vb. 'das Leergewicht, den Verpackungsabzug berechnen' (Ende 18. Jh.), dann auch (wie *austarieren*) 'durch Auflegen von Gegengewichten das Gewicht einer Ware auf der Waage ausgleichen, den Nullpunkt einer Waage einstellen' (Ende 19. Jh.), übertragen 'gegeneinander abwägen' (Mitte 20. Jh.).

Tarantel f. Der als *Tarantela* (1566), *Tarantula* (1586), *Tarantul, Tarantel* (17. Jh.) bezeugte Name der südeurop. Wolfsspinne, deren Biß Insekten lähmt und am menschlichen Körper Entzündungen verursacht, ist aus ital. *tarantola, tarantella*, Deminutivum von ital. (älter) *taranta*, entlehnt. Die weitere Herkunft ist nicht geklärt. Man nimmt an, daß das Tier nach der südital. Stadt *Taranto* (*Tarent* in Apulien), griech. *Táras*, (Akk.) *Táranta* (*Τάρας, Τάραντα*) benannt ist, weil dort die Spinne besonders häufig vorkommt. Vgl. schon mhd. *tarant*, spätmhd. *torant* 'Skorpion, Tarantel', auch 'eine Art Belagerungsmaschine', deren langer Hebelarm sich bei Inbetriebnahme wie der Schwanz eines Skorpions erhebt. – Tarantella f. mit Kastagnetten und Schellentrommel getanzter südital. Volkstanz (1700 *Tarantell*), aus gleichbed. ital. *tarantella*, der Bezeichnung für einen neapolitanischen Tanz mit lebhaften Bewegungen, zuvor (17. Jh.) eine Tanzmelodie, angeblich zur Heilung der von Taranteln Gebissenen aufgespielt. Die Besessenheit der Tänzer ist in Wirklichkeit nicht auf den Biß der Tarantel, sondern vielmehr auf Ekstase und Tanzwut zurückzuführen.

Tarif m. 'Preis-, Lohnstaffel, Gebührenordnung', frühnhd. *Driffa, Triffa, Tarifa, Tariffa* (16. Jh.), Übernahme von ital. *tariffa*, einer Entlehnung von arab. *taʿrīfa* 'Bekanntgabe (der Gebühren)'. Die heutige Form *Tarif* ist Angleichung an ebenfalls aus dem Ital. stammendes frz. *tarif* (mfrz. *tariffe*). Das Wort der Kaufmannssprache bedeutet zunächst 'Zusammenstellung, Aufstellung, Liste, Verzeichnis von Waren mit Angabe der Zollgebühr', auch 'Preisverzeichnis', dann in der Wirtschaft 'vertraglich oder gesetzlich festgelegte Summe oder Staffelung von Löhnen und Gehältern, Preisen'. – tarifmäßig Adj. (18. Jh.); tariflich Adj. (20. Jh.).

tarnen Vb. 'durch Anpassung an die Umgebung schwer erkennbar machen, gegen Sicht und vor Entdeckung schützen', übertragen 'verbergen, verschleiern'. Das im Dt. im 20. Jh. wiederbelebte, nur westgerm. bezeugte Verb ahd. (um 800), mhd. *tarnen, ternen* 'zudecken, verhüllen, verbergen, unsichtbar machen', asächs. *(bi)dernian* ist gebildet zum westgerm. Adjektiv ahd. *tarni, terni* 'unsichtbar, verborgen, verhüllt' (8. Jh.), asächs. *darni, derni* 'heimtückisch, böse', aengl. *dierne* 'verborgen, dunkel, geheim, täuschend, böse', einer Ableitung mit *ni*-Suffix von dem in aengl. *darian* 'verborgen, versteckt sein, sich verborgen halten', mnl. *hem bedāren* 'sich beherrschen, zu sich selbst kommen', nl. *bedaren*, auch 'sich legen' (vom Wind), belegten Verb. Außergerm. kann aind. *dhāráyati* 'hält, trägt, erhält', griech. *thrónos* (ϑρόνος) 'Sessel, Sitz, Herrschersitz' (s. *Thron*), lat. *frētus* 'gestützt auf, fest vertrauend' verglichen werden, mit denen das germ. Verb im Sinne von 'sich zusammen-, zurückhalten, zuhalten, daß man etw. nicht sieht' zur Wurzel ie. **dher(ə)-* 'halten, festhalten, stützen' gestellt werden kann. Mhd. *tarnen*, das sich zunächst im Nhd. nicht fortsetzt, wird zuerst im militärischen Bereich im und nach dem ersten Weltkrieg (vgl. K. Ammon, Tarnkleidung, 1921) aus dem Kompositum Tarnkappe f. '(in Sage und Märchen) unsichtbar machende Kappe (bzw. Kapuzenmantel)', Wiederaufnahme (18. Jh.) von mhd. *tarnkappe*, neu entwickelt als dt. Wort für *camouflieren*. Dieses ist entlehnt aus frz. *camoufler* 'verkleiden, tarnen', eigentl. wohl 'Qualm vor die Nase blasen, foppen, ärgern', vgl. frz. *camouflet* 'ins Gesicht geblasene Rauchwolke, derbe Kränkung', frz. (älter) *moufle* 'Schnauze, dickes Gesicht'.

Tasche f. 'tragbarer Behälter' (in der Hand, an Riemen oder Bändern über der Schulter, an der Kleidung befestigt oder auch in die Kleidung eingearbeitet). Die Herkunft des ursprünglich nur im Dt. und Nl. begegnenden Substantivs ahd. *tasca* 'Ranzen, Säckchen' (9. Jh.), mhd. *tasche, tesche*, asächs. *dasga*, mnd. *taske, tasche* (woraus vermutlich anord. schwed. *taska*, dän. *taske*), mnl. *tassce, tessce*, nl. *tas* ist nicht geklärt. Die bei Kluge [21]771 dargestellte Entlehnung aus einer Rückbildung vlat. **tasca* 'aufgetragenes Pensum', lat. **taxa* von lat. *taxāre* 'prüfend berühren, antasten' (s. *taxieren*) wird von FEW 17, 323, das für afrz. *tasche, taisse, tasse* 'Beutel, Tasche' Entlehnung aus dem Germ. (ohne nähere Angaben) annimmt, als semantisch unwahrscheinlich abgelehnt. Geht man von germ. Herkunft des Wortes aus, so kann am ehesten eine Anknüpfung an nd. *tasen* 'pflücken, rupfen' versucht werden, so daß sich Verwandtschaft mit der unter *zausen* (s. d.) dargestellten Wortgruppe ergäbe, vielleicht im Sinne von 'aus Bastfasern geflochtener Behälter'. Vgl. de Vries Nl. 724. – Taschenbuch n. 'jährlich erscheinendes Buch unterhaltender und belehrender Art in Taschenformat, Almanach, Notizbuch' (18. Jh.), 'billiges Reihenbuch' (19. Jh.), bes. 'billiges broschiertes Buch in Taschenformat', verbreitet seit Mitte des 20. Jhs. nach engl. *pocketbook*. Taschengeld n. 'an nicht selbst Verdienende regelmäßig gezahlte Geldsumme für kleine persönliche Ausgaben' (18. Jh.). Taschenmesser n. 'kleines, in der Tasche zu tragendes, zusammenklappbares Messer', spätmhd. *taschenmeȥȥer*. Taschenspieler m. 'wer kleine Kunststücke vorführt, die besondere Fingerfertigkeit erfordern, Gaukler' (Mitte 17. Jh.), nach der Wendung *aus der Tasche spielen* 'aus einer scheinbar leeren Tasche allerhand Dinge hervorziehen' (17. Jh.). Taschentuch n. 'kleines, in der Tasche eines Kleidungsstücks oder in der Handtasche zu tragendes Tuch zum Naseputzen' (Campe 1810). Täschner m. 'Lederwarenhersteller', spätmhd. *tasch(e)ner*.

Tasse f. 'Trinkgefäß mit einem Henkel', Übernahme (16. Jh.) von gleichbed. afrz. frz. *tasse*, einer Entlehnung aus arab. *ṭassa* 'Napf'. Auf ebenfalls aus dem Arab. stammendem ital. *tazza* beruhen *Tatse* (Stieler 1691) sowie bair. *Tatz(e), Tatzl*.

tasten Vb. '(mit den Händen) vorsichtig oder unsicher über etw. hinweggleiten, nach etw. suchen, greifen', refl. 'sich vorsichtig, mit den Händen um sich greifend vorwärtsbewegen', mhd. mnd. *tasten* '(be)fühlen, berühren' ist (vielleicht durch nl. Vermittlung?, vgl. mnl. nl. *tasten*) entlehnt aus afrz. *taster* 'tasten, tastend suchen, betasten, prüfen' (frz.

tâter), woraus auch engl. *to taste* 'prüfen, probieren, schmecken, kosten'. Voraus geht vlat. **tastāre*, eine kontrahierte Form aus vlat. **taxitāre* 'mehrmals berühren, betasten', Intensivbildung zu lat. *taxāre* 'scharf anrühren, (prüfend) berühren, antasten, (durch Befühlen) den Wert einer Sache ermitteln und bestimmen, schätzen' (s. *taxieren*). – a n t a s t e n Vb. 'vorsichtig berühren, unberechtigt berühren, verletzen', mhd. *anetasten*. b e t a s t e n Vb. 'mit den Fingern befühlen, prüfend anfassen', mhd. *betasten*. T a s t e f. 'mit dem Finger herabzudrückender Hebel', bes. (dann oft Plur.) bei bestimmten Musikinstrumenten (1. Hälfte 18. Jh.), aus ital. *tasto* m. bzw. *tasti* (Plur.) 'Griffsteg zum Anschlagen der Saiten eines Musikinstrumentes (insbes. eines Klaviers), Griff(brett)', eigentl. 'das Tasten, Werkzeug zum Tasten', zu (wohl aus dem Galloroman. entlehntem) ital. *tastare* '(be)tasten, wiederholt berühren'.

Tat f. 'was ausgeführt worden ist oder werden soll, bewußte, gewollte (zweckgerichtete) Handlung, Leistung, Unternehmen', ahd. (8. Jh.), mhd. *tāt*, asächs. *dād*, mnd. *dāt*, mnl. *daet*, nl. *daad*, aengl. (angl.) *dēd*, (westsächs.) *dǣd*, engl. *deed*, anord. *dāð*, schwed. *dåd*, got. *gadēþs*, germ. **-dēdi-* führt als Abstraktbildung mit ie. *ti*-Suffix wie awest. *niδātay-* 'das Nieder-, Ablegen', lit. *dėtis* 'Last, Ladung, Fracht', aslaw. *blagodětь* 'Gnade, Wohltat, Dank' auf ie. **dhēti-*, neben **dhəti-* in griech. *thésis* (*θέσις*) 'das Aufstellen, Behauptung, aufgestellter Satz, Ausspruch', lat. *conditio* 'Gründung, Schöpfung, Stiftung, Werk', eigentl. 'das Zusammentun', Bildungen zu der unter *tun* (s. d.) genannten Wurzel ie. **dhē-* 'setzen, stellen, legen'. – T ä t e r m. 'wer eine Tat, bes. Straftat begangen hat' (15. Jh.); vgl. mhd. *übeltæter, missetæter*, s. auch *Wohltäter*. t ä t i g Adj. 'beruflich arbeitend, sich betätigend, rührig, aktiv, tatkräftig' (16. Jh.), zuvor in Zusammensetzungen wie ahd. *ubil-* (9. Jh.), *missitātig* (um 1000), mhd. *übel-, missetætic*. t ä t i g e n Vb. 'aus-, durchführen, vollbringen, erledigen, verrichten' (Anfang 18. Jh.), bes. als Wort der Kaufmannssprache in Wendungen wie *einen Abschluß, Einkauf, ein Geschäft tätigen*; dazu b e t ä t i g e n Vb. 'in Gang setzen, bedienen, in die Tat umsetzen, verwirklichen', refl. 'tätig sein, sich beschäftigen, arbeiten' (17. Jh.), aus der Kanzlei- und Geschäftssprache in die Allgemeinsprache eingegangen. t ä t l i c h Adj. 'handgreiflich, gewalttätig' (16. Jh.), mnd. *dātlīk* 'tätlich, gewaltsam, tatsächlich'. T a t k r a f t f. 'zum Handeln erforderliche Energie und Einsatzbereitschaft' (18. Jh.). T a t s a c h e f. 'wirklicher, feststehender, unbezweifelbarer Sachverhalt, Gegebenheit, Fakt(um)', nachgebildet (1756) von dem Theologen Spalding für engl. *matter of fact*, das seinerseits lat. *rēs factī* 'eine wirklich geschehene Tat' wiedergibt. Einen vereinzelten, jedoch zweifelhaften Frühbeleg (Mitte 15. Jh.) vermutet STAMMLER in: Spätlese d. Mittelalters 1 (1963) 73 und 112.

tätowieren Vb. 'kolorierte Muster oder Zeichnungen durch Nadelstiche in die Haut einbringen' (2. Hälfte 18. Jh.), anfangs *tät(t)owiren, tattowieren, tatauieren, tat(o)uieren*. Zugrunde liegt polynes. *tatau* 'tätowieren, eintätowiertes Zeichen', wohl aus *ta-* 'schlagen' und *-tau* 'Zeichen, Muster, Bilder' gebildet. Die engl. Wiedergabe *tattow* (Cook 1769), heute *tattoo*, gelangt ins Frz. und wird dort umgestaltet zu frz. *tatouer* (1778). Ans Engl. schließt sich wohl auch das dt. Verb an (Erstbeleg 1777), das jedoch in der Schreibweise vielfach vom Frz. beeinflußt sein dürfte.

tätscheln Vb. 'leicht, liebkosend klopfen, berühren, streicheln' (15. Jh., *tätschlen*), Iterativbildung zu t a t s c h e n , t ä t s c h e n Vb. 'plump anfassen, zudringlich streicheln', mhd. *tetschen* 'mit klatschendem Aufschlagen von Händen und Füßen sich im Wasser bewegen, panschen', das wie *klatschen, patschen, plätschern* (s. d.) lautnachahmenden Ursprungs ist. Vgl. *tatsch* Interj. zur Bezeichnung eines klatschenden Schlages.

Tatze f. 'Pfote, Pranke', scherzhaft '(große, kräftige) Hand', mhd. *tatze*. Herkunft ungeklärt. Vielleicht Intensivbildung zu dem unter *tappen* (s. d.) aufgeführten *Tappe*, mhd. *tāpe* 'Pfote, Tatze'. BACH in: ZfdSpr. 22 (1966) 80 ff. sieht in *Tatze* die nhd. Entsprechung von mundartlichem (moselfrk.) *Tōtsch* 'derbe, knochige ungeschickte Hand', zu *tōtschen* (aus **tōtzen, *tōkzen*) 'mit grober Hand nach etw. derb hinlangen oder es berühren', einer Intensivbildung zu moselfrk. *tōken* 'unsicher nach etw. tasten' (roman. Herkunft?).

Tau m. 'an der Erdoberfläche sich tropfenförmig niederschlagende Feuchtigkeit der Nachtluft', ahd. (8. Jh.), mhd. *tou* (Gen. *touwes*) n. (md. auch m.), asächs. *dou*, mnd.

douwe, dow, mnl. *dau, dou*, nl. *dauw*, aengl. *dēaw*, engl. *dew* (*wa*-Stamm) und anord. *dǫgg* f., schwed. *dagg* (*wō*-Stamm) lassen sich im Sinne von 'das Fließende, Tropfende' außergerm. vergleichen mit aind. *dhavatē* 'läuft, strömt', (dehnstufig) *dhā́vati* 'läuft, strömt, rinnt, gleitet', griech. *theĩn* (*θεῖν*) 'laufen, eilen, rennen', *thoós* (*θοός*) 'schnell, flink' und zur Wurzel ie. **dheu-* 'laufen, rinnen' stellen. – [1]t a u e n Vb. '(sich) in Form von Tau niederschlagen', ahd. *touwōn* (um 1000), mhd. *touwen*; gewöhnlich unpersönlich *es taut*.

Tau n. 'starkes Seil', aus dem Nd. (Anfang 16. Jh.) in die Literatursprache aufgenommen. Mnd. *touwe, tow, tau* 'Gerät, Werkzeug, Geschirr, Wagen, Webstuhl, Schiffsgerät', speziell 'Schiffstau, Seil' sowie asächs. *tou* 'Werg', mnl. *tou(we)* 'Werkzeug, Gerät, Seil (aus Flachs), Werg', nl. *touw* 'Seil, Strick, Tau', afries. *tauv, tow* 'Werkzeug, Gerätschaft, Tau, Seil', aengl. *tow-* in *towcræft* 'das Spinnen', *towhūs* 'Spinnhaus', engl. (aus dem Mnd.) *tow* '(Schlepp)seil, -kette, -tau', anord. *tō* 'Werg' und (mit *l*-Suffix) aengl. anord. *tōl*, engl. *tool* 'Werkzeug' sind wohl vergleichbar mit lautlich entsprechendem ahd. *zawa* 'das Färben' (9. Jh.), 'Zuggarn, Schleppnetz' (Hs. 13. Jh.). Sie gehören zu einem Verb mnd. mnl. nl. *touwen* 'ausrüsten, bereiten, zustande bringen, fertigmachen', intrans. 'eilen', unpersönlich 'vonstatten gehen', aengl. *tāwian* 'fertigmachen', anord. *tawiðō* 'ich machte, verfertigte' (Gallehus, vor 400), got. *taujan* 'machen, tun, wirken' und ahd. *zawen* 'glücken, gelingen' (9. Jh.), 'färben' (10. Jh.), *zouwen* 'zurechtmachen, (ein Eisenstück) bearbeiten' (11. Jh.), mhd. *zouwen, zöuwen* 'tun, verfahren, machen, fertigmachen, bereiten', refl. 'sich bereitmachen, schmücken, rüsten, beeilen'. Sichere außergerm. Anschlüsse finden sich nicht. Man kann ausgehen von 'Werkzeug, mit dem etw. gemacht wird', weiterentwickelt zu '(Schiffs)gerät' und schließlich 'Schiffsseil'.

taub Adj. 'gehörlos, ohne körperliche Empfindung, abgestorben, ohne nutzbaren Wert, gehaltlos, leer', ahd. *toub* 'gehörlos, unempfindlich, stumpf, unsinnig' (9. Jh.), mhd. *toup, toub*, auch 'leer, wertlos, abgestorben, dürr', mnd. *dōf* (s. *doof*), mnl. nl. *doof*, aengl. *dēaf*, engl. *deaf*, anord. *daufr*, schwed. *döv*, got. *daufs*, germ. **dauba-*. Dazu (ablautend) *toben* (s. d.) und (nasaliert) *dumm* (s. d.), außergerm. griech. *typhlós* (*τυφλός*) 'blind, stumpf, unsinnig, verstopft, dunkel, versteckt', so daß sich Rückführung auf ie. **dheubh-, *dhūbh-* 'stieben, rauchen; neblig, verdunkelt' (auch vom Geist und den Sinnen), eine Labialerweiterung der Wurzel ie. **dheu-, *dheu̯ə-* 'stieben, wirbeln, bes. von Staub, Rauch, Dampf' (s. *Duft, Dunst*), ergibt. Die Ausgangsbedeutung 'umnebelt, empfindungslos, stumpfsinnig' wird im Germ. schon früh auf den Gehörsinn bezogen. Aus der Bedeutung 'gefühllos, abgestorben' entwickelt sich in mhd. Zeit 'gehaltlos, unfruchtbar', vgl. *taube Nuß* 'hohle, leere Nuß', *taubes Gestein* 'kein nutzbares Mineral enthaltendes Gestein'. – b e t ä u b e n Vb. 'gegen Schmerz unempfindlich machen, das Bewußtsein trüben, benommen machen', mhd. *betouben* 'taub machen, betäuben, entkräften, betören, erzürnen'; vgl. ahd. *toubēn* 'taub werden' (um 800), *toubōn* 'zähmen, bezwingen' (9. Jh.), *touben* 'vermindern, schwächen' (11. Jh.), mhd. *touben* 'taub werden, taub machen, betäuben, empfindungslos machen, abstumpfen, dämpfen, zunichte machen, vernichten', nhd. *tauben, täuben* 'taub sein oder werden, rasen, wüten, vernichten' (nach dem 16. Jh. nicht mehr gebräuchlich). T a u b n e s s e l f. Lippenblütler mit Blättern, die denen der Brennessel ähnlich sind, aber bei Berührung keine brennenden Hautreizungen verursachen (15. Jh.). t a u b s t u m m Adj. 'von Geburt an unfähig zu hören und (deshalb auch) unfähig, artikuliert zu sprechen' (2. Hälfte 18. Jh.), aus der Fügung *taub und stumm*.

Taube f. Die Herkunft des gemeingerm. Vogelnamens ist nicht sicher geklärt. Ahd. *tūba* (8. Jh.), mhd. *tūbe*, asächs. *dūba*, mnd. mnl. *dūve*, nl. *duif*, mengl. (aus dem Anord.) *d(o)uve, dofe*, engl. *dove*, anord. *dūfa*, schwed. *duva*, got. in *hraiwadūbō* 'Turteltaube', eigentl. 'Leichentaube', führen auf germ. **dūƀōn*, das im allgemeinen mit air. *dub* (aus **dhubhu-*) 'schwarz', gleichbed. akymr. *dub* (aus **dheubh-*) zur Labialerweiterung ie. **dheubh-, *dhūbh-* 'stieben, rauchen; neblig, verdunkelt' der Wurzel ie. **dheu-, *dheu̯ə-* (s. *taub*) gestellt wird, so daß *Taube* nach dem rauchfarbenen Gefieder als 'die Dunkle' gedeutet wird. Gestützt wird dieses Benennungsmotiv durch griech. *péleia* (*πέλεια*) 'wilde Taube', zu griech. *peliós* (*πελιός*) 'dunkelfarbig, blauschwarz, fahl'. Da das betreffende Farbadjektiv allein im Kelt., nicht aber in den germ. Sprachen nachzuweisen ist, hält Suolahti Vogelnamen (1909) 206ff. eine lautnachahmende Bildung für wahrscheinlicher; allerdings läßt diese Deutung den Konsonantismus des Wortes ungeklärt, da bei Schallbildungen gewöhnlich Liquiden und Velare auftreten. de Vries Nl. 142 schließt daher die Möglichkeit eines Substratwortes nicht aus. – Tauber, Täuber m. 'männliche Taube', mhd. *tūber* (14. Jh.), vgl. mnd. *dūver, düffer*, mnl. *dūver*, nl. *doffer*; Tauberich, Täuberich m. (16. Jh.), gebildet nach *Enterich* (s. d.); vgl. mnd. *dūverich, dūverinc*, mnl. *dūveri(n)c*.

Täubling m. Name einer Blätterpilzgattung mit mürben, leicht brüchigen Lamellen, ohne Milchsaft und mit lebhaft gefärbten Hüten (um 1600). Da die meisten Täublinge nicht giftig sind und keine betäubende Wirkung haben, ist eine direkte Verbindung mit *taub* (s. d.) wenig wahrscheinlich und eher eine Ableitung (mit dem bei Bildung von Pilznamen häufigen Suffix *-ling*) von *Taube* (s. d.) anzunehmen im Hinblick auf den zweifarbigen, taubengrauen oder violettgrünen Hut des wohlschmeckenden *Frauentäublings*.

tauchen Vb. 'unter die Wasseroberfläche gehen, sich unter Wasser fortbewegen, in Wasser, in eine Flüssigkeit stecken, hineinhalten'. Die Herkunft der westgerm. Verben ahd. *-tūhhan* (vgl. *firtūhhan* 'in Vergessenheit versinken', um 1000, *intūhhan* 'eintauchen', 11. Jh.), mhd. *tūchen, touchen*, mnd. mnl. *dūken*, nl. *duiken*, engl. *to duck* (vgl. aengl. *duce, dūce*, engl. *duck* 'Ente', eigentl. 'Taucher') ist ungeklärt; über eine mögliche Verbindung mit dem unter *tief* (s. d.) behandelten Adjektiv s. das Intensivum *ducken*. Ursprünglich (so noch im Ahd.) ist *tauchen* ein starkes Verb. Im Mhd. Mnd. Mnl. stehen neben den schwachen noch starke Formen, vgl. das Präteritum mnd. *updōk* oder das Part. Prät. mhd. *betochen* '(mit Blut) bedeckt'. Außerhalb des Hd. bedeuten die Verben auch 'sich ducken, beugen' bzw. 'sich verbergen'. – Taucher m. 'tauchender Wasservogel', ahd. *tūhhāri* (um 800, daneben *tūhhil*, 10. Jh.), mhd. *tūchære, tūcher*; vgl. asächs. *dukār*, mnd. *dūker, dūker*, mnl. *dūkere*, nl. *duiker*. Nhd. *Taucher* in der Bedeutung 'wer taucht, wer sich unter der Wasseroberfläche fortbewegt oder dort technische Arbeiten ausführt' seit dem 16. Jh.

[2]**tauen** Vb. 'schmelzen' (von Eis, Schnee). Ahd. *thouwen, thewen*, mhd. *döuwen, douwen* 'auflösen, verdauen' (s. *verdauen*) entwickelt, ausgehend von 'auflösen, verflüssigen', in Anlehnung an ahd. mhd. *tou* (s. *Tau* m.) ein mit *t-* anlautendes mhd. *touwen* 'sich auflösen, zergehen, schmelzen'. Als verwandt sind zu vergleichen mnd. *douwen* 'verdauen, tauen', mnl. *dōyen, doyen, douwen*, nl. *dooien* 'tauen', anord. *þeyja*, schwed. *töa* 'tauen', ferner nl. *dooi*, schwed. *tö* 'Tauwetter', anord. *þeyr* 'Tauwind' sowie anord. *þā* (aus urnord. **þawō*) 'schneefreies Feld' und das *ōn*-Verb aengl. *þawian*, engl. *to thaw* 'tauen'. Man kann für die germ. Formen von einer mit *u* erweiterten Wurzel ie. **tā-* 'schmelzen, sich auflösen (fließen), hinschwinden' ausgehen, die auch in osset. *tajyn* (*тайын*) 'tauen', aslaw. *tajati* 'schmelzen', russ. *tájat'* (*таять*) 'schmelzen, tauen', kymr. *tawdd* 'Geschmolzenes', *toddi* 'schmelzen', mit *b(h)*-Erweiterung in lat. *tābēre* 'schmelzen, verwesen', *tābēs* 'das allmähliche Vergehen durch Schmelzen, Fäulnis, Krankheit, Verwesung', mit *k*-Erweiterung in griech. *tḗkein* (*τήκειν*) 'schmelzen', *takerós* (*τακερός*) 'schmelzend, schmachtend' vorliegt.

taufen Vb. 'an jmdm. die christliche Taufe vollziehen' (durch Besprengen des Kopfes mit geweihtem Wasser, anfangs, verschiedentlich noch heute, durch Eintauchen des ganzen Körpers in Wasser), 'einen Namen geben'. Das gemeingerm. Verb ahd. *toufen* (um 800), mhd. *toufen, töufen* 'untertauchen, taufen', asächs. *dōpian*, mnd. *döpen* 'tauchen, taufen', mnl. *dōpen*, nl. *dopen*, aengl. *dēopian* 'untertauchen', schwed. *döpa* 'taufen', got. *daupjan* 'eintauchen, taufen' ist (ablautendes) Faktitivum (eigentl. 'tief machen', d. h. 'ein-, untertauchen') zu dem unter *tief* (s. d.) behandelten Adjektiv. Die Verwendung des Verbs im christlichen Sinne geht von got. *daupjan* aus, womit Wulfila griech. *baptízein* (*βαπτίζειν*) 'wiederholt ein-, untertauchen', kirchensprachlich 'taufen' wiedergibt, Erweiterung von griech. *báptein* (*βάπτειν*) 'untertauchen'; vgl. spätlat. *baptizāre* 'beträufeln', kirchenlat. 'taufen'. Durch got. Arianer oder griech. Kaufleute dringt das got. Verb donauaufwärts

(5. Jh.) ins Bair., von wo aus es sich im Kontinentalgerm. weiter verbreitet. Ihm stehen eigene Bezeichnungen in aengl. *fulwian* 'taufen' und anord. *skīra* 'reinigen, taufen' gegenüber. – T a u f e f. 'Sakrament zur Aufnahme des Täuflings in die Gemeinschaft der Christen, feierliche Namensgebung', ahd. *toufī* (8. Jh.), *touf* (9. Jh.), *toufa* (bair. 11. Jh.), mhd. *touf(e)*, asächs. *dōpi*, mnd. *dōpe*, mnl. *dōpe*, nl. *doop*, got. *daupeins*; nach griech. (kirchensprachlich) *báptisma* (*βάπτισμα*) 'Taufe'. T ä u f e r m. 'wer tauft', ahd. *toufāri* (9. Jh.), mhd. *toufære, toufer.* T ä u f l i n g m. 'wer getauft wird' (16. Jh.). T a u f n a m e m. 'in der Taufe gegebener Name, Vorname', mhd. *toufname*.

taugen Vb. 'geeignet, brauchbar sein'. Das Präteritopräsens ahd. *tugan* (9. Jh.), mhd. *tugen, tügen, tougen*, asächs. aengl. *dugan*, mnd. *dōgen*, mnl. *dōghen, dōghen*, nl. *deugen*, anord. *duga*, got. *dugan* 'taugen, nützen' und die unter *tüchtig* und *Tugend* (s. d.) genannten Formen lassen sich (bei semantischen Schwierigkeiten) formal mit aind. *dṓgdhi* 'melkt, melkt heraus, zieht heraus', griech. (mit Nasalpräsens) *tynchánein* (*τυγχάνειν*) '(an)treffen, (den Zweck) erreichen, Glück haben, sich zufällig ereignen, zutragen', *týchē* (*τύχη*) 'das Gelingen, Zufall, Glück, Schicksal, Los', ir. *dūan* (aus **dhughnā*) 'Gedicht', *dūal* (aus **dhughlo-*) 'passend', lit. *daũg* 'viel', russ. *dúžij* (*дюжий*) 'kräftig' verbinden und auf ie. **dheugh-* 'berühren, (aus)drücken, melken, reichlich spenden' zurückführen. Für das Germ. ist dann eine Bedeutungsentwicklung von 'gemilcht haben' zu 'nützen' bzw. von 'gemolken haben' zu 'Nutzen haben' vorauszusetzen (vgl. SEEBOLD 150). – t a u g l i c h Adj. 'zu etw. taugend, geeignet, brauchbar' (16. Jh.), zuvor *taugenlich, tuglich, tüglich* (15. bis 17. Jh.). T a u g e n i c h t s m. 'Mensch, der nichts taugt, Nichtsnutz' (1691), wenig älter *Taugenicht* (17. Jh.); vgl. frühnhd. *Tügenicht* und *Tögenicht* (16. Jh.), mnd. *dōgenicht, dōgnichts*, auch *Nichtstaug* (17. Jh.); imperativischer Scheltname.

taumeln Vb. 'sich unsicher, schwankend vorwärts oder hin und her bewegen, schwanken, torkeln'. Das nur im Dt. und Nl. begegnende Verb ahd. *tūmilōn* 'dröhnen, tosen' (8. Jh.), *tūmalōn* 'sich im Kreise herumdrehen, rollen' (Hs. 15. Jh.), mhd. *tūmeln* 'sich mit Heftigkeit bewegen, springen, tanzen', frühnhd. 'sich (im Schwindel, im Rausch) unsicher bewegen, hin und her wanken', mnd. mnl. *tūmelen*, nl. *tuimelen* ist eine Iterativbildung zu dem untergegangenen Verb ahd. *tūmōn* 'kreisen, drehen, (sich) winden' (10. Jh.), mhd. *tūmen*. Es gehört als Bildung mit *m*-Formans zu der unter *Duft, Dunst* (s. d.) aufgeführten Wurzel ie. **dheu-, *dheu̯ə-* 'stieben, wirbeln', bes. von Staub, Rauch, Dampf, auch 'in heftiger, wallender Bewegung sein'; s. auch *tummeln*. – T a u m e l m. 'Gefühl des Schwankens, Schwindel(gefühl), rauschhafter Gemütszustand, innere Erregung, Überschwang' (17. Jh.), Rückbildung von *taumeln*. t a u m (e) l i g Adj. 'schwindlig, schwankend, benommen' (17. Jh.), früher *taumelicht*.

tauschen Vb. 'etw. für etw. anderes geben' (16. Jh.), vgl. älteres mhd. *vertūschen* (14. Jh.), frühnhd. *vertauschen* (15. Jh.), s. unten. Das Verb geht zurück auf mhd. *tūschen* 'Spaß, Gespött, Schelmerei treiben, unwahr reden, betrügen', auch *tiuschen* (s. *täuschen*), also eigentl. wohl 'einem (im Handel) in betrügerischer Absicht etw. aufschwatzen, durch Unterschiebung von etw. Falschem sein Spiel mit jmdm. treiben'. Ein Bedeutungsübergang zu 'Waren wechseln, handeln' und damit eine semantische Trennung der Verben mhd. *tūschen* und *tiuschen* dürfte sich bereits im Mhd. anbahnen, vgl. mhd. *rostūschen* 'Pferdehandel treiben', *rostūscher* 'Pferdehändler'. – T a u s c h m. 'Handlung, Vorgang des Tauschens, Tauschgeschäft' (16. Jh.), vgl. älteres *tūschbrief* (Mitte 15. Jh.) gegenüber mhd. *tūsch* 'Spaß, Gespött, Schelmerei, Täuschung, Betrug'; Rückbildung aus dem Verb. T a u s c h h a n d e l m. (Anfang 18. Jh.). v e r t a u s c h e n Vb. 'austauschen, auswechseln, versehentlich mitnehmen, verwechseln', mhd. *vertūschen* 'vertauschen' (ohne betrügerischen Nebensinn).

täuschen Vb. 'jmdn. etw. Falsches glauben machen, jmdn. irreführen', refl. 'sich irren, eine falsche Vorstellung, Meinung haben', mhd. *tiuschen* 'Spaß, Gespött, Schelmerei treiben, unwahr reden, betrügen', auch *tūschen* (s. *tauschen*), stammt wohl aus dem Nd., vgl. mnd. *tūschen* 'täuschen, betrügen, sein Spiel mit jmdm. haben, mit Würfeln spielen, tauschen, wechseln', mnl. *tuuscen*, nl. (älter) *tuisen* 'täuschen, würfeln'. Herkunft unbekannt. Im Obd. ist das Verb nicht üblich;

Luthers *teuschen* wird hier mit *(be)triegen, (ver)vorteilen* verdeutlicht. – enttäuschen Vb. 'jmds. Erwartungen nicht erfüllen', eigentl. 'aus einer Täuschung herausreißen', gebildet (um 1800) als Ersatz für heute unübliches *desabusieren* (frz. *désabuser*) und *detrompieren* (frz. *détromper*). Täuscher m. 'wer andere täuscht, irreführt', mhd. *tiuschære, tiuscher* 'Täuscher, Betrüger'.

tausend Num. 'zehnmal hundert', übertragen 'sehr viel, ungezählt'. Auszugehen ist von einem (ursprünglich, nach Ausweis des Got., zu den fem. *jō*-Stämmen gehörenden) Substantiv, das sich über adjektivischen (attributiven) Gebrauch auch zum Zahlwort der Zahlenreihe entwickelt. Ahd. *thūsunt* (8. Jh.), mhd. *tūsent*, asächs. (mit dem Suffix der Zehnerreihe) *thūsundig*, mnd. *dūsunt, dūsent*, mnl. *dūsent*, nl. *duizend*, aengl. *þūsend*, engl. *thousand*, anord. *þūsund*, schwed. *tusen*, got. *þūsundi* 'tausend' führen auf ein Kompositum, dessen erstes Glied germ. **þūs-* mit *s*-Formans sich zu der Wurzel ie. **tĕu-, *teu̯ə-, *tū̆-* 'schwellen' (s. *Daumen, deuten, düster*) stellt und dessen zweites Glied dem ersten Bestandteil des unter *hundert* (s. d.) behandelten Zahlworts (vgl. anord. *þūsundraþ* neben *þūsund*) entspricht. Dieselbe Bildungsweise zeigt die baltoslaw. Gruppe lit. *túkstantis*, lett. *tūkstotis*, aslaw. *tysęšti, tysǫšti*, russ. *týsjača* (*тысяча*) 'tausend'. Als Grundbedeutung kann 'vielhundert' angenommen werden. – Tausendfüß(l)er m. langgestreckter Gliederfüßler mit einem in viele Segmente gegliederten Körper und sehr vielen Beinen, zuvor *Tausendfuß* (18. Jh.), *Tausendbein* (Ende 17. Jh.), Übersetzung von lat. *mīlipeda, mīllepeda*, griech. *chīliópūs* (*χιλιόπους*) 'Tausendfüßler'. Tausendsas(s)a m. 'vielseitig begabter, geschickter, oft auch leichtsinniger Mensch, Draufgänger' (Mitte 18. Jh.), Substantivierung von *tausend sa! sa!*, einem aufmunternden Lockruf für Jagdhunde (vgl. *hopsassa*); vgl. mhd. *zā, zazā*, aus afrz. *ça* 'hier(her), wohlan' (frz. *çà*), dem lat. *ecce hāc* 'sieh hierher' zugrunde liegt.

Taxi n. 'Mietauto' (20er Jahre 20. Jh.), Übernahme von frz. engl. *taxi*, Kürzungen aus frz. *taximètre*, engl. *taxicab, taximeter cab*. Vorauf geht die im Dt. geprägte Bildung *Taxameter* 'Fahrpreismesser, -anzeiger' (Mitte 19. Jh.), mit dem Grundwort *-meter* 'Meßgerät' (s. *Meter*) zu mlat. *taxa* (s. *taxieren, Taxe*). Im Frz. wird der zunächst in der Form *taxamètre* aufgenommene Ausdruck (Anfang 20. Jh.) im Hinblick auf die im Griech. übliche Kompositionsform *taxi-*, zu griech. *táxis* (*τάξις*) '(An)ordnung, Heeresabteilung', aber auch 'Bestimmung, Festsetzung (einer Abgabe)', bald zu *taximètre* umgestaltet, während im Dt. *Taxameter* für 'Fahrpreisanzeiger' und (bis in die 30er Jahre) auch für 'Mietauto' (neben *Taxi*) erhalten bleibt. Auf *Taxi* folgt kurz darauf die (in Endung und Genus an *Droschke* angeglichene) Nebenform *Taxe* f.

taxieren Vb. 'den Geldwert, Preis einer Ware ermitteln, schätzen, die Höhe einer Abgabe, Steuer, Gebühr (gesetzlich) festlegen', speziell 'den Zeitwert einer gebrauchten Ware oder eines Grundstücks amtlich feststellen', heute auch 'etw. auf seine Beschaffenheit, Qualität hin prüfen, jmdn. auf seine Fähigkeiten hin mustern und einschätzen, beurteilen', zufrühest (14. Jh.) bezeugt als Ausdruck der niederrhein. Geschäftssprache *taxieren*, vgl. mnd. *taxēren, taxieren* (*ghetaxeirt*, 1303). Entlehnt aus lat. *taxāre* '(prüfend) berühren, antasten, (durch Befühlen) den Wert einer Sache ermitteln und bestimmen, schätzen', übertragen auch 'jmdn. tadeln, über ihn herziehen', einer Iterativbildung zu lat. *tangere* (*tāctum*) 'berühren' (s. *tangieren, Tangente*). Dazu die Verbalsubstantive Taxation f. 'Bestimmung, Schätzung, Ermittlung des Geld-, Zeitwerts einer Ware' (um 1500), lat. *taxātio* (Gen. *taxātiōnis*) 'Veranschlagung, Abschätzung, Wert', und gleichbed. Taxierung f. (1. Hälfte 16. Jh.). Taxator m. 'wer amtlich den Zeitwert von etw. feststellt, schätzt' (2. Hälfte 16. Jh.), lat. *taxātor* 'wer über jmdn. herzieht', mlat. auch 'Schätzer', und gleichbed. Taxierer m. (2. Hälfte 18. Jh.). Taxe f. 'Taxierung, Schätzung (eines Wertes durch einen amtlichen Taxator), Schätzpreis, (amtlich) festgesetzter Preis (insbes. Gebühr, Abgabe), Gebührenordnung' (15. Jh.), aus mlat. *taxa* 'Schätzung, Anschlag, Satz'.

Teakholz n. Das Bestimmungswort in der Bezeichnung für das harte, dauerhafte, bes. für den Schiffbau geeignete Holz des in Ostindien und dem malaiischen Gebiet heimischen Baumes ist eine Entlehnung (19. Jh.) von engl. *teak* 'Teakbaum, -holz', das selbst über port. *teca* auf gleichbed. *tēkka* der südind., im heutigen Staat Kerala gesprochenen Drawidasprache Malajalam zurückgeht. Der engl. Aussprache folgend auch *Tiekholz, Tiekbaum*; neuerdings oft verkürzt *Teak* n. Zuvor vereinzelt (wohl auf Grund von Reisebeschreibungen) *Thekabaum* (18. Jh.), *Thekbaum* (19. Jh.).

Team n. 'Mannschaft, Arbeitsgruppe', Übernahme (um 1900) von gleichbed. engl. *team* (auch 'Gespann'), dem aengl. *tēam* 'Nachkommenschaft, Familie, Gespann' voraufgeht; zur Herkunft s. verwandtes *Zaum*. Zunächst auf engl. und amerik. Verhältnisse bezogen (vor allem im Bereich des Sports), dann unter engl. und amerik. Einfluß auch auf andere Bereiche übertragen im Sinne von 'Gruppe von Personen, die in enger Zusammenarbeit an einer Aufgabe tätig sind'. – Teamwork n. 'mannschaftliches Zusammenwirken im Sport' (20er Jahre 20. Jh.), 'Zusammenarbeit von Fachleuten' (Mitte 20. Jh.; zum Grundwort engl. *work* 'Arbeit' s. *Werk*); vgl. auch die Teilübersetzung *Teamarbeit* (2. Hälfte 20. Jh.).

Technik f. zusammenfassende Bezeichnung für die Anwendung naturwissenschaftlicher Erkenntnisse für die menschliche Gesellschaft, die dazu nötigen Methoden, Verfahrensweisen, Geräte und Arbeitsmittel; auch 'Kunstfertigkeit, Geschicklichkeit'. Von griech. *téchnē* (τέχνη) 'Kunst, Kunstfertigkeit, Geschick, Handwerk, Gewerbe' ist abgeleitet griech. *technikós* (τεχνικός) 'kunstvoll, kunstverständig, vernünftig, verstandesmäßig, wissenschaftlich, sachgerecht, fachmännisch, listig'. Dazu bzw. zu entlehntem lat. *techna* 'der durchtriebene Streich (eines Sklaven)', mlat. *tec(h)na, tegna* 'Handwerks-, Kunstbetrieb, Gewerbe, Kunstfertigkeit' und substantiviertem lat. *technicus* 'Lehrer einer Kunst(fertigkeit)' bildet die Gelehrtensprache das Substantiv nlat. *technica* (Neutr. Plur. bzw. Fem. Sing.) 'Kunstwesen, -dinge, Anweisung zur Ausübung einer Kunst oder Wissenschaft, Gewerbe-, Handwerkslehre'; vgl. im Dt. zuerst *Hydrotechnica* 'Wasserbaukunst' (1724), *Technica* (1744), danach *Technik* (Kant 1781). Daneben gleichbed. *Technie* f. (18. und 19. Jh.), vor allem in der Zusammensetzung *Pyrotechnia, Pyrotechnie* '(artilleristische) Feuerwerkskunst, Feuerwerkerei', *Zymotechnia, -technie* 'Gärungschemie'. – technisch Adj. 'die Technik betreffend, auf ihr beruhend, in der Technik gebräuchlich, fachgemäß' (1. Hälfte 18. Jh.), zuvor in latinisierter, dem Griech. (s. oben) folgender Form *technicus* (Mitte 17. Jh.; vgl. *Terminus technicus*, seit 1668). Techniker m. (2. Hälfte 18. Jh.); zuvor *Technicus* (1. Hälfte 17. Jh.). Technologie f. Wissenschaft von der Umwandlung der Roh- und Werkstoffe in Fertigprodukte und Gebrauchsgegenstände, Lehre von den in der Technik angewendeten und anwendbaren Arbeits- und Produktionsverfahren (1. Hälfte 18. Jh.), griech. *technología* (τεχνολογία) 'kunstgemäße Behandlung, Aufstellung von Regeln für wissenschaftliche Behandlung, wissenschaftlich aufgestellte Regel' (s. *-logie*); anfangs 'Gesamtheit, Systematik der Fachwörter, Lehre von den Fachwörtern, Terminologie(lehre)', dann 'Wissenschaft von den Gewerben, Handwerkswissenschaft, Gewerbekunde' (2. Hälfte 18. Jh.), später mit Ausbreitung der modernen Technik im 19. Jh. zunehmend im oben angeführten Sinne. Technologe m. (2. Hälfte 18. Jh.).

Techtelmechtel n. 'Flirt, Liebschaft, Liebelei' (19. Jh.), zuvor öst. *Dechtlmechtl* 'geheimes Einverständnis' (Ende 18. Jh.); die Herkunft ist ungeklärt. Allgemein gilt der Ausdruck als Umgestaltung von ital. (älter) *a teco meco* 'unter vier Augen', eigentl. '(ich) mit dir, (du) mit mir'; vgl. lat. *tēcum* 'mit dir', *mēcum* 'mit mir'.

Teddy m., Kurzform von Teddybär m. 'in Form und Aussehen einem Bären nachgebildetes Stofftier für Kinder', entlehnt (Anfang 20. Jh.) aus gleichbed., seit 1907 bezeugtem amerik.-engl. *teddy bear*. Der erste Teil des Ausdrucks ist die Koseform der engl. Vornamen *Edward, Edmund, Theodore*, hier auf den Präsidenten der USA Theodore Roosevelt (1901 bis 1909) anspielend, den eine Karikatur zeigte, wie er auf der Jagd das Leben eines jungen Bären schont.

Tee m. Die um die Mitte des 17. Jhs. wohl unter nl. Vermittlung (nl. *thee*, dt. *Thee* bis ins 20. Jh.) aufgekommene Bezeichung für die getrockneten jungen Blätter und Blattknospen des (sub)tropischen, in Asien heimischen Teestrauchs sowie das daraus bereitete aromatische Getränk geht auf gleichbed. südchin. (Amoy) *tē* zurück. Daraus auch engl. *tea* (früher auch *tay, tey*), frz. *thé*, span. *té*, ital. *tè*, während port. *chá*, russ. *čaj* (чай) auf hochchin. *chá* beruhen. *Tee* wird um 1700 auch auf getrocknete Blätter und Blüten von (heimischen) Heilpflanzen, -kräutern und den Aufguß daraus übertragen; es steht ferner für 'geselliges Beisammensein, bei dem Tee gereicht wird, Teegesellschaft' (Anfang 19. Jh.), vgl. *einen Tee geben, zum Tee einladen.*

Teenager m. 'jugendlicher Mensch (bes. junges Mädchen) zwischen 13 und 19 Jahren, Halbwüchsige(r), Backfisch', übernommen (um 1950) von gleichbed. engl. *teen-ager* (vgl. *teenage* 'Jugendalter'), zu engl. *-teen* (innerhalb der Zahlenreihe von *thirteen* 'dreizehn' bis *nineteen* 'neunzehn', vgl. dt. *-zehn*, s. *zehn*) und engl. *age* '(Lebens)alter, Altersstufe, Zeitalter'. Letzteres stammt aus afrz. *eage, aage* (frz. *âge*), das auf galloroman. **aetaticum* beruht, einer Ableitung von lat. *aetās* (Gen. *aetātis*) 'Lebenszeit, -alter, Zeitalter, Ewigkeit'.

Teer m. Die Bezeichnung für die bei der Verschwelung oder Verkokung von Kohle, Torf oder Holz gewonnene zähflüssige, braune bis tiefschwarze klebrige Masse mnd. *ter, tēre* wird Anfang des 16. Jhs. ins Hd. aufgenommen. Als Ausdruck für das unentbehrliche Hilfsmittel beim Schiffsbau begegnet bei den seeanwohnenden Germanen mnl. *tar, ter, terre*, nl. *teer*, aengl. *teru, teoru, tyrwa, tyrwe*, engl. *tar*, anord. *tjara*, schwed. *tjära*, dän. *tjære* 'Teer'; die zugrundeliegenden Stammformen mit unterschiedlichem Genus germ. **terwa-, *terwjan-, *terwōn, *terwjōn* lassen sich im Sinne von 'das von Holz, von Bäumen Stammende' an ie. **deru-, *dreu-, *drū-* 'Baum', eigentl. wohl 'Eiche', auch 'hart, fest, treu', anschließen. Dazu gehören asächs. *trio* 'Baum, Balken', afries. *trē*, aengl. *trēo(w)*, engl. *tree* 'Baum', anord. *trē* 'Baum, Stamm, Mast, Riegel', got. *triu* 'Holz, Baum' (germ. **trewa-* n.; dazu das Suffix für Baumnamen germ. *-ðra-*, s. *Flieder, Holunder, Wacholder*). Außergerm. sind vergleichbar aind. *dā́ru* 'Holzstück, -scheit, Holz, hölzernes Gerät', awest. *dārav-, drav-* 'Baumstamm, Holz(stück)', griech. *dóry* (*δόρυ*) 'Baumstamm, Holz, Speer', *drȳ́s* (*δρῦς*) 'Baum, Eiche', kymr. *derwen*, air. *daur* 'Eiche', aslaw. *drъva* (Plur.) 'Holz', *drěvo* 'Holz, Baum, Stock', russ. *dérevo* (*дерево*) 'Baum', lit. *dervà* 'harziges Kiefernholz, Kienholz, Harz, Pech, Teer', lett. *darva* 'Teer', ferner auch griech. (neutr.) *droón* (*δρόον*) 'fest, stark', lat. *dūrus* 'hart, stark, rauh', lit. *drū́tas* 'dick, fest, stark', aengl. *trum* 'fest, sicher, stark, gesund' sowie *Trog, Truhe, treu, trauen, Trost* (s. d.). – teeren Vb. 'mit Teer bestreichen' (18. Jh.); vgl. mnd. *tēren*.

Teich m. 'kleines stehendes Gewässer, Weiher'. Mhd. *tīch* 'Damm, kleines stehendes Gewässer' konkurriert in der Bedeutung 'Damm' zunächst mit dem aus entsprechendem mnd. *dīk* ins Hd. vordringenden *dīch*, bis sich bedeutungsdifferenzierende Unterscheidung (endgültig erst im 18. Jh.) in *Deich* 'Schutzdamm' (s. d.) und *Teich* 'kleines stehendes Gewässer' durchsetzt. Verwandt sind aengl. *dīc* 'Graben, Damm', engl. *ditch* 'Graben', mnl. *dijc* 'Damm, Pfuhl', nl. *dijk* 'Damm' sowie die *ja*-Erweiterung anord. *dīki* 'Pfütze, Morast, Graben'. Außergerm. lassen sich lat. *fīgere* 'anheften, hineinstecken' und lit. *díegas* 'Keim', *díegti* 'stecken, pflanzen, stechen' verbinden, so daß eine Wurzel ie. **dhēig-* 'stechen, stecken, festsetzen' und für die germ. Formen eine Ausgangsbedeutung 'Ausstich' anzunehmen ist.

Teig m. 'aus Mehl und mehreren Zutaten bereitete knetbare Masse zum Backen von Brot, Kuchen oder zum Herstellen von Teigwaren' (Nudeln), ahd. *teig* (9. Jh.), mhd. *teic*, mnd. *dēch*, mnl. *deech*, nl. *deeg*, aengl. *dāg*, engl. *dough*, anord. *deig* n., schwed. *deg*, got. *daigs* (germ. **daiga-* m.) gehört zu einem in got. (schwundstufig) *digan* 'kneten, aus Ton bilden' belegten starken Verb. Verwandt sind außerdem anord. *deigr* 'weich (von Metall)', mhd. *teic* 'weich, verfault', mnl. *deech* 'weich, gar' sowie außergerm. (mit Nasalpräsens) griech. *thingánein* (*θιγγάνειν*) 'mit der Hand berühren, antasten', lat. *fingere* 'kneten, formen, streicheln' sowie aind. *dēgdhi* 'verstreicht, reibt ein, verkittet', griech. *teĩchos* (*τεῖχος*) 'Befestigungswerk, Ringmauer, Wall, Festung', air. *digen* 'fest', lit. *dýžti, diẽžti* 'abhäuten, abbalgen, auspeitschen', russ. *dežá* (*дежа*) 'Backtrog'. Erschließbar ist eine Wurzel ie. **dheiĝh-* 'Lehm kneten und damit mauern oder bestreichen, Teig kneten'.

Teil m. n. 'Sück eines Ganzen, Einzelheit, Anteil', ahd. (8. Jh.), mhd. *teil* m. n., asächs. *dēl* m., mnd. *dēl* m. n., mnl. nl. *deel* n., aengl. *dǣl* m., engl. *deal*, got. *dails* f. sowie ahd. *teila* f. 'Teilung' (9. Jh.), mhd. *teile* f. 'Teilung, Zugeteiltes', anord. *deila* f. 'Teilung, Zwiespalt, Streit', got. *daila* f. 'Teilnahme' (germ. **dail-* mit unterschiedlicher Stammbildung) und aslaw. *dělъ* 'Teil', russ. (älter) *del* (*дел*) 'Teilung' sind Bildungen mit *l*-Suffix, die mit lit. *dailýti* 'teilen' zusammenstimmen. Weitere Verknüpfungen bleiben unsicher. Zu einer Wurzel ie. **dā(i)-*, **dī-* 'teilen, zerschneiden, zerreißen'? Oder stammt der germ.-baltoslaw. Ausdruck aus einer Substratsprache? – teilen Vb. 'ein Ganzes in Einzelstücke zerlegen', ahd. *teilen, teilōn* (8. Jh.), mhd. *teilen*, asächs. *dēlian*, mnd. mnl. *dēlen, deilen*, nl. *delen*, aengl. *dǣlan*, engl. *to deal*, anord. *deila*, got. *dailjan*, Bildung zum Substantiv; dazu Teilung f., ahd. *teilunga* (um 900), mhd. *teilunge*, und teilbar Adj. 'so beschaffen, daß man es teilen kann' (15. Jh.). abteilen Vb. 'einteilen, trennen, absondern', mhd. *abeteilen* '(gerichtlich) aberkennen, vermögensrechtlich abfinden, einen Teil von einem Ganzen trennen'; vgl. got. *afdailjan* 'ein Zehntel abgeben'. Abteilung f. 'Abtrennung, Loslösung, Abschnitt, Teil eines Ganzen', (militärisch) 'Gliederungseinheit der Truppe', auch 'Bereich der Verwaltung und Arbeitsorganisation' (18. Jh.), mhd. *abeteilunge* 'Abtrennung, Loslösung', frühnhd. 'Erbteilung' (16. Jh.), auch 'Eisenbahnabteil' (2. Hälfte 19. Jh.), s. *Abteil*. erteilen Vb. '(auf Grund einer Verfügungsgewalt eine Aufgabe, eine Berechtigung) zuteil werden lassen', ahd. *irteilen* 'Recht zuteilen, ein Urteil aussprechen, einen Rat, Befehl geben' (8. Jh.), mhd. *erteilen* 'ein Urteil sprechen, richten, verurteilen, als Urteil zuerkennen, teilen'. Dazu *Urteil*, s. d. mitteilen Vb. 'etw. wissen lassen, benachrichtigen, anvertrauen', mhd. *miteteilen* 'Rat geben, etw. mit jmdm. teilen, jmdm. zukommen lassen, übergeben'; Mitteilung f. 'Nachricht, Meldung, Benachrichtigung, Bekanntgabe' (16. Jh.). verteilen Vb. '(ein Ganzes in einzelnen Stücken) ausgeben', ahd. *firteilen* 'des Anteils berauben, verurteilen' (10. Jh.), mhd. *verteilen* 'ver-, zerteilen, bei einer Teilung übergehen, enterben, den Anteil absprechen, eines Anteils berauben, durch Urteil absprechen, verurteilen, verdammen, verfluchen, verwünschen'. teilhaftig Adj. 'Anteil habend', mhd. *teilhaftic, teilheftic*. teils Adv. 'teilweise, zum Teil' (17. Jh.), aus der genitivischen Fügung mhd. *eines teiles*, frühnhd. *(eines) theils* 'zum Teil, einige', wohl entstanden aus Verbindungen, in denen *Teil* als Ergänzung zum Verb auftritt. Anteil m. 'zustehender, zufallender Teil, innere Anteilnahme, Beteiligung', mhd. *anteil*; die übertragene Bedeutung 'Mitgefühl', bes. in der Wendung *Anteil nehmen*, entsteht im 18. Jh.; dazu Anteilnahme f. '(innere) Beteiligung, Mitgefühl' (19. Jh.). Gegenteil n. 'den Gegensatz zu etw. anderem Darstellendes', mhd. *gegenteil* 'Gegenpartei im Rechtsstreit'; im heutigen verallgemeinerten Sinne seit dem 16. Jh.; gegenteilig Adj. (16. Jh.). Nachteil m. 'Umstände, die jmdn. beeinträchtigen, jmdm. schaden' (15. Jh.), als Gegenwort zu älterem *Vorteil*, s. unten; nachteilig Adj. (15. Jh.).; benachteiligen Vb. 'zurücksetzen, nicht das gleiche zugestehen' (16. Jh.). Vorteil m. 'günstiger Umstand, Gewinn, Nutzen', mhd. *vorteil* 'Teil voraus, Vorausempfang, Vorrecht'; übervorteilen Vb. 'Vorteil über jmdn. erringen, überlisten, betrügen' (15. Jh.). teilhaben Vb. 'beteiligt sein, teilnehmen', ahd. *teil habēn* (8. Jh.), mhd. *teil haben*; Teilhaber m. 'Mitberechtigter an Eigentum, bes. Geschäftseigentum' (Anfang 18. Jh.), *Kompagnon* verdrängend. teilnehmen Vb. 'sich beteiligen, mitmachen, mitempfinden, mitfühlen', ahd. *teil neman* (8. Jh.), mhd. *teil nemen*; Teilnahme f. 'Beteiligung, das Beteiligtsein, Mitgefühl' (18. Jh.), älter *Teilnehmung*.

Teint m. 'Gesichtsfarbe, Zustand, Tönung der Gesichtshaut', Entlehnung (1. Hälfte 18. Jh.) von gleichbed. frz. *teint*, afrz. 'Farbe, Anstrich', Substantivierung von afrz. *teint* Adj. 'verfärbt, blaß, finster' (frz. 'gefärbt'), aus vlat. **tinctus*, lat. *tīnctus*, Part. Perf. von lat. *ting(u)ere* 'benetzen, tränken, eintauchen, färben, ausstatten', woraus afrz. frz. *teindre* 'färben' (im Afrz. auch 'sich auf Grund von Gemütsbewegungen verfärben', s. *Tinte* und *tunken*).

tele- Bestimmungswort in gelehrten Zusammensetzungen mit der Bedeutung 'fern, weit'. Zugrunde liegt griech. *tẽle* (*τῆλε*) Adv. Präp. 'in der Ferne, fern, weit entfernt', das dehnstufig zu griech. *télos* (*τέλος*) 'Ende, Ziel' steht und bereits im Griech. häufig als erstes Glied in Komposita erscheint, z. B. *tēlebolẽin* (*τηλεβολεῖν*) 'weit schießen oder treffen', *tēledapós* (*τηλεδαπός*) 'aus fernem Land, aus der Fremde', *tēlémachos* (*τηλέμαχος*) 'in die Ferne kämpfend, wessen Waffen weithin wirken', *tēleskópos* (*τηλεσκόπος*) 'weit sehend', wozu wohl nlat. *telescopium* (seit 1609, bei Kepler 1613), ital. *telescopio*, frz. *télescope* (1611), nhd. T e l e s k o p n. (früher vereinzelt auch m.) 'Fernrohr' (17. Jh.). Danach (vom 18. Jh. an) in verschiedenen, zum Teil aus anderen europ. Sprachen übernommenen Neubildungen in den Bereichen von Wissenschaft und Technik (s. die folgenden Stichwörter).

Telefon n., älter *Telephon*, früher vereinzelt auch m., 'Fernsprecher' (2. Hälfte 19. Jh.), zuvor Bezeichnung für unterschiedliche mechanische Apparate zur akustischen Nachrichtenübermittlung (Ende 18. Jh.). Gelehrte künstliche Bildung zu griech. *phōnḗ* (φωνή) 'Klang, Ton, Stimme' in Verbindung mit *tele-* (s. d.). – t e l e f o n i s c h Adj. 'fernmündlich, über Telefon' (2. Hälfte 19. Jh.). t e l e f o n i e r e n Vb. 'fernmündlich, über Telefon mit jmdm. sprechen, ein Telefongespräch führen' (2. Hälfte 19. Jh.).

Telegraf m., älter *Telegraph* 'Apparat zur schnellen Übermittelung von Nachrichten durch vereinbarte Zeichen', Entlehnung (Ende 18. Jh.) von frz. *télégraphe* 'Gruppe von in Abständen aufgestellten Apparaten zur Übermittlung optischer Signale' (1792), danach *télégraphe électrique* (1842). In Campes Übersetzung (1801) *Fernschreiber*. Zur Bildungsweise s. *tele-* und *-graph*. – T e l e g r a f i e f. (Ende 18. Jh.). t e l e g r a f i e r e n Vb. 'eine Nachricht telegrafisch weiterleiten, ein Telegramm senden' (Mitte 19. Jh.); vgl. frz. *télégraphier*. t e l e g r a f i s c h Adj. 'durch Telegrafie, drahtlos' (Ende 18. Jh.), frz. *télégraphique*.

Telegramm n. 'durch Telegraf übermittelte, kurzgefaßte Mitteilung, Depesche', Übernahme (2. Hälfte 19. Jh.) von gleichbed. amerik.-engl. *telegram*, einer Bildung (1852) des Amerikaners P. Smith, älteres *telegraphic despatch* (*dispatch*) 'telegrafische Depesche' ersetzend. Ebenfalls aus dem Amerik.-Engl. stammt frz. *télégramme*, das gleichfalls als Ausgang der Entlehnung in Betracht kommt. Zur Bildungsweise s. *tele-* und *-gramm*.

Teller m. 'rundes, leicht vertieftes Eßgeschirr', mhd. *teller, teler, deller* ist wie mnd. *teller, telre, tellōr*, mnl. *taeljoor, teljuur* entlehnt aus afrz. *tailleo(i)r* 'Vorlege-, Speiseteller, Tellerbrett' (frz. *tailloir* 'Fleisch-, Hackbrett'), einer Ableitung von afrz. *taillier* '(zer)schneiden, zerlegen, zuschneiden' (frz. *tailler*). Dieses geht zurück auf spätlat. *tāliāre* 'spalten, schneiden', abgeleitet von lat. *tālea* 'Stäbchen, Setzling, jedes abgeschnittene stabförmige Stück'. Afrz. *tailleo(i)r* bezeichnet also eigentl. 'das Vorlegebrett, auf dem die Nahrung für die Mahlzeit zerschnitten wird'.

Tempel m. 'nichtchristlicher Kultbau, geweihter Raum, Heiligtum, Gotteshaus', ahd. *tempal* m. n. (8. Jh.), mhd. *tempel* m. n., Entlehnung aus lat. *templum* n. 'einer bestimmten Gottheit geweihtes Heiligtum, geweihter Bezirk', kirchenlat. 'nicht christliche Kultstätte', ursprünglich vielleicht 'der vom Augur (dem weissagenden Priester) mit dem Stab am Himmel und auf der Erde abgegrenzte Bezirk zur Beobachtung des Vogelflugs'; s. dazu *Kontemplation*.

Temperament n. individuelle Veranlagung des Menschen, die sich in der Art seines Verhaltens, seines Reagierens auf Reize äußert, auch 'Gemütsart' und vielfach 'Lebhaftigkeit, Schwung'. Lat. *temperāmentum* 'das richtige Verhältnis gemischter Dinge, die gehörige Mischung, das rechte Maß, Mäßigung', gebildet zu lat. *temperāre* 'das rechte Maß beobachten, mäßig sein, in das gehörige Maß, Verhältnis bringen, mischen', wird zunächst (1. Hälfte 16. Jh.) im Sinne von 'richtiges Mischungsverhältnis' (von Kräutern), 'ausgleichendes Heilmittel' in die Sprache der Pharmazie entlehnt, danach auf das 'Mischungsverhältnis der menschlichen Körpersäfte' (im Sinne der antiken Temperamentenlehre) übertragen (2. Hälfte 16. Jh.). Daraus entwikkelt sich (etwa 18. Jh.) die heutige Bedeutung. – t e m p e r a m e n t v o l l Adj. 'lebhaft, schwungvoll, feurig, spritzig' (Anfang 20. Jh.). t e m p e r a m e n t l o s Adj. 'schwunglos, träge, lahm' (1. Hälfte 20. Jh.).

Temperatur f. 'Wärmezustand'. Der aus lat. *temperātūra* 'die gehörige Vermischung, Zubereitung, Beschaffenheit' (zu lat. *temperāre*, s. *Temperament*) entlehnte Ausdruck bezeichnet zunächst (Mitte 15. Jh.) die '(gehörige) Mischung' von Substanzen, später auch (18. Jh.) die 'Ausgewogenheit im menschlichen Temperament'. Schon früh (Mitte 16. Jh.) steht *Temperatur* für das als Kälte bzw. Wärme empfundene Mischungsverhältnis von Luft und Wasser, 'Wärmezustand', entsprechend in der Medizin 'krankhaft überhöhter Wärmezustand des Körpers', vgl. *Temperatur* ('Fieber') *haben*.

temperieren Vb. 'im richtigen Verhältnis mischen', mhd. *temperieren*, frühnhd. 'in einen gemäßigten Zustand bringen, mildern' (16. Jh.), 'abkühlen, abschrecken' (Mitte 17. Jh.), in der Musik 'die Oktave in zwölf hörpsychologisch gleichgroße Halbtonschritte (*gleichschwebende Temperatur*) einteilen', vgl. *das wohl temperirte Clavier* (Bach 1722). Entlehnt aus afrz. *temperer, temprer, tremper* 'mischen, abkühlen, ein Saiteninstrument stimmen, mäßigen' (frz. *tempérer*), 'eintauchen, härten, stählen' (frz. *tremper*) bzw. auch direkt aus diesem zugrundeliegendem lat. *temperāre* (s. *Temperament*). Vgl. ebenfalls aus dem Lat. entlehntes ahd. *temparōn* 'mischen, einteilen, einrichten, mäßigen, bessern' (8. Jh.), mhd. nhd. *tempern* (bis ins 18. Jh.).

Tempus n. Zeitform des Verbs (2. Hälfte 15. Jh.), Übernahme des bereits bei den röm. Grammatikern verwendeten Ausdrucks lat. *tempus*, eigentl. 'Zeitabschnitt, -punkt, günstige Gelegenheit, Zeitumstände, Verhältnisse'. – Tempo n. 'Zeitpunkt, Augenblick' (Anfang 17. Jh.), vgl. *in rechtem Tempo* (Mitte 17. Jh.), 'Zeitmaß, in dem etw. abläuft' (Anfang 17. Jh.), in der Militärsprache 'Zeitmaß, in dem eine Bewegung vollzogen wird', auf die Musik übertragen 'für den Vortrag eines Musikstücks gewähltes Zeitmaß, Rhythmus, Takt' (2. Hälfte 18. Jh.), allgemein 'Geschwindigkeit' (19. Jh.), Übernahme von ital. *tempo* m. 'Zeit, Zeitmaß, -abschnitt, -punkt, -dauer, Jahreszeit, Wetter', aus lat. *tempus* (Gen. *temporis*), s. oben. In älterer Zeit gelegentlich mit fem. Genus.

Tender m. 'mit der Dampflokomotive gekoppelter Wagen für Kohle und Wasser', auch 'kleines Begleitschiff', Übernahme (1. Hälfte 19. Jh.) von gleichbed. engl. *tender*, auch 'Wärter, Pfleger', entweder enstanden durch Kürzung von *attender* 'Begleiter, Gefährte', zu engl. *to attend* 'beachten, begleiten, bedienen, pflegen', oder Bildung zu engl. *to tend* 'pflegen, warten, bedienen', einer Kürzung von engl. *to attend* (dieses nach afrz. *atendre* 'warten, erwarten, auf etw. bedacht sein', lat. *attendere* 'hinspannen, hinstrecken, den Geist auf etw. richten, achtgeben', vgl. lat. *tendere* 'spannen, ausstrecken, hinlenken, streben, auf etw. hinarbeiten').

tendieren Vb. 'zu etw. hinneigen, auf etw. gerichtet sein, in eine bestimmte Richtung streben' (1. Hälfte 16. Jh., Paracelsus), entlehnt aus lat. *tendere* 'spannen, ausdehnen, sich hingezogen fühlen, sich anstrengen'. Unter dem Einfluß des Substantivs *Tendenz* (s. unten) und unter Einwirkung von gleichbed. engl. *to tend*, frz. *tendre* (s. unten) gewinnt das Verb im 19. Jh. erheblich an Verbreitung. – Tendenz f. 'Entwicklungsrichtung, Neigung, Anliegen, Bestrebung' (2. Hälfte 18. Jh.), wohl entlehnt und relatinisiert aus gleichbed. frz. *tendance*, afrz. 'Neigung, Streben', einer Ableitung von afrz. frz. *tendre* '(auf)spannen, ausstrecken, darreichen, auf etw. abzielen, nach etw. streben', aus lat. *tendere* (s. oben). Einfluß von engl. *tendency* (aus mlat. *tendentia*, ebenfalls zu lat. *tendere*) bzw. engl. (heute selten) *tendence* (aus afrz. *tendance*) auf den dt. Ausdruck ist wahrscheinlich. tendenziös, vereinzelt *tendentiös* Adj. 'in eine bestimmte Richtung zielend, einer bestimmten Absicht dienend, für einen bestimmten Zweck zurechtgemacht' (Mitte 19. Jh.), vgl. jüngeres frz. *tendancieux*, engl. *tendentious*.

Tenne f. '(festgestampfter) Lehm- oder Bretterboden zum Dreschen', ahd. *tenni* n. (um 800), mhd. *tenne* m. f. n., entsprechend mnd. *denne* f. 'Bodenvertiefung', *denne* n. 'Lagerstätte von Tieren', mnl. *denne* 'Schiffsverdeck, Fußboden', aengl. *denn*, engl. *den* 'Lagerstätte von Tieren, Höhle'. Als Verwandte sind anzusehen nhd. *Tann* 'Wald', mnl. *dan* 'Wald, Lagerstätte von Tieren' sowie ahd. *tenar* 'flache, hohle Hand' (9. Jh.), mhd. *tener* 'flache Hand' und außergerm. aind. *dhánuḥ* 'Sandbank, Insel', *dhanū́ḥ* 'sandiges, hohes Gestade', griech. *thénar* (θέναρ) 'Handfläche, Fußsohle', so daß auf eine Wurzel ie. **dhen-* 'Fläche der Hand, des Erdbodens, flaches Brett' zurückgegangen werden kann.

Tennis n. Die Bezeichnung des Ballspiels ist eine Übernahme (Anfang 19. Jh.) von gleichbed. engl. *tennis*, gekürzt aus engl. *lawn tennis* 'Rasentennis', älter *field tennis* 'Feldtennis'. Voraus geht mengl. *tenes, teneys, tenyse, tenetz*, aus afrz. *tenez* 'haltet (den Ball)!', Imperativ Plur. von afrz. (frz.) *tenir* 'halten, festhalten', hervorgegangen aus vlat. **tenīre*, lat. *tenēre* 'halten, besetzt halten, zurückhalten, anhalten, richten, behaupten'. Der Zuruf an den Spielpartner (wohl zunächst beim Schlagballspiel mit der flachen Hand, frz. *jeu de (la) paume*) wird außerhalb Frankreichs früh zur Bezeichnung solcher Ballspiele (vgl. ital. *giuocare a tenes*, 14. Jh.).

[1]**Tenor** m. 'dominierende, den Melodieteil tragende Stimme', spätmhd. *tenōr, tenūr*, wohl entlehnt aus gleichbed. mfrz. *teneur* (14. Jh.) bzw. ital. *tenore*, die beide auf spätlat. *tenor* 'Stimmhöhe, dominierende höhere Stimmlage' beruhen (s. [2]*Tenor*). Daraus weiterentwickelt frühnhd. *tenor* '(männliche) Stimmlage über dem Baß, höhere Männerstimme' (15. Jh.) und (unter erneutem Einfluß des Ital.) 'Sänger in dieser Stimmlage' (um 1800), voraufgehendes *Tenorist* (Anfang 17. Jh.) ablösend.

[2]**Tenor** m. 'Wortlaut, Sinn, Grundgedanke', rechtssprachlich 'entscheidender Teil eines Urteils', mhd. 'Hauptinhalt', Übernahme von lat. *tenor* 'ununterbrochener Lauf, Fortgang, Spannung, Schwung, Zusammenhang, Eigenart', spätlat. auch 'Stimmhöhe, dominierende höhere Stimmlage, Inhalt, Wortlaut', zu lat. *tenēre* 'halten, besetzt halten, zurückhalten, anhalten, behaupten'.

Teppich m. 'geknüpfter, gewebter oder gewirkter Fußbodenbelag oder Wandbehang'. Auszugehen ist von aus einer orientalischen Sprache stammendem griech. *tápēs*, Gen. *tápētos* (τάπης, τάπητος) 'Teppich, Decke', woraus die Entlehnungen lat. *tapēs* (Gen. *tapētis*), *tapēte* und *tap(p)ētum*. Auf dem Lat. beruht ahd. *tep(p)it* (9. Jh., nach lat. *tappētum, tapētum*), ahd. *tep(p)id* (9. Jh., nach vlat. **tappedum, *tapedum*) und mit Suffixwechsel (zuerst bair.) ahd. *tep(p)ih* (10. Jh.), mhd. *tep(p)ich, tep(p)ech, tepch, tep(p)it, teppet, tept*, mnd. *teppēt, teppet* (vgl. auch aengl. *tæpped*, engl. (älter) *tapet*, mnl. nl. *tapijt*). Die heute übliche Form *Teppich* wird durch Luther verbreitet.

Termin m. 'festgesetzte Zeit, Zeitpunkt, zeitliche Grenze', mhd. *termin* n. m. 'festgesetzte, begrenzte Zeit, Zeitpunkt, Tag' (für Zahlungen, Gerichtsvorladungen, kaufmännische Liefertage u. dgl.), frühnhd. auch 'Grenze, Markstein' (16. Jh.), ist entlehnt aus lat. *terminus* 'Grenzstein, Grenze, Ende, Schluß', mlat. auch 'Gebiet, Maß, festgesetzter Zeitpunkt' sowie 'Aussage, Ausspruch, Wort'. – t e r m i n i e r e n Vb. 'begrenzen, bestimmen', mhd. *terminieren*, aus lat. *termināre* 'begrenzen, abgrenzen, beschränken, beschließen, beendigen', mlat. auch 'entscheiden, einen Beschluß fassen'. In der 2. Hälfte des 19. Jhs. nimmt der Ausdruck rechtssprachlich den Sinn 'einen Termin, Gerichtstag halten' und Anfang des 20. Jhs. die heute übliche Bedeutung 'etw. zeitlich festlegen, befristen' an. T e r m i n u s m. 'Fachausdruck, -wort' (Anfang 15. Jh., Plur. *Termini*), entsprechend lat. mlat. *terminus* (s. oben).

Termite f., meist im Plur. *Termiten*, Name für in den Tropen wie Subtropen lebende, staatenbildende, holzfressende Insekten, Bildung (wie frz. engl. *termite*) aus den flektierten Formen von zoolog.-lat. *Termes* (Linné 1748), nach spätlat. *termes* (Gen. *termitis*), lat. *tarmes* 'Holzwurm, Holzinsekt'.

Terpentin n. dickflüssiges Harz verschiedener Nadelbäume, daraus gewonnenes Öl (16. Jh.). Auf lat. *terebinthus*, griech. *terébinthos* (τερέβινθος) 'Terpentinbaum', der sekundären Form zu *términthos* (τέρμινθος), einem Wort unbekannten Ursprungs, beruht spätmhd. *therenbint, terevent* 'Terpentinbaum', nhd. *Terebinthe* (16. Jh.). Aus dem in der Fügung lat. *rēsīna terebinthina* bzw. (spätlat.) *terbentina* 'Harz des Terpentinbaumes' begegnenden Adjektiv ist entlehnt substantivisches *Therbinthin* und *Terpentin* 'Harz, Öl des Terpentinbaumes' (16. Jh.); Einfluß von afrz. mfrz. *terbentine* (gleicher Herkunft) ist möglich.

Terrain n. 'Gebiet, Gelände, Boden, (Bau)grundstück', übernommen (Anfang 17. Jh., zuerst in der entstellten Form *Terzain*) von gleichbed. frz. *terrain*, afrz. 'Land, Landstrich', mit Suffixwechsel (*-ēnu-* zu *-anu-*) aus lat. *terrēnum* 'Erdreich, Erde, Akker', dem substantivierten Neutrum des Adjektivs lat. *terrēnus* 'aus Erde bestehend, irden'; vgl. lat. *terra* 'Land, Erde'.

Terrasse f. 'für den Aufenthalt im Freien bestimmter, an das Erdgeschoß eines Wohnhauses angebauter (nicht überdachter) Platz', auch 'größerer offener Balkon, Dachgarten' (Anfang 18. Jh.), '(natürliche oder künstlich angelegte) waagerechte Stufe am Hang eines Berges, Geländestufe, stufenartiger Absatz' (Mitte 18. Jh.), Übernahme von gleichbed. frz. *terrasse*, afrz. *terrace* 'Erdwall, Plattform, Söller', vielleicht nach aprov. *terrasa* 'Erdaufhäufung, (aufgeschüttete, erhöhte) Plattform', Bildungen zu afrz. frz. *terre* bzw. aprov. *terra* 'Erde, (Erd)boden, Land, Gebiet', hervorgegangen aus gleichbed. lat. *terra*. Eine frühe Entlehnung aus dem Afrz. liegt vor in mhd. *terraȥ, tarraȥ, tarrāȥ* m. n., frühnhd. *Tarras* 'Erdaufwurf, Wall, Bastei, Bollwerk, Barrikade, erhöhter freier Platz, Altan, Erker'; vgl. *Tarrisbüchse* 'auf dem Wall aufgestelltes Geschütz' (16. Jh.).

Terrier m. Name für eine Hunderasse (Haus-, Jagd- und Wachhund), Übernahme (19. Jh.) von engl. *terrier*, entlehnt aus mfrz. *chien terrier* 'Hund, der zur Erdwildjagd geeignet ist, der seine Beute bis in ihre Erdlöcher verfolgt' (zu afrz. frz. *terre*, lat. *terra* 'Erde'; vgl. auch mfrz. *terrier* 'Erdhöhle, unterirdischer Tierbau'). In England ist früher bezeugt genau entsprechendes mlat. *terrarius* als Name einer Hundeart. – F o x t e r r i e r m. Da der Terrier in England vornehmlich zur Fuchsjagd benutzt wird, entsteht die Zusammensetzung engl. *foxterrier* (engl. *fox*, s. *Fuchs*), die vor 1900 ins Dt. eingeht, häufig gekürzt zu *Fox*.

Terrine f. 'tiefe (Suppen)schüssel', Entlehnung (1. Hälfte 18. Jh.) von gleichbed. mfrz. frz. *terrine*, das wahrscheinlich als substantiviertes Femininum des Adjektivs afrz. *terrin* 'aus Erde (gemacht), irden' (demnach eigentl. 'irdenes Gefäß') aufzufassen ist. Diesem voraus geht gleichbed. vlat. **terrīnus* mit Suffixwechsel aus lat. *terrēnus* (s. *Terrain*).

Territorium n. 'Gebiet, Land, Verwaltungs-, Staats-, Hoheitsgebiet', Entlehnung (Ende 16. Jh.) von lat. *territōrium* 'zu einer Stadt gehöriges Ackergebiet, Stadtgebiet', einer Bildung zu lat. *terra* 'Erde, Erdboden, Land'. Anfangs und vereinzelt bis ins 19. Jh. in lat. flektierten Formen. – t e r r i t o r i a l Adj. 'das Hoheits-, das Staatsgebiet, einen örtlichen Bereich betreffend, zu ihm gehörig', Ende 17. Jh. aus spätlat. *territōriālis* 'zu einem Gebiet gehörig'. e x t e r r i t o r i a l Adj. 'außerhalb der Staatsgewalt stehend, ihr nicht unterworfen', Neubildung des 18. Jhs. mit dem Präfix *ex-* im Sinne von (oder verkürzt aus) lat. *extrā* 'außerhalb'.

Terrorismus m. 'Ausübung von Terror, System der Gewalt- und Schreckensherrschaft', entlehnt (Ende 18. Jh.) aus frz. *terrorisme* 'auf Gewaltausübung fußende politische Herrschaftsform' (1794), abgeleitet von frz. *terreur* 'Gewalt- und Schreckensherrschaft, Gesamtheit der politischen Zwangsmittel zur Einschüchterung der Gegner und zur Zerschlagung des Widerstands' (vgl. frz. *la Terreur* als historischer Terminus für die Periode der Jakobinerherrschaft 1793/94 in Frankreich, in der die Republik durch gewaltsame Unterdrückung aller Feinde der Revolution gerettet werden sollte; Robespierre: „La terreur n'est autre chose que la justice prompte, sévère, inflexible"), das auf lat. *terror* (s. unten) beruht. In dt. Texten wird *Terrorismus* zunächst auf die Jakobinerdiktatur bezogen und synonym mit *Schreckenssystem in Frankreich* oder *Jakobinismus* gebraucht, dann steht es allgemein für 'Gewaltausübung, politische Unterdrückung, Planung und Ausführung von Gewaltaktionen' und ist in jüngster Zeit (2. Hälfte 20. Jh.) politisches Schlagwort für kriminelle Tätigkeiten extremistischer Gruppen, die mit Anschlägen auf öffentliche und private Einrichtungen und Attentaten bestimmte Ziele durchsetzen wollen und die bestehende staatliche Ordnung bekämpfen. – T e r r o r i s t m. 'wer Terrorakte verübt, Anhänger des Terrorismus' (Ende 18. Jh.), nach gleichbed. frz. *terroriste* (1794), zunächst für Anhänger der Schreckensherrschaft der Jakobiner, dann verallgemeinert, heute bes. 'Gewaltakte ausübender politischer Extremist' (so im Frz. seit etwa 1920). t e r r o r i s t i s c h Adj. 'den Terrorismus betreffend, mit Methoden des Terrors, gewaltsam' (Ende 18. Jh.). t e r r o r i s i e r e n Vb. 'durch Terror einschüchtern, erpressen, Gewalt, politischen Druck ausüben' (um 1800), nach gleichbed. frz. *terroriser* (1796). T e r r o r m. 'Gewaltherrschaft, systematische Verbreitung von Furcht und Schrecken zur Durchsetzung bestimmter Machtansprüche' (vereinzelt seit den 30er Jahren des 19. Jhs., zuerst von röm. Verhältnissen, häufiger Anfang 20. Jh.), wohl direkte Übernahme (wenn auch unter Einfluß der älteren Entlehnungen frz. *terreur*, engl. *terror*) von lat. *terror* 'Schrecken, einschüchternder Eindruck, schreckender Gegenstand, Schreckensnachricht'; zu lat. *terrēre* '(er)schrecken, in Schrecken setzen, einschüchtern'.

Terz f. 'dritter Ton' vom Grundton an sowie das entsprechende Intervall, entlehnt (Anfang 18. Jh.) aus gleichbed. ital. *terza*, dem substantiviertes lat. *tertia*, Fem. von lat. *tertius* 'dritter', zugrunde liegt. Früher bezeugt ist mhd. *terzje, terz(e)*, nhd. *Terz* 'drittes Stundengebet bzw. dritte Gebetsstunde'

(9 Uhr morgens) als direkte Entlehnung aus lat. *tertia (hōra)* 'dritte Stunde', mlat. 'dritter kanonischer Horagesang und die betreffende Tageszeit'. – T e r z e t t n. 'Musikstück für drei Singstimmen, Ausführende eines solchen Musikstücks' (2. Hälfte 18. Jh.), aus gleichbed. ital. *terzetto* (abgeleitet von ital. *terzo* 'dritter', lat. *tertius*).

Test m. 'Funktionsprobe, Eignungsprüfung, Wertbestimmung', Übernahme (Anfang 20. Jh.) von gleichbed. amerik.-engl. *test*, eigentl. (mengl. engl. *test*) 'Schmelztiegel für (Edel)metalle, Probiertiegel', aus afrz. *test* 'irdener Topf, Scherbe, Schädel' (frz. *têt, test* 'Schale'). Zugrunde liegt lat. *testū* (indekl.), *testum* 'irdenes Geschirr, irdene Schüssel' (vgl. lat. *testa* 'Platte, Deckel, Schale aus gebranntem Ton, Geschirr, Tonscherbe'). Aus dem Afrz. entlehnt mhd. *test* 'Topf, Tiegel', in der Bergmannssprache 'Schmelztiegel für die Erprobung von Silber' (16. Jh.), 'Prüfung im Schmelzverfahren' (18. Jh.). Heute begegnet *Test* vielfach in Komposita, speziell im psychologisch-pädagogischen Bereich (*Eignungs-, Intelligenz-, Persönlichkeitstest*), dann auf andere Gebiete ausgedehnt (*Alkohol-, Labor-, Leber-, Zucker-, Material-, Warentest* sowie *Testbild, -fahrt, -person, -reihe*). – t e s t e n Vb. 'durch einen Eignungsversuch prüfen' (1. Hälfte 20. Jh.), engl. *to test*.

Testament n. 'letztwillige, schriftliche Verfügung, letzter Wille' (15. Jh.), im Zusammenhang mit der Einführung des röm. Rechts entlehnt aus gleichbed. lat. *testāmentum*, einer Bildung zu lat. *testārī* (*testātus sum*) 'bezeugen, bekunden, versichern, beweisen, seinen letzten Willen kundtun', dem lat. *testis* 'Zeuge' zugrunde liegt. Griech. *diathḗkē* (διαθήκη) 'Anordnung, letzter Wille, Vergleich, Vertrag' steht in der Kirchensprache (Septuaginta) für das durch Gott geschlossene, dann (Neues Testament) das durch Christus erneuerte 'Bündnis', den Gnadenbund mit den Menschen, sowie für die Schriften desselben, in der Vulgata wiedergegeben mit kirchenlat. *testāmentum*. Daraus entlehnt mhd. *testament* 'Vertrag, Bündnis, Vermächtnis' sowie (aus kirchenlat. *vetus, novum testāmentum*) spätmhd. *altez, niuwez testament* für die in die Bibel aufgenommenen Teile der heiligen Schrift der Juden bzw. Christen. – t e s t a m e n t a r i s c h Adj. 'durch letztwillige Verfügung festgelegt' (Ende 18. Jh.).

testieren Vb. 'letztwillig verfügen, bezeugen, bescheinigen' (15. Jh.), entlehnt aus lat. *testārī* (s. *Testament*); vgl. gleichbed. afrz. frz. *tester*. – T e s t a t n. 'Bescheinigung' (20. Jh.), nlat. *testatum*.

Tetanus m. 'Wundstarrkrampf' gelangt im 16. Jh. aus der medizin.-lat. Wissenschaftssprache in dt. Texte. Lat. *tetanus*, griech. *tétanos* (τέτανος) 'Spannung, Starrkrampf' ist eine schwundstufige reduplizierende Bildung zu griech. *teínein* (τείνειν) 'dehnen, strecken, spannen, ausdehnen, sich erstrecken, sich hinziehen' (s. *dehnen*, [2]*Ton*).

tetra-, vor Vokalen **tetr-** 'vier', griech. τετρ(α)-, schwundstufig auch τρα- (s. *Trapez*), Kompositionsform von griech. *téssares* (τέσσαρες), (att.) *téttares* (τέτταρες) 'vier' (s. *vier*), vgl. griech. *tetrábiblos* (τετράβιβλος) 'aus vier Büchern bestehend', *tetralogía* (τετραλογία) 'Tetralogie, Folge von vier dramatischen Stücken', *tetrárchēs* (τετράρχης) 'Tetrarch, Herrscher über den vierten Teil eines Landes'. Noch heute produktiv in gelehrten Bildungen, vgl. *Tetrachromie* 'Vierfarbendruck', *Tetrode* 'vierpolige Elektronenröhre'.

teuer Adj. 'hoch im Preis, viel Geld kostend, lieb, wert, hochgeschätzt', ahd. *tiuri* 'wertvoll, kostbar, lieb, angesehen, hochgeschätzt' (um 800), mhd. *tiur(e)*, (md.) *tūr(e), tūwer*, auch 'von hohem Wert, einen hohen Preis kostend, herrlich, vortrefflich, ausgezeichnet, vornehm', asächs. *diuri* 'teuer, lieb', mnd. *dūr(e)* 'teuer, kostbar, herrlich, ausgezeichnet', mnl. *diere, dūre* 'kostbar, teuer, wert, lieb, hervorragend, ausgezeichnet, selten, knapp', nl. *duur* 'kostbar, teuer', aengl. *dēore* (dazu aengl. *dēorling*, engl. *darling* 'Liebling'), (westsächs.) *dīere* 'teuer, kostbar, edel', engl. *dear* 'teuer, lieb, kostspielig', anord. *dȳrr*, schwed. dän. *dyr* 'teuer, kostbar'. Schon früh wird aus dem Germ. gleichbed. finn. *tyyris* entlehnt. Für die mit [2]*dauern* 'leid tun, Mitleid erregen' (s. d.) verwandten, nur dem Got. fehlenden Adjektivformen gibt es keine gesicherten außergerm. Anknüpfungen. – T e u e r u n g f. 'das Teurerwerden, Preisanstieg', spätmhd. *tiurunge* 'bestimmter Wert, Preis, Teuerung'. b e t e u e r n Vb. 'feierlich, hoch und teuer versichern' (Anfang 17. Jh.); doch vgl. frühnhd. *beteurung* 'Beteuerung' (15. Jh.). Dem heutigen Verb formal entsprechendes mhd. *betiuren* weist eine andere Semantik auf ('zu kostbar dünken, leid tun'), s. *bedauern*. Heutiges *beteuern* schließt sich in seiner Bedeutungsentwicklung eher an das Simplex ahd. mhd. *tiuren* 'wertvoll machen, für wertvoll erklären' an. verteuern Vb. 'teurer machen, den Preis heraufsetzen', refl. 'teurer werden', mhd. *vertiuren* 'teuer machen'; vgl. mnd. *vordūren*, mnl. *verdieren, verdūren*.

Teufe f. ältere Form (entsprechend mhd. *tiufe*) für *Tiefe* (s. d.), frühnhd. *teuff* (1. Hälfte 15. Jh.), *Teuffe* (17. Jh.), erhalten in der Bergmannssprache. Dort bezeichnet das Substantiv die 'Richtung des Schachtes nach unten, die Tiefe (des Schachts), Sohle' (Mitte 16. Jh.). – abteufen Vb. '(einen Schacht) in die Tiefe treiben, niederbringen' (Mitte 16. Jh.). verteufen Vb. '(einen Schacht, ein Bohrloch) in die Tiefe niederarbeiten, durch bergmännische Arbeit herstellen' (Mitte 19. Jh.); älter (bes. 16. und 17. Jh.) gleichbed. neben *vertiefen* (s. *tief*).

Teufel m. nach biblischer (neutestamentlicher) Vorstellung 'Feind Gottes, Verderber der Menschheit, Verkörperung des Bösen', im Aberglauben 'böser Geist, Dämon', ahd. *tiufal* (8. Jh.), mhd. *tiuvel, tievel, tīvel, tivel*, (md.) *tūvel, dūvel*, asächs. *diuƀal*, mnd. *dūvel*, mnl. *dūvel, dievel*, nl. *duivel*, aengl. *dēofol*, engl. *devil*, anord. *djǫfull*, schwed. *djävul*. Die Formen beruhen letztlich auf kirchenlat. *diabolus*, griech. *diábolos* (διάβολος), eigentl. 'Verleumder', zu griech. *diabállein* (διαβάλλειν) 'entzweien, verklagen, verleumden, verschmähen', eigentl. 'auseinanderwerfen' (s. *diabolisch*); vgl. griech. *bállein* (βάλλειν) 'werfen, treffen'. Der Weg der Entlehnung ist nicht endgültig geklärt. Frings/M. Germania Romana 2 (1968) 228 f. schließt unmittelbare Entlehnung aus vlat. *diabulus, *diavulus* nicht aus, hält aber auch das auf dem Griech. beruhende (und vom Vlat. beeinflußte?) got. *diabulus* neben *diabaúlus* als Ausgangsform für möglich. Im letzteren Fall wäre das Wort im Zuge der arianischen Mission vor der hd. Lautverschiebung ins Donaugebiet und nach Bayern gelangt, wo über **diuƀul* unter Angleichung an ahd. (obd.) *tiuf* 'tief' und das mask. Suffix *-al* (aus älterem *-ul*) ahd. *tiufal* entsteht, das sich über das germ. Sprachgebiet verbreitet. Dagegen erklärt Knobloch in: Festschr. Pivec (1966) 221 f. vlat. **diavulus* als in Gallien entstanden und sieht in daraus hervorgegangenem afrk. **diuƀul* die den westgerm. Sprachen vermittelte Form. – teuflisch Adj. 'wie der Teufel, bösartig, niederträchtig, boshaft', mhd. *tiuvel(i)sch*; vgl. ahd. *tiufallīh* (9. Jh.). Teufelei f. 'teuflische Gesinnung, Schändlichkeit, niederträchtige Handlung' (1. Hälfte 16. Jh.).

Text m. 'Wortlaut, Folge untereinander in Zusammenhang stehender Sätze, Buch-, Bibelstelle, Begleitworte zu Gesangsstücken', mhd. *text*, entlehnt aus lat. *textus* 'Aufeinanderfolge, Zusammenhang (der Rede), fortlaufende Darstellung', eigentl. 'Gewebe, Geflecht', einer Bildung zu lat. *texere* (*textum*) 'weben, flechten, zusammenfügend verfertigen, bauen, errichten'. Dazu in neuerer Zeit (Mitte 20. Jh.) die Ableitungen Texter m. 'Verfasser von Werbe- oder Schlagertexten' und texten Vb. 'Texte für die Werbung oder die leichtere Unterhaltungskunst verfassen'.

textil Adj. 'die Technik oder Industrie des Webens und Wirkens betreffend bzw. dazu gehörend, aus verspinnbarem Material hergestellt, gewebt, gewirkt', Anfang 19. Jh., wohl unter Einfluß von älterem gleichbed. frz. und engl. *textile*, entlehnt aus lat. *textilis* 'gewebt, gewirkt', einer Ableitung von lat. *texere* (s. *Text*). Häufig als Bestimmungswort in Zusammensetzungen wie *Textilindustrie, -erzeugnis, -kaufmann*. – Textilien Plur. Sammelbezeichnung für aus verspinnbaren Fasern hergestellte Erzeugnisse (1. Hälfte 20. Jh.), nach lat. *textilia* Plur. 'gewirkte Kleidungsstücke', zu *textile* 'Gewebe, Zeug, Tuch, Leinwand', substantiviertem Neutr. von lat. *textilis* Adj. (s. oben).

Theater n. 'Gesamtheit der darstellenden Künste (Schauspiel, Oper, Operette, Bühnentanz), Gebäude für deren Aufführung, Bühne, Vorstellung, Gesamtheit der dramatischen Werke eines Volkes, einer Zeit, Gesamtheit der Zuschauer', (seit Anfang des 20. Jhs. auch übertragen) 'Getue, Aufregung'. Im 16. Jh. wird, zunächst in lat. flektierten Formen, lat. *theātrum*, aus griech. *théātron* (θέατρον) 'Ort zur Aufführung von Schauspielen, Schauplatz, die Zuschauer', einer Ableitung von griech. *theā́sthai* (θεᾶσθαι) 'schauen, zuschauen, betrachten', ins Dt. übernommen. In der Mitte des 17. Jhs. begegnet erstmals, wohl unter Einfluß von (ebenfalls aus dem Lat. entlehntem) frz. *théâtre*, die eingedeutschte Form *Theater*, die sich im 18. Jh. durchsetzt. – t h e a t r a l i s c h Adj. 'das Theater, die Schauspielkunst betreffend, bühnenwirksam', auch 'übertrieben, überzogen' sowie 'pathetisch, schwülstig, gespreizt' (18. Jh.), lat. *theātrālis* 'zum Theater gehörig'.

Theismus m. Glaube an die Existenz eines persönlichen Gottes (*Monotheismus*) oder mehrerer Götter (*Polytheismus*) als Schöpfer und Lenker der Welt, gelehrte Bildung (2. Hälfte 18. Jh.), in Anlehnung an älteres engl. *theism* (17. Jh.), frz. *théisme*, zu griech. *theós* (*θεός*) 'Gott, Gottheit'. – T h e i s t m. 'Vertreter, Anhänger des Theismus' (2. Hälfte 18. Jh.), älter engl. *theist* (17. Jh.), frz. *théiste*. t h e i s t i s c h Adj. (Ende 18. Jh.), engl. *theistic*.

Theke f. 'Schanktisch', landschaftlich auch 'Laden-, Verkaufstisch', entlehnt (Mitte 19. Jh.) aus lat. *thēca* 'Hülle, Decke, Scheide, Behälter, Büchse', mlat. 'Reliquienschrein', griech. *thḗkē* (*θήκη*) 'Kiste, Kasten, Schachtel, Kapsel, Schrank', eigentl. 'Behältnis, etw. hineinzusetzen, -stellen, -legen', einer Bildung zu griech. *tithénai* (*τιθέναι*) 'setzen, stellen, legen'. Die Bedeutungsentwicklung geht von 'Behältnis, Aufbewahrungsort für Kostbarkeiten' über zu 'Laden-, Verkaufstisch (mit verglastem Auf- oder Untersatz zum Ausstellen von Waren)' und 'Schanktisch'. Auf griech. *thḗkē* beruhen letztlich auch Zusammensetzungen wie *Apotheke, Bibliothek, Diskothek* (s. d.).

Thema n. (Plur. *Themata, Themen*) 'zu behandelnder oder behandelter Gegenstand, Stoff, Haupt-, Leit-, Grundgedanke', in der Musik 'Hauptgedanke eines Tonwerks' (mit der Möglichkeit zu weiterer Verarbeitung), Entlehnung (mhd.) von lat. *thema*, griech. *théma*, Plur. *thémata* (*θέμα, θέματα*) 'das Aufgestellte, Behauptung, Ausspruch, aufgestellter Satz', zu griech. *tithénai* (*τιθέναι*) 'setzen, (auf)stellen, legen, meinen, setzen als, annehmen, voraussetzen'. – T h e m a t i k f. 'Themenkreis, -komplex, Art und Ausführung eines Themas' (19. Jh.). t h e m a t i s c h Adj. 'zu einem Thema gehörend, ihm entsprechend, auf ihm beruhend' (19. Jh.).

Theologe m. 'Fachmann auf dem Gebiet der Theologie', Entlehnung, anfangs in lat. Form (Mitte 14. Jh.), von lat. *theologus* 'wer von Göttern und göttlichen Dingen redet, lehrt, schreibt, darin erfahren und gelehrt ist', mlat. 'wer Priester und andere in der Heiligen Schrift unterweist und für die Seelsorge ausbildet', griech. *theológos* (*θεολόγος*); vgl. griech. *theós* (*θεός*) 'Gott, Gottheit' und s. *-loge*. – T h e o l o g i e f. 'systematisierende Darstellung und Interpretation einer Religion, ihrer Schriften und Überlieferung', Entlehnung, zunächst in lat. Form (Anfang 15. Jh.), von lat. *theologia*, griech. *theología* (*θεολογία*) 'Rede, Lehre, Kenntnis von der Gottheit oder den Göttern und göttlichen Dingen'. t h e o l o g i s c h Adj. 'die Theologie betreffend, zu ihr gehörend, auf ihr beruhend' (1. Hälfte 16. Jh.), nach spätlat. *theologicus*, spätgriech. *theologikós* (*θεολογικός*) 'die Kenntnis von Gott und den göttlichen Dingen betreffend'.

Theorie f. systematische Zusammenfassung und Verallgemeinerung von Erkenntnissen auf einem (wissenschaftlichen) Gebiet, auch 'begriffliche, abstrakte Betrachtungsweise', abschätzig 'bloße Vermutung, wirklichkeitsferne Meditation', Entlehnung, zunächst in griech.-lat. Form (Anfang 16. Jh.), aus spätlat. *theōria*, griech. *theōría* (*θεωρία*) 'Betrachtung, Untersuchung', bes. 'das wissenschaftliche, geistige Anschauen', eigentl. 'das Zuschauen'; zu griech. *theōrós* (*θεωρός*) 'Zuschauer'. – t h e o r e t i s c h Adj. 'die Theorie betreffend, zu ihr gehörig, auf ihr beruhend, gedanklich, begrifflich', auch abschätzig 'bloß ausgedacht, ohne Bezug zur Wirklichkeit' (1. Hälfte 16. Jh.), spätlat. *theōrēticus*, griech. *theōrētikós* (*θεωρητικός*) 'beschauend, (geistig) betrachtend, untersuchend, spekulativ'. Älter *theorisch* (1. Hälfte 16. Jh.), nach spätlat. *theōricus*, griech. *theōrikós* (*θεωρικός*) 'die Untersuchung, das Anschauen, bes. das Zuschauen im Theater betreffend, für den Zuschauer bestimmt'. T h e o r e t i k e r m. 'wer die theoretischen Grundlagen für etw. erarbeitet' (Anfang 18. Jh.), spätlat. *theōrēticus*, griech. *theōrētikós* (s. oben). t h e o r e t i s i e r e n Vb. 'Theorien entwickeln, theoretisch durchdenken' (Anfang 18. Jh.).

Therapie f. 'Heilbehandlung, Behandlungsmethode, Heilung' (20. Jh.), zuvor 'Lehre von der Behandlung der Krankheiten, Heilkunde' (18. Jh.), entlehnt aus griech. *therapeía* (*θεραπεία*) 'Dienst, Götterdienst, Bedienung, Behandlung, Wartung, Pflege', zu *therapeúein* (*θεραπεύειν*) 'dienen, bedienen, verehren, warten, pflegen', das seinerseits denominativ zu griech. *therápōn* (*θεράπων*) 'Diener, Helfer, Gefährte' gebildet ist. – T h e r a p e u t m. 'behandelnder Arzt, Heilkundiger' (Anfang 19. Jh.), nach griech. *therapeutḗs* (*θεραπευτής*) 'Diener, Mönch, Wärter, Pfleger'. t h e r a p e u t i s c h Adj. 'zu einer Therapie gehörig, auf ihr beruhend' (18. Jh.), griech. *therapeutikós* (*θεραπευτικός*) 'dienend, bedienend, pflegend'.

thermo-, vor Vokalen auch **therm-**, im Sinne von 'Wärme-' Kompositionsform von griech. *thermós* (*θερμός*) 'warm, heiß, siedend, glühend', vgl. *thermóblystos* (*θερμόβλυστος*) 'warm sprudelnd', *thermolūsía* (*θερμολουσία*) 'warmes Bad', *thermolūtḗn* (*θερμολουτεῖν*) 'warm baden'. Nach derartigen Vorbildern entstehen in der Wissenschaftssprache T h e r m o m e t e r n. 'Gerät zum Messen (s. *Meter*) der Temperatur, Wärmemesser' (Anfang 18. Jh.), wohl nach älterem frz. *thermomètre* (17. Jh.). T h e r m o s t a t m. 'Gerät zur Einhaltung einer vorgegebenen Temperatur' (19. Jh.), zu griech. *statós* (*στατός*) 'gestellt, stehend'. Vgl. auch *Thermochemie, -dynamik, -elektrik, -therapie* sowie T h e r m o s f l a s c h e f. 'doppelwandiges Gefäß zum Warm- oder Kühlhalten von Getränken' (Anfang 20. Jh.); in diesem Sinne wird *Thermos* als Warenzeichen patentiert (1904).

These f. 'Behauptung, zum Beweis aufgestellter (Lehr-, Streit)satz', heute auch 'Grundsatz, Standpunkt', Ende 16. Jh. entlehnt aus lat. *thesis*, griech. *thésis* (*θέσις*) 'das Aufstellen, Behauptung, Ausspruch, aufgestellter Satz', zu griech. *tithénai* (*τιθέναι*), s. *Thema*; vorwiegend fachsprachlich in Philosophie und Wissenschaft, anfangs nur, später häufig, in gelehrter Sprache noch im 20. Jh. in griech.-lat. Form. S. *Hypo-, Synthese*.

Thriller m. 'ganz auf Spannung und Erregung abgestellter Film, Roman, Reißer', Entlehnung (um 1925 vereinzelt, seit 1950 häufiger) aus dem Amerik.-Engl., wo engl. *thriller* 'Sensationsstück, -geschichte' (19. Jh.) zum Modewort für Spannung und Nervenkitzel erzeugende Darstellungen wird. Voraus geht engl. *to thrill* 'durchbohren, -dringen, zittern machen, erregen, (er)beben', durch Metathese entstanden aus engl. (mundartlich) *to thirl*, aengl. *þyrlian* (oder *þȳrlian*?) 'durchbohren, durchdringen', zu aengl. *þyr(e)l* (*þȳr(e)l*?) 'Durchbohrung, Öffnung, Loch', *þurh*, engl. *through* (s. *durch* und vgl. mhd. *dürkeln* 'durchlöchern', *dürkel* Adj. 'durchbohrt, durchbrochen, durchlöchert').

Thrombose f. Bildung eines aus Bestandteilen des Blutes aufgebauten Pfropfes (*Thrombus*) in der Blutbahn (im Dt. zuerst bei Virchow, um 1845). Schon die antike Medizin bezeichnet das Gerinnen des Blutes und die dadurch hervorgerufene krankhafte Veränderung an Blutgefäßen mit griech. *thrómbōsis* (*θρόμβωσις*). Bildungen auf *-ōsis* (*-ωσις*) sind im Griech. Abstrakta zu denominativen Verben auf *-óein* bzw. *-óesthai* (*-όειν, -όεσθαι*), kontrahiert *-ū́n, -ū́sthai* (*-οῦν, -οῦσθαι*). Griech. *thrómbōsis* 'das Gerinnen' (des Blutes, der Milch) gehört zu *thrombū́sthai* (*θρομβοῦσθαι*) 'gerinnen, Klümpchen bilden', dieses wiederum zu griech. *thrómbos* (*θρόμβος*) 'Klumpen geronnener Flüssigkeit, bes. Blutklumpen, dicker Blutstropfen'. Wie *thrómbōsis* geht eine Reihe griech. Substantive auf *-ōsis* durch Entlehnung in den Wortschatz der europäischen Sprachen ein, im Dt. unter Umwandlung der Endung zu *-ose*; s. *Metamorphose, Narkose, Sklerose, Symbiose* und vgl. *Phimose*. In der lat. Fachsprache der Medizin wird *-osis*, in der dt. *-ose* zur Bezeichnung pathologischer Vorgänge und Zustände produktiv, s. *Neurose, Spondylose, Zirrhose* und vgl. *Parodontose, Trichinose*.

Thron m. 'prunkvoller Sessel (eines regierenden Fürsten), Fürstensitz', übertragen Sinnbild der 'Herrschermacht' (Gottes oder eines Monarchen, Kirchenfürsten), mhd. *t(h)rōn*, entlehnt aus afrz. *tron, trone* (frz. *trône*) 'Sitz des Herrschers', das auf lat. *thronus* 'erhabener Sitz', griech. *thrónos* (*θρόνος*) 'Sitz, Sessel, Stuhl, Herrschersitz, Richterstuhl' zurückgeht. – t h r o n e n Vb. 'auf dem Thron sitzen, regieren, feierlich sitzen' (17. Jh.), abgeleitet vom Substantiv, formal anschließend an mhd. *trōnen* (neben umgelautetem *trœnen*) 'auf den Thron setzen', dessen Bedeutung von i n t h r o n i s i e r e n Vb. 'feierlich einsetzen' (16. Jh.) übernommen wird, entlehnt aus afrz. frz. *introniser* bzw. mlat. *inthronisare* 'einen Bischof einsetzen', kirchenlat. *inthronizāre*, griech. (Kirchensprache) *enthronízein* (*ἐνθρονίζειν*), zu (in der Kirchensprache) lat. *thronus*, griech. *thrónos* 'Bischofssitz'.

Thunfisch m. großer, in warmen und gemäßigten Meeren, bes. im Mittelmeer, lebender Speisefisch. *Thun* und verdeutlichendes *Thunfisch* (s. *Wal* und *Walfisch*) ist Entlehnung (*Thunnfish*, 16. Jh.) aus gleichbed. lat. *t(h)unnus, thynnus*, griech. *thýnnos* (*θύννος*). Ältere, nicht zur gelehrten Tradition zählende Belege (z. B. *Tunnen*, 15. Jh.) scheinen allerdings unter dem Einfluß roman. Sprachen zu stehen, vgl. südital. und sardinisch *tunnu*.

Thymian m. Der Name der Gewürz- und Heilpflanze mhd. *thimiān* n., *tymiānā* Plur., (md.) *thymiāme* f. ist entlehnt aus lat. *thȳmiāma* n., griech. *thȳmíāma* (*θυμίαμα*) n. 'Räucherwerk' (woraus gleichbed. got. *þwmiama* m.), gebildet zu griech. *thȳmiā̃n* (*θυμιᾶν*) 'räuchern'; vgl. lat. *thymum*, griech. *thýmon* (*θύμον*) 'Thymian', Ableitung von griech. *thýein* (*θύειν*) 'ein Rauch- oder Brandopfer darbringen, opfern' (eigentl. 'rauchen, räuchern'). Die Pflanze wurde wegen ihres aromatischen Geruchs bei Brandopfern verwendet.

Tick m. 'absonderliche Angewohnheit, Eigenart, Schrulle, fixe Idee', Übernahme (2. Hälfte 18. Jh., anfangs *Tic*) von frz. *tic* 'fehlerhafte Angewohnheit von Pferden, ungewöhnliche Bewegungen zu machen', dann 'Glieder-, Muskelzucken, wunderliche Gewohnheit', einer wahrscheinlich laut- und bewegungsnachahmenden Bildung. In der Medizin (meist *Tic*) 'in kurzen Abständen zwanghaft wiederkehrende nervöse Muskelzuckung' (1. Hälfte 19. Jh.).

ticken Vb. 'den Laut *tick* hervorbringen, kurze, helle, schnell und regelmäßig aufeinanderfolgende Geräusche von sich geben' (18. Jh.), eine lautnachahmende Bildung. Vgl. das Schallwort *tick* und erweitertes *ticktack* vom taktmäßigen Schlage des Uhrpendels und von ähnlich klingenden Schlägen (1700), auch substantiviert *Ticktack* n. f. 'Pendel, Uhr' (19. Jh.).

tief Adj. 'weit (nach) unten, ausgehöhlt, nicht flach', übertragen 'dunkel tönend, gehaltvoll, intensiv', ahd. *tiof* (8. Jh.), mhd. *tief, tiuf*, asächs. *diop*, mnd. *dēp*, mnl. nl. *diep*, aengl. *dēop*, engl. *deep*, anord. *djūpr*, schwed. *djup*, got. *diups* 'tief' führen auf germ. **deupa-*, das sich mit lit. *dubùs* 'tief, hohl', lit. *daubà* 'Schlucht', aslaw. *dъbrь* 'Kluft, Schlucht, Tal, Abgrund', russ. (älter) *debr'* (*дебрь*) 'Wald, Tal, Schlucht', air. *domain* 'tief' zu einer Wurzel ie. **dheub-, *dheup-* 'tief, hohl' stellen läßt. – T i e f e f. 'Ausdehnung nach unten, Abgrund, Intensität, Tiefgründigkeit', ahd. *tiufī* (8. Jh.), mhd. (durch Angleichung an das Adj.) *tiefe* und (lautgerecht) *tiufe* (woraus *Teufe*, s. d.), asächs. *diupi*, mnd. *dēpe*, mnl. *diepe*, aengl. *dīepe*, got. *diupei*, Abstraktbildung mit dem Suffix germ. *-īn-* zum Adjektiv. Daneben mit dem Suffix germ. *-iþō* (**deupiþō*) mhd. *tiufede, tiefte*, mnd. *dēpede, dēpte*, mnl. *diepde*, nl. *diepte*, mengl. *depthe*, engl. *depth*, anord. *dȳpt*, got. *diupiþa* 'Tiefe'. v e r t i e f e n Vb. 'tiefer machen, ausheben, intensiv verstärken', refl. 'sich intensiv mit etw. beschäftigen', mhd. *vertiefen* 'vertiefen, versenken'; dazu s. auch *verteufen* unter *Teufe*. t i e f s i n n i g Adj. 'tiefgründig, gründlich durchdacht, trübsinnig, schwermütig' (1. Hälfte 18. Jh.), zuvor in der heute nicht mehr üblichen Bedeutung 'scharfsinnig, schlau' (Ende 16. Jh.). Dazu die Rückbildung T i e f s i n n m. 'grüblerisches Nachsinnen, Trübsinn, Schwermütigkeit' (Mitte 18. Jh., zuvor *Tiefsinnigkeit*, 1. Hälfte 18. Jh.); vgl. mhd. *tiefer sin*.

Tiegel m. 'flaches Gefäß zum Erhitzen und Schmelzen', landschaftlich (omd.) 'Pfanne mit Stiel', (südd.) '(flacher) Topf', ahd. *tegel* (um 1000), *tigel* 'irdener Topf' (Hs. 12. Jh.), mhd. *tegel, tigel* '(Schmelz)tiegel' ist nach Frings/M. Germania Romana 2 (1968) 481 über Italien (vgl. ital. *teglia*, älter *tegghia* 'Pfanne', mlat. *tegla*) entlehnt aus vlat. *tĕgula*, spätlat. *tēgula* 'Pfanne, Tiegel zum Schmelzen, Braten, Backen', das auf gleichbed. griech. *tḗganon* (*τήγανον*) zurückgeht. In mnd. *dēgel*, nl. (älter) *degel* 'irdener Topf, Schmelztiegel' (woraus wohl anord. *digull*) mag der Anlaut unter den Einfluß von mnd. *doppe* 'Topf' geraten sein. Vielleicht aber lassen sich die nd. nl. Formen als germ. Wörter zu dem in got. *digan* 'kneten, aus Ton bilden' erhaltenen starken Verb und damit zu der unter *Teig* (s. d.) behandelten Wortgruppe stellen; vgl. Hildebrandt in: Dt. Wortforsch. in europ. Bezügen 3 (1963) 351 ff.

Tier n. sich bewegendes und von organischen Stoffen ernährendes Lebewesen, ahd. *tior* (8. Jh.), mhd. *tier*, asächs. *dior*, mnd. *dēr, dērt*, mnl. nl. *dier*, aengl. *dēor*, engl. *deer* ('Rotwild'), anord. *dȳr*, schwed. *djur*, got. *dius*, germ. **deuza-* vergleicht sich mit lit. *dvḗsti* 'den Geist aushauchen, (von Tieren) verenden', *dvasià* 'Geist, Atem', lett. *dvēsele* 'Atem, Seele, Lebewesen', *dvaša* 'Hauch, Atem, Lebewesen', aslaw. *duša* 'Seele, Geist, Leben', *duchъ* 'Geist, Hauch, Wind, Atem', *duchati* 'hauchen, blasen, wehen, atmen', russ. *dušá* (*душа*) 'Seele', *duch* (*дух*) 'Geist, Hauch, Atem', (landschaftlich) *dvóchat', dvošít'* (*двохать, двошить*) 'keuchen, schwer atmen'. Damit ist Anschluß an ie. **dheus-, *dhŭs-, *dhu̯ēs-* 'stieben, stäuben, wirbeln', auch 'blasen, wehen, keuchen, atmen' möglich (s. *dösig, Dusel*), eine *s*-Erweiterung der etwa gleichbed. Wurzel ie. **dheu-, *dheu̯ə-* (s. *Daune, Duft, Düne, Dunst*). *Tier* ist daher eigentl. das lebende, atmende Wesen (vgl. lat. *animal* 'Geschöpf, Lebewesen, Tier', zu lat. *anima* 'Lufthauch, Atem, Seele, Leben'), bezeichnet dann lange Zeit (in Volkssprache und Mundart noch heute) das sich schreitend (auf vier Beinen) fortbewegende Lebewesen, bes. das wilde (jagdbare, nicht domestizierte) Tier (zum alten Einteilungsschema der Tierwelt s. *Wurm*). – tierisch Adj. 'Tiere betreffend, ihnen eigen, von ihnen stammend', auch 'dumpf, triebhaft, grausam' (Anfang 16. Jh.); vgl. ahd. *tiorlīh* (8. Jh.), mhd. *tierlich*. Tiergarten m. 'Gehege für wilde Tiere', ahd. *tiorgarto* (Hs. 12. Jh.), mhd. *tiergarte*. Tierkreis m. in der Astronomie Folge der zwölf Sternbilder der Ekliptik, mhd. *tierkreiz, tierzirkel*, Übersetzung von gleichbed. lat. *zōdiacus*, griech. *zōdiakós* (*ζῳδιακός*), zu griech. *zṓdion* (*ζῴδιον*) 'Gebilde, Ornamente aller Art, Tiere, Pflanzen, Früchte', spätgriech. 'Tier- oder Sternbild des Tierkreises', eigentl. 'Tierchen', Deminutivum von griech. *zṓon* (*ζῷον*) 'Lebewesen, Geschöpf, Tier'. Untier n. 'schreckliches, wildes Tier, grauenerregendes Ungeheuer', übertragen 'grausamer roher Mensch, Scheusal, Unmensch', mhd. *untier*.

Tiger m. Name der großen asiatischen Raubkatze, im 17. Jh. verkürzt aus ahd. *tigirtior* (Hs. 12. Jh.), mhd. *tigertier* n., als verdeutlichende Zusammensetzung mit dem unter *Tier* (s. d.) behandelten Substantiv entlehnt aus gleichbed. lat. *tigris*, griech. *tígris* (*τίγρις*), einem vom Iranischen vermittelten Lehnwort orientalischer Herkunft. – getigert Part.adj. 'gestreift wie ein Tigerfell' (18. Jh.).

tilgen Vb. 'streichen, auslöschen, beseitigen, vernichten', ahd. *tīligōn* (um 1000; *firtīligōn*, 8. Jh.), mhd. *tīligen*, (mit Kürzung von *-i-* vor Doppelkonsonant) *tilgen, tiljen, tillen* 'auslöschen, vernichten' ist wie mnd. *dĕ̄lgen, dēligen, dēlegen, delligen, dilligen*, mnl. *delighen*, nl. *delgen* im Zuge der angelsächsischen Mission aus gleichbed. aengl. *ādīlegian, ādīl(i)gian* hervorgegangen, das als Wort der Klostersprache vor allem 'Geschriebenes auswischen, auslöschen', dann 'vernichten' bedeutet. Das aengl. Verb ist eine Entlehnung aus lat. *dēlēre* 'zugrunde richten, zerstören, vernichten', auch 'Eingegrabenes, Geschriebenes tilgen, auslöschen', eigentl. 'abwischen' (Geschriebenes von Wachstafeln). Daneben steht ahd. *tīlōn* (9. Jh.), *irtīlēn* 'vernichten' (8. Jh.), das direkt auf lat. *dēlēre* zurückgeht. Heute vor allem im Sinne von 'streichen, auslöschen, aufheben' in Wendungen wie *eine Strafe, die Eintragung im Strafregister, eine Schuld, Schulden tilgen*, während die Bedeutung 'vernichten' meist durch *aus-* und *vertilgen* (s. unten) ausgedrückt wird. – Tilgung f. 'Streichung, Beseitigung, Vernichtung, Rückzahlung' (Ende 17. Jh.); doch vgl. ahd. *tīligunga* (um 1000) und mnd. *dĕ̄lginge* 'Tilgung, Löschung einer Eintragung'. austilgen Vb. 'vernichten, ausrotten' (Ungeziefer), übertragen 'auslöschen' (Erinnerung, Andenken), spätmhd. *ūȥtīligen, ūȥtilgen*. vertilgen Vb. 'vernichten, ausrotten' (Ungeziefer, Unkraut), ahd. *firtīligōn* (8. Jh.), mhd. *vertīligen, vertĭ̄ljen* 'vernichten, zerstören'; vgl. aengl. *fordīlegian, fordīl(i)gian*. Landschaftlich *vertilgen* '(große Mengen) verzehren, aufessen, austrinken' (19. Jh.). Vertilgung f. 'Vernichtung, Ausrottung', ahd. *firtīligunga* (Hs. 12. Jh.), spätmhd. *vertilgunge*.

Tingeltangel m. n. 'Unterhaltungs-, Tanzlokal, einfache Unterhaltungs- und Tanzmusik', in Berlin (zuerst *Tingel-Tangel-Klänge*, 1872) lautmalend für Musik mit Beckenschlag gebildet, wie sie in einer Art Konzertcafé gespielt wird. Vgl. schallnachahmendes *ting tang* bzw. *tingel* für den Beckenscnlag (17. Jh.), auch *dingel dangel* für zögerndes Hin und Her (18. Jh.), ferner engl. *to tinkle* 'hell klingen' (14. Jh.), *to tingle* 'erregt sein' (14. Jh.), dann 'klingen, tönen, prickeln', *to ting* 'läuten', ofries. *tingeln* 'klingeln, ein klingelndes Geräusch machen', *tingen, tengen, tinken* 'schlagen oder anstoßen und dadurch klingen machen'. Dazu im Berufsjargon der Schauspieler im Anschluß an *Tingeltangel* t i n g e l n Vb. 'im Schaugeschäft, in kabarettistischen Unterhaltungsprogrammen (auf einer Tournee) auftreten' (Anfang 20. Jh.).

Tinktur f. dünnflüssiger Auszug aus pflanzlichen oder tierischen Grundstoffen (1. Hälfte 16. Jh.), älter 'Färbung, farbiger Überzug, Färbewasser, -mittel' (Anfang 15. Jh.), aus lat. *tīnctūra* 'das Färben, Färbung', zu lat. *tīnctum*, Part. Perf. von lat. *ting(u)ere* (s. *Tinte*).

Tinnef m. 'wertloses Zeug, Plunder, Unsinn, dummes Gerede'. Aus aram. hebr. *ṭinnūf* 'Schmutz', jidd. *tinneph* 'Kot, Unflat' in die Gaunersprache entlehntes *Dinnef(f), Tinef* 'Dreck, Schund, Kot' wird im 19. Jh. in die Kaufmannssprache ('minderwertige, schlechte Ware, Ladenhüter') und in die Umgangssprache (im oben genannten Sinne) übernommen.

Tinte f. 'gefärbte Flüssigkeit zum Schreiben', ahd. *tincta* (9. Jh.), mhd. *tincte, tinte* ist entlehnt aus mlat. *tincta* 'Schreibflüssigkeit', dem substantivierten Femininum des Part. Perf. von lat. *ting(u)ere* (*tīnctum*) 'benetzen, tränken, eintauchen, färben, ausstatten' (woraus auch afrz. frz. *teindre* 'färben', s. *Teint*), verwandt mit *tunken* (s. d.). – T i n t e n f a ß n. 'Gefäß für Tinte' (15. Jh.).

Tip m. 'Hinweis auf eine Gewinnaussicht' (beim Pferderennen, beim Börsengeschäft), 'guter Rat (eines Fachmannes), Fingerzeig', dann bes. '(schriftlich abgegebene) Vorhersage' von Siegern (bei Rennen, bei Wettkämpfen), von Zahlen (bei Ziehungen einer Lotterie), Übernahme (2. Hälfte 19. Jh.) von engl. *tip* '(Gewinn)hinweis, vertrauliche Andeutung', auch 'Belohnung, Trinkgeld', wohl nach der Wendung *to tip the wink* 'verstohlen, heimlich einen Wink geben'. Vgl. engl. *to tip* 'leicht berühren', gaunersprachlich 'übergeben, aushändigen, eine Belohnung geben', dann auch allgemein (dem Gebrauch des Substantivs folgend) 'Hinweise geben, eine Vorhersage machen (bei Rennen, Wettkämpfen, Lotterien)'. Zugrunde liegt wahrscheinlich engl. *tip* 'äußerstes Ende, Spitze', *to tip* also eigentl. 'das äußere Ende, einen bestimmten Punkt berühren', wohl entlehnt aus zur gleichen Wortgruppe gehörigem anord. *typpi* 'Mastspitze', *typpa* 'eine Spitze bilden', später beeinflußt von mnd. mnl. *tip* (s. *Zipfel*), die wie *²tippen, Zapfen, Zopf* (s. d.) eine onomatopoetische Grundform zur Bezeichnung von etwas Spitzem voraussetzen. – ¹t i p p e n Vb. 'eine Vorhersage machen' (bei Rennen, Wettkämpfen, Lotterien), 'vermuten, für wahrscheinlich halten' (19. Jh.), engl. *to tip* (s. oben).

tippeln Vb. 'gehen, wandern', im Rotw. (Anfang 19. Jh.) von Handwerksburschen, danach heute 'zu Fuß gehen', (von Kindern) 'mit kurzen Schritten laufen'; lautliche und semantische Berührungen mit lautmalenden Verben wir *dappeln* (von Zwergen) 'mit kleinen Schritten gehen' (Goethe), *tappen, trappen, trappeln* und *trippeln* (s. d.) sind unverkennbar. – T i p p e l b r u d e r m. rotw. 'wandernder (und bettelnder) Handwerksbursche, Landstreicher' (Anfang 20. Jh.).

²tippen Vb. 'mit dem Finger, dem Fuß leicht berühren', übertragen 'an etw. rühren, vorsichtig von etw. sprechen, etw. andeutungsweise erwähnen'. Das seit dem 16. Jh. zunächst nd. und md. bezeugte *tippen* 'leicht berühren', eigentl. wohl 'das äußerste Ende von etw. berühren' bzw. 'mit der (Finger-, Fuß)spitze berühren', ist eine onomatopoetische Bildung und gehört zu der unter *Zipfel* und *Zopf* (s. d.) genannten, etwas Spitzes bezeichnenden Wortgruppe. Beeinflussung von nicht verwandtem, sondern zu *tupfen* 'benetzen, leicht an etw. stoßen' (s. d.) gehörendem nd. md. *dippen, tippen* ist nicht auszuschließen. Die Bedeutung 'auf der Schreibmaschine schreiben' (um 1900) kann unter dem Einfluß von gleichbed. engl. *to type* entstanden sein, einem zu engl. *typewriter* 'Schreibmaschine' gebildeten Verb, das engl. *type* 'Drucktype, Druckbuchstabe, Letter' enthält, eine Entlehnung aus dem Griech.-Lat. wie dt. *Type* (s. d.).

tipptopp Adj. (nur prädikativ und als Adv.) 'tadellos, völlig zufriedenstellend', Übernahme (Ende 19. Jh., zuerst nordd.) von engl. *tiptop* 'höchster Punkt' (auch als Qualitäts- oder Rangbezeichnung), adjektivisch 'oberst(er), höchst(er), erstklassig'; reduplizierende Bildung zu engl. *top* 'äußerstes Ende, Spitze' (vgl. mnd. *top*, s. *Topp*), wohl unter Einfluß von gleichbed. engl. *tip* (s. *Tip*).

Tirade f. 'längere ununterbrochene Folge von Sätzen, Versen, zusammenhängende Passage' (bes. in der Theatersprache), geringschätzig 'weitschweifiger Wort-, Redeschwall', Übernahme (Mitte 18. Jh.) von gleichbed. frz. *tirade*, mfrz. 'länger anhaltende ziehende Bewegung, fortdauernde Handlung', einer Bildung mit dem Suffix *-ade* (nach dem Muster von ital. *tirata* 'das Ziehen, Zug, Tirade'?) zu afrz. frz. *tirer* 'ziehen'. Die Herkunft des Verbs ist umstritten. FEW 6, 1, 397 ff. sieht in afrz. *tir(i)er* 'ziehen, zerren' eine Kürzung aus afrz. *martir(i)er* 'martern' im Hinblick auf die Streckfolter (s. *Marter*). Vgl. *Haß-, Schimpf-, Hetztirade*.

Tisch m. Möbelstück aus einer waagerechten Platte, die auf einem oder mehreren Beinen ruht, ahd. *tisc* 'Tisch, Schüssel' (um 800), mhd. *tisch*, asächs. *disk*, mnd. *disch*, mnl. *disc, desc*, nl. *dis*, aengl. *disc* 'Servierplatte, Eßteller, Schale, Schüssel', engl. *dish* 'Schüssel, Platte, Gericht, Speise' (anord. *diskr* 'Teller' aus dem Aengl.), entlehnt aus lat. *discus* 'Wurfscheibe, flache Schüssel, Platte', griech. *dískos* (*δίσκος*) 'Wurfscheibe, Platte, Teller, scheibenartiger Gegenstand', Bildung mit *sk*-Suffix zu griech. *dikeīn* (*δικεῖν*) 'werfen'. Der Bedeutungswandel von 'Scheibe, Platte, Schüssel' zu 'Tisch' erklärt sich daraus, daß der Tisch in germ. Zeit aus einer auf einem Gestell befindlichen kleinen hölzernen Platte bestand, die zugleich als Eßschüssel diente und bei den Mahlzeiten vor jeden einzelnen gestellt wurde. – t i s c h e n Vb. 'tafeln, bei Tische sitzen und essen, den Tisch decken, Essen anbieten' (1. Hälfte 16. Jh.), dafür heute a u f t i s c h e n Vb. 'Speisen auftragen' (17. Jh.). T i s c h l e r m. 'Holz verarbeitender Handwerker, Möbelhersteller', eigentl. 'Tischmacher' (15. Jh.), ostd. Bezeichnung gegenüber westd. und südd. *Schreiner*; auch frühnhd. nhd. (landschaftlich) *Tischer* (Anfang 15. Jh.).

Titel m. 'Bezeichnung von Rang, Stand, Amt, Würde einer Person, kennzeichnender Name eines Buches, einer Schrift, eines Kunstwerkes', ahd. *titula* f. 'Strich, Tüpfelchen, Überschrift' (8. Jh.), *titul* m. 'Inschrift, Strich, Schriftzug' (9. Jh.), mhd. *tit(t)el* m. 'Überschrift, Name eines Buches, einer Dichtung', frühnhd. auch 'unterscheidende oder auszeichnende Benennung einer Person' sowie 'Vorwand, Grund, Recht, unter dem etw. in Anspruch genommen wird', entlehnt aus lat. *titulus* 'Aufschrift, Inschrift, Ehrenname, Ehre, Vorwand', spätlat. 'Rechts-, Buchtitel'. Einfluß von afrz. *title* m. (frz. *titre*) ist möglich. – b e t i t e l n Vb. 'einen Titel geben' (1. Hälfte 17. Jh.); vgl. spätmhd. *titelen*. t i t u l i e r e n Vb. 'mit einem Titel versehen, mit Titel anreden', mhd. *titulieren*, aus gleichbed. spätlat. *titulāre*.

Toast m. 'geröstete (Weiß)brotscheibe', Übernahme (2. Hälfte 18. Jh.) von engl. *toast* '(oft in Wein, Milch, Wasser getunkte bzw. damit übergossene) geröstete Brotscheibe', das seinerseits aus afrz. mfrz. *tostee* 'geröstete Brotschnitte', dem substantivierten Femininum des Part. Perf. von afrz. mfrz. *toster* 'rösten, (auf dem Roste) braten' (woraus engl. *to toast*), entlehnt ist. Das afrz. Verb beruht auf spätlat. *tostāre* 'dörren', einer Bildung zu lat. *tostum*, dem Part. Perf. Neutr. von lat. *torrēre* 'dörren, trocknen, (ver)sengen, trocknen lassen, entzünden, entflammen' (s. *dürr*). Engl. *toast* entwickelt sich im 17. Jh. zur Bezeichnung für eine Frau, auf deren Gesundheit getrunken wird (angeblich, weil sie dem gefüllten Trinkgefäß Wohlgeschmack wie eine eingetunkte Scheibe Röstbrot verleihe). Mit den sich daran anschließenden Bedeutungen 'Person, auf deren Wohl ein Trinkspruch ausgebracht wird' und 'feierlicher Trinkspruch' wird engl. *toast* ebenfalls im 18. Jh. ins Dt. übernommen. – t o a s t e n Vb. 'einen Trinkspruch ausbringen, jmdm. zutrinken' (Ende 18. Jh.), 'Brotscheiben rösten' (20. Jh.), nach engl. *to toast* (zur Herkunft s. oben).

toben Vb. 'außer sich, nicht bei Verstand sein, rasen, wüten, lärmen, ausgelassen sein', ahd. *tobōn* (um 800), *tobēn* (9. Jh.), *irtobēn* (8. Jh.), mhd. *toben* 'rasen, wüten, wahnwitzig, toll, nicht bei Sinnen sein', asächs. *doƀon*, mnd. *dōven*, aengl. *dofian* sowie (als Rest eines starken Verbs?) anord. *dofinn* 'stumpf, schlaff' gehören wie *taub* (s. d.) zu der dort genannten Wurzelerweiterung ie. **dheubh-*, **dhūbh-* 'stieben, rauchen; neblig, verdunkelt' (auch vom Geist und den Sinnen). – T o b s u c h t f. 'unbeherrschte Wut, Raserei', mhd. *tobesuht*. t o b s ü c h t i g Adj., mhd. *tobesühtic*.

Tochter f. 'weibliches Kind in seinem Verhältnis zu Vater und Mutter', ahd. (8. Jh.), mhd. *tohter*, asächs. *dohtar*, mnd. mnl. nl. *dochter*, aengl. *dohtor*, engl. *daughter*, anord. *dōttir*, schwed. *dotter*, got. *daúhtar* führen auf ie. **dhuktēr*, die verwandten Formen aind. *duhitā́* (Stamm *duhitár-*), griech. *thygátēr* (*θυγάτηρ*), lit. *duktė̃*, aslaw. *dъšti* (Gen. *dъš-*

tere), russ. *doč'* (*дочь*), Gen. *dóčeri* (*дочери*), auf ie. **dhug(h)ətēr* 'Tochter', mit dem Verwandtschaftsbezeichnungen bildenden Suffix ie. *-ter-* (dehnstufig *-tēr-*) versehene Ausgangsformen. Weitere Anknüpfungen an eine ie. Wurzel sind unsicher.

Tod m. 'das Sterben, das Aufhören aller Lebensvorgänge', ahd. *tōd* (8. Jh.), mhd. *tōt* (Gen. *tōdes*) 'Tod, das Sterben, Toter, Leichnam', asächs. *dōð*, mnd. *dōt*, mnl. *doot*, nl. *dood*, aengl. *dēaþ*, engl. *death*, anord. *dauðr*, schwed. *död*, got. *dauþus*, germ. **dauþu-*, mit dem Suffix ie. *-tu-* gebildetes Abstraktum zu den unter *tot* (s. d.) angeführten Verben für 'sterben'. – tödlich Adj. 'den Tod herbeiführend', ahd. *tōdlīh* (8. Jh.), mhd. *tōtlich, tœtlich*, mnd. *dōtlīk*, mnl. *dootlijc, dootlike*, nl. *dodelijk*, aengl. *dēadlic*, engl. *deadly*. Todfeind m. 'unversöhnlicher Gegner', mhd. *tōtvī(e)nt*. todkrank Adj. 'sterbenskrank, so krank, daß Todesgefahr besteht' (Mitte 16. Jh.). Todsünde f. nach der katholischen Moral 'Sünde, die den Verlust des Gnadenstandes nach sich zieht', allgemein 'schwere Sünde, schweres Vergehen', mhd. *tōtsünde*. Todesangst f. 'Angst vor dem Tod, sehr große Angst' (1. Hälfte 17. Jh.). Todesstrafe f. (16. Jh.). todmüde Adj. 'sehr, äußerst müde' (Anfang 18. Jh.).

Tohuwabohu n. 'Durcheinander, Wirrwarr', Entlehnung (Goethe 1817), wohl aus der Sprache theologischer Gelehrter, von hebr. *tōhū wā-bōhū* 'Chaos vor der Weltschöpfung' (1. Mos. 1,2); bei Luther übersetzt „(und die Erde war) *wüst und leer*".

Toilette f. 'das Ankleiden und Frisieren' (insbes. für einen festlichen Anlaß), 'Festgarderobe, festliches, langes Kleid', auch 'Putz-, Frisiertisch' (vgl. *Frisiertoilette*) sowie 'Klosett (mit Waschgelegenheit)', Übernahme (um 1700) von mfrz. frz. *toilette*, dem Deminutivum von afrz. frz. *toile* 'Leinwand, Gewebe, Zeug, Tuch', das lat. *tēla* 'Gewebe, Kette des Gewebes, Webstuhl' fortsetzt, dieses (aus **texlā*) zu lat. *texere* (*textum*) 'weben, flechten, zusammenfügend verfertigen, bauen, errichten'. Entsprechend dem frz. Ausdruck bezeichnet *Toilette* im Dt. zunächst ein Leinentuch, in das die Nachtwäsche eingeschlagen wird oder auf dem die Gegenstände zur Haar- und Körperpflege ausgebreitet werden, daher übertragen 'Körperpflege, das Ankleiden, Frisieren, Sichzurechtmachen, Verschönerung' (vgl. *Toilette machen* 'sich ankleiden, festlich herausputzen', frz. *faire sa toilette*) und (wie frz. *table de toilette*, jünger *toilette*) 'Möbelstück zur Aufbewahrung der Schmink-, Pflegeutensilien, Frisiertischchen, -kommode' (beide Anfang 18. Jh.), dann auch 'elegante Kleidung, große Garderobe' (Ende 18. Jh.). Ferner wird im Anschluß an frz. *cabinet de toilette* 'kleiner Raum für die Körperpflege, Waschraum' *Toilette* im Dt. des 19. Jhs. in diesem Sinne gebräuchlich und tritt schließlich (vom Frz. abweichend) um 1900 verhüllend für 'Abort, Klosett' ein (gleichbed. frz. *toilettes* Plur. erst seit 1964 lexikographisch verzeichnet).

Töle f. 'Hund, Köter', aus nd. Mundarten in die (vorwiegend nordd.) Literatursprache eingedrungen (Mitte 17. Jh.). Herkunft ungewiß. Vielleicht ist nd. *Tōl(e)* 'Hündin' als Deminutivum (asächs. **tōhila*) aufzufassen. Vgl. mnd. *tō* 'Hündin' und die hd. Entsprechung (landschaftlich, bes. südwestd.) *Zohe* 'Hündin', ahd. *zōha* (9. Jh.), mhd. *zōhe*, das, wenn eigentl. 'weibliches Zuchttier', ablautend zu dem unter *ziehen* (s. d.) behandelten Verb im Sinne von 'aufziehen' gebildet sein könnte.

tolerieren Vb. 'dulden, zulassen, gelten lassen', zunächst bezogen auf religiöse Anschauungen, Glaubensgemeinschaften, später auch auf weltanschaulich-politische Meinungen, Einstellungen, Sitten, Gebräuche, daher auch 'mit Großzügigkeit, Nachsicht begegnen, einer Sache aufgeschlossen gegenüberstehen', entlehnt (2. Hälfte 16. Jh.) aus lat. *tolerāre* 'ertragen, erdulden, unterstützen' (verwandt mit *dulden*, s. d.). – Toleranz f. 'Duldung, Duldsamkeit' (Mitte 16. Jh.), später auch allgemein 'Rücksichtnahme, Großzügigkeit, Aufgeschlossenheit' und (ab 19. Jh.) 'zulässige Abweichung vom Nennwert', aus lat. *tolerantia* 'Fähigkeit zu ertragen, Geduld, Duldsamkeit'. tolerant Adj. 'duldend, gelten lassend, verständnisvoll' (Mitte 18. Jh.), mfrz. frz. *tolérant* (16. Jh.), lat. *tolerāns* (Gen. *tolerantis*) Part.adj. von *tolerāre* (s. oben). Intoleranz f. 'Unduldsamkeit' (2. Hälfte 18. Jh.), vgl. gleichbed. frz. *intolérance* (17. Jh.) sowie lat. *intolerantia* 'Unduldsamkeit, Unerträglichkeit, Übermut'. intolerant Adj. (2. Hälfte 18. Jh.), frz. *intolérant* (17. Jh.), lat. *intolerāns* Part.adj.

toll Adj. 'verrückt, nicht bei Sinnen, ausgelassen, wild, großartig, unglaublich, schlimm', steigernd ‘sehr groß, stark’, älter auch ‘geistesgestört, tollwütig’, ahd. *tol* (9. Jh.), mhd. *tol, dol* ‘töricht, unsinnig’, asächs. aengl. nl. *dol*, mnd. *dul*, mnl. *dol, dul*, engl. *dull* ‘dumm, schwerfällig, stumpf(sinnig)’ führen auf germ. **dwula-* ‘getrübt, umnebelt, verwirrt’. Verwandt sind anord. *dul* ‘das Verbergen, Torheit, Hochmut’, isl. *dulinn* ‘eingebildet’, (hochstufig) mnd. *dwal, dwel* ‘irre’, got. *dwals* ‘töricht’ und die Verben ahd. *twelan* ‘säumig sein, einschlafen’ (8. Jh.), *irtwelan* ‘betäubt, kraftlos sein, verwelken’ (9. Jh.), mhd. *-tweln*, asächs. *fardwelan* ‘versäumen’, mnd. *dwēlen* ‘irren’, aengl. *gedwolen* (Part. Prät.) ‘verirrt, beirrt’, schwach flektierend ahd. *twellen* ‘zurückhalten, verweilen, säumen’ (9. Jh.), mhd. *twellen* ‘verzögern, (sich) aufhalten, weilen’, asächs. *dwellian* ‘aufhalten, hindern’, anord. *dvelja* ‘verzögern, sich aufhalten’, ferner ahd. *twāla* ‘Verzug, Verzögerung, Überdruß’ (9. Jh.). Außergerm. vergleichen sich griech. *tholós* (*ϑολός*, aus **ϑϝολός*) ‘Schlamm, Schmutz, der dunkle Saft des Tintenfisches’, *tholerós* (*ϑολερός*) ‘schlammig, trübe, verwirrt’, air. kymr. korn. bret. *dall* ‘blind’, so daß ie. **dh(e)u̯el-* ‘aufwirbeln, trüben, trübe, dunkel, geistig schwach’ angesetzt werden kann, eine *l*-Erweiterung der Wurzel ie. **dheu-, *dheu̯ə-* ‘stieben, wirbeln, wehen, blasen’ (s. *Dunst*). – t o l l e n Vb. ‘ausgelassen, fröhlich, lärmend spielen, umherlaufen, -springen’ (Anfang 16. Jh.), mhd. in *ertoln* ‘toll, vermessen werden’; vgl. aostnfrk. *gidolōn* ‘sich überheben’ (9. Jh.), mnd. *dullen* ‘toll, närrisch sein, werden, rasen, unsinnig machen’. T o l l h e i t f. ‘das Tollsein, Verrücktheit, verrückte, närrische Tat, Handlung’, ahd. *tolaheit* ‘Torheit’ (9. Jh.), mhd. *tol(e)heit* ‘törichtes Wesen’. T o l l h a u s n. früher für ‘Irrenhaus’ (17. Jh.), daher die Wendung *es geht zu wie in einem Tollhaus*. T o l l k i r s c h e f. Nachtschattengewächs mit braunen Blüten und kirschenähnlichen, schwarzen, giftigen, Alkaloide enthaltenden Beeren, die nach Genuß Erregungs- und Verwirrtheitszustände bewirken (1600). t o l l k ü h n Adj. ‘sehr kühn, verwegen’ (17. Jh.), mnd. *dulkōne* ‘unüberlegt, unbesonnen’ (15. Jh.); vgl. frühnhd. *ein toller küner man* (16. Jh.). T o l l w u t f. bei warmblütigen Tieren vorkommende gefährliche, einen Zustand von Übererregtheit hervorrufende Viruskrankheit, die durch den Speichel kranker Tiere auch auf den Menschen übertragen werden kann (Ende 18. Jh.), älter *tolle Wut* (1. Hälfte 18. Jh.).

Tolle, auch *Dolle* f. landschaftlich (westd. md.) ‘welliger Haarschopf, Haarbüschel, Locke’, übertragener Gebrauch (belegt seit 19. Jh., doch mundartlich wohl älter) von frühnhd. *tollen* ‘Baumwipfel’, *doln* ‘Quaste’, nhd. *Dolle, Tolle* ‘Quaste’, die wahrscheinlich durch Assimilation aus mhd. *tolde* ‘Wipfel, Baumkrone, Blütenbüschel’ (s. *Dolde*) hervorgegangen sind.

Tolpatsch m. ‘ungeschickter, täppischer Mensch’. Zuerst *Tolbatz* (obd. um 1700) ‘ungarischer Fußsoldat’ (der anstelle der Schuhe breite, mit Schnüren befestigte Sohlen trug), entlehnt aus ungar. *talpas* ‘breitsohlig, großbreitfüßig’, hier in seiner scherzhaften (heute veralteten) Substantivierung ‘Fußsoldat’, auch ‘Bär’ (abgeleitet von ungar. *talp* ‘Sohle, Tatze’). Danach (18. Jh.) steht der Ausdruck im Obd. als Schelte für einen Soldaten des öst.-ungar. Heeres, der nur unbeholfen deutsch spricht; er entwickelt (Ende 18. Jh.) mit seiner Verbreitung im übrigen Sprachgebiet (vielleicht unter Einfluß von *Tölpel* und *patschen*, s. d.) den oben genannten Sinn.

Tölpel m. ‘einfältiger, ungeschickter Mensch, Dummkopf’. Die seit dem 16. Jh. bezeugten Formen *Tölpel, Dölpel* (vielleicht schon im 15. Jh. für *Tölp* vorauszusetzen, s. unten) gehen durch Assimilation hervor aus mhd. *törpel, dörpel*, die selbst dissimilierte Formen von mhd. *dorpære, dörper, törper* ‘bäuerischer, roher, nicht höfisch gebildeter Mensch’ (eigentl. ‘Dorfbewohner’) sind. Mhd. *dorpære* (mit unverschobenem *-p-*), das neben lautgesetzlich entwickeltes mhd. *dorfære* tritt, ist wie andere Wörter der höfisch-ritterlichen Kultur (s. *Ritter, Wappen*) aus dem Fläm. übernommen, vgl. mnl. *dorper(e), doorper, doerper*, nl. *dorper* (zu mnl. *dorp* ‘Acker, Hof, Dorf’, s. *Dorf*). Die mnl. Bildung gibt afrz. *vilain* ‘Landmann, Bauer, Nichtadliger, Mann niederen Standes’ wieder (wovon mhd. *vil(l)ān*), das in Ableitungen und in adjektivischer Verwendung früh pejorativ im Sinne von ‘gemein, grob, ungebildet’ gebraucht wird; es ist entlehnt aus mlat. *villanus* ‘Bauer, Land-, Dorfbewohner’, adjektivisch ‘zum Land(gut), Dorf gehörig’ (zu lat. *vīlla* ‘Landhaus, Landgut’, s. *Villa*). – t ö l p i s c h Adj. ‘einfältig, unbeholfen, ungeschickt, tölpelhaft' (16. Jh., daneben bis ins 17. Jh. auch *dölpisch, dolpisch*), wohl gebildet zu dem Ende des 15. Jhs. belegten, möglicherweise aus als Deminutivum aufgefaßtem *Tölpel* (s. oben) entstandenen *Tölp, Dölp* 'täppischer Mensch, Tölpel' (zunächst fiktiver Personenname), doch vgl. auch mhd. *dörpisch* 'bäurisch' (s. *dörfisch*). tölpelhaft Adj. (Anfang 18. Jh., älter *tölpelhaftig*, 1700). Tölpelei f. 'Ungeschicklichkeit, Dummheit' (Mitte 17. Jh., daneben *Tölperei*, 1691, *Tölperlei*, 1749); voraus geht mhd. *dörperīe*, häufiger *dörperheit, törperheit*, auch *dörpelheit* 'bäurisch rohes Benehmen'.

Tomate f. Name für eine aus Mexiko und Peru stammende, nach Europa im 16. Jh. eingeführte Pflanze und deren rote Frucht. Die Frucht des in Deutschland zunächst nur als Zierpflanze unter dem Namen *Liebapfel* (Ende 16. Jh.), *Liebesapfel* (18. Jh.) und *Paradiesapfel* (s. d.) gezogenen Gewächses wird erst in der 1. Hälfte des 19. Jhs. nach ital. und frz. Vorbild zum Verzehr genutzt. Dabei wird der Name frz. *tomate*, aus indian. (Náhuatl bzw. aztek.) *tomatl*, ins Dt. übernommen. In Reisebeschreibungen seit dem 17. Jh. verwendetes *Tomates* Plur. dürfte dagegen (ebenfalls aus dem Indian. stammendes) span. (oder port.) *tomates* Plur. wiedergeben.

Tombola f. 'Verlosung von Gegenständen, Warenlotterie', Entlehnung (1. Hälfte 19. Jh.) von gleichbed. ital. *tombola*, eigentl. 'das Purzeln der Lose in der Lostrommel', einer Bildung zu ital. *tombolare* 'purzeln, einen Purzelbaum schießen, kopfüber fallen'. Zugrunde liegt (nach FEW 13, 2, 408) ein im Galloroman. entstandener lautmalender Stamm **tomb-* 'einen Purzelbaum schlagen', der sich in der gesamten Romania verbreitet hat.

¹**Ton** m. lockeres, feinkörniges Sediment, 'Lehm' (bes. zur Herstellung von Töpferwaren) ist mit Verdumpfung von *ā* zu *ō* entstanden aus frühnhd. *tahen, than* (Luther), einer aus spätmhd. *dāhe, tāhe* f. (Gen. *dāhen, tāhen*) 'Lehm', ahd. *thāha* f. 'Ton, Lehm, Töpfererde, irdenes Gefäß' (um 800) hervorgegangenen Form (mit auslautendem *-n* aus den obliquen Kasus). Verwandt sind mnd. *dā*, aengl. *þō, þōhe*, got. *þāhō* f. 'Ton, Lehm'. Das zugrundeliegende germ. **þanhōn* f. 'beim Trocknen schrumpfende, dichter werdende Erde' ist mit den verwandten, unter *dicht* und *gedeihen* (s. d.) genannten Formen an die Wurzel ie. **tenk-* '(sich) zusammenziehen, fest, dicht werden' anzuschließen. Genuswechsel zum Mask. wohl in Anlehnung an *Lehm*. – tönern Adj. 'aus (gebranntem) Lehm' (17. Jh.); vgl. frühnhd. *thönen*, ahd. *thāhīn* (um 800), asächs. *þāhīn* 'tönern'. Tonerde f. (1. Hälfte 18. Jh.).

²**Ton** m. 'Klang, Laut, Betonung, Akzent, Farbe in bestimmter Abstufung', mhd. *dōn, tōn* 'Melodie, Lied, Gesang, auf einem Instrument gespielte Weise, Strophenform, Laut, Stimme, Art und Weise, Schall, Krach', mnd. *dōn(e)* ist entlehnt aus lat. *tonus* 'Ton, Klang, Akzent, Farbton, Spannung', spätlat. 'Melodie', griech. *tónos* (*τόνος*) 'Spannung, Seil, Saite, Sehne, Spannung der Stimme'; vgl. griech. *tēínein* (*τείνειν*) 'strecken, dehnen, spannen, ausdehnen, sich erstrecken' (s. *dehnen*). Daneben besteht ahd. *tuni* 'das Dröhnen' (11. Jh.), aengl. *dyne, dynn*, engl. *din* 'Getöse, Lärm', anord. *dynr* 'Lärm'; ahd. *tuni* fällt mit der zuvor genannten Entlehnung zusammen, so daß mhd. *dōn, tōn* auch die Bedeutung 'Geräusch, Schall, Krach' fortsetzt. Mit dem germ. Substantiv ist verwandt das Verb mhd. *dünen, dunen* 'dröhnen, donnern', asächs. *dunnian* 'dröhnen', mnd. *dōnen*, aengl. *dynian* 'lärmen, tönen', engl. *to din* 'schreien, grölen, betäuben', anord. *dynja* 'dröhnen, hervorstürzen', außergerm. sind vergleichbar aind. *dhúniḥ* 'rauschend, brausend, tosend', *dhvánati* 'tönt', lit. *dundḗti* 'dröhnen', so daß von einer lautnachahmenden Wurzel ie. **dhu̯en-, *dhun-* 'dröhnen, tönen' ausgegangen werden kann. – tönen Vb. 'als Ton oder Schall weithin hörbar sein, Töne, Klänge von sich geben, sich wichtig machen, eine Färbung geben', mhd. *dœnen* 'singen, spielen'; getönt Part.adj. 'gefärbt, in der Färbung abgestuft' (19. Jh.). ertönen Vb. 'erklingen, erschallen, plötzlich zu tönen beginnen' (Anfang 16. Jh.). betonen Vb. 'mit Nachdruck aussprechen, nachdrücklich mit Worten unterstreichen, auf etw. Gewicht legen, hervorheben, akzentuieren' (18. Jh.); Betonung f. (18. Jh.). vertonen Vb. 'zu einem Text die Musik schreiben' (Anfang 20. Jh.). Tonart f. auf einem Grundton beruhende und ein bestimmtes Tonge-

schlecht aufweisende Stufenfolge von Tönen, Tonleiter f. stufenweise vom Grundton ausgehende Folge von Ganz- und Halbtönen innerhalb einer Oktave (beide 1. Hälfte 18. Jh.).

Tonne f. 'großes Faß', ahd. (9. Jh.), asächs. *tunna*, mhd. *tunne*, frühnhd. *tunne, tonne* ist eine Entlehnung von mlat. *tunna, tonna* 'großes Faß', das aus Gallien über den Rhein in die Niederlande (mnl. *tonne, tunne*, nl. *ton*) und ins Dt. gelangt, vgl. FRINGS/M. Germania Romana 2 (1968) 493 f. Der galloroman. Ausdruck (vgl. afrz. *tone*, frz. *tonne* 'Tonne, großes Faß') ist wohl kelt. Herkunft und möglicherweise verwandt mit air. *tonn* 'Haut'; dann wäre eine Bedeutungsentwicklung von 'Haut' über 'Ledersack, Schlauch für Wein' zu 'Weinfaß' anzunehmen.

Tonsur f. 'kreisrund geschorene Stelle auf dem Haupt' (bei katholischen Geistlichen, bes. bei Mönchen), entlehnt (Mitte 14. Jh.) aus gleichbed. mlat. *tonsura*, nach lat. *tōnsūra* 'das Scheren (der Schafe), das Schneiden (der Haare, der Bäume)', zu lat. *tondēre* (*tōnsum*) 'scheren (Haare, Bart, Schafe), mähen'.

Topas m. hellfarbiges, glänzendes Mineral, Schmuckstein, mhd. *topāʒje, topāʒe, topaʒīus* m. n., entlehnt aus spätlat. *topāzius* f., *-ion* n., *-ōn* m., lat. *topāzus, -os* f., griech. *topázion* n., *tópazos* m. (τοπάζιον, τόπαζος), wohl benannt nach der Insel *Tópazos* (Τόπαζος) im Roten Meer, wo der Stein gefunden wurde.

Topf m. 'Gefäß (mit Deckel) zum Kochen'. Neben ahd. *tuphĭn* n. (Hs. 13. Jh.), mhd. *tupfen* m. n., (westmd.) *duppen* n. 'Topf' steht mhd. (omd.) *topf* m. 'Topf', mnd. *dop(pe)* m. 'Schale (von Eiern), Kappe, Kapsel, Deckel, Buckel, Topf', das durch Luther in die Literatursprache gelangt (gegenüber obd. *Hafen*). Die Formen gehören im Sinne von 'Vertieftes, Höhlung' wie das unter *tupfen* (s. d.) behandelte Verb als schwundstufige Bildungen zu der unter *tief* (s. d.) genannten Wurzel ie. **dheub-, *dheup-* 'tief, hohl'. Zu den zahlreichen mundartlichen Formen mit z. T. sehr unterschiedlichen Bedeutungen vgl. HILDEBRANDT in: Dt. Wortforsch. in europ. Bezügen 3 (1963) 323 ff. – Töpfer m. 'wer Töpferwaren aus Ton herstellt', auch '(Kachel)ofensetzer', mhd. (omd.) *topper, toppfer* (Mitte 14. Jh.), westmd. *topfer*, omd. *töpfer* (2. Hälfte 15. Jh.); vgl. obd. *Hafner*.

Topfen m. (obd.) 'Quark', spätmhd. *topfe*, nhd. (bair.-öst.) *Topfen*, (schwäb. schweiz.) *Toppen, Doppel*, (frk.) *Topf(en)käse*. Vielleicht zu ahd. *topho* (11. Jh.), mhd. *topfe*, nhd. *Tupf(en)* 'Fleck, Punkt' (s. *Tüpfel*), hervorgegangen aus dem Plural, da Quark aus geronnenen Milchklümpchen besteht.

Topp m. 'Mastbaumspitze', scherzhaft auch 'oberster Rang, Galerie (im Theater)', aus dem Nd. in die Literatursprache aufgenommen (um 1700); vgl. mnd. *top* 'Zopf, äußerste Spitze, höchstes Ende, Baumwipfel', nd. *Topp*. Zur Herkunft s. die hd. Entsprechung *Zopf*.

topp Interj. 'einverstanden, abgemacht', Ausruf der Bekräftigung bei einer mit Handschlag besiegelten Abmachung, in der Literatursprache (seit Ende 17. Jh.) nach nd. *topp* in aus der Rechtssprache stammenden Wendungen wie *topp machen* 'eine Vereinbarung treffen', *topp halten* 'an einem Vertrag festhalten'; vgl. auch mnd. *toppschilling* 'Handgeld' als (vielfach von Handschlag begleitetes) Symbol der Rechtsgültigkeit eines abgeschlossenen Vertrages. Vielleicht zu mnd. *toppen* 'schlagen, klopfen' (?), verwandt mit *tupfen* (s. d.).

Tor m. 'einfältiger Mensch', mhd. *tōr(e)* 'Irrsinniger', mnd. *dōr(e)*, mnl. *door* 'Narr', ein substantiviertes Adjektiv, dessen *r* auf grammatischem Wechsel gegenüber *s* in den unter verwandtem *dösig* und *Dusel* (s. d.) angeführten Wortformen beruht. Die Ausgangsbedeutung wäre danach etwa 'umnebelt, verwirrt', woraus 'unbesonnen, unvernünftig'. – Torheit f. 'Unvernunft, Dummheit, törichte Handlung', mhd. *tōrheit* 'Narrheit, Verrücktheit'. töricht Adj. 'einfältig, unklug, unvernünftig, dumm', mhd. *tōreht, tœreht, tōroht, tœroht* 'närrisch, unbesonnen, dumm, verrückt'. betören Vb. 'zu törichtem Handeln verleiten, in sich verliebt machen, bezaubern', mhd. *betœren* 'zum Toren machen, betrügen, betäuben'; Betörung f. (2. Hälfte 16. Jh.).

Tor n. 'große Tür, Einfahrt', ahd. (um 800), mhd. *tor*, mnd. *dōr*, asächs. aengl. *dor*, got. *daúr* stehen als germ. *a*-Stämme (**dura-*) neben den aus konsonantischer Stammbildung hervorgegangenen unter *Tür* (s. d.) angegebenen Formen.

Torero m. 'Stierkämpfer zu Fuß', Übernahme (19. Jh., zunächst vereinzelt, weithin bekannt geworden durch Bizets Oper „Carmen", 2. Hälfte 19. Jh.) von gleichbed. span. *torero*, das auf lat. *taurārius* 'Stierfechter' (zu lat. *taurus* 'Stier') zurückgeht. – Toreador m. 'berittener Stierkämpfer' (Ende 18. Jh.), nach gleichbed. span. *toreador*, einer Ableitung von span. *torear* 'mit dem Stier kämpfen' (zu span. *toro* 'Stier', aus lat. *taurus*, s. oben). Lexika der 1. Hälfte des 18. Jhs. buchen bereits *Taureadores* Plur. (in französierter Schreibung?, vgl. frz. *toréador*, älter auch *tauréador*) als erklärungsbedürftigen fremden Ausdruck.

Torf m. durch Zersetzung von pflanzlichen Substanzen entstandener dunkler Boden, ein nd. Wort, das in der 2. Hälfte des 16. Jhs. in die Literatursprache aufgenommen wird. Für die germ. Wortgruppe ahd. *turf* 'ausgeschnittenes Rasenstück' (um 900), asächs. *turf* 'Rasen', mnd. *torf* 'ausgeschnittenes Rasenstück, Torf', mnl. *torf, turf* 'Torf, Rasen(stück)', nl. *turf* 'Torf', aengl. engl. *turf* 'Rasen(stück)', anord. *torf* 'Rasen(stück), Torf', *torfa* 'Rasen(stück), Erdscholle', schwed. *torv* 'Torf, Rasen' macht Drosdowski in: Forschungen u. Fortschr. 31 (1957) 341 eine Bedeutung 'Rasenstück, Sode, Rasen' wahrscheinlich, die sich sekundär zu '(unter dem Rasen befindliches) ausgestochenes Torfstück (als Brennmaterial)' weiterentwickelt habe. Er verbindet damit russ. *derbá* (*дерба*) 'Brachland, Rodeland, Rasen', *derbovát'* (*дербовать*) 'vom Moose, Rasen säubern', atschech. tschech. *drbati* 'kratzen, reiben'. Auszugehen ist von einer Labialerweiterung der Wurzel ie. **der(ə)-* 'schinden, (ab)spalten' (s. *trennen, zerren*), wozu auch russ.-kslaw. *dьrnъ*, russ. *dërn* (*дёрн*) 'Rasen(stück)', tschech. *drn*, poln. *darń*. Zum Kompositum *Torfmull* s. *Müll*.

torkeln Vb. 'taumeln, sich unsicher auf den Beinen halten, sich taumelnd bewegen' (bes. im Rausch, vor Schwäche, Müdigkeit), spätmhd. *torkeln* 'taumeln' ist gebildet zu mhd. *torkel, torkul*, ahd. *torcula* (10. Jh.), *torcul* 'Weinkelter' (um 1000; vgl. noch obd. *Torkel* in dieser Bedeutung), einer alem.-bair. Entlehnung von mlat. *torcula*, lat. *torculum* 'Drehpresse zur Weinbereitung' (vgl. spätlat. *torculāre* 'keltern, in der Weinpresse drehen'), zu lat. *torquēre* 'drehen, wenden, winden, martern' (s. *Tortur*). *torkeln* bedeutet demnach eigentl. 'sich wie eine Kelter bewegen', wobei wohl die ungleichmäßige Drehbewegung der Kelter mit dem Gang eines Betrunkenen verglichen wird. Spätmhd. (md.) *turc* 'schwankende Bewegung, Taumel, Sturz, Umsturz' ist eine Rückbildung von spätmhd. *torkeln* (s. oben).

Tornado m. im Süden Nordamerikas auftretender heftiger Wirbelsturm, zuerst Ende des 17. Jhs. als *Turnado*, seit dem 18. Jh. in der heutigen Form begegnende Übernahme von gleichbed. engl. *tornado* (älter *turnado, tournado*). Diesem geht im 16. Jh. engl. *ternado* 'Gewittersturm in der tropischen Zone des Atlantik' voraus, das wahrscheinlich auf Entlehnung (und fehlerhafter schriftlicher Wiedergabe) von (allerdings erst im 18. Jh. bezeugtem) span. *tronada* 'Gewitter, Unwetter' beruht. Das span. Substantiv ist abgeleitet von span. *tronar* 'donnern, krachen' (aus gleichbed. lat. *tonāre*, jedoch lautlich beeinflußt von span. *tronido*, älter *tonidro*, lat. *tonitrus* 'Donner'). Die Umgestaltung des Ausdrucks im Engl. läßt sekundäre Anlehnung an engl. *to turn* 'drehen, wenden, herumdrehen', span. *tornar* 'zurückgeben, umkehren, verwandeln' (lat. *tornāre* 'drechseln, runden') vermuten. Span. *tornado* 'Wirbelsturm', das erst Ende des 19. Jhs. aufkommt, entstammt selbst dem Engl.

Tornister m. 'auf dem Rücken zu tragender Ranzen aus Fell oder Segeltuch'. Omd. *Tanister* (Mitte 17. Jh.), umgebildet zu *Tornister* (2. Hälfte 17. Jh.), ist als Wort der Soldatensprache wohl entlehnt aus tschech. (älter) *tanistra, tanystra, tanýstra, tanejstra* 'Beutel, Tasche, Sack', das über slowak. *tanistra* 'Tasche' auf gleichbed. ungar. (älter) *tanyztra* (heute *tarisznya*) zurückgeht. Dieses ist entweder entlehnt aus lat. *canistrum*, griech. *kánastron* (*κάναστρον*) 'aus Rohr geflochtener Brot-, Frucht-, Blumenkorb' (s. *Kanister*) oder aus griech.-byzant. *tágistron* (*τάγιστρον*) 'Futtersack für Pferde', zu griech. *tagízein* (*ταγίζειν*) 'einem Pferd sein Futter zuteilen, es füttern'. Möglicherweise handelt es sich um eine Mischform aus beiden Wörter. *Tornister* verdrängt älteres *Habersack*, eigentl. 'am Sattel festgeschnallter Sack mit Hafer für Pferde'.

Torpedo m. durch eigene Kraft sich fortbewegendes Unterwassergeschoß, aus einer unter Wasser explodierenden Sprengmine entwickelt, die ihr Erfinder, der nordamerikanische Mechaniker Fulton, engl. *torpedo* nennt (1805). Er überträgt damit auf den Sprengkörper den engl. Namen für den 'Zitterrochen', einen Fisch, der seine Beute durch elektrische Schläge betäubt oder tötet, nach gleichbed. lat. *torpēdo*, eigentl. 'Lähmung' der physischen und geistigen Kräfte (zu lat. *torpēre* 'erstarrt, betäubt, gefühllos sein'). Die Bezeichnung *Torpedo* (für 'Mine' bzw. 'Geschoß') wird etwa in der Mitte des 19. Jhs. ins Dt. übernommen. – torpedieren Vb. 'mit einem Torpedo beschießen, versenken', übertragen 'vereiteln, stören' (2. Hälfte 19. Jh.).

Torso m. 'unvollendete oder nicht vollständig erhaltene, nur aus dem Rumpf bestehende Statue', anfangs vor allem Bezeichnung für den aus der Antike stammenden Rumpf des Herkules im Belvedere zu Rom (ital. *il Torso*), Entlehnung (Mitte 18. Jh.) von gleichbed. ital. *torso*, eigentl. '(Kohl)strunk, Kerngehäuse', aus spätlat. *tursus*, lat. *thyrsus*, griech. *thýrsos* (*θύρσος*) 'Stengel (eines Gewächses), Strunk, der mit Efeu und Weinlaub umwundene, am oberen Ende mit einem Pinienzapfen versehene Stab des Bacchus bzw. Dionysos'. Übertragen 'unvollendetes, unvollständiges literarisches Werk, Fragment' (2. Hälfte 18. Jh.), dann allgemein 'was nur (noch) als unvollständiges Ganzes vorhanden ist, Bruchstück, Rest' (1. Hälfte 19. Jh.). Davon unabhängig ist als direkte Entlehnung aus dem Lat. bezeugt ahd. *torso* 'Pflanzenstengel, Kohlstrunk' (9. Jh.), mhd. *torse*, nhd. (mundartlich) *Dorse, Dorsche*.

Tort m. 'Kränkung, Verdruß, Unrecht', Übernahme (Ende 17. Jh.) von afrz. frz. *tort* 'Unrecht, Schädigung', aus gleichbed. mlat. *tortus, tortum* (eigentl. 'was krumm, nicht geradlinig ist'), spätlat. *tortum* 'Verdrehtes, Verkehrtes', dem substantiverten Maskulinum bzw. Neutrum des Part. Perf. von lat. *torquēre* 'drehen, wenden, winden, martern' (s. *Tortur*); häufig in der Wendung *jmdm. einen Tort antun* 'jmdn. kränken, ärgern, schädigen' (um 1700), afrz. frz. *faire tort*.

Torte f. 'rundes, mehrschichtiges Feingebäck mit Füllung und Garnierung' (Anfang 16. Jh., bis ins 18. Jh. auch *Tarte, Turte, Dorte*), niederrhein. *tarte* (15. Jh., vgl. mnl. *taerte*, nl. *taart*), entlehnt aus gleichbed. afrz. mfrz. *tarte, tartre* (frz. *tarte*) und afrz. *torte* 'grobes Gebäck, grobes (rundes) Brot', mfrz. *tourte* 'Fleisch-, Fischpastete' (frz. *tourte* auch 'Gebäck mit Früchten oder Konfitüre', ferner 'Ölkuchen'), teilweise vielleicht auch aus ital. *torta* 'grobes oder süßes Gebäck, Kuchen, Torte'. Die roman. Formen gehen auf spätlat. *tōrta* 'flaches rundes Brot' (afrz. *tarte, tartre* wohl zusätzlich beeinflußt von spätlat. **tartarum* 'angebackene Kruste', eigentl. 'Weinstein', vgl. mlat. *tartarum* 'Weinstein', spätlat. *tartarālis* 'mit Weinstein eingerieben') zurück, dessen Herleitung unsicher ist. Eine Deutung 'gewundenes Gebäck' als substantiviertes Femininum des Part. Perf. von lat. *torquēre* (*tortum*) 'drehen, wenden, winden, martern' (s. *Tortur*) leuchtet semantisch ein, setzt aber eine Sonderentwicklung von lat. *o* (vor *r* mit nachfolgendem Konsonanten) zu vlat. *ō* voraus; vgl. FEW 13, 2, 113. Corominas 4, 510f. nimmt dagegen spätlat. Übernahme von kontrahiertem griech. **tōrtídion* (**τῶρτίδιον*) bzw. **tartídia* (**τάρτίδια*) aus griech. *tó artídion* (*τὸ ἀρτίδιον*) 'das kleine Brot', Plur. *tá artídia* (*τὰ ἀρτίδια*), an. – Törtchen n. 'kleines, rundes oder viereckiges, mit Früchten, Creme oder Quark gefülltes Feingebäck' (Mitte 19. Jh.). Tortelette f., heute meist Tortelett n. 'Törtchen, kleiner Mürbeteigboden zum Füllen' (Anfang 19. Jh.), nach mfrz. frz. *tartelette, tourtelette*, afrz. *tartelete* 'Törtchen' (vgl. afrz. *tortelet*, mfrz. *tourtelet* 'kleines rundes Gebäck, kleines Brot').

Tortur f. 'Folterung, Marter, Quälerei, Strapaze', entlehnt (1. Hälfte 16. Jh.) aus gleichbed. mlat. *tortura*, dem spätlat. *tortūra* 'Krümmung, Bauchgrimmen, Verrenkung, Marter, Qual', zu lat. *torquēre* (*tortum*) 'drehen, wenden, winden, martern, quälen, foltern', voraufgeht.

tosen Vb. 'rauschen, brausen, dröhnen', ahd. *thōsōn* (10. Jh.), mhd. *dōsen*. Im germ. Sprachbereich sind vergleichbar aengl. *-þyssa* 'Toser' (nur in umschreibenden Zusammensetzungen, vgl. *brimþyssa, mereþyssa* 'See-, Meerestoser' für 'Schiff'), anord. *þausk, þausn* 'Lärm, Unruhe', *þyss* 'Lärm, Aufruhr', *þysja* 'stürzen, stürmen, treiben', *þeysa* 'vorwärtstreiben'. Sie lassen sich als *s*-Erweiterungen (wie *tausend*, s. d.) im Sinne von 'anschwellend rauschen' zu der unter *Daumen* (s. d.) angeführten Wurzel ie. **tĕu-, *teu̯ə-, *tū̆-* 'schwellen' stellen. Übergang von altem *d-* zu nhd. *t-* beginnt im 16. Jh.

tot Adj. 'gestorben, nicht mehr am Leben, öde, unbelebt, leer', ahd. (8. Jh.), mhd. *tōt*, asächs. *dōd*, mnd. *dōt*, mnl. *doot*, nl. *dood*, aengl. *dēad*, engl. *dead*, anord. *dauðr*, schwed. *död*, got. *dauþs*, germ. **dauda-* beruht auf einer Partizipialbildung mit *to*-Suffix (s. auch *alt, kalt*) und gehört im Sinne von 'gestorben' zu einem im Nhd. untergegangenen Verb für 'sterben', belegt in ahd. *touwen* (9. Jh.), *tewen* (10. Jh.), mhd. *töuwen, touwen*, asächs. *dōian*, mnl. *doyen, douwen*, (stark flektierend) anord. *deyja* und (ablautend) got. **diwan* (Part. Prät. *diwanō*). Zieht man aslaw. *daviti* 'würgen, erwürgen', russ. *davít'* (*давить*) 'drücken, pressen, würgen' und air. *duine*, kymr. *dyn* 'Mensch' ('Sterblicher') sowie (unsicher) lat. *fūnus* 'Leichenbegängnis, Bestattung' (aus **dheu̯(e)nos* 'auf den Tod bezügliche Erweisung'?) heran, so kann von einer Wurzel ie. **dheu-* 'hinschwinden, bewußtlos werden, sterben' ausgegangen werden. – t ö t e n Vb. 'gewaltsam ums Leben bringen, vernichten, zerstören', ahd. *tōden* (um 1000), mhd. *tœten, tœden*, asächs. *bidōdian*, mnd. *dȫden*, mnl. *dōden*, nl. *doden*, aengl. *ādȳdan*, anord. *deyða*, schwed. *döda*, got. *gadauþjan* 'töten' ist Faktitivum zum Adjektiv im Sinne von 'tot machen, den Tod herbeiführen'. T ö t u n g f. 'Totschlag', mhd. *tœtunge*. a b t ö t e n Vb. 'töten, vernichten' (heute vielfach von Mikroorganismen), 'empfindungslos machen, unterdrücken' (15. Jh.); vgl. got. *afdauþjan*. e r t ö t e n Vb. '(etw. in sich, jmdm.) abtöten, zum Absterben bringen, ersticken', ahd. *irtōden* (um 1000), mhd. *ertœten* 'töten'; seit dem 18. Jh. im heutigen Sinne gebraucht. T o t e n b a h r e f. 'Gestell, auf dem der Sarg während der Trauerfeier steht', spätmhd. *tōtenbāre*. T o t e n b e t t n. 'Sterbebett, -lager', mhd. *tōtbette*. T o t e n g r ä b e r m. (15. Jh.). T o t e n k o p f m. (15. Jh.); vgl. mhd. *tōtenhoubet*.

total Adj. 'völlig, ganz, in vollem Umfang', entlehnt (2. Hälfte 16. Jh.), vielleicht über gleichbed. mfrz. frz. *total*, aus mlat. *totalis* 'gänzlich'; zu lat. *tōtus* 'ganz, in vollem Umfang, völlig'. Vgl. *totaler Krieg* 'Vernichtungskrieg unter Einsatz aller materiellen und psychischen Kräfte der Bevölkerung des kriegführenden Landes' (Anfang 19. Jh.). – t o t a l i t e r Adv. 'ganz und gar, in vollem Umfang, vollständig', speziell in der Kaufmannssprache (Anfang 17. Jh.), spätlat. *tōtāliter* Adv. 'gänzlich'. T o t a l i s a t o r m., anfangs auch französierend *Totalisateur*, 'Einrichtung zum Abschluß von Wetten bei Rennen', Übernahme (2. Hälfte 19. Jh.) von gleichbed. engl. *totalisator*, eigentl. 'Zählapparat, Registriereinrichtung' (u. a. auch für Wettscheine beim Pferderennen); zu engl. *to totalize* 'zu einem Ganzen zusammenfassen, zusammenzählen'; vgl. auch frz. *totaliser* 'alles zusammenzählen'. In der Meteorologie bedeutet *Totalisator* 'an schwer zugänglichen Orten aufgestelltes Sammelgefäß für Niederschläge, dessen Wasserstand nur in größeren Abständen abgelesen wird' (1. Hälfte 20. Jh.). t o t a l i t ä r Adj. in der Politik 'mit diktatorischen Methoden jegliche Demokratie unterdrückend', meist in den Fügungen *totalitäres Regime, System, totalitärer Staat* auf die faschistische Diktatur bezogen (30er Jahre 20. Jh.), in Anlehnung an frz. *totalitaire* bzw. ital. *totalitario* (um 1930). T o t a l i t ä t f. in der Philosophie 'universeller Zusammenhang, Gesamtheit aller Dinge und Erscheinungen in Natur und Gesellschaft', allgemein 'Ganzheit, Gesamtheit', anfangs bei Kant (2. Hälfte 18. Jh.), später (mit Beginn des 20. Jhs.) zunehmend im Sinne von 'totale Machtausübung, totaler Machtanspruch'; nach mfrz. frz. *totalité* 'Gesamtheit, Zusammenfassung aller Teile', mlat. *totalitas* (Gen. *totalitatis*) in der scholastischen Philosophie 'reiche Fülle, Vollkommenheit'. In der Astronomie 'Zustand der vollständigen Verfinsterung des Mondes oder der Sonne' (Ende 19. Jh.).

Totem n. (tierisches oder pflanzliches) Wesen oder Ding (Naturerscheinung), das von Naturvölkern als (Ur)ahn oder Verwandter eines Menschen, eines Clans oder einer Stammesgruppe gedacht und verehrt wird, nicht verletzt werden darf und in bildlich-symbolischer Form als Stammeszeichen, Familienwappen geführt wird. Das indianersprachliche Wort (nordöstliches Nordamerika) *ote* oder *otem* 'Stammeszeichen' bzw. 'Sippe, Clan' wird in Europa durch Lescarbot („Histoire de la Nouvelle France" 1609) mit *aoutem* wiedergegeben. Danach schreiben engl. Darstellungen *totem* (1760), *totam* (1791), woraus im Dt. *Totam* (1791), dann *Totem* (1840). Das anlautende *t-* in europ. Sprachen repräsentiert den Auslaut eines voraufgehenden indian. Possessivums, vgl. *ototeman* 'seine Verwandten, sein Clan'. *Totem* wird zunächst auf die Bräuche nordamerik. Indianer bezogen, dann allgemeiner und vereinzelt auch übertragen verwendet. – T o t e m i s m u s m. 'Glaube an übernatürliche Kraft eines Totems und dessen Verehrung' (19. Jh.), engl. *totamism, totemism*.

Toto m., auch n. 'Einrichtung zum Abschluß von Wetten' (bei Pferderennen), Kurzwort (Anfang 20. Jh.) für *Totalisator* (s. d.), auch 'Sportwette im Fußballsport' (um 1950); wohl lautlich angeglichen an *Lotto* (s. d.).

Toupet n. 'Haarersatzstück, künstliches Haarteil', zuvor 'gekräuseltes, emporgekämmtes Stirnhaar, Haartolle', auch 'Frisur', Übernahme (1. Hälfte 18. Jh., zunächst *Toppé, Toppee, Toupee, Tuppee* geschrieben) von frz. *toupet* 'Haarbüschel am Vorderkopf, Haartolle, Schopf', afrz. *topet* 'Schopf'. Dieses ist abgeleitet von afrz. *top* 'Schopf, Haarbüschel oben auf dem Kopf', das selbst aus dem Germ. stammt und auf das unter *Zopf* und *Topp* (s. d.) dargestellte Substantiv, wahrscheinlich auf anfrk. **top* 'Spitze', zurückgeht. In der seit dem 19. Jh. üblichen Bedeutung 'Haarersatz, Halbperücke' steht *Toupet* als verhüllende Kürzung für gleichbed. frz. *faux toupet*. – t o u p i e r e n Vb. 'das Haar mit dem Kamm aufbauschen, lokkern und dadurch fülliger erscheinen lassen', anfangs 'das Haar kräuseln' (um 1800); zuvor schon mhd. *topieren*.

Tour f. 'Ausflug, Wanderung, Wegstrecke, sich wiederholender Bewegungsablauf, Drehung, Wendung, Umlauf, Art des Vorgehens, Verhaltensweise', in seinen unterschiedlichen Verwendungen mehrfache Übernahme (seit 2. Hälfte 16. Jh.) von mfrz. frz. *tour* 'kreisförmige Bewegung, Umdrehung, Umkreis (Rund)fahrt, Reise, Wendung, Kehre, Kunststück, Darstellungsweise', auch 'Drechsel-, Drehbank'. Mit den ins Dt. gelangenden, von einer Kreisbewegung ausgehenden Bedeutungen setzt das frz. Substantiv afrz. *tor, torn* 'Wendung, Drehung, Rundgang, Umfang, Umschreibung, Kunstgriff, schlechter Streich' fort, eine Rückbildung vom Verb afrz. *torner* 'drechseln, drehen, formen, wenden, umkehren', lat. *tornāre* 'mit dem Drechseleisen runden, drechseln'. Dagegen schließt sich mfrz. frz. *tour* 'Drechsel-, Drehbank' (mfrz. auch 'Spinnrad, Garnwinde, Wellbaum'), afrz. *tor* 'Drehbank, Dreheisen, Kurbel, Winde' als Bezeichnung rotierender Werkzeuge unmittelbar an das dem lat. Verb zugrundeliegende Substantiv lat. *tornus* 'Dreh-, Drechseleisen', griech. *tórnos* (*τόρνος*) 'Dreheisen der Drechsler, zirkelähnliches Werkzeug, Kreislinie, Krümmung' an; dieses gehört zu griech. *teírein* (*τείρειν*) '(auf)reiben, mitnehmen, erschöpfen, quälen'. *Tour*, im Dt. (wie im Engl.) anfangs speziell für die Bildungsreise wohlhabender junger Männer gebräuchlich, ist dann auch 'Wanderschaft fahrender Handwerksgesellen' und 'Geschäftsreise', schließlich (verbreitet seit Ende 18. Jh.) allgemein 'Ausflug, Wanderung'; ferner begegnet es in den Bedeutungen 'Reiseroute, Wegstrecke' (Ende 17. Jh.), 'sich wiederholende Drehung, Wendung, Kehre' (bes. beim Tanz), 'geschickte Manier, Dreh-, Rede-, Tonfigur' (Anfang 17. Jh.), 'Einfassung, Borte, Rüsche' (Ende 17. Jh., auch 'um den Kopf gebundene künstliche Haarlocken', vgl. *Haartour*), in der Technik 'Umlauf, Umdrehung des Motors, einer Maschine' (vowiegend Plur., Ende 19. Jh., vgl. *auf Touren kommen, auf vollen Touren laufen*). – T o u r n e e f. 'Rundfahrt, Rundreise, Geschäfts-, Studien-, Vortragsreise' (Ende 18. Jh.), heute bes. 'Gastspielreise' (von Künstlern, Artisten), nach frz. *tournée* 'Ausflug, Amts-, Inspektionsreise, Rundreise' (jünger auch 'Gastspielreise'), afrz. *tornee* 'Abkehr, Rückzug, Flucht, Ersatz, Gegenwert', substantiviertes Femininum des Part. Perf. von afrz. *torner* (s. oben). T o u r i s t m. 'Urlaubsreisender, Wanderer, Bergsteiger' (2. Hälfte 18. Jh., häufiger seit Anfang 19. Jh.), zu *Tour* 'Reise, Ausflug' gebildet im Anschluß an ebenfalls um 1800 aufkommendes engl. *tourist* (Ableitung von engl. *tour* 'Rundreise', dieses nach frz. *tour*, s. oben); dazu T o u r i s t i k f. 'organisierter Reiseverkehr', anfangs vor allem 'sportliches Wandern, Bergsteigen' (2. Hälfte 19. Jh.), T o u r i s m u s m. '(organisiertes) Reisen zum Kennenlernen fremder Orte und Länder, Fremdenverkehr' (1. Hälfte 19. Jh., geläufig seit Mitte 20. Jh.), nach engl. *tourism*.

Toxikum n. 'Gift', Übernahme (um 1700, anfangs auch *Toxicon*) in die Sprache der Medizin von lat. *toxicum, toxicon*, griech. *toxikón* (*τοξικόν*) '(Pfeil)gift', substantiviertem Neutrum von griech. *toxikós* (*τοξικός*) 'zu Pfeil und Bogen gehörig', zu griech. *tóxon* (*τόξον*) 'Bogen, Geschoß, Pfeil'. – T o x i k o l o g i e f. 'Lehre von den Giften und ihrer Wirkung auf den Organismus' (um 1800). t o x i k o l o g i s c h Adj. (2. Hälfte 19. Jh.).

Aus den vorgenannten Wörtern gewinnt sich die Fachsprache der Medizin das Kompositionselement *Toxi-* (vor Vokalen *Tox-*) im Sinne von 'Gift-, giftig' und bildet Fachausdrücke wie *Toxalbumin* 'pflanzlicher Eiweißstoff mit Giftwirkung' (19. Jh.), *Toxämie* 'Zersetzung des Blutes durch Giftstoffe', *Toxidermie* 'Hautausschlag infolge Gifteinwirkung' (20. Jh.), mit deutscher Endung toxisch Adj. 'giftig' (20. Jh.) sowie (mit der zur Bildung von Substanzbezeichnungen üblichen Nachsilbe *-īn*) Toxin n. 'Giftstoff bakterieller, pflanzlicher oder tierischer Herkunft' (etwa 1888).

Trabant m. 'Begleiter, Satellit', frühnhd. *drabant* (1. Hälfte 15. Jh. in Quellen aus der Lausitz und aus Schlesien). Herkunft nicht sicher geklärt. Es handelt sich zunächst wohl um eine Entlehnung von atschech. *drabant* 'Mitglied einer persönlichen Wache für Adlige', tschech. 'Fußsoldat', auch 'kleines Kind'; vgl. Bielfeldt Entlehnungen (1965) 26. Dieses ist vielleicht mit latinisierender Endung zu gleichbed. tschech. *dráb* gebildet (vgl. poln. *drab* 'Fußsoldat, Kriegsknecht zu Fuß, Knecht', *drabant* 'Trabant, Leibgardist, bewaffneter Bedienter eines Fürsten'). Von anderen Slawisten wird dagegen tschech. poln. *drabant* als Entlehnung aus dem Dt. (bei ungeklärter Herkunft) aufgefaßt. *Trabant* bezeichnet zunächst im Zusammenhang mit den Hussitenkriegen den böhmischen, hussitischen Fußsoldaten, steht gelegentlich auch für 'Böhme, Hussit', dann allgemein für '(Fuß)soldat, Landsknecht'. Ausgehend von einer Verwendung 'Soldat mit dienstlicher Funktion' (wie Schutz, Wache, Begleitung), entwickelt sich die Bedeutung 'Untergebener, Adjutant', im zivilen Bereich 'Leibwächter, -diener', verallgemeinert 'Begleiter einer vornehmen Person, Gefolgsmann, Diener', heute meist abschätzig 'wer von einer einflußreichen Person völlig abhängig, ihr bedingungslos ergeben ist'. In der Astronomie 'Himmelskörper, der um einen anderen Himmelskörper kreist, Mond' (1. Hälfte 18. Jh.).

traben Vb. '(im) Trab laufen, reiten', asächs. *thrabon*, mnd. mnl. *drāven*, nl. *draven*. Aus der afläm. Rittersprache stammt mhd. *draven* (12. Jh.) und behält den nd. Lautstand auch im Obd.; doch begegnet daneben mhd. *draben* und (nach 1200) *traben*. Anlautendes *d-* hält sich im Md. bis ins 18. Jh. Vergleichbar ist aengl. *þrafian* 'drücken, drängen, treiben, tadeln' und außergerm. aind. *tr̥práḥ* 'unstet, hastig, ängstlich (?)', griech. *trapeĩn* (τραπεῖν) 'die Trauben austreten, keltern', lat. *trepidāre* 'trippeln (aus Geschäftigkeit oder Furcht), hastig, geschäftig, ängstlich hin und her laufen', *trepidus* 'trippelnd, hastig, unruhig, ängstlich', alit. *trèpsti* 'mit den Füßen stampfen', aslaw. *trepetъ*, russ. *trépet* (*mpenem*) 'Zittern, Beben', lit. *trỹpti* 'trampeln, treten, stampfen, trippeln, tanzen', *trapinéti* 'mit den Füßen stoßen', russ. (landschaftlich) *tropát'* (*mpoпamь*) 'stampfen, trampeln, klopfen'. Sie führen insgesamt auf ie. **trep-* 'trippeln, trampeln, treten', auch 'zittern', eine sicher lautmalende Erweiterung der Wurzel ie. **ter-* 'zappeln, zittern'. – Trab m. 'beschleunigte Gangart des Pferdes', mhd. *drap*, Rückbildung aus mhd. *draben*. Traber m. 'Pferd' (zuerst Ende 14. Jh., geläufig seit 16. Jh.), im Pferdesport 'für Trabrennen (bei dem die Pferde nur im Trab laufen dürfen) gezüchtetes Pferd' (Ende 19. Jh.).

Tracht f. 'traditionelle Kleidung einer Volks-, Berufsgruppe, Menge, Last, die einer trägt, Traglast', in der Imkerei 'der von der Biene eingetragene Honig, Pollen usw.', in der Landwirtschaft '(Feld)frucht, Stellung einer Fruchtart in der Anbaufolge (und deren Ertrag), Fruchtfolge im Gemüsebau', ahd. *trahta* 'aufgetragene Speise, Gericht' (9. Jh.), mhd. *traht(e)*, auch 'Traglast, Schwangerschaft', mnd. mnl. nl. *dracht*. Das nur im Dt. und Nl. begegnende Substantiv ist Verbalabstraktum zu dem unter *tragen* (s. d.) behandelten Verb und bedeutet ursprünglich ganz allgemein 'das Tragen, das Getragenwerden, was getragen wird', z. B. 'das Herbei- bzw. Aufgetragene, Speise, Mahlzeit' (nach dem 19. Jh. kaum noch üblich; doch vgl. *eine Tracht Schläge, Prügel*, eigentl. 'ein Gericht Prügel', 17. Jh.), 'das Tragen der Leibesfrucht, Schwangerschaft' (heute noch mundartlich), 'Traglast' (vgl. *Tracht Wasser, Holz*), bes. 'was als Kleidung, Kopfbedeckung und Schuhwerk am Körper getragen wird, Art und Weise, seine Kleider zu tragen, sein Haar zu ordnen' (seit Ende 15. Jh.). Mit der Vorstellung des Althergebrachten wird *Tracht* zum Fachwort der Volkskunde und bezeichnet die überlieferte Kleidung einer Gruppe, eines Volkes, einer Nation (*Heimat-, Volks-, Nationaltracht*) sowie bestimmter Berufe (*Bau-*

ern-, Bergmanns-, Schwestern-, Amts-, Berufstracht). Bis ins 18. Jh. gilt *Tracht* auch für das 'Soldatenkleid', danach durch *Uniform* (s. d.) mehr und mehr verdrängt. – t r ä c h t i g Adj. '(Leibesfrucht) tragend, schwanger' (von Säugetieren), spätmhd. *trehtec, trehtic*.

trachten Vb. 'bestrebt sein, beabsichtigen, etw. Bestimmtes zu erreichen, zu erlangen suchen', ahd. *trahtōn* (8. Jh.), *trahten* (9. Jh.), mhd. *trahten* 'betrachten, woran denken, worüber nachdenken, worauf achten, erwägen, überlegen, bedenken, nach etw. streben', asächs. *gitrahton*, mnd. *trachten* 'betrachten, bedenken', mnl. nl. *trachten* 'streben, suchen, versuchen', aengl. *trahtian* 'erklären, erörtern, betrachten' sind entlehnt aus lat. *tractāre* 'behandeln, betreiben, sich mit etw. beschäftigen, bearbeiten, untersuchen, überdenken', eigentl. '(herum)schleppen, -ziehen', einem Intensivum zu lat. *trahere* (*tractum*) 'ziehen, schleppen'. S. hierzu *Traktat*.

Tradition f. 'Überlieferung, Herkommen, Gewohnheit, Brauch, Gepflogenheit', entlehnt (1. Hälfte 16. Jh.) aus lat. *trāditio* (Gen. *traditiōnis*) 'Vortrag, Lehre, Satzung, überkommene, weitergegebene Meinung, Überlieferung', eigentl. 'Auslieferung, Übergabe', zu lat. *trādere* (s. unten *tradieren*). Zunächst Schlagwort der Reformationszeit zur Bezeichnung der Lehren, Satzungen und Institutionen der jüdischen und christlichen Religion, die nicht unmittelbar aus der Bibel, sondern aus der Überlieferung stammen, darauf (2. Hälfte 16. Jh.) juristischer Fachausdruck für bestimmte Formen der Eigentumsübertragung, -übereignung, -übergabe, dann (Anfang 17. Jh.) in der Bedeutung 'Prozeß, Akt, Handlung des Überlieferns, der Weitergabe von Glauben, Wissen, Verhaltensweisen', ferner 'von alters her mündlich oder schriftlich überlieferte Kunde von Begebenheiten der Vergangenheit' (als Sage, Mythos, Erzählung), schließlich (2. Hälfte 18. Jh.) in der (heute vorherrschenden) Bedeutung 'im Laufe der Zeit, der Geschichte innerhalb einer bestimmten Gruppe von Menschen Entwickeltes und Weitergegebenes, das üblich, zur Sitte, Gepflogenheit geworden ist'. – t r a d i e r e n Vb. '(Kenntnisse, Erfahrungen, kulturelle Werte der Nachwelt mündlich oder schriftlich) überliefern, Überliefertes weiterführen, weitergeben', entlehnt (2. Hälfte 15. Jh.) aus lat. *trādere* '(von Hand zu Hand) weitergeben, überreichen, anvertrauen, überlassen, abtreten, übereignen, mündlich oder schriftlich weitergeben, überliefern, aufzeichnen, berichten, mitteilen, vortragen, lehren', eigentl. 'übergeben', aus lat. *trāns-* 'durch-, hin-, über-, hinüber-, über . . . hin(aus)-' (s. *trans-*) und *dare* 'geben'; im Dt. zuerst vereinzelt in der Bedeutung 'geben, unterweisen, berichten, ausliefern, verraten' (16. Jh.), dann (entsprechend der juristischen Bedeutung von *Tradition*, s. oben) 'übergeben, übereignen' (2. Hälfte 16. Jh. bis Anfang 19. Jh.), schließlich in der oben angeführten Bedeutung (Mitte 16. Jh. bis 19. Jh. selten, in neuerer Zeit häufiger). t r a d i t i o n e l l Adj. 'der Tradition entsprechend, auf Tradition beruhend, althergebracht, herkömmlich, überliefert, übernommen' (1. Hälfte 19. Jh.), nach gleichbed. frz. *traditionnel* (18. Jh.).

träge Adj. 'lustlos und ohne Schwung (sich bewegend), schwerfällig', ahd. *trāgi* (8. Jh.), mhd. *træge*, (md.) *trāge*, asächs. *trāg*, mnd. *trāch*, mnl. *trāghe, traech*, nl. *traag* 'träge', d. h. 'von langsamer, mühsamer Bewegung des Körpers und des Geistes', semantisch abweichend aengl. *trāg* 'übel, schlecht', dazu ablautend anord. *tregr* 'unwillig, langsam', aengl. *trega* 'Unglück, Elend, Kummer', anord. *tregi* 'Sorge, Kummer, Hindernis', got. *trigō* 'Trauer', ferner asächs. *tregan* 'leid sein', mnl. *tregen* 'verdrießen, träge werden, träge machen', aengl. *tregian*, anord. *trega* 'betrüben'. Falls sich, wenngleich unsicher, lit. *drìžti* 'fürchten, erschrecken, schüchtern sein, elend, schwach werden', *drìžinti* 'schwächen, elend machen' heranziehen läßt, kann ie. **dreĝh-* 'unwillig, verdrossen', vielleicht ursprünglicher 'schlaff, zähe sein' (?) als Ausgangsform vermutet werden. – T r ä g h e i t f. 'Langsamkeit, Schwerfälligkeit', ahd. *trāgheit* (um 1000), mhd. *trācheit, trākeit*.

tragen Vb. 'eine Last halten und fortbewegen, mit etw. bekleidet sein, Früchte, Ertrag hervorbringen', ahd. *tragan* (8. Jh.), mhd. *tragen*, asächs. *dragan*, mnd. *drāgen*, mnl. *drāghen*, nl. *dragen*, got. *dragan* 'tragen', semantisch abweichend aengl. *dragan* 'ziehen, schleppen, in die Länge ziehen, gehen', engl. *to draw* 'ziehen', anord. *draga* 'ziehen, lokken, fahren, Atem holen', schwed *dra(ga)* 'ziehen'. Außergerm. Anknüpfungen sind nicht gesichert. Aus dem Germ. zu erschließendem ie. *dherăgh-, *dhrăgh- 'ziehen, am Boden schleifen' stehen nahe ie. *trāgh- 'ziehen, sich am Boden schleppen, sich bewegen, laufen', wozu lat. *trahere* (*tractum*) 'ziehen, schleppen', sowie ie. *dereg-, wozu *trecken* (s. d.), und ie. *dhreĝ- 'ziehen, dahinziehen, gleiten, streifen', wozu aind. *dhrájati* 'gleitet dahin, bewegt sich, fliegt' und (zweifelhaft) *trinken* (s. d.); Anschluß dieser Varianten an Wurzeln wie ie. *der(ə)- 'schinden, (ab)spalten' (s. *trennen, zerren*) oder ie. *dher(ə)- 'halten, festhalten, stützen' ist möglich. Ausgangsbedeutung für *tragen* scheint 'am Boden dahingleiten, schleppen, ziehen' (von Lasten) zu sein, aus der sich 'tragen' (durch Lasttiere, Menschen) entwickelt. – T r a g e f. 'Gestell zum Tragen von Kranken, Lasten, Tragkorb' (um 1400). T r ä g e r m. 'wer Lasten trägt', ahd. *tragāri* (8. Jh.), mhd. *trager, treger*, seit dem 14. Jh. mit Umlaut. t r a g b a r Adj. 'erträglich', mhd. *tragebære*, 'zu tragen, transportierbar, (von Kleidern) gut, bequem zu tragen, kleidsam, finanziell erschwinglich' (18. Jh.), älter 'trächtig, fruchtbar, gut tragend' (17. bis 19. Jh.); u n t r a g b a r Adj. 'wirtschaftlich, finanziell nicht zumutbar, unerträglich' (18. Jh.), älter 'nicht tragend, unfruchtbar' (16. bis 19. Jh.). a b t r a g e n Vb. 'etw. wegschaffen, beseitigen, einebnen, niederreißen, (Kleidungsstücke) durch Tragen abnutzen, nach und nach bezahlen', mhd. *abetragen*; davon rückgebildet A b t r a g m. 'Beeinträchtigung, Minderung, Abzahlung, Wiedergutmachung', mhd. *abetrac* 'Wegnahme, Betrug, Buße, Entschädigung'; a b - t r ä g l i c h Adj. 'schädlich, nachteilig' (Anfang 16. Jh.), mhd. (vereinzelt) *abetragelich* 'entschädigend'. a n t r a g e n Vb. 'anbieten, vorschlagen', ahd. *anatragan* (9. Jh.), mhd. *anetragen* 'herantragen, an sich tragen, führen, anstellen, anstiften'; A n t r a g m. 'Gesuch, schriftlich vorgebrachte Bitte, förmlicher Vorschlag, Heiratsantrag', mhd. *antrac* 'Anschlag', rückgebildet aus dem Verb *antragen* im Sinne von 'anstiften'; b e a n t r a - g e n Vb. 'einen Antrag stellen, um etw. ersuchen, vorschlagen' (19. Jh.). a u f t r a g e n Vb. 'Speisen auf den Tisch tragen, servieren, aufstreichen, übertreiben, jmdn. verpflichten, etw. zu tun, Kleidungsstücke bis zur Abnutzung tragen, aufbauschen', mhd. *ūftragen* 'in die Höhe streben, reichen', refl. 'sich erheben, darlegen, opfern'; A u f t r a g m. '(An)weisung, Aufgabe, Verpflichtung (17. Jh.), Rückbildung aus dem Verb; davon abgeleitet b e a u f t r a g e n Vb. 'jmdm. einen Auftrag erteilen' und B e a u f t r a g t e r m. 'wer einen Auftrag auszuführen hat' (beide Ende 18. Jh.). b e t r a g e n Vb. 'eine bestimmte Summe, Höhe, ein bestimmtes Maß erreichen, ausmachen' (17. Jh.), refl. 'sich benehmen, sich aufführen, sich verhalten' (18. Jh.), mhd. *betragen* 'tragen, bringen, ertragen, aussöhnen, beilegen', refl. 'sich nähren, sich behelfen, sich begnügen, sich befassen, sich abgeben mit'; B e t r a g m. 'bestimmte Menge, Geldsumme' (18. Jh.); vgl. mhd. *betrac* 'Vertrag, Vergleich, Erwägung, Sorge'. e i n - t r a g e n Vb. 'an einen Ort tragen, an einer bestimmten Stelle zusammentragen', sodann 'Ertrag, Gewinn bringen, abwerfen' (16. Jh.), 'ein-, hineinschreiben, vermerken' (17. Jh.), ahd. *intragan* 'hineintragen' (9. Jh.), mhd. *īntragen*, auch 'einbringen, nutzen'; zu *eintragen* im Sinne von 'hineinschreiben' ist rückgebildet E i n t r a g m. 'schriftlicher Vermerk, an bestimmter Stelle eingetragene Bemerkung, (Akten)notiz' (17. Jh.); vgl. mhd. *īntrac* 'Schaden, Nachteil, Einwand, Einrede', dazu die Wendung *einer Sache Eintrag tun* 'sie beeinträchtigen, ihr abträglich sein, sie schädigen', mhd. *īntrac tuon*. e r t r a g e n Vb. 'Unangenehmes hinnehmen, ohne sich aufzulehnen, erdulden', mhd. *ertragen* 'vertragen, ertragen', im 16. Jh. in der heute veralteten Bedeutung 'einbringen, Nutzen abwerfen'; dazu rückgebildet E r t r a g m. 'bestimmte Menge erzeugter Güter (bes. in der Landwirtschaft), Ausbeute, finanzieller Gewinn' (16. Jh.); e r t r ä g l i c h Adj. 'so beschaffen, daß es sich ertragen läßt', u n e r t r ä g - l i c h Adj. (beide 16. Jh.). v e r t r a g e n Vb. '(körperlich, psychisch) ohne Schaden aushalten', refl. 'gut zusammenpassen, miteinander auskommen', ahd. *firtragan* (8. Jh.), mhd. *vertragen* 'wegtragen, verleiten, ertragen, erdulden, sich gefallen lassen, verschonen, aussöhnen, einen Vertrag schließen'; v e r t r ä g l i c h Adj. 'umgänglich, friedlich, bekömmlich', mhd. *vertregelich, vertragelich*, eigentl. 'erträglich', vgl. ahd. *unfirtragantlīh* 'unerträglich' (11. Jh.), mhd. und frühnhd. vereinzelt noch *vertragenlich*. V e r t r a g m. 'rechtsgültige Vereinbarung, Abmachung zwischen zwei oder mehreren Partnern, Kontrakt', mhd. *vertrac* 'Vereinbarung, Verträglichkeit, Dauer, Gewinn'; vertraglich Adj. 'durch Vertrag festgelegt, gemäß dem Vertrag' (Ende 19. Jh.), zuerst Adverb. zutragen Vb. 'etw. zu jmdm. hinbringen, (heimlich) hinterbringen, mitteilen', refl. 'sich ereignen, geschehen' (15. Jh.), ahd. *zuotragan* 'herbeibringen' (um 1000); Zuträger m. 'wer anderen (heimlich) Nachrichten zuträgt' (15. Jh.); zuträglich Adj. 'die Gesundheit fördernd, bekömmlich, förderlich, nützlich' (16. Jh.), zum Verb *zutragen* in der veralteten Bedeutung 'nützen' bzw. zum heute unüblichen Substantiv *Zutrag* 'Nutzen'.

Tragödie f. 'Trauerspiel, trauriges, erschütterndes Ereignis', Entlehnung (15. Jh., zuerst in lat. Form, dann *Tragedie, Tragedi, Tragedy*, seit 17. Jh. *Tragödie*) von gleichbed. lat. *tragoedia*, griech. *tragōdía* (τραγῳδία), abgeleitet von griech. *tragōdós* (τραγῳδός) 'Sänger und Tänzer im tragischen Chor, tragischer Schauspieler', wohl nach dem Vorbild von griech. *rhapsōdós* (ῥαψῳδός) 'Sänger' (s. *Rhapsodie*) gebildet. Nach dem dem Sieger im dramatischen Wettkampf als Preis in ältester Zeit zufallenden Bock, griech. *trágos* (τράγος) '(Ziegen)bock'? Vgl. Frisk 2, 917. Seit dem 17. Jh. dafür auch *Trauerspiel*. – Tragöde m. 'Schauspieler ernster, tragischer Rollen' (um 1800; älter *Tragödienspieler*, 16. Jh.), auch 'Trauerspieldichter' (19. Jh.; älter *Tragödiendichter*, um 1600, oder *Tragiker*, 2. Hälfte 18. Jh.); zuvor (16. Jh.) in lat. flektierter Form *Tragoedus, Tragedus* als Übernahme von lat. *tragoedus*, griech. *tragōdós* (s. oben). Tragödin f. (Ende 19. Jh.). tragisch Adj. 'die Tragödie betreffend, Tragik ausdrückend, erschütternd, schicksalhaft' (Anfang 18. Jh.); zuvor (1. Hälfte 15. Jh.) in lat. Form als Übernahme von lat. *tragicus*, griech. *tragikós* (τραγικός) 'der Tragödie eigen, angemessen, prachtvoll, großartig, erhaben, grausam, traurig', eigentl. 'bocksartig', zu griech. *trágos* (s. oben). Älter auch *tragödisch* (16./17. Jh.); vgl. griech. *tragōdikós* (τραγῳδικός) 'der Tragödie eigen, tragisch', zur griech. *tragōdós* (s. oben). Tragik f. 'schweres, schicksalhaftes Leid, erschütterndes, unausweichliches Geschehen' (vor Mitte 19. Jh.). Tragikomödie f. 'Schauspiel, das Tragisches mit Komischem verbindet' (2. Hälfte 16. Jh.), lat. *tragicōmoedia*, auch *tragicocōmoedia*; anfangs in lat. Form *Tragicomoedia*, gelegentlich *Tragicocomoedia, Tragikokomödie* (16. bis 19. Jh.). Dazu tragikomisch Adj. 'tragisch und komisch zugleich' (Mitte 18. Jh.); vgl. auch *tragisch-komisch*.

trainieren Vb. 'durch ständiges, planmäßiges Üben die Leistungsfähigkeit erhöhen', bes. 'auf sportliche Höchstleistungen vorbereiten', entlehnt (1. Hälfte 19. Jh.) aus engl. *to train* 'erziehen, ausbilden, schulen, üben, abrichten, zureiten', älter auch 'ziehen, schleppen, anlocken', das auf afrz. *traïner* 'nachziehen, schleifen, schleppen' (frz. *traîner* 'dehnen, hinziehen, nachschleppen') beruht. Diesem liegt vlat. **tragīnāre* 'dahinschleppen', weitergebildet aus vlat. **tragere*, einer Nebenform von lat. *trahere* (*tractum*) 'ziehen, schleppen' (s. *trachten*), zugrunde. Der Ausdruck wird zunächst mit Bezug auf Rennpferde, dann allgemein im Sport sowie übertragen im Sinne von 'etw. durch systematische Übung ausbilden, verbessern' gebraucht. – Training n. 'das Trainieren, gezielte Übung zur Leistungssteigerung, systematische Vorbereitung auf einen Wettkampf' (1. Hälfte 19. Jh.), nach gleichbed. engl. *training*, Gerundium von engl. *to train* (s. oben). Die Übernahme behauptet sich gegenüber dem Eindeutschungsversuch *Trainierung* (Mitte 19. Jh.). Trainer m. 'wer Sportler oder Pferde betreut, ausbildet, auf Höchstleistungen vorbereitet' (Anfang 20. Jh.), zuvor im Pferdesport 'Zureiter, Abrichter' (1. Hälfte 19. Jh., meist auf engl. Verhältnisse bezogen), nach gleichbed. engl. *trainer*, Nomen agentis zu engl. *to train* (s. oben).

Trakt m. 'das sich Hinziehende, Erstreckende', anfangs in der Geographie 'Landstrich, Gegend, Gebirgszug' (Ende 15. Jh.), später 'sich ausdehnender Gebäudeteil, Flügel' (19. Jh.), 'in die Länge sich ausdehnender Strang', bes. im medizinischen Bereich *Magen-, Darm-, Verdauungstrakt* (20. Jh.), entlehnt aus lat. *tractus* 'das Ziehen, Zug, Ausdehnung, Landstrich', Verbalabstraktum zu lat. *trahere* (*tractum*) 'ziehen, schleppen'.

Traktat n. m. '(kurze, wissenschaftliche) Abhandlung, (religiöse) Flugschrift, Übereinkunft, Vertrag', entlehnt (14. Jh.) aus lat. *tractātus* 'Behandlung, Beschäftigung, Erörterung, Abhandlung, Überlegung', mlat. auch 'Sendschreiben, Vertrag', einer Substantivbildung zu lat. *tractāre* 'behandeln, betreiben, sich mit etw. beschäftigen, bearbeiten, untersuchen, überdenken', eigentl. '(herum)schleppen, -ziehen', Intensivum zu lat. *trahere* (*tractum*) 'ziehen, schleppen' (s. *trachten*). – t r a k t i e r e n Vb. '(schlecht) behandeln, plagen, quälen, ein Thema abhandeln, verhandeln, (üppig) bewirten' (15. Jh.), aus lat. *tractāre* (s. oben).

Traktor m. '(landwirtschaftliche) Zugmaschine' (20er Jahre 20. Jh.), gebildet (vielleicht unter Einwirkung von früher bezeugtem engl. *tractor*) zu lat. *trahere* (*tractum*) 'ziehen, schleppen'. Dazu T r a k t o r i s t m. 'wer berufsmäßig Traktor fährt' (vereinzelt 1932), im östl. Dt. unter dem Einfluß von russ. *traktorist* (*тракторист*) neu belebt (nach 1945).

trällern Vb., älter auch *trallern*, 'fröhlich vor sich hin singen', Bildung (1. Hälfte 18. Jh.) zum lautmalenden Reimwort *tralla(la)*. Vgl. die Variante *traltirala* (17. Jh.) und klangähnliches *trara, trarara* (vornehmlich zur Wiedergabe des Trompetentones), woraus *Trara* n. 'Hornsignal, Lärm, lautes Treiben' (16. Jh.).

Trambahn f. auf Schienen fahrende 'Pferdebahn', dann 'Straßenbahn', auch (und älter) T r a m f., Entlehnung (um 1870) von gleichbed. engl. *tram*, Kurzform für *tram-car* 'Straßenbahnwagen' bzw. *tramroad, tramway* 'Schienenweg'. Engl. *tram* 'Schienenstrang, Gleisanlage (aus Eisen, Stein oder Holz), Förderwagen, Karre, Tragegestell, Griffstange einer Trage', (mundartlich) 'Balken, Stange' ist verwandt mit (oder entlehnt aus?) mnd. *trame* 'Querstange, Leitersprosse', mnl. *trame*, nl. *tram, traam* 'Balken'. Vgl. weiter mhd. *drām(e), trām(e)* 'Balken, Riegel' sowie ahd. *thremil* 'Riegel' (Hs. 12. Jh.), mnd. *treme*, nl. *treem* 'Leitersprosse'. Eine Verbindung dieser *m*-Suffix aufweisenden Bildungen mit der unter *Trümmer* (s. d.) dargestellten Wortgruppe ist möglich, doch semantisch nicht befriedigend.

trampeln Vb. 'mit derben, schwerfälligen Schritten gehen, wiederholt mit den Füßen laut auf den Boden stampfen' (15. Jh.), Iterativbildung zu seltenerem, auf Grund seines lautmalenden Charakters über das gesamte dt. Sprachgebiet in unverschobener Form bezeugtem *trampen* 'mit den Füßen stampfen' (15. Jh.), das ablautend neben einem in got. *anatrimpan* 'bedrängen' überlieferten starken Verbum steht. Vgl. auch mnd. nl. *trampen*, mnl. *tramperen*; zu Herkunft, Verwandtschaft und Bildungsweise s. *Treppe*. – T r a m p e l m. und n. 'ungeschickter, schwerfälliger Mensch' (17. Jh.), aus dem Verb rückgebildet. T r a m p e l t i e r n. (umgangssprachlich) 'plumper, schwerfälliger Mensch', auch 'Kamel' (16. Jh.), danach in bewußter Unterscheidung zum einhöckrigen Dromedar 'zweihöckriges Kamel' (seit Nemnich 1793); zur sprachlichen Entwicklung s. *Dromedar*.

trampen Vb. 'wandern', auch 'beim Wandern ein Auto anhalten und um Mitfahrt bitten' (1. Hälfte 20. Jh.), dann speziell 'per Autostop, per Anhalter reisen' (50er Jahre 20. Jh.), abgeleitet von *Tramp* m. (2. Hälfte 19. Jh.), engl. (bes. amerik.-engl.) *tramp* 'Vagabund, Landstreicher, umherziehender Gelegenheitsarbeiter (der jede kostenlos sich anbietende Fahrgelegenheit nutzt)'. Zu engl. *to tramp* 'trampeln, treten, zur Fuß reisen, wandern, vagabundieren', wohl entlehnt aus mnl. *tramperen* bzw. mnd. *trampen* (s. *trampeln*). Dazu in jüngster Zeit T r a m p e r m. 'wer per Anhalter reist'.

Tran m. aus Meeressäugetieren oder Fischen gewonnenes Öl, ein aus dem Nd. stammendes Wort. Mnd. *trān*, mnl. *traen* 'Träne, Tropfen' (s. *Träne*) wird auch Bezeichnung für den durch Erhitzen 'aus dem Fett (von Meeressäugetieren) gewonnene Tropfen' und mit dieser speziellen Bedeutung in die Literatursprache (*Fischtran*, Mitte 16. Jh., *Tran*, um 1600) aufgenommen. Aus der mundartlichen (westfäl.) Verwendung 'alkoholischer Tropfen, geistiges Getränk' ergibt sich die Fügung *im Tran sein* 'betrunken sein' (1. Hälfte 19. Jh.). – t r a n i g Adj. 'voller Tran, wie Tran, betrunken, schlaftrunken, langsam' (1. Hälfte 19. Jh.).

Trance f. 'schlafähnlicher Dämmer-, Entrückungszustand, Stadium der Hypnose', Übernahme (2. Hälfte 19. Jh.) von gleichbed engl. *trance* (mengl. *transe*), das auf afrz. *transe* 'das Hinübergehen (in den Todesschlaf), Todeskampf, Totenfeier' zurückgeht, zu afrz. *transir* 'sterben', eigentl. 'hinübergehen (in den Tod, ins Jenseits)', entlehnt aus lat. *trānsīre* 'hinüber-, hindurch-, vorbeigehen', spätlat. auch 'sterben'.

tranchieren Vb. 'in Scheiben schneiden, kunstgerecht zerlegen' (einen Braten, bes. Wild, Geflügel), Anfang des 17. Jhs. entlehnt aus frz. *trancher*, afrz. *trench(i)er* 'ab-, durch-, zerschneiden, zerlegen', dessen Herkunft nicht sicher geklärt ist. Wahrscheinlich muß von einem zu lat. *trīnī* Plur. 'je drei' gebildeten vlat. **trīnicāre* 'dreiteilen' ausgegangen werden; vgl. ähnlich abgeleitetes lat. *duplicāre* 'in zwei Teile teilen, verdoppeln' (zu lat. *duplex* 'doppelt'). Im Galloroman. auftretendes *-e-* statt zu erwartendem *-i-* (vgl. die Variante aprov. *trincar* neben *trencar*) erklärt sich dann wohl durch Einfluß von lat. *trēs* 'drei'. Die im Dt. des 17. Jhs. gebräuchliche Nebenform *trinc(h)iren* beruht auf (seinerseits aus dem Afrz. stammendem) gleichbed. ital. *trinciare*.

Träne f. aus dem Auge als Tropfen austretende Flüssigkeit. Ahd. *trahan* m. (9. Jh.), mhd. *trahen*, (kontrahiert) *trān* m. 'Träne, Tropfen', asächs. (Plur.) *trahni* 'Tränen', mnd. *trān* 'Träne, Tropfen', auch 'aus Meeressäugetieren oder Fischen gewonnenes Öl' (s. *Tran*), mnl. *traen*, nl. *traan* beruhen auf einem alten *u*-Stamm germ. **trahnu-*, ie. **drâknu-* 'Träne'. Da vergleichbare Bildungen wie griech. *dákry* (*δάκρυ*) 'Träne, Harz', daraus entlehnt alat. *dacruma* (weitergebildet zu lat. *lacrima*) 'Träne', air. *dēr*, abret. *ḍacr* sowie das unter *Zähre* (s. d.) behandelte Substantiv ie. **dâkru-* voraussetzen, ist vielleicht von ie. **drâkru-* 'Träne' auszugehen, woraus die vorgenannten ie. Formen dissimiliert sind. Vgl. ferner ohne konsonantischen Anlaut aind. *áśru* 'Träne', lit. *ãšara* 'Träne' (aus ie. **akru-*, wenn nicht aus Vermischung mit einem anderen Wort hervorgegangen). Zum Komplex vgl. Hamp in: Glotta 50 (1972) 291 ff. Frühnhd. *trene* f. (15. Jh.), nhd. *Thräne* (17. Jh.), *Träne* (18. Jh.) ist eine durch Kontraktion aus dem Plur. mhd. *trahene, trehene* entstandene Form, die als femininer Sing. angesehen und zu der ein neuer schwacher Plur. frühnhd. *trenen*, nhd. *Tränen* gebildet wird. – t r ä n e n Vb. 'Tränen absondern', ahd. *trānen* (um 1000), mhd. *trahenen, trehenen, trānen, trēnen*; vgl. frühnhd. *trähern* 'weinen'.

Trank m. 'Getränk', ahd. (8. Jh.), mhd. *tranc*, auch 'Trinkgelage, Trunkenheit', asächs. mnd. *drank*, mnl. *dranc*, nl. *drank*, germ. **dranka-* und (mit anderer Stammbildung germ. **dranki-*) aengl. *drenc*, engl. *drench* ('Lauge, großer Schluck, Arzneitrank') sowie got. *dragk* n., Abstraktbildungen zu dem unter *trinken* (s. d.) behandelten Verb. – Z a u b e r t r a n k m. 'Getränk mit Zaubereigenschaften' (16. Jh.). L i e b e s t r a n k m. (17. Jh.).

tränken Vb. 'zu trinken geben', ahd. (9. Jh.), mhd. *trenken*, asächs. *drenkian*, mnd. mnl. nl. *drenken*, aengl. *drencan*, engl. *to drench*, anord. *drekkja*, schwed. *dränka* ('ertränken'), got. *dragkjan*, Kausativum (eigentl. 'trinken machen, zu trinken geben') zu dem unter *trinken* (s. d.) behandelten Verb. – T r ä n k e f. 'Stelle, an der Tiere trinken können', ahd. *trenka* (9. Jh.), *trenkī* (10. Jh.), mhd. *trenke*. e r t r ä n k e n Vb. 'zum Ertrinken bringen', ahd. *irtrenken* (9. Jh.), mhd. *ertrenken*.

trans- Bestimmungswort in Zusammensetzungen. Zugrunde liegt lat. *trāns* Präp. 'hinüber, hindurch, über... hin(aus), jenseits' (verwandt mit *durch*, s. d.), in der Komposition (vor *s-*) auch *trān-* und (vor *d-, m-, n-, l-, v-, j-*) *trā-* (s. *Tradition*). Von den zahlreichen lat. Komposita mit *trāns-* sind viele in die Wissenschafts- und Bildungssprache eingegangen (s. die nachfolgenden Artikel und vgl. *Transaktion, transalpin, Transfusion, transkribieren, Transmission, transponieren*). Diesem Kompositionstyp folgen Neubildungen wie *transatlantisch, transsibirische Bahn* (19. Jh.), *Transistor* (s. d.), *Transverter* (aus *Transistor* und *Konverter*), *Transuran* radioaktives chemisches Element mit einer höheren Ordnungszahl als 92 (20. Jh.).

transferieren Vb. '(Geld) aus einer Währung in eine andere übertragen, Zahlungen in fremder Währung an das Ausland leisten' (vereinzelt Ende 18. Jh., geläufig seit Anfang 20. Jh.). Voraus geht (heute selten) 'etw., jmdn. von einem Ort zu einem anderen bringen, überführen, befördern' (2. Hälfte 14. Jh.) und (heute veraltet) 'von einer Sprache in eine andere übertragen, übersetzen' (1. Hälfte 15. Jh.). Zugrunde liegt lat. *trānsferre* 'von einem Ort zum andern tragen, hinüber-, hintragen, -bringen, -setzen'; vgl. lat. *ferre* 'tragen, bringen'. Die oben genannte kaufmännische Bedeutung beruht auf gleichbed., ebenfalls auf lat. *trānsferre* zurückgehendem engl. *to transfer*; dessen Substantivierung engl. *transfer* 'Übertragung' gelangt im kaufmännischen Bereich ebenfalls ins Dt., T r a n s f e r m. zunächst (auf engl. Verhältnisse bezogen) 'Übertragung des Eigentumsrechts einer Aktie, Umbuchung von einem

Konto auf ein anderes' (1. Hälfte 18. Jh.), dann 'Übertragung einer Landeswährung in eine andere, Zahlung einer Geldsumme ins Ausland in fremder Währung' (1. Hälfte 20. Jh.), 'Transport' (von Sachen), 'Überführung, Weiterbeförderung von Personen und Gütern' (60er Jahre 20. Jh.).

transformieren Vb. 'umwandeln, umformen, verwandeln, verändern', mhd. *transformieren*, entlehnt aus gleichbed. lat. *trānsformāre*; vgl. lat. *formāre* 'formen, gestalten, bilden' (s. *Form*). In der Mathematik 'in einen anderen mathematischen Ausdruck umwandeln, eine Menge umkehrbar eindeutig abbilden' (1. Hälfte 19. Jh.), in der Physik 'mit Hilfe eines Transformators die elektrische Spannung erhöhen oder herabsetzen' (Ende 19. Jh.). – Transformation f. 'Umwandlung, Umformung, Verwandlung, Veränderung' (1. Hälfte 16. Jh.), aus gleichbed. spätlat. *trānsformātio* (Gen. *trānsformātiōnis*). In Mathematik (Anfang 18. Jh.) und Physik (Ende 19. Jh.) entsprechend den Bedeutungen des Verbs (s. oben). Transformator m. 'Gerät zum Erhöhen oder Herabsetzen der Spannung von Wechsel- oder Drehstrom, Umspanner' (Ende 19. Jh.), latinisierende Bildung in Anlehnung an gleichbed. frz. *transformateur*.

Transistor m. Halbleiterbauelement zur Verstärkung elektrischer Ströme und Spannungen (in elektrotechnischen Geräten), auch Kurzform für *Transistorradio* 'mit Transistoren betriebener Rundfunkempfänger', Übernahme (Mitte 20. Jh.) von gleichbed. amerik.-engl. *transistor*, einer Bildung aus engl. *transfer* 'Übertragung' (s. *transferieren*) und engl. *resistor* 'elektrischer Widerstand', zu engl. *to resist* 'widerstehen, Widerstand leisten', lat. *resistere* 'stehenbleiben, sich entgegenstellen, Widerstand leisten' (s. *Resistenz*), also eigentl. 'Übertragungswiderstand'.

Transit m. 'Durchgangsverkehr, Durchfuhr von Waren bzw. Durchreise von Personen durch das Hoheitsgebiet eines anderen Staates', entlehnt (vereinzelt 1. Hälfte 16. Jh., geläufig seit Mitte 18. Jh.) aus gleichbed. ital. *transito*, das auf lat. *trānsitus* 'das Hinübergehen, Übergang, Durchgang' beruht, zu lat. *trānsīre* 'hinüber-, hindurch-, vorbeigehen'; vgl. lat. *īre* 'gehen'. Anfangs vereinzelt in der lat., dann auch (bis ins 19. Jh.) in der ital. Form üblich. Vgl. ferner die Fügungen *per transit* (1. Hälfte 16. Jh.), *per Transido* (Mitte 16. Jh.), *per transitum* (17. Jh.). – Transithandel m. (Ende 18. Jh., *Transitohandel*). Transitgüter Plur. (1. Hälfte 18. Jh., *Transitogüter*). Transitverkehr m. (19. Jh.).

transitiv Adj. in der Sprachwissenschaft für Verben, die ein Akkusativobjekt verlangen (Anfang 19. Jh.), hervorgegangen aus dem von röm. Grammatikern gebildeten und bis ins 19. Jh. auch in dt. Grammatiken üblichen Terminus spätlat. *verbum trānsitīvum*, eigentl. 'auf das Objekt hinüberweisendes Verb', zu lat. *trānsīre* (*trānsitum*) 'hinüber-, hindurch-, vorbeigehen'. Dazu das Antonym intransitiv Adj. für Verben, die kein Akkusativobjekt nach sich ziehen (Anfang 19. Jh.), spätlat. *verbum intrānsitīvum*.

transparent Adj. 'durchscheinend, durchsichtig', entlehnt (Anfang 18. Jh.) aus gleichbed. mfrz. frz. *transparent*, afrz. *tresparent*, dem mlat. *transparens* (Gen. *transparentis*) 'lichtdurchlässig, durchscheinend', Part. Präs. von mlat. *transparere* 'durchscheinen, durchsichtig sein', vorausgeht; vgl. lat. *pārēre* 'erscheinen, sichtbar sein, sich zeigen, gehorchen' (s. [3]*parieren*) und s. *trans-*. Metaphorischer Gebrauch im Sinne von 'klar, deutlich, einleuchtend, verständlich' beginnt am Ausgang des 18. Jhs.; vgl. *etw. transparent* ('einsehbar, durchschaubar') *machen* (20. Jh.). – Transparent n. 'durch eine Lichtquelle von hinten erhelltes Bild auf lichtdurchlässigem Material, Leuchtbild' (2. Hälfte 18. Jh.), nach gleichbed. frz. *transparent* (vgl. anfangs daneben *à, en transparent* 'als Leuchtbild' im dt. Text), Substantivierung des Adjektivs frz. *transparent* (s. oben); dann im Dt. auch für (zunächst von hinten beleuchtete) Tafeln, Schilder zur Information oder Werbung, 'Leuchttafel, -schild'; unabhängig vom frz. Vorbild entwickelt sich (1. Hälfte 20. Jh.) die heute vorherrschende Bedeutung '(auf einen Holzrahmen gespannte) mit Losungen beschriftete Stoffbahn, Spruchband'. Transparenz f. 'transparente Beschaffenheit' (1. Hälfte 19. Jh.), abgeleitet vom Adjektiv *transparent* (vgl. mfrz. frz. *transparence*, mlat. *transparentia* 'Durchsichtigkeit'), vereinzelt von materiellen Erscheinungen 'Lichtdurchlässigkeit', meist übertragen im Sinne von 'Klarheit, Deutlichkeit, Verständlichkeit'.

transplantieren Vb. 'verpflanzen' (16. Jh.),

in der Chirurgie 'lebendes Gewebe, lebende Organe an eine andere Stelle desselben Organismus oder in einen anderen lebenden Organismus operativ einsetzen' (Ende 19. Jh.); aus spätlat. *trānsplantāre* (*trānsplantātum*) 'verpflanzen' (s. *pflanzen*). Dazu Transplantation f. (16. Jh.), Transplantat n. (20. Jh.).

transportieren Vb. 'von einem Ort an einen anderen schaffen, befördern' (woraus in der Technik 'mechanisch bewegen, weiterschieben'), entlehnt (2. Hälfte 16. Jh.) aus gleichbed. mfrz. frz. *transporter*, daneben auch aus ital. *trasportare*, die beide auf lat. *trānsportāre* 'hinüberbringen, -schaffen' beruhen; vgl. lat. *portāre* 'tragen, bringen'. In der Kaufmannssprache, zunächst wohl nach ital. Vorbild, 'eine Geldsumme überweisen, eine Schuld übertragen, Rechnungsposten, buchhalterische Angaben (von einer Seite auf die andere) übertragen' (Ende 16. Jh. bis Anfang 20. Jh.). – Transport m. 'Beförderung, Verschickung von einem Ort an einen anderen, zur gemeinsamen Beförderung zusammengestellte Menge' (2. Hälfte 17. Jh.), zuvor im kaufmännischen Bereich 'Übertragung einer Schuld oder einer Forderung auf eine andere Person, Übertrag auf die nächste Seite' (Anfang 17. bis 19. Jh.), aus gleichbed. frz. *transport* und (bes. kaufmännisch) ital. *trasporto*. transportabel Adj. 'so beschaffen, daß man es leicht befördern, an einen anderen Ort schaffen kann, beweglich' (2. Hälfte 18. Jh.), aus frz. engl. *transportable*.

transzendent Adj. in der idealistischen Erkenntnistheorie 'sinnliche Wahrnehmung, Erfahrung und Bewußtsein übersteigend, übernatürlich, metaphysisch', entlehnt (Kant, 2. Hälfte 18. Jh.) aus mlat. *transcendens* 'die aristotelischen Kategorien übersteigend, über die Natur oder die Vernunft hinausgehend', daher auch 'göttlich', Part. Präs. (Gen. *transcendentis*) von lat. *trānscendere* 'hinübersteigen, übersteigen, -schreiten, -treten'; vgl. lat. *scandere* 'steigen'. In der Mathematik 'nicht durch algebraische Operationen darstellbar, nicht algebraisch', vgl. *transzendentische Gleichung* (Wolff, Anfang 18. Jh.), nach *quod vires Algebrae transcendit* (Leibniz). – Transzendenz f. 'das Überschreiten der Grenze der Erfahrung, was jenseits der Erfahrung liegt, das Übernatürliche' (Ende 18. Jh.), spälat. *trānscendentia* 'das Übersteigen, Überschreiten'. transzendental Adj. 'vor jeder Erfahrung und Erkenntnis liegend und diese erst ermöglichend' (Mitte 18. Jh.), mlat. *transcendentalis* 'übersinnlich'.

Trapez n. Viereck mit zwei parallelen, aber ungleich langen Seiten (Ende 15. Jh.), 'Schaukel-, Schwebereck' (Mitte 19. Jh.), entlehnt aus spätlat. *trapezium*, griech. *trapézion* (τραπέζιον) 'ungleichseitiges Viereck', eigentl. 'kleiner Tisch', Deminutivum zu *trápeza* (τράπεζα) 'Tisch, Tafel', eigentl. 'Vierfuß', aus (schwundstufigem) griech. *tra-* (τρα-) 'vier' (s. *tetra-*) und griech. *péza* (πέζα) 'Fuß, Spann, unterer Rand', ablautend zu griech. *pū́s* (πούς), s. *Fuß*. Im Dt. gilt bis ins 19. Jh. die lat. flektierte Form, im 16. und 17. Jh. zuweilen mit *Tischlein* übersetzt. – Trapezoid n. '(dem Trapez ähnliches) Viereck ohne parallele Seiten' (1. Hälfte 17. Jh.); vgl. griech. *trapezoeidḗs* (τραπεζοειδής) 'von der Gestalt eines Tisches oder ungleichseitigen Vierecks', daher anfangs auch im Dt. *Trapezoides*.

trappen Vb. 'mit schwerem Schritt geräuschvoll gehen, schwerfällig auftreten, stampfen' (16. Jh., doch wohl älter). Hd. (auch in obd. Mundarten) unverschobenes *trappen*, mnd. mnl. nl. *trappen*, schwed. (mundartlich), isl. *trappa* 'stampfen, hart treten' gehören wie *trippeln* (s. d.) und nasaliertes *trampeln* (s. d.) als lautmalende Weiterbildungen zu der unter *Treppe* (s. d.) angeführten Wurzel. An das Verb schließen sich an iteratives trappeln Vb. 'mit schnellen, hörbaren Schritten gehen, in schnellem Wechsel kurz und hörbar auf den Boden treten' (15. Jh.) und intensiviertes trapsen Vb. 'schwerfällig, stampfend gehen' (19. Jh.).

Traps m. 'Geruchsverschluß an Spülbekken, Ausgüssen', Entlehnung (Anfang 20. Jh., zunächst *Trap*, später in der Pluralform *Traps*) von engl. *trap* 'Falle, Klappe', dann 'Klappe in Spülaborten', schließlich 'bogenförmiger Wasser-, Geruchsverschluß'. Zur Herkunft s. *Treppe*.

Trasse f. 'für einen Verkehrsweg, eine Versorgungsleitung vorgesehene, festgelegte Linienführung, im Gelände kenntlich gemachte, abgesteckte Linie', entlehnt (Anfang 19. Jh., noch bis Ende des Jhs. vorwiegend in der Schreibung *Trace*) aus frz. *trace* 'Spur, Fährte' (afrz. auch 'Wunde, Narbe, Weg, Öffnung, Lage'), einer Ableitung von afrz. *tracier* 'einer Spur folgen, nachspüren, suchen, seinen Weg verfolgen, dahinziehen', frz. *tracer* 'eine Linie ziehen, vorzeichnen, entwerfen, anreißen, abstecken'. Dem frz. Verb geht vlat. **tractiāre* 'nachspüren, folgen' voraus, gebildet zu lat. *tractum*, Part. Perf. von lat. *trahere* 'ziehen, schleppen'. Frz. *trace* ist bis ins 19. Jh. auch im Sinne von 'Riß, Vorzeichnung, abgesteckte Linie' gebräuchlich, wird aber in dieser Verwendung dann von jüngerem frz. *tracé*, dem substantivierten Part. Perf. von frz. *tracer*, zurückgedrängt, auf dem die Variante schweiz. *Trassee* n. beruht. – trassieren Vb. 'eine Linie, Trasse im Gelände abstecken, den Verlauf einer Strecke festlegen, die Linienführung markieren' (Anfang 19. Jh.), nach frz. *tracer* (s. oben).

tratschen Vb. 'klatschen, schwatzen, über jmdn. herziehen' (17. Jh.), wohl älter landschaftlich (auch *trätschen*) 'hart, schwerfällig, geräuschvoll auftreten, im Schlamm, im Wasser patschen, spritzen', vgl. mnd. *trātsen* 'schwerfällig tanzen'; lautmalenden Ursprungs. – Tratsch m. 'üble Nachrede, Klatsch' (19. Jh.), landschaftlich 'Wasserguß, geräuschvolles Auffallen, Aufklatschen ausgegossenen Wassers, Geschwätz', älter 'laute Rede, Lärm, unruhiges geräuschvolles Tun' (16. Jh.).

Traube f. 'Fruchtstand des Weinstocks', übertragen 'dicht gedrängte Menge', bes. von Menschen. Die Herkunft des nur im Dt. und Nl. begegnenden Substantivs ahd. *thrūbo* m. (um 800), *trūbo* m., *trūba* f. (11. Jh.), mhd. *trūbe, troube* m. f., asächs. *thrūƀo*, mnd. *drūf, drūve*, mnl. *drūve*, nl. *druif* 'Traube' ist ungewiß. Stellt man eine Verbindung her zu ofries. *drubbel, druppel* 'Klumpen, Knäuel, Haufen, Menge', *drūf* 'fest, dicht gedrängt', *drufel* 'Büschel von Früchten oder Beeren', nd. *Drubbel* 'Haufen, Klumpen, Menge', schweiz. *Truppele* 'Haufen, Vieh, Menge Haselnüsse', bair. *Trauppen* 'Haufen von Einzelsachen, -wesen', kann von einer Bedeutung 'Büschel, Klumpen' ausgegangen werden. Alle weiteren Anknüpfungen, z. B. an aslaw. *trupъ* 'Leichnam, Aas', russ. *trup* (*труп*) 'Leiche' und lit. *trupà* 'Brocken, Schutt, Trümmer', sind höchst unsicher. Anlautendes *t-* hat sich erst allmählich durchgesetzt, bei Luther noch *draube*.

trauen Vb. 'keine Vorbehalte, kein Mißtrauen haben, Glauben schenken, ehelich verbinden, verheiraten', refl. 'wagen, etw. zu tun, den Mut zu etw. haben', ahd. *trū(w)ēn* '(ver)trauen, glauben, hoffen, zutrauen' (um 900; vgl. *fir-, gitrū(w)ēn*, um 800), mhd. *trūwen* 'Zuversicht haben, hoffen, glauben, trauen, sich getrauen, (an)vertrauen, ehelich verloben, (an)trauen' (daneben mit ungeklärtem Umlaut mhd. *triuwen*, nhd. *treuen* bis 16./17. Jh.), asächs. *trūon* 'vertrauen', mnd. *trūwen* '(ver)trauen, ehelich verbinden', mnl. *betrūwen* 'vertrauen', aengl. *trūwian* (daneben *trēowian* als Ableitung von *trēow* f.), engl. (älter) *to trow*, anord. *trūa* 'vertrauen, glauben', schwed. *tro* 'glauben, trauen', ablautend got. *trauan* '(ver)trauen'. Das gemeingerm., teilweise intervokalisches *w* aufweisende Verb ist gebildet zu den Ablautformen ie. **drū-* bzw. (für das Got.) **drōu̯-* der unter *treu* (s. d.) genannten Wurzel, zeigt also ähnliche Lautformen und Lautentwicklungen wie *bauen* (s. d.). Die Ausgangsbedeutung ist 'fest, treu (in seinem Verhalten, seiner Meinung) sein'. Aus im Ahd. und Mhd. geläufigem 'glauben, hoffen, zutrauen' entwickelt sich 'vertrauen, Glauben schenken'; 'zuversichtlich hoffen' geht bei reflexivem Gebrauch über zu 'wagen, riskieren' (16. Jh.). Seit dem 13. Jh. steht *trauen* für 'ehelich verbinden', d. h. 'dem Manne zur Frau geben', eigentl. 'anvertrauen'. – Trauung f. 'Eheschließung' (2. Hälfte 16. Jh.), mnd. *trūwinge* (um 1420); vgl. spätmhd. *trūunge* 'Vertrauen'. Trauring m. (16. Jh.). Trauzeuge m. (Ende 18. Jh.). betrauen Vb. 'jmdm. die Ausführung und Angelegenheit vertrauensvoll übertragen' (17. Jh.), älter 'vertrauen', auch 'sich verloben, heiraten' (16. Jh.). vertrauen Vb. 'sich worauf verlassen, fest glauben', älter 'anvertrauen', ahd. *firtrū(w)ēn* (um 800), mhd. *vertrūwen, vertriuwen* '(ver)trauen, anvertrauen, versprechen, geloben, (sich) verloben oder vermählen, kirchlich trauen'; vertraut Part.adj. 'beherzt, zuversichtlich, zuverlässig' (16. Jh.), 'eng befreundet, gut bekannt' (17. Jh.); Vertrauen n. 'fester Glaube an jmds. Zuverlässigkeit und Treue, Zuversicht' (15. Jh.); vertraulich Adj. 'nicht für die Allgemeinheit bestimmt, offenherzig, vertraut' (16. Jh.). anvertrauen Vb. 'vertrauensvoll übergeben, in Obhut geben, vertraulich, im geheimen mitteilen', refl. 'sich vertrauensvoll an jmdn. wenden' (16. Jh.), zuerst im Sinne von 'zutrauen, vertrauen'. zut r a u e n Vb. 'von jmdm. glauben, daß er die Fähigkeiten, Eigenschaften für etw. besitzt' (16. Jh.), früher auch 'anvertrauen'; Z u t r a u e n n. 'Glaube an jmds. Fähigkeiten und Zuverlässigkeit' (18. Jh.); z u t r a u l i c h Adj. 'voller Zutrauen, vertrauend' (18. Jh.).

trauern Vb. 'seelischen Schmerz empfinden, betrübt, ernst sein, Trauerkleidung tragen', ahd. *trūrēn* (9. Jh.), mhd. *trūren* 'traurig, ernst, nachdenklich sein', aus dem Hd. entlehnt mnd. *trūren, trōren,* mnl. *trōren, treuren*, nl. *treuren*; vgl. Frings/M. Germania Romana 1 (1966) 21. Geht man daher von anlautendem germ. *dr-* aus, können als Verwandte asächs. *driosan* 'fallen', aengl. *drēosan* 'fallen, sinken', got. *driusan* 'fallen' sowie aengl. *drūsian* 'kraftlos herabsinken, langsam, träge werden' und ahd. *trōr* 'Blut, tropfende Flüssigkeit', asächs. *drōr* 'fließendes Blut' angesehen werden. Das ermöglicht eine Rückführung auf ie. **dhreus-*, dehnstufig **dhrēus-*, wozu vielleicht griech. *thrāúein* (θραύειν) 'zerbrechen, zermalmen, entkräften', das als *s*-Erweiterung der unter *triefen* (s. d.) genannten Wurzel ie. **dhreu-* 'zerbrechen, zerbröckeln' gelten kann. Als Ausgangsbedeutung für *trauern* ergibt sich 'den Kopf sinken lassen' oder 'die Augen niederschlagen' als Trauergebärde (in diesem Sinne wohl ahd. *trūrēn* bei Otfrid). Bis ins 18. Jh. ist *trauren* die übliche Form, *trauern* entsteht unter Einfluß des Substantivs *Trauer*, zunächst in der 2. und 3. Pers. Präs. *trauerst, trauert.* – T r a u e r f. 'tiefer seelischer Schmerz, bes. um einen Verstorbenen, Trauerkleidung', mhd. (selten) *trūre, triure*, Rückbildung aus dem Verb; erst seit dem 17. Jh. geläufig. t r a u r i g Adj. 'von Trauer erfüllt, bekümmert, schmerzlich, beklagenswert, armselig, erbärmlich', ahd. *trūrag* (um 1000), mhd. *trūrec, trūric*; vgl. ablautend aengl. *drēorig* 'blutig, schmerzlich, traurig', engl. *dreary* 'traurig'. T r a u e r s p i e l n. 'Theaterstück mit tragischem Ausgang' (um 1630) für *Tragödie*, zuerst *Trauerspielschreiber* (Opitz), wohl gebildet nach älterem *Lustspiel*.

Traufe f. 'untere Kante des Daches (mit der Dachrinne), aus der Dachrinne abfließendes Regenwasser'. Der nur im Dt. begegnende *a*-Stamm ahd. *trouf* m. n. (um 900), mhd. *trouf* m. n. 'das Tröpfeln, das Herabtropfen des Wassers vom Dach, Ort des Tropfenfalls, Dachrand, -rinne' und der gleichbed. *jō*-Stamm mhd. *trouf(e)* f. sind ablautende Bildungen zu dem unter *triefen* (s. d.) behandelten Verb. Redensartlich *vom Regen in die Traufe kommen* (17. Jh.), anfangs auch *aus der Traufe in den Schlagregen* (17. Jh.), *Platzregen* (18. Jh.) *kommen* 'aus einer unangenehmen Lage in eine noch schlimmere geraten'; vgl. mhd. *in die troufe kommen.* – D a c h t r a u f e f. 'Dachrand, von dem das Regenwasser abtropft, Dachrinne', mhd. *dachtroufe*; vgl. ahd. *thahtrouf* m. (Hs. 12. Jh.), mhd. *dachtrouf* m. n.

träufeln Vb. 'tropfenweise gießen, tröpfeln, tropfen (lassen)' ist eine Iterativbildung (16. Jh.) zu veraltetem t r ä u f e n Vb., ahd. *troufen* (10. Jh.), mhd. *troufen, tröufen* 'tropfen', eigentl. 'tropfen lassen', mnd. *drōpen*, mnl. nl. (mundartlich) *drōpen*, aengl. *drȳpan, drīepan*, anord. *dreypa*, seinerseits ablautendes Kausativum zu *triefen* (s. d.).

traulich Adj. 'anheimelnd, intim' (2. Hälfte 18. Jh.), bis ins 19. Jh. auch 'zutraulich, voll Vertrauen'; eine Wortschöpfung der Dichter des Hainbunds zu *traut* (s. d.) in Anlehnung an (nicht verwandte) Wörter wie *vertraut, vertraulich, zutraulich* (s. *trauen*).

Traum m. 'im Schlaf auftretende Vorstellung, sehnlicher Wunsch', ahd. (9. Jh.), mhd. *troum*, asächs. mnd. *drōm*, mnl. nl. *droom*, mengl. *drēm*, engl. *dream*, anord. *draumr*, schwed. *dröm* setzt germ. **drauma-* aus **draugma-* 'nicht wirkliches Bild, Trugbild' voraus (vgl. ahd. *gitrog*, asächs. *gidrog* 'Erscheinung, Trugbild'), eine Bildung mit dem Suffix ie. *-ma-* zu ie. **dhreugh-* 'trügen, listig schädigen' (s. *trügen*). – t r ä u m e n Vb. 'einen Traum, Träume haben, sich Wunsch-, Phantasievorstellungen hingeben', ahd. *troumen* (um 1000), mhd. *troumen, tröumen*, mnd. *drōmen*, mnl. *drōmen, droemen*, nl. *dromen*, engl. *to dream*, anord. *dreyma*, schwed. *drömma*. T r ä u m e r m. 'wer seinen Gedanken, Phantasien nachhängt', selten 'wer im Schlaf (häufig) träumt', ahd. *troumāri* (11. Jh.), mhd. *troumære*. t r ä u m e r i s c h Adj. 'in Gedanken versunken, verträumt, versonnen' (18. Jh.). v e r t r ä u m e n Vb. 'eine Zeit träumend verbringen' (17. Jh.); oft v e r t r ä u m t Part.adj. 'träumerisch, versonnen, abseits vom lauten Getriebe, idyllisch' (18. Jh.).

Trauma n. 'durch Gewalteinwirkung entstandene Verletzung, Wunde'. Griech. *trắuma* (τραῦμα) 'Verletzung, Verwundung, Wunde, Schaden, Niederlage' wird im Sinne von 'Verletzung, Wunde' Bestandteil der lat. Wissenschaftssprache der Medizin. In der 2. Hälfte des 19. Jhs. begegnet der Ausdruck auch in dt. fachsprachlichen Texten und gilt danach in der Psychologie für 'seelische Erschütterung, Schock' (Freud, Ende 19. Jh.). – traumatisch Adj. 'Verwundungen betreffend, davon herrührend' (Mitte 19. Jh.), 'auf seelischer Erschütterung beruhend' (Anfang 20. Jh.); vgl. spätlat. *traumaticus*, griech. *traumatikós* (τραυματικός) 'zur Wunde gehörig, zu ihrer Heilung geeignet'.

traut Adj. 'anheimelnd, traulich, geliebt, teuer', ahd. *trūt* (9. Jh.), mhd. *trūt* 'lieb, geliebt' und ahd *trūt* m. (9. Jh.), mhd. *trūt* m. n. 'Geliebte(r), Liebling, Gemahl', mnl. *druut* m. 'Freund, Geliebter', aengl. *drūt* f. 'Geliebte' beruhen vielleicht auf einem alten *to*-Partizip. Alle weiteren Beziehungen sind ungeklärt.

Trawler m. 'mit dem Grundschleppnetz arbeitendes Fischereifahrzeug', anfangs auch 'wer mit dem (Grund)schleppnetz fischt, (Grund)schleppnetzfischer', Übernahme (2. Hälfte 19. Jh.) von gleichbed. engl. *trawler*, abgeleitet von engl. *to trawl* 'mit dem Schleppnetz fischen'. Dieses wahrscheinlich aus mnl. *trāghelen* 'schleppen, treideln', zu mnl. *trāghel* 'Schleppnetz', entlehnt aus lat. *trāgula* 'Schleppnetz, gleitendes (schlittenartiges) Gefährt'; zu lat. *trahere* (*tractum*) 'ziehen, schleppen'. S. auch *treideln*.

Treber Plur. '(Eiweiß und Zellulose enthaltende) Rückstände bei der Bierherstellung, Viehfutter', seltener 'Trester', ahd. *trebir* (11. Jh.), mhd. *treber*, mnd. *drēver, drāver* sind Pluralformen eines alten *es/os*-Stammes. Der Sing. begegnet in mnd. mnl. nl. *draf*, engl. *draff* 'Treber', aschwed. *draf* 'Bodensatz, Hefe', schwed. *drav* 'Schweinefutter, Treber'; vgl. auch mit Intensivgemination nl. *drabbe* 'Hefe, Bodensatz', nd. *Drabbe* 'Spülicht, Schmutz, Bodensatz'. Außergerm. sind verwandt mir. *drab* 'Treber, Hefe', *drabarṣlūag* 'gemeines Volk', russ. (älter) *drobá*, heute *drobína* (дроба, дробина) 'Bodensatz, Bierhefe, Treber'. Die Formen führen (mit ablautendem *trübe* und *trüben*, s. d.) auf eine Labialerweiterung ie. **dherəbh-, *dhrābh-, *dhrəbh-* der Wurzel ie. **dher(ə)-* 'trüber Bodensatz einer Flüssigkeit, Schmutz', auch von trüben Farbtönen (s. *Trester*).

trecken Vb. 'ziehen, gehen, sich im Treck fortbewegen', landschaftlich auch trans. 'ziehen, schleppen', mhd. mnd. mnl. *trecken* (intrans.) 'ziehen, wandern, reisen', (trans.) 'ziehen, schleppen', nl. *trekken* ist eine Intensivbildung zum starken Verb ahd. *bitrehhan* '(Asche aufs Feuer) schieben, scharren, ziehen' (11. Jh.), mhd. frühnhd. *trechen* 'ziehen, schieben, stoßen, (Feuer, Glut) scharrend bedecken' (nach dem 16. Jh. nicht mehr üblich), auch (semantisch unklar) mnd. mnl. *trēken* 'schaudern' (selten, meist mit dem schwachen Verb *trecken* vermischt). Verwandtschaft mit dem unter *tragen* (s. d.) behandelten Verb und Anschluß an die dort genannte Wurzelerweiterung ie. **dereg-* ist wahrscheinlich. *trekken* bleibt seit etwa 1700 im wesentlichen auf landschaftlichen und fachsprachlichen Gebrauch beschränkt, vgl. (Schiffersprache) 'ein Schiff vom Uferweg aus durch Ziehen fortbewegen, treideln'. Die heute übliche Bedeutung 'im Treck (weg)ziehen', bes. 'mit dem Ochsenwagen fahren, auswandern' (Ende 19. Jh.) geht wie die von *Treck* (s. unten) auf die Sprache der südafrikan. Buren (nl. *trekken*) zurück. – Treck m. 'Siedler-, Flüchtlingszug mit Fuhrwerken' (Ende 19. Jh.), zunächst im Hinblick auf die Auswanderung der Buren aus der Kapkolonie (nl. *de Grote Trek der Boeren*). Vgl. mnd. *treck*, mnl. *trec(k)* '(Kriegs)zug, feierlicher Zug, Prozession', nl. *trek* 'Zug'. Trecker m. 'Zugmaschine' (um 1930), vom Nordd. ausgehende Eindeutschung der vielleicht aus dem Engl. übernommenen Bezeichnung *Traktor* (s. d.). Zuvor 'herauszuziehendes Verschlußstück, Zapfen' (15. Jh.), 'wer ein Schiff zieht, Treidler' (17. Jh.).

treffen Vb. '(mit einem Wurf, Schlag, Schuß) das Ziel erreichen, mit jmdm. zusammenkommen, jmdm. (zufällig) begegnen', refl. unpersönlich 'sich in bestimmter Weise fügen, in bestimmter Weise geschehen', ahd. *treffan* (8. Jh.), mhd. *treffen* '(ein Ziel) erreichen, berühren, an-, betreffen, feindlich zusammentreffen, kämpfen', asächs. *drepan*, mnd. *drēpen, drāpen*, mnl. *drēpen* 'schlagen, treffen, berühren' (nl. *treffen* aus dem Hd.), aengl. *drepan* 'treffen, schlagen, töten, besiegen', anord. *drepa* 'schlagen, stoßen, töten', schwed. *dräpa* 'totschlagen' führen auf germ. **drepan* 'schlagen'; sichere außergerm. Verwandte finden sich nicht. Innerhalb des Germ. gehören hierher mhd. *tref*, nhd. *Treff* (bis 19. Jh.) 'Schlag, der trifft, das Zusammentreffen', aengl. *gedrep* 'Streich, Schlag', *drepe* 'Schlag, Totschlag', anord. *drāp* 'Totschlag'. S. auch *vortrefflich*. – T r e f f e n n. 'kleinere Kampfhandlung, Gefecht' (15. Jh.), 'Gefechtseinheit' (18. Jh.), mhd. *treffen* 'feindliches Zusammentreffen, entscheidender Schlag, Kampf', substantivierter Infinitiv von mhd. *treffen* 'dem Feind begegnen'; dazu die Wendung *etw. ins Treffen führen* 'etw. als Begründung, Beweis anführen'. In neuerer Zeit 'geplante Begegnung, Zusammenkunft zu einem bestimmten Zweck' (1. Hälfte 20. Jh.). T r e f f m. 'Zusammenkunft, Ort der Begegnung' (Mitte 20. Jh.), nicht an oben genanntes *Treff* anknüpfend, sondern neu gebildetes Kurzwort für *Treffen* bzw. *Treffpunkt*. T r e f f e r m. 'Wurf, Schlag, Schuß, der trifft' (Ende 16. Jh.), 'Gewinn in einer Lotterie, gewinnbringendes Los' (Mitte 18. Jh.), übertragen 'was gelingt, glückt, von Erfolg gekrönt ist' (19. Jh.), mhd. *treffære* 'wer trifft, Treffender'. t r e f f l i c h Adj. 'durch innere Vorzüge, durch menschliche Qualität ausgezeichnet, vorzüglich', mhd. *tref(fe)lich, treffenlich*. T r e f f p u n k t m. 'Ort, wo man einander begegnet, miteinander zusammenkommt' (Ende 19. Jh.). t r e f f e n d Part.-adj. 'etw. genau, präzise wiedergebend, richtig, wahr' (2. Hälfte 18. Jh.). b e t r e f f e n Vb. 'angehen, sich beziehen auf, widerfahren, bestürzt machen', älter auch 'antreffen, ertappen' (16. Jh.), dazu (das auch adjektivisch gebrauchte) Part. Prät. b e t r o f f e n 'bestürzt, unangenehm überrascht' (18. Jh.). e i n t r e f f e n Vb. 'zu einer bestimmten Zeit an einem Ort ankommen, wahr werden, sich ereignen' (16. Jh.). ü b e r t r e f f e n Vb. '(auf einem bestimmten Gebiet, in bestimmter Hinsicht) besser sein, über etw. hinausgehen', ahd. *ubartreffan* (um 900), mhd. *übertreffen*; u n ü b e r t r o f f e n Adj. 'einzig dastehend, bisher noch nicht übertroffen', u n ü b e r t r e f f l i c h Adj. 'nicht zu übertreffen' (beide 2. Hälfte 18. Jh.). z u t r e f f e n Vb. 'richtig sein, den Tatsachen, dem Sachverhalt entsprechen, für jmdn., etw. passend sein', eigentl. 'mit Wurf, Schlag, Schuß ins Ziel treffen' (16. Jh.).

treiben Vb. 'vorwärtsbewegen, fortjagen, sich mit etw. beschäftigen', ahd. *trīban* (8. Jh.), mhd. *trīben*, asächs. *drīƀan*, mnd. mnl. *drīven*, nl. *drijven*, aengl. *drīfan*, engl. *to drive*, anord. *drīfa*, schwed. *driva*, got. *dreiban* sowie die unter *Trieb* und *Trift* (s. d.) behandelten Substantive lassen sich lediglich vergleichen mit lit. *drìbti* 'in Flocken niederfallen, schlaff, schlapp werden' (vgl. anord. *drif, drīfa, drīft, dript* 'Schneegestöber'). Ob ein daraufhin angenommenes ie. **dhreibh-* 'treiben, stoßen' an die unter *Treber, Trester, trübe* (s. d.) genannte Wurzel ie. **dher(ə)-* 'trüber Bodensatz einer Flüssigkeit, Schmutz', auch 'matschiges Wetter', angeschlossen werden kann, ist ungewiß. – T r e i b e n n. 'geschäftiges Tun, Treibjagd' (18. Jh.). T r e i b e r m. 'wer bei der Treibjagd den Schützen das Wild zutreibt, wer ein (Arbeits-, Last)tier führt, Vieh (auf die Weide) treibt, Antreiber', ahd. *trībāri* (11. Jh.), mhd. *trīber*, mnd. *drīver*; als Jagdausdruck seit dem 17. Jh. T r e i b e i s n. 'auf Gewässern treibende Eisschollen' (Anfang 18. Jh.). T r e i b j a g d f. (18. Jh.). a b t r e i b e n Vb. 'in eine andere (nicht gewünschte) Richtung bringen, vom Kurs abkommen, eine Schwangerschaft abbrechen, Vieh mit sich forttreiben', ahd. *abatrīban* (Has. 12. Jh.), mhd. *abetrīben* 'ver-, forttreiben'; veraltet ist heute die Bedeutung 'abhetzen, durch Treiben erschöpfen' (seit Anfang 16. Jh.), erhalten in a b g e t r i e b e n Part.-adj. 'abgehetzt, erschöpft, kraftlos', häufig von Zug-, Reittieren (16. Jh.); A b t r e i b u n g f. 'Schwangerschaftsabbruch' (Anfang 16. Jh.). a n t r e i b e n Vb. '(ein Tier) vorwärtstreiben, jmdn. zu größeren Leistungen, zur Eile drängen, anschwemmen, künstlich zum Treiben bringen', mhd. *anetrīben* 'tun, anstiften, ausüben, fortsetzen'; A n t r e i b e r m. 'wer andere (zur Arbeit) antreibt' (15. Jh.); A n t r i e b m. 'Anstoß, Anreiz, Beweggrund', in der Technik 'die einer technischen Vorrichtung zugeführte Bewegungsenergie, Teil einer Maschine, die diese Energie liefert oder überträgt' (16. Jh.). a u f t r e i b e n Vb. 'in die Höhe treiben, aus der Ruhe aufscheuchen, aufblähen, Vieh zum Verkauf auf den Markt bringen, ausfindig machen', ahd. *ūftrīban* 'erhöhen, (eine Fähre) stromaufwärts treiben' (11. Jh.), mhd. *ūftrīben* 'emportreiben, errichten, erbauen, beunruhigen, auferlegen, sich erheben'; A u f t r i e b m. in der Physik 'der Schwerkraft entgegengesetzte Kraft, Aufwärtsdruck', übertragen '(Auf)schwung, Elan, Schaffenskraft' (19. Jh.). v e r t r e i b e n Vb. 'verjagen, (Zeit) verkürzen, kurzweilig gestalten, Waren (im großen) verkaufen', ahd. *firtrīban* 'vertreiben, verstoßen, entfernen' (8. Jh.), mhd. *vertrīben*; V e r t r i e b m. 'Verkauf von Waren' (16. Jh.), 'Abteilung eines Betriebes, die die Bestellung und Auslieferung der Waren besorgt' (20. Jh.).

treideln Vb. 'ein Schiff vom Ufer (vom *Treidelpfad*) aus am Schlepptau (*Treidel, Treil*) stromaufwärts ziehen', ein nd. Wort, seit der 2. Hälfte des 18. Jhs. in der Literatursprache. Mnd. *treilen, troilen*, nd. *treilen, treieln, treueln*, (mit Gleitlaut) *treideln*, mnl. *treilen, treelen*, nl. *treilen* 'an einer Zugleine laufen, ein Schiff an einem Seil stromaufwärts ziehen, mit einem Schleppnetz fischen' sind entlehnt aus mfrz. *trailler* 'ein Schiff an einem Seil ziehen', einer Ableitung von mfrz. *traille* 'Seil zum Einholen eines Schiffes', frz. 'Seilfähre, Zug- bzw. Leitseil für eine Fähre', das auf lat. *trăgula* 'Schleppnetz, gleitendes (schlittenartiges) Gefährt' beruht; zu lat. *trahere* 'ziehen, schleppen'. S. auch *Trawler*.

Trenchcoat m. sportlicher, wetterfester Mantel aus imprägniertem Baumwollstoff mit Gürtel, Übernahme (Ende 20er Jahre 20. Jh.) aus gleichbed. engl. *trench coat*, eigentl. 'Schützengrabenmantel' (nach der Bekleidung der britischen Frontsoldaten im ersten Weltkrieg). Engl. *trench* '(Schützen)graben, Einschnitt, Furche, tiefe Rinne' ist entlehnt aus afrz. *trenche* 'durch einen Schnitt Abgetrenntes, Abschnitt, Teil, Scheibe', mfrz. *tranche*, auch 'Einschnitt, Graben, Grube' (frz. *tranche* 'Scheibe, Schnitte, Platte, Kante'), Verbalsubstantiv zu afrz. *trench(i)er* 'ab-, durch-, zerschneiden, zerlegen, zuschneiden, Gräben anlegen' (frz. *trancher*); zur Herkunft s. *tranchieren*. Engl. *coat* 'Rock, Jacke, Mantel' geht über mengl. *cote* auf afrz. *cote* 'schmales Gewand mit Ärmeln für Männer und Frauen' (frz. *cotte* 'Rock, blaue Arbeitshose') zurück, das wahrscheinlich aus dem Germ. stammt (s. *Kutte*).

Trend m. '(Grund)richtung einer (sich anbahnenden) Entwicklung, Entwicklungstendenz' (bes. im wirtschaftlichen und politischen Bereich), allgemein 'charakteristischer Zug, Neigung, Mode(erscheinung), öffentliche Stimmung', übernommen (20er Jahre 20. Jh.) von gleichbed. engl. *trend*, zum Verb engl. *to trend* 'sich neigen, richten, erstrekken, eine bestimmte Richtung haben oder nehmen', aengl. *trendan* '(sich) drehen, wenden', das mit aengl. *trendel* 'Kugel, Kreis, Ring', *trinda* 'runder Klumpen, Ball' wie *trennen* (s. d.) als eine nasalierte Bildung zu der unter *zehren, zerren, Zorn* (s. d.) genannten Wurzel ie. **der(ə)-, *drē-* 'schinden, (ab)spalten', anzusehen ist (s. auch *trudeln*).

trennen Vb. 'eine Verbindung lösen, (ein Ganzes) auseinanderbringen, in seine einzelnen Bestandteile zerlegen, unterscheiden, absondern', refl. 'auseinandergehen'. Das nur im Dt. und Nl. begegnende Verb ahd. *-trennen* in *inttrennen* 'zerreißen' (10. Jh.), mhd. *trennen*, mnl. *trennen* 'Streit haben', (mit *r*-Metathese) *ontternen, onttornen*, nl. *tornen, tarnen* 'auftrennen' kann als mit *jan*-Suffix gebildetes Kausativum zum starken Verb ahd. *-trinnan* (in *in(t)trinnan* 'fliehend entkommen, sich flüchten, abtrünnig sein', 10. Jh., *zitrinnan*, 9. Jh.), mhd. *trinnen* 'davongehen, sich absondern' (s. *abtrünnig*) aufgefaßt werden. Dazu vgl. ahd. *anttrunn(e)o* 'Heimatloser, Verbannter, Abtrünniger' (8. Jh.), mhd. *trünne* 'laufende Schar, Schwarm, Rudel', ahd. *trennila* 'Wirbel, Kreisel' (11. Jh.), ursprünglich 'abgespaltenes Stammstück als Scheibe, Rad', *-trennilōn* in *thuruhtrennilōn* 'umhertreiben' (8. Jh.), ahd. *trendila* (11. Jh.), mhd. *trendel, trindel* 'Kugel, Kreisel', mnd. *trendel, trindel* 'Scheibe', *trent, trint, tront, trunt* '(kreis-, ei- oder scheiben)rund', *trent* 'Rundung, die ringsumfassende Linie, Grenze', aengl. *trinda* 'runder Klumpen, Ball', schwed. (aus dem Mnd.) *trind* 'rund'. Die Wortgruppe läßt sich (mit *nn* aus *nu̯*) auf ie. **drenu̯ō, *dr̥nu̯ō* zurückführen, eine mit Nasalinfix erweiterte Bildung von ie. **der(e)u-* zu der unter *zehren, zerren* (s. d.) dargestellten Wurzel ie. **der(ə)-, *drē-* 'schinden, (ab)spalten'. – T r e n n u n g f. 'das Trennen, das Getrenntsein' (1. Hälfte 16. Jh.); vgl. mhd. *trenne* 'Trennung, Spaltung'. t r e n n b a r Adj. 'so beschaffen, daß es abgetrennt werden kann' (um 1700); u n t r e n n b a r Adj. (Mitte 18. Jh.). a b t r e n n e n Vb. 'völlig trennen, (los)lösen, losreißen, absondern, (durch eine Trennlinie) abgrenzen', mhd. *abetrennen*.

Trense f. einfacher Pferdezaum aus Gebißstange und durch Ringe daran befestigtem Zügel. Die Bezeichnung gelangt Ende des 16. Jhs. zugleich mit der Sache aus den Niederlanden ins Dt. Vorausgehendes mnl. *trense, trensse* 'Seil, Pferdezaum, Zügel' (nl. *trens*) ist während der span. Besetzung entlehnt aus span. *trenza* 'Flechte, Zopf, Tresse, Seil', das wahrscheinlich auf Kreuzung der beiden sinnverwandten Wörter aspan. *treça* 'Haarflechte', Übernahme von afrz. *trece, tresce* 'Haarflechte, Zopf' (frz. *tresse* 'Geflecht, Haarflechte, Schnur, Borte', s. *Tresse*), und span. *trena* 'Borte, Tresse, Schärpe, Band' (aus der fem. Form von lat. *trīnus* 'dreifach', Plur. 'je drei', demnach eigentlich 'aus drei Teilen Geflochtenes') beruht.

Treppe f. 'aus Stufen gebildeter Aufgang'. Die nur im Dt. und Nl. begegnenden Substantivformen mhd. *trappe, treppe*, mnd. *treppe, trappe, troppe*, mnl. *trap(pe)*, nl. *trap* gehören zur Wortgruppe um *trappen, trippeln, Trip* und *trampeln* (s. d.) und bedeuten eigentl. 'Tritt, Stufe'. Dazu stellen sich aengl. *treppan* 'treten, in einer (Tritt)falle, (Vogel)schlinge fangen', anfrk. (latinisiert?) *trappa* (Lex Salica, 6. Jh.), ahd. *trappa* (Hs. 12. Jh.), aengl. *træppe, treppe*, engl. *trap*, mnl. *trap(pe)* '(Tier)falle', eigentl. '(Vogel)schlinge, (Tritt)falle' (vgl. engl. *trapper* 'Fallensteller, nordamerik. Pelztierjäger') und nhd. (landschaftlich) *Trappe* 'Fußspur, Hufspur des Pferdes' (vgl. *Roßtrappe*). Außergerm. vergleichbar sind russ. (landschaftlich) *drjabý* (*дрябы*) Plur. 'Erntewagen', poln. *drabina* 'Leiter' und vielleicht auch lit. *drebéti* 'zittern, schlottern, beben'. Auszugehen ist von ie. **dreb-*, das wie die unter *treten* und *zittern* (s. d.) genannten Ansätze ie. **drei-*, **drā-* als Erweiterung der Wurzel ie. **der-* oder **derə-* 'laufen, treten, trippeln' angesehen werden kann. Die dieser Wurzel zuzuordnenden germ. Wörter, auch *treten* und *zittern*, dürften als lautmalende bzw. affektische Weiterbildungen aufzufassen sein (mit emphatischem, im Hd. unverschobenem *-pp-* in den oben genannten Substantiven für 'Stufe, Treppe' und 'Falle' und in aengl. *treppan* sowie in nhd. *trappen, trippeln*, mit emphatischer Nasalierung in got. *anatrimpan* 'bedrängen', nhd. *trampeln*). *Treppe* ist wie die alte (heute noch im Rheinischen gebrauchte) Nebenform *Trappe* ursprünglich ein nd.-md. Wort, dem obd. [1]*Stiege* (s. d.) gegenübersteht. Es bezeichnet anfangs vor allem die Einzelstufe; die heutige Bedeutung 'Gesamtheit der Stufen' setzt sich um die Mitte des 17. Jhs. durch. – T r e p p e n w i t z m. 'geistreiche Antwort, die jmdm. erst nachträglich einfällt' (gleichsam auf der Treppe, nach Verlassen des Gesprächspartners). Wohl in Anschluß an Diderot, der bemerkt, daß ein empfindsamer Mensch, durch einen geistreichen Ausspruch verwirrt, erst auf der untersten Treppenstufe wieder zu sich finde, wird im Dt. die Fügung frz. *l'esprit d'escalier* geprägt (1. Hälfte 19. Jh.) und mit *Treppenwitz* übersetzt (um 1850). Beide Ausdrücke finden im oben genannten Sinne rasch bildungssprachliche Verbreitung (vgl. *Treppenwitz der Weltgeschichte*, Titel eines Buches von Hertslet 1882). Danach (um 1900) wird die Wendung auch von frz. Schriftstellern, allerdings in der Form *l'esprit de l'escalier*, aufgenommen.

Tresor m. 'feuer- und diebstahlsicherer Panzer-, Geldschrank, gepanzerter unterirdischer Raum, Stahlkammer', Entlehnung (Ende 19. Jh.) von gleichbed. frz. *trésor*. Auf voraufgehendem afrz. *tresor* 'Schatz, Anhäufung von Gold, Silber, Edelsteinen, Schatzkammer', über vlat. **tresaurus* hervorgegangen (mit antizipiertem *r*?) aus lat. *thēsaurus*, griech. *thēsaurós* (*ϑησαυρός*) 'Vorrat, Schatz, Schatzkammer, Speicher', beruht als frühe Entlehnung gleichbed. mhd. *tresor, trisor, treser*, nhd. (nur vereinzelt bis ins 17. Jh.) *Trisur, Tresor*. Ahd. *triso* (8. Jh.), *treso* (9. Jh.) 'Schatz, Schatzkammer', *trisohūs* (um 800), *tresohūs* (9. Jh.), asächs. *tresurhūs* 'Schatzhaus, -kammer' dürften dagegen direkt auf das Vlat. zurückgehen.

Tresse f. 'Borte, Litze, Zierbesatz' (an Kleidungsstücken, Uniformen), übernommen (Anfang 18. Jh.) von frz. *tresse* 'Geflecht, Haarflechte, Schnur, Borte', afrz. *trece, tresce* 'Haarflechte, Zopf' (s. *Trense*). Herkunft ungewiß. FEW 13, 2, 262 ff. geht von spätgriech. *trichía* (*τριχία*) 'Palmbast zur Anfertigung von Stricken' aus, das offensichtlich in Zusammenhang mit griech. *thríx*, Gen. *trichós* (*ϑρίξ, τριχός*) 'Haar' steht, und nimmt Entlehnung über vlat. **trichia* 'Zopf, Seil' an (vgl. ital. *treccia* 'Flechte').

Trester Plur. 'Rückstände bei der Bereitung von Wein, von Obst- und Gemüsesäften'. Neben den Pluralformen ahd. *trestir* 'was von ausgepreßten Früchten übrigbleibt, Bodensatz' (um 800), mhd. *trester* 'Rückstand beim Keltern des Weines' steht singularisches aengl. *dærst(e), dræst* m. 'Hefe, Bodensatz, Abfall', die als Bildungen mit *st*-Formans germ. **dragsta-* voraussetzen. Damit verwandt ist anord. *dregg* 'Hefe' (woraus wahrscheinlich gleichbed. engl. *dregs*, Plur.) und außergerm. lat. *fracēs* 'Bodensatz des Öles, Ölhefe', *fracēre* 'ranzig sein', griech. *tarássein, thrássein* (ταράσσειν, θράσσειν) 'verwirren, beunruhigen', *tarachḗ* (ταραχή) 'Verwirrung', aslaw. *droždiję* Plur., russ. *dróžži* (дрожжи) Plur., lit. *drãgės* 'Hefe', so daß von ie. **dheragh-* ausgegangen werden kann, einer Erweiterung der Wurzel ie. **dher(ə)-* 'trüber Bodensatz einer Flüssigkeit, Schmutz' (wozu auch *Treber* und *trübe*, s. d.).

treten Vb. 'seinen Fuß worauf oder wohin setzen, mit dem Fuß stoßen', ahd. *tretan* (um 800), mhd. *treten*, mnd. mnl. *trēden*, nl. *treden*, aengl. *tredan*, engl. *to tread* 'treten' stehen als Ablautneubildungen (oder mit Ablautentgleisung?) neben anord. *troða*, got. *trudan*. Dazu stellt sich ein Kausativum ahd. *tretten* 'zertreten' (11. Jh.), mhd. *tret(t)en* 'fest auftreten, (zer)stampfen, niedertreten', mnd. *tredden*, aengl. *treddan* 'niedertreten, stampfen, nachspüren', anord. *treðja* 'niedertreten'; vgl. ferner (mit Intensivgemination) ahd. *trettōn* 'mit Füßen treten, niedertreten' (um 1000), aengl. *treddian* 'schreiten, gehen' sowie ahd. *trotōn* 'keltern, pressen', eigentl. 'treten' (um 1000; vgl. ahd. *trota* 'Kelter'). Vielleicht ist auszugehen von einer Partizipialbildung ie. **druto-* zu ie. **dreu-*, einer Erweiterung der Wurzel ie. **der(ə)-* 'laufen, treten, trippeln' (s. *Treppe, trampeln, zittern*). – a b t r e t e n Vb. 'sich von einem Ort entfernen, seinen Wirkungskreis verlassen, den Schmutz von den Schuhen entfernen, mit dem Fuße losstoßen', mhd. *abetreten*; dazu A b t r e t e r m. 'Matte oder Rost zum Entfernen des Schmutzes von den Schuhen' (19. Jh.). a n t r e t e n Vb. 'sich zu einem bestimmten Zweck irgendwo einfinden, sich in bestimmter Ordnung aufstellen, durch Treten in Gang bringen, festtreten (Erde)', mhd. *anetreten* 'unternehmen, anfangen, berühren'; A n t r i t t m. 'das Antreten, Beginn', mhd. *anetritt* 'Angriff, Stufe, Eingang'. a u f t r e t e n Vb. 'den Fuß aufsetzen, durch einen Tritt gewaltsam öffnen, sich öffentlich zeigen, auf der Bühne erscheinen', mhd. *ūftreten*, auch 'sich erheben'; A u f t r i t t m. 'das Auftreten des Schauspielers auf der Bühne, Szene eines Schauspiels, heftige Auseinandersetzung', mhd. *ūftrit* 'Höhe'; im Sinne von 'Szene' seit dem 18. Jh. a u s t r e t e n Vb. 'aus einer Gemeinschaft ausscheiden, sich absondern (von Gasen, Flüssigkeiten), Glimmendes, Brennendes durch Treten ersticken, durch häufiges Treten abnutzen', verhüllend (seit 19. Jh.) 'seine Notdurft verrichten' (eigentl. 'aus dem Zimmer gehen'), mhd. *ūȝtreten* 'aus-, heraus-, hervortreten, aus-, abweichen'; dazu A u s t r i t t m., mhd. *ūȝtrit*. b e t r e t e n Vb. 'seinen Fuß auf etw. setzen, hineingehen', ahd. *bitretan* 'zertreten, zerquetschen' (9. Jh.), mhd. *betreten* 'zu etw. kommen, antreffen, erreichen, überraschen, überfallen, ergreifen'; b e t r e t e n Part.adj. 'peinlich überrascht, berührt, verlegen' (16. Jh.), eigentl. 'ertappt und deshalb verlegen'. ü b e r t r e t e n Vb. '(den Fuß) durch falsches Auftreten verstauchen, ein Gebot verletzen, über die Ufer treten', mhd. *übertreten* 'niedertreten, überwinden, über etw. treten, besteigen, übertreffen', refl. 'über die Schranken der Sitte treten, sich vergehen'; Ü b e r t r i t t m. 'das Übertreten, Wechsel zu einer anderen Gemeinschaft', mhd. *übertrit* 'Übertretung, Vergehen, Abfall, Überwältigung'. v e r t r e t e n Vb. 'vorübergehend jmds. Stelle einnehmen, jmds. Interessen, Rechte wahrnehmen, für etw. eintreten', refl. 'sich (durch Fehltreten) den Fuß verstauchen, steif gewordene Beine durch Umhergehen wieder beweglich machen', ahd. *firtretan* 'zertreten, entgegentreten' (8. Jh.), mhd. *vertreten* 'dahingehen, wegstoßen, verschmähen, verleugnen, verhindern, zertreten, an jmds. Stelle treten, haften', refl. 'fehltreten'; V e r t r e t e r m. 'Beauftragter, Repräsentant, Verfechter, Anhänger', spätmhd. *vertreter* 'Schirmherr'. v o r t r e t e n Vb. 'nach vorn treten, herausragen', mhd. *vortreten*; V o r t r i t t m. '(aus Höflichkeit gewährtes) Recht zum Vorausgehen' (15. Jh.). Z u t r i t t m. 'das Eintreten, Zugang', mhd. *zuotrit* 'Anfang, Angriff'.

treu Adj. 'unveränderlich fest (in der Gesinnung), anhänglich, zuverlässig'. Der *ja/jō*-Stamm ahd. (8. Jh.), asächs. *triuwi*, mhd. *triuwe* 'treu, getreu, wohlmeinend', mnd.

trūwe, mnl. *trūwe, trouwe*, nl. *trouw*, aengl. *trīewe, trēowe*, engl. *true* ('wahr, richtig, echt') hat neben sich den *a/ō*-Stamm anord. *tryggr* 'treu, vertrauensvoll', schwed. *trygg* 'sicher, geborgen', got. *triggws* 'treu, zuverlässig'. Das Adjektiv gehört zusammen mit den unter *Treue* (s. unten), *trauen* und *Trost* (s. d.) genannten Formen zu dem unter *Teer* (s. d.) dargestellten Ansatz ie. **deru-, *dreu-, *drū-* 'Baum', eigentl. wohl 'Eiche', und 'baumstark, hart, fest, treu' (s. auch *Trog* und *Truhe*). – T r e u e f. 'unverändert feste Verbundenheit, beständige Anhänglichkeit, Zuverlässigkeit', ahd. *triuwa* 'Treue, Zuverlässigkeit, Vertrag, Bündnis' (8. Jh.), mhd. *triuwe, triwe, triu* 'Aufrichtigkeit, Zuverlässigkeit, Treue, Versprechen, Gelübde', asächs. *treuwa* 'Treue, Frieden, Bund', mnd. *trūwe, trouwe* 'Treue, Wahrhaftigkeit, Redlichkeit, Eheversprechen, Verlobung', mnl. *trouwe, trūwe*, nl. *trouw* 'Treue, Heirat, Trauung', aengl. *trēow* 'Treue, Wahrheit, Glaube, Versprechen', got. *triggwa* 'Bund, Bündnis' (germ. **trewwō*), ablautend aengl. *trūwa* 'Treue, Glaube, Vertrauen', anord. *trū* 'Treue, Gelöbnis, Glaube, Religion', schwed. *tro* 'Glaube, Treue'. Aus der ursprünglichen Bedeutung 'gegenseitige feste Abmachung, Bündnis' entwickelt sich 'das Einhalten eines Vertrages'; in mhd. Zeit wird *Treue* zu einem Tugendbegriff der ritterlich-höfischen Ethik. In nhd. Zeit überwiegt der Sinn des Steten, Festen, Dauernden. – T r e u b r u c h m. 'Verrat' (um 1700), zuvor bereits t r e u b r ü c h i g Adj. 'die Treue, den Treueid brechend', spätmhd. *triuwebrüchic* 'wortbrüchig, meineidig'. T r e u h ä n d e r m. 'wem etw. zu treuen Händen übergeben worden ist, Verwalter fremden Eigentums', mhd. *triuwehander, -hender*, Rechtsausdruck nach Fügungen wie mhd. *die triuwen hende, ze triuwer hant, ze triuwen handen*. t r e u l i c h Adj. 'mit Treue, zuverlässig', mhd. *triuwelich*. t r e u l o s Adj. 'ohne Treue, nicht treu, verräterisch', mhd. *triuwelōs*. Die ursprünglich rechtliche Bedeutung 'vertragsbrüchig gegenüber einem Bündnis, gegenüber Abmachungen' wird in mhd. Zeit zu 'verräterisch, betrügerisch' erweitert, später auch 'unzuverlässig' (16. Jh.), 'lügnerisch' (18. Jh.), '(vom Gedächtnis) unbeständig, ungenau' (19. Jh.); T r e u l o s i g k e i t f. 'treuloses Verhalten, Treubruch' (Mitte 16. Jh.). b e t r e u e n Vb. 'in Obhut nehmen, pflegen, für jmdn., etw. sorgen', mhd. *betriuwen* 'in Treue erhalten, schützen'.

tri- Bestimmungswort in Zusammensetzungen mit der Bedeutung 'drei, dreimalig'. Zugrunde liegt das im Griech. und Lat. häufige Kompositionsglied griech. *tri-* (τρι-), lat. *trĭ-* 'drei-', das im Ablaut zu den unter *drei* (s. d.) angegebenen Zahlwörtern griech. *treĩs* (τρεῖς), lat. *trēs* steht. Im Dt. in vielen auf dem Griech. oder Lat. beruhenden Zusammensetzungen. – T r i a n g e l m. n. (seit 19. Jh. auch f.) Schlaginstrument aus einem zu einem gleichseitigen Dreieck gebogenen Stahlstab, dessen Klang (in Diskantlage) die höchsten Obertonfrequenzen im Orchester aufweist (16. Jh.). Zuvor mathematischer Terminus *Triangel, Triangul* n. m. 'Dreieck' (15. bis 18. Jh.), aus gleichbed. lat. *triangulum* n., spätlat. *triangulus* m., Substantivierungen des Adjektivs lat. *triangulus* 'dreieckig'; vgl. lat. *angulus* 'Ecke, Winkel'. T r i l o g i e f. 'Folge von drei thematisch zusammengehörenden künstlerischen Werken', ursprünglich von Tragödien (2. Hälfte 18. Jh.), aus griech. *trilogía* (τριλογία) 'die drei zusammenhängenden Tragödien, mit denen die tragischen Dichter in Athen bei den dramatischen Wettkämpfen auftraten'. T r i m e s t e r n. 'Drittel eines Studienjahres' (2. Hälfte 19. Jh.), in Analogie zu *Semester* (s. d.) gebildet nach lat. *trimēstris* 'dreimonatig' (zu lat. *mēnsis* 'Monat'); zuvor vereinzelt 'Zeitraum von drei Monaten' (Ende 18. Jh.), wohl nach dem Vorbild von gleichbed. frz. *trimestre* m. (18. Jh.), der Substantivierung des gleichlautenden, ebenfalls auf dem Lat. beruhenden mfrz. frz. Adjektivs. T r i p t y c h o n n. 'dreiteiliges (Altar)bild' (2. Hälfte 19. Jh.), substantiviertes Neutrum von griech. *tríptychos* (τρίπτυχος) 'dreischichtig, -lagig, dreifach gefaltet'; vgl. griech. *ptychḗ* (πτυχή) 'Falte, Schicht, Lage'. T r i u m v i r a t n. 'Dreimännerherrschaft (im antiken Rom), Herrschaft von dreien, Dreiheit' (1. Hälfte 18. Jh.), aus lat. *triumvirātus* 'Amt eines Triumvirn', zu lat. *triumvir* 'einer der drei Männer des Triumvirats'; vgl. lat. *vir* 'Mann'. Auch in Neubildungen der Wissenschaftssprache, z.B. T r i g o n o m e t r i e f. 'Messung und Berechnung von Dreiecken' (17. Jh.), nlat. *trigonometria*, geprägt von dem dt. Mathematiker B. Pitiscus (1595) zu griech. *trígōnos* (τρίγωνος) 'dreiekkig'; vgl. griech. *gōnía* (γωνία) 'Ecke, Winkel, Winkelmaß'.

Tribun m. Titel röm. Amtsträger, entlehnt aus lat. *tribūnus* 'Vorsteher einer Tribus in politischer, religiöser und militärischer Hinsicht', abgeleitet von lat. *tribus*, ursprünglich Bezeichnung für jeden der drei Stämme der röm. Bevölkerung, später eine regionale Gliederungseinheit. Mhd. *tribun*, spätmhd. frühnhd. *tribuner* steht in Bibelübersetzungen für lat. *tribūnus mīlitum*, den zeitweiligen Befehlshaber einer Legion (von Luther mit *Hauptmann* wiedergegeben). Nhd. *Tribun*, auch *Volkstribun* (18. Jh.) bezeichnet, entsprechend lat. *tribūnus plēbis*, den 'rechtlichen Vertreter des röm. Volkes (soweit es nicht zum Patriziat gehört)', in weiterem Sinne auch allgemein einen die Rechte des Volkes vertretenden Politiker bzw. einen revolutionären Volksredner.

Tribunal n. '(hohes) Gericht, Strafgericht', Übernahme (Mitte 17. Jh.) wohl unter Einfluß von gleichbed. mfrz. frz. *tribunal* m. (15. Jh.) aus lat. *tribūnal* n. 'erhöhter Platz für den Richterstuhl des Tribunen bzw. anderer hoher Amtsträger, Gerichtshof, Trauerbühne, Erdaufschüttung', zu lat. *tribūnus* (s. *Tribun*). Vom 18. Jh. an auch 'beratende Versammlung, politische Körperschaft, Gerichtsgebäude, Richterstuhl' und übertragen 'Urteilsinstanz'. Als frühe, direkte Entlehnung aus dem Lat. begegnet bereits mhd. *tribunal* 'Richterstuhl, erhöhte Gerichtsbühne'.

Tribüne f. 'erhöhter Platz, Podest', bes. 'Podium für den Redner' und 'Gerüst mit ansteigenden Sitzreihen für Zuschauer (sowie die Gesamtheit der dort versammelten Zuschauer)', älter auch 'Empore, Galerie', Entlehnung (Ende 18. Jh., anfangs vielfach in frz. Schreibung) aus gleichbed. frz. *tribune*, das auf ital. *tribuna* 'Apsis, erhöhter Platz (in der Kirche), Kirchenstuhl, Podium, Bühne' zurückgeht. Das ital. Substantiv entspricht mlat. *tribuna* 'Kanzel, Katheder, Pult, Apsis, erhöhter Teil des Chors, Aufbewahrungsort für Reliquien', einer Umbildung von lat. *tribūnal* 'erhöhter Platz für den Richterstuhl des Tribunen' (s. *Tribunal*), das schon spätlat. (bei Kirchenschriftstellern) auf Teile der christlichen Basilika übertragen wird. Vereinzelt nachgewiesenes mhd. *tribun* 'Reliquiar, Epitaph' (13. Jh.) ist direkt aus mlat. *tribuna* entlehnt.

Tribut m. 'zwangsweise auferlegte Abgabe, Steuer'. Eine erste Entlehnung liegt vor in ahd. *tribuȝ* m. (9. Jh.), eine zweite in spätmhd. *tribūt(e)* 'öffentliche Abgabe'. Beide gehen zurück auf lat. *tribūtum* n. 'öffentliche Abgabe, Steuer, Beitrag', eigentl. 'die dem einzelnen Bürger zugeteilte Abgabeleistung', substantiviertes Neutrum des Part. Perf. von lat. *tribuere* 'teilen, zuteilen, willfahren, bemessen, aufwenden', einer Bildung zu lat. *tribus*, ursprünglich Bezeichnung für jeden der drei Stämme der röm. Bevölkerung, später eine regionale Gliederungseinheit, auch 'Bezirk für Steuererhebung und Aushebung'. Übertragener Gebrauch 'Hochachtung, Respekt' setzt bereits im 16. Jh. ein, vgl. Wendungen wie *Tribut entrichten, zollen, erweisen*.

Trichine f. Den im Muskelgewebe von Mensch und Säugetieren parasitierenden Fadenwurm benennt sein Entdecker, der engl. Naturforscher Owen, zoolog.-lat. *Trichina* (1835), gebildet zu griech. *tríchinos* (τρίχινος) 'aus Haaren bestehend, haarartig' (hier: 'dünn wie ein Haar'); vgl. griech. *thríx*, Gen. *trichós* (ϑρίξ, τριχός) 'Haar'.

Trichter m. kegelförmiges Gerät mit Abflußrohr zum Eingießen von Flüssigkeiten in enge Öffnungen. Ahd. *trahtāri, -eri, trehtāri, -eri* (11. Jh.), *trihteri* (Hs. 12. Jh.), mhd. *trihter*, spätmhd. *trahter*, frühnhd. *trehter* und mnd. *trechter*, mnl. *trachter, trechter*, nl. *trechter*, aengl. *trachter* sind Entlehnungen aus spätlat. *trāiectōrium* n. 'Trichter', einem Ausdruck der römischen Weinkultur, eigentl. 'Gerät zum Hinüberschütten', zu lat. *trāicere* (*trāiectum*) 'hinüberwerfen, -bringen, übersetzen, aus einem Gefäß in ein anderes gießen'; vgl. lat. *iacere* 'werfen, schleudern, verbreiten'. Der Vokalübergang im Dt. von *a* über Umlaut-*e* zu *i* ist ungeklärt. Die übertragene Bedeutung 'Gerät, durch das man dem Menschen einen geistigen Inhalt eingießt' begegnet zuerst zu Anfang des 16. Jhs.; dazu *Nürnberger Trichter* nach dem 1647 zu Nürnberg erschienenen *Poetischen Trichter* von Harsdörfer. – e i n t r i c h t e r n Vb. 'Flüssigkeit durch einen Trichter einfüllen' (16. Jh.), 'jmdm. etw. mühsam beibringen' (18. Jh.).

Trick m. 'Kunstgriff, Kniff, List', auch (nur 18./19. Jh.) 'Stich (beim Whistspiel)', Übernahme (2. Hälfte 18. Jh.) von engl. *trick* 'List,

Kniff, Streich, Possen, Stich (beim Kartenspiel)', älter auch 'Betrug'. Dieses beruht letztlich vielleicht auf afrz. *triche* 'Betrug', das über nordfrz. Mundarten (vgl. norm. *trique*) ins Engl. gelangt. Dem zugrundeliegenden Verb afrz. *trichier* 'betrügen' (frz. *tricher*) geht wohl vlat. **trīccāre* voraus, das mit affektisch-expressiver Konsonantendoppelung aus spätlat. *trīcāre*, lat. *trīcārī* 'Schwierigkeiten, Winkelzüge machen, Ausflüchte suchen', einer Ableitung von lat. *trīcae* (Plur.) 'Possen, Schwierigkeiten, Ränke', hervorgegangen ist. – Trickfilm m. (20. Jh.). tricksen Vb. (Sportjargon) 'trickreich spielen, den Gegner geschickt ausmanövrieren, ausspielen, umspielen', auch *austricksen* (20. Jh.).

Trieb m. '(innere) antreibende Kraft, Schößling', mhd. *-trip* (Gen. *-tribes*) (in *übertrip*) 'das Treiben des Viehs, Viehweide', ablautende Abstraktbildung zu dem unter *treiben* (s. d.) behandelten Verb, älteres *Trift* (s. d.) im Hd. verdrängend. In seinen Verwendungen dem Gebrauch des Verbs folgend, zufrühst (heute noch landschaftlich) 'das Treiben von Vieh' (erhalten in *Auftrieb* zur Alm, *Abtrieb* von der Alm), auch 'Weideland, Weiderecht' und 'kleines Triebrad', 'Eifer, Energie' (1. Hälfte 16. Jh.), 'maschineller Antrieb' (Anfang 17. Jh.), 'innerer Drang, Antrieb, Lust' (Ende 17. Jh.), 'Wachstum einer Pflanze, Sproß, Schößling, geschlechtliches Verlangen, Instinkt, das Treiben von Wild (bei einer Jagd), Abschnitt einer größeren Treibjagd' (18. Jh.). – triebhaft Adj. 'sinnlich, leidenschaftlich' (um 1900), älter 'frisch, lebhaft, kräftig, blühend' (Anfang 18. Jh.). Triebfeder f. 'treibende Feder im Uhrwerk', übertragen 'innere treibende Kraft, Antrieb' (18. Jh.), anfangs vereinzelt auch *Treibfeder*. Triebkraft f. 'vorantreibende Kraft, Wachstumskraft in einer Pflanze' (18. Jh.), zuvor *Treibkraft* (Mitte 17. bis Anfang 19. Jh.). Triebwagen m. 'Schienenfahrzeug mit eigenem Antrieb' (Anfang 20. Jh.), zuvor (Ende 19. Jh.) 'mit einem Motor getriebener Wagen', vgl. *Triebkraftwagen* für 'Automobil'.

triefen Vb. 'vor Nässe anhaltend tropfen, naß sein', ahd. *triofan* (8. Jh.), mhd. *triefen*, asächs. *driopan*, mnd. *drēpen, drūpen*, mnl. *drūpen*, nl. *druipen*, aengl. *drēopan*, anord. *drjūpa* (auch 'den Kopf hängen lassen'), schwed. *drypa*. Dazu gehören als Verwandte die unter *Traufe, träufeln, Tripper, Tropf, Tropfen* (s. d.) behandelten Formen. Außergerm. vergleichbar ist wohl air. *drucht* (aus **dhruptu-*) 'Tau, Tautropfen', so daß von ie. **dhreub-* ausgegangen werden kann. Ferner sind griech. *thrýptein* (θρύπτειν) 'zerreiben, zerbröckeln, entkräften' und lett. *drubazas* 'Stückchen, Splitter, Krümchen' heranziehbar, die ie. **dhreubh-* voraussetzen. Beide ie. Labialformen machen in Verbindung mit der *s*-Form ie. **dhreus-* (s. *trauern*) einen nur in diesen Erweiterungen auftretenden Wurzelansatz ie. **dhreu-* 'zerbrechen, zerbröckeln' möglich. *triefen* flektiert ursprünglich stark. Da das Part. Prät. von *triefen* mit dem von *treffen* lautlich zusammenfällt, wird im 17. Jh. eine schwache Form *getrieft* und (daran anschließend) in der 2. Hälfte des 17. Jhs. schwaches *triefte* (neben *troff*) üblich. Trans. Gebrauch von *triefen* in der Bedeutung 'Flüssigkeiten in Tropfen fallen machen' setzt Anfang des 16. Jhs. ein, als sich in Bedeutung und Form Übereinstimmungen mit *träufen* (s. *träufeln*) zeigen.

triezen Vb. 'quälen, peinigen, schikanieren, foppen', nach nd. *tritzen, trissen* 'mit der *Trieze* auf-, hochziehen' (16. Jh.), zu mnd. *tritze, trisse, triste* f., literatursprachlich (19. Jh.) *Trieze* 'Taurolle, Winde'; Herkunft unbekannt. Die heutige Bedeutung des Verbs (nordd. und md.) nach dem Brauch, Matrosen zur Strafe an einem Tau hochzuziehen. Im Obsächs. neben *triezen* auch *striezen*.

Trift f. 'Viehweide, Holzflößung, Strömung des Wassers', mhd. *trift* 'das Treiben, Schwemmen oder Flößen, Weide, Herde, das Tun, Lebensweise', mnd. *drift* 'das Treiben des Viehs, Weide, Herde, Strömung des Wassers, Wassergebiet, Weg', mnl. *drift, dricht, drecht* 'Heftigkeit, Eifer, Drang, Viehherde, Bezirk', nl. *drift* 'Zorn, Leidenschaft, Herde, Strömung, Trift, Abtrift', anord. *drift, dript* 'Schneegestöber, Blumenduft', schwed. *drift* 'Trieb, Antrieb, Betrieb, Strömung' ist mit *ti*-Suffix gebildetes Verbalabstraktum zu dem unter *treiben* (s. d.) behandelten Verb. Mnd. *drift* bezeichnet auch 'das Treiben der Strömung, durch Winde bewirkte Meeresströmung sowie das dadurch verursachte (Ab)treiben des Schiffes (vom Kurs)'; in dieser Bildung gelangt der seemännische Ausdruck in der nd. Form Drift f. in die Literatursprache (vereinzelt 18. Jh., häufiger seit etwa

1900), entsprechend d r i f t e n Vb. 'im Meer treiben' (20. Jh.). – t r i f t e n Vb. '(Vieh) treiben' (15. Jh.), 'flößen' (16. Jh.), vereinzelt mhd. *triften* 'fortfahren'. V i e h - t r i f t f., mhd. *vihetrift*.

triftig Adj. 'gewichtig, zwingend, stichhaltig', frühnhd. 'zugehörig', mhd. *triftic* 'treffend, das Ziel nicht verfehlend, wichtig, hauptsächlich', adjektivische Bildung (wohl nach Mustern wie mhd. *sihtic* neben *sehen*, s. *Sicht*) zu dem unter *treffen* (s. d.) behandelten Verb.

Trikot n., auch m. 'gestrickter oder gewirkter elastischer Stoff für anliegende Kleidungsstücke' (oft Mask.) und 'aus solchem Stoff gefertigtes Kleidungsstück' (Hemd, Sportdreß, Ballettkostüm, vorwiegend Neutr.), Übernahme (Ende 18. Jh.) von frz. *tricot* m. 'Strickstoff, Gewirk, Strickarbeit' (älter auch 'Stricknadel', erst Ende 19. Jh. im Sinne von 'Kleidungsstück aus gewirktem Stoff'), abgeleitet von mfrz. frz. *tricoter* 'stricken, klöppeln' (mfrz. und im älteren Frz. auch 'prügeln' und 'die Beine bewegen, laufen, springen'), zu mfrz. *triquot* m. (auch *tricote* f.), frz. *tricot* 'kurzer Stock, Knüppel'. Dieses ist Deminutivum von mfrz. frz. *trique* 'starker Stock, Knüppel' (oder selbständige Bildung zum Verb mit dem Suffix *-ot* für Werkzeugbezeichnungen?) und geht damit zurück auf mfrz. *estriquer* 'die Getreidekörner im Maßgefäß mit einem Stock glattstreichen', afrz. *estrichier* 'streichen', refl. 'sich strecken' (wobei anlautendes *es-* für ein Präfix gehalten wurde und wegfiel, vgl. daneben mfrz. *estricque* 'Holz zum Abstreichen der Körner bei Messen'), herzuleiten aus anfrk. **strīkan*, mnl. *strīken* (s. *streichen*). Heute ist *Trikot* vor allem 'in bestimmten Farben gehaltenes Sportler-, Vereinshemd' (Anfang 20. Jh.), vgl. im Radrennsport *Gelbes Trikot* 'Trikot, das der in der Gesamtwertung führende Rennfahrer trägt'. – T r i k o t a g e n Plur. 'Unter- und Oberbekleidung aus Strick- und Wirkwaren' (Anfang 19. Jh.), nach frz. *tricotage* m. 'das Stricken, Klöppeln, Strick-, Wirkware'.

Triller m. 'mehrmaliger rascher Wechsel eines Tones mit dem nächsthöheren halben oder ganzen Ton', auch 'tremolierender Vogelgesang', als Terminus der Musik entlehnt (17. Jh.) aus gleichbed. ital. *trillo*, daher anfangs auch *Trillo* sowie *Trille*, *Trillung* und *Trill* (dieses nach ebenfalls aus dem Ital. stammendem engl. *trill*). Die ital. Bildung ist wohl lautmalenden Ursprungs (wie vergleichbares lat. *trittilāre* 'schwirren' von Vögeln), doch wird auch Übernahme aus dem Germ. erwogen, da hier ähnliche Schallnachahmungen vereinzelt bereits früher bezeugt sind, vgl. mhd. *die stimme trillieren* (13. Jh.), mnl. *trillen* 'beim Singen trillern' (14. Jh.), frühnhd. *trill* (Schallwort, 15. Jh., dazu *tryllsingen*, mlat. *trillare*), die vielleicht mit einem Verb ofries. *trillen* 'hin und her schütteln, zittern', mnl. nl. *trillen* 'zittern, vibrieren' zu verbinden sind. – t r i l l e r n Vb. 'die Töne beim Singen mit Trillern verzieren' (um 1700), 'singen, trällern' (auch von Vögeln, Mitte 18. Jh., in beiden Verwendungen gelegentlich auch *trillen*), 'eine Signal-, Trillerpfeife ertönen lassen' (Mitte 19. Jh.), nach ital. *trillare* 'Triller singen', älter 'rütteln, schütteln', abgeleitet von ital. *trillo* (s. oben). T r i l l e r p f e i f e f. 'Signalpfeife mit einem trillerartigen Ton' (2. Hälfte 19. Jh.).

trimmen Vb. in der Seemannssprache 'ein Schiff durch richtige Verteilung der Ladung in eine günstige Schwimmlage bringen, die Ladung im Schiff zweckmäßig verteilen', häufig in der Wendung *Kohlen trimmen* 'ein Schiff mit Kohlen beladen oder diese zu den Kesseln bringen', ferner 'ein Schiff seetüchtig machen, in einen ordentlichen Zustand bringen', speziell *die Segel trimmen* 'die Segel sachgemäß setzen' (Ende 19. Jh.), übertragen *sich trimmen* 'sich sauber machen, putzen, die Haare schneiden', in der Hundepflege 'die Haare stutzen, das Fell scheren' (1. Hälfte 20. Jh.). Das Verb ist entlehnt aus gleichbed. engl. *to trim*; dessen Herkunft ist unbekannt. Eine Beziehung zu aengl. *trymian, trymman* 'stärken, befestigen, bekräftigen, trösten, ermahnen, in Ordnung bringen, zurechtmachen', zu aengl. *trum* 'fest, sicher, stark, kräftig', ist zweifelhaft. In neuerer Sprache steht *trimmen* vornehmlich für 'durch intensives Training leistungsfähig machen, (durch Regulierung) in den gewünschten Zustand bringen, zurechtmachen' (1. Hälfte 20. Jh.), refl. 'sich durch sportliche Betätigung fit halten' (2. Hälfte 20. Jh.). – T r i m m e r m. seemännisch 'Schiffsarbeiter, der die Ladung im Schiffsraum verstaut, der Kohlen schaufelt, sie zu den Kesseln bringt' (Ende 19. Jh.).

trinken Vb. 'Flüssigkeit zu sich nehmen',

ahd. *trinkan* (8. Jh.), mhd. *trinken*, asächs. *drinkan*, mnd. *drinken*, auch 'ertrinken', mnl. nl. *drinken*, aengl. *drincan*, engl. *to drink*, anord. *drekka*, schwed. *dricka*, got. *drigkan*. Gesicherte außergerm. Anknüpfungen fehlen. Zweifelhaft ist daher auch der Versuch, das gemeingerm. starke Verb als nasalierte Form mit aind. *dhrájati* 'gleitet dahin, bewegt sich, fliegt' zu verbinden und auf eine Wurzel ie. **dhreĝ-* 'ziehen, dahinziehen, gleiten, streifen', ausgehend von einer Bedeutung 'mit dem Mund ziehen, einen Zug machen', zurückzuführen. Handelt es sich (nach DE VRIES Nl. 137) um ein Substratwort? – Trinker m. 'wer trinkt', bes. 'wer regelmäßig und zuviel Alkohol trinkt', ahd. *trinkāri* (11. Jh.), mhd. *trinkære, trinker* 'Trinker, Säufer', Nomen agentis zum Verb. Trinkgeld n. 'Geldsumme, die als Dank für erwiesene Dienste oder über den verlangten Preis hinaus (eigentl. zum Vertrinken) gegeben wird', mhd. *trincgelt* 'Zeche für Getränke, Zechschuld, Geld zum Vertrinken als Belohnung'; auch (seit 1. Hälfte 18. Jh.) 'Entgelt, dessen Geringfügigkeit im Widerspruch zum geleisteten Dienst steht'. Trinkspruch m. 'bei festlichem Anlaß vorgetragener Spruch bzw. kurze Rede, die mit einem gemeinsamen Schluck Alkohol bekräftigt wird' (um 1800). betrinken Vb. refl. 'sich durch Genuß von Alkohol berauschen' (16. Jh.), mhd. *betrinken* 'aus etw. trinken'; betrunken Part.adj. 'stark berauscht' (1. Hälfte 17. Jh.), älteres *trunken* (s. d.) ablösend. ertrinken Vb. 'im Wasser umkommen', ahd. *irtrinkan* (9. Jh.), mhd. *ertrinken*, auch 'austrinken, trinken'.

Trio n. 'Musikstück für drei Instrumente', im engeren Sinne '(ursprünglich für drei Stimmen gesetzter) Mittelsatz einiger mehrsätziger Kompositionen', allgemein 'drei durch eine Gemeinsamkeit verbundene Personen', Übernahme (1. Hälfte 18. Jh.) von ital. *trio* 'musikalische Komposition für drei Stimmen, Instrumente, ruhiger, melodischer Mittelsatz', analog ital. *duo* (s. *Duo*) gebildet mit dem in gelehrten Entlehnungen aus dem Lat. und Griech. enthaltenen Kompositionsglied ital. *tri-*, lat. *trĭ-*, griech. *tri-* (τρι-) 'drei-' (s. *tri-*).

Trip m. 'Ausflug, Kurzreise' Entlehnung (1. Hälfte 19. Jh.) von gleichbed. engl. *trip*, eigentl. 'leichter, hüpfender Schritt', zu engl. *to trip* 'trippeln, tänzeln, stolpern, hüpfen, eine Reise, einen Ausflug machen'. Man nimmt Herkunft des Verbs aus afrz. *treper* 'hüpfen, springen', *triper* 'hüpfen, springen, tanzen' an, für die FEW 17, 364ff., unter Hinweis auf nhd. *trippeln* (s. d.) Entlehnung aus dem Germ. vermutet. Eher jedoch dürfte sich mengl. *trip(p)e* als lautmalende Variante an aengl. *treppan* 'treten, in einer (Tritt)falle fangen' anschließen (s. *Treppe*).

trippeln Vb. 'mit kurzen, schnellen Schritten laufen' (obd. Ende 15. Jh.) steht wie seltenes *trippen* (zuerst bezeugt im 17. Jh.) lautmalend und ablautend neben *trappeln, trappen* (s. d.). Vgl. nl. *trippen, trippelen*.

Tripper m. eitrige Schleimhautabsonderung der Harnröhre in Tropfenform, 'Harnröhrenkatarrh, Gonorrhöe' (Ende 17. Jh.), Bildung mit *er*-Suffix zu nd. md. *drippen*, im Anlaut verhochdeutscht (mundartlich) *trippen* 'in Tropfen herabfallen, tropfen', Intensivum zu dem unter *triefen* (s. d.) behandelten Verb; danach eigentl. 'Tropfer'. Älter *Tröpper* (1676), auch *Tropffer, Trupffer, Trüpffer* (1678); vgl. nl. *druiper* und *druiperd*, (älter) *druipert* (zu nl. *druipen*), westd. *Drüppert* (1694), obd. *Trippert* (Anfang 18. Jh.).

trist Adj. 'traurig, langweilig, öde, eintönig, trübe, trübsinnig, bedrückt', entlehnt (2. Hälfte 18. Jh.) aus gleichbed. frz. *triste*, das auf lat. *trīstis* 'traurig, trübe, finster gelaunt, von herbem, widerlichem Geschmack, Geruch' zurückgeht. Der Ausdruck, im 19. Jh. in prädikativer und adverbieller Verwendung oft noch in der frz. Form *triste*, erlangt durch die Studentensprache allgemeine Geltung. Bereits im Mhd. (Anfang 13. Jh.) als Übernahme von afrz. *trist(e)* vorkommendes *triste* bleibt dagegen ohne Nachwirkung. – Tristesse f. 'Traurigkeit, Trübsinn, Schwermut' (1. Hälfte 20. Jh.), nach gleichbed. frz. *tristesse*, afrz. *tristece* (lat. *trīstitia*).

Tritt m. 'das Aufsetzen des Fußes beim Gehen'. Das auf das dt. und nl. Sprachgebiet beschränkte Substantiv mhd. *trit* 'Tretbewegung des Fußes, Schritt, Gleichschritt, Tanz(lied), Fußsohle, Vorrichtung zum Auftreten, Stufe, Fußspur, Weg', mnd. *tret, trēde*, mnl. *trēde*, (mit Metathese) *terde*, nl. *tred(e), tree* 'Tritt, Treppe, Stufe' ist Verbalabstraktum zu dem unter *treten* (s. d.) behandelten Verb. *Tritt* entwickelt weitere Bedeutungen wie 'Trittbrett (am Wagen), Fußspur, Spur, Fährte'

(16. Jh.), 'Schemel, Fußbank' (17. Jh.), 'kleine Stehleiter, erhöhte Stufe, Fußstock' (18. Jh.). Vgl. formelhaftes *Tritt und Schritt* oder *Schritt und Tritt* (17. Jh.). – Trittbrett n. (2. Hälfte 19. Jh.). Trittleiter f. (um 1900).

triumphieren Vb. 'einen Siegeseinzug halten, in Siegesjubel ausbrechen' (Mitte 14. Jh.), 'einen großen Sieg erringen, jmdm. hoch überlegen sein' (2. Hälfte 14. Jh.), entlehnt aus lat. *triumphāre* 'einen Siegeszug halten, den Sieg davontragen, siegreich einziehen (in Rom), frohlocken' (zu lat. *triumphus*, s. unten). – Triumph m. 'großer Sieg, glänzender Erfolg, Siegesjubel', in historischem Sinne 'prunkvoller Einzug des siegreichen Feldherrn im antiken Rom', auch 'Siegesfeier' (2. Hälfte 15. Jh., bis ins 17. Jh. oft in lat. Form), aus lat. *triumphus* 'siegreicher Einzug eines Feldherrn in Rom, Siegeszug', entstanden aus dem dreimal wiederholten Zuruf an den triumphierenden Feldherrn *iō triumpe* (Vokativ). Man führt diesen Ausdruck allgemein auf griech. *thríambos* (θρίαμβος) zurück, die Bezeichnung für ein bei den Dionysosfesten gesungenes Lied, vielleicht (im Sinne von 'Dreischritt') gebildet zu griech. *trḗis* (τρεῖς) 'drei'. Im älteren Dt. wird *Triumph* auch in die Sprache des Kartenspiels übernommen und entwickelt sich weiter zu *Trumpf* (s. d.). triumphal Adj. 'einem Siegeszug, einer Siegesfeier gleichend', allgemein 'begeistert gefeiert, umjubelt' (2. Hälfte 19. Jh.), vielleicht unter Einfluß von frz. *triomphal* für älteres *triumphalisch* 'zum Triumph gehörig, siegreich' (16. bis 19. Jh.), lat. *triumphālis*. Triumphator m. 'feierlich einziehender, siegreicher Feldherr (in Rom), Sieger' (2. Hälfte 16. Jh.), lat. *triumphātor*.

trivial Adj. 'alltäglich, durchschnittlich, gewöhnlich', meist abschätzig 'platt, abgedroschen, simpel, banal', entlehnt (2. Hälfte 17. Jh.) aus gleichbed. frz. *trivial* (so seit Ende 17. Jh., zuvor mfrz. frz. *trivial* 'allen bekannt' ohne negative Wertung), das lat. *triviālis* 'jedermann zugänglich, allgemein bekannt, gewöhnlich, gemein' (spätlat. 'dreifältig, dreifach') folgt, einer Bildung zu lat. *trivium* 'Ort, wo drei Wege zusammenstoßen, Wegkreuzung, Scheideweg, öffentliche Straße'; vgl. lat. *via* 'Weg, Straße' und s. *tri*. – Trivialität f. 'triviale Beschaffenheit, Geistlosigkeit, Plattheit, Banalität', auch (oft im Plur.) 'alltägliche Erscheinung, leere, abgegriffene Redensart, Gemeinplatz' (2. Hälfte 18. Jh.), latinisierend nach gleichbed. frz. *trivialité* (17. Jh.).

trocken Adj. 'frei von Feuchtigkeit, dürr, sachlich, langweilig', ahd. *truckan* (8. Jh.), mhd. *trucken*, äsächs. *drokno* führen auf einen alten (mit *nu*-Suffix gebildeten) *u*-Stamm (germ. **druknu-*, mit aus *g* verschärftem *k* vor *n*). Daneben stehen ablautend die *ja*- Stämme mnd. *drȫge*, mnl. *drōghe, drōghe*, nl. *droog* (germ. **draugja-*) und mnd. *drūge, drȳge*, mnl. *drūghe*, aengl. *drȳge*, engl. *dry* (germ. **drūgja-*). Verwandt ist vielleicht anord. *draugr* '(Baum)stamm', falls eigentl. 'trockener Stamm'. Außergerm. Beziehungen gelten als ungesichert, so daß de Vries Nl. 139 Herkunft aus einer Substratsprache vermutet. Im Nhd. stehen bis ins 18. Jh. *trucken* und *trokken* nebeneinander; die sich durchsetzende *o*-Form entspricht md. westobd. Gebrauch. – trocknen Vb. 'trocken machen, trocken werden', hervorgegangen aus zwei ursprünglich verschiedenen Verben, und zwar aus intrans. ahd. *irtruckanēn* (8. Jh.), mhd. *truck(en)en* 'trocken werden' und faktitivem trans. ahd. *truckanen* (um 1000), mhd. *trück(en)en* 'trocken machen'. Im Nhd. entsteht in Anlehnung an das Adjektiv sowohl intrans. wie trans. *trucknen* und *trocknen*, bis auch hier die *o*-Form allgemein wird. austrocknen Vb. 'völlig trocken werden, völlig trocken machen' (2. Hälfte 15. Jh.). vertrocknen Vb. 'trocken werden, durch Trockenheit absterben', mhd. *vertruckenen*, bis ins 19. Jh. gelegentlich auch trans.

Troddel f. 'Quaste, Fransenbüschel'. Im Anschluß an ahd. *trādo* m., *trāda* f. 'Faden, Franse, Saum, Quaste' (9. Jh.) steht die *l*-Ableitung frühnhd. *tradel* (15. Jh.) und mit Verdumpfung zu *o* (obd.) *trodel*, auch 'Zusammengedrehtes, Verfitztes'. Doppelkonsonanz begegnet zuerst in der Mitte des 16. Jhs. (*Traddel*). Feminines Genus setzt sich, begünstigt durch die häufigeren Pluralformen, im 17. Jh. durch. Wohl verwandt mit *trennen, zerren* (s. d.) und damit zur Wurzel ie. **der(ə)-, *drē-* 'schinden, (ab)spalten' gehörig?

Trödel m. 'wertloser, alter Kram, Kleinhandel (mit gebrauchten Sachen), Markt, wo mit Trödel gehandelt wird' (16. Jh.); vgl.

T r ö d e l m a r k t m., frühnhd. (omd.) *dredelmarckt* (15. Jh.). Etymologie unbekannt. – [1]t r ö d e l n Vb. 'mit Kleinkram handeln, auf dem Trödelmarkt einkaufen' (17. Jh.), auch übertragen (16. Jh.). T r ö d l e r m. 'Händler mit Kleinkram, mit alten Sachen' (Ende 15. Jh.).

[2]**trödeln** Vb. 'langsam, unentschlossen sein, nicht vorankommen, die Zeit verschwenden' (1. Hälfte 18. Jh), eigentl. wohl '(langsam) hin und her drehen', vgl. obd. *trödeln* 'drehen', nd. *tröddeln* 'rollen', Nebenform zu *trudeln* 'sich drehend bewegen' (s. d.).

Trog m. 'großes, muldenförmiges, oben offenes Gefäß', ahd. *trog* (um 800), mhd. *troc* (auch 'Sarg'), asächs. aengl. anord. *trog*, mnd. mnl. *troch*, nl. *trog*, engl. *trough*, schwed. *tråg* ist wie *Truhe* (s. d.) und mir. *drochta* 'Faß, Tonne' im Sinne von 'aus einem Stamm, aus Holz gefertigtes Gefäß' eine Bildung mit Gutturalsuffix zu dem unter *Teer* (s. d.) genannten Ansatz ie. **deru-, *dreu-, *drū-* 'Baum', eigentl. wohl 'Eiche'. Während *Trog* auf ie. **druko-* zurückgeht, weisen aengl. *trīg*, engl. *tray* 'Schüssel, Schale, Tablett', aschwed. *trö* 'Meßgerät' auf eine ablautende Variante ie. **drou-*.

Troika f. 'russisches Dreigespann, mit drei Pferden bespannter Wagen oder Schlitten', Übernahme (1. Hälfte 19. Jh.) von gleichbed. russ. *trójka* (*тройка*), einer Substantivbildung zu russ. *tróe* (*трое*) 'drei', eigentl. 'die Drei'.

Troll m. (in der nord. Mythologie) 'dämonisches Wesen, Kobold', anord. *troll, trǫll*, schwed. *troll*, dän. *trold*. Die im 18. Jh. ins Dt. entlehnte Bezeichnung trifft auf einheimisches (in den Mundarten bewahrtes) *Troll* 'grober, ungeschlachter Kerl' (15. Jh.), auch 'Dämon, Unhold' (15. bis 17. Jh.). Vielleicht hervorgegangen aus germ. **truzla-* und verwandt mit *trollen* (s. d.).

trollen Vb. refl. 'sich (kleinlaut, unwillig) entfernen', spätmhd. *trollen* 'sich in kurzen Schritten fortbewegen', dann (vorwiegend refl.) 'davongehen, sich davonmachen' (Anfang 16. Jh.), vielleicht durch Assimilation entstanden aus germ. **truzlōn*; vgl. nd. *trūseln, trūseln* 'langsam rollen, rollen lassen, sich im Kreis drehen', nl. *treuzelen* 'trödeln' sowie *dröseln* (s. d.) und die dort genannten Formen. Dann anzuschließen an eine mit *s* erweiterte Form von ie. **dreu-*, seinerseits Erweiterung der unter *Treppe, treten* (s. d.) dargestellten Wurzel ie. **der(ə)-* 'laufen, treten, trippeln'.

Trommel f. zylindrisches, doppelseitig (oben und unten) mit Fell bespanntes Schlaginstrument, spätmhd. *trümel*, frühnhd. *truml*, (md.) *trumpel, drompel* (15. Jh.), *trummel* (16. Jh.), *Drommel, Trommel* (17. Jh.). Es handelt sich um eine *l*-Ableitung von einem schallnachahmenden, in seiner Entwicklung unterschiedliche Musikinstrumente bezeichnenden ahd. *trumba* 'Trompete, Signalhorn' (8. Jh.), mhd. *trum(b)e, trumpe, trumme* 'Posaune, Trompete, Trommel', frühnhd. *trumpe, trumme, trompe, tromme* 'Trompete, Laute, Trommel' (15. Jh.), auch 'Maultrommel, Brummeisen' (16. Jh.); vgl. auch mnd. *trumme*, mnl. *tromme*, nl. *trom* (woraus engl. *drum*). Im Dt. setzt sich die md. Form mit *o* im 17. Jh. durch, doch halten sich einzelne *u*-Formen bis ins 18. Jh. – t r o m m e l n Vb. 'die Trommel schlagen', frühnhd. *trummeln* (um 1500); 'erregt (mit den Fingern, Fäusten) klopfen' (18. Jh., *trumpeln* 16. Jh.); in der Jägersprache (von Hasen und Kaninchen) 'mit den Hinterläufen auf den Boden schlagen' (18. Jh.). T r o m m l e r m. (um 1700), älter T r o m m e l s c h l ä g e r m. (um 1600), frühnhd. *trummenschleger* (um 1500). T r o m m e l f e l l n. 'über die Trommel gespanntes (Kalb)fell' (Anfang 17. Jh.), älter *trummenfell* (16. Jh.); vergleichend für das den Gehörgang des Ohres abschließende, als Membran dienende Häutchen (2. Hälfte 18. Jh.). T r o m m e l f e u e r n. 'anhaltendes schnelles Artilleriefeuer' (Ende 1915); vgl. gleichbed. engl. *drumfire*.

Trompete f. Blechblasinstrument. Spätmhd. *trumet, trumpet* ist wie mnd. *trumpet, trumpit*, mnl. nl. *trompet* entlehnt aus afrz. *trompete* (frz. *trompette*), mit Deminutivsuffix gebildet zu afrz. frz. *trompe*, das seinerseits (als bei Turnieren und im Heer verwendetes Blasinstrument) wohl aus dem Germ., und zwar aus dem unter *Trommel* (s. d.) angeführten schallnachahmenden ahd. *trumba* 'Trompete, Signalhorn' bzw. aus anfrk. **trumba* entlehnt ist. – t r o m p e t e n Vb., T r o m p e t e r m. (15. Jh.).

Tropf m. 'einfältiger, geistig beschränkter, bedauernswerter Mensch', frühnhd. *tropf* (15. Jh., selten *tropfe*, 16. Jh.) dürfte aus einer stark flektierenden Nebenform (gegenüber schwachem ahd. *tropho*, s. *Tropfen*) hervorgegangen sein. Wahrscheinlich ist auszugehen von der Vorstellung 'nichtig, unbedeutend wie ein Tropfen', daher 'ein Nichts, etw. Unbedeutendes'; vgl. dazu ahd. *ni trophun* 'nichts, kein bißchen' (10. Jh.) und die Negationsverstärkung ahd. *ni trof* (9. Jh.). Da mhd. *tropfe* auch 'Schlagfluß, Lähmung, Fallsucht' bedeutet (nach dem Volksglauben rufen die ins Gehirn, Rückenmark, in die Nerven, Augen fallenden Tropfen Krankheiten hervor), wird in einer anderen Erklärung *Tropf* als Übertragung der Krankheit auf den Kranken gedeutet, d. h. 'geistig beschränkter, blödsinniger, einfältiger Mensch'.

Tropfen m. 'kleinste Menge Flüssigkeit', ahd. *tropho* (8. Jh.), mhd. *tropfe, trophe*, (md.) *troppe*, frühnhd. (mit Endungs-*n* aus den obliquen Kasus) *tropfen* (16. Jh., vgl. md. *droppen*, 15. Jh.), mnl. *droppe, druppe* (vgl. nl. *droppel, druppel*) stehen als Neuerung mit Geminate (wohl unter Einfluß des nahestehenden Verbs, s. unten) gegenüber einfache Konsonanz aufweisendem asächs. *drop*, mnd. mnl. *drope*, aengl. *dropa*, engl. *drop*, anord. *dropi*. Alle Formen gehören ablautend zu dem unter *triefen* (s. d.) behandelten Verb. Redensartlich *steter Tropfen höhlt den Stein*, älter *ein weycher tropff hölet auch die steyn ausz* (1541), vgl. lat. *gutta cavat lapidem* (Ovid); *ein Tropfen auf dem, einem heißen Stein* 'viel zu wenig' (1. Hälfte 19. Jh.). – t r o p f e n Vb. 'in Tropfen herabfallen (lassen)', ahd. *trophōn* (um 800), mhd. *tropfen*, mnd. *drüppen, dröppen*, mnl. *droppen* zeigt gegenüber *triefen* (s. d.) intensivierende (bzw. lautsymbolische) Doppelkonsonanz. Vgl. (unpersönlich) *es tropft* 'es regnet in vereinzelten Tropfen, es fängt an zu regnen' (16. Jh.). t r ö p f e l n Vb. 'in einzelnen, wenigen Tropfen herabfallen, in kleinen Tropfen verabreichen' (15. Jh.), Deminutiv- und Iterativbildung zu *tropfen*.

Trophäe f. 'erbeutetes feindliches Ausrüstungsstück, Siegeszeichen', Entlehnung (1. Hälfte 16. Jh.) aus spätlat. *trophaeum*, lat. *tropaeum*, griech. *tropáion* (*τροπαῖον*) 'Siegeszeichen, -denkmal', ursprünglich ein mit erbeuteten Waffen behängter Baum an der Stelle, wo der Feind sich zur Flucht gewandt hatte, dem substantivierten Neutrum von griech. *tropáios* (*τροπαῖος*) 'Wendung (der Feinde) herbeiführend, Sieg verleihend', abgeleitet von griech. *tropḗ* (*τροπή*) 'Wendung (der Sonne, des Feindes), Wechsel'; zu griech. *trépein* (*τρέπειν*) 'wenden, umkehren, in die Flucht schlagen, sich wenden, sich ändern, die Flucht ergreifen'. Anfangs in lat. (flektierter) Form *Trophaeum* n., häufiger der Plur. *Tropheen* n., vom 17./18. Jh. an auch, dem Frz. folgend, *Trophée*. Seitdem oft mit unklarem fem. Genus (als Fem. aufgefaßte Rückbildung aus dem Plur.? Oder da mfrz. frz. *trophée* m. irrig als Fem. gedeutet wurde?). In der Verwendung zunächst an das antike Vorbild anknüpfend 'zum Andenken an einen Sieg errichtetes Ehrenmal (aus erbeuteten Waffen)' (bis 1. Hälfte 19. Jh.), in der Kunst 'aus Stein gehauene oder in Erz gegossene Nachbildung von eroberten, ornamental gruppierten Waffen und anderem Kriegsgerät' (18./19. Jh.), auch '(zum Gedenken ausgestellte) erbeutete Waffe, Beutestück' (Anfang 18. Jh.), '(zum Andenken ausgestellter) Teil des erjagten Wildes (Geweih, Hauer)' (19. Jh.), im Sport 'Pokal, Medaille zur Erinnerung an einen Sieg' (1. Hälfte 20. Jh.).

tropisch Adj. Terminus der Astronomie 'auf den Wendekreis am Himmel oder die Sonnenwende bezogen', entlehnt (Mitte 17. Jh.) aus lat. *tropicus*, griech. *tropikós* (*τροπικός*) 'zur Wende gehörig', abgeleitet von griech. *trópos* (*τρόπος*) 'Wendung'; zu griech. *trépein* (*τρέπειν*) 'wenden, umkehren, in die Flucht schlagen, sich wenden, sich ändern, die Flucht ergreifen'. Vgl. spätlat. *tropicus* 'Wendekreis' (entsprechend im Dt. *Tropicus*, 18. Jh.), Substantivierung des Adjektivs im Anschluß an die Fügung lat. (Plur.) *tropicī circulī*. In der 2. Hälfte des 18. Jhs. steht *tropisch*, wohl unter Einfluß von engl. *tropic(al)*, auch im Sinne von 'in der zwischen den Wendekreisen befindlichen Zone der Erde liegend, diese betreffend, darin vorkommend', übertragen 'sehr heiß, südlich, exotisch'. Dazu s u b t r o p i s c h Adj. 'die Subtropen betreffend, in den Übergangsgebieten von den Tropen zu gemäßigten Klimazonen liegend' (19. Jh.). – T r o p e n Plur. 'heiße Zone beiderseits des Äquators bis zu den Wendekreisen', gelehrte Entlehnung (Anfang 19. Jh.) aus griech. *tropḗ* (*τροπή*) 'Wendung (der Sonne, des Feindes), Wechsel', zu griech. *trépein* (s. oben); vgl. griech. *tropái ēelíoio* (*τροπαὶ ἠελίοιο*) Plur. 'die Punkte der

Sonnenwende, die Sonnenwenden'. In der 1. Hälfte des 19. Jhs. auch *unter, zwischen den Tropen* ('Wendekreisen').

Troß m. 'Begleitfahrzeuge, -schiffe mit militärischem Versorgungsgut und die zughörige Mannschaft', übertragen 'Gefolge, Anhang', mhd. *trosse-* 'Gepäck(stück)' (in *trosserieme* 'Riemen am Packsattel'), frühnhd. *trosse* f., *tross* m. 'Gepäckstück, Bagage einer Truppe, Begleitmannschaft, Troßknecht', auch 'Schar, Gefolge' (15./16. Jh.) ist wie mnd. *tros* m., *trosse* f., mnl. *tros(se)*, nl. *tros*, mengl. *trusse*, engl. *truss* 'Bündel' entlehnt aus afrz. *torse, trosse*, mfrz. frz. *trousse* f. 'Bündel, Pack', zu afrz. *torser, trosser* 'auf-, zusammenpacken, (ein Lasttier) beladen', mfrz. frz. *trousser* 'aufschürzen, hochbinden, hochheben'. Dieses geht zurück auf spätlat. **torsāre* 'ein Bündel schnüren', abgeleitet von spätlat. **torsus* (für lat. *tortus*) Part.adj. 'gedreht, gewunden', Part. Perf. von lat. *torquēre* 'drehen, wenden, winden, martern'.

Trosse f. 'starkes Schiffstau'. In der Seemannssprache übliches, zuerst in hansischen Texten auftretendes mnd. *trosse, trotze* 'Tau, Tauwerk' (14. Jh.), nd. *Trosse* wird im 18. Jh. in die Fachsprache der Technik, danach auch gelegentlich in die Literatursprache aufgenommen. Das Wort ist wie nl. *tros* entlehnt aus afrz. *torse, trosse*, mfrz. frz. *trousse* f. 'Bündel, Pack' (s. *Troß*). Der Bedeutungsübergang von 'Bündel' zu 'Tau' beruht vielleicht darauf, daß das vor dem Gebrauch auf Deck liegende zusammengerollte Schiffstau ein Bündel bildet.

Trost m. 'seelischer Halt, Zuversicht, Ermutigung im Leid', ahd. (8. Jh.), mhd. *trōst* 'Vertrauen, Zuversicht, Ermutigung, Hilfe, Schutz, Tröster', asächs. mnd. *trōst*, mnl. nl. *troost*, anord. *traust*, schwed. *tröst* sowie anord. *traustr* 'zuverlässig, stark' und (mit anderer Stammbildung) got. *trausti* 'Vertrag, Bündnis' sind mit *st*-Suffix an den unter *Teer* (s. d.) angeführten Ansatz ie. **deru-, *dreu-, *drū-* 'Baum', eigentl. wohl 'Eiche', auch 'hart, fest, treu' (s. *trauen, treu*), anzuschließen. Aus einer frühen Bedeutung 'Festigkeit' entwickelt sich 'Zuversicht, Vertrauen, Hoffnung', aber auch 'Gewährung von Festigkeit', d. h. '(sichtbare) Hilfe, Schutz'. Unter dem Einfluß der christlichen (südd.) Mission wird *Trost* der dt. Ausdruck für lat. *cōnsōlātio* 'durch Zuspruch entstehende seelische Stärkung'. *Trost* bedeutet heute allgemein 'seelischer Halt, seelische Unterstützung'. Keinen erkennbaren semantischen Zusammenhang zeigt die Wendung *nicht bei Trost(e) sein* 'nicht bei Sinnen, nicht bei Verstand sein' (Mitte 18. Jh.). Aus der Vorstellung 'ohne Zuspruch und daher verzweifelt sein' hervorgegangen? – t r ö s t e n Vb. 'Trost spenden, seelischen Halt geben', ahd. *trōsten* (8. Jh.), mhd. *trœsten, trōsten* 'beschwichtigen, aufrichten, Zuversicht, Sicherheit und Schutz gewähren', refl. 'seine Zuversicht worauf setzen', ursprünglich ebenfalls ein Wort der südd. Kirchensprache; T r ö s t e r m. 'wer Trost spendet', ahd. *trōstāri* (Hs. 12. Jh.), mhd. *trœstære, trœster* 'Tröster, Helfer, Bürge'. t r ö s t l i c h Adj. 'Trost spendend', ahd. *trōstlīh* (um 1000), mhd. *trōstlich* 'zuversichtlich, mutig, zuverlässig, Trost gebend, hilfreich'. v e r t r ö s t e n Vb. 'durch Hervorrufen von Hoffnung hinhalten', ahd. *firtrōsten* 'unbesorgt sein über', refl. 'verzichten auf, einen Verlust verschmerzen, vergessen' (um 1000), mhd. *vertrœsten* 'Bürgschaft leisten, Sicherheit gewähren', refl. 'einen Verlust verschmerzen, vergessen'.

Trottel m. 'schwachsinniger Mensch'. In der 1. Hälfte des 19. Jhs. wird die in den Alpen geläufige bair.-öst. Bezeichnung für 'mißgestalteter Schwachsinniger, an Kretinismus Leidender' in die Literatursprache übernommen; ihre Verwendung wird bald erweitert zu 'einfältiger, willensschwacher, ungeschickter Mensch' (2. Hälfte 19. Jh.). Die Etymologie ist unklar. Nach dem unbeholfenen, schwerfälligen Gang solcher Personen zu *trotteln, trotten* (s. d., wie *Trampel* zu *trampeln*, s. d.)? Vgl. schweiz. (Basel) *Drotli* 'langsamer Mensch'.

trotten Vb. 'gewohnheitsmäßig und beharrlich dahinschreiten' (18. Jh.), 'lustlos, plump, schwerfällig gehen' (15. Jh.), 'sich mit kurzen Schritten gleichmäßig fortbewegen, traben' (bes. von Pferden), spätmhd. *trotten* 'traben, reiten' (oder 'dahinschreiten'?), *zuo trotten* 'hinzutreten, herbeikommen' (Oswald v. Wolkenstein, Anfang 15. Jh.), *ūȝ trotten* 'hinausreiten, ausziehen' (um 1400). Die Herleitung des Verbs ist ebenso wie die von T r o t t m. 'mittlere Gangart der Pferde zwischen Schritt und Galopp, Trab' (16. Jh.), übertragen 'gewohnheitsmäßiger, eingefahrener Ablauf ohne neue Impulse, Schlendrian' (um

1800) nicht sicher geklärt. Das Fehlen älterer Belege deutet auf Entlehnung aus dem Roman., wohl aus afrz. *troter*, mfrz. frz. *trotter* 'traben, schnell gehen, umherstreifen' und afrz. frz. *trot* 'Trab' (doch vgl. auch gleichbed. ital. *trottare, trotto* sowie mlat. *trot(t)are* 'traben'). Die roman. Wörter werden aber ihrerseits auf eine germ. Form mit hd. Lautstand zurückgeführt, auf ein ahd. (frk.?, langobard.?) **trottōn* 'laufen' (FEW 17, 371ff.), das sich nicht nachweisen läßt. Naheliegender wäre es daher vielleicht, für afrz. *troter*, ital. *trottare*, mlat. *trot(t)are* von ahd. *trotōn* (um 1000), spätmhd. frühnhd. *trotten* 'keltern, pressen' auszugehen, einer verbalen Ableitung von ahd. *trota* (9. Jh.), spätmhd. frühnhd. *trotte* 'Kelter, Presse' (mit *tt*-Schreibung wegen landschaftlich bedinger Vokalkürze, vgl. noch südwestd. *Trotte*), das als ablautende Bildung (vgl. got. *trudan*, anord. *troða* 'treten') zu der unter *treten* (s. d.) dargestellten Wortgruppe gehört. Da die Trauben ursprünglich durch Treten mit den Füßen ausgedrückt wurden, läßt sich ein enger Zusammenhang zwischen den Bedeutungen 'keltern' und 'treten, kleine Schritte machen' erkennen. – trotteln Vb. 'langsam, schleppend, zögernd gehen' (17. Jh.), zuvor 'heftig schütteln' (bei trottender Bewegung, 16. Jh.), Iterativbildung zu nhd. *trotten* (s. oben).

Trottoir n. 'erhöhter Weg für Fußgänger neben der Fahrstraße, Gehweg, Bürgersteig', Übernahme (Ende 18. Jh.) von gleichbed. frz. *trottoir* m. (zu mfrz. frz. *trotter* 'traben, schnell gehen, umherstreifen', s. *trotten*).

Trotz m. 'Widersetzlichkeit, Eigensinn', mhd. (vorwiegend) *tra(t)z*, (md.) *trotz*, (obd.) *tru(t)z* 'Widersetzlichkeit, Feindseligkeit, Herausforderung', frühnhd. auch 'Unerschrockenheit, Mut', mnd. *trot* (in der Fügung *trot bēden* 'Trotz bieten'), seit dem 17. Jh. in der Literatursprache durch md. *Trotz* und in bestimmten Wendungen (vgl. *Schutz und Trutz*) durch obd. *Trutz* vertreten. Dazu trotzen Vb. 'Widerstand leisten, einer Herausforderung standhalten', auch 'verstockt, bockig sein', mhd. (vorwiegend) *tratzen*, (mit Umlaut) *tretzen*, (md.) *trotzen*, frühnhd. (obd.) *trutzen* 'reizen, herausfordern zum Kampf, Widerstand leisten, Gehorsam verweigern, mutig, tapfer, hochmütig sein'. Herkunft ungeklärt. Die im Vokalismus unterschiedlichen Formen lassen lautmalenden Ursprung vermuten. de Vries Nl. 724 verbindet *trotzen* unter Annahme von Metathese mit mnl. *tarten, terten, torten*, nl. *tarten* 'reizen, herausfordern, trotzen'; Pokorny 1, 207 erwägt Verbindung mit aengl. *teart* 'streng, scharf, bitter', vielleicht auch *zart* (s. d.) im Sinne von 'zerfasert', und knüpft an die unter *zehren, zerren* (s. d.) dargestellte Wurzel ie. **der(ə)-, *drē-* 'schinden, (ab)spalten' an. – trotzig Adj. 'widersetzlich, eigensinnig, bockig', mhd. *tratzic, tretzig*, (md.) *trotzic*, frühnhd. (obd.) *trutzic*. trotz Präp. 'ungeachtet', hervorgegangen (16./17. Jh.) aus Verbindungen des Substantivs mit nachfolgendem Dativ als eingeschobener Satz (vgl. *Trutz meinem Feind*), später (Mitte 18. Jh.) auch mit Genitiv. Der Dativ ist erhalten in trotzdem Konj. 'dennoch' (19. Jh.), aus *trotz dem, daß*... Trotzkopf m. 'trotziger Mensch' (18. Jh.), älter 'eigensinnige, halsstarrige Haltung' (17. Jh.).

trübe Adj. 'undurchsichtig, nicht klar, nicht hell, freudlos'. Das westgerm. bezeugte Adjektiv ahd. *truobi* 'dunkel, undurchsichtig, getrübt, betrübt, verwirrt' (8. Jh.), mhd. *trüebe* 'lichtlos, glanzlos, düster, finster, traurig, bekümmert', asächs. *drōƀi* 'trübe, betrübt', mnd. *drȫve* 'betrübt, traurig', mnl. *droeve*, nl. *droef* 'betrübt, düster, dunkel, unklar, unverständlich', aengl. *drōf* 'unruhig, in Verwirrung, schmutzig, schlammig' ist verwandt mit den unter *Treber* angeführten germ. und außergerm. Formen und stellt sich mit diesen zu ie. **dherəbh-, *dhrāb-, *dhrəbh-*, einer Erweiterung der Wurzel ie. **dher(ə)-* 'trüber Bodensatz einer Flüssigkeit, Schmutz', auch von trüben Farbtönen. Ausgehend von 'aufgewühlt' (von Gewässern), 'unklar, schlammig', entwickeln sich bereits im Ahd. die übertragenen Bedeutungen 'unklar, nicht oder kaum durchsichtig' und (seelisch, geistig) 'verwirrt, unruhig, verstört'. – trüben Vb. 'trübe, dunkler machen, beeinträchtigen, stören', ahd. *truoben* 'Bodensatz aufwühlen, Wasser verunreinigen, verwirren, beunruhigen, erschüttern' (8. Jh.), mhd. *trüeben, truoben* 'trübe machen, beunruhigen, verwirren', refl. 'sich betrüben', aengl. *drēfan* 'betrüben, erregen, beunruhigen', got. *drōbjan* 'trüben, irre machen'. Daneben steht intrans. ahd. *truobēn* 'betrübt, dunkel werden' (9. Jh.), mhd. *truoben* 'trübe sein oder werden, traurig werden', asächs. *drōƀian* 'betrübt werden, zurückschrecken', got. *drōbnan* 'unruhig werden'. Im Nhd. wird das intrans. Verb aufgegeben und durch refl. *sich trüben* ersetzt. Übertragener Gebrauch ist in den frühesten Zeugnissen bereits voll ausgebildet. Trübsinn m. 'schwermütige, melancholische Gemütsverfassung' und trübsinnig Adj. 'schwermütig, hoffnungs- und mutlos, pessimistisch' (beide Mitte 18. Jh.). Trübsal f. 'Traurigkeit, Melancholie, Hoffnungslosigkeit', ahd. *truobisal* n. m. (11. Jh.), mhd. *trüebesal* n. m. f. 'Undurchsichtigkeit, Finsternis, Drangsal, Plage, Traurigkeit, Betrübnis', bis ins 19. Jh. mit schwankendem Genus; zum Ableitungssuffix s. *-sal, -sel.* trübselig Adj. 'mit Ungemach, Bedrängnis behaftet, traurig, mutlos' (16. Jh.), bes. in neuerer Sprache 'armselig, kümmerlich'; voraus geht *Trübseligkeit* f. (15. Jh.). betrüben Vb. 'traurig machen', ahd. *bitruoben* 'verderben' (Hs. 13. Jh.), mhd. *betrüeben* 'trübe machen, verdunkeln, betrüben, heimsuchen'. betrüblich Adj. 'traurig machend, Bedauern hervorrufend' (15. Jh.).

Trubel m. 'Lärm, lautes Durcheinander, unruhiges Treiben' (17. Jh.), auch (bis ins 19. Jh.) 'politische und kriegerische Wirren, Aufruhr', entlehnt aus frz. *trouble* 'Unordnung, Unruhe, Verwirrung', afrz. *troble* mit *r*-Metathese neben *torble* 'Verwirrung, Störung', abgeleitet von afrz. *torbler, trobler* 'trüben, aufregen, beunruhigen, verwirren' (frz. *troubler* 'trüben, verdüstern, aufrühren, stören, Unfrieden stiften, verwirren'). Zugrunde liegt spätlat. *turbulāre* 'verwirren, trüben' (vgl. lat. *turbāre* 'in Unordnung bringen, verwirren', *turba* 'Unordnung, Verwirrung, Getümmel, Tumult'; s. *turbulent*). Die frz. Schreibweise *Trouble* wird (neben *Trubel*) bis ins 19. Jh. beibehalten.

Truchseß m. 'Vorsteher der mittelalterlichen Hofhaltung, der Hausverwaltung und der fürstlichen Tafel', ahd. *truh(t)sāȝo* (10. Jh.), *truh(t)seȝȝo* (11. Jh.), mhd. *truh(t)-sæȝe*, mnd. *druzāte*, *drossāt*, *drostete*, mnl. *drossote*, afries. *drusta*; eigentl. 'wer im Gefolge sitzt, ihm vorsteht'. Ein Kompositum aus ahd. *truht* f. 'Gefolgschaft' (9./10. Jh.), mhd. *truht*, *druht*, asächs. *druht-* (in *druhtskepi* 'Herrschaft'), aengl. *dryht*, anord. *drott* (germ. **druhti-* f. 'Schar, Fürstengefolge'), zu aengl. *dreogan* 'handeln', got. *driugan* 'zu Felde ziehen' (germ. **dreugan* 'Gefolgschaft leisten'). Zum zweiten Kompositionsglied ahd. *-sāȝo* s. *Insasse.*

trudeln Vb. 'sich drehend (fort)bewegen, sich um sich selbst drehend fallen bzw. (von Flugzeugen) abstürzen', nd. md. *trūdeln* 'rollen, sich wälzen, sich drehend bewegen', seit Mitte des 19. Jhs. in der Literatursprache. Wahrscheinlich eine ablautende Bildung mit *n*-Ausfall und Ersatzdehnung zu *trendeln* 'rollen', spätmhd. *trendelen* 'wirbeln', mnd. *trendelen* 'umwälzen, mit Kugeln spielen, kegeln', nl. *drentelen*, (mundartlich) *drendelen, trentelen*, aengl. *ātrendlian* 'rollen', abgeleitet von einem in ahd. *trendila* 'Kreisel' (11. Jh.), mhd. *trendel, trindel* 'Kugel, Kreisel', mnd. mnl. nl. *trendel* 'Scheibe, Pfannkuchen', aengl. *trendel* 'Kugel' belegten Substantiv. Vgl. ferner ahd. *trennila* 'Kreisel' (11. Jh.), *thuruhtrennilōn* 'umhertreiben' (8. Jh.), aengl. *trendan* '(sich) drehen, wenden', mnd. *trent, trint, tront, trunt* 'rund' (s. *Trend*). Es handelt sich dabei wohl um nasalierte Formen, die (wie *trennen* s. d.) zu der unter *zehren, zerren, Zorn* (s. d.) dargestellten Wurzel ie. **der(ə)-, *drē-* 'schinden, (ab)spalten' gehören. Auszugehen ist von einer Bedeutung (nominal) 'abgespaltenes Stammstück als Scheibe, Rad', (verbal) 'rollen, sich rollend, drehend bewegen'.

Trüffel f. zu den Schlauchpilzen gehörender Schwamm mit eßbaren unterirdischen Fruchtkörpern, entlehnt (18. Jh.) aus frz. *trufle*, einer älteren Nebenform von gleichbed. mfrz. frz. *truffe* (afrz. *trufe, trufle* 'Spötterei'), das seinerseits aus aprov. *trufa* 'Trüffel, Spötterei' stammt. Dieses setzt osk.-umbr. **tūfer* fort, vgl. spätlat. *tūfera*, eine Variante von lat. *tūber* 'jeder (natürliche oder krankhafte) Auswuchs, Buckel, Beule, Geschwulst, Knorren, Wurzelknolle, Erdschwamm'.

trügen Vb. 'betrügen, täuschen, irreführen'. Das nur im Dt. und Nl. belegte stark flektierende Verb ahd. *triogan* (8. Jh.), mhd. *triegen* '(be)trügen, täuschen', refl. 'sich täuschen, sich irren', asächs. *driogan* 'betrügen', mnd. *drēgen*, mnl. *drieghen* ist verwandt mit ahd. *gitrog* 'Trugbild, Gespenst' (9. Jh.), asächs. *gidrog* 'Trugbild', anord. *draugr* 'Gespenst, Wiedergänger', mit der unter *Traum* (s. d.) behandelten Wortgruppe sowie mit aind. *drúhyati* 'beschädigt, sucht zu schaden', *drōghaḥ* 'schmähend, boshaft, trügerisch', awest. *draog-* 'lügen, trügen', mir. *aur-ddrach*

'Gespenst'. Alle Formen führen auf ie. **dhreugh-* 'trügen, listig schädigen', vielleicht eine Erweiterung der Wurzel ie. **dhu̯er(ə)-* 'durch Täuschung, Hinterlist zu Fall bringen, schädigen'. Im Nhd. gilt zunächst *triegen* mit den Präsensformen *du treugst, er treugt.* In der 2. Hälfte des 17. Jhs. wird entweder zu *-ie-* oder (nach dem Vorbild von *lügen*) zu *-ü-* vereinheitlicht. Endgültig setzt sich *trügen, trügst, trügt* im 19. Jh. durch. – Trug m. 'Betrug, Täuschung, falscher Schein', mhd. *truc*, für mhd. *trüge* 'Trug, Betrug' eintretend. *Trug* ist vor allem lebendig in der Fügung *Lug und Trug* (16. Jh.). Trugbild n. 'Täuschung', ahd. *trugibilidi* 'Teufelsbild, Gespenst' (um 900), mhd. *trüge-, trugebilde* 'täuschendes Bild'; geläufig seit dem 18. Jh. und wohl von Herder neu gebildet als Verdeutschung von *Phantom* im Sinne von 'Sinnestäuschung, von der Phantasie geschaffene Vorstellung, Selbsttäuschung, Irrtum'. Trugschluß m. Terminus der Logik 'unrichtiger, von einer falschen Prämisse ausgehender Schluß' (1743 bei Gottsched für frz. *un grand sophisme*), allgemein 'auf einem Denkfehler beruhende Schlußfolgerung, Irrtum' (Ende 18. Jh.); zuvor *Betrugsschluß* (1. Hälfte 17. Jh.). trügerisch Adj. 'betrügerisch, hinterlistig, heuchlerisch' (16. Jh.), 'täuschend, irreführend' (18. Jh.), zu ahd. *triogāri* 'Heuchler' (um 800), mhd. *trigære, trieger.* betrügen Vb. '(be)schwindeln, sich einen Vorteil durch Täuschung ergaunern, (refl.) sich nicht die Wahrheit eingestehen', ahd. *bitriogan* 'betrügen, täuschen' (8. Jh.), mhd. *betriegen* 'verlocken, betrügen, betören, verblenden'; Betrüger m. (15. Jh.); Betrug m. 'Schwindel, Täuschung, Lüge' (15. Jh.); vgl. ahd. *bitrog* (11. Jh.), mhd. *betroc.*

Truhe f. 'längliche, mit Deckel verschließbare hölzerne Kiste', ahd. *truha* (10. Jh.), mhd. *truhe* 'Lade, Kiste, Schrank, Sarg' stellt sich (mit grammatischem Wechsel von *h* und *g*) zu dem unter *Trog* (s. d.) behandelten Substantiv und ist wie dieses als 'Behälter aus Holz' an den unter *Teer* (s. d.) dargestellten Ansatz ie. **deru-, *dreu-, *drū-* 'Baum', eigentl. wohl 'Eiche', anzuschließen. Dazu gehören auch *treu* und *Trost* (s. d.). *Truhe*, ursprünglich ein obd. Wort, wird noch im 18. Jh. in Norddeutschland als fremd empfunden.

Trümmer Plur. 'Ruinen, Reste, Bruchstücke eines einstmals Ganzen', verselbständigter Plural von obd. und rhein. Trumm n. (m.) 'großer, schwerer Brocken', ahd. *thrum* (8. Jh.), mhd. *drum, trum*, frühnhd. *trum* 'Endstück, Ende, Stück, Splitter', wozu entsprechend mnd. *drōm, drōm, drum*, mnl. *drom, dreum, drōme* 'Fadenende eines Gewebes', nl. *dreum, drom* 'Endfaden der Kette, Garnabfall', aengl. *þrum* in *(under)tungeþrum* 'Gewebeband unter der Zunge', engl. *thrum* 'Endfaden der Kette, Garnabfall' (Weberei) und (ablautend) mnd. *dram* 'Endstück', bes. 'Fadenende' (in der Weberei), anord. *þrǫmr* (aus **þramuR*) m. 'Rand'. Ausgehend von einer Bedeutung 'Ende, Endstück', vergleicht man außergerm. aind. **tárman-* 'Ziel, Spitze, Ende' (vgl. *su-tárman-* 'gut zum Ziel führend, eine gute Überfahrt habend', zu aind. *tárati* 'setzt über, fährt darüber, überwindet, übertrifft'), griech. *térma* (*τέρμα*) 'Ziel (der Rennbahn), Endpunkt, höchster Punkt, oberste Gewalt', lat. *terminus* 'Grenzstein, Grenze, Ende, Schluß' und schließt alle Formen als Bildungen mit *m*-Suffix an die unter *durch* (s. d.) angegebene Wurzel ie. **ter(ə)-* 'hinübergelangen, hindurchdringen, überqueren' an. Neben dem alten Plural mhd. *drum* (vereinzelt bis ins 17. Jh. belegt) entwickelt sich ein neuer Plural mhd. *drumer*, nhd. *Trümmer*, der seit dem 15. Jh. vorherrscht und seit Mitte des 18. Jhs. auch als Singular (f. m. n.) gebraucht wird (bis Ende 19. Jh.). Er steht in poetischer Sprache (Mitte 18. Jh.) speziell für Ruinen, Überreste großer Bauten, dann überhaupt für Überreste großer, bedeutender Gegenstände, aber auch politischer Institutionen, Imperien u. dgl. – zertrümmern Vb. 'in Trümmer zerfallen, mit Gewalt zerschlagen' (16. Jh.).

Trumpf m. 'stechende Farbe oder Karte' (im Kartenspiel), übertragen 'entscheidendes, zum Vorteil gereichendes Argument oder Mittel', volkssprachliche Vereinfachung des 16. Jhs. von *Triumph* (s. d.) und anfangs gelegentlich auch wie dieses in der Bedeutung 'Sieg, prunkvoller Einzug', vorwiegend aber als Ausdruck des Kartenspiels 'siegende, stechende Farbe' (belegt seit 1590, älter *Triumph*, 1541, in dieser Form vereinzelt noch bis ins 18. Jh.) unter Einfluß von gleichbed. mfrz. *triumphe*, frz. *triomphe* f. Der Ausdruck gelangt durch Spielkarten, die eine Art

Triumphzug darstellen, in die Sprache des Kartenspiels. Übertragener Gebrauch im Sinne von 'derbe, schlagende Reden, Schelte' (so schon 16. Jh.), dann bes. 'keine Widerrede duldendes, beweiskräftiges letztes Wort, ausschlaggebendes Argument, Mittel, Ereignis' wird im 18. Jh. geläufig. *Trumpf* steht vielfach in festen Wendungen des Kartenspiels, vgl. *Trumpf sein* (18. Jh.), übertragen 'entscheidend, ausschlaggebend sein' (19. Jh.); *einen Trumpf in Händen halten*, übertragen 'einen Vorteil auf seiner Seite haben' (19. Jh.); *alle Trümpfe in der Hand halten* 'überlegen, unschlagbar sein' (19. Jh.); *einen Trumpf ausspielen* 'etw. Entscheidendes einsetzen' (um 1800), 'den Ton angeben' (19. Jh.). – t r u m p f e n Vb. 'Karten spielen' (16. Jh.), 'die Trumpfkarte ausspielen' (17. Jh.), 'Widerpart halten, mit einer Antwort abfertigen' (18. Jh.). a u f t r u m p f e n Vb. 'jmdm. deutlich die Meinung sagen' (2. Hälfte 18. Jh.), 'seine Überlegenheit hervorkehren' (19. Jh., verbreitet im 20. Jh.). ü b e r t r u m p f e n Vb. 'ein mit einem Trumpf gestochenes Blatt mit einem höheren Trumpf stechen' (Ende 18. Jh.), übertragen 'überbieten, ausstechen' (19. Jh.).

Trunk m. 'das Trinken, übermäßiges Trinken, Getränk', ahd. *trunc* (um 800), auch 'Schluck', mhd. *trunc*, mnd. *drunk*, mnl. *dronc*, nl. *dronk*, aengl. *drync, drinc*, engl. *drink*, anord. *drykkr*, schwed. *dryck*, germ. **drunki-*, ablautende Abstraktbildung zu dem unter *trinken* (s. d.) behandelten Verb. – t r u n k s ü c h t i g Adj. 'dem Trunk ergeben' (Ende 17. Jh.); daraus rückgebildet T r u n k s u c h t f. (1. Hälfte 19. Jh.). U m t r u n k m. 'gemeinsames Trinken in einer Runde' (Ende 16. Jh.).

trunken Part.adj. 'berauscht, betrunken', übertragen 'ganz erfüllt, begeistert von etw.', ahd. *trunkan* (um 800), mhd. *trunken*, asächs. *drunkan*, mnd. *drunken*, mnl. nl. *dronken*, aengl. *druncen*, engl. *drunken*, anord. *drukkinn*, schwed. *drucken*, got. *drugkans*, präfixloses Part. Prät. des unter *trinken* (s. d.) behandelten Verbs, eigentl. 'getrunken habend', daraus 'zuviel getrunken habend, betrunken'. Bis ins 18. Jh. Bezeichnung für einen durch alkoholische Getränke verursachten Rauschzustand, seit Mitte 18. Jh. von *betrunken* (s. *trinken*) in der Alltagssprache abgelöst, doch in poetischer bzw. gehobener Sprache weiterlebend. Bereits in mhd. Zeit übertragen auf geistige bzw. seelische Verzückungszustände. – T r u n k e n h e i t f. 'Betrunkensein, Rausch', ahd. *trunkanheit* (um 900), mhd. *trunkenheit*. T r u n k e n b o l d m. 'Trinker, Säufer', mhd. *trunkenbolt*; zum zweiten Kompositionsglied s. *bald*.

Trupp m. 'zusammengehörige Gruppe, kleine Schar, kleinere militärische Einheit', wahrscheinlich über nl. *troep*, mnl. *trop, troepe* m. 'Trupp, Schar' (mnl. auch 'Herde') entlehnt (Anfang 17. Jh.) aus afrz. *trope* m. 'Gruppe von Personen' (seit dem 14. Jh. f.), mfrz. frz. *troupe* f. 'Menschengruppe', bes. 'Gruppe von Soldaten, Abteilung einer Armee', einer Rückbildung aus afrz. *tropel* m. 'Personengruppe, Menschenmenge, Gruppe von Soldaten' (wonach mhd. *trop(p)el, truppel* 'Trupp, Haufen'), auch 'Viehherde' (frz. *troupeau* 'Herde'). Dieses setzt ein gleichbed. afrz. **trop* voraus (vgl. aprov. *trop*, mlat. *troppus* 'Herde', ferner adverbielles afrz. *trop* 'viel, sehr, zuviel', frz. *trop* 'zuviel, allzu'), das seinerseits auf anfrk. *thorp* zurückgeht und sich damit an die unter *Dorf* (s. d.) behandelte germ. Wortgruppe anschließt (vgl. auch anord. *þorp* in der Bedeutung 'Haufen, Schar', wohl nicht zu trennen von anord. *þorp* 'Hof, Bauernhaus, Dorf, Grabhügel'). *Trupp* (so allgemein seit dem späten 18. Jh., älter auch *Trop(p), Troup, Tropf* u. ä.) bedeutet zunächst 'Herde, Schwarm, Rudel' (von Tieren), auch (Mitte 17. Jh.) 'Gruppe gemeinsam handelnder Menschen, Schar', übertragen 'beträchtliche Menge von Dingen', außerdem (sicherlich unter semantischem Einfluß von *Truppe*, s. unten) seit dem frühen 17. Jh. 'militärische Abteilung unbestimmter Größe', dann (18. Jh.) 'kleiner militärischer Verband mit besonderen Aufgaben'. Dazu V o r t r u p p m. 'Vorhut' (Mitte 17. Jh.), N a c h t r u p p m. 'Nachhut' (2. Hälfte 18. Jh.). – T r u p p e f. 'militärischer Verband', unabhängig von *Trupp* als heeressprachlicher Ausdruck entlehnt (Anfang 17. Jh., zweifelhaft ist vereinzeltes *troppen* Plur., 2. Hälfte 15. Jh.) aus gleichbed. frz. *troupe* f. (s. oben), anfangs vorwiegend pluralisch verwendet (*Troupen, Truppen*) in der Bedeutung 'größere Abteilung von Soldaten', bes. 'Heereseinheit einer bestimmten Waffengattung', dann (ohne Plur.) 'Gesamtheit der militärischen Einheiten, Heer, Armee', speziell 'an der Front kämpfende Streitkräfte' (2. Hälfte 19. Jh.), allgemeiner 'Schar, Gruppe von Menschen oder Tieren' (1. Hälfte 17. Jh.), daraus nach frz. Vorbild 'Gruppe von Schauspielern, Artisten' (2. Hälfte 18. Jh.).

Trust m. Zusammenschluß mehrerer Betriebe, meist unter Aufgabe ihrer wirtschaftlichen und rechtlichen Selbständigkeit zu einem monopolistischen Großunternehmen mit einheitlicher Leitung, Übernahme (19. Jh.) von gleichbed. amerik.-engl. *trust*, Kurzbezeichnung für *trust-company* 'Treuhandgesellschaft'; vgl. engl. *trust* 'Treuhand(verhältnis), Treuhandvermögen', eigentl. 'das Anvertraute, anvertrautes Gut, Vertrauen, Kredit, Verwahrung', wahrscheinlich entlehnt aus anord. *traust* 'Trost, Stärke, Hilfe', verwandt mit *Trost* (s. d.).

Truthahn m. 'Puter' (2. Hälfte 17. Jh.), **Truthenne** f. 'Pute' (Ende 17. Jh.). Der erste Bestandteil im Namen der Anfang des 16. Jhs. aus Amerika eingeführten Tiere besteht aus einer Nachahmung des Lockrufs *trut*, mit dem die Henne ihre Jungen lockt (vgl. den Lockruf *put, put*, zu dem *Pute* und *Puter*, s. d., gebildet sind). Anders Kluge [21]795, der im Hinblick auf die als zornig empfundenen kollernden Laute eine Verbindung zu mnd. *drōten* 'drohen', aengl. *þrūtian* 'vor Zorn oder Stolz schwellen', (mit *s*-Anlaut) *strūtian* 'steif vorstehen, emporragen', anord. *þrūtna* 'aufschwellen, übermütig werden' (s. *strotzen*) herstellt. Vgl. ältere Benennungen wie *indianisch henn und han* (1. Hälfte 16. Jh.), *ein Indianisch oder Kalekuttisch oder Welsch hůn* (Mitte 16. Jh.), *turkische henne* (2. Hälfte 16. Jh.).

Tschako m. steife militärische Kopfbedekkung mit Schild und zylinderförmigem Oberteil, Übernahme (vereinzelt 2. Hälfte 18. Jh., ab 1804 Kopfbedeckung der preuß. Husaren) von gleichbed. ungar. *csákó* (vgl. *huszárcsákó*), eigentl. 'seitwärts abstehender oder herabhängender Teil der geschlitzten Krempe eines Hutes', verkürzt und substantiviert aus *csákós süveg* 'abstehender Hut' (vgl. ungar. *csákós* 'abstehend, sich aufwärts krümmend').

Tsetsefliege f., auch T s e t s e f., blutsaugende Stechfliege im tropischen Afrika, die beim Menschen den Erreger der Schlafkrankheit überträgt; im 19. Jh. nach engl. *tsetse(fly)*, einer Entlehnung von bantusprachlichem (Tswana) *tsetse*, das wohl das Fluggeräusch nachzuahmen sucht.

Tuba f. Blechblasinstrument in Baßlage mit weitem, nach oben gerichtetem Trichter, Übernahme (2. Hälfte 18. Jh.) von lat. *tuba* 'gerade, tieftönende (Kriegs)trompete'.

Tube f. röhrenförmiger, biegsamer Behälter mit Schraubverschluß für teigige, dickflüssige Stoffe, Übernahme (2. Hälfte 19. Jh.) von gleichbed. engl. *tube*, eigentl. 'Rohrleitung, Röhre', das aus frz. *tube* 'Rohrleitung, Röhre', mfrz. *tube* 'Wölbung' oder (wie die frz. Form) unmittelbar aus lat. *tubus* 'Röhre, Wasserleitungsröhre' (neben lat. *tuba* 'gerade Trompete', auch 'Röhre', s. *Tuba*) entlehnt ist.

Tuberkel m. 'durch Bazillen (bes. durch den Erreger der Tuberkulose) verusachte knötchenförmige Geschwulst', entlehnt (1. Hälfte 19. Jh., vielleicht unter Einfluß von mfrz. frz. *tubercule* m.) aus lat. *tūberculum* n. 'kleiner Höcker, kleine Geschwulst', einem Deminutivum von lat. *tūber* n. 'Höcker, Buckel, Beule, Geschwulst'; vgl. medizin.-lat. *Tuberculum* „ein Knote, eine Art von Gewächsgen" (1716). – T u b e r k u l o s e f. durch Tuberkelbazillen hervorgerufene chronische Infektionskrankheit, anfangs bes. 'Lungenschwindsucht', gelehrte Bildung (1. Hälfte 19. Jh.) mit der unter *Thrombose* (s. d.) dargestellten Endung griech. *-ōsis* (*-ωσις*). t u b e r k u l ö s Adj. 'mit Tuberkeln behaftet, an Tuberkulose leiden, schwindsüchtig' (1. Hälfte 19. Jh.); vgl. frz. *tuberculeux* (16. Jh.).

Tuch n. 'Stoff, (Woll)gewebe' (Plur. *Tuche*), 'abgegrenztes, meist viereckiges Stück Stoff' (Plur. *Tücher*). Ahd. *tuoh* n., auch m. (9. Jh.; vgl. *kelatuoh* 'Halstuch', 8. Jh.), mhd. *tuoch*, (md.) *tūch, dūch* 'Einzeltuch, Stoffart von bestimmter Länge, Tuchballen', asächs. *-dōk* (in *hullidōk* 'Schleier'), mnd. *dōk*, mnl. *doec*, nl. *doek* 'Tuch, Zeug, Leinwand'; engl. *duck* 'Segeltuch, Sackleinwand' ist aus dem Mnl., anord. *dūkr* 'Tuch, Schleier, Segel', schwed. *duk* 'Tuch' aus dem Mnd. entlehnt. Herkunft unbekannt. Eine Verbindung mit aind. *dhvajáḥ* 'Fahne, Feldzeichen' ist ungesichert. Neben den alten Plural mhd. *tuoch* tritt im 12. Jh. als neuer Plural mhd. *tüecher*. Nhd. *Tuche* gilt vor allem in der Sprache des Handwerks, der Tuchmacher, später der Textilindustrie, doch wird die semantische Unterscheidung beider Pluralformen in der oben genannten Weise erst im 19. Jh. allgemein. – Tuchfühlung f. 'das Berühren mit den Ärmeln (Tuch an Tuch) der im Glied stehenden Soldaten, enger Abstand zum Nebenmann', zunächst ein Ausdruck (auch Kommando) der Soldatensprache (Ende 19. Jh.), dann verallgemeinert 'Nähe, Berührung', übertragen 'enge Beziehung, Verbindung' (1. Hälfte 20. Jh.).

tüchtig Adj. 'geschickt, erfahren, fleißig, gut'. Das nur im Westgerm. bezeugte Adjektiv mhd. *tühtec, tühtic* 'brauchbar, wacker, edel und fein gesittet', mnd. *düchtich*, mnl. *duchtich*, nl. *duchtig*, aengl. *dohtig*, engl. (älter) *doughty* ist von dem in ahd. *tūht* 'Andrang, Ansturm' (11. Jh.; *anatūht*, 10. Jh.), mhd. *tūht, dūht* 'Andrang, Kraft, Gewalt, Tüchtigkeit', nhd. *Tucht* (bis 16. Jh.), mnd. *ducht* überlieferten *ti*-Abstraktum zu dem unter *taugen* (s. d.) dargestellten Verb abgeleitet. – Tüchtigkeit f. 'tüchtiges Wesen', mhd. *tühtecheit, tuchtikeit* 'Kraft, Stärke, Rüstigkeit, Festigkeit', mnd. *düchtichēt*, mnl. *duchticheit*. In älterer Sprache vorwiegend im Sinne von 'Tauglichkeit, Eignung, Brauchbarkeit'; der in neuerer Zeit vorherrschende Gebrauch 'besondere Leistungsfähigkeit, Qualität' findet sich bereits im Frühnhd.

Tücke f. 'Hinterlist, Arglist, Bösartigkeit', mhd. *tücke, tucke* f. 'Handlungsweise, Benehmen, Tun, Gewohnheit, Arglist', seit Ende des 13. Jhs. (vorwiegend omd.) belegt, steht entweder als feminine Bildung neben mhd. *tuc, duc* m. 'Schlag, Streich, Stoß, schnelle Bewegung, Gebärde, Handlungsweise, Gewohnheit, listiger Streich, Kunstgriff, Arglist' oder ist als Singularisierung aus dessen Plural mhd. *tücke, dücke* hervorgegangen. Sichere germ. und außergerm. Anschlußmöglichkeiten finden sich nicht. Es kann sich bei dem expressiven Charakter des Wortes um eine lautmalende Bildung handeln. Der anfänglich wertfreie Ausdruck erhält bereits in mhd. Zeit durch bestimmte Attribute einen abschätzigen Sinn, vgl. mhd. *in unartiger tucke, in arger tucke, nāch sīner valschen tucke*, woraus sich im 16. Jh. die Bedeutung 'hinterhältige Gesinnung und Verhaltensweise' entwikkelt. – tückisch Adj. 'hinterhältig, arglistig, bösartig', zuvor 'heimlich, listig, verschlagen' (15. Jh.), abgeleitet vom Substantiv mhd. *tuc* bzw. *tücke*. heimtückisch Adj. 'hinterhältig, arglistig, der offenen Konfrontation ausweichend', anfangs *heimdükkisch, -duckisch* (2. Hälfte 16. Jh.), zusammengebildet aus *tückisch* und *heimlich* (s. d.) oder *hämisch* (s. d.), vgl. *haimlich oder offenlich, redlich oder tückisch* (Anfang 16. Jh.) sowie *haimliche* oder *hemische Dück* (16. Jh.). Dazu auch die Schreibung *hämtückisch* (Lessing, Adelung). Heimtücke f. 'Hinterhältigkeit, Arglist' (18. Jh.), aus dem Adjektiv rückgebildet.

[1]**Tuff** m. 'lockeres, großporiges Gestein', Bezeichnung eines Sedimentgesteins aus vulkanischen Auswürfen, doch auch für sich im Süßwasser absetzenden Kalkstein gebräuchlich (vgl. *Kalktuff*), Entlehnung (Ende 17. Jh.) aus ital. *tufo* 'Vulkangestein', dem gleichbed. lat. *tōfus* (spätlat. auch *tōphus, tūfus*), ein wohl in Unteritalien heimisches (vgl. südital. *tufu*), vielleicht aus dem Osk.-Umbr. aufgenommenes Wort, vorausgeht. Auf Grund gelehrter Angleichung an die lat. Form findet sich im Dt. bis ins späte 18. Jh. häufig die Lautung *Tof(f)*. Älter ist die sich unmittelbar an lat. *tōfus* anschließende verdeutlichende Zusammensetzung Tuffstein m., ahd. *tufstein* (10. Jh.), *tubstein, tūhstein* (11. Jh.), mhd. *tupstein, tupfstein*, spätmhd. *tungstein*, mnd. *dūfstēn*, nhd. zunächst in vielen Varianten *Tob-, Top-, Tuff-, Topf-, Tuft-, Duff-, Tug-, Duckstein*, bis Ende 18. Jh. vorwiegend *Tof(f)stein*, seit dem 19. Jh. allgemein *Tuffstein*.

[2]**Tuff** m. 'Büschel von Blumen, kleines rundes Blumengebinde', entlehnt (Mitte 19. Jh., zunächst in frz. Schreibung und als Fem.) aus mfrz. frz. *touffe* f. 'Büschel' (von Pflanzen, Blumen, Federn, Haaren), auch 'kleines Gehölz', afrz. *tofe* 'Büschel, Schneeflocke', das wahrscheinlich aus dem Germ. stammt. Ausgangswort könnte das unter *Zopf* (s. d.) dargestellte Substantiv in einer erst teilweise von der hd. Lautverschiebung betroffenen Form, vielleicht ein altalem. **topf*, sein.

tüfteln Vb. 'mit geschickten Händen eine feine, knifflige Arbeit verrichten' (2. Hälfte 18. Jh.), übertragen 'bis ins kleinste über etw. grübeln, etw. ausklügeln' (Mitte 19. Jh.). Die Herkunft des aus hd. Mundarten in die Literatursprache eindringenden Verbs ist nicht geklärt; die Schreibung schwankt lange zwischen *tüfteln, düfteln, tifteln* und *difteln*. Vielleicht aus rotw. *difteln* 'gewandt und schlau stehlen, betrügen'? – T ü f t e l e i f. (1. Hälfte 19. Jh.). T ü f t l e r m. (Ende 18. Jh.). t ü f t (e) l i g Adj. 'viel Tüftelei erfordernd, zu übertriebener Sorgfalt, Genauigkeit neigend' (Mitte 19. Jh.). a u s t ü f t e l n Vb. 'herausfinden' (1. Hälfte 19. Jh.).

Tugend f., älter (bis 17. Jh.) auch *Tugent*, 'sittlich hervorragende Eigenschaft, einwandfreie, vorbildliche Haltung'. Als Verbalabstrakta zu dem unter *taugen* (s. d.) behandelten Verb sind gebildet mit dem Suffix germ. *-unþi-* ahd. *tugund* 'Tüchtigkeit, Kraft, Brauchbarkeit' (um 1000), mhd. *tugent, tugende* 'Brauchbarkeit, Tauglichkeit, männliche Tüchtigkeit, Kraft, Heldentat, Vorzüglichkeit, feine Sitte', mnd *dōget, dōgent, dōgede*, mnl. *dōghet, deoghet*, nl. *deugd*, aengl. (Suffix *-unþō) duguþ* und mit dem Suffix germ. *-iþō* anord. *dygð* 'Tugend, Kraft', schwed. *dygd*; vgl. noch ahd. *tugid* (9. Jh.) als Mischform beider Bildungsweisen. Aus der alten Bedeutung 'Tauglichkeit, Brauchbarkeit, Tüchtigsein' entwickelt sich unter Einfluß von kirchenlat. *virtūs (mōrālis)* der Sinn 'sittliche (religiöse) Vollkommenheit' als Gegensatz zu Laster und Sünde (seit Notker); später wird *Tugend* veräußerlicht zu 'Enthaltsamkeit, moralisches Verhalten, sittliche Reinheit, Keuschheit'. – t u g e n d h a f t Adj. 'ehrbar, keusch', mhd. *tugenthaft* 'gewaltig, mächtig, edel, fein gesittet'; im heutigen Sinne seit frühnhd. Zeit (16. Jh.).

Tüll m. 'feines, netzartiges Gewebe', entlehnt (1. Hälfte 19. Jh.) von gleichbed. frz. *tulle*, hervorgegangen aus *point de Tulle* 'Spitze, Stickerei aus Tulle', also letztlich aus dem Namen der Stadt *Tulle*, wo dieses Gewebe zuerst hergestellt wird.

Tülle f. 'Ausguß an Gefäßen' (Kannen, Krügen). Germ. **dulja-* und (ablautend) **delja-* mit ahd. *tulli* 'Röhre der Pfeil- oder Speerspitze, Horn am Pferdehuf (?)' (9. Jh.), mhd. *tülle*, mnl. *dulle* 'Röhre, Zwinge' (zur Befestigung einer Pfeil- oder Speerspitze am Schaft) und mnl. nl. *dille*, daneben germ. **daljō* mit aengl. *dell* 'Tal, Höhle', mhd. *telle* 'Schlucht' sowie germ. **dōljō* mit ahd. *tuola* 'Vertiefung, Grube' (8. Jh.), mhd. *tüele* 'Vertiefung, Wunde' führen auf die unter *Tal* und *Delle* (s. d.) genannte Wurzel ie. **dhel-* 'Höhlung, Wölbung'.

Tulpe f. im 16. Jh. aus dem Vorderen Orient in Europa eingeführte, zur Gattung der Liliengewächse gehörende Frühlingsblume. Diese wird zuerst in Italien beobachtet; sie und der mit nlat. *tulipan* angegebene Name werden (um 1550) als aus dem Türk. stammend erklärt (s. [1]DWB 11,1,2,1702). Die Bezeichnung gibt türk. *tülbend* (s. *Turban*) wieder und beruht offenbar auf einem vergleichenden Gebrauch des Wortes im Hinblick auf die Farbe eines Turbantuches bzw. auf die Gestalt eines Turbans. Auf nlat. *tulipan, tulipa* beruhen frühnhd. *Tuliban, Tulipan* (2. Hälfte 16. Jh.), *Tulipane* (2. Hälfte 17. Jh.) sowie frz. *tulipe*. Aus dem Frz. entlehnt ist nl. *tulp*, älter *tulpe*, woraus nhd. *Tulpe* (1. Hälfte 17. Jh.).

-tum Auszugehen ist von ahd. *tuom* 'Urteil, Gericht' (8. Jh.), mhd. *tuom* 'Macht, Herrschaft, Würde, Stand, Lebensverhältnisse, Besitz, eigentümlicher Zustand, Urteil, Gericht', asächs. *dōm* 'Urteil, Gericht, Verfügung, Belieben, Macht, Ruhm, Ehre', mnd. *dōm*, mnl. *doem* 'Urteil, rechtliche Entscheidung, Erkenntnis', aengl. *dōm* 'Urteil, Gottesurteil, Gesetz, Rechtsprechung, Gerichtsbarkeit, Macht, Ruhm, Ehre', engl. *doom* 'Schicksal, Verhängnis, Jüngstes Gericht', anord. *dōmr* 'Urteil, Gericht', schwed. *dom* 'Urteil', got. *dōms* 'Urteil, Ruhm', das im Sinne von 'das Setzen, das Gesetzte, Satzung' wie griech. *thōmós* (θωμός) 'Haufen, Schober' mit *mo*-Suffix zu der unter *tun* (s. d.) angeführten Wurzel ie. **dhē-* 'setzen, stellen, legen' gebildet ist. Germ. **dōma-* m. bildet im West- und Nordgerm. in Verbindung mit Substantiven und Adjektiven Komposita, die Würde und Stand, Gewohnheit oder allgemein einen Zustand bezeichnen, vgl. ahd. *keisurtuom*, asächs. *kēsurdōm*, aengl. *cāserdōm* sowie anord. *jarldōmr*, ahd. *wīstuom*, asächs. aengl. *wīsdōm*, anord. *vīsdōmr* 'Weisheit' (eigentl. 'weises Urteil'). In diesem produktiven Bildungstyp entwickelt sich der Wortteil unter semantischer Abschwächung zum Kompositionssuffix (vgl. nhd. *Altertum, Besitztum, Luthertum*).

tummeln Vb. refl. 'sich unruhig hin und her bewegen, (von Kindern) fröhlich und ausgelassen spielen', landschaftlich 'sich beeilen', auch trans. '(ein Pferd) im Kreise laufen lassen, um es zu bewegen', mhd. *tumeln* 'lärmen', frühnhd. *tumeln, tummeln* 'lärmen, sich unruhig hin und her bewegen, schwanken, kreisend bewegen, jagen, treiben, (ein Pferd) bewegen, reiten, sich beeilen', mnd. *tum(m)elen*, nl. (älter) *tommelen, tummelen* ist eine Nebenform mit kurzem Stammsilbenvokal zu dem unter *taumeln* (s. d.) behandelten Verb. – Tummelplatz m. 'Stätte freier Bewegungsmöglichkeit und ungehinderter Tätigkeit, Vergnügungsplatz, Platz zum Umhertollen', übertragen 'Gebiet, auf dem etw. ausgetragen wird' (17. Jh.), ursprünglich 'Reitbahn, Platz zum Abrichten der Pferde, Turnierplatz' (Ende 16. Jh.).

Tümmler m. zu den Delphinen gehöriges Meeressäugetier, nd. *Tum(m)ler*, nl. *tuimelaar*, schwed. *tumlare*, dän. *tumler*, seit dem 18. Jh. (zuerst *Tumler*) aus dem Nd. in der Literatursprache. Wohl als 'lebhaftes, sich munter bewegendes Tier' zu den unter *tummeln* (s. d.) angeführten Verbformen.

Tumor m. 'Geschwulst, Gewächs, Gewebswucherung'. Lat. *tumor* 'Schwellung, Geschwulst', auch 'Aufwallung, Aufgeblasenheit', eine Bildung zu lat. *tumēre* 'geschwollen sein, vor Zorn aufbrausen, vor Stolz aufgeblasen sein, schwülstig sein', geht in die lat. medizinische Wissenschaftssprache ein und wird von dort (2. Hälfte 19. Jh.) in die Bildungssprache aufgenommen.

Tümpel m. 'versumpfter kleiner Teich', mhd. (mittelrhein.) *dumpele* (als Grenzname, 12. Jh.), frühnhd. *tumpil* (1420), *sumpffe und tümpel* (Luther, 1531), nicht von der Lautverschiebung betroffene md. Form neben ahd. *tumphilo* 'Strudel, Wirbel' (9. Jh.), spätmhd. *tümpfel* 'Strudel, tiefe Stelle in fließendem, stehendem Wasser, Lache, Pfütze', frühnhd. nhd. *Tümpfel*, das erst im 19. Jh. durch *Tümpel* aus der Literatursprache verdrängt wird, in den Mundarten jedoch bis heute weiterlebt. Verwandt sind mengl. *dimpel* 'Bodensenke', engl. *dimple* 'Grübchen', (mundartlich) *dump* 'tiefes Loch im Teich, Flußbett', norw. *dump* 'Vertiefung, Grube, Teich, Lache, Pfütze'. Alle Formen lassen sich wie lit. *dum̃blas* 'Schlamm, Moor auf dem Grund eines Teiches', *duñbrės* 'Morast, Sumpf' als nasalierte Bildungen im Sinne von 'Vertiefung, Senke' zu der unter *tief* (s. d.) genannten Wurzel ie. **dheub-* 'tief, hohl' stellen.

Tumult m. 'lärmendes Durcheinander erregter Menschen, Getümmel', im politischen Bereich '(von Tätlichkeiten begleiteter) Aufruhr, Aufstand, Erhebung', entlehnt (Ende 15. Jh.) aus lat. *tumultus* 'Unruhe, Getöse, (Kriegs)lärm, Aufruhr, Aufregung'; zu lat. *tumēre* 'geschwollen sein, vor Zorn aufbrausen, schwülstig sein' (s. *Daumen*).

tun Vb. 'eine Tätigkeit verrichten', refl. (unpersönlich) 'sich ereignen'. Das Verb (mit ehemals reduplizierenden Präteritalformen) ahd. (8. Jh.), mhd. *tuon*, asächs. mnd. *dōn*, mnl. nl. *doen*, aengl. *dōn*, engl. *to do* 'tun' setzt westgerm. **dō-* voraus, eine wohl ablautende Form der Wurzel ie. **dhē-* 'setzen, stellen, legen'. Als Verwandte sind vergleichbar aind. *dádhāti* 'setzt, stellt hin, legt', griech. *tithénai* (τιθέναι) 'stellen, setzen, legen', lat. *abdere* 'weggeben, -tun, entfernen, verbergen, verstecken', *addere* 'hinzutun, -fügen, vermehren', *condere* 'gründen, einlegen, bergen, bedecken', *facere* (Perf. *fēcī*) 'tun, machen', air. *dorat* 'hat gegeben', lit. *dėti* 'setzen, stellen, legen, hineintun, säen, pflanzen', aslaw. *děti* 'legen, setzen, stellen', *dějati* 'tun, verrichten', russ. *det'* (деть) 'hinlegen, verbrauchen'. S. auch *Tat* (mit anord. *dāð* und got. *-dēþs*, die Reflexe des im Nord- und Ostgerm. nicht belegten Verbs zeigen) und *-tum*. – tunlich Adj. 'zum Tun geeignet, ratsam, sinnvoll, zweckmäßig, möglich' (16. Jh.). betulich Adj. 'rührig, besorgt, zutraulich, beschaulich' (18. Jh.), zu heute veraltetem *betun* 'sich geschäftig zeigen, sich abgeben', ahd. *bituon* 'verschließen, zumachen, behandeln' (8. Jh.), mhd. *betuon* 'be-, einschließen'. Tunichtgut m. 'wer öfters Unfug treibt, Taugenichts' (17. Jh.), imperativischer Satzname; vgl. *Thukeingut* (1586), *Thunichts* (Stieler 1691). abtun Vb. 'ablegen, mit Geringschätzung erledigen, ins reine bringen', mhd. *abetuon* 'entfernen, abschaffen, abstellen', ahd. (zweifelhaft) *abatuon* 'entfernen' (9. Jh.). antun Vb. 'anziehen, jmdm., sich etw. zufügen, bereiten, erweisen', ahd. *anatuon* 'anziehen, auflegen, aufsetzen, (Böses) zufügen' (8. Jh.), mhd. *anetuon* 'anlegen', refl. 'sich ankleiden'. umtun Vb. 'umhängen, umlegen', refl. 'sich umsehen, sich erkundigen, sich bemühen' (16. Jh.), mhd. *umbetuon* 'herumbringen, von seiner Ansicht abbringen, überwinden'. vertun Vb. 'verschwenden, vergeuden, ohne rechten Sinn verbrauchen, nutzlos zubringen', refl. 'sich irren', ahd. *firtuon* 'freveln', refl. 'sich vergreifen an' (9. Jh.; vgl. ahd. *firtān* Part.adj. 'schlecht, böse', 8. Jh.), mhd. *vertuon* 'aufbrauchen, verzehren, vergeblich tun', refl. 'sich versammeln, verschwenderisch leben, sich durch Handeln verfehlen'. z u t u n Vb. 'hinzufügen, zusetzen, hinzulegen, schließen', ahd. (8. Jh.), mhd. *zuotuon*; Z u t a t f. 'zur Herstellung einer bestimmten Sache notwendiger oder wünschenswerter Bestandteil, Beigabe, Ergänzung' (18. Jh.), zuvor 'zweckvolles Tun' (16. Jh.); vgl. mnd. *tōdāt* 'Hinzufügung, Hilfe'.

tünchen Vb. 'mit Kalk(farbe) bestreichen', ahd. *tunihhōn* 'mit Kalk versehen bzw. bestreichen' (9. Jh.; eigentl. 'bekleiden, mit einem Gewand, einem Überzug versehen'), spätmhd. *tün(i)chen* 'kalken, verputzen' ist abgeleitet von ahd. *tunihha* 'Kleid, Gewand' (um 800), einer Entlehnung aus lat. *tunica* 'auf dem Körper getragenes, mit kurzen Ärmeln versehenes Hemd'. Im Anschluß an das Verb entwickelt ahd. *tunihha* die Bedeutung '(Kalk)anstrich, -bewurf' (10. Jh.), woraus (wenn nicht spätere Rückbildung aus dem Verb) nhd. T ü n c h e f., auch T ü n c h m. 'Kalkverputz', bes. 'Kalkmilch', mhd. *tünich* m.; dann auch übertragen 'Schminke' (16. Jh.). T ü n c h e r m. 'Verputzer' (15. Jh.), 'Weißer, Anstreicher' (16. Jh.).

Tundra f. sumpfige, baumlose Steppe nördlich der polaren Waldgrenze, Übernahme (Mitte 19. Jh.) von gleichbed. russ. *túndra* (*тундра*), das seinerseits entlehnt ist aus finn. *tunturi* 'baumlose Hochfläche' oder direkt aus (dem Finn. zugrundeliegendem) kolalappisch *tūndar, tuoDDar*, norw.-lappisch *duoddâr*.

tunken Vb. 'eintauchen'. Das nur im Dt. begegnende Verb ahd. *thunkōn* 'färben, eintauchen' (9. Jh.), mhd. *tunken, dunken* '(ein)-tauchen' vergleicht sich außergerm. mit griech. *téngein* (*τέγγειν*) 'benetzen, befeuchten', lat. *ting(u)ere* (umgebildet aus **tengere*; Part. Perf. *tīnctum*) 'benetzen, tränken, eintauchen, färben, ausstatten' (s. *Tinte*), lat. *tīnctūra* 'das Färben' (s. *Tinktur*), so daß eine Wurzel ie. **teng-* 'benetzen, anfeuchten' angesetzt werden kann. *tunken*, früher wie *tauchen* verwendet, wird heute meist in der Präfixbildung *eintunken* (seit 15. Jh.), vornehmlich vom Eintauchen fester Nahrungsmittel in Flüssigkeiten, gebraucht. – T u n k e f. 'Soße' (Anfang 17. Jh., ursprünglich omd.), Rückbildung von *tunken*; vgl. älteres *Eintunke* 'Brühe, Soße, in die man Brot oder Fleisch taucht' (16. Jh.), das wohl als Übersetzung von lat. *intīnctus* 'das Eintauchen, Tunke, Brühe' zu werten ist.

Tunnel m. 'unterirdischer, röhrenförmig angelegter Verkehrsweg', Übernahme (20er Jahre 19. Jh.) von gleichbed. engl. *tunnel*, zuvor 'Schacht, Kaminrohr', aus afrz. *tonel* 'Tonne, Faß' (frz. *tonneau*), gebildet zu afrz. *tone* (s. *Tonne*).

Tüpfel m. n. 'kleiner Tupfen, Punkt, Farbfleck' (15. Jh.), Deminutivum zu *Tupf(en)* m. 'Punkt, Farbfleck, Sprenkel', unter Anlehnung an *tupfen* (s. d.) umgebildet aus mhd. *topfe*, ahd. *topho* 'Punkt, Fleck' (11. Jh.), das im Sinne von '(leichter) Stoß, Schlag, durch Stoß, Stich oder Berührung entstandener Punkt' zu einer Labialerweiterung der unter *stoßen* (s. d.) dargestellten Wurzel ie. **(s)teu-* 'stoßen, schlagen' gestellt werden kann. In neuerer Zeit bezeichnet *Tüpfel* vorwiegend einen 'für das Auge wahrnehmbaren Fleck', wobei der Vorgang der Berührung deutlich zurücktritt. Dazu mit erneuter Deminuierung T ü p f e l c h e n n. 'kleiner Tüpfel, Pünktchen' (17. Jh.), vor allem in den Wendungen *das Tüpfelchen auf dem i* 'I-Punkt, letzte Feinheit, Vollendung' (Mitte 19. Jh.), *bis aufs Tüpfelchen* 'aufs genaueste, bis auf letzte' (2. Hälfte 19. Jh.).

tupfen Vb. 'leicht an, auf etw. stoßen, tippen, anfeuchten, benetzen, mit Tupfen versehen, sprenkeln', ahd. *tuphen* 'waschen, baden, befeuchten' (9. Jh.), frühnhd. *dupffen, tüpffen* 'anfeuchten', *tupfen* 'Farbflecke machen' (16. Jh.), *dupffen, tupffen* 'flüchtig berühren' (17. Jh.), dazu auch md. nd. *dippen, tippen*, aengl. *dyppan* 'eintauchen', engl. *to dip* und (iterativ) mnd. *düppelen* 'eintauchen', (als *ōn*-Verb) schwed. *doppa* 'eintauchen' stellen sich im Sinne von 'tief machen, eintauchen' zu der unter *tief* (s. d.) behandelten Wurzel ie. **dheub-*, **dheup-* 'tief, hohl'. Die Bedeutung 'eintauchen' kommt literatursprachlich im 18. Jh. außer Gebrauch, bleibt im Obd. jedoch erhalten. *tupfen* gerät schon früh unter den Einfluß von (obd.) *stupfen* 'leicht stoßen, mit den Fingern berühren' (s. *stupsen*). – b e t u p f e n Vb. 'vorsichtig berühren und dabei Flüssigkeit auftragen oder aufsaugen, mit Tupfen versehen' (Anfang 18. Jh.). T u p f e r m. 'kleiner, farbiger Fleck, Wattebausch zum Betupfen von Wunden' (17. Jh.).

Tür f. Vorrichtung zum Verschließen einer Öffnung, eines Ein- oder Durchgangs. Aus einem auf einem alten Dual beruhenden konsonantischen Stamm sind hervorgegangen ein germ. *i*-Stamm in ahd. *turi* (8. Jh.; später auch *a*-Stamm *tura*), mhd. *tür(e)*, mnd. *dōre*, mnl. *dore, dure, doere*, nl. *deur*, anord. (Plur.) *dyrr*, schwed. *dörr* und ein germ. *u*-Stamm in asächs. aengl. *duru*, engl. *door*, ferner das unter *Tor* (*a*-Stamm, s. d.) dargestellte Substantiv. Sie führen mit den ebenfalls unterschiedliche Stammbildung aufweisenden außergerm. Verwandten aind. *dvā́r-*, Plur. *dvā́raḥ*, griech. *thýra* (*θύρα*) 'Tür', lat. *foris* 'Tür', Plur. *forēs* 'Doppel-, Flügeltür', lit. *dùrys*, aslaw. *dvьrь*, meist Plur. *dvьri*, russ. *dver'* (*дверь*), meist Plur. *dvéri* (*двери*) 'Tür' auf ie. **dhu̯ĕr-*, **dhur-* 'Tür'. – T ü r a n g e l f. 'drehbare Vorrichtung, mit der die Tür am Pfosten befestigt ist' (15. Jh.).

Turban m. von Mohammedanern und Hindus getragene, aus einem geschlungenen Stoffstreifen bestehende Kopfbedeckung, wird in der 1. Hälfte des 16. Jhs. (während der Türkenkriege) bekannt. In dt. Texten begegnet zunächst *Turbantas, Tarbentes* Plur. (1. Hälfte 16. Jh.), danach *Turbat, Turbant* und *-lb*-Formen (teilweise mit Bindevokal) *Duliban, Tulbant, Tolopa* (2. Hälfte 16. Jh.). Heute übliches *Turban* ist seit Ende des 17. Jhs. belegt; doch vgl. schon mfrz. *turban* (1. Hälfte 16. Jh.) neben mfrz. *tourbelon, toliban, tolopan*. Zugrunde liegt türk. *tülbend*, das auf pers. *dolband* zurückgeht. Die Formen mit *-rb-* sind wahrscheinlich durch ital. *turbante* (15. Jh.) vermittelt, das wohl unter dem Einfluß von mgriech. *-rb-* aus *-lb-* steht.

Turbine f. Kraftmaschine, die Energie von strömendem Dampf, Gas, Wasser mit Hilfe eines Schaufelrades in Drehenergie umsetzt, Übernahme (Mitte 19. Jh.) von gleichbed. frz. *turbine*, womit (1824) der frz. Ingenieur Burdin ein von ihm konstruiertes Wasserrad bezeichnet; künstliche Bildung zu lat. *turbo* (Gen. *turbinis*) 'Wirbel, Sturm, Kreisel, wirbelförmige, rotierende Bewegung, Kreis' (verwandt mit lat. *turba*, s. *turbulent*). Vielfach in Zusammensetzungen, vgl. *Dampf-, Gas-, Wasserturbine*; *Turbinenantrieb, -flugzeug, -triebwerk*. Dazu die Kompositionsform *Turbo-* 'mit Turbinenantrieb ausgerüstet', vgl. *Turbobohrer, -generator, -flugzeug, turboelektrisch*.

turbulent Adj. 'unruhig, ungestüm, verwirrend, tumultartig', entlehnt (2. Hälfte 15. Jh.) aus gleichbed. lat. *turbulentus* (zu lat. *turba* 'Unordnung, Verwirrung, Getümmel, Tumult', *turbāre* 'in Unordnung bringen, verwirren'), anfangs vereinzelt in lat. Form. In der Physik auch '(durcheinander)wirbelnd, in wirbelnder Bewegung befindlich, ungeordnet', bes. von Flüssigkeits-, Gas- und Luftteilchen (Anfang 17. Jh.). – T u r b u l e n z f. 'Ungestüm, lebhafte und laute Art, (öffentliche) Unruhe, Trubel, Verwirrung' (Ende 18. Jh.), in der Physik 'Wirbelbildung in Strömungen von Gasen, Flüssigkeiten und Luftschichten' (Anfang 20. Jh.); vgl. spätlat. *turbulentia* 'Unruhe, Verwirrung'.

Türkis m. Der Name des himmelblauen bis blaugrünen undurchsichtigen Schmucksteins ist zunächst als mhd. *turkoys, turggīs, turkes* bezeugt, dann im Frühnhd. als *turckiß, durkkis* (15. Jh.), *Tür(c)kis* (16. Jh., vor allem durch Luthers Gebrauch sich durchsetzend). Er ist entlehnt aus gleichbed. afrz. mfrz. *turcois* m. bzw. afrz. *torchoise*, mfrz. frz. *turquoise* f., Substantivierungen des Adjektivs afrz. mfrz. *turcois* 'türkisch', bedeutet also eigentl. 'türkischer (Stein)', da das Mineral durch die Türken nach Europa gebracht wurde. Die auf *-es, -is* endenden dt. Formen sind wahrscheinlich von entsprechendem ital. *turchese*, (älter) *turchesa* 'Türkis' (heute außerdem ital. *turchina*) beeinflußt; vgl. auch mlat. *turchesius, turcoisius, torquesa, turchina*.

Turm m. hochaufragendes Bauwerk mit verhältnismäßig kleiner Grundfläche, ahd. *turn* (9. Jh.), mhd. *turn, torn,* (md.) *turm*, mnd. *torn, tarn*, mnl. *torn, tōren*, nl. *toren* sind entlehnt aus afrz. **torn* 'Turm', als sicher vorauszusetzen durch das bezeugte Deminutivum afrz. *tornele*, mfrz. *tournelle*. Dieses beruht wie gleichbed. afrz. *tor* (frz. *tour*) auf lat. *turris* 'Turm', entlehnt aus griech. *týrsis* (*τύρσις*) 'Turm, Wohn-, Mauerturm, Burg, Palast, mit Mauer und Turm befestigte Stadt'. Da lat. *turris* auch den beweglichen, drehbaren Angriffs- und Beobachtungsturm des röm. Befestigungssystems bezeichnet, hat sich durch Einfluß des Verbs lat. *tornāre* 'mit dem Drechseleisen runden', spätlat. 'wenden' auslautendes *-n* entwickelt. Unmittelbar aus dem Lat. ist entlehnt ahd. *turri* (um 800), *turra* (9. Jh.), mnl. *tor(re)*. Mit Luther setzt sich die md. Form *Turm* durch. –[1]t ü r m e n Vb. 'turmartig aufbauen, hoch übereinanderstapeln', refl. 'sich turmartig (übereinander) erheben' (18. Jh.), 'in den Gefängnisturm werfen, mit einem Turm versehen' (15. Jh.); vgl. ahd. *turrōn* 'mit Türmen versehen' (11. Jh.). a u f t ü r m e n Vb. 'turmartig aufbauen, aufhäufen, aufstapeln', übertragen refl. 'sich stark häufen' (17. Jh.). T ü r m e r m. 'Turmwächter, Glöckner', mhd. *turner, türner.*

[2]**türmen** Vb. 'davonlaufen, ausreißen', Herkunft unbekannt. Wohl aus der Gaunersprache des 19. Jhs. Vielleicht 'dem (Gefängnis)-turm, der Gefangenschaft entlaufen'?

turnen Vb. 'sich durch gymnastische Bewegungen oder Übungen an Geräten sportlich betätigen', 1811 von F. L. Jahn als vermeintlich altes deutsches Wort im Hinblick auf ahd. *turnen* und nhd. (älter) *Turner* in die Sportsprache eingeführt. In Wirklichkeit ist ahd. *turnen* 'bewegen, drehen, lenken' (um 1000) entlehnt aus lat. *tornāre* 'mit dem Drechseleisen runden, drechseln', und *Turner* 'junger Soldat, frischer, munterer Gesell' von Moscherosch (1650) aus *Turnier* 'ritterliches Kampfspiel' (s. d.) gebildet. Ebenfalls von Jahn stammen *Turner, Vorturner, Turnkunst, -lehrer, -platz, -stunde.*

Turnier n. im Mittelalter 'ritterliches Kampfspiel', heute (seit Ende 19. Jh.) 'sportliche Veranstaltung, bei der in mehreren Wettkämpfen aus einer großen Teilnehmerzahl der Sieger in einer bestimmten Disziplin ermittelt wird'. Die vom 12. Jh. an nachzuweisenden Formen mhd. *turnei, tornei, turnoi* m. 'Kampfspiel', auch 'ernster Kampf', in der Dichtung des 18./19. Jhs. als *Turnei* historisierend wieder aufgegriffen, sind entlehnt aus afrz. *tornoi* 'Kampf, Turnier, Drehung, Wendung', Ableitung von afrz. *tornoi(i)er, torni(i)er* 'sich drehen, sich tummeln, ernstlich oder im Turnier kämpfen' (frz. *tournoyer* 'sich drehen, wirbeln, sich winden', vgl. mlat. *torneare, torniare* 'im Turnier kämpfen'), weitergebildet von afrz. *torner* 'drechseln, drehen, formen, wenden, umkehren' (lat. *tornāre* 'mit dem Drechseleisen runden, drechseln', s. *Tour*). Auf afrz. *tornoi(i)er, torni(i)er* beruht mhd. *turnieren* 'das Roß tummeln, am ritterlichen Kampfspiel teilnehmen'; hiervon abgeleitetes mhd. *turnier* 'Kampfspiel' (zunächst Mask.) verdrängt mhd. *turnei* seit dem 14. Jh.

Turnus m. 'festgelegte Reihenfolge, regelmäßiger Wechsel', Übernahme (vereinzelt im 17. und 18. Jh.) von mlat. *turnus* 'Wechsel, Reihenfolge', lat. *tornus* 'Dreh-, Drechseleisen', griech *tórnos* (*τορνος*) 'Schnitzmesser, Dreheisen, Drehbank, Kreis, Rundung'. Anfangs im Hinblick auf das röm. Kirchenrecht 'Reihenfolge bei der Verteilung einer Pfründe'.

Turteltaube f. Der Name der gurrenden Wildtaube ahd. *turtulo* (um 1100), mhd. *turtel*, aengl. *turtla, turtle* ist wie der erste Bestandteil der verdeutlichenden Zusammensetzung ahd. *turtilitūba* (9. Jh.), *turtilatūba* (10. Jh.), mhd. *turteltūbe, türteltūbe*, mnd. *turtel-, tortel-, tarteldūve*, mnl. *turteldūve*, nl. *tortelduif*, engl. *turtledove* entlehnt mit Dissimilitation des zweiten *r* aus lautnachahmendem lat. *turtur* 'Turteltaube'. Nichtdissimilierte Formen liegen vor in aengl. *turtur*, anord. *turturi.*

Tusch m. 'fanfarenartiger musikalischer Festgruß' (Mitte 18. Jh.). Das anfangs nur im südostd. Sprachgebiet nachweisbare Substantiv ist (unter Einfluß von frz. *toucher* m., *touche* f. 'Anschlag auf einem Instrument'?) rückgebildet aus lautmalendem obd. *tuschen* 'schlagen, stoßen', auch 'knallen, dröhnen' (15. Jh.; vgl. spätmhd. *zetuschen* 'zerschlagen'). Slaw. Ursprung, wie einige vermuten, ist wohl abzulehnen; vgl. Bielfeldt Entlehnungen (1965) 35.

tuscheln Vb. 'einander heimlich etw. zuflüstern' (18. Jh.), Iterativbildung zu heute noch mundartlich erhaltenem lautnachahmendem *tuschen* 'zum Schweigen bringen, stillen, unterdrücken', mhd. *tuschen'* 'sich still verhalten, verbergen'.

tuschen Vb. 'mit Wasserfarbe malen, eine Zeichnung farbig ausgestalten, kolorieren' (2. Hälfte 18. Jh.), zuvor 'etw. einfarbig darstellen, eine Zeichnung einfarbig ausgestalten, mit dunkler Farbe schattieren', entlehnt (vereinzelt *getuscht, getouscht*, 16. Jh., geläufig seit Anfang 17. Jh.) aus mfrz. frz. *toucher*, afrz. *tochier* 'berühren, anrühren, treffen, schlagen, antreiben, betreffen, zu Herzen gehen', frz. auch 'ein Bild ausführen' und 'Farbe, Druckerschwärze auftragen'. Dem frz. Wort liegt vlat. **tōccāre* 'schlagen, treffen' (vgl. ital. *toccare* 'berühren, anfühlen, anstoßen') zugrunde, eine lautnachahmende Bildung, die von dem beim Auftreffen auf einen Gegenstand entstehenden dumpfen Ton (*tok*) ausgeht. – T u s c h e f. 'zum Zeichnen, Beschriften verwendete, tintenähnliche schwarze Flüssigkeit' (2. Hälfte 18. Jh.), älter überhaupt 'zum Schreiben, Zeichnen, Schattieren, Kolorieren verwendete Farbe', auch 'Wasserfarbe' (Anfang 18. Jh.), wohl gekürzt aus gleichzeitig bezeugtem *Tuschfarbe*, vielleicht unter Einwirkung von ebenfalls in der Malerei (für 'Pinselstrich, Malweise') üblichem deverbativem frz. *touche*, eigentl. 'Berührung' (afrz. *toche*).

Tüte f. '(spitzgedrehter) Papierbehälter', ein nd. Wort, im Hd. seit dem 16. Jh. (*dute, dutte, thüte*, anfangs auch 'etw. Trichter-, Röhrenförmiges'). Mnd. *tūte* 'Horn, Blashorn, Hornförmiges, Trichter, Röhre, spitze Haarfrisur, spitze Kopfbedeckung', nd. *Tūte, Tūt(e)*, mnl. *tūte* 'Zopf, Locke', nl. *tuit* 'Tülle, Röhre, Zopf'. Herkunft unbekannt. Nahe stehen Wörter wie mnl. nl. *toot* 'lange Spitze, Tülle, Röhre, Zopf', isl. *tota, túta* 'etw. spitz Hervorstehendes', *toti* 'Schnauze', die sich unter einer Bedeutung 'etw. Spitzes' zusammenfassen lassen. Besteht eine Verbindung zu dem unter *Zitze* (s. d.) behandelten Substantiv? Die ebenfalls aus dem Nd. stammende umlautlose Form T u t e f. bleibt im Sinne von 'horn-, trichter-, röhrenförmiges Blashorn' (17. Jh.) auch im Hd. (in Anlehnung an *tuten*, s. d.) ohne Umlaut.

tuten Vb. 'ein Signalhorn blasen, einen lauten, dunklen Ton hören lassen'. Lautnachahmendes (und daher unverschobenes) mhd. *tūten* (14. Jh., daneben auch intrans. mhd. *ertiuten* 'erschallen') stellt sich wie mnd. mnl. *tūten* 'auf dem Horn blasen, hupen, sausen', nl. *tuiten* zu der unter *Getöse* (s. d.) dargestellten Schallwurzel ie. **tŭ*, redupliziert **tŭtŭ*. Redensartlich *weder tuten noch blasen können* 'völlig unfähig sein' (Anfang 17. Jh.), heute meist *keine Ahnung von Tuten und Blasen haben*.

Twist m. '(Stopf)garn aus mehreren zusammengedrehten Baumwollfäden', Entlehnung (1. Hälfte 19. Jh.) von gleichbed. engl. *twist*. Dies beruht vielleicht (unter Einfluß angesiedelter flandrischer Weber) auf mnl. nl. *twist* 'zwei- oder mehrfach gedrehter Faden, Zwirn', das jedoch bei der Übernahme auf einheimisches aengl. *-twist* 'etw. Verzweigtes, Gabelförmiges, Gedrehtes' stößt, vgl. aengl. *candeltwist* 'Lichtputzschere', *yltwist* 'Vogelfalle', *mæsttwist* 'Seil, Tau zum Stützen des Mastes'. Zugrunde liegt allen Formen eine Bildung mit *to*-Suffix zu ie. **du̯is-* 'zweimal' (s. *Zwist*). Engl. *twist* wird im Sinne von 'das Drehen, das Verrenken (der Glieder)' Bezeichnung eines in den USA entwickelten Modetanzes und in diesem Sinne erneut ins Dt. entlehnt (60er Jahre 20. Jh.).

Typ m. (Anfang 20. Jh.), älter und heute (bes. bildungssprachlich und terminologisch) daneben fortlebend **Typus** m. 'durch die einer bestimmten Gruppe von Personen oder Dingen gemeinsamen, für diese Gruppe charakteristischen wesentlichen Merkmale gekennzeichnete Erscheinungsform einer Person, eines Einzeldinges, Grundform, Urgestalt', auch 'die gemeinsamen Merkmale besonders ausgeprägt aufweisender Vertreter einer bestimmten Gattung, Idealbild, Inbegriff' (18. Jh.), zuvor (abgesehen von vereinzeltem Gebrauch in der Grammatik für 'Muster, Paradigma', 17. Jh.) bei Theologen 'Vorbild, alttestamentlicher Bericht mit auf das Neue Testament vorausdeutendem Sinn', Entlehnung (Ende 16. Jh.) von lat. *typus* 'Figur, Bild' (spätlat. auch 'periodische Zu- und Abnahme einer Krankheit, regelmäßige Wiederkehr'), griech. *týpos* (*τύπος*) 'Schlag, Stoß, Abdruck, Gepräge, erhabene Arbeit, Bildwerk, Schriftduktus, Abbild, Vorbild, Gestalt, Umriß, Entwurf, Regel', zu griech. *týptein* (*τύπτειν*) 'schlagen, stoßen, prügeln, mit einer Waffe treffen'. In dt. Texten folgt *Typus* noch bis ins 18. Jh. öfters der lat. Flexion. Zu der seit dem 18. Jh. verwendeten Pluralform *Typen* stellt sich im frühen 20. Jh. der eindeutschende Sing. *Typ*, der für die jungen Bedeutungen 'besondere, von anderen Produkten derselben Funktion abweichende Bauart eines in Serie gefertigten Erzeugnisses, Modell, Sorte, verbindliche Norm' (in Technik und Wirtschaft, Anfang 20. Jh.) und 'seltsamer Kerl, Sonderling' (1. Hälfte 20. Jh., älter *Type*, s. unten), dann (meist schwach flektiert) überhaupt 'männliche Person, junger Mann' (in der Ausdrucksweise Jugendlicher, 2. Hälfte 20. Jh., vielleicht nach gleichbed. frz. *type*, vgl. *das ist nicht mein Typ* 'er, sie entspricht nicht meinem Idealbild', Anfang 20. Jh., frz. *ce n'est pas mon type*) ausschließlich gilt. – T y p e f. 'rechteckiger Metallkörper mit dem erhabenen, seitenverkehrten Bild eines Schriftzeichens, Letter', auch 'gedruckter Buchstabe', als Fachwort des Buchdrucks um 1800 rückgebildet aus dem Plur. *Typen* 'gegossene Lettern' (Anfang 18. Jh., vgl. mfrz. frz. *type* m. 'Druckstock); im 18. Jh. findet sich gelegentlich der Sing. *Typus* m. (entsprechend nlat. *typus*, 16. Jh.) in dieser Bedeutung. *Type* steht anstelle von *Typ(us)* (s. oben) auch für 'Mensch mit auffallenden Besonderheiten, Sonderling' (Ende 19. Jh., frz. *type*) und für 'Sorte, Qualität' (zur Klassifizierung von Müllereiprodukten, 1. Hälfte 20. Jh.). typisch Adj. 'die wesentlichen gemeinsamen Merkmale einer Gruppe aufweisend, einem Typ entsprechend', auch 'für jmdn., etw. kennzeichnend, charakteristisch' (Anfang 19. Jh.), zuvor in der Theologie 'vorbildhaft, vorgebildet' (2. Hälfte 18. Jh., schon Anfang 17. Jh. in der Adverbform *typice*, vgl. spätlat. *typicē*), nach spätlat. *typicus* 'bildlich, regelmäßig wiederkehrend', griech. *typikós* (*τυπικός*) 'bildend, figürlich, bildlich', zu griech. *týpos* (s. oben). Typologie f. 'Lehre von den Typen, systematische Einteilung nach Typen' (1. Hälfte 20. Jh.), älter 'Lehre von der Vorgebildetheit neutestamentlicher Ereignisse im Alten Testament' (1. Hälfte 19. Jh.), Bildung der Wissenschaftssprache (s. *-logie*) zu griech. *týpos* (s. oben); dazu typologisch Adj. (2. Hälfte 19. Jh.).

Typhus m. fieberhafte Infektionskrankheit mit Verdauungs- und Bewußtseinsstörungen (Anfang 19. Jh.), gewöhnlich für medizin.-lat. *Typhus abdominalis* 'Unterleibstyphus'; in der älteren medizinischen Fachsprache *Typhos* („eine gewisse Art von hitzigen Fiebern", Anfang 18. Jh.), Bezeichnung für verschiedene schwere Krankheiten, die mit Trübung des Bewußtseins und Lethargie verbunden sind. Übernahme von griech. *týphos* (*τῦφος*) 'eine Art Fieber, Stumpfsinn, Blödsinn', eigentl. 'Rauch, Dampf, Qualm, Dünkel, Umnebelung'; zu griech. *týphein* (*τύφειν*) 'Rauch, Dampf, Qualm machen'.

Tyrann m. 'Gewaltherrscher, Despot', spätmhd. *tiranne, tyranne*, entlehnt aus lat. *tyrannus*, griech. *týrannos* (*τύραννος*) 'unumschränkter Herrscher, Allein-, Gewaltherrscher', bes. 'wer sich ungesetzlich die Herrschaft im Staate anmaßt'. Im Dt. zunächst im politischen Bereich 'Usurpator, Diktator, Despot', ohne pejorativen Nebensinn 'Herrscher, König, Regent', dann (1. Hälfte 16. Jh.) auch allgemein 'wer anderen seinen Willen rücksichtslos aufzwingt, herrschsüchtiger Mensch'. – Tyrannei f. 'Gewaltherrschaft, despotische Unterdrückung', frühnhd. *tyranney* (2. Hälfte 15. Jh.), mnd. *tirannīe* (2. Hälfte 14. Jh.), Bildung (unter Einfluß von afrz. *tiranie, tyrannie*?) zur voraufgehenden Personenbezeichnung; vgl. spätlat. *tyrannia*, griech. *tyrannía* (*τυραννία*) 'Königsherrschaft, unumschränkte, angemaßte Herrschaft, Allein-, Gewaltherrschaft'. Im Dt. schon früh übertragen 'herrschsüchtige Unterdrückung, Zwang, unduldsames Verhalten eines Menschen' (1. Hälfte 16. Jh.). tyrannisch Adj. '(in einem Staatswesen) unumschränkt, despotisch herrschend, die Macht, Herrschaft gewaltsam an sich reißend' (2. Hälfte 15. Jh.), 'anderen seinen Willen rücksichtslos aufzwingend, herrschsüchtig, herrisch' (1. Hälfte 16. Jh.); vgl. lat. *tyrannicus*, griech. *tyrannikós* (*τυραννικός*) 'dem Alleinherrscher gehörig, ihm angemessen, königlich, gewalttätig, despotisch'. tyrannisieren Vb. 'willkürlich, gewalttätig regieren, grausam herrschen, jmdm. seinen Willen aufzwingen' (1. Hälfte 16. Jh.), mfrz. frz. *tyranniser*.

übel Adj. 'körperlich unwohl, moralisch schlecht, unerfreulich, unheilvoll', ahd. *ubil* (8. Jh.), mhd. *übel*, (md.) *ubel*, asächs. *ubil*, mnd. *ovel*, mnl. *evel, ovel, oevel*, nl. *euvel*, aengl. *yfel*, engl. *evil*, got. *ubils* setzen germ. **ubila-* voraus, eine Bildung mit dem Bindevokal aufweisenden Suffix germ. *-ila-* (entwikkelt aus ie. *-lo-*). Außergerm. vergleicht sich allein mir. *fel* 'schlecht', so daß ie. **upelo-* ansetzbar ist. Nimmt man als Grundbedeutung 'über das normale Maß hinausgehend' (vgl. ahd. *ubbi* 'böse handelnd') an, ist Anschluß an die Präposition ie. **upo, *up, *eup* 'unten an etw. heran', dann '(von unten) hinauf, über' (s. *auf, ob, über*) möglich. Vgl. *wohl oder übel* 'gut oder schlecht' (16. Jh.), formelhaft 'notgedrungen, ob man will oder nicht' (19. Jh.). – Übel n. 'Mißstand, langwierige (schwere) Krankheit, das Böse', ahd. *ubil* (8. Jh.), mhd. *übel*, Substantivierung des Adjektivs. Daneben in älterer Sprache eine fem. Ableitung ahd. *ubilī* (9. Jh.), mhd. *übele*. Übelkeit f. 'mit Brechreiz, Schwindel verbundenes körperliches Unwohlsein' (18. Jh.). Übeltat f. 'böse, verwerfliche

Tat, Verbrechen', ahd. *ubiltāt* (9. Jh.), mhd. *übeltāt*, vielleicht Wiedergabe von lat. *maleficium*; dazu Ü b e l t ä t e r m., mhd. *übeltæter*; vgl. ahd. *ubiltāto*.

üben Vb. 'durch ständiges Wiederholen sich anzueignen suchen', ahd. *uoben* 'Landbau treiben, (aus)üben, verrichten, treiben, verehren' (9. Jh.), mhd. *üeben, uoben*, (md.) *ūben* 'bebauen, hegen, pflegen, ausüben, ins Werk setzen, beständig gebrauchen, tätig sein', asächs. *ōbian* 'feiern' (vgl. *ungiōbid* 'ungepflegt, vernachlässigt'), mnd. *ōven* '(be)treiben, bearbeiten, bauen, pflegen, ehren', mnl. *oeven* ist mit *jan*-Suffix abgeleitet von einem in ahd. *uoba* f. 'Feier' (Hs. 13. Jh.), *uobo* m. 'Landbauer' (um 900), *lantuobo* 'Bauer' (um 900), mhd. *uop* 'Landbau, Handlungsweise, Gebrauch, Übung, Sitte' bezeugten dehnstufigen Nominalstamm. Daneben sind zu einem *n*-Stamm gebildet mnd. *ōvenen*, mnl. nl. *oefenen*, ablautend aengl. *æfnan, efnan* 'ausführen, vollbringen, tun, verursachen, leiden', anord. *efna* 'ausführen, leisten, helfen', schwed. *ämna* 'beabsichtigen, vorhaben'. Verwandt sind ferner anord. *efni* 'Stoff, Material' und aengl. *andefn* 'Maß, Menge'. Außergerm. sind heranzuziehen aind. *ápaḥ* 'Werk, religiöse Handlung', griech. *ómpnē* (ὄμπνη) 'Nahrung, Getreide', lat. *opus* 'Werk, Arbeit, Tätigkeit', *ops* 'Vermögen, Reichtum, Macht, Hilfe, Beistand', so daß von einer Wurzel ie. **op-* 'arbeiten, zustande bringen; Ertrag der Arbeit, Reichtum' auszugehen ist. – Ü b u n g f. 'das Üben, häufige und regelmäßig wiederholte Handlung zum Zwecke des Lernens und zur Steigerung der Leistung, probeweise durchgeführte Untersuchung', ahd. *uobunga* (um 800), mhd. *üebunge* 'Landbau, Verehrung, Eifer, beständiges Tun, Geschäftigkeit'. ü b l i c h Adj. (durch ständige Wiederholung) 'gebräuchlich, herkömmlich' (16. Jh.).

über Präp. zur Angabe einer räumlichen Lage 'oberhalb' (*das Bild hängt über dem Schrank*), 'unmittelbar darauf' (*eine Schürze über dem Kleid tragen*), einer nach oben gerichteten Bewegung (*über etw. springen*) oder Erstreckung (*der Baum ragt über das Dach hinaus*), einer von oben nach unten gerichteten Bewegung (*Wasser über das Beet gießen*), einer in die Zukunft weisenden Zeitspanne (*über ein Jahr kommen wir zurück*), eines Zeitraumes (*über Ostern*); Adv. zur Bezeichnung des Überschreitens einer Quantität, Qualität, Intensität 'mehr als' (*über drei Kilo, über zwei Wochen*), als Wortpaar *über und über* 'völlig, ganz und gar, von oben bis unten'. Ahd. *ubar* (8. Jh.), *ubari* Adv. (8. Jh.), mhd. *über*, (md.) *uber, ober*, asächs. *oƀar, oƀer, ofer*, mnd. mnl. *ōver*, nl. *over*, aengl. *ofer*, engl. *over*, anord. *yfir*, schwed. *över*, got. *ufar* Präp., *ufaro* Adv. führen mit den außergerm. Verwandten aind. *upári* 'oben, über', awest. *upairī*, griech. *hýper, hypér* (ὕπερ, ὑπέρ) 'über, im Übermaß, über ... hinaus, oberhalb', lat. (mit *s*-Präfix) *super* 'oben, auf, darüber', air. *for* 'über, über ... hinaus' auf ie. **upér(i)* 'über, oberhalb', auch 'über ... hinaus', eine Bildung mit komparativischem *r*-Suffix zu ie. **upo, *up, *eup* 'unten an etw. heran', dann 'von unten hinauf, über' (s. *auf, ob*). Die mhd. nhd. Form *über* (mit Umlaut) geht auf das Adverb ahd. *ubari* zurück. – ü b e r a l l Adv. 'an allen Orten, bei jeder Gelegenheit', ahd. *ubaral* (8. Jh.), mhd. *überal*, zusammengesetzt mit dem Akk. Neutr. von *all* (s. d.); vgl. mnd. mnl. *ōveral*, nl. *overal*, aengl. *ofereall*, engl. *overall* ('umfassend'). ü b e r h a u p t Adv. 'insgesamt (gesehen)' (15. Jh.), verstärkend bei Verneinungen (vgl. *überhaupt nicht* 'ganz und gar nicht', 18. Jh.), als Partikel in Fragesätzen 'eigentlich, denn' (Ende 17. Jh.), in der Handelssprache im Sinne von 'in Bausch und Bogen, im ganzen, en gros', vgl. *überhaupt* ('insgesamt, nicht einzeln nachgezählt oder gewogen') *kaufen* (18. Jh.). Zusammenrükkung der Präp. *über* mit dem Akk. des Substantivs *Haupt* (s. d.), vgl. mhd. *über houbet* 'über das Haupt, die Häupter hin', d. h. 'ohne die Stücke (Vieh, dann auch Menschen) zu zählen'; eine wohl aus der Viehwirtschaft stammende Fügung. ü b r i g Adj. '(als Rest) vorhanden, verbleibend, restlich', mhd. *überic, überec*; auch 'überflüssig, überschüssig, zuviel', vgl. *ein übriges tun* 'mehr tun, als verlangt wird, als nötig ist' (16. Jh.), aus der theologischen Sprache der Reformationszeit, eigentl. 'mehr tun, als Gott von einem verlangt'; dazu ü b r i g e n s Adv. 'nebenbei bemerkt, gesagt, außerdem' (Ende 17. Jh.; wohl in Analogie zu *erstens*); dafür auch *im übrigen* 'ansonsten, außerdem' (17. Jh.); e r ü b r i g e n Vb. 'etw. übriglassen, ein-, ersparen', refl. (unpersönlich) 'unnötig, überflüssig sein' (Mitte 16. Jh.), aus der Kanzleisprache, älter *erübern* 'übrigbehalten' (14. bis Ende 17. Jh.). Überbein n. 'Auswuchs einer Sehnenscheide oder Gelenkkapsel' (bes. am Hand- oder Fußrükken), mhd. *überbein*; zu *Bein* 'Knochen' (s. d.), eigentl. 'darüberliegender Knochen', da fälschlich für Kochenauswuchs gehalten. überraschen Vb. 'unerwartet (an)treffen, in Erstaunen setzen' (16. Jh., häufiger seit 18. Jh.), zu *rasch* (s. d.), eigentl. 'plötzlich über jmdn. kommen, herfallen, (den Feind) überfallen'; Überraschung f. 'Erstaunen, Verwunderung über Unerwartetes' (18. Jh.), 'unerwarteter feindlicher Überfall, Überrumpelung' (17. Jh.)

überkandidelt Adj. 'übergeschnappt, ein bißchen verrückt' (19. Jh.). Das der Umgangssprache angehörende, nd. Mundarten (*överkandidelt*) entstammende Wort ist eine Bildung zu nd. *kandidel, kanditel* 'vergnügt, lustig, munter, gut aufgelegt', wohl in Anlehnung an lat. *candidus* 'schimmernd, glänzend, weiß', auch 'heiter, ungetrübt, glücklich', und an lautmalendes *Dideldei* als Ausdruck fröhlicher Stimmung.

übertölpeln Vb. 'in plumper Weise übervorteilen, überlisten, betrügen'. Das seit dem 16. Jh. bezeugte Verb steht wohl in Zusammenhang mit der vom 16. bis ins 18. Jh. häufig verwendeten synonymen Redensart *über den Tölpel werfen* (daran anschließend auch *über den Tölpel stolpern*, 18./19. Jh.), die, wie schweiz. *überhölzeln* 'übervorteilen' und entsprechendes schwäb. *übers Hölzel werfen* vermuten lassen, eigentl. 'über ein Stück Holz werfen' bedeutet. Vielleicht stammen *übertölpeln* und *überhölzeln* aus der Sprache der Zimmerleute oder Holzfäller; dann könnten sie auf einen alten Handwerksbrauch zurückgehen. Unklar bleibt jedoch, ob das in der Fügung vorkommende nhd. *Tölpel* auf Umbildung von mhd. (westmd.) *dorpel* 'Türschwelle' (nhd. *Dorpel, Dürpfel*, 15. bis 17. Jh., mnd. *dörpel*, mnl. *dorpel, duerpel*, nl. *dorpel*) oder von nhd. (älter) *Dolb(e)* 'Knüppel, Keule' (beide unbekannten Ursprungs) beruht. Heute wird *übertölpeln* als zu *Tölpel* (s. d.) gehörig empfunden und ist an die Stelle von zu diesem gebildeten *tölpeln* in der trans. Verwendung 'einen Ungeschickten anführen' (16. Jh.) getreten.

Ufer n. 'Begrenzung eines Gewässers, Küste, Strand'. Das nur westgerm. Substantiv mhd. *uover*, (md.) *über*, mnd. *ōver* (vgl. *Hannover* '[am] hohen Ufer'), mnl. nl. *oever*, aengl. *ōfer, ōfor* (in engl. *Windsor*, aus aengl. *Windles ōfer* 'Ufer des Flusses Windel') vergleicht sich außergerm. mit griech. *ḗpeiros* (*ἤπειρος*), dor. *ápeiros* (*ἄπειρος*) 'Festland, Küste' und führt auf ie. **āpero-* 'Ufer', das (nach SPECHT Dekl. 23) als Komparativbildung zu dem unter *ab* (s. d.) dargestellten ie. **apo* 'ab, weg' angesehen werden kann; vgl. aind. *áparaḥ* 'hinterer, späterer', awest. *apara-*. Danach wäre als Ausgangsbedeutung etwa 'weiter abgewandt' und für *Ufer* 'der rückwärts gelegene Teil' vorauszusetzen. *Ufer* ist ursprünglich dem Obd. und Md. fremd; dafür *Gestade* (s. d.). Es findet (in mhd. Zeit) nur zögernd bei obd. Schriftstellern Eingang, wird danach vor allem durch Luther, Sachs und Fischart geläufig. – uferlos Adj. 'grenzenlos, ohne Ende, maßlos' (2. Hälfte 18. Jh.). ausufern Vb. 'über die Ufer treten', übertragen 'ein bestimmtes Maß überschreiten, ausarten' (Anfang 20. Jh.).

Uhr f. 'Zeitmesser, Chronometer', auch 'eine bestimmte Stunde bei Uhrzeitangabe'. Lat. *hōra*, vlat. *ōra* 'Zeit, Jahres-, Tageszeit, Stunde', Plur. *(h)ōrae* 'Uhr', entlehnt aus gleichbed. griech. *hṓra* (*ὥρα*; ablautend verwandt mit *Jahr*, s. d.), ergibt afrz. *(h)ore, (h)eure*, frz. *heure*, ital. *ora*, span. *hora* 'Stunde'. Wohl auf dem Lat. beruht das erste Kompositionsglied von mhd. (westmd.) *ōrglocke*, frühnhd. *orglucke* (1405); aus dem Afrz. stammendes mnl. *ūre* (nl. *uur*) führt zu mnd. *ūr, ūre*, das sich über das gesamte dt. Sprachgebiet verbreitet; vgl. mhd. *ūre, ūr* 'Stunde' neben unmittelbar aus lat. *(h)ōra* (s. oben) entlehntem mhd. *(h)ōr(e)* 'Stundengebet', frühnhd. *hor(e)* 'Stunde'. Seit dem 15. Jh. wird *Or, Ur, Uhr* auch für 'Stundenmesser, Uhrwerk' verwendet. Die ältere Bezeichnung ahd. *orlei* (Hs. 12. Jh.), mhd. *ōr(o)lei*, spätmhd. *ūrlei*, frühnhd. *orleug, urleige* 'Stundenmesser, Uhrwerk, Uhr', aus lat. *hōrologium*, griech. *hōrológion* (*ὡρολόγιον*) 'Stundenanzeiger, Uhr (Sonnen-, Wasseruhr)', wird aufgegeben. Bis ins 16. Jh. gelten vielfach *(H)ore* und *Ure*; Luther bevorzugt *Hor(a)*. Gegen Ende des 16. Jhs. setzt sich *Ur(e), Uhr(e)* durch. Die alte Bedeutung 'Stunde' ist bewahrt in Fügungen wie *es ist, schlägt drei Uhr; wieviel Uhr ist es?*

Uhu m. Name der größten Eulenart

(16. Jh., omd.), auch *Huhu, Schuhu, Buhu*, eine lautnachahmende Reduplikationsbildung des Vogelrufs. Vergleichbare, ebenfalls onomatopoetische Formen s. *Eule*.

Ukas m. 'behördliche Anordnung, Vorschrift, Erlaß', Entlehnung (1. Hälfte 18. Jh.) von russ. *ukaź* (*указ*) 'Erlaß des Zaren' (heute 'Erlaß, Verordnung des höchsten staatlichen Organs, der Regierung'), zu russ. *ukazat'* (*указать*) 'zeigen, (hin)weisen, bestimmen, festsetzen, anordnen'. Anfangs (in der Form *Ukase* f.) nur auf russ. Verhältnisse bezogen und oft mit dem Nebensinn des Tyrannischen, Rücksichtslosen verbunden; allgemeine Verwendung (in der Form *Ukas* m.) setzt im 19. Jh. ein.

Ulan m. ehemals 'mit Lanze bewaffneter Kavallerist, Lanzenreiter', Übernahme (1. Hälfte 18. Jh., unter August dem Starken) von poln. *ułan* 'leichter tatarischer (oder so gekleideter) Reiter' mit Lanze, Säbel, Pistole (wie er im poln. Heer diente), auch 'tatarischer Fürst'. Das poln. Substantiv geht über gleichbed. ukrain. *ulán* (*улан*) auf ein turksprachliches (tatarisches) Wort zurück; vgl. türk. *oğlan* 'Bursche, Junge'.

Ulk m. 'lärmender Spaß, lustiger Unfug', seit dem 17. Jh. bezeugtes, in nd. und md. Mundarten heimisches, dann durch die Studentensprache im 19. Jh. im oben angeführten Sinne bekannt gewordenes Substantiv, vgl. mnd. *ulk* 'Lärm, Unruhe, Händel'. Es ist, wie vielleicht auch norw. (mundartlich) *alka* 'Händel anfangen', schwed. (mundartlich) *ulka* 'girren, keifen', eine Bildung lautnachahmenden Ursprungs. – u l k e n Vb. 'Ulk machen, spaßen', v e r u l k e n Vb. 'verspotten, veralbern' (beide 19. Jh.). u l k i g Adj. 'spaßig, komisch, lustig, seltsam' (2. Hälfte 19. Jh.).

Ulkus n. (Plur. *Ulzera*) 'Geschwür', Haut- oder Schleimhautentzündung mit örtlichem Substanzverlust. Der schon bei den Ärzten des Altertums bezeugte medizinische Ausdruck lat. *ulcus* (aus **elkos*) 'Geschwür' (Plur. *ulcera*), vgl. verwandtes griech. *hélkos* (*ἕλκος*) 'Wunde', bes. auch 'eiternde Wunde, Geschwür', wird im 18. Jh. aus der lat. medizinischen Wissenschaftssprache in die dt. Fachsprache der Medizin (*Ulcus*), im 19. Jh. in die Bildungssprache aufgenommen. Die Schreibung mit *-k-* setzt sich in der 1. Hälfte des 20. Jhs. durch.

Ulme f. Der Name des Laubbaumes ahd. *ulmboum* (Hs. 12. Jh.), frühnhd. *ulme* (Ende 15. Jh.), *olme* (16. Jh.) gilt als entlehnt aus lat. *ulmus* f. 'Ulme, Rüster'. Er stellt sich neben verwandtes einheimisches (ablautend) ahd. *elmo* (um 800), *elm* (Hs. 12. Jh.), *elmboum* (10. Jh.), *ilma* (Hs. 12. Jh.), mhd. *elm(e), elmboum, ilmboum*, frühnhd. auch *ilm(e)* (15. Jh.), mnd. *elme*, aengl. engl. *elm*, anord. (ablautend) *almr*, schwed. *alm*, mir. *lem*. Erschließbar ist ie. **elem-*, eine Bildung mit *m*-Suffix zu der unter *Erle* (s. d.) dargestellten Farbwurzel ie. **el-, *ol-* 'rot, braun', so daß der Baum (wie *Erle*) nach der Farbe des frisch geschlagenen rötlichbraunen Holzes benannt ist.

Ulster m. Bezeichnung für einen weiten Herrenwintermantel aus rauhem Wollstoff, gegen Ende des 19. Jhs. von gleichbed. engl. *ulster* übernommen. Diese Art Mantel wurde 1867 von einer Firma in Belfast unter dem Namen *Ulster overcoat* (später zu *ulster* verkürzt) auf den Markt gebracht, benannt nach der früheren nordir. Provinz *Ulster*.

Ultimatum n. vor allem im politisch-diplomatischen Bereich 'letzte Aufforderung zur befriedigenden Lösung einer schwebenden Angelegenheit innerhalb einer bestimmten Frist' (meist verbunden mit der Androhung von Gegenmaßnahmen, falls die Aufforderung nicht befolgt und die Frist nicht eingehalten wird), eine nlat. Bildung (1. Hälfte 18. Jh.) der Diplomatensprache zu mlat. *ultimatus* 'letzter', Part. Perf. von spätlat. *ultimāre* 'zu Ende gehen, zu einem Ende kommen', das von lat. *ultimus* '(der Zeit und Reihenfolge nach) der entfernteste, äußerste, letzte' abgeleitet ist; zu lat. *ulter* 'jenseitig, drüben befindlich', Ableitung von lat. *uls* 'jenseits'. – u l t i m a t i v Adj. 'in Form eines Ultimatums, nachdrücklich, unwiderruflich', bes. in der Fügung *ultimative Forderung* (1. Hälfte 20. Jh.); vgl. nur wenig älteres frz. *ultimatif*. U l t i m o m. 'letzter Tag des Monats'; *adi ultimo* (Anfang 16. Jh.), dann meist *bis, auf ultimo* (mit nachfolgender Monatsangabe) ist eine Übernahme der Kaufmannssprache von ital. *a dí ultimo* 'am letzten Tag'; vgl. lat. *ultimō (mēnse Iūniō)* 'am Ende (des Monats Juni)'.

ultra- Bestimmungswort in gelehrten Zusammensetzungen mit der Bedeutung 'jenseits von, über ... hinaus, das (übliche Maß) übersteigend, hinausgehend über'. Zugrunde liegt lat. *ultrā* Adv. 'jenseits, darüber hinaus, weiterhin', Präp. 'jenseits, über ... hinaus, außerdem', erstarrter Ablativ Fem. des Adjektivs lat. *ulter* 'jenseitig, drüben befindlich', abgeleitet von lat. *ultis*, älter *uls* Präp. 'jenseits'. Als erstes Kompositionsglied begegnet *ultrā* im Lat. nur selten, hingegen im Mlat. häufig. – Ultramarin n. kornblumenblaue Mineralfarbe, relatinisiert und substantiviert (Anfang 16. Jh.) aus ital. (älter) *azzurro oltramarino* 'Lazurblau'; das ital. Adjektiv beruht auf mlat. *ultramarinus* '(von) jenseits des Meeres' (vgl. lat. *marīnus* 'zum Meer gehörig', zu lat. *mare* 'Meer'), da die Bestandteile der Farbe 'von jenseits des Meeres', d. h. 'von weit her' (aus Asien) eingeführt werden. ultramontan Adj. 'jenseits der Alpen (wohnend, befindlich), von jenseits der Alpen stammend', sowohl von Deutschland als auch von Italien aus gesehen (1. Hälfte 18. Jh.), aus gleichbed. ital. *oltramontano*, älter auch *ultramontano* (vgl. frz. *ultramontain* 'jenseits der Alpen liegend, italienisch'), dieses aus mlat. *ultramontanus* 'jenseits der Berge' (zu lat. *mōns*, Gen. *montis*, 'Berg, Gebirge'); übertragen 'düster, barbarisch' (aus ital. Sicht), 'südländisch' (aus dt. Sicht); dann im Hinblick auf die katholische Kirchenpolitik 'im Gegensatz zu protestantischen und nationalen Interessen stehend' (18. Jh.), verallgemeinert 'streng katholisch, römisch, päpstlich gesinnt' (19. Jh.); auch *ultramontanisch* (2. Hälfte 18. Jh.). Im Bereich von Technik und Physik entstehen Zusammensetzungen mit *ultra-* wie ultrarot Adj. 'jenseits des roten Endes des Lichtspektrums liegend, infrarot' und ultraviolett Adj. 'im Spektrum jenseits des sichtbaren Violetts liegend' (Ende 19. Jh.); Ultrakurzwelle f. elektromagnetische Welle mit bes. kurzer Wellenlänge und Ultraschall m. Schallschwingungen, die oberhalb der Hörbarkeitsgrenze liegen (1. Hälfte 20. Jh.).

um Präp. mit Akk. zur Bezeichnung von kreisförmiger Bewegung oder Lage, eines genauen (*um 12 Uhr*) oder ungefähren (*um Pfingsten*) Zeitpunkts, kausal im Sinne von 'wegen' (*um etw. beneiden*), Zweck und Ziel angebend (*um Hilfe bitten*), mit Gen. in der kausalen Fügung *um ... willen*; Konj. in Verbindung mit *zu* und Infinitiv (*um zu lesen*), mit Adjektiv und *genug* (*kalt genug, um zu gefrieren*), mit *so* und Komparativ (*je schneller, um so besser*); Adv. 'etwa' (*er ist um zwanzig*), 'zu Ende' (*die Stunde ist um*). Ahd. (8. Jh.), asächs. *umbi*, mhd. *umb(e), um(me)*, mnd. *umme*, mnl. *omme, om*, älter *ombe, umbe*, nl. *om*, aengl. *ymbe, umb(e), emb(e)*, anord. *umb, um*, schwed. *om* führen mit aind. *abhítaḥ* 'zu beiden Seiten, rings', air. *imb-, imm-* 'um' auf ie. **m̥bhi*, Schwundstufe zu ie. **ambhi* 'um ... herum, zu beiden Seiten', wozu griech. *amphí* (ἀμφί) 'herum, auf beiden Seiten, um', lat. *amb(i)-* 'ringsum, um ... herum, auf beiden Seiten'. Verwandt mit *bei* (s. d.). – umher Adv. 'nach allen Seiten' (15. Jh.), zusammengesetzt mit dem unter *her* (s. d.) abgehandelten Adverb. In Verbalkomposita auch (bes. mit Verben der Bewegung) Ausdruck des Ziel-, Richtungs- und Planlosen, vgl. *umherfahren, -gehen, -spazieren*. umhin Adv., noch in der Fügung *nicht umhinkönnen* 'nicht darum herumkommen, nicht vermeiden können' (17. Jh.), spätmhd. *umbehin* 'um etw. herum, wieder zurück', zusammengesetzt mit *hin* (s. d.). umgehend Adv. 'sofort, gleich' (19. Jh.), eigentl. Part. Präs. von *umgehen* 'umkehren' (15. Jh.), verkürzt aus der Fügung *mit umgehender* ('zurückfahrender') *Post* (18. Jh.).

un- Das Verneinung (*ungewaschen, unschön*), Abweichung oder Pejoration (*Unmensch*) und Steigerung (*Unsumme* 'sehr große Summe') des im Grundwort Gesagten ausdrückende Präfix ahd. mhd. asächs. mnd. aengl. engl. got. *un-*, mnl. nl. *on-*, anord. *ō-*, schwed. *o-* führt mit den außergerm. Entsprechungen aind. *a(n)-* 'nicht, un-', griech. *a(n)-* (ἀ-, ἀν-), lat. *in-* (aus **en-*, s. [2]*in-*), air. *in-, ē-, an-* auf die als erstes Kompositionsglied auftretende Verneinungspartikel ie. **n̥-*, Tiefstufe der in *nein, nicht, nie* (s. d.) belegten Verneinung ie. **ne-*; vgl. z. B. aind. *ájñātaḥ* 'unbekannt', griech. *ágnōstos* (ἄγνωστος), lat. *īgnōtus*, air. *ingnad*, got. *unkunþs*, ahd. *unkund*, mhd. *unkunt*. Das Präfix ie. *n̥-*, nhd. *un-* ist seit jeher ein Nominalpräfix und verbindet sich besonders mit Adjektiven und Partizipien. Als Verbalpräfix erscheint *un-* nur in Ableitungen von nominalen Bildungen mit *un-*; vgl. *beunruhigen, verunglimpfen*, got. *unswēran* 'verunehren, beschimpfen', zu got. *unswērs* 'verachtet'.

unbedarft Adj. 'unerfahren, harmlos, naiv',

Übernahme (um 1900) von nd. *unbedarvd* 'untüchtig, ungeschickt' in die Literatursprache; gebildet durch Angleichung von mnd. *unbederve, unbedarve* 'untüchtig, schwach, ungeschickt' (vgl. mnd. *bederve, bedarve* 'rechtschaffen, ehrenwert, nützlich, tüchtig', s. *bieder*) an das Part. Prät. des zugehörigen Verbs mnd. *bederven, bedarven* (s. *bedürfen*).

Unbilden Plur. 'Unannehmlichkeiten, Beschwernisse'. Zugrunde liegt der heute nicht mehr gebräuchliche, aber noch im 19. Jh. belegte Sing. *Unbild* n. 'Unförmigkeit, das über alles Maß Hinausgehende, Verderben, Beschwerlichkeit', ahd. *unbilidi* 'Unrecht, Unförmigkeit' (11. Jh.), mhd. *unbilde* 'was nicht zum Vorbild taugt, Frevel, Unrecht, was über alles Maß hinausgeht, das Unbegreifliche, Ungeheuerliche, Wunder', mit dem Suffix ahd. *-idi*, germ. *-iþja-* wohl zu dem in mhd. *unbil* 'ungemäß, ungerecht' belegten Adjektiv gebildet (s. *billig*).

Unbill f. 'schlechte Behandlung, Unrecht, Unzumutbares, Beschwernis', aus dem Schweiz. im 16. Jh. in die Literatursprache eingedrungen, seit dem 18. Jh. geläufig. Substantivierung des unter *billig* und *Unbilden* (s. d.) aufgeführten Adjektivs mhd. *unbil* 'ungemäß, ungerecht'. Ursprünglich mit neutralem Genus, das Fem. entwickelt sich wohl aus dem Plural.

und Konj., heute vorwiegend (wie bereits ahd.) in rein verbindender, anreihender Funktion, Wörter, Satzglieder oder Sätze miteinander verknüpfend; bei Anschluß von Gliedsätzen im Mhd. und älteren Nhd. vielfach im Übergang zur unterordnenden (bes. konditionalen, konzessiven, adversativen, auch temporalen) Konjunktion; ahd. (mit wechselndem Vokalismus, vielleicht auf Ablaut beruhend?) *anti, enti, endi*, daneben (bes. frk.) *inti, indi* (8./9. Jh.), später vor allem *unti, unta, unde* (seit 9. Jh.), mhd. *und(e), unt*, asächs. *endi, ande*, mnd. *unde, ende, inde*, anfrk. *in(de)*, mnl. *end(e), en(n)*, nl. *en*, afries. *and(e), an(da), end(e), en(da)*, aengl. *and, ond*, engl. *and*. Die westgerm. Formen sind verwandt mit anord. *en(n)* 'auch, und, aber'. Anknüpfungsmöglichkeiten außerhalb des Germ. bleiben unsicher, ein Zusammenhang mit aind. *átha* 'darauf, dann' ist zweifelhaft (vgl. MAYRHOFER 1, 28). Eventuell läßt sich toch. B. *entwe* 'dann' vergleichen und der Ausgangspunkt in einer Erweiterung von ie. **en, *n̥* 'in' (s. *in*) sehen. Beim Abbrechen von Aufzählungen, deren Vollständigkeit nicht notwendig ist oder die leicht zu ergänzen sind, steht (entsprechend lat. *et cētera*) jetzt meist die Fügung *und so weiter* (abgekürzt *usw.*, früher *u. s. w.* 18. Jh.), ferner älteres *und andere, und anderes* (abgekürzt *u. a.*; frühnhd. *furbaß vnd ander*, Ende 15. Jh.), *und dergleichen* (abgekürzt *u. dgl.*; Anfang 16. Jh.).

unentwegt Part.adj. 'unerschütterlich, unablässig, beharrlich' (1. Hälfte 19. Jh.), gebildet zu schweiz. *entwegen* 'vom Fleck bewegen', mhd. *entwegen* 'auseinanderbewegen, scheiden, trennen' bzw. zum zugehörigen Part.-adj. *entwegt* 'unruhig' (zur Herkunft s. *ent-* und *bewegen*). Das ursprünglich schweiz. Wort (bes. in Schriften der demokratischen Bewegung) wird durch Schriftsteller wie Gotthelf und Keller verbreitet.

Unfall m. 'unvorhersehbares Ereignis (mit Personen- oder Sachschaden), Mißgeschick, Unglück', mhd. *unval* m.; auch mhd. *ungeval* m. n., *ungevelle* n., mnd. *ungeval, ungevel(le)* n., mnl. *ongheval*. Vgl. (ohne negierendes Präfix) mnd. *geval* m. n. 'Zufall, Glück'. Zur Etymologie s. *fallen*.

Unflat m. 'widerlicher Dreck', mhd. *unvlāt* m. n., *unvlāt(e)* f. 'Schmutz, Unsauberkeit, Unreinigkeit, Sünde, Unkeuschheit, Schande, Schmach, unsauberes Wesen, Auswurf', mnd. *unvlāt* m. n., *unvlēde* f. 'Unreinigkeit, Schmutz', nl. (älter) *onvlaet* 'Schmutz, gemeiner Kerl' sind von einem in mhd. *vlāt* f. 'Sauberkeit, Zierlichkeit, Schönheit' (vgl. das zweite Kompositionsglied in Namen wie ahd. *Gundiflāt, Sigiflāt)* belegten *t(i)*-Abstraktum gebildet, das zum Verb ahd. *flewen* 'waschen' (9. Jh.), mhd. *vlæjen, vlæ(e)en, vlöu(we)en* 'spülen, waschen, säubern, sich (im Wasser) hin und her bewegen' und zu der unter *Flut* (s. d.) behandelten Wortgruppe gehört. Maskulines Genus setzt sich vom 17. Jh. an durch, vielleicht unter Einfluß von *Schmutz, Dreck*. – u n f l ä t i g Adj 'grob, unanständig', mhd. *unvlætic* 'schmutzig, unsauber, unrein'; vgl. mhd. *vlætec, vlætic* 'sauber, zierlich, schön'.

ungeachtet Part.adj. 'nicht beachtet, verachtet, mhd. *ungeahtet, -geaht, -gahtet* 'unermeßlich, unerfaßlich, nicht geachtet, verachtet' (s. *achten*); auch Präp. mit Gen. 'ohne Rücksicht auf, trotz' (16. Jh.), daneben mit

Dat. (17. Jh., oft bei den Klassikern des 18. Jhs.); als Konj. 'obwohl' (16. Jh., heute nicht mehr üblich).

ungefähr Adv. 'annähernd, etwa', Adj. 'annähernd richtig, nicht ganz genau' geht auf die präpositionale Fügung mhd. *āne gevære* (14. Jh.) zurück, die wie mhd. *āne geværde, āne vāre* zunächst 'ohne Hinterlist, ohne böse Absicht' bedeutet (zu mhd. *āne* 'ohne' und mhd. *(ge)vāre, gevære, geværde* 'Nachstellung, Hinterlist, Betrug', s. *ohne* und *Gefahr*). Die lautliche Entwicklung der Präposition führt zu frühnhd. *on Gefer, ohn Gefehr* (Getrenntschreibung bis ins 17. Jh) und zusammengewachsenem *ongefer, ohngefehr* (seit dem 16. Jh.). Da sich im Frühnhd. die Formen der Präposition *ohne* allgemein mit denen des Präfixes *un-* (s. d.), das in den Mundarten vielfach zu *on-* geschwächt ist, vermischen und neben mhd. *āne gevære*, frühnhd. *ohngefehr* ein weitgehend synonymes mhd. *ungeværlīche(n)* Adv., spätmhd. *ungeverlich* Adj., frühnhd. *ungeverlich, ungefehrlich* Adj. Adv. (Präfixbildung zu mhd. *geværlich*, s. *gefährlich*) steht, kommen vom 15. Jh. an Varianten wie frühnhd. *ungevar, ungefer(de), ungefehr* auf; im 18. Jh., als in vielen Wörtern fälschlich durch *ohn-* ersetztes *un-* wiederhergestellt wird, verdrängt *ungefähr* das historisch richtige *ohngefähr* aus der Literatursprache. Die Bedeutung des Adverbs erweitert sich im älteren Nhd. von 'ohne böse Absicht' zu 'ohne jede Absicht, zufällig' (bis 19. Jh.). Der heutige Gebrauch 'annähernd, etwa' wird seit dem 15. Jh. üblich (doch vgl. schon *one vier* 'etwa', Straßburg 1362); er beruht auf dem früher im Rechtsverkehr an Zahl- und Maßangaben angefügten Zusatz, möglicherweise auftretende Ungenauigkeiten seien unwillentlich, ohne betrügerische Absicht erfolgt. Seit dem 16. Jh. wird nhd. *ohngefähr, ungefähr* auch adjektivisch im Sinne von 'annähernd richtig', im 17./18. Jh. für 'zufällig, unbeabsichtigt' verwendet. Substantivierung begegnet vor allem in der noch jetzt geläufigen adverbiellen Fügung *von ungefähr*, älter *von ohngefähr* 'zufällig, beiläufig' (frühnhd. *von ungevärden*, Anfang 16. Jh.); selbständiges *Ungefähr, Ohngefähr* n. 'Zufall' (18. Jh.) findet sich bei Rechtshistorikern des 19. Jhs. und in poetischer Ausdrucksweise.

ungeschlacht Adj. 'klobig, plump, grob, unhöflich', ahd. *ungislaht* 'entartet' (Hs. 12. Jh.), mhd. *ungeslaht* 'nicht von derselben Familie, demselben Geschlecht, übel geartet, unartig, bösartig, roh, knorrig, abgestanden, verdorben', neben dem im Nhd. ausgestorbenen Adjektiv ahd. *gislaht* '(von Natur aus) eigen, naturgemäß, entsprechend' (9. Jh.), mhd. *geslaht* 'geartet, edel, artig, fein, schön, von Natur und Art eigen, natürlich', Possessivkompositum zu ahd. *slahta* 'Geschlecht, Stamm, Abstammung' (9. Jh.) bzw. *slaht* 'Geschlecht, Stamm' (9. Jh.), mhd. *slaht(e)* 'Geschlecht, Herkunft, Stamm, Gattung, Art', das wie *Geschlecht* (s. d.) zu dem unter *schlagen* in der Bedeutung 'jmds. Art haben, nacharten' (s. d.) behandelten Verb gehört.

ungestüm Adj. 'heftig, unbändig', ahd. *ungistuomi* 'sich nicht beherrschend, übermütig, lustig, ausgelassen' (um 900), mhd. *ungestüeme* 'heftig, stürmisch, schlecht, übertrieben, dreist', mnd. *ungestūme* ist mit verneinendem *un-* (s. d.) zu einem in mhd. *gestüeme* 'sanft, still, ruhig' belegten Adjektiv gebildet, das wohl im Ablaut zu den unter *stemmen* (s. d.) angeführten Verbformen ahd. *gistemen* 'bezähmen' (8. Jh.), *gistemōn* '(sich) beruhigen' (11. Jh.), mhd. *gestemen* 'Einhalt tun, einhalten' steht und auf die dort angeführte Wurzel ie. **stem-* 'stoßen, anstoßen, stottern, stammeln, hemmen' zurückzuführen ist. Oder mit *m*-Suffix (wie *Stamm* s. d.) zur Wurzel ie. **stā-, *stə-* 'stehen, stellen' (s. *stehen*)? – U n g e s t ü m n. 'Heftigkeit, Unbändigkeit', ahd. *ungistuomi* n. (11. Jh.), mhd. *ungestüeme* n. 'das Vorwärtsdrängen, Anprall, Drang, Sturm'; daneben ahd. *ungistuomī* f. 'Ausgelassenheit, Frechheit' (11. Jh.), mhd. *ungestüeme* f.

Ungetüm n. 'übermäßig großes Wesen oder Gebilde, Ungeheuer, Monstrum' (md. 1. Hälfte 16. Jh., geläufig seit 2. Hälfte 18. Jh.). KUHN Das Füllwort *of/um* im Altwestnord. (1929) 28 vergleicht das im Dt. allerdings erst spät bezeugte Wort mit anord. *ōdæmi* n. (Plur.) 'was ohne Beispiel ist, etw. Unerhörtes, ungeheuerliche Tat oder Begebenheit' und erschließt germ. **ungadōmja* 'was nicht seine rechte Stelle hat', eine Zusammensetzung des unter *-tum* (s. d.) dargestellten Substantivs mit den unter *un-* und *ge-* (s. d.) behandelten Präfixen; vgl. auch aengl. *undōm* 'Unrecht, Ungerechtigkeit'.

Ungewitter n. 'heftiges Unwetter', ahd. *ungiwitiri* n. (9. Jh.), mhd. *ungewitere, ungewit-*

(t)er, asächs. *ungiwideri*, mnd. *ungewēder*, mnl. *onghewēder(e)*, aengl. *ungiwidere*. Mit in verstärkendem Sinne gebrauchtem Präfix *un-* (s. d.) gebildet zu den unter *Gewitter* (s. d.) angegebenen Formen. Übertragener Gebrauch für tumultuarisches Geschehen und für Gefühlsausbrüche begegnet seit ahd. Zeit. Vgl. entsprechend gebildetes U n w e t t e r n. 'böses Wetter, üble Witterung', ahd. *unwitiri* (8. Jh.), mhd. *unwet(t)er*, mnd. *unwedder*, *unwēder*, mnl. *onwēder*, nl. *onweder*, aengl. *unweder*, engl. *unweather*, afries. *unweder*, anord. *ōveðr* n., *ōveðran*, *ōveðrātta* f., schwed. *oväder* (s. *Wetter*). Im 18. Jh. wird *Unwetter* in der dt. Literatursprache von *Ungewitter* verdrängt, jedoch im 19. Jh. wieder aufgenommen.

Ungeziefer n. 'schädliches Kleingetier', mhd. *ungezibere, ungezibele*, frühnhd. (mit grammatischem Wechsel und anderem Suffix) *ungezifer, ungeziffer* (15. Jh.), *Ungezieffer* (16. Jh.), auch *unzibel, untziber* (15. Jh.) und *Unzifer* (16. Jh.). Auszugehen ist offensichtlich von ahd. *zebar* 'Opfer, Opfertier' (8. Jh.), aengl. *tīber, tīfer* 'Opfer', anord. *tīvurr* 'Opfer' (oder 'Gott'?), got. **tibr* (Konjektur für überliefertes ungedeutetes *aibr*) 'Opfergabe'. Als Wort der heidnischen Kultsprache scheint ahd. *zebar* schon früh in der Schriftsprache gemieden worden zu sein; die in der gesprochenen Sprache bewahrte präfigierte Form wird in mhd. *ungezibere* (eigentl. wohl 'nicht zum Opfer geeignetes Tier') wieder aufgenommen. Herkunft ungewiß.

uni Adj. (indekl.) 'einfarbig', Entlehnung (18. Jh.) von frz. *uni* 'gleichmäßig, einheitlich, glatt, ohne Unebenheit', dann auch (von Stoffen) 'ohne Musterung, einfarbig', afrz. *uni, oni* 'gleichförmig, glatt, eben', aus spätlat. *ūnītus* 'ver-, geeinigt', mlat. 'übereinstimmend', Part. Perf von spätlat. *ūnīre* 'vereinigen' (zu lat. *ūnus* 'ein, einzig'). Dazu die verdeutlichende und flektierbare Zusammensetzung u n i f a r b e n Adj. (20. Jh.).

uni- Bestimmungswort in Zusammensetzungen mit der Bedeutung 'einzig, nur einmal vorhanden, einheitlich, ein-'. Im Lat. bildet *ūni-* als Kompositionsform von lat. *ūnus* 'ein, einzig' (verwandt mit *ein*, s. d.) zahlreiche Komposita, vgl. lat. *ūnicolor* 'einfarbig' (zu lat. *color* 'Farbe'), *ūnimanus* 'einhändig' (zu lat. *manus* 'Hand'), spätlat. *ūnimodus* 'nur von einer Art' (s. *Modus*), *ūnivocus* 'einstimmig, eintönig, eindeutig' (zu lat. *vocāre* '(herbei)rufen, vorladen, (be)nennen'). Viele derartige Bildungen sind ins Dt. eingegangen, s. *Unikat, Unikum, universal, Universität, Universum* und (über frz. Vermittlung) *Uniform*. Diesem Muster folgen Neuprägungen in der Sprache der Wissenschaft (19./20. Jh.), vgl. *unipolar* 'einpolig', *univalent* 'einwertig', *Univerbierung* 'das Zusammenwachsen einer Wortgruppe zu einem Wort'.

Uniform f. 'einheitliche Dienstkleidung, bes. des Militärs', entlehnt (1. Hälfte 18. Jh.) von gleichbed. frz. *uniforme*, einer Substantivierung des Adjektivs mfrz. frz. *uniforme* 'ein-, gleichförmig', lat. *ūniformis* 'einförmig, einfach' (zu lat. *forma*, s. *Form* und *uni-*). – u n i f o r m Adj. 'einheitlich, einförmig' (Anfang 18. Jh.), frz. *uniforme* (s. oben). u n i f o r m i e r t Adj. 'einheitlich gekleidet' (um 1800), 'gleichförmig, eintönig' (Mitte 19. Jh.), vom Substantiv nach Art eines Part.adj. abgeleitet. Dazu auch u n i f o r m i e r e n Vb. 'in Uniform kleiden, eintönig, gleichförmig machen, gestalten' (Mitte 19. Jh.); vgl. frz. *uniformiser, uniformer*.

Unikat n. 'einzige, nur einmal vorhandene Ausfertigung eines Schriftstücks', gelehrte Bildung des 19. Jhs. zu lat. *ūnicus* 'einzig, alleinig, einzig in seiner Art' (s. *Unikum*), die in ihrer Bildungsweise an *Duplikat* (s. d.) anschließt.

Unikum n. 'einziges, nur einmal vorhandenes Exemplar, Einzelstück', übertragen 'origineller Mensch, Sonderling', Entlehnung (19. Jh.) von lat. *ūnicum*, dem substantivierten Neutrum von *ūnicus* 'einzig, alleinig, einzig in seiner Art', Ableitung von lat. *ūnus* 'ein, einzig'.

Union f. 'Vereinigung, Verbindung, Zusammenschluß' (bes. von Staaten, Völkern, politischen Organisationen), entlehnt (1. Hälfte 16. Jh.) aus kirchenlat. *ūnio* (Gen. *ūniōnis*) 'Einheit, Vereinigung'; zu lat. *ūnus* 'ein, einzig'.

universal Adj. 'auf das Ganze bezogen, (all)umfassend, weltweit, allgemeingültig' (16. Jh.), 'überall verwendbar, allseitig gebildet' (17. Jh.), entlehnt aus lat. *ūniversālis* 'zum Ganzen, zur Gesamtheit gehörig, allgemein', einer Ableitung von lat. *ūniversus* 'ganz, sämtlich', eigentl. 'in eins gekehrt, in eine Einheit zusammengefaßt' (s. *Universum*), vgl. lat. *ūnus* 'ein, einzig' und *versus*,

Part. Perf. von lat. *vertere* 'kehren, wenden, drehen, umdrehen'. Daneben seit dem 18. Jh. gleichbed. u n i v e r s e l l Adj., aus frz. *universel* gleicher Herkunft.

Universität f. 'in mehrere Fakultäten, Sektionen gegliederte Lehr- und Forschungsstätte, Hochschule'. Zugrunde liegt lat. *ūniversitās* (Gen. *ūniversitātis*) 'Gesamtheit, das Ganze, Welt(all)', spätlat. (in juristischem Sinne) 'Gemeinschaft von Menschen, politische Vereinigung, Korporation, Kollegium, Gilde, Kommune', zu lat. *ūniversus* 'ganz, sämtlich' (s. *universal*). Im Mittelalter wird der Begriff übertragen auf die 'autonome, sich selbst verwaltende Gemeinschaft von Lehrern und Schülern', vgl. mlat. *universitas magistrorum et scolarium* bzw. *studentium* (Paris 1213). Aus dem so verstandenen Begriff ist entlehnt spätmhd. *universitēt* 'Gemeinschaft der Lehrenden und Lernenden, der Professoren und Studenten' (1365); bald darauf wird der Ausdruck übertragen auf die Institution, die Lehreinrichtung (2. Hälfte 14. Jh.), auf die Lehrstätte, das Lehrgebäude und das Studium (16. Jh.). Die umgangssprachliche Kurzform U n i f. ist im 20. Jh. schriftlich bezeugt.

Universum n. 'Weltall, Kosmos', Entlehnung (Anfang 17. Jh.) von lat. *ūniversum* 'das Ganze als Inbegriff aller Teile, die ganze Welt, Weltall', dem substantivierten Neutrum des Adjektivs lat. *ūniversus* (s. *universal*).

Unke f. Kröte mit dunkler Färbung und gelben bis roten Flecken am Bauch, 'Feuerkröte'. Ahd. *unk* m. (8. Jh.), *unko* m. (11. Jh.) 'Schlange', mhd. *unc, unke* m. 'Schlange, Basilisk', mnl. *unc, unck* 'Eidechse, Chamäleon' steht schwundstufig neben verwandtem lat. *anguis* 'Schlange', mir. *escung* 'Aal', lit. *angìs* 'Schlange', aruss. *užь*, russ *už* (*уж*) 'Natter, kleinere Schlange', poln. *wąż* 'Schlange', apreuß. *angis* 'Schlange' und den unter *Engerling* (s. d.) genannten, mit *r*-Suffix gebildeten Wörtern. Auszugehen ist von ie. **angᵘ̯(h)-* bzw. **angᵘ̯(h)i-* 'Schlange' (wozu auch Formen ohne Nasal, s. *Eidechse*). Entsprechend bezeichnet *Unke* ursprünglich nur Schlangen und schlangenartige Tiere; im 17. Jh. aber, als Schlangen in Deutschland seltener werden, geht der Ausdruck auf die in einem ähnlichen mythischen Zusammenhang stehenden Kröten über. Deren alter Name ahd. *ūhha* f. (9. Jh.), mhd. *ūche* f. 'Kröte', daneben (*j*-Stamm) mnd. *ūtze* f. 'Kröte', aengl. *ȳce* f. m. 'Kröte, Frosch' (wohl lautnachahmenden Ursprungs nach dem Ruf in der Laichzeit) wird (bis auf mundartliche Reste) im 17./18. Jh. aufgegeben und durch *Unke* (mit nunmehr fem. Genus) ersetzt (doch vgl. noch *Unke* für 'Schlange' bei Bürger). In übertragener Verwendung steht *Unke* für 'Stubenhocker' (Mitte 18. Jh.) und für 'Schwarzseher, wer (ständig) Unheil voraussagt' (um 1800). – u n k e n Vb. 'jammern, Unheil vorhersagen' (19. Jh.), älter (nach Schlangenart) 'zischen, pfeifen' (Ende 17. Jh.), auch 'sich verborgen halten' (18. Jh.).

Unrat m. 'Wertloses, Abfall, Schmutz, Weggeworfenes', ahd. *unrāt* 'Mangel, Schaden' (8. Jh.), mhd. mnd. *unrāt* 'Mangel, Schaden, Not, unnützer Aufwand, schlechter Rat, Verrat, Hilflosigkeit', aengl. *unrǣd* 'Schaden, Unheil, Verbrechen, Unrecht, Unsinnigkeit', mnl. *onraet* 'Schaden, Unglück, Kosten, finanzielle Belastung, schlechter Rat, Hilflosigkeit', nl. *onraad* 'Gefahr, Verdächtiges', anord. *ōrāð* 'böses Vorhaben, schlechter, schädlicher Rat', schwed. *oråd* 'Abfall, Schmutz' ist zu dem unter *Rat* (s. d.) behandelten Substantiv in dessen Ausgangsbedeutung 'alles, was für Ernährung und Erhaltung eines Haushalts anzuschaffen ist' gebildet, bezeichnet also ursprünglich den 'Mangel' an diesen Dingen, dann (aus solchem Mangel entstehend) 'Schaden, Unheil' sowie 'schlechter Rat, Hilflosigkeit' und über 'Nutzloses, Wertloses' auch 'Abfall, Schmutz'. *Unrat wittern* 'Unheil befürchten, mißtrauisch sein, Argwohn hegen' (19. Jh.).

uns Pers.pron. der 1. Person im Dat. und Akk. des Plurals, ahd. *uns* (Dat.), *unsih* (Akk.), mhd. *uns* (Dat. Akk.), *unsich* (Akk.), got. *uns, unsis* (Dat. Akk.), mnl. nl. *ons* (Dat. Akk.), mit *n*-Ausfall und Vokaldehnung asächs. *ūs* (Dat. Akk.), mnd. *ūs, ūsik* (Dat. Akk.), aengl. *ūs* (Dat.), *ūsic, ūs* (Akk.), engl. *us*, anord. schwed. *oss* (Dat. Akk.) lassen sich mit aind. *asmā́n* (Akk.) 'uns' auf die Schwundstufe ie. **n̥s* der in aind. *naḥ* (Gen. Dat. Akk.) 'uns, unser' belegten pluralischen Form ie. **nes* des Pronominalstammes ie. **ne-* zurückführen; die Dehnstufe liegt in lat. *nōs* (Nom. Akk.) 'wir, uns' vor. Die Akkusativformen ahd. *unsih*, mhd. *unsich* (im 13. Jh. schwindend), mnd. *ūsik*, aengl. *ūsic* haben ihren Auslaut dem Akk. Sing. des Pers.pron. der 1. Person angepaßt (s. *mich*); der Auslaut der Form got. *unsis* ist dem Dat. Sing. got. *mis* angeglichen (s. *mir*). Vom gleichen Pronominalstamm sind abgeleitet u n s e r Poss.pron. der 1. Person Plur., ahd. *unserēr* (8. Jh.), mhd. *unser*, aengl. *ūser, ūre*, engl. *our*, got. *unsar* sowie die verkürzten Formen ahd. (frk.) *unsēr*, asächs. *ūsa*, mnd. *ūse, unse*, mnl. *onse*, nl. *ons, onze*.

Unschlitt n. 'tierisches, zur gewerblichen Verwendung (bes. zur Kerzenherstellung) bestimmtes Fett, Talg', ein nur im Dt. bezeugtes Substantiv. Neben ahd. *ingislahti* 'Innereien, Eingeweide, Kleingehacktes' (11. Jh.), mhd. *ingeslehte* 'Eingeweide' steht ahd. *unsli(h)t* n. 'Talg, Fett' (9. Jh.), eigentl. 'das nicht zum Essen Verwendbare vom Geschlachteten', mhd. *unslit* 'Unschlitt, Talg', zu einem zu dem unter *schlagen* (s. d.) behandelten Verb gebildeten Substantiv ahd. *gislahti* 'Hackfleisch, das Geschlachtete' (Hs. 13. Jh.), mhd. *geslehte* 'das Schlachten, das Geschlachtete, die Eingeweide von geschlachtetem Geflügel'. Durch die Betonung des Präfixes wird das Grundwort bis zur Undurchsichtigkeit reduziert.

unten Adv. 'in der Tiefe, an tiefer gelegener Stelle', auch 'später, weiter hinten (in einem Text), in untergeordneter Stellung', mhd. *unden(e)*, mnd. *undene* (vereinzelt stehendes ahd. *untana* bzw. *untan* ist unklar) ist eine (mit Ausnahme von anord. *undan* Adv. Präp. 'fort von, weg, von unten') nur im Dt. entwickelte, zunächst die Herkunftsrichtung, dann die Reihenfolge angebende Adverbialbildung mit dem Suffix *-ana* zur Präposition *unter* (s. d.), während in den übrigen germ. Sprachen die Präposition zugleich für das Adverb steht.

unter Präp. und Adv., bezeichnet als Präp. eine räumlich im Verhältnis zu einem Bezugspunkt vertikal tiefere Lage oder Richtung ('niedriger, tiefer' als der Bezugspunkt), eine Lage, das Sichbefinden in einer Gruppe, Menge ('inmitten, zwischen'), ferner das Verhältnis innerhalb einer Rangordnung, Stufenfolge ('dienstlich unterstellt'), weist modal auf einen Begleitumstand ('mit'), einen Zustand, in dem sich etw. befindet oder in den etw. versetzt wird (*unter Druck stehen* oder *setzen*), gibt das Unterschreiten einer bestimmten Grenze ('niedriger, weniger, geringer als') sowie die Gleichzeitigkeit ('während') an; als Adv. bezeichnet *unter* in Verbindung mit Kardinalzahlen das Unterschreiten einer bestimmten Grenze ('weniger als', vgl. *Jugendliche von unter 14 Jahren*). In dem gemeingerm. Wort ahd. *untar* Präp. 'in, unter, zwischen' (8. Jh.), *untar* Adv. (9. Jh., zweifelhaft), mhd. *under*, asächs. *undar*, mnd. *under*, mnl. nl. *onder*, aengl. engl. schwed. *under*, anord. *undir*, got. *undar* Präp. sind in germ. Zeit zwei ursprünglich verschiedene Präpositionen zusammengefallen. Die eine, verwandt mit aind. *ántaraḥ* 'der innere, der nähere', *antáḥ* 'innen, in, zwischen', awest. *antara-* 'der innere, innen befindlich', griech. (Plur.) *éntera* (ἔντερα) 'Eingeweide', lat. *inter* 'zwischen, unter' (s. [1]*inter-*), air. *eter, etir, etar* 'zwischen', korn. *ynter, yntre* 'zwischen', aslaw. *ǫtrь* 'innen, hinein, innerlich', aruss. *utrь* 'drinnen, hinein', russ. *vnutr'* (внутрь) 'drinnen, hinein', führt auf ie. **enter, *n̥ter* 'zwischen ... hinein', gebildet mit Komparativsuffix zu der unter *in* (s. d.) behandelten Präposition ie. **en* 'in'; dazu vgl. (mit *no*-Suffix) ahd. *untarn* 'Mittag(essen)' (9. Jh.), asächs. *undorn* 'Vormittag', aengl. *undern* 'Morgen', anord. *undorn* 'Zwischenzeit', got. *undaúrnimats* 'Frühstück, Mittagsmahl' (d. i. Zwischenmahlzeit). Die andere, verwandt mit aind. *adháḥ* 'unten', *ádharaḥ* 'der untere', lat. *īnfer, īnferus* 'der untere', *īnfrā* 'unten, unterhalb, darunter' (s. *infra-*) und vielleicht griech. *atherízein* (ἀθερίζειν) 'geringachten, verachten, verschmähen', führt auf ie. **n̥dher* 'unter'. Die alte Bedeutung 'zwischen' ist heute noch in Wendungen wie *unter uns, unter den Sachen, unter vier Augen* erhalten. Mit *unter* werden zahlreiche Verben gebildet, die zum Teil bis in die ahd. Zeit zurückreichen, wie u n t e r b i n d e n Vb. 'abschnüren, verhindern, verbieten, unterbrechen', ahd. *untarbintan* (9. Jh.), mhd. *underbinden* 'zusammenbinden, dazwischentretend trennen, verbieten'; u n t e r b r e c h e n Vb. 'vorübergehend aufhören, aufhalten, trennen', ahd. *untarbrehhan* 'zerbrechen, zerstören, trennen' (10. Jh.), mhd. *underbrechen* 'verhindern, beendigen'; u n t e r g r a b e n Vb. 'beim Graben darunterbringen, vermengen, auswaschen, unterhöhlen, langsam zerstören', ahd. *untargraban* (um 800), mhd. *undergraben* 'untergraben, hintergehen, hintertreiben'. *unter* erscheint aber auch als erster Bestandteil in zusammengesetzten Substantiven (s. unten) und Partizipien wie unterernährt Part.adj. 'ungenügend ernährt' (Anfang 20. Jh.), wohl nach engl. *underfed*; unterentwickelt Part.adj. 'in der körperlichen, geistigen Entwicklung zurückgeblieben' (1. Hälfte 20. Jh.). – unter Adj. (heute nur mit Flexionsendung *der untere, ein unterer*) 'unten befindlich', ahd. *untaro* (um 1000), mhd. *under*, gebildet zur Präp. (s. oben). Unter m. ihrem Wert nach unter dem Ober stehende, dem Buben, Wenzel entsprechende Spielkarte im dt. Kartenspiel (um 1500), daneben bis ins 18. Jh. noch *der Untere*. unterdes Adv. 'inzwischen, seitdem, mittlerweile', mhd. *under des*, gebildet mit dem Gen. Neutr. des bestimmten Artikels; gelängt *unterdessen* (16. Jh.); bis ins 17. Jh. werden beide Formen oft noch getrennt geschrieben (s. auch *indessen*). Untergrundbahn f. 'elektrisch betriebene, unter der Erdoberfläche fahrende Schnellbahn in Großstädten' (um 1880), nach engl. *underground railway*; heute meist gekürzt *U-Bahn*. Unterseeboot n. '(bewaffnetes) Schiff, das tauchen und längere Zeit unter Wassen fahren kann' (Ende 19. Jh.), nach einem Bildungstyp engl. *under sea vessel*; im ersten Weltkrieg in Anlehnung an Bezeichnungen wie *U1, U2* usw. gekürzt zu *U-Boot*. unterwegs, älter *unterwegen* Adv. 'sich auf dem Wege irgendwohin befindend, auf, während der Reise, ahd. *untar wegun* (um 1000), mhd. *under wegen* und in Zusammenschreibung *underwegen* 'auf der Reise', eigentl. 'im Verlauf der Wegstrecke'. Im 16. Jh. neben *unterwegen* auch (seltener) *unterweg(e)* und (mit adverbialem *-s*) *unterwegens*; seit Anfang des 18. Jhs. die heute gültige Form *unterwegs*. Unterwelt f. 'was sich unter der Erdoberfläche befindet, die dort gedachte Totenwelt' (in der griech. Sage), in christlicher Vorstellung 'Hölle', anfangs auch 'Erdenwelt' im Gegensatz zur 'Himmelswelt' (Anfang 16. Jh., geläufig Mitte 17. Jh.). Zusammenrückung von älterem *die unter Welt* (15. Jh.). Heute auch 'asoziale Schichten von Kriminellen (in Großstädten), Verbrecherwelt' (um 1920), nach engl. *underworld*.

unterrichten Vb. 'unterweisen, Kenntnisse vermitteln, lehren', mhd. *underrihten* 'einrichten, zustande bringen, anweisen, unterweisen, belehren, im Gespräch zurechtweisen', frühnhd. 'mitteilen, benachrichtigen, informieren' (15. Jh.), refl. 'sich Kenntnisse verschaffen, sich informieren, orientieren' (um 1500), mnd. *underrichten* 'zurechtweisen, Vorstellungen machen, belehren'. Auszugehen ist vielleicht von *unter* 'zwischen' (s. d.), also 'etw. zwischen zweien zum Zwecke der Erkenntnis(vermittlung) darlegen' (s. *richten*). Dazu die Rückbildung Unterricht m. 'regelmäßige Unterweisung eines Lernenden oder vieler Lernender durch einen Lehrenden, schulmäßige Belehrung, Unterrichtsstunde' (Anfang 16. Jh.), mhd. *underriht* 'Weisung, Veranlassung'. Unterrichtung f. 'das Unterrichten, Belehrung, Bescheid, Benachrichtigung, Mitteilung' (15. Jh.), mnd. *underrichtinge* 'Unterweisung, Auseinandersetzung, Anweisung'.

untertan Adj. '(einem Höherstehenden) untergeben, unterworfen, dienstbar, hörig, gefügig', heute nur noch prädikativ in Wendungen wie *sich etw. untertan machen* 'etw. seinen Zwecken unterwerfen', *jmdm. untertan sein* 'von jmdm. abhängig, ihm unterworfen sein'. Das Adjektiv ahd. *untartān* (9. Jh.), mhd. *undertān* 'untergeben, unterworfen, unterjocht, verpflichtet', auch 'dazwischengetan, untermischt, unter-, verschieden', ist eigentl. das Part. Prät. eines in frühnhd. Zeit untergegangenen Verbs ahd. *untartuon* (8. Jh.), mhd. *undertuon* 'unterwerfen, verhindern, untermischen, verschieden machen' (s. *tun*). Dazu die Substantivierung Untertan m. 'dem Landesherrn verpflichteter Bürger, Höriger, Leibeigener, der Obrigkeit gegenüber devoter, gefügiger Mensch, Untergebener', mhd. *undertān(e)*. untertänig Adj. 'einem Vorgesetzten gegenüber übertrieben unterwürfig, ergeben', früher auch Ausdruck besonderer Höflichkeitsbezeugung, ahd. *untartānīg* (Hs. 13. Jh.), mhd. *untertænec, undertænic* 'untertan'.

Untiefe f. (mit verneinendem *un-*) 'seichte Stelle, Sandbank', ahd. *untiufī* (10. Jh.), mnd. *undēpe*; vgl. mhd. *intiefe*; (mit steigerndem *un-*) 'besonders tiefe Stelle, Abgrund' (Ende 18. Jh.). S. *tief*.

unverfroren Part.adj. 'dreist, unverschämt', nach der Mitte des 19. Jhs. in der Literatursprache geläufig, sich wahrscheinlich von Berlin ausbreitend. Vielfach wird ausgegangen von mnd. *unvorvērt*, nd. *unverfehrt* 'unerschrocken' (16. Jh.), einem mit dem unter *un-*

(s. d.) dargestellten Präfix zu mnd. *vorvēren* 'erschrecken, einschüchtern' (abgeleitet von mnd. *vāre*, s. *Gefahr*) gebildeten Part. Prät., das als seiner Entstehung nach undurchsichtiges und nicht mehr verstandenes Wort volksetymologisch an *verfrieren* Vb. 'durch Frost Schaden nehmen' (s. *frieren*) bzw. an dessen Part. Prät. *verfroren* angelehnt worden sei. Jedoch ist eine derartige Annahme nicht zwingend, und eine direkte Bildung des Ausdrucks im nordd. bzw. Berliner Gebiet zu *verfrieren* ist keineswegs auszuschließen. – Unverfrorenheit f. 'Dreistigkeit, Unverschämtheit, Frechheit' (2. Hälfte 19. Jh.).

unwirsch Adj. 'unwillig, mürrisch, unfreundlich' (19. Jh.), zuvor 'zornig, barsch, grob', mhd. 'verächtlich, schmählich, häßlich, zornig'. Frühnhd. *unwirdsch, unwirsch* ist durch Kürzung in unbetonter Silbe aus mhd. frühnhd. *unwirdisch*, mhd. auch *unwirdesch*, einer adjektivischen Bildung zu mhd. *unwirde* 'Geringschätzung, Verachtung, Schmach, Unehre, Schande', entstanden; vgl. mhd. *wirde, wierde*, (md.) *werde* (s. *Würde*).

Unze f. altes Feingewicht von etwa 30 Gramm, gelegentlich auch ein Längenmaß (mhd. und frühnhd.), ein Flüssigkeitsmaß (15. bis 19. Jh.), ein Zeitmaß (nur 17. Jh.), übertragen (seit 15. Jh.) 'geringe Menge', ahd. *unza* (8. Jh.), mhd. *unz(e)*, mnd. *unse, untze*, mnl. *once, onse, unce, unse*, nl. *ons*, schwed. *uns* sind entlehnt aus lat. *unica* (aus **oin(i)cia*) 'zwölfter Teil eines Asses oder eines anderen zwölfteiligen Ganzen, Zwölftel' (als Münze, Gewicht und Maß), verwandt mit lat. *ūnus* 'ein, einzig' (s. *ein*), demnach eigentl. 'Einheit'. Daraus auch als Längenmaß aengl. *ynce*, engl. *inch* 'Zoll' (d. i. zwölfter Teil eines Fußes) sowie als Landmaß got. *unkja*. Heute ist *Unze* vor allem im Sport geläufig als engl. Gewichtseinheit (28,25 g), nach der das Gewicht von Boxhandschuhen, Tennisschlägern und anderen Sportgeräten bestimmt wird, entsprechend engl. *ounce* (1/12 eines engl. Pfundes als Feingewicht, 1/16 als Handelsgewicht), mengl. *unce*, aus anglonorm. *unce*, afrz. frz. *once*, das ebenfalls auf lat. *uncia* (s. o.) zurückgeht.

üppig Adj. 'in großer Fülle vorhanden, reichlich, strotzend', ahd. *uppīg* 'nichtig, leer, eitel, bedeutungslos, unnütz, müßig' (9, Jh.), mhd. *üppic, üppec*, auch 'überflüssig, leichtfertig, übermütig, hochfahrend'. Die Herkunft des hd. Adjektivs (mnd. *uppich*, woraus schwed. dän. *yppig*, kommt aus dem Hd.) ist ungewiß. Vielleicht gehört es zu der unter *übel* (s. d.) behandelten Wortgruppe mit einer Bedeutung 'über das Maß hinausgehend', die sich zu 'überflüssig, unnütz, leer, eitel' und zu 'strotzend, überreich' weiterentwickelt. – Üppigkeit f. 'überreiche Fülle (16. Jh.), ahd. *uppiheit, uppīgheit* 'Eitelkeit, Nichtigkeit, Gehaltlosigkeit' (um 1000), mhd. *üppecheit, üppekeit, üppikeit*, auch 'Leben im Überfluß, Vergänglichkeit, Leichtfertigkeit, Übermut'.

ur- Präfix in nominalen Zusammensetzungen. Die nur in alter Zeit bezeugte Präposition ahd. *ur* (nur 8./9. Jh.), anord. *ōr*, got. *us* 'aus, aus ... heraus' und das darauf beruhende gemeingerm. Präfix ahd. mhd. engl. schwed. *ur-*, asächs. *ur-, or-*, mnd. *ōr-*, aengl. *or-*, mnl. nl. *oor-*, anord. *ōr-, ør-*, mit grammatischem Wechsel got. *us-, uz-* 'aus, hinaus, hinauf' führen auf ie. **ŭds*, eine Weiterbildung von ie. **ŭd-* (s. *aus*). Das in Verbalkomposita unbetonte Präfix wird zu *er-* (s. d.) geschwächt, während Nominalkomposita (als die vermutlich älteren Bildungen) unter Einwirkung der germ. Anfangsbetonung stehen, so daß das Präfix in der Tonstelle seine volle Form *ur-* bewahren kann. Infolgedessen stehen sich gegenüber *Urlaub* und *erlauben, Urteil* und *erteilen* (erst als junge Ableitung dazu *urteilen*). Die alte Bedeutung 'aus, hinaus, hinauf' zeigen got. *uzanan* 'aushauchen', ahd. *urteil* 'Aus-, Zuteilung (des Rechts)', got. *urreisan* 'aufstehen'. Daraus hervorgegangenen privativen bzw. negierenden Sinn zeigt ahd. *urtriuwi* 'treulos' (8. Jh.), resthaft erhalten in *Urfehde* (s. *Fehde*); in verstärkender, steigernder Funktion steht das Präfix in *uralt* (ahd. 8. Jh.), *urplötzlich* (16. Jh.), *urkomisch* (19. Jh.). In Verwandtschaftsbezeichnungen bezieht es sich auf die nächstvorhergehende oder nächstfolgende Generation, z. B. *Urahn* (s. *Ahn*), *Urenkel* (s. *Enkel*), auch in der Verdopplung *Ururgroßvater*; daran anschließend *urverwandt, Urgesellschaft* (beide 19. Jh.). Schließlich kennzeichnet *ur-* das Erste, das weit Zurückliegende, das Unverfälschte, vgl. *Urbild* (17. Jh.), *Urwald* (19. Jh.), *urtümlich* (19. Jh.). – urig Adj. 'urwüchsig, ursprünglich, komisch, originell', im 19. Jh. aus den Mundarten in die Literatursprache eindringend. Wohl nicht verwandt ist schweiz. *urchig*, schwäb. *ur(ch)ig* 'rein, lauter, echt'.

Uran n. radioaktives, weiches, silberglänzendes Schwermetall, das als Kernbrennstoff verwendet wird. Der dt. Chemiker Klaproth gibt (1789) dem von ihm entdeckten chemischen Grundstoff den Namen *Uran*, um damit die durch Herschel (1781) erfolgte Entdekkung des *Uranus* genannten äußeren Planeten zu ehren. Nach spätlat. *Ūranus*, griech. *Ūranós* (*Οὐρανός*) Name des Stammvaters der griech. Götter, personifiziert aus *ūranós* (*οὐρανός*) 'Himmel, Himmelsgewölbe'.

urban Adj. 'höflich, weltgewandt, gebildet', entlehnt (2. Hälfte 18. Jh.) aus lat. *urbānus* 'fein, vornehm, von gutem Benehmen, gebildet, geistreich', eigentl. 'zur Stadt (bes. Rom) gehörig, städtisch', zu lat. *urbs* (Gen. *urbis*) 'Stadt, Hauptstadt (bes. Rom)'. Dann auch (unter Einfluß von frz. *urbain*, engl. *urban*?) '(groß)städtisch, für das städtische Leben charakteristisch' (1. Hälfte 20. Jh.). – urbanisieren Vb. '(eine Ortschaft) zur Stadt machen, an eine Stadt anschließen, städtischen Charakter verleihen' (1. Hälfte 20. Jh.); zuvor (1. Hälfte 19. Jh.) in der heute veraltenden Bedeutung 'jmdn. (kulturell, zivilisatorisch) verfeinern'. Urbanität f. 'Vornehmheit, feine Lebensart, Bildung' (2. Hälfte 18. Jh.), in neuester Zeit '(groß)städtische Atmosphäre, (groß)städtischer Charakter' (Mitte 20. Jh.), lat. *urbānitās* (Gen. *urbānitātis*) 'Stadtleben, städtisches Wesen, gutes Benehmen, Feinheit'.

urbar Adj. 'zur land- oder forstwirschaftlichen Nutzung vorbereitet' (17. Jh.), zumeist *urbar machen* 'Naturlandschaft in land- oder forstwirtschaftliche Nutzfläche umwandeln, kultivieren' (18. Jh.). Das zuerst durch bair. *urbor* (1640) im Hd. bezeugte Adjektiv stammt aus dem Nd., vgl. mnd. *ōrbarlīk, ōrberlīk* 'Nutzen bringend, vorteilhaft', *ōrbarhēt* 'Nutzen, Vorteil', mnl. *ōrbare* 'nützlich', nl. *oorbaar* 'schicklich, dienlich, vorteilhaft, einträglich'. Diesem zugrunde liegt ein Substantiv mhd. *urbor, urbar* 'zinstragendes Grundstück, Zinsgut, Zins von einem solchen Gute, Rente abwerfendes Grundstück, Rente, Einkünfte', nhd. *Urbar* n. 'mittelalterliches Güter- und Abgabenverzeichnis großer Grundherrschaften, Grundbuch', mnd. *ōrbar, ōrbor, ōrber* 'Rente, Nutzen, Vorteil', mnl. *ōrbare, oorbare, orbore, orber(e)*, nl. (älter) *oorbaar* 'Einkommen, Ertrag, Nutzen, Vorteil, Brauch, Aufgabe, Beschäftigung', eine ablautende Bildung zu dem im Nhd. untergegangenen präfigierten starken Verb ahd. *irberan* '(Frucht) hervorbringen, erzeugen, gebären, durch Hervorbringen, Gebären erschöpfen' (9. Jh.), mhd. *erbern* 'zum Vorschein bringen, aufdecken, hervorbringen, gebären', refl. 'entstehen', mnd. *erbēren* 'hervorbringen, gebären'; zur Herkunft s. *gebären*. Im 18. Jh. wird die alte Bedeutung von *urbar* ('ertragreich, -bringend') im Sinne von 'zum Anbau geeignet' auf die Erstbestellung des Bodens eingeengt.

Urheber m. 'wer etw. verursacht, veranlaßt, geschaffen hat, Initiator', frühnhd. *urheber, urhaber* (15. Jh.), abgeleitet mit dem Suffix *-er* der Nomina agentis (wohl im Hinblick auf lat. *au(c)tor* 'Förderer, Veranlasser, Urheber', s. *Autor*) von ahd. *urhab* 'Sauerteig, das Sicherheben (des Windes), Ursache' (9. Jh.), mhd. *urhap* 'Sauerteig, Anfang, Ursprung, Ursache, Anstiftung', einer ablautenden Bildung neben ahd. *irheffen*, mhd. *erheben* (s. *heben*).

Urin m. 'Harn', gelehrte Entlehnung (16. Jh., Paracelsus) aus gleichbed. lat. *ūrīna* f. Älter ist mnd. *urine* f. (15. Jh.). Das mask. Genus im Dt. wohl nach *Harn* m. Vgl. mhd. *urināl* 'Harnglas'. – urinieren Vb. 'harnen' (Anfang 17. Jh.), mlat. *urinare*.

Urkunde f. 'rechtskräftiges amtliches Schriftstück, Dokument, Beweisstück'. Das nur im Dt. und Nl. begegnende Substantiv ahd. *urkundī* f. (8. Jh.), überwiegend *urkundi* n. (um 800) 'Zeugnis, Bezeugung, Anzeichen', mhd. *urkünde, urkunde* n. f. '(schriftliches) Zeugnis, Beweis, Bekundung, Kennzeichen, (An)zeichen', mnd. *ōrkunde*, mnl. *o(o)rconde*, nl. *oorkonde* steht neben dem unter *erkennen* (s. d.) behandelten Verb, so daß von einer Bedeutung '(Er)kenntnis' auszugehen ist; aus rechtssprachlichem Gebrauch 'Beweis, Zeugnis' entwickelt sich der heute übliche Sinn (15. Jh.). – beurkunden Vb. 'durch eine Urkunde bestätigen, beglaubigen', mhd. *beurkunden*, für älteres ahd. *urkunden* (8. Jh.), *urkundōn* (9. Jh.), mhd. *urkünden, urkunden* 'bezeugen, einen richterlichen Ausspruch urkundlich mitteilen'. urkundlich Adj. 'durch ein Urkunde bezeugt, beglaubigt, dokumentarisch' (16. Jh.), zuvor bereits ahd. *urkundlīhho* Adv. 'zuverlässig bezeugt' (10. Jh.); vgl. mhd. *urkundic*.

Urlaub m. 'dienst-, arbeitsfreie Zeit, Ferien', ahd. *urloub* (8. Jh.), ablautend oder mit Vokalabschwächung *urlub* (9. Jh.) 'Erlaubnis', mhd. *urloup, urlop, urlob* 'Erlaubnis fortzugehen, Verabschiedung, Abschied', asächs. *orlōf*, mnd. *ōrlof(t), ōrlef, ōrleve*, mnl. *o(o)rlof*, nl. (älter) *oorlof* stehen neben dem unter *erlauben* (s. d.) behandelten Verb. Die alte Bedeutung 'Erlaubnis' wird bereits im Mhd. verengt auf die 'Erlaubnis, sich zu entfernen' (die ein Höherstehender gewährt) und in neuerer Zeit auf die 'zeitweilige Freistellung vom Dienst'. – beurlauben Vb. 'jmdm. Urlaub geben, jmdn. vorübergehend von seinen Pflichten entbinden' (15. Jh.), präfigierte Bildung zu in frühnhd. Zeit untergegangenem *urlauben*, mhd. *urlouben* 'erlauben, gestatten, Erlaubnis geben, sich zu entfernen, jmdn. verabschieden, entlassen', (refl.) 'sich verabschieden'; Beurlaubung f. (Mitte 16. Jh.). Urlauber m. 'Soldat auf Urlaub' (19. Jh.), wahrscheinlich in Österreich aufgekommen, dann allgemein 'wer Urlaub hat' (1. Hälfte 20. Jh.).

Urne f. 'Gefäß zur Aufbewahrung der Totenasche' (2. Hälfte 16. Jh., anfangs auch in lat. Form), allgemein 'Behälter, (Wasser)krug, Gefäß' (Anfang 17. Jh.), 'Behälter für Stimmzettel' bei Wahlen (1. Hälfte 19. Jh.), entlehnt aus lat. *urna* 'Wasserkrug, Topf, Lostopf, Aschenkrug', auch ein Flüssigkeitsmaß, woraus die frühere Entlehnung (über Südtirol) mhd. *ürn*, frühnhd. auch *Urn*, das sich als regionale (bair. südostd. südtirol.) Bezeichnung für ein (bes. für Wein verwendetes) Flüssigkeitsmaß bis ins spätere 19. Jh. hält.

Urologie f. Lehre von den Erkrankungen der Harnorgane, gelehrte Bildung (2. Hälfte 19. Jh.) zu griech. *ū́ron* (*οὖρον*) 'Harn' in Verbindung mit *-logie* (s. d.); vgl. früher bezeugtes engl. *urology* (18. Jh.).

Ursache f. 'Grund, Veranlassung für ein Geschehen, Ursprung'. Das aus der Rechtssprache stammende Substantiv mhd. *ursache* 'Rechtsstreit, Prozeß, Streitsache', theologisch 'zur Sünde verleitende Gelegenheit', philosophisch 'Grund, Anlaß, Voraussetzung', frühnhd. bes. 'wirklicher Klagegrund, erster Anlaß für eine Streitsache, Beschuldigung' (Ende 15. Jh.), mnd. *ōrsāke* (aus dem Hd. mnl. *o(o)rsāke*, nl. *oorzaak*) ist eine verstärkende Bildung zu dem unter *Sache* (s. d.) behandelten Rechtswort. Der Ausdruck wird jedoch bald auch außerhalb der Rechtssphäre gebräuchlich und bezeichnet alles, was Anlaß für einen Vorgang ist. – ursächlich Adj. 'die Ursache betreffend, kausal' (1. Hälfte 15. Jh.). verursachen Vb. 'bewirken' (Anfang 16. Jh.), älteres *ursachen* 'veranlassen, nötigen', refl. 'veranlaßt werden, entstehen' (2. Hälfte 15. Jh.) ablösend. Verursacher m. (Ende 16. Jh.).

Ursprung m. 'Anfang, Ausgangspunkt, Entstehung, Herkunft', ahd. *ursprung* (Hs. 12. Jh.), mhd. *ursprunc* 'das Hervorsprießen, Quelle, Ausgangspunkt', mnd. *or(t)sprunc* (mnl. *o(o)rspronc*, nl. *oorsprong* sind aus dem Dt. entlehnt) sowie gleichbed. ahd. *urspring* (9. Jh.), mhd. *ursprinc*, mnd. *ortsprinc* sind Abstrakta zu dem im Nhd. untergegangenen präfigierten Verb *erspringen*, ahd. *irspringan* (8. Jh.), mhd. mnd. *erspringen* 'sprießen, entstehen, entspringen'. – ursprünglich Adj. 'anfänglich, zuerst (vorhanden), einfach, urwüchsig', mhd. *ursprunclich* neben *ursprinclich*, zuerst bei den Mystikern, danach selten; doch seit der Mitte des 18. Jhs. allgemein gebräuchlich. Ursprünglichkeit f. 'ursprüngliches Wesen, Natürlichkeit', mhd. *ursprunclīcheit* (in der Mystik).

Urteil n. 'richterliche Entscheidung, Meinung, Ansicht, Einschätzung'. Die unterschiedlich gebildeten Substantive ahd. *urteili* n. (8. Jh.), *urteilī* f. (9. Jh.), *urteila* f. (9. Jh.), *urteil* m. n. (9. Jh.), *urteilida* f. (um 800), mhd. *urteil(e), urtel, urteilde* n. f. 'richterliche Entscheidung, Urteil, Meinung, Ausspruch, Entscheidung', asächs. *urdēli* n., mnd. *ōrdēl* n., mnl. *o(o)rdeel*, nl. *oordeel* n., aengl. *ordāl* m. n., engl. *ordeal* ('Gottesurteil') stehen als Abstrakta zu dem unter *erteilen* (s. *Teil*) behandelten Verb (zur unterschiedlichen Lautgestalt des Präfixes s. *ur-* und *er-*). *Urteil* wird von Anfang an in dem rechtssprachlichen Sinne 'Zuteilung (des Rechts)' gebraucht; die verallgemeinerte Bedeutung 'Meinung, Ansicht' entwickelt sich in der mystischen Literatur des Mittelalters. Neutrales Genus setzt sich im 18. Jh. durch. – urteilen Vb. 'ein Urteil fällen, eine feste Meinung, Ansicht haben und aussprechen, einschätzen', mhd. *urteilen* 'ein Urteil sprechen, be-, verurteilen', älteres gleichbed. *erteilen* verdrängend. aburteilen Vb. 'rechtskräftig verurteilen' (Anfang 17. Jh.), zuvor 'eine Rechtssache, einen Prozeß durch (gerichtliches) Urteil entscheiden' (Ende 15. Jh.), 'beurteilen' (Anfang

16. Jh.); vgl. mnd. *afördēlen* 'gerichtlich aberkennen'; A b u r t e i l u n g f. (2. Hälfte 18. Jh.). b e u r t e i l e n Vb. 'ein Urteil abgeben, bewerten, abschätzen, begutachten' (Anfang 16. Jh.); vgl. mnd. *beōrdēlen, beōrdēlen* 'urteilen, Urteil finden über'; B e u r t e i l u n g f. 'Bewertung, Einschätzung, Begutachtung' (1. Hälfte 17. Jh.). v e r u r t e i l e n Vb. 'durch Gerichtsbeschluß eine Strafe über jmdn. verhängen, ablehnend beurteilen, ablehnen', mhd. *verurteilen* 'richterlich entscheiden, ein Urteil verkünden'; vgl. mnd. *vorōrdēlen* 'gerichtlich verurteilen, abfällig urteilen über'; V e r u r t e i l u n g f. (2. Hälfte 16. Jh.). U r t e i l s k r a f t f. 'Fähigkeit, sachlich zu urteilen' (17. Jh., neben *Urteilungskraft* und *Urteilenskraft*). U r t e i l s v e r m ö g e n n. (18. Jh.).

usurpieren Vb. 'unrechtmäßig und gewaltsam Macht an sich reißen, etw. eigenmächtig, widerrechtlich in Besitz nehmen', entlehnt (2. Hälfte 16. Jh.) aus lat. *ūsurpāre* 'von etw. Besitz ergreifen, Gebrauch machen, (sich) widerrechtlich aneignen, sich anmaßen' (Terminus der Rechtssprache, gebildet aus lat. *ūsus* 'Benutzung, Anwendung, Gebrauch, Gewohnheit, Praxis' und lat. *rapere* 'raffen, eilig an sich nehmen, fortraffen, -reißen'), eigentl. 'durch tatsächlichen Gebrauch in seinen Besitz bringen'. – U s u r p a t o r m. 'wer widerrechtlich die (Staats)gewalt an sich reißt', insbes. 'Thronräuber' (2. Hälfte 17. Jh.), spätlat. *ūsurpātor*, im 18. Jh. (unter frz. Einfluß) auch *Usurpateur*. U s u r p a t i o n f. 'widerrechtliche Besitz-, Machtergreifung, Aneignung' (vereinzelt Ende 16. Jh., häufiger seit Anfang 18. Jh.), lat. *ūsurpātio* (Gen. *ūsurpātiōnis*) 'widerrechtliche Aneignung, Mißbrauch', eigentl. 'Gebrauch, Benutzung'.

Usus m. 'Brauch, Herkommen, Gewohnheit, Sitte'; im 17. Jh. wird lat. *ūsus* 'Benutzung, Anwendung, Gebrauch, Gewohnheit, Praxis', Verbalabstraktum zu lat. *ūtī* (*ūsus sum*) 'gebrauchen, anwenden, benutzen', in dt. Texte aufgenommen und behält bis ins 18. Jh. lat. Flexion in den obliquen Kasus (z. B. *in, ex ūsū, in, ad ūsum*) bei. – u s u e l l Adj. 'gebräuchlich, üblich', Entlehnung (Anfang 18. Jh.) von gleichbed. frz. *usuel*; dieses nach spätlat. *ūsuālis* 'zum Gebrauch dienlich, gewöhnlich', das ebenfalls zu lat. *ūtī* (s. oben) gebildet ist.

Utensilien Plur. (selten auch der Sing. *Utensil* n.) 'notwendige, zweckdienliche Geräte, Gegenstände, Werkzeuge', entlehnt (Ende 17. Jh.) aus gleichbed. lat. *ūtēnsilia*, dem substantivierten Plur. Neutr. von lat. *ūtēnsilis* Adj. 'brauchbar, verwendbar', einer Bildung zu lat. *ūtī* 'gebrauchen, anwenden, benutzen' (s. *Usus*).

Utopie f. 'Idealbild von gesellschaftlichen Verhältnissen, die nicht oder unter den gegebenen Bedingungen nicht zu verwirklichen sind, phantastische Vorstellung ohne reale Grundlage, Wunschtraum, Hirngespinst' (1. Hälfte 19. Jh.). Der Ausdruck geht zurück auf nlat. *Utopia*, eine Wortschöpfung des engl. Humanisten Thomas Morus (1516 „De optimo rei publicae statu deque nova insula Utopia“, wo das Bild eines republikanischen Idealstaates entworfen wird). Er ist gebildet zu griech. *ū* (*οὐ*) 'nicht' und *tópos* (*τόπος*) 'Ort, Stelle, Gegend, Land', also eigentl. 'Nirgendland'. Daraus im Dt. *Utópien* 'Traumland' (1. Hälfte 16. Jh.) und *Utopia* (Anfang 17. Jh.), danach (unter Einfluß von frz. *utopie*) in der oben genannten Form und Bedeutung. – u t o p i s c h Adj. 'nur in der Vorstellung möglich, nicht durchführbar, phantastisch' (2. Hälfte 17. Jh.) und gleichbed. u t o p i s t i s c h Adj. (Mitte 19. Jh.); vgl. *utopistischer Sozialismus* (Marx/Engels 1848), dann *utopischer Sozialismus*. U t o p i s t m. 'wer phantastische, aber undurchführbare Pläne oder Vorstellungen hat' (1. Hälfte 19. Jh.).

uzen Vb. 'necken, foppen, sich über jmdn. lustig machen' (16. Jh., seit dem 18. Jh. literatursprachlich), abgeleitet von *U(t)z* m. 'einfältiger Mensch, Trunkenbold' (um 1500), der mit affektischer Konsonantenverschärfung gebildeten Form des Personennamens *Ulrich*, eigentl. 'jmdn. einen *Uz* nennen'. Zuerst südwestd., von da aus verbreitet.

Vagabund m. 'Landstreicher, Herumtreiber'. Im Dt. zuerst (vereinzelt) *Vagabundus* m. (1600), entsprechend einer mlat. Substantivierung von spätlat. *vagābundus* Adj. 'umherschweifend, unstet', gebildet zu lat. *vagārī* 'umherschweifen, -streifen, -ziehen, unstet sein'; vgl. lat. *vagus* 'umherschweifend, -streifend, unstet, ungebunden' (s. *vage*). Darauf beruhendes mfrz. frz. *vagabond* m. (zuvor Adj., vgl. aprov. *vagabon* Adj.) wird um 1700 ins Dt. entlehnt (*Vagabond*, Plur. *Vagabonden*), aber bereits im 18. Jh. an die lat. Form angeglichen. – v a g a b u n d i e r e n Vb. 'als, wie ein Vagabund leben, umherziehen, ruhelos, rastlos leben' (Anfang 19. Jh.); vgl. gleichbed. mfrz. frz. *vagabonder.* V a g a n t m. 'umherziehender Sänger, Spielmann, fahrender Student, Schüler' (1. Hälfte 16. Jh.), häufig im Plur *Vaganten*, zu lat. *vagāns* (Plur. *vagantēs*), Part. Präs. von lat. *vagārī* (s. oben); schon früh übertragen auf Umherziehende aller Art, oft abschätzig im Sinne von 'Landstreicher' (2. Hälfte 16. Jh.). Seit der 2. Hälfte des 19. Jhs. historischer Terminus für die fahrenden Leute (Schüler, Kleriker, Sänger) das 12./13. Jhs.; dazu V a g a n t e n d i c h t u n g f., V a g a n t e n l i e d n. (2. Hälfte 19. Jh.).

vag(e) Adj. 'unbestimmt, ungewiß, verschwommen' (2. Hälfte 18. Jh.), anfangs auch 'umherschweifend, unstet', wohl über gleichbed. mfrz. frz. *vague* entlehnt aus lat. *vagus* 'umherschweifend, -streifend, unstet, ungebunden'.

Vakanz f. 'unbesetzte, freie Stelle, das Unbesetztsein, Freiwerden einer Stelle, eines Amtes', anfangs auch 'Feiertag(e), Ruhetag(e)' (heute noch südd. öst. 'Ferien'), entlehnt (Ende 15. Jh.) aus gleichbed. mlat. *vacantia*, lat. 'Befreiung, Entlastung'. – v a k a n t Adj. 'unbesetzt, offen, frei' (von Stellen, Ämtern), entlehnt (Anfang 17. Jh.) aus lat. *vacāns* (Gen. *vacantis*), dem Part. Präs. von lat. *vacāre* 'leer, unbesetzt, entblößt sein, frei (von etw.), herrenlos sein, Zeit, Muße haben, müßig sein'.

Vakuum n. '(luft)leerer Raum', Übernahme (Mitte 17. Jh.) von lat. *vacuum* 'leerer Raum, Leere', dem substantivierten Neutrum von lat. *vacuus* 'leer, ledig, entblößt, frei, ohne etw.', zu lat. *vacāre* (s. *Vakanz*). Zunächst allgemein 'leerer, unausgefüllter Raum, Hohlraum, Leere', dann als Fachausdruck der Technik '(nahezu) luftleerer bzw. luftverdünnter Raum, in dem der Luftdruck kleiner als der normale Atmosphärendruck ist' (19. Jh.).

Valenz f. (Chemie) Fähigkeit des Atoms, sich mit einer bestimmten Anzahl anderer Atome chemisch zu verbinden, 'Wertigkeit' (19. Jh.), (Sprachwissenschaft) Fähigkeit von Wörtern oder Satzgliedern, andere Wörter oder Satzglieder an sich zu binden, 'Fügungswert' (20. Jh.), gelehrte Entlehnung aus spätlat. *valentia* 'Stärke, Körperkraft, Vermögen, Fähigkeit', einer Ableitung von lat. *valēre* 'stark, kräftig, gesund sein, vermögen, geeignet, imstande, wert sein'.

Valuta f. 'ausländische Währung und die auf sie lautenden Vermögenswerte und Zahlungsmittel'. Der Ausdruck der Wirtschaft und des Finanzwesens ist eine Übernahme (Mitte 16. Jh.) von ital. *valuta* 'Wert, Preis', dem substantivierten Femininum des Part. Perf. von ital. *valere* (*valuto,* auch *valso*) 'gelten, wert sein, kosten', das auf lat. *valēre* 'stark, kräftig, gesund sein, gelten, vermögen, wert sein' zurückgeht; verwandt mit *walten* (s. d.).

Vampir m. dem Aberglauben slaw. Völker entstammende, menschliches Blut saugende Spukgestalt. Die Bezeichnung ist eine Entlehnung (zuerst 1725) von serbokr. *vàmpīr*, das über serb.-kslaw. **vapir* mit *m*-Einschub (vgl. auch bulg. *vampír, вампир)* aus serbokr. *ȕpīr* (vgl. *ùpirina* 'Gespenst, Ungeheuer, Drache, Vampir') entstanden ist. Oder stammt die serbokr. und bulg. Bezeichnung aus mgriech. *bampýros* (*βαμπύρος*), das seinerseits aus abulg. **vǫpyrь* kommt? Vgl. urslaw. **ǫpyrь*, russ. *upýr'* (*упырь)*, tschech. slowak. *upír*, bulg. (landschaftlich) *vapír, văpír, vepír* (*вапир, въпир, вепир)* 'Leiche eines bösen Menschen, die nachts als Spukerscheinung (in Tiergestalt) umgeht und Menschen und Tiere durch Blutsaugen tötet'. Über das Dt. gelangt der Ausdruck in westeurop. Sprachen, vgl. frz. *vampire*, engl. *vampire.* Dazu BIELFELDT in: Serta Slavica, Gedenkschr. Schmaus (1971) 42ff. – V a m p m. in Hollywood-Filmen entwickelter Typ einer erotisch anziehenden, oft kühl berechnenden Frau (20er Jahre 20. Jh.), amerik.-engl. *vamp*, verkürzt aus engl. *vampire.*

Vandale m. 'von sinnloser Zerstörungswut Besessener', eigentl. *Wandale*, Angehöriger des ostgerm. Volksstammes der *Wandalen*, die 455 Rom eroberten und es zwei Wochen geplündert und verwüstet haben sollen, lat. *Vandalī* Plur. Daraus afrz. *wandele* m. 'Räuber, Dieb', wieder aufgenommen (durch Voltaire 1733) frz. *vandale* m. 'Barbar' bzw. Adj. 'barbarisch' (ebenfalls Voltaire 1732). Entlehnt (2. Hälfte 18. Jh.) im oben genannten Sinne ins Dt.; entsprechend v a n d a l i s c h Adj. 'barbarisch, verheerend, zerstörungswütig' (2. Hälfte 18. Jh.). Zuvor (unabhängig vom Frz.) *Wandale*, *Vandale* m. (s. oben) bzw. *wandalisch* 'zum Volk der Wandalen gehörig' (17. Jh.). – Vandalismus m. 'sinnlose Zerstörungswut' (Ende 18. Jh.), nach frz. *vandalisme* (1794).

Vanille f. kletternde Orchidee tropischer Zonen mit weißgrünen Blüten und länglichen Kapselfrüchten sowie die als Gewürz verwendete getrocknete Samenschote. Das seit 1692 (zuerst *Vanilla, Banille*) bezeugte Substantiv ist, wie auch frz. *vanille*, das auf die dt. Form eingewirkt hat, entlehnt aus gleichbed. span. *vainilla*, Deminutivum zu span. *vaina* 'Scheide, Futteral, Degenscheide, Hülse, Schote', aus lat. *vagīna* 'Schwertscheide, Scheide, Ährenhülse'. Vielleicht ist für span. *vainilla* bereits von einem (neben lat. *vagīnula* 'kleine Hülse des Spelts' gebildeten) vlat. **vagīnella* 'kleine Schote' auszugehen, vgl. südital. *vainella* 'Johannisbrot', mlat. *vaginella* 'Bohne'.

Varieté n. 'Unterhaltungsbühne mit artistischen, tänzerischen und musikalischen Darbietungen' (Ende 19. Jh., im 20. Jh. auch noch in der Schreibung *Variété*) ist verkürzt aus *Variététheater* (1. Hälfte 19. Jh.) und ersetzt zuvor übliches *Variétés* Plur., seinerseits Kürzung von *Theater der Variétés* (um 1820). Dieses gibt frz. *Théâtre des Variétés* wieder, den Namen eines 1790 eröffneten Pariser Boulevardtheaters, auf das sich auch die ältesten dt. Belege beziehen. Die frz. Fügung bedeutet eigentl. 'Theater des bunten Gemischs, der Abwechslungen'; vgl. frz. *variété*, afrz. *varieté* 'Mannigfaltigkeit, Verschiedenheit, Abwechslung, Vielfalt', entlehnt aus gleichbed. lat. *varietās* (zu lat. *varius* 'mannigfaltig, -fach, bunt, abwechselnd, verschiedenartig').

variieren Vb. 'abwandeln, geringfügig ändern, durch kleine Veränderungen unterschiedlich, abwechslungsreich gestalten', auch 'sich ändern, sich unterschiedlich verhalten, von Gleichartigem (in geringem Maße) abweichen, anders, verschieden sein', entlehnt (Anfang 16. Jh., in intrans. Verwendung Mitte 16. Jh.) unter Einfluß von gleichbed. afrz. frz. *varier*, aus lat. *variāre* 'Mannigfaltigkeit, Abwechslung in etw. bringen, verändern, bunt machen, verschieden, bunt sein, (ab)wechseln, veränderlich sein', zu lat. *varius* 'mannigfaltig, bunt, abwechselnd, verschiedenartig'. Im Dt. erscheint das Verb zunächst in der Form *varir(e)n, varieren*, seit dem 17. Jh. *variiren* (von der 2. Hälfte des 19. Jhs. an *variieren* geschrieben), anfangs als grammatischer Terminus 'morphologisch abwandeln, flektieren', dann bald allgemeiner, oft mit Bezug auf Musik, bildende Kunst oder Literatur. – variabel Adj. 'veränderlich, wandelbar, wechselnd, schwankend' (allgemein seit 2. Hälfte 19. Jh., vorher bes. vom Wind 'wechselnd, unbeständig', Mitte 17. Jh., von Menschen 'wankelmütig, launenhaft', Anfang 17. Jh.), Entlehnung aus afrz. frz. *variable* 'veränderlich, wechselnd, unbeständig', spätlat. *variābilis* 'veränderlich'; zu lat. *variāre* (s. oben). Variante f. 'leicht veränderte Form innerhalb eines Typus, Abwandlung, Abweichung, Spielart', zunächst Fachausdruck der Textkritik für 'abweichende Lesart einer Textstelle bei mehreren Fassungen des Textes' (2. Hälfte 18. Jh.), nach gleichbed. frz. *variante*, dem substantivierten Femininum von mfrz. frz. *variant* 'wechselhaft, unbeständig', lat. *variāns* (Gen. *variantis*), Part. Präs. von lat. *variāre*. Variation f. 'Veränderung, Abwandlung, das Abgewandelte' (2. Hälfte 16. Jh.), aus lat. *variātio* (Gen. *variātiōnis*) 'Verschiedenheit, Veränderung'; anfangs 'Abwandlung des Ausdrucks' in der Stilistik und 'Flexion' in der Grammatik, seit Anfang des 17. Jhs. Gestaltungsprinzip in der Musik 'melodische, harmonische oder rhythmische Abwandlung eines musikalischen Abschnitts, eines Themas', dann (2. Hälfte 18. Jh.) auf andere Bereiche übertragen, seit der 2. Hälfte des 19. Jhs. speziell in der Biologie 'Abweichung von der ererbten Form der betreffenden Art'.

Vasall m. in der mittelalterlichen Feudalgesellschaft 'durch Treueid einem Lehnsherrn verpflichteter Gefolgsmann, Lehnsmann', mhd. *vassal, vassel*, wohl über gleichbed. afrz. *vassal*, aprov. *vasal* entlehnt aus mlat. *vassallus* 'in einem Abhängigkeitsverhältnis zu einem Höherstehenden befindlicher waffentragender Mann' (8. Jh.). Dieses gehört zu spätlat. *vassus* 'unfreier Diener' (Lex Salica, 6. Jh.), mlat. *vassus* 'Diener, freier Untergebener, Lehnsmann', einem Wort gall. Ursprungs, vgl. mir. *foss* 'Diener', kymr. *gwas*, korn. *guas* 'Jüngling, Diener', bret. *gwaz* 'Mann', ferner den Personennamen gall.-lat. *Dagovassus* (oder *Dago Vassus*?). Mlat. *vassallus* geht möglicherweise auf eine schon im

Gall. entstandene Ableitung zurück, vgl. kymr. *gwasawl* 'dienend'.

Vase f. 'zur Aufnahme von Schnittblumen geeignetes Ziergefäß aus Glas, Porzellan, Ton' (Anfang 18. Jh.), älter 'kunstvoll gearbeitetes Gefäß', bes. 'antikes Tongefäß' (zuerst Mask., im 17. Jh. auch *Vaso*), mit Genuswechsel entlehnt (Ende 16. Jh.) aus mfrz. frz. *vase* m. 'als Behältnis für Flüssigkeiten, Blumen oder zum Schmuck dienendes Gefäß' bzw. ital. *vaso* m. 'Gefäß, Behältnis, Topf'. Mfrz. frz. *vase* beruht auf Übernahme von lat. *vās* n. (Gen. *vāsis*, Nom. Plur. *vāsa*) 'Gefäß, Gerät' (Plur. auch 'Kriegsausrüstung'), während die ital. Form auf die Variante alat. vlat. *vāsum* (auch *vāsus*) zurückgeht. Die heutige Bedeutung 'Blumengefäß' entwickelt sich wohl unter frz. Einfluß.

Vaseline f. aus Erdöl gewonnene salbenartige Masse, 'Mineralfett' (Ende 19. Jh.), so benannt von seinem Entdecker R. A. Chesebrough (1872) in Anlehnung an nhd. *Wasser* und griech. *élaion* (*ἔλαιον*) '(Oliven)öl', nach seiner dem Wasser (geschmack-, geruchlos, durchsichtig) und dem Öl (fettig) ähnlichen Beschaffenheit. In der Pharmazie latinisiert *Vaselina* bzw. *Vaselinum*.

Vater m. 'männlicher Elternteil', ahd. *fater* (8. Jh.), mhd. *vater*, asächs. *fadar*, mnd. mnl. *vāder*, nl. *vader*, aengl. *fæder*, engl. *father*, anord. *faðir*, schwed. *fader*, got. *fadar* (Hapaxlegomenon, sonst *atta*), germ. **fader* und aind. *pitā́* (Stamm *pitár-*), griech. *patḗr* (*πατήρ*), lat. *pater*, air. *athir* (aus **pətēr*) sind mit dem Suffix für Verwandtschaftsnamen ie. *-ter-* (s. *Mutter*) gebildet. Als gemeinsame Ausgangsform ergibt sich ie. **pətḗr* 'Vater, Haupt der Großfamilie', deren weitere Deutung nicht gesichert ist. Zu einem Lallwort der Kindersprache ie. **pā*? Oder zu der unter ²*Futter* (s. d.) angegebenen Wurzel ie. **pō(i)-* 'Vieh weiden, hüten' und weiter 'schützen'? – väterlich Adj. 'den Vater betreffend, ihm gemäß, wie ein Vater handelnd', ahd. *faterlīh* (8. Jh.), mhd. *vater-, veterlich*. Vaterland n. 'Land, in dem man geboren ist, zu dessen Volk man gehört', ahd. *faterlant* (11. Jh.), mhd. *vaterlant*, nach gleichbed. lat. *patria*; vaterländisch Adj. 'das Vaterland betreffend, liebend, ehrend' (18. Jh.). Vaterunser n. das mit diesen Worten beginnende Gebet Jesu (Matth. 6, 9ff.), s. *Paternoster*.

Vegetation f. 'Pflanzenwachstum, Gesamtheit der in einem Gebiet vorkommenden Pflanzen', entlehnt (vereinzelt mit lat. Flexion Anfang 17. Jh., dann 2. Hälfte 18. Jh.) aus spätlat. *vegetātio* (Gen. *vegetātiōnis*) 'Belebung, belebende Bewegung', mlat. 'Wachstumskraft', zu lat. *vegetāre* 'körperlich und geistig in Bewegung setzen, beleben, ermuntern, erregen', spätlat. 'leben, wachsen', abgeleitet von lat. *vegetus* 'körperlich und geistig belebt, lebhaft, munter'; zu lat. *vegēre* 'lebhaft, munter sein, erregen'. – vegetieren Vb. 'erfrischen, stärken, grünen' (vereinzelt 1. Hälfte 18. Jh.), 'wie eine Pflanze (ohne geistige Regung) leben', auf Menschen bezogen daher 'ein ärmliches Dasein fristen, kümmerlich, kärglich leben' (2. Hälfte 18. Jh.), aus lat. *vegetāre* (s. oben). Vegetarier m. 'wer sich (vorwiegend) von pflanzlicher Kost ernährt' (um 1900), zuvor *Vegetarianer* (Mitte 19. Jh.), entlehnt aus gleichbed. engl. *vegetarian* (Subst. und Adj.), gebildet zu engl. *vegetable* 'pflanzlich, Pflanze', aus spätlat. *vegetābilis* 'belebend' oder darauf beruhendem afrz. *vegetable* 'wachstumsfähig (von Pflanzen)', frz. *végétable*. vegetarisch Adj. 'pflanzlich, Pflanzenkost betreffend' (um 1900), *vegetarianisch* (Mitte 19. Jh.), engl. *vegetarian* (s. oben).

Vehemenz f. 'Heftigkeit, Ungestüm, Leidenschaftlichkeit', entlehnt (Anfang 17. Jh.) aus gleichbed. lat. *vehementia*, einer Bildung zu lat. *vehemēns* (s. unten). – vehement Adj. 'heftig, ungestüm, leidenschaftlich' (um 1700), aus lat. *vehemēns* (Gen. *vehementis*) 'heftig, hitzig, stürmisch', eigentl. 'einherfahrend, auffahrend', zu lat. *vehere* 'fahren, führen, tragen, bringen'. Gelegentlicher Einfluß von gleichbed., ebenfalls auf das Lat. zurückgehendem frz. *véhément* ist wahrscheinlich.

Vehikel n. 'Gefährt' (1. Hälfte 19. Jh.), dann bes. '(altmodisches, klappriges) Fahrzeug' (2. Hälfte 19. Jh.). Zuvor in Pharmazie und Medizin (meist in lat. Form) 'Flüssigkeit, mit der ein Medikament dem Körper zugeführt wird', allgemein 'Trägersubstanz für ein Arzneimittel, Lösungsmittel' (Mitte 17. Jh.); von daher übertragen (um 1700) 'Hilfsmittel, Instrument, Medium, Träger'. Zugrunde liegt lat. *vehiculum* 'Transportmittel (zum Tragen und Fahren), Fahrzeug (jeder Art)', spätlat. auch bildlich 'Trägermittel'; zu lat. *vehere* 'fahren, führen, tragen, bringen'.

Veilchen n. Der Name der stark duftenden Frühlingsblume lautet ahd. *fīol* n. (11. Jh.), mhd. *vīol* m., *vīole* f. (mit Nebenformen wie *vīal, vīel, veial*), frühnhd. *veil* m., *veil(e)* f., nhd. *Veiel* m. (poetisch bis ins 19. Jh.). Er ist wie mnd. mnl. *viōle*, nl. *viool*, schwed. *viol* entlehnt aus lat. *viola* f. 'Veilchen', auch 'Levkoje', wahrscheinlich aus einer nicht-ie. Mittelmeersprache stammend. Die zuerst 1570 bezeugte Deminutivform *Veilchen* setzt sich im 17. Jh. durch; nur in poetischer Sprache begegnet danach gelegentlich *Viole*.

Velours m. 'Gewebe mit einer von aufrechtstehenden feinen Fasern bedeckten Oberfläche, Samt', Entlehnung (19. Jh.) von frz. *velours* 'Samt', das im Mfrz. durch Hinzufügen eines etymologisch unbegründeten *-r-* (wohl als Folge damals herrschender Unsicherheit, weil in Wörtern mit auslautendem *-r* dieses nicht mehr gesprochen wird) aus gleichbed. mfrz. *velous*, afrz. *velo(u)s* hervorgeht. Zugrunde liegt lat. *villōsus* 'voll Zotten, zottig, haarig, rauh', eine Ableitung von lat. *villus* 'zottiges Haar der Tiere, Zotte' (Doppelform von lat. *vellus* 'abgeschorene, noch zusammenhängende Wolle des Schafs, Pelz', verwandt mit *Wolle*, s. d.).

Vene f. 'Blutgefäß'. Lat. *vēna* 'Ader, Blutader' gelangt durch die röm. Ärzte in die lat. medizinische Wissenschaftssprache; die lat. Form begegnet in dt. Texten zuerst im 16. Jh., fachsprachlich noch heute. Daraus entlehnt *Vene* (2. Hälfte 18. Jh.); übertragener Gebrauch 'Neigung' (2. Hälfte 17. Jh.) ist ebenfalls bereits im Lat. ('geistige Anlage, poetische Ader') vorgeprägt.

Ventil n. 'Absperrvorrichtung, den Durchlaß flüssiger oder gasförmiger Stoffe regelnder Mechanismus', entlehnt (1. Hälfte 16. Jh., Paracelsus) aus mlat. *ventile* 'Schleuse (an einem Wasserkanal), Windmühle'; zu lat. *ventus* 'Wind'. Speziell bei der Orgel 'Klappe, die die Zufuhr des Luftstroms zu den Pfeifen reguliert', bei Blechblasinstrumenten 'mechanische Vorrichtung, die das Erzeugern aller Töne der chromatischen Tonleiter ermöglicht' (2. Hälfte 16. Jh.); in übertragenem Sinne 'offengehaltene Möglichkeit, Mittel zum Abbau aufgestauter Emotionen' (vereinzelt Ende 16. Jh., häufig seit Mitte 19. Jh.). – ventilieren Vb. 'Wind, einen Luftstrom erzeugen, einen Raum (be)lüften' (17. Jh.), 'mit einer Lüftungsanlage versehen' (19. Jh.), zuvor (vereinzelt, dem Lat. unmittelbar folgend) 'schwingen, in die Luft werfen, worfeln' (2. Hälfte 16. Jh.), bildlich 'eingehend erörtern, sorgfältig erwägen, von allen Seiten durchdenken' (Anfang 17. Jh.), aus lat. *ventilāre* 'etw. in der, in die Luft schwenken, schwingen (um es zu lüften, zu reinigen), worfeln, Kühlung zufächeln', spätlat. 'beunruhigen, hin und her überlegen, besprechen, erörtern'; zu lat. *ventulus* 'schwacher Wind', Deminutivum von lat. *ventus* 'Wind'. Ventilation f. 'Lufterneuerung, (Be)lüftung, Luftwechsel, (Be)lüftungsanlage' (Mitte 18. Jh.), lat. *ventilātio* (Gen. *ventilātiōnis*) 'das Lüften (der Weintrauben), das Worfeln (des Getreides)'; vgl. früher bezeugtes mfrz. frz. engl. *ventilation* 'Erzeugung eines Luftstroms, (Be)lüftung'. Ventilator m. 'Gerät zur Bewegung der Luft und zur Erzeugung eines Luftstroms (zur Kühlung), Vorrichtung zur Lufterneuerung oder Luftumwälzung' (Mitte 18. Jh.), so benannt (1743) von seinem engl. Erfinder St. Hales, zu engl. *to ventilate* 'einen Luftstrom erzeugen, mit Frischluft versorgen', aus lat. *ventilāre* (s. oben); vgl. lat. *ventilātor* 'Schwinger, Getreideworfler, Beunruhiger, Antreiber'.

ver- Präfix bei Verben und zugehörigen Nomina, die in der Regel vom Verb abgeleitet, gelegentlich jedoch auch unmittelbar zum Verbstamm gebildet sind. Die Funktionen von *ver-* im Nhd. sind vielfältig; vor allem kennzeichnet es ein Beseitigen, Wegschaffen, Aufbrauchen (*verrücken, vertreiben, verzehren*), ein Fort-, Zugrundegehen (*verdunsten, verklingen, verschwinden*) oder Irreleiten, Fehlgehen (*verführen, verwechseln, sich verzählen*) und wird damit auch zum Ausdruck der Negation (*verbieten, versagen*); ferner hat es resultativen Sinn (*verbluten, verpacken, vertilgen*), dient der Verstärkung (*verschließen, versperren*), der Transitivierung intransitiver Verben (*verfolgen, verheiraten, verspotten*) oder dem Hervorbringen verbaler Ableitungen von Adjektiven und Substantiven (*verdeutlichen, vergöttern* 'deutlich, zu einem Gott machen', *verarmen, verholzen* 'arm, zu Holz werden'). Die für nhd. *ver-* festzustellende Unterschiedlichkeit der Verwendungsweisen findet sich schon bei vorausgehendem ahd. *fir-, far-*, mhd. *ver-* und ähnlich bei asächs. *far-, for-*, mnd. *vor-*, mnl. nl. *ver-*, aengl. *for-, fer-*, engl. *for-*; sie erklärt sich aus dem Zusammenfall dreier Präfixe, die noch getrennt, wenn auch mit nicht mehr fest abzugrenzenden Bedeutungen in got. *fra-* (meist 'fort-, weg-'), *faír-* und *faúr-* begegnen; zu letzterem vgl. in frühen Texten belegtes anord. *for-* mit negativem, verschlimmerndem Sinn (im Unterschied zu anord. *for-, fyrir-* in jungen Entlehnungen aus dem Dt.). Zugrunde liegen ie. **prŏ* 'vorwärts, vorn, voran', vgl. aind. *prá-* 'vor-, voran-, fort-', griech. *pró* (*πρό*) 'vor', lat. *prō* 'vor, für, anstatt' (s. *pro*), air. *ro-* (intensivierendes Präfix), aslaw. *pro* 'um . . . willen', russ. *pro* (*npo*) 'von, über, durch, für'; ie. **per, *peri* 'vorwärts, im Hinausgehen über, im Durchdringen' (eigentl. Lok.), vgl. aind. *pári* 'herum, umher, gegen, darüber hinaus', griech. *péri, perí*, mundartlich *pér* (*πέρι, περί, πέρ*) 'ringsum, um ... herum, überaus, neben, bei', lat. *per* '(hin)durch, über ... hin, während' (s. *per*), aslaw. *prě-* 'durch-, über-', russ. *pere-* (*nepe-*) 'über-, herüber-, um-'; ie. **pr̥-* 'hervor' (wohl Nom. oder Akk. Sing. Neutr.), vgl. aind. *pr̥-* (in *pr̥ṣṭhám* 'Rücken, Gipfel'), lat. *por-* (in *portendere* 'zeigen, ankündigen'), lit. *pir-* (in *piȓštas* 'Finger'), aslaw. *prь-* (in *prьstъ* 'Finger, Zehe', russ. älter *perst, nepcm* 'Finger') 'hervor-' (s. auch *First*). Diese ie. Formen gehören sämtlich zu einem vornehmlich in Adverbien und Präpositionen weiterlebenden Wurzelnomen ie. **per*, dessen Bedeutung mit 'das Hinausführen über' zu umschreiben ist.

verabreden Vb. 'mündlich vereinbaren', refl. 'eine Zusammenkunft vereinbaren', verstärkende Bildung (18. Jh.) zu *abreden*, spätmhd. *abereden* 'vereinbaren' (zur Etymologie s. *Rede*). – V e r a b r e d u n g f. 'Vereinbarung, Absprache, gemeinsam beschlossenes Vorhaben, vereinbarte Zusammenkunft' (Ende 18. Jh.).

Veranda f. 'überdachter, offener oder verglaster balkonartiger Vor-, Anbau an einem Wohnhaus', entlehnt (1. Hälfte 19. Jh.) aus gleichbed. engl. *veranda(h)*, das aus dem Ind. stammt, vgl. Hindi *varandā*, bengalisch *bārāndā* 'nach vorn offener, überdachter Vorbau, Altan, Terrasse'. Die ind. Formen sind wahrscheinlich selbst entlehnt aus port. *varanda* 'offene Halle am Hause, Vorbau, Balkon, Terrasse' (vgl. auch span. *baranda* 'Geländer, Bande am Billard', älter 'Balkon, Terrasse'), dessen Herkunft unsicher ist. Vielleicht gehört es (über vlat. **vāranda*, Neutr. Plur. des Gerundivums eines Verbs vlat. **vārāre* 'mit Stangen abschließen') zu spätlat. *vāra* 'Querholz, gabelförmige Stange', bedeutet also eigentl. '(mit Stangen) zu umschließende Dinge', dann 'Umgrenzung, Absperrung'; vgl. FEW 14, 172 ff. und COROMINAS 1, 392 f.

veräppeln Vb. 'jmdn. zum besten haben, zum Narren halten' (um 1900, bes. md. und nordd.), mundartlich auch *äppeln*. Herkunft unbekannt. WOLF Rotw. 35 will von jidd. *ewil* 'Narr, Tor' ausgehen. Aber eine Anknüpfung an *Apfel* (md. nd. *Appel*), etwa 'mit (faulen) Äpfeln (*Äppeln*) bewerfen', ist nicht ohne weiteres abzuweisen.

Verb, V e r b u m n. einen Vorgang oder Zustand schilderndes Aussagewort, 'Tätigkeits-, Zeitwort'. Der grammatische Terminus lat. *verbum* wird in dem genannten Sinne im 15. Jh. in dt. grammatische Schriften aufgenommen; ohne lat. Endung auftretendes *Verb* begegnet in der 1. Hälfte des 18. Jhs., setzt sich aber erst gegen Ende des 19. Jhs. durch. Als dt. Ausdrücke finden sich *Zeitwort* (15. Jh.), *Sagwort, Sprechwort* (17. Jh.), *thätiges Zeitwort, Thätigkeitswort* (19. Jh.). Für lat. *verbum*, eigentl. 'Wort, Ausdruck, (zusammenhängende) Rede, (Sinn)spruch', steht außerhalb der grammatischen Fachsprache als dt. Äquivalent *Wort* (seit ahd. Zeit). – v e r b a l Adj. 'auf sprachlicher, mündlicher Aussage beruhend, mit Worten, wörtlich' (um 1700), in der Grammatik 'auf dem Verb beruhend, von ihm abgeleitet, das Verb betreffend, als Verb gebraucht' (1. Hälfte 19. Jh.), aus spätlat. *verbālis* 'zum Wort, zum Verb, Zeitwort gehörig'. v e r b a l i s i e r e n Vb. 'mündlich verhandeln, Aussagen zu Protokoll geben', auch 'unnütze Worte machen' (1. Hälfte 19. Jh.), vielleicht unter Einwirkung von frz. *verbaliser* 'mündlich verhandeln, ein Protokoll aufnehmen, viele Worte machen'. Allgemein 'in Worte fassen, mit Worten ausdrücken', in der Sprachwissenschaft 'in Sprache umsetzen, zu einem Wort, Nomen ein Verb bilden, daraus ableiten' (20. Jh.).

verballhornen Vb. 'einen Text, eine sprachliche Äußerung entstellen' (in der Absicht, etw. vermeintlich Falsches zu verbessern), seit dem 18. Jh. in der Literatursprache, vgl. auch *Verjohannballhornung* (2. Hälfte

18. Jh.), *Verballhornung* (19. Jh.), *ballhornisieren* (Anfang 19. Jh.). Im nd. Gebiet entstandene Ableitungen vom Namen eines Lübecker Buchdruckers *Johann Ballhorn*, bei dem 1586 eine von einem Unbekannten fehlerhaft bearbeitete Ausgabe des lübischen Rechts erschien.

verblüffen Vb. 'in Erstaunen versetzen, überraschen, verwirren', im 18. Jh. aus dem Nd. in die Literatursprache aufgenommen; vgl. mnd. *vorblüffen* 'überraschen, in Verwirrung bringen, überrumpeln', nd. *verbluffen, verblüffen* 'einschüchtern, verwirren', nl. *verbluffen*, verstärkende Bildung zu nd. *bluffen, blüffen* 'durch Worte und Gebärden Furcht und Schrecken einjagen, einschüchtern, verwirren, poltern', mnl. *bluffen* 'schlagen, klopfen, prahlen, sich brüsten', nl. *bluffen* 'prahlen, aufschneiden', auch 'einschüchtern, verblüffen'. Herkunft ist nicht geklärt. Man nimmt lautmalenden Ursprung an, vielleicht zu einer einen dumpfen Fall nachahmenden Interjektion *bluff.*

verbrämen Vb. 'mit einem Rand versehen, den Rand mit Besatz, mit Pelz verzieren, ausschmücken' (15. Jh.), übertragen 'verhüllend, verblümt sagen, umschreiben' (17. Jh.), mnd. *vorbrēmen* 'mit einem Rand versehen', Präfixbildung neben gleichbed. mhd. *bremen,* mnd. *brēmen*, abgeleitet von frühnhd. *brem* 'Randbesatz, Einfassung, Rand' (15. Jh., doch wohl älter); vgl. nl. *braam* (älter *breme*), mengl. *brimme*, engl. *brim* 'Rand'. Es besteht Verwandtschaft zu dem ersten Kompositionsglied von *Brombeere* (s. d.), so daß von ie. **bhrem-*, **bhrom-*, einer Erweiterung der Wurzel ie. **bher-* 'hervorstehen, Kante, Ecke, Spitze', auszugehen ist.

Verdacht m. 'Vermutung eines schuldhaften Verhaltens, Argwohn' (16. Jh.), Verbalabstraktum zu *verdenken* in dessen Bedeutung 'Übles von jmdm. denken, jmdn. in Verdacht haben, verargen' (wie *Bedacht* zu *bedenken*, s. d.). Vgl. mnd. *vordacht* f. 'das Verdenken, Bösesein, schlechte Empfindung, Verdacht, Argwohn' (14. Jh.); feminines Genus begegnet zuweilen auch im Hd. (Luther). Zur Etymologie s. *denken.* – verdächtig Adj. 'Verdacht erregend, zweifelhaft', mhd. *verdæhtic* 'überlegt, vorbedacht, Verdacht hegend, argwöhnisch', dann (17. Jh.) 'mit Verdacht behaftet'. verdächtigen Vb. 'jmdn. in Verdacht haben, Verdacht gegen jmdn., etw. hegen' (17. Jh.).

verdammen Vb. 'verurteilen, verwerfen, verfluchen', ahd. *firdamnōn* (9. Jh.), mhd. *verdam(p)nen* 'verurteilen, verdammen', frühnhd. *verdamnen, vordampnen, verdammen* (16. Jh.). Das Grundwort ist entlehnt aus lat. *damnāre* 'büßen (lassen), schuldig sprechen, verdammen, verurteilen', zu lat. *damnum* 'Einbuße, Verlust, Schaden, Nachteil'; Präfigierung erfolgte wohl in Anlehnung an synonymes ahd. *firtuomen*, mhd. *vertüemen* 'verurteilen, verdammen', gebildet zu ahd. mhd. *tuom* 'Urteil' (s. *-tum*); vgl. auch asächs. *fardōmian*, mnl. nl. *verdoemen*, aengl. *fordēman*, anord. *fordœma* 'verdammen'. Aus der kirchensprachlichen Verwendung 'aus der göttlichen Gnade ausstoßen, verfluchen' (*zur Hölle verdammen*) entwickelt sich verdammt Part.adj. 'von Gott verurteilt', substantiviert *Verdammter* (16. Jh.), das sofort als Fluchwort und Verwünschung 'fluchwürdig, verdammenswert, verwerflich' Verbreitung findet, in der Umgangssprache später auch abgeschwächt 'außergewöhnlich, sehr, äußerst' (19. Jh.). – Verdammnis f. 'das Verdammtsein, ewige Verworfenheit (vor Gott), Höllenstrafe', mhd. *verdam(p)nisse.*

verdattert Part.adj. 'verwirrt, eingeschüchtert, überrascht, erschrocken' (18. Jh.), zu *verdattern* 'in Verwirrung bringen'. Zu laut- und bewegungsnachahmendem frühnhd. *tateren* 'schwatzen, plappern' (15. Jh.), auch *dattern, dadern* (16. Jh.), mnd. *tāteren* 'stammeln, schnattern', mnl. 'stottern', nl. *tateren* 'schwatzen, plaudern', landschaftlich im Dt. weithin auch 'zittern'. Vgl. *tatterig, tattrig* 'zittrig in seinen Bewegungen', *Tatterich* m. 'Zittern der Hände und Finger' (19. Jh.).

verdauen Vb. 'aufgenommene Nahrung im Körper umwandeln, verarbeiten'. Das nur im Dt. und Nl. begegnende Verb ahd. *firthouwen, firthewen* (9. Jh.), mhd. *verdöu(we)n*, asächs. *farthewian*, mnd. *vordouwen*, mnl. *verdouwen* (auch 'wegschmelzen, hinsiechen'), nl. *verduwen*, (älter) *verdouwen* 'verdauen' ist eine präfigierte Bildung zu ahd. *thouwen, thewen* 'auflösen, verdauen' (um 800), mhd. *döuwen, douwen*, frühnhd. *dauen*, mnd. *douwen* 'verdauen', das in diesem Sinne im 17. Jh. vom Präfixverb abgelöst wird, jedoch in dem unter [2]*tauen* 'schmelzen' behandelten Verb weiterlebt (s. dort Weiteres zur Herkunft). Schon in mhd. Zeit wird *verdauen* im übertragenen Sinne 'verwinden, hinnehmen', dann auch 'geistig verarbeiten' (17. Jh.) gebraucht. – v e r d a u l i c h Adj. 'was verdaut werden kann, bekömmlich' (Mitte 16. Jh.), älter obd. *verde(u)wlich* (Anfang 16. Jh.), mnd. *verdouwelīk*. V e r d a u u n g f. (Ende 15. Jh.), mnd. *vordouwinge*.

verderben Vb. 'schlecht, unbrauchbar werden oder machen, einen schlechten Einfluß ausüben', entstanden aus der Vermischung des starken intrans. Verbs mhd. *verderben* 'zunichte werden, zu Schaden kommen, umkommen, sterben' mit dem zugehörigen Kausativum mhd. *verderben* 'zu Schaden bringen, zunichte machen, zugrunde gehen lassen, zugrunde richten, töten'; vgl. die Partizipialadjektive *verderbt* 'moralisch verkommen', fachsprachlich 'unleserlich, schwer zu entziffern', und *verdorben* 'verbraucht, ungenießbar, schlecht, moralisch verkommen'. Dazu entsprechend (ebenfalls stark und schwach) mnd. *vorderven*, mnl. *verderven*. Zugrunde liegt das starke Verb mhd. (selten) *derben*, mnd. *derven* 'verderben', aengl. *(ge)deorfan* 'sich anstrengen, arbeiten, in Gefahr sein, umkommen', das mit aengl. *(ge)deorf* 'Arbeit, Mühsal, Gefahr' und außergerm. mit lit. *dìrbti* 'arbeiten', *dárbas* 'Arbeit, Tat, Werk' auf ie. **dherbh-* 'derb, kräftig arbeiten' (wozu wahrscheinlich auch *derb*, s. d.) führt. – V e r d e r b m. 'das Unbrauchbar-, Ungenießbarwerden, Unglück, Verhängnis', mhd. *verderp*, mnd. *vorderf*. V e r d e r b e n n. 'Untergang, Zerstörung, Vernichtung, moralischer Verfall', mhd. *verderben*, substantivierter Infinitiv. v e r d e r b l i c h Adj. 'leicht verderbend, schnell unbrauchbar, ungenießbar werdend, unheilvoll, moralisch schädlich' (15. Jh.), mnd. *vorderflīk* 'verderblich, schädlich, zugrundegerichtet, baufällig, dem Verderben ausgesetzt'. V e r d e r b n i s f. 'das Verdorbensein, schlechter Zustand, (moralische) Verkommenheit', mhd. *verderpnisse*, mnd. *vorderfnisse* 'Vernichtung, Verwüstung, Untergang, schlechter Zustand, Schaden'.

Verdikt n. 'Urteil, Urteilsspruch, Entscheidung, Verurteilung', übernommen (1. Hälfte 19. Jh.) aus engl. *verdict* 'Urteilsspruch der Geschworenen', mengl. *verdit*, das entlehnt ist aus gleichbed. anglonorm. *verdit*, nordafrz. *veirdit, voirdit* (auch 'eidliche Aussage, Zeugnis'); dieses setzt sich zusammen aus afrz. *veir, voir, ver* 'wahr' (substantiviert 'das Wahre, Wahrheit') und afrz. *dit* 'Wort, Rede, Schiedsspruch, Urteil', denen lat. *vērus* 'wahr, wirklich, echt' bzw. lat. *dictum* 'das Gesagte, Äußerung, Wort, Spruch' (substantiviertes Part. Perf. von lat. *dīcere* 'sagen') zugrunde liegt. An die vor allem in England verbreitete Latinisierung mlat. *ver(e)dictum, verumdictum* 'eidliche Aussage, Urteilsspruch, Schuldspruch' ist die Form engl. *verdict* (seit dem 16. Jh.) angeglichen.

verdrießen Vb. 'Ärger bereiten, mißmutig machen', ahd. *firthrioȥan* (11. Jh.; vgl. *irthrioȥan*, 9. Jh., *zithrioȥan*, um 900), mhd. *verdrieȥen*, mnd. *vordrēten*, mnl. nl. *verdrieten*, Präfixbildung zu dem untergegangenen Simplex mhd. *drieȥen* 'drängen, treiben, drohen'; vgl. asächs. *āthriotan* 'verdrießen', aengl. *(ā)þrēotan* 'ermüden, überdrüssig werden, verdrießen', anord. *þrjōta* 'aufhören, ermangeln, mißlingen', schwed. *tryta* 'mangeln, fehlen, ausgehen', got. *usþriutan* 'beschwerlich fallen'. An außergerm. Verwandten sind heranzuziehen lat. *trūdere* 'stoßen, drängen', lit. *triũsas* 'mühevolle Arbeit', *triũsti* 'arbeiten', aslaw. *trudъ* 'Mühe, Anstrengung, das Erarbeitete, Besitz', *truditi sę* 'sich mühen, bemühen, arbeiten', russ. *trud* (*труд*) 'Mühe, Arbeit', *trudít'sja* (*трудиться*) 'sich mühen', so daß ie. **treud-* 'quetschen, stoßen, drükken' erschlossen werden kann, eine Dentalerweiterung der Wurzel ie. **ter(ə)-*, **treu-* 'reiben, drehend reiben, (reibend) durchbohren' (s. *drehen*). – v e r d r o s s e n Part.-adj. 'mißmutig, mürrisch, lustlos', mhd. *verdroȥȥen*, auch 'träge', mit dem Antonym u n v e r d r o s s e n Part.adj. 'unermüdlich, emsig und ohne Anzeichen von Ärger oder Verdruß', mhd. *unverdroȥȥen*. v e r d r i e ß l i c h Adj. 'schlechtgelaunt, mißmutig, ärgerlich, mürrisch, unangenehm' (15. Jh.); vgl. mnd. *vordrēt(e)līk*; V e r d r i e ß l i c h k e i t f., mhd. *verdrieȥlīcheit*. V e r d r u ß m. 'Ärger, Mißmut, Unzufriedenheit', mhd. *verdrōȥ* (neben *verdrieȥ*), ahd. *firthrōȥ* (9. Jh.) sowie ahd. *urthrioȥ* (9. Jh.), mhd. *urdruȥ* 'Überdruß, Unlust, Ekel'. Ü b e r d r u ß m. 'durch Übersättigung hervorgerufene Abneigung, Widerwille' (16. Jh.); vgl. daneben frühnhd. *überdrieß, überdrutz* (16. Jh.), mhd. *überdrōȥ*. überdrüssig Adj. 'Überdruß empfindend, satt, müde, leid' (16. Jh.).

verdutzt Part.adj. 'verwirrt, verblüfft, überrascht'. Das um die Mitte des 18. Jhs. als *vertutzt* in hd. Lautung erscheinende Wort (zuvor nd. *verduttet* 'verwirrt, verlegen', 17. Jh.) ist Part. Prät. zu mnd. *vordutten*, md. *vortutten* 'verwirren'. Das nd. Verb ist mit mnl. *dutten* 'rasen, wüten, toben', auch 'verrückt sein' und (in der Bedeutung abweichend) nl. *dutten* 'schlummern, einnicken', isl. *dotta* 'vor Müdigkeit nicken' zu ie. **dheudh-* 'durcheinanderwirbeln, schütteln, verwirren' (s. *Dotter*) zu stellen, einer Dentalerweiterung der Wurzel ie. **dheu-*, **dheu̯ə-* 'stieben, wirbeln', bes. von Staub, Rauch, Dampf (s. *Duft, Düne, Dunst*).

vereinbaren Vb. 'verabreden, eine Abmachung treffen, in Übereinstimmung, in Einklang bringen', mhd. *vereinbæren* 'einträchtig machen, vereinigen, übereinkommen', verstärkende Präfixbildung zu gleichbed. mhd. *einbæren*, abgeleitet von mhd. *einbære* 'einhellig, einträchtig' (s. *ein* Num. und *-bar*). – Vereinbarung f. 'Verabredung, Abmachung, Übereinkommen' (16. Jh.).

vereinen Vb. 'zu einer Einheit, einem Ganzen zusammenfassen, in Übereinstimmung bringen', refl. 'sich (zu gemeinsamem Tun) zusammenfinden, zusammenschließen', ahd. *fireinen* 'mit sich eins werden, sich entschließen' (Hs. 12. Jh.), mhd. *vereinen* 'einigen, verbinden, mit sich eins werden, sich entschließen', auch 'sich vereinsamen, absondern, allein sein', mnd. *vorēnen, voreinen*, mnl. *verēnen*, nl. *verenen* ist eine verstärkende Präfixbildung zu dem unter *einen* (s. d.) behandelten Verb. Entsprechend *vereinigen* Vb. (s. *einig* Adj.). – Verein m. 'Zusammenschluß, Vereinigung von Personen mit gemeinsamen Zielen' (18. Jh.), älter frühnhd. *Vereine* f. 'Vereinigung, Übereinkommen' (16. Jh.). Aus dem Gebrauch 'Zustand des Vereintseins, der Gemeinsamkeit' (18. Jh.), vgl. *im Verein (mit)* 'gemeinsam, im Zusammenwirken mit' (19. Jh.), entwickelt sich das Substantiv zur Bezeichnung einer zusammengeschlossenen Gruppe von Personen (Anfang 19. Jh.).

verfahren Vb. 'etw. auf bestimmte Weise erledigen, jmdn. behandeln, durch Fahren verbrauchen', refl. 'in die Irre fahren', ahd. *firfaran* 'wegziehen, weitergehen, etw. (völlig) durchreisen, vergehen, untergehen, zugrunde gehen, sterben' (9. Jh.), mhd. *vervarn* 'vorübergehen, vergehen, dahinfahren, verschwinden, sterben, den falschen Weg gehen, sich verirren', asächs. *farfaran* 'durchfahren', mnd. *vorvāren* 'wegfahren, weggehen, handeln, verwirken, durch Fahren abnutzen, falsch fahren', mnl. *vervāren*, aengl. *forfaran* 'weggehen, vergehen, untergehen (lassen)' sind mit verschiedenen Verwendungsmöglichkeiten des Präfixes (s. *ver-*) gebildet zu dem unter *fahren* (s. d.) behandelten Verb. Die heute vorherrschende Bedeutung 'etw. auf bestimmte Weise erledigen, vorgehen, handeln' entwickelt sich im 16. Jh. – verfahren Part.adj. 'in eine falsche Richtung gelenkt, falsch ausgeführt und daher ausweglos scheinend' (*eine verfahrene Sache*, 19. Jh.). Verfahren n. 'Art und Weise, wie etw. ausgeführt wird, Methode, Vorgehen', im Rechtswesen 'Folge von Rechtshandlungen, die der Erledigung einer Rechtssache dienen' (um 1700), älteres *Verfahrung* (16. Jh.) verdrängend; vgl. mhd. *vervarn* 'das Verirren'.

verfassen Vb. 'einen Text entwerfen und niederschreiben' (16. Jh., Luther), im Anschluß an den Gebrauch (ebenfalls bei Luther) im Sinne von 'zusammenfassen, ordnen, herstellen', wohl unter Einfluß von lat. *concipere* 'auffassen, in sich aufnehmen, etw. in einer bestimmten Formel aussprechen, sich etw. vorstellen', lat. *conceptus* 'das Zusammenfassen'; frühnhd. 'um-, einschließen, umfassen, fesseln', mhd. *vervaȥȥen* 'in sich aufnehmen, etw. vereinbaren'. Verstärkende Präfixbildung zu dem unter *fassen* (s. d.) behandelten Verb. – Verfasser m. 'wer einen Text verfaßt (hat), Autor' (Mitte 17. Jh.), gekürzt (Zesen) aus *Schriftverfasser*. Verfassung f. 'Gesetz eines Staates über die gesellschaftliche und staatliche Ordnung und die Rechte und Pflichten seiner Bürger' (18. Jh.), 'Zustand, in dem sich jmd. oder etw. befindet' (18. Jh.), 'Zusammenfassung, Darlegung, Inhalt' (16. Jh.), mhd. *vervaȥȥunge* 'Vertrag, Abmachung', mnd. *vorvātinge* 'schriftliche Darstellung, Vertrag'.

vergattern Vb. heute nur noch in militärischer Sprache *(die Wache) vergattern* 'die neue Wache zu Beginn des Wachdienstes antreten lassen und zur Einhaltung der Vorschriften verpflichten'. Spätmhd. frühnhd. *vergatern* '(sich) vereinigen, versammeln' gehört wie mnd. *gāderen, gadderen* 'sammeln, zusammentragen', aengl. *gaderian*, engl. *to gather* zu der unter *Gatte* (s. d.) behandelten germ. Wortgruppe und damit zur Wurzel ie. **ghadh-* 'vereinigen, eng verbunden sein, zusammenpassen'. Innerhalb des Hd. ist das präfigierte Verb lange Zeit vor allem in md. Quellen belegt; es weist dabei häufig die dem Nd. entstammende Schreibung (und Lautung) *-d(d)-* statt *-t(t)-* auf. – Für *vergattern* 'umzäunen' s. *Gatter.*

vergessen Vb. 'aus dem Gedächtnis verlieren, sich nicht mehr erinnern können', refl. 'die Beherrschung verlieren', ahd. *firgeȝȝan* (9. Jh.), mhd. *vergeȝȝen* 'aus den Gedanken verlieren, vergessen', refl. 'in Vergessenheit geraten', asächs. *fargetan*, mnd. *vorgēten*, mnl. *verghēten*, nl. *vergeten*, aengl. *forgietan*, engl. *to forget* 'vergessen'. Daneben steht mit dem unter *er-* behandelten Präfix gebildetes ahd. *irgeȝȝan* 'vergessen' mit dem Kausativum *irgezzen* 'vergessen machen' (s. *ergötzen*). Es handelt sich um präfigierte Verben zu einem Simplex, das in ahd. *geȝȝan* 'erlangen' (8. Jh.), anord. *geta* 'schaffen, erreichen, erzeugen, lernen, nennen, vermuten' (woraus mengl. *geten*, engl. *to get* 'erhalten, bekommen'), dän. *gide* 'mögen' erhalten ist, wozu auch ahd. *bigeȝȝan* 'erhalten' (8. Jh.), asächs. *bigetan* 'finden, ergreifen', aengl. *begietan* 'erlangen, bekommen, finden, erwerben, erzeugen', got. *bigitan* 'finden' gebildet sind. Außergerm. vergleichen sich lat. *praeda* (aus **prai-hedā, -hidā*) '(Kriegs)beute, Gewinn' und (mit Nasalpräsens) lat. *prehendere* '(an)fassen, ergreifen', (schwundstufig) griech. *chandánein* (χανδάνειν), Aorist *chadeĩn* (χαδεῖν) 'fassen, in sich begreifen, enthalten', air. *rogeinn* 'findet Platz in', so daß von einer Wurzel ie. **ghe(n)d-* '(an)fassen, ergreifen', auch 'geistig erfassen' ausgegangen werden kann (dazu s. möglicherweise verwandtes *beginnen*). Die Bedeutung des Simplex wird durch die Präfigierung (s. *ver-* in negierender Funktion) ins Gegenteil gewendet, *vergessen* bedeutet eigentl. 'nicht mehr ergreifen, halten können, aus seinem (geistigen) Besitz verlieren'. – V e r g e s s e n h e i t f. 'Zustand des Vergessenseins', mhd. *vergeȝȝenheit*, auch 'Vergeßlichkeit'. v e r g e ß l i c h Adj. 'leicht vergessend, ein schlechtes Gedächtnis habend', mhd. *vergeȝȝe(n)lich*; V e r g e ß l i c h k e i t f. (16. Jh.).

vergeuden Vb. 'verschwenden, nutzlos, sinnlos vertun', mhd. *vergiuden*, verstärkende Präfixbildung zu dem im Frühnhd. untergegangenen Verb *geuden*, mhd. *giuden, göuden*, (md.) *gūden* 'prahlen, großtun, Verschwendung treiben, fröhlich sein'; vgl. dazu das Abstraktum mhd. *giude* 'Freude, Jubel, Genuß, Verschwendung'. Herkunft ungewiß. Vielleicht im Sinne von 'den Mund aufreißen' bzw. 'geräuschvolle, lauthals geäußerte Freude' zu der unter *gähnen* (s. d.) aufgeführten Wortgruppe. V e r g e u d u n g f. (16. Jh.).

Vergißmeinnicht n. Der imperativische Satzname, gebildet aus dem verneinten Imperativ Sing. von *vergessen* (s. d.) und *mein*, dem heute veralteten Gen. Sing. des Pers.-pron. der 1. Pers. (s. *mein*), läßt sich seit dem Anfang des 15. Jhs. nachweisen. Er steht anfangs für verschiedene Blumen (*Männertreu, Jelängerjelieber* u. a.), die teils als vermeintliches Aphrodisiakum, teils als Symbol von Liebenden gebraucht werden. Im heutigen Sinne auf die Wiesenblume mit kleinen hellblauen Blüten und rauhhaarigen Blättern bezogen, erscheint *Vergißmeinnicht* zuerst bei Gesner (1561). Ebenfalls zu Anfang des 15. Jhs. ist mfrz. *ne m'oublie(z) mie* (frz. *ne m'oubliez pas*) bezeugt. Da sich für das Dt. und Frz. bisher weder eine Vorstufe noch gegenseitige Abhängigkeit nachweisen läßt, könnten die Namen auf einer älteren, gemeinsamen Vorstellung beruhen; vgl. auch die jüngeren, aus dem Dt. und Frz. stammenden, wohl durch botanisches Schrifttum verbreiteten Formen nl. *vergeetmijniet*, schwed. *förgätmigej*, dän. *forglemmigej*, engl. *forget-me-not* sowie russ. *nezabúdka* (*незабудка*), slowak. *nezabudka*, poln. *niezapominajka*, obsorb. *njezapomničak*.

vergnügen Vb. 'erheitern, ergötzen, in fröhliche Stimmung versetzen', heute vor allem refl. 'sich in angenehmer Weise die Zeit vertreiben', zuvor (vereinzelt noch im frühen 19. Jh.) 'zufriedenstellen, befriedigen', frühnhd. *verg(e)nügen* (15. Jh.), auch (bis ins 17. Jh.) *vernügen* wie mnd. *vor(g)nōgen*, mnl. *vernoeghen, vernoughen, vernueghen* 'zufriedenstellen, Genugtuung leisten, bezahlen'. Die mit dem zusätzlichen Präfix nhd. mnl. *ver-*, mnd. *vor-* (s. *ver-*) erweiterten Formen schließen sich an das unter *genügen* (s. d.) dargestellte, zum Adjektiv *genug* (s. d.) gehörende Verb an. Im Nhd. übernimmt *vergnügen* weitgehend den trans. Gebrauch von mhd. *genüegen, genuogen.* Der Bedeutungswandel von 'befriedigen' (vgl. in diesem Sinne noch nl. *vergenoegen*, älter *vernoegen*) zu 'in den angenehmen Zustand völliger Zufriedenheit versetzen, ergötzen, heiter machen' vollzieht sich Mitte des 17. Jhs. Die gleiche semantische Entwicklung zeigen das sich verselbständigende vergnügt Part.adj. 'fröhlich gestimmt, erheitert' (seit dem 17. Jh.), 'zufriedengestellt, entschädigt' (15. bis 18. Jh.) und der substantivierte Infinitiv Vergnügen n. 'Freude, Spaß, angenehmer Zeitvertreib' (Ende 17. Jh., zunächst vor allem 'innere Befriedigung, zufriedene Heiterkeit'), älter 'Genüge, Befriedigung (eines Anspruchs), Entschädigung, Bezahlung' (bes. im Rechts- und Geschäftsverkehr), frühnhd. *Verg(e)nügen* (2. Hälfte 15. Jh.), *Vernügen* (16. Jh.), mnd. *vornōgen* 'Genüge, Befriedigung, Zufriedenheit'. Die junge Verwendung von *Vergnügen* für 'Geselligkeit, Fest, Tanzveranstaltung' (vgl. *Tanzvergnügen*, 2. Hälfte 19. Jh., *Betriebsvergnügen*, 20. Jh.) wird heute bereits wieder unüblich. – vergnüglich Adj. 'erheiternd, Vergnügen bereitend' (Ende 17. Jh.), auch 'heiter, vergnügt' (18. Jh.), vorher 'genügend, befriedigend' (auch *vernüglich*, 17. Jh.); vgl. frühnhd. *vergnügig* 'genügend', *vernügig* 'zufrieden' (16. Jh.). Vergnügung f. 'Freude, Spaß, erheiterndes Erlebnis' (17. Jh., auch 'unterhaltsame Veranstaltung', vgl. *Vergnügungsfahrt, -reise*, 19. Jh., *Vergnügungspark, -steuer*, 20. Jh.), jetzt meist im Plur., während der Sing. hinter (in neuerer Sprache kaum pluralisch gebrauchtem) *Vergnügen* (s. oben) zurücktritt; voraus geht frühnhd. *Vergnügung, Vernügung* 'Genüge, Genügsamkeit, Genugtuung, Bezahlung' (16. Jh.), mnd. *vor(ge)nōginge* 'Befriedigung, Wiedergutmachung, Bezahlung'.

verhalten Vb. 'zurückhalten, stehenbleiben', refl. 'eine bestimmte Haltung einnehmen, einen bestimmten Sachverhalt haben', ahd. *firhaltan* als Übersetzung von lat. *prōstituere* 'vorn hinstellen, seinen Körper öffentlich zur Unzucht preisgeben' (um 800), mhd. *verhalten* 'verschlossen halten, versperren, verschließen, zurückhalten, verbergen'. Zur Etymologie s. *halten.* – Verhalten n. 'das Handeln, Reagieren, Benehmen', vereinzelt mhd. *verhalten*, geläufig seit dem 17. Jh.; substantivierter Infinitiv. Verhältnis n. 'Beziehung zwischen Dingen, Begriffen, Personen, Liebesverhältnis' (18. Jh.), zuvor (vereinzelt) 'Verwahrung, Erhaltung' (17. Jh.). Bereits von Sturm (1667) als Verdeutschung von lat. *prōportio* vorgeschlagen. verhältnismäßig Adv. 'im Verhältnis zu Gleichartigem, vergleichsweise, proportional' (Adelung 1780).

Verhängnis n. 'widriges, unheilvolles Schicksal, unglückliche Fügung', mhd. *verhencnisse, verhancnisse* f. n. 'Zulassung, Einwilligung, Erlaubnis, Schickung, Gnade', mnd. *vorhencnisse* f., Abstraktbildung zu ahd. *firhengen* 'zulassen, gestatten' (um 1000), mhd. *verhengen* 'hängen oder schießen lassen, das Pferd frei laufen lassen (eigentl. ihm die Zügel hängen lassen, ihm seinen Willen lassen), nachgeben, geschehen lassen, gestatten, verhängen über, anordnen', mnd. *vorhengen* 'freien Lauf lassen, geschehen lassen, gestatten, verhängen über'; zum Simplex s. *hängen.* Durch Luther wird *Verhängnis* die 'Fügung Gottes' (der man nicht entgehen kann), dann in der Aufklärungszeit (in Anlehnung an lat. *fātum*) das 'Schicksal, Geschick', heute bes. 'Unglück, Unheil'. Neutrales Genus setzt sich im 18. Jh. durch. – verhängnisvoll Adj. 'schicksalhaft, entscheidend, unheilvoll, folgenschwer', zuerst bei Schiller (Ende 18. Jh.) im Sinne von 'Schicksal in sich bergend, schicksalbestimmend, schicksalsträchtig'.

verheddern Vb. 'verwirren, in Unordnung bringen', meist refl. 'sich (in etw.) verwickeln, verfangen' (beim Arbeiten mit Fäden und Werg), übertragen 'beim Sprechen sich verwirren, durcheinanderkommen, steckenbleiben', ein nd. md. Verb, das in der 2. Hälfte des 18. Jhs. durch nordd. Schriftsteller in die Literatursprache gelangt. Es ist abgeleitet von mnd. *hēde*, nd. *Hede* 'Werg, Flachs-, Hanfabfall, in der Hechel zurückbleibendes Gewirr kürzerer Fasern', das wie gleichbed. mnl. *hēde*, nl. *hede* mit Vokaldehnung nach *r*-Ausfall neben gleichbed. nl. (älter) *herde, heerde*, südnl. *heerd* 'Flachsstengel', aengl. *heorde* 'Flachsfaser', (Plur.) *heordan* 'Werg', engl. (Plur.) *hards, hurds* 'Werg' steht. Verwandt ist weiter anord. (ablautend) *haddr* 'weibliches Haupthaar' und außergerm. griech. (reduplizierend) *késkeon* (*κέσκεον*) 'Werg', mir. *cīr* 'Kamm', lit. *kanšà* 'Haarflechte, Zopf', aslaw. *česati* 'kämmen, abstreifen (von Früchten)', russ. *česát* (*чесать*) 'kämmen, hecheln, kratzen', *kosá* (*коса*) 'Flechte, Zopf'. Auszugehen ist von einer Wurzel ie. **kes-* 'kratzen, kämmen'.

verhohnepi(e)peln Vb. (umgangssprachlich) 'verhöhnen, necken' (im 19. Jh. verbreitet), aus thür.-obsächs. *hohniepeln, (ver)hohnepi(e)peln* 'foppen, hänseln, verspotten', das unter volksetymologischer Anlehnung an *Hohn* aus nicht mehr verstandenem frühnhd. *hohlhippeln, hohlhippen* 'schmähen, lästern, spotten' (16. Jh.) hervorgegangen ist. Grundlage ist frühnhd. *hole* ('hohle') *Hip, hole Hipplein* 'Hohlwaffel, dünnes Waffelgebäck' (2. Hälfte 15. Jh.); vgl. frühnhd. *Hip* 'Waffel, zusammengerollter Kuchen' (1. Hälfte 15. Jh.), etymologisch zu *Happen* (s. d.) gehörig (?). Dazu gebildetes *Hohlhipper* 'Hippenjunge, hausierender Verkäufer von Hohlwaffeln' nimmt (auf Grund wechselseitiger Verspottung von Kunde und Verkäufer?) die Bedeutung 'Schmäher, Lästerer' (16. Jh.) an, an die sich oben genannte Verben anschließen. – Verhohnepi(e)pelung f. (20. Jh.).

verkehren Vb. 'etw., sich in das Gegenteil verwandeln, verändern', heute bes. 'mit jmdm. Verbindung, Umgang, Gemeinschaft haben', mhd. *verkēren* 'umkehren, umwenden, verwandeln, verdrehen, ins Entgegengesetzte verändern, eine falsche Richtung geben, verführen' ist mit verschiedenen Verwendungsmöglichkeiten des Präfixes (s. *ver-*) gebildet zu dem unter [1]*kehren* 'etw. in eine bestimmte Richtung drehen, wenden' (s. d.) behandelten Verb. Die heute verbreitete Bedeutung 'Umgang, Verbindung haben' (18. Jh.) schließt an den nd. Gebrauch des Wortes an, wo mnd. *vorkēren* aus 'verändern, wechseln' den Sinn 'sich aus handwerklicher Arbeit einen Verdienst schaffen, gewerbliche Erzeugnisse vertreiben, (Geld) unter die Leute bringen, umsetzen, anlegen, Handel treiben' entwickelt; vgl. nl. (älter) *verkeren* 'in Handelsverkehr treten'. – verkehrt Part.adj. 'umgekehrt, ins Gegenteil gewendet, falsch', mhd. *verkārt*. Verkehrtheit f. 'das Verkehrtsein, Unrichtigkeit' (geläufig seit 18. Jh.), mhd. *verkērtheit*. Verkehr m. 'Handelsverkehr, Umsatz, Vertrieb von Waren' (1. Hälfte 18. Jh.), danach '(gesellschaftlicher) Umgang, Verbindung, Gemeinschaft mit jmdm.' (2. Hälfte 18. Jh.), 'das Hinundhergehen und -fahren in der Öffentlichkeit, Beförderung bzw. Bewegung von Personen, Fahrzeugen, Gütern, Nachrichten auf dafür vorgesehenen Wegen' (2. Hälfte 19. Jh.).

verknacken Vb. 'wegen einer Straftat gerichtlich verurteilen' (2. Hälfte 19. Jh.) ist vermutlich eine Umbildung von dem im Rotw. und in der Studentensprache gebrauchten Verb *knassen* 'bestrafen', *verknassen* 'verurteilen'; vgl. jidd. *knass, knast* 'Strafe, Gefängnis' (s. *Knast*). Die Form *verknacken* mag von gaunersprachlichem *einen Knacks weghaben* 'krank sein' (s. *Knacks, knacken*) beeinflußt sein, vgl. rotw. *krank* 'verhaftet, gefangen'.

verknusen Vb. 'ertragen' (seit Mitte 19. Jh. gelegentlich literatursprachlich), heute nur noch in der Wendung *jmdn., etw. nicht verknusen können* 'nicht ausstehen, nicht ertragen, nicht leiden können', ausgehend von nd. md. *verknūsen* 'aufzehren, essen', nd. auch 'verdauen' und übertragen 'innerlich verarbeiten', eigentl. wohl 'zermalmen, zerquetschen, zerkauen'. Es ist verwandt mit ahd. *knussen* '(zer)stoßen, zerstampfen, schlagen, kneten, quetschen', *firknussen* 'zermalmen, zerstampfen, zerstören' (8. Jh.), mhd. *knüsen, knüssen* 'kneten, stoßen, schlagen', *verknüsen* 'zerdrücken, zerquetschen', mnl. *cnōsen, cneusen, cnussen*, nl. *kneuzen* 'quetschen', aengl. *cnossian* 'stoßen, treffen', *cnyssan* 'pressen, stoßen, schlagen, zermalmen, unterdrücken', anord. *knosa* 'kneifen, schlagen, zerbrechen', dän. *knuse* 'zerquetschen, zermalmen' und führt mit diesen auf sich nur im Germ. fortsetzendes ie. **gneus-* (s. *knüllen* und *Knust*), das sich zu einer nur in Erweiterungen auftretenden Wurzel ie. **gen-* 'zusammendrücken, kneifen, zusammenknicken, Zusammengedrücktes, Geballtes' stellen läßt.

verkorksen Vb. 'verderben, verpfuschen, in Unordnung bringen', bes. in der Wendung *sich den Magen verkorksen*. Das der Umgangssprache angehörende, gegen Ende des 19. Jhs. bezeugte Verb ist als Präfixbildung an mundartlich belegtes lautnachahmendes *gorksen, gorgsen, gurgsen* 'gurgelnde Töne hervorbringen, aufstoßen, erbrechen, kollern im Magen', dann auch 'pfuschen, nachlässig arbeiten' anzuschließen. Die Schreibung mit anlautendem *k-* beruht wohl auf volksetymologischer Anlehnung an *Kork(en)*; vgl. Seibicke in: Muttersprache (1962) 22ff.

Verlaub m. 'Erlaubnis' (16. Jh.), meist nur in der formelhaften Fügung *mit Verlaub* (17. Jh.), bes. als Einführung einer freimütigen Bemerkung, mnd. *mit vorlōve* entsprechend mnd. *vorlōf, vorlōft* 'Erlaubnis, Einwilligung, Genehmigung'; vgl. ferner mnl. nl. *verlof* (woraus engl. *furlough* 'Urlaub'). Es handelt sich um Abstraktbildungen zu spätmhd. *verlouben*, mnd. *vorlōven* 'erlauben, genehmigen'. Nhd. *verlauben* wird nach dem 17. Jh. von dem mit anderem Präfix gebildeten *erlauben* (s. d. Weiteres zu Herkunft und Verwandtschaft) verdrängt.

verlegen Vb. 'an eine unrichtige Stelle legen, von einem bisher innegehabten Platz anderswohin legen, zeitlich verschieben, versperren, die Kosten wofür tragen, etw. auf seine Rechnung nehmen', ahd. *firleggen* 'verdecken' (um 1000), mhd. *verlegen* 'an einen unrichtigen Ort legen, versperren, hindern, entwerten, beseitigen, verdrängen, die Kosten bestreiten, etw. auf seine Rechnung nehmen, Geld auslegen, borgen' ist mit unterschiedlichen Verwendungen des Präfixes (s. *ver-*) gebildet zu dem unter *legen* (s. d.) behandelten Verb. Aus der Bedeutung 'Geld für einen anderen hinlegen, die Kosten wofür tragen bzw. vorstrecken' entwickelt sich 'die Druckkosten übernehmen, ein Buch zum Druck besorgen, herausbringen' (16. Jh.). Vgl. auch *sich auf etw. verlegen* 'sich einer Sache zuwenden, etw. intensiv betreiben' (1. Hälfte 18. Jh.), älter *sich auf etw. legen* (17. Jh.). – Verleger m. 'wer Bücher, Zeitschriften, Musikalien o.ä. herausbringt, Leiter oder Inhaber eines Verlages' (Mitte 17. Jh.), älter 'Unternehmer' (15. Jh.). Verlag m. 'das Drucken, Herstellen, Herausgeben von Büchern' (2. Hälfte 17. Jh.), 'verlegte Bücher (als Produkt des Verlegens)' (2. Hälfte 18. Jh.), 'Betrieb, Unternehmen zur Herstellung und Verbreitung von Druckwerken' (19. Jh.); älter 'Kosten, Geldauslagen' (16. Jh.).

verlegen Part.adj. 'befangen, beschämt, verwirrt, unsicher' (18. Jh.), ahd. *firlegan* 'schwerfällig, träge, ehebrecherisch', mhd. *verlegen* 'durch zu langes Liegen, durch Nichtstun, durch Tändelei in Trägheit versunken, verdorben', zu ahd. *firliggen* 'Ehebruch treiben' (8. Jh.), mhd. *verligen* 'durch Liegen Schaden nehmen, durch zu langes Liegen in Untätigkeit, Trägheit versinken, erschlaffen, untauglich werden'; s. *liegen*. Die Bedeutungsentwicklung führt von 'untätig' über 'ratlos, unschlüssig' zu 'befangen, beschämt'. – Verlegenheit f. 'Befangenheit, Verwirrung, Unsicherheit, unangenehme, schwierige Lage' (18. Jh.); vgl. mhd. *verlegenheit* 'schimpfliche Untätigkeit, Trägheit'.

verletzen Vb. 'verwunden, beschädigen, kränken, wogegen verstoßen', mhd. *verletzen* 'verwunden, schädigen', verstärkende Präfixbildung zu heute veraltetem *letzen* (s. d.). – Verletzung f. 'das Verletzen, verletzte Stelle am, im Körper, Wunde' (15. Jh.).

verlieren Vb. 'etw. oder jmdn. plötzlich nicht mehr haben, unterliegen, besiegt werden', (refl.) 'sich verirren, sich völlig hingeben', ahd. *firliosan* (8. Jh.), mhd. *verliesen, vliesen*, asächs. *farliosan*, mnd. *vorlēsen, vorliesen*, mnl. *verliesen*, nl. *verliezen*, aengl. *forlēosan* (daraus engl. *forlorn* 'verloren, verlassen, hilflos'), got. *fraliusan* 'verlieren'. Das Verb gehört mit ablautendem got. *fralusnan* 'verlorengehen' und den unter *Verlust* und *Verlies* (s. d.) behandelten Substantiven zu der unter *los* (s. d.) angeführten *s*-Erweiterung der Wurzel ie. **leu-*, auch **lēu-*, **leu̯ə-* 'abschneiden, trennen, lösen'. Das durch grammatischen Wechsel aus stimmhaftem *s* entstandene *r* wird vom Prät. Plur. (mhd. *verlurn*) und vom Part. Prät. (mhd. *verlorn*) in frühnhd. Zeit auf alle Formen übertragen; vgl. *kiesen* neben *auserkoren* (s. *Kür*). Erhalten hat sich das *s* in *Verlies* und *Verlust* (s. d.). – Verlierer m. 'wer etw. verloren hat, wer im Krieg, Spiel, Wettkampf unterlegen ist' (17. Jh.).

Verlies n. 'unterirdischer Kerker' (in mittelalterlichen Befestigungsanlagen) und *Burgverlies* werden in der 2. Hälfte des 18. Jhs. bei der dichterischen Darstellung mittelalterlicher Verhältnisse in der Literatursprache geläufig. Es handelt sich um eine Übernahme von nd. *Verlies* 'Ort, wo man verloren ist, unsichtbar wird, Abgrund, Keller' (vgl. *in't Verlies kamen* 'unsichtbar werden, verschwinden'), älter 'Verlust', vgl. mnd. *vorlēs, vorlies* 'Verlust, Schaden, Nachteil, Schädigung', mhd. *verlies* 'Unterlassung, Sünde', mnl. nl. *verlies* 'Verlust, Schaden, Verderben', Abstraktbildung zu dem unter *verlieren* (s. d.) behandelten Verb. Die vorübergehend geltende Schreibung (bes. bair.-öst.) *Verließ* knüpft irrig an *verlassen* an (s. *lassen*).

Verlust m. 'das Verlieren, Abhandenkommen, (durch Verlieren) erlittener Schaden, Defizit', ahd. *firlust* 'Verlust, Verderben' (9. Jh.), mhd. *verlust, vlust* 'Verlust, Verschwendung, Verderben, Schaden', asächs. *farlust*, mnd. *vorlust*, got. *fralusts* 'Verlust, Verderben' sind schwundstufige Abstrakta (germ. *-lusti-*, mit *ti*-Suffix und Bewahrung von altem *s*) zu dem unter *verlieren* (s. d.) behandelten Verb. Daneben stehen mit anderer Bildungsweise und *r* aus *s* ahd. *firlor* 'Vertilgung, Enteignung', mhd. *verlor* 'Verderben', asächs. *farlor*, aengl. *forlor*. – v e r l u s t i g Adj., heute fast nur noch in Wendungen wie *einer Sache verlustig gehen* 'sie einbüßen, verlieren', *jmdn. einer Sache (für) verlustig erklären* 'jmdm. den Besitz(anspruch) auf etw. aberkennen', mhd. *verlustec, verlüstec, verlustic* 'Verlust erleidend, beraubt'.

vermählen Vb. 'sich, jmdn. verheiraten', mhd. *vermahelen, vermehelen* 'verloben, verheiraten' ist wie ahd. *gimahalen*, mhd. *gemahelen, gemehelen* (s. *Gemahl*) eine Präfixbildung zu ahd. *mahalen* 'reden, ein Übereinkommen, einen Vertrag schließen, zur Braut, zur Frau nehmen', mhd. *mahelen, mehelen*, (md.) *mālen, mēlen* 'vor Gericht laden, anklagen, versprechen, zur Frau nehmen (erkaufen), verloben, vermählen'. In mhd. Zeit vereinigt das Verb die Bedeutungen 'zur Ehe versprechen' und 'verheiraten'. – V e r m ä h l u n g f. 'Verheiratung, Heirat, Hochzeit' (16. Jh.); vgl. mhd. *mahelunge, mehelunge*.

vermaledeien Vb. 'verfluchen, verwünschen', mhd. *vermal(e)dīen, vermaledīgen*, präfigierte Bildung (wohl in Anlehnung an *verfluchen*) neben (vereinzelt bezeugtem) mhd. *maldīen* '(ver)fluchen', entlehnt aus gleichbed. afrz. *maudire, maldire* (frz. *maudire*) oder direkt aus lat. *maledīcere* 'lästern, schmähen, schimpfen', kirchenlat. 'verfluchen'; vgl. lat. *male* Adv. 'schlecht, böse' und lat. *dīcere* 'sagen'.

vermasseln Vb. 'zunichte machen, verderben, falsch machen'. Das aus der Gaunersprache stammende, um 1900 in die Umgangssprache aufgenommene Verb ist abgeleitet von *Massel* m. '(unverdientes, unerwartetes) Glück' (19. Jh.), dem wohl jidd. *masol* '(Glücks)stern, Gestirn' zugrunde liegt (s. auch *Schlamassel*).

vernichten Vb. 'völlig zerstören, ausrotten, töten', mhd. *vernihten* 'für nichts achten, zunichte machen, zugrunde richten', eine verstärkende Präfixbildung zu gleichbed. mhd. *nihten*, abgeleitet von mhd. *niht* 'nichts' (s. *nicht*). Daneben gleichbed. *vernichtigen* (bis ins 18. Jh. gebräuchlich), mhd. *vernihtigen*, frühnhd. auch *nichtigen*, abgeleitet von vorauszusetzendem *nichtig* 'ungültig, unwichtig, unwesentlich, wertlos' (s. *nicht*). – V e r n i c h t u n g f. 'völlige Zerstörung', mhd. *vernihtunge*.

Vernunft f. 'geistiges Vermögen, Zusammenhänge zu erkennen, zu beurteilen und sich dementsprechend sinnvoll und zweckmäßig zu verhalten, Verstand, Einsicht'. Das nur im Dt. begegnende Substantiv ahd. *firnumft* (9. Jh.), *firnunst* (10. Jh.), mhd. *vernu(n)ft, vernu(n)st* 'Tätigkeit des Vernehmens, Hörens, Begreifens, sinnliche Wahrnehmung, Verständnis, Einsicht, Klugheit', mnd. *vornu(n)ft, vornumst, vornumpst* (mnl. *vernu(n)ft, vernonft*, nl. *vernuft*, dän. *fornuft*, schwed. *förnuft* aus dem Mnd. entlehnt) ist eine Abstraktbildung zu dem unter *nehmen* (s. d.) behandelten Präfixverb *vernehmen* in dessen alter Bedeutung 'erfassen, begreifen', bezeichnet also 'das richtige Auffassen, Begreifen, Aufnehmen'. Doch schon im Ahd. ist die heutige Bedeutung weitgehend (bes. durch Notker) ausgebildet. Zwischen dem Wurzelauslaut *m* (assimiliert *n*) und dem *ti*-Suffix entwickelt sich ein Gleitlaut *p* bzw. *s* oder *f* (wie bei *Brunft*, s. d., und *Kunft*, s. *kommen*). – U n v e r n u n f t f. 'Mangel an Vernunft, Torheit', ahd. *unfirnunst* (um 1000), mhd. *unvernunst, unvernunft* 'Unverstand, Unkenntnis', mnd. *unvornuft*. v e r n ü n f t i g Adj. 'Vernunft besitzend, auf Vernunft gegründet, einsichtig, besonnen, verständig, sinnvoll', ahd. *firnunstīg* 'verständig, kundig, verständlich' (9. Jh.), mhd. *vernünftic, vernunftic, vernunstic*; u n v e r n ü n f t i g Adj. 'vernunftwidrig, töricht', ahd. *unfirnunstīg* (um 1000), mhd. *unvernunftic, unvernumftic*.

verpönt Part.adj. 'allgemein abgelehnt, mißbilligt, verachtet' (um 1800), älter *verpēnt* '(bei Übertretung) mit Geldstrafe belegt' (15. Jh.), in adjektivischen Gebrauch übergegangenes Part. Prät. von *verpönen* 'für schlecht, schädlich halten und daher mißbilligen, ablehnen', älter 'als strafbar hinstellen' (18. Jh.), frühnhd. *verpēnen* 'mit einer Geldbuße, Strafe belegen' (15. Jh.), einer Bildung zu mhd. *pēn(e)* 'Strafe'. Dies ist eine Entlehnung (wie zu einem früheren Zeitpunkt schon ahd. *pīna*, s. *Pein*) aus mlat. *pena*, lat. *poena* 'Sühne, Strafe, Rache, Qual'.

verquicken Vb. 'eng miteinander zusammenbringen, vermischen'. Das als Fachausdruck der Alchimisten und Ärzte (Paracelsus, Thurneisser, 16. Jh.) bezeugte Verb bedeutet 'Metall mit Quecksilber verbinden und dadurch auflösen', eigentl. 'lebendig, flüssig machen' (s. *Quecksilber* und *keck*; vgl. mnd. *vorquicken* 'beleben, auferwecken, erfrischen'). Von Adelung (1780) als „nur in der Chemie übliches Wort" bezeichnet; doch gegen Ende des 18. Jhs. setzt übertragener Gebrauch 'fest vereinigen, vermengen, vermischen' ein.

verraten Vb. 'Geheimes, nicht für andere Bestimmtes bekanntmachen, die Treue brechen', abgeschwächt 'deutlich werden lassen, zeigen'. Das westgerm. Präfixverb ahd. *firrātan* (um 800), mhd. *verrāten*, mnd. *vorrāden* (woraus anord. *forrāða*), mnl. *verrāden*, nl. *verraden*, aengl. *forrǣdan* ist eine Bildung zu dem unter *raten* (s. d.) behandelten Verb mit einer Grundbedeutung 'den Entschluß zu jmds. Verderben fassen, etw. zu seinem Verderben unternehmen', dann beschränkt auf solche Fälle, in denen dies durch die Angabe geheimzuhaltender Umstände geschieht, so daß 'Geheimnisse preisgeben' zum bestimmenden Inhalt wird. Dieser tritt zurück in der übertragenen Anwendung des Verbs im Sinne von 'erkennen lassen'. Die Bedeutung 'einen schlechten, falschen Rat geben' bleibt auf das Mhd. beschränkt. – Verrat m. 'Preisgabe eines Geheimnisses, Zerstörung eines Vertrauensverhältnisses, Treuebruch' (Ende 17. Jh.); vgl. mhd. *verrātgenōȝ* 'Teilnehmer am Verrat'. Verräter m., mhd. *verrātære, verræter(e)*. verräterisch Adj. (15. Jh.). Hochverrat m. 'Angriff auf die Staatsverfassung, auf die innere Ordnung oder auf die Repräsentanten eines Staates' (um 1700), Wiedergabe von engl. *high treason*. Landesverrat m. (18. Jh.).

verrecken Vb. 'sterben, verenden, eingehen' (von Tieren), derb 'elend zugrunde gehen' (von Menschen), ahd. *firrecken* 'ausstrecken, hervorstrecken, ausbreiten, zeigen, verbannen' (10. Jh.), mhd. *verrecken* trans. 'auseinanderrecken, vernichten' (frühnhd. auch vereinzelt 'darreichen, vollstrecken, vollziehen'), intrans. 'die Glieder starr ausstreckend sterben', präfigierte Bildung zu dem unter *recken* (s. d.) behandelten Verb. In der Bedeutung 'sterben' wird es ursprünglich wertungsfrei von Menschen, dann auch von Tieren gebraucht, seit dem 17. Jh. fast nur noch von Tieren, so daß der Bezug auf Menschen als derb empfunden wird.

verringern Vb. 'geringer, kleiner machen, vermindern' (16. Jh.), mit verstärkendem *ver-* (s. d.) präfigierte Bildung zu *ringern* 'leichter machen, mildern, schwächen' (nach dem 19. Jh. nicht mehr üblich), mhd. *ringern* 'leichter machen, erleichtern, verringern', vgl. gleichbed. mhd. *geringern, geringen*, ahd. *giringen* (um 1000), sämtlich abgeleitet von ahd. *ringi* 'leicht', mhd. *ring(e), geringe* 'leicht, schnell bereit, behende, klein, wenig, unbedeutend' (s. *gering*). – Verringerung f. 'Verkleinerung, Herabsetzung' (2. Hälfte 17. Jh.).

verrotten Vb. '(ver)faulen, verwesen, verderben', übertragen 'verkommen', im 17. Jh. aus dem Nd. in die Literatursprache aufgenommen. Mnd. *vorrotten* und das Simplex mnd. *rotten* '(ver)faulen' sowie mnl. nl. *verrotten* und mnl. nl. *rotten* vergleichen sich im germ. Sprachbereich mit ahd. *roȝȝēn* 'verwesen, faulen' (um 1000), mhd. *roȝȝen* 'welk, bleich, faul werden', asächs. *roton*, aengl. *rotian*, engl. *to rot* '(ver)faulen, verrotten, verwesen', anord. *rotinn*, schwed. *rutten* 'verfault'. Daneben stehen (ablautend mit langem Vokal) mhd. *rōȝen* 'faulen', mnd. *rōten*, mnl. *rōten, rootten*, nl. *roten* 'Flachs im Wasser faulen lassen und dadurch mürbe machen' sowie mhd. *rōȝ* 'mürbe'. Die Wortgruppe läßt sich mit lat. *rūdus* 'zerbröckeltes Gestein, Geröll, Schutt' (eigentl. 'Zerfallenes, Aufgelöstes'), mir. *rūad* 'Ruine' verbinden und auf ie. **reud-* 'zerreißen' zurückführen, eine Erweiterung der Wurzel ie. **reu-*, **reu̯ə-* 'aufreißen, graben, aufwühlen, ausreißen, raffen' (s. *roden*).

verrucht Adj. 'gemein, schändlich, verworfen', mhd. *verruochet* 'acht-, sorg-, ruchlos', Part. Prät. zu mhd. *verruochen* 'sich nicht kümmern, verachten, nicht achten, vergessen', Gegenwort zu mhd. *ruochen* 'Rücksicht nehmen, besorgt, bedacht sein, sich kümmern um', s. *geruhen*. Ursprünglich eigentl. (wie *ruchlos*, s. d.) 'sorglos, unbekümmert gegenüber dem, was als geheiligt gilt'.

Vers m. 'rhythmisch gegliederte, oft mit Reim versehene Zeile einer Dichtung, Bibelstelle', ahd. *fers* (9. Jh.), mhd. *vers*, entlehnt aus lat. *versus* 'Linie, Strich, Reihe, Zeile, Verszeile', mlat. '(gesungener) Abschnitt eines Psalms', eigentl. 'das Umwenden der Erde durch den Pflug und die dadurch entstandene Furche', zu lat. *vertere* (*versum*) 'kehren, wenden, drehen'. Im allgemeinen Sprachgebrauch steht *Vers* vielfach im Sinne von *Strophe* (s. d.).

versacken Vb. 'versinken, einsinken', ein nd. Wort der Seemannssprache, Mitte 19. Jh. in die Literatursprache aufgenommen und dort auch verallgemeinert 'in seiner Lebensweise abrutschen, bummeln' (Anfang 20. Jh.). Präfixbildung zu nd. *sacken* 'sinken, sich senken', mnd. *sik sacken* 'sich senken'; vgl. nl. *zakken* 'sinken, fallen, sich senken', mengl. *saggen*, engl. *to sag* 'sich senken, durch-, absacken, sinken' und (aus dem Mnd.) schwed. *sacka* 'sinken, sich senken', (seemännisch) 'sacken, abfallen, zurückbleiben', dän. *sakke* 'zurückbleiben, sacken', norw. (mundartlich) *sakka* 'sinken, niedriger werden'. Es handelt sich um junge ablautende Intensivbildungen mit *-kk-* und mit *n*-Ausfall zu dem unter *sinken* (s. d.) behandelten Verb. – absacken Vb. 'von der Strömung fortgetrieben werden, abtreiben' (Ende 17. Jh.), allgemein 'sich senken, absinken' (1. Hälfte 20. Jh.), speziell von Flugzeugen 'nach unten gedrückt werden, an Höhe verlieren', von Motoren 'an Leistung verlieren', schließlich auch 'unsolide werden'; in hd. Lautung umgesetztes mnd. nd. *afsacken* 'wegsinken, vom Strom getrieben werden'.

[1]**verschieden** Part.adj. 'voneinander abweichend, ungleich' (2. Hälfte 17. Jh.), im Sinne von 'getrennt, abgesondert' (daher 'abweichend, ungleich') zu *verscheiden* in seiner alten Bedeutung 'scheiden, weggehen, vergehen' (s. *scheiden*). Aus 'ungleich, unterschiedlich' ergibt sich in pluralischer Verwendung 'einige, mehrere' (ebenfalls 2. Hälfte 17. Jh.), wobei das Part.adj. den Charakter eines Indefinitpronomens annimmt. Zu *verscheiden* in der heute vorherrschenden Bedeutung 'sterben' gehört [2]verschieden Part.adj. 'verstorben' (18. Jh.). – verschiedentlich Adv. 'zu verschiedenen Malen, mehrfach, gelegentlich' (mit sekundärem *-t*). Verschiedenheit f. 'unterschiedliche Beschaffenheit, Unterschiedlichkeit' (beide 18. Jh.).

verschleißen Vb. 'durch häufigen Gebrauch abnutzen, verbrauchen', ahd. *firslīʒan* (8. Jh.), mhd. *verslīʒen* 'sich abnutzen, verderben, zugrunde gehen, bis zum Zerreißen abnutzen, verbrauchen', asächs. *farslītan*, mnd. *vorslīten*, mnl. *verslīten*, nl. *verslijten*, aengl. *forslītan* sind mit verstärkendem Präfix (s. *ver-*) gebildet zu (heute kaum noch üblichem) schleißen Vb. 'sich schnell abnutzen, leicht zerreißen, (ab)spalten, abschälen, abreißen', ahd. *slīʒan* 'zerreißen' (8. Jh.), mhd. *slīʒen* 'spalten, (zer)reißen, abschälen, abnutzen, zerstören, zunichte machen', asächs. aengl. *slītan*, mnd. mnl. *slīten*, nl. *slijten*, anord. *slīta*, schwed. *slita*; dazu das Kausativum ahd. (10. Jh.), mhd. *sleiʒen* 'zerreißen, spalten'. Falls lit. *skleĩsti* 'ausbreiten, ausdehnen, platzen, öffnen, zerfließen' hier anzuschließen ist, kann von ie. **skleid-* ausgegangen werden, einer *i*-Erweiterung mit Dental der unter *Schale* (s. d.) aufgeführten Wurzel ie. **(s)kel-* 'schneiden'. – verschlissen Part.adj. 'abgenutzt, abgetragen' (16. Jh.). Verschleiß m. 'Abnutzung (durch Gebrauch), Verbrauch' (20. Jh.), älter (so noch öst.) 'Kleinverkauf' (Anfang 19. Jh.), *Verschliß, Verschließ* 'Verkauf, Vertrieb' (18. Jh.); zu *verschleißen* 'Waren im kleinen verkaufen' (18. Jh., aus dem Mnd.), eigentl. 'eine Menge in kleine Teile aufspalten'.

verschlimmbessern Vb. 'durch vermeintliches Verbessern schlechter machen' (von Lichtenberg geprägt, 2. Hälfte 18. Jh.); dazu Verschlimmbesserung f. (Mitte 19. Jh.).

verschmitzt Part.adj. 'in freundlich-lustiger Weise klug, pfiffig, gerissen' (Mitte 16. Jh.), zu frühnhd. *verschmitzen* 'mit Ruten schlagen, beleidigen' (16. Jh.), demnach 'durch Schläge klug geworden, gewitzt' (s. auch *gerieben*). Zugrunde liegt mhd. *smitzen* 'mit Ruten hauen, geißeln, züchtigen, schlagen, beschmieren, beschimpfen, beschädigen', nhd. *schmitzen* (bis 18. Jh.), das wohl am besten als Intensivum zu mhd. *smīʒen* 'streichen, schmieren, schlagen' (s. *schmeißen*) aufzufassen ist.

verschollen Part.adj. 'seit längerer Zeit mit unbekanntem Aufenthalt und ohne Lebenszeichen abwesend, unauffindbar, für tot, verloren gehalten', seit dem 19. Jh. bezeugter Ausdruck des Rechtswesens; zuvor 'längst vergangen' (18. Jh.). Auszugehen ist von dem heute wenig gebräuchlichen Verb *verschallen* 'aufhören zu schallen, verklingen' (zu *schallen*, s. d.), dessen Part. Prät. teilweise die starke Flexion von mhd. frühnhd. *schellen* 'tönen, schallen, klingen', ahd. *skellan* (s. [1]*Schelle*) bewahrt hat. *verschollen*, eigentl. 'verklungen, verhallt', dürfte als junger euphemistischer Ausdruck für 'verschwunden, unverbürgt mit Tode abgegangen' eingetreten sein.

verschroben Part.adj. 'verdreht, absonderlich, wunderlich' (18. Jh.), zu *verschrauben* in dessen älterer Bedeutung 'verkehrt, falsch schrauben, verdrehen', das wie das zugehörige Simplex (s. *schrauben*) im Nd. und Md. stark flektierende Formen angenommen hat. – Verschrobenheit f. (18. Jh.).

verschüttgehen Vb. in der Gaunersprache 'eingesperrt, verhaftet werden' (Mitte 19. Jh., im Berlinischen), *verschütt* 'in Arrest befindlich' (Anfang 19. Jh.), *Verschütt* 'Haft'. Wohl zu mnd. nd. *schütten* 'hemmen, einsperren, durch Absperrung in der Bewegung behindern' (auch vom in fremde Felder eingedrungenen Vieh durch den Feldhüter), mnl. *verschutten* '(ver)hindern, abhalten', auch 'in einen Verschlag sperren'. Vgl. A. Lasch Berlinisch (1928) 173; zur Etymologie s. lautlich entsprechendes nhd. *schützen*. Danach in der Umgangssprache *verschüttgehen* 'verlorengehen, abhanden kommen, umkommen, unter die Räder kommen' (20. Jh.) mit volksetymologischer Anlehnung an *schütten* (s. d.) bzw. *verschütten, verschüttet (werden)*.

verschwenden Vb. 'unnötig verbrauchen, vergeuden', ahd. *firswenten* (um 1000), mhd. *verswenden* 'aufbrauchen, verzehren, vernichten, beseitigen' ist Kausativum (eigentl. 'verschwinden machen') zu dem unter *verschwinden* behandelten Verb (s. *schwinden*). Daraus entwickelt sich im 15. Jh. 'leichtsinnig und nutzlos vertun', in gehobener Sprache auch 'in überreicher Fülle austeilen, freigebig opfern, spenden' (17. Jh.). – Verschwender m. (15. Jh.). Verschwendung f. 'unnötiger Verbrauch, Vergeudung' (15. Jh.); vgl. ahd. *firswentī* f. 'Vernichtung' (11. Jh.). verschwenderisch Adj. 'leichtsinnig, unbedacht beim Ausgeben (bes. von Geld), in großen Mengen vorhanden, üppig, überreich' (Mitte 17. Jh.), älter *verschwendig* und *verschwendisch* (beide Ende 16. Jh.).

versehren Vb. 'verletzen, beschädigen', mhd. *versēren*, verstärkende Präfixbildung zu ahd. mhd. *sēren* 'verletzen, verwunden, betrüben' (9. Jh.; vgl. daneben ahd. *sērēn*, 9. Jh., mhd. *sēren* 'Schmerz empfinden'), einer Ableitung von dem unter *sehr* (s. d.) dargestellten Adjektiv ahd. *sēr* 'schmerzlich, schmerzvoll' (9. Jh.), mhd. *sēr* 'wund, verwundet, verletzt, Schmerzen bringend, leidend, betrübt'. – versehrt Part.adj. 'verletzt, verwundet, beschädigt', mhd. *versērt*; unversehrt Adj. 'unverletzt, nicht verwundet, unbeschädigt', mhd. *unversēret*; substantiviert Versehrter m. 'wer (durch Unfall, Verletzung) körperbehindert ist' (20. Jh.).

versessen Part.adj. in der Wendung *auf etw. versessen sein* 'hartnäckig, eigensinnig auf etw. bedacht sein, auf etw. erpicht sein' (Anfang 18. Jh.), zu (heute kaum noch üblichem) *sich versitzen* 'hartnäckig auf etw. bestehen', auch 'zu lange sitzen, so daß man steif wird' (Anfang 18. Jh.), in nicht refl. Verwendung noch heute 'die Zeit sitzend hinbringen'; vgl. mhd. *versitzen* 'durch Sitzenbleiben etw. übersehen, versäumen', refl. 'zu seinem Schaden zu lange sitzen', ahd. *furisizzan* 'versäumen' (9. Jh.). S. *sitzen*. – Versessenheit f. (19. Jh.).

versiegen Vb. 'aufhören zu fließen bzw. hervorzuquellen, vertrocknen'. Die stark flektierenden, heute nicht mehr üblichen Verben nhd. *verseigen* und *verseihen* 'durch Austropfen vertrocknen', mhd. *versīgen* und *versīhen* sind Präfixbildungen zu ahd. *sīgan* 'tröpfeln', mhd. *sīgen* 'tropfend fallen' und ahd. *sīhan*, mhd. *sīhen* 'durch ein Sieb gießen, tröpfelnd sickern' (s. *seihen*). Dazu tritt als Neubildung (wohl zum gemeinsamen Part. Prät. nhd. *versiegen*) schwach flektierendes *versiegen* (16. Jh.), das im Nhd. Gültigkeit erlangt.

versiert Part.adj. 'auf einem bestimmten Gebiet vielseitig erfahren, gut unterrichtet, bewandert', in jüngster Zeit gelegentlich abgeflacht 'gewandt, geschickt, tüchtig', entlehnt (Ende 16. Jh., häufiger gebraucht seit Anfang 20. Jh.) aus mfrz. frz. *versé* (*dans*, älter *en, à quelque chose*) '(in etw.) erfahren, bewandert'. Dieses beruht auf bereits in gleichem Sinne verwendetem lat. *versātus*, Part. Perf. von lat. *versārī* 'sich irgendwo herumbewegen, sich aufhalten, verweilen, sich mit einer Sache abgeben, sich beschäftigen', der medialen Variante von lat. *versāre* 'hin und her drehen, wenden, wälzen', einem Intensivum zu lat. *vertere* (*versum*) 'kehren, wenden, drehen'. An *versiert* schließt sich V e r s i e r t h e i t f. (20. Jh.) sowie das schwach bezeugte, wohl unmittelbar auf lat. *versārī* zurückgreifende v e r s i e r e n Vb. 'sich aufhalten, bei etw. verweilen, mit etw. umgehen, vertraut sein' (17. bis 19. Jh.) an.

Version f. 'Fassung, Variante, Lesart, einen Sachverhalt wiedergebende Darstellung', älter 'Wiedergabe eines Textes in anderer Sprache, Übersetzung', in diesem seit dem 19. Jh. nicht mehr üblichen Sinne Übernahme (2. Hälfte 16. Jh.) von mfrz. frz. *version* 'das Übersetzen (in die Muttersprache), Übertragung', das als Ausdruck der Schule entlehnt ist aus gleichbed. nlat. *versio* (16. Jh.); voraus geht mlat. *versio* (Gen. *versionis*) 'Wendung, Drehung, Veränderung, Umwandlung, Verderben des Weins, Erbteil' (vgl. vereinzeltes afrz. *version* 'Umkehrung'), Verbalabstraktum zu lat. *vertere* (*versum*) 'kehren, wenden, drehen', auch 'übersetzen'. Entsprechend der Bedeutungsentwicklung im Frz. steht *Version* seit Ende des 19. Jhs. im Dt. für 'eine von mehreren möglichen Darstellungen, Deutungen eines Vorgangs', dann für 'im Wortlaut abweichende Textfassung, Lesart' (Anfang 20. Jh.) und 'veränderte, bearbeitete Form eines Kunstwerks, Neufassung' (1. Hälfte 20. Jh.), wozu sich die junge Verwendung 'Variante, weiterentwickelte Spielart eines bestimmten Produkts' (bes. in der Technik, 2. Hälfte 20. Jh.) stellt.

versöhnen Vb., älter v e r s ü h n e n 'einen Streit zwischen Gegnern schlichten, Frieden zwischen jmdm. (sich) und anderen stiften', ahd. *firsuonen* 'sühnen, ausgleichen' (9. Jh.), mhd. *versüenen, versuonen,* (md.) *versūnen* 'sühnen, gutmachen, ausgleichen, stillen', mnd. *vorsōnen, versoenen, vorsūnen,* mnl. *versoenen, versuenen,* nl. *verzoenen* sind verstärkende Präfixbildungen zu dem unter *Sühne* (s. d.) behandelten Verb *sühnen*. Der Wandel des Tonvokals von *üe* zu *ö* (vor *n*) vollzieht sich zufrühst im Obd. (14. Jh.); in anderen Fällen dürfte *ö* (z. B. bei Luther, neben *ü*) auf nd. Einfluß zurückgehen. Poetische Sprache bewahrt *versühnen* bis ins 19. Jh. – v e r s ö h n l i c h Adj. 'bereit, sich zu versöhnen, nicht nachtragend, vermittelnd' (Ende 15. Jh., *versünlich*). V e r s ö h n u n g f., mhd. *versüenunge.*

versonnen Part.adj. 'in Gedanken versunken, in sich gekehrt' (um 1900), vgl. mhd. *versunnen* 'wohlbedacht, besonnen'; zu nicht mehr üblichem *sich versinnen* 'sich in Gedanken verlieren, vertiefen', mhd. 'zur Besinnung, zu Verstand kommen, sich besinnen, nachdenken, verständig sein, seine Gedanken worauf richten, verstehen', ahd. *sih firsinnen* (um 1100); s. *sinnen.* – V e r s o n n e n h e i t f. 'Nachdenklichkeit' (Ende 19. Jh.).

versponnen Part.adj. 'zurückgezogen, wunderlich, verträumt' (19. Jh.), zu *sich verspinnen* 'sich in ein Gespinst verwickeln, sich einspinnend abkapseln' (17. Jh); s. *spinnen.* – V e r s p o n n e n h e i t f. (um 1900).

verstauchen Vb. 'durch Stoß oder unrechte Bewegung ein Gelenk oder Gelenkbänder verzerren' (17. Jh.), Präfixbildung zu s t a u c h e n Vb. 'aufrecht aufstellen, aufrichten, kräftig auf den Boden, auf den Tisch stoßen, heftig zusammendrücken, -schieben, damit etw. kürzer und breiter wird' (16. Jh.). Beide Verben stammen aus dem Nd., wurden jedoch hd. Lautstand angeglichen. Mnd. *stūken* 'stoßen', mnl. *stūken,* nl. *stuiken* 'stoßen, drücken' bzw. nd. *verstūken*, nl. *verstuiken* und die verwandten Bildungen ahd. *stūhha* 'langer, weiter Ärmel' (11. Jh.), mhd. *stūche*, auch 'Kopftuch, Schleier', nhd. *Stauche* 'Puff, Pulswärmer, weiter Ärmel', mnd. *stūke* 'langer, weiter Ärmel, Baumstumpf, Bund Getreide', mengl. *stouk*, engl. (mundartlich) *stook* 'Garbenhaufen', anord. *stūka* 'langer Oberärmel' (in dieser Bedeutung vielleicht aus dem Mnd.), 'Anbau' führen mit den unter *Stock* (s. d.) genannten Formen auf ie. **(s)teug-*, eine Gutturalerweiterung der Wurzel ie. **(s)teu-* 'stoßen, schlagen'. – V e r s t a u c h u n g f. 'Zerrung eines Gelenks oder der Gelenkbänder' (Ende 17. Jh.).

verstehen Vb. 'wahrnehmen, begreifen, geistig erfassen, etw. beherrschen, deutlich hören', auch (refl.) 'mit jmdm. auskommen, gleiche Interessen, Ansichten haben', ahd. *firstantan, -stān, -stēn* 'wahrnehmen, geistig auffassen, erkennen', aber auch 'im Wege stehen, versperren, verwehren' (8. Jh.), mhd. *verstān, verstēn* 'wahrnehmen, geistig auffassen', auch 'stehenbleiben, aufhören, jmdn. vertreten, verteidigen', refl. 'einsehen, verständig sein', asächs. *farstandan* 'stehenbleiben, verhindern, verstehen', *forstān* 'verstehen', mnd. *vorstān*, mnl. *verstaen*, nl. *verstaan*, aengl. *forstandan* 'vor jmdm. schützend stehen, ihn verteidigen, Einhalt tun, einsehen, verstehen' sind westgerm. Präfixbildungen zu dem unter *stehen* (s. d.) behandelten Verb. – Verstand m. 'Fähigkeit zu denken, zu urteilen', ahd. *firstant* 'Weisheit' (8. Jh.), danach frühnhd. *verstant* 'Verständnis, Verständigung' und in der heutigen Bedeutung (16. Jh.). verständig Adj. 'einsichtig, besonnen, verständnisvoll', mhd. *verstendic* 'einsichtig, aufmerkend'; verständigen Vb. 'jmdn. benachrichtigen, unterrichten', refl. 'sich verständlich machen, sich mit jmdm. einigen' (16. Jh.). verständlich Adj. 'deutlich, leicht faßbar'; vgl. ahd. *firstantantlīh* (9. Jh., *unfirstantlīhho* Adv. 'gefühllos'), mhd. *verstentlich*, vom Verb ahd. *firstantan* (s. oben) abgeleitet; Verständlichkeit f. 'akustische Hörbarkeit' (15. Jh.), 'geistige Klarheit, Faßlichkeit' (18. Jh.), anfangs bes. 'Verständigkeit, Verständnis, Verstand' (15./16. Jh.), wofür mhd. *verstentlīcheit*. Verständnis n. 'das Verstehen(können), Einfühlungsvermögen', älter 'Einvernehmen', ahd. *firstantnissa, -nissi, -nessi* (9. Jh.), mhd. *verstantnisse, verstentnisse* 'geistige Fassungskraft, Denkvermögen, Verständnis, Einsicht, Verstand', gebildet zum Verb ahd. *firstantan* (s. oben); verständnisvoll Adj., verständnislos Adj. (19. Jh.), zuvor *verstand(es)voll, verstand(es)los* (17. Jh.).

verstohlen Part.adj. 'unbemerkt, unauffällig, heimlich', mhd. *verstoln*, zu ahd. *firstelan* (9. Jh.), mhd. *versteln* 'stehlen, heimlich wegnehmen, geheimhalten, verheimlichen', Präfixbildung zu dem unter *stehlen* (s. d.) behandelten Verb.

verteidigen Vb. 'Angriffe abwehren, vor Angriffen schützen, für jmdn., etw. eintreten, vor Gericht vertreten', mhd. *vertagedingen, verteidingen* 'vor Gericht laden, verhandeln, übereinkommend festsetzen und ausgleichen, vor Gericht verteidigen', spätmhd. (omd.) *vorteidigen* (mit Kontraktion von *-age-* zu *-ei-* und Nasalausfall), frühnhd. (obd. md.) *vertheidigen* (16. Jh., seit 18. Jh. in dieser Form allein üblich), mnd. *vordē(ge)dingen, vordādingen, vordēdigen*, mnl. *verdādinghen, verdēdinghen*, nl. *verdedigen* sind Präfixbildungen neben ahd. *gitagathingōn* 'zeitlich verschieben, neu festsetzen' (11. Jh.), mhd. *tagedingen, tegedingen, teidingen* 'gerichtlich verhandeln, unterhandeln, Übereinkunft treffen, vor Gericht laden', mnd. *dēgedingen, dēdingen, dāge-, dachdingen*, mnl. *dādinghen, dēdinghen*. Zugrunde liegt das Substantiv ahd. *tagathing* (9. Jh.), mhd. *tagedinc, tegedinc, teidinc* 'auf einen Tag anberaumte Gerichtsverhandlung, Gericht, Termin, Verhandlung, Übereinkunft', mnd. *dāgedinc*, mnl. *dāghedinc* (vgl. ahd. *tag* im Sinne von 'Gerichtstag' und ahd. *thing* 'Gerichtsversammlung, -verhandlung, -termin, -platz, Urteil'; s. *Tag* und *Ding*). Bereits im 14. Jh. erweitert das aus der Rechtssprache stammende Verb seinen Bedeutungsumfang zu 'einen Angriff abwehren'. – Verteidiger m. 'wer jmdn. vor Gericht verteidigt, Fürsprecher, Beschützer' (16. Jh.; anfangs auch *Vertheidinger, Verthädinger*, mnd. *vordēgedinger*); vgl. mhd. *tagedinger, tegedinger, teidinger* 'Redner vor Gericht, Sachwalter, Schiedsrichter'. Verteidigung f. 'gerichtliche Vertretung, Abwehr von Angriffen' (16. Jh.; anfangs auch *Verthädigung*). Im 19. Jh. werden *Verteidiger* und *Verteidigung* in die Sportsprache aufgenommen, 'Spieler, der das Tor zu verteidigen hat' bzw. 'Hintermannschaft, Abwehr'.

vertikal Adj. 'senkrecht, lotrecht', entlehnt (Ende 17. Jh.) aus gleichbed. spätlat. *verticālis*, einer Ableitung von lat. *vertex* (Gen. *verticis*) 'Wirbel, Scheitel, Spitze, Gipfel, Höhe'; zu lat. *vertere* (*versum*) 'kehren, wenden, drehen'. Zunächst fachsprachlich (Astronomie, Geometrie, Geologie), seit der 1. Hälfte des 19. Jhs. auch allgemein (Gegensatz *horizontal*). – Vertikale f. 'senkrecht verlaufende Linie' (1. Hälfte 20. Jh.).

Vertiko n., auch m. Zierschrank mit Aufsatz (Berlin, 2. Hälfte 19. Jh.; zuerst *Vertikow*). Herkunft unbekannt.

vertrackt Part.adj. 'verzerrt, verwickelt, schwierig' (2. Hälfte 17. Jh.), im Omd. aufkommende Partizipialform zu *vertrecken* 'verziehen, verzerren, verwirren' (s. *trecken*).

vertuschen Vb. '(einen peinlichen Vorfall) nicht öffentlich bekanntwerden lassen, zu verbergen suchen, die Spuren verwischen'. Mhd. *vertuschen, -tuʒʒen-, -tussen, -dussen, -tüschen* 'bedecken, verbergen, verheimlichen', intrans. 'betäubt werden, vor Schreck verstummen, außer Fassung kommen' ist verstärkende Präfixbildung zu mhd. *tuschen* 'sich still verhalten, verbergen', nhd. (heute noch mundartlich) *tuschen* 'zur Ruhe bringen, unterdrücken, löschen', mnd. *tusken* 'zum Schweigen auffordern oder bringen', das nach heutigem Sprachempfinden irrtümlich mit nicht verwandtem *tuschen* (s. d.) in Verbindung gebracht wird. Wohl lautnachahmenden Ursprungs.

verunstalten Vb. 'entstellen, häßlich, unansehnlich machen' (gelegentlich 16. Jh., dann bes. 18. Jh.), präfigierte Ableitung von *ungestalt* Adj. 'mißgebildet, verkrüppelt, unförmig', mhd. *ungestalt* 'verunstaltet, häßlich, schmutzig', Gegenbildung zu mhd. *gestalt* 'aussehend, beschaffen, eingerichtet' (s. *Gestalt*).

verwahrlosen Vb. 'in einen unordentlichen Zustand geraten, herunterkommen, verkommen'. Das nur im Dt. und Nl. begegnende, ursprünglich transitive Verb mhd. *verwarlōsen* 'unachtsam behandeln oder betreiben, vernachlässigen, beflecken', mnd. *vorwārlōsen*, mnl. *verwaerlōsen*, nl. *verwaarlozen* ist gebildet zum Adjektiv spätmhd. *warlōs* 'nicht beachtet, nicht wahrgenommen, unbewußt' (vgl. spätmhd. *warlœse, warlōse* 'Achtlosigkeit, Verwahrlosung', mhd. *warlōsecheit* 'Unachtsamkeit'), mnd. *wārlōs,* mnl. *waerloos.* Es handelt sich um Bildungen zu ahd. *wara* f. (10. Jh.), mhd. *war(e)* 'Wahrnehmung, Beobachtung, Aufmerksamkeit, Obhut', mnd. *wāre, wār*, mnl. *wāre* (s. *wahren*), so daß für das angeführte Verb von einer Bedeutung 'nicht in Obhut nehmen' auszugehen ist. Der heute übliche intransitive Gebrauch von *verwahrlosen* kommt im 16. Jh. auf. – V e r w a h r l o s u n g f. (Anfang 16. Jh.).

verwandt Part.adj. 'von gleicher Abstammung, zur gleichen Familie gehörend, von gleicher Art, ähnlich', frühnhd. *verwant* 'von gleicher Abstammung, in Beziehung, in Verbindung stehend' (15. Jh.) ist hervorgegangen aus dem Part. Prät. von frühnhd. *verwenden* im Sinne von 'in eine bestimmte Richtung, auf ein bestimmtes Ziel hinwenden, hinweisen, verweisen' (s. *wenden*); vgl. mnd. *vorwant* 'verbunden, verbündet, verwandt', nl. *verwant* 'verwandt'. Dazu die Substantivierung V e r w a n d t e r m. (16. Jh.). – V e r w a n d t s c h a f t f. 'Zugehörigkeit zur gleichen Familie, gleiche Abstammung, Gesamtheit der Verwandten, Gleichartigkeit, Ähnlichkeit' (Ende 15. Jh.); v e r w a n d t s c h a f t l i c h Adj. (2. Hälfte 18. Jh.).

verwegen Part.adj. 'kühn, draufgängerisch', mhd. *verwegen* 'frisch entschlossen, etw. aufs Spiel setzend', zu mhd. *sich verwegen* 'sich rasch wozu entschließen, sich fortbewegen, worauf verzichten', einer präfigierten Bildung zu mhd. *sich wegen* 'sich wohin bewegen, die Richtung wohin nehmen', trans. 'in Bewegung setzen, wägen, schätzen'; zur Etymologie s. *bewegen.* – V e r w e g e n h e i t f. '(Toll)kühnheit, Dreistigkeit', mhd. *verwegenheit* 'Entschlossenheit'.

[1]**verweisen** Vb. 'zum Vorwurf machen, verbieten, tadeln', ahd. *firwīȥan* (8. Jh.), mhd. *verwīȥen* 'strafend, tadelnd vorwerfen', mnd. *vorwīten*, mnl. *verwīten*, nl. *verwijten* 'vorwerfen', got. *fraweitan* 'rächen' stehen als Präfixbildungen zu ahd. *wīȥan* (9. Jh.), mhd. *wīȥen* 'bemerken, vorwerfen, (be)strafen', asächs. aengl. *wītan*, mnd. mnl. *wīten*, nl. *wijten* 'vorwerfen', anord. *vīta* 'strafen' neben ahd. *wīȥi* n. (8. Jh.), mhd. *wīȥe* n. f. 'Strafe, Höllenstrafe', asächs. *wīti* n., aengl. *wīte*, anord. *vīti* n. 'Strafe'. Herkunft ungeklärt. Man verbindet allgemein diese Wortgruppe mit der Wurzel ie. **u̯eid-* 'erblicken, sehen' (s. *wissen* und die dort genannten Formen) und geht von der Bedeutung 'eine Schuld wahrnehmen, bemerken' aus, die sich zu '(eine Schuld) vorwerfen' weiterentwickelt habe (ähnlich lat. *animadvertere* 'seinen Sinn auf etw. richten, wahrnehmen, ahnden, rügen, strafen'). Seebold 549 schlägt dagegen Anschluß an eine Dentalerweiterung der Wurzel ie. **u̯ei-*, **u̯ei̯ə-* 'gehen, auf etw. losgehen, etw. erstreben, erjagen, verfolgen' (woraus 'vorwerfen, strafen') sowie 'Weg, Reihe' vor, wozu die unter [2]*Weide* (s. d.) genannten Formen. – V e r w e i s m. 'Tadel, Rüge', spätmhd. *verwīȥ*, aus dem Verb rückgebildet.

[2]**verweisen** Vb. 'hinweisen, aufmerksam machen, jmdn. anweisen, sich an einen anderen Ort zu begeben, verbannen', mhd. *verwīsen* 'hin-, zuweisen, irreleiten, verführen, verbannen' (vgl. asächs. *farwīsian* 'verraten'), verstärkende Präfixbildung zu dem unter *weisen* (s. d.) behandelten Verb.

verwesen Vb. 'sich zersetzen, verfaulen, vermodern' (um 1500; im 16./17. Jh. vereinzelt auch trans.) ist anzuschließen an ahd. *fir-*

wesanēn 'alt werden' (Hs. 12. Jh.; vgl. auch *irwesanēn* 'alt werden, verwelken', 9. Jh., *wesanēn* 'welk, kraftlos werden, verwelken, welk, schlaff, matt sein', 10. Jh.). Dieses führt wie aengl. *wisnian*, (mit grammatischem Wechsel) *weornian* 'vertrocknen, verwelken', anord. *visna*, schwed. *vissna* 'welken' und das zugehörige stark gebildete Part.adj. ahd. *wesan* 'morsch' (um 900), anord. *visinn*, schwed. *vissen* 'welk, dürr' mit lat. *viēscere* 'verwelken, verschrumpfen', *viētus* 'welk, eingeschrumpft', lit. *výsti* 'welken' auf eine *s*-Erweiterung der Wurzel ie. **u̯ei-* 'welken', wozu auch air. *fēo* (aus **u̯i-u̯o-*) 'welk'. Starke Formen (bes. frühnhd.) stehen unter dem Einfluß von mhd. *verwesen* 'zunichte werden, vergehen', trans. auch 'aufbrauchen', ahd. *firwesan* 'verbrauchen, vergeuden, Nutzen ziehen' (10. Jh., älter 'vertreten, rechtfertigen', s. *Verweser*), einer Präfixbildung zu ahd. *wesan*, mhd. *wesen* 'sein' (s. *Wesen*). Vgl. SEEBOLD in: Anglia 84 (1966) 7f. – Verwesung f., mhd. *verwesunge* 'Untergang, Verfall', seit dem 16. Jh. vor allem vom Zersetzungsprozeß organischer Stoffe. verweslich Adj. 'der Verwesung ausgesetzt' (16. Jh.); vgl. *verweselich* (Luther).

Verweser m. (historisch) 'wer ein Gebiet, ein Amt als Stellvertreter verwaltet', mhd. *verweser* 'Stellvertreter, Verwalter', Nomen agentis zu ahd. *firwesan* 'vertreten, rechtfertigen, eintreten, aufkommen für' (9. Jh.), mhd. *verwesen* 'an jmds. Stelle treten, vertreten, verwalten, sorgen für' (spätmhd. gelegentlich bereits schwach flektierend), Präfixbildung zu ahd. *wesan* (8. Jh.), mhd. *wesen* 'sein, bleiben, verweilen, sich aufhalten, vorhanden sein, geschehen' (s. *Wesen*). – Amtsverweser m. (Anfang 16. Jh.). Reichsverweser m. (um 1800).

verwirren Vb. 'in Unordnung bringen, jmdn. unsicher machen, aus der Fassung bringen, irremachen', refl. 'in Unordnung geraten', mhd. *verwirren, verwürren* 'sich verwikkeln, sich entzweien, in Kampf geraten'. Das schwache Verb übernimmt von stark flektierendem ahd. *firwerran* 'beunruhigen, verwirren' (um 1000), mhd. *verwerren* 'in Verwirrung, Unordnung, Unruhe bringen, entzweien' (literarisch bis ins 17. Jh. belegt) das zugehörige Part. Prät. *verworren*, das bis heute neben *verwirrt* erhalten bleibt. Zur Etymologie s. *wirr.* – Verwirrung f. 'Unordnung, Durcheinander, Aufregung' (15. Jh.). Verworrenheit f. (15. Jh.); vgl. mhd. *verworrenkeit.* entwirren Vb. '(ungeordnet Verschlungenes) auseinanderziehen, ordnend auflösen, die Unklarheit, Schwierigkeit einer Sache auflösen' (16. Jh.); vgl. mhd. (stark) *entwerren* 'in Ordnung bringen, entwirren'. Gewirr n. 'Durcheinander, Wirrwarr' (16. Jh.); vgl. mhd. *gewerre* m. n. 'Zwietracht, Streit, Durcheinander'.

verwittern Vb. 'durch Witterungseinflüsse angegriffen, beschädigt werden, langsam zerfallen, zerbröckeln' (Ende 16. Jh.), zu *wittern* (s. d.). Häufig (seit dem 18. Jh.) in der Bergmannssprache 'zerfallen' (von Mineralien und Erzen).

verwöhnen Vb. 'zu nachgiebig erziehen, jmdm. jeden Wunsch erfüllen', mhd. *verwenen* '(in übler Weise) an etw. gewöhnen, verweichlichen, verzärteln', präfigierte Bildung zu dem Ende des 17. Jhs. untergegangenen Verb *wöhnen* 'gewöhnen', ahd. *wennen* (um 1000), mhd. *wen(n)en* (s. *gewöhnen*). Häufig verwöhnt Part.adj. 'verweichlicht, verzogen, anspruchsvoll, wählerisch', mhd. *verwenet* 'verwöhnt, bevorzugt, köstlich'. Verwöhnung f. (16. Jh.).

Verzicht m. 'Aufgabe eines (Rechts)anspruchs, Entsagung', mhd. *verziht*, Verbalabstraktum zu dem unter *zeihen* (s. d.) aufgeführten Präfixverb mhd. *verzī(h)en* 'versagen, abschlagen, sich lossagen, aufgeben, verlassen', refl. 'verzichten'. – verzichten Vb. 'einen Anspruch aufgeben' (Ende 18. Jh.), älteres *verzeihen* in dieser Bedeutung ablösend.

verzwickt Adj. 'verworren, schwierig, kompliziert' (19. Jh.), älter (von Wörtern und Ausdrucksweise) 'entstellt, verdreht, gewunden' (16. Jh.). Das nur noch in der genannten übertragenen Bedeutung verwendete, wohl auch von *verwickelt* beeinflußte Adjektiv ist hervorgegangen aus dem Part. Prät. von heute veraltetem *verzwicken*, mhd. *verzwikken* 'mit Nägeln, Zwecken (in komplizierter Weise) zusammenfügen, befestigen, festnageln, einklemmen, verkeilen', einer zur Steigerung des Grundbegriffs dienenden Bildung zu dem unter *zwicken* (s. d.) behandelten Verb mit dem Präfix *ver-* (s. d.) in verstärkender Funktion, hier im Sinne von 'zusammen, aneinander, fest'.

Vesper f. ursprünglich auf den frühen

Abend fallendes, später bereits für den Nachmittag vorgeschriebenes kanonisches Gebetsopfer, vorletztes der täglichen Stundengebete (in der katholischen Kirche), auch 'Gottesdienst am Nachmittag oder frühen Abend' (so in der evangelischen Kirche, vgl. *Christvesper*), dann 'Zeit des vorletzten Stundengebets, Nachmittagszeit' (vgl. *Vesperstunde, -zeit,* mhd. *vesperstunde, -zīt*), ahd. *vespera* (um 900), mhd. *vesper* 'vorletzte kanonische Stunde', Übernahme (zunächst im klösterlichen Bereich) von gleichbed. mlat. *vespera* (auch in der Pluralform *vesperae*), lat. *vespera* 'Abend, Abendzeit, Abendgegend, Westen', dem substantivierten Femininum von lat. *vesper* 'abendlich' (als Maskulinum substantivisch 'Abendstern, Abendzeit, Westen'). Landschaftlich (obd. und md.) ist *Vesper* außerdem in der Bedeutung 'kleinere Zwischenmahlzeit am Nachmittag oder frühen Abend' gebräuchlich (seit Anfang 18. Jh.; neben öst. *Jause*, s. d.), wohl verkürzt aus vorausgehendem obd. md. *Vesperbrot* (15. Jh.), daher vielfach mit neutralem Genus. – v e s p e r n Vb. 'die Zwischenmahlzeit am Nachmittag oder frühen Abend einnehmen' (in regionaler Verwendung, bes. obd. md., 2. Hälfte 18. Jh.).

Vestibül n. 'Eingangs-, Treppenhalle, Vorraum', Entlehnung (1. Hälfte 19. Jh., *Vestibul* und *Vestibül*) von gleichbed. frz. *vestibule* m., mfrz. *vestible, vestibule*, aus lat. *vestibulum* n. 'Vorhof, Vorplatz'.

Veteran m. 'wer (bes. beim Militär) altgedient ist, wer sich in langer Dienstzeit bewährt hat', entlehnt (vereinzelt 1. Hälfte 16. Jh., häufiger seit Ende 18. Jh.) aus lat. *veterānus* 'alt-, ausgedienter Soldat', Substantivierung des Adjektivs lat. *veterānus* 'alt, von vielen Jahren'; zu lat. *vetus* 'alt, bejahrt'. Anfangs in lat. Form und auf röm. Verhältnisse bezogen, dann allgemein 'ausgedienter, nicht mehr aktiver Soldat' sowie '(verdienstvoller) Teilnehmer an Feldzügen, ehemaliger Kampfgenosse', seit der 2. Hälfte des 18. Jhs. auch 'verdienter Fachmann, in seinem Fach durch lange Erfahrung bewährter Mitarbeiter'.

Veterinär m. 'Tierarzt', entlehnt (Anfang 19. Jh., zunächst in Komposita wie *Veterinärschule, -anstalt, -arzt*, vgl. frz. *école vétérinaire, médicin vétérinaire*) aus gleichbed. frz. *vétérinaire*. Dieses beruht wie gelegentlich in der dt. Wissenschaftssprache gebrauchtes *Veterinarius* (2. Hälfte 18. Jh.) auf lat. *veterīnārius* 'Tierarzt', Substantivierung des Adjektivs *veterīnārius* 'das Zugvieh betreffend', einer Bildung zu lat. (Fem. Plur.) *veterīnae* oder (Neutr. Plur.) *veterīna* 'Zug-, Lastvieh', substantiviert aus lat. *veterīnus* 'zum Ziehen von Lasten benutzt' (vom Vieh); zu lat. *vetus* (Gen. *veteris*) 'alt', wohl weil die für den Kampfeinsatz wegen ihres Alters untauglichen Tiere im Heerestroß als Zugtiere verwendet wurden.

Veto n. 'Einspruch, Einspruchsrecht'. Der im 18. Jh. aufkommende, dem politischen Bereich angehörende Ausdruck ist eine wohl zuerst im Engl. (17. Jh.) auftretende Substantivierung von lat. *vetō* 'ich verbiete' (1. Pers. Sing. Präs. von lat. *vetāre* 'nicht zulassen, verbieten, nicht erlauben, verhindern'), einer Formel, mit der im röm. Staat die Volkstribunen von ihrem Einspruchsrecht gegen Beschlüsse der höchsten Beamten, auch des Senats, Gebrauch machten.

Vettel f. 'liederliches, häßliches Weib', vielfach Schimpfwort, heute kaum noch gebräuchlich. Frühnhd. *vetel* wird im 15. Jh., wohl in studentischen Kreisen, entlehnt aus lat. *vetula* '(häßliches) altes Weib', dem substantivierten Fem. von lat. *vetulus* 'ältlich', einer deminutiven Bildung zu lat. *vetus* 'alt'. Schon früh tritt der Bezug auf das Alter zurück, dafür werden Liederlichkeit, Unzucht, hexenhaftes Aussehen und Wesen als charakteristische Eigenschaften von *Vettel* angesehen. In der Fügung *alte Vettel* nähert sich das Wort wieder der Ausgangsbedeutung.

Vetter m. 'Sohn des Onkels oder der Tante, Cousin'. Die westgerm. Verwandtschaftsbezeichnung ahd. *fetiro* 'Vaterbruder' (8. Jh.), mhd. *veter(e)* 'Vaterbruder, Brudersohn', asächs. *fediro*, mnd. *vedder(e)* 'Vaterbruder, Brudersohn', dann auch 'Mutterbruder' und allgemein 'Verwandter', mnl. *vedder* 'Onkel, Neffe, Cousin', aengl. *fædera* 'Vaterbruder' ist von dem unter *Vater* (s. d.) behandelten Substantiv abgeleitet und bedeutet ursprünglich 'Bruder des Vaters'. Einen ähnlichen Zusammenhang mit dem entsprechenden Wort für 'Vater' zeigen griech. *pátrōs* (πάτρως), lat. *patruus* 'Vaterbruder'. Schon früh wird der Anwendungsbereich von *Vetter* erweitert und auf den 'Mutterbruder', dann auf jeden männlichen Verwandten ausgedehnt. In neuerer Zeit vornehmlich im oben angeführten Sinne und durch *Cousin* (s. d.) in seiner Gebrauchshäufigkeit eingeschränkt. Vetternschaft f., (älter) *Vetterschaft*, 'Verhältnis der Geschwisterkinder untereinander', meist allgemein 'Verwandtschaftsverhältnis, Gesamtheit der Verwandtschaft' (15. Jh.). Vetternwirtschaft f. 'Bevorzugung von Verwandten und Freunden bei der Besetzung von Stellen', oft ohne Rücksicht auf die fachliche Qualifikation (Anfang 20. Jh.), vgl. schwäb. *Vetterleswirtschaft*, schweiz. *Vetterliwirtschaft* sowie *Vettergunst* (19. Jh., doch wohl älter).

Vexierbild n. 'bildliche Darstellung, aus der eine oder mehrere versteckt eingezeichnete Figuren herauszufinden sind, Suchbild', Bildung (Ende 18. Jh.) zu (heute nur noch seltenem) vexieren Vb. 'quälen, ärgern, nekken, irreführen', spätmhd. *vexiren* 'quälen', entlehnt aus lat. *vexāre* 'hin und her reißen, stark bewegen, schütteln, mißhandeln, plagen, quälen', wohl abgeleitet von einem Part. Perf. **vexum* (statt *vectum*) von lat. *vehere* 'fahren, führen, tragen, bringen'.

Viadukt m. 'über ein Tal, eine Schlucht, einen Verkehrsweg führende Straßen- oder Eisenbahnbrücke, Überführung', Übernahme (vor Mitte 19. Jh., mit der Entwicklung des Eisenbahnwesens) von gleichbed. engl. *viaduct* (1816), einer künstlichen Bildung mit lat. *via* 'Weg, Straße' nach dem Vorbild von engl. *aqueduct* 'offene Wasserleitung'. Dies beruht auf lat. *aquae ductus* 'die aus Kanälen bestehende, oft über Bogenbrücken führende röm. Wasserleitung', mlat. *aqueductus*; zu lat. *ductus* 'das Ziehen, Zug, Führung, Leitung'. Vgl. entsprechendes nhd. *Aquädukt*, *Aquaeduct* mit den Frühformen (diese vorzugsweise für 'Abzugsgraben, Abwasserkanal') mhd. (im Rheinland) *aduth*, *aiduhct*, *aduht* (12. Jh.), *aduct*, *aducht* (13. Jh.), *adijcht*, *adocht* (15./16. Jh.).

vibrieren Vb. 'leise schwingen, zittern, beben', entlehnt (2. Hälfte 18. Jh.) aus lat. *vibrāre* 'in zitternde Bewegung setzen, schwingen, schütteln, beben, trillern'; vgl. früher bezeugtes frz. *vibrer* und (zum Stamm des Part. Perf. lat. *vibrātum*) engl. *to vibrate.* Zuerst in der Akustik (heute meist durch *schwingen* ersetzt), bald in weiterer Anwendung 'sich schnell auf und ab bewegen, zittern, in schwingender Bewegung sein', übertragen 'erregt sein, pulsieren'. – Vibration f. (Mitte 18. Jh.), aus lat. *vibrātio* (Gen. *vibrātiōnis*); vgl. älteres frz. engl. *vibration* (17. Jh.)

Vieh n. 'Nutztiere der Haus- und Landwirtschaft', in der Umgangssprache 'Tier', übertragen verächtlich 'roher, abgestumpfter Mensch', ahd. *fihu* 'Nutzvieh, Tier, Besitz, Vermögen' (8. Jh.), mhd. *vihe, vehe,* (md.) *vie,* asächs. *fehu* 'Vieh, Besitz', mnd. *vē*, mnl. nl. *vee*, aengl. *feoh, fēo* 'Vieh, Besitz, Geld, Vermögen', anord. *fē* 'Vieh, Besitz, Geld', schwed. *fä* 'Vieh', got. *faíhu* 'Geld' führt auf germ. **fehu*, einen *u*-Stamm, der auch in aind. *paśúḥ, páśu* 'Vieh, Tier', awest. *pasuka* 'Haustier', lat. *pecū* 'Vieh, Vermögen', lit. *pẽkus*, apreuß. *peku, pekan* (Akk.) 'Vieh' vorliegt, so daß ie. **peḱu-* '(Klein)vieh' angesetzt werden kann. Vergleicht man noch (mit anderer Stammbildung) anord. *fær*, aschwed. *fār* 'Schaf' (germ. **fahaz*), lat. *pecus* (Gen. *pecoris*) n. kollektiv '(Klein)vieh, Schafe', *pecus* (Gen. *pecudis*) f. 'das einzelne Stück Vieh, Schaf' und griech. *pókos, pékos* (*πόκος, πέκος*) 'abgerupfte, abgeschorene Schafwolle, Vlies', ahd. (8. Jh.), asächs. *fahs*, aengl. *feax* 'Haupthaar', anord. *fax* 'Mähne', aengl. *feht* 'Vlies', mnl. nl. *vacht* 'Vlies, wolliges Fell', weiter griech. *pékein* (*πέκειν*) '(sich) kämmen, krempeln, scheren', lat. *pectere* 'kämmen', lit. *pèšti* 'zupfen, rupfen, ausreißen, pflücken, raufen', so führt dies auf eine Wurzel ie. **peḱ-* 'Wolle oder Haare rupfen, zausen, raufen'. Für ie. **peḱu-* ist daher wohl eine Grundbedeutung 'das, was (ursprünglich) gezupft, (später) geschoren wird, Wolltier, Schaf' anzunehmen. Da Vieh in früher Zeit als Tauschmittel an Stelle des Geldes verwendet wurde und Gradmesser für den Besitzstand darstellte, ist ein Bedeutungsübergang zu 'Vermögen, Habe, Besitz, Geld' erklärbar; vgl. auch von lat. *pecū* (s. oben) abgeleitetes lat. *pecūnia* 'Vermögen, Geld(summe)'. – viehisch Adj. 'roh, brutal, vertiert, bestialisch', mhd. *vihisch* 'tierisch'. Viech n. umgangssprachlich 'Vieh, Tier, roher Mensch', mhd. *vich*, spätmhd. *vicht*, mundartliche Nebenform von mhd. *vihe.*

viel Indef.pron. Adv. Adj. 'eine große Menge oder Anzahl, zahlreich, sehr, bedeutend', ahd. *filu* (8. Jh.), mhd. *vil(e)*, asächs. *filo, filu*, mnd. *vēl(e)*, mnl. *vēle*, nl. *veel*, aengl. *feolu, fela*, anord. (nur in Zusammensetzungen) *fjǫl-*, got. *filu* ist ursprünglich ein substantiviertes Adjektiv (germ. **felu-*, neutraler *u*-Stamm). Es wird daher im Sinne von ‘große Menge’ unflektiert als Substantiv gebraucht (*viel hilft viel*) und kann dabei einen abhängigen Genitiv bei sich haben (*viel Aufhebens*). Bei Nominativen und Akkusativen erhält *viel* den Charakter eines Indefinitpronomens bzw. eines unbestimmten Zahlworts (*viel Geld, viel Erfreuliches*), in Verbindung mit Verben entwickelt sich adverbieller Gebrauch (*viel arbeiten*). Schließlich nimmt *viel* adjektivische Flexion an (*viele Leute, vielen Dank*). Außergerm. Verwandte sind aind. *purū-* ‘viel, reichlich’, griech. *polýs* (*πολύς*) ‘viel’, lat. *plūs* ‘mehr’, air. *il* ‘viel’, so daß von ie. **pelu-*, **pl̥lu-* ‘Menge, viel’, eigentl. ‘füllend’, ausgegangen werden kann, einer Weiterbildung der Wurzel ie. **pel(ə)-*, **plē-* ‘gießen, fließen, aufschütten, (ein)füllen’ (wozu auch *voll, Fülle, fließen, fliegen*, s. d.). – vielerlei indekl. ‘in großer Anzahl und von verschiedener Art, viele verschiedene Dinge’ (16. Jh.); s. *-lei*. vielfach Adj. ‘viele Male so groß, in gleicher Form oder Art viele Male vorkommend, vielfältig, häufig’ (15. Jh.); s. *-fach*. Vielfalt f. ‘das Vorhandensein in vielen Arten, große Mannigfaltigkeit’, Rückbildung (Ende 18. Jh.) zu älterem *vielfältig* (s. unten), zuerst in Gegensatz zu älterem *Einfalt*. vielfältig Adj. ‘durch Vielfalt gekennzeichnet, mannigfaltig’ (15. Jh.); zu *-fältig* (s. *falten*). vervielfältigen Vb. ‘vermehren, vergrößern’ (17. Jh.), älter *vielfältigen* (16. Jh.); heute speziell ‘einen Text auf mechanischem Wege mehrfach herstellen’. vielleicht Adv. ‘möglicherweise, gegebenenfalls, etwa, gefälligst’, mhd. *vil līhte* ‘sehr leicht, vermutlich, möglicherweise’. vielmehr Konj. ‘sondern, im Gegenteil, richtiger’, in frühnhd. Zeit (15. Jh.) zusammengerückt aus mhd. *vil mēr(e)* ‘in noch höherem Grade’, ahd. *filu mēr*. Vielweiberei f. ‘eheliche Verbindung eines Mannes mit mehreren Frauen’ (Ende 17. Jh.), nach gleichbed. griech. *polygamía* (*πολυγαμία*), spätlat. *polygamia* (s. *poly-*).

Vielfraß m. ‘wer unmäßig viel ißt’, ahd. *filufrāʒ* (11. Jh., auch *filufreʒʒo*, 10. Jh.), frühnhd. *vilfraß* ‘gefräßiger Mensch, Fresser, Schlemmer’, auch ‘Hyäne’; gebildet zu ahd. *frāʒ* m. (10. Jh.), mhd. *vrāʒ* ‘Fresser’ (s. *fressen* und *viel*). *Vielfraß* als die im 15. Jh. aufkommende Bezeichnung für das im hohen Norden lebende, wegen seines Fells geschätzte marderartige Raubtier geht zurück auf (allerdings erst später bezeugtes) norw. (älter) *fjeldfross* ‘Bergkater’; zum Bestimmungswort vgl. norw. *fjell*, anord. *fjall* ‘Fels, Berg’ (s. *Fels*); das Grundwort beruht auf norw. (mundartlich) *fross* ‘Kater’, einer Ablautform zu gleichbed. schwed. (mundartlich) *fress*, anord. *fress* ‘Kater, Bär’. Hanseatische Pelzhändler bilden das norw. Wort volksetymologisch um zu mnd. *veelvratz* (Reinke de Vos, 1498), *villevrās, vēlevrās, -vrāt* ‘Vielfraß’. In diesen Formen wandert der Name zurück und wird zu norw. *fjeldfras*, schwed. *filfras*, dän. (älter) *felfraads*. Nl. *veelvraat* (19. Jh.) ist aus dem Dt. entlehnt. Berichte von der Gefräßigkeit des Tieres sind aus dem Namen entstanden; auch zoolog.-lat. *Gulo* (1780; nach lat. *gulo* ‘Schlemmer’) wird in Anlehnung an den umgedeuteten dt. Ausdruck gebildet.

vier Num., ahd. *fior* (8. Jh.), mhd. *vier*, asächs. *fi(u)war, fior*, mnd. *vēr*, mnl. *vier(e)*, nl. *vier*, aengl. *fēower* (nordhumbr. *fēor*), engl. *four* ‘vier’; daneben steht aengl. (in Zusammensetzungen) *fyþer-, fiþer-* ‘vier-’, anord. *fjōrir* m. (aus **fioðrir, *feðurēR*), got. *fidwōr, fidur-*, krimgot. *fyder*, so daß von einer noch vor Beginn der germ. Lautverschiebung entstandenen Form **petu̯ōr* (mit *p-* aus *k*$^{u̯}$*-*) auszugehen ist. Diese geht mit aind. *catvā́raḥ*, awest. *čaϑwar-*, griech. *téssares*, (att.) *téttares* (*τέσσαρες, τέτταρες*), lat. *quattuor*, air. *ceth(a)ir*, lit. *keturì*, aslaw. *četyre*, russ. *četýre* (*четыре*) auf das Zahlwort ie. **k*$^{u̯}$*etu̯ōr* ‘vier’ (mit verschiedenen Ablautformen) zurück (s. *acht*). – vierter Num. Ord., ahd. *fiordo* (8. Jh.), mhd. *vierde, vierte*. vierzehn Num., ahd. *fiorzehan* (9. Jh.), mhd. *vierzehen*. vierzig Num., ahd. *fiorzug* (8. Jh.), mhd. *vierzec, -zic*; s. *-zig*. Viertel n., ahd. *fiorteil* (10. Jh.), mhd. *vierteil, viertel*, mnd. *vērdēl*; s. *Teil*. Viereck n. ‘von vier geraden Linien begrenzte Fläche’ (16. Jh.), substantivierte Rückbildung aus dem untergegangenen Adjektiv ahd. *fioreggi* ‘viereckig’ (10. Jh.), mhd. *viereck*e, einer Wiedergabe von lat. *quadr(i)angulus* ‘viereckig’; dazu viereckig Adj. (15. Jh.), bis Mitte 19. Jh. häufig *vierekk(e)t*, mhd. *viereckeht, viereckot*.

Vignette f. ‘ornamentale oder bildliche Darstellung auf dem Titelblatt eines Buches, am Anfang oder Ende einer Buchseite, Briefverschluß-, Spendenmarke’, Übernahme

(18. Jh.) von gleichbed. frz. *vignette*, älter im Plur. mfrz. frz. *vignettes*, afrz. *vignetes* 'Weinrankenornament' (bes. auf Möbeln, Geschirr), Deminutivum von afrz. frz. *vigne* 'Weinrebe, Weinstock, Weinberg', das auf lat. *vīnea* f. 'Weinberg', auch 'Weinstock', substantivertes Femininum von lat. *vīneus* 'zum Wein gehörig' (zu lat. *vīnum* 'Wein'), zurückgeht.

Vikar m. (im Bereich der katholischen Kirche) 'Vertreter einer geistlichen Amtsperson', (im Bereich der evangelischen Kirche) 'in ein Praktikum übernommener Theologe', (im Sprachgebrauch der Schweiz) 'Stellvertreter eines Lehrers', ahd. *fikāri* (um 800), spätmhd. *vicār(i), vicārier, vicārie, vicārje* 'Stellvertreter, Verweser', nhd. *Vikar*, auch (bis 17. Jh.) *Vikari(e)* und (bis 19. Jh.) *Vikarius*, aus lat. *vicārius* Adj. 'stellvertretend', Subst. 'Stellvertreter, Statthalter'; zu lat. *vicis* (Gen.), *vicēs* (Plur.), dazu der Nom. spätlat. *vices* 'Wechsel, Abwechslung, Wechselseitigkeit' (s. *Vize-*; verwandt mit *Wechsel*, s. d.). – Vikariat n. 'Amt eines Vikars, Stellvertretung' (15. Jh.), mlat. *vicariata*; auch Vikarie f. (bis 19. Jh.), spätmhd. *vicārie*, spätlat. *vicāria*.

Viktualien Plur. 'Lebensmittel, Eßwaren, Proviant' (16. Jh.), entlehnt aus gleichbed. spätlat. *vīctuālia*, Neutr. Plur. von spätlat. *vīctuālis* Adj. 'zum Lebensunterhalt gehörig, auf die Nahrung bezüglich', zu lat. *vīctus* m. 'Leben, Lebensart, -unterhalt, Nahrung'; vgl. lat. *vīvere* (*vīctum*) 'leben'. Frühformen wie *vitalie* (um 1400), *vit(t)alia, vitalien* (16. Jh.) zeigen Einfluß von ebenfalls auf spätlat. *vīctuālia* beruhendem afrz. mfrz. *vitailles* Plur. (danach unter erneutem lat. Einfluß mfrz. frz. *victuailles* Plur.). Vgl. *Viktualienmarkt* 'Lebensmittelmarkt' (in München seit 19. Jh.)

Villa f. 'größeres frei stehendes Einzelwohnhaus', Entlehnung (17. Jh., zunächst in Reiseberichten über italienische Landsitze) von ital. *villa* 'herrschaftliches Wohnhaus auf einem Gartengrundstück, Landhaus, Sommersitz', lat. *vīlla* 'Landhaus (eines Vornehmen), Gutshof, Landgut, Vorwerk', wohl aus **vīcslā*, zu lat. *vīcus* 'Dorf, Flecken' (s. *Weiler*).

violett Adj. in der Färbung zwischen Blau und Rot liegend, 'veilchenfarben, lila', entlehnt (vereinzelt mhd. *vīolet*, um 1300, mnd. *phyolit, fiolet*, 14./15. Jh., nhd. zuerst Mitte 16. Jh., häufiger seit 17./18. Jh.) aus gleichbed. afrz. frz. *violet*, Adjektivbildung im Anschluß an das Substantiv afrz. *violete*, frz. *violette* f. 'Veilchen', Deminutivum zu gleichbed. afrz. *viole*, dem lat. *viola*, auch 'Violettfarbe', zugrunde liegt (s. *Veilchen*). Bis ins 19. Jh. hält sich die (dem Schriftbild des frz. Mask. entsprechende) Form *violet*, die (vom Fem. frz. *violette* beeinflußte) Schreibung *violett* setzt im 18. Jh. ein. Zuweilen auch *violettig* (Anfang 16. Jh.) und *violetten* (2. Hälfte 18. Jh.).

Violine f. 'Geige', im 17. Jh. von ital. *violino* m. 'Diskantgeige', einem Deminutivum zu ital. *viola* f. 'Altgeige' (Bratsche), entlehnt. *Violine* erscheint jedoch bereits in den frühesten Belegen mit fem. Genus, außerdem ist im 18. Jh. auch die Form *Violin* f. oder n. geläufig. Daneben stehen älteres *Geige* und *Fiedel* (s. d.). Die Etymologie ist unklar; ital. *viola*, span. *vihuela*, port. *viola*, frz. *viole* werden auf aprov. *viola* zurückgeführt, dessen Verbreitung durch die mittelalterliche prov. Liebeslyrik begünstigt sein kann. Verschiedentlich wird Verwandtschaft mit lat. *vītulārī* Vb. 'einen Siegesgesang anstimmen, frohlocken' und mlat. *vitula*, dem Instrument dazu, erwogen (dazu s. auch *Fiedel*). Dagegen macht FEW 14, 369ff. schallnachahmenden Ursprung wahrscheinlich.

Viper f. meist lebendgebärende Giftschlange, 'Otter', mhd. *viper(e), vipper,* entlehnt aus lat. *vīpera* 'Schlange, Natter'. Wahrscheinlich aus **vīvipera*, **vīvopera* 'lebendige Junge zur Welt bringend', Bildung aus lat. *vīvus* 'lebendig, lebend' und *parere* 'gebären, zeugen, hervorbringen'.

virtuos Adj. 'technisch vollendet, meisterhaft, kunstfertig' (semantisch dem Substantiv *Virtuose* folgend, s. unten), entlehnt (2. Hälfte 17. Jh.) aus ital. *virtuoso* 'fähig, tüchtig, Wirkungskraft besitzend, tugendhaft, vortrefflich', dem spätlat. *virtuōsus* 'tugendhaft, vortrefflich' vorausgeht, eine Ableitung von lat. *virtūs* 'Tüchtigkeit, Vorzüglichkeit, Wert, (moralische) Vollkommenheit, Tugend', eigentl. 'Mannhaftigkeit'; zu lat. *vir* 'Mann, Gatte'. – Virtuos(e) m. 'wer seine Kunst vollendet, meisterhaft beherrscht, hervorragender Künstler' (um 1700), nach gleichbed. ital. *virtuoso* (Substantivierung des Adjektivs ital. *virtuoso*, s. oben), wie dieses meist für Musiker gebraucht mit Bezug auf die technische Brillanz des Vortrags, seit dem 19. Jh. auch mit negativer Wertung (und dann einen Unterschied zum echten Künstler herstellend), daneben gelegentlich in anderen Bereichen für 'Könner, Meister' (Ende 18. Jh.); im 18. Jh. außerdem 'allseitig gebildeter, geistig und moralisch hochstehender Mensch, Kunstkenner, Gelehrter' (oft in der Form *Virtuoso*) unter dem Einfluß (bes. durch Shaftesbury) von gleichbed. engl. *virtuoso*, das ebenfalls aus dem Ital. stammt. V i r t u o s i t ä t f. 'vollendete Beherrschung einer bestimmten künstlerischen Technik, Brillanz der musikalischen Darbietung, Meisterschaft, Kunstfertigkeit' (2. Hälfte 18. Jh., manchmal in tadelndem Sinne), latinisierende Bildung entsprechend mlat. *virtuositas* 'Tugend, Ehre, Ansehen', engl. *virtuosity* 'Bildung, Kunstverstand' (vgl. jüngeres frz. *virtuosité*, ital. *virtuosità*).

Virus n., nicht fachsprachlich auch m., Plur. *Viren*, nur ultramikroskopisch sichtbarer Eiweißkörper, der als Parasit in lebenden Zellen existiert und meist als Krankheitserreger auftritt (1. Hälfte 20. Jh.), zuvor allgemein 'Gift(stoff), Ansteckungsstoff' (2. Hälfte 19. Jh.), wohl über früher bezeugtes frz. engl. *virus* (zunächst äußerliche Krankheitszeichen wie 'Eiter, Gestank, Gift' bezeichnend, dann im Frz. Ende des 17. Jhs. 'Krankheitserreger') aus lat. *vīrus* n. 'zähe Flüssigkeit, Schleim, Saft, Gift, Gestank, Schärfe, Bitterkeit'. – v i r u l e n t Adj. 'giftig, eitrig' (Anfang 19. Jh.), 'infektiös, ansteckend, krankheitserregend' (Ende 19. Jh.), wohl über gleichbed. engl. frz. *virulent* aus lat. *vīrulentus* 'giftig', zu lat. *vīrus* (s. oben).

Visage f. 'Gesicht' (seit dem 18. Jh. zunehmend und heute allein in derber, abschätziger Ausdrucksweise), Übernahme (Ende 17. Jh.) von afrz. frz. *visage* m. 'Gesicht, Antlitz', einer (ursprünglich wohl kollektiven) Ableitung von afrz. *vis* 'Gesichtssinn, Antlitz, Gesicht', aus lat. *vīsus* m. 'das Sehen, Anblick, Gestalt, Erscheinung', spätlat. 'Gesichtssinn', zu lat. *vidēre* (*vīsum*) 'sehen, wahrnehmen, erkennen'. Afrz. *vis* bleibt im modernen Frz. nur in der adverbiellen Fügung frz. *vis-à-vis* 'gegenüber' (eigentl. 'Angesicht gegen Angesicht', vom Mfrz. an auch präpositional *vis-à-vis de*) erhalten, die in der frz. Form v i s - à - v i s Präp. 'gegenüber (von)' (2. Hälfte 18. Jh.), Adv. 'auf der gegenüberliegenden Seite, gegenüber' (Ende 18. Jh.) ins Dt. gelangt; dazu die Substantivierung V i s - à - v i s n. 'gegenüberbefindliche Person' (Ende 18. Jh., in der Gegenwart auch auf Sachen übertragen), vorher (als Mask. oder Fem.) 'Kutsche mit zwei gegenüberliegenden Sitzen' (2. Hälfte 18. Jh.), entsprechend gleichbed. frz. *vis-à-vis* m.

[1]**Visier** n. 'bewegliches Helmgitter', das Gesicht deckender, mit Sehschlitzen versehener Teil des mittelalterlichen Helms (als Bestandteil der Ritterrüstung), entlehnt (15. Jh.) aus mfrz. frz. *visière* f., afrz. *visiere* 'Helmgitter', einer Ableitung von afrz. *vis* 'Gesichtssinn, Antlitz, Gesicht' (s. *Visage*). Anfangs dem frz. Vorbild folgend auch Fem., dann (vielleicht in Anlehnung an *Gesicht*) durchgängig Neutr. Redensartlich *mit offenem Visier* 'sich zu erkennen gebend, offen, ehrlich' (18. Jh.), *das Visier lüften* 'sich zu erkennen geben' (19. Jh.).

visieren Vb. 'sorgfältig betrachten, als Ziel(punkt) ins Auge fassen, zielen, ein Instrument, eine Schußwaffe zielgenau einstellen', übertragen 'im Auge behalten, auf etw. achten, auf etw. abzielen' (Anfang 17. Jh., heute meist *anvisieren*), mhd. *visieren* '(kunstvoll) modellieren, darstellen, schildern, in kunstgerechter Weise beschreiben', spätmhd. 'messen, ein Hohlmaß eichen', entlehnt aus afrz. frz. *viser* 'seine Aufmerksamkeit auf etw. richten, etw. sorgfältig beobachten, auf etw. zielen, sich um etw. bemühen', afrz. auch 'untersuchen, prüfen, erkennen', dem vlat. **vīsāre* 'aufmerksam betrachten' (zu lat. *vidēre*, s. *Vision*) voraufgeht. – [2]V i s i e r n. 'Sucher (bes. an einer Schußwaffe), mit dessen Hilfe ein Ziel anvisiert wird, Zielvorrichtung' (Ende 16. Jh.), zu *visieren* 'als Ziel(punkt) ins Auge fassen'; älter 'Aufriß, Entwurf (eines Gebäudes)' und 'Eichmaß(instrument)' (15./16. Jh.).

Vision f. 'Erscheinung, Trugbild', mhd. *visiōn, visiūn(e)* f. 'Traumgesicht', entlehnt aus lat. *vīsio* (Gen. *vīsiōnis*) m. 'das Sehen, Ansehen, Anblick, Erscheinung, geistige Vorstellung, Idee'; zu lat. *vidēre* (*vīsum*) 'sehen, wahrnehmen, erkennen'. *Vision* bezeichnet zuerst (Anfang 14. Jh., oft lat. flektiert) in der Sprache der Mystik (Meister Eckhart, Seuse) eine übernatürliche Erscheinung, die als religiöse Erleuchtung aufgenommen wird; danach allgemeiner 'auf Einwirkung übernatürlicher Kräfte beruhende Erscheinung, Vorstellung, Ahnung' (16. Jh.), heute bes. 'auf Sinnestäuschung beruhendes Trugbild, Halluzination, Traumbild'. – v i s i o n ä r Adj. 'nach Art einer Vision wahrgenommen, seherisch, traumhaft, auf Einbildung beruhend, unwirklich' (Ende 18. Jh.), aus frz. *visionnaire* '(angeblich) Visionen habend, seherisch, schwärmerisch, versponnen'; im Frz. auch substantivisch, woraus V i s i o n ä r m. 'wer Visionen hat, Geisterseher, Träumer, Phantast' (1. Hälfte 18. Jh.), anfangs vereinzelt latinisiert *Visionarius* und in vom Frz. beeinflußter Schreibung *Vision(n)air(e)*.

visitieren Vb. 'prüfend besichtigen, untersuchen, durchsuchen', mhd. *visitieren* 'besuchen, sich in etw. versenken', (von Gott) 'heimsuchen', (von kirchlichen Aufsichtspersonen) 'prüfend besichtigen', entlehnt aus lat. *vīsitāre* 'oft sehen, nach jmdm. sehen, besichtigen, besuchen', kirchenlat. (von Gott) 'heimsuchen', Intensivum zu lat. *vīsere* 'besichtigen, besuchen', eigentl. 'zu sehen wünschen', seinerseits eine Intensivbildung zu lat. *vidēre* (*vīsum*) 'sehen, wahrnehmen, erkennen'. Im Nhd. vornehmlich geläufig zur Bezeichnung der Kontrolltätigkeit geistlicher und weltlicher Behörden. – V i s i t a t i o n f. 'Besuch, Besichtigung zum Zweck der Überprüfung, Untersuchung, Durchsuchung', mhd. *visitatiōn*, aus lat. *vīsitātio* (Gen. *vīsitātiōnis*) 'das Sehen, Besichtigung, Besuch, Heimsuchung'; die Bedeutungsentwicklung entspricht der des Verbs. V i s i t e f. 'Arztbesuch (am Krankenbett)' (um 1700; zuvor vereinzelt unter ital. Einfluß stehendes *Visita*, 2. Hälfte 16. Jh.), '(Höflichkeits)besuch' (1. Hälfte 17. Jh.), entlehnt aus gleichbed. frz. *visite*. V i s i t e n - k a r t e f. 'Karte mit aufgedrucktem Namen (und Adresse) des Besuchers zur Überreichung bei offiziellen Besuchen' (2. Hälfte 18. Jh.); vgl. gleichzeitig bezeugtes engl. *visitingcard* und jüngeres frz. *carte de visite*.

Viskose f. zähflüssige, leimartige Zelluloseverbindung als Zwischenprodukt bei der Herstellung von Kunstfasern, Übernahme (um 1900) von engl. *viscose*. Die Benennung des von engl. Forschern 1892 entdeckten Kunststoffes erfolgt in Anlehnung an lat. *viscōsus* 'voll Vogelleim, klebrig, zäh'; zu lat. *viscum* 'Mistel, aus Mistelbeeren bereiteter Vogelleim'.

visuell Adj. 'das Sehen, den Gesichtssinn betreffend bzw. darauf beruhend, durch Sehen hervorgerufen, mit den Augen wahrnehmbar', Entlehnung (Mitte 19. Jh.) von frz. *visuel*, das auf spätlat. *vīsuālis* 'zum Sehen gehörig' beruht, einer Ableitung von lat. *vīsus* m. 'das Sehen, Anblick, Gestalt, Erscheinung', spätlat. 'Gesichtssinn'. Direkt auf das Lat. geht (ebenfalls Mitte 19. Jh. bezeugtes, doch dann aufgegebenes) *visual* zurück.

Visum n. (Plur. *Visa, Visen*) 'amtlicher Sichtvermerk im Reisepaß, Ein-, Ausreiseerlaubnis'; zuerst *Visa* n. f., Entlehnung (2. Hälfte 18. Jh.) von mfrz. frz. *visa* 'amtlicher Prüfungsvermerk auf einem Dokument, Beglaubigung, Bestätigung', nach lat. *vīsa* 'gesehene Dinge' (Prüfungsvermerk auf mittelalterlichen Dokumenten und Urkunden zur Bestätigung ihrer Richtigkeit), dem substantivierten Neutr. Plur. des Part. Perf. von lat. *vidēre* 'sehen, wahrnehmen, erkennen'; seit Anfang des 20. Jhs. *Visum*, latinisierend rückgebildeter Sing.

vital Adj. 'voller Lebenskraft' (um 1800), 'lebenswichtig, wesentlich, grundsätzlich' (1. Hälfte 19. Jh., vielleicht unter Einfluß von frz. engl. *vital*), 'lebensfreudig, gesund, energisch, lebhaft' (1. Hälfte 20. Jh.), entlehnt aus lat. *vītālis* 'zum Leben gehörig, Leben enthaltend, Lebenskraft habend', einer Ableitung von lat. *vīta* f. 'Leben'. – V i t a l i t ä t f. 'Lebensfähigkeit, Lebenskraft, körperliche Leistungsfähigkeit, Lebendigkeit' (um 1800), aus lat. *vītālitās* (Gen. *vītālitātis*) 'Lebenskraft, Leben'; vgl. frz. *vitalité* f. (18. Jh.).

Vitamin n. vorwiegend in Pflanzen gebildeter Wirkstoff zur Steigerung bestimmter organischer Prozesse bei Mensch und Tier, künstliche Bildung des Biochemikers Funk (Buchtitel „Die Vitamine", 1914) zu lat. *vīta* 'Leben' und *Amin*, das seinerseits (als Derivat des *Ammoniaks*) auf einer Basis *Am-* und der für Substanzbezeichnungen üblichen Nachsilbe *-īn* beruht.

Vitrine f. 'verglaster Schaukasten, Glasschrank für Ziergegenstände', Übernahme (2. Hälfte 19. Jh.) von gleichbed. frz. *vitrine*, auch 'Schaufenster, Auslage', das in Anlehnung an frz. *vitre* 'Glasscheibe, Fenster(scheibe)', afrz. *vitre* 'Glas' (entlehnt aus lat. *vitrum* 'Glas') umgebildet ist aus frz. *verrine* 'dicke Glasröhre, schützender Glaskörper', älter 'Glasscheibe', afrz. *ver(r)ine* 'Kirchenfenster', dem substantivierten Femininum von afrz. *ver(r)in* 'gläsern', aus gleichbed. spätlat. *vitrīnus* (in jüngeren Handschriften, vgl. mlat. *vitrinus*), Ableitung von lat. *vitrum* n. 'Glas'.

Vize- im Sinne von 'Stellvertreter' Bestimmungswort in substantivischen Zusammensetzungen. Zugrunde liegt lat. *vice* 'an Stelle von', der erstarrte Ablativ von lat. *vicis* (Gen.)

'Wechsel, Abwechslung, Wechselseitigkeit, Erwiderung, Gegenleistung, Vergeltung, Seite, Platz, Rolle, Geschäft', lat. (Nom. Plur.) *vicēs* (s. *Vikar*). Im Lat. in der Komposition nur selten, vgl. spätlat. *vicedominus* 'Statthalter, Stellvertreter', entlehnt (unter Anlehnung an das unter *-tum*, s. d., behandelte Kompositionssuffix) in mhd. *viztuom*, nhd. (älter) *Vizthum* 'Statthalter, Verwalter'. Häufiger im Mlat., dessen Bildungen oft ins Dt. übergehen, vgl. *Vizekanzler* (15. Jh., mlat. *vicecancellarius*), *Vizekönig* (16. Jh., mlat. *vicerex*), *Vizekonsul* (um 1600, mlat. *viceconsul*); dann in vielen Neubildungen wie *Vizegraf* (16. Jh.), *-stadtschreiber* (17. Jh.), *-vater*, *-wirt* 'Vertreter des Hauswirts' (18. Jh.), *-kirchenvorsteher* (19. Jh.). Aus derartigen Komposita abkürzend verselbständigt V i z e m. 'Stellvertreter' (19. Jh.).

Vlies, Vließ n. 'Schaffell'. Das in den westgerm. Sprachen vertretene Substantiv mhd. *vlius*, frühnhd. *vlües, vlus*, mnd. *vlūs, vlūs* 'Haarbüschel, Flocke, Schaffell', mnl. *vlies, vluus*, nl. *vlies*, aengl. *flēos*, engl. *fleece* 'Schaffell' (s. auch *Flaus, Flausch*) ist verwandt mit *Flaum* (s. d.), wo Weiteres zu Herkunft und Verwandtschaft. Mit nl. Siedlern dringt südmnl. *vlies* in die dt. Mundarten östlich der Elbe (*Fliese*). In der nhd. Literatur ist *Vlies* seit dem 16. Jh. bezeugt, zunächst ausschließlich mit Bezug auf den 1429 in Brügge gestifteten Orden vom *Goldenen Vlies* (nl. *Gulden Vlies* als Übersetzung von lat. *aureum vellus* bzw. mfrz. frz. *toison d'or*), der symbolisch auf das goldene Widderfell der griechischen Argonautensage zurückgreift. Formgebend für das Wort im Nhd. ist daher mnl. nl. *vlies*. In jüngerer Zeit bezeichnet *Vlies* in der Fachsprache der Schafzucht die 'abgeschorene zusammenhängende Wolldecke des Schafs'.

Vogel m. gefiedertes, in der Regel flugfähiges Wirbeltier, ahd. *fogal, fugal* (8. Jh.), mhd. *vogel*, asächs. *fugal*, mnd. *vōgel, vāgel*, mnl. *voghel*, nl. *vogel*, aengl. *fugol*, engl. *fowl* ('Haushuhn', selten 'Vogel'), anord. *fugl*, schwed. *fågel*, got. *fugls* (germ. **fugla-*). Herkunft unbekannt. Etymologisch wenig befriedigend ist der Versuch, unter Annahme einer Dissimilation des *l* von germ. **flugla-* auszugehen und dieses mit Suffix germ. *-la-* (ie. *-lo-*) zu dem unter *fliegen* (s. d.) behandelten Verb zu stellen. Ebenfalls unsicher ist eine Verbindung mit lit. *paũkštis* 'Vogel', das (mit unterschiedlich weitergebildeten) lit. *putýtis* 'Küchlein', aslaw. *pъtica*, russ. *ptíca* (*птица*) 'Vogel' sowie den unter *Fohlen* (s. d.) genannten Formen an die Wurzel ie. **pōu-*, **pŭ-* 'klein, gering, wenig', vielfach für 'Junges, Tierjunges, kleines Tier' anzuschließen ist. Die umgangssprachliche Wendung *den Vogel abschießen* 'als Bester abschneiden, die beste Leistung erreichen' (16. Jh.) stammt vom Vogelschießen, dem Schützenfest auf der Vogelwiese. Auf den Menschen übertragen kommen in frühnhd. Zeit Fügungen auf wie *ein lockerer, loser Vogel* 'ein leichtsinniger, leichtfertiger Mensch', *ein seltener Vogel* 'ein sonderbarer, wunderlicher Mensch'. Die umgangssprachliche Wendung *einen Vogel haben* 'fixe Ideen haben, überspannt, verrückt sein' ist literarisch seit dem 19. Jh. bezeugt. – v o g e l n Vb., seltener *vögeln*, 'Vögel fangen, Vogelfang treiben', ahd. *fogalōn* 'auf Vogelfang ausgehen, Vogelschau anstellen' (8. Jh.), mhd. *vog(e)len*, asächs. *fugolon*, mnd. mnl. *vōgelen*, aengl. *fugelian, fuglian*. Auch frühnhd. *vogeln* 'aus dem Vogelflug weissagen'. V o g l e r m. (heute selten) 'Vogelfänger, -steller', ahd. *fogalāri* (9. Jh., für lat. *auceps*, auch 'Wahrsager', für lat. *augur*), mhd. *vogelære, vogeler*, noch bekannt als Beiname König Heinrichs I., *der Vogler*. V o g e l b e e r e f. rote Frucht der Eberesche, als Lockspeise beim Vogelfang verwendet (17. Jh.). v o g e l f r e i Adj. 'frei von Herrschaftsdiensten, frei wie ein Vogel in der Luft' (Ende 15. Jh.), 'rechtlos, ohne gesetzlichen Schutz, geächtet' (16. Jh.), eigentl. 'den Vögeln (zum Fraße) freigegeben', da dem Körper eines Geächteten das Grab versagt wurde. V o g e l p e r s p e k t i v e f. 'Sicht von hoch oben, von einem hochgelegenen Blickpunkt aus' (2. Hälfte 18. Jh.), frz. *à vue d'oiseau* 'aus der Sicht des Vogels' nachgebildet, dafür auch V o g e l s c h a u f. (19. Jh.).

vögeln Vb., älter *vogeln*, 'miteinander schlafen', spätmhd. *vog(e)len* 'begatten' von Tieren, bes. von Vögeln, danach auch (meist mit Umlaut) *vögeln* von Menschen (15. Jh.). Herkunft ungewiß. Vielleicht hervorgegangen aus *fegeln*, mhd. *vegeln*, einem Iterativum zu *fegen* 'reinigen, kehren', auch 'reiben, mit kurzen, raschen Bewegungen wischen' (s. d.), mhd. *vegen* (in diesem Sinne semantisch vergleichbar mit *ficken*, s. d.), mit früher (teils euphemistischer, teils lautspielerischer) Angleichung an *Vogel* bzw. *vogeln, vögeln*.

Vogt m. (bis ins 18./19. Jh.) 'landesherrlicher Verwaltungsbeamter, Schirmherr, Richter', ahd. *fogāt* 'juristischer Vertreter von nicht rechtsfähigen Institutionen, Anwalt, Beschützer, Stellvertreter, Richter' (8. Jh.), mhd. *vog(e)t, voit, vougt* 'Rechtsbeistand, Fürsprecher, Vormund, Verteidiger, Schirmherr, Beschützer', asächs. *fogat*, mnd. *vōget, vāget, voyt*, mnl. *vōghet, voocht*, nl. *voogd* ist entlehnt aus mlat. *vocatus*, einer Kürzung von lat. *advocātus* 'Sachverständiger, Rechtsbeistand, Sachwalter, Anwalt', eigentl. 'der in einem Rechtsstreit zur Hilfe Herbeigerufene' (s. ˜*Advokat*). – V o g t e i f. 'Amt, Amtsbezirk und Wohnsitz eines Vogts', mhd. *vogetīe* 'Vormundschaft, Amt, Amtsbezirk, Pflichten, Rechte, Einkünfte eines Vogts'.

Vokabel f. 'einzelnes Wort (bes. einer fremden Sprache), Bezeichnung, Ausdruck', entlehnt (Mitte 15. Jh.) aus lat. *vocābulum* n. 'Benennung, Bezeichnung einer Sache', als grammatischer Terminus 'Nomen appellativum, Substantiv', zu lat. *vocāre* '(herbei)rufen, vorladen, (be)nennen'; bis ins 18. Jh. oft in lat. Form. Das fem. Genus im Dt. stammt entweder aus dem häufig gebrauchten, als Fem. Sing. aufgefaßten Plur. lat. *vocābula* oder aus den Pluralformen frühnhd. *die vocabul(e)n, die vocabel* (16. Jh.). – V o k a b u l a r, V o k a b u l a r i u m n. 'Wörterverzeichnis' (1. Hälfte 16. Jh.), 'zu einem bestimmten Fachbereich gehörender Wortschatz' (1. Hälfte 19. Jh.), aus gleichbed. spätlat. *vocābulārium* n., mlat. auch *vocabularius* m.; zu lat. *vocābulum* (s. oben), bis ins 18. Jh. häufig in lat. Form.

Vokal m. 'Selbstlaut', entlehnt (2. Hälfte 15. Jh.) aus gleichbed. lat. *vōcālis (littera)* f., eigentl. 'stimmreicher, tönender Buchstabe'. Zugrunde liegt das Adjektiv lat. *vōcālis* 'mit Stimme begabt, stimmhaft, klangvoll, tönend', abgeleitet von lat. *vōx* (Gen. *vōcis*) 'Laut, Ton, Schall, Stimme, Wort, Rede'. Bis gegen Ende des 17. Jhs. auch im Dt. in der lat. Form *Vocalis*. – v o k a l Adj. in der Musik 'durch die menschliche Singstimme hervorgebracht, die Singstimme betreffend, für Singstimme geschrieben' (Ende 16. Jh.; im Unterschied zu *instrumental*), aus lat. *vōcālis* (s. oben). Zuerst in der Fügung lat. *Musica Vocalis* 'Vokalmusik'; seit Mitte des 17. Jhs. meist Bestimmungswort in Zusammensetzungen wie *Vokalmusik, -satz, -konzert*, in jüngster Zeit wieder adjektivisch bezeugt in der Bedeutung 'stimmlich, gesanglich'. v o k a l i s c h Adj. 'stimmlich, gesanglich' (Mitte 18. Jh.), heute vornehmlich 'den Vokal betreffend, damit gebildet, selbstlautend' (19. Jh.).

Vokativ m. 'Ruf-, Anredefall', ein (im Dt. nicht vorhandener) Kasus der lat. Deklination, spätlat. *vocātīvus* 'Rufform', substantiviert aus lat. *cāsus vocātīvus*, eigentl. 'der zum Anreden, Rufen dienliche Kasus'; zu lat. *vocāre* (*vocātum*) '(herbei)rufen, vorladen, (be)-nennen'. In lat. Form ins Dt. übernommen (17. Jh.), danach auch *Vocatif* und *Vokativ*. Als frühe Verdeutschungsversuche begegnen *der Rueffer* (um 1400), *Rufendung, Anreder* (17. Jh.), *fünfte Endung* (18. Jh.).

Volk n. 'aus einer Vereinigung von Stämmen hervorgegangene ethnische Gemeinschaft, Bevölkerung eines Landes, (die einfachen) Leute, Menschenmenge', ahd. *folc* n. m. 'Volk, Völkerschaft, Volksmenge, -haufen, Heer(haufen), die breite Masse' (8. Jh.), mhd. *volc* n., auch m., asächs. *folk* n., mnl. *volc*, mnd. nl. *volk*, aengl. *folc*, engl. *folk* 'Leute' (meist im Plur. *folks*), anord. schwed. *folk* 'Volk, Leute' führt auf germ. **fulka-* 'Kriegerschar, Heerhaufen', vielleicht zu verstehen als 'die Menge der waffenfähigen Männer' als Repräsentanten der Gemeinschaft. Dann kann von ie. **pḷgo-* 'Fülle, Menge' und von der Wurzel ie. **pel(ə)-, *plē-* 'aufschütten, (ein)füllen' ausgegangen werden (s. *voll, viel*). – v ö l k i s c h Adj. 'ein Volk betreffend, zu ihm gehörend, von ihm ausgehend' (16. Jh.), *volckisch* (Ende 15. Jh.). V o l k s l i e d n. volkstümliches, im Volk überliefertes und verbreitetes, oft von einem unbekannten Verfasser stammendes Lied, geprägt von Herder (1773) neben *Populärlied*, womit er engl. *popular song* wiedergibt. V o l k s s c h u l e f. (18. Jh.). v o l k s t ü m l i c h Adj. 'dem Volk, der Art des Volkes entsprechend, gemeinverständlich, bekannt, beliebt' (Ende 18. Jh.), anfangs auch im Sinne von 'national'; dazu V o l k s t ü m l i c h k e i t f. (Ende 18. Jh.) und V o l k s t u m n. 'Wesen, Eigenart des Volkes (einer bestimmten Landschaft)' (Anfang 19. Jh.), zuerst 'Nationalität'. V o l k s v e r t r e t e r m. 'Vertreter, Verteidiger des Volkes gegen Beeinträchtigung seiner Rechte, gewähltes Mitglied einer Volksvertretung, Abgeordneter' (Anfang 19. Jh.). V o l k s w i r t s c h a f t f. 'Gesamtheit der

Wirtschaft eines Staates oder Landes, Nationalökonomie' (um 1830), für engl. *national economy.* bevölkern Vb. 'mit Bewohnern besetzen, besiedeln, in Scharen beleben' (17. Jh.); Bevölkerung f. 'das Bevölkern, die Einwohner, Bewohner eines bestimmten Gebietes' (Ende 17. Jh.).

voll Adj. 'gefüllt, bedeckt', ahd. *fol* (8. Jh.), mhd. *vol*, asächs. *ful*, mnd. *vul*, mnl. nl. *vol*, aengl. *full*, anord. *fullr*, schwed. *full*, got. *fulls* (germ. **fulla-*) und aind. *pūrṇáḥ* 'voll, gefüllt', lit. *pìlnas*, aslaw. *plьnъ*, russ. *pólnyj* (*полный*) 'voll' sowie (ablautend) lat. *plēnus* 'voll' sind alte Partizipialbildungen mit dem Suffix ie. *-no-*, führen also auf ie. **pl̥no-* bzw. **plēno-* 'angefüllt' (im Germ. mit Assimilation von *-ln-* zu *-ll-*). Vergleichbar sind griech. *pimplánai* (*πιμπλάναι*) 'füllen', lat. *plēre* 'füllen', so daß eine Wurzel ie. **pel(ə)-*, **plē-* 'gießen, fließen, aufschütten, (ein)füllen' zugrunde gelegt werden kann (wozu auch *viel*, s. d.). – vollends Adv. 'völlig, ganz, überdies noch' (17. Jh.), mit adverbiellem *-s* gebildet im Anschluß an spätmhd. *vollent*, das seinerseits (mit unorganischem *-t*) mhd. *vollen* Adv., ahd. *follūn* Adv. (8. Jh.), *follon* (9. Jh.) fortsetzt. völlig Adj. 'gänzlich', ahd. *follīg* 'vollständig, sich ergänzend' (11. Jh.; vgl. *follīglīh* Adj. 'voll, reichlich, vollkommen', um 1000, *follīglīhho* Adv., 10. Jh.), mhd. *vollec, vollic* 'voll, vollständig, reichlich'. vollständig Adj. 'aus allen zugehörigen Teilen bestehend, ganz' (16. Jh.); Vollständigkeit f. (Anfang 16. Jh.). vollkommen Part.adj. 'vollständig, vollendet, unübertrefflich', ahd. *folkoman* 'vollendet' (Hs. 12. Jh.), mhd. *volkomen, volkumen* 'ausgebildet, herangewachsen, vollständig', Part. Prät. von ahd. *fol(la)queman* 'zu einem Ziel gelangen, hinkommen, gelingen' (um 1000), mhd. *volkomen, volkumen* Vb. 'zum Ende, zum Ziele kommen, ausgeführt werden, sich ereignen'; Vollkommenheit f., mhd. *volkomenheit*; vervollkommnen Vb. 'vollkommen machen, vervollständigen' (vereinzelt 16. Jh., häufig ab 18. Jh.). Vollblut n. 'reinrassiges Pferd' (18. Jh.), nach engl. *full-blood.* vollstrecken Vb. 'ausführen, verwirklichen' (2. Hälfte 15. Jh.), eigentl. 'bis zum Ende, zum Ziele strecken'. Vollmacht f. 'einem anderen erteiltes Verfügungsrecht', spätmhd. *volmacht*, vgl. afrz. *plein pooir* sowie nlat. *plēnipotentia.*

Volontär m. 'wer zur Vorbereitung auf seine künftige berufliche Tätigkeit arbeitet' (im kaufmännischen Bereich eines Betriebes, heute bes. in einer Redaktion, Mitte 19. Jh.), älter '(zwecks Ausbildung zum Offizier) freiwillig und ohne Sold dienender Soldat, Freiwilliger', als Terminus der Militärsprache entlehnt (Anfang 17. Jh., zunächst in frz. Schreibung, gelegentlich mit Suffixwechsel *Volontier, Volonteur*) aus gleichbed. frz. *volontaire*, Substantivierung des Adjektivs mfrz. frz. *volontaire* 'freiwillig, willentlich, eigenwillig', dem lat. *voluntārius* 'freiwillig, aus freiem Antrieb handelnd, von selbst geschehend' zugrunde liegt, eine Bildung zu lat. *voluntās* (Gen. *voluntātis*) 'das Wollen, guter Wille, Wunsch, Neigung' (abgeleitet von lat. *velle*, s. *wollen*). Die Übertragung des Ausdrucks vom Heerwesen auf zivile Berufe wird im Dt. unabhängig vom frz. Sprachgebrauch vollzogen. – volontieren Vb. 'als Volontär arbeiten' (Anfang 20. Jh.).

Volumen n. 'Schriftrolle, Bündel Schriften' und (fachsprachlich noch heute) 'Teil eines aus mehreren Bänden bestehenden Werkes, Band' ist eine Entlehnung (2. Hälfte 16. Jh.) von lat. *volūmen* n. 'Schriftrolle, Schriftwerk, Buch, Band', eigentl. 'alles, was gerollt, gewickelt wird'; zu lat. *volvere* 'rollen, wälzen, drehen, wirbeln, winden'. Ebenfalls auf dem Lat. beruhendes afrz. frz. *volume* m. wird (bereits im Afrz.) auf die Ausdehnung eines Körpers übertragen; unter frz. Einwirkung nimmt daher *Volumen* auch im Dt. die Bedeutung 'Umfang, Rauminhalt, Masse, Größe' (Anfang 18. Jh.) an. Danach im weiteren Sinne (bes. im Bereich der Wirtschaft) 'Umfang, Gesamtmenge, Kapazität (des Handels, Umsatzes, der Produktion) innerhalb eines bestimmten Zeitraums' (1. Hälfte 20. Jh.). – voluminös Adj. 'von großer Ausdehnung, umfangreich, aus vielen Teilen, Bänden bestehend' (2. Hälfte 18. Jh.), aus gleichbed. frz. *volumineux.* Sowohl das frz. Adjektiv wie auch im Dt. anfangs gebrauchtes *voluminos* ist zum jeweiligen Substantiv und seinen Bedeutungen gebildet, formal jedoch an spätlat. *volūminōsus* 'voller Krümmungen, gewunden' angelehnt.

von Präp., die räumliche Trennung kennzeichnet (mit Blick entweder auf den Vorgang des Entfernens oder auf dessen Ausgangspunkt), doch auch einen zeitlichen Anfang,

Herkunft, Ursache sowie bestimmte quantitative und qualitative Verhältnisse angibt; ahd. *fon(a)* (8. Jh.), seltener *fan(a)* (8. Jh.), mhd. *von(e)*, (md.) *van(e)*, asächs. *fan(a), fon*, mnd. *van*, anfrk. *fan, van*, mnl. nl. *van*, afries. *fon, fan*. Im Mhd., Mnd. und Mnl. wird die Präposition oftmals nachgestellt und nähert sich damit adverbieller Verwendung ('weg, entfernt, fort', vgl. mhd. *den bin ich billīchen von*). Als Adverb erscheint *von* heute noch in nordd. Umgangssprache, die die getrennte Stellung der sonst zu einem Wort verschmolzenen Pronominaladverbien *davon* (mhd. *dā von, dāvon, dar von, dervon*, s. [1]*da, dar-*), *wovon* (mhd. *wā von*, s. *wo*) häufig beibehält (vgl. nordd. *da nehme ich nichts von*). Die etymologische Herleitung der nur im kontinentalen Westgerm. bezeugten Partikel ist ungeklärt. Vielleicht handelt es sich um eine Erweiterung mit nasalem Formans zu ie. **po* (vgl. lat. *po-* in *positus* 'hingelegt, -gesetzt, gelegen', awest. *pa-* in *pazdaya-* 'wegscheuchen', aslaw. *po*, russ. *po, no* 'auf, in, nach, längs, über etw. hin'), der Schwundstufe zu ie. **apo* 'ab, weg' (s. *ab*), was allerdings nur die germ. Bildungen mit *-a-* erklären würde. Der *o*-Vokalismus ginge, falls er nicht erst im Germ. durch Schwachtonigkeit der Präposition entsteht, auf ein daneben anzusetzendes ie. **apu, *pu* zurück; ahd. *fona* wäre dann mit aind. *púnaḥ* 'zurück, wieder, ferner, gleichwohl' und möglicherweise mit griech. *pýmatos* (*πύματος*) 'der äußerste, letzte' zu vergleichen. – v o n n ö t e n Adv., jetzt noch in der Fügung *vonnöten sein* 'erforderlich sein, dringend gebraucht werden' (seit 16. Jh., frühnhd. auch *von nöten sein*), früher daneben in *vonnöten tun* 'not tun' (16./17. Jh.), *vonnöten haben* 'nötig haben' (17. bis 19. Jh.), Zusammenschreibung der Präp. *von* mit dem Dat. Plur. von *Not* (s. d.); vgl. ahd. *fone nōte* 'gezwungenermaßen' (um 1000), mhd. *von nœten*, frühnhd. *von not, von nöten* 'notwendigerweise, notgedrungen'. v o n s t a t t e n Adv., nur in der Fügung *vonstatten gehen* '(gut) verlaufen, gelingen, vorankommen' (18. Jh., zuvor *von Statten, von statten gehen*, 17. Jh., *von statt gehen*, 16. Jh.), zusammengewachsen aus der Präp. *von* und dem Dat. Plur. von *Statt* (s. d.); voraus geht räumlich-konkretes mhd. *von stat*, frühnhd. *von statten* 'von der Stelle, voran'.

vor Präp. und Adv.; in präpositionaler Verwendung zunächst ein räumliches Verhältnis ausdrückend (ursprünglich nur mit Dat. die Ruhelage, 'an der vorderen, sichtbaren Seite von', im Nhd. ebenso mit Akk. die Bewegungsrichtung dorthin), dann auch (mit Dat.) zeitliche, kausale und andere Beziehungen kennzeichnend; der bis ins ältere Nhd. lebendige adverbielle Gebrauch ('vorn, nach vorn, früher') findet sich heute nur noch resthaft (vgl. *nach wie vor* 'weiterhin, immer noch'), setzt sich aber in mit *vor-* trennbar zusammengesetzten Verben (daraus verkürzt Aufforderungen wie *Freiwillige vor!*) und sich an diese anschließenden Substantiven fort. Ahd. *fora* (8. Jh.), mhd. *vor(e)*, asächs. *for(a), fore, far*, mnd. *vōr*, mnl. *vōre, voor*, nl. *voor*, afries. aengl. *fore*, got. *faúra* beruhen auf germ. **fur(a)*, das wie aind. *purā́* 'vormals, früher', griech. *pára, pará* (*πάρα, παρά*) 'daneben, dabei, von ... her, neben, bei, entlang' auf ie. **pərā̆* bzw. **pr̥-* zurückgeht. Dieses gehört ebenso wie ie. **pəri-, *pri-* (germ. **furi*, woraus ahd. *furi*, mhd. *vür(e)*, nhd. *für*) zu ie. **per* 'das Hinausführen über' (s. auch *ver-*). Die lokalen Präpositionen ahd. *fora*, mhd. *vor(e)* und ahd. *furi*, mhd. *vür(e)* (zur Lage- bzw. Richtungsangabe) unterscheiden sich im wesentlichen nur durch die Kasusrektion. Im älteren Nhd. tritt dann Unsicherheit des Gebrauchs ein, die durch Neuregelung der Grammatiker seit dem 18. Jh. überwunden wird; s. *für*. Adverbielles *vor* verbindet sich mit anderen Adverbien zu Komposita wie v o r a n Adv. 'vorn, an der Spitze, nach vorn, vorwärts', älter auch 'vorher, früher' (16. Jh., zuvor schon *füran*, 15. Jh.); v o r a u s Adv. 'vorn, vornweg, vorwärts, vorher', mhd. *vorūȝ* (substantiviert in der Wendung *im voraus*, 18. Jh., älter *zum voraus*, 17. Jh., *zu voraus*, 15. Jh.); v o r a u f Adv. 'vorn, voraus', auch 'vorher' (17. Jh.); v o r h e r Adv. 'vor diesem Zeitpunkt, früher', älter auch räumlich 'voraus, hervor', mhd. *vürher, vorher*; v o r h i n Adv. 'vor kurzer Zeit, eben erst' (18. Jh.), älter 'vorher, früher', auch räumlich 'voraus', mhd. *vorhin, vorhen*; v o r a b Adv. 'erst einmal, vorher, im voraus, vor allem' (15. Jh.). Die Präposition ist enthalten in den Bildungen v o r e r s t Adv. 'erst einmal, zunächst' (17. Jh., älter *vor erst*, Anfang 16. Jh., im 18./19. Jh. auch *fürerst*; vgl. *fürs erste*, frühnhd. *fur das erste*, 16. Jh., daneben *vors erste*, 18. Jh.), v o r ü b e r Adv. 'herbei und seitlich sich entfernend, vergangen' (16. Jh., zunächst neben *fürüber*; vgl. frühnhd. *vor etw. über*) und wohl ebenso in vorbei Adv. 'vorüber, vergangen' (17. Jh.), mnd. *vörbī, vōr(e)bī*. – vorig Adj. 'zuletzt vergangen, unmittelbar vorausgegangen', älter auch allgemein 'früher, vergangen' (15. Jh.), attributiv gebräuchliche Adjektivableitung vom Adverb *vor* (s. oben).

vorder Adj. (heute nur mit Flexionsendung *der vordere, ein vorderer*) 'vorn, am Anfang befindlich' (meist im Kontrast zu etwas weiter hinten Befindlichem, daher mit komparativischem Sinn, s. *hinter* Adj.), bis ins ältere Nhd. auch auf die Zeit übertragen 'früher, vorherig', ahd. *ford(a)ro* (9. Jh., daneben, bes. obd., mit zusätzlicher Komparativendung ahd. *ford(a)rōro*, 9. Jh., vgl. die Superlativform ahd. *ford(a)rōsto*, 8. Jh.), mhd. *vorder* 'räumlich oder zeitlich vorausgehend, vornehmer, bedeutender, ansehnlich', asächs. (substantiviert) *forð(e)ro* 'Vorfahr', mnd. *vōrder, vōrder* 'vorn, auf der rechten Seite befindlich, früher, vorhergehend' sind wahrscheinlich unmittelbar an die bei *vor* (s. d.) dargestellte (älter auch adverbiell gebrauchte) Präposition anzuschließen; in ihrem zweiten Wortteil ist dann das im Germ. nicht mehr produktive Komparationssuffix ie. *-tero-* zu sehen. Dagegen gehen die Adjektivbildungen asächs. *furðiro* 'größer, vornehmer, rechts befindlich', mnd. *vōrder, vürder* 'ferner, entfernter, weiter, künftig' und aengl. *furþra* 'weiter, entfernter, größer, höher' wohl eher auf die Steigerungsform des unter *fort* (s. d.) behandelten Adverbs zurück. In ältester Zeit ist die Substantivierung ahd. *thie ford(a)ron* (8. Jh.), mhd. frühnhd. *die vorder(e)n*, asächs. *thea forð(e)ron* (s. oben), mnd. *de vōrderen* mit der Bedeutung 'die Eltern, Ahnen, Vorfahren' gebräuchlich; dazu ahd. *thie altford(o)ron*, mhd. frühnhd. *die altvordern*, seit dem 18. Jh. wieder aufgenommen (empfohlen von Campe 1807). – Vordergrund m. 'was sich in der Nähe des Betrachters, vorn in dessen Blickfeld befindet' (häufig mit Bezug auf Bühne, Gemälde und Zeichnungen, 18. Jh.); übertragen in Wendungen wie *etw. in den Vordergrund stellen* 'die Aufmerksamkeit auf etw. lenken', *in den Vordergrund treten* 'an Bedeutung gewinnen', *im Vordergrund stehen* 'besonders wichtig sein' (alle 19. Jh.). Vordermann m. 'wer sich in einer bestimmten Ordnung vor einem anderen befindet', auch 'wer in der Rangfolge vorausgeht' (1. Hälfte 18. Jh.).

Vormund m. 'Vertreter eines Minderjährigen, eines Entmündigten', ahd. *foramunto* 'Rechtsbeistand, Rechtsvertreter' (10. Jh.), mhd. *vormunde, vormünde, vormunt, vürmunt*, mnd. *vōrmünde, vōrmunt*, mnl. *vōremonde* ist eine Zusammensetzung aus dem unter *vor* (s. d.) behandelten Wort und einem im Nhd. als Simplex untergegangenen Substantiv ahd. *munt* f. 'Hand, Schutz' (um 800), mhd. *munt* m. f. 'Hand, Schutz, Bevormundung, Erlaubnis' (s. *Mündel, mündig*), asächs. *mund* f. 'Hand', aengl. *mund* 'Hand, Schutz, Vormund(schaft)', anord. *mund* f. 'Hand', *mundr* m. 'Brautgeschenk, Mitgift'. Verwandt sind [2]*Mandel* (s. d.) und außergerm. lat. *manus* f. 'Hand' (wozu lat. *mandāre* 'übergeben, anvertrauen, überlassen'), mir. *montar, muinter* 'rechtmäßige Gattin', griech. *márē* (*μάρη*) f. 'Hand', die als Reste eines alten *r/n*-Stammes ie. **mər* (Gen. **mənés*) 'Hand' voraussetzen. Einer schwundstufigen Erweiterung ie. **mn̥t-* folgen die oben genannten germ. Formen. Die Bedeutungsentwicklung geht aus von '(schützend über jmdn. gehaltene) Hand' zu 'wer Schutzpflicht und Rechtsvertretung gegenüber einzelnen oder mehreren ausübt' sowie 'Rechtsvertreter von Ehefrau, Kindern', dann 'Rechtsvertreter und Vermögensverwalter von Minderjährigen und Entmündigten' (seit 15. Jh.). Im 18. Jh. auch *Fürmund*, dem damaligen Sprachempfinden folgend an *für* (s. d.) angeschlossen. – Vormundschaft f. 'amtlich verfügte Wahrnehmung der gesetzlichen Vertretung eines Minderjährigen, Entmündigten', ahd. *foramuntscaf* 'Verteidigung, Rechtsvertretung' (10. Jh.), mhd. *vormuntschaft*. bevormunden Vb. 'nicht selbständig entscheiden lassen, gängeln' (16. Jh.), für älteres mhd. *vormunden* 'beschirmen, schützen, bevormunden, Vormund sein'.

vorn Adv. 'an der Vorderseite, in der Nähe des Betrachters, am Anfang', ahd. *forna* (9. Jh.), erweitert *fornān* (um 1000), mhd. *vorn(e), vornān, vornen*, asächs. *foran* 'vorn', *forana* 'von vorn', mnd. *vōrn(e), vōren* 'vorn, früher, vorher', mnl. *vōren* 'vorn, vorher', nl. *voren* 'vorn', aengl. *foran* 'vorher, vorn, vorwärts' sind Bildungen mit dem ursprünglich die Herkunftsrichtung (so bei den Pronominaladverbien, s. *dann, hin, wann*; vgl. noch asächs. *forana*), dann vorwiegend die Ruhelage (s. *außen, innen, oben, unten, hinten*) kennzeichnenden *n*-Suffix (germ. *-ana, -na*) zu der unter *vor* (s. d.) dargestellten Lokalpartikel. Von den im Nhd. zunächst miteinander konkurrierenden Formen *vorn, vorne* und *vornen* (bis ins 18. Jh. auch mit *f*-Schreibung des Anlauts) setzt sich verkürztes *vorn* in der Literatursprache durch, während *vorne* heute als umgangssprachlich, *vornen* als gewählt-altertümlich empfunden wird. Häufig wird *vorn* mit dem Gegensatz *hinten* verbunden; daher die Übertragung *vorn und hinten* (auch *hinten und vorn, hinten oder vorn*) 'überall, ganz und gar, in jeder Weise' (Ende 15. Jh.). Der Richtungsangabe dienen präpositionale Fügungen wie *nach vorn* (19. Jh.), *von vorn* (18. Jh.), letzteres auch temporal, vgl. *von vorn anfangen*, ferner *von vornherein*, älter auch *vorn herein* 'von Anfang an, gleich anfangs' (um 1800).

vornehm Adj. 'sich durch Zurückhaltung und gutes Benehmen auszeichnend, Anstand, Würde zeigend, geschmackvoll, elegant', mhd. *vürnæme*, (md.) *vornæme, vornēme* 'vorzüglich, ausgezeichnet, vornehm', nhd. auch *fürnehm* (bis ins 18. Jh.), gebildet mit der unter *für, vor* (s. d.) dargestellten Präposition zu dem unter *nehmen* (s. d.) behandelten Verb (wie *angenehm, genehm*, s. d.), also eigentl. 'aus einer Menge hervor-, herauszunehmen', daher 'hervorragend' und 'wichtig', nhd. (verengt) häufig 'von höherem Rang und Stand, von edler Herkunft, hoher gesellschaftlicher Stellung', aber auch 'hochherzig, anständig, nobel'. Beim Superlativ *vornehmst* (wie auch bei *vornehmlich*, s. unten) bleibt die ältere Bedeutung 'sehr wichtig, vorrangig, hauptsächlich' bewahrt. – V o r n e h m h e i t f. 'vornehme Art, vornehmes Wesen' (18. Jh.), älter (vereinzelt) *Fürnehmheit* (Ende 15. Jh.). v o r n e h m l i c h Adv. 'vor allem, insbesondere, hauptsächlich' (Anfang 17. Jh.), älter adjektivisch 'sich anmaßend, vor anderen wichtig, von vornehmer Abstammung' (15. Jh.). Daneben bis ins 18. Jh. auch *fürnehmlich*.

Vorrat m. 'für späteren Bedarf Aufgespeichertes'. Das nur im Dt. und Nl. begegnende Substantiv mhd. *vorrāt*, mnd. *vōrrāt* 'Vorrat, Vorberatung, Vorbedacht, Überlegung, Anweisung', nhd. (seit 16. Jh.) in der oben angegebenen, verengten Bedeutung, mnl. *vōreraet* 'Überlegung, Vorbedacht, Vorsorge', nl. *voorraad* ist eine Bildung zu dem unter *Rat* (s. d.) behandelten Substantiv in seiner ursprünglichen Bedeutung 'alles, was für Ernährung und Erhaltung eines Haushalts vorsorgend anzuschaffen ist' (s. *Gerät, Hausrat, Unrat* und *Heirat*). Im 16. und 17. Jh. auch *Fürrat*. – v o r r ä t i g Adj. 'als Vorrat, zum zukünftigen Gebrauch vorhanden, verfügbar' (17. Jh.). b e v o r r a t e n Vb. 'mit Vorräten versehen, zum Vorrat bestimmen' (20. Jh.).

vortrefflich Adj. 'vorzüglich, ausgezeichnet' (16. Jh.), älter *fürtrefflich*, das sich bis ins 19. Jh. hält, mhd. *vürtreflich, vürtreffenlich* und *vürtrefflīche* Adv., zu dem im Nhd. untergegangenen Verb mhd. *vürtreffen*, ahd. *furitreffan* 'übertreffen, auszeichnen, hervorragen' (10. Jh.), eigentl. 'weiter treffen (beim Schießen, Werfen) als ein anderer' (vgl. ahd. *furitreffanti* 'hervorragend', 10. Jh.). S. *treffen*.

Vorwand m. 'vorgeschobener Grund, Ausrede, Ausflucht'. Frühnhd. *fürwand* 'Einwand' (15. Jh.), danach *Vorwand* 'unbegründeter, erfundener, vorgetäuschter Einwand' (17. Jh.), gebildet zu *vorwenden* 'vorbringen, einwenden' (seit Ende 19. Jh. nicht mehr gebräuchlich), mhd. *vürwenden* 'vor Gericht zur Verantwortung ziehen, in Worten vorbringen, darlegen'. S. *vor, für* und *wenden*.

Vorwitz m. 'Wißbegierde, Neugier, Übermut, Leichtsinn', ahd. *firiwizzi* n. 'Wunder, Erstaunliches, Erscheinung, Wißbegierde, Neugier' (9. Jh.), mhd. *virwiz* n. m., *virwitze* f. 'Wißbegierde, Neugier, Vorliebe', asächs. *firiwit* n. und ahd. *furiwizzi* n. 'Neugier' (um 1000), mhd. *vürwiz* m., *vürwitze* f. 'Wißbegierde, Neugier, Vorliebe', nhd. *Fürwitz* (bis 19. Jh.), *Vorwitz* (seit 15. Jh.), mnd. *vōrwitte* n., mnl. *veurwitte*, aengl. *fyrwit* n.; vgl. auch anord. *forvitni* f. 'Wißbegierde, Neugier, Verlangen'. Gebildet zu einem zur Wurzel von *wissen* (s. d.) gehörigen, in got. *faírweitjan* 'gespannt blicken auf' belegten germ. Verb, also zunächst mit der Partikel ahd. *firi-*, got. *faír-* 'hinüber, hindurch', abgelöst von ahd. *furi-* (s. *für*); zum Grundwort s. *Witz*. Vgl. noch ahd. *firiwizgern* Adj. (10. Jh.), *furiwizgern* Adj. (um 1000) 'wißbegierig, vorwitzig' sowie *firiwizgernī* f. (9. Jh.), *furiwizgernī* f. (11./12. Jh.) 'unziemliche, vermessene Neugier'. – v o r w i t z i g Adj. 'neugierig, erlebnishungrig, vermessen, vorlaut', ahd. *firiwizzīg* 'wißbegierig, neugierig' (9. Jh.), mhd. *vir-, vürwitzec*, nhd. *fürwitzig, vorwitzig* (s. oben), mnd. *vōrwittich*.

Vorwort n. 'Einleitung zu einem Buch, Vorrede'. Vereinzelt belegtes ahd. *furiwurti* n. 'Gleichnis' steht als Wiedergabe von lat. *prōverbium* 'Sprichwort' (um 800); mhd. *vorwort, vürwort* bedeutet allgemein 'vorausgehendes Wort', als Begriff der Rechtssprache 'vorherige Absprache, Verabredung, Abmachung, Vereinbarung (zwischen Rechtsparteien)', auch 'Vorverhandlung, vorheriges Übereinkommen', ferner 'im voraus (einseitig) abgegebene Erklärung, Zusicherung, Bedingung, Vorbehalt'; vgl. gleichbed. mnd. *vōrwōrt*, mnl. *voorwoort*, nl. (älter) *voorwoord*. In frühnhd. Zeit wirken lat. *praeverbium* 'Präfix, Präposition', *prōnōmen* 'Fürwort', *prologus, praefātio* 'Vorrede' bestimmend auf den Anwendungsbereich des Wortes ein, wobei sich letztlich im 18. Jh. *Fürwort* für *prōnōmen* und *Vorwort* für *prologus, praefātio* durchsetzt (neben *Vorsprache, Vorrede, Vorbericht*). Die Verwendung als juristischer Ausdruck ist seit dem Frühnhd. bis auf mundartliche Reste geschwunden. Zur Verwendung von *Vorwort* und *Fürwort* im allgemeinen Sprachgebrauch des 16. und 17. Jhs. s. *Fürwort*.

Vorwurf m. 'Gegenstand künstlerischer oder wissenschaftlicher Bearbeitung, Aufgabe, Thema', mhd. *vürwurf*, (md.) *vorwurf*, im Sprachgebrauch der Mystik 'das den Sinnen Entgegentretende, das Wahrzunehmende' als Übersetzung von lat. *objectum*, seinerseits Wiedergabe von griech.-lat. *problēma* (s. *Objekt, Problem*). Dazu tritt frühnhd. *für-, vorwurf* 'Entgegnung, Einwand, Vorhaltung, Tadel' (16. Jh.) als Abstraktbildung zu *vorwerfen* im Sinne von 'vorbringen, anführen, tadeln' (s. d.).

Votum n. in der Kirchensprache 'Gelübde' der Keuschheit, der Armut, des Gehorsams (1. Hälfte 16. Jh.), in der Rechtssprache 'Entscheidung, Meinungsäußerung, Gutachten, Stimme (bei einer Abstimmung oder Wahl)' (Ende 16. Jh.), Übernahme von lat. *vōtum* 'feierliches (religiöses) Versprechen, Gelübde, Gelöbnis bei Ehebündnissen, Wunsch, Verlangen'; zu lat. *vovēre* (*vōtum*) 'geloben, feierlich versprechen, erflehen, wünschen'.

vulgär Adj. 'allgemein, alltäglich, allgemein üblich, Volks-', aber auch 'gewöhnlich, gemein, derb'. Zuerst *Vulgarsprache* 'einheimische, angestammte Sprache, Sprache einer ethnischen Einheit' (Anfang 18. Jh.), dann 'volkstümliche Sprache, Alltags-, Umgangssprache' (Ende 18. Jh.), entsprechend *vulgare Sprache* (1. Hälfte 19. Jh.). Daneben häufiger *vulgär, Vulgärpoesie* (2. Hälfte 18. Jh.), *Vulgärlatein* (19. Jh.), *Vulgärliteratur, -recht, -bewußtsein* (20. Jh.). *vulgär* bedeutet aber auch 'gewöhnlich, unfein, grob, ordinär' (Mitte 18. Jh.) und 'in der Masse verbreitet, trivial' sowie '(für die Masse) vereinfacht, unwissenschaftlich, oberflächlich' (Mitte 19. Jh.). Es handelt sich um eine Entlehnung aus lat. *vulgāris* 'allgemein, alltäglich, allbekannt, öffentlich, gemein' (zu lat. *volgus, vulgus* 'große Menge, Volk, Masse, Pöbel') bzw. aus darauf beruhendem frz. *vulgaire* 'allgemein bekannt, gemein, gewöhnlich, alltäglich'.

Vulkan m. 'durch aus dem Erdinnern an die Oberfläche dringendes Magma entstandener, feuerspeiender Berg'. Der Name des röm. Gottes des Feuers lat. *Vulcānus, Volcānus* (auch personifizierend für 'Feuer, Flamme') gelangt als mythologische Bezeichnung schon ins Ahd. (Notker, um 1000); im Frühnhd. entwickelt er die Bedeutungen 'Feuerelementargeist' und 'Feuerkünstler, Alchimist' (beide bei Paracelsus, 1. Hälfte 16. Jh., auch verkürzt *Vulcan*). In der Antike gelten bes. die Liparischen Inseln nördlich von Sizilien (lat. *īnsulae Vulcānī*), deren südlichste noch heute ital. *Vulcano* heißt, wegen ihrer starken vulkanischen Aktivität als Sitz des Feuergottes. Auf eine dieser Inseln bezieht sich gleichfalls die Ortsangabe mlat. *Vulcanus mons* 'der Berg Vulcanus' (7. Jh.). Appellativischer Gebrauch des ursprünglichen Eigennamens findet sich im Mittelalter zuerst bei aus dem Lat. stammendem arab. *burkān* 'Vulkan', dann bei mfrz. *vulcan*, das zunächst jedoch noch auf die feuerspeienden Berge des Mittelmeerraums beschränkt bleibt. Unter dem Eindruck der neuweltlichen Entdeckungen setzt sich im Anschluß an port. (älter) *volcão* (heute *vulcão*) im 16. Jh. span. *volcán*, ital. *vulcano*, älter *volcano*, mfrz. frz. *volcan* als allgemeine Bezeichnung für feuerspeiende Berge durch. Im Dt. begegnet in diesem Sinne seit Ende 16. Jh. die latinisierende Form *Vulcanus* (von dem Geographen B. Varenius 1650 als nlat. *vulcanus* terminologisiert), im 18. Jh. wird *Vulcan, Vulkan* üblich. Metaphorische Verwendung (für verborgene, plötzlich ausbrechende Seelenzustände, dann für auf Veränderung drängende gesellschaftliche Kräfte) kommt Ende des 18. Jhs. auf; vgl. *auf einem Vulkan tanzen* 'vor drohender Gefahr die Augen verschließen, mutwillig mit der Gefahr spielen' (1. Hälfte 19. Jh., frz. *être, marcher, danser sur un volcan*). – vulkanisch Adj. 'aus einem Vulkan stammend, auf Vulkanismus beruhend, vulkanartig', übertragen 'leidenschaftlich, aufbrausend, explosiv, revolutionär' (2. Hälfte 18. Jh., vielleicht unter Einfluß von ital. *vulcanico*, frz. *volcanique* 'vulkanisch, feurig, leidenschaftlich'), zuvor 'dem Gott Vulkan zugehörig, feurig, brennbar' (1. Hälfte 16. Jh.). vulkanisieren Vb. 'Rohkautschuk mit Hilfe bestimmter Chemikalien zu Gummi verarbeiten, etw. mit Kautschuk beschichten, Gegenstände aus Gummi reparieren' (Mitte 19. Jh.), nach gleichbed. engl. *to vulcanize* (zum Götternamen engl. *Vulcan*); vorher (2. Hälfte 18. Jh.) 'durch vulkanische Tätigkeit hervorbringen' (*vulcanisierte Steine*), auch übertragen 'in Unruhe versetzen, in Erregung geraten'.

Waage f. 'Gerät zum Feststellen des Gewichts', ahd. *wāga* 'Waage, Waagschale, Gewicht' (8. Jh.), mhd. mnd. *wāge* '(öffentliche, städtische) Waage, Waagamt, Kippe, ungewisser Ausgang, Wagnis, Schwere, (ein bestimmtes) Gewicht', asächs. *wāga* 'Waagschale', mnl. *wāghe* 'Waage, Waagschale, Gewicht, Druck', nl. *waag* 'Waage', aengl. *wǣge* 'Waagschale, Gewicht', anord. *vāg* 'Waage, Gewicht, Hebel, Brechstange', schwed. *våg* 'Waage' gehört mit den unter *bewegen* (s. d.) genannten Formen zur Wurzel ie. **u̯eĝh-* 'bewegen, ziehen, fahren'; das Substantiv ist daher als 'das sich Bewegende (hin und her, auf und ab)' zu verstehen. Die Germanen lernen die Waage ohne Zunge und Schere durch die Römer kennen. Die alte Bedeutung 'Schwere, Gewicht' hält sich vereinzelt bis ins 18. Jh. Schreibung mit *-aa-* wird (zur deutlichen Unterscheidung gegenüber *Wagen*) 1927 festgelegt. In fester Wendung *jmdm. die Waage halten* 'ihm gewachsen sein', eigentl. wohl 'Gleichgewicht halten'. – waagerecht Adj. 'horizontal', eigentl. 'wie die Waage geradestehend, ohne Ausschlag nach irgendeiner Seite' (16. Jh.). Waagschale f. 'Schale, auf die das Gewicht oder das zu Wiegende (zu Wägende) gelegt wird', ahd. *wāgscāla* (Hs. 13. Jh.), geläufig seit 15. Jh.

wabbeln Vb. 'sich wackelnd hin und her bewegen' (von gallertartigen oder fetten, weichen Stoffen und Massen), 'wimmeln' (von kleinen Tieren oder Menschen), 'schlottern', mhd. *wabelen* 'in emsiger Bewegung sein', engl. *to wobble, wabble* 'wackeln, schwanken, taumeln, zittern', anord. *vafla* 'wackeln, umherschweifen' zeigen iteratives *l*-Suffix gegenüber mhd. *waben, wappen* 'in Bewegung sein', frühnhd. *waben* (16. Jh.), nhd. *wabben* (17. Jh.), aengl. *wafian* 'hin und her bewegen', die wohl am ehesten mit Ablaut zu der unter *weben* (s. d.) behandelten Wortgruppe zu stellen sind. *wabbeln* ist vorwiegend in den Mundarten und der Umgangssprache gebräuchlich, literatursprachlich gelegentlich seit dem 16. Jh. Vergleichbar sind weiterhin (mit *r*-Suffix) wabern Vb. 'sich unruhig, wallend bewegen', dann (im Anschluß an *Waberlohe*, s. unten) 'flackern, lodern', mhd. *waberen* 'sich hin und her bewegen', mnl. nl. (mit Intensiv-Gemination) *wapperen* 'taumeln, flattern', anord. *vafra* 'sich hin und her bewegen, umherirren' (woraus engl. *to waver* 'schwanken, flakkern, zittern'). Dazu Waberlohe f. (in der nord. Mythologie) 'loderndes, eine Burg und die schlafende Brünhild schützend umgebendes Feuer' (W. u. J. Grimm, R. Wagner), nach anord. *vafrlogi* m. 'flackerndes Feuer', s. [1]*Lohe*. – wabbelig Adj. 'sich zitternd bewegend, gallertartig, weich' (Ende 17. Jh.).

Wabe f. aus Wachszellen gebildete Wand des Honigstocks der Bienen, ahd. *waba* f. (9. Jh.), *wabo* m. (10. Jh.), mhd. *wabe* m. f., *waben* m. ist zu dem unter *weben* (s. d.) dargestellten starken Verb gebildet, daher eigentl. 'das Gewebte, Gewebe' (der Honigbienen).

wachen Vb. 'munter sein, nicht schlafen, aufpassen, Wache halten', ahd. *wahhēn* (8. Jh.), *wahhōn* (9. Jh.), mhd. *wachen* 'munter sein oder werden, Wache halten', asächs. *wakon*, mnd. mnl. *wāken*, nl. *waken*, aengl. *wacian*, engl. *to wake*, anord. *vaka*, auch 'sich bewegen, zeigen', schwed. *vaka* sowie aengl. *wæcnan*, got. *gawaknan* 'erwachen' stellt sich wie *Wacht* und *wacker* (s. d.) zu den unter *wekken* (s. d.) behandelten Formen. Vgl. anord. *vakinn* 'wach', Part. Prät. zu einem starken Verb germ. **wak(n)an* 'erwachen' (s. *wekken*). Die Ausgangsbedeutung 'munter sein' wird präzisiert zu 'nicht schlafen' und 'Wache halten, wachsam sein'. – erwachen Vb. 'aufwachen', ahd. *irwahhēn* (9. Jh.), mhd. *erwachen*. Wache f. 'das Wachehalten, die

Zeit des Wachehaltens, die wachehaltende(n) Person(en)', ahd. *wahha* 'nächtliches Wachen, das Wachbleiben' (10. Jh.), mhd. *wache*, auch 'das Wachehalten, Wachsamkeit', frühnhd. 'Wachmannschaft, wachende Person, Wachzeit' (16. Jh.), mnd. mnl. *wāke*, nl. *waak*, aengl. *nihtwacu* 'Nachtwache', engl. *wake*, anord. schwed. *vaka* (germ. **wakōn*). S. dazu konkurrierendes *Wacht.* w a c h s a m Adj. 'aufmerksam, achtsam', in älterer Sprache auch 'wach, munter' (17. Jh.); zuvor (als Bildung zu *Wacht*, s. d.) *wachtsam* (16. bis 18. Jh.). W a c h s a m k e i t f. 'Aufmerksamkeit, Achtsamkeit', in älterer Sprache auch 'das Wachsein, Munterkeit' (17. Jh.), *Wachtsamkeit* (um 1600). w a c h Adj. 'munter, nicht schlafend, lebhaft' (16. Jh.), an die Stelle von *wacker* (s. d.) tretend.

Wacholder m. spitze, nadelförmige Blätter tragender immergrüner Strauch, ahd. *wehhalter* (9. Jh.), *wahhalter* (11. Jh.), mhd. *wecholter, wecheltürre*, frühnhd. *Wachalter, Wacholter* (15. Jh.), *Wachholder, Wacholder* (16. Jh.). Der erste Bestandteil des nur im Dt. bezeugten Namens (germ. **wekl-*) läßt sich an die unter *Wachs* und *wickeln* (s. d.) angegebene Wurzel ie. **u̯eg-* 'weben, knüpfen, Gewebe, Gespinst' anschließen, während der zweite ein altes Suffix für Baumnamen germ. *-ðra-*, ie. *-tro-* (wie in *Flieder, Holunder*, s. d. und s. *Teer*) fortsetzt. *Wacholder* ist demnach zu deuten als 'Baum, dessen Zweige zum Binden, Flechten verwendet werden'. Der bereits frühzeitig nicht mehr durchsichtige Name ist vielfach volksetymologisch umgebildet worden (vgl. Marzell 2, 1073ff.).

Wachs n. von Bienen zum Bau ihrer Waben ausgeschiedener fettiger, leicht schmelzender Stoff, ahd. (9. Jh.), mhd. *wahs*, (md.) *was*, asächs. *wahs*, mnd. mnl. nl. *was*, aengl. *wæx, weax*, engl. *wax*, anord. *vax*, norw. *voks* (germ. **wahsa-*) sowie (mit *sk* für *ks*) lit. *vãškas*, aslaw. aruss. *voskъ*, russ. *vosk* (*воск*) führen auf ie. **u̯okso-* 'Wachs', eine ablautende Weiterbildung der Wurzel ie. **u̯eg-* 'weben, knüpfen, Gewebe, Gespinst' (s. auch *wickeln*). – [1]w a c h s e n Vb. 'mit Wachs beschmieren, glätten und polieren' (15. Jh.), ahd. *wahsen* (10. Jh.), nhd. (mit Umlaut) *wächsen* (15. Jh., selten *wachsen*, s. auch *wichsen*); in neuerer Zeit (unter Anlehnung an das Substantiv) *wachsen*.

[2]**wachsen** Vb. 'größer werden, zunehmen, sich entwickeln'. Das gemeingerm., stark flektierende Verb ahd. *wahsan* (8. Jh.), mhd. *wahsen*, asächs. *wahsan*, mnd. mnl. nl. *wassen*, aengl. *weaxan*, engl. *to wax*, anord. *vaxa*, schwed. *växa* und got. (mit *j*-Präsens) *wahsjan* ist verwandt mit aind. *vakṣ-* 'wachsen', *úkṣati* 'wächst', Perf. *vavákṣa*, griech. *aéxein* (*ἀέξειν*) 'mehren, fördern, wachsen' sowie (schwundstufig) griech. *auxánein* (*αὐξάνειν*) 'wachsen machen, vermehren', lat. *auxilium* 'Hilfe', lit. *áukštas* 'hoch' und läßt sich mit diesen auf eine *s*-Erweiterung der Wurzel ie. **(a)u̯eg-*, **aug-* 'vermehren, zunehmen' zurückführen, zu deren Dehnstufe **u̯ōg-* die unter *Wucher* (s. d.) genannten Wortformen gehören. – e r w a c h s e n Vb. 'heranwachsen, entstehen', ahd. *irwahsan* (um 800), mhd. *erwahsen*, häufig im Part. Prät., das bereits ahd. adjektivisch im Sinne von 'herangewachsen, aus dem Kindesalter herausgetreten, zur Reife gelangt' gebraucht wird. n a c h w a c h s e n Vb. '(nach Verlust) erneut heranwachsen' (17. Jh.). N a c h w u c h s m. 'Nachkommenschaft' (19. Jh.). z u w a c h s e n Vb. 'eine Öffnung wachsend verschließen, zusammenwachsen', mhd. *zuowahsen*; 'sich wachsend vermehren' (16. Jh.); Z u w a c h s m. 'Vermehrung, Vergrößerung', militärisch 'Ersatz' (Ende 16. Jh.). W a c h s t u m n. 'gedeihliche Entwicklung (von Pflanzen), das Heranwachsen, Entwicklung', spätmhd. *wahstuom*, auch 'Fruchtertrag'.

Wacht f. 'das Wachehalten, Wachdienst', ahd. *wahta* (8. Jh.), mhd. *waht(e)* 'das Wachen, Wachsein, Wache, Bewachung, Ort, wo gewacht wird', asächs. *wahta*, mnd. mnl. *wachte*, nl. *wacht* und (weitergebildet mit dem Suffix germ. *-wō* bzw. *-wa-*) got. *wahtwō* (oder *wahtwa*) sind mit *t*-Suffix zu *wachen* (s. d.) gebildete Verbalabstrakta (s. auch *Wache*). In ahd. Zeit stehen ahd. *wahha* (s. *Wache*) und *wahta* gleichbed. nebeneinander, im Frühnhd. überwiegt *Wacht*, unter Luthers Einfluß jedoch wird *Wache* das herrschende Wort der Literatursprache. *Wacht* gilt dagegen, begünstigt durch seine Verwendung in den (südd.) Werken zur Kriegstechnik (z. B. Fronspergers und Wallhausens, 16. und 17. Jh.), weithin in der Militärsprache, bleibt aber auch in der Dichtung (im Anschluß an die Literatur der Freiheitskriege, z. B. bei Körner, Brentano, Arnim, dann Rückert, Chamisso, Heine) lebendig. *Wacht* erscheint daher als Kompositionsglied in militärsprachlichen Bildungen wie Schildwacht f. (neben *Schildwache*, s. *Schild*) 'das Wachehalten, wachehaltende Mannschaft', mhd. *schiltwaht(e)*; Wachtmeister m. 'Anführer der Wachmannschaft' (15. Jh.), auch militärischer Dienstgrad (16. Jh.); vereinzelt mhd. (md.) *wachemeister* 'die Wache einteilender Zunftmeister' (14. Jh.). Wachtstube f. 'Zimmer der Wachmannschaft' (17. Jh.). – Wächter m. 'wer Wache hält, auf etw. aufpaßt', ahd. *wahtāri* (10. Jh.; vgl. *nahtwahtāri*, 9. Jh.), mhd. *wahtære, wehtære.*

Wächte f. 'überhängende Schneewehe', Übernahme (19. Jh.) von schweiz. *Wächti* 'Windwehe, Stelle, wo der Wind Schneemassen auftürmt' in die Literatursprache; gebildet zu dem unter *wehen* (s. d.) dargestellten Verb (schweiz. *weien*), eigentl. 'Zusammengewehtes'.

Wachtel f. Der Vogelname ahd. *wahtala* (10. Jh.), mhd. *wahtel,* mnd. *wachtele*, mnl. *wachtel(e)*, nl. (mundartlich) *wachtel* wird auf den Ruf des Vogels nachahmendes germ. **wak-* zurückgeführt, erweitert durch das deminutive Suffix germ. *-ilō, -alō*.

wackeln Vb. 'sich anhaltend hin und her bewegen, sich nicht ruhig verhalten', spätmhd. *wackeln* 'hin und her schwanken, wanken' (14. Jh.) mit *ck* aus *gg*, vgl. mnd. mnl. nl. *waggelen*, engl. *to waggle*, schwed. (mundartlich) *vagla*, steht als Iterativum zu gleichbed. frühnhd. *wacken* (15. Jh.), auch *waggen* (vgl. schwed. *vagga* 'wiegen, schaukeln'). Dies ist eine Intensivbildung mit expressiver Konsonantendoppelung zu ahd. *wagōn* (10. Jh.), mhd. *wagen* 'bewegen, schütteln, wiegen', intrans. 'bewegt, erschüttert werden, sich bewegen, schwanken', frühnhd. *wagen* (bis ins 16. Jh.), aengl. *wagian* 'bewegen, bewegt werden, schwanken', anord. *vaga* 'hin und her bewegen, schaukeln'; vgl. das verwandte, unter *Woge* (s. d.) angeführte Substantiv ahd. *waga* (um 1000), mhd. *wage* 'Bewegung'. Alle Formen gehören zu der unter *bewegen* (s. d.) verzeichneten Wurzel ie. **u̯eĝh-* 'bewegen, ziehen, fahren'. – wacklig Adj. 'schwankend, wackelnd' (17. Jh.), zuvor *wacklet, wagklich* (16. Jh.).

wacker Adj. 'tüchtig, rechtschaffen', ahd. *wackar* 'wach, wachend, wachsam, aufmerksam, munter' (9. Jh.; vgl. *wackarī* f. 'Wachsamkeit', 8. Jh.), mhd. *wacker* 'wach(sam), munter, frisch, tüchtig, tapfer', mnd. *wacker* 'wachsam, frisch, hurtig', mnl. *wacker*, nl. *wakker* 'wach, lebhaft, rüstig', aengl. *wacor* 'wach(sam)', anord. *vakr* 'wach, frisch, gesund, tüchtig', schwed. *vacker* 'schön, hübsch' ist (wie *bitter, lauter, munter*) mit dem Suffix germ. *-ra-* (**wakra-*) zu der unter *wecken* (s. d.) angeführten Wurzel ie. **u̯eĝ-* 'frisch, stark sein' gebildet. Es wird in seiner alten Bedeutung 'munter' abgelöst von *wach*, in der Bedeutung 'aufmerksam' von *wachsam* (s. *wachen*). Aus dem Bezug von 'frisch, munter, rüstig' auf die körperliche und geistige Verfassung entwickelt sich 'tüchtig, trefflich, rechtschaffen'.

Wade f. 'hinterer Teil des Unterschenkels', ahd. *wado* m. (um 800), mhd. *wade* m., asächs. *waðo* m., mnd. *wade* m. 'Wade', nl. *wade* m. f. 'Kniescheibe, Kniekehle', anord. *vǫðvi* m. 'Muskel' führen auf einen *n*-Stamm germ. **waþwan-* 'dickes Fleisch, Muskel' (woraus ahd. asächs. 'dickes Fleisch am Unterschenkel, Wade'). Außergerm. Beziehungen sind fraglich. Wenn sich lat. *vatāx* 'krumme oder schiefe Füße habend', *vatius* 'krummbeinig' vergleichen lassen, kann ie. **u̯ăt-* 'krümmen, biegen' zugrunde gelegt werden, wohl Erweiterung einer Wurzel ie. **u̯ā-* 'auseinander' bzw. 'auseinanderbiegen, -drehen', so daß sich für das Germ. als Ausgangsbedeutung 'Gekrümmtes, Gebogenes' ergibt. Neben das ursprüngliche Maskulinum treten (im 16. Jh.) feminine Formen (wohl aus dem häufiger gebrauchten Plural neu gebildet), die sich schließlich (vom 18. Jh. an) durchsetzen.

Waffe f. 'Kampf-, Kriegsgerät', gemeingerm. ursprünglich neutrales Substantiv, ahd. *wāfan* 'Waffe, Schwert' (8. Jh.), mhd. *wāfen* 'Waffe, Rüstung, Zeichen auf der Waffe, dem Schild, Wappen', asächs. *wāpan* 'Waffe', mnd. mnl. *wāpen*, nl. *wapen*, aengl. *wǣp(e)n*, engl. *weapon*, anord. *vāpn*, schwed. *vapen*, got. *wēpna* (Plur.). Außergerm. Vergleichsmöglichkeiten bestehen nicht, Herkunft daher unbekannt. Die Bedeutung ist '(Kampf)gerät', im Mhd., Mnd. und Mnl. außerdem 'Waffen-, Schildzeichen, Wappen'; erst seit dem 16. Jh. wird zwischen *Waffen* n. und *Wappen* (s. d.) unterschieden. Der Übergang zum fem. Genus (18. Jh.) erfolgt durch Bildung eines neuen Singulars *Waffe* zu dem häufig im Plural gebrauchten bzw. pluralisch verstandenen neutralen Singular *Waffen*. – waffnen Vb.

'mit Kriegsgerät ausrüsten', ahd. *wāfanen* (9. Jh.), mhd. *wāfen(en), wæfen(en)*; b e - w a f f n e n Vb. (16. Jh.); e n t w a f f n e n Vb. 'die Waffen wegnehmen', mhd. *entwāfe-n(en)*. W a f f e n s t i l l s t a n d m. 'zwischen Gegnern getroffene Vereinbarung, Kampfhandlungen (vorübergehend) einzustellen' (Anfang 18. Jh.), zuvor *Stillstand* (16. Jh.), *Stillstand der Waffen* (17. Jh.).

Waffel f. 'süßes, knuspriges, flaches Gebäck mit wabenartiger Musterung'. Mnd. *waf(f)el* (15. Jh.), aus mnl. *wāfel(e)*, nl. *wafel*, wird im 16. Jh. in hd. Texte aufgenommen. Die Bezeichnung für das alte nl. Fasten- und Festgebäck, die von der wabenartigen Musterung ausgeht, gehört mit (nachträglich geminiertem) *f* aus *b* zu dem unter *Wabe* (s. d.) behandelten Substantiv (verwandt mit *weben*, s. d.). Auf ein vorauszusetzendes anfrk. **wāfla* 'Wabe, Waffel' weist entlehntes afrz. *walfre, waufre, gaufre* 'dünnes, leichtes Gebäck mit zellenförmiger Musterung, Waffel' (13. Jh.), apikard. *gauffre* 'Honigwabe' (16. Jh.), frz. *gaufre* 'Waffel, Wabe'.

Wagen m. 'auf Rädern rollendes Fahrzeug', auch 'Auto'. Mit *n*-Suffix sind gebildet ahd. (8. Jh.), asächs. *wagan*, mhd. *wagen*, mnd. *wāgen*, mnl. *wāghen*, nl. *wagen*, aengl. *wæg(e)n, wǣn*, engl. (dichterisch) *wain*, anord. schwed. *vagn*, krimgot. *waghen* (germ. **wagna-*) sowie air. *fēn* 'Art Wagen', aind. *(dēva)vā́hana-* '(Götter) fahrend'. Vergleichbar sind die anders abgeleiteten Formen aind. *vāhá-* 'Zugtier', griech. *óchos* (ὄχος, aus *Ϝόχος) 'Wagen', aslaw. *vozъ*, russ. *voz* (воз) 'Wagen'. Sie gehören mit einer Ausgangsbedeutung 'das sich Bewegende, das Fahrende' zu der unter *bewegen* (s. d.) angeführten Wurzel ie. **u̯eĝh-* 'bewegen, ziehen, fahren'. – W a g n e r m. 'Stellmacher' (vorwiegend südd. Wort), ahd. *waganāri* (11. Jh.), mhd. *wagener*, kontrahiert (md.) *wainer, weiner* 'Wagenmacher, Fuhrmann'.

wagen Vb. 'kühn unternehmen, etw. auf gut Glück riskieren, aufs Spiel setzen', mhd. *wāgen* 'in die Waagschale legen, aufs Geratewohl daransetzen oder tun, einem ungewissen Ausgang anheimgeben', mnd. *wāgen*, mnl. *wāghen*, nl. *wagen*, abgeleitet von dem unter *Waage* (s. d.) dargestellten Substantiv. Vgl. Wendungen wie mhd. *den līp ūf die wāge lān* 'sein Leben riskieren, es aufs Spiel setzen', *er gap sich in wāge* 'überließ sich dem ungewissen Ausgang'. – W a g n i s n. 'Risiko, kühnes Unterfangen' (16. Jh.), wohl in der obd. Kanzleisprache entstanden und erst nach 1800 allgemein gebräuchlich. W a g e h a l s m. 'Draufgänger, kühner, mutiger Mensch' (15. Jh.), in der Art imperativischer Satznamen gebildet nach *den Hals* ('das Leben') *wagen*. Älter ist der urkundlich bezeugte Name *Johan Waginhals* (14. Jh.). w a g (e) h a l s i g Adj. 'sich verwegen in Gefahr begebend, tollkühn' (18. Jh.).

wägen Vb. 'vorsichtig bedenken, überlegend prüfen', fachsprachlich (älteren Gebrauch fortsetzend) 'auf die Waage legen und das Gewicht bestimmen' (wofür sonst [2]*wiegen*, s. d.). Auszugehen ist von dem starken Verb ahd. *wegan* 'wiegen, wägen, einschätzen, bewegen' (8. Jh.), mhd. *wegen* 'in Bewegung setzen, (sich) bewegen, wiegen, wägen, einschätzen, Gewicht, Zahl, Wert haben', asächs. *wegan* '(er)wägen', mnd. *wēgen* 'wiegen, schwer sein, wägen', mnl. *wēghen* 'wägen, schätzen', nl. *wegen*, aengl. *wegan* 'wägen, messen', anord. *vega* 'schwingen, heben, wägen, schätzen'. Dazu gehört das schwache Kausativum ahd. *weggen* (8. Jh.), mhd. *wegen* 'bewegen, schwingen, schütteln'; zu Verwandtschaft und Herkunft s. *bewegen*. Beide Verben fallen im Nhd. in der oben genannten verengten Bedeutung zusammen. Der Vokalismus der starken Präteritalformen mhd. *wac, wāgen* (Prät.), *gewegen* (Part. Prät.) wird vom 15. Jh. an nach *-o-* ausgeglichen, vgl. mhd. *wuoc* (neben *wac*), frühnhd. *wug*, dann *wog* (ab 16. Jh.) und frühnhd. *gewogen* (15. Jh.). Aber auch dem schwachen Verb folgende Präteritalformen (nhd. *wägte*, selten auch *gewägt*) bleiben vereinzelt erhalten. Die Schreibung mit *-ä-* (im 15. Jh. auftretend) wird im Hinblick auf *Waage* durch die Wörterbücher und Grammatiken des 17. Jhs. verbreitet. – a b w ä - g e n Vb. 'das Gewicht feststellen, abwiegen' (15. Jh.), 'messen' (16. Jh.) und '(vergleichend) prüfen, genau überlegen, bedenken' (15. Jh.). e r w ä g e n Vb. 'prüfend überlegen, bedenken', mhd. *erwegen* 'emporheben, in Bewegung setzen, zu etw. bewegen, entschlossen machen, bedenken', refl. auch 'auf-, preisgeben', vielleicht schon (unsicher) ahd. *irwegan* 'bedenken, überlegen' (9. Jh.).

Waggon m. 'Eisenbahnwagen', zuvor auch 'Transportbeiwagen, Kutsche', Übernahme (Anfang 19. Jh.) von gleichbed. engl. *wag-*

(g)on, das im 16. Jh. aus mnl. *wāghen* (s. *Wagen*) entlehnt ist. Die frz. Aussprache im Dt. ist wohl angelehnt an andere (aus dem Frz. stammende) Bezeichnungen im Eisenbahnwesen.

wählen Vb. '(unter mehreren Möglichkeiten) aussuchen, nach eigenem Ermessen bestimmen', ahd. *wellen* (8. Jh.), mhd. *weln, wel(l)en*, anord. *velja*, schwed. *välja*, got. *waljan* ist zu der unter *wollen* (s. d.) angegebenen Wurzel ie. **u̯el-* 'wollen, wählen' gebildet. Ahd. *wellen* (aus germ. **waljan*) tritt auch als Infinitiv in das Paradigma des unter *wollen* behandelten Verbs ein. – Wahl f. 'Möglichkeit, unter mehreren auszusuchen, Bestimmung nach eigenem Ermessen, nach freiem Entschluß', ahd. *wala* (9. Jh.), mhd. *wal(e)*, im Genus abweichend anord. *val* n., schwed. *val* n.; Bildung zum Verb. Wahlspruch m. 'Motto, Devise' (1648, Zesen). erwählen Vb. 'aussuchen, durch Wahl bestimmen', ahd. *irwellen* (um 800), mhd. *erweln, erwellen*. Wähler m., mhd. *welære, wel(l)er* 'wer jmdn. in ein Amt wählt', zuerst von den den König wählenden Kurfürsten. wählerisch Adj. 'sorgfältig auswählend, schwer zufriedenzustellen, verwöhnt' (Ende 17. Jh.).

Wahn m. '(krankhafte) Einbildung, unbegründete Meinung, Ansicht, Vorstellung', ahd. (8. Jh.), mhd. *wān* 'ungewisse, unbegründete Ansicht, Vermutung, Meinung, Hoffnung, Erwartung, Vorstellung, Scheu', spätmhd. auch *wōn* (mit *ō* aus *ā* nach *w*, s. *Argwohn*), asächs. mnd. *wān* 'Hoffnung, Erwartung', mnl. *waen*, nl. *waan* und (mit wohl ursprünglichem fem. Genus) aengl. *wēn*, anord. *vān*, got. *wēns* stehen dehnstufig zu der unter *gewinnen* (s. d.) angegebenen Wurzel ie. **u̯en(ə)-* 'streben', dann 'wünschen, lieben, befriedigt sein', auch 'erarbeiten, Mühe haben', perfektiv 'erreichen, gewinnen', zu der auch *gewöhnen, wohnen, Wonne, Wunsch* (s. d.) gehören. Als Ausgangsbedeutung ist '(unbegründete) Erwartung, Hoffnung' anzusetzen, eigentl. 'Gewünschtes, Ersehntes'. *Wahn* wird seit mhd. Zeit in Gegensatz zu *Wissen* und *Wahrheit* gestellt. Im Frühnhd. entwickelt sich der Sinn 'willkürlich zurechtgemachte, nicht der Wirklichkeit entsprechende Meinung, Vorstellung' (16. Jh.), dann 'Selbsttäuschung, fixe Idee' als krankhafte Erscheinung (18. Jh.), und *Wahn* gerät dadurch in die semantische Nähe von nicht verwandtem *Wahn* (in *Wahnsinn, Wahnwitz*, s. d.). – wähnen Vb. 'glauben, meinen', ahd. *wānen* (8. Jh.), mhd. *wæn(n)en* 'meinen, glauben, vermuten, erwarten, hoffen', asächs. *wānian*, mnd. mnl. *wānen*, nl. *wanen*, aengl. *wēnan*, engl. (älter) *to ween*, anord. *vǣna*, got. *wēnjan*.

Wahnsinn m. 'Geistesgestörtheit, Verrücktheit, Unsinn', Rückbildung (16. Jh., geläufig nach 1780) aus wahnsinnig Adj. 'geistesgestört, verrückt', das im 15. Jh. dem Adjektiv *wahnwitzig* (s. d.) nachgebildet wird. Es enthält wie dieses als erstes Kompositionsglied das dort behandelte Adjektiv ahd. mhd. *wan* 'fehlend, leer'.

Wahnwitz m. (früher auch f.) 'abwegiges, törichtes Verhalten, äußerste Sinnlosigkeit, Unsinn, Geistesgestörtheit' (16. Jh.), wohl nicht (nur einmal bezeugtes) ahd. *wanawizzī* f. 'Unvernunft, Wahnsinn' (um 900) fortsetzend, sondern rückgebildet aus dem Adjektiv wahnwitzig 'völlig unsinnig, verrückt' (15. Jh.), einer Weiterbildung von ahd. *wanawizzi* Adj. 'töricht, unsinnig', eigentl. 'keinen Verstand habend' (10. Jh.), mhd. *wanwiz, -witze* 'verrückt, unsinnig', frühnhd. *wanwitz* 'unverständig, töricht, geistig schwach' (nur 15. und 16. Jh.). Es handelt sich um eine Zusammensetzung aus dem unter *Witz* 'Verstand' (s. d.) behandelten Substantiv und dem (im Nhd. ausgestorbenen) Adjektiv ahd. (8. Jh.), asächs. *wan* 'fehlend', mhd. *wan* 'nicht voll, das volle Maß nicht haltend, leer, unerfüllt, erfolglos', aengl. *wan*, anord. *vanr* 'ermangelnd', isl. *vanur*, got. *wans* 'mangelhaft, fehlend' (germ. **wana-*). Dieses führt mit aind. *ūnáḥ* 'unzureichend, ermangelnd', griech. *eū̃nis* (εὖνις) 'beraubt, ermangelnd', lat. *vānus* 'leer, gelichtet, taub, gehaltlos' auf eine Bildung mit dem Partizipialsuffix ie. *-no-* zur Wurzel ie. **eu-, *euə-, *u̯ā-, *u̯ə-* 'mangeln, leer', zu der vielleicht auch die unter *wüst* (s. d.) angeführten Wortformen gehören. *wahnwitzig* bedeutet daher eigentl. 'ohne Verstand, des Verstandes mangelnd oder beraubt'.

wahr Adj. 'der Wahrheit entsprechend, wirklich', ahd. (8. Jh.), mhd. *wār* 'wahr(haft), wirklich, gewiß, echt, recht', asächs. mnd. *wār*, mnl. *waer*, nl. *waar* und (als *j*-Stamm gebildetes) ahd. *wāri* (8. Jh.), mhd. *wære*, aengl. *wǣr* sind verwandt mit ahd. *wāra* 'Bündnistreue, Schutz' (8. Jh.), mhd. *wāre* 'Vertrag', mnl. *wāre, waer* 'Sicherheit, Gewährleistung', aengl. *wær* 'Vertrag, Schutz', anord. *vārar*

(Plur.) 'Gelübde' (germ. *wērō f.); s. dazu auch *albern, gewähren* und (unter Vorbehalt) *Wirt*. Mit lat. *vērus* 'wahr', air. *fīr* 'wahr', aslaw. *věra*, russ. *véra* (*вера*) 'Glaube, Zuversicht, Vertrauen' läßt sich dehnstufiges ie. **u̯ēr-* 'Vertrauen' zu einer Wurzel ie. **u̯er-* (oder **u̯erə-*?) 'achten, Freundlichkeit erweisen' (s. *wahren*), adjektivisch 'vertrauenswert, wahr' erschließen. – w a h r h a f t Adj. 'aufrichtig, wahr, wirklich', ahd. (8. Jh.), mhd. *wārhaft*. W a h r h e i t f. 'das Wahre, Wirklichkeit', ahd. (9. Jh.), mhd. *wārheit*. w a h r l i c h Adj. 'wahr', ahd. *wārlīh* (9. Jh.), mhd. *wærlich*, seit dem 16. Jh. nur noch kanzleisprachlich. Dazu das Adverb frühnhd. *warlich* (häufig in Luthers Bibelsprache); danach vielfach abgeschwächt zur Beteuerungsformel nhd. *wahrlich* 'fürwahr', so altertümelnd noch heute, ahd. *wārlīhho* (9. Jh.), mhd. *wærlīche*. W a h r s a g e r m. 'Prophet, die Zukunft Voraussagender' (15. Jh.), zu älterem *wahrsagen*, mhd. *wārsagen* gebildet; vgl. mhd. *wārsage*, ahd. *wārsago* m.

wahren Vb. 'in acht nehmen, hüten, schützen, (einen Zustand) aufrechterhalten', ahd. *warōn* (9. Jh.), mhd. *war(e)n* 'aufmerken, achten, beachten', asächs. *waron* 'achthaben, beachten, behüten', mnd. mnl. *wāren*, aengl. *warian*, auch 'warnen', anord. *vara* 'warnen, wahren, gedenken', norw. *vare* 'aufbewahren, aufheben' ist im Sinne von 'unter seine Aufmerksamkeit, Obhut nehmen' von einem in ahd. *wara* (in *wara neman*, 10. Jh., *wara tuon*, um 1000), mhd. *war(e)* f. 'Wahrnehmung, Beobachtung, Aufmerksamkeit, Obhut', asächs. *wara* 'Schutz, Aufmerksamkeit', mnd. *wāre, wār*, mnl. *wāre*, aengl. *waru*, anord. *vari* belegten Substantiv (germ. **warō* f.) abgeleitet. Dieses ist mit den unter *gewahr* (s. d.) angeführten Formen verwandt, außergerm. mit griech. *horā́n* (ὁρᾶν, aus **ϝορᾶ-*) 'schauen, aufmerksam sein, betrachten, sehen', (dehnstufig) *ṓra* (ὤρα, aus **ϝώρα*) 'Hut, Sorge', lat. *verērī* 'ängstlich beobachten, verehren, fürchten', air. *cō(a)ir* 'passend, richtig'. Zugrunde liegt eine Wurzel ie. **u̯er(e)-* 'achten, gewahren' (s. auch *wahr*). Das oben genannte Substantiv ist in die Zusammensetzungen *wahrnehmen* und *verwahrlosen* (s. d.) eingegangen. – W a h r z e i c h e n n. 'Merkmal, Kennzeichen', mhd. *warzeichen*, gebildet zu ahd. *wara* f., mhd. *war(e)* 'Wahrnehmung, Beobachtung, Aufmerksamkeit' (s. oben), also 'Zeichen, das Aufmerksamkeit erregt oder verlangt'. Voraus geht ahd. *wortzeihhan* '(An)zeichen, Beweis' (um 1000), asächs. *wordtēkan*, mhd. *wortzeichen* 'Zeichen, das ein Wort vertritt oder in Worten gegeben wird, Kennzeichen, Merkmal, Parole', eigentl. 'in Stäbchen geritztes Runenzeichen, Buchstabe', dann auch 'Merkmal'. *Wahrzeichen* wird vielleicht über Epiker wie Heinrich v. Veldeke oder Eilhart v. Oberge aus dem Nd. ins Hd. aufgenommen, vgl. mnd. *wārtēken* (woraus möglicherweise anord. *jarteikn* 'Wahrzeichen, Wunder').

währen Vb. 'dauern', ahd. *werēn* (9. Jh.; vgl. *thuruhwerēn*, um 800, *giwerēn* 'reichen', 8. Jh.), mhd. *wer(e)n* 'dauern, Bestand haben, verweilen', asächs. *weron*, mnd. *weren*, aengl. *werian* 'bleiben' ist als schwach flektierendes Durativum im Sinne von 'dauernd sein' (mit grammatischem Wechsel von *r* und *s*) zu dem unter *Wesen* (s. d.) dargestellten starken Verb ahd. *wesan*, mhd. *wesen* 'sein' gebildet. – w ä h r e n d Präp. 'in der Zeit, zur Zeit von, im Verlauf von' (18. Jh.), aus dem Part. Präs. von *währen* entstanden; aus Konstruktionen wie *in der Zeit währender Kriege* und *in währender Zeit* (17. Jh.) ergibt sich bei anderer Aufteilung der Wortgruppe *während der Kriege* bzw. *während der Zeit*, mit abhängigem Genitiv oder Dativ. Konjunktionaler Gebrauch wird etwa um 1800 geläufig; aus *während dessen* oder *während dem, daß* (1. Hälfte 18. Jh.) entwickelt sich über verkürztes *während daß* (seit 1760) schließlich *während* (um 1800).

wahrnehmen Vb. 'durch Sinnesorgane zur Kenntnis nehmen, bemerken', ahd. *wara neman* (10. Jh.), mhd. *war nemen* 'achtgeben, seine Aufmerksamkeit auf etw. richten, sich umsehen, gewahr werden' enthält als ersten Bestandteil das unter *wahren* (s. d.) angegebene Substantiv ahd. *wara* f., mhd. *war(e)* 'Wahrnehmung, Beobachtung, Aufmerksamkeit, Obhut'; vgl. auch asächs. *wara niman*, mnl. *wāre nēmen*. Aus der Fügung entsteht im Nhd. ein trennbar zusammengesetztes Verb (vgl. auch nl. *waarnemen*). Die heutige Verwendung 'durch Sinnesorgane zur Kenntnis nehmen, bemerken' entwickelt sich bereits in mhd. Zeit und drängt vom 16. Jh. an die Bedeutung 'achtgeben' zurück.

Währung f. 'Geldeinheit eines Landes, gesetzliche Geldordnung', ahd. *werunga* 'Gewährung' (10. Jh.), mhd. *werunge* 'Gewährung, Bezahlung, Sicherstellung, Gewährleistung des Besitzrechtes, gewährleisteter Münzwert, Gold-, Silberwährung einer Stadt oder eines Landes', Verbalabstraktum zu ahd. *werēn* (9. Jh.), mhd. *wer(e)n* 'zahlen, gewähren, leisten, gewährleisten, bürgen, sicherstellen', dem Simplex des unter *gewähren* (s. d.) dargestellten Präfixverbs, und dadurch verwandt mit *wahr* (s. d.).

Waise f. 'Kind, dessen Eltern verstorben sind', ahd. *weiso* (9. Jh.), mhd. *weise*, mnd. mnl. *wēse*, nl. *wees* wird meist mit ahd. *wīsan* '(ver)meiden' (9. Jh.; vgl. *biwīsan*, um 800) und lat. *dīvidere* 'trennen, zer-, ab-, ein-, austeilen' zu der unter *Witwe* (s. d.) dargestellten Ausgangsform ie. **u̯eidh-*, **u̯idh-* 'trennen' gestellt. Anders Seebold 547f., der lat. *vītāre* 'meiden', toch. *wik-* 'vermeiden, sich fernhalten von, verzichten auf' heranzieht und von einer Wurzel ie. **u̯ei-* 'drehen, biegen' (s. [1]*Weide*) ausgehen will. Schreibung mit *ai* entstammt bair.-öst. Schreibgewohnheit (s. auch *Kaiser*) und wird von Luther übernommen, so daß sich eine orthographische Unterscheidung zu *Weise* und *weise* ergibt. Ahd. *weiso* ist nur Mask., mhd. *weise* zeigt auch fem. Genus, das sich vom 18. Jh. an durchsetzt. – verwaisen Vb. 'die Eltern verlieren, verlassen werden, allein sein', mhd. *verweisen* 'zur Waise werden oder machen'.

Wal m. Name des größten, im Wasser lebenden Säugetiers, ahd. *(h)wal* (um 800), mhd. *wal*, mnl. *wal*, aengl. *hwæl*, engl. *whale*, anord. *hvalr*, schwed. *val* führt auf germ. **hwala-* bzw. **hwali-* (vgl. den Plural anord. *hvalir* neben *hvalar*). Daneben steht ahd. *(h)wal(i)ra* (10. Jh.), mhd. *walre, waler* 'Wal', frühnhd. *waller, weller* 'Wal', auch 'Wels', aus germ. **hwalizōn*, einem weitergebildeten *s*-Stamm. Vielleicht besteht Verwandtschaft mit apreuß. *kalis* 'Wels'. Weitere Beziehungen, etwa zu lat. *squalus* 'größere Fischart, Meersaufisch', sind ganz unsicher. Für das Germ. ist von einer Bedeutung 'großer Fisch' auszugehen, die dann auf den größten Süßwasserfisch überging (s. *Wels*). Als verdeutlichende Zusammensetzung entsteht schon früh Walfisch m., ahd. *(h)walfisc* (Hs. 13. Jh.), mhd. mnd. *walvisch*, mnl. *walvisc*, nl. *walvis*, anord. *hvalfiskr.* Walroß n. sehr große Robbenart, entsprechend auch nl. *walrus, walros*, engl. *walrus*, schwed. *valross*, dän. *hvalros*. Das Alter der Zusammensetzung ist schwer zu bestimmen; der älteste nachweisbare Beleg scheint in nhd. (Plur.) *Walreussen* (1599) vorzuliegen, dann (Plur.) *Walruschen* (um 1600). Für ein wesentlich höheres Alter spricht freilich die Entlehnung afrz. *galerous* (1205), die nur eine anord. Bezeugung voraussetzen kann. Vgl. daneben anord. *hrosshvalr* 'Walroß' (oder Walart?), aengl. *horschwæl*; aus dem Anord. afrz. *roal* 'Walroß, das Zahnbein seiner Hauzähne', frz. *rohart*.

Wald m. 'große, dicht mit Bäumen bestandene Fläche, Forst', ahd. *wald* (8. Jh.), mhd. *walt* 'Wald, Waldgebirge, Baumbestand, Holz, die laubigen Äste und Zweige eines Baumes', asächs. *wald*, mnd. *wolt*, mnl. *wout*, nl. *woud*, aengl. (westsächs.) *weald*, (angl.) *wald*, engl. *wold* 'Ebene, Moor', älter auch 'Wald', anord. *vǫllr* 'Ebene, Feld, Wiese', schwed. *vall* 'Rasen, Weide' setzen einen alten *u*-Stamm (germ. **walþu-*) voraus. Weitere Anschlußmöglichkeiten sind unsicher. Vielleicht (über ie. **u̯oltu-*) zu verbinden mit griech. *lásios* (*λάσιος*, aus **Ϝλατι̯ος*, ie. **u̯l̥ti̯os*) 'dicht behaart, zottig, wollig, dicht bewachsen', air. *folt* (ie. **u̯olto-*) 'Haar', lit. *váltis* 'Haferrispe', russ. (älter) *vólot'* (*волоть*) 'Faser, Ähre' (ie. **u̯olti-*), so daß von einer Dentalerweiterung einer Wurzel ie. **u̯el(ə)-* 'Haar, Wolle', auch 'Gras, Ähre, Wald' bzw. **u̯el-* 'reißen, rupfen' (s. *Wolle*) ausgegangen werden kann. Aber auch Anschluß an lat. *saltus* 'gebirgiger, waldiger Landstrich, Waldschlucht, Engpaß' (aus **su̯al-*) wird erwogen. – waldig Adj. 'mit Wald bewachsen' (15. Jh.). Waldung f. 'Waldgebiet, Waldbestand' (17. Jh.). Waldmeister m. Name einer aromatischen, im Wald wachsenden Pflanze (15. Jh.), mit unklarem zweiten Kompositionsglied. *-meister* im Hinblick auf die (angebliche) hervorragende Heilkraft? Oder hervorgegangen aus mlat. **herba Walteri Magistri*, in Anlehnung an einen südfrz. Arzt *Walter Agilon* (13. Jh.)? Vgl. Marzell 1, 469f.

walken Vb. 'schlagen, kneten, ineinander verfilzen'. Das ursprünglich stark flektierende, reduplizierende Verb ahd. *walkan* 'hin und her bewegen, zusammendrücken, kneten' (11. Jh.), mhd. *walken*, auch 'schlagen, prügeln', mnd. *walken* 'rollend, wälzend durchkneten, stampfend waschen und reinigen', mnl. *walken*, nl. *walken* 'Haar oder Filz fest ineinanderwirken', aengl. *wealcan* 'rollen, wälzen, sich (hin und her) bewegen', engl. *to walk* 'gehen, wandern' (eigentl. 'sich dahinwälzen') vergleicht sich mit aind. *válgati* 'springt, wogt', lat. *valgus* 'säbelbeinig'. Man kann ausgehen von ie. **u̯olg-*, einer (ablautenden) Gutturalerweiterung der unter [1]*wallen* (s. d.) dargestellten Wurzel ie. **u̯el(ə)-*, **u̯lē-* 'drehen, winden, wälzen'. *walken* bedeutet zunächst in breiter Anwendung '(etw.) hin und her wälzen', wird aber im Dt. schon früh auf das Wälzen, Schlagen, Quetschen, Verfilzen der Wollstoffe eingeengt.

Wall m. 'langgestreckte (künstlich errichtete) Erdaufschüttung', ahd. *erdwal* (Hs. 13. Jh.), mhd. *wal*, auch 'Ringmauer', asächs. *wal* 'Steinmauer, Wand', mnd. *wal* 'Erddamm, Festungswall, das feste Land', mnl. nl. *wal*, aengl. *wall, weall* 'Deich, Erdaufschüttung, Damm', auch 'Fels(wand)', engl. *wall* 'Wand, Mauer' sind entlehnt aus lat. *vallum* n. 'Gesamtmasse der Palisaden, die um das Lager auf dem Schanzwall eingeschlagen werden, Verschanzung, mit Palisaden versehene Erdaufschüttung'.

Wallach m. 'verschnittener Hengst', frühnhd. *wal(l)ach* (2. Hälfte 15. Jh.) gelangt, wahrscheinlich durch ostslaw. (russ.) Vermittlung, vgl. mruss. *valoch, voloch, voluch* (*валох, волох, волух*) 'kastriertes männliches Pferd', auch 'Kastrat', in das Gebiet des Deutschen Ordens und verbreitet sich im 16. Jh. im nd. Sprachgebiet (mnd. *wallacke, wallache* m. und f., daher auch 'eine vielleicht russische Pferdeart'), seit dem 17. Jh. in der Literatursprache. Die Bezeichnung ist aus dem slaw. Namen für roman. Völker und Länder hervorgegangen, aslaw. *Vlasi* 'Italien', russ. (älter) *volóch* (*волох*) 'Angehöriger roman. Völker, Walache', ukrain. (älter) *Volochi* (*Волохи*) 'Walachei', poln. *Włoch*, tschech. (älter) *Vlach* 'Italiener', serbokr. *Vlȁh* 'Rumäne', bulg. *Vlach* (*Влах*) 'Rumäne, Arumune', der seinerseits auf Entlehnung aus dem Germ. (wohl über das Balkangot.) beruht, vgl. ahd. *Wal(a)h* 'Welscher, Romane, Italiener, Franzose', mhd. *Walch, Walhe* 'Romane, Italiener, Franzose' (s. *welsch*). Da Hirten der Karpaten eine neue Art der Kastrierung zugeschrieben wird, dürfte der oben genannte mruss. Ausdruck (entsprechend poln. *wałach*, tschech. slowak. *valach*) als 'verschnittener Hengst aus der Walachei' aufzufassen sein. Vgl. M. Frenzel in: Zur Ausbildung d. Norm d. dt. Literaturspr. 3 (1976) 171 ff.

[1]**wallen** Vb. 'sieden, wogend kochen, quellen, sich wogend bewegen, innerlich erregt sein'. Das ursprünglich stark flektierende, reduplizierende Verb ahd. *wallan* 'wogen, sieden, kochen' (um 800), mhd. *wallen* 'aufkochen, sprudeln, wogen', asächs. *wallan* 'wallen, quellen', mnd. mnl. *wallen*, aengl. *weallan* 'sprudeln, bewegt fließen, kochen' und verwandtes (ablautend) ahd. *wellan* 'wälzen, rollen, drehen' (9. Jh.), mhd. *wellen* 'rollen, wälzen, streichen, schmieren', nhd. (selten) *wellen* 'rollen, wälzen, runden', asächs. *wellan* 'beflecken', anord. *vella* 'wallen, brodeln' zeigen Nasalpräsens (*ll* aus *ln*). Daneben steht (tiefstufig) got. *wulan* 'wallen, um sich greifen'. Außergerm. sind verwandt aind. *valati* 'wendet sich hin zu, kehrt heim' (zweifelnd Mayrhofer 3, 161), *ūrmíḥ* 'Welle', griech. *eilḗin* (*εἱλεῖν*, aus **Ϝελ-ν-*) 'rollen, drehen, winden, wälzen', lat. *volvere* 'rollen, kollern, wälzen, drehen, wirbeln', lit. *vélti* 'walken, wälzen, schlagen, (Haare, Fäden ineinander) verwirren', aslaw. *valiti sę* 'sich wälzen', russ. *valít'* (*валить*) '(um)werfen'. Auszugehen ist von einer Wurzel ie. **u̯el(ə)-*, **u̯lē-* 'drehen, winden, wälzen', wozu auch *walken, Walze*, [2]*walzen, wälzen, wühlen, Wulst, Wurzel*. In alter Sprache wird *wallen* vor allem auf bewegtes Wasser (sprudelnde Quellen, wogendes Meer, siedendes, brodelndes Wasser) bezogen, aber auch schon auf innere (Gemüts)bewegungen übertragen. Im 17. Jh. wird die Verwendungsweise (bes. in der Dichtersprache) auf die Bewegungen eines Kornfeldes, des Grases, der wiegenden Äste, des locker fallenden Haares (*wallendes Haar*) ausgedehnt.

[2]**wallen** Vb. 'eine Pilgerfahrt unternehmen, gemessen schreiten', ahd. *wallōn* 'wandern, umherziehen, pilgern' (9. Jh.; vgl. *wallōntī* f. 'Ausströmung', 8. Jh.), mhd. mnd. mnl. *wallen* (germ. **waþlōn*), aengl. *weallian* (germ. **wāþljōjan*). Das Verb ist mit einer Ausgangsbedeutung 'umherschweifen, unstet sein' verwandt mit den unter *Wedel* (s. d.) angegebenen Formen (vgl. ahd. *wadal* 'schweifend, unstet', *wadalōn* 'umherschweifen'). Aus 'von Ort zu Ort ziehen' entwickelt sich 'eine Pilgerfahrt unternehmen, wallfahren' (Hauptbedeutung im 16. Jh.) sowie 'in einer Prozession feierlich dahinschreiten' (16. Jh.).

– W a l l f a h r t f. 'Pilgerreise', mhd. *wal(le)vart.* w a l l f a h r e n Vb. 'eine Pilgerfahrt unternehmen' (daneben auch zu *Wallfahrt* gebildetes *wallfahrten*, beide 16. Jh.), heute gebräuchlicher als *wallen.* W a l l f a h r e r m. 'Pilger' (17. Jh.); älter *Wallbruder*, mhd. *wal(le)bruoder* und *wallære.*

Walnuß f. Die Frucht des aus dem Orient stammenden und den Germanen durch die Römer vermittelten Baumes erhält (nach WEISGERBER in: IF 62, 1956, 33ff.) im 5./6. Jh. am Niederrhein den Namen westgerm. **walhnut(u)* 'Nuß der Welschen' (s. *welsch* und *Nuß*), im Unterschied zur einheimischen *Haselnuß*. Darauf beruhen mnd. *walnut, walnot*, mnl. *walnōte*, nl. *walnoot*, aengl. *walhhnutu*, engl. *walnut*, anord. *valhnot*, schwed. *valnöt*, ebenso auch mhd. *wälhisch nuȝ* (14. Jh.), frühnhd. *welsch nusz* (15. Jh.), *Welschnuß* (16. Jh.) und nachgebildetes mlat. *nux gallica.* Nhd. *Walnuß* wird aus dem Nd. aufgenommen und begegnet zuerst in botan. Schriften (Mitte 17. Jh.), dann allgemein (um 1700).

Walstatt f. 'Schlachtfeld, Kampfplatz', mhd. *walstat*, mnl. *wal(e)stat* ist eine Zusammensetzung mit dem unter *Statt* (s. d.) behandelten Substantiv. Das erste Kompositionsglied besteht aus im Nhd. ausgestorbenem ahd. *wal* m. n. (?) 'Kampfplatz' (um 900), mhd. *wal(e)* n. m. f. 'Schlachtfeld, Kampfplatz', auch allgemein 'Feld, Aue', asächs. *wal* 'Tod', aengl. *wæl* n. 'die Gefallenen, Schlachtfeld, Blutbad', anord. *valr* m. 'der Tote auf dem Kampfplatz', verwandt mit (dehnstufig) ahd. *wuol* 'Niederlage, Verderben, Seuche' (um 800), asächs. *wōl* 'Seuche, Verderben', aengl. *wōl* 'Seuche, Pest'. Außergerm. lassen sich vergleichen air. *fuil* 'Blut', mir. *fuili* 'blutige Wunden', lit. *vė̃lės* 'geisterhafte Gestalten der Verstorbenen'. Ausgehen läßt sich von ie. **u̯ol-* bzw. **u̯ōl-* 'töten, Blut(bad), Schlachtfeld', die als Ablautformen der Wurzel ie. **u̯el-* 'reißen, rupfen, an sich reißen, rauben, ritzen, verwunden, Wunde' (s. *Wolle*) aufgefaßt werden können. – W a l k ü r e f. 'Kampfjungfrau, die die auf dem Schlachtfeld Gefallenen zu Odin geleitet', also wohl 'die die Toten Auswählende, Totenwählerin', Gestalt der nordischen Mythologie, in die dt. Dichtung (18. Jh.) nach anord. *valkyrja* aufgenommen (vgl. auch aengl. *wælcyrige* 'zauberkundige Frau'). Das zweite Kompositionsglied gehört zu der unter *Kür* (s. d.) behandelten Wortgruppe.

walten Vb. 'herrschen, Macht und Verfügung haben über etw.'. Das ursprünglich reduplizierende Verb ahd. *waltan* (8. Jh.), mhd. *walten* 'Gewalt haben, herrschen, in Gewalt haben, besitzen, sorgen, pflegen, tun, bewirken', asächs. *waldan*, mnd. *walden, wolden*, mnl. *wouden*, aengl. *wealdan*, anord. *valda*, aschwed. *valda*, schwed. *vålla* ('verursachen'), got. *waldan* 'ausreichen, dem Hauswesen vorstehen, seine Macht gebrauchen' zeigt wie die baltoslaw. Formen lit. *valdýti* 'beherrschen, regieren, lenken', *veldė́ti* 'besitzen, regieren', aslaw. *vlasti*, russ. (älter) *volodė́t'* (*володеть*) 'herrschen' Dentalerweiterung (*-dh-*) der Wurzel ie. **u̯al-* 'stark sein', die unerweitert vorliegt in lat. *valēre* 'bei Kräften, stark, gesund sein', air. (mit präsensbildendem *n*) *faln-, foln-* 'herrschen', *flaith* 'Herrschaft, Fürst'. Der Übergang zur im Nhd. vorherrschenden schwachen Flexion setzt vereinzelt bereits im Mhd. ein. – v e r w a l t e n Vb. 'etw. regeln, für etw. (sorgend) zuständig sein', mhd. *verwalten* 'in Gewalt haben, sorgen für', refl. 'Gewalt, Kraft haben, in Gewalt haben, können'; V e r w a l t e r m. 'wer für etw. zuständig ist' (16. Jh.); V e r w a l t u n g f. 'Aufgabe, Tätigkeit, Administration' (15. Jh.), 'verwaltende, zuständige Institution, Behörde' (19. Jh.).

Walze f. 'Rolle', ahd. *walza* '(Fluß)schlinge, Fessel' (10. Jh.), frühnhd. *walze* 'Falle, Rolle' (15. Jh.), mnd. *walte* 'Rolle, Walze', aengl. *wealte* 'Ring', anord. *vǫlt* 'Rolle, Walze, Winde' (germ. **waltō* f.) stellt sich wie das Adjektiv anord. *valtr* 'unstet, wacklig', aengl. *unwealt* 'standfest' und das unter ²*walzen* (s. d.) behandelte Verb zu einer Dentalerweiterung der unter ¹*wallen* (s. d.) angegebenen Wurzel ie. **u̯el(ə)-, *u̯lē-* 'drehen, winden, wälzen'. *Walze* ist wohl ursprünglich ein gedrehtes, gewundenes Instrument (ahd. 'Schlinge', s. oben). Die heutige Bedeutung 'Rolle, zylindrischer Körper' ist seit frühnhd. Zeit belegt. –¹w a l z e n Vb. 'mit der Walze (be)arbeiten' (18. Jh.).

²**walzen** Vb. 'Walzer tanzen' (18. Jh.), zuvor 'sich drehend (hin und her) bewegen, rollen', auch (landschaftlich) 'schlendern, müßiggehen, sich herumtreiben', woraus '(als Handwerksbursche) auf der Wanderschaft

sein' (19. Jh.). Auszugehen ist wohl von stark flektierendem (ehemals reduplizierendem) mhd. *walzen* '(sich) wälzen, rollen, drehen, wenden', das im Frühnhd. zur schwachen Flexion überwechselt (starke Formen bis ins 16. Jh.). Dieses auf schwach flektierendes ahd. *walzen* 'wälzen, wegziehen' (mit nachträglichem Übergang zur starken Flexion) zurückzuführen, ist kaum möglich; vielmehr dürfte ahd. (bair.) *walzen* als umlautlose Form (infolge von *l* und Konsonant) von ahd. *welzen* (s. *wälzen*) aufzufassen sein. Mhd. *walzen* ist daher am besten an eine Dentalerweiterung der unter [1]*wallen* (s. d.) angegebenen Wurzel ie. **u̯el(ə)-*, **u̯lē-* 'drehen, winden, wälzen' anzuschließen. Die heutigen Verwendungen gehören mehr oder weniger der Umgangssprache an. 'Walzer tanzen' geht zurück auf mhd. *walzen* 'sich drehend hin und her bewegen', nhd. (obd.) 'mit drehenden Füßen über den Boden schleifen' (18. Jh.), im Unterschied zu *hopsen*. Zu *walzen* 'auf der Wanderschaft sein' entsteht die (an *Walze*, s. d., angelehnte) Umschreibung *auf der Walze* ('Wanderschaft') *sein* (19. Jh.). – Walzer m. 'Drehtanz im Dreivierteltakt' (2. Hälfte 18. Jh., sich vom Obd. aus verbreitend), da im Unterschied zu älteren Tänzen mit Hopsern und Stampfschritten hier die Füße Drehbewegungen ausführen.

wälzen Vb. 'drehend (hin und her) bewegen'. Das schwach flektierende Verb ahd. *welzen* (9. Jh.; vgl. *biwelzen* 'losreißen, zurückrollen, verdrehen', *irwelzen* 'niederreißen, wegrollen', 8. Jh.), mhd. *welzen* 'rollen, drehen', aengl. *wæltan, wyltan*, anord. *velta*, got. *waltjan* '(sich) wälzen' steht als Kausativum zu dem in anord. *velta* 'sich wälzen' erhaltenen stark flektierenden Verb, das sich wie [2]*walzen* (s. d.) zu einer Dentalerweiterung der unter [1]*wallen* (s. d.) behandelten Wurzel ie. **u̯el(ə)-*, **u̯lē-* 'drehen, winden, wälzen' stellt. Häufig übertragen 'im Innern bewegen, grübeln, nachdenken' (Anfang 16. Jh.; vgl. *Gedanken wälzen*, 18. Jh.); *Bücher wälzen* 'in Büchern blättern, suchen' (18. Jh), vielleicht nach der gelehrten Entlehnung *evolvieren* (aus lat. *ēvolvere* 'aufschlagen, lesen, studieren', eigentl. 'hervorwälzen, -rollen', wozu auch lat. *volūmen* 'Schriftrolle, Buch', s. *Volumen*); dazu Wälzer m. '(altes) dickes, schweres Buch' (18. Jh.).

Wamme, Wampe f. 'fetter Bauch', bei Rindern und Hunden 'Hängefalte zwischen Kehle und Brust', ahd. *wamba* (8. Jh.), *wambo, wamma* (Hs. 13. Jh.), mhd. *wambe, wampe, wamme* 'Bauch, Mutterleib, -schoß, Bauchteil am Tierfell, tierische Eingeweide', asächs. *wamba* 'Bauch', mnd. mnl. *wamme*, nl. *wam*, aengl. *wamb, womb*, engl. *womb*, anord. *vǫmb*, schwed. (mundartlich) *våmb, våmm*, got. *wamba*. Herkunft ungeklärt. Verwandtschaft mit aind. *vapā́* 'Eingeweidehaut, Netzhaut' ist kaum anzunehmen. Auch Anschluß (mit Nasalierung) an die unter *wabbeln* (s. d.) dargestellte Wortgruppe im Sinne von 'Weiches, sich schwankend Bewegendes' ist zweifelhaft. Vgl. *sich die Wampe vollschlagen* 'übermäßig essen'.

Wams n. enganliegende Männerjacke mit Schoß (2. Hälfte 14. Jh.), mhd. *wambeis, wambīs, wambas, wambes* 'unter der Rüstung, unter dem Panzer getragenes Untergewand' (um 1200), mnd. *wambois, wambōs, wammis*, mnl. *wambaes, wambeis, wambois, wambuus, wammes*, nl. *wambuis* wird als Wort der mittelalterlichen Rittermode aus afrz. *gambais, wambais* 'gefüttertes Kleidungsstück unter dem Panzer' entlehnt (latinisiert zu mlat. *wambasium*). Dies beruht wohl (vgl. FEW 17, 499) auf einer Entlehnung von got. ahd. anfrk. *wamba* 'Bauch' (s. *Wamme*), weitergebildet in Anlehnung an afrz. (selten) *bambais* 'Baumwolle', aus spätlat. *bambax* (woraus ahd. *bambas* 'Wams', 11./12. Jh.), griech. (spät) *pámbax* (*πάμβαξ*) 'Baumwolle' (s. *Bombast*); vgl. auch griech. *bómbyx* (*βόμβυξ*) 'Seidenraupe'. Mit der Weiterentwicklung der Kleidermode wird *Wams* seit der 2. Hälfte des 14. Jhs. ein Teil der bürgerlichen Kleidung (s. oben, heute nur noch in Volkstrachten üblich), bis es im 18. Jh. durch die ärmellose *Weste* (s. d.) verdrängt wird. – wamsen Vb. 'prügeln' (18. Jh.), dafür auch *jmdm. das Wams ausklopfen* (ebenfalls 18. Jh.). Heute meist *verwamsen* (19. Jh.).

Wand f. 'senkrecht stehende, raumbildende und -abtrennende Fläche', ahd. (8. Jh.), mhd. mnd. mnl. *want*, nl. *wand* gehört als ablautendes Verbalnomen zu der unter *winden* (s. d.) behandelten Wortgruppe. Es bezeichnet ursprünglich die nach germ. Bauweise aus Zweigen gewundene oder geflochtene, dann mit Lehm bestrichene Wand. Vgl. auch mit anderer Stammbildung (als *u*-Stämme) anord.

vǫndr 'Zweig, Stock, Rute', got. *wandus* 'Rute', eigentl. 'Gewundenes' bzw. 'zum Winden Gebrauchtes'.

wandeln Vb. '(sich) ändern, langsam gehen, hin und her gehen', ahd. *wantalōn* '(sich) hin und her wenden, sich mit etw. abgeben, mit jmdm. verkehren, handeln, ändern, verwandeln' (8. Jh.), mhd. *wandeln* 'rückgängig machen, tauschen, wechseln, ändern, wenden, gerichtlich verhandeln, Ersatz leisten, tadeln, strafen', intrans. 'wandern, reisen, gehen', asächs. *wandlon*, mnd. mnl. *wandelen* 'verändern, verkehren, gehen', nl. *wandelen* 'spazierengehen', afries. *wandelia* 'wandeln, verändern' ist eine Iterativbildung zu einem in ahd. *wantōn* 'wenden, verwandeln, sich ändern' (8. Jh.), mhd. *wanten* 'drehen', aengl. *wandian* 'zaudern, zurückschrecken, ablassen' belegten Verb, das ablautend zu den unter *wenden* und *winden* (s. d.) behandelten Verben steht. Als Ausgangsbedeutung für das Iterativum ist 'wiederholt wenden, hin und her wenden' anzusetzen, woraus in übertragenem Sinne (mhd.) 'hin und her überlegen, gerichtlich verhandeln'. Aus der intransitiven Gebrauchsweise 'sich hin und her wenden' entwickelt sich bereits im Ahd. 'sich mit etw. abgeben, befassen, mit jmdm. verkehren' (vgl. *handeln und wandeln* 'verkehren', bis ins 18. Jh.) einerseits und im 14. Jh. 'gehen, wandern, reisen' andererseits, so daß daraufhin *wandeln* semantisch mit *wandern* übereinstimmen kann. Luther unterscheidet in seiner Bibelübersetzung *wandeln* 'auf kleinerem Raum hin und her gehen' von *wandern* 'eine größere Strecke zurücklegen'. *wandeln* wird durch Klopstock im Sinne von 'eine kurze Strecke hin und her spazieren' wieder belebt. Die Bedeutung 'ändern' (bereits im Ahd. auch 'wechseln, tauschen') ist als 'in eine andere Richtung wenden' zu verstehen. – W a n d e l m. 'Veränderung, Verkehr, Lebensführung', ahd. *wantal* 'Verkehr, Umgang' (9. Jh.), mhd. *wandel* 'Rückgang, Änderung, Tausch, Wandelbarkeit, Makel, Fehler, Tadel, Ersatz, Buße, Umgang, Verkehr, Gang, Lebensführung', aus dem Verb rückgebildet. *Handel und Wandel* 'kaufmännischer Handel und Verkehr' (17. Jh.). W a n d l u n g f. 'Veränderung', ahd. *wantalunga* 'das Hinundherbewegen, Verkehr, Veränderung' (um 800), mhd. *wandelunge* 'Änderung, Tausch, Wechsel, gerichtliche Verhandlung, Verzichtleistung, Gebrechen, Fehler, Gang, Lebenswandel, Umgang, Verkehr'. v e r w a n d e l n Vb. 'verändern', ahd. *firwantalōn* (8. Jh.), mhd. *verwandeln*.

wandern Vb. 'größere Strecken zu Fuß zurücklegen', mhd. *wandern* 'in Bewegung sein, gehen, ziehen, reisen, leben', mnd. mnl. *wanderen*, aengl. *wandrian*, engl. *to wander* ist eine Iterativbildung (mit *r*-Suffix) zu ahd. *wantōn* 'wenden, verwandeln, sich ändern' (8. Jh.), mhd. *wanten* 'drehen', aengl. *wandian* 'zaudern, zurückschrecken, ablassen' (s. *wandeln*), das ablautend zu dem unter *winden* (s. d.) behandelten Verb steht. Aus der alten Bedeutung 'wiederholt wenden, hin und her wenden' entwickelt sich 'von einem Ort zum andern ziehen', seit dem 18. Jh. 'größere Strecken in der Natur zu Fuß zurücklegen', so daß sich das Verb semantisch gegen nahe stehendes *wandeln* (s. d.) abgrenzt. – W a n d e r e r m. 'wer größere Strecken zu Fuß in der Natur zurücklegt' (15. Jh.), mhd. *wanderer* (14. Jh.). W a n d e r s c h a f t f. 'Wanderung, Wanderjahre der Handwerksgesellen' (um 1500). b e w a n d e r t Part.adj. 'begangen' (17. Jh., *bewanderter Weg*), vornehmlich jedoch übertragen 'erfahren, kompetent, informiert', eigentl. 'durch Wandern kundig', *bewandert* ('erfahren') *sein* (16. Jh.); zu einem Infinitiv *bewandern* 'wandernd begehen, durchwandern' (16. Jh.).

Wange f. 'Backe', ahd. *wanga* n. (8. Jh.), mhd. *wange* n. (f.), asächs. *wanga* n., mnd. *wange* n. f., mnl. *wanghe* f., nl. *wang* f., aengl. *wange* n., engl. (mundartlich) *wang*, anord. *vangi* m., auch 'Schläfe', und abgeleitetes got. *waggarja* (Dat. Sing.) 'Kopfkissen' wird verknüpft mit ahd. *wang* 'Feld', asächs. 'Aue, Flur', aengl. 'Feld, Ebene, Platz, Erde', anord. *vangr* 'Feld, Flur, Wiese' sowie mnd. *wingeren* 'krümmen, kriechen', auch (aus germ. **wanha-*) mit asächs. *wāh* 'Böses', aengl. *wōh* 'krumm, ungerecht; Biegung, Krümmung, Fehler, Unrecht', anord. *vā* 'Ecke, Winkel', got. *unwāhs* 'untadelhaft'. Außergerm. können verglichen werden aind. *váñcati* 'geht krumm, wankt', lat. *convexus* 'gewölbt, gekrümmt', mir. *feccaid* 'bückt sich'. Alle Formen lassen sich auf ie. **u̯e(n)k-* 'biegen' zurückführen, wenn man das *g* der germ. Formen aus *k* (d. h. endbetontem ie. **u̯onkó-*) herleitet (vgl. Specht Dekl. 216). *Wange* ist das 'Gebogene, Gekrümmte, die gewölbte Gesichtsseite unter dem Auge', während [1]*Backe* den 'Unterkiefer' bezeichnet. Das ursprünglich neutrale Substantiv wird schon im Mhd. gelegentlich, seit dem 17. Jh. endgültig als Femininum verwendet. Der Genuswechsel ist wohl auf den häufigen pluralischen Gebrauch und den Einfluß von [1]*Backe* zurückzuführen.

Wankelmut m. 'schwankende, unbeständige, unentschlossene Gesinnung', mhd. *wankelmuot* 'Unbeständigkeit (der Gesinnung und des Willens)' enthält als erstes Kompositionsglied ein noch im 18. Jh. nachgewiesenes Adjektiv *wankel* 'schwankend, unbeständig, unzuverlässig', ahd. *wankal* (10. Jh.), mhd. mnd. mnl. nl. *wankel*, asächs. *wankol*, aengl. *wancol*. Dieses gehört mit *l*-Suffix zu *wanken* (s. d.), ist also mit verwandtem *winken* (s. d.) an ie. **u̯eng-* 'gebogen sein' anzuschließen. *Wankelmut* wird erst im 17. Jh. geläufig und verdrängt bis dahin häufigeres *Wankelmütigkeit* f. (15. Jh.). – w a n k e l m ü t i g Adj. 'unbeständig in Gesinnung und Willen', mhd. *wankelmüetic*.

wanken Vb. 'schwanken, sich hin und her bewegen', ahd. *wankōn* (um 800), mhd. mnd. *wanken*, asächs. *wankon*, mnl. *wanken*, anord. *vakka* 'umhertreiben'. Dazu das Adjektiv ahd. *wankal*, mhd. mnd. *wankel* 'schwankend, unbeständig' (s. *Wankelmut*) und das Substantiv W a n k m. 'das Schwanken, Bewegung', ahd. *wanc* 'Biegung, Krümmung, Schwanken' (9. Jh.), mhd. mnl. *wanc* 'Bewegung nach vorne, zur Seite oder rückwärts, Unstetigkeit, Untreue, Zweifel', mnd. *wank*; jünger nur noch *ohne, sonder Wank* 'fest, ohne zu schwanken', ahd. *āna wanc* (9. Jh.), mhd. *āne wanc* 'fest, treu'; vgl. noch (schweiz.) *keinen Wank tun* 'nichts unternehmen'. Verwandt mit *winken* (s. d.).

wann Adv., **wenn** Konj. sind (wie *dann, denn*, s. d.) ursprünglich umlautlose und umgelautete Form desselben Wortes und daher in älterer Sprache bedeutungs- und funktionsgleich, ahd. *(h)wanne* (8. Jh.), *(h)wenne* (9. Jh.) Adv. 'wann, irgendwann einmal', in der Fügung ahd. *sō (h)wanne (sō)* Konj. (um 800), zunächst temporal 'sobald, sooft', dann konditional 'falls, unter der Bedingung, daß, wenn', mhd. *wanne, wenne* Adv. 'wann', Konj. (entsprechend mhd. *swanne, swenne*) 'wann irgend, wann auch, sobald, wenn', asächs. *hwanna*, mnd. *wanne, wenne*, ostmnl. *wanne*, aengl. *hwanne, hwonne* neben *hwenne, hwænne*, engl. *when* (nur temporal). Als Bildungen ohne erweiterndes *-ne* begegnen asächs. *hwan*, mnl. *wan* 'wann, wenn' und got. *ƕan* 'wann, wie, bis zu welchem Grade'. Alle Formen sind mit *n*-Formans zu dem unter *wer* (s. d.) angeführten Pronominalstamm ie. **k*ᵘ̯*o-, *k*ᵘ̯*e-* gebildet. Die heute geltende Unterscheidung in *wann* Adv. 'zu welcher Zeit, unter welcher Bedingung' und *wenn* Konj. (konditional) 'unter der Bedingung, daß', (temporal) 'sobald, sooft', (konzessiv) *wenn ... auch (gleich, schon)* oder Wunschsätze einleitend 'ich wünschte, daß' entwickelt sich im 18. Jh. (vgl. Gottsched, *wann* 'quando', *wenn* 'si'), setzt sich endgültig aber erst im 19. Jh. durch.

Wanne f. 'größerer länglicher (Wasser)behälter', ahd. *wanna* 'Getreide-, Futterschwinge' (9. Jh.), mhd. *wanne*, auch 'Wasch-, Badegefäß, länglichrundes Metallgefäß zum Backen' ist wie mnd. mnl. *wan(ne)*, nl. *wan* entlehnt aus lat. *vannus* f. 'Getreide-, Futterschwinge'. Wort und Sache (ein eirundes Geflecht, aus dem die Spreu durch Hin- und Herschwingen von den Körnern getrennt wird) werden gemeinsam von den Römern übernommen. Da der zunächst geflochtene Behälter auch zum Tragen verwendet wird, bezeichnet *Wanne* (vereinzelt bereits ahd.) auch einen 'Korb', danach überhaupt ein 'größeres flaches Gefäß aus Metall oder Holz, Zuber' (11. Jh.), schließlich die 'Badewanne' (15. Jh.) mit dem Kompositum *badwan* (1530), *Badewanne* (17. Jh.). Vgl. einheimische Bezeichnungen für Spreu aussondernde Geräte wie ahd. *winta* (8. Jh.), *wintwanta, wintworfa* (9. Jh.) 'Worfschaufel'.

Wanst m. 'dicker Bauch', ahd. *wanast, wenist* (11. Jh.), mhd. *wanst* 'Eingeweide der Bauchhöhle' (zunächst bei Tieren), 'Magen (Pansen) und Gedärme, der Tierbauch und seine Fettpolster' (mit *st*-Suffix) sowie (ablautend) isl. *vinstur*, norw. (mundartlich) *vinster* 'Labmagen', schwed. (mundartlich) *vinster, vänster* 'Krankheit im Magen eines Schafes' (mit *str*-Suffix) lassen sich mit aind. *vaniṣṭhúḥ* 'ein im Opfer verwendeter Teil der Eingeweide eines Tieres', griech. *ḗnystron* (ἤνυστρον) 'Labmagen', lat. *vēnsīca, vēsīca* 'Blase, Harnblase' vergleichen. Weiteres ungewiß. Seit dem 15. Jh. steht *Wanst* in derber Ausdrucksweise auch für den menschlichen

Bauch, dann übertragen für einen fetten, habgierigen Menschen.

Wanze f. Der Name des (an Zimmerwänden beobachteten) Ungeziefers lautet zunächst ahd. (11. Jh.), mhd. mnd. *wantlūs*, nhd. (noch im 18. Jh.) *Wandlaus*, mnl. *wantluus*, nl. *wandluis*, eine Zusammensetzung aus den unter *Wand* (s. d.) und *Laus* (s. d.) behandelten Substantiven. Dazu entsteht im 14. Jh. (ausgehend vom Bair.-Öst. und Omd.) eine zum ersten Kompositionsglied mit dem affektiven Suffix ahd. *-(i)zo* (s. *Spatz*) gebildete Kurzform mhd. *wanze*, die sich vom 16. Jh. an in der Literatursprache durchsetzt. Vgl. daneben auch ahd. (Hs. 12. Jh.), mhd. *wantwurm*.

Wappen n. 'schildförmiges Zeichen einer Familie, einer Person, einer Gruppe'. Mhd. *wāpen* 'Waffe', seit Ende des 12. Jhs. auch 'Zeichen auf der Waffe (auf Schild, Rüstung, Fahne), Wappen' ist mit unverschobenem *p* (gegenüber mhd. *wāfen* n., s. *Waffe*) eine Entlehnung in der Blütezeit der ritterlichen Kultur von mnl. *wāpen* 'Waffe, Schildzeichen'. Danach stehen bis ins 16. Jh. *Wappen* und *Waffen* n. im Sinne von 'Kampfgerät' und 'Waffen-, Schildzeichen' bedeutungsgleich nebeneinander. Eine Trennung in *Wappen* 'Schildzeichen' und *Waffen* n. (später *Waffe* f.) 'Kampfgerät' setzt im 16. Jh. ein. *Wappen* ist danach das auf Schild, Rüstung, Helm, Speerfahne und Pferdedecke des Ritters angebrachte Erkennungszeichen, da das Gesicht vom Helmvisier verdeckt wird. Dabei entwickelt sich das Wappen zum 'erblichen Familien- oder Geschlechtskennzeichen', das seit dem 14. Jh. als Herkunfts- und Zugehörigkeitszeichen auch Bauern, Bürger und Städte führen. – w a p p n e n Vb. refl. 'sich auf etw. vorbereiten, sich stark machen', auch (in neuerer Sprache nur noch historisierend in der Dichtung, sonst *waffnen*, s. d.) 'mit Waffen versehen, (sich) rüsten', mhd. *wāpenen* 'rüsten, bewaffnen'.

Ware f. 'Handelsgut, für den Markt bestimmtes Produkt menschlicher Arbeitskraft', mhd. *war(e)* (1290 erstmals in einem hd. Text belegt) gilt seiner Herkunft nach als nl. nd. Wort der Hanse. Mnd. mnl. *wāre*, nl. *waar*, aengl. *waru*, engl. *ware*, anord. schwed. *vara* ist etymologisch nicht sicher geklärt. Möglicherweise entspricht es genau dem unter *wahren* (s. d.) dargestellten Substantiv ahd. asächs. *wara*, mhd. *war(e)*, mnd. mnl. *wāre*, aengl. *waru*, anord. *vari* 'Aufmerksamkeit, Obhut' und gehört wie dieses zur Wurzel ie. **u̯er-* 'gewahren, achtgeben', so daß *Ware* als 'das, was man unter seine Obhut nimmt, dem man seine Aufmerksamkeit zuwendet' zu deuten ist. Semantisch befriedigender ist freilich die Verbindung von germ. **wazō* f. mit hethit. *u̯aš-* 'kaufen', aind. *vasnám* 'Kaufpreis, Wert', griech. *ṓnos* (*ὦνος*) 'Kaufpreis, Kauf', lat. *vēnum dare* 'zum Verkauf geben' und Anschluß an die Wurzel ie. **u̯es-* 'kaufen, verkaufen'; vgl. Szemerényi in: Zs. f. vgl. Sprachforsch. 93 (1979) 118ff. *Ware* dringt in der Mitte des 15. Jhs. von Mitteldeutschland her in obd. Texte ein, wo es sich in der 2. Hälfte des 16. Jhs. gegen gleichbed. obd. *Kaufmannschaft, Kaufmannschatz* durchsetzt; vgl. G. Richter in: Zur Ausbildung d. Norm d. dt. Literaturspr. 2 (1976) 178ff. – W a r e n h a u s n. 'Lagerhaus für Warenvorräte' (18. Jh.), 'großes, Waren aller Art anbietendes Kaufhaus' (19. Jh.).

warm Adj. 'von angenehmer Temperatur' (zwischen kalt und heiß), ahd. (9. Jh.), mhd. mnd. asächs. mnl. nl. *warm*, aengl. *wearm*, engl. *warm*, anord. *varmr*, schwed. *varm* (germ. **warma-*) läßt sich als Bildung mit *m*-Suffix wohl mit hethit. *u̯ar-* 'brennen', aslaw. *varъ* 'Hitze', russ. *var* (*вар*) 'siedendes Wasser, Pech, Hitze', aslaw. *variti*, russ. *varít'* (*варить*) 'kochen', aslaw. (ablautend) *vьrěti* 'kochen', lit. *vìrti* 'sprudeln, wallen, kochen' auf eine Wurzel ie. **u̯er-* 'brennen, verbrennen, schwärzen' zurückführen. – W ä r m e f. 'angenehme, gemäßigte Temperatur', ahd. *wermī* (9. Jh.), mhd. *werme*. w ä r m e n Vb. 'warm machen', ahd. *warmēn* (8. Jh.), *wermen* (9. Jh.), mhd. *wermen*, asächs. *wermian*, mnd. *wermen*, mnl. nl. *warmen*, aengl. *werman, wyrman*, anord. *verma*, got. *warmjan*, Faktitivum zum Adj.

warnen Vb. 'von einer drohenden Gefahr unterrichten, zur Vorsicht mahnen', ahd. *warnōn* (8. Jh.), *warnēn, warnen* (9. Jh.), mhd. mnd. *warnen* 'sich vorsehen, vorbereiten, rüsten, behüten, schützen', mnl. *warnen, waernen*, aengl. *war(e)nian, wearnian*, engl. *to warn*, anord. *varna* stellen sich als Bildungen mit *n*-haltigem Suffix zu den unter *wahren* (s. d.) dargestellten Wortformen mit einer Ausgangsbedeutung '(sich) vorsehen'. Der heutige Gebrauch entwickelt sich aus bereits ahd. anklingendem 'auf etw. (eine Gefahr) hinweisen und (zur Verhinderung) ermahnen'. – W a r n u n g f. 'Hinweis auf eine drohende Gefahr' (16. Jh.), ahd. *warnunga* (um 1000), mhd. *warnunge* 'Vorbereitung, Zurüstung, Schutz, Vorsicht, Achtsamkeit, Hinweis'. v e r w a r n e n Vb. 'mit Strafe drohen' (2. Hälfte 18. Jh.), älter 'zurechtweisen, auf eine Gefahr hinweisen' (16. Jh.).

Wart m. 'Hüter, Verwalter', ahd. *-warto* in *ēwarto, ēowarto* 'Priester', eigentl. 'Gesetzeshüter' (9. Jh.), mhd. *warte* 'Hüter, Wächter, Wärter, Aufseher' (*n*-Stamm) sowie ahd. *wart* (um 800), asächs. *ward*, aengl. *weard* (s. *Steward*), got. *-wards* in *daúrawards* (*a*-Stamm) und anord. *vǫrðr* (*u*-Stamm) gehören mit *t*-haltigem Suffix wie *warten* und *Warte* (s. d.) zu der dort genannten Wurzel. Von seinen frühesten Bezeugungen an bis zur Gegenwart tritt das Substantiv vornehmlich als Grundwort von Komposita auf, vgl. *Burg-, Schloß-, Turm-, Kassen-, Schrift-, Bücherwart* sowie H a u s w a r t m. 'Hausverwalter' (19. Jh.), T a n k w a r t m. verkürzt aus *Tankstellenwart* (20. Jh.); T o r w a r t m. 'Hüter des Fußballtores' (20. Jh.); vgl. dagegen ahd. mhd. *torwart* 'Türhüter, Pförtner'.

Warte f. 'Ausguck, Wachturm, Wachort', ahd. *warta* 'das Ausschauen, Posten, Wache, Obacht' (8. Jh.), mhd. *warte* 'spähendes Ausschauen, Wache, Wachort', asächs. *warda*, mnd. *warde*, mnl. *waerde, warde*, aengl. *weard* 'Wache, Schutz', engl. *ward* 'Gewahrsam, Obhut', anord. *varða* 'aus Steinen gebildetes Wegzeichen' ist mit dem Suffix ie. *-tā*, germ. *-þō* zu der unter *wahren* (s. d.) angegebenen Wurzel ie. **u̯er-* 'gewahren, achtgeben' gebildet.

warten Vb. 'verweilen, bleiben, bis etw. Bestimmtes eintritt, harren, pflegen', ahd. *wartēn* (8. Jh.), mhd. *warten* 'spähen, (aus)schauen (nach), wahrnehmen, Anwartschaft haben, sich vorsehen, sorgen, pflegen', asächs. *wardon* 'sich hüten, sorgen für, schützen', mnd. *warden* 'erwarten, Anwartschaft haben, besorgen, sich hüten', mnl. *waerden*, aengl. *weardian* 'hüten, bewahren, zurückbleiben', engl. *to ward* (älter) 'bewahren, schützen, verteidigen', anord. *varða* 'abgrenzen, schützen, warten, verantworten', schwed. *vårda* 'pflegen, schonen' ist wie das unter *Warte* (s. d.) behandelte Substantiv zu der unter *wahren* (s. d.) genannten Wurzel gebildet. Die Ausgangsbedeutung 'seinen Blick auf etw. richten' geht über in 'achthaben, sorgen, pflegen', auch 'seinen Blick auf das Begehrte richten, das man zu erhalten hofft', und führt zu der heute allgemein üblichen Bedeutung 'harren', zuerst bei Notker (um 1000). Im zuletzt genannten Sinne verdrängt *warten* das alte starke Verb ahd. *bītan* (8. Jh.), mhd. *bīten*, nhd. (bis ins 17. Jh.) *beiten* 'warten', asächs. *bīdan*, mnd. mnl. *bīden*, aengl. *bīdan*, engl. *to bide*, anord. *bīða*, got. *beidan*. – W ä r t e r m. 'Aufseher, Wächter, Pfleger', ahd. *wartāri* (9. Jh.; vgl. *turiwartāri* 'Türwärter, Pförtner', um 800), mhd. *warter, werter.* W a r t u n g f. 'Pflege', in alter Sprache auch 'das Ausschauen, Achthaben auf etw., Wache' (15. Jh.). a u f w a r t e n Vb. 'bedienen', mhd. *ūfwarten* 'achten auf, dienen'.

-wärts Adv. 'nach einer bestimmten Richtung gewendet, gerichtet auf', ahd. mhd. *-wart, -wert, -wertes*, asächs. *-ward, -werd*, mnd. *-wērt, -wārt(s)*, mnl. *-wert(s), -weert(s), -waert(s)*, nl. *-waarts*, aengl. *-weard*, engl. *-ward, -wards*, anord. *-verðr*, got. *-wairþs*, nur als Grundwort in Komposita (vgl. ahd. *antwart* 'gegenwärtig, anwesend', um 800, asächs. *and-, antward*, aengl. *andweard*, anord. *ǫndverðr* 'entgegengewandt', got. *andwairþs* 'gegenwärtig', s. auch *Gegenwart* unter *gegen, widerwärtig* unter *wider*). Zugrunde liegt ein zu der unter *werden* (s. d.) behandelten Dentalerweiterung ie. **u̯ert-* 'drehen, wenden' gebildetes Adjektiv mit der Bedeutung 'wohin gewendet'. Bereits in ahd. Zeit werden Adverbien mit (ursprünglich genitivischem) *-es* abgeleitet, s. unten *auswärts, vorwärts.* – a b w ä r t s Adv. 'hinab, unten, von . . . weg, beiseite, abseits', mhd. *abwertes*; vgl. ahd. *ab(a)wart* 'abwesend, fern, abgekehrt' (8. Jh.). a u f w ä r t s Adv. 'hinauf, oben', ahd. *ūfwert* (11. Jh.), *ūfwertes* (10. Jh.), mhd. *ūfwert*, spätmhd. *ūfwertes.* a u s w ä r t s Adv. 'nach draußen, außerhalb', ahd. *ūʒwert* 'draußen' (9. Jh.), *ūʒwertes* (8. Jh.), mhd. *ūʒwert(es)* 'äußerlich, auswärts, nach außen hin'; dazu a u s w ä r t i g Adj. 'von auswärts kommend, nicht einheimisch, ausländisch', ahd. *ūʒwertīg* 'äußerer, von außen' (9. Jh.), mhd. *ūʒwertic* 'äußerlich, von außen kommend'. v o r w ä r t s Adv. 'nach vorn, voran', ahd. *furiwert* 'von nun an' (9. Jh.), *furiwertes* 'auf den folgenden Tag, auf künftig' (11. Jh.), mhd. *vürwert, -wart* 'voran, weiter' (räumlich und zeitlich).

warum Adv. ‘weshalb, aus welchem Grunde’, ahd. *wārumbi* (um 1000), mhd. *warumbe*, (md.) *warumme, warum(b)*, mnd. *warumme*, mnl. *waeromme*, nl. *waarom* ist zusammengesetzt aus den unter *wo* (s. d.) und *um* (s. d.) dargestellten Wörtern. In nhd. *warum* ist (im Unterschied zu nhd. *wo*) das alte lange *ā* und das auslautende *-r* (entsprechend ahd. *(h)wār*) bewahrt. Die Schreibung *warumb* hält sich bis in die 2. Hälfte des 17. Jhs.

Warze f. ‘kleiner, rundlicher Auswuchs der Haut’, ahd. *warza* (8. Jh.), mhd. *warze, werze*, asächs. *warta*, mnd. *warte*, mnl. *worte, warte*, (mit Metathese) *wratte*, nl. *wrat*, aengl. *wearte*, engl. *wart*, anord. *varta*, schwed. *vårta* stellt sich als Bildung mit Dentalsuffix wie ablautendes aslaw. *vrědъ* ‘(Leibes)schaden’, russ. (älter) *véred* (*веред*) ‘Geschwür, Eiterbeule’ zur Wurzel ie. **u̯er-* ‘erhöhte Stelle (im Gelände oder in der Haut)’. Dazu (mit *s*-Suffix) ahd. *werra* ‘Krampfader’ (Hs. 13. Jh.), aengl. *wearr* ‘Schwiele, Warze’, lat. *verrūca* (aus **u̯ersūcā* ‘Erhebung’) ‘Warze’ und (mit *n*-Suffix) ahd. *wern, werna* ‘Krampfader’ (9. Jh.). Vgl. ferner lat. *varus* ‘Gesichtsausschlag, Knöspchen’, lat. *varix* ‘Krampfader’, lit. *vìras* ‘Finne im Schweinefleisch’, vielleicht auch mir. *ferbb* ‘Hitzblatter, Finne’.

waschen Vb. ‘mit Wasser reinigen’, ahd. *wascan* (8. Jh.), mhd. *waschen, weschen*, asächs. *waskan*, mnd. *waschen*, mnl. *wasscen*, nl. *wassen*, aengl. *wæscan, wascan, waxan*, engl. *to wash*. Herkunft nicht eindeutig geklärt. Im Sinne von ‘im Wasser hin und her bewegen’ mit *sk*-Suffix zu der unter *Wasser* (s. d.) angegebenen Wurzelerweiterung (germ. **watsk-*) und nachfolgender Erleichterung der dreifachen Konsonanz? Oder (Seebold 539) zu kelt. **wāsk-* ‘drücken’, vgl. mir. *fáiscid* ‘drückt, drückt aus, wringt’, kymr. *gwasgu* ‘pressen, drücken’? – W ä s c h e f. ‘Vorgang, Tätigkeit des Waschens, Gesamtheit der zu waschenden Stücke’, ahd. *wesca* ‘Waschung, Waschmittel’ (11. Jh.), mhd. *wesche* ‘das Waschen, zu waschende Stücke’; vgl. ahd. *wasca* ‘Waschung’ (9. Jh.), ‘Waschmittel’ (11. Jh.). W a s c h l a p p e n m. ‘zur Reinigung (des Körpers) dienender Lappen’ (17. Jh.), ‘schwacher, energie- und charakterloser Mensch’ (19. Jh.). W a s c h z e t t e l m. ‘beigegebenes Verzeichnis der zur Wäsche bestimmten Stücke’ (Anfang 18. Jh.), übertragen (ironisierend) ‘Veröffentlichung literarischer Nichtigkeiten’ (1830, bes. auf die Kleinarbeit der Goetheforschung bezogen), dann ‘einem Schriftwerk beigegebener zusammenfassender und erläuternder Text’, bes. ‘Begleitreklame im Buchhandel’ (2. Hälfte 19. Jh.).

Wasser n. geruch-, geschmack- und farblose Flüssigkeit. Der Bildung mit *r*-Suffix westgerm. **watar*, ahd. *waȥȥar* (8. Jh.), mhd. *waȥȥer*, asächs. *watar*, mnd. mnl. *wāter*, nl. *water*, aengl. *wæter*, engl. *water* stehen nord- und ostgerm. Bildungen mit *n*-Suffix wie anord. *vatn*, schwed. *vatten*, got. *watō* gegenüber. Sie repräsentieren ein ie. Paradigma, das in seiner Flexion *r*-Stamm (ursprünglich im Nom. Akk. Sing., vgl. hethit. *watar*) und *n*-Stamm (ursprünglich in den übrigen Kasus, vgl. hethit. *weten-*) vereinigt. Nächstverwandt sind aind. *udán*, griech. *hýdōr* (*ὕδωρ*) ‘Wasser’, lat. *unda* ‘Welle, Woge’, air. *u(i)sce* ‘Wasser’, aslaw. *voda*, russ. *vodá* (*вода*) ‘Wasser’. Alle Formen werden auf ie. **aud-*, **u̯ed-*, **ŭd-* ‘Wasser’, eine Dentalerweiterung der Wurzel ie. **au-* ‘benetzen, befeuchten, fließen’, zurückgeführt. Verwandt sind auch die unter *Auerochse* und *Otter* m. (s. d.) angegebenen Formen. Vielfach redensartlich *etw. abgraben* ‘zu verhindern suchen, zunichte machen’ (15. Jh.), danach *jmdm. das Wasser abgraben* ‘jmds. Pläne durchkreuzen, jmdm. seine Möglichkeiten nehmen’ (um 1900); *stille Wasser sind tief* ‘ruhige, verschlossene Menschen sind schwer zu durchschauen’ (16. Jh.); *in trübem Wasser fischen* ‘in unredlicher Weise seinen Vorteil suchen und nutzen’ (17. Jh.); *Wasser auf seiner Mühle haben, auf jmds. Mühle geben* ‘neuen Auftrieb, Bestätigung geben’ (18. Jh.); *ein Schlag ins Wasser* ‘vergeblich, unnütz’ (19. Jh.), älter mhd. *das waȥȥer slahen*. – w ä s s e r i g Adj. ‘wie Wasser, wasserhaltig, dünn, gehaltlos’, ahd. *waȥȥarīg* (Hs. 12. Jh.), mhd. *weȥȥeric, waȥȥeric*, auch ‘feucht’. w ä s s e r n Vb. ‘mit Wasser versehen, für längere Zeit in Wasser legen, Wasser absondern’, mhd. *weȥȥern*. W a s s e r k o p f m. durch krankhafte Ansammlung von Gehirnflüssigkeit aufgetriebener Kopf (18. Jh.), übertragen ‘unverhältnismäßig große Ausdehnung’ (z. B. der Verwaltung u. ä., 19. Jh.). W a s s e r s t o f f m. nichtmetallisches chemisches Element, Bestandteil des Wassers (1791, Girtanner), Übersetzung von gleichbed. frz. *hydrogène*, nlat. *Hydrogenium*. Wassersucht f. 'krankhafte Ansammlung von Flüssigkeit im Körper', ahd. *waʒʒarsuht* (10. Jh.), mhd. *waʒʒersuht*.

waten Vb. 'auf nachgebendem Untergrund die Beine anhebend gehen'. Das ursprünglich stark flektierende Verb ahd. *watan* 'waten, schreiten' (um 1000), mhd. *waten, waden* 'waten, schreiten, gehen', mnd. mnl. *wāden*, nl. *waden*, aengl. *wadan*, engl. *to wade*, anord. *vaða*, schwed. *vada* und das zugehörige Substantiv ahd. *wat* 'Furt' (9. Jh.), mnd. mnl. *wat* 'seichte Stelle im Wasser' (s. *Watt*), nl. *wad* 'Untiefe, seichte Stelle', aengl. *wæd* 'Furt, Wasser, See', anord. *vað* 'Furt, untiefe Stelle', schwed. *vad* lassen sich vergleichen mit lat. *vadum* 'seichte Stelle im Wasser, Furt', (ablautend) *vādere* 'wandern, (los)gehen'. Die Annahme einer Wurzel ie. **u̯ādh-*, **u̯edh-* 'gehen, schreiten' ist möglich. Stark flektierende Formen halten sich bis in nhd. Zeit, zumal im Part. Prät.

watscheln Vb. 'schwankend, mit wackelnden, kurzen Schritten gehen' (16. Jh.), wohl hervorgegangen (mit Velarverlust) aus einem Iterativum mit *l*-Suffix zu spätmhd. *wakzen* 'bewegen', gebildet zu frühnhd. *wacken* 'hin und her schwanken, wanken', das auch das Grundwort für *wackeln* (s. d.) ist. Vgl. die frühe vermittelnde Form *watzscheln* (16. Jh.).

Watt n. 'seichter, bei Ebbe nicht überfluteter Küstenstreifen', nd. *Watt*, seit Ende des 17. Jhs. in der Literatursprache. Mnd. *wat* 'seichte Stelle im Wasser, die man durchwaten kann, Furt' (s. das unter *waten* angegebene Substantiv) bezeichnet auch 'den bei Ebbe trockenlaufenden Teil des Ufers bzw. des Meeresbodens'.

Watte f. 'locker bauschige bzw. flockige Masse aus Seide, Baumwolle oder Kunstfaser', bezeugt seit der 2. Hälfte des 17. Jhs. (neben *Watten*, mehrfach im 18. Jh.), ist wohl entlehnt aus nl. *watten* (belegt seit Ende 16. Jh.), das wie engl. *wad* (Ende 17. Jh.) und ital. *ovatta* (2. Hälfte 17. Jh.) auf mfrz. frz. *ouate* (Ende 15. Jh.) zurückgehen dürfte. Die weitere Herkunft ist unbekannt. Fernzuhalten sind aengl. *wad* (um 1000), mengl. *wadde* (15. Jh.) mit (anglo)mlat. *wadda* (1380), die vielmehr als Nebenformen von aengl. *wād* (engl. *woad*) anzusehen sind (vgl. nhd. *Waid*) und wie dieses den 'Färberwaid' (eine Pflanze, aus der blauer, indigoähnlicher Farbstoff gewonnen wird) und auch, wie noch engl. (mundartlich) *wad*, ein 'Bündel Heu oder Stroh' bezeichnen. Verschiedene Herleitungsversuche, darunter auch der von Seybold in: ZfdWf. 10 (1908/09) 222f., der arab. *baṭn* 'Futter von Kleidern' als Ausgangsform annimmt, werden FEW 21, 443 aufgeführt und zurückgewiesen.

weben Vb. 'durch Verkreuzen von Längs- und Querfäden textiles Gewebe herstellen'. Das ursprünglich stark flektierende Verb ahd. *weban* 'weben, flechten' (um 800), mhd. *weben*, auch 'sich hin und her bewegen, wirken, spinnen', mnd. mnl. *wēven*, nl. *weven*, aengl. *wefan*, engl. *to weave*, anord. *vefa*, schwed. *väva* hat neben sich ein schwach flektierendes Verb mhd. *weben* 'weben', mnd. *weffen* 'weben, flechten, knüpfen', aengl. *webbian* 'ersinnen, ausdenken', anord. *vefja* '(ein)wikkeln', *vefjask* 'hin und her fahren'; vgl. auch die unter *Gewebe* (s. d.) und *wabbeln* (s. d.) angegebenen Formen. Außergerm. sind vergleichbar aind. *ubhnā́ti, umbháti, unápti* 'schnürt zusammen, bedeckt', *ūrṇa-vā́bhiḥ* 'Spinne', griech. *hyphā́inein* (ὑφαίνειν) 'weben, anzetteln, ersinnen, verfertigen', *hyphḗ* (ὑφή) 'Gewebe'. Für alle Formen läßt sich eine Wurzel ie. **u̯ebh-* 'weben, flechten, knüpfen, sich hin und her bewegen, wimmeln' erschließen. Hierzu gehören auch die unter *Wabe, Waffel* und *Wespe* (s. d.) behandelten Substantive. – Weber m. 'wer webt', ahd. *webāri, weberi* (Hs. 12. Jh.), mhd. *webære, weber.* Webstuhl m. 'Gerät zum Weben' (Anfang 16. Jh.), *Weberstuhl* (15. Jh.).

Wechsel m. '(Aus)tausch, Veränderung, Aufeinanderfolge, Schuldschein', ahd. *wehsal* n. m. 'Tausch, Aufeinanderfolge, Änderung, Handel' (8. Jh.), mhd. *wehsel*, (md.) *wechsel, wessel* m. n. 'Wechsel, Tausch, Austausch, Ersatz, Handel, Vorkaufsrecht', asächs. *wehsal* m. n. 'Wechsel, Tausch, Handel, Geld', mnd. *wessele, wissele* f., *wissel* m. 'Wechsel, Tausch, Wechslerbank, -geschäft', mnl. nl. *wissel* m., anord. *vīxl* n. 'Wechsel, Austausch', gebildet mit dem Suffix ie. *-slo-*, germ. *-sla-* zu ie. **u̯eig-* 'Wechsel, Abwechslung', auch 'biegen, winden, sich wenden, weichen' (s. [2]*weichen* und *weich*). Auf die Variante ie. **u̯eik-* führt verwandtes lat. *vicis* (Gen.) 'Wechsel, Abwechslung' (s. *Vikar*). *Wechsel* ist als 'Zustand oder Handlung, wodurch etw. an die Stelle eines anderen tritt' zu erklären; daraus entwickelt sich 'Tausch, Veränderung, Aufeinanderfolge'. Das Substantiv wird schon im Ahd. auf den Warentausch und -kauf bezogen; im Geldverkehr bezeichnet es zunächst den 'Umtausch von Geldsorten' sowie die 'Wechselzahlung', d. h. die 'schriftliche Zusicherung, zu einem späteren Zeitpunkt eine bestimmte Summe zu zahlen' (14. Jh.), nach ital. *cambio* 'Wechselzahlung'; vgl. mlat. *cambium* 'Tausch(urkunde)', zu spätlat. *cambiāre* 'wechseln, tauschen'. Aus der Gewohnheit, ein solches Schriftstück statt Bargeld an Dritte weiterzugeben, entwickelt sich im 16. Jh. 'Urkunde für eine Wechselzahlung', älteres *Wechselbrief* (14. Jh.) ablösend, weiter 'Geldanweisung' (18. Jh.), auch 'Geld, das auf den Wechsel gezahlt wird' (17. Jh.). – wechseln Vb. '(aus-, um)tauschen, an die Stelle eines anderen setzen, verändern', ahd. *wehsalōn* (8. Jh.), *wehsalen, wihslen* (9. Jh.), mhd. *wehseln.* Wechsler m. 'wer Geld wechselt', ahd. *wehs(a)lāri* (11. Jh.), mhd. *wehselære, wehseler.* abwechseln Vb. 'wechselnd aufeinanderfolgen (lassen), ablösen' (15. Jh.), auch (bis ins 18. Jh.) '(Geld) ein-, umtauschen', mhd. *abewechseln.* verwechseln Vb. 'versehentlich vertauschen', ahd. *firwehsalen, -wihslen* (8. Jh.), *firwehsalōn* (um 1000) 'verwandeln', mhd. *verwehseln* '(um)wechseln, (ver)tauschen'. Wechselbalg m. 'mißgestaltetes Kind', das nach abergläubischer Vorstellung von bösen Geistern einer Wöchnerin untergeschoben worden ist, auch allgemein 'untergeschobenes Kind', mhd. *wehselbalc* (s. *Balg*). Vgl. gleichbed. ahd. *wehseling* m. (um 1000) und ahd. *wehselkind* n. (um 1000), mhd. *wehselkint.* Wechselfieber n. 'in bestimmten Abständen auftretendes Fieber, Malaria' (17. Jh.).

Weck, Wecken m., auch Wecke f. 'längliches Brötchen', ahd. *weggi* 'Keil' (10. Jh.), mhd. *wecke, wegge* 'Keil' und übertragen 'keilförmiges, mit zwei Spitzen versehenes Backwerk', asächs. *weggi* 'Keil', mnd. *wegge, wigge* 'Keil, keilförmiges Weizenbrötchen', mnl. *wegghe*, nl. *wegge, weg* 'Keil, Weizenbrötchen', aengl. *wecg*, engl. *wedge* 'Keil, keilförmiges Stück (Kuchen)', anord. *veggr*, schwed. *vigg(e)*, (mundartlich) *vägg(e)* 'Keil' führen auf germ. **wagja-*. Vergleichbar ist lit. *vãgis* 'Haken, Zapfen, Keil, Pflock'. Dazu stellt man ferner ahd. *waganso* 'Pflugschar' (um 800), anord. *vangsni* (aus **vagsni*), schwed. (mundartlich) *vangs* 'Pflugschar', griech. *ophnís* (ὀφνίς), lat. *vōmis, vōmer* 'Pflugschar'. Damit kann von ie. **u̯og^u̯hi̯o-* 'Keil' und ie. **u̯og^u̯hni-* 'Pflugschar' ausgegangen werden. Die alte Bedeutung 'Keil, Werkzeug aus Holz oder Eisen, das in etw. getrieben wird' bewahren nur obd. Mundarten, sonst bezeichnet *Weck(en)* vornehmlich das (ursprünglich wohl an bestimmten Festtagen gereichte) keilförmige, mit zwei Spitzen versehene Backwerk (14. Jh.; doch vgl. schon 'Gebäck aus Weizenmehl', 12. Jh.). Südd. und öst. wird *Weck(en)* zum üblichen Ausdruck für 'Semmel'.

Weckapparat m., (Ein)weckglas n. Gerät und Behälter zum keimfreien Konservieren von Lebensmitteln (Anfang 20. Jh.), benannt nach *J. Weck*, der dieses Verfahren 1894 entwickelt. – einwecken Vb. 'keimfrei einkochen' (Anfang 20. Jh.).

wecken Vb. 'wach, munter machen, aus dem Schlaf holen', ahd. (um 800), mhd. *wekken* 'wach machen, erwecken, erregen, beginnen', asächs. *wekkian*, mnd. mnl. *wecken*, nl. *wekken*, aengl. *weccan*, anord. *vekja*, schwed. *väcka*, got. *uswakjan* ist Kausativum zu einem stark flektierenden Verb, resthaft bezeugt in mnl. *wiec* (Prät.) 'wachte', aengl. *wacan* (Prät. *wōc*) 'erwachen, geboren werden', anord. *vakinn* (Part. Prät.) 'wach'. Es ist verwandt mit *wachen, Wacht, wacker* (s. d.) sowie mit aind. *vā́jaḥ* 'Kraft, Stärke, Schnelligkeit, (Wett)kampf, Kampfpreis', lat. *vegēre* 'munter sein, antreiben', so daß eine Wurzel ie. **u̯eĝ-* frisch, stark sein' anzusetzen ist. Die germ. Bedeutung 'aus dem Schlaf holen' ist eine Verengung der umfassenderen 'wach, munter machen'. – Wecker m. 'Uhr mit Signalwerk' (17. Jh.), 'Schlaginstrument zum Aufwecken' (16. Jh.), 'wer andere aus dem Schlaf weckt', mhd. *wecker.* aufwecken Vb. 'wach machen, aus dem Schlaf rütteln' (15. Jh.). erwecken Vb. 'hervorrufen, erregen, wiederaufleben lassen, inspirieren, wach machen', ahd. *irwecken* (8. Jh.), mhd. *erwecken.*

Wedel m. 'Quaste, Büschel, Schwanz', ahd. *wadal* (um 800), *wedil* (10. Jh.) 'Fächer, Wedel, Mondwechsel', mhd. *wadel, wedel* 'Büschelartiges zum Hinundherbewegen, Pinsel, (Feder-, Laub-, Haar-, Reisig)büschel, buschiges Schwanzende, Mondwechsel, -phase' sowie ahd. *wadal* 'schweifend, unstet, arm' (8. Jh.), mhd. *wadel* 'schweifend, unstet', aengl. *waþol* 'Mond' (eigentl. 'herumstreifend') und ahd. *wāla* (aus **wēþla-*) 'Fächer, Blasebalg, das Wehen' (um 1000), mhd. *wāle* 'Fächer' sind mit dem Suffix ie. *-tlo-*, germ. *-þla-* zu der unter *wehen* (s. d.) dargestellten Wurzel ie. **u̯ē-* 'wehen, blasen, hauchen' gebildet. Verwandt sind außerdem anord. *vēli* (aus germ. **waþila-*) 'Vogelschwanz', lit. *vétra* 'Sturm(wind), Unwetter', *vétyti* 'worfeln, etw. schwingen', aslaw. *větrъ*, russ. *véter* (*ветер*) 'Wind' und das unter [2]*wallen* (s. d.) behandelte Verb. Für *Wedel* ist von einer Bedeutung 'Wehendes, sich hin und her Bewegendes' auszugehen. Als Bezeichnung für das 'buschige Schwanzende' steht mhd. *wadel, wedel* zunächst unterscheidend neben mhd. *zagel* 'Schwanz' (s. *Zagel*); im 15. Jh. wird dieser Unterschied aufgegeben, *Wedel, Wadel* verdrängt das ältere *Zagel* und wird im 16. Jh. in südd. Sprache vorherrschend. Vom 17. Jh. an gilt in der Literatursprache allgemein vom Omd. ausgehendes *Schwanz* (s. d.). Nur obd. Mundarten und die Jägersprache bewahren *Wedel* 'Schwanz'. – w e d e l n Vb. '(den Schwanz) hin und her bewegen', mhd. *wadelen, wedelen* 'schweifen, schwanken, flattern, fließen', ahd. *wadalōn* 'umherschweifen' (9. Jh.).

weder Konj., nur noch in der Verbindung *weder... noch* 'nicht... und auch nicht' (s. *noch* Konj.), in älterer Sprache statt dessen auch *weder... weder* (zwei Verneinungen miteinander verbindend), mhd. *weder... noch*. Ahd. *(h)wedar* Pron. 'welcher von beiden', Konj. 'ob, etwa' (8. Jh.), *ni(h)wedar* 'keiner von beiden' (9. Jh.), mhd. *weder* 'welcher von beiden oder mehreren', *neweder, enweder* 'keiner von beiden', asächs. *hweðar* 'welcher, wer von beiden', aengl. *hweþer* 'wer von zweien', ablautend aengl. *hwæþer*, anord. *hvaðarr* 'wer von beiden' neben *hvārr* 'welcher (jeder) von beiden', got. *ƕaþar* 'wer von beiden' ist wie aind. *katarā́ḥ* 'welcher von zweien', griech. *póteros* (*πότερος*, ion. *κότερος*) 'welcher (wer) von beiden', lit. *katràs* 'welcher von beiden', aslaw. *kotorъ, koterъ*, russ. *kotóryj* (*который*) 'welcher' (ursprünglich 'welcher von zweien') als Fragepronomen mit dem Suffix ie. *-toro-, -tero-* (s. auch *ander*) zu dem unter *wer* (s. d.) angegebenen Pronominalstamm ie. **ku̯o-, *ku̯e-* gebildet. Ahd. *(h)wedar*, mhd. *weder* steht ursprünglich (mit neutralem Genus) als Einleitung von Doppelfragen, vgl. mhd. *weder slāfe ich oder wache?* 'Welches von beiden tue ich, schlafen oder wachen?'. Der heutige konjunktionale Gebrauch entwickelt sich in der Verbindung ahd. *ni(h)wedar... noh*, mhd. *enweder... noch* (vgl. mhd. *enweder übel noch guot* 'weder Schlechtes noch Gutes', eigentl. 'keins von beiden, Schlechtes nicht und Gutes nicht'); bereits mhd. mit abgefallener Negationspartikel *weder... noch*. In frühnhd. Zeit ist *weder* auch als Komparationspartikel 'als' üblich (2. Hälfte 15. Jh. bis 17. Jh.).

Weg m. 'festgetretene oder befestigte Bahn zum Gehen, Fahren, Pfad, zurückzulegende Strecke in einer bestimmten Richtung, Art und Weise', ahd. *weg* 'Bahn, Straße, Gang, Reise' (8. Jh.), mhd. *wec*, asächs. aengl. *weg*, mnd. *wech*, engl. *way*, anord. *vegr* 'Bahn, Reise, Fahrt, Richtung, Art und Weise', schwed. *väg*, got. *wigs* (germ. **wega-* m., wohl im Sinne von 'Spur') stellt sich mit lit. *vėžė̃* 'Wagen-, Schlittenspur' zu der unter *bewegen* (s. d.) angegebenen Wurzel ie. **u̯eĝh-* 'bewegen, ziehen, fahren'. Häufig in Wendungen wie *etw. zuwege bringen*, ahd. *zuo wege bringan* 'auf den rechten Weg bringen' (9. Jh.), mhd. *zuo wegen bringen* 'sich verschaffen, zustande bringen'; *jmdm. aus dem Wege gehen* 'ihn meiden' (16. Jh.); *jmdm. im Weg sein* 'ihn hindern, stören' (17. Jh.); *jmdm. über den Weg laufen* 'zufällig begegnen' (19. Jh.). – W e g e r i c h m. Name der häufig an Wegen, Straßen, Gräben, Dorfangern wachsenden Pflanze, ahd. *wegarīh* (9. Jh.), mhd. *wegerīch*, in seinem zweiten Kompositionsglied nachgebildet dem in männlichen Personennamen auftretenden Bildungselement *-rīh* (vgl. *Diotrīh, Fridurīh*, nhd. *Dietrich, Friedrich*, zur Etymologie s. *Reich*). W e g w e i s e r m. 'Wegzeiger, Tafel mit Angabe der Richtung', mhd. *wegewīser.* w e g Adv. 'von einem Ort entfernt oder sich entfernend, fort', verkürzt (14. Jh.) aus mhd. *enwec* 'hinweg, fort', zuvor mhd. *in wec* 'auf den Weg' (vgl. noch *enweg*, Luther), oft in Verbindung mit Verben der Bewegung wie mhd. *in wec gān* 'fortgehen', eigentl. 'auf den Weg, auf die Reise gehen'. Vgl. auch gleichbed. aengl. *onweg, aweg*, engl. *away* 'weg, fort'. w e g e n Präp. mit Gen., heute auch mit Dat. 'infolge, auf Grund (von)', spätmhd.

wegen (2. Hälfte 14. Jh.), verkürzt aus mhd. *von... wegen* 'von... Seiten' (mit eingeschlossenem Gen., mhd. *von unser beider wegen*, 13. Jh.), daher eigentl. Dat. Plur. von mhd. *wec* 'Weg' in der Bedeutung md. mnd. 'Ort, Stelle, Seite'. Vielleicht aus dem Mnd. in die Kanzleisprache übernommen (vgl. mnd. *van... wegen*, mnl. *van... weghen*).

Wegelagerer m. 'im Hinterhalt liegender, lauernder Straßenräuber' (18. Jh., *Weeglagerer*), zuvor frühnhd. *wegelager* (15. Jh.). Nach mhd. mnd. *wegelāgen* Vb. 'den Weg verlegen, am Wege auflauern', auch mnd. *wegelāgeren*, frühnhd. *wegelagern* (15. Jh.). Vgl. mnd. frühnhd. *wegelāge* f., frühnhd. *wegelagunge*, *-lagerunge* f. 'Hinterhalt, Nachstellung am Straßenrand' (15. Jh.). Zu ahd. *lāgōn* 'lauern, nachstellen', *lāgāri* 'Nachsteller', *lāga* f. 'Legung, Hinterhalt' (9. Jh.), mhd. *lāge*, nhd. *Lage* (s. d.); zu *liegen*.

weh Interj. Ausruf des Schmerzes, des Schreckens, ahd. *wē* (um 800; aus germ. **wai*, wobei *-ai* im Auslaut zu *-ē*; dagegen lautgerecht *wei-* in ahd. *weinōn*, s. *weinen*), mhd. mnd. *wē*, mnl. nl. *wee*, aengl. *wā*, engl. *woe*, anord. *vei*, schwed. *ve*, got. *wai*. Vergleichbar sind awest. *vayōi*, griech. *oá, ūá, ūā́i* (*ὀά, οὐά, οὐαί*) Interj. des Schmerzes, der Bewunderung, lat. *vae*, lit. (mundartlich) *vaĩ, vái*, mir. *fāe* 'weh', (mit *d(h)*-Suffix) *fāed, fōid* 'Schrei, Ton' und erweitert aind. *uvḗ*, awest. *avōi, āvōya*, so daß ie. **u̯ai* 'wehe' angesetzt werden kann. Substantiviert *Weh* n. '(seelischer) Schmerz, Leid', ahd. (9. Jh.), mhd. *wē*. In festen Verbindungen *weh sein* '(Seelen)schmerz empfinden', ahd. (um 1000), mhd. *wē sīn*; *weh werden* '(seelisches) Leid zu empfinden beginnen, zugefügt bekommen', ahd. *wē werdan* (9. Jh.), mhd. *wē werden*; *weh tun* 'Schmerz zufügen, empfinden' (zunächst von körperlichem Schmerz), ahd. (9. Jh.), mhd. *wē tuon*. Attributiver Gebrauch begegnet erst in jüngerer Zeit, wohl aus mundartlichen Verwendungen wie *wehe Füße*, literatursprachlich *eine wehe Empfindung* (18. Jh.). – [1]W e h e f. 'Schmerz der Gebärenden bei der Geburt', mhd. *wē, wēhe*, überwiegend im Plural *Wehen*, mhd. *wēhen*. Dazu *Wehmutter* 'Hebamme' (Luther), *Wehfrau* (18. Jh.). W e h k l a g e f. 'laute (in Worten ausgedrückte) Klage, Jammer' (16. Jh.), wohl aus w e h k l a g e n Vb. 'jammern' (15. Jh.). w e h l e i d i g Adj. 'übertrieben schmerzempfindlich, zum Klagen neigend' (17. Jh.), obd. Mundarten entstammend.

wehen Vb. '(von der Luft) in Bewegung sein, von Luft, vom Wind bewegt werden', ahd. *wāen, wāhen* (8. Jh.), mhd. *wæjen, wægen, wæn, weien* 'windig sein, wehen machen', mnd. *weien, weigen*, mnl. *waeyen*, nl. *waaien*, afries. *waia*. Neben diesen zur schwachen Flexion übergegangenen Verben zeigen noch starke (reduplizierende) Formen aengl. *wāwan* und got. *waiwan*. Verwandt ist aind. *vā́ti* 'weht, bläst', griech. *aḗnai* (*ἀῆναι*) 'blasen, wehen' (vom Wind), aslaw. *vějati*, russ. *véjat'* (*веять*) 'wehen, fächeln, Getreide worfeln'. Zugrunde liegt (wie auch für [2]*wallen, Wedel, Wetter* und *Wind*, s. d.) die Wurzel ie. **u̯ē-* 'wehen, blasen, hauchen'. Formen mit zwischen Wurzelsilbe und Endung eingeschobenem *h* sind seit dem 8. Jh. belegt; Umlaut tritt in mhd. Zeit (zuerst im Md. und Bair.-Öst.) auf, doch im Nhd. geht *ǣ* nach nordd. und (teilweise) md. Aussprache in *ē* über (*wehen* durch Luther verbreitet). – [2]W e h e f. 'vom Wind zusammengewehter Schnee' (18. Jh.), meist im Kompositum *Schneewehe* (19. Jh.).

Wehmut f. 'traurige, sentimentale Stimmung, Schmerz um Vergangenes', offensichtlich Übernahme von älterem mnd. *wēmōt* m. 'Zorn, Schmerz, tiefe Traurigkeit' in die hd. Literatursprache (schles. 15. Jh., dann bei Luther, noch im 17. Jh. vorwiegend bei omd. Schriftstellern); wohl Rückbildung aus mnd. *wēmōdich* Adj. 'tief betrübt, voller Schmerz, jammernd, kleinmütig, verzagt', das als w e h m ü t i g 'betrübt, Vergangenem nachtrauernd' im 16. Jh. (Luther 'voll ohnmächtigen Zorns, kleinmütig, verzagt, tief betrübt') in der Literatursprache Fuß faßt und bes. im 18. Jh. attributiv zu Ausdrücken der Empfindung und des Gefühls hinzutritt, vgl. *wehmütige Empfindung, Entzückung, Freude, Trauer* u. dgl. Auch W e h m ü t i g k e i t f. (15. Jh.) beruht wohl wie die gesamte Wortgruppe auf Übernahme aus dem Mnd., vgl. mnd. *wēmōdichēt* 'Betrübnis, Leid, Kleinmütigkeit'. Der Übergang des Maskulinums *Wehmut* zum fem. Genus vollzieht sich wahrscheinlich unter Einfluß von *Demut*. Zur Etymologie s. *weh* und *Mut*.

Wehr f. 'Befestigung, Verteidigung, Waffe, Schutztruppe', ahd. *werī* 'Verteidigung, Befestigung' (8. Jh.), mhd. *wer(e)* 'Verteidigung,

Kampf, Widerstand, Weigerung, Heer, Waffe, Befestigung', asächs. *-weri* in *skildweri*, mnd. mnl. *wēre* 'Widerstand, Verteidigung, Schanze, Waffe', nl. *weer* 'Widerstand, Verschanzung' und (mit anderer Stammbildung) anord. *verja* 'Verteidigung, Verwahrung' stellen sich zu dem unter *wehren* (s. d.) behandelten Verb. Dazu vgl. die Wendungen *sich zur Wehr setzen* 'Widerstand leisten' (mhd. *sich ze were setzen*), *Wehr und Waffe(n)* (16. Jh.).

Wehr n. 'quer durch ein fließendes Gewässer gebautes Stauwerk', ahd. *wer* (11. Jh.), mhd. (md.) *wer(e)* n., ein von der Küste südwärts vordringendes Wort. Die unterschiedlich gebildeten Substantive asächs. *wer(r)* 'Fischwehr' (10. Jh.), mnd. *wāre, wēr(e)* n. 'jede in das Wasser (zur Fischerei oder zum Mühlenbetrieb) hineingebaute Stauung (aus Pfählen u. dgl.)', nl. *weer* f. 'Fischwehr, Damm im Wasser', aengl. *wer* m., engl. *weir* 'Flußdamm, Fischwehr', anord. *ver* n. 'Klippe am Meer zum Fischfang', norw. *vær* 'Aufenthaltsort der Fischer während der Fangzeit' stellen sich mit einer Ausgangsbedeutung 'Hemmung, Hindernis' zu dem unter *wehren* (s. d.) behandelten Verb. Das Wort wandert vom 13. Jh. an von der Küste die großen Flüsse aufwärts in md. und obd. Gebiet, in den Mundarten entsprechend den oben genannten Formen mit unterschiedlichem Genus, teils n. und m., teils f. (in Anlehnung an *Wehr* f., s. d.).

wehren Vb. 'verteidigen, schützen, hindern', ahd. *wer(i)en, werren* (8. Jh.), mhd. *weren, wern, werigen* 'schützen, verteidigen, (ver)hindern', asächs. *werian* 'hindern, schützen, bewaffnen', mnd. mnl. *wēren* 'abwehren, verhindern, verteidigen, wegnehmen', nl. *weren*, aengl. *werian*, anord. *verja*, schwed. *värja*, got. *warjan*. Außergerm. sind vergleichbar aind. *vṛṇóti* (auch *ūrṇóti* und kausativ *vāráyati*) 'verhüllt, bedeckt, umschließt, hemmt, hindert, hält ab', griech. *érysthai* (ἔρυσθαι, aus *Ϝέρυσθαι) 'abwehren, retten, schützen', lat. *operīre* 'verschließen, bedekken', *aperīre* 'öffnen, aufdecken' (aus *-*u̯er*), lit. *vérti* 'öffnen, aufreihen, schnüren, durchstechen', aslaw. *vъvrěti* 'hineinstecken, einschieben', aruss. *zavreti* 'verschließen', russ. (landschaftlich) *verát'* (*верать*) 'stecken, hineinlegen, verstecken, verbergen', air. *ferenn* 'Gürtel'. Auszugehen ist von einer Wurzel ie. **u̯er-* 'verschließen, bedecken, schützen, retten, abwehren'. – abwehren Vb. '(einen Angriff, Angreifer) abschlagen, zurückweisen' (bereits mnd. *afwēren*, 14. Jh.), 'Einhalt tun, von sich weisen, ausschlagen, ablehnen' (16. Jh.); Abwehr f. 'Widerstand, Verteidigung' (16. Jh.), 'zur Verteidigung eingesetzte, Widerstand leistende Truppe', im Sport 'Verteidigung, Gesamtheit der Verteidigungsspieler' (1. Hälfte 20. Jh.). verwehren Vb. 'nicht gestatten, ablehnen', ahd. *firwer(i)en, firwerren* (8. Jh.), mhd. *verwern* 'abwehren, verhindern, ablehnen'.

Weib n. 'erwachsene weibliche Person, Ehefrau', ahd. *wīb* (8. Jh.), mhd. *wīp*, asächs. mnd. *wīf*, mnl. nl. *wijf*, aengl. *wīf*, engl. *wife* (vgl. engl. *woman*, aus aengl. *wīfmann*, eigentl. 'Weibsmensch'), anord. *vīf*, schwed. (nur noch dichterisch) *viv*. Herkunft ungeklärt. Am besten ist wohl anzuschließen an got. *biwaibjan* 'umwinden, umkleiden', aengl. *wǣfan* 'bekleiden, umwickeln', anord. (vereinzelt poetisch) *vīfa* 'umhüllen' und *Weib* als die 'mit einem Kopftuch umhüllte verheiratete Frau' zu erklären. Als Verwandte lassen sich anführen ahd. *weibōn* (10. Jh.), mhd. *weiben* 'sich hin und her bewegen, drehen, schwanken, schweben', anord. *veifa* 'schwingen, werfen', die unter *Wimpel, Wipfel* und *wippen* (s. d.) genannten Formen und außergerm. aind. *vḗpatē* 'zittert, ist erregt', kymr. *gwisgi* 'unruhig, reif (von Nüssen)', lat. *vibrāre* 'in zitternde Bewegung setzen, sich zitternd bewegen', lit. *viẽpti* 'das Gesicht verziehen', lett. *viept* 'verhüllen'. Daher kann von ie. **u̯eip-*, **u̯eib-* 'drehen, sich drehend, schwingend bewegen', Labialerweiterungen der Wurzel ie. **u̯ei-* 'drehen, biegen' (s. *weich*, [2]*weichen*, [1]*Weide*), ausgegangen werden. Denkbar ist deshalb auch eine Deutung der germ. Wortgruppe von *Weib* als 'die in geschäftiger Bewegung Befindliche'. Der Plural *Weiber* ist seit dem 15. Jh. bezeugt. – weibisch Adj. 'unmännlich' (abwertend von Männern, 16. Jh.), 'weiblich' (in neutraler Verwendung bis ins 18. Jh.), spätmhd. *wībisch*. weiblich Adj. 'einer Frau entsprechend, zu einer Frau gehörend' (Gegensatz zu *männlich*), ahd. *wīblīh* (8. Jh.), mhd. *wīplich*; in der grammatischen Terminologie 'feminines Genus aufweisend' (15. Jh.).

weich Adj. 'nicht hart, nachgebend, biegsam, kraftlos, zart', ahd. *weih* (8. Jh.), mhd.

weich, asächs. mnd. *wēk*, mnl. *weec*, nl. *week*, aengl. *wāc* (engl. *weak* aus dem Anord.), anord. *veikr*, schwed. *vek* (germ. **waika-*) ist wie das unter [2]*weichen* (s. d.) behandelte Verb an ie. **u̯eig-* 'biegen, winden, sich wenden, weichen' anzuschließen. Als Ausgangsbedeutung ist 'biegsam, nachgebend' anzusetzen. – [1]weichen Vb. 'weich machen oder wẹrden', ahd. *weihhen* 'weich machen' (um 800, *giweihhen*, 8. Jh.), *weihhēn* (10. Jh.), *weihhōn* (um 1100) 'weich werden', mhd. *weichen* 'weich machen oder werden'. [1]Weiche f. 'Zustand des Weichseins, Weichheit', ahd. *weihhī* (8. Jh.), mhd. *weiche*. In konkretem Gebrauch auch 'weiche Stelle des Körpers' (15. Jh.), in medizinischen Texten des 16. Jhs. 'Flanke, knochenlose, weiche Körperstelle zwischen der untersten Rippe und dem Hüftknochen' (oft pluralisch, seit Ende 16. Jh.), auch gelegentlich 'Taille' (16. Jh.). erweichen Vb. 'weich machen, werden', ahd. *irweihhēn* (9. Jh.), mhd. *erweichen*. weichlich Adj. 'in ungehöriger, unerwünschter Art weich' (15. Jh. in diesem Sinne zuerst mnd. *wēklīk*, dann md., 16. Jh.), 'ohne innere Widerstandskraft, kraft- und energielos, verzärtelt' (Mitte 17. Jh.), 'willensschwach' (19. Jh.); zunächst als Adverb zum Adjektiv *weich* gebildet, vgl. mhd. *weichlīche* 'auf weiche, milde Weise, verweichlicht'. Weichtier n. skelettloses Tier mit weicher Körperdecke, oft mit äußerer Kalkschale, bes. Schnecken, Muscheln, Tintenfische (1. Hälfte 19. Jh.), Übersetzung von zoolog.-lat. *Mollusca* Plur. (Cuvier 1812, im weiteren Sinne, auch Würmer umfassend, bereits Linné 1758), nach lat. *molluscus* 'recht weich' (vgl. *mollusca nux* 'Nuß mit weicher, dünner Schale'), Weiterbildung zu lat. *mollis* 'weich'.

Weichbild n. 'innerhalb der Ortsgrenzen liegendes Gebiet', mhd. *wīchbilde* 'die Stadtgrenze bezeichnendes Symbol, Stadtgebiet, Stadtrecht', mnd. *wīkbelde* 'Stadtgrenze, Stadtgebiet, Ort mit eigener Gerichtsbarkeit, Stadtrecht', mnl. *wijcbelt* 'städtisches Rechtsgebiet, Ansiedlung'. Der seit der 2. Hälfte des 12. Jhs. von Westfalen aus sich im Bereich des Nieder- und Mitteldeutschen ausbreitende Rechtsausdruck weist in seinem zweiten Glied wahrscheinlich ein Substantiv mit der Bedeutung 'Recht' auf, das vom germ. Stamm **bil-* 'angemessen, gerecht' (s. *billig* und *Unbill*) abgeleitet ist, während das erste Glied wohl mit ahd. *wīh* m. 'Ortschaft', asächs. *wīk* 'Wohnstätte', mnd. *wīk* '(fester) Ort, Stadt', mnl. *wijc* 'Stadtviertel, Gebiet', aengl. *wīc* 'Wohnung, Ansiedlung, Ortschaft' und dem ersten Kompositionsglied in mhd. *wīchgrāve* 'Stadtrichter', *wīchvride* 'Stadtfrieden' übereinstimmt, einer westgerm. Entlehnung aus lat. *vīcus* 'Stadtviertel, Dorf, Gehöft', das seinerseits mit griech. *ôikos* (*οἶκος*) 'Haus, Wohnung' und got. *weihs* 'Flecken' verwandt ist; vgl. Frings in: PBB 65 (1942) 221 ff. Den ältesten Belegen entsprechend wäre die ursprüngliche Bedeutung dann 'Ortsrecht', aus der sich Verwendungen wie 'Rechtssymbol, Marktzeichen' und 'Rechtsgebiet' entwickelt hätten. Eine andere Deutung bei Kaspers in: ZfdSpr. 20, 91 ff., der für germ. **bil-* die Bedeutung 'Zeichen, Symbol' annimmt (s. *Bild*), *Weich-* aber mit mhd. *wīch* 'das Weichen, Fliehen', mnd. *wīk* 'das Weichen, Entweichung', nl. *wijk* 'Flucht, Zuflucht' zu ie. **u̯eig-* 'sich von der Stelle bewegen, weichen' (Erweiterung von ie. **u̯ei-* 'drehen, biegen') stellt und deshalb für *Weichbild* die Ausgangsbedeutung 'Schutzzeichen' erschließt.

[2]**Weiche** f. 'Vorrichtung zur Überführung von Schienenfahrzeugen auf ein anderes Gleis' (1. Hälfte 19. Jh.), ursprünglich wohl (als Wort der Elbschiffahrt) 'mit eingeschlagenen Pfählen, mit Faschinen, Steinen und Sand befestigte Ausweichstelle' (18. Jh.). Vgl. nd. *Wīk* 'das Weichen, Flucht', auch (ausgehend von der Vorstellung 'das Zurückweichen des Ufers') 'Bucht, von einem Hauptkanal seitlich abweichender kleinerer Kanal, Ausbuchtung eines größeren Kanals', mnd. *wīke* f. 'Entweichung, Flucht', *wīk(e)* f. 'Seebucht', nl. *wijk* 'Seitenkanal, Bucht, Flucht'; von dem unter [2]*weichen* (s. d.) dargestellten Verb abgeleitet.

[2]**weichen** Vb. 'Platz machen, nachgeben, sich zurückziehen'. Das stark flektierende Verb ahd. *wīhhan* (um 800), mhd. *wīchen* 'eine Richtung nehmen, ausweichen, sich zurückziehen, aus dem Wege gehen, Platz machen', asächs. *wīkan*, mnd. mnl. *wīken*, nl. *wijken*, aengl. *wīcan*, anord. *vīkja, vīkva, ȳkva* 'weichen, wenden, bewegen, gehen', schwed. *vika* 'nachgeben, weichen' führt mit seinen außergerm. Verwandten aind. *vijátē* 'wogt, hebt sich empor (von der Woge), bewegt sich schnell, weicht, flieht', griech. *ê̂ikein* (*εἴκειν*) 'weichen, zurückgehen, nachstehen',

lit. *vìglas, vigrùs* 'munter, geschickt, wendig' auf ie. **u̯eig-* bzw. (für das Griech.) **u̯eik-* 'biegen, winden, sich wenden, weichen' (s. auch *Wechsel, weich* und *Woche*), Gutturalerweiterungen der Wurzel ie. **u̯ei-* 'drehen, biegen' (s. [1]*Weide*). – a b w e i c h e n Vb. 'von etw. (vom Weg, von der Richtung, einem Standpunkt, Grundsatz) abgehen, sich unterscheiden', mhd. *abewīchen* 'sich davonmachen'. a u s w e i c h e n Vb. 'aus dem Weg, beiseite gehen, einen Bogen machen' (15. Jh.). e n t w e i c h e n Vb. 'ausströmen, sich davonmachen', ahd. *intwīhhan* 'zurückweichen, nachgeben' (um 800), mhd. *entwīchen*, auch 'kraftlos werden, nachstehen, abtreten'.

Weichsel f. vorwiegend obd. Bezeichnung der Sauerkirsche. Ahd. *wīhs(e)la* (11. Jh.), mhd. *wīhsel, wīssel, wīsel*, mnd. *wissel* bezeichnet zunächst die wildwachsende Süßkirsche, aus deren Harz Vogelleim gewonnen wird. Der Name geht im 13. Jh. auf die Sauerkirsche über. Er führt (mit dem Suffix germ. *-ilō* gebildet) mit griech. *ixós* (ἰξός) 'Mistel, Mistelbeere, der daraus entstandene Vogelleim', gleichbed. lat. *viscum* und russ. *víšnja* (вишня) 'Sauerkirsche' auf ie. **u̯ĭks-* 'Mistel und andere leimführende Bäume', das vielleicht zu der unter *Iltis* und *Wisent* (s. d.) angeführten Wurzel ie. **u̯eis-* 'zerfließen, fließen' gehört. – W e i c h s e l k i r s c h e f. verdeutlichende Zusammensetzung, vgl. niederrhein. *wesselkerssen* (15. Jh.), hd. *Weichselkirsche* (16. Jh.), heute Name für eine besondere Art der Sauerkirsche mit dunklen, fast schwarzen Früchten.

[1]**Weide** f. Der Baumname zeigt im Germ. unterschiedliche Bildungsweisen, den *(w)ō*-Stamm ahd. *wīda* f. (9. Jh.), mhd. mnd. *wīde* f., nl. (älter) *wije, wijde* f., den *ja*-Stamm anord. *vīðir* m., schwed. *vide* n. und die Suffixbildung aengl. *wīþig* m. Verwandt sind ahd. *witta* 'Binde, Band' (8. Jh.), mhd. *wid(e), wit*, mnd. *wede, wide* '(gedrehter) Strick, Strang', aengl. *wiþþe* 'Band, Fessel', engl. *withe* 'Weidenrute, Band, Fessel aus Weidenrute', anord. *viðja* 'Weidenrute, Fessel', schwed. *vidja* 'Weidenrute'. Außergerm. vergleichen sich aind. *vētasáḥ* 'Rohrpflanze', awest. *vaētay-* 'Weide, Weidengerte', griech. *ītéa* (ἰτέα) 'Weide', lat. *vītis* 'Weinrebe, -ranke', lit. *vytìs* 'Rute, Gerte', apreuß. *witwan* 'Weide', russ. (landschaftlich) *vítvina* (витвина) 'Zweig, Rute, Gerte'. Zugrunde liegt eine Dentalerweiterung zu einer Wurzel ie. **u̯ei-*, **u̯eiə-* 'drehen, biegen', vielfach von 'biegsamen Zweigen, Flechtwerk, Rankengewächsen', zu der auch aind. *vyáyati* 'umhüllt, bedeckt, birgt', lat. *viēre* 'binden, flechten', lit. *výti* 'drehen, winden, spulen', aslaw. *poviti* 'bewinden, einwickeln', russ. *vit'* (вить) 'winden' gehören (vgl. dazu auf anderen Erweiterungen dieser Wurzel beruhendes *Weib, weich,* [2]*weichen, Wechsel*). Der Baum ist nach der Biegsamkeit seiner Ruten benannt.

[2]**Weide** f. 'grasbewachsene Fläche als Futterplatz für Herdenvieh', ahd. *weida* 'Nahrungsgewinn' (auch vom Menschen und nicht nur in bezug auf Pflanzenkost), 'Futter' (9. Jh.), mhd. *weid(e)* 'Futter, Speise, Nahrungserwerb, Weideplatz, Tagreise, Weg, Jagd, Fischerei', mnd. *weide* 'Weideplatz, Nahrung', mnl. nl. *weide* 'Weideplatz, Grasland', aengl. *wāþ* 'Jagd, das Umherstreifen', anord. *veiðr* 'Jagd' lassen sich mit aind. *vḗti* 'richtet sein Augenmerk auf etw., wendet sich an jmdn., trachtet nach, verfolgt', griech. *híesthai* (ἵεσθαι, aus **Ϝίεσθαι*) 'sich vorwärts bewegen, sich beeilen, streben, begehren', lat. *vīs* 'du willst', lit. *výti* 'treiben, verfolgen, nachjagen', aslaw. *vojinъ*, russ. *vóin* (воин) 'Krieger, Soldat' vergleichen und auf eine Wurzel ie. **u̯ei-*, **u̯ei̯ə-* 'gehen, auf etw. losgehen, etw. erstreben, erjagen, verfolgen, ersehnen' sowie 'Weg, Reihe' zurückführen. Als Ausgangsbedeutung kann 'Ausgang auf Nahrungssuche' (von Menschen und Tieren) erschlossen werden. Bereits im 11. Jh. ist die heutige Bedeutung 'Futterplatz für Herdenvieh' entwickelt. – W e i d m a n n m. 'Jäger', in älterer Sprache auch 'Fischer', mhd. *weidemann* 'Jäger, Fischer'. W e i d w e r k n. 'Jagd', frühnhd. auch 'Fischfang, Jagdgerät', mhd. *weidewerc* 'Jägerei, zur Jagd gebrauchte Tiere'. A u g e n w e i d e f. 'Freude für die Augen', mhd. *ougenweide* 'das Umherschweifen der Augen, Erquickung für die Augen, Anblick (jeder, auch unangenehmer Art)', vgl. mhd. *weide* im Sinne von 'Speise, Labsal'. w e i d e n Vb. 'auf der Weide fressen, auf die Weide führen, sich an etw. erfreuen, genießen', ahd. *weidōn* 'Futter suchen, jagen' (9. Jh.), mhd. *weiden* 'auf der Weide fressen, auf die Weide führen, ausschlachten, genießen'.

weidlich Adj. 'gründlich, tüchtig, in hohem,

gehörigem Maße', ahd. *weidalīh* 'zur Jagd gehörig' (um 800), mhd. *weide(n)lich* 'jägermäßig, jagdgerecht, frisch, keck, tüchtig, ausgezeichnet, stattlich, schön', mnd. *weide-, wēdelīk* 'jägermäßig, stattlich, schön' steht als Adjektivbildung zu ahd. *weidōn, weidanōn* 'Futter suchen, jagen' (9. Jh.), mhd. *weiden, weidenen*, abgeleitet von dem unter ²*Weide* (s. d.) behandelten Substantiv. Als Ausgangsbedeutung für das Adjektiv ist 'jagdgerecht, jägermäßig' anzusetzen, woraus sich bereits in mhd. Zeit 'frisch, tüchtig' (wie ein Jäger) und 'stattlich, schön' (auch von Frauen) entwikkelt. Die Gebrauchshäufigkeit des Wortes geht im 17. Jh. zurück; doch nach 1800 gewinnt *weidlich* in der Literatursprache wieder an Verbreitung, bes. in adverbieller Funktion, die bis heute vorherrschend ist.

weigern Vb. 'ablehnen, etw. zu tun' (heute refl.), ahd. *weigarōn* (um 1000), mhd. *weige-r(e)n* 'sich widersetzen, widerstreben, ablehnen', mnd. *wei(g)eren, wēgeren*, mnl. *weigheren, wēgheren*, nl. *weigeren* (die nd. nl. Formen mit *-ei-* stehen vielleicht unter hd. Einfluß) ist von dem mit *r*-Suffix gebildeten Adjektiv ahd. *weigar* 'halsstarrig, vermessen, verwegen, trotzig, widerstrebend' (11. Jh.), vgl. mhd. *weigerlīchen* Adv. 'stolz, stattlich, sich widersetzend, verteidigend', mnl. *weigher, wēgher* 'halsstarrig, sparsam', nl. (fläm.) *weiger, wēger* 'übertrieben sparsam' abgeleitet. Dieses verbindet man mit ahd. *wīgan* (um 800), mhd. *wīgen* 'streiten, kämpfen', aengl. *wīgan*, anord. *vega* 'kämpfen, töten, rächen' sowie (durch grammatischen Wechsel unterschieden) ahd. *wīhan* 'zerkämpfen' (9. Jh.), mhd. *wīhen* 'schwächen, erschöpfen, vernichten', got. *weihan* 'kämpfen' und außergerm. mit lat. *vincere* 'die Oberhand erlangen, siegen, bezwingen', *pervicāx* 'fest beharrend, hartnäckig', air. *fichid* 'kämpft', lit. *veĩkti* 'machen, tun, arbeiten, ausführen', aslaw. *věkъ*, russ. *vek* (*век*) 'Ewigkeit, Jahrhundert', so daß von der Wurzel ie. **u̯eik-* 'energische, bes. feindselige Kraftäußerung, kämpfen, bezwingen' ausgegangen werden kann. – W e i g e r u n g f. 'Ablehnung einer Forderung, Widersetzlichkeit' (Mitte 15. Jh., vgl. mnd. *weigeringe*, 1. Hälfte 15. Jh.), rechtssprachlich 'Appellation' (16. Jh.).

Weih m., heute meist W e i h e f. (im 17. Jh. entwickelt aus den schwachen Pluralformen des Maskulinums), Name eines in mehreren Arten auftretenden Greifvogels, ahd. *wīo* m. (8. Jh.), mhd. *wīe, wīge, wīhe, wīwe* m., mnd. *wīe, wīge* m. f., mnl. *wīwe, wīe, wūwe, wouwe*, nl. *wouw* m.; vgl. auch den zweiten Wortteil in anord. *langvē* m. 'Alk' (Art wilde Fettgans). Herkunft unbekannt. Vielleicht zu der unter ²*Weide* (s. d.) dargestellten Wurzel ie. **u̯ei-*, **u̯eiə-* 'gehen, auf etw. losgehen, etw. erstreben, erjagen, verfolgen, ersehnen' sowie 'Weg, Reihe' gehörig und als 'Jäger' zu deuten? Oder angesichts einer Grundform germ. **wīwa-* lautnachahmenden Ursprungs? Weitere Erklärungsversuche bei Neuss Ahd. Tierbezeichnungen (1973) 168 ff.

weihen Vb. 'durch eine religiöse Handlung heiligen, seiner religiösen Bestimmung übergeben, jmdm. (durch die Priesterweihe) ein geistliches Amt übertragen, jmdm. etw. widmen, stiften', refl. 'sich einer Sache verschreiben', ahd. *wīhen* (8. Jh.), mhd. *wīhen, wīen, wīchen*, asächs. *wīhian*, mnd. *wīen, wīgen*, (mit dentalem Gleitlaut) mnl. *wīden* (aus älterem *wīen*), nl. *wijden*, got. *weihan* und (mit grammatischem Wechsel) anord. *vīgja*, schwed. *viga* sind von dem im Nhd. ausgestorbenen (im 19. Jh. nur noch mundartlich gebräuchlichen) und durch *heilig* ersetzten Adjektiv *weich*, ahd. *wīh* (8. Jh.), mhd. *wīch*, got. *weihs* 'heilig', substantiviert in asächs. *wīh* 'Heiligtum, Tempel', aengl. *wēoh* 'Götzenbild', anord. *vē* 'heiliger Ort, Gerichtsstätte', abgeleitet, dessen etymologischer Anschluß nicht gesichert ist. Erwogen wird Verbindung mit aind. *vinákti* 'siebt, sichtet, sondert, trennt', lat. *victima* 'Opfertier, Opfer' und Rückführung auf eine Wurzel ie. **u̯eik-* 'aussondern'. Für *weihen* ist dann von 'zu gottesdienstlichen Zwecken aussondern' auszugehen. Anders Krause in: ZfdA 64 (1927) 269 ff., der für die germ. Formen mit Nasalausfall rechnet, sie daher mit anord. *Ving-Þōrr* 'Weihe-Thor' (d. i. Thor, der weihende Gott) sowie mit aind. *pad̥viṁśa-* (das, wenn nicht falsche Lesart, mit Nasal neben *pád̥bīśam, pád̥vīśam*) 'Fessel, Fußfessel (eines Pferdes)', griech. (Aorist) *ímpsas* (ἴμψας) 'verbunden habend' und lat. *vincīre* 'binden, umwinden' zusammenstellt und eine Ausgangsbedeutung '(magisch, religiös) gebunden' erschließt. – W e i h e f. 'Feierlichkeit, feierliche Inbetriebnahme, kultische Handlung, mit der etw. oder jmd. in den Dienst Gottes gestellt wird'

(z. B. *Altar-, Priesterweihe*), ahd. *wīhī(n)* (8. Jh.), mhd. *wīhe.* Weihrauch m. aromatisches Räuchermittel, zu kultischen Zwecken verwendetes Harz des in Südarabien und Nordostafrika beheimateten Weihrauchbaumes, dessen Gebrauch in der christlichen Kirche, anfangs als Opfergabe, seit dem 7. Jh. nachgewiesen ist, ahd. *wīhrouh* (8. Jh.; zuerst südd.-rhein., von dort ins Md. und Nd. vordringend), mhd. *wī(h)rouch*, asächs. *wīhrōk*, mnl. *wierooc*, nl. *wierook*, eigentl. 'heiliger Rauch' (zum Grundwort s. *Rauch*).

Weiher m. '(Fisch)teich', ahd. *wīwāri* 'Tiergehege, Fischteich, Fischkasten' (9. Jh., vgl. *fihuwīwāri, scāfwīwāri*, 9. Jh.), mhd. *wīwære, wīwer, wīher, wīger*, asächs. *wīhiri*, mnl. *wīer, wūwer(e), wouwer* (dagegen nl. *vijver*, mnl. *vīvere, vīver* aus afrz. frz. *vivier* 'Fischteich, Fischkasten') sind entlehnt aus lat. *vīvārium* n. 'Behältnis, Gehege zur Aufbewahrung lebender Tiere' (nicht Haustiere), 'Tiergarten, Menagerie, Fischteich, Fischbehälter' (auf dt. Boden bereits im 2. Jh. bezeugt als Bezeichnung für einen Bärenzwinger in Köln). Es handelt sich um das substantivierte Neutrum von lat. *vīvārius* 'zu lebenden Tieren gehörig'; zu lat. *vīvus* 'lebendig, lebend'. *Weiher* gilt heute vornehmlich im Obd. und Frk. gegenüber *Teich* im Omd. und Nordd.

Weihnacht f. Bezeichnung für das von der christlichen Kirche gefeierte Fest der Geburt Christi, mhd. *wīenacht, wīnaht* (um 1300), zusammengezogen aus mhd. *diu wīhe naht* bzw. dem Dat. Sing. *ze (der) wīhen naht* (2. Hälfte 12. Jh.), eigentl. 'heilige Nacht' (zur Etymologie s. das Adjektiv ahd. *wīh*, mhd. *wīch* 'heilig' unter *weihen* und s. *Nacht*). Die Form *Weihnacht* wird erst seit dem 18. Jh. geläufig. Zuvor ist der aus dem Dat. Plur. mhd. *ze den wīhen nahten* gebildete Nom. Plur. *wīhenachten* (13. Jh.), nhd. Weihnachten gebräuchlicher, der jedoch daneben (schon vereinzelt im 14. Jh.) singularischen Gebrauch mit wechselndem Genus (m. f. oder n.) entwickelt. Das heute vorherrschende neutrale Genus entsteht wohl in Anlehnung an *Weihnachtsfest* n. (Mitte 16. Jh.; entsprechend bei *Ostern* und *Pfingsten*).

weil Konj. zur Angabe des Grundes, der Ursache. Die temporalen Fügungen ahd. *thiu (h)wīla sō* 'so lange wie', eigentl. 'den Zeitraum als' (11. Jh.), mhd. *die wīle* (auch *al die wīle*) *sō* 'so lange wie, während', mnd. *de(r) wīle, al(le) de wīle*, mnl. *de wīle dat*, aengl. *þā hwīle þe* enthalten den Akkusativ der Zeit des unter *Weile* (s. d.) behandelten Substantivs. Im Dt. entwickelt sich durch Wegfall des satzanknüpfenden *sō* die Konjunktion mhd. *die wīle* 'solange, während', nhd. *(all)dieweil* und einfaches *weil* (seit 15. Jh.). Der vorerst weiter geläufige temporale Gebrauch tritt im 18. Jh. zurück. Heute herrschender kausaler Gebrauch kommt ebenfalls im Mhd. (14. Jh., erste Belege bei Tauler) auf in Sätzen, in denen die temporale Konjunktion zugleich begründende Funktion annimmt. Vgl. die ähnliche Entwicklung bei nl. *wijl* 'da, weil' und engl. *while* (nur temporal) 'während'.

Weile f. 'kurzer oder unbestimmter Zeitraum', ahd. *(h)wīla* (8. Jh.), mhd. *wīl(e)* 'Zeit(raum), Zeitpunkt, Stunde', asächs. *hwīl(a)* 'Zeit(raum)', mnd. mnl. *wīle,* aengl. *hwīl*, engl. *while*, got. *ƕeila* 'Weile, Zeit, Stunde' und (*ōn*-Stamm) anord. *hvīla* 'Ruhestätte, Bett', schwed. *vila* 'Ruhe' sind Bildungen mit *l*-Suffix wie verwandtes lat. *tranquillus* (aus **-kᵘilnos*) 'ruhig, still', aind. (fraglich) *cirá̄ḥ* 'lang(während)' zur Wurzel ie. **ᵘei̯(ə)-*, **kᵘii̯ē-* 'behaglich ruhen', wozu sich auch lat. *quiēs* 'Ruhe, Schlaf, Friede', aslaw. *pokojь*, russ. *pokój* (*покóй*) 'Ruhe' stellen. Die heute geltende Bedeutung entwickelt sich aus 'Ruhe, Rast, Pause'. Sprichwörtlich *gut Ding muß Weile* ('Zeit, keine Hast, keine Überstürzung') *haben* (16. Jh.), *gůt ding mů̊ß haben weile* (15. Jh.); *eile mit Weile* ('mit Eile, aber überlegt, nicht überstürzt', 16. Jh.). – weilen Vb. 'sich aufhalten, (an einem Ort) sein', ahd. *(h)wīlōn* (um 800), mhd. *wīlen.* verweilen Vb. 'sich (lange) aufhalten, bleiben', auch 'säumen', mhd. *verwīlen* '(ver)säumen, zubringen, sich aufhalten'.

Weiler m. 'Einzelgehöft, aus wenigen Gehöften bestehende Ansiedlung', ahd. *wīlāri* 'Dorf' (Hs. 12. Jh.), mhd. *wīler* n. m. 'einzelnes Gehöft, kleineres Dorf' ist entlehnt aus mlat. *villare* 'Gehöft, Vorwerk', dem substantivierten Neutrum von lat. *vīllāris* 'zum Landhaus gehörig'; zu lat. *vīlla* 'Landhaus eines Vornehmen, Landgut, Gutshof, Vorwerk' (s. *Villa*). Aus den in der Nähe solcher Landgüter angelegten Unterkünften für das Personal entwickeln sich kleine Ansiedlungen, die ebenfalls mit *vīlla* bezeichnet werden. Daraus erklären sich die Bedeutungen 'Gehöft' und 'kleineres Dorf, kleine dorfähnliche Ansiedlung'. Der appellativischen Verwendung im Dt. (durchgehend nach der Mitte des 13. Jhs.) gehen mit *-weiler* gebildete Ortsnamen voraus für Siedlungen (südlich und westlich des Rheins, im Bereich der Römerstraßen), die, häufig als Landgüter für ausgediente Soldaten angelegt, archäologisch als röm. Gründungen nachgewiesen sind. Diese Art der Benennung wird später von den germ. Besitzern übernommen und verbreitet (vgl. z. B. *Dankoltsweiler, Hohweiler, Volkmarsweiler*).

Wein m. Die Bezeichnung für das alkoholische Getränk und für die Trauben, aus denen es gewonnen wird, ahd. (8. Jh.), mhd. asächs. mnd. aengl. *wīn*, mnl. nl. *wijn*, engl. *wine* (nur für das Getränk), anord. *vīn*, schwed. *vin*, got. *wein* wird schon früh (zuerst wohl für das gehandelte Getränk, danach für die Kulturpflanze und deren Früchte) entlehnt aus lat. *vīnum* n. 'Wein', diesem entsprechend auch im Germ. weithin mit neutralem Genus (got. aengl. anord. schwed. dän.). Auf dt. Gebiet setzt sich nach anfänglichem Wechsel zwischen Neutr. und Mask. (ahd. asächs.) maskulines Genus wohl unter dem Einfluß von afrz. frz. *vin* durch. Die Herkunft des lat. Wortes ist nicht gesichert. Es kann mit griech. *õinos* (*οἶνος*, mundartlich auch **Ϝοῖνος*), armen. *gini* (aus **u̯oinii̯o-*), alban. (toskisch) *verë*, (gegisch) *venë* auf eine Wurzel ie. **u̯ei-* 'drehen, biegen' zurückgeführt werden, gestützt durch die Heimat des wilden Weinstocks u. a. in Südrußland und Teilen Mitteleuropas. Andererseits beginnt die Kultivierung des Weinstocks im Süden des Kaukasus, im Pontusgebiet oder in den Mittelmeerländern, so daß auch Herkunft aus einer vorderasiatischen Sprache angenommen werden kann. – W e i n b e r g m. 'Gelände, Berghang, auf dem Wein angebaut wird', mhd. *wīnberc* (verkürzt aus älterem *wīngartberc*?); vgl. ahd. *wīngarto* (um 800), mhd. *wīngart(e)* 'Weingarten'. W e i n b r a n d m. verwendet (1907) von der Firma Asbach als Ersatzwort für den gesetzlich geschützten Namen *Cognac* (s. *Kognak*).

weinen Vb. 'unter Tränen jammern', ahd. *weinōn* (um 800), mhd. *weinen, wēnen*, mnd. mnl. *wēnen, weinen*, nl. *wenen*, aengl. *wānian*, anord. *veina*, schwed. (mundartlich) *vena* sind abgeleitet mit *n*-Infix von der Interjektion germ. **wai* (s. *weh*) wie vergleichbares lit. *vaitóti* '(weh)klagen, jammern, seufzen, stöhnen' von (mundartlich) *vaĩ, vái* 'weh(e)', eigentl. also '*weh* schreien'. – w e i n e r l i c h Adj. 'zum Weinen neigend, kläglich, betrübt', zu Anfang des 16. Jhs. nach dem Vorbild von *jämmerlich, lächerlich* aus mhd. *wein(e)lich* 'weinend, kläglich, betrübt' erweitert. In der Literatursprache wird *weinerlich* durch Lessing als Übersetzung von gleichbed. frz. *larmoyant* üblich.

Weise f. 'Art (des Verhaltens und Handelns), Beschaffenheit, Merkmal', ahd. *wīsa* (8. Jh.), mhd. *wīs(e)* 'Art, besondere Erscheinungsform', asächs. *wīsa*, mnd. *wīs(e)*, mnl. *wīse, wijs*, nl. *wijze, wijs*, aengl. *wīse*, engl. (selten) *wise*, anord. *vīsa* ('Strophe, Vers'), schwed. *vis* sind zu der unter *wissen* (s. d.) abgehandelten Wurzel ie. **u̯eid-* 'erblicken, sehen' gebildet, vielleicht auch (wie *weise*, s. d.) Weiterbildung eines alten *s*-Stammes, vgl. griech. *ẽidos* (*εἶδος*) 'Aussehen, Gestalt, Beschaffenheit, Gattung'. Die Bedeutungsentwicklung verläuft von 'Aussehen, äußere Erscheinung' über 'Beschaffenheit' zu 'Art des Verhaltens in einer gegebenen Situation'. Vgl. die formelhafte Verbindung *Art und Weise* (16. Jh.). Bereits bei Notker erscheint ahd. *wīsa* im Sinne von 'Melodie', lat. *modulātus* bzw. *tonus* übersetzend; dazu vgl. *Wort und Weise* 'Text und Melodie' (eines Liedes), mhd. *wort und wīse*. – -w e i s e Kompositionssuffix zur Bildung von modalen Adverbien, produktiv seit dem 16. Jh.; anfangs noch in getrennter Schreibung; vgl. *legation weiß, erzweis* (16. Jh.), *dutzet weise, gesprächweiß* (17. Jh.). Voraus gehen genitivische Fügungen wie mhd. *in zornes wīs, in regenes wīs*. In älterer Sprache wird überwiegend die kurze, *e*-lose Form verwendet.

weise Adj. 'wissend, lebenserfahren, klug', ahd. *wīs* und die Weiterbildung (*ja*-Stamm) *wīsi* (8. Jh.), mhd. *wīs, wīse* 'verständig, erfahren, klug, kundig, gelehrt', asächs. mnd. aengl. *wīs*, mnl. nl. *wijs*, engl. *wise*, anord. *vīss*, schwed. *vis*, got. *-weis* (z. B. *unweis* 'unwissend'), germ. **weis(s)a-* gehören zu der unter *wissen* (s. d.) dargestellten Wurzel ie. **u̯eid-*. Dabei ist entweder von einer Partizipialform ie. **u̯eidto-* auszugehen oder aber von ie. **u̯eidso-*, das sich als adjektivische Weiterbildung eines alten *s*-Stammes **u̯eides-* (z. B. in aind. *vḗdas-* 'Kenntnis, Einsicht') erklären läßt. Die Ausgangsbedeutung des Adjektivs ist 'wissend', zunächst 'im Hinblick auf eine Sache kundig, erfahren', dann auch 'klug, intelligent, verstandesmäßig begabt', heute 'durch Erfahrung und Bemühung verständig, einsichtig, den Zusammenhang verstehend, maßvoll', vornehmlich als Merkmal eines alten Menschen geltend (vgl. mhd. *die wīsen, die getageten und die grīsen*). – W e i s h e i t f. '(im Laufe eines Lebens gewonnenes) Wissen, Erfahrung, Einsicht', eigentl. 'Zustand des Weiseseins', ahd. (9. Jh.), mhd. *wīsheit.* w e i s m a c h e n Vb. 'jmdm. etw. Unwahres (als Wahrheit) sagen, jmdn. anführen, ihn zum Narren halten' (16. Jh.), mhd. *wīs machen* 'wissend machen, belehren, kundtun, beibringen' (in diesem Sinne noch im 18. Jh.). w e i s l i c h Adj. 'weise, klug, wissend', ahd. *wīslīh* (8. Jh.), mhd. *wīslich*; noch geläufig in w o h l w e i s l i c h Adv. 'aus gutem Grund, bewußt, in berechnender Absicht' (18. Jh.).

Weisel f., auch m. 'Bienenkönigin', ahd. *wīsil* m. (11. Jh.), mhd. *wīsel* m. 'wer den Weg weist, (An)führer, Oberhaupt, Bienenkönigin' ist (wie *Büttel*, s. d., oder *Feldwebel*, s. *Feld*) als Nomen agentis mit *l*-Suffix zu dem unter *weisen* (s. d.) behandelten Verb in dessen Bedeutung 'führen' gebildet. Dazu vgl. ahd. *wīso* m. 'Bienenkönigin' (um 900), auch '(An)führer' (11. Jh.), mhd. *wīse* m. 'Führer, Anführer, Oberhaupt', nhd. (nur noch mundartlich) *Weis* f., nd. *Wīs(e)* m. f. 'Bienenkönigin', asächs. *binawīso* m., mnd. *wīse* m. 'Bienenkönigin', aengl. *wīsa*, anord. *vīsi* 'Führer, Fürst'. Zunächst als männliches Tier vorgestelltes *Weisel* bedeutet 'Führer, Oberhaupt der Bienen'; fem. Genus setzt sich (dem natürlichen Geschlecht folgend) erst in jüngster Zeit durch.

weisen Vb. 'zeigen, führen, belehren', ahd. *wīsen* 'führen, einladen, (ein)berufen, auffordern, bringen, ausführen' (9. Jh.), mhd. *wīsen* 'belehren, unterrichten, wissen lassen, (an)zeigen, kundtun, dartun, beweisen, führen, leiten, warnen', asächs. *wīsian* 'zeigen, verkünden', mnd. *wīsen* 'zeigen, anweisen', aengl. *wīsan, wīsian*, mnl. *wīsen*, nl. *wijzen* 'weisen, zeigen', anord. *vīsa* 'weisen, hinzeigen', schwed. *visa* ist als Faktitivum von dem unter *weise* (s. d.) dargestellten Adjektiv abgeleitet und bedeutet eigentl. 'wissend machen'. Das ursprünglich schwach flektierende Verb geht im Mhd. vereinzelt, seit dem 16. Jh. deutlich zur starken Flexion über. – e i n w e i s e n Vb. 'in etw. einführen, anleiten' (16. Jh.). u n t e r w e i s e n Vb. 'belehren, unterrichten', mhd. *underwīsen* 'zurechtweisen, anweisen, belehren'. S. auch *aus-*, ^{2}*verweisen*.

weiß Adj. Bezeichnung für den leuchtenden, hellen, dem Licht des anbrechenden Tages vergleichbaren Farbton, ahd. *(h)wīȝ* (8. Jh.), mhd. *wīȝ* 'weiß, glänzend', asächs. aengl. *hwīt*, engl. *white*, anord. *hvītr*, schwed. *vit*, got. *hweits* führt auf germ. **hwīta-*, kurzvokalisches mnd. mnl. nl. *wit* (mit emphatischer Gemination?, oder aus einer vor nachfolgender Doppelkonsonanz gekürzten Kompositionsform?) auf germ. **hwit(t)a-*. Lautlich stehen nahe aind. *śvēáḥ* 'weiß, licht', *śvit-* 'hell, weiß sein', lit. *šviẽsti* '(be)leuchten, Licht geben, scheinen', aslaw. aruss. *světъ*, russ. *svet* (*свет*) 'Licht, Welt', die ie. **k̑u̯eit-* voraussetzen, während die genannten germ. Formen eine Auslautvariante ie. **k̑u̯eid-* erfordern. Es handelt sich um Dentalerweiterungen von ie. **k̑u̯ei-* 'leuchten, hell, weiß', das seinerseits als Erweiterung einer Wurzel ie. **k̑eu-* 'leuchten, hell' angesehen werden kann.

weissagen Vb. 'prophezeien'. Das nur im Dt. bezeugte Verb ahd. *wīssagēn* (11. Jh.), mhd. *wīs(s)agen* 'wahrsagen, prophezeien' ist durch volksetymologische Anlehnung an das unter *weise* (s. d.) behandelte Adjektiv und das unter *sagen* (s. d.) dargestellte Verb entstanden aus ahd. *wīȝagōn* (8. Jh.), *wīȝigōn* (9. Jh.) 'prophezeien'. Diese Formen sind Ableitungen vom Substantiv ahd. *wīȝago* 'Prophet' (8. Jh.; vgl. gleichbed. aengl. *wītega* und anord. *vitki* 'Zauberer'), das zum Adjektiv ahd. *wīȝag* 'wissend, prophetisch' (in *wīȝag atum* 'Geist der Weissagung', um 800), auch belegt in *wīȝaglīh* (9. Jh.), *wīȝagsam* (10. Jh.) 'prophetisch', gebildet ist (vgl. aengl. *wīteg-* 'wissend' in *wītegdōm* 'Prophezeiung') und mit diesem zu der unter *wissen* (s. d.) behandelten Wortgruppe gehört. – W e i s s a g u n g f. 'Prophezeiung, Vorhersagung', ahd. *wīȝagunga* (um 1000) neben (der oben genannten Entwicklung folgend) *wīssagunga* (11. Jh.), mhd. *wīssagunge.*

Weistum n. 'Rechtsspruch, Rechtsurteil', aus bäuerlichen Gemeinden stammend, mündlich oder schriftlich weitergegeben und als Vorbild für die Rechtsprechung geltend. Ahd. (8. Jh.), mhd. *wīstuom* 'Verständigkeit, Erfahrung, Wissen, Gelehrsamkeit, Weisheit', asächs. aengl. *wīsdōm*, engl. *wisdom*, anord. *vīsdōmr* ist mit dem unter *-tum* (s. d.) behandelten Kompositionssuffix zu dem unter *weise* (s. d.) dargestellten Adjektiv gebildet. Im 14. Jh. entwickelt mhd. *wīstuom* unter Anlehnung an mhd. *wīsen* 'belehren, führen', rechtssprachlich 'ein Urteil finden, für Recht erkennen, durch Urteilsspruch bekunden' (vgl. mhd. *daȥ reht wīsen*, s. *weisen*) die Bedeutung 'Rechtsweisung, Urteilsspruch' und wird im 18. Jh. (durch J. Möser, später J. Grimm) als Terminus in die Wissenschaftssprache aufgenommen; daher (seit der 1. Hälfte des 19. Jhs.) *Weistümer* Plur. 'Sammlung von Rechtssprüchen'.

weit Adj. 'räumlich ausgedehnt', ahd. (9. Jh.), mhd. *wīt* 'von großer Ausdehnung', asächs. aengl. *wīd*, mnd. *wīde*, engl. *wide*, mnl. *wijt*, nl. *wijd*, anord. *vīðr*, schwed. *vid*, germ. **wīda-* wird am besten aus ie. **u̯i-ito-* 'auseinandergegangen' erklärt, bestehend aus der Wurzel ie. **u̯ī̆-* 'auseinander' (s. *wider*) und einer *to*-Ableitung von der unter *eilen* (s. d.) genannten Wurzel ie. **ei-* 'gehen'. Vergleichbar sind awest. *vītay-* (aus **vī-itay-*) 'das Weggehen', wohl auch lat. *vītāre* '(ver)meiden, ausweichen' (aus **vi-itō* 'gehe aus dem Wege'). – W e i t e f. 'räumliche Ausdehnung', ahd. *wītī* (9. Jh.), mhd. *wīte* 'Weite, Breite, weiter Raum oder Umfang, weites offenes Feld'. w e i t e n Vb. 'weiter machen, vergrößern', ahd. (Hs. 12. Jh.), mhd. *wīten*, faktitive Bildung zum Adjektiv. Dazu das (heute kaum noch übliche) Iterativum w e i t e r n Vb. 'weiter machen, vergrößern, ausdehnen', mhd. *wītern* 'weiter werden oder machen'; heute e r w e i t e r n Vb. (16. Jh.).

Weizen m. Name der Getreideart, ahd. *(h)weizzi* m. (8. Jh.), mhd. *weiz(z)e, weiz*, asächs. *hwēti*, mnd. *wēte, weite*, mnl. *weit(e), weet*, nl. *weit*, aengl. *hwǣte*, engl. *wheat*, anord. *hveiti* n., schwed. *vete*, got. *ƕaiteis* m. oder *hwaiti* n. Daraus erschließbares germ. **hwaitja-* 'Weizen' steht im Ablaut zu germ. **hwīta-* (s. *weiß*), so daß das Getreide nach der weißen Farbe des Mehls (oder der Frucht?) benannt sein dürfte.

welch(er) Interr.pron. 'was für ein', Indef.pron. (Plur.) 'einige, manche', Rel.pron. 'der', ahd. *(h)welīh* (8. Jh.), mhd. *welich, welch*, mnd. *welk*, mnl. *welc, welic*, nl. *welk* zeigen Umlaut aus *a*, vgl. ahd. *(h)walīh* (8. Jh.). Daneben stehen (ablautend) ahd. *(h)wilīh*, mhd. *wilich, wilech, wilch*, asächs. *hwilīk*, mnd. *wilk*, aengl. *hwilc*, engl. *which*, anord. *hvīlīkr* (unter Einfluß des Dat. *hvī* aus *hvilīkr* entstanden), schwed. *vilken*, got. *ƕileiks* 'wie beschaffen, was für ein'. Es handelt sich um Zusammensetzungen aus dem unter *wer* (s. d.) dargestellten Pronominalstamm und dem Substantiv germ. **līka-* 'Körper, Gestalt' (s. *Leiche* und das Kompositionssuffix *-lich*), so daß sich eine Ausgangsbedeutung 'was für eine Gestalt habend' ergibt (s. auch ähnlich gebildetes *gleich* und *solch*). Das Interr.pron. wird zugleich als Indef.pron. verwendet (ahd. mhd. 'jeder') und als verallgemeinerndes Rel.pron. ahd. *sō welīh sō* 'wer auch immer', zusammengezogen zu *swelich* (11. Jh.), mhd. *swelch, welch*, nach dem 14. Jh. *welch*. Das bestimmte Rel.pron. *welch*, zuerst im Mnl. des 13. und 14. Jhs. nachgewiesen, dringt ins Mnd. vor, wird von da (15. Jh.) ins Hd. übernommen und durch die Rechts- und Kanzleisprache verbreitet; heute allgemein durch den relativisch gebrauchten Artikel ersetzt.

welk Adj. 'verdorrt, ausgetrocknet, ohne Saft' (vorwiegend von Pflanzen), ahd. *welc* 'feucht, lauwarm, weich, welk' (8. Jh.), mhd. *welc(h), wilch* 'feucht, lau, weich, milde, gelinde, welk', asächs. mnd. *welk*, mnl. *welc* 'verwelkt' sowie (ablautend) ahd. *wal(a)h* 'lau' (11. Jh.), mit Metathese mnd. *wlack*, aengl. *wlaco, wlacu, wlæc* 'lau' und wohl auch (schwundstufig) das unter *Wolke* (s. d.) behandelte Substantiv lassen sich mit lit. *vìlgyti* 'an-, befeuchten, naß machen', aslaw. *vlaga* 'Feuchtigkeit, Saft' (bei Pflanzen), aruss. *vologa* 'fettige Speisezutat, Suppe, Nahrung', russ. (älter) *vológa* (*волога*) 'Feuchtigkeit, Flüssigkeit, flüssiges Fett als Zutat' auf ie. **u̯elg-* 'feucht, naß' zurückführen, das vielleicht unerweitert vorliegt in mnd. *welen* 'welken, trocknen', vgl. auch norw. schwed. *valen* 'gefühllos, erstorben vor Kälte'. Auffällig ist der Bedeutungsübergang von 'feucht' (ahd. mhd. noch resthaft bewahrt) zu 'saftlos, verdorrt'. Die Annahme, daß das Faktitivum ahd. *welkēn* 'die Feuchtigkeit, die Säfte verlieren' (s. unten) auf das Adjektiv zurückgewirkt hat, ist nicht beweisbar. Vielleicht ist eher eine Bedeutungsentwicklung von 'feucht, faulig' zu 'abgestorben, verdorrt' vorauszusetzen? – w e l k e n Vb. 'welk werden, vertrocknen', ahd. *welkēn* (9. Jh.), mhd.

welken 'die Säfte verlieren, vertrocknen, welk werden'. verwelken Vb. 'welk werden, vertrocknen', mhd. *verwelken.*

Welle f. 'Wasserwoge, zylindrischer Körper, Locke, (Reisig)bündel', ahd. *wella* 'hochgehende Meereswoge, stürmische Welle' (um 1000), mhd. mnd. *welle* 'Woge, Walze, Stroh-, Reisigbündel, Tuch-, Leinwandballen' und wohl anord. *vella* 'das Sieden, brodelnde Masse' gehören wie das unter [1]*wallen* (s. d.) angegebene starke Verb ahd. *wellan* 'wälzen, rollen, drehen' zu der dort genannten Wurzel ie. **u̯el(ə)-*, **u̯lē-* 'drehen, winden, wälzen'. Zunächst (ahd.) bezeichnet *Welle* die 'Wasserwoge', anfangs nur obd., im 15. Jh. nach Norden vordringend; danach (mhd.) 'Walze, (sich drehender) zylindrischer Körper' und 'Bündel' (Holz, Reisig, Stroh, Tuch), bes. westobd., schließlich (im Vergleich mit der ringförmig sich ausbreitenden Bewegung des Wassers) 'Locke' (17. Jh.) und in der Physik die sich fortpflanzenden Schwingungen von Schall, Licht, Elektrizität u. dgl. (18. Jh.). – wellen Vb. 'Wellen machen, Wellen werfen, sich in Wellen bewegen', ahd. *wellōn* (um 1000), mhd. *wellen*, abgeleitet vom Substantiv. Seit dem 18. Jh. auch bildlich für wellenartige Bewegung und Formung (z. B. von der Landschaft, vom Haar). Wellblech n. 'wellenförmig gebogenes Blech' (19. Jh.). Wellpappe f. 'wellig geformte Pappe' (Ende 19. Jh.).

Welpe, selten Welf m. 'Junges von Wolf, Hund oder Fuchs', ahd. *(h)welf* m. n. (9. Jh.), mhd. *welf(e)* m. n. 'Junges von Hunden und von wilden Tieren', nhd. *Welf*, seit dem 16. Jh. allmählich zunehmend *Welp(e)*, dem Nd. folgend (vgl. bereits mhd. *welpelīn*, Tauler), asächs. *hwelp*, mnd. *welp(en), wolp(en)*, mnl. nl. *welp*, aengl. *hwelp*, engl. *whelp*, anord. *hvelpr*, schwed. *valp*, (mundartlich) *välp*. Herkunft ungewiß. Anknüpfungsmöglichkeiten werden gesehen in ahd. *(h)wel* 'zudringlich, ausgelassen' (um 800), anord. *hvellr* 'laut tönend', aengl. *hwelan* 'tosen', außergerm. in lit. *kalẽ* 'Hündin', mir. *cuilēn* 'junger Hund', russ. (landschaftlich) *skólit'* (*сколить*) 'winseln, heulen' (von Hund, Wolf), vielleicht auch in griech. *skýlax* (*σκύλαξ*) 'junger Hund', so daß Anschluß an die mit beweglichem *s-* anlautende Variante **sku̯el-* der Wurzel ie. **kel(ə)-* 'rufen, schreien, lärmen, klingen' (s. *hell, holen*, [1]*Schelle*) im Hinblick auf das Winseln, Kläffen der Jungtiere möglich ist. Zu vergleichen ist ferner nd. *Regenwilp, -wölp, -wülp*, nl. *wulp* 'Wasservogel, Regenpfeifer', eigentl. 'laut schreiender Vogel'.

Wels m. Der Name des Flußfisches frühnhd. *wels, welsch, wilsch* (15. Jh.), mnd. *wils(ch)*, mnl. *wils* setzt einen alten *s*-Stamm germ. **hwaliz-* (s. *Wal*) fort. Es ist davon auszugehen, daß Namensformen des Wals auf den größten Süßwasserfisch übertragen bzw. dieser als ein die Flüsse aufwärts ziehender Wal angesehen wurde, s. unter *Wal* angeführtes *Waller, Weller* 'Wal' und 'Wels'.

welsch Adj. 'romanisch', bes. 'italienisch', allgemeiner 'aus südlichen Regionen, aus dem romanischen Bereich (bes. aus Italien, Frankreich, Spanien) stammend', ahd. *wal(a)hisc* (11. Jh.), mhd. *walhisch, welhisch, walsch, welsch* 'italienisch, französisch, romanisch', mnd. *welsch*, mnl. *walsch, welsch*, nl. *waals* 'wallonisch', aengl. (angl.) *wĕlisc, wǣlisc*, (westsächs.) *wĭlisc, wȳlisc* 'keltisch, normannisch', engl. *Welsh* 'walisisch', anord. *valskr* 'romanisch', schwed. *välsk* 'romanisch'. Das Adjektiv ist von einem in ahd. *Wal(a)h* 'Romane' (9. Jh.), mhd. *Walch, Walhe* 'Romane, Italiener, Franzose', aengl. *Walh, Wealh* 'Kelte, Gallier, Römer', anord. (Plur.) *Valir* 'Bewohner Nordfrankreichs, keltische Bewohner Englands' belegten Substantiv abgeleitet, das aus dem Namen eines keltischen, den Germanen benachbarten Volkes unbestimmter Herkunft hervorgegangen ist (lat. *Volcae*, germ. **Walhōs*). Noch vor der ahd. Lautverschiebung übernommen, bezeichnet er zunächst die Kelten, dann die nach der Eroberung durch die Römer entstehende romanische Bevölkerung in Gallien sowie die Bewohner Italiens. *welsch* steht daher für 'romanisch', und zwar speziell für 'italienisch' (bis ins 18. Jh.), für 'französisch' (seit dem 16. Jh. vorwiegend in südwestd. Quellen, in der Literatursprache in betontem Gegensatz zu *deutsch*, oft mit abschätzigem Beisinn), seltener für 'spanisch' oder 'rätoromanisch'. In übertragenem Sinne 'fremdartig, unverständlich' (16. Jh.). – rotwelsch Adj. 'gaunersprachlich, unverständlich', mhd. *rotwalsch, -welsch*, substantiviert 'unverständliche Sprache der Gauner und Landstreicher', danach auch 'betrügerische Rede'; gebildet zu rotw. *rot(t)* 'schlauer Bettler'. Die Zusammensetzung steht dann unter dem Einfluß der

Farbbezeichnung *rot* in deren übertragenem Sinne von 'falsch, untreu', auch 'betrügerisch, gaunerisch'. S. auch *kauderwelsch*.

Welt f. 'Erde, Universum, gesamte Realität', ahd. *weralt* (8. Jh.), mhd. *werlt* und (zuerst 12. Jh., später häufiger) *welt* 'Zeitalter, die gesamte Schöpfung, Erde als Wohnsitz der Menschen und als Gegensatz zum Meer, Menschheit', asächs. *werold*, mnd. *werlt, werlde*, mnl. *wērelt, werlt*, nl. *wereld*, aengl. *weorold, wor(o)ld*, engl. *world*, anord. *verǫld* (wohl entlehnt aus dem Aengl.), schwed. *värld*. Es handelt sich um eine Zusammensetzung, deren erstes Glied aus ahd. (8. Jh.), mhd. *wer* 'Mann', asächs. aengl. *wer* 'Mann, Mensch', anord. *verr* 'Mann, Ehemann', got. *waír* 'Mann' (germ. **wera-* m. 'Mensch, Mann', aus **wira-*) besteht, das mit lat. *vir* 'Mann, Gatte', air. *fer* 'Mann' und (langvokalisch) aind. *vīráḥ* 'Mann, kraftvoller Mann, Held', lit. *výras* 'Mann, Ehemann' auf ie. **u̯ĭros* 'Mann', eigentl. 'der Kräftige', führt, vielleicht zu der unter ²*Weide* (s. d.) genannten Wurzel ie. **u̯ei-*, **u̯eiə-* 'auf etw. losgehen', auch 'kräftig sein' gehörig. Das Grundwort besteht aus dem (mit unterschiedlicher Stammbildung) in aengl. *ieldo* 'Zeitalter, -raum, Lebenszeit, Alter' (Plur. *ielde* 'Leute'), anord. *ǫld* 'Lebenszeit, Zeitalter, Menschen', got. *alds* 'Menschenalter, Zeit' überlieferten Substantiv, das zu der unter *alt* und *Alter* (s. d.) dargestellten Wurzel ie. **al-* 'wachsen, nähren' gehört. Ahd. *weralt* übersetzt lat. *saeculum* 'Geschlecht, Zeitalter, Zeit, Zeitgeist, Jahrhundert', kirchenlat. 'Welt, irdisches (sündiges) Leben' und lat. *mundus* 'Welt, Weltordnung, Weltall' und entwickelt so bereits die Bedeutungen 'Zeitalter, Menschen-, Weltalter, Zeitlichkeit, Kreis der Erdbewohner, Außenwelt, Erdkreis, Schöpfung'. Naturwissenschaftliche Betrachtungsweise erweitert in spätmhd. Zeit (14. Jh.) den Anwendungsbereich um 'Makrokosmos, Universum' sowie 'Mikrokosmos, die kleine Welt des Menschen'. Dazu stellt sich in übertragenem Gebrauch *Welt* als Bezeichnung für einen 'umfassenden geistigen Bereich' (14. Jh., geläufig bes. seit dem 18. Jh., vgl. Fügungen wie *eine Welt von Begriffen, der Erinnerungen, von Kenntnissen*). Die Verwendung des Wortes im Sinne der christlichen Schöpfungsvorstellung tritt in neuerer Zeit hinter der der modernen Naturwissenschaften zurück. – w e l t l i c h Adj. 'die Welt betreffend, ihr angehörend, irdisch, sinnlich', bes. als Gegenwort zu *geistlich, kirchlich, himmlisch* ('jenseitig'), ahd. *weraltlīh* 'zeitlich, irdisch, dem Laienstand gemäß, weltzugewandt' (9. Jh.), mhd. *werltlich, weltlich* 'zur Welt, zum Leben gehörend, weltlich gesinnt', Übersetzungswort für lat. *mundānus* 'zur Welt gehörig' und *saeculāris* 'zeitlich, weltlich, heidnisch'. v e r w e l t l i c h e n Vb. 'sich der Welt zuwenden' (17. Jh.), 'weltlicher Verwaltung unterstellen (von Kirchenbesitz), säkularisieren' (19. Jh.). U m w e l t f. 'Gesamtheit der äußeren Lebensbedingungen' (um 1800). W e l t a l t e r n. 'Zeitalter' (17. Jh.), 'weltgeschichtlicher Zeitabschnitt' (18. Jh.). W e l t b ü r g e r m. 'Mensch, der sich als Bürger der gesamten Welt, nicht nur als Bürger eines Staates empfindet', Übersetzung (17. Jh.) von griech. *kosmopolítēs* (*κοσμοπολίτης*), s. *Kosmopolit*. Dann (18. Jh.) unter Einfluß von frz. *cosmopolite* als Schlagwort der Aufklärung 'freier, weltweit (über die nationalen Grenzen hinaus) denkender Mensch, der sich der gesamten Menschheit verpflichtet fühlt' (bes. seit Wieland); auch 'Erdenbürger' (18. Jh.). W e l t m a n n m. 'Mann mit Weltkenntnis, Erfahrung und gewandten Umgangsformen' (16. Jh., geläufig seit 18. Jh.), vgl. *Mann von Welt* (18. Jh.) nach frz. *homme du monde*; auch allgemein 'Mann, der das Leben meistert' (17. Jh.), älter abschätzig für einen 'allzu lebenstüchtigen Mann' (16. Jh.); vgl. ahd. *weraltman* 'Bewohner der Erde, Mensch', abschätzig 'weltlich gesinnter Mensch, Nichtgeistlicher' (9. Jh.), mhd. *werltman* 'Mensch auf Erden, weltlich gesinnter Mensch'; noch im 17. Jh. bilden *Weltmann* und *Mönch* ein Gegensatzpaar.

Wendehals m. Spechtvogel, benannt nach den auffälligen Drehbewegungen und Verrenkungen seines Halses (16. Jh.), zu *wenden* (s. d.); anfangs (16./17. Jh., obd. und md.) vornehmlich *Windhals* (zu *winden*, s. d.). Vgl. auch *Drehhals* (16. Jh.), nl. *draaihals*. Bereits seit Fischart (*Windhals*, 1575) in bildlichem Sinne 'wendiger, bedenkenlos sich anpassender Mensch, Heuchler'.

wenden Vb. '(sich) umdrehen, umkehren, verändern', ahd. *wenten* (8. Jh.), mhd. *wenden*, asächs. *wendian*, mnd. mnl. nl. *wenden*, aengl. *wendan*, engl. *to wend*, anord. *venda*, schwed. *vända*, got. *wandjan* ist Kausativum zu dem unter *winden* (s. d.) dargestellten Verb und bedeutet eigentl. ‘drehen machen’. – Wende f. ‘Umkehr’, ahd. *wentī* (um 1000), mhd. *wende*. Wendeltreppe f. ‘wie eine Schraube um eine Achse führende Treppe’ (16. Jh., zuerst md.), zu spätmhd. *wendel* m. ‘Wendender, sich Wendendes, Gewundenes’ (zum oben genannten Verb gebildet), älteres gleichbed. *Wendelstein* m., ahd. *wentilstein* (11. Jh.), mhd. *wendelstein* ersetzend. wendig Adj. ‘wendbar, wandelbar, gewandt, geschickt’, ahd. *wentīg* (um 1000, vgl. *mānōdwentīg* ‘monatlich wiederkehrend’, 9. Jh.), mhd. *wendec, wendic* ‘rückgängig, abwendig’. auswendig Adv. ‘ohne Vorlage, aus dem Gedächtnis’ (16. Jh.), vorwiegend in Verbindungen wie *auswendig lernen, können*; auch (heute selten) als Adj. und Adv. ‘nach außen gekehrt, auf der Außenseite befindlich, äußerlich’, mhd. *ūʒwendic* ‘äußerlich, auswärtig, auf der äußeren Seite’. inwendig Adj. ‘auf der inneren Seite, innen’, mhd. *innewendic* ‘innerlich, innerhalb (des Hauses bleibend), häuslich, auf der inneren Seite’. anwenden Vb. ‘zu einem bestimmten Zweck, mit einer bestimmten Absicht gebrauchen, auf etw. beziehen, übertragen’ (16. Jh.), ahd. *anawenten* ‘hinwenden, hinlenken auf’ (9. Jh.), mhd. *anwenden*. aufwenden Vb. ‘aufbringen für etw., zahlen, ausgeben’ (15. Jh.); vgl. ahd. *ūfwenten* ‘in die Höhe wenden’ (um 900). Aufwand m. ‘Kosten, Ausgaben’ (18. Jh.). einwenden Vb. ‘widersprechen’ (18. Jh.), ‘zugunsten sprechen’ (17. Jh.). entwenden Vb. ‘stehlen’, mhd. *entwenden* ‘entgehen, entziehen, abwenden, frei machen von’. verwenden Vb. ‘benutzen, gebrauchen’ (16. Jh.); ahd. *firwenten* ‘jmdn. von etw. abbringen’ (Hs. 12. Jh.), mhd. *verwenden* ‘rückgängig machen, abwenden, wehren, entfernen, umkehren, verwandeln, zerstören, ausstatten’.

wenig Indef.pron. Adv. Adj. ‘geringe Menge oder Anzahl, nicht viel’, ahd. *wēnag* ‘beklagenswert, unglücklich, elend, schwach, klein’ (9. Jh.), mhd. *wēnec, wēnic, weinic* ‘weinend, klagend, erbarmenswert, unglücklich, klein, gering, schwach’, mnd. *wēnich, weinich* ‘klein’, mnl. *weinich, wēnich*, nl. *weinig* ‘wenig, gering’, got. *wainahs* ‘geplagt, elend’, mit dem Suffix germ. *-aha-* bzw. *-aga-* und *n*-Infix (wie das unter *weinen*, s. d., behandelte Verb) abgeleitet von der unter *weh* (s. d.) angeführten Interjektion (germ. **wai*, ie. **u̯ai* ‘wehe’). Die Ausgangsbedeutung ‘beklagenswert, beweinenswert, elend’ (dichterisch noch bei Goethe) geht über in ‘schwach, klein’; von daher entwickelt sich (bereits im Mhd.) *wenig* zum Gegenwort von *viel*.

wer, was Interr.pron. der Person und Sache. Die für das Maskulinum und Femininum geltende Form ahd. *(h)wer* (8. Jh.), mhd. *wer* zeigt als nur dt. Neubildung den aus dem Gen. *(h)wes* (und wohl in Anlehnung an *er*, s. d.) stammenden Vokal *e*; bewahrt ist auslautendes *-r* (aus germ. *-z*). Daneben stehen asächs. *hwē* (diphthongiert *hwie*), mnd. *wē, wī, wi(e)*, mnl. nl. *wie*, aengl. *hwā̆*, engl. *who*, got. *ƕas* ‘wer’ mit (außergerm.) aind. *káḥ* ‘wer’, lit. *kàs* und die neutralen Formen ahd. *(h)waʒ* (8. Jh.), mhd. *waʒ*, asächs. *hwat*, mnd. mnl. nl. *wat*, aengl. *hwæt*, engl. *what*, anord. *hvat*, schwed. *vad* ‘was’ mit (außergerm.) aind. (vedisch) *kád*, lat. *quod* ‘was’, lit. *kàd* ‘weil, daß, so daß’, *kadà, kàd* ‘wann’. Auszugehen ist von ie. *$k^{u̯}$os* bzw. ie. *$k^{u̯}$od* (mit dem Dentalauslaut der pronominalen Endung des neutralen Nom. Akk. Sing., vgl. griech. *tó, τό*, ‘das’, aus **tód*, **τόδ*), Bildungen zum Pronominalstamm ie. *$k^{u̯}$o-*, *$k^{u̯}$e-* (s. auch *wie* und *wo*). Zum gleichen Stamm stehen ferner got. *ƕa* ‘warum’, aind. *kā́* f. (aus *$k^{u̯}$ā-*) ‘wer’, lat. *quī* (aus *$k^{u̯}$oī*), aslaw. *kъto*, russ. *kto* (*кто*) ‘wer’. Im Anord. fehlt der Nom. der mask. Form. Anlautendes *h-* fällt im Ahd. vom 9. Jh. an ab. In den westgerm. Sprachen (außer dem Hd.) schwindet das (aus *s* entstandene) auslautende *-r* des Maskulinums.

werben Vb. ‘jmdn. zu gewinnen suchen, Reklame machen’. Das stark flektierende gemeingerm. Verb ahd. *(h)werban* ‘sich drehen, wenden, umkehren, einhergehen, sich bemühen’ (8. Jh.), mhd. *werben, werven* ‘bewegen, drehen, sich bemühen, tätig sein, sich bewerben, ausrichten, betreiben’, asächs. *hwerƀan* ‘hin und her gehen, wandeln, sich wohin wenden’, mnd. *werven, warven* ‘sich drehen, tätig sein, betreiben, ausrichten, vollführen’, mnl. *werven, warven* ‘drehen, entstehen, zunehmen, bewirken, tun, anwerben’, nl. *werven*, aengl. *hweorfan* ‘drehen, wenden’, anord. *hverfa* ‘sich wenden, gehen, fahren’, schwed. *värva* ‘(an)werben’, got. *ƕaírban* ‘wandeln’ läßt sich vielleicht mit aind. *śū́rpam* ‘Getreideschwinge, Korb zum Worfeln des Getreides', griech. *karpós* (καρπός) 'Handwurzel', *kýrbis* (κύρβις) 'drehbarer Pfeiler mit Gesetzestafeln' vergleichen und auf ie. **kᵘ̯erp-* 'sich drehen' zurückführen (s. auch *Werft* und *Wirbel*). Bei der Bedeutungsentwicklung ist von '(sich) drehen' auszugehen, das über 'sich hin und her bewegen, geschäftig sein' bereits früh die noch heute üblichen Verwendungen 'sich um etw., jmdn. bemühen, zu erreichen, erlangen suchen, jmdn. für einen Dienst, eine Arbeit, ein Amt gewinnen wollen' entwickelt; vgl. 'Soldaten anwerben' (17. Jh.), 'Reklame machen' (Ende 19. Jh.). – Werbung f. 'Bemühung um die Gunst einer Person, militärische Anwerbung, Propaganda', mhd. *werbunge* 'Wirbel, Umkreis, Kreislauf, das Tun, Tätigkeit'; in der Bedeutung 'kaufmännische Anpreisung' (Anfang 20. Jh.) älteres *Reklame* ablösend. bewerben Vb. refl. 'sich (um eine Stelle) bemühen', ahd. *bi(h)werban* 'vollbringen, sich bemühen, vermeiden, umgehen' (8. Jh.), mhd. *bewerben* 'erwerben, anwerben'. erwerben Vb. 'erlangen, in den Besitz von etw. kommen', ahd. *ir(h)werban* 'durch Bemühung erlangen' (8. Jh.), mhd. *erwerben* 'durch tätiges Handeln zu Ende bringen, ausrichten, erlangen, gewinnen'. Erwerb m. 'Anschaffung, Kauf, Verdienst, Beruf' (17. Jh.).

werden Vb. 'entstehen, geschehen', ahd. *werdan* 'entstehen, geschehen, sich ereignen, zuteil werden' (8. Jh.), mhd. mnd. *werden*, asächs. *werðan*, mnl. *werden, warden, worden*, nl. *worden*, aengl. *weorþan*, engl. (älter) *to worth*, anord. *verða*, got. *waírþan* führt mit aind. *vártatē* 'dreht sich, rollt, kreist', lat. *vertere* 'kehren, wenden, drehen', lit. *ver̃sti* '(vertikal) wenden, kehren, umwerfen, -drehen, stürzen', aslaw. *vrъtěti sę* 'sich drehen, wenden', russ. *vertét'* (*вертеть*) 'drehen, wenden' auf ie. **u̯ert-* 'drehen, wenden', eine Dentalerweiterung der Wurzel ie. **u̯er-* 'drehen, biegen'. *werden*, seiner Herkunft nach ein Verb der Bewegung, steht im Germ. seit Anfang seiner Überlieferung im Sinne von 'entstehen, geschehen' (die Grundbedeutung wirkt jedoch fort in verwandtem *-wärts* 'gewendet, gerichtet auf', s. d.). Daneben dient es in den germ. Sprachen als Hilfsverb zur Umschreibung des Passivs (bis heute im Dt., Nl. und Isl.) und im Dt. zur Umschreibung des Futurs (regelmäßig seit spätmhd. Zeit). – Werdegang m. 'Verlauf der Entwicklung' (seit 2. Hälfte 19. Jh. geläufig), zunächst *Werdegang einer Nation, eines Volkes, Staates*, dann auch *Werdegang eines Menschen, eines Künstlers* u. dgl.

Werder m. 'Flußinsel, Land zwischen Fluß und stehendem Gewässer, trockengelegtes Land', ahd. *werid* 'erhöhtes Land im Wasser' (8. Jh.), mhd. *wert* 'Insel, Halbinsel, erhöhtes wasserfreies Land zwischen Sümpfen, Ufer', mnl. *waert, we(e)rt* 'eingedeichtes Land', nl. *waard* und aengl. *waroð, wearoð* 'Ufer, Gestade' sowie die Langformen (als Reste eines alten *es/os*-Stammes?) mnd. *werde(r)*, mhd. *werder* sind Bildungen mit Dentalsuffix (germ. *-iþa-, -uþa-*, mit Bindevokal erweitert aus ie. *-t-*) zu der unter *wehren* (s. d.) genannten, hier erweiterten Wurzel ie. **u̯er(u)-*, **u̯rū-* 'verschließen, bedecken, schützen, retten, abwehren'; vgl. verwandtes aind. *várūtha-* 'Schutz, Schirm', *varūtár* 'Schützer'. Ausgangsbedeutung ist 'umhegtes, geschütztes Land'. *Werder*, seit dem 16. Jh. in der Literatursprache geläufig, ist heute durch *Insel* fast völlig verdrängt, aber in Ortsnamen erhalten, vgl. *Werder* (bei Potsdam), *Rauchfangs-, Schwanenwerder* (in Berlin), *Wertheim, Donauwörth*.

werfen Vb. 'mit schwingendem Arm wegschleudern'. Das gemeingerm. stark flektierende Verb ahd. *werfan* '(hinaus)werfen, austreiben, hinwerfen, schütten, schieben, (zer)streuen, reißen, stürzen' (8. Jh.), mhd. *werfen* 'in schnelle Bewegung setzen, schleudern, stoßen, streuen, rasch wenden, zur Welt bringen', asächs. *werpan*, mnd. *werpen, warpen*, mnl. nl. *werpen*, aengl. *weorpan*, engl. *to warp* '(sich) verziehen, krümmen' (vom Holz), anord. *verpa*, auch 'Eier legen', schwed. *värpa* 'Eier legen', got. *waírpan* 'werfen' läßt sich mit griech. *rhábdos* (ῥάβδος) 'Rute, Gerte, Stab, Streifen', lat. *verbera* (Plur.) 'Ruten zur Züchtigung, Peitsche', lit. *vir̃bas* 'Reis, Reisig, Gerte', aslaw. *vrъba*, russ. *vérba* (*верба*) 'Weide' auf eine Labialerweiterung der Wurzel ie. **u̯er-* 'drehen, biegen' zurückführen. Als Grundbedeutung ist 'mit drehend geschwungenem Arm schleudern' anzusetzen. Die Wurzelbedeutung 'biegen' ist noch erhalten in anord. *oldri orpinn* 'vom Alter gebeugt', engl. *to warp*, nhd. *sich werfen* 'krumm werden, sich biegen' (vom Holz). S. ablautendes *Wurf*. – abwerfen Vb. 'hinunter-, herunterwerfen, sich einer Sache entledigen', mhd. *abewerfen*, refl. 'vom Pferd steigen'; dann auch 'das Nötige zur Kostendeckung bzw. einen Gewinn einbringen' (15. Jh.). a n w e r f e n Vb. 'etw. an etw. hinanwerfen, in Gang bringen', ahd. *anawerfan* 'hineinwerfen, -stoßen, bewerfen' (8. Jh.), mhd. *anewerfen* 'an einen etw. werfen, mit etw. werfen, mit etw. überziehen'; heute bes. 'einen Motor anlassen' (ehemals mit einer Drehbewegung durch eine Handkurbel). A n w u r f m. 'Verputz an Mauerwerk' (16. Jh.), 'erster, das Spiel eröffnender Ballwurf' (Anfang 17. Jh.), übertragen 'Vorstoß' (vgl. *einen Anwurf tun* 'einen Vorstoß, Versuch machen', 16. Jh.), 'Vorwurf, Beschuldigung' (19. Jh.). a u f w e r f e n Vb. 'in die Höhe werfen, aufschütten', mhd. *ūfwerfen* 'in die Höhe werfen, strecken, erheben, umwenden, öffnen', refl. 'gebräuchlich werden, sich ausgeben für, machen zu, zu werfen (würfeln) beginnen'; übertragen *eine Frage aufwerfen* (17. Jh.). a u s w e r f e n Vb. 'hinaus-, herausschleudern, ausspucken, ausschachten, verteilen', ahd. *ūʒwerfan* '(her)aus-, wegwerfen, (hin)treiben, hervorbringen, hinausschicken' (um 800), mhd. *ūʒwerfen* 'hinauswerfen, austreiben, kastrieren, abtreiben, sich redend gegen jmdn. erheben.' e i n w e r f e n Vb. 'durch einen Wurf zerschlagen, hineinwerfen, zu einem Gespräch etw. anmerken', ahd. *inwerfan* 'hineinwerfen, -schicken' (8. Jh.), mhd. *īnwerfen* 'hineinwerfen, einschließen'. ü b e r w e r f e n Vb. 'werfend bedecken', refl. 'sich mit jmdm. zerstreiten' (16. Jh.), ahd. *ubarwerfan* 'hinüberwerfen' (um 800), mhd. *überwerfen* 'das Pferd im Schwung umwenden, verschränken, kreuzen, im Werfen übertreffen', refl. 'sich schwingend um und um drehen'. u n t e r w e r f e n Vb. 'besiegen, abhängig machen' (16. Jh.), ahd. *untarwerfan* 'etw. unter etw. legen, stellen, setzen, unterordnen' (9. Jh.), mhd. *underwerfen* 'darunter werfen, unterjochen'. v e r w e r f e n Vb. 'ablehnen, mißbilligen, eine Fehlgeburt haben, sich biegen, sich verziehen' (vom Holz), ahd. *firwerfan* 'wegwerfen, zurückweisen, preisgeben' (8. Jh.), mhd. *verwerfen* 'ab-, hin-, weg-, niederwerfen, überwinden, verschleudern, zurückweisen, verschmähen, verstoßen, sich entzweien'. v o r w e r f e n Vb. 'nach vorn werfen, jmdm. (Speise) vor die Füße werfen' (16. Jh.), 'tadeln, Vorhaltungen machen' (15. Jh.), ahd. *furiwerfan* 'verschließen, bedecken' (9. Jh.), mhd. *vürwerfen* 'mit Heftigkeit vorschieben, verschließen'. S. *Vorwurf*.

Werft f. 'Schiffsbauplatz', dann auch 'Bauplatz für Luftschiffe und Flugzeuge', Übernahme (*Werf* „Schifstelle, Helling" Schottel, 1663, mit in der Literatursprache sekundär angetretenem *-t Werft*, 1. Hälfte 18. Jh.) von gleichbed. nd. *Werf*, aus dem Nl., vgl. mnl. *timmerwerf, sceepwerff*, nl. *scheepstimmerwerf* 'Schiffszimmerplatz', eigentl. 'Platz, wo man sich geschäftig hin und her bewegt', gebildet zu dem unter *werben* (s. d.) behandelten Verb. Für *Werft*, anfangs m. und n., wird im 20. Jh. feminines Genus üblich.

Werg n. 'Abdichtungs- und Polstermaterial aus kurzen Fasern, die beim Hecheln von Hanf und Flachs abfallen'. Ahd. *āwirki* n. 'grober Flachs oder Hanf, Abfall beim Schwingen des Flachses' (um 800), *āwirke* f. (9. Jh.), *āwirc* n. (Hs. 12. Jh.), *āwurki* n. (10. Jh.), *āwurka* f. (Hs. 12. Jh.), *āwerc* n. (Hs. 13. Jh.), mhd. *āwürke, āwerc* n., nhd. (schwäb. alem.) *Abwerk, Abwerg* schließen sich als Bildungen mit dem Präfix ahd. *ā-* 'von . . . weg, fort' an das unter *Werk* (s. d.) behandelte Substantiv im Sinne von 'Ergebnis einer Tätigkeit' an. Der Stammsilbenvokal folgt im Ahd. dabei teils ahd. *wirken* und *wurken* (s. *wirken*), teils ahd. *werc* n. Daneben steht ebenfalls mit der speziellen Bedeutung 'Flachs, Hanf, Abfall beim Flachsschwingen' ahd. *werc* (9. Jh.), mhd. *werc(h)*, nhd. *Werg*, mnd. *wer(c)k*, mnl. *werc*, nl. *werk*. Schreibung mit auslautendem *-g* tritt im Md. des 15. Jhs. auf, beginnt aber erst im 18. Jh. sich allmählich durchzusetzen (voll ausgeprägt im 20. Jh.). Als Abdichtungs- und Polstermittel ist *Werg* seit dem 16. Jh. bezeugt.

Werk n. 'Handlung, Tat, das Geschaffene, Produkt, Fabrik', ahd. *werc* 'Tätigkeit und ihr Ergebnis' (8. Jh.), mhd. *werc(h)*, auch 'zu bearbeitender Rohstoff, Werkzeug', asächs. *werk*, mnd. *werk, wark*, mnl. *werc, warc, weerc*, nl. *werk*, aengl. *weorc, werc, worc, wurc*, engl. *work*, anord. schwed. *verk* (germ. **werka-* n.) läßt sich wie die unter *wirken* (s. d.) angeführten Formen vergleichen mit awest. *varəz-* 'wirken', *varəzya-* n. 'Betätigung', griech. *érgon* (ἔργον, aus *ϝέργον) 'Werk, Sache, Arbeit, Kunstwerk', mkymr. *gwreith* (aus **u̯reĝtu-*) 'Tat' und auf eine Wurzel ie. **u̯erĝ-*, **u̯reĝ-* 'wirken, tun' zurückführen (s. auch *Werg*). *Werk* bezeichnet seit ahd. Zeit die 'Tätigkeit, Arbeit' und 'das durch Arbeit Geschaffene'; die Bedeutung 'Fabrik, Betriebsanlage', vgl. *Berg-, Hütten-, Walzwerk*, entwickelt sich im 17. Jh. – werken Vb. 'arbeiten, tätig sein', ahd. *werkōn* (8. Jh.), mhd. *werken*, im 17. Jh. im Gebrauch hinter *arbeiten, schaffen, wirken* zurücktretend, im 19. Jh. aber durch Schriftsteller wie Gotthelf, Jahn, W. Grimm wieder belebt. Werktag m. 'Wochentag, Alltag' (im Unterschied zum Sonn- und Feiertag), mhd. *werctac*. werktätig Adj. 'handelnd, wirkend' (16. Jh., geläufig 18. Jh.), 'berufstätig' (Anfang 20. Jh.), substantiviert bes. im Plur. *Werktätige* zur Bezeichnung aller berufstätigen Menschen, die keine Ausbeutung betreiben (so 1920 auf dem 2. Kongreß der Kommunistischen Internationale).

Wermut m. nur westgerm. bezeugter Name der bitter schmeckenden Pflanze, ahd. *wer(i)muota* f. (8. Jh.), *wermuot* m. (Hs. 12. Jh.), mhd. *wermuot(e), wermüete* f., mnd. *wermōde, wermede* f., asächs. *wermōda* f., mnl. *wermoede* f., aengl. *wermōd, wormōd* m. Herkunft nicht geklärt. Er ist volksetymologisch sowohl an *warm* (vgl. die wärmende Wirkung des Wermutabsuds) als auch an *Wurm* (Verwendung als Wurmmittel, vgl. mundartlich *Wurmtod*, 18. Jh., sowie engl. *wormwood*) angelehnt worden. Seit dem 16. Jh. setzt sich maskulines Genus durch. Als Bezeichnung für den mit Wermut angesetzten Wein (1. Hälfte 19. Jh.) wohl aus *Wermutwein* (15. Jh.) gekürzt.

wert Adj. 'Geltung, Bedeutung habend, angesehen, geschätzt, kostbar, lieb, teuer', ahd. *werd* (9. Jh.), mhd. mnd. *wert*, asächs. *werð*, mnl. *waert, weert, wert*, nl. *waard*, aengl. *worþ, weorþ, wurþ*, engl. *worth*, anord. *verðr*, schwed. *värd*, got. *wairþs* (germ. **werþa-*) gehört offensichtlich zu der unter *werden* (s. d.) dargestellten Dentalerweiterung ie. **u̯ert-* 'drehen, wenden'. Möglich ist unmittelbarer Anschluß an die unter *-wärts* (s. d.) genannten Formen sowie an lat. *versus* 'gegen', air. *frith-* 'gegen', indem *wert* im Sinne von 'wohin, gegen etw. gewendet, zugewandt' verstanden wird mit Weiterentwicklung zu 'einen Gegenwert habend'. Vgl. die ähnliche Bedeutungsentwicklung bei lat. *pretium* 'Preis, Wert'. Es ist verwandt mit aind. *práti* 'zu, zu ... hin, gegen, wieder, auf', griech. *protí* (προτί) 'überdies, dazu, von ... her, bei, an, zu ... hin, gegenüber', aslaw. *protivъ*, russ. *prótiv* (*против*) 'gegen', so daß eine Ausgangsbedeutung 'als Äquivalent gegenüberstehend' ansetzbar ist. *wert* wird bis ins 12. Jh. nur prädikativ, danach auch attributiv gebraucht. In neuerer Zeit ist es häufig Grundwort zusammengesetzter Adjektive, vgl. *ehren-, hoch-, liebwert* und *lesens-, sehens-, wissenswert*. – Wert m. 'Preis, Geltung, Wertschätzung', ahd. *werd* n. (8. Jh.), mhd. *wert* n. m. 'Kaufpreis, Wert(sache), Ware, Standesehre, Geltung, Ansehen, Würdigkeit, Herrlichkeit', Substantivierung des Adjektivs. Neutrales Genus gilt vereinzelt bis ins 16. Jh.; maskuliner Gebrauch (seit dem Mhd.) entwickelt sich wohl in Anlehnung an *Kauf* und *Preis*. werten Vb. 'den Wert festsetzen, einschätzen', ahd. *werdōn* (8. Jh.), mhd. *werden* '(wert)schätzen, für wert halten, würdigen, verherrlichen', auch vereinzelt 'kaufen, den Wert vergüten'. abwerten Vb. 'im Wert herabsetzen' (18. Jh., geläufig 20. Jh.), 'abschätzen' (19. Jh.). bewerten Vb. 'den Wert festlegen, benoten, einschätzen' (2. Hälfte 19. Jh.). entwerten Vb. 'ungültig machen' bes. von Geld und Geldwert (1. Hälfte 19. Jh.); vgl. ahd. *intwerdōn* 'starke Abneigung empfinden, verschmähen' (10. Jh.), mhd. (vereinzelt) *entwerten* 'entgelten'. verwerten Vb. '(einen Wert) nützlich verwenden' (19. Jh.). Werturteil n. 'abgegebenes Urteil über den Wert einer Sache' (2. Hälfte 19. Jh.). gleichwertig Adj. 'von gleichem Wert' (15./16. Jh., dann wieder Mitte 19. Jh.). Vgl. auch Bildungen wie *minderwertig, vollwertig* (19. Jh.).

Werwolf m. (im alten Volksglauben) 'zeitweilig in Wolfsgestalt auftretender Mensch', dann auch 'Mensch, der sich wie ein Wolf gebärdet, grausamer Mensch', ahd. *werwolf* (um 1000), mhd. *werwolf*, mnd. *warwulf*, aengl. *werewulf*, engl. *wer(e)wolf*, mnl. *weerwolf, werwolf*, nl. *weerwolf*, zusammengesetzt aus ahd. asächs. aengl. *wer* 'Mann' (germ. **wera-*, s. *Welt*) und dem unter *Wolf* (s. d.) behandelten Substantiv. Zugrunde liegt eine weitverbreitete mythologische Vorstellung, nach der sich ein Mensch (mit Hilfe eines Wolfshemdes oder eines Wolfsgürtels u. dgl.) in einen Wolf verwandeln könne, vgl. griech. *lykánthrōpos* (λυκάνθρωπος, zu λύκος 'Wolf' und ἄνθρωπος 'Mensch'), russ. (älter) *volko-*

lák, volkodlák (*волколак, волкодлак*, zu aslaw. *vlьkъ*, russ. *volk, волк* 'Wolf' und kslaw. *dlaka* 'Haar, Fell') und (als Entlehnung aus dem Anfrk.) afrz. *garol, garou* (altnorm. *garulf*).

Wesen n. 'Tun und Lassen, den Charakter eines Menschen bestimmende Grundeigenschaften, das Grundlegende einer Sache, Lebewesen', ahd. *wesan* 'das Verweilen an einem Ort, Aufenthalt, Existenz, Dasein' (8. Jh.), mhd. mnd. *wesen* 'das Sein, Verweilen, Wohnen, Aufenthalt(sort), Wohnung, Hauswesen, Existenz, Wesenheit, Leben, Art, Eigenschaft, Zustand, Ding, Sache', mnl. *wesen*, nl. *wezen* ist die nur im Dt. und Nl. übliche Substantivierung des alten germ. Infinitivs zu dem unter *sein* (s. d.) genannten stark flektierenden Verbum ahd. *wesan* (8. Jh.), mhd. *wesen* 'sein, verweilen, sich aufhalten, existieren, dauern, geschehen', asächs. aengl. *wesan*, mnd. mnl. *wesen*, anord. *vesa*, got. *wisan*, verwandt mit aind. *vásati* 'wohnt, lebt, verweilt', griech. *aésai* (*ἀέσαι*, Aorist) '(die Nacht) zubringen', lat. *Vesta* 'Göttin des häuslichen Herdes', mir. *fō(a)id* (aus **u̯oseti*) 'nächtigt, bleibt, verweilt, wacht in der Nacht'. Daraus ist ie. **u̯es-* erschließbar, das als Erweiterung der Wurzel ie. **au-* 'verweilen, wohnen, übernachten' erklärbar ist. Die Gebrauchshäufigkeit von *Wesen* nimmt seit dem 14. Jh. beträchtlich zu; es entwickeln sich dabei zahlreiche neue Bedeutungen, z. B. '(sozialer) Stand, Status' (14. Jh.); 'Tun und Treiben' (Hauptbedeutung im Frühnhd.), vgl. *viel Wesens* ('Aufhebens, Lärm') *machen* (16. Jh.), *sein Wesen treiben* 'seinem Tun und Treiben nachgehen', dann 'sein Spiel mit etw. treiben' (18. Jh.); 'öffentliches Gemeinwesen und dessen Ordnung' (14. Jh.); 'Sache, Ding' (Ende 13. Jh.), vgl. *das ist ein seltsames Wesen* 'eine seltsame Sache'. Seit dem 18. Jh. vor allem 'Lebewesen, Ding', dann 'die eigentliche Natur einer Sache' (vgl. *das Wesen der Sache*), 'die Art, der Charakter eines Menschen' (vgl. *gesetztes, einnehmendes Wesen*, 18. Jh.), 'nationale Eigenart' (17. Jh.; vgl. *deutsches Wesen*, 18. Jh.); 'Inbegriff der Persönlichkeit' (Anfang 18. Jh.). – w e s e n t l i c h Adj. 'hauptsächlich, charakteristisch, wichtig, bestimmend', ahd. (mit aus dem Partizip stammendem Dental) *wesantlīh* 'seiend, substantiell' (9. Jh.), *wesantlīhho* Adv. (um 1000), mhd. *wesentlich*, meist jedoch *wes(en)lich* 'wesenhaft, wirklich, dauerhaft, häuslich', frühnhd. auch 'wohnhaft, seßhaft, in gutem Zustand befindlich'.

Wespe f. Der Name des stechenden Insekts ahd. *wefsa* (8. Jh.), *wafs* (9. Jh.), mhd. *wefse, webse, webze, wespe*, asächs. *waspa, wepsia*, mnd. *wespe, wispe*, mnl. *wespe*, nl. *wesp*, aengl. *wæsp, wæps, wæfs*, engl. *wasp*, schwed. (mundartlich) *väffs(e), väspe, väss* führt mit awest. *vawžaka-*, abret. *guohi*, lat. *vespa* (aus **vopsā*), lit. *vapsà*, russ.-kslaw. *osa*, russ. *osá* (*оса*) 'Wespe' auf ie. **u̯obhsā* 'Wespe', gebildet zu der unter *weben* (s. d.) angegebenen Wurzel ie. **u̯ebh-* 'weben, flechten, knüpfen, sich hin und her bewegen, wimmeln'. Grundlage des Namens bildet wohl das einem Gewebe ähnliche Nest (s. *Wabe*). Die in den germ. Sprachen sich entwickelnde Lautfolge *-sp-* (statt *-ps-* bzw. *-fs-*) hat sich wahrscheinlich unter Einfluß von lat. *vespa* durchgesetzt.

Weste f. 'ärmelloses, über Hemd oder Bluse getragenes, meist nur bis zur Taille reichendes Kleidungsstück' (Ende 18. Jh.), zuvor 'von Männern unter dem Rock getragenes Kleidungsstück mit Ärmeln', in diesem Sinne Entlehnung (2. Hälfte 17. Jh.) aus frz. *veste* 'Wams, unter dem knielangen Rock getragene Jacke' (mit Ärmeln und die Oberschenkel bedeckenden Schößen), auch 'langes Untergewand der Orientalen', einer Übernahme von ital. *veste* 'Kleid, Gewand, langes, weites Oberkleid', aus lat. *vestis* 'Kleid, Gewand, Kleidung'. Mit der Weiterentwicklung der Herrenmode geht die Bezeichnung im Dt. des späten 18. Jhs. auf die ärmellose Anzugweste über (frz. *gilet*), während frz. *veste* in neuerer Zeit die Bedeutung 'als Oberbekleidung dienende kurze Männerjacke ohne Schöße' annimmt. Seit dem 18. Jh. kann *Weste* auch für ein entsprechendes Teil der Frauenkleidung gebraucht werden. Vgl. ferner die Wendung *eine weiße Weste* ('ein ruhiges, sauberes Gewissen') *haben* (Ende 19. Jh.), auch *eine reine Weste haben* (1. Hälfte 20. Jh.).

Westen m. (meist ohne Artikel) 'Himmelsrichtung des Sonnenuntergangs', (mit Artikel) 'das westliche Gebiet der Erde, der westliche Teil eines bestimmten Gebietes und dessen Bewohner', historisch bes. 'christliches Abendland, Okzident' (vgl. schon mhd. *westerrīche*) als Gegensatz zum 'heidnischen

Orient' (18. Jh.). Ahd. *westan* m. n. (11. Jh.; auch 'Westwind', 10. Jh.), mhd. mnd. mnl. nl. *westen* sind Substantivierungen des Richtungsadverbs ahd. *westana* 'von Westen' (9. Jh.), mhd. *westen(e)* 'von, im, nach Westen', asächs. *westan(a)* 'von Westen', mnl. *westen*, aengl. *westan(e)* 'von, im Westen', anord. *vestan* 'von, nach, im Westen'. Dazu gehören weitere Richtungsadverbien wie mnd. mnl. aengl. *west* 'nach, im Westen' und (mit dem Suffix ie. *-tero-*) ahd. *westar* 'westwärts, nach Westen' (9. Jh.), mhd. *wester*, asächs. *westar*, aengl. *westerne*, anord. *vestr.* Daraus ableitbares germ. **wes-* läßt sich (im Hinblick auf den Sonnenstand) mit aind. *avás* 'herab', *ávaraḥ* 'der untere', *áva* 'herab, weg, ab', lat. *au-* 'fort', lit. *au-* 'weg von, von, ab', aslaw. *u-*, russ. *u-* (*y*) 'ab, weg' verbinden, so daß von einer Wurzel ie. **au-*, **u̯ĕ-* 'herab, weg von' (s. auch *öde*) ausgegangen werden kann. Vielleicht gehört hierher auch der erste Wortbestandteil von griech. *hésperos* (*ἕσπερος*) 'Abend, abendlich, westlich', *hespéra* (*ἑσπέρα*) 'Abend, Westen', lat. *vesper* 'Abend'. *Westen* ist die 'Himmelsrichtung, in der die Sonne hinabsinkt, die Abendseite'. – West m. (ohne Artikel, bes. in der Seemannssprache und Meteorologie) 'Himmelsrichtung, in der die Sonne untergeht', frühnhd. *west* (15. Jh.), im Ahd. und Mhd. nur in Komposita belegt, vgl. ahd. *westnordrōni* 'Nordwestwind' (10. Jh.), *westnordrōniwint* (Hs. 12. Jh.), *westsundan* 'Südwest(wind)' (Hs. 12. Jh.), in Eigennamen *Westfalo* (8. Jh.), *Westheim* (8. Jh.). *West* (mit Artikel) 'aus westlicher Richtung wehender Wind, Westwind', im 15. Jh. gekürzt aus *Westwind*, ahd. *westan(a)wint* (um 1000), mhd. *westenwint* (bis ins 17. Jh. gebräuchlich) und ahd. *westarwint* (Hs. 12. Jh.), mhd. *westerwint.* westlich Adj. 'von Westen, im Westen gelegen, zum Westen gehörend', Übernahme (17. Jh., geläufig seit 18. Jh.) von mnd. *westelīk* (seit dem 15. Jh. in mnd. nautischen Quellen); doch vgl. ahd. *westar* (9. Jh.), *westarlīh* 'westlich' (11. Jh.).

Western m. literarische, bes. filmische Gattung über die Eroberung und Erschließung des Westens der USA, Übernahme (um die Mitte des 20. Jhs.) von gleichbed. amerik.-engl. *western*, Substantivierung des Adjektivs engl. *western* 'westlich, im Westen (der USA), wildwestlich', Ableitung von engl. *west* (s. *Westen*).

wett Adj. (nur prädikativ) 'abbezahlt, erledigt, ausgeglichen, quitt', mhd. *wette* 'abbezahlt, beendet', spätmhd. 'quitt' entwikkelt sich (seit etwa 1300) aus dem unter *Wette* (s. d.) behandelten Substantiv (mhd. *wette* im Sinne von 'Bezahlung einer Schuld, Vergütung eines Schadens'). Grundlage sind formelhafte prädikative Verbindungen wie mhd. *wette werden, sīn* 'ein Ende finden, aufhören, aufgehoben, ungültig', dann auch 'frei von Schuld', daher 'ausgeglichen, quitt sein oder werden'. Die Form ohne Endungs-*e* (vgl. bereits mhd. *wet* um 1300) setzt sich im 17. Jh. durch. – wettmachen Vb. 'eine Schuld begleichen, einen Frevel sühnen, ausgleichen' (15. Jh.), 'etw. Negatives durch etw. Positives aufwiegen' (16. Jh.).

Wette f. 'Abmachung, daß derjenige, dessen Behauptung oder Vorhersage zutrifft, vom Verlierer einen Gewinn erhält, mit Geldeinsatz verbundene Vorhersage'. Das (ursprünglich neutrale) Substantiv entstammt alter Rechtssprache. Ahd. *wetti* n. 'Pfand, Pfandvertrag' (8. Jh.), mhd. *wet(t)e, wet* n. 'Pfandvertrag, Rechtsverbindlichkeit, Gesetz, Pfand, Einsatz bei einem Wettspiel, Bezahlung einer Schuld, Vergütung eines Schadens, Geldbuße', asächs. *weddi* n. 'Pfand', mnd. *wedde* 'Wette, dem Richter zu erlegendes Strafgeld, Strafe, Strafurteil', mnl. nl. *wedde* 'Pfand, Besoldung', aengl. *wed(d)* n. 'Übereinkunft, Pfand, Versprechen', engl. (älter) *wed* 'Pfand, Wetteinsatz', anord. *veð* n. 'Pfand, (Spiel)einsatz, Sicherheit', schwed. *vad* 'Wettvertrag', got. *wadi* n. 'Pfand' führen auf germ. **wadja-* n. Dieses läßt sich mit lat. *vas* (Gen. *vadis*) m. 'Bürge' und wohl auch mit lit. *vãdas* 'Pfand, Bürge', *vadúoti* 'auslösen, loskaufen, für jmdn. eintreten' auf eine Wurzel ie. **u̯adh-* 'Pfand, Pfand einlösen' zurückführen. Die gemeingerm. Bedeutung 'Pfand' (im Schuldrecht) wird im Mhd. erweitert zu 'Strafgeld, Geldbuße' (im Strafrecht) und im Bereich der Hanse zu 'Ratsbehörde, die die Strafgelder einzieht' (14. Jh.). Die dem heutigen Gebrauch entsprechende Verwendung im Sinne von 'Pfandeinsatz (beim Spiel oder Meinungsstreit), der der gewinnenden Partei zufällt, Wettstreit' verbreitet sich in Verbindung mit den mittelalterlichen ritterlichen

Kampfspielen, wobei *Wette* die Sphäre der Rechtssprache verläßt. Der Übergang zum fem. Genus zeigt sich zuerst im Spätmhd. (14. Jh.), entsprechend im Mnl. Vgl. formelhaftes *es gilt eine Wette* (17. Jh.), *was gilt die Wette?* (18. Jh.), *um die Wette* (18. Jh.), älter *in die Wette* (15. Jh.), mhd. *in wette, enwette.* – wetten Vb. 'eine Wette abschließen', ahd. *wettōn* 'als Pfand nehmen, ein Versprechen geben, als Pfand- oder Wetteinsatz setzen' (um 1100), mhd. *wetten* 'Pfand geben, durch ein Pfand sichern, ein Pfand einsetzen', mnd. mnl. *wedden* 'Strafgeld zahlen, Pfandbesitz nehmen, einen Vertrag eingehen, einen Einsatz geben', aengl. *weddian* 'einen Vertrag machen, versprechen, verheiraten', engl. *to wed* '(ver)heiraten', anord. *veðja* 'zum Pfand setzen, wetten', got. *gawadjōn* 'verloben' (durch Bürgschaft). Wettbewerb m. 'Kampf um bessere Leistungen (bes. in der Wirtschaft)' (19. Jh.), älteres *Konkurrenz* (s. *konkurrieren*) teilweise ablösend. Wettkampf m. 'Leistungskampf' bes. bei Spiel und Sport (16. Jh., geläufig seit 18. Jh.). Wettlauf m. 'Lauf um den Sieg' (15. Jh.). Wettrennen n. 'Wettlauf, Pferde- und Wagenrennen' (16. Jh.), substantiviert aus *wett(e)rennen* Vb. 'um die Wette rennen' (16. Jh.). Wettstreit m. 'das Bestreben, andere zu übertreffen, den Vorrang zu gewinnen' (16. Jh.).

Wetter n. 'meteorologische Konstellation, Ablauf der darauf beruhenden Erscheinungen, Witterung', ahd. *wetar* (um 800), mhd. *wet(t)er* 'Wetter, Witterung, Ungewitter, freie Luft', asächs. *wedar* 'Wetter, Sturm', mnd. *wed(d)er*, mnl. *wēder* '(Un)wetter, Luft', nl. *weder, weer*, aengl. *weder*, engl. *weather*, anord. *veðr* 'Wetter, Witterung, Geruch', schwed. *väder* (germ. **wedra-*) führt mit aslaw. aruss. *vedro*, russ. *vëdro* (*вёдро*) 'schönes Wetter' auf ie. **u̯edhro-*, eine (allerdings kurzvokalische) Ableitung mit dem Suffix ie. *-dhro-* von der unter *wehen* (s. d.) angegebenen Wurzel ie. **u̯ē-* 'wehen, blasen, hauchen'. *Wetter* bedeutet ursprünglich wohl 'bewegte Luft, Lufthauch, Wind', danach vornehmlich 'Unwetter' und, daraus hervorgegangen, 'Blitz' (14. Jh., heute selten); in der Bergmannssprache (älteren Gebrauch fortsetzend) 'Luft in der Grube' (15. Jh.), bes. 'schädliche Luft', vgl. *schlagende Wetter* 'explosive Gase im Bergwerk' (19. Jh.). – wettern Vb. 'gewittern, blitzen, wetterleuchten, ein bestimmtes Wetter sein' (15. Jh.), heute fast nur noch übertragen 'schimpfen, fluchen' (18. Jh.); vgl. mhd. *weteren* 'in der freien Luft trocknen'. Wetterleuchten n. 'entfernt aufleuchtender Blitz ohne hörbaren Donner' (18. Jh.), Subtantivierung nach wetterleuchten Vb. 'blitzen ohne Donner' (15. Jh.), volksetymologische Umdeutung von (bes. alem. geläufigem) frühnhd. *wetterleichen* 'blitzen' (vgl. *es wetterleicht*) durch Anlehnung an *leuchten*, das als korrekte gerundete Form aufgefaßt wird. Das Verb ist abgeleitet von ahd. *wetarleih* (10./11. Jh.), mhd. *weterlech(e), -liche, -leich* m. 'Blitz', dessen zweites Kompositionsglied aus dem unter *Leich* (s. d.) behandelten Substantiv besteht, so daß ahd. *wetarleih* als 'Wettertanz, Wetterspiel' zu erklären ist. wetterwendisch Adj. 'unbeständig, wankelmütig' (16. Jh.).

wetzen Vb. 'schärfen', ahd. *(h)wezzen* (8. Jh.), mhd. *wetzen* 'schärfen, schleifen', übertragen 'anfeuern, reizen', mnd. mnl. nl. *wetten*, aengl. *hwettan*, engl. *to whet*, anord. *hvetja*, schwed. (mundartlich) *hvättja.* Das *jan*-Verb ist wohl als Faktitivum zu dem in ahd. *(h)was* 'scharf, heftig' (8. Jh.), asächs. *hwat* 'scharf, kühn', aengl. *hwæt* 'schnell, mutig', anord. *hvatr* 'rasch, feurig' belegten Adjektiv aufzufassen. Dieses stellt sich als altes ie. *to*-Partizip (germ. **hwata-*) mit den ablautenden Verben ahd. *(h)wāȥan* 'jmdn. angehen, verstoßen, (Vögel) vertreiben, (ver)scheuchen' (9. Jh.), asächs. *forhwātan* 'verfluchen', anord. *hvāta* 'stoßen, stechen' und anord. *hœta* 'drohen', schwed. *höta*, got. *hvōtjan* 'drohen' sowie außergerm. wahrscheinlich mit lat. *triquetrus* (aus **tri-kᵘ̯adros*) 'dreieckig', vielleicht auch aind. *cṓdati* (aus **kewed-*?) 'treibt an, feuert an' zur Wurzel ie. **kᵘ̯ĕ̄d-*, **kᵘ̯ŏd-* 'stacheln (Stachel, Spitze), bohren, wetzen, schärfen, antreiben, anreizen'. Vgl. *die Zunge wetzen* 'scharfe Reden führen', bereits ahd. *sīe iro zunga wazton* (Notker).

Whisky m. schottischer bzw. irischer (vgl. *Scotch whisky, Irish whiskey*), dann auch amerikanischer Trinkbranntwein, Übernahme (18. Jh.) von engl. *whisky, whiskey*, einer Kürzung von engl. *whiskybae*, einer Variante von *usquebaugh*, aus schott. (gäl.) *uisge beatha* 'Lebenswasser', vgl. ir. *uisce*, air. *u(i)sce* (aus **udeski̯o*), schott. *uisge* 'Wasser' (verwandt mit *Wasser*, s. d.) und *beatha* 'Leben'.

wichsen Vb. 'mit Wachs bestreichen' (15. Jh.), 'polieren, blank putzen' (17. Jh.), 'prügeln' (18. Jh.), Lautvariante des von *Wachs* (s. d.) abgeleiteten Verbs *wächsen*, bei der Umlaut-*e* in *i* übergegangen ist. *wächsen*, in einzelnen Mundarten bewahrt, wird in der Literatursprache von *wichsen* verdrängt. Dazu *gewichst* Part.adj. 'schlau, gerissen', *verwichsen* Vb. 'verprügeln' (beide 19. Jh.). – W i c h s e f. 'Schmierfett, Putzmittel, Prügel' (18. Jh.), Rückbildung aus dem Verb. In der Studentensprache *Wichs* m. (f.) 'Putz, Staat' (18. Jh.), danach auch umgangssprachlich 'Festgewand', *sich in Wichs werfen* 'sich fein machen' (19. Jh.).

Wicht m. 'kleines Wesen, Kobold, charakterloser Mensch', gemeingerm., unterschiedlichen Flexionsklassen angehörendes Substantiv, ahd. *wiht* m. n. '(Lebe)wesen, Ding, Dämon' (9. Jh.), mhd. *wiht* m. n. 'lebendes Wesen, Geschöpf' (von Menschen, Tieren, Kobolden, Zwergen), asächs. *wiht* m. 'Ding, Dämon, Wesen, Sache', mnd. *wicht, wucht* n. 'Sache, Ding', mnl. *wicht, wecht* n., nl. *wicht* 'Wesen, Kind', aengl. *wiht* f. n., engl. (älter) *wight* 'Wicht, Wesen', anord. *vættr, vēttr* f. 'Wesen, Wicht, Geist, Ding, Sache', schwed. *vätte* 'Erdgeist, Wichtel-, Heinzelmann', got. *waíhts* f. 'Ding, Sache'. Herkunft nicht geklärt. Nimmt man (wie VASMER 1, 196) Verwandtschaft an mit aslaw. *veštь*, russ. *vešč'* (вещь) 'Ding, Sache' (aus urslaw. **vektь*), kann ie. **u̯ekti-* 'Sache, Ding' angesetzt werden. Weitere Anknüpfung an die Wurzel ie. **u̯ekᵘ̯-* 'sprechen' (s. *erwähnen*) ist unsicher. In den germ. Sprachen geht das Substantiv im Sinne von 'Ding, Sache, etwas' eine feste Verbindung mit der Negationspartikel ein (s. *nicht, nichts*). – W i c h t e l m a n n m., W i c h t e l m ä n n c h e n n. 'Zwerg, Kobold' (19. Jh.), zuvor vereinzelt *wichtelmendle* (16. Jh.), zum Deminutivum *Wichtel* n., auch m., mhd. *wihtel(īn)*. B ö s e w i c h t m. 'böser, heimtückischer Kerl', ahd. *bōsiwiht* (um 1000), mhd. *bœsewiht* 'verachteter und verächtlicher Mensch'.

wichtig Adj. 'schwerwiegend, bedeutungsvoll, wesentlich', spätmhd. (md.) *wihtec* 'nach Gewicht zu verkaufen, abgewogen, vollwichtig' (Ende 14. Jh.). Auszugehen ist von mnd. *wichtich(t)* 'was gewogen wird, gewichtig, schwer', afries. *wichtich*, die zu einem neben *Gewicht* (s. d.) auftretenden präfixlosen Verbalabstraktum mnd. *wicht(e)*, afries. *wicht* 'Gewicht' gebildet sind. Das Adjektiv ist als Wort der Handels- und Kaufmannssprache 'abgewogen, vollwichtig, schwer, Gewicht habend' von den nordd. Städten aus zunächst ins Omd. vorgedrungen und hat sich dann über das gesamte dt. Sprachgebiet verbreitet (16. Jh.). Der heute allein geltende übertragene Gebrauch setzt im 16. Jh. ein und wird im 18. Jh. geläufig. In festen Wendungen *(für) wichtig* ('bedeutsam, wesentlich') *halten* (17. Jh.), *als wichtig ansehen* (19. Jh.), *sich wichtig machen* 'sich in den Mittelpunkt stellen, sich aufspielen' (18. Jh.). – W i c h t i g k e i t f. 'Bedeutsamkeit, schwerwiegende Angelegenheit' (16. Jh.). W i c h t e f. 'spezifisches Gewicht' (Mitte 20. Jh.), Neubelebung des oben und unter *Gewicht* (s. d.) angeführten präfixlosen Verbalabstraktums.

Wicke f. Name für rankende Schmetterlingsblütler, zunächst als Viehfutter oder als Gründüngung verwendete Kulturpflanzen (z. B. Saubohne, Futterwicke), seit etwa 18. Jh. vornehmlich für bunt blühende, duftende Zierpflanzen, ahd. *wicka* (9. Jh.), mhd. mnd. mnl. *wicke*, nl. *wikke*, asächs. *wikka*, entlehnt aus lat. *vicia* 'Wicke' (verwandt mit lat. *vincīre* 'binden, umwinden', *vītis* f. 'Weinrebe, -ranke'). Nach dem Lautstand der germ. Form (*w* für *v*, *k*-Aussprache des *c*, westgerm. Geminierung des *k* vor *j* und Verschiebung zur Affrikate im Obd.) gehört *Wicke* in die Schicht der frühesten Entlehnungen aus dem Lat.

wickeln Vb. 'etw. windend zusammenrollen, um etw. herumwinden, einhüllen', mhd. *wickeln* 'windeln'; in fester Wendung *jmdn. um den kleinen Finger wickeln* 'gefügig, willig machen' (16. Jh.), *schief gewickelt* ('falsch angelegt', dann auch 'im Irrtum') *sein* (19. Jh.). Das Verb ist abgeleitet von dem Substantiv W i c k e l m. f. 'abzuspinnendes, um den Rocken gewundenes Faserbündel', allgemein 'Gewickeltes, was gewickelt wird und was zum Wickeln dient' (15. Jh.), bes. 'Rolle, auf die etw. gewickelt wird' (vgl. *Haar-, Lockenwickel, -wickler*), 'feuchter Umschlag um Körperteile' (17. Jh.), ahd. *wickilī(n)* (10. Jh.), *wickel* (Hs. 12. Jh.), mhd. *wickel* n. 'Faserbündel um den Rocken' (Übersetzungswort für lat. *pēnsum*, eigentl. 'die einer Spinnerin zur täglichen Verarbeitung zugewogene Wollmenge', s. *Pensum*). Dieses stellt sich wie *Wieche* m. f. 'Faserbündel, Docht, Lunte, Scharpie', ahd. *wioh, wiohha* (11. Jh.), mhd. *wieche* m. f. 'aus Garn gedrehter Docht, gedrehte Scharpie, Lunte', mnd. *wēke*, mnl. *wieke*, nl. *wiek*, aengl. *wēoce* (mit dem Stammsilbenvokal germ. *eu*) und gleichbed. mhd. (md.) *wicke*, engl. *wick* (mit dem Stammsilbenvokal germ. *i*) sowie außergerm. aind. *vāgurā́* 'Schlinge, Fallstrick', lat. *vēlum* 'Segel, Hülle, Tuch', air. *figim* 'webe' zu der unter *Wachs* (s. d.) angegebenen Wurzel ie. **u̯eg-* 'weben, knüpfen, Gewebe, Gespinst'. Das maskuline Genus von *Wickel* entwickelt sich (17. Jh.) in Anlehnung an maskuline Gerätebezeichnungen auf *el-* (vgl. *Flegel, Griffel, Schlüssel*). In fester Wendung *beim, am Wikkel haben, kriegen, nehmen* 'am Kragen, Schopf fassen' (19. Jh.), wohl zu *Wickel* in der Bedeutung 'um den (Männer)zopf gewundenes Band' (*Wickelband*). – a b w i c k e l n Vb. '(von einer Rolle, Spule) abwinden, abrollen' (16. Jh.), '(geschäftliche Dinge) erledigen, zum Abschluß bringen' (2. Hälfte 18. Jh.). e i n w i c k e l n Vb. 'in Papier u. ä. verpacken', übertragen 'jmdn. betören' (16. Jh.). v e r w i c k e l n Vb. 'umwinden', übertragen 'in unlösbare Verbindung bringen, umstricken' (15. Jh.); dazu *verwickelt* Part.-adj. 'kompliziert' (18. Jh.).

Widder m. 'Schafbock', ahd. *widar* (8. Jh.), mhd. *wider* (md. auch *widder, weder*), asächs. *weðar*, mnd. *wed(d)er, wēr*, mnl. *wēder*, nl. *weer*, aengl. *weþer*, engl. *wether*, anord. *veðr*, schwed. *vädur*, got. (in der ursprünglichen Form eines germ. *u*-Stammes) *wiþrus* 'Lamm' führen auf germ. **weþru-*, eine Bildung mit dem Suffix ie. *-ru-* zur Wurzel ie. **u̯et-* 'Jahr'. Einem zugehörigen *s*-Stamm ie. **u̯etes-, *u̯etos-* folgen griech. *étos* (ἔτος, mundartlich *Ϝέτος*) 'Jahr', die Weiterbildung aind. *vatsaráḥ* (von **vátas-*) 'Jahr', die Adjektive lat. *vetus* 'alt, bejahrt', lit. *vẽtušas* 'alt, bejahrt', aslaw. *vetъchъ* 'alt' (von Dingen'), russ. *vétchij* (*ветхий*) 'alt, hinfällig' und die Erweiterungen aind. *vatsáḥ* 'Kalb, Tierjunges, Kind', mir. *feis* (aus **u̯etsi-*) 'Sau', als *l*-Ableitungen griech. *étalon* (ἔταλον) 'Tierjunges, Jährling', lat. (Lehnwort aus einer ie. Mundart Italiens?) *vitulus* 'Kalb'. Als Grundbedeutung für die Tierbezeichnungen ist 'einjähriges Tier, Jährling' vorauszusetzen. *Widder* ist (entsprechend den Bedeutungen von lat. *ariēs*) seit mhd. Zeit auch Bezeichnung eines Sternbilds und bereits im Ahd. Übersetzungswort für eine antike Belagerungsmaschine (einen an einem Gerüst aufgehängten Sturmbalken mit einer widderkopfähnlichen Eisenspitze).

wider Präp. 'gegen, entgegen', **wieder** Adv. 'zurück, abermals, erneut', mit konjunktionalem Charakter 'umgekehrt, hingegen, andererseits, seiner-, ihrerseits'. Die seit dem 17./18. Jh. durch gelehrte Regelung orthographisch geschiedenen Wörter haben eine gemeinsame Herkunft. Ahd. *widar* Präp. '(ent)gegen, wider' (8. Jh.), *widar(i)* Adv. 'entgegen, zuwider, zurück, wiederum, abermals' (um 800), mhd. *wider* (md. auch *widder, weder*) Präp. 'gegen, wider', *wider(e)* Adv. '(ent)gegen, zuwider, zurück, abermals', asächs. *wiðar* Präp. 'gegen, wider', Adv. 'zurück', mnd. *wed(d)er* Präp. 'gegen, wider', *wedder* Adv. 'zurück, abermals, wiederum, entgegen', mnl. nl. *weder, weer* Präp. 'wider, gegen', Adv. (mnl. auch *wēdere*) 'zurück, wieder, gegen', aengl. *wiþer* Präp. Adv. 'gegen', anord. *viðr* Präp. 'bei, gegen, wider', got. *wiþra* Präp. 'gegen, gegenüber' sind wie aind. *vitarā́m* 'weiter, ferner', awest. *vītarəm* 'seitwärts', *vītara-* 'der seitlichere' Bildungen mit dem Suffix ie. *-tero-*, setzen also ie. **u̯itero-* voraus. Dessen Grundlage ie. **u̯ī̆-* 'auseinander' findet sich in aind. *ví* 'auseinander, abgetrennt, weg, fort', awest. *vī-, vi-, vy-* 'auseinander, abseits, entgegen' und in den Weiterbildungen lit. *vìsas* 'alle', aslaw. *vьsь*, russ. *ves'* (*весь*) 'all, ganz' (d. i. 'nach allen Seiten auseinandergegangen'), lat. *vitium* (aus **u̯itiom*) 'Fehler, Gebrechen'. Neben den oben angeführten, germ. **wiþra-* entsprechenden Bildungen stehen in einigen germ. Sprachen Kurzformen wie asächs. *wið* Präp., aengl. *wiþ* Präp., anord. *við* Präp., die sich in den modernen Sprachen durchgesetzt haben, vgl. engl. *with* Präp. 'mit', schwed. *vid* Präp. 'bei, an, neben, auf', zeitlich 'gegen', Adv. 'etwa, ungefähr'. Die Bedeutungsentwicklung geht aus von räumlich verstandenem 'auseinander, (ent)gegen'. Die Präposition steht daher für 'gegen' (räumlich, dann bes. im Sinne des feindlichen Entgegenwirkens, des Widerstandes) und für 'im Gegensatz, im Widerspruch zu'; das Adverb steht für 'zurück' (d. h. 'der eingeschlagenen Richtung entgegen'), woraus im zeitlichen Sinne ‘abermals, wiederum’. Alle Verwendungsweisen sind bereits im Ahd. entwickelt. In der Art einer adversativen Konjunktion ‘umgekehrt, hingegen, andrerseits’ (bereits bei Notker) wird *wi(e)der* bes. in neuerer Zeit gebräuchlich (*er war freundlich, dann wieder unausstehlich*). Adverbieller Gebrauch im Sinne von ‘(ent)gegen’ (*der Wind war jnen wider*, Luther) ist erhalten in der Erweiterung zuwider Adv. Präp. ‘entgegengesetzt, feindlich, widerwärtig’ (16. Jh.) und in zahlreichen Verbalkomposita (s. unten). – widerlich Adj. ‘ungünstig, schlecht, unangenehm, abstoßend’ (17. Jh.), älter ‘gegnerisch, feindlich’ (16. Jh.). widern Vb. ‘zuwider, unangenehm sein, anwidern’ (17. Jh.), älter ‘zuwider-, entgegenhandeln, ablehnen, unterbinden, sich weigern, widerstreben’, ahd. *widarōn, widaren* ‘zurückweisen, ablehnen, zu verhindern suchen, sich weigern’ (8. Jh.), mhd. *wider(e)n* ‘zuwider machen, verleiden, sich widersetzen, rückgängig machen, zurückweisen, verschmähen, vergelten’. erwidern Vb. ‘entgegnen, antworten, reagieren’, mhd. *erwideren* ‘entgegnen, antworten, ersetzen’, ahd. *irwidarōn* ‘zurückweisen, verwerfen, mißbilligen’ (9. Jh.). widrig Adj. ‘ungünstig, unangenehm, Widerwillen erregend’, spätmhd. *widerig.* Widerhall m. ‘reflektierter Schall, Echo’, spätmhd. *widerhal.* widerlegen Vb. ‘nachweisen, daß etw. nicht zutrifft, etw. als falsch erweisen’ (16. Jh.), mhd. *widerlegen* ‘erstatten, ersetzen, wiedergutmachen, vergelten, umbiegen, umlegen, Widerstand leisten’. widerrufen Vb. ‘eine Aussage zurücknehmen’, mhd. *widerruofen, -rüefen* ‘ab-, zurückrufen, zurücknehmen, absetzen, widerlegen’. widerspenstig Adj. ‘widersetzlich störrisch’ (Ende 15. Jh.), nach voraufgehendem mhd. *widerspene, widerspān, -spæne*; vgl. mhd. *span* und *widerspān* ‘Streitigkeit, Zerwürfnis’, eigentl. ‘(gegenseitige) Spannung’, zu der unter *spannen* (s. d.) dargestellten Wortgruppe. widersprechen Vb. ‘das Gegenteil vertreten, sich gegen etw. äußern’, ahd. *widarsprehhan* (10. Jh.), mhd. *widersprechen* ‘sich mit Worten gegen etw. wenden’; seit dem 17. Jh. auch ‘im Gegensatz stehen, nicht übereinstimmen, sich entgegenstehen’. Widerspruch m. ‘Einwand, Protest, (logische) Unvereinbarkeit’ (15. Jh.). widerstehen Vb. ‘Widerstand leisten, einer Neigung nicht nachgeben, zuwider, unangenehm sein’, ahd. *widarstān, -stēn* (8. Jh.), *-stantan* (9. Jh.), mhd. *widerstān, -stēn.* Widerstand m. ‘Gegenwehr, Weigerung, Behinderung’, mhd. *widerstant*; im Plural ‘Hemmungen, Hindernisse’ (18. Jh.); *Widerstand leisten* (18. Jh.), *passiver Widerstand* (Mitte 19. Jh.), nach engl. *passive resistance.* widerwärtig Adj. ‘abstoßend, unangenehm, ungünstig’, ahd. *widarwertīg, -wartīg* ‘feindlich, feindselig, entgegengesetzt, ungünstig’ (um 900), mhd. *widerwertic, -wartic* ‘entgegenstrebend, -gesetzt, widersetzlich, feindlich, unangenehm, zuwider’; zur Herkunft des Grundworts s. *-wärts.* Widerwille m. ‘Widerstreben, Abneigung’, mhd. *widerwille* ‘Zwist, Auflehnung, Unannehmlichkeit, Ungemach’. widerwillig Adj. ‘ungern, widerstrebend’, frühnhd. auch ‘sich auflehnend, feindlich entzweit’ (15. Jh.); vgl. mhd. *widerwillicheit.*

widmen Vb. ‘als Zeichen der Verehrung, Freundschaft, Dankbarkeit übereignen, sich einer Sache, jmdm. verschreiben, sich intensiv mit etw. beschäftigen’, ahd. *widamen* ‘ausstatten’ (9. Jh.), mhd. *widemen* ‘stiften, zueignen, ausstatten, dotieren’, mnd. mnl. *wēdemen* ist als Faktitivum zu dem unter *Wittum* (s. d.) behandelten Substantiv (ahd. *widamo*) gebildet. Wie dieses gehört auch das Verbum ursprünglich dem rechtssprachlichen Bereich an und bedeutet ‘die Frau bei der Hochzeit ausstatten’ (später auch zur Sicherstellung im Todesfalle des Mannes), seit dem 13. Jh. ‘die Kirche mit Vermögenswerten ausstatten’. Durch syntaktische Umordnung (der Empfänger steht im Dativ, die übergebene Sache im Akkusativ) steht das Verb im Sinne von ‘übereignen’ (13. Jh., zuerst kirchenrechtlich, dann allgemein von Liegenschaften, finanziellen Zuwendungen), ‘stiften, gründen, einrichten’, von Personen ‘jmdn. einer Bestimmung (weihend) anheimgeben, zum Priesterstand bestimmen’ (16. Jh.). Aus ‘jmdm. etw. weihend darbringen, zueignen’ entwickelt sich durch Verallgemeinerung der heutige Gebrauch (18. Jh.). – Widmung f. ‘Schenkung, Übereignung’ (14. Jh.), ‘Widmungstext’ (18. Jh.), spätmhd. *widmunge* ‘Ausstattung, Schenkung’.

wie Adv. Konj., mhd. *wie*, (md. auch) *wī, wē.* Die nhd. schriftsprachliche Form hat zwei

Vorstufen. Ahd. *(h)wie* (9. Jh.), abgeschwächt aus ahd. *(h)wio* (9. Jh.), ist hervorgegangen aus älterem ahd. *(h)weo* (8. Jh.); dieses beruht durch Kürzung von *ē* auf ahd. *(h)wēo*, das got. *ƕaiwa* 'wie, von welcher Beschaffenheit' entspricht. Die weitere Herleitung ist nicht sicher. Man kann mit W. SCHULZE Gesch. lat. Eigennamen (1904) 435 griech. *pō̆ios* (*ποῖος*) 'wie beschaffen' (wenn aus **πο-οιϝος*) vergleichen und als Grundlage ie. **ku̯o-oiu̯o* 'welchen Gang habend' voraussetzen als den Instrumental eines Kompositums aus dem Pronominalstamm ie. **ku̯o-*, **ku̯e-* und einem Wort für 'Lauf, Gang, Art und Weise' (aind. *évaḥ* 'Gang, Weg', Plur. 'Gewohnheit, Sitte', ahd. *ēwa* 'Gesetz, Recht', zu der unter *eilen* und *Jahr*, s. d., angegebenen Wurzel ie. **ei-* bzw. **eiə-* 'gehen'). Daneben steht ahd. *hwē* (um 800), das got. *ƕē* 'womit' entspricht und durch Diphthongierung des *ē* und Übergang von *eo* in *io* (10. Jh.) mit ahd. *(h)wie* (s. oben) zusammenfällt. Hierzu gehören anord. *hvī* 'wie, weshalb', aengl. *hwī, hwȳ*, engl. *why* 'warum' sowie lat. *quī* 'wodurch, wovon, warum', deren Grundlage wohl ein Instrumental des Pronominalstamms ie. **ku̯o-*, **ku̯e-* ist. Im Ablaut dazu steht eine für asächs. *hwō* 'wie', mnd. *wō, wu*, nd. *wō (wu)*, mnl. nl. *hoe*, aengl. *hū*, engl. *how* anzusetzende Ausgangsform westgerm. **hwō*. *wie* fragt seit ahd. Zeit als Interrogativum in direkter und indirekter Frage und in absolutem Gebrauch nach der Art und Weise. In mhd. Zeit geht *wie* auch in konjunktionalen Gebrauch über mit verallgemeinernder und konzessiver Funktion (für ahd. *sō (h)wio (sō)*, mhd. *swie* 'wie immer, obgleich'), dann temporal im Sinne von 'als, während, sobald, wenn' (seit dem 16. Jh., geläufig seit dem 18. Jh.). *wie* ersetzt (im Ahd. beginnend, oft im Frühnhd.) vergleichendes *als* und wird schließlich (seit dem 15. Jh.) auch beiordnend gebraucht. Substantiviert W i e n. 'die Art und Weise' (16. Jh., geläufig seit 18. Jh.). w i e s o Adv. 'wie kann das sein, wie ist das zu verstehen' (16. Jh.), aus einem Satztyp *wie ist es so, daß* entstanden; satzeinleitend 'auf welche Weise, warum' (19. Jh.).

Wiedehopf m. Der Name des durch seinen Federbusch auf dem Kopf, durch Unsauberkeit und Gestank, vor allem durch den Paarungsruf des Männchens (*hup, hup... pū*) auffallenden Vogels lautet ahd. *wituhopha, -hoffa* f. (9. Jh.), *-hopho* m. (10. Jh.), *-hoph* (Hs. 13. Jh.), mhd. *wit(e)hopf(e), wid(e)hopf(e)* m., asächs. *widohoppa* f., mnd. *wēdehoppe* m., mnl. *wēdehoppe* m. (nl. *hop*). In vielen Sprachen ist der Name als Nachbildung des Rufes ohne weiteres erkennbar, vgl. armen. *hopop*, pers. *pupu*, griech. *épops* (*ἔποψ*), lat. *upupa* (woraus afrz. *hupe*, frz. *huppe*), lett. *pupuķis*, (ohne Reduplikation) poln. (landschaftlich) *hupek*; in dt. Mundarten (schlesw.-holst.) *Hupphupp*, (mecklenb.) *Hupup*, (altmärk.) *Wuppwupp*, (pfälz., tirol.) *Wuddwudd*. Auch die oben genannte dt. und nl. Namensform dürfte aus einer lautnachahmenden Bezeichnung hervorgegangen sein, die jedoch schon früh volksetymologisch an eine alte Bezeichnung für 'Wald, Baum' und an das unter *hüpfen* (s. d.) behandelte Verb im Sinne von 'Waldhüpfer' angelehnt wurde (obgleich der Wiedehopf vornehmlich auf Wiesen und Weiden lebt und nicht hüpft). Vgl. ahd. *witu*, mhd. *wit(e)* 'Holz', mnd. *wēde* 'Wald', aengl. *widu, wudu*, engl. *wood* 'Wald', anord. *viðr* 'Wald, Baum', schwed. *ved* 'Holz', verwandt mit air. *fid* 'Baum, Holz, Wald' und gall. *Vida-* in Personennamen; zu germ. **widu-*, ie. **u̯idhu-* 'Baum'.

Wiege f. 'zum Schaukeln eingerichtetes, ursprünglich frei an Deckenbalken hängendes Kinderbett', ahd. *wiega* (Hs. 12. Jh.), mhd. *wiege*, (md.) *wige*, mnd. *wēge*, mnl. *wieghe*, nl. *wieg*. Daneben stehen ablautend die gleichbed. Formen ahd. *waga* (9. Jh.), *wiga, wega* (11. Jh.), mhd. *wage* und (mit expressiver Konsonantendoppelung) anord. schwed. *vagga*, die sich an die unter *bewegen* (s. d.) angeführte Wurzel ie. **u̯eĝh-* 'bewegen, ziehen, fahren' anschließen. Ahd. *wiega*, mhd. *wiege*, nhd. *Wiege* und seine unmittelbaren Verwandten dürften dagegen eine auf dem iterativen Charakter des Wortes ('das sich Bewegende, das Schaukelnde') beruhende reduplizierende Wurzelform ie. **u̯euĝh-* (germ. **weug-*) voraussetzen. – [1]w i e g e n Vb. 'ein Kind in der Wiege schaukeln' (Ende 15. Jh.), dann auch '(sich) hin und her bewegen, schwanken' (17. Jh.); vom Substantiv abgeleitet. W i e g e n d r u c k m. 'Druck aus der Frühzeit (bis 1500) des Buchdrucks' (1. Hälfte 19. Jh., geläufig gegen Ende 19. Jh.), zu *Wiege* im Sinne von 'Ursprung, erster Anfang', Verdeutschung von *Inkunabel* (s. d.).

[2]**wiegen** Vb. 'Gewicht haben, auf die

Waage legen und das Gewicht feststellen', Neubildung mit dem Stammsilbenvokal der Präsensformen *du wiegst, er wiegt* des unter *wägen* (s. d.) dargestellten Verbs, dessen Präteritalformen (*wog, gewogen*) jedoch beibehalten werden. Diese Entwicklung beginnt im 16. Jh. und setzt sich im 17. und 18. Jh. in der Literatursprache durch. *wiegen* drängt danach (nicht aber im fachsprachlichen Bereich) das ältere *wägen* zurück, das auf die Bedeutung 'vorsichtig bedenken' verengt wird.

wiehern Vb. 'Laut geben, Laute ausstoßen' (von verschiedenen Tieren, bes. vom Pferd), übertragen 'laut lachen', frühnhd. *wy(h)ern* (15. Jh.) ist eine Iterativbildung zu gleichbed. ahd. *wihōn* (Hs. 12. Jh.), mhd. *wihen(en)*, das ablautend neben ahd. *(h)weiōn* (8. Jh.), mhd. *weien, weijen, weigen* steht. Vergleichbar sind auch isl. *hvía* 'wiehern', schwed. (mundartlich) *hwija* 'laut oder heftig schreien' und *s*-haltige Weiterbildungen wie *winseln, wispeln* und *wispern* (s. d.). Es handelt sich offensichtlich um schallnachahmende Verben, die sich an eine Grundform germ. **hwĭ-* anschließen. Außergerm. stehen lautlich nahe kslaw. *viš-tati, visnǫti* 'mucken, halblaut reden', aruss. *viskati* 'wiehern', russ. *vizžát'* (*визжать*) 'wimmern, winseln', aslaw. *svistanije* 'Gepfeife', aruss. *svistati*, russ. *svistát'* (*свистать*) 'pfeifen', aruss. *svistъ*, russ. *svist* (*свист*) 'das Pfeifen, Zischen', so daß eine Schallwurzel ie. **k̑u̯ei-* 'zischen, pfeifen, wiehern u. dgl.' angenommen werden kann.

wienern Vb. 'kräftig reibend Glanz erzeugen, putzen, polieren' (Ende 19. Jh.), anfangs (in der Soldatensprache) 'weißes Lederzeug mit *Wiener Kalk* (d. i. Schlämmkreide oder gebrannter, sandfreier, tonhaltiger Kalk) einfärben und reinigen'.

Wiese f. 'Grasfläche', ahd. *wisa* (8. Jh.), mhd. *wise*, asächs. *wisa* (in Ortsnamen), mnd. mnl. *wēse*, daneben (wohl mit deminutivem *k*-Suffix) asächs. *wiska* (ebenfalls in Ortsnamen), mnd. *wisch(e)*, mnl. *wisch*. Herkunft ungeklärt. Unsicher bleibt sowohl eine Verbindung mit anord. *vīsir* 'Knospe, Spitze', aengl. *wīse* 'Sproß, Stengel', lit. *veĩsti* 'durch Fortpflanzung sich vermehren, (er)zeugen' als auch mit (ablautend) ahd. *waso* 'Rasen, feuchter Erdboden' (9. Jh.), asächs. *waso* 'Rasen, Scholle', mnd. *wāse* 'Schlamm, feuchter Rasen', mnl. *waes, wāse, wāze*, nl. *waas* 'Schlamm, sumpfiges Land', aengl. *wāse*, engl. *ooze* 'Schlamm'. Am ehesten wohl verwandt mit awest. *vāstra-* n. 'Weide, Gras, Futter' und hethit. *weši-* '(Vieh)weide'.

Wiesel n. Name des einheimischen, kleinen, schnellfüßigen Raubtieres, ahd. *wisula* f. (8. Jh.), mhd. *wisel(e)* f., mnd. *wēsel(e)* f., mnl. *wēsel*, nl. *wezel* f., aengl. *wesle, weosule* f., engl. *weasel*, schwed. *vessla*. Neutrales Genus begegnet im Dt., gefördert durch die Deminutiva *Wieselchen, Wiselein* n., seit dem 16. Jh., es gilt ausschließlich seit dem 19. Jh. Herkunft ist strittig. Eine Verbindung mit den unter *Iltis* und *Wisent* (s. d.) angeführten Formen sowie mit spätlat. *vissio* 'Gestank', lat. *vīsīre* 'furzen' und Anschluß an dort genanntes ie. **u̯is-* (im Hinblick auf aengl. *wesle* mit einer Variante **u̯es-*?) 'Gestank' ist durchaus möglich. Auch *Wiesel* wäre dann als 'stark riechendes, stinkendes Tier' zu deuten. Angesichts der Unsicherheiten weist Alinei in: Atlas linguarum Europ. I 2 (1986) 182ff. darauf hin, daß als Name des Tieres (im Hinblick auf das auffallend betonte *e* im Aengl.) germ. **wesulōn* f. anzusetzen sei, das sich, vielleicht als Tabuwort, im Sinne von 'kleines Wesen' an die Wurzel ie. **u̯es-* 'verweilen, wohnen' (s. *Wesen*) anschließen läßt.

Wild n. 'jagdbare Tiere, das Fleisch dieser Tiere', ahd. *wild* 'freilebendes, jagdbares Tier' (9. Jh.), mhd. mnd. mnl. *wilt*, nl. *wild*, aengl. *wildor* (woraus die volksetymologische Verdeutlichung aengl. *wilddēor*) beruht auf einem alten *es/os*-Stamm (vgl. ahd. *wildir* Plur.) und entspricht (mit anderer Stammbildung) dem unter *wild* (s. d.) dargestellten Adjektiv. *Wild*, ursprünglich alle freilebenden Tiere, auch die Raubtiere bezeichnend, wird seit mhd. Zeit vornehmlich als Kollektivbegriff verwendet. Im gleichen Zeitraum erfolgt die Übertragung des Ausdrucks auf das Fleisch gejagter Tiere. – Wildbret n. 'rohes oder zubereitetes Fleisch gejagter Tiere, Wildfleisch', mhd. *wiltbræte*, daneben mhd. *wiltbrāt*, mnd. *wildbrāt*, zusammengesetzt mit dem *a*-Stamm ahd. *brāt* n. 'schieres Fleisch ohne Fett und Knochen, Muskelfleisch, gebratenes Fleisch', mhd. mnd. *brāt* n. bzw. dem *ja*-Stamm mhd. *bræte* n. (verwandt mit *Braten* m., s. d.), der gekürzt und unter Verlust des auslautenden *-e* in der nhd. Form erhalten ist. Vgl. auch anord. *villibrāð* f. Wilderer m. 'wer ohne Erlaubnis jagt, Wilddieb' (16. Jh.), mhd. *wilderære* 'Jäger';

zum alten Plural von *Wild* (ahd. *wildir*) gebildet. Wilddieb m. 'wer ohne Erlaubnis Wild schießt oder in Fallen fängt' (17. Jh.). Wildschütz m. 'Jäger' (16. Jh.), 'Wilddieb' (um 1700). wildern Vb. 'ohne Berechtigung Wild schießen oder fangen' (18. Jh.).

wild Adj. 'nicht gezähmt, nicht veredelt, unbewohnbar, grausam, roh', ahd. *wild(i)* 'unbebaut, ungezähmt, fremd' (8. Jh.), mhd. *wilde, wilt*, auch 'unbewohnt, wüst, abgestorben, faul, irre, unstet, untreu, sittenlos', asächs. *wildi*, mnd. *wilde*, mnl. *wilt, welt, wilde*, nl. *wild*, aengl. *wilde*, engl. *wild*, anord. *villr* 'irrend, wild', got. *wilþeis* führen auf germ. **wilþja-*. Die weitere Herkunft ist ungewiß. Am ehesten vergleicht sich noch kymr. *gwyllt* 'wild, wahnsinnig, schnell', so daß ie. **(gh)u̯eltii̯o-* angesetzt werden kann. Ein Zusammenhang mit *Wald* (s. d.) ist dagegen zweifelhaft. *wild* bezieht sich auf Tiere ('ungezähmt, freilebend'), auf Pflanzen ('nicht angebaut, nicht veredelt') und auf Bodenflächen ('nicht bebaut, nicht kultiviert'), steht also im Gegensatz zu *zahm* und *kultiviert.* Die kurze Form *wild* (gegenüber älterem *wilde*) setzt sich im 16. Jh. (Luther) durch. – Wildnis f. 'unbebaute, unkultivierte Gegend, üppig wuchernder Pflanzenwuchs', mhd. *wiltnisse, wiltnis, wiltnüsse, wiltnus* f. n., auch 'Wildheit, wildes Wesen'.

Wille m. 'feste Absicht, Vorsatz, auf ein Ziel gerichtetes Streben und Trachten, Verlangen', ahd. *willo* (8. Jh.), mhd. *wille*, asächs. *willio*, mnd. mnl. *wille*, nl. *wil*, aengl. *willa*, engl. *will*, anord. *vili*, schwed. *vilja*, got. *wilja*, germ. **weljan-*, Abstraktum zu der unter *wollen* (s. d.) angegebenen Wurzel. – willfahren Vb. 'jmds. Willen tun' (16. Jh.), *willenvarn* (15. Jh.), aus mhd. *eines willen vāren*; zu mhd. *vāren* 'feindlich trachten, nachstellen, streben, fürchten' (s. *Gefahr*). Doch bereits in der mhd. Fügung erfolgt Anschluß an mhd. *varn* 'fahren'; daher (vereinzelt) auch starke Flexion (*willfuhr*, noch Ende 18. Jh.). willfährig Adj. 'willig, bereit, gefällig' (16. Jh.). willig Adj. 'bereit, gefällig', ahd. *willīg* (8. Jh.), mhd. *willec, willic*; Grundwort in Adjektivkomposita seit ahd. Zeit, vgl. *gutwillig*, ahd. *guotwillīg* (um 1000), mhd. *guotwillic.* willkommen Part.adj. 'gern gesehen', mhd. *wille-, wilkomen.* Im zweiten Wortteil wohl gebildet zu der Partizipialform von *kommen.* Vgl. ahd. *willikomo* m. (10. Jh.), mhd. *willekome* Adj. bewilligen Vb. 'zugestehen, erlauben' (15. Jh.). einwilligen Vb. 'zustimmen, sein Einverständnis geben' (17. Jh.).

Willkür f. 'Verhalten und Handeln nach eigenem Gutdünken, Eigenmächtigkeit', mhd. *wille-, wilkür*, (md.) *wil(le)kur, -kor* 'freie Willenswahl, freier Wille, freiwillige Entschließung, Neigung, Zu-, Übereinstimmung, Gutdünken' ist zusammengesetzt aus dem unter *Wille* behandelten Wort und mhd. *kür(e)*, md. *kur(e), kor(e)* (s. *Kür*). Die seit dem 18. Jh. herrschende, auf die Mißachtung der Interessen anderer zielende Bedeutung (s. oben) bahnt sich bereits im mhd. Gebrauch in solchen Fällen an, wo die 'freie Entschließung' der einen Seite von der anderen als Beschränkung oder Zwang angesehen wird, vgl. mhd. *nāch sīner vīnde willekur.* Dazu willkürlich Adj. 'nach eigenem Gutdünken vorgehend, eigenmächtig' (18. Jh.), zuvor 'freiwillig, nach freier Entscheidung handelnd' (16. Jh.); vgl. mhd. *willekuric.*

wimmeln Vb. 'sich lebhaft durcheinanderbewegen', mhd. (vereinzelt) *wimelen* (vgl. auch nl. *wemelen*) steht mit iterativem *l*-Suffix zu ahd. *wium(m)en* (9. Jh.), *wimmen* (10. Jh.) 'hervorsprudeln, -quellen (von Flüssigkeiten), voll sein, sich lebhaft bewegen', mhd. (md.) *wimmen* 'sich durcheinander hin und her bewegen', das mit ahd. *wimidōn* (10. Jh.), *wiumidōn, wimezzen, wamezzen* (11. Jh.) 'hervorsprudeln, voll sein, wimmeln' eine Gruppe ursprünglich wohl onomatopoetischer Verben bildet, die auf bewegungsintensive Vorgänge übertragen werden, z. B. auf das Durcheinander von Würmern (ahd.), von Ameisen, Flöhen, Läusen (16. Jh.), von Menschenmengen (18. Jh.).

wimmern Vb. 'leise vor sich hin weinen' (15. Jh.), ein onomatopoetisches Wort, vgl. spätmhd. *wimmer* n. 'Gewinsel, Gejammer', nhd. *Gewimmer* 'anhaltendes weinerliches Stöhnen, Jammern' (16. Jh.), ferner die Intensiva spätmhd. *wimmerzen* und engl. *to whimper* 'wimmern, winseln'. In älterer Sprache und in den Mundarten auch von bewegungsintensiven Vorgängen (s. entsprechendes *wimmeln*) ahd. *wimiren* (von Würmern) 'sich durcheinanderbewegen' (Hs. 12. Jh.), frühnhd. *wimmern*, landschaftlich (bair.)

wimmern, (thür.) *wämmern* 'wimmeln'; vgl. auch spätmhd. *gewammer*, frühnhd. *gewimmer* 'Gewimmel'.

Wimpel m. 'kleine Fahne, Signalflagge' stammt wie schon ahd. *wimpila* 'Schleier' (neben *wimphila*, 9. Jh.), mhd. *wimpel, winpel* 'Stirnbinde, Kopftuch', spätmhd. 'Banner, Fähnlein' aus dem Nd. Asächs. *wimpal*, mnd. *wimpel, wumpel* 'Schleier als Kopfbedeckung, lange, schmale, schleierähnliche Fahne, Banner', mnl. *wimpel, winpel* 'Tuch, Schleier, Kopftuch, Fahne', nl. *wimpel*, aengl. *wimpel* 'Tuch, Schleier', engl. *wimple* 'Nonnenschleier' (anord. *vimpill* 'Kopftuch' aus dem Aengl.) führen auf ie. **u̯imb-*, die nasalierte schwundstufige Form von ie. **u̯eib-* 'drehen, sich drehend, schwingend bewegen' (s. *wippen, Wipfel, Weib*), wozu auch ahd. *weif* 'Binde' (8. Jh.), anord. *veipr* 'Kopftuch', got. *waips* 'Kranz' gehören. Dabei besteht engere semantische Verwandtschaft zu der unter *Weib* angeführten Wortgruppe, die sich unter der Bedeutung 'verhüllen, umhüllen' zusammenfassen läßt, da für *Wimpel* von einer Bedeutung 'Kopftuch' auszugehen ist. Jüngerer Gebrauch im Sinne von 'schmale, kleine Schiffsflagge auf der Spitze des Mastes' entwickelt sich im nd. nl. Gebiet der Hanse und gelangt Mitte des 15. Jh. ins Frühnhd. Abweichend H. Meier Neue lat.-roman. Etymologien (1980) 33ff., der *Wimpel* als Entlehnung aus vlat. **co-īnfula*, zu lat. *īnfula* 'Kopfbinde', verstehen will.

Wimper f. 'Haar am Augenlid', in älterer Sprache (zumal ahd. und mhd.) 'Haarrand am Auge', also vornehmlich 'Augenbraue'. Die heutige Lautform (etwa seit 17. Jh.) ist hervorgegangen aus dem Kompositum ahd. *wintbrā* (um 1000), mhd. *wintbrā(we), winbrā*, mnd. *winbrā*, mnl. *wintbra(e)uwe*, enthaltend das unter *Braue* (s. d.) dargestellte Substantiv. Das erste Kompositionsglied läßt sich zusammenstellen mit griech. *íonthos* (ἴονθος, vielleicht aus *ϝίϝονθος) 'junger Bart, Flaum', mir. *find* 'Haupthaar', apreuß. *wanso* 'der erste Bart', russ.-kslaw. *ǫsъ* 'Bart', aruss. *usъ* 'Schnurrbart, Bart', russ. (Plur.) *usý* (усы) 'Schnurrbart', so daß von ie. **u̯endh-* 'Haar', eigentl. wohl 'sich Windendes' (bzw. 'sich auf und ab Bewegendes'), auszugehen ist, da auch das unter *winden* (s. d.) behandelte Verb herangezogen werden kann. Zur Lautentwicklung von *-ntb-* zu *-mp-* s. *Himbeere*.

Wind m. 'sich bewegende, wehende Luft, Luftströmung', ahd. (8. Jh.), mhd. mnd. *wint*, asächs. nl. aengl. engl. *wind*, anord. *vindr*, schwed. *vind*, got. *winds* (germ. **winda-*, aus **wenda-* m.) und lat. *ventus*, kymr. *gwynt*, toch. A *want*, toch. B *yente* 'Wind' sind mit partizipialem *nt*-Formans im Sinne von 'das Wehende, Blasende' zu der unter *wehen* (s. d.) angegebenen Wurzel ie. **u̯ē-* 'wehen, blasen, hauchen' gebildet. Redensartlich *in den Wind reden* 'etw. vergeblich sagen' (15. Jh.), *in den Wind schlagen* 'geringschätzig abweisen, abschlagen, preisgeben' (16. Jh.), heute 'keine Beachtung schenken'. In der Bedeutung 'Blähung' begegnet *Wind* seit dem 14. Jh. – windig Adj. 'voll Luftbewegung', übertragen 'eitel, leer, unzuverlässig', mhd. *windec, windic*, auch 'blähend'.

Windel f. 'weiches Wickeltuch für Säuglinge zur Aufnahme der Ausscheidungen', ahd. *wintila* 'Binde' (9. Jh.), 'Kinderwindel' (10. Jh.), asächs. *windila*, mhd. *windel, wintel*, mnd. mnl. *windel* 'Kinderwindel' sowie aengl. *windel* 'geflochtener Korb' sind Bildungen mit dem Suffix für Gerätebezeichnungen germ. *-ilō* zu der unter *winden* (s. d.) dargestellten Wortgruppe, ursprünglich 'Binde zum (Ver)binden, zum Umwickeln'. – windelweich Adj. 'weich wie eine Kinderwindel' (19. Jh.), bes. *jmdn. windelweich prügeln, schlagen*, verstärkende Bildung, mehrfach in den Mundarten, literarisch bei Kotzebue, Heine; vielleicht in lautlichem Anklang an vereinzelt im Bair. bezeugtes *windelbleich* 'bleich wie weißes Windeltuch', vgl. Hauschild in: ZfdWf. 6 (1904/05) 211.

winden Vb. 'drehen, (um)wickeln, schlingen, flechten', refl. 'ranken, sich krümmen, sich schlängeln'. Das stark flektierende gemeingerm. Verb ahd. *wintan* (8. Jh.), mhd. *winden, winten* '(sich) drehen, um-, einwikkeln, sich umdrehen, angreifen', asächs. *windan* 'sich wenden, bewegen', mnd. mnl. nl. *winden*, aengl. *windan*, engl. *to wind*, anord. schwed. *vinda* 'winden, drehen', got. *biwindan* 'umwinden' führt mit aind. *vandhú-ram* 'Wagenkorb', griech. *áthras* (ἄθρας, aus *ϝαθ-) 'Wagen' auf ie. **u̯endh-* 'drehen, winden, flechten' (wozu auch *Wand, wandeln, wandern, wenden, Windel, windschief*, s. d.). – Winde f. 'Hebegerät mit einer Kurbel zum Aufwickeln eines Seils', ahd. *waʒʒarwinta* 'Vorrichtung zum Wasserschöpfen' (10. Jh.), mhd. *winde*. umwinden Vb. 'herumschlingen, mit etw. umwickeln' (15. Jh.). unumwunden Part.adj. 'ungezwungen, deutlich, offen' (Ende 18. Jh.).

Windhund m. verdeutlichende Zusammensetzung (Mitte 16. Jh.) im Anschluß an ahd. *wint* 'Hund für die Jagd' (9. Jh.), mhd. mnd. mnl. *wint*. Dieses erklärt SUOLAHTI in: Neuphilolog. Mitt. 19 (1918) 16 aus dem Völkernamen der slawischen *Wenden*, ahd. *Winida*, mhd. *Winden*, aengl. *Venidas, Wenedas*, anord. *Vindr*, ursprünglich Name eines östlichen illyrischen Stammes (lat. *Venedī*, Tacitus *Venetī*), der auf die an der Weichsel lebenden Slawen übertragen wurde. *Windhund* bedeutet danach eigentl. 'wendischer Hund', wird heute jedoch vielfach mit *Wind* verbunden und als 'schnell (wie der Wind) laufender Hund' aufgefaßt. Übertragen 'leichtfertiger Mensch' (18. Jh.). Eine andere Erklärung versucht PIJNENBURG in: Tijdschr. voor nederlandse taal- en letterkunde 96 (1980) 205ff., indem er germ. **hwindaz* 'Hund' auf (mit Dental gebildetes) ie. **k̑u̯ent-*, eine Nebenform von ie. **k̑u̯ont-* (s. *Hund*), zurückführt. – Windspiel n. 'Jagdhund', mhd. *wintspil*, ebenfalls eine verdeutlichende Zusammensetzung, zu mhd. *spil* im Sinne von 'Jagd' (s. *Spiel*); vgl. mhd. *vederspil* 'zur Vogelbeize abgerichteter Falke, Sperber, Habicht'.

windschief Adj. 'krumm, nach einer Seite geneigt' (17. Jh.), zu *winden* 'drehen' (s. d.) gebildet, daher eigentl. 'schiefgewunden'; anfangs auf Bäume mit gedrehten, krummen, schraubenförmig gewachsenen Stämmen bezogen. Ähnlich gleichbed. *windschelch* (16. Jh.), zu bair. *schelch* 'schief'. Vgl. frühnhd. *windeht* 'gewunden' (15. Jh.) sowie anord. *vindr* 'schief, gewunden', schwed. *vind* 'schief, verzogen', got. *inwinds* 'verkehrt, ungerecht'.

Winkel m. 'von zwei Wänden oder Geraden gebildete Ecke', nur westgerm., ahd. *winkil* (8. Jh.), mhd. *winkel* 'Winkel, Ecke', mnd. 'Winkel, Ecke, (geheimer) Raum, Versteck', mnl. 'Ecke, Spitze, Punkt, Speicher, Laden, Werkstatt', nl. *winkel* 'Laden, Geschäft', aengl. *wincel* 'Ecke' (schwed. dän. *vinkel* aus dem Mnd.) gehört mit dem Suffix germ. *-ila-* zu *winken* (s. d.) und damit im Sinne von 'Krümmung, Biegung, Knick, Ecke' zu ie. **u̯eng-* 'gebogen sein'. Als Terminus der Geometrie 'durch zwei in einer Ebene verlaufende, sich in einem Punkt schneidende Geraden entstandene Figur' ist *Winkel* bereits mhd. gebräuchlich; dazu vgl. ahd. *trīwinkilī* f. oder n. 'Dreieck' (10. Jh.) und mhd. *gerechter* ('rechter') *winkel* (14. Jh.), frühnhd. *rechter Winkel* (16. Jh.), *spitzer Winkel* (15. Jh.), *stumpfer winkel* (um 1400). – wink(e)lig Adj. '(viele) Winkel habend' (15. Jh.), sich im 19. Jh. gegen älteres *winklicht*, mhd. *winkele(c)ht* durchsetzend. Winkeladvokat m. 'schlechter, mäßiger Rechtsbeistand', eigentl. 'unbefugt und im Verborgenen arbeitender Advokat' (18. Jh.). Winkelzug m., vorwiegend im Plural 'Kniffe, geheime Machenschaften' (16. Jh.); vgl. mnd. *winkeltōge* Plur.

winken Vb. 'durch Bewegungen der Hand (bzw. eines Gegenstandes) ein Zeichen geben', ahd. *winken* 'zublinzeln, zuzwinkern' (9. Jh.), mhd. *winken* '(mit den Augen, mit der Hand) ein Zeichen geben, nicken, schwanken, sich seitwärts bewegen', mnd. *winken* 'die Augen schließen', mnl. *winken*, aengl. *wincian* 'die Augen schließen, ein Zeichen geben, blinzeln', engl. *to wink* 'blinzeln, zwinkern', verwandt mit *Winkel* und ablautendem *wanken* (s. d.). Vergleichbar sind wohl aind. *vángati* 'geht, hinkt' (?), lit. *véngti* 'zu vermeiden suchen', eigentl. 'ausweichen', *vìngis* 'Bogen, Krümmung', *vingiúoti* 'sich krümmen, biegen, Bogen, Umwege machen', so daß ie. **u̯eng-* 'gebogen sein' angesetzt werden kann. Die heutige Verwendung 'mit der Hand ein Zeichen geben' ist bereits im Mhd. voll ausgebildet. Ebenfalls in mhd. Zeit wird das Verb gelegentlich starker Flexion angeglichen; noch heute gilt in Umgangssprache und Mundart weithin ein Part. Prät. *gewunken*. – Wink m. 'durch Bewegen der Hand, der Augen, des Kopfes gegebenes Zeichen', ahd. (Hs. 12. Jh.), mhd. *winc*, auch 'das Wanken'; in übertragener Verwendung 'Hinweis, Andeutung' (18. Jh.). Vgl. die scherzhafte Wendung *einen Wink mit dem Zaun(s)pfahl*, auch *mit dem Laternenpfahl* ('eine deutliche, gebietende, plumpe Aufforderung') *geben* (19. Jh.).

winseln Vb. 'mit hohen, gezogenen, klagenden Tönen jammern, weinen' (zuerst von Tieren, bes. Hunden), mhd. *winsel(e)n* ist eine iterative Ableitung von gleichbed. ahd. *winsōn* (9. Jh.), mhd. *winsen*, frühnhd. *win-*

sen (bis 16. Jh., dann von *winseln* verdrängt). Vergleichbar sind aengl. *hwinsian* 'jammern', *hwīnan* 'sausen, pfeifen, zischen', engl. *to whine* 'jammern, plärren', anord. *hvīna* 'sausen', ferner auch anord. *hvīskra* 'flüstern', *hvīskr* 'Geflüster', *hvīsla* 'pfeifen, flüstern', aengl. *hwiscettung* 'das Pfeifen' von Mäusen, *hwistlian* 'pfeifen', sämtlich schallnachahmende Bildungen (s. auch *wispeln* und *wispern*), die sich um lautmalendes germ. **hwĭ-* (s. *wiehern*) gruppieren.

Winter m. Die Herkunft der Bezeichnung für die kalte Jahreszeit ahd. (8. Jh.), asächs. *wintar*, mhd. *winter, winder*, mnd. mnl. nl. aengl. engl. *winter*, anord. *vetr*, auch 'Jahr' (aus urnord. **wintruR*), schwed. *vinter*, got. *wintrus* ist nicht sicher geklärt. Vergleicht man lat. *unda* 'Welle, Woge' und lit. *vanduõ* 'Wasser', so kann auch für *Winter* an eine Nasalierung der unter *Wasser* (s. d.) angeführten Wurzelerweiterung ie. **aud-, *u̯ed-, *ŭd-* 'Wasser' gedacht und *Winter* als die 'nasse Jahreszeit' interpretiert werden. Erwogen wird auch Anknüpfung an air. *find* 'weiß'. Mezger in: Zs. f. vgl. Sprachforsch. 76 (1960) 306f. stellt dagegen eine Verbindung zu ahd. *winistar*, mhd. *winster*, aengl. *winstre*, anord. *vinstri* 'link' (s. *link*) her und setzt eine gemeinsame Ausgangsbedeutung 'weg, abgewendet', d. h. 'von Süden, von rechts abgewendet' voraus; als Grundlage nimmt er ie. **u̯e-* 'herab, weg von' an (s. *Westen*). Da die Germanen die Jahre nach Wintern zählen, kann man annehmen, daß der Winter der Beginn des in zwei Hälften (Winter und Sommer) geteilten germ. Jahres ist.

Winzer m. 'wer Wein anbaut und verarbeitet'. Ahd. *wīnzuril* (9. Jh.), mhd. *wīnzürl*, nhd. *Weinzier(e)l* (bis ins 17. Jh.) beruht auf gleichbed. lat. *vīnitor* (Gen. *vīnitōris*), abgeleitet von lat. *vīnum* (s. *Wein*). Das *z* aus *t* aufweisende, also vor der hd. Lautverschiebung entlehnte Substantiv wird nach dem Vorbild anderer Nomina agentis (z. B. *Büttel*, s. d.) mit dem Suffix germ. *-ila-* versehen und in seinem zweiten Wortteil wohl an das Verb ahd. *zeran* 'streiten' (8. Jh.), 'beenden' (um 1000), *firzeran* 'abreißen, zunichte machen, beseitigen, zerreiben' (9. Jh.; s. *zehren*) angelehnt. Daneben steht mhd. *wīnzüre* (13. Jh.; vgl. auch spätmhd. *wīnzer* in spätmhd. *wīnzerlōn*, Ende 14. Jh.), frühnhd. *Winzir, Winzer* (15. Jh.), nhd. *Winzer* mit kurzem Stammsilbenvokal, wohl aus der oben genannten Form verkürzt, vielleicht aber auch eine direkte Entlehnung aus lat. *vīnitor* fortsetzend.

winzig Adj. 'sehr klein', mhd. *winzic* 'überaus klein, überaus wenig' ist wohl mit intensivierendem *z* (in Anlehnung an verbale Intensivbildungen wie *blinzeln* u. a.) zu mhd. *wē̆nec, wēnic* (s. *wenig*) gebildet, dessen langer Stammsilbenvokal vor Nasal in *i* übergegangen und vor Doppelkonsonanz gekürzt ist; vgl. die Nebenform mhd. *winig*. Auch mit Einfluß von *einig, einzig* (s. d.) ist zu rechnen. *winzig* steht zunächst entsprechend seiner Bildungsweise als verstärktes *wenig* für 'überaus gering' hinsichtlich einer Menge, dann (15. Jh., seit dem 17. Jh. ausschließlich) für 'überaus klein' hinsichtlich räumlicher Ausdehnung und Größe. – Winzigkeit f. 'sehr kleine Größe oder Menge, ein bißchen' (19. Jh.).

Wipfel m. 'oberste, schwankende Spitze von Pflanzen, sich bewegende Baumspitze', ahd. *wiphil* (8. Jh.), mhd. *wipfel* 'Spitze eines Baumes, eines Gebäudes' stellt sich mit dem Suffix germ. *-ila-* im Sinne von 'sich Bewegendes, Schwankendes' (wie ahd. *wiphōn* 'herumstreifen', mhd. *wipfen* 'hüpfen, springen', eigentl. 'sich schwingend, wiegend bewegen', s. *wippen*) zu ie. **u̯eib-* 'drehen, sich drehend, schwingend bewegen'.

wippen Vb. '(sich) auf und nieder bewegen', aus dem Nd. (1. Hälfte 16. Jh.). Mnd. mnl. nl. *wippen* 'schaukeln, schlenkern, (sich) auf und nieder bewegen' (mengl. *(h)wippen*, engl. *to whip* 'schnellen lassen, peitschen' aus dem Mnd.) und entsprechendes ahd. *wiphōn* 'herumstreifen' (Hs. 12. Jh.), mhd. *wipfen* 'hüpfen, springen' stehen als geminierte Intensivbildungen zu dem in ahd. *wīfan* 'winden' (in *biwīfan*, um 1000), mhd. *wīfen* 'winden, schwingen', got. *weipan* 'bekränzen' belegten starken Verb. Dazu gehört das Kausativum (ablautend) mhd. *weifen* 'schwingen machen, haspeln, entfalten'; außergerm. sind verwandt lat. *vibrāre* 'in zitternde Bewegung setzen, sich zitternd bewegen', lit. *výburti* 'schwingen, herumdrehen, schweben', lett. *viebt* 'das Gesicht verziehen', refl. 'sich drehen, verdrehen, Grimassen schneiden'. Auszugehen ist von ie. **u̯eib-* 'drehen, sich drehend, schwingend bewegen' (s. *Weib*, wo auch weitere Verwandte), einer Labialerweiterung der Wurzel ie. **u̯ei-* 'drehen, biegen'.

– W i p p e f. 'zweiarmiger Hebel, kippbar über einem Klotz angebrachtes Brett' (17. Jh.), aus dem Nd., mnd. *wippe*, Rückbildung aus dem Verb.

wir Pers.pron. der 1. Pers. Plur., ahd. (8. Jh.), mhd. *wir*, anord. *vēr, vær*, got. *weis* und (mit *r*-Abfall) asächs. *wī̆*, mnd. *wē, wī, wie*, mnl. *wī̆*, nl. *wij*, aengl. *wē̆*, engl. *we*, schwed. *vi*. Zugrunde liegt germ. **wīz* (in got. *weis* und asächs. *wī*) bzw. daraus gekürztes **wiz* (für die übrigen Formen). Außergerm. vergleichen sich hethit. *u̯ēš*, toch. B *wes*, toch. A *was* 'wir' und auch aind. *vayám*, awest. *vaēm*, so daß von einem Stamm ie. **u̯ei-* mit der Pluralendung *-es* bzw. mit der Partikel *-am* auszugehen ist. Daneben steht in den älteren germ. Sprachen ein Dual asächs. aengl. got. *wit*, anord. *vit* aus ie. **u̯ed-* (mit Dental von ie. **du̯ŏ*, Nebenform zu *du̯ō*, s. *zwei*, und der Bedeutung 'wir zwei'?), der mit den außergerm. Dualformen aind. *āvā́m*, aslaw. aruss. *vě*, lit. *vèdu* (aus **u̯edu̯ō*) auf ie. **u̯ē-* 'wir beide' führt.

Wirbel m. 'schnelle kreis- oder spiralförmige Bewegung, Scheitel, Vorrichtung zum Drehen, Riegel', ahd. *(h)wirbil* 'Kreisel, drehbares Gerät, Wirbelwind' (11. Jh.), mhd. *wirbel* 'Scheitel, Wendeltreppe, kreisförmige Bewegung von Wasser und Luft', mnd. mnl. nl. *wervel*, aengl. *hwyrfel*, anord. *hvirfill*, schwed. *virvel* steht als maskuline Gerätebezeichnung mit dem Suffix germ. *-ila-* zu dem unter *werben* (s. d.) behandelten Verb. Ausgang der Bedeutungsentwicklung ist 'sich drehen, Drehung'; vgl. bes. 'Haarwirbel, Scheitelpunkt' (12. Jh.), 'Wirbelknochen' (16. Jh.), 'Trommelwirbel' (18. Jh.); übertragener Gebrauch im Sinne von 'Durcheinander, Gewühl' setzt vereinzelt bereits in mhd. Zeit ein. – w i r b e l n Vb. 'eine schnelle, drehende Bewegung ausführen' (16. Jh.). W i r b e l s t u r m m. (17. Jh.).

wirken Vb. 'arbeiten, tätig sein, Einfluß ausüben, Eindruck machen'. Ahd. *wurken* (um 800; vgl. *firwurken*, 8. Jh.), mhd. *würken, wurken*, asächs. *workian*, mnd. *wurken*, aengl. *wyrcan*, engl. *to work*, anord. *yrkja*, schwed. *yrka*, got. *waúrkjan* ist zur Schwundstufe der unter *Werk* (s. d.) dargestellten Wurzel ie. **u̯erĝ*, **u̯reĝ-* 'wirken, tun' gebildet. Es hat neben sich eine wohl unter dem Einfluß von dem unter *Werk* (s. d.) behandelten Substantiv stehende hochstufige Form ahd. (8. Jh.), mhd. *wirken* 'tätig sein, handeln, arbeiten, er-, bewirken, verfertigen, schaffen', asächs. *wirkian*, mnd. *wirken, werken*, mnl. nl. *werken*. Im Dt. ist der Geltungsbereich beider Verben insofern zu bestimmen, als ahd. *wurken*, mhd. *würken* vornehmlich im Obd., ahd. mhd. *wirken* vornehmlich im Frk. bzw. Md. gelten. Im Nhd. wird dagegen *würken* als die scheinbar gewähltere Form auch von einigen md. und nordd. Schriftstellern aufgenommen. Allgemein jedoch beginnt sich *wirken* durchzusetzen und gilt gegen Ende des 18. Jhs. auch in obd. Literatursprache. Die Grundbedeutung beider Verbformen ist 'arbeiten, verfertigen', dann 'etw. ausführen, verrichten, einflußreich tätig sein, etw. vollbringen' und 'Einfluß ausüben, Eindruck machen'. Die spezielle Bedeutung 'nähend, stickend, webend verfertigen' entwikkelt sich in spätmhd. Zeit. – w i r k l i c h Adj. 'tatsächlich, real' (16. Jh.), mhd. *würk(en)lich*, spätmhd. *wirklich* 'tätig, wirksam, wirkend', abgeleitet vom Verb; W i r k l i c h k e i t f. 'tatsächliche Existenz, Realität', spätmhd. *wirke-, würkelīcheit* 'Tätigkeit, Wirksamkeit, Aktivität'. w i r k s a m Adj. 'handelnd, tätig, schöpferisch, aktiv' (17. Jh.), 'einen Einfluß, eine Wirkung ausübend' (16. Jh.). v e r w i r k l i c h e n Vb. 'wirklich werden lassen, in die Tat umsetzen' (2. Hälfte 18. Jh.). b e w i r k e n Vb. 'verursachen, hervorrufen, erreichen' (16. Jh.), mhd. *bewirken, bewürken* 'umfassen mit, einschließen in, umhegen, einwirken'. v e r w i r k e n Vb. 'durch eigene Schuld des Rechtes auf etw. verlustig gehen, einen Anspruch verlieren', ahd. *firwurken* (8. Jh.), *-wirken* (um 800) 'sündigen, sich einer Sache verlustig machen, verschulden', mhd. *verwirken, -würken*.

wirr Adj. 'ungeordnet, zusammenhangslos, unklar' (17. Jh.), rückgebildet aus dem schwach flektierenden Verb *wirren* 'durcheinanderbringen' (zuerst belegt in mhd. *verwirren*), das mit dem Stammsilbenvokal *i* (in Analogie zu *irren* entstanden?) altes, stark flektierendes *werren* (mit starker Flexion bis ins 18. Jh.; vgl. noch heute *verworren*) beeinflußt, so daß sich nach Umbildung des Vokals auch schwache Formen durchsetzen. Dieses nur im Dt. und Nl. belegte Verb (mit *-rr-* aus germ. *-rs-*) nhd. *werren*, ahd. *werran* (Part. Prät. *giworran*) 'durcheinanderbringen, in Aufruhr bringen, stören' (8. Jh.), mhd. *wer-*

ren, asächs. *werran*, mnd. mnl. *werren*, nl. *warren* sowie das Substantiv ahd. *werra* (11. Jh.), mhd. *werre* 'Ärgernis, Zank, Streit, Verwicklung, Schaden, Not' haben keine sicheren Anknüpfungsmöglichkeiten. Wenn nach Walde-Hofmann ³2, 761 eine Verbindung zu lat. *verrere* 'schleifen, am Boden schleppen, fegen' besteht, kann von ie. **u̯ers-* 'am Boden schleifen' ausgegangen werden. Sollte besser ein onomatopoetischer Ansatz anzunehmen sein? – W i r r s a l n. (f.) 'Durcheinander, Chaos, Verwicklung', geläufig seit 19. Jh.; doch vgl. ahd. *werrisal* 'Widerstand' (9. Jh.), frühnhd. *wirresal* 'Streit, Unruhe, Unordnung'. W i r r k o p f m. 'verworrener, konfuser Mensch' (17. Jh.), auch 'Mensch mit ungeordneter Frisur' (19. Jh.). W i r r w a r r m. (n.) 'Durcheinander, Wust' (15. Jh.), mhd. *wirrewarren* n., ablautende, alliterierende Bildung (wie *Mischmasch* u. ä.).

Wirsing m. Name einer aus Oberitalien stammenden Kohlsorte, *Wersing* (2. Hälfte 17. Jh.), *Wirsing* (Ende 17. Jh.). Voraus gehen *Uerzi* (Wien, 2. Hälfte 15. Jh.), schweiz. *Wirtz* (16. Jh.), danach mit unterschiedlicher Endung *Wersich(bletter)* (16. Jh.), *Versich* (1600), *Warsich* (17. Jh.), *Wersig* (Anfang 18. Jh.). Die allen Varianten zugrundeliegende Ausgangsform ist entlehnt aus obital. *verza* (vgl. ital. *cavolo verzotto* 'Wirsingkohl'), das auf lat. *viridia* 'grüne Gewächse, Gartengewächse', dem substantivierten Neutr. Plur. von lat. *viridis* 'grün', beruht.

Wirt m. 'Gastgeber, Hausherr, Gastwirt', ahd. (9. Jh.), mhd. *wirt* 'Ehemann, Haus-, Burg-, Landes-, Schutzherr, Bewirter, Gastfreund', asächs. *werd*, mnd. *werd, wert*, mnl. *weert, waert, wert*, nl. *waard*, got. *waírdus* (germ. **werdu-*). Herkunft unbekannt. Sichere außergerm. Anknüpfungen fehlen. Verwandtschaft mit anord. *verðr* 'Mahlzeit, Speise' und Deutung als 'Mahlzeit Gewährender' ist zweifelhaft. Aber auch ein Anschluß an die unter *gewähren* und *wahr* (s. d.) angeführte Wurzel ie. **u̯er-* 'Freundlichkeit (erweisen)' bleibt bedenklich. Eher eine Dentalableitung (wie *Wart, warten*, s. d.) zur Wurzel ie. **u̯er-* 'gewahren, achtgeben, beaufsichtigen'. – w i r t l i c h Adj. 'gastfreundlich, einladend', mhd. *wirtlich* 'einem Wirt angemessen'. b e w i r t e n Vb. 'beköstigen mit Speise und Trank', mhd. *bewirten*. W i r t s h a u s n. 'Gasthaus', spätmhd. *wirtshūs*.

Wirtschaft f. 'kleine Gaststätte, Haushalt(sführung), Gesamtheit der ökonomischen Prozesse und Verhältnisse eines Landes, einer Gesellschaftsordnung', ahd. *wirtscaft* 'Gastfreundschaft, Bewirtung, Mahl, Speisen' (10. Jh.), mhd. *wirtschaft* 'Tätigkeit des Hausherrn, Gastgebers, Gastwirts, Bewirtung, Gastmahl, Fest', asächs. *werdskepi* 'Bewirtung, Gastmahl', mnd. *wer(t)schap* 'Bewirtung, Gastmahl, Festlichkeit', mnl. *wertscap* 'Tätigkeit des Wirtes, Gastmahl', nl. *waardschap* 'Besuch, Gastmahl', mit dem unter *-schaft* (s. d.) behandelten Kompositionssuffix gebildet zu dem unter *Wirt* (s. d.) dargestellten Substantiv. Zu den alten Bedeutungen 'Tätigkeit des Hausherrn, Gastgebers, Bewirtung, Mahl' treten hinzu 'Gaststätte' (16. Jh.), 'Haushalt, Haushaltsführung' (17. Jh.), 'Unordnung' (18. Jh.), 'das Umgehen mit wirtschaftlichen Mitteln' (im 15. Jh. beginnend). Als Begriff der Ökonomie wird *Wirtschaft* im 19. Jh. üblich. – w i r t s c h a f t e n Vb. 'für Haus und Besitz sorgen, Geld und Gut verwalten', ahd. *wirtscaften* (Hs. 12. Jh.), anfrk. *wirdscapon* (9. Jh.), mhd. *wirtschaften, wirtscheften* 'schmausen, ein Gastmahl ausrichten oder abhalten'. w i r t s c h a f t l i c h Adj. 'ökonomisch, die Wirtschaft betreffend, haushälterisch, sparsam' (18. Jh.), 'festlich, gesellschaftlich' (Ende 16. Jh., vereinzelt).

Wisch m. 'Büschel', abschätzig 'Schriftstück', ahd. *-wisc* m. (in *ars-, ovanwisc*, Hs. 12. Jh.), mhd. *wisch* m. n. 'Strohbündel', mnd. *wisch*, mnl. *wisc*, nl. *wis*, anord. *visk* 'Strohbündel', aschwed. *visk* 'Besen' führen mit aind. *vēṣkáḥ* 'Schlinge', lat. *vīscus* 'Eingeweide' (eigentl. 'Darmschlingen'?), *virga* (aus **u̯izgā*) 'dünner Zweig, Reis, Rute' und (ohne Gutturalsuffix) aind. *vēṣṭatē* 'hängt sich an, windet sich um', *vēṣṭa-* 'Schlinge', russ. *vécha* (*вexa*) 'lange Stange mit einem Strohbündel' auf ie. **u̯eis-* 'drehen, biegsame, flechtbare Ruten', eine Erweiterung der unter ¹*Weide* (s. d.) angegebenen Wurzel ie. **u̯ei-* 'drehen, biegen'. *Wisch* ist ursprünglich ein 'aus Stroh (oder biegsamen Ruten) gedrehtes Büschel', das als Flurzeichen, dann auch als Fackel (15. Jh.; vgl. *Irrwisch*, s. *irr*) und als Strohbesen (16. Jh.) dient; daraus übertragen 'wertloses Zeug', abschätzig

'Schriftstück, Druckschrift' (16. Jh.). – wischen Vb. '(mit einem Wisch) reinigen' (ursprünglich 'mit Stroh, mit dem Besen, dann mit einem Lappen reibend darüber hinfahren'), auch 'sich schnell bewegen', ahd. *wisken* 'über etw. reinigend reiben' (um 1000), mhd. *wischen, wüschen* 'reibend darüberfahren, reinigen, trocknen, leicht und schnell sich bewegen, (ent)schlüpfen', mnd. *wischen*, mnl. *wiscen, wisscen*, nl. *wissen*. entwischen Vb. 'sich schnell davonmachen, entkommen', mhd. *entwischen*.

Wisent m. Der Name der großen europäischen, wildlebenden Rinderart ahd. *wisunt* (um 800), mhd. *wisent(e), wisant*, mnd. mnl. *wēsent*, aengl. *wesend, weosend* (anord. *visundr* aus dem Mnd.) kann mit apreuß. *wissambrs* 'Auerochse', dessen zweites Kompositionsglied mit aruss. *zubrъ* 'Auerochse', russ. *zubr* (зубр) 'Wisent' zusammengestellt wird, und mit lat. *vīsīre* 'furzen', spätlat. *vissio* 'Gestank' sowie den unter *Iltis* und *Wiesel* (s. d.) angegebenen Formen an die Wurzel ie. **u̯eis-*, (schwundstufig) **u̯is-* bzw. (als schallnachahmende Nebenform?) **u̯es-* 'zerfließen, fließen', auch vom Geruch faulender („zerfließender") Pflanzen, angeschlossen werden. Grundlage bildet der moschusähnliche Geruch des Tieres in der Brunstzeit. Die germ. Namen dürften als substantivierte Präsenspartizipien (auf ie. *-ont-*) im Sinne von 'Stinker, Stinkender' anzusehen sein. Mit dem Aussterben der Tiere wird die Bezeichnung im Nhd. selten und erst durch Brehms Tierleben wieder verbreitet (19. Jh.). Aus dem Germ. entlehnt lat. *bisōn* m., griech. *bísōn* (βίσων) m. 'Buckel-, Auerochse', daraus mfrz. (Ende 15. Jh.), frz. *bison* und (durch Linné in die zoolog. Nomenklatur eingeführtes) zoolog.-lat. *Bison*. Aus dem Lat. rückentlehnt nhd. *Bison* m. (16. Jh.), anfangs (im Anschluß an die lat. Stammform, vgl. den Gen. lat. *bisontis*) auch *Bysante* (1585) und *Bisont* (1615).

Wismut n. Der Name des silberweißen Metalls frühnhd. *wissemat, wismāt* (15. Jh.), *Wismůt* (16. Jh.), *Wismuth* (17. Jh.), mnd. *wesemōd* (Ende 15. Jh.), latinisiert *wismutum* (15. Jh.), *bisemutum* (16. Jh.) ist etymologisch nicht sicher geklärt. Bisher wurde angenommen, das Metall sei (15. Jh.) nach der ersten Wismutzeche *St. Georgen in der Wiesen* (Erzgebirge) benannt worden, der Name daher eine kontrahierte Zusammensetzung, hervorgegangen aus *in der Wiesen* und *muten* ('um das Anlegen einer Fundgrube nachsuchen, Bergbauerlaubnis einholen'). Plosz in: Archiv f. d. Studium d. neueren Spr. 195 (1959) 317 ff. erklärt diesen Herleitungsversuch auf Grund eines neuen Belegfundes *wesemut* (um 1390) für hinfällig. Er geht davon aus, daß in früher Zeit Wismut und Antimon gleichermaßen als Glanzmittel (bei Malerei und Gießerei) verwendet werden. Er vermutet, daß die Bezeichnung arab. *itmid* 'Antimon', in entstellter Form (oder als alchimistischer Deckname) *ibšimit*, auch auf das heute unter *Wismut* bekannte Metall übergegangen sei. Aus *ibšimit* habe sich durch Metathese (**bisi-*) nlat. *bisemutum* und spätmhd. *wesemut* (aus **wisemut*) entwickelt, deren *-u-* unter dem Einfluß der (bei Metallen üblichen) lat. Endung *-um* enstanden sei.

wispeln Vb. 'flüstern, wispern', ahd. *(h)wispalōn* 'flüstern, zischen, sausen' (8. Jh.), mhd. *wispel(e)n*, mnd. mnl. *wispelen* 'zischen, pfeifen, flüstern', mit iterativem *l*-Suffix gebildetes schallnachahmendes Verb (s. auch *wispern* und *winseln*) zu der vielfach weitergebildeten, lautmalenden Grundform germ. **hwī̆-* (s. *wiehern*).

wispern Vb. 'flüstern' von der menschlichen Stimme und leise pfeifenden Naturlauten (17. Jh.), Nebenform von *wispeln* (s. d.), gebildet mit iterativem *r*-Suffix wie gleichbed. aengl. *hwisprian*, engl. *to whisper*, alle *s*-haltige Weiterbildungen der lautmalenden Grundform germ. **hwī̆-* (s. *wiehern*).

wissen Vb. 'gelernt, erkannt, erfahren und im Gedächtnis haben', ahd. *wiȝȝan* (8. Jh.), mhd. *wiȝȝen*, asächs. aengl. *witan*, mnd. *wēten, wetten*, mnl. *wēten*, nl. *weten*, anord. *vita*, schwed. *veta*, got. *witan*. Die präsentischen Formen des Sing. des zu den Präteritopräsentien gehörenden Verbs ahd. mhd. *weiȝ*, nhd. *weiß*, asächs. mnd. *wēt*, mnl. *weet*, aengl. *wāt*, anord. *veit*, got. *wait* folgen wie aind. *vḗda* 'weiß, kennt', griech. *óida* (οἶδα) 'ich weiß', aslaw. *vědě* 'ich weiß', *věděti* 'wissen, kennen', russ. (älter) *védat'* (ведать) 'wissen, kennen', apreuß. *waist* 'wissen' der Ablautstufe des Perfekts ie. **u̯oid-* 'gesehen haben' und darum 'wissen'. Die Ablautstufen des Präsens ie. **u̯eid-, *u̯id-* 'erblicken, sehen' setzen sich fort in lat. *vīsere* 'besichtigen, besuchen' (eigentl. 'zu sehen wünschen'), air. *rofetar* 'ich weiß', apreuß. *widdai* 'sah', lit.

veizdéti ‘sehen, schauen, nach etw. sehen’, aslaw. *viděti*, russ. *vídet’* (*видеть*) ‘sehen’. Zu vergleichen ist ferner (aus zweisilbigem ie. **u̯(e)idē-*) lat. *vidēre* ‘sehen, wahrnehmen, erkennen’. Zur Wurzel ie. **u̯eid-* vgl. Seebold in: Die Sprache 19 (1973) 20ff. und 158ff. – W i s s e n n. ‘durch Forschung und Erfahrung erworbene Kenntnisse, geistige Erkenntnis’, ahd. *wiȝȝan*, mhd. *wiȝȝen*, geläufig seit frühnhd. Zeit. Formelhaft *meines Wissens* ‘soweit ich weiß’ (16. Jh.), *wider besseres Wissen (und Gewissen), nach bestem Wissen* (17. Jh.), *nach bestem Wissen und Gewissen* (18. Jh.). W i s s e n s c h a f t f. ‘(organisierte) Form der Erforschung, Sammlung und Auswertung von Kenntnissen’, spätmhd. *wiȝȝen(t)schaft* ‘Wissen, Kenntnis, Kunde’, dafür bis ins 16. Jh. häufiger *Wissenheit*, ahd. *wiȝȝantheit* (8. Jh.), mhd. *wiȝȝen(t)heit* ‘Einsicht, Wissen, Bewußtsein’. Bes. in der Aufklärung wird *Wissenschaft* Bezeichnung einer gelehrten Disziplin und verdrängt das dafür bisher übliche *Kunst*. W i s s e n s c h a f t l e r m. ‘wer sich mit einer Wissenschaftsdisziplin beschäftigt, Forscher’ (18. Jh.), anfänglich abschätzig gegenüber als korrekter empfundenem *Wissenschafter* ‘wer sich mit Wissenschaften beschäftigt’ (um 1800). w i s s e n s c h a f t l i c h Adj. ‘die Wissenschaft betreffend, den Gesetzen der Wissenschaft folgend, gelehrt’ (17. Jh., geläufig 2. Hälfte 18. Jh.). w i s s e n t l i c h Adj. ‘bewußt, absichtlich’, mhd. *wiȝȝen(t)lich* ‘bewußt, bekannt, offenkundig’, vom Infinitiv oder Part. Präs. des Verbs abgeleitet. B e s s e r w i s s e r m. ‘wer alles besser zu wissen meint, rechthaberischer Mensch’ (Mitte 19. Jh.), wohl rückgebildet aus älterem *Besserwisserei* (um 1800).

wittern Vb. ‘regnen, blitzen und donnern’, in der Jägersprache ‘riechen’, übertragen ‘ahnen, vermuten’, mhd. *witeren, wit(t)ern* ‘irgendeine Art Wetter sein oder werden, Wetter machen’, jägersprachlich ‘als Geruch in die Nase bekommen’ (vgl. anord. *viðra* ‘Wetter sein, schnuppern, riechen’) ist von dem unter *Wetter* (s. d.) dargestellten Substantiv abgeleitet (vgl. aengl. *wederian* ‘schlechtes oder gutes Wetter sein’). Das *i* der Stammsilbe erklärt sich wohl aus dem Einfluß von Bildungen wie ahd. *giwiteri*, mhd. *gewitter(e)* (s. *Gewitter*), mhd. *unwiter*, oder es beruht auf der Wirkung des *j*-haltigen Suffixes des nach der Art von *jan*-Verben gebildeten Wortes. Jägersprachlicher Gebrauch ‘mit Hilfe der Witterung, der wehenden Luft riechen’ gilt zunächst von Tieren, dann auch von Menschen ‘mit dem Geruchssinn wahrnehmen’ und übertragen ‘ahnen, vermuten’ (18. Jh.). – W i t t e r u n g f. ‘das Wetter über einen längeren Zeitraum’ (16. Jh.), in der Jägersprache ‘Wahrnehmungsfähigkeit der Tiere mit dem Geruchssinn’ (16. Jh.).

Wittum n. historische Bezeichnung für die (aus dem germ. Recht hervorgegangene) ‘Brautgabe’, danach auch ‘Witwenvermögen’, ferner ‘Vermögensleistung an die Kirche’, ahd. *widamo* m. (9. Jh.), mhd. *widem(e), widen* m. f. ‘Gabe des Bräutigams (zuweilen auch des Brautvaters) an die Braut bei der Eheschließung’ (ursprünglich der dem Brautvater zu entrichtende Kaufpreis), ‘Dotierung einer Kirche, eines Klosters, bes. in Form von Grundstücken, das einer Pfarrkirche gestiftete Grundstück, bes. der Pfarrhof’, mnd. *wēdem(e), wēme*, afries. *wetma, witma*, mnl. *wēdeme, wēdem, wēdom*, aengl. *wituma* ‘Brautgabe’, vgl. asächs. *widumlīk* ‘zur Mitgift gehörig’. Das germ. Rechtswort ist verwandt mit griech. *hédnon* (ἕδνον), meist im Plur. *hédna* (ἕδνα) ‘Brautgaben, Mitgift, Hochzeitsgeschenke’, vielleicht auch mit aruss. *věno*, russ. (älter) *véno* (*вено*) ‘Mitgift, Zahlung für die Braut’. Es handelt sich um Bildungen mit dem Suffix ie. *-meno-, -mono-* bzw. (schwundstufig) *-mno-*, so daß sich ie. **u̯edmon-* (für das Germ.), **u̯edno-* (für das Griech.) und (langvokalisch) **u̯ēdno-* (für das Slaw.) ‘Kaufpreis für die Braut’ annehmen läßt. Weiter sind vergleichbar aind. *vadhū́ḥ* ‘Braut, junge Frau’, awest. *vaδū-* ‘Weib, Frau’, air. *fedid* ‘führt, geht, trägt, bringt’, lit. *vèsti* ‘leiten, führen, heiraten (vom Mann)’, aslaw. *vesti*, russ. *vestí* (*вести*) ‘führen’ (vgl. aruss. *voditi ženu* ‘eine Frau heiraten’), sämtlich Bildungen zur Wurzel ie. **u̯edh-* bzw. (vor Nasal) **u̯ed-* ‘führen, heimführen, heiraten (vom Mann)’. Im Dt. treten im 15./16. Jh. Formen mit auslautendem *-b/-p* auf (*widemb, widemp*) und durch Anlehnung an das Kompositionssuffix *-tum* (s. d.) *widumb, widump, widum*; danach (mit verändertem Dental) *Widdumb, Widdum, Wittumb*, seit dem 17. Jh. in Anlehnung an *Witwe* die heute allein geltende Form *Wittum* ‘Witwenvermögen’ mit Übergang zum neutralen Genus. Für die nur im Dt., Nl. und Afries. bezeugte kirchenrechtliche Verwendung 'Begabung einer Kirche oder eines kirchlichen Herrn durch die weltliche Herrschaft' wird seit dem 17. Jh. die alte Wortform *Widem* sprachüblich. S. auch *widmen*.

Witwe f. 'Frau, deren Ehemann verstorben ist', ahd. *wituwa* (8. Jh.), mhd. *wit(e)we, witiwe, witib*, asächs. *widowa*, mnd. mnl. *wēduwe, wēdewe*, nl. *weduwe*, aengl. *widewe, wuduwe*, engl. *widow*, got. *widuwō* (germ. **widuwōn* f.) führen wie aind. *vidhávā*, lat. *vidua*, air. *fedb*, apreuß. *widdewū*, aslaw. *vьdova*, russ. *vdová* (*вдова*) auf ie. *u̯idheu̯ā* 'Witwe'. Sekundär treten dazu maskuline Formen wie griech. *ēíͅtheos* (*ἠΐθεος*) 'unverheirateter Jüngling', lat. *viduus* 'beraubt, leer, verwitwet', russ. *vdóvyj* (*вдовый*) 'verwitwet'. Ob ein Ansatz ie. **u̯eidh-, *u̯idh-* 'trennen' zugrunde liegt, zusammengesetzt aus ie. **u̯ī̆-* 'auseinander' (s. *wider*) und ie. **dhē-* 'setzen, stellen, legen' (s. *tun*), ist unsicher. In spätmhd. Zeit wird auch *Wittib*, die bair.-öst. Form mit Wandel von *w* zu *b*, in die Literatursprache aufgenommen; sie hält sich längere Zeit in der Kanzleisprache und altertümelnd in der Dichtung. – Witwer m. 'Mann, dessen Frau verstorben ist', mhd. *wit(e)wer*, abgeleitet von der fem. Form (s. oben); vgl. ahd. (mit anderer Bildungsweise) *wituwo* 'Witwer' (11. Jh.).

Witz m. 'Verstand, Schlauheit, geistreicher Spaß, schlagfertige Formulierung, scherzhafte Äußerung'. Die Neutra ahd. *wizzi* 'Wissen, Vernunft, Verstand, Einsicht, Weisheit, Bewußtsein' (9. Jh.), aengl. *wit(t)*, engl. *wit*, got. *unwiti* 'Unwissenheit' und (mit anderer Stammbildung) anord. *vit*, schwed. *vett* 'Verstand' sowie das Femininum ahd. *wizzī* 'Verstand, Wissen, Einsicht, Sinn, Weisheit, Tugend, Geist' (9. Jh.), mhd. *witz(e)* 'Wissen, Verstand, Besinnung, Einsicht, Klugheit, Weisheit' gehören wie auch aind. *vidyā́* 'Wissen, Weisheit, Gelehrsamkeit' zu der unter *wissen* (s. d.) genannten Wurzel ie. **u̯eid-* 'erblicken, sehen'. Im 17. Jh. entwickelt sich maskuliner Gebrauch, der sich im 18. Jh. durchsetzt. Unter dem Einfluß von frz. *esprit* und engl. *wit* erhält *Witz* im 17. Jh. die Bedeutung 'Begabung für geistreiche, überraschend formulierte Einfälle, dichterisches Erfindungsvermögen' im Hinblick auf die schönen Wissenschaften und freien Künste. Zu Beginn des 19. Jhs. steht *Witz* bereits für 'kluger, geistreicher Einfall' (scherzhaften oder spöttischen Inhalts) und erhält gegen Ende des 19. Jhs. den heutigen Sinn 'geistreicher Spaß, Scherz, Ulk, humorvolle Anekdote'. Vgl. *das ist der Witz* 'das ist der springende Punkt, auf den es ankommt', *Witze reißen* 'kurze, komisch wirkende Geschichten erzählen' (beide 19. Jh.). – witzeln Vb. 'geistreich reden wollen' (16. Jh.), '(unangebracht) scherzhaft oder spöttisch daherreden' (19. Jh.). witzig Adj. 'voller geistreicher oder lustiger Einfälle' (18. Jh., in Anlehnung an *Witz* 'Esprit'), zuvor 'vernünftig, verständig', auch 'schlau, gerissen' (16. Jh.), ahd. *wizzīg* (8. Jh.), mhd. *witzec, witzic* 'kundig, verständig, klug, weise'. Witzbold m. 'frühreifes Kind', dann 'Klügling' und 'Spaßmacher, Spötter' (16. Jh.), zusammengesetzt mit dem aus Eigennamen stammenden Kompositionsglied *-bold* (s. *bald*).

wo Adv. Konj. Das Ortsadverb ahd. *(h)wār* 'wo, woher' (8. Jh.), mhd. *wā, wō, wār*, asächs. *hwā̆r*, mnd. *wār, wōr, wūr*, mnl. *waer, wāre*, nl. *waar*, aengl. *hwǣr, hwā̆r*, engl. *where*, (mit eindeutig kurzem Vokal) anord. *hvar*, schwed. *var*, got. *ƕar* 'wo' und aind. *kárhi* 'wann', lat. *cūr* 'warum, weshalb, weil' (alat. *quōr*), lit. *kur̃* 'wo, wohin' führen als Bildungen mit *r*-Formans mit aslaw. *kъde*, russ. *gde* (*где*) 'wo' auf unterschiedliche Ablautstufen des Pronominalstamms ie. **k$^{u̯}$o-, *k$^{u̯}$e-*. Auslautendes *r* fällt im Dt. bei einsilbigen Partikeln seit dem 11. Jh. ab, Verdumpfung von *ā* zu *ō* (beeinflußt durch vorangehendes *w*) ist (hd.) seit der 2. Hälfte des 13. Jhs. belegt. Der alte Lautstand ist erhalten in der Zusammensetzung *warum* (s. d.). Konjunktionales *wo* entwickelt sich aus ahd. *sō (h)wār sō* über *sō wār* (9. Jh.), mhd. *swō* (1330), *wō* (14. Jh.).

Woche f. 'Zeitabschnitt von sieben Tagen', ahd. *wehha* (8. Jh.), *wohha* (11. Jh., mit *o* aus *e* unter Einfluß des vorausgehenden *w*), mhd. *weche, woche, wuche*, asächs. *wika*, mnd. *wēken(e), wēke*, mnl. *wēke*, nl. *week*, aengl. *wice, wicu, wucu*, engl. *week*, anord. *vika* 'Woche, Seemeile' (d. i. 'Strecke, nach der die Ruderer wechseln'), schwed. *vecka* 'Woche', got. *wikō* 'Ordnung, Reihenfolge' läßt sich wohl zu *Wechsel* (s. d.) und damit zu ie. **u̯eig-, *u̯eik-* 'biegen, winden', auch 'Wechsel, Abwechslung' stellen (s. ^{2}*weichen*). Die Bedeutung 'Wechsel, Abwechslung' könnte dann über 'Reihenfolge der Dienstpflicht' (vgl. das Anord. und Got.) unter röm. Einfluß auf den 'Wechsel der die einzelnen Tage der Woche beherrschenden Gottheiten' und damit auf die Woche als 'regelmäßig wiederkehrender kalendarischer Zeitabschnitt von sieben Tagen' übergegangen sein. Vgl. die Fügung *die Wochen* 'Kindbett' (um 1500), verkürzt aus mhd. *sehs wochen* 'Zeitraum, in dem eine Wöchnerin Bett und Zimmer hüten soll'; *in die Wochen kommen* (16. Jh.). – w ö c h e n t l i c h Adj. 'jede Woche wiederkehrend' (16. Jh., geläufig seit 17. Jh.), mhd. *wochlich, wochenlich, wochentlich*. W ö c h n e r i n f. 'Frau, die ein Kind geboren hat (und nach der Geburt sechs Wochen Bett und Zimmer hüten soll), Kindbetterin' (17. Jh.), älter *Sechswöch(n)erin* (16. Jh.).

Wodka m. aus Getreide oder Kartoffeln hergestellter wasserheller russischer Trinkbranntwein, Entlehnung (1. Hälfte 19. Jh.) von gleichbed. russ. *vódka* (*водка*) f., eigentl. 'Wässerchen', einer Deminutivbildung zu russ. *vodá* (*вода*) 'Wasser' (verwandt mit *Wasser*, s. d.). Daneben (Mitte 19. Jh. bis Anfang 20. Jh.) auch *Wodki*, nach dem Gen. partitivus russ. *vódki* (*водки*), und *Wutki*, nach poln. *wódki*, Gen. partitivus von poln. *wódka*. Der feminine Gebrauch des Russ. wird anfänglich vereinzelt übernommen; allgemein gilt im Dt., wohl unter dem Einfluß von *Branntwein* und *Schnaps*, maskulines Genus.

Woge f. 'große (Meeres)welle'. Mnd. *wāge* 'bewegtes Wasser', seit dem 15. Jh. auch 'Bewegung des Wassers, Welle', dringt im 13. Jh. rheinaufwärts in md. Gebiet vor, vgl. mhd. (md.) *wāge*, das mit md. Verdumpfung von *ā* zu *ō* (s. *Atem*) frühnhd. *Woge* ergibt und durch Luther im 16. Jh. in die Literatursprache eingeführt wird, nun auch mit der Bedeutung 'Bewegung des Wassers, bes. des Meeres, Wellengang, Welle'. Mit mnd. *wāge* sind verwandt mnl. *wāge* 'hohe Welle, Flut' sowie ahd. *waga* (um 1000), mhd. *wage* 'Bewegung' (frühnhd. nicht mehr belegt) und der maskuline *a*-Stamm (germ. **wēga-*) ahd. *wāg* 'Woge, stürmisch bewegtes Meer', auch 'ruhige Meeresfläche, See' (8. Jh.), mhd. *wāc* 'bewegtes Wasser, Strömung, Flut, Woge, Fluß, Meer, Wasser', asächs. *wāg*, aengl. *wǣg* 'Woge, Flut', anord. *vāgr* 'Meer, See, Bucht, Flüssigkeit, Eiter', got. *wēgs* 'Brandung, Wogen'. Sie stellen sich mit dem unter *bewegen* (s. d.) abgehandelten Verb zur Wurzel ie. **u̯eĝh-* 'bewegen, ziehen, fahren'. Die ursprünglich dem Obd. fremde Form *Woge* erfährt erst im 18. Jh. schriftsprachliche Verbreitung. – w o g e n Vb. 'Wellen schlagen, sich heftig bewegen' (18. Jh.).

wohl Adv. 'gut'. Das gemeingerm. Adverb zu dem unter *gut* (s. d.) dargestellten Adjektiv ahd. *wela* und (mit zu *o* verdumpftem *e* nach *w*) *wola* (8. Jh.), mhd. *wol(e)*, asächs. *wel(a), wola*, mnd. *wol*, mnl. *wēle, wel*, nl. *wel*, aengl. *wel(l)*, engl. *well*, anord. *vel*, schwed. *väl*, (ablautend) anfrk. asächs. *wala*, mnd. *wal* sowie got. (mit abweichendem und nicht erklärtem Vokal) *waíla* oder *waila* stellt sich wie *wählen, Wille* und *wollen* (s. d.) zur Wurzel ie. *u̯el-* 'wollen, wählen' und bedeutet etwa 'gewollt, gewünscht, nach Wunsch'. Die heutige Schreibung mit Dehnungs-*h* setzt im 16. Jh. ein und wird im 18. Jh. vorherrschend. Das Adverb mit der Bedeutung 'gut, zweckmäßig, richtig, genau, geziemend, günstig, erfolgreich, glücklich, gesund, angenehm, schön, reichlich, ausreichend' wird bereits im Ahd. in abgeschwächtem Sinne zur Partikel der Beteuerung, Vermutung, Einschränkung oder Verstärkung sowie interjektionaler Aus- und Zuruf. – W o h l n. 'Wohlergehen' (15. Jh.), Substantivierung des Adverbs; *Wohl und Wehe* (16. Jh.). w o h l i g Adj. 'angenehm, behaglich' (Anfang 18. Jh.). W o h l f a h r t f. 'Wohlergehen' (16. Jh.), Abstraktum neben gleichbed. frühnhd. *wolfaren* n. (substantivierter Infinitiv, 15. Jh.); vgl. auch mhd. *wolvar* f. W o h l s t a n d m. 'Wohlhabenheit, Besitz, materiell gesicherte Verhältnisse' (18. Jh.), zuvor 'Wohlergehen, Gesundheit, was schön ist, gefällt, geziemt' (16. Jh.). W o h l t a t f. 'sittlich richtiges Verhalten, gute Tat, Geschenk, Labsal', ahd. *wolatāt* (9. Jh.), mhd. *woltāt*. W o h l t ä t e r m. 'wer richtig handelt, mildtätig ist, Gutes tut' (16. Jh.), Gegensatz *Übeltäter* (s. d.). W o h l w o l l e n n. 'Gunst, Zuneigung' (18. Jh.), 'sittlich richtiges Wollen' (17. Jh.).

wohnen Vb. 'seinen ständigen Aufenthalt haben', ahd. *wonēn* (8. Jh.), mhd. *wonen* 'sich aufhalten, bleiben, (ver)weilen, ausharren, wohnen, pflegen', asächs. *wonon, wunon* 'bleiben, wohnen, ausharren', mnd. mnl. *wōnen*, nl. *wonen*, aengl. *wunian* 'bleiben, wohnen, gewohnt sein', anord. *una* 'zufrieden sein mit', got. (Part. Präs.) *unwunands* 'sich nicht freuend, bekümmert' stehen wie die unter *Wonne, Wunsch* (s. d.) genannten Formen schwundstufig zu der unter *gewinnen* (s. d.) verzeichneten Wurzel ie. **u̯en(ə)-* 'streben', dann 'wünschen, lieben, befriedigt sein', auch 'erarbeiten, Mühe haben', perfektiv 'erreichen, gewinnen'. Die Bedeutungsentwicklung geht von 'streben (nach etw.)' aus und führt wohl über 'erreichen, befriedigt sein, etw. gern haben, gewohnt sein' zu 'wohnen', d. h. 'sich an einem gewohnten Ort ständig aufhalten'. – W o h n u n g f. 'fester Wohnsitz, Unterkunft', ahd. *wonunga* (9. Jh.), mhd. *wonunge* 'das Bleiben, Aufenthalt, Gegend, Gewohnheit'. w o h n h a f t Adj. 'ansässig, wohnend', mhd. *wonhaft* 'Wohnung habend, ansässig, bewohnbar'.

wölben Vb. 'gerundet, bogenfömig anlegen', refl. 'bogenförmig sein', ahd. *bi(h)welben* 'umwölben' (um 1000), mhd. *welben* 'bogenförmig gestalten', asächs. *bihwelƀian* 'verbergen', mnl. nl. *welven*, aengl. *behweolfan, behwylfan* 'bedecken', anord. *hvelfa*, schwed. *välva* 'wölben' ist wohl Kausativum zu einem starken, nur in mhd. (Prät.) *walb* 'dehnte sich aus' (?), anord. (Part. Prät.) *holfinn* 'gewölbt', norw. *kvelva*, schwed. (mundartlich) *välva* resthaft belegten Verb. Dieses kann mit got. *ƕilftrjōs* (Plur.) 'Sarg' (ursprünglich vielleicht zwei ausgehöhlte, übereinandergelegte Einbäume), aengl. *hwealf*, anord. *hvalf* 'Gewölbe, Wölbung', *hvilft* 'Wölbung, Höhle' und mit griech. *kólpos* (κόλπος, aus *κϝόλπος) 'Busen, Bausch, Meerbusen, Bucht' (eigentl. 'Wölbung') auf ie. **ku̯elp-* 'wölben' zurückgeführt werden; s. auch *Gewölbe*. Im Dt. erfolgt seit dem 15. Jh. Rundung von *e* zu *ö* zwischen *w* und *l* (wie bei *zwölf*, s. d.). In älterer Sprache vor allem in bautechnischem Sinne 'einen Steinbau mit Bogendecke versehen' (13. Jh.), dann auch allgemeiner 'in der Form eines Gewölbes herstellen, bogenförmig gestalten, runden'. – W ö l b u n g f. 'Tätigkeit und Ergebnis des Wölbens' (16. Jh.), 'Gewölbe, Bogen eines Steinbaus' (18. Jh.).

Wolf m. gemeingerm. Tiername, ahd. (8. Jh.), mhd. *wolf*, asächs. mnd. *wulf*, mnl. *wolf, wulf*, nl. *wolf*, aengl. *wulf*, engl. *wolf*, anord. *ūlfr*, schwed. *ulv*, got. *wulfs* führen mit gleichbed. aind. *vŕ̥kaḥ*, awest. *vəhrka-*, lit. *vil̃kas*, aslaw. *vlьkъ*, russ. *volk* (волк) auf ie. **u̯l̥ku̯os* 'Wolf'; daneben die Umstellung ie. **luku̯os* mit griech. *lýkos* (λύκος), lat. *lupus* (mit *p* als sabinisches Lehnwort?). Das *f* der germ. Formen kann auf einem durch Assimilation des labiovelaren *ku̯* an den anlautenden Labial *u̯* entstandenen *p* (ie. **u̯l̥pos*) beruhen (und daher besser hierzu mit Metathese auch lat. *lupus*?); denn auf den Labiovelar deutet das Femininum anord. *ylgr* 'Wölfin' (aus ie. **u̯l̥ku̯ī* 'Wölfin'). Andrerseits ist damit zu rechnen, daß den lautlichen Differenzen in den ie. Namensformen Tabuvorstellungen zugrunde liegen, aus denen der Name des gefürchteten Tieres geändert wurde. Daher ist auch eine Deutung als 'Zerreißer' und Anschluß an die Wurzel ie. **u̯el-* 'reißen, rupfen, an sich reißen, rauben, ritzen, verwunden' (s. *Walstatt*) nicht zu sichern. Zum Nebeneinander von ie. **u̯l̥ku̯-* und **u̯l̥p-* vgl. auch Peeters in: Revue belge de phil. et d'hist. 48 (1970) 820f. *Wolf* erscheint vielfach übertragen als Bezeichnung für Geräte (mit großen Zähnen oder zerkleinernder Funktion), vgl. *Wolf* 'eine Maschine zum Lockern und Reinigen der Wolle' (18. Jh.) sowie *Fleischwolf, Reißwolf*.

Wolfram n. (älter auch m.) eisengraues Schwermetall (chemischer Grundstoff, bekannt seit der 2. Hälfte des 18. Jhs.). Die im 16. Jh. aufkommende Bezeichnung *Wolfrumb* (Mathesius 1562), *Wolfram* (1590) ist zunächst (wie *Kobalt, Nickel*, s. d.) ein Scheltwort erzgebirgischer Bergleute für wolframhaltige Zinnerze, deren Wolframgehalt bei der Verhüttung eine Verringerung der Zinnausbeute bewirkt. Das erste Glied des Kompositums besteht aus dem unter *Wolf* (s. d.) behandelten Substantiv, das zweite aus ahd. (Hs. 13. Jh.), mhd. *rām* 'staubiger Schmutz, Ruß', bes. 'Schmutz, Ruß vom Metall der Rüstung', nhd. (nur noch mundartlich) *Rahm* (vgl. ahd. *rāmag* 'schmutzig, rußig', 8. Jh., aengl. *hrūmig* 'rußig'), das als Bildung mit *m*-Suffix wie aind. *rāmáḥ* 'dunkel, dunkelfarbig, schwarz', *rāmā-* 'das Dunkel', *rāmī́-* 'Nacht' auf eine Wurzel ie. **rē-* 'dunkel' zurückgeführt werden kann. *Wolfram* steht also im Sinne von 'Wolfsschmutz' für jenes schmutzfarbene Erz, das Zinn gleichsam wie ein Wolf auffrißt.

Wolke f. Gebilde aus verdichtetem Wasserdampf. Die unterschiedliche Stammbildung aufweisenden westgerm. Substantive ahd. *wolkan* n. (8. Jh.), mhd. *wolken, wulken* n.

(m.), daneben ahd. *wolka* f. (9. Jh.), mhd. *wolke* f. und ahd. *wolko* m. (9. Jh.), mhd. *wolke* m. n., *wolk* m., asächs. *wolkan* n., mnd. *wolken* n. (auch m.), *wolke* f., mnl. *wolken* n. neben mnl. *wolke* f., *wolkene* f., nl. *wolk* f., aengl. *weolcen, wolc(e)n* n. m., engl. (dichterich) *welkin* 'Himmel' gehören als schwundstufige Bildungen wahrscheinlich mit den unter *welk* (s. d.) angegebenen Formen zu ie. **u̯elg-* 'feucht, naß' bei einer Ausgangsbedeutung 'die Feuchte, Nasse', d. h. 'die Regenhaltige'. Im Nhd. setzt sich die fem. gegen die ältere neutr. Form (bis ins 16. Jh. belegt) durch. Redensartlich *aus den Wolken fallen* 'überrascht sein' (18. Jh.), heute meist *aus allen Wolken fallen*. – wolkig Adj. 'mit Wolken behangen' (15. Jh.). bewölken Vb. refl. 'wolkig werden, sich verdunkeln, unfreundlich werden' (15. Jh.), vgl. mhd. *bewülken*; bewölkt Part.adj. 'wolkig, trübe', übertragen 'nachdenklich, sorgenvoll, unfreundlich, finster' (17. Jh.). Wolkenkratzer m. 'Hochhaus', Übersetzung (Anfang 20. Jh.) der scherzhaften Bildung amerik.-engl. *skyscraper*, eigentl. 'den (bzw. am) Himmel Kratzender'.

Wolkenkuckucksheim n. 'Traumland, Phantasiewelt, Phantasiegebilde', nahezu wörtliche Übersetzung (19. Jh.) von griech. *nephelokokkȳgía* (*νεφελοκοκκυγία*), von Aristophanes ('Die Vögel') geprägte Bezeichnung einer in die Luft gebauten Vogelpolis, mit der er Athen verspottet.

Wolle f. '(zum Spinnen zu verwendende, bzw. versponnene) Tierhaare', ahd. *wolla* (9. Jh.), mhd. *wolle*, mnd. *wulle*, mnl. *wolle, wulle*, nl. *wol*, aengl. *wull*, engl. *wool*, anord. schwed. *ull*, got. *wulla* (germ. **wullō* mit *ll* aus *ln*) ist wie aind. *ū́rṇā* 'Wolle', griech. *lē̃nos* (*λῆνος*) 'Wolle, Wollfaser, -flocke', lat. *lāna* 'Wolle', lit. *vìlna* 'Wolle', aslaw. *vlьna* 'Wolle', russ. (landschaftlich) *vólna, volná* (*волна*) 'Schafs-, Ziegenwolle' (aus ie. **u̯l̥nā*) und kymr. *gwlan*, korn. *gluan* 'Wolle' (aus ie. **u̯lənā*) mit dem Suffix ie. *-nā* (germ. *-nō*) gebildet. Verwandt sind ferner (hochstufig) lat. *vellere* 'rupfen, zupfen, ausrupfen', *vellus* 'abgeschorene, noch zusammenhängende Wolle des Schafs, Pelz' und wohl auch got. *wilwan* 'rauben'. Als Wurzel läßt sich ie. **u̯el(ə)-* 'Haar, Wolle', auch 'Gras, Ähre, Wald' bzw. **u̯el-* 'reißen, rupfen, an sich reißen, rauben, ritzen, verwunden, Wunde' (s. auch *Walstatt*) erschließen. *Wolle* meint in erster Linie 'Schafwolle' mit einer Ausgangsbedeutung 'Gezupftes'. – wollen Adj. 'aus Wolle bestehend oder hergestellt', ahd. *wullīn* (9. Jh.), mhd. *wüllīn, wullīn*.

wollen Vb. 'wünschen, fordern, die Absicht haben', ahd. (obd.) *wellen* (8. Jh.), mhd. *wellen* (aus germ. **waljan*, s. *wählen*) und ahd. (frk.) *wollen* (9. Jh., mit dem wohl schwundstufigen, wenn nicht aus *e* verdumpften Vokalismus des Prät. *wolta*), mhd. *wollen, wöllen, wullen* sowie (aus germ. **wiljan*) asächs. *willian*, mnd. mnl. nl. *willen*, aengl. *willan*, engl. *to will*, anord. *vilja*, schwed. *vilja*, got. *wiljan*. Das gemeingerm. unregelmäßig flektierende Verb zeigt im Präsens die Formen eines Optativs (ahd. teilweise noch bewahrt im Präs. Sing.), der die Stelle des Indikativs eingenommen hat. Es führt mit aind. *vr̥ṇā́ti, vr̥ṇīté, vr̥ṇōti* 'wählt, wählt aus, zieht vor, wünscht, liebt, mag', *vára-* 'Wahl, Wunsch, Begehr', griech. (mit Dentalerweiterung) *éldesthai* (*ἔλδεσθαι*, aus **Ϝελ-*) 'wünschen, verlangen', lat. *velle* 'wollen, die Absicht haben, übereinstimmen', bret. *guell* 'besser', lit. *vélmi, vélti* 'wünschen, lieber wollen, erlauben', aslaw. *velěti* 'gebieten, befehlen, wollen', russ. *velét'* (*велеть*) 'befehlen', (ablautend) aslaw. *voliti* '(lieber) wollen', russ. (älter) *volít'* (*волить*) 'wollen' auf die Wurzel ie. **u̯el-* 'wollen, wählen'. Dazu gehören auch *wählen, Wille* und *wohl* (s. d.).

Wollust f. 'Freude, Lust, Genuß auslösender Reiz', dann 'das durch entsprechende Reize ausgelöste Lustgefühl, Begierde nach Lust', häufig auf die sexuelle Sphäre bezogen, ahd. *wolalust* (11. Jh.; vgl. *willilust*, 9. Jh.), mhd. mnd. *wollust*, mnl. nl. *wellust*. Zusammengesetzt aus *Lust* (s. d.) und dem unter *wohl* (s. d.) behandelten Adverb, daher auch *Wohllust* (16. bis 18. Jh.). Das Kompositum ist in seiner Frühzeit vor allem in der mhd. Legendendichtung und der mystischen Literatur belegt und bedeutet 'was Freude macht, Lustgefühl'. Die Verlagerung zum Pejorativen, moralisch Anrüchigen im Sinne von 'Laster, Ausschweifung' beginnt im Frühnhd.

Wonne f. 'Freude, Vergnügen, Beglükkung', ahd. *wunna* (9. Jh.), mhd. *wunne, wünne*, asächs. *wunnia*, mnd. *wunne*, aengl. *wynn* steht als *jō*-Stamm (westgerm. **wunjō*) zur Schwundstufe der unter *gewinnen* (s. d.) angegebenen Wurzel ie. **u̯en(ə)-* 'streben', dann ‘wünschen, lieben, befriedigt sein’, auch ‘erarbeiten, Mühe haben’, perfektiv ‘erreichen, gewinnen’, s. dazu auch *wohnen, Wunsch*. *Wonne* ist in frühnhd. Zeit selten bezeugt, wird aber in der Mitte des 18. Jhs. durch poetischen Sprachgebrauch in der empfindsamen Literatur neu belebt. – w o n n i g Adj. ‘freudig, beglückend, schön’, mhd. (md.) *wunnic*, geläufig erst seit Mitte 18. Jh.

Wonnemonat m. ‘Mai’. Ahd. *winnimānōd* ‘Weidemonat, Mai’ (um 800) enthält ahd. *winna* ‘Weide’ (9. Jh.), das mit mnd. *winne* ‘Ackerland’ (?), anord. *vin* ‘Wiese’, got. *winja* ‘Weide’ als *jō*-Stamm (germ. **wenjō*) zur Hochstufe der unter *gewinnen* (s. d.) angegebenen Wurzel ie. **u̯en(ə)-* gehört (s. auch verwandtes *Wonne*). An die Stelle der mit dem schon im 9. Jh. absterbenden ahd. *winni* ‘Weide(platz)’ gebildeten Zusammensetzung tritt volksetymologisch an verwandtes ahd. *wunna* (s. *Wonne*) angeschlossenes ahd. *wunnimānōd* (9. Jh.), das, in die Monatsliste Karls des Großen für *Mai* eingesetzt, im 16. Jh. durch nhd. *Wonnemonat* ‘Freudenmonat’ wieder aufgenommen wird.

worfeln Vb. ‘ausgedroschenes Getreide von der Spreu reinigen, indem man es mit einer Schaufel in die Höhe wirft’ (vgl. *Wurf-, Worfschaufel*, mhd. *wurf-, worfschūfel*, 14. Jh., ahd. *worfscūvala*, 9. Jh.). Der zuerst 1523 handschriftlich bei Luther bezeugte, vor allem durch dessen Bibelübersetzung sich verbreitende Ausdruck für die seit der Antike und noch bis zur Mechanisierung des Dreschens ausgeübte landwirtschaftliche Tätigkeit, durch die die Körner mit Hilfe des Luftzugs von den leichteren Verunreinigungen befreit werden, ist eine Iterativbildung zu ahd. *worfōn* (im Sinne von ‘nicht besitzen, meiden, sich versagen, von sich werfen’?, 8. Jh.), mhd. (md.) *worfen, wurfen* ‘Getreide reinigen, worfeln’, nhd. *worfen, wörfen* (im 18. Jh. durch *worfeln* verdrängt, nur noch in md. und nd. Mundarten bewahrt, vgl. nd. *worpen, warpen, wörpen*). Dieses schwach flektierende Verb ist wie aengl. *worpian* ‘werfen, bewerfen’ eine ablautende verbale Ableitung zu dem unter *werfen* (s. d.) dargestellten starken Verb; vgl. ferner ahd. *wintworfa* ‘Wurfschaufel’ (9. Jh.); s. auch *Wurf*.

Wort n. ‘kleinste Sinneinheit der Rede, zusammenhängende Rede’, ahd. (8. Jh.), mhd. mnd. *wort*, asächs. aengl. engl. *word*, mnl. *woort*, nl. *woord*, anord. *orð*, schwed. *ord*, got. *waúrd*. Germ. **wurða-* führt mit apreuß. *wīrds* ‘Wort’ und (ablautend) lat. *verbum* (mit *b* aus ie. *dh*) ‘Wort, Rede’, lit. *var̃das* ‘Name, Benennung, Titel’ auf eine *dh*-Erweiterung ie. **u̯erdho-* ‘Wort’ der Wurzel ie. **u̯er-* ‘feierlich sagen, sprechen’. Dazu gehört wohl auch griech. *éĩrō* (εἴρω) ‘ich sage’ und (einer *t*-Erweiterung folgend) aind. *vratám* ‘Gelübde’, aruss. *rota*, russ. (landschaftlich) *rotá* (*рота*) ‘Eid’, aslaw. *rotiti sę* ‘sich verschwören, fluchen’, russ. (landschaftlich) *rótit'sja* (*ротиться*) ‘schwören’ sowie (zu einer *k*-Erweiterung) russ. *vrat'* (*врать*) ‘lügen, faseln’, vielleicht auch aslaw. *vračь*, russ. *vrač* (*врач*) ‘Arzt’, eigentl. ‘Beschwörer’. Die Pluralbildung erfolgt zunächst (entsprechend der Zugehörigkeit des Substantivs zu den neutralen *a*-Stämmen) endungslos , vgl. ahd. *thiu wort*; doch begegnen (unter dem Einfluß der maskulinen *a*-Stämme) schon früh Pluralformen wie mhd. (md.) *die worte* und (sekundär nach der Flexion der *s*-Stämme) mhd. *worter* (12. Jh.), *wörter* (um 1300). Die unterschiedliche Pluralbildung führt (im 16. Jh. beginnend, im 17. Jh. von Schottel verbindlich gefordert) zu bedeutungsdifferenzierendem Gebrauch, vgl. *Worte* ‘zusammenhängende Rede’, *Wörter* ‘Vokabeln’. – W ö r t e r b u c h n. (nach unterschiedlichen wissenschaftlichen Gesichtspunkten oder auch nur) alphabetisch angelegtes ‘Verzeichnis von Wörtern’ (1. Hälfte 17. Jh.), daneben anfangs auch *Wortbuch* (Mitte 17. bis 1. Hälfte 18. Jh.). w ö r t l i c h Adj. ‘im vollen Wortlaut, textgetreu’ (17. Jh.), zuvor frühnhd. *wörtlich* Adj. Adv. ‘mit Worten ausgedrückt’, mhd. *wortlīch* Adv., *wortlich* Adj. ‘mit Worten, durch Worte’, ahd. *wortlīhho* Adv. ‘Wort für Wort, beispielsweise’ (um 800). W o r t f ü h r e r m. ‘Sprecher, Anführer, Vertreter’ (16. Jh.). W o r t s c h a t z m. ‘Vorrat an Wörtern, Gesamtheit der Wörter’ in bezug auf einen einzelnen Sprecher oder auf eine Sprache (Ende 18. Jh.), älter ‘Wörterbuch, Wortsammlung’ (Ende 17. Jh., entsprechend lat. *thēsaurus*). W o r t w e c h s e l m. ‘Austausch von Rede und Gegenrede, Gespräch’ und (heute vorherrschend) ‘Streit mit Worten’ (17. Jh.); nur vereinzelt ‘Ersatz bestimmter Wörter durch andere’ (17. Jh.).

Wrack n. ‘gestrandetes oder auf See treibendes, schwer beschädigtes, nicht mehr ver-

Zum 5. Mai 95

Meiner lieben Dani

zum Geburtstag!

Eberhard

Is' ja ächt geil das „Büchlein".

Machte mir Spaß darin zu blättern.

E.

wendungsfähiges Schiff', Übernahme (2. Hälfte 17. Jh.) von gleichbed. nd. *Wrack*, auch 'als minderwertig Ausgesondertes, Schadhaftes, Ausschuß' (wovon kaufmannssprachliches hd. *Brack* 'minderwertige Ware, Ausschuß', 17. Jh.), mnd. *wrak* 'beschädigtes Schiff, geringwertige Ware, Ziegelbruch', mnl. *wrac, wracke* 'Schiffbruch, beschädigtes Schiff, Strandgut', nl. *wrak* 'Reste eines gestrandeten Schiffes', engl. *wreck* 'Wrack, Strandgut, Schiffbruch', *wrack* 'angeschwemmter Tang, Unrat' (vgl. aengl. *scipwræc* 'Strandgut'), schwed. *vrak* 'Wrack, Untaugliches, Ausschuß' (im Sinne von 'beschädigtes Schiff' vielleicht aus dem Mnd.). Die westgerm. Formen sind wohl, zumindest teilweise, Substantivierungen des Adjektivs nd. *wrack*, mnd. *wrak* 'beschädigt, untauglich, verdorben', mnl. *wrac* 'ausgesondert, unbrauchbar, (durch Seewasser) verdorben', nl. *wrak* 'schadhaft, schwach' (vgl. aengl. *sceþwrǣc*, *manwrǣce* 'boshaft, schädlich') und gehören wie dieses zu dem unter *rächen* (s. d.) dargestellten gemeingerm. starken Verb, so daß eine Ausgangsbedeutung 'auf dem Meere treibender, von der See angespülter, beschädigter, nicht mehr brauchbarer Gegenstand' anzunehmen ist. Seit dem 18. Jh. wird *Wrack* auch für schadhafte Landfahrzeuge und andere Gegenstände (in neuester Zeit bes. für zerstörte Autos und Flugzeuge) verwendet, ferner (um 1800) umgangssprachlich in der Übertragung 'körperlich verbrauchter, hinfälliger Mensch'. – a b w r a c k e n Vb. 'ein unbrauchbares Schiff zerlegen, verschrotten' (2. Hälfte 19. Jh.), nd. *afwra(c)ken*; vgl. älteres gleichbed. nd. *wra(c)ken*, auch (wie mnd. mnl. *wrāken*, nl. *wraken*) 'Minderwertiges, Unbrauchbares aussondern'.

Wrasen m. 'Wasserdampf (in der Küche), Brodem', ein nd. Wort, das seit dem 18. Jh. von Berlin aus in die Literatursprache eindringt. Herkunft ungeklärt. Daneben steht eine *r*-lose Form *Wasen* 'Wasserdampf (in der Küche)', mnd. *wāsem* 'Dunst, Rauch', die wohl auf einem durch nl. Besiedelung Brandenburgs eingedrungenen mnl. *wāsem* 'Wasserdampf' (nl. *wasem* 'Dampf, Rauch') beruht. Dies verbindet sich mit mnl. *waes, wāse, wāze* 'Schlick, Modder, feuchtes Land', ahd. *waso* 'Rasen, Erdscholle' (9. Jh.), mhd. *wase* 'grasbewachsene Erdfläche, Rasen', asächs. *waso* 'Rasen, Scholle', mnd. *wāse* 'Schlamm, nasser Rasen', (ablautend) aengl. *wōs* 'Feuchtigkeit, Saft', engl. *ooze* 'Feuchtigkeit, Schlamm', ahd. *wasal* 'Regen' (10. Jh.), außergerm. vielleicht mit aind. *vásam* 'Schmalz, flüssiges Fett', lett. *vasa* 'Feuchtigkeit des Bodens', so daß Anschluß an eine Wurzel ie. **u̯es-* 'feuchten, naß' angenommen werden kann. Möglicherweise hat sich das *r*-lose *Wasen* 'Wasserdampf' mit *Brodem* 'Dampf, Dunst' (s. d.), bes. mit seinen nd. mundartlichen Formen *Bratten, Wraten, Frādem, Frātem, Frāsem*, vermischt, so daß *Wrasen* 'Wasserdampf, Brodem' entsteht.

wringen Vb. 'nasse Wäsche windend ausdrücken', ein nd. Wort, das vom 17. Jh. an in die Literatursprache aufgenommen wird, mnd. nd. *wringen* 'zusammendrehen, winden, drücken, pressen' führt mit asächs. *-wringan* 'drücken', mnl. *wringhen* 'durch Drehen pressen, drücken', daher auch 'kämpfen, zanken', nl. *wringen* '(aus)drücken, -winden', aengl. *wringan*, engl. *to wring* 'ausdrücken, pressen' und (vom starken Verb abgeleiteten) ablautendem mnd. mnl. *wrangen* 'ringen, kämpfen' sowie mnl. *wranc*, nl. *wrang* 'herb, sauer, rauh', anord. *rangr* (aus **vrangr*) 'schief, unrichtig', schwed. *vrång* 'falsch, verkehrt, schief', got. *wruggō* 'Schlinge' auf ie. **u̯renĝh-*, eine nasalierte Form der unter *würgen* (s. d.) dargestellten Erweiterung ie. **u̯erĝh-* 'drehen, einengen, würgen, pressen' zur Wurzel ie. **u̯er-* 'drehen, biegen' (s. *werfen, Wurm*). In den Mundarten, vornehmlich im Md., verliert nach Süden vordringendes *wringen* weithin sein anlautendes *w-* und fällt lautlich mit intrans. ²*ringen* (s. d. und vgl. die dort angegebene Literatur) zusammen. Vgl. auch die literatursprachliche Wendung *die Hände ringen* 'in Schmerz, Verzweiflung winden, zusammenpressen', mnd. *de hende wringen*, auch mhd. *die hende wringen*. – a u s w r i n g e n Vb. 'durch Zusammendrehen, -drücken Feuchtigkeit aus der Wäsche pressen' (18. Jh.), vgl. asächs. *ūtwringan*, mnd. *ūtwringen*. W r i n g m a s c h i n e f. (Mitte 19. Jh.).

Wruke, W r u c k e f. Steck-, Kohlrübe, nordostd., z. B. Mecklenburg, Pommern (Bismarck), Westpreußen. Wohl zu nd. *Wrūk* 'kurzer, knorriger Baumstamm, Wurzel'. Weitere Herkunft ungewiß. Vielleicht verwandt als 'etw. Gedrehtes, Verzogenes, Krummes' mit got. *wraigs*, afries. *wrāk* 'krumm', zu ie.

*u̯reug-, *u̯reig-, Gutturalerweiterung der Wurzel ie. *u̯er- 'drehen, biegen' (s. *werfen, Wurm*)? Vgl. ostpreuß. *Brūke, Brucke* sowie poln. *brukiew* 'Steck-, Kohlrübe', russ. *brjúkva* (*брюква*), tschech. *brukev*, die wohl aus dem Nd. entlehnt sind, vgl. VASMER 1,131. Anders SADNIK-AITZETMÜLLER 443, die slaw. Herkunft der Wortgruppe vertreten.

Wucher m. 'aus verliehenem Geld erzielter unverhältnismäßig hoher Gewinn', ahd. *wuohhar* 'Frucht, Ernte, Ertrag, Gewinn, Lohn, Erfolg' (8. Jh.), mhd. *wuocher*, (md.) *wūcher, wōcher*, auch 'Kind, Zuchtvieh, übermäßige und unerlaubte Zinsen', mnd. *wōker, wūker* 'Ertrag von ausgeliehenem Geld, Zins', mnl. nl. *woeker*, aengl. *wōcor* 'Nachkommenschaft, Zins', got. *wōkrs* 'Zins', eigentl. 'Ertrag, Frucht' (anord. *okr* 'Zinsen, Wucher' aus dem Mnd.) ist mit dem Suffix für maskuline oder neutrale Konkreta germ. *-ra-* (ie. *-ro-*) zur Dehnstufe ie. *u̯ōg- der unter *wachsen* (s. d.) angegebenen Wurzel ie. *(a)u̯eg-, *aug- 'vermehren, zunehmen' gebildet, wozu die verwandten unter *auch* (s. d.) angeführten Formen. Ausgangsbedeutung ist 'Frucht, Nachkommenschaft', an die sich der übertragene (und zunächst wertneutrale) Gebrauch 'Frucht, Ertrag des Kapitals, Gewinn, Zins(en)' anschließt. Da die Kirche Geldverleih gegen Zinsen verurteilt, entwickelt das Wort in mhd. Zeit abschätzigen Sinn. Als im 16./17. Jh. die Gesetzgebung, Zinsen (bis zu 5%) erlaubt, steht *Wucher* nur noch für die Erzielung überhöhter Zinsen bzw. Geschäftsgewinne. – W u c h e r e r m. 'wer Geld zu übermäßig hohen Zinsen ausleiht', ahd. *wuohharāri* 'Geldverleiher' (um 1100), mhd. *wuocherære* 'wer Wucher treibt'. w u c h e r n Vb. 'Wucher treiben, sich sehr vermehren, üppig machen', ahd. *wuohharōn* (um 1000), mhd. *wuochern* 'Frucht bringen, wachsen, gewinnen, Wucher treiben'. W u c h e r u n g f. 'üppiges Wachstum, Geschwulst, Auswuchs' (19. Jh.), zuvor (bes. frühnhd.) 'Wucher, Wucherei', ahd. *wuohharunga* (um 1000), mhd. *wuocherunge* 'Wachstum, Wucher'.

Wuchs m. 'Wachstum, Art und Weise des Gewachsenseins, das Gewachsene', zu Ende des 17. Jhs. mit dem Stammsilbenvokal des Präteritums zu *wachsen* (s. d.) gebildet. – w ü c h s i g Adj. 'gut wachsend' (17. Jh.), anfangs ein Wort der Forstwirtschaft, heute vorwiegend Grundwort in Komposita wie *halbwüchsig* '(noch) nicht erwachsen' (18. Jh.), *vollwüchsig* 'völlig ausgewachsen' (Anfang 19. Jh.), *urwüchsig* 'kräftig, naturhaft, unverfälscht' (19. Jh.), *schnellwüchsig* 'schnell heranwachsend' (Anfang 20. Jh.).

Wucht f. 'schwere Last, Stoßkraft, Schwung', Übernahme (17. Jh., geläufig seit 18. Jh.) von nd. omd. *Wucht* 'Gewicht, Schwere' in die Literatursprache, Nebenform (mit Übergang von *i* zu *u* nach *w*) von gleichbed. mnd. *wicht(e)*, nd. *Wicht* (s. *Gewicht*). Die heute vorherrschende Bedeutung 'Stoßkraft, Schwung, Gewalt' (eines in Bewegung befindlichen Körpers) entwickelt sich erst im 19. Jh. aus 'Schwere' (eines ruhenden Körpers). Umgangssprachlich *das ist 'ne Wucht* 'das ist großartig', eigentl. 'das ist Schwere, ist Masse' (1. Hälfte 20. Jh.). – w u c h t e n Vb. 'schwer sein, bedrücken, schwer heben, hart arbeiten' (Ende 18. Jh.). w u c h t i g Adj. 'schwer, massig, schwungvoll, kraftvoll' (Mitte 19. Jh.).

wühlen Vb. 'in der Erde bohrend herumgraben, Erde aufwerfen' (bes. von Tieren), 'intensiv in etw. herumsuchen, hart arbeiten', ahd. *wuolen* (um 1000; vgl. *fir-, irwuolen*, 8. Jh.), mhd. *wüelen*, mnd. *wōlen*, mnl. nl. *woelen* steht ablautend (dehnstufig) zu der unter [1]*wallen* (s. d.) dargestellten Wurzel und bedeutet eigentl. 'um und um wälzen, hin und her rollen'. Seit dem 16. Jh. in übertragenem Sinne 'intensiv, übermäßig, rastlos tätig sein' und (davon ausgehend) 'heimlich, im Verborgenen (gleichsam unterirdisch) jmds. Ruf, Stellung untergraben', bes. (seit Mitte 19. Jh.) 'feindselige Stimmung gegen den politischen Gegner erzeugen, ihn im Verborgenen (illegal) bekämpfen'. – W ü h l e r m. 'wer wühlt' (17. Jh.), in konservativen Kreisen für den 'Verfechter demokratischer fortschrittlicher Ideen' (vor 1848, wohl in der Schweiz entstanden). W ü h l m a u s f. unterirdische Gänge grabendes, durch Wurzelfraß schädliches Nagetier (18. Jh.).

Wulst m., auch f. 'gerundete, aufgeworfene Verdickung', ahd. *wulst* m. (Hs. 12. Jh.), frühnhd. *wulst* m. (15. Jh.), spätmhd. *wulste* f., erst seit dem 16. Jh. geläufig. Herkunft ungewiß. Wohl mit Ablaut und *st*-Suffix zu dem stark flektierenden Verb ahd. *wellan* 'runden, rollen, wälzen' (s. [1]*wallen*) und der dort angegebenen Wurzel ie. *u̯el(ə)-, *u̯lē- 'drehen, winden, wälzen' gebildet. *Wulst* bezeichnet eine Erhebung, Verdickung, Geschwulst am Körper, eine verstärkte Umrandung an Gefäßen und bes. (16. bis 19. Jh.) in der Damenmode ein bauschendes, zusammengerolltes oder -gebundenes Polster für Haartracht, Kopfbedeckung oder Kleider. – w u l s t i g Adj. 'aufgebauscht, geschwollen, dick' (Anfang 18. Jh.).

wund Adj. 'verletzt', ahd. (9. Jh.), mhd. mnd. *wunt*, asächs. *wund*, mnl. *wont*, nl. *wond*, aengl. *wund*, got. *wunds* (germ. **wunda-*). Aus einem Verbaladjektiv auf ie. *-to-* (**u̯n̥to-*), das mit mnd. *wene* 'Geschwulst, Beule', aengl. *wen(n), wæn(n)* 'Geschwulst' (eigentl. 'Beule von einem Schlag'), engl. *wen*, kymr. *ym-wan* 'kämpfen', mkymr. *gweint* 'ich durchbohrte' zu einer Wurzel ie. **u̯en-* 'schlagen, verwunden' gestellt wird. Das Adjektiv bedeutet eigentl. 'durch Schlagen verletzt', bezieht sich in neuerer Sprache dagegen meist auf offene, aufgeriebene Hautstellen (16. Jh.). – v e r w u n d e n Vb. 'verletzen' (bes. durch Waffen), mhd. *verwunden*; vgl. ahd. *wuntōn* 'verwunden' (8. Jh.), mhd. *wunden*, nhd. *wunden* (dichterisch noch im 19. Jh.). W u n d e f. 'offene Körperverletzung', ahd. *wunta* (8. Jh.), mhd. *wunde*, asächs. *wunda*, mnl. *wonde*, nl. *wond(e)*, aengl. *wund*, engl. *wound*, anord. *und*, tiefstufiges Nomen actionis (germ. **wundō*) mit dem Suffix ie. *-tā* zur oben angegebenen Wurzel. W u n d f i e b e r n. 'durch Infektion einer Wunde hervorgerufenes Fieber' (16. Jh., Paracelsus).

Wunder n. 'Erstaunen verursachendes, ungewöhnliches Ereignis', ahd. *wuntar* (um 800), mhd. *wunder* 'Verwunderung, Erstaunen, Erstaunen hervorrufendes Geschehen, Gegenstand des Erstaunens', asächs. *wundar*, mnd. *wunder*, mnl. nl. *wonder*, aengl. *wundor*, engl. *wonder*, anord. *undr*, schwed. *under*. Herkunft unbekannt. Alle bisherigen Anknüpfungsversuche sind unbefriedigend; vgl. H. Adolf in: JEGP 46 (1947) 395ff. *Wunder* bezeichnet zu Beginn seiner Bezeugung 'Erstaunen' und 'was Erstaunen hervorruft', wird aber in neuerer Zeit mehr und mehr durch konkurrierendes *Verwunderung* und *Erstaunen* auf 'was Erstaunen, Verwunderung hervorruft' eingeengt; aber vgl. noch *das, es nimmt jmdn. wunder* 'es versetzt jmdn. in Erstaunen', mhd. *mich nimt es wunder*. – w u n d e r b a r Adj. 'außerordentlich, großartig, sehr schön' (16. Jh.), in älterer Sprache 'einem Wunder entsprechend, übernatürlich', mhd. *wunderbære*; dann auch 'sonderbar, seltsam, wunderlich' (16. Jh.) und in der literarischen Erörterung des 18. Jhs. 'in der Phantasie verwurzelt' (nicht der menschlichen Erfahrung angehörend). w u n d e r l i c h Adj. 'seltsam, sonderbar, befremdend' (seit etwa 1700 vorherrschend), eigentl. 'Verwunderung, Erstaunen erregend', seltener 'verwundert, erstaunt' (bis ins 19. Jh.), ahd. *wuntarlīh* 'wunderbar, außerordentlich, erstaunlich, befremdend' (8. Jh.), mhd. *wunderlich* 'wunderbar, sonderbar, seltsam, sich leicht verwundernd, reizbar, erstaunlich'. w u n d e r n Vb. 'in Erstaunen versetzen', refl. 'erstaunt sein', ahd. *wuntarōn* (8. Jh.), mhd. *wundern*, auch 'Wunder vollbringen'. v e r w u n d e r n Vb. 'in Erstaunen versetzen', refl. 'staunen', mhd. *verwundern* 'sich ganz wundervoll zeigen, staunen, bewundern, in Erstaunen versetzen', auch 'aufhören, sich zu wundern'.

Wunsch m. 'Begehren, Verlangen, Ersehntes', ahd. *wunsc* (8. Jh.), mhd. mnd. *wunsch*, auch 'Vermögen, etw. Außerordentliches zu schaffen', mnl. *wonsc, wunsc* (neben ablautend mnl. *wensc*, nl. *wens*), mit *n*-Ausfall und Ersatzdehnung aengl. *wūsc*, anord. *ōsk*. Den schwundstufig gebildeten germ. Substantiven vergleichen sich aind. *vanṓti* 'begehrt, erstrebt, hat gern', *vā́ñchati* 'begehrt, wünscht', *vāñchā-* 'Wunsch, Verlangen', air. *fine* (aus **venjā*) 'Verwandtschaft, Stamm, Familie', lat. *venus* 'Liebe, Liebesgenuß, Anmut, Liebreiz, Geliebte'. Zugrunde liegt die unter *gewinnen, Wahn* und *wohnen* (s. d.) genannte Wurzel ie. **u̯en(ə)-* 'streben', dann 'wünschen, lieben, befriedigt sein', auch 'erarbeiten, Mühe haben', perfektiv 'erreichen, gewinnen'. Da im Germ. ein für inchoative Verben charakteristisches ie. *sk̂*-Suffix vorzuliegen scheint wie in aind. *vā́ñchati*, könnte germ. **wunski-* bzw. **wunskō* zu einem diesem entsprechenden, jedoch verlorenen Verb gebildet sein. – w ü n s c h e n Vb. 'begehren, verlangen', ahd. *wunsken* (8. Jh.), mhd. *wünschen, wunschen*, mnd. *wunschen*, mnl. *wonscen, wunscen* (neben ablautendem mnl. *wenscen*, nl. *wensen*), aengl. *wȳscan*, anord. *ȳskja*, vom Substantiv abgeleitetes *jan*-Verb.

Wünschelrute f. aus Zweigen bestimmter

Sträucher geschnittene, gabelförmige Rute, die in den Händen geeigneter Personen durch Ausschlagen Wasser- oder Erzadern anzeigen soll, mhd. *wünschelruote* 'etw. Besonderes, etw. Erwünschtes bewirkender Stab oder Zweig'. Das erste Kompositionsglied, abgeleitet mit dem Suffix germ. *-ila-* von dem unter *wünschen* (s. d.) behandelten Verb (und wohl nicht vom Substantiv *Wunsch*), ist als Simplex nicht belegt; doch vgl. noch *Wünschelgerte* (ahd. *wunskilgerta*, 11. Jh., mhd. *wünschelgerte*), *-hütlein, -reis* (mhd. *wünschelrīs*), *-wurz*. *Wünschel-*, zu *wünschen* im Sinne von 'etw. aussprechen, das wirksam oder wirklich werden soll', kennzeichnet die im zweiten Kompositionsglied ausgedrückte Sache (im Mhd.) als mit Fähigkeiten ausgestattet, die Außerordentliches oder Ungewöhnliches bewirken, oder (im Nhd.) als mit geheimnisvollen Zauberkräften begabt.

Würde f. 'Achtung bewirkendes Wesen oder Verhalten eines Menschen, aus Stellung und Amt erwachsendes Ansehen, mit Ansehen und Geltung verbundene Stellung, Amt', ahd. *wirdī* 'Ansehen, Verdienst, Ehrung' (8. Jh.), mhd. *wirde, wierde*, (md.) *werde* 'Wert, Ansehen, Ehre(nbezeigung), Verehrung', frühnhd. *Würde* (16. Jh., mit Übergang von *i* in *ü*) ist ein *ī*-Abstraktum zu dem unter *wert* (s. d.) behandelten Adjektiv. Als Bedeutung ist anzusetzen 'Wert, Ansehen, Geltung' (auf Grund sozialer Stellung und gesellschaftlichen Ranges) und die sich daraus ergebende 'Ehrung'. Daneben (ebenfalls bereits ahd.) steht *Würde* für den 'Wert eines Menschen, der in seinem Wesen, seinen Eigenschaften und Leistungen beruht'. Um die Mitte des 18. Jhs. entwickelt sich *Würde* unter dem Einfluß der idealistischen Philosophie und Ethik (Kant, Schiller) zur Bezeichnung für den 'von allen Äußerlichkeiten unabhängigen inneren, absoluten Wert des Menschen, der sich in seinem (ethischen) Denken und Verhalten äußert', daher häufig in Verbindungen wie *Würde der Menschheit, des Menschen* (18. Jh.). – w ü r d i g Adj. 'der Würde entsprechend, angemessen, ernst, gewichtig', ahd. *wirdīg* 'wert, verdient, ehrwürdig' (8. Jh.), mhd. *wirdic, wirdec*, (seit 14. Jh. auch) *würdig* 'Wert habend, trefflich, angesehen, edel'. S. auch *unwirsch*.

Wurf m. 'Vorgang und Ergebnis des Werfens', ahd. (8. Jh.), mhd. *wurf*, mnd. *worp*, mnl. *worp, wurp*, nl. *worp*, aengl. *wyrp*, ablautendes Verbalabstraktum zu dem unter *werfen* (s. d.) behandelten Verb. In speziellen Verwendungen 'Vorgang der Geburt bei bestimmten Tieren, alle zur gleichen Zeit geborenen Tiere eines Muttertieres' (16. Jh.), vom Würfelspiel ausgehend *alles auf einen Wurf setzen* 'alles auf einmal wagen' (18. Jh., vgl. *alles auf eine Karte setzen*), *großer, glücklicher Wurf* 'gelungene Leistung' (18. Jh.), *erster Wurf* 'erste Niederschrift' (einer Dichtung, 18. Jh.), ferner 'Faltenfall an Gewändern, Vorhängen' (18. Jh.).

Würfel m. 'Kubus', ahd. *wirfil* (um 1000), *wurfil* (Hs. 12. Jh.), mhd. *würfel*, mnd. mnl. *worpel*, auch 'Wurfriemen bei der Vogeljagd', aengl. *wyrpel* 'Fußband, Wurfriemen', anord. *verpill* 'Würfel', mit dem Suffix für Gerätebezeichnungen germ. *-ila-* (vgl. *Griffel, Schlüssel, Wirbel, Zügel*) zu unterschiedlichen Ablautstufen des unter *werfen* (s. d.) behandelten Verbs gebildet. *Würfel* bezeichnet zunächst den Spielwürfel, sodann seit dem 16. Jh. (vom kubisch geformten Spielgerät ausgehend) den geometrischen Körper mit sechs gleichen quadratischen Flächen. – w ü r f e l n Vb. 'mit Würfeln spielen' (Anfang 16. Jh.), 'in Würfelform bringen' (18. Jh.).

würgen Vb. '(jmdm.) die Kehle zudrücken, den Atem nehmen, erdrosseln, mühsam schlucken, Brechreiz haben oder erzeugen'. Das schwach flektierende kausative *jan*-Verb ahd. *wurgen* 'ersticken machen, erdrosseln' (8. Jh.), mhd. *würgen* 'an der Kehle zusammenpressen, erdrosseln, mühevoll aussprechen', refl. 'sich abquälen', asächs. **wurgian* (erschließbar aus asächs. *wurgarin* 'Würgerin'), mnd. *wörgen*, aengl. *wyrgan* 'erwürgen, erdrosseln', engl. *to worry* 'quälen, ärgern' hat neben sich ein gleichfalls schwach flektierendes, ursprünglich intrans. *ēn*-Verb mhd. (md.) *wurgen, worgen* 'Atemnot haben, ersticken', mnd. *worgen* 'ersticken, mühevoll schlucken', mnl. (intrans. und, wohl durch Zusammenfall, trans.) *worghen, wurghen* 'ersticken machen, nach Atem ringen', nl. *worgen, wurgen*. Nur auf das Hd. beschränkt ist ein starkes Part. Prät. mhd. *erworgen* 'erwürgt', das einen hochstufigen Infinitiv mhd. *erwergen* voraussetzt. In frühnhd. Zeit beginnt *worgen* zurückzutreten; der intrans. Gebrauch wird von *würgen* mit übernommen, das gegen Ende des 18. Jhs. in der Literatursprache allein üblich ist. Mit den genannten Verbformen sind verwandt asächs. *wurgil* 'Strick', anord. *virgill, virgull* 'Strick', *urga* 'Tauende, Schleife', asächs. *warag* 'Verbrecher, Frevler', aengl. *wearg* 'Wolf', anord. *vargr* 'Wolf, Übeltäter, Geächteter', eigentl. 'Würger', schwed. *varg* 'Wolf', got. *gawargjan* 'ächten, verdammen' sowie lit. *veȓžti* 'schnüren, einengen, pressen', aslaw. *otvrěsti* 'öffnen', *povrěsti* 'binden' (*povrьzǫ* 'ich binde'), russ. (älter) *otverzát'* (*отверзать*) 'öffnen'. Auszugehen ist von ie. **u̯erĝh-* 'drehen, einengen, würgen, pressen', einer Gutturalerweiterung der Wurzel ie. **u̯er-* 'drehen, biegen' (s. *werfen*). – e r w ü r g e n Vb. 'zu Tode würgen', ahd. *irwurgen* (9. Jh.), mhd. *erwürgen* (md. *erwurgen, -worgen*).

Wurm m. sich kriechend fortbewegendes Tier. Die gemeingerm. Tierbezeichnung ahd. (8. Jh.), mhd. *wurm* für jedes sich kriechend fortbewegende Geschöpf wie 'Wurm, Made, Raupe, Insekt, Schlange, Drache', asächs. *wurm*, mnd. *worm*, mnl. *worm, wurm*, aengl. *wyrm*, nl. engl. *worm* 'Wurm, Made, Raupe', anord. *ormr* 'Wurm, Schlange', schwed. *orm* 'Schlange', got. *waúrms* 'Wurm, Schlange' und ihre außergerm. Verwandten lat. *vermis* 'Wurm', lit. *vãrmas* 'Mücke', aruss. *vermije* 'Heuschrecken, Würmer', griech. *rhómos* (*ῥόμος*, möglicherweise aus **Ϝράμος*) 'Holzwurm' sind Bildungen mit *m*-Formans zur Wurzel ie. **u̯er-* 'drehen, biegen' (s. *werfen*). *Wurm* bezeichnet lange Zeit (in Volkssprache und Mundart noch heute) jedes sich kriechend fortbewegende Lebewesen entsprechend dem im Alten Testament vorgegebenen Einteilungsschema der Tierwelt nach der Art der Fortbewegung in *Tier* (schreitend), *Wurm* (kriechend), *Vogel* (fliegend), *Fisch* (schwimmend). Daneben bezeichnet *Wurm* im älteren zoologischen Sinne ein wirbelloses, sich durch Zusammenziehen seiner Hautmuskulatur kriechend fortbewegendes Weichtier aus der zoolog.-lat. *Vermes* genannten (heute jedoch aufgegebenen) Tierklasse. – G e w ü r m n. Kollektivbezeichnung für Würmer und wurmähnliches Getier, mhd. *gewürme*. w u r m e n Vb. 'quälend beunruhigen, ärgern' (2. Hälfte 18. Jh., von der Vorstellung eines nagenden Wurms ausgehend); vgl. ahd. *wormōn* 'mit Filigranarbeit verzieren, rot färben' (um 800; nach der in damaliger Vorstellung als Wurm klassifizierten Koschenille, einer roten Farbstoff liefernden Schildlaus), mhd. *wurmen, würmen* 'wurmförmig gestalten, verzieren', frühnhd. *wurmen* 'wurmstichig, madig werden, an Würmern leiden, von Raupen befreien' (15. Jh.), 'Würmer suchen' (16. Jh.), 'sich wie ein Wurm bewegen' (18. Jh.). w u r m s t i c h i g Adj. 'von Würmern (d. h. Insektenlarven, Raupen, Maden) befallen, angefressen, angenagt', spätmhd. *wurmstichic*.

Wurst f. 'in Därme gefüllte, gewürzte Fleischspeise', ein dt. und nl. Wort, ahd. (11. Jh.), mhd. *wurst* (md. auch *worst*), asächs. *wurst*, mnd. mnl. nl. *worst*. Herkunft ungewiß. Am besten ist wohl Anschluß (ausgehend von ie. **u̯r̥tsti-*) im Sinne von 'Gedrehtes' an ie. **u̯ert-* 'drehen, wenden' (s. *werden, -wärts*), Dentalerweiterung der Wurzel ie. **u̯er-* 'drehen, biegen'. Möglich ist ferner die Auffassung des Substantivs als 'Durcheinandergemengtes, Gemengsel' und Zusammenhang mit *wirr, wirren* (s. d.), das (wenngleich unsicher) zu ie. **u̯ers-* gestellt werden kann. In jedem Fall handelt es sich bei germ. **wursti-* um eine schwundstufige Bildung mit *(s)ti*-Suffix. Redensartlich *mit der Wurst nach dem Schinken werfen* (18. Jh.), älter *mit einer Wurst eine Speckseite abwerfen* (Anfang 17. Jh.) 'mit geringem Einsatz etwas Großes zu erreichen suchen'; *es geht um die Wurst* 'es geht um die Entscheidung, kommt darauf an' (19. Jh.); *das ist mir Wurst* (umgangssprachlich *Wurscht*) 'gleichgültig' (Anfang 19. Jh., aus der Studentensprache), im Hinblick auf die beiden sich einander gleichenden Enden der Wurst. – w u r s t e l n Vb. 'langsam, im alten Trott leben, arbeiten, wirtschaften', auch 'nicht ordentlich arbeiten', meist (umgangssprachlich) *wurschteln*, Iterativbildung (Anfang 19. Jh.) zu *wursten* 'Wurst machen' (15. Jh.), 'unordentlich, ungeschickt drehen, durcheinanderbringen, verwirren' (17. Jh.). w u r s t i g Adj. 'gleichgültig' (1. Hälfte 19. Jh., Studentensprache), älter 'dick wie eine Wurst' (18. Jh.), zuvor *wursticht* (vgl. *würstet*, 16. Jh.).

Wurz f. 'Wurzel, Pflanze', ahd. *wurz* 'Wurzel, Kraut, Gras, Grünstengel, Kohl, Pflanze' (8. Jh.), *wurza* 'Wurzel' (8. Jh.), mhd. *wurz, wurze*, (md.) *worz* 'Pflanze, Kraut, Wurzel', asächs. *wurt*, mnd. *wort, wurt* 'Kraut, Pflanze, Gewürz', aengl. *wyrt* 'Wurzel, Pflanze', engl.

wort 'Kraut, Pflanze', anord. *urt* 'Pflanze, Kraut', schwed. *ört*, got. *waúrts* 'Wurzel' lassen sich mit griech. *rhádamnos* (ῥάδαμνος) 'Ast, Zweig, Trieb', *rhā́dix* (ῥάδιξ, wenn aus ie. **u̯rād-*) 'Ast, Zweig', lat. *rādīx* 'Wurzel', kymr. *gwraidd* 'Wurzeln', air. mir. *frēn* (aus **u̯r̥dno-*) 'Wurzel' auf ie. **u̯(e)rād-*, **u̯ₑrəd-*, **u̯rəd-* 'Zweig, Rute, Wurzel' zurückführen. In frühnhd. Zeit verliert *Wurz* zunehmend die Bedeutung 'Pflanze' (16. Jh.), als Simplex wird es seither nur noch (obd.) für 'Wurzel' und 'Wurzelpflanze' verwendet. Seit ahd. Zeit ist *Wurz* häufig Grundwort in Pflanzennamen, vgl. z. B. *Nieswurz*, s. d.

Würze f. 'scharfe oder schmackhafte Speisezutat, Aroma, Gewürz', übertragen (seit 16. Jh.) 'das Besondere, Reiz', mhd. *wurz(e), würz(e)* 'Gewürzkraut, Aroma', in dieser speziellen Bedeutung hervorgegangen aus dem als kollektiver fem. Sing. verwendeten Plur. mhd. *würze* 'Pflanzen, Kräuter, Wurzeln' des unter *Wurz* (s. d.) behandelten Substantivs. Dazu entsteht ein neuer Plural frühnhd. *Würzen* 'Aromen, Gewürze' (16. Jh.). Ebenfalls im 16. Jh. fällt mit *Würze* f. älteres *Wirz* 'Bierwürze' (flüssige Lösung des Malzextrakts, die zu Bier vergoren wird) lautlich und semantisch zusammen. Letzteres beruht auf ahd. (11. Jh.), mhd. *wirz* n. f., auch 'süße, aromatische Flüssigkeit, Saft', md. *werz*, mnd. *wert(e)* f., aengl. *wyrt*, engl. *wort*, anord. *virtr* n., schwed. *vört* 'Bierwürze', das ablautend zu dem unter *Wurz* behandelten Substantiv steht. – würzig Adj. 'aromatisch, kräftig schmeckend oder riechend, schmackhaft' (18. Jh.), älter *würzicht* (Ende 17. Jh.).

Wurzel f. 'unterer, in der Erde wachsender Teil einer Pflanze', ahd. *wurzala* (9. Jh.), mhd. *wurzel*, mnd. *wortel*, mnl. *wortel(e)*, nl. *wortel*, aengl. *wyrtwala, -walu* ist aus einem Kompositum germ. **wurtwalu-* 'Krautstock' entstanden, dessen erstes Kompositionsglied zu dem unter *Wurz* (s. d.) behandelten Substantiv gehört. Das im Dt. zu. *-ala* bzw. *-el* abgeschwächte Grundwort ist verwandt mit anord. *valr* 'rund', aengl. *walu* 'Wulst, Streifen, Strieme', anord. *vǫlr* 'runder Stab', got. *walus* 'Stab', vielleicht auch mit lat. *vallus* '(Schanz)pfahl', griech. *hḗlos* (ἧλος) 'Nagel(kopf)', und stellt sich zu der unter [1]*wallen* (s. d.) dargestellten Wurzel ie. **u̯el(ə)-*, **u̯lē-* 'drehen, winden, wälzen'. – wurzeln Vb. 'Wurzeln treiben oder schlagen, Wurzeln haben, heimisch in etw. sein', ahd. *wurzalōn* (um 1000), mhd. *wurzel(e)n*. verwurzeln Vb. 'mit dem Wurzelstock anwachsen, Wurzel fassen', mhd. *verwurzel(e)n* (14. Jh.).

wuseln Vb. 'sich flink und schnell hin und her bewegen, geschäftig sein' (17. Jh.), wie *wudeln, wurlen, wurren, wutzeln* u. dgl. ein bewegungsnachahmendes Verb.

Wust m. 'Durcheinander, ungeordnete Menge, Unrat, Schmutz', mhd. *wuost* 'Verwüstung, Trümmer' (in dieser Bedeutung noch nhd., jedoch selten) ist eine Rückbildung aus dem Adjektiv mhd. *wüeste, wuoste* 'öde, einsam, verlassen, leer, unschön, häßlich' bzw. aus dem davon abgeleiteten Verb mhd. *wüesten* 'öde machen, ausplündern, zerstören, Raubbau treiben' (s. *wüst*).

wüst Adj. 'öde, nicht bebaut oder bewohnt, verheert'. Das nur westgerm. bezeugte Adjektiv ahd. *wuosti* 'öde, unbebaut, leer' (um 800), mhd. *wüeste, wuoste* 'öde, einsam, verlassen, leer, unschön, häßlich', asächs. *wōsti*, mnd. *wōste*, mnl. *woest(e)*, nl. *woest*, aengl. *wēste* ist verwandt mit lat. *vāstus* 'öde, wüst, leer, plump, roh, ungeschlacht', air. *fās* 'leer', *fāsach* 'Wüste' und kann vielleicht über ein *to*-Partizip ie. **u̯āsto-* 'öde' an die unter *Wahnwitz* (s. d.) dargestellte Wurzel ie. **eu-*, **euə-*, **u̯ā-* 'mangeln, leer' angeschlossen werden. – Wüste f. 'unbebauter, unbewohnter, vegetationsloser Landstrich, verheertes Gebiet', bes. (seit frühem bibelsprachlichem Gebrauch) Bezeichnung der außereuropäischen Sand- und Steinwüsten (vom 18. Jh. an vorherrschend), ahd. *wuostī* (8. Jh.), mhd. *wüeste, wuoste* 'öde Gegend, Wildnis', aengl. *wēste*; vgl. daneben (mit dem Suffix germ. *-injō, -unjō*) ahd. *wuostin* (8. Jh.), mhd. *wuostinne, wuosten, wüestene*, asächs. *wōstunnia*, mnd. *wōstine*, mnl. *woestine*, nl. *woestijn*, aengl. *wēsten*. wüsten Vb. 'verheeren, beschädigen, zunichte machen, vergeuden', ahd. *wuosten* 'plündern, brandschatzen, verheeren' (9. Jh.), mhd. *wüesten* 'öde machen, ausplündern, zerstören, Raubbau treiben', asächs. *wōstian*, mnd. *wōsten*, faktitive Bildung zum Adjektiv. verwüsten Vb. 'verheeren, vernichten', mhd. *verwüesten*. Wüstling m. 'zügelloser, ausschweifender Mensch' (16. Jh.). Wüstung f. 'unbebauter, unbewohnter Landstrich, verlassene Siedlung', mhd. *wüestunge, wustunge.* Wüstenei f. 'wüste Gegend, Einöde', mhd. (md.) *wüestenīe*, mnd. *wōstenie*.

Wut f. 'rasender Zorn', ahd. (um 800), mhd. *wuot* f.'heftige Bewegung, heftige Gemütserregung, Raserei', mnl. *woet* f. m., nl. *woede* f. 'Wut, Raserei' und aengl. *wōþ* f. 'Ton, Stimme, Dichtung', anord. *ōðr* m. 'Erregtheit, Dichtkunst, Dichtung' stehen neben dem (im Dt. untergegangenen) Adjektiv ahd. *-wuot* in *firwuot* 'unsinnig, ohne Vernunft' (11. Jh.), aengl. *wōd*, engl. (älter bzw. mundartlich) *wood* 'wahnsinnig, wütend, rasend', anord. *ōðr* 'wütend, rasend', got. **wōþs* (bezeugt *wōds*) 'wütend, besessen'. Außergerm. sind vergleichbar aind. *ápivátati* (aus **u̯at-*) 'bläst an, facht an, inspiriert', lat. *vātēs* 'Weissager, Seher', air. *fāith* 'Seher, Prophet', mir. *fāth* (aus **u̯ātu-*) 'Prophezeiung, Ursache', so daß ie. **u̯ăt-, *u̯ōt-* 'geistig angeregt sein' angesetzt werden kann, möglicherweise eine Erweiterung der Wurzel ie. **u̯ē-* 'wehen, blasen, hauchen' (s. *wehen*). Als Ausgangsbedeutung ist vielleicht ein 'durch übermenschliche Kräfte (Dämonen, Götter?) verursachter Zustand des Außersichseins, übermächtige Erregung' anzunehmen. In älterer Sprache bezeichnet das Substantiv unterschiedliche Gemütserregungen wie Raserei, Wahnsinn, Verzückung, zügellose Erregung, rasenden Zorn. Vor allem in der letztgenannten Verwendung ist es bis heute geläufig. – Wüterich m. 'gewalttätiger Mensch', ahd. *wuotarīh* (9. Jh.), mhd. *wüeterĭch, wuoterĭch* 'Tyrann, Teufel'. Vgl. ahd. *wuoto* m. (10. Jh.). wüten Vb. 'vor Zorn rasen, gewalttätig vorgehen', ahd. *wuoten* 'besessen sein, im Wahnsinn rasen, in heftiger Erregung sein und Gewalt anwenden' (8. Jh.), mhd. *wüeten*; dazu wütend Part.adj., bes. seit der 2. Hälfte des 18. Jhs. im Sinne von 'heftig' auf seelische und körperliche (*wütender Hunger*, Schiller) Vorgänge bezogen. wütig Adj. 'zornig, tobend', ahd. *wuotīg* (9. Jh.), mhd. *wuotic, wüetec* 'tollwutkrank, tobsüchtig, wahnsinnig, aggressiv erregt'.

Xanthippe f. 'zanksüchtige Ehefrau, unleidliches Weib', griech. *Xanthíppē* (*Ξανθίππη*), Name der bereits bei Xenophon als zänkisch und bösartig geschilderten Gattin des griech. Philosophen Sokrates (5. Jh. v. u. Z.), seit dem 16. Jh. im Dt. als Appellativum gebraucht.

x-beliebig Adj. 'irgendein, gleichgültig, wer oder was für ein', verstärktes *beliebig* (2. Hälfte 19. Jh.), zusammengesetzt mit *x*, dem Zeichen für eine unbekannte mathematische Größe, eingeführt (1637) von Descartes. *x* steht für ein diesem Buchstaben ähnliches Abkürzungszeichen von ital. *cosa*, dem Ausdruck für die Unbekannte, eigentl. 'Sache, Ding' (lat. *caus(s)a*), Übersetzung von arab. *šai'* 'Sache, Ding', womit in der arab. Mathematik des Mittelalters die algebraische Unbekannte bezeichnet wird. Vgl. ferner umgangssprachlich *seit x Jahren* 'seit einer unbestimmten Zahl von Jahren', *x-fach, x-mal* (19. Jh.) sowie *X-Strahlen*, eigentl. 'unbekannte Strahlen' (s. *Röntgenstrahlen*).

Xenie f., **Xenion** n. 'satirisches Epigramm, Spottgedicht', vornehmlich im Plur. *Xenien, Xenia*, entsprechend dem Titel der von Goethe und Schiller verfaßten (1795) polemischen Distichen zur zeitgenössischen Literatur, zuerst veröffentlicht im „Musenalmanach für 1797". Der Ausdruck folgt dem mit *Xenia* bezeichneten 13. Buch der Epigramme (meist Begleitverse zu Gastgeschenken) des röm. Dichters Martial. Zugrunde liegt griech. *xénia* (*ξένια*) Plur. 'Gastgeschenke', zu griech. *xénos* (*ξένος*) 'Fremdling, Gast, Gastfreund, Wirt'.

Xerographie f. elektrostatisches Vervielfältigungs- und Druckverfahren, bei dem im Gegensatz zu den herkömmlichen, mit chemischen Flüssigkeiten arbeitenden Reproduktionsprozessen die Kopien auf trockenem Wege hergestellt werden; künstliche Prägung (20. Jh.) zu griech. *xerós* (*ξερός*) 'trocken' in Verbindung mit *-graphie* (s. d.).

Xylophon n. Die Bezeichnung für das aus Asien stammende, aus anzuschlagenden, gewölbten und abgestimmten Hartholzstäben bestehende, seit dem 16. Jh. in Deutschland bekannte Schlaginstrument ist eine seit 1810 bezeugte Bildung zu griech. *xýlon* (*ξύλον*) 'Holz' und *phōnḗ* (*φωνή*) 'Laut, Ton, Stimme'. Vgl. ältere Ausdrücke wie *Xylorganon* (17. Jh.), zu griech. *órganon* (*ὄργανον*)

'Werkzeug, Gerät, Instrument', ferner *hilzes* oder *hülzens* ('hölzernes') *Gelächter* (17. Jh.) und (da die Holzstäbe auf Strohwalzen, später Moosgummi, ruhen) *Strohfidel* (16. Jh.).

Yankee m. (im Ausland oft geringschätzig gebrauchter) Spottname für den USA-Bürger, übernommen (Ende 18. Jh.) von gleichbed. amerik.-engl. *yankee*, einem Wort umstrittener Herkunft. Oft als indianersprachliche Umformung von *English* (über *yengee*) erklärt. Wahrscheinlicher ist die Herleitung aus einer Deminutivform nl. *Janke, Jantje* zu *Jan* als Spitzname für aus den Niederlanden eingewanderte Siedler. Im Amerik.-Engl. zunächst Bezeichnung für Bewohner Neuenglands, später (seit dem Sezessionskrieg) für Bürger der Nordstaaten, danach (20. Jh.) ausgedehnt auf den weißen Bewohner der Vereinigten Staaten, den US-Amerikaner schlechthin.

Yard n. (auch m. f.) Längenmaß in Großbritannien und den USA (91,4 cm), durch Handelsbeziehungen mit England seit der 1. Hälfte des 18. Jhs. auch in der dt. Handelssprache; mit durch Anlehnung an *Elle* oder *Meter* wechselndem Genus. Noch heute Längenmaß im Garnhandel. Engl. *yard*, aengl. *gerd, gierd* 'Gerte, (Meß)stab, Rute (Land)' gehört etymologisch zu *Gerte* (s. d.).

Zacke f., Zacken m. 'spitzzulaufendes, herausragendes, oft in größerer Anzahl in einer Reihe stehendes Gebilde, Spitze, Zinke, Zahn, Zinne', mhd. (zuerst md.) *zacke* (m. f.?, belegt ist nur *zacken* Plur.) 'Spitze, Zinke' geht wohl zurück auf mnd. *tack(e)* 'Ast, Zweig, Zacke'; vgl. ferner mnl. *tacke, tac* 'mit Spitzen versehener Gegenstand, Spitze, Zweig', nl. *tak* 'Zweig, Ast', engl. *tack* 'Stift, Reißnagel, Zwecke', auch mengl. *takke*, engl. *to tack* 'lose befestigen, (an)heften' (alle mit expressiv verschärftem Guttural?) sowie mnd. *tagge* 'Zacke', engl. *tag* 'Stift, Spitze, Anhängsel', *to tag* 'mit einem Anhänger, Stift versehen, anheften', schwed. *tagg* 'Zinke, Zacke, Stachel, Dorn'. Die weitere Herleitung ist unklar. Erwogen wird Verwandtschaft mit mnd. *tākel* 'Ausrüstung, Ackergerät, Schiffsausrüstung, Tauwerk und Hebezeug', nhd. *Takel* (s. *Takelage*) oder Übernahme aus einer Substratsprache, doch ist auch die Möglichkeit lautmalenden Ursprungs nicht auszuschließen, vgl. *zack* Interj. zur Wiedergabe einer kurzen, scharfen, vorstoßenden Bewegung (18. Jh.) und s. *Zickzack*. Seit dem Frühnhd. stehen das Femininum *Zacke* und das Maskulinum *Zacken* (mit aus den flektierten Formen stammendem *-n*, älter vereinzelt auch *Zacke, Zack*) bedeutungsgleich nebeneinander. Redensartlich ist *einen Zacken haben* 'leicht betrunken sein' (Mitte 19. Jh.), *sich keinen Zacken, keine Zacke aus der Krone brechen* 'sich nichts vergeben' (1. Hälfte 20. Jh.). – zackig Adj. 'mit Zacken versehen, gezackt' (1. Hälfte 18. Jh., vgl. älteres *zackicht*, 16. Jh.), dann auch 'stramm, schneidig, forsch' (eigentl. 'mit knappen, ruckartigen, eckigen Bewegungen', 2. Hälfte 19. Jh.), so bes. soldatensprachlich seit dem ersten Weltkrieg (vgl. hierzu gebildetes *Zack* in *auf Zack sein* 'tüchtig, gewitzt sein', etw. *auf Zack bringen* 'die vorgeschriebene Ordnung herbeiführen', 1. Hälfte 20. Jh.).

Zagel m. 'Schwanz' (nur im älteren Nhd. gebräuchlich, seit dem 18. Jh. auf obd. und md. Mundarten beschränkt), ahd. *zagal* (um 1000), mhd. *zagel* 'Schwanz', mhd. auch 'Schiffsheck, Stachel, Penis', metaphorisch 'das Nachfolgende, Hinterste, Letzte' (vgl. noch nhd. *vom Kopf bis zum Zagel* 'ganz und gar, insgesamt'), mnd. *tāgel* 'Endstück eines Taues' (neben aus dem Mhd. übernommenem mnd. *sāgel, tzāgel* 'Schwanz, Hintern'), aengl. *tæg(e)l*, engl. *tail* 'Schwanz', anord. *tagl* 'Haar, Schwanz', got. *tagl* 'einzelnes Haar'. Germ. **tagla-* (wohl mit der Ausgangsbedeutung 'Haarbüschel, -schweif') läßt sich zu aind. *daśā* 'Besatz eines Gewandes, Fransen, Lampendocht', air. *dūal* 'Locke' stellen und mit diesen auf ie. **dek̂-* 'reißen, zerreißen, zerfasern' zurückführen. Wegen der früh auftretenden Übertragung 'Penis' wird *Zagel* in der nhd. Literatursprache allmählich durch *Schwanz* (s. d.) verdrängt. Die in md. Mundarten häufige kontrahierte Form *Zāl, Zahl* ist noch in *Rübezahl*, dem Namen des Berggeistes der Riesengebirgssagen (17. Jh., eigentl. 'Rübenschwanz'), bewahrt; vgl. mhd. *Ruobezagel* als spöttischer Beiname (13. Jh.).

zagen Vb. 'aus Ängstlichkeit, Unsicherheit zögern, unentschlossen sein', ahd. (vereinzelt) *zagēn* (11. Jh., zuvor *irzagēn* 'furchtsam, schlaff werden', 9. Jh.), mhd. *zagen* 'feige, furchtsam sein', ein nur im Hd. bezeugtes Verb, für das weitere Anknüpfungsmöglichkeiten fehlen. Man nimmt daher an, daß es aus einem ahd. **aʒ-agēn* (germ. **at-agēn*) durch falsche Abtrennung des Präfixes ahd. *aʒ-* (vgl. nur im 8./9. Jh. übliches ahd. *aʒ* Präp. 'zu, an, in', ferner asächs. anord. got. *at*, aengl. *æt* 'bei, zu, an, auf, nach' und gleichbed. lat. *ad*) entstanden ist. Ahd. **-agēn* ließe sich zu ahd. *egī* 'Schrecken, Strafe, harte Zucht' (9. Jh.), mhd. *ege*, aengl. *ege, ōga* 'Furcht, Schrecken', anord. *ōgn* 'Schrecken, Drohung, Streit', got. *agis* 'Furcht, Schrekken', *afagjan* 'abschrecken, ängstigen', *ōgjan* 'in Furcht versetzen' stellen und mit den außergerm. Verwandten griech. *áchos* (ἄχος) 'Trauer, Schmerz, Leid', air. *adāgor, adāgur* 'ich fürchte' auf die Wurzel ie. **agh-* 'seelisch bedrückt sein, sich fürchten' zurückführen. Geläufiger als *zagen* ist heute verzagen Vb. 'den Mut, die Zuversicht verlieren', mhd. *verzagen*. – zag Adj. 'ängstlich, zaghaft', ahd. *zag* (9. Jh.), mhd. *zage* 'zaghaft, verzagt, feige', wohl Rückbildung aus dem Verb, früh geläufig in der Substantivierung ahd. *zago* m. 'Feigling' (9. Jh.), mhd. *zage* 'verzagter, feiger Mensch, elender, durchtriebener Kerl'. zaghaft Adj. 'schüchtern, scheu, ängstlich, unentschlossen', mhd. *zag(e)haft*; dazu Zaghaftigkeit f. (17. Jh.). Zagheit f. 'zaghaftes Wesen', ahd. *zagaheit* (9. Jh.), mhd. *zag(e)heit* 'Feigheit, Verzagtheit'.

zäh Adj. 'dickflüssig, klebrig, weich und dabei fest zusammenhaltend, schwer zu zerkleinern', übertragen (seit dem 16. Jh., von Personen) 'ausdauernd, widerstandsfähig, beharrlich', ahd. *zāhi* (auch *zāh*?, 9. Jh.), mhd. *zæh(e), zæch*, mnd. *tēge, tē, tei(g)e*, mnl. *taey, tay*, nl. *taai*, daneben (auf Grund anderer Stammbildung ohne Umlaut) mhd. *zāch*, mnd. *tā*, aengl. *tōh*, engl. *tough*. Auszugehen ist von germ. **tanhi-* bzw. **tanhu-*, das vielleicht, wenn man grammatischen Wechsel annimmt, mit ahd. *gizengi* Adj., *gizango* Adv. 'etw. erreichend, wohin dringend' (beide 9. Jh.), asächs. *bitengi* 'haftend, verbunden, drückend, bedrängend', aengl. *getenge* 'nahe bei, ruhend auf, (be)drückend, lästig', *getang* 'in Verbindung mit' in Zusammenhang steht. Der (formal mögliche) weitere Anschluß an die bei *Zange* (s. d.) dargestellte Wortgruppe bleibt fraglich. Die heutige literatursprachliche Form *zäh* setzt sich im 17. Jh. durch, nur noch landschaftlich gilt umlautloses zach Adj. (mit gekürztem Vokal), bes. in übertragenen Verwendungen wie (md.) 'knauserig, geizig' (vgl. schon mhd. *zæhe*, spätmhd. *zāch* in diesem Sinne) und (nordd.) 'schüchtern, übermäßig zurückhaltend, zaghaft'. – Zähigkeit f. 'Widerstandsfähigkeit, Ausdauer, Beharrlichkeit', auch 'Festigkeit, Klebrigkeit, Zusammenhalt' (17. Jh.), in bezug auf konkrete Materialien und Gegenstände jetzt meist Zäheit f. (18. Jh.).

Zahl f. 'der Mengenbestimmung dienende, durch Zählen gewonnene Größe, Ziffer, Zahlzeichen, Anzahl, Menge, Numerus', ahd. *zala* (8. Jh.), mhd. *zal(e)* 'Zahl, Anzahl, Aufzählung, Erzählung, Rede', asächs. *tala*, mnd. *tal* 'Zahl, Anzahl, Zählung, Rechnung', *tāle* 'Sprache, Rede, Darlegung', mnl. *tāle* 'Erzählung, Rede, Sprache', nl. *taal* 'Rede, Sprache', aengl. *talu* 'Erzählung, Rede, Vortrag vor Gericht, Berechnung, Reihe', engl. *tale* 'Erzählung, Märchen, Sage', anord. *tala* 'Zahl, Zählung, Rechnung, Rede' (germ. **talō*), daneben die Neutra asächs. *tal* 'Zahl, Reihe', aengl. *tæl* 'Zahl', anord. *tal* 'Zahl, Berechnung, Unterredung', schwed. *tal* 'Zahl, Rede' (germ. **tala-*); vgl. auch verwandtes got. *talzjan* 'lehren'. Herkunft ungeklärt. Man nimmt Verwandtschaft mit griech. *dólos* (δόλος) 'Köder, Lockmittel, Trug, List', lat. *dolus* 'List, Täuschung, Betrug' an, wozu sich dehnstufig ahd. *zāla* 'Not, Bedrängnis, Gefahr' (8. Jh.), aengl. *tǣl* 'Tadel, Spott', anord. *tāl* 'List, Betrug' stellen würden, so daß von einer Wurzel ie. **del-* 'zielen, berechnen, nachstellen, listig schädigen, zählen, erzählen' ausgegangen werden könnte. Andere halten Verwandtschaft mit der unter ²*Zoll* (s. d.) behandelten Wortgruppe für möglich, knüpfen also an die Wurzel ie. **del(ə)-* 'spalten, schnitzen, kunstvoll behauen' an. Die Bedeutungen 'Zahl, das Zählen' und 'Aufzählung, Erzählung, Rede, Sprache' hätten sich dann in vorliterarischer Zeit aus 'eingekerbtes Merkzeichen' entwickelt. – zahlen Vb. 'bezahlen, eine Schuld tilgen, vergüten', ahd. *zalōn* 'zählen, berechnen, überdenken' (um 1000), mhd. *zalen, zaln* 'zählen, berechnen, aufzählen, berichten, erzählen', asächs. *talon* 'berechnen', mnd. mnl. *tālen* 'zählen, erzählen, bezahlen', aengl. *talian* 'zählen, rechnen, bedenken, schätzen, achten, erzählen, zuschreiben', anord. *tala* 'reden, sprechen'; vom Substantiv abgeleitet. Zahlung f. 'das Zahlen, gezahlter Betrag' (15. Jh.). abzahlen Vb. 'eine Schuld (allmählich in Raten) abtragen', mhd. *abezal(e)n*. anzahlen Vb. 'einen Teilbetrag zahlen', spätmhd. *anzalen*. auszahlen Vb. 'eine bestimmte Menge Bargeld geben, entlohnen' (15. Jh.). einzahlen Vb. 'in eine Kasse, in ein Guthaben zahlen, zur Weiterbeförderung einliefern' (19. Jh.). bezahlen Vb. 'den Gegenwert aufbringen, Geld aushändigen, begleichen, aufkommen für, die Folgen tragen', mhd. *bezaln* 'überzählen, berechnen, erkaufen, erwerben, bezahlen'. zahlbar Adj. 'fällig, zu zahlen' (18. Jh.). Anzahl f. 'gewisse Menge, bestimmte Stückzahl', spätmhd. *anzal* 'der dem einzelnen zufallende Teil, Verhältnis'. Zahlwort n. Übersetzung (Anfang 17. Jh.) von *Numerale* (s. d.).

zählen Vb. 'eine Anzahl feststellen, gelten, mit jmdm. rechnen, sich auf jmdn. verlassen', ahd. *zellen* (8. Jh.), mhd. *zel(e)n, zellen* '(auf-, zu)zählen, berechnen, erzählen, verkünden, bekennen, halten für, (aus)sagen, sprechen', asächs. *tellian* 'zählen, erzählen, sagen', mnd. *tellen* 'zählen, zahlen, rechnen, erzählen', mnl. *tellen* 'zählen, rechnen, aufzählen, erzählen, achten', nl. *tellen* 'zählen, rechnen, beachten, berücksichtigen', aengl. *tellan* 'zählen, rechnen, betrachten, denken, schätzen, glauben, auf-, erzählen', engl. *to tell* 'sagen, erzählen, mitteilen, nennen', anord. *telja* 'zählen, rechnen, erzählen, sprechen', schwed. *tälja* 'zählen'. Gebildet zum Stamm von *Zahl* (s. d.). Im Nhd. ist *zählen* (wie *Zahl*) beschränkt auf das rechnerische Ermitteln einer Menge von Einheiten; die Bedeutung des Sagens, Berichtens, Mitteilens wird von *erzählen* (s. d.) übernommen. – Zählung f. 'das Zählen' (17. Jh.). Zähler m. 'Zählender, Rechnender', ahd. *zel(l)āri* (Hs. 13. Jh.), mhd. *zeler, zeller*; 'Zahl über dem Bruchstrich' (Anfang 16. Jh.), Übersetzung von mlat. *numerator*; 'Gerät mit Zählwerk' (19. Jh.).

zahm Adj. 'nicht wild (von Tieren), an Menschen gewöhnt', ahd. (9. Jh.), mhd. *zam*, asächs. mnd. mnl. nl. aengl. schwed. *tam*, engl. *tame*, anord. *tamr*. Das mit Ausnahme des Got. gemeingerm. Adjektiv **tama-* ist entweder rückgebildet aus dem Verb germ. **tamjan* (s. *zähmen*) oder direkt an die unter *zähmen* dargestellte Wurzel anzuschließen.

zähmen Vb. '(einem Tier) die Wildheit nehmen, an Menschen gewöhnen', ahd. *zem(m)en* 'zähmen' (11. Jh.; vgl. *gizemen*, 9. Jh.), mhd. *zem(m)en*, auch 'locken, verlocken, reizen', mnd. *tem(m)en*, mnl. nl. *temmen*, aengl. *temian*, anord. *temja*, schwed. *tämja*, got. *gatamjan* 'zähmen' führen auf germ. **tamjan*, vergleichbar mit aind. *damáyati* 'bändigt, zwingt'. Weiter gehören hierher ahd. *zamōn* (um 800), mhd. *zamen* sowie *zahm* (s. d.) mit aind. *damāyáti* 'bezwingt, beherrscht sich', lat. *domāre* 'zähmen, bändigen'. Verwandt sind ferner aind. *dā́myati* 'ist zahm, bändigt, bezwingt', griech. *damnánai* (δαμνάναι) 'bezwingen', air. *damnaim* 'binde (fest), bändige (Pferd)'. Die Grundlage bildet eine Wurzel ie. **dem(ə)-* bzw. (vornehmlich) **dom(ə)-*, für die wohl 'zwingen, drücken', dann 'zähmen, bändigen' anzusetzen ist (s. auch *Damhirsch*). Eine Ausgangsbedeutung 'Vieh an den Bau, ans Haus gewöhnen' und Zusammenhang mit der Wurzel ie. **dem(ə)-* 'bauen', wozu griech. *dómos* (δόμος), lat. *domus* 'Haus', nhd. *Zimmer, ziemen* (s. d.), ist nicht zu sichern.

Zahn m. im Kiefer wurzelndes knochenähnliches Gebilde zum Zerkleinern der Nahrung, übertragen 'vorspringender zackenartiger Teil, Zacke', ahd. *zan(d)* (8. Jh.), mhd. *zan(t)*, asächs. *tand*, mnd. *tan(t)*, mnl. *tant*, nl. *tand*, aengl. *tōþ*, engl. *tooth*, anord. *tǫnn*, schwed. *tand*, ablautend got. *tunþus*. Germ. **tanþ-*, **tunþ-* führt mit aind. *dán* (Akk. *dántam*), lat. *dēns* (Gen. *dentis*), air. *dēt*, lit. *dantìs* auf ie. **dont-*, **dn̥t-* 'Zahn'. Zieht man noch griech. *odṓn*, Gen. *odóntos* (ὀδών, ὀδόντος) 'Zahn' heran, dessen ablautendes *o-* (nach äol. ἔδοντες Plur.) als Assimilation an den Vokal der Folgesilbe anzusehen ist, so ist ie. **edont-* erschließbar, und die ie. Formen können als Partizipialbildungen zur Wurzel ie. **ed-* 'essen' (s. *essen*) erklärt werden. – Zahnfleisch n. Teil der Mundschleimhaut, der die Zahnhälse umschließt, ahd. *zandfleisc* (Hs. 13. Jh.), spätmhd. *zan-, zantvleisch*. Zahnarzt m. (Anfang 17. Jh.). Zahnbürste f. (2. Hälfte 18. Jh.). Zahnrad n. 'mit Zakken versehenes Rad' (18. Jh.). zahnen Vb. 'Zähne bekommen' (16. Jh.); vgl. ahd. *zennen* (um 1000). verzahnen Vb. 'durch ineinandergreifende Zacken (wie bei Zahnrädern) miteinander verbinden' (18. Jh.), übertragen 'ineinandergreifen lassen'.

Zähre f. 'Träne', ahd. *zahar* m. (8. Jh.),

mhd. *zaher, zeher* m., (md. auch f. und kontrahiert) *zār* 'Träne, Tropfen', aengl. *tēar*, engl. *tear*, anord. *tār*, schwed. *tår*, (mit grammatischem Wechsel) aengl. *teagor*, got. *tagr*, germ. **tahru-*. Zur Herkunft s. verwandtes *Träne*. Heutiges *Zehre, Zähre* f. (17. Jh.) ist aus kontrahierten Pluralformen wie mhd. (md.) *zēre*, frühnhd. (Gen. Plur.) *der Zehren* (16. Jh.) hervorgegangen. Das zunächst nur südd. Wort wird (vom 18. Jh. an) durch vordringendes *Träne* in die Dichtersprache abgedrängt.

Zander m. Name eines zu den Barschen gehörenden Speisefisches, omd. *czandas* (um 1400 in der Ordensliteratur), mnd. *sandāt* (15. Jh.), danach obd. *sandat, zandet, sandel* (16. Jh.), nhd. *Zander* (1. Hälfte 18. Jh.), entlehnt aus apomoran. **sądač*; vgl. pomoran. *sądwč, są́ʒwc*, ferner poln. *sandacz*, (landschaftlich) *sądacz, sendacz, sędacz*, (älter) *sądecz*, russ. *sudák* (*судак*) 'Zander'. Der Name ist ungeklärt. Vgl. BIELFELDT Entlehnungen (1965) 36f.

Zange f. Werkzeug zum Greifen, Festhalten, Biegen und Trennen, bestehend aus zwei durch ein Scharnier verbundenen, in Griffe übergehenden Backen, ahd. *zanga* (8. Jh.), mhd. *zange* (auch 'Lichtputze'), asächs. *tanga*, mnd. *tange* (auch 'Sandrücken zwischen Mooren', im Plur. 'Grundpfähle des Hauses'), mnl. *tanghe*, nl. *tang*, aengl. *tang(e)*, engl. *tongs* (Plur.), anord. *tǫng*, schwed. *tång*, dän. *tang*. Das im Got. nicht bezeugte, aber wohl gemeingerm. **tangō* f. läßt sich mit aind. *dáśati* 'beißt', griech. *dáknein* (*δάκνειν*) 'beißen, stechen, verletzen', *dágma, dēgma* (*δάγμα, δῆγμα*) 'Biß, Stich', alban. (toskisch) *darë*, (gegisch) *danë* 'Zange' an die Wurzel ie. **denk̂-* 'beißen' anschließen. Ausgangsbedeutung von *Zange* wäre dann 'die Beißende'. Verdeutlichendes Kompositum dazu ist B e i ß z a n g e f. 'Zange mit zwei scharfen, gegeneinandergebogenen Schneiden' (1. Hälfte 16. Jh., zuerst als chirurgisches Instrument), ferner gleichbed. *Kneifzange* (17. Jh., s. *kneifen*).

zanken Vb. 'schelten, heftig tadeln', refl. 'sich streiten', mhd. *zanken, zenken* 'streiten'. Herkunft unbekannt. Zu mhd. frühnhd. *zanke* 'Spitze, Zacke', ablautend neben *Zinke* (s. d.)? Eine versuchte Herleitung aus ahd. *zanigōn* 'mit den Zähnen packen, zernagen, zerfleischen' (11. Jh.), gebildet wie gleichbed. ahd. *zanōn* (9. Jh.) zu dem unter *Zahn* (s. d.) behandelten Substantiv ([1]DWB 15, 235), ist nur möglich, wenn, von ahd. (obd.) **zandigōn* (zu ahd. *zand* 'Zahn') ausgehend, eine vermittelnde Form **zanggen* angenommen wird. – Z a n k m. 'heftiger Wortwechsel, Streit', frühnhd. *zangk* (Ende 15. Jh.), aus dem Verb rückgebildet; das zunächst obd. bezeugte Wort wird durch Luthers Aufnahme in die Bibelübersetzung literatursprachlich. G e z ä n k n., mhd. *gezenke*. z ä n k i s c h Adj. 'streitsüchtig' (1. Hälfte 16. Jh.), zuvor *zankisch* (2. Hälfte 15. Jh.).

Zapfen m. 'länglicher, sich verjüngender Holzpflock (Stöpsel) zum Verschließen eines Gefäßes, konisch runder, mit holzigen Schuppen versehener Fruchtstand der Nadelhölzer', ahd. *zapho* (11. Jh.), mhd. *zapfe*, (md.) *zappe*, mnd. mnl. *tappe*, nl. *tap*, aengl. *tæppa*, engl. *tap* führen auf germ. **tappan-*, umgelautetes, im Nhd. untergegangenes ahd. *zepho* (Hs. 12. Jh.), mhd. *zepfe* 'Fruchtstand (Traube, Rispe, Ähre)' auf germ. **tappjan-* mit einer Ausgangsbedeutung 'länglich Ausgezogenes, Spitziges'. Verwandt sind die ablautenden unter *Zipfel* (s. d.) behandelten Substantive und offensichtlich auch das lautlich und semantisch nahe stehende *Zopf* (s. d.), so daß, da außergerm. Vergleiche fehlen, von einer onomatopoetischen germ. Grundform zur Bezeichnung von etwas Spitzem auszugehen ist. Das Endungs-*n* der nhd. Form (seit Ende 15. Jh.) entstammt den obliquen Kasus des schwach flektierten Substantivs; im Md. hält sich *Zapfe* bis ins 18. Jh. Der verdeutlichenden Bildung *Tannenzapfen* (15. Jh.) folgt (nach der Ähnlichkeit) *Eiszapfen* (16. Jh.). – z a p f e n Vb. 'mit Hilfe eines Zapfens durch ein Spundloch ausfließen lassen, entnehmen, abfüllen', mhd. *zapfen, zepfen*, auch 'mit einem Zapfen versehen'; vgl. mnd. mnl. nl. *tappen*, aengl. *tappian*, engl. *to tap*. a b z a p f e n Vb. 'Flüssigkeit entnehmen, ablaufen lassen' (16. Jh.), übertragen 'jmdm. etw. abnötigen, jmdn. ausnutzen' (17. Jh.). a n z a p f e n Vb. 'durch Lösen des Zapfens öffnen, anstechen', übertragen 'von jmdm. Geld borgen' (15. Jh.). v e r z a p f e n Vb. 'direkt vom Faß ausschenken' (15. Jh.), 'Törichtes tun, Unsinniges von sich geben' (19. Jh.). Z ä p f c h e n n. zapfenförmige Vorwölbung des weichen Gaumens im Rachen, 'Gaumenzäpfchen' (um 1500), 'zapfenförmiges, rektal einzuführendes Medikament' (18. Jh.), auch (in beiden Bedeutungen) *Zäpflein* (16. Jh.). Zapfenstreich m. Signal, anfangs geblasen bzw. durch Trommelwirbel gegeben, dann mit anschließender Begleitmusik als Aufforderung für die Soldaten, sich in ihre Quartiere zu begeben (17. Jh.), schließlich zu einem Musikstück und zu festlicher Militärmusik erweitert; eigentl. 'Streich, Schlag auf den Zapfen des Bierfasses, um dieses zu schließen und den Ausschank im Militärlager zu beenden'; vgl. nd. *taptō*, nl. *tap toe* 'Zapfen zu', danach nl. *taptoe* 'abendliche Militärmusik, festliche Musikparade', woraus gleichbed. engl. *tattoo*, (älter) *taptoo*, und russ. (älter) *taptá* (*manma*) 'Zapfenstreich'.

zappeln Vb. '(mit den Gliedmaßen, mit dem Körper) schnelle, unruhige Bewegungen machen', ahd. *zabulōn* 'sich unruhig bewegen, zucken' (um 800), mhd. *zabel(e)n*, auch *zapeln* 'mit den Gliedern zucken, ruhelos tätig sein', frühnhd. *zabeln, zappeln* (16. Jh.), mundartlich auch *zabbeln, zawweln*; ein lautmalendes, bewegungsnachahmendes Wort. – zapp(e)lig Adj. 'sich unruhig (hin und her) bewegend, aufgeregt, innerlich unruhig' (17. Jh.).

Zarge f. 'seitliche Einfassung, Rahmen' (von Türen, Fenstern, Tischen, Stühlen), 'Seitenwand' (von Saiteninstrumenten mit flachem Schallkörper), heute vorwiegend fachsprachlich und in Mundarten gebräuchlich, ahd. *zarga* 'Seitenwand, Rand' (11. Jh.), mhd. *zarge* 'Seiteneinfassung, Seitenwand, Mauer, Umwallung', mnl. *targe, taerge* 'Schild' (neben wohl aus dem Afrz. rückentlehntem gleichbed. mnl. *tarche, tar(t)se*, s. unten), aengl. *targe* f., *targa* m. 'kleiner Schild, Rundschild' (aus dem Anord.?), anord. *targa* 'Rundschild'. Für das Germ. ist wohl von der Bedeutung 'Rand, Einfassung' auszugehen, daher wird ein Zusammenhang mit griech. *drássesthai* (δράσσεσθαι) '(mit der Hand) fassen, (er)greifen', *drágma* (δράγμα) 'Handvoll, Garbe', *dráx* (δράξ) 'Handvoll, flache Hand', mir. *dremm* (aus **dr̥ghsmo-*) 'Schar, Abteilung' und Anschluß an ie. **dergh-* 'fassen' erwogen, doch ist diese Herleitung ebenso unsicher wie die vermutete Verwandtschaft mit aslaw. *podragъ* 'Saum', lit. *daȓžas* 'Garten'. In der für das Aengl., Anord. und Mnl. bezeugten Bedeutung 'Schild' (aus 'Einfassung des Schildes, Schildrand', vgl. die entsprechende semantische Entwicklung von ahd. mhd. *rant*, aengl. *rand*, anord. *rǫnd* 'Schild', s. *Rand*) wird das germ. Wort in die roman. Sprachen entlehnt, vgl. afrz. frz. *targe*, aprov. ital. *targa*, span. *tarja*, mlat. *targ(i)a*. Auf afrz. *targe* 'kleiner (runder, viereckiger, an einer Ecke bogenförmig ausgeschnittener) Schild', auch 'Teil des Schildes, Münze mit aufgeprägtem Wappenschild' (wahrscheinlich zurückgehend auf anfrk. **targa* 'Schild') beruht wiederum als Ausdruck des Ritterwesens übernommenes mhd. *tar(t)sche, tarze* (13. Jh.), mnd. *tartze, tarce, tarse* 'kleinerer länglichrunder Schild', nhd. *Tartsche* f., ferner engl. *targe* 'Schild'.

zart Adj. 'fein, zerbrechlich, verletzlich, behutsam', ahd. *zart* (Hs. 12. Jh.; vgl. *zarto* Adv., 9. Jh.), mhd. *zart* 'lieb, wert, vertraut, lieblich, schön, fein, weich, schwächlich'; dazu die Verben ahd. *zartōn* 'liebkosen, schmeicheln' (um 1000), *firzerten* 'zart oder üppig sein' (nur Part. Prät., 8. Jh.). Herkunft nicht sicher geklärt. Als nächste Verwandte außerhalb des Hd. kommen in Betracht mnd. *tertel* 'zart, zierlich', *derten, darten* 'verwöhnt, verzärtelt', *tertelīk, tartelīk* 'zärtlich, fein', *dertelīken* 'verzärtelt' (mit affektisch bedingtem Anlautswechsel von *t* und *d*), dän. *tærtet* 'zimperlich', vielleicht auch norw. (mundartlich) *tert, tart* 'kleiner Lachs' und wohl pers. *dard* 'Schmerz, Leiden, Qual, Pein'. Man kann die Wortgruppe an die Wurzel ie. **der(ə)-, *drē-* 'schinden, (ab)spalten' anschließen (s. *zehren, zerren* und auch *Trotz*), wenn man von *zart* als einer partizipialen *to*-Bildung mit der Bedeutung 'zerfasert' ausgeht, die sich zu 'dünn', daher 'verletzlich', dann zu 'behutsam, empfindlich' weiterentwickelt. – zärtlich Adj. 'liebkosend, liebevoll, fürsorglich', ahd. *zartlīh* (10. Jh.; *zartlīhho* Adv., um 900), mhd. *zartlich, zertlich* 'anmutig, lieblich, liebevoll, wohlwollend, weich, sanft, milde'; Zärtlichkeit f. 'Liebkosung, Zuneigung, Fürsorglichkeit', spätmhd. *zertlīcheit* 'Lieblichkeit, Anmut'. verzärteln Vb. 'verweichlichen' (16. Jh.); vgl. gleichbed. mhd. *verzerten*, ahd. *firzerten* (s. oben).

Zärte f. Speisefisch mit nasenartig verlängertem, unterständigem Maul; zuerst *czerte* in einem dt.-preuß. (balt.) Glossar (13. Jh.), dann mnd. *czerte, serte*, nd. *Zarten, Zärte*, verbreitet bes. in ostnd. Mundarten. Daneben aber auch obd. *czerte* (1. Hälfte 15. Jh.), *zerte* (Gesner, 16. Jh.), md. *zerte* (16. Jh.). Der Fischname wird während der hanseatischen Handelsbeziehungen aus gleichbed. aruss. **syrtь*, einem Ausdruck nicht geklärter Herkunft, ins Mnd. entlehnt; vgl. russ. *syrt'* (*сыртъ*) 'Zärte'. Der zunächst vorwiegend nordd. Fischname erlangt in der 2. Hälfte des 18. Jhs. überlandschaftliche Geltung. Vgl. Bielfeldt in: ZfSl. 10 (1965) 527ff.

Zaster m. umgangssprachlich 'Geld' (Anfang 20. Jh. im Obsächs. und in Berlin, danach allgemein), zuvor in der Soldatensprache 'Sold, Löhnung' (Ende 19. Jh.). Zugrunde liegt wohl rotw. *Zaster* 'Eisen' (18. Jh.), *Saster* (19. Jh.), auch 'Eisenbahn' (um 1900), aus zigeunerisch *saster* 'Eisen'. Die Umdeutung zu 'Geld' erfolgt offensichtlich in der Soldatensprache.

Zäsur f. 'Sinneinschnitt, Pause in einer Verszeile', entlehnt (*Caesur*, 1. Hälfte 17. Jh.) als Fachausdruck der Metrik aus gleichbed. lat. *caesūra*, eigentl. 'das Hauen, Fällen, Einschneiden', zu lat. *caedere* (*caesum*) '(um-, nieder)schlagen, hauen, (ein-, auf-, heraus)schneiden'. Übertragen (seit Anfang 20. Jh.) auch allgemein für 'wichtiger (gedanklicher) Einschnitt, Trennung'.

Zauber m. 'magische Handlung, magische Kraft, geheimnisvolle Ausstrahlung, unwiderstehlicher Reiz', ahd. *zoubar* m. n. (8. Jh.), mhd. *zouber* n. m. 'Zauberhandlung, -mittel, -spruch', mnd. mnl. *tōver*, anord. (nur Plur.) *taufr* n., auch *taufrar* m., *taufrir* f. 'Zaubermittel, Zauberei' führen (mit grammatischem Wechsel) auf germ. **taubra-, *taufra-* 'Zauberei, Zaubermittel, -spruch'. Dazu vielleicht auch aengl. *tēafor* 'Roteisenstein, Rötel' als Färbemittel für Zauberzeichen (Runen). Herkunft unbekannt. – zaubern Vb. 'Zauberei treiben, Zauberkunststücke vorführen', ahd. *zoubarōn* (10. Jh.), mhd. *zoubern*, mnd. mnl. *tōveren*, nl. *toveren*; bezaubern Vb. 'einen Zauber, Reiz ausüben, entzücken, begeistern', ahd. *bizoubarōn* (9. Jh.), mhd. *bezoubern*; verzaubern Vb. 'durch Zauberei verwandeln, durch seinen Reiz gefangennehmen', ahd. *firzoubarōn* (Hs. 12. Jh.), mhd. *verzoubern*. Zauberer m. 'wer zaubern kann, Magier, Zauberkünstler', ahd. *zoubarāri* (8. Jh.), mhd. *zouberære*. Zauberei f. 'das Zaubern, Magie, Zauberkunststück', mhd. *zouberīe*. Zauberstab m. (16. Jh.).

zaudern Vb. 'zögern, unschlüssig sein' (Anfang des 16. Jhs. bei Luther und Emser; ab 18. Jh. allgemein literatursprachlich). Herkunft unbekannt. – Zauderer m. (17. Jh.).

Zaum m. 'Riemenzeug am Kopf und im Maul von Zug- und Reittieren', ahd. *zoum* (8. Jh.), mhd. *zoum, zōm* 'Lenkriemen, Zügel, Seil, Wurfriemen', mnd. *tōm*, mnl. nl. *toom* 'Lenkriemen, Nachkommenschaft', aengl. *tēam*, engl. *team* 'Nachkommenschaft, Gespann, Mannschaft, Gruppe' (s. *Team*), anord. *taumr* 'Leine, Zügel, Zaum', schwed. *töm* 'Leine, Zügel' führen auf germ. **tauma-*. Diesem geht germ. **taugma-* voraus, ein mit dem Suffix ie. *-mo-* zum Stamm des unter *ziehen* (s. d.) behandelten Verbs gebildetes Substantiv. Danach bezeichnet *Zaum* (wie auch das anders gebildete *Zügel*, s. d.) eigentl. das, womit man zieht, 'Zugriemen, Zugseil', außerdem, entsprechend der Bedeutung des Verbs, das, was erzogen, ernährt wird, 'Nachkommenschaft'. – zäumen Vb. 'einem Reit- oder Zugtier den Zaum anlegen, aufzäumen', mhd. *zöumen, zoumen*; aufzäumen Vb. (15. Jh.). Zaumzeug n. (19. Jh.).

Zaun m. 'Abgrenzung, Einfriedung', ahd. (8. Jh.), mhd. *zūn* 'Umzäunung, Hecke, Gehege', asächs. mnd. *tūn* 'Flechtzaun, Gehege, Garten', mnl. *tuun* 'Flechtzaun, umzäunter Hof', nl. *tuin* 'Garten', aengl. *tūn* 'Zaun, Garten, Feld, Hof, Landhaus, Wohnung, Dorf, Stadt', engl. *town* 'Stadt', anord. *tūn* n. 'eingehegter Grasplatz vor dem Hause, Hofplatz, Stadt', schwed. (mundartlich) *tun* 'Zaun' (germ. **tūna-*). Außergerm. Anknüpfungsmöglichkeiten finden sich im Kelt., vgl. air. *dūn*, akymr. *din* 'Burg' und gall.-lat. *-dūnum* in Ortsnamen, vgl. *Tarodūnum* (Zarten), *Lugdūnum* (Lyon), *Virodūnum* (Verdun). Redensartlich *etw., einen Streit, Krieg vom Zaun brechen* 'unvermittelt heraufbeschwören' (15. Jh.). – zäunen Vb. 'einen Zaun errichten', ahd. *zūnen* (11. Jh.; vgl. *bizūnen*, 8. Jh.), mhd. *ziunen*; heute einzäunen Vb. (16. Jh.) oder umzäunen Vb., mhd. *umbeziunen*. Zaunkönig m. Name des sehr kleinen Singvogels, zuerst md. *czune künnyck* (15. Jh.). Zuvor bezeichnen schon ahd. *kuning* (eigentl. 'König') sowie die Deminutiva ahd. *kuningil, kunningilīn, kunningilo, kuninglihhīn* in der Übersetzung von lat. *rēgulus, psittacus*, mlat. *bitriscus, bitrisculus* einen 'kleinen Vogel', offenbar den 'Zaunkönig' bzw. das 'Goldhähnchen' (dessen gelbe Kopffedern als Krone gedeutet werden können), und zwar im Hinblick auf die Sage von der Königswahl der Vögel (erwähnt bei Aristoteles und Plinius). Danach sollte dem die Königswürde zuerkannt werden, der am höchsten fliegen könne. Den Wettstreit gewann der kleinste Vogel, der sich im Gefieder des am höchsten fliegenden Adlers verbarg und über diesen emporflatterte, als der Adler nicht mehr höher zu fliegen vermochte.

zausen Vb. 'zupfen, zerren, reißen' (16. Jh.); früher bezeugt sind z e r z a u s e n Vb. 'in Unordnung, in ein wirres Durcheinander bringen', ahd. *zirzūsōn* (10. Jh.), spätmhd. *zerzūsen* sowie spätmhd. *erzūsen* 'zausen, rupfen'. Dazu gehören, ebenfalls germ. *-ū-* voraussetzend, spätmhd. *zūsach* 'Gestrüpp', mhd. *zūse* 'Gestrüpp, Haarlocke' und ofries. *tūsen*, mengl. *totuse, betouse*, engl. (mundartlich) *to touse*, norw. (mundartlich) *tosa* 'zerfasern, zupfen', auch 'pfuschen, langsam arbeiten', ablautend mnd. *tōsen* 'zausen, zerren'. Auf germ. *-ai-* weisen ahd. *zeisan* (9. Jh.), mhd. frühnhd. *zeisen* '(auseinander)-zupfen', dazu die *j*-Bildung aengl. *tǣsan*, engl. *to tease* 'necken, hänseln, Wolle kämmen', mnd. mnl. *tēsen* 'pflücken, zupfen', nl. *tezen*; germ. *-a-* zeigen spätmhd. *zasen* 'zerfasern', nd. *tāsen* 'pflücken, rupfen', schwed. (mundartlich) *tasa* 'auffasern', frühnhd. *Zasel* 'Faser'. Eine außergerm. Anknüpfungsmöglichkeit bietet höchstens lat. *dūmus* (aus **dŭsmos*) 'Gestrüpp'. Eine gemeinsame ie. Grundform läßt sich angesichts des unterschiedlichen Vokalismus nicht mit Sicherheit bestimmen; vielmehr muß mit affektisch-lautmalenden Bildungen um germ. **t-s-* (ie. **d-s-*) gerechnet werden.

Zebra n. Der in dt. Texten seit dem 17. Jh. bezeugte Name des in Afrika heimischen, dem Pferd ähnlichen Huftiers mit schwarzweiß gestreiftem Fell ist nicht sicher geklärt. Er stammt wohl nicht, wie häufig angenommen, aus einer afrikan. Sprache des Kongo, sondern (vielleicht über engl. *zebra*, frz. *zèbre* oder ital. *zebra*) aus gleichbed. span. *cebra*, port. *zebra*; vorauf gehen im älteren Span. und Port. Formen wie *(en)zebro, (en)zebra, ezebra, azebra, cebrario, ezebrario*, die bis ins 16. Jh. den Wildesel der Pyrenäenhalbinsel bezeichnen, der um diese Zeit dort ausstirbt. Offenbar durch port. Seefahrer wird dessen Name nun auf das afrikan. Wildpferd übertragen. Span. *cebra* geht wahrscheinlich über vlat. **eciferus* auf lat. *equifer*, spätlat. *equiferus* 'Wildpferd' zurück (vgl. lat. *equus* 'Pferd' und *ferus* 'wild'). – Z e b r a s t r e i f e n m. durch breite weiße Streifen auf der Fahrbahn markierter geschützter Übergang für Fußgänger (Mitte 20. Jh.).

Zeche f. 'Rechnung für genossene Speisen und Getränke in einer Gaststätte, Bergwerk', ahd. *zehha* 'gemeinsamer Beitrag' (9. Jh.), mhd. *zech(e)*, mnd. *teche* 'reihumgehende Verrichtung, Reihenfolge, Anordnung, Einrichtung, Vereinigung zu gemeinsamen Zwecken (Trinkgesellschaft, Zunft, Bergwerksgenossenschaft und deren Grube), Ort der Zusammenkunft, Geldbeitrag zu gemeinsamem Verzehr', spätmhd. auch 'Wirtsrechnung für Gelage und Schmaus'; vgl. dazu ahd. *zehōn* 'ausrüsten, in Ordnung bringen, instand setzen, besudeln, färben, verfälschen' (8. Jh.), mhd. *zechen* 'anordnen, verfügen, veranstalten, zustande bringen', auch ahd. *gizeh* 'geordnet' (10. Jh.), mhd. *gezech*. Weiterhin sind vergleichbar aengl. *teoh* m. f. 'Geschlecht, Trupp, Schar, Bande, Gesellschaft', *(ge)teohhian* 'bestimmen, meinen, beabsichtigen, vorschlagen, betrachten, denken, urteilen', wohl auch anord. *tē* (aus **tehwa*) 'Erlaubnis'. Eine Weiterbildung (mit dem Suffix germ. *-sman-*) ist mhd. *zesem, zesen* 'ununterbrochene Reihe'. Erschließbar ist eine Wurzel ie. **dek̂-*, doch außergerm. Beziehungen sind ganz unsicher. Formal könnten herangezogen werden aind. *daśasyáti* 'tut Dienste, ist gefällig, unterstützt', griech. *déchesthai* (δέχεσθαι) 'annehmen, aufnehmen, erwarten, scheinen', lat. *decēre* 'zieren, kleiden, sich ziemen, sich schicken', air. *dech* 'der beste', die ebenfalls eine Wurzel ie. **dek̂-* 'nehmen, aufnehmen', auch 'gut passend, geeignet, sich schicken, ziemen' voraussetzen. *Zeche* geht sehr wahrscheinlich von der Bedeutung 'Ordnung, Reihenfolge' aus, vgl. *umzech(ig)* Adv. 'der Reihe nach, abwechselnd, umschichtig' (15. bis 19. Jh.). – z e c h e n Vb. 'gemeinsam mit anderen trinken, schmausen, ein Gelage halten', spätmhd. *zechen*, zu mhd. *zeche* in der Bedeutung 'gemeinsames Mahl, Gelage'. Z e c h e r m. 'wer gern und oft zecht' (16. Jh.), mhd. *zechære* '(An)ordner'. Z e c h b r u d e r m. 'Zechgeselle, Saufkumpan' (16. Jh.), spätmhd. *zechbruoder* 'Vereinsgenosse, Zunftbruder'. Z e c h g e n o s s e m. 'wer mit anderen gemeinsam trinkt und schmaust' (18. Jh.), älter 'Genosse einer Zunft, Gilde' (Anfang 17. Jh.). b e z e c h t Part.adj. 'betrunken' (16. Jh.).

Zecke f. in der Haut von Tier und Mensch sich festsetzende und Blut saugende Milbe, 'Holzbock', ahd. *zecko* m. (11. Jh.), mhd. *zecke, zeche* m. f., mnd. *tēke*, nd. *Tīke* (auch 'zwickendes Insekt, Käfer'), nl. *teek*, (älter) *tēke, teecke*, aengl. **ticca* oder **tīca* (nach einmal bezeugtem *ticia*), mengl. *tyke, teke*, später (16. Jh.) *ticke*, engl. *tick* 'Zecke' setzen germ. **tīkan-* bzw. mit intensivierender Konsonantendoppelung **tikkan-* voraus. Außergerm. sind armen. *tiz* 'Zecke' und mir. *dega* 'Hirschkäfer' vergleichbar, so daß eine Wurzel ie. **deiĝh-* 'prickeln, kitzeln (?), zwickendes Insekt' (wozu vielleicht auch *zecken*, s. d.) angenommen werden kann.

zecken Vb. 'necken, reizen, ärgern', refl. 'sich necken, streiten', landschaftlich auch 'Zeck, Fangen spielen', ahd. *zeckōn* (11. Jh.), mhd. *zecken* 'einen leichten Stoß oder Schlag geben, reizen, necken', *zicken* 'stoßen, nekken', nd. *ticken* 'leicht anstoßen, antippen' sowie mhd. *zic* 'leise Berührung, leichter Stoß oder Druck, Neckerei' und iteratives obsächs. *zeckeln* 'schlagend berühren', schles. *zickeln* 'kitzeln', engl. *to tickle* 'kitzeln' (vgl. nasaliertes gleichbed. aengl. *tinclian*) lassen sich möglicherweise (wenn nicht an *ticken*, s. d.) an die unter *Zecke* (s. d.) genannte Wurzel anschließen. – Z e c k m. n. (landschaftlich) Nachlaufspiel, bei dem ein Verfolger die bzw. den Ausreißer durch Berührung oder durch leichten Schlag zu erhaschen sucht, spätmhd. *zeck*; vgl. *Einkriegezeck*.

Zeder f. Name des bes. im Mittelmeerraum vorkommenden immergrünen Nadelbaums mit pyramiden- oder schirmförmiger Krone, ahd. *zēdarboum* (um 800), mhd. *zēderboum*, mnd. *sēderbōm* sowie mhd. *zēder, cēder* m., mnd. *sēder* m., mnl. nl. *ceder* m., entlehnt aus lat. *cedrus* f., griech. *kédros* (κέδρος) f. 'Zeder', ursprünglich 'Wacholder, Juniperus', dessen Name, als die Griechen die Zeder kennenlernten, auf diese übertragen wurde. Das im Dt. noch im 16. Jh. (im Nl. bis heute) übliche mask. Genus stammt wohl von *Zederbaum* und den entsprechenden frühen Formen (s. oben).

Zehe f. bewegliches Endglied des Fußes, ahd. *zēha* (um 800), mhd. *zē(he)*, mnd. *tē, tēwe* f., *tēn* m., mnl. *tee* f. m., *teen* m., nl. *teen* m., aengl. anord. *tā* f., engl. *toe*, schwed. *tå* setzen germ. **taihwō(n)* voraus. Die etymologische Zuordnung ist unklar. Ein gemeinsamer ie. Ausdruck für 'Zehe' fehlt. Bei Anschluß an die unter *zeihen* (s. d.) angeführte Wurzel ie. **deik̂-* 'zeigen' ergäbe sich eine Bedeutung 'Zeiger(in)', die als Bezeichnung des Fingers auf die Zehe als 'Finger des Fußes' übertragen wäre. DE VRIES Nl. 726 möchte *Zehe* als 'Abzweigung des Fußes' auffassen und mit ahd. mhd. *zein* 'Reis, Rute, Rohr, Stab', asächs. *tēn* 'Stab', mnl. nl. *teen* 'Zweig', aengl. *tā(n)*, anord. *teinn*, got. *tains* 'Zweig' verbinden; die Etymologie dieser Wortgruppe ist dunkel. *Zehe* ist von Hause aus Fem.; mask. Formen (wie auch nhd. *Zeh* m.) stehen wohl unter dem Einfluß von *Finger*.

zehn Num. Ahd. *zehan* (8. Jh.), mhd. *zehen, zēn*, asächs. *tehan, tian, tein*, mnd. *tein*, mnl. nl. *tien*, aengl. (angl.) *tēn(e)*, (westsächs.) *tīen(e)*, engl. *ten*, anord. *tīu* (entsprechend *nīu*, s. *neun*), schwed. *tio*, got. *taíhun* führen wie aind. *dáśa*, griech. *déka* (δέκα), lat. *decem*, air. *deich* auf ie. **dek̂m̥* bzw. (für die ahd. und asächs. Formen) **dek̂om* 'zehn'. Das Balt. und Slaw. wie lit. *dešimtìs*, auch *dẽšim(t)s*, aslaw. *desętь*, russ. *désjat'* (десять) setzt dagegen ein mit Dental erweitertes kollektives Substantiv ie. **dek̂m̥t* 'Zehnheit, Dekade' voraus. Jede weitere Deutung der ie. Ausgangsform ist ungewiß. JENSEN in: Zs. f. Phonetik 6 (1952) 50 ff. deutet z. B. ie. **dek̂m̥* als Kompositum 'zwei Griffe, zwei Hände voll'; er erschließt für ie. **d(u)u̯ō(u)* usw. (s. *zwei*) ein älteres **deu̯o-*, dessen erster Bestandteil **de* bereits die Zweizahl bezeichnet haben könne. Für *-k̂m̥t* sieht er Anschlußmöglichkeit an eine Wurzel ie. **k̂em-*, zu der er vor allem die unter *Hand* (s. d.) angeführte Wortgruppe stellen möchte. – z e h n t e r Num. Ord., ahd. *zehanto* (9. Jh.), mhd. *zehende, zehente, zēnde*; dazu die Substantivierung Z e h n t (e r) m. 'zehnter Teil (von Vieh und Erntefrüchten) als Steuer, Abgabe an Kirche oder Grundherrn', ahd. *zehanto* (11. Jh.), mhd. *zehende, zehent(e)*. Z e h n -

t e l n. 'zehnter Teil' (18. Jh.), gekürzt aus *Zehnteil*, mhd. *zehenteil*; zum zweiten Bestandteil s. *Teil*.

zehren Vb. 'von etw. leben, sich von etw. ernähren, die (körperlichen) Kräfte verbrauchen, schwächen'. Das nur im Dt. und Nl. begegnende Verb mhd. *zer(e)n* 'für die Ernährung Aufwand treiben, leben, essen, sich nähren von, verbrauchen', auch 'zerreißen, vernichten' (s. das nachfolgend genannte starke Verb), asächs. *terian* 'verzehren', mnd. mnl. *tēren* '(ver)zehren', nl. *teren* 'zehren, sich ernähren' gehört als jüngere (kausative?) *j*-Bildung zu dem in mhd. Zeit untergegangenen starken Verb ahd. *zeran* 'streiten' (8. Jh.), 'einen Kampf beenden' (um 1000), mhd. *zerzern* 'zerreißen', aengl. *teran*, engl. *to tear*, got. *distaíran* 'zerreißen', *gataíran* 'zerreißen, zerstören'. Außergerm. sind verwandt aind. (mit Nasalpräsens) *dr̥ṇā́ti* 'birst, macht bersten, sprengt, zerreißt', griech. *dérein* (*δέρειν*) 'abhäuten, schinden, mißhandeln, prügeln', kymr. *darn* 'Stück, Teil', lit. *di͂rti* '(zer)reißen, prügeln, schinden, die Haut abziehen', aslaw. *dьrati* 'schinden, reißen, schlagen', russ. *drat'* (*драть*) 'reißen, zerren, laufen, flüchten'. Alle Formen lassen sich auf die Wurzel ie. **der(ə)-*, **drē-* 'schinden, (ab)spalten' zurückführen (s. auch *zerren* sowie *Torf, trennen, Troddel, Trotz, Zorn*). Als Ausgangsbedeutung für *zehren* ist '(Fleisch) beim Essen zerreißen' anzunehmen. – v e r z e h r e n Vb. 'essen (und trinken), bis nichts mehr übrig ist, aufbrauchen', refl. 'sich abhärmen', mhd. *verzer(e)n*; dazu die Rückbildung V e r z e h r m. (18. Jh.), vgl. älteres *Zehr* m. 'Mahlzeit, Gelage, Essen und Trinken' (um 1600) und *Zehre* f. (bis 17. Jh.), mhd. *zer(e)* f. Z e h r u n g f. 'was man verzehrt oder zum Unterhalt braucht', mhd. *zerunge*; W e g z e h r u n g f. (16. Jh.). a u s z e h r e n Vb. 'körperlich sehr schwächen, entkräften', älter auch 'verzehren, alles aufessen, aufbrauchen, aufhören zu verzehren' (15. Jh.); A u s z e h r u n g f. 'krankhafte Abmagerung, Schwindsucht' (18. Jh.).

Zeichen n. 'sinnlich wahrnehmbarer Hinweis, Symptom, Symbol', ahd. *zeihhan* (8. Jh.), mhd. *zeichen* 'Merkmal, Sinnbild, Sternbild, Vorzeichen, Symbol, Wunder', asächs. *tēkan*, mnd. *tēken*, mnl. *tēken, teiken*, nl. *teken* 'Zeichen', aengl. *tāc(e)n* 'Zeichen, Wunder, Beweis, Banner', engl. *token* '(An)zeichen, Symbol, Signal', anord. *teikn*, schwed. *tecken* 'Zeichen', got. *taikn* n., *taikns* f. 'Zeichen, Wunder' führen auf germ. **taikna-* (bzw. **taikni-* für got. *taikns* f.). Dies ist anschließbar an ie. **doiĝ-*, Ablautstufe neben **deiĝ-*, eine Variante der unter *zeihen* (s. d.) angeführten Wurzel ie. **deik̂-* 'zeigen'. – A b z e i c h e n n. 'Kennzeichen, Unterscheidungsmerkmal', spätmhd. *abezeichen*; 'Anstecknadel als Kennzeichen der Zugehörigkeit zu einer Organisation' (Anfang 20. Jh.). A n z e i c h e n n. 'Ankündigung, Vorzeichen, erster Hinweis, Symptom' (Anfang 16. Jh.). V o r z e i c h e n n. 'auf Künftiges weisendes Zeichen, Omen', ahd. *forazeihhun* 'Anzeichen, Vorankündigung' (8. Jh.), mhd. *vorzeichen* 'Vorzeichen, -bild, Sinnbild'; auch 'vorangestelltes Zeichen', in der Mathematik zur Kennzeichnung einer positiven oder negativen Zahl, in der Musik zur Angabe der Erhöhung oder Erniedrigung um einen oder zwei Halbtöne bzw. deren Aufhebung, 'Versetzungszeichen'.

zeichnen Vb. 'mit einem Zeichen versehen, kenntlich machen, (durch Striche) bildlich wiedergeben', ahd. *zeihhanen* 'kennzeichnen, bezeichnen, anzeigen, Wunder tun' (8. Jh.), mhd. *zeichen(en)* 'mit einem Zeichen versehen, (be)zeichnen, aufschreiben, verzeichnen, anzeigen', asächs. *tēknian*, mnd. *tēken(en)*, mnl. *tēkenen, teikenen*, nl. *tekenen* 'zeichnen', aengl. *tǣcnan* 'bezeichnen' (daraus durch Schwund des stammhaften *-n-* aengl. *tǣcan* 'zeigen, erklären, lehren', engl. *to teach* 'unterrichten'), anord. *teikna* 'Zeichen geben, bezeichnen', schwed. *teckna* 'zeichnen', got. *taiknjan* 'zeigen' und ahd. *zeihhanōn* 'bezeichnen, bezeugen' (9. Jh.), aengl. *tācnian, tǣcnian* 'kennzeichnen, anzeigen' sind *jan-* bzw. *ōn*-Ableitungen von dem unter *Zeichen* (s. d.) behandelten germ. Substantiv. Als frühe Bedeutung ist anzusetzen 'mit Zeichen versehen'; dazu tritt bald 'mit einem Zeichen ausdrücken, anzeigen, nachbilden', woraus (spätmhd.) 'niederschreiben' und 'in Linien, Strichen (künstlerisch) gestalten' (16. Jh.), dann auch 'seine Unterschrift unter ein Schriftstück setzen, unterschreiben' (seit dem 17. Jh. in der Kaufmannssprache, sonst meist *unterzeichnen*, s. unten). – Z e i c h n e r m. 'wer (künstlerische, technische) Zeichnungen anfertigt' (um 1600), älter 'wer etw. mit einem Zeichen versieht'

(16. Jh.); vom Substantiv mhd. *zeichen* 'Wunder' ist abgeleitet mhd. *zeichenære* 'wer Zeichen und Wunder tut, Wundertäter', an ahd. *zeihhan* schließt sich an ahd. *zeihhanāri* 'Träger des Feldzeichens, Bannerträger' (11. Jh.). z e i c h n e r i s c h Adj. 'das Zeichnen betreffend' (17. Jh.). Z e i c h n u n g f. 'vorwiegend in Strichen, Linien ausgeführte bildliche Darstellung, natürliche, in einem bestimmten Muster verteilte Färbung bei Tieren und Pflanzen' (17. Jh.); vgl. ahd. *zeihhanunga* (um 800), mhd. *zeichenunge* 'Bezeichnung, Kennzeichnung'. a u s z e i c h n e n Vb. 'mit einem Zeichen versehen, prämieren, (refl.) sich durch besondere Kennzeichen unterscheiden, sich (aus einer Menge) herausheben', mhd. *ūzzeichenen* 'kennzeichnen, anmerken, auswählen'; a u s g e z e i c h n e t Part.adj. 'hervorragend, vorzüglich' (18. Jh.); A u s z e i c h n u n g f. 'Preisangabe, Hervorhebung, Ehrung, Orden, Titel' (18. Jh.), zuvor (vereinzelt) 'das Auswählen' (15. Jh.). b e z e i c h n e n Vb. 'durch Zeichen kenntlich machen, markieren, (be)nennen, charakterisieren', ahd. *bizeihhanen, bizeihhanōn* (9. Jh.), mhd. *bezeichenen* 'bildlich vorstellen, mit einem Zeichen ausdrücken, bedeuten'; B e z e i c h n u n g f. 'das Kenntlichmachen, Kennzeichnung, Benennung', ahd. *bizeihhanunga* (11. Jh.), mhd. *bezeichenunge* 'Vorzeichen, Symbol, Bedeutung'. u n t e r z e i c h n e n Vb. '(ein Schriftstück) mit seinem Namen unterschreiben', eigentl. 'sein (Namens)zeichen unter etw. setzen'; U n t e r z e i c h n u n g f. (beide 16. Jh.). v e r z e i c h n e n Vb. 'schriftlich festhalten, aufführen, falsch, in unzutreffenden Formen zeichnen', übertragen 'falsch oder übertrieben darstellen, entstellen'; V e r z e i c h n i s n. 'Zusammenstellung in Form einer Liste, Aufstellung, Register' (beide 15. Jh.).

Zeidler m. 'Bienenzüchter, Imker', ahd. *zīdalāri* (10. Jh.), mhd. *zīdelære, zīdler* 'Bienenzüchter' ist eine Bildung zu ahd. *zīdal-*, mhd. *zīdel-* 'Honig-', vgl. Zusammensetzungen wie ahd. *zīdalweida* 'Ort, wo Bienenwirtschaft getrieben wird' (9. Jh.), mhd. *zīdelweide*, nhd. *Zeidelweide* und *Zeidelbär* 'kleiner Braunbär', eigentl. 'Honigbär' (16. Jh.), mnd. *tīlbēre*. Dazu auch *zeideln* Vb. 'die Honigwaben aus dem Bienenstock ausschneiden' (Anfang 17. Jh.). Das Bestimmungswort *Zeidel-* geht vermutlich auf germ. **tīþla-* zurück, gebildet mit dem Suffix ie. *-tlo-* zur Wurzel ie. **dei-*, **dei̯ə-* 'hell glänzen, schimmern, scheinen', so daß der Honig nach seinem hellen Glanze benannt ist. Für das heute noch landschaftlich (bes. im Omd.) gebrauchte *Zeidler* tritt in der Literatursprache (19. Jh.) *Imker* (s. d.) ein.

zeigen Vb. 'auf etw. hindeuten, mit Erläuterungen, Gesten deutlich machen, erklären', refl. 'sich sehen lassen, sich erweisen'. Das nur im Hd. bezeugte Verb ahd. *zeigōn* (8. Jh.), mhd. *zeigen* ist eine Intensivbildung (mit grammatischem Wechsel von *h* und *g*) zu dem unter *zeihen* (s. d.) behandelten Verb. – Z e i g e r m. 'beweglicher Teil an Meßgeräten (bes. an Uhren), der etw. anzeigt', ahd. *zeigāri* (9. Jh.), mhd. *zeiger* '(An)zeiger, (Hin)weiser', seit dem 14. Jh. auch 'Uhrzeiger'. A n z e i g e f. 'Meldung, Mitteilung, Bekanntmachung, Inserat' (um 1500). a n z e i g e n Vb. 'ankündigen, mitteilen, durch offizielle Anzeige bekanntmachen' (15. Jh.). b e z e i g e n Vb. 'jmdm. etw. erweisen, bekunden', refl. 'sich zeigen', mhd. *bezeigen* 'anzeigen, kundtun'. e r z e i g e n Vb. 'jmdm. etw. erweisen, zuteil werden lassen', refl. 'sich zeigen', mhd. *erzeigen* 'zeigen, dartun, erweisen', ahd. (unsicher) *irzeigōn* (9. Jh.).

zeihen Vb. 'beschuldigen, bezichtigen', ahd. *zīhan* (9. Jh.), mhd. *zīhen* 'an-, beschuldigen', asächs. in *aftīhan* 'versagen', mnd. *tīen*, (mit grammatischem Wechsel von *h* und *g*) *tīgen*, mnl. *tīen* (vgl. nl. *aantijgen* 'anklagen, beschuldigen'), aengl. *tēon* 'anklagen, beschuldigen', got. *gateihan* 'anzeigen, verkünden' führen mit außergerm. Verwandten wie aind. *diśáti* 'zeigt, führt vor, legt dar', griech. *deiknýnai* (δεικνύναι) 'zeigen', lat. *dīcere* 'sprechen, sagen', *dicāre* 'feierlich verkünden, weihen, widmen', osk. *deíkum* 'sprechen' auf eine Wurzel ie. **deîk-* 'zeigen' (s. auch *Zeichen, zeigen, Zehe*), im Germ. bes. rechtssprachlich 'auf jmdn. als den Täter hinweisen, beschuldigen'. – v e r z e i h e n Vb. 'jmdm. ein Vergehen vergeben, entschuldigen', ahd. *firzīhan* 'versagen, verweigern' (9. Jh.), mhd. *verzī(h)en* 'versagen, abschlagen, sich lossagen, aufgeben, verlassen', refl. 'verzichten'. Die heutige Bedeutung entsteht (im 15. Jh. sich anbahnend) aus der rechtssprachlichen Verwendung *sich* (seines Rechtsanspruchs auf Wiedergutmachung) *verzeihen* 'darauf verzichten', woraus 'dem Schuldigen vergeben'. Verzeihung f., mhd. *verzīhunge.*

Zeile f. 'Reihe mehrerer nebeneinanderstehender Dinge' (vgl. *Häuserzeile*), 'geschriebene, gedruckte Buchstaben-, Wortreihe' (16. Jh.); das nur hd. bezeugte Substantiv ahd. *zīla* (9. Jh.), mhd. *zīl(e)* 'Reihe, Linie', spätmhd. auch 'Gasse', gehört wahrscheinlich im Sinne von 'Abgeteiltes' zur Tiefstufe ie. **dī-* der unter *Teil* und *Zeit* (s. d.) angeführten Wurzel ie. **dā(i)-* 'teilen, zerschneiden, zerreißen'.

Zeisig m. Der Name des kleinen, zu den Finkenvögeln gehörenden Singvogels lautet zunächst mhd. *zīse* (Anfang 13. Jh.), frühnhd. *zeise*, entlehnt aus westslaw. **čižь* (vgl. atschech. *čīž*, tschech. *číž*, apoln. *czyż, cyż*, poln. *czyż*, obsorb. *čiž*, nsorb. *cyž* 'Zeisig'). Danach begegnet mhd. *zīsec, zīsic* (14. Jh.), frühnhd. *zeisig*, mnd. *sīsek, cisek, sīsex, sīseke*, aus dem Deminutivum westslaw. **čižьkъ*, **čižikъ* (vgl. tschech. *čížek, čižík*, poln. *czyżyk*, obsorb. *čižik*, mundartlich *čisk*, nsorb. *cyžyk* 'Zeisig'). Das slaw. Suffix ist im Mnd. vielleicht ebenfalls als Deminutivsuffix empfunden worden (vgl. mnd. *sīsek* usw.); andererseits zeigen mnd. *sīseken, ziseken, tzyseken* erneute Deminuierung. Die Entlehnung ins Dt. erfolgte vielleicht (im Hinblick auf den Ersatz der Sibilanten) schon vor der Mitte des 11. Jhs. (obwohl die Zeugnisse erst später liegen). Westslaw. **čižь* ist wie russ. *čiž, čížik*, ukrain. *čyž, čýžyk* (*чиж, чижик*), serbokr. *čî ž, čížak* lautmalend; vgl. die Deutung des Zeisigrufs ukrain. *čyj vy? čyj vy?* (*чий ви?*) 'wer seid ihr?'.

Zeit f. 'Ablauf des Geschehens, Aufeinanderfolge der Ereignisse, bestimmter Abschnitt oder Punkt dieses Ablaufs', ahd. (8. Jh.), mhd. *zīt* f. n. 'Zeit, Zeit-, Lebensalter, Leben, Jahres-, Tageszeit, Stunde', asächs. aengl. *tīd*, mnd. *tīt* (nd. *Tīde* 'Zeit, Flut'), mnl. *tijt*, nl. *tijd* 'Zeit', engl. *tide* 'Gezeit(en), Ebbe und Flut' (in Zusammensetzungen 'Zeit', vgl. *summertide* 'Sommerszeit'), anord. *tīð* 'Zeit, Stunde, Gebet', schwed. *tid* 'Zeit' setzen germ. **tīði-* (bzw., falls das neutrale Genus im Ahd. und Mhd. nicht als sekundär anzusehen ist, auch germ. **tīða-*) voraus. Daneben stehen aengl. *tīma* 'Zeit, Gelegenheit', engl. *time* 'Zeit', anord. *tīmi* 'Zeit, rechte Zeit, Mal, Glück', schwed. *timme* 'Stunde', beruhend auf germ. **tīma-* m. Die germ. Formen lassen sich im Sinne von 'Abgeteiltes, Abschnitt' teils mit *t*-Suffix, teils mit dem Suffix ie. *-mon-* an die Tiefstufe ie. **dī-* der unter *Teil* (s. d.) angeführten Wurzel ie. **dā(i)-* 'teilen, zerschneiden, zerreißen' anschließen, wozu auch aind. *dáyatē* 'teilt, teilt zu, hat Anteil', *dā́ti, dyáti* 'schneidet ab, teilt, mäht', griech. *daíesthai* (*δαίεσθαι*) '(ver)teilen', *daís, daítē, daitýs* (*δαίς, δαίτη, δαιτύς*) 'Portion, Speise, Mahlzeit', *daitrón* (*δαιτρόν*) 'Anteil, Portion', (mit *mo*-Formans) *dē̃mos* (*δῆμος*) 'Volk, Gau, Land', air. *dām* 'Gefolgschaft, Schar' gehören. – zeitig Adj. 'zu einem verhältnismäßig frühen Zeitpunkt', auch (bes. südd.) 'reif', ahd. *zītīg* '(recht)zeitig, früh(reif)' (10. Jh.), mhd. *zītec, zītic* 'ausgewachsen, reif, zur rechten Zeit geschehend, der Jahreszeit, den Verhältnissen entsprechend, reiflich überlegt', mnd. mnl. *tīdich*. zeitigen Vb. '(Ergebnisse) hervorbringen, (Folgen) nach sich ziehen', (bes. südd.) 'reif werden', mhd. *zītegen* 'reif werden, reif machen'. zeitlich Adj. 'im Hinblick auf die Zeit, vergänglich, irdisch', ahd. *zītlīh* Adj. (um 1000; vgl. *unzītlīh*, um 800, *zītlīhho* Adv. 'zeitlich, zeitig', 9. Jh.), mhd. *zītlich* 'zeitlich, weltlich, erntbar, reif, zeitgemäß, angemessen'; Zeitlichkeit f. 'Endlichkeit, Vergänglichkeit', mhd. *zītlīcheit* 'das irdische Dasein, die irdische Welt', von den Mystikern geprägt. Zeitalter n. 'größerer historischer Zeitraum, Epoche, Ära' (18. Jh.). Zeitgeist m. 'für einen bestimmten geschichtlichen Zeitraum charakteristische Gesinnung, geistige Haltung' (Herder 1769), vgl. älteres *Genius unserer Zeit* (Zinzendorf 1739). Zeitgenosse m. 'mit jmdm. in der gleichen Zeit, in einem bestimmten historischen Zeitraum Lebender, Mitmensch' (16. Jh., geläufig 18. Jh.), Übersetzung von gleichbed. spätlat. *synchronus*, substantiviert nach griech. *sýnchronos* (*σύγχρονος*) 'gleichzeitig, von gleicher Zeit und Dauer' (s. *synchronisch*). zeitlos Adj. 'zeitlich unbegrenzt, ewig, nicht zeitgebunden' (1. Hälfte 16. Jh., wohl älter). Zeitlose f. im Herbst blühendes, im Frühjahr Früchte tragendes (also sich nicht an die üblichen Zeiten haltendes) Liliengewächs mit lila- bis rosafarbiger Blüte (1. Hälfte 16. Jh.), dann (im Hinblick auf die Blütezeit) *Herbstzeitlose* (um 1700); vgl. ahd. *zīt(i)lōsa* (11. Jh.), mhd. *zīt(e)lōs(e)* für verschiedene, außerhalb der gewöhnlichen Zeit und zwar frühzeitig blühende Frühlingsblumen wie Krokus, Narzisse, dann auch Maßliebchen, Schneeglöckchen. Zeitschrift f. 'periodisch in Heften erscheinende Druckschrift' (2. Hälfte 18. Jh.), Verdeutschung von *Journal* (s. d.); zuvor steht *Zeitschrift* für 'Chronogramm', d. i. ein Sinnspruch, in dem die darin enthaltenen röm. Zahlbuchstaben zusammengezählt die Jahreszahl einer Begebenheit bilden, auf die sich die Worte beziehen (Harsdörfer 1645), auch für 'Inschrift' (Harsdörfer 1648) und für 'Annalen, Chronik, Geschichtswerk' (2. Hälfte 17. Jh.). Zeitwort n. 'Verb' (vereinzelt Mitte 15. Jh., häufiger seit Anfang 17. Jh.), Übersetzung von lat. *verbum (temporāle)*, eigentl. 'Wort, an dem die Zeiten unterschieden werden'; *Zeitwort* setzt sich im 17. Jh. gegen konkurrierendes *Sagwort, Sprechwort, Tuwort* und *Werkwort* durch (s. *Verb*).

Zeitung f. 'regelmäßig erscheinende Druckschrift mit aktuellen Nachrichten und Berichten', spätmhd. (westmd.) *zīdung, zīding* 'Kunde, Nachricht, Botschaft' (Ende 14. Jh.), frühnhd. *tzijdong, czitunge* (15. Jh.), *Zeitung* (16. Jh.), wohl am Niederrhein entstanden mit anlautendem hd. *z-* nach mnd. *tīdinge, tīdink* 'Ereignis, Nachricht', mnl. *tīdinghe*, nl. *tijding*; vgl. auch aengl. *tīdung* '(Bericht über ein) Ereignis, Nachricht', engl. *tidings* (Plur. oder Sing.) 'Neuigkeit(en), Nachricht(en), Botschaft, Kunde'. Es handelt sich wahrscheinlich um Bildungen im Sinne von 'Vorkommnis' zu mnd. *tīden* 'sich wohin begeben, zu etw. eilen, etw. begehren, nach etw. streben', aengl. *tīdan* 'geschehen, vorkommen'; vgl. auch anord. *tīðr* 'geschehend, üblich, bekannt' mit *tīðask* 'üblich, gebräuchlich sein' und *tīðendi* (Plur.) 'Neuigkeit, Nachricht, Begebenheit', dän. *tidende* 'Nachricht, Zeitung' (während schwed. *tidning* 'Zeitung' über älteres *tīdhing* 'Kunde, Nachricht, Neuigkeit' aus mnd. *tīdinge* entlehnt ist). Die Wortgruppe kann zu dem unter *Zeit* (s. d.) behandelten Substantiv gestellt werden. Die Bedeutung 'Kunde von einem Geschehen, mündlich überbrachte Neuigkeit' geht über in 'schriftlicher oder gedruckter Bericht' (im 16. Jh. oft in Titeln von Flugschriften; vgl. auch *newe zeytung*, 1502, für einzelne Empfänger bestimmte Beilagen zu Briefen, die diese wegen ihres allgemein interessierenden Inhalts vervielfältigten bzw. druckten). Danach ist *Zeitung* die regelmäßig erscheinende und Neuigkeiten enthaltende Druckschrift (zuerst 1609 als Wochenschrift).

zelebrieren Vb. 'feierlich begehen, feierlich ehren', bes. 'die Messe lesen, das Meßopfer begehen' (Anfang 15. Jh.), entlehnt aus lat. *celebrāre* 'eine Versammlung, Festlichkeit häufig besuchen, festlich begehen, feiern, mit Eifer betreiben, ausüben', mlat. bes. 'eine heilige Handlung ausführen, vollziehen', einer Ableitung von lat. *celeber* (Gen. *celebris*) 'zahlreich besucht, belebt, gefeiert, feierlich, berühmt'.

Zelle f. 'kleiner, spärlich möblierter Raum, Teil der Bienenwabe', dann 'kleinste lebende Einheit und Grundbaustein aller Lebewesen', ahd. *zella* 'Klosterzelle, Klause' (9. Jh.), mhd. *zelle, celle* 'Klause, Kammer, Kapelle, Tempel, Zelle der Bienenwabe, kleines Nebenkloster, Klostergut' ist entlehnt aus lat. *cella* 'Vorratskammer, enger Wohnraum, Stübchen, Zelle (in Bädern, im Gefängnis, in der Bienenwabe), Kapelle, Kirchenschiff', kirchenlat. 'enger Wohnraum eines Mönchs, Klause eines Einsiedlers'. Die Entlehnung setzt *z*-Aussprache des lat. *c* vor *-e* und *-i* voraus (im Unterschied zur Weiterbildung lat. *cellārium*, s. *Keller*). Im Mhd. und Frühnhd. bezeichnet der Ausdruck auch Höhlungen im Körperinneren; im Anschluß an mikroskopische Beobachtungen des engl. Naturforschers Hooke steht im Vergleich mit der Zelle einer Bienenwabe engl. *cell* (1667), nhd. *Zelle* für die 'kleinste Einheit des Pflanzengewebes' (17. Jh.), dann für die 'kleinste lebende Einheit in einem menschlichen, tierischen oder pflanzlichen Lebewesen' (19. Jh.); in neuerer Zeit auch 'Personengruppe als kleinste Einheit bestimmter Organisationen' (1. Hälfte 20. Jh.), in der Technik 'Element einer Akkumulatorenbatterie' (20. Jh.).

Zellophan n. aus Zellulose hergestellte glasklare Folie (1. Hälfte 20. Jh., auch *Cellophan*); der als Warenzeichen dienende Ausdruck (daneben im Dt. *Zellglas*) beruht auf frz. *cellophane* f., einer Bildung des Schweizer Chemikers J. E. Brandenberger aus der ersten Silbe von frz. *cellulose* (s. *Zellulose*), dem nach griech. Muster eingefügten Kompositionsvokal *-o-* und dem Hinterglied griech. *-phanḗs* (-φανής) 'sichtbar, erkennbar' (vgl. griech. *tēlephanḗs*, τηλεφανής 'weit sichtbar, weithin erkennbar', *diaphanḗs*, διαφανής 'durchsichtig, klar'), das zum Stamm von griech. *phaínein* (φαίνειν) 'sichtbar machen, ans Licht bringen, zeigen', auch (intrans. und medial) 'sichtbar werden, erscheinen' gehört.

Zellstoff m. aus verschiedenen Pflanzenarten (Holz, Stroh, Schilf) durch chemischen Aufschluß gewonnener feinfaseriger, weitgehend aus Zellulose bestehender Ausgangsstoff für Papier, Kunstfasern (Mitte 19. Jh.) sowie daraus hergestelltes papierartiges, sehr saugfähiges Material für medizinische, hygienische Zwecke (20. Jh.); wegen des in pflanzlichen Zellwänden vorkommenden Grundbestandteils Zellulose mit dem Bestimmungswort *Zelle* (s. d.) im Sinne von 'kleinste Einheit lebender Organismen' gebildetes Kompositum (vielleicht Klammerform für nicht belegtes *Zellwandstoff*?). Älter ist *Zellstoff* (um 1800, auch *Zellgewebe*, 18. Jh.) für 'lokkere, schwammige oder faserig strukturierte Grundsubstanz tierischer Körper, Bindegewebe' (ausgehend von der Vorstellung kleiner Kammern, Hohlräume, noch nicht den zelligen, dem Pflanzengewebe ähnlichen Aufbau des Tierkörpers voraussetzend, der erst 1839 von Schwann nachgewiesen wird). – Z e l l - w o l l e f. aus natürlichem Zellstoff hergestellte woll- oder baumwollähnliche Chemiefaser, 'Viskosefaser', Ausdruck der Warenwerbung (um 1930, wohl Klammerform anstelle von weniger eingängigem *Zellstoffwolle*).

Zellulose f. von Pflanzen gebildeter, den Hauptbestandteil pflanzlicher Zellwände ausmachender Stoff (2. Hälfte 19. Jh., zunächst *Cellulose*), dann auch unpräzise Bezeichnung (statt *Zellstoff*, s. d.) des chemisch aufbereiteten Ausgangsstoffs für Papier, Kunstfasern u. ä. (20. Jh.), in beiden Verwendungen Übernahme von frz. *cellulose*, einer Bildung zu frz. *cellule* 'Mönchs-, Gefängniszelle, einzelner Hohlraum der Bienenwabe, kleinste Einheit lebender Organismen', mfrz. 'Mönchszelle' (entlehnt aus lat. *cellula* 'kleine Zelle, Kämmerchen, Taubenschlag', spätlat. 'Mönchszelle, Klause, Kloster', Deminutivum zu lat. *cella*, s. *Zelle*) mit der Endung frz. *-ose*, die auf griech. *-ōsis* (-ωσις, s. *Thrombose*) zurückgeht. – Z e l l u l o i d n. leicht entzündbarer thermoplastischer Kunststoff aus einem Nitrat der Zellulose und alkoholischer Kampferlösung (2. Hälfte 19. Jh.); die Bezeichnung für diesen (im Dt. auch *Zellhorn* genannten) ältesten Plastwerkstoff (zuerst 1869 in Newark von den Brüdern Hyatt industriell erzeugt) ist über frz. *celluloïd* entlehnt aus amerik.-engl. *celluloid*, einem Kunstwort aus engl. *cellulose* und der auf griech. *-eidḗs* (-ειδής) 'der Form, Gestalt, dem Aussehen nach, ähnlich' (von griech. *eĩdos*, εἶδος 'Aussehen, Gestalt, Form, Beschaffenheit, Gattung') mit vorausgehendem Kompositonsvokal *-o-* beruhenden Endung engl. *-oid*.

Zelt n. aus Stoffbahnen bestehende, mit Hilfe von Stangen aufzubauende Unterkunft, ahd. (9. Jh.), mhd. *zelt*, mnd. *telt, telde*, mnl. *telt*, aengl. *teld* (engl. *tilt* 'Plane, Verdeck'), anord. *tjald*, auch 'Wandteppich', schwed. *tält* 'Zelt' sind Kurzformen neben ahd. *gizelt* (um 800), mhd. *gezelt*, mnd. mnl. *getelt*, aengl. *geteld*. Herkunft ungewiß. Vielleicht zu verbinden mit einem in aengl. *be-, oferteldan* 'überdecken, umgeben' bewahrten germ. Verb (dessen starke Flexion wohl sekundär, vgl. SEEBOLD 501); weitere Beziehungen unklar. Oder man geht von einer (nicht belegten) Bedeutung 'Holzstück, Stütz-, Zeltstange' aus und sieht in dem Substantiv eine Bildung mit *t*-Suffix zu der unter [2]*Zoll* (s. d.) angegebenen Wurzel ie. **del(ə)-* 'spalten, schnitzen, kunstvoll behauen'. – z e l t e n Vb. 'in einem Zelt wohnen, übernachten' (Anfang 17. Jh.).

Zelte(n) m. 'dünner und flacher Kuchen, Fladen', vorwiegend südd. (vgl. *Lebzelten*, *-zelter*, s. *Lebkuchen*), ahd. *zelto* m., mhd. *zelte*. Herkunft unbekannt. Vielleicht zu einem germ. Verb, belegt in aengl. *be-*, *overtelden* 'überdecken' (s. *Zelt*)?

Zelter m. 'im Paßgang geübtes Pferd' (daher bes. für Damen geeignet), ahd. *zeltāri* (10. Jh.), mhd. *zelter*, asächs. *telderi*, mnd. *teldener*, *telder*, mnl. *teldenaer*, *telder* (daraus wohl anord. *tjaldari*). Ein geläufiger Ausdruck in der mhd. (auch frühnhd.) Literatur, lexikalisch vielfach bewahrt und im 19. Jh. historisierend wieder aufgenommen. Herkunft ungewiß. Möglicherweise ist anzuknüpfen an die von Plinius gebrauchte Bezeichnung lat. *t(h)ieldōnēs* (Plur.), die für eine Art spanischer (asturischer) Pferde gilt und hinter der man eine ibero-afrikan. Ausgangsform vermutet. Das span. bzw. lat. Wort könnte über gall. **teldo-* (vor der hd. Lautverschiebung) ins Germ. gelangt sein. Nach dem in der Art eines Nomen agentis auftretenden Substantiv sind gebildet mhd. *zelt* m., nhd. *Zelt* 'Paßgang', ahd. *zelten* (in *zeltendaʒ ros*, Hs. 13. Jh.), mhd. *zelten* 'im Paßgang gehen, reiten', mnd. *telden*, mnl. *telden, tellen*; vgl. noch mhd. *ein zeltende* bzw. *teltent phert, zeltenphert.*

Zement m. aus Kalkstein und Ton gewonnenes, pulverförmiges Bindemittel zur Mörtel- und Betonherstellung, mhd. *zīment(e), cīmente* n. m., frühnhd. *Cement* (16. Jh., daneben *i*-Schreibung noch bis ins 19. Jh.), entlehnt aus gleichbed. afrz. *ciment, cement* m. (frz. *ciment*), das auf mlat. *caementum, cementum, cimentum* n. 'Kalkmörtel, (gelöschter) Kalk' beruht. Voraus geht lat. *caementum* (spätlat. auch *cīmentum*) 'Bruchstein zum Mauern', dann 'zerstoßener Stein, der beim Bauen der Bindemasse beigemischt wird' (vgl. lat. *caementa marmorea* 'beim Bearbeiten des Marmors abspringende Marmorstücke als Zusatz zum Mörtel'), daher spätlat. 'Bindemasse, Mörtel' (zu lat. *caedere* 'ab-, heraushauen, schlagen, stoßen'). Ende des 14. Jhs. erscheint ferner spätmhd. *cēment, zīment* n. m. in der bis ins ältere Nhd. geläufigen Bedeutung 'Substanz zum Reinigen, Läutern, Prüfen, Veredeln von Metallen' (entweder als Zusatz zu metallhaltigen Lösungen, um aus diesen das edlere Metall auszufällen, oder als pulverförmige Masse, die das Metall beim Brennen umgibt, vgl. *Zementation* für entsprechende Verfahren noch in der modernen Metallurgie), wohl in unmittelbarem Anschluß an gleichbed. mlat. *caementum, cementum* der Alchimistensprache (vgl. jüngeres frz. *cément* 'kohlenstoffhaltiges Material, das dem Stahl beim Erhitzen Kohlenstoff zuführt und dessen Oberfläche härtet, Zementierpulver'). Die Zahnmedizin verwendet *Zement* n. in neuerer Zeit (seit Mitte 19. Jh.) für 'die Zahnwurzel überziehende Schicht aus Knochengewebe, Wurzelrinde, Zahnkitt' (vgl. gleichbed. frz. *cément*). – z e m e n t i e r e n Vb. 'mit Zement(mörtel), Beton befestigen, dauerhaft machen, mit Zement (aus)füllen, dicht machen' (2. Hälfte 18. Jh., vgl. frühnhd. *sementen* 'mit Mörtel versehen, befestigen', Anfang 15. Jh.), zuvor schon fachsprachlich in der Bedeutung 'Metall durch chemische Veränderung veredeln, beizen, läutern' (2. Hälfte 15. Jh., auch *cimentieren*, vgl. spätmhd. *zīmenten* 'beizen, scheiden, reinigen', Ende 14. Jh.), dazu Z e m e n t i e r e r m. 'Metallscheider' (2. Hälfte 16. Jh., vgl. frühnhd. *Zymenter*, 15. Jh.).

Zenit m. (älter auch n.) 'senkrecht über dem Betrachter liegender gedachter Punkt am Himmelsgewölbe, Scheitelpunkt' (noch bis 1. Hälfte 20. Jh. meist *Zenith* geschrieben), Entlehnung (Ende 15. Jh.) aus dem Roman., wohl aus gleichbed. ital. *zenit* (älter auch *zenith*), das wie mfrz. *cenith*, mfrz. frz. *zénith* auf span. *cenit* zurückgeht; vgl. ferner mlat. *zenith, cenit(h)* (hiervon oder aus dem Mfrz. engl. *zenith*). Zugrunde liegt arab. *samt ar-ra's* 'Scheitelpunkt', eigentl. 'Weg, Richtung des Kopfes'. Arab. *samt* 'Weg, Straße', Bezeichnung der arab. Astronomen für einen bestimmten Ort am Himmelsgewölbe, lautet in vulgärer Aussprache *semt*, was bei Wiedergabe mit lat. Buchstaben nach mittelalterlicher Transkriptionsgewohnheit **zemt* ergeben hätte. Offenbar durch einen Lesefehler wird das *-m-* dieser Form in *-ni-* geändert. Seit Anfang des 19. Jhs. steht *Zenit(h)* im Dt. häufig auch übertragen für 'Höhepunkt, Gipfelpunkt (einer Entwicklung)'.

zensieren Vb. 'den Inhalt von Schriften einer Überprüfung, einer Überwachung unterwerfen' (16. Jh.), 'mit einer Note, Zensur bewerten' (19. Jh.), aus lat. *cēnsēre* 'begutachten, schätzen, taxieren, (nach Prüfung aller Umstände) der Meinung sein, (an)raten, beschließen'. – Z e n s u r f. 'von zuständiger Stelle vorgenommene Überprüfung bzw. Überwachung von Druckerzeugnissen u. dgl.' (15. Jh.), 'Leistungsüberprüfung, -beurteilung, -note' (19. Jh.), lat. *cēnsūra* 'Zensoramt, strenge Prüfung, Beurteilung, Untersuchung'.

Zentner m. Maßeinheit für eine Masse von 50 Kilogramm Gewicht, 100 Pfund (in Österreich und der Schweiz von 100 Kilogramm), ahd. *zentenāri* (11. Jh.), mhd. *zentenære, zentener, zentner*, mnd. *sentenēr, sintener(e)*, mnl. *centenāre, centenaer*, nl. *centenaar* sind entlehnt (mit mask. Genus unter Angleichung an die Nomina agentis auf ahd. *-āri*) aus spätlat. *centēnārium* 'das Hundertpfundgewicht', Substantivierung des Adjektivs lat. *centēnārius* 'hundert enthaltend, aus hundert bestehend', zu lat. *centēnus* 'hundertmalig, hundertmal vorhanden', Ableitung von lat. *centum* 'hundert'.

Zentrum n. 'Mittelpunkt, Mitte', mhd. *zentrum*, spätmhd. (vereinzelt) auch *zenter* 'Mittelpunkt', Übernahme von lat. *centrum* 'fester Schenkel des Zirkels, um den sich der andere dreht' (daher eigentl. 'Stachel'), 'Mittelpunkt des Kreises', griech. *kéntron* (κέντρον) 'Stachel(stab), Spitze (eines Zirkelschenkels), Ort, wo man einen Schenkel des Zirkels einsetzt, Mittelpunkt (eines Kreises, einer Fläche, eines Körpers)'; vgl. griech. *kentéīn* (κεντεῖν) 'stechen'. Zufrühst in der Bedeutung 'Kreismittelpunkt', dann 'Mitte, Mittelpunkt' von geographischen oder topographischen Lagebestimmungen (vgl. *auss dem Centro der erden*, 16. Jh.), speziell 'Stadtmitte, -kern, Innenstadt' (Anfang 20. Jh.); übertragen 'zentrale Stelle als Ausgangs- und Zielpunkt von Vorgängen und Entwicklungen, zentrale Einrichtung' (2. Hälfte 16. Jh.). Bis ins 19. Jh. in lat. Schreibung und Flexion. – zentral Adj. 'in der Mitte liegend, den Mittelpunkt bildend', zunächst nur als erstes Glied in Zusammensetzungen, vgl. *Centralwesen* (2. Hälfte 17. Jh.), *-winckel* (1. Hälfte 18. Jh.), *-kraft, -position* (2. Hälfte 18. Jh.), im Sinne von 'Haupt-', d. h. politisch bzw. bürokratisch 'übergeordnet, leitend', vgl. *Centraloberbehörde* (Anfang 19. Jh.), *-nervensystem* (2. Hälfte 19. Jh.), 'wichtig, entscheidend, bedeutend', vgl. *Centralbegriff* (Ende 19. Jh.), *Zentralfigur* (um 1900). Der Gebrauch als attributives Adjektiv bzw. als Adverb setzt in der Mitte des 19. Jhs. ein; doch vgl. älteres *zentralisch* (seit 17. Jh.). Zugrunde liegt lat. *centrālis* 'in der Mitte befindlich' (vgl. auch frz. *central*). Vom Adjektiv abgeleitet Zentrale f. 'Stelle, von der aus etw. verwaltet, geleitet, gesteuert wird' (2. Hälfte 19. Jh.). zentralisieren Vb. '(Verwaltungsfunktionen) organisatorisch zusammenfassen, einer einheitlichen Leitung unterstellen', Zentralisation f. 'Zusammenfassung, organisatorisch zusammengefaßte bzw. zusammenfassende Leitung' (beide Anfang 19. Jh.), in der Folge der Verwaltungsreformen Napoleons entlehnt aus den gleichbed. (1794 geprägten) Ausdrücken frz. *centraliser* und *centralisation*. Zentralismus m. 'Streben nach Einheitlichkeit, nach zentraler Lenkung, straff organisierte Verwaltung' (2. Hälfte 19. Jh.; vgl. wenig älteres engl. *centralism*). Zentrifugalkraft f. bei Drehbewegungen auftretende, vom Zentrum weg, nach außen gerichtete Kraft, 'Fliehkraft' (Mitte 18. Jh.), nach engl. *centrifugal force* für nlat. *vis centrifuga* (Newton 1687); vgl. lat. *centrum* (s. oben) und lat. *fugere* 'fliehen'. Daraus rückgebildet (im Hinblick auf das engl. Vorbild) zentrifugal Adj. 'vom Mittelpunkt wegstrebend, auf der Wirkung der Zentrifugalkraft beruhend' (2. Hälfte 19. Jh.). Entsprechend die Antonyme Zentripetalkraft f. 'zum Zentrum hin, nach innen gerichtete Kraft' (2. Hälfte 18. Jh.), nach engl. *centripetal force* für nlat. *vis centripeta* (Newton 1687), vgl. lat. *petere* 'zu erreichen suchen, streben', und zentripetal Adj. 'zum Mittelpunkt hinstrebend, auf der Wirkung der Zentripetalkraft beruhend' (19. Jh.). Zentrifuge f. Schleudergerät zum Trennen von Stoffen unterschiedlicher Dichte durch Zentrifugalkraft, 'Trennschleuder' (2. Hälfte 19. Jh.), vgl. etwa gleichzeitig auftretendes frz. *centrifuge*.

Zepter n. (auch m.) 'verzierter Stab aus kostbarem Material als Symbol der Macht und Würde eines Herrschers', mhd. *zepter, cepter, scepter*, entlehnt aus gleichbed. lat. *scēptrum* n., griech. *skḗptron* (σκῆπτρον), eigentl. 'Stock, Stab'; vgl. griech. *skḗptein* (σκήπτειν) 'stützen, lehnen'.

zer- bei Verben (und deren Weiterbildungen) auftretendes Präfix im Sinne von 'auseinander', ahd. *za-, zi-* und *zar-, zir-*, mhd. *zer-*, (selten) *ze-*, asächs. *te-*, aengl. *to-*, got. *dis-* (statt zu erwartendem **tis-*, s. unten). Die Bedeutung 'entzwei, auseinander' macht es wahrscheinlich, das Präfix germ. **tis-* in einen Zusammenhang mit gleichbed. lat. *dis-* (s. *dis-*) stellen und damit an ie. **dis-*, eine Nebenform von ie. **du̯is-* 'entzwei, auseinander' bzw. **du̯is* 'zweimal' (s. *Zwist* und *zwei*), anschließen zu können. Dazu (im Anschluß an ie. **du̯is-*) got. *twisstandan* 'sich trennen', *twisstass* 'Zwiespalt' und (im Anschluß an ie. **dis-*) got. *disdailjan* '(ver-, zer)teilen', *disskaidan* 'trennen, zerteilen' (*dis-* entweder aus vortonigem **tis-* entwickelt oder aus lat. *dis-* entlehnt), ahd. (mit *s*-Schwund in unbetonter Vorsilbe) *ziwerfan* 'durcheinanderwerfen, zerstreuen, zerstören' (8. Jh.). Daneben treten im Ahd. (vom 9. Jh. an) die Präfixformen *zar-, zir-* auf (vgl. *zirwerfan*), die entweder das alte *s* bewahren oder aus einer Präfixkombination von *za-, zi-* und *ir-* (mhd. nhd. *er-*) hervorgegangen sind, vgl. *zi-irgān* 'untergehen', *zi-irfellen* 'zerstören'. Im Mhd. und bes. im Nhd. nimmt die Gebrauchshäufigkeit von *zer-* erheblich zu, das nunmehr als selbständige Vorsilbe empfunden wird. Davon zu trennen ist in der Zusammensetzung mit Nomina auftretendes ahd. *zur-*, aengl. *tŏr-*, anord. *tor-*, got. *tuz-*, vgl. ahd. *zurgang* 'Abfall' (um 800), *zurlust* 'Unlust, Widerwille, Ekel, Wollust' (10. Jh.), *zurtriuwi* 'treulos, verdächtig' (um 900), aengl. *tŏrbegete* 'schwer zu erlangen', anord. *tortryggr* 'argwöhnisch, mißtrauisch'. Diesem vergleichbar sind aind. *duṣ-, dur-, duḥ-* 'schlecht, übel, schwierig, miß-' in *durā̆pa-* 'schwierig zu erlangen', awest. *duš-, duž-* 'übel, miß-' in *dušitay-* 'übles Wohnen, Elend', griech. *dys-* (*δυσ-*) 'übel, un-, miß-' in *dysmenḗs* (*δυσμενής*) 'böse gesinnt', air. *du-, do-* in *dochlu* 'ruhmlos', so daß von ie. **dus-* 'übel, arg, miß-' auszugehen ist. In diesem Sinne belegtes ahd. *zur-* wird im 12. Jh. aufgegeben.

Zeremonie f. 'sich nach bestimmten Regeln vollziehende, feierliche Handlung', spätmhd. *cerimonie,* entlehnt aus spätlat. *cērem̄ōnia*, lat. *caerimōnia, caeremōnia* 'heilige Verehrung, Ehrfurcht, heilige Scheu, religiös-feierliche Haltung, feierlich-religiöser Brauch, Feierlichkeit' (dem Lat. folgend noch heute die volkssprachliche Betonung *Zeremónĭe*). Der häufig im Plur. gebrauchte Ausdruck bezeichnet zunächst eine im kirchlichen Bereich 'nach bestimmten Regeln festgelegte feierliche Handlung (mit symbolischem Charakter)', nach der Reformation von der protestantischen Partei im Sinne von 'äußerliche (daher überflüssige) pompöse rituelle Handlung, Schaugepränge' auf den katholischen Ritus bezogen (*der Papisten Ceremonien*, 1585). Danach verallgemeinert sich die Bedeutung unter dem Einfluß von afrz. mfrz. *cerimonie*, frz. *cérémonie*, das diesen weiteren Sinn schon früher entwickelt hat, (nunmehr meist mit dem Frz. entsprechender Endbetonung) zu 'feierliche, in bestimmter Ordnung ablaufende Veranstaltung', z. B. Krönungsfeierlichkeit, Veranstaltungen bei Hofe (Ende 16. Jh.), auch 'Etikette' (bes. bezogen auf Umgangsformen mit Fürstlichkeiten und hochrangigen Personen). Im Anschluß daran wird der Ausdruck erneut vielfach abschätzig gebraucht für 'steife Förmlichkeit, gezierte Geste'. – Z e r e m o n i e l l n. 'Gesamtheit der einzuhaltenden Vorschriften bei feierlichen Anlässen, Etikette bei Hofe u. dgl.' (Ende 17. Jh.) stellt sich mit Suffixwechsel (in Anlehnung an frz. *cérémoniel* Adj., eine im Mfrz. gebildete, seit dem 18. Jh. kaum noch gebräuchliche Parallelform des unmittelbar dem Lat. folgenden frz. *cérémonial* Adj., s. unten) neben nur wenig älteres gleichbed. *Ceremonial*, auch *Ceremoniale.* Dieses ist eine Entlehnung von gleichbed. frz. *cérémonial*, einer Substantivierung des Adjektivs frz. *cérémonial*, mfrz. *cerimonial* 'kultische, feierliche Handlungen betreffend, zu ihnen gehörend', nach spätlat. *caerimōniālis* 'zur Gottesverehrung gehörig'. Als Bestimmungswort in Zusammensetzungen begegnet ausschließlich *Ceremonial-*, vgl. *Ceremonialdienst, -gesetz, -register, -schreiben* (18. Jh.), *-besuch, -gesandter* (Ende 19. Jh.). Schreibung mit *C* hält sich bis etwa 1900. Früher bezeugt in dt. Texten ist gelegentlich übernommenes mlat. *ceremonialia* 'feierliche Handlungen' (15. und 16. Jh.), der substantivierte Plur. Neutr. des lat. Adjektivs; dessen Einfluß auf oben genanntes *Ceremonial* ist nicht auszuschließen. Vgl. die Adjektive z e r e m o n i e l l (18. Jh., nach frz. *cérémoniel*, s. oben) und c e r e m o n i a l i s c h (15. bis 18. Jh.).

zerfledern Vb. 'zerfetzen', eigentl. 'stückchenweise zum Flattern bringen' (vgl. älteres *zerflattern*, mhd. *zervladeren* 'zerrupfen'). Das erst um 1800 (wohl aus omd. Mundarten) in die Schriftsprache aufgenommene Verb gehört zu mhd. *vlederen* 'flattern', s. *Fledermaus, Flederwisch* und *flattern.*

zerknirscht Part.adj. 'von Reue gebrochen, niedergedrückt' (16. Jh.), anfangs bes. im religiösen Bereich (*zerknirschtes Herz, Gewissen* u. ä.), dann verallgemeinert 'seelisch bedrückt, niedergeschlagen' (18. Jh.); zu *zerknirschen* Vb. 'geräuschvoll, knirschend zermalmen, zerquetschen' (16. Jh.), in dem sich wohl das unter *knirschen* (s. d.) behandelte Verb mit lautmalendem mhd. *zerknürsen, zerknüs(t)en, zerknisten, zerknutzen* 'zerdrücken, zerquetschen' vermischt hat.

zerren Vb. '(ruckweise) ziehen'. Das schwach flektierende Verb ahd. *zerren* 'zerreißen, zerstören, einen Kampf zu Ende bringen' (9. Jh.), mhd. *zerren* (md. auch *zarren*) '(zer)reißen, vertreiben, zerspalten, sich zerteilen, sich öffnen, einen Riß machen, miteinander streiten, zanken', mnd. *terren* 'zanken, streiten', mnl. *terren* 'plagen, quälen' steht (mit intensivierendem *rr* oder als kausative *jan*-Ableitung) neben dem unter *zehren* (s. d.) angeführten starken Verb (ahd. *zeran*) und gehört wie dieses zu der dort genannten Wurzel ie. **der(ə)-*, **drē-* 'schinden, (ab)spalten'. – Z e r r b i l d n. 'boshafte, verspottende

Wiedergabe, Entstellung', von Campe vorgeschlagene Verdeutschung von *Karikatur* (1789), gegen den Widerstand Klopstocks und Nicolais eingebürgert (Ende 18. Jh.); gebildet im Hinblick auf verzerren Vb. 'verunstalten, entstellen' (um 1700), älter 'auseinanderzerren, deformieren', mhd. *verzerren* 'zerreißen'; Verzerrung f. 'Entstellung, Deformierung' als Vorgang und Ergebnis (2. Hälfte 18. Jh.).

zerrütten Vb. 'ins Wanken bringen, zerstören' (15. Jh.), übertragen auf Körper und Seele des Menschen (16. Jh.), vgl. auch *sich zerrütten* 'sich entzweien' (15. Jh.); Präfixbildung zu dem *rütteln* (s. d.) zugrundeliegenden Simplex mhd. *rütten* 'in Erschütterung versetzen, schütteln'. zerrüttet Part.adj. 'nicht bei Sinnen, irre' (16. Jh.), 'zugrunde gerichtet' (von Menschen, 15. Jh.); heute bes. auf zerstörte menschliche Beziehungen (*zerrüttete Ehe, Familie*), auf finanzielle Verhältnisse u. ä. angewendet; Zerrüttung f. 'Zerstörung, Erschütterung' (um 1400).

zerschellen Vb. intrans. 'mit Schall zerspringen, zerbrechen' (bes. von Schiffen an Klippen), mhd. (stark flektierend) *zerschellen* 'zerspringen', und trans. 'mit Schall zerschlagen, zerbrechen', frühnhd. (schwach flektierend) *zerschellen* 'mit Schall zerstoßen, kaputtmachen' (16. Jh.); vgl. ahd. (stark) *skellan* 'tönen, schallen' und (schwach) *skellen* 'erklingen lassen' (s. [1]*Schelle*). Die starke Flexion bei intrans. Gebrauch wird für *zerschellen* schon früh (z. B. bei Luther) aufgegeben (doch begegnen vereinzelte Reste wie das Part. Prät. *zerschollen* noch im 19. Jh.).

Zervelatwurst f. Dauerwurst aus Schweinefleisch, Rindfleisch und Speck, Entlehnung des 17. Jhs. (mit verdeutlichendem zweiten Kompositionsglied, daneben auch *Cervelat*, Anfang 18. Jh.) aus ital. *cervellata*, das eine aus Mailand stammende, ursprünglich unter Verwendung von Schweinehirn hergestellte Wurstsorte bezeichnet (vgl. altmailänd. *zervelada*). Dieses ist gebildet zu ital. *cervello* m. 'Gehirn', dem lat. *cerebellum* n. 'kleines Gehirn', Deminutivum zu lat. *cerebrum* 'Gehirn, Hirnschale, Verstand' (s. *Hirn*), zugrunde liegt. Frühe Schreibungen wie *Servilat-Wurst, Serbelatwurst* deuten auf lautlichen Einfluß von (gleichfalls aus dem Ital. übernommenem) gleichbed. mfrz. frz. (älter) *cervelat*, frz. *cervelas* m.

Zerwürfnis n. 'Entzweiung, Bruch, Streit, Zank' (16. Jh.), mhd. *zerwerfnüsse* f., zu *zerwerfen* 'auseinanderwerfen, zerbrechen, uneins werden, sich entzweien', ahd. *ziwerfan* (8. Jh.), *zirwerfan* (9. Jh.) 'durcheinanderwerfen, zerstreuen, zerstören', mhd. *zerwerfen*, auch 'sich entzweien, streiten, zanken' (s. *werfen*).

zetern Vb. 'wehklagend schreien' (18. Jh.), 'keifend schimpfen' (19. Jh.), abgeleitet von zeter Interj., mhd. *zēter, zēther*, auch (unter Einfluß von *zittern*?) *zetter*, ursprünglich (2. Hälfte 13. Jh.) Not- und Hilferuf eines Angegriffenen bei Mordversuch, Raub, Diebstahl, Vergewaltigung, der die Mitbürger zur Hilfe und zur Verfolgung des Täters verpflichtet; dann Anklageruf zu Beginn der Gerichtsverhandlung, der vom Kläger dreimal erhoben wird (um 1300, vgl. *Zeter schreien*, um 1400), woraus sich ein allgemeiner Klageruf entwickelt. Die ursprünglich omd. Interjektion breitet sich im 16. Jh. ins Obd., Anfang des 17. Jhs. ins Nd. aus; vgl. ähnliche Not- und Hilferufe wie mhd. (frk. obd.) *wāfen(ā)*, jüngeres alem.-rhein. *mordio* (15. Jh.) und mnd. *tiōdūte, tō jōdūt(e), jōdūte*. Die Etymologie ist umstritten. Nach Törnquist in: Studia Neophilologica 11 (1938/39) 318ff. entstanden aus (mhd.) *ze æhte her* 'zur Verfolgung her' (s. [1]*Acht*; das *ē* in *zēter* wird als md. Wiedergabe von mhd. *æ* in *æhte* gedeutet). Dagegen führt Hammerich Clamor (1941) 170ff. mhd. *zēter* und mnd. *tiōdūte* auf **zi-jōt-hera* 'zum Kampf her' bzw. **ti-jōd-ūta* 'zum Kampf heraus' zurück, Bildungen zu germ. **jauð-* (ahd. **jōt*, mnd. **jōd*) 'Kampf', das er mit aind. *yúdh-* 'Kampf', *yúdhyatē* '(be)kämpft', lat. *iubēre* 'befehlen', lit. *judéti* 'sich bewegen, sich regen, sich rühren' an die Wurzel ie. **i̯eudh-* 'in heftiger Bewegung sein, kämpfen' anschließt. – Gezeter, älter auch *Gezetter* n. 'lautes Geschrei, Wehklagen, Schimpfen' (18. Jh.).

[1]**Zettel** m. bei einem Gewebe in Längsrichtung verlaufender Garnfaden, 'Kette, Aufzug' (15. Jh.; Gegensatz *Einschlag, Einschuß* für den durch die Breite laufenden Faden), vgl. mhd. *zettelgarn*, gebildet mit *l*-Suffix zu zetten Vb. 'einzeln, in kleinen Stücken fallen lassen, streuen, verstreuen, ausbreiten', ahd. *zetten* (9. Jh.; vgl. *bi-, ubarzetten* 'be-, überstreuen', 8. Jh.), mhd. *zet(t)en* 'streuen, zerstreut fallen lassen, ausbreiten' (germ. *-dd-*

aus *-dj-*). Dazu stellen sich anord. *teðja* 'düngen, misten', schwed. (mundartlich) *täda*, engl. (aus dem Anord.) *to ted* 'ausbreiten (von Heu)' sowie anord. *tað* 'ausgebreiteter Mist', schwed. (mundartlich) *tad* 'Dung' und got. *ungatass* 'ungeordnet, zügellos', ferner die unter *Zote* und *Zotte* (s. d.) angegebenen Formen. Außergerm. lassen sich vielleicht vergleichen griech. *datéasthai, datéesthai (δατέασθαι, δατέεσθαι)* 'unter sich verteilen, (zu)teilen', *dasmós* (δασμός) 'Verteilung, Tribut', so daß auf eine durch *t* erweiterte Form der Wurzel ie. **dā(i)-, *dī-* 'teilen, zerschneiden, zerreißen' (s. *Teil, Zeit*) zurückgegangen werden kann. – a n z e t t e l n Vb. 'den Aufzug eines Gewebes auf dem Webstuhl einrichten', übertragen 'anstiften' (Ende 15. Jh.), abgeleitet vom Subtantiv. ¹v e r z e t t e l n Vb. 'Gras, Heu, Stroh zum Trocknen ausbreiten, unachtsam, unbedenklich verstreuen, verschütten' (16. Jh.), übertragen 'vergeuden, vertun' (17. Jh.), 'Zeit vergeuden' (18. Jh.), *sich verzetteln* 'seine Kräfte zersplittern' (19. Jh.); Iterativbildung zu *verzetten*, mhd. *verzetten* 'zerstreut fallen lassen, verstreuen, verlieren', zu *zetten* (s. oben).

²**Zettel** m. 'kleines Stück Schreibpapier', mhd. *zedele, zedel, zetel* f. m. n. 'beschriebenes oder zu beschreibendes Blatt', entlehnt (gelegentlich wohl unter Einfluß von afrz. *cedule* bzw. ital. *cedola*) aus mlat. *cedula*, spätlat. *schedula* f. 'Blättchen Papier' (wozu vereinzeltes ahd. *skedal* 'Blatt Papier', Hs. 13. Jh.). Dies ist ein Deminutivum zu lat. *scheda, scida* f. 'abgerissener Streifen Papyrus, deren mehrere zu einem Bogen zusammengeleimt werden, Streifen, Blatt', wohl aus gleichbed. griech. **schídē* (*σχίδη) oder griech. *schída* f. (σχίδα) 'Abgespaltenes, Span'; zu griech. *schízein* (σχίζειν) 'spalten, durchschneiden, trennen'. *Zettel* gilt (seit dem 15. Jh.) vornehmlich im Obd., bei nordd. und md. Schriftstellern bis ins 19. Jh. auch *Zeddel*. Eine Nebenform *Zeddul* (nach frz. *cédule*) wird im 19. Jh. aufgegeben. – ²v e r z e t t e l n Vb. 'Gedanken, Beobachtungen auf Zettel niederschreiben, einen zusammenhängenden Text in Einzelzettel auflösen' (18. Jh.), 'etw. Schriftliches ausfertigen, etw. verbriefen, beurkunden' (15. Jh.); vgl. vereinzeltes spätmhd. *zeddelen* 'ein Schriftstück anfertigen'.

Zeug n. 'Gerät, Ausrüstung, Rohstoff, Material, Gewebe (Kleidung, Wäsche), Kram', eigentl. (im Hinblick auf den etymologischen Zusammenhang mit *ziehen*, s. unten) 'was benutzt, was herangezogen wird'. Ahd. *giziug* m. n., *giziugi* n. (8. Jh.), *ziug* (10. Jh.) 'Stoff, Ausstattung, Werkzeug, Aufwand', mhd. *(ge)ziuc* m. n. 'Werkzeug, Gerät, Ausrüstung, Kriegsgerät, gerüstete Kriegerschar, Stoff, Material, Beweis, Zeugnis, Zeuge', asächs. *gitiuh* 'Aufwand', mnd. *getūch, tūch* 'Gerät, Ausrüstung, Zeugnis, Zeuge', mnl. *ghetuuch* 'Stück einer Ausrüstung, Zeugnis', nl. *tuig* 'Zeug, Gerät', aengl. *getēog* 'Gerät' in aengl. *sulhgetēog* 'Pfluggerät', anord. (aus dem Mnd.) *tȳgi* 'Zeug, Gerät', schwed. *tyg* 'Stoff, Zeug' sind Substantivbildungen mit grammatischem Wechsel von *h* und *g* zum Stamm des unter *ziehen* (s. d.) behandelten Verbs. Aus der Grundbedeutung 'das Ziehen, Ziehung, der Heranziehen (einer Sache)' entwickelt sich das Wort zur Bezeichnung des zur Benutzung Herangezogenen. Daher auch mhd. *(ge)ziuc* 'Ziehung vor Gericht', und zwar das Beibringen des Beweises ('das Beweisverfahren') wie auch der zum Verfahren beigebrachte Mann ('der Beweisende, Bewahrheitende'); zur Weiterentwicklung des Wortes im rechtlichen Bereich s. *Zeuge, ²zeugen, Zeugnis*. Die präfixlose Form *Zeug* wird vom 15. Jh. an vorherrschend. Als Sammelbezeichnung (vgl. mhd. *geziuge* 'Gerätschaften, Ausrüstung') steht *Zeug* vielfach für 'Gegenstände aller Art, (minderwertiger) Kram, Worte, Gedanken' und dgl. (seit dem 16. Jh.), stärker abwertend auch *Zeugs* n. (2. Hälfte 18. Jh.), entstanden aus genitivischen Fügungen, vgl. *viel schönes Dings und Zeugs* (17. Jh.). Redensartlich *sich ins Zeug legen, werfen* 'tüchtig an die Arbeit gehen, sich anstrengen' (19. Jh.); *das Zeug zu etw. haben* 'begabt für etw. sein', eigentl. 'die Ausrüstung zu etw. haben' (18. Jh.); *was das Zeug halten will, hält* 'mit allen Kräften', eigentl. 'was das Geschirr des Zugpferdes aushält' (18. Jh.). In der Komposition ist *-zeug* so vielseitig verwendbar, daß es in heutiger Sprache den Charakter eines Kompositionssuffixes angenommen hat. – Z e u g h a u s n. 'Gebäude zur Aufbewahrung von Ausrüstungen und Vorräten', also für *Zeug* (s. oben), für Kriegsgerät und Munition (16. Jh.), Verdeutschungswort für *Arsenal* (s. d.).

Zeuge m. 'wer einem Vorgang beiwohnt

und über das Geschehen berichten kann'. Mhd. *geziuc* m. n. 'Herangezogenes, Werkzeug, Gerät, Ausrüstung, Kriegsgerät, Kriegsschar, Material, Beweis, Zeugnis, Zeuge', mnd. *getüch* hat neben sich einerseits präfixloses gleichbed. *ziuc*, mnd. *tuge, tüch(t)* und entwickelt andererseits schwach flektierendes *geziuge* m. 'der Beweisende, die Wahrheit Bekräftigende, der Zeuge'. Zumal aus dieser letztgenannten Form entwickelt sich nhd. *Gezeug(e), Zeug* (beide gelegentlich noch 18. Jh.), vor allem aber heute allein gültiges *Zeuge*. Der etymologische Zusammenhang mit *Zeug* (s. d.) wird allgemein nicht mehr empfunden. – Zeugnis n. (älter auch f.) 'Aussage in einem Rechtsverfahren, Urkunde, Leistungsbewertung', mhd. *geziugnisse* f. n. (Ende 13. Jh.), *ziugnisse* f. n. (14. Jh.), anfangs neben mhd. *geziuc*, frühnhd. *gezeug* (s. oben). Neutrales Genus beginnt sich seit Luther durchzusetzen. Vgl. mnd. *(ge)tüchnisse.*

[1]**zeugen** Vb. 'herstellen, hervorbringen' (heute selten), 'ein Lebewesen entstehen lassen, Kinder hervorbringen', ahd. *giziugōn* 'etw. (als Besitz, Vermögen) nachweisen', *ziugōn* 'zustande bringen' (um 1000), mhd. *ziugen* 'herstellen, (ein Buch) verfassen, anschaffen, ausrüsten, beweisen, Zeugnis ablegen', mnd. *(ge)tügen* 'beschaffen, hervorbringen, beweisen, Zeugnis ablegen', mnl. *ghetüghen* 'beschaffen, beweisen, Zeugnis ablegen', nl. *getuigen* 'bezeugen, bekunden'. Das Verb (eigentl. 'etw. heranschaffen, heranziehen') ist etymologisch an das unter *Zeug* (s. d.) behandelte Substantiv anzuschließen. Die alte Bedeutung 'beschaffen, verfertigen' tritt im 17. Jh. zurück, hält sich jedoch im Sinne von 'hervorbringen' in dichterischer oder gehobener Sprache; allgemein gilt dafür *erzeugen* (s. unten). Die im Mhd. auftretende Verwendung 'geschlechtlich hervorbringen' wird vom 17. Jh. an vorherrschend. In der Rechtssprache übliches *zeugen* 'be-, nachweisen, Zeugnis ablegen' liegt von da an semantisch weit ab und wird als eigenständiges Verb empfunden (s. [2]*zeugen*). – Zeugung f. 'Fortpflanzung, Keimlegung für Nachkommenschaft' (16. Jh.), mhd. *ziugunge* 'das Machen, Tun'. erzeugen Vb. 'hervorbringen, herstellen, produzieren', mhd. *erziugen* 'hervorbringen, machen lassen, die Kosten wovon bestreiten, ausrüsten'; Erzeuger m. 'Hersteller, Produzent', Erzeugnis n. 'das Hervorgebrachte, Produkt' (beide 18. Jh.).

[2]**zeugen** Vb. 'Zeugnis ablegen, als Zeuge aussagen', gleicher Herkunft wie [1]*zeugen* (s. d.), von dem es sich jedoch im 17. Jh. semantisch entfernt. – bezeugen Vb. 'durch Zeugenaussage bestätigen', mhd. *beziugen*, auch 'durch Zeugenaussage überführen'. überzeugen Vb. 'jmdn. durch Zeugen oder entsprechende Beweismittel zur Anerkennung einer Tatsache oder Meinung bringen', refl. 'sich durch Nachprüfen Gewißheit verschaffen' (16. Jh., geläufig 18. Jh.), mhd. *überziugen* 'Zeugnis ablegen gegen jmdn., (mit Zeugen) überführen'; Überzeugung f. 'feste Meinung, Gewißheit' (18. Jh.), zuvor 'Beweisführung' (17. Jh.), 'Überführung' (16. Jh.).

Zichorie f. Der Name des auch als *Wegwarte* (mhd. *weg(e)wart(e)*, 14. Jh.) bezeichneten, mit der Endivie nahe verwandten Korbblütlers ist im 16. Jh. (*Cicorei*, 1574, doch schon *Cicoreenwasser* als Heiltrank bei Paracelsus) entlehnt aus mlat. *cicorea, cichorea* f., hervorgegangen aus dem Plur. von lat. *cichōrium* n., griech. *kichórion* (*κιχόριον*) 'Zichorie, Endivie'. Die Entlehnung ist wohl vermittelt durch gleichbed. afrz. *c(h)icoree*, mfrz. *c(h)icorée* (frz. *chicorée* f.) bzw. ital. *cicoria* f. (älter *cicorea*). Bereits im 15. Jh. findet sich mnd. *suckereye* 'Zichorie', umgebildet unter dem Einfluß von mnd. *sucker* 'Zukker' (vgl. an nl. *suiker* 'Zucker' angepaßtes nl. *suikerij* neben nl. *cichorei* 'Zichorie' und aus dem Nl. oder Mnd. stammendes engl. *succory* neben engl. *chicory*). Seit der 2. Hälfte des 18. Jhs. wird *Zichorie* vor allem für den aus der getrockneten und gerösteten Wurzel einer Zuchtform dieser Pflanze hergestellten Kaffee-Ersatz allgemein bekannt. – Chicorée m., auch f., Übernahme (20. Jh.) von frz. *chicorée* (s. oben) zur Bezeichnung der als Salat oder Gemüse verwendeten, unter Lichtabschluß getriebenen bleichen Sprosse der Zichorie.

Zickzack m. n. 'in spitzen Knicken verlaufende Linie', zunächst (Anfang 18. Jh.) kriegstechnische Bezeichnung für die gebrochen angelegten vordersten Laufgräben der Belagerer (wie sie durch die Belagerung von Landau 1703/04 im Span. Erbfolgekrieg bekannt wurden), seit der 2. Hälfte des 18. Jhs.

auch in allgemeiner Verwendung für 'gebrochene Linie'. Der zuerst in den Schreibungen *Sicsac, Zigzac, Zigzag* vorkommende terminologische Ausdruck (in Fachtexten erklärt durch *Approche* 'Laufgraben', vgl. frz. *approche* 'Annäherung, Zugang, Laufgraben') ist über die Soldatensprache entlehnt aus gleichbed. frz. (älter) *tranchée faite en ziczacs, tranchée en zigzags* (später frz. *zigzag*). Der adverbiellen Fügung frz. *en zigzag* 'in gebrochener Linie, in spitzen Knicken verlaufend' geht frz. *zigzag*, älter *zigzac* 'Gerät aus einer größeren Zahl sich scherenförmig überkreuzender Leisten, das durch Zusammendrücken oder Spreizen zu voller Länge ausgedehnt und wieder zurückgezogen werden kann, Schnappschere' voraus. Im Dt. steht *Zickzack* neben reduplizierenden Bildungen mit Sekundärablaut wie *Krimskrams, Mischmasch, Singsang, Wirrwarr* (s. d.), unklar bleibt jedoch, ob zugrundeliegendes frz. *zigzag* selbst lautmalende Schöpfung ist oder auf eine ältere alliterierende Wortform des Germ. (möglicherweise verwandt mit *Zacke* 'Spitze, Zinke', s. d.) zurückgeht. – z i c k z a c k Adv. 'in Form einer Zickzacklinie' (18. Jh.), vgl. *zickzack laufen, nähen.*

Ziege f. Name für Angehörige einer Gattung der Horntiere mit kräftigen Hörnern und rauhem Fell, bes. für das seit alters als Milchlieferant gehaltene Haustier, ahd. *ziga* (9. Jh.), mhd. *zige* (daraus mnd. *sēge, tzēge, zēge, schēge*, mnl. *sēghe, zēghe, tsēghe*). Herkunft nicht gesichert. Die oben sowie die unter *Zicke* (s. unten) genannten Formen sind lediglich mit einer vereinzelten Hesych-Glosse griech. *díza* (δίζα) 'Ziege' und mit armen. *tik*, ursprünglich wahrscheinlich 'Ziegenhaut, -fell', dann 'Wein-, Wasserschlauch' (vorzugsweise aus Ziegenhaut) vergleichbar. Als Wurzel ist wohl ie. **dig(h)-* 'Ziege' anzusetzen. Vom Frk. ausgehend, hat sich *Ziege* ausgebreitet, gelangt durch Luthers Bibelübersetzung in die Literatursprache und hat *Zicke* (s. unten), *Geiß* (s. d.) und andere landschaftliche Ausdrücke weitgehend verdrängt; vgl. Rein in: Dt. Wortforsch. in europ. Bezügen 1 (1958) 191ff. Bereits seit mhd. Zeit steht *Ziege* auch als Schimpfwort für eine weibliche Person. Als Bezeichnung des männlichen Tieres Z i e g e n b o c k m. (14. Jh.), verdeutlichend neben *Bock* (s. d.). – Z i e g e n p e t e r m. 'Ohrspeicheldrüsenentzündung' (Mitte 19. Jh.; s. auch *Mumps*). Eine eindeutige Erklärung für die Bildung des Kompositums fehlt. Der Personenname *Peter* ist wohl im Sinne von 'Tölpel' aufzufassen, da ein durch diese Krankheit entstellter Mensch ein tölpelhaftes Aussehen hat wie einer, der nur zum Ziegenhüten geeignet ist (vgl. auch die landschaftliche Bezeichnung *Wochentölpel*). Das Bestimmungswort kann auch vergleichend auf eine bei Ziegen auftretende und diese Tiere entstellende Krankheit anspielen. – Z i c k e f. 'weibliche Ziege', ein in Umgangssprache und Mundart (md., bes. omd.) verbreiteter Ausdruck, der keinen Eingang in die Literatursprache findet. Auszugehen ist von ahd. (9. Jh.), mhd. *zickīn* n. 'kleine junge Ziege', mnd. *zi(c)ken* (15. Jh.), aengl. *ticcen*, einer Bildung mit *īn*-Suffix zur Bezeichnung von Tierjungen. Durch Übergang vom neutralen zum natürlichen Geschlecht und daraus resultierendem *n*-Abfall entsteht die für das feminine Genus übliche Form auf *-e*, und der deminutive Gehalt weicht der neuen Bedeutung 'weibliche (Mutter)ziege'. Als Bildung mit affektischer Konsonantenverschärfung stellt sich *Zicke* mit norw. (mundartlich) *tikka* 'Mutterschaf', mnd. *tīke*, anord. *tīk*, schwed. norw. *tik* 'Hündin' und (aus dem Skandinavischen) engl. *tyke* 'Köter' sowie den Weiterbildungen norw. (mundartlich) *tiksa* 'Schaf, Hündin', *tikla* 'junges weibliches Schaf, junge Kuh' zu dem oben behandelten Substantiv *Ziege*. Z i c k l e i n n. 'kleine Zicke', mhd. *zickelīn*.

Ziegel m. 'Baustein aus gebranntem Ton, Backstein', ahd. *ziegal, ziegala* (9. Jh.), mhd. *ziegel* 'Dach-, Mauerziegel', asächs. *tēgala*, mnl. *tēgel, teigel*, mnl. *tiegele* sind entlehnt aus lat. *tēgula* '(Dach)ziegel'; zu lat. *tegere* 'dekken, bedecken'. Daneben stehen ahd. *zigel* (um 1100), mhd. *zigel*, mnl. *tēghele, tichel*, nl. *tegel*, aengl. *tigel(e)*, engl. *tile*, die auf kurzvokalisches vlat. **tegula* oder **tegella* zurückgehen; allerdings kann ahd. *zigel* auch auf einer Kürzung der alten diphthongischen Form beruhen; vgl. Frings/M. Germania Romana 2 (1968) 481 und 650f. Anord. *tigl* 'Ziegel, Mauerstein' ist aus dem Aengl., schwed. *tegel*, dän. *tegl* 'Ziegel' wohl aus dem Mnl. entlehnt. – Z i e g e l e i f. 'Ziegelbrennerei' (Anfang 19. Jh., zuvor nd. im 18. Jh.). Z i e g e l d a c h n. 'mit Ziegeln gedecktes Dach', mhd. *ziegeldach*. z i e g e l r o t Adj., mhd.

ziegelrōt. Z i e g e l s t e i n m., ahd. *ziegalstein* (9. Jh.), mhd. *ziegelstein.*

Zieger, auch (bes. schweiz.) **Ziger** m. (landschaftlich f.) 'Käse aus Molke, Quark', zunächst (vor allem in der Schweiz, im Elsaß, in Oberschwaben und Tirol) Bezeichnung für das Molkeneiweiß, die aus der (bei der Käseherstellung anfallenden) Molke durch Sieden und Säurebeimischung gewonnene Quarkmasse (daneben im Schwäb. und Bair.-Öst. *Schotten* m., nach obital *scotta* 'Molke', aus vlat. **excocta*, dem substantivierten Fem. des Part. Perf. von lat. *excoquere* 'auskochen, ausschmelzen'), dann auch 'aus Molkeneiweiß bereiteter Käse, Ziegerkäse', mhd. *ziger* m. (frühmhd. vereinzelt *zigere* f.). Dem alem. tirol. *Zi(e)ger* 'durch Gerinnen der Molke gewonnene feste Masse' entspricht rätoroman. (Graubünden) *tšigrun, šigrun, sigrun*, auch *(t)šagrun.* Nach Hubschmied in: Vox Romanica 1 (1936) 92ff. handelt es sich wohl um ein Wort der gall. Milchwirtschaft, so daß vielleicht von einem spätgall. **tsigros* auszugehen ist, entstanden aus gall. **dwigros* 'zweite Erwärmung', zu kelt. **ger-* 'erwärmen, erhitzen' (anzuschließen an die Wurzel ie. **g*ᵘ*her-* 'heiß, warm', s. *gar*; vgl. air. *fogeir* 'er erhitzt') und der Kompositionsform kelt. **dwi-* 'zweifach' (vgl. air. *dē-*, s. auch *bi-*); Benennungsmotiv wäre dann, daß die Milchflüssigkeit nach der Käsegewinnung zur Ausfällung des Molkeneiweißes nochmals und stärker erhitzt wird (vgl. ital. *ricotta* 'Molkenkäse', zu ital. *ricuocere* 'noch einmal kochen, wieder aufkochen'). – Z i (e) g e r k ä s e m. 'aus Molkeneiweiß bereiteter Kräuterkäse', mhd. *zigerkæse.*

ziehen Vb. 'mit Kraft zu sich her oder hinter sich her bewegen, zerren, zu ganzer Länge ausdehnen, aufziehen, züchten, sich fortbewegen', refl. 'sich dehnen, in die Länge erstrecken'; zusammen mit einem Substantiv dient *ziehen* häufig zur Umschreibung eines Verbalbegriffs, vgl. *in Zweifel ziehen* 'bezweifeln' (16. Jh.), *Lehren ziehen* 'lernen' (18. Jh.); ahd. *ziohan* (8. Jh.), mhd. *ziehen*, asächs. *tiohan*, mnd. *tēn, tīen*, mnl. *tīen*, aengl. *tēon*, anord. (nur Part. Prät.) *toginn* 'gezogen', got. *tiuhan* 'führen'. Außergerm. vergleichen sich griech. *dadýssesthai* (δαδύσσεσθαι) 'zerrissen werden', *deúkein* (δεύκειν) 'denken, nachdenken, Sorge tragen', lat. *dūcere* 'ziehen, schleppen, führen, leiten', mkymr. *dygaf* (aus **dukami*) 'bringe'. Zugrunde liegt ie. **deuk-* 'ziehen'. Dazu gehören aus dem germ. Sprachbereich die unter *Zaum, Zeug, Zeuge, zögern, Zögling, Zucht, zucken, zücken, Zug, Zügel* behandelten Wörter sowie auch *Herzog* (eigentl. 'Heerführer', s. d.). Zum Part. Prät. *gezogen* in der Bedeutung 'erzogen' gehört u n g e z o g e n Adj. 'unartig, ungehorsam', ahd. *ungizogan* 'noch nicht erzogen, unbändig' (8. Jh.), mhd. *ungezogen* 'ohne gehörige Bildung, unartig, zuchtlos'. – a b z i e h e n Vb. 'durch Ziehen entfernen, herunterziehen, wegnehmen, weggehen, vermindern, subtrahieren', ahd. *abaziohan* (9. Jh.), mhd. *abeziehen*; A b z u g m. 'Vorgang, Ergebnis des Abziehens, Weggang, abgezogener Betrag, Vorrichtung zum Ableiten', mhd. *abezuc*; a b z ü g l i c h Präp. (bes. in der Kaufmannssprache) 'mit Abzug von, abgerechnet' (19. Jh.), vgl. schon (md.) *abezogelich* (15. Jh.). a n z i e h e n Vb. 'an sich heranziehen, straff ziehen, Kleidung anlegen', mhd. *aneziehen*, auch 'anklagen, beschuldigen' (eigentl. 'etw. als Beweis heranziehen'); A n z u g m. 'Vorwurf, Beschuldigung, Anmarsch, Ankunft' (15. Jh.), *im Anzuge sein* 'im Anmarsch sein, bevorstehen, beginnen' (16. Jh.), 'Kleidung' (Ende 16. Jh., geläufig seit 18. Jh.), dann speziell 'Jacke und Hose', spätmhd. *anzuc* 'Anzug (im Schachspiel)'; a n z ü g l i c h Adj. 'auf Unangenehmes, Peinliches anspielend, ungehörig, zweideutig' (16. Jh.), vgl. *anzügliche vnd schimpfliche Wort* (17. Jh.), zu frühnhd. *anzug* 'Vorwurf, Beschuldigung' (s. oben); daneben auch im Sinne von 'anziehend' (Anfang 16. Jh., noch bei Goethe). a u f z i e h e n Vb. 'durch Ziehen öffnen, in die Höhe ziehen, großziehen, erziehen, eine Feder spannen, ins Werk setzen, necken', ahd. *ūfziohan* 'emporziehen' (um 1000), mhd. *ūfziehen* 'sich erheben, in die Höhe ziehen, emporheben, auf-, erziehen, fördern, pflegen'; A u f z u g m. 'Vorrichtung zum Hochziehen, Hochfahren', dann (ab 17. Jh.) 'Aufmarsch, Festzug, Prozession', mhd. *ūfzuc* 'Vorrichtung zum In-die-Höhe-Ziehen, Aufschub, Anziehung, Einfluß'; *Aufzug* im Sinne von 'Aufmachung' (17. Jh.) ist eigentl. 'die Art und Weise, wie man vor anderen aufzieht', dann eingeschränkt auf 'Kleidung'; die Bedeutung 'Schauspielakt' (seit 17. Jh.) stammt aus dem feierlichen Auftritt der Schauspieler zu Beginn eines Aktes.

a u s z i e h e n Vb. 'herausziehen, in die Länge ziehen, auseinanderziehen, ablegen, aus-, entkleiden, ausplündern, einen Auszug machen, exzerpieren, wegziehen, wegmarschieren, die Wohnung aufgeben', ahd. *ūʒziohan* (9. Jh.), mhd. *ūʒziehen* 'aus-, herausziehen, sich entfernen, in den Krieg ziehen, entkleiden, ausnehmen, befreien'; A u s z u g m. 'das Ausziehen, Abmarsch, Auswanderung, Teilabschrift, Exzerpt, Extrakt', mhd. *ūʒzuc* 'Auszug, Einwand, Widerrede, Ausflucht, Ausnahme'. b e z i e h e n Vb. 'auf, über etw. ziehen, (be)spannen, regelmäßig erhalten, in einen bestimmten Zusammenhang bringen', refl. 'sich berufen auf, verweisen auf', ahd. *biziohan* 'festbinden, über-, zusammenziehen, zusammenfügen, wegnehmen' (8. Jh.), mhd. *beziehen* 'zu etw. kommen, erreichen, überziehen, ein Kleid besetzen, füttern, an sich nehmen, einziehen'; B e z i e h u n g f. 'Verbindung, innerer Zusammenhang, wechselseitiges Verhältnis, Bezug(nahme), Anspielung, Hinsicht' (17. Jh.); b e z i e h u n g s w e i s e Konj. 'oder vielmehr, genauer gesagt, im anderen Fall' (Mitte 18. Jh.), älter *beziehlicher Weise* (17. Jh.); B e z u g m. 'Bezugnahme, Hinsicht, Beziehung, das Beziehen (von Waren), Überzug' (Anfang 18. Jh.; Einzelbeleg schweiz. 1483); vgl. ahd. *bizog* 'Decke' (Hs. 11./12. Jh.), mhd. *bezoc* 'Unterfutter'; b e z ü g l i c h Adj. 'sich auf etw. beziehend' (vereinzelt 16. Jh., häufig seit Ende 18. Jh.); auch Präp. (19. Jh.). e r z i e h e n Vb. 'jmdn., bes. ein Kind, geistig und charakterlich formen, seine Neigungen und Fähigkeiten entfalten', ahd. *irziohan* 'ziehen, aufziehen, erziehen' (8. Jh.), mhd. *erziehen*, eigentl. 'herausziehen'; die Bedeutung des Verbs steht seit ahd. Zeit unter dem Einfluß von lat. *ēducāre* 'auf-, großziehen, ernähren, erziehen'; E r z i e h e r m. und E r z i e h u n g f. (17. Jh.). n a c h z i e h e n Vb. 'hinter sich herziehen, fester anziehen, nachzeichnen, verstärken, nachfolgen', ahd. *nāhziohan* (um 1000), mhd. *nāchziehen*; N a c h z ü g l e r m. 'wer verspätet eintrifft, Nachkömmling', zuerst (1792) bei Goethe im Sinne von 'hinter dem Heere zurückbleibender Soldat, Marodeur', gebildet zu heute nicht mehr gebräuchlichem *Nachzug* 'Nachhut eines Heeres'. ü b e r z i e h e n Vb. (in trennbarer Verbindung) 'ein Kleidungsstück über den Körper ziehen, (über etw. anderes) anziehen' (17. Jh.); vgl. die Wendung *jmdm. eins, ein paar überziehen* 'jmdm. einen Hieb, Hiebe versetzen, jmdn. schlagen' (um 1600); (in untrennbarer Verbindung) 'mit einem Überzug versehen, bedecken, bespannen', auch *mit Krieg überziehen* 'zum Kriegsschauplatz machen', *das Konto überziehen* 'mehr abheben, als auf dem Konto steht'; ahd. *ubarziohan* 'verziehen' (Hs. 12. Jh.), mhd. *überziehen* 'über etw. ziehen, an sich ziehen, gewinnen, bedecken, überfallen, besetzen, übertreffen'; Ü b e r z i e h e r m. 'leichter Herrenmantel' (Mitte 19. Jh.), früher 'Überziehrock der Männerkleidung' (18. Jh.); Ü b e r z u g m. 'auswechselbare Hülle, Bezug, dünne Decke, Schicht, Auflage', auch frühnhd. *überzog* 'Überfall, feindlicher Angriff' (15. Jh.), ahd. *ubarzug* 'Kleidungsstück' (Hs. 13. Jh.). u m z i e h e n Vb. (trennbar) 'in eine andere Wohnung ziehen, den Wohnsitz wechseln, ein anderes Kleid, einen anderen Anzug anziehen, die Kleidung wechseln' (18. Jh.), älter 'herum-, umherziehen, -schweifen, -wandern' (Anfang 16. Jh.), (untrennbar) 'sich um... herumbewegen, ziehend umkreisen, mit etw. rings umgeben, bedecken', refl. 'sich bewölken, beziehen', mhd. *umbeziehen* 'umgeben, -zingeln, überfallen, herumziehen'; U m z u g m. 'das Umherziehen, (feierlicher) Aufzug, Festzug' (Anfang 16. Jh.), 'Wohnungswechsel' (19. Jh.). v e r z i e h e n Vb. 'durch Ziehen in eine vom Normalen, Üblichen abweichende Form bringen, verzerren, die Wohnung, den Wohnort wechseln, falsch, nicht in der richtigen Weise erziehen, verwöhnen, zu dicht stehende junge Pflanzen herausziehen, vereinzeln', refl. 'allmählich weiterziehen und verschwinden, sich (unauffällig) entfernen', ahd. *firziohan* 'wegnehmen, entziehen, falsch erziehen' (8. Jh.), mhd. *verziehen* 'auseinanderziehen, herausziehen, entfernen, hinziehen, aufschieben, verzögern'; V e r z u g m. 'Verzögerung, Rückstand im Erfüllen einer Verpflichtung', mhd. *verzuc*, *verzoc*, auch 'Einspruch, Einwand'. v o l l z i e h e n Vb. 'in die Tat umsetzen, ausführen, vollstrecken', refl. (seit 19. Jh.) 'vor sich gehen, geschehen, ablaufen', ahd. *fol(l)aziohan* 'unterstützen helfen, vollenden' (8. Jh.), mhd. *vol(le)ziehen* 'vollständig ziehen, ausführen, unterstützen, gemäß verfahren, genügen, befriedigen', eigentl. 'etw. bis zum Ende, zum Ziele ziehen'; Vollzug m. 'Verwirklichung, Ausführung, Vollstrekkung', mhd. *volzuc*. vorziehen Vb. 'nach vorn ziehen, hervorziehen, vor etw. ziehen, bevorzugen, lieber mögen, für später Vorgesehenes auf einen früheren Zeitpunkt legen, zuerst in Angriff nehmen', ahd. *furiziohan* 'hervorziehen, vorbringen, etw., jmdn. vorziehen' (10. Jh.), mhd. *vür-, vorziehen* (frühnhd. *für-, vorziehen*) 'vorführen (Pferd), darlegen, anführen, geltend machen, vorenthalten'; Vorzug m. 'Vergünstigung, Vorteil, Vorrang, Vorrecht', mhd. *vürzuc, vürzoc* (frühnhd. *Für-, Vorzug*); auch im Sinne von 'wertvolle, vortreffliche Eigenschaft, Vorzüglichkeit, gute Seite' (seit 17. Jh.); vorzüglich Adj. 'hervorragend, ausgezeichnet, vortrefflich' (18. Jh.). zuziehen Vb. 'durch Heranziehen schließen, zusammenziehen, festziehen, herbeirufen, von auswärts an den hiesigen Ort ziehen', *sich etw. zuziehen* (z. B. etw. Übles, eine Krankheit, 18. Jh.), ahd. *zuoziohan* 'anziehen, (die Bogensehne) spannen' (um 1000), mhd. *zuoziehen* 'zuziehen, zufügen, schließen, entgegenziehen, jmdm. zusetzen'; zuzüglich Präp. (bes. in der Kaufmannssprache) 'hinzukommend, hinzuzurechnen' (20. Jh.), wohl nach *abzüglich* (s. oben) gebildet.

Ziel n. 'festgesetzter (angestrebter) örtlicher oder zeitlicher Endpunkt, erstrebter Zustand, Absicht'. Das nur im Dt. belegte (doch vgl. unten das der Wortart nach unsichere got. Zeugnis) Substantiv ahd. (um 800), mhd. *zil*, mnd. (aus dem Hd.?) *til, tēl* steht neben den im Germ. gut bezeugten Verben zielen 'auf ein bestimmtes Ziel richten, sich worauf beziehen, worauf gerichtet sein', ahd. *zilēn* 'sich bemühen, sich anstrengen' (8. Jh.), *zilōn* 'sich bemühen, beeilen' (9. Jh.; vgl. *gizilōn*, 8. Jh.), mhd. *zil(e)n* 'zielen, ringen, streben, zu erreichen suchen', asächs. *tilian* 'erlangen', mnd. *tēlen* 'zielen', mnl. *tēlen* 'hervorbringen, sorgen für, anbauen, bestellen', nl. *telen* 'zeugen, schaffen, züchten', aengl. *tilian* 'streben, (sich) verschaffen, versuchen, bebauen', engl. *to till* '(Land) bestellen, pflügen', got. *gatilōn* 'erzielen', *andtilōn* 'sich anbequemen'. Substantiv- und Verbformen stellen sich zu einem Adjektiv germ. **tila-* 'passend', vgl. afries. aengl. *til* 'tauglich, gut', anord. *tilr* 'gut, passend, zweckmäßig', got. *til* 'passend' (oder Subst. 'passende Gelegenheit'?), *gatils* 'passend' und zu der Präposition afries. aengl. *til*, engl. *till* 'bis, zu', anord. *til* 'zu, nach, bis', schwed. *till* 'zu, nach, an, in, bis'. Weitere Beziehungen sind unklar. Vielleicht gehört die Wortgruppe als Ableitung zu der unter *Zeit* (s. d.) genannten Wurzel im Sinne von 'das Eingeteilte, Abgemessene', dann 'örtlicher oder zeitlicher Endpunkt'? Oder (vgl. Pokorny 1, 3) mit air. *ad* 'Gesetz', *adas* 'geziemend', kymr. *addas* 'passend', *eddyl* (aus **adilo-*) 'Pflicht, Ziel' zu ie. **ad-* 'festsetzen, ordnen, Ziel'? – ziellos Adj. 'ohne festes, erkennbares Ziel, planlos' (19. Jh.), älter 'endlos' (17. Jh.). zielstrebig Adj. 'beharrlich einem Ziel zustrebend, immer das Ziel im Auge habend', gebildet (um 1860) von dem balt. Naturforscher v. Baer als dt. Wiedergabe für *teleologisch* im Sinne von 'nur durch das Entwicklungsziel bedingt, auf das in jmdm. oder etw. angelegte Ziel hinstrebend'; dazu auch (vom gleichen Autor) *Zielstrebigkeit, Zielstrebung*.

ziemen Vb. 'angemessen sein', refl. 'sich schicken'. Das ehemals stark flektierende Verb ahd. *zeman* 'sich fügen, ziemen, passen' (9. Jh.), mhd. *zemen* 'ziemen, passen, angemessen sein, taugen, scheinen, behagen', md. auch *zimen* refl. 'sich dünken', mnd. mnl. *tēmen* hat neben sich das gleichbed. Präfixverb **geziemen** Vb., ahd. *gizeman* (um 800), mhd. *gezemen*, mnd. *getēmen*, mnl. *ghetēmen*, got. *gatiman*. Damit verbinden sich ahd. *zimīg* 'geziemend, würdig, schicklich, anmutig' (um 1000; *unzimīg* 'unwürdig', 9. Jh.), dehnstufig *gizāmi* 'passend, angemessen, schicklich' (9. Jh.), *gizāmi* n. 'das Geziemende, Schickliche, Angemessene' (9. Jh.), mnd. *betāme*, got. *gatēmiba* 'geziemend' (germ. **tēmi-*) sowie die unter *Zunft* und *Zimmer* (s. d.) angeführten Formen. Auszugehen ist von der Wurzel ie. **dem(ə)-* 'bauen', eigentl. '(zusammen)fügen' (ein Zusammenhang mit der unter *zähmen*, s. d., genannten Grundlage ist nicht gesichert). – ziemlich Adj. 'geziemend, gebührend, beachtlich', als Adv. (seit 16. Jh.) 'in verhältnismäßig hohem, reichlichem Maße, annähernd, ungefähr', ahd. *zimilīh* (um 1000), mhd. *zim(e)lich* 'schicklich, gebührend, geziemend'.

ziepen Vb. 'einen leisen, pfeifenden, klagenden Ton hören lassen' (16. Jh.), vorwiegend nordd. und md.; zu lautmalendem *ziep*, nd. *tīp*, als Nachbildung einer klagenden Vogelstimme. Hierher vielleicht auch *ziepen* im Sinne von 'jmdn. sacht an der Haut, an den Haaren ziehen', auch 'stechend schmerzen', als ob gleichsam der Laut *ziep* damit verbunden wäre (18. Jh., in nordostd. und omd. Mundarten wohl älter).

Zier f. 'Schönheit, Schmuck, Zierat', ahd. *zierī* (um 800), mhd. *zier(e)* 'Schmuck, Schönheit, Pracht, Herrlichkeit', mnd. *tēre*, mnl. *tiere* 'Art und Weise, Beschaffenheit' sind feminine Abstraktbildungen (germ. *\u0074*ērīn-*) zu dem in frühnhd. Zeit untergegangenen, im 19./20. Jh. vereinzelt von Dichtern wieder aufgenommenen Adjektiv z i e r 'glänzend, prächtig, herrlich', ahd. *zieri* (8. Jh.), mhd. *zier(e)* 'prächtig, kostbar, herrlich, schön, schmuck', mnd. *untēre* 'unartig, widerwärtig, häßlich' (germ. **tērja-*). Daneben ist ein maskuliner *a*-Stamm (germ. **tīra-*) bezeugt in asächs. aengl. *tīr* 'Ruhm, Ehre', mnd. *tēr* 'Beschaffenheit, Gedeihen, Glanz, Ruhm', anord. *tīrr* 'Glanz, Ruhm, Ehre'. Es handelt sich um Bildungen mit *ro*-Suffix (ie. **dēiro-* bzw. **dīro-*) zur Wurzel ie. **dei-*, **dei̯ə-* 'hell glänzen, schimmern, scheinen', wozu sich auch ahd. *zeiȝ* 'fein, zart, zierlich' (9. Jh.), asächs. *tēt-* 'froh' (in Personennamen), anord. *teitr* 'froh, lustig' und toch. A *tiri* 'Art und Weise', aind. *dīdēti* 'strahlt, leuchtet, glänzt', *dyáuḥ* 'Himmel, Tag' (auch 'Gottheit'), griech. *déato* (*δέατο*) 'schien', *dēlos* (*δῆλος*, aus **δέαλος*) 'offenbar, deutlich' stellen (s. noch *Lenz* und *Zeidler*). – Z i e r d e f. 'Verzierung, Zierat, Ausschmückung, Verschönerung, Schmuck', ahd. *zierida* (8. Jh.), mhd. *zierde* 'Schmuck, Schönheit, Pracht, Herrlichkeit', Abstraktbildung zum Adjektiv. z i e r e n Vb. 'verschönern, (aus)schmükken', ahd. (um 800), mhd. *zieren* 'putzen, schmücken, zieren, verherrlichen, rühmen, zur Zierde gereichen'; refl. 'sich verhalten, sich benehmen' (16. Jh.), 'sich gegen etw., was man tun möchte, sträuben, sich lange bitten lassen, sich unnatürlich, gekünstelt geben' (Anfang 18. Jh.); g e z i e r t Part.adj. 'unnatürlich, gespreizt, gekünstelt' (1. Hälfte 18. Jh.). v e r z i e r e n Vb. 'mit Zierat versehen, (aus)schmücken' (15. Jh.); V e r z i e r u n g f. (16. Jh.). z i e r l i c h Adj. 'von feiner Gestalt und Form, anmutig, graziös', mhd. *zierlich* 'strahlend, prächtig, herrlich, schön'; vgl. asächs. *tīrlīko* Adv. 'in ehrenvoller, schöner Weise'. Z i e r a t m. 'schmückendes Beiwerk, Verzierung, Zierde, Schmuck', mhd. *zierōt* m., gebildet mit dem unter *Armut, Einöde, Kleinod* (s. d.) angegebenen Suffix zum Adjektiv ahd. *zieri*, mhd. *zier(e)* (s. oben), im Genus bis ins 19. Jh. schwankend zwischen Mask. und Fem. Zuweilen fälschlich als Zusammensetzung mit *Rat* aufgefaßt, daher auch *Zierrat* geschrieben (16. Jh.).

Ziesel m. n. Name für den Eichhörnchen verwandte Nagetiere, heimisch in den Steppen Osteuropas (und Nordamerikas), schon früh auch in Österreich, Böhmen und Ostmitteldeutschland; anfangs in volkstümlicher Tierkunde von anderen Nagetieren (Hasel-, Bilchmaus, Siebenschläfer) nicht unterschieden. Mhd. *zisel* m., mundartlich auch diphthongiert *zeysel* (16. Jh.), obsächs. *Zeisel(e)* f., wohl mit dem Pelzhandel entlehnt aus dem Atschech., vgl. tschech. *sysel*; ferner aruss. *susolъ*, russ. *súslik* (*суслик*), slowak. *sysel'*, poln. *suseł*, obsorb. *suslik*, alle wohl anzuschließen (mit auf Ablaut beruhenden Vokalschwankungen) an ein lautmalendes slaw. Verb wie kslaw. *sysati* 'zischen, pfeifen', bulg. *sъ́skam* 'zische' (vgl. VASMER 3,50 f. und s. *sausen*). Früher bezeugt ist verdeutlichendes ahd. *zisi-*, *cisi-*, *sisimūs* f. (10. Jh.; daraus vielleicht mlat. *cisimus*?), aengl. *sisemūs* f., mhd. *ziselmiuslīn* n., nhd. *Zieselmaus* (15. Jh.), auch *Zeiselmaus* (16. Jh.).

Ziffer f. 'Zahlzeichen' beruht auf arab. *ṣifr*. Dieser Ausdruck wird mit dem arab. Zahlensystem, das, von den Indern stammend, als Neuerung die Null enthält, seit dem 12. Jh. in Europa als Bezeichnung für 'Null' bekannt. Aind. *śūnyam* n. 'Leere, Nichts, Null' wird im Arab. mit dem Adjektiv *ṣifr* 'leer' wiedergegeben; ihm entsprechen mit der Bedeutung 'Null' mlat. *cifra*, afrz. *cifre*, ital. *cifra* (woraus frz. *chiffre*), engl. *cipher*, nl. *ciffer*, schwed. *siffra*, dt. *Ziffer* (bis ins 19. Jh.). Im Laufe der Entwicklung wird diese Bezeichnung in den europäischen Sprachen auf alle Zahlen übertragen, so daß die Bedeutung 'Zahlzeichen' entsteht. Nhd. *Ziffer* 'Null, Zahlzeichen' wird um 1400 aus afrz. mfrz. *cifre* f. (später m.) entlehnt. Vom 16. bis 18. Jh. trägt es zugleich die Bedeutung 'Geheimschrift', die sich aus der Vorstellung, die Null besitze magische Kräfte, entwickelt. (Seit dem 15./16. Jh. werden in Geheimschriften statt Buchstaben oft

Zahlen verwendet.) Im 18. Jh. wird für 'Geheimzeichen, -schrift' frz. *chiffre* m. ins Dt. übernommen (s. *Chiffre*), und *Ziffer* steht nunmehr allein für 'Zahlzeichen'. Auch frz. *zéro*, nhd. *Zero* 'Null' geht auf arab. *ṣifr* zurück.

-zig Bildungssilbe der Zehnzahlen von 20 bis 90, ahd. *-zug* (vorwiegend alem. frk., auch bair.), *-zog* (frk., auch alem.), *-zeg* (vielfach bei Notker), *-zig* (allgemein ab 11. Jh.), mhd. *-zic, -zec*, asächs. *-tig, -tich*, mnd. mnl. *-tich*, nl. aengl. *-tig*, engl. *-ty*, anord. *-tigr*, selten *-tugr.* Zugrunde liegt ein in got. *-tigjus* Plur. 'Zehner(einheiten), Dekaden' zur Bildung der Zehnzahlen (vgl. got. *fidwōr-tigjus* 'vierzig') belegtes Substantiv (Sing. **tigus* 'Anzahl von zehn, Zehnheit, Dekade', ein *u*-Stamm nach germ. **teguz*). Verwandtschaft besteht wohl mit lat. *decuria* 'Anzahl, Abteilung von zehn, Zehntschaft', umbr. *dequrier, tekuries* 'Fest der Dekurien', so daß ie. **deḱu-* (in Weiterbildungen von ie. **deḱm̥*, s. *zehn*) vorausgesetzt werden kann. Got. *-tigjus* steht in grammatischem Wechsel gegenüber got. *taíhun* 'zehn'. Ein Reflex des alten Substantivs zeigt sich darin, daß im Ahd. die der Zehnzahl folgenden, also die gezählten Dinge im Gen. Plur. angeschlossen werden, vgl. ahd. *fiorzug wehhōno* 'vierzig Wochen'. Der abweichende Vokal *u* in ahd. *-zug* beruht entweder auf einer schwundstufigen Form oder auf Assimilation des *i* (bzw. germ. *e* in **teguz*) an das stammhafte *u* der Endung, hervorgerufen durch seine Unbetontheit. Ahd. *thrīʒug*, nhd. *dreißig* zeigt Verschiebung von germ. *t* inlautend zwischen Vokalen zur Spirans. Mit ahd. *-zug* und seinen Varianten werden ursprünglich nur die Zehner von 20 bis 60 gebildet, die von 70 bis 100 dagegen mit *-zo*, vgl. ahd. *sibunzo, ahtozo, *niunzo, zehanzo*. Erklärbar als Abschwächung von *-zug*? Man sieht darin auch alte Ordinalia (mit germ. *t*), indem in Hinblick auf asächs. *antsiƀunta* 'siebzig' von **hundsibunto* 'siebenter Zehner' ausgegangen wird, wobei **hund-* aus ie. **(d)ḱm̥t-* 'hundert' bzw. älter 'Zehnheit (von Zehnern)' zu erklären ist (s. *hundert*). Vgl. H.-F. Rosenfeld Die germ. Zahlwörter 70–90, in: Wiss. Zs. d. E.-M.-Arndt-Univ. Greifswald, gesellschafts- und sprachwiss. Reihe Nr. 3, Jg. VI (1956/57) 171 ff.

Zigarre f. Die Bezeichnung für die fest gewickelte, mit einem Deckblatt umhüllte Rolle aus Tabakblättern ist entlehnt (2. Hälfte 18. Jh.) aus gleichbed. span. *cigarro* m. (wovon auch engl. *cigar*, frz. *cigare*, ital. *sigaro*). Diesem liegt wohl indian. (Maya) *zicar* '(gerollte Tabakblätter) rauchen' zugrunde. Im Dt. erscheint der Ausdruck zunächst in Reisebeschreibungen über Mittelamerika, anfangs (unter frz. Einfluß?) in der Form *Cigarr*, dann (noch bis Mitte 19. Jh.) nach span. Vorbild *Cigarro* (Plur. *Cigarros*), *Zigarro*; daneben taucht um 1800 die eingedeutschte Pluralform *Ciggaren, Cigarren* auf, aus der sich in den 20er Jahren des 19. Jhs. der Sing. *Cigarre, Zigarre* (mit fem. Genus) ergibt. Die übertragene Bedeutung 'grobe Zurechtweisung, Rüffel' (vgl. *jmdm. eine (dicke) Zigarre verpassen*) stammt aus der Soldatensprache des ersten Weltkriegs und erklärt sich aus ironischer Gleichsetzung der entgegenzunehmenden Rüge mit der oft bei Besprechungen freundlich-herablassend angebotenen Zigarre. – Zigarette f. 'mit feingeschnittenem Tabak gefüllte dünne, etwa fingerlange Papierhülse' (um 1860, bis Ende 19. Jh. meist *Cigarette* geschrieben), nach gleichbed. frz. *cigarette* (Deminutivbildung zu frz. *cigare*, s. oben), vorher schon Formen wie *Cigareto, Segarrito, Cigarrito* (seit 1841), im Anschluß an span. *cigarrito* 'Papierzigarre, Zigarette', Deminutivum zu span. *cigarro* neben üblicherem span. *cigarrillo* 'Zigarette', wovon Zigarillo n. m. 'kleinere, dünne Zigarre' (Mitte 19. Jh.).

Zigeuner m. Angehöriger eines ursprünglich nomadisierenden, über viele Länder verstreut lebenden indoeuropäischen Volkes, das etwa im 10. Jh. aus Nordindien ausgewandert ist, in Gruppen vor allem auf dem Wege über den Iran, Armenien und die Balkanländer, teilweise wohl auch über Syrien, Nordafrika und Spanien nach Europa gelangt und Anfang des 15. Jhs. (urkundlich zuerst 1417 nachweisbar) dt. Boden betritt. Der mit Selbstbezeichnungen wie zigeunerisch *sinto* (meist *sinti, sindhi* Plur.), auch *rom* (eigentl. 'Mann, Gatte'), *manusch* (eigentl. 'Mensch, Mann') nicht in Zusammenhang stehende dt. Name findet sich in seiner heute üblichen Lautgestalt schon in den frühesten hd. Zeugnissen als frühnhd. (bair.) *Zigeuner* (1418), *Cigäwnär* (1. Hälfte 15. Jh.). Der Diphthong der zweiten Silbe dieser Form setzt einen Tonvokal *-u-* (umgelautet *-ü-*) voraus, der auch in frühnhd. (westmd.) *Ziguner*, mnd. *sēgūner* (beide 15. Jh.) begegnet, aber noch der Erklärung entbehrt. Daneben stehen Varianten wie frühnhd. (schweiz.) *Ziginer* (15. Jh., mit Entrundung des *-ü-*, vielleicht begünstigt durch Anklang an frühnhd. *Sarraciner* 'Sarazene, Heide', das in der Schweiz zunächst gleichfalls Benennung für die umherziehenden fremdartigen Menschen ist), (obd.) *Zingyner* (16. Jh.) und in verschiedenen Landschaften bis ins 18. Jh. verbreitetes *Zigäner*, auch (umlautlos) *Ziganer* (vgl. mnd. *sīgēner*, vereinzelt *sīgāner*), sämtlich mit der im Dt. für Stammesnamen gebräuchlichen Endung *-er*. Die Form mit dem Tonvokal *-a-* schließt sich an mnd. *sēkāne* 'Zigeuner' (15. Jh., vgl. mlat. *secanus, sechanus*) an, das seinerseits Entlehnung aus dem Slaw. ist und Herkunft des Ausdrucks aus dem südosteuropäischen Raum erkennen läßt, vgl. atschech. *cikān, cigān* (tschech. *cikán*), slowak. *cigán*, serbork. *c̀igan(in)* Sing., *c̀igani* Plur., mbulg. *aciganinъ* Sing., *acigane* Plur. (bulg. *cíganin, циганин*), ferner rumän. *țigan*, ungar. *cigány*. Zugrunde liegt wohl das (in ital. *zingaro*, älter auch *zingano* ebenfalls fortlebende) gleichbed. mgriech. *tsínganos* (*τσίγγανος*), älter *atsínganos* (*ἀτσίγγανος*, latinisiert mlat. *acinganus*), das wahrscheinlich auf mgriech. *Athínganoi* (*'Αθίγγανοι*) Plur., den Namen einer ketzerischen Sekte in Phrygien und Lykaonien (erwähnt seit Anfang 9. Jh.), zurückzuführen ist; dieser wurde möglicherweise auf die durch Kleinasien ziehenden, gleichermaßen verabscheuten Zigeuner übertragen. Von der 2. Hälfte des 16. Jhs. an wird *Zigeuner* im Dt. auch metaphorisch für 'ein unstetes Leben führende, wie ein Zigeuner lebende Person' verwendet. – zigeunerisch Adj. 'nach Art von Zigeunern, unstet, unbekümmert' (1. Hälfte 16. Jh.). zigeunern Vb. 'ein Zigeunerleben führen, unstet hin und her wandern' (Frühbeleg 1588, geläufig seit dem 18. Jh.). Zigeunerleben n. 'Wanderleben der Zigeuner' (um 1600), 'unstetes, ungebundenes Leben' (1. Hälfte 19. Jh.).

Zikade f., älter *Cicade*, Name kleiner Insekten, deren Männchen Zirptöne von sich geben, daher weithin auch Bezeichnung für die ebenfalls zirpenden Grillen; entlehnt (Ende 18. Jh.) aus lat. *cicāda*, einem aus einer unbekannten Mittelmeersprache stammenden Ausdruck.

Zille f. 'flacher Lastkahn' (für die Flußschiffahrt), ahd. *zulla* 'Kahn, Boot' (Hs. 12. Jh.), mhd. *zulle, zülle*, frühnhd. *Zull, Züll(e)*, entrundet *Zille* (15. Jh.), entlehnt im Donauraum aus aslowen. **čḷnъ* 'Nachen, Kahn' (slowen. *čóln*), urslaw. **čьlnъ*; vgl. aruss. *čьlnъ*, russ. *čёln* (*чёлн*), serbokr. *čûn*, atschech. tschech. *člun*, slowak. *čln*, wohl verwandt mit [1]*Holm* 'Querbalken' (s. d.). Vgl. Bielfeldt Entlehnungen (1965) 53. Das zunächst an der Donau übliche Wort begegnet in der Mitte des 17. Jhs. auch an der oberen Elbe und seit den 80er Jahren des 19. Jhs. an Oder, Spree und Havel.

Zimbel m. f. n. alttestamentliches 'Schlaginstrument aus zwei metallenen Becken, Glocke, mit Hämmern anzuschlagendes Glockenspiel, Schelle, mit Schellen besetzte Handtrommel', meist (seit ahd. Zeit) im Plural. Ahd. *zimbala* (8. Jh.), mhd. *zimbal, zimbel* m. n., *zimbele* f., frühnhd. *cimbal, cymbel, zymbel, zimbel*, mnd. *simbalum, simbel(e), zimbell, zymbel, simele*, mnl. *simbale, cimbale*, nl. *cimbaal*, aengl. *cimbal*, engl. *cymbal* sind Entlehnungen aus lat. *cymbalum*, Plur. *cymbala*, griech. *kýmbalon*, Plur. *kýmbala* (*κύμβαλον, κύμβαλα*) 'kleines hellklingendes Metallbecken', auch 'flaches Wasserbecken', einem Deminutivum zu griech. *kýmbos* (*κύμβος*) 'Hohlgefäß, Schale'. Auf dem Griech.-Lat. beruht auch ungar. *cimbalom* (15. Jh.), *czymbalum* (16. Jh.), *cymbál, cymbal* (19. Jh.), russ. (Plur.) *cymbály* (*цымбалы*), poln. (Plur.) *cymbały*, tschech. *cimbál*, slowak. *cimbal*, ein in der osteurop. Volksmusik gespieltes, viereckiges Instrument, dessen Saiten mit hölzernen Hämmerchen angeschlagen werden; daraus im Dt. (meist Singular) *Cymbal, Zymbel, Cimbal, Zimbal, Zimbel* n. 'Hackbrett' (Anfang 18. Jh.). Heute wird unterschieden *Zimbel* f. 'altes Schlaginstrument' und *Cymbal, Zymbal* n. 'Saiteninstrument, Hackbrett'.

Zimmer n. 'Raum einer Wohnung', ahd. *zimbar* (8. Jh.), mhd. *zimber, zimmer, zimer* 'Bauholz, Holzbau, Wohnung, Wohnraum', asächs. *timbar* 'Zimmerwerk', mnd. mnl. *timber, timmer* 'Bauholz, Holzbau', nl. (mundartlich) *timmer* 'Bauwerk, Zimmerwerk', aengl. *timber* 'Bauholz, das Bauen, Gebäude, Bäume, Wälder', engl. 'Bauholz, Baumbestand', anord. *timbr* 'Bauholz, Gebäude', schwed. *timmer* 'Bauholz'. Zugrunde liegt germ. **timbra-* 'Bauholz' (mit eingeschobenem *b* als Gleitlaut), eine Bildung mit dem Suffix ie. *-ro-* (ie. **demro-*) zu einer Wurzel ie. **dem(ə)-* 'bauen', eigentl. wohl '(zusammen)fügen'. Hier schließen sich an aind. *dámaḥ* 'Haus, Wohnung', griech. *dómos* (*δόμος*) 'Haus, Wohnung, Zimmer', *démein* (*δέμειν*) 'bauen', die *u*-Stämme lat. *domus* 'Haus', aslaw. *domъ*, russ. *dom* (*дом*) 'Haus' sowie die unter *ziemen* und *Zunft* (s. d.) genannten Wortgruppen. *Zimmer* bedeutet ursprünglich 'Bauholz', dann 'Holzgebäude', später 'Wohnraum', neuerdings auch 'das darin enthaltene Mobiliar, Zimmereinrichtung' (20. Jh.). – zimmern Vb. '(aus Holz) herstellen, bauen, zusammenfügen', ahd. *(gi)zimb(a)ren, (gi)zimb(a)rōn* (8. Jh.), mhd. *zimbern, zimpern, zimmern* 'mit der Zimmeraxt behauen, bauen, erbauen', asächs. *timbrian*, mnd. *timberen, timmeren*, mnl. nl. *timmeren*, aengl. *timbr(i)an*, engl. *to timber*, anord. *timbra*, schwed. *timra*, got. *tim(b)rjan* 'zimmern, bauen'. Zimmermann m. 'Handwerker, der Holzkonstruktionen beim Bau von Gebäuden herstellt', (Plur. *Zimmerleute)*, ahd. *zimbarman* (9. Jh.), mhd. *zimberman, zimmerman, zimerman*.

zimperlich Adj. 'übertrieben empfindlich, weichlich, prüde' (Mitte 17. Jh.), zuvor (obd.) *zimpfferlich* 'künstlich, fein, zierlich' (16. Jh.); ältestes Zeugnis ist (mit stimmhaftem *s-* im Anlaut) mnl. *zimperlijc* und (mit stimmlosem *s-*) *simperlijc* 'hübsch, zierlich, gefällig'. *p* gilt im Nd. und Md., während im Obd. neben *p* auch *pf* auftritt. Es handelt sich um die Weiterbildung eines nur in den Mundarten bezeugten Adjektivs obd. *zimper, zimpfer* 'stattlich, zierlich, lieblich, zart, höflich' (zuerst *zimpffer* 'fein, geschwind', 16. Jh.), schweiz. *semper, simper* 'empfindlich, wählerisch, wunderlich, verzärtelt' (zuerst *semper* 'stolz', 16. Jh.), md. *zimper* 'nett, sauber, geziert', nd. *semper* 'ehrbar, ehrlich, wählerisch'; dazu vgl. schwed. (mundartlich) *simper, sämper, semper* 'ernsthaft, sorgfältig, zierlich, hübsch, hochmütig, eigensinnig, träge, langsam', dän. *simper* 'träge, unwillig', engl. *to simper* 'einfältig, affektiert lächeln'. Zu dieser Wortgruppe stellt sich nhd. *zimp* 'verschämt, zurückhaltend' (18. Jh.). Weitere Beziehungen sind unsicher, auch die Verbindung zu ohne Nasal auftretendem nd. *sipp, zipp* 'weichlich, prüde, geziert', nl. (umgangssprachlich) *sip* 'bestürzt, verdrießlich'. Die Grundform scheint jedenfalls im Anlaut ein stimmloses *s-* aufzuweisen, das im westlichen deutschen Sprachgebiet weithin in *z-* übergegangen ist. – Zimperlichkeit f. (Ende 18. Jh.).

Zimt m. süßlich schmeckendes Gewürz aus der getrockneten Rinde des *Zimtbaums* (spätmhd. *zinmend bovn*, 14. Jh.), eines tropischen Lorbeergewächses, ahd. *zinamīn* (11. Jh.), mhd. *zinemīn, zimīn, zinment, zinmint*, frühnhd. (mit Angleichung von *nm* zu *mm*) *Zimment, Zim(m)et, Zim(m)at*, nhd. *Zimmet* (bis ins 19. Jh., dann noch obd.), daneben einsilbiges *Zim(m)t* (zuerst 2. Hälfte 16. Jh.), entlehnt aus gleichbed. lat. *cinnamum* (auch *cinnamōmum*), griech. *kínnamon, kinnámōmon* (*κίνναμον, κιννάμωμον*), das wahrscheinlich aus dem Phön. stammt (vgl. hebr. *qinnāmōn* 'Zimt'); die weitere Herkunft (mal. Ursprung?) ist unklar. In der 2. Hälfte des 19. Jhs. (anfangs wohl in Berliner Literatenkreisen) kommt *Zimt* als wegwerfender Ausdruck für 'wertloser Kram, lästiger, überflüssiger Aufwand, dummes Gerede, Unsinn' in Gebrauch (s. auch *Zinnober*). Liegt die Vorstellung zugrunde, daß das Gewürz, wenn es überlagert ist und sein Aroma verloren hat (vgl. landschaftlich übliches *alter Zimt* 'wertloses Zeug') oder da es als Speisezusatz ohnehin entbehrlich ist, den ihm zugemessenen hohen Wert nicht verdient? Wenig einleuchtend ist Anschluß an rotw. *Zimmt* 'Geld, Kleingeld, Ware, Goldsachen, Schmuck' (dieses nach Wolf Rotw. 349 zu jidd. *simon* 'Zeichen, Zahlennull').

Zink n. (m. bis Anfang 19. Jh.) bläulichweiß glänzendes Schwermetall, von Paracelsus *Zinken* m. (1526/27), *Zink* m. (vor 1541) genannt. Zugrunde liegt offenbar *Zinke(n)* 'Zacke, herausragende Spitze' (s. d.) im Hinblick auf das zackenförmige Aussehen der Ablagerungen dieses Metalls im Schmelzofen. Da im 16./17. Jh. Zink fast nur in Deutschland hergestellt wird, geht das Wort in die übrigen europ. Sprachen ein, vgl. engl. frz. *zinc*, span. *cinc*, nl. schwed. *zink*, ital. *zinco*, russ. *cink* (*цинк*) sowie nlat. *zincum*.

Zinke f., **Zinken** m. 'hervorstehender spitzer Zacken', ahd. *zinko* 'vorspringender Teil, Zahn' (9. Jh.; vgl. *fiorzinki* 'aus vier Teilen bestehend', um 1000), mhd. *zinke* 'Zacken,

Spitze'. Der nur hd. Ausdruck ist wohl mit *k*-Suffix (germ. **tindkō*) an das unter *Zinne* (s. d.) behandelte Substantiv ahd. mhd. *zint* 'Zinke, Zacke' (germ. **tindjō(n)* bzw. **tindaz*) anzuschließen. Übertragen steht *Zinken* m. als derber Ausdruck für 'Nase', namentlich wenn sie groß und stark aus dem Gesicht hervortritt (16. Jh.). Im Rotw. bezeichnet *Zink, Zinken* m., *Zinke* f. ein 'geheimes Verständigungszeichen' (18. Jh.), eigentl. 'Zacke', entsprechend der Form der graphischen Zeichen der Gauner und Landstreicher; Einfluß von lat. *sīgnum*, frz. *signe* 'Zeichen' ist denkbar. Vgl. *Zinken stecken'* 'einen Wink, ein Zeichen geben'. Dazu z i n k e n Vb. '(Spielkarten in betrügerischer Absicht) mit geheimen, unauffälligen Zeichen versehen' (Anfang 20. Jh.), rotw. *zinkenen* (19. Jh.).

Zinn n. weiches, silberweiß glänzendes Schwermetall, ahd. *zin* (8. Jh.), mhd. *zin, cin*, mnd. mnl. *tin, ten*, nl. aengl. engl. *tin*, entlehnt (aus dem Aengl. oder Mnd.) anord. *tin*, schwed. *tenn*; Herkunft ungewiß. Man verbindet germ. **tina-* mit ablautendem **taina-* 'Stab' in ahd. *zein* 'Zweig, Richtholz, (Schilf)rohr, Rute' (8. Jh.), mhd. *zein* 'Reis, Rute, Rohr, Stab, Metallstäbchen, -spange', asächs. *tēn* 'Stab', mnd. *tēn, tein* 'Metallstab, Barren', mnl. nl. *teen* 'Zweig, Stab, Weidengerte', aengl. *tān* 'Zweig, Rute, Stab, Stange, Los', engl. in *mistletoe* (aengl. *misteltān*) 'Mistel' (eigentl. 'Mistelzweig'), anord. *teinn* 'Zweig, Stab', schwed. *ten* 'Metallstäbchen, Spindel', got. *tains* 'Zweig'. *Zinn* bedeutet danach eigentl. 'Stäbchenförmiges'; das Metall wurde früher in Stäben gegossen. Außergerm. Anknüpfungsmöglichkeiten bieten sich nicht. Vgl. FLASDIECK Zinn und Zink (1952), bes. 71 ff.

Zinne f. 'zahnartig emporragendes, Dekkung bietendes Mauerstück' (deren zwei eine Schießscharte einschließen), ahd. *zinna* (11. Jh.), mhd. *zinne*, mnd. mnl. nl. *tinne* (mnl. auch *tenne*) führen als assimilierte Formen auf germ. **tindjō(n)*, das neben germ. **tindaz* in ahd. *zint* (Hs. 12. Jh.), mhd. *zint* (Gen. *zindes*) 'Zacken, Zinke', nd. *tinde* 'Zahn oder Zinken (einer Gabel, Harke, eines Kamms)', aengl. *tind* 'Spitze, Schnabel, Gabel, Zinke, Zacken', engl. *tine* 'Zinke, Zacke', anord. *tindr* 'Spitze, Zinke' steht. Weiteres unklar. Außergerm. kann air. *dind* 'Hügel, Höhe' verglichen werden. Dann würde sich auf Grund des alten *i* eine Zugehörigkeit (als *e*-Stufe) zu ie. **dont-, *dn̥t-* 'Zahn' verbieten.

Zinnober m. leuchtend rotes bis stahlgraues, diamantglänzendes Mineral, das wichtigstes Erz für die Gewinnung von Quecksilber ist und seit der Antike als (gelb)roter Farbstoff dient, 'Quecksilbersulfid', mhd. *zinober* (Anfang 13. Jh.), entlehnt aus gleichbed. afrz. *cenobre* (mfrz. frz. *cinabre* m.). Die afrz. Bezeichnung folgt lat. *cinnabaris* f. (spätlat. auch *cinnabari* n.) 'mineralischer roter Farbstoff, Bergzinnober', ursprünglich aus dem Harz bestimmter ostindischer Bäume gewonnene rote Farbe, 'Drachenblut', einer Übernahme von gleichbed. griech. *kinnábari* n., *kinnábaris* m. (κιννάβαρι, κιννάβαρις), das ungeklärter, wohl orientalischer Herkunft ist. Seit Beginn des 20. Jhs., bes. in der Soldatensprache seit dem ersten Weltkrieg steht *Zinnober* übertragen für 'wertloser Kram' und 'unsinniger Aufwand, überflüssige Umstände', doch ist das Motiv für diesen Gebrauch nicht erkennbar. Handelt es sich um spielerische Weiterbildung von in ähnlichem Sinne verwendetem *Zimt* (s. d.)? Oder klingen Erfahrungen der Alchimisten an, die bei Verbindung von Quecksilber mit Schwefel nicht das erwartete Gold, sondern nur Zinnober erhielten? Auch an die frühere Gewohnheit, Ausschmückungen und Hervorhebungen in Handschriften und Drucken mit Zinnoberrot vorzunehmen, ließe sich denken. – z i n n o b e r r o t Adj. 'gelblichrot', mhd. *zinoberrōt*.

Zins m. 'Abgabe, Steuer', landschaftlich (bes. südd. öst. schweiz.) 'Miete, Pacht', ahd. (8. Jh.), mhd. *zins* 'Abgabe, Tribut, Pachtgeld, Miete' und (nd. Lautverhältnissen angeglichenes) asächs. mnd. *tins* sind entlehnt aus lat. *cēnsus* 'Vermögensschätzung, Steuerliste, Vermögen, Besitz, Vermögenssteuer', spätlat. auch 'Grundsteuer'; zu lat. *cēnsēre* (*cēnsum*) 'begutachten, schätzen, taxieren, (nach Prüfung aller Umstände) der Meinung sein, (an)raten, beschließen'. Im mittelalterlichen Feudalsystem bezeichnet *Zins* 'die dem Lehnsherrn zu leistenden Abgaben an Vieh, Ernteerträgen und (Pacht)geld'. Die finanzwirtschaftliche Bedeutung 'Entgelt für die Überlassung von Kapital' (vereinzelt im 14. Jh.) wird im 16. Jh. allgemein; die heute dafür übliche Pluralform Z i n s e n setzt sich im 18. Jh. durch. – v e r z i n s e n Vb. 'Zinsen zahlen', refl. 'Zinsen einbringen, abwerfen', mhd. *verzinsen* 'den Zins wovon oder wofür bezahlen', präfigierte Bildung zu heute nur noch im historischen Sinne gebrauchtem *zinsen* Vb. 'Steuern, Abgaben, Zins entrichten', ahd. (9. Jh.), mhd. *zinsen* 'den Zins geben, zahlen', refl. 'Zinsen (ein)bringen', trans. 'als Zins geben, hin-, preisgeben'. Z i n s e s z i n s m. 'Verzinsung von Zinsen' (2. Hälfte 18. Jh.), *Zinsenzins* (Ende 17. Jh.); vorauf gehen Umschreibungen wie *Zins von Zinsen* (16. Jh.), *Zinß und Zinß Zinsen* (Anfang 17. Jh.); in fester Fügung *mit Zins und Zinseszins* (Mitte 19. Jh.).

Zipfel m. 'spitz-, schmalzulaufendes Ende, Eckstück', mhd. *zipfel*, nd. nl. *tippel*, vgl. auch nl. *tepel* 'Brustwarze', mit *l*-Suffix abgeleitet von mhd. *zipf* 'Spitze, äußerstes Ende, spitze Ecke', mnd. mnl. nl. *tip*, vgl. auch schwed. *tipp*. Als onomatopoetische Bildung verwandt mit *Zopf* (s. d.). – Z i p f e l m ü t z e f. (2. Hälfte 17. Jh.), nordd. Bezeichnung neben südd. Z i p f e l k a p p e f. (2. Hälfte 17. Jh.).

Zipperlein n. 'Gicht', vornehmlich 'Fußgicht, Podagra', frühnhd. (obd.) *zipperlin, zypperlein* (2. Hälfte 15. Jh.), *zipperle, zipperli*, (md.) *zipperlein* (16. Jh.), anfangs Mask. (bis Anfang 17. Jh.), neutraler Gebrauch setzt im 16. Jh. ein. Der Ausdruck zeigt md. *-pp-* und obd. Deminutivsuffix *-lein*. Zugrunde liegt lautmalendes (mundartliches) *zippern* 'mit kurzen Schritten und langsam gehen, trippeln', so daß *Zipperlein* eigentl. als 'Trippelgang' zu verstehen ist; vgl. mhd. *zipfen* 'in kleinen Schritten gehen, trippeln', *zippeltrit* 'Trippelschritt'.

Zirbeldrüse f. am oberen Abschnitt des Zwischenhirns liegende Drüse (Mitte 18. Jh.), *Zirberdrüslein* (2. Hälfte 17. Jh.), benannt nach ihrer Ähnlichkeit mit einem Zapfen von Nadelbäumen (daher auch *Dannenzäpplin*, 1. Hälfte 17. Jh.). Mhd. *zirbel-* (in mhd. *zirbelwint* 'Wirbelwind'), frühnhd. *Zirbel* 'Fischfanggerät' (15. Jh.), 'Zapfen von Nadelbäumen' (Ende 16. Jh.), 'Zirbelkiefer' (Anfang 17. Jh.) ist mit *l*-Suffix zu ahd. *zerben* (9. Jh.), mhd. *zirben* 'sich im Kreis drehen, wirbeln' gebildet, das mit aengl. *tearflian* 'drehen, rollen, sich wälzen', außergerm. mit aind. *dṛbháti* 'verknüpft, bündelt zusammen', *darbháḥ* 'Grasbüschel, Buschgras' auf ie. **derbh-* 'winden, zusammendrehen' führt. Im Anschluß an *Zirbel* 'Zapfen von Nadelbäumen' (vgl. auch *Zirbelnuss*, 16. Jh.) steht Z i r b e l k i e f e r f. 'Arve' (18. Jh.); zuvor *Zirbelbaum* 'zapfentragender Baum, Nadelbaum' (16. Jh.).

zirka Adv. 'ungefähr, etwa', in Verbindung mit einer Zeit-, Mengen- oder Größenangabe (Abkürzung *ca.*), Übernahme (1. Hälfte 18. Jh., *circa*, auch *in circa*) von lat. *circā* 'ringsherum, beiderseits, nahe bei, ungefähr, gegen'. Dies ist eine jüngere Bildung (analog zu anderen Ortsadverbien wie lat. *īnfrā* 'unten, unterhalb', *suprā* 'oben, oberhalb') zu lat. *circum* 'ringsumher, ringsum, auf beiden Seiten', einem adverbiellen Akkusativ von lat. *circus* m. 'Kreis, Kreislinie, (runde) Rennbahn für Wagenrennen, Zirkus', also eigentl. 'im Kreis'.

Zirkel m. 'zweischenkliges Gerät zum Zeichnen von Kreislinien oder zum Messen und Übertragen von Strecken', auch 'Kreis, Personenkreis, Gruppe', ahd. *zirkil* (um 900), mhd. *zirkel* 'Instrument zum Ziehen eines Kreises', mhd. außerdem 'Kreis, Kreislauf, goldener Reif'. Das Substantiv ist in den letztgenannten Verwendungen entlehnt aus lat. *circulus* 'Kreis(linie), Kreisbahn, Ring, Reif, Personenkreis, Menschengruppe' (s. *zirkulieren*), trifft sich aber im Mhd. mit der seit dem Ahd. bezeugten Benennung des in der Geometrie benötigten Hilfsinstruments, die auf gleichbed. lat. *circinus* (auch 'Kreis') zurückgeht, wobei sich das auslautende *-l* im Dt. vielleicht durch Vermischung mit lat. *circulus* (vgl. mlat. *circinus* 'Zirkel, Zange' und 'Kreis', *circulus* 'Ring, Kreis, Kugel' und 'Zirkel') oder durch Anpassung an die Gerätebezeichnungen auf germ. *-ila-* (s. *Gürtel, Hebel, Meißel*) erklärt. Beide lat. Bildungen gehören zu lat. *circus* m. 'Kreis, Kreislinie, (runde) Rennbahn für Wagenrennen, Zirkus' (s. *Zirkus*). Die Bedeutung 'zu Geselligkeit oder zur Wahrnehmung gemeinsamer Interessen sich versammelnde Menschengruppe' (1. Hälfte 18. Jh.) steht unter dem Einfluß von frz. *cercle* 'in einem Salon versammelte Personen, Klub, Vereinigung Gleichgesinnter' (zunächst 'um den König oder die Königin versammelter Kreis von Vertrauten', aus lat. *circulus* im Sinne von 'Personenkreis, Gruppe'), das selbst Ende des 18. Jhs. in der Form *Cercle* übernommen und zeitweilig (bis ins 19. Jh.) neben *Zirkel* gebraucht wird. Dieses lebt in neuester Zeit vor allem als 'Kreis von Lernenden, Lehrgang, Kursus' (19. Jh.) weiter. – Zirkelschluß m. Beweisführung, bei der das zu Beweisende bereits als Voraussetzung herangezogen wird, 'logischer Fehlschluß' (18. Jh.), in der philosophischen Fachsprache für nlat. *circulus vitiōsus* 'fehlerhafter Kreis', *circulus in probando* 'Kreis beim Beweisen' (vgl. gleichbed. mlat. *circulus*). zirkeln Vb. 'mit dem Zirkel zeichnen, abmessen' (älter auch 'kreisen, sich drehen'), übertragen 'mit Sorgfalt und Genauigkeit abmessen, entwerfen, ausarbeiten', mhd. *zirkeln* 'mit dem Zirkel messen, nach dem Zirkelmaß verfertigen' (spätmhd. auch 'als Wache die Runde machen'); heute meist abzirkeln Vb. (1. Hälfte 16. Jh.).

zirkulieren Vb. '(in einer bestimmten Bahn) kreisen, sich im Kreis bewegen, umlaufen, kursieren', entlehnt (1. Hälfte 16. Jh.) über mlat. *circulare* '(sich) im Kreis bewegen, suchen, aufspüren, umgeben, umfassen' aus lat. *circulārī* 'im Kreis herumgehen, eine Gruppe bilden, Personen um sich versammeln', auch *circulāre* (*circulātum*) 'kreisförmig machen, zum Kreis bilden', spätlat. 'umzingeln, umstellen', abgeleitet von lat. *circulus* 'Kreis(linie), Kreisbahn, Ring, Reif, Personenkreis, Menschengruppe', dem Deminutivum von lat. *circus* m. 'Kreis, Kreislinie, (runde) Rennbahn für Wagenrennen, Zirkus' (s. *Zirkel, Zirkus*). Die Bedeutungsentwicklung im Dt. entspricht der von mfrz. frz. *circuler*, das den dt. Wortgebrauch wohl vielfach beeinflußt hat. Zuerst ist *zirkulieren* (trans. und intrans.) im Sinne von 'wiederholt destillieren, im Destilliergefäß kreisen (lassen)' Terminus der Alchimisten (seit Paracelsus), dann in der Astronomie 'die Sonne umkreisen' (von Planeten, Anfang 17. Jh.), in der Wirtschaft 'im Umlauf sein' (von Geld und Waren, Ende 17. Jh.), in der Medizin 'umlaufen, kreisen' (vom Blut, Mitte 18. Jh.); seit der 2. Hälfte des 18. Jhs. ist es allgemein für 'umlaufen, kursieren, verbreitet werden' gebräuchlich (anfangs bes. von Schriften, Mitteilungen, Gerüchten). – Zirkulation f. 'das Zirkulieren, Umlauf, Kreislauf', den Verwendungen des Verbs folgend zunächst 'Destillation' (Paracelsus, 16. Jh.), dann (2. Hälfte 17. Jh.) in unterschiedlichen Bereichen für 'kreisförmige Bewegung, Umlauf' (von Planeten, Wasser, Luft), 'Verbreitung' (von Schriften, Ideen), schließlich (Anfang 18. Jh.) 'Blutkreislauf' und 'Geldumlauf, Warenaustausch', vereinzelt (2. Hälfte 19. Jh., wie frz. *circulation*) 'Fortbewegung, Verkehr'; Entlehnung von mlat. *circulatio* 'kreisförmige Bewegung, Kreis, Zyklus, Anbringen von Faßreifen', das sich als Verbalsubstantiv zu mlat. *circulare* (s. oben) stellt, doch zugleich zu lat. *circumferre* (*circumlātum*) 'im Kreis herumtragen, herumbewegen, verbreiten, herumgeben, bei sich führen' gebildetes lat. *circumlātio* (Gen. *circumlātiōnis*) 'Kreisbewegung, Umlauf, Kreislauf, Verkehr', spätlat. 'das Herumtragen' fortsetzt.

Zirkumflex m. Dehnungszeichen über einem Vokal, auch (mit Bezug auf das Altgriechische) Akzentzeichen, das auf eine steigend-fallende Silbenintonation hinweist, als sprachwissenschaftlicher Ausdruck entlehnt (18. Jh., zuvor mit lat. Endung *Circumflexus*, 17. Jh.) aus spätlat. mlat. *circumflexus* 'langbetonter Akzent'. Dieses ist durch Substantivierung verkürzt aus gleichbed. spätlat. mlat. *accentus circumflexus* (zu lat. *accentus*, s. *Akzent*). Spätlat. *circumflexus* 'umgebogen, krumm', das bei den Grammatikern griech. *perispṓmenos* (περισπώμενος) 'einen auf- und absteigenden, umschwenkenden Akzent tragend' wiedergibt, ist Part.adj. zum Verb lat. *circumflectere* 'umbeugen, umbiegen, umlenken', spätlat. auch 'eine Silbe als lang betonen'; vgl. lat. *flectere* (*flexum*) 'beugen, biegen, wenden, lenken' (s. *flektieren*) und lat. *circum* Adv. und Präp. 'ringsum(her), herum, um', eigentl. adverbieller Akkusativ ('im Kreise') von lat. *circus* (s. *Zirkus*). Entsprechend dem Bedeutungswandel von mfrz. frz. *accent circonflexe* wird *Zirkumflex* im Dt. auch für die dachförmige graphische Kennzeichnung der Vokallänge (z.B. im Frz.) verwendet. Die ältere Studentensprache gebraucht es in bildhafter Übertragung für 'Schramme, Hieb' (18. Jh.).

Zirkus m. 'Unternehmen, das in einem großen Zelt oder einem festen Gebäude mit Manege und rundum ansteigenden Sitzreihen zur Unterhaltung Tierdressuren, artistische Darbietungen und Clownszenen vorführt', auch 'Ort derartiger Darbietungen' und 'einzelne Zirkusvorstellung' (Mitte 19. Jh., wohl unter Einfluß von vorausgehendem gleichbed. engl.

circus, frz. *cirque*), zuvor Bezeichnung der langgestreckten, von stufenweise ansteigenden Sitzreihen umgebenen Arena für zirzensische Spiele in der röm. Antike, Übernahme (Anfang 17. Jh., bis ins 18. Jh. mit lat. Flexion) von lat. *circus* m. 'Kreis, Kreislinie, (runde) Rennbahn für Wagenrennen, Zirkus', das vermutlich auf griech. *kírkos* (*κίρκος*), eine jüngere Nebenform von griech. *kríkos* (*κρίκος*) 'Ring (am Pferdegeschirr, Segel, Steuerruder), Reif, Arm-, Fingerring', zurückgeht. In der Bedeutung 'antike Kampfbahn' findet sich bereits Mitte des 16. Jhs. vereinzelt (in einer Übersetzung aus dem Ital.) frühnhd. *Circk*, wahrscheinlich im Anschluß an gleichbed. ital. *circo* bzw. mfrz. frz. *cirque*; vgl. jedoch früh aus lat. *circus* entlehntes ahd. *kirc*, mhd. *zirc*, frühnhd. *Zirk* 'Kreis, Umkreis, Gebiet' (s. *Bezirk*). *Zirkus* wird heute auch abschätzig verwendet für 'Durcheinander, (unnötiger) Wirbel, Trubel, viel Aufhebens' (Anfang 20. Jh.). – zirzensisch Adj. 'zur antiken Kampfbahn gehörend' (Anfang 19. Jh., speziell *zirzensische Spiele* 'in der röm. Antike im Zirkus abgehaltene Veranstaltungen wie Wagen-, Pferderennen, Gladiatorenkämpfe, sportliche Wettkämpfe'), dann auch 'artistisch, akrobatisch' (1. Hälfte 20. Jh.), nach lat. *circēnsis* 'zum Zirkus gehörig'.

zirpen Vb. 'eine Folge von feinen, hellen, zwitschernden Tönen von sich geben' (bes. von Insekten und Vögeln); seit dem 17. Jh. als lautmalende Bildung (neben *zilken, zirken, zirren* und *(t)schirpen*) belegt.

Zirrhose f. narbige Gewebe-, bes. Leberschrumpfung, entsprechend medizin.-lat. *cirrhosis*, frz. *cirrhose*, einer vom frz. Arzt Laennec (1805) geprägten Bezeichnung für verfettetes und daher gelb gefärbtes Organgewebe in einer geschrumpften Leber; zu griech. *kirrhós* (*κιρρός*) 'gelb' in Verbindung mit der aus dem Griech. stammenden und zur Bezeichnung pathologischer Vorgänge und Zustände in der Sprache der Medizin üblichen Endung *-ōsis*, dt. *-ose* (s. *Thrombose*).

zischen Vb. 'einen scharfen Ton hervorbringen', auch 'flüstern', lautnachahmende Bildung (1. Hälfte 16. Jh.) wie mnd. *sissen, tzissen*, mnl. *sissen, tsissen*, nl. *sissen*. Dazu die Iterativbildung zischeln Vb. 'zischend flüstern, tuscheln' (2. Hälfte 17. Jh.). – Zischlaut m. in der Phonetik Bezeichnung des S- und Sch-Lautes, 'Sibilant' (1. Hälfte 18. Jh.; vgl. *grob-zischender Laut*, Schottel, 1641), '(zischendes) Geräusch als Ausdruck des Mißfallens' (Anfang 19. Jh.).

ziselieren Vb. 'reliefartige Verzierungen in die Oberfläche metallener Gegenstände einarbeiten, bei gegossenen, geschmiedeten Metallgegenständen die Formen deutlicher herausarbeiten', entlehnt (2. Hälfte 18. Jh.) aus gleichbed. afrz. frz. *ciseler*, das von afrz. *cisel* 'Meißel', vereinzelt auch 'Schere' (frz. *ciseau* 'Meißel', *ciseaux* Plur. 'Schere') abgeleitet ist. Dieses setzt vlat. **cīsellum* voraus, wohl umgebildet aus vlat. **caesellum* (mit Suffixwechsel aus vlat. **caesulum*?) 'Werkzeug zum Schneiden', zu lat. *caedere* (*caesum*) '(um-, nieder)schlagen, hauen, (ein-, auf-, heraus)schneiden', in Präfixbildungen lat. *-cīdere* (*-cīsum*), vgl. lat. *abscīdere* 'abhauen, abschneiden', *incīdere* 'einschneiden'. Nach dem Muster solcher Formen erscheint der Vokal *-ī-* auch in vlat. **cīsellum*. Vgl. ferner mit gleichem Vokalismus spätlat. *cīsōria* 'Schneidinstrument' (für fehlerhaft überliefertes *tisoria* bei Isidor).

Zisterne f. unterirdischer, meist durch Überdachung geschützter Sammelbehälter für Regenwasser, mhd. *zistern(e)*, entlehnt aus lat. *cisterna* 'unterirdischer Behälter zur Ansammlung von Regenwasser'; zu lat. *cista* 'Kiste, Kasten', griech. *kístē* (*κίστη*) 'Korb, Kiste' (s. *Kiste*).

Zitadelle f. 'Befestigungsanlage innerhalb einer Stadt, Kernstück einer Festung', entlehnt (vereinzelt Mitte 15. Jh., häufiger seit 2. Hälfte 16. Jh., zunächst in Formen wie *Zyttidell, Cittadel*, auch *Cittadella*, oft als Neutr.) aus gleichbed. ital. *cittadella*, dann meist aus (ebenfalls dem Ital. entstammendem) mfrz. frz. *citadelle* (seit Ende 16. Jh.). Ital. *cittadella* (eigentl. 'kleine Stadt') ist Deminutivum von aital. *cittade* 'Stadt' (heute ital. *città*), das lat. *cīvitās* (Gen. *cīvitātis*) 'Bürgerrecht, Bürgerschaft, Staat, Gemeinde, Volk, Stadt' (zu lat. *cīvis* 'Bürger') fortsetzt. Im Dt. wird *Zitadelle* auch übertragen für 'Schutz, Zuflucht' (so bereits im ersten Beleg) und neuerdings (nach gleichbed. frz. *citadelle*) im Sinne von 'Zentrum, Hochburg, Bastion' (20. Jh.) verwendet.

Zither f. Bezeichnung für ein zu zupfendes Instrument mit fünf über ein Griffbrett gespannten Melodie- und mehreren über dem

Schallkörper befindlichen unveränderlichen Begleitsaiten; zuvor Zupfinstrument unterschiedlicher Bauart, ahd. *zithara* (9. Jh.), spätmhd. (in der Deminutivform) *zitterlein* (Hs. 1430), frühnhd. *Cither, Zitter, Citter* (Ende 16. Jh.) ist entlehnt aus lat. *cithara*, griech. *kithára* (*κιθάρα*) 'Zupfinstrument, eine Art Lyra', einem wahrscheinlich aus einer orientalischen Sprache stammenden Wort. In älterer Zeit bezeichnet *Zither* die antike Lyra sowie ein einer Harfe oder einer Laute mehr oder weniger ähnliches, vornehmlich Gesang begleitendes Zupfinstrument. Mhd. *zitōl(e), zitolle* ist eine Entlehnung von afrz. *citole*, das (mit verändertem Wortausgang) ebenfalls auf lat. *cithara* zurückgeht. S. auch *Gitarre*.

zitieren Vb. 'jmdn. an einen bestimmten Ort beordern, vorladen, eine Textstelle wörtlich wiedergeben', entlehnt aus lat. *citāre* (*citātum*) 'in Bewegung setzen, vorladen, herbei-, an-, aufrufen', einer Bildung zu lat. *ciēre* 'rege machen, wecken, erregen, anregen'. Zuerst (14. Jh.) in der Rechtssprache 'vor Gericht laden', dann (16. Jh.) allgemein '(kraft seiner Autorität, seiner Macht) an einen bestimmten Ort beordern'. Daraus (ebenfalls 16. Jh.) in übertragenem Sinne (gleichsam 'einen Autor, einen Ausspruch, eine Rede, einen Text aufrufen') die heute vorherrschende Bedeutung 'anführen, wörtlich wiedergeben'. – Zitat n. 'wörtlich angeführte Stelle aus einer Schrift, einer Rede' (um 1700), anfangs mit lat. Flexion *Citata* Plur., entsprechend dem substantivierten Part. Perf. Neutr. von lat. *citāre* (s. oben).

Zitrone f. Der Name des aus Südostasien stammenden Zitrusgewächses und seiner gelben, sauren, saftreichen Frucht (im älteren Nhd. mehrfach auch als Bezeichnung der das Zitronat liefernden Unterart mit größeren, dickschaligen Früchten ausdrücklich unterschieden von *Limone*, s. *Limonade*), zuerst belegt in den Pluralformen *zitronij* (2. Hälfte 15. Jh.), *Cytroni, Cittrunen* (1. Hälfte 16. Jh.), *Cytronen, Citronien* (Mitte 16. Jh.), dann im Singular *Citron* (2. Hälfte 16. Jh.), ist entlehnt aus ital. (älter) *citrone* 'Zitronatzitrone' (in diesem Sinne heute ital. *cedro* neben ital. *limone* 'Zitrone'), teilweise wohl auch aus mfrz. *chitron, citron*, frz. *citron* m. 'Zitrone'. Die roman. Formen schließen sich (wie mfrz. *citre* 'Zitrone', ital. *cedro*) an spätlat. *citrum* n. 'Zitrone' an; sie beruhen vielleicht auf der Nebenform spätlat. *citron* (nach selbst aus spätlat. *citrum* entlehntem griech. *kítron, κίτρον* 'Zitronatzitrone') oder auf den flektierten Formen von gleichbed. mlat. *citro* (Gen. *citronis*), können aber auch erst im Mfrz. und Ital. nach dem Vorbild von afrz. frz. *limon*, ital. *limone* entstanden sein. Spätlat. *citrum* steht für älteres spätlat. *citrium*, lat. *mālum citrium, (mālum) citreum*; diese röm. Benennungen zeigen, daß die stark duftende Frucht mit dem zu den Zypressengewächsen gehörenden afrikan. Nadelbaum lat. *citrus*, wahrscheinlich einer Thuja-Art, in Verbindung gebracht wurde, wohl weil man sie ebenso wie das Holz dieses Baumes (lat. *citrum*) zum Schutz gegen Ungeziefer verwendete (daher spätlat. *citrus* auch 'Zitronenbaum'). Lat. *citrus* f. ist vermutlich (wie lat. *cedrus* f. 'Zeder, Wacholder', jedoch durch etrusk. Vermittlung?) entlehnt aus griech. *kédros* (*κέδρος*) 'Wacholder', später 'Zeder', falls nicht lat. *citrus* und griech. *kédros* in der Bedeutung 'Zeder' gemeinsam auf ein unbekanntes Mittelmeerwort zurückgehen. Im älteren Nhd. (bis ins 17. Jh.) findet sich neben *Citron(e)* auch die Form *Citrin* (Anfang 16. Jh.), verkürzt aus frühnhd. *Citrinäpffel* Plur. (16. Jh.), *citrin epphel* Plur. (Ende 15. Jh.), (westmd.) *citrineppel* Plur. (Anfang 15. Jh., vgl. mnd. *citryn appele* Plur.), dieses nach gleichbed. mlat. *pomum citrinum, pomum cedrinum* (vgl. mlat. *citrinus*, griech. *kítrinos, κίτρινος* 'zitronenfarbig, hellgelb'). Andere frühe Namen der Frucht im Dt. sind ferner frühnhd. *ziterapfel* (Mitte 15. Jh.), *zederapfel, cederbaumapfel* (15. Jh.) und ahd. *pōmcid(e)ra* (Hs. 13. Jh., nach mlat. *pomum cedri, cedripomum*, vgl. auch ahd. *bŏncidraboum* 'Zitronenbaum', Hs. 13. Jh.). – Zitronat n. 'kandierte Fruchtschale einer großen Zitronenart' (2. Hälfte 15. Jh., frühnhd. auch *Citernat, Citrinat*, 1. Hälfte 16. Jh.), Bildung nach roman. Muster zu frühnhd. *Citron* (s. oben), vgl. aprov. *citronat* 'kandierte Zitrone' (15. Jh.) und (erst für das 17. Jh. nachzuweisen) ital. (älter) *citronata, cedronata*, frz. *citronnat* 'kandierte Zitronenschale'.

zittern Vb. 'durch unwillkürliche Zuckungen geschüttelt werden, große Angst haben', ahd. *zittarōn* (Hs. 13. Jh.), mhd. *zit(t)ern*, engl. (mundartlich) *to titter*, anord. *titra* 'beben, zittern, zwinkern'; vgl. auch (aus dem Mhd.) mnd. *sēteren, setteren, zet(t)eren* und darauf beruhendes nl. *sidderen.* Herkunft nicht sicher geklärt. Man kann für germ. **tit-(t)rōn* (*-tr-* bleibt im Hd. unverschoben) eine affektisch-lautmalende reduplizierende Präsensbildung germ. **titrōmi* bzw. ie. **didrāmi* voraussetzen. Damit sind vergleichbar ind. *dáridrāti* 'läuft hin und her, schweift herum, ist arm', eine Intensivbildung zu *drā́ti* 'läuft, rennt, eilt', und griech. *apodidrā́skein* (*ἀποδιδράσκειν*) 'weglaufen, entlaufen, entrinnen' mit *drāsmós* (*δρασμός*) 'das Ausreißen, Flucht'. Diese führen auf ie. **drā-*, eine Erweiterung der Wurzel ie. **der(ə)-* 'laufen, treten, trippeln' (s. auch *Treppe* und *treten*). – z i t t (e) r i g Adj. 'zitternd' (Ende 15. Jh.), daneben *zitt(e)richt* (Ende 15. bis 18. Jh.). e r z i t t e r n Vb. 'plötzlich zu zittern beginnen, erbeben, erschüttert werden', mhd. *erziteren, erzittern* 'anfangen zu zittern'.

Zitze f. 'Saugwarze weiblicher Säugetiere, Euter' und (heute als derb empfunden) 'weibliche Brust' (wofür in nordd. md. Umgangssprache *Titten* Plur.), mhd. *zitze* 'Brust(warze)', mnd. *titte*, mnl. *tette, tet*, nl. (älter) *titte*, (mundartlich) *tit*, aengl. *tit*, engl. (mundartlich und derb) *tit*, schwed. (mundartlich) *tiss, titt.* Daneben steht ahd. *tutto* m. (8. Jh.), *tutta* f. (9. Jh.), *tutti* n. (11. Jh.), mhd. *tut(t)e* m. f., nhd. (mundartlich, bes. obd.) *Tutte, Dutte* f. mit dem Deminutivum ahd. *tuttili* n. (um 900), *tuttilīn* n. (11. Jh.) 'Brustwarze, Brust', mhd. *tütelīn, tütel, tüttel* n., nhd. *Tüttel* n. Alle Formen sind wohl aus Lallausdrücken der Kindersprache hervorgegangen. Oder besteht eine Verbindung zu der unter *Tüte* (s. d.) behandelten Wortgruppe, so daß von einer gemeinsamen Grundbedeutung 'Spitzzulaufendes, Hervorragendes' ausgegangen werden kann? Als Entlehnungen aus germ. **titt-* können afrz. *tete*, frz. *tette*, ital. *tetta*, span. port. *teta* 'Brust(warze), Zitze' angesehen werden.

zivil Adj. 'nach den gesellschaftlichen Normen handelnd und auftretend, gesittet, zivilisiert' (17. Jh.), in der Kaufmannssprache 'angemessen, annehmbar, nicht überhöht', vgl. *einen civilen Preiß* (2. Hälfte 17. Jh.), entlehnt aus lat. *cīvīlis* 'den Bürger betreffend, bürgerlich, voll Bürgersinn, gemeinnützig, leutselig, populär, höflich, den Staats-, Zivildienst betreffend, öffentlich'; zu lat. *cīvis* 'Bürger, Mitbürger', ursprünglich 'Haus-, Gemeindegenosse'. Früher bezeugt ist *civilisch* (16. Jh.) 'den Staatsbürger, das öffentlich-politische Gemeinwesen, die Rechtsfähigkeit des Bürgers betreffend, privatrechtlich' und (17. Jh.) 'außerhalb des Militärs stehend'; in der Komposition gilt dafür (reich bezeugt) *Civil-*, vgl. (für den bürgerlich-privatrechtlichen Bereich) *Civilsache* (16. Jh.), *-strafe* (17. Jh.), *-recht, -prozeß* (18. Jh.) und (für den nichtmilitärischen Bereich) *Civilgebäu* (17. Jh.), *-stand* (18. Jh.), *-behörde, -bevölkerung* (19. Jh.). Erst spät tritt in diesen Verwendungen *zivil* als freies Adjektiv auf, und zwar zuerst für 'nichtmilitärisch' (Mitte 19. Jh.), dann für 'bürgerlich-privatrechtlich' (um 1900). – Z i v i l n. 'nicht zum Militär gehörender Teil der Bevölkerung, nichtmilitärischer Lebensbereich' (vgl. *Civil oder Militair*, Anfang 18. Jh.), 'nichtmilitärische Kleidung' im Unterschied zur Uniform (2. Hälfte 19. Jh., bes. *in Civil*); vgl. *Räuberzivil* 'Kleidung, an der man den Offizier bzw. den gesellschaftlichen Stand nicht erkennt' (2. Hälfte 19. Jh.), jünger 'bequeme, unangemessene, auch abgerissene Kleidung'. ^{1}Z i v i l i s t m. 'Kenner, Lehrer, Student des bürgerlichen Rechts, des Zivilrechts', entlehnt (Ende 17. Jh.) aus gleichbed. mlat. *civilista.* ^{2}Z i v i l i s t m. 'wer nicht den Streitkräften angehört, wer keine Uniform trägt' (Ende 18. Jh.), abgeleitet von *zivil* (s. oben). z i v i l i s i e r e n Vb. 'urgesellschaftliche Zustände überwinden, technischen Fortschritt, moderne Lebensformen einführen' (Anfang 18. Jh.), 'mit technischen Hilfsmitteln urbar machen, kultivieren' (1. Hälfte 20. Jh.), rückgebildet (wohl in Anlehnung an gleichbed. mfrz. frz. *civiliser*) aus z i v i l i s i e r t Part.adj. 'Zivilisation besitzend, fortgeschritten, entwickelt, gesittet, gebildet' (2. Hälfte 17. Jh., entsprechend *unzivilisiert*), aus gleichbed. mfrz. frz. *civilisé.* Z i v i l i s a t i o n f. 'mit der Auflösung der Urgesellschaft beginnender Zeitabschnitt, auf technischem und wissenschaftlichem Fortschritt beruhende Lebensweise, durch Erziehung und Bildung geprägte Lebensart' (2. Hälfte 18. Jh.), nach frz. *civilisation*, engl. *civilization.* z i v i l i s a t o r i s c h Adj. 'die Zivilisation betreffend, sie fördernd, auf ihr beruhend' (1. Hälfte 19. Jh.).

Zobel m. Der Name des sibirischen Marders und seines Fells ist durch den seit der Karolingerzeit betriebenen Pelzhandel mit den Slawen bekannt geworden. Ahd. *zobel* (11. Jh.), mhd. *zobel*, auch *zabel* stammt wie mnd. (als selbständige hansische Entlehnung?) *sābel, zābel* aus dem Aruss., vgl. russ. *sóbol'* (*соболь*), wobei anlautendes stimmloses *s-* durch die Affrikata *z-* ersetzt wird. Russ. *sóbol'* ist vielleicht verwandt mit aind. *śabálaḥ* 'scheckig, bunt'.

Zofe f. 'weibliche Person für die persönliche Bedienung einer Dame, Kammerjungfer', zuerst in Obersachsen *Zoffe* (1623), *Zohfe* (1645), *Zaufe, Zofe* und deminutiv *Zöflein, Zöfgen* (Stieler 1691), zuvor *Zoffmagd* (nur 16. Jh.). Das Subst. stellt sich zu md. *zoffen, zaffen* 'zögern'; vgl. auch schweiz. *hinder sich zuffen* 'zögern', bair. *nachzaffen* (lange Kleider) 'nachziehen, -schleppen', obd. md. *zaufen* 'zurückziehen, -gehen, -treten' (alle 16. Jh.). *Zofe* wäre danach eigentl. die 'Dienerin, die (die Schleppe tragend) hinterhergeht' (vgl. die lexikalische Interpretation *Nachtreterin* bzw. lat. *pedissequa*, 1623), daher anfänglich vielleicht ein Spottname. Möglicherweise ist das Verb zu verbinden mit frühnhd. *zafen*, (md.) *zofen*, mhd. *zāfen, zāven*, (md.) *zōfen* 'ziehen, dahinziehen', auch 'pflegen, erziehen' und 'zieren, schmücken' (vgl. *diu muoter zāfte wol die meit*), so daß für *Zofe* von einer Bedeutung 'die beim Ankleiden, Schmücken behilfliche Dienerin' ausgegangen werden muß. Weitere Herkunft unbekannt. Im 17. Jh. wird die Dehnung des Vokals in der Schreibung *Zoofe, Zohfe* verdeutlicht.

zögern Vb. 'sich nicht entschließen können, zaudern', trans. 'etw. hinausschieben' (dafür heute meist *hinauszögern*); zuerst wohl mnd. *tōgeren*, auch südwestd. *zögern* (1. Hälfte 16. Jh.), dann bei Dichtern der schles. Dichterschule (um 1700) und allgemein. Iterativbildung, eigentl. wohl '(ohne Zweck) hin und her ziehen', zu frühnhd. *zogen* 'sich von einem Ort zum anderen bewegen', mhd. *zogen* 'sich auf den Weg machen, gehen, hinziehen, (ver)zögern, zerren', ahd. *zogōn* 'taumeln, schwanken' (8. Jh.), mnd. *tōgen*, mnl. *tōghen*, aengl. *togian* 'ziehen, schleppen, zerren', engl. *to tow* '(ab)schleppen', anord. *toga* 'ziehen, reißen', die ihrerseits als Deverbativa (ablautend und mit grammatischem Wechsel von *h* und *g*) zu dem unter *ziehen* (s. d.) behandelten Verb gehören. – verzögern Vb. 'verlangsamen, aufschieben, hinausziehen' (Mitte 17. Jh.), zuerst intrans. 'zaudern, säumen'; vgl. früher bezeugtes mnd. *vortōgeren* 'hinausschieben, hinhalten, sich hinauszögern'. Verzögerung f. (2. Hälfte 17. Jh.), mnd. *vortōgeringe* 'Verzögerung, Aufschub' (15. Jh.). Die gesamte Wortgruppe scheint aus dem Nd. (über md. Vermittlung) in die Literatursprache vorgedrungen zu sein.

Zögling m. 'wer in einem Internat, Heim o. ä. erzogen wird' (1766), im Zuge sprachreinigender Bestrebungen Ersatzwort für gleichbed. frz. *élève*. Gebildet, vielleicht im Anschluß an vereinzelt belegte Formen wie *Zügling* (Ende 16. Jh.) und *Züchtling* (Mitte 18. Jh.), mit *zog-*, das nach der grammatischen Auffassung der Zeit als eine Stammform von *ziehen* (s. d.), hier in seiner Bedeutung 'erziehen', betrachtet wurde.

Zölibat n., auch m. 'Ehelosigkeit' (bes. der katholischen Geistlichen), entlehnt (1. Hälfte 16. Jh.) aus lat. *caelibātus, coelibātus* 'eheloser Stand, Ehelosigkeit des Mannes, Witwerstand'; zu lat. *caelebs, coelebs* 'unvermählt, ehelos, verwitwet' (vom Mann). Im Dt. anfangs vereinzelt in der lat. Form, danach (bis Ende 19. Jh.) in unterschiedlichen Schreibungen wie *Caelibat, Coelibat, Celibat, Cölibat.*

[1]**Zoll** m. 'Abgabe für bestimmte Waren beim Transport über eine Grenze, Zollstelle, Zollbehörde', auch 'Wegegebühr' (vgl. *Brükken-, Wegezoll*). Das allen germ. Sprachen mit Ausnahme des Got. (dafür *mōta*, s. *Maut*) gemeinsame Wort ahd. (8. Jh.), mhd. *zol* (Gen. *zolles*) 'Abgabe', frühnhd. auch 'Zollstelle, -amt', asächs. mnd. mnl. nl. *tol*, aengl. engl. *toll*, anord. (aus dem Aengl. oder Mnd.?) *tollr*, schwed. *tull* mit den Nebenformen asächs. *tolna* f., mnd. *toln(e)* m., *tollen* m., mnl. *tolne, toolne* m., aengl. *toln* f. ist entlehnt aus vlat. *tolōnēum*, spätlat. *telōnēum, telōnīum* 'Abgabe, Zollhaus', griech. *telōnéion, telṓnion* (*τελωνεῖον, τελώνιον*) 'Zollstätte, Zollhaus'; zu griech. *télos* (*τέλος*) 'Abgabe, Steuer, Zoll, Aufwand, Kosten', eigentl. 'Ende, Grenze, Ziel, Amt'. Man hat auch versucht, in den *n*-losen Formen ein einheimisches Wort germ. **tulla-* zu sehen, das sich als schwundstufige Bildung im Sinne von '(Be)rechnung' an die unter *Zahl, zählen* (s. d.) behandelte Wortgruppe anschließen würde, dann aber ganz die Bedeutung des entlehnten *tolna, tolne* angenommen hätte. – Zöll-

n e r m. 'Angestellter einer Zolldienststelle', früher (bis Anfang 18. Jh.) 'Zolleinnehmer', ahd. *zolonāri* (8. Jh.), mhd. *zolnære, zolner*, mnd. *tolner*, mnl. *tollenāre, tolnere*, nl. *tollenaar*, aengl. *tolnere, tollere*, entlehnt aus gleichbed. mlat. *tolnearius*, vlat. *tolōn(e)ārius* (3. Jh.), spätlat. *telōn(e)ārius*. z o l l e n Vb. 'erweisen, entgegenbringen, zuteil werden lassen' (18. Jh.), zuvor 'Zoll zahlen', mhd. *zollen* 'Zoll geben, zahlen, fordern, auferlegen', in dieser Bedeutung seit dem 18. Jh. nicht mehr üblich und durch v e r z o l l e n Vb., mhd. *verzollen*, ersetzt. z o l l f r e i Adj. 'keiner Abgabe für den Zoll unterliegend', mhd. *zolvrī, zollevrī*.

[2]**Zoll** m. veraltete, in einigen Branchen noch übliche Längeneinheit unterschiedlicher Größe, ahd. *zollo* 'Kreisel' (11. Jh.), mhd. *zol* (Gen. *zolles*) 'zylinderförmiges Stück, Baumklotz, Baumstamm, Knebel' (vgl. *īszolle* f. 'Eiszapfen'), mnd. *tol(le)* 'Zweig(spitze)', mnl. nl. *tol* 'Spielzeug, Kreisel', schwed. (mundartlich) *tolle* 'Pfropfreis' führen (mit *ll* aus *ln*) auf mit *n*-Suffix gebildetes ie. **dḷn-*. Verwandt sind aind. *dálati* 'birst, springt auf', griech. *daídalos* (δαίδαλος) 'kunstfertig, kunstvoll', *déltos* (δέλτος) 'Schreibtafel', eigentl. 'Spaltholz, glatt zugehauenes Holzbrett', lat. *dolāre* 'behauen, bearbeiten', air. *delb* 'Gestalt, Form'. Zugrunde liegt eine Wurzel ie. **del(ə)-* 'spalten, schnitzen, kunstvoll behauen' (s. dazu auch *Zelt*). Seit etwa 1500 gilt *Zoll* als Längenmaß und löst die mittelalterlichen Maße mhd. *dūme* 'Daumen', *vinger* 'Finger' (*drīer vinger, zweier dūme breit*) ab. Ob für *Zoll*, ausgehend von einer Bedeutung 'abgehauenes Stück Holz', auch eine nachfolgende Bedeutung 'Knöchel, Fingerglied' anzunehmen ist, bleibt unsicher. Immerhin ist 1 Zoll ungefähr gleich der Breite eines starken Daumens (*großer Zoll*), eines Fingers (*kleiner Zoll*). – Z o l l s t o c k m. zusammenklappbarer Meßstab (18. Jh.).

Zone f. 'Gebiet, Landstrich', in der Geographie 'parallel zum Äquator rings um die Erde verlaufender Streifen der Erdoberfläche, Landschaftsgürtel', *Zona* (Anfang 18. Jh.), Entlehnung von lat. *zōna*, griech. *zṓnē* (ζώνη) 'Erdstrich, Erd-, Himmelsgürtel', eigentl. 'Gurt, Gürtel'; zu griech. *zōnnýnai* (ζωννύναι) '(sich) gürten'. Nach dem Plur. *Zonen* und wohl unter Einfluß von frz. *zone* setzt sich in der 2. Hälfte des 18. Jhs. der Sing. *Zone* durch. Der Ausdruck bezeichnet als Fachwort der Geographie anfangs die durch Polar- und Wendekreise begrenzten Querstreifen der (Himmels- und) Erdkugel. Danach in freierer Verwendung 'Klimagegend' (1. Hälfte 18. Jh.), 'Gegend' (Mitte 18. Jh.), im Eisenbahn- und Postverkehr 'nach Entfernung eingeteilter Bereich' (20. Jh.).

Zoologie f. 'Lehre von den Tieren, Tierkunde' (2. Hälfte 18. Jh.), gelehrte Bildung (nlat. *Zoologia*, zu Anfang des 18. Jhs. in dt. Texten) zu griech. *zṓon* (ζῷον) 'Lebewesen, Geschöpf, Tier' in Verbindung mit *-logia* (s. *-logie*). Zuerst „Theil der Pharmacie, welches der Thiere Natur, Kräffte und die Präparata von denselben aufführet und erkläret" (1709). – Z o o l o g e m. 'Tierforscher' (Ende 18. Jh.); s. *-loge*. z o o l o g i s c h Adj. 'die Zoologie betreffend, ihr zugehörig, auf ihr beruhend, tierkundlich' (1. Hälfte 19. Jh.). Z o o l o g i s c h e r G a r t e n m. 'Anlage zur Haltung und Schaustellung von Tieren, Tierpark' (Mitte 19. Jh.), nach engl. *zoological garden(s)*. Dazu (nach engl. Vorbild) die Kurzform Z o o m. (2. Hälfte 19. Jh.).

Zopf m. 'Haarflechte'. Das bis auf das Gotische in allen germ. Sprachen bezeugte Substantiv ahd. *zoph* 'Haarlocke, Haarbüschel' (Hs. 12. Jh.), mhd. *zopf, zoph*, (md.) *zop* 'Haarflechte, hinterstes Ende, Schwanz, Zipfel', mnd. *top* 'Zopf, äußerste Spitze, höchstes Ende, Baumwipfel' (s. *Topp*), mnl. *top* 'Spitze, Scheitel, Kopfhaar', nl. *top* 'Gipfel, Baumwipfel, Spitze', aengl. *topp* 'Gipfel', engl. *top* 'Spitze, (Haar)schopf', anord. *toppr* 'Spitze, aufgebundenes Haar', schwed. *topp* 'Gipfel, Baumwipfel' ist mit *Zapfen, Zipfel, zupfen*, [2]*tippen* (s. d.) am ehesten aus einer onomatopoetischen (weithin expressive Konsonantendoppelung aufweisenden) germ. Grundform zur Bezeichnung von etwas Spitzem zu erklären, da sichere außergerm. Parallelen fehlen. Zu anderen, unbefriedigenden Herleitungsversuchen, z. B. Vasmer 1, 384, der Verwandtschaft mit russ. *dýba* (дыба) 'Wippe, Folterbank, Galgen', *dýbit'sja* (дыбиться) 'sich aufbäumen' annimmt, vgl. de Vries Nl. 741. Die Bedeutung 'Haarflechte' entwickelt sich nur im Dt., ausgehend von 'am Scheitel, an der Kopfspitze hoch-, zusammengebundenes Haarbüschel'.

Zorn m. 'Wut, Entrüstung, Unwille', ahd.

zorn n. 'Erbitterung, Wut, Entrüstung' (9. Jh.), mhd. *zorn* m. 'plötzlich entstandener Unwille, Heftigkeit, Wut, Zank, Streit', asächs. *torn* n., mnd. *torn, tarn*, mnl. *torn, toren, toorn*, nl. *toorn*, aengl. *torn* n. 'Grimm, Kummer, Leid, Elend'. Das westgerm., in älterer Sprache neutrale Substantiv ist vielleicht eine Substantivierung des in mhd. *zorn(e)* 'zornig, erzürnt', asächs. *torn* 'bitter, leidvoll', aengl. *torn* 'bitter, grausam, schrecklich, schmerzlich' erhaltenen Adjektivs, das als alte Partizipialbildung mit dem Suffix ie. *-no-/-nā* aufgefaßt werden kann. Verwandtschaft besteht mit den unter *trennen, zehren, zerren* (s. d.) genannten Formen, die an die Wurzel ie. **der(ə)-, *drē-* 'schinden, (ab)spalten' anzuschließen sind. Als Ausgangsbedeutung ist für das Adjektiv 'zerrissen, gespalten', für das Substantiv 'Zwist, Streit' anzunehmen, woraus 'wütende Gemütserregung'. – zornig Adj. 'wütend, grimmig', ahd. *zornag* (9. Jh.), mhd. *zornec, zornic* 'zürnend, erzürnt, heftig, grimmig'. zürnen Vb. 'zornig sein', ahd. *zurnen* (um 800), *zornōn* (um 1000), mhd. *zürnen* (md. *zurnen, zornen).* erzürnen Vb. 'zornig machen, werden', ahd. *irzurnen* (Hs. 12. Jh.), mhd. *erzürnen, -zornen* 'in Zorn versetzen, in Zorn geraten'.

Zote f. 'unanständiger Witz, obszöner, derber Spaß'. Ein zu *Zotte* (s. d.) gebildeter Plural frühnhd. *Zoten, Zotten* begegnet in der (zunächst äußerst derben, in Fastnachtsspielen und Schwankbüchern belegten) Wendung *Zot(t)en reißen* 'etw. Unflätiges tun, derbe, obszöne Späße machen' (15. Jh.), eigentl. wohl 'schmutzig und kotig verklebte Haare säubern'. Daraus wird im 17. Jh. der Singular *Zot(t)e* im oben genannten Sinne rückgebildet und seit etwa 1700 in der (auf md. Vokaldehnung beruhenden) Schreibweise *Zote* von *Zotte* unterschieden.

Zotte f. '(verfilztes, durch Schmutz verklebtes) Haarbüschel, Fetzen, liederliche Frau', ahd. *zata* f., *zato* m. (9. Jh.), *zota* f., *zoto* m. (10. Jh.) 'Pferdemähne, buschiges Kopfhaar', mhd. *zote, zotte* f. m. 'was zottig herabhängt, Büschel, Flausch', nd. *Tot*, nl. *tod, todde* 'Fetzen, Lumpen', engl. (älter, wohl aus dem Nl.) *tod* 'Busch, Gebüsch, Ballen (Heu, Wolle)', anord. *toddi* 'Stückchen' sowie schwed. (mundartlich) *tuddug* 'zottig', aengl. *tætteca* 'Lumpen, Fetzen', anord. *tǫturr* 'Lumpen, Fetzen' werden wie [1]*Zettel* und die dort verzeichneten Formen an eine *t*-Erweiterung der Wurzel ie. **dā(i)-, *dī̆-* 'teilen, zerschneiden, zerreißen' angeschlossen. *Zotte* ist eigentl. 'das herabhängende Büschel, Fetzen'. Die Formen mit *tt-* oder *dd*-Geminate sind expressiver Herkunft. – Zottel f. 'durch Schmutz verklebte Haare, Wollbüschel, Quaste, Troddel' (15. Jh.). Zottelbär m. 'Bär mit langhaarigem, zottigem Fell' (18. Jh.). zotteln Vb. 'in Fetzen hängen, mit schmutzigen, herunterhängenden Kleidern gehen, langsam, nachlässig, ohne Ziel daherschlendern, -trotteln' (16. Jh.), Iterativbildung neben ahd. *nāhzotten* 'hinterherlaufen' (11. Jh.), mhd. *zoten*, frühnhd. *zoten, zotten* 'in Zotteln niederhängen, langsam gehen, schlendern'; vgl. mnd. *toddelen* 'in Zotten, in einzelnen Teilen herabfallen'. zottig Adj. 'mit Zotten behaftet, büschelig (von Haar und Fell), unordentlich, verwildert' (16. Jh.).

zu Adv. 'in Richtung auf etw.' (*nach Süden zu*), 'geschlossen' (*die Tür ist zu*, eigentl. 'heran, so daß ein fester Anschluß entsteht', Gegensatz *auf*), 'übermäßig, allzusehr' (*der Weg ist zu weit*), 'weiter!' (*nur zu!*); Präp. zur Angabe der Richtung, des Zieles (*zur Schule*) und der Lage (*zu ebener Erde*), des Zeitpunkts (*zu Ostern, zu dieser Zeit*) und der Zeitspanne (*zu Lebzeiten*), des Zweckes (*zum Trost*) und Resultats (*zu Brei kochen*). Das Adverb (vornehmlich mit langem Vokal) ahd. *zuo* (8. Jh.), mhd. *zuo*, asächs. *tō*, mnd. (auch Präp.) *tō*, mnl. nl. *toe*, aengl. (auch Präp.) *tō*, engl. *to* beruht auf germ. **tō*, die Präp. (vornehmlich mit kurzem Vokal) ahd. *za, zi, ze* (alle 8. Jh.), mhd. *ze*, asächs. *te, ti*, mnd. *te*, mnl. nl. *te* auf germ. **ta*. Beide sind verwandt mit lat. *dō-* in lat. *dōnicum, dōnec* 'bis', *quandō* 'wann', lit. *da-* 'bis', aslaw. *do*, russ. *do* (до) 'bis' und (ablautend) awest. *-da* in *vaēsmənda* 'zum Haus hin', griech. *-de* (-δε) in griech. *oĩkónde* (οἶκόνδε) 'nach Hause', außerdem mit lat. *dē* 'von ... weg, von ... herab' (s. *de-*) und air. *dī* 'von ... weg', die sich alle auf einen alten Instrumental (der Erstreckung) ie. **dē-, *dō-* zum demonstrativen Pronominalstamm ie. **de-, *do-* zurückführen lassen. Bereits in ahd. Zeit (seit dem 10. Jh.) beginnt das starktonige Adverb *zuo* die Präp. *za, zi, ze* zu verdrängen und deren Funktion zu übernehmen; daher ist ahd. mhd. *zuo* zugleich Adv. und Präp. – ab und zu Adv. 'hinweg und herbei, aus und ein' (15. Jh.), 'von Zeit zu Zeit' (19. Jh.).

Zubehör n. (älter auch m. und f.) 'zu einer Ausstattung gehörende, ergänzende Teile' (bei Geräten, Werkzeugen u. dgl.), rechtssprachlich 'mit einem Besitz oder Herrschaftsanspruch verbundene Rechte' (17. Jh.). Zum Verb *gehören* 'in Besitz sein' (s. d.) tritt das Substantiv mhd. *zuogehœrde*, frühnhd. *zugehör* im oben genannten rechtssprachlichen Sinne (nhd. nur selten bis ins 19. Jh.). Im nd. Gebiet steht dafür im Anschluß an mnd. *behören* 'in Besitz sein, zukommen, zustehen' und *behōr* f. n. 'was jmdm. zusteht, zukommt' verdeutlichendes mnd. *tōbehōr(e)* f. n. Darauf beruht wohl im 17. Jh. (zunächst bei nordd. und md. Schriftstellern) auftretendes *Zubehör*. Vgl. aber zugehörig Adj. 'Teil eines Ganzen bildend, dazugehörend' (16. Jh.), zugehören Vb. 'zu jmdm., etw. gehören, angehören, zustehen, gebühren' (16. Jh.); s. *gehören*.

Zuber m. 'großes zweihenkliges Wassergefäß', ahd. (selten) *zwibar* (9. Jh.), *zubar* (10. Jh.), mhd. *zūber, zuber, zuober, zwuber*, (md.) *zober* ist als 'Gefäß mit zwei Handhaben' (im Unterschied zu *Eimer*, s. d.) eine Zusammensetzung aus dem unter *zwei* (s. d.) behandelten Zahlwort mit einem zu ahd. *beran* 'tragen' (s. *-bar, gebären, Geburt*) gehörenden zweiten Kompositionsglied.

Zucht f. 'das Aufziehen, Züchten (von Tieren und Pflanzen) und dessen Ergebnis, (strenge) Erziehung, Gehorsamkeit, Disziplin', ahd. *zuht* 'Unterhalt, Nahrung, Erziehung, Belehrung, Sprößling, Geschlecht' (8. Jh.), mhd. *zuht* 'das Ziehen, Zug, Richtung, Weg, Erziehung, Bildung, Strafe, feine Sitte und Lebensart, Ernährung, Unterhalt, Abstammung, das Aufgezogene', asächs. *tuht*, mnd. *tucht* 'Zug, Ziehen, Aufschub, Verzug, Frist, Erziehung, Bildung, das Aufgezogene' (bes. vom Vieh), mnl. *tocht, tucht* 'das Ziehen, Erziehung, Nutznießung, Höflichkeit', nl. *tocht*, aengl. *tyht* 'Lauf, Bewegung, Unterweisung', anord. (wohl aus dem Mnd.) *tykt* 'Zucht, Strafe' sowie got. *ustaúhts* 'Vollendung, Erfüllung' sind ablautende Abstrakta mit *ti*-Suffix (germ. **tuhti-*) zu dem unter *ziehen* (s. d.) behandelten Verb. Sie bezeichnen zunächst 'das Ziehen' als Beihilfe bei der Geburt von Haustieren, danach die Ernährung und Pflege der Jungtiere sowie das Aufziehen von Pflanzen und (jungen) Menschen und (im menschlichen Bereich) Erziehung und Bildung. Mhd. *zuht* gehört im Sinne von 'feine Sitte und höfische Lebensart' zu den Kernbegriffen der mittelalterlich-höfischen Ethik. – züchten Vb. 'planmäßig und auswählend Pflanzen oder Tiere heranziehen', ahd. *zuhten* (8. Jh.), mhd. *zühten* 'nähren, aufziehen'. Züchter m. 'wer planmäßig, auswählend, veredelnd Tiere und Pflanzen heranzieht' (wohl erst 19. Jh.), zuvor frühnhd. 'Lehrer, Erzieher'; vgl. ahd. *zuhtāri* 'Ernährer, Erzieher' (9. Jh.; *zuhtāra* f. 'Ernährerin', auch 'Nachkommenschaft', 8. Jh.), mhd. *zühter* 'Vogeljunges', auch 'wer junge Tiere aufzieht'. züchtig Adj. 'brav, anständig', ahd. *zuhtīg* 'geschult, maßvoll, zur Zucht fähig' (10. Jh.), mhd. *zühtec, zühtic* 'züchtigend, wohlgezogen, artig, höflich, gedeihlich, fruchtbringend'. züchtigen Vb. '(körperlich) strafen', mhd. *zühtegen, zühtigen* 'durch Zucht erziehen, strafen, sich ziehen, bilden'; vgl. ahd. *afterzuhtīg* '(nach dem Werfen der Lämmer) säugend' und (zweifelhaft) *afterzuhtīgen* '(nach dem Werfen der Lämmer) säugen'. Unzucht f. 'unsittliche Handlung', ahd. *unzuht* (10. Jh.), mhd. *unzuht* 'Ungehörigkeit, Ungesittetheit, Roheit, Gewalttätigkeit, Unsittlichkeit'. unzüchtig Adj. 'unsittlich', ahd. *unzuhtīg* (10. Jh.), mhd. *unzühtec, unzühtic* 'zuchtlos, unsittlich'. Zuchthaus n. 'Strafanstalt' (17. Jh.), 'Wohngemeinschaft, Internat, Erziehungs-, Besserungsanstalt' (16. Jh.). Zuchtwahl f., s. *Selektion*.

zucken Vb. 'eine kurze, schnelle, ruckartige Bewegung machen', bes. von unwillkürlichen Muskelbewegungen (17. Jh.). Ahd. (9. Jh.), mhd. *zucken* 'schnell und mit Gewalt ziehen, schnell ergreifen, an sich reißen, weg-, entreißen', mnd. *tucken* 'zucken, zappeln, zucken machen, rasch ziehen', mnl. *tukken*, engl. (aus dem Mnd. oder Mnl.) *to tuck* 'wegstecken, zusammenziehen' ist eine Intensivbildung zu dem unter *ziehen* (s. d.) behandelten Verb. Der bei dem *jan*-Verb zu erwartende Umlaut wird zunächst von *kk* verhindert, begegnet dann im Mhd. (vereinzelt und nur md.) und gelegentlich im Mnd. (s. *zükken*). Doch bleibt die umlautlose Form (wie bei anderen Intensiva) im Nhd. erhalten. Vom 17. Jh. an bezeichnet *zucken* ruckartige Bewegungen von Gliedmaßen, Körperteilen (vgl. *die Achsel(n) zucken*), bes. heftige, plötzliche Muskelbewegungen. Damit wird die alte Bedeutung 'schnell ziehen' aufgegeben; sie wird jedoch von *zücken* weitergeführt, von dem sich *zucken* damit semantisch trennt. – Z u c k u n g f. 'kurze, ruckartige, krampfartige Bewegung' (15. Jh.).

zücken Vb. 'schnell (heraus)ziehen', nur noch in Verwendungen wie *das Schwert, den Dolch, die Brieftasche, den Bleistift zücken* u. dgl. Mhd. (selten und nur md.) *zücken* 'schnell und mit Gewalt ziehen, schnell ergreifen, an sich reißen, entreißen', mnd. (selten) *tücken* 'ziehen, schnell ergreifen' ist die Umlaut aufweisende Form von (bis ins 17. Jh. gleichbed.) *zucken* (s. d.). Die alte (von umlautlosem *zucken* aufgegebene) Bedeutung 'schnell ziehen' wird von *zücken* (s. oben) bewahrt.

Zucker m. aus Indien stammende, aus dem Mark der Zuckerrohrpflanze gewonnene Substanz zum Süßen von Speisen, ahd. *zuckar* (Hs. 13. Jh.), mhd. *zucker, zuker* ist entlehnt aus gleichbed. ital. *zucchero*, sizilianisch *zuccaru*, das auf arab. *sukkar* beruht. Dieses geht wie griech. *sákcharon* (*σάκχαρον*), lat. *saccharum* n. zurück auf aind. *śárkarā* f. 'Grieß, Geröll, Kies', *śarkarā* 'Sandzucker', mind. (Pali) *sakkharā-*, Hindi *sakkar* 'Zucker' (s. *Saccharin*). Die Araber verbreiten die Zukkerrohrkultur nach Ägypten, Südspanien und auch nach Sizilien, das unter arab. Herrschaft eine wichtige Rolle im Zuckerhandel einnimmt. Über die Alpen kommen Wort und Sache nach Süddeutschland und weiter nach Norddeutschland. Im 19. Jh. wird die Bezeichnung auch auf den Rübenzucker übertragen. – z u c k e r n Vb. 'mit Zucker süßen' (17. Jh).

Zufall m. 'unerwartetes, unvorhergesehenes Geschehen' (vorgebildet im 16. Jh., geläufig seit 17. Jh.), frühnhd. 'starkes Andrängen, Zulauf, Parteinahme, Beistand, Beifall, Ereignis, Vorkommnis' und 'jmdm. zufallender Besitz, Vorteil' (15. Jh.), mhd. *zuoval* 'Anfall, Angriff, das Zuteilwerden', mnd. *tōval*, nl. *toeval*, Verbalabstraktum zu *zufallen* (s. unten). Schon früh steht das Substantiv als Entsprechung von lat. *accidēns* n. 'das Unwesentliche, Äußere, Zufall, unglückliches Ereignis', spätlat. 'Krankheitserscheinung', mlat. auch 'Eigenschaft, Merkmal' (substantiviertes Part. Präs. von lat. *accidere* 'auf etw. niederfallen, zu etw. hindringen, geschehen, ablaufen, widerfahren'); zuerst bei den mhd. Mystikern 'was als Äußerliches zum Wesen hinzukommt, das Nicht-Ursprüngliche' (Seuse, Tauler), dann in den Naturwissenschaften 'die Stoffe unterscheidende Eigenschaft' (16. Jh.), in der Medizin 'von außen kommende krankhafte Störung, Krankheitserscheinung, Symptom' (16. Jh.), auch 'Anfall' (17. Jh.). – z u f a l l e n Vb. 'zuteil werden, (als Anteil, durch Erbschaft) zugesprochen werden', frühnhd. auch 'hinzukommen, auf etw. niederfallen, sich jmdm. anschließen, beistimmen', mhd. *zuovallen* 'hinzukommen, zuteil werden, sich ereignen', mnd. *tōvallen*; zur Herkunft s. *fallen*. z u f ä l l i g Adj. 'vom Zufall bestimmt, unvorhergesehen' (17. Jh.), frühnhd. 'hinzukommend, zugehörig, nicht wesentlich', mhd. *zuovellic* 'nicht wesentlich, sekundär'.

Zug m. 'Tätigkeit, Vorgang des Ziehens' (bes. von anhaltender Bewegung im Sinne von 'Wanderung, Reise, Fahrt', daher auch der 'Marsch einer bewaffneten Einheit', dann vom Bewegen einer Schachfigur, vom Einziehen des Atems, vom kräftigen Schlucken eines Getränks), 'das Ziehende' (übertragen auf Zugvorrichtungen, 15. Jh., die sich bewegende Menge der Luft, 16. Jh., den marschierenden Truppenteil, 17. Jh.), 'das Gezogene' (mit Feder oder Stift, 16. Jh., übertragen 'Charaktereigenschaft', 17. Jh.), schließlich (im Anschluß an 'Truppeneinheit') 'Wagenreihe mit Antriebsfahrzeug, Eisenbahn' (seit etwa 1840). Ahd. *zug* (9. Jh.), mhd. *zuc, zug* 'Handlung des Ziehens, Bewegung, Atemzug, Aufschub, Unterhalt, Ziehgerät, Wanderung, Reise (Kriegs-, Kreuzzug), gezogene Linie, Gegend', mnd. *toch* 'das Ziehen, Reise, Kriegszug, Schluck, Streich, Verzug', aengl. *tyge* 'Zug, Ruck, Leitung, Schluck' ist Verbalabstraktum (*i*-Stamm, westgerm. **tugi-*, mit grammatischem Wechsel von *h* und *g*) zur Tiefstufe des unter *ziehen* (s. d.) behandelten Verbs. – z u g i g Adj. 'wehend, windig' (19. Jh.). z ü g i g Adj. 'fortlaufend, ohne Unterbrechung', älter 'geschmeidig, elastisch' (16. Jh.).

Zügel m. 'Lenkriemen der Reit- und Zugpferde', ahd. *zuhil* (um 800), *zugil* (10. Jh.), mhd. *zügel* 'Zügel, Riemen, Strich, Band', mnd. *tōgel*, mnl. *tōghel, teugel*, nl. *teugel*, aengl. *tygel*, anord. *tygill*, schwed. *tygel* führen auf germ. **tugila-*, gebildet mit dem Suffix für maskuline Gerätebezeichnungen germ.

-ila- und grammatischem Wechsel von *h* und *g* zur Tiefstufe des unter *ziehen* (s. d.) behandelten Verbs. Ausgangsbedeutung ist 'Gerät zum Ziehen'. – z ü g e l n Vb. 'im Zaum halten' (Mitte 18. Jh.), 'halftern' (15. Jh., vereinzelt). z ü g e l l o s Adj. 'ohne Zügel, uneingeschränkt, undiszipliniert' (17. Jh.).

zünden Vb. 'in Brand geraten, in Brand setzen, anzünden', ahd. *zunten* 'in Brand setzen, entzünden, entfachen' (9. Jh.), *zuntēn* 'brennen, glühen' (um 1000), *zuntōn* 'entflammen' (um 1000), mhd. *zünden, zunden, zünten* 'entzünden, anzünden, sich entzünden, brennen, leuchten' zeigen wie got. *tundnan* 'entzündet werden, verbrennen' schwundstufigen Vokal im Unterschied zu mhd. *enzenden* 'an-, entzünden' (also 'brennen machen'), aengl. *ontendan*, engl. (mundartlich) *to tind*, anord. *tenda*, (mit *r*-Erweiterung) *tendra*, schwed. *tända*, got. *tandjan*. Dieses steht kausativ zu einem in mhd. *zinden, zinnen* 'brennen, glühen', aengl. *tinnan* 'entbrennen' belegten starken Verb; s. verwandtes *Zunder*. Herkunft unbekannt (Vermutungen zitieren Feist [3]474 und Knobloch in: Ahd. 2 (1987) 1231 ff.). – Z ü n d e r m. 'wer anzündet oder leuchtet, Vorrichtung zum Anzünden' (16. Jh.), als Fachwort der Pyrotechnik und Waffentechnik 'Vorrichtung zum Entzünden einer Sprengladung' (18. Jh.), ahd. *zuntāri* 'wer etw. anbrennt, Anzünder' (11. Jh.); vgl. mhd. *anzünder*, auch 'Anstifter'. Z ü n d u n g f. 'Vorgang des (An)zündens' (*zundunge*, 15. Jh.), ahd. *zuntunga* (nur übertragen) 'Anreizung, Antrieb' (um 800); heute bes. 'Anlage, die den Zündfunken im Verbrennungsmotor hervorbringt' (19. Jh.). e n t z ü n d e n Vb. 'anzünden, entflammen', übertragen 'entstehen lassen, verursachen', medizinisch (refl.) 'durch Bakterien, Reiz sich krankhaft röten' (18. Jh.), ahd. *inzunten* 'in Brand setzen' (8. Jh.), mhd. *enzünden, -zünten* 'in Brand setzen, leuchten', refl. 'entbrennen, in Zorn geraten'; E n t z ü n d u n g f. 'entzündlicher krankhafter Zustand' (18. Jh.); vgl. ahd. *inzuntunga* 'das Anzünden, Brandstiftung' (10. Jh.). Z ü n d h o l z n. 'Brennholz' (16. Jh.), 'Streichholz' (19. Jh.).

Zunder m. 'Zündschwamm, leicht brennbares Material', ahd. *zunt(a)ra* f. (9. Jh.; vgl. auch *zuntāri* m. 'wer anzündet', 11. Jh., s. *Zünder*), mhd. *zunder* m. n. 'Zündschwamm, Feuer, Brand', mnd. *tunder*, nl. (aus dem Nhd.) *tonder*, aengl. *tynder, tyndre* f., engl. *tinder*, anord. (aus dem Mnd.?) *tundr* n., schwed. *tunder*. Daneben stehen (mit *l*-Suffix) ahd. *zuntil* m. 'Fackel, Anreger' (11. Jh.), mhd. *zündel* 'Anzünder, Entflammer', nl. *tondel*, (ablautend) ahd. *zinsilo* m. 'Zündstoff, Zünder' (10. Jh.) sowie (mit *r*-Suffix) ahd. *zantro* m. 'glühende Kohle' (9. Jh.). Weiteres s. *zünden*.

Zunft f. 'Zusammenschluß von Handwerkern zur gemeinsamen Interessenwahrung, Innung', ahd. *zumft, gizumft, -zunft* 'Gemeinschaft, Zusammenkunft, Übereinkunft, Vertrag' (9. Jh.), mhd. *zunft, zumft* 'Regel, Schicklichkeit, Würde, nach bestimmten Regeln eingerichtete Gesellschaft, Verein', mit Wandel von *m* zu *n* (s. *Kunft* und *kommen*) schwundstufiges *ti*-Abstraktum zu dem unter *ziemen* (s. d.) behandelten Verb. Von der alten Verbalbedeutung 'passen, sich gehören, angemessen sein, gebühren' und daher 'innerlich und äußerlich übereinstimmen' ausgehend, steht das Substantiv zunächst für 'Vertrag, Regel, nach der eine Gemeinschaft lebt', danach für 'Vereinigung (von Handwerkern)'. *Zunft* ist ein obd. Wort (13. Jh. Basel, bald auch Ulm, Würzburg), begegnet im 14. Jh. am Mittelrhein und wandert weiter nach Osten. Lange Zeit wird es mit bedeutungsverwandten Wörtern verbunden, vgl. *Bruoderschaft und Zunft* (15. Jh.), *Zunft oder Gilde* (16. Jh.), *Compagnien, Zünfte, Innungen* (17. Jh.). – z ü n f t i g Adj. 'zur Zunft gehörend, sie betreffend', in neuerer Sprache 'tüchtig, gehörig, ordentlich', ahd. *zumftīg* 'friedlich, ruhig' (um 900; *gizumftīg* 'übereinstimmend', 9. Jh.), spätmhd. *zünftic* 'einer Zunft angehörend'.

Zunge f. Organ zum Sprechen und Schmekken, ahd. *zunga* 'Zunge, Rede, Sprache' (8. Jh.), mhd. *zunge*, auch 'Volk, Land, Heimat', asächs. *tunga*, mnd. *tunge, tonge*, mnl. *tonghe, tunghe*, nl. *tong*, aengl. *tunge*, engl. *tongue*, anord. schwed. *tunga*, got. *tuggō*. Zugrundeliegendes germ. **tungōn* läßt sich vergleichen mit alat. *dingua* 'Zunge, Sprache', woraus (durch Anschluß an lat. *lingere* 'lekken') lat. *lingua*. Als Grundwort kann man ie. **dn̥ĝhu̯ā* 'Zunge' ansetzen bzw. (für das Awest., Lit. und Slaw.) einen maskulinen *ū*-Stamm **dn̥ĝhū*. Weitere Formen lassen sich nur heranziehen, wenn von lautlichen Umstellungen bzw. tabuistischen Veränderungen ausgegangen wird, z.B. aind. *jihvā́,* awest. *hizvā-* 'Zunge' (aus **ĝiĝhu̯ā*, und dieses mit *i* von aind. *lih-, lḗḍhi* 'leckt' oder *jihmáḥ* 'schräg, schief' aus **daĝhu̯ā*), awest. *hizū-* 'Zunge', air. *teng, tengae* 'Zunge' (mit *t-* nach *tongid* 'schwört'), lit. *liežùvis* 'Zunge, Sprache' (angeglichen an lit. *liẽžti* 'lecken'), mit *k*-Erweiterung aslaw. *językъ* 'Zunge, Sprache, Volk', russ. *jazýk* (*язык*) 'Zunge, Sprache'. – z ü n g e l n Vb. 'die Zunge schnell hin und her bewegen' von Tieren, bes. Schlangen (17. Jh.), übertragen auch von Flammen (18. Jh.).

zupfen Vb. 'mit den Fingerspitzen rupfen, reißen' (15. Jh.). Die alte Bedeutung 'Flachs, Hanf raufen' und die obd. weithin verbreitete Form *zopfen* (vgl. *Hopfen zopfen*) lassen eine Ableitung von *Zopf* (s. d.) im Sinne von 'Haarbüschel' als wahrscheinlich erscheinen.

zurren Vb. seemännisch 'mit Tauwerk festbinden' (19. Jh.), auch *sorren*. Vgl. entsprechendes nl. *sjorren* (17. Jh.), fries. *tsoarje, tsjūrje*, ofries. *sjurren*, *sjūren* und aus den vorgenannten Formen entlehntes dän. *surre*, schwed. *surra* (s. *surren*). Lautmalendes Verb im Hinblick auf das Geräusch des durch Ösen, Ringe geführten oder an Bolzen entlang gleitenden Taues.

zusammen Adv. 'miteinander, gemeinsam, beieinander, insgesamt', ahd. *zisamane* (8. Jh.), mhd. *zesamen(e), zesamne*, asächs. *tesamne*, mnd. *tosamen(e)*, mnl. *tsamen(e), tesamen(e)*, nl. *tezamen*, aengl. *tōsamne, tōsomne*, im Westgerm. auftretende verdeutlichende Komposition aus der unter *zu* (s. d.) behandelten Präposition und dem Adverb ahd. (9. Jh.), asächs. anord. *saman*, mhd. *samen(e)*, got. *samana* 'zusammen, gemeinschaftlich' (s. *sammeln*), das zu dem unter *samt* (s. d.) genannten Pronominalstamm gebildet ist. Nach mnd. Vorbild entstehen schwed. *tillsamman*, dän. *tilsammen*.

zwacken Vb. 'zwicken, kneifen' (mit zwei Fingern, mit der Zange), mhd. *zwacken* 'zupfen, zerren', frühnhd. 'aus etw. herausreißen, rauben' (16. Jh.) steht wohl lautmalend mit Sekundärablaut neben dem unter *zwicken* (s. d.) behandelten Verb.

zwängen Vb. 'gewaltsam einengen, quetschen', ahd. *thwengen* 'bedrängen, züchtigen, beängstigen' (9. Jh.), mhd. *twengen* (auch *zwengen*) 'Zwang antun, drücken, einzwängen, zusammenpressen, bändigen', mnd. *dwengen* ist Kausativum zu dem unter *zwingen* (s. d.) behandelten Verb.

zwanzig Num., ahd. *zweinzug* (8. Jh.), *zweinzig* (9. Jh.), mhd. *zwein-, zwenzec, zwein-, zwenzic*, asächs. *twēntig*, mnd. mnl. *twintich*, nl. *twintig*, aengl. *twentig*, engl. *twenty*, got. *twai tigjus*; eigentl. 'zwei Zehnheiten, zwei Dekaden'. Der erste Wortteil besteht aus dem Nom. Mask. des unter *zwei* (s. d.) behandelten Zahlworts; dabei zeigt ahd. *zweinzug, -zig* die lautgerechte, aus dem Zahladjektiv germ. **twaina* stammende Form (gegenüber *ē* in ahd. *zwēne* 'zwei'). Anord. *tuttugu* 'zwanzig' beruht wohl auf einer Dualform **tvōtugō*. Zum zweiten Wortteil s. *-zig*. Im Mhd. setzt Kürzung von *-ei-* vor Doppelkonsonanz ein (*zwenzec*). Aus frühnhd. *zweinzig, zwenzig* entsteht wohl als Dissimilationsform im Hinblick auf die in beiden Silben auftretenden palatalen Vokale *zwanzig*, das im 17. Jh. üblich wird.

zwar Konj. mit einräumender Funktion, gewöhnlich mit einer adversativen Konj. korrespondierend (vgl. *zwar... aber, jedoch, doch*); häufig in der Fügung *und zwar* als Einleitung einer Erläuterung von Vorausgegangenem (vgl. *wir fahren morgen, und zwar früh*). Die meist adverbiell gebrauchte präpositionale Fügung ahd. *zi wāre* 'in Wahrheit, wahrhaftig, in der Tat, freilich' (8. Jh.), mhd. *ze wāre*, zusammengezogen *zewāre, zwāre* 'wahrlich, fürwahr', frühnhd. *zwar* (15. Jh.), mnd. *twār, tware(n)* besteht aus der unter *zu* (s. d.) behandelten Präposition und dem substantivierten Neutrum des unter *wahr* (s. d.) dargestellten Adjektivs. Aus dem eine Bestätigung ausdrückenden Adverb entwickelt sich (zuerst im Mnd.) bei Anschluß eines Einwands, eines Widerspruchs (vgl. *du spottest... – neyn zwar, ich spotte nicht*, 16. Jh.) eine einräumende Konjunktion, die ein Satzglied einführt, „dessen Inhalt anerkannt wird, obwohl ein damit verknüpftes Satzglied gegen dessen Bestehen zu sprechen scheint" (Behaghel Syntax 3, 1928, 354), vgl. *man sagt zwar, die Gedancken seien zollfrei, aber nicht bei Gott* (17. Jh.).

Zweck m. 'Ziel, Absicht, Sinn', ahd. *zwec, zwecki* 'Nagel, Pflock' (um 800), mhd. *zwec, zwic* 'Nagel, Stift aus Holz oder Eisen', frühnhd. *zweck, zwick* 'Nagel, Keil', auch 'Zwickel, zwickelartige Falte an einem Kittel'. Nur im Hd. heimisches Wort; von daher stammen nl. *zwik* 'Nagel, Zapfen, Keil', mnd. *swick* 'Zapfen, Keil' und (vielleicht über das Mnd.) schwed. *svicka* 'Zapfen'. Herkunft unklar. Für die gewöhnlich angenommene Verwandtschaft (auf Grund des Anlauts) mit *Zweig* und *zwei* (s. d.) gibt es keinen hinreichenden Grund (ein vereinzelter Beleg *zweck* 'Zweig' aus dem 16. Jh. ist ungewöhnlich und nicht tragfähig). Im 15./16. Jh. bezeichnet *Zweck* den Befestigungsnagel der Zielscheibe beim Schießen (mit Armbrust oder Büchse); dieser gilt oft selbst als Ziel (vgl. *den Zweck treffen*, 16. Jh.). Von daher seit dem 17. Jh. übertragen 'Ziel, Absicht, Beweggrund, erkennbarer Sinn'. Die Bedeutung 'Nagel' wird von *Zwecke* (s. d.) übernommen (18. Jh.). – bezwecken Vb. 'beabsichtigen, zu erreichen suchen' (18. Jh.). zwecklos Adj. 'sinnlos, ohne Aussicht auf Erfolg, nutzlos', seltener auch 'ziel-, planlos' (18. Jh.). zweckmäßig Adj. 'dem Zweck entsprechend, angebracht, geeignet' (18. Jh.). zwecks Präp. 'zum Zwecke, mit dem Ziel' (19. Jh.), behördensprachliche Bildung nach Mustern wie *behufs, mittels* u. ä.

Zwecke f. 'kleiner Nagel mit rundem Kopf, Holzstift, Schusternagel' (18. Jh.), im Md. aus dem Plur. *Zwecke* (s. *Zweck*) entstandener fem. Sing., der die vom Mask. aufgegebene Bedeutung 'Nagel' übernimmt.

zwei Num. Ahd. *zwēne* m. (aus dem Zahladjektiv germ. **twaina*, jedoch mit *ē* durch Angleichung an das Zahlwort ahd. **zwē*, germ. **twai*), *zwō, zwā* f., *zwei* n. (8. Jh.), mhd. *zwēne* m., *zwō, zwuo* f., *zwei* n., asächs. *twēne* m., *twō, twā* f., *twē* n., mnd. *twē, twei, twī* (eigentl. n., doch bereits früh für alle Geschlechter), mnl. nl. *twee*, aengl. *twēgen* m. (umgebildet nach *bēgen* 'beide'), *twā* f., *twā, tū* n., engl. *two*, anord. *tveir* m. (aus germ. **twai*), *tvær* f., *tvau* n., schwed. *två*, got. *twai* m., *twōs* f., *twa* n. und aind. *dvā́, duvā́, dváu, duváu* m., *dvḗ, duvḗ* f. n., griech. *dýo, dýō* (δύο, δύω), lat. *duo* m., *duae* f., *duo* n., air. *dāu, dō* m., *dī* f., *dā n-* n., aslaw. *dъva* m., *dъvě* f. n., russ. *dva* (два) m. n., *dve* (двe) f. führen auf ie. **du̯ō(u)* bzw. (einsilbig) **du̯ō(u)* m., **du̯ai* f. n. 'zwei' (mit den Kompositionsformen **du̯ei-* und **du̯i-*). Noch im Nhd. werden (bis ins 18. Jh.) drei Geschlechter (wie im Ahd. und Mhd.) unterschieden, vgl. *zween* m., *zwo* f., *zwei* n., bis sich die neutrale Form durchsetzt. Feminines *zwo* wird im Fernsprechverkehr wieder aufgenommen (Anfang 20. Jh.), um eine Verwechslung mit *drei* zu vermeiden. – zweiter Num. Ord. (14. Jh.), älteres *ander* (s. d.) ablösend. zweitens Adv. 'zum zweiten, an zweiter Stelle' (17. Jh.).

Zweifel m. 'Bedenken an der Richtigkeit (eines Sachverhalts, einer Tat, einer Entscheidung)', ahd. *zwīfal, zwīval* m. n. 'Ungewißheit, Bedenken' (8. Jh.), mhd. *zwīvel* m. 'Ungewißheit, Unsicherheit, Wankelmut, Untreue, Verzweiflung', mnd. *twīfel* m. n., mnl. *twīvel, twīfel* m., nl. *twijfel* m., got. *tweifls* m. (oder *tweifl* n.) ist Substantivierung des Adjektivs ahd. *zwīfal, zwīval* (8. Jh.), mhd. *zwīvel*, frühnhd. *zweifel* 'ungewiß, unentschieden, strittig, ungläubig' (bis 16. Jh., dann durch *zweifelhaft*, s. unten, abgelöst) und (als *ja/jō*-Stamm) ahd. *zwīfali, zwīvali* (8. Jh.), asächs. *twīfli* 'zweifelnd'. Es handelt sich bei germ. **tweifla-* um ein Kompositum, dessen erstes Glied sich an ie. **du̯ei-*, Kompositionsform der unter *zwei* (s. d.) dargestellten Grundform, anschließt. Das zweite Kompositionsglied entspricht ie. **plo-*, einer Form der unter *falten* (s. d.) genannten Wurzel ie. **pel-* 'falten'. Zu ie. **du̯eiplo-* gehören germ. **tweifla-* 'einen zweigeteilten Sinn habend', eigentl. '(unsicher bei) zweifach(er Möglichkeit)', mir. *dīabul* 'zweifach, doppelt' und zu ie. **du̯iplo-* griech. *diplóos* (διπλόος), lat. *duplus* 'zweifach, doppelt'. Schwed. *tvivel* und dän. *tvivl* sind Entlehnungen aus dem Mnd.. – zweifeln Vb. 'unsicher sein, nicht von der Richtigkeit eines Sachverhalts überzeugt sein', ahd. *zwīfalen* (8. Jh.), mhd. *zwīvel(e)n* 'in Ungewißheit sein, wankelmütig, untreu werden, verzagen, jmdn. in Verdacht haben', asächs. *twīflian*, mnd. *twīfelen*, mnl. *twīvelen*, got. *tweifljan* neben ahd. *zwīfalōn* (8. Jh.), asächs. *twīflon*. bezweifeln Vb. 'mit Zweifeln bedenken, nicht an die Richtigkeit glauben', mhd. *bezwīveln*. verzweifeln Vb. 'verzagen, die Hoffnung auf Besserung verlieren', mhd. *verzwīveln* 'die Hoffnung aufgeben'. zweifelhaft Adj. 'ungewiß, fraglich, bedenklich', mhd. *zwīvelhaft*.

Zweig m. 'sich abgabelndes Teilstück, Seitentrieb eines Astes', ahd. *zwīg* (9. Jh.), mhd. *zwīc*, mnd. *twīch*, mnl. *twijch*, nl. *twijg* sowie (ablautend) aengl. *twigge, twig*, engl. *twig* führen auf germ. **twĭga-*, ie. **du̯eigho-* bzw. **du̯igho-*. Ähnliche Bildungen sind alban.

degë (aus **duoighā*) 'Zweig', lit. *dveigỹs* 'zweijährig', serbokr. *dvîze* 'zweijähriges Schaf'. Dazu stellen sich weiter ahd. *zwī* (8. Jh.), mhd. *zwī*, aengl. *twī* 'Zweig' (aus germ. **twīja-*, ie. **dueio-*) und mit *l*-Formans ahd. *zwisila* f. (10. Jh.), mhd. *zwisel(e)* 'Gabel, zweizinkiges Instrument, Astgabel', aengl. *twisla* 'Zusammenfluß, Verbindung', mit Anlautwechsel germ. *tw-* zu *kw-* anord. *kvīsl* 'Zweig, Gabel', schwed. (mundartlich) *kvissel* 'Zusammenfluß, Mistgabel' (aus germ. **twisl-*). Zugrunde liegen allen Formen Weiterbildungen des Zahlworts ie. **duuō(u)*, s. *zwei*; z. B. die Kompositionsformen ie. **duei-*, **dui-*, das zugehörige Adjektiv **dueio-* und das Multiplikativadverb **duis* 'zweimal', woraus **duis-* 'entzwei, auseinander'. Für die oben genannten germ. Formen ist von einer Bedeutung 'Zweifaches, Gegabeltes, Gabelung' auszugehen. – a b z w e i g e n Vb. 'sich (wie Zweige von einem Ast) herausentwickeln, abspalten, auseinanderfächern' (2. Hälfte 18. Jh.), 'von einem Punkt, einer Linie, Richtung abgehen, abbiegen' (1. Hälfte 19. Jh.), heute auch 'für einen bestimmten Zweck wegnehmen, etw. beiseite bringen' (Mitte 20. Jh.); A b z w e i g u n g f. 'Nebenstrecke, Nebenstraße, Stelle, an der eine Strecke von der Hauptstrecke abgeht' (1. Hälfte 19. Jh.). v e r z w e i g e n Vb. refl. 'sich vielfach (in Äste, Zweige) gabeln, (sich) auseinanderfächern' (Anfang 19. Jh.).

Zwerchfell n. 'die Brusthöhle von der Bauchhöhle trennende Scheidewand' (1. Hälfte 16. Jh.). Das erste Kompositionsglied wird gebildet von (heute vorwiegend noch im Obd. bewahrtem) *zwerch* (gegenüber sonst üblichem, aus dem Md. stammendem *quer*, s. d.). *zwerch* ist literatursprachlich nur noch in wenigen Fällen erhalten, vgl. ü b e r z w e r c h Adv. 'quer, über Kreuz', Adj. 'verkehrt, mürrisch' (15. Jh.), mhd. *übertwerch*.

Zwerg m. in der germ. Mythologie ein tückisches und daher versöhnlich zu stimmendes elbisches Wesen von kleinem Wuchs, danach kleine, mit Zipfelmütze und Bart vorgestellte Märchengestalt, ahd. *twerg* (10. Jh.; vgl. *gitwerg*, 9. Jh.), mhd. *twerc*, (md.) *querch*, asächs. *gidwerg*, mnd. *dwerch, dwarch*, mnl. *dwerch*, nl. *dwerg*, aengl. *dweorg, dweorh*, engl. *dwarf*, anord. *dvergr* (auch 'kurzer Dachbalken, Gewandnadel'), schwed. *dvärg*. Die Etymologie ist ungesichert. Falls sich aind. *dhvárati* 'beugt, beschädigt, bringt zu Fall', *dhvarás-* Bezeichnung dämonischer Wesen, auch lat. *fraus* 'Übervorteilung, Schaden, Nachteil, Betrug, Täuschung', *frūstrā̆* 'irrtümlich, vergeblich, getäuscht' und hethit. *duuarnāi-* 'zerbrechen' vergleichen lassen, ist Anschluß an die Wurzel ie. **dhuer(ə)-* 'durch Täuschung zu Fall bringen, schädigen' möglich. DE VRIES Nl. 147 hält Herkunft des typisch germ. Wortes aus einer Substratsprache für erwägenswert. Anlautendes *zw-* im Dt. ist seit dem 15. Jh. bezeugt (zur Lautentwicklung s. *Zwerchfell* und *quer*).

Zwetsch(g)e f. Die Bezeichnung für eine im September reifende, längliche Pflaumenart begegnet zuerst im Süden und Südwesten des dt. Sprachgebiets, vgl. die pluralischen Bildungen *Twetzschen* (15. Jh.), *Zwetschgen, Zwetzschken, Zwetschen*, md. *Quetschken* (16. Jh.). Von mehreren etymologischen Erklärungsversuchen ist am überzeugendsten die Herleitung des Namen aus frz. und obital. Mundartformen, die vlat. **davascena* (Plur.) voraussetzen, aus spätlat. *damascēna*, griech. *damaskēná* (*δαμασκηνά*) 'Pflaumen aus Damaskus', abgeleitet von griech. *Δαμασκός*, dem Namen der Stadt Damaskus; vgl. FRINGS/M. Germania Romana 2 (1968) 420f. Zur Entwicklung des Anlauts s. *quer*.

Zwickel m. 'keilförmiger Einsatz in Kleidungsstücken, dreieckiges Flächenstück eines Gewölbes', ahd. *zwickil* (Hs. 12. Jh.), mhd. *zwickel* 'Keil, Handwerkszeug mit keilförmiger Spitze', frühnhd. auch '(gemusterter) keilförmiger Einsatz in Strümpfen und Kleidungsstücken' (15. Jh.), 'keilförmiges Gewölbestück' (16. Jh.), wohl (unter Einfluß von *zwikken*?) deminutive Ableitung von mhd. *zwec, zwic*, s. *Zweck*.

zwicken Vb. '(mit zwei spitzen Fingern, mit einer Zange u. dgl.) kneifen, zupfen', ahd. *zweckōn* 'sich entzweien, rupfen, zupfen' (um 800), mhd. *zwicken* 'zupfen, rupfen, einklemmen, kneifen', nd. *twikken* 'kneifen, drükken', aengl. *twiccian* 'rupfen, zupfen, fassen', engl. *to twitch* 'zupfen, zerren, kneifen' und ahd. *gizwiggen* (oder *-zwigen*?) 'kneifen' (11. Jh.) können als Intensiva zu einem in ahd. *zwigōn* 'pflücken, rupfen, abweiden, entzweien' (9. Jh.) bezeugten Verb angesehen werden, das sich seinerseits zu aengl. *twigge, twig* bzw. (ablautend) ahd. *zwīg* (s. *Zweig*) stellen läßt; vgl. WISSMANN Nomina postverbalia 1 (1932) 186. Als Ausgangsbedeutung ist 'mit zwei Fingern, mit zwei Spitzen fassen, zerren, kneifen' anzusetzen. Die für mhd. *zwicken* häufige Bedeutung 'mit Nägeln befestigen, anheften' steht unter dem Einfluß von mhd. *zwec, zwic* 'Nagel, Stift' (s. *Zweck*), wenn in dieser Bedeutung auftretendes *zwikken* nicht besser als ein selbständiges, vom genannten Substantiv abgeleitetes Verb anzusetzen ist. – Z w i c k e r m. 'wer zwickt', mhd. *zwicker* (fingierter Name); auch 'Quetschung, Puff' (17. Jh.), 'zangenartiges Handwerkszeug' (17. Jh.), 'Augenglas', und zwar an der Nase befestigter 'Kneifer, Klemmer' und ins Auge geklemmtes 'Einglas, Monokel' (Mitte 19. Jh.).

zwie- 'doppelt, zweimal auftretend, zweifach', zuweilen auch 'auseinander, gespalten, halb, geteilt, schwankend' (s. *Zwielicht*), Kompositionsform des unter *zwei* (s. d.) behandelten Zahlworts in nominalen Zusammensetzungen (neben ahd. mhd. nhd. *zwei-*, dessen Gebrauchshäufigkeit in Neubildungen vom 16. Jh. an zunimmt), ahd. *zwi-* (*zwifalt*, s. unten), mhd. *zwi-* (*zwivach*, s. unten), asächs. *twi-* (*twihōvdig* 'zweihäuptig'), mnd. *twē-, twi-* (*twē-, twibōte* 'doppelte Buße'), mnl. *twi-, twē-* (*twēdracht*, älter *twidracht*), nl. *twee-*, aengl. *twi-, twe-* (*twifēte* 'zweifüßig'), anord. *tve-, tvī-* (*tvīviðr* 'Bogen', eigentl. 'Doppelholz'), schwed. *tve-* (*tvegifte* 'Doppelehe'). Außergerm. entsprechen aind. *dvi-* (*dvi-pád-* 'zweifüßig'), griech. *di-, δι-* (*dípūs, δίπους* 'zweifüßig'; s. [1]*di-*), lat. *bi-*, alat. *dvi-* (lat. *bipēs* 'zweifüßig'; s. *bi-*), lit. *dvi-* (*dvikōjis* 'zweibeinig'). Auszugehen ist von ie. **du̯i-* bzw. **di-*, einer Kompositionsform des unter *zwei* (s. d.) behandelten Zahlworts. – z w i e f a c h Adj. 'zweifach, doppelt', mhd. *zwivach*; daneben *zweifach* (seit 15. Jh.); zum zweiten Kompositionsglied s. *Fach*. Z w i e b a c k m. 'zweimal Gebackenes', bes. 'leicht gesüßtes, in Scheiben geschnittenes knuspriges Weißbrot', *Zweigeback* (15. Jh.), *Zweiback* (16. Jh.), *Zwiback* (17. Jh.), *Zwieback* (18. Jh.), Übersetzung von gleichbed. ital. *biscotto* (s. *Biskuit*). z w i e f ä l t i g Adj. 'doppelt, zweifach, gespalten', mhd. *zwivaltic, -veltic*, die ältere Bildung ahd. *zwifalt* (8. Jh.), mhd. *zwivalt* verdrängend; vgl. auch *zweifaltig, -fältig* (15. bis 18. Jh.); zum Grundwort s. *falten*. Z w i e g e s p r ä c h n. 'Dialog' (um 1800); zuvor *Zweigespräch* (2. Hälfte 17. Jh.). Z w i e s p r a c h e f. '(im Inneren geführte) Aussprache mit einem meist nicht anwesenden Partner, also mit sich selbst' (um 1800). z w i e s p ä l t i g Adj. 'in zwei Teile gespalten', ahd. *zwispaltīg* (11. Jh.), mhd. *zwispaltic, -speltic*; übertragen 'uneins, uneinheitlich, gegensätzlich, widerspruchsvoll' (16. Jh.); vgl. auch gleichbed. *zweispaltig, -spältig* (15. bis 19. Jh.), heute 'in zwei Spalten beschrieben, bedruckt' (seit 19. Jh.). Z w i e s p a l t m. 'Aufspaltung in zwei Teile, das Gespaltensein, Uneinigkeit, Zank, Streit' (16. Jh.), heute vielfach 'Zerrissenheit des Fühlens und Empfindens' (18. Jh.), rückgebildet aus dem Adj.; gelegentlich auch *Zweispalt* 'Uneinigkeit' (16. bis 19. Jh.).

Zwiebel f. stark würzende Küchenpflanze, ahd. *zwibolla* f. (11. Jh.), *zibolla* f. (Hs. 12. Jh.), *zibollo* m. (11. Jh.), *zwibollo* m. (Hs. 12. Jh.), mhd. *zwibolle, zibolle* m. f. (und zahlreiche Varianten) ist entlehnt (wohl in südd. Klöstern) aus spätlat. *cēpula* f. (in Glossen auch *cipulla, cibulla, cibula*; vgl. ital. *cipolla*), dem Deminutivum zu lat. *cēpa* 'Zwiebel' (einem östlichen Handelswort?). Die dt. Formen werden im ersten Bestandteil bereits im Ahd. angelehnt an ahd. *zwi-* 'zweifach, doppelt' (s. *zwie-*), im zweiten Bestandteil an ahd. *bolla* 'Knospe, Fruchtknoten, Flachsknoten, Wasserblase, sich (nach unten) wölbendes Gefäß, Becher', mhd. *bolle* 'Knospe, kugelförmiges Gefäß' (verwandt mit [1]*Ball, Bohle, Bulle*, s. d.) und im Sinne von 'zweifache (vielhäutige) Bolle' als Kompositum aufgefaßt. In der Schriftsprache setzt sich die von Luther bevorzugte Form *Zwibel* durch; bis ins 19. Jh. stehen fem. und mask. Genus nebeneinander. Zu den mnd. mnl. Formen und zum Genus vgl. FRINGS/M. Germania Romana 1 (1966) 89 und 2 (1968) 177 ff. – z w i e b e l n Vb. 'jmdm. hart zusetzen, jmdn. drillen' (17. Jh.), eigentl. wohl 'jmdm. wie einer Zwiebel Schale für Schale abziehen', zuvor 'mit Zwiebeln zubereiten' (16. Jh.).

Zwielicht n. 'Dämmerung' (18. Jh.), hd. Nachbildung von nd. *Twilicht*, mnd. *twēlicht*; vgl. entsprechendes gleichbed. mnl. *twee-, twe-, twilicht*, mengl. engl. *twilight*. Gebildet mit *zwie-* (s. d.) im Sinne von 'auseinander, gespalten, halb, geteilt', daher eigentl. 'gespaltenes, halbes Licht, Helldunkel'; vgl. spätmhd. *zwischenlieht* (14. Jh.). Übertragener Gebrauch 'Unbestimmtheit, Unklarheit' setzt am Ende des 18. Jhs. ein. In neuerer Zeit (1. Hälfte 20. Jh.) steht der Ausdruck meist für 'aus Tageslicht und dem Licht einer künstlichen Lichtquelle gemischtes Licht, Doppellicht', indem der erste Wortteil an *zwie-* in seiner häufigeren Bedeutung 'zweifach, doppelt' angeschlossen wird. – zwielichtig Adj. 'undurchsichtig, unklar, nicht eindeutig, fragwürdig' (2. Hälfte 19. Jh.), gebildet zum übertragenen Gebrauch des Substantivs.

Zwillich, Zwilch m. 'doppelfädig gewebter derber Leinenstoff', mhd. *zwil(i)ch* 'zweifädiges Gewebe', mnd. *dwellik, dwelk* ist eine Substantivierung des multiplikativen Zahladjektivs ahd. *zwilih* (11. Jh.), mhd. *zwil(i)ch* 'zweifach, zwei-, doppelfädig', aengl. *twilic* (um 900), das aus dem unter *-lich* (s. d.) behandelten Kompositionssufix und der unter *zwie-* (s. d.) behandelten Kompositionsform des Zahlworts *zwei* zusammengesetzt ist. Die Bedeutung 'zwei-, doppelfädig' entwickelt sich in ahd. Zeit unter Einfluß von lat. *bilīx* 'zweifädig, -drähtig'. S. auch *Drillich*.

Zwilling m. eins von zwei Kindern, die sich zur gleichen Zeit im Mutterleib entwickelt haben und kurz nacheinander (in vereinfachter Vorstellung „gleichzeitig") geboren werden, ahd. *zwiniling* (9. Jh.), mhd. *zwinelinc*, (mit Assimilation von *n* nach *l*) ahd. *zwilling* (Hs. 13. Jh.), mhd. *zwillinc*, mit dem Herkunftssuffix germ. *-inga-* abgeleitet von ahd. *zwinal* 'doppelt, zweifach, zugleich geboren' (10. Jh.). Dieses ist eine *l*-Bildung zu germ. **twina-*, das sich mit dem Suffix ie. *-no-* wie lit. *dvỹnas, dvynỹs* 'Zwilling', lett. *dvīņi* (Plur.), russ. *dvójnja* (*двойня*) 'Zwillinge' (ie. **du̯ino-*) zu ie. **du̯i-* stellt, eine in Weiterbildungen auftretende Variante der unter *zwei* (s. d.) angegebenen Grundform. Nl. *tweeling*, mnl. *twēlinc, twilinc*, mnd. *twēlink* sowie frühnhd. *zweiling* 'Zwilling' sind jüngere Ableitungen vom Zahlwort *zwei*. Als Tierkreiszeichen (Übersetzung von lat. *geminī*) *Zwillinge* (16. Jh.); zuvor mhd. *zwinlein*, Deminutivbildung zu substantiviertem ahd. *zwinal* (s. oben).

zwingen Vb. 'gewaltsam zu etw. nötigen, zu etw. veranlassen, mit etw. fertig werden, etw. meistern'. Das stark flektierende Verb ahd. *thwingan* (8. Jh.), *twingan* (9. Jh.) 'zwingen, unterjochen, beherrschen, festbinden', mhd. *twingen, dwingen*, auch *quingen*, (seit 14. Jh.) *zwingen* '(zusammen)drücken, pressen, (be)drängen, nötigen, einschließen, beherrschen, bändigen', asächs. *thwingan* 'zwingen, bedrängen', mnd. *dwingen*, mnl. *dwinghen*, nl. *dwingen*, aschwed. (auch schwach) *þvinga*, schwed. *tvinga* und schwach flektierendes anord. (aus dem Mnd.?) *þvinga* 'zwingen, quälen' lassen sich lediglich mit awest. *ϑwąz̆aiti* 'gerät in Bedrängnis' vergleichen. Daraus ist ein Ansatz ie. **tu̯enĝh-* 'bedrängen' erschließbar. Ob (bei einer ie. Auslautvariante auf *-k-*) auch toch. AB *twāṅk-* 'einzwängen', lit. *tveñkti* (Wasser) 'stauen', refl. 'sich versammeln' und (unnasaliert) griech. *sáttein* (*σάττειν*) 'vollstopfen, festdrücken, bepacken, beladen, ausrüsten' hier anzuschließen sind, ist zweifelhaft. Als Grundbedeutung für das germ. Verb ist 'einen Körper durch Gewaltanwendung zusammenpressen' anzunehmen; übertragener Gebrauch im Sinne von 'überwältigen, überwinden, meistern, bedrängen, einengen, rügen' ist in ahd. Zeit bereits voll ausgeprägt. *tw*-Anlaut (bei Notker einsetzend, vereinzelt schon im 9. Jh.) herrscht im Mhd. (bis etwa gegen Ende des 15. Jhs.), *zw*-Anlaut setzt im 14. Jh. ein. Häufig sind Fügungen wie *zu etw. gezwungen* ('genötigt, verpflichtet') *sein* (15. Jh.), *sich gezwungen* ('genötigt') *sehen* (17. Jh.). – zwingend Part.adj. 'bedrückend, verpflichtend, unabdingbar' (16. Jh.), 'schlüssig, folgerichtig, überzeugend' (18. Jh.); geläufig *zwingende Not* (17. Jh.), bes. *zwingendes Gesetz* (16. Jh.), dann rechtssprachlich *zwingendes Recht* 'Recht, das keine abweichende Regelung durch Vereinbarung unter den Betroffenen zuläßt' (19. Jh.). bezwingen Vb. 'überwältigen, meistern', ahd. *bithwingan* 'einengen, zügeln' (8. Jh.), mhd. *betwingen* 'bedrängen, beengen, bändigen, (er)zwingen'. Zwinger m. 'von innerer und äußerer Mauer, von Schloß- oder Stadtmauer und Graben begrenzter Raum, in dem der vorgedrungene Feind überwältigt werden soll', allgemein 'Befestigungsanlage' (15. Jh.), auch (da im Zwinger zu dessen Bewachung starke Hunde oder Bären gehalten wurden) 'Tiergehege, Käfig' (ebenfalls 15. Jh.), mhd. *twingære, twinger, zwinger* 'Dränger, Überwältiger, Zwingherr (d. i. Grundherr mit Hoheitsrechten über Land und Leute)'; vgl. ahd. *nōtthwingāri* 'gewaltsamer, heftiger Mensch' (Hs. 12. Jh.). Zwang m. 'Druck, Nötigung durch Macht, Androhen von Gewaltanwendung', ahd. *thwang* 'Zügel' (um 900), *githwang* 'Zucht, Zwang' (9. Jh.), mhd. *twanc* (auch *zwanc*) 'Beengung, Gewalt, Einschränkung, Not, Bedrängnis', ablautendes Verbalabstraktum.

zwinkern Vb. 'die Augenlider wiederholt schließen und öffnen' (17. Jh.), iterative Bildung mit *r*-Suffix zu mhd. *zwinken* 'blinzeln'. Zieht man mnd. *twink* 'das Auf- und Niederschlagen der Augenlider, das Blinzeln, Augenblick', aengl. *twinclian*, engl. *to twink, to twinkle* 'glitzern, zwinkern', nhd. (vom Aengl. unabhängige Neubildung des 19. Jhs.) *zwinkeln*, mhd. *zwinzen* (aus einem Intensivum **zwinkezen*), mundartlich (bair.) *zwinzen* 'blinzeln', (elsäss.) *zwinzlen* und *Zwinzer, Zwinzel* 'Wimper, Lid' heran, so ergibt sich eine Wortgruppe lautsymbolischen Charakters, zu der auch mundartliche Synonyme wie *plinkern, plimpern, flinkern, flimpern, zwimpern* u. a. zu stellen sind. Vgl. DOLCH in: Zs. f. Mundartforsch. 20 (1951/52) 161 ff.

zwirbeln Vb. '(zu einer Spitze) drehen, sich im Kreise drehen', mhd. *zwirbeln* 'sich in Kreisen (schwankend, taumelnd) bewegen, wirbeln', mit iterativem *l* zu gleichbed. mhd. *zwirben* gebildet, das als Mischform aus ahd. *zerben* (9. Jh.), mhd. *zirben* 'sich im Kreis drehen, wirbeln' (zur Herkunft s. *Zirbeldrüse*) und dem unter *Wirbel* (s. d.) behandelten Substantiv gedeutet werden kann.

Zwirn m. 'aus zwei (oder mehreren) Fäden zusammengedrehtes Garn', mhd. *zwirn*, mnd. *twern(e)*, mnl. *twern, twēren, twaern*, nl. *tweern* führen mit anord. *tvennr, tvinnr* 'zweifach, zweiteilig' auf germ. **twizna-* (mit Weiterentwicklung von *z* zu westgerm. *r* bzw. *zn* zu anord. *nn*). Das Germ. geht wie lat. *bīnī* 'zwei, je zwei' auf ie. **du̯isno-* 'zweimalig' zurück, eine Ableitung mit dem Suffix ie. *-no-* von ie. **du̯is* 'zweimal', Multiplikativadverb zu ie. **du̯ō(u)*, s. *zwei*. Neben den oben genannten Formen stehen mnl. nl. *twijn* 'Zwirn', aengl. *twīn* 'Doppelfaden, Leinen', engl. *twine* 'Zwirn, Bindfaden', die entweder ebenfalls germ. **twizna-* (mit ungeklärter Entwicklung von *zn*) oder germ. **twīna-* voraussetzen; mnl. *twijn* kann aus dem Aengl. entlehnt sein. – zwirnen Vb. 'Fäden (zweifach) zusammendrehen', ahd. *zwirnēn* (8. Jh.), *zwirnōn* (um 800), mhd. *zwirnen*.

zwischen Präp. 'innerhalb zweier (räumlicher oder zeitlicher) Begrenzungen, innerhalb einer Menge'. Aus adverbiell gebrauchten präpositionalen Verbindungen wie ahd. *untar zwiskēn* 'unter, in der Mitte von zweien', *untar in zwiskēn* 'untereinander' (9. Jh.), auch zusammengezogen *untarzwiskēn* sowie *inzwiscōn*, mhd. *under, in zwischen, enzwischen* entwickelt sich die einfache Form mhd. *zwischen, zwüschen*, (md.) *zwuschen* Adv. und Präp., mnd. *twisken, twischen*, mnl. *tusscen, twussen, twisscen*, nl. *tussen*. Auszugehen ist daher von einem Dativ Plural des sowohl distributiven wie kollektiven Zahladjektivs ahd. *zwiski* 'zweifach, zu zweit, zweiteilig, abermalig', Plur. 'beide' (8. Jh.), mhd. *zwisc, zwisch* 'zweifach, je zwei', Plur. 'beide', asächs. *twisk* 'zweifach', das germ. **twiska-* bzw. **twiskja-* voraussetzt; vgl. dazu auch aengl. *betweoh, betwux, betwisc*, engl. (älter) *betwixt* 'dazwischen'. Es handelt sich um eine Bildung mit dem Suffix ie. *-ko-* zum Multiplikativadverb ie. **du̯is* 'zweimal'; s. dazu *Zwilling* und *Zwirn*. In bezug auf zeitliche Grenzen steht *zwischen* seit dem 14. Jh.

Zwist m. 'Uneinigkeit, Streit', nd.-nl. Herkunft. Mnd. *twist*, mnl. *twist, twest*, nl. *twist* 'Zank, Streit' erhält im Rheingebiet den hd. Anlaut *z-* (14. Jh.) und dringt in dieser Lautform allmählich nach Westen vor (zumal als Ausdruck der Rechtssprache 'Streitigkeit, Auseinandersetzung'), wird von hd. schreibenden md. und nordd. Schriftstellern zögernd aufgenommen, bleibt aber in der Literatursprache ein seltenes Wort. Es ist verwandt mit mengl. *twist(e)* 'Astgabel, Zweig', anord. *tvistra* 'trennen'; vgl. auch got. *twisstandan* 'sich trennen', *twis-stass* 'Zwiespalt'. Außergerm. lassen sich vielleicht heranziehen aind. *dviṣṭhaḥ* 'an zwei Orten befindlich, zweideutig', *dvẹ́ṣṭi* 'haßt, feindet an', griech. *distázein* (διστάζειν) 'zweifeln, ungewiß sein, schwanken'. Auszugehen ist von einer Bildung zu ie. **du̯is-* 'entzwei, auseinander' (das dem Multiplikativadverb ie. **du̯is* 'zweimal' entspricht, s. *Zweig* und *Zwirn*) entweder mit einer Ablautform der Wurzel ie. **stā-, *stə-* 'stehen, stellen' (ie. **du̯istho-*) oder mit *to*-Suffix (ie. **du̯isto-*).

zwitschern Vb. 'feine, hohe Laute von sich geben' (bes. von Vögeln). Ahd. *zwizzarōn, zwizzirōn, zwizzerōn* 'piepen, zwitschern' (10. Jh.), mhd. frühnhd. *zwitzern* 'zwitschern, flimmern, glitzern, schnell bewegen', danach teils nhd. *zwitschern* vorwiegend von Vogelstimmen (17. Jh., mit *tsch* aus *tz*, s. *fletschen, knutschen*), teils *zwitzern* vorwiegend von unruhigen, raschen Bewegungen 'blinzeln, zwinkern, glitzern, funkeln' ist wie engl. *to twitter* 'zirpen', nl. *kwetteren*, älter *quēteren*, ein ursprünglich lautmalendes Wort für Stimme und Laut kleiner Vögel. – G e z w i t s c h e r n. 'Vogelsang' (17. Jh.).

Zwitter m. 'Lebewesen mit männlichen und weiblichen Geschlechtsmerkmalen, Hermaphrodit', ahd. *zwitarn* 'außereheliches Kind (von einander nicht ebenbürtigen Eltern), Bastard' (9. Jh.), mhd. *zwitarn, zwitorn* 'Bastard, (vermeintlich) zweigeschlechtiger Mensch' enthält als ersten Wortbestandteil wie entsprechendes schwed. (mundartlich) *tveto(r)na* sowie isl. *tvítóli, tvítóla*, schwed. (mundartlich) *tve-, tvätola*, dän. *tvetulle* 'Hermaphrodit' das unter *zwie-* (s. d.) behandelte Kompositionsglied mit der Bedeutung 'zweifach, doppelt'. Die Herkunft des zweiten Wortteils von ahd. mhd. *zwitarn* ist ungeklärt. Für die nord. Formen kann dagegen anord. *tōl* 'Werkzeug', aschwed. *tōl* 'Werkzeug, Genitale', aengl. *tōl* 'Werkzeug, Waffe', engl. *tool* 'Werkzeug' als Grundwort angenommen werden, so daß sich vielleicht eine Anknüpfung an die unter *Tau* n. (s. d.) behandelte Wortgruppe ergibt und isl. *tvítóli* usw. als 'zweifach Geschlechtsglieder Aufweisender' gedeutet werden könnte (vgl. mnd. *mannes tow, sīn manlīke touwe* 'Penis'). *Zwitter* bedeutet im Dt. zunächst 'Abkömmling von zwei Wesen unterschiedlicher Art' (bes. von einander nicht ebenbürtigen Eltern), 'Kebskind' (bes. von einer Mutter fremden Stammes), erst danach 'zweigeschlechtiges Wesen', sowohl von Menschen (13. Jh., in Mythos und Sage sowie bei scheinbarer, auf Mißbildung beruhender Doppelgeschlechtigkeit) wie (mit z. T. echter Zwitterbildung) von niederen Tieren und Pflanzen (18. Jh.). Echte Zwitterbildung bei Menschen, also Zeugungs- und Gebärfähigkeit nebeneinander, gibt es nicht.

zwölf Num. Das gemeingerm. Zahlwort ahd. *zwelif* (8. Jh.), mhd. *zwelf, zwelif, zwelef, zwolf, zwölf*, asächs. *twelif, twilif, twulif*, mnd. *twelf, twalf, twolf*, mnl. *twālef, twaelf, twēlef, twelf*, nl. *twaalf*, aengl. *twelf*, engl. *twelve*, anord. *tolf* (aus urnord. **twaluf*), schwed. *tolv*, got. *twalif* ist zusammengesetzt aus Formen des unter *zwei* (s. d.) behandelten Numerale und einem Element germ. **-lif, *-liƀ-* bzw. **-luf, *-luƀ-* (zu dessen Herkunft s. *elf*). *Zwölf* ist die Zahl, bei der nach dem Zählen bis zehn *zwei* übrigbleiben. Schon spätahd. (bei Notker) hat sich eine einsilbige Form *zwelf* entwickelt, deren umgelauteter Stammsilbenvokal seit dem 13. Jh. (zuerst alem.) zu *ö* gerundet wird. – z w ö l f t e r Num. Ord., ahd. *zwelifto* (9. Jh.), mhd. *zwelfte*. Z w ö l f f i n g e r d a r m m. an den Magen anschließender, zwölf Fingerbreit langer Teil des Dünndarms (Mitte 17. Jh.), Übersetzung von gleichbed. griech. *dōdekadáktylos ékphysis* (δωδεκαδάκτυλος ἔκφυσις), eigentl. 'zwölf Finger breiter Auswuchs', geprägt von dem alexandrinischen Anatomen Herophilos (3. Jh. v. u. Z.); medizin.-lat. *duodenum* n.

Zyklus m. 'Kreis, Kreislauf, Reihe, regelmäßig wiederkehrende zeitliche Abfolge' (2. Hälfte 18. Jh.), 'Reihe, Aufeinanderfolge thematisch zusammengehörender Teile literarischer, musikalischer, bildnerischer Werke, Themenkreis' (Ende 18. Jh.), Übernahme von lat. *cyclus* 'Kreis', astronomisch 'Zeitkreis', mlat. 'Erd-, Sonnen-, Mondkreis', griech. *kýklos* (κύκλος) 'Kreis, Umkreis, Rad, kreisförmiger Gegenstand, Kreislauf'. – z y k l i s c h Adj. 'inhaltlich zusammenhängend aufeinanderfolgend' (2. Hälfte 18. Jh.), 'im Kreislauf regelmäßig wiederkehrend, periodisch ablaufend' (2. Hälfte 19. Jh.); vgl. lat. *cyclicus*, griech. *kyklikós* (κυκλικός) 'kreisförmig, kreisrund'.

Zylinder m. in der Geometrie 'walzenförmiger Körper', entlehnt (16. Jh.) aus lat. *cylindrus* 'Walze' als geometrischer Körper, in der Landwirtschaft 'walzenförmiger Stein zum Ebnen des Bodens', griech. *kýlindros* (κύλινδρος) 'Walze, Rolle, länglicher Körper'; zu griech. *kylíndein* (κυλίνδειν) 'rollen, wälzen'. In technischer Sprache vielfach 'röhrenförmiger Hohlkörper (in dem sich ein Kolben bewegt), Hohlzylinder', auch 'Lampenglas' (19. Jh.) und 'hoher, röhrenförmiger steifer Herrenhut' (Mitte 19. Jh.), in diesem Sinne verkürzt aus voraufgehendem Z y l i n d e r h u t m. (gegen Ende 18. Jh.). – z y l i n d r i s c h Adj. 'walzen-, röhrenförmig' (17. Jh.).

zynisch Adj. 'die geltenden Wert- und Moralvorstellungen mißachtend und verhöhnend, spöttisch, bissig' (1. Hälfte 19. Jh.), 'die

Regeln des Anstands verletzend, schamlos, unordentlich, grob' (Mitte 18. Jh., wohl beeinflußt von frz. *cynique*), 'zur kynischen Philosophie gehörend' (1. Hälfte 18. Jh.), zuvor (selten) 'ärmlich essend, ohne Wein' (2. Hälfte 16. Jh.), entlehnt aus lat. *cynicus*, griech. *kynikós* (*κυνικός*) 'hündisch, bedürfnislos wie Hunde', zu griech. *kýōn* (*κύων*) 'Hund, Hündin', substantiviert (lat. *Cynicus*, griech. *Kynikós*, nhd. *Kyniker*) Bezeichnung für einen Anhänger der von Antisthenes gegründeten Philosophenschule, deren Ziel die Rückkehr zum Naturzustand und zu einem bedürfnislosen Leben ohne Ansprüche ist (vgl. die frühe dt. Bedeutung 'ärmlich, anspruchslos, ohne Wein essend'). Auch Anknüpfung an das Gymnasium *Kynósarges* (*Κυνόσαργες*), wo Antisthenes lehrte, kann bei der Namengebung mitgespielt haben. – Z y n i k e r m. 'Anhänger der kynischen Philosophie' (2. Hälfte 16. Jh., geläufig 18. Jh.), vornehmlich aber, dem Gebrauch des Adjektivs folgend, 'zynischer, spöttischer, bissiger, ehrfurchtsloser Mensch' (um 1800), aus lat. *Cynicus* (bis zur Mitte des 18. Jhs. nur in dieser lat. Form in dt. Texten, seit der 2. Hälfte des 18. Jhs. *Cyniker*, dann *Zyniker*, um 1900), griech. *Kynikós* (*Κυνικός*) 'kynischer Philosoph'. Z y n i s m u s m. 'Moral- und Wertvorstellungen mißachtende Gesinnung, Unsauberkeit, Schamlosigkeit, Spottsucht' (2. Hälfte 18. Jh.), 'schamlose Redeweise' (Mitte 19. Jh.). Vgl. spätlat. *cynismus*, griech. *kynismós* (*κυνισμός*) 'der kynischen Philosophie entsprechende Denk- und Handlungsweise'.

Zypresse f. Der Name des im Mittelmeerraum verbreiteten Baumes ahd. *cipres, cypres* (um 800), mhd. *zipres, zipresse* m. ist entlehnt aus spätlat. *cypressus* f., lat. *cyparissus* f., nach griech. *kypárissos* (*κυπάρισσος*) f. Älteres lat. *cupressus* f. m. stammt entweder über etruskische Vermittlung oder (wie griech. *kypárissos*) direkt aus einer unbekannten Mittelmeersprache. Vgl. auch ahd. *ciperboum, cipresboum, cupresboum* (11. Jh.), mhd. *ziperboum, zipressenboum*, nhd. *Cypressen-, Zypressenbaum.*

Verzeichnis nicht an alphabetischer Stelle behandelter Wörter

Man hört nur, was man weiß

Alain Pâris:
Lexikon der Interpreten klassischer Musik im 20. Jahrhundert
dtv/BVK 3291

Ein umfassendes, zuverlässiges und aktuelles Lexikon für alle Liebhaber klassischer Musik: 2352 Biographien von Sängern, Instrumentalisten und Dirigenten, 615 Einträge zu Opernhäusern, Chören, Symphonieorchestern und Kammermusikensembles. Register mit rund 6000 Musikernamen, geordnet nach Instrument oder Stimmlage. Register der Orchester und Ensembles.

Rudolf Kloiber
Wulf Konold:
Handbuch der Oper
dtv/BVK 3297

Ein unentbehrliches Nachschlagewerk für alle Opernfreunde: das klassische Opernrepertoire in 270 ausführlichen Werkbeschreibungen, nach Komponisten geordnet. Es informiert über Handlung, Schauplätze und Spieldauer, über Solisten, Stimmfächer und Orchesterbesetzung, über die Textdichtung und den historischen Hintergrund. Anhang: Besetzungsfragen, historisch-stilistische Entwicklung der Oper, Literaturhinweise, Titelregister

Gerhard Dietel:
Musikgeschichte in Daten
dtv 3321/BVK 1174

Die ›Musikgeschichte in Daten‹ ist ein einzigartiges Nachschlagewerk: Die Werke der abendländischen Musikgeschichte werden in chronologischer Reihenfolge dargestellt. Die rund 3000 Einträge reichen vom 2. Jahrhundert bis 1993 und erläutern Entstehung, Überlieferung, Stil und Kompositionen. Mit Einführungen in die Epochen der Musikgeschichte und Personenregister.